W9-AAA-190

HARRAP'S

GERMAN

DICTIONARY

ENGLISH
GERMAN

GERMAN
ENGLISH

Edited by Robin Sawers

HARRAP

London

Distributed in the United States by

PRENTICE HALL
New York

First published in this edition in Great Britain 1990
by Harrap Books Limited
Chelsea House, 26 Market Square, Bromley, Kent BR1 1NA

Printed and bound in Great Britain by
Cox & Wyman Limited, Reading, Berks.

ISBN 0 245-60026-4

In the United States, ISBN 0-13-383001-2

Library of Congress Cataloging-in-Publication Data

Harrap's Concise German and English dictionary : English-
German/German-English in one volume / edited by Robin
Sawers.
p.   cm.
ISBN 0-13-382987-1 : $16.95 (est.). — ISBN 0-13-382995-2
(soft) : $12.95 (est.). — ISBN 0-13-383001-2 (pbk.) : $9.95
(est.)
1. German language—Dictionaries—English. 2. English
language—Dictionaries—German.
I. Sawers, Robin. II. Title: Concise German and English
Dictionary.
PF3640.H29 1990
433'.21—dc20

89-70899
CIP

Acknowledgements

I would particularly like to thank the following: Helen Swallow and Dr. Heide Grieve, who helped with the editing and cutting respectively; Renate Labesius, who did so much more than just type the script and mark the proofs; Gunhild Prowe, who made so many invaluable suggestions in reading the proofs; my wife (née Eva Weisser, akad.Ü.) who had to answer endless questions as well as checking the whole script and innumerable other tasks; and finally Dr. Günther Drosdowski for allowing me to see before publication proofs of the last volume of the six volume Duden *Das Große Wörterbuch der deutschen Sprache*, that incomparable record of contemporary German which we have used as our standard source.
R.S.

Ich möchte folgenden besonders danken: Helen Swallow und Dr. Heide Grieve, die beim Redigieren bzw. bei der Kürzung der Einträge sehr geholfen haben; Renate Labesius, die außer Maschinenschreiben und Korrekturenübertragen soviele zusätzliche Dienste geleistet hat; Gunhild Prowe für ihre wertvollen Vorschläge bei der Lektüre der Korrekturbogen; meiner Frau (geb. Eva Weisser, akad.Ü.) für die Beantwortung endloser Fragen sowie für die Überprüfung des Manuskripts und unzählige andere Aufgaben; schließlich Herrn Dr. Günther Drosdowski, der mir freundlicherweise das noch unveröffentlichte Material zum letzten Band des sechsbändigen Duden zur Verfügung gestellt hat, dieser unvergleichlichen Dokumentation des heutigen Deutsch, die uns als maßgebende Quelle gedient hat.
R.S.

Preface

The thinking behind this dictionary

There seems generally to be a gap between the really small pocket dictionaries and the medium-sized volumes, a gap not only in the number of entries but also in treatment. And it is in this question of treatment that a certain paradox lies. The smallest and cheapest dictionaries, which inevitably provide the least information about the words they contain, are generally bought by relative beginners in the language who in fact need more guidance, not less. Our intention has therefore been to provide a dictionary slightly smaller than the existing medium-sized volumes, omitting obscure or literary usage, but with more generous treatment of the entries – full grammatical information and pronunciation and plenty of examples.

Such a dictionary it was felt would answer a real need, especially in schools and colleges, where it can be used not only for reference but also for learning thanks to the rich store of examples, clear differentiation of usage and full grammatical information. Since it is not too bulky, it can still be a handy reference for the office or for the traveller. We hope we have produced a really practical tool, in which even the university student or translator will find much of assistance, although we do not pretend to have covered all their requirements.

Content

To achieve the above aims, we have concentrated on the contemporary language as spoken (and written) by the man in the street. Literary or archaic usage has only been included where it still frequently occurs in set phrases or is used humorously. Highly specialized words and phrases are not to be found here, but the user may be surprised by the amount of technical vocabulary included. This is because we live in a technical age, and also an age of do-it-yourself, when most people are familiar with the basic terminology associated especially with hobbies such as photography or high fidelity, with household articles such as washing machines, and with cars and motorcycles. Sport is another area whose terminology has become common coinage, thanks largely to television.

Treatment

Most dictionaries give a number of translations for each word or phrase, or even for a particular sense of a word, without distinguishing between them. This is far from helpful, especially if the translations are in the foreign language. We have therefore gone to great pains to give no more than one or at the most two translations of each sense and to show the contexts in which translations are used with a variety of devices such as bracketed synonyms (in italics), and some of the typical nouns with which verbs and adjectives are used. Also much in evidence is the system of 'labels' common to all Harrap dictionaries – abbreviations in italics preceding a translation or phrase, such as *Fig:* for figurative, *V:* for vulgar, *Fb:* for football, *Ch:* for chemistry and so on. We have concentrated as far as possible on those which are immediately recognizable, and for the sake of clarity made it a rule that a label applies to all following phrases or translations until another label supplants it.

Further distinctions are provided by our usual system of subdivision by means of Roman numerals for different parts of speech (noun, verb etc.) and Arabic numerals for the main senses, with bracketed letters for the less marked variations in meaning.

Finally, the wide selection of examples provides clear evidence of the way the word is used. These give not only common idioms and set phrases but also in many cases examples of usage, which often show a particular context where the main translation does not work.

Special features

One of the main difficulties in a German-English dictionary (especially a smaller one) is how to treat adequately the German compounds. We have taken over and developed a useful feature of the Harrap (now Oxford-Harrap) Standard German-English Dictionary, the 'combining form' entry. This shows with plenty of examples how a verbal prefix or the first part of a set of compound nouns or adjectives is usually translated. In this way we are able to cover a much larger number of compounds in the space available than would be the case if we were to give full entries for each one. Where a compound does not fit one of the patterns shown in the combining form entry it is given a separate entry in the usual way. It does of course mean that there are two places where a compound may be found; so if the word is not in the normal alphabetical position one should always look back to the main headword and its combining form entry (if there is one).

Most dictionaries produced in Britain only take into consideration the needs of the English-speaking user, and give what explanatory matter they include solely in English. We have distinguished between what is obvious to the English speaker and what is clear to the speaker of German by giving explanatory matter concerning the English translations in German and that relating to the German translations in English, since the English user will be familiar with the usage of the English words and the German user with that of the German words.

Structure of Entries

Headwords are given in bold type, letter-spaced. Main headwords are immediately followed by a full phonetic transcription in square brackets using the IPA alphabet (for symbols used see pages x and xi). Sub-headwords are only given stress marks unless their pronunciation differs substantially from that of the main headword. German compounds are treated similarly, unless one of the parts of the compound does not occur elsewhere in the dictionary. There follows an abbreviation describing the part of speech (see list of abbreviations, p. xiv). Then if the word is a German noun come the genitive and plural endings; for English nouns plurals are only given where they are irregular. If the word is an irregular verb the irregular forms are given, except in the case of German compound verbs where a number refers the user to the appropriate verb in the list on p. xvii. Then come the various meanings subdivided where necessary by means of Arabic numerals and letters for the main and subsidiary senses and Roman numerals where necessary for different parts of speech. (Verb entries are a slight exception where Arabic 1. and 2. distinguish transitive and intransitive, bracketed letters only being used for different meanings.) Where the same translation broadly covers all the meanings of the word, this is often given at the beginning of the article, followed by subsections giving examples of the different senses.

Within each section or subsection the most frequent translation of the particular sense is given first, followed by other translations distinguished by labels and bracketed synonyms; the labelled translations come last, and the labels can be taken to apply to all following translations of the headword, unless cancelled by another label. Similarly among the set phrases and examples of usage the labelled phrases come later, the principle being that one generally proceeds from the literal to the more specialized uses and then the colloquial and/or figurative examples.

In addition to the subdivisions mentioned above small Roman numerals, e.g.

(i), (ii) etc., are occasionally used for different translations of a phrase where there is a marked difference in meaning.

It is also important to understand the use of brackets and oblique strokes. Brackets are used for any optional additional material within a phrase, in which case a corresponding bracket will be found in the translation, unless the bracketed item is simply understood in the translation as given. Similarly oblique strokes are used for alternatives within a phrase, usually with a corresponding pair of alternatives in the translation. If there are no alternatives in the translation then it can be taken to cover both alternatives in the original phrase.

Brackets are also used round explanatory matter (which is always in italics) and round typical objects of verbs or nouns commonly used with particular adjectives.

Indexing

It is often difficult to know under which headword one should look for a phrase. The principle has generally been to put it under the first important word. However there are cases where this word is translated as one would expect, so the phrase goes under the word of whose meaning it is a particular illustration and which causes difficulty in translation. Thus **aus dem Jahre 1970** ('dating from 1970') obviously goes under **Jahr**, but **aus dem Jahre Schnee** (Austrian for 'from the year dot') goes under **Schnee**. With German compounds there is no doubt where to find a word since they are always one word, but on the English-German side we have stuck to a similar principle, indexing such phrases under the first word; **motor mower** under **motor**, **lawn mower** under **lawn** etc. However there are some cases where a word can be used on its own with the sense of the compound: **calculator** is usually understood nowadays to mean **pocket calculator**, so this will be found both under **calculator** and under **pocket**.

Abbreviation of headwords

On the German-English side there are inevitably long columns of compounds with the basic headword at the top. The first word in the column may itself be a compound if it comes first alphabetically (e.g. **abfahrbereit**) and there is no combining form article for the basic element. A vertical stroke indicates that part of the word which is then not repeated in the remaining headwords in the column which just have the initial letter (large or small), a tilde and the additional word or ending: thus **abfahr|bereit, a~en** (for **abfahren**) and so on.

Within the entry the word is abbreviated to its initial letter followed by a stop, as long as it is in exactly the same form as given at the beginning of the entry. If it occurs with an ending, then this is added after a tilde on the German-English side: thus in the column which starts with **bald** we have **b~ig** (for **baldig**): ... **auf ein b~es Wiedersehen.** Modified plurals of nouns have the umlaut above the tilde: **Hand ... H~̈e hoch!** (= *Hände hoch!*). Where the form of the word shown at the beginning of the article is subject to any other kind of alteration in an example, it is written out in full. It is also written out in full on the English-German side where it is subject to *any* kind of alteration.

Order of headwords

Order is alphabetical, with the exception again of compounds. These are listed in one continuous column under the simplex (or basic word), combining form or first compound. The column is not interrupted for unrelated words which would otherwise fit in there alphabetically.

Exceptions are made on the German-English side for words formed with certain extremely common prefixes such as **auf-, aus-, bei-, ein-, hin-, vor-, zu-** etc. which are given separate entries.

Most of these points will become much clearer from a study of the specimen pages which follow on pp. xii–xiii.

Vorwort

Richtlinien des Wörterbuchs

Seit langem herrscht am Wörterbuchmarkt eine Lücke zwischen wirklich kleinen Wörterbüchern und mittelgroßen, nicht nur in bezug auf Stichwortanzahl, sondern auch auf Behandlung der Einträge. Das Paradoxe an der Sache ist, daß gerade diese Kleinstwörterbücher mit ihren knappen, undifferenzierten Einträgen am häufigsten von Anfängern gekauft werden, wo doch Anfängern eher mehr als weniger Hilfe geboten werden sollte. Unser Bestreben war es daher, ein Wörterbuch auf den Markt zu bringen, das kleiner als die vorhandenen mittelgroßen ist, wobei wenig geläufige und literarische Ausdrücke nicht gebracht werden; dafür sollten die Einträge viel ausführlicher behandelt werden mit grammatischen Hinweisen, Aussprache und zahlreichen Beispielen. Ein solches Wörterbuch ist dann wirklich von Nutzen, besonders für die Schulen, wo es nicht nur als Nachschlagewerk sondern auch als Lehrmittel benutzt werden kann, da es reich an Beispielen ist, den Wortgebrauch klar differenziert und grammatische Hinweise gibt. Durch sein kompaktes Format eignet es sich auch als handliches Nachschlagewerk für das Büro oder für den Reisenden. Unser Ziel war es also, ein praktisches Werkzeug zu liefern, das auch dem Hochschulstudenten und Übersetzer hilft, obwohl wir nicht vorgeben wollen, allen ihren Anforderungen gerecht zu werden.

Inhalt

Um alle diese Ziele zu erfüllen, haben wir uns auf die Gegenwartssprache beschränkt, so wie sie vom Durchschnittsbürger gesprochen und geschrieben wird. Literarische und veraltete Ausdrücke sind nur enthalten, wenn sie noch in festen oder scherzhaften Wendungen gebraucht werden. Obwohl hochspezialisierte Fachausdrücke und Wendungen natürlich nicht angeführt werden, findet der Benutzer dennoch eine Menge allgemeines Fachvokabular. Wir leben ja in einem technischen Zeitalter, wo das Heimwerken beliebt ist und der Großteil der Bevölkerung mit den Grundbegriffen der technischen Sondersprache vertraut ist –durch Hobbies, wie z.B. Fotografieren oder Hi-Fi, durch Haushaltsgeräte, wie z.B. Waschmaschinen, durch Autos und Motorräder. Auch das Sportvokabular ist großen Kreisen geläufig, dank des Fernsehens.

Behandlung

Die meisten Wörterbücher führen eine Anzahl von Übersetzungen für jedes Wort oder jede Wendung an, oft sogar für jeden Sinn eines Wortes, ohne deutlich zu unterscheiden. Das hilft keinem, besonders wenn es sich um Übersetzungen in die Fremdsprache handelt. Unser Bestreben war es daher, nie mehr als höchstens zwei Übersetzungen pro Wortbedeutung anzugeben und im Zusammenhang zu zeigen, wie das Wort benutzt wird, und das mit Hilfe von eingeklammerten Synonymen (in Kursivdruck) und von charakteristischen Verbindungen von Verb bzw. Adjektiv und Substantiv.

Wie in allen anderen Harrap-Wörterbüchern finden Sachbereichsangaben weitgehend Verwendung. Das sind kursiv gedruckte Abkürzungen, die der Übersetzung vorgestellt sind, wie z.B. *Fig:* für figurativ bzw übertragen, *V:* vulgär, *Fb:* Fußball, *Ch:* Chemie usw. Wir haben uns, soweit es möglich war, auf leicht erkennbare Kürzel beschränkt und hielten uns an die Regel, daß ein Kürzel so lange gilt, bis es durch ein anderes ersetzt wird. Um die Einträge übersichtlicher zu gestalten, verwenden wir römische Zahlen zur Unterteilung der grammatischen Kategorien Substantiv, Verb usw. und arabische Zahlen für Bedeutungsunterschiede, ferner werden kleinere Variationen in der Bedeutung durch eingeklammerte Buchstaben gekennzeichnet. An Hand von zahlreichen Beispielen wird dem Benutzer klar gemacht, wie die häufigsten Wörter angewendet werden, und zwar nicht nur mit stehenden Redensarten und Wendungen, sondern auch mit Anwendungsbeispielen, besonders in Fällen, wo die Grundübersetzung nicht verwendet werden kann.

Besondere Konventionen

Die Hauptschwierigkeit in einem deutsch-englischen Wörterbuch, besonders in einem kleineren, ist die Behandlung der deutschen Zusammensetzungen. Wir haben eine Besonderheit des Harrap (jetzt Oxford-Harrap) Standard German-English Dictionary in etwas geänderter Form übernommen und führen viele Zusammensetzungen gesammelt in sogenannten 'combining form' Einträgen an. Diese zeigen an Hand von Beispielen, wie verbale Vorsilben sowie Substantive usw., die das erste Element einer Zusammensetzung bilden, zu übersetzen sind. Auf diese Weise können wir mehr Zusammensetzungen bringen, als normal der Fall wäre bei bestehender Seitenzahl und separaten Einträgen. Wenn ein zusammengesetztes Wort nicht in das Muster der 'combining form' paßt, wird es als eigener Eintrag angeführt. Das heißt, daß eine Zusammensetzung möglicherweise an zwei Stellen nachzuschlagen ist: erscheint sie nicht in der alphabetischen Reihenfolge, dann soll man jeweils zum Hauptstichwort zurückschlagen und seinem 'combining form'- Eintrag (sofern es einen gibt).

Die meisten Wörterbücher, die in Großbritannien erscheinen, konzentrieren sich auf den englischsprechenden Benutzer und geben Erklärungen nur auf Englisch an. Wir unterscheiden, was leicht verständlich ist für den englischsprechenden bzw. deutschsprechenden und geben die Erklärungen dementsprechend bei englischen Übersetzungen auf deutsch und bei deutschen auf englisch, da ja dem Engländer sowie dem Deutschen der Wortgebrauch seiner Muttersprache geläufig ist.

Struktur der Einträge

Stichwörter sind fett und gesperrt gedruckt. Einem Hauptstichwort folgt die phonetische Umschrift im IPA Alphabet (siehe Seite x-xi) in eckigen Klammern. Untergeordnete Einträge erhalten nur Betonungszeichen, außer wenn die Aussprache abweicht. Deutsche Zusammensetzungen werden ähnlich behandelt, solange die Elemente nicht als eigener Eintrag an anderer Stelle erscheint. Darauf folgt eine Abkürzung, die die grammatische Kategorie bezeichnet (siehe Liste der Abkürzungen Seite xiv). Ist das Wort ein deutsches Substantiv, dann folgen der Genitiv und die Pluralform; bei englischen Substantiven wird der Plural nur angegeben, wenn er unregelmäßig ist. Bei einem unregelmäßigen Verb stehen die abweichenden Formen, außer bei deutschen zusammengesetzten Verben, wo die Nummer auf die Liste der einschlägigen Verben verweist (siehe Seite xvii). Dann folgen die verschiedenen Bedeutungen, die nötigenfalls durch arabische Zahlen und Buchstaben gekennzeichnet werden, wobei römische Zahlen grammatische Kategorien unterscheiden (Verbeinträge sind eine Ausnahme, arabisch 1 und 2 unterscheiden transitiven und intransitiven Gebrauch und geklammerte Buchstaben Bedeutungsunterschiede). Dort, wo eine Übersetzung weitgehend alle Wortbedeutungen deckt, wird sie am Anfang gegeben und die Untergruppen führen Beispiele an, die die verschiedenen Bedeutungen illustrieren.

Innerhalb jeder Bedeutungsgruppe oder Untergruppe wird die geläufigste Übersetzung als erstes angegeben; die dann folgenden Übersetzungen werden durch Kürzel oder eingeklammerte Synonyme unterschieden. Übersetzungen mit vorgestellten Bedeutungskürzel kommen als letztes; die Kürzel gelten so lange, bis sie durch ein anderes ersetzt werden. Diese Anordnung gilt auch für Redewendungen und Beispielsätze. Die Richtlinie ist, daß man von der wörtlichen bzw. geläufigsten Bedeutung ausgeht, dann zur spezialisierteren und schließlich zum umgangssprachlichen und/oder übertragenen Gebrauch fortschreitet. Zusätzlich zu den obenerwähnten Untergruppen werden gelegentlich kleine römische Ziffern – (i), (ii) usw. – bei einer Wendung benutzt, wo die Bedeutungsunterschiede nicht durch die Anwendung von Kürzeln zu unterscheiden sind.

Weiterhin ist es wichtig, den Gebrauch von Klammern und Schrägstrichen zu verstehen. Klammern werden bei zusätzlichen Elementen einer Wendung benutzt, entsprechend erscheint dann auch der Klammerausdruck in der Übersetzung, es sei denn, er wird in der angegebenen Übersetzung überflüssig. Ähnlicherweise bezeichnen Schrägstriche Alternativen bei einer Wendung, gewöhnlich mit entsprechenden Möglichkeiten in der Übersetzung. Fehlen die jedoch in der Übersetzung, so heißt das, daß die eine Übersetzung beide Möglichkeiten in der Ausgangssprache deckt. Eingeklammert werden ebenfalls auch Erklärungen (immer in Kursivdruck) sowie die typischen Verbobjekte und Substantive, die häufig mit den angeführten Adjektiven gebraucht werden.

Anordnung
Oft ist es nicht so leicht, schon im voraus zu wissen, unter welchem Stichwort man eine bestimmte Wendung finden wird. Unser Prinzip war es, sie meist unter ihrem ersten wichtigen Bestandteil einzutragen. Handelt es sich aber um einen Fall, wo dieses Wort so übersetzt wird, wie man es logischerweise erwartet, dann steht die Wendung bei dem Wort, dessen besonderer Gebrauch Schwierigkeiten bei der Übersetzung verursacht. So z.B. steht **aus dem Jahre 1970** ('dating from 1970') natürlich unter **Jahr**, aber **aus dem Jahre Schnee** (österreichisch für 'from the year dot') unter **Schnee**. Bei deutschen Zusammensetzungen ist es leicht zu entscheiden, wo man sie findet, da sie zusammengeschrieben sind. Im englisch-deutschen Teil hielten wir uns an ein ähnliches Prinzip, **motor mower** unter **motor**, **lawn mower** unter **lawn** usw. Es gibt jedoch Fälle, wo das Wort alleinstehend verwendet werden kann mit dem Sinn der Zusammensetzung: **calculator** bezeichnet heutzutage meist **pocket calculator**, daher wird man einen Eintrag unter **calculator** und unter **pocket** finden.

Abkürzung von Stichwörtern
Im deutsch-englischen Teil ist eine lange Spalte von Zusammensetzungen mit dem Stichwort am Anfang unvermeidlich. Das erste Wort in der Spalte kann selbst eine Zusammensetzung sein, wenn es alphabetisch das erste ist (z.B. **abfahrbereit**) und kein 'combining form'- Eintrag für das Grundelement besteht. Ein vertikaler Strich zeigt an, welches Wortelement dann bei den folgenden Stichwörtern nicht wiederholt wird, die nur den Anfangsbuchstaben (groß oder klein), eine Tilde und den Rest des Wortes aufweisen: so z.B. **abfahr|bereit, a ~ en** (für **abfahren**) usw. Innerhalb des Eintrags wird das Wort mit dem Anfangsbuchstaben abgekürzt, dem ein Punkt folgt, solange das Wort die gleiche Form hat, wie am Anfang des Eintrags. Kommt es mit einer Endung vor, dann wird die nach einer Tilde im deutsch-englischen Teil angegeben; so z.B. in einer Spalte, die mit **bald** beginnt: **b ~ ig** (für **baldig**), ... **auf ein b ~ es Wiedersehen.** Pluralformen von Hauptwörtern mit Umlaut haben über der Tilde das Umlautzeichen: **Hand** . . . **H ~̈ e hoch!** (= **Hände hoch!**). Wo die Wortform, die am Artikelanfang steht, sich anders als durch Hinzufügung einer Endung verändert, wird es voll ausgeschrieben. Das gilt auch für den englisch-deutschen Teil, wenn es sich überhaupt irgendwie verändert.

Folge der Stichwörter
Die Folge ist alphabetisch mit Ausnahme von Zusammensetzungen, die unter dem Simplex der 'combining form' oder dem ersten Element der Zusammensetzung erscheinen. Die Spalte wird nicht durch Einträge anderer Wörter, die alphabetisch hineinpassen, unterbrochen. Ausnahmen bestehen nur im deutsch-englischen Teil bei Wörtern mit besonders häufig vorkommenden Präfixen wie z.B. auf-, aus-, bei-, hin-, vor-, zu- usw., die eigene Einträge haben.

Das alles wird dem Benutzer viel klarer, wenn er die folgenden Musterseiten studiert.

Pronunciation

The phonetic alphabet used to represent the pronunciation of the German and English words in this dictionary is that of the IPA (International Phonetic Association), and a table of the actual symbols used is given below with examples of the words in which the sounds they represent occur.

Our authority for the transcription of the English words was Daniel Jones: *English Pronouncing Dictionary*, 12th edition, since these transcriptions are easier to understand than those in the later editions. We have however taken the transcription of the long **o** from the 13th edition ([əu] instead of [ou]). The final **r** is here given as [r], since it is of course pronounced before vowels (where there is no pause) and cannot be omitted entirely.

The basis for the transcription of the German words was *Das große Wörterbuch der deutschen Sprache* in 6 volumes (Bibliographisches Institut, Mannheim); we preferred however to give the final -**er** as [ər] rather than using the puzzling [ ], and in combinations such as [-tsio:n] we have shown the stress on the [o:] since one could otherwise assume that the stress was on the [i].

The stress is shown by means of a stress mark ['] before the accentuated syllable, e.g. **sugar** ['ʃugər], **impossible** [im'pɔsibl]. Symbols in brackets show an optional sound which is sometimes included and sometimes omitted. We have also used the ʔ to indicate the glottal stop (a slight pause) in transcribing German words.

Aussprache

Die phonetische Umschrift der Aussprache der deutschen und englischen Wörter erfolgt nach dem Alphabet der IPA (International Phonetic Association). Unten finden Sie eine Liste der verwendeten Lautzeichen mit einschlägigen Beispielen.

Maßgebend für die Umschrift der englischen Wörter war Daniel Jones: *English Pronouncing Dictionary*, 12. Ausgabe, da diese Umschrift leichter verständlich ist als die der späteren Ausgaben. Wir haben lediglich die Umschrift des langen **o** aus der 13. Ausgabe übernommen ([əu] statt [ou]). Das Schluß-r wird hier als [r] angegeben, da es bekanntlich vor unmittelbar folgenden Vokalen gesprochen wird und nicht ganz fehlen darf.

Als Grundlage für die Umschrift der deutschen Wörter diente *Das große Wörterbuch der deutschen Sprache* in 6 Bänden (Bibliographisches Institut, Mannheim); wir haben aber vorgezogen, **er** am Wortende als [ər] anzugeben, statt das rätselhafte [a] zu verwenden, und bei Kombinationen wie [-tsio:n] haben wir die Betonung auf dem [o:] gezeigt, da man sonst annehmen könnte, die Betonung sei auf dem [i].

Die Betonung wird durch ein Betonungszeichen ['] vor der zu betonenden Silbe angegeben, z.B. **sugar** ['ʃugər], **impossible** [im'pɔsibl]. Eingeklammerte Zeichen deuten auf Laute, die manchmal ausgesprochen werden und manchmal nicht. Hinzu kommt noch das Zeichen ʔ, das den Knacklaut in bestimmten deutschen Wörtern darstellt.

Vowels – Vokale

Symbol/Zeichen	English examples/Englische Beispiele	German examples/Deutsche Beispiele
[a]		hat, hart
[æ]	bat, add	
[ɑ:]	bath, cart	Bad, Bahn, Waage
[ɑ̃, ɑ̃:]	ensemble	Abonnement
[ai]	life, fly, aisle, height	weiß
[au]	fowl, house	Haus
[e]	bet, said, bury	egal, Methan
[e:]		Beet, Weh
[ɛ]		Bett, hätte
[ɛ:]		wählen, spät
[ɛ̃, ɛ̃:]	timbre	Terrain
[ɛə]	bare, air, there	
[eɪ]	hate, day, nail	
[ə]	annoy, butter, photograph	Behang, halte
[(ə)]	nation, ocean, reason, sudden	
[ə:]	learn, whirl, burn	
[i]	wind, added, physics	Wind, mit
[i:]	he, sea, bee, fever, police	viel, Brise
[iə]	beer, real	
[ɔ]	lot, wasp, what	Post, Ort
[ɔ:]	all, haul, short, saw	
[ɔ̃, ɔ̃:]	raison d'être	Feuilleton
[o]		Moral, Advokat
[o:]		Boot, los
[ɔi]	boil, toy, loyal	
[ɔy]		heute, Häuser
[əu]	boat, low, rope, no	
[œ]		göttlich, öffnen
[œ̃]		Parfum
[ø]		Ökonom
[ø:]		Öl, schön
[ʌ]	cut, son, cover, rough	
[u]	put, wool, would	Butter, Schuß
[u:]	shoe, prove, too, true	Uhr, Gruß
[uə]	surely, tourist	
[y]		Glück, Physik
[y:]		Rübe, führen

Consonants – Konsonanten

Symbol/Zeichen	English examples/Englische Beispiele	German examples/Deutsche Beispiele
[h]	better	besser
[ç]		ich, traurig
[x]	Scot: loch	Bach, Loch
[d]	dud	da
[dʒ]	rage, edge, jet, digit	Gin
[f]	fat, laugh, photo	Faß, Vieh, Phon
[g]	gold, egg, rogue	Geld
[gz]	exact	
[h]	house	Haus
[j]	yet	ja
[ʒ]	pleasure, vision	Genie, Journal
[k]	cold, kick, ache	Kalt, Sarg, Café, Chor
[ks]	except, axe, accident	Exzellenz
[l]	log, able	Last, Nabel
[m]	mast, prism	Mohn, meinem
[n]	nine	nein
[ŋ]	song, think	lang, denken
[p]	part, bump	Pakt, herb, obwohl
[r]	red, break, hurry	rot, zerren, Vater
[r]	father, sailor	
[s]	sat, mouse, less	Gras, Hast, Gruß
[z]	houses, fuse, buzz, zinc	Sorge, Rose
[ʃ]	sham, dish, pressure, ocean, machine, nation	Schein, spät, still
[t]	top, bat	Tag, Thron, Bad, Hand, Stadt
[ts]	tsar, hints	Zar, Hinz, Hitze, Funktion, Cäsar
[tʃ]	match, chat, rich	Matsch
[θ]	thatch, breath, ether	Thriller
[ð]	that, breathe, other	
[v]	vase, have	Vase, weit, etwas
[w]	wigwam	

all headwords in bold, double-spaced	**con'troller**, *s.* **1.** *El:* Regler *m.* **2.** *Rad: TV:* c. (of programmes), Programmdirektor *m.*	alle Stichwörter fett und in Sperrdruck
pronunciation in IPA for first headword in a column and subsequent variations	**controversial** [kɔntrə'vəːʃ(ə)l], *adj.* (of issue, figure etc.) umstritten; (of writings, critic etc.) polemisch; c. question, Streitfrage *f.* **con'troversy** [kən'trɔvəsi], *s.* Meinungsstreit *m;* a subject of great c., ein heiß umstrittenes Problem.	Aussprache in IPA-Lautschrift für das erste Stichwort in der Spalte sowie für nachfolgende Varianten
	contusion [kən'tjuːʒ(ə)n], *s. Med:* Prellung *f.*	
	conundrum [kə'nʌndrəm], *s.* Rätsel *n.*	
	conurbation [kɔnəː'beiʃ(ə)n], *s.* Gruppen-großstadt *f;* Ballungsgebiet *n.*	
adjectival noun (feminine *eine Genesende,* masculine *ein Genesender*)	**convalesce** [kɔnvə'les], *v.i.* sich erholen; he is convalescing in X, er ist in X zur Erholung. **conva'lescence**, *s.* Erholungszeit *f.* **conva'lescent**, *s.* Genesende(r) *f(m);* c. home, Erholungsheim *n.*	substantiviertes Adjektiv
	convector [kən'vektər], *s.* Konvektor *m.*	
Arabic numerals for (i) transitive and intransitive usage (ii) different senses	**convene** [kən'viːn], *v.* **1.** *v.tr.* (eine Versammlung usw.) einberufen. **2.** *v.i.* sich versammeln.	arabische Zahlen für (i) transitiven und intransitiven Gebrauch (ii) verschiedene Bedeutungen
	convenience [kən'viːnjəns], *s.* **1.** Bequemlichkeit *f;* at your c., wann (immer) es Ihnen paßt; at your earliest c., bei erster Gelegenheit; to make a c. of s.o., j-n ausnutzen; a c. food, ein Schnellgericht *n.* **2.** (public) c., (öffentliche) Bedürfnisanstalt *f.* **3.** with all conveniences, mit allen Bequemlichkeiten. **con'venient**, *adj.* (of	
usage of German adjectives indicated in English	time) gelegen; (of arrangement etc.) praktisch; if it is c. for you, wenn es Ihnen paßt.	Gebrauch der deutschen Adjektive wird englisch angegeben
genders	**convent** ['kɔnvənt], *s.* Kloster *n;* c. school, Klosterschule *f.*	Geschlechtsangaben
English synonyms distinguish between translations	**convention** [kən'venʃən], *s.* **1.** Tagung *f; N. Am: Pol:* Parteitag *m.* **2.** (custom) Sitte *f;* social conventions, gesellschaftliche Formen/Konventionen *fpl.* **con'ventional**, *adj.* konventionell; (customary) herkömmlich; c. weapons, konventionelle Waffen.	Übersetzungen werden durch englische Synonyme unterschieder
usage of intransitive verb	**converge** [kən'vəːdʒ], *v.i.* (of lines, roads) zusammenlaufen; troops are converging on the town, Truppen marschieren von allen Seiten auf die Stadt zu. **con'vergence**, *s.* Zusammenlaufen *n.* **con'vergent/con'verging**, *adj.* zusammenlaufend.	Gebrauch eines intransitiven Verbs
oblique stroke indicates alternatives	**conversant** [kən'vəːs(ə)nt], *adj.* vertraut (with, mit + *dat*); to be c. with a subject, sich in einem Fach auskennen.	Schrägstrich gibt Alternativen an
superior numbers for unrelated homonyms	**converse**¹ ['kɔnvəːs]. **I.** *s.* Gegenteil *n.* **II.** *adj.* umgekehrt.	Hochzahlen bei Homonymen, die nicht miteinander verwandt sind
prepositional usage	**converse**² [kən'vəːs], *v.i.* sich unterhalten (with s.o., mit j-m). **conver'sation**, *s.* Gespräch *n;* we got into c., wir kamen ins Gespräch.	Gebrauch der Präpositionen
typical objects for *all* transitive verb translations	**convert. I.** *v.tr.* [kən'vəːt] (a) (j-n) bekehren (to Christianity, zum Christentum); (b) (etwas) umwandeln (into sth., in etwas *acc*); to c. a cooker to natural gas, einen Herd auf Erdgas umstellen; to c. a home into flats, ein Haus in Wohnungen umbauen; to c. paper money into coins, Papiergeld in Münzen umwechseln; (c) (ein Darlehen usw.) konvertieren; (d) *Rugby Fb:* to c. a try, einen Versuch (in einen Treffer)	charakteristische Objekte bei allen Übersetzungen von transitiven Verben
Roman numerals for parts of speech	verwandeln. **II.** *s.* ['kɔnvəːt] Bekehrte(r) *f(m).* **con'version**, *s.* **1.** *Rel:* Bekehrung *f.* **2.**	römische Zahlen für grammatische Kategorien
for further details of usage of verbal nouns look back to the verb article	Umwandlung *f* (into, in + *acc*); Umstellung *f* (to, auf + *acc*); *Constr:* Umbau *m;* Umwechslung *f* (von Geld); Konvertierung *f* (eines Darlehens usw.). **con'verter**, *s. El. E: Atom Ph:* Konverter *m.* **converti'bility**, *s. Fin:*	für Näheres über den Wortgebrauch der Verbalsubstantive beim Verb nachsehen
usage labels	Konvertierbarkeit *f.* **con'vertible. I.** *adj.*	Bereichsangaben

vertical stroke indicates part of word replaced by tilde in subsequent headwords initial letter plus stop or tilde repeats whole headword within the article	**mittler|e(r,s)** ['mitlərə(r,s)], *adj.* (*a*) middle (house, window etc.); central (part, area etc.); **der M. Osten,** the Middle East; (*b*) medium (size, quality etc.); moderate (speed, temperature etc.); medium-sized (town etc.); **ein Mann m~n Alters,** a middle-aged man; **ein m~r Beamter,** a middle-grade civil servant; *Sch:* **m. Reife,** lower school-leaving certificate (for those leaving at 16); (*c*) **die m. Jahrestemperatur,** the mean temperature for the year. **'m~'weile,** *adv.* meanwhile, in the mean time.	ein vertikaler Strich zeigt das Wortelement an, das durch die Tilde in den folgenden Stichwörtern ersetzt wird Anfangsbuchstabe mit Punkt bzw. Tilde wiederholt das ganze Stichwort innerhalb des Artikels
number indicates entry in list of irregular verbs	**'mittrinken,** *v.tr.&i.sep.irr.*102 (*haben*) to drink (sth.) too/as well.	Zahl verweist auf die Liste der unregelmäßigen Verben
phonetics for all main headwords; for compounds generally stress only	**Mittwoch** ['mitvɔx], *m* -(e)s/-e Wednesday. **'m~s,** *adv.* on Wednesdays. **mit'unter,** *adv.* occasionally; from time to time. **'mitverantwortlich,** *adj.* jointly responsible. **'mitverdienen,** *v.i.sep.* (*haben*) (*Frau*) to be earning as well.	phonetische Umschrift bei allen Hauptstichwörtern; bei Zusammensetzungen meist nur die Betonung
genitive and plural endings	**'Mitverfasser,** *m* -s/- co-author. **'Mitverschulden,** *n* -s/*no pl* *Jur:* contributory negligence. **'Mitwelt,** *f* -/*no pl* **die M.,** one's fellow men/(*Zeitgenossen*) contemporaries.	Genitiv- und Pluralendungen
perfect etc. with *haben* typical subjects given in German = **Mitwirken** = **mitwirkend** = **Mitwirkender** = **Mitwirkung**	**'mitwirk|en. I.** *v.i.sep.* (*haben*) (*a*) **an/bei etwas** *dat* **m.,** (*Pers.*) to help with sth.; (*Faktoren, Ereignisse usw.*) to play a part in/contribute to sth.; (*b*) *Mus:* to play; *Th: etc:* to take part (**in/bei einem Stück usw.,** in a play etc.); *Rad: TV:* **es wirkten mit . . .,** those taking part were . . . **II. M.,** *n* -s/*no pl* help; co-operation. **'m~end,** *adj.* (*a*) contributory (factor etc.); (*b*) participating (actor etc.); *Th: TV: etc:* **ein M~er/eine M~e,** a performer/*Mus:* player; **die M~en,** the performers/*Th:* cast/*Mus:* players. **'M~ung,** *f* -/*no pl* co-operation; **unter M. von . . .,** with the participation of . . . **'mitzählen,** *v.sep.* **1.** *v.tr.* to count, include (s.o., sth.) (as well). **2.** *v.i.* (*haben*) to count, be of importance.	Perfekt usw. mit **haben** typische Verbsubjekte auf deutsch = **Mitwirken** = **mitwirkend** = **Mitwirkender** = **Mitwirkung**
typical objects of transitive verb genitive and plural endings even for compounds if they have their own entry	**Mix|becher** ['miksbɛçər], *m* -s/- (*a*) (cocktail) shaker; (*b*) liquidizer (attachment). **'m~en,** *v.tr.* to mix (drinks, *Rec:* sounds). **'M~er,** *m* -s/- **1.** *Cu:* liquidizer. **2.** (*Pers.*) barman. **3.** *Rec:* mixer. **'M~getränk,** *n* -(e)s/-e mixed drink; cocktail. **M~'tur,** *f* -/-en **1.** *Pharm:* mixture. **2.** *Mus:* mixture (stop).	typische Verbobjekte bei transitiven Verben Genitiv- und Pluralendungen auch bei Zusammensetzungen, die einen eigenen Eintrag haben
bracketed nouns give translations of the more obvious **Möbel**-compounds (here **Möbelgeschäft, Möbelindustrie** and **Möbelpolitur**)	**Möbel** ['mø:bəl], *n* -s/- **1.** piece of furniture; *usu.pl* **die M.,** the furniture. **2.** *F:* (*Pers.*) **altes M.,** permanent fixture. **II. 'M~-,** *comb.fm.* furniture (shop, industry, polish etc.); **M~lager** *n,* furniture repository/warehouse; **M~spediteur** *m,* furniture remover; **M~wagen** *m,* furniture/removal van; **M~stoff** *m,* furnishing fabric. **'M~stück,** *n* -(e)s/-e piece of furniture. **'M~tischler,** *m* -s/- cabinet-maker.	eingeklammerte Substantive übersetzen Möbel-Zusammensetzungen, die weniger Schwierigkeit bereiten (hier **Möbelgeschäft, Möbelindustrie** und **Möbelpolitur**)
bracketed letters separate less marked differences in meaning style label (*F:* = colloquial)	**mobil** [mo'bi:l], *adj.* **1.** (*a*) mobile (shop etc.); (*b*) *Mil:* mobilized (troops etc.). **2.** *F:* lively (person, child); sprightly (old person); **wieder m. sein,** to be fighting fit. **M~e** ['mo:bilə], *n* -s/-s mobile. **M~iar** [mobili'a:r], *n* -s/*no pl* furniture and fittings. **m~i'sieren,** *v.tr.* (*a*) to mobilize (troops, *Econ:* capital etc.); (*b*) *F:* to summon up (energy etc.); **Kaffee mobilisiert die Lebensgeister,** coffee gets you going.	eingeklammerte Buchstaben unterteilen kleinere Variationen in der Bedeutung Stilangabe (*F:* = umgangssprachlich)
parts of irregular verbs as separate entries	**mochte** ['mɔxtə], **möchte** ['mœçtə], *p.* & *p.subj.* of **mögen** *q.v.* **'Möchtegern-,** *comb.fm.* *F:* would-be (artist etc.).	unregelmäßige Verbformen haben eigene Einträge

Abbreviations and Labels used in the Dictionary

Im Wörterbuch benutzte Abkürzungen und Bereichsangaben

A:	archaic	veraltet
abbr.	abbreviation	Verkürzung
abs.	absolute use	ohne Akkusativobjekt
acc	accusative	Akkusativ
adj.	adjective; adjectival	Adjektiv; adjektivisch
Adm:	administration; 'officialese'	Verwaltung; Beamtensprache
adv.	adverb	Adverb
Advert:	advertising; publicity	Reklame, Werbung
Agr:	agriculture	Landwirtschaft
Anat:	anatomy	Anatomie
approx.	approximately	ungefähr
Arch:	architecture	Architektur
Archeol:	archeology	Archäologie
art.	article	Artikel
Art:	art	Kunst
Artil:	artillery	Artillerie
Astr:	astronomy	Astronomie
Atom. Ph:	atomic physics	Atomphysik
attrib.	attributive	attributiv
Aus:	Austrian	österreichisch
Austral:	Australia; Australian	Australien; australisch
Aut:	automobiles, motoring	Automobile
aux.	auxiliary	Hilfs-
Av:	aviation; aircraft	Luftfahrt
B:	Bible; biblical	Bibel, biblisch
Bank:	banking	Bankwesen
Biol:	biology	Biologie
Bookb:	bookbinding	Buchbinderei
Book-k:	book-keeping	Buchhaltung
Bot:	botany	Botanik
Box:	boxing	Boxen
Brit:	British	britisch
card.	cardinal	Kardinal-
Cards:	card games	Kartenspiel
Carp:	carpentry	Zimmerhandwerk
Cer:	ceramics	Keramik
Ch:	chemistry	Chemie
Cin:	cinema	Kino
Civ.E:	civil engineering	Tiefbau
Cl:	clothing	Kleidung
Clockm:	clockmaking	Uhrmacherei
coll.	collective	kollektiv
Com:	commerce, business	Handel, Geschäftswelt
comb.fm.	combining form	Zusammensetzungselement
comp.	comparative	Komparativ
condit.	conditional	Konditional
conj.	conjunction	Konjunktion
Constr:	construction, building	Bauwesen
Corr:	correspondence, letters	Korrespondenz
Cosm:	Cosmetics	Kosmetik
Cu:	culinary; cooking	Kochkunst
Cy:	cycling	Fahrräder
Danc:	dancing	Tanz
dat	dative	Dativ
Data-pr:	data-processing	Datenverarbeitung
decl.	declined	dekliniert
dem.	demonstrative	Demonstrativ-, hinweisend
Dial:	dialect	Dialekt
dim.	diminutive	Diminutiv
Dressm:	dressmaking	Damenschneiderei
Dy:	dyeing	Färberei
E:	engineering	Ingenieurwesen
East G:	East German	ostdeutsch, DDR
Ecc:	ecclesiastical	kirchlich
Econ:	economics	Volkswirtschaft
e.g.	for example	zum Beispiel
El:	electricity	Elektrizität
El.E:	electrical engineering	Elektrotechnik
Ent:	entomology	Entomologie
Equit:	equitation	Reitkunst
esp.	especially	besonders
etc.	et cetera, and so on	und so weiter
expr.	expression	Ausdruck
f	feminine	weiblich
F:	colloquial(ism)	umgangssprachlich
Fb:	football	Fußball
Fenc:	fencing	Fechten
Fig:	figurative	figurativ, übertragen
Fin:	finance	Finanzwesen
Fish:	fishes, fishing	Fische, Fischerei

For:	forestry	Forstwesen
Fung:	fungi	Pilz(e)
Furn:	furniture	Möbel
fut.	future	Futurum, Zukunft
G:	German	deutsch
Games:	games	Spiele
gen	genitive	Genitiv
Geog:	geography	Geographie
Geol:	geology	Geologie
Geom:	geometry	Geometrie
Gram:	grammar	Grammatik
Gym:	gymnastics	Gymnastik
H:	household	Haushalt
Hairdr:	hairdressing	Friseurhandwerk
Hist:	history	Geschichte
Horse Rac:	horse racing	Pferderennen
Hort:	horticulture	Gartenbau
Hum:	humorous	scherzhaft
Hunt:	hunting	Jagd
Hyd.E:	hydraulic engineering	Wasserbau
i.	intransitive	intransitiv
I.C.E:	internal combustion engines	Verbrennungsmotoren
i.e.	id est, that is	das heißt
imp.	imperative	Imperativ
imperf.	imperfect	Imperfekt
impers.	impersonal	unpersönlich
ind.	indicative	Indikativ
Ind:	industry	Industrie
indef.	indefinite	unbestimmt
inf.	infinitive	Infinitiv
Ins:	insurance	Versicherungswesen
insep.	inseparable	nicht trennbar
int.	interjection	Interjektion, Ausruf
interrog.	interrogative	interrogativ
inv.	invariable	unveränderlich
Iron.	ironical(ly)	ironisch
irr.	irregular	unregelmäßig
j-d		jemand
j-m		jemandem
j-n		jemanden
j-s		jemand(e)s
Jew:	Jewish	jüdisch
Jewel:	jewellery	Schmuck
Journ:	journalism; journalistic	Journalismus, journalistisch
Jur:	jurisprudence, law	Rechtswesen
Knit:	knitting	Strickerei
Ling:	linguistics, language	Linguistik, Sprache
Lit:	literary usage; literature	gehobener Sprachgebrauch; literarisch
lit.	literally	wörtlich

m	masculine	Maskulinum
Meas:	weights and measures	Maße und Gewichte
Mec:	mechanics	Mechanik
Mec.E:	mechanical engineering	Maschinenbau
Med:	medicine	Medizin
Metall:	metallurgy	Metallurgie
Metalw:	metalworking	Metallbearbeitung
Meteor:	meteorology	Meteorologie
Mil:	military; army	militärisch
Min:	mining	Bergbau
Miner:	mineralogy	Mineralogie
Motor Cy:	motor cycles	Motorräder
Motor Rac:	motor racing	Autorennen
Mount:	mountaineering	Bergsteigen
Mth:	mathematics	Mathematik
Mus:	music	Musik
Myth:	mythology	Mythologie
n	neuter	Neutrum, sächlich
N.Am.	(North) American	(nord)amerikanisch
Nau:	nautical	nautisch, Seefahrt
Navy:	navy	Marine
neg.	negative	negativ
nom	nominative	Nominativ
North G:	North German	norddeutsch
num.adj.	numerical adjective	Zahladjektiv
occ.	occasionally	gelegentlich
Opt:	optics	Optik
Orn:	ornithology, birds	Ornithologie, Vögel
p.	(i) participle; (ii) past	(i) Partizip; (ii) Vergangenheit
P:	slang	Slang
Paint:	painting (trade)	Malen und Anstreichen
Parl:	Parliament	Parlament
Pej:	pejorative	pejorativ, abwertend
perf.	perfect	Perfekt
pers., Pers.	(of) person(s)	(von einer) Person, (von) Personen
Ph:	physics	Physik
Pharm.	pharmacology, medicines	Pharmazie, Heilmittel
Phot:	photography	Fotografie
phr.	phrase	Redewendung
Physiol:	physiology	Physiologie
pl	plural	Plural
P.N:	public notice	Schild, Anschlag
Poet:	poetic; poetry	poetisch; Dichtkunst
Pol:	politics	Politik
poss.	possessive	Possessiv-
Post:	postal services	Postwesen
p.p.	past participle	Partizip Perfekt

pred.	predicate	Prädikat, prädikativ		*sth.*	something	etwas
prefix	prefix	Präfix, Vorsilbe		*subj.*	subjunctive	Konjunktiv
prep.	preposition	Präposition		*suffix*	suffix	Suffix
pres.	present (tense)	Präsens		*superl.*	superlative	Superlativ
Pr.n.	proper name	Eigenname		*Surg:*	surgery	Chirurgie
pron.	pronoun	Pronomen		*Surv:*	surveying	Vermessungswesen
Prov:	proverb	Sprichwort		*Swim:*	swimming	Schwimmsport
Psy:	psychology	Psychologie		*Swiss:*	Swiss	schweizerisch
Pub:	publishing	Verlagswesen				

q.v.	quod vide, which see	siehe darunter		*Tail:*	tailoring	Schneiderei
				Tchn:	technical	technisch
				Tel:	telephones and telegrams	Fernmeldewesen
Rac:	racing	Rennsport		*Tennis:*	tennis	Tennis
Rad:	radio	Rundfunk		*Tex:*	textiles	Textilien
Rail:	railways, railroads	Eisenbahn		*Th:*	theatre	Theaterwesen
R.C.Ch.	Roman Catholic Church	Römisch-Katholische Kirche		*Theol:*	theology	Theologie
Rec:	records, recording and hi-fi	Schallplatten, Aufnahmetechnik und Hi-fi		*Tls:*	tools	Werkzeuge
				tr.	transitive	transitiv
refl.	reflexive	reflexiv		*T.V:*	television	Fernsehen
rel.	relative	relativ		*Typ:*	typography	Druckbild
Rel:	religion(s)	Religion		*Typewr:*	typing	Maschinenschreiben
Row:	rowing	Rudersport				
R.t.m:	registered trade mark	eingetragenes Warenzeichen		*Univ:*	university	Universitäten
				U.S:	United States	Vereinigte Staaten
				usu.	usually	gewöhnlich
s.	substantive, noun	Substantiv		*usw.*	(etc.)	und so weiter
Sail:	sailing	Segeln				
Sch:	schools	Schulen		*v.*	verb	Verb
Scot:	Scottish	schottisch		*V:*	vulgar	vulgär
Scout:	Scout and Guide Movements	Pfadfinder		*vbl*	verbal	Verbal-
				vbl s.	verbal noun	Verbalsubstantiv
sep.	separable	trennbar		*Vet:*	veterinary science	Tierheilkunde
Sew:	sewing	Nähen		*v.i.*	intransitive verb	intransitives Verb
sing.	singular	Singular		*v.impers.*	impersonal verb	unpersönliches Verb
Ski:	skiing	Skifahren		*v.ind.tr.*	indirectly transitive verb	indirekt transitives Verb
Sm.a:	small arms	Handwaffen		*v.tr.*	transitive verb	transitives Verb
s.o.	someone	jemand				
South G:	South German	süddeutsch				
Sp:	sport	Sport		*Winem:*	winemaking	Weinherstellung
Space:	space research	Raumforschung				
St.Exch:	Stock Exchange	Börse		*Z:*	zoology, animals	Zoologie, Tiere

List of German Irregular Verbs

Liste der deutschen unregelmässigen Verben

Infinitive	Present Indicative	Past Indicative	Past Participle
1 backen	bäckt	backte (buk)	gebacken
2 befehlen	befiehlt	befahl	befohlen
3 beginnen	beginnt	begann	begonnen
4 beißen	beißt	biß	gebissen
5 bergen	birgt	barg	geborgen
6 bewegen	bewegt	bewegte (bewog)	bewegt (bewogen)
7 biegen	biegt	bog	gebogen
8 bieten	bietet	bot	geboten
9 binden	bindet	band	gebunden
10 bitten	bittet	bat	gebeten
11 blasen	bläst	blies	geblasen
12 bleiben	bleibt	blieb	geblieben
13 braten	brät	briet	gebraten
14 brechen	bricht	brach	gebrochen
15 brennen	brennt	brannte	gebrannt
16 bringen	bringt	brachte	gebracht
17 denken	denkt	dachte	gedacht
18 dreschen	drischt	drosch	gedroschen
19 dringen	dringt	drang	gedrungen
20 dürfen	darf	durfte	gedurft
21 erkiesen	erkiest	erkor	erkoren
22 erlöschen	erlischt	erlosch	erloschen
23 erschrecken	erschrickt (erschreckt)	erschrak (erschreckte)	erschrocken (erschreckt)
24 erwägen	erwägt	erwog	erwogen
25 essen	ißt	aß	gegessen
26 fahren	fährt	fuhr	gefahren
27 fallen	fällt	fiel	gefallen
28 fangen	fängt	fing	gefangen
29 fechten	ficht	focht	gefochten
30 fliehen	flieht	floh	geflohen
31 fließen	fließt	floß	geflossen
32 frieren	friert	fror	gefroren
33 gären	gärt	gor	gegoren
34 gebären	gebiert	gebar	geboren
35 geben	gibt	gab	gegeben
36 gehen	geht	ging	gegangen
37 gelten	gilt	galt	gegolten
38 genesen	genest	genas	genesen
39 geschehen	geschicht	geschah	geschehen
40 gleichen	gleicht	glich	geglichen
41 gleiten	gleitet	glitt	geglitten
42 graben	gräbt	grub	gegraben
43 greifen	greift	griff	gegriffen
44 haben	hat	hatte	gehabt
45 halten	hält	hielt	gehalten
46 hängen (v.i.)	hängt	hing	gehangen
47 hauen	haut	haute (hieb)	gehauen
48 heben	hebt	hob	gehoben
49 heißen	heißt	hieß	geheißen
50 helfen	hilft	half	geholfen
51 kennen	kennt	kannte	gekannt
52 klimmen	klimmt	klomm	geklommen
53 kommen	kommt	kam	gekommen
54 können	kann	konnte	gekonnt

Infinitive	Present Indicative	Past Indicative	Past Participle
55 kriechen	kriecht	kroch	gekrochen
56 laden	lädt (ladet)	lud	geladen
57 lassen	läßt	ließ	gelassen
58 laufen	läuft	lief	gelaufen
59 leiden	leidet	litt	gelitten
60 leihen	leiht	lieh	geliehen
61 lesen	liest	las	gelesen
62 liegen	liegt	lag	gelegen
63 lügen	lügt	log	gelogen
64 mahlen	mahlt	mahlte	gemahlen
65 meiden	meidet	mied	gemieden
66 melken	melkt	melkte (molk)	gemolken
67 mögen	mag	mochte	gemocht
68 müssen	muß	mußte	gemußt
69 nehmen	nimmt	nahm	genommen
70 preisen	preist	pries	gepriesen
71 quellen	quillt	quoll	gequollen
72 riechen	riecht	roch	gerochen
73 rinnen	rinnt	rann	geronnen
74 rufen	ruft	rief	gerufen
75 saufen	säuft	soff	gesoffen
76 saugen	saugt	sog (saugte)	gesogen (gesaugt)
77 schaffen	schafft	schuf (schaffte)	geschaffen (geschafft)
78 schallen	schallt	schallte (scholl)	geschallt
79 scheinen	scheint	schien	geschienen
80 schelten	schilt	schalt	gescholten
81 scheren	schert	schor	geschoren
82 schieben	schiebt	schob	geschoben
83 schinden	schindet	schund	geschunden
84 schlafen	schläft	schlief	geschlafen
85 schlagen	schlägt	schlug	geschlagen
86 schleichen	schleicht	schlich	geschlichen
87 schmelzen	schmilzt	schmolz (schmelzte)	geschmolzen (geschmelzt)
88 schreien	schreit	schrie	geschrie(e)n
89 schweigen	schweigt	schwieg	geschwiegen
90 schwimmen	schwimmt	schwamm	geschwommen
91 schwören	schwört	schwor	geschworen
92 sehen	sieht	sah	gesehen
93 sein	ist	war	gewesen
94 senden	sendet	sandte (Rad: sendete)	gesandt (Rad: gesendet)
95 sieden	siedet	siedete (sott)	gesiedet (gesotten)
96 sinken	sinkt	sank	gesunken
97 sitzen	sitzt	saß	gesessen
98 sollen	soll	sollte	gesollt
99 stecken	steckt	steckte (stak)	gesteckt
100 stehen	steht	stand	gestanden
101 sterben	stirbt	starb	gestorben
102 stinken	stinkt	stank	gestunken
103 stoßen	stößt	stieß	gestoßen
104 treffen	trifft	traf	getroffen
105 treten	tritt	trat	getreten
106 tun	tut	tat	getan
107 wachsen	wächst	wuchs	gewachsen
108 waschen	wäscht	wusch	gewaschen
109 werden	wird	wurde	geworden
110 werfen	wirft	warf	geworfen
111 wissen	weiß	wußte	gewußt
112 wollen	will	wollte	gewollt
113 ziehen	zieht	zog	gezogen

ENGLISH – GERMAN
ENGLISCH – DEUTSCH

A

A, a[1] [ei], *s.* **1.** (der Buchstabe) A, a *n;* **A1, Ia,** eins a, *F:* prima. **2.** *Mus:* A *n;* **A flat, As** *n.*

a[2] *before a vowel* **an** [*stressed* ei/æn, *unstressed* ə/ən] *indef. art.* **1.** ein(e); **a lady,** eine Dame; **an apple,** ein Apfel; **an M.P.** [ən'em'pi:], ein Parlamentsabgeordneter. **2.** (*generalizing use*) **a poor man is often at a disadvantage,** der Arme ist oft im Nachteil. **3.** (*distributive use*) **five pence a pound,** fünf Pence das Pfund; **five pounds a head,** fünf Pfund pro Kopf/pro Person; **three times a week,** dreimal in der Woche. **4.** (*a*) **not a, kein, keine; not a soul,** kein Mensch; **I haven't understood a (single) word,** ich habe kein (einziges) Wort verstanden; (*b*) **what a,** welche(r), welches; was für ein(e); **what a disappointment,** welche Enttäuschung; was für eine Enttäuschung; (*c*) **such a,** solch(e), solches; so ein(e); **such a fool!** so ein Idiot! **I've such a thirst,** ich habe solchen Durst. **5.** (*art. omitted in German*) (*a*) **he is a doctor,** er ist Arzt; (*b*) **it gives me an appetite,** das macht mir Appetit.

aback [ə'bæk], *adv.* **to be taken a.,** überrascht/ (*puzzled*) verblüfft sein.

abandon [ə'bændən], *v.tr.* (j-n, etwas) verlassen; (einen Plan) aufgeben; *Lit:* **to a. oneself to despair,** sich der Verzweiflung überlassen.

abashed [ə'bæʃt], *adj.* (*ashamed*) beschämt; (*embarrassed*) verlegen.

abate [ə'beit], *v.i. Lit:* (*of pain, fear*) nachlassen; (*of storm, wind*) nachlassen, sich legen; (*of flood*) zurückgehen.

abattoir ['æbətwa:r], *s.* Schlachthaus *n.*

abbess, *pl.* **-es** [æbis,-iz], *s.* Äbtissin *f.*

abbey ['æbi], *s.* **1.** Abtei *f.* **2. a. (church),** Abteikirche *f.*

abbot ['æbət], *s.* Abt *m.*

abbreviate [ə'bri:vieit], *v.tr.* (ein Wort, einen Titel usw.) abkürzen. **abbrevi'ation,** *s.* Abkürzung *f.*

ABC ['eibi:'si:], *s.* Abc *n.*

abdicate ['æbdikeit], *v.* **1.** *v.tr.* (ein Amt) niederlegen; **to a. responsibility,** die Verantwortung von sich *dat* schieben. **2.** *v.i.* (*of king etc.*) abdanken. **abdi'cation,** *s.* Abdankung *f.*

abdomen ['æbdəmen], *s. Anat:* Bauch *m;* (*esp. of woman*) Unterleib *m; Ent:* Hinterleib *m.* **ab-dominal** [-'dɔminəl], *adj.* abdominal: **a. pain,** Schmerzen *mpl* im Unterbauch.

abduct [æb'dʌkt], *v.tr.* (ein Kind, ein Mädchen) entführen. **ab'duction,** *s.* Entführung *f.*

aberration [æbə'reiʃ(ə)n], *s.* **1.** *Ph:* Abweichung

f, Aberration *f.* **2. mental a.,** geistige Verwirrung *f:* (*slip*) Versehen *n.*

abet [ə'bet], *v.tr. esp. Jur:* **to (aid and) a. s.o.,** j-m Beihilfe leisten.

abeyance [ə'beiəns], *s.* **in a.,** unentschieden.

abhor [əb'hɔ:r], *v.tr.* (j-n, etwas) verabscheuen. **ab'horrent,** *adj.* **to be a. to s.o.,** j-n abstoßen.

abide [ə'baid], *v.* **1.** *v.i.* **to a. by a promise,** bei seinem Versprechen bleiben. **2.** *v.tr.* **I can't a. him,** ich kann ihn nicht ausstehen.

ability [ə'biliti], *s.* **1.** (*capability*) Fähigkeit *f;* **he has the a. to make others happy,** er hat die Gabe, andere glücklich zu machen. **2.** Begabung *f;* (**of**) **high/low a.,** hochbegabt/ minderbegabt; **to do sth. to the best of one's a.,** etwas nach besten Kräften tun.

abject ['æbdʒekt], *adj.* elend; **a. despair,** tiefste Verzweiflung; **to offer an a. apology,** unterwürfig um Entschuldigung bitten.

ablaze [ə'bleiz], *adv. & adj.* in Flammen; **to be a.,** in Flammen stehen; **a. with anger,** wutentbrannt.

able ['eibl], *adj.* (*a*) (*of pers.*) fähig; (*efficient*) tüchtig; (*gifted*) begabt; **an a. teacher,** ein tüchtiger Lehrer; *Nau:* **a. seaman,** Vollmatrose *m;* (*b*) **to be a. to do sth.,** etwas tun können; (*physically*) fähig sein, etwas zu tun; (*due to circumstances*) imstande sein, etwas zu tun; **to be a. to pay,** zahlen können; imstande sein zu zahlen. **'able-'bodied,** *adj.* gesund; *Mil:* tauglich; **a.-b.** *adj.* gesund; *Mil:* tauglich. **'ably,** *adv.* (*adroitly*) geschickt; (*well*) tüchtig.

abnormal [æb'nɔ:məl], *adj.* abnorm; (*pathological*) krankhaft; (*more than usual*) überdurchschnittlich; **a. conditions,** anormale Zustände. **abnormality** [-'mæliti], *s.* Abnormität *f:* (*feature*) Mißbildung *f.*

aboard [ə'bɔ:d]. **I.** *adv.* an Bord; **to go a.,** an Bord gehen. **II.** *prep.* **a.** (*a*) **ship,** an Bord eines Schiffes; *int:* **all a.!** alles einsteigen!

abode [ə'bəud], *s. A: & Hum:* Domizil *n.*

abolish [ə'bɔliʃ], *v.tr.* (etwas) abschaffen. **abo-'lition,** *s.* Abschaffung *f.*

A-bomb ['eibɔm], *s. F:* Atombombe *f.*

abominable [ə'bɔminəbl], *adj.* abscheulich. **a'bominate** [-ineit], *v.tr.* (etwas) verabscheuen. **abomi'nation,** *s.* **1.** Abscheu *f.* **2.** (*object*) Greuel *m.*

aborigine [æbə'ridʒini:], *s.* Ureinwöhner *m* (Australiens).

abort [ə'bɔ:t], *v.i.* (*a*) *Med:* fehlgebären; (*b*)

Space: Av: den Flug vorzeitig abbrechen
a'bortion, s. 1. *Med:* Abtreibung f. 2.
(*creature*) Mißgeburt f. **a'bortive,** *adj.* mißlungen, verfehlt.
abound [ə'baund], *v.i.* reichlich vorhanden sein;
to a. in/with sth., sehr reich an etwas *dat* sein,
von etwas *dat* wimmeln.
about [ə'baut], *adv. & prep.* 1. (*around*) (*a*)
um + *acc,* um ... *acc* herum; **all a. him lay
ruins,** überall um ihn herum waren Ruinen;
don't leave those papers lying a., lassen Sie
diese Papiere nicht herumliegen; **to wander a.,**
umherstreifen; (*b*) **to be up and a.,** auf den
Beinen sein; **is Mr. Smith a.?** ist Mr. Smith
da? **there's a lot of flu a.,** die Grippe geht
sehr um; (*c*) **there's something unusual a. him,**
es ist etwas Ungewöhnliches an ihm. 2. **to turn
a.,** umkehren; (*of boat*) **to go a.,** wenden; *Mil:*
a. turn! kehrt machen! 3. (*approximately*) ungefähr, etwa; **that's a. right,** das stimmt so
ungefähr; **he came a. three o'clock,** er kam
gegen drei Uhr/F: (so) um drei herum; **it's a.
time,** (i) es wird langsam Zeit; (ii) *Iron:* es ist
höchste Zeit. 4. (*concerning*) wegen + *gen,*
über + *acc;* **he knows all a. it,** er weiß darüber
Bescheid; **to enquire a. sth.,** sich nach etwas *dat*
erkundigen; **to quarrel about sth.,** sich wegen
etwas *gen* streiten; **what's it (all) a.?** worum
handelt es sich? worum geht es? **what a. my
money?** wie ist es mit meinem Geld? *F:* was
ist mit meinem Geld? 5. (*a*) **to be a. to do sth.,**
im Begriff sein, etwas zu tun; (*b*) **this is how
I go a. it,** so mache ich das; **you haven't
been long a. it,** du hast nicht lange dazu
gebraucht; **while you are a. it,** wenn du schon
dabei bist.
above [ə'bʌv], *adv. & prep.* 1. (*a*) (*motion*)
über + *acc;* **the water reached a. their knees,**
das Wasser ging ihnen (bis) übers Knie; (*b*)
(*position*) über + *dat,* oberhalb + *gen;* **to fly
a. the clouds,** über den Wolken fliegen; **no trees
grow a. the snowline,** oberhalb der Schneegrenze wachsen keine Bäume; **the Rhine a.
Bonn,** der Rhein oberhalb von Bonn; (*c*) oben;
from a., von oben; **as a.,** wie oben erwähnt; **the
a. remarks,** die obigen Bemerkungen. 2. *Fig:* **to
be a. suspicion,** über jedem Verdacht stehen; **to
live a. one's means,** über seine Verhältnisse
leben; **he is a. that,** er steht über der Sache/ist
darüber erhaben; **a. all,** vor allem. **a'bove-
'board,** *adj.* ehrlich; **his conduct was a.-b.,**
sein Benehmen war einwandfrei. **a'bove-
'mentioned,** *adj.* obenerwähnt, obengenannt.
abrasion [ə'breiʒ(ə)n], s. *Med:* Abschürfung f.
a'brasive. I. *adj.* rauh; (*of pers.*) aufreibend.
II. s. Schleifmittel n.
abreast [ə'brest], *adv.* (*a*) Seite an Seite, nebeneinander; (*b*) **to keep a. of developments**
etc., mit Entwicklungen usw. Schritt halten.
abridge [ə'bridʒ], *v.tr.* (ein Buch usw.) kürzen;
abridged edition, gekürzte Ausgabe. **a'bridge-
ment,** s. Kurzfassung f.
abroad [ə'brɔːd], *adv.* 1. im/ins Ausland; **to go
a.,** ins Ausland fahren; **to live a.,** im Ausland
wohnen; **to return from a.,** aus dem Ausland
zurückkehren. 2. **to spread a. (news etc.),** (eine
Nachricht usw.) verbreiten.

abrupt [ə'brʌpt], *adj.* abrupt; (*sudden*)
plötzlich; (*of manner*) schroff; (*of drop, ending*)
jäh. **a'bruptness,** s. Plötzlichkeit f; Schroffheit f; (*steepness*) Steilheit f.
abscess, *pl.* -es ['æbses,-iz], s. Abszeß m.
abscond [əb'skɔnd], *v.i.* entfliehen; (*furtively*)
sich heimlich davonmachen; (von zu Hause,
vom Internat) durchbrennen.
absence ['æbs(ə)ns], s. Abwesenheit f; **in the a.
of precise instructions,** mangels genauer
Anweisungen; **a. of mind,** Geistesabwesenheit
f. **absent. I.** *adj.* ['æbs(ə)nt] abwesend; **to be
a.,** fehlen. **II.** *v.tr.* [æb'sent] **to a. oneself,**
fernbleiben. **absentee** [æbs(ə)n'tiː], s.
Abwesende(r) f(m); *Sch:* **there are five absentees,** es fehlen fünf. **absen'teeism,** s.
Fernbleiben n vom Arbeitsplatz. **'absent-
'minded,** *adj.* geistesabwesend, zerstreut.
'absent-'mindedness, s. Geistesabwesenheit f, Zerstreutheit f.
absolute ['æbsəl(j)uːt], *adj.* (*a*) absolut; **a.
power,** unbeschränkte Macht; **a. majority,**
absolute Mehrheit; **a. proof,** vollkommener
Beweis; *Jur:* **to become a.,** rechtskräftig werden;
(*b*) *F:* **he is an a. idiot,** er ist ein vollkommener
Idiot; **it's an a. scandal,** das ist ein reiner
Skandal; **-ly,** *adv.* vollkommen, völlig; **a. es-
sential,** unbedingt notwendig; **a. fantastic!**
einfach fantastisch! (*affirmative*) **a.!** genau!
abso'lution, s. *Ecc:* Absolution f, Lossprechung f. **absolve** [əb'zɔlv], *v.tr.* (j-n)
freisprechen (**from blame,** von Schuld); *Ecc:*
(j-n) lossprechen.
absorb [əb'sɔːb], *v.tr.* (*a*) (eine Flüssigkeit,
usw.) absorbieren, aufsaugen; (*b*) (*Mec:* einen
Stoß usw., *Fig:* Einwanderer usw.) aufnehmen;
(Wissen, Eindrücke) (in sich) aufnehmen; (*c*)
(j-n) in Anspruch nehmen; **to be absorbed in a
book,** in ein Buch vertieft sein. **ab'sor-
bency,** s. Saugfähigkeit f. **ab'sorbent. I.**
adj. absorbierend. **II.** s. Absorptionsmittel n.
absorption [əb'sɔːpʃ(ə)n], s. (*a*) Absorption
f; (*b*) Aufnahme f.
abstain [əb'stein], *v.i.* sich enthalten (**from,**
gen); (*from voting*) sich der Stimme enthalten.
abstemious [əb'stiːmiəs], *adj.* enthaltsam.
ab'stemiousness, s. Enthaltsamkeit f; Mäßigkeit f. **abstention** [əb'stenʃ(ə)n], s. Enthaltung f (**from,** von + *dat*); (*in voting*) Stimmenthaltung f. **abstinence** ['æbstinns], s.
Enthaltsamkeit f (**from,** von + *dat*); (*from
alcohol*) Abstinenz f.
abstract ['æbstrækt]. **I.** *adj.* abstrakt. **II.** s.
Abriß m. **III.** [æb'strækt] *v.tr.* (*a*) (einen Text)
zusammenfassen; (*b*) *Ch:* (im Element) absondern. **ab'straction,** s. (*a*) Abstraktion f;
abstrakter Begriff m; (*b*) *Ch:* Absonderung f.
abstruse [æb'struːs], *adj.* schwer verständlich,
abstrus.
absurd [əb'sɔːd], *adj.* absurd; (*ridiculous*) unsinnig; **it's a.!** das ist ja irre! **ab'surdity,** s.
Absurdität f; (*nonsense*) Unsinn m.
abundant [ə'bʌndənt], *adj.* reichlich (vorhanden); **a. with/in sth.,** reich an etwas *dat.*
a'bundance, s. Fülle f, Reichtum m (**of,**
an + *dat*).
abuse. I. s. [ə'bjuːs] 1. (*practice*) Mißbrauch
m. 2. (*cursing*) Beschimpfung f; Schimpfworte

npl. **II.** *v.tr.* [ə'bju:z] (*a*) (seine Macht, j-s Vertrauen) mißbrauchen; (j-n) mißhandeln; (*b*) (j-n) beschimpfen. **a'busive,** *adj.* beschimpfend; **to become a.,** ausfällig werden; **a.** language, Schimpfworte *npl.*

abysmal [ə'bizm(ə)l], *adj.* miserabel; **a.** ignorance, bodenlose Unwissenheit.

abyss [ə'bis], *s.* Abgrund *m.*

Abyssinia [æbi'sinjə]. *Pr. n. Geog:* Abessinien *n.* **Aby'ssinian. I.** *s.* Abessinier(in) *m(f).* **II.** *adj.* abessinisch.

acacia [æ'keiʃə], *s. Bot:* Akazie *f.*

academic [ækə'demik]. **I.** *adj.* akademisch; **a.** career, Universitätslaufbahn *f; Fig:* **a purely a. question,** eine rein theoretische Frage. **II.** *s.* Hochschullehrer *m.* **academy** [ə'kædəmi], *s.* **1.** Akademie *f.* **2.** *Scot:* Gymnasium *n.* **acade'mician,** *s.* Mitglied *n* einer Akademie.

accelerate [æk'seləreit], *v.tr. & i.* (einen Vorgang usw.) beschleunigen; **he accelerated up to 100 kph,** er beschleunigte auf 100 Stundenkilometer. **accele'ration,** *s.* Beschleunigung *f; Biol:* Akzeleration *f.* **ac'celerator,** *s.* (*a*) *Aut:* Gaspedal *n; F:* **to stand on the a.,** aufs Gas steigen; (*b*) *Ch: Ph:* Beschleuniger *m.*

accent. I. *s.* ['æksənt] **1.** (*a*) Akzent *m;* **to speak with an a.,** mit Akzent sprechen; **a thick a.,** ein starker Akzent; (*b*) *Lit:* **in broken accents,** mit gebrochener Stimme. **2.** (*a*) (*stress*) Betonung *f;* (*b*) *Gram:* (*grave, acute etc.*) Akzent *m.* **II.** *v.tr.* [æk'sent] (eine Silbe usw.) betonen. **accentuate** [æk'sentjueit], *v.tr.* (etwas) betonen; (*emphasize*) hervorheben. **accentu'ation,** *s.* Akzentuierung *f.*

accept [ək'sept], *v.* **1.** *v.tr.* (eine Einladung, ein Amt usw.) annehmen; (j-n, sein Schicksal, ein Geschenk usw.) akzeptieren; (j-n als Mitglied usw.) aufnehmen; **the accepted custom,** der (allgemein) anerkannte Brauch. **2.** *v.i.* zusagen. **ac'ceptable,** *adj.* annehmbar. **ac'ceptance,** *s.* Annahme *f;* Zusage *f* (zu einer Einladung). **accep'tation,** *s. Ling.* anerkannte Bedeutung *f* (eines Wortes).

access ['ækses], *s.* **1.** Zutritt *m.* (**to s.o.,** zu j-m); Zugang *m* (**to sth.,** zu etwas *dat*); (*road, drive*) Zufahrt *f;* **difficult of a.,** schwer zugänglich. **2.** *Lit:* **a. of rage,** Wutausbruch *m.* **ac'cessible,** *adj.* (*of place*) (leicht) erreichbar; *also Fig:* zugänglich.

accession [ək'seʃ(ə)n], *s.* **a. to power,** Machtergreifung *f;* **a. to the throne,** Thronbesteigung *f.*

accessory [æk'sesəri], *s.* **1.** Zusatz *m;* accessories, Zubehör *n; Phot:* **a. shoe,** Steckschuh *m.* **2.** *Jur:* **a. to a crime,** Mitschuldige(r) *f(m)* an einem Verbrechen.

accident ['æksidənt] *s.* (*a*) (*chance*) Zufall *m;* **by a.,** durch Zufall, zufällig; (*b*) Unfall *m;* (*serious*) **a.,** Unglück *n;* **fatal a.,** tödlicher Unfall *m;* **a. victim,** Unfallsopfer *n;* **killed in an a.,** bei einem Unfall umgekommen. **acci'dental. I.** *adj.* zufällig; (*by mistake*) versehentlich. **II.** *s. Mus:* Akzidens *n.*

acclaim [ə'kleim]. **I.** *v.tr.* (j-m) zujubeln; (*applaud*) (j-m) Beifall spenden. **II.** *s.* **1.** (*applause*) (*also* acclamation) Beifall *m.* **2.** *Fig:* to

achieve public a., ein Publikumserfolg werden.

acclimatize [ə'klaimətaiz], *v.tr.* **to become acclimatized,** sich akklimatisieren. **acclimati'zation,** *s.* Akklimatisation *f.*

accommodate [ə'kɔmədeit], *v.tr.* (*a*) (*adapt*) (j-n, etwas) anpassen (**to,** *dat*); **to a. oneself to circumstances,** sich den Gegebenheiten anpassen; (*b*) (*assist*) (j-m) entgegenkommen; (*c*) (*put up*) (j-n) unterbringen. **a'ccommodating,** *adj.* (*of pers.*) gefällig, entgegenkommend. **accommo'dation,** *s.* (*a*) Anpassung *f;* (*b*) Unterkunft *f;* **we have no sleeping a.,** wir haben keine Schlafgelegenheit; **holiday a.,** Ferienunterkünfte *fpl; N.Am:* **did you have good accommodations in France?** waren Sie in Frankreich gut untergebracht?

accompany [ə'kʌmp(ə)ni], *v.tr.* (j-n, etwas) begleiten; **the accompanying letter,** der beigefügte Brief; *Mus:* **to a s.o. on the piano,** j-n auf dem/am Klavier begleiten. **a'ccompaniment,** *s.* Begleitung *f;* (*accompanying feature*) Begleiterscheinung *f.* **a'ccompanist,** *s. Mus:* Begleiter(in) *m(f).*

accomplice [ə'kʌmplis], *s.* Komplize *m,* Komplizin *f.*

accomplish [ə'kʌmpliʃ], *v.tr.* (*complete*) (etwas) vollenden, vollbringen; (*achieve*) (etwas) erzielen, erreichen; **to a. one's object,** seinen Zweck erfüllen; **mission accomplished,** Befehl ausgeführt. **a'ccomplished,** *adj.* vollendet; (*of pers.*) gewandt; **an a. fact,** eine vollendete Tatsache; **an a. artist,** ein vollendeter Künstler; **an a. liar,** ein routinierter Lügner. **a'ccomplishment,** *s.* **1.** Vollendung *f,* Leistung *f* (einer Aufgabe). **2.** (*skill*) Fertigkeit *f.*

accord [ə'kɔ:d], *s.* **1.** Zustimmung *f;* **with one a.,** einstimmig; **in a. with,** im Einklang mit + *dat.* **2.** **of one's own a.,** aus eigenem Antrieb. **a'ccordance,** *s.* **in a. with,** gemäß + *dat;* **in a. with your instructions,** Ihren Anleitungen gemäß/entsprechend; **to be in a. with sth.,** etwas *dat* entsprechen. **a'ccording,** *adv.* **1.** *conj. phr.* **a. as,** je nachdem (wie). **2.** *prep. phr.* **a. to,** gemäß, laut + *dat;* **a. to Einstein,** nach/laut Einstein; **a. to his statement,** nach seiner Aussage; seiner Aussage gemäß; **a. to that,** danach; **-ly,** *adv.* **1.** **to act a.,** entsprechend handeln. **2.** **a. I wrote to him,** demgemäß/also schrieb ich ihm.

accordion [ə'kɔ:diən], *s.* Ziehharmonika *f,* esp. Akkordeon *n.*

accost [ə'kɔst], *v.tr.* (j-n) ansprechen.

account [ə'kaunt]. **I.** *s.* **1.** (*a*) (*with bank, firm*) Konto *n;* **statement of a.,** Kontoauszug *m;* **the accounts (of a firm),** die Bücher *npl* (einer Firma); **to keep the accounts,** die Buchführung machen; **to pay a sum on a.,** eine Summe a conto zahlen; (*b*) (*invoice*) Rechnung *f;* **a. of expenses,** Aufstellung *f* der Ausgaben; (*c*) *Fig:* **to turn sth. to a.,** sich *dat* etwas zunutze machen; aus etwas *dat* Vorteil ziehen. **2. of no a.,** ohne Bedeutung; **to take sth. into a.,** etwas berücksichtigen; **on a. of,** wegen + *gen;* **on his a.,** seinetwegen; **on no/not on any a.,** keinesfalls; **to act on one's own a.,** aus eigenem Antrieb/für sich handeln. **3.** (*a*) (*description*) Beschreibung *f;* (*report*) Bericht *m;* **to give an a. of sth.,** etwas beschreiben; **by all accounts,**

nach allem, was man hört; (b) f; **to call s.o. to a.**, von j-m Rechenschaft fordern; **to give a good a. of oneself**, sich bewähren. **II.** *v.tr. & i.* (a) (*consider*) **to a. oneself lucky**, sich glücklich schätzen; (b) **to a. for sth.**, für etwas *acc* Rechenschaft ablegen; (*explain*) etwas erklären; **there's no accounting for tastes**, das ist alles Geschmacksache. **a´ccountable**, *adj.* verantwortlich (**for**, für + *acc;* **to**, gegenüber + *dat*). **a´ccountancy**, *s.* (a) Buchhaltung *f;* (b) (*profession*) Buchführungswesen *n.* **a´ccountant**, *s.* Buchhalter *m;* (**chartered) a.**, Wirtschaftsprüfer *m.*

accredited [ə´kreditid], *adj.* (amtlich) anerkannt; *Com:* **a. dealer**, konzessionierter Händler.

accumulate [ə´kju:mjuleit], *v.* **1.** *v.tr.* (*collect*) (etwas) ansammeln; (*amass*) (Geld, Vorräte) anhäufen; (Elektrizität, *Fig:* Energie) aufspeichern; (eine Sammlung) zusammentragen. **2.** *v.i.* (*pile up*) sich anhäufen; (*collect*) sich ansammeln. **accumu´lation**, *s.* Anhäufung *f;* Ansammlung *f.* **a´ccumulator**, *s.* *El:* Akkumulator *m.*

accurate [´ækjurit], *adj.* genau, exakt; (*with no mistakes*) fehlerfrei, fehlerlos; **to take a. aim**, genau zielen. ´**accuracy** [-əsi], *s.* Genauigkeit *f;* Präzision *f* (eines Instruments).

accuse [ə´kju:z], *v.tr.* (j-n) anklagen; (j-n) beschuldigen (**of a crime**, eines Verbrechens; **of doing sth.**, etwas getan zu haben). **accu´sation**, *s.* Anklage *f.* **a´ccusative**, *adj. & s. Gram:* **a.** (**case**), Akkusativ *n.* **a´ccused**, *s. Jur:* **the a.**, der/die Angeklagte. **a´ccusing**, *adj.* anklagend; (*of look*) vorwurfsvoll.

accustom [ə´kʌstəm], *v.tr.* (*of pers.*) **to a. s.o. to sth.**, j-n an etwas *acc* gewöhnen; **this accustomed him to early rising**, dadurch gewöhnte er sich daran, früh aufzustehen. **a´ccustomed**, *adj.* **1.** **to be a. to sth./to doing sth.**, an etwas *acc* gewohnt sein/gewohnt sein, etwas zu tun; **to get a. to sth.**, sich an etwas *acc* gewöhnen. **2.** (*usual*) gewohnt, üblich; **the long-a. journey**, die vertraute Reise.

ace [eis], *s.* (*card, Sp:etc: pers.*) As *n;* **a. driver**, Spitzenfahrer *m; Fig:* **I came within an a. of doing it**, um ein Haar hätte ich es getan.

acerbity [ə´sə:biti], *s.* Bitterkeit *f.*

acetate [´æsiteit], *s. Ch:* Azetat *n.*

acetic [ə´si:tik], *adj. Ch:* essigsauer; **a. acid**, Essigsäure *f.*

acetylene [ə´setili:n], *s. Ch:* Azetylen *n; Ind:* **a. welding**, autogenes Schweißen.

ache [eik]. **I.** *s.* (anhaltender) Schmerz *m;* **I have a stomach a.**, ich habe Magenschmerzen *pl;* **aches and pains**, Schmerzen *pl; F:* Wehwehchen *pl.* **II.** *v.i.* (a) (*of head, back, etc.*) schmerzen, weh tun; **my back aches**, mir tut der Rücken weh; (b) **to a. for sth.**, sich nach etwas *dat* sehnen.

achieve [ə´tʃi:v], *v.tr.* (a) (eine Großtat usw.) vollbringen; *Iron:* **to a. the distinction of doing sth.**, es fertigbringen, etwas zu tun; (b) (etwas, ein Ziel) erreichen; (etwas) zustande bringen; (Erfolg) erzielen; **to a. victory,** den Sieg davontragen; **to a. true greatness**, zu wahrer Größe gelangen. **a´chievement**, *s.* **1.** (*action*) Erreichen *n;* Vollendung *f* (eines Plans). **2.**

Leistung *f;* **achievements**, Errungenschaften *fpl.*

acid [´æsid]. **I.** *adj.* (a) (*of taste*) sauer; (b) (*of remark*) bissig. **II.** *s.* Säure *f; F:* **the a. test**, die Feuerprobe. **acidity** [ə´siditi], *s.* Säuregehalt *m.*

acknowledge [ək´nɔlidʒ], *v.tr.* (a) (*recognize*) (j-n, etwas) anerkennen; (b) (*admit*) (Schuld usw.) zugeben, eingestehen; **to a. defeat**, sich geschlagen geben; (c) (einen Gruß usw.) erwidern; **to a.** (**receipt of**) **a letter**, den Eingang eines Briefes bestätigen. **ack´nowledgement**, *s.* Anerkennung *f;* Eingeständnis *n* (einer Schuld usw.); Bestätigung *f* (eines Briefes, einer Zahlung); (*in book*) **acknowledgements**, Quellenangabe *f.*

acme [´ækmi:], *s.* Gipfel *m;* **the a. of perfection**, die höchste Vollendung.

acne [´ækni], *s. Med:* Akne *f.*

acorn [´eikɔ:n], *s. Bot:* Eichel *f.*

acoustic [ə´ku:stik], *adj.* akustisch. **a´coustics**, *s.pl.* Akustik *f.*

acquaint [ə´kweint], *v.tr.* (a) (*inform*) **to a. s.o./ oneself with sth.**, j-n/sich über etwas *acc* informieren; j-n von etwas *dat* in Kenntnis setzen; **to a. s.o. with the facts**, j-m den Tatbestand mitteilen; (b) **to be acquainted with s.o.**, j-n kennen; mit j-m bekannt sein; **to become acquainted with s.o.**, j-n kennenlernen. **a´cquaintance**, *s.* **1.** Bekanntschaft *f* (**with**, mit + *dat*); **to make the a. of s.o.**, sth., j-n, etwas kennenlernen. **2.** (*pers.*) Bekannte(r) *f(m);* **circle of acquaintances**, Bekanntenkreis *m.*

acquiesce [ækwi´es], *v.i.* einwilligen (**in sth.**, in etwas *acc*). **acqui´escence**, *s.* Einwilligung *f.* **acqui´escent**, *adj.* fügsam.

acquire [ə´kwaiər], *v.tr.* (etwas) erwerben; **gradually he acquired a taste for it**, langsam ist er auf den Geschmack gekommen. **acquisition** [ækwi´ziʃ(ə)n], *s.* **1.** (*action*) Erwerbung *f,* Erwerb *m.* **2.** (*object*) Anschaffung *f; Hum:* Errungenschaft *f.* **acquisitive** [ə´kwizitiv], *adj.* habgierig.

acquit [ə´kwit], *v.tr.* (*p. & p.p.* **acquitted**) (a) *Jur:* (einen Angeklagten) freisprechen (**of murder etc.**, des Mordes usw.); (b) **to a. oneself well/badly**, gut/schlecht abschneiden. **a´cquittal**, *s.* Freispruch *m;* (*act*) Freisprechung *f.*

acre [´eikər], *s. Meas:* Morgen *m.*

acrid [´ækrid], *adj.* beißend.

acrimonious [ækri´məuniəs], *adj.* bissig. ´**acrimony** [-məni], *s.* Bitterkeit *f,* bissige Art *f.*

acrobat [´ækrəbæt], *s.* Akrobat(in) *m(f).* **acrobatic**, *adj.* akrobatisch.

across [ə´krɔs]. **I.** *prep.* **1.** (a) (*motion*) über + *acc;* **to walk a. the street**, über die Straße gehen; **to run a. a field**, quer über eine Wiese laufen; **there's a bridge a. the river**, es führt eine Brücke über den Fluß; (b) **to come a. s.o.**, **sth.**, (zufällig) auf j-n, etwas *acc* stoßen. **2.** (*position*) (a) über + *dat;* **a tree lay a. the road**, ein Baum lag quer über der Straße; (b) **a. the river is a small town**, auf der anderen Seite des Flusses ist eine kleine Stadt; **he lives a. the street (from us)**, er wohnt gegenüber/vis à vis (von uns). **II.** *adv.* (a) hinüber; **to go a.**, hinübergehen; **come a. to us,** komm herüber zu uns; (b) **the distance a.,** die Entfernung im Durchmesser/von einer Seite zur anderen; **the river is 100 metres a.,** der Fluß ist 100 Meter breit; (c) *Fig:* **to get/put an idea a.,** etwas verständlich machen; **it didn't come a.,** es hat seine Wirkung verfehlt.

act [ækt]. I. *s.* **1.** (a) Handlung *f;* (deed) Tat *f;* **an a. of kindness,** eine gute Tat; **an a. of God,** höhere Gewalt; **to catch s.o. in the a.,** j-n auf frischer Tat ertappen; (b) **A. of Parliament,** (verabschiedetes) Gesetz *n.* **2.** *Th:* (a) Akt *m,* Aufzug *m* (eines Stückes); (b) Nummer *f* (eines Artisten); *F:* **to put on an a.,** Komödie spielen. **II.** *v.* **1.** *v.tr. Th:* (ein Stück, eine Rolle) spielen; **to a. the fool,** herumalbern. **2.** *v.i.* (a) handeln; **to a. for the best,** in bester Absicht handeln; **to a. for s.o.,** j-n vertreten; **to a. on/upon s.o.'s advice,** j-s Rat befolgen; (b) (behave) sich benehmen; **he is acting strangely,** er benimmt sich eigenartig; (c) (function) **to a. as,** (of pers.) fungieren/dienen als; (of thing) funktionieren/wirken als; **to a. as intermediary,** als Vermittler fungieren; **the engine acts as a brake,** der Motor wirkt als Bremse/hat eine Bremswirkung; (d) *Th: Cin:* spielen; *F:* **he's only acting,** er tut nur so. **´acting. I.** *adj.* (a) (deputy) stellvertretend; (b) *Th:* **a. version,** Bühnenfassung *f.* **II.** *s.* **1.** Handeln *n.* **2.** *Th:* Spiel *n,* Schauspielkunst *f* (eines Schauspielers); Aufführung *f* (eines Stückes); **to go in for a.,** Schauspieler werden. **action** [´ækʃ(ə)n], *s.* **1.** Handlung *f;* **to take a.,** handeln, vorgehen (**against,** gegen + acc); **he suited the a. to the word,** sein Wort setzte er sogleich in die Tat um; **to bring/put sth. into a.,** etwas in Gang setzen; **out of a.,** außer Betrieb. **2.** *Th:* Handlung *f* (eines Stückes). **3.** (a) (movement) Bewegung *f;* Gangart *f* (eines Pferdes); **a. of the bowels,** Stuhlgang *m;* (b) Werk *n* (einer Uhr). **4.** (effect) Wirkung *f,* Einwirkung *f* (**on,** auf + acc). **5.** *Jur:* Verfahren *n;* (trial) Prozeß *m;* **to bring an a. against s.o.,** gegen j-n eine Klage einreichen. **6.** *Mil:* Gefecht *n,* Kampf *m;* **to go into a.,** den Kampf aufnehmen; also *Fig:* in Einsatz treten; **killed in a.,** gefallen. **´actionable,** *adj. Jur:* klagbar.

active [´æktiv], *adj.* aktiv; (of mind, imagination, interest) rege; (of old pers.) rüstig; **an a. volcano,** ein aktiver Vulkan; **to play an a. part in sth.,** an etwas dat aktiv beteiligt sein; *Mil:* **on a. service,** im aktiven Dienst; (fighting) im Einsatz. **´activate,** *v.tr.* (etwas) aktivieren. **ac´tivity,** *s.* **1.** (bustle) Tun *n;* **there is plenty of a. in the street,** auf der Straße herrscht viel Leben. **2.** Tätigkeit *f;* **business activities,** Geschäftstätigkeit *f;* **his activities are being investigated by the police,** seine Umtriebe werden von der Polizei untersucht; **the club organizes various activities,** der Verein organisiert verschiedene Veranstaltungen.

actor [´æktər], *s.* Schauspieler *m.* **´actress,** *s.* Schauspielerin *f.*

actual [´æktju(ə)l], *adj.* eigentlich; (real) tatsächlich; **in a. fact,** in Wirklichkeit; **an a. case,** ein echter Fall; *Com:* **a. value,** tatsächlicher Wert, Ist-Wert *m;* **a. order,** fester

Auftrag; **the a. business was taken over by his son,** die Firma an sich wurde von seinem Sohn übernommen; **-ly,** *adv.* eigentlich; **what's a. the matter with him?** was ist eigentlich mit ihm los? **a wonderful idea, but a. it doesn't work,** eine wunderbare Idee, aber in Wirklichkeit funktioniert sie nicht; **he a. said . . .,** (i) er ging so weit zu sagen, . . .; (ii) was er eigentlich sagte, war . . . . **actu´ality,** *s.* Wirklichkeit *f.*

actuate [´æktjueit], *v.tr.* (a) (eine Maschine) in Gang bringen; (einen Hebel) betätigen; (j-n) antreiben; **actuated by jealousy,** von Eifersucht getrieben.

acute [ə´kju:t], *adj.* **1.** (of angle) spitz; **a. (angled) triangle,** spitzwinkliges Dreieck. **2.** (of observer, mind) scharf; **a. ear,** feines Gehör; **a. sight,** scharfes Sehvermögen. **3.** (of disease, problem, shortage etc.) akut; (of pain) heftig. **4.** *Ling:* **a. accent,** Akut *m;* **-ly,** *adv.* **a. aware,** intensiv bewußt. **a´cuteness,** *s.* **1.** Spitzwinkligkeit *f.* **2.** Schärfe *f;* Feinheit *f;* **mental a.,** Scharfsinn *m.* **3.** Dringlichkeit *f* (eines Problems); Akutheit *f* (einer Gefahr, einer Krankheit); Heftigkeit *f* (des Schmerzes).

ad [æd], *s. F:* Reklame *f;* **small ad,** Kleinanzeige *f,* Inserat *n.*

Adam [´ædəm]. *Pr.n.* Adam *m;* **A.'s apple,** Adamsapfel *m.*

adamant [´ædəmənt], *adj.* unnachgiebig; **he is a. that . . .,** er besteht darauf, daß . . .

adapt [ə´dæpt], *v.tr.* (etwas, sich) anpassen (**to sth.,** etwas dat/an etwas acc); **to a. oneself to new circumstances,** sich neuen Gegebenheiten anpassen; **to a. a play for television,** ein Stück fürs Fernsehen bearbeiten. **adapta´bility,** *s.* Anpassungsfähigkeit *f.* **a´daptable,** *adj.* anpassungsfähig; **he's very a.,** er kann sich leicht umstellen; **a. mind,** wendiger Geist. **adap´tation,** *s.* Anpassung *f; Th: etc:* Bearbeitung *f.* **a´daptor,** *s.* **1.** (pers.) Bearbeiter *m.* **2.** (device) Anpassungsvorrichtung *f; El:* Zwischenstecker *m; Mec.E:* Anschlußstück *n.*

add [æd], *v.* **1.** *v.tr.* (a) (etwas) hinzusetzen; **to a. milk,** Milch zusetzen/zugießen; **to a. 8% VAT,** 8% Mehrwertsteuer aufschlagen; **to a. (an extension) to a house,** an ein Haus anbauen; *Mth:* **a. 5,** 5 addieren; *F:* zähle 5 dazu; (b) (say) (etwas) hinzufügen; **he added that . . .,** er fügte hinzu, daß . . .; (c) *Mth:* **to a. up,** (Zahlen, eine Rechnung) addieren; **he added up what I owed him,** er zählte zusammen, was ich ihm schuldig war. **2.** *v.i.* (a) **to a. to sth.,** etwas vermehren; **to a. to one's collection,** seine Sammlung erweitern; **my presence only added to his difficulties,** meine Gegenwart vergrößerte nur seine Schwierigkeiten; **garlic adds to the flavour,** Knoblauch intensiviert den Geschmack; (b) **the bill adds up,** die Rechnung geht auf/stimmt; **it all adds up!** (i) alles zusammen ergibt das eine hübsche Summe; *F:* es läppert sich zusammen; (ii) *Fig:* so muß es gewesen sein! **addition** [ə´diʃ(ə)n], *s.* **1.** (a) Hinzufügen *n;* **the a. of another room,** der Anbau eines weiteren Zimmers; (b) Zusatz *m;* **additions to the staff,** weiteres Personal, Personalzuwachs *m;* **a valuable a. to our collection,** eine wertvolle Ergänzung unserer Sammlung; **in a.,** außerdem, zusätzlich (**to,** zu + dat). **2.** *Mth:* Addition *f.*

a´dditional, *adj.* zusätzlich; **an a. reason**, noch ein Grund; ein weiterer Grund. ´additive, *s.* Zusatz *m.*

adder [´ædər], *s.* Kreuzotter *f.*

addict [´ædikt], *s.* (a) Süchtige(r) *f(m);* drug a., Rauschgiftsüchtige(r) *f(m);* (b) Fanatiker(in) *m(f);* football a., Fußballfanatiker *m.* addicted [ə´diktid], *adj.* süchtig; a. to heroin, dem Heroin verfallen; heroinsüchtig; *Hum:* he's a. to chocolate biscuits, er hat eine Schwäche für Schokoladenkekse. a´ddiction, *s.* Sucht *f; Hum:* Schwäche *f* (to, für + *acc).*

addle-headed [´ædlhedid], *adj.* hohlköpfig.

address [ə´dres]. I. *s.* 1. Adresse *f,* Anschrift *f;* a. book, Adreßbuch *n.* 2. *(speech)* Anrede *f,* Ansprache *f;* public a. (system), Lautsprecheranlage *f;* form of a., Anredeform *f.* 3. *A: (deftness)* Geschick *n.* II. *v.tr* (a) to a. a letter (to s.o.), einen Brief (an j-n) adressieren; (b) (j-n) anreden, ansprechen; to a. a crowd, einer Menge eine Ansprache halten; (c) to a. oneself to a task, sich einer Aufgabe widmen. addressee [ædre´si:], *s.* Empfänger *m.*

adenoids [´ædənɔidz], *s.pl. Med:* adenoide Wucherungen *fpl; F:* Rachenpolypen *mpl.*

adept [´ædept]. I. *adj.* geschickt (at/in, in + *dat).* II. *s.* Meister(in) *m(f)* (at/in, in + *dat).*

adequate [´ædikwət], *adj.* 1. hinreichend; to be a., genügen; an a. reward, eine entsprechende Belohnung. 2. *(of pers.)* to be a. to a task, einer Aufgabe gewachsen sein. ´adequacy, *s.* Zulänglichkeit *f.*

adhere [əd´hiər], *v.i.* (a) *(of thing)* kleben, haften (to sth, an etwas *dat);* (b) *(of pers.)* festhalten (to sth., an etwas *dat);* to a. to one's decision, bei seiner Entscheidung bleiben; to a. to a party/ a cause, einer Partei/einer Sache treu bleiben. ad´herence, *s.* 1. *(of thing)* Festhaften *n* (to sth., an etwas *dat).* 2. *(of pers.)* (a) Festhalten *n* (to sth., an etwas *dat);* (b) Mitgliedschaft *f* (bei einer Partei usw.). ad´herent, *s.* Anhänger *m* (einer Partei usw.), Vertreter *m* (einer Sache). adhesion [əd´hi:ʒ(ə)n], *s.* Haftfähigkeit *f,* Festhaften *n; Aut:* (of tyres) Griffigkeit *f.* adhesive [-´hi:z-]. I. *adj.* klebend; a. tape, Klebestreifen *m; Med:* a. plaster, Heftpflaster *n.* II. *s.* Klebstoff *m.*

adipose [´ædipous], *adj.* fett, Fett-; a. tissue, Fettgewebe *n.*

adjacent [ə´dʒeis(ə)nt], *adj.* anschließend; *(of rooms)* angrenzend; a. to, direkt neben + *dat;* a. to one another, nebeneinander; a. angle, Nebenwinkel *m.*

adjective [´ædʒiktiv], *s. Gram:* Adjektiv *n.* adjectival [-´taivəl], *adj.* adjektivisch.

adjoin [ə´dʒɔin], *v.* 1. *v.tr.* (an etwas *acc)* angrenzen. 2. *v.i.* aneinander angrenzen. a´djoining, *adj.* angrenzend; the a. room, das nächste Zimmer; a. the house is a garage, an das Haus schließt eine Garage an.

adjourn [ə´dʒəːn], *v.tr.* & *i.* (eine Sitzung usw.) vertagen (to/until, auf + *acc);* to a. to the sitting room, (sich ins Wohnzimmer zurückziehen. a´djournment, *s.* Vertagung *f.*

adjudicate [ə´dʒu:dikeit], *v.* 1. *v.tr.* (über etwas *acc)* ein Urteil fällen; (etwas) (gerichtlich) entscheiden. 2. *v.i.* (als Preisrichter) entscheiden (upon, über + *acc;* between, zwischen + *dat).*

adjudi´cation, *s.* Entscheidung *f;* Urteil *n.* a´djudicator, *s.* (a) *(settling dispute etc.)* Schiedsrichter *m;* (b) *(deciding winner)* Preisrichter *m.*

adjunct [´ædʒʌŋkt], *s.* 1. Zusatz *m* (to, zu + *dat).* 2. *Gram:* Attribut *n.*

adjust [ə´dʒʌst], *v.tr.* (a) (sich, etwas) einstellen (to, auf + *acc);* (adapt) (sich, etwas) anpassen (to, *dat/*an + *acc); abs.* to a. to new conditions, sich neuen Verhältnissen anpassen; sich auf neue Verhältnisse einstellen; (b) *Tchn:* (einen Mechanismus) einstellen; (Schrauben usw.) justieren; (eine Uhr, ein Gemisch usw.) regulieren; (Bremsen) nachstellen; (c) (den Hut, den Kragen usw.) zurechtrücken. a´djustable, *adj.* verstellbar, regulierbar; *Tls:* a. spanner, Engländer *m.* a´djustment, *s.* Einstellung *f,* Regulierung *f; Mec. E:* to take up the a., nachstellen.

administer [əd´ministər], *v.tr.* (a) (ein Geschäft, einen Nachlaß usw.) verwalten; (eine Sache) leiten; (im Amt) versehen; to a. justice, Recht sprechen; to a. an oath, einen Eid abnehmen; (b) *Med:* to a. a drug, eine Droge verabreichen; *Ecc:* to a. the sacrament, das Sakrament spenden. adminis´tration, *s.* 1. (a) Verwaltung *f;* *(holding office)* Amtsführung *f; U.S:* the Kennedy a., die Regierung Kennedy; *Jur:* a. of justice, Rechtsprechung *f;* (b) *U.S:* (period) Amtszeit *f.* 2. *Med:* Verabreichung *f; Ecc:* Spendung *f* (des Sakraments). ad´ministrative, *adj.* verwaltend; a. body, Verwaltungsbehörde *f.* administrator, *s.* Verwalter *m.*

admiral [´ædm(ə)rəl], *s.* Admiral *m;* a. of the fleet, Großadmiral *m.* ´Admiralty. *Pr.n.* the A., die Admiralität *(das britische Marineministerium).*

admire [əd´maiər], *v.tr.* (j-n, j-s Mut usw.) bewundern (for sth., wegen etwas *gen).* admirable [´ædm(ə)rəbl], *adj.* bewundernswert; *(excellent)* großartig. admiration [ædmə´reiʃən], *s.* Bewunderung *f.* ad´mirer, *s* Bewunderer *m;* Bewunderin *f;* Verehrer *m* (einer Dame).

admission [æd´miʃ(ə)n], *s.* 1. (a) Eintritt *m* (to, in + *acc); (access)* Zutritt *m* (to, zu + *dat);* (b) *(fee)* Eintrittspreis *m;* (c) Aufnahme *f* (to a club etc., in einen Verein usw.); Einlieferung *f* (ins Krankenhaus); (d) *Jur:* Zulassung *f* (of evidence, von Beweisen); *Tchn:* Einlaß *m* (von Luft, Flüssigkeit). 2. Eingeständnis *n* (of a crime etc., eines Verbrechens usw.); a. of guilt, Schuldbekenntnis *n.* admissible [-´misibl], *adj.* zulässig. admit [əd´mit], *v.tr.* (p. & p.p. admitted) (a) *(let in)* (j-n, Luft usw.) einlassen; (j-m) Eintritt gewähren; *(to a club, hospital etc.)* aufnehmen; to be admitted to hospital, ins Krankenhaus eingeliefert werden; (b) *(allow)* (Beweise usw.) zulassen; (c) *(concede)* (Schuld usw.) zugeben. ad´mittance, *s.* (a) Eintritt *m* (to, in + *acc);* Zutritt *m* (to, zu + *dat);* no a., Eintritt verboten; (b) *Med:* Einlieferung *f* (ins Krankenhaus). ad´mittedly, *adv.* allerdings.

admixture [əd´mikstʃər], *s.* Beimischung *f.*

admonish [əd´mɔniʃ], *v.tr.* (j-n) ermahnen. ad´monition [ædmə´niʃ(ə)n], *s.* Ermahnung *f.*

ado [ə´du], *s. still used in:* without (any) more a.,

ohne weitere Umstände; ohne weiteres.

adolescence [ædɔ'les(ə)ns], *s.* Reifezeit *f.*

ado'lescent. I. *adj.* jugendlich, halbwüchsig. **II.** *s.* Jugendliche(r) *f* (*m*); Halbwüchsige(r) *f* (*m*).

adopt [ə'dɔpt], *v.tr.* (*a*) (ein Kind) adoptieren; (*b*) (einen Plan, Kandidaten, Antrag) annehmen; (Maßnahmen) ergreifen; (eine Handlungsweise, Laufbahn) wählen; **he adopted the attitude that . . .,** er vertrat den Standpunkt, daß . . . **a'dopted,** *adj.* adoptiert; **a. son,** Adoptivsohn *m.* **a'doption,** *s.* 1. Adoption *f.* 2. Annahme *f,* Aneignung *f.*

adore [ə'dɔːr], *v.tr.* (j-n) anbeten, innig lieben; (für etwas *acc*) schwärmen; **I a. cheesecake,** ich esse Käsekuchen für mein Leben gern. **a'dorable,** *adj.* entzückend. **ado'ration,** *s.* Anbetung *f;* innige Liebe *f.*

adorn [ə'dɔːn], *v.tr.* (etwas) schmücken. **a'dornment,** *s.* Schmuck *m;* Zierde *f.*

Adriatic [eidri'ætik], *adj. & s. Geog:* The A. (Sea), die Adria.

adrift [ə'drift], *adv. Nau:* treibend; *Fig:* **to cut oneself a. (from s.o., sth.),** die Bande (mit j-m, etwas *dat*) lösen.

adroit [ə'drɔit], *adj* gewandt. **a'droitness,** *s.* Gewandtheit *f.*

adulate ['ædjuleit], *v.tr.* (j-n) übermäßig loben; (*flatter*) (j-m) schmeicheln. **adu'lation,** *s.* Schmeichelei *f;* Schwärmerei *f.*

adult ['ædʌlt]. **I.** *adj.* erwachsen. **II.** *s.* Erwachsene(r) *m* (*f*).

adulterate [ə'dʌltəreit], *v.tr.* (etwas) verfälschen; (Wein) pantschen.

adulterer, *f.* **-eress** [ə'dʌltərər, -əres], *s.* Ehebrecher(in) *m* (*f*). **a'dultery,** *s.* Ehebruch *m.*

advance [əd'vɑːns]. **I.** *s.* 1. (*a*) *Mil: etc:* Vormarsch *m;* Vorrücken *n;* **a. guard,** Vorhut *f;* (*b*) **in u.,** im voraus; vorher; **to pay in a.,** im voraus bezahlen; **in a. of his time,** seiner Zeit voraus; **a. booking,** Vorverkauf *m; Pub:* **a. copy,** Vorausexemplar *n.* 2. Fortschritt *m* (der Wissenschaft usw.); (*improvement*) Verbesserung *f;* **a remarkable a. on previous methods,** ein beachtlicher Fortschritt gegenüber früheren Methoden. 3. **to make advances to s.o.,** bei j-m Annäherungsversuche machen. 4. *Com:* (*a*) (*loan*) Anleihe *f;* **a. on securities,** Vorschuß *m* gegen Sicherheiten; (*b*) **a. (payment),** Vorauszahlung *f,* Vorschuß *m;* (*c*) (*at auction*) Mehrgebot *n.* **II.** *v.* 1. *v.tr.* (*a*) (den Fuß usw.) vorschieben, vorstellen; (*b*) (*make earlier*) (einen Termin) vorverlegen; (*c*) (*further*) (eine Sache) fördern; (*d*)*Bank:* **to a s.o. money,** j-m Geld vorschießen/ (*lend*) leihen; (*e*) **to a. an opinion,** eine Meinung äußern; **to a. a reason,** einen Grund anführen. 2. *v.i.* (*a*) *Mil: etc:* vorrücken; (*b*) (*progress*) Fortschritte machen, fortschreiten; **the work is advancing,** die Arbeit geht voran. **ad'vanced,** *adj.* (*a*) *Mil:* **a. post,** Vorposten *m;* (*b*) (*of age, stage*) vorgerückt; (*c*) (*of standard*) fortgeschritten; **course for a. students,** Kurs *m* für Fortgeschrittene; (*d*) (*of ideas etc.*) fortschrittlich. **ad'vancement,** *s.* Beförderung *f* (im Rang); Förderung *f* (der Wissenschaft).

advantage [əd'vɑːntidʒ], *s.* Vorteil *m* (**over s.o.,** j-m gegenüber); (*use*) Nutzen *m;* **to take a. of s.o., sth.,** j-n, etwas ausnutzen; **to turn sth. to a.,** Nutzen aus etwas *dat* ziehen; **to show sth.**

off to a., etwas vorteilhaft herausstellen. **advantageous** [ædvən'teidʒəs], *adj.* vorteilhaft (**to, für** + *acc*); (*favourable*) günstig.

advent ['ædvənt], *s.* 1. *Ecc:* **A.,** Advent *m,* Adventszeit *f.* 2. *Fig:* Kommen *n.*

adventure [əd'ventʃər], *s.* Abenteuer *n; Com: etc:* riskantes Unternehmen *n;* **a. playground,** Abenteuerspielplatz *m.* **ad'venturer,** *s.* Abenteurer *m.* **ad'venturous,** *adj.* abenteuerlich; (*of pers.*) abenteuerlustig; **an a. life,** ein Abenteurerleben *n;* **an a. plan,** ein gewagter Plan.

adverb ['ædvəːb], *s Gram:* Adverb *n.*

adverse ['ædvəːs], *adj.* (*a*) (*unfavourable*) ungünstig; **a. wind,** ungünstiger Wind; (*headwind*) Gegenwind *m;* **a. weather,** schlechtes Wetter; (*b*) (*opposing*) gegnerisch, feindlich. **adversary** ['ædvəs(ə)ri], *s.* Gegner(in) *m* (*f*). **ad'versity,** *s.* Unglück *n.*

advertise ['ædvətaiz], *v.tr. & i.* (*a*) (für ein Produkt) werben, Reklame machen; **to a. a post,** eine Stelle ausschreiben; *F:* **you don't have to a. the fact,** du mußt das nicht gleich an die große Glocke hängen; (*b*) (in einer Zeitung) inserieren (**for, um** + *acc*). **advertisement** [əd'vəːtismənt], *s.* (*a*) (*small*) Inserat *n,* Annonce *f;* (*b*) (*large*) Reklame *f.* '**advertiser,** *s.* Inserent *m; Com:* Werber 'advertising, *s.* Werbung *f;* **a. agency,** Werbeagentur *f.*

advice [əd'vais], *s.* (*no pl.*) 1. Rat *m;* **piece of a.,** Ratschlag *m;* **to ask s.o.'s a./s.o. for a.,** j-n um Rat fragen. 2. *Com:* **a. note,** Avis *n.* **advise** [əd'vaiz], *v.tr.* (*a*) (j-n) beraten; **to a. s.o. to do sth.,** j-m raten, etwas zu tun; **to a. s.o. against sth.,** j-m von etwas *dat* abraten; (*b*) (*recommend*) (etwas) empfehlen. **ad'visable,** *adj.* ratsam. **ad'viser,** *s.* (*professional*) Berater *m;* (*personal*) Ratgeber *m.* **ad'visory,** *adj.* beratend; **a. service,** Beratungsdienst *m;* **in an a. capacity,** als Berater.

advocacy ['ædvəkəsi], *s.* Befürwortung *f;* **a. of a cause,** Eintreten *n* für eine Sache. **advocate I.** ['ædvəkeit], *v.tr.* (etwas) befürworten. **II.** ['ædvəkət], *s.* (*champion*) Verfechter *m;* Befürworter *m;* **to be a (keen) a. of sth.,** für etwas *acc* (energisch) eintreten.

Aegean [iː'dʒiːən], *adj. & s. Geog:* the A. (Sea), die Ägäis.

aerial ['ɛəriəl]. **I.** *adj.* Luft-; (*a*) **a. roots,** Luftwurzeln *fpl;* (*b*) **a. photograph,** Luftaufnahme *f.* **II.** *s. Rad: TV:* Antenne *f.*

aero- ['ɛərəu-], *prefix* Luft-; Flug-; *used in* **aerobatics,** *s.pl.* Kunstflug *m.* '**aerodrome,** *s.* Flugplatz *m.* **aerody'namic,** *adj.* aerodynamisch. **aerody'namics,** *s.pl.* Aerodynamik *f.* '**aerofoil,** *s. Aut:* Heckflügel *m.* **aero'nautics,** *s.pl.* Luftfahrt *f.* '**aeroplane,** *s.* Flugzeug *n.* '**aerosol,** *s.* (*a*) Sprühdose *f;* (*b*) *Ch:* Aerosol *n.*

aesthete ['iːsθiːt], *s.* Ästhet *m.* **aesthetic** [-'θetik], *adj.* ästhetisch. **aes'thetics,** *s.pl.* Ästhetik *f.*

afar [ə'fɑːr], *adv. Lit:* **from a.,** aus der Ferne.

affable ['æfəbl], *adj.* leutselig. **affa'bility,** *s.* Leutseligkeit *f.*

affair [ə'fɛər], *s.* 1. Angelegenheit *f;* Sache *f;* **that is my a.,** das ist meine Sache; **state of affairs,** Stand *m* der Dinge; *Iron:* **this is a fine**

state of affairs, das sind schöne Zustände; to
look after s.o.'s affairs, j-s Geschäfte ver-
walten; to make an a. of sth., etwas aufbau-
schen; *F:* the reception was quite an a., der
Empfang war eine große Sache. **2.** (*love*) a.,
Liebesverhältnis *n;* Liebschaft *f.*
affect[1] [ə´fekt], *v.tr.* (etwas) vortäuschen; **to a.**
stupidity, such dumm stellen. **a´ffected,** *adj.*
(*of pers.; manner*) affektiert. **affec´tation,** *s.*
1. *no pl* Affektiertheit *f.* **2.** (*habit*) affektierte
Angewohnheit *f.*
affect[2] [ə´fekt], *v.tr.* (*a*) (*influence*) (auf etwas
acc) wirken; (ein Ergebnis, eine Lage usw.)
beeinflussen; **the climate has affected his**
health, das Klima hat seine Gesundheit beein-
trächtigt; **the illness did not a. his heart,** die
Krankheit hat sein Herz nicht angegriffen;
how does this a. you? inwiefern betrifft Sie
das? (*b*) (*move*) (j-n) rühren, bewegen; **his**
death affected me deeply, sein Tod traf mich
schwer. **a´ffection,** *s.* Liebe *f* (**for,** zu + *dat*).
a´ffectionate, *adj.* liebevoll; (*clinging*)
anhänglich.
affidavit [æfi´deivit], *s. Jur:* beeidigte
Erklärung *f.*
affiliate [ə´filieit], *v.tr.* (*a*) (j-n) als Mitglied
aufnehmen; (*b*) (eine Firma) anschließen (**to,** an
+ *acc*); **affiliated company,** Tochtergesellschaft
f. **affili´ation,** *s.* Anschluß *m,* Anglie-
derung *f* (**to,** an + *acc*); *Pol:* Zugehörigkeit *f*
(**to,** zu + *dat*).
affinity [ə´finiti], *s.* Verwandtschaft *f;* (*simi-*
larity) Ähnlichkeit *f* (**with,** zu + *dat*).
affirm [ə´fə:m], *v.tr.* (*confirm*) (etwas) bestä-
tigen; (*state*) (etwas) behaupten, erklären. **af-**
firmation [æfə(:)´meiʃ(ə)n], *s.* Bestätigung *f.*
af´firmative, *adj.* positiv; **to answer sth. in**
the a., etwas bejahen.
afflict [ə´flikt], *v.tr.* (j-n) heimsuchen. **a´fflic-**
tion, *s.* (*physical*) Leiden *n;* (*psychological*)
Kummer *m.*
affluence [´æfluəns], *s.* Reichtum *m.* ´**afflu-**
ent, *adj.* wohlhabend; **a. society,** Wohlstands-
gesellschaft *f.*
afford [ə´fɔ:d], *v.tr.* (*usu. with* **can**) sich *dat*
(etwas) leisten; **I can't a. it,** ich kann es mir
nicht leisten; **I can a. to wait,** ich kann
warten.
afforestation [əfɔris´teiʃ(ə)n], *s.* Aufforstung *f.*
affront [ə´frʌnt]. **I.** *v.tr.* (j-n) beleidigen. **II.** *s.*
Beleidigung *f.*
afloat [ə´fləut], *adv. & adj.* schwimmend; (*of*
ship) flott; **to keep (oneself) a.,** sich über
Wasser halten; **the finest liner a.,** das schönste
aller Passagierschiffe.
afoot [ə´fut], *adv.* **1.** (*on foot*) zu Fuß. **2.** im
Gange; (*about to happen*) im Anzug; **there's**
something a., da wird etwas ausgeheckt.
afraid [ə´freid] *adj.* **to be a.,** sich fürchten,
Angst haben (**of** s.o., sth., vor j-m, etwas *dat*);
don't be a., hab keine Angst; **to make s.o. a.,**
j-m Angst machen; **I am a. he'll die,** ich
fürchte, er wird sterben; **I am a. he's not here,**
er ist leider nicht hier; **he's not afraid of work,**
er scheut sich nicht vor der Arbeit.
afresh [ə´freʃ], *adv.* von neuem, erneut.
Africa [´æfrikə]. *Pr. n. Geog:* Afrika *n.* ´**Afri-**
can. I. *adj.* afrikanisch; **A. violet,** Usamba-

raveilchen *n.* **II.** *s.* Afrika´ner(in) *m(f).*
aft [ɑ:ft]. **I.** *adv. Nau:* achtern. **II.** *adj. Nau:*
Achter-; (*in stern*) Heck-.
after [´ɑ:ftər]. **I.** *adv.* danach; (*a*) (*order*) **the rest**
followed a., die Übrigen folgten nach; (*b*)
(*time*) **for days a.,** noch tagelang danach; **I**
heard of it a., ich habe erst nachher/später
davon erfahren; **the week a.,** die folgende
Woche. **II.** *prep.* nach + *dat.* **1.** (*place*) (*a*) **to**
walk after s.o., hinter j-m gehen; **shut the door**
a. you, schließe die Tür hinter dir; (*b*) **to run a.**
s.o., j-m nachlaufen; **the police are a. him,** die
Polizei ist hinter ihm her; *F:* **what's he a.?** (i)
(*intention*) was führt er im Schilde? (ii)
(*desire*) worauf ist er aus? **now I see what you**
are a., jetzt sehe ich, worauf du hinaus willst. **2.**
(*time*) **on or a. the 15th,** vom 15. an; ab dem
15.; **a. hours,** nach Geschäftsschluß; (*in pub*)
nach der Sperrstunde; **day a. day,** Tag für Tag;
time a. time, immer wieder; **he read page a.**
page, er las Seite um Seite; **the day a.** to-
morrow, übermorgen; **the week a.** next,
übernächste Woche; **it is a. five o'clock,** es ist
5 Uhr vorbei; **a. all,** schließlich. **3.** (*order*) **a.**
you! nach Ihnen! **4.** (*manner*) **a. a pattern,** nach
einem Muster; **called Brian a. his father,** nach
seinem Vater Brian genannt. **III.** *conj.*
nachdem; **I came a. he had gone,** ich kam,
nachdem er gegangen war. **IV.** *adj. Nau:*
Achter-, Heck-; **a. deck,** Achterdeck *m.* ´**after-**
care, *s.* (*a*) *Med:* Nachbehandlung *f;* (*b*) (*for*
prisoners) Fürsorge *f* entlassener Gefangener.
´**aftereffect,** *s.* Nachwirkung *f.* ´**afterlife,**
s. Leben *n* nach dem Tode. ´**aftermath,** *s.*
Nachspiel *n;* (*effects*) Nachwirkungen *fpl.*
´**after´noon,** *s.* Nachmittag *m;* **good a.!**
guten Tag! ´**afters,** *s.pl. Cu: F:* Nachtisch *m.*
´**after´sales,** *adj.* **a.-s. service,** Kundendienst
m. ´**aftertaste,** *s.* Nachgeschmack *m.*
´**afterthought,** *s.* nachträglicher Einfall *m.*
´**afterwards,** *adv.* später, nachher.
again [ə´gen], *adv.* **1.** (*a*) wieder; (*once more*)
noch einmal; **come a.,** (i) *lit.* komm mal wieder;
(ii) *F:* sag es noch einmal; **I tried a.,** ich habe
noch einmal/erneut versucht; **a. and a.,** immer
wieder; **now and a.,** ab und zu; hin und wieder;
as large a., noch einmal so groß; (*b*) **all**
the way to Cairo and back a., den ganzen Weg
nach Kairo und zurück; **when will you be back**
a.? wann bist du wieder da? **2.** (*a*) (*what is*
more) ferner, außerdem; **a. we must remember**
his age, außerdem müssen wir sein Alter
berücksichtigen; (*b*) (*on the other hand*) an-
dererseits; **he may come, and a. he may not,**
vielleicht kommt er, aber vielleicht auch
nicht.
against [ə´genst], *prep.* gegen + *acc.* **1.** (*a*) **a.**
my will, gegen meinen Willen; **to fight a. the**
Turks, gegen die Türken kämpfen; **to act a. the**
law, dem Gesetz zuwiderhandeln; **to come up**
a. a difficulty, auf eine Schwierigkeit stoßen; **it**
goes **a. the grain,** es geht mir gegen den Strich;
a. expectation, wider Erwarten; (*b*) **leaning a.**
the wall, gegen die Wand gelehnt. **2. as a.,**
verglichen mit + *dat;* im Gegensatz zu + *dat;*
my real position as a. the reported one, meine
wirkliche Lage im Gegensatz zu der beschrie-
benen. **3. to show up a. the sky,** sich gegen den

Himmel abheben.

agate ['ægət], s. Miner: Achat m.

age [eidʒ] I. s. 1. Alter n; (a) **a man of middle a.,** ein Mann mittleren Alters; **what a. are you?** wie alt bist du? **to be under a.,** unmündig/ minderjährig sein; **to come of a.,** großjährig/ mündig werden; **to be of an a. to marry,** im heiratsfähigen Alter sein; **a. group,** Altersgruppe f, Jahrgang m; **a. limit,** Altersgrenze f; (b) **old a.,** hohes Alter. 2. (a) Zeitalter n; Hist: **the Middle Ages,** das Mittelalter; **the Iron A.,** die Eisenzeit; (b) F: **it's an a./ages since I saw him, I haven't seen him for an a./ages,** ich habe ihn schon ewig/seit Urzeiten nicht gesehen. II. v. 1. v.i. altern; alt werden. 2. v.tr. (j-n) alt werden lassen; (Wein, Käse usw.) ablagern; **the experience aged him prematurely,** das Erlebnis ließ ihn vorzeitig altern. **aged,** adj. 1. ['eidʒid] (of pers., thing) uralt. 2. ['eidʒd] (of pers.) **a. twenty,** 20 Jahre alt; **I found him greatly a.,** ich fand ihn sehr gealtert. '**ag(e)ing.** I. adj. alternd. II. s. Altern n.

agency ['eidʒənsi], s. 1. (a) (means) Kraft f; **through the a. of water,** durch Wasserkraft; (b) (mediation) Vermittlung f. 2. Com: Vertretung f; **sole a.,** Alleinvertretung f; **advertising a.,** Werbeagentur f; **travel a.,** Reisebüro n. **agent** ['eidʒənt], s. 1. (means) Mittel n; Ch: Wirkstoff m; **putrefactive a.,** Fäulniserreger m. 2. (pers.) (a) **to be a free a.,** sein eigener Herr sein; (b) Jur: Bevollmächtigter m; Com: Vertreter m; **estate a.,** Häusermakler m, Makler m; Pol: **(secret) a.,** Geheimagent m.

agglomeration [əgloməˈreiʃ(ə)n], s. Anhäufung f; Ind: Zusammenballung f (von Betrieben usw.).

aggravate ['ægrəveit], v.tr. (a) (ein Problem, die Lage) verschlimmern; (Schmerz) verstärken; (b) (j-n) ärgern, reizen. '**aggravating,** adj. (a) (of pers.) ärgerlich; (b) Jur: erschwerend. **aggra'vation,** s. 1. Verschlimmerung f; Erschwerung f. 2. (general) Ärger m; (instance) Ärgernis n.

aggregate ['ægrigit]. I. adj. Gesamt-; Ind: **a. output,** Gesamtleistung f. II. s. (a) Summe f; Mth: Aggregat n; (b) Geol: Aggregat m.

aggression [əˈgreʃ(ə)n], s. Aggression f; **war of a.,** Angriffskrieg m. **a'ggressive,** adj. aggressiv, streitsüchtig. **a'ggressor,** s. Angreifer m.

aggrieved [əˈgriːvd], adj. gekränkt.

aggro ['ægrəu], s. F: Ärger m.

aghast [əˈgɑːst], adj. entsetzt (at, über + acc).

agile ['ædʒail], adj. flink; (of mind etc.) rege.

agility [əˈdʒiliti], s. Behendigkeit f; Gewandtheit f.

agitate ['ædʒiteit], v. 1. v.tr. (a) (shake) (etwas) schütteln; (b) (make uneasy) (j-n) aufregen. 2. v.i. **to a. for/against sth.,** für/gegen etwas acc Propaganda machen. '**agitated,** adj. aufgeregt. **agi'tation,** s. 1. Pol: etc: Aufwiegelung f. 2. (of pers.) Aufregung f. 3. (shaking) Schütteln n. '**agitator,** s. 1. Pol: Aufwiegler m. 2. Tchn: Rührwerk n.

agnostic [ægˈnɔstik] I. adj. agnostisch. II. s. Agnostiker m.

ago [əˈgəu], adv. vor; **ten years a.,** vor zehn Jahren; **a little while a.,** vor kurzem, unlängst;

it is long a., es ist lange her; **no longer a. than last week,** erst vorige Woche.

agog [əˈgɔg], adv. & adj. **to be all a. to know sth.,** darauf brennen, etwas zu erfahren.

agonize ['ægənaiz], v.i. **to a. over sth.,** sich mit etwas dat quälen. '**agonized,** adj. gequält. '**agonizing,** adj. (of pain) quälend; (of spectacle) qualvoll; **a. cry,** herzzerreißender Schrei. '**agony,** s. 1. Qual f; **to suffer agonies,** Qualen leiden; F: **to lay on the a.,** dick auftragen; Journ: **a. column,** (i) Leserberatung f in Sachen des Herzens; (ii) F: Kleinanzeigen f pl. 2. **death a.,** Todeskampf m.

agrarian [əˈgreəriən], adj. agrarisch; **a. economy,** Agrarwirtschaft f.

agree [əˈgriː], v. 1. v.i. (a) einwilligen (to sth., in etwas acc), zustimmen (to sth., etwas dat); **he agreed to my proposal,** er stimmte meinem Vorschlag zu; (b) sich einigen (on sth., über etwas acc); **to a. on a time,** einen Termin ausmachen; (c) (approve) einverstanden sein (with sth., mit etwas dat); **I don't a. with long hair for boys,** ich bin gegen lange Haare bei Jungen; (d) (of things, Gram: adjectives etc.) (miteinander) übereinstimmen; (of pers.) gleicher Meinung sein; **the results a.,** die Ergebnisse stimmen miteinander überein; **do you a.?** bist du auch dieser Meinung? **to a. with s.o.,** j-m recht geben; **I a. with John,** ich gebe John recht/stimme mit John überein; (e) **oysters do not a. with me,** Austern vertrage ich nicht. 2. v.tr. (einen Preis, Termin usw.) vereinbaren, F: ausmachen; **to a. that . . .,** sich darauf einigen/(decide) beschließen/(admit) zugeben, daß . . .; **he agreed he was wrong,** er gab zu, daß er unrecht hatte; **he agreed to come,** er erklärte sich bereit zu kommen; **agreed!** ausgemacht! **we are agreed,** wir sind uns einig. **a'greeable,** adj. (a) (of pers.) einverstanden; (b) (pleasant) angenehm. **a'greement,** s. 1. (document) Vereinbarung f; (contract) Vertrag m; Pol: Abkommen n. 2. (a) Zustimmung f; **he gave his a.,** er stimmte zu; (b) Übereinstimmung f; **to be in a. with s.o., sth.,** mit j-m, etwas dat übereinstimmen/einig sein; **by mutual a.,** in gegenseitigem Einverständnis. 3. Gram: Übereinstimmung f.

agriculture ['ægrikʌltʃər], s. Landwirtschaft f. **agri'cultural,** adj. landwirtschaftlich. **agri'culturalist,** s. Landwirt m.

aground [əˈgraund], adj. & adv. Nau: gestrandet; **to run a.,** stranden, auflaufen.

ahead [əˈhed] adv. **the town was straight/dead a. of us,** die Stadt lag direkt vor uns/geradeaus; **to draw a. of s.o., sth.,** j-n, etwas zurücklassen; **to go a.,** (of things) vorangehen; (of pers.) weitermachen; **(with sth., mit etwas dat); he went on a.,** er ging vor; **to be two hours a. (of s.o.),** zwei Stunden Vorsprung (vor j-m) haben; **a. of time,** vorzeitig; **to look a.,** vorausschauen; Fig: an die Zukunft denken; Nau: **full speed a.!** volle Kraft voraus!

aid [eid]. I. v.tr. (j-m) helfen; (j-n, ein Land usw.) unterstützen. II. s. (a) Hilfe f; **to come to s.o.'s a.,** j-m zu Hilfe kommen; **first a.,** Erste Hilfe; **financial a.,** finanzielle Unterstützung; **in a. of,** zugunsten + gen, zugunsten von + dat; F: **what's that in a. of?** was soll das? wozu all das? (b) (device) Hilfsmittel n; **hearing a.**, Hörgerät n.

ailment ['eilmənt], s. Leiden n; pl Beschwerden fpl. **'ailing**, adj. kränklich.

aim [eim]. I. v. 1. v.tr. (a) (etwas) richten (**at s.o.**, **sth.**, auf j-n, etwas acc); **to a. a blow at s.o.**, einen Schlag gegen j-n richten; **a measure aimed against criminals**, eine gegen Verbrecher gerichtete Maßnahme; (b) **to a. a gun at s.o.**, mit einem Gewehr auf j-n zielen. 2. v.i. **to a. at sth.**, (i) (with weapon) auf etwas acc zielen; (ii) (intend) etwas beabsichtigen, im Auge haben; **we a. to please**, unser Anliegen ist es, Sie zu befriedigen; **what are you aiming at?** worauf wollen Sie hinaus? II. s. 1. Ziel n; **to miss one's a.**, danebentreffen; **to take a. at sth.**, auf etwas acc zielen. 2. (purpose) Zweck m. **'aimless**, adj. ziellos.

air [ɛər]. I. v.tr. (a) (ein Zimmer, Betten usw.) lüften; (b) (eine Meinung) äußern; (Kenntnisse) zur Schau stellen; **to a. grievances**, Beschwerden/vorbringen/zum Ausdruck bringen. II. s. 1. (a) Luft f; **fresh/stale a.**, frische/schlechte Luft; **breath of a.**, (i) Lufthauch m; (ii) frische Luft; **in the open a.**, im Freien; F: **hot a.**, Unsinn m, leeres Gerede; Fig: **to walk on a.**, im siebten Himmel sein; **there's something in the a.**, es ist etwas im Anzug; (b) Rad: **on the a.**, im Rundfunk; (c) Av: **by a.**, auf dem Luftweg; attrib. **a. hostess**, Stewardeß f; **a. lane**, Flugschneise f; **a. terminal**, Terminalgebäude n; **a. travel**, Luftfahrt f; Mil. Av: **A. Marshal**, Generalleutnant m. 2. Mus: Weise f. 3. (look) Aussehen n; (of pers.) Miene f; **to wear/have a dejected a.**, trübselig aussehen; **to put on airs**, vornehm/(self-important) wichtig tun. **'air-base**, s. Luftstützpunkt m. **'airborne**, adj. in der Luft; **a. troops**, Luftlandetruppen fpl. **'air-brake**, s. Druckluftbremse f. **'airbrick**, s. Hohlziegel m. **'air-con'ditioning**, s. Klimaanlage f. **'air-cooled**, adj. luftgekühlt. **'aircraft**, s. Flugzeug n; **a. carrier**, Flugzeugträger m. **'aircrew**, s. Flugzeugbesatzung f. **'airdrome**, s. N.Am: Flughafen m; (small) Flugplatz m. **'airfield**, s. Flugplatz m. **'air-force**, s. Luftwaffe f. **'airing**, s. Lüftung f (eines Zimmers); **a. cupboard**, Wäschetrockenschrank m; Fig: **to give sth. an a.**, (i) etwas herausholen; (ii) etwas zum Ausdruck bringen. **'airless**, adj. 1. (of room) ohne frische Luft; F: mießig. 2. (of weather) windstill. **'airletter**, s. Luftpostbrief m. **'airlift**, s. Luftbrücke f. **'airline**, s. 1. Av: Fluglinie f; Fluggesellschaft f. 2. Aut: Luftschlauch m. **'airliner**, s. Verkehrsflugzeug n. **'airlock**, s. Lufteinschluß m. **'airmail**, s. Luftpost f; **by a.**, mit Luftpost. **'airman, -men**, s. Flieger m. **'airmattress**, s. Luftmatratze f. **'airplane**, s. N.Am: Flugzeug n. **'airpocket**, s. Av: Luftloch n. **'airport**, s. Flughafen m. **'air-raid**, s. Fliegerangriff m. **'air-sickness**, s. Luftkrankheit f. **'airstrip**, s. Av: Landestreifen m. **'airtight**, adj. luftdicht. **'air-to-'air**, adj. **a.-to-a. missile**, Luft-Luft-Geschoß n. **'air-to-'ground**, adj. **a.-to-g. missile**, Luft-Boden-Geschoß n. **'air-traffic**, s. Flugverkehr m; **a.-t. control**, Flugsicherung f; **a.-t. controller**, Fluglotse m. **'airworthy**, adj. lufttüchtig. **'airy**, adj. 1.

luftig; (of room) gut durchlüftet. 2. leicht; (of promise, dismissal) unüberlegt; (of manner) unbekümmert. **'airy-'fairy**, adj. F: hochfliegend; **a.-f. ideas**, Hirngespinste npl.

aisle [ail], s. Ecc. Arch: (central) Mittelgang m (zwischen Sitzreihen); (side) Seitenschiff n; Th: Av: etc: Gang m.

ajar [ə'dʒɑːr], adv. & adj. (of door) angelehnt.

akimbo [ə'kimbəu], adv. **with arms a.**, mit in die Seiten gestemmten Armen.

alacrity [ə'lækriti], s. Eifer m, Bereitwilligkeit f; **with a.**, bereitwillig.

alarm [ə'lɑːm]. I. v.tr. (j-n) alarmieren; (frighten) (j-n) erschrecken; **to be alarmed at sth.**, über etwas acc beunruhigt sein. II. s. 1. Alarm m; **to give/sound the a.**, Alarm schlagen. 2. (state of) a., Bestürzung f, Unruhe f. 3. (device) Alarmanlage f; **a. (clock)**, Wecker m. **a'larming**, adj. (of news etc.) alarmierend; (frightening) erschreckend; (worrying) beängstigend. **a'larmist**, s. Schwarzseher m.

alas [ə'lɑːs], int. ach! leider!

Albania [æl'beinjə]. Pr. n. Geog: Albanien n. **Al'banian**. I. adj. albanisch II. s. Albanier(in) m(f).

albatross ['ælbətrɔs], s. Orn: Albatros m.

album ['ælbəm], s. Album n.

albumen ['ælbjumin], s. Eiweiß n.

alcohol ['ælkəhɔl], s. Alkohol m. **alco'holic**, I. adj. akoholisch. II. s. (pers.) Akoholiker(in) m(f). **'alcoholism**, s. Alkoholismus m.

alcove ['ælkəuv], s. 1. (in room) Alkoven m. 2. (in wall) Nische f.

alder ['ɔːldər], s. Bot: Erle f.

alderman, -men ['ɔldəmən], s. esp. Hist: (führender) Ratsherr m.

ale [eil], s. Ale m; **pale a.**, helles Bier.

Alec ['ælik], Pr. n. (abbr. of Alexander) Alex m; **smart A.**, Neunmalkluger m.

alert [ə'lɔːt]. I. adj. wachsam, (of mind) rege, aufgeweckt. II. s. Mil: etc: Alarm(zustand) m; **to be on the a.**, (i) alarmbereit sein; (ii) Fig: auf der Hut sein. **a'lertness**, s. Wachsamkeit f; Aufgewecktheit f (des Geistes).

alfresco [æl'freskəu], adj. & adv. im Freien.

algebra ['ældʒibrə], s. Algebra f.

Algeria [æl'dʒiəriə]. Pr. n. Geog: Algerien n. **Al'gerian**. I. adj. algerisch. II. s. Algerier(in) m(f).

alias ['eiliəs]. I. adv. [also ə'laiəs] sonst ... genannt; **Jones, a. Hardy**, Jones, sonst Hardy genannt. II. s. (pl. aliases ['eiliəsiz]) Deckname m.

alibi ['ælibai], s. Alibi n.

alien ['eiliən]. I. adj. (a) (foreign) ausländisch; (b) (strange) fremd; **this is a. to his nature**, das ist ihm fremd. II. s. Ausländer m. **alienate** ['eiliəneit], v.tr. **to a. s.o./s.o.'s affections**, j-n entfremden.

alight[1] [ə'lait], v.i. (of pers.) aussteigen (**from a train, bus etc.** aus einem Zug, Bus usw.); (of bird) sich niederlassen (**on a branch**, auf einen Ast).

alight[2], adj. **to be a.**, brennen; **to set sth. a.**, etwas anzünden; **to catch a.**, Feuer fangen.

align [ə'lain], v. 1. v.tr. (etwas) in eine gerade Linie bringen; Pol: **to align himself with the Left**, er schloß sich der Linken an. 2. v.i. sich in gerader Linie aufstellen. **a'lignment**, s. Aufstellung f in einer geraden Linie; Print:

Zeilenführung *f; Tchn:* **in a.,** in einer Geraden; *Fig:* **political a.,** politische Orientierung *f.*
alike [ə'laik]. *adj. & adv.* gleich; (*similar*) ähnlich; **dressed a.,** gleich angezogen; **teachers and children a.,** Lehrer sowie Kinder; **they look very a.,** sie sehen sich sehr ähnlich.
alimentary [æli'mentəri], *adj.* Ernährungs-; *Anat:* **a. canal,** Verdauungskanal *m.* **alimen-'tation,** *s.* Ernährung *f.*
alimony ['æliməni], *s. Jur:* Alimente *npl.*
alive [ə'laiv], *adj.* **1.** lebendig; **to be burnt a.,** lebendigen Leibes verbrennen; **he is still a.,** er ist noch am Leben/lebt noch; **to keep s.o. a.,** j-n am Leben erhalten; **dead or a.,** tot oder lebendig; *F:* **a. and kicking,** gesund und munter; *Fig:* **to keep the conversation a.,** die Konversation in Gang halten. **2. a. to sth.,** etwas *dat* bewußt; **to be a. to the danger,** sich *dat* der Gefahr bewußt sein. **3. the street was a. with people,** auf der Straße wimmelte es von Leuten.
alkali ['ælkəlai], *s. Ch:* Alkali *n.* '**alkaline,** *adj.* alkalisch.
all [ɔːl]. **I.** *adj. pron. & adv.* **1.** (*a*) *adj.* (*sing.*) ganz; (*pl.*) alle; **a. day,** den ganzen Tag; **a. men,** alle Menschen; **a. the others,** alle anderen; **a. his life,** sein ganzes Leben lang; **a. the way,** die ganze Strecke; **for all his wealth . . .,** trotz seines ganzen Reichtums . . .; **with a. (possible) speed,** so schnell wie möglich; **at a. hours,** zu jeder Tages- und Nachtzeit; **you are not as ill as a. that,** so krank bist du auch wieder nicht; (*b*) (*pers.*) alle; **a. of us,** wir alle; **a. aboard!** alles einsteigen! **a. those who came,** alle (die), die kamen; **we a. love him,** wir haben ihn alle gern; *Sp:* **five a.,** fünf zu fünf; *Tennis:* **15 a.,** 15 beide; (*c*) (*things*) alles; **a. that,** das alles; **a. that I did,** alles, was ich tat; **and a. that,** und so weiter, und dergleichen; *F:* **that's a. I needed,** das hat mir gerade noch gefehlt. **2.** (*a*) **once and for a.,** ein für allemal; **for a. I know,** soviel ich weiß; (*b*) **most of a.,** am meisten; (*c*) **not at a.,** gar nicht, überhaupt nicht; **if you hesitate at a.,** wenn du überhaupt (nur) zögerst; (*d*) **a. but,** fast, beinahe; **I a. but fell,** ich bin fast hingefallen; (*e*) **a. in a./a. things considered,** alles in allem. **3.** *adv.* (*a*) ganz; (**dressed**) **a. in black,** ganz in schwarz (gekleidet); **she was a. ears,** sie war ganz Ohr; **a. the better,** umso besser; **you will be a. the better for it,** du wirst dich danach umso besser fühlen; **a. gone,** alles aufgegessen; (*b*) **a. right,** (*of things, F: of pers.*) in Ordnung; **he's a. right,** ihm geht es gut; **that's a. right,** (i) das geht in Ordnung; (ii) nichts zu danken; **is that a. right with you?** ist Ihnen das recht? *P:* (*girl*) **a bit of a. right,** eine dufte Biene; (*c*) **a. over the place/** *N.Am:* **a. over,** überall; **it has an a. over pattern,** es ist ganz gemustert; (*d*) **the end came a. too soon,** das Ende kam nur zu schnell; **he didn't take it a. that seriously,** er hat das nicht ganz so ernst genommen; **he enjoyed it a. the same,** er hat es trotzdem genossen; **a. the same, you might have told me,** das hättest du mir immerhin sagen können, **a. at once,** (i) (*suddenly*) plötzlich; (ii) (*at one time*) zugleich; (*e*) *F:* **he is not a. there,** er hat nicht alle beisammen. **II.** *s.* das Ganze; **to lose/stake one's a.,** sein Hab und Gut verlieren/aufs Spiel

setzen. '**all-auto'matic,** *adj.* voll-automatisch. '**all(-)'clear,** *s.* Entwarnung *f.* '**All(-)'Hallows,** *s.* Allerheiligen *n.* '**all-im'portant,** *adj.* unerläßlich. '**all-'in,** *adj.* (*of pers.*) erschöpft; *Ins:* **a.-in policy,** Gesamtversicherung *f;* **a.-in price,** Inklusivpreis *m; Sp:* **a.-in wrestling,** Freistilringen *n.* '**all-'night,** *adj.* **a.-n. service,** Nachtdienst *m.* '**all-'out,** *adj.* maximal; **a.-o. effort,** äußerste Bemühung; **a.-o. speed,** Höchstgeschwindigkeit *f; adv.* **to drive a.-o.,** mit Vollgas fahren; **to go a.-o. for sth.,** alles auf etwas *acc* setzen. '**all-'power-ful,** *adj.* allmächtig. '**all-'purpose,** *adj.* Allzweck-. '**all-'round,** *adj.* umfassend; **a.-r. ability,** vielseitiges Können. '**all-'rounder,** *s. Sp:* Allroundsportler *m.* '**all-'steel,** *adj.* **a.-s. body,** Ganzstahlkarosserie *f.* '**all-'time,** *adj.* absolut; **a.-t. low,** absoluter Tiefstand; **a.-t. bestseller,** Rekordbestseller *m.* '**all-'wool,** *adj.* aus reiner Wolle; (*on label*) reine Wolle.
allege [ə'ledʒ], *v tr* (a) (etwas) behaupten; **he alleged that I had taken it,** er beschuldigte mich, es genommen zu haben; (*b*) (*pretend*) (etwas) vorgeben; **to a. an urgent appointment,** vorgeben, eine dringende Verabredung zu haben. **allegation** [æli'geiʃ(ə)n], *s.* Anschuldigung *f.* **a'lleged,** *adj.* angeblich, vermeintlich; **the a. thief,** der angebliche Dieb.
allegiance [ə'liːdʒ(ə)ns], *s.* Treue *f* (**to,** gegenüber + *dat*).
allergy ['ælədʒi], *s. Med:* Allergie *f.* **a'llergic,** *adj.* allergisch (**to,** gegen + *acc*).
alleviate [ə'liːvieit], *v.tr.* (Schmerzen) lindern; (ein Problem) erleichtern. **allevi'ation,** *s.* Linderung *f.*
alley ['æli], *s.* Passage *f;* (enge) Gasse *f.*
alliance [ə'laiəns], *s.* **1.** *Pol.* Bündnis *n;* **to enter into an a.,** ein Bündnis (ab)schließen. **2.** Verbindung *f* (**with s.o.,** mit j-m). **allied** ['ælaid], *adj.* **1.** *Pol:* alliiert, verbündet (**to/with,** mit + *dat*); **the A. Powers,** die Alliierten Mächte. **2.** verwandt; **a. industries,** assoziierte Industrien.
alligator ['æligeitər], *s. Z:* Alligator *m.*
allocate ['æləkeit], *v.tr.* **to a. s.o. a task etc.,** j-m eine Aufgabe zuteilen/*Adm:* zuweisen; **to a. a sum to sth.,** eine Summe für etwas *acc* zur Verfügung stellen. **allo'cation,** *s.* **1.** (*act*) Zuweisung *f,* Zuteilung *f.* **2.** Quote *f;* (*money*) zugeteilter Betrag *m.*
allot [ə'lɔt], *v.tr.* (*p. & p.p. allotted*) (*a*) **to a. sth. to s.o.,** j-m etwas zuteilen; **in its allotted place,** an seinem vorgeschriebenen Platz; (*b*) (*distribute*) (etwas) verteilen (**an j-n,** to s.o.). **a'llotment,** *s.* **1.** (*a*) Zuteilung *f* (**to s.o.,** an j-n); (*b*) Verteilung *f.* **2.** (*share*) Anteil *m.* **3.** *usu. pl.* **allotments,** Schrebergärten *mpl.*
allow [ə'lau], *v.tr.* (*a*) **to a. a claim,** einen Anspruch anerkennen; (*b*) (*permit*) **to a. s.o. sth.,** j-m etwas erlauben gestatten; **to be allowed to do sth.,** etwas tun dürfen; **a. me!** gestatten (Sie)! **to a. no argument,** keine Gegenrede dulden; **to a. s.o. to overtake,** j-n vorbeilassen; **to a. oneself to be taken in,** sich irreführen lassen; (*c*) **to a. a debtor time to pay,** einem Schuldner Aufschub geben; **to a. (oneself) enough time for sth.,** (sich *dat*) genug Zeit zu etwas *dat* lassen; *Com:* **to a. s.o. a discount,** j-m

Rabatt gewähren; (d) ind. tr. **to a. for sth.,** etwas berücksichtigen; **to a. for expansion, expenses** etc., Ausdehnung, Ausgaben usw. einkalkulieren. **a´llowable,** adj. zulässig; Fin: **a. expenses,** abzugsfähige Ausgaben. **a´llowance,** s. 1. (a) Ration f, Quote f; (b) (money) Zuwendung f; (addition to salary) Zuschuß m, Zulage f; **book a.,** Büchergeld n; **child a.,** Kinderbeihilfe f. 2. Fin: (against taxes) Abzug m. 3. **to make a. for sth.,** etwas berücksichtigen/ esp. Tchn: einkalkulieren; **you have to make allowances for small children,** für kleine Kinder muß man schon Verständnis haben.

alloy [´æləi], s. Legierung f.

allude [ə´l(j)u:d], v.i. **to a. to s.o.,** sth., (of pers.) auf j-n, etwas acc anspielen; (of phrase) sich auf j-n, etwas acc beziehen.

allure [ə´l(j)uər], s. Reiz m, Anziehungskraft f. **a´lluring,** adj. verlockend; (seductive) verführerisch.

allusion [ə´l(j)u:ʒ(ə)n], s. Anspielung f.

ally. I. [ə´lai], v.tr. & i. (etwas, sich) vereinigen **(to/with,** mit + dat); (of country) **to be allied with X,** mit X verbündet sein. II. [´ælai] s. (pl. ´allies), Verbündete(r) f(m), Alliierte(r) f(m).

almanac [´ɔ:lmənæk], s. Almanach m, Jahrbuch n.

almighty [ɔ:l´maiti]. I. adj. allmächtig; F: **an a. din,** ein Riesenlärm. II. s. **the A.,** der Allmächtige.

almond [´ɑ:mənd], s. 1. Mandel f. 2. **a. (tree),** Mandelbaum m.

almoner [´ɑ:mənər], s. Sozialfürsorger(in) m(f).

almost [´ɔ:lməust], adv. beinahe, fast.

alms [ɑ:mz]. s. sing. or pl. Almosen n. ´**almshouse,** s. Armenhaus n.

alone [ə´ləun], adj. 1. allein; **I want to speak to you a.,** ich möchte Sie allein/unter vier Augen sprechen; **to feel a.,** sich einsam fühlen. 2. **to leave s.o., sth. a.,** (i) j-n, etwas in Ruhe lassen; (ii) etwas sein lassen.

along [ə´lɔŋ]. I. prep. (etwas acc) entlang; **to go a. the street,** die Straße entlanggehen; **a. the river,** längs des Flusses, den Fluß entlang. II. adv. (a) **to move a.,** sich fortbewegen; **come a.!** komm doch! **I'll be a. shortly,** ich bin gleich da; (b) **I knew that all a.,** ich habe das die ganze Zeit gewußt; (c) **a. with,** zusammen mit + dat; F: **get a. with you!** (i) mach, daß du fortkommst! (ii) (disbelief) das glaubst du doch selbst nicht! **to get a. with s.o.,** mit j-m auskommen. **a´long´side.** I. prep. (a) neben + dat; **he ran a. me,** er lief neben mir/an meiner Seite; (b) (compared with) verglichen mit + dat. II. adv. daneben; Nau: längsseits.

aloof [ə´lu:f], adv. & adj. (hochmütig) zurückhaltend; **to remain a.,** abseits bleiben, sich fernhalten **(from,** von + dat). **a´loofness,** s. (hochmütige) Zurückhaltung f.

aloud [ə´laud], adv. laut; **to read a.,** vorlesen; (to oneself) laut lesen.

alp [ælp], s. hoher Berg; Geog: **the Alps,** die Alpen.

alphabet [´ælfəbet], s. Alphabet n. **alpha´betical,** adj. alphabetisch.

alpine [´ælpain], adj. alpin; **a. plants,** Alpenpflanzen fpl.

already [ɔ:l´redi], adv. schon, bereits.

Alsace [æl´sæs]. Pr.n. Geog: Elsaß n. **Alsatian** [æl´seiʃ(ə)n]. I. adj. elsässisch. II. s. (pers.) Elsässer(in) m(f); (dog) Schäferhund m.

also [´ɔ:lsəu], adv. auch, ebenfalls. ´**also-´ran,** s. Rac: **it was an a.-r.,** es war unter den 'ferner-liefen'.

altar [´ɔ:ltər], s. Altar m. ´**altar-piece,** s. Altarbild n.

alter [´ɔ:ltər], v. 1. v.tr. (a) (etwas) ändern; (Kleider) umändern; (eine Zeichnung) abändern; (b) (Tatsachen) ändern. 2. v.i. sich ändern, anders werden; (in appearance) sich verändern; **he had greatly altered,** er hatte sich sehr geändert/verändert. **alte´ration,** s. (a) Änderung f; **subject to a.,** Änderungen vorbehalten; (b) Constr: Umbau m.

alternate. I. [ɔ:l´tə:nit] adj. 1. abwechselnd; **on a. days,** jeden zweiten Tag. 2. N.Am: **an a. date,** ein anderer Termin. II. [´ɔ:ltəneit] v. 1. v.tr. (zwei Sachen) abwechseln lassen. 2. v.i. abwechseln **(with,** mit + dat). ´**alternating,** adj. abwechselnd; El: **a. current,** Wechselstrom m; Mec: **a. movement,** Wechselbewegung f. **alter´nation,** s. Abwechslung f. **alternative** [ɔ:l´tə:nətiv]. I. adj. alternativ; **to make an a. proposal,** einen anderen Vorschlag machen. II. s. Alternative f; **to have no a.,** keine Wahl haben; **-ly,** adv. sonst, andernfalls. ´**alternator,** s. El: Wechselstromgenerator m.

although [ɔ:l´ðəu], conj. obwohl, obgleich.

altimeter [´æltimi:tər], s. Av: Höhenmesser m.

altitude [´æltitju:d], s. Höhe f; **at higher altitudes,** in größeren Höhenlagen fpl.

alto, pl -os [´æltəu, -əuz], s. Mus: 1. (voice) Alt m, Altstimme f. 2. (pers.) Altist(in) m(f).

altogether [ɔ:ltə´geðər], adv. (a) (wholly) gänzlich, völlig; (b) (on the whole) alles in allem; im ganzen; **taking things a.,** alles in allem genommen; (c) **how much does that come to a.?** was macht das alles zusammen?

aluminium [ælju´miniəm], N.Am: **aluminum** [ə´lu:minəm], s. Aluminium n.

always [´ɔ:lwiz, -weiz], adv. immer.

am [æm], 1st pers. sing. pres. of **to be,** q.v.

amalgam [ə´mælgəm], s. 1. Dent: Amalgam n. 2. Fig: Mischung f. **amalgamate** [ə´mælgəmeit], v. 1. v.tr. (Sachen) zusammenschließen, (combine) vereinigen; Com: (Firmen) fusionieren. 2. v.i. sich zusammenschließen; Com: fusionieren; Metall: sich amalgamieren. **amalga´mation,** s. 1. Verschmelzung f. 2. Com: Fusion f, Zusammenschluß m.

amass [ə´mæs], v.tr. (Geld usw.) anhäufen.

amateur [´æmətə:r], s. Amateur m; Th: Laie m; Pej: Dilettant m; **a. dramatics,** Laientheater n; **a. painter,** Sonntagsmaler m. ´**amateurish,** adj. dilettantisch.

amaze [ə´meiz], v.tr. (j-n) erstaunen. **a´mazed,** adj. erstaunt, verwundert. **a´mazement,** s. Erstaunen n. **a´mazing,** adj. erstaunlich; **-ly,** adv. erstaunlicherweise.

Amazon [´æməz(ə)n]. Pr.n. **(the river) A.,** der Amazonas.

ambassador [æm´bæsədər], s. Botschafter(in) m(f). **am´bassadress,** s. Botschafterin f.

amber [´æmbər], s. 1. Bernstein m. 2. (colour) Bernsteinfarbe f; Aut: gelbes Licht (der Verkehrsampel).

ambiguous [æmˈbigjuəs], *adj.* zweideutig. **ambiˈguity**, *s.* Zweideutigkeit *f.*

ambition [æmˈbiʃ(ə)n], *s.* (*general*) Ehrgeiz *m;* (*particular*) Ambition *f;* **to fulfill/realize an a.**, eine Ambition verwirklichen. **amˈbitious**, *adj.* ehrgeizig; **an a. plan,** ein großangelegter Plan.

amble [ˈæmbl], *v.i.* **to a. (along),** dahinschlendern.

ambulance [ˈæmbjuləns], *s.* Krankenwagen *m; Mil:* Sanitätswagen *m.*

ambush [ˈæmbuʃ]. **I.** *v.tr.* (j-n) aus dem Hinterhalt überfallen. **II.** *s.* Hinterhalt *m.*

ameliorate [əˈmiːliəreit], *v.tr.* (etwas) verbessern. **amelioˈration,** *s.* Verbesserung *f.*

amen [ˈɑːˈmən]. **I.** *int.* amen. **II.** *s.* Amen *n.*

amenable [əˈmiːnəbl], *adj.* zugänglich (**to,** *dat*); **a. to discipline,** fügsam; **a. to reason,** einsichtig; **is he a.?** kann man ihn überreden?

amend [əˈmend], *v.tr.* (*a*) (etwas) ändern; (ein Gesetz) abändern; (*b*) (*correct*) (einen Text usw.) verbessern. **aˈmendment,** *s.* (*a*) Änderung *f; Pol:* Abänderung *f;* **to move an a.,** einen Abänderungsantrag stellen; (*b*) Verbesserung *f.* **aˈmends,** *s.pl.* Entschädigung *f;* **to make a. for sth.,** etwas wiedergutmachen.

amenity [əˈmiːniti], *s.* Annehmlichkeit *f; esp. pl.* **the (natural) amenities,** die natürlichen Vorzüge (eines Ortes, eines Hauses); **protection of the amenities,** Umweltschutz *m.*

America [əˈmerikə]. *Pr.n.* Amerika *n.* **Aˈmerican. I.** *s.* Amerikaner(in) *m(f).* **II.** *adj.* amerikanisch; **A. Indian,** Indianer(in) *m(f).*

amethyst [ˈæmiθist], *s.* Amethyst *m.*

amiable [ˈeimjəbl], *adj.* liebenswürdig; (*good-humoured*) gutmütig. **amiaˈbility,** *s.* Liebenswürdigkeit *f;* Gutmütigkeit *f.*

amicable [ˈæmikəbl], *adj.* freundlich. (*of relations, feelings*) freundschaftlich; **to come to an a. agreement,** sich gütlich einigen; **-ably,** *adv.* gütlich, auf gütlichem Wege.

amid(st) [əˈmid(st)], *prep.* mitten in + *dat*; (*with pl.*) mitten unter + *dat*; **a. the hubbub,** mitten in dem Lärm; **a. the people,** mitten unter den Leuten.

amiss [əˈmis], *adv. & adj.* **that won't come a.,** das wird nichts schaden; das kommt uns sehr gelegen; **something's a.,** da stimmt etwas nicht; **to take sth. a.,** etwas übelnehmen.

ammeter [ˈæmiːtər], *s. El:* Amperemeter *n.*

ammonia [əˈməunjə], *s. Ch:* Ammoniak *n; liquid a.,** Salmiakgeist *m.*

ammunition [æmjuˈniʃ(ə)n], *s.* Munition *f;* **a. dump,** Munitionslager *n.*

amnesia [æmˈniːziə], *s.* Gedächtnisschwund *m.*

amnesty [ˈæmnisti], *s.* Amnestie *f.*

among(st) [əˈmʌŋ(st)], *prep.* **1.** (mitten) unter; (*a*) + *dat*; **she sat a. her children,** sie saß (mitten) unter ihren Kindern; **we are a. friends,** wir sind unter Freunden; **a. other things,** unter anderem; (*b*) + *acc*; **he went a. the people,** er ging unter das Volk. **To count s.o. a. one's friends,** j-n zu seinen Freunden zählen. **3. you must decide a. yourselves,** das müssen Sie untereinander entscheiden.

amoral [eiˈmɔrəl], *adj.* amoralisch.

amorous [ˈæmərəs], *adj.* zärtlich; (*in love*) verliebt; **to have a. tendencies,** zur Liebelei

neigen; **a. adventures,** Liebesabenteuer *npl.*

amount [əˈmaunt]. **I.** *s.* **1.** (*money*) Betrag *m:* **have you got the right a.?** haben Sie den genauen Betrag? **a. of expenses,** Höhe *f* der Spesen. **2.** (*quantity*) Menge *f; F:* **any a. of money/potatoes,** jede Menge Geld/Kartoffeln. **II.** *v.i.* (*a*) **to a. to £200,** 200 Pfund betragen; **I don't know what my debts a. to,** ich weiß nicht, auf wieviel sich meine Schulden belaufen; (*b*) *Fig:* **that amounts to the same thing,** das kommt auf das gleiche hinaus; **he'll never a. to much,** er wird es nie sehr weit bringen.

amphibian [æmˈfibiən], *s. Z:* Amphibie *f,* Lurch *m.* **amˈphibious,** *adj.* amphibisch; **a. vehicle,** Schwimmwagen *m.*

amphitheatre [ˈæmfiθiətər], *s. Arch:* Amphitheater *n.*

ample [ˈæmpl], *adj.* (*a*) reichlich; (*sufficient*) genügend; **a. resources,** reichliche Vorräte; **to make a. amends for sth.,** etwas in reichlichem Maße wiedergutmachen; (*b*) **an a. figure,** eine volle Figur.

amplify [ˈæmplifai], *v.tr.* (*a*) (eine Idee) näher erläutern; (*b*) *El: Rad:* (ein Signal usw.) verstärken; (*c*) (eine Geschichte usw.) ausschmücken. **ˈamplifier,** *s. El:* Verstärker *m.*

amputate [ˈæmpjuteit], *v.tr.* (ein Bein usw.) amputieren. **ampuˈtation,** *s.* Amputation *f.*

amuse [əˈmjuːz], *v.tr.* (j-n, sich) unterhalten, amüsieren (**with,** mit + *dat*); **to be amused by sth.,** an etwas *dat* Spaß haben; **that doesn't a. me,** das finde ich nicht lustig. **aˈmusement,** *s.* Unterhaltung *f;* (*pleasure*) Vergnügen *n;* (*pastime*) Zeitvertreib *m;* **a. park,** Vergnügungspark *m;* **a. arcade,** Spielhalle *f.* **aˈmusing,** *adj.* unterhaltsam; amüsant; **the a. thing about it is ...,** das Lustige an der Geschichte ist, daß ...

an *see* a[2].

anachronism [əˈnækrənizm], *s.* Anachronismus *m.* **anachroˈnistic,** *adj.* anachronistisch.

anaemia [əˈniːmiə], *s. Med:* Anämie *f,* Blutarmut *f.* **aˈnaemic,** *adj.* blutarm.

anaesthetic [ænisˈθetik]. **I.** *adj.* betäubend. **II.** *s.* Betäubungsmittel *n;* Narkose *f;* **under a.,** in Narkose; **local a.,** örtliche Betäubung. **anaesthetist** [əˈniːsθətist], *s.* Narkosearzt *m,* Narkoseärztin *f.*

analogy [əˈnælədʒi], *s.* Analogie *f;* **by a. with,** analog + *dat.* **analogous** [əˈnæləgəs], *adj.* analog (**to/ with,** + *dat*).

analyse [ˈænəlaiz], *v.tr.* (etwas) analysieren; *Fig:* (Ergebnisse usw.) unter die Lupe nehmen. **analysis,** *pl.* **-ses** [əˈnælisis, -siːz], *s.* Analyse *f.* **ˈanalyst,** *s.* Analytiker *m; esp. N.Am:* Psychoanalytiker *m.* **anaˈlytic,** *adj.* analytisch.

anarchy [ˈænəki], *s.* Anarchie *f.* **ˈanarchist,** *s.* Anarchist(in) *m(f).*

anathema [əˈnæθəmə], *s.* **it's a. to me,** es ist mir ein Greuel.

anatomy [əˈnætəmi], *s.* Anatomie *f.* **anatomical** [ænəˈtɔmik(ə)l], *adj.* anatomisch. **aˈnatomist,** *s.* Anatom *m.*

ancestor [ˈænsestər], *s.* Vorfahr *m.* **anˈcestral,** *adj.* angestammt; **his a. home,** sein Stammsitz *m.* **ancestry** [ˈænsistri], *s.* **1.**

(*origin*) Abstammung *f;* **noble a.,** hohe Geburt *f.* **2.** *coll.* Vorfahren *mpl.*
anchor [ˈæŋkər]. **I.** *s.* Anker *m;* **to lie/be at a.,** vor Anker liegen. **II.** *v.* **1.** *v.tr.* (ein Schiff) verankern; **to be anchored,** vor Anker liegen. **2.** *v.i.* (*of ship*) ankern. ˈ**anchorage,** *s.* **1.** (*mounting*) Verankerung *f.* **2.** *Nau:* Ankerplatz *m* (für ein Schiff).
anchovy [ˈæntʃəvi], *s.* Sardelle *f.*
ancient [ˈeinʃ(ə)nt], *adj.* (*a*) sehr alt; *esp. F:* uralt; (*b*) antik; **the a. world,** die Antike; **a. history,** alte Geschichte.
ancillary [ænˈsiləri], *adj.* (*a*) (*additional*) zusätzlich; (*b*) (*auxiliary*) Hilfs-.
and [ænd, ənd], *conj.* und; (*a*) **a knife a. fork,** ein Messer und eine Gabel; **nice a. warm,** schön warm; **a. so on/so forth,** und so weiter, *abbr.* usw.; **bones a. all,** samt den Knochen; (*b*) (*with numerals*) **two hundred a. two,** zweihundertzwei; **four a. a half,** viereinhalb; **an hour a. a quarter,** eineinviertel Stunden; (*c*) (*intensive repetition*) **better a. better,** immer besser; **for days a. days,** tagelang; **it rained a. rained,** es regnete ohne Unterlaß; (*d*) **there are cars a. cars,** es gibt gute und schlechte Autos; (*e*) (*connecting clauses*) **she sang a. danced,** sie sang und tanzte; **wait a. see,** warte ab; *F:* **try a. buy one in London,** versuche (mal), eines in London zu kaufen.
Andes [ˈændiːz]. *Pr.n. Geog:* **the A.,** die Anden *pl.*
Andrew [ˈændruː]. *Pr.n.* = Andreas *m.*
anecdote [ˈænikdəut], *s.* Anekdote *f.*
anemone [əˈneməni], *s.* Anemone *f.*
angel [ˈeindʒel], *s.* Engel *m; F:* **be an a. and . . .,** sei so lieb und . . . **angelic** [ænˈdʒelik], *adj.* engelhaft; (*of children*) goldig.
anger [ˈæŋgər], *s.* Zorn *m;* **fit of a.,** Zornausbruch *m.*
angle[1] [ˈæŋgl], *s.* (*a*) Winkel *m;* **at an a.,** schräg (**to,** zu + *dat*); (*of load etc.*) schief; **at an a. of 45°,** in einem Winkel von 45°; **to go off at an a.,** einen Winkel bilden; **a. iron,** Winkeleisen *n;* (*b*) (*aspect*) Gesichtspunkt *m;* **to look at sth. from all angles,** etwas von jedem Standpunkt aus von allen Seiten betrachten.
angle[2], *v.i. Fish:* angeln; *Fig:* **to a. for compliments,** nach Komplimenten fischen. ˈ**angler,** *s.* Angler *m.* ˈ**angling,** *s.* Angeln *n.*
Anglican [ˈæŋglikən]. *Ecc:* **I.** *s.* Anglikaner(in) *m(f).* **II.** *adj.* anglikanisch.
anglicism [ˈæŋglisizm], *s.* Anglizismus *m.* ˈ**anglicize,** *v.tr.* (etwas) anglisieren.
Anglo-Saxon [ˈæŋgləuˈsæks(ə)n]. **I.** *adj.* angelsächsisch. **II.** *s.* (*a*) (*pers.*) Angelsachse *m;* (*b*) *Ling:* Angelsächsisch *n.*
angora [æŋˈgɔːrə] **I.** *adj.* Angora-. **II.** *s. Tex:* Angorawolle *f.*
angry [ˈæŋgri], *adj.* zornig; **a. with s.o. about sth.,** böse auf j-n wegen etwas *gen;* **I'll get a. in a minute!** ich werde gleich böse! **to make s.o. a.,** j-n ärgern; **what are you a. about?** worüber ärgerst du dich? *Fig:* **a. sky,** drohender Himmel.
anguish [ˈæŋgwiʃ], *s.* Qual *f;* **to be in a.,** Qualen leiden. ˈ**anguished,** *adj.* gequält.
angular [ˈæŋgjulər], *adj.* (*a*) eckig; (*of features*) knochig; (*b*) Winkel-; *Ph:* **a. speed,** Winkelgeschwindigkeit *f.*

animal [ˈænim(ə)l]. **I.** *s.* Tier *n.* **II.** *adj.* Tier-; *Pej:* animalisch, tierisch; **a. kingdom,** Tierreich *n;* **a. life,** Tierleben *n.*
animate [ˈænimeit], *v.tr.* (j-n, etwas) beleben; **animated by a desire for revenge,** von Rachsucht getrieben. ˈ**animated,** *adj.* lebhaft; *Cin:* **a. cartoon,** Zeichentrickfilm *m.* aniˈ**mation,** *s.* (*a*) Lebhaftigkeit *f;* (*b*) Belebung *f.* ˈ**animator,** *s.* Trickfilmzeichner *m.*
animosity [æniˈmɔsiti], *s.* Feindseligkeit *f;* (*hatred*) Haß *m.*
aniseed [ˈænisiːd], *s.* Anis *m.*
ankle [ˈæŋkl], *s.* Knöchel *m.*
Ann(e) [æn]. *Pr.n.* = Anna *f.*
annex [əˈneks], *v.tr.* (*a*) (ein Land usw.) annektieren; **to a. an area to a country,** ein Gebiet einem Land einverleiben; (*b*) (einen Paragraphen usw.) anhängen. **annex**ˈ**ation,** *s.* (*a*) Annexion *f;* Einverleibung *f;* (*b*) Hinzufügen *n* (**of,** von + *dat*). **annex(e)** [ˈæneks], *s.* Anbau *m;* Dependance *f* (eines Hotels usw.).
annihilate [əˈnaiəlait], *v.tr.* (ein Heer usw.) vernichten. **annihi**ˈ**lation,** *s.* Vernichtung *f.*
anniversary [æniˈvəːs(ə)ri], *s.* Jahrestag *m;* **the 100th a. of his birth,** die 100. Wiederkehr seines Geburtstages; **wedding a.,** Hochzeitstag *m.*
annotate [ˈænəteit], *v.tr.* (ein Buch usw.) mit Anmerkungen versehen. **anno**ˈ**tation,** *s.* Anmerkung *f; coll.* Kommentar *m.*
announce [əˈnauns], *v.tr.* (*a*) (eine Nachricht) bekanntgeben; *Rad: TV:* (ein Programm) ansagen; (*b*) (etwas Zukünftiges) ankündigen; **he announced his intentions to me,** er hat mir seine Absichten angekündigt. aˈ**nnouncement,** *s.* Meldung *f; Rad: TV:* Ansage *f;* (*also over loudspeaker*) Durchsage *f;* (*small ad*) Anzeige *f.* aˈ**nnouncer,** *s. Rad: TV:* Sprecher(in) *m(f), Rad:* Ansager(in) *m(f).*
annoy [əˈnɔi], *v.tr.* (*a*) (*irritate*) (j-n) ärgern; **to be annoyed,** sich ärgern (**at, about** sth., über etwas *acc;* **with** s.o., über j-n); (*b*) (*inconvenience*) (j-n) belästigen, plagen. aˈ**nnoyance,** *s.* **1.** Ärger *m;* **a look of a.,** ein verärgerter Blick. **2.** (*thing*) Plage *f,* Belästigung *f.* aˈ**nnoyed,** *adj.* ärgerlich, verärgert. aˈ**nnoying,** *adj.* lästig; (*of thing*) ärgerlich; **-ly,** *adv.* ärgerlicherweise.
annual [ˈænju(ə)l]. **I.** *adj.* jährlich; Jahres-; **a. income,** Jahreseinkommen *n.* **II.** *s.* (*a*) *Bot:* einjährige Pflanze *f;* (*b*) (*book*) Jahrbuch *n.*
annuity [əˈnjuːiti], *s.* Jahresrente *f;* **life a.,** Leibrente *f.*
annul [əˈnʌl], *v.tr.* (*p. & p.p.* **annulled**) (eine Ehe usw.) annulieren; (ein Gesetz) aufheben; (einen Vertrag) kündigen.
annunciation [ənʌnsiˈeiʃ(ə)n], *s. Ecc:* Verkündigung *f.*
anode [ˈænəud], *s. El:* Anode *f.*
anomaly [əˈnɔməli], *s.* Anomalie *f;* (*situation*) Mißstand *m.* aˈ**nomalous,** *adj.* anomal; **a. situation,** mißliche Lage.
anonymous [əˈnɔniməs], *adj.* anonym. ano·ˈ**nymity,** *s.* Anonymität *f.*
anorak [ˈænəræk], *s. Cl:* Anorak *m.*
another [əˈnʌðər], *adj. & pron.* **1.** (*an additional*) noch ein(e); **a.** (**one**), noch einer/eine/eines; **a. cup of tea,** noch eine Tasse Tee; **a. ten years,** noch/weitere zehn Jahre; **without a. word,** ohne ein weiteres Wort. **2.** (*a similar*) **a. Shake-**

answer   15   **antler**

speare, ein zweiter Shakespeare. **3.** (*a different*) ein anderer, eine andere, ein anderes; **that is (quite) a. matter,** das ist etwas ganz anderes; **a. dress,** ein anderes Kleid; **F: tell me a.!** time, wir machen es ein anderes Mal; **F: tell me a.!** das kannst du uns nicht erzählen! **4.** (*a*) **one way or a.,** auf irgendeine Weise; **taking one (thing) with a.,** alles in allem; (*b*) (*reciprocal pron.*) **one a.,** einander; **near one a.,** nahe beieinander; **love one a.,** liebet einander; **they greeted one a.,** sie grüßten sich.

answer ['ɑ:nsər]. **I.** *s.* **1.** Antwort *f* (**to a question,** auf eine Frage); Entgegnung *f* (auf Kritik); Zuschrift *f* (**to an advertisement,** auf eine Anzeige); **in a. to your question,** in Beantwortung Ihrer Frage; **he has an answer to everything,** er weiß auf alles eine Antwort; **an a. by return,** eine umgehende Antwort; **they rang her up, but there was no a.,** er hat sie angerufen, aber es hat sich niemand gemeldet. **2.** Lösung *f* (**to a problem,** eines Problems); **there is no real a. to terrorism,** es gibt kein wirksames Mittel gegen Terrorismus. **II.** *v.* **1.** *v.tr.* (*a*) (einen Brief usw.) beantworten; (j-m) antworten; **to a. the telephone,** (den Hörer) abnehmen; (*as a job*) Telefondienst machen; **to a. an advertisement,** auf eine Anzeige antworten; **to a. the door,** (zur Tür gehen und) aufmachen; **to a. a prayer,** ein Gebet erhören; *Jur:* **to a. a charge,** sich gegen eine Anklage verteidigen; (*b*) (*fit*) (einer Beschreibung, einem Bedürfnis, einem Zweck) entsprechen; (*c*) *Nau:* **to a. the helm,** dem Steuer gehorchen. **2.** *v.i.* antworten, Antwort geben; **to a. to the name of X,** auf den Namen X hören; **to a. for s.o.,** (i) (*instead of*) für j-n antworten; (ii) (*guarantee*) für j-n bürgen; **to a. for sth.,** für etwas *acc* verantwortlich sein; **he has a lot to a. for,** er hat viel angerichtet; **to a.** (*s.o.*) **back,** (j-m) frech antworten; **don't a. back!** keine Widerrede! 'answerable, *adj.* (*a*) (*of question*) zu beantworten; (*b*) **to be a. to s.o. for sth.,** j-m für etwas *acc* verantwortlich sein. 'answering, *adj.* **a. cry,** Antwortschrei *m.*

ant [ænt], *s.* Ameise *f;* **white a.,** Termite *f.* 'ant-hills, *s.* Ameisenhaufen *m.*

antagonize [æn'tægənaiz], *v.tr.* (j-s) Widerstand hervorrufen, sich *dat* (j-n) zum Gegner machen. an'tagonism, *s.* Antagonismus *m,* Widerstand *m* (**to,** gegen + acc). an'tagonist, *s.* Gegner *m.* antago'nistic, *adj.* antagonistisch, feindselig (**to,** gegen + acc).

antarctic [ænt'ɑ:ktik]. **I.** *adj.* antarktisch; **the A. Ocean,** das Südliche Polarmeer. **II.** *s.* **the A.,** das Südpolargebiet, die Antarktis.

antecedent [ænti'si:d(ə)nt]. **I.** *adj.* vorangehend; früher (**to,** als). **II.** *s.* (*a*) *Gram:* Beziehungswort *n; Mth:* Vorderglied *n;* (*b*) **his antecedents,** seine Vorfahren.

antedate ['ænti'deit], *v.tr.* (*a*) (einem Ereignis) vorausgehen; (*b*) (ein Dokument usw.) hachdatieren.

antediluvian [æntidi'lu:viən], *adj.* vorsintflutlich.

antelope ['æntiləup], *s. Z:* Antilope *f.*

antenatal ['ænti'neitl], *adj.* vor der Geburt; **a. care,** Schwangerenfürsorge *f*

antenna, *pl.* **-ae** [æn'tenə,-i:], *s.* **1.** *Ent:* Fühler

m. **2.** *Rad: TV:* Antenne *f.*

ante-room ['æntiru:m], *s.* Vorsaal *m;* (*small*) Vorzimmer *n.*

anthem ['ænθəm], *s.* **1.** *Ecc: Mus: approx =* Motette *f.* **2. national a.,** Nationalhymne *f.*

anthology [æn'θɒlədʒi], *s.* Anthologie *f.*

Anthony ['æntəni]. *Pr.n. =* Anton *m.*

anthracite ['ænθrəsait], *s. Min:* Anthrazit *m.*

anthropology [ænθrə'pɒlədʒi], *s.* Anthropologie *f.* anthropo'logical, *adj.* anthropologisch. anthro'pologist, *s.* Anthropologe *m,* Anthropologin *f.*

anti- ['ænti-], *prefix* anti-, gegen-. 'anti-'aircraft, *adj.* Fliegerabwehr-; **a.-a. gun,** Flak *f,* Flakgeschütz *n.* 'antibi'otic, *Med:* **I.** *adj.* antibiotisch. **II.** *s.* Antibiotikum *n.* 'antibody, *s. Med:* Antikörper *m.* 'anti'climax, *s.* Abfall *m,* Abstieg *m;* **the end was an a.,** das Ende war eine Enttäuschung. 'anti'clockwise, *adv.* gegen den Uhrzeigersinn. 'anti'cyclone, *s.* Hoch(druckgebiet) *n.* 'anti-'dazzle, *adj.* Blendschutz-. 'antidote, *s.* Gegenmittel *n;* Gegengift *n.* 'antifreeze, *s. Aut:* Frostschutzmittel *n.* 'anti-'knock, *adj. Aut: etc: (of petrol)* klopffest. 'antima'cassar, *s.* Schondeckchen *n.* 'anti-'rust, *adj.* Rostschutz-. 'anti-se'mitic, *adj.* antisemitisch. anti'septic, *Med:* **I.** *adj.* antiseptisch, keimtötend. **II.** *s.* Antiseptikum *n.* 'anti-'skid, *adj.* rutschfest. anti'social, *adj.* unsozial. anti-'theft, *adj.* **a.-t. device,** Diebstahlsicherung *f.*

anticipate [æn'tisipeit], *v.tr.* (*a*) (etwas) vorwegnehmen; (den Ereignissen) vorauseilen; (eine Bezahlung) im voraus ausgeben; **to a. a pleasure,** sich schon vorher auf etwas *acc* freuen; **to a. s.o./s.o.'s wishes,** j-m/j-s Wünschen zuvorkommen; (*b*) (*expect*) (etwas) erwarten, voraussehen; **I a. a recession next year,** für das nächste Jahr erwarte ich einen Konjunkturrückgang. antici'pation, *s.* Erwartung *f;* Vorwegnahme *f.*

antics ['æntiks], *s.pl.* (*tricks*) Possen *fpl;* (*jumping about*) Kapriolen *f pl.*

Antilles [æn'tili:z]. *Pr.n. Geog:* **the A.,** die Antillen *pl.*

antipathy [æn'tipəθi], *s.* Antipathie *f* (**to,** gegen + *acc*); Abneigung *f.* antipa'thetic, *adj.* (*of pers.*) abgeneigt; (*of thing*) zuwider (**to,** *dat*).

antipodes [æn'tipədi:z], *s.pl.* **the a.,** die entgegengesetzten Teile der Erde, *esp.* Australien *n.*

antiquary ['æntikwəri], *s.* Altertumsforscher *m.* antiquarian [ænti'kwɛəriən]. **I.** *s.* **= antiquary.** **II.** *adj.* **a. bookseller,** Antiquar *m.* an'tique [æn'ti:k]. **I.** *adj.* antik; **a. furniture,** antike Möbel. **II.** *s.* Antiquität *f;* **a. dealer,** Antiquitätenhändler *m;* **a. shop,** Antiquitätengeschäft *n.* an'tiquated, *adj.* veraltet, altmodisch. an'tiquity, *s.* **1.** (*period*) Altertum *n,* Antike *f.* **2.** *pl.* (*objects*) Altertümer *npl.* **3.** (*age*) (hohes) Alter *n.*

antirrhinum [ænti'rainəm], *s. Bot:* Löwenmaul *n.*

antithesis [æn'tiθisis], *pl.* **-es** [-i:z], *s.* **1.** Antithese *f.* **2.** Gegensatz *m* (**to/of,** zu + *dat*). anti'thetic(al) [-'θetikl], *adj.* antithetisch; gegensätzlich

antler ['æntlər], *s.* Geweihsprosse *f;* **the antlers,**

das Geweih.

Antwerp [ˈæntwəːp]. *Pr. n. Geog:* Antwerpen *n.*

anus [ˈeinəs], *s. Anat:* After *m.*

anvil [ˈænvil], *s. Metalw:* Amboß *m.*

anxiety [æŋˈzaiəti], *s.* (*a*) (*fear*) Angst *f;* (*b*) (*worry*) Sorge *f* (for, um + *acc*); (*state*) Besorgtheit *f;* deep a., tiefe Besorgnis *f.*

anxious [ˈæŋ(k)ʃəs], *adj.* **1.** (*a*) (*of pers.*) (*afraid*) ängstlich; (*disturbed*) unruhig (about, wegen + *gen*); (*worried*) besorgt (about, um + *acc*); (*b*) (*of time*) sorgenvoll; we had an a. moment, es war für uns ein besorgniserregender Augenblick. **2.** to be a. for sth., auf etwas *acc* bedacht sein; to be a. to do sth., darauf aus sein, etwas zu tun; I am a. to hear his news, ich bin gespannt auf seine Neuigkeiten; I am not very a. to see him, mir liegt nicht daran, ihn zu sehen; **-ly**, *adv.* **1.** besorgt. **2.** (*impatiently*) gespannt, ungeduldig.

any [ˈeni]. **I.** *adj.* **1.** (*replaces 'some' in interrog. or neg. sentences*) (*a*) *interrog. sing.* irgendein(e), *pl.* irgendwelche; can you give me a. clue/clues? können Sie mir irgendeinen Hinweis/irgendwelche Hinweise geben? (*untranslated*) have you a. milk? haben Sie (etwas) Milch? have you a. eggs? haben Sie Eier? (*b*) *neg.* not a., kein(e); he hasn't a. reason to complain, er hat keinen Grund, sich zu beschweren; it isn't a. good, (i) es nützt nichts; (ii) (*poor quality*) es taugt nichts. **2.** (*a*) (*no matter which*) jeder, jede, jedes; that may happen a. day, es kann jeden Tag geschehen; come a. day (you like), komme welchen Tag du willst; draw a. two cards, ziehe zwei beliebige Karten; at a. time, jederzeit; in a. case, jedenfalls. **II.** *pron.* (*a*) have you a. left? (i) (*sing.*) haben Sie noch davon? (ii) (*pl.*) haben Sie noch welche? there are few if a., es gibt nur wenige, wenn überhaupt (welche); (*b*) a. of them, (*pers.*) irgendeine(r) von ihnen; (*thing*) irgendeines davon; (*c*) *neg.* I can't find a., ich kann keinen/keine/keines finden. **III.** *adv.* is he a. better? geht es ihm etwas besser? if it gets a. hotter, wenn es noch wärmer wird; I cannot go a. further, ich kann nicht weiter; will you have a. more tea? möchten Sie noch (etwas) Tee? she doesn't dance a. more, sie tanzt nicht mehr. **ˈanybody/ˈanyone**, *pron.* **1.** (irgend) jemand; do you see a. over there? siehst du jemanden dort drüben? do you know a. else? kennst du sonst noch jemanden? he will be able to tell you if a. (can), wenn überhaupt jemand, wird er es Ihnen sagen können. **2.** not a., niemand; there was hardly a. there, es war kaum jemand dort; *F:* he's not just a., er ist kein gewöhnlicher Sterblicher. **3.** (*no matter who*) jeder, jede; a. can tell you that, (ein) jeder kann dir das sagen; a. else would have given up, jeder andere hätte es aufgegeben. **ˈanyhow. I.** *adv.* to do sth. (just) a., etwas recht und schlecht machen. **II.** *conj.* (*concessive*) jedenfalls, immerhin; (*whatever happens*) sowieso; it may rain but I am going a., und wenn es regnet, gehe ich sowieso/trotzdem; a. you can try, immerhin/jedenfalls kannst du es versuchen; who wants to come a.? wer will denn überhaupt schon kommen? **ˈanything**, *pron.* **1.** (irgend)

etwas; (*with implied negation*) nichts; can I do a. for you? kann ich etwas für Sie tun? is there a. more pleasant than ...? gibt es denn etwas Angenehmeres als ...? if a. should happen to him, falls ihm irgend etwas zustoßen sollte. **2.** not a., gar nichts; hardly a., kaum etwas; not for a., um keinen Preis. **3.** (*no matter what*) alles; he eats a., er ißt alles; a. you like, (alles,) was du willst; he is a. but mad, er ist alles andere als verrückt. **4.** *adv. phr.* (*intensive*) *F:* to work like a., schuften wie nur was; it's as easy as a., es ist kinderleicht. **ˈanyway**, *adv. & conj.* = anyhow. **ˈanywhere**, *adv.* **1.** irgendwo; a. else, anderswo, woanders; you can buy it a., du kannst es überall kaufen. **2.** not ... a., nirgends; nirgendwo.

aorta [eiˈɔːtə], *s. Anat:* Hauptschlagader *f.*

apart [əˈpaːt], *adv.* **1.** (*a*) (*separate*) it is a world a., es ist eine Welt für sich; to live a. from the world, abseits leben; (*b*) (*of two people*) to live a., getrennt leben; you can't tell them a., man kann die beiden nicht auseinanderhalten; (*c*) (*to pieces*) auseinander; to come a., auseinanderfallen; (*intentionally*) auseinandergehen; to take a machine a., eine Maschine zerlegen/auseinandernehmen. **2.** (*a*) (*distant*) they are a mile a., sie sind eine Meile voneinander entfernt; lines ten centimetres a., Linien mit zehn Zentimeter Zwischenraum; (*b*) a. from, abgesehen von + *dat*; joking a., Spaß beiseite.

apartment [əˈpaːtmənt], *s.* (*a*) (*room*) Einzelzimmer *n;* (*b*) (*flat*) Etagenwohnung *f;* (luxuriöse) Mietwohnung *f;* to let furnished apartments, möblierte Wohnungen vermieten.

apathy [ˈæpəθi], *s.* Teilnahmslosigkeit *f;* Apathie *f.* **apathetic** [-ˈθetik], *adj.* apathisch, teilnahmslos.

ape [eip]. **I.** *s. Z:* Menschenaffe *m.* **II.** *v.tr.* (j-n, etwas) nachäffen.

aperitif [əˈperitif], *s.* Aperitif *m.*

aperture [ˈæpətjuər, -tʃər], *s.* **1.** Öffnung *f.* **2.** *Phot:* Blende *f.*

apex, *pl.* **-exes, -ices** [ˈeipeks, -eksiz, -isiːz], *s.* Spitze *f* (einer Kurve, eines Dreiecks usw.); *Fig:* Gipfel *m* (einer Karriere usw.).

aphid [ˈeifid], **aphis** [ˈeifis], *pl.* **-ides** [-idiːz], *s. Ent:* Blattlaus *f.*

aphorism [ˈæfəriz(ə)m], *s.* Aphorismus *m.*

aphrodisiac [æfrəuˈdiziæk], *s.* Aphrodisiakum *n.*

apiary [ˈeipiəri], *s.* Bienenstand *m.* **apiculture** [ˈeipikʌltʃər], *s.* Bienenzucht *f.*

apiece [əˈpiːs], *adv.* pro Stück; (*pers.*) pro Kopf/ Person; they cost five pence a., sie kosten fünf Pence das Stück; they received a present a., jeder erhielt ein Geschenk.

aplomb [əˈplɔm], *s.* Selbstbewußtsein *n;* with a., selbstsicher.

apocalypse [əˈpɔkəlips], *s. B:* Apokalypse *f.*

apocryphal [əˈpɔkrif(ə)l], *adj.* (*of story*) erfunden.

apologetic [əpɔləˈdʒetik], *adj.* to be a. (for/ about sth.), sich (für etwas *acc*/ wegen etwas *gen*) entschuldigen; he was very a., er entschuldigte sich vielmals. **apologize** [əˈpɔlədʒaiz], *v.i.* to a. to s.o. for sth., sich bei j-m für etwas *acc* entschuldigen. **aˈpologist**, *s.* Verteidiger(in) *m(f)*. **a´pology,** *s.* Entschuldigung *f; F:* **an a. for a team,** eine erbärmliche Mannschaft.

apoplectic [æpə´plektik], *adj. Med:* **a. fit,** Schlaganfall *m.* **apoplexy** [´æpəpleksi], *s. Med:* Schlaganfall *m.*

apostle [ə´pɔsl], *s.* Apostel *m; Ecc:* **the Apostles' Creed,** das Apostolische Glaubensbekenntnis.

apostrophe [ə´pɔstrəfi], *s.* Apostroph *m.*

apotheosis [əpɔθi´əusis], *s.* (a) (*glorification*) Verherrlichung *f;* (b) (*perfection*) höchste Vollendung *f.*

appal(l) [ə´pɔːl], *v.tr.* (*p. & p.p.* **appalled**) (j-n) entsetzen; **we were appalled at the idea,** wir waren über die Idee entsetzt. **a´ppalling,** *adj.* entsetzlich.

apparatus [æpə´reitəs], *s.* Apparat *m;* (a) *coll.* Apparatur *f; Gym:* Turngeräte *npl;* (b) (*device*) Gerät *n,* Vorrichtung *f.*

apparent [ə´pærənt], *adj.* 1. (*clear*) offenbar; **it was a. to all of us,** es war uns allen klar. 2. (*seeming*) scheinbar; **-ly,** *adv.* (a) (*evidently*) offensichtlich; (b) (*seemingly*) anscheinend.

apparition [æpə´riʃ(ə)n], *s.* 1. Erscheinen *n.* 2. (*ghost etc.*) Erscheinung *f.*

appeal [ə´piːl]. **I.** *s.* 1. Appell *m* (**to reason,** an die Vernunft); *Jur:* **Court of A.,** Appellationsgericht *n;* **to lodge an a.,** Berufung einlegen. 2. **to make an a. to s.o.'s generosity,** an j-s Großzügigkeit appellieren. 3. (a) Aufforderung *f* (**for calm,** zur Ruhe); (b) Bitte *f* (**for funds,** um Spenden). 4. (*attraction*) Reiz *m;* Anziehungskraft *f.* **II.** *v.i.* (a) appellieren (**to s.o., sth.,** an j-n, etwas *acc*); **to a. for help,** (dringend) um Hilfe bitten; **to a. for witnesses,** Zeugen auffordern, sich zu melden; *Jur:* **to a. against a sentence,** Berufung gegen ein Urteil einlegen; (b) (*of thing*) gefallen, zusagen (**to, dat**); **if it appeals to you,** wenn es dir zusagt/gefällt; **that doesn't a. to me,** das reizt mich nicht. **a´ppealing,** *adj.* (a) (*of glance etc.*) flehend; (b) (*of personality etc.*) ansprechend, reizvoll.

appear [ə´piər], *v.i.* (a) (*become visible, be published, etc.*) erscheinen; (*on stage, etc.*) auftreten; *Jur:* **to a. for s.o.,** j-n (vor Gericht) vertreten; (b) (*seem*) scheinen; **it appears to me that . . .,** mir scheint es, daß . . .; **(or) so it appears,** so scheint es wenigstens; so sieht es aus; (c) (*become evident*) **it appears that . . .,** es stellt sich heraus, daß . . .; **it appears from this that . . .,** hieraus ergibt sich, daß . . . **a´ppearance,** *s.* 1. Erscheinen *n;* Auftritt *m;* **to put in an a.,** sich (kurz) zeigen; *Th: etc:* **to make one's first a.,** erstmalig auftreten; sein Debüt machen. 2. (*look*) Aussehen *n;* (*semblance*) Schein *m;* **appearances are deceptive,** der Schein trügt; **to all appearance(s),** allem Anschein nach; **for the sake of appearances,** der Form halber.

appease [ə´piːz], *v.tr.* (j-n, j-s Zorn) beschwichtigen. **a´ppeasement,** *s.* Beschwichtigung *f.*

append [ə´pend], *v.tr. esp. Com:* **to a. sth. to sth.,** (*add*) etwas zu etwas *dat* hinzufügen; (*enclose, attach*) etwas etwas *dat* beifügen; **to a. a signature to a document,** ein Dokument unterschreiben. **a´ppendage,** *s.* Anhängsel *n.* **a´ppendix,** *pl.* **-ixes, -ices,** *s.* 1. Anhang *m*

(eines Buches). 2. *Anat:* Blinddarm *m.* **appendi´citis,** *s. Med:* Blinddarmentzündung *f.*

appetite [´æpitait], *s.* Appetit *m* (**for sth.,** auf etwas *acc*); **to have a good a.,** einen guten Appetit haben. **´appetizer,** *s.* Häppchen *n;* Leckerbissen *m.* **´appetizing,** *adj.* appetitlich; (*delicious*) lecker.

applaud [ə´plɔːd], *v.tr. & i.* (a) (j-m) applaudieren; (*clap*) klatschen; (b) *Fig:* (einen Entschluß usw.) begrüßen. **a´pplause,** *s.* Beifall *m.*

apple [´æpl], *s.* Apfel *m; Cu:* **stewed apples,** Apfelkompott *n;* **a. pie/tart,** (mürber) Apfelkuchen *m; Fig:* **in a. pie order,** in schönster Ordnung.

appliance [ə´plaiəns], *s.* Gerät *n,* Vorrichtung *f.*

apply [ə´plai], *v.* 1. *v.tr.* (a) (etwas) auflegen (**to sth.,** auf etwas *acc*); (einen Verband) anlegen; (Farbe usw.) auftragen; *abs.* (*of lotion etc.*) **a. sparingly,** sparsam/dünn auftragen; (b) (*use*) (Kraft, eine Vorschrift usw.) anwenden; **to a. the brakes,** bremsen; (c) **to a. oneself/one's mind to sth.,** sich etwas *dat* widmen. 2. *v.i.* (a) *impers.* gelten (**to,** für + *acc*); **this doesn't a. to me,** das gilt nicht für mich; (b) **to a. to s.o.** (**for sth.**), sich an j-n (um etwas *acc*) wenden; (*request*) **to a. for sth.,** etwas beantragen; **to a. for a job,** sich um eine Stellung bewerben. **a´pplicable** [ə´plikəbl, ´æplik-], *adj.* (*usable*) anwendbar; (*relevant*) zutreffend. **applicant** [´æplikənt], *s.* Bewerber(in) *m(f)*. **application** [æpli´keiʃ(ə)n], *s.* 1. (a) (*use*) Anwendung *f* (von etwas *dat*); *Pharm:* **for external a.,** nur äußerlich anzuwenden; (b) (*of paint etc.*) Anstrich *m.* 2. (*concentration*) Fleiß *m.* 3. (*written*) Antrag *m* (**for sth.,** auf etwas *acc*); Bewerbung *f* (**for a job,** um eine Stellung); **price on a.,** Preis auf Verlangen. **a´pplied,** *adj.* **a. physics/linguistics,** angewandte Physik/Linguistik.

appoint [ə´pɔint], *v.tr.* (a) (j-n zu etwas *dat*) ernennen; **to a. a new headmaster,** einen neuen Schuldirektor anstellen; **to a. s.o. one's trustee,** j-n zum Treuhänder bestellen; (b) (einen Termin) festlegen; (einen Tag) vereinbaren. **a´ppointed,** *adj.* 1. (*agreed*) festgelegt, vereinbart; **at the a. time,** zur festgelegten Zeit; **in its appointed place,** an seinem angestammten Platz. 2. (*of house*) **well a.,** gut ausgestattet. **a´ppointment,** *s.* 1. (*meeting*) Verabredung *f; Com: etc:* Termin *m;* **to make an a.,** sich anmelden, by a., nach Vereinbarung. 2. (a) (*of post*) Ernennung *f* (**to a post,** zu einem Posten usw.); (*after firm's name*) **by a. to H.M. the Queen,** Hoflieferant *m* Ihrer Majestät der Königin; (b) (*post*) Stellung *f.*

apportion [ə´pɔːʃ(ə)n], *v.tr.* (Geld usw.) (gerecht) aufteilen; (Schuld) beimessen.

apposite [´æpəzit], *adj.* treffend. **appo´sition,** *s. Ling:* Apposition *f;* **A is in a. to B,** A steht in Apposition zu B.

appraise [ə´preiz], *v.tr.* (etwas) abschätzen; (den Wert, Schaden) bemessen. **a´ppraisal,** *s.* Schätzung *f.*

appreciate [ə´priːʃieit], *v.* 1. *v.tr.* (a) (etwas) zu schätzen wissen; (etwas) würdigen; **I would a. your help,** ich wäre für Ihre Hilfe sehr dankbar; **he doesn't a. her efforts,** er weiß ihre Bemühungen nicht zu schätzen; (b) (*recognize*)

(Gefahr usw.) erkennen; **I a. that it is hard for you,** ich sehe schon ein, daß es Ihnen schwer fällt/für Sie schwierig ist. **2.** *v.i. Fin: etc:* im Wert steigen. **a´ppreciable,** *adj.* merklich; (*considerable*) bedeutend; (*esp. with neg.*) nennenswert. **appreci´ation,** *s.* **1.** (*a*) Würdigung *f;* (*b*) (*gratitude*) Dankbarkeit *f;* (*recognition*) Anerkennung *f;* (*c*) (*understanding*) Verständnis *n* (**of,** für + *acc*). **2.** (günstige) Kritik *f* (eines Buches usw.) **3.** *Fin:* Wertsteigerung *f.* **a´ppreciative** [-ʃjətiv], *adj.* (*of review, opinion*) günstig, positiv; (*of pers.*) anerkennend, dankbar; **to be a. of sth.,** etwas schätzen.

apprehend [æpri´hend], *v.tr.* (einen Verbrecher) festnehmen. **appre´hension,** *s.* **1.** Festnahme *f.* **2.** (*fear*) Befürchtung *f.* **appre´hensive,** *adj.* ängstlich; (*concerned*) besorgt.

apprentice [ə´prentis]. **I.** *s.* Lehrling *m;* **a. carpenter,** Tischlerlehrling *m.* **II.** *v.tr.* **to be apprenticed to s.o.,** bei j-m in der Lehre stehen. **a´pprenticeship,** *s.* Lehre *f.*

approach [ə´prəutʃ]. **I.** *s.* **1.** (*a*) Nahen *n* (einer Person, des Frühlings usw.); **to make approaches to s.o.,** j-m gegenüber Annäherungsversuche machen; (*b*) (*attitude*) Einstellung *f* (**to,** zu + *dat*); (*introduction*) Einführung *f;* **a new a. to mathematics,** (i) eine neue Lehrmethode der Mathematik; (ii) eine neue Einführung in die Mathematik; **my a. is quite different,** ich gehe ganz anders ans Werk; **his a. to the problem,** die Art, wie er das Problem angeht. **2.** Zugang *m* (zu einem Haus); Zufahrt *f* (zu einer Stadt usw.); *Av:* Anflug *m.* **II.** *v.* **1.** *v.i.* nahen; (*of pers.*) sich nähern. **2.** *v.tr.* (*a*) sich (einem Ort, einem Altar, einer Summe usw.) nähern; **we are approaching the coast,** wir nähern uns der Küste; *Av:* wir fliegen die Küste an; (*b*) sich (an j-n) wenden; (an j-n) herantreten (**with a proposal** etc., mit einem Vorschlag usw.); (*c*) **to a. a question,** an eine Frage herangehen. **a´pproachable,** *adj.* erreichbar; (*of pers.*) leicht zugänglich.

approbation [æprə´beiʃ(ə)n], *s.* Billigung *f.*

appropriate. I. [ə´prəuprieit] *v.tr.* (*a*) sich *dat* (etwas) aneignen; (*b*) *Adm:* **to a. funds for a purpose,** Geld einem Zweck zuweisen. **II.** [ə´prəupriət] *adj.* angemessen; **to be a. for sth.,** zu etwas *dat* passen; **a style a. to the subject,** ein dem Gegenstand entsprechender Stil; **a. comment,** angebrachte Bemerkung. **a´ppropriateness,** *s.* Angemessenheit *f.* **appropri´ation,** *s.* **1.** Aneignung *f.* **2.** *Adm:* Geldzuwendung *f.*

approve [ə´pru:v], *v.* **1.** *v.tr.* (eine Handlung) billigen; *Adm:* (ein Ansuchen usw.) genehmigen; **read and approved,** gelesen und genehmigt; **approved school,** Besserungsanstalt *f;* **an approved method,** eine bewährte Methode. **2.** *v.i.* **to a. of sth.,** etwas gutheißen; **I thoroughly a.,** ich bin völlig einverstanden; **I don't a. of your friends,** ich bin mit deinen Freunden nicht einverstanden. **a´pproval,** *s.* Zustimmung *f,* Billigung *f;* **to nod a.,** zustimmend nicken; *Com:* **on a.,** zur Ansicht. **a´pproving,** *adj.* zustimmend, billigend.

approximate. I. [ə´prɔks(i)mit] *adj.* ungefähr;

-**ly,** *adv.* ungefähr, etwa. **II.** [ə´prɔksimeit] *v.i.* eine ungefähre Angabe machen; **to a. to sth.,** etwas *dat* nahekommen. **approxi´mation,** *s.* Annäherung *f* (**to,** an + *acc*); (*figure*) ungefähre Angabe *f.*

apricot [´eiprikɔt], *s.* Aprikose *f.*

April [´eipril], *s.* April *m;* **in A.,** im April; **on A. 5th/the fifth of A.,** am 5./ fünften April; **Fool's Day,** der erste April; **to make an A. fool of s.o.,** j-n in den April schicken.

apron [´eiprən], *s.* **1.** Schürze *f; Tchn:* Schutzblech *n; Fig:* **to be tied to mother's a. strings,** an Mutters Schürzenband hängen. **2.** *Av:* Vorfeld *n.* **3.** *Th:* **a. (stage),** Vorbühne *f.*

apropos [´æprəpəu], *adj. & adv.* angemessen; **a. of,** hinsichtlich + *gen.*

apse [æps], *s. Ecc. Arch:* Apsis *f.*

apt [æpt], *adj.* **1.** (*suitable*) passend, geeignet; (*of remark*) treffend. **2.** (*tending*) (*of pers.*) **a. to do sth.,** geneigt sein, etwas zu tun; **he is a. to believe anything,** er neigt dazu, alles zu glauben; (*of machine*) **it is a. to break down,** es geht leicht kaputt. **3.** (*of pupil*) begabt; **to be a. at sth.,** bei etwas *dat* geschickt sein. **´aptitude,** *s.* Eignung *f* (**for sth.,** zu etwas *dat*). **´aptness,** *s.* (*a*) Angemessenheit *f* (einer Bemerkung); (*b*) Geschicklichkeit *f* (**at sth.,** bei etwas *dat*); Eignung *f* (**for sth.,** zu etwas *dat*).

aqualung [´ækwəlʌŋ], *s.* Preßlufttauchgerät *n.*

aquamarine [ækwəmə´ri:n]. **I.** *s.* Aquamarin *m.* **II.** *adj.* aquamarinblau.

aquarium [ə´kwεəriəm], *s.* Aquarium *n.*

Aquarius [ə´kwεəriəs]. *Pr.n. Astr:* Wassermann *m.*

aquatic [ə´kwætik], *adj.* Wasser-; **a. plant,** Wasserpflanze *f.*

aqueduct [´ækwidʌkt], *s.* Aquädukt *m.*

aquiline [´ækwilain], *adj.* **a. nose,** Adlernase *f.*

Arab [´ærəb], *s.* (*pers.*) Araber(in) *m(f);* (*horse*) Araberpferd *n,* Araber *m.* **ara´besque,** *s.* Arabeske *f.* **Arabia** [ə´reibiə]. *Pr.n. Geog:* Arabien *n.* **A´rabian,** *adj.* arabisch; **the A. Nights,** Tausendundeine Nacht. **Arabic** [´ærəbik]. **I.** *adj.* arabisch. **II.** *s. Ling:* Arabisch *n.*

arable [´ærəbl], *adj.* urbar; **a. land,** Ackerland *n.*

arbitrate [´ɑ:bitreit], *v.* **1.** *v.tr.* (einen Streit) schlichten/durch Schiedsspruch entscheiden. **2.** *v.i.* einen Schiedsspruch fällen. **´arbitrary,** *adj.* willkürlich; **an a. figure,** eine beliebige Zahl. **arbi´tration,** *s.* Schlichtung *f;* (*by tribunal*) Schiedsgerichtsverfahren *n.* **´arbitrator,** *s.* Schlichter *m;* Schiedsrichter *m.*

arbor [´ɑ:bər], *s.* (*shaft*) Welle *f; Tls:* Dorn *m.*

arbour [´ɑ:bər], *s.* Laube *f.*

arc [ɑ:k], *s. Mth:etc:* Bogen *m; El:* Lichtbogen *m.* **´arc-light,** *s.* Bogenlampe *f.* **´arc-´welding,** *s.* Lichtbogenschweißung *f.*

arcade [ɑ:´keid], *s.* (*a*) Arkade *f;* (*b*) **shopping a.,** Einkaufspassage *f.*

arch¹ [ɑ:tʃ]. **I.** *v.tr.* (*a*) (einen Gang usw.) überwölben; (*b*) (den Rücken) krümmen; (*of cat*) **to a. its back,** einen Buckel machen. **II.** *s.* **1.** Bogen *m;* (*vault*) Gewölbe *n.* **2. a. of the foot,** Fußgewölbe *n;* **fallen arches,** Senkfuß *m.* **´arch-su´pport,** *s. Med:* Einlage *f.* **´archway,** *s.* Bogen *m;* (*gateway*) (überwölbte) Toreinfahrt *f.*

arch², *adj.* Erz-; **a. enemy,** Erzfeind *m.* **archangel** [´ɑ:keindʒ(ə)l], *s.* Erzengel *m.* **arch-**

bishop ['ɑ:tʃ'biʃəp], s. Erzbischof m. 'archduke, s. Erzherzog m.

arch³, adj. schelmisch.

arch(a)eology [ɑ:ki'ɔlədʒi], s. Archäologie f. **arch(a)eo'logical,** adj. archäologisch. **arch-(a)e'ologist,** s. Archäologe m, Archäologin f.

archaic [ɑ:'keiik], adj. archaisch, altertümlich; (out of date) veraltet, altmodisch.

archer ['ɑ:tʃər], s. Bogenschütze m. 'archery, s. Bogenschießen n.

archipelago, pl. -gos, -goes [ɑ:ki'peləgəu, -əuz], s. Archipel m.

architect ['ɑ:kitekt], s. Architekt(in) m(f). **archi'tectural** [-tʃərəl], adj. baulich, architektonisch; a. style, Baustil m. 'architecture [-tʃər], s. Architektur f.

archives ['ɑ:kaivz], s.pl. Archiv n. **archivist** ['ɑ:kivist], s. Archivar m.

arctic ['ɑ:ktik]. I. adj. arktisch; the A. Circle, der Nördliche Polarkreis m; A. Ocean, Nordpolarmeer n; F: a. weather, eiskaltes Wetter. II. s. the A., das Nordpolargebiet.

ardent ['ɑ:dənt], adj. feurig; (of supporter etc.) leidenschaftlich. **ardour** ['ɑ:dər], s. 1. (enthusiasm) Feuereifer m; Begeisterung f. 2. (passion) Leidenschaft f.

arduous ['ɑ:djuəs], adj. (of task etc.) mühsam; (strenuous) anstrengend. 'arduousness, s. Schwierigkeit f.

area ['ɛəriə], s. 1. (measurement) Fläche f; a large a. of sail, eine große Segelfläche; Geom: a. of a triangle etc., Flächeninhalt m eines Dreiecks usw. 2. (region, also Fig:) Gebiet n; (in town) Viertel n; the London a., das Londoner Gebiet; mountainous a., Gebirgsgegend f; danger a., Gefahrenzone f; he lives in our a., er wohnt in unserer Gegend; Com: (of traveller) my a. is North Yorkshire, mein Revier ist Nord-Yorkshire; Fig: areas of agreement, Gebiete, auf denen man sich einig ist.

arena [ə'ri:nə], s. Arena f.

Argentina [ɑ:dʒ(ə)n'ti:nə]. Pr. n. Geog: Argentinien n. **Argentine** ['ɑ:dʒ(ə)ntain]. I. adj. argentinisch; the A. (Republic), (die Republik) Argentinien. II. s. Argentinier(in) m (f). **Argentinian** [ɑ:dʒən'tiniən]. I. adj. argentinisch. II. s. Argentinier(in) m(f).

argue ['ɑ:gju:], v. (pres. p. arguing, p. & p.p. argued) 1. v.tr. (eine Frage usw.) lebhaft diskutieren; to a. the pros and cons, das Für und Wider debattieren. 2. v.i. argumentieren (about sth., über etwas acc; against sth., gegen etwas acc); to a. that ..., behaupten, daß ...; to a. with s.o. about sth., mit j-m über etwas acc streiten; to a. for/against sth., für/gegen etwas acc eintreten; don't a.! keine Widerrede! 'arguable, adj. it is a., das könnte man schon behaupten. 'argument, s. 1. (reasons) Argument n (for/against, für/gegen + acc); to follow s.o.'s line of a., j-s Beweisführung folgen; for the sake of a., nur um ein Beispiel zu nennen. 2. (quarrel) Auseinandersetzung f; Streit m; they had an a., sie stritten sich. **argu-'mentative,** adj. (of pers.) streitlustig. **argumen'tation,** s. Beweisführung f.

aria ['ɑ:riə], s. Mus: Arie f.

arid ['ærid], adj. dürr. **a'ridity,** s. Dürre f.

Aries ['ɛəri:z]. Pr.n. Astr: Widder m.

arise [ə'raiz]. v.i. (p. arose, p.p. arisen) (a) (get up) aufstehen (from, von + dat); (b) (of thing) (occur) auftreten; a storm arose, ein Gewitter kam auf; should the occasion a., sollte sich die Gelegenheit ergeben; (c) (originate) herrühren (from, von + dat), sich ergeben (from, aus + dat); problems that a. from sth., Probleme, die sich aus etwas dat ergeben/die aus etwas dat entstehen.

aristocrat ['æristəkræt], s. Aristokrat(in) m(f). **aristocracy** [-'tɔkrəsi], s. Aristokratie f; coll. Adel m. **aristo'cratic,** adj. aristokratisch.

arithmetic [ə'riθmətik], s. Rechnen n.

ark [ɑ:k], s. Noah's A., die Arche Noah.

arm¹ [ɑ:m], s. Arm m; a. in a., Arm in Arm; she took my a., sie nahm mich beim Arm; to put one's arms round s.o., j-n umarmen; to keep s.o. at arm's length, sich j-n vom Leibe halten; to welcome s.o. with open arms, j-n mit offenen Armen empfangen. 2. Armlehne f (eines Sessels), s. 1. Armband n. 2. pl. Swim: Schwimmflügel pl. 'arm'chair, s. Sessel m (mit Armlehnen); Lehnstuhl m. 'armful, adj. Armvoll m. 'armhole, s. Ärmelloch n. 'armpit, s Achselhöhle f.

arm² [ɑ:m]. I. v. 1. v.tr. (j-n) bewaffnen; Hum: armed with an umbrella, mit einem Schirm bewaffnet. 2. v.i. sich bewaffnen (against s.o., gegen j-n). II. s. 1. usu. pl. Waffen fpl; the arms race, das Wettrüsten; to be up in arms (about s.o., sth.), empört sein (über j-n, etwas acc). 2. (coat of) arms, Wappen n. 'armament, s. (a) Bewaffnung f (eines Soldaten, eines Schiffs usw.); (b) (armour) Panzerung f. 'armed, adj. bewaffnet (with, mit + dat); the a. forces, die Streitkräfte fpl. 'armour, s. (a) Mil: a. (plate), Panzerung f; (b) Z: Panzer m; (c) Hist: (suit of) a., Rüstung f, Harnisch m. 'armoured, adj. gepanzert; a. car, Panzerwagen m. 'armoury, s. Arsenal n; Waffenkammer f. 'army, s. (particular) Armee f, Heer n; (general) Militär n; to join the a., zum Militär gehen; Fifth A., Fünfte Armee; a. group, Heeresgruppe f; a. list, Rangliste f.

armistice ['ɑ:mistis], s. Waffenstillstand m.

aroma [ə'rəumə], s. Aroma n. **aromatic** [ærəu'mætik], adj. aromatisch.

around [ə'raund]. I. adv. ringsherum, ringsumher; all a., auf allen Seiten, rundherum; the woods a., der Wald ringsherum. II. prep. (a) (round) um + acc; um ... acc herum; the country a. the town, das Land rund um die Stadt/um die Stadt herum; (b) (approx.) he paid a. £400, er hat ungefähr £400/um die £400 bezahlt.

arouse [ə'rauz], v.tr. (a) (j-n) wecken; (b) Fig: (j-n) aufrütteln, anstacheln; (b) (Gefühle usw.) erregen.

arrange [ə'rein(d)ʒ], v.tr. (a) (set in order) (Bücher) ordnen; (Haare) in Ordnung bringen; (Möbel) stellen; (b) (Musik) (für Klavier usw.) bearbeiten; (c) (plan beforehand) (eine Zeit, einen Treffpunkt usw.) festlegen, ausmachen; to a. with s.o. to do sth., mit j-m vereinbaren, etwas zu tun; to a. for s.o. to do sth., es einrichten, daß j-d etwas macht; to a. for a taxi/the plumber, ein Taxi/den Klempner bestellen; please a. for him to receive £10, bitte sorgen Sie dafür, daß er £10 bekommt; (d) (settle) (einen

Streit) schlichten. **a´rrangement,** *s.* **1.** Anordnung *f;* Einteilung *f* (eines Hauses); (*putting in order*) Ordnung *f;* **to make arrangements,** Anordnungen/(*preparations*) Vorbereitungen treffen. **2.** Bearbeitung *f* (eines Musikstückes). **3.** (*agreement*) Vereinbarung *f;* **by a.,** nach Vereinbarung.

arrant [´ærənt], *adj.* **a. nonsense,** völliger Unsinn.

array [ə´rei], *s.* Aufgebot *n* (**of sth.,** an etwas *dat*); **battle a.,** Schlachtordnung *f.*

arrears [ə´riəz], *s.pl.* Rückstände *mpl;* **a. of rent,** Mietschulden *fpl;* **to be in a.,** im Rückstand sein.

arrest [ə´rest]. **I.** *s.* Verhaftung *f.* **II.** *v.tr.* (*a*) (einen Verbrecher) verhaften; (*b*) (Wachstum usw.) hemmen; (Fortschritt) aufhalten. **a´rresting,** *adj.* fesselnd.

arrival [ə´raiv(ə)l], *s.* **1.** (*of pers.*) Ankunft *f;* (*of pers., thing*) Eintreffen *n.* **2.** (*baby*) **a new a.,** ein neuer Ankömmling *m.* **arrive** [ə´raiv], *v.i.* (*a*) ankommen (**at/in,** an/in + *dat*); eintreffen (**in,** in + *dat*); **they just arrived,** sie sind einfach aufgetaucht; (*b*) **to a. at a conclusion/at an agreement,** zu einem Schluß/zu einer Vereinbarung kommen; **to a. at a price,** sich auf einen Preis einigen.

arrogant [´ærəgənt], *adj.* (*haughty*) hochmütig; (*conceited*) eingebildet; **a. tone,** anmaßender Ton. **´arrogance,** *s.* Hochmut *f;* Arroganz *f.*

arrow [´ærəu], *s.* Pfeil *m.*

arse [ɑ:s], *s. V:* Arsch *m.*

arsenal [ɑ:sən(ə)l], *s.* Arsenal *n.*

arsenic [´ɑ:s(ə)nik], *s.* Arsen *n.*

arson [´ɑ:s(ə)n], *s.* Brandstiftung *f.*

art [ɑ:t], *s.* Kunst *f;* **work of a.,** Kunstwerk *n;* **the (fine) arts,** die schönen Künste; **arts and crafts,** Kunstgewerbe *n;* **arts subjects,** geisteswissenschaftliche Fächer; **a. exhibition,** Kunstausstellung *f;* **a. paper,** Kunstdruckpapier *n;* **a. college/school,** Kunstakademie *f; F:* **to reduce sth. to a fine a.,** etwas (durch Übung) zu einer wahren Kunst entwickeln. **´artful,** *adj. Pej:* listig. **´artfulness,** *s. Pej:* Listigkeit *f.* **´artist,** *s.* Künstler(in) *m(f);* (*painter*) Kunstmaler *m.* **ar´tistic,** *adj.* künstlerisch; (*of pers.*) kunstverständig. **´artistry,** *s.* Kunst(fertigkeit) *f;* künstlerische Fähigkeiten *f pl.* **ar´tiste,** *s.* Artist(in) *m(f).* **´artless,** *adj.* **1.** natürlich, ungekünstelt. **2.** naiv. **´artlessness,** *s.* **1.** Natürlichkeit *f.* **2.** Naivität *f.* **art nouveau** [´ɑ:rnu:´vəu], *s.* Jugendstil *m.* **´arty,** *adj. F: usu. Pej:* (gewollt) künstlerisch; **a. type,** Bohemien *m.*

arteriosclerosis [ɑ:´tiəriəuskliə´rəusis], *s. Med:* Arterienverkalkung *f.*

artery [´ɑ:təri], *s. Anat:* Arterie *f,* Schlagader *f.* **arterial** [ɑ:´tiəriəl], *adj.* **1.** *Anat:* Arterien-; Schlagader-. **2. a. road,** Hauptverkehrsstraße *f.*

artesian [ɑ:´ti:zjən], *adj.* **a. well,** artesischer Brunnen.

arthritis [ɑ:´θraitis], *s. Med:* Arthritis *f;* **rheumatoid a.,** Gelenkrheumatismus *m.* **arthritic** [ɑ:´θritik], *adj.* arthritisch.

artichoke [´ɑ:titʃəuk], *s.* (*globe*) **a.,** Artischocke *f;* **Jerusalem a.,** Erdartischocke *f.*

article [´ɑ:tikl], *s.* **1.** (*a*) (*paragraph*) Abschnitt *m;* (*in treaty*) Artikel *m;* (*in contract*) Klausel

f; Com: Jur: **articles of association,** Gesellschaftsvertrag *m;* (*b*) **a. of faith,** Glaubensartikel *m.* **2.** (**newspaper**) **a.,** Zeitungsartikel *m;* Beitrag *m.* **3.** (*object*) Gegenstand *m; Com:* Ware *f;* **a. of clothing,** Kleidungsstück *n.* **4.** *Gram:* **definite/indefinite a.,** bestimmter/unbestimmter Artikel *m.* **´articled,** *adj. Jur: etc:* in der Ausbildung (**to,** bei + *dat*).

articulate. I. [ɑ:´tikjuleit] *v.tr.* (Worte) artikulieren. **II.** [ɑ:´tikjulit] *adj.* (*of language, pers.*) leicht verständlich, deutlich (im Ausdruck). **ar´ticulated,** *adj.* **a. vehicle,** Gelenkfahrzeug *n;* **a. lorry,** Sattelschlepper *m.*

artifice [´ɑ:tifis], *s.* Kunstgriff *m.* **artificial** [ɑ:ti´fiʃ(ə)l], *adj.* **1.** künstlich; *Ch:* synthetisch; **a. silk,** Kunstseide *f.* **2.** unnatürlich, geziert; **a. smile,** gezwungenes Lächeln. **artifici´ality,** *s.* (*a*) Künstlichkeit *f;* (*b*) Unnatürlichkeit *f.*

artillery [ɑ:´tiləri], *s.* Artillerie *f.* **ar´tilleryman, -men,** *s.* Artillerist *m.*

artisan [ɑ:ti´zæn, ´ɑ:ti-], *s.* Handwerker *m.*

as [æz,əz]. **I.** *adv.* **1.** (*in principal clause*) so; **you're not as tall,** du bist nicht so groß; **it's just as far,** es ist ebensoweit/genausoweit; **I thought as much,** das habe ich mir gleich gedacht. **2. as from the 15th,** ab dem fünfzehnten, vom fünfzehnten an; **as for/occ. as to that,** was das anbetrifft; **as for you,** was dich angeht; **to question s.o. as to his motives,** j-n nach seinen Beweggründen fragen. **II.** *conj. & rel. adv.* (*in subordinate clause*) **1.** (*comparison*) (*a*) wie; **you are as tall as he is/** *F:* **as him,** du bist so groß wie er; **he has the same car as I have,** er hat das gleiche Auto wie ich; **as pale as death,** bleich wie der Tod; (*b*) **as well as,** sowie, sowohl ... wie; **by day as well as by night,** bei Tag sowie bei Nacht; sowohl bei Tag wie bei Nacht. **2.** (*concessive*) (*a*) **ignorant as he is,** unwissend wie er ist; **be that as it may,** wie dem auch sei; **much as I would like to,** so gern ich es auch möchte; (*b*) **as if/though,** als ob, als wenn; **as if I cared!** als ob es mir was ausmacht! **as if by chance,** wie durch Zufall. **3.** (*manner*) (*a*) wie; **as (is) usual,** wie gewöhnlich; **do as you like,** mach (es), wie du willst; mach, was du willst; **as it is,** ohnehin, sowieso; (*b*) als; **to consider s.o. a friend,** j-n als Freund betrachten; **he was not a success as a father,** als Vater hat er sich nicht bewährt. **4.** (*time*) während, wie; **one day as I was sitting there,** eines Tages, wie/während ich da saß; **he became more patient as he grew older,** mit zunehmendem Alter wurde er geduldiger. **5.** (*reason*) da; **as you're not ready we can't go,** da du noch nicht fertig bist, können wir nicht gehen. **6.** (*result*) **he is not so old as to remember it,** er ist nicht alt genug, um sich daran zu erinnern. **III.** *rel. pron.* wie; **beasts of prey (such) as the lion,** Raubtiere wie etwa der Löwe.

asbestos [æs´bestəs], *s.* Asbest *m.*

ascend [ə´send], *v.* **1.** *v.i.* (empor)steigen; (*of path etc.*) ansteigen. **2.** *v.tr.* (einen Berg, den Thron) besteigen; (eine Treppe) hinaufgehen. **a´scendancy** [-ənsi], *s.* Überlegenheit *f.* **a´scendant,** *s.* **to be in the a.,** die Oberhand haben. **A´scension,** *s. Ecc:* (Christi) Himmelfahrt *f;* **A. Day,** Himmelfahrtstag *m.* **a´scent,** *s.* (*a*) Aufstieg *m;* **steep a.,** starke

Steigung *f;* (*b*) Besteigung *f* (eines Berges, des Thrones).

ascertain [æsə'tein], *v.tr.* (etwas) festellen, (die Wahrheit) ermitteln.

ascetic [ə'setik]. I. *adj.* asketisch. II. *s.* Asket *m.* **a'sceticism,** *s.* Askese *f.*

ascribe [ə'skraib], *v.tr.* (etwas) zuschreiben (**to s.o., sth.,** j-m, etwas *dat*); (etwas) zurückführen (**to sth.,** auf etwas *acc*). **a'scribable,** *adj.* **a. to,** zurückzuführen auf + *acc.*

ash[1] [æʃ], *s. Bot:* Esche *f.*

ash[2] *s.* (*a*) Asche *f; to reduce sth. to ashes,* etwas niederbrennen; (*b*) **ashes,** *s.pl.* (i) (*cremated body*) Asche *f;* (ii) *Cricket:* Ashes *pl* (Spielreihe zwischen England und Australien). **'ashcan,** *s. N.Am:* Mülleimer *m.* **'ashen,** *adj.* **his face went a.,** sein Gesicht wurde aschfahl. **'ashpan,** *s.* Aschkasten *m.* **'ashtray,** *s.* Aschenbecher *m.* **'Ash 'Wednesday,** *s.* Aschermittwoch *m.*

ashamed [ə'ʃeimd], *adj.* **to be/feel a.** (**of sth.**), sich (etwas *gen*) schämen; **I am a. of you,** ich schäme mich deiner; **you ought to be a. of yourself,** du solltest dich schämen.

ashlar ['æʃlər], *s.* Quaderstein *m.*

ashore [ə'ʃɔːr], *adv. Nau:* 1. an Land; **to put (passengers) a.,** (Passagiere) an Land setzen. 2. (*of ship*) **to run a.,** auflaufen.

Asia ['eiʃə]. *Pr.n. Geog:* Asien *n;* **A. Minor,** Kleinasien *n.* **'Asian, Asiatic** [eiʃi'ætik]. I. *adj.* asiatisch. II. *s.* Asiate *m,* Asiatin *f.*

aside [ə'said]. I. *adv.* (*a*) beiseite; **to put sth. a.,** etwas beiseite legen; **to stand a.,** zur Seite treten; **putting that a.,** wenn man davon absieht; (*b*) **a. from,** abgesehen von + *dat.* II. *s. Th.* **to make an a.,** beiseite sprechen.

asinine ['æsinain], *adj. F:* blödsinnig.

ask [ɑːsk], *v.tr. & i.* (*p. & p.p.* **asked** [ɑːskt]), (*a*) (j-n etwas) fragen; **to a. s.o. the way,** j-n nach dem Weg fragen; **to a. s.o. a question,** j-m eine Frage stellen; *F:* **a. me another!** da bin ich überfragt! **if you ask me,** meines Erachtens; (*b*) **to a. s.o. a favour,** j-n um einen Gefallen bitten; **to a. £6 for sth.,** für etwas *acc* 6 Pfund verlangen; **asking price,** Angebotspreis *m; F:* **that's asking a bit much,** das ist ein bißchen viel verlangt! (*c*) (*request*) **to a. s.o. to do sth.,** j-n bitten, etwas zu tun; **to a. to do sth.,** um Erlaubnis bitten, etwas zu tun; (*d*) (*enquire*) **to a. about sth.,** sich nach etwas *dat* erkundigen; **to a. s.o. about sth.,** j-n wegen etwas *gen* fragen; sich bei j-m wegen etwas *gen* erkundigen; **to a. after s.o.,** sich nach j-m erkundigen; (*e*) **to a. for s.o.,** j-n verlangen; **he's asking for you,** er will Sie sprechen; **to a. for sth.,** um etwas *acc* bitten; **to a. for sth. back,** etwas zurückerbitten; *F:* **he was asking for it,** das hat er sich selbst eingebrockt; (*f*) (*invite*) **to a. s.o. to lunch,** j-n zum Mittagessen einladen; **to a. s.o. back,** j-s Einladung erwidern. **'asking,** *s.* **it's yours for the a.,** Sie brauchen nur ein Wort zu sagen.

askance [ə'skæns], *adv.* **to look a. at s.o.,** j-n schief ansehen.

askew [ə'skjuː], *adv.* verschoben, schief.

aslant [ə'slɑːnt], *adj. & adv.* schräg.

asleep [ə'sliːp], *adj. & adv.* eingeschlafen; **to be a.,** schlafen; **to fall a.,** einschlafen; *F:* **my foot's**

a., **mein Fuß ist eingeschlafen.**

asparagus [ə'spærəgəs], *s.* Spargel *m.*

aspect ['æspekt], *s.* 1. (*appearance*) Aussehen *n.* 2. Lage *f;* **the house has a southern a.,** das Haus liegt nach Süden/hat eine südliche Lage. 3. Aspekt *m;* Seite *f* (eines Problems); **to examine all aspects of a question,** eine Frage von jedem Gesichtspunkt aus betrachten.

aspen ['æspən], *s. Bot:* Espe *f.*

asperity [æs'periti], *s.* (*a*) Schroffheit *f* (einer Aussage); (*b*) Rauheit *f* (des Klimas).

aspersion [ə'spɜːʃ(ə)n], *s.* Verleumdung *f;* **to cast aspersions upon s.o.,** j-n verleumden.

asphalt ['æsfælt, -fɔlt], *s.* Asphalt *m.*

asphyxiate [æs'fiksieit], *v.tr.* (j-n) ersticken.

aspic ['æspik], *s.* Aspik *m.*

aspirate ['æsp(ə)rit]. I. *adj. Ling:* aspiriert. II. *s.* (*a*) *Ling:* Aspirata *f;* (*b*) (der Buchstabe) H *n.*

aspire [ə'spaiər], *v.i.* streben, trachten (**to,** nach + *dat*). **a'spirant,** *s.* Aspirant(in) *m(f).* **aspiration** [-pə'reiʃ(ə)n], *s.* Bestreben *n;* Trachten *n.* **a'spiring,** *adj.* ehrgeizig, strebend.

aspirin ['æsp(ə)rin], *s. Pharm:* Aspirin *n.*

ass [æs], *s.* 1. Esel *m.* 2. *F:* (*fool*) Esel *m,* Dummkopf *m;* **to make an a. of oneself,** sich lächerlich machen.

assail [ə'seil], *v.tr.* (j-n) angreifen; **to a. s.o. with questions,** j-n mit Fragen bestürmen. **a'ssailant,** *s.* Angreifer(in) *m* (*f*).

assassin [ə'sæsin], *s. Pol:* Mörder(in) *m(f).* **a'ssassinate,** *v.tr. Pol:* (j-n) ermorden. **assassi'nation,** *s.* (politischer) Mord *m.*

assault [ə'sɔːlt]. I. *v.tr.* (*a*) *Mil:* (Truppen usw.) überfallen; (eine Stadt) bestürmen; (*b*) (*pers.*) (j-n) (tätlich) angreifen; (*indecently*) (j-n) unsittlich belästigen, (*rape*) vergewaltigen. II. *s.* (*a*) *Mil:* Sturm *m;* (*b*) Angriff *m; Jur:* **unprovoked a.,** unbegründeter Angriff *m;* **a. and battery,** schwere körperliche Mißhandlung *f;* **indecent a.,** unsittliche Belästigung *f;* (*rape*) Vergewaltigung *f.*

assemble [ə'sembl], *v.* 1. *v.tr.* (*a*) (Menschen) versammeln; (eine Sammlung) zusammenstellen; (*b*) (eine Maschine usw.) zusammenbauen. 2. *v.i.* sich versammeln; *Parl: etc:* zusammentreten. **a'ssembly,** *s.* 1. Versammlung *f;* **in open a.,** in öffentlicher Sitzung. 2. Montage *f,* Zusammenbau *m* (einer Maschine usw.); *Ind:* **a. line,** Fließband *n;* **a. shop,** Montagehalle *f.*

assent [ə'sent]. I. *v.i.* zustimmen (**to sth.,** etwas *dat*). II. *s.* Zustimmung *f;* (*official*) Genehmigung *f.*

assert [ə'sɜːt], *v.tr.* (*a*) (*state*) (etwas) behaupten; (*b*) (ein Recht, einen Anspruch) geltend machen; **to a. oneself,** sich durchsetzen. **a'ssertion,** *s.* Behauptung *f.* **a'ssertive,** *adj.* selbstbewußt.

assess [ə'ses], *v.tr.* (j-n, etwas) bewerten; (*a*) *Fin:* (j-n) (zur Steuer) veranlagen; (eine Ware) besteuern; (*b*) (den Wert von etwas) schätzen; *Jur:* (Schadenersatz usw.) festlegen. **a'ssessment,** *s.* 1. (*a*) Einschätzung *f;* **a. of damages,** Festlegung *f* des Schadenersatzes; (*b*) *Fin:* Veranlagung *f* (des Steuerzahlers); Besteuerung *f* (einer Ware). 2. *Fin:* (*amount*) Steuerbetrag *m.* **a'ssessor,** *s.* Schätzer *m.*

asset ['æset], *s.* 1. Vorteil *m;* **he's a great a.,** er

ist ein großes Plus für uns. **2.** *Fin:* Aktivposten
m; **assets,** Aktiva *pl; Jur:* **personal assets,**
bewegliche Güter; **real assets,** unbewegliche
Güter.

assiduous [ə'sidjuəs], *adj.* emsig, fleißig. **assi-
duity** [-'dju:iti], *s.* Emsigkeit *f;* Fleiß *m.*

assign [ə'sain], *v.tr. (a)* (etwas) zuweisen, (ein
Recht) abtreten (**to s.o.,** j-m); **to a. a task to s.o.,**
j-n mit einer Aufgabe beauftragen; *(b) (attribute)*
(j-m etwas) zuschreiben; *(c)* (eine Zeit usw.)
festlegen. **assignation** [æsig'neiʃ(ə)n], *s. (a)*
Zuweisung *f* (von Gütern); Beauftragung *f*
(mit Aufgaben); *(b) (meeting)* Treffen *n; (ren-
dezvous)* Stelldichein *n.* **a'ssignment,** *s.* **1.**
Zuweisung *f* (von Gütern usw.); Abtretung *f*
(eines Rechtes usw.). **2.** *(task)* Aufgabe *f.*

assimilate [ə'simileit], *v.tr.* (Wissen usw.) (in
sich) aufnehmen. **assimi'lation,** *s.* Auf-
nahme *f* (von Wissen usw.)

assist [ə'sist], *v.* **1.** *v.tr.* (j-m) helfen, beistehen; **to
a. s.o. in misfortune,** j-n im Unglück unter-
stützen. **2.** *v.i.* helfen, behilflich sein. **a'ssist-
ance,** *s.* Hilfe *f;* Unterstützung *f;* **can I be of
any a.?** kann ich Ihnen irgendwie behilflich
sein? *Adm: A:* **national a.,** Mittellosenunter-
stützung *f.* **a'ssistant. I.** *adj.* Hilfs-; **a.
manager,** stellvertretender Manager. **II.** *s.*
Hilfskraft *f;* Assistent *m;* **shop a.,** Verkäu-
fer(in) *m(f).*

assizes [ə'saiziz], *s.pl. Brit: Jur: A:* Schwurge-
richtssitzungen *f pl* (esp. des High Court).

associate. I. [ə'souʃieit] *v.* **1.** *v.tr. (a)* (etwas)
(gedanklich) assoziieren, verbinden (**with,**
mit + *dat*); *(b)* **to a. oneself with a statement,**
sich einer Aussage anschließen. **2.** *v.i.* **to a.
with s.o.,** mit j-m verkehren. **II.** [ə'souʃiət] **1.**
s. Kollege *m;* Mitarbeiter *m;* **business a.,**
Geschäftspartner *m.* **2.** *adj.* Mit-; **a. editor,**
Mitherausgeber *m; N.Am:* **a. professor,**
außerordentlicher Professor. **associ'ation,**
s. (a) Verbindung *f;* **a. of ideas,** Gedanken-
verbindung *f; (b)* Umgang *m,* Verkehr *m* (**with
s.o.,** mit j-m); *(c) (organization)* Verband *m;*
(club) Verein *m;* **a. football,** Fußball *m.*

assorted [ə'sɔ:tid], *adj. (of colours, articles)*
gemischt; *(selected)* ausgewählt; **an ill-a.
couple,** ein schlecht zusammenpassendes Paar.
a'ssortment, *s.* Mischung *f; (selection)*
Auswahl *f; Com: (samples)* Sortiment *n.*

assume [ə'sju:m], *v.tr. (a)* (ein Amt, die Ver-
antwortung) übernehmen; sich *dat* (ein Recht)
anmaßen; **to a. power,** die Macht ergreifen; **to
a. a shape,** eine Gestalt annehmen; *(b)* (etwas)
annehmen, *(suppose)* vermuten; **you can't just
a. that,** das kannst du nicht einfach annehmen;
assuming (that) the story is true, vorausgesetzt,
(daß) die Geschichte stimmt. **a'ssumed,** *adj.*
angenommen; **a. piety,** geheuchelte Fröm-
migkeit; **a. name,** falscher Name. **a's-
sumption,** *s.* **1.** *Ecc:* **the A.,** Mariä Him-
melfahrt *f.* **2. a. of office,** Amtsübernahme *f;* **a.
of power,** Machtergreifung *f.* **3.** *(supposition)*
Annahme *f;* Vermutung *f;* **on the a. that . . .,** in
der Annahme, daß . . .

assure [ə'ʃuər], *v.tr. (a) (make safe, certain)* (den
Frieden usw.) sichern; *Ins:* (j-n, j-s Leben)
versichern; *(b) (affirm)* **to a. s.o. that . . .,** j-m
versichern, daß . . .; **to a. s.o. of one's loyalty,**

j-n seiner Treue versichern; **he will do it, I a.
you!** er wird es tun, sei beruhigt! **you can rest
assured that . . .,** Sie können sicher sein, daß
. . . **a'ssurance,** *s.* **1.** *(a)* Sicherung *f; (b)*
(spoken) Versicherung *f.* **2.** *Ins:* **life a.,** Le-
bensversicherung *f.* **3.** Selbstsicherheit *f,*
Selbstbewußtsein *n.* **a'ssured. I.** *adj. (a)*
(certain) sicher; *(b) (pers.)* selbstbewußt. **II.** *s.*
a. (person), Versicherte(r) *f(m).* **a'ssuredly**
[-idli], *adv.* ganz gewiß.

aster ['æstər], *s. Bot:* Aster *f.*

asterisk ['æst(ə)risk], *s. Typ:* Sternchen *n.*

astern [ə'stə:n], *adv. Nau:* achtern; **to go a.,**
achteraus gehen; **to have the wind a.,**
Rückenwind haben.

asthma ['æsmə], *s.* Asthma *n.* **asth'matic. I.**
adj. asthmatisch. **II.** *s.* Asthmatiker(in) *m(f).*

astonish [ə'stɔniʃ], *v.tr.* (j-n) erstaunen; **to be
astonished at sth.,** über etwas *acc* erstaunt sein;
to look astonished, erstaunt dreinblicken.
a'stonishing, *adj.* erstaunlich; **-ly,** *adv.*
erstaunlicherweise. **a'stonishment,** Erstau-
nen *n;* Verwunderung *f.*

astound [ə'staund], *v.tr.* (j-n) in Erstaunen
setzen. **a'stounding,** *adj.* erstaunlich.

astray [ə'strei], *adj. & adv.* **to go a.,** sich verlau-
fen; *(of letter)* verlorengehen; **to lead s.o. a.,** j-n
irreführen.

astride [ə'straid], *adv. & prep.* rittlings (auf +
dat).

astrology [ə'strɔlədʒi], *s.* Astrologie *f.* **a'strolo-
ger,** *s.* Astrologe *m,* Astrologin *f.*

astronaut ['æstrənɔ:t], *s.* Astronaut(in) *m(f).*
astro'nautics, *s.* Raumfahrt *f.*

astronomy [ə'strɔnəmi], *s.* Astronomie *f.*
a'stronomer, *s.* Astronom *m.* **astro-
'nomic(al),** *adj.* astronomisch.

astrophysics ['æstrəu'fiziks], *s.pl. (with sing.
verb)* Astrophysik *f.*

astute [əs'tju:t], *adj.* scharfsinnig; *(of mind)*
klug. **as'tuteness,** *s.* Scharfsinn *m;* Klug-
heit *f.*

asylum [ə'sailəm], *s.* **1.** Asyl *n,* Zufluchtsort *m;*
to grant s.o. a., j-m politisches Asyl gewähren.
2. *(institution)* Anstalt *f,* esp. **lunatic a.,** Irren-
anstalt *f.*

at [æt], *prep.* **1.** *(place) (a)* **a.** + *dat,* bei + *dat;*
(with town) in; **at the table,** am Tisch; **at the
window,** am/beim Fenster; **at school,** in der
Schule; **at university,** auf der Universität; **at
work,** bei der Arbeit; **at home,** (i) zu Hause; (ii)
(on invitation) . . . lädt ein; **at the Schmidts',** bei
Schmidts; **at the tailor's,** beim Schneider; **at
the top,** oben; **at sea,** auf See; *(b) (motion)*
an + *acc;* **they sat down at the table,** sie setzten
sich an den Tisch. **2.** *(time)* **at 5 o'clock,** um 5
Uhr; **at first,** zuerst; **at present,** zur Zeit; **at
a time,** zwei auf einmal; **at night,** in der Nacht.
3. *(price)* **at a high price,** zu einem hohen Preis;
at twenty pence a pound, (zu) zwanzig Pence
das Pfund. **4.** *(age)* **at (the age of) eighty,** im
Alter von 80. **5.** *(speed)* bei, mit + *dat;* **to drive
at (a speed of) 100 kph,** mit 100 Kilometer
fahren. **6.** **at my request,** auf meine Bitte hin;
at all events, auf jeden Fall. **7. good at German,**
gut in Deutsch; **good at games,** sportlich. **8.** *(a)*
to look at sth., etwas ansehen; **to be surprised
at sth.,** über etwas *acc* verwundert sein; **to**

clutch at sth., nach etwas *dat* greifen; (*b*) **to laugh at s.o.**, j-n auslachen; (*c*) *F:* **to go hard at it**, sich ins Zeug legen; **she's at it again**, sie tut es schon wieder; **while we are at it**, wenn wir einmal dabei sind; **they are at him again**, sie haben es schon wieder auf ihn abgesehen.

atheism ['eiθiizm], *s.* Atheismus *m.* '**atheist**, *s.* Atheist *m.*

Athens ['æθinz], *Pr. n. Geog:* Athen *n.* **Athenian** [ə'θi:njən]. **I.** *adj.* athenisch. **II.** *s.* Athener(in) *m(f).*

athlete ['æθli:t], *s.* Athlet(in) *m(f); Med:* **athlete's foot**, Fußpilz *m.* **athletic** [-'letik], *adj.* athletisch. **ath'letics**, *s.pl.* Leichtathletik *f.*

Atlantic [ət'læntik], *adj. & s.* **the Atlantic (Ocean)**, der Atlantik; der Atlantische Ozean.

atlas ['ætləs], *s.* Atlas *m.*

atmosphere ['ætməsfiər], *s.* **1.** *Ph: Meas:* Atmosphäre *f.* **2.** Stimmung *f;* **a happy a.**, eine gute Stimmung. **atmospheric** [-'ferik]. **I.** *adj.* atmosphärisch; **a. pressure**, Luftdruck *m.* **II.** *s.pl. Rad:* **atmospherics**, atmosphärische Störungen *fpl.*

atom ['ætəm], *s.* Atom *n;* **a. bomb**, Atombombe *f;* **smashed to atoms**, in kleinste Teile zerschmettert. **atomic** [ə'tɔmik], *adj.* atomar; **a. energy**, Atomenergie *f;* **a. pile**, Atommeiler *m;* **a. physicist**, Atomphysiker *m;* **a. warfare**, Atomkrieg *m.* **atomize** ['ætəmaiz], *v.tr.* (*a*) (etwas) (in Atome) zerkleinern; (*b*) (Flüssigkeit) zerstäuben. '**atomizer**, *s.* Zerstäuber *m.*

atone [ə'təun], *v.i.* büßen; **to a. for sth.**, etwas sühnen. **a'tonement**, *s.* Buße *f.*

atrocious [ə'trəuʃəs], *adj.* entsetzlich; *F:* scheußlich; (*of crime*) gräßlich, grausam. **atrocity** [ə'trɔsiti], *s.* Greueltat *f.*

atrophy ['ætrəfi], *s. Med:* Atrophie *f; Fig:* Verkümmerung *f.*

attach [ə'tætʃ], *v.* **1.** *v.tr.* **to a. sth. to sth.**, etwas an etwas *acc* befestigen/(*permanently*) anbringen; **to a. a document to a letter**, ein Dokument einem Brief beifügen; **to a. importance to sth.**, auf etwas *acc* Wert legen. **2.** *v.i.* **to a. to sth.**, etwas *dat* anhaften. **attaché** [ə'tæʃei], *s.* Attaché *m;* **a. case**, Aktentasche *f.* **a'ttached**, *adj.* (*a*) (*fixed*) fest; (*b*) (einem Brief) beigeschlossen; (*c*) **to be very a. to s.o., sth.**, j-m, etwas *dat* sehr zugetan sein. **a'ttachment**, *s.* **1.** (*a*) Verbindung *f* (**to**, mit + *dat*); (*b*) (*affection*) Zuneigung *f* (**of s.o. to s.o.**, von j-m für j-n) **2.** Zusatzgerät *n* (zu einer Maschine usw.).

attack [ə'tæk]. **I.** *v.tr.* (j-n, etwas) angreifen, (*surprise*) überfallen; (ein Problem) in Angriff nehmen. **II.** *s.* **1.** Angriff *m,* Überfall *m;* **to make an a. upon s.o., sth.**, j-n, etwas angreifen. **2.** *Med:* Anfall *m.* **a'ttacker**, *s.* Angreifer *m.*

attain [ə'tain], *v.tr.* (etwas) erreichen, erzielen; **to a. knowledge**, Wissen erwerben; **to a. perfection**, zu Vollkommenheit gelangen. **a'ttainable**, *adj.* erreichbar (**by s.o.**, für j-n). **a'ttainment**, *s.* **1.** Erreichen *n;* Erfüllung *f* (von Ambitionen usw.). **2.** *usu. pl.* Errungenschaften *fpl; (skills)* Fertigkeiten *fpl.*

attempt [ə'tem(p)t]. **I.** *v.tr.* (etwas) versuchen; **to a. the impossible**, Unmögliches zu bewältigen suchen; **to a. a translation**, sich an eine Übersetzung heranwagen; **attempted murder/assassination**, Mordversuch *m,* Attentat *n.* **II.** *s.* Versuch *m;* **to make an a. on s.o.'s life**, auf j-n einen Mordanschlag verüben.

attend [ə'tend], *v.* **1.** *v.i.* (*a*) dabei sein; (*b*) **to a. to s.o., sth.**, sich um j-n, etwas *acc* kümmern; (*in shop*) j-n bedienen; (*c*) (*pay attention*) aufpassen. **2.** *v.tr.* (*a*) (einen Kranken) pflegen; (*b*) (einer Versammlung usw.) beiwohnen; (an einem Kurs usw.) teilnehmen; **to a. school**, die Schule besuchen; **to a. lectures**, Vorlesungen hören; **the meeting was well attended**, die Versammlung war gut besucht. **a'ttendance**, *s.* **1.** (*of doctor*) Betreuung *f; F:* **to dance a. on s.o.**, j-n hinten und vorn bedienen. **2.** (*visit*) Besuch *m;* Beteiligung *f* (an einem Kurs usw.); **in a.**, anwesend. **a'ttendant**. **I.** *s.* Diener(in) *m(f);* (*in museum, zoo etc.*) Wärter *m.* **II.** *adj.* begleitend, damit verbunden; **a. circumstances**, Begleitumstände *mpl;* **a. on sth.**, mit etwas *dat* verbunden.

attention [ə'tenʃ(ə)n], *s.* **1.** (*a*) Aufmerksamkeit *f;* **to turn one's a. to sth.**, seine Aufmerksamkeit auf etwas *acc* richten; **to pay a. to sth.**, auf etwas *acc* achten; **pay a.!** paß auf! **to attract a.**, die Aufmerksamkeit auf sich *acc* lenken; (*stick out*) auffallen; *Com:* (*on letter*) **for the a. of Mr. X**, zu Händen von Herrn X; **personal a.**, persönliche Bedienung; (*b*) Beachtung *f;* **to detail**, Berücksichtigung *f* von Einzelheiten; (*c*) (*repair*) Reparatur *f;* **needing a.**, reparaturbedürftig; (*d*) **I found his attentions irritating**, seine Aufmerksamkeiten sind mir auf die Nerven gegangen. **2.** *Mil:* **a.!** stillgestanden! **attentive** [ə'tentiv], *adj.* aufmerksam (**to s.o.**, gegen j-n); **to be a. to sth.**, sich um etwas *acc* kümmern.

attenuate [ə'tenjueit], *v.tr.* (etwas) schwächen, *El:* (ein Signal) dämpfen; *Jur:* **attenuating circumstances**, mildernde Umstände *mpl.*

attic ['ætik], *s.* Mansarde *f,* Dachgeschoß *n.*

attire [ə'taiər], *s.* Kleidung *f; Lit:* Gewand *n.*

attitude ['ætitju:d], *s.* (*a*) Haltung *f;* Stellung *f* (**to sth.**, zu etwas *dat*); **to take the right/wrong a.**, die richtige/falsche Haltung einnehmen; **what is your a. to this?** wie stellen Sie sich dazu? **a. of mind**, Geisteshaltung *f;* **to maintain a firm a.**, einen festen Standpunkt vertreten; (*b*) (*pose*) Haltung *f.*

attorney [ə'tə:ni], *s. Jur:* **1.** *N.Am:* Rechtsanwalt *m;* **District A.**, = Staatsanwalt *m.* **2. A. General**, *Brit:* erster Kronanwalt *m; U.S:* approx. = Justizminister *m.* **3.** (*agent*) Bevollmächtigte(r) *m,* **power of a.**, Vollmacht *f.*

attract [ə'trækt], *v.tr.* (j-n, etwas) anziehen; **to be attracted to s.o.**, sich zu j-m hingezogen fühlen; **attracted by sth.**, von etwas *dat* angelockt; **to a. customers**, Kunden gewinnen. **a'ttraction**, *s.* Anziehungskraft *f;* Reiz *m;* **the chief a. at the party**, die Hauptattraktion der Party. **a'ttractive**, *adj.* attraktiv, reizvoll; (*of offer etc.*) verlockend. **a'ttractiveness**, *s.* Reiz *m.*

attribute. I. *v.tr.* [ə'tribju:t] **to a. a work etc. to s.o.**, j-m ein Werk usw. zuschreiben; **to a. sth. to a motive**, etwas auf ein Motiv zurückführen. **II.** *s.* ['ætribju:t] Eigenschaft *f.* **a'ttributable**, *adj.* zuzuschreiben (**to, dat**). **attri-**

´**bution** [ætri-], s. Zuschreibung f (**to**, dat).
a´**ttributive**, adj. Ling: attributiv.
attrition [ə´triʃ(ə)n], s. Aufreibung f; **war of a.**,
Zermürbungskrieg m.
aubergine [´əubəȝiːn], s. Aubergine f, Eier-
frucht f.
auburn [´ɔːbən], adj. (of hair) kupferrot.
auction [´ɔːkʃ(ə)n]. I. v.tr. (etwas) versteigern.
II. s. Auktion f; (**sale by**) **a.**, Versteigerung f;
to put sth. up to/for a., etwas versteigern; **a.
room**, Auktionslokal n. **auctio´neer**, s.
Auktionator m.
audacious [´ɔːdeiʃəs], adj. kühn, verwegen. **au-
dacity** [ɔː´dæsiti], s. 1. Wagemut n. 2. Pej:
Frechheit f.
audible [´ɔːdibl], adj. hörbar; **clearly a.**, deutlich
zu hören; **scarcely a.**, kaum zu hören.
audi´bility, s. Hörbarkeit f.
audience [´ɔːdjəns], s. 1. Th: Rad: etc: Pub-
likum n; TV: Zuschauer mpl; (in a concert)
Zuhörer mpl. 2. (interview) Audienz f (**with**,
bei + dat).
audio [´ɔːdiəu]. I. adj. El: Audio-; Rec: HiFi-. II.
s. Rec: HiFi-Technik f. ´**audio-´visual**, adj.
audiovisuell.
audit [´ɔːdit]. I. v.tr. (Rechnungen, Bücher) prü-
fen. II. s. Buchprüfung f. ´**auditor**, s.
Buchprüfer m.
auditorium [ɔːdi´tɔːriəm], s. Auditorium n,
Zuschauerraum m. ´**auditory**, adj. **a. nerve**,
Hörnerv m; **a. canal**, Gehörgang m.
audition [ɔː´diʃ(ə)n]. I. s. Th: Vorsprechen n;
Mus: Hörprobe f; Probesingen n. II. v. 1. v.i. Th:
vorsprechen; Mus: probesingen. 2. v.tr. Th:
(j-n) vorsprechen/probesingen lassen.
au fait [əu´fei], adj. im Bilde; **a. f. with sth.**,
mit etwas dat vertraut.
augment [ɔːg´ment], v. 1. v.tr. (etwas) vergrö-
ßern; (eine Zahl) vermehren (**with/by**, durch
+ acc). 2. v.i. sich vergrößern. **augmen´-
tation**, s. Vergrößerung f; Vermehrung f.
augur [´ɔːgər], v.i. **it augurs well for him**, es sieht
gut für ihn aus.
August [´ɔːgəst], s. August m; **in A.**, im August;
on the fifth of A./A. 5th, am fünften August.
aunt [ɑːnt], F: **auntie** [´ɑːnti], s. Tante f.
au pair [əu´pɛər], adj. & s. **a. p. (girl)**, Au-pair-
Mädchen n.
aura [´ɔːrə], s. Nimbus m.
auspices [´ɔːspisiz], s.pl. **under the a. of . . .**,
unter der Schirmherrschaft von . . . dat; **under
favourable a.**, unter günstigen Umständen.
au´spicious [-ʃəs], adj. günstig; (promising)
verheißungsvoll; **a. occasion**, freudiger Anlaß.
Aussie [´ɔsi], s. F: Australier(in) m(f).
austere [ɔːs´tiər], adj. (severe) streng; (plain)
nüchtern. **austerity** [-´teriti], s. (a) Strenge f;
Nüchternheit f; (b) Genügsamkeit f; **time of a.**,
Zeit f der (wirtschaftlichen) Einschränkungen.
Australia [ɔs´treiliə]. Pr.n. Australien n. **Aus-
´tralian**. I. adj. australisch. II. s. Aus-
tralier(in) m(f). ´**Austro-´Hungarian**, adj.
Hist: österreichisch-ungarisch.
authentic [ɔː´θentik], adj. authentisch, echt.
au´thenticate, v.tr. (etwas) verbürgen; Jur:

Adm: (ein Dokument) beglaubigen. **authenti-
´cation**, s. Beglaubigung f (eines Dokumentes
usw.). **authenticity** [-´tisiti], s. Echtheit f.
author [´ɔːθər], s. Verfasser(in) m(f), Autor(in)
m(f). ´**authorship**, s. 1. (pursuit) Schriftstel-
lerberuf m. 2. **to establish the a. of a book**, den
Verfasser eines Buches feststellen.
authoritative [ɔː´θɔritətiv], adj. 1. (of tone,
manner) gebieterisch. 2. (of statement) maß-
gebend. **au´thority**, s. 1. Autorität f; **to have
a. over s.o.**, über j-n gebieten; **who's in a.
here?** wer ist hier verantwortlich? 2. Er-
mächtigung f (, etwas zu tun); (document) Voll-
macht f. 3. Experte m (**on**, über + acc); Kenner
m (**on**, von + dat); **on good a.**, aus glaubwür-
diger Quelle. 4. **the authorities**, die Behörden f
pl. **authorize** [´ɔːθəraiz], v.tr. (etwas) be-
willigen; **to a. s.o. to do sth.**, j-n ermächtigen/
bevollmächtigen, etwas zu tun. **authori-
´zation**, s. Ermächtigung f; Bewilligung f.
´**authorized**, adj. autorisiert; **the A. Version (of
the Bible)**, die autorisierte Bibelübersetzung;
Fin: **a. capital**, bewilligtes Kapital.
autistic [ɔː´tistik], adj. autistisch.
auto- [´ɔːtəu-], prefix auto-, selbst-. **autobi-
´ography**, s. Autobiographie f. ´**autocrat**, s.
Autokrat m. **auto´cratic**, adj. selbstherrlich.
´**autograph**. I. s. Autogramm n. II. v.tr. (ein
Buch usw.) signieren, mit einem Autogramm
versehen. ´**automat**, s. N.Am: Automaten-
restaurant n. ´**automate**, v.tr. (die Pro-
duktion) automatisieren. **auto´matic**, adj.
automatisch; **a. pistol**, Selbstladepistole f; Tel:
a. exchange, Selbstanschlußamt n; **a. tele-
phone**, Selbstwähler m; Aut: **a. transmission**,
Automatik f; Av: **a. pilot**, Autopilot m. **au-
to´mation**, s. Automation f. ´**automobile**,
s. esp. N.Am: Auto(mobil) n; Kraftwagen m.
auto´motive, adj. kraftfahrtechnisch; N.Am:
a. industry, Autoindustrie f. **autonomous**
[ɔː´tɔnəməs], adj. autonom. **au´tonomy**, s.
Autonomie f. **autopsy** [´ɔːtɔpsi], s. Ob-
duktion f.
autumn [´ɔːtəm], s. Herbst m. **autumnal**
[ɔː´tʌmnəl], adj. herbstlich.
auxiliary [ɔːg´ziljəri]. I. adj. Hilfs-; **a. engine**,
Hilfsmotor m. II. s. Helfer m; **auxiliaries**,
Hilfspersonal n; Mil: Hilfstruppen fpl.
avail [ə´veil]. I. v.tr. **to a. oneself of sth.**, sich
einer Sache bedienen; **to a. oneself of an op-
portunity**, eine Gelegenheit ausnutzen. II. s.
it's of no a., es ist nutzlos. **availa´bility**, s.
Verfügbarkeit f (von Material usw.). **a´vail-
able**, adj. verfügbar, vorhanden; Com: vor-
rätig; Fin: **a. funds**, flüssige Gelder.
avalanche [´ævəlɑːn(t)ʃ], s. Lawine f.
avantgarde [´ævɑ̃(ŋ)´gɑːd]. I. s. Avantgarde f. II.
adj. avantgardistisch.
avarice [´ævəris], s. Habgier f. **ava´ricious**,
adj. habgierig.
avenge [ə´ven(d)ȝ], v.tr. (etwas, sich) rächen (**on
s.o.**, an j-n). **a´venging**, adj. rächend; (ven-
geful) rachsüchtig; **a. angel**, Racheengel m.
a´venger, s. Rächer m.
avenue [´ævinjuː], s. (a) Allee f; (leading to
house) Zufahrt f; (b) N.Am: Hauptstraße f.
aver [ə´vəːr], v.tr. (etwas) behaupten.
average [´ævərid ȝ]. I. s. Durchschnitt m; **on**

(an) a., im Durchschnitt. **II.** *adj.* durch-
schnittlich; **above a.**, überdurchschnittlich;
below a., unterdurchschnittlich; **the a. English-
man**, der Durchschnittsengländer. **III.** *v.tr. &
i.* durchschnittlich betragen; **he averages eight
hours work a day**, er arbeitet durchschnittlich
acht Stunden am Tag; **we averaged 120 kph**,
wir hatten ein Durchschnittstempo von 120
Stundenkilometern.

averse [ə'vɔːs], *adj.* **to be a. to sth.**, etwas *dat*
abgeneigt sein; **he is not a. to a glass of beer**,
er hat nichts gegen ein Glas Bier. **a´version**,
s. **1.** Abneigung *f* (**to**, gegen + *acc*). **2.** Gegen-
stand *m* der Abneigung; **spiders are my pet a.**,
Spinnen sind mir ein besonderer Greuel.

avert [ə'vɔːt], *v.tr.* (*a*) (den Blick) abwenden
(**from**, von + *dat*); (*b*) (*escape*) (etwas) vermei-
den; **to a. disaster**, eine Katastrophe verhin-
dern.

aviary ['eiviəri], *s.* Vogelhaus *n.*

aviation [eivi'eiʃ(ə)n], *s.* Luftfahrt *f.* **´aviator**,
s. Flieger *m.*

avid ['ævid], *adj.* begierig (**for**, auf + *acc*).

avocado [ævə'kaːdəu], *s.* **a. (pear)**, Avocado *f.*

avoid [ə'vɔid], *v.tr.* (*a*) (j-n, etwas) meiden;
(etwas) vermeiden; **to a. doing sth.**, es vermei-
den, etwas zu tun; **if it can be avoided**, wenn es
auch anders geht; (*b*) (einer Gefahr usw.)
entgehen; **to a. notice**, unbemerkt bleiben.
a´voidable, *adj.* vermeidbar. **a´voidance**, *s.*
Vermeidung *f* (einer Sache); Meiden *n* (einer
Person); **tax a.**, Steuerhinterziehung *f;* (*of dri-
vers*) **they had a remarkable a.**, sie wären um
ein Haar zusammengestoßen.

avoirdupois [ævədə'pɔiz], *s. Meas:* britisches
Handelsgewicht *n.*

avowed [ə'vaud], *adj.* erklärt; **a. enemy**, ge-
schworener Feind *m.* **a´vowal**, *s* offenes
Eingeständnis *n.*

await [ə'weit], *v.tr.* (j-n, etwas) erwarten; (*wait
for*) (auf j-n, etwas *acc*) warten; **to a. the out-
come**, das Ergebnis abwarten; *Com:* **awaiting
your orders**, Ihrem Auftrag entgegensehend.

awake [ə'weik] **I.** *v.* (*p.* **awoke**, *p.p.* **awoken**) **1.**
v.i. erwachen, aufwachen. **2.** *v.tr.* (j-n) wecken.
II. *adj.* wach; **wide a.**, hellwach; **he was a. to
the dangers of the situation**, er war sich der
Gefahren der Lage bewußt. **a´waken**, *v.* **1.**
v.tr. (*a*) (Gefühle, Neugierde, Verdacht usw.)
erwecken; (*b*) (j-n) wecken. **2.** *v.i. Lit:* auf-
wachen. **a´wakening**, *s.* Erwachen *n;* **rude a.**,
unsanftes Erwachen.

award [ə'wɔːd]. **I.** *v.tr.* (j-m einen Preis usw.)
verleihen; *Jur:* **to a. s.o. damages**, j-m
Schadenersatz zusprechen. **II.** *s.* **1.** (*a*)
Auszeichnung *f;* (*prize*) Preis *m;* (*b*) **a. of a
prize**, Verleihung *f* eines Preises. **2.** *Jur:* **a. (of
damages)**, Schadenersatz *m.*

aware [ə'wɛər], *adj.* bewußt; **to be a. of sth.**, sich

dat etwas *gen* bewußt sein; von etwas *dat*
wissen; **are you a. that . . .?** wissen Sie, daß. . .?
not that I'm a. of, nicht, daß ich wüßte.
a´wareness, *s.* Bewußtsein *n.*

awash [ə'wɔʃ], *adj.* überflutet.

away [ə'wei], *adv.* weg, fort, davon. **1.** (*a*) **to go
a.**, weggehen; **the ball rolled a.**, der Ball rollte
weg; **to run a.**, weglaufen; davonlaufen; **go a.!**
(geh) weg! *F:* scher dich! **take it a.!** (i) bring's
weg! (ii) *F:* los geht's! leg los! (*b*) **far a.**, weit
weg; **five paces a.**, fünf Schritte entfernt; **far
and a. the best**, bei weitem/mit Abstand das
Beste; (*c*) abwesend; **when he is a.**, wenn er
nicht da ist; **he is a. from work**, er geht nicht
zur Arbeit; *Sp:* **a. match**, Auswärtsspiel *n.* **2.**
(*a*) (*persistently*) in einem fort, dauernd; **to
work a.**, in einem fort arbeiten; (*b*) (*start*) **fire
a.!** leg los! **sing a.**, sing drauflos! **straight/right
away**, sofort.

awe [ɔː], *s.* Ehrfurcht *f;* **to stand in a. of s.o.**, eine
große Scheu vor j-m haben. **´awe-inspir-
ing**, *adj.* ehrfurchtgebietend. **´awe-struck**,
adj. von Ehrfurcht ergriffen; (*impressed*)
schwer beeindruckt. **´awful**, *adj.* furchtbar, *F:*
scheußlich; **what a. weather**, welch gräßliches
Wetter; **an a. din**, ein entsetzlicher Lärm; **-ly**,
adv. F: (*intensive*) **I'm a. sorry**, es tut mir
schrecklich leid; **a. funny**, furchtbar lustig.

awkward ['ɔːkwəd], *adj.* **1.** (*a*) (*clumsy*) unge-
schickt; unbeholfen; (*b*) (*ill at ease*) verlegen. **2.**
(*a*) (*unpleasant*) peinlich, unangenehm; **an a.
situation**, eine peinliche/heikle Situation; (*b*)
(*difficult*) schwierig, lästig; (*of shape*) unhand-
lich; **it's an a. time for me**, das kommt mir
ungelegen; *F:* **an a. customer**, ein schwieriger
Kunde. **´awkwardness**, *s.* **1.** (*a*) Unge-
schicklichkeit *f;* (*b*) Verlegenheit *f.* **2.** Pein-
lichkeit *f.*

awning ['ɔːniŋ], *s.* Plane *f;* (*of shop*) Markise *f;*
Nau: Sonnensegel *n.*

awry [ə'rai], *adv. & adj.* schief; **to go (all) a.**,
schiefgehen.

axe [æks]. **I.** *s.* Axt *f*, Beil *n; Fig:* **to have an a.
to grind**, eigene Interessen verfolgen. **II.** *v.tr.
Adm: F:* (Busverkehr, Eisenbahn) stillegen;
(ein Projekt) fallen lassen; (Ausgaben) kürzen;
(Angestellte) abbauen.

axiom ['æksiəm], *s.* Axiom *n.* **axio´matic**, *adj.*
axiomatisch; **it's a.**, es ist selbstverständlich.

axis *pl.* **-es** ['æksis, 'æksiːz], *s.* Achse *f; Hist:* **A.
powers**, Achsenmächte *f pl.*

axle ['æksl], *s.* Achse *f;* (*shaft*) Welle *f; Aut:*
front a., Vorderachse *f;* **back a.**, Hinterachse *f.*
´axle box, *s. Rail: etc:* Achsgehäuse *n.*

aye [ai]. **I.** *int. Dial:* ja. **II.** *s. Parl:* Jastimme *f.*

azalea [ə'zeiljə], *s. Bot:* Azalee *f.*

Azores [ə'zɔːz]. *Pr.n.pl.* **the A.**, die Azoren *pl.*

azure ['æʒər], *adj.* himmelblau; **a. sky**,
azurblauer Himmel.

B

B, b [biː], s. 1. (der Buchstabe) B, b n. 2. Mus: H n; **B flat**, B n.

babble ['bæbl]. I. s. (a) Geplapper n; (b) (of water) Gemurmel n. II. v.i. (a) plappern; (b) (of stream) murmeln. '**babbler**, s. Schwätzer m.

babel ['beib(ə)l], s. b. of voices, Stimmengewirr n.

baboon [bə'buːn], s. Z: Pavian m.

baby ['beibi], s. 1. Baby n, Säugling m; **to have a b.**, ein Kind bekommen; **I've known him since he was a b.**, ich kenne ihn von klein auf; **the b. of the family**, der Benjamin, das jüngste Kind; **don't be (such) a b.!** (i) sei nicht so kindisch! (ii) (coward) sei nicht so ein Feigling! F: **to be holding the b.**, die Verantwortung (für etwas acc) tragen; F: **that's your b.!** das ist deine Sache! 2. attrib. (a) Baby-, Säuglings-; **b. clothes**, Babywäsche f; esp. A: **b. carriage**, Kinderwagen m; F: **b. face**, Milchgesicht n; (b) klein; Mus: **b. grand**, Stutzflügel m; (c) (young) **b. elephant**, Elefantenjunge(s) n; **b. sister**, kleine Schwester f. '**babyhood**, s. Säuglingsalter n. '**babyish**, adj. babyhaft, kindisch. '**babysit**, v.i. babysitten. '**babysitter**, s. Babysitter m.

bachelor ['bætʃələr], s. 1. Junggeselle m. 2. Univ: (degree) Bakkalaureus m. '**bachelorhood**, s. Junggesellenstand m.

bacillus pl. -i [bə'siləs,-ai], s. Biol: Bazillus m.

back ['bæk]. I. s. 1. (a) Rücken m; **b. to b.**, Rücken an Rücken; **b. to front**, verkehrt; Fig: **to do sth. behind s.o.'s b.**, etwas hinter j-s Rücken tun; **to be glad to see the b. of s.o.**, froh sein, j-n los zu sein; **to put s.o.'s b. up**, j-n irritieren; F: **get off my b.!** laß mich in Ruhe! **with one's b. to the wall**, in der Klemme; in bedrängter Lage; **to put one's b. into sth.**, sich in etwas hineinknien; (b) (spine) Rückgrat n; **to break one's b.**, sich dat das Rückgrat brechen; Fig: **to break the b. of the work**, den größten Teil der Arbeit erledigen. 2. (a) (of paper, house etc.) Rückseite f; (of book) Buchrücken m; (of chair) Rückenlehne f; (b) **b. of the head**, Hinterkopf m; **b. of the hand**, Handrücken m; **he knows London like the b. of his hand**, er kennt London wie seine Westentasche; (c) Aut: **in the b.**, hinten; auf dem Rücksitz; **to run into the b. of sth.**, in etwas acc hinten hineinfahren; (d) **at the b.**, hinten; **at the b. of sth.**/N.Am: **b. of sth.**, hinter etwas dat; **I have an idea at the b. of my mind**, mir schwebt ein Gedanke vor; (e) (of stage) Hintergrund m. 3. Fb: Verteidiger m. II. adj. (a) hintere(r,s), Hinter-; **b. door**, Hintertür f; **b. room**, Hinterzimmer n; **b. room boy**, Forscher m; **b. street**, kleine Seitenstraße, Gasse f; **b. seat**, Rücksitz m; Aut: **b. axle**, Hinterachse f; **b. wheel**, Hinterrad n; Sp: **b. marker**, Nachzügler m; F: **to get in by the b. door**, durch ein Hintertürchen hineinschlüpfen; **to take a b. seat**, eine untergeordnete Rolle spielen; (b) Journ: **b. number**, alte Nummer; F: (of pers.) **to be a b. number**, nicht mehr mitzählen. III. adv. zurück. 1. (place) (a) **stand b. please!** (bitte) zurücktreten! **a house standing b. from the road**, ein Haus, das von der Straße zurückgesetzt ist; **b. home**, bei uns zu Hause; (b) **to hit b.**, zurückschlagen; **to call s.o. b.**, j-n zurückrufen; **when will you be b.?** wann kommst du zurück? wann bist du wieder da? **as soon as I get b.**, sobald ich zurückkomme; Fig: **to go b. on one's word**, sein Wort nicht halten. 2. (time) **some years b.**, vor einigen Jahren; **it goes b. as far as 1939**, es geht bis auf 1939 zurück; **b. in 1900**, damals im Jahre 1900. IV. v. 1. v.i. (a) rückwärts gehen; Aut: rückwärts fahren; (b) (of house) **to b. onto sth.**, hinten an etwas acc grenzen. 2. v.tr. (a) (support) (j-n) unterstützen; (j-n, etwas) finanzieren; (b) Rac: **to b. a horse**, (Geld) auf ein Pferd setzen; (c) (einen Wagen) rückwärts fahren. '**backache**, s. Rückenschmerzen mpl. '**back-'bencher**, s. Brit: Pol: Parlamentsabgeordnete(r) f (m), die (der) nicht zur Führung seiner Partei gehört. '**backbite**, v.tr. & i. (j-n) verleumden. '**backbiter**, s. Verleumder(in) m(f). '**backbone**, s. (a) Rückgrat n; Fig: Stütze f. (b) (stroke) Rückhand f. '**back-'breaking**, adj. erschöpfend; **b.-b. work**, Schwerarbeit f. '**backchat**, s. freche Antworten fpl. '**back'dated**, adj. **a rise b. to April 1st**, eine Gehaltserhöhung rückwirkend vom 1. April an. '**back 'down**, v.i. F: einen Rückzieher machen. '**backer**, s. Unterstützer m; Com: Fin: Geldgeber m; Rac: Wetter m. '**back'fire**. I. v.i. (of plan etc.) fehlschlagen; Aut: fehlzünden. II. s. Aut: Fehlzündung f. '**background**, s. (a) Hintergrund m; **he keeps in the b.**, er bleibt im Hintergrund; Rad: **b. noise**, Nebengeräusche npl; (b) nähere Umstände mpl; (previous) Vorgeschichte f; **what's his family b.?** aus welchen Familienverhältnissen stammt er? '**backhand**, s. Tennis: etc: **b.** (stroke), Rückhand f. '**back-'handed**, adj. **b. compliment**, zweifelhaftes Kompliment n. '**back'hander**, s. Tennis: etc: Rückhandschlag m. '**backing**, s. 1. Stützung *f;* Verstärkung *f* (einer Wand). **2.** (finanzielle) Unterstützung *f.* **3.** *Sp:* Wetten *n;* Setzen *n* (auf ein Pferd). **4.** *(a)* **paper b.,** Schutzstreifen *m;* Deckschicht *f; (b) Mus:* Begleitung *f* (bei Popmusik). **'backlash,** *s.* **1.** *Mec.E:* toter Gang. **2.** *Fig:* starke Gegenreaktion *f.* **'backless,** *adj. (of dress)* rückenfrei; *(of seat)* ohne Rückenlehne *f.* **'backlog,** *s.* Rückstände *mpl.* **'back'out,** *v.i. (a) Aut:* im Rückwärtsgang hinausfahren; *(b) F:* **to b. out of a deal** etc., aus einem Geschäft usw. aussteigen. **back'pedal,** *v.i. F:* einen Rückzieher machen. **'backside,** *s. Anat: F:* Hintern *m.* **'backslide,** *v.i.* rückfällig werden. **back'stage,** *adv. Th: & Fig:* hinter den Kulissen. **'back'up,** *v.* **1.** *v.tr. (a) (support)* (j-n) unterstützen; (eine Aussage) bestätigen; *(b) N.Am:* (einen Wagen) rückwärts fahren. **2.** *v.i. N.Am:* rückwärts fahren. **'backward. I.** *adj. (a)* **b. motion,** Rückwärtsbewegung *f; (b) (of child)* zurückgeblieben; *(of country etc.)* unterentwickelt; rückständig. **II.** *adv.* **backward(s),** rückwärts; **to fall b.,** nach hinten fallen; **to walk b. and forwards,** hin- und herfahren. **'backwardness,** *s. (of child)* Zurückgebliebenheit *f; (of country)* Unterentwicklung *f;* Rückständigkeit *f.* **'backwater,** *s. (a)* toter Arm *m; (b)* (stiller) abgelegener Ort *m;* **to live in a b.,** in Hintertupfing wohnen. **'backwoodsman,** *s.* Hinterwäldler *m.*

bacon ['beik(ə)n], *s.* Speck *m;* **streaky b.,** durchwachsener Speck; *F:* **to save s.o.'s b.,** für j-n die Situation retten; **to bring home the b.,** den Vogel abschießen.

bacterial [bæk'tiəriəl], *adj.* bakteriell. **bacteriological,** *adj.* bakteriologisch; **b. warfare,** Bakterienkrieg *m.* **bacteri'ologist,** *s.* Bakteriologe *m;* Bakteriologin *f.* **bac'terium,** *s. (pl* **bacteria)** Bakterie *f.*

bad [bæd] **I.** *adj.* schlecht. **1.** *(a) (inferior)* **b. eggs,** faule Eier; *(of food)* **to go b.,** schlecht werden, verderben; **to be b. at sth.,** etwas schlecht können; **he's b. at English,** er ist schlecht in Englisch; *F:* **it isn't half b.,** das ist gar nicht schlecht/gar nicht übel; *(b) (wrong)* **b. translation,** schlechte Übersetzung *f;* **b. coin,** falsche Münze; **b. shot!** (i) daneben geschossen! (ii) *(wrong guess)* falsch geraten! **he's not b. looking,** er sieht gar nicht schlecht aus; *(c) (unfortunate)* **he's in a b. way,** es geht ihm gar nicht gut; **he'll come to a b. end,** mit ihm wird es noch ein schlimmes Ende nehmen; **it wouldn't be a b. idea if ...,** es wäre keine schlechte Idee, wenn ...; **things are going from b. to worse,** es wird immer schlimmer. **2.** *(a) (wicked)* böse, übel; **a b. boy,** ein schlimmer Junge; *F:* **he's a b. lot,** er ist ein übler Bursche; *(b) (unpleasant)* **b. news,** schlechte Nachrichten; **b. smell,** übler Geruch; **b. tempered,** schlecht gelaunt; **to be on b. terms with s.o.,** mit j-m auf schlechtem Fuße stehen; **to have a b. cold,** einen starken Schnupfen haben; **that's too b.!** (i) das ist wirklich zuviel! (ii) *Iron:* Pech gehabt! *(c) (serious) (of accident etc.)* schwer, schlimm; **a b. mistake,** ein schwerer Fehler; *(d) (ill)* **she's very b. today,** ihr geht es heute schlecht; **she has a b. finger,** sie hat einen bösen Finger; **my b. leg,** mein schlimmes Bein; **-ly,**

adv. **1.** schlecht; **b. behaved,** unerzogen; **to do b.,** keinen Erfolg haben, schlecht abschneiden **(in,** bei + *dat).* **2. b. wounded,** schwer verwundet. **3. to want sth. b.,** (i) etwas sehr gerne wollen; (ii) *(need)* etwas dringend brauchen. **II.** *s. (a) (of pers.)* **to go to the b.,** auf die schiefe Bahn geraten; *(b) F:* **I'm £5 to the b.,** ich habe (dabei)/£5 verloren. **'badness,** *s.* **1.** *(inferiority)* Minderwertigkeit *f;* schlechte Qualität *f.* **2.** *(of pers.)* Verdorbenheit *f;* Schlechtigkeit *f.* **3.** *F: (in wound etc.)* Gift *n.*

badge [bædʒ], *s.* **1.** Abzeichen *n; Aut:* **(radiator) b.,** Firmenzeichen *n.* **2.** *Fig:* Kennzeichen *n.*

badger[1] ['bædʒər], *s. Z:* Dachs *m.*

badger[2] ['bædʒər], *v.tr.* (j-n) belästigen, plagen.

baffle ['bæfl]. **I.** *v.tr.* (j-n) verblüffen. **II.** *s. Tchn:* Sperre *f; (of loudspeaker)* Schallwand *f; Aut: (in silencer etc.)* Leitblech *n.*

bag ['bæg]. **I.** *s.* **1.** *(a) (handbag)* Tasche *f;* **(travelling) b.,** Reisetasche *f;* **a mixed b.,** ein buntes Allerlei; *F:* **the whole b. of tricks,** der ganze Kram; *(b)* **(paper) b.,** Tüte *f;* **plastic b.,** *(small)* Plastiktüte *f, (large)* Plastiksack *m; F:* **there's bags of it/them,** es gibt jede Menge davon. **2.** *Anat:* Sack *m.* **3.** *Hunt:* Jagdbeute *f; F:* **in the b.,** unter Dach und Fach. **4.** *pl F:* Hose *f.* **5.** *F: (woman)* **old b.,** alte Zicke. **II.** *v.tr. (p. & p.p.* **bagged)** *(a) Hunt:* (Wild) erlegen, erbeuten; *(b) F: (appropriate)* (etwas) einstecken; sich *dat* (etwas) unter den Nagel reißen; *(steal)* (etwas) klauen; *(c)* (einen Platz) belegen. **'baggy,** *adj. (of clothes)* bauschig; *(of trousers)* ausgebault.

bagatelle ['bægə'tel], *s.* **1.** Kleinigkeit *f,* Bagatelle *f.* **2.** *(game)* Tivolispiel *n.*

baggage ['bægidʒ], *s.* **1.** Reisegepäck *n, Rail: N. Am:* **b. car,** Gepäckwagen *m;* **b. check,** Gepäckschein *m.* **2.** *Mil:* **b. (train),** Troß *m.*

bagpipes ['bægpaips], *s.pl.* Dudelsack *m.*

bail[1] [beil]. **I.** *s. Jur:* Kaution *f; (released) on b.,* gegen Kaution freigelassen; **to go b. for s.o.,** für j-n bürgen. **II.** *v.tr. Jur:* **to b. s.o. out,** für j-n eine Kaution hinterlegen. **'bailiff,** *s.* **1.** *Jur:* Gerichtsvollzieher *m.* **2.** *(on estate)* Gutsverwalter *m.*

bail[2] [beil], *v.tr. Nau:* **to b. out,** (Wasser) ausschöpfen; (ein Boot) leerschöpfen.

bait [beit]. **I.** *s. Fish: & Fig:* Köder *m; Fig:* Reiz *m;* Verlockung *f.* **II.** *v.tr. Fish:* (einen Angelhaken) mit einem Köder versehen.

bake ['beik], *v.tr. & i.* (Brot usw.) backen; (Ziegel) brennen. **'bakehouse,** *s.* Backstube *f.* **'baker,** *s.* Bäcker *m;* **b.'s (shop),** Bäckerei *f.* **'bakery,** *s.* Bäckerei *f.* **'baking,** *s.* Backen *n* (von Brot usw.); Brennen *n* (von Ziegeln). **'baking-dish,** *s.* (tiefes) Backblech *n.* **'baking-powder,** *s.* Backpulver *n.* **'baking-tin,** *s.* Backform *f.*

balance ['bæləns]. **I.** *s.* **1.** *(scales)* Waage *f; Fig:* **to hang in the b.,** in der Schwebe sein; **on b.,** alles in allem. **2.** Gleichgewicht *n;* **to lose one's b.,** das Gleichgewicht verlieren; **b. of power,** politisches Gleichgewicht; *Tchn:* **b. weight,** Gegengewicht *n; Clockm:* **b. wheel,** Unruhe *f.* **3.** *Com: (a) (in hand)* Saldo *m; (amount due)* Restbetrag *m; Fin:* **b. of payments,** Zahlungsbilanz *f;* **b. sheet,** Bilanz *f; (b)* **to strike**

a b., das Gleichgewicht herstellen. **II.** *v.* **1.** *v.tr.* (*a*) (die Konsequenzen) erwägen; (*b*) (etwas) ins Gleichgewicht bringen, ausbalancieren; *Mec.E:* (ein Rad usw.) auswuchten; (*c*) *Fin:* *Com:* (eine Rechnung, ein Konto) ausgleichen; **to b. the books,** die Bilanz machen. **2.** *v.i.* (*of accounts*) sich ausgleichen; (*b*) (*of pers.*) balancieren. ´**balanced,** *adj.* ausgewogen; ausgeglichen. ´**balancing.** **I.** *adj.* **1.** Ausgleichs-, ausgleichend. **2.** balancierend. **II.** *s.* **1.** Ausgleichung *f.* **2.** *Com:* Saldierung *f,* Ausgleichung *f.* **3.** *Mec.E:* Auswuchtung *f.*
balcony, *pl* **-ies** [´bælkəni, -iz], *s.* Balkon *m.*
bald [bɔːld], *adj.* **1.** (*a*) glatzköpfig; **b. patch,** kahle Stelle; **he's going b.,** ihm gehen die Haare aus; **to be b.,** eine Glatze haben; (*b*) (*of tyres*) völlig abgenutzt. **2.** (*of style*) nüchtern, trocken; (*of statement*) unverblümt. ´**bald-´headed,** *adj.* glatzköpfig. ´**baldness,** *s.* Kahlheit *f;* (*of style*) Nüchternheit *f.*
balderdash [´bɔːldədæʃ], *s.* Unsinn *m.*
bale [beil], *s.* Ballen *m.*
bale[2] [beil], *v.i.* *Av:* **to b. out,** (mit dem Fallschirm) abspringen; *F:* aussteigen (**of an enterprise,** aus einem Unternehmen).
Balearic [bæli´ærik], *adj. Geog:* **the B. Islands,** die Balearen *pl.*
balk [bɔːk]. **I.** *v.* **1.** *v.tr.* (j-n) hindern; **to b. s.o´.s plans,** j-s Pläne vereiteln. **2.** *v.i.* (*of pers.*) **to b. at sth.,** vor etwas *dat* stutzen. **II.** *s.* Balken *m.*
Balkan [´bɔːlkən], *adj. Geog:* Balkan-; **the B. states/the Balkans** *s.pl.,* die Balkanländer *npl;* der Balkan *m.*
ball[1] [bɔːl], *s.* Ball *m;* **billiard b.,** Billardkugel *f;* **b. of wool,** Wollknäuel *m & n;* **the b. of the foot,** der Fußballen; *F:* **keep the b. rolling,** halt es in Gang; **to play b.,** mitmachen; **on the b.,** wachsam, auf Draht. ´**ball-´bearing,** *s. E:* Kugellager *n.* ´**ballcock,** *s.* Schwimmerhahn *m.* ´**ball-joint,** *s. E:* Kugelgelenk *n.* ´**ball-point,** *s.* **b.** (**pen**), Kugelschreiber *m.* ´**balls,** *s.pl. V:* (*testicles*) Eier *npl;* **b.!** Quatsch!
ball[2] [bɔːl], *s.* Ball *m.* ´**ballroom,** *s.* Ballsaal *m;* **b.** dancing, Gesellschaftstanz *m.*
ballad [´bæləd], *s.* Ballade *f.*
ballast [´bæləst], *s.* **1.** *Nau:* etc: Ballast *m.* **2.** *Rail:* Schotter *m,* Bettungsmaterial *m.*
ballet [´bælei], *s.* Ballett *n;* **b.** dancer, Balletttänzer(in) *m(f).* **ballerina** [-´riːnə], *s.* Ballerina *f.*
ballistics [bə´listiks], *s.pl.* Ballistik *f.*
balloon [bə´luːn], *s.* **1.** (*child's*) Luftballon *m; Av:* Ballon *m.* **2.** (*in cartoon*) Blase *f.*
ballot [´bælət]. **I.** *s.* (*a*) (**secret**) **b.,** geheime Abstimmung/Wahl; **to vote by b.,** geheim abstimmen; (*b*) **b.** paper, Stimmzettel *m;* **b.** box, Wahlurne *f;* (*c*) **first b.,** erster Wahlgang *m.* **II.** *v.i.* (geheim) abstimmen.
balm [bɑːm], *s.* Balsam *m.* ´**balmy,** *adj.* lau, mild.
Baltic [´bɔːltik]. **I.** *adj. & s.* **the B. (Sea),** die Ostsee. **II.** *adj.* Ostsee-; **B. port,** Ostseehafen *m.*
balustrade [´bæləs´treid], *s.* Balustrade *f.*
bamboo [bæm´buː], *s.* Bambus *m.*
bamboozle [bæm´buːzl], *v.tr. F:* (j-n) beschwindeln; (j-n) übers Ohr hauen.
ban [bæn]. **I.** *s.* (*a*) Verbot *n;* (*b*) *Ecc:* Bann *m.* **II.** *v.tr.* (*p. & p.p.* **banned**) (etwas) verbieten; **to b.**

s.o. from doing sth., j-m etwas verbieten; **to be banned from riding, playing** etc., Reitverbot, Spielverbot usw. bekommen; **to be banned from driving,** Führerscheinentzug bekommen.
banal [bə´nɑːl], *adj.* banal; (*hackneyed*) abgedroschen. **banality** [-´næliti], *s.* Banalität *f.*
banana [bə´nɑːnə], *s.* Banane *f.*
band[1] [bænd], *s.* (*a*) Band *n;* **elastic/rubber b.,** Gummiband *n; Rad:* **frequency b.,** Frequenzband *n;* (*b*) Streifen *m;* **paper b.,** Papierstreifen *m.* ´**bandsaw,** *s.* Bandsäge *f.*
band[2]. **I.** *s.* **1.** (*gang*) Bande *f,* Schar *f.* **2.** *Mus:* Musikkapelle *f;* **brass b.,** Blaskapelle *f;* **dance b.,** Tanzorchester *n.* **II.** *v.i.* **to b. together,** sich zusammenrotten. ´**bandmaster,** *s.* Kapellmeister *m.* ´**bandsman,** *s.* Musiker *m* (in einer Musikkapelle). ´**bandstand,** *s.* Musikpavillon *m.* ´**bandwagon,** *s. Fig:* **to jump on the b.,** sich einer erfolgreichen Sache anschließen; (*habitually*) seine Fahne nach dem Wind hängen.
bandage [´bændidʒ]. **I.** *s. Med:* Verband *m,* Bandage *f;* **crêpe b.,** elastische Binde *f.* **II.** *v.tr.* (eine Wunde) verbinden; (einen Fuß usw.) bandagieren.
bandit [´bændit], *s.* Bandit *m.*
bandy[1] [´bændi], *v.tr.* (Worte mit j-m) wechseln.
bandy,[2] *adj.* **b. legs,** O-Beine *npl.* ´**bandy-legged,** *adj.* O-beinig.
bang [bæn]. **I.** *s.* **1.** Knall *m;* **to go b.,** knallen; *F:* **to go with a b.,** ein Bombenerfolg sein. **2.** **bangs,** *pl. N.Am:* Pony(frisur) *m(f).* **II.** *int.* bums! peng! *F:* **b. goes my money!** futsch ist mein Geld! **III.** *v.* **1.** *v.i.* knallen; **to b. at/on the door,** an die Tür hämmern. **2.** *v.tr.* (eine Tür usw.) zuknallen. ´**banger,** *s. F:* **1.** (*sausage*) Würstchen *n.* **2.** (*firework*) Knallfrosch *m.* **3.** (*car*) **old b.,** alte Kiste *f.*
banish [´bæniʃ], *v.tr.* (j-n) verbannen. ´**banishment,** *s.* Verbannung *f.*
banisters [´bænistəz], *s.pl.* Treppengeländer *n.*
banjo, *pl.* **-oes/**N.Am: **-os** [´bændʒəu,-əuz], *s. Mus:* Banjo *n.*
bank[1] [bæŋk]. **I.** *s.* **1.** (*a*) (*embankment*) *Civ.E:* Wall *m;* *Rail:* Damm *m,* Böschung *f;* (*in sea*) Bank *f;* **b. of clouds,** Wolkenbank *f.* **2.** (*of river* etc.) Ufer *n;* (*b*) (*slope*) Hang *m.* **3.** *Av:* Querneigung *f.* **II.** *v.* **1.** *v.tr.* **to b. a corner,** (eine Kurve) überhöhen; **to b. up a fire,** ein Feuer aufschütten. **2.** *v.i.* (*of clouds* etc.) sich auftürmen, zusammenballen; *Av:* (*of aircraft*) sich in die Kurve legen. ´**banking**[1], *s.* Schräglage *f* (eines Flugzeugs); Überhöhung *f* (einer Kurve).
bank[2] [bæŋk]. **I.** *s.* Bank *f;* **b. account,** Bankkonto *n;* **b. clerk,** Bankangestellte(r) *f(m);* **b. rate,** Diskontsatz *m; Brit:* **b. holiday,** gesetzlicher Feiertag. **II.** *v.i.* (*a*) **to b. with the X Bank,** ein Konto bei der X Bank haben; (*b*) *F:* **to b. on sth.,** auf etwas *acc* bauen. ´**banker,** *s.* Bankier *m.* ´**banking**[2], *s.* Bankgeschäft *n,* Bankwesen *n.* ´**banknote,** *s.* Banknote *f.* ´**bankrupt,** *adj.* bankrott; **to go b.,** Bankrott machen. **b.** *s.* (*pers.*) Bankrotteur *m.* ´**bankruptcy,** *s.* Bankrott *m.*
bank[3] [bæŋk], *s.* Reihe *f,* Satz *m* (von Apparaten usw.).
banner [´bænər], *s.* Banner *n;* Fahne *f;* (in

demonstration) Transparent *n; Journ:* **b.
headline,** Balkenüberschrift *f.*

banns [bænz], *s.pl.* (kirchliches) Aufgebot *n.*

banquet ['bæŋkwit], *s.* Festessen *n; Lit:* Bankett *n.*

bantam ['bæntəm], *s.* Bantamhuhn *n.* **bantamweight,** *s. Sp:* Bantamgewicht *n.*

banter ['bæntər], *s.* Frotzelei *f.*

baptize [bæp'taiz], *v.tr.* (j-n) taufen. **'baptism,**
s. Taufe *f.*

bar [ba:r]. **I.** *s.* **1.** (*a*) (*metal*) Stange *f;* (*on door*)
Riegel *m;* (*b*) (*of chocolate*) Tafel *f;* (*of soap*)
Riegel *m,* Stück *n;* (*of gold, silver*) Barren *m;*
(*c*) **bars** *pl,* Gitter *n;* **to be behind bars,** hinter
Gittern sitzen; (*d*) (*sandbank*) Barre *f.* **2.** (*obstacle*) Hindernis *n; colour* **b.,** Rassenschranke
f. **3.** *Jur:* (*a*) Gerichtsschranke *f;* **the prisoner at
the b.,** der Angeklagte; (*b*) (*profession*) Stand
m der Barrister; **to be called to the b.,** als plädierender Anwalt zugelassen werden. **4.** (*a*)
(*premises*) Bar *f;* (*b*) (*counter*) Theke *f,*
Schanktisch *m* (in einer Bar). **5.** (*strip*) Streifen
m; **b. of light,** Lichtstreifen *m.* **6.** *Mus:* Takt
m; (*mark*) Taktstrich *m.* **II.** *v.tr.* (*p. & p.p.*
barred) (*a*) (den Weg) versperren; (eine Tür)
verriegeln, (*b*) (etwas) verbieten; (j-n)
ausschließen. **III.** *prep.* (*also* **'barring**) ausgenommen; **b. none,** ohne Ausnahme; **barring
accidents,** Unfälle ausgenommen; *F:* solange
nichts schiefgeht..

barb [ba:b]. **I.** *s.* Widerhaken *m.* **II.** *v.tr.* (etwas)
mit Widerhaken versehen. **'barbed,** *adj.* **b.
wire,** Stacheldraht *m; Fig:* **b. remark,** spitze
Bemerkung.

barbarian [ba:'bɛəriən], *s.* Barbar(in) *m(f).*
barbaric [-'bærik], *adj.* barbarisch. **bar-
'barity,** *s.* Barbarei *f.* **'barbarous** [-ərəs],
adj roh, barbarisch; (*cruel*) grausam.

barbecue ['ba:bikju:], *s.* (*a*) Bratrost *m,* Grille
m; (*b*) (*party*) Barbecue *n;* Grillparty *f.*

barber ['ba:bər], *s.* Herrenfriseur *m;* **barber's
shop,** Friseurladen *m.*

bare ['bɛər]. **I.** *adj.* **1.** (*a*) (*uncovered*) nackt; **with
b. head,** mit bloßem Kopf; **b. legs,** nackte
Beine; *El:* **b. wire,** nackter/blanker Draht; (*b*)
kahl; **b. countryside,** kahle Landschaft; *Fig:* **to
lay b. the truth etc.,** die Wahrheit usw. enthüllen. **2. to earn a b. living,** ein knappes
Auskommen haben; **b. majority,** knappe
Mehrheit; **-ly,** *adv.* kaum. **II.** *v.tr.* (etwas)
entblößen; (den Körper) entkleiden; (die
Zähne) blecken. **'bareback,** *adv.* **to ride b.,**
ohne Sattel reiten. **'barefaced,** *adj.* (*of lies
etc.*) schamlos, frech. **'barefoot,** *adv.* barfuß.
'bare'headed, *adj. & adv.* mit bloßem Kopf.
'bareness, *s.* Nacktheit *f;* Kahlheit *f.*

bargain ['ba:gin]. **I.** *s.* (*a*) (*transaction*) Geschäft *n;* **into the b.,** noch dazu, obendrein; **it's
a b.!** abgemacht! (*b*) (*cheap purchase*) Gelegenheitskauf *m;* **at b. price,** zu einem sehr
günstigen Preis; **b. shop,** Diskontladen *m.* **II.**
v.i. **to b. with s.o.,** (i) mit j-m (ver)handeln; (ii)
(*haggle*) mit j-m feilschen; **to b. for/over sth.,**
um etwas *acc* feilschen; *F:* **I didn't b. for that!**
damit hatte ich nicht gerechnet!

barge [ba:dʒ]. **I.** *s.* Lastkahn *m;* (*if towed*)
Schleppkahn *m.* **II.** *v.i.* *F:* **to b. in,** hereinplatzen; **to b. into s.o.,** j-n anrempeln. **bar-**

'gee, *s.* Kahnführer *m.* **'bargepole,** *s. F:* **I
wouldn't touch it with a b.,** ich würde es nicht
mit der Feuerzange anfassen.

baritone ['bæritəun], *s. Mus:* Bariton *m;* **b.**
(*voice*), Baritonstimme *f.*

bark[1] [ba:k]. **I.** *s.* Baumrinde *f.* **II.** *v.tr.* **to b.**
one's shins, sich *dat* die Schienbeine aufschürfen.

bark[2] [ba:k]. **I.** *s.* Bellen *n,* Kläffen *n; Fig:* **his b.
is worse than his bite,** er meint es nicht so arg.
II. *v.i.* (*of dog etc.*) bellen, kläffen; (*of pers.*) **to
b. at s.o.,** j-n anschnauzen; *F:* **to be barking up
the wrong tree,** auf dem Holzweg sein. **'bark-
ing,** *s.* Bellen *n.*

barley ['ba:li], *s.* Gerste *f;* **b. sugar,** (*esp*
Bonbons aus) Gerstenzucker *m.*

barmaid ['ba:meid], *s.* Schankmädchen *n.*

barman, *pl* **-men** ['ba:mən, -men], *s.* Barkellner
m; (*in pub*) *approx.* Schankkellner *m.*

barn [ba:n], *s.* Scheune *f;* **b. door,** Scheunentor
n; **b. dance,** *South G:* Stadelfest *n; Orn:* **b. owl,**
Schleiereule *f.* **'barnyard,** *s.* Bauernhof *m.*

barnacle ['ba:nəkl], *s. Crust:* Entenmuschel *f.*

barometer [bə'rɔmitər], *s.* Barometer *n.*

baron ['bærən], *s.* Baron *m.* **'baroness,** *s.*
Baronin *f.* **'baronet,** *s. Brit:* Baronet *m.*

baroque [bə'rɔk]. **I.** *s.* Barock *m.* **II.** *adj.* Barock-.

barrack ['bærək]. **I.** *s. Mil:* (*usu.pl.*) Kaserne *f;*
to be confined to barracks, Kasernenarrest
haben; **b. room language,** derbe Soldatensprache *f.* **II.** *v.tr.* (*a*) (Truppen) kasernieren;
(*b*) (einen Redner usw.) anpöbeln.

barrage ['bæra:ʒ], *s.* **1.** Staudamm *m;* (*across
valley*) Talsperre *f.* **2.** *Mil:* Sperrfeuer *n;* **b.
balloon,** Sperrballon *m.*

barrel ['bærəl], *s.* **1.** Faß *n;* (*large*) Tonne *f;*
Arch: **b. vault,** Tonnengewölbe *n.* **2.** (*of small
gun*) Lauf *m;* (*of large gun*) Rohr *n.* **3.** (*a*)
Walze *f* (einer Drehorgel); **b. organ,** Drehorgel
f; (*b*) Steigrad *n* (einer Uhr).

barren ['bærən], *adj.* unfruchtbar; **b. wastes,**
öde wüste Landschaft. **'barrenness,** *s.*
Unfruchtbarkeit *f.*

barricade ['bærikeid]. **I.** *s.* Barrikade *f.* **II.** *v.tr.*
(etwas) verbarrikadieren

barrier ['bæriər], *s.* **1.** Schranke *f;* (*ticket b. etc.*)
Sperre *f.* **2.** (*obstacle*) Hindernis *n.*

barrister ['bæristər], *s. Brit. Jur:* plädierender
Rechtsanwalt *m.*

barrow ['bærəu], *s.* **1.** (**wheel-)b.,** Schubkarren
m. **2.** Karren *m* (eines Straßenhändlers); **b.
boy,** Straßenhändler *m.*

barter ['ba:tər]. **I.** *s.* Tauschhandel *m.* **II.** *v.tr.* **to b.**
sth. for sth., etwas gegen etwas *acc* eintauschen.

base [beis]. **I.** *s.* **1.** (*a*) Basis *f;* Fundament *n;* (*b*)
(*of statue etc.*) Sockel *m;* (*small*) Fuß *m.* **2.** (*a*)
Geom: Grundfläche *f;* (*b*) *Ch:* Base *f.* **3.** (*place*)
Standquartier *n; Mil:* Stützpunkt *m.* **II.** *v.tr.*
(etwas) stützen, gründen (**on,** auf + *acc*); **to be
based on sth.,** sich auf etwas *acc* stützen; **based
on a novel by X,** nach einem Roman von X. **III.**
adj. Lit: niederträchtig; (*of motives etc.*) niedrig;
(*of metal*) unedel. **'baseless,** *adj.* grundlos,
unbegründet. **'basement,** *s.* Kellergeschoß *n.*
'baseness, *s.* Niederträchtigkeit *f.*

baseball ['beisbɔ:l], *s. Sp:* Baseball *m.*

bash [bæʃ]. **I.** *s. F:* heftiger Schlag *m;* **to have a**

b. at sth., etwas mal probieren. **II.** *v.tr. F:* (j-n) hauen; (auf etwas *acc*) eindreschen; **to b. sth. in**, etwas einbeulen; **to b. s.o. about**, j-n verprügeln.

bashful ['bæʃf(u)l], *adj.* (*a*) (*shy*) schüchtern; (*b*) zurückhaltend. **'bashfulness**, *s.* (*a*) Schüchternheit *f;* (*b*) Zurückhaltung *f.*

basic ['beisik], *adj.* **1.** grundsätzlich; **b. vocabulary**, Grundwortschatz *m;* **b. wage**, Grundlohn *m.* **2.** (*a*) (*essential*) wesentlich; (*b*) (*sketchy*) elementar; dürftig.

basin ['beisn], *s.* **1.** *H:* (*a*) (*pudding*) **b.**, Schüssel *f;* (*b*) (**wash-)b.**, Waschbecken *n.* **2.** *Geog:* Becken *n;* **river b.**, Flußgebiet *n.*

basis ['beisis], *s.* Grundlage *f,* Basis *f;* **on this b.**, nach diesem Prinzip.

bask [bɑːsk], *v.i.* sich sonnen.

basket ['bɑːskit], *s.* Korb *m.* **'basketball**, *s. Sp:* Basketball *m;* Korbball *m.* **'basketchair**, *s.* Korbsessel *m.* **'basket-maker**, Korbmacher *m.* **'basketwork**, *s.* (*a*) Korbflechten *n;* (*b*) Korbwaren *fpl.*

Basle [bɑːl]. *Pr.n.Geog:* Basel *n.*

Basque [bɑːsk, bæsk]. **I.** *adj.* baskisch. **II.** *s.* Baske *m;* Baskin *f.*

bass[1] [beis]. *Mus:* **I.** *adj.* Baß-. **II.** *s.* (*a*) (*register*) die Bässe *mpl;* (*b*) (*voice*) Baß *m,* Baßstimme *f;* (*c*) (*pers.*) Bassist *m.*

bass[2] [bæs], *s.* (*fish*) Seebarsch *m.*

bassoon [bə'suːn], *s. Mus:* Fagott *n.*

bastard ['bɑːstəd, 'bæstəd]. **I.** *adj.* unehelich. **II.** *s.* (*a*) Bastard *m,* uneheliches Kind *n;* (*b*) *P:* Scheißkerl *m.*

baste [beist], *v.tr. Cu:* (einen Braten) begießen.

bat[1] [bæt], *s. Z:* Fledermaus *f.*

bat[2] [bæt]. **I.** *s. Sp:* Schläger *m; Fig:* **to do sth. off one's own b.**, etwas auf eigene Faust tun. **II.** *v.* (*p. & p.p* **batted**) **1.** *v.i.* (*in cricket etc.*) Schläger sein. **2.** *v.tr. F:* **he didn't b. an eyelid**, er hat nicht mit der Wimper gezuckt. **'batman**, *s. Mil:* Offiziersbursche *m.* **'batsman**, *pl* **-men**, *s.* (*at cricket*) Schläger *m.*

batch [bætʃ], *s.* Ladung *f;* (*esp. of bread*) Schub *m;* (*of letters*) Stoß *m.*

bated ['beitid], *adj.* **with b. breath**, mit angehaltenem Atem.

bath, *pl* **baths** [bɑːθ, bɑːðz]. **I.** *s.* **1.** Bad *n;* **to take/have a b.**, (in der Wanne) baden. **2.** Badewanne *f.* **II.** *v.* **1.** *v.tr.* (ein Kind usw.) baden. **2.** *v.i.* sich baden. **'bathmat**, *s.* Badematte *f.* **'bathroom**, *s.* Badezimmer *n.* **'bath(-)salts**, *s.pl.* Badesalz *n.* **'bath(-)towel**, Badetuch *n.* **'bath(-)tub**, *s.* Badewanne *f.* **'bathwater**, *s.* Badewasser *n; Fig:* **to throw out the baby with the b.**, das Kind mit dem Bad ausschütten.

bathe [beið]. **I.** *v.* **1.** *v.tr.* (j-n, etwas) baden; **bathed in sweat**, in Schweiß gebadet. **2.** *v.i.* baden, schwimmen gehen. **II.** *s.* Bad *n* (im Meer, Fluß usw.). **'bather**, *s.* Badende(r) *f(m).* **'bathing**, *s.* Baden *n* (im Meer); **b. costume/suit**, Badeanzug *m;* **b. trunks**, Badehose *f.*

baton ['bæt(ə)n,-tɔ̃], *s.* Stab *m; Mus:* Taktstock *m.*

battalion [bə'tæljən], *s. Mil:* Bataillon *n.*

batten [bætn]. **I.** *v.i.* **to b. sth. down**, etwas mit Brettern vernageln. **II.** *s.* Leiste *f;* Latte *f.*

batter[1] ['bætər], *s. Cu:* (geschlagener, flüssiger) Teig *m.*

batter[2] ['bætər], *v.* **1.** *v.tr.* (j-n, etwas) schlagen, verdreschen. **2.** *v.i.* **to b. at the door**, an die Tür hämmern. **'battered**, *adj.* (*of thing*) stark beschädigt; verbeult; (*of pers.*) übel zugerichtet; **b. wife**, vom Ehemann verprügelte Frau; **b. baby**, mißhandeltes Kind.

battery ['bæt(ə)ri], *s.* **1.** *Artil:* Batterie *f.* **2.** *El:* (dry) **b.**, Batterie *f;* (**storage**) **b.**, Akkumulator *m, F:* Akku *m;* **b. charger**, Batterieladegerät *n.* **3.** *Agr:* Legebatterie *f.* **4.** *Jur:* **assault and b.**, tätlicher Angriff *m,* Mißhandlung *f.*

battle [bætl]. **I.** *s.* Schlacht *f,* Gefecht *n;* **b. axe**, Streitaxt *f; F:* (*woman*) (**old**) **b. axe**, alter Drachen *m;* **b. dress**, Kampfanzug *m;* **b. order**, Schlachtordnung *f;* **b. royal**, erbitterter Kampf; **to give b.**, eine Schlacht liefern; *F:* **that's half the b.**, damit ist das Spiel schon halb gewonnen; **to fight s.o.'s battles for him**, j-s Sorgen auf sich *acc* nehmen. **II.** *v.i.* **to b. with s.o. for sth.**, mit j-m um etwas *acc* kämpfen; **to b. against the wind**, gegen den Wind ankämpfen. **'battlefield**, *s.* Schlachtfeld *n.* **'battlements**, *s.pl.* Zinnen *fpl.* **'battleship**, *s.* Schlachtschiff *n.*

bauxite ['bɔːksait], *s. Miner:* Bauxit *m.*

Bavaria [bə'veəria]. *Pr.n.* Bayern *n.* **Ba-'varian.** **I.** *adj.* bay(e)risch. **II.** *s.* Bayer(in) *m(f).*

bawl [bɔːl], *v.tr. & i.* brüllen; **to b. out abuse**, laut schimpfen; **to b. out a song**, ein Lied grölen.

bay[1] [bei], *s. Bot:* Lorbeer *m;* **b. tree**, Lorbeerbaum *m; Cu:* **b. leaf**, Lorbeerblatt *n.*

bay[2] [bei], *s. Geog:* Bucht *f.*

bay[3] [bei], *s.* **1.** (*of bridge*) Brückenjoch *n.* **2.** (*in wall*) Nische *f; Com:* **loading b.**, Ladeplatz *m.* **'bay-'window**, *s.* Erkerfenster *n.*

bay[4] [bei]. **I.** *v.i.* bellen. **II.** *s.* **at b.**, gestellt; **to keep s.o. at b.**, j-n in Schach halten.

bay[5] [bei], *s.* (*horse*) Braune(r) *m.*

bayonet ['beiənit], *s. Mil:* Bajonett *n; Tchn:* **b. socket**, Bajonettfassung *f.*

bazaar [bə'zɑːr], *s.* **1.** (orientalischer) Basar *m.* **2.** (*for charity*) Wohltätigkeitsbasar *m.*

be [stressed: *bi;* unstressed] bi], *v.* (*pres.* **is**, *pl.* **are**; *p.* **was**, *pl* **were**, *p.p.* **been**). **I.** *v.aux.* **1.** (*a*) (*continuous tense*) **I am living in London**, ich wohne in London; **I was living in Paris at the time**, damals wohnte ich in Paris; **I have been living in London for ten years**, ich wohne seit 10 Jahren in London; **I had been living in Bonn before that**, vorher wohnte ich in Bonn; (*b*) (*future*) **he is leaving on holiday next week**, nächste Woche geht er auf Urlaub; **I was giving the lecture tomorrow**, ich sollte den Vortrag morgen halten; **we are going to alter the suit**, wir werden den Anzug ändern; **you were going to tell me the reason**, Sie wollten mir den Grund sagen. **2.** (*a*) (*passive*) **he is hated by everybody**, er wird von allen gehaßt; **he was killed**, er wurde getötet; **you are allowed to smoke**, Sie dürfen rauchen; **it is said**, man sagt; es wird behauptet; (*b*) (*with infin.*) sollen; **I am to tell you** . . ., ich soll Ihnen sagen, . . .; **he is to go home tomorrow**, er soll morgen nach Hause; **he is to be pitied**, er ist zu bedauern; **what's to be done?** was soll man machen? **the house is to be sold**, das Haus ist zu verkaufen; **it was not to be found,** es war nicht zu finden; man konnte es nicht finden. **II.** *v.i.* sein. **1.** (*with adj.*) (*a*) **Mary is pretty,** Mary ist hübsch; **he is English,** er ist Engländer; **is it far?** ist es weit? (*b*) **I am cold,** mir ist kalt; **we are hungry,** wir haben Hunger; **how are you?** wie geht es dir? **2.** (*a*) (*age*) **she is twelve,** sie ist zwölf; **he is/will be fifteen tomorrow,** er wird morgen fünfzehn; (*b*) (*date*) **today is the thirteenth,** heute haben wir den dreizehnten; **when is the concert?** wann ist das Konzert? **3.** (*with noun*) **I am a pilot,** ich bin Pilot; **he is a good pilot,** er ist ein guter Pilot; **Robert is a fool,** Robert ist ein Narr. **4.** (*position*) **the town is in the valley,** die Stadt liegt im Tal; **I was at the meeting,** ich war bei der Versammlung (anwesend); **to be in danger,** sich in Gefahr befinden. **5.** (*equal*) **seeing is believing,** was man sieht, glaubt man; **three and two are five,** drei und zwei macht fünf; **how much is that together?** was macht das zusammen? **6.** **I have been to see him,** ich habe ihn besucht; **she had never been to the theatre,** sie war noch nie im Theater; **has anyone been?** ist jemand gekommen? war jemand da? *F:* **he's been and left it at home,** er war so schlau und hat es zu Hause vergessen. **7.** *impers.* (*a*) **there is/there are,** es gibt; es ist/sind; **what is there to see?** was gibt es zu sehen? **there is only one way,** es gibt nur einen Weg; **there is someone in the room,** es ist jemand im Zimmer; **there are mice in the attic,** es sind Mäuse auf dem Dachboden; **there were twelve of us,** wir waren zwölf; **there will be dancing,** es wird getanzt; (*b*) **it will be fine tomorrow,** morgen gibt es schönes Wetter; **as it is,** wie es ist; (*in any case*) sowieso; **it may be so,** das mag sein; **be that as it may,** wie dem auch sei; **what is it?** was gibt's? was wollen Sie? **it's funny, isn't it?** es ist komisch, nicht wahr? **8. is it you?** – **yes, it's me,** sind Sie es? – ja, ich bin's; **you're happy, aren't you?** – **yes, I am,** Sie sind glücklich, nicht wahr? – ja, das bin ich; **he's back – is he?** er ist wieder da – ja, wirklich? **'being. I.** *adj.* **for the time b.,** vorläufig. **II.** *s.* **1. to bring sth. into b.,** etwas ins Leben rufen; **to come into b.,** entstehen. **2.** (*creature*) Wesen *n;* **human b.,** Mensch *m.*

beach ['biːtʃ]. **I.** *s.* Strand *m;* **b. hut,** Strandhäuschen *n.* **II.** *v.tr.* (ein Boot) auf den Strand setzen. **'beachhead,** *s. Mil:* Landekopf *m.* **'beachwear,** *s.* Strandkleidung *f.*

beacon ['biːk(ə)n], *s. Av:* Funkbake *f,* Funkfeuer *n; Nau:* **b.** (light), Leuchtbake *f; Aut:* **Belisha b.,** Blinklicht *n* neben Zebrastreifen.

bead [biːd], *s.* **1.** Perle *f;* (string of) **beads,** (i) Perlenschnur *f;* (ii) *Ecc:* Rosenkranz *m;* **to say one's beads,** den Rosenkranz beten. **2.** *Aut:* **b. of a tyre,** Reifenwulst *m.*

beagle ['biːgl], *s.* Beagle *m.*

beak [biːk], *s.* (*a*) *Orn:* Schnabel *m;* (*b*) *F:* (*nose*) Hakennase *f.*

beaker ['biːkər], *s.* Trinkbecher *m.*

beam [biːm]. **I.** *s.* **1.** (*of wood, steel*) Balken *m.* **2.** *Nau:* größte Schiffsbreite *f;* **to be on her b. ends,** auf der Seite liegen; *F:* (*of pers.*) **broad in the b.,** breithüftig. **3.** (*ray*) Strahl *m;* **b.** (of

light), Lichtstrahl *m; Rad: etc:* **directional b.,** Richtstrahl *m; TV:* **electron b.,** Elektronenstrahl *m; Fig:* **b. of delight,** Freudestrahl *m; F:* **to be off b.,** sich irren. **II.** *v.i.* strahlen; **to b. at s.o.,** j-n anstrahlen; *Rad:* **to be beamed in** (on sth.), (auf etwas *acc*) abgestimmt sein. **'beaming,** *adj.* (freude)strahlend.

bean [biːn], *s.* Bohne *f; F:* **full of beans,** voller Energie, übermütig; **he hasn't a b.,** er hat keinen roten Heller; **to spill the beans,** etwas ausplaudern.

bear [beər], *s.* **1.** (*a*) Bär *m;* **b. cub,** Bärenjunge(s) *n;* (*b*) *Astr:* **the Great B.,** der Große Bär. **2.** *St. Exch:* Baissespekulant *m.*

bear ['beər], *v.tr. & i.* (*a*) (eine Last, einen Namen, ein Datum) tragen; **the letter bears my signature,** der Brief trägt meine Unterschrift; (*b*) (Schmerz usw.) ertragen; **he could b. it no longer,** er konnte es nicht länger aushalten; **I can't b. the sight of him,** ich kann ihn nicht leiden; **I can't b. to see it,** ich kann gar nicht hinsehen; **to b. comparison with sth.,** sich mit etwas *dat* vergleichen lassen; **to b. with s.o.,** mit j-m Geduld haben; (*c*) *Aut: etc:* **to b.** (to the) **right,** sich rechts halten; (*d*) (*press*) **to b. on sth.,** auf etwas *acc* drücken; **to bring all one's strength to b.,** seine ganze Kraft aufwenden; **to bring one's mind to b. on sth.,** sich auf etwas *acc* konzentrieren; **to bring a telescope/a gun to b. on sth.,** ein Fernrohr/ein Gewehr auf etwas *acc* richten; (*e*) **to b. a child,** ein Kind gebären; **to b. fruit,** Früchte tragen; *Fin:* **to b. interest,** Zinsen einbringen. **'bearable,** *adj.* erträglich. **'bear 'down,** *v.i.* **to b. d. on s.o.,** auf j-n zusteuern. **'bearer,** *s.* (*pers.*) Träger *m;* (*of passport*) Inhaber *m;* (*of message, cheque*) Überbringer *m; Fin:* **b. bonds,** Inhaberaktien *fpl.* **'bearing,** *s.* (*a*) *E:* Lager *n;* (*b*) (*usu.pl.*) Orientierung *f;* Peilung *f;* **to take a ship's bearings,** den Standort eines Schiffes bestimmen; **to take one's bearings,** sich orientieren; **to lose one's bearings,** die Orientierung verlieren. **'bear 'out,** *v.tr.* (eine Behauptung) bestätigen. **'bear 'up,** *v.i.* standhalten; *F:* **how are you?** – **bearing up!** wie geht es dir? ganz leidlich!

beard ['biəd], *s.* Bart *m.* **'bearded,** *adj.* bärtig. **'beardless,** *adj.* bartlos.

beast [biːst], *s.* **1.** (wildes) Tier *n;* **b. of prey,** Raubtier *n;* **b. of burden,** Lasttier *n.* **2.** *pl. Agr:* Vieh *n.* **3.** (*of pers.*) *F:* **what a b.!** was für ein Biest! **that b. of a foreman!** das Ekel von einem Vorarbeiter! **'beastliness,** *s.* **1.** Brutalität *f.* **2.** Gemeinheit *f; F:* Ekligkeit *f.* **'beastly,** *adj.* (*of pers., action*) gemein; *F:* eklig; **what b. weather!** was für ein scheußliches Wetter!

beat [biːt]. **I.** *v.tr. & i.* (*p.* beat, *p.p.* beaten) (j-n, etwas) schlagen; (*a*) **to b. on the door,** an die Tür hämmern; **to b. a drum,** eine Trommel schlagen; **to b. a carpet,** einen Teppich klopfen; **to b. a retreat,** (i) das Weite suchen; (ii) *Mil:* den Rückzug antreten; **to b. time,** (den) Takt schlagen; *Fig:* **to b. about the bush,** (wie die Katze) um den heißen Brei herumgehen; (*b*) (*thrash*) (j-n) prügeln, schlagen; **to b. s.o. black and blue,** j-n grün und blau schlagen; (*c*) *Sp: etc:* (j-n, eine Mannschaft, einen Rekord) schlagen; *Mil:* to b. the enemy, den Feind besiegen; *F:* to b. s.o. to it, j-m zuvorkommen; that beats everything! das schlägt dem Faß den Boden aus! it beats me, ich begreife es nicht; (*d*) *F:* b. it! hau ab! II. *s.* 1. (*a*) Schlag *m;* (*heart*) Herzschlag *m;* (*b*) *Mus:* Taktschlag *m.* 2. Runde *f* (eines Polizisten). ′beat ′back, *v.tr.* (j-n, etwas) zurücktreiben. ′beat ′down, *v.* 1. *v.tr.* (*a*) to b. sth. down, etwas niederschlagen; (*b*) to b. s.o. down, j-n (im Preis) drücken. 2. *v.i.* the sun beats down upon us, die Sonne brennt auf uns nieder. ′beaten, *adj.* (*a*) to be off the b. track, abseits liegen; house off the b. track, abgelegenes Haus; (*b*) b. gold, Blattgold *n.* ′beater, *s.* 1. (*instrument*) Schläger *m;* (*for carpet*) Klopfer *m.* 2. *Hunt:* Treiber *m.* ′beating, *s.* 1. Schlagen *n;* Klopfen *n* (des Herzens). 2. (*a*) (*thrashing*) Prügel *f;* (*b*) (*defeat*) Niederlage *f.* ′beat ′off, *v.tr.* (einen Angriff) abwehren. ′beat ′up, *v.tr.* (*a*) *Cu:* (Eier usw.) schlagen, verrühren; (*b*) *F:* (j-n) zusammenschlagen.

beautician [bju:′tiʃ(ə)n], *s.* Kosmetikerin *f.*

beautiful [′-if(u)l], *adj.* schön; (*emphatic*) wunderschön. ′beautify, *v.tr.* (j-n, etwas) verschönern. ′beauty, *s.* Schönheit *f;* that's the b. of it, das ist eben das Schöne dran; *F:* (*of thing*) a b., ein Prachtstück; b. sleep, Schlaf *m* vor Mitternacht; b. spot, (i) besonders schöner Ort; (ii) (*on face*) Schönheitsfleck *m.*

beaver [′bi:vər], *s.* Z: Biber *m.*

because [bi′kɔz]. I. *conj.* weil. II. *prep. phr.* b. of, wegen + *gen.*

beck [bek], *s.* to be at s.o.'s b. and call, nach j-s Pfeife tanzen.

beckon [′bek(ə)n], *v.i.* winken; to b. to s.o., j-m Zeichen geben (herzukommen).

become [bi′kʌm], *v.i.* (*p.* became [bi′keim], *p.p.* become) werden; (*a*) to b. old, alt werden; to b. a priest, Priester werden; to b. accustomed to sth., sich an etwas *acc* gewöhnen; (*b*) what's b. of him? was ist aus ihm geworden? be′coming, *adj.* kleidsam; her hat is very b., der Hut steht ihr sehr gut.

bed [bed]. I. *s.* Bett *n;* to go to b., ins Bett gehen; schlafengehen; to stay in b., im Bett bleiben; (*when ill*) das Bett hüten; to get into b., sich ins Bett legen; to get out of b., aufstehen; to put a child to b., ein Kind ins Bett bringen; b. linen, Bettwäsche *f;* b. jacket, Bettjäckchen *n;* b. and breakfast, Übernachtung *f* mit Frühstück. 2. river b., Flußbett *n;* b. of oysters, Austernbank *f;* flower b., Blumenbeet *n.* II. *v.tr.* (*p. & p.p.* bedded) (*a*) to b. (down) horses/cows, Pferden/ Kühen Streu geben; (*b*) to b. (out) plants, Pflanzen auspflanzen. ′bedclothes, *s.pl.* Bettzeug *n;* she hid under the b., sie verkroch sich unter der Decke; the b. were in a mess, das Bett war zerwühlt. ′bedcover, *s.* Bettdecke *f.* ′bedding, *s.* 1. Bettzeug *n.* 2. (*of plants*) b. (out), Auspflanzen. b. plant, Setzling *m.* ′bedridden, *adj.* bettlägerig. ′bedrock, *s.* Felsuntergrund *m.* ′bedroom, *s.* Schlafzimmer *n.* ′bedside, *s.* at the b., neben dem Bett; b. table, Nachttisch *m;* b. lamp, Nachttischlampe *f.* ′bed-′sitting room, *F:* ′bed′sitter/ ′bed-′sit, *s.* Wohn-Schlafzimmer *n.* ′bedsore, *s.* to get bedsores, aufliegen. ′bed-

spread, *s.* Bettüberwurf *m.* ′bedstead, *s.* Bettgestell *n.* ′bedtime, *s.* Schlafenszeit *f;* b. story, Geschichte *f* vor dem Einschlafen.

bedlam [′bedləm], *s.* Chaos *n;* tolles Durcheinander *n.*

bee [bi:], *s.* Biene *f.* ′beehive, *s.* Bienenstock *m.* ′beekeeper, *s.* Imker *m.* ′beekeeping, *s.* Bienenzucht *f.* ′beeline, *s.* to make a b. for sth., geradewegs auf etwas *acc* zusteuern. ′beeswax, *s.* Bienenwachs *n.*

beech [bi:tʃ], *s.* Buche *f;* copper b., Blutbuche *f.* ′beechnut, *s.* Buchecker *f.*

beef [bi:f], *s. Cu:* Rindfleisch *n;* roast b., Rinderbraten *m;* b. tea, Kraftbrühe *f; F:* put some b. into it, streng dich ein bißchen an. ′beefsteak, *s. Cu:* Beefsteak *n.* ′beefy, *adj. F:* kräftig.

beer [′biər], *s.* Bier *n; F:* it's not all b. and skittles, es ist nicht nur Vergnügen.

beet [bi:t], *s.* Rübe *f;* sugar b., Zuckerrübe *f.* ′beetroot. I. *s.* rote Rübe /*North G:* Bete *f.* II. *adj.* purpurrot.

beetle [′bi:tl], *s. Ent:* Käfer *m.*

before [bi′fɔ:r]. I. *adv.* (*a*) (*place*) voraus; this page and the one b., diese und die vorige Seite; (*b*) (*time*) vorher; the day b., am Tag vorher; never b., noch nie; I have seen him b., ich habe ihn schon mal gesehen. II. *prep.* vor + *dat;* (*a*) (*place*) b. my (very) eyes, vor meinen Augen; (*b*) (*time*) the day b. yesterday, vorgestern; the week b. last, vorletzte Woche; b. long, bald; it ought to have been done b. now, es hätte schon früher gemacht werden sollen; b. leaving he gave me this, ehe er wegging, gab er mir das. III. *conj.* ehe, bevor; come and see me b. you leave, komm mal vorbei, bevor du wegfährst. be′forehand, *adv.* im voraus, vorher.

befriend [bi′frend], *v.tr.* to b. s.o., sich mit j-m anfreunden.

befuddled [bi′fʌdld], *adj.* verwirrt; (*tipsy*) benebelt.

beg [beg], *v.* (*p. & p.p.* begged) 1. *v.i.* (*a*) betteln; (*b*) (*of dog*) Männchen machen. 2. *v.tr.* (j-n) (dringend) bitten (for sth., um etwas *acc*); to b. a favour of s.o., j-n um einen Gefallen bitten. ′begging, *s.* Betteln *n; F:* it's going b., wer will, kann es haben.

beggar [′begər], *s.* 1. Bettler *m.* 2. poor b., armer Kerl; lucky b., Glückskerl *m.* ′beggarly, *adj.* ärmlich, dürftig; b. wage, armseliger Lohn.

begin [bi′gin], *v.tr. & i.* (*p.* began [bi′gæn], *p.p.* begun [bi′gʌn]) (etwas) beginnen, anfangen; he began by asking my name, als erstes fragte er, wie ich heiße; you don't even b. to answer the question, Sie beantworten nicht einmal annähernd die Frage; to b. with, anfangs, zunächst. be′ginner, *s.* Anfänger(in) *m(f).* be′ginning, *s.* Anfang *m;* at the b. am Anfang; from the b., von Anfang an.

behalf [bi′ha:f], *s.* on b. of s.o., im Namen von j-m; I come on b. of Messrs X, ich komme im Auftrag der Firma X; to plead on s.o.'s b., sich für j-n einsetzen; don't worry on my b., machen Sie sich meinetwegen keine Sorgen.

behave [bi′heiv], *v.i.* sich (gut) benehmen; b. well/badly (to s.o.), sich (j-m gegenüber) gut/ schlecht benehmen; please b. (yourself)! bitte benimm dich! he doesn't know how to b., er

weiß sich nicht zu benehmen. **be´haved**, adj.
used with adv. prefixed **well(-)b.**, (of child)
artig, guterzogen; **badly(-)b.**, unerzogen. **be-
´haviour**, s. (a) Benehmen n; esp. Psy:
Verhalten n (**to/towards s.o.**, j-m gegenüber);
Psy: **b. pattern**, Verhaltensmuster n; (b) (of
things) Verhalten n.

behead [bi´hed], v.tr. (j-n) enthaupten.

behind [bi´haind]. **I.** adv. hinten; **the car b.**, der
Wagen hinter uns; **to come b.**, hinterher
kommen; **to stay/remain b.**, zurückbleiben; **to
be b. with one's work**, mit der Arbeit im
Rückstand sein. **II.** prep. (a) hinter + dat &
acc; **she stood b. him**, sie stand hinter ihm; **look
b. you**, schau hinter dich; **what's b. it?** was
steckt dahinter? Fig: **to be b. s.o.**, j-n unter-
stützen; (b) **b. schedule/**Sp: **b. the clock**, im
Rückstand. **III.** s. F: Hintern m. **be´hind-
hand** adv. & adj. im Rückstand.

beige [beiʒ], adj. beige.

belated [bi´leitid], adj. verspätet.

belch [bel(t)ʃ]. **I.** v. **1.** v.i. aufstoßen, rülpsen.
2. v.tr. **to b. (forth) smoke/flames**, Rauch/
Flammen ausspeien. **II.** s. Rülpser m;
Aufstoßer m.

belfry [´belfri], s. Glockenturm m.

Belgian [´beldʒən]. **I.** adj. belgisch. **II.** s.
Belgier(in) m(f). **Belgium** [´beldʒəm]. Pr.n.
Geog: Belgien n.

belief [bi´li:f], s. (a) Glauben m (**in, an** + acc);
(b) (personal b.) Überzeugung f; **to the best of
my b.**, meines Wissens; soviel ich weiß.

believe [bi´li:v], v. **1.** v.tr. (a) (etwas) glauben; **I b.
not**, ich glaube nicht; **I b. so**, ich glaube ja; **to
make s.o. b. that . . .**, j-n überzeugen, daß. . . .;
would you b. it! stell dir vor! (b) **to b. s.o.**, j-m
glauben; **if he's to be believed**, wenn man ihm
glauben kann. **2.** v.i. **to b. in sth.**, an etwas acc
glauben; **I do not b. in this theory**, ich halte
nichts von dieser Theorie. **be´lievable**, adj.
glaubhaft. **be´liever**, s. (a) **to be a great b. in
sth.**, auf etwas acc schwören; (b) Ecc: Gläu-
bige(r) f(m).

belittle [bi´litl], v.tr. (j-s Ruf, Leistungen)
schmälern; (j-n) herabsetzen.

bell [bel], s. Glocke f; (doorbell) Klingel f; (small
handbell etc.) Schelle f; **chime of bells**, Glocken-
spiel n; **to ring the b.**, klingeln, läuten; F: **that
rings a b.**, das kommt mir bekannt vor. ´**bell-
boy**, s. esp. N.Am: Hotelboy, Page m. ´**bell-
ringer**, s. Glöckner m. ´**bell-tower**, s.
Glockenturm m.

belligerent [bi´lidʒər(ə)nt], adj. (of country etc.)
kriegführend; (of pers.) angriffslustig, streit-
süchtig. **be´lligerence**, s. Aggressivität f.

bellow [´beləu]. **I.** v.i. brüllen; **to b. at s.o.**, j-n
anbrüllen. **II.** s. lauter Schrei m.

bellows [´beləuz], s.pl. (pair of) **b.**, Blasebalg m.

belly, pl. **-ies** [´beli, -iz], s. Bauch m. ´**bellyache**.
I. s. Bauchweh n. **II.** v.i. F: jammern.
´**bellyflop**, s. F: **1.** Swim: Bauchklatscher m,
Bauchfleck m. **2.** Av: Bauchlandung f. **belly-
ful**, s. F: **to have a b. of sth.**, von etwas dat
mehr als genug haben.

belong [bi´lɔŋ], v.i. (a) gehören (**to s.o.**, j-m); **that
book belongs to me**, das Buch gehört mir; (b)
(be appropriate) **put it back where it belongs**,
stellen Sie es wieder dorthin, wo es hingehört;

I b. here, ich gehöre hierher; (c) (be part of)
to b. to sth., etwas dat zugehören; **to b. to a
society**, einer Gesellschaft angehören, Mitglied
einer Gesellschaft sein. **be´longings**, s.pl.
Gut n; Habe f; **personal b.**, persönliches
Eigentum n, Habseligkeiten fpl.

beloved. **I.** [bi´lʌvd] adj. **b. by all**, von allen
geliebt. **II.** [bi´lʌvid] s. Geliebte(r) f(m).

below [bi´ləu]. **I.** adv. unten; **here b. (on earth)**,
hier auf Erden; **the passage quoted b.**, die
unten zitierte Stelle; Nau: **to go b. (decks)**,
hinuntergehen. **II.** prep. unter + dat; (level)
unterhalb + gen; **b. the knee**, unterhalb des
Knies; **b. the surface**, unter der Oberfläche;
10° b. (zero), 10 Grad unter Null; **b. (the)
average**, unterdurchschnittlich, unter dem
Durchschnitt.

belt [belt]. **I.** s. **1.** Gürtel m; (strap) Gurt m; Av:
Aut: **(seat) b.**, Sicherheitsgurt m; Box: **to hit
s.o. below the b.**, j-m einen Tiefschlag ver-
setzen. **2.** E: Riemen m; conveyor **b.**, För-
derband n. **3.** Geog: Zone f; **green b.**, Grün-
gürtel m (um eine Großstadt). **II.** v.tr. **to b.
s.o.**, j-n verprügeln. ´**belt ´up**, v.i. (a) Aut: F:
sich anschnallen; (b) P: **b. up!** halt die Klappe!

bench [ben(t)ʃ], s. **1.** (a) (seat) Bank f; (b) Jur:
the B., (i) der Richterstuhl m; (ii) (the judges)
das Richterkollegium. **2.** (a) (work) **b.**,
Werkbank f; (b) E: (test) **b.**, Prüfstand m.

bend [bend]. **I.** v. (p. & p.p. **bent**) **1.** v.tr. (a) (das
Knie usw.) beugen; (den Rücken) krümmen;
(den Arm usw.) biegen; (den Kopf) neigen; (b)
(etwas) biegen; **to b. sth. out of shape**, etwas
verbiegen; (on packet) **do not b.!** nicht knicken!
F: **to b. the rules**, ein Auge zudrücken. **2.** v.i.
(a) (of pers.) sich bücken; (b) (of thing) sich
biegen; (of road, river etc.) eine Biegung
machen. **II.** s. **1.** Biegung f; Krümmung f (in
einem Rohr); Kurve f (einer Straße); P.N: **bends
for 2½ miles**, kurvenreich auf 4 km; F:
round the b., bekloppt. **2.** Med: F: **the bends**,
Caissonkrankheit f. ´**bend ´down**, v.i. (sich)
bücken. ´**bend ´forward**, v.i. sich nach vorn
beugen. **bent**. **I.** adj. **1.** (a) gebogen; (of pers.)
gebeugt; (of back) gekrümmt; **b. back**, zu-
rückgebogen; **b. (out of shape)**, verbogen; (b) F:
korrupt. **2.** **to be b. on doing sth.**, darauf er-
picht sein, etwas zu tun. **II.** s. Neigung f; Hang
m (**for sth.**, zu etwas dat).

beneath [bi´ni:θ]. **I.** adv. darunter. **II.** prep. un-
ter + dat; unterhalb + gen; **b. the waves**, unter
den Wellen; **b. the snowline**, unterhalb der
Schneegrenze; F: **it's b. him**, es ist unter seiner
Würde; Fig: **b. contempt**, verachtenswert.

Benedictine [beni´diktin], s. Ecc: (also liqueur)
Benediktiner m.

benediction [beni´dikʃ(ə)n], s. Ecc: Segen m.

benefactor [´benifæktər], s. Wohltäter(in) m(f).

beneficent [bi´nefis(ə)nt], adj. wohltätig. **be-
neficial** [beni´fiʃ(ə)l], adj. wohltuend; (to
advantage) vorteilhaft. **beneficiary**, pl. **-ies**
[beni´fiʃəri, -iz], s. Nutznießer(in) m(f);
Begünstigte(r) f(m).

benefit [´benifit]. **I.** s. **1.** Vorteil m, Nutzen m; **to
give s.o. the b. of the doubt**, j-n trotz Zwei-
fels Glauben schenken. **2.** Adm: Unterstützung
f; Ins: Leistung f; **unemployment b.**, Arbeits-
losenunterstützung f; **sickness b.**, Krankengeld

n. 3. *Sp:* **b. match,** Benefizspiel *n.* **II.** *v.* **1.** *v.i.* **to b. by/from sth.,** von etwas *dat* profitieren/ Nutzen ziehen. **2.** *v.tr.* **to b. s.o.,** j-m nützen. **benevolence** [bi'nevələns], *s.* Wohlwollen *n.* **be'nevolent,** *adj.* wohlwollend; **b. society,** wohltätige Organisation.

benign [bi'nain], *adj.* (*a*) (*of pers.*) gutmütig; (*of climate*) mild; (*b*) *Med:* **b. tumor,** gutartiger Tumor *m.*

bequeath [bi'kwi:ð], *v.tr.* **to b. sth. to s.o.,** j-m etwas vermachen/hinterlassen. **be'quest,** *s.* Vermächtnis *n;* (*in museum*) Stiftung *f.*

bereaved [bi'ri:vd], *s.pl.* **the b.,** die Leidtragenden. **be'reavement,** *s.* Trauerfall *m;* (*state*) Verlassenheit *f* (der Witwe usw.).

beret ['berei], *s.* Baskenmütze *f.*

berry ['beri], *s. Bot:* Beere *f.*

berth [bə:θ], *s.* **1.** (*a*) **to give s.o., sth. a wide b.,** um j-n, etwas *acc* einen großen Bogen machen; (*b*) *Nau:* **(anchoring) b.,** Ankerplatz *m.* **2.** *Nau: Rail:* (*for pers.*) Liegeplatz *m.*

beseech [bi'si:tʃ], *v.tr.* (*p. & p.p.* **besought** [bi'sɔ:t]) (j-n) anflehen.

beside [bi'said], *prep.* **1.** neben + *dat & acc;* **he stood b. the bed,** er stand neben dem Bett; **she sat down b. me,** sie setzte sich neben mich; **a house b. the river/the sea,** ein Haus am Fluß/ am Meer. **2.** (*a*) **to be b. the point,** nicht zur Sache sein; (*b*) *Fig:* **to be b. oneself (with joy),** außer sich (vor Freude) sein.

besides [bi'saidz]. **I.** *adv.* außerdem; **it's too late, b. I am tired,** es ist zu spät, außerdem bin ich müde; **nothing b.,** sonst nichts. **II.** *prep.* außer + *dat;* **nobody b. him had seen it,** niemand außer ihm hatte es gesehen.

besiege [bi'si:dʒ], *v.tr.* (j-n, etwas) belagern; **to b. s.o. (with questions etc.),** j-n (mit Fragen usw.) bestürmen.

bespatter [bi'spætər], *v.tr.* (j-n, etwas mit Schmutz usw.) bespritzen.

bespoke [bi'spəuk], *adj. Tail:* nach Maß; **b. tailor,** Maßschneider *m.*

best [best]. **I.** *adj. & s.* (*a*) best; **b. man (at a wedding),** *approx.* = Brautführer *m;* (*dressed*) **in one's b. (clothes),** im Sonntagsstaat; **the b. part of it is that . . . ,** das Beste an der Sache ist, daß . . . ; **the b. part of a week,** fast eine Woche; **I know what is b. for you,** ich weiß, was für dich von Vorteil ist; **it would be b. to . . . ,** das Beste wäre, zu . . . ; **to do one's b.,** sein Bestes tun; **he did his b. to smile,** er bemühte sich zu lächeln; **to be at one's b.,** (bestens) in Form sein; **she's at her b. with children,** mit Kindern versteht sie's am besten; **to get/have the b. of it,** am besten wegkommen; **to make the b. of it,** sich damit abfinden; **to have the b. of both worlds,** die Vorteile beider Möglichkeiten (gleichzeitig) genießen; **he wants the b. of both worlds,** er will weder auf das eine noch auf das andere verzichten; *F:* **all the b.!** alles Gute! (*b*) *adv.phr.* **at (the) b.,** bestenfalls; **to act for the b.,** in bester Absicht handeln; **to the b. of my knowledge,** meines Wissens. **II.** *adv.* am besten; (*a*) **he does it b.,** er macht es am besten; **I comforted her as b. I could,** ich habe sie getröstet, so gut ich konnte; **do as you think b.,** mach, wie du es für richtig hältst; (*b*) **the b. dressed man,** der bestangezogene Mann. **'best'seller,** *s.* Bestseller *m.*

bestial ['bestjəl], *adj.* bestialisch, **bestiality** [-ti'æliti], *s.* Bestialität *f.*

bestir [bi'stə:r], *v.tr.* (*p. & p.p.* **bestirred) to b. oneself,** sich rühren.

bet [bet].**I.** *s.* Wette *f;* **to make/lay a b.,** eine Wette abschließen. **II.** *v.* (*p. & p.p.* **bet,** *pres. part.* **betting) 1.** *v.tr.* (eine Summe) setzen (**on sth.,** auf etwas *acc*); **I b. you £10 that . . . ,** ich wette mit dir um £10, daß . . . **2.** *v.i.* wetten; *F:* **you b.!** darauf kannst du Gift nehmen! **'better**[1], *s.* Wetter(in) *m(f);* Wettende(r) *f* (*m*). **'betting,** *s.* Wetten *n;* **b. shop,** Wettbüro *n.*

betray [bi'trei], *v.tr.* (*a*) (j-n, sein Vaterland) verraten; (*b*) (ein Geheimnis) preisgeben; (j-s Vertrauen) mißbrauchen; (j-s Gefühle) verraten; (Unwissenheit) zeigen. **be'trayal,** *s.* Verrat *m;* Treuebruch *m.* **be'trayer,** *s.* Verräter *m.*

better[2] ['betər]. **I.** *adj. s. & adv.* **1.** *adj.* (*a*) besser; **it's seen b. days,** das hat bessere Zeiten gesehen; **you are b. at it than I,** du kannst es besser als ich; **I had hoped for b. things,** ich hatte Besseres erwartet; *Hum:* **my b. half,** meine bessere Hälfte; (*b*) **the b. part of a year,** mehr als ein halbes Jahr; (*c*) **to get b.,** (*of pers.*) sich erholen; (*of things*) sich bessern, besser werden. **2.** (*a*) **so much the b.,** um so besser; (*b*) **to get the b. of s.o.,** j-n übervorteilen; (*in fight & Sp:*) j-n besiegen. **3.** *adv.* (*a*) **b. and b.,** immer besser; **to like sth. b.,** etwas lieber haben; **to think b. of it,** sich eines besseren besinnen; **I'd b. go now,** es ist besser, ich gehe jetzt; (*b*) **b. known,** bekannter. **II.** *v.tr.* (*a*) **to b. oneself,** sich verbessern; (*b*) (*improve on*) (etwas) übertreffen.

between [bi'twi:n]. **I.** *prep.* **1.** (*b. two*) zwischen + *dat & acc;* (*a*) **place it b. the two chairs,** stellen Sie es zwischen die beiden Stühle; **no one can come b. us,** keiner kann zwischen uns kommen; **b. you and me,** im Vertrauen gesagt; (*b*) **b. now and Monday,** zwischen heute und Montag; **b. 20 and 30,** zwischen 20 und 30. **2.** (*b. several*) unter + *dat;* **b. ourselves,** unter uns gesagt; **b. friends,** unter Freunden; **they had £20 b. them,** sie hatten alle zusammen 20 Pfund. **II.** *adv.* (**in) b.,** dazwischen.

beverage ['bevəridʒ], *s.* Getränk *n.*

bevy ['bevi], *s.* Schar *f.*

beware [bi'wɛər], *v.i.* (*used only in the infin. & imp.*) achtgeben, sich hüten (**of sth.,** vor etwas *dat*); *P.N:* **b. of the dog!** Achtung vor dem Hund!

bewilder [bi'wildər], *v.tr.* (j-n) verwirren. **be'wildered,** *adj.* verwirrt, verdutzt. **be'wildering,** *adj.* verwirrend. **be'wilderment,** *s.* Verwirrung *f.*

bewitch [bi'witʃ], *v.tr.* (*a*) (*with a spell*) (j-n) verzaubern; (*b*) (*with a smile etc.*) (j-n) bezaubern. **be'witching,** *adj.* bezaubernd.

beyond [bi'jɔnd]. **I.** *adv.* darüber hinaus. **II.** *prep.* jenseits + *gen;* über . . . *acc* hinaus; **b. all praise,** über alles Lob erhaben; **b. repair,** nicht mehr zu reparieren; **it's b. me,** das geht über meinen Horizont; **b. doubt,** zweifellos; **b. belief,** unglaublich; **that's b. a joke,** da hört aber der

Spaß auf. **3.** s. F: **he lives at the back of b.,** er wohnt am Ende der Welt.
bias ['baiəs], s. **1.** Tex: Schrägstreifen m; **cut' on the b.,** schräg geschnitten; Dressm: **b. binding,** Schrägband n. **2.** Voreingenommenheit f; (prejudice) Vorurteil n; Jur: Befangenheit f. **'biased,** adj. voreingenommen; (esp. against sth.) parteiisch; Jur: befangen.
bib [bib], s. Latz m; (baby's) Lätzchen n.
Bible ['baibl], s. Bibel f. **biblical** ['biblikl], adj. biblisch.
bibliography [bibli'ɔgrəfi], s. Bibliographie f. **bibli'ographer,** s. Bibliograph m.
bibliophile ['bibliəufail], s. Bücherfreund m.
bicarbonate [bai'kɑ:bənit], s. Bikarbonat n; **b. of soda,** Natriumkarbonat n; doppeltkohlensaures Natrium n.
biceps ['baiseps], s. Anat: Bizeps m.
bicker ['bikər], v.i. (sich) zanken.
bicycle ['baisikl]. **I.** s. Fahrrad n, F: Rad n. **II.** v.i. radfahren, F: radeln.
bid [bid]. **I.** v.tr. & i. **1.** (p. **bade** [bæd], p.p. **bidden**) **to b. s.o. welcome,** j-n willkommen heißen. **2.** (p. & p.p. **bid**) (a) (at auction) (eine Summe) bieten; **to b. high/low,** ein hohes/niedriges Gebot machen; (b) (at cards) reizen. **II.** s. (a) (at auction) Gebot n; Fig: **to make a b. for freedom,** zu entkommen versuchen; (b) (at cards) Reizen n. **'bidder,** s. Bieter m, Bewerber m. **'bidding,** s. **1. to do s.o.'s b.,** j-s Befehle ausführen. **2.** Bieten n.
bide [baid], v.tr. **to b. one's time,** (eine Gelegenheit) abwarten.
biennial [bai'eniəl]. **I.** adj. zweijährlich; (of plant etc.) zweijährig. **II.** s. Bot: zweijährige Pflanze.
bier ['biər], s. Bahre f, esp. Totenbahre f.
biff [bif]. **I.** s. F: Schlag m, Hieb m. **II.** v.tr. F: (j-n) hauen.
bifocal [bai'fəuk(ə)l], adj. bifokal; **b. spectacles/** F: **bifocals,** Bifokalbrille f.
big [big] (comp. **bigger;** superl. **biggest**). **I.** adj. (a) groß; (significant) bedeutend; **b. man,** (tall) großer Mann; (fat) dicker Mann; (important) bedeutender Mann; **(the world of) b. business,** das Großunternehmertum; **tourism is b. business here,** Tourismus ist hier das große Geschäft; **b. game,** Großwild n; **b. drop in prices,** starker Preisabfall; **b. ideas,** hochfahrende Ideen; **to get/grow big(ger),** wachsen, größer werden; F: **to earn b. money,** einen Haufen Geld verdienen; (pers.) **b. noise/shot,** hohes Tier; Th: Sp: etc: **the b. time,** die Welt der Stars; **b.** (elder) **brother/sister,** großer Bruder/große Schwester. **II.** adv. F: **to talk b.,** angeben, den Mund vollnehmen. **'bighead,** s. F: eingebildeter Kerl m. **'big-'hearted,** adj. großherzig.
bigamy ['bigəmi], s. Bigamie f. **'bigamist,** s. Bigamist m.
bigot ['bigət], s. (a) Rel: Frömmler m; (b) engstirniger Fanatiker m. **'bigoted,** adj. untolerant; (narrow) engstirnig. **'bigotry,** s. **1.** Rel: Frömmelei f. **2.** Fanatismus m; Engstirnigkeit f.
bigwig ['bigwig], s. F: (pers.) hohes Tier n.
bike [baik], s. F: (= bicycle) Rad n.
bikini [bi'ki:ni], s. Cl: Bikini m.

bilberry ['bilbəri], s. Bot: Heidelbeere f, Blaubeere f.
bile [bail], s. Galle f.
bilge [bildʒ], s. **1.** Nau: (outside) Kimm f; (inside) Bilge f. **2.** P: Quatsch m.
bilingual [bai'lingw(ə)l], adj. zweisprachig.
bilious ['biljəs], adj. **b. attack,** Gallenanfall m; **b. complaint,** Gallenleiden m.
bill[1] [bil], s. **1.** Schnabel m (eines Vogels). **2.** (point) Landzunge f.
bill[2] [bil], s. **1.** Com: Rechnung f. **2.** (a) N.Am: Banknote f; (b) Fin: **b. of exchange,** Wechsel m. **3.** (a) Plakat n; Anschlagzettel m; Th: Theaterzettel m; P.N: **stick no bills!** Plakatankleben verboten! (b) Th: **double b.,** Doppelprogramm n. **4. b. of fare,** Speisekarte f; Nau: **b. of lading,** Konnossement m; Com: **b. of sale,** Kaufvertrag m. **5.** Parl: Gesetzentwurf m. **'billfold,** s. N.Am: Brieftasche f.
Bill[3] [bil]. Pr.n.m. (familiar form of William) = Willi.
billet ['bilit]. **I.** v.tr. Mil: (Soldaten, Truppen) einquartieren (**on** s.o., **bei** j-m). **II.** s. Mil: Quartier n.
billiard ['biljəd], s. **1.** pl. **billiards,** (game) Billard n. **2. b. ball,** Billardkugel f; **b. cue,** Queue n; **b. table,** Billardtisch m, Billard n; **b. saloon,** Billardzimmer n.
billion ['biljən], s. (a) Billion f; (b) N.Am: (thousand million) Milliarde f.
billow ['biləu], v.i. sich aufblähen.
billygoat ['biligəut], s. Ziegenbock m.
bin [bin], s. Kasten m; (portable) Eimer m; (waste) **b.,** Abfalleimer m; **bread b.,** Brotkasten m; **pedal b.,** Treteimer m.
binary ['bainəri], adj. binär.
bind [baind], v.tr. (p. & p.p. **bound** [baund]) (j-n, etwas) binden; (a) **bound hand and foot,** an Händen und Füßen gefesselt; **to b. sth. (down) to sth.,** etwas an etwas acc festmachen; (b) **to b. (up) a wound,** eine Wunde verbinden; (c) (ein Buch) binden; **paper bound,** broschiert; **bound in boards,** kartoniert; (d) (oblige) (j-n) verpflichten; Jur: **to be bound over,** Be währungsfrist erhalten. **'binder,** s. **1.** Buchbinder m. **2.** (file) Ordner m; (for magazines) Mappe f. **'binding. I.** adj. **1.** (of contract etc.) verbindlich, bindend. **II.** s. **1.** Sp: (of ski) Bindung f. **2.** (of book) Einband m. **3.** Tex: Paspel f.
binoculars [bi'nɔkjuləz], s.pl. Fernglas n.
biodegradable ['baiəudi'greidəbl], adj. biologisch abbaubar.
biography [bai'ɔgrəfi], s. Biographie f. **bi'ographer,** s. Biograph m. **biographical** [baiəu'græfikl], adj. biographisch.
biology [bai'ɔlədʒi], s. Biologie f. **biological** [baiə'lɔdʒikl], adj. biologisch. **bi'ologist,** s. Biologe m, Biologin f.
birch [bə:tʃ], s. **1.** Bot: (a) Birke f; (b) (wood) Birkenholz n. **2. b.(-rod),** Rute f.
bird [bə:d], s. **1.** Vogel m; F: **to give s.o. the b.,** j-n auspfeifen; **a little b. told me,** mein kleiner Finger hat es mir gesagt; Prov: **the early b. catches the worm,** Morgenstunde hat Gold im Munde; **birds of a feather flock together,** gleich und gleich gesellt sich gern; **to kill two birds with one stone,** zwei Fliegen mit einer Klappe

schlagen; **a b. in the hand is worth two in the bush,** ein Spatz in der Hand ist besser als eine Taube auf dem Dach. **2.** (*pers.*) (*a*) *F:* Kàuz *m*, Type *f;* (*b*) *P:* (*girl*) Puppe *f.* ´**bird's-eye. I.** *s. Bot:* Adonisröschen *n.* **II.** *adj.* **b.-e.** view, Vogelperspektive *f.* ´**bird-sanctuary,** *s.* Vogelschutzgebiet *n.* ´**bird-watcher,** *s.* Vogelbeobachter *m.*

birth [bə:θ], *s.* **1.** Geburt *f;* **he is German by b.,** er ist gebürtiger Deutscher; **b. certificate,** Geburtsurkunde *f;* **b. control,** Geburtenregelung *f.* **2. to give b. to a child,** *Z:* kittens etc. ein Kind, *Z:* Kätzchen usw. zur Welt bringen. ´**birthday,** *s.* Geburtstag *m; F:* **in one's b. suit,** (*man*) im Adamskostüm; (*woman*) im Evaskostüm. ´**birthmark,** *s.* Muttermal *n.* ´**birthplace,** *s.* Geburtsort *m;* (*house*) Geburtshaus *n.* ´**birthrate,** *s.* Geburtenziffer *f.*

Biscay [´biskei]. *Pr.n. Geog:* **the Bay of B.,** der Golf von Biskaya.

biscuit [´biskit], *s.* Keks *m;* **b. tin,** Keksdose *f; F:* **that takes the b.!** das ist die Höhe!

bisect [bai´sekt], *v.tr.* (etwas) halbieren.

bishop [´biʃəp], *s.* **1.** *Ecc:* Bischof *m.* **2.** (*in chess*) Läufer *m.* ´**bishopric,** *s.* Bistum *n.*

bismuth [´bizməθ], *s. Miner:* Wismut *n.*

bison [´baisn], *s. Z:* (*European*) Wisent *m;* (*American*) Bison *m.*

bit[1] [bit], *s.* **1.** (*horse's*) Gebiß *n* (am Pferdegeschirr). **2.** *Tls:* Bohrer(spitze) *m(f).*

bit[2] [bit], *s.* **1.** (*a*) Stückchen *n;* **a b. of paper,** ein Zettel *m;* **b. of straw,** Strohhalm *m;* (*b*) (*coin*) Stück *n; U.S:* Achtel *n* eines Dollars. **2.** (*a*) *F:* **a b. (of),** ein wenig/bißchen; **he's a b. jealous,** er ist ein bißchen eifersüchtig; **he's a b. of a liar,** er riegt dazu, zu lügen; **wait a b.!** wart einen Moment! **a good b.** older, erheblich älter; **b. by b.,** Stück für Stück; (*gradually*) allmählich; **not a b. (of it)!** ganz und gar nicht! keine Spur! **every b. as good,** genauso gut; **to do one's b.,** sein Teil (dazu) beitragen; **it's not a b. of use,** es hat gar keinen Zweck; (*b*) **a b. of news,** eine Neuigkeit.

bitch [bitʃ], *s.* **1.** Hündin *f.* **2.** *P:* (*woman*) Luder *n;* boshaftes Weib *n.*

bite [bait]. **I.** *v.tr.* (*p.* **bit,** *p.p.* **bitten**) (*a*) (j-n, etwas) beißen; (*of insect*) stechen; **to b. one's nails,** die Nägel kauen; *F:* **to be bitten (with a desire to do sth.),** (von einem Trieb zu etwas *dat*) gepackt sein; *Prov:* **once bitten twice shy,** ein gebranntes Kind scheut das Feuer; *Fig: abs.* **it will take a while for these measures to b.,** es wird einige Zeit dauern, bis diese Maßnahmen ihre Wirkung erzielen; (*b*) *F:* **to b. the dust,** ins Gras beißen; **what's biting you?** was ist mit dir los? (*c*) **to b. sth. off,** etwas abbeißen; *Fig:* **to b. off more than one can chew,** sich *dat* zuviel zumuten; *F:* **to b. s.o.'s head off,** j-m den Kopf abbeißen. **II.** *s.* **1.** (*a*) Biß *m;* (*of insect*) Stich *m;* (*b*) *Fish:* Anbeißen *n.* **2.** Bissen *m,* Happen *m;* **b. to eat,** Imbiß *m.* ´**biting,** *adj.* (*of pain*) stechend; brennend; (*of wind, cold*) schneidend.

bitter [´bitər]. **I.** *adj.* (*a*) bitter; (*of taste*) herb; (*of wind*) scharf; (*pers.*) verbittert; **b. enemy,** Todfeind *m;* **-ly,** *adv.* **b. disappointed,** bitter enttäuscht; **to cry b.,** bitterlich weinen. **II.** *s.* (*a*)

(*beer*) Bitterbier *n;* (*b*) *pl.* **bitters,** Magenbitter *m.* ´**bitterness,** *s.* (*a*) Bitterkeit *f;* (*b*) (*of pers.*) Verbitterung *f.*

bitumen [´bitjumin], *s.* Bitumen *n.* **bituminous** [bi´tju:minəs], *adj.* bituminös.

bivouac [´bivuæk]. **I.** *s. Mil:* Biwak *n.* **II.** *v.i.* (*p. & p.p.* **bivouacked**) biwakieren.

bizarre [bi´za:r], *adj.* bizarr, phantastisch; (*of pers.*) exzentrisch.

black [blæk]. **I.** *adj.* (*a*) schwarz; **a b. man,** ein Schwarzer *m,* ein Neger *m;* **b. hands,** schmutzige Hände; **b. ice,** Glatteis *n;* **as b. as pitch,** kohlrabenschwarz, pechschwarz; **b. and white photograph,** Schwarzweißfoto *n;* **to beat s.o. b. and blue,** j-n grün und blau schlagen; **b. pudding,** Blutwurst *f; F:* **Black Maria,** Polizeiwagen *m* zum Gefangenentransport; = Grüne Minna *f;* **b. eye,** blaues Auge; (*b*) *Fig:* **b. market,** schwarzer Markt; **b. magic,** schwarze Kunst; **b. despair,** völlige Verzweiflung *f;* **a b. look,** ein böser Blick; **the b. sheep (of the family),** das schwarze Schaf (der Familie); **b. mark,** Tadel *m.* **II.** *s.* Schwarz *n;* **to have sth. in b. and white,** etwas schwarz auf weiß haben. **III.** *v.* **1.** *v.tr.* (etwas) schwärzen; **to b. sth. out,** (= *erase*) etwas tilgen; **to b. out a room,** ein Zimmer verdunkeln; *TV:* **the news was blacked out by the strike,** wegen Streikaktion konnten die Nachrichten nicht gesendet werden; (*b*) *F: Ind:* (eine Ladung usw.) boykottieren. **2.** *v.i.* (*of pers.*) **to b. out,** das Bewußtsein verlieren. ´**black´beetle,** *s.* Küchenschabe *f.* ´**blackberry,** *s.* Brombeere *f.* ´**blackbird,** *s. Orn:* Amsel *f.* ´**blackboard,** *s.* Wandtafel *f.* ´**black´currant,** *s,* schwarze Johannisbeere *f.* ´**blacken,** *v.tr.* (etwas) schwärzen; *Fig:* (j-n, etwas) anschwärzen. ´**blackfly,** *s.* Schwarze Blattlaus *f.* **blackguard** [´blæga:d], *s.* Schurke *m.* ´**blackhead,** *s.* Mitesser *m.* ´**blackleg,** *s. Ind:* *F:* Streikbrecher *m.* ´**blacklist,** *v.tr.* **to b. s.o.,** j-n auf die schwarze Liste setzen. ´**blackmail. I.** *s.* Erpressung *f.* **II.** *v.tr.* (j-n) erpressen. ´**blackmailer,** *s.* Erpresser(in) *m(f).* ´**blackness,** *s.* Schwärze *f.* ´**blackout,** *s.* **1.** Verdunkelung *f.* **2.** (*faint*) Ohnmachtsanfall *m.* **3. news b.,** Nachrichtensperre *f.* ´**blacksmith,** *s.* Schmied *m.*

bladder [´blædər], *s.* Blase *f.*

blade [bleid], *s.* **1.** (*grass*) Halm *m.* **2.** (*knife*) Klinge *f.* **3.** (*oar*) Blatt *n.* **4.** (*propeller*) Flügel *m;* (*turbine*) Schaufel *f.*

blame [bleim]. **I.** *s.* Schuld *f;* **to put the b. upon s.o.,** j-m die Schuld zuschreiben; **to take the b.,** die Schuld auf sich *acc* nehmen. **II.** *v.tr.* (j-m) die Schuld geben (**for sth.,** an etwas *acc*); **he's to b.,** er ist schuld daran; **you have only yourself to b.,** du bist selbst daran schuld; **I don't b. him,** ich kann es ihm nicht verübeln. ´**blameless,** *adj.* schuldlos.

blanch [bla:n(t)ʃ], *v.* **1.** *v.tr. Cu:* (Mandeln, Gemüse) blanchieren. **2.** *v.i.* (*of pers.*) erbleichen.

blancmange [blə´mɔnʒ], *s. Cu: approx.* = Pudding *m.*

bland [blænd], *adj.* mild; (*of taste*) neutral; (*of style*) charakterlos. ´**blandish,** *v.tr.* (j-m) schmeicheln. 'blandishment, s. Schmeichelei f.

blank [blæŋk]. I. adj. 1. (of paper) leer; Rec: (of tape) unbespielt; to leave sth. b., etwas freilassen/nicht ausfüllen; b. cheque, Blankoscheck m; b. verse, Blankvers m. 2. b. look, ausdrucksloser Blick; to look b., verdutzt dreinblicken; b. despair, völlige Verzweiflung. II. s. 1. (a) N.Am: Formular n; to fill out a b., ein Formular ausfüllen; (b) (in document) leere Stelle; to leave blanks, Stellen freilassen; (c) (in one's memory) Gedächtnislücke f; my mind's a b., ich habe alles vergessen; F: ich habe Mattscheibe. 2. (in lottery) Niete f; to draw a b., Pech haben. 3. b. (cartridge), Platzpatrone f. 4. Metalw: unbearbeitetes Werkstück n.

blanket ['blæŋkit], s. 1. Decke f; electric b., Heizdecke f; F: (pers.) wet b., Spielverderber m. 2. attrib. General-, allgemein; b. term, umfassender Begriff.

blare['blɛər]. I. v.i. (of trumpet) schmettern; the radio is blaring away, das Radio plärrt. II. s. Schmettern n; Plärren n.

blasé ['blɑːzei], adj. blasiert.

blaspheme [blæs'fiːm], v.tr. & i. (Gott) lästern. 'blasphemous [-fəməs], adj. gotteslästerlich. 'blasphemy [-fəmi], s. Gotteslästerung f.

blast [blɑːst]. I. s. 1. b. of air, heftiger Windstoß; icy b., eisiger Wind. 2. b. on the trumpet, Trompetenstoß m; b. on the (fog) horn, Hornsignal n. 3. Metall: Gebläsewind m; F: to be going full b., auf Hochtouren laufen. 4. (a) (of explosion) Luftdruck m; (b) Min: Explosion f, Knall m. II. v.tr. (a) Min: (den Fels) sprengen; (b) Fig: (Hoffnungen usw.) zunichte machen; (c) (of lightning) (in einen Baum usw.) einschlagen; (d) int.P: b. (it)! verdammt! zum Teufel! b. you! du verdammter Kerl! (thing) verdammtes Zeug!'blasted, adj. P: verdammt. 'blast-furnace, s. Hochofen m. 'blasting, s. Min: Sprengen n; P.N: Danger b.! Achtung Sprengarbeiten! 'blast-off, s. Start, Abschuß m (einer Rakete).

blatant ['bleit(ə)nt], adj. (of lie, example etc.) eklatant; b. nonsense, himmelschreiender Unsinn; a b. injustice, ein schreiendes Unrecht.

blather ['blæðər], s. F: (dummes) Geschwätz n.

blaze [bleiz]. I. s. 1. Feuer n; (house etc.) Brand m. 2. Fig: b. of light, Lichterglanz m; a b. of colour, Farbenpracht f; b. of publicity, das Scheinwerferlicht der Öffentlichkeit. 3. pl. F: to work like blazes, wie verrückt arbeiten; P: go to blazes! scher dich zum Teufel! 4. (on horse's face) Blesse f. II. v.i. (of fire) lodern; (of sun) strahlen; F: (of guns) to b. away, loslegen.

blazer ['bleizər], s. Cl: Blazer m.

bleach [bliːtʃ]. I. v.tr. & i. (etwas) bleichen. II. s. Bleichmittel n.

bleak [bliːk], adj. 1. (of place) öde; ungeschützt; (bare) kahl. 2. (of weather) rauh. 3. Fig: trübe; b. prospects, trostlose Aussichten; b. smile, trübes Lächeln.

bleary ['bliəri], adj. b. eyes, trübe/(on waking) verschlafene Augen.

bleat [bliːt], v.i. (of sheep) blöken; (of goat) meckern; F: what's he bleating about? warum macht er so ein Theater?

bleed [bliːd], v. (p. & p.p. bled [bled]) 1. v.tr. (a) Med: (j-n) zur Ader lassen; Fig: (j-n) schröpfen; to b. s.o. white, j-n bis aufs Blut aussaugen; (b) Aut: to b. the brakes, die Bremsen entlüften. 2. v.i. bluten; his nose is bleeding, er hat Nasenbluten; to b. to death, verbluten. 'bleeding. I. adj. 1. blutend. 2. P: verdammt. II. s. 1. Bluten n, Blutung f. 2. Aut: etc: Entlüften n (von Bremsen, Heizkörpern).

bleep [bliːp], v.i. Rad: etc: piepsen. 'bleeper, s. Rad: Piepser m.

blemish ['blemiʃ], s. 1. Makel m; a mere b., ein bloßer Schönheitsfehler. 2. Fig: Schandfleck m.

blend [blend]. I. v. 1. v.tr. (Kaffee, Tee usw.) mischen; (Wein usw.) verschneiden; (etwas) vermengen (with sth., mit etwas dat). 2. v.i. sich (ver)mischen (with, mit + dat); (of colours) ineinander übergehen; (match) zusammenpassen. II. s. Mischung f (von Kaffee, Tee); Verschnitt m (von Whisky usw.). 'blending, s. Mischung f; Verschnitt m

bless [bles], v.tr. (p. & p.p. blessed [blest]) (j-n) segnen; to be blessed with good health, sich guter Gesundheit erfreuen; int. (expressing surprise) b. my soul! du meine Güte! (God) b. you! (i) (grateful) du bist ein Engel! (ii) (when s.o. sneezes) Gesundheit!

blessed ['blesid], adj. (a) Ecc: the B. Virgin Mary, die Heilige Jungfrau Maria; (b) F: (intensive) the whole b. day, den lieben Tag lang; what a b. nuisance! verflixt unangenehm! that b. boy, dieser verflixte Junge. 'blessing, s. (a) Segen m; (b) usu.pl. the blessings of civilization, die Vorteile der Zivilisation; to count one's blessings, mit dem zufrieden sein, was man hat; b. in disguise, Glück n im Unglück.

blight [blait]. I. s. 1. Bot: Brand m, (on potatoes) Kartoffelfäule f. 2. Fig: schädlicher Einfluß m; planning b., Gifthauch m der behördlichen Unentschlossenheit. II. v.tr. (Hoffnungen usw.) zunichte machen. 'blighter, s. P: Ekel n; (you) lucky b.! du Glückskerl! poor b.! der arme Kerl!

blind¹ [blaind]. I. adj. 1. blind; (a) b. in one eye, auf einem Auge blind; b. from birth, blind geboren; struck b., geblendet; as b. as a bat, stockblind; b. drunk, stockbesoffen; b. spot, (i) Med: blinder Fleck; (ii) Aut: etc: toter Winkel; (b) Fig: to be b. to s.o.'s failings, j-s Schwächen gegenüber blind sein; to turn a b. eye, ein Auge zudrücken, (c) Av: b. flying, Blindflug m. 2. b. alley, Sackgasse f; -ly, adv. blindlings; to trust s.o. b., blindes Vertrauen zu j-m haben. II. v.tr. (j-n) blenden. 'blindfold. I. v.tr. (j-m) die Augen verbinden. II. adj. & adv. mit verbundenen Augen. 'blindness, s. Blindheit f.

blind² [blaind], s. 1. (sun-)b., Markise f; (roller) b., Rollo n; Venetian b., Jalousie f. 2. Fig: (dummy) Attrappe f.

blink [bliŋk], v.i. (mit den Augen) blinzeln. II. s. F: to be on the b., kaputt sein. 'blinkers, s.pl. Scheuklappen fpl. 'blinking, adj. P: verflixt, verdammt.

bliss [blis], s. Wonne f, Seligkeit f. 'blissful, adj. selig; -ly, adv. b. ignorant/unaware, völlig ahnungslos/unbewußt (of, + gen).

blister ['blistər]. I. s. Blase f; (small) Bläschen

n. II. *v.* 1. *v.tr.* (auf der Haut) Blasen ziehen; **the heat blistered the paint,** durch die Hitze warf die Farbe Blasen. 2. *v.i.* Blasen bekommen; (*of paint*) Blasen werfen. ´**blistering.** I. *adj.* **b. heat,** Gluthitze *f;* **b. criticism,** ätzende Kritik *f.* II. *s.* Blasenbildung *f.*
blithe [´blaiŏ], *adj.* heiter, fröhlich. **blithering** [´bliŏəriŋ], *adj. F:* dumm, blöd; **b. idiot,** Vollidiot *m.*
blitz [blits], *s.* (*a*) *Mil:* Luftangriff(e) *m(pl);* (*b*) *F:* **to have a b. on a room,** ein Zimmer radikal aufräumen.
blizzard [´blizəd], *s.* Schneesturm *m.*
bloated [´blǝutid], *adj.* (*of face*) aufgedunsen; (*of belly*) aufgebläht; *F:* **b. capitalist,** ausgefressener Kapitalist.
bloater [´blǝutər], *s.* Bückling *m.*
blob [blɔb], *s.* (*of colour*) Fleck *m;* Spritzer *m;* (*of ink*) Klecks *m.*
bloc [blɔk], *s. Pol:* Block *m.*
block [blɔk]. I. *s.* 1. (*a*) (*of marble etc.*) Block *m;* (*of wood*) Klotz *m; Aut:* (**cylinder**) **b.,** Zylinderblock *m;* (*b*) *P:* (*head*) Rübe *f;* **I'll knock your b. off!** ich hau dir den Schädel ein! 2. (*a*) (*building*) **science b.,** naturwissenschaftliches Gebäude; **b. of flats,** Wohnblock *m;* **to walk round the b.,** um den Block (spazieren) gehen; (*b*) *Austral:* Grundstück *n;* (*c*) *Fin:* (*of shares*) Aktienpaket *n.* 3. (*a*) **road b.,** Straßensperre *f;* (*b*) **to have a mental b.,** eine sperre haben. 4. *Print:* Klischee *n;* **b. capitals,** große Druckbuchstaben *mpl.* II. *v.tr.* (etwas) blockieren. **blo´ckade.** I. *s.* Blockade *f.* II. *v.tr.* (einen Hafen usw.) blockieren, sperren. ´**blockage,** *s.* Verstopfung *f.* **block´head,** *s. F:* Dummkopf *m,* Esel *m.* ´**block ´up,** *v.tr.* (ein Loch usw.) zumauern; (ein Rohr usw.) verstopfen.
blonde [blɔnd]. I. *adj.* blond. II. *s.* Blondine *f.*
blood [blʌd], *s.* Blut *n;* (*a*) **to draw b.,** Blut fließen lassen; *Fig:* **that makes my b. boil,** das macht mich wütend; **his b. ran cold,** ihm stockte das Blut in den Adern; **in cold b.,** kaltblütig; **there is bad b. between them,** zwischen ihnen ist böses Blut; **industry needs new b.,** die Industrie braucht Nachwuchs; (*b*) *attrib.* **b. orange,** Blutorange *f; Med:* **b. pressure,** Blutdruck *m;* **b. vessel,** Blutgefäß *n;* **b. transfusion,** Blutübertragung *f;* **b. test,** Blutprobe *f;* **b. donor,** Blutspender *m;* **b. group,** Blutgruppe *f;* (*c*) **it's in his b.,** es liegt ihm im Blut; **blue b.,** blaues Blut; ´**blood-curdling,** *adj.* markerschütternd. ´**bloodhound,** *s.* Bluthund *m.* ´**bloodless,** *adj.* 1. blutleer. 2. (*of victory*) unblutig. ´**bloodshed,** *s.* Blutvergießen *n.* ´**bloodshot,** *adj.* **b. eyes,** blutunterlaufene Augen. ´**bloodstain,** *s.* Blutfleck *m.* ´**bloodstained,** *adj.* blutbefleckt. ´**bloodthirsty,** *adj.* blutrünstig. ´**bloody,** *adj.* 1. blutig; blutend; (*of tyrant*) blutrünstig. 2. *V:* (*a*) *adj.* (*intensive*) verdammt, verflucht; Scheiß-; **a b. liar,** ein verfluchter Lügner; (*b*) *adv.* **it's b. hot,** es ist verdammt heiß; **it's b. awful,** es ist unter aller Kanone. ´**bloody-´minded,** *adj. P:* boshaft.
bloom [blu:m]. I. *s.* Blüte *f; Fig:* **in the b. of youth,** in jugendlicher Blüte. II. *v.i.* (*of plant etc.*) blühen; in Blüte stehen. ´**bloomer,** *s. F:*

Schnitzer *m,* Bock *m.* ´**blooming,** *adj.* (*a*) blühend; (*b*) *P:* verflixt, verteufelt; **every b. thing,** der ganze Kram; **b. idiot,** Vollidiot *m.*
blossom [´blɔsəm]. I. *s.* Blüte *f, esp.* Baumblüte *f.* II. *v.i.* (*of trees*) in Blüte stehen; blühen.
blot [blɔt]. I. *s.* (*a*) Fleck *m;* (*of ink*) Klecks *m;* (*b*) *Pej:* **b. on the landscape,** Schandfleck *m* (in der Landschaft). II. *v.tr.* (*p. & p.p.* **blotted**) (*a*) (etwas) beflecken, beklecksen; *Fig:* **to b. one's copybook,** sich blamieren; (*b*) (Tinte) aufsaugen; (Geschriebenes) löschen. ´**blotter,** *s.* Schreibunterlage *f.* ´**blotting ´paper,** *s.* Löschpapier *n;* (*sheet*) Löschblatt *n.*
blotchy [´blɔtʃi], *adj.* fleckig.
blouse [blauz], *s.* Bluse *f.*
blow[1] [blǝu], *v.* (*p.* **blew** [blu:], *p.p.* **blown**) 1. *v.i.* blasen; (*of wind*) **it's blowing hard,** es weht ganz schön; **it's blowing a gale,** es stürmt. 2. *v.tr.* (*a*) (etwas) blasen; **to b. the dust off,** den Staub wegblasen; **to b. one's nose,** sich *dat* die Nase putzen; *F:* **to b. one's own trumpet,** sein eigenes Lob singen; (*b*) *El:* **to b. a fuse,** eine Sicherung durchhauen; (*c*) *F:* **b. the expense!** zum Teufel mit den Kosten! **to b. one's money,** sein Geld durchbringen. ´**blow a´way,** *v.tr.* (etwas) wegblasen; **the wind is blowing the clouds away,** der Wind vertreibt die Wolken. ´**blow ´down,** *v.tr.* (*of wind*) (j-n, einen Baum) umwehen; (Dachziegel usw.) herunterwehen. ´**blowfly,** *s.* Schmeißfliege *f.* ´**blow ´in,** *v.* 1. *v.tr.* (ein Fenster usw.) eindrücken. 2. *v.i. F:* (*of pers.*) hereingeschneit kommen. ´**blowlamp,** *s.* Lötlampe *f.* ´**blow ´off,** *v.* 1. *v.tr.* (einen Hut usw.) wegwehen, wegblasen; **to b. off steam,** Dampf ablassen. 2. *v.i.* (*of hat*) (vom Kopf) fliegen, weggeblasen werden. ´**blow ´out,** *v.* 1. *v.tr.* (eine Kerze usw.) ausblasen; **to b.o. one's brains,** sich *dat* eine Kugel durch den Kopf schießen. 2. *v.i.* (*of candle*) ausgehen. ´**blow-out,** *s.* 1. *Aut:* Reifenplatzer *m.* 2. *F:* (*feast*) Freßgelage *n.* ´**blow ´over,** *v.i.* (*of storm*) vorübergehen; (*of scandal etc.*) in Vergessenheit geraten. ´**blowpipe,** *s.* Blasrohr *n.* ´**blow ´up,** *v.* 1. *v.i.* (*of mine, F: of pers.*) explodieren, in die Luft gehen. 2. *v.tr.* (*a*) (einen Luftballon usw.) aufblasen; (*with a pump*) aufpumpen; (*b*) (*explode*) (etwas) sprengen; (*c*) (*enlarge*) (ein Foto) vergrößern.
blow[2] [blǝu]. *s.* 1. (*with fist*) Schlag *m;* (*with stick*) Hieb *m;* **to come to blows,** handgreiflich werden. 2. *Fig:* Enttäuschung *f;* **that was a b. to his pride,** er fühlte sich in seinem Stolz verletzt.
blubber[1] [´blʌbər], *s.* Walfischspeck *m.*
blubber[2] [´blʌbər], *v.i. F:* (*of pers.*) heulen.
bludgeon [´blʌdʒən]. I. *s.* Knüppel *m.* II. *v.tr.* (j-n) mit dem Knüppel schlagen; *Fig:* **to b. s.o. into doing sth.,** j-n zwingen, etwas zu tun.
blue [blu:]. I. *adj.* (*a*) blau; *Med:* **b. baby,** blaues Baby; (*b*) *F:* **a true b.** Tory, ein waschechter Konservativer; **to feel b.,** niedergeschlagen sein; **you can talk till you're b. in the face,** du kannst reden, bis du schwarz wirst; **to scream (like) b. murder,** wie am Spieß schreien; **once in a b. moon,** alle heiligen Zeiten; alle Jubeljahre einmal; (*c*) *F:* (*of language, jokes*) anrüchig, schlüpfrig; **b. film,** Pornofilm *m.* II. *s.* 1. Blau *n; Fig:* **out of the b.,** unerwartet; **a bolt from the**

b., ein Blitz aus heiterem Himmel. **2. washing b.**, Wäscheblau *n*. **III.** *v.tr.* (Wäsche) bläuen.
ˈ**bluebell**, *s.* Szilla *f; Scot:* Glockenblume *f.*
ˈ**bluebottle**, *s.* Schmeißfliege *f.* ˈ**blue-eyed**, *adj.* (*a*) blauäugig; (*b*) *F:* **mother's b.-e. boy**, Mutters Liebling. ˈ**blue-ˈpencil**, *v.tr.* (etwas) (mit Blaustift) korrigieren; (einen Artikel usw.) zensieren. ˈ**blue-print**, *s.* **1.** *E:* Blaupause *f.* **2.** *Fig:* (*model*) Vorbild *f.* ˈ**blue-stocking**, *s.* Blaustrumpf *m.*
bluff[1] [blʌf]. **I.** *adj.* (*of manner*) rauh aber herzlich. **II.** *s. Geog:* Steilufer *n;* Klippe *f.* ˈ**bluffness**, *s.* rauhe Herzlichkeit *f.*
bluff[2] [blʌf]. **I.** *s.* Bluff *m;* **to call s.o.'s b.**, j-n zwingen, Farbe zu bekennen. **II.** *v.* **1.** *v.tr.* (j-n) bluffen. **2.** *v.i.* sich verstellen; **he's only bluffing**, er spielt bloß Theater.
blunder [ˈblʌndər]. **I.** *s.* Schnitzer *m.* **II.** *v.i.* (*a*) einen Schnitzer machen; *F:* einen Bock schießen; (*b*) **to b. into s.o.**, j-n anrempeln; **to b. through**, schlecht und recht durchkommen. ˈ**blunderer**, *s.* Stümper *m.* ˈ**blundering**, *adj.* stümperhaft.
blunt [blʌnt]. **I.** *adj.* **1.** (*of knife etc.*) stumpf. **2.** (*of manner*) unverblümt, schroff; **-ly**, *adv.* **to put it b.**, um es offen zu sagen; **to refuse b.**, schroff ablehnen. **II.** *v.tr.* (ein Messer usw.) stumpf machen. ˈ**bluntness**, *s.* **1.** Stumpfheit *f.* **2.** Unverblümtheit *f.*
blur [blɔːr], *v.tr.* (*p. & p.p.* **blurred**) (ein Bild usw.) verschwommen machen. ˈ**blurred**, *adj.* verschwommen, unscharf; **eyes b. with tears**, von Tränen verschleierte Augen.
blurb [blɔːb], *s. Pub: F:* Waschzettel *m;* (*on jacket*) Klappentext *m.*
blurt [blɔːt], *v.tr.* **to b. out a secret etc.**, mit einem Geheimnis usw. herausplatzen.
blush [blʌʃ]. **I.** *s.* (*a*) (*of pers.*) Erröten *n;* (*b*) Röte *f;* **the first b. of dawn**, die erste Morgenröte. **II.** *v.i.* erröten, rot werden. ˈ**blushing**, *adj.* errötend; (*demure*) züchtig.
bluster [ˈblʌstər]. **I.** *s.* (*a*) Toben *n* (des Sturms); (*b*) leeres Gerede *n.* **II.** *v.i.* (*a*) (*of wind*) toben; (*b*) *F:* (*of pers.*) quasseln; (*brag*) schwadronieren. ˈ**blusterer**, *s. F:* Quassler *m.*
boar [bɔːr], *s.* Eber *m;* **wild b.**, Wildschwein *n.*
board [bɔːd]. **I.** *s.* **1.** (*a*) Brett *n;* (*floor*) **b.**, Diele *f;* **bare boards**, nackte Dielen; (*b*) *Sch: etc:* Tafel *f;* (*notice*) Schild *n.* **2.** Verpflegung *f;* (**full**) **b.**, Vollpension *f;* **b. and lodging**, Unterkunft und Verpflegung. **3. b. of enquiry**, Untersuchungsausschuß *m;* **b. of examiners**, Prüfungskommission *f;* **b. of directors**, *Adm:* Aufsichtsrat *m; Com:* Vorstand *m.* **4.** *Nau: Av:* **on b.**, an Bord; **to go on b. a ship**, an Bord eines Schiffes gehen. **5.** (*cardboard*) Pappe *f;* (*of book*) **in boards**, kartoniert. **II.** *v.* **1.** *v.i.* **to b. with a family**, bei einer Familie in Pension wohnen. **2.** *v.tr.* (*a*) **to b. a ship/aircraft**, an Bord eines Schiffes/eines Flugzeugs gehen; (*b*) **to b. a train/bus**, in einen Zug/Bus einsteigen; (*b*) **to b. up** (**a window etc.**), (ein Fenster usw.) mit Brettern verschlagen. ˈ**boarder**, *s.* Mieter(in) *m(f);* (*in boarding house*) Pensionsgast *m; Sch:* Internatsschüler(in) *m(f).* ˈ**boarding**, *s.* (*a*) Bretterverschalung *f;* (*b*) **b. house**, Pension *f;* **b. school**, Internat *n.*
boast[1] [bəust]. **I.** *v.* **1.** *v.i.* prahlen; **that's nothing**

to b. of, das ist nichts, worauf man stolz sein kann; **without wishing to b.**, ohne angeben zu wollen. **2.** *v.tr.* sich (etwas *gen*) rühmen; **the school boasts a fine library**, die Schule rühmt sich einer herrlichen Bibliothek. **II.** *s.* **1.** *Pej:* Prahlerei *f;* **it's his b. that . . .**, er prahlt damit, daß. . . ˈ**boaster**, *s.* Angeber *m.* ˈ**boastful**, *adj.* angeberisch, prahlerisch. ˈ**boastfulness**, *s.* Prahlerei *f;* Angeberei *f.* ˈ**boasting.** **I.** *adj.* prahlend. **II.** *s.* Prahlerei *f.*
boat [bəut], *s.* Boot *n;* (*ship*) Schiff *n;* **rowing b.**, Ruderboot *n,* Kahn *m;* **to go by b.**, mit dem Schiff fahren; *F: Fig:* **we are all in the same b.**, wir sitzen alle in einem Boot; **to miss the b.**, den Anschluß verpassen; *attrib.* **b. builder**, Bootsbauer *m;* **b. club**, Ruderclub *m;* **b. race**, Bootsrennen *n;* **b. train**, Zug *m* mit Schiffsanschluß. ˈ**boathouse**, *s.* Bootshaus *n.* ˈ**boating**, *s.* Bootfahren *n; F:* Gondeln *n;* **b. lake**, Gondelteich *m.* ˈ**boatman**, *s.* Bootsmann *m;* (*hiring boats*) Bootsverleiher *m.*
boatswain [ˈbəusn], *s. Nau:* Bootsmann *m.*
bob[1] [bɔb], *s.* **1.** Haarschopf *m.* **2.** **b.(-sleigh)**, Bob *m.*
bob[2] [bɔb], *v.i.* (*a*) **to b. (up and down)**, sich auf und ab bewegen, tänzeln; (*b*) **to b. up**, (plötzlich) auftauchen.
Bob[3] [bɔb]. *Pr.n.* (*dim. of Robert*) = Robert *m.*
bob[4] [bɔb], *s. inv. F: A:* Schilling *m.*
bobbin [ˈbɔbin], *s.* Spule *f.*
bobby [ˈbɔbi]. **1.** *Pr.n.m.* **B.** (*dim. of Robert*) Robert. **2.** *F:* (*policeman*) Schupo *m.* ˈ**bobby-sox**, *s.pl. N.Am:* Söckchen *npl.*
bodice [ˈbɔdis], *s.* (*a*) Mieder *n;* (*b*) Oberteil *n* (eines Kleides).
body [ˈbɔdi], *s.* **1.** (*a*) Körper *m;* **b. and soul**, Leib und Seele; (*b*) (**dead**) **b.**, Leiche *f.* **2.** Körper *m.* Fülle *f* (des Weines). **3.** (*a*) *Adm:* Körperschaft; **legislative b.**, gesetzgebendes Organ *n;* **public b.**, Behörde *f;* (*b*) **large b. of people**, große Menschenmasse; **in a b.**, geschlossen. **4.** (*a*) (*main part*) Substanz *f* (eines Dokumentes); (*b*) *Aut:* Karosserie *f.* ˈ**bodily. I.** *adj.* körperlich. **II.** *adv.* ganz; **to remove s.o. b.**, j-n wegschleppen. ˈ**bodyguard**, *s.* Leibwächter *m.* ˈ**bodywork**, *s. Aut:* Karosserie *f.*
Boer [ˈbəuər]. **I.** *adj.* burisch. **II.** *s.* Bure *m.*
bog [bɔg]. **I.** *s.* **1.** Sumpf *m;* Morast *m.* **2.** *P:* (*lavatory*) Klo *n.* **II.** *v.tr.* (*p. & p.p.* **bogged**) **to get bogged down**, ins Stocken geraten; steckenbleiben. ˈ**boggy**, *adj.* sumpfig.
boggle [ˈbɔgl], *v.i. F:* **to b. at sth.**, vor etwas *dat* stutzen; **the mind boggles!** da staunt man!
bogie [ˈbəugi], *s. Rail:* Drehgestell *n.*
bogus [ˈbəugəs], *adj.* unecht, falsch.
Bohemia [bə(u)ˈhiːmjə]. *Pr.n. Geog:* Böhmen *n.* **Boˈhemian. I.** *adj.* (*a*) böhmisch; (*b*) *Pej:* bohemeartig. **II.** *s.* (*a*) Böhme *m,* Böhmin *f;* (*b*) (*artist*) Bohemien *m.*
boil[1] [bɔil], *s. Med:* Furunkel *m & n.*
boil[2] [bɔil]. **I.** *v.* **1.** *v.i.* kochen; **to b. gently**, wallen; *Fig:* **to keep the pot boiling**, etwas in Gang halten. **2.** *v.tr.* (etwas) kochen lassen; **a boiled egg**, ein (weich) gekochtes Ei; **boiled potatoes**, Salzkartoffeln *fpl;* **boiled sweet**, Lutschbonbon *m & n.* **II.** *s.* **to bring water to the b.**, Wasser zum Kochen bringen; **the kettle is on the b.**, das Wasser kocht. ˈ**boil aˈway**, *v.i.* (*of*

liquid) verkochen. 'boil 'down, *v.tr.* (*a*) (eine Flüssigkeit) eindicken; (*b*) (einen Artikel usw.) zusammenfassen; *F:* what it boils down to is that..., im Endeffekt heißt es, daß... 'boiler, *s.* Kessel *m;* (*of steam engine*) Dampfkessel *m;* (*of central heating*) Heizkessel *m;* b. suit, Schlosseranzug *m.* 'boilermaker, *s.* Kesselschmied *m.* 'boiling. I. *s.* Kochen *n;* b. point, Siedepunkt *m.* II. *adj.* kochend; *adv.* b. hot, kochend/siedend heiß. 'boil 'over, *v.i.* (*of milk etc.*) überkochen.

boisterous ['bɔist(ə)rəs], *adj.* ungestüm; stürmisch; (*of child*) ausgelassen. 'boisterousness, *s.* Ungestüm *n.*

bold [bəuld], *adj.* 1. (*of pers.*) kühn; (*of action*) gewagt; (*of colours*) kräftig. 2. *Typ:* fett gedruckt. 'boldness, *s.* Kühnheit *f;* Mut *m.*

bolshy ['bɔlʃi], *adj. F:* störrisch.

bolster ['bəulstər], *s.* (*a*) Kissen *n;* (*wedge-shaped*) Keilkissen *n;* (*round*) Schlummerrolle *f;* (*b*) *Tchn:* Unterlage *f.*

bolt [bəult]. I. *s.* 1. (*of door*) Riegel *m;* (*of rifle*) Schloß *n.* 2. *E:* Bolzen *m.* 3. a b. from the blue, ein Blitz aus heiterem Himmel. 4. to make a b. for it, sich davonmachen. II. *v.* 1. *v.i.* (*of pers.*) abhauen; (*of horse*) durchgehen. 2. *v.tr.* (*a*) (sein Essen) herunterschlingen; (*b*) (eine Tür) verriegeln; (*c*) (etwas) verschrauben (to sth., an etwas *acc*). III. *adv.* b. upright, kerzengerade.

bomb [bɔm]. I. *s.* Bombe *f;* to drop bombs, Bomben werfen; *Av:* b. rack, Bombenträger *m;* b. disposal, (i) (*removal*) Bombenräumung *f;* (ii) (*exploding*) Bombensprengung *f.* II. *v.tr.* (*a*) *Av:* (etwas) (aus der Luft) bombardieren; (*b*) (auf ein Gebäude usw.) ein Bombenattentat machen. bom'bard, *v.tr.* (etwas) bombardieren, beschießen; *Fig:* to b. s.o. with questions, j-n mit Fragen bestürmen. bom'bardment, *s.* Bombardierung *f;* Beschuß *m.* 'bomber, *s.* (*aircraft*) Bomber *m;* (*pers.*) Bombenleger *m.* 'bombing, *s.* (*a*) Bombardierung *f* (aus der Luft); (*b*) Bombenattentat *n* (auf ein Gebäude usw.). 'bombshell, *s. F:* this was a b. to us all, wir waren alle vom Schlag getroffen.

bombastic [bɔm'bæstik], *adj.* (*of style*) geschwollen, schwülstig.

bona fide ['bəunə'faidi], *adj.* echt; a b. f. offer, ein seriöses Angebot.

bond [bɔnd]. I. *s.* 1. (*a*) Fessel *f;* Band *n;* bonds of friendship, Freundschaftsbande *npl;* (*b*) *Tchn:* Bindung *f.* 2. (*obligation*) Verpflichtung *f; Fin:* Obligation *f; Jur:* Kaution *f;* Bürgschaft *f.* 3. *Com:* (*of goods*) to be in b., unter Zollverschluß stehen. II. *v.tr.* (etwas) festkleben (to sth., an etwas *acc*). 'bondage, *s.* Knechtschaft *f;* Sklaverei *f.*

bone [bəun]. I. *s.* 1. Knochen *m;* (*of fish*) Gräte *f; Fig:* b. of contention, Zankapfel *m;* to have a b. to pick with s.o., mit j-m ein Hühnchen zu rupfen haben; I feel it in my bones, ich spüre es in den Knochen; to make no bones about doing sth., etwas ohne weiteres machen; keine Bedenken haben, etwas zu tun; *attrib.* b. china, feines Porzellan *n;* b. dry, knochentrocken; b. idle, stinkfaul. 2. *pl.* (*of the dead*) Gebeine *npl.* II. *v.tr.* (Fleisch) vom Knochen lösen; (einen Fisch) entgräten. 'bonehead, *s. F:* Dumm-

kopf *m.* 'boneless, *adj.* ohne Knochen; (*of fish*) ohne Gräten. 'boneshaker, *s. F:* (*car*) Klapperkiste *f.* 'bony, *adj.* 1. (*of face etc.*) knochig; (*of pers., animal*) mager, ausgemergelt. 2. (*of meat*) voller Knochen; (*of fish*) voller Gräten.

bonfire ['bɔnfaiər], *s.* Feuer *n* (im Freien); (*as celebration*) Freudenfeuer *n.*

bonnet ['bɔnit], *s.* 1. *Cl:* Haube *f.* 2. *Aut:* Motorhaube *f,* Kühlerhaube *f.*

bonus, *pl.* -uses ['bəunəs, -əsiz], *s.* Bonus *m;* (*on savings*) Prämie *f;* (*on shares*) Sonderdividende *f;* cost of living b., Teuerungszulage *f; Ins:* no claims b., Schadenfreiheitsrabatt *m.*

boo[bu:]. I. *int.* huh! buh! II. *v.* 1. *v.tr.* (j-n, etwas) auspfeifen. 2. *v.i.* buh machen.

booby ['bu:bi], *s.* Trottel *m;* b. prize, Trostpreis *m* (für den Letztplazierten usw.); *Mil:* b. trap, getarnte Todesfalle *f.*

book [buk]. I. *s.* 1. (*a*) Buch *n;* the good b., die Bibel; (by) b. post, als Büchersendung; b. trade, Buchhandel *m; Fig:* in my b., nach mir/meiner Erfahrung; it's a closed b. to him, er kennt sich darin nicht aus; (*b*) *Mus:* Textbuch *n* (eines Musicals). 2. (*a*) exercise b., Schulheft *n;* (*b*) *pl. Com:* to keep the books, die Bücher führen; *F:* to be in s.o.'s bad books, bei j-m schlecht angeschrieben sein; (*c*) b. of tickets, Block *m* Karten; b. of matches, Streichholzheftchen *n.* II. *v.tr.* (*a*) (j-n) (als Sprecher usw.) verpflichten; (*b*) (ein Zimmer, Taxi usw.) bestellen, buchen; (eine Fahrkarte) lösen; *Aut: F:* to be booked for speeding, ein Strafmandat wegen zu schnellen Fahrens bekommen. 'bookable, *adj.* vorbestellbar; (*of tickets*) im Vorverkauf erhältlich. 'bookbinder, *s.* Buchbinder *m.* 'bookbinding, *s.* Buchbinderei *f.* 'bookcase, *s.* Bücherregal *n.* 'bookend, *s.* Buchstütze *f.* 'bookie, *s. F:* Buchmacher *m.* 'booking, *s.* (*a*) Buchung *f;* (*b*) *Th: etc:* Vorverkauf *m,* Vorbestellung *f;* b. clerk, *Rail: etc:* Schalterbeamte(r) *m;* b. office, *Rail:* Fahrkartenschalter *m; occ.Th:* Theaterkasse *f.* (*c*) (*of artist*) Verpflichtung *f.* 'bookish, *adj.* (*of pers.*) voll Buchwissen. 'book-keeper, *s.* Buchhalter *m.* 'book-keeping, *s.* Buchhaltung *f.* 'booklet, *s.* Broschüre *f;* Heft *n.* 'bookmaker, *s.* Buchmacher *m.* 'bookmark, *s.* Lesezeichen *n.* 'bookseller, *s.* Buchhändler *m;* (secondhand) b., Antiquar *m.* 'bookshelf, *s.* Bücherregal *n;* (*single shelf*) Bücherbord *n.* 'bookshop, *s.* Buchhandlung *f.* 'bookstall, *s.* Bücherstand *m;* (*on station*) Zeitungskiosk *m.* 'bookworm, *s.* Bücherwurm *m.*

boom[1] [bu:m], *s.* 1. (*a*) *Nau:* Baum *m* (eines Segelboots); Ausleger *m* (eines Ladebaums); (*b*) Galgen (für eine Kamera usw.). 2. (*across river, harbour*) Sperre *f.*

boom[2] [bu:m]. I. *s.* 1. (*of guns etc.*) Dröhnen *n;* (*of wind, organ*) Brausen *n.* 2. *Fin:* Hochkonjunktur *f; St.Exch:* Hausse *f;* to be enjoying a b., sich großer Beliebtheit erfreuen. II. *v.i.* (*a*) (*of guns etc.*) dröhnen; (*of wind, organ etc.*) brausen; (*b*) *Com:* (*of business*) blühen.

boomerang ['bu:məraŋ], *s.* Bumerang *m.*

boon [bu:n], *s.* Segen *m.*

boor ['buər], s. Lümmel m. 'boorish, adj. lümmelhaft.

boost [bu:st]. **I.** v.tr. (a) (etwas) fördern, Econ: ankurbeln; (b) E: El: (den Druck, die Spannung) erhöhen; (ein Signal) verstärken. **II.** s. (a) Auftrieb m; **to give s.o., sth. a b.,** j-m, etwas dat Auftrieb geben; (b) I.C.E: Ladedruck m (eines Kompressors); (c) El: Verstärkung f (eines Signals). 'booster, s. 1. El: Verstärker m; **b. charge,** kurze, starke Aufladung f. 2. Med: Nachimpfung f. 3. **b. (rocket),** Startrakete f.

boot [bu:t]. **I.** s. 1. Stiefel m; **b. polish,** Stiefelwichse f; Fig: **the b. is on the other foot,** es ist gerade umgekehrt; F: **to get the (order of the) b.,** rausgeschmissen werden. 2. Aut: Kofferraum m. **II.** v.tr. F: **to b. s.o. out,** j-n rausschmeißen. **boo'tee,** s. (baby's) Babyschuh m; (lady's) Stiefelette f. 'bootlace, s. Schnürsenkel m. **boots,** s. (in hotel) Hausdiener m.

booty ['bu:ti], s. Beute f; (of war) Kriegsbeute f.

booze [bu:z]. **I.** s. P: Alkohol m. **II.** v.i. P: saufen. 'boozer, s. P: 1. (pers.) Säufer m. 2. (pub) Kneipe f.

border ['bɔ:dər]. **I.** s. 1. Grenze f (eines Landes); Rand m (einer Wiese usw.). 2. (a) Cl: Kante f; (sewn on) Einfassung f; (b) **flower b.,** Blumenrabatte f. **II.** v.i. grenzen (**on sth.,** an etwas acc). 'borderline, s. Grenzlinie f; **b. case,** Grenzfall m, Zweifelstall m.

bore¹ [bɔ:r]. **I.** v.tr. & i. (ein Loch usw.) bohren; **to b. through sth.,** etwas durchbohren; **to b. for water/oil,** nach Wasser/Öl bohren. **II.** s. Sm.a: Artil: Kaliber n (einer Feuerwaffe); E: lichte Weite f, Durchmesser m (eines Rohres); I.C.E: etc: Bohrung f (eines Zylinders). 'borehole, s. Min: Bohrloch n.

bore² [bɔ:r]. **I.** v.tr. (j-n) langweilen; **to be bored (stiff/to death),** sich (zu Tode) langweilen. **II.** s. (a) langweiliger Mensch m; (b) F: **it's a (dreadful) b.,** es ist (stink)langweilig. 'boredom, s. Langeweile f. 'boring, adj. langweilig.

bore³ [bɔ:r], s. Flutwelle f (im Fluß).

born [bɔ:n]. **I.** (p.p. of **to bear**) geboren; **he was b. in 1970,** er wurde 1970 geboren. **II.** adj. **a b. poet,** ein geborener Dichter; **a Londoner b. and bred,** ein waschechter Londoner; **to the manner b.,** perfekt, sehr gekonnt.

borough ['bʌrə], s. Stadtgemeinde f; (in city) Bezirk m.

borrow ['bɔrəu], v.tr. **to b. sth. from s.o.,** etwas von j-m borgen; **to b. a book from the library,** ein Buch aus der Bibliothek ausleihen; **can I b. this?** kann ich mir das leihen? **borrowed money,** geliehenes Geld. 'borrower, s. Entleiher m. 'borrowing, s. Entleihen n, Borgen n.

bosom ['buzəm], s. Busen m.

boss [bɔs]. **I.** s. F: **the b.,** der Chef; Pol: **party b.,** Parteibonze m. **II.** v.tr. F: **to b. s.o. around,** j-n herumkommandieren. 'bossy, adj. F: herrisch; **she's very b.,** sie kommandiert einen gern herum.

bosun ['bəusn], s. Nau: Bootsmann m.

botany ['bɔtəni], s. Botanik f. **bo'tanical** [-'tænikl], adj. botanisch. 'botanist, s. Botaniker(in) m(f).

botch [bɔtʃ], v.tr. F: (a) (eine Arbeit) verpfuschen; (b) **to b. sth. up,** etwas schlecht und recht flicken.

both [bəuθ]. **I.** adj. & pron. beide; beides; **b. (of) their children,** ihre beiden Kinder; **they b. came,** sie sind (alle) beide gekommen; **music or painting? I like them b.,** Musik oder Malerei? ich mag beides. **II.** adv. **b. you and I,** wir beide; **she b. attracts me and repels me,** sie zieht mich an und stößt mich gleichzeitig ab; **I am fond of music b. ancient and modern,** ich habe sowohl alte als auch moderne Musik gern.

bother ['bɔðər]. **I.** v. 1. v.tr. (j-n) belästigen; **that doesn't b. him,** das stört ihn nicht; **don't b. me!** laß mich in Ruhe! **I can't be bothered (to do it),** das ist mir zu viel Mühe; **b. (it)!** verdammt! zum Kuckuck! 2. v.i. **to b. about s.o., sth.,** sich um j-n, etwas acc kümmern; **he doesn't b. about anything,** er kümmert sich um nichts; (worry) er macht sich um nichts Gedanken; **don't b.!** mach dir keine Mühe! **II.** s. Mühe f. 'bothered, adj. **hot and b.,** in Aufregung versetzt; **she isn't b.,** das bringt sie nicht aus der Ruhe.

bottle ['bɔtl]. **I.** s. 1. Flasche f; **b. opener,** Flaschenöffner m; **a b. of wine,** eine Flasche Wein; **(baby's) b.,** Babyflasche f; **b. bank,** Altglascontainer m; **b. party,** Party, zu der jeder eine Flasche mitbringt; **b. rack,** Flaschengestell n. 2. (for fruit) Einmachglas n. 3. **hot water b.,** Wärmflasche f. **II.** v.tr. (etwas) in Flaschen abfüllen; (Obst) einmachen. 'bottling, s. Abfüllen n (in Flaschen); (of fruit etc.) Einmachen n. 'bottle-feed, v.tr. (ein Baby) mit der Flasche aufziehen. 'bottleneck, s. 1. Flaschenhals m. 2. Fig: Engpaß (auf einer Straße, in der Versorgung usw.). 'bottle 'up, v.tr. (Gefühle, Zorn) unterdrücken; **bottled up hatred,** aufgespeicherter Haß.

bottom ['bɔtəm]. **I.** s. 1. (a) Fuß m (eines Hügels, der Treppe, einer Druckseite usw.); (b) Grund m (eines Flusses); Boden m (einer Tasse usw.); **b. of the sea,** Meeresgrund m; **at/on the b.,** unten; **at the b. of the garden,** am hinteren Ende des Gartens; (of ship) **to go to the b.,** sinken; **from top to b.,** von oben bis unten; Fig: **at b., he is not a bad fellow,** im Grunde (genommen) ist er kein so übler Bursche; **we must get to the b. of it,** wir müssen der Sache auf den Grund gehen; (of pers.) **to be at the b. of sth.,** hinter etwas dat stecken; **to be at the b. of a mystery,** hinter ein Geheimnis kommen. 2. **to knock the b. out of an argument,** ein Argument vernichten; Fin: **the b. has fallen out of the market,** der Markt ist zusammengebrochen. 3. Anat: F: Hintern m. **II.** adj. unterste; **b. drawer,** unterste Schublade; Fig: Brautausstattung f; Aut: **b. gear,** erster Gang; Sch: **he is b. in French,** er ist der Schlechteste in Französisch. 'bottomless, adj. bodenlos, ohne Boden; Fig: unergründlich.

bough [bau], s. A: & Lit: Ast m.

boulder ['bəuldər], s. (runder) Felsblock m.

bounce [bauns]. **I.** v. 1. v.i. springen; (a) (of ball etc.) (up) aufprallen; (back) zurückprallen; (b) (of pers.) **to b. in,** hereinhüpfen; (c) F: **his cheque bounced,** sein Scheck platzte. 2. v.tr. (a) (einen Ball) aufprallen lassen; (b) N.Am: F: (j-n) rausschmeißen. **II.** s. 1. Sprung m; (of ball) Aufprall m; Rückprall m. 2. (of pers.) F: Schwung m. 'bouncer, s. F: esp. N.Am:

Rausschmeißer m. ´**bouncing,** adj. (a) zurück-
prallend; (b) (of pers.) munter; **a b. baby,** ein
strammes Baby. ´**bouncy,** adj: F: gut spring-
end; (bumpy) munter holpernd; Fig: (of pers.)
bound[1] [baund], s. (usu.pl.) Grenze f; P.N: **out
of bounds,** Betreten verboten; Fig: **to keep ex-
penditure** etc. **within bounds,** Ausgaben usw. in
Grenzen halten. ´**boundless,** adj. unbegrenzt;
grenzenlos.
bound[2] [baund], adj. unterwegs **(for,**
nach + dat); **homeward b.,** auf der Heimreise;
a ship b. for China, ein Schiff nach China;
where are you b. for? wohin fahren Sie?
bound[3] [baund]. **I.** s. Sprung m; **with a b.,** mit
einem Satz; **by leaps and bounds,** sprunghaft.
II. v.i. (of pers etc.) **to b. along,** dahinhüpfen.
bound[4] [baund], adj. **he's b. to be late,** er
kommt sicher/garantiert zu spät; **it was b. to
happen,** es mußte so kommen; see also **bind.**
boundary [´baund(ə)ri], s. Grenze f; **b. line,**
Grenzlinie f.
bounty [´baunti], s. (a) (generosity) Freige-
bigkeit f; (b) (gift) Spende f. ´**bountiful,** adj.
freigebig.
bouquet [bu´kei], s. 1. Bukett n, Blumenstrauß
m. 2. Blume f (des Weins).
bout [baut], s. 1. Sp: Runde f; Box: Kampf m.
2. (illness) Anfall m; **b. of coughing,** Husten-
anfall m.
bow[1] [bəu], s. 1. Mus: & Archery: Bogen m;
Fig: **to have more than one string to one's b.,**
mehrere Eisen im Feuer haben. 2. (knot)
Schleife f. 3. **b. window,** (abgerundetes) Erker-
fenster n. ´**bow-´legged,** adj. O-beinig. ´**bow-
´tie,** s. Querbinder m; F: Fliege f.
bow[2] [bau]. **I.** s. Verbeugung f; Th: **to take a b.,**
vor den Vorhang kommen; Fig: **to make one's
b.,** sich vorstellen. **II.** v. 1. v.i. sich verbeugen;
Fig: **to b. to s.o.'s wishes,** sich j-s Wünschen
fügen. 2. v.tr. (den Kopf) neigen; Lit: (das
Knie) beugen.
bow[3] [bau], s. Nau: (often pl.) Bug m; **b. wave,**
Bugwelle f.
bowel [´bauəl], s. Anat: usu. pl. **bowels,** Darm m;
b. movement, Stuhlgang m; Fig: **in the bowels
of the earth,** im Inneren der Erde.
bowl[1] [bəul], s. (a) Schüssel f; (small, shallow)
Schale f; (for animal) Napf m; (b) Kopf m
(einer Pfeife); Laffe f (eines Löffels).
bowl[2] [bəul]. **I.** v. 1. v.tr. (a) Bowls: (eine Kugel)
schieben; (b) Cricket: (i) (den Ball) werfen; (ii)
(j-n) verabschieden. 2. v.i. (a) Cricket: den Ball
werfen; (b) (of car) **to b. along,** dahinrollen. **II.**
s. Kugel f. ´**bowler**[1], s. 1. Bowlsspieler m. 2.
Cricket: Werfer m. ´**bowling,** s. 1. (a) Bowls-
spiel n; (b) N.Am: Kegelschieben n; **b. alley,**
Kegelbahn f. 2. Cricket: Werfen n des Balles.
´**bowl ´over,** v.tr. (j-n, etwas) umwerfen.
bowls, s. Sp: Bowlsspiel n.
bowler[2] [´bəulər], s. **b. (hat),** Melone f.
box[1] [bɔks], s. Bot: Buchsbaum m. ´**boxwood,**
s. Buchsbaumholz n.
box[2] [bɔks], s. 1. Schachtel f; (small wooden or
metal) Kasten m; (large wooden) Kiste f;
(cardboard) Karton m; **b. camera,** Box f; F:
van, Kastenwagen m; (in advertisement) **b.
number,** Chiffre f; **P.O. Box,** Postfach n; **the
whole b. of tricks,** der ganze Zauberkasten; F:

(TV) **the b.,** die Flimmerkiste; **to watch the b.,**
in die Röhre schauen. 2. (a) Th: Loge f; (b) (in
stable) Box f; (c) Jur: **witness b.,** Zeugenstand
m. ´**boxful,** s. Schachtel f (voll). ´**Boxing
Day,** s. zweiter Weihnachtstag m. ´**box-
office,** s. Th: etc: Kasse f. ´**box-room,** s.
Abstellraum m; F: Rumpelkammer f. ´**box-
´spanner,** s. Tls: Steckschlüssel m.
box[3] [bɔks]. **I.** s. **b. on the ear,** Ohrfeige f. **II.** v.
1. v.tr. **to b. s.o.'s ears,** j-n ohrfeigen. 2. v.i.
boxen. ´**boxer**[1], s. Boxer m. ´**boxing,** s.
Boxen n; **b. gloves,** Boxhandschuhe mpl; **b.
match,** Boxkampf m.
boxer[2] [´bɔksər], s. (dog) Boxer m.
boy [bɔi], s. 1. (a) Junge m; **b. scout,** Pfadfinder
m; **when I was a b.,** als ich noch jung war; F:
my dear b.! mein Lieber! **oh b.!** Mensch! (b) **old
b.,** (i) F: alter Kerl m; (ii) Sch: ehemaliger Schü-
ler m; (c) (son) Sohn m; (d) (errand) **b.,**
Laufbursche m; **newspaper b.,** Zeitungsjunge
m. ´**boyfriend,** s. Freund m. ´**boyhood,** s.
Knabenalter n; Jugend f. ´**boyish,** adj. jun-
genhaft; (esp. of girl) knabenhaft.
boycott [´bɔikɔt]. **I.** v.tr. (j-n, etwas) boykottie-
ren. **II.** s. Boykott m.
bra [brɑ:], s. Büstenhalter m, F: BH m.
brace [breis]. **I.** s. 1. (a) Constr: etc: Strebe f;
(support) Stütze f; (b) Dent: Regulierung f,
Zahnspange f; Typ: geschlungene Klammer f. 2.
pl. Cl: Hosenträger mpl. 3. Tls: **b. (and bit),**
Brustbohrer m. 4. par n (von Fasanen usw.).
II. v.tr. (a) (etwas) stützen, versteifen; (b) (j-n)
stärken; **to b. oneself for sth.,** sich auf etwas
acc gefaßt machen. ´**bracing. I.** adj. **b.
climate,** Reizklima n. **II.** s. Abstützung f.
bracelet [´breislit], s. Armband n.
bracken [´bræk(ə)n], s. Bot: Farnkraut n.
bracket [´brækit]. **I.** s. 1. E: Träger m; Constr:
Konsole f; **(wall) b.,** Wandarm m. 2. (a) Typ:
Klammer f; **round/square brackets,** runde/
eckige Klammern; (b) Adm: **the middle income
b.,** die mittlere Einkommensklasse. **II.** v.tr.
(p.p. **bracketed**) (a) (einen Ausdruck usw.) in
Klammern setzen; (Zahlen) einklammern; (b)
to b. (together) different items, Verschiedenes
in dieselbe Gruppe einordnen.
brackish [´brækiʃ], adj. (of water) brackig.
bradawl [´brædɔ:l], s. Tls: Ahle f.
brae [brei], s. Scot: Hang m.
brag [bræg], v.i. (p. & p.p. **bragged**) prahlen
(about sth., mit etwas dat). ´**bragging. I.** adj.
prahlerisch. **II.** s. Prahlen n. ´**braggart,** s.
A: (pers.) Aufschneider m, Prahler m.
braid [breid], s. Borte f; Mil: **gold b.,** goldene
Tresse f.
braille [breil], s. Blindenschrift f.
brain [brein]. **I.** s. (a) Anat: Gehirn n; F: **he's
got it on the b.,** das ist bei ihm eine Zwangs-
vorstellung; Med: **b. damage,** Gehirnschaden
m; Cu: **calves' brains,** Kalbshirn n; (b) **b.
drain,** Abwanderung f der Intelligenz; **to rack
one's brain(s),** sich dat den Kopf zerbrechen; **he
has brains,** er ist ein kluger Kopf. **II.** v.tr. **to b.
s.o.,** j-m den Schädel einschlagen. ´**brain-
child,** s. Geistesprodukt n. ´**braininess,** s.F:
Intelligenz f. ´**brainless,** adj. geistlos, stupide.
´**brainwash,** v.tr. (j-n) einer Gehirnwäsche
unterziehen. ´**brainwashing,** s. Gehirnwäsche

f. 'brainwave, *s.* Geistesblitz *m.* 'brain-
work, *s.* Geistesarbeit *f.* 'brainy, *adj. F:*
gescheit.
braise [breiz], *v.tr. Cu:* (Fleisch) schmoren;
braised beef, Schmorbraten *m.*
brake [breik]. I. *s. Veh:* Bremse *f;* b. fluid,
Bremsflüssigkeit *f;* b. drum, Bremstrommel *f;*
b. lining, Bremsbelag *m;* b. shoe, *Aut:*
Bremsbacke *f; Rail: etc:* Bremsschuh *m;* to put
on/apply the brakes, bremsen; *Mec.E:* b. horse-
power, Bremsleistung *f;* (*with figure*) PS. II.
v.tr & i. bremsen. 'braking, *s.* Bremsen *n;* b.
distance, Bremsweg *m.*
bramble ['bræmbl], *s.* Brombeerstrauch *m.*
bran [bræn], *s.* Kleie *f.*
branch [brɑːn(t)ʃ]. I. *s.* 1. Ast *m* (eines Baumes).
2. (*a*) Arm *m* (eines Flusses); *Rail: etc:* b.
(line), Nebenlinie *f;* (*b*) Zweig *m,* Linie *f* (einer
Familie); (*c*) *Com:* Filiale *f,* Zweignieder-
lassung *f* (einer Firma). II. *v.i.* to b. out, neue
Wege gehen; *Com:* in eine neue Branche
einsteigen; (*of road etc.*) to b. (off), abzweigen.
brand [brænd]. I. *s.* 1. (*torch*) Brandfackel *f.* 2.
(*a*) (*mark*) Brandmal *n;* (*b*) (*iron*) Brandeisen
n. 3. (*a*) *Com:* Marke *f;* b. loyalty, Marken-
treue *f;* (*b*) Sorte *f;* a special b. of humour, eine
besondere Art Humor. II. *v.tr.* (*a*) (einem Tier)
ein Zeichen einbrennen; (*b*) to b. s.o. as a liar,
j-n zum Lügner stempeln. 'branded, *adj.* (*a*)
(*of pers.*) gebrandmarkt; (*b*) b. goods, Mar-
kenartikel *mpl.* 'branding, *s.* Brandmarken *n.*
'brand(-)'new, *adj.* nagelneu.
brandish ['brændiʃ], *v.tr.* (etwas) (hin und her)
schwingen.
brandy ['brændi], *s.* Weinbrand *m;* (*French*)
Kognak *m.*
brass [brɑːs], *s.* 1. Messing *n; F: esp. Mil:* the
top b., die hohen Tiere. 2. *coll.* (*a*) Messingge-
genstände *mpl;* (*b*) *Mus:* the b., die Blech-
bläser *mpl;* (*c*) (*in church*) beschriftete Grab-
platte aus Messing. 3. *F: North Brit:* (*money*)
Pinke *f.* 4. *attrib. F:* to get down to b. tacks,
zur Sache kommen. 'brassy, *adj.* (*a*) (*of
sound*) blechern; (*b*) (*of pers.*) frech.
brassiere ['bræsiɛər], *s.* Büstenhalter *m.*
brat [bræt], *s. F:* Balg *m & n.*
bravado [brə'vɑːdəu], *s.* (zur Schau getragene)
Kühnheit *f;* (*showing off*) Angeberei *f.*
brave [breiv]. I. *adj.* mutig, tapfer. II. *v.tr.*
(etwas *dat*) mutig entgegentreten; to b. the
storm, sich in den Sturm hinauswagen. 'bra-
very, *s.* Mut *m,* Tapferkeit *f.*
bravo [brɑː'vəu], *int.* bravo!
brawl [brɔːl]. I. *s.* Rauferei *f,* Handgemenge *n.*
II. *v.i.* zanken; raufen. 'brawler, *s.* Zänker *m,*
Raufer *m.*
brawn [brɔːn], *s.* 1. Muskelkraft *f.* 2. *Cu:* Sülze
f. 'brawny, *adj.* (*of pers.*) kräftig.
bray [brei], *v.i.* (*of trumpet*) schmettern; (*of
donkey*) iahen.
braze [breiz], *v.tr.* (etwas) hartlöten. 'brazen,
adj. 1. ehern. 2. (*of pers.*) unverschämt, frech.
'brazier, *s.* Kohlenbecken *n.*
Brazil [brə'zil]. *Pr.n. Geog:* Brasilien *n;* B. nut,
Paranuß *f.* Brazilian [brə'ziljən]. I. *adj.* bra-
silianisch. II. *s.* Brasilianer(in) *m(f).*
breach [briːtʃ], *s.* 1. Bruch *m* (eines Vertrages,
des Versprechens usw.); Verstoß *m* (gegen

Vorschriften usw.); *Jur:* b. of the peace, Frie-
densbruch *m.* 2. Bresche *f* (in einer Mauer);
Fig: Bruch *m* (zwischen Freunden); to step into
the b., in die Bresche treten.
bread [bred], *s.* (*a*) Brot *n;* a loaf of b., ein
(Laib) Brot; b. and butter, Butterbrot *n; Fig:* to
earn one's b. and butter, sich *dat* sein Brot
verdienen; b. and butter letter, Dankbrief *m;* he
knows which side his b. is buttered, er weiß, wo
sein Vorteil liegt; (*b*) *attrib.* b. basket, (i)
Brotkorb *m;* (ii) *F:* Bauch *m;* b. bin, Brot-
kasten *m; Cu:* b. sauce, Brotsoße *f.* 'bread-
crumbs, *s.pl.* Brotkrümel *mpl; Cu:* Semmel-
brösel *mpl.* 'breadwinner, *s.* Brotverdiener *m.*
breadth [bredθ], *s.* 1. Breite *f;* the pond is three
metres in b., der Teich hat eine Breite von drei
Metern. 2. Weite *f* (der Sicht, *Fig:* des Hori-
zonts).
break [breik]. I. *s.* 1. Bruch *m;* (*a*) (*gap*) Riß *m*
(in den Wolken); Lücke *f* (in einer Folge); (*b*)
(*interruption*) Unterbrechung *f* (einer Reise,
einer Sendung usw.); to work without a b.,
ohne Pause arbeiten; to make a clean b., neu
anfangen; (*b*) b. in the weather, Wettersturz
m; (*c*) *F:* lucky b., Glücksfall *m;* give him a b.,
(i) gib ihm eine Chance; (ii) laß ihn in Ruhe. 2.
(*a*) *Sch: etc:* Pause *f;* the coffee b., die Kaffee-
pause; (*b*) you need a b., du brauchst Urlaub;
weekend b., Wochenendurlaub *m.* 3. b. of day,
Tagesanbruch *m.* 4. gaol b., Ausbruch *m* aus
dem Gefängnis. II. *v.* (*p.* broke [brəuk], *p.p.*
broken ['brəuk(ə)n]). 1. *v.tr.* (*a*) (ein Bein,
einen Stock usw.) brechen; (eine Tasse
usw.) zerbrechen; (ein Spielzeug usw.)
kaputtmachen; to b. sth. in two, etwas
entzweibrechen; to b. one's arm, sich *dat* den
Arm brechen; (*b*) to b. (out of) gaol, aus dem
Gefängnis ausbrechen; *Av:* to b. the sound
barrier, die Schallmauer durchbrechen; (*c*)
(*interrupt*) (eine Reise, einen Stromkreis) unter-
brechen; the tree broke his fall, sein Fall wurde
vom Baum gebremst; (*d*) *Fig:* to b. s.o.'s heart,
j-m das Herz brechen; to b. s.o., (*financially*)
j-n ruinieren; (*psychologically*) j-n geistig ver-
nichten; this will make or b. him, das ist für ihn
die entscheidende Probe; to b. new ground,
Neuland betreten; *Gaming:* to b. the bank, die
Bank sprengen; (*b*) to b. the law, gesetzwidrig
handeln; to b. one's promise, sein Versprechen
nicht halten; (*f*) I will b. him of the habit, ich
werde ihm das abgewöhnen; (*g*) b. it to
her gently, bring es ihr schonend bei. 2.
v.i. brechen; (*a*) (*of glass etc.*) zerbrechen; (*of
rope etc.*) zerreißen; (*b*) (*of waves*) sich
brechen; (*of clouds*) sich teilen; (*c*) (*of voice*)
mutieren; (*with emotion*) versagen; his voice is
breaking, er ist im Stimmbruch; (*d*) (*of
weather*) umschlagen; (*e*) (*of pers.*) to b. with
s.o., mit j-m brechen; (*f*) (*of storm*)
losbrechen; (*of day*) anbrechen; (*g*) to b. into
a house, in ein Haus einbrechen; to b. into
laughter, in Gelächter ausbrechen. 'break-
able, *adj.* zerbrechlich. 'breakage, *s.* Bruch
m; to pay for breakages, den Bruchschaden
bezahlen. 'break a'way, *v.* 1. *v.tr.* (etwas)
abbrechen. 2. *v.i.* (*of rock etc.*) losbrechen; (*of
pers.*) sich losreißen; *Pol:* (*of group*) sich los-
sagen; *Pol:* b.-a. group, Splitterpartei *f.* 'break

'down, v. 1. v.tr. (a) (eine Tür) einbrechen; (Widerstand) brechen; (b) (etwas) (in Kategorien) aufteilen; Ch: (eine Verbindung) (in Moleküle) spalten. 2. v.i. (a) (of pers., system) zusammenbrechen; (of plan, negotiations) scheitern; (b) (of machine) versagen; (of car) eine Panne haben. **'breakdown,** s. 1. (a) Zusammenbruch m; **(nervous) b.,** Nervenzusammenbruch m; (b) Scheitern n (der Verhandlungen usw.); (c) Versagen n (einer Maschine); Aut: Panne f; **b. lorry,** Abschleppwagen m. 2. Aufgliederung f (in Kategorien); Ch: Spaltung f; Analyse f. **'breaker,** s. 1. (wave) Brecher m, Sturzwelle f. 2. (pers.) Verschrotter m; (dealer) Schrotthändler m. **'break 'even,** v.i. Com: seine Kosten decken. **'break 'in,** v. 1. v.tr. (a) (eine Tür usw.) einbrechen; (b) (ein Pferd) zureiten; **to b.** oneself **in to a new job,** sich in eine neue Stelle einarbeiten. 2. v.i. **to b. in(to a house),** (in ein Haus) einbrechen; **to b. in on s.o.,** j-n unterbrechen. **'break-in,** s. Einbruch m. **'break 'loose,** v.i. sich losreißen. **'breakneck,** adj. **at b. speed,** in halsbrecherischem Tempo. **'break 'off,** v. 1. v.tr. (Verbindungen usw.) abbrechen; (eine Verlobung) lösen. 2. v.i. abbrechen. **'break 'open,** v.tr. (etwas) aufbrechen. **'break 'out,** v.i. ausbrechen. **'break 'through,** v.tr. & i. (durch etwas acc) durchbrechen. **'breakthrough,** s. Durchbruch m. **'break 'up,** v. 1. v.tr. (a) (etwas) zerbrechen, zerstören; (ein Material) zerkleinern; (b) (dismantle) (ein Auto usw.) auseinandernehmen; (scrap) (ein Auto, ein Schiff) verschrotten; (c) (eine Menge) auseinandertreiben; (einen Kampf) abbrechen; F: **b. it up!** hört auf! 2. v.i. (a) (of marriage) scheitern; (of empire, crowd) sich auflösen; (b) (of couple) sich trennen; (c) (of school) in die Ferien gehen; (d) (of weather) umschlagen. **'breakwater,** s. Buhne f.

breakfast ['brekfəst]. I. s. Frühstück n; **to have b.,** frühstücken. II. v.i. frühstücken.

breast [brest], s. 1. Brust f; Fig: **to make a clean b. of sth.,** etwas offen zugeben. 2. Cl: **b. pocket,** Brusttasche f; Swim: **b. stroke,** Brustschwimmen n. **'breast-'feed,** v.tr. (ein Kind) stillen.

breath [breθ], s. 1. Atem m; **a b.,** ein Atemzug m; **to hold one's b.,** den Atem anhalten; **to gasp for b.,** nach Atem ringen; **to take a deep b.,** tief Atem holen; **all in the same b.,** in einem Atemzug; **to waste one's b.,** in den Wind reden; **out of b.,** außer Atem, atemlos; **it took my b. away,** es verschlug mir den Atem; **to speak under one's b.,** leise sprechen, (whisper) flüstern. 2. **b. of air,** Lufthauch m; **to go out for a b. of air,** frische Luft schöpfen gehen. **'breathalyse,** v.tr. F: (j-n) (ins Röhrchen) pusten lassen. **'breathalyser,** s. F: Röhrchen n; **b. test,** Promilletest m. **'breathless,** adj. atemlos, außer Atem; **b. silence,** atemlose Stille.

breathe [bri:ð], v. 1. v.i. atmen; **to b. in/out,** einatmen/ausatmen. 2. v.tr. **to b. a sigh of relief,** erleichtert aufatmen; **to b. one's last,** seinen letzten Atemzug tun; **don't b. a word of it!** verrate kein Sterbenswort davon! **'breather,** s. F: Verschnaufpause f; **to go out for a b.,** an die

Luft gehen. **'breathing,** s. Atmen n; **b. apparatus,** Sauerstoffgerät n; **b. space,** Atempause f.

breech [bri:tʃ], s. 1. Cl: (pair of) breeches, Kniehose f; Nau: **breeches buoy,** Hosenboje f. 2. Artil: **b. loader,** Hinterlader m. 3. Obst: **b. delivery,** Steißgeburt f.

breed [bri:d]. I. v. (p. & p.p. **bred** [bred]) 1. v.tr. (a) (Tiere) züchten; (b) Fig: (Gewalt, Haß usw.) hervorrufen. 2. v.i. sich vermehren. II. s. Rasse f; Fig: (of people) Menschenschlag m. **bred,** adj. country-b., auf dem Land aufgewachsen; **well b.,** gut erzogen. **'breeder,** s. 1. Agr: Züchter m. 2. Zuchttier n. 3. Atom. Ph: **b. reactor,** Brutreaktor m. **'breeding,** s. 1. Züchtung f; Zucht f; Fig: **b. ground,** Nährboden m. 2. Bildung f; **(good) b.,** (gute) Lebensart; F: gute Kinderstube f.

breeze [bri:z], s. 1. Brise f. **'breeze-block,** s. Constr: Schlackeziegel m. **'breezy,** adj. 1. (of day) windig. 2. (of pers., manner) laut und herzlich, lebhaft. **'breeziness,** s. lebhafte Herzlichkeit f.

brevity ['breviti], s. Kürze f.

brew [bru:]. I. s. also Pej: Gebräu n. II. v. 1. v.tr. (Bier) brauen; (Tee) kochen. 2. v.i. (a) (of tea) ziehen; (b) Fig: **there's a storm brewing,** ein Gewitter ist im Anzug; **there's something brewing,** es liegt etwas in der Luft. **'brewer,** s. Brauer m. **'brewery,** s. Brauerei f.

briar ['braiər], s. (a) Dornbusch m, Dornstrauch m; (b) pl. Dornen mpl; **b. rose,** Heckenrose f.

bribe [braib]. I. s. Bestechungsgeschenk n; (money) Schmiergeld n; **to take a b.,** sich bestechen lassen. II. v.tr. (j-n) bestechen. **'bribery,** s. Bestechung f.

brick [brik], s. (a) Ziegel m; (esp. red) Backstein m; F: **to drop a b.,** einen Schnitzer machen; **he came down on me like a ton of bricks,** er hat mich gehörig zusammengestaucht; (b) (child's) **box of bricks,** Baukasten m. **'bricklayer,** s. Maurer m. **'brick-'red,** adj. ziegelrot. **'brickwork,** s. Mauerwerk n. **'brickworks,** s. Ziegelei f.

bride [braid], s. Braut f; **the b. and groom,** das Brautpaar. **'bridal,** adj. Braut-; **b. veil,** Brautschleier m. **'bridegroom,** s. Bräutigam m. **'bridesmaid,** s. Brautjungfer f.

bridge¹ [bridʒ]. I. s. 1. Brücke f. 2. Nau: Kommandobrücke f. 3. (a) Mus: Steg m (einer Violine usw.); (b) Dent: Zahnbrücke f. 4. Anat: **b. of the nose,** Nasenrücken m. II. v.tr. (a) **to b. a river,** eine Brücke über einen Fluß schlagen; (b) Fig: (eine Schwierigkeit usw.) überbrücken; **to b. a gap,** eine Lücke füllen; Fin: **bridging loan,** Überbrückungskredit m. **'bridgehead,** s. Mil: Brückenkopf m.

bridge² [bridʒ], s. Cards: Bridge n.

bridle [braidl]. I. s. Zaum m; **b. path,** Reitweg m. II. v.tr. (ein Pferd) zäumen; Fig: (eine Leidenschaft usw.) in Zaum halten, zügeln.

brief [bri:f]. I. adj. kurz; **in b.,** kurz (gesagt); Tel: etc: **please be b.,** bitte fassen Sie sich kurz. II. s. 1. (a) Jur: Com: Instruktionen fpl; (b) Jur: (authorization) Vollmacht f; (case) Mandat n; Fig: **to hold no b. for s.o.,** j-n nicht zu verteidigen brauchen. 2. Cl: **briefs,** Slip m.

III. *v.tr.* (*a*) (einen Anwalt) mit der Vertretung beauftragen; (*b*) **to be s.o.**, j-m seine Instruktionen geben; *Av:* mit j-m einen Flugeinsatz besprechen. ´**briefcase**, *s.* Aktentasche *f.* ´**briefing**, *s.* **1.** Anweisung *f.* **2.** *Jur:* Instruktion *f; Av:* Einsatzbesprechung *f.* ´**briefness**, *s.* Kürze *f.*

brigade [bri´geid], *s. Mil:* Brigade *f.* **brigadier** [brigə´diər], *s. Mil:* Brigadegeneral *m.*

brigand [´brigənd], *s.* Bandit *m.*

bright [brait] *adj.* **1.** (*a*) hell; **b. light**, helles Licht; **b. eyes**, klare Augen; (*joyful*) leuchtende Augen; (*b*) (*of weather*) heiter; (*of colour*) leuchtend; **b. red**, leuchtend rot; *Fig:* **to look on the b. side**, die Sache(n) optimistisch be trachten. **2.** (*of pers.*) klug, gescheit; *F:* **a b. lad**, ein aufgeweckter Junge; **a b. idea**, ein guter/ kluger Einfall. ´**brighten**, *v.* **1.** *v.tr.* (etwas) aufhellen, heller machen. **2.** *v.i.* **to b. (up)**, (*of face*) aufleuchten; (*of weather, pers.*) sich aufheitern. ´**brightness**, *s.* (*a*) Helle *f;* Klarheit *f;* (*b*) (*of pers.*) Klugheit *f;* Aufgeweckheit *f* (eines Kindes).

brilliant [´briljənt], *adj.* glänzend; (*gifted*) hochbegabt; **(intellectually) b.**, geistreich. ´**brilliance**, *s.* (*a*) (*shine*) Glanz *m;* (*brightness*) Helligkeit *f;* (*b*) (*of pers.*) glänzendes Können *n;* (*talent*) hohe Begabung *f;* **(intellectual) b.**, hohe Intelligenz *f.*

brim [brim]. **I.** *s.* Rand *m;* (*of hat*) Krempe *f.* **II.** *v.i.* (*p. & p.p.* **brimmed**) **to b. over**, überfließen; **brimming with sth.**, randvoll mit etwas *dat.* ´**brim´ful**, *adj.* randvoll.

brine [brain], *s.* Salzwasser *n,* Sole *f.*

bring [briŋ], *v.tr.* (*p. & p.p.* **brought** [brɔ:t]) (*a*) (j-n, etwas) bringen (**to s.o.**, j-m); **to b. s.o. good luck**, j-m Glück bringen, **to b. sth. into being**, etwas ins Leben rufen; **to b. sth. to perfection**, etwas vervollkommnen; *Jur:* **to b. an action against s.o.**, j-n verklagen; *Fig:* **I cannot b. myself to do it**, ich kann es nicht über mich bringen; (*b*) (j-n, etwas) mitbringen; **I brought him all the way home**, ich brachte ihn den ganzen Weg mit nach Hause. ´**bring a´bout**, *v.tr.* (etwas) verursachen, (einen Vorgang) bewirken; **to b. about a change**, eine Änderung mit sich bringen. ´**bring a´long**, *v.tr.* (j-n) mitbringen. ´**bring a´way**, *v.tr.* (j-n, etwas) wegbringen; (einen Eindruck) mit sich bringen. ´**bring ´back**, *v.tr.* (j-n, etwas) zurückbringen; **to b. back memories**, Erinnerungen wachrufen. ´**bring ´down**, *v.tr.* (*a*) (j-n, etwas) herunterbringen; (*of storm*) (einen Baum usw.) umwerfen; (Obst) herunterwerfen; *Pol:* (eine Regierung usw.) stürzen; *Th:* **to b. down the house**, stürmischen Beifall ernten; (*b*) (den Preis) herabsetzen. ´**bring ´forward**, *v.tr.* (*a*) (etwas) nach vorn bringen; (*b*) (*time*) (einen Termin) vorverlegen; (*c*) *Com:* (einen Betrag) übertragen. ´**bring ´in**, *v.tr.* (*a*) (etwas, j-n) hereinbringen; (einen Sachverständigen, die Polizei usw.) einschalten; (*b*) *Com:* **to b. in interest**, Zinsen tragen; (*c*) (*introduce*) (eine Maßnahme) einführen; (*in conversation*) (etwas) anführen, (eine Frage) aufwerfen. ´**bring ´off**, *v.tr.* (etwas) zustande bringen; (einen Sieg) davontragen. ´**bring ´on**, *v.tr.* (*a*) (eine Krankheit usw.) verursachen; (*b*)

fördern; **the sun is bringing on the plants**, in der Sonne kommen die Pflanzen gut voran; (*c*) *Th:* **b. on the girls!** laßt die Mädchen auftreten! ´**bring ´out**, *v.tr.* (*a*) (etwas) herausbringen; (eine Eigenschaft) zutage bringen; (eine Farbe) zur Geltung bringen; (*b*) (ein Buch) veröffentlichen, herausbringen. ´**bring ´over**, *v.tr.* (j-n, etwas) hinüberbringen. ´**bring ´round**, *v.tr.* (*a*) (j-n) wieder zu sich bringen; (*b*) (*persuade*) (j-n) überreden; (*c*) (die Konversation) lenken (**to a subject**, auf ein Thema). ´**bring to´gether**, *v.tr.* (Menschen) zusammenbringen; (eine Sammlung) zusammenstellen. ´**bring ´up**, *v.tr.* (*a*) (etwas) heraufbringen; (*vomit*) (etwas) erbrechen; **to b. up one's food**, (sich) erbrechen; (*b*) **b. up your chair to the fire**, rück deinen Sessel näher ans Feuer; (*c*) (Kinder) erziehen; (*d*) **to b. s.o. up (before a court) for sth.**, j-n wegen etwas *gen* vor Gericht bringen; (*e*) **to b. up a subject**, ein Thema zur Sprache bringen. ´**bringing ´up**, *s.* das Erziehen *n* (von Kindern).

brink [briŋk], *s.* Rand *m;* **on the b. of ruin**, am Rande des Ruins.

briny [´braini], *s. P: & Hum:* **the b.**, der große Teich.

brisk [brisk], *adj.* (*a*) (*lively*) lebhaft; (*of wind*) frisch; (*b*) (*quick*) schnell; **at a b. pace**, in flottem Tempo; **trade was b.**, es wurde flott gehandelt. ´**briskness**, *s.* Lebhaftigkeit *f;* Flottheit *f;* Frische *f* (des Windes).

bristle [´brisl]. **I.** *s.* Borste *f.* **II.** *v.i.* (*a*) (*of hair etc.*) zu Berge stehen; sich sträuben; (*b*) **to b. with sth.**, von etwas *dat* strotzen. ´**bristly**, *adj.* borstig; (*to touch*) stachelig.

Britain [´brit(ə)n]. *Pr.n. Geog:* **(Great) B.**, Groß britannien *n.*

British [´britiʃ], *adj.* britisch; **the B. Isles**, die Britischen Inseln; *s.pl.* **the British**, die Briten; *Iron: F:* **the best of B.!** ich wünsch dir viel Vergnügen!´**Britisher**, *s. N.Am: Austral:* Brite *m; Britin f.* ´**Briton**, *s.* Brite *m; Britin f.*

Brittany [´britəni]. *Pr.n. Geog:* Bretagne *f.*

brittle [´britl], *adj.* (*of glass, china*) spröde; (*of metal etc.*) brüchig. ´**brittleness**, *s.* Sprödigkeit *f;* Brüchigkeit *f.*

broach [brəutʃ], *v.tr.* (*a*) (ein Faß) anstechen; (*b*) (ein Thema) anschneiden.

broad [brɔ:d]. **I.** *adj.* breit; *Fig:* **a b. hint**, ein deutlicher Wink; **in b. daylight**, am hellichten Tag; *Fig:* **it's as b. as it's long**, es ist gehüpft wie gesprungen; **to take a b. view**, etwas aus einer weiten Perspektive betrachten; **b. sympathies**, vielseitiges Einfühlungsvermögen; **in b. outline**, in groben Umrissen. **II.** *s. P: esp. N.Am:* Weib *n; -ly*, *adv.* **b. speaking**, allgemein gesprochen. ´**broad ´bean**, *s. Hort:* Pferdebohne *f.* ´**broad-´brimmed**, *adj.* (*of hat*) breitkrempig. ´**broadcast**. **I.** *v.tr.* (*p. & p.p.* **broadcast**) (*a*) (Neuigkeiten usw.) ausposaunen; (*b*) *Rad: T.V:* (ein Programm) senden, übertragen. **II.** *s.* Sendung *f.* **III.** *adj.* übertragen; **b. announcement**, Rundfunkmeldung *f.* ´**broadcaster**, *s.* Rundfunksprecher(in) *m(f).* ´**broadcasting**, *s.* **1.** Rundfunkwesen *n.* **2.** Übertragung *f,* Sendung *f* (von Nachrichten usw.). ´**broaden**, *v.tr. & i.* (sich) verbreitern.

'**broad-'minded**, adj. tolerant. '**broad-sheet**, s. Flugblatt n. '**broad-'shouldered**, adj. breitschultrig. '**broadside**, s. Navy: Breitseite f.

brocade [brɔ(u)´keid], s. Brokat m.

broccoli [´brɔkəli], s. Brokkoli pl.

brochure [brɔ´ʃuər, ´brəuʃər], s. Prospekt m.

brogue[1] [brəug], s. Golfschuh m.

brogue[2] [broug], s. irischer Akzent m.

broil [brɔil], v.tr. (Fleisch) auf dem Rost braten. '**broiler**, s. Brathuhn n. '**broiling**, adj. glühendheiß.

broke [brəuk], adj. F: pleite.

broken [´brəuk(ə)n], adj. (a) (of stick, leg etc.) gebrochen; (of cup etc.) zerbrochen; F: kaputt; (b) **in a b. voice**, mit versagender Stimme; **b. English**, gebrochenes Englisch; (c) **b. down**, zusammengebrochen; (of machine) außer Betrieb; F: kaputt. '**broken-'hearted**, adj. untröstlich.

broker [´brəukər], s. Makler m, esp. Börsenmakler m. '**brokerage**, s. Courtage f.

bromide [´brəumaid], s. 1. Ch: Bromid n; Phot: **b. paper**, Bromidpapier n. 2. N.Am: (a) (pers.) langweiliger Typ m; (b) (platitude) Gemeinplatz m, Banalität f.

bronchitis [brɔŋ´kaitis], s. Med: Bronchitis f.

bronze [brɔnz], s. 1. Bronze f. 2. attrib. **the B. Age**, die Bronzezeit.

brooch [brəutʃ], s. Brosche f.

brood [bru:d]. I. s. Brut f. II. v.i. (of hen, pers.) brüten; (of pers.) **to b. over sth.**, über etwas acc grübeln. '**broody**, adj. brütend; **b. hen**, Glucke f.

brook [bruk], s. Bach m.

broom [bru:m], s. 1. Bot: Ginster m. 2. H: Besen m. '**broomstick**, s. Besenstiel m.

broth [brɔθ], s. Brühe f.

brothel [´brɔθl], s. Bordell n.

brother [´brʌðər], s. 1. Bruder m; **brothers and sisters**, Geschwister npl. 2. **b. musicians**, Musikerkollegen mpl. 3. Ecc: Bruder m. '**brotherhood**, s. Brüderschaft f. '**brother-in-law**, s. Schwager m. '**brotherly**, adj. brüderlich.

brow [brau], s. (a) Anat: Stirn f; (b) (of hill) Kuppe f. '**browbeat**, v.tr. (p. browbeat, p.p. browbeaten) (j-n) einschüchtern.

brown [braun]. I. adj. (a) braun; **b. bread** = approx. Grahambrot n; **b. sugar**, brauner Zucker; **b. paper**, Packpapier n; (b) (of pers.) gebräunt. II. s. Braun n. III. v. 1. v.tr. (etwas, sich) bräunen; F: **to be browned off**, es satt haben. 2. v.i. braun werden. '**brownish**, adj. bräunlich.

brownie [´brauni], s. 1. junge Pfadfinderin f. 2. N.Am: Schokoladenschnitte f.

browse [brauz], v.i. in Büchern blättern, schmökern.

bruise [bru:z]. I. s. (a) Med: Quetschung f; F: blauer Fleck m; (b) (on fruit) Druckstelle f. II. v.tr. (etwas) quetschen.

brunch [brʌn(t)ʃ], s. F: approx. Gabelfrühstück n.

brunette [bru(:)´net], s. Brünette f.

brunt [brʌnt], s. **to bear the b. (of the work)**, die Hauptlast tragen; **to bear the b. of his anger**, seinen vollen Zorn zu spüren bekommen.

brush [brʌʃ]. I. s. 1. (bushes) Gestrüpp n. 2. (a) H: Bürste f; **to give sth. a b.**, etwas abbürsten;

(b) (paint) **b.**, Pinsel m; (c) fox's **b.**, Schwanz m des Fuchses. 3. kurze Begegnung f (mit dem Feind usw.). II. v. 1. v.tr. (a) (Kleider) abbürsten; sich dat (die Haare) bürsten, (die Zähne) putzen; (b) (touch) (etwas) streifen, leicht berühren. 2. v.i. **to b. against sth.**, (gegen) etwas acc streifen. '**brush a´side**, v.tr. (a) (j-n) beiseite schieben; (b) (eine Erklärung usw.) abtun. '**brush a´way**, v.tr. (etwas) wegbürsten. '**brush 'down**, v.tr. (j-n, etwas) abbürsten. '**brush 'off**, v.tr. (etwas) wegbürsten. '**brush 'up**, v.tr. **to b. up one's German**, seine Deutschkenntnisse auffrischen. '**brushwood**, s. Gestrüpp n.

brusque [bru(:)sk], adj. brüsk, schroff. '**brusqueness**, s. Schroffheit f.

Brussels [´brʌslz]. Pr.n. Geog: Brüssel n; **B. sprouts**, Rosenkohl m.

brute [bru:t], s. Rohling m; Unmensch m; attrib. **b. force**, rohe Gewalt; F: **a b. of a job**, eine scheußliche Arbeit. '**brutal**, adj. brutal. **bru'tality**, s. Brutalität f.

bubble [´bʌbl]. I. s. Blase f; Fig: **to prick the b.**, (i) den Schwindel aufdecken; (ii) den Traum zerstören. II. v.i. sprudeln; (of wine) schäumen; **to b. over**, übersprudeln. '**bubbly**. I. adj. schäumend. II. s. F: Champagner m.

buck [bʌk]. I. s. 1. (a) (male deer) Bock m; (b) (male rabbit) Rammler m. 2. Equit: (of horse) Bocken n. 3. N.Am: F: Dollar m. 4. **to pass the b.**, die Verantwortung abschieben. II. v. 1. v.i. (of horse) bocken. 2. v.tr. **to b. s.o. off**, j-n abwerfen. '**buck 'up**, v. 1. v.tr. **to b. s.o. up**, j-n aufmuntern. 2. v.i. (a) sich zusammenreißen; (b) (hurry) sich beeilen; **b. up!** mach schnell!

bucket [´bʌkit], s. Eimer m; Aut: **b. seat**, Schalensitz m; F: **to kick the b.**, abkratzen. '**bucketful**, s. Eimervoll m.

buckle [´bʌkl]. I. s. Schnalle f (eines Gürtels); Spange f (eines Schuhs). II. v. 1. v.tr. (a) (einen Gürtel) zuschnallen; (b) (Metall) knicken, krümmen. 2. v.i. **to b. (up)**, (of metal etc.) sich werfen; sich verbiegen.

buckram [´bʌkrəm], s. Tex: Steifleinen n.

buckwheat [´bʌkwi:t], s. Buchweizen m.

bud [bʌd]. I. s. 1. Knospe f; Fig: **to nip sth. in the b.**, etwas im Keim ersticken. 2. Anat: **taste b.**, Geschmacksknospe f. II. v.i. knospen. '**budding**, adj. (a) (of flower) knospend; (b) **a b. artist**, ein angehender Künstler.

Buddhism [´budiz(ə)m], s. Buddhismus m. '**Buddhist**. I. s. Buddhist m. II. adj. buddhistisch.

buddy [´bʌdi], s. esp. N.Am: F: Kumpel m; (companion) Kamerad m.

budge [bʌdʒ], v. 1. v.tr. (etwas) (vom Fleck) bewegen. 2. v.i. **he refused to b.**, er rührte sich nicht von der Stelle.

budget [´bʌdʒit]. I. s. Budget n; Pol: Haushaltsplan m. II. v.i. den Haushaltsplan aufstellen; **to b. for sth.**, etwas einkalkulieren.

buff[1] [bʌf]. I. s. (a) Sandfarbe f; F: **in the b.**, splitternackt; (b) F: N.Am: Anhänger m; **opera b.**, Opernfreund m. II. adj. sandfarben.

buff[2] [bʌf], v.tr. Tchn: (etwas) schwabbeln.

buffalo, pl. -oes [´bʌfələu,-əuz], s. Z: Büffel m.

buffer [´bʌfər], s. (a) esp.pl. Rail: (on carriage) Puffer m; (at end of line) Prellbock m; Pol: **b.**

zone, Pufferzone *f;* (*b*) *F:* **old b.,** alter Kauz *m.*
buffet[1] [ˈbufei], *s.* Büfett *n;* **b. supper,** Abendessen *n* mit Selbstbedienung.
buffet[2] [ˈbʌfit], *v.tr.* (j-n, etwas) stoßen; **buffeted by the waves,** von den Wellen hin und her geschleudert.
buffoon [bʌˈfuːn], *s.* Clown *m.* **bu'ffoonery,** *s.* Clownerie *f.*
bug [bʌg]. I. *s.* 1. (*a*) Wanze *f;* (*b*) *N.Am: F:* Insekt *n, esp.* Käfer *m.* 2. *F:* Bazillus *m;* **the flu b.,** der Grippebazillus *m.* 3. (verstecktes) Abhörgerät *n, F:* Wanze *f.* II. *v.tr.* (*p. & p.p.* **bugged**) *F:* (*a*) **to b. a room,** in einem Zimmer ein Abhörgerät verstecken; (*b*) *esp. N.Am:* **what's bugging you?** was wurmt dich?
bugbear [ˈbʌgbɛər], *s.* Nachteil *m.*
bugger [ˈbʌgər]. V: I. *s.* Scheißkerl *m.* II. *v.i.* **b. off!** scher dich zum Teufel!
buggy [ˈbʌgi], *s. F:* (kleiner) Wagen *m; N.Am:* (*pram*) Kinderwagen *m.*
bugle [ˈbjuːgl], *s.* Signalhorn *n.* **'bugler,** *s.* Hornist *m.*
build [bild]. I. *v.tr.* (*p. & p.p.* **built**) (ein Haus usw.) bauen; *Fig:* **to b. a reputation,** sich *dat* einen Namen machen. II. *s.* Körperbau *m;* Figur *f.* **'builder,** *s.* (*a*) Baumeister *m;* (*b*) Erbauer *m* (von Flugzeugen, Schiffen usw.). **'build 'in,** *v.tr.* (etwas) einbauen. **'building,** *s.* 1. **b.** (**trade**), Bauwesen *n;* **b. land,** Baugrund *m;* **b. site,** Baugrundstück *n;* (*with building in progress*) Baustelle *f;* **b. society,** Bausparkasse *f.* 2. Gebäude *n;* **a mighty b.,** ein mächtiger Bau. **'build 'on,** *v.tr.* (etwas) anbauen (**to, an** + *acc*). **'build 'up,** *v.tr.* (*a*) (eine Gegend) bebauen; (ein Geschäft) aufbauen; **built up area,** bebautes Gebiet; *Aut: Adm:* geschlossene Ortschaft; (*b*) *Fig:* (eine Sammlung) zusammenstellen; **to b. up a reputation,** sich *dat* einen Namen machen. **'build-up,** *s.* (*preparation*) Vorbereitung *f; Com:* (*publicity*) einleitende Propaganda *f.*
bulb [bʌlb], *s.* 1. *Bot:* Zwiebel *f.* 2. *El:* Birne *f.* **'bulbous,** *adj.* bauchig.
Bulgaria [bʌlˈgɛəriə]. *Pr.n. Geog:* Bulgarien *n.* **Bul'garian.** I. *adj.* bulgarisch. II. *s.* Bulgare *m;* Bulgarin *f.*
bulge [bʌldʒ]. I. *s.* Ausbuchtung *f;* (*long*) Wulst *m;* (*in body*) Fettpolster *n.* II. *v.i.* **to b.** (**out**), bauschen; (*of wall etc.*) sich ausbauchen. **'bulging,** *adj.* bauschig; (*full*) vollgestopft; (*projecting*) hervorstehend.
bulk [bʌlk], *s.* 1. Masse *f, Com:* **in b.,** (i) en gros; (ii) (*unpacked*) lose, unverpackt; **b. goods,** Massengüter *npl;* **b. buying,** Großeinkauf *m.* 2. (*majority*) Mehrheit *f,* Großteil *m.* **'hulky,** *adj.* (*large*) umfangreich; (*awkward shape*) unförmig; (*of goods etc.*) sperrig.
bull [bul], *s.* 1. (*a*) Stier *m;* **b. calf,** Bullenkalb *n;* (*b*) **b. elephant,** Elefantenbulle *m.* 2. *St. Exch:* Haussier *m;* **b. market,** Haussemarkt *m.* **'bulldog,** *s.* Bulldogge *f.* **'bulldozer,** *s.* Planierraupe *f.* **'bullfight,** *s.* Stierkampf *m.* **'bullfighter,** *s.* Stierkämpfer *m.* **'bullfinch,** *s. Orn:* Dompfaff *m.* **'bullfrog,** *s.* Ochsenfrosch *m.* **'bullock,** *s.* Ochse *m.* **'bullring,** *s.* Stierkampfarena *f.* **'bull's-eye,** *s.* 1. Zentrum *n* (der Zielscheibe); **to score a b.'s eye,** ins Schwarze treffen. 2. (*pane*) Butzenscheibe *f; Nau:* Bullauge *n.*

bullet [ˈbulit], *s.* Kugel *f.* **'bullet-proof,** *adj.* kugelsicher.
bulletin [ˈbulitin], *s.* 1. (*a*) Tagesbericht *m; Rad:* **news b.,** Nachrichtensendung *f;* (*b*) (*on sick person*) Bulletin *n,* Meldung *f* (über j-s Befinden). 2. (*magazine*) Nachrichtenblatt *n.*
bullion [ˈbuljən], *s.* (*gold*) Goldbarren *m;* (*silver*) Silberbarren *m.*
bully [ˈbuli]. I. *s.* 1. Tyrann *m.* 2. **b. beef,** Rindfleisch *n* (in Büchsen). II. *v.tr.* (j-n) tyrannisieren.
bum [bʌm], *s.* 1. *Anat: P:* Hintern *m.* 2. *esp. N.Am:* (*a*) (*tramp*) Landstreicher *m;* (*b*) (*sponger*) Schnorrer *m.*
bumble-bee [ˈbʌmblbiː], *s. Ent:* Hummel *f.*
bumf [bʌmf], *s.* 1. *P:* Klopapier *n.* 2. *F: Adm:* coll. Papierkram *m.*
bump [bʌmp]. I. *s.* 1. (*blow*) Stoß *m;* (*sound*) Bums *m.* 2. Beule *f;* (*in road etc.*) holprige Stelle *f.* II. *v.* 1. *v.tr.* (j-n, etwas) anstoßen. 2. *v.i.* **to b. into/against sth.,** gegen etwas *acc* stoßen; (*of vehicle*) etwas anfahren; *F:* **to b. into s.o.,** j-n zufällig treffen. **'bump 'off,** *v.tr. P:* (j-n) abmurksen, kaltmachen. **'bumpy,** *adj.* holprig; *Aut:* (*of ride*) holpernd
bumper [ˈbʌmpər]. I. *s. Aut:* Stoßstange *f.* II. *adj.* Rekord-; **b. crop,** Rekordernte *f.*
bumptious [ˈbʌm(p)ʃəs], *adj. F:* (*cheerful*) ausgelassen; (*b*) (*assertive*) vorlaut.
bun [bʌn], *s. Cu:* Milchbrötchen *n;* (**currant**) **b.,** Korinthenbrötchen *n.* 2. (*hair*) Knoten *m.*
bunch [bʌntʃ]. I. *s.* (*a*) Strauß *m* (Blumen); Bund *n* (Radieschen); **b. of grapes,** Traube *f;* **b. of keys,** Schlüsselbund *m;* (*b*) (*people*) Gruppe *f.* II. *v.i.* eine Gruppe bilden.
bundle [ˈbʌndl]. I. *s.* Bündel *n* (Wäsche, Holz usw.); Stoß *m* (Papier usw.). II. *v.tr.* (*a*) **to b. sth. up,** etwas (zusammen)bündeln; (*b*) *F:* **to b. everything into a drawer,** alles in eine Schublade hineinstopfen; **to b. s.o. out of bed,** j-n aus dem Bett schmeißen.
bung [bʌŋ]. I. *s.* Stöpsel *m;* (*wooden*) Zapfen *m.* II. *v.tr. F:* **to b. sth. up,** etwas verstopfen.
bungalow [ˈbʌŋgələu], *s.* Bungalow *m.*
bungle [ˈbʌŋgl], *v.tr.* (etwas) verpfuschen. **'bungler,** *s.* Pfuscher *m,* Stümper *m.* **'bungling.** I. *adj.* stümperhaft. II. *s.* Pfuscherei *f.*
bunk[1] [bʌŋk], *s.* Schlafkoje *f;* **b. beds,** Etagenbetten *npl.*
bunk[2], *s. F:* **to do a b.,** abhauen, verduften.
bunk[3], *s.* 2. *F:* Quatsch *m.*
bunker [ˈbʌŋkər], *s.* 1. Kohlenbunker *m.* 2. *Mil: & Golf:* Bunker *m.*
bunkum [ˈbʌŋkəm], *s. esp. N.Am: F:* Quatsch *m.*
bunny [ˈbʌni], *s. F:* Kaninchen *n.*
bunting [ˈbʌntiŋ], *s.* 1. coll. Flaggenschmuck *m.* 2. *Orn:* Ammer *f.*
buoy [bɔi]. I. *s. Nau:* Boje *f.* II. *v.tr.* (*a*) **to b. s.o.,** sth up, j-n, etwas über Wasser halten; *Fig:* (j-n) stärken; (*b*) *Nau:* **to b. a channel,** eine Fahrrinne durch Bojen markieren. **'buoyancy,** *s.* 1. Schwimmfähigkeit *f;* (*of water*) Auftrieb *m.* 2. *Fig:* (*of pers.*) Schwung *m.* **'buoyant,** *adj.* 1. schwimmfähig; (*of water*) tragend. 2. (*of pers.*) munter; *Com:* (*of market, prices etc.*) steigend, lebhaft.
burden [ˈbəːdn]. I. *s.* Last *f; esp. Fig:* Bürde *f;* **to be a b. to s.o.,** j-m zur Last fallen; **beast of**

b., Lasttier *n.* II. *v.tr.* to b. s.o. with sth., j-n mit etwas belasten; j-m etwas aufbürden.

bureau, *pl.* -eaux ['bjuərəu, -əuz], *s.* 1. (*desk*) Sekretär *m.* 2. (*office*) Büro *n;* **information b.,** Auskunft *f.* **bureaucracy** [bjuə'rɔkrəsi], *s.* Bürokratie *f.* **bureaucrat** ['bjuərəkræt], *s.* Bürokrat *m.* **bureau'cratic,** *adj.* bürokratisch. •

burglar ['bəːglər], *s.* Einbrecher *m;* **b. alarm,** Alarmanlage *f.* **'burglarize,** *v.tr. N.Am:=* burgle. **'burglar-proof,** *adj.* einbruchsicher. **'burglary,** *s.* Einbruch m. **'burgle,** *v.tr.* to b. **a house** etc., in ein Haus usw. einbrechen; **they have been burgled,** bei ihnen ist eingebrochen worden.

Burgundy ['bəːgəndi]. I. *Pr.n. Geog:* Burgund *n.* II. *s.* (*wine*) Burgunder *m.*

burial ['beriəl], *s.* Begräbnis *n;* **place of b.,** Begräbnisstätte *f;* **b. service,** Trauerfeier *f.*

burlesque [bəː'lesk]. I. *adj.* burlesk. II. *s.* Burleske *f.*

burly ['bəːli], *adj.* stämmig.

Burma ['bəːmə]. *Pr.n. Geog:* Birma *n.* **Burmese** [bəː'miːz]. I. *adj.* birmanisch. II. *s.* Birmane *m,* Birmanin *f.*

burn [bəːn]. I. *v.* (*p. & p.p.* **burnt, burned**) 1. *v.tr.* (etwas) verbrennen; **to b. a hole,** ein Loch brennen; **to b. one's fingers,** sich *dat* die Finger verbrennen. 2. *v.i.* (*of light, fire etc.*) brennen; (*of food*) anbrennen; *Fig:* **a burning question,** eine brennende Frage. II. *s.* (*a*) (*in carpet etc.*) Brandstelle *f;* (*b*) *Med:* Brandwunde *f;* Verbrennung *f.* **'burner,** *s.* Brenner *m.* **'burn 'down,** *v.tr. & i.* niederbrennen. **'burn 'out,** *v.* 1. *v.tr.* (El: einen Elektromotor) ausbrennen; **the house was burnt out,** das Haus ist ausgebrannt. 2. *v.i.* (*of fire*) ausgehen. **burnt,** *adj.* verbrannt; (*of food*) angebrannt; **b. almonds,** gebrannte Mandeln. **'burn 'up,** *v.* 1. *v.tr.* (Kohlen usw.) ganz verbrennen; (Energie) ganz verbrauchen. 2. *v.i.* (*of fire*) aufbrennen.

burp [bəːp], *v.i.* F: rülpsen, aufstoßen.

burr [bəːr], *s.* 1. *Bot:* Klette *f.* 2. *E:* Grat *m* (eines Metallstücks). 3. *Ling:* Zäpfchenaussprache *f* (des R).

burrow ['bʌrəu]. I. *s.* Bau *m* (von Kaninchen usw.). II. *v.i.-(a)* (*of rabbits etc.*) einen Bau/(*of pers.*) einen Tunnel graben; to b. **into sth.,** sich in etwas *acc* verkriechen; (*b*) (*of pers.*) wühlen (in der Erde, *Fig:* in Papieren usw.)

bursar ['bəːsər], *s. Sch:* Quästor *m.* **'bursary,** *s. Sch:* 1. Quästur *f.* 2. (*scholarship*) Stipendium *n.*

burst [bəːst]. I. *v.* (*p. & p.p.* **burst**) 1. *v.i.* (*a*) (*of boiler etc.*) explodieren; (*of tyre etc.*) platzen; (*of bud*) aufgehen; **full to bursting point,** zum Bersten voll; **the storm b.,** das Gewitter brach los; (*b*) *Fig:* to b. **with laughter,** sich vor Lachen schütteln; **a cry b. from his lips,** ein Schrei löste sich von seinen Lippen; to b. **into bloom,** aufblühen; to b. **into tears/laughter,** in Tränen/Gelächter ausbrechen; **to b. into a room,** in ein Zimmer hineinplatzen; **he was bursting to tell her,** er brannte darauf, es ihr zu erzählen; **I'm bursting,** ich muß dringend aufs Klo. 2. *v.tr.* (einen Ballon usw.) platzen lassen; **to b. one's bonds,** seine Bande sprengen; **the river b. its banks,** der Fluß trat über

die Ufer. II. *s.* Platzen *n;* Explodieren *n* (einer Granate); **b. of laughter,** Lachsalve *f;* **b. of fire,** Feuersalve *f;* **b. of activity,** Ausbruch *m* von Geschäftigkeit; **b. of speed,** Spurt *m.* **'burst 'in,** *v.i.* hereinplatzen, hereinstürmen. **'burst 'open,** *v.* 1. *v.tr.* (eine Tür) aufbrechen. 2. *v.i.* (*of door*) auffliegen; (*of parcel etc.*) aufgehen. **'burst 'out,** *v.i.* (*of pers.*) (mit etwas *dat*) herausplatzen; **to b. out laughing,** in Gelächter ausbrechen.

bury ['beri], *v.tr.* (*p. & p.p.* **buried**) (j-n) begraben, beerdigen; (etwas) vergraben.

bus, *pl.* **buses** [bʌs, 'bʌsiz], *s.* 1. Autobus *m; F:* Bus *m;* **to miss the b.,** (i) den Bus verpassen; (ii) *Fig:* den Anschluß verpassen; **b. conductor,** Autobusschaffner *m;* **b. station,** Autobusbahnhof *m;* **b. stop,** Bushaltestelle *f.* 2. *F:* (*car*) **old b.,** alte Kiste *f.* **b.'s holiday,** mit Berufsarbeit verbrachter Urlaub.

bush[1] [buʃ], *s.* 1. (*a*) Strauch *m; Fig:* **to beat about the b.,** um den heißen Brei herumgehen; (*b*) *pl.* Gebüsch *n.* 2. (*in Africa, Australia*) **the b.,** der Busch. **'bushy,** *adj.* buschig.

bush[2], *s. E:* Lagerbuchse *f.*

business ['biznis], *s.* 1. (*a*) (*matter*) Angelegenheit *f,* Sache *f;* **a nasty b.,** eine eklige Geschichte; (*b*) *coll.* **mind your own b.,** kümmere dich um deine Angelegenheiten; **it's my b.,** das ist meine Sache; **it's none of your b.,** das geht dich nichts an; **you had no b. to alter the time,** Sie hatten kein Recht, den Zeitpunkt zu ändern; **to get down to b.,** zur Sache kommen; **to make sth. one's b.,** sich *dat* etwas zur Aufgabe machen; **to send s.o. about his b.,** j-m heimleuchten. 2. (*a*) (*firm*) Betrieb *m;* Firma *f;* (*b*) *coll.* Geschäfte *npl;* **he's here on b.,** er ist geschäftlich hier; (**volume of) b.,** Geschäftsvolumen *n;* **what's his line of b.?** in welcher Branche ist er tätig? **to go into b.,** Kaufmann werden; **to do b. with s.o.,** mit j-m geschäftlich zu tun haben; **to do good b.,** gute Geschäfte machen; **to mean b.,** es ernst meinen; *attrib.* **b. hours,** Geschäftszeiten *fpl;* **b. house,** Geschäftshaus *n;* **b. man,** Geschäftsmann *m.* **'businesslike,** *adj.* 1. (*of pers.*) geschäftstüchtig; praktisch veranlagt. 2. (*of manner*) sachlich.

bust[1] [bʌst], *s.* 1. *Art:* Büste *f.* 2. *Anat:* Busen *m; Cl:* **b. measurement,** Brustumfang *m.*

bust[2]. I. *v.* 1. *v.tr.* (*a*) (etwas) kaputtmachen; (*b*) *F:* **that's b. it!** jetzt ist alles im Eimer! 2. *v.i.* kaputtgehen. II. *adj.* kaputt; *F:* **to go b.,** Bankrott machen.

bustle ['bʌsl]. I. *v.i.* to b. (about), (herum)hantieren; (*hurry*) (hin und her) eilen. II. *s.* (geschäftiges) Treiben *n.* **'bustling,** *adj.* geschäftig.

busy ['bizi]. I. *adj.* (*a*) (*of pers.*) (sehr) beschäftigt; **to be b. doing sth.,** mit etwas *dat* beschäftigt sein; **to keep oneself b.,** sich beschäftigen; (*b*) (*of activity etc.*) emsig, geschäftig; **a b. day,** ein anstrengender Tag; **a b. street,** eine belebte Straße. II. *v.tr.* to b. oneself, sich beschäftigen (**with sth.,** mit etwas *dat*); **-ily,** *adv.* emsig; **to rush b. about,** geschäftig hin und her eilen. **'busybody,** *s.* Wichtigtuer(in) *m(f); Aus:* Gschaftlhuber *m.*

but [bʌt]. I. *conj.* aber; jedoch; **b. I tell you I saw it!** ich sag dir doch, daß ich es gesehen habe! **b. yet/all the same,** aber trotzdem; (*b*) (*after* *negative*) sondern; **he is not English b.** German, er ist kein Engländer, sondern ein Deutscher. **II.** *adv.* nur; **one can b. try,** man kann es wenigstens versuchen; **had I b. known,** hätte ich das nur gewußt. **III.** *conj. & prep.* (*a*) (*except*) **all b. he/b.** him, alle außer ihm; **the last b. one,** der vorletzte; **anything b. that,** alles nur nicht das; **he is anything b. a hero,** er ist alles andere als ein Held; **nothing b. water,** nichts als Wasser; **he all b. drowned,** er wäre fast ertrunken; (*b*) **b. for,** ohne + *acc;* **b. for the accident he would have won,** ohne den Unfall hätte er gewonnen.

butch [but∫]. *adj.* P: burschikos.

butcher ['but∫ər]. **I.** *s.* **1.** Fleischer *m*, Metzger *m;* **b.'s shop,** Fleischerei *f,* Metzgerei *f.* **2.** *Fig:* blutrünstiger Killer *m*. **II.** *v.tr.* (j-n) abschlachten. '**butchery,** *s.* Gemetzel *n*.

butler ['butlər], *s.* Butler *m*.

butt¹ [bʌt], *s.* Faß *n;* **water b.,** Regentonne *f*.

butt², *s.* **1.** (*of cigarette*) Zigarettenstummel *m*. **2.** (*of rifle*) Gewehrkolben *m*.

butt³, *s.* **1.** *pl. Mil:* **the butts,** der Schießstand. **2.** *Fig:* (*pers.*) Zielscheibe *f*.

butt⁴. I. *s.* Stoß *m* (mit Kopf oder Hörnern). **II.** *v tr & i* (j-n) mit dem Kopf stoßen; *Fig:* **to b. in,** unterbrechen.

butter ['bʌtər]. **I.** *s.* Butter *f;* **b. bean,** Wachsbohne *f;* **b. dish,** Butterdose *f;* **b. knife,** Buttermesser *n*. **II.** *v.tr.* (Brot usw.) mit Butter bestreichen; *F:* **to b. s.o. up,** j-m um den Bart gehen. '**buttercup,** *s. Bot:* Butterblume *f*. '**butter-fingers,** *s. F:* Taps *m.* '**butterscotch,** *s.* (harte) Butterkaramelle *f*.

butterfly ['bʌtəflai], *s.* **1.** *Ent:* Schmetterling *m*. **2.** *Swim:* **b.** (**stroke**), Schmetterlingsschwimmen *n*. **3.** *Mec. E:* **b. valve,** Drosselklappe *f*.

buttock ['bʌtək], *s.* Hinterbacke *f; pl.* **buttocks,** Gesäß *n*.

button ['bʌtn]. **I.** *s.* Knopf *m*. **II.** *v.tr.* **to b. sth.** (**up**), etwas zuknöpfen. '**buttonhole. I.** *s.* Knopfloch *n;* **to wear a b.,** eine Blume im Knopfloch tragen. **II.** *v.tr.* (j-n) zwingen, zuzuhören.

buttress ['bʌtris]. **I.** *s. Constr:* Strebepfeiler *m;* **flying b.,** Strebebogen *m*. **II.** *v.tr.* (durch Strebepfeiler) stützen.

buy [bai], *v.tr.* (*p. & p.p.* **bought** [bɔːt]) **to b. sth. from s.o.,** etwas von j-m kaufen; *F:* (*believe*) **he won't b. it!** er kauft dir das nicht ab! '**buy 'back,** *v.tr.* (etwas) zurückkaufen. '**buyer,** *s.* Käufer *m; Com:* Einkäufer *m* (für eine Firma) '**buy 'out,** *v.tr.* (einen Teilhaber) auszahlen. '**buy 'over,** *v.tr.* (j-n) bestechen, (j-n) kaufen. '**buy 'up,** *v.tr.* (etwas) aufkaufen.

buzz [bʌz]. **I.** *s.* Summen *n* (eines Insekts); **b. of conversation,** Stimmengewirr *n*. **II.** *v.* **1.** *v.i.* (*of insects*) summen. **2.** *v.tr. Av: F:* (an ein Flugzeug) dicht heranfliegen. '**buzz 'off,** *v.i. P:* abhauen. '**buzzer,** *s. El: etc:* Summer *m*. '**buzzing,** *s.* Summen *n;* **b. in the ears,** Ohrensausen *n*.

buzzard ['bʌzəd], *s. Orn:* Bussard *m*.

by [bai]. **I.** *prep.* **1.** (*near*) bei + *dat;* **by the sea,** am Meer; **by my side,** an meiner Seite, neben mir; **by oneself,** alleine; **I have no money by me,** ich habe kein Geld bei mir. **2.** (*a*) (*via*) **he came in by the front door,** er ist durch die Haustür gekommen; **we went by the quickest route,** wir sind den schnellsten Weg gefahren; **by way of Paris,** über Paris; **by land and sea,** zu Land und Wasser; **by air,** auf dem Luftwege; **I'll come by car,** ich komme mit dem Auto; (*b*) **north-west by west,** westnordwest; (*c*) **to go by s.o.,** an j-m vorbeigehen. **3.** (*a*) **by night,** nachts; **by day,** am Tage; **by daylight,** bei Tageslicht; (*b*) **by this afternoon,** bis heute nachmittag; **it will be ready by the end of the year,** bis zum Jahresende wird es fertig sein; **by then,** bis dahin. **4.** (*a*) (*agency*) von + *dat;* durch + *acc;* **written by a master,** von einem Meister geschrieben; **made by hand,** handgemacht; **by accident,** durch Zufall; **you will gain nothing by that,** dadurch werden Sie nichts gewinnen; (*b*) **to go by appearances,** nach dem Äußeren urteilen. **5. to swear by sth.,** auf etwas *acc* schwören. **6.** (*a*) **to act by the rules,** nach den Vorschriften handeln; **to abide by one's decision,** bei seinem Entschluß bleiben; (*b*) **she is known by her maiden name,** sie ist unter ihrem Mädchennamen bekannt; **he is a baker by trade,** er ist Bäcker von Beruf. **7.** (*a*) *Sp:* **he won by five seconds/ten metres,** er gewann mit einem Vorsprung von fünf Sekunden/zehn Metern; (*b*) **I am paid by the hour,** ich werde pro Stunde bezahlt; **it's cheaper by the ton,** es kommt billiger pro Tonne; (*c*) **one by one,** einer nach dem anderen; **little by little,** nach und nach; **two by two,** paarweise. **8.** *Mth:* **to multiply by ten,** mit zehn multiplizieren; **to divide by eight,** durch acht dividieren; **a room six metres by four,** ein Zimmer sechs Meter mal vier. **II.** *adv.* **1.** dabei; **close by,** in der Nähe; **taking it by and large,** im großen und ganzen genommen. **2. to put sth. by,** etwas beiseite legen; (*save*) etwas auf die hohe Kante legen. **3. to pass by,** vorbeigehen. **4.** *adv. phr. A:* **by and by,** nach und nach; **by the by,** übrigens. '**by-election,** *s. Pol:* Nachwahl *f.* '**bygone,** *adj.* vergangen; **to let bygones be bygones,** den Streit beilegen. '**by-law,** *s.* Ortsstatut *n.* '**bypass. I.** *s.* Umgehungsstraße *f.* **II.** *v.tr.* (eine Ortschaft usw.) umfahren. '**by-product,** *s. Ind:* Nebenprodukt *n.* '**by-road,** *s.* Nebenstraße *f.* '**bystander,** *s.* Zuschauer(in) *m(f).* '**by-way,** *s.* Seitenweg *m.* '**byword,** *s.* Inbegriff *m* (**for,** von + *dat*).

bye [bai]. **I.** *s.* **1.** *Sp:* (*in tournament*) **to have a b.,** ein Freilos haben. **2.** (*at cricket*) vorbeigelassener Ball. **II.** *int. F:* **b.!** tschüs! **III.** *s.pl.* (*child's language*) **to go to b.-byes,** in die Heia gehen, heia machen.

Byzantium [bai'zæntiəm]. *Pr.n.Hist:* Byzanz *n*.

C

C, c [si:], s. 1. (der Buchstabe) C, c n. 2. *Mus:* C n; C **sharp**, Cis n.

cab [kæb], s. 1. Taxi n; (*horsedrawn*) Droschke f. 2. (*of lorry etc.*) Führerhaus n; *Rail:* (*of locomotive*) Führerstand m. ´**cabdriver**, F: ´**cabby**, s. Taxifahrer m; A: Droschkenkutscher m. ´**cab-rank**, s. Taxistand m.

cabaret [´kæbərei], s. Kabarett n.

cabbage [´kæbidʒ], s. Kohl m; c. **lettuce**, Kopfsalat m; c. **white (butterfly)**, Kohlweißling m.

cabin [´kæbin], s. 1. Hütte f. 2. *Nau: Av:* Kabine f; c. **trunk**, Kabinenkoffer m; c. **cruiser**, Kajütboot n.

cabinet [´kæbinit], s. 1. (a) Schrank m; **glass** c., Vitrine f; (b) (*box*) Kasten m; (c) (*housing*) Gehäuse n; c. **maker**, Möbeltischler m. 2. *Pol:* **the C.**, das Kabinett; c. **meeting**, Kabinettssitzung f; c. **crisis**, Regierungskrise f.

cable [´keibl]. I. s. 1. (a) Tau n; (b) (*metal*) Drahtseil n; c. **railway**, Drahtseilbahn f; (c) *El:* Kabel n; **to lay a c.**, ein Kabel verlegen. 2. *Tel:* **c.(gram)**, Überseetelegramm n. II. v. tr. (j-m, etwas acc) telegrafieren.

caboodle [kə´bu:dl], s. F: **the whole c.**, (a) (*things*) der ganze Klimbim; (b) (*people*) der ganze Haufen.

cache [kæʃ], s. geheimes Lager n (von Waffen usw.).

cackle [´kækl]. I. s. 1. (*of hen*) Gegacker n. 2. (*laughter*) Gekicher n; F: **cut the c.!** jetzt zur Sache! II. v.i. (a) gackern; (b) (laut) kichern.

cacophony [kə´kɔfəni], s. Kakophonie f.

cactus, pl. **-ti** [´kæktəs, -tai], s. *Bot:* Kaktus m.

cad [kæd], s. F: niederträchtiger Kerl m, Schuft m.

cadaverous [kə´dævərəs], adj. leichenhaft; (*pale*) leichenblaß; (*haggard*) ausgemergelt.

caddie [´kædi], s. *Golf:* Golfjunge m.

caddy, pl. **-ies** [´kædi, -iz], s. (**tea-**) c., Teedose f.

cadence [´keid(ə)ns], s. 1. (*in speech*) Sprechrhythmus m. 2. *Mus:* Kadenz f.

cadenza [kə´denzə], s. *Mus:*(Solisten-)Kadenz f.

cadet [kə´det], s. Kadett m.

cadge [kædʒ], v.tr.&i. F: (etwas) schnorren. (**from s.o.**, bei-m) ´**cadger**, s. F: Schnorrer m.

cadmium [´kædmiəm], s. Kadmium n.

Caesar [´si:zər], Pr.n.m. & s. Cäsar m; (*emperor*) Kaiser m. **caesarean** [si:´zɛəriən], s. *Med:* Kaiserschnitt m.

café [´kæfei], s. 1. *Brit:* (a) kleines Restaurant n; (b) Café n. 2. *N.Am:* Bar f. **cafeteria** [kæfi´tiəriə], s. Selbstbedienungsrestaurant n; (*snack bar*) Schnellimbiß m.

caffeine [´kæfi:n], s. Koffein n.

caftan [´kæftæn], s. Kaftan m.

cage [keidʒ], s. 1. Käfig m. 2. (*of lift*) Kabine f; *Min:* Förderkorb m.

cagey [´keidʒi], adj. F: **he was very c.**, er wollte nichts verraten.

cahoots [kə´hu:ts], s. pl. N.Am: F: **to be in c. with s.o.**, mit j-m unter einer Decke stecken.

cairn [kɛən], s. Steinhaufen m.

Cairo [´kaiərəu]. Pr. n. Geog: Kairo n.

cajole [kə´dʒəul], v. tr. (j-m) gut zureden; **to c. s.o. into doing sth.**, j-n dazu überreden, etwas zu tun. **ca´jolery**, s. (gutes) Zureden m.

cake [keik]. I. s. 1. Kuchen m; (*cream-filled*) Torte f; (*small*) Törtchen n; **a piece of c.**, ein Stück Kuchen/Torte; c. **slice**, Kuchenheber m; c. **shop**, Konditorei f; *Fig:* **you cannot have your c. and eat it**, man kann nicht den Vorteil von beiden haben F: **it's a piece of c.**, es ist kinderleicht; **to be selling like hot cakes**, wie warme Semmeln weggehen. 2. c. **of soap**, Riegel m Seife. II. v. i. sich verkrusten; **caked with mud**, mit Schmutz verkrustet.

calamity [kə´læmiti], s. Katastrophe f. **ca´lamitous**, adj. katastrophal.

calcium [´kælsiəm], s. *Ch:* Kalzium n.

calculate [´kælkjuleit], v. 1. v.i. (a) *Mth:* rechnen; (b) *N.Am:* (*think*) glauben. 2. v.tr. & i. *Com:* (etwas) kalkulieren. 3. v.tr. (etwas) berechnen. ´**calculated**, adj. (a) (*of effect etc.*) berechnet; (*of insult*) beabsichtigt; (*of lie etc.*) bewußt; **to take a c. risk**, sich bewußt auf ein Risiko einlassen; (b) **not exactly c. to inspire confidence**, nicht gerade geeignet, Vertrauen zu erwecken. ´**calculating**. I. adj. (*of pers.*) berechnend. II. (*also* **calculation**) s. Berechnung f. ´**calculator**, s. Rechenmaschine f; (**pocket**) c., Taschenrechner m. ´**calculus**, s. *Mth:* **differential/integral** c., Differentialrechnung /Integralrechnung f.

calendar [´kælindər], s. Kalender m; c. **year**, Kalenderjahr n.

calf, pl. **calves**[1] [kɑ:f, kɑ:vz], s. 1. (*of cattle, deer*) Kalb n; **cow in c.**, trächtige Kuh; c. **leather**, Kalbleder n. 2. (*of other animals*) Junge(s) n; **elephant** c., Elefantenjunge(s) n. ´**calf love**, s. jugendliche Schwärmerei f.

calf, pl. **calves**[2], s. (*of leg*) Wade f.

calibre [´kælibər], s. (*of gun*; *Fig: quality*) Kaliber n. ´**calibrate**, v. tr. (etwas) kalibrieren; (ein Meßinstrument) eichen.

calico [´kælikəu], s. *Tex:* Kaliko m.

caliper [´kælipər], s. (a) *esp. pl. Geom:* Taster m; **outside** c., Greifzirkel m; *Meas:* Tastlehre f; (b) *Mec. E:* (**brake**) c., Bremssattel m; (c) pl. *Med:* Beinschienen fpl.

call [kɔːl]. **I.** *s.* **1.** (*shout*) Ruf *m;* **c. for help,** Hilferuf *m;* **to be within c.,** in Rufweite sein. **2.** **telephone c.,** Anruf *m;* **local c.,** Ortsgespräch *n;* **trunk c.,** Ferngespräch *n.* **3.** (*summons*) Aufforderung *f;* *Ecc:* Berufung *f* (zum Priesteramt); (*of doctor etc.*) **to be on c.,** Bereitschaftsdienst haben. **4.** (*visit*) Besuch *m;* **to pay a c.** on s.o., j-m einen Besuch abstatten; *F:* **to pay a c.,** pinkeln; *Nau:* **port of c.,** Anlaufhafen *m.* **5.** *Th:* **curtain c.,** Hervorruf *m.* **6.** (*need*) (*a*) Anlaß *m;* **there's no c. for him to worry,** er braucht sich nicht aufzuregen; (*b*) **there's not much c. for it,** es ist nicht sehr gefragt; (*c*) **he has many calls on his time,** seine Zeit ist stark beansprucht. **II.** *v.* **1.** *v.tr.* (*a*) (j-n, ein Tier) (zu sich *dat*) rufen; (*b*) (*telephone*) *esp. N.Am:* (j-n) anrufen; (*c*) (*wake*) (j-n) wecken; **c. me at six,** wecken Sie mich um sechs Uhr; (*d*) **to c. s.o. a liar** etc., j-n einen Lügner usw. nennen; **to be called X,** X heißen; **I c. this bravery,** das nenne ich Tapferkeit; **to c. s.o. names,** j-n beschimpfen; *F:* **let's c. it a day,** lassen wir's dabei; (*e*) **to c. sth. in question,** etwas in Frage stellen; **to c. sth. into being,** etwas ins Leben rufen; (*f*) **to c. a meeting,** eine Versammlung einberufen; **to c. a strike,** einen Streik ausrufen; (*g*) **to c. attention to sth.,** die Aufmerksamkeit auf etwas *acc* lenken. **2.** *v.i.* vorbeikommen; **to c. at s.o.'s house/on s.o.,** j-n besuchen; (*of train*) **to c. at every station,** an jedem Bahnhof halten. **'call 'back,** *v.* **1.** *v.tr. esp. Tel:* (j-n) zurückrufen. **2.** *v.i.* wieder vorbeikommen; **I shall c. back for it later,** ich hole es später ab. **'call-box,** *s.* Telefonzelle *f.* **'callboy,** *s.* Hotelpage *m.* **'caller,** *s.* (*a*) Besucher *m;* (*b*) *Tel:* Anrufer *m.* **'call for,** *v.tr.* (*a*) **to c. for s.o.,** nach j-m rufen; **to c. for help,** um Hilfe rufen; (*b*) (j-n, etwas) abholen; **I'll c. for you at six o'clock,** ich hole dich um sechs Uhr ab; (*c*) **this calls for an explanation,** das verlangt eine Erklärung. **'callgirl,** *s.* Callgirl *n.* **'call 'in,** *v.* **1.** *v.tr.* (*a*) (j-n) hereinrufen; (*b*) (Geld, Bücher, usw.) einziehen; (*c*) **to c. in a specialist,** einen Spezialisten hinzuziehen. **2.** *v.i.* vorbeikommen. **'calling,** *s.* (*profession*) Beruf *m;* (*trade*) Gewerbe *n;* *Ecc: etc:* Berufung *f.* **'call 'off,** *v.tr.* (*a*) (*not start*) (etwas) absagen; (*b*) (*stop*) (etwas) abbrechen. **'call on,** *v.tr.* (*a*) (*visit*) (j-n) besuchen; (*b*) (*invite*) (j-n) auffordern (, etwas zu tun). **'call 'out,** *v.* **1.** *v.i* rufen. **2.** *v.tr* (*a*) (Namen usw.) aufrufen; **to c. o. troops,** das Militär aufbieten; **the fire brigade was called out,** die Feuerwehr mußte ausrücken; (*b*) (Arbeiter) zum Streik aufrufen. **'call 'up,** *v.tr.* (*a*) (Erinnerungen usw.) wachrufen; (*b*) *Tel: esp. N.Am:* (j-n) anrufen; (*c*) *Mil:* (j-n) einberufen. **calligraphy** [kəˈligrəfi], *s.* Schönschreibkunst *f.* **callous** [ˈkæləs], *adj.* gefühllos; (*cruel*) grausam. **callow** [ˈkæləu], *adj.* (*of youth*) unreif. **calm** [kɑːm]. **I.** *adj.* (*a*) (*of pers.*) ruhig; **keep c.,** reg dich nicht auf; (*b*) (*of wind etc.*) still. **II.** *s.* (*a*) Stille *f;* (*of sea*) Meeresstille *f;* (*of wind*) Windstille *f;* (*b*) (*of pers.*) Ruhe *f.* **III.** *v.* **1.** *v.tr* **to c. s.o. (down),** j-n beruhigen. **2.** *v.i.* **to c. (down),** sich beruhigen. **calorie** [ˈkæləri], *s.* Kalorie *f.*

calumny [ˈkæləmni], *s.* Verleumdung *f.* **calumniate** [kəˈlʌmnieit], *v.tr.* (j-n) verleumden. **ca'lumniator,** *s.* Verleumder(in) *m(f).* **calve** [kɑːv], *v.i.* kalben. **calyx** [ˈkeiliks], *s. Bot:* Kelch *m.* **cam** [kæm], *s. Mec. E:* Nocken *m.* **'camshaft,** *s.* Nockenwelle *f.* **camber** [ˈkæmbər]. **I.** *s.* **1.** (*esp. of road*) Wölbung *f.* **2.** *Aut:* (*of wheel*) Radsturz *m.* **II.** *v.tr.* (eine Straße) wölben; (eine Kurve) überhöhen. **cambric** [ˈkæmbrik], *s.* Batist *m.* **Cambodia** [kæmˈbəudiə]. *Pr. n. Geog:* Kambodscha *n.* **camel** [ˈkæməl], *s.* Kamel *n;* **c. driver,** Kameltreiber *m.* **'camelhair,** *s.* Kamelhaar *n.* **camellia** [kəˈmiːliə], *s. Bot:* Kamelie *f.* **cameo** [ˈkæmiəu], *s.* Kamee *f.* **camera** [ˈkæm(ə)rə], *s.* Fotoapparat *m; Cin:TV:* Kamera *f.* **'cameraman,** *pl.* **-men,** *s.* (*a*) Pressefotograf *m;* (*b*) *Cin:* Kameramann *m.* **Cameroon** [kæməˈruːn] *Pr n Geog:* Kamerun *n.* **camomile** [ˈkæməmail], *s. Bot:* Kamille *f.* **camouflage** [ˈkæmuflɑːʒ]. **I.** *s.* Tarnung *f.* **II.** *v.tr.* (etwas) tarnen. **camp** [kæmp]. **I.** *s.* (*also Fig:*) Lager *n; Mil:* Feldlager *n;* **to strike c.,** das Lager abbrechen; **c. bed,** Feldbett *n;* **c. chair,** Faltstuhl *m;* **c. site,** Campingplatz *m;* (*for tent*) Zeltplatz *m.* **II.** *v.i.* kampieren; (*in tent*) zelten; *Mil:* lagern. **'camper,** *s.* **1.** Camper *m;* Zeltler *m.* **2.** *Aut: esp. N.Am:* Reisemobil *n.* **'camp 'follower, s. 1.** *pl. Hist:* Heeresgefolge *n.* **2.** *Pol: etc:* Mitläufer *m.* **'camping,** *s.* Camping *n;* Zelten *n;* **to go c.,** zelten gehen; **c. equipment,** Campingausrüstung *f.* **campaign** [kæmˈpein]. **I.** *s. Mil:* Feldzug *m; Pol: etc:* Kampagne *f,* (*advertising*) *c.,* Werbeaktion *f; election c.,* Wahlkampf *m.* **II.** *v.i.* (*a*) *Mil:* einen Feldzug unternehmen; (*b*) *Pol:* eine Kampagne führen; *Fig:* sich einsetzen (**for sth.,** für etwas *acc*); **to c. against sth.,** gegen etwas *acc* zu Felde ziehen. **cam'paigner,** *s.* Kämpfer *m;* **old c.,** *Mil:* Veteran *m; Fig:* alter Praktikus *m.* **camphor** [ˈkæmfər], *s.* Kampfer *m.* **campus,** *pl.* **-es** [ˈkæmpəs, -iz], *s.* Universitätsgelände *n,* Kampus *m.* **can¹** [kæn]. **I.** *s.* **1.** Kanne *f; Fig:* **to carry the c.,** den Kopf hinhalten müssen. **2.** (*tin*) *esp. N.Am:* Büchse *f,* Dose *f;* **c. opener,** Dosenöffner *m.* **II.** *v.tr.* (Fleisch, Obst) (in Büchsen) konservieren. **'canned,** *adj.* **1.** Büchsen-; **c. fruit,** Obstkonserven *fpl; F:* **c. music,** Musik *f* aus der Konserve. **2.** *P:* (*drunk*) besoffen. **can²** *modal aux. v.* (*pres.* **can,** *neg.* **cannot,** *F:* **can't;** [kɑːnt] *p.* **could** [kud], *neg.* **could not,** *F:* **couldn't**) (*a*) (*ability*) können; **you c. but try!** du kannst es ja nur versuchen! **as soon/fast as I/you etc. c.,** so bald/schnell wie möglich; **as happy as c. be,** überglücklich; (*b*) (*permission*) dürfen; **c. I go now?** darf ich jetzt gehen? (*c*) (*to indicate astonishment*) **what c. he mean?** was meint er nur? **how could you!** wie konntest du nur! (*d*) (*often not translated*) **I c. see nothing,** ich sehe nichts.

Canada [ˈkænədə]. *Pr. n. Geog:* Kanada *n.* **Canadian** [kəˈneidjən]. **I.** *adj.* kanadisch. **II.** *s.* Kanadier(in) *m(f).*

canal ['kə'næl], *s.* Kanal *m; Anat:* **auditory c.,** Gehörgang *m.*

canary [kə'neəri], *s. Orn:* Kanarienvogel *m; Geog:* **the C. Islands,** die Kanarischen Inseln *fpl.*

cancel ['kæns(ə)l], *v.tr.* (*a*) (eine Abmachung) rückgängig machen; (einen Vertrag) kündigen; (eine Schuld) tilgen; (*b*) (eine Veranstaltung) absagen; (*of performance*) **to be cancelled,** ausfallen; **to c. an appointment/**Th*:* **an appearance,** absagen; **to c. an order (for sth.),** (etwas) abbestellen; (*c*) (Briefmarken, Fahrkarten) entwerten; (etwas Geschriebenes) streichen; (*d*) (*of two things*) **they c. one another out,** sie gleichen sich aus. **cance'llation,** *s.* 1. Absage *f;* **have you got a c.?** hat jemand abgesagt/abbestellt? 2. Kündigung *f* (eines Vertrags); Tilgung *f* (einer Schuld). 3. Entwertung *f* (einer Fahrkarte usw.)

cancer ['kænsər], *s. Med: & Astr:* Krebs *m;* **c. patient,** Krebskranke(r) *f(m); Geog:* **Tropic of C.,** Wendekreis *m* des Krebses. **'cancerous,** *adj.* krebsig.

candid ['kændid], *adj.* offen; **c. camera shot,** heimlich geknipste/ungestellte Aufnahme.

candidate ['kændidit], *s.* (*a*) *Pol: Ecc:* Kandidat(in) *m(f);* (*b*) (*for job*) Bewerber(in) *m(f);* (*c*) **examination c.,** Prüfling *m.*

candle ['kændl], *s.* Kerze *f; Fig:* **to burn the c. at both ends,** mit seinen Kräften/seiner Gesundheit Raubbau treiben; **he can't hold a c. to you,** er kann dir nicht das Wasser reichen. **'candlepower,** *s. Meas:* Kerze *f.* **'candlestick,** *s.* Kerzenständer *m.* **'candlewick,** *s. Tex:* Chenillestoff *m;* **c. bedspread,** Chenilledecke *f.*

candour ['kændər], *s.* Offenheit *f.*

candy, *pl.* **-ies** ['kændi, -iz], *s.* 1. (*sugar*) Kandiszucker *m.* 2. *N. Am:* Süßigkeiten *fpl,* Bonbons *npl;* **c. store,** Süßwarenladen *m.* **'candyfloss,** *s.* Zuckerwatte *f.*

cane [kein]. I. *s.* 1. (*of bamboo, sugar*) Rohr *n;* **c. chair,** Rohrstuhl *m;* **c. sugar,** Rohrzucker *m;* **raspberry c.,** Himbeerrute *f.* 2. (*a*) (*for punishment*) Rohrstock *m;* (*b*) (*walking stick*) Spazierstock *m.* II. *v.tr.* (j-n) mit dem Rohrstock züchtigen.

canine ['keinain, 'kænain], *adj.* 1. Hunde-. 2. **c.** (**tooth**), Eckzahn *m.*

canister ['kænistər], *s.* Kanister *m.*

cannibal ['kænibəl]. I. *s.* Kannibale *m,* Menschenfresser *m.* II. *adj.* kannibalisch. **'cannibalism,** *s.* Kannibalismus *m.* **'cannibalize,** *v.tr.* (ein Auto usw.) ausschlachten.

cannon ['kænən]. I. *s.* 1. *Mil:* (*a*) Kanone *f;* (*b*) *coll.* Artillerie *f;* **c. ball,** Kanonenkugel *f; Fig:* **c. fodder,** Kanonenfutter *n.* 2. *Billiards:* Karambolage *f.* II. *v.i.* **to c. into s.o.,** mit j-m zusammenprallen.

canny ['kæni], *adj.* umsichtig; (*with money*) sparsam.

canoe [kə'nu:]. I. *s.* Paddelboot *n; Sp:* Kanu *n; Fig:* **to paddle one's own c.,** auf eigene Faust handeln. II. *v.i.* Kanu fahren.

canon ['kænən], *s.* 1. Regel *f;* **the canons of good taste,** die Regeln des guten Geschmacks. 2. *Ecc:* (*a*) (*of bible*) Kanon *m;* (*b*) (*pers.*) Domherr *m.* 3. *Mus:* Kanon *m.* **'canonize,** *v.tr. Ecc:* (einen Seligen) heiligsprechen.

canopy, *pl.* **-ies** ['kænəpi, -iz], *s.* 1. (*a*) (*ceremonial*) Baldachin *m;* (*of bed*) Betthimmel *m;* (*b*) (*over window etc.*) Markise *f;* (*of tent*) Vordach *n;* (*for pram*) Sonnendach *n.* 2. *Constr:* (*a*) (*of house*) Vordach *n;* (*b*) (*of petrol station etc.*) Überdachung *f.* 3. *Av:* (durchsichtige) Kabinenhaube *f.*

cant [kænt]. I. *s.* 1. (*insincerity*) Heuchelei *f.* 2. Jargon *m; thieves'* **c.,** Gaunersprache *f.* II. *adj.* **a c. phrase,** eine leere Phrase.

cantankerous [kæn'tæŋkərəs], *adj.* streitsüchtig.

cantata [kæn'tɑːtə], *s. Mus:* Kantate *f.*

canteen [kæn'tiːn], *s.* 1. Kantine *f.* 2. **c. of cutlery,** Besteckkasten *m.*

canter ['kæntər]. I. *s. Equit:* Kanter *m; Rac:* **to win in a c.,** mühelos siegen. II. *v.i.* im Handgalopp reiten.

Canterbury ['kæntəb(ə)ri]. *Pr.n. Bot:* **c. bell,** Glockenblume *f.*

cantilever ['kæntiliːvər]. I. *s. Arch:* Freiträger *m.* II. *adj.* freitragend; **c. bridge,** Auslegerbrücke *f.*

canvas ['kænvəs], *s.* 1. *Tex:* Segeltuch *n;* **under c.,** (i) (*of yacht*) unter Segel; (ii) (*in tent*) im Zelt. 2. *Art:* Leinwand *f;* (*painting*) Gemälde *n.*

canvass ['kænvəs], *v.* 1. *v.i. Pol:* Stimmen werben (**for s.o./a party,** für j-n/eine Partei). 2. *v.tr. Pol:* Stimmen/*Com:* Kunden werben. **'canvasser,** *s.* 1. Werber *m.* 2. *Pol:* Propagandist *m.* **'canvassing,** *s.* 1. *Pol:* Stimmenwerbung *f.* 2. *Com:* Kundenwerbung *f.*

canyon ['kænjən], *s.* Cañon *m.*

cap [kæp]. I. *s.* 1. Mütze *f;* **nurse's c.,** Schwesternhaube *f; Fig:* **to approach s.o. c. in hand,** j-m demütig entgegenkommen; **to set one's c. at s.o.,** nach j-m angeln; **that's a feather in your c.,** darauf kannst du stolz sein; **if the c. fits,** . . . wen's juckt, der kratze sich. 2. (*cover*) Deckel *m;* (*of pen*) Kappe *f;* (*of bottle*) Kapsel *f.* 3. (*for toy gun*) Zündkapsel *f.* II. *v.tr.* (*a*) (*outdo*) (etwas) übertreffen; **and to c. it all, he won a gold medal,** und die Krönung war, daß er eine Goldmedaille gewann; (*b*) *Sp:* (j-n) in die Nationalmannschaft aufnehmen.

capable ['keipəbl], *adj.* 1. (*of pers.*) fähig (**of, gen/zu + inf**); **a c. teacher,** ein tüchtiger Lehrer; **c. of answering/of an answer,** fähig zu antworten, einer Antwort fähig; **c. of working,** arbeitsfähig; **c. of driving,** fahrtüchtig. 2. **to be c. of doing sth.,** (*of pers.*) imstande sein, etwas zu tun; (*of thing*) etwas tun können; **this machine is c. of producing perfect copies,** diese Maschine kann einwandfreie Abzüge herstellen; **she's perfectly c. of doing it herself,** sie ist durchaus imstande, es selbst zu tun; **-ably,** *adv.* gekonnt. **capa'bility,** *s.* Fähigkeit *f.*

capacious [kə'peiʃəs], *adj.* geräumig.

capacitor [kə'pæsitər], *s. El:* Kondensator *m.*

capacity [kə'pæsiti], *s.* 1. (*a*) *Ph:* Volumen *n; I.C.E:* Hubraum *m;* (*b*) (*of a container*) Fassungsvermögen *n;* (*of hall, train etc.*) **filled to c.,** voll besetzt; **seating c. 250,** Sitzgelegenheit für 250; **c. audience,** ausverkauftes Haus. 2. (*a*) (*of pers.*) Fähigkeit *f;* **c. for happiness,** Fähigkeit, glücklich zu sein; (*b*) (*of machine*) (**working**) **c.,** Leistungsvermögen *n.* 3. (*position*)

Stellung *f;* **in my c. as...,** in meiner
Eigenschaft als ...
cape[1] [keip], *s. Cl:* Cape *n,* Umhang *m.*
cape[2], *s.* Kap *n; Geog:* **the Cape,** das Kap der
Guten Hoffnung.
caper[1] ['keipər], *s. Cu:* Kaper *f.*
caper[2]. I. *s.* (*a*) **to cut capers,** herumtollen; (*b*)
(*prank*) Streich *m.* II. *v.i.* (*of child, animal*)
herumhüpfen.
capital[1] ['kæpitl], *s. Arch:* Kapitell *n.*
capital[2]. I. *adj.* 1. (*a*) Haupt-; **c. city,**
Hauptstadt *f;* (*b*) (*serious*) schwerwiegend; **c.
crime,** Schwerverbrechen *n;* **c. punishment,**
Todesstrafe *f;* **c. letter,** Großbuchstabe *m;* **of c.
importance,** von allerhöchster Wichtigkeit. 2.
A: **c. fellow,** famoser Kerl; **c.!** ausgezeichnet!
II. *s.* 1. *Fin:* Kapital *n; Fig:* **to make c. out of sth.,**
aus etwas *dat* Kapital schlagen. 2. (*city*)
Hauptstadt *f.* **'capitalism,** *s.* Kapitalismus *m.*
'capitalist, *s.* Kapitalist *m.* **'capitalize,** *v.* 1.
v.i. **to c. on sth.,** aus etwas *dat* Nutzen ziehen.
2. *v.tr.* (einen Buchstaben) groß schreiben.
capitation [kæpi'teiʃən], *s.* **c.** (**fee**), Zahlung *f*
pro Kopf; **c. tax,** Kopfsteuer *f.*
capitulate [kə'pitjuleit], *v.i.* kapitulieren (**to
s.o., sth.,** vor j-m, etwas *dat*). **capitu'lation,**
s. Kapitulation *f.*
capon ['keipən], *s. Cu:* Kapaun *m.*
caprice [kə'pri:s], *s.* 1. Laune *f.* 2. *Mus:* Ca-
priccio *n.* **capricious** [kə'priʃəs], *adj.* launen-
haft. **ca'priciousness,** *s.* Launenhaftigkeit *f.*
Capricorn ['kæprikɔ:n], *s. Astr:* Steinbock *m;
Geog:* **Tropic of C.,** Wendekreis *m* des Stein-
bocks.
capsize [kæp'saiz], *v.* 1. *v.i.* kentern. 2. *v.tr.*
(ein Boot) zum Kentern bringen.
capstan ['kæpstən], *s.* 1. *Nau:* Ankerwinde *f.* 2.
Tls: **c. lathe,** Revolverdrehbank *f.*
capsule ['kæpsju:l], *s.* Kapsel *f.*
captain ['kæptin]. I. *s.* 1. (*a*) *Mil:* Hauptmann
m; (*of cavalry*) Rittmeister *m; Nau:* Kapitän
m; (*b*) *Sp:* Mannschaftskapitän *m;* (*c*) *Fig:*
captains of industry, Industriekapitäne *mpl.* II.
v.tr. (*a*) (*Mil:* eine Kompanie, *Nau:* ein Schiff)
kommandieren; (*b*) *Sp:* (eine Mannschaft)
führen. **'captaincy,** *s.* (*rank*) *Mil:* Haupt-
mannsgrad *m; Nau:* Kapitänsgrad *m.* 2. (*lead-
ership*) Führung *f; Nau: Mil:* Kommando *n.*
caption ['kæpʃ(ə)n], *s.* (*a*) (*of picture*) Bildun-
terschrift *f;* (*b*) (*in film*) erklärender Zwi-
schentext *m;* (*c*) (*heading*) Überschrift *f.*
captivate ['kæptiveit], *v.tr.* (j-n) bezaubern
(**with sth.,** mit etwas *dat*).
captive ['kæptiv]. I. *adj.* gefangen; **c. audience,**
gefesseltes Publikum; **c. balloon,** Fesselballon
m. II. *s.* Gefangene(r) *f(m).* **cap'tivity,** *s.*
Gefangenschaft *f.* **'captor,** *s.* Fänger *m;* **his
c.,** der, der ihn gefangennahm. **capture**
['kæptʃər]. I. *s.* Gefangennahme *f;* Eroberung
f (einer Stadt); *Nau:* Kapern *n* (eines Schiffes).
II. *v.tr.* (*a*) (ein Tier) (ein)fangen; (*b*) (j-n) ge-
fangennehmen; (*c*) *Mil:* (eine Stadt usw.) ero-
bern; (einen Panzer usw.) erbeuten; (ein Schiff)
kapern; (*d*) *Fig:* (Aufmerksamkeit) gewinnen;
to c. the mood, die Stimmung einfangen; **to c.
the market,** den Markt erobern.
Capuchin ['kæpuʃin], *s. Ecc:* Kapuziner *m.*
car [ka:r], *s.* 1. Auto *n,* Wagen *m; attrib.* **c. club,**

Automobilklub *m;* **c. ferry,** Autofähre *f;* **c.
sleeper,** Autoreisezug *m;* **c. park,** Parkplatz *m;*
(*multistorey*) Parkhaus *n;* (*underground*)
Tiefgarage *f.* 2. *Rail: esp. N.Am:* Wagen *m;*
dining c., Speisewagen *m;* **sleeping c.,**
Schlafwagen *m.* **'carman,** *s. N.Am:* Fahrer *m.*
'carport, *s.* Autounterstand *m.* **'carsick,**
adj. **he was c.,** ihm wurde schlecht im Auto.
carafe [kə'ra:f, -æf], *s.* Karaffe *f.*
caramel ['kærəmel], *s. Cu:* (*a*) Karamel *m;* (*b*)
(*sweet*) Karamelbonbon *n & m.*
carat ['kærət], *s. Meas:* Karat *n;* **eighteen c.
gold,** achtzehnkarätiges Gold.
caravan ['kærəvæn], *s.* 1. (*camels*) Karawane
f. 2. (*trailer*) Wohnwagen *m,* **gipsy c.,** Zigeu-
nerwagen *m.*
caraway ['kærəwei], *s. Cu:* Kümmel *m.*
carbide ['ka:baid], *s. Ch:* Karbid *n.*
carbine ['ka:bain], *s.* Karabiner *m.*
carbohydrate ['ka:bəu'haidreit], *s. Ch: Physiol:*
Kohlehydrat *n.*
carbolic [ka:'bɔlik], *adj. Ch:* Karbol-; **c. acid,**
Phenol *n.*
carbon ['ka:bən], *s.* 1. *Ch:* Kohlenstoff *m;* **c.
dioxide,** Kohlendioxyd *n.* 2. *attrib. Kohle-;* **c.
(paper),** Kohlepapier *n;* **c. copy,** Durchschlag
m; Metall: **c. steel,** Flußstahl *m.* **carbonate**
['ka:bənit], *s. Ch:* kohlensaures Salz *n.* **carbon-
iferous** [ka:bə'nifərəs], *adj. Geol: Min:* kohle-
führend. **carbonize** ['ka:bənaiz], *v.tr.* (etwas)
verkohlen.
carbuncle ['ka:bʌŋkl], *s.* 1. *Min:* Karfunkel *m.*
2. *Med:* Karbunkel *m.*
carburettor [ka:bjuretər], *s. I.C.E:* Vergaser *m.*
carcass, carcase ['ka:kəs], *s.* 1. (*corpse*) Ka-
daver *m.* 2. Rumpf *m* (eines geschlachteten
Tieres).
card[1] [ka:d], *s.* 1. Karte *f,* (*a*) **playing c.,**
Spielkarte *f;* **game of cards/c. game,** Kar-
tenspiel *n;* **c. trick,** Kartenkunststück *n;* **c.
table,** Spieltisch *m; Fig:* **to play one's cards
well/badly,** seine Sache geschickt/ungeschickt
machen; **to lay one's cards on the table,** die
Karten auf den Tisch legen; **to have a c. up
one's sleeve,** noch etwas in Reserve haben; **on
the cards,** durchaus möglich; (*b*) (*visiting*)
c., Visitenkarte *f;* **to leave one's c.,** seine Visiten-
karte abgeben; (*c*) **identity c.,** Personalausweis
m; (*d*) **c. index,** Kartei *f.* 2. (*material*) Karton
m. 3. *A:* (*pers.*) komischer Kauz *m.* **'card-
board,** *s.* Pappe *f;* **c. box,** (*large*) Karton *m;*
(*small*) Pappschachtel *f.* **'card-sharper,** *s.*
Falschspieler *m.*
card[2], *v.tr.* (Wolle) krempeln.
cardiac ['ka:diæk], *adj. Med:* Herz-; **c. arrest,**
Herzstillstand *m.*
cardigan ['ka:digən], *s.* Strickjacke *f.*
cardinal ['ka:din(ə)l]. I. *adj.* grundsätzlich; **c.
number,** Kardinalzahl *f.* II. *s.* 1. *Ecc:* Kar-
dinal *m.* 2. *Orn:* **c. bird,** Kardinal *m.*
cardiogram ['ka:diəugræm], *s. Med:*
Kardiogramm *n.*
cardiology [ka:di'ɔlədʒi], *s. Med:* Herzheil-
kunde *f.*
care [kɛər]. I. *s.* 1. (*worry*) Sorge *f;* **free from c.,**
ohne Sorge. 2. (*caution*) Vorsicht *f;* **glass with
c.!** Vorsicht, Glas! **to take c.,** vorsichtig sein; **to
take c. that,** ... darauf achten, daß ... 3.

(*trouble*) Sorgfalt *f;* **take more c.** over your **work,** du mußt sorgfältiger arbeiten; du mußt dir mehr Mühe geben (mit deiner Arbeit). **4.** (*looking after*) **to take c. of s.o.,** für j-n sorgen; **to take c. of one's clothes,** seine Kleider pflegen; **dental c.,** Zahnpflege *f;* **the child was left in my c.,** (*long term*) das Kind war unter meiner Obhut; (*short term*) ich mußte auf das Kind aufpassen; **the library is in his c.,** er leitet die Bücherei; **the child was taken into c.,** das Kind kam in Fürsorge; (*b*) (*on letter*) **c. of** (*abbr.* **c/o**), bei. **II.** *v.i.* (*a*) (*feel concern*) sich *dat* etwas daraus machen; **I don't c.!** das ist mir (völlig) egal! **for all I c. . . .,** meinetwegen . . .; **who cares!** wen kümmert das! (*b*) (*like*) **to c. for s.o.,** j-n mögen; **would you c. for a drink?** möchten Sie etwas trinken? **I don't c. much for him,** ich mag ihn nicht besonders; (*c*) (*look after*) **to c. for s.o., sth.,** j-n, etwas pflegen; **well cared for,** (*of pers.*) gut betreut; (*of thing, animal*) gut gepflegt. **'carefree,** *adj.* sorgenfrei. **'careful,** *adj.* **1.** (*cautious*) vorsichtig; **to be c. to do sth.,** darauf achten, daß man etwas macht; (**be**) **c.!** paß auf! **2.** (*thorough*) sorgfältig; **a c. examination,** eine genaue Untersuchung. **'carefulness,** *s.* Vorsicht *f.* **'careless,** *adj.* nachlässig; **c. driver,** leichtsinniger Fahrer; **c. remark,** unbesonnene Äußerung; **c. mistake,** Flüchtigkeitsfehler *m;* **c. of danger,** der Gefahr gegenüber gleichgültig. **'carelessness,** *s.* Nachlässigkeit *f.* **'caretaker,** *s.* (*a*) (*in schools, flats*) Hausmeister *m;* (*b*) (*in museum etc.*) Aufseher *m.* **'careworn,** *adj.* verhärmt.

career [kə'riər]. **I.** *s.* (*a*) Laufbahn *f;* (**successful**) **c.,** Karriere *f;* (*b*) (*profession*) Beruf *m;* **c. diplomat,** Berufsdiplomat *m; Sch:* **careers master/mistress,** berufsberatender Lehrer/ berufsberatende Lehrerin **II.** *v.i.* **to c. (along),** dahinrasen.

caress [kə'res]. **I.** *s.* Liebkosung *f.* **II.** *v.tr.* (j-n) liebkosen.

cargo, *pl.* **-oes** ['kɑ:gəu, -əuz], *s. Nau:* Ladung *f;* **c. boat,** Frachtschiff *n;* **c. plane,** Transportflugzeug *n.*

Caribbean [kærɪ'bi(:)ən], *adj. Geog:* **C. (Sea),** Karibisches Meer *n;* **C. Islands,** die Karibischen Inseln *fpl.*

caricature ['kærɪkətjuər]. **I.** *s.* Karikatur *f.* **II.** *v.tr.* (j-n) karikieren. **carica'turist,** *s.* Karikaturist *m.*

caries ['kɛər(i)i:z], *s. Dent:* Karies *f.*

carillon [kə'rɪljən], *s.* Glockenspiel *n.*

Carinthia [kə'rɪnθɪə], *s. Geog:* Kärnten *n.* **Ca'rinthian I.** *adj.* kärntnerisch; **C.lakes/ Alps,** Käntner Seen/Alpen. **II.** *s.* Kärntner(in) *m(f).*

carmine ['kɑ:main]. **I.** *s.* Karmin *m.* **II.** *adj.* karminrot.

carnage ['kɑ:nɪdʒ], *s.* Gemetzel *n.*

carnal ['kɑ:nəl], *adj.* fleischlich.

carnation [kɑ:'neɪʃən], *s. Bot:* Nelke *f.*

carnival ['kɑ:nɪv(ə)l], *s.* Karneval *m; South G:* Fasching *m;* **c. procession,** Karnevalszug *m.*

carnivorous [kɑ:'nɪvərəs], *adj.* (*of plant*) fleischfressend; **c. animal,** Fleischfresser *m.*

carol ['kærəl], *s.* Christmas **c.,** Weihnachtslied *n.*

Carolingian [kærə'lɪŋɡɪən], *adj.* karolingisch.

carotid [kə'rɔtɪd], *adj. Anat:* **c. artery.** Halsschlagader *f.*

carouse [kə'rauz], *v.i.* zechen.

carp[1] [kɑ:p], *s. inv. Fish:* Karpfen *m.*

carp[2], *v.i.* etwas auszusetzen haben (**at,** an + *dat*).

Carpathians the [kɑ:'peɪθɪənz]. *Pr.n.Geog:* die Karpaten *pl.*

carpenter ['kɑ:pɪntər], *s.* (*a*) Tischler *m;* (*b*) (*working on buildings*) Zimmermann *m.* **'carpentry,** *s.* Tischlerei *f, Constr:* Zimmerarbeit *f;* (*profession*) Zimmerhandwerk *n.*

carpet ['kɑ:pɪt]. **I.** *s.* Teppich *m;* **c. beater,** Teppichklopfer *m;* **c. sweeper,** Teppichkehrer *m;* **c. slippers,** sich *dat* j-n vorknöpfen. **II.** *v.tr.* (*a*) (ein Zimmer) mit (einem) Teppich auslegen; (*b*) *F:* **to c. s.o.,** j-n abkanzeln.

carriage ['kærɪdʒ], *s.* **1.** Transport *m;* (*cost*) Transportkosten *pl; Com:* **c. free/paid,** frachtfrei; **c. foward,** per Frachtnachnahme. **2.** (*posture*) Haltung *f.* **3.** (*a*) (*horsedrawn*) Kutsche *f;* **c. and pair,** Zweispänner *m;* **c. builder,** Wagenbauer *m;* (*b*) (**railway**) **c.,** Eisenbahnwagen *m;* (*c*) Wagen *m* (einer Schreibmaschine usw.). **'carriageway,** *s.* (*a*) (*drive*) Fahrweg *m;* (*b*) (*of road*) Fahrbahn *f;* **dual c.,** zweibahnige Straße.

carrier ['kærɪər], *s.* **1.** (*pers.*) (*a*) Träger *m;* Überbringer *m* (von Nachrichten usw.); (*b*) *Med:* Krankheitsüberträger *m;* (*c*) *Com:* Spediteur *m;* **carriers,** (*company*) Speditionsgesellschaft *f.* **2.** (*a*) (*on bicycle etc.*) Gepäckträger *m;* (*b*) (**aircraft**) **c.,** Flugzeugträger *m;* (*c*) *attrib.* **c. bag,** Tragtasche *f;* **c. pigeon,** Brieftaube *f.*

carrion ['kærɪən], *s.* Aas *n;* **c. crow,** Aaskrähe *f.*

carrot ['kærət], *s.* Karotte *f.*

carry ['kærɪ], *v.tr.* (j-n, etwas) tragen; (*a*) (*of pers.*) (eine Botschaft) überbringen; **I never c. much money,** ich habe nie viel Geld bei mir; **he carries it all in his head,** er hat das alles im Kopf; **to c. oneself well/badly,** eine gute/ schlechte Haltung haben; (*b*) *Com:* (Waren) befördern; (*of pipe*) (Wasser, Öl) führen; (*c*) *Fin:* **to c. interest,** Zinsen tragen; (*d*) *Journ:* (einen Artikel, Bericht) bringen; (*e*) *Fig:* (*of argument*) **to c. weight (with s.o.),** Einfluß (auf j-n) ausüben; **to c. responsibility,** (*of pers.*) Verantwortung tragen; (*of job*) Verantwortung mit sich bringen; **to c. conviction,** überzeugen; **to c. sth. too far,** etwas zu weit treiben; (*f*) *Mth:* (*in multiplying*) **c. five,** merke fünf;(*g*) *Mil: Sp: etc:* **they carried all before them,** sie siegten auf der ganzen Linie; *Th:* **to c. an audience (with one),** die Zuschauer mitreißen; *Fig:* **to c. one's point,** seine Ansicht durchsetzen; *Parl: etc:* (*of motion*) **to be carried,** angenommen werden; (*i*) *abs.* **his voice carries well,** seine Stimme trägt gut. **'carry a'long,** *v.tr.* (etwas) mitreißen; *Fig:* **he was able to c. the audience along with him,** er wußte die Zuhörer für sich zu gewinnen. **'carry a'way,** *v.tr.* (*a*) (etwas) wegtragen; (*b*) (j-n) hinreißen; **I was quite carried away,** ich war ganz hingerissen. **'carry 'back,** *v.tr.* (*a*) (etwas) zurücktragen; (*b*) *Fig:* (j-n) zurückversetzen (**to,** in + *acc*). **'carrycot,** *s.* Babytragtasche *f.*

'**carry 'forward**, *v.tr.* *Book-k:* (eine Summe) übertragen; **(amount) carried f.**, Übertrag *m.* '**carrying**, *s.* 1. Tragen *n.* 2. *attrib.* **c. capacity**, Tragfähigkeit *f* (einer Brücke, eines Balkens usw.); Ladefähigkeit *f* (eines Fahrzeugs). 3. *pl. F:* **carryings-on**, Getue *n;* (*strange*) seltsame Vorgänge *mpl.* '**carry 'off**, *v.tr.* (j-n, etwas) wegtragen; (*a*) (*kidnap, abduct*) (j-n) entführen; (*b*) (*of animal*) (etwas) verschleppen; (*c*) (einen Preis) gewinnen; (*d*) **he carried it off well**, er hat es gut geschafft. '**carry 'on**, *v.* 1 *v.tr.* (ein Geschäft, ein Gespräch) führen. 2. *v.i.* (*a*) (*behave*) sich aufführen; (*fuss*) Theater machen; (*b*) (*continue*) (eine Tradition usw.) fortführen; **c. on!** weitermachen! nur weiter! **to c. on with sth.**, etwas weitermachen; **to c. on with s.o.**, es mit j-m treiben. '**carry 'out**, *v.tr.* (*a*) (j-n, etwas) hinaustragen; (*b*) (einen Plan, einen Befehl usw.) ausführen. '**carry 'through**, *v.tr.* (einen Plan) durchführen.

cart [kɑːt]. I. *s.* (*a*) (*horsedrawn*) Wagen *m; Fig:* **to put the c. before the horse**, das Pferd beim Schwanz aufzäumen; (*b*) (*handcart*) Karren *m.* II. *v.tr.* (*a*) (Güter) karren; (*b*) *F:* (etwas) schleppen; **to c. sth. about**, etwas (überall) mitschleppen. '**carthorse**, *s.* (schweres) Zugpferd *n.* '**cartload**, *s.* Fuhre *f.* '**cartwheel**, *s.* (*a*) Wagenrad *n;* (*b*) **to turn cartwheels**, radschlagen.

Carthusian [kɑːˈθjuːziən], *s. Ecc:* Kartäuser *m.*

cartilage [ˈkɑːtilidʒ], *s. Anat:* Knorpel *m.*

cartographer [kɑːˈtɔgrəfər], *s.* Kartograph *m.*

carton [ˈkɑːtən], *s.* (*a*) (*material*) Pappe *f;* (*b*) (*box*) Pappschachtel *f;* **a c. of cream**, ein Becher *m* Sahne.

cartoon [kɑːˈtuːn], *s.* 1. Witzzeichnung *f;* (*strip*) Comic strip *m;* (*caricature*) Karikatur *f; Cin:* e. film, Zeichentrickfilm *m.* 2. *Art:* Karton *m.* **car'toonist**, *s.* Karikaturist *m.*

cartridge [ˈkɑːtridʒ], *s.* 1. Patrone *f;* **blank c.**, Platzpatrone *f.* 2. **c. paper**, Zeichenpapier *n.* 3. *Rec:* (**pickup**) **c.**, Tonabnehmer(system) *m* (*n*).

carve [kɑːv], *v.tr.* (*a*) (*in wood*) (etwas) schnitzen; (*in stone*) (ein Bild) (in/aus Stein) hauen; **beautifully carved**, (*of wood*) schön geschnitzt, (*of stone*) schön gemeißelt; **to c. one's name in sth.**, seinen Namen in etwas *acc* einritzen; (*b*) **to c. meat**, Fleisch aufschneiden; **to c. sth. up**, etwas in Stücke zerteilen; *Fig:* **to c. out a career for oneself**, sich *dat* eine Karriere aufbauen. '**carving**, *s.* 1. Schnitzerei *f.* 2. Aufschneiden *n;* **c. knife**, Tranchiermesser *n.*

cascade [kæsˈkeid]. I. *s.* Wasserfall *m.* II. *v.i.* herabstürzen.

case[1] [keis], *s.* 1. (*also Med: Gram: Jur:*) Fall *m;* (*a*) **a hard c.**, ein schwieriger Fall; **in that c./ if that's the c.**, in dem Fall; **as the c. may be**, jeweils/je nach Sachlage; **just in c.**, für alle Fälle; **in c. he comes**, falls er kommt; **in c. of a breakdown**, im Falle einer Panne; **in c. of need**, im Notfall; **in c. of doubt**, im Zweifelsfall; **in any c. it's too late**, es ist sowieso zu spät; **he will come in any c.**, er kommt auf jeden Fall; (*b*) *Med:* **a mild c.**, ein leichter Fall; **a serious c.**, ein schwerer Fall; **one of Dr. A.'s cases**, ein Patient von Dr. A.; **c. history**, Krankengeschichte *f; Sociol:* **c. work**, Individualfür-

sorge *f;* (*c*) *Jur:* **c. law**, Präzedenzrecht *n.* 2. (*a*) *Jur:* Begründung *f;* **he has a good c.**, er hat schlüssige Beweise; **c. for the prosecution**, Anklage *f;* **c. for the defence**, Verteidigung *f;* (*b*) **good/convincing c.**, triftige Gründe; **to make out a c. for sth.**, etwas begründen; (*c*) *Gram:* **nominative c.**, Nominativ *m;* erster Fall *m;* **genitive c.**, Genitiv *m;* zweiter Fall *m.*

case[2], *s.* 1. (*a*) (*box*) Kasten *m;* (*small*) Kästchen *n;* (*suitcase*) Koffer *m;* **jewel c.**, Schmuckkästchen *n;* **cigarette c.**, Zigarettenetui *n;* (*b*) (*soft*) **spectacle c.**, Brillenfutteral *n;* **pillow c.**, Kopfkissenbezug *m.* 2. (*a*) (*housing*) Gehäuse *n;* (*of seed*) Kapsel *f;* (*b*) (*cupboard*) Schrank *m;* **glass c.**, Vitrine *f.* 3. *Print:* Setzkasten *m.* 4. *Bookb:* Hülle *f.* II. *v.tr. Bookb:* (ein Buch) einhängen. '**case-harden**, *v.tr.* (Stahl) einsatzhärten; **case-hardened steel**, Einsatzstahl *m.*

casement [ˈkeismənt], *s.* Fensterflügel *m;* **window**, Flügelfenster *n.*

cash [kæʃ]. I. *s. no pl.* 1. Bargeld *n;* **to pay c.**, (in) bar bezahlen; **c. desk**, Kasse *f;* **c. box**, Geldkassette *f;* **c. register**, Registrierkasse *f; Com:* **for c./c. down**, gegen Barzahlung; **c. sale**, Barverkauf *m;* **c. with order**, zahlbar bei Bestellung; **c. on delivery**, (i) zahlbar bei Empfang; (ii) *Post:* per Nachnahme. 2. *F:* Geld *n;* **to be short of c.**, knapp bei Kasse sein. II. *v.tr.* (einen Scheck usw.) einlösen; *Fig:* **to c. in on sth.**, von etwas *dat* profitieren. **ca'shier**[1], *s.* Kassierer(in) *m(f).*

cashier[2] [kəˈʃiər], *v.tr.* (einen Offizier) kassieren.

casing [ˈkeisiŋ], *s.* 1. (*soft covering*) Umhüllung *f.* 2. *esp. Tchn:* (*housing*) Gehäuse *n.* 3. *Constr:* Verschalung *f.*

casino, *pl.* **-os** [kəˈsiːnəu, -əuz], *s.* Kasino *n.*

cask [kɑːsk], *s.* Faß *n.*

casket [ˈkɑːskit], *s.* 1. Kästchen *n.* 2. *N.Am:* (*coffin*) Sarg *m.*

Caspian [ˈkæspiən], *adj. Geog:* **the C. Sea**, das Kaspische Meer.

casserole [ˈkæsərəul], *s.* 1. (*container*) Schmortopf *m.* 2. (*dish*) (im Ofen gegarter) Fleischeintopf *m.*

cassette [kæˈset], *s.* 1. *Phot:* Filmkassette *f.* 2. *Rec:* Kassette *f;* **c. recorder**, Kassettenrecorder *m.*

cassock [ˈkæsək], *s. Ecc:* (*Catholic*) Soutane *f;* (*protestant*) Talar *m.*

cast [kɑːst]. I. *s.* 1. (*a*) (*of dice*) Wurf *m;* (*b*) (*of net etc.*) Auswerfen *n.* 2. (*a*) (*mould*) Form *f;* (*b*) (*product*) Abguß *m;* **plaster c.**, Gipsverband *m;* (*c*) *Fig:* **c. of mind**, Geistesart *f;* **the c. of his features**, sein Gesichtsschnitt *m.* 3. **to have a c. in one's eye**, (leicht) schielen. 4. *Th:* Besetzung *f.* II. *v.tr.* (*a*) (die Angel, das Netz) auswerfen; *Nau:* **to c. anchor**, den Anker auswerfen; (*b*) (*of animals*) (die Haut, das Geweih usw.) abwerfen; (*c*) **to c. a glance at sth./s.o.**, einen Blick auf etwas *acc* werfen/j-m einen Blick zuwerfen; **to c. light/shadow on sth.**, Licht/ einen Schatten auf etwas *acc* werfen; **to c. the blame on s.o., sth.**, j-m, etwas *dat* die Schuld zuschreiben; *Lit:* **to c. a slur on s.o.**, j-n verunglimpfen; (*d*) **to c. lots**, losen; *Fig:* **to c. one's vote**, seine Stimme abgeben; **the die is c.**, die Würfel sind gefallen; (*e*) (Metall, eine Statue) gießen; **c. iron,** Gußeisen *n; Fig:* **c. iron proof,** hieb- und stichfester Beweis *m; (f)* **to c. a play,** die Rollen in einem Stück verteilen; **to c. s.o. as X/for the part of X.,** j-m die Rolle des X geben; **well/wrongly c.,** *(of part, play)* gut/schlecht besetzt; *(of actor)* geeignet/ungeeignet für die Rolle. ´**cast a´bout,** *v.i.* **to c. a. for excuses,** nach Ausflüchten suchen. ´**cast a´side,** *v.tr.* (Sorgen usw.) ablegen; *(reject)* (etwas) verwerfen. ´**castaway,** *s.* Schiffbrüchige(r) *f(m).* ´**cast ´down,** *p.p. & adj. (of pers.)* niedergeschlagen. ´**casting.** I. *s.* **1.** *Ind:* (*a*) *(process)* Guß *m;* (*b*) *(product)* Gußstück *n.* **2.** *Th:* Rollenverteilung *f* (**of a play,** für ein Stück). **II.** *adj.* **c. vote,** entscheidende Stimme *f.* ´**cast ´off,** *v.* **1.** *v.tr.* (*a*) (etwas) wegwerfen; **c. off clothes,** abgelegte Kleider; (*b*) *Knit:* (Maschen) abnehmen; (*c*) *Print:* **to c. off a book,** den Umfang von einem Buch berechnen. **2.** *v.i. Nau:* ablegen. ´**cast ´on,** *v.tr. & i. Knit:* (Maschen) anschlagen. ´**cast ´out,** *v.tr.* (j-n, etwas) vertreiben.

castanets [kæstə´nets], *s.* Kastagnetten *fpl.*

caste [kɑ:st], *s.* Kaste *f.*

castellated [´kæstəleitid], *adj.* mit Türmen und Zinnen versehen; *Mec:* **c. nut,** Kronenmutter *f.*

caster [´kɑ:stər], *s. (for sugar etc.)* Streuer *m;* **c. sugar,** Feinkristallzucker *m.*

Castile [kæs´ti:l]. *Pr. n. Geog:* Kastilien *n.*

castigate [´kæstigeit], *v.tr.* (j-n) züchtigen; *(criticize)* (j-n, etwas) heftig tadeln.

castle [´kɑ:sl]. I. *s.* **1.** Burg *f; (mansion)* Schloß *n; Fig:* **c. in the air,** Luftschloß *n.* **2.** *Chess:* Turm *m.* **II.** *v.i. Chess:* rochieren.

castor¹ [´kɑ:stər], *s.* Laufrolle *f; Aut:* **c. angle,** Nachlauf *m.*

castor², *s.* **c. oil,** Rizinusöl *n.*

castrate [kæs´treit], *v.tr.* (j-n, ein Tier) kastrieren. **cas´tration,** *s.* Kastration *f.*

casual [´kæʒju(ə)l], *adj.* **1.** (*a*) *(chance)* zufällig; **a c. meeting,** eine zufällige Begegnung; (*b*) *(not permanent)* Gelegenheits-; **c. labourer,** Gelegenheitsarbeiter *m.* **2.** (*a*) *(informal)* ungezwungen; **c. clothes,** zwanglose Kleidung; (*b*) *(uninvolved)* gleichgültig; **a c. remark,** eine beiläufige Bemerkung; **a c. glance,** ein flüchtiger Blick. ´**casualness,** *s.* Gleichgültigkeit *f.*

casualty, *pl.* **-ies** [´kæʒuəlti, -iz], *s.* (*a*) *(accident victim)* Verunglückte(r) *f(m);* (*b*) *(injured)* Verletzte(r) *f(m);* (*c*) *(dead)* Todesopfer *n;* **c. ward,** Unfallstation *f.*

cat [kæt], *s.* **1.** (*a*) Katze *f;* **(tom) c.,** Kater *m;* (*b*) *Fig:* **there isn't room to swing a c.,** man kann sich kaum umdrehen; **to let the c. out of the bag,** die Katze aus dem Sack lassen; **like a c. on hot bricks,** überaus reizbar; **to see which way the c. jumps,** sehen, wie der Hase läuft; (*c*) **c. burglar,** Fassadenkletterer *m;* **c.'s cradle,** *(game)* Abnehmespiel *n;* **c.'s eye,** *(in road)* Katzenauge *n.* **2.** *N.Am:* Jazzfan *m.* **3.** **c.(-o'-nine-tails),** neunschwänzige Katze *f.* ´**catcall,** *s.* Pfuiruf *m.* ´**catfish,** *s.* Katzenwels *m.* ´**catnap,** *s.* Nickerchen *n.* ´**catsuit,** *s. Cl:* eng anliegendes Trikot *n.* ´**catwalk,** *s.* Laufsteg *m.*

cataclysm [´kætəkliz(ə)m], *s.* Umwälzung *f; (disaster)* Katastrophe *f.*

catacomb [´kætəku:m], *s.* Katakombe *f.*

catalogue · [´kætələg]. I. *s.* Katalog *m; Fig:* Aufzählung *f.* **II.** *v.tr.* (Bücher usw.) katalogisieren.

catalyst [´kætəlist], *s. Ch:* Katalysator *m; Fig:* auslösendes Moment *n.*

catamaran [´kætəməræn], *s.* Katamaran *m.*

catapult [´kætəpʌlt]. **I.** *s.* Katapult *n.* **II.** *v.tr.* (ein Flugzeug) katapultieren; (j-n, etwas) schleudern.

cataract [´kætərækt], *s.* **1.** Wasserfall *m; pl.* Stromschnellen *fpl.* **2.** *Med:* grauer Star *m.*

catarrh [kə´tɑ:r], *s. Med:* Katarrh *m.*

catastrophe [kə´tæstrəfi], *s.* Katastrophe *f.* **catastrophic** [kætə´strɔfik], *adj.* katastrophal.

catch [kætʃ]. **I.** *v.* (*p. & p.p.* **caught** [kɔ:t]) **1.** *v.tr.* (*a*) (einen Fisch, einen Dieb, einen Ball usw.) fangen; *(capture)* (Tiere) einfangen; (*in falling*) (j-n, etwas) auffangen; (*c. up with*) (j-n) einholen; (*b*) *(surprise)* (j-n) überraschen; **caught in a storm,** vom Unwetter überrascht; **to c. s.o. in the act,** j-n auf frischer Tat ertappen; *F:* **you won't c. me doing that!** das sollte mir gerade einfallen! (*c*) (*be in time for*) (einen Bus, einen Zug) erreichen, *F:* erwischen; (*d*) (*hear, understand*) **I didn't quite c. that,** das habe ich nicht ganz mitgekriegt; (*e*) *Med:* sich *dat* (eine Krankheit) zuziehen; **to c. a cold,** sich erkälten; (*f*) *F:* **you'll c. it now!** jetzt kriegst du's! (*g*) **to c. a dress on a nail,** mit dem Kleid an einem Nagel hängenbleiben; **to c. one's finger in a door,** sich *dat* den Finger in der Tür klemmen; *Fig:* **to c. s.o.'s attention/s.o.'s eye,** j-s Aufmerksamkeit auf sich *acc* lenken; **to c. sight/a glimpse of s.o., sth.,** j-n, etwas flüchtig zu Gesicht bekommen; **to c. fire,** Feuer fangen; (*i*) **to c. hold of s.o./sth.,** j-n, etwas packen; (*j*) **I caught my breath,** mir stockte der Atem, *F:* mir blieb die Luft weg. **2.** *v.i.* (*a*) (*stick*) **the door is catching,** die Tür klemmt; **her dress caught on a nail,** ihr Kleid blieb an einem Nagel hängen; (*b*) (*burn*) **the rice has caught,** der Reis ist angebrannt; (*c*) **to c. at sth.,** nach etwas *dat* schnappen. **II.** *s.* **1.** (*action*) Fangen *n;* **good c.!** gut gefangen! **2.** *Fish:* Fang *m;* **a good c.,** (*i*) ein guter Fang; (*ii*) *Fig:* eine gute Partie. **3.** (*trap*) Falle *f;* **there's a c. in it,** die Sache hat einen Haken; **c. question,** Fangfrage *f.* **4.** *Mus:* Kanon *m.* **5.** (*closure*) Verschluß *m; (latch)* Klinke *f; (hook)* Haken *m.* ´**catcher,** *s.* Fänger *m.* ´**catching,** *adj. Med: & Fig:* ansteckend. ´**catchment,** *s. Geog: & Sch:* **c. area,** Einzugsgebiet *n.* ´**catch ´on,** *v.i.* (*a*) (*be accepted*) Anklang finden; (*b*) (*understand*) **he caught on immediately,** er hat es sogleich begriffen/*F:* kapiert. ´**catch ´out,** *v.tr. (of pers.)* (j-n) hereinlegen; **his question caught me out,** seine Frage hat mich überrumpelt. ´**catch ´up,** *v.tr. & i.* (*a*) **to c. s.o., sth. up/c. up with s.o., sth.,** j-n, etwas einholen; **he'll c. (us) up,** er wird uns noch einholen; **to c. up on one's work,** seine Arbeit nachholen; (*b*) **caught up in sth.,** (*i*) (*involved*) in etwas *acc* verwickelt; (*ii*) (*carried away*) von etwas *dat* mitgerissen. ´**catch-word,** *s.* Stichwort *n;* (*slogan*) Schlagwort *n.* ´**catchy,** *adj.* **a c. tune,** eine Melodie, die leicht ins Ohr geht.

catechism [´kætikiz(ə)m], *s.* Katechismus *m.* ´**catechist,** *s.* Katechet *m,* Religionslehrer *m.*

categorical [kætə'gɔrik(ə)l], *adj.* kategorisch.
category ['kætigəri, *N. Am:* -gɔri], *s.* Kategorie *f.*
cater ['keitər], *v.i.* (*a*) Lebensmittel liefern; **to c. for s.o.**, j-n mit Lebensmitteln versorgen; (*b*) *Fig:* **to c. for s.o.**, sth., j-n, etwas berücksichtigen; **you can't c. for all tastes,** man kann nicht alle Geschmäcker zufriedenstellen. **'caterer,** *s.* Lebensmittellieferant *m;* (*for functions etc.*) Traiteur *m.* **'catering,** *s.* **c. (industry),** Gaststättengewerbe *n;* **who's doing the c.?** wer liefert das Essen?
caterpillar ['kætəpilər], *s.* 1. *Z:* Raupe *f.* 2. *Tchn:* **c. (tractor),** Raupenschlepper *m.*
caterwaul ['kætəwɔ:l], *v.i.* laut miauen. **'caterwauling,** *s.* Katzenkonzert *n.*
cathedral [kə'θi:drəl], *s.* Kathedrale *f;* **c. city,** Bischofssitz *m;* **c. close,** Domhof *m.*
Catherine ['kæθ(ə)rin]. *Pr.n.f.* Katharina; *Fireworks:* **c. wheel,** Feuerrad *n;* **to turn c. wheels,** radschlagen.
cathode ['kæθəud], *s.* *El:* Kathode *f;* **c. ray,** Kathodenstrahl *m.*
catholic ['kæθ(ə)lik]. **I.** *adj.* 1. umfassend; **c. tastes,** weite Sympathien; **a c. mind,** ein toleranter Geist. 2. *Ecc:* katholisch. **II.** *s.* Katholik(in) *m(f).* **catholicism** [kə'θɔlisiz(ə)m], *s.* Katholizismus *m.* **catholicity** [kæθə'lisiti], *s.* Toleranz *f;* Weite *f* (der Sympathien).
catkin ['kætkin], *s.* *Bot:* Kätzchen *n.*
catsup ['kætsəp], *s.* *N.Am:* = **ketchup.**
cattle ['kætl], *s. coll. inv.* Vieh *n;* **c. shed,** Viehstall *m;* **c. breeding,** Rinderzucht *f.*
catty ['kæti], *adj.* *F:* (*esp. of woman*) gehässig. **'cattiness,** *s.* Gehässigkeit *f.*
Caucasian [kɔ:'keiziən]. *Geog.* **I.** *adj.* kaukasisch. **II.** *s.* Kaukasier(in) *m(f).*
cauldron ['kɔ:ldrən], *s.* (großer) Kessel *m.*
cauliflower ['kɔliflauər], *s.* Blumenkohl *m.*
caulk [kɔ:k], *v.tr.* (Ritzen) abdichten; *Nau:* kalfatern.
causality [kɔ:'zæliti], *s.* Kausalzusammenhang *m.* **cause** [kɔ:z]. **I.** *s.* 1. (*origin*) Ursache *f.* 2. (*reason*) Grund *m* (**for sth.,** zu etwas *dat*); **no c. for complaint,** kein Grund zur Klage; **to have good c. for doing sth.,** seine guten Gründe für etwas *acc* haben. 3. (*a*) (*purpose*) Zweck *m;* **good c.,** (*charity*) Wohltätigkeitszweck *m;* **it's all in a good c.,** es ist für einen guten Zweck; (*b*) Sache *f;* **to make common c. with s.o.,** mit j-m gemeinsame Sache machen; **in the c. of freedom,** um der Freiheit willen; **a lost c.,** eine verlorene Sache; **to support/champion a c.,** sich für eine Sache einsetzen. **II.** *v.tr.* (*a*) (etwas) verursachen; **to c. damage,** Schaden anrichten; **to c. a stir,** Aufsehen erregen; **to c. anxiety/ trouble,** Sorgen/Schwierigkeiten bereiten; (*b*) **to c. s.o. to do sth.,** j-n veranlassen, etwas zu tun; **what caused you to do it?** was hat dich dazu veranlaßt?
causeway ['kɔ:zwei], *s.* Damm *m.*
caustic ['kɔ:stik]. **I.** *adj.* 1. *Ch:* ätzend, Ätz-; **c. soda,** Ätznatron *n.* 2. *Fig:* beißend; **c. wit,** beißender Humor. **II.** *s.* Ätzmittel *n.*
cauterize ['kɔ:təraiz], *v.tr.* *Med:* (eine Wunde usw.) ausbrennen. **cauteri'zation,** *s.* *Med:* Ausbrennen *n.*
caution ['kɔ:ʃ(ə)n]. **I.** *s.* 1. (*care*) Vorsicht *f;* **to**

proceed with c., vorsichtig vorgehen; *Fin:* **c. money,** Kaution *f.* 2. (*warning*) Warnung *f;* *Jur: etc:* Verwarnung *f;* **to give s.o. a c.,** j-n verwarnen. 3. *A:* *F:* **he's a c.,** er ist eine ulkige Nummer. **II.** *v.tr.* (j-n) warnen (**against sth.,** vor etwas *dat*); *Jur: etc:* (j-n) verwarnen. **'cautious,** *adj.* vorsichtig.
cavalcade [kæv(ə)l'keid], *s.* (*a*) (*on horseback*) Reiterzug *m;* (*b*) feierliche Prozession *f.*
cavalier [kævə'liər]. **I.** *s.* 1. *Hist:* (*a*) (*knight*) Ritter *m;* (*b*) Royalist *m.* 2. (*ladies' man*) Kavalier *m.* **II.** *adj.* anmaßend; **c. disregard/ treatment,** arrogante Gleichgültigkeit/Behandlung.
cavalry ['kæv(ə)lri], *s.* Kavallerie *f.*
cave [keiv]. **I.** *s.* Höhle *f;* **c. art,** Höhlenmalerei *f.* **II.** *v.i.* **to c. in,** einstürzen; *F:* (*of pers.*) klein beigeben. **'caveman,** *pl.* **-men,** *s.* (*a*) Höhlenmensch *m;* (*b*) *F:* Naturbursche *m.*
cavern ['kævən], *s.* 1. Höhle *f.* 2. *Med:* Kaverne *f.* **'cavernous,** *adj.* 1. höhlenartig. 2. *Fig:* hohl; (*of cheeks*) eingefallen.
caviar(e) ['kævia:r], *s.* Kaviar *m.*
cavil ['kævil], *v.i.* (*p. & p.p.* **cavilled**) **to c. (at s.o., sth.),** (an j-m, etwas *dat*) kritteln.
cavity ['kæviti], *s.* Hohlraum *m;* *Anat:* Höhle *f;* *Dent:* Loch *n.*
cavort [kə'vɔ:t], *v.i.* herumtollen.
caw [kɔ:]. **I.** *s.* Krächzen *n* (einer Krähe). **II.** *v.i.* krächzen.
cease [si:s], *v.* 1. *v.tr.* (mit etwas *dat*) aufhören; (die Zahlung, das Feuer, die Arbeit usw.) einstellen; **it has ceased to exist,** es existiert nicht mehr. 2. *v.i.* (*of rain etc.*) aufhören; (*of production etc.*) eingestellt werden; **without ceasing,** unaufhörlich. **'ceasefire,** *s.* *Mil:* Waffenruhe *f.* **'ceaseless,** *adj.* unaufhörlich.
cedar ['si:dər], *s.* *Bot:* Zeder *f.*
cede [si:d], *v.tr.* (etwas) abtreten (**to s.o.,** an j-n).
ceiling ['si:liŋ], *s.* 1. (*a*) Decke *f* (eines Zimmers); *F:* **he hit the c.,** er ging hoch (vor Wut); (*b*) **cloud c.,** (untere) Wolkengrenze *f.* 2. (*limit*) (*oberste*) Grenze *f;* *Av:* maximale Flughöhe *f;* *Com:* price **c.,** oberste Preisgrenze *f.*
celebrate ['selibreit], *v.tr.* (etwas) feiern; *abs.* **let's c.,** das müssen wir feiern; *Lit:* **to c. s.o.,** j-n preisen; *Ecc:* **to c. mass,** die Messe zelebrieren. **'celebrated,** *adj.* berühmt (**for,** wegen + *gen*). **cele'bration,** *s.* Feier *f;* **this calls for a c.,** das muß gefeiert werden; **in c.,** zur Feier des Tages; **in c. of the centenary,** zum Anlaß/anläßlich der Hundertjahrfeier.
celebrity [sə'lebriti], *s.* Berühmtheit *f.*
celeriac [si'leriæk], *s.* *Hort:* Knollensellerie *m & f.* **celery** ['seləri], *s.* *Hort:* Stangensellerie *m & f.*
celestial [si'lestiəl], *adj.* 1. *Astr:* Himmels-; **c. navigation,** Navigation *f* nach den Sternen; **c. map,** Sternkarte *f.* 2. *Poet:* himmlisch.
celibacy ['selibəsi], *s.* Zölibat *n.* **celibate** ['selibət], *adj.* ehelos.
cell [sel], *s.* Zelle *f;* *El:* Element *n* (einer Batterie). **'cellular** [-julər], *adj.* Zell-; **c. tissue,** Zellgewebe *n;* *Tex:* **c. shirt,** Netzhemd *n.*
cellar ['selər], *s.* Keller *m;* **(wine) c.,** Weinkeller *m.* **'cellarage,** *s.* 1. (*space*) Kellerraum *m.* 2. (*charge*) Kellermiete *f.* **'cellarman,** *pl.* **-men,** *s.* Kellermeister *m.*

cellist ['tʃelist], s. Cellist(in) m(f). **cello**, pl. -os ['tʃeləu, -əuz], s. Violoncello n, F: Cello n.

cellophane ['seləfein], s. Zellophan n.

cellulose ['seljuləus], s. Zellulose f; Paperm: Zellstoff m; Paint: c. (enamel), Zelluloselack m; F: Lack m.

Celt [kelt], s. Ethn: Kelte m; Keltin f. 'Celtic. I. adj. keltisch. II. s. (language) das Keltische.

cement [si'ment]. I. s. (a) Constr: Dent: Zement n; c. mixer, Zementmischmaschine f; (b) (adhesive) Kitt m; tile c., Fliesenkleber m. II. v.tr. (a) Constr: (etwas) zementieren; (b) (Fliesen usw.) kitten; (c) Fig: to c. a friendship, eine Freundschaft festigen.

cemetery ['semətri], s. Friedhof m.

censer ['sensər], s. Ecc: Weihrauchfaß n.

censor ['sensər]. I. s. Zensor m; banned by the c., von der Zensur verboten. II. v.tr. (eine Stelle in einem Text usw.) zensieren. 'censorship, s. Zensur f.

censure ['senʃər]. I. s. Tadel m; vote of c., Mißtrauensvotum n. II. v.tr. (j-n) tadeln (for sth., wegen etwas gen).

census ['sensəs], s. Volkszählung f; traffic c., Verkehrszählung f.

cent [sent], s. 1. (coin) Cent m; I haven't a c., ich habe keinen roten Heller. 2. per c., Prozent n.

centenary [sen'ti:nəri], s. Hundertjahrfeier f. **centenarian** [-i'neəriən], s. Hundertjährige(r) f(m).

centigrade ['sentigreid], adj. 20 degrees c., 20 Grad Celsius.

centimetre ['sentimi:tər], s. Zentimeter m.

centipede ['sentipi:d], s. Z: Tausendfüßler m.

central ['sentr(ə)l]. I. adj. 1. (a) zentral; (of house) zentral gelegen; c. heating, Zentralheizung f; (b) Geog: Mittel-; C. America, Mittelamerika n; C. Asia, Zentralasien n; C. European, mitteleuropäisch; (pers.) Mitteleuropäer m; (c) c. reservation, Mittelstreifen m (einer Autobahn). 2. (main) Haupt-; Rail: c. (station), Hauptbahnhof m; Lit: c. figure, Hauptfigur f; Pol: c. government, Zentralregierung f; Fig: c. idea, Leitgedanke m; -ly, adv. zentral. II. .. N.Am: Telefonzentrale f. 'centralize, v.tr. (Verwaltung usw.) zentralisieren.

centre ['sentər]. I. s. 1. (a) Zentrum n; town c., Stadtzentrum n, Innenstadt f; shopping c., Einkaufszentrum n; (b) (office, building) training c., Ausbildungsstätte f; information c., Informationszentrale f. 2. Mth: Fig: Mittelpunkt m; c. of gravity, Schwerpunkt m; to be in the c. of interest, im Brennpunkt des Interesses stehen; c. of attraction, Hauptanziehungspunkt m; Med: c. of infection, Infektionsherd m. II. attrib. Mittel-; Constr: arch, Mittelbogen m; Fb: c. forward, Mittelstürmer m; c. half, Mittelläufer m; Pol: c. party, Partei f der Mitte. III. v. 1. v.tr. (a) (etwas) in die Mitte bringen; Tchn: (etwas) zentrieren; Fb: to c. the ball, den Ball zur Mitte spielen; (b) (of industry etc.) to be centred in London, London als Zentrum haben. 2. v.i. to c. on sth., sich auf etwas acc konzentrieren. 'centreboard, s. Nau: Schwert n. 'centrepiece, s. Mittelstück n; (main object) Hauptstück n; (on table) Tafelaufsatz m.

centrifugal [sen'trifjug(ə)l], adj. zentrifugal; Zentrifugal-; c. force, Fliehkraft f; c. pump, Kreiselpumpe f.

century ['sentʃəri], s. 1. Jahrhundert n. 2. Cricket: to score a c., hundert Läufe machen.

ceramic [si'ræmik], adj. keramisch. ce'ramics, s. pl. (with sing. constr. for craft) Keramik f.

cereal ['siəriəl], s. 1. (usu. pl.) Getreide n. 2. (breakfast) c., Frühstücksflocken fpl (Cornflakes, Haferflocken usw.).

cerebral ['seribr(ə)l], adj. (a) Physiol: zerebral, Gehirn- ; c. haemorrhage, Gehirnblutung f; (b) (intellectual) geistig.

ceremony ['serimɔni], s. 1. Zeremonie f, Feier f; master of ceremonies, Zeremonienmeister m. 2. (formality) Förmlichkeit f; without c., ohne Umstände; to stand on c., sehr formell sein. cere'monial. I. adj. feierlich. II. s. Zeremoniell n. cere'monious, adj. zeremoniell.

cerise [sə'ri:z], adj. kirschrot.

cert [sə:t], s. F: dead c., todsichere Sache f.

certain ['sə:t(ə)n], adj. 1. sicher; to make c. of sth., sich einer Sache gen vergewissern; I am c. of it, ich bin davon überzeugt; he is c. to come, er wird bestimmt kommen; I know for c., ich weiß es genau/ganz bestimmt. 2. (not named) gewiß; a certain age, ein gewisses Alter; on a c. day, an einem bestimmten Tag; -ly, adv. bestimmt; c.! aber sicher! c. not, das kommt nicht in Frage. 'certainty, s. (in one's mind) Gewißheit f; (factual) Sicherheit f; to be/become a c., sicher sein/werden; to know sth. for a c., etwas mit Sicherheit wissen.

certificate [sə'tifikit], s. 1. Bescheinigung f; (paper) Schein m; birth c., Geburtsurkunde f; marriage c., Trauschein m; medical c., ärztliches Attest n. 2. Sch: etc: Diplom n; school-leaving c., Schulabgangszeugnis n; Nau: master's c., Kapitänspatent n. 3. savings c., Sparschein m.

certify ['sə:tifai], v.tr. (a) (confirm) (einen Tod usw.) bestätigen; (b) (etwas) bescheinigen; (eine Abschrift) beglaubigen; this is to c. that . . ., hiermit wird bescheinigt, daß . . .; to c. s.o. (as being insane), j-n wegen Geisteskrankheit entmündigen; (c) (guarantee) (Fettgehalt usw.) garantieren. 'certified, adj. 1. bescheinigt; (of copy, signature) beglaubigt. 2. (of lunatic) wegen Geisteskrankheit entmündigt. 3. (a) (approved) anerkannt; (b) (guaranteed) garantiert.

certitude ['sə:titju:d], s. Gewißheit f.

cervix ['sə:viks], s. Anat: Gebärmutterhals m.

cessation [se'seiʃ(ə)n], s. Einstellung f (of, + gen); c. of hostilities, Waffenstillstand m.

cession ['seʃ(ə)n], s. Abtretung f (to, an + acc).

cesspit ['sespit], **cesspool** ['sespu:l], s. Senkgrube f.

Ceylon [si'lɔn]. Pr. n. Geog: A: Ceylon n.

chafe [tʃeif], v. 1. v.tr. (a) (of rope, skin etc.) (an etwas dat) reiben, scheuern; (b) (make sore) (die Haut usw.) wund reiben. 2. v.i. sich reiben/scheuern (against sth., an etwas dat); Fig: to c. at sth., sich über etwas acc ärgern; he is chafing at the bit, erfiebert vor Ungeduld.

chaff [tʃɑ:f], s. 1. (husks) Spreu f. 2. (cattle food) Häcksel m.

chaffinch ['tʃæfin(t)ʃ], s. Orn: Buchfink m.

chagrin ['ʃægrin], s. Ärger m; to my c., zu meinem Verdruß.

chain [tʃein]. **I.** *s.* Kette *f*; (*in WC*) **to pull the c.,** ziehen; **c. of mountains,** Gebirgskette *f*; **c. of events,** Folge *f* von Ereignissen; *attrib.* **c. gang,** Trupp *m* von zusammengeketteten Sträflingen; **c. reaction,** Kettenreaktion *f*; **c. smoker,** Kettenraucher *m*; **c. store,** Kettengeschäft *n*; *Hist:* **c. mail,** Kettenpanzer *m*; *Sew:* **c. stitch,** Kettenstich *m*; *Mec. E:* **c. drive,** Kettenantrieb *m*. **II.** *v.tr.* (etwas) mit einer Kette befestigen; (einen Hund, einen Gefangenen) anketten.

chair [tʃeər]. **I.** *s.* **1.** Stuhl *m*; **to take a c.,** Platz nehmen; *U.S.:* **the C.,** der elektrische Stuhl; *Skt:* **c. lift,** Sessellift *m*. **2. to be in the/take the c.,** den Vorsitz führen; **to address the c.,** sich an den Vorsitzenden wenden. **3.** (*professorship*) Lehrstuhl *m*. **II.** *v.tr.* **to c. a meeting,** bei einer Versammlung den Vorsitz führen. **'chairman, 'chairwoman,** *s.* (*a*) (*of a meeting* etc.) (*also* **chairperson**) Vorsitzende(r) (*f*)*m*; (*b*) (*of a firm*) Generaldirektor *m*. **'chairmanship,** *s.* Vorsitz *m*.

chalet ['ʃælei], *s.* (*Swiss*) Chalet *n*; (*for holidays*) (kleines) Ferienhaus *n*; **c. bungalow,** Bungalow *m* mit ausgebautem Dach.

chalice ['tʃælis], *s. Ecc:* Kelch *m*.

chalk [tʃɔːk]. **I.** *s.* Kreide *f*; *Fig:* **not by a long c.,** bei weitem nicht; **as like as c. and cheese,** so verschieden wie Tag und Nacht. **II.** *v.tr.* (etwas) mit Kreide schreiben; **to c. sth. up against s.o.,** j-m etwas ankreiden; **he has chalked up two wins,** er hat zwei Siege zu verzeichnen. **'chalky,** *adj.* (*containing c.*) kreidehaltig; (*b*) (*like c.*) kreidig.

challenge ['tʃælin(d)ʒ]. **I.** *s.* **1.** Herausforderung *f*; **c. to a duel,** Forderung *f* zu einem Duell; **it's a c.,** das reizt mich. **2.** (*of sentry*) Anruf *m*. **3.** *Jur:* Ablehnung *f* (von Geschworenen, des Richters, von Beweismaterial). **II.** *v.tr.* (*a*) (j-n) herausfordern; **to c. s.o. to a duel,** j-n zum Duell fordern; (*b*) (*of sentry*) (j-n) anrufen; (*c*) (eine Behauptung usw.) bestreiten; **to c. s.o.'s right,** j-s Recht bestreiten/*Jur:* anfechten; *Jur:* **to c. a judge,** einen Richter ablehnen. **'challenger,** *s.* Herausforderer *m*; *Sp:* Titelanwärter(in) *m*(*f*). **'challenging,** *adj.* herausfordernd; **c. task,** den Ehrgeiz anspornende Aufgabe, Herausforderung *f*.

chamber ['tʃeimbər], *s.* **1.** (*a*) *A:* Kammer *f*; (*in hotel*) **c. maid,** Zimmermädchen *n*; **c. pot,** Nachttopf *m*; (*b*) *Mus:* **c. orchestra,** Kammerorchester *n*; **c. music,** Kammermusik *f*; (*c*) **c. of horrors,** Gruselkabinett *n*. **2.** *pl. Jur:* (*a*) **in chambers,** in nichtöffentlicher Sitzung; (*b*) Anwaltsbüro *n*. **3. C. of Commerce,** Handelskammer *f*. **4.** (*a*) *Parl: etc:* Sitzungssaal *m*; **Upper C.,** Oberhaus *n*; **Lower C.,** Unterhaus *n*; (*b*) **audience c.,** Audienzsaal *m*. **5.** *Anat:* **c. of the heart,** Herzkammer *f*.

chameleon [kə'miːljən], *s.* Chamäleon *n*.

chamois ['ʃæmwa], *s. Z:* Gemse *f*; **c.**/*F:* **chammy** ['ʃæmi]: **leather,** Waschleder *n*.

champ[1] [tʃæmp], *v.tr. & i. Fig:* **champing at the bit,** fiebernd vor Ungeduld.

champ[2], *s. Sp: F:* Meister *m*; (*ace*) Kanone *f*.

champagne [ʃæm'pein], *s.* Champagner *m*; (*German*) Sekt *m*.

champion ['tʃæmpjən]. **I.** *s.* **1.** Verfechter *m*

(einer Sache); **c. of the poor,** Fürsprecher *m* der Armen. **2.** *Sp:* Meister(in) *m*(*f*); **boxing c.,** Boxmeister *m*. **II.** *v.tr.* **to c. sth.,** sich für etwas *acc* einsetzen. **'championship,** *s.* Meisterschaft *f*.

chance [tʃɑːns]. **I.** *s.* **1.** (*accident*) Zufall *m*; **by c.,** zufällig. **2.** (*luck*) Glück *n*; **to take a c.,** es darauf ankommen lassen; **to take no chances,** nichts riskieren. **3.** (*prospect*) Chance *f*; Aussichten *pl*; **on the off c.,** auf gut Glück; **what are our chances?** wie stehen unsere Chancen? **the chances are that . . .,** aller Wahrscheinlichkeit nach . . .; **to stand a good/ fair c. of sth.,** gute Aussichten auf etwas *acc* haben. **4.** (*opportunity*) Gelegenheit *f*; **the c. of a lifetime,** eine einmalige Gelegenheit; **to give s.o. a c.,** j-m eine Chance geben. **5.** *attrib.* Zufalls-; zufällig; **a c. meeting,** eine zufällige Begegnung; **c. acquaintance,** Zufallsbekanntschaft *f*; **c. customer,** Laufkunde *m*. **II.** *v.* **1.** *v.i.* (*a*) **it chanced that . . .,** es traf sich, daß . . .; (*b*) **to c. (up)on s.o., sth.,** auf j-n, etwas *acc* stoßen. **2.** *v.tr.* **we'll have to c. it,** wir müssen es riskieren. **'chancy,** *adj. F:* riskant.

chancel ['tʃɑːns(ə)l], *s. Ecc. Arch:* Chorraum *m*.

chancellor ['tʃɑːnsələr], *s.* **1.** *Pol:* Kanzler *m*; *Brit:* **C. of the Exchequer,** Schatzkanzler *m*, Finanzminister *m*. **2.** *Univ:* Rektor *m*.

chandelier [ʃændə'liər], *s.* Kronleuchter *m*.

chandler ['tʃɑːndlər], *s.* (**ship's**) **c.,** Schiffshändler *m*.

change [tʃein(d)ʒ]. **I.** *s.* **1.** (*a*) (*alteration*) Änderung *f*; (*in appearance, conditions* etc.) Veränderung *f*; **c. for the better/for the worse,** Wendung *f* zum Guten/zum Schlechten; Verbesserung *f*/Verschlechterung *f*; **c. of air,** Luftveränderung *f*; **c. of programme,** Programmänderung *f*; **c. in the weather,** Wetterumschlag *m*; **c. of heart,** Gesinnungswandel *m*; (*b*) (*innovation*) Neuerung *f*; **to introduce changes,** Neuerungen einführen. **2.** (*a*) (*replacement*) Wechsel *m*; **c. of clothes,** Kleider zum Wechseln; **c. of government,** Regierungswechsel *m*; **c. of life,** Wechseljahre *pl*; **c. of address/occupation,** neue Anschrift/Beschäftigung; (*b*) (*transition*) Übergang *m* (**from sth. to sth. else,** von etwas *dat* zu etwas anderem); *Aut:* **c. of gear,** Gangschaltung *f*. **3.** (*variety*) Abwechslung *f*; **for a c.,** zur Abwechslung; **to need a c.,** Abwechslung nötig haben. **4.** (*money*) Wechselgeld *n*; **small c.,** Kleingeld *n*; **to give c. for a pound,** auf ein Pfund herausgeben; *Fig:* **he got no c. out of me,** aus mir hat er nichts herausbekommen. **II.** *v.* **1.** *v.tr.* (*a*) (*alter*) (Pläne, die Richtung, die Meinung usw.) ändern; (j-n, seine Stimme, die Welt, usw.) verändern; **he has changed his mind,** er hat sich anders entschlossen; **they had changed the room completely,** sie hatten das Zimmer ganz umgestellt/völlig verwandelt; *F:* **to c. one's tune,** kleinlaut werden; (*b*) (*swop*) (den Wohnsitz, die Stellung, das Thema, die Bettwäsche usw.) wechseln; **to c. hands,** den Besitzer wechseln; **to c. sth. for sth. else,** etwas gegen etwas anderes (um)tauschen; **to c. trains,** umsteigen; **to c. seats/places with s.o.,** mit j-m die Plätze tauschen; **to c. pounds into**

marks, Pfund in Mark umwechseln; **they are changing the colour from blue to green,** sie ändern die Farbe von blau auf grün; **to c. the date from the 21st to the 22nd,** den Termin vom 21. auf den 22. verlegen; *Aut:* **to c. gear,** (den Gang) schalten; *TV:·* **to c. channels,** auf ein anderes Programm schalten; (c) **to c. one's clothes,** sich umziehen; **I have changed my shirt,** ich habe ein anderes Hemd angezogen; **to c. the baby,** das Baby trockenlegen; (d) (*transform*) **to c. sth. into sth.,** etwas in etwas *acc* verwandeln. 2. *v.i.* (a) (*of pers., weather etc.*) sich (ver)ändern; **to c. for the better,** (i) (*of pers.*) sich zu seinem Vorteil verändern; (ii) (*of things*) sich zum Guten wenden; (b) **to c. into a frog,** sich in einen Frosch verwandeln; (c) *Cl:* sich umziehen; **to c. into a long dress,** sich *dat* ein langes Kleid anziehen; (d) *Rail: etc:* umsteigen; **all c.!** alles aussteigen! (e) **to c. from red to green,** von rot auf grün wechseln; (*of wind*) **to c. from north to west,** von Nord auf West drehen; (f) *Aut:* **to c. into third (gear),** auf den dritten Gang schalten. ´**changeable,** *adj.* (*of weather*) veränderlich; (*of pers.*) wankelmütig. ´**changing. I.** *adj.* (a) sich ändernd; (b) wechselnd. **II.** *s.* Wechsel *m; Mil:* **c. of the guard,** Wachablösung *f; Sp:* **c. room,** Umkleideraum *m.* ´**change ´down,** *v.i. Aut:* herunterschalten (**into,** in + *acc*). ´**changeless,** *adj.* unveränderlich; *Lit:* unwandelbar. ´**change ´over,** *v.i.* (a) (*places*) Plätze wechseln; (b) **to c. o. to sth.,** zu etwas *dat* übergehen. ´**changeover,** *s.* Übergang *m.* ´**change ´up,** *v.i. Aut:* hinaufschalten (**into top etc.,** in den höchsten Gang usw.)

channel [´tʃænl]. **I.** *s.* 1. (a) (*natural*) Rinne *f;* (*man-made*) Kanal *m;* (**navigation**) **c.,** Fahrrinne *f* (eines Flußes, Hafens usw.); (b) *Geog:* **the (English) C.,** der Ärmelkanal, *F:* der Kanal; **the C. Islands,** die Kanalinseln *fpl;* (c) *Tchn:* **c. section,** U-Profil *n.* 2. *Fig:* Weg *m; Fig:* **of communications,** Verbindungsweg *m; Adm:* **through (the) official channels,** auf dem Amtsweg. 3. *Rad: TV:* Kanal *m.* **II.** *v.tr.* (Energie, Kräfte usw.) lenken (**into sth.,** auf etwas *acc*).

chant [tʃɑːnt]. **I.** *s. Mus: Ecc:* (liturgischer) Gesang *m.* **II.** *v.tr.* (Schlagwörter usw.) rhythmisch rufen.

chaos [´keiɔs], *s.* Chaos *n.* **cha´otic,** *adj.* chaotisch.

chap¹ [tʃæp], *v.i.* (*of skin, lips etc.*) aufspringen.

chap², *s. F:* Kerl *m;* **a nice old c.,** ein netter alter Kerl; (*form of address*) **old c.,** alter Junge; **little c.,** Knirps *m.*

chapel [´tʃæpl], *s.* (a) Kapelle *f;* **private c.,** Hauskapelle *f;* (b) *Brit:* Betsaal *n* (einer Freikirche); (c) *Ind:* **union c.,** Gewerkschaftsmitgliederversammlung *f* (einer Firma). ´**chapel-goer,** *s.* Anhänger *m* einer Freikirche.

chaperon [´ʃæpərəun]. **I.** Anstandsdame *f.* **II.** *v.tr.* (*p. & p.p.* **chaperoned**) (j-n) als Anstandsdame begleiten.

chaplain [´tʃæplin], *s. Ecc:* Kaplan *m;* (*in hospital, school*) Hausgeistlicher *m.*

chapter [´tʃæptər], *s.* 1. (*in book etc.*) Kapitel *n; Fig:* **to give c. and verse,** genaue Belege geben; **a c. of accidents,** eine Kette von Unglücksfällen. 2. *Ecc:* Domkapitel *n;* **c. house,** Kapitelsaal *m.*

char¹ [tʃɑːr], *v. tr. & i.* (*p. & p.p.* **charred**) (Holz usw.) verkohlen.

char². **I.** *s. F:* Putzfrau *f.* **II.** *v.i. F:* als Putzfrau arbeiten.

char³, *s. P:* **a cup of c.,** eine Tasse Tee.

character [´kæriktər], *s.* 1. Charakter *m; books of this c.,** Bücher dieser Art; **that is quite in c./out of c.,** das ist typisch/untypisch für ihn; **a work that lacks c.,** ein Werk, dem das eigene Gepräge fehlt; **he showed his true c.,** er zeigte seine wahre Gesinnung; **a man of strong c.,** eine starke Persönlichkeit. 2. (*person*) (a) (*in play etc.*) Person *f;* **main c.,** Hauptfigur *f; Th:* **c. actor,** Charakterdarsteller *m;* (b) *F:* **a bad c.,** ein schlechter Kerl; **a shady c.,** eine zwielichtige Gestalt; **an odd c.,** ein komischer Kauz; **he's (quite) a c.,** er ist ein Original. **character´istic. I.** *adj.* charakteristisch. **II.** *s.* (a) (*trait*) Merkmal *n;* (b) (*quality*) Eigenschaft *f;* **-ally,** *adv.* charakteristischerweise. ´**characterize,** *v.tr.* (j-n) charakterisieren. ´**characterless,** *adj.* charakterlos.

charcoal [´tʃɑːkəul]. **I.** *s.* (a) Holzkohle *f;* (b) *Art:* Zeichenkohle *f;* **c. drawing,** Kohlezeichnung *f.* **II.** *adj.* **c. grey,** anthrazitfarben.

charge [tʃɑːdʒ]. **I.** *s.* 1. Ladung *f* (einer Bombe, *El:* einer Batterie usw.); **explosive c.,** Sprengladung *f.* 2. (*price*) Gebühr *f;* **list of charges,** Tarif *m;* **scale of charges,** Gebührenordnung *f;* **c. for admittance,** Eintrittsgebühr *f;* **no c. for admission,** Eintritt frei; **port charges,** Schiffahrtsabgaben *fpl;* **bank charges,** Bankspesen *pl;* **free of c.,** gratis, kostenlos; **there is no c. for that,** das kostet nichts. 3. **to take c.,** die Verantwortung übernehmen (**of sth.,** für etwas *acc*); **to be in c. of sth.,** für etwas *acc* die Verantwortung haben/verantwortlich sein; **who is in c. here?** wer ist hier zuständig? *F:* wer führt hier die Oberaufsicht? **to be in c. of a department,** Leiter einer Abteilung sein; **to be in c. of a child,** ein Kind in seiner Obhut haben; *Jur:* **drunk in c.,** betrunken am Steuer. 4. *Jur:* (*accusation*) Beschuldigung *f;* (*in criminal law*) Anklage *f;* **to bring a c. against s.o.,** eine Beschuldigung gegen j-n vorbringen; **on a c. of theft,** des Diebstahls beschuldigt. 5. *Mil:* Sturmangriff *m.* **II.** *v.tr.* (a) (ein Gewehr usw.) laden; *El:* (eine Batterie usw.) aufladen; **charged with electricity,** elektrisch geladen; (b) *Jur:* **to c. s.o. with a crime,** (i) (*minor*) j-n eines Vergehens beschuldigen; (ii) (*major*) j-n eines Verbrechens anklagen; (c) *Com: etc:* (eine Gebühr) erheben; **to c. sth. to s.o.,** j-m etwas berechnen; **c. it to my account,** schreiben Sie es auf mein Konto; **c. everything to me,** das geht alles auf meine Rechnung; **to c. three pounds an hour,** pro Stunde drei Pfund berechnen; *A:* **to c. s.o. with sth.** (*give s.o. a task*), j-n mit etwas beauftragen; (d) *Mil:* **to c. the enemy,** gegen den Feind anstürmen. ´**chargeable,** *adj.* anrechenbar; *Com:* **this is c. to our account,** das geht zu Lasten unseres Kontos. ´**charger,** *s.* 1. *A:* (*for meat etc.*) Platte *f.* 2.

Mil. Hist: Schlachtroß *n.* 3. *El:* (**battery**) **c.,** Ladegerät *n.*

chariot ['tʃæriət], *s. Hist:* Kampfwagen *m.*

charity ['tʃæriti], *s.* 1. (*quality*) Nächstenliebe *f;* (*generosity*) Gebefreudigkeit *f; Prov:* **c. begins at home,** jeder ist sich selbst der Nächste. 2. **c.** (**organisation**), karitative Einrichtung; Hilfswerk *n;* **in aid of/for c.,** zu Wohltätigkeitszwecken; **c. bazaar,** Wohltätigkeitsbasar *m.* '**charitable,** *adj.* 1. (*of pers.*) gebefreudig; (*of institution*) karitativ. 2. (*lenient*) nachsichtig.

charlatan ['ʃɑːlətən], *s.* Scharlatan *m.*

Charles [tʃɑːlz]. *Pr. n. m.* = Karl.

charm [tʃɑːm]. **I.** *s.* 1. (*magic*) (*a*) Zaubermittel *n* (**against,** gegen + *acc*); (*b*) Amulett *n.* 2. Charme *m,* Reiz *m* (einer Person, eines Ortes usw.); **feminine charms,** weibliche Reize; **to fall a victim to s.o.'s c.,** in j-s Bann geraten. **II.** *v.tr.* (j-n) bezaubern; **her beauty charms everyone,** sie besticht jeden durch ihre Schönheit; **music that charms the ear,** Musik, die das Ohr betört. '**charming,** *adj.* reizend, charmant; **a c. woman,** eine reizende bezaubernde Frau; **a c. dress,** ein entzückendes Kleid.

chart [tʃɑːt]. **I.** *s.* 1. *Nau:* Seekarte *f.* 2. (*sheet of information*) Tabelle *f;* (*on wall*) Schautafel *f;* **statistical c.,** Diagramm *n;* **weather c.,** Wetterkarte. 3. *Mus: F:* **the charts** *pl,* die Hitliste. **II.** *v.tr.* (*a*) *Nau:* (Gewässer) kartieren; (*b*) (etwas) auf einer Tabelle einzeichnen.

charter ['tʃɑːtər]. **I.** *s.* 1. Verfassungsurkunde *f* (einer Gemeinde, Universität usw.); *Jur:* Konzession *f;* **bank c.,** Bankkonzession *f.* 2. Charterung *f* (eines Schiffes, Flugzeugs); **c. plane,** Chartermaschine *f.* **II.** *v.tr.* (*a*) (j-m) konzessionieren; **chartered accountant,** Wirtschaftsprüfer *m;* (*b*) (ein Flugzeug) chartern.

charwoman, *pl.* **-women** ['tʃɑːwumən, -wimin], *s.* Putzfrau *f.*

chary ['tʃɛəri], *adj.* **to be c. of catching cold,** vor Erkältungen auf der Hut sein; **to be c. about doing sth.,** zögern, etwas zu tun.

chase¹ [tʃeis]. **I.** *v. tr. & i.* (j-n, ein Tier) jagen; **to c. away a dog,** einen Hund fortjagen; **to c. after s.o.,** j-m nachjagen. **II.** *s.* Verfolgung *f,* (*hunt*) Jagd *f;* **to give c.** (**to s.o.**), j-m nachjagen; **wild goose c.,** vergebliche Suche. '**chaser,** *s.* 1. (*pers.*) Verfolger *m.* 2. (*drink*) *F:* Schnaps *m* zum Nachspülen.

chase², *v.tr.* (Silber usw.) ziselieren.

chasm ['kæz(ə)m], *s.* Abgrund *m; Fig:* Kluft *f.*

chassis ['ʃæsi], *s.* (*a*) *Aut:* Fahrgestell *n;* (*b*) *TV: Rad:* Chassis *n.*

chaste [tʃeist], *adj.* (*of pers.*) keusch; (*of style*) schlicht. **chasten** ['tʃeisn], *v.tr.* (j-n) ernüchtern. **chastity** ['tʃæstiti], *s.* Keuschheit *f.*

chastise [tʃæs'taiz], *v.tr.* (j-n) züchtigen. '**chastisement,** *s.* Züchtigung *f.*

chat [tʃæt]. **I.** *v.i.* (*p. & p.p.* **chatted**) plaudern; *F:* **to c. s.o. up,** sich an j-n heranmachen. **II.** *s.* Plauderei *f; F:* Plausch *m.*

chattels ['tʃætlz], *s.pl. Hum:* **all my goods and c.,** mein ganzes Hab und Gut.

chatter ['tʃætər]. **I.** *v.i.* (*a*) (*of pers.*) schwätzen; (*of child*) plappern; (*of bird*) zwitschern; (*c*) (*of teeth*) klappern; (*of machine*) rattern. **II.** *s.* 1. (*a*) Geschwätz *n;* Geplapper *n* (eines Kindes usw.); **idle c.,** eitles Geschwätz *n;* (*b*) Gezwit-

scher *n* (eines Vogels). 2. Klappern *n* (der Zähne); Rattern *n* (einer Maschine). '**chatterbox,** *s.* Plappermaul *n.* '**chatty,** *adj.* schwatzhaft.

chauffeur ['ʃəufər], *s.* Chauffeur *m.*

cheap [tʃiːp], *adj.* billig; **dirt c.,** spottbillig; **it's c. and nasty,** es ist Schundware; **on the c.,** möglichst billig, *F:* auf die billige Tour; *F:* (*of pers.*) **to feel c.,** (i) (*ashamed*) sich schämen; (ii) (*ill*) nicht recht auf dem Damm sein; *Rail: F:* **c. day,** Tagesrückfahrkarte *f;* **-ly,** *adv.* billig, zu einem niedrigen Preis. '**cheapen,** *v.tr.* (etwas) verbilligen, *Fig:* entwürdigen, (im Wert) herabsetzen. '**cheapness,** *s.* Billigkeit *f.*

cheat [tʃiːt]. **I.** *v.* 1. *v.tr.* (j-n) beschwindeln, *F:* beschummeln; **to c. s.o. of sth.,** j-n um etwas *acc* betrügen; **to c. the customs,** den Zoll hintergehen. 2. *v.i.* (*at games etc.*) mogeln. **II.** *s.* 1. (*pers.*) (*a*) Betrüger *m;* (*b*) (*at games*) Mogler *m.* 2. Schwindel *m.* '**cheating,** *s.* 1. Schwindeln *n.* 2. *Cards: etc:* Mogelei *f.*

check¹ [tʃek]. **I.** *v.* 1. *v.tr.* (*a*) (den Fluß, eine Entwicklung usw.) hemmen; (den Feind, den Fortschritt usw.) aufhalten; (eine Krankheit usw.) in Schach halten; *Chess:* (dem König) Schach bieten; (*b*) (Ärger usw.) zurückhalten; (eine Leidenschaft) zügeln; (*c*) (*examine*) (eine Rechnung, Liste usw.) prüfen; (eine Übersetzung, eine Maschine usw.) überprüfen; *Tchn:* (eine Einstellung, Ölstand, Luftdruck usw.) kontrollieren; **to c. (off) items on a list,** Posten auf einer Liste abhaken; **to c. information,** eine Auskunft nachprüfen; **to c. sth. against a list,** etwas mit einer Liste vergleichen. 2. *v.i.* (*a*) (*agree*) übereinstimmen; (*b*) nachprüfen; (*by looking*) nachsehen; **have you checked whether it is there?** hast du nachgesehen, ob es da ist? **II.** *s.* 1. (*a*) (*obstacle*) Hindernis *n* (**on sth.,** für etwas *acc*); *Chess:* Schach *m* (dem König); (*b*) **to keep a c. on s.o., sth.,** j-n, etwas unter Kontrolle halten; **to keep one's feelings in c.,** sich beherrschen. 2. (*a*) Kontrolle *f* (von Fahrkarten, Gepäck usw); (*examination*) Prüfung *f* (einer Rechnung, Kalkulation usw.); **let's make a quick c.,** sehen wir schnell mal nach; **c. list,** Kontrolliste *f,* Checkliste *f;* (*b*) *N.Am:* (*bill*) Rechnung *f;* (*token*) Kontrollmarke *f;* **baggage c.** (= *receipt*), Gepäckschein *m;* **c. room,** Gepäckaufbewahrung *f.* 3. *N.Am:* (*cheque*) Scheck *m.* '**checker,** *s.* Prüfer *m.* '**check'in,** *v.i.* (*a*) (*in hotel*) sich anmelden; (*fill in form*) sich eintragen; (*b*) *Av:* durch das Check-in gehen; (*c*) *Ind:* stechen. '**checking,** *s.* 1. Hemmen *n* (einer Entwicklung usw.). 2. (*examination*) Kontrolle *f;* Prüfung *f* (einer Rechnung usw.). '**checkmate,** *s. Chess:* Matt *n; int.* Schachmatt! **in c.,** matt gesetzt. '**check'out,** *v.* 1. *v.i.* (*at hotel*) sich abmelden. 2. *v.tr.* (*a*) (Gepäck) von der Gepäckaufbewahrung holen; (*b*) *esp. N.Am:* (ein Gerät) überprüfen; (eine Tatsache) nachprüfen. '**check-out,** *s.* (*in supermarket*) Kasse *f.* '**check 'over,** *v.tr.* (ein Gerät usw.) überprüfen. '**checkpoint,** *s.* Kontrollpunkt *m.* '**checkup,** *s. Med:* Kontrolluntersuchung *f.* '**check 'up,** *v.i.* nachprüfen; (*by looking*) nachsehen; **to c. up on the figures,** die Zahlen nachprüfen; **to c. up on s.o.,** sich über j-n erkundigen; *Adm:* über j-n Erkundigungen einziehen.

check[2], *s. Tex:* Karo *n;* **c. pattern,** Karomuster *n.* ´**check(ed),** *adj. (of material, pattern)* kariert. ´**checkers,** *s. N.Am:* Damespiel *n.*

cheek [tʃi:k], *s.* **1.** Backe *f;* **c. by jowl,** dicht beisammen. **2.** *F: (impudence)* Frechheit *f;* Unverschämtheit *f;* **what a c.!** so eine Frechheit! ´**cheekbone,** *s.* Backenknochen *m.* ´**cheeky,** *adj.* frech; **a c. little hat,** ein keckes Hütchen.

cheer [tʃiər]. **I.** *s.* **1.** Frohsinn *m;* **Christmas c.,** Weihnachtsstimmung *f.* **2.** *(a) (applause)* Hurra *n;* **three cheers for X,** ein dreifaches Hoch auf X *acc; (b) int.* **cheers!** Prost! zum Wohl! **II.** *v.* **1.** *v.tr. (a)* **to c. s.o.** (up), j-n aufmuntern; *(b) (of crowd)* (j-m) zujubeln. **2.** *v.i. (a)* **to c. up,** *(of pers.)* (gleich) fröhlicher werden; *(of weather)* sich aufheitern; **c. up!** schau nicht so trübselig drein! *(b) (of crowd)* Beifall rufen. ´**cheerful,** *adj. (of pers.)* heiter; **c. news,** erfreuliche Nachrichten; **-ly,** *adv. (willingly)* gern; **he c. dismissed the argument,** leichten Herzens wies er das Argument zurück. ´**cheerfulness,** *s. (of pers.)* Heiterkeit *f.* ´**cheering.** **I.** *s.* Hurrarufen *n.* **II.** *adj.* erfreulich. ´**cheeri´o!** *int. F:* **1.** tschüs! **2.** *(drinking)* Prost! zum Wohl! ´**cheerless,** *adj.* trostlos. ´**cheer ´on,** *v.tr.* (j-n) anfeuern. ´**cheery,** *adj.* heiter.

cheese [tʃi:z]. **I.** *s.* Käse *m;* **cheeses,** Käsesorten *fpl;* **c. biscuits,** (i) Kekse *mpl* zum Käse; (ii) *(savoury)* Käsegebäck *n;* **c. straws,** Käsestangen *fpl.* **II.** *v.tr. P:* **to be cheesed off,** angeödet sein. ´**cheesecake,** *s.* **1.** *Cu:* Käsekuchen *m.* **2.** *P:* Pin-up *n.* ´**cheesecloth,** *s.* Seihtuch *n; Tex:* Baumwollkrepp *m.* ´**cheeseparing.** **I.** *s.* Knauserei *f.* **II.** *adj.* knauserig.

cheetah [´tʃi:tə], *s. Z:* Gepard *m.*

chef [ʃef], *s. (head cook)* Küchenchef *m; (cook)* Koch *m.*

chemical [´kemik(ə)l]. **I.** *adj.* chemisch; **c. engineer,** Chemotechniker *m.* **II.** *s. pl.* **chemicals,** Chemikalien *fpl.* **chemist** [´kemist], *s.* **1.** *(expert in chemistry)* Chemiker(in) *m(f).* **2.** *(non-dispensing)* Drogist(in) *m(f); (dispensing)* **c.,** Apotheker(in) *m(f);* **chemist's shop,** *(non-dispensing)* Drogerie *f; (dispensing)* Apotheke *f.* **chemistry** [´kemistri], *s.* Chemie *f.*

cheque [tʃek], *s. Bank:* Scheck *m* (**for £10,** auf 10 Pfund); **c. book,** Scheckheft *n;* **to pay by c.,** mit Scheck bezahlen.

chequer [´tʃekər], *v.tr.* (einen Stoff) karieren; (etwas) schachbrettartig mustern. ´**chequered,** *adj.* kariert, gewürfelt; *Motor Rac:* **c. flag,** karierte Flagge; *Fig:* **c. career,** abwechslungsreiche Karriere.

cherish [´tʃeriʃ], *v.tr. (a)* (j-n, etwas) hegen und pflegen; **my most cherished possessions,** meine kostbarsten Schätze; *(b)* (einen Wunsch) hegen.

cherry [´tʃeri]. **I.** *s.* Kirsche *f;* **c. tree,** Kirschbaum *m;* **c. orchard,** Kirschgarten *m;* **c. stone,** Kirschkern *m.* **II.** *adj.* **c. (red),** kirschrot. ´**cherry-´brandy,** *s.* Cherry Brandy *m.*

cherub, *pl.* **cherubs/cherubim** [´tʃerəb, -z, -əbim], *s. Rel:* Cherub *m; F:* Engelchen *n.* **cherubic** [-´ru:bik], *adj.* engelhaft.

chess [tʃes], *s. Games:* Schach *n;* **c. game,** Schachpartie *f.* ´**chessboard,** *s.* Schachbrett *n.*

´**chessmen,** *s. pl.* Schachfiguren *fpl.*

chest [tʃest], *s.* **1.** Truhe *f;* **sea c.,** Seemannskiste *f;* **c. of drawers,** Kommode *f.* **2.** *Anat:* Brust *f; Cl:* **c. measurement,** Brustumfang *m; Med:* **cold on the c.,** bronchiale Erkältung *f;* **he has a weak c.,** seine Bronchien sind anfällig; *F:* **to get sth. off one's c.,** sich *dat* etwas von der Seele reden.

chestnut [´tʃesnʌt]. **I.** *s. (a)* Kastanie *f;* **sweet c.,** Eßkastanie *f;* **c. tree,** Kastanienbaum *m; (b) F:* **old c.,** abgedroschener Witz *m.* **II.** *attrib. (colour)* kastanienbraun; **c. horse,** Fuchs *m.*

chew [tʃu:], *v.tr.* (etwas) kauen; *F:* **to c. over sth.,** *(talk)* etwas durchkauen; *(think)* über etwas *acc* brüten. ´**chewing gum,** *s.* Kaugummi *m.*

chic [ʃi:k]. **I.** *adj.* schick. **II.** *s.* Schick *m* (eines Kleides usw.).

chicane [ʃi´kein], *s.* Schikane *f.*

chick [tʃik], *s. Orn:* Küken *n.* ´**chick-pea,** *s.* Kichererbse *f.*

chicken [´tʃikin], *s. (a)* Huhn *n;* **spring c.,** Poulet *n;* **c. farm,** Geflügelfarm *f; (b) F:* **she's no c.,** sie ist nicht mehr die Jüngste. ´**chickenfeed,** *s. (a)* Hühnerfutter *n; (b) F:* eine Kleinigkeit. ´**chicken´hearted,** *adj. (of pers.)* hasenherzig. ´**chickenpox,** *s. Med:* Windpocken *fpl.*

chicory [´tʃikəri], *s.* Zichorie *f; (as vegetable)* Chicorée *f.*

chide [tʃaid], *v. tr. & i. (p. & p.p.* **chided)** (j-n) schelten.

chief [tʃi:f]. **I.** *s. (a)* Leiter *m* (einer Abteilung usw.); *F:* **the (big white) c.,** der Chef; *(b) Mil:* **c. of staff,** Chef *m* des Generalstabs; *(c)* Häuptling *m* (eines Stammes). **II.** *adj.* Haupt-; **c. constable,** Polizeipräsident *m;* **c. engineer,** leitender Ingenieur *m,* Chefingenieur *m;* **-ly,** *adv.* **1.** *(mostly)* meist, meistens. **2.** *(mainly)* hauptsächlich. ´**chieftain** [-tən], *s.* Häuptling *m* (eines Stammes).

chiffon [´ʃifən], *s. Tex:* Chiffon *m.*

chilblain [´tʃilblein], *s. Med:* Frostbeule *f.*

child, *pl.* **children** [tʃaild, ´tʃildrən], *s.* Kind *n;* **that's c.'s play,** das ist ein Kinderspiel; **problem c.,** Sorgenkind *n;* **c. allowance,** Kindergeld *n;* **c. welfare,** Kinderfürsorge *f.* ´**childbirth,** *s.* Entbindung *f;* Gebären *n.* ´**childhood,** *s.* Kindheit *f.* ´**childish,** *adj.* kindisch. ´**childishness,** *s.* kindisches Wesen *n.* ´**childless,** *adj.* kinderlos. ´**childlike,** *adj.* kindlich. ´**childminder,** *s.* Tagesmutter *f.*

Chile [´tʃili]. *Pr. n. Geog:* Chile *n.* **Chilean** [´tʃilən]. **I.** *s.* Chilene *m;* Chilenin *f.* **II.** *adj.* chilenisch.

chill [tʃil]. **I.** *s.* **1.** *Med:* Verkühlung *f;* **to catch a c.,** sich verkühlen. **2.** Kälte *f;* **to take the c. off sth.,** etwas anwärmen; **autumnal c.,** herbstliche Kühle *f.* **II.** *v.tr. (a)* (etwas) abkühlen; *(b)* **to c. s.o.'s enthusiasm,** j-s Begeisterung dämpfen. ´**chilled,** *adj.* **serve c.,** gekühlt servieren; *(of pers.)* **c. to the bone,** bis auf die Knochen durchgefroren. ´**chilliness,** *s.* Frische *f* (der Luft, des Windes usw.); Kühle *f* (der Nacht usw.); Frostigkeit *f* (einer Begrüßung usw.). ´**chilly,** *adj.* **1.** *(a) (of pers.)* **to feel c.,** frösteln; *(b) (of wind, air etc.)* frisch. **2.** *(unfriendly)* frostig.

chime [tʃaim]. **I.** *s.* Klang *m* (einer Glocke);

Schlag *m* (einer Uhr); **c. of bells,** Glockengeläut *n.* **II.** *v.tr.* & *i.* (eine Glocke) läuten; **a chiming clock,** eine schlagende Uhr; *F:* **to c. in,** einfallen; (*in a song etc.*) (in ein Lied usw.) einstimmen.

chimney ['tʃimni], *s.* (*a*) Schornstein *m* (eines Gebäudes, einer Fabrik); Kamin *m* (eines Hauses usw.); *F:* **he smokes like a c.,** er raucht wie ein Schlot; (*b*) *Mount:* Kamin *m.* ´**chimney-piece,** *s.* Kaminverkleidung *f.* ´**chimney-pot,** *s.* Schornsteinaufsatz *m.* ´**chimney-stack,** *s.* Schornstein *m* (mit mehreren Kaminschächten). ´**chimney-sweep,** *s.* Schornsteinfeger *m.*

chimpanzee [tʃimpæn´ziː], *s. Z:* Schimpanse *m.*

chin [tʃin], *s.* Kinn *n; F:* **keep your c. up,** halt die Ohren steif. ´**chinstrap,** *s.* Kinnriemen *m.*

china ['tʃainə]. **1.** *s. Cer:* Porzellan *n;* **c. clay,** Porzellanerde *f;* Kaolin *n.* **2.** *Pr. n. Geog:* **C.,** China *n;* **Communist C.,** das kommunistische China; **C. tea,** chinesischer Tee. ´**Chinaman,** *s.* Chinese *m;* Chinesin *f.* **Chinese** [tʃai´niːz]. **I.** *s.* **1.** Chinese *m;* Chinesin *f.* **2.** *Ling:* Chinesisch *n.* **II.** *adj.* chinesisch; **the C. People's Republic,** die Volksrepublik China; **C. lantern,** Lampion *m.*

chink¹ [tʃink], *s.* Ritze *f* (in einer Wand, einer Tür usw.); **c. of light,** Lichtstreifen *m.*

chink². **I.** *s.* Geklirr *n* (von Glas); Klimpern *n* (von Münzen). **II.** *v.* **1.** *v.tr.* (Flaschen, Gläser) aneinanderschlagen. **2.** *v.i.* (*of glasses*) klirren; (*of coins*) klimpern.

Chink³, *s. P:* Schlitzauge *n.*

chintz [tʃints], *s. Tex:* Chintz *m.*

chip [tʃip]. **I.** *s.* **1.** Span *m* (von Holz, Metall); **chips of stone,** Steinsplitter *mpl; El:* (**silicon**) **c.,** Chip *m; Fig:* **to have a c. on one's shoulder,** einen Komplex haben; *F:* **he's a c. off the old block,** *approx.* der Apfel fällt nicht weit vom Stamm. **2.** (*damaged place*) angeschlagene Stelle *f* (eines Tellers, einer Tasse usw.). **3.** *Cu:* **c. potatoes,** *F:* **chips,** Pommes frites *pl.* **4.** *Games:* Chip *m.* **II.** *v.* **1.** *v.tr.* (*p. & p.p.* **chipped**) (Porzellan) anschlagen; (Möbel) beschädigen; **to c. a piece off sth.,** ein Stück aus etwas *dat* herausschlagen. **2.** *v.i.* (*of paint*) absplittern. ´**chip-basket,** *s.* **1.** Spankorb *m.* **2.** *Cu:* Drahtkorb *m* (für Pommes frites). ´**chipboard,** *s.* Spanplatte *f.* ´**chip** ´**in,** *v.i. F:* (*a*) (in eine Unterhaltung, Diskussion usw.) einfallen; (*b*) (*contribute*) beitragen. **chipped,** *adj.* (*of cup etc.*) angeschlagen; **c. potatoes,** Pommes frites *pl.* ´**chippings,** *s.pl.* (*wood*) Späne *mpl;* (*stone*) Splitter *mpl; P.N:* **loose c.,** Rollsplitt *m.* ´**chip** ´**off,** *v.i.* (*of paint etc.*) absplittern.

chipmunk ['tʃipmʌŋk], *s. Z:* Chipmunk *n.*

chiropodist [ki´rɔpədist], *s.* Fußpfleger(in) *m(f).* **chi´ropody,** *s.* Pediküre *f,* Fußpflege *f.*

chirp ['tʃəːp], *v.i.* (*of bird*) zwitschern; (*of cricket*) zirpen. ´**chirpy,** *adj. F:* munter.

chisel [tʃizl]. **I.** *s. Tls:* Meißel *m.* **II.** *v.tr.* (Holz, Stein usw.) meißeln.

chit [tʃit], *s.* Zettel *m;* (*certificate*) Schein *m.*

chit-chat ['tʃittʃæt], *s. F:* Geplauder *n.*

chivalrous ['ʃivəlrəs] *adj.* ritterlich. ´**chivalry,** *s.* Ritterlichkeit *f.*

chives ['tʃaivz], *s.* Schnittlauch *m.*

chloride ['klɔːraid], *s. Ch:* Chlorid *n.* **chlorine**

['klɔːriːn], *s. Ch:* Chlor *n.* **chlorinate** ['klɔːrineit], *v.tr.* (Wasser) chloren.

chloroform ['klɔrəfɔːm], *s. Med:* Chloroform *n.*

chlorophyll ['klɔrəfil], *s. Ch:* Chlorophyll *n.*

choc-ice ['tʃɔkais], *s.* Eis *n* mit Schokoladenüberzug.

chock [tʃɔk], *s.* Keil *m.* ´**chock-a-**´**block,** *adj.* gerammelt voll (**with,** von + *dat*). ´**chock-** ´**full,** *adj.* vollgestopft (**of,** mit + *dat*).

chocolate ['tʃɔk(ə)lit]. **I.** *s.* (*a*) Schokolade *f;* **a bar of c.,** eine Tafel Schokolade; (*b*) **a c.,** eine Praline; **a box of chocolates,** eine Schachtel Pralinen; (*c*) (**drinking**) **c.,** Trinkschokolade *f.* **II.** *adj.* (*a*) Schokoladen-; **c. cake,** Schokoladenkuchen *m;* (**with** *cream*) Schokoladentorte *f;* (*b*) (*colour*) schokoladenbraun.

choice [tʃɔis]. **I.** *s.* (*a*) Wahl *f;* **to make a c.,** eine Wahl treffen; **for c.,** lieber; **from c.,** freiwillig; (*b*) (*selection*) Auswahl *f;* **to have a wide c.,** eine große Auswahl haben. **II.** *adj.* (*of food, fruit etc.*) auserlesen, ausgesucht; **c. quality,** erste Qualität.

choir ['kwaiər], *s. Mus: & Arch:* Chor *m.* ´**choirboy,** *s.* Chorknabe *m.* ´**choirmaster,** *s.* Chorleiter, ´**choirscreen,** *s.* Chorschranke *f*

choke [tʃouk]. **I.** *v.* **1.** *v.tr.* (*a*) (*strangle*) (j-n) erwürgen; (*stifle*) (j-n) ersticken; (*b*) (*block*) (ein Rohr) verstopfen. **2.** *v.i.* (*of pers.*) ersticken; **to c. on a bone,** an einem Knochen würgen; **to c. with laughter,** vor Lachen fast ersticken. **II.** *s.* **1.** *Aut:* Choke *m.* **2.** *El:* **c. (coil),** Drosselspule *f.* ´**choke** ´**back,** *v.tr.* (Zorn, Ärger usw.) hinunterwürgen; (Gefühle) verdrängen; (Tränen) hinunterschlucken. ´**choke** ´**collar,** *s.* (*of dog*) Würgehalsband *n.* ´**choke** ´**down,** *v.tr.* (Essen) hinunterwürgen. ´**choker,** *s. Jewel:* (enganliegendes) Halsband *n.*

cholera ['kɔlərə], *s. Med:* Cholera *f.*

cholesterol [kə´lestərɔl], *s. Ch:* Cholesterin *n.*

choose [tʃuːz], *v.tr.* (*p.* **chose** [tʃouz], *p.p.* **chosen** [tʃouzn]) (j-n, etwas) wählen; (*a*) **I don't c. to do so,** ich will es nicht tun; **when I c.,** wenn es mir paßt; **I do as I c.,** ich tue, was mir gefällt; **there's nothing to c. between them,** sie sind ziemlich gleich, (*b*) (*opt for*) sich (für etwas *acc*) entscheiden; **to c. the easy way out,** es sich *dat* leicht machen; (*c*) (*select*) (etwas) auswählen; **the chosen few,** die Auserwählten; *abs.* (*in restaurant*) **have you chosen?** haben Sie schon gewählt? ´**choos(e)y,** *adj. F:* (*of pers.*) wählerisch.

chop [tʃɔp]. **I.** *s.* **1.** (*a*) Schlag *m* (mit der Axt, mit dem Fleischerbeil); (*b*) Hieb *m* (mit der flachen Hand). **2.** *Cu:* Kotelett *n.* **3.** *F:* **to lick one's chops,** sich *dat* die Lippen lecken. **II.** *v.* (*p. & p.p.* **chopped**) **1.** *v.tr.* (Fleisch, Holz, Kräuter) hacken. **2.** *v.i.* **to c. and change,** (*of pers.*) es sich *dat* dauernd anders überlegen. ´**chop** ´**down,** *v.tr.* (einen Baum) fällen. ´**chopper,** *s.* (*a*) *Tls:* Fleischerbeil *n;* (*b*) **c.** (**bicycle**), High Riser *m.* ´**chopping board,** *s.* Hackbrett *n.* ´**choppy,** *adj.* (*of sea*) kabbelig, bewegt. ´**chop** ´**off,** *v.tr.* (einen Ast, j-m den Kopf) abhauen. ´**chopstick,** *s.* Eßstäbchen *n.* ´**chop** ´**up,** *v.tr.* (Holz, Fleisch) in Stücke hacken.

choral ['kɔːr(ə)l], *adj.* Chor-; **c. music,** Chormusik *f;* **c. society,** Gesangverein *m.* **chorale** [kɔ´rɑːl], *s. Mus:* Choral *m.*

chord [kɔːd], s. Mus: Akkord m.
chore [tʃɔːr], s. lästige Arbeit f; **to do the chores,** die Hausarbeit machen.
choreography [kɔri'ɔgrəfi], s. Choreographie f.
chorister ['kɔristər], s. Chorsänger(in) m(f).
chorus, pl. **-uses** ['kɔːrəs, -əsiz], s. **1.** Mus: Th: Chor m; Fig: **c. of praise,** Lobgesang m. **2.** Mus: Refrain m (eines Liedes usw.); **to join in the c.,** in den Refrain mit einstimmen. **'chorus-girl,** s. Revuegirl n.
Christ [kraist]. Pr.n. Christus m.
christen ['krisn], v.tr. (j-n) taufen. **'christening,** s. Taufe f.
Christian ['kristiən]. **I.** s. Christ(in) m(f). **II.** adj. christlich; **C. name,** Vorname m. **Christianity** [-'æniti], s. Christentum n.
Christmas ['krisməs], s. Weihnachten pl; **at C.,** zu Weihnachten; **merry C.!** fröhliche Weihnachten! **C. box,** Weihnachtstrinkgeld n; **C. carol,** Weihnachtslied n; **C. Day,** der erste Weihnachtstag; **C. Eve,** Heiligabend m; **C. tree,** Weihnachtsbaum m.
chromatic [krə(u)'mætik], adj. Mus: chromatisch.
chrome [krəum], s. (a) **c. leather,** Chromleder n; (b) **c. steel,** Chromstahl m; (c) **c. yellow,** Chromgelb n; (d) Aut: etc: Chromteile mpl.
chromium ['krəumiəm], s. (a) Ch: Chrom n; **c. plating,** Verchromung f; (b) Aut: etc: Chromteile mpl.
chromosome ['krəuməsəum], s. Biol: Chromosom n.
chronic ['krɔnik], adj. **1.** Med: chronisch; **she suffers from c. ill health,** sie ist chronisch leidend. **2.** F: mies.
chronicle ['krɔnikl]. **I.** s. Chronik f. **II.** v.tr. to **c. events,** Ereignisse aufzeichnen. **'chronicler,** s. Chronist m.
chronological [krɔnə'lɔdʒik(ə)l], adj. chronologisch; **in c. order,** in chronologischer Reihenfolge.
chronometer [krə'nɔmitər], s. Chronometer m.
chrysalis, pl. **-es** ['krisəlis, -iz], s. Ent: Puppe f (eines Schmetterlings).
chrysanthemum [kri'sænθ(ə)məm], s. Bot: Chrysantheme f.
chub [tʃʌb], s. Fish: Döbel m.
chubby ['tʃʌbi], adj. (of pers.) mollig; (of face) pausbäckig.
chuck [tʃʌk]. **I.** v.tr. F: (a) (etwas) schmeißen (**at sth.,** an/gegen etwas acc); **to c. sth. out of the window,** etwas zum Fenster rausschmeißen; **to c. s.o. out,** j-n an die Luft befördern; (b) **c. it (in)!** gib's auf! **to c. in/up one's job,** seinen Job an den Nagel hängen; (c) **to c. one's weight about,** sich wichtig tun. **II.** s. Mec.E: Spannfutter n (für eine Drehbank usw.). **chucker-'out,** s. F: Rausschmeißer m.
chuckle ['tʃʌkl]. **I.** v.i. in sich hineinlachen (**at/over sth.,** über etwas acc); F: glucksen. **II.** s. F: Gluckser m.
chuff [tʃʌf], v.i. (a) (of steam engine) puffen; (b) F: **to be chuffed,** sich sehr freuen.
chug [tʃʌg], v.i. (of engine) tuckern.
chum [tʃʌm], s. F: Kamerad m; Kumpel m.
chump [tʃʌmp], s. **1. c. chop,** großes Hammelkotelett n. **2.** P: **silly c.,** Dummkopf m.
chunk [tʃʌŋk], s. Klumpen m; Klotz m (Holz);

Trumm n (Brot); **c. of meat/work,** (großes) Stück Fleisch/Arbeit. **'chunky,** adj. klumpig; (massive) klobig. (of meat, marmalade) grob geschnitten; (of pullover) grob gestrickt.
church [tʃəːtʃ], s. Kirche f; **to enter the C.,** Geistlicher werden; **to go to c.,** in die Kirche gehen; **c. hall,** Gemeindesaal m. **'churchgoer,** s. Kirchgänger(in) m(f). **'church'warden,** s. Kirchenälteste(r) f(m). **'churchyard,** s. Kirchhof m.
churlish ['tʃəːliʃ], adj. (a) (loutish) flegelhaft; (b) (petty) kleinlich; **it would be c. to refuse,** es wäre unhöflich abzulehnen.
churn [tʃəːn]. **I.** s. Butterfaß n; **milk c.,** Milchkanne f. **II.** v. **1.** v.i. buttern. **2.** v.tr. **to c. out sth.,** etwas am laufenden Band produzieren.
chute [ʃuːt], s. **1.** (for coal etc.) Schacht m; (on playground) Rutsche f. **2.** abbr. Fallschirm m.
chutney ['tʃʌtni], s. Chutney n.
cider ['saidər], s. approx. Apfelmost m.
cigar [si'gɑːr], s. Zigarre f.
cigarette [sigə'ret], s. Zigarette f; **c. case,** Zigarettenetui n; **c. end,** Zigarettenstummel m; **c. lighter,** Feuerzeug n.
cinch [sintʃ], s. P: Kinderspiel n; (certainty) todsichere Sache f.
cinder ['sindər], s. Asche f; (partly burnt coal) Schlacke f. **'cinder-track,** s. Sp: Aschenbahn f.
cine-camera ['sinikæm(ə)rə], s. Filmkamera f. **'cine-film,** s. Film m für eine Filmkamera.
cinema ['sinimə], s. **1.** (medium) Film m. **2.** (building) Kino n.
cinnamon ['sinəmən], s. Zimt m.
cipher ['saifər], s. **1.** Mth: (a) (symbol) Null f; Fig: **he's a mere c.,** er ist eine Null; (b) (number) Ziffer f. **2.** (code) Chiffre f; **in c.,** chiffriert.
circa ['səːkə], prep. zirka.
circle ['səːkl]. **I.** s. **1.** Kreis m; N. Am: **traffic c.,** Kreisverkehr m. **2.** (period, cycle) Kreisbahn f (eines Planeten usw.); **to come full c.,** an den Ausgangspunkt zurückkehren. **3.** Th: Balkon m; **dress c.,** erster Rang; **upper c.,** zweiter Rang. **4. c. (of friends),** Freundeskreis m; **in theatre circles,** in Theaterkreisen; **the family c.,** der engste Familienkreis; **vicious c.,** Teufelskreis m. **II.** v. **1.** v.tr. (etwas) umkreisen. **2.** v.i. kreisen (**round sth.,** um etwas acc). **circuit** ['səːkit], s. **1.** (journey) Rundreise f; Amtsreise f (eines Richters); **to make a c. of sth.,** einen Rundgang um etwas acc machen; Av: eine Runde um etwas acc fliegen. **2.** El: Stromkreis m; **c. diagram,** Schaltbild n; **c. breaker,** Unterbrecher m. **3.** Motor Rac: Rennstrecke f. **circuitous** [-'kjuːitəs], adj. (a) **c. route,** Umweg m; (b) Fig: umständlich; **by c. means,** auf indirektem Wege. **circular** ['səːkjulər], adj. (of arrangement, shape etc.) kreisförmig; **c. letter,** Rundschreiben n; **c. tour,** Rundreise f; Tls: **c. saw,** Kreissäge f. **circulate** ['səːkjuleit], v. **1.** v.tr. (etwas) herumgehen lassen; (ein Gerücht usw.) in Umlauf setzen. **2.** v.i. umgehen; (of money, bad news etc.) kursieren; (of blood) kreisen; **circulating library,** Leihbücherei f. **circu'lation,** s. (a) Anat: etc: Kreislauf m (einer Flüssigkeit); (b) Umlauf m (von Zahlungs-

mitteln); Kursieren *n* (des Geldes, eines Ge-
rüchts); (*c*) Auflage *f* (einer Zeitung).
circumcise ['sɔːkəmsaiz], *v.tr.* (j-n) beschnei-
den. **circum'cision,** *f* Beschneidung *f.*
circumference [sə'kʌmf(ə)rəns], *s.* Umfang
m (eines Kreises, einer Kugel).
circumflex ['sɔːkəmfleks], *adj. & s. c.* (**accent**),
Zirkumflex *m.*
circumscribe ['sɔːkəmskraib], *v.tr.* (*a*) *Geom:*
(etwas) umschreiben; (*b*) (*limit*) (Interessen,
Ansprüche) beschränken. **circum'scription,**
s. 1. (*a*) Umschreibung *f;* (*b*) Beschränkung *f.*
2. kreisförmige Inschrift *f* (auf einer Münze).
circumstances ['sɔːkəmstənsiz, -stænsiz], *s.
pl.* Umstände *mpl;* **in the c.**, unter den
Umständen; **in/under no c.**, auf keinen Fall.
circum'stantial, *adj.* (*of report*) ausführlich;
c. evidence, Indizienbeweis *m.*
circus, *pl.* **-uses** ['sɔːkəs, -əsiz], *s.* Zirkus *m.*
cirrhosis [si'rəusis], *s. Med:* Zirrhose *f.*
cirrus ['sirəs], *adj. Meteor:* **c. clouds,** Feder-
wolken *fpl.*
Cistercian [sis'tɔː[(ə)n]. I. *s.* Zisterzienser(in)
m(f). II. *adj.* Zisterzienser-.
cistern ['sistən], *s.* Wassertank *m;* (*of WC*)
Wasserkasten *m.*
citadel ['sitədel], *s.* Zitadelle *f.*
cite [sait], *v.tr.* (*a*) *Jur:* **to c. s.o. as a witness,** j-n
als Zeugen vorladen; (*b*) (einen Schriftsteller,
ein Beispiel, eine Stelle) zitieren; (*c*) *Mil:* (einen
Soldaten) lobend erwähnen. **ci'tation,** *s.* 1.
Anführung *f* (eines Schriftstellers usw.); (*text*)
Zitat *n.* 2. *Mil:* Belobigung *f.*
citizen ['sitizən], *s.* (*a*) (*in a town*) Bürger(in)
m(f); (*b*) (*of a state*) Staatsbürger(in) *m(f).*
'citizenship, *s.* (*a*) Bürgerrecht *n;* (*b*) (*nation-
ality*) Staatsangehörigkeit *f.*
citric ['sitrik], *adj. Ch:* **c. acid,** Zitronensäure *f.*
citrus ['sitrəs], *adj.* **c. fruit,** Zitrusfrucht *f.*
city ['siti], *s.* (*a*) Stadt *f;* (*large*) Großstadt *f;* **c.
centre,** Innenstadt *f;* **c. hall,** Rathaus *n* (einer
Großstadt); (*b*) **the C.**, die Londoner City; das
Bank- und Geschäftsviertel (in London); *Brit:*
c. editor, Wirtschaftsredakteur *m.*
civic ['sivik]. I. *adj. Adm:* (*a*) (*citizen's*) bürger-
lich; **c. rights,** Bürgerrechte *npl;* (*b*) (*town*) **the
c. authorities,** die städtischen Behörden; **c.
centre,** Stadthalle *f.* II. *s. pl. Sch:* **civics,**
Staatsbürgerkunde *f.*
civil ['sivil], *adj.* 1. (*a*) bürgerlich; **c. rights,**
Bürgerrechte *npl;* **c. law,** bürgerliches Recht *n,*
Zivilrecht *n;* **c. war,** Bürgerkrieg *m;* (*b*) **c. engineer,**
Tiefbauingenieur *m;* **c. engineering,** Tiefbau *m;*
(*c*) **c. service,** Staatsdienst *m;* **c. servant,** Staats
beamte(r) *m.* 2. (*polite*) höflich. **ci'vilian.** I.
adj. Zivil-; **in c. life,** im Zivilleben. II. *s.* Zivi-
list(in) *m(f).* **ci'vility,** *s.* Höflichkeit *f.* **'civil-
ize** [-aiz], *v.tr.* (j-n etwas) zivilisieren. **'civil-
ized,** *adj.* zivilisiert; *F:* dezent; (*comfortable*)
bequem; **at a c. hour,** um eine vernünftige Zeit.
civili'zation, *s.* Zivilisation *f.* **civvies**
['siviz], *s.pl. Mil: F:* Zivilklamotten *fpl;* **in c.**, in
Zivil. **'civvy street,** *s. F:* Zivilleben *n.*
clad [klæd], *p.p. irr. of* **clothe** *q.v.*
claim [kleim]. I. *s.* 1. (*demand*) Forderung *f;* **to
make a c. for sth.**, eine Forderung für etwas
acc geltend machen. 2. (*right*) Anspruch *m* (**to
sth.**, auf etwas *acc*); **to lay c. to sth.**, etwas (für

sich *acc*) beanspruchen; **to put in a c. for sth.**,
Anspruch auf etwas *acc* erheben. 3. *Ins:* Scha-
densmeldung *f; Jur:* **to put in a c. for damages,**
Schadenersatz beantragen. 4. *Min:* Mutung *f;*
(*land*) Feld *n; Fig:* **to stake one's c.**, sein
Anrecht geltend machen. II. *v.tr.* (*a*) (ein
Recht, eine Pension) beanspruchen; (*demand*)
(Schadenersatz) fordern; (*take up*) (Aufmerk-
samkeit, Zeit usw.) in Anspruch nehmen; (*b*)
(*recognize*) **does anyone c. this umbrella?** gehört
dieser Schirm jemandem? (*c*) **he claims to
represent young people,** er gibt vor, die Jugend
zu vertreten; **to c. that . . .**, behaupten, daß . . .;
this claims to remove stains, dieses Mittel soll
Flecke entfernen; (*d*) **to c. one's baggage,** sein
Gepäck abholen. **'claimant,** *s.* Antragsteller
m; Jur: **rightful c.**, Forderungsberechtigte(r)
f(m).
clairvoyant [klɛə'vɔiənt]. I. *adj.* hellseherisch.
II. *s.* Hellseher(in) *m(f).* **clair'voyance,** *s.*
Hellsehen *n.*
clam [klæm], *s.* Venusmuschel *f; F: & Cu:*
Muschel *f.*
clamber ['klæmbər], *v.i.* klettern; **to c. onto sth.**,
auf etwas *acc* hinaufklettern.
clammy ['klæmi], *adj.* feuchtkalt; **cold and c.
hand,** Froschhand *f.*
clamour ['klæmər]. I. *s.* Geschrei *n;* (*protest*)
Aufschrei *m;* **c. for sth.**, Schrei *m* nach etwas
dat. II. *v.i.* **to c. for sth.**, nach etwas *dat*
schreien; *Fig:* auf etwas *acc* drängen. **'clamor-
ous,** *adj.* (*shouting*) schreiend; (*noisy*) lärmend.
clamp ['klæmp]. I. *s. Tls:* (*with screws*) Schraub-
zwinge *f;* (*small*) Klammer *f.* II. *v.* 1. *v.tr.* **to c.
sth. to sth.**, etwas an etwas *acc* festklammern.
2. *v.i. Fig:* **to c. down on s.o., sth.**, gegen j-n,
etwas *acc* scharf vorgehen.
clan [klæn], *s.* 1. (*a*) *Scot:* Klan *m;* (*b*) (*family*)
Sippschaft *f.* 2. *F:* Clique *f.* **'clansman,** *pl.*
-men, *s.* Mitglied *n* (eines Klans).
clandestine [klæn'destin, -ain], *adj.* (*of deal-
ings etc.*) geheim; **c. marriage,** heimliche Ehe.
clang [klæŋ]. I. *s.* metallischer Ton *m;* (*of bell*)
tiefes Tönen *n.* II. *v.i.* laut schallen; (*of bell*)
tönen. **'clanger,** *s. F:* **to drop a c.**, ins Fett-
näpfchen treten.
clank [klæŋk]. I. *s.* Gerassel *n* (von Ketten,
Rüstungen usw.); Geklirr *n* (von Metallge-
genständen). II. *v.* 1. *v.i. (of chains etc.)* ras-
seln; (*of metal*) scheppern. 2. *v.tr.* (mit Ketten
usw.) rasseln.
clap [klæp]. I. *s.* 1. Klatschen *n;* **to give s.o. a c.**,
j-m Beifall spenden. 2. **c. of thunder,** Donner-
schlag *m.* II. *v.* (*p. & p.p.* **clapped**) 1. *v.tr.*
(*a*) **to c. one's hands,** mit den Händen, in
die Hände klatschen; **to c. s.o. on the back,**
j-n auf den Rücken klopfen; (*b*) **to c. s.o.
into prison,** j-n ins Gefängnis stecken; (*c*) **to c.
eyes on s.o.**, j-n zu Gesicht bekommen. 2. *v.i.*
(Beifall) klatschen. **'clapper,** *s.* (*of bell*)
Schwengel *m.* **'clapping,** *s.* Klatschen *n.*
claptrap ['klæptræp], *s. F:* Gewäsch *n.*
claret ['klærət], *s.* Bordeaux-Rotwein *m.*
clarify ['klærifai], *v.tr.* (Ideen, eine Frage, eine
Situation usw.) klären, klarstellen. **clarifi-
'cation,** *s.* Klärung *f* (einer Frage usw.).
clarinet [klæri'net], *s. Mus:* Klarinette *f.*
clarity ['klæriti], *s.* Klarheit *f* (eines Stils usw.).

clash [klæʃ]. **I.** *s.* **1.** (*sound*) Klirren *n* (von Schwertern usw.). **2.** (*a*) Zusammenprall *m* (von zwei Heeren); *Fig:* Kollision *f* (von Ansichten, Interessen usw.). **II.** *v.i.* (*a*) (*of swords*) klirren; (*b*) (*of opinions etc.*) aufeinanderprallen; (*of armies*) zusammenprallen; (*of pers.*) **to c. with s.o.**, mit j-m aneinandergeraten; (*c*) (*of colours*) sich beißen; (*d*) (*of events*) zusammenfallen; **the dates c.**, es fällt beides auf den gleichen Tag.

clasp [klɑ:sp]. **I.** *s.* **1.** Schließe *f* (eines Mantels, usw.); Schloß *n* (eines Schmuckstücks); Schnalle *f* (eines Gürtels). **2.** (*grip*) Griff *m*. **II.** *v.tr.* (*a*) (*etwas*) greifen; (eine Hand) fest drücken; **to c. one's hands**, die Hände falten; (*b*) *Lit:* **to c. s.o. to one's bosom**, j-n an sein Herz drücken.

class [klɑ:s], *s.* Klasse *f.* **1.** Bevölkerungsschicht *f;* **c. prejudice**, Standesvorurteil *n;* **c. war**, Klassenkampf *m;* **social c.**, Gesellschaftsklasse *f;* **ruling c.**, herrschende Klasse *f;* **the middle c.**, der Mittelstand; **he has a working c. background**, er stammt aus der Arbeiterklasse. **2.** (*a*) *Nau: Rail:* (*of ship, locomotive*) Typ *m;* (*b*) *Sp:* Klasse *f;* *Fig:* **in a c. by itself/himself**, in einer Klasse für sich. **3.** (*a*) *Rail: etc:* **first/ second c.**, erste/zweite Klasse; (*b*) *attrib.* **first c.**, prima. **4.** *Sch:* (*a*) (*form*) Klasse *f;* (*b*) (*lesson*) Stunde *f.* **5.** *esp. Sp:* **he's got c.**, er hat Format. **'class-'conscious**, *adj.* klassenbewußt. **classifi'cation** [klæ-], *s.* Klassifikation *f.* **classify** ['klæ-], *v.tr.* (*etwas*) klassifizieren; **classified advertisements**, Kleinanzeigen *fpl.* **'classless**, *adj.* klassenlos. **'classroom**, *s.* Klassenzimmer *n.* **'classy**, *adj.* **F:** vornehm; (*of clothes etc.*) schick.

classic ['klæsik]. **I.** *adj.* klassisch; (*of garment etc.*) zeitlos. **II.** *s.* **1. a c.**, (*work of art*) ein klassisches Werk *n;* (*race*) ein klassisches Rennen *n.* **2.** *pl. Sch:* **Classics**, Altphilologie *f.* **'classical**, *adj.* (*a*) *Art:* klassisch; **c. author**, Klassiker *m;* (*b*) *Sch:* **c. education**, humanistische Bildung; **c. scholar**, Altphilologe *m.* **'classicism** [-isizm], *s.* Klassizismus *m.* **'classicist** [-isist], *s.* (*a*) *Art:* Klassizist *m;* (*b*) *Sch: Univ:* Altphilologe *m.*

clatter ['klætər]. **I.** *s.* Geklapper *n.* **II.** *v.i.* klappern; **to c. down the stairs**, die Treppe herunterpoltern.

clause [klɔ:z], *s.* **1.** *Jur: etc:* Klausel *f.* **2.** *Gram:* Satzteil *n;* **subordinate c.**, Nebensatz *m.*

claustrophobia [klɔ:strəˈfəubiə], *s.* *Psy:* Klaustrophobie *f;* *F:* Platzangst *f.*

claw [klɔ:]. **I.** *s.* **1.** Kralle *f* (eines Vogels, einer Katze usw.); Schere *f* (eines Krebses). **2.** *E:* Greifhaken *m;* *Tls:* **c. hammer**, Klauenhammer *m.* **II.** *v.tr.* **to c. at sth.**, etwas mit den Krallen bearbeiten.

clay [klei], *s.* (*earth*) Lehm *m;* (*for pottery*) Ton *m;* **c. pipe**, Tonpfeife *f.*

clean [kli:n]. **I.** *adj.* **1.** (*a*) (*free of dirt*) sauber; (*of shirt, linen etc.*) frisch; (*of pers., animal etc.*) reinlich; **c. air**, frische Luft; **c. copy**, Reinschrift *f;* **to keep sth. c.**, etwas sauber halten; (*b*) (*of cut, break*) glatt; (*c*) **c. bill of health**, (reiner) Gesundheitspaß *m;* (*d*) (*of pers.*) **c. record**, tadellose Vergangenheit; *Sp:* **a c. player**, ein anständiger Spieler; *Aut:* **c. licence**,

Führerschein *m* ohne Strafeintrag; (*e*) **to come c.**, (i) (*of laundry*) sauber werden; (ii) *F:* (*of pers.*) Farbe bekennen. **II.** *adv.* ganz; völlig; (*of bone, stick etc.*) **to break c.** in two, glatt entzweibrechen; **I had c. forgotten (about) it**, das hatte ich glatt vergessen; **they got c. away**, sie sind spurlos verschwunden. **III.** *v.* **1.** *v.tr.* (j-n, etwas) säubern, *F:* putzen; (Töpfe usw.) ausscheuern; (ein Zimmer, ein Fenster usw.) putzen; (einen Fisch usw.) ausnehmen; **to c. one's teeth**, sich *dat* die Zähne putzen; **to c. one's nails**, sich *dat* die Nägel reinigen; **to have a coat (dry-) cleaned**, einen Mantel chemisch reinigen lassen. **2.** *v.i.* saubermachen. **'cleaner**, *s.* **1.** (*pers.*) Raumpfleger(in) *m(f);* (*char*) Putzfrau *f;* **window c.**, Fensterputzer *m;* **(dry) cleaner's**, chemische Reinigung *f.* **2.** (*a*) (*fluid*) Putzmittel *n;* (*b*) **vacuum c.**, Staubsauger *m.* **'cleaning**, *s.* Reinemachen *n,* Saubermachen *n;* **dry c.**, chemische Reinigung *f.* **cleanliness** ['klenlinəs], *s.* Reinlichkeit *f.* **'cleanness**, *s.* Sauberkeit *f* (eines Zimmers, usw.); Reinheit *f* (der Luft usw.); Glätte *f* (eines Bruchs). **'clean 'out**, *v.tr.* (ein Zimmer, einen Schreibtisch usw.) ausräumen. **'clean- 'shaven**, *adj.* glattrasiert. **'clean 'up**, *v.* **1.** *v.tr.* (eine Wunde usw.) reinigen. **2.** *v.i.* (*a*) sich waschen; (*clear up*) aufräumen; (*b*) *F:* (*money*) abräumen; *Sp:* aufräumen.

cleanse [klenz], *v.tr.* (die Haut, eine Wunde, das Blut usw.) reinigen. **'cleansing**, *adj.* reinigend; Reinigungs-; *Cosm:* **c. cream**, Reinigungscreme *f.*

clear [kliər]. **I.** *adj.* klar. **1.** (*a*) (*transparent*) klar; (*bright*) hell; **a c. sky**, ein heiterer Himmel; **it's very c. today**, heute hat man ganz klare Sicht; *F:* **as c. as day**, klar wie Kloßbrühe; *Iron:* **as c. as mud**, völlig unklar; (*b*) (*unblemished*) rein; **a c. conscience**, ein reines Gewissen. **2.** (*distinct*) deutlich; **c. indication**, klarer Beweis; **a c. case of bribery**, ein klarer/eindeutiger Fall von Bestechung. **3. to make one's meaning c./make sth. c. (to s.o.)**, (j-m) etwas verständlich machen; (*in annoyance*) (j-m) etwas klarmachen; **it is c. to me that . . .**, ich bin mir darüber im klaren, daß . . . **4. c. profit**, reiner Gewinn; **c. majority**, absolute Mehrheit; **three c. days**, drei volle Tage. **5.** (*of view, road etc.*) frei (**of**, von + *dat*); **all c.**, *Mil:* Entwarnung *f;* *Nau:* alles klar! *Aut:* **to have a c. road**, freie Fahrt haben; *F:* **the coast is c.**, die Luft ist rein; **-ly**, *adv.* (*a*) deutlich; **speak c.**, sprich deutlich; (*b*) (*obviously*) offensichtlich. **II.** *adj. & adv.* **to steer/keep c. of s.o., sth.**, j-m, etwas *dat* aus dem Wege gehen; **stand c.!** Abstand nehmen! (*in lift etc.*) **stand c. of the doors!** Türe freihalten! **III.** *v.* **1.** *v.tr.* (*a*) (etwas) reinigen; **to c. the air**, die Luft erfrischen; *Fig:* Klarheit schaffen; (*after row*) die Lage entspannen; (*b*) (j-n) freisprechen (**from sth.**, von etwas *dat*); **to c. s.o. of suspicion/of a charge**, j-n von einem Verdacht/von einer Beschuldigung entlasten; **to c. oneself of blame**, die Schuld von sich abschieben; (*c*) (*empty*) (einen Saal) räumen; (eine Straße von Schnee usw.) freimachen; (ein Zimmer, einen Schrank usw.) ausräumen; (einen Wald) roden; **to c. an area of trees**, ein

Gebiet abholzen; **to c. the table,** den Tisch (nach dem Essen) abräumen; (*of pers.*) **to c. one's throat,** sich räuspern; **to c. the letterbox,** den Briefkasten leeren; **to c. one's plate,** seinen Teller leeressen; (*d*) (*remove*) (Teller vom Tisch usw.) wegräumen; (Unkraut usw.) entfernen; **to c. goods,** (i) *Com:* Waren (unter dem Preis) abstoßen; (ii) *Customs:* Waren verzollen; *P.N:* **50 pence to c.,** Restposten für 50 Pence; (*e*) (*extend beyond*) (über etwas *acc*) hinausragen; (*not hit*) (an einem Vorsprung usw.) gerade noch vorbeikommen; (*get over*) **to c. two metres,** zwei Meter überspringen; (*of ship*) **to c. the harbour,** aus dem Hafen auslaufen. 2. *v.i.* (*of weather*) **to c. (up),** sich aufheitern; (*of mist*) **to c. (away),** sich auflösen. **'clearance,** *s.* 1. (*removal*) Beseitigung *f;* (*a*) **(customs) c.,** Zollabfertigung *f;* (*b*) Rodung *f* (von Land, Wald); **slum c.,** Säuberung *f* (eines Elendsviertels); (*c*) *Com:* Räumung *f* (von Waren); **c. sale,** Räumungsverkauf *m;* (*d*) *Meteor:* (*of sky*) Aufheiterung *f;* (*of fog*) Auflösung *f.* 2. (*space*) Zwischenraum *m; Mec.E:* Spiel *n.* **'clear a'way,** *v.* 1. *v.tr.* (etwas) wegräumen; (Teller usw.) abräumen. 2. *v.i.* den Tisch abräumen. **'clear-'cut,** *adj.* scharf umrissen; **c.-c. distinction,** deutlicher Unterschied. **'clearing,** *s.* 1. (*in wood*) Lichtung *f;* (*in sky*) Aufheiterung *f.* 2. Räumen *n* (einer Straße usw.). 3. **c. bank,** Girobank *f.* 4. Rodung *f* (von Land, Wald). **'clearness,** *s.* Klarheit *f;* (*of vision*) Schärfe *f;* (*of expression*) Deutlichkeit *f;* (*of atmosphere*) Reinheit *f.* **'clear'off,** *v.* 1. *v.tr.* (Schulden) begleichen. 2. *v.i. F:* (*of pers.*) abhauen, sich aus dem Staub machen. **'clear 'out,** *v.* 1. *v.tr.* (*empty*) (einen Schrank usw.) ausräumen. 2. *v.i. F:* abhauen. **'clear 'up,** *v.* 1. *v.tr.* (*one Situation, ein Problem usw.*) klarstellen. 2. *v.i.* (*a*) (*of weather*) sich aufklären; (*b*) (*tidy up*) aufräumen. **'clearway,** *s.* Straße *f* mit Halteverbot.

cleavage ['kliːvidʒ], *s.* 1. Spaltung *f* (eines Felsens usw.). 2. *Anat:* Brustansatz *m.*

clef [klef], *s. Mus.* Notenschlüssel *m.*

cleft [kleft]. I. *s.* (*in rock etc.*) Kluft *f,* (*fissure*) Riß *m.* II. *adj. Med:* **c. palate,** Gaumenspalte *f.*

clematis ['klemətis], *s. Bot:* Klematis *f.*

clement ['klemənt], *adj.* mild. **'clemency,** *s.* Milde *f* (**to s.o.,** gegen j-n); *Jur:* **to appeal for c.,** ein Gnadengesuch einreichen.

clench [klen(t)ʃ], *v.tr.* (die Zähne) zusammenbeißen; (die Faust) ballen.

clergy ['kləːdʒi], *s. coll.* Geistliche *mpl;* **the c.,** die Geistlichkeit. **'clergyman,** *pl.* -**men,** *s.* Geistlicher *m.*

clerical ['klerik(ə)l], *adj.* 1. *Ecc:* geistlich; **c. dress,** geistliches Gewand. 2. *Adm:* **c. work,** Schreibarbeit *f* (in einem Büro); **c. error,** Schreibfehler *m;* **c. staff,** Schreibkräfte *fpl.*

clerk [klɑːk, *N.Am:* kləːk], *s.* 1. (*a*) (*in office*) Büroangestellte(r) *f(m);* **bank c.,** Bankangestellte(r) *f(m);* **chief/head c.,** Bürovorsteher(in) *m(f); Jur:* **c. of the court,** Gerichtsschreiber *m.* 2. *N.Am:* (*sales person*) Verkäufer(in) *m(f).*

clever ['klevər], *adj.* 1. (*skilful*) geschickt; 2. (*a*) (*intelligent*) klug; gescheit; **he's c. at maths,** er ist sehr gut in Mathe; **that's not very c.,** das war nicht sehr klug; (*b*) *F:* (*smart*) **he was**

too c. for us, er hat uns übervorteilt; **that's too c. by half!** das ist schon viel zu raffiniert! (*c*) **a c. device,** eine raffinierte Vorrichtung; **-ly,** *adv.* geschickt. **'cleverness,** *s.* (*a*) Geschicklichkeit *f;* (*b*) Klugheit f.

cliché ['kliːʃei], *s.* Klischee *n.*

click [klik]. I. *s.* (*sound*) Klicken *n; Ling:* Schnalzlaut *m.* II. *v.* 1. *v.tr.* **to c. one's heels,** die Hacken zusammenschlagen. 2. *v.i.* (*a*) **to c. home,** einschnappen; **the door clicked shut,** die Tür fiel ins Schloß; (*b*) *F:* **it suddenly clicked,** auf einmal fiel der Groschen; **they clicked right away,** sie waren sofort auf der gleichen Wellenlänge.

client ['klaiənt], *s. Jur:* Klient(in) *m(f)* (eines Rechtsanwaltes); (*customer*) Kunde *m,* Kundin *f.* **clientele** [klaiən'tel, kliːaː'tel], *s.* Kundenkreis *m;* Kundschaft *f.*

cliff [klif], *s.* Felswand *f;* **the cliffs of Dover,** die Steilküste bei Dover.

climate ['klaimət], *s.* Klima *n.*

climax ['klaimæks], *s.* Höhepunkt *m* (eines Spieles usw.); **this brought matters to a c.,** das trieb die Dinge auf die Spitze.

climb [klaim]. I. *s.* 1. Besteigung *f* (eines Berges usw.); *Av:* **rate of c.,** Steigegeschwindigkeit *f.* 2. Aufstieg *m;* **a hard c.,** ein schwerer Aufstieg. II. *v.* 1. *v.tr.* (einen Berg usw.) besteigen; (einen Berg, eine Leiter, Mauer usw.) erklimmen. 2. *v.i.* steigen; (*clamber*) klettern; **to c. to a position of power,** zu einer Machtstellung aufsteigen. **'climb 'down,** *v.* 1. *v.tr. & i.* (einen Berg usw.) herabsteigen. 2. *v.i. F:* klein beigeben. **'climber,** *s.* 1. Bergsteiger(in) *m(f).* 2. *F:* **social c.,** Karrieremacher *m.* **'climbing.** I. *adj.* **c. plant,** Kletterpflanze *f.* II. *s.* Klettern *n;* **(mountain) c.,** Bergsteigen *n; Mount:* **c. iron,** Steigeisen *n.*

clinch [klin(t)ʃ]. I. *s.* Umklammerung *f; Box:* Clinch *m.* II. *v.* 1. *v.tr. F:* **to c. a deal,** ein Geschäft festmachen. 2. *v.i. Box:* clinchen.

cling [klin], *v.i.* (*p. & p.p.* **clung** [klʌŋ]) (*of dirt etc.*) anhaften (**to,** *dat*); (*of pers.*) **to c. to s.o./Fig:** to a hope, sich an j-n/*Fig:* eine Hoffnung klammern; **the child clung to its mother,** das Kind schmiegte sich an seine Mutter; **to c. on (to a rock etc.),** sich (an einen Felsen usw.) klammern. **'clinging,** *adj.* (*of dirt, smell*) haftend; (*of child, clothes*) anschmiegsam.

clinic ['klinik], *s. Med:* Klinik *f.* **'clinical,** *adj.* klinisch.

clink[1] [kliŋk]. I. *s.* Geklirr *n* (von Gläsern usw.). II. *v.* 1. *v.i.* (*of glasses etc.*) klirren. 2. *v.tr.* **to c. glasses (with s.o.),** mit den Gläsern (auf j-s Wohl) anstoßen.

clink[2], *s. P:* Kittchen *n.*

clinker ['kliŋkər], *s.* Schlacke *f.*

clip[1] [klip] I. *s.* (*a*) Klammer *f;* **paper c.,** Büroklammer *f;* (*b*) *Jewel:* Klipp *m.* II. *v.tr.* (*p. & p.p.* **clipped**) (etwas) anklammern (**to sth.,** an etwas *acc*); **to c. papers etc. together,** Papiere usw. zusammenklammern.

clip[2]. I. *s.* 1. (*a*) (*of sheep*) Schur *f;* (*b*) *Cin:* Ausschnitt *m* (aus einem Film). 2. (*slap*) *F:* Klaps *m.* II. *v.tr.* (*p. & p.p.* **clipped**) (*a*) (ein Schaf) scheren; (eine Hecke usw.) schneiden; **to c. sth. off,** etwas abschneiden; *Sp:* **to c. two**

seconds off s.o.'s time, j-n um zwei Sekunden unterbieten; (b) (*punch*) (eine Fahrkarte usw.) knipsen. ´**clipping,** s. **newspaper** c., Zeitungsausschnitt m.

clipper [´klipər], s. *Nau:* c. **(ship),** Klipper m.

clique [kli:k], s. Clique f.

cloak [kləuk]. I. s. *Cost:* Umhang m; *Fig:* **under the c.** of **night,** unter dem Deckmantel der Dunkelheit. II. v.tr. **to c. sth. in secrecy,** etwas in Schweigen hüllen. ´**cloakroom,** s. 1. *Th: etc:* Garderobe f. 2. (*toilet*) Toilette f; (*washroom*) Waschraum m.

clobber [´klɔbər]. I. v.tr. F: (j-n) hauen. II. s. F: Kram m.

clock [klɔk]. I. s. 1. Uhr f; **it's two o'c.,** es ist zwei Uhr; **to work round the c.,** rund um die Uhr arbeiten; *Tel:* **speaking c.,** Zeitansage f; *Sp:* **race against the c.,** Rennen n auf Zeit. 2. F: (a) (*speedometer*) Tachometer m; **the car has 10,000 miles on the c.,** das Auto hat 10 000 Meilen drauf; (b) (*in taxi*) Fahrpreisanzeiger m. II. v. 1. v.tr. *Sp:* (a) **to c. a good time,** eine gute Zeit laufen/*Motor Rac:* fahren; (b) (j-n) stoppen. 2. v.i. *Ind:* **to c. in/out,** (die Kontrolluhr) stechen. ´**clockface,** s. Zifferblatt n. ´**clockwise,** adj. & adv. im Uhrzeigersinn m. ´**clockwork,** s. Uhrwerk n; **c. toy,** Spielzeug zum Aufziehen; F: **to run like c.,** wie geschmiert gehen.

clog [klɔg]. I. v.tr. (p. & p.p. **clogged**) (ein Rohr usw.) verstopfen. II. s. Holzschuh m; (*modern*) Clog m.

cloister [´klɔistər], s. *Arch:* Kreuzgang m.

close[1] [kləus]. I. adj. 1. nahe (**to,** + *dat*); **c. together,** nahe/dicht beieinander; **a c. weave,** ein dichtes Gewebe; F: **it was a c. shave/a c. thing,** das wäre beinahe schiefgegangen; *Rac:* **a c. finish,** ein knapper Sieg; *Mil:* **c. combat,** Nahkampf m. 2. (a) (*of atmosphere*) stickig; (*of weather*) schwül; (b) **a c. secret,** ein striktes Geheimnis; *Hunt:* **c. season,** Schonzeit f. 3. (a) (*of connection etc.*) eng; **a c. friend of his,** ein enger Freund von ihm; **c. resemblance,** große Ähnlichkeit; (b) **on closer examination,** bei näherer Betrachtung; **c. translation,** genaue Übersetzung f; **to keep a c. watch on s.o.,** j-n genau beobachten; (c) **to cut hair c.,** das Haar kurz schneiden. 4. (*of pers.*) (a) verschwiegen; **to be c. about sth.,** etwas verschweigen; (b) (*stingy*) knauserig. II. adv. 1. **c. shut,** fest geschlossen. 2. **c.** (**by/at hand**), nahe, nahe dabei; **to follow c. behind s.o.,** dicht hinter j-m gehen; **to stand c. together,** nahe beieinander stehen; **he lives c. to the station,** er wohnt nahe beim Bahnhof; **to come c. to victory,** den Sieg knapp verfehlen; **she was c. to suicide,** sie war dem Selbstmord nahe. 3. **c. on fifty,** beinahe fünfzig; **-ly,** adv. 1. eng; genau; **to check sth. c.,** etwas genau nachprüfen; **c. related,** eng verwandt. 2. **c. packed,** dicht gepackt; **c. woven,** dicht gewebt. ´**close-´cropped,** adj. (*of hair*) geschoren; (*of grass etc.*) kurz geschnitten. ´**close-´fisted,** adj. knauserig. ´**close-´fitting,** adj. eng anliegend. ´**closeness,** s. 1. Nähe f. 2. (*similarity*) Ähnlichkeit f. 3. Schwüle f (des Wetters). 4. (*of pers.*) (a) Verschwiegenheit f; (b) Knauserigkeit f. ´**close-up,** s. *Cin:* Großaufnahme f; *Phot:* Nahaufnahme f.

close[2], s. Einfriedung f; (*of cathedral*) Domhof m.

close[3] [kləuz]. I. v. 1. v.tr. (a) (*shut*) (eine Tür, ein Geschäft, die Augen usw.) schließen, zumachen; (ein Loch) verstopfen; (eine Straße usw.) sperren; (eine Fabrik, eine Eisenbahnlinie) stillegen; *Bank:* **to c. an account,** ein Konto auflösen; *Mil:* **to c. the ranks,** die Reihen schließen; (b) (*bring to an end*) (eine Rede, eine Debatte usw.) beenden. 2. v.i. (a) (*of door, shop etc.*) schließen; (*of wound, flower etc.*) sich schließen; (b) (*of period*) enden, zu Ende gehen; *Com:* **special offer closes on 2.1.78,** Sonderangebot nur gültig bis 2.1.78. II. s. Ende n; Ausgang m (einer Epoche usw.); Abschluß m (einer Rede usw.); **to draw to a c.,** sich dem Ende nähern; **to bring sth. to a c.,** etwas beenden. ´**close ´down,** v. 1. v.tr. (einen Betrieb, *Rail:* eine Strecke) stillegen; (die Produktion) einstellen. 2. v.i. *Ind:* stillgelegt werden; (*of production*) eingestellt werden; *Rad: TV:* **we c.d. at 11.30 p.m.,** wir haben um 23.30 Uhr Sendeschluß. ´**close-down,** s. *Ind: Rail:* Stillegung f; Einstellung f (der Produktion); *Rad: TV:* Sendeschluß m. ´**closed,** adj. 1. geschlossen; *P.N:* **road c.,** Straße gesperrt. 2. **c. circuit television,** (geschlossenes) Drahtfernsehnetz n; CCTV n. 3. *Ind:* **c. shop,** Gewerkschaftszwang m. 4. *Ling:* **c. vowel,** geschlossener Vokal m. ´**close ´in,** v.i. (a) (*of dusk, night*) hereinbrechen; **the days are closing in,** die Tage werden kürzer; (b) **they gradually closed in on him,** allmählich zogen sie den Kreis enger um ihn. ´**close ´up,** v. 1. v.tr. (a) (eine Flasche) verschließen; (eine Lücke) schließen; (ein Loch) verstopfen; (b) (Teile, Wörter usw.) näher aneinanderrücken. 2. v.i. (a) (*of flower, wound etc.*) sich schließen; (b) (*move closer*) näher (aneinander)rücken. ´**closing.** I. adj. schließend; Schluß-; **c. remark,** Schlußbemerkung f; **c. date,** Schlußtermin m; (*for competition*) Einsendeschluß m; **c. time,** (*of shop*) Ladenschluß m; (*of pub*) Polizeistunde f; (*at auction*) **the c. bid,** das letzte Gebot; *Fin:* **c. price,** Schlußkurs m. II. s. Schließen n; Stillegung f (einer Fabrik usw.); Einstellung f (der Produktion). 2. Auflösung f (eines Kontos). ´**closure** [-ʒər], s. 1. = closing II. 2. Verschluß m (einer Flasche usw.).

clot [klɔt]. I. s. 1. *Med:* **blood c.,** Blutgerinnsel n. 2. F: (*pers.*) Hornochse m. II. v.i. (p. & p.p. **clotted**) (*of milk, blood etc.*) gerinnen.

cloth [klɔθ], pl. **cloths** [klɔθs], s. 1. *Tex:* Tuch n; *Bookb:* **c. binding,** Leineneinband m. 2. H: (a) (*rag*) Lappen m; (b) (**table**) **c.,** Tischtuch n.

clothe [kləuð], v.tr. (p. & p.p. **clothed** [kləuðd], p.p. occ. **clad** [klæd]) (j-n) kleiden (**in,** in + *dat*); **warmly clothed/clad,** warm angezogen. **clothes** [kləuðz], s.pl. Kleider npl; **to put on/take off one's c.,** sich anziehen/ausziehen; **c. brush,** Kleiderbürste f; **c. hanger,** Kleiderbügel m; **c. line,** Wäscheleine f; **c. peg,** Wäscheklammer f. ´**clothing,** s. (**articles of**) **c.,** Kleidungsstücke npl; **the c. industry/trade,** die Bekleidungsindustrie f.

cloud [klaud]. I. s. Wolke f; **c. of smoke,** Rauchwolke f; *Fig:* (*of pers.*) **to be under a c.,** in Ungnaden sein. II. v. 1. v.tr. (eine Fensterscheibe usw.) beschlagen; **her eyes were clouded with tears,** ihre Augen waren von Tränen getrübt. **2.** *v.i. (of sky)* **to c. over,** sich bewölken. **'cloudburst,** *s.* Wolkenbruch *m.* **'cloud-'cuckoo-land,** *s.* Wolkenkuckucksheim *n.* **'cloudless,** *adj.* wolkenlos. **'cloudy,** *adj. (of sky)* bewölkt; *(of liquid)* trübe.

clout [klaut]. **I.** *s. F:* **1.** Ohrfeige *f.* **2.** *(influence)* Schlagkraft *f.* **II.** *v.tr. F:* **to c. s.o.,** j-m eine langen.

clove[1] [kləuv], *s. Bot: Cu:* Gewürznelke *f.*

clove[2], *s. Cu:* **c. of garlic,** Knoblauchzehe *f.*

cloven ['kləuv(ə)n], *adj. Z:* **c.-hoofed,** paarhufig.

clover ['kləuvər], *s. Bot:* Klee *m;* **c. leaf,** Kleeblatt *n;* **c. leaf junction,** Autobahnkleeblatt *n; F:* **to be in c.,** wie die Made im Speck leben.

clown [klaun]. **I.** *s.* Clown *m.* **II.** *v.i.* den Clown spielen. **'clowning,** *s.* Clownerie *f.*

cloy [kloi], *v.i.* durch seine Süße anekeln; *(of pleasure)* seinen Reiz verlieren. **'cloying,** *adj.* süßlich.

club [klʌb]. **I.** *s.* **1.** *(a) (heavy stick)* Keule *f; (b) Golf:* Schläger *m.* **2.** *pl. Cards:* Treff *n,* Kreuz *n.* **3.** Verein *m; esp. Sp:* Klub *m; literary* **c.,** literarischer Kreis *m;* **football c.,** Fußballverein *m.* **II.** *v.* **1.** *v.tr.* (j-n) mit einer Keule schlagen. **2.** *v.i.* **to c. together,** sich zusammentun. **'clubfoot,** *s. Med:* Klumpfuß *m.* **'clubhouse,** *s. Sp:* Klubhaus *n.*

cluck [klʌk], *v.i. (of hen)* glucken.

clue [klu:], *s.* Anhaltspunkt *m; (in crossword)* Stichwort *n;* **to find the c. to sth.,** die Lösung zu etwas *dat* finden; *F:* **I haven't a c.,** ich habe keinen Schimmer. **'clueless,** *adj. F:* doof; **he's completely c.,** er hat keine blasse Ahnung.

clump [klʌmp], *s.* **c. of trees,** Baumgruppe *f;* **c. of bushes,** Gebüsch *n.*

clumsy ['klʌmzi], *adj.* **1.** *(of pers., manner etc.)* ungeschickt; *(awkward)* linkisch; *(of shape etc.)* unförmig, plump. **'clumsiness,** *s.* Ungeschicktheit *f.*

cluster ['klʌstər]. **I.** *s.* Büschel *n* (Blumen); Gruppe *f* (von Bäumen), *Jewel:* **diamond c.,** Diamanten *mpl* in Pavéfassung. **II.** *v.i.* **to c. round s.o., sth.,** sich um j-n, etwas *acc* scharen.

clutch[1] [klʌtʃ]. **I.** *s.* **1.** *(a)* **to be in s.o.'s clutches,** in j-s Gewalt sein; **to fall into s.o.'s clutches,** j-m in die Klauen fallen; *(b)* **to make a c. at s.o., sth.,** nach etwas *dat* greifen. **2.** *Aut:* Kupplung *f;* **to let in/let out the c.,** einkuppeln/auskuppeln. **II.** *v.* **1.** *v.tr.* (etwas) festhalten. **2.** *v.i.* **to c. at sth.,** nach etwas *dat* greifen.

clutch[2], *s. (of eggs)* Gelege *n.*

clutter ['klʌtər]. **I.** *s.* Unordnung *f; F: (junk)* Kram *m.* **II.** *v.tr.* **to c. (up) a room with sth.,** ein Zimmer mit etwas *dat* vollstopfen.

co- [kəu-], *prefix* Mit-; **co-author,** Mitverfasser *m; Av:* **co-pilot,** Kopilot *m.*

coach [kəutʃ]. **I.** *s.* **1.** *(a) (motor)* Omnibus *m; (b) Rail:* Wagen *m; (c) (horsedrawn)* Kutsche *f.* **2.** *(a) Sch:* Nachhilfelehrer(in) *m(f); (b) Sp:* Trainer *m.* **II.** *v.tr. (a)* (j-m) Nachhilfestunden geben; *(b) Sp:* (j-n) trainieren, coachen. **'coachbuilder,** *s. Aut:* Karosseriebauer *m.* **'coachwork,** *s. Aut:* Karosserie *f.*

coagulate [kəu'ægjuleit], *v. tr. & i.* gerinnen.

coagu'lation, *s.* Gerinnen *n.*

coal [kəul], *s. Min:* Kohle *f;* **hard c.,** Steinkohle *f;* **brown c.,** Braunkohle *f;* **c. seam,** Kohlenflöz *n;* **c. bunker,** Kohlenbunker *m;* **c. scuttle,** Kohlenschütte *f;* **c. merchant,** Kohlenhändler *m; Fig:* **to haul s.o. over the coals,** j-n gehörig abkanzeln; **to carry coals to Newcastle,** Eulen nach Athen tragen. **'coalface,** *s.* Abbaustrecke *f;* **to work at the c.,** vor Ort arbeiten. **'coalfield,** *s.* Kohlenrevier *n.* **'coalmine,** *s.* Kohlenbergwerk *n.* **'coalminer,** *s.* Bergmann *m.* **'coalmining,** *s.* Kohlenbergbau *m.* **'coaltar,** *s.* Steinkohlenteer *m.*

coalesce [kəuə'les], *v.i. (grow together)* aneinanderwachsen; *(fuse)* verschmelzen.

coalition [kəuə'liʃ(ə)n], *s. Pol: etc:* Koalition *f.*

coarse [kɔ:s], *adj.* grob; *(of joke)* derb; **a c. laugh,** ein ordinäres Lachen; **c. skin,** rauhe Haut. **'coarsen,** *v.* **1.** *v.tr.* (j-n, etwas) gröber machen. **2.** *v.i.* gröber werden. **'coarseness,** *s.* Grobheit *f.*

coast [kəust]. **I.** *s.* Küste *f;* **from c. to c.,** von einer Küste zur anderen; *F:* **the c. is clear,** die Luft ist rein. **II.** *v.i. (a) Nau:* die Küste entlang fahren; *(b) N.Am: (on sledge)* rodeln; *(c) Cy:* im Freilauf fahren; *Aut:* im Leerlauf fahren. **'coastal,** *adj.* Küsten-; **c. navigation,** Küstenschiffahrt *f;* **c. waters,** Küstengewässer *npl.* **'coaster,** *s.* **1.** *Nau:* Küstenfahrer *m.* **2. (roller-) c.,** Berg- und Talbahn *f.* **3.** *(small mat)* Untersetzer *m.* **'coastguard,** *s.* Küstenwacht *f;* **c. service,** Küstenwache *f.* **'coastline,** *s.* Küstenlinie *f;* **rocky c.,** Felsenküste *f.*

coat [kəut]. **I.** *s.* **1.** Mantel *m; (jacket)* Jacke *f* (eines Anzugs usw.). **2. c. of arms,** Wappen *n.* **3.** Fell *n* (einer Katze usw.); Haar *n* (eines Pferdes usw.). **4.** *(layer)* Schicht *f; (of paint)* Anstrich *m.* **II.** *v.tr. (einen Kela, eine Pille mit* Schokolade, Zucker usw.) überziehen; (etwas mit Farbe usw.) anstreichen; **to c. (veal, fish) with breadcrumbs,** (Schnitzel, Fisch) panieren; **coated with dust,** staubbedeckt; **coated tongue,** belegte Zunge. **'coat(-)hanger,** *s.* Kleiderbügel *m.* **'coat-hook,** *s.* Kleiderhaken *m.* **'coating,** *s.* **1.** *(layer)* Schicht *f; (paint)* Anstrich *m; (of sugar, chocolate)* Überzug *m; (of jam etc.)* Belag *m.* **2.** *Tex:* Mantelstoff *m.*

coax [kəuks], *v.tr. (a)* (j-m) gut zureden; *(persuade)* (j-n) (mit viel Geduld) überreden; **to c. a secret out of s.o.,** j-m ein Geheimnis entlocken. **'coaxing,** *s.* Überredungskunst *f.*

coaxial [kəu'æksiəl], *adj. Rad: TV:* **c. cable/lead,** Koaxialkabel *n.*

cob [kɔb], *s.* **corn on the c.,** Maiskolben *m.*

cobalt ['kəubɔ:lt], *s. Ch:* Kobalt *m.*

cobber ['kɔbər], *s. Austral: F:* Kumpan *m.*

cobble [kɔbl], *s.* **c. (stone),** Kopfstein *m;* **cobbles,** Kopfsteinpflaster *n.* **'cobbled,** *adj.* **c. street,** Pflasterstraße *f.* **'cobbler,** *s. A:* Flickschuster *m.*

cobra ['kəubrə], *s.* Kobra *f.*

cobweb ['kɔbweb], *s.* Spinngewebe *n.*

cocaine [kəu'kein], *s. Pharm:* Kokain *n.*

cock [kɔk]. **I.** *s.* **1.** *(fowl)* Hahn *m; (male bird)* Männchen *n;* **c. swallow,** Schwalbenmännchen *n; F:* **c. and bull story,** Lügengeschichte *f.* **2.** *(a) (tap)* Absperrhahn *m; (b) (on gun)* Hahn *m;* **at full c.,** mit gespanntem Hahn. **3.** *P: (penis)*

Schwanz *m.* **II.** *v.tr.* (ein Gewehr) entsichern; *Fig:* to c. one's ears, die Ohren spitzen. **'cock-a-doodle-'doo,** *int.* kikeriki! **'cock-a-'hoop,** *adj. & adv.* triumphierend. **'cock-'crow,** *s.* at c.-c., mit dem ersten Hahnenschrei. **'cock'sure,** *F:* **'cocky,** *adj.* großspurig, keck.

cockade [kɔ'keid], *s. Mil: etc:* Kokarde *f.*

cockatoo [kɔkə'tu:], *s. Orn:* Kakadu *m.*

cockchafer ['kɔktʃeifər], *s. Ent:* Maikäfer *m.*

cockerel ['kɔk(ə)rəl], *s.* Hähnchen *n.*

cock-eyed ['kɔkaid], *adj. F:* (*crazy*) verrückt; (*messed up*) vermasselt; (*not straight*) schief.

cockle¹ ['kɔkl], *s.* **1.** *Moll:* Herzmuschel *f.* **2.** (*small boat*) Nußschale *f.*

cockle², *v.i.* (*of fabric etc.*) sich kräuseln.

cockney ['kɔkni], *s.* (*a*) (*pers.*) Cockney *m;* (*b*) (*accent*) Cockney *n.*

cockpit ['kɔkpit], *s. Av: Nau: Aut:* Cockpit *n.*

cockroach ['kɔkrəutʃ], *s. Ent:* Küchenschabe *f; F:* Kakerlak *m.*

cocktail ['kɔkteil], *s.* Cocktail *m.*

cocoa ['kəukəu], *s.* Kakao *m.*

coconut ['kəukənʌt], *s.* **1.** Kokosnuß *f;* **c. shy,** Wurfspiel *n* nach Kokosnüssen. **2. c. palm,** Kokospalme *f;* **c. matting,** Kokosteppich *m.*

cocoon [kə'ku:n], *s. Ent:* Kokon *m* (einer Seidenraupe usw.).

cod [kɔd], *s.* **c.(-fish),** Kabeljau *m;* **c.-liver oil,** Lebertran *m.*

coda ['kəudə] *s. Mus:* Koda *f.*

coddle ['kɔdl], *v.tr.* (ein Kind usw.) verweichlichen.

code [kəud]. **I.** *s.* **1.** (*system of rules*) Code *m; Brit:* **c. of conduct,** Etikette *f;* **highway c.,** Straßenverkehrsordnung *f.* **2.** (*a*) **c. word,** Codewort *n;* (*b*) Code *m;* **secret c.,** Geheimschrift *f;* **a message written in c.,** eine chiffrierte Mitteilung. **II.** *v.tr.* (eine Mitteilung) chiffrieren.

codger ['kɔdʒər], *s. F:* **an old c.,** ein alter Kauz.

co-education ['kəuedju'keiʃ(ə)n], *s.* Koedukation *f.* **'co-edu'cational, c.** school, gemischte Schule.

coefficient [kəui'fiʃ(ə)nt], *s. Mth: Ph: etc:* Koeffizient *m.*

coerce [kəu'ə:s], *v.tr.* (j-n) zwingen (**into doing sth.,** etwas zu tun). **coercion** [-'ə:ʃən], *s.* Zwang *m.*

co-existence ['kəuig'zistəns], *s. Pol:* **peaceful c.,** friedliche Koexistenz.

coffee ['kɔfi], *s.* Kaffee *m;* **white c.,** Kaffee mit Milch; **instant c.,** löslicher Kaffee *m;* **c. grinder,** Kaffeemühle *f;* **c. grounds,** Kaffeesatz *m;* **c. pot,** Kaffeekanne *f;* **c. set,** Kaffeeservice *n;* **c. break,** Kaffeepause *f;* **c. table,** Couchtisch *m.*

coffin ['kɔfin], *s.* Sarg *m.*

cog [kɔg], *s. Mec. E:* Zahn *m* (eines Zahnrads). **'cogwheel,** *s. Mec. E:* Zahnrad *n.*

cogent ['kəudʒ(ə)nt], *adj.* überzeugend; (*of reason*) triftig.

cogitate ['kɔdʒiteit], *v.i.* (intensiv) nachdenken (**about sth.,** über etwas *acc*).

cognac ['kɔnjæk], *s.* Kognak *m.*

cognate [kɔg'neit], *adj. Ling:* (*of words*) verwandt.

cohere [kəu'hiər], *v.i.* zusammenhängen; **his ideas do not c.,** seine Ideen stehen in keinem logischen Zusammenhang. **co'herence,** *s.*

(logischer) Zusammenhang *m;* Verständlichkeit *f.* **co'herent,** *adj.* (*a*) zusammenhängend; (*of argument*) konsequent; (*b*) (*comprehensible*) verständlich. **cohesion** [kəu'hi:ʒ(ə)n], *s.* Kohäsion *f.* **cohesive** [kəu'hi:siv], *adj.* bindend.

coil [kɔil]. **I.** *s.* **1.** (*of rope etc.*) Rolle *f;* **c. spring,** Spiralfeder *f.* **2.** (*single turn*) Windung *f;* **coils of smoke,** Rauchkringel *mpl.* **3.** *El. E:* Spule *f; Aut:* (**ignition**) **c.,** Zündspule *f.* **4.** *Med:* Spirale *f.* **II.** *v.* **1.** *v.tr.* **to c. sth. up,** etwas aufrollen. **2.** *v.i.* **to c. itself up,** (*of snake, cat*) sich zusammenrollen.

coin [kɔin]. **I.** *s.* **1.** Münze *f.* **2.** *coll.* Münzgeld *n; Fig:* **to repay s.o. in the same c.,** j-m mit gleicher Münze heimzahlen. **II.** *v.tr.* (Geld, *Fig:* einen Ausdruck) prägen. **'coinage,** *s.* (*a*) (*act*) Prägen *n;* (*b*) *coll.* Münzgeld *n;* **foreign c.,** fremde Münzen *fpl;* (*c*) (*word*) Prägung *f.* **'coinbox,** *s.* **c. telephone,** Münzfernsprecher *m.*

coincide [kəuin'said], *v.i.* (*a*) (*of events etc.*) zusammenfallen (**with,** mit + *dat*); (*b*) (*of ideas etc.*) übereinstimmen (**with,** mit + *dat*). **coincidence** [kəu'insidəns], *s.* Zufall *m.* **coinci'dental,** *adj.* zufällig.

coke¹ [kəuk], *s.* Koks *m.*

coke², *s. F:* (*abbr. for R.t.m coca-cola*) Cola *f.*

colander ['kʌləndər], *s. Cu:* Durchschlag *m* (für Gemüse).

cold [kəuld]. **I.** *adj.* **1.** kalt; **c. meat,** (i) (*joint*) kalter Braten; (ii) (*mixed*) Aufschnitt *m;* **I feel/ I am c.,** mir ist (es) kalt; **my feet are as c. as ice,** meine Füße sind eiskalt; *Meteor:* **c. spell,** Kältewelle *f;* **c. front,** Kaltfront *f; Ind: Com:* **c. store,** Kühlraum *m;* **c. storage,** Kaltlagerung *f; Fig:* **to keep an idea in c. storage,** eine Idee auf Eis halten; *F:* **he got c. feet,** er hat kalte Füße gekriegt. **2.** (*a*) (*unfriendly*) kühl; **a c. reception,** ein frostiger Empfang; *F:* **to give s.o. the c. shoulder,** j-m die kalte Schulter zeigen; (*b*) (*unfeeling*) salt; **that leaves me c.,** das läßt mich kalt; **in c. blood,** kaltblütig; *Pol:* **the c. war,** der kalte Krieg. **II.** *s.* **1.** (*a*) Kälte *f; Fig:* **to be left out in the c.,** das Nachsehen haben; (*b*) (*in hotel*) **running hot and c.,** fließend warmes und kaltes Wasser. **2.** *Med:* Erkältung *f;* **c. in the head,** Schnupfen *m;* **to catch (a) cold,** sich erkälten. **'cold-'blooded,** *adj.* kaltblütig. **'cold-'hearted,** *adj.* (*of pers.*) kaltherzig. **'coldness,** *s.* Kälte *f.*

collaborate [kə'læbəreit], *v.i.* zusammenarbeiten (**with s.o.,** mit j-m); (*with enemy*) kollaborieren. **collabo'ration,** *s.* Mitarbeit *f; Pol:* Kollaboration *f* (mit dem Feind). **co'llaborator,** *s.* Mitarbeiter(in) *m(f)* (an einem Projekt); *Pol:* Kollaborateur *m.*

collapse [kə'læps]. **I.** *s.* **1.** (*a*) Einsturz *m* (eines Gebäudes, einer Mauer usw.); (*b*) Sturz *m* (einer Regierung); Zusammenbruch *m* (eines Reiches usw.). **2.** *Med:* Kollaps *m;* (**physical**) **c.,** Zusammenbruch *m.* **II.** *v.i.* (*of building, wall*) einstürzen; (*of government*) stürzen; (*of plans etc.*) auffliegen; (*of pers.*) zusammenbrechen; **to c. into a chair,** sich in einen Stuhl fallen lassen. **co'llapsible,** *adj.* zusammenklappbar; **c. chair,** Klappstuhl *m.*

collar ['kɔlər]. **I.** *s.* **1.** *Cl:* Kragen *m* (eines Hemdes usw.); **c. stud,** Kragenknopf *m; Fig:* **to**

get hot under the c., sich aufregen. **2.** (*for dog etc.*) Halsband *n.* **3.** *Mec. E:* Manschette *f.* **II.** *v.tr.* **to c. s.o.,** j-n anhalten; (*of police*) j-n erwischen/*F:* kassieren. **'collar-bone,** *s. Anat:* Schlüsselbein *n.*

collate [kɔ'leit], *v.tr.* (Korrekturen usw.) zusammentragen; *Bookb:* (Bogen) kollationieren.

colleague ['kɔli:g], *s.* Kollege *m;* Kollegin *f.*

collect [kɔ'lekt]. *v.* **1.** *v.tr.* (*a*) (etwas) sammeln; (*take in*) (Schulhefte usw.) einsammeln; (*pick up*) (Papierabfälle usw.) auflesen; (*b*) (Beiträge, Schulden usw.) einkassieren; **to c. taxes,** Steuern einziehen; *abs.* **to c. for charity,** für einen karitativen Zweck sammeln; (*c*) (*of pers.*) (seine Gedanken) sammeln; (seine Kräfte, Energie) zusammenraffen; **to c. oneself,** sich aufraffen; (*d*) (*fetch*) (j-n, etwas) abholen. **2.** *v.i.* (*of crowd, dust, water etc.*) sich ansammeln. **3.** *attrib. Tel: N. Am:* **c. call,** R-Gespräch *m.* **co'llected,** *adj.* (*a*) **c. works,** gesammelte Werke; (*b*) (*of pers.*) **calm and c.,** ruhig und gefaßt. **co'llection,** *s.* **1.** (*a*) Sammlung *f* (von Briefmarken usw.); (*b*) (*heap*) Ansammlung *f* (von Abfällen usw.); (*fetching*) Abholung *f.* **2.** *Post:* Leerung *f* (eines Briefkastens). **3.** (*a*) *Ecc:* Kollekte *f;* (*b*) (*for charity*) Sammlung *f.* **4.** Einziehung *f* (von Steuern usw.); Einkassieren *n* (von Beiträgen, Schulden). **5.** (*book etc.*) Sammlung *f* (von Liedern, Geschichten usw.). **co'llective,** *adj.* (*of property, efforts etc.*) gemeinsam; *Agr:* **c. farm,** Kollektivwirtschaft *f;* (*in E. Germany*) landwirtschaftliche Produktionsgenossenschaft *f, usu. abbr.* LPG; *Ind:* **c. bargaining,** Tarifverhandlungen *fpl; Gram:* **c. noun,** Sammelbegriff *m.* **co'llector,** *s.* (*a*) Sammler(in) *m(f)* (von Gegenständen); (*b*) **tax c.,** Steuereinnehmer *m; Rail: etc:* **ticket c., Fahrkartenkontrolleur** *m.*

colleen [kɔli:n], *s. Irish:* junges Mädchen *n.*

college ['kɔlidʒ], *s.* **1.** *Brit:* (*a*) College *n* (einer Universität); (*b*) (höhere) Bildungsanstalt *f;* (*conferring degrees*) Hochschule *f;* **military c.,** Militärakademie *f;* **naval c.,** Marineschule *f;* **(teacher) training c.,** pädagogische Hochschule *f;* **c. of technology,** *approx.* technische Hochschule *f;* **c. of further education,** *approx.* Volkshochschule *f.* **2.** *U.S:* (*a*) (kleinere) Universität *f;* **to go to c.,** studieren; **c. student,** Universitätsstudent *m;* (*b*) *Pol:* **electoral c.,** Wahlausschuß *m.*

collide [kɔ'laid], *v.i.* zusammenstoßen (**with sth.,** mit etwas *dat*). **collision** [kɔ'liʒ(ə)n], *s.* Kollision *f,* Zusammenstoß *m.*

collie ['kɔli], *s* (*dog*) Collie *m.*

collier ['kɔliər], *s.* **1.** *Min:* Grubenarbeiter *m.* **2.** *Nau:* Kohlendampfer *m.* **'colliery** [-jəri], *s. Min:* Kohlengrube *f.*

colloquial [kɔ'laukwiəl], *adj.* umgangssprachlich; **c. German,** deutsche Umgangssprache *f.* **co'lloquialism,** *s.* umgangssprachlicher Ausdruck *m.*

collusion [kɔ'lju:ʒ(ə)n], *s.* Kollusion *f;* **to act in c. with s.o.,** in geheimer Absprache mit j-m handeln.

collywobbles ['kɔliwɔblz], *s. F:* Bauchgrimmen *n.*

Cologne [kɔ'ləun]. *Pr.n.Geog:* Köln *n;* **eau de C.,** Kölnisch Wasser *n.*

Colombia [kɔ'lɔmbiə]. *Pr. n. Geog:* Kolumbien *n.* **Co'lombian. I.** *adj.* kolumbianisch. **II.** *s.* Kolumbianer(in) *m(f).*

colon ['kɔulən], *s.* **1.** *Ling:* Doppelpunkt *m.* **2.** *Anat:* Dickdarm *m.*

colonel ['kɔ:nl], *s. Mil:* Oberst *m;* **c. in chief,** Regimentschef *m.*

colony ['kɔləni], *s.* Kolonie *f.* **colonial** [kɔ'ləunjəl]. **I.** *adj.* kolonial; **c. service,** Kolonialdienst *m.* **II.** *s.* (*a*) Bewohner *m* einer Kolonie; (*b*) Kolonist *m.* **co'lonialism,** *s. Pol:* Kolonialismus *m.* **'colonist,** *s.* Kolonist *m.* **coloni-'zation,** *s.* Kolonisation *f.* **'colonize,** *v.tr.* (ein Land usw.) kolonisieren; (ein Gebiet) besiedeln.

color, *s. N. Am:* = colour.

Colorado [kɔlə'ra:dəu]. *Pr. n. Geog:* Colorado *n;* **C. beetle,** Kartoffelkäfer *m.*

colossal [kɔ'lɔs(ə)l], *adj.* riesig; (*of building etc.*) kolossal.

colour ['kʌlər]. **I.** *s.* **1.** Farbe *f;* (*a*) **in c.,** farbig; **in four colours,** vierfarbig; **feeling for c.,** Farbensinn *m; attrib.* **c. scheme,** Farbkombination *f;* **c. film,** Farbfilm *m;* **c. television,** Farbfernsehen *n;* (*b*) (*paint*) **water c.,** Wasserfarbe *f;* **oil c.,** Ölfarbe *f;* (*c*) (*complexion*) Gesichtsfarbe *f;* **high c.,** ein gerötetes Gesicht; **she has very little c.,** sie ist ziemlich blaß; *F:* **off c.,** nicht ganz auf der Höhe; (*d*) (*of skin*) Hautfarbe *f;* **c. problem,** Rassenproblem *n;* **c. bar,** Rassenschranke *f.* **2.** *pl.* **colours,** (*a*) Farben *fpl* (einer Mannschaft, einer Schule usw.); **national colours,** Landesfarben *fpl;* (*b*) *Nau: Mil:* Fahne *f* (eines Regiments, Schiffes usw.); *Fig:* **to pass an examination with flying colours,** eine Prüfung mit Glanz bestehen; **to show oneself in one's true colours,** sein wahres Gesicht zeigen. **II.** *v.* **1.** *v.tr.* (etwas) färben; *Art:* (eine Zeichnung, einen Druck usw.) kolorieren, (*of child*) anmalen. **2.** *v.i.* (*of leaves etc.*) sich verfärben; (*of pers.*) erröten. **'colour-blind,** *adj.* farbenblind. **'coloured. I.** *adj.* (*a*) farbig; (**brightly**) **c.,** bunt; **c. glass,** Buntglas *n;* **c. person,** Farbige(r) *f(m);* (*b*) **-coloured,** -farben; **straw-c.,** strohfarben; (*c*) *Fig:* (*biased*) gefärbt; **highly c. account,** übertriebene Schilderung. **II.** *s. pl.* **coloureds,** Buntwäsche *f.* **'colourful,** *adj.* (*a*) farbenfroh; (**dazzlingly**) **c.,** farbenprächtig; (*b*) *Fig:* (*of description*) farbig; **c. character,** origineller Typ; **she has a c. past,** sie hat ein bewegtes Leben hinter sich. **'colouring,** *s.* (*a*) Farbe *f; Art:* Farbgebung *f;* (*b*) (*dye*) Farbstoff *m.* **'colourless,** *adj.* farblos.

colt [kɔult], *s.* **1.** junger Hengst *m;* (*up to 3 years*) Hengstfohlen *n.* **2.** *Sp:* Junior *m;* **colts team,** Juniorenmannschaft *f.*

column ['kɔləm], *s.* **1.** *Arch:* Säule *f; Anat:* **spinal c.,** Wirbelsäule *f.* **2.** *Mil:* Kolonne *f* (von Truppen, Fahrzeugen usw.). **3.** *Pol:* **the fifth c.,** die fünfte Kolonne. **4.** (*a*) *Journ:* Spalte *f;* **gossip c.,** Klatschspalte *f;* (*b*) **c. of figures,** Kolonne *f* von Zahlen. **'columnist,** *s. Journ:* Kolumnist(in) *m(f).*

coma ['kəumə], *s. Med:* Koma *n.* **'comatose,** *adj. Med:* im Koma; komatös.

comb [kəum]. **I.** *s.* **1.** (*for hair etc.*) Kamm *m.* **2.** (*honeycomb*) Wabe *f;* **c. honey,** Wabenhonig *m.* **3.** (*of cock*) Hahnenkamm *m.* **II.** *v.tr.* (Haare,

Wolle usw.) kämmen; **to c. (out) one's hair,**
sich *dat* die Haare (aus)kämmen; *Fig:* **to c. the**
district for s.o., die Gegend nach j-m absuchen.
combat ['kɔmbæt]. **I.** *s.* Kampf *m.* **II.** *v.* **1.** *v.i.*
(*p. & p.p.* **combated**) kämpfen (**with/against,**
gegen + *acc*). **2.** *v.tr.* (eine Krankheit, ein Vor-
urteil usw.) bekämpfen. **'combatant,** *s.*
Kämpfer *m.*
combine. I. [kəm'bain] *v.* **1.** *v.tr.* (Eigenschaften
usw.) kombinieren; **to c. forces,** die Kräfte
vereinigen; **to c. business with pleasure,** das
Angenehme mit dem Nützlichen verbinden. **2.**
v.i. (*of people, firms etc.*) sich zusammen-
schließen (**against,** gegen + *acc*); **to c. to do**
sth., sich zu etwas *dat* vereinigen; *Ch:* **to c. (to**
form a compound), eine chemische Verbindung
eingehen. **II.** ['kɔmbain] *s.* **1.** *Com:* Firmen-
verband *m.* **2.** *Agr:* **c. harvester,** Mähdrescher
m. **combination** [kɔmbi'neiʃ(ə)n], *s.* **1.**
Kombination *f.* **2.** (**motorcycle**) **c.,** Motorrad *n*
mit Beiwagen. **3. c. lock,** Kombinationsschloß
n. **com'bined,** *adj.* (*a*) **talent and hard work**
c., Talent und Fleiß zusammen; (*b*) **c. efforts,**
gemeinsame Anstrengungen *fpl;* **it's a radio**
and television c., es ist ein Radio und Fern-
seher in einem; *Mil: etc:* **c. operation,** gemein-
same Operation.
combustion [kəm'bʌstʃ(ə)n], *s.* Verbrennung *f;*
spontaneous c., Selbstentzündung *f; Mec.E:* **c.**
engine, Verbrennungsmotor *m;* **c. chamber,**
Verbrennungsraum *m.* **com'bustible,** *adj.*
brennbar.
come [kʌm], *v.i.* (*p.* **came** [keim], *p.p.* **come**)
kommen; (*a*) **c. (here) at once!** komm sofort her!
coming! ich komme schon! (*of food, drink etc.*)
coming up! kommt sofort! **c. and see me soon,**
kommen Sie mich bald besuchen; **he comes this**
way every day, er kommt hier jeden Tag
vorbei; (*b*) (*arrive*) ankommen; **here he comes,**
da kommt er ja; **he's just c. from Leeds,** er ist
gerade aus Leeds angekommen; (*c*) *Fig:* **to c.**
to one's senses, Vernunft annehmen; *F:* **he had**
it coming to him, er hat es durchaus verdient;
what are things coming to? wo soll das noch
hinführen! *int.* **c. now!/come! come!** aber!
aber! (*d*) (*happen*) **how does it c. that . . .?** wie
kommt es, daß . . .? **if it comes to that,** wenn es
dazu kommt; (*also* **c. to that**) wenn es darauf
ankommt; in dem Fall; (*e*) (*result*) **what will**
come of it? was wird daraus? **that's what**
comes/that comes of doing nothing, das kommt
davon, wenn man nichts tut; **to c. to nothing,**
zu nichts führen; **nothing will c. of this,** da wird
nichts draus; (*f*) (*originate*) **he comes from**
Manchester, er stammt aus Manchester; **to**
come of a good family, aus gutem Hause
stammen; (*g*) (*amount*) **it comes to £5,** das
macht £5; **it all comes to the same thing,** es
kommt auf das gleiche hinaus; **to c. ex-**
pensive, teuer/kostspielig werden; **he will**
never c. to much, er wird es nie zu viel
bringen; **it has c. to my knowledge,** es ist mir zu
Ohren gekommen; **we have c. to think that . . .,**
wir sind zu der Ansicht gekommen, daß . . .; **c.**
to think of it, wenn ich's mir überlege; **that**
comes easily to him, das fällt ihm leicht; **that**
doesn't c. within my duties, das gehört nicht zu
meinen Pflichten; (*h*) **to c. to know s.o., sth.,**

j-n, etwas kennenlernen; **to c. to like sth.,**
Geschmack an etwas *dat* finden; (*i*) (*future*) **in**
years to c., in späteren Jahren; **for three**
months to c., noch drei Monate lang; **in the life**
to c., im künftigen Leben; **I have £10 to c.,** £10
stehen mir noch zu. **'come a'bout,** *v.i.*
geschehen. **'come a'cross,** *v.* **1.** *v.tr.* auf
(j-n, etwas *acc*) stoßen. **2.** *v.i.* (*of ideas*
etc.) deutlich zum Ausdruck kommen; **he/the**
play didn't c. a., er/das Stück hat seine
Wirkung verfehlt. **'come 'after,** *v.i.* (*a*)
(*follow*) (j-m, etwas *dat*) folgen; (*b*) (*succeed*)
(auf j-n) folgen. **'come a'long,** *v.i.* mit-
kommen; **c. a.!** komm schon! mach schnell!
'come a'part, *v.i.* auseinandergehen. **'come**
a'way, *v.i.* (*of pers.*) weggehen; (*of thing*)
abgehen. **'come-back,** *s.* Comeback *n* (eines
Künstlers). **'come 'back,** *v.i.* zurückkommen
(**to sth.,** auf etwas *acc*); (*of sth. forgotten*) **it'll**
c. b. to me in a minute, es wird mir gleich
wieder einfallen. **'come 'by,** *v.* **1.** *v.tr.* (etwas)
auftreiben; (*by accident*) zu (etwas *dat*)
kommen. **2.** *v.i.* vorbeikommen. **'come**
'clean, *v.i. F:* (*of pers.*) Farbe bekennen.
'come 'down, *v.i.* (*a*) (*of ceiling etc.*) herunter-
fallen; (*of rain, prices etc.*) fallen; (*b*) **to c. d.**
from a mountain, von einem Berg herunter-
kommen; *Fig:* **he has c. d. in the world,** er ist
sehr heruntergekommen; (*c*) **to c. d. on s.o.,**
j-m eine Strafpredigt halten; **to c. d. in favour**
of s.o., sth., sich für j-n, etwas *acc* entscheiden;
(*d*) **it all comes down to his pride,** es ist alles
auf seinen Stolz zurückzuführen. **'come-**
down, *s.* Abstieg *m.* **'come 'for,** *v.tr.* (j-n,
etwas) abholen; **someone is coming for me,** ich
werde abgeholt. **'come 'forward,** *v.i.* hervor-
treten; (*report*) sich melden; **to c. f. as a**
candidate, sich als Kandidat vorstellen. **'come**
'in, *v.i.* (*a*) hereinkommen; (*of train etc.*) ein-
fahren; *Com:* (*of mail, order etc.*) eingehen;
(*answer to knock*) **c. in!** herein! *Sp:* **to c. in**
first/second, als erster/zweiter durchs Ziel
gehen; (*b*) (*of fashion*) aufkommen; (*c*) **that will**
c. in useful/*F:* **handy,** das wird mir zugute
kommen; (*d*) **to c. in for criticism,** Kritik
einstecken müssen; **to c. in for a scolding,** einen
Anpfiff kriegen; *F:* **and where do I c. in?** (i) und
was soll ich dabei? (ii) und was habe ich davon?
'come 'into, *v.tr.* (*a*) (in ein Zimmer
usw.) hereinkommen; (*of train, ship etc.*) (in
einen Bahnhof, einen Hafen) einlaufen; **to c.**
into the world, auf die Welt kommen; (*b*) (*of*
ideas) **to c. into s.o.'s mind,** j-m in den Sinn
kommen; (*of pers.*) **to c. into power,** an die
Macht kommen; (*c*) **he came into a fortune,** er
hat ein Vermögen geerbt; **the house came into**
my possession, das Haus gelangte in meinen
Besitz. **'come 'off,** *v.* **1.** *v.tr.* (*a*) **to c. off a**
horse, vom Pferd fallen; (*b*) *F:* **c. off it!** geh!
das glaubst du doch nicht im Ernst! **2.** *v.i.* (*a*)
(*of thing*) loskommen; (*of button etc.*) abgehen;
(*b*) (*of event*) stattfinden; (*of attempt*) **it came**
off, es hat geklappt; (*c*) (*of pers.*) **to c. off**
badly, schlecht abschneiden; (*in competitions*
etc.) **to c. off best,** am besten abschneiden.
'come 'on, *v.i.* (*a*) (*make progress*) Fort-
schritte machen; **he is coming on,** er macht
sich; (*b*) *int.* **c. on!** (i) komm schon! (ii) (*in*

disbelief) na hör mal! (*c*) **it came on to rain,** es fing an zu regnen; *Rad: TV:* **the news is coming on in five minutes,** in fünf Minuten kommen die Nachrichten; (*d*) **a light came on,** ein Licht wurde eingeschaltet; (*e*) *Th:* (*of actor*) auftreten. ´**come ´out,** *v.i.* **1.** (*a*) (aus einem Zimmer usw.) herauskommen; (*of stars, book*) erscheinen; **the flowers are coming out,** die Blumen blühen auf; (*b*) **if the truth ever comes out,** wenn die Wahrheit jemals herauskommt; **to c. out with the truth,** mit der Wahrheit herausrücken; (*c*) *Ind:* (*of workers*) **to c. out (on strike),** streiken; (*d*) (*of stain*) herausgehen; (*e*) (*of problem etc.*) gelöst werden; **the equation comes out,** die Gleichung geht auf; (*f*) (*of photograph*) ausfallen; **how did the pictures c. out?** wie sind die Bilder geworden? **one did not c. out,** aus einem ist nichts geworden. ´**come ´over,** *v.i.* (*a*) **to c. over to England,** nach England kommen; **c. over to my place,** komm rüber zu mir; (*b*) **what has c. over you?** was ist in dich gefahren? *F:* **he came over all shy,** er wurde plötzlich verlegen; (*c*) **he came over to our side/to us,** er hat sich uns angeschlossen. ´**comer,** *s.* **the first c.,** der zuerst Kommende. ´**come ´round,** *v.i.* (*a*) **you must c. round and see us,** Sie müssen uns besuchen kommen; (*b*) (*regain consciousness*) (wieder) zu sich *dat* kommen; **to c. round to s.o.'s way of thinking,** sich zu j-s Ansicht bekehren. ´**come ´to,** *v.i.* zu sich *dat* kommen. ´**come ´under,** *v.tr.* (*a*) **to c. under s.o.'s influence,** unter j-s Einfluß geraten; (*b*) **what does that c. under?** unter welcher Rubrik/worunter kommt das? ´**come ´up,** *v.i.* (*a*) heraufkommen; **c. up to my room,** kommen Sie herauf zu mir; (*b*) **to c. up to s.o.,** an j-n herantreten; (*c*) (*of seeds*) sprießen; (*d*) **to c. up (for discussion),** zur Diskussion kommen; (*e*) **to c. up to s.o.'s expectations,** j-s Erwartungen erfüllen; (*f*) **to c. up against difficulties,** auf Schwierigkeiten stoßen; (*g*) *F:* (*after polishing*) **the table comes up well,** der Tisch nimmt einen schönen Glanz an; (*h*) (*reach*) **the water comes up to my waist,** das Wasser reicht mir bis zur Taille. ´**coming. I.** *adj.* kommend; **the c. year,** das kommende Jahr; **the c. storm,** das aufziehende Gewitter; **the (up and) c. man,** der kommende Mann. **II.** *s.* Kommen *n;* (*arrival*) Ankunft *f;* **a lot of c. and going,** viel Hin und Her.

comedy [´kɔmədi], *s.* **l.** *Th:* Komödie *f.* **2. sense of c.,** Sinn *m* für Komik; **the c. of the situation,** das Komische an der Situation. **comedian** [kə´mi:diən], *s.* Komiker *m.*

comet [´kɔmit], *s. Astr:* Komet *m.*

comfort [´kʌmfət]. **I.** *s.* **1.** Trost *m;* **to take c.,** Trost finden (**from/in sth.,** in etwas *dat*)*;* **cold c.,** schlechter Trost. **2.** (*a*) **the comforts of life,** die Bequemlichkeiten/Annehmlichkeiten des Lebens; **he loves his creature comforts,** er liebt seine Behaglichkeiten; (*b*) (*luxury*) Komfort *m;* **with every modern c.,** mit allem Komfort; **to live in c.,** komfortabel leben. **II.** *v.tr.* (j-n) trösten. **comfortable** [´kʌmftəbl], *adj.* bequem; **make yourself c.,** machen Sie sich's bequem; **c. income,** reichliches Einkommen; **-ly,** *adv.* bequem; **c. off,** wohlhabend. ´**comforting,** *adj.* tröstlich. ´**comfortless,** *adj.* **1.**

ohne Trost. **2.** ohne Komfort. ´**comfy,** *adj. F:* bequem.

comic [´kɔmik]. **I.** *adj.* komisch; **a c. situation,** eine drollige/lustige Situation; **c. strip,** Comic Strip *m;* **c. opera,** komische Oper. **II.** *s.* (*a*) (*pers.*) Komiker *m;* (*b*) Comic-Heft *n.*

comma [´kɔmə], *s.* Komma *n;* **inverted commas,** Anführungszeichen *npl.*

command [kə´mɑːnd]. **I.** *s.* **1.** (*order*) Befehl *m; he did it at my c.,* er tat es auf meinen Befehl (hin); *Th:* **c. performance,** Galavorstellung *f* (vor dem König usw.). **2.** *Mil: etc:* Kommando *n;* **to be in c./have the c.,** das Kommando/die Führung haben; **under the c. of X,** unter dem Befehl von X *dat.* **3.** Beherrschung *f* (einer Sprache, einer Situation usw.); **the means at my c.,** die Mittel, die mir zur Verfügung stehen. **II.** *v.tr.* (*a*) (j-m) befehlen (, etwas zu tun); (*b*) (ein Regiment usw.) führen; (*c*) (über ein großes Wissen, große Geldsummen usw.) verfügen; **to c. a high price,** hoch im Kurs stehen; **to c. respect/attention,** Achtung/ Aufmerksamkeit gebieten; (*d*) **the fort commands the valley,** die Festung beherrscht das Tal. **commandant** [´kɔmən´dænt], *s.* Kommandant *m.* **comman´deer,** *v.tr.* sich *dat* (etwas) aneignen; *Mil:* (Proviant, Häuser usw.) beschlagnahmen. **co´mmander,** *s.* (*a*) *Mil:* Befehlshaber *m* (eines Heeres usw.); Kommandeur *m* (einer Einheit); *Mil: etc:* **c.-in-chief,** Oberbefehlshaber *m;* (*b*) *Nau:* Fregattenkapitän *m.* **co´mmanding,** *adj.* **1. c. officer,** befehlshabender Offizier; (*of battalion*) Kommandeur *m.* **2.** *Fig:* achtunggebietend; **c. lead,** gewaltiger Vorsprung. **co´mmandment,** *s. B:* Gebot *n.* **co´mmando,** *s. Mil:* (*a*) (*unit*) Kommandotruppe *f;* (*b*) (*soldier*) Mitglied *n* einer Kommandotruppe.

commemorate [kə´meməreit], *v.tr.* das Andenken (von j-m, etwas *dat*) feiern; **Christmas commemorates the birth of Christ,** Weihnachten ist das Fest der Geburt Christi. **commemo´ration,** *s.* Gedenkfeier *f;* **in c. of,** zum Anlaß + *gen;* (*in memory of*) zum Gedenken an + *dat.* **co´mmemorative,** *adj.* Gedenk-; **c. coin,** Denkmünze *f.*

commence [kə´mens], *v.tr. & i.* (etwas) anfangen; **commencing salary,** Anfangsgehalt *n.* **co´mmencement,** *s.* **1.** Anfang *m.* **2.** *Univ: N.Am:* Feier *f* der Verleihung akademischer Grade.

commend [kə´mend], *v.tr.* (*a*) (*praise*) (j-n) loben (**for sth.,** wegen etwas *gen*); *Mil:* (*in despatch*) (j-n, etwas) lobend erwähnen; (*b*) (*recommend*) (j-m etwas) empfehlen; **the idea does not c. itself to me,** diese Idee spricht mich nicht an. **co´mmendable,** *adj.* lobenswert. **commen´dation,** *s.* **1.** Lob *n.* **2.** Empfehlung *f.*

commensurate [kə´menʃərət], *adj.* angemessen (**to/with sth.,** etwas *dat*); **salary c. with experience,** Gehalt nach Erfahrung.

comment [´kɔment]. **I.** *s.* (*a*) (*remark*) Bemerkung *f;* (*b*) *coll.* Kommentar *m;* **no c.!** Kommentar überflüssig! **her behaviour has caused c.,** ihr Verhalten hat sie ins Gerede gebracht. **II.** *v.i.* (*casually*) Bemerkungen machen (**on sth.,** über etwas *acc*); **to c. on a text,** einen Text kommentieren. ´**commen-**

tary, s. Lit: Pol: etc: Kommentar m; Rad: TV: Reportage f. **'commentator,** s. Lit: Pol: Kommentator m; Rad: TV: Reporter m.

commerce ['kɔmɔːs], s. Handel m. **co'mmercial. I.** adj. Handels-; **c. art,** Gebrauchsgraphik f; **c. correspondence,** Handelskorrespondenz f; **c. television,** kommerzielles Fernsehen; **c. traveller,** Handelsreisende(r) m; **c. vehicle,** Nutzfahrzeug n. **II.** s. TV: Werbespot m; (script) Werbetext m. **co'mmercialize,** v.tr. (etwas) kommerzialisieren.

commiserate [kɔ'mizɔreit], v.i. **to c. with s.o.,** j-m sein Mitgefühl aussprechen. **commise'ration,** s. Mitgefühl n.

commissar [kɔmi'sɑːr], s. Kommissar m. **commissariat** [-'sɛɔriæt], s. (a) Kommissariat n; (b) Mil: Intendantur f.

commission [kɔ'miʃ(ɔ)n]. **I.** s. (board of enquiry) Kommission f; Brit: **Royal C.,** vom Parlament beauftragte Untersuchungskommission. **2.** Mil: Offizierspatent n; **to get one's c.,** zum Offizier befördert werden; **to resign one's c.,** seinen Abschied nehmen. **3.** (order etc.) Auftrag m; **to carry out a c.,** einen Auftrag ausführen. **4.** in **c.,** (of warship) zum Auslauf bereit; (of aircraft) flugbereit; **my car is out of c.,** mein Auto ist außer Betrieb. **5.** Com: Provision f; **to work on a c. basis,** auf Provision arbeiten; **c. agent,** Kommissionär m. **6.** Begehen n (eines Verbrechens usw.). **II.** v.tr. (a) (einen Künstler usw.) beauftragen; (ein Porträt usw.) in Auftrag geben; (b) Navy: (ein Schiff) in Dienst stellen; (c) Mil: (j-n) zum Offizier befördern. **commissio'naire,** s. (livrierter) Portier m. **co'mmissioner,** s. (a) Brit: **C. for Oaths,** approx. Notar m; (b) **c. of police,** approx. Polizeikommissar m.

commit [kɔ'mit], v.tr. (p. & p.p. committed) (a) Lit: **to c. sth. to s.o.'s care,** j-m etwas anvertrauen; **to c. sth. to memory,** sich dat etwas einprägen; Jur: **to c. s.o. to prison,** j-n zu einer Gefängnisstrafe verurteilen; **to c. s.o. for trial,** j-n dem Gericht überweisen; (b) **to c. oneself,** sich festlegen; **I would rather not c. myself,** ich würde lieber nicht dazu Stellung nehmen; **he has committed himself to supporting them,** er hat sich verpflichtet, sie zu unterstützen; **a committed person,** ein engagierter Mensch; **I am fully committed (with work),** ich bin voll ausgelastet; (c) (ein Verbrechen, Selbstmord usw.) begehen. **co'mmitment,** s. (to cause, career etc.) Engagement n; (obligation) Verpflichtung f. **co'mmittal,** s. Jur: **c. to prison,** Inhaftierung f.

committee [kɔ'miti], s. Ausschuß m; **to be on a c.,** in einem Ausschuß sitzen; Parl: **c. stage,** Ausschußberatung f; **standing c.,** ständiger Ausschuß.

commode [kɔ'mɔud], s. Nachtstuhl m.

commodious [kɔ'mɔudiɔs], adj. geräumig. **co'mmodiousness,** s. Geräumigkeit f.

commodity [kɔ'mɔditi], s. **1.** Com: Gebrauchsartikel m; pl. Gebrauchsgüter npl. **2. a rare c.,** etwas Seltenes.

commodore ['kɔmɔdɔːr], s. Navy: Flottillenadmiral m.

common ['kɔmɔn]. **I.** adj. **1.** (of property, interests etc.) gemeinsam; **to make c. cause with**

s.o., mit j-m gemeinsame Sache machen; **to the c. good,** im allgemeinen Interesse; **it is c. knowledge,** es ist allgemein bekannt; **c. ground,** Diskussionsgrundlage f; Mth: **c. denominator,** gemeinsamer Nenner; Jur: **c. law,** Gewohnheitsrecht n; Pol: Econ: **C. Market,** Gemeinsamer Markt; Sch: **c. room,** Gemeinschaftsraum m; (for teachers) Lehrerzimmer n. **2.** (a) (ordinary) gewöhnlich; **the c. man,** der einfache Mann; **c. housefly,** gemeine Stubenfliege; **c. or garden,** ganz ordinär; (b) (frequent) häufig; (of views, practice etc.) landläufig, verbreitet; (of expression, word) geläufig; **it is c. to find them together,** man findet sie häufig zusammen; **c. occurrence,** alltäglicher Vorfall; (c) **c. sense,** gesunder Menschenverstand. **3.** Pej: (of pers., manners etc.) ordinär; **c. as slut,** eine ordinäre Schlampe. **II.** s. **1. to have sth. in c. with s.o.,** etwas mit j-m gemeinsam haben. **2. c. (land),** Gemeindeland n. **'commoner,** s. Bürgerliche(r) f(m). **'commonplace. I.** adj. banal; (frequent) häufig. **II.** s. Gemeinplatz m. **'commons,** s. pl. Parl: **the (House of) C.,** das (britische) Unterhaus n. **'commonwealth,** s. **the C.,** das (britische) Commonwealth.

commotion [kɔ'mɔuʃ(ɔ)n], s. Aufruhr f; **in (a) c.,** in Aufruhr; **to make a great c. (about sth.),** (über etwas acc) viel Aufhebens machen.

communal ['kɔmjun(ɔ)l], adj. **1.** (shared) gemeinschaftlich. **2.** (community) Gemeinde-.

commune[1] [kɔ'mjuːn], v.i. Lit: sich vertraulich unterhalten (mit j-m); **to c. with nature,** Zwiesprache mit der Natur halten.

commune[2] ['kɔmjuːn], s. **1.** Pol: Kommune f. **2.** Wohngemeinschaft f.

communicate [kɔ'mjuːnikeit], v. **1.** v.tr. (eine Nachricht, seine Gefühle usw.) mitteilen (to s.o., j-m); **his excitement communicated itself to the audience,** seine Erregung teilte sich den Zuschauern mit. **2.** v.i. (a) sich in Verbindung setzen (with, mit + dat); **to c. by means of signs,** sich mit Hilfe von Zeichen verständigen; **he cannot c. with his parents,** er hat keinen Kontakt zu seinen Eltern; **communicating door,** Verbindungstür f; (b) Ecc: kommunizieren. **co'mmunicant** [-ikɔnt], s. Ecc: Kommunikant m. **communication** [-i'keiʃ(ɔ)n], s. **1.** Verständigung f (mit j-m, zwischen Personen); **we are in c.,** wir stehen in Verbindung miteinander; Rail: **c. cord,** Notbremse f. **2.** (message) Mitteilung f. **3.** pl. **communications,** (a) (transport) Verkehrsverbindungen fpl; Mil: **lines of c.,** Nachschublinien fpl; (b) (telephone etc.) Nachrichtenwesen n. **4.** Med: Übertragung f (einer Krankheit). **co'mmunicative** [-ikɔtiv], adj. mitteilsam. **co'mmunion** [-jɔn], s. Ecc: (a) (Holy) C., das (heilige) Abendmahl; R.C.Ch: Kommunion f; (b) Gemeinschaft f (der Lutheraner usw.).

communiqué [kɔ'mjuːnikei], s. (amtliche) Bekanntmachung f.

communism ['kɔmjunizm], s. Kommunismus m. **'communist. I.** s. Kommunist m. **II.** adj. kommunistisch.

community [kɔ'mjuːniti], s. Gemeinschaft f; **sense of c./c. feeling,** Gemeinschaftsgeist m; **c. centre,** (for leisure pursuits) Freizeitzentrum n.

commute [kə'mju:t], *v.* **1.** *v.i.* pendeln. **2.** *v.tr. Jur:* (eine Strafe) umwandeln. **co'mmuter,** *s. Rail: etc:* Pendler *m.* **'commutator,** *s. El. E:* Kommutator *m.*

compact[1] [kəm'pækt], *adj.* kompakt; *Ling:* gedrängt.

compact[2] ['kɔmpækt], *s.* **(powder) c.,** Puderdose *f.*

companion [kəm'pænjən], *s.* **1.** (*a*) Gefährte *m;* Gefährtin *f;* (*b*) (**lady**) **c.,** Gesellschafterin *f.* **2.** (*a*) (*one of a matching pair*) Gegenstück *n;* (*b*) (*reference book*) Ratgeber *m.* **com'panionable,** *adj.* kameradschaftlich; gesellig. **com'panionship,** *s.* Kameradschaft *f;* Gesellschaft *f.* **com'panionway,** *s. Nau:* Niedergang *m.*

company ['kʌmpəni], *s.* **1.** (*a*) Gesellschaft *f;* **to keep s.o. c.,** j-m Gesellschaft leisten; **to part c. (with s.o.),** sich (von j-m) trennen; **he is good c.,** man ist gern in seiner Gesellschaft; (*b*) **we are expecting c.,** wir erwarten Besuch. **2.** *Com:* Gesellschaft *f;* (*firm*) Firma *f;* (*large company*) Konzern *n;* **c. law,** Firmenrecht *n;* **Smith and Company,** Smith und Companie (*abbr.* und Co.). **3.** (*a*) *Th:* Schauspielertruppe *f;* (*b*) *Nau:* **ship's c.,** Besatzung *f.* **4.** *Mil:* Kompanie *f.*

compare [kəm'peər], *v.* **1.** *v.tr.* (j-n, etwas) vergleichen (**to/with,** mit + *dat*); (**as) compared with,** im Vergleich zu + *dat;* **to c. notes,** Erfahrungen austauschen. **2.** *v.i.* **he can't c. with his brother,** er läßt sich nicht mit seinem Bruder vergleichen; **nothing can c. with the fragrance of a rose,** nichts kommt dem Duft einer Rose gleich; **to c. badly with s.o.,** sth., gegen j-n, etwas *acc* schlecht abschneiden. **comparable** ['kɔmp(ə)rəbl], *adj.* vergleichbar (**to/with,** mit + *dat*); **in a c. situation,** in einer ähnlichen Situation. **com'parative. I.** *adj.* **1.** *Rel: Ling: etc:* vergleichend. **2.** (*of wealth etc.*) relativ; **he's a c. stranger,** wir sind nur flüchtig bekannt. **3.** *Gram:* Komparativ. **II.** *s. Gram:* Komparativ *m;* **-ly,** *adv.* verhältnismäßig. **com'parison.** *s.* **1.** Vergleich *m;* **in c. with,** im Vergleich zu + *dat;* **to stand c. with sth.,** einen Vergleich mit etwas *dat* aushalten. **2.** *Gram:* **c. (of adjectives),** Steigerung *f* (des Adjektivs).

compartment [kəm'pɑ:tmənt], *s.* **1.** *Rail:* Abteil *n.* **2.** (*of cupboard, drawer, etc.*) Fach *n;* (*larger*) Abteilung *f;* *Nau:* **watertight c.,** wasserdichte Abteilung.

compass ['kʌmpəs], *s.* **1.** Kompaß *m;* **the points ot the c.,** die Himmelsrichtungen *fpl;* *Nau:* **c. card,** Kompaßrose *f.* **2.** *Geom:* (**pair of) compasses,** Zirkel *m.*

compassion [kəm'pæʃ(ə)n], *s.* Mitleid *n;* **to feel c. for s.o.,** Mitleid mit j-m haben. **com'passionate,** *adj.* mitleidig; (*of pers., deed etc.*) erbarmungsvoll; *Mil: Brit:* **c. leave,** Urlaub *m* aus dringenden familiären Gründen.

compatible [kəm'pætibl], *adj.* (*a*) (*of things*) vereinbar (**with sth.,** mit etwas *dat*); **our views are not c.,** unsere Ansichten lassen sich nicht miteinander vereinigen; **this behaviour is not c. with his character,** diese Handlungsweise steht nicht in Einklang mit seinem Charakter/ist ein fremder Zug an ihm; (*b*) (*of pers.*) **they are very c.,** sie passen gut zusammen; (*c*) *Rec: El:* kompatibel. **compati'bility,** *s.* (*a*) (*of things*)

Vereinbarkeit *f;* (*b*) Verträglichkeit *f.*

compatriot [kəm'pætriət], *s.* Landsmann *m;* Landsmännin *f.*

compel [kəm'pel], *v.tr.* (*p. & p.p.* **compelled**) (j-n) zwingen (etwas zu tun); **he compels respect,** er gebietet Respekt. **com'pelling,** *adj.* **c. force,** unwiderstehliche Kraft; **c. reason,** zwingender Grund.

compendium [kəm'pendiəm], *s.* Zusammenfassung *f;* (*manual*) Handbuch *n.*

compensate ['kɔmpənseit], *v.* **1.** *v.tr.* (*a*) (j-n) entschädigen (**for sth.,** für etwas *acc*); **to c. s.o. for a loss etc.,** j-m einen Verlust usw. ersetzen; (*b*) *Mec:* (ein Pendel, einen Kompaß usw.) kompensieren. **2.** *v.i.* **to c. for a disadvantage,** *Tchn:* **play** etc., einen Nachteil, *Tchn:* Spiel usw. ausgleichen. **compen'sation,** *s.* (*a*) Entschädigung *f* (**of s.o.,** j-s; **of a loss,** für einen Verlust); **in c.,** als Entschädigung; (*b*) *Mec: etc:* Ausgleich *m;* **c. for play,** Spielausgleich *m.* **'compensator,** *s. Tchn:* Ausgleichsvorrichtung *f.*

compère ['kɔmpeər]. **I.** *s. Th:* TV: Conférencier *m.* **II.** *v.tr.* **to c. a show,** die Darbietungen bei einer Show ansagen.

compete [kəm'pi:t], *v.i.* (*a*) (mit j-m, einer Firma usw.) konkurrieren; (*b*) **to c. for a prize,** sich um einen Preis bewerben; *Sp:* **are you competing in this race?** nehmen Sie an diesem Rennen teil?

competent ['kɔmpitənt], *adj.* **1.** (*of worker etc.*) tüchtig. **2.** *Jur: Adm: etc:* kompetent; (*b*) **I am not a c. judge,** ich kann mir kein Urteil erlauben. **3.** **c. knowledge of French,** ausreichende Französischkenntnisse. **'competence,** *s.* **1.** Tüchtigkeit *f.* **2.** *Jur: Adm:* Kompetenz *f.*

competition [kɔmpə'tiʃ(ə)n], *s.* **1.** *Com: etc:* Konkurrenz *f;* **fierce c.,** heftige Konkurrenz. **2.** Wettbewerb *m;* (*in magazine etc.*) Preisausschreiben *n.* **com'petitive,** *adj.* (*a*) Wettbewerbs-; **c. examination,** Wettbewerb *m;* (*b*) (*of prices, products etc.*) konkurrenzfähig. **com'petitor.** *s.* Konkurrent *m;* *Sp:* Teilnehmer *m.*

compile [kəm'pail], *v.tr.* (eine Liste, ein Lexikon usw.) zusammenstellen. **compi'lation,** *s.* Zusammenstellung *f.* **com'piler,** *s.* Zusammensteller *m* (einer Liste); Mitarbeiter *m* (an einem Wörterbuch).

complacent [kəm'pleis(ə)nt], *adj.* selbstzufrieden. **com'placency,** *s.* Selbstzufriedenheit *f.*

complain [kəm'plein], *v.i.* (*a*) klagen (**about sth.,** über etwas *acc*); **I can't c.,** ich kann nicht klagen; **to c. of a headache,** über Kopfschmerzen klagen; (*b*) (*formally*) sich beschweren (**about,** über + *acc*). **com'plaint,** *s.* **1.** Klage *f.* **2.** Beschwerde *f;* **to lodge a c. against s.o.,** sth., gegen j-n, über etwas *acc* Beschwerde führen. **3.** (*illness*) Leiden *n.*

complement ['kɔmplimənt]. **I.** *s.* **1.** (*a*) *Navy:* (*crew*) Besatzung *f;* (*b*) **full c.,** volle Anzahl/ Menge. **2.** Ergänzung *f.* **II.** *v.tr.* (etwas) ergänzen. **comple'mentary,** *adj.* ergänzend.

complete [kəm'pli:t]. **I.** *adj.* **1.** (*a*) (*of list, happiness etc.*) vollständig; (*b*) (*concluded*) abgeschlossen; (*c*) vollzählig; *F:* **are we c.?** sind wir alle da? **2. a c. idiot,** ein Vollidiot *m;* **he is a c. stranger to me,** er ist mir völlig fremd; **it**

came as a c. **surprise to me,** es kam für mich ganz überraschend. **II.** *v.tr.* (*a*) (eine Sammlung usw.) vervollständigen; (eine Arbeit, ein Buch usw.) abschließen; (*b*) **to c. a form,** ein Formular ausfüllen; **-ly,** *adv.* völlig. **com´pleteness,** *s.* Vollständigkeit *f;* **for the sake of c.,** der Vollständigkeit halber. **com´pletion,** *s.* **1.** (*a*) Vervollständigung *f* (einer Sammlung usw.); (*b*) Fertigstellung *f* (der Arbeit usw.); **it is nearing c.,** es wird bald fertig. **2.** *Jur: Com:* **on c. of contract,** nach Vertragserfüllung.

complex [´kɔmpleks]. **I.** *adj.* (*of situation etc.*) verwickelt; (*of structure etc.*) komplex. **II.** *s.* Komplex *m;* *Psy:* **inferiority c.,** Minderwertigkeitskomplex *m.* **com´plexity,** *s.* Kompliziertheit *f.*

complexion [kəm´plekʃ(ə)n], *s.* Teint *m;* *Fig:* **that puts an entirely new c. on the matter,** dadurch bekommt die Sache ein ganz anderes Gesicht.

complicate [´kɔmplikeit], *v.tr.* (etwas) komplizieren; **let's not c. matters,** wir wollen die Sache nicht unnötig erschweren. **´complicated,** *adj.* kompliziert. **compli´cation,** *s.* Komplikation *f.*

complicity [kəm´plisiti], *s.* Mitschuld *f* (an einem Verbrechen usw.).

compliment [´kɔmplimənt]. **I.** *s.* Kompliment *n;* **to pay s.o. a c.,** j-m ein Kompliment machen; **with compliments,** mit besten Empfehlungen. **II.** *v.tr.* (j-m) ein Kompliment machen; **to c. s.o. on his success,** j-n zu seinem Erfolg beglückwünschen. **complimentary** [-´ment(ə)ri], *adj.* (*a*) (*of remark etc.*) schmeichelhaft; (*b*) *Th:* **c. ticket,** Freikarte *f;* **c. copy,** Freiexemplar *n.*

comply [kəm´plai], *v.i.* **to c. with a rule,** sich einer Regel fügen; **to c. with a request,** einer Bitte nachkommen. **com´pliance,** *s.* (*a*) **in c. with (your wishes etc.),** (Ihren Wünschen usw.) gemäß; (*b*) **c. with the rules,** Einhaltung *f* der Regeln; (*c*) (*of pers.*) Nachgiebigkeit *f.* **com´pliant,** *adj.* (*of pers.*) fügsam; (*yielding*) nachgiebig.

component [kəm´pəunənt], **I.** *s.* Bestandteil *m.* **II.** *adj.* **c. parts,** Einzelteile *npl.*

compose [kəm´pəuz], *v.tr.* (*a*) *Mus:* (eine Symphonie usw.) komponieren; (*b*) **to c. oneself,** sich fassen; **to c. one's thoughts,** seine Gedanken sammeln. **com´posed,** *adj.* **1.** (*of pers.*) gefaßt; (*of manner etc.*) gelassen. **2. to be c. of sth.,** aus etwas *dat* bestehen. **com´poser,** *s.* *Mus:* Komponist *m.* **composite** [´kɔmpəzit], *adj.* zusammengesetzt; *Aut: Av: etc:* **c. construction,** Gemischtbauweise *f.* **composition** [kɔmpə´ziʃ(ə)n], *s.* **1.** *Mus: Art: etc:* Komposition *f;* *Sch:* (*essay*) Aufsatz *m.* **2.** Zusammensetzung *f* (eines Stoffes, einer Arznei usw.); Aufbau *m* (der Gesellschaft usw.). **compositor** [-´pɔzitər], *s.* *Typ:* Setzer *m.* **composure** [-´pəuʒər], *s.* Gelassenheit *f.*

compost [´kɔmpɔst], *s.* Kompost *m.*

compound [´kɔmpaund]. **I.** *adj.* zusammengesetzt; *Med:* **c. fracture,** komplizierter Bruch; *Fin:* **c. interest,** Zinseszins *m;* *Mch:* **c. engine,** Verbundmaschine *f.* **II.** *s.* **1.** *Ch:* Verbindung *f.* **2.** *Gram:* zusammengesetztes Wort *n.* **III.** [kəm´paund], *v.tr.* (*a*) (etwas) zusammensetzen; (*b*) (etwas) vergrößern; **this compounds our diffi-**

culties, unsere Schwierigkeiten werden dadurch verschlimmert.

comprehend [kɔmpri´hend], *v.tr.* (etwas) begreifen. **comprehension** [kɔmpri´henʃ(ə)n], *s.* Verständnis *n;* (*capacity*) Fassungsvermögen *n;* **it's beyond my c.,** das geht über mein Fassungsvermögen; *Sch:* **c. test/***F:* **c.,** Verständnistest *m.* **compre´hensible,** *adj.* verständlich. **compre´hensive,** *adj.* umfassend; **c. school,** Gesamtschule *f;* *Ins:* **c. cover/insurance,** Vollkasko *n.* **compre´hensiveness,** *s.* Reichhaltigkeit *f* (einer Weinkarte, eines Angebots usw.); umfassender Charakter (eines Nachschlagewerks usw.).

compress. **I.** [kəm´pres] *v.tr.* (*a*) *Ph: etc:* Gas usw.) verdichten; **compressed air,** Druckluft *f;* (*b*) (einen Text) zusammenfassen. **II.** [´kɔmpres] *s. Med:* Kompresse *f.* **com´pression** [-´preʃ(ə)n], *s.* **1.** *Ph:* Kompression *f;* *I.C.E:* Verdichtung *f;* **c. ratio,** Verdichtungsverhältnis *n.* **2.** Zusammenfassung *f.* **com´pressor,** *s.* *Mec. E:* Kompressor *m.*

comprise [kəm´praiz], *v.tr.* **to c. sth.,** aus etwas *dat* bestehen; **the course comprises five lectures,** der Lehrgang umfaßt fünf Vorträge; **a flat comprising 2 rooms and a bathroom,** eine Wohnung mit 2 Zimmern und Bad.

compromise [´kɔmprəmaiz]. **I.** *s.* Kompromiß *m;* **to agree to a c.,** auf einen Kompromiß eingehen. **II.** *v.* **1.** *v.tr.* (j-n) kompromittieren. **2.** *v.i.* einen Kompromiß schließen. **´compromising,** *adj.* kompromittierend.

compulsion [kəm´pʌlʃ(ə)n], *s.* Zwang *m.* **com´pulsive** [-siv], *adj.* Zwangs-; **c. talker,** Dauerredner *m.* **com´pulsory** [-sɔri], *adj.* obligatorisch; Pflicht-; *Sch:* **c. subject,** Pflichtfach *n;* **c. education,** allgemeine Schulpflicht.

compute [kəm´pju:t], *v.tr.* (Kosten usw.) berechnen (**at,** auf + *acc*). **computation** [kɔmpju´teiʃ(ə)n], *s.* Berechnung *f.* **com´puter,** *s.* Computer *m;* **c. technology,** Computertechnik *f.*

comrade [´kɔmreid, -rid], *s.* (*a*) Kamerad *m,* Kameradin *f;* (*b*) *Pol:* Genosse *m,* Genossin *f.*

con [kɔn]. *P:* **I.** *adj.* **c. man,** Hochstapler *m.* **II.** *v.tr.* (j-n) reinlegen; **to c. s.o. into sth.,** j-m etwas andrehen.

concave [´kɔnkeiv], *adj.* konkav.

conceal [kən´si:l], *v.tr.* (einen Gegenstand) verbergen (**from s.o.,** vor j-m); **to c. the truth from s.o.,** j-m die Wahrheit verheimlichen. **con´cealed,** *adj.* versteckt; **c. lighting,** indirekte Beleuchtung; *P.N:* **c. drive,** unübersichtliche Ausfahrt. **con´cealment,** *s.* Verbergung *f;* Verheimlichung *f* (der Wahrheit usw.); **in c.,** versteckt.

concede [kən´si:d], *v.tr.* **to c. that ...,** einräumen/zugeben, daß ...; **to c. a point,** in einem Punkt nachgeben; **to c. defeat,** sich geschlagen geben.

conceit [kən´si:t], *s.* Eingebildetheit *f.* **con´ceited,** *adj.* eingebildet.

conceive [kən´si:v], *v.tr.* (*a*) (ein Kind) empfangen; (*b*) (einen Plan usw.) ausdenken; **I cannot c. that ...,** ich kann mir nicht denken, daß ...; (*c*) (*understand*) (etwas) begreifen. **con´ceivable,** *adj.* denkbar; **the worst c. result,** das denkbar schlechteste Ergebnis; **-ably,** *adv.*

he could (not) c...., es ist (nicht) möglich/denkbar, daß er....

concentrate ['kɔnsəntreit]. I. v. 1. v.tr. (Truppen, Bemühungen, Ch: eine Lösung usw.) konzentrieren. 2. v.i. to c. (on sth.), sich (auf etwas acc) konzentrieren. II. s. Ch: Konzentrat n; Cu: tomato c., Tomatenmark n. concen'tration, s. Konzentration f; c. of industry, Zusammenballung f (der Industrie); power(s) of c., Konzentrationsfähigkeit f; c. camp, Konzentrationslager n.

concentric [kən'sentrik], adj. konzentrisch.

concept ['kɔnsept], s. Begriff m.

conception [kən'sepʃ(ə)n], s. 1. Empfängnis f (eines Kindes). 2. (a) (process) Konzeption f (einer Idee, eines Plans usw.); (b) (idea) Vorstellung f; I have no c. of what you mean, ich kann mir nicht denken/vorstellen, was Sie meinen; he has no c. of time, er hat keinen Zeitbegriff.

concern [kən'sɔːn]. I. s. 1. (matter) Angelegenheit f; what c. is it of yours? was geht es Sie an? 2. (worry) Besorgnis f; no cause for c., kein Grund zur Sorge/zur Besorgnis; to be full of c. about s.o., sth., um j-n, etwas acc sehr besorgt sein. 3. Com: Unternehmen n, a going c., ein gutgehendes Unternehmen. II. v.tr. (a) (j-n) angehen; it does not c. you, es geht dich nichts an; he is concerned with international affairs, er hat mit internationalen Angelegenheiten zu tun; as far as I'm concerned, was mich betrifft; the persons concerned, die Beteiligten; to c. oneself with sth., sich mit etwas dat befassen; (b) (worry) (j-n) beunruhigen; we are concerned for her safety, wir sind um ihre Sicherheit besorgt. con'cerning, prep. bezüglich gen.

concert ['kɔnsət], s. Mus: Konzert n; c. grand (piano), Konzertflügel m; c. hall, Konzertsaal m; c. pitch, Kammerton m. concerted [kən'sɔːtid], adj. efforts, vereinte Anstrengungen; to take c. action, gemeinsam handeln; to make a c. attempt at sth., mit vereinten Kräften versuchen, etwas zu tun. 'concertgoer, s. Konzertbesucher m.

concertina [kɔnsə'tiːnə], s. Mus: Konzertina f.

concerto [kən'tʃɔːtəu], s. Mus: Konzert n; violin c., Violinkonzert n.

concession [kən'seʃ(ə)n], s. 1. (a) to make a c. to s.o., j-m ein Zugeständnis machen; I can make you no further concessions, ich kann Ihnen nicht weiter entgegenkommen, (b) (price) c., Preisermäßigung f. 2. Jur: (oil, mining etc.) Konzession f. con'cessionary, adj. c. fare, ermäßigter Fahrpreis.

conciliate [kən'silieit], v.tr. (a) (j-n) beschwichtigen; (b) (Feinde usw.) versöhnen. concili'ation, s. (a) Beschwichtigung f; Schlichtung f (eines Streits usw.); Ind: c. board, Schlichtungsausschuß m; (b) Versöhnung f (zweier Feinde). conciliatory [-'siliət(ə)ri], adj. beschwichtigend; versöhnend.

concise [kən'sais], adj. knapp (gefaßt); (of style, expression) prägnant; c. dictionary, Handwörterbuch n. con'ciseness, s. Knappheit f; Prägnanz f.

conclude [kən'kluːd], v. 1. v.tr. (eine Rede, einen Vertrag usw.) abschließen. 2. v.i. (a) (finish)

enden, schließen; (b) (deduce) schließen, folgern (from sth., aus etwas dat). con'cluding, adj. Schluß-. con'clusion [-ʒən], s. 1. Abschluß m (einer Rede, eines Vertrags usw.); in c. he remarked that ..., abschließend/zum Schluß sagte er, daß...2. Folgerung f; to come to the c. that ..., zu dem Schlußkommen, daß... con'clusive [-siv], adj. entscheidend.

concoct [kən'kɔkt], v.tr. (a) (ein Gericht) selber erfinden; (ein Getränk) zusammenbrauen; (b) (einen Plan usw.) aushecken. con'coction, s. 1. (dish) selbsterfundenes Gericht n; (drink) Gebräu n. 2. (tale) Lügengeschichte f.

concord ['kɔnkɔːd], s. (a) (peace) Eintracht f, (b) Gram: Übereinstimmung f.

concourse ['kɔnkɔːs], s. 1. (crowd) Auflauf m, Gedränge n. 2. Halle f; Rail: Bahnhofshalle f.

concrete ['kɔnkriːt]. I. adj. 1. (of form, proposal) konkret. 2. (of surface etc.) betoniert; c. pillar, Betonpfeiler m. II. s. Beton m; reinforced c., Stahlbeton m; c. mixer, Betonmischmaschine f. III. v.tr. (einen Weg usw.) betonieren.

concur [kən'kɔːr], v.i. (p. & p.p. concurred) (a) (agree) übereinstimmen (with s.o., mit j-m, (b) (of events) mitwirken. concurrent [kən'kʌrənt], adj. gleichzeitig; -ly, adv. Jur: the two sentences will run c., die beiden Strafen werden gleichzeitig laufen.

concussed [kən'kʌst], adj. Med: to be c., Gehirnerschütterung haben. concussion [kən-'kʌʃ(ə)n], s. Med: Gehirnerschütterung f.

condemn [kən'dem], v.tr. (a) Jur: (j-n) verurteilen (to death, zum Tode); condemned cell, Todeszelle f; (b) (ein Haus, ein Schiff) für untauglich erklären; (c) (j-n, einen Brauch) verdammen, verurteilen; Fig: condemned to failure, zum Scheitern verurteilt. condem'nation, s. Verurteilung f.

condense [kən'dens], v. 1. v.tr. (a) (einen Bericht) zusammenfassen; (b) (eine Flüssigkeit) kondensieren. 2. v.i. (of vapour) sich kondensieren. conden'sation, s. 1. (moisture) Kondensat n; (process) Kondensation f. 2. (summary) Zusammenfassung f (eines Berichts usw.). con'densed, adj. (of report etc.) zusammengefaßt; (of fluid etc.) kondensiert; c. milk, Kondensmilch f. con'denser, s. El: Gas: Steam: Kondensator m; Opt: c. (lens), Kondensor m.

condescend [kɔndi'send], v.i. (of pers.) sich herablassen (to do sth., etwas zu tun). condes'cending, adj. herablassend (towards s.o., gegen j-n). condescension [-'senʃ(ə)n], s. Herablassung f.

condition [kən'diʃ(ə)n]. I. s. 1. (requirement) Bedingung f; on c. that, unter der Bedingung, daß ...; conditions of employment, Arbeitsbedingungen fpl. 2. pl. (circumstances) Verhältnisse npl; working conditions, Arbeitsverhältnisse npl; weather conditions, Witterung f. 3. (state) Zustand m; (of athlete etc.) to be out of c., in schlechter Kondition sein; (of thing) in good/bad c., in gutem/schlechtem Zustand, gut/schlecht erhalten; in perfect c., neuwertig. II. v.tr. (einen Stoff, Psy: j-n) konditionieren; to c. s.o. to sth., j-n an etwas acc gewöhnen; Psy: conditioned reflexes, bedingte Reflexe usw. con'ditional, adj. (a) (of

agreement etc.) konditional; (*b*) **c. on sth.**, von etwas *dat* abhängig; (*c*) *Gram:* **c. clause**, Bedingungssatz *m;* **c. (mood)**, Konditional *m.*
con′ditioner, *s.* (*a*) **(hair) c.**, Haarkur *f;* (*b*) **(fabric) c.**, Weichspüler *m.*
condolence [kən′dəuləns], *s.* **to offer s.o. one′s condolences**, j-m sein Beileid aussprechen.
condone [kən′dəun], *v.tr.* (etwas) stillschweigend dulden.
conducive [kən′dju:siv], *adj.* **to be c. to sth.**, etwas *dat* förderlich sein.
conduct I. [′kɔndʌkt] *s.* **1.** (*handling*) Handhabung *f,* Führung *f* (eines Falles, von Geschäften). **2.** (*behaviour*) Benehmen *n;* Verhalten *n; Sch:* Betragen *n.* **II.** [kən′dʌkt], *v.tr.* (*a*) (j-n) geleiten, führen; **conducted tour (of a castle, town etc.)**, Führung *f* (durch eine Burg, eine Stadt usw.); (*b*) **to c. s.o.′s affairs**, j-s Geschäfte führen; (*c*) *Mus:* (ein Orchester) dirigieren; (*d*) *Ph: El:* (Wärme, Strom) leiten.
con′duction, *s. Ph: El:* Leitung *f.* **con′ductor**, *s.* **1.** (*a*) *Mus:* Dirigent *m;* (*b*) (*f*) **con′ductress**) (*on bus*) Schaffner(in) *m(f);* *Rail: N.Am:* Zugführer *m.* **2.** *Ph: El:* Leiter *m;* **lightning c.**, Blitzableiter *m;* **c. rail**, Stromschiene *f;* (*of metal*) **to be a good c.**, sehr leitfähig sein.
conduit [′kɔndit], *s.* **1.** (*a*) (*open*) Wassergraben *m;* (*b*) (*pipe*) Rohrleitung *f.* **2.** *El:* Isolierrohr *n.*
cone [kəun], *s.* **1.** Kegel *m;* **truncated c.**, Kegelstumpf *m;* **(ice-cream) c.**, Tüte *f; Mil:* **nose c.**, Schutzkegel *m* (einer Rakete). **2.** *Bot:* Zapfen *m* (der Tanne, des Hopfens). **′coneshaped**, *adj.* kegelförmig.
confab [′kɔnfæb], *s. F:* Plauderei *f.*
confection [kən′fekʃ(ə)n], *s.* Konfekt *n.* **con′fectioner**, *s.* Konditor *m.* **confectionery** [kən′fekʃ(ə)n(ə)ri], *s.* Süßwaren *fpl.*
confederate. I. [kən′fedərət] *v.tr.* (Staaten usw.) verbünden. **II.** [kən′fedərət] *s.* **1.** (*ally*) Verbündeter *m.* **2.** (*accomplice*) Mittäter *m.* **con′federacy/confede′ration**, *s.* Bund *m; esp.* Staatenbund *m.*
confer [kən′fə:r], *v.* (*p. & p.p.* **conferred**). **1.** *v.tr.* **to c. a title etc. on s.o.**, j-m einen Titel usw. verleihen. **2.** *v.i.* sich beraten. **conference** [′kɔnfərəns], *s.* **1.** (*discussion*) Beratung *f;* **press c.**, Pressekonferenz *f.* **2.** Tagung *f,* Konferenz *f.*
confess [kən′fes], *v.tr. & i.* (*a*) **to c.** (**to**) **one′s guilt/a crime**, seine Schuld, ein Verbrechen gestehen; (*b*) (*admit*) (etwas) zugeben; **I must c. that . . .**, ich muß gestehen, daß . . .; **come on, c.!** gib′s nur zu! (*c*) *Ecc:* (seine Sünden) beichten; **to c. s.o.**, j-m die Beichte abnehmen. **con′fessed**, *adj.* (self-)c., erklärt. **confession** [-′feʃ(ə)n], *s.* **1.** Geständnis *n.* **2.** *Ecc:* Beichte *f;* **to make one′s c.**, beichten. **con′fessor**, *s.* Beichtvater *m.*
confetti [kən′feti], *s.* Konfetti *n.*
confide [kən′faid], *v.* **1.** *v.tr.* **to c. sth. to s.o.**, j-m etwas anvertrauen; **to c. that . . .**, vertraulich mitteilen, daß . . . **2.** *v.i.* **to c. in s.o.**, sich j-m anvertrauen. **confidence** [′kɔnfid(ə)ns] , *s.* (*a*) Vertrauen *n* (**in**, zu, + *dat*); **to have every c.**, volles Vertrauen haben; **in c.**, im Vertrauen; **to take s.o. into one′s c.**, j-n ins Vertrauen ziehen; **c. trick**, Hochstapelei *f;* (*b*) (self-)c.,

Selbstvertrauen *n;* (*c*) *Pol: etc:* **vote of c.**, Vertrauensvotum *n.* **2. a c.**, eine vertrauliche Mitteilung *f.* **′confident**, *adj.* (*a*) (self-)c., selbstsicher, selbstbewußt; (*b*) (*optimistic*) zuversichtlich; **to be c. of success**, dem Erfolg zuversichtlich entgegensehen; **to be c. that . . .**, überzeugt sein, daß . . . **confidential** [-′denʃ(ə)l], *adj.* vertraulich; **-ly**, *adv.* im Vertrauen.
confine [kən′fain], *v.tr.* (*a*) (einen Gefangenen usw.) einsperren; **confined to bed**, bettlägerig, ans Bett gefesselt; *Mil:* **to be confined to barracks**, Kasernenarrest bekommen; (*b*) **confined space**, enger Raum; (*c*) **to confine oneself to doing sth.**, sich darauf beschränken, etwas zu tun; **to confine oneself to the facts**, sich an die Tatsachen halten. **con′finement**, *s.* **1.** Haft *f;* **solitary c.**, Einzelhaft *f.* **2.** (*of pregnant woman*) Niederkunft *f.*
confirm [kən′fə:m], *v.tr.* (*a*) (ein Gerücht, einen Auftrag usw.) bestätigen; (*b*) (*consolidate*) (j-s Lage usw.) festigen; (*c*) *Ecc:* (j-n) konfirmieren. **confirmation** [kɔnfə′meiʃ(ə)n], *s.* **1.** Bestätigung *f.* **2.** *Ecc:* Konfirmation *f.* **con′firmed**, *adj.* **c. bachelor**, eingefleischter Junggeselle; **c. pessimist**, Schwarzseher *m.*
confiscate [′kɔnfiskeit], *v.tr.* (etwas) beschlagnahmen. **confis′cation**, *s.* Beschlagnahme *f.*
conflagration [kɔnflə′greiʃ(ə)n], *s.* Großbrand *m; Lit:* Feuersbrunst *f.*
conflict. I. [′kɔnflikt] **I.** *s.* **1.** (*fight*) Kampf *m.* **2.** Konflikt *m* (von Interessen, von Beweisen usw.); Widerstreit *m* (der Gefühle); **c. of opinion**, Meinungsverschiedenheit *f.* **II.** [kən′flikt] *v.i.* **to c. with sth.**, zu etwas *dat* in Widerspruch stehen. **con′flicting**, *adj.* sich widersprechend, (*of feelings*) widerstreitend.
confluence [′kɔnfluəns], *s. Geog:* Zusammenfluß *m.*
conform [kən′fɔ:m], *v.i.* sich anpassen (**to**, *dat*). **con′formist**, *s.* Konformist *m.* **con′formity**, *s.* Anpassung *f* (**to**, an + *dat*).
confound [kən′faund], *v.tr.* (*a*) (den Gegner usw.) verwirren; (*b*) *F:* **c. it!** verdammt (noch mal)! **con′founded**, *adj. F:* verdammt.
confront [kən′frʌnt], *v.tr.* (einer Gefahr usw.) ins Auge sehen; **to c. s.o. with the truth**, j-n mit der Wahrheit konfrontieren. **confron′tation** [kɔn-], *s.* Konfrontation *f.*
confuse [kən′fju:z], *v.tr.* (*a*) (eine Sache mit einer anderen) verwechseln; (mehrere Sachen) durcheinanderbringen; (*b*) (j-n) verwirren, in Verwirrung bringen. **con′fused**, *adj.* (*of pers.*) verwirrt, *F:* durcheinander; (*of report etc.*) verworren; **to get c.**, in Verwirrung geraten. **con′fusion** [-ʒ(ə)n], *s.* **1.** Verwechslung *f.* **2.** (*of*) Verwirrung *f;* (*b*) Durcheinander *n;* **his papers are in a state of c.**, seine Papiere sind ganz durcheinander.
confute [kən′fju:t], *v.tr.* (ein Argument) widerlegen.
congeal [kən′dʒi:l], *v.i.* (*of blood*) gerinnen; *Cu:* (*of fat*) fest werden.
congenial [kən′dʒi:niəl], *adj.* zusagend (*pleasant*) angenehm; **I find this work c.**, diese Arbeit sagt mir zu.
congenital [kən′dʒenitl], *adj.* angeboren; **he′s**

a c. idiot, er ist schwachsinnig von Geburt/*Pej:* ein Vollidiot.

conger [′kɔŋgər], *s. Fish:* c. eel, grauer Meeraal.

congest [kən′dʒest], *v.tr.* (Straßen usw.) verstopfen. con′gested, *adj.* (*of roads, nose*) verstopft; (*of traffic*) gestaut; (*overcrowded*) überfüllt. congestion, [-′dʒestʃ(ə)n] *s.* Verstopfung *f;* (*traffic*) c., Verkehrsstauung *f; Med:* c. of the brain, Blutandrang *m* im Gehirn.

conglomeration [kənglɔmə′reiʃ(ə)n], *s.* Ansammlung *f; Pej:* (*hotchpotch*) Mischmasch *m.*

congratulate [kən′grætjuleit], *v.tr.* (j-m) gratulieren (on sth., zu etwas *dat*). congratu-′lations, *s. pl.* Glückwunsch *m;* herzlichen Glückwunsch! c.! to offer one's c., gratulieren.

congregate [′kɔŋgrigeit], *v.i.* sich versammeln. congre′gation, *s.* (*a*) *Ecc:* (versammelte) Gemeinde *f;* (*b*) Versammlung *f* (des Senats einer Universität usw.).

congress [′kɔŋgres], *s.* Kongreß *m.* congressional [-′greʃan(ə)l], *adj. U.S: Pol:* Kongreß-. ′congressman, *s. U.S: Pol:* Mitglied *n* des Repräsentantenhauses.

conical [′kɔnikl], *adj.* kegelförmig.

conifer [′kɔnifər], *s. Bot:* Nadelbaum *m.* coniferous [kɔ′nifərəs], *adj. Bot:* Nadel-; c. forest, Nadelwald *m.*

conjectural [kən′dʒektʃ(ə)rəl], *adj.* mutmaßlich. conjecture [kən′dʒektʃər]. I. *s.* Mutmaßung *f;* pure c., reine Vermutung *f.* II. *v.i.* Vermutungen anstellen.

conjugal [′kɔndʒug(ə)l], *adj.* ehelich; c. bliss, Eheglück *n.*

conjugate [′kɔn(d)ʒugeit], *v.tr.* (ein Verb) konjugieren. conju′gation, *s.* Konjugation *f.*

conjunction [kən′dʒʌŋkʃ(ə)n], *s.* 1. *Gram:* Konjunktion *f.* 2. in c. with, in Verbindung mit + *dat.*

conjunctivitis [kən(d)ʒʌŋkti′vaitis], *s. Med:* Bindehautentzündung *f.*

conjure [′kʌndʒər], *v.* 1. *v.tr.* to c. up memories etc., Erinnerungen usw. heraufbeschwören; a name to c. with, ein Name mit Zauberkraft. 2. *v.i.* zaubern; *Fig:* to c. with the figures, mit den Zahlen herummanipulieren. ′conjuring, *s.* Zauberei *f;* Zaubertricks *mpl.* ′conjurer, *s.* Zauberkünstler *m.*

conk [kɔŋk]. I. *s. P:* (*nose*) Zinken *m.* II. *v.i. P:* to c. out, (*a*) (*of pers.*) abkratzen; (*b*) (*of thing*) den Geist aufgeben.

conker [′kɔŋkər], *s. F:* Roßkastanie *f.*

connect [kə′nekt], *v.* 1. *v.tr.* (*a*) (zwei Sachen) verbinden; (zwei Teile usw. aneinander) anschließen; the bridge connects the two parts of the town, die Brücke verbindet die beiden Stadtteile; to c. sth. to sth., etwas mit etwas *dat* verbinden; *esp. Tchn:* etwas an etwas *acc* anschließen; *Rail:* to c. a carriage to train, einen Wagen an einen Zug koppeln; *El:* to c. an appliance, einen Apparat (ans Netz) anschließen; *Tel:* to c. a subscriber, einen Teilnehmer verbinden; (*b*) (*associate*) (etwas) verknüpfen (with a place etc., mit einem Ort usw.). 2. *v.i.* (*a*) (*meet*) zusammenkommen, (*of lines*) zusammenlaufen; these facts do not c., diese Tatsachen stehen in keinem logischen Zusammenhang; (*b*) *Rail:* (*of a train*) Anschluß haben

(with, mit + *dat*): (*c*) *Box: F:* he connected with a right hook, er landete einen rechten Haken; he failed to c., sein Schlag ging daneben. co′nnected, *adj.* 1. (*a*) (*of pers.*) to be c. with the Stewarts, mit den Stewarts verwandt sein; to be well c., gute Beziehungen haben; c. by marriage, verschwägert; (*b*) (*of thing*) verbunden; these crimes are not c., diese Verbrechen stehen in keinem Zusammenhang miteinander/haben nichts miteinander zu tun; *El:* c. to the mains, ans Netz angeschlossen; (*of circuits*) c. in series/in parallel, seriengeschaltet/parallelgeschaltet. co′nnecting, *adj.* verbindend; c. pipe, Verbindungsrohr *n;* c. train, Anschlußzug *m;* c. link, *Tchn:* Bindeglied *n; Fig:* Zusammenhang *m; Mec.E:* c. rod, Pleuelstange *f.* connection [kə′nekʃ(ə)n], *s.* (*a*) Verbindung *f; El: Tel: Rail:* Anschluß *m; El:* (*in circuit*) Schaltung *f;* faulty c., schlechte Verbindung *f; Rail:* rail c., (*between two places*) Bahnverbindung *f;* to miss one's c., seinen Anschluß verpassen; (*b*) (*context*) Zusammenhang *m;* in c. with my application, bezüglich meiner Bewerbung; there is no c. between these actions, diese Handlungen stehen in keinem Zusammenhang; (*c*) to have connections, Beziehungen haben (with, zu + *dat*); (*d*) (*relationship*) Verwandtschaft *f;* c. by marriage, Verschwägerung *f.*

connive [kə′naiv], *v.tr.* to c. at sth., etwas (stillschweigend) dulden. co′nnivance, *s.* (stillschweigendes) Dulden *n.*

connoisseur [kɔne′sə:r], *s.* Kenner *m.*

conquer [′kɔŋkər], *v.tr.* (*a*) (j-n, ein Land) erobern; (*b*) (seiner Eifersucht *gen* usw.) Herr werden. ′conquering, *adj.* siegreich. ′conqueror, *s.* Sieger *m.* conquest [′kɔŋkwest], *s.* Eroberung *f.*

conscience [′kɔnʃans], *s.* Gewissen *n;* a clear/easy c., ein reines/ruhiges Gewissen; pangs of c., Gewissensbisse *mpl;* in all c., nach bestem Wissen und Gewissen; to have sth. on one's c., etwas auf dem Gewissen haben; to be c.-stricken, vom Gewissen gepeinigt sein. conscientious [-ʃi′enʃəs], *adj.* gewissenhaft; c. objector, Kriegsdienstverweigerer *m.* consci′entiousness, *s.* Gewissenhaftigkeit *f.*

conscious [′kɔnʃəs], *adj.* 1. to be c. of sth., (sich *dat*) etwas *gen* bewußt sein; I am c. of my duty, ich bin mir meiner Pflicht bewußt; I am c. that I have let you down, ich bin mir im klaren darüber, daß ich dich im Stich gelassen habe; c. attempt, bewußter Versuch. 2. to be c., bei Bewußtsein sein. ′consciousness, *s.* (*a*) Bewußtsein *n* (einer Sache); (*b*) to lose c., das Bewußtsein verlieren; to regain c., (wieder) zu Bewußtsein/zu sich *dat* kommen.

conscript [kən′skript] I. *v.tr. Mil:* (j-n) einberufen. II. [′kɔnskript] *s.* Einberufene(r) *f(m)*. con′scription, *s.* Einberufung *f.*

consecrate [′kɔnsikreit], *v.tr.* (eine Kirche usw.) weihen; *Lit:* to c. one's life to sth., sein Leben etwas *dat* widmen. ′consecrated, *adj.* geweiht; c. ground, geweihte Erde. conse′cration, *s.* Weihe *f.*

consecutive [kən′sekjutiv], *adj.* (*a*) on three c. days, an drei aufeinanderfolgenden Tagen; (*b*) c. interpreting, Konsekutivdolmetschen *n;* -ly, *adv.* hintereinander.

consensus [kən'sensəs], *s.* Übereinstimmung *f;* **the general c. of opinion,** die allgemein vertretene Ansicht.

consent [kən'sent]. I. *v.i.* **to c. to sth.,** in etwas *acc* einwilligen; **I c.,** ich stimme zu. II. *s.* Einwilligung *f,* Zustimmung *f;* **to give (one's) c.,** seine Zustimmung geben; **by common c.,** nach allgemeiner Ansicht; *Jur:* **age of c.,** sexuelle Mündigkeit *f.*

consequence ['kɔnsikwəns], *s.* 1. Folge *f;* **serious consequences,** schwerwiegende Folgen; **in c. of,** als Folge + *gen.;* **as a c./in c.,** als Folge davon; **to take the consequences,** die Folgen/die Konsequenzen tragen. 2. *(importance)* **it's of no c.,** es hat keinerlei Bedeutung. '**consequent,** *adj. (a) (resultant)* daraus folgend; **the c. situation,** die sich ergebende Lage; *(b) (consistent)* konsequent; **-ly,** *adv. & conj.* folglich.

conserve [kən'sɔːv], *v.tr. (a)* (ein Bauwerk usw.) erhalten; *(Obst)* einmachen; *(b)* **to c. energy,** Kräfte sparen. **conservation** [kɔnsə'veiʃ(ə)n], *s.* Erhaltung *f* (der Energie usw.); **c. of the environment,** Umweltschutz *m;* **c. area,** *(in country)* Naturschutzgebiet *n; (in town)* Gebiet *n* unter Denkmalschutz. **con'servative** [-'ɔːtiv]. I. *adj. (a) Pol: etc:* konservativ; *(b)* **at a c. estimate,** niedrig geschätzt. II. *s.* Konservative(r) *f(m).* **con'servatoire** [-ətwɑː], *s.* Konservatorium *n.* **con'servatory** [-ɔtri], *s.* 1. *(built on)* Wintergarten *m; (freestanding)* Gewächshaus *n.* 2. *Mus:* Konservatorium *n.*

consider [kən'sidər], *v.tr. (a) (examine)* (eine Frage usw.) erwägen; sich *dat* (eine Möglichkeit usw.) überlegen; **when you c. that . . . ,** wenn man bedenkt, daß . . . *(b) (assess)* (ein Angebot, eine Bewerbung usw.) berücksichtigen; *Lit: (contemplate)* (das Weltall usw.) betrachten; *(c) (take into account)* (j-s Alter usw.) berücksichtigen, in Betracht ziehen; **to c. s.o.'s feelings,** auf j-s Gefühle Rücksicht nehmen; **all things considered,** wenn man alles in Betracht zieht; **c. the expense!** denk nur an die Kosten! *(d) (think)* **I c. him crazy,** ich halte ihn für verrückt; **to c. oneself lucky,** sich glücklich schätzen; **c. it done!** betrachten Sie es als erledigt! **con'siderable,** *adj.* beträchtlich. **con'siderate,** *adj.* rücksichtsvoll **(to/towards s.o.,** gegen j-n). **consider'ation,** *s.* 1. **to take sth. into c.,** etwas berücksichtigen; **after careful/mature c.,** nach reiflicher Überlegung; **in c. of,** in Anbetracht + *gen;* **the question under c.,** die zu besprechende Frage; **money is no c.,** Geld spielt keine Rolle; **that is a c.,** das ist schon eine Erwägung. 2. *(thoughtfulness)* Rücksicht *f;* **to show c. for s.o.,** auf j-n Rücksicht nehmen; **out of c. for s.o.,** aus Rücksicht auf j-n. 3. *(payment)* **for a small c.,** gegen ein geringes Entgelt. **con'sidered,** *adj.* wohlüberlegt; **my c. opinion,** meine wohlüberlegte Meinung. **con'sidering.** I. *prep.* **c. his age,** in Anbetracht seines Alters. II. *adv. F:* **it's not so bad, c.,** unter den Umständen ist das gar nicht so schlecht.

consign [kən'sain], *v.tr.* **to c. s.o. to his fate,** j-n seinem Schicksal überlassen; **to c. sth. to oblivion,** etwas in die Vergessenheit verbannen; *Hum:* **to c. sth. to the waste paper basket,** etwas in den Papierkorb befördern. **consignee** [kɔnsai'niː], *s. Com:* Empfänger *m,* Adressat *m.* **con'signment,** *s.* Lieferung *f; Com:* **c. note,** Frachtbrief *m.*

consist [kən'sist], *v.i.* **to c. of sth.,** aus etwas *dat* bestehen. **con'sistent,** *adj.* 1. *(a)* konsequent; **c. argument,** konsequente Argumentation; *(b) (unvarying)* gleichmäßig; *esp. Sp:* **to have a c. record,** gleichmäßig gute Leistungen aufweisen. 2. **c. with,** im Einklang/vereinbar mit + *dat.* **con'sistency,** *s.* 1. *(a)* Konsequenz *f; (b)* Gleichmäßigkeit *f* (der Leistungen); **to lack c.,** nicht gleichmäßig in seinen Leistungen sein. 2. *(thickness etc.)* Konsistenz *f.*

console[1] [kən'səul], *v.tr.* (j-n) trösten **(for sth.,** über etwas *acc).* **consolation** [kɔnsə'leiʃ(ə)n], *s.* Trost *m;* **c. prize,** Trostpreis *m.* **con'soling,** *adj. (of pers.)* tröstend; *(of words etc.)* tröstlich.

console[2] ['kɔnsəul], *s.* 1. *(wall bracket)* Konsole *f.* 2. *Mus:* Orgeltisch *m.* 3. *(housing)* Gehäuse *n.* 4. *(control panel) Ind:* Schalttafel *f; El: E:* Schalttisch *m.*

consolidate [kən'sɔlideit], *v.tr.* (seine Lage usw.) konsolidieren. **consoli'dation,** *s.* Konsolidierung *f.*

consonant ['kɔnsənənt], *s. Ling:* Konsonant *m.*

consort I. ['kɔnsɔːt] *s.* Gemahl *m;* **prince c.,** Prinzgemahl *m.* II. [kən'sɔːt] *v.i.* **to c. with s.o.,** mit j-m verkehren.

consortium [kən'sɔːtiəm], *s. Com:* Konsortium *n.*

conspicuous [kən'spikjuəs], *adj. (a) (easily seen)* gut sichtbar; *(b) (attracting attention)* auffallend; **it is very c.,** es fällt sehr auf; **to be c. by one's absence,** durch Abwesenheit glänzen; **to make oneself c.,** sich auffällig benehmen; **c. gallantry,** außerordentliche Tapferkeit.

conspire [kən'spaiər], *v.i.* sich verschwören **(against,** gegen + *acc); Fig:* **events conspired to ruin him,** eine Kombination unglücklicher Umstände hat ihn ruiniert. **conspiracy** [-'spirəsi], *s.* Verschwörung *f.* **con'spirator,** *s.* Verschwörer *m.*

constable ['kʌnstəbl], *s.* Polizist *m; esp.* Hauptwachtmeister *m;* **special c.,** Hilfspolizist *m.* **con'stabulary** [kən'stæbjuləri], *s.* Polizei *f.*

constant ['kɔnst(ə)nt]. I. *adj. (a)* ständig; *(b) (faithful)* treu; *(c) Ph: Mth: etc:* konstant. II. *s.* Konstante *f;* **-ly,** *adv.* ständig; **she talks c.,** sie redet pausenlos. '**constancy,** *s.* Treue *f.*

constellation [kɔnstə'leiʃ(ə)n], *s.* Sternbild *n.*

consternation [kɔnstə'neiʃ(ə)n], *s.* Bestürzung *f;* **she looked at him in c.,** sie sah ihn bestürzt an.

constipated ['kɔnstipeitid], *adj. Med:* verstopft. **consti'pation,** *s.* Verstopfung *f.*

constituent [kən'stitjuənt]. I. *adj.* 1. **c. part/unit,** Bestandteil *m.* 2. *Pol:* **c. assembly,** verfassunggebende Versammlung. II. *s.* 1. Bestandteil *m.* 2. *Pol:* Wähler *m.* **con'stituency,** *s. Pol:* Wahlkreis *m.*

constitute ['kɔnstitjuːt], *v.tr. (a) (represent)* (ein Problem, einen Gegensatz usw.) darstellen; *(b) (make up)* (eine Summe usw.) ausmachen. **consti'tution,** *s.* 1. *Pol:* Verfassung *f.* 2. *Physiol:* Konstitution *f;* **a strong c.,** eine kräftige Konstitution. 3. *(structure)* Aufbau *m.* **consti'tutional.** I. *adj.* 1. *Pol:* verfassungsmäßig; **c. monarchy,** konstitutionelle Monarchie. **2.** *Physiol:* konstitutionell. **II.** *s. Hum:* **to go for a c.,** einen Spaziergang machen.

constrained [kən'streind], *adj.* **to feel c. to do sth.,** sich gezwungen sehen, etwas zu tun. **con´straint,** *s.* **1.** (*force*) Zwang *m.* **2.** (*embarrassment*) Gezwungenheit *f.*

constrict [kən'strikt], *v.tr.* (einen Muskel, eine Vene usw.) verengen; **this dress constricts my movements,** dieses Kleid engt meine Bewegungsfreiheit ein. **con´striction,** *s.* **1.** Einengung *f;* Verengung *f* (einer Vene usw.).

construct [kən'strʌkt], *v.tr.* (etwas) bauen; (ein Gebäude) errichten. **con´struction,** *s.* **1.** (*process, thing built*) Bau *m;* (*bridge etc.*); Konstruktion *f;* **under c./ in the course of c.,** im Bau. **2.** (*a*) *Gram:* Konstruktion *f; Fig:* Aufbau *m* (eines Romans usw.); (*b*) **to put a wrong c. on sth.,** etwas falsch auffassen. **con´structive,** *adj.* (*of criticism etc.*) konstruktiv. **con´structor,** *s.* Erbauer *m.*

construe [kən'struː], *v.tr.* (eine Behauptung usw.) auffassen.

consul ['kɔns(ə)l], *s.* Konsul *m.* **´consular** [-julər]. *adj.* Konsular-. **´consulate** [-julit], *s.* Konsulat *n.*

consult [kən'sʌlt], *v.* **1.** *v.tr.* (j-n) zu Rate ziehen; **to c. a book/a timetable,** in einem Buch/einem Fahrplan nachsehen. **2.** *v.i.* **to c. with s.o.,** mit j-m beraten (**about,** über + *acc*)**; to c. together,** miteinander beraten. **con´sultant,** *s.* Berater *m; Med:* Facharzt *m.* **consultation** [kɔnsəl'teiʃ(ə)n], *s.* Beratung *f.* **con´sulting,** *adj.* **c. engineer,** beratende(r) Ingenieur *m; Med:* **c. room,** Praxis *f.*

consume [kən'sjuːm], *v.tr.* (*a*) (Essen, Getränke) zu sich *dat* nehmen; *Hum:* (Essen) verdrücken; (*b*) (*use up, destroy*) (Kräfte, Geld) verbrauchen; **consumed by the fire,** vom Feuer verzehrt; *Fig:* **he is consumed with envy,** ihn frißt der Neid. **con´sumer,** *s.* Verbraucher *m; c.* **goods,** Verbrauchsgüter *npl, c.* **protection,** Verbraucherschutz *m.*

consummate¹ [kən'sʌmət], *adj.* vollendet; **with c. skill/ease,** mit größter Geschicklichkeit/ Leichtigkeit.

consummate² ['kɔnsəmeit], *v.tr.* (*a*) (eine Ehe) vollziehen; (*b*) (*perfect*) (etwas) vollenden. **consu´mmation,** *s.* **1.** Vollziehung *f* (einer Ehe). **2.** Krönung *f* (j-s Schaffens, Lebens usw.); Vollendung *f* (eines Werks usw.).

consumption [kən'sʌm(p)ʃ(ə)n], *s.* **1.** Genuß *m* (von alkoholischen Getränken usw.); Verbrauch *m* (*Aut:* von Benzin usw.). **2.** *Med: A:* Schwindsucht *f.* **con´sumptive,** *adj.* schwindsüchtig.

contact ['kɔntækt]. **I.** *s.* **1.** Kontakt *m;* **to come into c. with s.o., sth.,** mit j-m, etwas *dat* in Berührung kommen; **to make c.,** (i) (mit j-m, einer Firma usw.) Kontakt aufnehmen; (ii) *El:* einen Kontakt herstellen; *El:* **c. breaker,** Unterbrecher *m; Opt:* **c. lens,** Kontaktlinse *f; Phot:* **c. print,** Kontaktabzug *m.* **2.** (*spy, also Med:*) Kontaktperson *f;* **he is a business c. of mine,** ich kenne ihn geschäftlich. **II.** *v.tr.* **to c.s.o.,** sich mit j-m in Verbindung setzen.

contagious [kən'teidʒəs], *adj.* ansteckend.

contain [kən'tein], *v.tr.* (*a*) (etwas) enthalten; (*b*)

(*restrain*) (Gefühle usw.) unterdrücken; **to c. oneself,** sich beherrschen. **con´tainer,** *s.* Behälter *m; Com:* Container *m;* **c. port,** Containerhafen *m;* **c. traffic,** Containerverkehr *m.*

contaminate [kən'tæmineit], *v.tr.* (Wasser usw.) verseuchen; *Fig:* (eine Person) verderben. **contami´nation,** *s.* Verseuchung *f.*

contemplate ['kɔntempleit], *v.* **1.** *v.tr.* (*a*) (*regard*) (etwas) betrachten; (der Zukunft) entgegensehen; (*b*) (*consider*) (etwas) erwägen; (an etwas *acc*) denken; **are you contemplating marriage?** denken Sie etwa daran, zu heiraten? **2.** *v.i.* nachsinnen. **contemplation,** *s.* Betrachtung *f* (eines Gegenstands usw.); (*meditation*) Nachsinnen *n;* **lost in c.,** in Gedanken verloren. **´contemplative,** *adj.* (*a*) besinnlich; (*b*) [kən'templətiv] *Rel:* beschaulich.

contemporary [kən'temp(ə)rəri]. **I.** *adj.* zeitgenössisch; **he was c. with Goethe,** er war ein Zeitgenosse Goethes. **II.** *s.* Zeitgenosse *m,* Zeitgenossin *f.* **contemporaneous,** [-ɔ'reinjəs] *adj.* **to be c.,** gleichzeitig vorkommen (**with,** mit + *dat*).

contempt [kən'tem(p)t], *s.* **1.** Verachtung *f;* **beneath c.,** unter aller Kritik. **2.** *Jur:* **c. of court,** Mißachtung *f* des Gerichts. **con´temptible,** *adj.* verachtenswert. **con´temptuous,** *adj.* geringschätzig.

contend [kən'tend], *v.* **1.** *v.tr.* **to c. with s.o., sth.,** mit j-m, etwas *dat* kämpfen; **he has a lot to c. with,** er hat mit vielen Problemen zu kämpfen. **2.** *v.i.* behaupten (, daß ...). **con´tender,** *s. esp. Sp:* Konkurrent(in) *m(f);* **c. for the title,** Titelanwärter *m.*

content¹ ['kɔntent], *s. also pl.* **contents,** Inhalt *m;* **contents list,** Inhaltsverzeichnis *n.*

content² [kən'tent]. **I.** *v.tr.* (j-n) zufriedenstellen; **to c. oneself with sth.,** sich mit etwas *dat* begnügen. **II.** *adj.* zufrieden (**with,** mit + *dat*). **III.** *s.* Zufriedenheit *f;* **to one's heart's c.,** nach Herzenslust. **con´tented,** *adj.* zufrieden. **con´tentedness/con´tentment,** *s.* Zufriedenheit *f.*

contention [kən'tenʃ(ə)n], *s.* **1.** Streit *m;* **bone of c.,** Zankapfel *m.* **2.** (*assertion*) Behauptung *f.* **con´tentious,** *adj.* (*a*) (*of pers.*) streitsüchtig; (*b*) (*of issue*) strittig; *Jur:* streitig.

contest. I. [kən'test], *v.tr.* (*a*) (eine Behauptung, j-s Recht usw.) bestreiten; *Jur:* (ein Testament) anfechten; (*b*) (*fight for sth.*) (um etwas *acc*) kämpfen. **II.** ['kɔntest], *s.* (*a*) Kampf *m;* (*b*) *Sp:* Wettkampf *m; Box:* **a fifteen-round c.,** ein Kampf von fünfzehn Runden; (*c*) (*competition*) Wettbewerb *m.* **con´testant,** *s.* Bewerber(in) *m(f);* (*in competition*) Wettbewerber(in) *m(f).*

context ['kɔntekst], *s.* Zusammenhang *m.*

continent ['kɔntinənt], *s.* **1.** Kontinent *m. Brit:* **on the C.,** auf dem Kontinent (=dem europäischen Festland). **conti´nental. I.** *adj. Geog:* (*a*) Kontinental-; *Geol:* **c. drift,** Kontinentalverschiebung *f;* (*b*) *Brit:* kontinentaleuropäisch; **c. breakfast,** kontinentales Frühstück *n;* **c. tour,** Europareise *f;* **c. quilt,** Daunendecke *f.* **II.** *s. Brit:* Kontinentaleuropäer *m.*

contingent [kən'tindʒənt]. **I.** *adj.* eventuell; **c. upon sth.,** von etwas *dat* abhängig. **II.** *s.* Kontingent *n; F:* Schub *m* (von Menschen). **con-**

'tingency, s. Eventualität f; **to provide for all contingencies,** für alle Fälle Vorkehrungen treffen; **c. plan,** Eventualplan m.

continue [kən'tinju(:)], v. 1. v.tr. (a) (etwas) fortsetzen; **to be continued,** wird fortgesetzt; (b) **to c. to do sth./doing sth.,** in etwas dat fortfahren; **he continued to work/to read,** er arbeitete/las weiter. 2. v.i. (of speaker etc.) fortfahren; (of weather etc.) anhalten; (on a journey) weiterfahren; (with a job) weitermachen; **if he continues like this,** wenn er so weitermacht. con'tinual, adj. dauernd; **-ly,** adv. dauernd; (repeatedly) immer wieder. continu'ation, f Fortsetzung f (eines Gesprächs, eines Romans usw.); Verlängerung f (einer Mauer usw.). **continuity** [kɔnti'nju(:)iti], s. 1. (logische) Folge f; **there's no c.,** es fehlt der Zusammenhang; **to maintain c.,** die ununterbrochene Folge beibehalten. 2. Cin: Rohdrehbuch n; **c. girl,** Scriptgirl n. con'tinuous, adj. ununterbrochen; Cin: P.N: **c. performance,** durchgehender Einlaß.

contort [kən'tɔːt], v.tr. (das Gesicht usw.) verzerren; (den Körper) verdrehen. con'tortion, s. Verzerrung f; Verdrehung f. con'tortionist, s. Schlangenmensch m.

contour ['kɔntuər], s. Kontur f; (on map) **c. line,** Höhenlinie f.

contraband ['kɔntrəbænd], s. Schmuggelware f.

contraception [kɔntrə'sepʃ(ə)n], s. Med: Empfängnisverhütung f. contra'ceptive [-tiv]. I. s. Empfängnisverhütungsmittel n. II. adj. empfängnisverhütend.

contract. I. [kən'trækt] v. 1. v.i. (a) sich zusammenziehen; (b) **to c. to do sth.,** sich vertraglich verpflichten, etwas zu tun; **to c. out of sth.,** von etwas dat zurücktreten. 2. v.tr. (a) (die Augenbrauen, einen Muskel, ein Wort usw.) zusammenziehen; (b) **to c. an illness,** dat eine Krankheit zuziehen; (c) (eine Ehe, ein Bündnis) eingehen. II. ['kɔntrækt] s. Vertrag m; **to enter into a c.,** einen Vertrag abschließen; **according to c.,** vertragsgemäß; **breach of c.,** Vertragsbruch m; **to put work out to c.,** Arbeit in Submission vergeben; **to work by c.,** im Akkord arbeiten. con'traction, s. Zusammenziehung f. con'tractor, s. Unternehmer m. con'tractual, adj. Vertrags-, vertraglich.

contradict [kɔntrə'dikt], v.tr. (j-m, etwas dat) widersprechen. contra'diction, s. Widerspruch m; **c. in terms,** Widerspruch in sich. contra'dictory, adj. widersprüchlich.

contralto, pl. **-os** [kən'træltəu, -trɑːltəu, -əuz], s. Mus: Alt m; **c. voice,** Altstimme f.

contraption [kən'træpʃ(ə)n], s. F: Pej: primitiver Apparat m; Machwerk m.

contrapuntal [kɔntrə'pʌntl], adj. Mus: kontrapunktisch.

contrary ['kɔntrəri]. I. adj. 1. (opposite) entgegengesetzt (to, dat); **c. wind,** Gegenwind m. 2. [kən'trɛəri] Lit: (of pers.) widerspenstig. II. s. Gegenteil n; **on the c.,** im Gegenteil; **unless I hear to the c.,** falls ich nichts Gegenteiliges höre; **proof to the c.,** gegenteilige Beweise. III. adv. **c. to,** gegen + acc; **c. to orders,** befehlswidrig; **c. to expectation(s),** wider Erwarten.

contrast. I. [kən'trɑːst], v. 1. v.i. **to c. with sth.,** einen Gegensatz zu etwas dat bilden; (of colours) gegen etwas acc abstechen. 2. v.tr. **to c. sth. with sth.,** etwas einer Sache dat gegenüberstellen. II. ['kɔntrɑːst] s. (a) Gegensatz m (**between,** zwischen + dat; **with,** zu + dat); **in c. with,** im Gegensatz zu; (b) TV: Phot: Med: etc: Kontrast m.

contravene [kɔntrə'viːn], v.tr. (gegen ein Gesetz, eine Vorschrift usw.) verstoßen. contra'vention [-venʃ(ə)n], s. Verstoß m (**of sth.,** gegen etwas acc).

contribute [kən'tribju(:)t], v. 1. v.tr. (etwas) beitragen (**to,** zu + dat); **what can I c.?** was kann ich beisteuern? 2. v.i. (dazu) beitragen (, etwas zu tun). contri'bution [kɔn-], s. Beitrag m; **to make a c.,** einen Beitrag leisten. con'tributor, s. Beiträger m. con'tributory, adj. mitwirkend; **c. factor,** Mitursache f; Jur: **c. negligence,** mitwirkendes Verschulden.

contrite ['kɔntrait], adj. Lit: reuig. **contrition** [kən'triʃ(ə)n], s. Lit: Reue f.

contrive [kən'traiv], v. 1. v.tr. (einen Plan usw.) ausdenken. 2. v.i. **to c. to do sth.,** es fertigbringen, etwas zu tun. con'trivance, s. Pej: Einrichtung f. con'trived, adj. gewollt.

control [kən'trəul]. I. s. 1. (mastery) Beherrschung f; (power) Gewalt f; **due to circumstances beyond our c.,** wegen nicht vorauszusehender Umstände **parental c.,** elterliche Aufsicht; **to be in c. of s.o., sth.,** j-n, etwas in der Hand haben; **is everything under c.?** ist alles in Ordnung? **to bring s.o., sth. under c.,** über j-n, etwas acc Herr werden; **to get out of c.,** außer Kontrolle geraten; **the teacher has lost c. over/has no c. over his class,** der Lehrer hat die Beherrschung über seine Klasse verloren/kann seine Klasse nicht (mehr) beherrschen; **he lost c. of/over his car,** er verlor die Herrschaft über seinen Wagen; **to keep s.o., sth. under c.,** j-n, etwas acc beherrschen; **to take c. of s.o., sth.,** die Aufsicht über j-n, etwas acc übernehmen; **to have one's feelings under c.,** seine Gefühle in der Gewalt haben; **to lose c. of oneself,** die Selbstbeherrschung verlieren; **the situation has got beyond his c.,** die Situation ist ihm über den Kopf gewachsen. 2. (regulation) (a) Überwachung f; Bewirtschaftung f (von Devisen usw.); **under government c.,** unter Staatsaufsicht; **price c.,** Preiskontrolle f; **import controls,** Importbeschränkungen fpl; (b) Aut: (on rally) Kontrollpunkt m. 3. (operation) Bedienung f (einer Maschine); Av: Aut: etc: Steuerung f; **aircraft controls,** Flugzeugsteuerung f; **at the controls,** (of car) am Steuer; (of plane) am Schaltknüppel; Fig: an den Schalthebeln; **to take over the controls,** Aut: das Steuer/Av: das Flugzeug/Aut: Fig: die Leitung übernehmen; Mil: etc: **c. centre/room,** Befehlszentrale f; Tchn: **c. panel,** Schalttafel f; Av: **c. column,** Steuersäule f; **c. tower,** Kontrollturm m; Rad: TV: **volume c.,** Lautstärkeregler m; Sp: **race c.,** Rennleitung f. II. v.tr. (a) (j-n, etwas) in der Hand haben/Kontrolle (über j-n, etwas acc) haben; (Gefühle usw.) beherrschen; **to c. oneself,** sich beherrschen; (b) Tchn: (den Fluß usw.) regulieren; (den Verkehr, die Wirtschaft, ein Flugzeug usw.) lenken; (Güter, Devisen usw.) bewirtschaften; (Preise, Importe usw.) über-

wachen. **con´troller,** s. **1.** El: Regler m. **2.** Rad:
TV: c. **(of programmes),** Programmdirektor m.
controversial [kɔntrə´vɔːʃ(ə)l], adj. (of issue,
figure etc.) umstritten; (of writings, critic etc.)
polemisch; **c. question,** Streitfrage f. **contro-
versy** [kən´trɔvəsi], s. Meinungsstreit m;
a subject of great c., ein heiß umstrittenes
Problem.
contusion [kən´tjuːʒ(ə)n], s. Med: Prellung f.
conundrum [kə´nʌndrəm], s. Rätsel n.
conurbation [kɔnəː´beiʃ(ə)n], s. Gruppen-
großstadt f; Ballungsgebiet n.
convalesce [kɔnvə´les], v.i. sich erholen; **he is
convalescing in X,** er ist in X zur Erholung. **con-
va´lescence,** s. Erholungszeit f; **convales-
cent,** s. Genesende(r) f(m); **c. home,** Erho-
lungsheim n.
convector [kən´vektər], s. Konvektor m.
convene [kən´viːn], v. **1.** v.tr. (eine Versamm-
lung usw.) einberufen. **2.** v.i. sich versammeln.
convenience [kən´viːnjəns], s. **1.** Bequemlich-
keit f; **at your c.,** wann (immer) es Ihnen paßt;
at your earliest c., bei erster Gelegenheit; **to
make a c. of s.o.,** j-n ausnutzen; **a c. food,** ein
Schnellgericht n. **2. (public) c.,** (öffentliche)
Bedürfnisanstalt f. **3. with all conveniences,** mit
allen Bequemlichkeiten. **con´venient,** adj. (of
time) gelegen; (of arrangement etc.) praktisch;
if it is c. for you, wenn es Ihnen paßt.
convent [´kɔnvənt], s. Kloster n; **c. school,**
Klosterschule f.
convention [kən´venʃ(ə)n], s. **1.** Tagung f; N.
Am: Pol: Parteitag m. **2.** Pol: Konvention f. **3.**
(custom) Sitte f; **social conventions,** gesell-
schaftliche Formen fpl. **con´ventional,** adj.
konventionell; (customary) herkömmlich; **c.
weapons,** konventionelle Waffen.
converge [kən´vɔːdʒ], v.i. (of lines, roads) zu-
sammenlaufen; **troops are converging on the
town,** Truppen marschieren von allen Seiten
auf die Stadt zu. **con´vergence,** s. Zusam-
menlaufen n. **con´vergent/con´verging,**
adj. zusammenlaufend.
conversant [kən´vəːs(ə)nt], adj. vertraut (with,
mit + dat); **to be c. with a subject,** sich in einem
Fach auskennen.
converse¹ [´kɔnvəːs]. **I.** s. Gegenteil n. **II.** adj.
umgekehrt.
converse² [kən´vɔːs], v.i. sich unterhalten (with
s.o., mit j-m). **conver´sation,** s. Gespräch n;
we got into a c., wir kamen ins Gespräch.
convert. I. (kən´vəːt) v.tr. (a) (j-n) bekehren **(to
Christianity,** zum Christentum); (b) (etwas)
umwandeln **(into sth.,** in etwas acc); **to c. a
cooker to natural gas,** einen Herd auf Erdgas
umstellen; **to c. a house into flats,** ein Haus in
Wohnungen umbauen; **to c. paper money into
coins,** Papiergeld in Münzen umwechseln; (c)
(ein Darlehen usw.) konvertieren; (d) Rugby
Fb: **to c. a try,** einen Versuch (in einer Treffer)
verwandeln. **II.** [´kɔnvəːt] s. Bekehrte(r) f(m).
con´version, s. **1.** Rel: Bekehrung f. **2.**
Umwandlung f (von Wasser in Dampf usw.);
Umstellung f (eines Geräts usw.); Umbau m
(eines Gebäudes); Umwechslung f (von Geld);
Konvertierung f (eines Darlehens usw.).
con´verter, s. El. E: Atom Ph: Konverter m.
converti´bility, s. Fin: Konvertierbarkeit f.

con´vertible. I. adj. umwandelbar; Fin:
(of currency) konvertibel; (of loan etc.)
konvertierbar; H: **c. settee,** Schlafcouch f. **II.** s.
Aut: Kabriolett n.
convex [´kɔnveks], adj. konvex.
convey [kən´vei], v.tr. (a) (Güter, Personen usw.)
befördern; (Wasser, Strom usw.) leiten; (b) (den
Sinn, seine Meinung usw.) ausdrücken; **this
word conveys nothing to me,** dieses Wort sagt
mir nichts. **con´veyance,** s. **1.** Beförderung f.
2. (vehicle) Beförderungsmittel n. **con´veyan-
cing,** s. Jur: Vorbereitung f von Eigentums-
übertragungen. **con´veyor,** s. Ind: Förde-
ranlage f; **c. belt,** Förderband n.
convict. I. (kən´vikt) v.tr. Jur: (j-n) verurteilen;
to c. s.o. (of a crime), j-n (eines Verbrechens)
für schuldig befinden. **II.** [´kɔnvikt] s. Straf-
gefangene(r) f(m). **con´viction,** s. **1.** Jur:
Verurteilung f; **previous c.,** Vorstrafe f; **to have
a previous c.,** vorbestraft sein. **2.** (belief)
Überzeugung f.
convince [kən´vins], v.tr. (j-n) überzeugen **(of
sth.,** von etwas dat). **con´vincing,** adj.
überzeugend.
convivial [kən´viviəl], adj. gesellig.
convocation [kɔnvə(u)´keiʃ(ə)n], s. (a)
Einberufung f (einer Versammlung); (b) Ecc:
Provinzialsynode f.
convolvulus [kən´vɔlvjuləs], s. Bot: Winde f.
convoy [´kɔnvɔi], s. (a) Navy: (escort) Geleit n;
(b) (escorted ships) Geleitzug m; **in c.,** im
Geleitzug; (vehicles) in einer Kolonne.
convulse [kən´vʌls], v.tr. (a) (etwas) erschüttern;
(of war etc.) (ein Land usw.) in Aufruhr ver-
setzen; (b) **to be convulsed with laughter/pain,**
sich vor Lachen/Schmerzen krümmen. **con-
vulsion** [-ʃ(ə)n], s. **1.** Erschütterung f;
Aufruhr m. **2.** F: **we were in convulsions,** wir
haben uns gekringelt vor Lachen. **3.** Med: **to
get convulsions,** Krämpfe bekommen.
coo [kuː], v.i. (of dove) gurren; (of baby) krähen.
´cooing, s. Gurren n.
cook [kuk]. **I.** v. **1.** v.tr. (a) (ein Gericht) kochen,
zubereiten; (= boil) (Kartoffeln, Reis usw.)
kochen; (= roast, fry) (Fleisch, Würste usw.)
braten; **is it cooked?** ist es gar? (b) F: Com: **to
c. the books,** die Bücher frisieren. **2.** v.i. (a) (of
pers.) kochen; (b) (of food) **the lunch is just
cooking,** das Essen ist auf dem Herd; **these
apples c. well,** diese Äpfel kochen sich gut. **II.**
s. Koch m; Köchin f. ´cookbook, s. N.Am:
Kochbuch n. ´cooker, s. **1.** Herd m; **c. hood,**
Abzugshaube f. **2.** F: (apple) Kochapfel m.
´cookery, s. Kochen n; **c. book,** Kochbuch n;
art of c., Kochkunst f. ´cookhouse, s. Mil:
Feldküche f. ´cookie, s. N.Am: Plätzchen n.
´cooking. **I.** s. Kochen n. **II.** adj. **c. apple,**
Kochapfel m; **c. utensil,** Küchengerät n.
cool [kuːl]. **I.** adj. **1.** kühl; **c. dress,** luftiges
Kleid; (on label) **to be kept in a c. place,** kühl
aufbewahren. **2.** Fig: (a) (calm) ruhig; gelassen;
to keep c., die Ruhe bewahren; **keep c.!** immer
mit der Ruhe! (b) (unenthusiastic) **they gave
him a c. reception,** sie nahmen ihn kühl auf; (c)
F: **a c. customer,** ein geriebener Kunde; **it cost
him a c. thousand (pounds),** das hat ihn die
Kleinigkeit von tausend Pfund gekostet. **II.** s.
1. Kühle f; **we sat in the c.,** wir saßen im

Kühlen; **the c. of the evening,** die Abendfrische. **2.** *F:* **to keep one's c.,** die Ruhe bewahren. **III.** *v.* **1.** *v.tr.* (etwas) abkühlen; *F:* **let him c. his heels!** laß ihn warten! **2.** *v.i.* abkühlen; **to put sth. to c.,** etwas kühl stellen; **to c. down,** sich abkühlen; *Fig:* (*of pers.*) sich beruhigen; **to c. off,** (*of enthusiasm etc.*) abkühlen. **c o o l e f,** *s.* **1.** (*for wine etc.*) Kühler *m.* **2.** *P:* Kittchen *n.* **´cool- ing. I.** *adj.* (*of drink etc.*) erfrischend. **II.** *s.* Abkühlung *f;* *Ind:* **c. tower,** Kühlturm *m* (eines Kraftwerks); **c.-off period,** Verhandlungspause *f* (bei einem Streik). **´coolness,** *s.* **1.** Kühle *f* (der Luft, *Fig:* des Empfangs usw.). **2.** (*of pers.*) Gemütsruhe *f;* (*in danger*) Kaltblütigkeit *f.*

coolie [´ku:li], *s.* Kuli *m.*

coop [ku:p]. **I.** *s.* Käfig *m,* *esp.* Hühnerstall *m.* **II.** *v.tr.* **to c. up,** *j-n,* etwas einsperren; **they were all cooped up in a small room,** sie waren alle in einem kleinen Raum eingepfercht.

cooper [´ku:pǝr], *s.* Böttcher *m.*

co-op [´kǝuɔp], *s.* *F:* Konsumladen *m.*

co-operate [kǝu´ɔpǝreit], *v.i.* zusammenarbeiten (**with s.o. on sth.,** mit j-m an etwas *dat*); **I hope he'll c.,** hoffentlich wird er mitmachen; **everybody co-operated to make it a success,** alle trugen zum Erfolg bei. **co-ope´ration,** *s.* Zusammenarbeit *f;* (*help*) Mithilfe *f.* **co- ´operative. I.** *adj.* **1.** (*of pers.*) hilfsbereit. **2.** (*of organization etc.*) genossenschaftlich; **c. society,** Konsumgenossenschaft *f.* **II.** *s.* Ge- nossenschaft *f.*

co-opt [kǝu´ɔpt], *v.tr.* (j-n) hinzuwählen.

co-ordinate [kǝu´ɔ:dineit], *v.tr.* (etwas) koor- dinieren. **co-´ordinates,** *s.pl.* *Cl:* Kombina- tionen *fpl.* **co-ordi´nation,** *s.* Koordination *f.*

cop [kɔp]. **I.** *s.* *P:* **1.** (*policeman*) Polyp *m;* **the cops,** die Polente *f.* **2.** **it's not much c.,** damit ist es nicht weit her. **II.** *v.tr.* *P:* (*a*) (j-n) schnappen; (*to child*) **you'll c. it,** du kannst dich auf etwas *acc* gefaßt machen; (*b*) **to c. it,** (*die*) dran glau- ben müssen.

cope[1] [kǝup], *v.i.* **to c. with s.o., sth.,** mit j-m, etwas *dat* fertig werden; **he can't c. with the situation,** er ist der Lage nicht gewachsen.

cope[2], *s.* *Ecc:* Pluviale *n.*

Copenhagen [kǝupn´heig(ǝ)n]. *Pr. n.* *Geog:* Kopenhagen *n.*

copier [´kɔpiǝr], *s.* **1.** (*pers.*) Abschreiber *m.* **2.** (*machine*) Kopiergerät *n.*

copious [´kǝupiǝs], *adj.* (*of meal, supply etc.*) reichlich; (*of notes*) ausführlich.

copper [´kɔpǝr], *s.* **1.** (*a*) Kupfer *n;* (*b*) **coppers,** Kleingeld *n.* **2.** *A:* Waschkessel *m.* **3.** *attrib.* kupfern; **c. beech,** Blutbuche *f.* **c.-coloured,** kupferfarben; **c.(-plate) engraving,** Kup- ferstich *m.* **4.** *P:* (*policeman*) Polyp *m.*

copse [kɔps], *s.* Gehölz *n.*

copulate [´kɔpjuleit], *v.i.* sich begatten; (*of male*) begatten. **copu´lation,** *s.* Begattung *f.*

copy [´kɔpi]. **I.** *v.* **1.** *v.tr.* (*a*) (etwas) kopieren; **to c. sth. (down/out),** etwas abschreiben; (*b*) (*imitate*) (j-n, etwas) nachahmen. **2.** *v.i.* *Sch:* abschreiben. **II.** *s.* **1.** Kopie *f* (eines Bildes, eines Kleids usw.). **2.** (*written or typed*) Abschrift *f;* **rough c.,** Kladde *f;* **fair c.,** Rein- schrift *f;* **carbon c.,** Durchschlag *m.* **3.** *Phot:* Abzug *m.* **4.** (*of book etc.*) Exemplar *n;* (*of newspaper*) Nummer *f.* **5.** *Journ:* Text *m.*

´copybook, *s.* Schönschreibheft *n.* **´copy- cat,** *s.* *F:* Nachäffer *m.* **´copying,** *s.* (*a*) Abschreiben *n;* Kopieren *n;* (*b*) (*imitation*) Nachahmung *f.* **´copyist,** *s.* Abschreiber *m.* **´copyright,** *s.* Copyright *n.* **´copy-typist,** *s.* Maschinenschreiberin *f.* **´copy-writer,** *s.* Texter *m.*

coquette [kɔ´ket], *s.* Kokette *f.* **co´quettish,** *adj.* kokett.

coral [´kɔrǝl]. **I.** *s.* Koralle *f.* **II.** *adj.* (*a*) korallen; **c. reef,** Korallenriff *n;* (*b*) (*colour*) korallenfarben.

cor anglais [kɔr´ɔŋglei], *s.* *Mus:* Englischhorn *n.*

cord [kɔ:d], *s.* **1.** Strick *m.* **2.** *Anat:* **vocal cords,** Stimmbänder *npl.* **3.** *Cl:* *F:* **cords,** Cordhose *f.*

cordial [´kɔ:djǝl]. **I.** *adj.* herzlich. **II.** *s.* Frucht- sirup *m.* **cordi´ality** [-i´æliti], *s.* Herzlichkeit *f.*

cordon [´kɔ:dǝn]. **I.** *s.* Kette *f;* **police c.,** Polizei- kette *f.* **II.** *v.tr.* **to c. off an area etc.,** eine Gegend usw. absperren.

corduroy [´kɔ:dǝrɔi], *s.* *Tex:* Cord *m;* **c. trou- sers,** Cordhose *f.*

core [kɔ:r]. **I.** *s.* Kern *m;* (*of apple etc.*) Kern- gehäuse *n;* *Fig:* **rotten to the c.,** im Kern ver- dorben; *Ind:* **c. time,** Fixzeit *f;* *El:* **E:** **cable c.,** Kabelader *f;* **two-core cable,** zweiadriges Kabel. **II.** *v.tr.* **to c. an apple,** das Kerngehäuse eines Apfels ausstechen.

cork[kɔ:k]. **I.** *s.* **1.** (*material*) Kork *m;* **c. oak,** Korkeiche *f.* **2.** (*for a bottle etc.*) Korken *m.* **II.** *adj.* Kork-. **III.** *v.tr.* (*a*) (eine Flasche) ver- korken; (*b*) **this wine is corked,** dieser Wein hat Korkgeschmack. **´corkscrew,** *s.* Korken- zieher *m.*

corm [kɔ:m], *s.* *Bot:* Knolle *f.*

corn[1] [kɔ:n], *s.* *coll.* Korn *n;* *N.Am:* Mais *m;* **Indian c.,** Mais *m;* **c. on the cob,** Maiskolben *m.* **´cornflakes,** *s.pl.* Cornflakes *pl.* **´corn- flour,** *s.* Maisstärke *f,* Stärkemehl *n.* **´corn- flower,** *s.* *Bot:* Kornblume *f.* **´cornstarch,** *s.* *N.Am:* Maisstärke *f,* Stärkemehl *n.*

corn[2], *s.* *Med:* Hühnerauge *n.*

cornea [´kɔ:niǝ], *s.* *Anat:* Hornhaut *f.*

corned [kɔ:nd], *adj.* **c. beef,** Corned beef *n.*

corner [´kɔ:nǝr]. **I.** *s.* **1.** Ecke *f* (eines Raumes, eines Tisches usw.); **c. cupboard,** Eckschrank *m;* **c. stone,** Eckstein *m;* *F:* **c. shop,** Tante- Emma-Laden *m;* *Fb:* **c. (kick),** Eckball *m;* *Fig:* **to be in a tight c.,** in der Klemme sitzen. **2.** (*bend*) Kurve *f;* **c. of the street,** Straßenecke *f;* *Fig:* **he has turned the c.,** er ist über den Berg. **3.** *Com:* **to make a c. in wheat,** das gesamte Angebot an Weizen aufkaufen. **II.** *v.* **1.** *v.tr.* (j-n) in die Enge treiben; *Com:* **to c. the market,** den Markt aufkaufen. **2.** *v.i.* *Aut:* eine/ die Kurve nehmen; **the car corners well,** der Wagen hat eine gute Kurvenlage. **´corner- ing,** *s.* *Aut:* Kurvenfahren *n.*

cornet [´kɔ:nit], *s.* **1.** *Mus:* Kornett *n.* **2.** (**ice- cream**) **c.,** Eistüte *f.*

cornice [´kɔ:nis], *s.* **1.** *Arch:* Kranzgesims *n* (eines Pfeilers); Zierleiste *f* (an einer Decke). **2.** *Mount:* snow **c.,** Schneewächte *f.*

Cornish [´kɔ:niʃ]. **I.** *adj.* kornisch, aus Corn- wall. **II.** *s.* *Ling:* Kornisch *n.*

corny [´kɔ:ni], *adj.* *F:* (*a*) (*of joke*) abgedro- schen; (*b*) (*of film etc.*) kitschig.

corollary [kǝ´rɔlǝri], *s.* Folgeerscheinung *f.*

coronary ['kɔrənəri], *adj. Med:* **c. (thrombosis),** Koronarthrombose *f.*

coronation [kɔrə'neiʃ(ə)n], *s.* Krönung *f.*

coroner ['kɔrənər], *s. Jur:* richterliche(r) Beamte(r) *m* für die Leichenschau.

coronet ['kɔrənit], *s.* (kleine) Krone *f.*

corporal¹ ['kɔːp(ə)r(ə)l], *s. Mil:* Stabsunteroffizier *m.*

corporal², *adj.* **c. punishment,** körperliche Züchtigung *f.*

corporate ['kɔːp(ə)rət], *adj.* **1.** (*shared*) gemeinsam; (*united*) zusammengeschlossen. **2.** *Com:* körperschaftlich; **c. property,** Gemeinschaftsbesitz *m.* **corporation** [kɔːpə'reiʃ(ə)n], *s.* **1.** Stadtbehörde *f.* **2.** *Jur:* Körperschaft *f.* **3.** *Com: esp. N.Am:* Aktiengesellschaft *f.* **4.** *Hum:* (*paunch*) Schmerbauch *m.*

corps [kɔːr], *s. Mil: etc:* Korps *n.*

corpse [kɔːps], *s.* Leiche *f.*

corpulent ['kɔːpjulənt], *adj.* beleibt. **'corpulence,** *s.* Beleibtheit *f.*

corpuscle ['kɔːpʌsl], *s.* Körperchen *n;* **blood c.,** Blutkörperchen *n.*

corral [kɔ'rɑːl], *s.* Korral *m.*

correct [kə'rekt]. **I.** *v.tr.* (j-n, etwas) korrigieren. **II.** *adj.* (a) richtig; (b) (*of pers., dress etc.*) korrekt. **co'rrection,** *s.* **1.** *no pl* Korrigieren *n* (eines Fehlers usw.); Korrektur *f* (eines Aufsatzes, eines Sprachfehlers usw.). **2.** Verbesserung *f;* **corrections,** *Print: etc:* Korrekturen *fpl; Sch:* Berichtigung *f.* **co'rrective,** *adj.* korrektiv. **co'rrectness,** *s.* (a) Richtigkeit *f;* (b) Korrektheit *f.*

correlate ['kɔrəleit], *v.* **1.** *v.tr.* (Tatsachen usw.) aufeinander beziehen. **2.** *v.i.* in Wechselbeziehung stehen (**with,** zu + *dat*). **corre'lation,** *s.* Wechselbeziehung *f.*

correspond [kɔris'pɔnd], *v.i.* (a) sich entsprechen, (*of two accounts etc.*) sich decken; **to c. with/to sth.,** etwas *dat* entsprechen; (b) **to c. with s.o.,** mit j-m korrespondieren. **corres'pondence,** *s.* **1.** (*agreement*) Übereinstimmung *f* (**with,** mit + *dat*; **between,** zwischen + *dat*). **2.** Briefwechsel *m;* **to deal with one's c.,** seine Post erledigen; **c. course,** Fernkurs *m.* **corres'pondent,** *s.* **1.** (*regular*) Briefpartner(in) *m(f).* **2.** *Journ:* Korrespondent(in) *m(f).* **corres'ponding,** *adj.* entsprechend.

corridor ['kɔridɔːr], *s.* Korridor *m; Rail:* **c. train,** Durchgangszug *m.*

corroborate [kə'rɔbəreit], *v.tr.* (eine Aussage usw.) bestätigen. **corrobo'ration,** *s.* Bestätigung *f.*

corrode [kə'rəud], *v.* **1.** *v.tr.* (*of rust etc.*) (Metall usw.) zerfressen; (*of chemical etc.*) (Metall usw.) ätzen. **2.** *v.i.* korrodieren. **co'rrosion** [-siv], *s.* Korrosion *f.* **co'rrosive** [-ʒ(ə)n]. **I.** *s* Ätzmittel *n.* **II.** *adj.* zerfressend.

corrugated ['kɔrəgeitid], *adj.* gewellt; **c. iron,** Wellblech *n;* **c. cardboard,** Wellpappe *f.*

corrupt [kə'rʌpt]. **I.** *v.tr.* (einen Zeugen usw.) bestechen; (Jugendliche) verderben. **II.** *adj.* korrupt; (*of text, language*) verderbt. **co'rruption/co'rruptness,** *s.* Korruption *f.*

corset ['kɔːsit], *s. Cl:* Mieder *n; esp. Med:* Korsett *n.*

Corsica ['kɔːsikə]. *Pr. n. Geog:* Korsika *n.* **'Cor-**

sican. I. *adj. Geog:* korsisch. **II.** *s.* Korse *m,* Korsin *f.*

cos [kɔs], *s.* **c. lettuce,** römischer Salat *m.*

cosh [kɔʃ]. **I.** *s.* Knüppel *m.* **II.** *v.tr.* (j-n) mit einem Knüppel schlagen.

cosmetic [kɔz'metik]. **I.** *adj.* kosmetisch. **II.** *s.pl.* **cosmetics,** Kosmetika *npl;* Kosmetiksachen *fpl.*

cosmic ['kɔzmik], *adj.* kosmisch; **c. rays,** kosmische Strahlung. **cosmonaut** ['kɔzmənɔːt], *s.* Kosmonaut *m.* **cosmos** ['kɔzmɔs], *s.* Kosmos *m.*

cosmopolitan [kɔzmə'pɔlit(ə)n], *adj.* kosmopolitisch; (*of city*) international; (*of pers.*) weltbürgerlich.

cosset ['kɔsit], *v.tr.* (j-n) verhätscheln.

cost [kɔst]. **I.** *v.* **1.** *v.i.* kosten; **it c. him five pounds,** es hat ihn fünf Pfund gekostet. **2.** *v.tr. Ind: Com:* **to c. a project,** eine Kostenberechnung für ein Projekt anstellen. **II.** *s.* Kosten *pl;* (a) **the c. of the damage,** die Schadenskosten *pl;* **c. of living,** Lebenshaltungskosten *pl;* **c. price,** Selbstkostenpreis *m;* **at c.,** zum Selbstkostenpreis; (b) *Jur:* **costs,** Kosten *pl;* **he was ordered to pay costs,** er wurde zu den Kosten verurteilt; (c) *Fig:* **I know what it has cost me to my c.,** das weiß ich aus bitterer Erfahrung; **at all costs,** um jeden Preis; **he did it at the c. of his freedom,** es hat ihn seine Freiheit gekostet; **whatever the c.,** koste es, was es wolle. **'costing,** *s. Ind: Com:* Kostenberechnung *f.* **'costliness,** *s.* Kostspieligkeit *f.* **'costly,** *adj.* kostspielig.

costermonger ['kɔstəmʌŋgər], *s.* Straßenhändler *m.*

costume ['kɔstjuːm], *s.* **1.** (**national**) **c.,** Tracht *f.* **2.** (*Th: & fancy dress*) Kostüm *n.* **3.** (a) (*woman's suit*) Kostüm *n;* (b) **bathing c.,** Badeanzug *m;* (c) **c. jewellery,** Modeschmuck *m.*

cosy ['kəuzi]. **I.** *adj.* (*of room etc.*) gemütlich; **warm and c.,** mollig warm. **II.** *s.* (**tea-**)**c.,** Teewärmer *m.* **'cosiness,** *s.* Gemütlichkeit *f.*

cot [kɔt], *s.* Kinderbett *n;* (*with bars*) Gitterbett *n.*

cottage ['kɔtidʒ], *s.* Häuschen *n,* Cottage *f;* **c. cheese,** Hüttenkäse *m;* **c. industry,** Heimindustrie *f.*

cotter ['kɔtər], *s. Mec: E:* Keil *m;* **c. pin,** Splint *m.*

cotton ['kɔtn]. **I.** *s.* Baumwolle *f;* (a) (**sewing-**) **c.,** Nähgarn *n;* **c. reel,** Garnrolle *f;* (b) **c. goods,** Baumwollerzeugnisse *npl;* **printed c.,** bedruckter Baumwollstoff *m;* **c. wool,** Watte *f; Fig:* **to wrap s.o. in c. wool,** j-n in Watte packen; (c) **c. mill,** Baumwollspinnerei *f;* **c. plantation,** Baumwollplantage *f.* **II.** *adj.* baumwollen.

couch [kautʃ], *s.* Couch *f.*

cough [kɔf]. **I.** *s.* Husten *m;* **c. sweet,** Hustenbonbon *m & n.* **II.** *v.i.* (a) husten; (b) *F:* (*pay*) **to c. up,** blechen.

could [kud], *see* **can²**.

council ['kauns(i)l], *s.* **1.** (a) (*assembly*) Rat *m;* **to be in c.,** beraten; **town c.,** Stadtrat *m;* **c. chamber,** Sitzungssaal *m;* **c. meeting,** Ratsversammlung *f;* (b) (*local authority*) Gemeinde *f;* **c. flat,** Sozialwohnung *f;* **c. offices,** Gemeindeverwaltung *f.* **2.** *Ecc:* Konzil *n.* **'councillor,** *s.* Rat *m;* (**town**) **c.,** Stadtrat *m.*

counsel ['kauns(ə)l]. **I.** *s.* **1.** (*consultation*)

Beratung *f*. **2.** (*advice*) Rat *m*. **3.** *Jur*: Anwalt *m;* **c. for the defence,** Verteidiger *m;* **c. for the prosecution,** Anklagevertreter *m*. **II.** *v.tr.* (j-n) beraten; **to c. caution,** zu Vorsicht raten. **'counsellor,** *s*. Berater *m*. **'counselor,** *s*. *N.Am: Jur:* Anwalt *m*.

count¹ [kaunt]. **I.** *v*. **1.** *v.tr.* (*a*) (Gegenstände, Stimmen, die Anwesenden usw.) zählen; **counting from tomorrow,** ab morgen; (*b*) **to c. oneself lucky,** sich glücklich schätzen; **I c. him among my friends,** ich zähle ihn zu meinen Freunden; (*c*) **you can c. me out,** mit mir brauchst du nicht zu rechnen; **c. me out!** ohne mich! (*d*) **to c. on s.o.,** sich auf j-n verlassen; **I am counting on your help,** ich rechne mit Ihrer Hilfe. **2.** *v.i.* (*a*) (von eins bis zehn usw.) zählen; (*b*) (*be of importance*) zählen; **to c. for little/for a lot,** wenig/viel gelten; **every minute counts,** es kommt auf die Minute an. **II.** *s*. Zählung *f;* **to keep c. of sth.,** etwas (immer wieder) zählen; **I've lost c. of the number of times,** ich weiß nicht mehr, wie oft; *Med:* **blood c.,** Blutbild *n; Box:* **to take the c.,** ausgezählt werden. **'count-down,** *s. Space: etc:* Countdown *m*. **'counting,** *s*. Zählen *n; Com:* **c. house,** Buchhaltung *f*. **'countless,** *adj*. unzählig.

count², *s*. Graf *m*.

countenance ['kauntinəns]. **I.** *s. Lit: & B:* Angesicht *n;* (*expression*) Gesichtsausdruck *m;* **to keep one's c.,** die Fassung bewahren. **II.** *v.tr.* (einen Vorschlag usw.) in Erwägung ziehen.

counter¹ ['kauntər], *s*. **1.** (*a*) (*in shop*) Ladentisch *m; F:* **under the c.,** unterm Ladentisch; (*b*) (*in bank, post office*) Schalter *m*. **2.** *Games:* Steinchen *n*. **3.** *E:* Zähler *m*.

counter², *v*. **1.** *v.tr.* (einen Angriff) erwidern; (j-s Plänen usw.) entgegenarbeiten. **2.** *v.i. Sp: etc:* kontern.

counter³, *adv*. **to run c. to sth.,** etwas *dat* zuwiderlaufen; **to act c. to s.o.'s wishes,** gegen j-s Wünsche handeln. **'counter-,** *comb. fm.* (*with verbs*) entgegen-; (*with nouns*) Gegen-. **counter'act,** *v.tr.* (etwas *dat*) entgegenwirken. **'counter-attack.** **I.** *s*. Gegenangriff *m*. **II.** *v.tr. & i.* einen Gegenangriff (gegen j-n) machen. **'counter'balance,** *v.tr.* **to c. sth.,** ein Gegengewicht zu etwas *dat* bilden. **'counterdemon'stration,** *s*. Gegendemonstration *f*. **'counter-'espionage,** *s*. Gegenspionage *f*. **counterfeit** ['kauntəfit]. **I.** *adj*. gefälscht. **II.** *v.tr.* (Geld usw.) fälschen. **'counterfoil,** *s*. Kontrollabschnitt *m*. **countermand** [-'ma:nd], *v.tr.* (einen Befehl) rückgängig machen. **'counterpart,** *s*. Gegenstück *n* (**of sth.,** zu etwas *dat*). **'counterpoint,** *s. Mus:* Kontrapunkt *m*. **'counter'sign,** *v.tr.* (einen Scheck usw.) gegenzeichnen. **'countersink.** **I.** *v.tr.* (eine Schraube) versenken; (ein Schraubenloch) aussenken. **II.** *s. Tls:* Versenker *m*. **'countersunk,** *adj*. **c. head,** Senkkopf *m;* **c. screw,** Senkschraube *f*. **'countertenor,** *s. Mus:* (männlicher) Alt *m*. **'counterweight,** *s*. Gegengewicht *n*.

countess ['kauntis], *s*. Gräfin *f*.

country ['kʌntri], *s*. **1.** (*a*) Land *n; Pol:* Staat *m;* **native c.,** Heimatland *n;* (*b*) (*inhabitants*) Volk *n; Pol: Brit:* **to go to the c.,** Neuwahlen ausschreiben. **2.** (*a*) (*as opposed to town*) Land *n;*

in the c., auf dem Land; **he is from the c.,** er kommt vom Lande; **c. life,** Landleben *n; c. house,** Landhaus *n;* (*b*) (*terrain*) Gelände *n;* **open c.,** offene Landschaft. **'countryfied,** *adj*. *F:* ländlich. **'countryman,** *pl.* **-men,** *s*. **1.** Landbewohner *m;* (*farmer*) Bauer *m*. **2.** (*compatriot*) Landsmann *m*. **'countryside,** *s*. Landschaft *f*. **'countrywoman,** *pl.* **-women,** *s*. **1.** Landfrau *f*. **2.** (*compatriot*) Landsmännin *f*. **'countrypeople,** *s*. Landleute *f*.

county ['kaunti], *s*. **1.** *Brit:* Grafschaft *f;* **c. council,** Grafschaftsrat *m; c. town,** *Brit: approx*. = Kreisstadt *f*. **2.** *U.S:* Verwaltungsbezirk *m*.

coup [ku:], *s*. Coup *m; to bring off a c.,** einen Coup landen.

coupé ['ku:pei], *s. Aut:* Coupé *n;* (**drophead**) **c.,** Kabriolett *n*.

couple ['kʌpl]. **I.** *s*. **1.** Paar *n;* **married c.,** Ehepaar *n*. **2.** (*a few*) ein paar; (*two*) zwei; **a c. of days,** ein paar Tage. **II.** *v.tr.* (zwei Dinge/etwas mit etwas *dat*) verbinden; *Ph: El:* (Stromkreise usw.) koppeln; *Rail:* **to c. a coach to a train,** einen Wagen an einen Zug koppeln. **'couplet,** *s*. Reimpaar *n*. **'coupling,** *s. Rail: Mec. E: etc:* Kupplung *f; El:* Kopplung *f* (von Kreisen usw.).

coupon ['ku:pɔn], *s*. **1.** (*form*) Coupon *m*. **2.** (*voucher*) Gutschein *m*.

courage ['kʌridʒ], *s*. Mut *m; to have the c. of one's convictions,** Zivilcourage haben; **to pluck up c.,** Mut aufbringen. **courageous** [kə'reidʒəs], *adj*. mutig.

courgette [kuə'ʒet], *s*. Zucchini *f*.

courier ['kuriər], *s*. **1.** Reiseleiter *m*. **2.** (*messenger*) Kurier *m*.

course [kɔ:s], *s*. **1.** (*a*) Lauf *m* (der Ereignisse usw.); **in the c. of time,** im Laufe der Zeit; **in the ordinary c. of things,** normalerweise; **in the c. of construction,** im Bau; **in due c.,** zu seiner Zeit; **to let things take their c.,** den Dingen ihren Lauf lassen; (*b*) **of c.,** natürlich, selbstverständlich; **of c. not,** natürlich nicht; **a matter of c.,** eine Selbstverständlichkeit; **as a matter of c.,** als ob es selbstverständlich sei. **2.** (*a*) *Sch:* Kurs *m;* Lehrgang *m;* **a German c.,** ein Deutschkurs *m;* (*b*) *Med:* **c. of treatment,** Behandlung *f,* Kur *f*. **3.** (*a*) Richtung *f; Nau:* Kurs *m; to change c.,** die Richtung ändern; **the c. of a river,** der Lauf eines Flusses; (*b*) **to follow a c. of action,** eine Linie verfolgen; **to follow a middle c.,** eine mittlere Linie einhalten; **what courses are open to us?** welche Möglichkeiten stehen uns offen? **4.** *Cu:* Gang *m*. **5.** *Sp:* (*a*) **golf c.,** Golfplatz *m;* (*b*) **race c.,** Rennbahn *f;* Strecke *f*.

court [kɔ:t]. **I.** *s*. **1.** Hof *m; Cards:* **c. card,** Bildkarte *f*. **2.** *Jur:* Gericht *n; c. room,** Gerichtssaal *m; to take s.o. to c.,** j-n vor Gericht bringen; **to reach a settlement out of c.,** zu einer außergerichtlichen Vereinbarung kommen. **3.** **tennis c.,** Tennisplatz *m*. **II.** *v.tr.* (einer Frau) den Hof machen; **courting couple,** Liebespaar *n; Fig:* **to c. s.o.'s favour,** um j-s Gunst werben; **to c. danger,** sich in Gefahr begeben; **to c. disaster,** Unheil herausfordern. **courteous** ['kə:tjəs], *adj*. höflich. **courtesy** ['kə:tisi], *s*. Höflichkeit *f*. **'courthouse,** *s*.

Gerichtsgebäude *n.* **courtier** ['kɔːtjər], *s.* Höfling *m.* **'court-'martial**. I. *s.* Militärgericht *n.* II. *v.tr.* (j-n) vor ein Militärgericht stellen. **'courtship,** *s.* Werbung *f* (of, um + *acc*). **'court-'shoes,** *s.pl.* Pumps *mpl.* **'courtyard,** *s.* Hof *m.*

cousin ['kʌzn], *s.* (*male*) Vetter *m;* (*female*) Kusine *f;* **first c.,** Vetter/Kusine ersten Grades.

cove [kəuv], *s.* 1. *Geog:* kleine Bucht *f.* 2. *F:* a queer c., ein komischer Vogel.

covenant ['kʌvənənt]. I. *s.* Vertrag *m, esp.* Zahlungsverpflichtung *f.* II. *v.* 1. *v.tr.* (etwas) vertraglich zusichern. 2. *v.i.* **to c. to do sth.,** sich vertraglich verpflichten, etwas zu tun.

cover ['kʌvər]. I. *s.* 1. Bedeckung *f;* **loose c.,** Bezug *m;* **cushion c.,** Kissenbezug *m; Cy: Aut:* **outer c.,** Mantel *m; car c.,** Autoplane *f.* 2. (*lid*) Deckel *m* (eines Kochtopfs usw.); *I.C.E:* **valve c.,** Zylinderkopfhaube *f.* 3. (*a*) Deckel *m* (eines Buches); **to read a book from c. to c.,** ein Buch von Anfang bis Ende lesen; (*b*) Titelseite *f* (einer Zeitschrift); **c. girl,** Covergirl *n.* 4. *Corr:* **under separate c.,** mit getrennter Post; **first-day c.,** Ersttagsbrief *m.* 5. (*protection*) Schutz *m;* **to take c.,** Schutz suchen, *Mil:* in Deckung gehen. 6. *Fin: Com:* Deckung *f; Ins:* Schutz *m;* **c. note,** Deckungszusage *f.* 7. (*in restaurant*) Gedeck *n.* II. *v.tr.* (*a*) (etwas) bedecken (**with sth.,** mit etwas *dat*); **to c. oneself with glory,** sich mit Ruhm bedecken, (*b*) (eine Strecke, eine Entfernung) zurücklegen; (*of salesman etc.*) (ein Gebiet) bereisen; (*c*) (*Mil:* den Rückzug usw.; *Sp:* den Gegner usw.) decken; **to c. s.o. with a revolver,** j-n mit einem Revolver in Schach halten; (*d*) *Com: Fin:* (den Bedarf, die Kosten) decken; (*e*) (ein Thema usw.) (umfassend) behandeln; *Journ:* (über etwas *acc*) berichten; **the book covers the whole of German literature,** das Buch umfaßt die ganze deutsche Literatur; (*f*) *Ins:* (j-n) versichern (**against sth.,** gegen etwas *acc*). **'coverage,** *s. Journ:* Berichterstattung *f.* **'cover 'in,** *v.tr.* (ein Loch usw.) auffüllen, (*with spade*) zuschaufeln. **'covering. I.** *adj.* **c. letter,** Begleitbrief *m.* II. *s.* Bedeckung *f.* **'cover 'over,** *v.tr.* (j-n, etwas) zudecken. **'cover 'up,** *v.tr.* (*a*) (j-n, etwas) zudecken; (*b*) (eine Spur, einen Fehler usw.) verbergen; (eine peinliche Angelegenheit usw.) vertuschen; **to c. up for s.o.,** j-n decken.

coverlet ['kʌvəlit], *s.* Bettdecke *f.*

covet ['kʌvit], *v.tr.* (etwas) begehren. **'covetous,** *adj.* (*of eyes, glance etc.*) begehrlich; (*of pers.*) habgierig.

cow [kau]. I. *s.* 1. Kuh *f.* 2. (*of elephant, seal etc.*) Weibchen *n.* **'cowboy,** *s.* Cowboy *m.* **'cow-catcher,** *s. N.Am:* Rail: Schienenräumer *m.* **'cowhand/'cowherd,** *s.* Kuhhirt *m.* **'cowman,** *pl.* **-men,** *s.* 1. Melker *m.* 2. *N. Am:* Viehzüchter *m.* **'cowhide,** *s.* Rindsleder *n.* **'cowshed,** *s.* Kuhstall *m.*

coward ['kauəd], *s.* Feigling *m.* **'cowardice,** *s.* Feigheit *f.* **cowardly,** *adj.* feige. **cowed** [kaud], *adj.* eingeschüchtert.

cower ['kauər], *v.i.* sich ducken.

cowl [kaul], *s.* 1. *Ecc:* Kapuze *f.* 2. (*on chimney etc.*) Haube *f.* **'cowling,** *s. Aut: Av:* Haube *f.*

cowslip ['kauslip], *s. Bot:* Schlüsselblume *f.*

cox [kɔks]. I. *s.* 1. (*a*) *Nau:* Bootsführer *m;* (*b*) *Row:* Steuermann *m.* 2. (*apple*) Coxorange *m.* II. *v.tr. Row:* (ein Rennboot) steuern.

coxswain ['kɔksn], *s.* = **cox** I. (*a*).

coy [kɔi]. *adj.* (*a*) scheu; (*b*) (*affectedly modest*) zimperlich. **'coyness,** *s.* (*a*) Scheu *f;* (*b*) Zimperlichkeit *f.*

crab [kræb], *s.* 1. Krabbe *f.* 2. *Row:* **to catch a c.,** einen Krebs fangen. **'crab-apple,** *s.* Holzapfel *m.*

crack [kræk]. I. *s.* 1. (*a*) (*of gun, whip etc.*) Knall *m;* (*b*) (*on the head etc.*) (heftiger) Schlag *m.* 2. Riß *m;* (*in glass etc.*) Sprung *m.* 3. *F:* I'll have a c. at it, ich werde es mal versuchen. 4. *F:* (*joke*) Witz *m;* **nasty c.,** spitze Bemerkung. II. *adj. F:* erstklassig; **c. shot,** Meisterschütze *m.* III. *v.* 1. *v.tr.* (*a*) **to c. the whip,** mit der Peitsche knallen; *Fig:* den Sklaventreiber spielen; (*b*) (einen Knochen) anbrechen; (eine Nuß) knacken; **to c. a plate,** einen Sprung in einen Teller machen; (*c*) *F:* (einen Safe, einen Kode) knacken; (*d*) **to c. jokes,** Witze reißen. 2. *v.i.* (*a*) (*of whip, gun etc.*) knallen; (*b*) (*of glass etc.*) einen Sprung bekommen; (*of wall etc.*) einen Riß/Risse bekommen; (*c*) *F:* **get cracking,** mach dich dran; (*hurry*) mach fix! **'cracked,** *adj.* (*a*) (*of glass etc.*) gesprungen; (*of wall, skin etc.*) rissig; (*b*) *F:* (*of person*) übergeschnappt. **'cracker,** *s.* 1. (*firework*) Knallfrosch *m; F:* Kracher *m;* (**Christmas**) **c.,** Knallbonbon *m &n.* 2. (*biscuit*) *esp. N.Am:* Cracker *m.* **'crackers,** *adj. F:* **he is c.,** er spinnt. **'cracking,** *s. Oil:* Krackverfahren *n;* **c. plant,** Krackanlage *f.* **'crackpot.** I. *s. F:* Spinner *m.* II. *adj.* verschroben. **'crack 'down,** *v.tr.* **to c. down on sth.,** harte Maßnahmen gegen etwas *acc* treffen. **'crack 'up,** *v.* 1. *v.tr. F:* (j-n, etwas) über den grünen Klee loben; **he's not all he's cracked up to be,** er ist nicht so gut wie sein Ruf. 2. *v.i.* (*of pers.*) zusammenbrechen.

crackle ['krækl], I. *v.i.* (*of fire etc.*) knistern; (*of gunfire*) knattern. II. *s.* Knistern *n;* Knattern *n.* **'crackling,** *s.* knusprige Schwarte *f* (des Schweinebratens).

cradle ['kreidl]. I. *s.* (*a*) (*for baby, also Fig:*) Wiege *f;* (*b*) Gabel *f* (des Telefons); *Constr:* Hängegerüst *n; Shipbuilding:* Ablaufgerüst *n.* II. *v.tr.* (ein Kind usw.) wiegen. **'cradle-song,** *s.* Wiegenlied *n.*

craft[1] [krɑːft], *s.* 1. Handwerk *n.* 2. (*cunning*) List *f.* **'craftiness,** *s.* Schlauheit *f.* **'craftsman,** *pl.* **-men,** *s.* Handwerker *m.* **'craftsmanship,** *s.* handwerkliches Geschick *n.* **'crafty,** *adj.* schlau; *Pej:* (hinter)listig.

craft[2], *s. Nau:* Fahrzeug *n; coll.* Fahrzeuge *npl.*

crag [kræg], *s.* Felszacke *f.* **'craggy,** *adj.* zackig.

cram [kræm], *v.* (*p. & p.p.* **crammed**) 1. *v.tr.* (*a*) (etwas in einen Koffer, in den Mund usw.) hineinstopfen; **crammed with junk,** mit Kram vollgestopft; (*b*) *Sch: F:* **to c. a pupil,** einen Schüler durch einen Paukkurs vorbereiten. 2. *v.i.* (*a*) sich hineinzwängen (**into a car etc.,** in einen Wagen usw.); (*b*) *F:* **to c. for an examination,** für eine Prüfung pauken. **'cram-'full,** *adj.* vollgepfropft (**of,** mit + *dat*). **'crammer,** *s. Sch:* 1. Paukschule *f* (, wo Schü-

ler intensiv auf Prüfungen vorbereitet werden).
2. (*teacher*) Pauker *m.*
cramp [kræmp]. **I.** *s.* **1.** *Med:* Krampf *m.* **2.**
Constr: Krampe *f.* **II.** *v.tr.* (*a*) (die Ent-
wicklung usw.) hemmen; *F:* **to c. s.o.'s style,**
hemmend auf j-n wirken; (*b*) *Constr:* (etwas)
krampen (**to sth.,** an etwas *acc*). '**cramped,**
adj. (*of space, room etc.*) eng; (*of handwriting*),
verkrampft; (*of style*) steif. '**crampon,** *s.*
Steigeisen *n.*
cranberry ['krænbəri], *s. Bot:* Moosbeere *f; F:*
Preiselbeere *f.*
crane [krein]. **I.** *s.* **1.** *Orn:* Kranich *m.* **2.** *Mec:*
Kran *m.* **II.** *v.tr.* **to c. one's neck,** den Hals recken.
cranium ['kreiniəm], *s. Anat:* Kranium *n.*
crank [kræŋk]. **I.** *s.* **1.** *Mec.E:* Kurbel *f.* **2.**
(*pers.*) verschrobener Typ *m;* Sonderling *m.* **II.**
v.tr. (einen Motor) ankurbeln. '**crankcase,** *s.*
Mec.E: etc: Kurbelgehäuse *n.* '**crankshaft,**
s. Mec.E: etc: Kurbelwelle *f.* '**cranky,** *adj.*
(*of pers.*) wunderlich, verschroben.
crap [kræp], *s. P:* Blödsinn *m.*
crash [kræʃ]. **I.** *s.* **1.** Krach *m;* **a c. of thunder,**
Donnerschlag *m.* **2.** *Fin: St. Exch:* Sturz *m.* **3.**
(*a*) *Aut: Rail:* Unglück *n;* (*collision*) Zusam-
menstoß *m;* **c. helmet,** Sturzhelm *m;* (*b*) *Av:*
Absturz *m.* **4.** *attrib.* **c. course,** Intensivkurs *m.*
II. *v.i.* (*a*) krachen; (*b*) *Aut: Rail:* verun-
glücken; (*of two cars*) zusammenstoßen; **to c.
into a tree,** gegen einen Baum fahren; (*b*) *Av:*
abstürzen. '**crash-'dive,** *s.* Alarmtauchen *n*
(eines U-Bootes). '**crash-'land,** *v.i. Av:* eine
Bruchlandung machen. '**crash-'landing,** *s.*
Av: Bruchlandung *f.*
crate [kreit], *s.* Kiste *f.*
crater ['kreitər], *s.* (*a*) *Geol:* Krater *m;* (*b*)
(**bomb) c.,** Trichter *m.*
crave [kreiv], *v.i.* **to c. for sth.,** sich nach etwas
dat sehnen. '**craving,** *s.* Begierde *f,* (*of preg-
nant woman*) Gelüste *n* (**for,** nach + *dat*).
craven ['kreivən], *adj.* feige.
crawl [krɔːl]. **I.** *v.i.* (*a*) (*of worm, car, pers.*)
kriechen; (*of baby*) krabbeln; (*b*) **to be crawling
with vermin,** von Ungeziefer wimmeln; (*c*)
Swim: kraulen. **II.** *s.* **1.** *Swim:* Kraulen *n.* **2.**
Kriechen; **at a c.,** im Schneckentempo. '**craw-
ler,** *s.* Kriecher *m; Aut:* **c. lane,** Kriechspur *f.*
crayfish ['kreifiʃ], *s.* Krebs *m.*
crayon ['kreiən,-ɔn], *s.* Farbstift *m;* **wax c.,**
Wachsmalstift *m.*
craze [kreiz], *s. F:* Masche *f;* **it's the latest c.,** es
ist die neueste Masche; **to have a c. for sth.,** auf
etwas *acc* versessen sein. '**craziness,** *s.* Ver-
schrobenheit *f;* (*madness*) Wahnsinn *m, F:*
Verrücktheit *f.* '**crazy,** *adj.* **1.** wahnsinnig, *F:*
durchgedreht; **c. with fear,** außer sich *dat* vor
Angst; **to drive s.o. c.,** nach j-m verrückt
sein; **to drive s.o. c.,** j-n verrückt machen; **to go
c.,** verrückt werden, *F:* durchdrehen. **2. c.
paving,** Mosaikpflaster *n* (aus großen Platten).
creak [kriːk]. **I.** *v.i.* knarren. **II.** *s.* Knarren *n.*
'**creaky,** *adj.* knarrend.
cream [kriːm]. **I.** *s.* **1.** Sahne *f; South G:* Rahm
m; **c. cheese,** Rahmkäse *m;* **c. jug,** Sahnekänn-
chen *n.* **2.** Elite *f;* **the c. of society,** die Spitzen
der Gesellschaft. **3.** *Cosm:* Creme *f.* **4.** *attrib.*
c.(-coloured), cremefarben. **II.** *v.tr.* (*a*) (Milch)
entrahmen; (*b*) *Cu:* (Butter) schaumig rühren;

creamed potatoes, Kartoffelbrei *m.* '**crea-
mery,** *s.* **1.** (*factory*) Molkerei *f.* **2.** (*shop*)
Milchgeschäft *n.* '**creamy,** *adj.* sahnig.
crease [kriːs]. **I.** *v.* **1.** *v.tr.* (*a*) (Papier usw.)
falten; (*b*) (ein Kleid usw.) zerknittern. **2.** *v.i.*
(*of material etc.*) knittern. **II.** *s.* Falte *f;* **to iron
a c. into a pair of trousers,** eine Bügelfalte in
eine Hose einbügeln. '**crease-resisting,** *adj.*
knitterfrei.
create [kriˈeit], *v.* **1.** *v.tr.* (*a*) (Himmel und Erde,
ein Kunstwerk usw.) schaffen; (*b*) (einen
schlechten Eindruck, Sensation) machen;
(Schwierigkeiten usw.) hervorrufen. **2.** *v.i. F:*
Theater machen. **cre'ation,** *s.* Schöpfung *f*
(der Erde, eines Kunstwerks); (*fashion*) **the
latest c.,** die neueste Mode. **cre'ative,** *adj.*
schöpferisch. **cre'ator,** *s.* Schöpfer *m.* **crea-
ture** ['kriːtʃər], *s.* **1.** Geschöpf *n;* **fellow c.,**
(*human*) Mitmensch *m.* **2.** *attrib.* **c. comforts,**
Bequemlichkeiten *fpl.*
crèche [kreiʃ], *s.* Kinderkrippe *f.*
credentials [kriˈdenʃ(ə)lz], *s.pl.* **1.** Papiere *npl;*
(*references*) Zeugnisse *npl.* **2.** *Fig:* (*qualifi-
cations*) Voraussetzungen *fpl.*
credible ['kredibl], *adj.* glaubwürdig. **credi-
'bility,** *s.* Glaubwürdigkeit *f; Pol: etc:* **c. gap,**
Unglaubwürdigkeit *f.*
credit ['kredit]. **I.** *s.* **1.** *Fin: Com:* Kredit *m;* **to
give s.o. c.,** j-m Kredit geben/einräumen; **to
buy sth. on c.,** etwas auf Kredit kaufen; *Econ:*
c. squeeze, Kreditdrosselung *f; Com:* **c. note,**
Gutschein *m; Bank:* **c. card,** Kreditkarte *f;* **c.
balance,** Guthaben *n; Book-k:* **c. side,** Haben
n; Fig: **on the c. side,** als Pluspunkt. **2.** Ehre *f;*
it does him c., es macht ihm Ehre; **it is to his c.
that . . .,** es gereicht ihm zum Verdienst, daß
. . .; **to take the c. for sth.,** sich *dat* etwas als
Verdienst anrechnen; **I gave him c. for being
more sensible,** ich habe ihn für vernünftiger
gehalten. **II.** *v.tr.* (*a*) *Com:* **to c. s.o. with a sum,**
j-m einen Betrag gutschreiben; (*b*) (etwas)
glauben; **you would not c. it!** Sie würden es nie
glauben! (*c*) **I credited you with more sense,**
ich hielt dich für vernünftiger; **the spring is cre-
dited with miraculous powers,** der Quelle wird
eine wundertätige Wirkung zugeschrieben.
'**creditable,** *adj.* anerkennenswert. '**credi-
tor,** *s.* Gläubiger *m.*
credulous ['kredjuləs], *adj.* leichtgläubig **cre-
'dulity** [-'djuːliti]/ '**credulousness,** *s.*
Leichtgläubig-keit *f.*
creed [kriːd], *s. Ecc: etc:* Kredo *n;* **the Apostles'
C.,** das Apostolische Glaubensbekenntnis.
creek [kriːk], *s.* **1.** enge Bucht *f.* **2.** *N.Am:*
Flüßchen *n; F:* **to be up the c.,** in der Klemme
sitzen.
creep [kriːp]. **I.** *v.i.* (*p. & p.p.* **crept** [krept]) (*a*)
(*of pers., animal, time*) schleichen; *Fig:* **old age
creeps up on you,** das Alter rückt kaum
merklich heran; (*b*) **it makes one's flesh c.,** man
bekommt gegen eine Gänsehaut. **II.** *s.* **1.**
(*pers.*) *P:* Schleimscheißer *m.* **2.** *F:* **it gives me
the creeps,** mir gruselt es davor. '**creeper,** *s.*
Bot: Kletterpflanze *f.* '**creepy,** *adj.* gruselig.
cremate [kriˈmeit], *v.tr.* (eine Leiche) ein-
äschern. **cre'mation,** *s.* Einäscherung *f,*
Feuerbestattung *f.* **crematorium** [kremə-
'tɔːriəm], *s.* Krematorium *n.*

creosote ['kri:əsəut], s. Kreosot n.

crêpe [kreip], s. 1. (a) Tex: Krepp m; Med: c. bandage, elastische Binde f; (b) c. paper, Kreppapier n. 2. c. rubber, Kreppgummi n; c. (-rubber) sole, Kreppsohle f.

crescendo [krə'ʃendəu], s. Mus: & Fig: Crescendo n.

crescent ['kres(ə)nt], s. (a) c. moon, Mondsichel f; (b) Arch: bogenförmig geschwungene Häuserreihe/Straße.

cress [kres], s. Bot: Kresse f; water-c., Brunnenkresse f.

crest [krest], s. 1. Orn: Haube f; (of cock) Kamm m. 2. (of hill, wave) Kamm m. 3. Her: Wappen n. 'crestfallen, adj. (of pers.) betreten.

Crete [kri:t]. Pr. n. Geog: Kreta n. 'Cretan. I. adj. kretisch. II s. Kreter m.

cretin ['kretin], s. Med: Kretin m; Pej: Vollidiot m.

crevasse [krə'væs], s. Mount: Spalte f, esp. Gletscherspalte f.

crevice ['krevis], s. Ritze f.

crew [kru:], s. 1. Nau: Besatzung f; Row: Mannschaft f. 2. Pej: Bande f. 3. Hairdr: c. cut, Bürstenschnitt m.

crib [krib]. I. s. 1. Agr: & Ecc: Krippe f. 2. (baby's) c., Kinderbett n. 3. F: Plagiat n; Sch: Klatsche f. II. v.tr. & i. F: (eine Idee) klauen; Sch: (die Antwort) abschreiben.

crick [krik]. I. s. to have a c. in one's neck/back, sich dat den Hals/den Rücken verrenkt haben. II. v.tr. (den Hals usw.) verrenken.

cricket[1] ['krikit], s. Ent: Grille f.

cricket[2], s. Sp: Kricket n; F: that's not c., das ist unfair. 'cricketer, s. Kricketspieler m.

crime [kraim], s. Verbrechen n; c. squad, Fahndungskommando n; F: it's a c. to stay indoors on a day like this, es ist eine Schande, an einem solchen Tag drinnen zu bleiben.

criminal ['kriminl]. I. adj. kriminell; (punishable) strafbar; Jur: c. act, Straftat f; c. code, Strafgesetzbuch n; c. law, Strafrecht n; c. intent, verbrecherische Absicht f; to have a c. record, vorbestraft sein. II. s. Verbrecher m.

Crimea [krai'miə]. Pr. n. Geog: the C., die Krim. Cri'mean, adj. Krim-; C. War, Krimkrieg m.

crimp [krimp], v.tr. (Stoff) fälteln; (die Haare) kräuseln.

crimson ['krimz(ə)n]. I. s. Purpur n. II. adj. purpurrot; (of pers.) to turn c., puterrot werden.

cringe [krindʒ], v.i. (a) (in fear) sich ducken; (b) to c. before s.o., vor j-m katzbuckeln. 'cringing, adj. (a) (fearful) ängstlich (kauernd); (b) (servile) unterwürfig.

crinkle ['kriŋkl]. I. v.tr. & i. (Papier) knittern. II. s. Falte f. 'crinkly, adj. kraus.

cripple ['kripl]. I. s. Krüppel m. II. v.tr. (a) (j-n) zum Krüppel machen; crippled with arthritis, durch Arthritis gelähmt; (b) Fig: (den Verkehr, die Industrie usw.) lähmen.

crisis, pl. crises ['kraisis, -i:z], s. Krise f.

crisp [krisp]. I. adj. 1. (of biscuit etc.) knusprig. 2. (of air, weather) frisch. 3. (of manner etc.) forsch; (of speech) entschieden; (of literary style) knapp. II. s. (potato) crisps, Chips pl. 'crispbread, s. Knäckebrot n. 'crispness,

s. 1. Knusprigkeit f. 2. Frische f (der Luft). 3. Entschiedenheit f (der Sprache); Knappheit f (des Stils).

criss-cross ['kriskrɔs]. I. adj. (of pattern etc.) gitterartig. II. adv. kreuz und quer. III. v.i. (of lines etc.) sich kreuzen.

criterion, pl. -ia [krai'tiəriən, -iə], s. Kriterium n.

critic ['kritik], s. Kritiker m. 'critical, adj. kritisch; -ly, adv. c. ill, schwerkrank. 'criticism [-isiz(ə)m], s. Kritik f. 'criticize [-isaiz], v.tr. (j-n, etwas) kritisieren.

croak [krəuk]. I. v.i. (of frog) quaken; (of raven, pers.) krächzen. II. s. Quak n; Krachzer m. 'croaky, adj. krächzend.

crochet ['krəuʃei], v.tr. & i. (einen Schal usw.) häkeln. 'crochet-hook, s. Häkelnadel f.

crock [krɔk]. I. s. 1. (irdener) Topf m. 2. Pej: P: old c., alte Kiste f; (veteran car) Oldtimer m. II. v.i. F: (of pers.) to c. up, zusammenbrechen. 'crockery, s. Geschirr n.

crocodile ['krɔkədail], s. 1. Rept: Krokodil n; Fig: c. tears, Krokodilstränen fpl. 2. (skin) Krokodilleder n. 3. F: c. of schoolchildren, Zweierreihe f von Schulkindern.

crocus, pl. crocuses ['krəukəs, -əsiz], s. Bot: Krokus m.

crone ['krəun], s. altes Weiblein n.

crony ['krəuni], s. P: Kumpan m; old c., alter Kumpel m.

crook [kruk]. I. s. 1. (a) (shepherd's) c., Hirtenstab m; (b) Ecc: Bischofsstab m. 2. Krücke f (eines Spazierstocks usw.). 3. (bend) Krümmung f. 4. F: (criminal) Gauner m. II. v.tr. (den Finger usw.) krümmen. crooked ['krukid], adj. 1. (bent) krumm, (at the wrong angle) schief. 2. Fig: (of pers.) unehrlich; to do sth. c., eine krumme Sache drehen. 'crookedness, s. 1. Krummsein n; Schiefheit f. 2. Fig: Unehrlichkeit f.

croon [kru:n], v.tr. & i. (ein Lied) leise /Pej: (sentimentally) schmalzig singen. 'crooner, s. Schnulzensänger m.

crop [krɔp]. I. s. 1. Ernte f; c. of hay, Heuernte f, to gather in the crops, die Ernte einbringen. 2. a c. of questions, eine (ganze) Reihe von Fragen. 3. (riding) c., Reitstock m. 4. Orn: Kropf m. II. v. (p. & p.p. cropped) 1. v.tr. (a) (of animals) (das Gras) abfressen; (b) (die Haare) kurz schneiden; (eine Hecke, die Ohren, den Schwanz) stutzen; (einen Teil des Bildes) abschneiden; (c) Agr: (ein Feld mit Weizen usw.) bepflanzen. 2. v.i. (of tree, plant) tragen. 'cropper, s. F: to come a c., (i) schwer stürzen; (ii) Fig: auf die Nase fallen. 'crop up, v.i. F: auftauchen.

croquet ['krəukei], s. Games: Krocket n.

cross [krɔs]. I. s. 1. Kreuz n; the Red C., das Rote Kreuz. 2. Bot: Z: Kreuzung f; a c. between a horse and a donkey, eine Kreuzung zwischen Pferd und Esel. 3. Dressm: cut on the c., schräg geschnitten. II. v. 1. v.tr. (a) (die Straße, einen Fluß usw.) überqueren; (die Wüste) durchqueren; to c. the sea, über das Meer fahren; to c. the threshold, über die Schwelle treten; it crossed my mind that ... der Gedanke ging mir durch den Kopf, daß ...; (b) Fin: (einen Scheck) kreuzen; (c) (die

Beine) übereinanderschlagen; *Fig:* **to keep one's fingers crossed for s.o.,** j-m die Daumen drücken; (*d*) *Rel:* **to c. oneself,** sich bekreuzigen; (*e*) (*cross-breed*) (Tierrassen usw.) kreuzen. **2.** *v.i.* (*a*) (*of lines, roads etc.*) sich kreuzen; **our letters crossed,** unsere Briefe haben sich gekreuzt; (*b*) **to c. from Dover to Calais,** die Überfahrt von Dover nach Calais machen. **II.** *adj.* **1.** *F:* böse. **2.** (*in compounds*) Quer-. **´crossbar,** *s.* (*a*) *Cy:* Oberrohr *n, F:* Stange *f;* (*b*) *Fb:* Querlatte *f* (des Tors). **´cross-bow,** *s. Hist:* Armbrust *f.* **´cross-breed. I.** *s.* Kreuzung *f.* **II.** *v.tr.* (Tierrassen usw.) kreuzen. **´cross-´check. I.** *s.* Gegenprobe *f.* **II.** *v.* **1.** *v.i.* die Gegenprobe machen. **2.** *v.tr.* (etwas) doppelt kontrollieren. **´cross-´country. I.** *adv.* querfeldein. **II.** *s. Sp:* **c.-c.** (run), Geländelauf *m.* **´cross-´current,** *s.* Seitenströmung *f.* **´cross-exami´nation,** *s.* Kreuzverhör *n.* **´cross-e´xamine,** *v.tr.* (j-n) ins Kreuzverhör nehmen. **´cross-eyed,** *adj.* schielend. **´crossfire,** *s. Mil: Fig:* Kreuzfeuer *n.* **´crossing,** *s.* **1.** (*sea journey*) Überfahrt *f.* **2.** (*road, railway*) Kreuzung *f;* **level c.,** Bahnübergang *m;* (**pedestrian**) **c.,** Fußgängerübergang *m.* **´cross-´legged,** *adv.* mit gekreuzten Beinen. **´crosspatch,** *s. F:* Brummbär *m.* **´crosspiece,** *s.* Querstück *n.* **´cross-´purposes,** *s.* **to talk at c.-p.,** aneinander vorbeireden. **´cross-´reference,** *s.* Querverweis *m.* **´cross-roads,** *s.* Straßenkreuzung *f; Fig:* **at the c.,** am Scheideweg. **´cross-´section,** *s.* Querschnitt *m* (**of,** durch + *acc*). **´crosswind,** *s.* Seitenwind *m.* **´crosswise,** *adv.* kreuzweise. **´crossword,** *s.* **c.** (puzzle), Kreuzworträtsel *n.*

crotch [krɔtʃ], *s. Anat:* Hodengegend *f;* (*of woman*) Leistengegend *f; Tail:* Schritt *m* (einer Hose).

crotchet [´krɔtʃit], *s. Mus:* Viertelnote *f.* **´crotchety,** *adj.* mürrisch.

crouch [krautʃ], *v.i.* hocken; (*in fear*) kauern.

crow¹ [krəu], *s. Orn:* Krähe *f;* **as the c. flies,** in der Luftlinie; *Nau:* **c.'s nest,** Krähennest *n.* **´crowbar,** *s.* Brecheisen *n.*

crow², *v.i.* krähen; *Fig:* **to c. over sth.,** über etwas *acc* frohlocken.

crowd [kraud]. **I.** *s.* **1.** Menge *f;* (*crush, throng*) Gedränge *n; Cin:* **c. scene,** Massenszene *f.* **2.** *F:* (*set*) Bande *f; Pej:* Clique *f.* **II.** *v.* **1.** *v.i.* **to c.** (**together**), sich drängen. **2.** *v.tr.* **to c.** (**into**) **a room,** sich in ein Zimmer hineindrängen; **to c. a room with furniture,** ein Zimmer mit Möbeln überfüllen. **´crowded,** *adj.* überfüllt (**with people etc.,** von Menschen usw.); **c. together,** dichtgedrängt; *Fig:* **a c. life,** ein ereignisvolles Leben. **´crowd ´in,** *v.i.* sich hineindrängen; *Fig:* (*of memories etc.*) **to c. in upon s.o.,** auf j-n einstürmen. **´crowd ´round,** *v.tr.* (j-n) umdrängen.

crown [kraun]. **I.** *s.* **1.** Krone *f;* **c. jewels,** Kronjuwelen *npl;* **c. prince,** Kronprinz *m; Jur: Brit:* C. Court, Strafgericht *n.* **2.** Scheitel *m* (des Kopfes); Kopf *m* (eines Huts); Krone *f* (eines Baums, der Straße, eines Zahns usw.). **3. c. cork,** Flaschenkapsel *f* (aus Metall). **II.** *v.tr.* (*a*) (einen König usw.) krönen; **to c. s.o. king,** j-n zum König krönen; **crowned heads,** gekrönte Häupter; (*b*) *Fig:* **to be crowned with success,**

von Erfolg gekrönt werden; (*c*) *Dent:* (einen Zahn) überkronen; (*d*) *F:* **to crown it all . . .,** um der Sache die Krone aufzusetzen . . . **´crowning,** *adj.* **the c. event (of the evening etc.),** die Krönung (des Abends usw.). **´crownwheel,** *s. Mec. E:* Kronrad *n.*

crucial [´kru:ʃ(ə)l], *adj.* entscheidend.

crucifix [´kru:sifiks], *s. Rel:* Kruzifix *n.* **crucifixion** [-´fikʃ(ə)n], *s.* Kreuzigung *f.* **´crucify,** *v.tr.* (j-n, das Fleisch) kreuzigen.

cruciform [´kru:sifɔ:m], *adj.* kreuzförmig.

crude [kru:d], *adj.* **1.** (*of raw material*) roh; **c. oil,** Rohöl *n.* **2.** (*of pers., manners etc.*) grob; (*of structure etc.*) primitiv; **-ly,** *adv.* **c. made,** primitiv gebaut; (*of table*) grob gezimmert. **´crudeness/´crudity,** *s.* primitive Art *f;* (*of pers., language etc.*) Grobheit *f.*

cruel [´kruəl], *adj.* grausam (**to,** gegen + *acc*) ; **to be c. to animals,** Tiere quälen. **´cruelty,** *s.* Grausamkeit *f;* **c. to animals,** Tierquälerei *f;* **society for the prevention of c. to animals,** Tierschutzverein *m.*

cruet [´kru(:)it], *s. H:* **c.(-stand)** Menage *f.*

cruise [kru:z]. **I.** *s. Nau:* Kreuzfahrt *f.* **II.** *v.i. Nau:* kreuzen; *Aut:* **to c. along,** dahinfahren; *Aut: Av:* **cruising speed,** Reisegeschwindigkeit *f.* **´cruiser,** *s.* (*a*) *Navy:* Kreuzer *m;* (*b*) **motor c./(cabin) c.,** Kajütboot *n.*

crumb [krʌm], *s.* Krümel *m; Fig:* **a c. of comfort,** ein kleiner Trost. **crumble** [´krʌmbl]. **I.** *v.tr. & i.* (Brot usw.) krümeln; (*of walls, Fig: of empire*) zerfallen. **II.** *s. Cu:* Streusel *m.* **´crumbly,** *adj. F:* krümelig.

crumpet [´krʌmpit], *s.* **1.** *Brit:* salziges Hefegebäck *n.* **2.** *P:* (*girl*) (**bit of**) **c.,** flotte Biene *f.*

crumple [´krʌmpl]. **I.** *v.* **1.** *v.tr.* (etwas) zerdrücken; (ein Kleid, Papier usw.) zerknittern. **2.** *v.i.* (*a*) (*of material*) knittern; (*b*) (*give way*) nachgeben, *F:* knautschen. **II.** *s. Aut:* **c. zone,** Knautschzone *f.*

crunch [krʌn(t)ʃ]. **I.** *v.* **1.** *v.tr.* (einen Keks usw.) geräuschvoll essen. **2.** *v.i.* (*of snow, gravel etc.*) knirschen. **II.** *s.* **1.** Knirschen *n* (des Schnees usw.). **2.** *F:* **when it comes to the c.,** wenn es darauf ankommt.

crusade [kru:´seid]. **I.** *s.* Kreuzzug *m.* **II.** *v.i.* (*a*) *Hist:* sich an einem Kreuzzug beteiligen; (*b*) *Fig:* kämpfen (**for/against sth.,** für/gegen etwas *acc*). **cru´sader,** *s.* **1.** *Hist:* Kreuzfahrer *m.* **2.** (*for a cause*) Kämpfer *m.*

crush [krʌʃ]. **I.** *v.tr.* (*a*) (etwas) zerdrücken; (*with the foot*) (einen Käfer usw.) zertreten; **to be crushed to death,** zu Tode gequetscht werden; (*b*) (*crease*) (ein Kleid usw.) zerdrücken; **to c. clothes into a suitcase,** Kleider in einen Koffer stopfen; (*c*) *Min:* (Erze usw.) brechen. **II.** *s.* **1.** (*crowd*) Gedränge *n.* **2.** *F:* **to have a c. on s.o.,** für j-n schwärmen. **´crushing,** *adj.* (*of defeat, reply etc.*) vernichtend.

crust [krʌst], *s.* Kruste *f.* **´crusty,** *adj.* **1.** (*of bread etc.*) krustig. **2.** (*of pers.*) unwirsch.

crustacean [krʌs´teiʃən], *s.* Krustazee *f.*

crutch [krʌtʃ], *s.* **1.** Krücke *f.* **2.** *Anat: Tail:* = **crotch.**

crux [krʌks], *s.* Kern *m* (eines Problems usw.); **the c. (of the matter),** der springende Punkt.

cry [krai]. **I.** *v.* (*p. & p.p.* **cried**) **1.** *v.i.* (*a*) (*weep*) weinen; (*b*) **to c. (out),** schreien; **to c. with pain,**

vor Schmerz aufschreien; **to c. for help,** um
Hilfe schreien; (c) (*exclaim*) (aus)rufen; **"how
lovely!" she cried,** "wie schön!" rief sie. **2.** *v.tr.*
(bittere Tränen usw.) weinen. **II.** *s.* **1.** Ruf *m;* **a
c. of joy/surprise,** ein Ausruf der Freude/der
Verwunderung; *Fig:* **this job is a far c. from the
one I had before,** zwischen dieser Stelle und
meiner früheren besteht ein himmelweiter
Unterschied. **2. to have a good c.,** sich auswei-
nen. **'cry-baby,** *s. F:* (*female*) Heulsuse *f;*
(*male*) Heulpeter *m.* **'crying. I.** *s.* Weinen *n.*
II. *adj.* (*of injustice etc.*) schreiend; **a c. shame,**
ein Jammer *m.* **'cry 'off,** *v.i. F:* absagen. **'cry
'out,** *v.i.* aufschreien.

crypt [kript], *s. Ecc. Arch:* Krypta *f.*

cryptic ['kriptik], *adj.* rätselhaft; (*of silence, ut-
terance*) geheimnisvoll.

crystal ['kristl], *s.* **1.** *Ch: etc:* Kristall *m.* **2. c.
(-glass),** Kristall *n;* **c. ball,** Kristallkugel *f;*
c.-clear, kristallklar. **'crystal-gazing,** *s.*
Kristallsehen *n.* **'crystalline** [-əlain], *adj.*
kristallen; *Ch:* kristallin. **crystalli'zation,** *s.*
Kristallisierung *f.* **'crystallize,** *v.* **1.** *v.tr.*
(etwas) kristallisieren; **crystallized fruit,**
kandierte Früchte. **2.** *v.i.* kristallisieren; *Fig:*
(*of plan etc.*) feste Form/Gestalt annehmen.
crysta'llography, *s.* Kristallographie *f.*

cub [kʌb], *s.* **1.** Junge(s) *n;* **bear c.,** Bären-
junge(s) *n;* **wolf c.,** Wolfsjunge(s) *n.* **2.** *Scout:*
Wölfling *m.*

Cuba ['kju:bə]. *Pr. n. Geog:* Kuba *n.* **'Cuban. I.**
adj. kubanisch. **II.** *s.* Kubaner(in) *m(f).*

cubby-hole ['kʌbihəul], *s. F:* Kabuff *n; Aut:*
Handschuhfach *n.*

cube [kju:b]. **I.** *s.* Würfel *m;* **c. sugar,** Wür-
felzucker *m; Mth:* **c. root,** Kubikwurzel *f.* **II.**
v.tr. Mth: (eine Nummer usw.) kubieren.
'cubic, *adj.* Kubik ; **c. meter,** Kubikmeter *m
& n;* **c. capacity,** Kubikinhalt *m; I.C.E:* Hub-
raum *m; Mth:* **c. equation,** Gleichung *f* dritten
Grades.

cubicle ['kju:bikl], *s.* Kabine *f* (zum Umkleiden
usw.).

cubism ['kju:biz(ə)m], *s. Art:* Kubismus *m.*

cuckoo ['kuku:]. **I.** *s. Orn:* Kuckuck *m;* **c. clock,**
Kuckucksuhr *f.* **II.** *adj. P:* verrückt.

cucumber ['kju:kʌmbər], *s.* Gurke *f.*

cud [kʌd], *s.* (*of cattle*) **to chew the c.,** wieder-
käuen.

cuddle ['kʌdl], *v.* **1.** *v.tr.* (ein Kind usw.) herzen.
2. *v i* **c. up to s.o.,** sich an j-n kuscheln.
'cuddly, *adj. F:* kuschelig; **c. toy,** Kuscheltier *n.*

cudgel ['kʌdʒl]. **I.** *s.* Knüppel *m.* **II.** *v.tr. Fig:* **to
c. one's brains,** sich auf den Kopf zerbrechen.

cue¹ [kju:], *s.* (*a*) *Th:* Stichwort *n;* **to be on c.,** (*of
actor*) rechtzeitig einsetzen; *Fig:* **right on c.,**
gerade im richtigen Moment; (*b*) *Fig:* Finger-
zeig *m;* **to take one's c. from s.o.,** sich nach
j-m richten.

cue², *s.* **billiard c.,** Billardqueue *n.*

cuff¹ [kʌf], *s.* **1.** (*of shirt etc.*) Manschette *f; F:*
off the c., aus dem Stegreif. **2.** *N.Am:* **trouser
c.,** Hosenaufschlag *m.* **'cuff-links,** *s.pl.*
Manschettenknöpfe *mpl.*

cuff². **I.** *s.* (*blow*) Klaps *m.* **II.** *v.tr.* (j-m) einen
Klaps geben.

cuisine [kwi'zi:n], *s.* Kochkunst *f.*

cul-de-sac ['kʌldəsæk], *s.* Sackgasse *f.*

culinary ['kʌlinəri], *adj.* kulinarisch; **c. skill,**
Kochkunst *f.*

cull [kʌl]. **I.** *v.tr.* (*a*) (eine Blume usw.) pflücken;
(*b*) (*select*) (etwas) auslesen (**from,** aus + *dat*).
II. *s.* (seal) **c.,** Robbenschlag *m.*

culminate ['kʌlmineit], *v.i.* **to c. in sth.,** in etwas
dat gipfeln. **culmi'nation.** *s.* Gipfelpunkt *m.*

culpability [kʌlpə'biliti], *s.* Strafbarkeit *f.*
'culpable, *adj.* strafbar; **c. negligence,** sträf-
licher Leichtsinn.

culprit ['kʌlprit], *s.* Täter *m.*

cult [kʌlt], *s.* Kult *m;* **to make a c. of s.o., sth.,**
mit j-m, etwas *dat* einen Kult treiben.

cultivate ['kʌltiveit], *v.tr.* (*a*) (das Land)
bebauen; (Getreide, Wein usw.) anbauen; (*b*)°
(die Musik usw.) pflegen; **to c. s.o.'s friendship,**
sich um j-s Freundschaft bemühen. **'cultiva-
ted,** *adj.* (*of pers.*) kultiviert. **culti'vation,** *s.*
Kultivierung *f.* **'cultivator,** *s.* **1.** (*pers.*)
Landwirt *m.* **2.** (*machine*) Kultivator *m.*

culture ['kʌltʃər], *s.* **1.** *Med: Ch: & Art: etc:*
Kultur *f.* **2.** (*rearing of plants etc.*) Zucht *f;* **bee
c.,** Bienenzucht *f.* **'cultural,** *adj.* kulturell.
'cultured, *adj.* **1.** (*of pers., mind etc.*) kul-
tiviert. **2. c. pearl,** Zuchtperle *f.*

cumbersome ['kʌmbəsəm], *adj.* unhandlich.

cumulative ['kju:mjulətiv], *adj.* kumulativ.

cunning ['kʌniŋ]. **I.** *s.* Schlauheit *f;* **low c.,** List
und Tücke *f.* **II.** *adj.* **1.** schlau; *Pej:* listig; **c.
device,** raffiniertes Gerät. **2.** *N.Am:* (*cute*)
niedlich.

cup [kʌp]. **I.** *s.* **1.** Tasse *f;* **a c. of tea,** eine Tasse
Tee; *F:* **that's not my c. of tea,** das ist nicht
mein Fall. **2.** (fruit) **c.,** Bowle *f.* **3.** *Sp:* Pokal
m; **c. tie,** Pokalspiel *n;* **c. final,** Pokalendspiel *n;*
4. *Ecc:* (**communion**) **c.,** Kelch *m.* **5.** *Cl:*
Körbchen *n* (eines Büstenhalters). **II.** *v.tr.* **to c.
one's hands,** die Hände hohl machen; **cupped
hand,** hohle Hand. **'cupful,** *s.* **c. of sugar,**
Tasse *f* (voll) Zucker. **'cupwinner,** *s. Sp:*
Pokalsieger *m.*

Cupid ['kju:pid], *Pr.n.m. Myth:* Amor *m.*

cupboard ['kʌbəd], *s.* Schrank *m; F:* **c. love,**
eigennützige Liebe.

cupidity [kju:(')piditi], *s.* Habgier *f.*

cupola ['kju:pələ] *s. Arch:* Kuppel *f.*

cur [kə:r], *s. Pej:* **1.** (*dog*) Köter *m.* **2.** (*pers.*)
Schuft *m.*

curate ['kjuərit], *s. Ecc:* Vikar *m.*

curator [kjuə'reitər], *s.* Kustos *m* (eines
Museums usw.).

curb [kə:b]. **I.** *s.* **1.** *Equit:* (*a*) (chain) Kinnkette
f; (*b*) (*leather*) Kinnriemen *m.* **2.** = **kerb.** **II.**
v.tr. (*a*) (ein Pferd) an die Kandare nehmen;
(*b*) *Fig:* (sich, seinen Zorn, die Zunge usw.) im
Zaum halten.

curd [kə:d], *s.* Dickmilch *f;* **c. cheese,** Quark *m.*

curdle ['kə:dl], *v.* **1.** *v.i.* (*of milk etc.*) ge-
rinnen; **the blood curdled in my veins,** mir
gerann das Blut in den Adern. **2.** *v.tr.* (Milch
usw.) zum Gerinnen bringen.

cure ['kjuər]. **I.** *v.tr.* (*a*) (j-n, eine Krankheit)
heilen; **to cure s.o. of an illness/a bad habit,**
j-n von einer Krankheit/einer schlechten
Angewohnheit heilen; (*b*) (*smoke*) (Fisch,
Fleisch usw.) räuchern; (*salt*) (Fisch, Fleisch
usw.) einsalzen; (*c*) **to c. rubber,** Kautschuk
vulkanisieren. **II.** *s.* **1.** (*process*) Heilung *f.* **2.**

(a) (*treatment*) Kur *f;* **to take a c.,** sich einer Kur unterziehen; (b) (*remedy*) Heilmittel *n* (**for,** gegen + *acc*).

curfew [ˈkɔːfju], *s.* Ausgehverbot *n;* **to impose a c. on a town,** Ausgehverbot über eine Stadt verhängen.

curio, *pl.* **-os** [ˈkjuəriəu, -əuz], *s.* Kuriosität *f.* **curiosity** [kjuəriˈɔsiti], *s.* **1.** Neugier *f.* **2.** (*rare object*) Kuriosität *f.* ˈ**curious,** *adj.* **1.** (*of pers.*) neugierig. **2.** (*strange*) merkwürdig.

curl [kɔːl]. **I.** *s.* (*of hair*) Locke *f;* (*of smoke etc.*) Kringel *m.* **II.** *v.* **1.** *v.tr.* **to c. one's hair,** sich *dat* Locken drehen; **curling tongs,** Lockenschere *f.* **2.** *v.i.* (*of hair*) sich locken; (*of smoke etc.*) sich kringeln. ˈ**curler,** *s.* Hairdr: Lockenwickler *m.* ˈ**curling,** *s. Sp:* Curling *n.* ˈ**curl up,** *v.i.* (*of cat etc.*) sich zusammenrollen; (*of snake, worm*) sich zusammenringeln; (*of pers.*) F: es sich gemütlich machen; **to sit curled up,** mit angezogenen Beinen sitzen; *Fig:* **to c. up with laughter,** sich vor Lachen kringeln. ˈ**curly,** *adj.* lockig; *Bot:* **c. kale,** Krauskohl *m.*

curlew [ˈkɔːljuː], *s. Orn:* Brachvogel *m.*

currant [ˈkʌrənt], *s.* **1.** (schwarze/rote) Johannisbeere *f;* **c. bush,** Johannisbeerstrauch *m.* **2.** (*dried fruit*) Korinthe *f.*

currency [ˈkʌrənsi], *s.* **1.** Währung *f* (eines Landes); **foreign c.,** Devisen *pl;* **hard c.,** harte Währung. **2.** Geläufigkeit *f* (eines Ausdrucks usw.).

current [ˈkʌrənt]. **I.** *s.* **1.** (a) (*in water, also Fig:*) Strömung *f;* (b) *Meteor:* **air/atmospheric c.,** Luftströmung *f.* **2.** (**electric**) **c.,** (elektrischer) Strom *m.* **II.** *adj.* **1.** (*of words etc.*) geläufig; (*of opinions etc.*) herrschend. **2.** (*present*) gegenwärtig; (*topical*) aktuell; **c. number (of a paper),** letzte Nummer/Ausgabe (einer Zeitung); **in c. use,** gebräuchlich; **c. affairs,** aktuelle Fragen; **c. events,** Tagesgeschehen *n;* Bank: **c. account,** laufendes Konto; **-ly,** *adv.* gegenwärtig.

curriculum [kəˈrikjuləm], *s.* (a) *Sch:* Lehrplan *m;* (b) **c. vitae,** Lebenslauf *m.*

curry¹ [ˈkʌri], *s.* Currygericht *n;* **c.(-powder),** Curry *n & m.*

curry², *v.tr.* **to c. favour with s.o.,** sich in j-s Gunst einschmeicheln.

curse [kɔːs]. **I.** *s.* Fluch *m;* **to utter a c.,** einen Fluch ausstoßen; **drugs are the c. of modern society,** Drogen sind der Fluch der modernen Gesellschaft; **these flies are a c.,** diese Fliegen sind eine richtige Plage. **II.** *v.* **1.** *v.tr.* (j-n) verfluchen. **2.** *v.i.* fluchen. **cursed** [ˈkɔːsid], *adj.* verflucht; **it's a c. nuisance,** es ist verdammt ärgerlich.

cursory [ˈkɔːsəri], *adj.* flüchtig.

curt [kɔːt], *adj.* barsch.

curtail [kɔːˈteil], *v.tr.* (etwas) abkürzen (Ausgaben, j-s Freiheit usw.) beschneiden.

curtain [ˈkɔːt(ə)n]. **I.** *s.* (a) Gardine *f;* **velvet c.,** Samtvorhang *m; Pol:* **the Iron C.,** der eiserne Vorhang; (b) *Th:* Vorhang *m;* **safety c.,** eiserner Vorhang; (c) *P:* **it was curtains for X,** X mußte dran glauben. **II.** *v.tr.* (ein Fenster usw.) mit Gardinen versehen. ˈ**curtain-call,** *s. Th:* Hervorruf *m;* **to take a c.-c.,** vor den Vorhang treten. ˈ**curtain off,** *v.tr.* (einen Teil eines Raums usw.) durch einen Vorhang abtrennen. ˈ**curtain-raiser,** *s. Th:* dem

Hauptstück vorangehender Einakter. ˈ**curtainrod,** *s.* Gardinenstange *f.*

curve [kɔːv]. **I.** *s.* Kurve *f; Mth:* **plane c.,** ebene Kurve. **II.** *v.* **1.** *v.tr.* (etwas) biegen. **2.** *v.i.* (*of road etc.*) sich biegen. **curvaceous** [-ˈveiʃəs], *adj. F:* (*of woman*) kurvenreich. **curvature** [ˈkɔːvətʃər], *s.* Krümmung *f; Med:* **c. of the spine,** Rückgratverkrümmung *f.* ˈ**curved,** *adj.* gebogen.

cushion [ˈkuʃ(ə)n]. **I.** *s.* Kissen *n.* **II.** *v.tr.* (a) (einen Stuhl usw.) polstern; (b) (einen Stoß) dämpfen; *Fig:* **to be cushioned against sth.,** gegen etwas *acc* geschützt sein. **cushy** [ˈkuʃi], *adj. F:* bequem; **to lead a c. life,** eine ruhige Kugel schieben.

cussed [ˈkʌsid], *adj. Pej: F:* (a) verflucht; (b) (*perverse*) gehässig. ˈ**cussedness,** *s. F:* Gehässigkeit *f;* **from sheer c.,** aus purer Bosheit.

custard [ˈkʌstəd], *s. Cu: approx.* Vanillesoße *f;* **baked c.,** Eierstich *m* (als Dessert); **c. powder,** *approx.* Vanillesoßenpulver *n.*

custody [ˈkʌstədi], *s.* **1.** Obhut *f;* Sorgerecht *n* (**of a child,** über ein Kind); Aufbewahrung *f* (von Urkunden usw.); (*of valuables*) **in safe c.,** sicher aufbewahrt. **2.** *Jur:* Haft *f;* **to take s.o. into c.,** j-n in Haft nehmen. **custodian** [-ˈtəudiən], *s.* Wächter *m,* Hüter *m;* Kustos *m* (eines Museums usw.)

custom [ˈkʌstəm], *s.* **1.** (*tradition*) Brauch *m;* (*habit*) Gepflogenheit *f;* **it's my c. to get up early,** ich pflege früh aufzustehen. **2.** *Com:* Kundschaft *f.* **3. customs,** Zoll *m;* **customs clearance,** Zollabfertigung *f;* **customs officer,** Zollbeamter *m.* ˈ**customary,** *adj.* gewohnt; (*of walk, drink etc.*) gewohnheitsmäßig. ˈ**custom-ˈbuilt,** *adj.* in Sonderausführung gebaut. ˈ**customer,** *s.* Kunde *m; F:* **a queer c.,** ein seltsamer Kunde; **an ugly c.,** ein übler Kunde. ˈ**custom-ˈmade,** *adj.* in Sonderausführung; (*of clothes*) maßgeschneidert.

cut [kʌt]. **I.** *v.* (*p. & p.p.* **cut**) **1.** *v.i.* (*of knife etc.*) schneiden; *Fig:* **that cuts both ways,** das ist ein zweischneidiges Schwert. **2.** *v.tr.* (a) (Brot, Blumen usw.) schneiden; (Gras, Getreide usw.) mähen; (eine Hecke usw.) beschneiden; (Holz) hacken; (einen Schlüssel) anfertigen; (einen Tunnel) bohren; (einen Film) schneiden; (ein Stück Kuchen) abschneiden; **to. c. one's finger,** sich *dat* in den Finger schneiden; **to have one's hair c.,** sich *dat* die Haare schneiden lassen; **to c. a tooth,** zahnen; *Fig:* **her remark c. him to the quick,** ihre Bemerkung hat ihn zutiefst getroffen; (b) (Preise, Steuern usw.) herabsetzen; (j-s Gehalt usw.) kürzen; **the new motorway has c. travelling time by half,** die neue Autobahn hat die Fahrzeit um die Hälfte verkürzt; *Fig:* **to c. it fine,** sich *dat* wenig Zeit lassen; (c) *Cards:* **to c. (the cards),** abheben; (d) **to c. s.o. (dead),** j-n schneiden; *Univ: F:* **to c. a lecture,** eine Vorlesung schwänzen; (e) **to c. a corner,** eine Kurve schneiden; *Fig:* **to c. corners,** sich es leicht machen; (*of builder etc.*) an allen Ecken und Enden sparen. **II.** *s.* **1.** Schnitt *m* (ins Holz, ins Fleisch usw.); (*wound*) Schnittwunde *f; Fig:* **c. and thrust (of debate),** Wortgefecht *n.* **2.** (*reduction*) Kürzung *f* (**in salary etc.,** des Gehalts usw.); (*in price*) Preisabzug *m;* **wage**

c., Lohnkürzung *f; El:* power c., Stromsperre *f.*
3. *Tail:* Schnitt *m* (eines Anzuges usw.) 4. *Cu:*
c. (of meat), Fleischstück *n;* various cuts of
beef, verschiedene Rindfleischsorten. 5. short
c., Abkürzung *f;* to take a short c., den Weg
abkürzen. 6. *F: (share)* Anteil *m* (of the
profits etc., am Gewinn usw.). III. *adj.* 1. c.
glass, Kristall *n;* c. flowers, Schnittblumen *fpl;*
Tail: well c., gut geschnitten; *Fig:* c. and dried,
(of opinion) vorgefaßt; (of plans etc.) fix und
fertig. 2. c. prices, herabgesetzte Preise. ´cut
a´way, *v.tr.* (etwas) wegschneiden. ´cutaway,
adj. c. view of a rocket, Schnittbild *n* einer
Rakete. ´cut ´back, *v.* 1. *v.tr.* (einen Busch
usw.) beschneiden. 2. *v.i. Cin:* zurückblenden.
´cutback, *s.* 1. Kürzung *f* (in expenditure, der
Ausgaben). 2. *Cin:* Rückblende *f.* ´cut ´down,
v.tr. (a) (einen Baum) fällen; (b) (seine Aus-
gaben usw.) reduzieren; I must c. down on
cigarettes, ich muß meinen Zigaretten-
verbrauch einschränken. ´cut ´in, *v.i.* (a) *Aut:*
to c. in on s.o., j-n schneiden; (b) to c. in on a
conversation, ein Gespräch unterbrechen. ´cut
´loose, *v.i.* sich lossagen. ´cut ´off, *v.tr.* (a)
(j-m die Haare, den Kopf usw.) abschneiden;
(b) (j-m den Weg, den Rückzug usw.) ab-
schneiden; (c) *El:* to c. off the current, den
Strom abschalten; (d) c. off (from civilization,
etc.) (von der Zivilisation usw.) abgeschnitten;
Tel: we've been c. off, wir sind unterbrochen
worden; (e) to c. s.o. off with a shilling, j-n
enterben. ´cut-off, *s.* c. point, oberste Grenze
f. ´cut ´out, *v.* 1. *v.i.* (of engine) aussetzen. 2.
v.tr. (Bilder aus einem Buch usw.) ausschnei-
den; *Dressm:* (ein Kleid usw.) zuschneiden; (b)
Fig: (of pers.) to be c. o. for sth., zu etwas *dat*
geeignet sein; he is not c. o. for a parson, er
eignet sich nicht zum Pastor; (c) *F:* c. it out!
laß das sein! ´cut-out, *s. El. E:* Absperr-
sicherung *f.* ´cut ´short, *v.tr.* (einen Besuch,
eine Rede usw.) abkürzen; to c. s.o. short, j-m
das Wort abschneiden; to c. a long story short,
um es kurz zu machen. ´cutter, *s.* 1. (*pers.*)
Tail: Zuschneider *m; Cin:* Cutter *m.* 2. *Tls:*
Abschneider *m; Mch:* Abschneidemaschine *f;*
(of mincer, mower etc.) Messer *n.* 3. *Nau:*
Kutter *m.* ´cut-throat, *s.* Killer *m;* c.

razor, Rasiermesser *n;* c. competition, Kon-
kurrenzkampf *m* bis aufs Messer. ´cutting. I.
s. 1. Ausschnitt *m* (aus einer Zeitung usw.). 2.
Hort: Ableger *m.* 3. *Rail: etc:* Einschnitt *m.* 4.
Cin: Schnitt *m.* II. *adj.* (of blade, wind, *Fig:*
sarcasm) schneidend; c. edge, Schneide *f;* c.
remark, bissige Bemerkung. ´cut ´up, *v.tr.* (a)
(Fleisch, Wurst) aufschneiden; (Papier, Stoff
usw.) zerschneiden; (b) *F:* to be c. up about
sth., von etwas *dat* mitgenommen sein; (c) *F:*
to c. up rough, aggressiv werden.

cute [kju:t], *adj. esp. N.Am:* (a) niedlich; (b)
(cunning) schlau. ´cuteness, *s. F:* (a) Nied-
lichkeit *f;* (b) Schlauheit *f.* ´cutie, *s. P:* (girl)
flotte Biene *f.*
cuticle [´kju:tikl], *s. Anat:* Nagelhaut *f.*
cutlery [´kʌtləri], *s.* Besteck *n.*
cutlet [´kʌtlit], *s. Cu:* Kotelett *n;* pork c.,
Schweinekotelett *n.*
cyanide [´saiənaid], *s. Ch:* Zyanid *n.*
cyclamen [´sikləmən], *s. Bot:* Alpenveilchen *n.*
cycle [´saikl]. I. *s.* 1. Zyklus *m; Mus:* song c.,
Liederzyklus *m.* 2. (bicycle) Fahrrad *n;* c.
track, Radweg *m; Sp:* c. race/racing, Rad-
rennen *n.* II. *v.i.* (mit dem Rad) fahren. ´cycl-
ing, *s.* Radfahren *n.* ´cyclist, *s.* Radfahrer *m.*
cyclone [´saikləun], *s. Meteor:* Zyklon *m.*
cyder [´saidər], *s.* = cider.
cygnet [´signit], *s. Orn:* junger Schwan *m.*
cylinder [´silindər], *s.* (a) Zylinder *m; Print:*
Walze *f; I.C.E:* c. head, Zylinderkopf *m;* c.
block, Motorblock *m;* (b) oxygen c., Sauer-
stofflasche *f.* cy´lindrical, *adj.* zylindrisch.
cymbal [´simb(ə)l], *s. Mus:* Becken *n.*
cynic [´sinik], *s.* Zyniker *m.* ´cynical, *adj.* zy-
nisch. ´cynicism, *s.* Zynismus *m.*
cypress [´saiprəs], *s. Bot:* Zypresse *f.*
Cyprus [´saiprəs] *Pr n Geog:* Zypern *n* Cyp-
riot [´sipriət]. I. *s.* Zypriote *m;* Zypriotin *f.*
II. *adj.* zypriotisch.
cyst [sist], *s. Med:* Zyste *f.*
czar [zɑ:r], *s.* Zar *m.*
Czech [tʃek]. I. *s.* 1. Tscheche *m;* Tschechin *f.* 2.
(language) Tschechisch *n.* II. *adj.* tschechisch.
Czechoslovakia [´tʃekəusləu´vækiə]. *Pr.n.*
Geog: (die) Tschechoslowakei *f.*

D

D, d [di:], *s.* 1. (der Buchstabe) D, d *n.* 2. *Mus: D*
n; D flat, Des *n.*
dab[1] [dæb]. I. *s.* 1. (tap) Tupfer *m.* 2. (of paint
etc.] Klecks *m.* 3. *F:* to be a d. hand at sth., in
etwas *dat* sehr geschickt sein. II. *v.tr.* (p. & p.p.
dabbed) (etwas) abtupfen.
dab[2], *s. Fish:* kleine Scholle *f,* esp. Kliesche *f.*
dabble [dæbl], *v.i. F:* to d. in law/politics, sich

oberflächlich mit Recht/Politik befassen. ´dab-
bler, *s.* Dilettant(in) *m(f).*
dachshund [´dækshund], *s.* Dackel *m.*
dad [dæd], daddy [´dædi], *s. F:* Vati *m.*
´daddy-´long-legs, *s. Ent:* (a) Brit: Schnake
f; (b) *N. Am:* Weberknecht *m.*
daffodil [´dæfədil], *s. Bot:* Osterglocke *f;* gelbe
Narzisse *f.*

daft [dɑːft], *adj. F:* verrückt; *P:* doof.

dagger ['dægər], *s.* 1. Dolch *m; Fig:* **to be at daggers drawn with s.o.,** mit j-m auf Kriegsfuß stehen. 2. *Typ:* Kreuz(zeichen) *n.*

Dago ['deigou], *s. Pej: F:* (i) (*Italian*) Katzelmacher *m;* (ii) (*Spaniard*) Spanier *m.*

dahlia ['deiliə], *s. Bot:* Dahlie *f.*

daily ['deili], *adj. & adv.* täglich; Tages-; **d. help/** *F:* **daily,** Putzfrau *f* (, die täglich kommt); **d. (paper),** Tageszeitung *f.*

dainty ['deinti], *adj.* 1. (*of food*) delikat. 2. (*of pers.*) zierlich. **'daintiness,** *s.* Zierlichkeit *f.*

dairy ['dɛəri], *s.* 1. Molkerei *f;* **d. cattle,** Milchvieh *n;* **d. farming,** Milchwirtschaft *f;* **d. produce,** Molkereiprodukte *npl.* 2. (*shop*) Milchgeschäft *n.* **'dairyman,** *s.* Melker *m.*

dais ['deiis], *s.* Podium *n.*

daisy ['deizi], *s. Bot:* Gänseblümchen *n;* (*large*) Margerite *f; F:* **fresh as a d.,** quicklebendig.

dale [deil], *s. A: & North Brit:* Tal *n.*

Dalmatian [dæl'meiʃ(j)ən]. I. *s.* (*pers., dog*) Dalmatiner(in) *m(f).* II. *adj.* dalmatinisch.

dam[1] [dæm]. I. *s.* Staudamm *m;* (*across valley*) Talsperre *f.* II. *v.tr.* (*p. & p.p.* **dammed**) **to d. (up) a river etc.,** einen Fluß usw. stauen.

dam[2], *s. Z:* Muttertier *n.*

damage ['dæmidʒ]. I. *s.* Schaden *m; Nau:* (*to ship*) Havarie *f; F:* **did you do any d. to your leg?** hast du dir das Bein verletzt? 2. *pl. Jur:* Schadenersatz *m.* 3. *F:* Kosten *pl;* **what's the d.?** was macht das? II. *v.tr.* (etwas) beschädigen; *Fig:* (einer Person, dem Ruf) schaden. **'damaged,** *adj.* beschädigt. **'damaging,** *adj.* schädlich.

damask ['dæməsk], *s. Tex:* Damast *m.*

dame [deim], *s.* 1. *Brit:* (*title*) Dame *f.* 2. *N.Am: F:* Weib *n.*

damn [dæm]. I. *s. P:* **I don't care a d.,** das kümmert mich einen Dreck. II. *adj. P:* verdammt; **he does d. all!** er tut überhaupt nichts! **this d. job!** diese Scheißarbeit! III. *int.* **d. it!** verdammt! verflucht! IV. *v.tr.* (j-n, etwas) verdammen; (einen Plan usw.) verwerfen; **d. your cheek!** das ist die Höhe! so eine Frechheit! **'damnable,** *adj.* abscheulich; **what d. luck!** welch saumäßiges Pech! **'damned,** *adj.* 1. verdammt. 2. *F:* (*a*) **what a d. nuisance,** verflucht unangenehm; **he's a d. nuisance,** er ist eine verdammte Plage; **to do one's damnedest,** sein möglichstes tun; (*b*) *adv.* (*intensive*) **it's d. hard!** es ist verflucht schwer! **a d. sight better,** bei weitem besser; **you know d. well that . . .,** du weißt nur zu gut, daß . . . **'damning,** *adj.* (*of criticism etc.*) vernichtend; **d. evidence,** erdrückende Beweise.

damp [dæmp]. I. *s.* Feuchtigkeit *f.* II. *v.tr.* (*a*) (etwas) anfeuchten, befeuchten; (Wäsche) einsprengen; (*b*) (den Stoß, Schall, j-s Eifer usw.) dämpfen; (das Feuer) ersticken. III. *adj.* feucht. **'dampen,** *v.* 1. *v.tr.* (*a*) (etwas) befeuchten, anfeuchten; (*b*) (Eifer usw.) dämpfen. 2. *v.i.* (*of thing*) feucht werden. **'damper,** *s.* 1. *F:* **to put a d. on the celebrations,** den Festlichkeiten einen Dämpfer aufsetzen. 2. (*a*) (*of stove etc.*) Ofenklappe *f;* (*b*) *Mec. E: El: etc:* Dämpfer *m; Aut:* Stoßdämpfer *m.* **'dampness,** *s.* Feuchtigkeit *f.* **'damp-proof,** *adj.* feuchtigkeitsbeständig; *Constr:* **d.-p.**

course, Sperrbahn *f* (gegen Feuchtigkeit).

damson ['dæmz(ə)n], *s.* Damaszener Pflaume *f.*

dance [dɑːns]. I. *s.* 1. Tanz *m; Fig:* **to lead s.o. a d.,** j-n zum Narren halten. 2. (*occasion*) Tanzabend *m;* (*smart*) Ball *m.* II. *v.* 1. *v.i.* (*a*) tanzen; **to d. with s.o.,** mit j-m tanzen; (*b*) **to d. for joy,** vor Freude herumhüpfen. 2. *v.tr.* (*a*) (einen Walzer usw.) tanzen; (*b*) *Fig:* **to d. attendance on s.o.,** j-n vorne und hinten bedienen. **'dancer,** *s.* Tänzer(in) *m(f).* **'dancehall,** *s.* Tanzlokal *n.* **'dancing,** *s.* Tanzen *n;* **d. lesson,** Tanzstunde *f.*

dandelion ['dændilaiən], *s. Bot:* Löwenzahn *m.*

dandruff ['dændrʌf], *s.* Schuppen *pl* (im Haar).

dandy ['dændi]. I. *s.* (*pers.*) Dandy *m.* II. *adj. esp. N.Am: F:* prima.

Dane [dein], *s.* 1. Däne *m;* Dänin *f.* 2. (*dog*) **(Great) D.,** Dänische Dogge *f.* **'Danish.** I. *adj.* dänisch; *Cu:* **D. pastry,** Hefeteilchen *n;* (*coiled*) Schnecke *f.* II. *s. Ling:* Dänisch *n.*

danger ['deindʒər], *s.* Gefahr *f* (**to sth.,** für etwas *acc*); **d. money,** Gefahrenzulage *f;* **on the d. list,** in Lebensgefahr. **'dangerous,** *adj.* gefährlich.

dangle ['dæŋgl], *v.* 1. *v.i.* baumeln; **with legs dangling,** mit schlenkernden Beinen. 2. *v.tr.* (etwas) baumeln lassen; (Beine, Arme) schlenkern.

dank [dæŋk], *adj.* naßkalt.

Danube ['dænjuːb]. *Pr. n. Geog:* **the D.,** die Donau.

dapper ['dæpər], *adj.* (*of man*) adrett.

dappled ['dæpld], *adj.* scheckig; (*small spots*) gesprenkelt.

dare [dɛər], *v.* 1. *modal aux.* (es) wagen; **don't you d.!** daß du's ja nicht wagst! untersteh dich! **how d. you!** was fällt dir ein! **I d. say (that) . . . ,** ich glaube schon, daß . . . 2. *v.tr.* (*a*) **to d. to do sth.,** (es) wagen, etwas zu tun; (*b*) **to d. s.o. to do sth.,** j-n herausfordern, etwas zu tun. **'dare-devil,** *s.* Draufgänger *m.* **'daring.** I. *adj.* (*a*) (*of pers.*) kühn, verwegen; (*b*) (*of action*) gewagt. II. *s.* Wagemut *m;* Kühnheit *f.*

dark [dɑːk]. I. *adj.* 1. dunkel; (*sombre*) düster; **(pitch) d.,** finster; **d. green,** dunkelgrün; *Hist:* **the D. Ages,** das frühe Mittelalter; *Fig:* **to look on the d. side,** die Schattenseite der Dinge betrachten; *F:* **to keep sth. d.,** etwas geheimhalten; **d. horse,** unbekannte Größe. II. *s.* 1. Dunkelheit *f;* **after d.,** nach Einbruch der Dunkelheit. 2. *F:* **to keep s.o. in the d.,** j-n im Ungewissen lassen. **'darken,** *v.* 1. *v.tr.* (etwas) verdunkeln. 2. *v.i.* (sich) verdunkeln. **'darkness,** *s.* (*a*) Dunkelheit *f;* **(pitch) d.,** Finsternis *f;* (*b*) (*of colour*) dunkle Färbung *f.* **'darkroom,** *s. Phot:* Dunkelkammer *f.* **'darky,** *s. P:* Neger(in) *m(f).*

darling ['dɑːlin]. I. *s.* Liebling *m;* **my d.!** mein Schatz! **he's mother's d.,** er ist Mutters Liebling. II. *adj.* allerliebst.

darn[1] [dɑːn], *v.tr.* (Socken usw.) stopfen. **'darning,** *s.* Stopfen *n;* **d. needle,** Stopfnadel *f.*

darn[2], *v.tr. & adj. N.Am: F:* verdammt.

dart [dɑːt]. I. *s.* 1. (*a*) Pfeil *m; Games:* Wurfpfeil *m;* **paper d.,** Papierflieger *m;* (*b*) *Cl:* Abnäher *m.* 2. **to make a d. for sth.,** auf etwas *acc* losstürzen. II. *v.i.* **to d. at/upon sth.,** sich auf etwas *acc* stürzen; **to d. in/out,** hereinflitzen/hinausflitzen.

dash [dæʃ]. **I.** *s.* **1.** Schuß *m* (Rum, Whisky); Prise *f* (Salz, Pfeffer); **d. of colour,** Farbklecks *m.* **2.** (*line*) Strich *m;* Typ: Gedankenstrich *m.* **3.** (*a*) (*rush*) Sturz *m;* **to make a d. forward,** nach vorn stürzen; **to make a d. for sth.,** sich auf etwas *acc* stürzen; (*b*) N.Am: Sp: Sprint *m.* **4.** (*energy*) Schwung *m;* F: **to cut a d.,** eine gute Figur abgeben. **5.** Aut: Armaturenbrett *n.* **II.** *v.* **1.** *v.tr.* **to d. sth. to pieces,** etwas zerschmettern. **2.** *v.i.* (sich) stürzen; **to d. at s.o., sth.,** auf j-n, etwas losstürzen; F: **I have to d.,** ich muß lossausen. ˈ**dash aˈlong,** *v.i.* dahinsausen. ˈ**dashboard,** *s.* Aut: etc: Armaturenbrett *n.* ˈ**dashing,** *adj.* (*of pers.*) schneidig; flott; (*daring*) draufgängerisch. ˈ**dash off,** *v.* **1.** *v.i.* lossausen. **2.** *v.tr.* (einen Aufsatz usw.) hinhauen.

data [ˈdɑːtə, ˈdeitə], *s.pl.* Daten *pl;* **personal d.,** Personalangaben *fpl;* **d. processing,** Datenverarbeitung *f.*

date[1] [deit], *s.* (*fruit*) Dattel *f.*

date[2]. **I.** *s.* **1.** Datum *n;* **what's the d. today?** der wievielte ist heute? **to fix a d.,** einen Termin festsetzen; **to be up to d.,** auf dem laufenden sein; **to bring sth. up to d.,** etwas auf den neuesten Stand bringen; **out of d.,** (i) überholt; veraltet; (ii) (*expired*) ungültig; **to d.,** bis heute; Com: **interest to d.,** aufgelaufene Zinsen; Fin: **d. of a bill,** Ausstellungstag *m* eines Wechsels. **2.** F: (*a*) Verabredung *f;* **to have a d. with s.o.,** mit j-m verabredet sein; (*b*) *esp.* N.Am: Mädchen *n*/Mann *m,* mit dem man ausgeht. **II.** *v.* **1.** *v.tr.* (*a*) datieren; (*b*) F: **to d. s.o.,** sich mit j-m verabreden. **2.** *v.i.* (*a*) **to d. back to,** zurückgehen auf + *acc,* zurückreichen bis + *dat;* (*b*) überholt werden; Cl: etc: unmodern werden. ˈ**dated,** *adj.* (*a*) (*of letter etc.*) datiert; (*b*) (*oldfashioned*) veraltet; überholt. ˈ**dateless,** *adj.* (*a*) undatiert; (*b*) zeitlos. ˈ**dateline,** *s.* **1.** Geog: Datumsgrenze *f.* **2.** Journ: Datumsangabe *f.*

dative [ˈdeitiv], *s.* Dativ *m.*

daub [dɔːb]. **I.** *s.* **1.** Constr: Lehmbewurf *m.* **2.** Pej: (*painting*) Schmiererei *f.* **II.** *v.tr.* (etwas) beschmieren (**with paint etc.,** mit Farbe usw.); (Farbe) schmieren (**on sth.,** auf etwas *acc*).

daughter [ˈdɔːtər], *s.* Tochter *f.* ˈ**daughter-in-law,** *s.* Schwiegertochter *f.*

daunt [dɔːnt], *v.tr.* **nothing daunted,** unverzagt. ˈ**daunting,** *adj.* überwältigend; **d. task,** gewaltige Aufgabe. ˈ**dauntless,** *adj.* furchtlos.

dawdle [ˈdɔːdl], *v.i.* trödeln. ˈ**dawdler,** *s.* Trödler *m;* F: Schlafmütze *f.*

dawn [dɔːn]. **I.** *s.* Morgengrauen *n;* **at d.,** bei Tagesanbruch. **II.** *v.i.* (*a*) (*of day*) anbrechen; (*b*) Fig: **at last it dawned on me that . . . ,** endlich kam es mir zum Bewußtsein, daß . . .

day [dei], *s.* **1.** (*a*) Tag *m;* **all d. (long),** den ganzen Tag; **£10 a d.,** £10 pro Tag; **twice a d.,** zweimal am Tag; **the d. before/after,** am Tag zuvor/danach; **d. after d.,** Tag um Tag; **d. by d.,** Tag für Tag; **from d. to d.,** von einem Tag zum anderen; **one d./one of these days,** eines Tages; **what day (of the month) is it?** den wievielten haben wir heute? **he may arrive any d.,** er kann jeden Tag kommen; **d. off,** (arbeits-)

freier Tag; F: **she's 50 if she's a d.,** sie ist mindestens 50 (Jahre alt); **a bit late in the d.,** reichlich spät; **to call it a d.,** für heute Schluß machen; **that made my d.,** da habe ich mich königlich gefreut; Iron: **that'll be the d.!** das möchte ich mal erleben! (*b*) *attrib.* **d. nursery,** Kinderhort *m;* Sch: **d. school,** Schule *f* ohne Internat; **d. boarder,** Schüler *m* im Halbinternat; Ind: **d. shift,** Tagschicht *f;* Rail: **d. return (ticket),** Tagesrückfahrkarte *f.* **2. the good old days,** die gute alte Zeit; **those were the days!** das waren noch Zeiten! **in our d.,** zu unserer Zeit; **I was a student in those days,** zu der Zeit/damals war ich Student; **these days,** heutzutage; **in days to come,** in der Zukunft; **it has had its d.,** seine beste Zeit ist vorüber; **it has seen better days,** es hat schon bessere Zeiten gesehen. ˈ**dayboy,** *s.* Sch: Externe(r) *m.* ˈ**daybreak,** *s.* Tagesanbruch *m.* ˈ**daydream.** **I.** *s.* Wachtraum *m.* **II.** *v.i.* Luftschlösser bauen. ˈ**daylight,** *s.* Tageslicht *n;* **by d.,** im Tageslicht; **in broad d.,** am hellichten Tag; **d. saving,** Sommerzeit *f.* ˈ**daytime,** *s.* Tageszeit *f;* **in the d.,** bei Tage.

daze [deiz]. **I.** *s.* Benommenheit *f;* (*after blow etc.*) Betäubung *f;* **in a d.,** betäubt; benommen. **II.** *v.tr.* (j-n) betäuben.

dazzle [ˈdæzl], *v.tr.* (j-n) blenden. ˈ**dazzling,** *adj.* blendend; **-ly,** *adv.* **d. beautiful,** strahlend schön.

dead [ded]. **I.** *adj.* **1.** (*a*) (*of pers., tree etc.*) tot; (*of flower*) verwelkt; (*of branch*) abgestorben; **the d. man/woman,** der/die Tote; **d. body,** Leiche *f;* **to kill s.o. d.,** j-n erschlagen; F: **d. as a doornail/as mutton,** mausetot; (*b*) (*of limb*) to go **d.,** taub werden; (*c*) Fig: **d. weight,** totes Gewicht; **d. season,** tote Jahreszeit; **Cologne is d. at weekends,** Köln ist am Wochenende wie ausgestorben; **d. wood,** (i) abgestorbenes Holz; (ii) F: Ballast *m;* (*goods*) Ladenhüter *mpl;* **d. battery,** leere Batterie; **d. acoustic,** dumpfe Akustik; Tel: **the line went d.,** die Leitung war auf einmal tot. **2.** (*complete*) völlig; ganz; **to come to a d. stop,** plötzlich stehenbleiben; **a d. calm,** eine vollkommene Windstille; **a d. silence,** eine Totenstille; **in d. earnest,** in vollem Ernst; **d. loss,** Totalverlust *m;* **d. on time,** auf die Minute pünktlich; Rac: **d. heat,** totes Rennen. **II.** *s.* **1.** *pl.* **the d.,** die Toten *mpl.* **2. at d. of night,** mitten in der Nacht; **in the d. of winter,** im tiefsten Winter. **III.** *adv.* (*a*) völlig; ganz; **d. drunk,** sinnlos betrunken; **d. tired**/F: **beat,** todmüde; P.N: **d. slow!** (im) Schritt fahren! F: **to be d. lucky/unlucky,** irrsinniges Glück/saumäßiges Pech haben; (*b*) **to stop d.,** plötzlich stehenbleiben; (*c*) **I am d. against it,** ich bin ganz dagegen; **he is d. set on marrying her,** er ist fest entschlossen, sie zu heiraten. ˈ**deaden,** *v.tr.* (den Schall usw.) dämpfen; (Schmerz) betäuben. ˈ**dead-end,** *s.* (*a*) Sackgasse *f;* (*b*) *attrib.* ohne Ausweg; ohne Chancen. ˈ**deadline,** *s.* (äußerster) Termin *m.* ˈ**deadlock,** *s.* **1.** Stillstand *m;* toter Punkt *m;* **to reach d.,** sich festfahren. **2.** Einriegelschloß *n.* ˈ**deadly,** *adj.* (*of poison etc.*) tödlich; (*of pers., hatred*) unversöhnlich; **d. enemy,** Todfeind *m.* ˈ**deadness,** *s.* Leblosigkeit *f;* Com: (*of market*)

Flaute f. 'dead'pan, adj. ausdrucklos.

deaf [def], adj. taub; **a bit d.**, etwas schwerhörig; **d. and dumb**, taubstumm; **to turn a d. ear (to s.o., sth.)**, (auf j-n, etwas acc) nicht hören wollen. '**deafen**, v.tr. (j-n) taub machen. '**deafening**, adj. ohrenbetäubend. '**deaf-** '**mute**, s. Taubstumme(r) f(m). '**deafness**, s. Taubheit f.

deal[1] [di:l], s. (a) (part) **a good d. of the time**, ein Großteil der Zeit; (b) (amount) **a good d./a great d. of money**, eine Menge/sehr viel Geld; **that's saying a good d.**, das sagt schon viel; adv. **he is a good d. better**, ihm geht es viel besser.

deal[2]. I. v. (p. & p.p. **dealt**) 1. v.tr. (a) **to d. out** (gifts etc.), (Geschenke usw.) austeilen (to/among, unter + dat); (b) **to d. s.o. a blow**, j-m einen Schlag versetzen; (c) Cards: (Spielkarten) geben. 2. v.i. (a) **to d. with sth.**, (i) (of book etc.) von etwas dat handeln; (ii) (of pers.) etwas erledigen; **to d. with a disease**, eine Krankheit behandeln; **to d. with s.o.**, mit j-m fertig werden; Com: **to d. with a firm**, mit einer Firma Geschäfte machen; **to d. in timber**, mit Holz handeln; (b) Cards: geben. II. s. 1. Cards: **whose d. is it?** wer gibt? 2. Com: Geschäft n; (agreement) Abmachung f; F: **it's a d.!** abgemacht! **he got a raw d.**, er hat schlecht dabei abgeschnitten. '**dealer**, s. 1. Cards: Kartengeber m. 2. Com: Händler m. '**dealing**, s. 1. **d. (out)**, Austeilen n. 2 pl. **to have dealings with s.o.**, mit j-m (geschäftlich) zu tun haben.

deal[3], s. (a) Fichtenholz n; (b) (pine) Kiefernholz n.

dean [di:n], s. Ecc: Sch: Dekan m. '**deanery**, s. Dekanat n.

dear [diər]. I. adj. 1. lieb; **my d. fellow**, mein Lieber; (in letter) **D. Mr. Smith**, Sehr geehrter Herr Smith; **D. David**, Lieber David; **she is very d. to me**, ich liebe sie sehr; **for d. life**, als ob es ums Leben ginge. 2. (expensive) teuer; **-ly**, adv. 1. teuer; **you'll pay d. for this**, das wird dich teuer zu stehen kommen. 2. **to love s.o., sth. d.**, j-n, etwas sehr lieben; F: **I'd d. love to**, das täte ich für mein Leben gern. II. s. Liebe(r,s) f(m,n); **my d.**, mein Lieber m, meine Liebe f; **she's a d.**, sie ist ein lieber Kerl. III. int. F: **d. me!** du meine Güte! **oh d.!** ach je!

dearth [də:θ], s. Mangel m (of, an + dat).

death [deθ], s. 1. Tod m; **to die a violent d.**, eines gewaltsamen Todes sterben; **to be at d.'s door**, sterbenskrank sein; **till d.**, auf Lebenszeit; **to put s.o. to d.**, j-n hinrichten; **frozen to d.**, erfroren; **burnt to d.**, verbrannt; F: **he'll be the d. of me**, der bringt mich noch ins Grab; **to catch one's d.**, sich dat den Tod holen; **I'm sick to d. of it**, es hängt mir zum Hals raus; **like grim d.**, verbissen; attrib. **d. duty**, Erbschaftssteuer f; **d. rate**, Sterblichkeitsrate f; **d. roll**, Verlustliste f; Jur: **d. penalty**, Todesstrafe f; F: **d. trap**, Todesfalle f; (on road) gefährliche Unfallstelle f. 2. (with number) Todesfall m (from, wegen + gen); **five deaths**, fünf Todesfälle mpl; (in accident) fünf Todesopfer npl. '**deathbed**, s. Sterbebett n. '**death-blow**, s. Todesschlag m; Fig: Todesstoß m. '**deathless**, s. (of fame etc.) unsterblich, unvergänglich. '**deathly**, adj. tödlich; **d. pale**, totenblaß. '**deathwatch-**

'**beetle**, s. Ent: Klopfkäfer m.

debase [di'beis], v.tr. (etwas) entwürdigen; (Münzen usw.) entwerten. **de'basement**, s. Entwürdigung f; Entwertung f.

debate [di'beit]. I. s. Debatte f. II. v. 1 v.tr. (ein Thema) debattieren; **a hotly debated question**, eine sehr umstrittene Frage. 2. v.i. (a) **to d. whether to do sth.**, überlegen, ob man etwas tun sollte; (b) **to d. with s.o. on sth.**, mit j-m über etwas acc debattieren. **de'batable**, adj. (of question) streitig, strittig; **it's d.**, es ist fraglich.

debauch [di'bɔ:tʃ], v.tr. (j-n) verderben. **de'bauched**, adj. liederlich. **de'bauchery**, s. Ausschweifung f.

debility [di'biliti], s. Med: Entkräftung f.

debit ['debit]. I. s. Soll n; (amount) Debetposten m; **d. balance**, Debetsaldo m. II. v.tr. **to d. s.o.'s/s.o.'s account with a sum**, j-s Konto mit einer Summe belasten.

debonair [debə'neər], adj. flott.

debris ['debri:], s. coll. Trümmer npl.

debt [det], s. Schuld f; **bad debts**, uneinbringliche Außenstände mpl; **to be in d.**, verschuldet sein; **to be out of d.**, seine Schulden los sein. '**debtor**, s. Schuldner m.

debunk [di:'bʌŋk], v.tr. F: (eine Theorie usw.) entkräften.

debut ['deibju:, de-], s. esp. Th: Debüt n.

decade ['dekeid], s. Jahrzehnt n.

decadence ['dekəd(ə)ns], s. Dekadenz f. '**decadent**, adj. dekadent, entartet.

decaffeinated [di'kæfineitid], adj. koffeinfrei.

decamp [di'kæmp], v.i. F: das Weite suchen.

decant [di'kænt], v.tr. (Wein usw.) umfüllen. **de'canter**, s. Karaffe f.

decarbonize [di:'kɑ:bənaiz], v.tr. Mec.E: (einen Motor) entkohlen.

decay [di'kei]. I. s. 1. (a) Verfall m; **to fall into d.**, in Verfall geraten; (b) **senile d.**, Altersschwäche f. 2. (a) (of matter) Verwesung f, Fäulnis f; (b) (of teeth) Karies f. II. v.i. 1. (a) (of building) verfallen; (b) (of vegetable matter) verfaulen; (of flesh) verwesen; (of tooth) kariös werden.

decease [di'si:s], s. Adm: Ableben n. **de'ceased**. I. adj. verstorben; **D. Martin d.**, der verstorbene D. Martin. II. s. **the d.**, der/die Verstorbene.

deceit [di'si:t], s. Betrug m. **de'ceitful**, adj. falsch; (cunning) hinterlistig. **de'ceitfulness**, s. Falschheit f; Hinterlist f.

deceive [di'si:v], v. 1. v.tr. (a) (j-n) betrügen; (b) (mislead) (j-n) täuschen; (j-n) irreführen; **to be deceived**, sich täuschen. 2. v.i. täuschen.

decelerate [di:'seləreit], v. 1. v.i. das Tempo verlangsamen. 2. v.tr. (etwas) langsamer werden lassen.

December [di'sembər], s. Dezember m; **in D.**, im Dezember; **on D. 5th/the fifth of D.**, am 5./ fünften Dezember.

decent ['di:s(ə)nt], adj. anständig; F: **are you d.?** bist du präsentabel? **the food is quite d.**, das Essen ist ganz annehmbar. '**decency** [-si], s. Anstand m; **sense of d.**, Anstandsgefühl n; **the decencies**, die Anstandsformen fpl; **he didn't even have the d. to thank me**, er hat es nicht einmal für nötig gehalten, mir zu danken.

decentralize [di:'sentrəlaiz], *v.tr.* (etwas) dezentralisieren. **decentrali'zation,** *s.* Dezentralisierung *f.*

deception [di'sepʃ(ə)n], *s.* (a) Betrug *m;* (b) Täuschung *f;* Irreführung *f.* **de'ceptive,** *adj.* trügerisch; (*misleading*) irreführend, täuschend.

decibel ['desibel], *s.* Dezibel *n.*

decide [di'said], *v.* **1.** *v.tr.* (eine Frage, eine Sache) entscheiden; **nothing has been decided yet,** es ist noch nichts festgelegt; **this decided me,** das war für mich das Entscheidende; **to d. to do sth.,** (*of pers.*) sich entschließen/(*of group*) beschließen, etwas zu tun. **2.** *v.i.* sich entschließen; **to d. on sth.,** sich zu etwas *dat* entschließen; **to d. on the day,** den Tag festlegen; **to d. for/in favour of s.o.,** sich zu j-s Gunsten entscheiden. **de'cided,** *adj.* **1.** (*of opinion*) entschieden; (*of manner*) entschlossen. **2.** deutlich; **a d. improvement,** eine merkliche Besserung; **-ly,** *adv.* **d. fat,** entschieden zu fett. **de'ciding,** *adj.* entscheidend; Entscheidungs-; **the d. game,** das Entscheidungsspiel. **de'cider,** *s. Sp:* Entscheidungsspiel *n.*

deciduous [di'sidjuəs], *adj.* **d. tree,** Laubbaum *m.*

decimal ['desim(ə)l]. **I.** *adj.* dezimal; **d. point,** Dezimalpunkt *m.* **II.** *s.* Dezimalzahl *f;* **to three places of decimals,** auf drei Dezimalstellen. **'decimate,** *v.tr.* (etwas) dezimieren.

decipher [di'saifər], *v.tr.* (eine Schrift) entziffern; (einen Code) entschlüsseln.

decision [di'siʒ(ə)n], *s.* **1.** (a) (*of pers.*) Entscheidung *f;* (*resolve*) Entschluß *m* **on sth.,** über etwas *acc*); **to reach a d.,** zu einem Entschluß kommen; **to take/make a d.,** (i) einen Entschluß fassen; (ii) eine Entscheidung treffen; (b) (*of group, assembly*) Beschluß *m;* *Jur:* Urteil *n.* **2.** (*manner*) Entschlossenheit *f.* **decisive** [-'saisiv], *adj.* **1.** ausschlaggebend; (*of action etc.*) entscheidend. **2.** (*of pers., manner*) entschlossen; **-ly,** *adv.* entscheidend.

deck [dek], *s.* **1.** (a) *Nau:* Deck *n;* (b) (*of bus*) **top d.,** Oberdeck *n.* **2.** *N.Am:* **a d. of cards,** ein Spiel Karten. **'deck-chair,** *s.* Liegestuhl *m.*

deckle-edged ['dekl'edʒd], *adj.* mit Büttenrand.

declaim [di'kleim], *v.tr.* (Verse usw.) deklamieren.

declare [di'kleər], *v.tr. & i.* (a) (etwas) erklären; **to d. war against/on a country,** einem Land den Krieg erklären; (*at customs*) **have you anything to d.?** haben Sie etwas zu verzollen? (b) **he declared that ...** er behauptete, daß ...; **to d. s.o. guilty,** j-n schuldig erklären; **to d. s.o. the winner,** j-n zum Sieger erklären; (d) *Cards:* (Trumpf) ansagen; (e) **to d. oneself,** Stellung nehmen. **declaration** [deklə'reiʃ(ə)n], *s.* Erklärung *f;* (*statement*) Behauptung *f;* (*of position*) Stellungnahme *f; Cards:* Ansage *f;* **customs d.,** Zollerklärung *f.* **de'clared,** *adj.* **a d. enemy of ...,** ein erklärter Feind von ... *dat.*

declension [di'klenʃ(ə)n], *s. Gram:* Deklination *f.*

decline [di'klain]. **I.** *s.* (a) Niedergang *m* (eines Reiches usw.); Abfall *m* (der Preise); **to go into a d./be on the d.,** zur Neige gehen; (b) (*deterioration*) Verschlechterung *f* (**in morals,** der Moral); **d. in powers,** Nachlassen *n* der Kräfte;

d. in standards, Abfall *m* des Niveaus; *Sch:* Leistungsabfall *m.* **II.** *v.* **1.** *v.tr.* (a) (etwas) höflich ablehnen; *abs.* (es) ablehnen; **he declined to comment,** er enthielt sich eines Kommentars; (b) *Gram:* (ein Wort) deklinieren. **2.** *v.i.* (a) sinken; (*of prices*) abfallen; (b) (*of pers.*) dahinsiechen; (*of powers*) nachlassen; **his health is declining,** seine Gesundheit verschlechtert sich. **de'clining,** *adj.* **d. sun,** untergehende Sonne; **d. years,** Lebensabend *m;* **d. powers,** abnehmende Kräfte *fpl.*

declutch [di:'klʌtʃ], *v.i. Aut:* auskuppeln.

decode [di:'kəud], *v.tr.* (etwas) entschlüsseln.

décolleté [dei'kɔltei]. **I.** *adj. Cl:* tief ausgeschnitten. **II.** *s.* Dekolleté *n.*

decompose [di:kəm'pəuz], *v.* **1.** *v.tr.* (eine Substanz) zerlegen. **2.** *v.i.* (*of vegetable matter*) verfaulen; (*of flesh*) verwesen. **decomposition** [-kɔmpə'ziʃ(ə)n], *s.* **1.** Zerlegung *f.* **2.** Fäulnis *f;* Verwesung *f* (einer Leiche).

décor ['deikɔːr], *s. Th: etc:* Dekor *m.* **decorate** ['dekəreit], *v.tr.* (a) (etwas) schmücken (**with,** mit + *dat*); (eine Torte usw.) verzieren (**with,** mit + *dat*); (b) (ein Zimmer) neu streichen (und tapezieren); (c) (j-n) (mit einem Orden) auszeichnen. **deco'ration,** *s.* **1.** (a) Verzierung *f;* (b) Dekoration *f* (eines Hauses); **interior d.,** Innenausstattung *f.* **2.** (*medal*) Auszeichnung *f,* Orden *m.* **'decorative,** *adj.* dekorativ. **'decorator,** *s.* (a) **interior d.,** Innenarchitekt *m;* (b) **painter and d.,** Maler und Tapezierer *m.*

decorous ['dekərəs], *adj.* schicklich, anständig. **decorum** [di'kɔːrəm], *s.* Anstand *m.*

decoy. I. ['di:kɔi] *s.* (*object*) Köder *m;* (*pers., bird*) Lockvogel *m.* **II.** [di'kɔi] *v.tr.* (j-n, etwas) anlocken.

decrease. I. ['di:kri:s] *s.* (*in size*) Abnahme *f;* (*in number, price*) Rückgang *m;* **d. in speed,** Verlangsamung *f* (des Tempos); **d. in length,** Verkürzung *f.* **II.** [di:'kri:s], *v.* **1.** *v.tr.* (den Preis) herabsetzen; (etwas) verringern; **to d. one's speed,** das Tempo verlangsamen. **2.** *v.i.* (*in size*) abnehmen; (*in number*) weniger werden; (*of numbers*) sinken. **de'creasing,** *adj.* abnehmend; **a d. number (of people),** immer weniger (Leute); **-ly,** *adv.* in abnehmendem Maße; immer weniger.

decree [di'kri:]. **I.** *s.* **1.** *Adm:* Erlaß *m.* **2.** *Jur:* Entscheid *m;* (*judgement*) Urteil *n.* **II.** *v.tr.* (etwas) verordnen.

decrepit [di'krepit], *adj.* **1.** (*of pers.*) altersschwach. **2.** (*of thing*) heruntergekommen; (*of house etc.*) verfallen. **de'crepitude,** *s.* **1.** Altersschwäche *f.* **2.** Verfall *m.*

decry [di'krai], *v.tr.* (etwas) bemängeln; (Bemühungen usw.) herabsetzen.

dedicate ['dedikeit], *v.tr.* (a) (eine Kirche, ein Gebäude) einweihen; **dedicated to St. Paul,** dem Heiligen Paulus geweiht; (b) **to d. sth. to s.o.,** j-m etwas widmen; **he dedicated his life to science,** er widmete sein Leben der Wissenschaft. **'dedicated,** *adj.* (*of pers.*) aufopfernd; **he is d. to his work,** er geht ganz in seiner Arbeit auf. **dedi'cation,** *s.* **1.** Einweihung *f* (einer Kirche usw.). **2.** Widmung *f* (eines Buches usw.). **3.** (*sense of*) **d.,** Hingabe *f.*

deduce [di'dju:s], *v.tr.* (etwas) folgern (**from,** aus + *dat*).

deduct [di'dʌkt], *v.tr.* (einen Betrag) abziehen (**from,** von + *dat*). **de'duction,** *s.* 1. Abzug *m;* **after d. of tax,** nach Abzug der Steuer. 2. (*conclusion*) Folgerung *f.*

deed [di:d], *s.* 1. Tat *f;* **a brave d.,** eine Heldentat; **a mighty d.,** eine Großtat. 2. *Jur:* Urkunde *f;* **d. of sale,** Kaufvertrag *m;* **d. poll,** einseitiges Rechtsgeschäft. **'deed-box,** *s.* Kassette *f* für Urkunden.

deem [di:m], *v.tr. A:* & *Lit:* **to d. sth. to be . . .,** etwas als . . . erachten.

deep [di:p]. **I.** *adj.* tief; (*a*) **three metres d.,** drei Meter tief; *F:* **to go off the d. end,** außer sich *dat* geraten; *Fig:* **d. in thought,** in Gedanken vertieft; **d. in debt,** schwer verschuldet; (*b*) **d. sleep,** fester Schlaf; (*c*) (*intense*) tief, groß; **d. sorrow,** tiefer Schmerz; **d. interest,** großes Interesse; **d. love,** innige Liebe; (*d*) *F:* schlau; **he's a d. one,** er hat es faustdick hinter den Ohren. **II.** *adv.* tief; **d. into the night,** bis tief in die Nacht; **d. blue,** tiefblau. **III.** *s. Poet:* **the d.,** das Meer; **the ocean deeps,** die Tiefen des Ozeans. **'deepen,** *v.* 1. *v.tr.* (*a*) vertiefen; (*b*) (ein Gefühl) verstärken; (*c*) (eine Farbe) dunkler machen. 2. *v.i.* sich vertiefen; (*strengthen*) sich verstärken. **'deepening,** *s.* Vertiefung *f;* Verstärkung *f.* **'deep-'freeze. I.** *s.* Tiefkühltruhe *f.* **II.** *v.tr.* (*Lebensmittel*) tiefkühlen. **'deep-'fry,** *v.tr.* in tiefem Fett ausbacken. **'deeply,** *adv.* **d. felt,** tiefempfunden; **d. indebted,** sehr zu Dank verpflichtet; **d. hurt,** schwer gekränkt; **to go d. into sth.,** etwas *dat* auf den Grund gehen. **'deepness,** *s.* 1. Tiefe *f.* 2. (*of pers.*) Schlauheit *f.* **'deep-'rooted,** *adj.* tief verwurzelt. **'deep-'sea,** *adj.* Tiefsee-; **d.-s.** fishing, Hochseefischerei *f.* **deep-'seated,** *adj.* tiefsitzend; **d.-s. conviction,** feste Überzeugung.

deer [diər], *s. inv.* (*a*) Hirsch *m;* **red d.,** Rothirsch *m;* (*b*) **roe d.,** Reh *n.* **'deerskin,** *s.* (*a*) Hirschleder *n;* (*b*) Rehleder *n.*

deface [di'feis], *v.tr.* (etwas) beschädigen; (etwas Schriftliches) unleserlich machen. **de'facement,** *s.* Beschädigung *f.*

defamation [defə'meiʃ(ə)n], *s.* Verleumdung *f.* **defamatory** [di'fæmətri], *adj.* verleumderisch; Schmäh-.

default [di'fɔ:lt]. **I.** *s.* (*a*) Versäumnis *f;* **d. in payment,** Zahlungsverzug *m;* (*b*) *Jur: Sp:* **by d.,** durch Nichterscheinen *n* (des Gegners). **II.** *v.i.* (*a*) (seinen Verpflichtungen usw.) nicht nachkommen; (*b*) *Jur: etc:* nicht erscheinen. **de'faulter,** *s.* Säumige(r) (*m*).

defeat [di'fi:t]. **I.** *s.* 1. Niederlage *f;* **to admit d.,** sich geschlagen geben. 2. *Parl:* Ablehnung *f* (**of a motion,** eines Vorschlages); Überstimmung *f* (der Regierung). **II.** *v.tr.* (*a*) (j-n, eine Armee) besiegen; *Sp:* (j-n) schlagen; **this problem defeats me,** bei diesem Problem gebe ich mich geschlagen; (*b*) *Parl:* (einen Vorschlag) ablehnen; (die Regierung) überstimmen; (*c*) (einen Plan) zunichte machen; **to d. one's purpose,** den Zweck verfehlen. **de'featist. I.** *s.* Defätist *m.* **II.** *adj.* defätistisch.

defect¹ ['di:fekt], *s.* Mangel *m;* Fehler *m* (**in,** an + *dat,* **in** + *dat*); (*weakness*) Schwäche *f;* **physical d.,** Gebrechen *n.* **de'fective,** *adj.*

mangelhaft; **d. brakes,** defekte Bremsen; **d. memory,** lückenhaftes Gedächtnis; **mentally d.,** schwachsinnig.

defect² [di'fekt], *v.i.* (zu einer anderen Partei usw.) übergehen; abtrünnig werden.

defence [di'fens], *s.* Verteidigung *f;* (*a*) (*justification*) Rechtfertigung *f;* **in his d.,** zu seiner Rechtfertigung/*Jur:* Entlastung; (*b*) *Fb:* Abwehr *f;* (*c*) *Mil:* **defences,** Verteidigungsanlagen *fpl;* (*d*) *Psy: Physiol:* **d. mechanism,** Abwehrmechanismus *m.* **de'fenceless,** *adj.* wehrlos. **defend** [di'fend], *v.tr.* (j-n, etwas) verteidigen (**from/against,** gegen + *acc*); (eine Tat) rechtfertigen. **de'fendant,** *s. Jur:* (*civil law*) Beklagte(r) *f(m);* (*criminal law*) Angeklagte(r) *f(m).* **de'fender,** *s.* Verteidiger *m; Fb: etc:* Abwehrspieler *m; Sp:* (*of title*) Titelverteidiger *m.* **de'fensive. I.** *adj.* defensiv; **d. measure,** Abwehrmaßnahme *f; Mil:* **d. fire,** Abwehrfeuer *n; Sp:* **d. play,** Defensivspiel *n.* **II.** *s.* Defensive *f;* **to go on to the d.,** zur Defensive übergehen.

defer [di'fə:r], *v.tr.* (*p.* & *p.p.* **deferred**) (etwas) verschieben; (eine Entscheidung) hinausschieben; *Com:* **on deferred terms,** auf Abzahlung. **de'ferment,** *s.* Aufschub *m.*

deference ['def(ə)rəns], *s.* Ehrerbietung *f.* **deferential** [-'renʃ(ə)l], *adj.* ehrerbietig.

defiance [di'faiəns], *s.* Trotz *m;* (**act of) d.,** Herausforderung *f.* **de'fiant,** *adj.* trotzig; herausfordernd.

deficiency [di'fiʃənsi], *s.* 1. Mangel *m* (**of/in,** an + *dat*); (*money*) Fehlbetrag *m.* 2. (*quality*) Mangelhaftigkeit *f.* **de'ficient,** *adj.* ungenügend; (*of work*) mangelhaft; **to be d. in,** mangeln an + *dat.*

deficit ['defisit], *s. Com: Fin:* Defizit *n,* Fehlbetrag *m.*

defile¹ ['di:fail], *s. Geog:* Engpaß *m.*

defile² [di'fail], *v.tr.* (j-n, etwas) besudeln.

define [di'fain], *v.tr.* (*a*) (ein Wort) definieren; **to d. one's position,** seinen Standpunkt klarstellen; (*b*) (Grenzen) festlegen, bestimmen; (*c*) (*of outlines, ideas*) **clearly defined,** klar umrissen. **definite** ['definit], *adj.* 1. bestimmt; **is that d.?** ist das sicher? **d. answer,** eindeutige Antwort; *Com:* **d. order,** fester Auftrag. 2. *Gram:* **d. article,** bestimmter Artikel; **-ly,** *adv.* sicher, gewiß; bestimmt; **when will you d. know?** bis wann wissen Sie es bestimmt/ganz genau? **defi'nition,** *s.* 1. Definition *f* (eines Wortes). 2. *Phot: Rec:* Schärfe *f* (des Bildes, des Tones).

deflate [di'fleit], *v.tr.* (*a*) (einem Reifen usw.) die Luft auslassen; (*b*) *Fin:* **to d. the economy,** deflatorische Maßnahmen in der Wirtschaft ergreifen; (*c*) *F:* **that's deflated him!** das hat ihm den Wind aus den Segeln genommen! **de'flation,** *s.* 1. Auslassen *n* von Luft. 2. *Fin:* Deflation *f.*

deflect [di'flekt], *v.tr.* (j-n, etwas) ablenken (**from,** von + *dat*).

deform [di'fɔ:m], *v.tr.* (etwas) deformieren. **de'formed,** *adj.* deformiert; (*of limb*) mißgestaltet. **de'formity,** *s.* Mißbildung *f.*

defraud [di'frɔ:d], *v.tr.* **to d. s.o. of sth.,** j-n etwas *acc* betrügen; **to d. the tax authorities,** Steuern hinterziehen; *Jur:* **with intent to d.,** in betrügerischer Absicht.

defray [di'frei], *v.tr.* to d. s.o.'s expenses, j-s Kosten bestreiten; **to d. the cost of sth.**, die Kosten von etwas *dat* tragen.

defrost [di:'frɔst], *v.tr.* (den Kühlschrank) abtauen; (Tiefgekühltes) auftauen lassen.

deft [deft], *adj.* geschickt, gewandt. **'deftness,** *s.* Geschicklichkeit *f*, Gewandtheit *f*.

defunct [di'fʌŋkt], *adj.* (*of firm, railway etc.*) stillgelegt; **to be d.**, nicht mehr bestehen.

defy [di'fai], *v.tr.* (a) (j-m, etwas *dat*) trotzen; (*challenge*) (j-n) herausfordern; **to d. danger**, der Gefahr die Stirn bieten; (b) **to d. translation**, sich nicht übersetzen lassen; **to d. description**, jeder Beschreibung spotten.

degenerate. I. [di'dʒenəreit] *v.i.* degenerieren, entarten (**from**, von + *dat*; **into**, zu + *dat*). **II.** [di'dʒen(ə)rit] *adj.* entartet, (*of pers.*) degeneriert. **de'generacy, degene'ration,** *s.*, Degeneration *f*, Entartung *f*.

degrade [di'greid], *v.tr.* (a) (j-n, *esp.* einen Offizier) degradieren; (b) *Fig:* (etwas) entwürdigen. **degradation** [degrə'deiʃ(ə)n], *s.* Degradierung *f*, Entwürdigung *f*. **de'grading,** *adj.* erniedrigend, entwürdigend.

degree [di'gri:], *s.* Grad *m*; (a) **to some d./to a certain d.**, einigermaßen, gewissermaßen; **in the highest d.**, in höchstem Maße; **to a d.**, äußerst; **by degrees**, allmählich, nach und nach; **d. of hardness**, Härtegrad *m*; (b) *Mth: Ph:* **30 degrees**, 30 Grad; (c) *Univ:* (akademischer) Grad *m*; **he has a d.** = er ist Akademiker.

dehydrate [di:'haidreit], *v.tr.* (etwas *dat*) das Wasser entziehen; (Gemüse) dörren. **dehy-'dration,** *s.* Wasserentzug *m*.

de-ice ['di:'ais], *v.tr. Av: Aut:* (die Scheibe usw.) enteisen. **'de-'icer,** *s.* Enteiser *m*, Enteisungsmittel *n*.

deign [dein], *v.tr.* **to d. to do sth.**, sich herablassen, etwas zu tun, **he did not d. to answer**, er ließ sich zu keiner Antwort herab.

deity ['di:iti], *s.* Gottheit *f*.

dejected [di'dʒektid], *adj.* niedergeschlagen. **de'jection,** *s.* Niedergeschlagenheit *f*.

dekko ['dekəu], *s. F:* let's have a d., laß uns mal gucken/*South G:* schauen.

delay [di'lei]. **I.** *s.* **1.** Verzögerung *f*; **without (further) d.**, unverzüglich, sofort. **2.** (*lateness*) Verspätung *f*; **we had a d. of three hours**, wir wurden drei Stunden aufgehalten. **II.** *v.* **1.** *v.tr.* (a) (etwas) verzögern; (eine Zahlung usw.) aufschieben; (b) (j-n) aufhalten. **2.** *v.i.* zögern **(in doing sth.**, mit etwas *dat*); **if you d.**, wenn Sie es aufschieben. **de'layed,** *adj.* verspätet; **to be d.**, sich verzögern; (*of pers.*) aufgehalten werden; **d. action**, Nachwirkung *f*; *attrib.* mit Verzögerung; **d. action fuse**, Zeitzünder *m*.

delectable [di'lektəbl], *adj.* köstlich.

delegate. I. ['deligit], *s.* Delegierte(r) *f(m)*. **II.** ['deligeit], *v.tr.* (j-n) delegieren; **to d. sth. to s.o.**, j-m etwas anvertrauen. **dele'gation,** *s.* Delegation *f*.

delete [di'li:t], *v.tr.* (ein Wort usw.) streichen. **de'letion,** *s.* Streichung *f*.

deliberate. I. [di'lib(ə)rit] *adj.* **1.** (*intentional*) absichtlich; (*conscious*) bewußt. **2.** (*of pers., manner*) bedächtig; (*of speech, tread*) gemessen. **II.** [di'libəreit] *v.tr. & i.* nachdenken (**on**, über + *acc*); (*of group*) sich beraten (**on**,

über + *acc*). **delibe'ration,** *s.* **1.** (a) Überlegung *f*; (b) *pl.* Beratung *f* (einer Versammlung usw.). **2. to act with d.**, bedacht handeln.

delicacy ['delikəsi], *s.* **1.** (a) Zierlichkeit *f*, Feinheit *f* (eines Musters usw.); (b) (*of pers.*) **d.** (**of feeling**), Feingefühl *n*. **2.** (*of health*) Anfälligkeit *f*, Empfindlichkeit *f*. **3.** *Cu:* Delikatesse *f*. **delicate** ['delikit], *adj.* (a) (*of colours, feelings etc.*) zart; (b) (*tricky*) heikel; **a d. situation**, eine heikle Situation; **d. adjustment**, Feineinstellung *f*; (c) (*of health, mechanism, pers.*) empfindlich; (d) **a d. taste**, ein feiner Geschmack.

delicatessen [delikə'tes(ə)n], *s.* **1.** Feinkost *f*. **2.** (*shop*) Delikatessengeschäft *n*.

delicious [di'liʃəs], *adj.* köstlich; (*of food*) lecker; **it's d.**, es schmeckt herrlich.

delight [di'lait]. **I.** *s.* Freude *f*; **much to the d. of the children**, zur großen Freude/zum Jubel der Kinder. **II.** *v.* **1.** *v.tr.* (j-n) erfreuen. **2.** *v.i.* **to d. in doing sth.**, sich damit vergnügen, etwas zu tun. **de'lighted,** *adj.* hocherfreut; **to be d. with/at sth.**, sich über etwas *acc* freuen; **to be d. to do sth.**, etwas sehr gerne machen; (**I shall be**) **d.**, mit dem größten Vergnügen. **de-'lightful,** *adj.* entzückend.

delineate [di'linieit], *v.tr.* (etwas) umreißen.

delinquency [di'liŋkwənsi], *s.* Kriminalität *f*; **juvenile d.**, Jugendkriminalität *f*. **de'linquent. I.** *adj.* **1.** straffällig. **2.** *N.Am:* **d. taxes**, Steuerrückstände *mpl.* **II.** *s.* Straftäter *m*.

delirious [di'liriəs], *adj.* (im Fieber) phantasierend; **d. with joy**, außer sich *dat* vor Freude. **de'lirium,** *s.* Delirium *n*.

deliver [di'livər], *v.tr.* (a) (j-n) erlösen (**from sth.**, von etwas *dat*); (b) *Med:* **to d. a woman of a child**, eine Frau eines Kindes entbinden; (c) (Waren usw.) liefern (**to s.o.**, j-m); (ein Paket) abgeben; (Post) zustellen; **to d. s.o. a message**, j-m eine Botschaft überbringen; *F:* **to d. the goods**, seinen Verpflichtungen nachkommen; (d) (einen Schlag) versetzen; (e) **to d. a speech**, eine Rede halten; **to d. judgement**, ein Urteil sprechen. **de'liverance,** *s.* Erlösung *f* (**from**, von + *dat*). **de'liverer,** *s.* Erlöser *m*. **de-'livery,** *s.* **1.** Lieferung *f* (von Waren); Zustellung *f* (von Post); **d. note**, Lieferschein *m*; **d. man**, Lieferbote *m*; **d. van**, Lieferwagen *m*; **cash on d.**, zahlbar bei Empfang; *Post:* per Nachnahme. **2.** *Med:* Entbindung *f*.

delphinium [del'finiəm], *s. Bot:* Rittersporn *m*.

delta ['deltə], *s.* **1.** *Geog:* Flußdelta *n*. **2.** *Av:* **d. wing aircraft**, Deltaflugzeug *n*.

delude [di'lju:d], *v.tr.* (j-n) täuschen; **to d. oneself**, sich *dat* Illusionen machen. **de'lusion,** *s.* Täuschung *f*; **to be (labouring) under the d. that . . .**, in dem Wahn leben, daß . . . .

deluge ['delju:dʒ]. **I.** *s.* (a) Wolkenbruch *m*; *B:* Sintflut *f*; (b) *Fig:* Flut *f* (von Briefen usw.) **II.** *v.tr.* (j-n) überschwemmen (**with**, mit + *dat*).

de luxe [də'luks]. *adj.* Luxus-; **d. l. version/ model**, Luxusausführung *f*.

delve [delv], *v.i.* **to d. into sth.**, sich in etwas *acc* vertiefen.

demand [di'mɑ:nd]. **I.** *s.* **1.** Forderung *f*; **on d.**, auf Verlangen; *Com:* **d. note**, Zahlungsaufforderung *f*. **2.** *Com:* Nachfrage *f*; **supply and d.**, Angebot und Nachfrage; **in d.**, gefragt. **3.**

pl. **to make (many) demands on s.o.'s time,** j-n sehr in Anspruch nehmen. **II.** *v.tr.* (etwas) fordern, verlangen (**of/from s.o.,** von j-m).

demarcation [di:ma:'keiʃ(ə)n], *s.* Abgrenzung *f*; **d. line,** Demarkationslinie *f*; *Ind:* **d. dispute,** Kompetenzstreit *m.*

demeanour [di'mi:nər], *s.* Verhalten *n.*

demented [di'mentid], *adj.* wahnsinnig.

demi- ['demi], *prefix* Halb-.

demise [di'maiz], *s. Lit:* Ableben *n.*

demister [di:'mistər], *s. Aut:* Demister *m.*

demobilize [di:'məubilaiz], *F:* **demob** [di:'mɔb] (*p. & p.p.* **demobbed**) *v.tr. Mil:* (Truppen) entlassen. **demobili'zation,** *s.* Abrüstung *f.*

democracy [di'mɔkrəsi], *s.* Demokratie *f.* **democrat** ['deməkræt], *s.* Demokrat(in) *m(f)*. **demo'cratic,** *adj.* demokratisch.

demolish [di'mɔliʃ], *v.tr.* (*a*) (etwas) zerstören; (Gebäude usw.) niederreißen; (*b*) *F:* (einen Kuchen usw.) ratzekahl aufessen. **demolition** [demə'liʃ(ə)n], *s.* Abbruch *m.*

demon ['di:mən], *s.* Dämon *m*; *F:* **d. for work,** Arbeitsfanatiker *m.* **demoniac** [di'məuniæk], *adj.* teuflisch.

demonstrate ['demənstreit], *v.* **1.** *v.tr.* (*a*) (etwas Wahres) beweisen; (*b*) (ein System) darlegen; *Com:* (ein Gerät, ein Auto) vorführen. **2.** *v.i. Pol:* demonstrieren (**against,** gegen + *acc*). **demon'stration,** *s.* **1.** (*a*) Beweis *m*; (*b*) Darlegung *f*; *Com:* Vorführung *f.* **2.** *Pol:* Demonstration *f.* **demonstrative** [di'mɔnstrətiv], *adj.* demonstrativ; **she's not very d.,** sie zeigt selten ihre Gefühle; *Gram:* **d. pronoun,** Demonstrativ(pronomen) *n*, hinweisendes Fürwort *n.* '**demonstrator,** *s.* **1.** (*a*) Vorführer *m*; (*b*) (*car*): Vorführwagen *m.* **2.** *Pol:* Demonstrant *m.*

demoralize [di'mɔrəlaiz], *v.tr.* (j-n) entmutigen.

demote [di'məut], *v.tr.* (j-n) degradieren. **de'motion,** *s.* Degradierung *f.*

demure [di'mjuər], *adj.* sittsam; (*modest*) bescheiden.

den [den], *s.* **1.** (*a*) Höhle *f*; (*b*) Bau *m* (eines Fuchses usw.). **2.** (*room*) Bude *f.*

denial [di'naiəl], *s.* Leugnung *f*; (*refusal*) Verweigerung *f*; Ablehnung *f* (einer Bitte); **official d.,** Dementi *n.*

denigrate ['denigreit], *v.tr.* (j-n) anschwärzen.

Denmark ['denmɑ:k]. *Pr. n. Geog:* Dänemark *n.*

denier ['deniər], *s.* Denier *n.*

denim ['denim], *s. Tex:* Jeansstoff *m.*

denomination [dinɔmi'neiʃ(ə)n], *s.* **1.** *Ecc:* Bekenntnis *n.* **2.** Kategorie *f*; Nennwert *m* (von Münzen usw.). **denomi'national,** *adj. Ecc:* konfessionell; Konfessions-. **de'nominator,** *s. Mth:* Nenner *m.*

denote [di'nəut], *v.tr.* (*a*) (einen Zustand) kennzeichnen; (Gefahr usw.) anzeigen; (*b*) (etwas) bedeuten.

dénouement [dei'nu:mɑ̃:ŋ], *s.* Ausgang *m* (einer Handlung).

denounce [di'nauns], *v.tr.* (*a*) (j-n) denunzieren (**to the police,** bei der Polizei); (*b*) (j-n, etwas) öffentlich rügen, verurteilen.

dense [dens], *adj.* **1.** dicht; **d. crowd,** dichtgedrängte Menschenmenge; *Phot:* **d. negative,** undurchlässiges Negativ. **2.** *F:* (*of pers.*)

schwer von Begriff; dumm. '**denseness,** *s.* **1.** Dichtheit *f.* **2.** *F:* (*of pers.*) Dummheit *f.* '**density,** *s. Ph: etc:* Dichte *f.*

dent [dent]. **I.** *s.* (*in metal*) Beule *f*; (*also in wood etc.*) Delle *f.* **II.** *v.tr.* (etwas) einbeulen; **dented,** verbeult.

dental ['dentl]. **I.** *adj.* dental, Zahn-; **d. surgeon,** Zahnarzt *m.* **II.** *s. Ling:* Dentallaut *m.* '**dentist,** *s.* Zahnarzt *m.* '**dentistry,** *s.* Zahnheilkunde *f.* '**denture,** *s.* Zahnprothese *f*, *F:* (falsches) Gebiß *n.*

denude [di'nju:d], *v.tr.* (etwas) entblößen.

denunciation [dinʌnsi'eiʃ(ə)n], *s.* (*a*) Denunziation *f* (**to the police,** bei der Polizei); (*b*) (öffentliche) Verurteilung *f.*

deny [di'nai], *v.tr.* (*a*) (eine Tat) leugnen; (ein Gerücht) dementieren; (*esp. with neg.*) (eine Gefühl) abstreiten; **I don't d. it,** ich streite es nicht ab; ich kann es nicht leugnen; **there's no denying (the fact) that,…,** es läßt sich nicht leugnen, daß…; **one can't d. him a certain charm,** man kann ihm einen gewissen Charme nicht absprechen; (*b*) (*refuse*) **to d. s.o. sth.,** j-m etwas verweigern; **to d. oneself sth.,** sich *dat* etwas nicht gönnen.

deodorant [di:'əudərənt], *s.* desodorierendes Mittel *n*; Deo(dorant) *n.*

depart [di'pa:t], *v.i.* (*a*) (*of pers.*) abreisen; (*of train*) abfahren; (*b*) **to d. (from a rule etc.),** (von einer Regel usw.) abweichen. **de'parted,** *adj.* **1.** (*of glory etc.*) vergangen. **2.** (*of pers.*) verstorben. **de'parture,** *s.* **1.** Abreise *f*, Abfahrt *f*; **point of d.,** Ausgangspunkt *m.* **2.** Abweichung *f*; **a new d.,** eine Neuerung.

department [di'pa:tmənt], *s.* **1.** (*a*) *Adm: Com: etc:* Abteilung *f*; **head of d.,** Abteilungsleiter *m*; **d. store,** Kaufhaus *n*; (*b*) *Univ:* Seminar *n, occ.* Institut *n.* **2.** *Pol:* Ministerium *n*; *U.S:* **State D.,** Außenministerium *n.* **depart'mental,** *adj.* **1.** Abteilungs-. **2.** *Pol:* Ministerial-.

depend [di'pend], *v.i.* (*a*) abhängen (**on sth.,** etwas *dat*); **that depends entirely on you,** das hängt ganz von dir ab; **that depends/it all depends,** das kommt darauf an; **depending on…,** je nach + *dat*; (*b*) (*rely*) **to d. (up)on s.o., sth.,** sich auf j-n, etwas *acc* verlassen. **de'pendable,** *adj.* (*of pers.*) verläßlich; (*of source etc.*) zuverlässig. **de'pendant,** *s.* = **dependent II.** **de'pendence,** *s.* **1.** Abhängigkeit *f* (**on,** von + *dat*). **2.** (*trust*) Vertrauen *n* (**on,** auf + *acc*). **de'pendent. I.** *adj.* (*a*) angewiesen (**on,** auf + *acc*); **two d. children,** zwei unterhaltsberechtigte Kinder; (*b*) *Gram:* **d. clause,** Nebensatz *m.* **II.** *s. Adm:* Unterhaltsberechtigte(r) *f* (*m*).

depict [di'pikt], *v.tr.* (j-n, etwas) schildern.

depilatory [di'pilət(ə)ri]. **I.** *s.* Enthaarungsmittel *n.* **II.** *adj.* enthaarend.

deplete [di'pli:t], *v.tr.* (Vorräte usw.) (weitgehend) aufbrauchen; (Reserven) verzehren. **de'pletion,** *s.* Schwund *m* (von Reserven).

deplore [di'plɔ:r], *v.tr.* (etwas) bedauern. **de'plorable,** *adj.* bedauernswert; (*disgraceful*) schändlich.

deploy [di'plɔi], *v.tr.* (Truppen) verteilen. **de'ployment,** *s.* Verteilung *f.*

depopulate [di:'pɔpjuleit], *v.tr.* (ein Land usw.) entvölkern.

deport [di'pɔːt], *v.tr.* (j-n) (aus einem Land) ausweisen. **depor'tation,** *s.* Ausweisung *f.*

deportment [di'pɔːtmənt], *s.* (a) Benehmen *n;* (b) (*carriage*) Körperhaltung *f.*

depose [di'pəuz], *v.tr.* (einen Herrscher) vom Thron absetzen. **depo'sition,** *s.* **1.** Absetzung *f.* **2.** *Jur:* eidliche Aussage *f.*

deposit [di'pɔzit]. **I.** *s.* **1.** *Bank:* **(safe) d.,** Depot *n;* **d. account,** Sparkonto *n.* **2.** (a) (*down payment*) Anzahlung *f* **(on,** auf + *acc*); (b) (*guarantee*) Pfand *n.* **3.** (*left by liquid*) Bodensatz *m;* **to form a d.,** einen Niederschlag bilden. **4.** *Geol:* Vorkommen *n* (von Erz usw.). **II.** *v.tr.* (a) **to d. sth. on sth.,** etwas auf etwas *acc*) legen; (b) **to d. valuables (with a bank),** Wertgegenstände (bei einer Bank) hinterlegen; (c) *abs.* (*of liquid*) sich niederschlagen. **de'positor,** *s.* Hinterleger *m.* **de'pository,** *s.* Lagerhaus *n;* **(furniture) d.,** Möbellager *m.*

depot ['depəu, *N.Am.* 'diːpəu], *s.* (a) Depot *n;* Lagerhaus *n;* (b) **bus d.,** Autobusgarage *f; Rail:* **goods d.,** Güterbahnhof *m;* (*building*) Güterhalle *f.*

depraved [di'preivd], *adj.* (moralisch) verdorben. **depravity** [-'præv-], *s.* Verdorbenheit *f,* Verworfenheit *f.*

deprecate ['deprəkeit], *v.tr.* (eine Tat usw.) mißbilligen. **depre'cation,** *s.* Mißbilligung *f.* **'deprecatory,** *adj.* mißbilligend.

depreciate [di'priːʃieit], *v.i. Fin:* an Wert verlieren. **depreci'ation,** *s.* Wertverlust *m.*

depress [di'pres], *v.tr.* (a) (einen Knopf, ein Pedal usw.) herunterdrücken; (b) (j-n) deprimieren; (c) *Com:* (den Markt, Handel) ungünstig beeinflussen. **de'pressed,** *adj.* (*of pers.*) deprimiert; niedergeschlagen; (*of market etc.*) flau; **d. area,** (wirtschaftliches) Notstandsgebiet *n.* **de'pressing,** *adj.* deprimierend. **de'pression,** *s.* **1.** (*act*) Herunterdrücken *n.* **2.** *Meteor:* Tief *n.* **3.** Senke *f,* Vertiefung *f* (im Gelände). **4.** *Fin:* Wirtschaftskrise *f; Com:* Flaute *f.* **5.** (*of pers.*) Niedergeschlagenheit *f,* Depression *f.*

deprive [di'praiv], *v.tr.* **to d. s.o. of sth.,** j-n etwas *gen* berauben; **to d. oneself of sth.,** (freiwillig) auf etwas *acc* verzichten. **de'prived,** *adj.* benachteiligt. **deprivation** [depri'veiʃ(ə)n], *s.* **1.** Beraubung *f.* **2.** Entbehrung *f.*

depth [depθ], *s.* **1.** (a) Tiefe *f;* **to get out of one's d.,** den Grund unter den Füßen verlieren; *Navy:* **d. charge,** Wasserbombe *f; Nau.* **d. finder,** Tiefenanzeiger *m;* (b) Stärke *f* (einer Schicht); (c) *Phot:* **d. of focus,** Tiefenschärfe *f.* **2.** (a) Kraft *f,* Stärke *f* (von Farben, Gefühlen usw.); (b) (*of study etc.*) **in d.,** gründlich, eingehend. **3.** (a) **in the d. of,** mitten in + *dat;* **in the d. of winter,** im tiefsten Winter; (b) *Fig:* **in the depths of despair,** in tiefster Verzweiflung. **4.** *pl.* **the depths,** die Tiefen (des Meeres).

depute [di'pjuːt], *v.tr.* (j-n) delegieren; **to d. powers to s.o.,** j-m eine Vollmacht übertragen. **deputation** [depju:'teiʃ(ə)n], *s.* Deputation *f.* **'deputize,** *v.i.* **to d. for s.o.,** j-n vertreten. **'deputy,** *s.* **1.** Stellvertreter(in) *m(f);* **d. chairman,** stellvertretender(r) Vorsitzende(r) *f(m);* Vizepräsident(in) *m(f); ;* **d. mayor,** Vizebürgermeister *m.* **2.** *Pol:* Abgeordnete(r) *f(m).*

derail [di'reil], *v.tr.* (einen Zug) entgleisen lassen; **to be derailed,** entgleisen. **de'railment,** *s.* Entgleisung *f.*

derange [di'rein(d)ʒ], *v.tr.* (a) (Pläne usw.) durcheinanderbringen; (b) (j-n) zum Wahnsinn treiben; **he is mentally/his mind is deranged,** er ist geistesgestört. **de'rangement,** *s.* **1.** (*of pers.*) Geistesgestörtheit *f.* **2.** (*of machine*) Betriebsstörung *f.*

derelict ['derilikt], *adj.* verlassen; (*ownerless*) herrenlos; (*falling down*) baufällig. **dere'liction,** *s.* **d. of duty,** Pflichtversäumnis *n.*

deride [di'raid], *v.tr.* (j-n, etwas) verlachen, verhöhnen. **derision** [di'riʒ(ə)n], *s.* Hohn *m,* Spott *m;* **to become an object of d.,** zum Gespött werden. **de'risive, de'risory,** *adj.* (a) höhnisch; (b) **d. offer,** lächerliches Angebot.

derive [di'raiv], *v.tr. & i.* (a) **to d. sth. from sth.,** etwas aus etwas *dat* gewinnen; (Nutzen usw.) aus etwas *dat* ziehen; **to d. pleasure from sth.,** Freude an etwas *dat* haben; **income derived from investment,** aus Investitionen gewonnenes Einkommen; (b) **to be derived/d. from sth.,** von etwas *dat* stammen; **words derived from Latin,** Wörter lateinischer Abstammung. **deri'vation** [deri-], *s.* Abstammung *f.* **de'rivative** [di'rivativ]. **I.** *adj.* (a) (*of substance*) abgeleitet; (b) (*of style etc.*) eklektisch. **II.** *s.* **I.** *Ch:* Derivat *n.* **2.** *Ling:* Ableitung *f.*

dermatitis [dəːmə'taitis], *s.* Hautentzündung *f.* **derma'tologist,** *s.* Hautarzt *m.*

derogatory [di'rogət(ə)ri], *adj.* abträglich; (*of remark*) abfällig; (*of word*) abwertend.

derrick ['derik], *s.* (a) (*on dock*) Drehkran *m;* (*on ship*) Ladebaum *m;* (b) *Oil Ind:* Bohrturm *m.*

descant ['deskænt], *s. Mus:* Diskant *m.*

descend [di'send], *v.* **1.** *v.i.* (a) (*of thing*) herunterkommen, (*drop*) herunterfallen; (*of pers.*) heruntersteigen; *F:* **they descended on us,** sie haben uns unerwartet besucht/*F:* überfallen; (b) *Fig:* **to d. to s.o.'s level,** auf j-s Niveau herabsinken; **to d. to lying,** sich dazu erniedrigen, zu lügen; (c) **to be descended from s.o.,** von j-m abstammen. **2.** *v.tr.* (eine Treppe) hinuntergehen. **de'scendant,** *s.* Nachkomme *m.* **de'scent,** *s.* **1.** Abstieg *m.* **2.** (*in family etc.*) Abstammung *f.*

describe [dis'kraib], *v.tr.* (a) (j-n, etwas) beschreiben, (etwas) schildern; **to d. s.o. as ...,** j-n als ... bezeichnen; (b) (einen Kreis, eine Kurve) beschreiben. **des'cription,** *s.* **1.** (a) Beschreibung *f;* **beyond d.,** unbeschreiblich; (b) *Adm: Com:* Bezeichnung *f.* **2.** (*kind*) Art *f,* Sorte *f;* **people of this d.,** Leute dieser Art. **des'criptive,** *adj.* (a) beschreibend; (b) (*quality*) anschaulich.

descry [dis'krai], *v.tr.* (j-n, etwas) erspähen.

desecrate ['desikreit], *v.tr.* (etwas) entweihen.

desert¹ ['dezət]. **I.** *adj.* (a) einsam, öde; (b) Wüsten-; **d. area,** Wüstengebiet *n.* **II.** *s.* Wüste *f.*

desert² [di'zəːt], *v.* **1.** *v.i.* **to d. (from the army),** (vom Heer) desertieren. **2.** *v.tr.* (j-n) verlassen. **de'serted,** *adj.* verlassen; (*of home etc.*) leer. **de'serter,** *s. Mil:* Deserteur *m.* **de'sertion,**

s. **1.** Verlassen *n.* **2.** Abfall *m* (von einer Sache); *Mil:* Fahnenflucht *f.*

deserts [di'zə:ts], *s. pl.* Verdienst *m; esp. Pej:* **to get one's deserts,** seinen wohlverdienten Lohn empfangen.

deserve [di'zə:v], *v.tr.* (etwas) verdienen; **to d. well of one's home town,** sich um seine Heimatstadt verdient machen; **to d. better of life,** etwas Besseres verdienen. **de'serving,** *adj.* verdienstvoll; **d.** (**of**), würdig + *gen;* **d. cause,** guter Zweck. **de'servedly** [-idli], *adj.* verdientermaßen; (*rightly*) mit Recht.

design [di'zain]. **I.** *s.* **1.** (*intention*) Absicht *f;* **by d.,** absichtlich. **2.** (*a*) (*pattern*) (**decorative**) **d.,** Muster *n;* **registered d.,** Gebrauchsmuster *n;* (*b*) (*shape*) Form *f.* **3.** *Ind: etc:* (*a*) (*plan*) Entwurf *m;* (*b*) Bauart *f; E: etc:* Konstruktion *f;* **the latest d.,** die neueste Ausführung; *Aut:* das neueste Modell; **a machine of faulty d.,** eine Maschine von fehlerhafter Konstruktion. **II.** *v.tr.* (ein Kleid, eine Maschine usw.) entwerfen; (eine Brücke usw.) konstruieren; **designed to carry heavy loads,** für hohe Belastungen konstruiert; **that's not what it is designed for,** es ist nicht zu diesem Zweck bestimmt. **de'signer,** *s. Ind:* Konstrukteur *m; Cl:* Modedesigner(in) *m(f); Th:* Bühnenbildner *m.* **de'signing. I.** *adj.* (*of pers.*) berechnend. **II.** *s.* Entwerfen *n.*

designate ['dezigneit], *v.tr. usu. Adm:* (*a*) **to d. s.o.** (**as**) **sth.,** j-n zu etwas *dat* ernennen; (*b*) (etwas) bezeichnen; (Bedingungen usw.) nennen; (Grenzen) kennzeichnen. **desig'nation,** *s.* **1.** Ernennung *f.* **2.** Bezeichnung *f;* Nennung *f,* Kennzeichnung *f.*

desire [di'zaiər]. **I.** *s.* **1.** (*a*) (*particular wish*) Wunsch *m;* **he expressed the d. to see us,** er äußerte den Wunsch, uns zu sehen; (*b*) (*craving*) Verlangen *n* (**for,** nach + *dat*); **I have no d. to travel,** ich habe keine Lust zum Reisen; **to one's heart's d.,** nach Herzenslust. **2.** (*sensual*) **d.,** Begierde *f.* **II.** *v.tr.* (etwas) wünschen, *esp. Lit:* begehren; **if desired,** auf Verlangen; **everything that can be desired,** alles, was man sich wünschen kann; **it leaves much to be desired,** es läßt viel zu wünschen übrig. **de'sirable,** *adj.* (*a*) (*of thing*) begehrenswert; (*attractive*) reizvoll; (*b*) (*of action*) wünschenswert. **de'sirous,** *adj. esp. A:* **to be d. of sth.,** nach etwas *dat* verlangen.

desk [desk], *s.* **1.** (*in office etc.*) Schreibtisch *m; Sch:* Pult *n.* **2.** (**cash**) **d.,** Kasse *f;* **information d.,** Auskunftsschalter *m.*

desolate. I. ['desələt] *adj.* (*of place*) wüst, trostlos. **II.** ['desəleit] *v.tr.* (Land) verwüsten. **deso'lation,** *s.* (*of country*) Verwüstung *f;* (*of pers.*) Trostlosigkeit *f.*

despair [dis'peər]. **I.** *s.* Verzweiflung *f* (**at,** über + *acc*). **II.** *v.i.* verzweifeln; **to d.** (**of doing sth.**), die Hoffnung aufgeben (, etwas zu tun); **I d. of him,** er bringt mich zur Verzweiflung. **des'pairing,** *adj.* (*of glance, attempt etc.*) verzweifelt.

desperate ['desp(ə)rət], *adj.* **1.** (*a*) (*of illness etc.*) gefährlich; (*b*) (*extreme*) äußerst; **d. need,** äußerstes/dringendes Bedürfnis; **d. desire,** brennendes Verlangen; **d. remedy,** letztes Mittel. **2.** (*of pers.*) verwegen; zu allem fähig;

(*of conflict, attempt etc.*) verzweifelt; **to do sth. d.,** eine Verzweiflungstat begehen; **-ly,** *adv.* sehr; (*urgently*) dringend; **to want sth. d.,** etwas unbedingt (haben) wollen; **d. ill,** schwerkrank. **despe'ration,** *s.* **to drive s.o. to d.,** j-n zur Verzweiflung bringen; **in d.,** aus Verzweiflung.

despicable ['despikəbl, dis'pik-], *adj.* verachtenswert. **despise** [dis'paiz], *v.tr.* (*a*) (j-n, etwas) verachten; (*b*) (etwas) verschmähen.

despite [dis'pait], *prep.* trotz (+ *gen*); ungeachtet (+ *gen*).

despondency [dis'pondənsi], *s.* Verzagtheit *f.* **des'pondent,** *adj.* verzagt.

despot ['despot], *s.* Despot *m.* **des'potic,** *adj.* despotisch. **'despotism,** *s.* Despotismus *m.*

dessert [di'zə:t], *s.* Dessert *n,* Nachtisch *m;* **d. spoon,** Dessertlöffel *m.*

destination [desti'neiʃ(ə)n], *s.* (*of train etc.*) Bestimmungsort *m;* (*of pers.*) Reiseziel *n.*

destine ['destin], *v.tr.* (etwas) beabsichtigen (**for s.o.,** für j-n); **destined for him,** für ihn gedacht; **to be destined for sth.,** zu etwas *dat* bestimmt sein; **they were destined never to meet again,** sie sollten sich nie wiedersehen. **'destiny,** *s.* Schicksal *n.*

destitute ['destitju:t], *adj.* notleidend: (*poor*) verarmt. **desti'tution,** *s.* (bittere) Not *f;* (*poverty*) Armut *f.*

destroy [dis'trɔi], *v.tr.* (*a*) (ein Gebäude usw.) zerstören; (Papiere, einen Wald, eine Armee) vernichten; (*b*) (Ungeziefer) vertilgen; (ein Tier) töten; (*c*) *Fig:* (Vertrauen usw.) zerstören. **de'stroyer,** *s.* **1.** (*pers.*) Vernichter *m;* Zerstörer *m.* **2.** *Navy:* Zerstörer *m.* **destruction** [dis'trakʃ(ə)n], *s.* Vernichtung *f;* Zerstörung *f* (eines Gebäudes usw.); **the d. caused by the fire,** die durch das Feuer angerichtete Verwüstung. **des'tructive,** *adj.* destruktiv; **d. criticism,** negative Kritik; **a d. child,** ein zerstörungswütiges Kind.

desultory ['desəlt(ə)ri], *adj.* planlos.

detach [di'tætʃ], *v.tr.* (etwas) wegnehmen, entfernen; (etwas Perforiertes) abtrennen (**from,** von + *dat*); **to d. itself/become detached,** sich (los)lösen (**from,** von + *dat*). **de'tachable,** *adj.* abnehmbar. **de'tached,** *adj.* **1.** abgetrennt; **d. house,** Einfamilienhaus *n; Med:* **d. retina,** Netzhautablösung *f.* **2.** (*of pers.*) distanziert; (*uninvolved*) unbeteiligt; (*unbiased*) objektiv. **de'tachment,** *s.* **1.** Abtrennung *f,* Loslösung *f.* **2.** (*of pers.*) Distanziertheit *f;* Objektivität *f.* **3.** *Mil: etc:* Abteilung *f.*

detail ['di:teil, *N. Am:* di'teil]. **I.** *s.* Detail *n;* **in d.,** ausführlich; **to go into d.,** näher auf etwas *acc* eingehen. **II.** *v.tr.* (etwas) ausführlich beschreiben; (mehrere Punkte usw.) einzeln aufzählen.

detain [di'tein], *v.tr.* (*a*) *Jur:* (j-n) in Haft behalten; *Med:* (j-n) zur stationären Behandlung behalten/*F:* gleich dabehalten; (*b*) (*delay*) (j-n) aufhalten. **detai'nee,** *s. Jur:* Häftling *m.* **de'tainment,** *s. Jur:* Haft *f.*

detect [di'tekt], *v.tr.* (*a*) (*find out*) (etwas) entdecken; (*b*) (*notice*) (etwas) wahrnehmen; (*b*) (*catch*) (j-n) ertappen. **de'tection,** *s.* **1.** (*a*) Entdeckung *f;* (*b*) Wahrnehmung *f.* **2.** *Rad:* Gleichrichtung *f.* **de'tective,** *s.* Detektiv *m;*

d. story, Kriminalroman *m.* de'tector, *s.*
Tchn: Suchgerät *n.*

detente [dei'tā:t], *s. Pol:* Entspannung *f.*

detention [di'tenʃ(ə)n], *s. Jur:* Haft *f; Mil:*
Arrest *m; Sch:* Nachsitzen *n.*

deter [di'tə:r], *v.tr. (p. & p.p.* deterred) (j-n)
abhalten (from sth., von etwas *dat).*

detergent [di'tə:dʒ(ə)nt], *s.* Waschmittel *n.*

deteriorate [di'tiəriəreit], *v.i. (a) (become
worse)* sich verschlechtern; *(b) (lose value)* an
Wert verlieren. deterio'ration, *s.* Ver-
schlechterung *f.*

determine [di'tə:min], *v.tr. (a) (fix)* (einen
Zeitpunkt usw.) bestimmen; (eine Grenze)
festlegen; *(b) (discover)* (das Wesen einer Sache)
ermitteln; to d. the sex of a baby, das Ge-
schlecht eines Babys feststellen; *(c) (decide)*
(eine Frage) entscheiden; to d. to do sth., sich
entschließen, etwas zu tun. de'termined, *adj.
(of pers.)* resolut; entschlossen; to make a d.
effort to do sth., sich angestrengt bemühen,
etwas zu tun. determi'nation, *s.* 1. Be-
stimmung *f;* Festlegung *f.* 2. Ermittlung *f.* 3.
Entscheidung *f* (einer Frage). 4. *(of pers.)*
Entschlossenheit *f;* his d. to win, sein fester
Vorsatz zu gewinnen; with (an air of) d.,
resolut, mit resoluter Miene.

deterrent [di'terənt], *s. Mil: Pol: etc:* Ab-
schreckungsmittel *n.*

detest [di'test], *v.tr.* (etwas) verabscheuen.
de'testable, *adj.* abscheulich. detes'tation,
s. Abscheu *f* (of, vor + *dat).*

detonate ['detəneit], *v.tr.* (eine Mine usw.)
explodieren lassen. deto'nation, *s.* Deto-
nation *f.* 'detonator, *s.* 1. Sprengkapsel *f.* 2.
Rail: Knallsignal *n.*

detour ['ditːuər], *s.* Umweg *m.*

detract [di'trækt], *v.i.* to d. from sth., etwas
beeinträchtigen.

detriment ['detrimənt], *s.* Nachteil *m; (damage)*
Schaden *m;* to the d. of ..., zum Schaden +
gen. detri'mental, *adj.* schädlich (to, *dat);* d.
to health, gesundheitsschädlich.

deuce [djuːs], *s.* 1. *(at dice, dominos, cards)* Zwei
f. 2. *Tennis:* Einstand *m.* 3. *F:* what the d.! was
zum Teufel!

devalue [diː'vælju], *v.tr.* (eine Währung) ab-
werten. devalu'ation, *s.* Abwertung *f.*

devastate ['devəsteit], *v.tr.* (etwas) verwüsten.
'devastating, *adj.* 1. *(of storm, effect)* verhee-
rend; *(of criticism, etc.)* vernichtend. 2. *F:* she's
d., sie ist hinreißend (schön); -ly, *adv. F.* d. funny,
urkomisch. devas'tation, *s.* Verwüstung *f.*

develop [di'veləp], *v.* 1. *v.tr.* (einen Plan, Kräfte,
Phot: einen Film usw.) entwickeln; (Gedanken)
entfalten; to d. a district, ein Gebiet erschlie-
ßen; *(of pers.)* to d. an illness, eine Krankheit
bekommen. 2. *v.i. (of pers., faculty, disease
etc.)* sich entwickeln; *(of idea)* sich entfalten; to
d. into sth., zu etwas dat werden. de'veloper,
s. 1. *Phot:* Entwickler *m.* 2. *(pers.) (a)* Erschließ-
er *m* (eines Gebiets); *Pej:* Spekulant *m; (b)* late
d., Spätentwickler *m.* de'veloping. I. *s.*
Entwickeln *n.* II. *adj.* d. country, Entwick-
lungsland *n.* de'velopment, *s.* 1. Entwicklung
f. 2. Erschließung *f* (eines Gebiets). 3. new d.,
(gadget etc.) Neuheit *f; (event)* neue Ent-
wicklung *f.* 4. *Mus:* Durchführung *f.*

deviate ['diːvieit], *v.i.* abweichen (from, von +
dat). devi'ation, *s.* Abweichung *f* (from, von
+ *dat).*

device [di'vais], *s.* 1. Plan *m; (deceitful)* List *f;*
to leave s.o. to his own devices, j-n sich *dat*
selbst überlassen. 2. *(apparatus)* Gerät *n,* Ap-
parat *m.* 3. *(symbol)* Bild *n.*

devil ['devl], *s.* Teufel *m; (a) F:* the d. take him!
hol ihn der Teufel! to go to the d., vor die
Hunde gehen; go to the d.! scher dich zum
Teufel! what the d. are you doing? was zum
Teufel machst du da? the d. of a job, eine
Sauerbeit; to work like the d., wie wahnsinnig
arbeiten; there'll be the d. to pay, das dicke
Ende kommt noch; talk of the d.! sieh mal,
wer da kommt! *(b) F: (pers.)* poor d., armer
Schlucker; be a d.! wag's doch mal! he's a
d. for making others do his work, er ist
groß darin, andere an seiner Stelle arbeiten
zu lassen. 'devilish, *adj.* teuflisch. 'devil-
may-'care, *adj.* leichtsinnig. 'devilment,
s. 'devilry, *s.* Übermut *m.*

devious ['diːviəs], *adj.* 1. *(complex)* umständlich;
by a d. route, auf Umwegen. 2. *(of pers.)* ver-
schlagen; hinterlistig; by d. means, auf
krummen Wegen, *F:* hinten herum.

devise [di'vaiz], *v.tr.* (einen Plan) ersinnen;
(eine Methode, ein Gerät) erfinden.

devoid [di'vɔid], *adj.* d. of, frei von + *dat; (neg.
sense)* bar + *gen;* d. of feeling, gefühllos.

devolution [diːvə'ljuːʃ(ə)n], *s.* 1. Übertragung *f*
(von Rechten usw.). 2. *Pol:* Dezentralisation *f.*

devote [di'vəut], *v.tr.* (Zeit, ein Buch usw.)
widmen (to s.o., sth., j-m, etwas *dat);* to d. one-
self to sth., sich etwas *dat* widmen. de'voted,
adj. ergeben (to, *dat); (loving)* liebevoll; he is d.
to her, er liebt sie über alles. *devo'tee, s. Sp:
etc.* Anhänger(in) *m(f); (of cause)* Verfech-
ter(in) *m(f).* de'votion, *s.* 1. Hingabe *f* (to
sth., an etwas *dat);* Liebe *f* (to s.o., für j-n). 2.
pl. Rel: Gebete *npl.* de'votional, *adj. Rel:*
Andachts-; d. purposes, liturgische Zwecken.

devour [di'vauər], *v.tr.* (etwas) verschlingen.

devout [di'vaut], *adj.* 1. fromm. 2. *(of wish)*
sehnlich.

dew [djuː], *s.* Tau *m.* 'dewdrop, *s.* Tautropfen
m. 'dewy, *adj.* feucht.

dexterity [deks'teriti], *s.* Geschicklichkeit *f.*
'dext(e)rous, *adj.* geschickt (in doing sth.,
in etwas *dat).*

diabetes [daiə'biːtiːz], *s.* Zuckerkrankheit *f.*
diabetic [-'betik]. I. *adj.* zuckerkrank; d.
chocolate, Diabetikerschokolade *f.* II. *s.*
Diabetiker(in) *m(f).*

diabolical [daiə'bolik(ə)l], *adj.* teuflisch.

diadem ['daiədem], *s.* Diadem *n.*

diagnose ['daiəgnəuz], *v.tr. (a) Med:* (eine
Krankheit) diagnostizieren; *(b)* (etwas) fest-
stellen. diagnosis, *pl.* -oses [-'nəusis, -əu-
siːz], *s.* Diagnose *f.*

diagonal [dai'ægənəl]. I. *adj.* diagonal. II. *s.*
Diagonale *f;* -ly, *adv.* schräg.

diagram ['daiəgræm], *s.* Diagramm *n.*

dial ['daiəl]. I. *s.* 1. Zifferblatt *n* (einer Uhr);
Wählscheibe *f* (eines Telefons); *Rad: etc:* Skala
f. 2. *P: (face)* Visage *f.* II. *v.tr. (p. & p.p.*
dialled) *Tel:* (eine Nummer) wählen; can I d.
America? kann ich nach Amerika durch-

wählen? 'dialling, s. Wählen n; d. tone, Amtszeichen n.

dialect ['daiəlekt], s. Dialekt m.

dialogue ['daiələg], s. Dialog m.

diameter [dai'æmitər], s. Durchmesser m. dia-'metrically, adv. d. opposed, genau entgegengesetzt.

diamond ['daiəmənd], s. 1. (a) Diamant m; d. cutter, Diamantschleifer m; Tls: cutting d., Gläserdiamant m; (b) d. jubilee, diamantenes Jubiläum. 2. (a) (shape) Raute f; d. panes, rautenförmige Fensterscheiben; (b) Cards: Karo n; (c) Sp: U.S: Baseballspielfeld n. 'diamond-shaped, adj. rautenförmig.

diaper ['daiəpər], s. N. Am: Windel f.

diaphragm ['daiəfræm], s. 1. Anat: Zwerchfell n. 2. Tchn: Membran f.

diarrhoea [daiə'riə], s. Med: Durchfall m.

diary ['daiəri], s. 1. (written record) Tagebuch n. 2. (for appointments etc.) Kalender m. 'diarist, s. Tagebuchschreiber m.

diatribe ['daiətraib], s. Hetzrede f; (written) Hetzschrift f.

dice [dais], s. 1. pl. Würfel m. 2. F: Aut: to have a d. with s.o., mit j-m um die Wette fahren. 'dicey, adj. F: riskant.

dichotomy [dai'kɔtəmi], s. Zwiespalt m.

Dick [dik]. Pr.n. (Dim. of Richard) = Richard.

dickens ['dikinz], s. F: what the d.! was zum Teufel! the d. of a row, ein Höllenlärm.

dickey ['diki], s. Aut: A: d. (seat), Notsitz m.

dicky ['diki], adj. F: (of thing) wackelig; (of pers.) schwach.

dicky-bird ['dikibə:d], s. F: (esp. nursery language) Piepmatz m.

dictate [dik'teit]. I. v. 1. v.tr. (a) (einen Brief usw.) diktieren; (b) (Maßnahmen usw.) vorschreiben; to d. conditions, Bedingungen stellen. 2. v.i. (a) diktieren; (b) I won't be dictated to, ich lasse mir keine Vorschriften machen. II. s. usu. pl. Lit: Gebot n; the dictates of reason, die Stimme der Vernunft. dic-'tation, s. Diktat n. dic'tator, s. Pol: Diktator m. dicta'torial, adj. (of power) diktatorisch; (of tone) gebieterisch. dic'tatorship, s. Diktatur f.

diction ['dikʃ(ə)n], s. Ausdrucksweise f; (pronunciation) Aussprache f.

dictionary ['dikʃ(ə)nri], s. Wörterbuch n.

diddle ['didl], v.tr. F: (j-n) übers Ohr hauen.

die¹ [dai], s. Metalw: Matrize f; (for forging) Gesenk n; (for coins) Prägestempel m; (for thread) Schneideisen n. 'die-casting, s. (a) (process) Spritzguß m; (b) (product) Spritzgußstück n.

die², v.i. (p. & p.p. died, pres. p. dying) (a) (of pers.) sterben (of sth., an etwas dat); (of plants, animals) eingehen; (of flowers) verwelken; to be dying, im Sterben liegen; (b) F: I nearly died with laughter, ich habe mich (fast) totgelacht; I am dying of thirst, ich verdurste; to be dying to do sth., darauf brennen, etwas zu tun; (c) Fig: (of things) aussterben; (of sound) verhallen; (of wind) abflauen; this superstition dies hard, dieser Aberglaube stirbt nicht so leicht aus; his secret died with him, er hat das Geheimnis mit ins Grab genommen; F: (of car, machine) it died on me, es hat den Geist auf-

gegeben. 'die a'way, v.i. (of sound) verhallen. 'die 'down, v.i. (of fire) ausgehen; (of wind) nachlassen. 'diehard, s. Hartnäckige(r) f (m). 'die 'off, v.i. der Reihe nach sterben. 'die 'out, v.i. (of race, custom etc.) aussterben.

diesel ['di:z(ə)l], s. d. (oil), Diesel(öl) n; d. engine, (i) Mec. E: Dieselmotor m; (ii) Rail: Diesellok f.

diet ['daiət]. I. s. 1. (food) Kost f. 2. (regime) Diät f; to be on a d., (i) diät leben/halten; (ii) (to slim) eine Abmagerungskur machen. II. v.i. diät leben. die'tician, s. Ernährungsberater m; (in hospital) Diätassistent(in) m(f).

differ ['difər], v.i. (a) sich unterscheiden (from, von + dat); to d. from the norm, von der Norm abweichen; (b) (disagree) to d. about sth., über etwas acc anderer Meinung sein; we agree to d., wir sind uns einig, daß wir uneinig sind. 'difference ['difr(ə)ns], s. 1. Unterschied m (between, zwischen + dat); (a) d. in age/colour, Alters-/Farbunterschied m; it makes no d. (to me), es ist (mir) gleich/macht (mir) nichts aus; that makes all the d., das macht einen gewaltigen Unterschied; (b) d. (of opinion), Meinungsverschiedenheit f; to settle one's differences, Streitigkeiten beilegen. 2. to split the d., sich dat die Differenz teilen. 'different, adj. (pred.) anders (from, als + nom); (attrib.) andere(r,s); (with pl.) (distinct, various) verschieden; they are d., (i) (both) sie sind anders; (ii) (from one another) sie sind verschieden; to do sth. quite d., etwas ganz anderes machen; that's quite a d. matter, das ist ganz was anderes; d. views, verschiedene Ansichten; at d. times, zu verschiedenen Zeiten; -ly, adv. anders. differential [-ə'renʃ(ə)l], s. 1. Mec: Differentialgetriebe n. 2. (wage) d., Lohndifferenz f. differentiate [-'renʃieit], v.tr. & i. unterscheiden (sth. from sth., etwas von etwas dat; between things, zwischen Sachen).

difficult ['difikəlt] adj. schwer; (esp. attrib.) schwierig; a d. language, eine schwere/schwierige Sprache; a d. problem, ein schwieriges Problem; to d. to reach, schwer zugänglich; (of pers.) he is d. to get on with, es ist schwer, mit ihm auszukommen. 'difficulty, s. 1. Schwierigkeit f; with d., mit Mühe; to have d. in doing sth., etwas nur mit Mühe tun können. 2. pl. Schwierigkeiten fpl; to get into difficulties, in Schwierigkeiten geraten.

diffidence ['difid(ə)ns], s. mangelndes Selbstvertrauen; (shyness) Schüchternheit f. 'diffident, adj. schüchtern; ohne Selbstvertrauen; I was d. about speaking to him, ich scheute mich, mit ihm zu sprechen.

diffuse¹ [di'fju:z], v.tr. (etwas) zerstreuen; diffused light, diffuses Licht. di'ffusion, s. Zerstreuung f; Ch: Ph: Diffusion f.

diffuse² [di'fju:s], adj. (a) (of style) weitschweifig; (b) (shapeless) unförmig.

dig [dig]. I. s. 1. (a) to give s.o. a d. in the ribs, j-m einen Rippenstoß geben; (b) F: that's a d. at you! das ist ein Hieb auf dich! 2. Archeol: Ausgrabung f. II. v. (p. & p.p. dug [dʌg]). I. v.tr. (a) (Erde, ein Beet) umgraben; (b) (ein Loch) graben; (c) N. Am: F: I d. it, ich mag das. 2. v.i. graben (for sth., nach etwas dat); (in garden) umgraben. 'digger, s. (pers.,

machine) Gräber *m; Agr:* **potato d.**, Kartof-
felroder *m.* '**dig'in,** *v.* **1.** *v.tr.* (etwas) eingraben.
2. *v.tr. &.i.* **to d.** (oneself) **in,** sich verschanzen.
'**dig 'out,** *v.tr.* (etwas) ausgraben. **digs,** *s.pl.*
F: Bude *f;* **to live in d.,** in Untermiete wohnen.
'**dig 'up,** *v.tr.* (*a*) (eine Pflanze, eine Schatz)
ausgraben; (den Garten) umgraben; (*b*) *F:*
(Informationen) ans Licht bringen.
digest. **I.** ['daidʒest] *s.* Abriß *m* (eines Artikels
usw.). **II.** [dai'dʒest] *v.tr.* (*a*) (Essen) verdauen;
(*b*) (Tatsachen) (geistig) verarbeiten, in sich
aufnehmen. **di'gestible,** *adj.* verdaulich. **di-
'gestion,** *s.* Verdauung *f.* **di'gestive,** *adj.* (*a*)
Verdauungs-; **d. ailments,** Verdauungsbe-
schwerden *fpl;* (*b*) verdauungsfördernd; **d.
biscuit,** mürber Keks aus Vollkornmehl.
digit ['dɪdʒit], *s.* Ziffer *f.* '**digital,** *adj.* Digital-;
d. watch, Digitaluhr *f.*
dignify ['dignifai], *v.tr.* (j-n, etwas) ehren. '**dig-
nified,** *adj.* würdevoll. '**dignitary,** *s.* Wür-
denträger *m.* '**dignity,** *s.* Würde *f;* **beneath his
d.,** unter seiner Würde.
digress [dai'gres], *v.i.* abschweifen (**from a
subject,** von einem Thema). **di'gression,** *s.*
Abschweifung *f.*
dike [daik], *s.* **1.** (*against sea*) Deich *m;* (*embank-
ment*) Damm *m.* **2.** (*ditch*) Graben *m.*
dilapidated [di'læpideitid], *adj.* in einem de-
solaten Zustand, verwahrlost; (*of car etc.*)
schäbig. **dilapi'dation,** *s.* Verfall *m;* Ver-
wahrlosung *f.*
dilate [dai'leit], *v.* **1.** *v.tr.* (die Pupille) erweitern.
2. *v.i.* (*of pupil*) sich erweitern. **di'lation,** *s.*
Erweiterung *f.*
dilatory ['dilət(ə)ri], *adj.* säumig.
dilemma [di'lemə], *s.* Dilemma *n;* **to be in a d.,**
in der Zwickmühle sein.
dilettante [dili'tænti], *s.* Dilettant(in) *m(f).*
diligence ['dilidʒ(ə)ns], *s.* Fleiß *m.* '**diligent,**
adj. fleißig.
dilly-dally ['dili'dæli], *v.i. F:* die Zeit ver-
trödeln.
dilute [dai'lju:t], *v.tr.* (ein Getränk usw.) ver-
dünnen, (*with water*) verwässern. **di'lution,** *s.*
Verdünnung *f;* Verwässerung *f.*
dim [dim]. **I.** *adj.* **1.** (*a*) (*of light*) trübe, düster;
(*of image*) verblaßt; **to have a d. memory of
sth.,** sich nur dunkel an etwas *acc* erinnern; **to
grow d.,** (*of light, sight*) trübe werden; (*of
recollection*) verblassen; (*b*) *F:* **to take a d. view
of sth.,** von etwas *dat* nicht erbaut sein. **2.** *F:*
(*of pers.*) dumm; **-ly,** *adv.* **b.** **lit,** mit trüber/
düsterer Beleuchtung; **to remember d.,** sich
dunkel erinnern. **II.** *v.* (*p. & p.p.* **dimmed**) **1.**
v.tr. (ein Licht) abblenden. **2.** *v.i.* (*of light,
sight*) trübe werden; (*of outlines*) verblassen.
'**dimmer,** *s. El:* Abblendvorrichtung *f.* '**dim-
ness,** *s.* Dunkelheit *f* (eines Zimmers); Dü-
sterheit *f* (der Beleuchtung); Undeutlichkeit *f*
(der Konturen). '**dimwit,** *s. F:* Dummkopf *m;*
P: Depp *m.*
dimension [di'mənʃ(ə)n, dai-] *s.* (*a*) Dimension
f; pl. Maße *npl* (eines Zimmers usw.); (*b*) *Fig:*
Seite *f,* Aspekt *m* (eines Problems usw.).
diminish [di'miniʃ], *v.* **1.** *v.tr.* (etwas, *Mus:* ein
Intervall) vermindern. **2.** *v.i.* sich vermindern;
sich verringern. **dimi'nution,** *s.* Verminde-
rung *f,* Verringerung *f.* **di'minutive.** **I.** *adj.*

winzig. **II.** *s. Gram:* Verkleinerungsform *f.*
dimple ['dimpl], *s.* Grübchen *n.*
din [din], *s.* Krawall *m.*
dine [dain], *v.i.* speisen; **to d. out,** auswärts
essen. '**diner,** *s.* **1.** (*pers.*) Tischgast *m.* **2.** *N.
Am:* Speisewirtschaft *f; Rail:* Speisewagen *m.*
'**dining,** *s.* Speisen *n;* **d. room,** Speisezimmer
n; **d. table,** Eßtisch *m; Rail:* **d. car,** Speise-
wagen *m.*
ding-dong ['diŋ'dɔŋ], *s.* **1.** (*of bells*) Bimbam *n.*
2. (*fight*) heftiger Kampf *m.*
dinghy ['diŋ(g)i], *s. Nau:* Dingi *n;* **rubber d.,**
Schlauchboot *n;* **sailing d.,** kleines Segelboot *n.*
dingy ['dindʒi], *adj.* düster; (*dark*) dunkel.
dinner ['dinər], *s.* (*evening meal*) Abendessen *n;*
(*midday meal*) Mittagessen *n;* (*banquet*) Fest-
essen *n;* **to be at d.,** beim Essen sein; **to give a
d. party,** eine Gesellschaft zum Abendessen
einladen; **d. jacket,** Smoking *m;* **d. service,**
Speiseservice *n;* **d. time,** Essenszeit *f.*
dinosaur ['dainɔsɔːr], *s.* Dinosaurier *m.*
dint [dint], *s.* **by d. of,** mittels + *gen.*
diocese ['daiəsis], *s. Ecc:* Diözese *f.* **di'ocesan**
[dai'ɔsisən], *adj.* diözesan.
dip [dip]. **I.** *s.* **1.** *F:* (kurzes) Bad *n;* **to go for/
have a d.,** (kurz) schwimmen gehen. **2.** (*for
silver*) Eintauchbad *n;* (*for sheep*) Desin-
fektionsbad *n.* **3.** (*in road*) Mulde *f;* (*in
landscape*) Senke *f.* **II.** *v.* (*p. & p.p.* **dipped**) **1.**
v.tr. (*a*) (*into liquid*) (etwas) (ein)tauchen;
(Schafe) dippen; (*b*) *Aut:* **to d. the headlights,**
(die Scheinwerfer) abblenden; (*c*) *Nau: Av:* **to
d. a flag/one's wings,** eine Flagge/die Flügel
dippen. **2.** *v.i.* (*a*) (*of sun etc.*) sich senken; (*b*)
(*of pers.*) **to d. into a book,** in einem Buch
blättern; **to d. into one's pocket,** in die Tasche
greifen. '**dipping,** *s.* Eintauchen *n.* '**dip-
stick,** *s. Aut:* Ölmeßstab *m.*
diphtheria [dif'θiəria] *s.* Diphtherie *f.*
diphthong ['difθɔŋ], *s.* Diphthong *m.*
diploma [di'pləumə], *s.* Diplom *n.*
diplomacy [di'pləuməsi], *s.* Diplomatie *f.* **dip-
lomat** ['dipləmæt], *s.* Diplomat *m.* **diplo-
'matic,** *adj.* diplomatisch.
dipsomania [dipsəu'meiniə], *s.* Trunksucht *f.*
dipso'maniac. **I.** *adj.* trunksüchtig. **II.** *s.*
Trunksüchtige(r) *f(m).*
dire ['daiər], *adj.* **1.** (*a*) (*urgent*) dringend; **to be
in d. need of sth.,** etwas dringend brauchen; (*b*)
äußerst; **d. distress,** höchste Not. **2.** (*terrible*)
entsetzlich.
direct [dai'rekt, di-]. **I.** *v.tr.* (*a*) (ein Unter-
nehmen) leiten; *Th: Cin:* **to d. a play/film,** bei
einem Stück/Film Regie führen; (*b*) (Auf-
merksamkeit, Anstrengungen) lenken (**to sth.,**
auf etwas *acc*); (*c*) **could you d. me to the
station?** können Sie mir den Weg zum
Bahnhof sagen? (*d*) **to d. s.o. to do sth.,** j-m An-
weisungen geben, etwas zu tun; **as directed,**
laut Vorschrift. **II.** *adj. & adv.* **1.** direkt; (*a*) (*of
cause, taxes etc.*) unmittelbar; *Gram:* **d. object,**
direktes Objekt; **d. speech,** direkte Rede; (*b*) (*of
train*) durchgehend; *Mil:* **d. hit,** Volltreffer *m;*
El: **d. current,** Gleichstrom *m; Rad:* **d. relay,**
Direktübertragung *f;* (*c*) (*of manner, answer*)
offen. **2.** (*exact*) genau; **the d. opposite,** das
genaue Gegenteil; **-ly,** *adv.* (*a*) (*straight*) direkt;
(*exactly*) genau; (*b*) (*immediately*) (*place*) **d. in**

front of me, unmittelbar vor mir; **d. opposite,** direkt gegenüber; (*time*) **he's coming d.,** er kommt sofort/gleich. **di′rection,** *s.* **1.** Leitung *f* (eines Unternehmens usw.); *Th: etc:* Spielleitung *f;* Regie *f.* **2.** Richtung *f;* **in all directions,** nach allen Richtungen; **sense of d.,** Orientierungssinn *m; Aut:* **d. indicator,** Richtungsanzeiger *m, esp.* Blinklicht *n.* **3.** (*instructions*) Anleitungen *fpl;* **directions for use,** Gebrauchsanweisung *f.* **di′rective,** *s.* Direktive *f.* **di′rector,** *s.* Direktor *m; Th: Cin:* Regisseur *m; Com:* (*board member*) Vorstandsmitglied *n;* **Board of Directors,** Vorstand *m.* **di′rectorship,** *s.* Direktorenstelle *f.* **di′rectory** [-t(ə)ri], *s. Tel:* Telefonbuch *n; Com:* **trade d.,** Firmenverzeichnis *n.*

dirge [dəːdʒ], *s.* Grabgesang *m.*

dirt [dəːt], *s.* (*a*) Schmutz *m; Fig:* **to treat s.o. like d.,** j-n wie den letzten Dreck behandeln; **it's d. cheap,** es ist spottbillig; *attrib.* **d. road,** Erdstraße *f; Sp:* **d. track,** Aschenbahn *f;* (*b*) **cat d.,** Katzendreck *m.* **′dirt-farmer,** *s. U.S:* Kleinbauer *m.* **′dirtiness,** *s.* Schmutz *m.* **′dirty. I.** *adj.* **1.** schmutzig; *F:* dreckig; **d. work,** Dreckarbeit *f;* **d. washing,** Schmutzwäsche *f.* **2. d. weather,** Sturmwetter *n.* **3.** *Fig:* (*a*) **d. mind,** dreckige Phantasie; **d. old man,** Lustmolch *m;* **d. pictures,** pornographische Bilder; (*b*) **d. trick,** Gemeinheit *f;* **to do the d. on s.o.,** j-m übel mitspielen; (*c*) **d. look,** mißbilligender Blick. **II.** *v.* **1.** *v.tr.* (etwas) schmutzig machen. **2.** *v.i.* (*of material*) schmutzen.

disability [disə′biliti], *s.* **1.** (*inability*) Unfähigkeit *f.* **2.** (**physical**) **d.,** körperliche Behinderung *f.*

disable [dis′eibl], *v.tr.* (j-n) untauglich/*Mil:* dienstuntauglich machen. **dis′abled,** *adj.* körperbehindert; (*of serviceman*) kriegsversehrt. **dis′ablement,** *s.* **1.** Untauglichkeit *f.* **2.** Invalidität *f;* **d. pensions,** Invalidenrente *f.*

disadvantage [disəd′vaːntidʒ], *s.* Nachteil *m;* **to be at a d.,** im Nachteil sein. **disadvan′tageous,** *adj.* nachteilig, ungünstig (**to,** für + *acc*).

disagree [disə′griː], *v.i.* (*a*) nicht übereinstimmen (**with s.o., sth.,** mit j-m, etwas *dat*); (*of two reports etc.*) sich widersprechen; (*b*) (*of pers.*) anderer Meinung sein; **I d. with him,** ich bin nicht seiner Meinung; **I d. with his proposal,** ich bin mit seinem Vorschlag nicht einverstanden; (*c*). (*of two pers.*) sich streiten (**about,** über + *acc*); (*d*) **cherries d. with me,** Kirschen bekommen mir nicht. **disa′greeable,** *adj.* unangenehm; (*of pers.*) unfreundlich. **disa′greement,** *s.* **1.** (*between statements, etc.*) Widerspruch *m.* **2.** (*between people*) Meinungsverschiedenheit *f;* (*quarrel*) Streit *m.*

disappear [disə′piər], *v.i.* verschwinden (**from,** aus/von + *dat*); **he disappeared from view,** er ist uns aus dem Blickfeld entschwunden. **disa′ppearance,** *s.* Verschwinden *n.*

disappoint [disə′pɔint], *v.tr.* (j-n, j-s Erwartungen, Hoffnungen) enttäuschen. **disa′ppointing,** *adj.* enttäuschend. **disa′ppointment,** *s.* Enttäuschung *f.*

disapprove [disə′pruːv], *v.i.* **to d. of sth.,** etwas

mißbilligen; **he disapproves of me,** er mißbilligt meine Verhaltensweise. **disa′pproval,** *s.* Mißbilligung *f* (**of,** *gen*); **look of d.,** mißbilligender Blick; **to meet with d.,** Mißfallen erregen.

disarm [dis′aːm], *v.* **1.** *v.tr.* (j-n) entwaffnen. **2.** *v.i. Mil:* abrüsten. **dis′arming,** *adj.* entwaffnend. **dis′armament,** *s. Pol:* Abrüstung *f.*

disarray [disə′rei], *s.* Unordnung *f.*

disaster [di′zaːstər], *s.* Katastrophe *f;* **rail d.,** Eisenbahnunglück *n.* **di′sastrous,** *adj.* katastrophal; **d. consequences,** verheerende Folgen.

disband [dis′bænd], *v.* **1.** *v.tr.* (ein Heer usw.) auflösen. **2.** *v.i.* auseinandergehen.

disbelief [disbi′liːf], *s.* Unglaube *m.* **disbe′lieve,** *v.* **1.** *v.tr.* (etwas) nicht glauben. **2.** *v.i.* **to d. in sth.,** an etwas *acc* nicht glauben. **disbe′liever,** *s.* Ungläubige(r) *f(m).*

disc [disk], *s.* (*a*) Scheibe *f; Med:* **slipped d.,** Bandscheibenschaden *m; Aut:* **d. brake,** Scheibenbremse *f;* (*b*) (*record*) Schallplatte *f;* **d. jockey,** Diskjockey *m;* (*c*) *Data-pr:* **floppy d.,** Diskette *f;* **d. drive,** Diskettenlaufwerk *n.*

discard [dis′kaːd], *v.tr.* (Kleider, *Cards:* Karten usw.) ablegen; (einen Plan) aufgeben; (Personal) entlassen.

discern [di′səːn], *v.tr.* (etwas) erkennen. **dis′cernible,** *adj.* erkennbar. **di′scerning,** *adj.* (*of pers.*) scharfsinnig; (*of mind, etc.*) scharf; (*of taste*) erlesen; **a d. eye,** ein Kennerblick. **di′scernment,** *s.* Scharfblick *m.*

discharge. I. [′distʃaːdʒ] *s.* **1.** Entladung *f* (von Waren); Löschen *n* (der Schiffsladung). **2.** (*a*) Abfluß *m* (von Wasser); Ausstoß *m* (von Rauch); (*b*) *El:* Entladung *f;* (*c*) *Med:* Ausfluß *m;* (*from wound*) Eiterung *f.* **3.** Entlassung *f* (eines Angestellten, *Jur:* eines Gefangenen, *Med:* eines Patienten). **4.** Erfüllung *f* (einer Aufgabe); Begleichung *f* (einer Schuld usw.); (*receipt*) Quittung *f.* **II.** [dis′tʃaːdʒ] *v.* **1.** *v.tr.* (*a*) (Waren, ein Schiff) entladen; (die Schiffsladung) löschen; (Passagiere) absetzen; (*b*) *El:* (Strom) entladen; (*c*) (Wasser usw.) ausströmen/abfließen lassen; *Med:* (Eiter usw.) absondern; (*d*) (einen Angestellten; *Med:* einen Patienten, *Jur:* einen Gefangenen) entlassen; (*e*) (eine Aufgabe) erfüllen; (einer Pflicht) nachkommen; (eine Schuld) begleichen. **2.** *v.i.* (*a*) *El:* sich entladen; (*b*) *Med:* eitern.

disciple [di′saipl], *s.* Schüler *m; B:* Jünger *m.*

discipline [′disiplin]. **I.** *s.* Disziplin *f.* **II.** *v.tr.* **to d. s.o.,** j-n strafen. **discipli′narian,** *s.* **he's a strict/no d.,** er hält strenge Disziplin/ kann keine Disziplin halten.

disclaim [dis′kleim], *v.tr.* (ein Gerücht usw.) dementieren, abstreiten; (Verantwortung) ablehnen. **dis′claimer,** *s.* (öffentlicher) Widerruf *m.*

disclose [dis′kləuz], *v.tr.* (etwas) bekanntgeben; (ein Geheimnis) enthüllen. **dis′closure** [-ʒər], *s.* Bekanntgabe *f* (einer Nachricht); Enthüllung *f* (eines Geheimnisses usw.)

disco [′diskəu], *s. F:* Diskothek *f.*

discolour [dis′kʌlər], *v.* **1.** *v.tr.* (etwas) verfärben. **2.** *v.i.* (*of material*) verschießen; (*of colour*) sich verfärben. **discolo(u)′ration,** *s.* Verfärbung *f.*

discography [dis′kɔgrəfi], *s.* Schallplattenverzeichnis *n.*

discomfort [dis'kʌmfət], s. (a) (inconvenience) Unbequemlichkeit f; (b) (slight pain etc.) Unbehagen n.

disconcert [diskən'sə:t], v.tr. (j-n) aus der Fassung bringen; (embarrass) (j-n) in Verlegenheit bringen. **discon'certed,** adj. beunruhigt; (embarrassed) verlegen. **discon'certing,** adj. beunruhigend; (embarrassing) peinlich.

disconnect [diskə'nekt], v.tr. (a) (etwas) trennen (from sth., von etwas dat); Rail: (Waggons) abkoppeln; Mec. E: to d. the drive, den Antrieb auskuppeln; (b) El: etc: (den Strom, das Telefon) abschalten; to d. the television from the mains, den Netzstecker des Fernsehers herausziehen. **dis'connected,** adj. 1. (a) getrennt; (b) El: etc: abgeschaltet; Tel: I've been d., man hat uns unterbrochen. 2. (of thoughts, speech) zusammenhanglos.

disconsolate [dis'kɔnsəlit], adj. untröstlich.

discontent [diskən'tent], s. Unzufriedenheit f (with, mit + dat). **discon'tented,** adj. unzufrieden (with, mit + dat).

discontinue [diskən'tinju:], v.tr. (a) (etwas) beenden; to d. one's visits, seine Besuche einstellen; (b) Com: (ein Produkt) nicht mehr führen.

discord ['diskɔ:d], s. 1. Uneinigkeit f; Lit: Zwietracht f. 2. Mus: Dissonanz f. **dis'cordant,** adj. 1. (of sound) dissonant. 2. d. opinions, sich widersprechende Meinungen.

discotheque ['diskəutek], s. Diskothek f.

discount ['diskaunt]. I. s. 1. Com: Rabatt m; to sell sth. at a d., etwas mit Rabatt verkaufen. 2. Fin: Diskont m; d. rate, Diskontsatz m. II. v.tr. (a) Fin: (einen Wechsel) diskontieren; (b) [dis'kaunt] (einen Bericht usw.) keinen Glauben schenken; (j-s Meinung) nicht beachten; (eine Möglichkeit) ausschließen.

discourage [dis'kʌridʒ], v.tr. (a) (of future etc.) (j-n) entmutigen; (b) (of pers.) (j-n) abraten (from doing sth., etwas zu tun). **dis'couraging,** adj. entmutigend; (of difficulty etc.) abschreckend; (of answer) abratend. **dis'couragement,** s. (a) (state) Entmutigung f; (b) (process, thing) Abschreckung f (from/of sth., von etwas dat).

discourteous [dis'kə:tiəs], adj. unhöflich. **dis'courtesy,** s. Unhöflichkeit f.

discover [dis'kʌvər], v.tr. (a) (find) (etwas) entdecken; (b) (realize) (etwas) erkennen; I discovered too late that..., ich habe zu spät erkannt, daß... **dis'coverer,** s. Entdecker m. **dis'covery,** s. (a) Entdeckung f; voyage of d., Entdeckungsreise f; (b) F: (find) Fund m.

discredit [dis'kredit]. I. v.tr. (a) (eine Theorie usw.) umstoßen; (b) (j-n) in Mißkredit bringen. II. s. 1. Unglaube m. 2. (a) Mißkredit m; (b) (dishonour) Unehre f. 3. (thing, pers.) Schandfleck m. **dis'creditable,** adj. schmachvoll; (of behaviour) unwürdig.

discreet [dis'kri:t], adj. diskret. **discretion** [-'kreʃ(ə)n], s. 1. (judgement) Ermessen n, Gutdünken n; I shall use my d., ich werde nach eigenem Gutdünken handeln. 2. (prudence) Besonnenheit f; (caution) Umsicht f; (tact) Diskretion f; to act with d., besonnen handeln. age of d., Volljährigkeit f.

discrepancy [dis'krepənsi], s. Diskrepanz f.

discriminate [dis'krimineit], v. 1. v.tr. (etwas) unterscheiden (from sth., von etwas dat). 2. v.i. (a) to d. between two things, zwischen zwei Dingen unterscheiden; (b) to d. in favour of s.o., j-n begünstigen; to d. against s.o., j-n benachteiligen. **dis'criminating,** adj. (a) (of pers.) scharfsinnig; d. purchaser, anspruchsvoller Käufer; (b) unterscheidend; Adm: d. tariff, Differentialzoll m. **discrimi'nation,** s. 1. Unterscheidung f. 2. (judgement) Urteilskraft f. 3. (unfair) d., Benachteiligung f; racial d., Rassendiskriminierung f; d. in favour of young people, Begünstigung f der Jugend.

discus ['diskəs], s. Sp: Diskus m.

discuss [dis'kʌs], v.tr. (etwas) besprechen; (eine Frage) erörtern. **dis'cussion** [-ʃ(ə)n], s. Besprechung f; Diskussion f; to be under d., zur Debatte stehen.

disdain [dis'dein]. I. s. Verachtung f. II. v.tr. (j-n,/etwas) verachten. **dis'dainful,** adj. verächtlich.

disease [di'zi:z], s. Krankheit f. **di'seased,** adj. krank.

disembark [disem'ba:k], v. 1. v.i. (of pers.) an Land gehen. 2. v.tr. (Waren, Passagiere) ausschiffen. **disembar'kation,** s. Ausschiffung f.

disembodied [disəm'bɔdid], adj. ohne Körper; d. voice, Geisterstimme f.

disenchant [disin'tʃɑ:nt], v.tr. (j-n) enttäuschen; he soon became disenchanted with it, es verlor bald seinen Reiz für ihn. **disen'chantment,** s. Enttäuschung f.

disengage [disin'geidʒ], v. 1. v.tr. (etwas) lösen; Mec: (Zahnräder) ausrücken; Aut: to d. the clutch, auskuppeln. 2. v.i. (of things) sich losmachen; Mec: (of gears etc.) auseinanderrücken. **disen'gaged,** adj. frei.

disentangle [disin'tæŋgl], v.tr. (Wolle, Fig: die Wahrheit usw.)entwirren. **disen'tanglement,** s. Entwirrung f.

disfavour [dis'feivər], s. Ungnade f; to find d., Mißfallen erregen.

disfigure [dis'figər], v.tr. (j-s Gesicht) entstellen; (eine Landschaft usw.) verunstalten. **dis'figurement,** s. Entstellung f; Verunstaltung f.

disgorge [dis'gɔ:dʒ], v.tr. (etwas) ausspeien.

disgrace [dis'greis]. I. s. (a) (object) Schandfleck m; in d., in Ungnade; he was a d. to the family, er machte der Familie Schande. II. v.tr. (oneself, s.o.) (etwas dat) Schande machen; to d. oneself, sich blamieren. **dis'graceful,** adj. schändlich; F: unerhört; it's d.! es ist eine Schande!

disgruntled [dis'grʌntld], adj. verstimmt, ungehalten (at sth., über etwas acc).

disguise [dis'gaiz]. I. s. 1. (of pers.) Verkleidung f; in d., verkleidet, Fig: getarnt. 2. Verstellung f (der Stimme, Schrift usw.); Verhehlung f (der Gefühle). II. v.tr. (j-n, sich) verkleiden; (etwas) tarnen; (seine Stimme usw.) verstellen; (conceal) (Gefühle) verhehlen; (Gedanken usw.) verbergen; there is no disguising the fact that..., es ist nicht zu verhehlen, daß...

disgust [dis'gʌst]. I. s. 1. (physical) Abscheu m,

Ekel *m* (**at sth.**, vor etwas *dat*). **2.** (*intense annoyance*) Empörung *f;* **in d.**, empört, aus Empörung. **II.** *v.tr.* (*a*) (j-n) anekeln, anwidern; (*b*) (*anger*) (j-n) empören. **dis´gusting**, *adj.* (*horrible*) scheußlich, widerlich; (*physically*) ekelhaft.

dish [diʃ]. **I.** *v.tr.* (*a*) **to d. up (a meal)**, (das Essen) auftragen; *F:* **he always dishes up the same arguments**, er kommt immer mit den gleichen Argumenten; (*b*) *F:* **to d. out money etc.**, Geld usw. austeilen. **II.** *s.* **1.** (*a*) (*shallow*) Platte *f;* (*usu. glass*) Schale *f;* (*deeper*) Schüssel *f;* (*b*) **the dishes**, *coll.* das Geschirr. **2.** (*food*) Gericht *n.* **´dishcloth**, *s.* Abwaschlappen *m.* **´dished**, *adj. Tchn:* konkav. **´dishwasher**, *s.* Geschirrspülmaschine *f.* **´dishwater**, *s.* Abwaschwasser *n.* **´dishy**, *adj. F:* (*of girl*) appetitlich; (*of man*) flott.

dishearten [dis´hɑːtn], *v.tr.* (j-n) entmutigen. **dis´heartening**, *adj.* entmutigend; (*of task*) deprimierend.

dishevelled [di´ʃev(ə)ld], *adj.* **1.** (*of hair*) zerzaust. **2.** (*of clothes*) zerdrückt, schlampig.

dishonest [dis´ɔnist], *adj.* unehrlich. **dis´honesty**, *s.* Unehrlichkeit *f.*

dishonour [dis´ɔnər]. **I.** *s.* Unehre *f;* **he was a d. to his regiment**, er machte seinem Regiment Schande. **II.** *v.tr.* (etwas) entehren; *Bank:* **dishonoured cheque**, ungedeckter Scheck. **dis´honourable**, *adj.* unehrenhaft.

disillusion [disi´ljuːʒ(ə)n], *v.tr.* (j-n) desillusionieren; (*disappoint*) (j-n) enttäuschen. **dis´i´llusionment**, *s.* Desillusionierung *f;* Enttäuschung *f.*

disincentive [disin´sentiv], *s.* Abschreckung *f;* **d. to work**, arbeitshemmender Faktor.

disinclination [disinkli´neiʃ(ə)n], *s.* Abneigung *f* (**for**, gegen + *acc*); Unlust *f* (**for**, zu + *dat*). **disin´clined**, *adj.* **to be d. to do sth.**, wenig Lust haben, etwas zu tun.

disinfect [disin´fekt], *v.tr.* (etwas) desinfizieren. **disin´fectant. I.** *adj.* desinfizierend. **II.** *s.* Desinfektionsmittel *n.*

disinherit [disin´herit], *v.tr.* (j-n) enterben.

disintegrate [dis´intigreit], *v.* **1.** *v.tr.* (*in acid etc.*) (etwas) zersetzen; (*in water*) (etwas) auflösen; (*Gestein*) zerbröckeln. **2.** *v.i.* (*of substance, atoms, also Fig:*) zerfallen, sich auflösen; (*of structure*) auseinanderfallen; **the car disintegrated on impact**, das Auto wurde durch den Aufprall zertrümmert. **disinte´gration**, *s.* Zerfall *m*, Auflösung *f;* Zertrümmern *n.*

disinterested [dis´intristid], *adj.* selbstlos; (*unbiased*) unparteiisch.

disjointed [dis´dʒɔintid], *adj.* (*of style, speech*) unzusammenhängend.

disk [disk], *s. see* **disc**.

dislike [dis´laik]. **I.** *s.* Abneigung *f* (**of/for s.o., sth.**, gegen j-n, etwas *acc*); **to take a d. to s.o.**, eine Abneigung gegen j-n fassen. **II.** *v.tr.* (j-n, etwas) nicht mögen; **to d. doing sth.**, etwas ungern tun; **I don't d. him**, er ist mir nicht unsympathisch; **he is disliked by all**, niemand kann ihn leiden.

dislocate [´disləkeit], *v.tr.* (*a*) (den Verkehr usw.) in Verwirrung bringen; (*b*) *Med:* sich *dat* (ein Glied) ausrenken. **dislo´cation**, *s.* Ausrenkung *f.*

dislodge [dis´lɔdʒ], *v.tr.* (*a*) (*remove*) (etwas) entfernen; (*shift*) (etwas) verschieben; **a stone had become dislodged**, ein Stein hatte sich gelöst; (*b*) (den Feind) verdrängen.

disloyal [dis´lɔiəl], *adj.* treulos, untreu. **dis´loyalty**, *s.* Treulosigkeit *f*, Untreue *f.*

dismal [´dizməl], *adj.* (*of pers.*) trübsinnig; (*of weather, outlook etc.*) trübe, trist.

dismantle [dis´mæntl], *v.tr.* (eine Maschine usw.) auseinandernehmen, zerlegen.

dismay [dis´mei]. **I.** *s.* Bestürzung *f.* **II.** *v.tr.* (j-n) bestürzen.

dismiss [dis´mis], *v.tr.* (*a*) (j-n aus einer Stellung) entlassen; (j-n von einem Amt) absetzen; (*b*) (*let go*) (j-n) entlassen; (eine Versammlung) auflösen; *Mil:* **d.!** wegtreten! (*c*) *Fig:* **to d. sth. from one's thoughts**, etwas aus den Gedanken verbannen; **to d. sth. as worthless**, etwas als wertlos abtun; **to d. the subject**, das Thema fallenlassen; (*d*) (einen Vorschlag) zurückweisen; *Jur:* **to d. a case**, eine Klage abweisen. **dis´missal**, *s.* **1.** Entlassung *f* (aus einer Stellung); Absetzung *f* (von einem Amt). **2.** Entlassung *f* (aus einem Zimmer usw.); Auflösung *f* (einer Versammlung). **3.** *Jur:* Abweisung *f* (einer Klage).

dismount [dis´maunt], *v.* **1.** *v.i.* (vom Pferd usw.) absitzen. **2.** *v.tr.* (*of horse*) (einen Reiter) abwerfen.

disobey [disə´bei], *v.tr.* (j-m) nicht gehorchen. **diso´bedience**, *s.* Ungehorsam *m* (**to s.o.**, j-m gegenüber). **diso´bedient**, *adj.* ungehorsam.

disobliging [disə´blaidʒin], *adj.* ungefällig.

disorder [dis´ɔːdər]. **I.** *s.* **1.** Unordnung *f;* (*confusion*) Verwirrung *f;* (*muddle*) Durcheinander *n.* **2.** (*riot*) (**civil**) **d.**, öffentliche Unruhen *spl.* **3.** *Med:* Störung *f;* **mental d.**, Geistesstörung *f.* **II.** *v.tr.* (etwas) in Unordnung bringen. **dis´orderliness**, *s.* **1.** Unordentlichkeit *f.* **2.** (*a*) (*of pers.*) Zuchtlosigkeit *f;* (*b*) (*of crowd*) Unruhe *f.* **dis´orderly**, *adj.* **1.** unordentlich. **2.** (*a*) *Jur:* (*of pers.*) zuchtlos; (*b*) (*of crowd*) aufrührerisch.

disorganize [dis´ɔːgənaiz], *v.tr.* (etwas) durcheinanderbringen; **she's completely disorganized**, sie ist völlig unorganisiert. **disorgani´zation**, *s.* Unordnung *f.*

disorientated [dis´ɔːriənteitid], *adj.* desorientiert; **to become d.**, sich nicht mehr zurechtfinden können.

disown [dis´əun], *v.tr.* (eine Sache) nicht mehr als eigen anerkennen; (ein Kind) verstoßen; (seinen Glauben) verleugnen.

disparage [dis´pæridʒ], *v.tr.* (j-n) herabsetzen; (j-s Bemühungen) geringschätzig abtun. **dis´paraging**, *adj.* verächtlich; **d. remarks**, herabsetzende Worte; **-ly**, *adv.* **to speak d. of sth.**, etwas geringschätzig abtun. **dis´paragement**, *s.* Herabsetzung *f.*

disparate [´dispərət], *adj.* unvereinbar; (*different*) verschiedenartig.

dispassionate [dis´pæʃənit], *adj.* **1.** leidenschaftslos; (*calm*) gelassen. **2.** (*unbiased*) unparteiisch.

dispatch [dis´pætʃ]. **I.** *v.tr.* (*a*) (Waren) absenden; (j-n, etwas) wegschicken; (*b*) (Geschäfte) schnell erledigen; (*c*) (j-n, ein Tier) töten. **II.** *s.* 1. Versand *m* (von Waren); Ab-schicken *n* (von Post); Wegschicken *n* (einer Person); *Com:* **d. note,** Versandanzeige *f.* 2. (*a*) *Mil: etc:* Depesche *f; f.* **d. rider, Meldefahrer** *m;* (*b*) **d. box,** Kassette *f* mit amtlichen Papieren; **d. case,** Aktentasche *f.* 3. (*haste*) Eile *f;* **with the utmost d.,** schnellstens.

dispel [dis'pel], *v.tr.* (*p. & p.p.* **dispelled**) (Zwei-fel usw.) vertreiben.

dispense [dis'pens], *v.* 1. *v.tr.* (*a*) (Almosen usw.) verteilen; **to d.** **charity,** gute Werke tun; (*b*) **to d. justice,** Recht sprechen; (*c*) *Pharm:* (Arzneien) ausgeben, (*prepare*) zubereiten; **to d. a pre-scription,** ein Rezept ausführen. 2. *v.i.* **to d. with sth.,** auf etwas *acc* verzichten. **dis'pen-sary,** *s.* Apotheke *f.* **dis'penser,** *s.* 1. (*pers.*) (*a*) *Pharm:* Apotheker(in) *m(f);* (*b*) Spender(in) *m(f).* 2. (*machine*) Automat *m.* **dis'pensing,** *s.* Ausgabe/Zubereitung *f* der Rezepte; **d. chemist,** Apotheker(in) *m(f).*

disperse [dis'pə:s], *v.* 1. *v.tr.* (etwas) zerstreuen. 2. *v.i.* (*of crowd*) sich zerstreuen; (*of light*) zerstreut werden. **dis'persal, dis'persion,** *s.* Zerstreuung *f; Opt:* Streuung *f.*

dispirited [di'spiritid], *adj.* niedergeschla-gen.

displace [dis'pleis], *v.tr.* (*a*) (etwas) verlagern; *Nau:* (*of ship*) (Wasser) verdrängen; **displaced person,** Heimatvertriebene(r) *f(m);* (*b*) (*replace*) (j-n, etwas) ersetzen (**by,** durch + *acc*). **dis-'placement,** *s.* 1. Verlagerung *f; Nau:* Was-serverdrängung *f.* 2. Ersetzung *f.*

display [dis'plei]. **I.** *s.* 1. (*a*) Ausstellung *f* (von Waren); *Com:* **d. window,** Auslage *f;* (*b*) (*de-monstration*) Vorführung *f;* **air d.,** Flugschau *f.* 2. *Data-pr:* Anzeige *f* (eines Taschenrechners usw.); **d. unit,** Sichtgerät *n.* 3. (*a*) Aufwand *f* (von Luxus), Prunk, (*b*) Zurschaustellung *f* (von Wissen, Zuneigung usw.); **d. of temper,** Wutausbruch *m.* **II.** *v.tr.* (*a*) (Waren usw.) ausstellen; **to d. a notice,** eine Bekannt-machung aushängen; (*b*) (*show*) (Prunk) auf-wenden; (*b*) (Dummheit, Wissen, Zuneigung) zur Schau stellen; (Wissen) zeigen.

displease [dis'pli:z], *v.tr.* (j-m) mißfallen; (*annoy*) (j-n) verärgern. **dis'pleasing,** *adj.* unangenehm (**to,** für + *acc*). **displeasure** [-'pleʒər], *s.* Mißfallen *n;* Unwillen *m;* **to incur s.o.'s d.,** j-s Mißfallen erregen.

disport [dis'pɔ:t], *v.tr.* **to d. oneself,** sich belu-stigen.

dispose [dis'pəuz], *v.* 1. *v.tr.* (Gegenstände) anordnen; (Truppen) aufstellen. 2. *v.i.* **to d. of,** (etwas) loswerden; (eine Leiche usw.) weg-schaffen; (eine Bombe) unschädlich machen; (Probleme) beseitigen; **this matter can be dis-posed of quickly,** diese Angelegenheit läßt sich schnell erledigen; **to d. of s.o.'s services,** auf j-s Dienste verzichten; *Fin:* **to d. of assets,** Ver-mögenswerte veräußern. **dis'posable,** *adj.* Wegwerf-; Einweg-; **d. container,** Einweg-behälter *m.* **dis'posal,** *s.* 1. (*positioning*) Anordnung *f.* 2. (*a*) (*throwing away*) Weg-werfen *n;* (*removal*) Beseitigung *f;* (*sale*) Veräußerung *f;* (*b*) Ablagerung *f* (von Müll); (**waste**) **d. unit,** Müllschlucker *m* 3. **to be at s.o.'s d.,** j-m zur Verfügung stehen; **he has a research team at his d.,** ihm steht ein For-

schungsteam zur Verfügung. **dis'posed,** *adj.* 1. **to be well/ill d. towards s.o.,** j-m gut/schlecht gesinnt sein. 2. geneigt; **I'm not d. to help him,** ich bin nicht geneigt, ihm zu helfen. **dispo'si-tion,** *s.* 1. (*arrangement*) Anordnung *f;* Aufstellung *f* (von Truppen). 2. (*temperament*) Veranlagung *f;* **he is of a nervous d.,** er ist nervös veranlagt. 3. (*inclination*) Neigung *f.*

dispossess [dispə'zes], *v.tr.* (j-n) enteignen (**of sth.,** etwas *gen*).

disproportionate [disprə'pɔ:ʃənit], *adj.* un-angemessen; (*excessive*) übermäßig; **to be d. to sth.,** in keinem Verhältnis zu etwas *dat* stehen; **-ly,** *adv.* unverhältnismäßig.

disprove [dis'pru:v], *v.tr.* (etwas) widerlegen.

dispute [dis'pju:t]. **I.** *s.* Streit *m;* **industrial d.,** Arbeitskonflikt *m;* **the matter in d.,** die Streitfrage; **beyond d.,** unumstritten. **II.** *v.* 1. *v.i.* streiten (**with s.o. about sth.,** mit j-m über etwas *acc*). 2. *v.tr.* (*a*) (eine Frage) erörtern; (*b*) (eine Feststellung) anfechten; **to d. whether . . .,** bezweifeln, ob . . .

disqualify [dis'kwɔlifai], *v.tr. Mil:* (j-n) für untauglich erklären; *Sp: etc:* (j-n) disquali-fizieren; **to d. s.o. from driving,** j-m den Füh-rerschein entziehen. **disqualifi'cation,** *s. Sp: etc:* Disqualifikation *f; Mil:* Untauglich-keitserklärung *f; Aut:* Führerscheinentzug *m.*

disquiet [dis'kwaiət], *s.* Unruhe *f.* **dis'quiet-ing,** *adj.* beunruhigend.

disregard [disri'gɑ:d]. **I.** *s.* Nichtbeachtung *f* (einer Vorschrift usw.); Gleichgültigkeit *f* (**for,** gegenüber + *dat*). **II.** *v.tr.* (j-n, etwas) ignorie-ren; **to d. a rule,** eine Vorschrift nicht beach-ten.

disremember [disri'membər], *v.tr. N. Am: F:* (etwas) vergessen.

disrepair [disri'pɛər], *s.* Verfall *m;* (*of building*) Baufälligkeit *f;* **to fall into d.,** verfallen; **in a state of d.,** baufällig.

disrepute [disri'pju:t], *s.* **to bring sth. into d.,** etwas in Verruf bringen. **disreputable** [dis-'repjutəbl], *adj.* 1. (*of action*) schändlich; (*of pers.*) in schlechtem Ruf stehend; (*of area etc.*) verrufen. 2. (*of clothes*) schäbig.

disrespect [disri'spekt], *s.* Respektlosigkeit *f* (**for,** gegenüber + *dat*). **disre'spectful,** *adj.* respektlos.

disrupt [dis'rʌpt], *v.tr.* (den Verkehrsfluß usw.) unterbrechen.

dissatisfaction [dissætis'fækʃ(ə)n], *s.* Un-zufriedenheit *f* (**with/at,** mit + *dat*). **dis'satis-fied,** *adj.* unzufrieden (**with/at,** mit + *dat*).

dissect [di'sekt], *v.tr.* (etwas) zergliedern; *Med:* (etwas) sezieren. **di'ssection,** *s.* Zergliede-rung *f; Med:* Sezieren *n;* (*autopsy*) Sektion *f.*

dissension [di'senʃ(ə)n], *s.* Zwietracht *f.*

dissent [di'sent]. **I.** *s.* 1. Abweichen *n* (von einer Meinung); (*disagreement*) Meinungsverschie-denheit *f.* 2. *Brit: Ecc:* Abfall *m* (von der Staatskirche). **II.** *v.i.* (*a*) anderer Meinung sein (**about sth.),** (über etwas *acc*) anderer Meinung sein; (*b*) *Brit: Ecc:* (von der Staatskirche) abfallen. **di'ssenter** [di'sentər], *s. Brit: Ecc:* Dissenter *m.*

dissertation [disə'teiʃ(ə)n], *s.* Dissertation *f.*

disservice [di(s)'sə:vis], *s.* schlechter Dienst *m;* **to do s.o. a d.,** j-m einen schlechten Dienst erweisen.

dissident ['disidənt]. **I.** *adj.* andersdenkend. **II.** *s.* Dissident *m.*

dissimilar [di'similər], *adj.* unähnlich (**to**, *dat*); verschieden (**to**, von + *dat*).

dissipate ['disipeit], *v.tr.* (*a*) (ein Vermögen) verschwenden; (*b*) (Angst, Zweifel) zerstreuen. **'dissipated**, *adj.* (*a*) (*dissolute*) ausschweifend; (*b*) (*wasted*) verschwendet. **dissi'pation**, *s.* **1.** Verschwendung *f* (eines Vermögens). **2.** Ausschweifung *f;* ausschweifende Lebensweise.

dissociate [di'səuʃieit], *v.tr.* (etwas) trennen (**from**, von + *dat*); **to d. oneself from a statement** etc., sich von einer Äußerung usw. distanzieren.

dissolute ['disəl(j)u:t], *adj.* ausschweifend. **disso'lution**, *s.* Auflösung *f.*

dissolve [di'zɔlv], *v.* **1.** *v.tr.* (eine Ehe, ein Salz usw.) auflösen. **2.** *v.i.* sich auflösen.

dissuade [di'sweid], *v.tr.* (j-m) abraten; **to d. s.o. from doing sth.**, j-n von etwas *dat* abbringen. **di'ssuasion**, *s.* Abraten *n.*

distance ['distəns], *s.* **1.** (*a*) Entfernung *f;* **it's no d.** (**at all**), es ist (gar) nicht weit; **within walking d.**, (leicht) zu Fuß zu erreichen; **from a d.**, aus einiger Entfernung; (*b*) **in the d.**, in der Ferne; (*c*) Strecke *f;* **to cover a long/short d.**, eine lange/kurze Strecke zurücklegen; *Aut: Rail:* **braking d.**, Bremsweg *m; Sp:* (**long**) **d. runner**, Langstreckenläufer *m.* **2.** Zeitabstand *m;* **at a d. of 50 years**, nach einem Zeitraum von 50 Jahren. **3.** (*also Fig:*) **to keep one's d.**, Distanz halten. **distant** ['distənt], *adj.* **1.** (*a*) (*of place, country*) entfernt, fern; **to have a d. view of sth.**, etwas in der Ferne sehen; **d. resemblance**, entfernte Ähnlichkeit; **a d. relation**, ein weitläufiger/entfernter Verwandter; (*b*) **d. memory**, schwache Erinnerung. **2.** (*of pers.*) zurückhaltend; (*of manner*) kühl.

distaste [dis'teist], *s.* Abneigung *f* (**for**, gegen + *acc*). **dis'tasteful**, *adj.* widerwärtig; (*of thing*) **to be d. to s.o.**, j-m zuwider sein.

distemper[1] [dis'tempər]. **I.** *s.* Leimfarbe *f;* (*white*) Tünche *f.* **II.** *v.tr.* **to d. a wall**, eine Wand (i) mit Leimfarbe/(ii) mit Tünche streichen.

distemper[2], *s. Vet:* (*of dogs*) Staupe *f.*

distend [dis'tend], *v.* **1.** *v.tr.* (einen Muskel usw.) dehnen. **2.** *v.i.* (*a*) (*of thing*) sich ausdehnen; (*b*) (*of stomach*) sich aufblähen.

distil [dis'til], *v.tr.* (*p. & p.p.* **distilled**) (Wasser usw.) destillieren; (Schnaps usw.) brennen. **dis'tiller**, *s. Ind:* (*pers.*) Branntweinbrenner *m.* **dis'tillery**, *s. Ind:* Branntweinbrennerei *f.*

distinct [dis'tiŋ(k)t], *adj.* **1.** (*separate*) getrennt (**from one another**, voneinander); (*different*) verschieden; **to keep two things d.**, zwei Dinge auseinanderhalten. **2.** (*clear*) deutlich, klar; (*marked*) **no d. improvement**, keine spürbare Verbesserung; **a d. preference**, eine ausgesprochene Vorliebe; **-ly**, *adv.* (*a*) deutlich; **to speak d.**, deutlich sprechen; (*b*) **to remember d.**, sich genau erinnern. **dis'tinction**, *s.* **1.** (*difference*) Unterschied *m* (**between**, zwischen + *dat*). **2.** (*excellence*) Auszeichnung *f;* **to gain d.**, sich auszeichnen; **a writer of d.**, ein Schriftsteller von Rang. **dis'tinctive**, *adj.* charakteristisch; **d. feature**, Unterscheidungsmerkmal *n.* **dis'tinctness**, *s.* Klarheit *f,* Deutlichkeit *f.*

distinguish [dis'tiŋgwiʃ], *v.* **1.** *v.tr.* (*a*) (*discern*) (etwas) erkennen; (*b*) (etwas) unterscheiden (**from**, von + *dat*); **to d. oneself**, sich auszeichnen. **2.** *v.i.* unterscheiden, einen Unterschied machen (**between**, zwischen + *dat*). **dis'tinguished**, *adj.* bedeutend; **a d. writer**, ein Schriftsteller von Rang; **a d. career**, eine glänzende Karriere.

distort [dis'tɔ:t], *v.tr.* (*a*) (das Gesicht, *Rad: TV:* den Ton, das Bild usw.) verzerren; (Metall) verformen; (*b*) (Wahrheit, Tatsachen) verfälschen/(*unintentionally*) entstellen. **dis'tortion**, *s.* (*a*) Verzerrung *f;* Verformung *f; Rec:* **harmonic d.**, Klirrfaktor *m;* (*b*) Verfälschung *f.*

distract [dis'trækt], *v.tr.* (Aufmerksamkeit usw.) ablenken (**from**, von + *dat*). **dis'tracted**, *adj.* **1.** unaufmerksam, zerstreut. **2.** (*in despair*) verzweifelt; **d. with grief**, außer sich *dat* vor Kummer. **dis'traction**, *s.* **1.** Ablenkung *f;* **noise is a d.**, Lärm lenkt ab. **2.** (*state*) Zerstreutheit *f.* **3.** (*despair*) Verzweiflung *f.*

distraught [dis'trɔ:t], *adj.* verwirrt; (*in despair*) verzweifelt.

distress [dis'tres]. **I.** *s.* **1.** (*grief*) Kummer *m;* (*misery*) Elend *n;* (*pain*) Schmerz *m;* (*exhaustion*) Erschöpfung *f.* **2.** *Not f;* (*of ship*) **in d.**, in Seenot; **d. signal**, Notsignal *n.* **II.** *v.tr.* (j-n) quälen, (*worry*) bekümmern; **don't d. yourself**, nehmen Sie es sich nicht zu Herzen. **dis'tressed**, *adj.* (*a*) (*worried*) bekümmert; (*b*) (*impoverished*) notleidend; *Econ:* **d. area**, Notstandsgebiet *n.* **dis'tressing**, *adj.* peinlich; **to be d. (to s.o.)**, (j-m) Kummer machen.

distribute [dis'tribju(:)t], *v.tr.* (etwas) verteilen, austeilen (**to/among**, an + *acc*); (*over a large area*) (etwas) verbreiten; *Com:* (Waren) vertreiben. **distri'bution**, *s.* Verteilung *f,* Austeilung *f; Com:* Vertrieb *m.* **dis'tributor**, *s.* **1.** (*pers.*) Verteiler *m; Cin:* Verleiher *m; Com:* Vertreter *m.* **2.** *El: Aut:* Verteiler *m.*

district ['distrikt], *s.* **1.** Gegend *f.* **2.** *Adm:* Bezirk *m;* **electoral d.**, Wahlkreis *m; Com:* **d. manager**, Bezirksleiter *m;* **d. nurse**, Bezirkskrankenschwester *f.*

distrust [dis'trʌst]. **I.** *s.* Mißtrauen *n.* **II.** *v.tr.* (j-m, etwas *dat*) mißtrauen. **dis'trustful**, *adj.* mißtrauisch.

disturb [dis'tə:b], *v.tr.* (a) (j-n) stören; **to d. the peace**, die öffentliche Ruhe stören; (*b*) (Wasser) aufrühren; (*upset*) (Pläne usw.) durchkreuzen; (Papiere usw.) in Unordnung bringen; (*c*) (*worry*) (j-n) beunruhigen. **dis'turbance**, *s.* **1.** Störung *f; Meteor:* (atmosphärische) Störungen *fpl.* **2.** *Pol:* Unruhe *f;* Aufruhr *m;* **to create a d.**, die öffentliche Ruhe stören. **3.** (*worry*) Beunruhigung *f.* **dis'turbed**, *adj.* (*a*) gestört; *Psy:* (*of child*) verhaltensgestört; (*b*) (*worried*) beunruhigt. **dis'turbing**, *adj.* beunruhigend.

disuse [dis'ju:s], *s. usu. in the phr.* **to fall into d.**, außer Gebrauch kommen. **disused** [-'ju:zd], *adj.* außer Gebrauch; **d. mine**, stillgelegtes Bergwerk.

ditch [ditʃ]. **I.** *s.* Graben *m.* **II.** *v.tr. F:* (*a*) (ein Auto) in den Graben fahren; (ein Flugzeug) notwassern; (*b*) *F:* (einen Plan) aufgeben;

she ditched him, sie hat ihn abgehängt.
dither ['diðər], *v.i. F:* (*of pers.*) zaudern.
ditto ['ditəu], *adv.* ebenfalls, ebenso.
ditty ['diti], *s.* Liedchen *n.*
divan [di'væn], *s.* Diwan *m;* **d. bed,** Liege *f.*
dive [daiv]. I. *s.* 1. (*under water*) Tauchen *n;* (*of pers. into water*) Kopfsprung *m;* **to make a d. for sth.,** sich auf etwas *acc* stürzen. 2. *Av:* Sturzflug *m;* **d. bomber,** Sturzkampfflieger *m; F:* Stuka *m.* 3. Kellerlokal *n; Pej:* Spelunke *f;* **d. bar,** Kellerbar *f.* **II.** *v.i.* (*a*) **to d. into the water,** einen Kopfsprung ins Wasser machen; **he dived into the bushes,** er stürzte sich ins Gebüsch; (*b*) (*of submarine, diver*) tauchen; **to d. for pearls,** nach Perlen tauchen; (*c*) (*of aircraft*) im Sturzflug fliegen. '**diver,** *s.* (*a*) Taucher *m;* (*b*) *Sp:* (*from board*) Kunstspringer *m.* '**diving,** *s.* (*a*) Tauchen *n;* **d. bell,** Taucherglocke *f;* **d. suit,** Taucheranzug *m;* (*b*) *Sp:* **d. board,** Sprungbrett *n.*
diverge [dai'vəːdʒ], *v.i* (*of paths etc.*) sich trennen; (*of opinions etc.*) auseinandergehen; *Opt:* (*of rays*) divergieren; **to d. from sth.,** von etwas *dat* abweichen. **di'vergence,** *s.* Abweichung *f; Opt:* Divergenz *f* (der Strahlen). **di'vergent,** *adj.* abweichend; *Opt:* divergierend.
diverse [dai'vəːs], *adj.* verschiedenartig. **diversify** [di'vəːsifai], *v.tr.* (etwas) variieren. **di'versity,** *s.* Mannigfaltigkeit *f;* (*multiplicity*) Vielfalt *f.*
diversion [dai'vəːʃ(ə)n], *s.* 1. Abwendung *f* (eines Schlages). 2. Umleitung *f* (des Verkehrs, eines Flusses); Ablenkung *f* (der Aufmerksamkeit); **to create a d.,** ein Ablenkungsmanöver durchführen. 3. (*entertainment*) Unterhaltung *f.* **divert** [dai'vəːt], *v.tr.* (*a*) (einen Fluß, den Verkehr usw.) umleiten; (einen Schlag) abwenden; (die Aufmerksamkeit) ablenken; (den Feind) täuschen; (*b*) (*entertain*) (j-n) zerstreuen, unterhalten. **di'verting,** *adj.* unterhaltend.
divide [di'vaid], *v.* 1. *v.tr.* (*a*) (etwas) teilen (**between,** zwischen + *dat,* **among,** unter + *dat*); **we divided the work among us,** wir haben die Arbeit unter uns geteilt; (*b*) *Mth:* (eine Zahl) dividieren (**by,** durch + *acc*); (*c*) (*separate*) (etwas) trennen (**from,** von + *dat*); (*d*) (*of group*) **to be divided,** sich nicht einig sein. 2. *v.i.* (*of thing*) sich teilen (**into,** in + *acc*); (*of road*) sich gabeln. *Parl:* **the house divided,** es wurde abgestimmt. **dividend** ['dividend], *s. Fin:* Dividende *f; Fig:* Bonus *m;* (*advantage*) Vorteil *m;* **to pay dividends,** (i) *Fin:* Dividenden auszahlen; (ii) *Fig:* sich bezahlt machen. **dividers** [-'vaidəz], *s.pl. Mth:* Stechzirkel *m.*
divine¹ [di'vain], *adj.* (*a*) göttlich; (*b*) *F:* himmlisch; **what a d. little hat!** was für ein entzückendes Hütchen! **divinity** [-'viniti], *s.* 1. (*a*) Göttlichkeit *f;* (*b*) (*divine being*) Gottheit *f.* 2. (*subject*) Theologie *f.*
divine², *v.tr.* (*a*) (*guess*) (etwas) erraten; (*b*) (etwas) prophezeien. **di'viner,** *s.* 1. Wahrsager *m.* 2. (*of water etc.*) Wünschelrutengänger *m.* **di'vining rod,** *s.* Wünschelrute *f.*
division [di'viʒ(ə)n], *s.* 1. Spaltung *f* (**into several parts,** in mehrere Teile). 2. Aufteilung *f* (von Besitz usw.); Teilung *f* (der Arbeit usw.).

3. (*disagreement*) Uneinigkeit *f.* 4. *Mth:* Division *f.* 5. *Parl:* Abstimmung *f.* 6. (*a*) *Adm:* Abteilung *f;* (*b*) *Mil:* Division *f;* (*c*) *Fb:* Liga *f.*
divisible [-'vizbl], *adj. Mth: etc:* teilbar.
divorce [di'vɔːs]. I. *s.* Scheidung *f;* **to get a d.,** sich scheiden lassen. II. *v.tr.* **to d. one's husband/wife,** sich von seinem Mann/seiner Frau scheiden lassen. **divorcee** [-'siː], *s.* Geschiedene(r) *f(m).*
divulge [di'vʌldʒ], *v.tr.* (ein Geheimnis) ausplaudern.
dizziness ['dizinis], *s.* Schwindel *m.* '**dizzy,** *adj.* 1. schwindlig; **I feel d.,** mir ist schwindlig; **my head is d.,** mir dreht sich alles im Kopf. 2. (*of heights etc.*) schwindelnd.
do [duː]. I. *v.* 1. *v.tr.* & *i.* (*p. did* [did], *p.p.* **done** [dʌn]; (*a*) (etwas) machen, tun; **what do you do (for a living)?** was machen Sie (beruflich)? **to do good,** Gutes tun; **are you doing anything tomorrow?** hast du morgen etwas vor? **it isn't done,** so etwas tut man nicht; **I shall do nothing of the sort/no such thing,** ich denke nicht daran (, so etwas zu machen); **what's to be done?** was sollen wir machen? **what can I do for you?** was kann ich für Sie tun? **well done!** bravo! gut gemacht! (*b*) **he did brilliantly in his exams,** er hat bei den Prüfungen hervorragend abgeschnitten; **he does Mahler very well,** er interpretiert Mahler sehr gut; **the car only does sixty,** das Auto schafft nur sechzig; **he was doing over a hundred,** er fuhr mit mehr als hundert (Meilen); *F:* **that's done it!** jetzt ist's im Eimer! **nothing doing!** nichts zu machen! da gibt's nichts! (*c*) **to do a room,** ein Zimmer saubermachen; **to do one's hair,** sich frisieren; **to do German,** deutsch lernen; **I'll do the talking,** lassen Sie das Reden übermir; (*d*) (*cook*) **how would you like the steak done?** wie hätten Sie Ihr Steak gern? **to do the supper,** das Abendessen kochen; **done to a turn,** genau richtig (gebraten/gekocht); (*e*) **to do sums,** rechnen; *F:* **to do a museum,** ein Museum besichtigen; (*f*) *F:* (*cheat*) **to do s.o.,** (j-n) übers Ohr hauen; **to do s.o. out of sth.,** j-n um etwas *acc* bringen; (*g*) *F:* **he's doing seven years,** er muß sieben Jahre sitzen; (*h*) *F:* **they do you very well here,** hier kommt man auf seine Kosten; (*i*) (*after making a bargain*) **done!** abgemacht! (*j*) **how do you do?** (i) wie geht es Ihnen? (ii) (*on being introduced*) es freut mich; sehr erfreut; **to be doing well,** (i) gut verdienen, (ii) (*of patient*) sich gut erholen; (iii) (*of plants etc.*) gut geraten; **he will do well,** er wird es zu etwas bringen; (*k*) (*suffice*) **that will do,** das genügt; **this room will do for an office,** dieses Zimmer kann als Büro dienen; **I will make it do,** ich werde schon damit auskommen; **that will do me (nicely),** das paßt mir (gut). 2. *verb substitute* (*a*) **why do you act as you do?** warum handelst du so? **he writes better than I do,** er schreibt besser als ich; (*b*) **may I open these letters? – please do,** darf ich die Briefe öffnen? – bitte (tun Sie das); **did you see him? – I did,** haben Sie ihn gesehen? – ja; **I like coffee – do you?** ich mag Kaffee – Sie auch? **you like him, don't you?** Sie mögen ihn, nicht wahr? **don't!** nicht doch! tu es nicht! (*c*) **you like London? so do I,** Sie mögen London? ich auch.

3. *v.aux.* (*a*) (*emphasis*) **he did go**, er ist doch hingegangen; **why don't you work?** – **I do work!** warum arbeiten Sie nicht? – aber ich arbeite doch! **did he indeed?** wirklich? **do sit down!** bitte setzen Sie sich doch! (*b*) (*usual form in questions and negative statements*) **do you see him?** sehen Sie ihn? **we do not know**, wir wissen es nicht; **don't do it!** tun Sie es nicht! **4.** (*with certain prepositions*) (*a*) **to do badly by s.o.**, j-n im Stich lassen; **to do well by s.o.**, sich um j-n verdient machen; **he has been hard done by**, er ist schlecht behandelt worden; (*b*) *F:* **to do for s.o.**, j-m den Haushalt führen/machen; **we're done for**, wir sind geliefert; (*c*) **to have to do with s.o., sth.**, mit j-m, etwas *dat* zu tun haben; **it has nothing to do with it**, es hat nichts damit zu tun; **I can't do with any noise**, ich kann keinen Lärm vertragen; **how many can you do with?** wie viele können Sie brauchen? **I could do with a cup of tea**, ich könnte eine Tasse Tee gebrauchen; (*d*) **to do without sth.**, auf etwas *acc* verzichten. **II.** *s. F:* (*a*) **it's a poor do!** das ist eine armselige Angelegenheit! (*b*) (*event*) Party *f;* Veranstaltung *f;* **a big do**, eine große Angelegenheit. **do a'way**, *v.i.* **to do away with sth.**, etwas abschaffen. **do 'in**, *v.tr. F:* (j-n) umlegen; (etwas) kaputt machen; **done in**, erschöpft, todmüde. **'doing**, *s.* **1. that takes some d.**, da gehört schon allerhand dazu; **that was your d.**, das war Ihr Werk. **2.** (*usu. pl.*) Taten *fpl;* **shady doings**, zwielichtige Aktivitäten *fpl.* **do-it-yourself** [du:itjɔː'self]. **I.** *s. F:* Eigenbau *m;* Heimwerken *n.* **II.** *adj.* Heimwerker-; **d.-i.-y. shop**, Heimwerkerladen *m.* **do 'out**, *v.tr.* (ein Zimmer usw.) gründlich saubermachen; **to do out the stables**, die Ställe ausmisten. **'do 'up**, *v.tr. F:* (*a*) (ein Haus usw.) renovieren, *F:* aufmöbeln; **to do oneself up**, sich herausputzen; (*b*) (etwas) einpacken; (*button*) (einen Mantel usw.) zuknöpfen; (Knöpfe) zumachen.

docile ['dəusail], *adj.* (*of child*) fügsam; (*of horse etc.*) fromm. **docility** [-'siliti], *s.* Fügsamkeit *f.*

dock[1] [dɔk], *v.tr.* (den Lohn usw.) kürzen; (eine Summe) abziehen (**from**, von + *dat*).

dock[2]. **I.** *s. Nau:* Dock *n;* **the docks**, die Hafenanlagen *fpl;* **to be in d.**, im Dock liegen; *F:* (*of car etc.*) in Reparatur sein. **II.** *v.* **1.** *v.tr.* (ein Schiff, eine Raketenkapsel) docken. **2.** *v.i.* (*of ship*) ins Dock gehen. **'docker**, *s.* Hafenarbeiter *m.* **'docking**, *s.* Docken *n* (von Schiffen, Raketen). **'dockyard**, *s.* Werft *f.*

dock[3], *s. Jur:* Anklagebank *f.*

docket ['dɔkit], *s.* (*label*) Etikett *n;* (*receipt*) Quittung *f.*

doctor ['dɔktər]. **I.** *s.* (*abbr.* **Dr.**) *Univ:* Doktor *m; Med:* Arzt *m;* **woman d.**, Ärztin *f;* under **d.'s orders**, unter Aufsicht des Arztes; *Corr:* **Dear Dr. Brown**, Sehr geehrter Herr Doktor Brown. **II.** *v.tr.* (*a*) (j-n) verarzten; (*b*) *F:* (einen Kater usw.) kastrieren; (eine Katze usw.) sterilisieren; (*c*) *F:* (eine Abrechnung usw.) frisieren; (ein Gericht, ein Getränk) aufmöbeln; (*drug*) (einem Getränk) eine Droge zusetzen.

doctrine ['dɔktrin], *s.* Lehre *f.*

document ['dɔkjumənt], *s.* Dokument *n; pl.* Papiere *f;* (*official record*) Urkunde *f.* **documentary**. **I.** *adj.* Dokumentar-, dokumentarisch. **II.** *s. Cin: TV:* Dokumentarfilm *m.*

dodderer ['dɔdərər], *s. F:* **old d.**, Zittergreis *m.* **'doddery**, *adj. F:* tatterig.

dodge [dɔdʒ]. **I.** *s.* **1.** (*evasion*) Ausweichen *n;* (*cheat*) Schwindel *m;* **tax d.**, Steuerhinterziehung *f.* **2.** *F:* (*trick*) Trick *m*, Kniff *m.* **II.** *v.* **1.** *v.i.* beiseite springen. **2.** *v.tr.* (*a*) (einem Schlag) ausweichen; (*b*) **to d. a task**, sich vor einer Aufgabe drücken. **'dodgy**, *adj. F:* (*a*) (*tricky*) knifflig; (*b*) (*faulty*) defekt; **the brakes are d.**, die Bremsen funktionieren schlecht.

doe [dəu], *s. Z:* **1.** Ricke *f.* **2.** (*rabbit*) Zibbe *f;* (*hare*) Häsin *f.* **'doeskin**, *s.* Rehleder *n.*

dog [dɔg]. **I.** *s.* **1.** (*a*) Hund *m;* **d. racing**/*F:* **the dogs**, Hunderennen *n;* **d. collar**, (i) Hundehalsband *n;* (ii) *Ecc: F:* Kollar *n;* (b) (*male*) Rüde *m.* **2.** *Fig:* **d. in the manger**, Neidhammel *m; F:* **you lucky d.!** du Glückspilz! **3.** *Mec: E:* Klaue *f;* **d. clutch**, Klauenkupplung *f.* **II.** *v.tr.* (*p. & p.p.* **dogged**) (j-n) verfolgen; **to d. s.o.'s footsteps**, j-m auf den Fersen bleiben. **'dog-eared**, *adj.* (Buch) mit Eselsohren. **'dogfight**, *s. Mil: Av:* Luftkampf *m.* **'dogfish**, *s.* Katzenhai *m.* **'dog-tired**, *adj.* hundemüde. **'dog-house**, *s.* (*a*) *N. Am:* Hundehütte *f;* (*b*) *F:* **to be in the d.-h.**, in Ungnade sein.

dogged ['dɔgid], *adj.* hartnäckig, verbissen. **'doggedness**, *s.* Hartnäckigkeit *f*, Verbissenheit *f.*

dogmatic [dɔg'mætik], *adj.* dogmatisch.

dole [dəul]. **I.** *s. F:* Arbeitslosenunterstützung *f;* **to go on the d.**, stempeln gehen. **II.** *v.tr. F:* **to d. sth. out**, etwas in kleinen Mengen austeilen.

doll [dɔl]. **I.** *s.* **1.** Puppe *f;* **d.'s house**, Puppenhaus *n.* **2.** *P: esp. U.S:* (*girl*) Püppchen *n.* **II.** *v.tr. F:* **to d. oneself up**, sich herausputzen. **'dolly**, *s.* **1.** (*a*) *F:* Püppchen *n;* (*b*) *P:* **d. bird**, flotte Biene *f.* **2.** *Cin:* Kamerawagen *m.*

dollar ['dɔlər], *s.* Dollar *m.*

dollop ['dɔləp], *s. F:* Klacks *m* (Brei, Sahne); Batzen *m* (Marmelade, Eis usw.).

dolphin ['dɔlfin], *s. Z:* Delphin *m.*

dolt [dəult], *s. F:* Idiot *m.*

domain [də'mein], *s.* (*a*) Domäne *f;* (*b*) (*sphere*) Gebiet *n.*

dome [dəum], *s.* Kuppel *f.* **'domed**, *adj.* kuppelförmig.

domestic [də'mestik], *adj.* (*a*) Haus-; **d. science**, Hauswirtschaftskunde *f;* **d. help**, Hausgehilfin *f;* **d. animal**, Haustier *n;* (*b*) (*d. in character*) häuslich; **d. troubles**, häusliche Schwierigkeiten; **d. bliss**, häusliches Glück; (*c*) *Econ: etc:* (*of produce, news*) inländisch; **d. market**, Inlandsmarkt *m;* **d. trade**, Binnenhandel *m;* **d. flight**, Inlandsflug *m.* **do'mesticate**, *v.tr.* (*of animal*) (gezähmt); (*of pers.*) häuslich.

dominant ['dɔminənt]. **I.** *adj.* (*a*) (vor)herrschend; *Biol:* dominant; **the d. partner**, der stärkere Partner; (*b*) (*of heights*) weithin sichtbar. **II.** *s. Mus:* Dominante *f.* **'dominance**, *s.* Vorherrschaft *f.* **dominate** ['dɔmineit], *v.* **1.** *v.tr.* (*a*) (j-n) beherrschen; (über etwas *acc*) dominieren; (*b*) *Fb:* **Arsenal dominated the first half**, Arsenal gab in der ersten Halbzeit den Ton an; (*b*) (einen Ort usw.) überragen. **2.** *v.i.* dominieren. **domi'nation**, *s.* Beherrschung *f.*

domineer [dɔmi'niər], *v.i.* **to d. over s.o.**, j-n tyrannisieren. **domi'neering**, *adj.* herrisch.

dominion [də'minjən], *s.* **1.** (*power*) Herrschaft *f.* **2.** (*territory*) Herrschaftsgebiet *n; Brit:* Dominion *n.*

don [dɔn], *s.* Universitätsdozent *m.* **'donnish**, *adj.* pedantisch.

donate [də'neit, dəu-], *v.tr.* (etwas) spenden. **do'nation**, *s.* Spende *f.* **donor** ['dəunər], *s. esp. Med:* Spender *m.*

donkey ['dɔŋki], *s.* Esel *m; Fig:* **d. work**, Schwerarbeit *f;* **to talk the hind leg off a d.**, reden, was der Tag lang ist; *F:* **donkey's years**, eine Ewigkeit.

doodle ['du:dl]. **I.** *v.i.* kritzeln. **II.** *s.* Gekritzel *n.*

doom [du:m], *s.* **1.** (*end*) Untergang *m; he met his d.*, er fand den Tod. **2.** (*fate*) Schicksal *n.* **'doomed**, *adj.* (*of plan etc.*) **d. to failure**, zum Scheitern verurteilt; **the d. plane**, das Unglücksflugzeug. **'doomsday**, *s.* der Jüngste Tag.

door [dɔːr], *s.* **1.** Tür *f;* (*a*) **to show s.o. the d.**, j-m die Türe weisen; *F:* j-n hinauskomplimentieren; **next d.**, nebenan; **three doors away**, drei Häuser weiter; **an hour from d. to d.**, eine Stunde von Haus zu Haus/insgesamt; **to deliver to the d.**, ins Haus liefern; *Com:* **d. to d. selling**, Hausieren *n;* (*b*) **out of doors**, im Freien. **2.** (*entrance*) Eingang *m;* **tickets at the d.**, Karten beim Eingang. **3.** *Fig:* **to close the d.** (**on sth.**), (etwas *dat*) den Weg versperren; **at death's d.**, am Rande des Grabes; **to lay sth. at s.o.'s d.**, j-m die Schuld für etwas *acc* zuschreiben. **'doorbell**, *s.* Türklingel *f.* **'doorhandle**, *f.* **'doorkeeper**, *s.* Pförtner *m.* **'doorknob**, *s.* **1.** (*turning*) Türgriff *m.* **2.** (*fixed*) Türknopf *m.* **'doorman**, *s.* (livrierter) Portier *m.* **'doormat**, *s.* Abtreter *m.* **'doorstep**, *s.* Schwelle *f;* **on the d.**, auf der Schwelle; *Fig:* (*very close*) vor der Tür. **'doorstop**, *s.* Türpuffer *m.* **'doorway**, *s.* Türöffnung *f;* **in the d.**, in der Tür.

dope [dəup]. **I.** *s.* **1.** *F:* (*a*) (*drug*) Rauschgift *n; Sp:* Aufputschmittel *n;* (*b*) *Speedway Rac: etc:* Alkoholbrennstoff *m.* **2.** *F:* Informationen *fpl; esp. Horse Rac:* Tip *m.* **II.** *v.tr. F:* (j-m) Rauschgift geben; *Sp:* (ein Pferd) dopen; (einem Athleten) Aufputschmittel geben; *F:* **to d. oneself**, Drogen nehmen. **'dop(e)y**, *adj.* **1.** (*a*) (*dazed*) benommen; (*b*) (*sleepy*) schläfrig. **2.** *F:* (*stupid*) dämlich.

dormant ['dɔːmənt], *adj.* (*of ability*) verborgen; (*of disease*) latent; (*of volcano*) ruhend; **to lie d.**, *Bot:* ruhen; *Fig:* schlummern. **dormer** ['dɔːmər], *adj.* **d. window**, Dachfenster *n.*

dormitory ['dɔːmətri], *s.* Schlafsaal *m;* **d. town**, Satellitenstadt *f.*

dormouse, *pl.* **-mice** ['dɔːmaus, -mais], *s. Z:* Haselmaus *f.*

dose [dəus]. **I.** *s.* Dosis *f.* **II.** *v.tr.* **to d. s.o. with sth.**, j-m eine (starke) Dosis von etwas *dat* verabreichen. **'dosage** [-sidʒ], *s.* Dosierung *f.*

dot [dɔt]. **I.** *s.* Punkt *m; F:* **he arrived on the d.**, er kam pünktlich; **on the d. of two**, Punkt zwei. **II.** *v.tr.* (*p. & p.p.* **dotted**) (ein i) mit dem Punkt versehen; **dotted line**, punktierte Linie; *Fig:* **a hillside dotted with houses**, ein Berghang mit vereinzelten Häusern.

dote [dəut], *v.i.* **to d. on/upon s.o.**, in j-n vernarrt sein. **'dotage**, *s.* Senilität *f;* **in one's d.**, senil. **'doting**, *adj.* liebevoll; *Pej:* vernarrt.

dotty ['dɔti], *adj. F:* übergeschnappt.

double [dʌbl]. **I.** *adj.* doppelt; **d. bed**, französisches Bett; **d. room**, Doppelzimmer *n;* **d. whisky**, doppelter Whisky; **to reach d. figures**, zweistellige Zahlen erreichen; *Fig:* **to have a d. meaning**, zweideutig sein; **to play a d. game**, ein Doppelspiel treiben. **2. bent d.**, (*under a load*) unter einer Last gebeugt; (*with pain*) vor Schmerzen gekrümmt. **3.** (*twice*) **d. the number**, die doppelte Anzahl, zweimal soviel; **d. the length**, zweimal die Länge, die doppelte Länge; **I'm d. your age**, ich bin doppelt/zweimal so alt wie du. **II.** *adv.* **to see d.**, doppelt sehen. **III.** *s.* **1. he offered me d.**, er hat mir das Doppelte/zweimal soviel angeboten. **2.** (*pers.*) Doppelgänger *m.* **3. at the d.**, im Laufschritt *m; Fig:* schnellstens. **4.** *Tennis: etc: pl.* **doubles**, Doppel(spiel) *n.* **IV.** *v.* **1.** *v.tr.* (*a*) (einen Betrag, eine Zahl) verdoppeln; (*b*) (*at bridge*) Contra geben. **2.** *v.i.* (*a*) sich verdoppeln; (*b*) *Th:* die Doppelrolle spielen; (*c*) **to d. back**, kehrtmachen. **'double-'barrelled**, *adj.* (*of gun*) doppelläufig; *F:* **d.-b. name**, Doppelname *m.* **'double-'bass**, *s.* Kontrabaß *m.* **'double-'breasted**, *adj.* (*of suit*) zweireihig. **'double-'cross**, *v.tr. F:* (j-n) hintergehen. **'double-'dealing**, *s.* Heuchelei *f.* **'double-'decker**, *s.* **1.** (*bus*) Doppeldecker *f.* **2.** *F:* **d.-d.** (**sandwich**), Doppelsandwich *n.* **'double-de'clutch**, *v.i. Aut: A:* Zwischengas geben. **'double-'Dutch**, *s. F:* Kauderwelsch *n.* **'double-'edged**, *adj.* zweischneidig. **'double-'jointed**, *adj.* doppelgelenkig. **'double-park**, *v.tr. & i. Aut.* doppelreihig parken. **'double-quick**, *adv. F:* schnellstens. **'double-'talk**, *s.* doppelzüngiges Gerede *n.* **double 'up**, *v.i.* (*of thing*) umbiegen; (*of pers.*) **to d. up with laughter**, sich vor Lachen biegen; **to d. up with pain**, sich vor Schmerzen krümmen.

doubt [daut]. **I.** *v.* **1.** *v.tr.* (j-s Worte) anzweifeln; **I d. whether he will come**, ich zweifle, ob er kommen wird. **2.** *v.i.* zweifeln. **II.** *s.* Zweifel *m;* **to be in no d.**, nicht zweifeln; **to have one's doubts about sth.**, seine Zweifel über etwas *acc* hegen; **beyond a d.**, ohne jeden Zweifel; **no d.**, zweifellos. **'doubtful**, *adj.* **1.** (*of thing*) zweifelhaft. **2.** (*of pers.*) (*a*) nicht sicher; **to be d.** (**about sth.**), (über etwas *acc*) zweifeln; (*b*) *F:* **he's d. for tomorrow's match**, es ist zweifelhaft, ob er morgen spielen kann. **'doubtfulness**, *s.* **1.** Zweifelhaftigkeit *f.* **2.** Unsicherheit *f.* **'doubtless**, *adv.* zweifellos.

douche [du:ʃ], *s. esp. Med:* Spülung *f.*

dough [dəu], *s.* **1.** *Cu:* Teig *m.* **2.** *P:* (*money*) Pinke *f.* **'doughnut**, *s. Cu:* Berliner *m; South G:* Krapfen *m.*

doughty ['dauti], *adj.* beherzt; **d. opponent**, starker Gegner.

dour ['duər], *adj.* stur.

douse [daus], *v.tr.* (ein Feuer usw.) begießen.

dove [dʌv], *s.* Taube *f.* **'dovecot**, *s.* Taubenschlag *m.* **'dovetail**. **I.** *s.* Schwalbenschwanz *m.* **II.** *v.* **1.** *v.tr.* (etwas in etwas *acc*) einfügen. **2.** *v.i.* (*of plans etc.*) aufeinander abgestimmt sein.

dowager [ˈdauədʒər], s. Witwe f (eines Adeligen).

dowdy [ˈdaudi], adj. unschick. ˈ**dowdiness,** s. Schäbigkeit f.

down[1] [daun], s. Daune f.

down[2]. **I.** adv. **1.** (a) (direction) (i) (d. here) herunter; (ii) (d. there) hinunter; **to go d.,** hinuntergehen; **to come d.,** herunterkommen; **to fall d.,** (i) herunterfallen; (ii) hinunterfallen; **to go d. to the country,** aus Land fahren; (b) **to pay cash d.,** bar bezahlen; **£100 d.,** £100 als Anzahlung; (c) (written) **to have sth. d. on paper,** etwas schwarz auf weiß haben; **did you get it d.?** hast du alles mitschreiben können? **I've got you d. for £10,** du bist für £10 eingetragen (auf meiner Liste); **he is d. to speak at three,** programmgemäß soll er um 3 Uhr sprechen; (d) int. **d. with the traitors!** nieder mit den Verrätern! (to a dog) **d.!** sitz! **2.** (position) (on the ground) am Boden; **d. below,** unten; **d. there,** dort unten; **he isn't d. yet,** er ist noch nicht aufgestanden; **to be d. with flu,** mit Grippe liegen; **the blinds were d.,** die Jalousien waren heruntergezogen; **head d.,** mit gesenktem Kopf; **face d.,** mit dem Gesicht/(of thing) der Vorderseite nach unten; **prices are d.,** die Preise sind gefallen; **your tyres are d.,** Ihre Reifen sind platt; F: **d. under,** in Australien; U.S: **d. south,** in den Südstaaten. **3.** (as far as) **d. to present times,** bis in unsere Tage; **d. to here,** bis hier herunter; **d. to the last man,** bis zum letzten Mann; **I'm d. to my last cigarette,** ich habe nur noch eine Zigarette. **4.** Fig: **to be d. on s.o.,** es auf j-n abgesehen haben; **to be d. in the mouth,** niedergeschlagen sein; **he's d. on his luck,** für ihn ist alles schiefgegangen; F: **d. and out,** verkommen; (broke) pleite. **II.** prep. (a) hinab; **d. the stairs,** die Treppe hinab; **d. the mountain,** den Berg hinunter; (b) (along) **d. the street,** die Straße entlang; **d. (the) river,** flußabwärts; **to cut sth. d. the middle,** etwas in der Mitte zerschneiden; (c) N. Am: **d. town,** im/(direction) ins Stadtzentrum. **III.** adj. Mus: **d. beat,** betonter Takt; Com: **d. payment,** Anzahlung f. **IV.** s. F: (a) **to have a d. on s.o.,** einen Pik auf j-n haben; (b) **ups and downs,** Höhen und Tiefen. **V.** v.tr. (a) **to d. tools,** die Arbeit niederlegen; (b) (drink) F: **to d. a gin,** sich dat einen Gin hinter die Binde gießen. ˈ**down-at-ˈheel,** adj. heruntergekommen. ˈ**downcast,** adj. niedergeschlagen. ˈ**downdraught,** adj. Aut: **d. carburettor,** Fallstromvergaser m. ˈ**downfall,** s. Untergang m (eines Reiches usw.); **love of drink was his d.,** die Trunksucht war sein Verderben. ˈ**downgrade,** v.tr. (j-n) degradieren; (etwas) herabsetzen. ˈ**down-ˈhearted,** adj. verzagt. ˈ**downˈhill. I.** adv. **to go d.,** (of road) abwärts führen; (of car etc.) bergab fahren; (of pers.) bergab gehen; Fig: **he's going d.,** es geht mit ihm. **II.** adj. Ski: **d. race,** Abfahrtslauf m. ˈ**downpipe,** s. Abflußrohr n. ˈ**downpour,** s. Platzregen m. ˈ**downright. I.** adj. (a) ausgesprochen; **d. lie,** glatte Lüge; (b) offen; (of speech) unverblümt; (of manner) unverhohlen. **II.** adv. **d. rude,** ausgesprochen frech. **downˈstairs. I.** adv. unten; **to go d.,** (die Treppe) hinuntergehen. **II.** adj. **the d.**

rooms, die Zimmer im Erdgeschoß. ˈ**downˈstream,** adv. flußabwärts. ˈ**down-to-ˈearth,** adj. sachlich, nüchtern. ˈ**downˈtown,** adj. N.Am: zentral gelegen, im Stadtzentrum; **d. New Haven,** das Stadtzentrum von New Haven. ˈ**downtrodden,** adj. unterdrückt. ˈ**downward,** adj. abwärts führend; **d. slope,** Abhang m; **d. tendency/trend (of prices),** fallende Tendenz f (der Preise); Fig: **on the d. path,** am absteigenden Ast. ˈ**downwards,** adv. abwärts; (downhill) bergab.

downs [daunz], s.pl. Hügelkette f.

dowry [ˈdauri], s. Mitgift f.

doze [dˈuz]. **I.** s. Nickerchen n. **II.** v.i. (of pers.) dösen; **to d. off,** einnicken.

dozen [ˈdʌzn], s. Dutzend n; **half a d.,** ein halbes Dutzend; **six d. bottles,** sechs Dutzend Flaschen; F: **dozens of people,** ein Haufen Leute; **dozens of times,** x-mal; Fig: **it's six of one and half a d. of the other,** es ist dasselbe in Grün/gehupft wie gesprungen.

drab [dræb], adj. (colour) graubraun; Fig: eintönig, farblos.

draconian [drəˈkəuniən], adj. drakonisch.

draft [drɑːft]. **I.** s. **1.** Mil: U.S: Einberufung f. **2.** Com: Tratte f. **3.** Skizze f (eines Planes usw.); Entwurf m (eines Briefes usw.). **II.** v.tr. (a) (Truppen) einberufen; (b) (j-n) (für einen Posten) auswählen; (c) (einen Brief usw.) aufsetzen; (einen Plan usw.) skizzieren. ˈ**draftsman,** s. see ˈ**draughtsman.**

drag [dræg]. **I.** v. (p. & p.p. **dragged**) **1.** v.tr. (a) (etwas) schleppen; **to d. sth. along,** etwas nachschleppen; **to d. s.o. along,** j-n mitschleppen; **to d. one's feet,** schlurfen; (of ship) **to d. its anchor,** vor Anker treiben; (b) **to d. (the bottom of) a pond,** den Grund eines Teiches mit einem Schleppnetz absuchen. **2.** v.i. (of conversation, lawsuit etc.) sich in die Länge ziehen. **II.** s. **1.** Ph: Luftwiderstand m (eines Flugzeugs usw.). **2.** F: **an awful d.,** eine schreckliche Plage. **3.** **in d.,** als Frau gekleidet. ˈ**dragˈaˈway,** v.tr. (j-n) gewaltsam wegziehen; **we couldn't d. him away,** wir konnten ihn nicht wegkriegen. ˈ**dragˈin,** v.tr. (j-n in etwas acc) hineinziehen. ˈ**dragnet,** s. Schleppnetz n. ˈ**dragˈon,** v.i. sich (in die Länge) ziehen. ˈ**dragˈout,** v.tr. (etwas) hinausziehen; **we couldn't d. him out of bed,** wir konnten ihn nicht aus dem Bett kriegen; **to d. the truth out of s.o.,** die Wahrheit aus j-m mühsam herausholen.

dragon [ˈdrægən], s. Drache m. ˈ**dragonfly,** s. Libelle f.

drain [drein]. **I.** s. **1.** Abfluß m; (underground) Kanal m; **d. pipe,** Abflußrohr n; Kanalrohr n; **d. plug,** Ablaßschraube f. **2.** Fig: Verlust m; **d. on one's strength,** Kräfteverschleiß m; Fin: **d. on reserves,** Abfluß m von Geldern; **d. on capital,** Kapitalabwanderung f; F: **that's money down the d.,** das ist zum Fenster hinausgeschmissenes Geld. **II.** v. **1.** v.tr. (a) **to d. water (off/away),** Wasser ableiten; (b) (ein Glas usw.) austrinken; (Land) entwässern; (einen Teich, Aut: den Kühler usw.) ablassen; Med: (eine Wunde) dränieren; (c) Fig: **to d. s.o. dry,** j-n (finanziell) zugrunde richten. **2.** v.i. (of water etc.) **to d. (away),** versickern; (of *thing*) verschwinden. ´**drainage**, *s.* (*a*) Ableitung *f;* Entwässerung *f* (von Land); **main d.**, Kanalisation *f;* (*b*) (*contents*) Abwasser *n.* ´**draining**, *s,* (*a*) Entwässern *n* (von Land); *Med:* Dränage *f; H:* **d. board**, Abtropfbrett *n;* (*b*) *Med:* Dränieren *n* (einer Wunde).

drake [dreik], *s. Orn:* Erpel *m.*

drama [´drɑːmə], *s.* **1.** Schauspiel *n;* **the (art of) d.**, die Schauspielkunst. **2.** (*event*) Drama *n.* **dramatic** [drə´mætik], *adj.* dramatisch. ´**dramatist**, *s,* Dramatiker *m.* ´**dramatize**, *v.tr.* (etwas) dramatisieren; (einen Roman usw.) für die Bühne bearbeiten.

drape [dreip]. **I.** *v.tr.* (etwas) drapieren. **II.** *s.pl. Th:* **drapes**, Vorhänge *mpl.* ´**draper**, *s.* Textilhändler *m;* **d.'s shop**, Textilgeschäft *n.* ´**drapery**, *s.* **1.** *coll:* Textilwaren *fpl.* **2.** (*trade*) Textilhandel *m.*

drastic [´dræstik], *adj.* drastisch.

drat [dræt], *int. F:* **d. (it)!** verdammt! ´**dratted**, *adj. F:* verflixt

draught [drɑːft], *s.* **1. d. horse**, Zugpferd *n.* **2.** (*drinking*) Schluck *m;* **at a d.**, in einem Zug. **3.** *Nau:* Tiefgang *m* (eines Schiffes). **4.** *pl.* **draughts**, Damespiel *n;* **d. board**, Damebrett *n.* **5.** (*in a room*) Zugluft *f;* (*of chimney*) Zug *m;* **d. excluder**, Dichtungsstreifen *m.* **6. beer on d./d. beer**, Bier *n* vom Faß. ´**draughty**, *adj.* zugig; **it's d.**, es zieht.

draughtsman, *pl.* -**men** [´drɑːftsmən], *s.* **1.** *Ind:* technischer Zeichner *m.* **2.** *Games:* Damestein *n.* ´**draughtsmanship**, *s.* zeichnerisches Können *n.*

draw [drɔː]. **I.** *s.* **1.** (*a*) (*on a cigarette etc.*) Zug *m;* (*b*) **to be quick on the d.**, (i) den Revolver blitzschnell ziehen können; (ii) *Fig:* schnell reagieren. **2.** Ziehung *f* (einer Lotterie), Verlosung *f* (bei einer Tombola). **3.** (*of pers., event*) Attraktion *f;* (*of play*) **to be a (box office) d.**, ein Kassenschlager sein. **4.** *Sp:* Unentschieden *n;* **to end in a d.**, unentschieden ausgehen. **II.** *v.* **1.** *v.tr.* (*p.* drew [druː], *p.p.* drawn) (*a*) (*pull*) (den Vorhang usw.) zuziehen; (*of horse etc.*) (einen Wagen usw.) ziehen; (einen Nagel, einen Zahn) (heraus)ziehen; **to d. water**, Wasser holen; **to d. breath**, (ein)atmen; (*b*) (*attract*) (Zuhörer, Kunden usw.) anziehen; **to d. a crowd**, großen Zulauf haben; **to d. attention to sth.**, die Aufmerksamkeit auf etwas *acc* lenken; (*c*) **to d. lots for sth.**, etwas auslosen; **to d. a blank**, Pech haben; (*d*) *Bank:* (Geld) abheben; (einen Scheck) einlösen; (*e*) (ein Bild, einen Plan usw.) zeichnen; **to d. a line**, einen Strich ziehen; (*f*) *Sp:* **the game was drawn**, das Spiel war unentschieden. **2.** *v.i.* (*a*) **to d. near (to s.o.)**, j-m nahekommen; (*of car*) **to d. to one side**, zur Seite fahren; (*of train*) **to d. into a station**, in einen Bahnhof einfahren; **to d. round (the table)**, sich um den Tisch versammeln; (*b*) **to d. to an end**, dem Ende entgegengehen; (*of day etc.*) sich neigen; (*c*) (*of chimney, cigarette*) ziehen; **to let the tea d.**, den Tee ziehen lassen. ´**draw a´head**, *v.i.* einen Vorsprung gewinnen. ´**draw a´long**, *v.tr.* (etwas) hinter sich herziehen. ´**draw a´side**, *v.tr.* (*a*) (j-n) beiseite nehmen; (*b*) (einen Vorhang usw.) zur Seite ziehen. ´**draw ´back**, *v.* **1.** *v.tr.* (einen Vorhang, seine Hand usw.)

zurückziehen. **2.** *v.i.* sich zurückziehen. ´**drawback**, *s.* Nachteil *m.* ´**drawbridge**, *s.* Zugbrücke *f.* ´**draw ´down**, *v.tr.* (etwas) herabziehen. ´**drawer**, *s.* Schublade *f;* **chest of drawers**, Kommode *f.* ´**draw ´in**, *v.* **1.** *v.tr.* (*a*) (*of cat*) (die Krallen) einziehen; (*b*) **to d. in breath**, einatmen; (*c*) *Fish:* (Netze) einholen. **2.** *v.i.* **the days are drawing in**, die Tage werden kürzer. ´**drawing**, *s.* Zeichnung *f;* **a rough d.**, eine Skizze *f;* **d. board**, Reißbrett *n;* **d. paper**, Zeichenpapier *n;* **d. pin**, Reißzwecke *f.* ´**drawing-room**, *s.* Salon *m.* **drawn**, *adj.* **1.** (*of pers.*) **tired and d.**, müde und abgespannt. **2.** *Sp:* **d. match**, unentschiedenes Spiel. ´**draw ´off**, *v.tr.* (*a*) (einen Handschuh) abstreifen; (*b*) (eine Flüssigkeit) abziehen. ´**draw ´on**, *v.* **1.** *v.tr.* (Reserven) angreifen; **to d. on one's imagination**, sich *dat* etwas einfallen lassen; **he can d. on fifty years' experience**, er kann auf die Erfahrung von fünfzig Jahren zurückgreifen. **2.** *v.i.* **the evening was drawing on**, der Abend war fortgeschritten. ´**draw ´out**, *v.tr.* (*a*) (etwas aus etwas *dat*) herausholen; **I could not d. her out**, ich konnte nichts aus ihr herauslocken; (*b*) (eine Angelegenheit) hinausziehen. ´**drawstring**, *s.* Zugschnur *f.* ´**draw ´up**, *v.* **1.** *v.tr.* (*a*) (eine Jalousie usw.) hinaufziehen; **to d. oneself up**, sich aufrichten; (*b*) **to d. up a chair**, sich *dat* einen Stuhl herziehen; (*c*) (ein Dokument) aufsetzen; (eine Liste) aufstellen. **2.** *v.i.* (*a*) **to d. up to the table**, näher an den Tisch rücken; (*b*) (*of vehicle*) halten.

drawl [drɔːl]. **I.** *s.* gedehnte Sprache *f.* **II.** *v.i.* (*of pers.*) gedehnt sprechen.

dread [dred]. **I.** *s.* Furcht *f;* **to stand in d. of s.o.**, vor j-m zittern. **II.** *v.tr.* (j-n, etwas) fürchten. ´**dreadful**, *adj.* furchtbar, schrecklich.

dream [driːm]. **I.** *s.* (*a*) Traum *m;* **to have a d.**, träumen; **sweet dreams!** träume süß! (*b*) *F:* **a d. of a dress**, ein Gedicht *n* von einem Kleid; **like a d.**, traumhaft; **my d. house**, mein Traumhaus; mein ideales Haus. **II.** *v.tr. & i.* (*p. & p.p.* dreamt [dremt]) träumen (**about/of**, von + *dat*); **to d. away one's time**, die Zeit verträumen; *F:* **I shouldn't d. of doing it**, es würde mir nicht im Traum einfallen (, das zu tun). ´**dreamer**, *s.* Träumer *m.* ´**dreamy**, *adj.* verträumt.

dreary [´driəri], *adj.* (*of weather etc.*) trostlos; (*of work etc.*) langweilig. ´**dreariness**, *s.* Trostlosigkeit *f;* Langweiligkeit *f.*

dredge [dredʒ], *v.tr. & i.* (einen Fluß, einen See usw.) ausbaggern; **to d. sth. up**, etwas heraufholen; *Fig:* etwas aus der Vergessenheit hervorholen. ´**dredger**, *s.* Bagger *m.*

dregs [dregz], *s.pl.* **1.** Bodensatz *m* (in einer Flasche usw.). **2.** *Fig:* **the d. of humanity**, der Abschaum (der Menschheit).

drench [dren(t)ʃ], *v.tr.* (j-n) durchnässen (**with**, von + *dat*); **drenched to the skin**, naß bis auf die Haut. ´**drenching**, *s.* **to get a d.**, durchnäßt werden.

Dresden [´drezdən]. *Pr. n. Geog:* Dresden *n;* **D. china**, Meißner Porzellan *n.*

dress [dres]. **I.** *s.* **1.** (*a*) Kleidung *f;* **in full d.**, in Gala; (*b*) *Th:* **d. circle**, erster Rang; **d. rehearsal**, Generalprobe *f.* **2.** (*women's d.*) Kleid *n;* **d.**

designer, Modedesigner(in) *m(f)*; (*creating fashions*) Modeschöpfer(in) *m(f)*. **II.** *v.* **1.** *v.tr.* (*a*) (j-n) anziehen; **well/badly dressed,** gut/ schlecht angezogen; (*b*) (*decorate*) (etwas) schmücken; **to d. a shop window,** die Auslage dekorieren; (*of ship*) **dressed overall,** beflaggt; (*c*) *Med:* (eine Wunde) verbinden; (*d*) *Tchn:* (Steine) behauen; (Erz) aufbereiten; (Leder) zurichten; (*e*) *Cu:* (ein Huhn) bratfertig machen; (ein Gericht, einen Salat) anrichten. **2.** *v. refl. & i.* **to d. (oneself),** sich anziehen; **to d. for dinner,** sich zum Abendessen festlich anziehen. **'dresser,** *s.* **1.** (*pers.*) (*a*) *Th:* Ankleider(in) *m(f)*; (*b*) *Ind:* Zurichter *m*; (*c*) *Med:* (chirurgischer) Assistent *m*. **2.** *Furn:* (*a*) Anrichte *f*; (**kitchen**) **d.**, (Küchenbüfett *n* mit) Tellerbord *m*; (*b*) *N. Am:* Frisiertisch *m*. **'dressing,** *s.* **1.** Ankleiden *n*. **2.** *Cu:* (**salad**) **d.**, Salatsoße *f*. **3.** *Med:* Verband *m*. **4.** *attrib.* **d. gown,** Morgenrock *m*; **d. room,** (i) Ankleideraum *m*; (ii) *Th:* Garderobe *f*; **d. table,** Frisiertisch *m*. **'dressmaker,** *s.* Schneiderin *f*. **'dressmaking,** *s.* Schneidern *n*. **'dress 'up,** *v.i.* (*of pers.*) (*a*) sich festlich anziehen; *F:* sich auftakeln; (*b*) **to d. up as X,** sich als X verkleiden. **'dressy,** *adj. F:* elegant; **too d.,** auffällig angezogen.

drew [dru:], *p. of* draw q.v.

dribble ['dribl], *v. tr. & i.* (*a*) (*of baby etc.*) sabbern; (*b*) *Fb:* **to d. (the ball),** (mit dem Ball) dribbeln.

driblet ['driblət], *s.* Bißchen *n*; **in/by driblets,** tropfenweise.

dried [draid], *adj.* getrocknet; **d. fruit,** Dörrobst, Backobst *n*; **d. milk,** Trockenmilch *f*. **'drier,** *s.* Trockner *m*.

drift [drift]. **I.** *s.* **1.** Treiben *n*; *Fig:* Lauf *m* (der Dinge). **2.** (*off course*) *Nau: Av:* Abtreiben *n*. **3.** (*of argument*) Gedankengang *m*; Tendenz *f*. **4.** (**snow-**) **d.,** Schneewehe *f*; **d. ice,** Treibeis *n*; **d. sand,** Flugsand *m*. **5.** *Rad:* Frequenzschwankung *f*. **II.** *v.i.* (*a*) (*of pers.*) sich treiben lassen; (*of thing*) getrieben werden; *Nau: Av:* abgetrieben werden; (*of couple*) **to d. apart,** sich auseinanderleben; (*b*) **to let things d.,** den Dingen ihren Lauf lassen; (*c*) (*of snow*) Wehen bilden; (*d*) *Rad:* (*of frequency*) schwanken. **'driftwood,** *s.* Treibholz *n*.

drill[1] [dril]. **I.** *s.* **1.** *Tls:* Bohrer *m*. **2.** *Mil:* Exerzieren *n*; **d. ground,** Exerzierplatz *m*; *F:* **what's the d.?** wie geht's denn weiter? **II.** *v.* **1.** *v.tr.* (*a*) (ein Loch) bohren; (*b*) (j-n) drillen; **to d. s.o. in sth.,** j-m etwas eindrillen. **2.** *v.i.* (*a*) bohren (**for sth.,** nach etwas *dat*); (*b*) *Mil:* exerzieren. **'drilling,** *s.* **1.** Bohren *n*; **d. platform,** Bohrinsel *f*. **2.** *Mil:* Exerzieren *n*.

drill[2], *s. Agr:* (*a*) Saatfurche *f*; (*b*) (*machine*) Drillmaschine *f*.

drill[3], *s. Tex:* Drillich *m*.

drink [driŋk]. **I.** *s.* **1.** (*a*) Trinken *n*; **food and d.,** Essen und Trinken; (*b*) **to give s.o. a d.,** j-m etwas zu trinken geben; **to have a d.,** etwas trinken; **to have a d. of water,** (einen Schluck) Wasser trinken. **2.** Getränk *n*; **soft d.,** alkoholfreies Getränk; (**alcoholic**) **d.,** Drink *m*. **3.** Alkohol *m*; **to take to d.,** sich dem Trunk ergeben; **the worse for d.,** betrunken. **II.** *v.tr.* (*p.* **drank** [dræŋk], *p.p.* **drunk** [drʌŋk]) (etwas) trinken; **will you have sth. to d.?** möchten Sie etwas trinken? **d. your soup,** iß deine Suppe; **to**

d. a person's health, auf j-s Wohl trinken; *abs.* **he drinks like a fish,** er säuft wie ein Loch. **'drinkable,** *adj.* trinkbar. **'drinker,** *s.* Trinker(in) *m(f)*; *Pej:* Säufer(in) *m(f)*. **'drinking,** *s.* Trinken *n*; *Pej:* Saufen *n*; **d. fountain,** Trinkbrunnen *m*; **d. trough,** Tränke *f*; **d. water,** Trinkwasser *n*. **'drink 'up,** *v.tr.* (etwas) austrinken.

drip [drip]. **I.** *s.* **1.** (*a*) Tropfen *m*; (*b*) *Med:* Infusion *f*. **2.** *F:* (*pers.*) Niete *f*. **II.** *v.i.* (*of tap etc.*) tropfen. **'drip-'dry,** *adj. Cl:* bügelfrei. **'drip-'feed,** *s. Med:* intravenöse Ernährung. **'dripping.** **I.** *adj.* tropfend; **d. wet,** tropfnaß. **II.** *s.* **1.** Tropfen *n*. **2.** *Cu:* Bratenfett *n*. **'driptray,** *s.* Tropfenfang *m*.

drive [draiv]. **I.** *s.* **1.** Fahrt *f*; **to go for a d.,** spazierenfahren; **an hour's d.,** eine Stunde Fahrt. **2.** (*entrance*) Auffahrt *f*; (*short*) Einfahrt *f*. **3.** *Aut:* **left-hand d.,** Linkssteuerung *f*. **4.** *Mec. E:* Antrieb *m*; **d. shaft,** Antriebswelle *f*; **direct d.,** direkter Gang *m*. **4.** *Golf: Cricket:* Treibschlag *m*; *Tennis:* Drive *m*. **5.** *Cards:* whist **d.,** Whistturnier *n*. **6.** (*of pers.*) Energie *f*; **to have plenty of d.,** viel Tatkraft haben. **7.** (*campaign*) Aktion *f*; **sales d.,** Verkaufsaktion *f*. **II.** *v.* (*p.* **drove** [drəuv], *p.p.* **driven** ['drivən]). **1.** *v.tr.* (*a*) (Vieh) treiben; (*b*) (ein Fahrzeug) fahren; **to d. s.o. home,** j-n nach Hause fahren; *abs.* **can you d.?** kannst du Auto fahren? (*c*) (einen Motor, ein Fahrzeug) betreiben; **driven by steam,** mit Dampfantrieb; (*d*) **to d. s.o. to sth.,** j-n zu etwas *dat* treiben; **to d. s.o. mad/out of his senses,** j-n zum Wahnsinn treiben; **to d. s.o. hard,** j-n schinden; (*e*) (einen Tunnel) bohren; **to d. a pile,** einen Pfahl einrammen; (*f*) **to d. a hard bargain,** hart verhandeln. **2.** *v.i.* (*a*) (*of clouds*) getrieben werden; (*of ship*) **to d. before the wind,** vor dem Winde treiben; (*b*) (*in car etc.*) (dahin)fahren; **to d. on the right,** rechts fahren. **'drive a'long,** *v.* **1.** *v.tr.* (*a*) (j-n, etwas) vor sich hertreiben; (*b*) (eine Straße) entlangfahren. **2.** *v.i.* (in einem Auto) dahinfahren. **'drive at,** *v.tr.* **what are you driving at?** worauf willst du hinaus? **'drive a'way,** *v.* **1.** *v.tr.* (j-n, etwas) vertreiben. **2.** *v.i. Aut:* abfahren. **'drive 'back,** *v.* **1.** *v.tr.* (*a*) (j-n, ein Heer) zurücktreiben; (*b*) (ein Auto) zurückfahren. **2.** *v.i. Aut:* zurückfahren. **'drive 'down,** *v.i.* (von London usw) (im Auto) herunterfahren. **'drive 'in,** *v.* **1.** *v.tr.* (einen Nagel) einschlagen. **2.** *v.i.* (im Auto) hineinfahren. **'drive-in,** *s. Aut: esp. N.Am:* **d.-i. (cinema),** Autokino *n*. **'drive 'on,** *v.i. Aut:* weiterfahren. **'drive-on,** *adj.* **d.-o. ferry,** Fähre *f* mit Auffahrmöglichkeit. **'drive 'out,** *v.tr.* (*a*) (etwas) hinaustreiben; (*b*) (ein Auto) hinausfahren. **'drive 'over,** *v.* **1.** *v.tr.* (über etwas *acc*) (hinüber)fahren. **2.** *v.i.* (zum Besuch) hinüberfahren. **'driver,** *s.* Fahrer *m* (eines Autos usw.); Führer *m* (einer Lokomotive); (*coachman*) Kutscher *m*. **'driveway,** *s.* Auffahrt *f*. **'drive 'up,** *v.i. Aut:* vorfahren. **'driving.** **I.** *adj.* **d. force:** treibende Kraft; **d. rain,** strömender Regen. **II.** *s.* Fahren *n*; *Aut:* Fahren *m*; **d. school,** Fahrschule *f*; **d. test,** Fahrprüfung *f*; **d. licence,** Führerschein *m*.

drivel ['drivl], *s. F:* Quatsch *m*; **to talk d.,** Unsinn reden.

drizzle ['drizl]. **I.** *s.* Sprühregen *m.* **II.** *v.i.* it is drizzling, es nieselt.

droll [drəul], *adj.* spaßig.

drone [drəun], *s.* **1.** *Ent: & Fig:* Drohne *f.* **2.** (*sound*) Dröhnen *n.*

droop [dru:p], *v.* **1.** *v.i.* (*a*) (*of head*) herabhängen; (*of eyelids*) sich senken; (*b*) (*of flowers*) verwelken; (*c*) **to revive s.o.'s drooping spirits,** j-n aufmuntern. **2.** *v.tr.* (den Kopf) hängenlassen.

drop [drɔp]. **I.** *s.* **1.** (*a*) Tropfen *m;* **d. by d.,** tropfenweise; **a d. of wine,** ein Schluck Wein; *F:* **he's had a d. too much,** er hat einen über den Durst getrunken; (*b*) (*sweets*) **acid drops,** saure Drops *mpl.* **2.** (*fall*) Abfall *m;* (*a*) **d. in prices,** Preissenkung *f;* **d. in voltage,** Spannungsabfall *m;* **sudden d. in temperature,** plötzlicher Temperatursturz; *Fig:* **at the d. of a hat,** auf der Stelle; (*b*) (*steep*) **d.,** (steiler) Abfall *m;* (*between two points*) Höhenunterschied *m;* **a** (**sheer**) **d. of 100 metres,** ein Steilabfall von 100 Metern; (*c*) **parachute d.,** Fallschirmsprung *m.* **II.** *v.* (*p. & p.p.* **dropped**) **1.** *v.i.* (*a*) (*of leaves, blossom etc.*) fallen (**from,** von + *dat*); (*of ground*) abfallen; (*b*) (*of pers.*) umfallen; **I am ready to d.,** ich bin zum Umfallen müde; **to d. dead,** tot umfallen; (*c*) (*of prices*) sinken; (*of wind*) nachlassen; (*of voice*) leiser werden. **2.** *v.tr.* (*a*) (etwas) fallen lassen; *Mil: Av:* (Bomben) abwerfen; (*to dog*) **d. it!** ablegen! *Nau:* **to d. anchor,** ankern; *Knit:* **I dropped a stitch,** ich habe eine Masche fallen lassen; *Fig:* **to (let) d. a remark,** eine Bemerkung fallen lassen; (*b*) *F:* **to d. s.o. a line,** j-m ein paar Zeilen schreiben; (*c*) *F:* (*set down*) **I'll d. you at the station,** ich setze Sie am Bahnhof ab; (*d*) (*omit*) (eine Silbe, *Sp:* einen Spieler usw.) auslassen; (*give up*) (eine Idee) aufgeben; (einen Plan) fallenlassen; **just d. everything and come with me,** laß alles liegen und komm mit; (*e*) (die Stimme, die Augen) senken. '**drop be'hind,** *v.i.* zurückbleiben. '**dropforging,** *s. Metalw:* Gesenkschmieden *n.* '**drop 'in,** *v.i.* (*of pers.*) vorbeikommen; **we dropped in on them,** wir schauten bei ihnen kurz herein. '**drop 'off,** *v.i.* (*a*) (*of thing*) abfallen; (*b*) (*of pers.*) einnicken. '**drop 'out,** *v.i.* (*of pers.*) **to d. o. of a contest,** aus einem Wettkampf ausscheiden. '**dropout,** *s. F:* (*pers.*) (*a*) Dropout *m; Pej:* Gammler *m;* (*b*) *Sch:* Studienabbrecher(in) *m(f).* **2.** *Rec: Data-Pr:* Signalausfall *m.* '**dropper,** *s. Med:* Tropfglas *n;* **eye d.,** Augentropfer *m.* '**droppings,** *s.pl.* tierische Exkremente *npl.*

drought [draut], *s.* Dürre *f.*

drown [draun], *v.* **1.** *v.tr.* (*a*) (ein Tier usw.) ertränken; **to d. oneself,** ins Wasser gehen; **to be drowned,** ertrinken; (*b*) (einen Laut) übertönen. **2.** *v.i.* ertrinken.

drowse ['drauz], *v.i.* (*of pers.*) dösen. '**drowsiness,** *s.* Schläfrigkeit *f.* '**drowsy,** *adj.* schläfrig.

drubbing ['drʌbiŋ], *s.* **to give s.o. a d.,** j-m eine Tracht Prügel verabreichen.

drudge [drʌdʒ], *s.* (*pers.*) Sklave *m.* '**drudgery,** *s.* Schinderei *f.*

drug [drʌg]. **I.** *s.* **1.** *Med:* Droge *f.* **2.** Rauschgift *n;* **d. addict,** Rauschgiftsüchtige(r) *f(m);* **d. addiction,** Rauschgiftsucht *f.* **3.** *Com:* (*of article*) **to be a d. on the market,** ein Ladenhüter sein. **II.** *v.tr.* (*p. & p.p.* **drugged**) (j-m) Drogen verabreichen; **to d. a drink,** einem Getränk eine Droge zusetzen. '**druggist,** *s. N. Am:* Apotheker(in) *m(f).* '**drugstore,** *s. N. Am:* Drugstore *m.*

drum [drʌm]. **I.** *s.* **1.** *Mus:* Trommel *f; coll.* **the drums,** das Schlagzeug; *Mil:* **d. major,** Tambourmajor *m.* **2.** *Anat:* (*of ear*) Trommelfell *n.* **3.** *Tchn:* Trommel *f* (einer Waschmaschine usw.); **oil d.,** Öltonne *f.* **II.** *v.* (*p. & p.p.* **drummed**) **1.** *v.i.* die Trommel schlagen; *Fig:* (*of rain, fingers etc.*) trommeln. **2.** *v.tr.* **to d. sth. into s.o./s.o.'s head,** j-m etwas einpauken. '**drumbeat,** *s.* Trommelschlag *m.* '**drummer,** *s.* (*a*) *Mil:* Tambour *m;* (*b*) (*in pop group*) Schlagzeuger *m.* '**drumstick,** *s.* **1.** *Mus:* Trommelschlegel *m.* **2.** *Cu:* (*of chicken*) Schlegel *m.*

drunk [drʌŋk], *adj.* (*cf.* **drink**) (*a*) betrunken; **a d.,** ein Betrunkener; **to get d.,** sich betrinken; (*b*) berauscht (**with joy etc.,** vor Freude usw.). '**drunkard,** *s.* Säufer(in) *m(f).* '**drunken,** *adj.* betrunken; **d. state,** Rausch *m;* **in a d. stupor,** sinnlos betrunken. '**drunkenness,** *s.* Rausch *m;* **habitual d.,** Trunksucht *f.*

dry [drai]. **1.** *adj.* **1.** trocken; (*a*) (*of well*) versiegt; (*of country*) regenarm; (*of ground*) ausgetrocknet; **to run d.,** (*of river etc.*) austrocknen; *Mec: E: etc:* (*of oil, water*) trocken laufen; (*b*) **d. bread,** trockenes Brot; (*label*) **keep in a d. place,** trocken aufbewahren; **d. stone wall,** zementlose Mauer; *Nau:* **d. dock,** Trockendock *n; El:* **d. battery,** Trockenbatterie *f;* (*c*) *F:* (*of area*) ohne Alkoholausschank; (*of pers.*) **to feel d.,** durstig sein; **d. work,** Arbeit, die durstig macht; (*of wine*) trocken; **medium d.,** halbtrocken. **2.** *Fig:* (*a*) (*boring*) langweilig; **as d. as dust,** sterbenslangweilig; **d. facts,** nüchterne Tatsachen; (*b*) **a d. sense of humour,** ein trockener Humor. **II.** *v.* (*p. & p.p.* **dried**) **1.** *v.tr.* (*a*) (etwas) trocknen; **to d. the dishes,** Geschirr abtrocknen; **to d. one's eyes,** die Tränen abwischen; (*b*) (Obst) dörren. **2.** *v.i.* (*of thing*) trocknen; **to put clothes out to d.,** Kleider zum Trocknen hinaushängen. '**dry-'clean,** *v.tr.* (Kleider) chemisch reinigen. '**dry 'cleaner's,** *s.* chemische Reinigung *f.* '**dryer,** *s.* (*agent*) Trockenmittel *n;* (**hair**) **d.,** Trockenhaube *f;* (*small*) Fön *m.* '**dryness,** *s.* **1.** Trockenheit *f.* **2.** *Fig:* Nüchternheit *f.* '**dry 'off,** *v.i.* trocknen. '**dry 'out,** *v.i.* austrocknen. '**dry-'rot,** *s* Hausschwamm *m.* '**dry 'up,** *v.i.* (*a*) (*of spring*) versiegen; (*of ideas etc.*) sich erschöpfen; *Th:* (*of pers.*) (im Text) steckenbleiben; *P:* **d. up!** halt's Maul! (*c*) *F:* (*Geschirr*) abtrocknen.

dual ['dju(:)əl], *adj.* doppelt; **d. purpose vehicle,** Mehrzweckauto *n; Aut: etc:* **d. ignition,** Doppelzündung *f;* **d. carriageway,** zweibahnige Straße; *Psy:* **d. personality,** gespaltene Persönlichkeit.

dubious ['dju:biəs], *adj.* **1.** (*a*) unsicher; **to feel d. about sth.,** über etwas *acc* Zweifel hegen; (*b*) (*of undertaking*) zweifelhaft. **2.** *F:* **a d. character,** ein fragwürdiger Typ. '**dubiousness,** *s.* **1.** Zweifelhaftigkeit *f.* **2.** Fragwürdigkeit *f.*

duchess ['dʌtʃis], *s.* Herzogin *f.*

duchy ['dʌtʃi], *s.* Herzogtum *n.*

duck [dʌk]. **I.** *s.* **1.** *Orn:* Ente *f;* **wild d.,** Wildente *f; Fig:* lame d., lahme Ente; *F: Ind:* unrentables Unternehmen; **to take to sth. like a d. to water,** bei etwas *dat* sofort in seinem Element sein; **(with him) it is like water off a d.'s back,** es macht nicht den geringsten Eindruck auf ihn. **2.** *Cricket: (of batsman)* **to be out for a d.,** eine Null zu verzeichnen haben. **II.** *v.* **1.** *v.i. (of pers.)* sich ducken. **2.** *v.tr.* (a) (j-n) kurz untertauchen; (b) (den Kopf) ducken. ´**ducking,** *s. F:* **to give s.o. a d.,** j-n untertauchen; **to get a d.,** ins Wasser fallen. ´**duckling,** *s.* Entlein *n; Cu:* junge Ente *f.*

duct [dʌkt], *s.* **1.** Leitung *f; (for cables)* Kabelführung *f.* **2.** *Anat:* Gang *m.*

dud [dʌd]. *F: I. s.* (a) *(banknote)* Blüte *f;* (b) *(ammunition)* Blindgänger *m.* **II.** *adj.* wertlos; **d. cheque,** ungedeckter Scheck.

due [dju:]. **I.** *adj.* **1.** (a) *(of payment etc.)* fällig; **to fall d.,** fällig werden; **the balance d. to us,** der uns geschuldete Saldo; **when d.,** bei Fälligkeit; (b) **the train is d. at two o'clock,** der Zug soll (laut Fahrplan) um zwei Uhr ankommen; **he's d. today,** er wird heute erwartet. **2.** *(appropriate)* angemessen; **in d. form,** ordnungsgemäß; **in d. course,** im gegebenen Moment; **after d. consideration,** nach reiflicher Überlegung; **with d. respect,** bei aller Achtung. **3. d. to,** wegen + *gen;* **it is d. to him,** es ist ihm zu verdanken; **the accident was d. to carelessness,** der Unfall war auf Nachlässigkeit zurückzuführen. **4.** *adv.* **d. north,** genau nördlich. **II.** *s.* **1. to give him his d. he can really sing,** er kann schon singen, das muß man ihm lassen. **2.** *pl. (fees)* Abgaben *fpl; Com: (orders)* (nicht ausgeführte) Aufträge *mpl.*

duel [´dju(:)əl], *s.* Duell *n;* **to fight a d.,** sich duellieren.

duet [dju(:)´et], *s. Mus:* Duett *n; (on piano)* **to play a d.,** vierhändig spielen.

duffle [´dʌfl], *s.* **d. coat,** Duffelcoat *m;* **d. bag,** Seesack *m.*

duke [dju:k], *s.* Herzog *m.* ´**dukedom,** *s.* Herzogtum *n.*

dull [dʌl]. **I.** *adj.* **1.** (a) *(of day, weather, light)* trüb; *(of colour)* matt; (b) *(of sound, pain)* dumpf; *(of sight, hearing)* schwach. **2.** *(boring)* langweilig; **deadly d./as d. as ditchwater,** sterbenslangweilig. **3.** (a) *(of edge)* stumpf; (b) *(of pers., conversation)* geistlos; *(of senses, mind)* abgestumpft; (c) *(of trade)* flau. **II.** *v.tr.* (eine Klinge, *Fig:* die Sinne usw.) abstumpfen; (die Sicht, das Gehör) schwächen; (Schmerz) mildern. ´**dullness,** *s.* **1.** (a) Trübheit *f;* (b) Dumpfheit *f;* Schwäche *f.* **2.** Langweiligkeit *f.* **3.** (a) *(of pers.)* Stumpfheit *f* (b) *Com:* Flaute *f.* ´**dull-´witted,** *adj.* begriffsstutzig.

duly [´dju:li], *adv.* **1.** *(correctly)* ordnungsgemäß. **2.** *(punctually)* rechtzeitig.

dumb [dʌm], *adj.* **1.** stumm; **to be struck d.,** sprachlos sein. **2.** *F: esp. N. Am:* dumm. ´**dumbbells,** *s.pl. Sp:* Hanteln *fpl.* ´**dumbhead,** *s. F:* Dummkopf *m.* ´**dumbness,** *s.* **1.** Stummheit *f.* **2.** *F:* Dummheit *f.*

dumbfound [dʌm´faund], *v.tr.* (j-n) verblüffen. **dumb´founded,** *adj.* verblüfft; sprachlos.

dummy [´dʌmi], *s.* **1.** Attrappe *f; (tailor's)* **d.,** Schneiderpuppe *f; (in window)* Schaufensterpuppe *f.* **2.** *Cards:* Strohmann *m.* **3.** *(for*

baby) Schnuller *m.* **4.** *attrib.* **d. ammunition,** Übungsmunition *f; F:* **d. run,** Probe *f.*

dump [dʌmp]. **I.** *s.* **1.** Abladeplatz *m;* **(rubbish) d.,** *(small)* Müllhaufen *m; (big)* Müllhalde *f.* **2.** Depot *n;* **ammunition d.,** Munitionslager *n.* **3.** *F:* **what a d.!** was für ein trauriger Laden! **II.** *v.tr.* (a) (Müll usw.) deponieren; **to d. a car,** ein Auto wild deponieren/verbannen; (b) *F:* (etwas) hinschmeißen; **don't d. your wet clothes on the floor!** schmeiß nicht deine nassen Kleider auf den Fußboden! (c) (Munition usw.) lagern. ´**dumping,** *s.* **1.** Abladen *n;* **d. ground,** Abladeplatz *m.* **2.** *Com:* Dumping *n* (von billigen Waren). ´**dump´truck,** *s. Aut: N. Am:* Kipper *m.*

dumpling [´dʌmpliŋ], *s. Cu:* Kloß *m; South G.* & *Aus:* Knödel *m.*

dumps [dʌmps], *s.pl. F:* **down in the d.,** deprimiert, *(esp. after failure etc.)* niedergeschlagen.

dun [dʌn], *adj.* schwarz-braun.

dunce [dʌns], *s.* Ignorant *m; F:* Niete *f.*

dune [dju:n], *s.* Düne *f.*

dung [dʌŋ], *s.* Mist *m.* ´**dunghill,** *s.* Misthaufen *m.*

dungarees [dʌŋɡə´ri:z], *s.pl. Cl:* Latzhose *f; (of workman)* Maurerhose *f.*

dungeon [´dʌn(d)ʒ(ə)n], *s.* Verlies *n.*

dunk [dʌŋk], *v.tr.* (Brot usw. in ein Getränk) eintauchen, *esp. North G:* eintunken.

Dunkirk [dʌn´kə:k]. *Pr. n. Geog:* Dünkirchen *n.*

duodenal [djuə´di:nl], *adj. Med:* **d. ulcer,** Zwölffingerdarmgeschwür *n.*

dupe [dju:p]. **I.** *s.* Gefoppte(r) *f(m).* **II.** *v.tr.* (j-n) anschmieren.

duplicate. I. [´dju:plikət] **1.** *adj.* (a) Duplikat-; **d. key,** Nachschlüssel *m;* **d. part,** Ersatzteil *n;* (b) *Mth:* **d. ratio,** doppeltes Verhältnis. **2.** *s.* Duplikat *n;* **in d.,** in doppelter Ausfertigung. **III.** [´dju:plikeit], *v.tr.* (a) *(one copy)* (ein Dokument usw.) kopieren; *(several copies)* (Schriftstücke) vervielfältigen; (b) (etwas) wiederholen; **we must not d. our efforts,** wir müssen eine doppelte Energievergeudung vermeiden. **dupli´cation,** *s.* (a) Kopieren *n;* Vervielfältigen *n;* (b) Wiederholung *f;* **d. of effort,** doppelte Energievergeudung. ´**duplicator,** *s.* Vervielfältigungsapparat *m.*

duplicity [dju´plisiti], *s.* Falschheit *f.*

durable [´djuərəbl], *adj.* haltbar; *(of material)* strapazierfähig. **dura´bility,** *s.* Haltbarkeit *f.*

duration [dju(ə)´reif(ə)n], *s.* Dauer *f;* **for the d. of the war,** solange der Krieg dauert(e); während des ganzen Krieges.

during [´djuəriŋ], *prep.* während + *gen;* **d. winter,** während des Winters.

dusk [dʌsk], *s.* Dämmerung *f;* **at d.,** bei Einbruch der Dunkelheit. ´**dusky,** *adj. (of complexion)* dunkel.

dust [dʌst]. **I.** *s.* Staub *m; Fig:* **the d. has settled,** die Aufregung hat sich gelegt; *F:* **to bite the d.,** ins Gras beißen. **II.** *v.tr.* (a) *(of room)* abstauben; (ein Kleidungsstück) abbürsten; (b) *Cu:* (einen Kuchen usw.) (mit Mehl, Zucker usw.) bestäuben. ´**dustbin,** *s.* Mülltonne *f.* ´**dustbowl,** *s. Geog:* (durch Bodenerosion) verödete Gegend *f.* ´**dust-cart,** *s.* Müll(abfuhr)wagen *m.* ´**dustcover,** *s.* **1.** Staubdecke *f.* **2.** = **dust jacket.** ´**duster,** *s.* Staubtuch *n.*

'**dusting**, s. 1. Abstauben n. 2. Cu: etc: Bestäuben n. 3. F: Verprügeln n. '**dustjacket,** s. Schutzumschlag m (für Bücher). '**dustman,** pl. -men, s. Müllmann m; the dustmen, die Müllabfuhr. '**dustpan,** s. Müllschippe f. '**dust-sheet,** s. Staubdecke f (für Möbel usw.) '**dust-up,** s. F: Handgemenge n. '**dusty,** adj. 1. staubig. 2. F: a d. answer, eine unfreundliche Antwort.

Dutch [dʌtʃ]. I. adj. (a) holländisch; (b) Fig: D. auction, Auktion f, bei der der Preis gesenkt wird, bis sich ein Käufer findet; to drink/give oneself D. courage, sich dat Mut antrinken; to talk to s.o. like a D. uncle, j-n väterlich ermahnen; adv. to go D., getrennte Kasse machen. II. s. 1. the Dutch, die Holländer pl. 2. Ling: Holländisch n. '**Dutchman,** pl. -men, Holländer m. **Dutchwoman,** pl. -women, Holländerin f.

duty ['djuːti], s. 1. Pflicht f; to do one's d., seine Pflicht tun; from a sense of d., aus Pflichtgefühl; to do d. as, dienen als. 2. (a) (task) Aufgabe f; Adm: duties, Aufgaben fpl; to take up one's duties, sein Amt antreten; (b) to be on d., Dienst haben; off d., dienstfrei. 3. (customs) d., Zoll m. '**dutiable,** adj. zollpflichtig. '**dutiful,** adj. pflichtbewußt; **-ly,** adv. pflichtgemäß. '**duty-'free,** adj. zollfrei.

duvet ['duːvei], s. Daunendecke f.

dwarf [dwɔːf]. I. s. Zwerg m. II. adj. Bot: etc: Zwerg-. III. v.tr. (etwas) winzig erscheinen lassen; **the steamer dwarfed our boat,** neben dem Dampfer nahm sich unser Boot winzig aus.

dwell [dwel], v.i. (p. & p.p. **dwelt**) (a) A: & Hum: wohnen; (b) **to d. on a subject,** bei einem Thema verweilen; (emphasize) eine Sache betonen. '**dwelling,** s. Wohnung f.

dwindle ['dwindl], v.i. dahinschwinden.

dye [dai]. I. s. Farbstoff m. II. v.tr. (etwas) färben. '**dyeing,** s. 1. Färben n. 2. (trade) Färberei f. '**dyer,** s. Färber m. '**dyestuff,** s. Farbstoff m.

dying ['daiiŋ], adj. (a) sterbend; **s.o.'s d. words,** j-s letzte Worte; **to be d.,** im Sterben liegen; (b) (of sound) verhallend.

dyke [daik], s. see **dike**.

dynamic [dai'næmik], adj. (of pers.) dynamisch. **dynamism** ['dainəmiz(ə)m], s. Dynamik f.

dynamite ['dainəmait], I. s. Dynamit n. II. v.tr. (einen Felsen usw.) (mit Dynamit) sprengen.

dynamo, pl -os ['dainəməu, -əuz], s. Dynamo m; Cy: Aut: Lichtmaschine f.

dynasty ['dinəsti], s. Dynastie f.

dysentery ['disəntri], s. Med: Ruhr f.

dyslexia [dis'leksiə], s. Legasthenie f. **dys'lexic,** adj. legasthenisch.

dyspepsia [dis'pepsiə], s. Med: Verdauungsstörung f.

E

E, e [iː], s. 1. (der Buchstabe) E, e n. 2. Mus: E, e n; E flat, Es.

each [iːtʃ]. I. adj. jeder, jede, jedes; **e. year,** jedes Jahr; **e. one of us,** jede(r) (einzelne) von uns. II. pron. 1. (ein) (eine) jede, (ein) jedes; **they earn £10 e./e. earn £10,** jeder von ihnen verdient zehn Pfund. 2. **e. other,** einander; **to be afraid of e. other,** Angst voreinander haben; **separated from e. other,** voneinander getrennt; **they hate e. other,** sie hassen sich. III. adv. je; (of pers.) pro Person; (of thing) pro Stück; **they cost 10 pence e.,** sie kosten je zehn Pence/zehn Pence pro Stück; **it cost us a pound e.,** es kostete uns ein Pfund pro Person.

eager ['iːgər], adj. eifrig; F: **e. beaver,** Übereifrige(r) f(m); **e. to please,** überaus gefällig; **e. for sth.,** begierig nach etwas dat; **to be e. to do sth.,** (darauf) erpicht sein/F: darauf brennen, etwas zu tun. '**eagerness,** s. Eifer m.

eagle ['iːgl], s. 1. Orn: Adler m; Fig: **e. eye,** Argusauge n. 2. Golf: Eagle n. '**eagle-'eyed,** adj. scharfsichtig. '**eaglet,** s. Orn: junger Adler m.

ear[1] ['iər], s. Ohr n; **to have sharp ears,** gute Ohren haben; **an e. for music,** musikalisches

Gehör; **a word in your e.,** ein Wort im Vertrauen; **I couldn't believe my ears,** ich traute meinen Ohren nicht; **he was all ears,** er war ganz Ohr; **to turn a deaf e. to sth.,** auf etwas acc nicht hören; **to play by e.,** nach dem Gehör spielen; F: **to play it by e.,** je nach Lage der Dinge entscheiden; Fig: **to be up to one's ears (in work),** bis über die Ohren in Arbeit stecken; **your ears must have been burning,** Ihnen müssen die Ohren geklungen haben; **he went off with a flea in his e.,** er kam mit einer Rüge davon. '**earache,** s. Ohrenschmerzen mpl. '**eardrum,** s. Anat: Trommelfell n. '**earlobe,** s. Ohrläppchen n. '**earmark,** v.tr. **to e. funds for a purpose,** Gelder für einen Zweck vorsehen. '**earphones,** s.pl. Tel: Rec: etc: Kopfhörer m. '**earpiece,** s. Tel: Hörmuschel f. '**earplug,** s. Ohrenwatte f. '**earring,** s. Ohrring m. '**earshot,** s. **within e.,** in Hörweite. '**earsplitting,** adj. ohrenbetäubend. '**earwig,** s. Ent: Ohrwurm m.

ear[2], s. (of corn) Ähre f.

earl [əːl], s. Graf m.

early ['əːli] (**earlier, earliest**). I. adj. 1. (a) früh; **in the e. morning,** frühmorgens, früh am

Morgen; **at an e. hour,** zu früher Stunde; **he is an e. riser**/*F:* e. **bird,** er ist ein Frühaufsteher; *F:* **it's e. days yet,** es ist noch nicht aller Tage Abend; *Com:* **e. closing,** früher Ladenschluß; (*b*) **in e. youth,** in jungen Jahren; **at an e. age,** schon früh; (*as a child*) im Kindesalter. **2.** (*a*) (*of fruit, flowers*) früh (reifend); (*b*) (*premature*) verfrüht; **e. death,** vorzeitiger Tod. **3.** *esp. Com:* baldig; **an e. reply,** eine baldige Antwort; **at your earliest convenience,** baldmöglichst. **II.** *adv.* früh; **to come (too) e.,** zu früh/vor der Zeit kommen; **e. in the afternoon,** am frühen Nachmittag; **as e. as the tenth century,** schon im zehnten Jahrhundert; **as e. as possible,** (i) so früh wie möglich; (ii) so bald wie möglich; **e. on,** in einem frühen Stadium; (*at the start*) am Anfang.

earn [ə:n], *v.tr.* (*a*) (Geld) verdienen; **earned income,** Arbeitseinkommen *n;* (*b*) (Lob) ernten, verdienen; **to e. s.o.'s confidence,** (sich *dat*) j-s Vertrauen erwerben; **it earned him only hatred,** es brachte ihm nur Haß ein. **'earnings,** *s.pl.* **1.** (*of pers.*) Einkommen *n.* **2.** (*profit*) Ertrag *m,* Einkünfte *pl.*

earnest ['ə:nist]. **I.** *adj.* ernst; **an e. request,** eine ernsthafte Bitte. **II.** *s.* **in e.,** im Ernst; **to be in e.,** es ernst meinen; **it is raining in real e.,** jetzt regnet es aber recht stark. **'earnestness,** *s.* Ernst *m.*

earth [ə:θ]. **I.** *s.* Erde *f;* (*a*) **on e.,** auf der Erde, *Lit:* auf Erden; *F:* **where on e. have you been?** wo in aller Welt bist du gewesen? (*b*) *Fig:* **down to e.,** nüchtern, prosaisch; **to come back to e.,** in die Wirklichkeit zurückkehren; (*c*) Bau *m* (eines Fuchses); **to go to e.,** in den Bau flüchten; (*of pers.*) sich verstecken; *Fig:* **to run s.o. to e.,** j-n aufspüren; (*d*) *El:* **e. (lead/wire),** Erde *f.* **II.** *v.tr. El:* (ein Gerät) erden. **'earthenware,** *s.* Töpferwaren *fpl;* **glazed e.,** Fayence *f.* **'earthly,** *adj.* **1.** irdisch. **2.** **there is no e. reason for this,** es besteht kein erdenklicher Grund dafür; *F:* **he hasn't an e. (chance),** er hat nicht die geringste Chance. **'earthquake,** *s.* Erdbeben *n.* **'earthworks,** *s.pl.* Erdwall *m.* **'earthworm,** *s.* Regenwurm *m.* **'earthy,** *adj.* (*a*) (*of smell, taste*) erdig; (*b*) (*of pers.*) urwüchsig; (*of humour*) derb.

ease [i:z]. **I.** *s.* **1.** (*a*) Behagen *n;* (*well-being*) Wohlgefühl *n;* **at e.,** (i) behaglich, bequem; (ii) *Mil:* (*order*) rührt euch! **ill at e.,** unbehaglich; **to set s.o.'s mind at e.,** j-n beruhigen; (*b*) **e. from pain,** Linderung *f* der Schmerzen; (*c*) **to live a life of e.,** (i) ein Nichtstuerdasein führen; (ii) im Luxus leben. **2.** Leichtigkeit *f;* **with e.,** mühelos; **e. of operation,** Einfachheit *f* der Handhabung. **II.** *v.* **1.** *v.tr.* (*a*) (das Gemüt) beruhigen; (Schmerzen) lindern; (*b*) (die Spannung, Belastung) erleichtern; (*c*) **to e. sth. into position,** etwas vorsichtig in die richtige Lage bringen. **2.** *v.i.* (*a*) (*of situation*) sich entspannen; (*b*) (*of storm etc.*) **to e. off,** nachlassen; *Fin:* (*of prices*) abflauen; (*c*) **to e. up,** (*of pers.*) sich *dat* mehr Ruhe gönnen; (*of car, runner etc.*) das Tempo verringern.

easel ['i:zl], *s.* Staffelei *f.*

east [i:st]. **I.** *s.* (*a*) Osten *m;* **to the e. of sth.,** östlich von etwas *dat;* (*b*) **the E.,** der Osten; (*of the world*) der Orient; **the Far/Middle/E.,** der

Ferne/Nahe Osten. **II.** *adv.* nach Osten, ostwärts. **III.** *adj.* Ost-, östlich; **e. wind,** Ostwind *m.* **'easterly,** *adj.* = **east III.** **'eastern,** *adj.* östlich; (*oriental*) orientalisch; *Pol:* **E. Bloc,** Ostblock *m.* **'eastwards,** *adv.* ostwärts, nach Osten.

Easter ['i:stər], *s.* Ostern *n;* **at E.,** zu Ostern; **E. Day,** Oster(sonn)tag *m;* **E. egg,** Osterei *n.*

easy ['i:zi]. **I.** *adj.* **1.** (*a*) (*comfortable*) behaglich, bequem; **to feel easier,** erleichtert sein; (*b*) (*unworried*) ruhig, unbesorgt. **2.** (*a*) (*of manner*) ungezwungen, zwanglos; **an e. style,** ein flüssiger Stil; (*b*) **e. fit,** (i) (*of clothing*) bequemer Sitz; (ii) *Mec:* lose Passung. **3.** (*simple*) leicht; **e. task,** leichte/einfache Arbeit; **within e. reach,** leicht zu erreichen; **he is e. to get on with,** es ist leicht, mit ihm auszukommen; **to travel by e. stages,** mit häufigen Unterbrechungen reisen; **it's e. for you to talk,** Sie haben gut reden; *F:* **as e. as pie,** kinderleicht; **e. on the eye,** bildhübsch, *F:* appetitlich; *Com:* **e. payments,** Raten *fpl;* **on e. terms,** auf Raten; **-ily,** *adv.* **1.** leicht, ohne Schwierigkeiten. **2. e. the best,** bei weitem das Beste. **II.** *adv. F:* **to take it/things e.,** sich schonen; sich *dat* Ruhe gönnen; **take it e.!** reg dich nicht auf! **to go e. with/on s.o., sth.,** j-n, etwas schonend behandeln; **go e. on the sugar,** nimm nicht zu viel Zucker. **'easiness,** *s.* **1.** (*of movement, action*) Unbeschwertheit *f,* Mühelosigkeit *f.* **2.** (*of manner etc.*) Ungezwungenheit *f.* **3.** (*of a task*) Leichtigkeit *f.* **'easy-'chair,** *s.* Lehnstuhl *m.* **'easy-'going,** *adj.* (*a*) unbekümmert; (*b*) (*lax*) bequem, lässig.

eat [i:t], *v. ate* [et, eit], *p.p.* **eaten**) **1.** *v.tr. pers.*) (etwas) essen (*of animal*) fressen; **to e. one's breakfast,** frühstücken; **to e. one's lunch/one's supper,** zu Mittag/zu Abend essen; **fit to e.,** genießbar; *Fig:* **to e. one's words,** seine Worte zurücknehmen; **to e. one's heart out,** sich vor Kummer verzehren; *F:* **I thought he was going to e. me,** ich habe gedacht, er frißt mich gleich; **what's eating you?** was ist dir über die Leber gelaufen? **2.** *v.i.* (*a*) **to e. out,** auswärts essen; **to e. well,** gut essen; (*b*) **to e. into sth.,** etwas allmählich wegfressen; **it's eating into my capital,** es zehrt am Kapital. **II.** *adj.* eßbar, genießbar. **II.** *s.pl.* Eßwaren *pl.* **'eat a'way,** *v.tr.* (etwas) zerfressen. **eater** ['i:tər], *s.* **1.** Esser(in) *m(f).* **2.** *F:* Eßapfel *m.* **'eating,** **I.** *s.* Essen *n.* **II.** *adj. attrib.* **e. apple,** Eßapfel *m;* **e. habits,** Eßgewohnheiten *fpl;* **e. places,** Gaststätten *fpl.* **eats,** *s.pl. F:* Futter *n.* **'eat 'up,** *v.tr.* (a) (eine Speise) aufessen; (*b*) *F:* (Benzin, Geld usw.) fressen; **to e. up the miles,** Kilometer fressen.

eaves [i:vz], *s.pl.* Dachüberhang *m.*

eavesdrop ['i:vzdrɔp], *v.i.* (*p. & p.p.* **eavesdropped**) (heimlich) lauschen. **'eavesdropper,** *s.* Lauscher(in) *m(f).*

ebb [eb]. **I.** *s.* **1.** **e. (tide),** Ebbe *f;* **e. and flow,** Hin- und Herfließen *n.* **2.** *Fig:* **things were at a low e.,** es herrschte Tiefstand. **II.** *v.i.* (*of tide*) zurückgehen; *Fig:* (*of life etc.*) **to e. away,** versiegen, dahinschwinden.

ebony ['ebəni], *s.* Ebenholz *n.*

ebullient [i'bʌljənt], *adj.* (*of mood, pers.*) sprudelnd; (*of pers.*) überschäumend (vor Freude).

eccentric [ek'sentrik, ik-]. **I.** *adj.* exzentrisch. **II.** *s.* **1.** (*pers.*) Sonderling *m*, Exzentriker *m*. **2.** *Mec. E:* Exzenter *m*. **eccen'tricity**, *s.* **1.** (*of pers.*) Verschrobenheit *f;* (*eccentric act*) Exzentrizität *f.* **2.** *Mec. E:* Exzentrizität *f.*

ecclesiastical [ikli:zi'æstik(ə)l], *adj.* kirchlich.

echelon ['eʃələn], *s.* Staffel *f.*

echo ['ekəu]. **I.** *s.* (*pl.* **echoes**) Echo *n; Nau:* **e. sounding,** Echolotung *f.* **II.** *v.* **1.** *v.tr.* (einen Ton usw.) widerhallen lassen; (j-s Worte) nachbeten. **2.** *v.i.* widerhallen (**with,** von + *dat*).

éclair [ei'klɛər], *s. Cu:* Eclair *n.*

eclipse [i'klips]. **I.** *s.* Finsternis *f;* **e. of the moon,** Mondfinsternis *f.* **II.** *v.tr. Astr:* (einen Stern) verfinstern; *Fig:* (j-n) in den Schatten stellen.

ecology [i:'kɔlədʒi], *s.* Ökologie *f.*

economic [i:kə'nɔmik], *adj.* (*a*) wirtschaftlich; **e. problem,** Wirtschaftsproblem *n;* (*b*) **e. rent,** rentable Miete. **eco'nomical,** *adj.* sparsam. **eco'nomics,** *s. pl.* Volkswirtschaft *f.* **eco'nomist** [i(:)'kɔnəmist], *s.* Volkswirt *m.* **e'conomize,** *v.i.* sparen (**on,** an + *dat*). **e'conomy,** *s.* **1.** (*of pers., car etc*) Sparsamkeit *f;* **e.** (**measure**), Sparmaßnahme *f;* **that's a false e.,** das ist am falschen Ende gespart; *Com:* **e. size,** Haushaltspackung *f.* **2.** (*of country*) Wirtschaft *f;* (**political**) **e.,** Volkswirtschaft *f.*

ecstasy ['ekstəsi], *s.* Ekstase *f;* **to go into ecstasies over sth.,** über etwas *acc* in Verzückung geraten. **ecstatic** [eks'tætik], *adj.* ekstatisch. (*of pers.*) hingerissen (**about,** von + *dat*).

ecumenical [i:kju'menik(ə)l], *adj.* ökumenisch.

eczema ['eksimə], *s. Med:* Ekzem *n.*

eddy ['edi]. **I.** *s.* Wirbel *m;* (*of water*) Strudel *m.* **II.** *v.i.* wirbeln; (*of water*) strudeln.

edelweiss ['eidəlvais], *s. Bot:* Edelweiß *n.*

Eden ['i:d(ə)n]. *Pr.n.B:* (der Garten) Eden *n.*

edge [edʒ]. **I.** *s.* **1.** (*of a blade*) Schneide *f;* **to put an e. on a blade,** eine Klinge schärfen/schleifen; **to take the e. off sth.,** etwas stumpf machen; *Fig:* etwas *dat* die Schärfe nehmen; **it took the e. off my appetite,** es hat mir den Appetit etwas verdorben; **on e.,** (*of pers.*) nervös; (*of nerves*) gereizt; **to have the e. (on s.o.),** (j-m) gerade noch voraus sein. **2.** Rand *m* (des Waldes usw.); Kante *f* (des Tisches usw.); **to cut the edges (of a lawn),** einen Rasen abstechen. **II.** *v.tr. & i.* (*a*) (ein Messer usw.) schleifen; (*b*) **to e. a blouse with lace,** eine Bluse mit Spitze einfassen; **the street was edged with trees,** die Straße war mit Bäumen eingesäumt; (*c*) **to e. one's way forwards,** Schritt für Schritt vorrücken; **to e. one's way into a crowded room,** sich in ein überfülltes Zimmer hineinzwängen; **to e. away (from s.o., sth.),** sich (von j-m, etwas *dat*) zurückziehen; **to e. towards s.o., sth.,** j-m, etwas *dat* näherrücken. **'edgeways,** *adv.* seitlich, mit der Kante nach vorn; *F:* **I can't get a word in e.,** ich kann kein Wort anbringen. **'edging,** *s.* (*of dress*) Einfassung *f;* (*of border etc.*) Umrandung *f.* **'edgy,** *adj. F:* (*of pers.*) nervös; (*irritable*) leicht gereizt.

edible ['edibl]. **I.** *adj.* genießbar. **II.** *s.pl.* Eßwaren *fpl.* **edi'bility,** *s.* Genießbarkeit *f.*

edict ['i:dikt], *s.* Erlaß *m.*

edifice ['edifis], *s.* (imposanter) Bau *m.*

edify ['edifai], *v.tr.* (j-n) (geistig) erbauen. **'edifying,** *adj.* erbaulich. **edifi'cation,** *s.* Erbauung *f.*

edit ['edit], *v.tr.* (*a*) (ein Buch, eine Zeitung) herausgeben; (*b*) (einen Text) redigieren; (*c*) (einen Film, eine Aufnahme) schneiden. **'editing,** *s.* **1.** Redigieren *n* (eines Textes). **2.** *Cin: etc:* Schnitt *m* (eines Films, einer Aufnahme). **edition** [i'diʃən], *s.* **1.** Ausgabe *f.* **2.** (*printing*) Auflage *f.* **editor** ['editər], *s.* **1.** Herausgeber *m* (eines Buches, einer Zeitung). **2.** Redakteur *m* (bei einer Zeitung, bei einem Verlag); **e. in chief,** Chefredakteur *m;* **letter to the e.,** Leserbrief *m.* **edi'torial;** **I.** *adj.* redaktionell; **e. staff,** Redaktion *f.* **II.** *s.* Leitartikel *m.*

educate ['edjukeit], *v.tr.* (*a*) (j-n, j-s Geschmack) bilden; (*of university etc.*) (j-n) ausbilden; **he was educated at Oxford,** er studierte in Oxford; **an educated man,** ein gebildeter Mensch; (*b*) (*bring up*) (j-n) erziehen; (*c*) (*instruct*) (j-n) unterrichten. **education** [edju'keiʃən], *s.* **1.** *Sch:* Bildung *f;* (*at university*) Ausbildung *f.* **2.** (*upbringing*) Erziehung *f.* **edu'cational,** *adj.* **1.** (*a*) (*of methods etc.*) pädagogisch; (*b*) (*valuable*) pädagogisch wertvoll. **2.** Bildungs-; **e. film,** Lehrfilm *m;* **e. books,** Unterrichtsbücher *npl;* **e. publisher,** Schulbuchverlag *m;* **-ly,** *adv.* pädagogisch, vom pädagogischen Standpunkt; (*of child*) **e. subnormal,** lernbehindert. **educator** ['edju(:)-keitər], *s.* Erzieher(in) *m(f).*

Edward ['edwəd]. *Pr.n.* = Eduard *m.*

eel [i:l], *s.* Aal *m.*

eerie, eery ['iəri], *adj.* **1.** (*of feeling, story*) unheimlich. **2.** (*of house, atmosphere*) gespenstisch.

efface [i'feis], *v.tr.* (*a*) (etwas Geschriebenes) ausstreichen, (eine Inschrift) verwischen; (*b*) (Erinnerungen usw.) auslöschen.

effect [i'fekt]. **I.** *s.* **1.** (*a*) Wirkung *f;* **to have an e. on s.o.,** auf j-n wirken; (*influence*) j-n beeinflussen; **to have no e.,** ohne Wirkung/wirkungslos sein; **nothing has any e. on it,** nichts wirkt darauf ein; **to take e.,** (i) wirksam werden; (ii) (*of regulation*) in Kraft treten; (iii) (*of drugs*) wirken; **to no e.,** ergebnislos, ohne Resultat; **to put sth. into e.,** etwas ausführen; (*b*) Effekt *m;* **calculated for e.,** auf Effekt berechnet; *Th: Rad:* (**sound**) **effects,** Geräuschkulisse *f.* **2.** (*meaning*) Sinn *m;* **words to that e.,** Worte in diesem Sinne. **3.** *pl.* **personal effects,** persönliche Habe *f.* **4.** **in e.,** in der Tat/in Wirklichkeit. **II.** *v.tr.* (etwas) bewirken, zustande bringen; **to e. a cure,** eine Heilung bewirken. **e'ffective,** *adj.* **1.** wirksam, wirkungsvoll; **to become e.,** in Kraft treten; *Mil:* **e. strength,** Iststärke *f.* **2.** (*impressive*) eindrucksvoll, effektvoll.

effeminate [i'feminit], *adj.* weibisch, unmännlich.

effervesce [efə'ves], *v.i.* (*of liquid*) sprudeln. **effer'vescence,** *s.* Sprudeln *n.* **effer'vescent,** *adj.* sprudelnd.

effete [i'fi:t], *adj.* (*of pers., thing*) kraftlos.

efficacious [efi'keiʃəs], *adj.* wirksam. **'efficacy** [-kəsi], *s.* Wirksamkeit *f.*

efficiency [i'fiʃənsi], *s.* (*a*) (*of pers.*) Tüchtigkeit *f;* (*b*) (*of firm, machinery etc.*) Leistungsfähigkeit *f; Econ:* Wirtschaftlichkeit *f; Ph:* Nutzeffekt *m;* (c) (*of remedy*) Wirksamkeit *f.* e´**fficient,** *adj.* (a) (*of pers.*) tüchtig; (b) (*of firm, factory*) leistungsfähig; *Econ:* rationell; (c) (*of remedy*) wirksam; **-ly,** *adv.* **to work e.,** (*of machine*) rationell/(*of pers.*) tüchtig arbeiten; (of *scheme*) gut funktionieren.

effigy [´efidʒi], *s.* Bildnis *n.*

effluent [´efluənt], *s.* Abwässer *npl.*

effort [´efət], *s.* 1. (a) Anstrengung *f;* **to make an e.,** sich anstrengen; **to spare no e.,** keine Mühe scheuen; **with an e.,** mit Mühe; (b) *pl* Bemühungen *fpl;* **many thanks for your efforts,** vielen Dank für Ihre Bemühungen. 2. *F:* (*performance*) Leistung *f;* **a good e.,** eine tüchtige Leistung. ´**effortless,** *adj.* mühelos.

effrontery [i´frʌntəri], *s.* Unverfrorenheit *f.*

effusion [i´fju:ʒ(ə)n], *s.* (a) Ausgießung *f;* **e. of blood,** Bluterguß *m;* (b) (*of feelings*) Herzenserguß *m.* **effusive** [i´fju:siv], *adj.* (*of feelings, thanks etc.*) überschwenglich.

egalitarian [igæli´teəriən]. I. *s.* Gleichmacher *m.* II. *adj.* gleichmacherisch.

egg[1] [eg], *s.* Ei *n;* **white of e.,** Eiweiß *n;* **e. yolk,** Eidotter *n;* **e. cup,** Eierbecher *m;* **e. cosy,** Eierwärmer *m; Fig:* **to put all one's eggs in one basket,** alles auf eine Karte setzen; *F:* (*pers.*) **a bad e.,** ein schlechter Kerl. ´**egg-beater,** *s.* Schneebesen *m.* ´**egghead,** *s. Pej:* Intellektuelle(r) *f(m).* ´**egg-shaped,** *adj.* eiförmig. ´**eggshell,** *s.* Eierschale *f.* ´**eggspoon,** *s.* Eierlöffel *m.*

egg[2], *v.tr.* **to e. s.o. on** (to do sth.), j-n anstacheln(, etwas zu tun).

egoism [´egəuizəm], *s.* Egoismus *m.* ´**egoist,** *s.* Egoist(in) *m(f).* **ego´istic(al),** *adj.* egoistisch.

egotism [´egəutizm], *s.* Egotismus *m.* ´**egotist,** *s.* Egotist(in) *m(f).*

egregious [i´gri:dʒəs], *adj. Pej:* (*of blunder, folly, etc.*) ungeheuer(lich); **an e. example,** ein krasses Beispiel.

egress [´i:gres], *s.* Ausgang *m.*

Egypt [´i:dʒipt]. *Pr.n.Geog:* Ägypten *n.* **Egyptian** [i´dʒipʃ(ə)n]. I. *adj.* ägyptisch. II. *s.* Ägypter(in) *m(f).*

eh [ei], *int.* 1. (*after statement*) nicht wahr? 2. (*alone*) wie?

eiderdown [´aidədaun], *s.* 1. Eiderdaunen *fpl.* 2. **e.** (quilt), Daunendecke *f.*

eight [eit]. I. *num. adj.* acht. II. *s.* 1. Acht *f;* **figure of e.,** Achter *m.* 2. *Row:* (*boat*) Achter *m;* (*crew*) Achter(mannschaft) *f.* **eighteen** [ei´ti:n], *num. adj.* achtzehn. **eigh´teenth.** I. *num. adj.* achtzehn(r,s). II. *s.* Achtzehntel *n.* **eighth** [´eitθ]. I. *num. adj.* achte(r,s); **-ly,** *adv.* achtens. II. *s.* Achtel *n.* **eighty** [´eiti], *num. adj.* achtzig. **eightieth** [´eitiəθ]. I. *num. adj.* achtzigste(r,s). II. *s.* Achtzigstel *n.*

Eire [´ɛərə]. *Pr.n. Geog:* (die Republik) Irland *n.*

either [´aiðər], *adj.* jeder, jede, jedes (von zweien); **e. possibility would suit me,** beide Möglichkeiten sagen mir zu; **e. way I will lose,** wie ich es auch mache, werde ich daran verlieren; **on e. side,** auf beiden Seiten. II. *pron.* (a) eine(r,s) (von zweien); **e. of them,** einer von den beiden; **I don't believe e. of you,** ich glaube keinem von euch beiden; **e. would be**

possible, beides wäre möglich. III. *conj.* (a); **e. ... or,** entweder ... oder; **e. come in or go out,** komm entweder herein oder geh hinaus; **e. the whole lot or nothing at all,** entweder alles oder gar nichts; **without e.** writing or phoning, ohne zu schreiben oder anzurufen; (b) neg. not **e. ... or,** weder ... noch; **that isn't suitable e. for you or for me,** das eignet sich weder für dich noch für mich. IV. *adv. F:* **not ... e./nor ... e.,** (und) auch nicht; **I won't meet him e.,** ich werde ihn auch nicht treffen; **she couldn't play tennis, nor ski e.,** sie konnte weder Tennis spielen noch Ski laufen.

ejaculate [i´dʒækjuleit], *v.tr.* (Worte, *Physiol:* Samen usw.) ausstoßen. **ejacu´lation,** *s.* 1. Ausruf *m.* 2. *Physiol:* Ejakulation *f.*

eject [i´dʒekt], *v.tr.* (a) (j-n) hinauswerfen (**from,** aus + *dat*); (b) *Tchn:* (etwas) ausstoßen. **ejection** [i´dʒekʃ(ə)n], *s.* 1. (*of pers.*) Vertreibung *f.* 2. Ausstoßen *n* (von Rauch, Gas). **e´jector,** *s.* 1. (*pers.*) Vertreiber *m.* 2. *Sm.a:* Auswerfer *m; Av:* **e. seat,** Schleudersitz *m.*

eke [i:k], *v.tr.* **e. out,** (Vorräte usw.) strecken; **to e. out a meagre existence,** sich dürftig durchschlagen.

elaborate. I. [i´læbərit] *adj.* (a) kompliziert; (*of arrangements etc.*) umständlich; **e. care,** peinliche Sorgfalt; (b) (*of decoration*) kunstvoll, überladen. II. [i´læbəreit] *v.* 1. *v.tr* (einen Plan) sorgfältig ausarbeiten. 2. *v.i.* **can you e.?** können Sie ausführlicher sein?

elapse [i´læps], *v.i.* (*of time*) verstreichen.

elastic [i´læstik]. I. *adj.* (a) elastisch; (*springy*) federnd; **e. band,** Gummiband *n;* (b) *Fig:* (*of rules etc.*) dehnbar; (*of body*) geschmeidig. II. *s.* Gummiband *n.* **e´lasticated,** *adj.* mit Gummizug. **elasticity** [i-´tisiti], *s.* (a) Elastizität *f;* Federkraft *f;* (b) *Fig:* Dehnbarkeit *f;* Geschmeidigkeit *f* (des Körpers).

elate [i´leit], *v.tr.* (j-n) freudig erregen. **e´lated,** *adj.* freudig erregt (**at sth.,** über etwas *acc*). **ela´tion** [i´leiʃ(ə)n], *s.* Freude *f;* Begeisterung *f* (**at sth.,** über etwas *acc*).

elbow [´elbəu]. I. *s.* 1. Ellbogen *m;* **at my e.,** direkt neben mir; *Cl:* **out at elbows,** an den Ellbogen durchgewetzt. 2. (*in road, pipe etc.*) Knie *n.* II. *v.tr.* (j-n) (mit den Ellbogen) anstoßen; **to e. s.o. aside,** j-n beiseite schieben; **to e. (a way) through a crowd,** sich *dat* einen Weg durch die Menge bahnen. ´**elbow-grease,** *s. F:* Knochenschmalz *m.* ´**elbow-room,** *s.* Bewegungsfreiheit *f; Fig:* Spielraum *m.*

elder[1] [´eldər]. I. *adj.* älter. II. *s.* (der, die) Ältere *m, f;* **elders and betters,** ältere Respektspersonen *fpl.* ´**elderly,** *adj.* ältlich. ´**eldest,** *adj.* älteste(r,s).

elder[2], *s. Bot:* Holunder *m.*

elect [i´lekt]. I. *v.tr.* (a) **to e. to do sth.,** sich entschließen, etwas zu tun; (b) (j-n zu einem Amt) wählen. II. *adj.* 1. *B: etc:* **the e.,** (i) der Erlesene, (ii) *pl.* die Erlesenen. 2. **President e.,** zukünftiger Präsident. **e´lection,** *s.* Wahl *f;* **e. campaign,** Wahlkampf *m.* **e´lector,** *s.* 1. Wähler(in) *m(f).* 2. *Hist:* Kurfürst *m.* **e´lectorate,** *s.* 1. Wählerschaft *f.* 2. Hist: Kurfürstentum *n.*

electric [i´lektrik], *adj.* (a) elektrisch; **e. blanket,** Heizdecke *f;* **e. fire,** elektrischer Ofen; **e.**

circuit, Stromkreis *m;* **e. motor,** Elektromotor *m;* **e. shock,** elektrischer Schlag; **to get an e. shock,** sich elektrisieren; **e. storm,** Gewitter *n;* *Rail:* **e. engine,** elektrische Lokomotive; (*b*) *Fig:* **the atmosphere was e.,** die Atmosphäre war geladen. **e′lectrical,** *adj.* elektrisch; **e. industry,** Elektroindustrie *f;* **e. engineer,** Elektrotechniker *m;* **e. engineering,** Elektrotechnik *f;* **-ally,** *adv.* **e. controlled,** elektrisch gesteuert. **electrician** [-′triʃ(ə)n], *s.* Elektriker *m.* **electricity** [-′trisiti], *s.* Elektrizität *f;* (*current*) Strom *m;* **e. supply,** Stromversorgung *f;* **to switch off the e.,** den Strom abschalten. **electrifi′cation,** *s.* Elektrifizierung *f.* **e′lectrify,** *v.tr.* (*a*) (eine Eisenbahn, eine Anlage) elektrifizieren; (*b*) (*charge*) (etwas) elektrisch aufladen; (*c*) *Fig:* (j-n) aufregen; **an electrifying effect,** eine Schockwirkung. **e′lectrocute,** *v.tr.* (*a*) (einen Verbrecher) auf dem elektrischen Stuhl hinrichten; (*b*) **to be electrocuted,** durch einen elektrischen Schlag getötet werden. **e′lectrode,** *s.* Elektrode *f.* **elec′trolysis,** *s.* Elektrolyse *f.* **e′lectron,** *s. Ph:* Elektron *n.* **elec′tronic. I.** *adj.* elektronisch. **II.** *s.pl.* **electronics,** Elektronik *f.* **electrotech′nology,** *s.* Electrotechnik *f.*

elegance [′eligəns], *s.* Eleganz *f.* **′elegant,** *adj.* elegant.

elegy [′elədʒi], *s.* Elegie *f.*

element [′elimənt], *s.* **1.** (*a*) Element *n;* **to be in one's e.,** in seinem Element sein; **to be out of one's e.,** sich fehl am Platz fühlen; **exposed to the elements,** den Elementen ausgesetzt; (*b*) (*component*) Bestandteil *m; Ch: etc:* Element *n;* **a humorous e.,** ein heiterer Zug; **an e. of truth,** ein Körnchen Wahrheit; **the human e.,** der menschliche Faktor. **2.** *El:* (*in fire etc.*) Heizelement *n.* **elemental** [eli′mənt(ə)l], *adj.* elementar. **elementary** [-′ment(ə)ri], *adj.* elementar; (*simple*) einfach; **e. level,** Grundstufe *f;* **e. school,** Grundschule *f.*

elephant [′elifənt], *s.* Elefant *m; Fig:* **white e.,** (großer) nutzloser Besitz. **ele′phantine,** *adj.* **1.** elefantenartig; *Fig:* **e. wit,** schwerfälliger Geist. **2.** (*of size*) riesenhaft; (*of weight*) massiv.

elevate [′eliveit], *v.tr.* (*a*) (etwas) hochheben; (*b*) (j-n in Rang) erhöhen (**to,** zu + *dat*). **′elevated,** *adj.* **1.** (*of position*) hoch (gelegen); **e. railway**/*N.Am:* **railroad,** Hochbahn *f.* **2.** *Fig:* (*of thoughts*) erhaben. **ele′vation,** *s.* **1.** Hochheben *n.* **2.** Beförderung *f* (von j-m). **3.** (*height of star, N.Am:* mountain *etc.*) Höhe *f.* **4.** *Fig:* Erhabenheit *f.* **5.** *Ind:* sectional e., Längsschnitt *m;* **front e.,** Vorderansicht *f.* **′elevator,** *s.* **1.** Hebewerk *n;* **bucket e.,** Becherwerk *n.* **2.** *Agr:* **(grain) e.,** Getreidesilo *m.* **3.** *N.Am:* Fahrstuhl *m.* **4.** *Av:* Höhenruder *n.*

eleven [i′levn]. **I.** *num. adj.* elf. **II.** *s.* **1.** *Sp:* Elf *f.* **2.** *s.pl.* **elevenses,** *approx.* zweites Frühstück; *Aus:* Gabelfrühstück *n.* **e′leven-′plus,** *s. Brit.Sch:* Aufnahmeprüfung *f* (für die Grammar School). **e′leventh. I.** *num. adj.* elfte(r, s); **at the e. hour,** in letzter Minute. **II.** *s.* Elftel *n.*

elf [elf], *pl.* **elves** [elvz], *s.* Elf(e) *m(f).*

elicit [i′lisit], *v.tr.* **to e. the facts,** die Tatsachen ans Licht bringen; **to e. a reply from s.o.,** j-m eine Antwort entlocken.

elide [i′laid], *v.tr.* (eine Silbe usw.) elidieren. **e′lision,** *s.* Elision *f.*

eligible [′elidʒibl], *adj.* geeignet; (*entitled*) berechtigt; **e. for a pension,** pensionsberechtigt; **e. bachelor,** gute Partie. **eligi′bility,** *s.* Eignung *f;* Berechtigung *f.*

eliminate [i′limineit], *v.tr.* (*a*) (j-n, etwas) beseitigen, ausschalten; *Sp:* **to be eliminated in the first round,** in der ersten Runde ausscheiden; (*b*) *Physiol:* (etwas) ausscheiden; (*c*) *Mth:* (eine Unbekannte) eliminieren. **elimi′nation,** *s.* Beseitigung *f; Sp: Physiol:* Ausscheidung *f; Mth:* Elimination *f.*

elite [ei′li:t], *s.* Elite *f.*

Elizabeth [ə′lizəbeθ]. *Pr.n.* = Elisabeth*f.* **Eliza′bethan** [-′bi:θən], *adj.* elisabethanisch.

elixir [i′liksər], *s.* Zaubertrunk *m.*

elk [elk], *s. Z:* Elch *m;* (*Canadian*) Elk *m.*

elliptical [i′liptik(ə)l], *adj.* elliptisch.

elm [elm], *s.* Ulme *f.*

elocution [elə′kju:ʃ(ə)n], *s.* Sprechtechnik *f.* **elo′cutionist,** *s.* Sprechlehrer(in) *m(f).*

elongate [′i:lɔŋgeit], *v.tr.* (etwas) verlängern.

elope [i′ləup], *v.i.* (*of girl*) durchgehen.

eloquence [′eləkwəns], *s.* Beredsamkeit *f.* **′eloquent,** *adj.* (*of pers.*) beredt; (*of speech, style*) ausdrucksvoll; **e. look,** vielsagender Blick.

else [els], *adv.* **1.** sonst; **come in or e. go out,** komm entweder herein oder geh hinaus; **do as I say, or e.!** tu, was ich sage, sonst passiert was! **2.** (*a*) *adj.* or *adv.* **anyone e. (but you) would have given up,** jeder andere (außer dir) hätte aufgegeben; (*interrog.*) **did you see anybody e.?** hast du sonst noch jemand gesehen? **something e.,** etwas anderes; **anything e. would do,** jedes andere täte es auch; (*in shop*) **anything e.?** sonst noch etwas? **someone e., somebody e.,** jemand anders; **nothing e.,** sonst nichts, nichts anderes; **what e. can I do?** (i) (*alternatively*) was kann ich sonst tun? (ii) (*in addition*) was kann ich noch tun? **everything e.,** alles andere; (*b*) *adv.* **everywhere e.,** überall sonst; **somewhere e.,** irgendwo anders; **go somewhere e.!** geh woanders hin! **nowhere e.,** sonst nirgends. **′else′where,** *adv.* irgendwo anders, anderswo; **to go e.,** woandershin gehen.

elucidate [i′lu:sideit], *v.tr.* (ein Problem usw.) erläutern. **eluci′dation,** *s.* Erläuterung *f.*

elude [i′lju:d], *v.tr.* (*a*) (j-m, einer Frage) ausweichen; (*b*) (*escape*) (j-m) entkommen.

elusive [i′lju:siv], *adj.* schwer erfaßbar.

emaciated [i′meiʃieitid], *adj.* abgezehrt.

emanate [′eməneit], *v.i.* ausgehen (**from,** von + *dat*).

emancipate [i′mænsipeit], *v.tr.* (eine Frau) emanzipieren; (einen Sklaven) freilassen. **emanci′pation,** *s.* Emanzipation *f;* Freilassung *f.*

embalm [im′ba:m], *v.tr.* (einen Leichnam) einbalsamieren.

embankment [im′bæŋkmənt], *s.* **1.** Böschung *f;* **railway e.,** Bahndamm *m.* **2.** (*roadway by river*) Uferstraße *f.*

embargo, *pl.* **-oes** [em′ba:gəu, -əuz], *s.* Embargo *n;* (*blockade*) Hafensperre *f;* **trade e.,** Handelssperre *f;* (*of goods*) **under an e.,** gesperrt.

embark [im'ba:k], v. 1. v.tr. (Truppen) einschiffen; (Waren) verladen (for, nach + dat). 2. v.i. (a) (of pers.) sich einschiffen (for, nach + dat); (b) to e. on sth., mit etwas dat beginnen. **embar'kation**, s. Einschiffung f; e. card, Nau: Einschiffungskarte f; Av: Bordkarte f.

embarrass [im'bærəs], v.tr. (j-n) in Verlegenheit bringen. **em'barrassed**, adj. (of pers.) verlegen; **financially e.**, in Geldverlegenheit. **em'barrassing**, adj. peinlich. **em'barrassment**, s. Verlegenheit f.

embassy ['embəsi], s. Botschaft f.

embedded [im'bedid], p.p. & adj. eingebettet.

embellish [im'beliʃ], v.tr. (a) (etwas) verschönern, (decorate) verzieren; (b) (eine Geschichte) ausschmücken. **em'bellishment**, s. 1. Verschönerung f. 2. Fig: Ausschmückung f.

embers ['embəz], s.pl. (a) glühende Kohlen fpl; (b) glühende Asche f.

embezzle [im'bezl], v.tr. (Geld) unterschlagen. **em'bezzlement**, s. Unterschlagung f. **em'bezzler**, s. Unterschlager(in) m(f).

embitter [im'bitər], v.tr. (j-n) verbittern. **em'bittered**, adj. (of pers.) verbittert (**by**, durch + acc).

emblem ['embləm], s. (a) (symbol) Sinnbild n; (of town etc.) Wahrzeichen n; (b) (badge) Abzeichen n.

embody [im'bɔdi], v.tr. (a) (die Tugend usw.) verkörpern; (b) (incorporate) (Merkmale usw.) in sich acc aufnehmen; (Verbesserungen usw.) aufweisen. **em'bodiment**, s. Verkörperung f.

embossed [im'bɔst], adj. im Relief gearbeitet; (of paper) gaufriert.

embrace [im'breis]. I. v.tr. (a) (j-n) umarmen; (b) (include) (etwas) umfassen; (c) (eine Gelegenheit) ergreifen; **to e. a cause**, sich einer Sache annehmen. II. s. Umarmung f.

embroider [im'brɔidər], v.tr. (a) Sew: (einen Stoff) besticken; (ein Muster) sticken; (b) (eine Geschichte usw.) ausschmücken. **em'broidery**, s. Stickerei f.

embryo, pl. -os ['embriəu, -əuz], s. Biol: Embryo m; Fig: **in e.**, (noch) im Werden.

emend [i:'mend], v.tr. (einen Text) verbessern.

emerald ['emərəld]. I. s. 1. Smaragd m. 2. e. (green), Smaragdgrün n. II. adj. smaragdgrün.

emerge [i'mə:dʒ], v.i. (a) (aus dem Wasser usw.) auftauchen; (aus einem Zimmer usw.) herauskommen; **to e. from behind sth.**, hinter etwas dat hervorkommen; (b) (be discovered) zum Vorschein kommen; **curious facts have emerged**, merkwürdige Tatsachen sind ans Licht gekommen; **it emerged that...**, es stellte sich heraus, daß...; **to e. as leader, victor etc.**, 'als Führer, Sieger usw. hervorgehen (**from**, aus + dat); (c) (come into being) entstehen. **e'mergence**, s. Auftauchen n; Fig: Hervortreten n (eines Stars usw.); Entstehung f (einer Theorie usw.). **e'mergent**, adj. e. country, Entwicklungsland n.

emergency [i'mə:dʒənsi], s. Notfall m; Med: etc: dringender Fall; **to provide for emergencies**, für den Notfall vorbauen; **in (case of) an e.**, im Notfall; **e. ward**, Unfallstation f; **e. exit**, Notausgang m; Pol: **state of e.**, Ausnahmezustand m; **e. powers**, Sondervollmachten

fpl; Av: **e. landing**, Notlandung f.

emery ['eməri], s. Schmirgel m; e. **paper**, Schmirgelpapier n; e. **board**, Sandblattfeile f.

emetic [i'metik], s. Med: Brechmittel n.

emigrant ['emigrənt], s. Auswanderer m. **emigrate** ['emigreit], v.i. auswandern. **emi'gration**, s. Auswanderung f, Emigration f. **'emigré** [-grei], s. Emigrant m.

eminence ['eminəns], s. 1. Lit: (hill) Anhöhe f. 2. hoher Rang m. **'eminent**, adj. berühmt; **-ly**, adv. eminent.

emissary ['emisəri], s. Abgesandte m.

emission [i'miʃ(ə)n], s. Ausstrahlung f (von Licht usw.); Emission f (von Strahlen usw.). **emit** [i'mit], v.tr. (a) (Strahlen Wärme, usw.) ausstrahlen; (Rauchwolken usw.) ausstoßen; (b) (of pers.) (einen Seufzer, einen Ton usw.) von sich geben.

emotion [i'məuʃ(ə)n], s. 1. (feeling) Gefühl n, Regung f; **to appeal to the emotions**, das Gefühl ansprechen. 2. (state of) **e.**, Erregung f. **e'motional**, adj. (of pers., voice) erregt; (of attitude etc.) gefühlsbetont; **e. outburst**, Gefühlsausbruch m; **-ly**, adv. (with adj.), gefühlsmäßig; (with verb) erregt. **e'motive**, adj. gefühlsgeladen.

emperor ['empərər], s. Kaiser m.

emphasis ['emfəsis], s. Betonung f; **to lay/place e. on sth.**, Wert auf etwas acc legen; **in this school the e. is on languages**, in dieser Schule wird der Sprachunterricht betont; **to add e. to his words**, seinen Worten Nachdruck zu verleihen. **'emphasize**, v.tr. (eine Tatsache) betonen, hervorheben. **emphatic** [im'fætik], adj. betont; (of warning etc.) nachdrücklich; (of refusal, denial) entschieden.

empire ['empaiər], s. Reich n.

emplacement [im'pleismənt], s. Artil: (gun) e., Geschützstand m.

employ [im'plɔi], v.tr. (a) (j-n) beschäftigen; (take on) (j-n) anstellen; **to be employed in doing sth.**, sich mit etwas dat beschäftigen; (b) (etwas) verwenden (**in/on**, bei + dat). **em'ployee**, s. Arbeitnehmer(in) m(f); **salaried e.**, Angestellte(r) f(m); **the (firm's) employees**, die Arbeitnehmer usw.; (of factory) die Belegschaft. **em'ployer**, s. Arbeitgeber(in) m(f). **em'ployment**, s. 1. (of pers.) (a) (work) Beschäftigung f, Arbeit f; **e. agency**, Stellenvermittlungsbüro n; **e. exchange**, Arbeitsamt n; **full e.**, Vollbeschäftigung f; (b) (taking on) Anstellung f (von Arbeitskräften). 2. (use) Gebrauch m, Verwendung f; Anwendung f (von Druck, Med: eines Heilmittels usw.).

emporium [em'pɔ:riəm], s. esp. Hum: imposantes Geschäft n.

empower [im'pauər], v.tr. **to e. s.o. to do sth.**, j-n ermächtigen, etwas zu tun.

empress ['empris], s. Kaiserin f.

empty ['empti]. I. v. 1. v.tr. (etwas) (aus)leeren; (einen Tank) ablassen; (ein Zimmer usw.) ausräumen. 2. v.i. sich leeren; (of river) münden (**into**, in + acc). II. adj. 1. (of things) leer; **an e. house**, ein leerstehendes Haus; **on an e. stomach**, auf nüchternen Magen. 2. (of speech etc.) inhaltslos; **e. talk/promise**, leeres Gerede/Versprechen. **'empty-'handed**, adj. mit leeren Händen. **'empty-'headed**, adj. hohlköpfig. **'empties**, s.pl. Leerflaschen fpl.

'**emptiness**, *s.* 1. Leere *f.* 2. (*of promise etc.*) Hohlheit *f.*

emulate ['emjuleit], *v.tr.* (j-m) nacheifern. **emu-'lation**, *s.* Nacheifern *n.*

emulsion [i'mʌlʃ(ə)n], *s.* 1. *Ch:* *Phot:* Emulsion *f.* 2. (*paint*) Dispersionsfarbe *f.*

enable [i'neibl], *v.tr.* **to e. s.o. to do sth.**, es j-m möglich machen, etwas zu tun.

enact [i'nækt], *v.tr.* (*a*) (ein Gesetz) erlassen; (*b*) *Th:* (eine Szene) aufführen, *Fig:* vorführen.

enamel [i'næməl]. I. *s.* 1. Email *n.* 2. (*on teeth*) Zahnschmelz *m.* 3. **e. paint,** Emailfarbe *f,* Lack *m.* II. *v.tr.* (*p. & p.p.* **enamelled**) (ein Gefäß usw.) emaillieren.

enamoured [i'næməd], *adj.* angetan (**of,** von *dat*); (*in love*) verliebt (**of s.o.,** in *s.o.*)

encampment [in'kæmpmənt], *s.* Lager *n;* *Mil:* Feldlager *n.*

encase [in'keis], *v.tr.* (etwas in etwas *acc*) umhüllen; *Tchn:* (etwas mit etwas *dat*) umkleiden.

enchant [in'tʃɑːnt], *v.tr.* (*a*) (*of witch etc.*) (j-n, etwas) verzaubern; (*b*) *Fig:* (*delight*) (j-n) bezaubern **en'chanting,** *adj.* bezaubernd; (*delightful*) entzückend. **en'chanter,** *s.* Zauberer *m;* *Fig:* Charmeur *m.* **en'chantress,** *s.* Zauberin *f;* *Fig:* bezaubernde Frau *f.* **en-'chantment,** *s.* 1. (*spell*) Verzauberung *f.* 2. *Fig:* Zauber *m.*

encircle [in'səːkl], *v.tr.* (j-n, etwas) umzingeln; (den Feind usw.) einkreisen; **encircled by trees,** von Bäumen umgeben. **en'circlement/ en'circling,** *s.* *Mil:* *etc:* Einkreisung *f.*

enclose [in'kləuz], *v.tr.* (*a*) (etwas in eine Schachtel usw.) hineinstecken; (*lock in*) (etwas in etwas *acc*) einschließen; (*b*) (*surround*) (etwas mit etwas *dat*) umgeben; (ein Grundstück) einfrieden; (*c*) **to e. sth. with a letter,** etwas einem Brief beilegen/beifugen; *Com:* **enclosed (herewith) please find . . .,** in der Anlage senden wir Ihnen . . . **en'closure** [-ʒər], *s.* (*a*) (*act*) Einfriedung *f;* (*b*) (*paddock*) Koppel *f;* (*in zoo etc.*) Gehege *n;* *Sp:* Abgrenzung *f* für Zuschauer; (*c*) *Com:* Anlage *f* (zu einem Brief).

encompass [in'kʌmpəs], *v.tr.* (etwas) umfassen; **to e. a wide range,** sich über eine weite Skala erstrecken.

encore [ɔŋ'kɔːr]. I. *int.* bravo! noch einmal! II. *s.* *Mus:* Zugabe *f;* *Th:* Wiederholung *f.* III. *v.tr.* *Mus:* (ein Stück) als Zugabe spielen; *Th:* (eine Rede) wiederholen.

encounter [in'kauntər]. I. *v.tr.* (j-m, etwas *dat*) begegnen; (auf Schwierigkeiten usw.) stoßen. II. *s.* Begegnung *f;* (*hostile*) Zusammenstoß *m.*

encourage [in'kʌridʒ], *v.tr.* (*a*) (j-n) ermutigen, anspornen (**to do sth.,** etwas zu tun); (*b*) (die Forschung usw.) fördern. **en'couragement,** *s.* 1. (*act*) Ermutigung *f;* (*thing*) Ansporn *m.* 2. Förderung *f.* **en'couraging,** *adj.* ermutigend.

encroach [in'krəutʃ], *v.i.* übergreifen (**on s.o.'s property,** auf j-s Besitz; **on s.o.'s rights,** in j-s Rechte); **to e. upon s.o.'s time,** j-s Zeit über Gebühr beanspruchen. **en'croachment,** *s.* Übergriff *m* (**on/in,** auf + *acc*).

encrusted [in'krʌstid], *p.p.* überkrustet; **e. with diamonds,** mit Brillanten dicht besetzt.

encumber [in'kʌmbər], *v.tr.* **to e. s.o. with sth.,** j-m etwas aufbürden; **to be encumbered with debts/a burden,** mit Schulden/einer Bürde belastet sein. **en'cumbrance,** *s.* Belastung *f;* (*burden*) Bürde *f.*

encyclopaedia [insaiklə'piːdiə], *s.* Enzyklopädie *f.* **encyclo'paedic,** *adj.* enzyklopädisch.

end [end]. I. *s.* 1. (*extremity*) Ende *n;* (*a*) **the e. house,** das letzte Haus; *adv.phr.* **e. to e.,** mit den Enden aneinander; **from e. to e.,** von einem Ende (bis) zum anderen; **for two hours on e.,** zwei Stunden lang ununterbrochen; **to put sth. on e.,** etwas hochkant stellen; **my hair stood on e.,** mir standen die Haare zu Berge; (*b*) **cigarette e.,** Zigarettenstummel *m;* *I.C.E:* **big e.,** Pleuelfuß *m;* *Fb:* **to change ends,** die Seiten wechseln; *Fig:* **to the ends of the earth,** bis ans Ende der Welt; **to make both ends meet,** mit seinen Einkünften auskommen; *F:* **to get hold of the wrong e. of the stick,** eine Sache in den falschen Hals bekommen; **to keep one's e. up,** sich behaupten. 2. (*in time*) Ende *n;* Schluß *n* (eines Romans usw.); **we shall never hear the e. of it,** das wird eine Geschichte ohne Ende sein; **without e.,** in Ewigkeit, endlos; **and there's an e. of it!** und damit basta! Schluß damit! **to put an e. to sth./make an e. of sth.,** mit etwas *dat* Schluß machen; **to come to an e.,** enden; **in the e.,** zum Schluß; *F:* **no e. of,** unendlich viel(e); **it'll do you no e. of good,** es wird dir ungemein gut tun; **it's the e.!** das ist das letzte! 3. (*purpose*) Zweck *m;* **the e. justifies the means,** der Zweck heiligt das Mittel; **to this e.,** zu diesem Zweck; **to no e.,** vergebens; **for his own ends,** für seine eigenen Zwecke. 4. (*result*) Ergebnis *n;* (*death*) Tod *m;* **near one's e.,** dem Tode nahe; **you'll come to a bad e.,** mit dir wird es ein böses Ende nehmen; *F:* **you'll be the e. of me,** du bringst mich noch ins Grab. II. *v.* 1. *v.tr.* (eine Arbeit usw.) beenden; (einer Angelegenheit) ein Ende machen; (eine Rede) abschließen; **to e. one's days in poverty,** seinen Lebensabend in Armut verbringen. 2. *v.i.* (*a*) enden; **to e. in disaster,** einen katastrophalen Ausgang nehmen; **all's well that ends well,** Ende gut, alles gut; (*b*) **to e. up with sth.,** zum Schluß etwas bekommen; **you'll end up in jail,** du wirst noch im Gefängnis landen.

endanger [in'deindʒər], *v.tr.* (j-n, etwas) gefährden.

endear [in'diər], *v.tr.* (j-n) beliebt machen (**to,** bei + *dat*); **he endeared himself to all,** er hat sich bei allen beliebt gemacht. **en'dearing,** *adj.* gewinnend; (*of words etc.*) zärtlich. **en-'dearment,** *s.* Zärtlichkeit *f;* **term of e.,** Kosewort *n.*

endeavour [in'devər]. I. *s.* Bemühen *n,* Bestreben *n.* II. *v.i.* **to e. to do sth.,** sich darum bemühen, etwas zu tun.

endorse [in'dɔːs], *v.tr.* (*a*) (j-s Meinung usw.) bestätigen; (*b*) (einen Scheck) indossieren; **to e. a driving licence,** auf einem Führerschein eine Strafe vermerken. **en'dorsement,** *s.* 1. (*confirmation*) Bestätigung *f.* 2. (*a*) Strafvermerk *m* (auf einem Führerschein); (*b*) *Bank:* Indossament *n.*

endow [in'dau], *v.tr.* (*a*) (eine Stiftung usw.)

dotieren; (*b*) **endowed with great talents,** mit
großem Talent ausgestattet. **en´dowment,** *s.*
1. Dotierung *f.* **2.** Ausstattung *f.* **3. e. insurance,**
Erlebensfallversicherung *f.*
endure [in´djuər], *v.* **1.** *v.i.* (lange) dauern, von
langer Dauer sein. **2.** *v.tr.* (Schmerz, Unglück
usw.) aushalten, ertragen; **I can´t e. him/the
cold,** ich kann ihn/die Kälte nicht ausstehen.
en´durable, *adj.* erträglich. **en´durance,** *s.*
1. Ausdauer *f.* **2.** (*a*) (*of pers.*) Aushalten *n;*
(**powers of**) **e.,** Durchhaltevermögen *n; beyond*
e., unerträglich; *Tchn:* **e. test,** Dauerprüfung *f.*
en´during, *adj.* dauerhaft.
enemy [´enəmi], *s.* Feind *m;* **e. action,** Feind-
einwirkung *f;* **e. troops,** feindliche Truppen *fpl.*
energetic [enə´dʒetik], *adj.* energisch. **energy**
[´enədʒi], *s.* Energie *f;* (*strength*) Kraft *f.* ´**en-
ergize,** *v.tr.* (etwas) mit Energie speisen; *El:*
(einen Kreis usw.) unter Strom setzen.
enervate [´enəveit], *v.tr.* (j-n) entkräften.
enfeeble [in´fi:bl], *v.tr.* (j-n) entkräften,
schwächen.
enfold [in´fəuld], *v.tr.* (etwas) einhüllen (**in sth.,**
in etwas *acc*).
enforce [in´fɔ:s], *v.tr.* (*a*) (ein Gesetz) durch-
führen; (eine Vorschrift) in Kraft setzen;
(seinen Willen) durchsetzen (**upon s.o.,** bei
j-m); (*b*) (Forderungen, Rechte) geltend
machen. **en´forcement,** *s.* **1.** Durchführung
f; Durchsetzung *f.* **2.** Geltendmachung *f.*
engage [in´geidʒ], *v.* **1.** *v.tr.* (*a*) (*employ*) (j-n)
anstellen; (*b*) **to e. s.o. in conversation,** j-n ins
Gespräch ziehen; (*c*) **to e. the enemy,** den
Feind angreifen; (*d*) *Mec. E:* (Zahnräder) inein-
andergreifen lassen; *Aut:* (die Kupplung)
einrücken; **to e. a gear,** einen Gang ein-
schalten. **2.** *v.i.* (*a*) (*of pers.*) sich befassen (**in,**
mit + *dat*); (*b*) *Mec. E:* (*of gears etc.*) inein-
andergreifen. **en´gaged,** *adj.* **1.** (*a*) (*of couple*)
verlobt; **to get e.,** sich verloben; (*b*) (*occupied*)
beschäftigt (**in sth.,** mit etwas *dat*). **2.** (*of seat,
taxi & Tel:*) besetzt. **en´gagement,** *s.* **1.** (*ap-
pointment*) Verabredung *f.* **2.** (*employment*)
Anstellung *f.* **3.** (*to be married*) Verlobung *f;* **e.
ring,** Verlobungsring *m.* **4.** *Mil:* Gefecht *n.* **5.**
Th: Engagement *n.* **6.** *Mec. E:* Eingriff *m.* **en-
´gaging,** *adj.* (*of manner etc.*) einnehmend,
gewinnend.
engender [in´dʒendər], *v.tr.* (Gefühle usw.)
erzeugen.
engine [´endʒin], *s.* **1.** *Rail:* Lokomotive *f;* **e.
shed,** Lokomotivschuppen *m;* **e. driver,** Loko-
motivführer *m.* **2.** (*of car etc.*) Motor *m;*
steam e., Dampfmaschine *f;* **e. failure,** Maschi-
nenschaden *m; Nau:* **e. room,** Maschinenraum
m. **engineer** [endʒi´niər], *s.* **1.** *s.* **1.** Ingenieur *m.*
2. *Nau:* Maschinist *m.* **3.** *N. Am:* Lokomotiv-
führer *m.* **4.** *Mil:* Pionier *m.* **II.** *v.tr.* (*a*) (etwas)
konstruieren; (eine Straße) anlegen; (*b*) (*arrange*)
(etwas) organisieren, arrangieren. **engi´neer-
ing,** *s.* Ingenieurwesen *n; e.* **works,** Maschi-
nenfabrik *f;* (**mechanical**) **e.,** Maschinenbau *m;*
electrical e., Elektrotechnik *f.*
England [´inglənd]. *Pr.n. Geog:* England *n.*
English [´ingliʃ]. **I.** *adj.* englisch. **II.** *s.* **1.**
Ling: Englisch *n; F:* **in plain E.,** unverblümt. **2.**
the E., die Engländer. ´**Englishman,** *pl.*
-men, *s.* Engländer *m.* ´**Englishwoman,** *pl.*

-**women,** *s.* Engländerin *f.*
engrained [in´greind], *adj.* (*of habits, preju-
dices*) eingefleischt.
engrave [in´greiv], *v.tr.* (eine Inschrift usw.)
eingravieren; *Fig:* **it is engraved on my memory,**
es hat sich mir tief eingeprägt. **en´graver,** *s.*
Graveur *m.* **en´graving,** *s.* **1.** (*process*) Gra-
vieren *n.* **2.** (*print*) Stich *m.*
engross [in´grəus], *v.tr.* **to be engrossed in sth.,**
in etwas *acc* vertieft sein.
engulf [in´gʌlf], *v.tr.* (etwas) überschütten; **en-
gulfed by fire,** vom Feuer verschlungen.
enhance [in´hɑ:ns], *v.tr.* (Vergnügen) steigern;
(den Wert) erhöhen; (Aussehen) verschönern.
enigma [i´nigmə], *s.* Rätsel *n.* **enigmatic**
[enig´mætik], *adj.* rätselhaft.
enjoy [in´dʒɔi], *v.tr.* (*a*) (an etwas *dat*) Ver-
gnügen finden; **to e. one's dinner,** sich *dat* sein
Essen schmecken lassen; **to e. oneself,** sich gut
unterhalten; **to e. doing sth.,** etwas gern
machen; (*b*) (Rechte usw.) genießen; **to e. good
health,** sich guter Gesundheit erfreuen. **en´joy-
able,** *adj.* genußreich; (*entertaining*) unter-
haltsam. **en´joyment,** *s.* **1.** (*pleasure*)
Vergnügen *n;* Unterhaltung *f.* **2.** Genuß *m*
(eines Rechts usw.).
enlarge [in´lɑ:dʒ], *v.* **1.** *v.tr.* (etwas, *Phot:* eine
Aufnahme) vergrößern; (ein Loch) ausweiten.
2. *v.i.* **to e. upon a subject,** sich über ein Thema
verbreiten. **en´largement,** *s.* Vergrößerung *f.*
en´larger, *s. Phot:* Vergrößerungsgerät *n.*
enlighten [in´laitn], *v.tr.* (j-n) aufklären (**about,**
über + *acc*). **en´lightened,** *adj.* aufgeklärt.
en´lightenment, *s.* Aufklärung *f.*
enlist [in´list], *v.* **1.** *v.tr.* (Soldaten) anwerben; **to e.
s.o.'s aid,** j-n zu Hilfe ziehen. **2.** *v.i.* (*of
recruits*) sich (zum Militärdienst) melden. **en-
´listed,** *adj. U.S: Mil:* **e. man,** einfacher
Soldat. **en´listment,** *s. Mil:* Anwerbung *f.*
enliven [in´laiv(ə)n], *v.tr.* (j-n, etwas) beleben;
(eine Gesellschaft) aufheitern.
en·masse [ɑ̃:´mæs], *adv.* (*a*) in Massen; (*b*) alle/
(*things*) alles zusammen.
enmity [´enmiti], *s.* Feindschaft *f;* **e. towards/for
s.o.,** Feindseligkeit *f* gegen j-n.
ennoble [i´nəubl], *v.tr.* (etwas) veredeln.
enormity [i´nɔ:miti], *s.* **1.** (*quality*) Ungeheuer-
lichkeit *f.* **2.** (*act*) Frevel *m.* **e´normous,** *adj.*
riesig; (*of wave, cloud etc.*) ungeheuer; **an e.
success,** ein Riesenerfolg.
enough [i´nʌf]. **I.** *adj. & s.* genug; **to be e.,** (*esp.
concrete*) reichen; (*esp. abstract*) genügen; **it's
not e. to apologize,** es genügt nicht, sich zu
entschuldigen; (*of food etc.*) **was it e.?** hat es
gereicht? **e. money,** genug Geld; **e. and to
spare,** mehr als genug; **he has e. to live on,** er
hat genug zum Leben; **I've had e. (to eat),** ich
bin satt; *F:* **I've had e.!** jetzt reicht's mir aber!
it's e. to drive one crazy, es ist zum Ver-
rücktwerden. **II.** *adv.* genug; **good e.,** gut
genug; **you know well e. what I mean,** Sie
wissen ganz genau, was ich meine; **she sings
well e.,** sie singt ganz passabel; **curiously e.,**
merkwürdigerweise; **sure e.,** tatsächlich; **e.
said,** genug davon.
enquire [in´kwaiər], *v.* **1.** *v.tr.* **to e. the way etc.,**
sich nach dem Weg usw. erkundigen; **may I e.
what measures have been taken?** darf ich

fragen, was für Maßnahmen getroffen worden sind? **2.** *v.i.* sich erkundigen **(about/ after s.o., sth.**, nach j-m, etwas *dat*); **to e. for s.o.**, nach j-m fragen; **to e. into sth.**, etwas untersuchen. **en´quiring**, *adj.* (*of glance etc.*) fragend; **-ly**, *adv.* **to glance e. at s.o.**, j-n fragend ansehen. **en´quiry**, *s.* **1.** Nachfrage *f;* **to make enquiries (about s.o., sth.**), (über j-n, etwas *acc*) Erkundigungen einziehen. **2.** (*by police etc.*) Untersuchung *f.* **3.** *Tel: P.N: etc:* **enquiries**, Auskunft *f.*

enrage [in´reidʒ], *v.tr.* (j-n) wütend machen. **en-´raged**, *adj.* wütend.

enrich [in´ritʃ], *v.tr.* (j-n, eine Sprache usw.) bereichern; (Essen, *I.C.E:* das Gemisch, *Agr:* den Boden usw.) anreichern. **en´richment**, *s.* Bereicherung *f;* Anreicherung *f.*

enrol(l) [in´rəul], *v.* (*p. & p.p.* **enrolled**) **1.** *v.tr.* (Mitglieder) aufnehmen; (Soldaten) anwerben. **2.** *v.i.* (*of students*) sich immatrikulieren.

en route [ā:(n)´ru:t], *adv.* unterwegs.

ensemble [ā:(n)´sā:(m)bl], *s.* **1.** (*whole*) das Ganze *n.* **2.** *Mus: Th:* Ensemble *n.*

ensign [´ensain], *s.* **1.** *esp. Mil: Navy:* Fahne *f;* (*national*) Flagge *f;* **red e.**, Flagge *f* der Britischen Handelsmarine. **2.** *Brit. Hist:* Fähnrich *m.* **3.** *U.S:* Leutnant *m* zur See.

enslave [in´sleiv], *v.tr.* (j-n) versklaven. **en-´slavement**, *s.* Versklavung *f;* (*state*) Knechtschaft *f.*

ensue [in´sju:], *v.i.* (*a*) folgen; **the ensuing discussion**, die darauf folgende Diskussion; (*b*) (*result*) sich ergeben (**from**, aus + *dat*).

ensure [in´ʃuər], *v.tr.* (*a*) (j-n, etwas) sicherstellen (**against**, gegen + *acc*); (*b*) (Frieden, Erfolg usw.) gewährleisten; **to e. that . . .**, dafür sorgen, daß . . .

entail [in´teil], *v.tr.* (Folgen) mit sich bringen; (Schwierigkeiten) zur Folge haben; (Ausgaben) verursachen.

entangle [in´tæŋgl], *v.tr.* (etwas) verstricken; (j-n) verwickeln; **to get entangled in a bush**, an einem Strauch hängenbleiben; *Fig:* **to be entangled in a plot**, in eine Verschwörung verwickelt/verstrickt sein. **en´tanglement**, *s.* (*a*) Verwicklung *f;* (*b*) *Mil:* Drahtverhau *m.* **2.** (*love affair*) Techtelmechtel *n.*

enter [´entər], *v.* **1.** *v.i.* (*a*) eintreten **(into/through**, in/durch + *acc*); (*seen from inside*) hereinkommen; (*seen from outside*) hineingehen; (*b*) **to e. into an agreement with s.o.**, mit j m ein Abkommen treffen; **to e. into conversation**, ins Gespräch kommen; **to e. into the spirit of sth.**, sich von etwas *dat* mitreißen lassen; (*c*) **to e. on sth.**, etwas beginnen; **to e. upon a new career**, eine neue Karriere einschlagen; (*d*) *Sp: etc:* **to e. for a race**, sich zu einem Rennen anmelden; **to e. for a competition**, sich an einem Wettbewerb beteiligen. **2.** *v.tr.* (*a*) (in ein Haus) eintreten, hineingehen; (ein Zimmer) betreten; (in einen Wagen) einsteigen; (*b*) (*of vehicle, train*) (in eine Stadt, einen Bahnhof) einfahren; (*of ship*) (in einen Hafen) einlaufen; **to e. hospital**, in ein Krankenhaus eingeliefert werden; (*c*) **to e. the army**, Soldat werden; **to e. university**, auf die Universität gehen; (*d*) **to e. a name on a list**, einen Namen in eine Liste eintragen; **to e. a horse for a race**, ein Pferd zu

einem Rennen anmelden; (*e*) **to e. a protest**, Protest erheben.

enterprise [´entəpraiz], *s.* **1.** (*project, firm*) Unternehmen *n; Pol: Econ:* **private e.**, (i) Privatwirtschaft *f;* (ii) Privatunternehmen *n;* **public e.**, (i) öffentliche Wirtschaft *f;* (ii) (*firm*) öffentliches Unternehmen *n.* **2.** (**spirit of**) **e.**, Unternehmungsgeist *m.* **´enterprising**, *adj.* (*of pers.*) unternehmungslustig; **this is an e. choice**, diese Wahl zeugt von Initiative.

entertain [entə´tein], *v.* **1.** *v.tr.* (*a*) (*amuse*) (j-n) unterhalten, amüsieren; (*b*) (einen Gast) bewirten; (*c*) (einen Vorschlag) in Erwägung ziehen; **to e. an idea**, mit einem Gedanken spielen; (*d*) (eine Hoffnung) hegen. **2.** *v.i.* Gäste empfangen. **enter´tainer**, *s.* Unterhalter *m.* **enter´taining**, *adj.* unterhaltend. **enter´tainment**, *s.* **1.** Unterhaltung *f.* **2.** Bewirtung *f* (von Gästen); **e. allowance**, Aufwandsentschädigung *f* (für Bewirtung). **3.** *Th:* Vorstellung *f,* **e. tax**, Vergnügungssteuer *f.*

enthral(l) [in´θrɔ:l], *v.tr.* (j-n) fesseln.

enthuse [in´θju:z], *v.i.* **to e. about/over s.o., sth.**, für j-n, etwas *acc* schwärmen. **en´thusiasm**, *s.* Begeisterung *f* (**for**, für + *acc;* **about/over**, über + *acc*). **en´thusiast**, *s.* Enthusiast *m;* Anhänger *m* (einer bestimmten Sportart); **football e.**, Fußballfreund *m;* **old car e.**, Oldtimer-Liebhaber *m.* **enthusi´astic**, *adj.* begeistert; **to become e. about sth.**, sich für etwas *acc* begeistern.

entice [in´tais], *v.tr.* (j-n) verlocken; **to e. s.o. away**, j-n weglocken; **to e. s.o. into sth.**, j-n zu etwas *dat* verleiten. **en´ticement**, *s.* **1.** (*thing*) Anreiz *m.* **2.** (*action*) Verlockung *f.*

entire [in´taiər], *adj.* ganz; (*of amount, population etc*) gesamt; (*of confidence, attention*) voll; **an e. success**, ein voller Erfolg; **-ly**, *adv.* völlig, **e. possible**, durchaus möglich; **it is his fault e.**, es ist ganz und gar seine Schuld. **entirety** [in´tai(ə)rəti], *s.* Gesamtheit *f;* **the population in its e.**, die gesamte Bevölkerung.

entitle [in´taitl], *v.tr.* **to e. s.o. to sth.**, j-n zu etwas *dat* berechtigen. **en´titled**, *adj.* **to be e. to sth.**, ein Anrecht auf etwas *acc* haben; **to be e. to do sth.**, dazu berechtigt sein, etwas zu tun. **en´titlement**, *s.* Berechtigung *f.*

entity [´entiti], *s.* **1.** *Phil:* (*being*) Wesen *n;* (*thing*) Ding *n.* **2.** *Jur:* **legal e.**, juristische Person *f.*

entomology [entə´mɔlədʒi], *s.* Entomologie *f.*

entourage [ontu´ra:ʒ], *s.* Begleitung *f.*

entr'acte [´ontrækt], *s.* *Th:* Zwischenaktsmusik *f.*

entrails [´entreilz], *s.pl. Anat.* Eingeweide *npl.*

entrance¹ [´entrəns], *s.* **1.** (*of pers.*) Eintritt *m; Th:* Auftritt *m;* (*of troops*) Einzug *m;* **to make one's e.**, auftreten. **2.** (*a*) (*of building, cave etc.*) Eingang *m;* (*of bus etc.*) Einstieg *m;* **e. gate**, Tor *n;* **e. hall**, (*of hotel, flats*) Eingangshalle *f;* (*of house*) Hausflur *m;* (*b*) (*for vehicle*) Einfahrt *f.* **3.** (*admittance*) Zutritt *m,* Eintritt *m; P.N:* **no e.**, Zutritt verboten; *P.N:* **E. 50p**, Eintritt 50 pence; **e. fee**, (i) *Th: Sp: etc:* Eintrittsgeld *n;* (ii) (*for club etc.*) Beitrittsgebühr *f.* **4. e. examination**, Aufnahmeprüfung *f.*

entrance² [in´trɑ:ns], *v.tr.* (j-n) hinreißen.

entrant [´entrənt], *s. Sp:* (*competitor*) Konkurrent(in) *m(f);* (*sponsor*) Nenner *m.*

entreat [in'triːt], *v.tr.* (j-n) anflehen. **en'treating**, *adj.* (*of look, voice*) flehend. **en'treaty**, *s.* dringende Bitte *f*.

entrenched [in'trentʃt], *adj. Fig:* (*of habit, prejudice*) fest eingewurzelt.

entrust [in'trʌst], *v.tr.* **to e. s.o. with a task,** j-n mit einer Aufgabe betreuen; **to e. a secret, a child etc. to s.o.,** j-m ein Geheimnis, ein Kind usw. anvertrauen.

entry ['entri], *s.* **1.** (*a*) (*of pers.*) Eintritt *m; Th:* Auftritt *m;* (*of troops*) Einrücken *n;* (*b*) (*of ship*) Einlaufen *n* (in einen Hafen); (*into country*) Einreise *f;* **e. visa,** Einreisevisum *n;* **to make one's e.,** auftreten; (*c*) *P.N:* **no e.,** (i) (*for traffic*) keine Einfahrt; (ii) (*for people*) Zutritt verboten. **2.** (*in list etc.*) Eintrag *m;* (*action*) Eintragung *f; esp. Com:* Buchung *f; Book-k:* **single/double e.,** einfache/doppelte Buchführung *f.* **3.** *Sp:* Nennung *f;* **e. fee,** Nenngeld *n.*

entwine [in'twain], *v.tr.* (etwas) umschlingen; **entwined,** (*intentionally*) miteinander verflochten; (*of plants*) miteinander verschlungen.

enumerate [i'njuːməreit], *v.tr.* (Ereignisse, Taten usw.) aufzählen. **enume'ration,** *s.* Aufzählung *f.*

enunciate [i'nʌnsieit], *v.* **1.** *v.tr.* (Meinungen, Worte) aussprechen. **2.** *v.i.* **to e. clearly,** eine deutliche Aussprache haben. **enunci'ation,** *s.* Aussprache *f.*

envelop [en'veləp], *v.tr.* (*p. & p.p.* enveloped) (etwas) einhüllen (**in sth.,** in etwas *acc*). **envelope** ['envələup], *s.* **1.** (*covering*) Hülle *f.* **2.** (*for letter*) Umschlag *m.*

enviable ['enviəbl], *adj.* beneidenswert. **envious** ['enviəs], *adj.* (*of pers., look etc.*) neidisch (**of,** auf + *acc*); **I am e. of his success,** ich beneide ihn um seinen Erfolg.

environment [in'vaiərənmənt], *s.* Umwelt *f;* (*surroundings*) Umgebung *f; Psy:* Milieu *n.* **environ'mental,** *adj.* Umwelt-; **e. pollution,** Umweltverschmutzung *f.* **environ'mentalist,** *s.* Umweltschützer *m.*

envisage [in'vizidʒ], *v.tr.* (etwas) voraussehen; **I had not envisaged it like this,** ich hatte es mir nicht so vorgestellt.

envoy, *pl.* **-s** ['envɔi, -z], *s.* Gesandte(r) *m.*

envy ['envi]. **I.** *s.* Neid *m* (**of,** auf + *acc*); **to be green with e.,** grün werden vor Neid; **she is the e. of her friends,** sie wird von ihren Bekannten beneidet. **II.** *v.tr.* **to e. s.o. sth.,** j-n um etwas *acc* beneiden.

ephemeral [i'femərəl], *adj.* kurzlebig; *Lit:* flüchtig.

epic ['epik]. **I.** *adj.* **1.** (*of poem*) episch; **e. poet,** Epiker *m.* **2.** heroisch; **an e. film,** ein Filmepos *n.* **II.** *s.* Epos *n.*

epicure ['epikjuər], *s.* Feinschmecker *m,* Gourmet *m.*

epidemic [epi'demik]. **I.** *adj.* epidemisch. **II.** *s.* Epidemie *f.*

epigram ['epigræm], *s.* Epigramm *n.*

epilepsy ['epilepsi], *s. Med:* Epilepsie *f.* **epi'leptic. I.** *adj.* epileptisch. **II.** *s.* Epileptiker *m.*

epilogue ['epilɔg], *s.* Epilog *m.*

Epiphany [i'pifəni], *s. Ecc:* Dreikönigstag *m.*

episcopal [i'piskəpəl], *adj. Ecc:* bischöflich, Bischofs-; *U.S. & Scot:* **the E. Church,** die Episkopalkirche.

episode ['episəud], *s.* (*a*) Episode *f;* **an unhappy e.,** ein unglückliches Zwischenspiel; (*b*) *Rad: TV:* **in four episodes,** in vier Folgen. **episodic** [epi'sɔdik], *adj.* episodenhaft.

epistle [i'pisl], *s.* **1.** *A: & Hum:* Brief *m; B:* **E.** to the Romans, Römerbrief *m.* **2.** *Ecc:* (*reading*) Epistel *f.*

epitaph ['epitaːf], *s.* Grabinschrift *f;* (*poem*) Totengedicht *n.*

epithet ['epiθet], *s.* Beiwort *n;* (*name*) Beiname *m.*

epitome [i'pitəmi], *s.* klassisches Beispiel *n;* (*embodiment*) Verkörperung *f.*

epoch ['iːpɔk], *s.* Epoche *f.* **'epoch-making,** *adj.* epochemachend.

equable ['ekwəbl], *adj.* (*of pers., manner etc.*) gelassen; (*of temperament, climate*) ausgeglichen; (*of character*) ausgewogen.

equal ['iːkwəl]. **I.** *adj.* **1.** (*a*) (*in size, status etc.*) gleich (**to,** *dat*); **to be on e. terms,** auf gleichem Fuße stehen; **all things being e.,** unter sonst gleichen Umständen; (*b*) **a position e. to his abilities,** eine Stellung, die seinen Fähigkeiten entspricht; **to be e. to the occasion/to a task,** dem Anlaß/einer Aufgabe gewachsen sein; **e. to doing sth.,** imstande, etwas zu tun; (*c*) *F:* **I'll get e. with you,** ich werde es dir heimzahlen. **2.** (*of temperament etc.*) ausgeglichen; **-ly,** *adv.* gleich; **e. good,** gleich/genauso gut; **e. ...,** gleichermaßen ... **II.** *s.* Gleichgestellte(r) *f* (*m*); **your equals,** deinesgleichen; **to treat s.o. as an e.,** j-n als ebenbürtig behandeln; **to have no e./be without e.,** seinesgleichen suchen. **III.** *v.tr.* (*p. & p.p.* equalled) (j-m, etwas *dat*) gleichen; **to e. s.o./be s.o.'s e.,** j-m gleichkommen; *Sp:* **to e. the record,** den Rekord erreichen. **equality** [i'kwɔliti], *s.* Gleichheit *f.* **'equalize,** *v.* **1.** *v.tr.* (etwas) gleichmachen; (Werte, Kräfte usw.) ausgleichen; (Druck) egalisieren. **2.** *v.i. Fb: etc:* ausgleichen. **'equalizer,** *s. Fb: etc:* Ausgleichstreffer *m.*

equanimity [ekwə'nimiti], *s.* Gleichmut *m.*

equate [i'kweit], *v.tr.* **to e. sth. with sth.,** etwas mit etwas *dat* gleichsetzen. **e'quation,** *s.* **1.** Gleichstellung *f.* **2.** *Mth:* Gleichung *f.*

equator [i'kweitər], *s.* Äquator *m.* **equatorial** [ekwə'tɔːriəl], *adj.* äquatorial.

equestrian [i'kwestriən]. **I.** *adj.* Reiter-; **e. statue,** Reiterstandbild *n.* **II.** *s.* Reiter *m.*

equi- ['iːkwi-], *comb.fm.* gleich; **equidistant,** gleich weit; *Geom:* **equilateral,** gleichseitig.

equilibrium [iːkwi'libriəm], *s. Ph: Fig:* Gleichgewicht *n.*

equinoctial [iːkwi'nɔkʃəl, ek-], *adj.* Äquinoktial-; **e. gale,** Äquinoktialsturm *m.* **'equinox,** *s.* Tagundnachtgleiche *f.*

equip [i'kwip], *v.tr.* (*p. & p.p.* equipped) (j-n, ein Schiff, Truppen usw.) ausrüsten; (ein Labor, eine Fabrik usw.) ausstatten; (*with clothes*) (j-n) ausstaffieren; *Fig:* **he was not equipped for such a task,** er war für eine solche Aufgabe nicht geschaffen/einer solchen Aufgabe nicht gewachsen. **e'quipment,** *s.* **1.** Ausrüstung *f* (von Truppen, eines Schiffes usw.); Ausstattung *f* (eines Hauses usw.); Einrichtung *f* (einer Küche, einer Werkstatt). **2.** (*apparatus*) Geräte *npl;* Apparatur *f;* **camping e.,** Campingausrüstung *f;* **drilling e.,**

Bohrgeräte *npl.* **3.** *Fig:* **mental e.**, geistiges Rüstzeug *n.*

equitable ['ekwitɔbl], *adj.* (*of decision etc.*) gerecht; (*unbiased*) unparteiisch.

equity ['ekwiti], *s.* **1.** Gerechtigkeit *f.* **2.** *Fin:* **equities**, Dividendenpapiere *npl.*

equivalence [i'kwivəl(ə)ns], *s.* Gleichwertigkeit *f.* **e'quivalent. I.** *adj.* (*a*) (*of equal value*) gleichwertig; (*b*) (*corresponding*) entsprechend. **II.** *s.* Entsprechung *f;* (*in value*) Gegenwert *m;* (*counterpart*) Gegenstück *n.*

equivocate [i'kwivəkeit], *v.i.* (*a*) zweideutig reden; (*b*) (*evade the issue*) Ausflüchte machen. **e'quivocal**, *adj.* zweideutig; (*doubtful*) zweifelhaft; (*of behaviour*) fragwürdig.

era ['iərə], *s.* Zeitalter *n.*

eradicate [i'rædikeit], *v.tr.* (Mißbräuche usw.) ausrotten.

erase [i'reiz], *v.tr.* (Geschriebenes) ausradieren; *Sch:* (Wörter von der Tafel usw.) abwischen; *Rec:* (eine Aufnahme) löschen. **e'raser**, *s.* Radiergummi *m.* **e'rasure** [-ʒər], *s.* Ausradieren *n; Rec:* Löschen *n* (einer Aufnahme).

erect [i'rekt]. **I.** *adj.* (*of pers., column*) aufrecht; (*of bearing*) gerade; **with tail e.**, mit aufgerichtetem Schwanz; **with head e.**, erhobenen Hauptes. **II.** *v.tr.* (*a*) (einen Mast, eine Säule usw.) aufrichten; (*b*) (ein Gebäude) errichten; (eine Maschine) montieren. **e'rection**, *s.* **1.** Aufrichtung *f* (eines Mastes usw.); Errichtung *f* (eines Gebäudes); Montage *f* (einer Maschine). **2.** *Physiol:* Erektion *f.*

erode [i'rəud], *v.tr.* (*a*) (Metall usw.) zerfressen; (*b*) *Geol:* (ein Ufer, einen Felsen) (*by water*) auswaschen, (*by wind etc.*) aushöhlen. **erosion** [i'rəuʒ(ə)n], *s.* **1.** Zerfressen *n.* **2.** *Geol:* Erosion *f.*

erotic [i'rɔtik], *adj.* erotisch. **e'roticism** [-isizm], *s.* Erotik *f.*

err [əːr], *v.i.* (*a*) (sich) irren; **to e. on the safe side,** übervorsichtig sein; (*b*) (*sin*) sündigen.

errand ['erənd], *s.* Botengang *m;* **to run errands,** Botengänge/Besorgungen machen.

erratic [i'rætik], *adj.* **1.** (*of things*) unregelmäßig; (*of pers., conduct*) unberechenbar. **2.** *Geol:* **e. boulder,** Findling *m.*

error ['erər], *s.* Irrtum *m;* (*tangible mistake*) Fehler *m;* **in e.,** irrtümlich, aus Versehen; **a fatal e.,** ein verhängnisvoller Irrtum; **a costly e.,** ein kostspieliger Fehler; **e. of judgment,** falsche Einschätzung; **printer's e.,** Druckfehler *m.* **erroneous** [i'rəuniəs], *adj.* (*of opinion etc.*) irrig; (*of accusation*) falsch; **-ly,** *adv.* irrtümlich.

erstwhile ['əːstwail], *adj.* ehemalig.

erudite ['erudait], *adj.* gelehrt. **eru'dition**, *s.* Gelehrtheit *f.*

erupt [i'rʌpt], *v.i.* (*a*) (*of volcano*) ausbrechen; (*b*) (*of pers.*) einen Wutausbruch haben. **e'ruption**, *s.* (*a*) Ausbruch *m* (eines Vulkans); (*b*) Wutausbruch *m;* (*c*) *Med:* (*rash*) Hautausschlag *m.*

escalate ['eskəleit], *v.tr. & i. Mil: Pol:* (sich) eskalieren. **esca'lation**, *s. Pol: Mil:* Eskalation *f.* **e'scalator**, *s.* Rolltreppe *f.*

escalope ['eskələp], *s. Cu:* Schnitzel *n.*

escape [is'keip]. **I.** *s.* **1.** (*a*) Flucht *f* (**from,** aus/ von + *dat*); **to make one's e.,** entkommen; **to**

have a narrow e., gerade noch davonkommen; **e. route,** Fluchtweg *m; Jur: Com:* **e. clause,** Ausweichklausel *f; Nau: Av:* **e. hatch,** Notausstieg *m;* (*b*) **fire e.,** Feuerleiter *f;* (*c*) (*of gas, fluid*) Ausströmen *n.* **2.** *Fig:* Ausweg *m* (aus einer Situation). **II.** *v.* **1.** *v.i.* (*a*) (*of pers.*) entkommen (**from/out of,** aus/von + *dat*); **to e. from prison,** aus dem Gefängnis entfliehen; (*b*) (*of gas*) entweichen; (*of liquid*) ausströmen. **2.** *v.tr.* (j-m) entkommen; (einer Gefahr usw.) entgehen; **to e. notice,** unbemerkt bleiben; **that fact escaped me,** ich habe diese Tatsache übersehen; **the name escapes me,** der Name fällt mir nicht ein; **one cannot e. this conclusion,** dieser Schluß läßt sich nicht umgehen.

escapade, *s.* Eskapade *f.* **es'capement**, *s. Clockm:* Hemmung *f.* **es'capism**, *s.* Flucht *f* vor der Wirklichkeit.

escarpment [is'kɑːpmənt], *s.* Böschung *f.*

escort. I. ['eskɔːt] *s.* **1.** (*of several pers.*) Geleit *n;* (*individual*) Begleiter(in) *m(f).* **2.** *Mil:* Eskorte *f;* (*ships, aircraft*) Geleitschutz *m.* **II.** [is'kɔːt] *v.tr.* (j-n, etwas) geleiten; **to e. s.o. home,** j-n nach Hause begleiten.

Eskimo ['eskimou], *s.* Eskimo *m.*

esoteric [esəu'terik], *adj.* esoterisch.

especial [es'peʃəl], *adj. Lit:* besondere(r,s); **for your e. benefit,** eigens zu deinem Vorteil; **-ly,** *adv.* besonders.

espionage ['espjənɑːʒ], *s.* Spionage *f.*

esplanade [esplə'neid], *s.* Promenade *f* (am Meer).

espouse [əs'pauz], *v.tr.* **to e. a cause,** für eine Sache eintreten.

espresso [es'presəu], *s.* **e. (coffee),** Espresso *m.*

esquire [əs'kwaiər], *s.* (*abbr.* **Esq.,** *used in written address*) **John Smith, Esq.** = Herrn John Smith.

essay ['esei], *s.* **1.** (*attempt*) Versuch *m.* **2.** *Lit: Sch:* Aufsatz *m.*

essence ['esəns], *s.* (*a*) (*of thing*) Wesen *n;* **in e.,** im wesentlichen; (*b*) *Phil: Ch: Cu:* Essenz *f;* **meat e.,** Fleischextrakt *m.* **essential** [i'senʃəl]. **I.** *adj.* (*a*) (*unbedingt*) notwendig; (*of qualifications*) erforderlich; (*of pers.*) unentbehrlich; (*of food, industry*) lebenswichtig; *Anat:* (*of organ*) lebensnotwendig; (*of feature etc.*) wesentlich. **II.** *s.* etwas Wesentliches; **it's an e.,** darauf kann man nicht verzichten; **the essentials,** das Wesentliche; **-ly,** *adv.* im wesentlichen; (*chiefly*) hauptsächlich.

establish [is'tæbliʃ], *v.tr.* (*a*) (*set up*) (eine neue Regierung, eine Organisation) bilden; (ein Geschäft) gründen; (Ordnung) schaffen; **to e. oneself,** (i) (*settle*) sich niederlassen; (ii) (*achieve fame*) sich *dat* einen Namen machen; **to e. relations with s.o./a country,** Beziehungen mit j-m/einem Land aufnehmen; **to e. contact,** Kontakt aufnehmen; (*b*) (*prove*) (eine Tatsache, j-s Unschuld) beweisen. **es'tablished,** *adj.* feststehend; (*of right, author etc.*) anerkannt; **e. reputation,** gefestigter Ruf; *Com:* **the e. staff,** das Stammpersonal; *Ecc:* **e. Church,** Staatskirche *f.* **es'tablishment**, *s.* (*a*) Bildung *f,* Gründung *f,* Errichtung *f;* Aufnahme *f* (von Beziehungen); (*b*) Feststellung *f* (einer Tatsache). **2. business e.,** Geschäftsunternehmen *n;* **educational e.,**

Bildungsanstalt *f.* **3.** (*staff*) Personalbestand *m.* **4. the E.,** das Establishment.

estate [is'teit], *s.* **1.** (*land*) Gut *n;* **(housing) e., Wohnsiedlung** *f;* **e. agent,** (i) Grundstücksmakler *m;* (ii) (*bailiff*) Gutsverwalter *m;* **e. car,** Kombiwagen *m.* **2.** (*property*) Besitz *m;* (*of dead person*) Nachlaß *m.*

esteem [is'ti:m]. **I.** *s.* Achtung *f;* **to hold s.o. in high/low e.,** j-n hochschätzen/geringschätzen. **II.** *v.tr.* (j-n, etwas) hochschätzen. **estimable** ['estiməbl], *adj.* achtenswert.

estimate. I. ['estimət] *s.* **1.** Schätzung *f;* (*of cost*) Kostenvoranschlag *m;* **at a rough e.,** grob geschätzt; **at the lowest e.,** mindestens. **2.** (*judgement*) Beurteilung *f.* **II.** ['estimeit] *v.tr.* (etwas) schätzen (**at,** auf + *acc*); **estimated expenditure,** Soll-Ausgaben *fpl;* **estimated time of arrival** (*abbr.* ETA), planmäßige Ankunft. **esti'mation,** *s.* **1.** Schätzung *f.* **2.** (*judgement*) Urteil *n;* **in my e.,** meiner Ansicht nach.

estranged [is'treindʒd], *adj.* **to become e.,** sich auseinanderlebere, **e. couple,** getrenntes Paar. **e'strangement,** *s.* Entfremdung *f.*

estuary ['estjuəri], *s.* Flußmündung *f.*

etcetera [ət'setərə, et-], *adv. phr.* (*usu. abbr.* **etc.**) und so weiter (*abbr.* usw.).

etch [etʃ], *v.tr.* (*a*) *Engraving:* (eine Platte) ätzen; (*b*) (eine Landschaft usw.) radieren. **'etcher,** *s.* Radierer *m.* **'etching,** *s.* Radierung *f.*

eternal [i'tə:nl], *adj.* ewig; **his e. chatter,** sein unaufhörliches Geschwätz. **e'ternity,** *s.* Ewigkeit *f.*

ether ['i:θər], *s.* Äther *m.* **ethereal** [i'θiəriəl], *adj.* ätherisch; (*spiritual*) vergeistigt.

ethics ['eθiks], *s.pl.* (*usu. with sing. constr.*) Ethik *f.* **'ethical,** *adj.* (*of values etc.*) ethisch; (*of conduct etc.*) sittlich.

Ethiopia [i:θi'əupjə]. *Pr.n. Geog:* Äthiopien *n.* **Ethi'opian. I.** *adj.* äthiopisch. **II.** *s.* Äthiopier(in) *m(f).*

etiquette ['etiket], *s.* Etikette *f.*

etymology [eti'mɔlədʒi], *s.* Etymologie *f.*

eulogy ['ju:lədʒi], *s.* Lobrede *f.*

euphemism ['ju:fimiz(ə)m], *s.* Euphemismus *m.* **euphe'mistic,** *adj.* euphemistisch, beschönigend.

euphoria [ju:'fɔ:riə], *s.* Euphorie *f.*

Europe ['juərəp]. *Pr.n. Geog:* Europa *n;* **Council of E.,** Europarat *m.* **Euro'pean. I.** *adj.* europäisch. **II.** *s.* Europäer(in) *m(f).*

evacuate [i'vækjueit], *v.tr.* (*a*) (Personen, Truppen) evakuieren; (*b*) (ein Gebäude, ein Stadtteil usw.) räumen. **evacu'ation,** *s.* Evakuierung *f;* Räumung *f* (eines Gebäudes). **evacu'ee,** *s.* Evakuierte(r) *f(m).*

evade [i'veid], *v.tr.* (einem Schlag, einer Gefahr) ausweichen; sich (um eine Frage) drücken; (j-s Wachsamkeit) entgehen; **to e. the issue,** den Streitpunkt umgehen.

evaluate [i'væljueit], *v.tr.* den Wert (von etwas *dat*) berechnen; (eine Leistung) bewerten.

evangelical [i:væn'dʒelik(ə)l], *adj.* evangelisch. **e'vangelism** [-iliz(ə)m], *s.* Missionstätigkeit *f.* **e'vangelist,** *s.* Evangelist *m.*

evaporate [i'væpəreit], *v.* **1.** *v.tr.* (eine Flüssigkeit) verdunsten lassen; **evaporated milk,** Kondensmilch *f.* **2.** *v.i.* (*a*) (*of liquid*) verdunsten; (*b*) (*disappear*) verschwinden. **evapo-**

'ration, *s.* Verdunstung *f.*

evasion [i'veiʒən], *s.* **1.** Ausweichen *n,* Umgehen *n;* **tax e.,** Steuerhinterziehung *f.* **2.** (*excuse*) Ausflucht *f.* **e'vasive,** *adj.* (*of answer*) ausweichend.

eve [i:v], *s.* Vorabend *m;* **on the e. of his departure,** am Tage vor seiner Abreise.

even[1] ['i:vən], *adv.* **1.** (*a*) sogar, selbst; **e. his enemies,** sogar seine Feinde; **e. so,** trotzdem; **e. now,** (i) sogar jetzt; (ii) (*at this very moment*) gerade jetzt; **e. if,** selbst/auch wenn; **e. then,** selbst dann; **e. the most experienced skier,** auch der erfahrenste Skifahrer; (*b*) **not e.,** nicht einmal; **I never e. saw him,** ich habe ihn nicht einmal gesehen; **without e. speaking,** ohne ein Wort zu sagen. **2. e. as,** gerade als. **3.** (*with comp.*) noch; **e. better,** noch besser.

even[2]. **I.** *adj.* **1.** (*level*) eben. **2.** (*a*) (*of breathing*) regelmäßig; **e. pace,** gleichmäßiger Schritt; (*b*) (*of temperament*) ausgeglichen. **3.** (*equal*) gleich; (*of two people*) **to be e.,** quitt sein; *Sp: etc:* gleichstehen; *Sp:* **the scores were e.,** es herrschte Gleichstand; *Fig:* **to get e. with s.o.,** es j-m heimzahlen; **he has an e. chance,** seine Chancen sind eins zu eins. **4. e. number,** gerade Zahl. **5.** *Com:* **of e. date,** gleichen Datums. **II.** *v.tr.* (*a*) (eine Fläche) einebnen; (*b*) **to e. things out,** das Gleichgewicht wiederherstellen. **'evenness,** *s.* **1.** Ebenheit *f.* **2.** Regelmäßigkeit *f;* Gleichmäßigkeit *f.*

evening ['i:vniŋ], *s.* Abend *m;* **in the e.,** abends; **that e.,** an dem Abend; **yesterday e.,** gestern abend; **one fine e.,** eines schönen Abends; **all e.,** den ganzen Abend; **e. dress,** Abendtoilette *f;* (*man's*) Abendanzug *m;* (*lady's*) Abendkleid *n;* **e. dress will be worn,** Abendkleidung erwünscht; *Th:* **e. performance,** Abendvorstellung *f; Sch:* **e. class,** Abendkurs *m.* **'evensong,** *s. Ecc:* Abendandacht *f.*

event [i'vent], *s.* **1.** (*case*) Fall *m;* **in the e. of his refusal,** falls er es ablehnt; **in the e. of fire,** bei Feuerausbruch; **in the e.,** in der Tat; wie es sich herausstellt(e); **at all events,** jedenfalls. **2.** (*happening*) Ereignis *n;* **the course of events,** der Verlauf der Dinge. **3.** *esp. Sp:* (*a*) Veranstaltung *f;* (*b*) (*type of*) **e.,** Disziplin *f; Athletics:* **track events,** Laufdisziplinen *fpl.* **e'ventful,** *adj.* ereignisreich. **eventual** [i'ventjuəl], *adj.* **1.** (*possible*) eventuell. **2. it led to his e. ruin,** es führte schließlich zu seinem Untergang; **-ly,** *adv.* schließlich, am Ende. **eventu'ality,** *s.* Möglichkeit *f;* **for all eventualities,** für alle Fälle.

ever ['evər], *adv.* **1.** je; (*a*) **if e. I catch him,** sollte ich ihn je erwischen; **nothing e. happens here,** hier passiert nie etwas; **he hardly e. smokes,** er raucht fast nie; **do you e. miss the train?** kommt es je vor, daß du den Zug versäumst? **it was raining harder than e.,** es regnete stärker denn je; **he's as friendly as e.,** er ist so freundlich wie eh und je; **e. since then,** von der Zeit an, seitdem; **e. after,** immer seitdem. **2.** (*a*) immer; (*in letter*) **yours e.,** stets Dein; **for e.,** für immer; **for e. and e.,** auf immer und ewig; *Ecc:* in aller Ewigkeit; **Scotland for e.!** es lebe Schottland! (*b*) **e. larger,** immer größer. **3.** (*intensive*) (*a*) **as quick as e. you can,** so schnell wie du nur kannst; *F:* **e. so difficult,** furchtbar schwer; **thank you e. so (much)!** tausend Dank! (b) **how e. did you manage?** wie hast du es nur zustande gebracht? **what e. shall we do?** was sollen wir bloß machen? **what e.'s the matter with you?** was ist denn mit dir los? **why e. not?** warum denn nicht? *F:* **did you e.!** na so was! '**evergreen.** I. *adj. Bot:* immergrün; *F: (of tune etc.)* unvergänglich. II. *s.* (a) *Bot:* immergrüne Pflanze *f;* (b) *(tune)* unvergängliche Melodie *f.* **ever'lasting,** *adj.* ewig; *(of complaints etc.)* unaufhörlich; *(of product)* unbeschränkt haltbar; **e. flowers,** Strohblumen *fpl.* '**ever-'ready,** *adj. Phot:* e. **case,** Bereitschaftstasche *f.*

every ['evri], *adj.* 1. (a) jeder, jede, jedes; e. **day,** jeden Tag; **e. other day,** jeden zweiten Tag; **e. few minutes,** alle paar Minuten; **I expect him e. minute,** ich erwarte ihn jeden Augenblick; (b) *(intensive)* **I have e. reason to believe him,** ich habe allen Grund, ihm zu glauben; **to have e. confidence,** volles Vertrauen haben; **e. prospect of success,** alle Aussicht auf Erfolg; (c) **e. one,** jeder, jede, jedes (einzelne). '**everybody/ 'everyone,** *indef. pron.* jeder(mann); **as e. knows,** wie jeder weiß; **e.'s here,** alle sind hier. '**everyday,** *adj.* alltäglich; **e. occurrence,** alltägliches Ereignis; **e. life,** das tägliche Leben; **e. clothes,** Alltagskleider *npl;* **e. language,** Umgangssprache *f;* **in e. use,** im täglichen Gebrauch. '**everything,** *s. indef. pron.* alles; **they sell e. one needs,** sie verkaufen alles, was man braucht. '**everywhere,** *adv.* überall.

evict [i(:)'vikt], *v.tr.* (j-n) auf die Straße setzen. **e'viction,** *s.* Vertreibung *f* (aus einer Wohnung).

evidence ['evidəns], *s.* 1. **not in e.,** nicht zu sehen; **much in e.,** überall zu sehen. 2. *(sign)* Anzeichen *n; (trace)* Spur *f* 3. *Jur:* (a) *(proof)* Beweis *m;* **e. for the prosecution,** Belastungsmaterial *n;* (b) *(statement)* Zeugenaussage *f;* **to give e.,** (als Zeuge) aussagen. '**evident,** *adj.* offensichtlich.

evil ['i:v(ə)l]. I. *adj.* böse; *(of pers., character, reputation etc.)* übel. II. *s.* 1. Übel *n;* a **necessary e.,** ein notwendiges Übel. 2. das Böse; **the fight against e.,** der Kampf gegen das Böse; **to speak e. of s.o.,** schlecht von j-m reden. '**evil-'doer,** *s.* Übeltäter(in) *m(f).* '**evil-'minded,** *adj.* übelgesinnt.

evoke [i'vəuk], *v.tr.* (ein Lächeln usw.) hervorrufen; (ein Bild usw.) heraufbeschwören. (Gefühle) wachrufen. **evocation** [evəu'keiʃ(ə)n], *s.* Hervorrufung *f;* Heraufbeschwörung *f.* **evocative** [i'vokətiv], *adj.* **an e. picture,** ein Bild, das Erinnerungen wachruft; **to be e. of sth.,** an etwas *acc* erinnern.

evolve [i'volv], *v.* 1. *v.tr.* (etwas) entwickeln. 2. *v.i.* (a) *(of race, species)* sich entwickeln (**into,** zu + *dat*); (b) *(come into being)* entstehen (**from,** aus + *dat*). **evolution** [i:və'lu:ʃ(ə)n], *s.* Entwicklung *f; Biol:* Evolution *f.*

ewe [ju:], *s.* Mutterschaf *n.*

ex- [eks-], *prefix* (a) ex-, Ex-; **ex-minister,** Ex-minister *m; (trace)* **ex-schoolmaster,** ehemaliger Lehrer; (b) *Com:* **ex works,** ab Fabrik.

exact [eg'zækt, ig-]. I. *adj.* 1. genau; **his e. words,** seine genauen Worte; **the e. opposite,** gerade das Gegenteil. II. *v.tr.* (a) (ein Ver-

sprechen usw.) erzwingen (**from s.o.,** von j-m); (ein Geständnis) erpressen; (b) (Steuern usw.) eintreiben; **-ly,** *adv.* 1. genau, **not e. ideal,** nicht gerade ideal. 2. *(as answer)* eben! genau! **e'xacting,** *adj. (of pers.)* anspruchsvoll; *(of employer)* streng; **e. requirements,** hohe Anforderungen; **e. work,** sehr genaue Arbeit. **e'xactitude, e'xactness,** *s.* Genauigkeit *f.*

exaggerate [ig'zædʒəreit], *v.tr.& i.* (etwas) übertreiben. **exagge'ration,** *s.* Übertreibung *f.*

exalted [ig'zɔltid], *adj. (of state, thoughts)* erhaben; *(of rank, position)* hoch.

exam [eg'zæm, ig-], *s. Sch: F:* = **examination** 2. (a) **exami'nation,** *s.* 1. *(investigation)* Prüfung *f,* Untersuchung *f.* 2. (a) *Sch:* Prüfung *f,* Examen *n;* **e. paper,** schriftliche Prüfung *f;* (b) *Jur:* Verhör *n.* **e'xamine,** *v.tr.* (a) (einen Patienten, Gepäck) untersuchen; (Waren) besichtigen; (Gründe) prüfen; (sein Gewissen) erforschen; (b) *Sch:* (einen Kandidaten) prüfen. **exami'nee,** *s.* Prüfling *m,* Kandidat *m.* **e'xaminer,** *s.* Untersucher *m; esp. Sch:* Prüfer(in) *m(f).*

example [ig'za:mpl], *s.* 1. Beispiel *n* (**of,** + *acc*); **to quote sth. as an e.,** etwas als Beispiel anführen; **for e.,** zum Beispiel; **to set an e.,** ein (gutes) Beispiel geben. 2. *(model)* Vorbild *n;* **to take s.o. as an e.,** j-n zum Vorbild nehmen; **to make an e. of s.o.,** an j-m ein Exempel statuieren. 3. *(sample)* Muster *n.*

exasperate [ig'za:spəreit], *v.tr.* (j-n) zur Verzweiflung bringen, *F:* verrückt machen. **e'xasperated,** *adj.* außer sich. **exaspe'ration,** *s.* starker Ärger *m; (despair)* Verzweiflung *f.*

excavate ['ekskəveit], *v.tr.* (a) *Archeol:* (Ruinen usw.) ausgraben; (b) (einen Keller usw.) ausschachten. **exca'vation,** *s.* Ausgrabung *f.* **'excavator,** *s.* 1. Ausgräber *m.* 2. *Civ. E: (machine)* Löffelbagger *m.*

exceed [ek'si:d, ik-], *v.tr.* (a) (eine Grenze usw.) überschreiten; (eine Summe, eine Zahl) übersteigen; **to e. one's authority,** seine Befugnisse überschreiten; **demand exceeds supply,** die Nachfrage übersteigt das Angebot; (b) (j-s Erwartungen) übertreffen. **ex'ceedingly,** *adv.* äußerst; **e. beautiful,** außerordentlich schön.

excel [ek'sel, ik-], *v.* (*p. & p.p.* **excelled**) 1. *v.tr.* (j-n) übertreffen; **he excelled himself,** er hat sich selbst übertroffen. 2. *v.i.* sich auszeichnen (**in/at,** in + *dat*); **he excels in painting animals,** er malt hervorragend Tierbilder. **'excellence** ['eks(ə)ləns], *s.* Vorzüglichkeit *f;* hervorragende Qualität *f.* **'excellency,** *s.* **Your E.,** (Ihre) Exzellenz *f.* **'excellent,** *adj.* ausgezeichnet, vorzüglich.

except [ek'sept, ik-]. I. *v.tr.* (j-n, etwas) ausnehmen, ausschließen (**from,** von/aus + *dat*); **present company excepted,** Anwesende ausgenommen. II. *prep.* außer + *dat;* . . . *acc* ausgenommen; **he does nothing e. sleep,** er tut nichts als schlafen; **nobody heard it e. myself,** niemand außer mir hat es gehört; **e. by agreement,** nur nach Vereinbarung; **e. for a few corrections,** bis auf einige Korrekturen; **e. that . . .,** außer daß . . .; **they all smoke e. Heinz,** sie rauchen alle mit Ausnahme von Heinz/Heinz ausgenommen. **ex'ception,** *s.* 1. Ausnahme *f; with the e.* of, mit Ausnahme von + *dat,* bis auf + *acc.* **2.** (*objection*) Einwendung *f;* **to take e. to sth.,** an etwas *dat* Anstoß nehmen. **ex´ceptionable,** *adj.* (*of statement etc.*) anfechtbar; (*of behaviour etc.*) anstößig. **ex´ceptional,** *adj.* (*a*) außergewöhnlich; **e. case,** Ausnahmefall *m;* (*b*) (*unusual*) ungewöhnlich.

excerpt [´eksə:pt], *s.* Auszug **m** (**from,** aus + *dat*).

excess [ik´ses], *s.* **1.** Übermaß *n* (**of, an** + *dat*); (*surplus*) Überschuß *m;* **to e.,** übermäßig; **in e. of,** über + *dat.* **2.** *attrib.* **e. profits,** Mehrgewinn *m;* (*excessive*) übermäßiger Gewinn; **e. weight,** Mehrgewicht *n; Av:* **e. baggage,** Übergewicht *n; Rail:* **e. fare,** Zuschlag *m* (zum Fahrpreis). **3.** (*intemperance*) Unmäßigkeit *f; pl.* **excesses,** Ausschreitungen *fpl.* **ex´cessive,** *adj.* übermäßig; (*of caution, cleanliness etc.*) übertrieben.

exchange [eks´tʃeindʒ, iks-]. **I.** *s.* **1.** (*a*) (*of goods, students etc.*) Austausch *m;* (*of purchased article etc.*) Umtausch *m;* (*of stamps, jobs etc.*) Tausch *m;* **in e. (for sth.),** im Tausch (gegen etwas *acc*)*;* **to take sth. in e.,** etwas als Ersatz nehmen; **e. student,** Austauschstudent(in) *m(f);* (*b*) (*of words*) Wortwechsel *m;* **e. of views,** Meinungsaustausch *m.* **2.** *Fin:* (*a*) Wechsel(verkehr) *m;* **rate of e.,** Wechselkurs *m;* (*b*) (*currency*) **foreign e.,** Devisen *fpl;* **e. control,** Devisenbewirtschaftung *f.* **3.** *Com:* (*a*) **Stock E.,** Börse *f;* (*b*) (**telephone**) **e.,** Fernsprechzentrale *f.* **II.** *v.tr.* (*a*) (etwas) austauschen (**for, gegen** + *acc*); (Blicke, Plätze usw.) tauschen; (Worte) wechseln; (*b*) (Geld) wechseln (**for, gegen** + *acc*).

exchequer [iks´tʃekər], *s.* **the E.,** der Fiskus; (*office*) das Schatzamt; **the Chancellor of the E.,** der Schatzkanzler.

excise[1] [´eksaiz], *s.* **e. duty,** Verbrauchssteuer *f;* **e. officer,** Steuerbeamte(r) *m* für indirekte Steuern.

excise[2], *v.tr.* (etwas) herausschneiden. **excision** [-´siʒ(ə)n], *s.* Herausschneiden *n.*

excite [ik´sait], *v.tr.* (*a*) (j-n) aufregen; **don't get excited!** reg dich nicht auf! (*b*) (j-s Bewunderung, Interesse, eine Leidenschaft usw.) erregen; (j-s Neugier) erwecken. **excita´bility,** *s.* Erregbarkeit *f.* **ex´citable,** *adj.* leicht erregbar. **exci´tation,** *s. El: Ph:* Erregung *f.* **ex´citement,** *s.* (*a*) Aufregung *f;* **what's all the e.** (**about**)? weshalb die ganze Aufregung? (*b*) (**state of**) **e.,** Erregung *f;* **wild with e.,** in höchster Erregung. **ex´citing,** *adj.* (*of book, game*) spannend; (*of news*) aufregend.

exclaim [eks´kleim, iks-], *v.i.* ausrufen. **exclamation** [ekskləˈmeiʃ(ə)n], *s.* Ausruf *m;* **e. mark,** Ausrufezeichen *n.*

exclude [eks´klu:d], *v.tr.* (j-n, etwas) ausschließen (**from,** von + *dat*); **excluding,** mit Ausnahme von + *dat.* **ex´clusion,** *s.* Ausschluß *m* (**from,** von + *dat*). **ex´clusive,** *adj.* **1.** ausschließlich; **e. rights,** ausschließliche Rechte. **2.** exklusiv; **a very e. club,** ein sehr exklusiver Klub. **3.** **e. of,** abgesehen von + *dat,* ohne + *acc;* **e. of service,** exklusive Bedienung, Bedienung nicht einbegriffen; **-ly,** *adv.* ausschließlich.

excommunicate [ekskəˈmju:nikeit], *v.tr. Ecc:* (j-n) exkommunizieren.

excrement [´ekskrimənt], *s.* Exkremente *npl.*

excrescence [iks´kresns, eks-], *s.* Auswuchs *m.*

excrete [eks´kri:t], *v.tr.* (Exkremente, Schweiß) ausscheiden.

excruciating [iks´kru:ʃieitiŋ, eks-], *adj.* grauenhaft; **an e. joke,** ein gräßlicher Witz; **-ly,** *adv.* **e. funny,** irrsinnig komisch.

excursion [eks´kə:ʃ(ə)n, iks-], *s.* **1.** Ausflug *m;* (*detour*) Abstecher *m;* **e. ticket,** Ausflugskarte *f.* **2.** *Fig:* Abschweifung *f.*

excuse. **I.** [iks´kju:s] *s.* **1.** Entschuldigung *f;* **that's no e.!** das ist keine Entschuldigung! **2.** (*pretext*) Vorwand *m;* **a lame e.,** eine faule Ausrede; **to make excuses,** Ausflüchte machen. **II.** [iks´kju:z] *v.tr.* (j-n, etwas) entschuldigen; **e. me!** entschuldigen Sie (mich) bitte! **ex´cusable** [-zəbl], *adj.* zu entschuldigen.

ex-directory [eksdi´rekt(ə)ri], *adj. Tel:* **e.-d. number,** Geheimnummer *f.*

execrate [´eksikreit], *v.tr.* (j-n, etwas) verabscheuen. **´execrable,** *adj.* scheußlich; (*bad*) miserabel.

execute [´eksikju:t], *v.tr.* (*a*) (etwas) ausführen; (einen Plan) durchführen; (eine Aufgabe) verrichten; *Jur:* (ein Urteil) vollstrecken; (*b*) *Mus: Th:* (ein Stück) (gut/schlecht) spielen; (*c*) (einen Verbrecher) hinrichten. **exe´cution,** *s.* Ausführung *f* (einer Arbeit); Durchführung *f* (eines Plans usw.); *Jur:* Vollstreckung *f* (eines Urteils); *Mus: Th:* Aufführung *f* (eines Stückes). **2.** Hinrichtung *f* (eines Verbrechers). **exe´cutioner,** *s.* Scharfrichter *m;* (*hangman*) Henker *m.* **executive** [ig´zekjutiv]. **I.** *adj.* **1.** *Pol: etc:* **e. power,** ausübende Gewalt; **e. authority,** Vollzugsgewalt *f.* **II.** *s.* **1.** (*body*) Verwaltung *f; Pol:* Exekutive *f.* **2.** (*pers.*) *Adm:* Verwaltungsbeamte(r) *m; Com:* Manager *m.* **e´xecutor,** *s.* Testamentsvollstrecker *m.*

exemplary [ig´zempləri], *adj.* **1.** (*of conduct etc.*) musterhaft. **2.** (*of punishment*) exemplarisch. **exemplify** [ig´zemplifai], *v.tr.* **to e. sth.,** für etwas *acc* als Beispiel dienen.

exempt [ig´zem(p)t, eg-]. **I.** *v.tr.* (j-n, etwas) befreien (**from,** von + *dat*). **II.** *adj.* (von etwas *dat*) befreit; **e. from taxation,** steuerfrei. **e´xemption,** *s.* Befreiung *f* (**from,** von + *dat*).

exercise [´eksəsaiz]. **I.** *s.* **1.** Ausübung *f* (einer Funktion usw.); Anwendung *f* (von Geduld usw.); Gebrauch *m* (eines Rechts). **2.** (*movement*) Bewegung *f;* **physical exercises,** Leibesübungen *fpl;* **to take physical e.,** sich *dat* Bewegung verschaffen. **3.** (*a*) *Sch: Mus: etc:* Übung *f;* **written e.,** schriftliche Aufgabe *f;* **e. book,** Schulheft *n;* (*b*) *Mil:* Manöver *n.* **II.** *v.* **1.** *v.tr.* (*a*) (einen Beruf, ein Amt usw.) ausüben; (seinen Einfluß) geltend machen; (Geduld) üben; **to e. one's right,** von seinem Recht Gebrauch machen; **to e. restraint,** sich zurückhalten; (*b*) (*of idea*) (j-s Geist) beschäftigen; (*c*) (ein Bein usw.) bewegen. **2.** *v.i.* sich bewegen; *Sp:* trainieren.

exert [ig´zə:t, eg-], *v.tr.* (*a*) (eine Kraft, einen Einfluß) ausüben; (*b*) **to e. oneself,** sich anstrengen. **e´xertion,** *s.* Anstrengung *f;* Ausübung *f* (von Einfluß usw.).

exhale [eks´heil], *v.tr. & i.* (Luft) ausatmen; (*of flowers*) (einen Duft) ausströmen.

exhaust [ig´zɔ:st, eg-]. **I.** *v.tr.* (j-n, Kräfte, ein

exhibit 133 **experiment**

Thema, Möglichkeiten usw.) erschöpfen; (Vorräte) aufbrauchen; *F:* **I'm exhausted,** ich bin fertig. **II.** *s.* Abgas *n;* **e. fumes,** Abgase *npl; Aut:* **e. (system),** Auspuff *m;* **e. pipe,** Auspuffrohr *n; I.C.E:* **e. valve,** Auslaßventil *n.* **e´xhausting,** *adj.* erschöpfend. **e´xhaustion,** *s.* Erschöpfung *f;* **to be in a state of e.,** völlig erschöpft sein. **e´xhaustive,** *adj.* (*of treatment, research etc.*) eingehend; gründlich; **after an e.** search, nach gründlichster Untersuchung aller Möglichkeiten.

exhibit [ig´zibit, eg-]. **I.** *s.* (*a*) Ausstellungsstück *n;* (*b*) *Jur:* Beweisstück *n.* **II.** *v.tr.* (ein Gemälde, ein Produkt usw.) ausstellen. **exhibition** [eksi´biʃ(ə)n], *s.* **1.** (*a*) Ausstellung *f;* (*b*) **an e. of solidarity,** eine Demonstration der Solidarität; **to make an e. of oneself,** sich lächerlich machen. **2.** *Sch:* Stipendium *n.* **exhi´bitionism,** *s.* (*a*) Angeberei *f;* (*b*) *Psy:* (*indecent exposure*) Exhibitionismus *m.* **exhi´bitionist,** *s.* (*a*) Angeber *m;* (*b*) *Psy:* Exhibitionist *m.* **exhibitor** [ig´zibitər], *s.* Aussteller *m.*

exhilarate [ig´ziləreit, eg-], *v.tr.* (j-n) freudig erregen, beschwingt machen. **e´xhilarated,** *adj.* hocherfreut; freudig erregt; beschwingt. **e´xhilarating,** *adj.* aufregend; **e. wine,** berauschender Wein. **exhila´ration,** *s.* freudige Erregung *f;* Beschwingtheit *f.*

exhort [ig´zɔːt, eg-], *v.tr.* (j-m) mit Nachdruck/ nachdrücklich empfehlen (, etwas zu tun).

exhume [eks´hjuːm], *v.tr.* (eine Leiche) exhumieren.

exile [´eksail]. **I.** *s.* **1.** Exil *n,* Verbannung *f.* **2.** (*pers.*) Verbannte(r) *f(m).* **II.** *v.tr.* (j-n) verbannen (**from,** von + *dat*); **to e. oneself,** ins Exil gehen.

exist [ig´zist, eg-], *v.i.* existieren, (*of race etc.*) **to continue to e.,** fortbestehen; **we can on very little,** wir kommen mit sehr wenig aus. **e´xistence,** *s.* (*of pers.*) Dasein *n,* Existenz *f;* (*of thing*) Vorhandensein *n;* **in e.,** vorhanden. **e´xisting,** *adj.* vorhanden; (*of law etc.*) gegenwärtig.

exit [´eksit]. **I.** *s.* **1.** Abgang *m; Th:* **to make one's e.,** (von der Bühne) abtreten; *Adm:* **e. visa,** Ausreisevisum *n.* **2.** (*door*) Ausgang *m.* **II.** *v.i. Th:* abtreten; **e. Romeo,** Romeo (tritt) ab.

exodus [´eksədəs], *s.* Auszug *m* (from, aus + *dat*); **there was a general e.,** es kam zum allgemeinen Aufbruch.

exonerate [ig´zɔnəreit, eg-], *v.tr.* (j-n) entlasten; **to e. s.o. from blame,** j-n von einer Schuld befreien. **exone´ration,** *s.* Entlastung *f;* Befreiung *f* (**from blame,** von einer Schuld).

exorbitant [ig´zɔːbit(ə)nt, eg-], *adj.* (*of demands etc.*) unverschämt; **e. price,** Wucherpreis *m.*

exorcist [´eksɔːsist], *s.* Geisterbeschwörer *m.*

exotic [eg´zɔtik], *adj.* exotisch.

expand [iks´pænd, eks-], *v.* **1.** *v.tr.* (*a*) (eine Idee usw.) weiterentwickeln; (Kenntnisse usw.) erweitern, (eine Stadt, einen Betrieb, den Handel) vergrößern, ausdehnen; (*b*) *Tchn:* (ein Gas) ausdehnen; **expanded polystyrene,** Schaumpolystyrol *n.* **2.** *v.i.* (*of solid*) sich dehnen; (*of gas, town, trade etc.*) sich ausdehnen. **ex´panding,** *adj.* **an e. market,** ein wachsender Markt; **e. bracelet,** dehnbares Armband. **expanse** [´pæns], *s.* Weite *f*

(einer Landschaft usw.). **ex´pansion,** *s.* Ausdehnung *f* (einer Stadt, eines Gases, des Handels usw.); *Pol: Tchn:* Expansion *f.* **ex´pansive,** *adj.* **1.** (*of solid etc.*) dehnbar; *Ph:* **e. force,** Expansionskraft *f.* **2.** (*of gesture etc.*) überschwenglich.

expatiate [eks´peiʃieit], *v.i.* sich auslassen (**on/ upon sth.,** über etwas *acc*).

expatriate. I. [eks´pætrieit] *v.tr.* (j-n) ausbürgern. **II.** [eks´peitriət] *s.* Ausgebürgerte(r) *f(m).* **III.** *adj.* ausgebürgert. **expatri´ation,** *s.* Ausbürgerung *f.*

expect [iks´pekt, ek-], *v.tr.* (*a*) (j-n, etwas) erwarten; **to e. the worst,** auf das Schlimmste gefaßt sein; **I had not expected such a success,** ich hatte mit einem solchen Erfolg nicht gerechnet; **that was to be expected,** das war vorauszusehen; **I e. to be home at 10,** ich bin voraussichtlich um 10 zu Hause; *abs. F:* **she's expecting,** sie ist in anderen Umständen; (*b*) (*demand*) **what do you e.?** was willst du denn? **I e. you to be punctual,** ich verlange, daß du pünktlich bist; **I e. punctuality of you,** ich erwarte Pünktlichkeit von dir; **to e. a lot of s.o.,** j-m viel zumuten; (*c*) **I e. so,** ich nehme an; ich denke schon. **ex´pectancy,** *s.* Erwartung *f.* **ex´pectant,** *adj.* erwartungsvoll; **e. mother,** werdende Mutter. **expec´tation,** *s.* **1.** Erwartung *f;* **contrary to e.,** wider Erwarten. **2.** *usu.pl.* expectations, Aussichten *fpl;* **e. of life,** Lebenserwartung *f.*

expediency [iks´piːdiənsi, eks-], *s.* Zweckmäßigkeit *f.* **ex´pedient. I.** *adj.* zweckmäßig. **II.** *s.* Hilfsmittel *n.*

expedite [´ekspidait], *v.tr.* (etwas) beschleunigen. **expe´dition** [-diʃ(ə)n], *s.* Expedition *f; Mil:* Feldzug *m.* **expe´ditious,** *adj.* schnell.

expel [iks´pel, eks-], *v.tr.* (*p. & p.p.* **expelled**) (einen Ausländer) aus einem Land ausweisen; (einen Schüler) von der Schule verweisen.

expend [iks´pend, eks-], *v.tr.* (*a*) (Mühe, Zeit usw.) aufwenden; (*b*) (Geld) ausgeben; (*c*) (Energie usw.) verbrauchen. **ex´pendable,** *adj.* **1.** (*of thing*) wegzuwerfen; Wegwerf-. **2.** (*of pers.*) entbehrlich. **ex´penditure,** *s.* (*of money*) Ausgaben *fpl;* **e. of energy/time,** Aufwand *m* an Kraft/Zeit. **ex´pense,** *s.* **1.** Unkosten *fpl;* Ausgaben *fpl;* **at my e.,** auf meine Kosten; **to go to great e.,** sich in große Unkosten stürzen; *Fig:* **the laugh was at my e.,** ich wurde tüchtig ausgelacht. **2.** *pl.* Spesen *pl;* **e. account,** Spesenkonto *n.* **ex´pensive,** *adj.* teuer; (*of process*) kostspielig; **-ly,** *adv.* mit großem Aufwand.

experience [iks´piərəns, eks-]. **I.** *s.* **1.** Erfahrung *f;* (**practical**) **e. shows that . . .,** die Praxis lehrt, daß . . .; **from my own e.,** aus eigener Erfahrung; **have you had any previous e.?** haben Sie schon Erfahrung/Vorkenntnisse? **2. an e.,** ein Erlebnis *n;* **to have a painful e.,** etwas Schmerzliches erleben. **II.** *v.tr.* (etwas) erleben; **to e. difficulties,** auf Schwierigkeiten stoßen. **ex´perienced,** *adj.* erfahren (**in sth.,** in etwas *dat*); (*knowledgeable*) bewandert; (*of driver etc.*) routiniert.

experiment [iks´perimənt, eks-]. **I.** *s.* Versuch *m;* Experiment *n.* **II.** *v.i.* experimentieren (**with,** mit + *dat*); Versuche anstellen (**on, an** + *dat*). **experi´mental,** *adj.* Versuchs-; **e. car,**

Versuchsauto *n; -ly, adv.* versuchsweise. **ex-perimen´tation**, *s.* Experimentieren *n.*

expert [´ekspə:t]. **I.** *adj.* (*a*) sachkundig; (*of professional*) fachkundig; **e. advice**, fachmännischer Rat; **e. opinion**, Gutachten *n;* (*b*) **to be e. in doing sth.**, in etwas *dat* gewandt sein. **II.** *s.* Sachverständiger *m,* Experte *m* (**on a subject,** auf einem Gebiet); (*professional*) Fachmann *m.* **expertise** [-´ti:z], *s.* Sachkenntnis *f;* (*professional*) Fachkenntnis *f.* ´**expertness,** *s.* Gewandtheit *f.*

expire [iks´paiər, eks-], *v.i.* (*a*) (*of pers.*) ausatmen; (*die*) sterben; (*b*) (*of period, licence*) ablaufen; (*of patent*) verfallen. **ex´pired**, *adj.* abgelaufen, ungültig. **expi´ration/ex´piry,** *s.* Ablauf *m* (einer Frist usw.); Verfall *m* (eines Patents).

explain [iks´plein, eks-], *v.tr.* (etwas) erklären; (eine Textstelle usw.) erläutern; **to e. oneself,** sich rechtfertigen; **to e. sth. away,** etwas zu vertuschen versuchen. **explanation** [eksplə-´neiʃ(ə)n], *s.* Erklärung *f* (**of,** für + *acc*); Erläuterung *f* (einer Stelle). **explanatory** [iks´plænətri, eks-], *adj.* erklärend.

expletive [eks´pli:tiv, iks-], *s.* Fluchwort *n.*

explicable [eks´plikəbl, iks-], *adj.* erklärlich.

explicit [iks´plisit, eks-], *adj.* (*of answer etc.*) deutlich; (*of command etc.*) ausdrücklich; **-ly,** *adv.* **I e. asked him to . . .,** ich habe ihn ausdrücklich gebeten, zu . . .

explode [iks´pləud, eks-], *v.* **1.** *v.tr.* (*a*) (eine Bombe usw.) explodieren; (*b*) *Fig:* (eine Theorie usw.) umstoßen; (eine Illusion) zerstören. **2.** *v.i.* explodieren; **to e. with anger,** vor Wut platzen; **to e. with laughter,** in Gelächter ausbrechen.

exploit[1] [´eksplɔit], *s.* Großtat *f.*

exploit[2] [iks´plɔit, eks-], *v.tr.* (*a*) (eine Energiequelle usw.) ausnutzen; *Min:* (eine Grube) ausbeuten; (*b*) *Com:* (eine Erfindung) verwerten; (*c*) (j-n) ausnutzen. **exploi´tation,** *s.* Ausnutzung *f;* Ausbeutung *f; Com:* Verwertung *f.*

explore [iks´plɔ:r, eks-], *v.tr.* (*a*) (ein Land usw.) erforschen; (*b*) (Möglichkeiten usw.) untersuchen; (die Lage) sondieren. **explo´ration,** *s.* Erforschung *f;* **voyage of e.,** Forschungsreise *f.* **exploratory** [eks´plɔrətri, iks-], *adj.* erforschend; **e. talks,** Sondierungsgespräche *npl.* **ex´plorer,** *s.* Forscher *m.*

explosion [iks´pləuʒ(ə)n, eks-], *s.* Explosion *f.* **ex´plosive** [-ziv]. **I.** *adj.* (*of gas etc., also Fig:*) explosiv; **e. charge,** Sprengladung *f.* **II.** *s.* Sprengstoff *m.*

exponent [eks´pəunənt, iks-], *s.* **1.** (*pers.*) Vertreter(in) *m(f)* (einer Meinung); Verwender(in) *m(f)* (einer Methode). **2.** *Mth:* Hochzahl *f.*

export. I. [eks´pɔ:t] *v.tr.* (Waren) exportieren, ausführen. **II.** [´ekspɔ:rt] *s.* Export *m,* Ausfuhr *f;* **e. drive,** Exportaktion *f.* **expor´tation,** *s.* Export *m,* Ausfuhr *f.* **ex´porter,** *s.* Exporteur *m.*

expose [iks´pəuz, eks-], *v.tr.* (*a*) (etwas) bloßlegen; (einen Körperteil) freilassen, entblößen; (*b*) (j-n) aussetzen (**to sth.,** etwas *dat*); **to e. oneself to danger,** sich einer Gefahr aussetzen; (*c*) (ein Verbrechen) aufdecken; (einen Betrüger)

entlarven; (*d*) *Phot:* (einen Film) belichten. **ex´posed,** *adj.* (*a*) **an e. position,** eine ungeschützte Lage; (*b*) (*uncovered*) entblößt; **to leave sth. e.,** etwas freilassen; (*c*) (*of pers.*) **e. to danger/temptations,** einer Gefahr/Versuchungen ausgesetzt. **exposure** [´pəuʒər], *s.* **1.** (*a*) Bloßlegung *f;* Freimachen *n;* **to die of e.,** erfrieren; **indecent e.,** Exhibitionismus *m;* (*b*) *Phot:* Belichtung *f;* **e. meter,** Belichtungsmesser *m;* (*on film*) **36 exposures,** 36 Aufnahmen. **2.** Aufdeckung *f* (eines Verbrechens); **fear of e.,** Angst vor einer Bloßstellung.

express[1] [iks´pres, eks-]. **I.** *adj.* **1.** (*of order, wish etc.*) ausdrücklich; **for this e. purpose,** eigens zu diesem Zweck. **2.** Schnell-; **e. train,** Schnellzug *m;* **e. letter,** Eilbrief *m.* **II.** *adv. Post:* durch Eilboten. **III.** *s. Rail:* Schnellzug *m; -ly, adv.* **1.** ausdrücklich. **2.** (*especially*) eigens. **ex-´pressway,** *s. N.Am:* Schnellstraße *f.*

express[2], *v.tr.* (Bedenken usw.) ausdrücken; **to e. a wish,** einen Wunsch äußern; (*of idea etc.*) **to be expressed,** zum Ausdruck kommen; **to e. oneself forcibly,** seinen Worten Nachdruck verleihen. **expression** [-´preʃ(ə)n], *s.* **1.** Ausdruck *m;* Äußerung *f* (eines Gedankens usw.); **to find e.,** zum Ausdruck kommen; **beyond e.,** unaussprechlich. **2.** (*term*) Ausdruck *m;* (*phrase*) Redewendung *f.* **3.** (*facial*) **e.,** Miene *f,* Gesichtsausdruck *m.* **ex´pressionless,** *adj.* ausdruckslos. **ex´pressive,** *adj.* (*of face etc.*) ausdrucksvoll; **e. of sth.,** etwas ausdrückend.

expulsion [iks´pʌlʃ(ə)n, eks-], *s.* Ausweisung *f* (aus einem Lande); Verweisung *f* (von der Schule).

exquisite [eks´kwizit], *adj.* (*a*) köstlich, sehr fein; **he has e. taste,** er hat einen ausgesuchten Geschmack; (*b*) (*of highest quality*) auserlesen; **e. workmanship,** (i) erlesene Arbeit; (ii) (*delicate*) äußerst feine Arbeit.

extant [esks´tænt, iks-], *adj.* noch vorhanden, übriggeblieben.

extempore [eks´tempəri]. **I.** *adv.* **to speak e.,** aus dem Stegreif reden. **II.** *adj.* unvorbereitet, improvisiert. **ex´temporize,** *v.tr. & i.* (etwas) improvisieren.

extend [iks´tend, eks-]. **I.** *v.tr.* (*a*) (eine Reise, Ferien, eine Frist usw.) verlängern; (Grenzen) ausdehnen; (*b*) (j-s Kompetenz, Einfluß) erweitern; **to e. a regulation to include all drivers,** eine Vorschrift auf alle Fahrer ausdehnen; (*c*) (ein Gebäude, einen Betrieb) vergrößern; (ein Haus) ausbauen; (eine Straße, eine Mauer usw.) verlängern; (*d*) (die Hand) ausstrecken; (*e*) **to e. an invitation to s.o.,** j-n einladen; **to e. a welcome to s.o.,** j-n willkommen heißen. **II.** *v.i* sich ausdehnen, sich erstrecken. **ex´tension,** *s.* **1.** Verlängerung *f* (einer Frist, einer Straße usw.); Vergrößerung *f* (eines Betriebs usw.); Erweiterung *f* (von Kompetenzen usw.). **2.** (*on house*) Anbau *m.* **3.** *attrib.* **e. loudspeaker,** zusätzlicher Lautsprecher; **e. ladder,** Ausziehleiter *f; Tel:* **e. 26,** Nebenanschluß *m* 26; **please give me e. 6,** kann ich bitte Apparat 6 haben? *El:* **e. lead,** Verlängerungsschnur *f.* **ex´tensive,** *adj.* ausgedehnt; **e. knowledge,** umfassendes Wissen; **e. research,** weitgehende Forschungen; *Com:* **e. range,** breitgefächertes Angebot; *-ly,* *adv.* weitgehend; (*frequently*) häufig.

extent [iks'tent, eks-], *s.* Ausdehnung *f;* Weite *f* (einer Fläche); (*length*) Länge *f;* Umfang *m* (eines Schadens usw.); **to some/a certain e.,** gewissermaßen; **to a large e.,** in hohem Grade; **to a slight e.,** ein wenig.

extenuating [eks'tenjuitiŋ, iks-], *adj. Jur:* **e. circumstances,** mildernde Umstände.

exterior [eks'tiəriər]. **I.** *adj.* äußere(r,s), Außen-; *Geom:* **e. angle,** Außenwinkel *m.* **II.** *s.* (*a*) das Äußere; (*outside*) Außenseite *f;* **on the e.,** außen; (*b*) (*appearance*) Erscheinung *f.*

exterminate [eks'tə:mineit], *v.tr.* (eine Rasse usw.) ausrotten; (Ungeziefer usw.) vertilgen. **extermi'nation,** *s.* Ausrottung *f;* Vertilgung *f.*

external [eks'tə:n(ə)l]. **I.** *adj.* **1.** äußerlich; *Med:* **for e. application,** zur äußerlichen Anwendung. **2.** äußere(r, s), Außen-; **e. ear,** äußeres Ohr. **3.** (*abroad*) **e. trade,** Außenhandel *m;* **e. affairs,** auswärtige Angelegenheiten. **II.** *s.* (*usu.pl.*) Äußerlichkeiten *fpl;* **to judge by externals,** dem äußeren Schein nach urteilen; **-ly,** *adv.* äußerlich.

extinct [iks'tiŋ(k)t, eks-], *adj.* (*a*) (*of volcano*) erloschen; (*b*) (*of species*) ausgestorben. **ex'tinction,** *s.* Aussterben *n.*

extinguish [iks'tiŋgwiʃ, eks-], *v.tr.* (ein Feuer) löschen. **ex'tinguisher,** *s.* Feuerlöscher *m.*

extol [iks'təul, eks-], *v.tr.* (*p. & p.p.* **extolled**) *Lit:* (j-n, etwas) rühmen.

extort [iks'tɔ:t, eks-], *v.tr.* (Geld, ein Geständnis usw.) erpressen (**from s.o.,** von j-m). **ex'tortion,** *s.* Erpressung *f.* **ex'tortionate,** *adj.* **that's e.!** das ist ja Wucher! **e. price,** Wucherpreis *m.*

extra ['ekstrə]. **I.** *adj.* zusätzlich; Neben-; **e. charge,** Zuschlag *m;* **e. earnings,** Nebenverdienst *m.* **II.** *adv.* (*a*) extra; **you have to pay e. for the wine,** der Wein ist nicht im Preis inbegriffen; (*b*) besonders; *F:* **e. strong,** besonders stark; **e. smart,** äußerst schick; **e. special,** ganz besonders. **III.** *s.* (*a*) (*payment*) Zuschlag *m;* (*b*) (*newspaper*) **late e.,** Spätausgabe *f;* (*c*) *Cin:* Statist *m;* (*d*) *pl.* **extras,** (i) (*expenses*) Nebenausgaben *fpl;* (ii) *Phot: Aut: etc:* Extrazubehör *n,* Extras *pl.*

extract. I. ['ekstrækt] *s.* **1.** Extrakt *m;* **meat e.,** Fleischextrakt *m.* **2.** (*from a book etc*). Auszug *m* **II.** *v.tr.* [iks'trækt, eks-] (etwas) herausziehen; *Dent:* (einen Zahn) ziehen; *Pub:* (Textstellen) als Auszug bringen. **ex'traction,** *s.* **1.** Herausziehen *n; Dent:* Extraktion *f.* **2.** Herkunft *f;* **to be of French e.,** französischer Abstammung sein. **ex'tractor,** *s.* **e. fan,** Entlüfter *m.*

extradition [ekstrə'diʃ(ə)n], *s.* Auslieferung *f.*

extramural [ekstrə'mjuərəl], *adj. Sch:* **e. lecture,** Sondervorlesung *f* (außerhalb des Studienprogramms).

extraneous [eks'treinjəs], *adj.* fremd (**to,** *dat*).

extraordinary [iks'trɔ:d(i)nri, eks-], *adj.* (*a*) außerordentlich; **a man of e. intelligence,** ein Mann von außergewöhnlicher Intelligenz; (*b*) *F:* (*amazing*) erstaunlich; **an e. memory,** ein phänomenales Gedächtnis; (*c*) (*strange*) seltsam; merkwürdig; **what an e. thing!** wie seltsam!

extravagance [iks'trævəgəns, eks-], *s.* Verschwendung *f;* Extravaganz *f* (der Handlungen); Übertriebenheit *f* (der Meinungen). **ex'travagant,** *adj.* (*of pers etc.*) verschwenderisch; (*of claims, actions etc.*) extravagant; (*of opinions etc.*) übertrieben.

extreme [iks'tri:m, eks-]. **I.** *adj.* (*a*) extrem; **an e. example,** ein krasses/extremes Beispiel; **e. old age,** Greisenalter *n;* **e. youth,** früheste Jugend; (*b*) *Pol: etc:* radikal; **to hold e. opinions,** radikal gesinnt sein. **II.** *s.* Extrem *n;* **in the e.,** äußerst; **to go to extremes,** es zu weit treiben; **-ly,** *adv.* äußerst; **e. witty,** außerordentlich geistreich.

extremity [iks'tremiti, eks-], *s.* **1.** äußerstes Ende *n* (eines Seils usw.) **2. in an e.,** im äußersten Notfall; **to be reduced to extremities,** zu extremen Maßnahmen gezwungen werden. **3.** *Hum:* **one's extremities,** seine Gliedmaßen *fpl.*

extricate ['ekstrikeit], *v.tr.* (j-n) befreien (**from,** von + *dat*); **to e. oneself from a difficult situation,** sich aus einer schwierigen Lage herauswinden.

extrovert ['ekstrəuvə:t]. **I.** *adj.* extrovertiert. **II.** *s.* extrovertierter Mensch.

extrude [eks'tru:d, iks-], *v.tr.* (Metall, Kunststoff) strangpressen.

exuberance [ig'zu:bərəns, eg-], *s.* (*of pers.*) Ausgelassenheit *f;* Üppigkeit *f* (der Phantasie); (*extravagance*) Überschwenglichkeit *f.* **e'xuberant,** *adj.* (*of pers., mood*) ausgelassen; (*of enthusiasm etc.*) überschwenglich; **an e. imagination,** eine üppige Phantasie.

exult [ig'zʌlt, eg-], *v.i.* jubeln (**at/over,** über + *acc*). **e'xultant,** *adj.* jubelnd. **exul'tation,** *s.* Jubel *m.*

eye [ai]. **I.** *s.* **1.** Auge *n;* (*a*) **to keep one's eyes skinned,** wie ein Schießhund aufpassen; **keep your eyes open!** paß gut auf! **to be all eyes,** ganz Auge sein; **to shut one's eyes to s.o.'s faults,** j-s Fehler nicht sehen wollen; **to be up to one's eyes in work,** bis über die Ohren in Arbeit stecken; **to catch s.o.'s e.,** j-m auffallen; **to set eyes on sth.,** etwas zu Gesicht bekommen; **to make eyes at s.o.,** j-m schöne Augen machen; **to see e. to e. with s.o.,** mit j-m gleicher Meinung sein; **to keep an e. on sth.,** (i) auf etwas *acc* aufpassen; (ii) etwas im Auge behalten; **to have an e. for sth.,** einen Blick für etwas *acc* haben; **to be very much in the public e.,** im Brennpunkt des öffentlichen Interesses stehen; (*b*) **private e.,** Privatdetektiv *m.* **2.** (*of needle, bolt etc.*) Öhr *n,* (*of hook, fastening etc.*) Öse *f.* **II.** *v.tr.* **to e. s.o.,** j-n mustern. **'eyeball,** *s.* Augapfel *m.* **'eyebrow,** *s.* Augenbraue *f.* **'eye-catching,** *adj.* auffallend; **to be e.-c.,** ein Blickfang sein. **'eyeful,** *s.* Augenweide *f; F:* **take an e. of that,** sieh dir das mal an. **'eyelash,** *s.* Augenwimper *f.* **'eyelet,** *s.* Öse *f.* **'eyelid,** *s.* Augenlid *n.* **'eye-opener,** *s.* Überraschung *f.* **'eyepiece,** *s.* Okular *n.* **'eyeshade,** *s.* Augenschirm *m.* **'eyeshadow,** *s.* Lidschatten *m.* **'eyesight,** *s.* **good/bad e.,** gute/schlechte Augen *pl;* **my e. is failing,** meine Augen lassen nach. **'eyesore,** *s.* **that house is an e.,** das Haus ist ein Schandfleck. **'eyestrain,** *s.* Überanstrengung *f* der Augen. **'eyetooth,** *s.* Eckzahn *m.* **'eyewash,** *s.* **1.** *Med:* Augenwasser *n.* **2.** *F:* **that's all e.,** das ist lauter Unsinn. **'eyewitness,** *s.* Augenzeuge *m.*

F

F,f [ef]. **1.** (der Buchstabe) F,f *n*. **2.** *Mus:* F *n;* F **sharp,** Fis *n.* **3.** *Phot:* f **8,** Blende 8.

fable ['feibl], *s.* Fabel *f; (fairy tale/F: tall story)* Märchen *n.* **'fabulous** ['fæbjuləs], *adj.* **1.** legendär; **f. beast,** Fabeltier *n.* **2.** *F:* fantastisch.

fabric ['fæbrik], *s.* **1.** *(structure)* Struktur *f; Constr:* Bau *m; Fig:* Gefüge *n* (der Gesellschaft). **2.** *Tex: (weave)* Gewebe *n; (material)* Stoff *m;* **woollen f.,** Wollstoff *m.* **'fabricate,** *v.tr. (a) Ind:* (einen Teil usw.) herstellen, fabrizieren; *(b)* (eine Geschichte usw.) erfinden. **fabri'cation,** *s.* **1.** Herstellung *f,* Fabrikation *f.* **2.** Erfindung *f.*

facade [fæ'sɑːd], *s. Arch:* Fassade *f.*

face [feis]. **I.** *s.* **1.** Gesicht *n;* **I couldn't look him in the f.,** ich konnte ihm nicht in die Augen sehen; **he shut the door in my f.,** er schlug mir die Tür vor der Nase zu; **he won't show his f. here again!** der läßt sich hier nicht mehr blicken! **to bring s.o. to f. with s.o., sth.,** j-n mit j-m, etwas *dat* konfrontieren; **to be f. to f. with s.o.,** j-m (von Angesicht zu Angesicht) gegenüberstehen; **f. to f. with/in the f. of danger,** angesichts der Gefahr; **I told him so to his f.,** ich habe es ihm ins Gesicht gesagt; *attrib.* **f. cream,** Gesichtscreme *f;* **f. cloth/f. flannel,** Waschlappen *m;* **f. pack,** Gesichtsmaske *f;* **f. powder,** Gesichtspuder *m; F:* **to put on one's f.,** sich schminken. **2.** *(a) (expression)* Gesichtsausdruck *m; (put on)* Miene *f;* **to make/pull faces,** Gesichter schneiden; **to keep a straight f.,** ernst bleiben; **to put a good f. on it,** gute Miene zum bösen Spiel machen; *(b) (effrontery)* Stirn *f;* **he had the f. to ask for his money,** er hatte die Stirn, sein Geld zu verlangen. **3.** *(a)* Anschein *m;* **on the f. of it,** auf den ersten Blick; *Fin:* **f. value,** Nennwert *m; Fig:* **I took it at its f. value,** ich habe es für bare Münze genommen; *(b)* **to lose f.,** das Gesicht verlieren; **to save one's f.,** das Gesicht wahren. **4.** *(surface)* Fläche *f; esp. (a)* Bildseite *f* (einer Münze, Karte); **f. down,** mit der Bildseite nach unten; *(b) (front)* Vorderseite *f; (of building)* Fassade *f; (c) (outside)* Außenseite *f; (d) Mount:* Wand *f* (eines Berges); *(e) Min: (coal)* **f.,** Abbaustrecke *f;* **to work at the f.,** vor Ort arbeiten; *(f)* Zifferblatt *n* (einer Uhr). **II.** *v.tr. & i. (a) (of pers.)* (j-m, etwas *dat)* gegenüberstehen; (j-m, der Gefahr) ins Gesicht sehen; **to f. up to danger,** der Gefahr die Stirn bieten; **let's f. it!** seien wir uns darüber im klaren! **I can't f. it,** mir graut davor; **to f. the facts,** sich mit den Tatsachen abfinden; **to f. the con-** sequences, die Folgen tragen, *F:* die Suppe auslöffeln; **to be faced with sth.,** mit etwas *dat* konfrontiert werden; *(b) (of house etc.)* **to f. the street/the sea,** auf die Straße/das Meer hinausgehen; **the room faces north,** das Zimmer liegt nach Norden; **to f. the wrong way,** *(of pers.)* in die falsche Richtung blicken; *(of thing)* verdreht sein; **facing inwards/outwards,** nach innen/außen gerichtet; **f. this way!** dreh dich in diese Richtung! *Mil:* **about f.!** kehrtmachen! **'face-lift** *s.* **1.** Gesichtsstraffung *f.* **2.** *F:* Verschönerung *f;* **to give sth. a f.-l.,** etwas aufmöbeln. **'face-saving,** *adj.* ehrenrettend. **'face-worker,** *s. Min:* Untertagearbeiter *m.* **'facing,** *s.* **1.** *(coating)* Überzug *m.* **2.** *Cl: (lapel etc.)* Aufschlag *m; Dressm: (trimming)* Besatz *m.* **3.** *Constr:* Verkleidung *f,* Verblendung *f;* **f. brick,** Verblendstein *m.*

facet ['fæsit], *s.* **1.** Facette *f,* Schlifffläche *f* (eines Edelsteins). **2.** Aspekt *m* (eines Problems).

facetious [fə'siːʃəs], *adj. (of remark etc.)* scherzhaft; **f. person,** Spaßvogel *m;* **he's only being f.,** er macht nur Spaß.

facial ['feiʃəl]. **I.** *adj.* Gesichts- **II.** *s.* Gesichtsbehandlung *f.*

facile ['fæsail], *adj. usu.Pej:* oberflächlich.

facilitate [fə'siliteit], *v.tr.* (etwas) erleichtern.

facility [fə'siliti], *s.* **1.** *(a) (ease)* Leichtigkeit *f; (b) (skill)* Gewandtheit *f.* **2.** *esp.pl.* Möglichkeiten *fpl,* Einrichtungen *fpl;* **cooking facilities,** Kochgelegenheit *f;* **sports facilities,** Sporteinrichtungen *fpl;* **we have no facilities for it,** wir sind darauf nicht eingerichtet; **what facilities are there?** was für Möglichkeiten gibt es? *Rec:* **playback f.,** Abspielmöglichkeit *f; N.Am:* **atomic research f.,** Atomforschungsanlage *f;* **to use the facilities,** das gewisse Örtchen aufsuchen.

facsimile [fæk'simili], *s.* Faksimile *n.*

fact [fækt], *s.* Tatsache *f;* **the facts (of the matter),** der Tatbestand; **to stick to the facts,** sich an den Tatbestand halten; **it is a f. that . . .,** es steht fest, daß . . .; **apart from the f. that . . .,** abgesehen davon, daß . . .; **the f. is that . . .,** die Wahrheit ist, daß . . .; **in f./in point of f.,** tatsächlich, in der Tat; *(actually)* eigentlich. **'fact-finding,** *adj.* **f.-f. mission,** Informationsreise *f;* **f.-f. committee,** Untersuchungsausschuß *m.*

faction ['fækʃ(ə)n], *s.* Interessengruppe *f; Pol:* Faktion *f,* Splittergruppe *f.*

factor ['fæktər], *s.* **1.** Faktor *m.* **2.** *Com: (agent)* Kommissionär *m.*

factory [ˈfæktəri], s. Fabrik f; **f. inspector**, Gewerbeaufsichtsbeamter m; **f. ship**, Fabrikschiff n.

factual [ˈfæktjuəl], adj. sachlich; **f. report**, Tatsachenbericht m.

faculty [ˈfæk(ə)lti], s. 1. Fähigkeit f. 2. Univ: Fakultät f.

fad [fæd], s. F: Marotte f.

fade [feid], v. 1. v.i. (a) (of colour, cloth) verblassen; (completely) verbleichen; **the light is fading**, es dämmert; (b) Fig: (of flowers, beauty) verwelken; (of hope) schwinden; (of memory) verblassen; (c) **to f. (away)**, (of sound) verklingen; Rad: schwinden; **to f. from sight**, verschwinden; **she is fading away**, sie schwindet dahin. 2. v.tr. Cin: Rad: **to f. the sound etc. in/out**, den Ton usw. einblenden/ausblenden. ˈfading, s. (a) Verblassen n (einer Farbe); (b) Rad: Fading n.

fag [fæg], s. F: 1. Plage f; Schinderei f. 2. (cigarette) Glimmstengel m; **f. end**, Kippe f. **fagged out**, adj. F: völlig k.o.

faggot [ˈfægət], s. 1. Reisigbündel n. 2. Cu: Fleischklößchen n.

fail [feil]. I. adv.phr. **without f.**, unbedingt; was auch geschieht. II. v. 1. v.i. (a) (of attempt, plan) scheitern; (of crops) mißraten; **if all else fails**, wenn alle Stricke reißen; (b) (of pers., voice, machinery, heart etc.) versagen (in sth., bei etwas dat); Sch: durchfallen (**in maths, in** Mathematik); **to f. in one's duty**, bei der Ausübung seiner Pflicht versagen; **he failed in the attempt**, ihm ist der Versuch nicht gelungen; **I failed to notice her blushes**, ich bemerkte nicht, daß sie errötete; **he failed to persuade her**, es gelang ihm nicht, sie zu überreden; **I f. to see why**, ich verstehe nicht, warum; (c) (of memory, eyesight etc.) nachlassen; (of health) sich verschlechtern; **the light is failing**, es dämmert; (d) (of business) Konkurs machen. 2. v.tr. **to f. s.o.**, j-n im Stich lassen; (in exam) j-n durchfallen lassen; **to f. an examination**, bei einer Prüfung durchfallen; **his heart failed him**, ihm sank der Mut. ˈfailing. I. s. 1. (a) Nachlassen n (der Kräfte usw.); (b) Versagen n (des Herzens usw.) 2. (of pers.) Fehler m; (weakness) Schwäche f; **with all his failings**, trotz aller seiner Fehler. II. prep. mangels + gen; Adm: **f. advice to the contrary**, sofern keine gegenteiligen Anweisungen erteilt werden. ˈfailure, s. 1. (a) Scheitern n; Mißlingen n (eines Versuchs); Th: Mißerfolg m (eines Stückes); Sch: Durchfallen n (bei einer Prüfung); Med: Mec: Versagen n (der Nieren, einer Maschine usw.); Mec. E: **engine f.**, Maschinenschaden m; El: **power f.**, Stromausfall m; Med: **heart f.**, Herzversagen n; (b) (omission) Unterlassung f; **f. to appear**, Nichterscheinen n; (c) (bankruptcy) Konkurs m. 2. (pers.) Versager m. 3. (thing) Mißerfolg m, F: Pleite f; Th: Durchfall m.

faint [feint]. I. adj. 1. (a) (of light, Fig: comfort) schwach; **a f. hope**, ein Hoffnungsschimmer m; (b) (of colour) zart; **a f. sound**, ein leises Geräusch; **I haven't the faintest idea**, ich habe keine blasse Ahnung. 2. **I feel f.**, ich werde gleich ohnmächtig. II. s. Med: Ohnmacht f; **in a (dead) f.**, ohnmächtig. III. v.i. ohnmächtig werden (**from/with pain**, vor Schmerz); **-ly**,

adv. leise (sprechen, klingen); schwach (leuchten); **f. visible**, kaum sichtbar. ˈfainthearted, adj. mutlos. ˈfaintness, s. (a) (of sound, light etc.) Schwäche f; (b) Med: Ohnmachtsgefühl n.

fair¹ [ˈfeər], s. (a) Jahrmarkt m; (b) (trade) f., Messe f. ˈfairground, s. Rummelplatz m.

fair². I. adj. 1. (of skin) hell; (of hair) blond. 2. (just) gerecht; **f. play**, gerechte Behandlung; Sp: faires Spiel; **as is only f.**, wie es nur recht und billig ist; **by f. means or foul**, egal mit welchen Mitteln; F: **f. enough**, na gut. 3. (a) ziemlich gut; **a f. chance of success**, relativ gute Erfolgschancen; **the room is a f. size**, das Zimmer ist ziemlich groß; (b) Pej: (of condition, schoolwork etc.) mittelmäßig. 4. schön; **f. weather**, schönes Wetter; **f. copy**, Reinschrift f; **the f. sex**, das schöne Geschlecht. 5. **to give s.o. f. warning**, j-n rechtzeitig warnen. II. adv. 1. gerecht; **to play f.**, fair spielen. 2. **to hit s.o. f. and square on the chin**, j-m einen tüchtigen Kinnhaken versetzen; **-ly**, adv. 1. (justly) gerecht; **to treat s.o. f.**, mit j-m gerecht umgehen. 2. (honestly) ehrlich; **to come by sth. f.**, etwas auf ehrliche Weise erstehen. 3. (completely) völlig; F: **it f. bowled me over**, das hat mich völlig umgeworfen. 4. (quite) ziemlich; **f. certain**, ziemlich sicher. ˈfair-ˈhaired, adj. blond. ˈfairness, s. 1. Blondheit f (der Haare); helle Farbe f (der Haut). 2. Fairneß f; Gerechtigkeit f; **in all f.**, um gerecht zu sein. ˈfairway, s. 1. Nau: Fahrwasser n. 2. Golf: Fairway n. ˈfairˈweather, adj. Schönwetter-.

fairing [ˈfeəriŋ], s. Aut: Av: etc: Verschalung f.

fairy [ˈfeəri], s. Fee f; **f. godmother**, gute Fee f; **f. story/tale**, Märchen n. ˈfairyland, s. Feenreich n; Fig: Märchenland n. ˈfairylike, adj. feenhaft.

faith [feiθ], s. 1. (a) Vertrauen n; **to have f. in s.o.**, zu j-m Vertrauen haben; (b) **the Christian f.**, der christliche Glaube. 2. (a) Treue f; **to keep f. with s.o.**, j-m treu bleiben; (b) **in good f.**, gutgläubig; **in bad f.**, mit böser Absicht. ˈfaithful. I. adj. (a) (of friend) treu; (b) (of reproduction, translation) genau, (dem Original) getreu. II. s. Rel: **the f.**, die Gläubigen mpl; -**ly**, adv. 1. treu; Corr: **yours f.**, hochachtungsvoll; F: **he f. promised**, er hat fest versprochen. 2. genau. ˈfaithfulness, s. 1. Treue f (to s.o., zu j-m). 2. Genauigkeit f (eines Porträts usw.). ˈfaithhealer, s. Gesundbeter m. ˈfaith-healing, s. Gesundbeten n. ˈfaithless, adj. treulos.

fake [feik]. I. s. (a) Fälschung f; (b) (pers.) Schwindler. II. v.tr. (einen Paß usw.) fälschen; **to f. (up) a story**, eine Geschichte erfinden.

falcon [ˈfɔːlkən], s. Orn: Falke m.

fall [fɔːl]. I. s. 1. (a) Fall m; (heavy) Sturz m; **to have a f.**, hinfallen; **a heavy f. of snow**, ein starker Schneefall; (b) (action) Fallen n (esp.Th: des Vorhangs). 2. N.Am: **the f.**, der Herbst. 3. (usu.pl.) Wasserfall m. 4. Sinken n (der Preise, der Temperaturen); St. Exch: Baisse f; **f. in value**, Wertverlust m; (of money) Geldentwertung f. 5. Untergang m (eines Menschen); Pol: Sturz m (einer Regierung). 6. Abfall m, Senkung f (des Bodens). 7. B: **the F.**, der Sündenfall m. II. v.i. irr. (p. **fell**, p.p. **fallen**)

(a) (of thing) (herunter)fallen; (of building) to f. (in), einstürzen; to f. to pieces, zusammenfallen; (b) (of pers.) (hin)fallen; (heavily) stürzen; to f. into a trap, in eine Falle geraten; to f. into s.o.'s hands, j-m in die Hände fallen; Fig: to f. on one's feet, auf die Beine fallen; to f. from favour, in Ungnade fallen; night is falling, die Nacht bricht an; his face fell, er machte ein langes Gesicht; (c) Christmas falls on a Thursday, Weihnachten fällt auf einen Donnerstag; (d) (of barometer, price) sinken; (of wind) nachlassen; (of ground) abfallen; (e) to f. to s.o./s.o.'s lot, j-m zuteil werden; it fell to me to do it, es fiel mir zu, das zu tun; to f. under suspicion, in Verdacht geraten; to f. into a habit, in eine Gewohnheit verfallen; to f. in love (with s.o.), sich (in j-n) verlieben; (f) to f. ill, krank werden; (of job) to f. vacant, frei werden; (of payment) to f. due, fällig werden; to f. foul of s.o., es sich dat mit j-m verderben; to f. a victim to sth., etwas dat zum Opfer fallen. ´fall ´back, v.i. (a) zurückweichen; (b) to f. b. on sth., auf etwas acc zurückgreifen. ´fall be´hind, v.i. (hinter j-m) zurückbleiben; (with work) in Rückstand geraten. fall ´down, v.i. (a) (of pers.) hinfallen; (of object) hinunterfallen; (b) (of building) einstürzen; (c) F: (of pers.) to f. d. on the job, versagen. ´fallen. I. adj. f. leaves, abgefallenes Laub n. II. s. pl. (in war) the f., die Gefallenen pl. ´fall for, v.i. F: (a) to f. f. a trick, auf einen Trick reinfallen; (b) to f. f. s.o., sth., sich in j-n, etwas verlieben. ´fall ´in, v.i. (a) (of roof etc.) einstürzen; (b) Mil: (in Linie) antreten; (c) to f. in with s.o., mit j-m gemeinsame Sache machen. ´fall ´off, v. 1. v.tr. to f. o. (a wall), (von einer Mauer) herunterfallen. 2. v.i. nachlassen; (in numbers) weniger werden. ´fall ´out, v.i. (a) to f. o. (of a window), (zum Fenster) hinausfallen; (b) (of hair) ausfallen; (c) Mil: wegtreten; (d) (disagree) in Streit geraten. ´fallout, s. (radioactive) f., (radioaktiver) Niederschlag m. ´fall ´over, v. 1. v.tr. to f. o. sth., über etwas acc stolpern. 2. v.i. (of pers.) umfallen; (of jug, glass etc.) umkippen. ´fall ´short, v.i. (a) (of missile) das Ziel nicht erreichen; (b) to f. s. of one's expectations, seinen Erwartungen nicht entsprechen. ´fall ´through, v.i. durchfallen; Fig: (of plan) ins Wasser fallen. ´fall ´to, v.i. F: (of pers.) (beim Essen) reinhauen.

fallacy ['fæləsi], s. irrige Ansicht f. **fallacious** [fə'leiʃəs], adj. irrig.

fallow ['fæləu], adj. (of land) to lie f., brachliegen.

false [fɔls], adj. 1. (a) (wrong) falsch; **f. assumption,** falsche Annahme; **f. step,** Fehltritt m; Sp: **f. start,** Fehlstart m; Jur: **f. accusation,** verleumderische Anklage; (b) (of friend) treulos; **to play s.o. f.,** j-n hintergehen. 2. (artificial) (of hair, teeth) künstlich; (of coin) falsch; **f. bottom,** doppelter Boden; **f. ceiling,** Einschubdecke f; (set of) **f. teeth,** (künstliches) Gebiß n. **falsehood,** s. Unwahrheit f. ´**falseness,** s. (a) Falschheit f (eines Gerüchts); (b) Treulosigkeit f (eines Freundes); (dishonesty) Unaufrichtigkeit f. ´**falsies,** s.pl. F: falscher Busen m. **falsifi´cation,** s. Verfälschung f.

´**falsify,** v.tr. (a) (Dokumente) fälschen; (b) (einen Bericht) verfälschen. ´**falsity,** s. Unrichtigkeit f (einer Bemerkung).

falsetto [fɔ(:)l'setəu], s. Fistelstimme f; Mus: Falsett n.

falter ['fɔltər], v.i. (esp. of voice) stocken; (of pers.) zögern; **a faltering step,** ein zögernder Schritt; **she faltered and fell,** plötzlich schwankte sie und fiel hin.

fame [feim], s. Ruhm m; **to win f.,** berühmt werden. ´**famed,** adj. berühmt (**for,** für + acc).

familiar [fə'miliər], adj. (a) vertraut; familiär; **to be on f. terms with s.o.,** mit j-m vertraulich umgehen; **to get f.,** (plump-)vertraulich werden; (b) bekannt (**to,** dat); **in f. surroundings,** in einer bekannten/vertrauten Umgebung; **that sounds/seems f.!** das kommt mir bekannt vor! **to be on f. ground,** sich gut auskennen; (c) **to be f. with sth.,** mit etwas dat vertraut sein; (subject) sich in etwas dat gut auskennen; **-ly,** adv. familiär; **known f. as Nobby,** unter Freunden Nobby genannt. **famili´arity,** s. 1. Vertraulichkeit f. 2. Vertrautheit f (**with sth.,** mit etwas dat.). **fa´miliarize,** v.tr. to f. oneself/s.o. with sth., sich/j-n mit etwas dat vertraut machen.

family ['fæmili], s. Familie f; **to be one of the f.,** zur Familie gehören; **in the f. way,** in anderen Umständen; **from a good f.,** aus gutem Hause; **f. circle,** Familienkreis m; **f. doctor,** Hausarzt m; **f. man,** Familienvater m; **f. tree,** Stammbaum m; Adm: **f. allowance,** Kindergeld n; **f. planning,** Familienplanung f; Com: **f. size,** Familienpackung f.

famine ['fæmin], s. Hungersnot f; **potato f.,** Kartoffelknappheit f. ´**famished,** adj. ausgehungert; F: **I'm f.,** ich sterbe vor Hunger.

famous ['feiməs], adj. berühmt (**for,** für + acc).

fan[1] [fæn]. I. s. 1. Fächer m; Arch: **f. vaulting,** Fächergewölbe n. 2. (mechanical) Ventilator m; **f. blade,** Ventilatorflügel m; **f. heater,** Heizlüfter m; Aut: **f. belt,** Ventilatorriemen m. II. v. 1. v.tr. to f. oneself, sich fächeln; esp. Fig: to f. the flames, die Flammen anfachen. 2. v.i. to f. (out), sich (fächerförmig) ausbreiten. ´**fanlight,** s. halbrundes Fenster n.

fan[2], s. F: Fan m; **f. mail,** Verehrerpost f; **football f.,** Fußballfreund m.

fanatic [fə'nætik], s. Fanatiker(in) m(f). **fa´natical,** adj. fanatisch. **fa´naticism,** s. Fanatismus m.

fancy ['fænsi]. I. s. (a) (imagination) Phantasie f; (b) (sth. imagined) Phantasiebild n; (vague idea) Ahnung f. 2. (liking) Gefallen m; **it caught my f.,** es gefiel mir; **a passing f.,** eine flüchtige Laune; **to take a f. to s.o., sth.,** an j-m, etwas dat Gefallen finden. II. adj. (a) f. biscuits, feine Kekse mpl; **f. cake,** verziertes Törtchen n (mit Zuckerguß usw.); (b) **f. dress,** Maskenkostüm n; **f.-dress ball,** Kostümfest n; (with masks) Maskenball m; (c) Pej: (of ideas etc.) ausgefallen; **f. prices,** Phantasiepreise mpl; **f. ways,** Allüren fpl. III. v.tr. (a) (imagine) sich dat etwas einbilden; **I fancied I could see the moon,** ich glaubte/bildete mir ein, ich könnte den Mond sehen; **f. that!** was Sie nicht sagen! (b) (etwas) meinen; **I f. I've seen him before,** ich meine/glaube, ich habe ihn schon einmal gesehen; (c) I f. a biscuit, ich hätte Lust auf einen Keks; I don't f. his offer, sein Angebot sagt mir nicht zu; let him eat anything he fancies, laß ihn essen, was ihm schmeckt; (d) F: he fancies himself, er hält sich für weiß Gott wen. 'fancied, adj. Rac: strongly f. horse, Pferd n, worauf viele tippen. 'fancier, s. Liebhaber m; pigeon f., Taubenzüchter m. 'fanciful, adj. (a) phantasiereich; she's very f., sie hat eine reiche Phantasie; (b) (of story) phantastisch; f. description, ausgeschmückte Beschreibung.

fanfare ['fænfɛər], s. Mus: Fanfare f.

fang [fæŋ], s. (a) Z. Reißzahn m; fangs, Gebiß or n; (b) (of snake) Giftzahn m.

fantasia [fæn'teizjə], s. Mus: Fantasia f. **fantasy** ['fæntəsi,-zi], s. Phantasie f; (story) märchenhafte Erzählung f; Mus: Fantasie f; f. world, Phantasiewelt f. **fan'tastic**, adj. 1. F: (wonderful) fantastisch; Com: f. reductions! einmalige Preissenkungen! 2. (weird) wunderlich; (grotesque) grotesk.

far [fɑ:r]. I. adv. 1. (a) (of place) weit; as f. as the eye can see, so weit das Auge reicht; f. away/off, weit entfernt; f. and wide, weit und breit; Fig: he will go f., er wird es weit bringen; (b) I would even go so f. as to say . . ., ich würde sogar behaupten, . . .; that's going too f., das geht zu weit; as f. as I know, soviel ich weiß; as f. as that goes, was das angeht; so far so good, bisher ist alles in Ordnung; in so f. as, insofern; f. from it, keineswegs; far from rich, keineswegs reich. 2. (of time) so f., bisher; f. into the night, bis spät in die Nacht hinein; as f. back as 1900, schon (im Jahre) 1900. 3. (for emphasis) viel; it's f. better, es ist viel besser; f. more serious, viel ernster; f. advanced, weit fortgeschritten; by f., weitaus, bei f. the best/f. and away the best, weitaus/bei weitem der (die, das) beste. II. adj. entfernt; at the f. end of the street, am anderen Ende der Straße; the Far East, der Ferne Osten. 'faraway, adj. weit entfernt; with a f. look, mit abwesendem Blick. 'far-'fetched, adj. (of argument) an den Haaren herbeigezogen. 'far-'reaching, adj. weitreichend; (of decisions etc.) folgenschwer. 'far-'sighted, adj. (a) Med: weitsichtig; (b) Fig: weitblickend, umsichtig. 'far-'sightedness, s. (a) Med: Weitsichtigkeit f; (b) Fig: Weitblick m.

farce [fɑ:s], s. 1. Th: Farce f. 2. Fig: what a f.! wie lächerlich! the trial was a f., der Prozeß war ein reiner Hohn. 'farcical, adj. 1. Th: possenhaft. 2. Fig: lächerlich.

fare [fɛər], s. 1. (a) (cost) Fahrpreis m; (b) (money) Fahrgeld n; (on bus) fares please! = noch jemand ohne Fahrschein? f. stage, Teilstrecke f. 2. (passenger) Fahrgast m. 3. (food) Kost f; prison f., Gefängniskost f. **farewell** [fɛə'wel], int. & s. Lebewohl n; to bid s.o./sth. f., von j-m/etwas dat Abschied nehmen.

farm [fɑ:m]. I. s. Bauernhof m; f. butter, Bauernbutter f; f. labourer, Landarbeiter m; f. produce, landwirtschaftliche Produkte npl; f. animals, Tiere auf dem Bauernhof. II. v. 1. v.tr. (Land) bewirtschaften. 2. v.i. Landwirtschaft betreiben. 'farmer, s. Bauer m; tenant f., Pächter m; stock f., Viehzüchter m. 'farmhouse, s. Bauernhaus n. 'farming, s.

Landwirtschaft f. 'farm 'out, v.tr. (Arbeit, Aufträge) (an andere Firmen usw.) vergeben. 'farmyard, s. Hof m (eines Bauernhofs); f. smells, landwirtschaftliche Düfte mpl; f. manure, Mist m.

farrier ['færiər], s. Hufschmied m.

fart [fɑ:t], V: I. s. Furz m. II. v.i. furzen.

farther ['fɑ:ðər]. I. adv. f. (than), weiter (als); we didn't get any f., wir sind nicht weiter gekommen; f. off, weiter entfernt; f. on, (i) (distance) noch weiter; (ii) (in development) weiter fortgeschritten; f. back/forward, weiter nach hinten/vorn. II. adj. entfernt; (of river bank) gegenüberliegend; the f. end of the street, das andere Ende der Straße. 'farthest. 1. adj. f. (off), am weitesten entfernt; it was the f. we went, weiter sind wir nicht gegangen. 2. adv. am weitesten.

farthing ['fɑ:ðiŋ], s. Farthing m; Fig: he hasn't a (brass) f., er hat keinen roten Heller.

fascinate ['fæsineit], v.tr. (j-n) faszinieren; to be fascinated by sth., von etwas dat gefesselt sein. 'fascinating, adj. faszinierend. **fasci'nation**, s. Faszination f; it has a f. for me, es fasziniert mich; the f. of football, der Reiz des Fußballs.

fascism ['fæʃiz(ə)m], s. Faschismus m. 'fascist, s. Faschist m.

fashion ['fæʃ(ə)n]. I. s. 1. (manner) Art f; in a peculiar f., auf sonderbare Art; after a f., einigermaßen. 2. Cl: etc: Mode f; in f., (in) Mode, modern; out of f., unmodern; to become the f./come into f., Mode werden; f. house, Modehaus n; f. parade, Mode(n)schau f; f. magazine, Modejournal n. II. v.tr. (create) (etwas) bilden; (mould) (ein Modell usw.) formen. 'fashionable, adj. modern; (of clothes, resort) modisch; it is f. nowadays, das ist jetzt Mode/modern.

fast[1] [fɑ:st]. I. s. Fasten n. II. v.i. fasten.

fast[2]. I. adj. 1. (a) (firm) fest; (b) (of material, colour) waschecht. 2. (a) (speedy) schnell; f. train, Schnellzug m; (b) Phot: (of lens) lichtstark; (of film) empfindlich; (c) the clock is f., die Uhr geht vor. 3. F: to pull a f. one on s.o., j-n reinlegen. 4. F: (of girl) leichtlebig; flott; (of behaviour) ausschweifend. II. adv. 1. to stand f., feststehen; f. asleep, in tiefem Schlaf; Fig: to play f. and loose with s.o, mit j-m sein Spiel treiben. 2. schnell; not so f.! nicht so eilig/schnell! (wait) einen Moment!

fasten ['fɑ:sn], v. 1. v.tr. (a) (etwas) befestigen (to sth., an etwas dat); fastened together, miteinander verbunden; (with clip) zusammengeheftet; Av: P.N: f. belts, bitte anschnallen; (b) (with hook) (eine Tür usw.) festhaken; (with bolt) (eine Tür) verriegeln; (c) to f. one's dress, das Kleid zumachen. 2. v.i. befestigt werden; the door fastens with a bolt, die Tür wird mit einem Riegel verschlossen; the dress fastens at the back, das Kleid ist hinten zuzumachen. 'fastener, 'fastening, s. Verschluß m.

fastidious [fæs'tidiəs] adj. wählerisch; anspruchsvoll (about sth., bei etwas dat).

fat [fæt]. I. adj. 1. (a) (of pers., cigar etc.) dick; (b) P: a f. lot you know about it! davon verstehst du einen Dreck! 2. (of meat) fett. II. s. Fett n; Fig: the f.'s in the fire, jetzt ist der Teufel los; to live on/off the f. of the land, wie

Gott in Frankreich leben. ´**fathead**, s. P:
Dummkopf m. ´**fatness**, s. (of pers.)
Beleibtheit f; (of food) Fettigkeit f.
fatal [feit(ə)l], adj. 1. tödlich; **f. disease**, tödliche
Krankheit. **2. f. mistake**, verhängnisvoller/
fataler Irrtum; F: **that's f.!** dann ist man gelie-
fert! dann ist's ganz aus! -**ly**, adv. **f. injured**,
tödlich verletzt. **fatality** [fə´tæliti], s. (death)
Todesfall m; (in accident) Todesopfer n. **fate**
[feit], s. Schicksal n; **to leave s.o. to his f.**, j-n
seinem Schicksal überlassen; **he met his f.**, er
fand den Tod. ´**fated**, adj. (a) **f. (to do sth.)**
vom Schicksal bestimmt (, etwas zu tun); (b)
F: (of plan) zum Scheitern verurteilt; **he seems
to be f.**, er scheint vom Schicksal verfolgt zu
sein.
father [´fɑːðər]. I. s. Vater m; F: **Christmas**, der
Weihnachtsmann; Psy: **f. figure**, Vaterfigur f;
Ecc: **the Holy F.**, der Heilige Vater; **F. Martin**,
Pater Martin. II. v.tr. (ein Kind) zeugen.
´**fatherhood**, s. Vaterschaft f. ´**fatherland**,
s. Vaterland n. ´**father-in-law**, s. Schwieger-
vater m. ´**fatherless**, adj. vaterlos. ´**fatherly**,
adj. väterlich.
fathom [´fæðəm]. I. s. Nau: Klafter f. II. v.tr. (a)
(Wasser) loten; (b) Fig: (etwas) begreifen.
fatigue [fə´tiːg]. I. s. 1. (weariness, also Metall:)
Ermüdung f; Mec. E: **f. test**, Dauerprobe f. 2.
Mil: **f. (duty)**, Arbeitsdienst m; **f. party**,
Arbeitskommando n. II. v.tr. (j-n, etwas)
ermüden. ´**fatiguing**, adj. ermüdend.
fatten [´fæt(ə)n], v. 1. v.tr. (Tiere) mästen. 2. v.i.
(of pers., animal) fett werden. ´**fattening**, adj.
that's f., das macht dick. ´**fatty**, adj. (a) fett;
f. foods, fetthaltige Nahrungsmittel; (b) **f.
tissue**, Fettgewebe n.
fatuous [´fætjuəs], adj. albern. **fatuity** [fə´t-
juːiti], s. Albernheit f.
faucet [´fɔːsət], s. N.Am: Wasserhahn m.
fault [fɔlt]. I. s. 1. (a) (defect) Fehler m; **scrupu-
lous to a f.**, peinlich genau; **to find f. with s.o.**,
an j-m etwas auszusetzen haben; (b) Tchn:
Defekt m; TV: etc: Störung f. 2. **to be at f.**,
im Unrecht sein; **it's your f.**, es ist Ihre Schuld;
whose f. is it? wer ist schuld daran? 3. Tennis:
Show Jumping: Fehler m. 4. Geol: Verwerfung
f. II. v.tr. (j-m) einen Fehler nachweisen; **his
work cannot be faulted**, seine Arbeit ist ta-
dellos. ´**faultfinder**, s. Krittler(in) m(f.)
´**faultfinding**, s. Krittelei f. ´**faultiness**, s.
Fehlerhaftigkeit f. ´**faultless**, adj. fehlerfrei;
f. German, tadelloses Deutsch. ´**faulty**, adj.
fehlerhaft; **f. goods**, mangelhafte Ware; **f.
brakes**, defekte Bremsen.
fauna [´fɔːnə] s. Fauna f.
favour [´feivər]. I. s. 1. (a) Gunst f; (of pers.) **to
be in/out of f. with s.o.**, bei j-m beliebt/unbe-
liebt sein; (of thing) **to find f. (with s.o.)** (j-m)
gefallen; (b) **in f. of sth.**, für etwas acc; **who's in
f.?** wer ist dafür? **to decide in s.o.'s f.**, zu j-s
Gunsten entscheiden. 2. (act) Gefallen m; **to
do s.o. a f.**, j-m einen Gefallen tun; **as a f.**, aus
Gefälligkeit; **to ask s.o. a f.**, j-n um einen
Gefallen bitten. 3. (badge) Abzeichen n. 4. (of
woman) **to grant s.o. her favours**, j-m ihre Liebe
schenken. II. v.tr. (a) **to f. sth.**, für etwas acc
sein; **I do not f. this plan**, ich bin mit diesem
Plan nicht einverstanden; (b) (promote) (etwas)

begünstigen; (prefer) (j-n, etwas) bevorzugen;
(c) (honour) esp. Iron: **to f. s.o. with sth.**, j-n
mit etwas dat beehren; **why are we so favoured?**
was verschafft uns die Ehre? ´**favourable**,
adj. günstig. ´**favourite**. I. adj. Lieblings-; **f.
dish**, Leibgericht n. II. s. (a) (pers.) Liebling m;
esp. Hist: Günstling m (eines Fürsten); **a f.
with the public**, ein Publikumsliebling m; **this
opera is a great f. of mine**, diese Oper ist ein
Lieblingswerk von mir; (b) Sp: Favorit(in)
m(f). ´**favouritism**, s. Günstlingswirtschaft
f; (unfaire) Bevorzugung f.
fawn[1] [fɔːn]. I. s. 1. Z: Hirschkalb n; Rehkitz n.
2. (colour) Rehbraun n. II. adj. rehbraun.
fawn[2], v.i. **to f. on s.o.**, (of pers.) sich bei j-m
einschmeicheln; (of dog, F: of pers.) um j-n
herumschwänzeln. ´**fawning**, adj. kriecherisch.
fear[1] [fiər]. I. s. 1. Angst f; Furcht f (of s.o., sth.,
vor j-m, etwas dat); **deadly f.**, Todesangst f; **to go
in f. of s.o.**, Angst vor j-m haben; **to go in f. of
one's life**, um sein Leben fürchten; **for f. of
waking him/that he might wake**, aus Angst,
daß er aufwachen könnte. 2. (risk) **there is no
f. of that**, da besteht keine Gefahr; F: **no f.!**
keine Angst! 3. (dread) **the f. of God**, Gottes-
furcht f; F: **to put the f. of God into s.o.**, j-m
Todesängste einjagen. 4. pl. **your fears are
groundless**, Ihre Befürchtungen sind unbeg-
ründet. II. v. 1. v.tr. **to f. s.o., sth.**, Angst vor
j-m, etwas dat haben; **to f. the worst**, das
Schlimmste befürchten; **to f. God**, Gott
fürchten. 2. v.i. fürchten (for sth., um etwas
acc); **to f. for s.o.**, um j-n besorgt sein; **I f. it
is too late**, ich fürchte, es ist zu spät. ´**fear-
ful**, adj. 1. (terrible) furchtbar. 2. (appre-
hensive) furchtsam. 3. (concerned) besorgt (for,
um + acc). ´**fearless**, adj. furchtlos (of,
vor + dat). ´**fearlessness**, s. Furchtlosigkeit
f. ´**fearsome**, adj. furchterregend; F:
(terrible) furchtbar.
feasible [´fiːzəbl], adj. durchführbar. **feasi´b-
ility**, s. Durchführbarkeit f (eines Plans); **f.
study**, Durchführbarkeitsanalyse f.
feast [fiːst]. I. s. 1. Ecc: **f. (day)**, Fest n. 2.
(meal) Festessen n; Fig: **f. for the eyes**, Au-
genweide f. II. v. 1. v.i. feiern (mit viel Essen
und Trinken); **to f. on sth.**, etwas ausgiebig
genießen. 2. v.tr. Fig: **to f. one's eyes on sth.**,
seine Augen an etwas dat weiden. ´**feasting**,
s. Feiern n (mit viel Essen und Trinken).
feat [fiːt], s. Großtat f; (achievement) Leistung f;
daring f., wagemutige Tat; Tchn: **f. of engineer-
ing**, großartige technische Leistung.
feather [´feðər]. I. s. 1. Feder f; **f. bed**, Federbett
n; Fig: **that's a f. in his cap!** darauf kann er
stolz sein; Prov: **birds of a f. flock together**,
gleich und gleich gesellt sich gern. II. v.tr. Fig:
to f. one's nest, sein Schäfchen ins Trockene
bringen. ´**featherbrained**, adj. **she is f.**, sie
hat ein Spatzenhirn. ´**featherweight**, s. Box:
Federgewicht n.
feature [´fiːtʃər]. I. s. 1. esp. pl. (of face) Ge-
sichtszüge mpl. 2. (characteristic) Merkmal n;
(special) **f.**, Besonderheit f; **main f.**, Haupt-
merkmal n; (positive f.) Hauptattraktion f. 3.
Journ: Sonderbericht m; Cin: **f. (film)**, Haupt-
film m. II. v. 1. v.tr. Journ: Cin: TV: (j-n, einen
Bericht usw.) bringen; **the concert featured a first**

performance, auf dem Programm des Konzerts stand eine Uraufführung. **2.** *v.i.* (*of things*) vorkommen; (*of pers.*) eine (führende) Rolle spielen; **X and Y featured in an exciting finish,** X und Y waren an einem spannenden Endkampf beteiligt.

February ['februəri], *s.* Februar *m;* **in F.,** im Februar; **on F. 6th/the sixth of F.,** am 6./ sechsten Februar.

fed [fed]. **1.** *p.p. of* **feed,** *q.v.* **2.** *adj.* F: **to be f. up,** es satt haben; **I'm f. up with this waiting,** dieses Warten hängt mir zum Halse heraus.

federal ['fedərəl], *adj.* Bundes-; **the F. Republic of Germany,** die Bundesrepublik Deutschland; *Adm:* **at f. level,** auf Bundesebene. ´**federate,** *v.* **1.** *v.tr.* (zwei Staaten) vereinigen. **2.** *v.i.* sich verbünden. **fede´ration,** *s.* Bund *m.*

fee [fi:], *s.* (*a*) *Adm:* Gebühr *f;* **registration f.,** Anmeldegebühr *f;* (*b*) (*amount*) Betrag *m;* (*rate*) Satz *m;* **doctor's f.,** Ärztehonorar *n;* **entrance f.,** Eintrittsgeld *n;* **school fees,** Schulgeld *n;* **membership f.,** Mitgliedsbeitrag *m;* **what's your f.?** was verlangen Sie?

feeble ['fi:bl], *adj.* (*a*) schwach; (*of old pers.*) gebrechlich; (*b*) (*of excuse etc.*) lahm; (*c*) F: (*bad*) mies; **a f. effort,** eine miese Leistung. ´**feeble-´minded,** *adj.* schwachsinnig. ´**feebleness,** *s.* Schwäche *f.*

feed [fi:d]. **I.** *s.* **1.** (*a*) (*for animal*) Futter *n;* (*b*) (*for baby*) (*food*) Nahrung *f;* (*meal*) Mahlzeit *f;* **to give a baby its f.,** einem Baby die Flasche geben; (*breastfeed*) ein Baby stillen; *F:* **to have a good f.,** ausgiebig futtern. **2.** *Ind:* Speisung *f* (eines Hochofens usw.); *Mec.E:* (*of oil, petrol*) Zufuhr *f;* **pressure f.,** Druckförderung *f.* **II.** *v.* (*p. & p.p.* **fed**) **1.** *v.tr.* (*a*) (ein Tier, ein Kind) füttern (**on sth.,** mit etwas *dat*); (einem Menschen) zu essen geben; (*b*) (eine Maschine, einen Computer) speisen; **to f. sth. into the machine/computer.,** etwas der Maschine/dem Computer zuführen; **to f. s.o. with information,** j-n mit Informationen versorgen; *F:* **to f. a parking meter,** eine Parkuhr füttern; (*c*) *Fig:* **to f. the flames,** Öl in die Flammen gießen. **2.** *v.i.* (*of pers.*) essen; (*of animal*) fressen; **to f. on sth.,** (*of pers.*) sich von etwas *dat* ernähren; (*of animal*) etwas fressen. ´**feedback,** *s.* **1.** *El:* Rückkoppelung *f.* **2.** Reaktionen *fpl* (auf eine Umfrage usw.). ´**feeder,** *s.* **1.** *Tchn:* Speiseleitung *f.* **2.** (*child's bib*) Lätzchen *n.* ´**feeding,** *s.* **1.** Fütterung *f* (von Tieren); **f. trough,** Futtertrog *m.* **2.** Ernährung *f* (von Menschen); **f. bottle,** Saugflasche *f.* **3.** *Tchn:* Zuleitung *f.* ´**feedpipe,** *s. Tchn:* Zuleitungsrohr *n.* ´**feed ´up,** *v.tr.* (ein Tier) mästen.

feel [fi:l]. **I.** *s.* (*a*) **it has a rough f.,** es fühlt sich rauh an; (*b*) *Fig:* Gefühl *n;* **to get the f. of sth.,** sich an etwas *acc* gewöhnen. **II.** *v.* (*p. & p.p.* **felt**). **1.** *v.tr.* (*a*) (*physically*) (einen Ruck; j-m den Puls usw.) fühlen; (Kälte, eine Bewegung, eine Wirkung) spüren; (Schmerz) empfinden; (*with the fingers*) (einen Stoff usw.) betasten, befühlen; **we felt the floor tremble,** wir spürten das Zittern des Fußbodens; **I can f. it in my bones,** ich spüre es in den Knochen; **to f. one's way (forward),** sich nach vorn tasten; **to f. sth. all over,** etwas (ganz) abtasten; **he makes his

presence felt,** er setzt sich durch; (*b*) (*emotionally*) (Reue, Liebe, Bewunderung, Abscheu usw.) empfinden; **to f. a deep sense of loss,** den Verlust tief empfinden; **strongly/deeply felt,** stark/tief empfunden; **to f. a sense of joy,** Freude verspüren; **to f. no interest for sth.,** kein Interesse für etwas *acc* haben; **it was a long felt want,** es hat seit langem gefehlt; (*c*) (*consider*) (etwas) meinen; **I f. we are too kind,** ich meine/finde, daß wir zu nachsichtig sind; **it is felt that . . .,** es herrscht die Meinung, daß . . .; **it is felt to be undesirable,** es wird für unerwünscht gehalten; **he felt it his duty,** er hielt es für seine Pflicht. **2.** *v.i.* (*of pers.*) (*a*) sich (wohl, besser, glücklich, fremd usw.) fühlen; **to f. important,** sich wichtig vorkommen; **he felt insulted,** er fühlte sich beleidigt; **how do you f.?** wie fühlen Sie sich? **I f. cold/ill,** mir ist kalt/ schlecht; **I f. well,** mir geht es gut; **to f. certain,** sicher sein; **I felt a fool,** ich kam mir blöd vor; (*b*) **I felt like crying,** ich hätte weinen können; **I don't f. like it,** ich habe keine Lust (dazu); mir ist nicht danach (zumute); **I f. like a cup of tea,** ich hätte Lust auf eine Tasse Tee; **I f. like singing,** ich möchte singen; **she felt like a queen,** sie kam sich wie eine Königin vor; (*c*) **to f. for s.o.,** mit j-m Mitleid haben; **I felt sorry for him,** er tat mir leid; (*d*) **to f. for sth.,** nach etwas *dat* tasten; (*e*) **to f. up to sth.,** sich für etwas *acc* stark genug fühlen. ´**feeler,** *s.* **1.** *Ent:* Fühler *m.* **2.** *Fig:* Versuchsballon *m;* **to put out a f.,** einen Versuchsballon steigen lassen. **3.** *E: Meas:* **f. gauge,** Spion *m.* ´**feeling,** *s.* Gefühl *n;* (*a*) (*physical*) **to have no f. in one's arm,** kein Gefühl im Arm haben; (*b*) (*emotion*) **a f. of desperation,** ein Gefühl der Verzweiflung; **to hurt s.o.'s feelings,** j-n verletzen/(*insult*) beleidigen; **ill f.,** Ressentiment *n;* **feelings were running high,** die Gemüter erhitzten sich; **I've no strong feelings,** mir ist es ziemlich egal; **no hard feelings!** nichts für ungut! (*c*) (*premonition*) **a f. of danger,** ein Vorgefühl der Gefahr; **I've a f. he will come,** ich habe so das Gefühl, daß er kommen wird; (*d*) **public f.,** die Stimmung des Volkes; (*opinion*) die öffentliche Meinung.

feign [fein], *v.tr.* (Überraschung usw.) vortäuschen; (Freude) heucheln. **feigned,** *adj.* geheuchelt.

felicity [fə´lisiti], *s.* **1.** (*happiness*) Glückseligkeit *f.* **2.** Gabe *f,* **his f. of expression,** das Treffende seines Ausdrucks. **fe´licitous,** *adj.* gelungen; (*of words etc.*) treffend.

feline ['fi:lain], *adj.* Katzen-; (*catlike*) katzenartig.

fell[1] [fel], *v.tr.* (einen Baum) fällen.

fell[2], *s. N. Brit:* kahler Berg *m.*

fell[3], *adj.* **at one f. swoop,** mit einem Schlag.

fellow ['felou], *s.* **1.** (*companion*) Genosse *m,* Genossin *f;* (*sufferer*) Leidensgenosse *m;* **f. feeling,** Mitgefühl *n;* **f. creature,** Mitmensch *m;* **f. citizen,** Mitbürger *m;* **f. countryman,** Landsmann *m;* **f. countrywoman,** Landsmännin *f;* **f. traveller,** Mitreisende(r) *f* (*m*); *Fig:* Mitläufer *m, esp.* Kommunistenfreund *m.* **2.** (*other of a pair*) Gegenstück *n.* **3.** *Univ:* (*a*) Mitglied *n* (einer gelehrten Gesellschaft); (*b*) Fellow *m;* **research f.,** Forschungsstipendiat *m.* **4.** *F:* Kerl *m;* **a good f.,** ein braver Kerl; **a queer f.,** ein komischer Kauz. **'fellowship,** *s.* **1.** (*companionship*) Kameradschaft *f.* **2.** (*organization*) Vereinigung *f.* **3.** *Univ:* (*a*) Stellung *f* eines Fellows; (*b*) Forschungsstipendium *n.*

felon ['felən], *s. Jur:* Verbrecher *m.* **'felony,** *s. Jur:* schweres Verbrechen *n.*

felt [felt], *s.* Filz *m;* **f. pen,** Filzstift *m.*

female ['fiːmeil]. **I.** *adj.* **1.** weiblich. **2.** *Mec.E:* Mutter-; **f. thread,** Muttergewinde *n.* **II.** *s.* (*a*) *Hum:* weibliches Wesen; *Pej:* Weib *n;* (*b*) *Z:* Weibchen *n.* **feminine** ['feminin], *adj.* weiblich; (*of dress etc.*) feminin. **'feminism,** *s.* Feminismus *m.* **'feminist. I.** *s.* Feminist(in) *m* (*f*). **II.** *adj.* feministisch.

femur ['fiːmər], *s. Anat:* Oberschenkelknochen *m.*

fen [fen], *s.* Sumpfgebiet *n.*

fence [fens]. **I.** *s.* **1.** Zaun *m; Fig:* **to sit on the f.,** keine Partei ergreifen. **2.** (*pers.*) Hehler *m.* **II.** *v.* **1.** *v.tr.* **to f. in sth.,** etwas einzäunen. **2.** *v.i. Sp:* fechten. **'fencing,** *s.* **1.** *Sp:* Fechten *n;* **f. match,** Fechtkampf *m.* **2.** (*a*) (*enclosure*) Umzäunung *f;* (*b*) (*material*) Zaun *m.* **3.** (*crime*) Hehlerei *f.*

fend [fend], *v.* **1.** *v.tr.* **to f. off an attack,** einen Angriff abwehren. **2.** *v.i.* **to f. for oneself,** sich allein durchschlagen; (*cater*) für sich *acc* selbst sorgen.

fender ['fendər], *s.* (*a*) *H:* Kaminvorsetzer *m;* (*b*) *Nau:* Fender *m;* (*c*) *N. Am: Aut:* Kotflügel *m.*

fennel ['fenl], *s. Bot:* Fenchel *m.*

ferment. I. *s.* ['fɜːment]. **1.** Gärung *f.* **2.** *Fig:* Aufruhr *m.* **II.** *v.* [fə'ment]. **1.** *v.i. Winem: etc:* gären. **2.** *v.tr.* (Trauben usw.) gären lassen. **fermen'tation,** *s.* Gärung *f.*

fern [fəːn], *s. Bot:* Farnkraut *n.*

ferocious [fə'rəuʃəs], *adj.* (*of pers.*) grimmig; (*of animal*) wild; **a f. attack,** ein heftiger Angriff. **ferocity** [-'rɔsiti], *s.* Wildheit *f* (eines Tieres); Heftigkeit *f* (eines Angriffs).

ferret ['ferit]. **I.** *s. Z:* Frettchen *n.* **II.** *v.* **1.** *v.tr.* **to f. about,** herumsuchen (**for sth.,** nach etwas *dat*). **2.** *v.tr.* **to f. sth. out,** etwas aufstöbern.

ferro- [ferəu], *adj.* Eisen-; **f.-concrete,** Eisenbeton *m.* **'ferrous,** *adj.* eisenhaltig.

ferrule ['feruːl], *s.* Stockzwinge *f.*

ferry ['feri]. **I.** *s.* **f.** (**boat**), Fähre *f.* **II.** *v.tr.* (*in boat*) (j-n, etwas) übersetzen; *Av:* (j-n, etwas) hinüberfliegen. **'ferryman,** *s.* Fährmann *m.*

fertile ['fəːtail], *adj.* fruchtbar; (*of egg*) befruchtet; *Fig:* **f. imagination,** reiche Phantasie. **fertility** [-'tiliti], *s.* Fruchtbarkeit *f.* **fertilization** [-ilai'zeiʃ(ə)n], *s.* Befruchtung *f.* **'fertilize,** *v.tr.* (*a*) (ein Ei, eine Blüte) befruchten; (*b*) (den Boden) düngen. **'fertilizer,** *s. Agr:* Dünger *m.*

fervent ['fəːvənt], *adj.* leidenschaftlich; (*of emotions*) glühend; (*of prayer, request etc.*) inständig. **'fervour,** *s.* glühender Eifer *m;* (*passion*) Leidenschaft *f.*

fester ['festər], *v.i.* (*of wound*) eitern.

festival ['festivəl], *s.* Fest *n; Mus: Th:* Festspiele *npl;* **film f.,** Filmfestival *n.* **'festive,** *adj.* festlich; **the f. season** = Weihnachten *fpl.* **fes'tivity,** *s.* **1.** (*occasion*) Fest *n; pl.* **festivities,** die Festlichkeiten *fpl.* **2.** (*jollity*) Fröhlichkeit *f.*

festoon [fes'tuːn]. **I.** *s.* Girlande *f.* **II.** *v.tr.*

(einen Saal) mit Girlanden schmücken; *Fig:* **festooned with cobwebs,** mit Spinngeweben behangen.

fetch [fetʃ], *v.tr.* (*a*) (etwas) holen; (j-n) abholen; (*bring here*) (etwas) herbringen; (*of dog*) (etwas) apportieren; (*b*) **to f. a good price,** einen guten Preis erzielen; (*c*) **to f. s.o. a blow,** j-m einen Schlag versetzen. **'fetch 'back,** *v.tr.* (etwas) zurückholen. **'fetch 'down,** *v.tr.* (etwas) herunterholen. **'fetch 'in,** *v.tr.* (etwas) hereinbringen. **'fetching,** *adj.* attraktiv; (*of smile*) gewinnend.

fête [feit]. **I.** *s.* (*a*) Fest *n;* **village f.,** *approx.* Dorfkirmes *f;* (*b*) (*for charity*) Wohltätigkeitsbasar *m.* **II.** *v.tr.* (j-n) feiern.

fetid ['fetid], *adj.* stinkend.

fetish ['fetiʃ], *s.* Fetisch *m; Fig:* **to make a f. of sth.,** etwas zur Manie werden lassen.

fetter ['fetər]. **I.** *v.tr.* (j-n, etwas) fesseln. **II.** *s. usu. pl.* **fetters,** Fesseln *fpl;* **in fetters,** gefesselt.

fettle ['fetl], *s.* **in fine/good f.,** in Form.

feud [fjuːd], *s.* Fehde *f;* (**blood**) **f.,** Blutrache *f;* **family f.,** Familienstreit *m.*

feudal ['fjuːdəl], *adj. Hist:* feudal. **'feudalism,** *s.* Feudalismus *m.*

fever ['fiːvər], *s.* Fieber *n;* **in a f. of excitement,** in fieberhafter Aufregung. **'fevered/'feverish,** *adj.* fieberhaft; *Med:* fiebrig. **'feverishness,** *s.* Fieberhaftigkeit *f; Med:* Fiebrigkeit *f.*

few [fjuː], *adj.* (*a*) wenige; **he has f. friends,** er hat wenig(e) Freunde; **with f. exceptions,** mit wenigen Ausnahmen; **f. if any,** ganz wenige; die wenigsten; (*b*) (*several*) **a f. (books etc.),** ein paar (Bücher usw.); **a f. more,** noch ein paar; **in a f. minutes,** in einigen Minuten; **every f. days,** alle paar Tage; **quite a f.,** ziemlich viele; (*c*) (*rare*) **such opportunities are f. (and far between),** solche Gelegenheiten sind selten; (**only**) **a f. cases of this disease,** (nur) vereinzelte Fälle dieser Krankheit. **'fewer,** *adj.* **1.** weniger; **no f. than 20 visitors,** mindestens 20 Besucher. **2. the houses became f.,** die Häuser wurden seltener. **'fewest,** *adj.* **he had the f. points,** er hatte die wenigsten Punkte; **I got (the) f.,** ich bekam am wenigsten.

fiancé [fi'ɑ̃ːnsei], *s.* Verlobte(r) *m.* **fi'ancée,** *s.* Verlobte *f.*

fiasco, *pl.* **-os** [fi'æskəu, -əuz], *s.* Fiasko *n.*

fib [fib]. **I.** *s. F:* kleine Lüge *f.* **II.** *v.i. F:* flunkern.

fibre ['faibər], *s.* (*a*) Faser *f;* **man-made f.,** Kunstfaser *f;* (*b*) (*of pers.*) **moral f.,** moralische Stärke *f.* **'fibreboard,** *s.* Holzfaserplatte *f.* **'fibreglass,** *s.* Glasfaser *f.* **'fibrous,** *adj.* Faser-, faserig.

fickle [fikl], *adj.* unbeständig; (*of mood*) launenhaft; (*of pers.*) wankelmütig. **'fickleness,** *s.* (*a*) Unbeständigkeit *f;* (*b*) Wankelmut *m.*

fiction ['fikʃ(ə)n], *s.* **1.** (*not truth*) Erfindung *f.* **2.** (*art, category*) Belletristik *f;* (**works of**) **f.,** Unterhaltungsliteratur *f;* **science f.,** Science-fiction *f.* **fic'titious,** *adj.* (frei) erfunden.

fiddle [fidl]. **I.** *s.* **1.** *Mus: F:* Geige *f;* **to play second f.,** zweite Geige spielen (*Fig:* **to s.o.,** bei j-m). **2.** *F:* Schwindel *m.* **II.** *v.* **1.** *v.i.* (*a*) *Mus:* geigen; *Pej:* fiedeln; (*b*) *F:* **to f. with sth.,** mit etwas *dat* herumspielen. **2.** *v.tr. F:* (etwas) arrangieren; **to f. the accounts,** die Bücher frisieren. **'fiddler,** s. 1. *Mus:* Geiger *m.* 2. *F:* Schwindler *m.* **'fiddling.** I. s. 1. Geigen *n.* 2. *F:* Schwindelei *f.* II. *adj.* geringfügig, *F:* läppisch. **'fiddly,** *adj. F:* knifflig.

fidelity [fi'deliti], s. (a) Treue *f;* (b) *Rec:* Wiedergabegüte *f.*

fidget ['fidʒit]. I. s. *F:* (*pers.*) Zappelphilipp *m.* II. *v.i.* **to f.** (about), (herum)zappeln. **'fidgeting,** s. Zappelei *f.* **'fidgety,** *adj.* zappelig.

field [fi:ld]. I. s. 1. (a) Feld *n;* (*meadow*) Wiese *f;* (*for crops*) Acker *m;* **in the fields,** querfeldein; (b) **to take the f.,** *Mil:* ins Feld ziehen; *Sp:* den Spielplatz betreten; **f. of battle,** Schlachtfeld *n;* **f. day,** Felddienstübung *f; Fig:* **to have a f. day,** einen erfolgreichen Tag haben; (c) *Sp:* **football f.,** Fußballplatz *m;* **f. events,** Sprung- und Wurfdisziplinen *fpl;* (d) **f. of vision,** Blickfeld *n; Mil:* **f. of fire,** Schußfeld *n.* 2. (a) (*area of study etc.*) Gebiet *n;* **in my f.,** in meinem Fachgebiet; (b) **experience in the f.,** praktische Erfahrung; **f. study,** Studium *n* am Objekt; (*market research*) Marktforschung *f.* 3. *El:* **magnetic f.,** Magnetfeld *n;* **f. strength,** Feldstärke *f.* 4. *Rac:* Feld *n.* II. *v.tr.* (a) *Cricket:* (den Ball) auffangen (und zurückwerfen); (b) *Sp:* **to f. a strong team,** mit einer starken Mannschaft antreten. **'fielder,** s. *Cricket:* Fänger *m.* **'fieldglasses,** *s.pl.* Feldstecher *m.* **'field-gun,** s. Feldgeschütz *n.* **'Field-'Marshal,** s. Feldmarschall *m.* **'field-mouse,** s. *Z:* Feldmaus *f.*

fiend [fi:nd], s. (a) Teufel *m;* (b) (*pers.*) Unmensch *m;* (c) *F:* (*enthusiast*) Fanatiker *m;* **football f.,** Fußballfanatiker *m.* **'fiendish,** *adj.* teuflisch.

fierce ['fiəs], *adj.* (a) (*of emotions*) wild; (*of battle, competition etc.*) heftig; (b) (*of pers.*) furchterregend; (*of animal*) bösartig; (*of dog*) scharf; (c) (*of colour etc.*) grell; *Aut:* **f. brakes,** scharfe Bremsen *fpl.* **'fierceness,** s. Wildheit *f* (der Gefühle); Heftigkeit *f* (einer Schlacht, eines Sturms); Bösartigkeit *f* (eines Tieres); Grellheit *f* (einer Farbe).

fiery ['faiəri], *adj.* feurig, (*of sky*) feuerrot.

fife [faif], s. *Mus:* Querpfeife *f.*

fifteen [fif'ti:n]. I. *num. adj.* fünfzehn. II. *s.* Fünfzehn *f; Sp:* Rugbymannschaft *f.* **fif-'teenth.** I. *num. adj.* fünfzehnte(r,s). II. *s.* (*fraction*) Fünfzehntel *n.*

fifth [fifθ]. I. *num. adj.* fünfte(r,s); *Pol:* **f. column,** fünfte Kolonne *f.* II. *s.* 1. (*fraction*) Fünftel *n.* 2. *Mus:* Quinte *f;* **-ly,** *adv.* fünftens.

fifty ['fifti]. I. *num. adj.* fünfzig; **f.-f.,** halb und halb; **let's go f.-f.,** machen wir's halbe-halbe. II. s. Fünfzig *f;* **in his fifties,** in den Fünfzigern; **in the fifties,** in den fünfziger Jahren. **'fiftieth.** I. *num. adj.* fünfzigste(r,s). II. *s.* (*fraction*) Fünfzigstel *n.*

fig [fig], s. Feige *f;* **f. tree,** Feigenbaum *m;* **green f.,** frische Feige; *F:* **I don't give a f. for that,** das ist mir ganz egal.

fight [fait]. I. s. 1. Kampf *m;* (*brawl*) Schlägerei *f;* (*between children*) Rauferei *f; Box:* Boxkampf *m;* (**hand to hand**) *f.,* Handgemenge *n;* **a f. to the finish,** ein Kampf bis aufs letzte. 2. **full of f.,** kampflustig; **there was no f. left in him,** er war kampfmüde. II. *v.* 1. *v.i.* (a) kämpfen (**for/over/about sth.,** um etwas *acc;* **for s.o.,** für j-n);

to f. for one's life, um sein Leben kämpfen; **to f. hand to hand,** Mann gegen Mann kämpfen; *Fig:* **to f. shy of sth.,** etwas umgehen; (b) (*brawl*) sich prügeln; (*of children*) sich raufen; **to f. back,** sich wehren. 2. *v.tr.* (etwas) bekämpfen; (mit j-m) kämpfen; **to f. a battle,** kämpfen; **to f. off the enemy,** den Feind abwehren; *Fig:* **to f. down feelings,** Gefühle unterdrücken; *Pol:* **to f. an election,** einen Wahlkampf führen. **'fighter,** s. 1. Kämpfer *m; Box:* Boxer *m.* 2. *Av:* **f. (aircraft),** Jagdflugzeug *n.* **'fighting,** s. 1. Kämpfen *n; Mil:* **fierce f.,** heftige/schwere Kämpfe; **killed in the f.,** im Kampf gefallen; **f. strength,** Kampfkraft *f.* 2. (*brawling*) Prügelei *f;* (*between children*) Rauferei *f; Fig:* **he has a f. chance,** mit einem bißchen Glück wird er es schaffen.

figment ['figmənt], s. **a f. of your imagination,** ein Auswuchs *m* Ihrer Phantasie.

figure ['figər]. I. s. 1. (*shape*) Figur *f;* **to have a good f.,** eine gute Figur haben; **f. skating,** Eiskunstlauf *m.* 2. (a) (*pers. of importance*) Persönlichkeit *f; Hist: Art:* Figur *f;* **the central f.** (**of a play etc.**), die Hauptfigur (eines Stückes usw.); (b) **a ghostly f.,** eine gespenstische Gestalt; **a f. of fun,** eine lächerliche Figur. 3. (a) (*number*) Zahl *f;* **a mistake in the figures,** ein Fehler beim Rechnen; **to be good at figures,** gut im Rechnen sein; **the costs go into three figures,** die Kosten gehen in die Hunderte; **a three-f. number,** eine dreistellige Zahl; **in round figures,** in runden Zahlen/Ziffern; (b) (*amount*) Summe *f,* Betrag *m;* **high f.,** hohe Summe; hoher Preis. 4. (*in book*) Abbildung *f.* 5. **f. of speech,** bildlicher Ausdruck, Metapher *f.* II. *v.* 1. *v.i.* (a) (auf einer Liste usw.) vorkommen; (b) *N. Am:* meinen. 2. *v.tr. Mth: & F:* **to f. sth. out,** etwas austüfteln; **I can't f. him/it out,** ich kann ihn/es nicht begreifen. **'figurative,** *adj.* metaphorisch; **f. meaning,** übertragene Bedeutung; **-ly,** *adv.* **to speak f.,** bildlich sprechen. **'figurehead,** s. 1. (*on ship*) Galionsfigur *f.* 2. *Fig:* (*pers.*) repräsentative Figur *f.*

filament ['filəmənt], s. 1. *Bot:* Staubfaden *m.* 2. *El:* Glühfaden *m.*

filch [filtʃ], *v.tr. F:* (etwas) klauen.

file[1] [fail]. I. s. *Tls:* Feile *f.* II. *v.tr.* (etwas) feilen. **'filing,** s. 1. Feilen *n.* 2. *pl* **filings,** Feilspäne *mpl.*

file[2]. I. s. 1. (*containing documents etc.*) Ordner *m;* (*containing letters*) Briefordner *m.* 2. (*dossier*) Akten *fpl;* **the Smith f.,** die Akten in der Sache Smith; **on f.,** in der Ablage; bei den Akten; **f. cards,** Karteikarten *fpl; Pub:* **f. copy,** Archivexemplar *n.* II. *v.tr.* (a) (etwas) zu den Akten legen, (*sort*) (ein)ordnen; (b) *Jur:* **to f. a petition etc.,** einen Antrag usw. einreichen. **'filing,** s. (a) Einordnen *n;* **f. cabinet,** Aktenschrank *m;* **f. clerk,** Angestellte(r) *f* (*m*) für die Ablage; (b) *Jur:* Einreichen *n.*

file[3]. I. s. Reihe *f;* **in single f.,** im Gänsemarsch. II. *v.tr.* **to f. past s.o.,** an j-m vorbeiziehen; **to f. in/out,** einer nach dem anderen hinein/hinaustreten.

filial ['filiəl], *attrib. adj.* Kindes-; **f. devotion,** Liebe *f* zu den Eltern.

filibuster ['filibʌstər], *v.i. N. Am:* Obstruktion treiben.

filigree ['filigri:], s. Filigranarbeit f.

fill [fil]. **I.** s. Fülle f; **to eat one's f.**, sich satt essen; **to have one's f. of sth.**, genug von etwas *dat* haben. **II.** v. 1. v.tr. (a) (etwas) füllen (**with sth.**, mit etwas *dat*); (eine Pfeife) stopfen; **to be filled with admiration,** von Bewunderung erfüllt sein; (b) (eine Lücke, einen Zahn) füllen; **the bus was already filled/filled with tourists,** der Bus war schon voll (besetzt)/voller Touristen; (c) (einen Posten) besetzen; (of employee) (einen Posten) bekleiden. **2.** v.i. sich füllen. ´**filler,** s. **1.** *Paint:* Füllspachtel f; Spachtelmasse f. **2.** (of tank) Einfüllstutzen m; *Aut:* **f. cap,** Verschluß m (des Benzintanks usw.). ´**fill ´in,** v.tr. (a) (ein Loch) ausfüllen, (einen Graben) zuschütten; (b) (ein Formular) ausfüllen; (das Datum) einsetzen. ´**filling. I.** adj. (of food) sättigend. **II.** s. **1.** *Dent:* Cu: etc: Füllung f; **a cake with chocolate f.,** eine Torte mit Schokoladenfüllung. **2.** *Aut:* **f. station,** Tankstelle f. ´**fill ´out,** v. **1.** v.tr. esp. N.Am: (ein Formular) ausfüllen; (einen Scheck) ausstellen. **2.** v.i. (of cheeks etc.) sich runden. ´**fill ´up,** v. **1.** v.tr. (a) (ein Glas usw.) füllen; *Aut:* **to f. a car up (with petrol),** ein Auto volltanken; (b) (ein Loch, ein Formular) ausfüllen. **2.** v.i. sich füllen; (pers.) sich satt essen; (b) *Aut:* volltanken.

fillet ['filit]. *Cu:* **I.** s. (of fish, meat) Filet n. **II.** v.tr. (Fisch) in Filets zerlegen, (remove bones only) entgräten.

fillip ['filip], s. Ansporn m, Auftrieb m.

filly ['fili], s. Stutfohlen n; (over a year) Jungstute f.

film [film]. **I.** s. **1.** (a) (dünne) Schicht f; **f. of oil,** Ölschicht f; (b) (coating) Belag m. **2.** *Phot: Cin:* Film m; **colour f.,** Farbfilm m; **full-length f.,** abendfüllender Film m; **to make/shoot a f.,** einen Film drehen; **f. set,** Filmkulisse f; **f. star,** Filmstar m; **f. studio,** Filmstudio n; **f. version,** Verfilmung f. **II.** v. *Cin:* **1.** v.tr. (a) (eine Szene) drehen; (b) (ein Buch) verfilmen. **2.** v.i. filmen. ´**filmstrip,** s. Filmstreifen m.

filter ['filtər]. **I.** s. **1.** Filter m & Tchn: n; **f. paper,** Filterpapier n; **f. cigarette,** Filterzigarette f. **2.** *Aut:* **lefthand/righthand f.,** Linksabbieger/Rechtsabbiegerspur f. **II.** v. **1.** v.tr. (Kaffee usw.) filtern; (Wasser, Öl usw.) filtrieren. **2.** v.i. (a) (of news etc.) **to f. through,** durchsickern; (b) *Aut:* **to f. (in/to the right),** sich (in den Verkehr/nach rechts) einreihen.

filth ['filθ], s. (also Fig:) Dreck m; (writings) Schmutzliteratur f. ´**filthy,** adj. dreckig; (of books, films) schmierig; *F:* (of weather) scheußlich; **in a f. temper,** in einer fürchterlichen Laune; **a f. liar,** ein gemeiner Lügner.

fin [fin], s. *Fish: Av: etc:* Flosse f; *Mec. E:* (cooling) **f.,** Kühlrippe f.

final ['fainəl]. **I.** adj. (a) letzte(r,s); Schluß-, End-; **f. result,** Endergebnis n; **f. instalment,** *Rad: TV:* letzte Fortsetzung f; *Com:* Schlußzahlung f; *Sp:* **f. score,** Schlußstand m; **f. round,** Schlußrunde f; (b) *Gram:* **f. clause,** Finalsatz m; (c) (of decision etc.) endgültig; **is that f.?** ist das Ihr letztes Wort? **II.** s. **1.** *Sp:* Endspiel n. **2.** *Univ:* **finals,** Abschlußprüfung f; **-ly,** adv. schließlich, zum Schluß. **finale** [fi´na:li],

s. *Mus:* Finale n; (in opera) Schlußszene f. ´**finalist,** s. *Sp:* Teilnehmer(in) m(f) an der Schluß-runde/am Endspiel; Finalist(in) m(f). ´**finalize,** v.tr. (etwas) vollenden; (Vorbereitungen usw. dat) eine endgültige Form geben. **finance I.** ['fainæns]. s. **1.** Finanz f; **public f.,** öffentliche Mittel npl; **f. company,** Finanzgesellschaft f. **2.** pl Finanzen pl. **II.** [fi´næns, ´fai-], v.tr. (etwas) finanzieren. **fi´nancial,** adj. finanziell, Finanz-; **f. affairs,** Geldangelegenheiten fpl; **f. statement,** Bilanz f; **f. year,** (i) *Com:* Geschäftsjahr n; (ii) *Pol:* Finanzjahr n. **fi´nancier,** s. Finanzmann m. **fi´nancing,** s. Finanzierung f.

finch ['finʃ], s. *Orn:* Fink m.

find [faind]. **I.** s. Fund m; **it was an accidental f.,** ich habe es zufällig gefunden. **II.** v.tr. (p. & p.p. **found**) (etwas) finden; (a) (chance on) (auf etwas acc) stoßen; **you can f. them anywhere,** man findet sie überall; **to f. difficulty in doing sth.,** bei etwas dat auf Schwierigkeiten stoßen; (b) (by searching) **to try to f. sth.,** nach etwas dat suchen; **he is not to be found,** er ist nicht zu finden; **I can't f. the time to do it,** ich kann die Zeit dafür nicht aufbringen; **to find the money for an undertaking,** das Geld für ein Unternehmen auftreiben, (c) (establish) feststellen; **it was found that . . .,** es stellte sich heraus, daß . . .; **you'll f. that I'm right,** Sie werden sehen, daß ich recht habe; **they will f. it easy/difficult,** es wird ihnen leicht/schwer fallen; (d) *Jur:* **to f. s.o. guilty,** j-n schuldig sprechen; (e) **wages £20 all found,** Lohn £20 bei freier Unterkunft und Verpflegung; (f) refl. **I found myself (lying) on the pavement,** plötzlich lag ich auf dem Bürgersteig; **he finds himself in a difficult position,** er befindet sich in einer schwierigen Lage. ´**find ´out,** v. **1.** v.tr. (a) (etwas) herausfinden; (b) **to f. s.o. out,** j-n durchschauen. **2.** v.i. **to f. out (about sth.),** sich (über etwas acc) erkundigen; (learn) (etwas) erfahren; (discover) (etwas) entdecken.

fine[1] [fain]. **I.** s. *Jur:* Geldstrafe f. **II.** v.tr. (j-n) mit einer Geldstrafe belegen; **to be fined (£50),** eine Geldstrafe von £50) bekommen.

fine[2]. **I.** adj. **1.** (of weather etc.) schön; **one f. day,** eines schönen Tages; **a f. figure of a man,** ein stattlicher Mann; **to cut a f. figure,** eine gute Figur machen; **the f. arts,** die schönen Künste fpl. **2.** (a) (excellent) ausgezeichnet; **of the finest quality,** erster Qualität; **a f. example,** ein hervorragendes Beispiel; esp. *Iron:* **we had a f. time,** wir haben uns köstlich amüsiert; *F:* **that's f.!** (i) (OK) das geht in Ordnung, (ii) (excellent) das ist prima! **that's f. with me,** das paßt mir gut; (of health) **I'm f.,** mir geht's gut; **that's all very f. but . . .,** das ist ja alles schön und gut, aber . . .; *Iron:* **you're a f. one** (to talk), du bist wir der Richtige! (b) (refined) vornehm; **a f. lady,** eine feine Dame. **3.** (a) (of mesh etc.) fein; *Tchn:* **f. adjustment,** Feineinstellung f; *Phot:* **f. grain film,** Feinkornfilm m; (b) (of fabric, skin) zart; **f. thread,** dünner Faden; (c) (of cutting edge, point etc.) scharf; *Fig:* **f. distinction,** feiner Unterschied; **not to put too f. a point on it,** rundheraus gesagt. **II.** adv. fein; *F:* **to cut it f.,** sich dat recht wenig Zeit lassen; **-ly,** adv. **f.**

chopped/ground, fein gehackt/feingemahlen.
III. *int.* **f.!** gut! geht in Ordnung! **'fine 'look-
ing,** *adj.* prächtig; *(of man)* gutaussehend.
'fineness, *s.* 1. Feinheit *f;* *(of skin etc.)*
Zartheit *f.* 2. *(of point, edge)* Schärfe *f.* **'fi-
nery,** *s.* Putz *m,* Staat *m.*
finesse [fi'nes], *s.* Gewandtheit *f.*
finger ['fiŋgər]. **I.** *s.* (a) Finger *m;* **first f.,** Zei-
gefinger *m;* **second f.,** Mittelfinger *m;* **third f.,**
Ringfinger *m;* **don't you dare lay a f. on him!**
unterstehen Sie sich ja nicht, ihn anzurühren;
**you could count them on the fingers of one
hand,** man konnte sie an den Fingern ab-
zählen; *Fig:* **to have a f. in sth.,** bei etwas *dat* die
Hand im Spiel haben; **he wouldn't lift a f. (to
help them),** er würde keinen Finger rühren
(, ihnen zu helfen); **to cross one's fingers for
s.o.,** j-m den Daumen halten/drücken; **I kept
my fingers crossed,** ich habe im stillen gebetet;
(b) (of glove) Fingerling *m.* **II.** *v.tr.* *(a)* (etwas)
befühlen, betasten; *(b) Mus:* (ein Stück) mit
Fingersatz versehen. **'fingerboard,** *s. Mus:*
Griffbrett *n.* **'fingerbowl,** *s.* Fingerschale *f.*
'fingering, *s.* 1. *Mus:* Fingersatz *m.* 2. *Knit:*
Strumpfwolle *f.* **'fingermark,** *s.* Finger-
abdruck *m.* **'fingernail,** *s.* Fingernagel *m.*
'fingerprint, *s.* Fingerabdruck *m.* **'finger-
tip,** *s.* Fingerspitze *f;* **f. control,** finger-
leichte Steuerung; **to have sth. at one's finger-
tips,** etwas griffbereit haben.
finicky ['finiki], *adj.* **f.** *(of pers.)* heikel; *(pedan-
tic)* übertrieben genau; *(of job etc.)* knifflig.
finish ['finiʃ]. **I.** *s.* 1. Ende *n;* Schluß *m;* **from
start to f.,** vom Anfang bis zum Ende; **to fight
to the f.,** bis aufs Messer kämpfen; **to be in at
the f.,** den Schluß miterleben. 2. *Sp:* *(a) (point)*
Ziel *n;* **to be first at the f.,** als erster durchs Ziel
gehen; *(b)* Endkampf *m;* **close f.,** knapper Sieg
m. 3. *(a)* Ausführung *f;* *(polish)* Politur *f;*
(paintwork) Lack *m;* *Phot:* **matt/glossy f.,**
matte/glänzende Ausführung *f;* *(b) Tex:* Ap-
pretur *f.* **II.** *v.* 1. *v.tr.* *(a) (complete)* (eine Arbeit
usw.) beendigen; (ein Buch) zu Ende lesen;
(Essen) aufessen; (ein Getränk) austrinken;
Ind: (Holz, Metall usw.) fertig bearbeiten;
Tex: (einen Stoff) appretieren; *(b) (exhaust)*
(Vorräte) erschöpfen, aufbrauchen. 2. *v.i.* *(a)*
(of period, performance etc.) enden, zu Ende
gehen; **term finishes tomorrow,** morgen ist
Schulschluß/*Univ:* Semesterschluß; *(b) (of
pers.)* fertig werden; **have you finished (with
that)?** sind Sie fertig (damit)? *(c) Rac:* **to f.
third,** als dritter durchs Ziel gehen. **'finished,**
adj. 1. *Ind:* **f. goods/products,** Fertigprodukte
npl. 2. *(a)* **beautifully f.,** schön poliert/
Paint: lackiert/*Metalw:* bearbeitet; *(b) (of
speaker)* geübt. 3. *F:* *(of pers.)* erledigt. **'finish-
ing,** *adj.* **f. touch,** der letzte Schliff; **f.
school,** exklusives Mädchenpensionat *n* (, das
den gesellschaftlichen Schliff gibt); *Sp:* **f. spurt,**
Endspurt *m;* **f. line,** Ziellinie *f.* **'finish 'off,**
v.tr. *(a)* (eine Aufgabe) zu Ende führen; *(eat
up)* (etwas) aufessen; *(b)* **we finished off the
meal with a brandy,** wir rundeten das Essen
mit einem Kognak ab; *(c)* (j-m, einem) Tier
den Gnadenstoß/Gnadenschuß geben. **'finish
'up,** *v.* 1. *v.tr.* (etwas) aufessen. 2. *v.i.* *F:* **the
plane finished up in the sea,** das Flugzeug

endete im Meer; **we finished up in a pub,** zum
Schluß landeten wir in einem Wirtshaus; **you'll
f. up a nervous wreck,** du wirst noch einen
Nervenzusammenbruch kriegen.
finite ['fainait], *adj.* begrenzt; *(defined)*
bestimmt; *Gram:* finit.
Finland ['finlənd]. *Pr. n. Geog:* Finnland *n.*
Finn, *s.* Finne *m,* Finnin *f.* **'Finnish. I.** *adj.*
finnisch. **II.** *s. Ling:* Finnisch *n.*
fiord, fjord ['fiːɔːd], *s. Geog:* Fjord *m.*
fir [fəːr], *s. Bot:* Tanne *f;* *(wood)* Tannenholz *n.*
'fir-cone, *s.* Tannenzapfen *m.*
fire ['faiər]. **I.** *s.* 1. Feuer *n;* *(a)* **(open) f.,** Ka-
minfeuer *n;* **electric f.,** elektrischer Ofen *m;* **gas
f.,** Gas(heiz)ofen *m;* **f. screen,** Kaminschirm
m; *(b) (conflagration)* Brand *m;* **bush f.,**
Buschfeuer *n;* **f. broke out/there was an out-
break of f.,** ein Feuer brach aus; **to catch f.,**
Feuer fangen; **to set f. to a house,** ein Haus in
Brand stecken; **to be on f.,** brennen; **in
Flammen stehen;** *F:* **to get on like a house on
f.,** sehr gut miteinander auskommen; *Fig:* **to
add fuel to the f.,** Öl ins Feuer gießen; *attrib.* **f.
alarm,** Feueralarm *m;* **f. brigade,** Feuerwehr
f; **f. engine,** Feuerwehrauto *n;* **f. escape,**
Feuertreppe *f;* **f. extinguisher,** Feuerlöscher *m;*
f. station, Feuerwache *f;* **f. watcher,** Brand-
wache *f.* 2. *(passion)* Leidenschaft *f;* **eyes full of
f.,** feurige Augen. 3. *Mil:* Feuer *n;* **to cease f.,**
das Feuer einstellen; **under f.,** unter Beschuß.
II. *v.* 1. *v.tr* *(a)* (ein Haus) in Brand stecken;
Fig: **to be fired with enthusiasm (for sth.),** von
Begeisterung (für etwas *acc*) erfüllt sein; *(b)*
(Ziegel, Tonwaren) brennen; *(c) Ind:* (einen
Ofen) beschicken; **oil-fired/coal-fired,** mit Öl/
Kohlen beheizt; *(d)* **to f. a rocket,** eine Rakete
abschießen; **to f. a revolver at s.o.,** mit einem
Revolver auf j-n schießen; **to f. a shot,** einen
Schuß abfeuern; *Fig:* **to f. questions at s.o.,**
j-n mit Fragen bombardieren; *(e) F:* (einen
Angestellten) entlassen, *F:* rausschmeißen. 2.
v.i. *(a)* schießen (at s.o., auf j-n); **the revolver
failed to f.,** der Revolver ist nicht losgegangen;
(b) (of engine) anspringen; **the engine is not
firing evenly,** der Motor läuft nicht gleichmäßig.
'firearm, *s.* Schußwaffe *f.* **'fire a'way,** *v.i.*
losschießen; *F:* **f. away!** leg los! **'firebrand,** *s.*
1. Fackel *f.* 2. *(pers.)* Aufwiegler *m.* **'fire-
break,** *s.* Brandschneise *f.* **'firebug,** *s.* 1.
N.Am: Ent: Leuchtkäfer *m.* 2. *F:* Brandstifter
m. **'firedamp,** *s. Min:* Grubengas *n.* **'fire-
dog,** *s.* Feuerbock *m.* **'fire-eater,** *s.*
Feuerfresser *m;* *Fig:* Hitzkopf *m.* **'firefighter,**
s. Feuerwehrmann *m.* **'firefighting,** *s.*
Brandbekämpfung *f.* **'firefly,** *s. Ent:*
Leuchtkäfer *m.* **'fireguard,** *s.* 1. Kamingitter
n; *(for electric fire etc.)* Schutzgitter *n.* 2.
(pers.) N.Am: Brandwache *f.* **'firelight,** *s.*
Feuerschein *m.* **'firelighter,** *s.* Feueran-
zünder *m.* **'fireman,** *s.* 1. Feuerwehrmann *m.*
2. *Rail:* Heizer *m.* **'fireplace,** *s.* Kamin *m.*
'firepower, *s. Mil:* Feuerkraft *f.* **'fireproof.**
I. *adj.* *(a) Cer:* feuerfest; *Cl:* feuerbeständig; **f.
door,** feuersichere Tür. **II.** *v.tr.* (etwas)
feuerfest machen. **'fireraiser,** *s.* Brandstifter
m. **'fireship,** *s. Nau: Hist:* Brander *m.* **'fire-
side,** *s.* **by/at the f.,** am Kamin. **'firewood,** *s.*
Brennholz *n.* **'firework,** *s.* Feuerwerkskörper

m; pl **fireworks,** Feuerwerk *n; Fig:* **there'll be some fireworks when these two meet,** da werden die Funken sprühen, wenn die beiden sich treffen. '**firing,** *s.* **1.** Brennen *n* (von Ziegeln, Tonwaren). **2.** (*of boiler etc.*) Heizen *n;* **oil f.,** Ölheizung *f.* **3.** *Aut:* Zündung *f;* **f. order,** Zündfolge *f.* **4.** *Mil:* Schießen *n;* **f. squad,** Exekutionskommando *n;* **f. range,** (i) Schießstand *m;* (ii) (*distance*) Schußweite *f.*

firm[1] [fə:m], *s.* Firma *f;* **big f.,** Großunternehmen *n; F:* **the old f.,** die alte Clique.

firm[2]. **I.** *adj.* fest; **as f. as a rock,** felsenfest; **f. friends,** dicke Freunde *mpl;* **you must be f. with her,** Sie müssen streng mit ihr sein. **II.** *adv.* **to stand f.,** sich nicht beirren lassen; **-ly,** *adv.* fest; **to speak f. to s.o.,** ein ernstes Wort mit j-m reden. '**firmness,** *s.* Festigkeit *f;* (*of pers., treatment*) Strenge *f.*

first [fə:st]. **I.** *adj.* erste(r,s); (*a*) **the f. of April,** der erste/1. April; **for the f. time,** zum ersten Mal; **at f. sight,** auf den ersten Blick; **in the f. place,** erstens; (*to start with*) gleich am Anfang; **f. thing (in the morning),** zuallererst (nach dem Aufstehen); **he doesn't know the f. thing about it,** er hat keine blasse Ahnung davon; **head f.,** kopfüber; **on the f. floor,** im ersten Stock *m;* **f. finger,** Zeigefinger *m; Med:* **f. aid,** Erste Hilfe *f; Pub:* **f. edition,** Erstausgabe *f; Th:* **f. night,** (i) Uraufführung *f* (eines neuen Stückes); (ii) Erstaufführung *f* (einer neuen Inszenierung); *Aut:* **f. (gear),** erster Gang; (*b*) **f. things f.,** das Wichtigste zuerst; **of f. quality,** erster Qualität; (*c*) **to get news (at) f. hand,** Neuigkeiten aus erster Hand erfahren. **II.** *s.* **1.** (**the**) **first,** der, die, das Erste; **to be the f. to do sth.,** etwas als erster tun; *Sp:* **to be f.,** Erster/auf den ersten Platz sein; **to come in an easy f.,** das Rennen mit Leichtigkeit gewinnen; *Prov:* **f. come, f. served,** wer zuerst kommt, mahlt zuerst. **2. from f. to last,** von Anfang bis Ende; **from the f.,** von Anfang an; **at first,** zuerst; anfangs. **3. to travel f.,** erster Klasse reisen. **4.** *Aut:* **to change into f.,** in den ersten Gang schalten. **III.** *adv.* (*a*) erstens, zuerst; **f. of all,** zuallererst; **he says f. one thing, then another,** einmal sagt er dies, einmal das; (*b*) **when I f. saw him,** als ich ihn zum ersten Mal sah; (*c*) (*rather*) lieber, eher; **I'd die f.,** lieber sterbe ich; (*d*) **he arrived f.,** er kam als erster an; **you go f.,** gehen Sie zuerst; **ladies f.!** Damen haben Vortritt! **-ly,** *adv.* erstens. '**first(-)'class. I.** *adj.* erstklassig; (*of goods*) erster Qualität; **a f.-c. compartment,** ein Abteil erster Klasse; **a f.-c. liar,** ein vollendeter Lügner. **II.** *adv.* **to travel f.-c.,** erster Klasse reisen; *Brit:* **a f.-c. letter,** ein Brief mit schneller Zustellung. '**first-'hand,** *adj. & adv.* aus erster Hand. '**first-'rate,** *adj.* erstklassig, ausgezeichnet; *F:* prima.

firth [fə:θ], *s.* Meeresarm *m.*

fish [fiʃ]. **I.** *s.* (*a*) *sing. & coll.* Fisch *m; Cu:* **f. and chips,** Bratfisch *m* mit Pommes Frites; **f. finger,** Fischstäbchen *n;* (*b*) (= *fishes*) Fische *mpl;* **to catch f.,** Fische fangen; (*c*) *Fig:* **he felt like a f. out of water,** er fühlte sich fehl am Platze; **I've other f. to fry,** ich habe Wichtigeres zu tun; *F:* **he is a queer f.,** er ist ein komischer Kauz. **II.** *v.* **1.** *v.i.* fischen; (*with rod*) angeln; **to go fishing,** fischen/(*with rod*) angeln gehen; **to f. for trout,** Forellen angeln; *Fig:* **to f. for compliments,** nach Komplimenten angeln. **2.** *v.tr.* (*a*) **to f. a river,** einen Fluß abfischen; (*b*) *F:* **to f. up a corpse,** eine Leiche hera-usfischen; **to f. a pencil out of one's pocket,** einen Bleistift aus der Tasche herauskramen. '**fishbone,** *s.* Fischgräte *f.* '**fisherman,** *s.* Fischer *m.* '**fishery,** *s.* (*activity*) Fischerei *f;* Fischfang *m;* (*area*) Fischgründe *mpl.* '**fisheye,** *s. Phot:* **f. lens,** Fischaugenobjektiv *n.* '**fish-hook,** *s.* Angelhaken *m.* '**fishing,** *s.* Fischen *n;* (*with rod*) Angeln *n;* **f. boat,** Fischerboot *m;* **f. grounds,** Fischgründe *mpl;* **f. limit,** Fischereigrenze *f;* **f. net,** Fischnetz *n;* **f. tackle,** (i) Fischereigeräte *npl;* (ii) (*angler's*) Angelgeräte *npl;* **f. line,** Angelschnur *f;* **f. rod,** Angel(rute) *f.* '**fishknife,** *s.* Fischmesser *n.* '**fishmonger,** *s.* Fischhändler *m;* **f.'s (shop),** Fischgeschäft *n.* '**fishplate,** *s. Rail:* Lasche *f.* '**fishpond,** *s.* Fischteich *m.* '**fishtail,** *s.* Fischschwanz *m.* '**fishy,** *adj.* (*a*) fischartig; **f. eyes,** Fischaugen *npl;* (*b*) *F:* verdächtig; **it looks f. to me,** das kommt mir spanisch vor.

fission ['fiʃ(ə)n], *s. Biol:* Teilung *f; Ph:* Spaltung *f;* **nuclear f.,** Kernspaltung *f;* **f. products,** Spaltprodukte *npl.*

fissure ['fiʃər], *s.* Spalte *f; Geol:* Riß *m.*

fist [fist], *s.* Faust *f;* **to clench one's fists,** die Fäuste ballen; **to shake one's f. (at s.o.),** (j-m) mit der geballten Faust drohen.

fit[1] [fit], *s.* (*a*) *Med: etc:* Anfall *m;* **f. of coughing,** Hustenanfall *m; F:* **I had a f.,** mich hat der Schlag getroffen; **he'll have a f. when he finds out,** den wird's umhauen, wenn er drauf kommt; **f. of crying,** Weinkrampf *m;* **to be in fits of laughter,** sich vor Lachen krümmen; *Fig:* **f. of generosity etc.,** Anwandlung *f* von Großzügigkeit usw.; (*c*) *adv. phr.* **by fits and starts,** schubweise (arbeiten); ruckweise (vorwärtskommen). '**fitful,** *adj.* unbeständig; (*of sleep*) unruhig; **-ly,** *adv.* unbeständig; ruckweise (vorwärtskommen).

fit[2]. **I.** *adv.* **1.** (*a*) (*suitable*) geeignet (**for sth.,** zu etwas *dat*); **I have nothing f. to wear,** ich habe nichts (*Passendes*) anzuziehen/zum Anziehen; **he didn't see f. to** (. . .), er hielt es nicht für angebracht (zu . . .); **do as you think f.,** tun Sie, was Sie für richtig halten; (*b*) (*good enough*) tauglich; **f. to eat/drink,** eßbar/trinkbar; (*of pers.*) **f. for service,** diensttauglich; **I'm not f. to be seen,** ich bin nicht präsentabel; **he is not f. for anything,** er ist zu nichts zu gebrauchen; *F:* **I was f. to drop,** ich war zum Umfallen müde. **2.** (*healthy*) (gut) in Form, *esp.Sp:* fit; **to keep f.,** sich in Form halten; **as f. as a fiddle,** kerngesund; **you don't look very f.,** Sie sehen nicht sehr fit aus. **II.** *s.* Sitz *m; Mec.E:* (*of mating parts*) Passung *f;* **to be a tight/loose f.,** knapp/ lose sitzen; (*of dress*) **to be a good/bad f.,** gut/ schlecht sitzen. **III.** *v.* **1.** *v.tr.* (*a*) (*suit*) (j-m) passen; (*match*) (zu etwas *dat*) passen; **these shoes don't f. me very well,** diese Schuhe passen mir nicht sehr gut; **this won't f. my car,** das paßt nicht für mein Auto; **to f. s.o. for a suit,** j-m für einen Anzug maßnehmen; **to f. s.o. for (doing) sth.,** j-m für etwas *acc* das Rüstzeug geben; **a song to f. the occasion,** ein zum Anlaß passendes Lied; (b) (attach) (etwas) anbringen (to sth., an etwas acc); (Reifen usw.) montieren; **to f. sth. with sth.**, etwas mit etwas dat versehen. **2.** v.i. passen; **your dress fits well,** Ihr Kleid sitzt gut. **'fit 'in,** v.i. **to f. in (with sth.),** (zu etwas dat) dazupassen; **he doesn't f. in here,** er paßt/gehört nicht hierher; **your plans don't f. in with mine,** Ihre Pläne kreuzen sich mit meinen; **I will have to f. you/it in somehow,** ich werde Sie/es irgendwie einschieben müssen. **'fitment,** s. Einrichtungsgegenstand m; (accessory) Zusatzgerät n. **'fitness,** s. **1.** (of pers.) Tauglichkeit f **(for sth.**, zu etwas dat); (of thing) **f.** of purpose, Zweckmäßigkeit f. **2.** **(physical)** f., Form f. Sp: Kondition f, Fitneß f; f. **test,** Fitneßtest m. **'fit 'out,** v.tr. (j-n, ein Schiff usw.) ausrüsten **(with,** mit + dat). **'fitted,** adj. **1.** Cl: tailliert; H: f. **carpet,** Teppichboden m; f. **sheet,** Spannbettlaken n; f. **cupboard,** Einbauschrank m. **2.** (of pers.) f. **for sth.,** für etwas acc geeignet. **'fitter,** s. (a) Mec.E: Monteur m; (plumber etc.) Installateur m; (b) Cl: Anprobeschneider m. **'fitting. I.** adj. (a) (suitable) passend; (of remark) treffend; (b) **a close-f. dress,** ein eng anliegendes Kleid. **II.** s. **1.** (a) Anbringung f; Mec.E: Montierung f **(to sth.,** an etwas acc); (b) Tail: Anprobe f; (c) Navy: f. **out,** Ausrüstung f (eines Schiffes). **2.** esp. pl. **fittings,** Einrichtungen fpl; (accessories) Zubehör n; (for bathroom) Armaturen fpl; (of door etc.) Beschläge mpl; **light** f., Beleuchtungskörper m. **3.** Cl: (size) Paßform f. **4.** Mec.E: Paßstück n; El: Phot: Fassung f; **bayonet** f., Bajonettfassung f.

five [faiv]. **I.** num.adj. fünf. **II.** s. Fünf f. **'fiver,** s. Brit: F: Fünfpfundschein m; N.Am: Fünfdollarschein m. **'fives,** s Brit: Sp: Wandballspiel n.

fix [fiks]. **I.** s. **1.** F: Klemme f; **to be in a f.,** in der Klemme sitzen. **2.** P: (drugs) **to have a f.,** fixen. **II.** v.tr. (a) (etwas) befestigen **(to sth.,** an etwas dat); Fig: **to f. someone with a gaze,** j-n mit einem Blick fixieren; (b) Phot: (einen Film) fixieren; (c) (decide) (einen Termin, einen Preis usw.) festlegen, festsetzen; **there's nothing fixed yet,** bis jetzt ist noch nichts entschieden; **to f. on sth.,** (auf) etwas acc entscheiden; F: **how are you fixed for money?** wie stehen deine Finanzen? (d) F: (arrange) **he'll f. it,** er wird's schon machen/organisieren; **I've fixed it with him,** ich habe es mit ihm abgemacht; **to f. a match etc.,** (i) ein Spiel usw. veranstalten; (ii) Pej: das Ergebnis eines Spiels usw. arrangieren; F: **I'll f. him!** (i) dem werd ich's zeigen! (ii) (persuade) ich werde ihn schon dazu bringen; (e) (repair) **to f. sth.,** etwas herrichten; (f) N.Am: (prepare) (eine Mahlzeit) zubereiten; (g) P: **to f. oneself (with drugs),** sich fixen. **'fixed,** adj. (of object, rule, price etc.) fest; f. **sum,** festgesetzter Betrag; f. **idea,** fixe Idee; f. **smile,** starres Lächeln. **'fixedly** [-idli], adv. starr; **to stare f. at sth.,** etwas unverwandt anstarren. **'fixer,** s. Phot: Fixiermittel n. **'fixing,** s. (a) (action, thing) Befestigung f; (b) Phot: Fixieren n; (c) Com: **price f.,** Preisfestsetzung f. **'fixture,** s. eingebautes Möbelstück n; **lighting** f., Beleuchtungskörper m; pl. **fixtures,** eingebautes Mobiliar n; **£1,000 for fixtures and**

fittings, £1 000 Ablösung f. **2.** Sp: etc: Veranstaltung f; f. **list,** Veranstaltungsprogramm n. **'fix 'up,** v.tr. F: (etwas) organisieren; **to f. s.o. up with sth.,** etwas für j-n besorgen; **I can f. you up for the night,** ich kann Sie für die Nacht unterbringen; **it's all fixed up,** es ist alles abgemacht.

fizz [fiz], v.i. (of drink) sprudeln. **'fizzle 'out,** v.i. (of plan etc.) sich im Sand verlaufen. **'fizzy,** adj. sprudelnd.

flabbergast ['flæbəɡɑːst], v.tr. (j-n) erstaunen; **I was flabbergasted,** ich war erstaunt F: platt.

flabby ['flæbi], adj. (of muscles etc.) schlaff. **'flabbiness,** s. Schlaffheit f.

flag[1] [flæg], s. Fahne f; esp. Nau: Flagge f; f. of **convenience,** billige Flagge; f. **day,** (i) Brit: Sammeltag m; (ii) U.S: Tag m der Nationalflagge; Fig: **to keep the f. flying,** die Fahne hochhalten. **'flagpole,** s. Fahnenstange f. **'flagship,** s. Flaggschiff n. **'flag-signal,** s. Flaggensignal n. **'flagstaff,** s. Fahnenstange f. **'flagwaving,** s. Fahnenschwenken n; Fig: Hurrapatriotismus m.

flag[2], s. f. (stone), Steinplatte f.

flag[3], v.i. (of zeal, energy) nachlassen; (of conversation) erlahmen.

flagon ['flæɡən], s. (bauchige) Flasche f.

flagrant ['fleiɡrənt], adj. (of offence) schamlos; f. **case,** offenkundiger Fall; f. **injustice,** schreiende Ungerechtigkeit.

flair ['fleər], s. (a) (gift) (natürliches) Talent n; f. **for languages,** Sprachbegabung f; (b) (instinct) Flair n; **to do sth. with great f.,** etwas mit viel Flair machen.

flake[1] [fleik]. **I.** s. (a) (of snow, oatmeal) Flocke f; (b) (of rust) Schuppe f. **II.** v.i. (of paint etc.) **to f. (away/off),** abblättern. **'flaky,** adj. f. **pastry,** Blätterteig m.

flake[2], v.i. F: **to f. (out),** (i) in Ohnmacht fallen; (ii) (vor Müdigkeit) umfallen; **to be flaked out,** ganz k.o. sein.

flamboyant [flæm'bɔiənt], adj. (of pers., style) extravagant; (of clothing) auffallend; (of building) prunkvoll; (of colours) leuchtend.

flame [fleim]. **I.** s. (a) Flamme f; **to be in flames,** in Flammen stehen; **to burst into/go up in flames,** in Flammen aufgehen; (b) f. **(red),** Feuerrot n; (c) F: **an old f.,** eine alte Flamme. **II.** v.i. (of fire) flammen; **to f. up,** aufflammen. **'flameproof,** adj. Cl: etc: flammensicher; Cer: flammenfest; Min: schlagwetterfest. **'flamethrower,** s. Flammenwerfer m. **'flaming,** adj. (a) flammend; **in a f. temper,** kochend vor Wut; f. **row,** heftiger Streit; (b) P: verdammt; **a f. idiot,** ein Vollidiot m; **this f. car!** dieses Scheißauto!

flamingo, pl. -o(e)s [flə'miŋɡəu, -əuz], s. Orn: Flamingo m.

flammable ['flæməbl], adj. N.Am: brennbar; P.N: feuergefährlich.

flan [flæn], s. Cu: Torte f; f. **case,** Tortenboden m.

Flanders ['flɑːndəz]. Pr.n. Geog: Flandern pl.

flange [flændʒ], s. (on pipe etc.) Flansch m.

flank [flæŋk]. **I.** s. Mil: Z: Flanke f. **II.** v.tr. (j-n, etwas) flankieren.

flannel ['flæn(ə)l], s. **1.** (a) Tex: Flanell m; f. **trousers/flannels,** Flanellhosen fpl; (b) **(floor)**

f., Scheuertuch n; **face f.**, Waschlappen m. **2.** P: Pej: Floskeln fpl, Phrasendrescherei f.

flap [flæp]. **I.** s. **1.** (a) (of wings) Flügelschlag m; (b) F: **to get in a f.**, sich aufregen. **2.** (of table, envelope etc.) Klappe f; **f. of skin**, Hautlappen m. **II.** v. **1.** v.tr. (of bird) **to f. its wings**, mit den Flügeln schlagen. **2.** v.i. (a) (of sail, flag) flattern; (b) F: (of pers.) sich aufregen.

flare ['fleər]. **I.** s. **1.** (a) (kurzes) Auflodern n; (b) (signal) Leuchtsignal n; (distress) f., Notsignal n; Av: **f. path**, Leuchtpfad m; **ground/landing f.**, Landefeuer n. **2.** Cl: etc: Erweiterung f (am Ende); pl. **flares**, ausgestellte Hosen fpl. **II.** v.i. **to f. up**, (of flame etc.) (auf)lodern; (of pers.) aufbrausen (**at sth.**, bei etwas dat). '**flared**, adj. Cl: ausgestellt. '**flare-up**, s. (a) Auflodern n (eines Feuers); (b) (of pers.) Wutausbruch m.

flash [flæʃ]. **I.** s. (a) (plötzliches) Aufleuchten n; (lightning, also Phot:) Blitz m; Phot: **f. (unit)**, Blitzgerät n; **f. bulb**, Blitzlicht n; Fig: **f. of inspiration**, Erleuchtung f; F: Geistesblitz m; **in a f.**, im Nu m; **a f. in the pan**, ein Strohfeuer; (b) Rad: TV: (news) f., Sondermeldung f; (brief item) Kurzmeldung f. **II.** v. **1.** v.i. (a) blitzen; (of diamonds etc.) funkeln; (b) **to f. past s.o.**, an j-m dat vorbeisausen; **it flashed across my mind that . . .**, es fiel mir plötzlich ein, daß . . . **2.** v.tr. (a) (Juwelen usw.) funkeln lassen; **to f. a light**, mit einem Licht blinken; Aut: **to f. (one's lights) at s.o.**, j-n anblinken; (b) **to f. a smile at s.o.**, j-n kurz anlächeln; **to f. sth. in front of s.o.**, j-m etwas nur eine Sekunde lang vorhalten. '**flashback**. s. **1.** Artil: Rückschlag m (der Flamme). **2.** Cin: Rückblende f; Lit: Rückblick m. '**flashing**, adj. (of eyes) funkelnd; **f. light**, Blinklicht n. '**flashlight**, s. N.Am: Taschenlampe f. '**flashy**, adj. auffällig; F: knallig.

flask [flɑːsk], s. Flasche f, esp. (a) (hip) f., Taschenflasche f; **vacuum f.**, Thermosflasche f; (b) Ch: Kolben m.

flat [flæt]. **I.** adj. **1.** (a) flach; **f. roof**, Flachdach n; **f. country**, ebenes Land; **f. surface**, ebene Fläche; **to have a f. tyre**, Reifenpanne f haben; I.C.E: **f. four**, (vierzylindriger) Boxermotor m; Horse Rac: **f. racing**, Flachrennen n; F: **as f. as a pancake**, flach wie ein Brett; (b) **to have f. feet**, Plattfüße haben. **2.** Fig: **a f. refusal**, eine glatte Absage; F: **and that's f.!** und damit basta! das ist mein letztes Wort! **3.** (of conversation etc.) langweilig, fad; (of drink) schal; **to feel f.**, sich lahm fühlen; Aut: **f. battery**, leere Batterie. **4. f. rate**, Einheitspreis m. **5.** Mus: **you're f.**, Sie singen zu tief; **A f.**, As; **B f.**, B; **D f.**, Des; **E f.**, Es. **II.** adv. **1.** flach; **to fall f. on one's face**, der Länge nach hinfallen; **the blow laid him f.**, der Schlag streckte ihn nieder. **2.** F: **to be f. broke**, völlig pleite sein; Aut: **to go f. out**, mit Vollgas fahren. **3.** Fig: **to fall f.**, (of performance etc.) danebengehen; (of idea, joke) verpuffen. **4. to sing f.**, zu tief singen; **-ly**, adv. entschieden; **he f. refused**, er weigerte sich glattweg. **III.** s. **1.** (a) (surface) Fläche f; **f. of the hand**, Handfläche f; (b) Aut: F: Reifenpanne f; **to have a f.**, einen Platten haben; (c) Mec.E: (on bar etc.) Mitnehmefläche f. **2.** Rac: **the f.**, die Flachrennen pl. **3.** Wohnung f; **block of flats**, Wohnblock m. '**flatlet**, s. Klein-

wohnung f. '**flatness**, s. (a) Flachheit f (einer Fläche); (b) Eintönigkeit f (des Lebens usw.). '**flatten**, v.tr. (etwas) flachmachen; (den Boden) einebnen; (Metall) flach hämmern; **to f. oneself against the wall**, sich gegen die Wand drücken; F: **to f. s.o.**, (j-n) niederschlagen; **to f. a town**, eine Stadt dem Erdboden gleichmachen.

flatter ['flætər], v.tr. (j-m) schmeicheln. '**flatterer**, s. Schmeichler(in) m(f). '**flattering**, adj. schmeichelhaft. '**flattery**, s. Schmeichelei f.

flaunt [flɔːnt], v.tr. **to f. sth.**, mit etwas dat protzen.

flautist ['flɔːtist], s. Flötist(in) m(f).

flavour ['fleivər]. **I.** s. Cu: etc: Geschmack m; pl Geschmacksrichtungen fpl; Fig: Beigeschmack m (eines Ausdrucks usw.). **II.** v.tr. (with spices) (ein Gericht) würzen; **to f. sth. with rum**, etwas mit Rum abschmecken; **vanilla-flavoured**, mit Vanillegeschmack. '**flavouring**, s. Cu: Würzstoff m. '**flavourless**, adj. fad, geschmacklos.

flaw [flɔː], s. Defekt m; (in material, Fig: character) Fehler m; (in argument) Lücke f; (in a precious stone) Fleck m. '**flawed**, adj. fehlerhaft, defekt. '**flawless**, adv. tadellos; (of beauty, skin etc.) makellos; (of jewel) lupenrein.

flax [flæks], s. Bot: Flachs m. '**flaxen**, adj. (colour) flachsfarben; (of hair) strohblond.

flay [flei], v.tr. (a) (Vieh) abdecken; (b) F: (j-n) verdreschen; Fig: (of critic) (j-n, etwas) total verreißen; Sp: (j-n, eine Mannschaft) vernichtend schlagen.

flea [fliː], s. Ent: Floh m. '**fleabite**, s. **1.** Flohstich m. **2.** Fig: Bagatelle f.

fleck [flek]. **I.** s. (of colour) Tupfen m; (mark) Fleck m; **f. of dust**, Staubkorn n. **II.** v.tr. (etwas) sprenkeln (**with sth.**, mit etwas dat); **hair flecked with grey**, graumeliertes Haar.

fledg(e)ling ['fledʒliŋ], s. Orn: eben flügge gewordener Vogel m.

flee [fliː] v.tr. & i. (p. & p.p. **fled** [fled]) **to f. (from) s.o., sth.**, vor j-m, etwas dat fliehen; **to f. the country**, aus dem Land flüchten.

fleece [fliːs]. **I.** s. **1.** Schaffell n; Myth: **the Golden F.**, das goldene Vlies n. **2.** Tex: **f. lined**, mit Webpelz gefüttert. **II.** v.tr. F: (j-n) schröpfen. '**fleecy**, adj. (of lining etc.) wollig; Fig: **f. clouds**, Schäfchenwolken fpl.

fleet [fliːt], s. **1.** Navy: Flotte f; **the F. Air Arm**, die Marineluftwaffe. **2.** (a) **air f.**, Luftflotte f; (b) (firm's) f., (vehicles) Fuhrpark m; (cars) Wagenpark m.

fleeting ['fliːtiŋ] adj. flüchtig.

Fleming ['flemiŋ], s. Fläme m; Flämin f. '**Flemish**. **I.** adj. (a) (people) flämisch; (b) (land) flandrisch. **II.** s. (ling.) Flämisch n.

flesh [fleʃ], s. **1.** (a) Fleisch n; **f. wound**, Fleischwunde f; **f. colour**, fleischfarben; Fig: **to make s.o.'s f. creep**, j-m kalte Schauer über den Rücken jagen; (b) (of fruit) Fruchtfleisch n. **2.** **in the f.**, in Person; **his own f. and blood**, sein eigen Fleisch und Blut; **it's more than f. and blood can bear**, das hält der Mensch nicht aus. '**fleshy**, adj. fleischig.

flex [fleks]. **I.** v.tr. (Arme, Beine) beugen; (Muskeln) spielen lassen. **II.** s. El: Schnur f. **flexi'bility**, s. Biegsamkeit f; (of pers.)

Anpassungsfähigkeit *f;* (*mental*) (geistige) Beweglichkeit *f; Aut:* Wendigkeit *f.* '**flexible**, *adj.* (*a*) (*of material*) biegsam; (*b*) (*adaptable*) anpassungsfähig; (*of car*) wendig; (*c*) (*variable*) beweglich; **to work f. hours**, mit Gleitzeit arbeiten. '**flexitime**, *s. Com: Ind:* Gleitzeit *f.*

flick [flik]. **I.** *s.* Schnippen *n;* **at the f. of a switch**, mit einem Schalterdruck. **II.** *v.tr.* (etwas) schnippen. **flicks**, *s.pl. Cin: F:* Kintopp *m.*

flicker ['flikər]. **I.** *s.* (*a*) Flackern *n* (einer Flamme); *El: Cin: TV: etc:* Flimmern *n; Fig:* **a f. of interest**, ein Funken *m* Interesse; (*b*) Zucken *n* (von Wimpern, Schatten usw.). **II.** *v.i.* (*a*) (*of flame*) flackern; *El: Cin: TV: etc:* flimmern; (*b*) (*of eyelid*) zucken.

flight [flait]. **I.** *s.* **1.** (*flying*) Flug *m;* **an hour's f.**, eine Flugstunde; *attrib.* **f. control**, die Flugleitung; **f. deck**, (i) (*of aircraft carrier*) Flugdeck *n;* (ii) (*of aircraft*) Flugkanzel *f;* **f. lieutenant**, Fliegerhauptmann *m;* **f. path**, Flugbahn *f;* **f. recorder**, Flug(daten)schreiber *m;* (*b*) *Fig:* **f. of fancy**, Phantasiegebilde *n.* **2.** *coll.* (*a*) **a f. of birds**, ein Zug *m* Vögel; *Fig:* **the top f.**, die Spitzenklasse; (*b*) **f. of stairs**, Treppenflucht *f;* **up two flights of stairs**, zwei Treppen hoch. **3.** (*escape*) Flucht *f;* **to take to flight**, fliehen; *Fig:* **f. of capital**, Kapitalflucht *f.* '**flight-lane**, *s.* Flugschneise *f.*

flighty ['flaiti], *adj.* flatterhaft; frivol. '**flightiness**, *s.* Flatterhaftigkeit *f.*

flimsy ['flimzi]. **I.** *adj.* (*a*) schwach; (*fragile*) zerbrechlich; (*of structure*) wackelig; (*of material, paper*) dünn; (*b*) (*of excuse*) fadenscheinig. **II.** *s.* Durchschlagpapier *n.* '**flimsiness**, *s.* Schwäche *f,* Zerbrechlichkeit; Dünnheit *f*

flinch [flintʃ], *v.i.* zurückzucken; **to f. (from a duty)**, (einer Pflicht) ausweichen; **without flinching**, ohne mit der Wimper zu zucken.

fling [fliŋ]. **I.** *s.* (*a*) (*throw*) Wurf *m;* (*b*) *F:* **to have a f. at sth.**, etwas probieren; **to have a final f.**, sich zum letzten Mal austoben. **II.** *v.tr.* (*p. & p.p.* **flung** [flʌŋ]) (*a*) (etwas) schleudern; **to f. open a door**, eine Tür aufreißen; **to f. out one's arms**, die Arme (plötzlich) ausstrecken; **to f. money away**, Geld verschwenden; (*b*) **to f. oneself**, sich stürzen (**at s.o.**, auf j-n; **at/onto sth.**, auf etwas *acc*).

flint [flint], *s.* Feuerstein *m.*

flip [flip]. **I.** *v.* **1.** *v.tr.* **to f. sth. into the air**, etwas hochschnellen. **2.** *v.i.* **to f. through a book**, ein Buch schnell durchblättern. **II.** *int. P:* verflixt! '**flip-side**, *s. Rec: F:* B-Seite *f* (einer Platte).

flippant ['flipənt], *adj.* leichtfertig; (*joking*) scherzhaft. '**flippancy**, *s.* Leichtfertigkeit *f.*

flipper ['flipər] *s.* Flosse *f* (eines Delphins usw.).

flirt [flə:t]. **I.** *s.* (*pers.*) Flirt *m.* **II.** *v.i.* flirten. **flir'tation**, *s.* Flirt *m.*

flit [flit], *v.i.* huschen; (*of birds etc.*) flattern.

float [fləut]. **I.** *v.* **1.** *v.i.* (*a*) (*of thing*) schwimmen (**on/in**, auf + *dat*); (*of swimmer, boat*) treiben (**on/in**, auf + *dat*); (*b*) (*in air*) schweben; (*c*) *Fin:* (*of currency*) floaten. **2.** *v.tr.* (*a*) (Baumstämme usw.) flößen; (ein Schiff) flottmachen; (*b*) *Fin:* **to f. a loan**, eine Anleihe auflegen; *Com:* **to f. a company**, eine Gesellschaft gründen. **II.** *s.* **1.** *Fish: I.C.E: etc:* Schwimmer *m.* **2.** (*in procession*) Wagen *m.*

3. (*loan*) Anleihe *f;* (*change*) Wechselgeld *n.* '**floating**, *adj.* treibend; schwimmend; (*in air*) schwebend; **f. dock**, Schwimmdock *n;* **f. anchor**, Treibanker *m; Fig:* **f. population**, fluktuierende Bevölkerung *f; Pol:* **f. voter**, Wechselwähler *m; Fin:* **f. exchange rate**, floatender Wechselkurs *m; Anat:* **f. ribs**, fliegende Rippen *fpl;* **f. kidney**, Wanderniere *f.*

flock [flɔk]. **I.** *s.* (*of animals*) Herde *f;* (*of birds*) Schwarm *m;* (*of people, geese etc.*) Schar *f.* **II.** *v.i.* (*of pers.*) **to f. together**, sich zusammenscharen; **everyone is flocking to see the exhibition**, alle strömen in die Ausstellung.

floe [fləu], *s.* Eisscholle *f.*

flog [flɔg], *v.tr.* (*p. & p.p.* **flogged**) (*a*) (j-n, ein Tier) auspeitschen; *Fig:* **to f. a subject to death**, ein Thema zu Tode reiten; **to f. a dead horse**, eine verlorene Sache stur weitermachen; (*b*) *F:* (*sell*) (etwas) verschachern. '**flogging**, *s.* Auspeitschen *n.*

flood [flʌd]. **I.** *s.* **1. f. (tide)**, Flut *f.* **2.** (*a*) (*disaster*) Überschwemmung *f; B:* **the Flood**, die Sintflut; *P.N:* **floods**, Straße überschwemmt; (*b*) **the river is in f.**, der Fluß führt Hochwasser; (*c*) *Fig:* **f. of tears**, Tränenstrom *m;* **f. of words**, Wortschwall *m.* **II.** *v.* **1.** *v.tr.* (ein Gebiet, *Com:* den Markt) überschwemmen (**with**, mit + *dat*). **2.** *v.i.* (*of river*) über die Ufer treten. '**floodgate**, *s.* Schleusentor *n.* '**flooding**, *s.* Überschwemmung *f; P.N:* **road liable to f.**, Überschwemmungsgefahr. '**floodlight**. **I.** *s.* **1.** Flutlicht *n.* **2.** *Th: etc:* Scheinwerfer *m* für Flutlicht. **II.** *v.tr.* (*p. & p.p.* **floodlit**) (ein Gebäude usw.) anstrahlen.

floor [flɔ:r]. **I.** *s.* **1.** (*a*) Fußboden *m;* **f. polish**, Bohnerwachs *n;* (*b*) **valley f.**, Talsohle *f;* **ocean f.**, Meeresgrund *m.* **2.** (*storey*) Stock *m,* Stockwerk *n;* **ground f.**, Erdgeschoß *n;* **first f.**, (i) erster Stock; (ii) *N.Am:* Erdgeschoß *n.* **3.** **to take the f.**, (i) *Parl:* das Wort ergreifen; (ii) (*at dance*) sich aufs Parkett begeben; *Parl:* **question from the f. of the house**, Frage aus den Reihen der Abgeordneten. **II.** *v.tr.* (*a*) *Box:* (einen Gegner) zu Boden strecken; (*b*) *Fig:* **this question floored me**, bei dieser Frage war ich aufgeschmissen. '**floorboard**, *s.* Dielenbrett *n.* '**floorcloth**, *s.* Scheuertuch *n.* '**floorcovering**, *s.* Fußbodenbelag *m.* '**flooring**, *s.* Fußboden *m;* **parquet f.**, Parkettboden *m.* '**floorshow**, *s.* Kabarettvorstellung *f.*

flop [flɔp]. **I.** *s.* **1.** Plumps *m.* **2.** *F:* Pleite *f; Th:* Durchfall *m.* **II.** *v.i.* (*a*) (*of pers.*) **to f. (down)**, (hin)plumpsen; **to f. into a chair**, sich in einen Sessel plumpsen lassen; (*b*) *F:* (*fail*) durchfallen. '**floppy**, *adj.* baumelnd; **f. hat**, Schlapphut *m;* **f. ears**, Hängeohren *npl.*

flora ['flɔ:rə], *s.* Pflanzenwelt *f.* '**floral** ['flɔrəl], *adj.* Blumen-; **f. design**, Blumenmuster *n.*

florid ['flɔrid], *adj.* (*a*) (*of style*) überladen; (*flowery*) blumig; (*b*) (*of face*) gerötet.

florist ['flɔrist], *s.* Blumenhändler *m;* **florist's (shop)**, Blumengeschäft *n.*

flotilla [flə'tilə], *s. Navy:* Flottille *f.*

flotsam ['flɔtsəm], *s.* Treibgut *n.*

flounce [flauns]. **I.** *s. Dressm:* Volant *m.* **II.** *v.i.* **to f. out of a room**, (gereizt) aus einem Zimmer rauschen.

flounder ['flaundər], *s.* **I.** *Fish:* Flunder *f.* **II.**

v.i. (of pers.) taumeln; *Fig: F:* schwimmen.

flour ['flauǝr], *s.* Mehl *n;* **f. mill,** Getreidemühle *f.*

flourish ['flʌriʃ]. **I.** *s.* **1.** große Geste *f;* Schwingen *n* (eines Schwertes); Schwenken *n* (einer Fahne). **2.** *(after signature)* Schnörkel *m.* **3.** *Mus: (a)* Verzierung *f; (b) (of trumpets)* Tusch *m.* **II.** *v.* **1.** *v.i. (of plant, pers. etc.)* gedeihen; *(of trade, arts etc.)* blühen; *F:* **I'm flourishing,** es geht mir glänzend. **2.** *v.tr.* (eine Fahne) schwenken.

flout [flaut], *v.tr.* (Konventionen, Vorschriften usw.) mißachten.

flow [flǝu]. **I.** *s.* **1.** *(a)* Fluß *m* (von Wasser, Elektrizität usw.); Fließen *n* (eines Stroms); *(b)* **traffic f.,** Verkehrsstrom *m;* **work f.,** Arbeitsablauf *m;* **f. of business,** Geschäftsverkehr *m.* **2. f. of words,** Wortschwall *m; (of speaker)* **to be in full f.,** richtig in Fluß sein. **II.** *v.i. (of blood, liquid, traffic, El: of current etc.)* fließen; *(of river)* **to f. into the sea,** ins Meer münden; *Fig:* **wealth flows from industry,** der Reichtum hat seinen Ursprung in der Industrie. ´**flow** ´**in,** *v.i. (of money)* hereinströmen. ´**flowing,** *adj.* **1.** *(of liquids etc.)* fließend. **2.** *(a) Lit: (of gown, hair)* wallend; *(b) (of style)* flüssig.

flower ['flauǝr]. **I.** *s.* **1.** Blume *f;* **bunch of flowers,** Blumenstrauß *m;* **f. bed,** Blumenbeet *n;* **f. garden,** Blumengarten *m;* **f. girl/seller,** Blumenverkäuferin *f;* **f. pot,** Blumentopf *m;* **f. show,** Blumenschau *f; (b)* **to be in f.,** blühen; **to burst into f.,** aufblühen; *(c) Fig: Lit:* **the f. of youth,** die Blüte der Jugend. **II.** *v.i.* blühen. ´**flowering. I.** *adj.* blühend; **f. plant,** Blütenpflanze *f.* **II.** *s.* Blüte *f.* ´**flowery,** *adj. (a) Tex:* geblümt; *(b) Fig: (of style)* blumig.

flu [flu:], *s. F:* Grippe *f.*

fluctuate ['flʌktjueit], *v.i.* schwanken. ´**fluctuating,** *adj.* schwankend. **fluctu**´**ation,** *s.* Schwankung *f.*

flue [flu:], *s.* Abzug *m* (eines Kamins usw.); *(of boiler)* Flammrohr *n.*

fluency ['flu:ǝnsi], *s.* Geläufigkeit *f.* ´**fluent,** *adj.* fließend; **to speak f. German,** fließend Deutsch sprechen.

fluff [flʌf]. **I.** *s.* **1.** *(a) (on clothes etc.)* Fussel *f; (b) (down, soft fur)* Flaum *m.* **2.** *P:* **bit of f.,** leichtes Mädchen. **II.** *v.tr. (a) F:* (etwas) vermasseln; *Th:* **to f. one's lines,** sich versprechen; *(b) (of bird)* **to f. (up) its feathers,** sich aufplustern. ´**fluffy,** *adj.* flaumig; **f. toy,** Plüschtier *n.*

fluid ['flu:id]. **I.** *s.* Flüssigkeit *f.* **II.** *adj.* flüssig; **a f. situation,** eine veränderliche Lage. **flu**´**idity,** *s.* flüssiger Zustand *m.*

fluke [flu:k], *s.* **1.** *F:* Zufall *m.* **2.** *Vet:* **(liver) f.,** Leberegel *m.*

fluorescence [flu:ǝ'res(ǝ)ns], *s. Ph:* Fluoreszenz *f.* fluo´**rescent,** *adj.* fluoreszierend; **f. light,** Leuchtstofflampe *f;* **f. lighting,** Neonlicht *n.*

fluoride ['flu:ǝraid], *s. Ch:* Fluorid *n; F:* Fluor *n.*

flurry ['flʌri]. **I.** *s.* **1.** *(of wind)* Windstoß *m;* **snow f.,** Schneegestöber *m.* **2.** *(agitation)* Aufregung *f;* **all in a f.,** in großer Aufregung. **II.** *v.tr.* **to f. s.o.,** j-n aus der Fassung bringen; **to get flurried,** sich aufregen.

flush[1] [flʌʃ]. **I.** *s.* **1.** *(a)* Rauschen *n* (des Wassers); Spülen *n* (des WCs); *(b) Fig:* **f. of victory,** Siegesrausch *m;* **first f. of youth,** erste Jugendblüte *f.* **2.** *(in face)* Erröten *n; Med:* **hot flushes,** Wallungen *fpl; Lit:* **f. of dawn,** Morgenröte *f.* **II.** *v.* **1.** *v.tr.* **to f. (out) a bird etc.,** einen Vogel usw. aufscheuchen. **2.** *v.i. (a) (of face)* erröten; **he flushed with rage,** er wurde rot vor Wut; *(b) (in WC)* spülen. ´**flushed,** *adj.* errötet; **f. with success,** erfolgstrunken.

flush[2], *adj.* **1.** *F:* **to be f. (with money),** gut bei Kasse sein. **2.** *(in line)* in einer Flucht; *(level)* fluchtrecht; **f. with the floor,** in gleicher Ebene mit dem Fußboden; **mounted f.,** flach montiert.

Flushing ['flʌʃiŋ]. *Pr.n. Geog:* Vlissingen *n.*

fluster ['flʌstǝr]. **I.** *s.* Verwirrung *f;* **in a f.,** ganz aus der Fassung. **II.** *v.tr.* (j-n) aus der Fassung bringen. ´**flustered,** *adj.* verwirrt.

flute [flu:t], *s.* Flöte *f.*

fluted ['flu:tid], *adj. Arch:* kanneliert. ´**fluting,** *s. Arch:* Kannelierung *f.*

flutter ['flʌtǝr]. **I.** *s.* **1.** *(a)* Flattern *n* (der Flügel, des Herzens); *(b) Rec:* Gleichlaufschwankung *f.* **2.** *(of pers.)* **all in a f.,** ganz aufgeregt. **3.** *F: (betting etc.)* kleine Wette *f.* **II.** *v.i. (of wings, heart, flag)* flattern.

flux [flʌks], *s.* **1.** *Ph: etc:* Fluß *m;* **in a state of f.,** im Fluß/Wandel. **2.** *Metalw:* Flußmittel *n.* **3.** *Med:* Ausfluß *m.*

fly[1] [flai], *s. (a) Ent:* Fliege *f;* **f. swatter,** Fliegenklappe *f; Fig:* **a f. in the ointment,** ein Haar in der Suppe; **there are no flies on him,** er fällt auf nichts rein; *(b) Fish:* Fliege *f;* **f. fishing,** Fliegenfischen *n.* ´**flycatcher,** *s. Orn:* Fliegenschnäpper *m.* ´**flyleaf,** *s.* Vorsatzblatt *n.* ´**flyweight,** *s. Box:* Fliegengewicht *n.* ´**flywheel,** *s. Mec:* Schwungrad *n.*

fly[2], *s. Cl: (also flies)* Hosenschlitz *m.* **2.** *Th:* **flies,** Soffitten *fpl.*

fly[3], *v. (p.* **flew** [flu:], *p.p.* **flown** [flǝun]). **1.** *v.i.* fliegen; *(a)* **to f. high,** (i) hoch fliegen; (ii) *Fig: (of pers.)* hoch hinauswollen; *(b) (of flag)* wehen; *(c) F: (hurry)* eilen; **I must f.,** ich muß sausen; **time flies,** die Zeit verfliegt; *(of vehicle)* **to f. along,** dahinsausen; **the door flew open,** die Tür flog auf; **to f. to pieces/bits,** in Stücke zerspringen; *(d)* **to f. into a rage,** in Wut geraten; **to f. off the handle,** aufbrausen; **to send s.o. flying,** j-n hinschleudern; **to (let) f. at s.o.,** auf j-n losgehen; **to let f. at s.o. (with a gun),** auf j-n losschießen; *(e) (escape)* fliehen (**for one's life,** um sein Leben); *v.tr. (a)* (eine Fahne) hissen; (einen Drachen) steigen lassen; *(b)* **to f. the country,** aus dem Land flüchten; *(c) Av:* (ein Flugzeug) fliegen; **to f. s.o. to Paris,** j-n mit einem Flugzeug nach Paris befördern; **to f. the Channel,** den Ärmelkanal überfliegen. ´**fly a´way,** *v.i. (of bird)* wegfliegen. ´**flyer,** *s.* Flieger(in) *m(f).* ´**flying. I.** *adj. (a)* **f. boat,** Flugboot *n;* **f. saucer,** fliegende Untertasse *f;* **f. fish,** fliegender Fisch *m; (b) Mil:* **f. column,** fliegende Kolonne *f; (police)* **f. squad,** Überfallkommando *n; (c)* **f. jump,** Sprung *m* (mit Anlauf); *Sp:* **f. start,** fliegender Start *m; F:* **f. visit,** Stippvisite *f.* **II.** *s.* Fliegen *n;* **f. club,** Fliegerklub *m;* **f. hours,** Flugstunden *fpl.* ´**flyover,** *s. Civ. E:* Überführung *f.* ´**flypast,** *s.* Flugparade *f.*

foal [fǝul], *s.* Fohlen *n.*

foam [fəum]. I. *s.* Schaum *m;* **f. rubber,** Schaumgummi *m.* **II.** *v.i.* schäumen; **to f. (at the mouth) with rage,** vor Wut schäumen. ´**foam-**´**backed,** *adj.* mit Kompaktschaumrücken.

fob [fɔb], *v.tr. F:* **to f. s.o. off (with sth.),** j-n (mit etwas *dat*) abspeisen.

focal [´fəukəl], *adj. Opt: Phot:* **f. length,** Brennweite *f; Phot:* **f. plane shutter,** Schlitzverschluß *m; Ph: & Fig:* **f. point,** Brennpunkt *m.* **focus** [´fəukəs]. I. *s. Ph: Mth: & Fig:* Brennpunkt *m;* **in f.,** scharf eingestellt; **out of f.,** unscharf. **II.** *v.* **1.** *v.tr.* (*a*) (ein Fernrohr, einen Fotoapparat) scharf einstellen; (*b*) **to f. attention on sth.,** die Aufmerksamkeit auf etwas *acc* konzentrieren. **2.** *v.i.* **to f. on an object,** einen Gegenstand fixieren; **all eyes focused on him,** alle Augen waren auf ihn gerichtet. ´**focusing,** *s.* Scharfeinstellung *f.*

fodder [´fɔdər], *s.* Futter *n;* (*dry*) Trockenfutter *n.*

foetus [´fiːtəs], *s* Fötus *m.*

fog [fɔg]. I. *s.* (*a*) (dichter) Nebel *m; Rail:* **f. signal,** Nebelsignal *n;* (*b*) *Phot:* Schleier *m.* **II.** *v.* **1.** *v.tr. Phot:* (ein Negativ) verschleiern. **2.** *v.i. Phot:* sich verschleiern. ´**foghound,** *adj* vom Nebel eingeschlossen. ´**foggy,** *adj.* nebelig; *Phot:* verschleiert; *F:* **I haven't the foggiest (idea),** ich habe keine blasse Ahnung. ´**foghorn,** *s. Nau:* Nebelhorn *n.* ´**foglamp,** *s. Aut:* Nebelscheinwerfer *m.*

fogey [´fəugi], *s. F:* **old f.,** alter Knacker *m.*

foible [´fɔibl], *s.* Eigenart *f; F:* Marotte *f.*

foil[1] [fɔil], *s.* Folie *f; Metalw:* Blattmetall *n; Cu:* **baking f.,** Alufolie *f.* **2. to serve as a f. to s.o., sth.,** j-m, etwas *dat* als Folie dienen.

foil[2], *s. Fenc:* Florett *n.*

foil[3], *v.tr.* (einen Plan usw.) vereiteln; (j-n) überlisten.

foist [fɔist], *v tr. F:* **to f. sth. on s.o.,** j-m etwas andrehen; **he had a difficult job foisted on him,** ihm wurde eine schwierige Aufgabe aufgebürdet.

fold[1] [fəuld]. I. *s.* Falte *f.* **II.** *v.* **1.** *v.tr.* (*a*) (etwas) falten; *Bookb:* (einen Bogen) falzen; **to fold sth. back,** etwas zurückschlagen; (*b*) **to f. sth. in sth.,** etwas in etwas *dat* einwickeln; **to f. s.o. in one's arms,** j-n in die Arme schließen; (*c*) **to f. one's arms,** die Arme verschränken. **2.** *v.i.* (*a*) (*of paper etc.*) sich falten (lassen); (*of thing*) sich zusammenklappen (lassen); (*b*) *Th: F:* (*of play*) (wegen Mißerfolg) abgesetzt werden. ´**folder,** *s.* **1.** Mappe *f.* **2.** (*a*) *Advert:* Prospekt *m;* (*b*) *N.Am:* Heft *n.* ´**folding,** *adj.* Klapp-; **f. chair,** Klappstuhl *m;* **f. seat,** Klappsitz *m;* **f. stool,** Faltstuhl *m.* ´**fold** ´**in,** *v.tr. Cu:* (Eischnee) unterziehen. ´**fold** ´**up,** *v.* **1.** *v.tr.* (etwas) zusammenklappen (Papier usw.) zusammenfalten. **2.** *v.i. F:* (*of firm*) pleite gehen.

fold[2], *s.* **sheep f.,** Schafhürde *f; Fig:* **to return to the f.,** in den Schoß der Familie zurückkehren.

foliage [´fəuliidʒ], *s.* (*of trees*) Laub *n;* (*of plants*) Blätter *npl.*

folk [fəuk], *s.* (*a*) Leute *pl;* **my f./F:** **folks,** meine Leute; (*b*) *Mus:* **f. dance,** Volkstanz *m;* **f. (music),** Volksmusik *f.* ´**folklore,** *s.* Folklore *f.* ´**folksong,** *s.* Volkslied *n.* ´**folk(s)y,** *adj. F:* folkloristisch.

follow [´fɔləu], *v.* **1.** *v.tr.* (*a*) (j-m, etwas *dat*)

folgen; **the dog follows her about,** der Hund folgt ihr überall nach; **to f. a road,** eine Straße entlangfahren; **to f. a car,** einem Auto nachfahren; *F:* **to f. one's nose,** immer der Nase nach gehen; (*b*) (*of period etc.*) auf (etwas *acc*) folgen; **night follows day,** auf den Tag folgt die Nacht; **what followed this was horrible,** was darauf folgte, war entsetzlich; (*c*) (eine Vortragsreihe) besuchen; (einem Beruf) nachgehen; **to f. a course of action,** einen Weg einschlagen; **to f. the Olympic Games on television,** die Olympischen Spiele im Fernsehen verfolgen; (*d*) **to f. s.o.'s advice,** j-s Rat befolgen; **to f. instructions,** Anweisungen *dat* Folge leisten; (*e*) **I cannot f. your reasoning,** ich kann Ihrem Argument nicht folgen; *F:* **I don't quite f. you,** da komm ich nicht ganz mit. **2.** *v.i.* (nach)folgen; (*a*) **go ahead and I will f.,** gehen Sie vor, und ich komme/folge nach; **he followed in my footsteps,** er folgte in meinen Fußstapfen; (*b*) **what follows is the truth,** was hierauf folgt, ist die Wahrheit; **as follows,** wie folgt; (*c*) **it follows that...,** daraus folgt/ daraus ergibt sich, daß...; **it does not f. that...,** das will nicht heißen, daß... ´**follower,** *s.* **1.** (*adherent*) Anhänger *m.* **2.** (*successor*) Nachfolger *m.* ´**following.** I. *adj.* folgend; **the f. day,** am nächsten Tag. **II.** *s.* Anhängerschaft *f* (einer Fußballmannschaft usw.); **this programme has a wide f.,** diese Sendung hat ein großes Publikum. ´**follow-through.** I. *s. Sp: esp. Golf:* Durchschwung *m.* **II.** *v.tr.* (einen Schlag) durchschwingen. ´**follow** ´**up.** I. *v.tr.* **to f. up a matter,** eine Sache weiterverfolgen; **to f. up a letter with another,** einem Brief einen zweiten folgen lassen. **II.** *s.* (*of letter, advertisement etc.*) Nachfassen *n,* **f.-up letter,** Nachfaßbrief *m.*

folly [´fɔli], *s.* Torheit *f.*

fond [fɔnd], *adj.* **1.** (*a*) (*loving*) liebevoll; (*b*) **to be f. of s.o., sth.,** j-n, etwas gern haben; **they are f. of each other,** sie haben sich gern; **to be f. of doing sth.,** etwas gern(e) tun; **to be f. of sweets,** Süßigkeiten gern(e) mögen. **2.** (*a*) (*of hope, belief etc.*) töricht; (*b*) **fondest wish,** sehnlichster Wunsch; **-ly,** *adv.* **1.** liebevoll. **2.** **he f. imagines that...,** er bildet sich törichterweise ein, daß... ´**fondness,** *s.* (*a*) Liebe *f* (**for s.o.,** zu j-m); (*b*) Schwäche *f* (**for sth.,** für etwas *acc*).

fondle [´fɔndl], *v.tr.* (j-n, etwas) liebkosen.

font [fɔnt], *s. Ecc:* Taufstein *m.*

food [fuːd], *s.* (*a*) Nahrung *f;* (*at meal*) Essen *n;* (*for animals*) Futter *n;* **f. and drink,** Essen und Trinken; **f. value,** Nährwert *m;* **f. poisoning,** Lebensmittelvergiftung *f;* **f. processing industry,** Nahrungsmittelindustrie *f; Fig:* **f. for thought,** Grund *m* zum Nachdenken; (*b*) (*fare, diet*) Kost *f;* **unfamiliar f.,** ungewohnte Kost; (*c*) (*groceries*) Lebensmittel *pl;* **f. shop,** Lebensmittelgeschäft *n.* ´**foodstuff,** *s.* Nahrungsmittel *n.*

fool[1] [fuːl]. I. *s.* **1.** Narr *m,* Dummkopf *m;* **f.'s paradise,** Wolkenkuckucksheim *n;* **to play the f.,** herumalbern; sich närrisch aufspielen; **to make a f. of s.o./oneself,** j-n/sich lächerlich machen; **silly f.!** Schaf! Dummkopf! **2.** (*dupe*) Betrogene(r) *f(m).* **3.** *Hist:* (*jester*) Hofnarr *m.*

II. v. 1. v.i. (a) Dummheiten machen; to f. around, herumalbern; (b) I was only fooling, ich habe es nicht ernst gemeint. 2. v.tr. (j-n) betrügen; you could have fooled me, (i) ich hätte es ohne weiteres geglaubt; (ii) Iron: was du nicht sagst! 'foolery, s. Torheit f, Dummheiten fpl. 'foolhardy, adj. tollkühn. 'fooling, s. (a) alberne Spielerei f, Dummheiten fpl; (b) (cheating) Betrug m. 'foolish, adj. (a) (stupid) dumm; (weak-minded) närrisch; don't do anything f., mach keine Dummheiten; (b) to make s.o. look f., j-n lächerlich machen. 'foolishness, s. Dummheit f. 'foolproof, adj. narrensicher.

fool², s. Cu: Fruchtcreme f.

foolscap ['fu:lskæp], s. (a) (size) Kanzleiformat n; (b) (paper) Kanzleipapier n.

foot [fut]. I. s. (pl feet [fi:t]). 1. Fuß m; (a) on one's feet, auf den Beinen; to stay on one's feet, nicht hinfallen; to get to/on one's feet, aufstehen; Fig: auf die Beine kommen; to put one's feet up, sich ausruhen; to set f. in a house etc., ein Haus usw. betreten; Fig: to find one's feet, Fuß fassen; to put one's f. down, (i) ein Machtwort sprechen; (ii) Aut: F: aufs Gas treten; F: to put one's f. in it, ins Fettnäpfchen treten; to get cold feet, kalte Füße kriegen; to put one's best f. forward, (i) sich beeilen; (ii) sein Bestes tun; he gets under my feet, er ist mir immer im Weg; my f.! Quatsch! (b) adv.phr. on f., zu Fuß; to trample/tread sth. under f., etwas zertreten; it's wet under f., der Boden ist naß. 2. Mil. Hist: Infanterie f; f. soldier, Infanterist m. 3. Fußende n (des Bettes); Fuß m (eines Strumpfes, eines Berges usw.). 4. (a) Poet: Versfuß m; (b) Meas: Fuß m (30,5 cm). II. v.tr. F: (a) to f. it, latschen; (b) to f. the bill, für die Rechnung aufkommen. 'footage, s. Cin: Filmmeter pl. 'foot-and-'mouth (disease), s. Vet: Maul-und Klauenseuche f. 'football, s. Fußball m; f. ground, Fußballplatz m; f. pitch, Fußballfeld n; Rugby f., Rugby n. 'footballer, s. Fußballspieler m. 'footbath, s. Fußbad n. 'footbrake, s. Fußbremse f. 'footbridge, s. Fußgängerbrücke f. 'foothills, s.pl. Vorgebirge n. 'foothold, s. Halt m (für die Füße); (also Fig:) to get a f., festen Fuß fassen. 'footing, s. (a) to lose one's f., den Halt (unter den Füßen) verlieren; (stumble) stolpern; to gain a f., festen Fuß fassen; (b) to be on a good f. with s.o., sich mit j-m gut stehen; to put X and Y on the same f., X und Y gleichstellen. 'footlights, s.pl. Th: Rampenlicht n. 'footman, s. Lakai m. 'footmark, s. Fußabdruck m. 'footnote, s. Fußnote f. 'footpath, s. Pfad m. 'footplate, s. Rail: Führerstand m. 'footprint, s. Fußabdruck m. 'footsore, adj. fußkrank. 'footstep, s. Schritt m; F: to follow in s.o.'s footsteps, in j-s Fußstapfen treten. 'footstool, s. Fußbank f. 'footwear, s. Schuhwerk n.

footling ['fu:tliŋ], adj. albern.

for [fɔ:r]. I. prep. 1. für + acc; (a) (on behalf of) to act f. s.o., für j-n/an j-s Stelle handeln; (b) he wants her f. his wife, er will sie zur Frau nehmen; to exchange one thing f. another, einen Gegenstand gegen einen anderen eintauschen; word f. word, wörtlich; to sell sth. f. £100, etwas für £100 verkaufen; f. a low price, zu einem niedrigen Preis; F: f. free, gratis; (c) this book is f. you, dieses Buch ist für Sie; to eat sth. f. supper, etwas zum Abendbrot essen; to make a name f. oneself, sich dat einen Namen machen; to write f. the paper, für die Zeitung schreiben. 2. (in favour of) he's f. free trade, er ist für die Handelsfreiheit. 3. (purpose) (a) what f.? wozu? what's all this noise f.? wozu dieser Lärm? this knob is f. switching on, dieser Knopf dient zum Einschalten; f. sale, zu verkaufen; f. example, zum Beispiel; (b) to marry s.o. f. his money, j-n wegen seines Geldes heiraten; to jump f. joy, vor Freude hüpfen. 4. (destination) (a) a ship bound f. America, ein Schiff (unterwegs) nach Amerika; bound f. New York, Bestimmungsort New York; change here f. York, nach York hier umsteigen; (b) his feelings f. you, seine Gefühle Ihnen gegenüber. 5. (distance) we didn't see a house f. miles, wir sahen meilenweit kein Haus: P.N: Bends f. 2½ miles, Kurvenreich auf 4 km. 6. (time) I'm going away f. a fortnight, ich verreise für/auf vierzehn Tage; he'll be away f. a year, er wird ein Jahr (lang) nicht da sein; he was missing f. a fortnight, er war vierzehn Tage (lang) verschwunden; I've been here f. three days, ich bin seit drei Tagen hier. 7. too stupid f. words, unsagbar blöd; oh f. a bit of peace! was gäbe ich nicht für ein bißchen Ruhe! now f. it! jetzt aber los! F: you'll be f. it! du wirst es kriegen! 8. as f. him, was ihn betrifft; see f. yourself! sehen Sie selbst! f. all that, trotzdem; but f. her we could have gone out, wenn sie nicht dagewesen wäre, hätten wir ausgehen können. 9. (introducing an infinitive clause) (a) it's easy (enough) f. him to come, für ihn ist es kein Problem herüberzukommen; (b) I've brought it f. you to see, ich habe es mitgebracht, damit Sie es ansehen können; it's not f. me to decide, es ist nicht an mir zu entscheiden; die Entscheidung liegt nicht bei mir; it's all very well f. Mr. X to talk, Herr X hat gut reden; (c) he gave orders f. the trunks to be packed, er hat befohlen, die Koffer zu packen; it took an hour f. the taxi to get to the station, das Taxi hat eine Stunde bis zum Bahnhof gebraucht; to wait f. sth. to be done, darauf warten, daß etwas getan wird; (d) it would be a disgrace f. you to give up now, es wäre eine Schande, wenn du jetzt aufgeben würdest. II. conj. denn; she did not smoke, f. she was pregnant, sie rauchte nicht, denn sie erwartete ein Kind.

forage ['fɔridʒ]. I. s. esp. Mil: Pferdefutter n; Viehfutter n; Mil: f. cap, Feldmütze f. II. v.i. to f. for sth., nach etwas dat suchen.

forbearance [fɔ:'bɛərəns], s. Nachsicht f. for'bearing, adj. nachsichtig.

forbid [fə'bid], v.tr. (etwas) verbieten; to f. s.o. to do sth., j-m verbieten, etwas zu tun. 'for'bidden, adj. verboten. 'for'bidding, adj. abschreckend; (of sky) drohend.

force [fɔ:s]. I. s. 1. f. of circumstances, Zwang m der Verhältnisse; by f. of (his) example, kraft seines Beispiels; by f. of habit, aus alter Gewohnheit. 2. (a) (of pers.) Kraft f; Wucht f (eines Schlages, Sturms usw.); **to use f.,** Gewalt anwenden; **don't use so much f.!** nicht so mit Gewalt! **in full f.,** in voller Stärke; (*b*) **f. of gravity,** Schwerkraft *f.* 3. *Mil: etc:* Verband *m* (von Truppen); **armed/fighting forces,** Streitkräfte *fpl;* **to join the Forces,** zum Militär gehen; **forces personnel,** Militärpersonal *n;* **forces pay,** Besoldung *f* (von Militärpersonal); *Fig:* **to join forces with s.o.,** sich mit j-m zusammentun. 4. Stichhaltigkeit *f* (eines Arguments); Sinn *m* (eines Worts). 5. (*of law*) **to come into f.,** in Kraft treten. **II.** *v.tr.* (*a*) (j-n) zwingen; **he forced my hand,** er hat mich dazu gezwungen; **to f. the pace,** das Tempo forcieren; **she forced a smile,** sie zwang sich zu einem Lächeln; (*b*) (eine Tür) aufbrechen; **to f. one's way through the crowd,** sich *dat* einen Weg durch die Menge bahnen; **to f. an entry into a house,** in ein Haus eindringen; (*c*) **to f. sth. on s.o.,** j-m etwas aufdrängen; (*d*) *Hort.* (Pflanzen) treiben. **'force 'back,** *v.tr.* (einen Feind, *Fig:* Tränen usw.) zurückdrängen. **forced,** *adj.* (*a*) erzwungen; **f. labour,** Zwangsarbeit *f; Av:* **f. landing,** Notlandung *f; Mil:* **f. march,** Gewaltmarsch *m;* (*b*) (*of laugh, smile*) gezwungen. **'forceful.** *adj.* 1. (*of pers.*) energisch. 2. (*of language*) eindringlich. 3. (*of argument*) überzeugend. **'forcible,** *adj.* gewaltsam.

forceps ['fɔːseps], *s.pl. Med:* (**pair of) f.,** Zange *f.*
ford [fɔːd]. **I.** *s.* Furt *f.* **II.** *v.tr.* (einen Fluß) durchwaten, *Aut:* durchfahren.
fore [fɔːr]. **I.** *adj. Nau:* **f. hatch,** vordere Luke. **II.** *adv. Nau:* vorn; **f. and aft,** am Bug und am Heck. **III.** *s.* **to the f.,** (*conspicuous*) im Vordergrund; (*leading*) führend; **to come to the f.,** in den Vordergrund treten. **IV.** *int. Golf:* Achtung! **'forearm,** *s.* Unterarm *m.* **'forebear,** *s.* Vorfahr *m.* **fore'boding,** *s.* (böse) Vorahnung *f.* **'forecast. I.** *s.* Voraussage *f;* **weather f.,** Wetterbericht *m.* **II.** *v.tr.* (etwas) voraussagen. **'forecastle, 'fo'c'sle** ['fəuksl], *s. Nau:* Vorschiff *n;* (*raised deck*) Back *f.* **'forecourt,** *s.* (*of building*) Vorhof *m;* (*of garage*) Vorplatz *m.* **'forefather,** *s.* Vorfahr *m.* **'forefinger,** *s.* Zeigefinger *m.* **'forefront,** *s.* **in the f.,** in der vordersten Reihe; *Fig:* führend. **foregoing,** *adj.* (*in book, letter*) obig; **the f.,** das Vorangehende. **'foregone,** *adj.* **it was a f. conclusion (that . . .),** es war von vornherein klar (, daß . . .). **'foreground,** *s.* Vordergrund *m.* **'forehand,** *s. Tennis:* Vorhand *f.* **forehead** ['fɔrid, 'fɔːhed], *s. Anat:* Stirn *f.* **'foreleg,** *s.* Vorderbein *n.* **'forelock,** *s.* Stirnlocke *f;* Schopf *m* (eines Pferdes). **'foreman,** *s.* (*a*) *Ind:* Vorarbeiter *m;* (*b*) *Jur:* Sprecher *m.* **'foremast,** *s. Nau:* Fockmast *m.* **'foremost. I.** *adj.* (*of place*) vorderste(r,s); **the f. authority,** der führende Experte (**on sth.,** für etwas *acc*). **II.** *adv.* **first and f.,** zuallererst. **'forename,** *s. esp. N.Am:* Vorname *m.* **'forerunner,** *s.* Vorläufer *m.* **'foresail,** *s. Nau:* Focksegel *n.* **fore'see,** *v.tr.* (etwas) voraussehen. **fore'shadow,** *v.tr.* (ein Ereignis) vo>raus>ahnen lassen. **fore'shorten,** *v.tr.* (etwas) perspektivisch verkürzen. **'foresight,** *s.* (weise) Voraussicht *f;* **if you had had more f.,** wenn Sie vorsorglicher gehandelt hätten. **fore-**

'stall, *v.tr.* (j-m, j-s Plänen) zuvorkommen. **'foretaste,** *s.* Vorgeschmack *m.* **fore'tell,** *v.tr.* (etwas) voraussagen. **'forethought,** *s.* = **foresight.** **'forewoman,** *s.* (*a*) *Ind:* Vorarbeiterin *f;* (*b*) *Jur:* Sprecherin *f.* **'foreword,** *s.* Vorwort *n.*
foreign ['fɔrin], *adj.* 1. (*a*) (*abroad*) ausländisch; **f. countries,** das Ausland; **f. service,** Dienst im Ausland; **the F. Legion,** die Fremdenlegion; **f. language,** Fremdsprache *f;* **f. currency,** Devisen *fpl;* (*b*) **f. trade,** Außenhandel *m;* **f. affairs,** auswärtige Angelegenheiten; **the F. Office,** das (britische) Außenministerium. 2. (*strange*) fremd; **cheating is f. to his nature,** Betrügerei ist ihm fremd; *Med: etc:* **f. body,** Fremdkörper *m.* **'foreigner,** *s.* Ausländer(in) *m(f).*
forensic [fə'rensik], *adj.* gerichtlich; **f. medicine,** Gerichtsmedizin *f;* **f. science,** Gerichtskriminalistik *f.*
forest ['fɔrist], *s.* Forst *m;* (**area of) f.,** Wald *m,* Waldgebiet *n;* **f. fire,** Waldbrand *m; esp. N.Am:* **f. ranger,** Förster *m.* **'forested,** *adj.* bewaldet; **f. area,** Waldgebiet *n.* **'forester,** *s.* Förster *m.* **'forestry,** *s.* Forstwirtschaft *f;* **F. Commission,** Forstverwaltung *f.*
forfeit ['fɔːfit]. **I.** *s.* (verfallenes) Pfand *n.* **II.** *v.tr.* (seine Rechte, seine Freiheit usw.) verwirken. **'forfeiture,** *s.* Einbuße *f* (**of respect etc.,** an Ansehen usw.); Verwirkung *f* (eines Rechts); **f. of property,** Vermögensverfall *m.*
forge[1] [fɔːdʒ]. **I.** *s.* Schmiede *f.* **II.** *v.tr.* (*a*) (Eisen, eine Kette usw., *Fig:* Freundschaft) schmieden; (*b*) (eine Unterschrift, Banknoten usw.) fälschen. **'forger,** *s.* Fälscher *m.* **'forgery,** *s.* Fälschung *f.* **'forging,** *s.* 1. *Metalw:* Schmieden *n;* (*article*) Schmiedestück *n.* 2. Fälschen *n;* (*article*) Fälschung *f.*
forge[2], *v.i.* **to f. ahead,** (i) *Rac:* mächtig an Vorsprung gewinnen; (ii) *Fig:* große Fortschritte machen.
forget [fə'get], *v.tr.* (*p.* **for'got,** *p.p.* **for'gotten**) (j-n, etwas) vergessen; **I forgot all about the books,** ich habe die Bücher vollkommen vergessen; **to f. how to do sth.,** etwas verlernen; **f. about it!** denk nicht mehr dran! **and don't you f. it!** und merk dir das! **to f. oneself,** sich vergessen; **never to be forgotten,** unvergeßlich. **for'getful,** *adj.* 1. (*of pers.*) vergeßlich. 2. **to be f. of one's duty,** seine Pflicht vernachlässigen. **for'getfulness,** *s.* 1. Vergeßlichkeit *f.* 2. Vernachlässigung *f* (seiner Pflicht). **for'get-me-not,** *s. Bot:* Vergißmeinnicht *n.*
forgive [fə'giv], *v.tr.* (*p.* **for'gave,** *p.p.* **for'given**) **to f. s.o. sth.,** j-m etwas verzeihen/vergeben; **please f. me!** verzeih mir bitte! **for'givable,** *adj.* verzeihlich. **for'giveness,** *s.* Verzeihung *f;* **he asked for my f.,** er bat mich um Verzeihung. **for'giving,** *adj.* versöhnlich.
forgo [fɔː'gəu], *v.tr.* (*p.* **for'went,** *p.p.* **for'gone**) **to f. sth.,** auf etwas *acc* verzichten.
fork [fɔːk]. **I.** *s.* 1. *Agr: Cu:* Gabel *f; Mus:* **tuning f.,** Stimmgabel *f.* 2. Gabelung *f* (einer Straße); **take the left f.,** bei der Gabelung links abbiegen. **II.** *v.* 1. *v.i.* (*of road*) sich gabeln; **f. right for York,** nach York geht es bei der Gabelung nach rechts. 2. *v.tr.* (*a*) *Hort:* **to f. over the soil,** den Boden mit einer Gabel umstechen; (*b*) *P:* **to f. out**/*N.Am:* **to f. over/up**

money, blechen. **forked**, adj. (of snake's tongue) gespalten; (of bird's tail etc.) gegabelt; **f. lightning**, Linienblitz m. 'fork-'lift 'truck, s. Gabelstapler m.

forlorn [fɔ'lɔːn], adj. (abandoned) verlassen; **f. appearance**, tristes Aussehen; **it's a f. hope**, es ist ziemlich aussichtslos.

form [fɔːm]. **I.** s. **1.** (a) Form f (eines Objekts); **statistics in tabular f.**, Statistik in Tabellenform; (b) (of pers.) Gestalt f; **in human f.**, in menschlicher Gestalt; (c) (version) Fassung f; **the original f. of the novel**, die Urfassung des Romans. **2.** (a) Form f; **for f.'s sake**, der Form wegen; **it is a mere matter of f.**, es ist eine reine Formsache; F: **you know the f.**, du weißt schon, wie das geht; (b) **it's bad f.**, das schickt sich nicht; (c) Sp: **according to f.**, der Form nach; **to be in (good) f./off f.**, in Form/nicht in Form sein. **3.** (printed) Formular n; **to fill in/**esp. N.Am: **fill out a f.**, ein Formular ausfüllen. **4.** Sch: Klasse f; **f. room**, Klassenzimmer n. **5.** (bench) Bank f. **II.** v. **1.** v.tr. (a) (mould) (etwas aus Wachs usw., einen Charakter usw.) formen (**into sth.**, zu etwas dat); (b) (give a particular form) (ein Standbild usw.) gestalten; (c) (create) (einen Kreis, Wörter, Sätze, eine Regierung usw.) bilden; **to f. an opinion**, sich dat eine Meinung bilden; **to f. part of sth.**, ein Teil von etwas dat sein; zu etwas dat gehören; (d) (eine Firma) gründen; (e) (einen Plan usw.) ausarbeiten. **2.** v.i. (a) (take on a particular shape) sich formen; (of idea, plans) Gestalt annehmen; (b) (come into being) sich bilden. **'format**, s. Format n (eines Buches usw.). **for'mation**, s. Formung f (des Charakters, eines Modells usw.); Bildung f (einer Regierung, eines Satzes usw.); Gründung f (einer Firma); Av: Formation f. **'for mative**, adj. **f. years**, Entwicklungsjahre npl; **a f. influence**, ein charakterformender Einfluß.

formal ['fɔːm(ə)l], adj. **1.** (following conventions, impersonal) formell; (of occasion, dress) feierlich; (of design) symmetrisch; **f. garden**, französischer Garten. **2. f. defect**, Formfehler m. **for'mality**, s. **1.** (social convention) Förmlichkeit f. **2.** Adm: etc: Formalität f.

former ['fɔːmər], adj. **1.** ehemalig; **my f. pupil**, mein ehemaliger Schüler; **in f. times**, in früheren Zeiten. **2.** **the f. alternative**, die erste Möglichkeit; **the f.**, der, die, das erstere; **-ly**, adv. früher.

Formica [fɔː'maikə], s. R.t.m: approx. Resopal n.

formidable ['fɔːmidəbl], adj. **1.** (of pers., character) ehrfurchtgebietend. **2.** (of opponent, task etc.) gewaltig.

formula ['fɔːmjulə], s. Formel f. **'formulate**, v.tr. (etwas) formulieren.

forsake [fə'seik], v.tr. (p. forsook [-'suk], p.p. **for'saken**) (a) (j-n, etwas) verlassen (b) (give up) (etwas) aufgeben.

forsythia [fɔː'saiθiə], s. Bot: Forsythie f.

fort [fɔːt], s. Mil: Fort n.

forth [fɔːθ], adv. **back and f.**, hin und her; **and so f.**, und so weiter. **forth'coming**, adj. **1.** bevorstehend; (of book) in Kürze erscheinend. **2.** (of pers.) mitteilsam. **'forthright**, adj. offen.

fortify ['fɔːtifai], v.tr. (a) Mil: (eine Stadt) befestigen; (b) (j-n) stärken; Tchn: (Bauteile usw.) verstärken; **fortified wine**, durch Alkoholzusatz angereicherter Wein. **fortifi'cation**, s. (a) Mil: Befestigung f; Festungswerk n; (b) Verstärkung f.

fortitude ['fɔːtitjuːd], s. Standhaftigkeit f.

fortnight ['fɔːtnait], s. vierzehn Tage mpl. **'fortnightly. I.** adj. vierzehntägig. **II.** adv. alle vierzehn Tage.

fortress ['fɔːtrəs], s. Mil: Festung f.

fortuitous [fɔː'tjuːitəs], adj. zufällig.

fortune ['fɔːtʃən,-tjuːn], s. **1.** (a) (luck) Glück n; **by good f.**, durch glücklichen Zufall; (b) (fate) Schicksal n; **to tell fortunes**, wahrsagen; **f. teller**, Wahrsager(in) m(f). **2.** (wealth) Vermögen n; **to make a f.**, ein Vermögen verdienen. **'fortunate**, adj. glücklich; **to be f.**, Glück haben; **how f.!** welch ein Glück! **-ly**, adv. glücklicherweise.

forty ['fɔːti]. **I.** num.adj. vierzig; F: **to have f. winks**, ein Nickerchen machen. **II.** s. Vierzig f; **in his forties**, in den Vierzigern; **in the forties**, in den vierziger Jahren. **'fortieth. I.** num.adj. vierzigste. **II.** s. (fraction) Vierzigstel n.

forward ['fɔːwəd]. **I.** adj. **1. f. movement**, Vorwärtsbewegung f. **2.** (of pers.) keck. **3.** Adm: Com: **f. planning**, Vorausplanung f; Fin: **f. sale**, Terminverkauf m. **II.** adv. (also **forwards**) **1.** (a) vorwärts; Nau: nach vorn; (b) (position) Nau: vorn; (c) Fin: **account brought/carried f.**, Übertrag m. **2.** (of pers.) **to come f.**, sich melden; (for a job) sich anbieten; **to look f. to sth.**, sich auf etwas acc freuen. **III.** s. Fb: Stürmer m. **IV.** v.tr. (a) (einen Brief, ein Paket) schicken; (b) (send on) (einen Brief) nachschicken; (on letter) **please f.**, bitte nachschicken. **'forward-looking**, adj. fortschrittlich. **'forwardness**, s. Keckheit f.

fossil ['fɔs(ə)l], s. Geol: Fossil n. **'fossilize**, v.tr. & i. (ein Tier, eine Pflanze) versteinern.

foster ['fɔstər], v.tr. (a) (ein Kind) in Pflege nehmen; (b) (eine Hoffnung, einen Wunsch) hegen; (c) (ein Projekt) fördern. **'foster-child**, s. Pflegekind n. **'foster-mother**, s. Pflegemutter f.

foul [faul]. **I.** adj. **1.** (a) (putrid) (of smell, taste) faulig; (of breath) übelriechend; **f. air**, verpestete Luft; (b) (nasty) (of taste, pers. etc.) widerlich; **f. crime**, abscheuliches Verbrechen; F: **what f. weather!** was für ein scheußliches Wetter! (c) (filthy) dreckig; (of language) unflätig. **2.** adv. **to fall f. of s.o.**, es sich dat mit j-m verderben. **3.** Sp: regelwidrig; Jur: **f. play**, verbrecherische Absichten fpl. **II.** s. Sp: Foul n. **III.** v.tr. (a) (die Luft usw.) verschmutzen; (b) (entangle) Nau: etc: sich (mit etwas dat) verwickeln; (block) (etwas) blockieren; (c) Sp: (j-n) foulen; (d) (of dog etc.) (den Gehsteig) beschmutzen. **'foul-'mouthed**, adj. **to be f.-m.**, unflätige Reden führen.

found [faund], v.tr. (a) (eine Firma, Schule, Gesellschaft usw.) gründen; (ein Kloster) stiften; (b) (base) **to f. an opinion on sth.**, eine Ansicht auf etwas acc gründen; **the novel is founded on fact**, der Roman beruht auf Tatsachen. **foun'dation**, s. **1.** Gründung f (einer Stadt usw.); Stiftung f (eines Klosters usw.);

Nuffield F., Nuffield-Stiftung *f.* **2.** *Constr:* Grundmauer *f* (eines Gebäudes); Unterbau *m* (einer Brücke, einer Straße usw.); **to lay the f. stone**, den Grundstein legen. **3.** *(a) Cl:* **f. (garment)**, Korsett *n;* *(b) (make-up)* Grundierung *f.* **4.** *Fig:* Grundlage *f; (of rumour)* Brille); *Constr:* Geripp *n; N.Am:* **f. house**, ohne Begründung, *(of rumour)* Brille); *Constr:* Geripp *n; N.Am:* **f. house**, without **f.**, unbegründet. ´**founder**[1], *s.* Gründer *m* (einer Firma usw.); Stifter *m* (eines Klosters usw.).

founder[2] [´faundər], *v.i. (of ship)* sinken.

foundling [´faundliŋ], *s.* Findelkind *n.*

foundry [´faundri], *s. Ind:* Gießerei *f.*

fount [faunt], *s. Prnt:* Schriftart *f.*

fountain [´fauntin], *s. (a) (artificial)* Springbrunnen *m; (natural)* Quelle *f;* **(drinking) f.**, Trinkbrunnen *m; (b)* **f. pen**, Füllfederhalter *m, F:* Füller *m.*

four [fɔːr]. **I.** *num.adj.* vier; **to the f. corners of the earth**, in alle Welt. **II.** *s.* **1.** Vier *f.* **2.** *Row:* Vierer *m.* **3. to go on all fours**, auf allen Vieren gehen; **in fours**, zu viert. ´**four-´door**, *adj. Aut:* viertürig. ´**fourfold**, *adj. & adv.* vierfach. ´**four-´footed**, *adj. Hum:* **f.-f. friend**, Vierbeiner *m.* ´**four-´part**, *adj. Mus:* vierstimmig. ´**four-´poster**, *s.* Himmelbett *n.* ´**four-´seater**, *s. Aut:* Viersitzer *m.* ´**foursome**, *s. Sp:* Vierer *m.* ´**four-stroke**, *adj. I.C.E:* Viertakt-. ´**fourteen**. **I.** *num.adj.* vierzehn. **II.** *s.* Vierzehn *f.* ´**fourteenth**. **I.** *num.adj.* vierzehnte(r, s). **II.** *s. (fraction)* Vierzehntel *n.* ´**fourth**. **I.** *num.adj.* vierte(r, s); **on the f. of June**, am vierten Juni. **II.** *s. (a) (fraction)* Viertel *n; (b) Mus:* Quarte *f.* ´**fourthly**, *adv.* viertens.

fowl [faul], *s.* **1.** *coll.* Geflügel *n.* **2. domestic f.**, Haushuhn *n; Cu:* **boiling f.**, Suppenhuhn *n.*

fox [fɔks]. **I.** *s.* Fuchs *m;* **f. cub**, Fuchsjunge(s) *n;* **fox's earth**, Fuchsbau *m.* **II.** *v.tr.* (j-n) verblüffen, *(deceive)* täuschen. ´**foxglove**, *s. Bot:* Fingerhut *m.* ´**fox-hole**, *s. Mil:* Schützenloch *n.* ´**foxhound**, *s.* Meutehund *m.* ´**foxhunt(ing)**, *s.* Fuchsjagd *f.* **fox-´terrier**, *s.* Fox(terrier) *m.* ´**foxtrot**, *s. Danc:* Foxtrott *m, F:* Fox *m.* ´**foxy**, *adj. esp. N.Am:* schlau.

foyer [´fɔiei], *s.* Foyer *n* (eines Theaters).

fraction [´frækʃ(ə)n], *s.* Bruchteil *m; Fig:* **he was within a f. of winning**, um ein Haar hätte er gewonnen. ´**fractional**, *adj. (of difference etc.)* minimal.

fractious [´frækʃəs], *adj. (esp. of child)* widerspenstig; *(of baby)* weinerlich. ´**fractiousness**, *s.* Widerspenstigkeit *f.*

fracture [´fræktʃər]. **I.** *s. Med: Tchn:* Bruch *m;* **(point of) f.**, Bruchstelle *f.* **II.** *v.tr.* (etwas) brechen; *Med:* **to f. a leg**, sich *dat* das Bein brechen.

fragile [´frædʒail], *adj. (a) (of thing)* zerbrechlich; *(on label)* **f. (with care)**, nicht stürzen; *(b) (of pers.)* fragil; *F:* **to feel f.**, sich leicht angeschlagen fühlen. **fragility** [frə´dʒiliti], *s.* Zerbrechlichkeit *f;* Fragilität *f.*

fragment [´frægmənt], *s.* Fragment *n.* ´**fragmentary**, *adj.* fragmentarisch; *(of knowledge etc.)* lückenhaft.

fragrance [´freigrəns], *s.* Duft *m.* ´**fragrant**, *adj.* duftend.

frail [freil], *adj. (of pers.)* gebrechlich; *Fig:* vergänglich. ´**frailness**, *s. (of pers.)* Ge-

brechlichkeit *f.* ´**frailty**, *s.* Schwächlichkeit *f; (fault)* Schwäche *f.*

frame [freim]. **I.** *s.* **1.** *(a) (enclosing sth., also Cy:)* Rahmen *m; (b) (basic skeleton)* Gestell *n* (eines Regenschirms usw.); Fassung *f* (einer Brille); *Constr:* Gerippe *n; N.Am:* **f. house**, Holzhaus *n.* **2.** *(a) (of pers.)* Körperbau *m;* **his bulky f.**, seine massive Gestalt; *(b)* **f. of mind**, Gemütsverfassung *f.* **3.** *Phot:* Einzelbild *n; TV:* Raster *m.* **4.** *Hort:* **(cold) f.**, Frühbeet *n.* **II.** *v.tr. (a)* (ein Bild) einrahmen; *(b)* (einen Gedanken) formulieren; *(c) P:* **to f. s.o.**, j-m ein Verbrechen anhängen. ´**frame-up**, *s. P:* abgekartetes Spiel *n; (plot)* Komplott *m.* ´**framework**, *s.* **1.** *Constr:* Gerippe *n;* **steel f.**, Stahlgerüst *n.* **2.** *Fig:* Gefüge *n* (der Regierung usw.); *(structure)* Aufbau *m;* **within the f. of the United Nations**, im Rahmen der Vereinten Nationen.

franc [fræŋk], *s. (French, Belgian)* Franc *m; (Swiss)* Franken *m.*

France [frɑːns]. *Pr.n. Geog:* Frankreich *n.*

Frances [´frɑːnsis]. *Pr.n.f* = Franziska.

franchise [´fræn(t)ʃaiz], *s.* **1.** *Pol:* Wahlrecht *n.* **2.** *Adm:* Konzession *f; Com:* Franchise *n.*

Francis [´frɑːnsis]. *Pr.n.m.* = Franz. **Franciscan**, *s. Ecc:* Franziskaner *m.*

Franconia [fræn´kəunjə]. *Pr. n. Geog:* Franken *n.* **Fran´conian**, *adj.* fränkisch.

frank[1] [fræŋk], *adj.* offen; **to be f./-ly**, *adv.* offen gestanden. ´**frankness**, *s.* Offenheit *f.*

frank[2], *v.tr.* (einen Brief) frankieren.

frankfurter [´fræŋkfəːtər], *s. Cu:* Frankfurter Würstchen *n.*

frantic [´fræntik], *adj. (a)* **to be f.**, außer sich *dat* sein **(with joy/fear etc.**, vor Freude/Angst usw.); *(b)* **f. efforts**, verzweifelte Bemühungen *fpl; F:* **he drives me f.**, er macht mich verrückt.

fraternal [frə´təːnl], *adj.* brüderlich. **fra´ternity**, *s.* **1.** Brüderlichkeit *f.* **2.** *(a) U.S:* **student f.**, Studentenverbindung *f; (b) (group with common interest)* Zunft *f;* **the legal f.**, die Juristen *mpl.* **fraternize** [´frætənaiz], *v.i.* fraternisieren **(with s.o.**, mit j-m). **fratricide** [´frætrisaid], *s.* Brudermord *m.*

fraud [frɔːd], *s.* **1.** Schwindel *m; esp. Jur:* Betrug *m.* **2.** *(pers.)* **he's a f.**, er ist ein Schwindler. ´**fraudulent**, *adj.* betrügerisch.

fraught [frɔːt], *adj.* **f. with danger**, gefahrvoll; *F:* **the afternoon was very f.**, es war ein fataler Nachmittag.

fray[1] [frei], *s.* Schlägerei *f;* **ready for the f.**, kampfbereit.

fray[2], *v.tr. & i. Cl:* (einen Stoff) ausfransen. **frayed**, *adj. (a) Cl:* ausgefranst; *(b)* **f. tempers**, erhitzte Gemüter *npl.*

freak [friːk], *s. (a)* einmaliges Phänomen *n;* **f. (of nature)**, Laune *f* der Natur; *(b) (pers.)* Mißgeburt *f; (malformation)* Mißbildung *f; attrib.* **f. storm**, ungeheurer Sturm; **f. result**, höchst anomales Ergebnis.

freckle [´frekl], *s.* Sommersprosse *f.* ´**freckled**, *adj.* sommersprossig.

free [friː]. **I.** *adj.* **1.** frei; **to set s.o. f.**, (i) *(of government)* j-n freilassen; (ii) *(of rescuer etc.)* j-n befreien; **f. will**, Willensfreiheit *f;* **a f. house**, eine (von einer Brauerei) unabhängige Wirtschaft. **2.** *(of seat etc.)* frei, unbesetzt; *Tel:*

there were no f. **lines,** alle Leitungen waren besetzt/belegt. **3.** (a) **to give s.o. a f. hand,** j-m freie Hand lassen; **he does not have enough f. scope,** er hat nicht genug Spielraum; **he is not f. to do it,** es steht ihm nicht frei, das zu tun; (b) (unrestricted) (of movement etc.) unbeschränkt, unbehindert; **to hang f.,** pendeln; **the jammed door suddenly came f.,** die verklemmte Tür ging plötzlich auf; Tchn: f. **play,** Spielraum m; (c) f. **from pain,** ohne Schmerzen; **f. from worry,** sorgenfrei; (d) Com: f. **of duty/ duty f.,** zollfrei; f. **trade,** Freihandel m; f. **enterprise,** Privatwirtschaft f (ohne staatliche Kontrolle). **4. f. and easy,** zwanglos; **f. with one's money,** freigebig; **to make f. with sth.,** mit etwas dat freizügig umgehen/F: aasen. **5.** kostenlos; **admission f.,** Eintritt frei; **post f.,** portofrei; Com: f. **gift/sample,** Gratisprobe f; **catalogue sent f. on request,** Katalog kostenlos auf Wunsch; **-ly,** adv. (a) frei; **to move f.,** sich frei bewegen; (b) (voluntarily) freiwillig; I f. **admit that...,** ich gebe gern zu, daß... **2. to speak f.,** offen reden. **3. to give f.,** freigebig sein. **II.** v.tr. (a) (j-n, ein Volk usw.) befreien (**from sth.,** von etwas dat); **to f. a prisoner,** (of government) einen Gefangenen freilassen; (by force etc.) einen Gefangenen befreien; (b) (etwas Verklemmtes) freibekommen. **'freebooter,** s. Freibeuter m. **'freedom,** s. **1.** (a) (liberty) Freiheit f; **f. of speech,** Redefreiheit f; (b) (independence) Unabhängigkeit f; **he was given the f. of the city,** ihm wurde das Ehrenbürgerrecht erteilt. **2. f. of manner,** Zwanglosigkeit f. **3. f. from pain,** Schmerzlosigkeit f; **f. from taxation,** Steuerfreiheit f. **'free-for-'all,** s. allgemeine Schlägerei f. **'freehand,** adj. f. **drawing,** Freihandzeichnen n. **'free-'handed,** adj. freigebig. **'freehold,** s. freier Grundbesitz m; f. **house,** Eigenheim n. **'freelance.** I. adj. freiberuflich. **II.** s. (artist, writer etc.) Freischaffende(r) f(m). **'freeman,** s. Ehrenbürger m (einer Stadt). **'freemason,** s. Freimaurer m. **'freemasonry,** s. Freimaurerei f. **'freestyle,** s. Swim: Freistilschwimmen n. **'free'thinker,** s. Freidenker m. **'freeway,** s. N.Am: (a) Schnellstraße f; (b) (tollfree) mautfreie Autobahn f. **'free'wheel.** I. s. Freilauf m. **II.** v.i. im Freilauf fahren.

freeze [fri:ʒ] I. v. (p. froze [frəuz], p.p. frozen ['frəuzən]) **1.** v.i. (a) (of liquid etc.) frieren; **the river is frozen,** der Fluß ist zugefroren; Fig: **the smile froze on his lips,** das Lächeln erstarrte auf seinen Lippen; (b) (of pers.) **to f. to death,** erfrieren. **2.** v.tr. (a) (Wasser usw.) gefrieren lassen; (Obst usw.) einfrieren, tiefkühlen; (b) **to f. wages,** Löhne stoppen; (c) (order) f.! keine Bewegung! **II.** s. **wage f.,** Lohnstopp m. **'freezer,** s. (upright) Tiefkühlschrank m; (chest) f., Tiefkühltruhe f. **'freezing.** I. adj. f. **temperatures,** Temperaturen fpl unter dem Nullpunkt; f. **fog,** Eisnebel m; **it's f.,** (i) lit. es friert; (ii) F: es ist eisig; F: **I'm/my hands are f.,** mir ist/meine Hände sind eiskalt. **II.** s. **above/ below f.,** über/unter Null; f. **point,** Gefrierpunkt m.

freight [freit], s. Fracht f; esp. N.Am: f. **train,** Güterzug m; f. **plane,** Frachtflugzeug n; **air f.,** Luftfracht f. **'freighter,** s. (ship) Fracht-

schiff n; (plane) Frachtflugzeug n.

French [fren(t)ʃ]. I. adj. (a) französisch; F. **Canadian,** französisch-kanadisch; (b) F. **beans,** grüne Bohnen fpl; F. **bread,** Stangenbrot n; F. **chalk,** Schneiderkreide f; Cu: F. **dressing,** Salatsoße f nach französischer Art; F. **fried (potatoes),** Pommes frites fpl; F. **window,** Glastür f (nach dem Garten), (verglaste) Gartentür f; Mus: F. **horn,** Horn n; (c) **to take F. leave,** sich heimlich davonmachen. **II.** s. **1.** Ling: Französisch n; **in F.,** auf Französisch. **2.** (a) pl. **the F.,** die Franzosen; (b) F. **Canadian,** Französisch-Kanadier(in) m(f). **'Frenchman,** s. Franzose m. **'Frenchwoman,** s. Französin f.

frenzy ['frenzi], s. Raserei f; **to be in a f.** (of joy/ anger), außer sich dat (vor Freude/Wut) sein.

frequency ['fri:kwənsi], s. **1.** Häufigkeit f. **2.** Ph: Frequenz f; Rad: f. **band,** Frequenzband n; Rad: Rec: f. **range,** Frequenzbereich m. **frequent.** I. adj. ['fri:kwənt]. **1.** häufig; **-ly,** adv. oft. **II.** v.tr. [fri'kwent] (eine Kneipe usw.) (regelmäßig) aufsuchen; **he often frequented such circles,** er bewegte sich oft in solchen Kreisen.

fresh [freʃ]. I. adj. **1.** (a) (new) neu; f. **recruit,** Neuling m; f. **supplies,** neue Vorräte; f. **strength,** frische Kraft; **to give s.o. f. hope,** j-m neuen Mut geben; (b) (recent) frisch; f. **tracks,** frische Spuren; **it is still f. in my memory,** ich habe es noch in bester Erinnerung. **2.** (a) (of foodstuffs) frisch; f. **herrings,** grüne Heringe; (b) f. **air,** frische Luft; F: f. **air fiend,** Frischluftfanatiker m; (c) (of colour, complexion) frisch. **3.** (cheeky) F: frech; **don't get f. with me,** werd mir nicht frech. **-ly,** adv. f. **killed meat,** frisch geschlachtetes Fleisch 'freshen, v. **1.** v.i. (of wind) frischer werden. **2.** v.tr. (das Gedächtnis) auffrischen. **'freshman,** F: fresher, s. Sch: Student m im ersten Jahr. **'freshness,** s. Frische f; (newness) Neuheit f; (cheek) F: Frechheit f. **'freshwater,** adj. Süßwasser-; f. **fish,** Süßwasserfisch m.

fret [fret], v.i. (p. & p.p. fretted) sich grämen; **the child was fretting for his mother,** das Kind bangte nach seiner Mutter. **'fretful,** adj. weinerlich.

fretwork ['fretwɔ:k], s. Laubsägearbeit f. **'fretsaw,** s. Laubsäge f.

friar ['fraiər], s. Mönch m.

fricassee [frikə'si:]. I. s. Cu: Frikassee n. **II.** v.tr. (Fleisch usw.) frikassieren.

friction ['frikʃ(ə)n], s. **1.** Reibung f; Mec.E: f. **drive,** Friktionsantrieb m. **2.** Fig: Reiberei f.

Friday ['fraidi], s. Freitag m; **on F.,** am Freitag; **on Fridays,** jeden Freitag/freitags; **Good F.,** Karfreitag m.

fridge [fridʒ], s. F: Kühlschrank m. **'fridge-'freezer,** s. Kühlgefrierkombination f.

friend [frend], s. **1.** Freund m(f); (acquaintance) Bekannte(r) f(m); **a f. of mine,** ein Freund/eine Freundin von mir; **to make friends (with s.o.),** sich (mit j-m) anfreunden; Rel: **the Society of Friends,** die Quäker mpl; F: **to have friends at court,** einflußreiche Freunde haben. **'friendless,** adj. ohne Freund. **'friendliness,** s. Freundlichkeit f (to/towards s.o., gegen j-n). **'friendly,** adj. freundlich; (helpful) hilfsbereit; **to be f. with s.o.**, mit j-m befreundet sein; **to be on f. terms with s.o.**, mit j-m auf freundschaftlichem Fuß stehen; *Sp:* **f. match**, Freundschaftsspiel *n; Fin:* **f. society**, Versicherungsverein *m* auf Gegenseitigkeit. **'friendship**, *s.* Freundschaft *f.*

Friesian ['friːziən]. **I.** *adj. Z:* friesisch. **II.** *s. Z:* friesisches Rind.

frieze ['friːz], *s. Arch:* Fries *m; (on wallpaper)* Zierstreifen *m.*

frigate ['frigət], *s. Navy:* Fregatte *f.*

fright [frait], *s.* **1.** Schreck(en) *m;* **to take f. (at sth.)**, (vor etwas *dat*) erschrecken; **to give s.o. a f.**, j-n erschrecken. **2.** *F: (pers.)* **she looks a f.**, sie sieht verboten aus. **'frighten**, *v.tr* (j-m) Angst machen, *(startle)* (j-n) erschrecken; **frightened to death/out of one's wits**, zu Tode erschrocken. **'frightening**, *adj.* erschreckend. **'frightful**, *adj. F:* schrecklich; **-ly**, *adv. F:* **f. nice**, furchtbar nett. **'frightfulness**, *s.* Schrecklichkeit *f.*

frigid ['fridʒid], *adj.* *(a) (cold)* eisig; *Geol:* **f. zone**, kalte Zone; *(b) Fig: (of woman)* frigide; **f. politeness**, eisige Höflichkeit *f.* **fri'gidity**, *s.* (eisige) Kälte *f;* Frigidität *f* (einer Frau).

frill [fril], *s.* **1.** *Cl:* Rüsche *f; Cu:* Papiermanschette *f.* **2.** *F:* **frills**, Verzierungen *fpl;* **a meal without frills**, ein einfaches Essen; **with all the frills**, mit allem Drum und Dran.

fringe [frindʒ], *s.* **1.** *(a) Tex:* Franse *f; (b) Hairdr:* Pony *m.* **2.** *(edge)* Rand *m; TV: etc:* **f. area**, Randgebiet *n; Com:* **f. benefits**, zusätzliche Sozialaufwendungen *fpl.*

Frisian ['friziən]. **I.** *s.* **1.** Friese *m*, Friesin *f.* **2.** *Ling:* Friesisch *n.* **II.** *adj.* friesisch.

frisk [frisk]. **1.** *v.i.* **to f. (about)**, herumspringen. **2.** *v.tr.* (j-n) durchsuchen, *F:* filzen. **'friski- ness**, *s.* Lebhaftigkeit *f.* **'frisky**, *adj.* lebhaft.

fritter[1] ['fritər], *s. Cu:* Fettgebäck *n;* **apple f.**, Apfelkrapfen *m.*

fritter[2], *v.tr.* **to f. (away)**, (Zeit, Geld, Energie) verplempern.

frivolous ['frivələs], *adj.* leichtfertig; frivol. **frivolity** [-'vɔliti], *s.* Leichtfertigkeit *f;* Frivolität *f.*

frizzle [frizl]. **1.** *v.i. (of fat etc.)* brutzeln. **2.** *v.tr.* (Haare) kräuseln. **'frizz(l)y**, *adj.* kraus.

frock [frɔk], *s.* **1.** *Cl:* Kleid *n.* **2.** *Ecc:* Talar *m; (of monk)* Kutte *f.*

frog [frɔg], *s.* **1.** Frosch *m; Cu:* **f.'s legs**, Froschschenkel *mpl.* **2.** *F:* **to have a f. in one's throat**, einen Frosch im Hals haben. **3.** *P: (Frenchman)* Poilu *m.* **'frogman**, *m.* Froschmann *m.* **'frogmarch**, *v.tr.* (einen Gefangenen) wegschleppen. **'frogspawn**, *s.* Froschlaich *m.*

frolic ['frɔlik]. **I.** *s. (a)* (ausgelassenes) Spiel *n; (b) (prank)* (lustiger) Streich *m.* **II.** *v.i.* herumtollen.

from [frɔm, frəm], *prep.* **1.** *(time)* von + *dat;* **f. now on**, von nun an; ab jetzt; **f. the start**, von Anfang an; **f. the 12th July**, ab dem 12ten/ ab 12tem Juli; **from the 20th to the 25th**, vom 20sten bis zum 25sten; **f. day to day**, von Tag zu Tag; **f. (his) childhood**, seit seiner Kindheit/ von Kind auf. **2.** *(place) (a)* von + *dat;* **f. above**, von oben; **it is 400 miles f. London to Glasgow**, es sind 400 Meilen von London nach Glasgow; *(b)* aus + *dat;* **he comes f. London**, er stammt aus London; **he's coming f. London**, er kommt aus London. **3.** *(a) (out of)* aus + *dat;* **to take a glass f. the cupboard**, ein Glas aus dem Schrank nehmen; **to drink f. a cup**, aus einer Tasse trinken; **to choose f. a large number**, aus einer großen Anzahl wählen; **a quotation f. the Bible**, ein Zitat aus der Bibel; **made f. wood**, aus Holz (gemacht); *(b)* **to speak f. experience**, aus Erfahrung sprechen; **to act f. conviction**, aus Überzeugung handeln; **to judge f. appearances**, nach dem Äußerlichen urteilen; **painted f. nature**, nach der Natur gemalt; *f.* **what I hear**, nach dem, was ich höre; **f. what I can see**, so wie ich es verstehe; *(c) (source)* **to receive a present f. s.o.**, ein Geschenk von j-m bekommen; **where did you get that f.?** wo haben Sie das her? **you can take it f. me**, Sie können es mir glauben. **4.** *(away)* **he took it f. her**, er nahm es ihr ab; **to protect s.o. from sth.**, j-n vor etwas *dat* schützen; **they stole it f. the bank**, sie haben es von der Bank gestohlen; **to dissuade s.o. f. doing sth.**, j-m (davon) abraten, etwas zu tun; **to distinguish good f. bad**, Gut und Böses auseinanderhalten.

front [frʌnt]. **I.** *s.* **1.** *(a)* Vorderseite *f;* **at the f. of the train**, vorn im Zug; **in f. of**, vor + *dat; (opposite)* gegenüber + *dat;* **in f./at the f.**, vorne; *(b) Arch:* Fassade *f* (eines Schlosses usw.); **east f.**, Ostseite *f; (c) Cl:* **shirt f.**, Hemdbrust *f;* **to spill sth. down one's f.**, sich vorne bekleckern. **2.** *Mil: Meteor:* Front *f.* **3.** *(seafront)* Strandpromenade *f.* **4.** *Com: etc: (cover-up)* Tarnorganisation *f.* **5.** *Th:* **f. of house**, Zuschauerraum *m;* **out f.**, unter den Zuschauern. **II.** *adj.* vorder, Vorder-; **in the f. rank**, im ersten Rang; **f. door**, Haustür *f;* **f. garden**, Vorgarten *m;* **f. page**, erste Seite (einer Zeitung); **f. room**, Vorderzimmer *n, esp.* die gute Stube; **f. seat**, Vordersitz *m; Aut:* **f. wheel drive**, Vorderradantrieb *m; Mil:* **f. line**, Front(linie) *f; Pol:* **f. bench**, führende Mitglieder (der Regierung, der Opposition). **III.** *v.tr. & i. (a) (of house)* **to f. (onto) the river/sea**, auf den Fluß/das Meer hinausgehen; **windows fronting the street**, Fenster, die auf die Straße blicken; *(b)* **a house fronted with stone**, ein Haus mit Steinfassade. **'frontage**, *s.* Front *f* (eines Grundstücks). **'frontal**, *adj.* frontal, Front-; *Mil:* **f. attack**, Frontalangriff *m.* **'front-'ranking**, *adj.* erstrangig.

frontier ['frʌntiər], *s.* Grenze *f;* **f. post**, Grenzposten *m.*

frontispiece ['frʌntispiːs], *s.* Titelbild *n.*

frost [frɔst]. **I.** *s.* Frost *m;* **ten degrees of f.**, zehn Grad Kälte. **II.** *v.* **1.** *v.tr. N.Am:* (einen Kuchen) mit Zuckerguß überziehen. **2.** *v.i.* **to f. (over)**, *(of window)* vereisen. **'frostbite**, *s. Med:* Erfrierung *f.* **'frostbitten**, *adj. Med:* erfroren. **'frosted**, *adj. (a)* **f. over**, vereist; *(b)* **f. glass**, Milchglas *n.* **'frosting**, *s. N.Am: Cu:* Zuckerguß *m.*

froth [frɔθ]. **I.** *s.* Schaum *m.* **II.** *v.i.* schäumen. **'frothy**, *adj.* schaumig; *(insubstantial)* schaumschlägerisch.

frown [fraun]. **I.** *s.* finsterer Blick *m.* **II.** *v.i.* Stirn runzeln; **to f. at s.o.**, j-n finster anblicken; **to f. on a suggestion**, einen Vorschlag mißbilligen.

frozen ['frəuzən], *p.p. & adj.* (*a*) gefroren; *F:* **f. to death,** völlig erfroren; **I'm f.,** mir ist eiskalt; (*b*) (*of food*) tiefgekühlt; **f. food,** Tiefkühlkost *f.*

frugal ['fru:g(ə)l], *adj.* (*of pers.*) sparsam; (*of meal etc.*) kärglich. **frugality** ['-gæliti], *s.* Sparsamkeit *f.*

fruit [fru:t], *s.* **1.** *coll.* Obst *n;* **stewed f.,** Kompott *n;* **f. cake,** englischer Kuchen; **f. juice,** Obstsaft *m;* **f. salad,** Obstsalat *m;* **f. tree,** Obstbaum *m.* **2.** *Bot:* Frucht *f* (einer Pflanze); *Fig:* **to bear f.,** Frucht tragen; **the fruits of our labours,** der Erfolg unserer Bemühungen. **'fruiterer,** *s.* Obsthändler *m.* **'fruitful,** *adj.* (*of tree, soil, also Fig:*) fruchtbar; (*of work etc.*) ergiebig. **fru'ition,** *s.* Erfüllung *f;* **to come to f.,** in Erfüllung gehen. **'fruitless,** *adj.* **1.** (*of tree*) ohne Frucht. **2.** *Fig:* fruchtlos; **f. efforts,** vergebliche Mühe/Bemühungen; **-ly,** *adv.* vergeblich. **'fruit-machine,** *s. F:* Spielautomat *m.*

frumpish ['frʌmpiʃ], *adj.* unmodisch (gekleidet).

frustrate [frʌs'treit], *v.tr.* (*a*) (einen Plan) vereiteln; **to f. s.o.'s hopes,** j-s Hoffnungen enttäuschen; (*b*) (j-n) frustrieren. **frus'trating,** *adj.* frustrierend; (*annoying*) ärgerlich. **frus'tration,** *s.* (*a*) Vereitelung *f;* (*b*) Enttäuschung *f;* (*c*) *Psy:* Frustration *f.*

fry[1] [frai], *s. F:* **small f.,** kleine Fische *mpl;* (*children*) kleines Gemüse.

fry[2]. I. *v.* (*p. & p.p.* **fried**). **1.** *v.tr.* (Fleisch, Fisch usw.) (in der Pfanne) braten; **fried egg,** Spiegelei *n;* **fried food,** Gebratenes *n;* **fried potatoes,** Bratkartoffeln *fpl.* **2.** *v.i.* braten. **II.** *s. pl. N.Am:* **French fries,** Pommes frites *fpl.* **'frying,** *s.* Braten *n;* **f. pan,** Bratpfanne *f; Prov:* **from the f. pan into the fire,** vom Regen in die Traufe.

fuck [fʌk]. **I.** *v.tr. V:* (j-n) ficken; **f. off!** hau ab! **II.** *int. V:* Scheiße! **'fucking,** *adj. V:* Scheiß-.

fuddled ['fʌdld], *adj.* (*a*) (*tipsy*) beschwipst; **f. brain,** benebelter Kopf; (*b*) (*confused*) konfus.

fudge [fʌdʒ], *s.* Buttertoffee *n.*

fuel ['fjuəl]. **I.** *s.* **1.** (*for fire*) Brennstoff *m; Fig:* **to add f. to the fire,** Öl ins Feuer gießen. **2.** (*for engine*) Kraftstoff *m; Aut:* **f. gauge,** Benzinuhr *f;* **f. injection,** Kraftstoffeinspritzung *f.* **II.** *v.* **1.** *v.tr.* (*p. & p.p.* **fuelled**) (einen Hochofen usw.) mit Brennstoff versorgen. **2.** *v.i.* (*of ship*) bunkern.

fug [fʌg], *s. F:* Mief *m.*

fugitive ['fju:dʒitiv], *s.* Flüchtling *m.*

fugue [fju:g], *s. Mus:* Fuge *f.*

fulcrum ['fulkrəm], *s. Mec:* Drehpunkt *m;* (*supporting*) Stützpunkt *m.*

fulfil [ful'fil], *v.tr.* (*a*) (etwas) erfüllen; (*of wish*) **to be fulfilled,** in Erfüllung gehen; (*b*) (ein Versprechen) einlösen. **ful'filment,** *s.* Erfüllung *f* (von Wünschen, Hoffnungen usw.).

full [ful]. **I.** *adj.* voll; (*a*) **f. of,** voller + *gen,* voll mit + *dat;* **a look f. of gratitude,** ein Blick voller Dankbarkeit; ein dankbarer Blick; (*b*) **f. (up),** (*of bus*) voll besetzt; (*of pers.*) satt; *Th:* **f. house,** ausverkauftes Haus *n; Fig:* **his heart was f.,** das Herz lief ihm über; (*c*) (*of report*) ausführlich; **f. particulars,** genaue Einzelheiten; (*d*) (*complete*) ganz; **the f. amount,** der ganze

Betrag *m;* **a f. hour,** eine volle/ganze Stunde; **f. moon,** Vollmond *m;* **a f. meal,** ein richtiges Essen; **f. stop,** Punkt *m; F:* **to come to a f. stop,** (*of pers.*) ganz aufhören; (*of machine*) völlig stehenbleiben; *Ind:* **f. employment,** Vollbeschäftigung *f;* **f. pay,** volles Gehalt *n; Ins:* **f. cover,** Vollkasko *n;* (*e*) (*of face*) voll; (*of figure*) stattlich; *Com:* **for the fuller figure,** für die vollschlanke Figur; **a f. skirt,** ein weiter Rock *m.* **II.** *s.* (*a*) **in f.,** vollständig; **to give the date in f.,** das Datum voll ausschreiben; **moon at the f.,** Vollmond *m;* (*b*) **to enjoy sth. to the f.,** etwas in vollen Zügen genießen. **'full'back,** *s. Fb:* Verteidiger *m; Rugby:* Schlußspieler *m.* **'full-'blooded,** *adj.* (*a*) (*of race*) reinrassig; (*b*) *Fig:* hundertprozentig. **'full-'blown,** *adj.* (*a*) (*of flower*) aufgeblüht; (*b*) vollwertig; *F:* **a f.-b. doctor,** ein fertig ausgebildeter Arzt; **a f.-b. revolution,** eine ausgewachsene Revolution. **'full-'dress,** *s. Mil: etc:* **f.-d. uniform,** Paradeuniform *f.* **'full-'grown,** *adj.* ausgewachsen. **'full-'length.** **I.** *adj.* (*of skirt*) lang; **f.-l. portrait,** ganzes Porträt; **f.-l. film,** abendfüllender Film. **II.** *adv.* **to lie f.-l. on the floor,** voll ausgestreckt auf dem Fußboden liegen. **'fullness,** *s.* **1.** Fülle *f;* **in the f. of time,** zur gegebenen Zeit. **2.** Weite *f* (eines Rocks). **3.** Ausführlichkeit *f* (eines Berichts usw.). **'full-'page,** *adj.* ganzseitig. **'full-'scale,** *adj.* (*of rescue etc.*) großangelegt; (*thorough*) gründlich; *Mil:* **f.-s. attack,** Großangriff *m.* **'full-'size,** *adj.* (*a*) (*not reduced*) in Originalgröße; (*of portrait etc.*) in Lebensgröße; (*b*) (*for adult*) in Normalgröße; Standard-. **'full-'time.** **I.** *adj.* **f.-t. work,** ganztägige Arbeit *F:* **it's a f.t. job,** es läßt keine Zeit übrig. **II.** *adv.* ganztags. **'fully,** *adv.* (*a*) (*completely*) völlig; **f. dressed,** ganz angezogen; **f. equipped,** vollständig ausgerüstet/(*of kitchen etc.*) eingerichtet; **f. fashioned,** (*of stockings*) ganz gemindert; (*of shirt*) tailliert; **f. fledged,** (i) (*of bird*) flügge; (ii) (*of mechanic etc.*) fertig ausgebildet; *Fig:* (iii) (*of storm etc.*) ausgewachsen; (*b*) (*in detail*) ausführlich; **I'll write more f.,** ich werde ausführlicher schreiben. **2. f. two hours,** ganze zwei Stunden.

fulsome ['fulsəm], *adj.* (*of praise etc.*) übertrieben. **'fulsomeness,** *s.* Übertriebenheit *f.*

fumble ['fʌmbl], *v.i.* (mit den Fingern) fummeln; **to f. for sth.,** nach etwas *dat* tasten; **to f. with sth.,** an etwas *dat* herumfummeln. **'fumbling,** *adj.* linkisch.

fume [fju:m]. **I.** *s. usu.pl.* **fumes,** (*a*) Rauch *m;* (*b*) *Ch: Ind:* Dämpfe *mpl; Aut:* **exhaust fumes,** Abgase *npl.* **II.** *v.i. F:* (*of pers.*) vor Wut kochen. **'fuming,** *adj.* wütend.

fumigate ['fju:migeit], *v.tr.* (ein Krankenzimmer usw.) ausräuchern.

fun [fʌn], *s.* Spaß *m;* **to make f. of s.o.,** j-n zum besten halten; **for/in f.,** zum Spaß; **it's good/great f.,** es macht viel Spaß; **to have f. doing sth.,** sich bei etwas *dat* gut unterhalten. **'funfair,** *s.* Jahrmarkt *m.*

function ['fʌŋkʃ(ə)n]. **I.** *s.* **1.** (*a*) Funktion *f;* **to perform a f.,** eine Tätigkeit ausüben; **in his f. as a judge,** in seiner Eigenschaft als Richter; (*b*) (*position*) Amt *n;* **to discharge one's functions,** seine Ämter versehen. **2.** (*party etc.*) (*a*) (*pri-*

vate) Feier *f;* (*b*) (*public*) (öffentliche) Veranstaltung *f;* (*reception*), Empfang *m.* **II.** *v.i.* funktionieren. **'functional.** *adj.* (*a*) praktisch, zweckmäßig; **f. building,** Zweckbau *m;* (*b*) *Med:* **f. disorder,** Funktionsstörung *f.*

fund [fʌnd]. **I.** *s.* **1.** (*a*) Fonds *m;* **pension f.,** Pensionskasse *f;* (*b*) *pl* **funds,** Geldmittel *npl;* **to be in funds,** gut bei Kasse sein. **2.** *Fig:* (*store*) Vorrat *m;* **a rich f.** of knowledge, ein reiches Wissen. **II.** *v.tr. Adm:* (etwas) finanzieren; (für ein Projekt) aufkommen.

fundamental [fʌndə'mentl]. **I.** *adj.* grundlegend; (*essential*) wesentlich (**to,** für + *acc); a* **f. truth,** eine grundsätzliche Wahrheit. **II.** *s.* Grundsatz *m;* **-ly,** *adv.* grundsätzlich.

funeral ['fju:n(ə)rəl], *s.* Begräbnis *n;* **f. march,** Trauermarsch *m;* **f. service,** Trauergottesdienst *m;* **f. procession,** Leichenzug *m.* **funereal** [-'niəriəl], *adj.* düster; **at a f. pace,** im Schneckentempo.

fungus, *pl* **fungi** ['fʌŋgəs, -gai], *s.* Pilz *m.*

funicular [fju'nikjulər], *adj. & s.* **f. (railway),** Seilbahn *f.*

funk [fʌŋk]. **I.** *s. P:* Schiß *m;* **to be in a blue f.,** einen Mordsschiß haben. **II.** *v.tr. F:* **to f. sth.,** vor etwas *dat* kneifen.

funnel ['fʌnl], *s.* **1.** (*for pouring*) Trichter *m.* **2.** (*of ship etc.*) Schornstein *m.*

funny ['fʌni], *adj.* **1.** (*of joke*) komisch; (*of pers.*) witzig, humorvoll. **2.** (*odd*) komisch; *F:* **no f. business,** nur keine Tricks; **I've a f. feeling he's right,** ich habe so eine Ahnung, daß er recht hat; **-ily,** *adv.* komisch; **f. enough,** komischerweise. **'funny-bone,** *s.* Musikantenknochen *m.*

fur [fə:r]. **I.** *s.* **1.** (*a*) (*on animal*) Fell *n;* (*b*) *Cl:* Pelz *m;* **f. coat,** Pelzmantel *m.* **2.** (*in kettle etc.*) Kesselstein *m.* **II.** *v.i.* **to f. (up),** Kesselstein ansetzen. **'furred,** *adj.* **f. tongue,** belegte Zunge *f.*

furious ['fjuəriəs], *adj.* (*a*) (*angry*) wütend (**with s.o.,** auf j-n); (*b*) (*violent*) heftig; (*of battle*) erbittert; **f. barking,** wildes Bellen; **at a f. pace,** mit rasender Geschwindigkeit; **-ly,** *adv.* (*a*) wütend; (*b*) wild; **to drive f.,** wie verrückt fahren.

furl [fə:l], *v.tr.* (eine Fahne, ein Segel) aufrollen.

furnace ['fə:nis], *s.* (*a*) Brennofen *m;* **blast f.,** Hochofen *m;* (*b*) *Fig:* Backofen *m.*

furnish ['fə:niʃ], *v.tr.* (a) (eine Wohnung usw.) einrichten; **furnished room,** möbliertes Zimmer; (*b*) **to f. evidence/an example,** Beweise/ein Beispiel liefern. **'furnishings,** *spl* Einrichtungsgegenstände *mpl.* **furniture** ['fə:nitʃər], *s.* Möbel *npl;* **piece of f.,** Möbelstück *n;* **f. polish,** Möbelpolitur *f;* **f. remover,** Möbelspediteur *f;* **f. van,** Möbelwagen *m.*

furrier ['fʌriər], *s.* (*dealer*) Pelzhändler *m;* (*craftsman*) Kürschner *m.*

furrow ['fʌrou], *s.* Furche *f.* **'furrowed,** *adj.* **f. brow,** gerunzelte Stirn *f.*

further ['fə:ðər]. **I.** *adv.* **1.** = **farther 1. 2.** weiter; **until you hear f.,** bis Sie weiteres hören; **to go f. into sth.,** näher auf etwas *acc* eingehen; **f. back,**

weiter (nach) hinten; (*in time*) weiter zurück. **3.** (*besides*) ferner. **II.** *adj.* **1.** = **farther 2. 2.** weiter; (*a*) **until f. notice,** bis auf weiteres; **without f. ado,** ohne weiteres; (*b*) **f. details/particulars,** weitere Einzelheiten, Näheres; **on f. consideration,** bei weiterer Überlegung. **III.** *v.tr.* (eine Sache) fördern. **further'more,** *adv.* außerdem. **'furthermost,** *adj.* am weitesten entfernt. **'furthest. I.** *adj.* am weitesten entfernt. **II.** *adv.* am weitesten.

furtive ['fə:tiv], *adj.* (*of glance*) verstohlen; (*of behaviour*) geheimnisvoll.

fury ['fjuəri], *s.* **1.** (*a*) (*anger*) Wut *f;* **to fly/get into a f.,** in Wut geraten; (*b*) *Fig:* Heftigkeit *f* (des Sturms); Hitze *f* (des Gefechts usw.); *F:* **to work like f.,** wie verrückt arbeiten. **2.** *Myth:* Furie *f.*

fuse[1] ['fju:z], *s.* (*detonator*) Zünder *m;* (*cord*) (safety) f., Zündschnur *f.*

fuse[2]. **I.** *s. El:* Sicherung *f;* **f. box,** Sicherungskasten *m;* **f. wire,** Sicherungsdraht *m;* **the f. has gone/blown,** die Sicherung ist durchgebrannt. **II.** *v.* **1.** *v.tr.* (*a*) (Metallteile) verschmelzen; (*b*) *Fig:* (zwei Sachen) vereinigen. **2.** *v.i.* (*a*) the lights have fused, die Sicherung für das Licht ist durchgebrannt; (*b*) *Metalw: & Fig:* (*of metals, things*) verschmelzen. **fusion** ['fju:ʒ(ə)n], *s.* **1.** *Ph:* Verschmelzung *f; Atom.Ph:* Fusion *f.* **2.** *Fig:* Vereinigung *f.*

fuselage ['fju:zilɑ:ʒ], *s. Av:* Rumpf *m.*

fusilier [fju:zə'liər], *s. Mil:* Füsilier *m.*

fusillade [fju:zi'leid], *s. Mil:* Gewehrsalve *f.*

fuss [fʌs]. **I.** *s.* **1.** Getue *n;* **a lot of f. about nothing,** viel Lärm um nichts; **to make a f.,** Umstände/*F:* Theater machen. **2. to make a f. of s.o.,** viel Aufhebens um j-n machen; (*spoil*) j-n verhätscheln. **II.** *v.* **1.** *v.i.* (*of pers.*) Umstände/*F:* Theater machen; **don't f.!** reg dich nicht auf! *F:* mach nicht so ein Theater! **to f. about,** herumwirtschaften. **2.** *v.tr. F:* (j-n) nervös machen. **'fussed,** *adj.* nervös. **'fussiness,** *s.* **1.** Umständlichkeit *f.* **2.** Verschnörkelung *f.* **'fussy,** *adj.* (*of pers.*) umständlich; (*particular*) heikel. **2.** (*of design etc.*) überreich verziert; **f. detail,** verschnörkelte Details.

fusty ['fʌsti], *adj.* moderig; (*of smell*) muffig.

futile ['fju:tail], *adj.* sinnlos. **futility** [-'tiliti], *s.* Sinnlosigkeit *f.*

future ['fju:tʃər]. **I.** *adj.* (*a*) künftig; **f. prospects,** Aussichten *fpl;* **f. plans,** Zukunftspläne *mpl;* (*b*) *Gram:* **f. tense,** Futur *n.* **II.** *s.* **1.** (*a*) Zukunft *f;* **there's no f. in it,** das hat keine Zukunft; **in (the)** f., in Zukunft; (*b*) *Gram:* Futur *n.* **2.** *pl. Com:* Termingeschäfte *npl.* **futu'ristic,** *adj.* futuristisch; *F:* **that's very f.,** das ist nur Zukunftsmusik.

fuzz [fʌz], *s. P:* (*police*) **the f.,** die Polypen *pl.*

fuzzy ['fʌzi], *adj.* **1.** (*of hair*) kraus. **2.** (*of outlines, photo*) unscharf. **'fuzziness,** *s.* **1.** Krause *f.* **2.** *Phot: etc:* Unschärfe *f.*

G

G, g [dʒiː], *s.* **1.** (der Buchstabe) G, g *n.* **2.** *Mus:* G *n;* **G flat,** Ges *n;* **G string,** (i) *Mus:* G-Saite *f;* (ii) G-string *m* (einer Stripperin).

gab [gæb], *s. F:* **to have the gift of the g.,** ein gutes Mundwerk haben.

gabardine, gaberdine [gæbəˈdiːn], *s.* Gabardine *f.*

gabble [ˈgæbl]. **I.** *s.* Geschnatter *n.* **II.** *v.* **1.** *v.i.* schnattern; (*of child*) plappern; **stop gabbling,** quassele nicht soviel daher. **2.** *v.tr.* **to g. a speech,** eine Rede herunterrasseln.

gable [ˈgeibl], *s.* Giebel *m;* **g. end,** Giebelwand *f.*

gad [gæd], *v.i.* (*p. & p.p.* **gadded**) **to g. about,** sich in der Welt herumtreiben.

gadfly [ˈgædflai], *s. Ent:* Viehbremse *f.*

gadget [ˈgædʒit], *s.* (kleines) Gerät *n; F:* Dings *n.* ˈ**gadgetry,** *s. F:* Beiwerk *n;* (*accessories*) Zubehör *n.*

Gaelic [ˈgeilik]. **I.** *adj.* gälisch. **II.** *s. Ling:* Gälisch *n.*

gaff[1] [gæf], *s. Nau:* Gaffel *f;* **g. sail,** Gaffelsegel *n.*

gaff[2], *s. F:* **to blow the g.,** alles ausplaudern.

gaffer [ˈgæfər], *s. F:* **1.** (*old man*) Opa *m.* **2.** (*boss*) Chef *m.*

gag [gæg]. **I.** *s.* **I.** Knebel *m.* **2.** *F:* (*joke*) Gag *m,* Witz *m.* **II.** *v.* (*p. & p.p.* **gagged**) **1.** *v.tr.* (j-n) knebeln. **2.** *v.i. Th:* Gags machen.

gaga [ˈgɑːgɑː], *adj. P:* verkalkt; **he's completely g.,** bei ihm rieselt schon der Kalk.

gaggle [ˈgægl], *s.* Schar *f.*

gaiety [ˈgeiəti], *s.* Fröhlichkeit *f;* (*characteristic*) Frohsinn *m.*

gaily [ˈgeili], *adv.* fröhlich; **g. coloured,** farbenfroh.

gain [gein]. **I.** *s.* **1.** (*profit*) Gewinn *m;* (*advantage*) Vorteil *m.* **2.** (*a*) (*in resources, capital etc.*) Zuwachs *m;* **g. in weight,** Zunahme *f* an Gewicht; (*b*) *Rec: El:* Verstärkung *f; Rec:* **g. control,** Lautstärkeregelung *f.* **II.** *v.* **1.** *v.tr.* (*a*) (etwas, einen Freund usw.) gewinnen; (einen Profit) machen; **to g. one's living,** seinen Lebensunterhalt verdienen; **you will g. nothing by it,** du wirst nichts dadurch gewinnen/ (*achieve*) damit erreichen; (*b*) **to g. strength, popularity etc.,** an Stärke, Beliebtheit usw. gewinnen; **to g. weight,** zunehmen; (*c*) *Rac:* **to g. two seconds a lap,** zwei Sekunden pro Runde aufholen. **2.** *v.i.* (*a*) *Rac:* aufholen, (*when ahead*) den Vorsprung vergrößern (**on s.o.,** gegenüber j-m); (*b*) (*of clock*) vorgehen; **the clock gains five minutes a day,** die Uhr geht am Tag fünf Minuten vor.

gait [geit], *s.* Gang *m.*

gaiter [ˈgeitər], *s.* Gamasche *f.*

gal [gæl], *s. F:* Mädel *n.*

gala [ˈgɑːlə], *s.* Fest *n;* **swimming g.,** Schauschwimmen *n;* **g. performance,** Galavorstellung *f.*

galaxy [ˈgæləksi], *s.* Milchstraße *f.* **galactic** [gəˈlæktik], *adj.* galaktisch.

gale [geil], *s.* (*a*) *Nau: etc:* Sturm *m; F:* **it's blowing half a g.,** das ist ein junger Sturm; (*b*) *Fig:* **g. of laughter,** Lachsalve *f.*

Galilee [ˈgælili:]. *Pr. n. Geog:* Galiläa *n.*

gall[1] [gɔ:l], *s.* Galle *f;* **g. bladder,** Gallenblase *f.* ˈ**gallstone,** *s.* Gallenstein *m.*

gall[2], *s. Bot:* Galle *f.* ˈ**galling,** *adj.* ärgerlich; **it's g. to me,** es wurmt mich.

gallant [ˈgælənt], *adj.* **1.** (*brave*) tapfer, mutig. **2.** (*occ.* [gəˈlænt]) galant. ˈ**gallantry,** *s.* Tapferkeit *f.*

galleon [ˈgæliən], *s. Nau: Hist:* Galeone *f.*

gallery [ˈgæləri], *s. Art: Arch: Th:* Galerie *f; Th:* **to play to the g.,** nach Effekt haschen.

galley [ˈgæli], *s.* **1.** *Nau: Hist:* Galeere *f;* **g. slave,** Galeerensklave *m.* **2.** *Nau:* Kombüse *f.* **3.** *Print:* **g. (proof),** Fahne *f;* coll. (Satz *m*) Korrekturfahnen *pl.*

Gallic [ˈgælik], *adj.* gallisch. ˈ**Gallicism,** *s. Ling:* Gallizismus *m.*

gallon [ˈgælən], *s. Meas:* Gallone *f* (= *Brit:* 4,55 Liter; *U.S:* 3,78 Liter).

gallop [ˈgæləp]. **I.** *s.* Galopp *m;* **at a (full) g.,** im (gestreckten) Galopp. **II.** *v.i.* galoppieren; **to g. away/off,** im Galopp davonreiten; (*of horse*) davongaloppieren.

gallows [ˈgæləuz], *s.* Galgen *m; F:* **g. bird,** Galgenvogel *m.*

Gallup poll [ˈgæləp pəul], *s.* Meinungsumfrage *f.*

galore [gəˈlɔ:r], *adv.* in Hülle und Fülle.

galvanize [ˈgælvənaiz], *v.tr.* (*a*) (etwas) galvanisieren; **galvanized iron,** verzinktes Eisen; (*b*) *Fig:* (*of pers.*) **to be galvanized into action,** in Schwung gebracht werden. **galvaniˈzation,** *s.* Galvanisierung *f.*

gambit [ˈgæmbit], *s.* (*a*) *Chess:* Gambit *n;* (*b*) *Fig:* Manöver *n;* **opening g.,** Eröffnungsmanöver *n.*

gamble [ˈgæmbl]. **I.** *s.* Hasardspiel *n;* (*risk*) Risiko *n.* **II.** *v.tr. & i.* (um Geld) spielen; **to g. away a fortune,** ein Vermögen verspielen; *Fig:* **he had gambled on this,** er hatte darauf gebaut. ˈ**gambler,** *s.* Spieler(in) *m(f).* ˈ**gambling,** *s.* Spielen *n.*

gambol [ˈgæmb(ə)l], *v.i.* (*p. & p.p.* **gambolled**) fröhlich hüpfen, Luftsprünge machen.

game[1] [geim]. **I.** *s.* **1.** Spiel *n;* (*a*) (*of cards, chess* *etc.*) Partie *f; Tennis: etc:* Spiel *n;* g. of skill, Geschicklichkeitsspiel *n;* g. of chance, Glücksspiel *n;* to play games with s.o., (i) mit j-m spielen; (ii) *Fig:* sein Spiel mit j-m treiben; *(b) Sch:* games, Sport *m;* games master, Sportlehrer *m;* *(c) Fig:* to play the g., fair spielen, sich an die Regeln halten; to beat s.o. at his own g., j-n mit den eigenen Waffen schlagen; two can play at that g., wie du mir, so ich dir; what's his g.? was führt er im Schilde? I can see your g., ich habe dein Spiel durchschaut; to spoil s.o.'s g., j-s Pläne vereiteln; *F:* the g.'s up, aus ist es mit dem Zauber. 2. *Hunt:* Wild *n;* big g., Großwild *n;* g. bag, Jagdtasche *f; Fig:* she's fair g., sie gilt als Freiwild. II. *adj. (a)* unternehmungslustig; g. for anything, bereit, alles mitzumachen; *F:* I'm g., ich mache mit; *(b) (brave)* mutig; -ly, *adv. (a)* sportlich; *(b)* to die g., tapfer sterben. ´gamecock, *s.* Kampfhahn *m.* ´gamekeeper, *s.* Wildhüter *m.* ´gaming, *s.* Spielen *n* (um Geld); g. table, Spieltisch *m.*

game², *adj. (of leg)* lahm.

gammon [´gæmən], *s.* (geräucherter) Schinken *m.*

gammy [´gæmi], *adj. F:* g. leg, schlimmes Bein.

gamp [gæmp], *s. F:* (alter) Regenschirm *m.*

gamut [´gæmət], *s.* Skala *f;* the whole g. of emotions, die ganze Gefühlsskala.

gander [´gændər], *s.* Gänserich *m.*

gang [gæŋ]. I. *s. (a)* Kolonne *f* (von Arbeitern); *(b)* Bande *f* (von Verbrechern, Kindern); g. warfare, Bandenkrieg *m; (c) Tls:* g. saw, Spaltgatter *n.* II. *v.i. F:* to g. up with s.o., mit j-m gemeinsame Sache machen; to g. up on s.o., sich gegen j-n zusammenrotten. ´ganger, *s.* Vorarbeiter *m; Civ. E:* Rottenführer *m.* ´gangster, *s.* Gangster *m.*

gangling [´gæŋgliŋ], *adj.* schlaksig.

gang-plank [´gæŋplæŋk], *s. Nau:* Laufplanke *f.*

gangrene [´gæŋgriːn], *s. Med:* Wundbrand *m.* ´gangrenous, *adj.* brandig.

gangway [´gæŋwei], *s. (a)* Gang *m;* g. please! Platz machen, bitte! *(b) Nau:* Fallreep *n.*

gannet [´gænit], *s. Orn:* Tölpel *m.*

gantry [´gæntri], *s. (a)* Brücke *f; esp. Rail:* Signalbrücke *f; (b) Civ. E:* Portal *n* (eines Krans).

gaol [dʒeil] *(see also jail).* I. *s.* Gefängnis *n; F:* Kittchen *n.* II. *v.tr.* (j-n) ins Gefängnis werfen. ´gaoler, *s.* Gefängniswärter *m.*

gap [gæp], *s.* 1. *(space with sth. missing)* Lücke *f;* to stop/fill a g., eine Lücke füllen; his death leaves a g., sein Tod hinterläßt eine Lucke. 2. *(space) (a) (slit)* Spalte *f; (between curtains/planks etc.)* Ritze *f; (b) (hole)* Loch *n; (in wall)* Bresche *f; (c) Tchn:* Abstand *m; (clearance)* Spiel *n; Aut:* points g., Elektrodenabstand *m; (d) Geog:* Pforte *f;* Minden G., Porta Westfalica *f;* wind g., Scharte *f; (e) Fin:* trade g., Handelsdefizit *n; (f) Rac:* Abstand *m; (lead)* Vorsprung *m;* to close the g., den Vorsprung aufholen. 3. *(time)* Zwischenraum *m; (in age)* Altersunterschied *m;* generation g., Generationskluft *f.*

gape [geip], *v.i. (a) (of things)* gähnen; *(of hole)* klaffen; *(b) (of pers.)* den Mund aufreißen; *(in surprise etc)* gaffen; to g. at s.o., sth., j-n, etwas begaffen. ´gaping, *adj. (of wound, hole)* klaffend; a g. chasm, ein gähnender Abgrund.

garage [´gærɑːʒ]. I. *s. (a) (for storage)* Garage *f;*

multi-storey g., Parkhaus *n; (b) (for repairs)* Werkstatt *f; F:* g. man, Automechaniker *m.* II. *v.tr.* (einen Wagen) in eine Garage einstellen; where is the car garaged? wo ist das Auto untergestellt?

garb [gɑːb], *s. Hum:* Gewand *n.*

garbage [´gɑːbidʒ], *s.* Müll *m; esp. N. Am:* Küchenabfälle *mpl;* g. can, Mülleimer *m.*

garble [´gɑːbl], *v.tr.* (einen Text) entstellen; (eine Nachricht) verstümmeln; garbled account, entstellter Bericht.

garden [´gɑːdn]. I. *s.* Garten *m;* public gardens, öffentliche Anlagen *fpl; (attrib.)* g. party, Gartenfest *n;* g. plants, Gartenpflanzen *fpl;* g. produce, Gartenbauerzeugnisse *npl;* g. city, Gartenstadt *f;* g. tool, Gartengerät *n; Fig:* to lead s.o. up the g. path, j-n an der Nase herumführen. II. *v.i.* im Garten arbeiten. ´gardener, *s.* Gärtner(in) *m(f).* ´gardening, *s.* Gartenarbeit *f.*

gargantuan [gɑːˈgæntjuən], *adj.* gewaltig.

gargle [´gɑːgl]. I. *s.* Gurgeln *n.* II. *v.i.* gurgeln.

gargoyle [´gɑːgɔil], *s. Arch:* Wasserspeier *m.*

garish [´gɛəri∫], *adj.* grell.

garland [´gɑːlənd], *s.* Girlande *f.*

garlic [´gɑːlik], *s.* Knoblauch *m.*

garment [´gɑːmənt], *s.* Kleidungsstück *n.*

garnet [´gɑːnit], *s. Jewel:* Granat *m.*

garnish [´gɑːni∫]. I. *v.tr. (a)* (etwas) schmücken; *(b) Cu:* (ein Gericht) garnieren. II. *s. Cu:* Garnierung *f.*

garret [´gærət], *s.* Dachstube *f.*

garrison [´gærisən], *s.* Garnison *f;* g. town, Garnisonstadt *f.*

garrulous [´gærələs, -juləs], *adj.* geschwätzig.

garter [´gɑːtər], *s. (a)* Strumpfband *n; (b) N. Am:* Strumpfhalter *m;* (men's) Sockenhalter *m.*

gas [gæs]. I. *s.* 1. Gas *n; (a)* natural g., Erdgas *n;* g. industry, Gasindustrie *f;* g. cooker, Gasherd *m;* g. fire, Gasofen *m;* g. lighter, Gasanzunder *m;* g. meter, Gasuhr *f;* g. main, Gas(haupt)leitung *f; (b) Med: F:* to have g., Lachgas kriegen. 2. *N.Am:* Benzin *n;* g. station, Tankstelle *f; F:* to step on the g., aufs Gas steigen. II. *v.* 1. *v.tr.* (j-n) vergasen; to g. oneself, sich mit Gas umbringen. 2. *v.i. F:* quasseln. ´gasbag, *s. F:* Schwätzer *m.* ´gasman, *s.* Gasmann *m.* ´gasmask, *s.* Gasmaske *f.* ´gasoline, *s. N. Am:* Benzin *n.* ga´someter, *s.* Gasometer *m.* ´gasworks, *s. pl.* Gaswerk *n.*

gash [gæ∫]. I. *s.* (tiefe) Schnittwunde *f.* II. *v.tr.* (j-m) eine tiefe Schnittwunde zufügen; he gashed his arm, er hat sich tief in den Arm geschnitten.

gasket [´gæskit], *s. Mec. E:* Dichtung *f.*

gasp [gɑːsp]. I. *s.* Keuchen *n;* to be at one's last g., in den letzten Zügen liegen. II. *v.i. (a)* the news made me g., mir stockte der Atem bei dieser Nachricht; *(b) (pant)* keuchen; to g. for breath, nach Luft schnappen.

gastric [´gæstrik], *adj.* gastrisch; Magen-; g. flu, Darmgrippe *f;* g. ulcer, Magengeschwür *n.* gas´tritis, *s.* Gastritis *f.* gastroente´ritis, *s.* Magen-Darm-Katarrh *m.* gastro´nomic, *adj.* Feinschmecker-; g. delights, lukullische Genüsse. gas´tronomy, *s.* Kochkunst *f.*

gate [geit], *s. (a)* Tor *n* (eines Gartens, einer Stadt usw.); *(of level crossing)* Schranke *f; (of farm, across road etc.*) Gatter *n;* **school g.,** Schultor *n;* (*b*) *Sp:* Eingang *m;* **the g.,** (i) Besucherzahl *f* (bei einem Wettkampf); (ii) gesamtes Eintrittsgeld *n;* (*c*) *Av:* Flugsteig *m;* Gate *n.* ´**gatecrash,** *v.tr.* (eine Party) uneingeladen mitmachen. ´**gatecrasher,** *s.* Eindringling *m.* ´**gatepost,** *s.* Torpfosten *m;* *F:* **between you and me and the g.,** unter uns gesagt. ´**gateway,** *s.* (*also Fig:*) Tor *n;* (*arch*) Torbogen *m.*

gather [´gæðər], *v.* **1.** *v.tr.* (*a*) (etwas) sammeln; (Blumen) pflücken; (Beeren) lesen; (Weizen, Heu usw.) ernten; **to g. (up) paper etc.,** Papiere usw. aufsammeln; **to g. strength,** Kräfte sammeln; **to g. speed,** in Fahrt kommen; **to g. dust,** Staub fangen; *Cl:* **gathered at the waist,** in der Taille angekraust; (*b*) (*conclude*) (etwas) folgern; (*understand*) (Gesagtes, einen Namen usw) mitkriegen; **I g. from what he says that . . . ,** ich entnehme aus dem, was er sagt, daß . . . ; **I g. that he is not coming,** wenn ich recht verstanden habe, kommt er nicht. **2.** *v.i.* (*a*) (*of crowd etc.*) sich versammeln; (*b*) **a storm is gathering,** ein Gewitter zieht sich zusammen. ´**gathering,** *s.* **1.** Versammlung *f;* **family g.,** Familientreffen *n;* **it was a large g.,** eine große Menge war zusammengekommen. **2.** Ernten *n* (von Getreide usw.) **3.** *Cl:* Kräuseln *n.*

gauche [gəuʃ], *adj.* (*of pers.*) linkisch.

gaudy [´gɔ:di], *adj.* bunt; *Pej:* grell.

gauge [geidʒ]. **I.** *s.* **1.** Stärke *f* (des Metalls usw.); Kaliber *n* (eines Rohres); **fine g. stockings,** feinmaschige Strümpfe. **2.** *Rail:* Spurweite *f;* **standard g.,** Normalspur *f.* **3.** *Meas:* (*a*) Meßinstrument *n; Mec. E:* Lehre *f;* (*b*) (*indicator*) Anzeiger *m;* **oil g.,** Öldruckanzeiger *m;* **pressure g.,** Manometer *m;* **petrol g.,** Benzinuhr *f;* **tyre g.,** Reifendruckmesser *m.* **II.** *v.tr.* (*a*) *Meas:* (Meßinstrumente) eichen; (*b*) *Fig:* (etwas) schätzen; **to g. s.o.'s capacities,** j-s Fähigkeiten abschätzen.

Gaul [gɔ:l]. **1.** *Pr. n. Hist:* Gallien *n.* **2.** (*pers.*) Gallier *m.*

gaunt [gɔ:nt], *adj.* (*of pers.*) hager.

gauntlet [´gɔ:ntlit], *s.* **1.** (*a*) Stulpenhandschuh *m;* (*b*) *Hist:* (*of mail*) Panzerhandschuh *m.* **2.** *Fig:* **to throw down the g.,** den Fehdehandschuh hinwerfen; **to run the g.,** Spießruten laufen.

gauze [gɔ:z], *s.* Gaze *f.*

gawky [´gɔ:ki], *adj.* schlaksig; (*clumsy*) unbeholfen.

gay [gei], *adj.* **1.** (*a*) (*of pers.*) lustig; **g. laughter,** fröhliches Gelächter; **to lead a g. life,** ein flottes Leben führen; auf Vergnügen aus sein; (*b*) *F:* (*homosexual*) homo. **2.** (*of things*) heiter; **g. colours,** bunte Farben.

gaze [geiz]. **I.** *s.* (starrer) Blick *m;* **longing g.,** sehnsüchtiger Blick. **II.** *v.i.* **to g. at/***Lit:* **on s.o., sth.,** j-n, etwas anstarren.

gazelle [gə´zel], *s. Z:* Gazelle *f.*

gazette [gə´zet], *s.* **1.** (*newspaper*) Zeitung *f.* **2.** (*official organ*) Amtsblatt *n.* **gazetteer** [gæzə´tiər], *s.* geographisches Namenverzeichnis *n.*

gear [giər]. **I.** *s.* **1.** *coll.* (*a*) Gerät *n;* Zubehör *n;* **camping g.,** Campingausrüstung *f;* **fishing g.,** Angelgeräte *npl; F:* **in wedding g.,** im Hochzeitsstaat *m;* **swimming g.,** Badesachen

fpl; **all my g.,** mein ganzes Zeug; (*b*) *F:* (*clothes*) Kluft *f.* **2.** *Mec.E:* (*a*) **g. (wheel),** Zahnrad *n;* (*b*) (**driving/transmission) g.,** Getriebe *n;* (*c*) *Aut:* Gang *m;* **first/bottom g.,** erster Gang; **top g.,** höchster Gang; **in g.,** mit eingelegtem Gang; **to change g.,** (den Gang) schalten; **g. lever,** Schalthebel *m;* **g. selector,** Schaltstange *f.* **II.** *v.tr.* (*a*) *Mec.E:* **to g. an engine up/down,** einen Motor übersetzen/ untersetzen; **high/low geared,** mit kleiner/ großer Übersetzung; (*b*) (etwas) anpassen (**to sth.,** etwas *dat*); **wages geared to the cost of living,** den Lebenshaltungskosten angeglichene Löhne. ´**gearbox,** *s.* Getriebe(gehäuse) *n.* ´**gearchange,** *s.* Gangschaltung *f.* ´**gearing,** *s.* (*a*) (*ratio*) Übersetzung *f;* (*b*) (*gears*) Getriebe *n.* ´**gearwheel,** *s.* Zahnrad *n.*

gee [dʒi:] *int.* **g. up!** hüh! hühott! ´**gee ´whiz,** *int. N. Am:* na so was!

geezer [´gi:zər], *s. P:* Typ *m;* **old g.,** Opa *m.*

Geiger [´gaigər], *s. Pr. n. Atom. Ph:* **G. counter,** Geigerzähler *m.*

gelatine [´dʒeləti:n], *s.* Gelatine *f.*

gelding [´geldiŋ], *s.* Wallach *m.*

gelignite [´dʒelignait], *s.* Gelatinedynamit *n.*

gem [dʒem], *s.* Edelstein *m; esp. Fig:* Juwel *n.*

Gemini [´dʒeminai]. *Pr. n. pl. Astr:* die Zwillinge *mpl.*

gen [dʒen], *s. P:* Informationen *fpl.* ´**genned ´up,** *adj. phr. P:* **to be g. up,** Bescheid wissen.

gender [´dʒendər], *s.* Geschlecht *n.*

gene [dʒi:n], *s. Biol:* Gen *n.* **genealogy** [dʒi:ni´ælədʒi], *s.* Genealogie *f.* **genealogical** [-ə´lɔdʒikl], *adj.* genealogisch. **gene´alogist,** *s.* Genealoge *m.*

general [´dʒen(ə)rəl]. **I.** *adj.* allgemein; (*a*) **election,** allgemeine Wahlen; **in g. use,** allgemein gebräuchlich; **the rain has been pretty g.,** es hat fast überall geregnet; **the g. public,** die breite Öffentlichkeit; **g. knowledge,** Allgemeinbildung *f;* **g. store(s),** Gemischtwarenhandlung *f;* **the g. practice,** das übliche Verfahren; *Med:* **g. practitioner,** praktischer Arzt; *Pol:* **G. Assembly,** Generalversammlung *f;* (*b*) *adv. phr.* **in g.,** im allgemeinen; im großen und ganzen. **II.** *s. Mil:* General *m.* **generali´zation,** *s.* Verallgemeinerung *f.* ´**generalize,** *v.i.* verallgemeinern. ´**generally,** *adv.* allgemein; im allgemeinen. ´**general-purpose,** *adj.* Universal-.

generate [´dʒenəreit], *v.tr.* (Elektrizität, Hitze, *Fig:* Ideen) erzeugen. ´**generating,** *adj. El:* **g. station,** Kraftwerk *n.* **gene´ration,** *s.* **1.** (*a*) (*people*) Generation *f;* **g. gap,** Generationskluft *f;* (*difference*) Generationsunterschied *m;* (*b*) (*time*) Menschenalter *n.* **2.** Erzeugung *f* (von Hitze, Strom, *Fig:* Ideen usw.). ´**generator,** *s.* Generator *m; El: esp. N. Am:* Dynamo *m.*

generic [dʒi´nerik], *adj.* Gattungs-; **g. term,** Gattungsbegriff *m.*

generous [´dʒenərəs], *adj.* freigebig, großzügig. **generosity** [-´rɔsiti], *s.* Freigebigkeit *f,* Großzügigkeit *f.*

genesis [´dʒenisis], *s.* Entstehung *f;* (*story*) Entstehungsgeschichte *f, B:* Genesis *f.*

genetics [dʒə´netiks], *s. pl.* (*usu. with sing. constr.*) Genetik *f.*

Geneva [dʒə'niːvə]. *Pr. n. Geog:* Genf *n;* **the Lake of G.,** der Genfer See.

genial ['dʒiːniəl], *adj.* jovial. **geni'ality,** *s.* Herzlichkeit *f;* joviales Wesen *n.*

genitals ['dʒenitlz], *s. pl.* (äußere) Geschlechtsteile *npl.*

genitive ['dʒenitiv], *adj. & s. g.* **(case),** Genitiv *m.*

genius ['dʒiːniəs], *s.* **1.** *(pers.)* Genie *n; (quality)* Genialität *f;* **work of g.,** geniale Arbeit, *Iron: F:* **he has a g. for saying the wrong thing.,** er hat ein besonderes Talent (dafür), das Falsche zu sagen. **2. s.o.'s evil g.,** j-s böser Geist.

genocide ['dʒenousaid], *s.* Völkermord *m.*

genre [ʒɑːŋr], *s. Lit: Art: etc:* Gattung *f.*

gent [dʒent], *s. abbr. P:* = **gentleman;** *Com:* **gents' footwear,** Herrenschuhe *mpl; F:* **the gents,** die Herrentoilette *f.*

gentle ['dʒentl], *adj.* sanft; *(a)* **the g. sex,** das zarte Geschlecht; **g. hint,** zarter Wink; **g. blow,** leichter Schlag. **'gentleness,** *s.* Sanftheit *f; (towards others)* Milde *f.* **'gently,** *adv.* sachte; *(carefully)* vorsichtig.

gentleman, *pl.* **-men** ['dʒentlmən, -men] , *s.* **1.** *(smart man)* Gentleman *m.* **2.** *(any man)* Herr *m; (to audience)* **ladies and gentlemen!** meine Damen und Herren! *P.N: (public lavatory)* **Gentlemen,** Herren; **gentlemen's hairdresser,** Herrenfriseur *m.* **'gentlemanly,** *adj.* vornehm.

gentry ['dʒentri], *s.* (niederer) Adel *m;* **landed g.,** Landadel *m.*

genuine ['dʒenjuin], *adj. (a)* echt; *(true)* wahr; *(not forged)* unverfälscht; *Aut:* **g. spare,** Originalersatzteil *n; (b) (of pers.)* aufrichtig; **-ly,** *adv.* wirklich; **I am g. sorry,** es tut mir aufrichtig leid.

genus, *pl.* **genera** ['dʒiːnəs, 'dʒenərə], *s. Bot: Z: etc:* Gattung *f.*

geography [dʒi'ɔɡrəfi], *s.* Geographie *f,* Erdkunde *f.* **ge'ographer,** *s.* Geograph(in) *m(f).* **geographical** [-ə'ɡræfikl], *adj.* geographisch.

geology [dʒi'ɔlədʒi], *s.* Geologie *f.* **geological** [-ə'lɔdʒikl], *adj.* geologisch. **ge'ologist,** *s.* Geologe *m,* Geologin *f.*

geometry [dʒi'ɔmətri], *s.* Geometrie *f.* **geometrical** [-ə'metrikl], *adj.* geometrisch.

George [dʒɔːdʒ] *Pr. n. m.* Georg.

geranium [dʒə'reinjəm], *s.* Geranie *f.*

geriatric [dʒeri'ætrik], *adj. Med:* geriatrisch. **'geriatrics,** *s. pl. Med: (usu. with sing constr.)* Geriatrie *f.*

germ [dʒəːm], *s.* **1.** *Biol: Bot:* Keim *m.* **2.** *Med:* Bakterie *f;* Krankheitserreger *m; Mil:* **g. warfare,** Bakterienkrieg *m; F:* **he's got a nasty g.,** er hat eine böse Infektion. **'germicide,** *s.* keimtötendes Mittel *n.* **germi'nation,** *s.* Keimung *f.* **'germinate. 1.** *v.i.* keimen. **2.** *v.tr.* (etwas) zum Keimen bringen.

German ['dʒəːmən]. **I.** *adj.* deutsch; **G. silver,** Neusilber *n; Med:* **G. measles,** Röteln *f.* **II.** *s.* **1.** Deutsche(r) *f(m).* **2.** *Ling:* Deutsch *n;* **to speak G.,** (i) deutsch sprechen; (ii) *(know G.)* Deutsch sprechen; **to translate into G.,** ins Deutsche übersetzen; **in G.,** auf deutsch. **Ger'manic,** *adj.* germanisch. **'Germany.** *Pr. n. Geog:* Deutschland *n;* **West G.,** Westdeutschland *n; (official name)* die Bundesrepublik Deutschland; **East G.,** Ostdeut-

schland *n; (official name)* die Deutsche Demokratische Republik, *usu. abbr.* DDR *f.*

gerund ['dʒerʌnd], *s. Gram:* Gerundium *n.*

gestation [dʒes'teiʃən], *s. Fig:* **period of g.,** Entstehungsperiode *f.*

gesticulate [dʒes'tikjuleit], *v.i.* gestikulieren. **gesticu'lation,** *s.* Gebärden *npl, coll.* Gebärdenspiel *n.*

gesture ['dʒestʃər]. **I.** *s.* Geste *f.* **II.** *v.i.* gestikulieren.

get [get], *v. (p. & p.p.* got [gɔt], *N. Am: also* gotten ['gɔtn]) **1.** *v.tr. (a) (receive)* (etwas, eine Krankheit) bekommen, *F:* kriegen; (einen Brief) erhalten; *(of criminal)* **to g. ten years,** zehn Jahre kriegen; **to g. a cold,** sich erkälten; *F:* **to get the sack,** an die Luft gesetzt werden; *(b) (obtain)* (etwas) besorgen, *F:* kriegen; **he got two tickets for us,** er hat uns zwei Karten besorgt; **I got myself a new tie,** ich habe mir eine neue Krawatte zugelegt; **where did you g. that?** woher hast du das? **I'll see what I can g. for it,** mal sehen, was ich dafür kriegen kann/was man mir dafür bietet; **if I g. the time,** wenn ich (die) Zeit finde; **to g. one's own way,** seinen Willen durchsetzen; *(c) (catch)* (Wild) fangen; (einen Dieb) fassen; **we'll g. them yet!** wir werden sie noch erwischen! *F:* **that really gets me/that gets my goat,** das macht mich wild; **what's got (into) him?** was ist in ihn gefahren? *(d) F: (understand)* (j-n, etwas) verstehen, *F:* kapieren; **I don't g. you,** ich verstehe Sie nicht; **you've got it!** du hast es kapiert! **(do you) g. it/the idea?** kapierst du's? *(e) (fetch)* **to (go and) g. s.o., sth.,** j-n, etwas holen (gehen); *(f)* (j-m etwas) zukommen lassen; **how can I g. it to you?** wie kann ich es dir zukommen lassen? **to g. lunch (ready),** das Mittagessen zubereiten, *(g)* **to g. s.o. to do sth.,** (i) j-n etwas tun lassen; (ii) *(by persuasion)* j-n dazu bringen, etwas zu tun; **to g. s.o. to agree to sth.,** j-n zu etwas *dat* überreden; **to g. the house painted,** das Haus streichen lassen; **to g. one's work finished,** seine Arbeit erledigen; *(h)* **what have you got there?** was hast du da? **he's got measles,** er hat Masern; **I haven't g. got any,** ich habe keine; *(i) (obligation)* **you've got to do it,** du mußt es (unbedingt) tun. **2.** *v.i. (a) (become)* (reich, alt usw.) werden; **to g. married,** heiraten; **to g. dressed,** sich anziehen; **let's g. going!** also gehen wir! *(b) (arrive)* **he'll g. here tomorrow,** er wird morgen hier ankommen; **to get within s.o.'s reach,** in j-s Reichweite kommen; *Fig:* **we're getting nowhere/not getting anywhere,** wir kommen nicht weiter/zu nichts; **now we're getting somewhere,** jetzt kommen wir der Sache schon näher/machen wir Fortschritte; **when you g. to know him,** wenn man ihn (erst mal) kennenlernt. **'get a'cross,** *v.tr. F:* **he couldn't g. it across,** er hat es nicht klarmachen können. **'get at,** *v.tr. & i.* **difficult to g. at,** schwer zugänglich; **to g. at the root of the trouble,** dem Problem auf den Grund kommen; *F:* **what are you getting at?** worauf willst du hinaus? **to g. at s.o.,** es auf j-n abgesehen haben; *F:* **who are you getting at?** wen hast du aufs Korn genommen? **'get a'long,** *v.i. (a)* **they g. a. very well together,** sie kommen gut miteinander aus; *(b)* **g. a. with**

you! weg mit dir! **get-´at-able,** *adj. F:* zugänglich. **´get a´way,** *v.i. (a) (escape)* entkommen; *(from work)* sich *dat* frei nehmen; **to g. a. for ten days,** zehn Tage Urlaub nehmen; **to g. a. with it,** ungeschoren davonkommen; *(b) Aut:* starten. **´getaway,** *s. (a)* Flucht *f,* Entkommen *n;* **g. car,** Fluchtauto *n; (b) Aut:* Start *m.* **´get ´back,** *v.* 1. *v.i.* **to g. b. (home),** (nach Hause) zurückkommen. 2. *v.tr.* (etwas) zurückbekommen; (seine Kräfte) wiedererlangen; **to g. one's money back,** sein Geld zurückkriegen; *F:* **to g. one's own back,** sich revanchieren. **´get ´by,** *v.i.* sich zurechtfinden; *F:* durchkommen; **he knows enough to g. by,** er kommt mit seinem Wissen durch. **´get ´down,** *v.* 1. *v.i. (a)* absteigen **(from,** von + *dat); (b)* **to g. down to work/business,** sich an die Arbeit machen. 2. *v.tr. (a) (from shelf etc.)* (etwas) herunterholen; *(b) (write)* (etwas) aufschreiben; *(c) (swallow)* (etwas) herunterschlucken; *(d) F:* **it gets you down,** es ist deprimierend. **´get ´in,** *v.* 1. *v.i. (a) (into car etc.)* einsteigen; *(b)* **when does the train g. in?** wann kommt der Zug an? *(c) Pol:* gewählt werden. 2. *v.tr.* (die Wäsche usw.) hereinholen; (die Ernte) einbringen; **to g. a man in to do sth.,** einen Handwerker bestellen/kommen lassen, um etwas zu tun; *F:* **to g. one's hand in,** sich üben. **´get ´into,** *v.i.* **to g. into a car etc.,** in einen Wagen usw. einsteigen; **to g. into bad company,** in schlechte Gesellschaft geraten. **´get ´off,** *v.* 1. *v.tr. & i. (a)* **to g. off (the bus/train),** (aus dem Bus/Zug) aussteigen; *F:* **I told him where he got off,** ich habe ihm die Leviten gelesen; *(b)* davonkommen **(with,** mit + *dat);* **to g. off lightly,** glimpflich davonkommen; *(c) (leave)* abfahren; *(leave work)* Feierabend machen. 2. *v.tr. (a)* (ein Paket) abschicken; **to g. s.o. off on time,** dafür sorgen, daß j-d pünktlich wegkommt; **to g. s.o., sth. off one's hands,** j-n, etwas loswerden; *F:* **to g. sth. off one's chest,** sich *dat* etwas von der Seele reden; *(b) (free)* (j-n) freibekommen; *(c)* **to g. the day off,** den Tag freibekommen; **to g. off school,** schulfrei haben. **´get ´on,** *v.* 1. *v.tr.* (Kleider) anziehen; **g. your clothes on!** zieh dich an! 2. *v.i.* **time's getting on,** die Zeit vergeht; **to be getting on for forty,** auf die Vierzig zugehen; *(b)* **she is getting on well,** sie macht gute Fortschritte; **how are you getting on?** wie geht's? **I can't g. on without him,** ich kann ohne ihn nicht auskommen; *(c)* **to g. on well with s.o.,** gut mit j-m auskommen. **´get ´out,** *v.* 1. *v.tr. (a)* (einen Nagel usw.) herausziehen, *F:* herauskriegen; **to g. out the car,** den Wagen (aus der Garage) holen; *(b)* **to g. sth. out of the drawer,** etwas aus der Schublade herausnehmen; **to g. a book out of the library,** sich *dat* ein Buch von der Bibliothek ausleihen; *Fig:* **I got nothing out of it,** ich hatte nichts davon; **I got nothing out of him,** ich konnte nichts aus ihm herauslocken. 2. *v.i. (a)* **to g. o. of s.o.'s way,** j-m ausweichen/ aus dem Weg gehen; **g. o. (of here)!** raus (mit dir)! *(b)* **to g. o. of a difficulty,** sich aus einer schwierigen Lage befreien; **to g. o. of sth.,** aus etwas *dat* herauskommen. **´get-out,** *s. F:* Hintertürchen *n.* **´get ´over,** *v.tr. & i. (a)* **to g. o. a wall,** über eine Mauer klettern; *(b)* **to

g. sth. over with,** etwas hinter sich *acc* bringen; *(c)* über (eine Krankheit, eine Überraschung usw.) hinwegkommen; (Schwierigkeiten) überwinden. **´get ´round,** *v.* 1. *v.tr. (a) Aut:* (eine Kurve) nehmen; *(b) F:* **if I can g. r. him,** wenn ich ihn herumkriegen kann. 2. *v.i.* **I never g. r. to it,** ich komme nie dazu. **´get ´through,** *v.tr. & i. (a)* (eine Prüfung) bestehen; *(b) Tel:* Anschluß bekommen; **I couldn't g. t. to her,** (i) *Tel:* ich konnte sie nicht erreichen; (ii) *Fig:* ich konnte es ihr nicht verständlich machen; *(c)* (eine Arbeit) erledigen. **´getting-up,** *s.* Aufstehen *n;* **g.-up time,** Zeit *f* zum Aufstehen. **´get to´gether,** *v.* 1. *v.i.* zusammenkommen; **we must g. t. on this,** das müssen wir besprechen. 2. *v.tr.* (Leute, Sachen) zusammenbringen; (eine Sammlung) zusammenstellen. **´get-together,** *s. (meeting)* Zusammenkunft *f; (social)* zwangloses Beisammensein *n.* **´get ´up,** *v.* 1. *v.i.* aufstehen. 2. *v.tr. (a) F:* (eine Feier) veranstalten; *(b)* **to g. up speed,** in Fahrt kommen; *(c) F:* **to g. oneself up,** sich aufmachen **(as,** als). **´getup,** *s. F:* Aufmachung *f.*

geyser [´giːzər, *N. Am:* gaizər], *s.* 1. *Geol:* Geysir *m.* 2. *H:* *(gas)* Gasbadeofen *m; (electric)* Durchlauferhitzer *m.*

Ghana [´gɑːnə]. *Pr.n.* Ghana *n.* **Ghanaian** [gɑː´neiən] I. *adj.* ghanaisch. II. *s.* Ghanaer(in) *m(f).*

ghastly [´gɑːstli], *adj.* gräßlich; *(of sight, accident etc.)* schauerlich; *F:* **g. weather,** entsetzliches/schauderhaftes Wetter.

gherkin [´gəːkin], *s. Cu:* Essiggurke *f.*

ghetto *pl.* **-os** [´getəu, -əuz], *s.* Getto *n.*

ghost [gəust]. I. *s. (a)* Gespenst *n;* **g. story,** Gespenstergeschichte *f; attrib.* **g. town,** Geisterstadt *f; (b)* **not the g. of a chance,** nicht die geringste Chance. 2. *Rel:* **the Holy G.,** der Heilige Geist. II. *v.tr. & i. F:* **to g. for s.o.,** (anonym) für j-n schreiben; **ghosted work,** von einem Ghostwriter verfaßtes Werk. **´ghostly,** *adj.* geisterhaft. **´ghostwriter,** *s.* Ghostwriter *m.*

ghoulish [´guːliʃ], *adj.* makaber.

G.I. [´dʒiː´ai], *s. U.S: F:* (amerikanischer) einfacher Soldat *m.*

giant [´dʒaiənt]. I. *s.* Riese *m.* II. *adj.* riesig.

gibberish [´dʒibəriʃ], *s.* Kauderwelsch *n.*

gibbet [´dʒibit], *s.* Galgen *m.*

gibe [dʒaib]. I. *s.* Seitenhieb *m; pl.* **gibes,** Spott *m.* II. *v.i.* **to g. at s.o.,** j-n verhöhnen; über j-n spotten.

giblets [´dʒiblits], *s. pl.* Geflügelklein *n.*

giddy [´gidi], *adj.* schwindlig; **I feel g.,** mir ist schwindlig. **´giddiness,** *s.* Schwindelgefühl *n.*

gift [gift], *s. (a)* Geschenk *n;* **to make a g. of sth.,** etwas herschenken; *Com:* **free g.,** Zugabe *f,* Prämie *f;* **g. coupon,** Geschenkgutschein *m; (b)* Talent *n,* Begabung *f* **(for,** für + *acc);* **he has a g. for languages,** er ist sprachbegabt. **´gifted,** *adj.* begabt.

gigantic [dʒai´gæntik], *adj.* riesengroß, riesig.

giggle [´gigl]. I. *s.* Gekicher *n.* II. *v.i.* kichern.

gild [gild], *v.tr.* (etwas) vergolden. **´gilding,** *s.* Vergoldung *f.* **gilt.** I. *adj.* vergoldet. II. *s. (a)* Vergoldung *f; (b)* **g.-edged,** *Fin:* mündelsicher; *Fig:* todsicher;

gill [gil], s. 1. *Fish:* Kieme *f.* 2. (*of mushroom*) Lamelle *f.* 3. [dʒil] *Meas:* Viertelpinte *f* (*Brit:* 0,142 Liter; *U.S:* 0,118 Liter).

gimlet ['gimlit], s. Vorbohrer *m.*

gimmick ['gimik], s. *F:* Dreh *m;* Trick *m;* **advertising g.,** Reklamegag *m.*

gin [dʒin], s. Gin *m.*

ginger ['dʒindʒər]. I. s. Ingwer *m;* **g. nut,** Ingwerkeks *m;* **g. beer,** Ingwerbier *n.* II. *adj.* (*of hair, pers.*) rotblond; **g. cat,** roter Kater. ´**gingerbread,** s. Pfefferkuchen *m.* ´**gingerly,** *adv.* sachte, vorsichtig. ´**ginger** ´**up,** *v.tr.* j-n anfeuern.

gipsy ['dʒipsi], s. (*a*) Zigeuner(in) *m(f);* (*b*) *Ent:* **g. moth,** Schwammspinner *m.*

giraffe [dʒi'rɑ:f], s. Giraffe *f.*

girder ['gə:dər], s. Tragbalken *m.*

girdle ['gə:dl], s. 1. *Cl:* (*a*) (*belt*) Gürtel *m;* (*b*) (*corset*) Mieder *n.* 2. *Anat:* **pelvic g.,** Beckengürtel *m.*

girl [gə:l], s. Mädchen *n;* **girls' school,** Madchenschule *f;* **g. guide,** Pfadfinderin *f;* **old g.,** (i) ehemalige Schülerin *f* (eines Internats usw.); (ii) *F:* (*wife*) Alte *f;* **his g./g. friend,** seine Freundin; **my oldest g.,** meine älteste Tochter. ´**girlish,** *adj.* mädchenhaft.

giro ['dʒairəu], s. *Bank:* Giro *n.*

girth [gə:θ], s. 1. Umfang *m;* (*of pers.*) Taille *f.* 2. (*of horse*) Bauchgurt *m.*

gist [dʒist], s. Hauptinhalt *m;* **I got the g. of it,** ich habe das Wesentliche mitgekriegt.

give [giv]. I. *v.* 1. *v.tr.* geben; (*a*) **to g. sth. to s.o./ s.o. sth.,** j-m etwas geben; (*hand over*) j-m etwas überreichen; (*pass*) j-m etwas reichen; (*as a present*) j-m etwas schenken; **I gave him sth. to eat,** ich gab ihm zu essen; **she gave me a meal,** sie hat mir ein Essen vorgesetzt; **he was given first prize,** ihm wurde der erste Preis verliehen; **how much did you g. for that?** wieviel hast du dafür gegeben/gezahlt? **I gave it in exchange for this,** ich habe es gegen dieses eingetauscht; (*b*) (einen Befehl, einen Auftrag, Erlaubnis) geben/erteilen; (Glückwünsche, eine Botschaft) übermitteln; (einen Vortrag) halten; **I'll g. him the message,** ich werde es ihm ausrichten; **g. her my love,** grüß sie schön von mir; **g. me your word,** geben Sie mir Ihr Wort (darauf); **he gave me to understand/believe that he was ill,** er gab mir zu verstehen, daß er krank sei; *Tel:* **g. me Mr. X,** verbinden Sie mich mit Herrn X, (c) (*devote*) (sein Leben, seine Aufmerksamkeit) widmen (**to sth.,** etwas *dat);* **he gave his life for his country,** er hat sein Leben für sein Vaterland geopfert; (*d*) (*produce*) (*of cow*) (Milch) liefern; **the experiments gave different results,** die Versuche brachten verschiedene Ergebnisse; **this engine gives more power,** dieser Motor hat eine höhere Leistung; **this bulb does not g. much light,** diese Lampe gibt nicht viel Licht ab; (*e*) **to g. a cry,** aufschreien; **to g. s.o. a smile,** j-n anlächeln; **to g. a start,** zusammenfahren; (*f*) (*cause*) **to g. (s.o.) pleasure** (j-m) Freude machen; **to g. trouble,** (*of pers.*) Schwierigkeiten machen; (*of machine etc.*) Mucken haben; **his heart is giving trouble,** sein Herz macht ihm zu schaffen; **to g. oneself a lot of trouble,** sich *dat* viel Mühe geben/machen;

does it g. you much pain? tut es sehr weh? (*g*) *F:* **to g. as good as one gets,** Gleiches mit Gleichem vergelten; **g. it all you've got!** tue dein Möglichstes! 2. *v.i.* (*a*) geben; **to g. and take,** zum Kompromiß bereit sein; (*b*) (*yield*) nachgeben; **the springs don't g. enough,** die Federn geben nicht genug nach; **the door will g. if you push hard,** die Tür geht auf, wenn Sie fest drücken. II. s. (*a*) Elastizität *f,* Nachgiebigkeit *f;* (*b*) **g. and take,** Kompromiß *m.* ´**give** ´**a** ´**way,** *v.tr.* (*a*) (etwas) verschenken; (*b*) **to g. the bride a.,** Brautführer sein; (*c*) (*betray*) (j-n, etwas) verraten, *F:* **to g. the game a.,** alles verraten. ´**giveaway,** s. *F:* (*a*) (*slip*) Verplappern *n;* (*b*) *Com:* **it's a g.,** es ist geschenkt. ´**give** ´**back,** *v.tr.* (etwas) zurückgeben. ´**give** ´**in,** *v.* 1. *v.i.* nachgeben (**to s.o., sth.,** j-m, etwas *dat);* (*admit defeat*) sich geschlagen geben. 2. *v.tr.* (Bücher, eine Arbeit) einreichen. ´**given,** *adj.* 1. (*a*) (*particular*) bestimmt; **at a g. time,** zur angegebenen Zeit; (*b*) *N. Am:* **g. name,** Vorname *m.* 2. (*of pers.*) ergeben (**to,** *dat*); **g. to drink,** dem Alkohol verfallen; **he is g. to wearing loud clothes,** er trägt gern auffällige Kleidung. ´**give** ´**off,** *v.tr.* (Gas, Dampf usw.) abgeben. ´**give** ´**out,** *v.* 1. *v.tr.* (Bücher, Preise usw.) verteilen; (eine Mitteilung) bekanntgeben; **it was given out that . . .,** es wurde bekanntgegeben, daß . . . 2. *v.i.* (*of supplies etc.*) ausgehen; **the brakes gave out,** die Bremsen versagten. ´**giver,** s. Spender(in) *m(f).* ´**give** ´**up,** *v.tr.* (*a*) (etwas) abgeben; **to g. up one's seat (to s.o.),** (j-m) seinen Platz geben; (*b*) (Hoffnung, einen Plan usw.) aufgeben; *abs.* **I g. up!** ich geb's auf! **to g. sth. up as a bad job,** etwas als aussichtslos aufgeben; **I'd given you up!** ich habe dich nicht mehr erwartet! (*c*) **to g. oneself up,** sich (freiwillig) ergeben; (*to police*) sich der Polizei stellen. ´**give** ´**way,** *v.i.* (*a*) nachgeben (**to s.o.,** j-m; **to temptation, pressure etc.,** der Versuchung, dem Druck usw.); **the roof gave w.,** das Dach stürzte ein; (*of pers.*) **to g. w. to grief/despair,** sich der Trauer/der Verzweiflung überlassen/hingeben; **her love gave w. to hatred,** ihre Liebe verwandelte sich in Haß; (*b*) *Aut: P.N:* Vorfahrt gewähren.

glacier ['glæsiər], s. Gletscher *m.* **glacial** ['gleisiəl], *adj.* Gletscher-.

glad [glæd], *adj.* froh, erfreut (**of/at,** über + *acc);* **he is only too g. to help you,** er hilft Ihnen nur zu gern; -**ly,** *adv.* gern(e).

glade [gleid], s. Lichtung *f.*

gladiator ['glædieitər], s. Gladiator *m.*

gladiolus, *pl.* -**li** [glædi'əuləs, -lai], s. *Bot:* Gladiole *f.*

glamour ['glæmər], s. (*a*) Reiz *m,* Glanz *m;* **to lend g. to sth.,** etwas *dat* (verführerischen) Glanz verleihen; (*b*) *F:* **g. girl,** Pinup *n.* ´**glamorous,** *adj.* (*of girl*) traumhaft schön; (*of job etc.*) glanzvoll.

glance [glɑ:ns]. I. s. (flüchtiger) Blick *m* (**at,** auf + *acc);* **at a g.,** mit einem Blick. II. *v.i.* (*a*) **to g. at s.o.,** einen Blick auf j-n werfen; **to g. through a text,** einen Text überfliegen; (*b*) **to g. off,** abprallen. ´**glancing,** *adj.* **he caught a g. blow,** der Schlag streifte ihn.

gland [glænd], s. *Anat:* Drüse *f.* ´**glandular,**

adj. Drüsen-; *Med:* **g. fever,** (Pfeiffersches) Drüsenfieber *n.*

glare [gleər]. **I.** *s.* **1.** *(dazzle)* Blenden *n;* grelles/ *Lit:* gleißendes Licht *f* (der Sonne). **2.** *(look)* wütender Blick *m.* **II.** *v.i.* *(a)* grell leuchten; *(b)* **to g. at s.o.,** j-n böse anstarren. ´**glaring,** *adj.* **1.** *(of sun etc.)* grell. **2.** *(of injustice)* schreiend; *(of example, mistake)* kraß.

glass [glɑːs], *s.* **1.** Glas *n;* **pane of g.,** Glasscheibe *f;* **g. case,** Glasvitrine *f.* **2.** Glas *n;* **a g. of wine,** ein Glas Wein; **g. cloth,** Gläsertuch *n.* **3.** *(a)* Linse *f* (eines optischen Instruments); **magnifying g.,** Lupe *f;* *(b)* **(a pair of) glasses,** eine Brille; **field glasses,** Fernglas *n.* **4.** Barometer *n.* ´**glasshouse,** *s.* **1.** *Hort:* Glashaus *n.* **2.** *Mil: P:* *(prison)* Bau *m.* ´**glasspaper,** *s.* Glaspapier *n.* ´**glassware,** *s.* Glaswaren *fpl;* *(for table)* Glasgeschirr *n.* ´**glassy,** *adj.* *(of look)* glasig; *(of surface)* spiegelglatt.

glaze [gleiz]. **I.** *v.tr.* *(a)* (ein Fenster usw.) verglasen; *(b) Cu:* (Früchte, Fleisch) glasieren; *(c) Art:* (eine Oberfläche, ein Gemälde) lasieren; *Fig:* **glazed look,** glasiger Blick. **II.** *s.* **1.** *Cu:* Glasur *f.* **2.** *Art:* Lasur *f.* ´**glazier,** *s.* Glaser *m.* ´**glazing,** *s.* Verglasung *f;* *(work)* Glasarbeit *f.*

gleam [gliːm]. **I.** *s.* *(a)* Schimmer *m;* (schwacher) Schein *m; Fig:* **g. of hope,** Hoffnungsschimmer *m;* *(b)* Glänzen *n* (eines Messers, der Augen). **II.** *v.i.* schimmern; *(of water, eyes)* glänzen.

glean [gliːn], *v.tr.* (Ähren) lesen; *Fig:* (Informationen) aufklauben. ´**gleanings,** *s.pl.* aufgeklaubte Informationen *fpl.*

glee [gliː] *s.* **1.** Freude *f;* Frohlocken *n.* **2.** *Mus:* **g. club,** Männergesangverein *m.* ´**gleeful,** *adj.* frohlockend.

glen [glen], *s. esp. Scot:* Tal *n.*

glib [glib], *adj.* zungenfertig; *(superficial)* leichtfertig, oberflächlich; **a g. tongue,** eine glatte Zunge. ´**glibness,** *s.* Zungenfertigkeit *f.*

glide [glaid], *v.i.* *(a) (of pers. etc.)* gleiten; *(b) (in the air)* schweben; *(b) Av:* gleiten; *(of glider)* segeln. ´**glider,** *s.* Segelflugzeug *n.* ´**gliding,** *s. Av:* (i) Gleitflug *m;* (ii) *(pursuit)* Segelfliegen *n.*

glimmer [´glimər], *s.* Glimmen *n; Fig:* **g. of hope,** Hoffnungsschimmer *m.*

glimpse [glimps]. **I.** *s.* flüchtiger Blick *m;* **to catch a g. of s.o., sth.,** j-n, etwas flüchtig zu sehen bekommen. **II.** *v.tr.* (etwas, j-n) flüchtig sehen.

glint [glint]. **I.** *s.* Schimmer *m.* **II.** *v.i.* schimmern.

glisten [glisn], *v.i.* funkeln, glitzern.

glitter [´glitər]. **I.** *s.* Glitzern *n,* Funkeln *n.* **II.** *v.i.* glitzern, funkeln.

gloat [gləut], *v.i.* **to g. (over sth.),** sich hämisch (über etwas *acc*) freuen.

globe [gləub], *s.* Kugel *f; Geog:* Globus *m; Cu:* **globe artichoke,** Artischocke *f.* ´**global,** *adj.* global; *(a)* weltumfassend; **g. warfare,** Weltkrieg *m;* *(b) (comprehensive)* umfassend; **g. understanding,** Gesamtverständnis *n.* ´**globetrotter,** *s.* Globetrotter *m,* Weltenbummler *m.*

globule [´glɔbjuːl], *s.* Kügelchen *n.*

gloom [gluːm], *s.* **1.** Dunkelheit *f.* **2.** *(state of mind)* Schwermut *f;* Trübsinn *m.* ´**gloomy,** *adj.* **1.** *(dark)* dunkel, düster. **2.** *(a) (of pers.)*

betrübt, schwermütig; *(b)* pessimistisch; **to take a g. view of things,** schwarzsehen.

glory [´glɔːri]. **I.** *s.* **1.** Ehre *f,* Ruhm *m.* **2.** *(splendour)* Herrlichkeit *f,* Pracht *f.* **II.** *v.i.* **to g. in sth.,** sich an etwas *dat* weiden. **glorifi´cation,** *s.* Verherrlichung *f.* ´**glorify,** *v.tr.* (etwas) verherrlichen. ´**glorified,** *adj. F:* **it was only a g. shed,** es war nur eine bessere Hütte. ´**glorious,** *adj.* **1.** prächtig; **g. weather,** herrliches Wetter. **2.** *(of victory etc.)* glorreich.

gloss[1] [glɔs]. **I.** *s.* **1.** Glanz *m;* **g. paint,** Glanzlack *m.* **2.** *Fig:* (äußerer) Schein *m.* **II.** *v.tr.* **to g. over,** (Fehler, Wahrheiten) vertuschen. ´**glossy,** *adj.* glänzend; **g. magazine,** Illustrierte *f; Phot:* **g. print,** Glanzabzug *m.*

gloss[2]. **I.** *s.* Glosse *f.* **II.** *v.tr.* (einen Text) glossieren. ´**glossary,** *s.* Glossar *n.*

glove [glʌv], *s.* Handschuh *m;* **to fit like a g.,** wie angegossen passen; *Fig:* **to handle s.o. with kid gloves,** j-n mit Glacéhandschuhen anfassen; *Aut:* **g. compartment,** Handschuhfach *n.*

glow [gləu]. **I.** *s.* Glühen *n;* **g. of the sunset,** Glut *f* des Sonnenuntergangs; Abendrot *n; Fig:* **the exercise gave me a g.,** die Anstrengung brachte mich förmlich zum Glühen; **g. of enthusiasm,** glühende Begeisterung. **II.** *v.i.* *(a) (of metal, coal)* glühen; *(b)* **to g. with pleasure/enthusiasm,** vor Freude/Begeisterung strahlen; **to be glowing with health,** vor Gesundheit strotzen. ´**glowing,** *adj.* *(of coals etc.)* glühend; *(of colours)* leuchtend; *(of face etc.)* strahlend; **to paint sth. in g. colours,** etwas in glühenden Farben schildern; **g. report,** begeisterter Bericht. ´**glow-worm,** *s.* Glühwürmchen *n.*

glower [´glauər], *v.i.* finster blicken; **to g. at s.o.,** j-n finster anblicken.

glucose [´gluːkəuz, əus], *s.* Traubenzucker *m; Ch:* Glukose *f.*

glue [gluː]. **I.** *s.* Klebstoff *m.* **II.** *v.tr.* *(p. & p.p.* **glued,** *pres. p.* **gluing)** (etwas) kleben **(on sth.,** auf etwas *acc;* **to sth.,** an etwas *acc); F:* **glued to the spot,** wie angewurzelt; **his eyes were glued to the TV set,** er starrte unentwegt auf den Bildschirm.

glum [glʌm], *adj.* trübsinnig.

glut [glʌt], *s.* Überfluß *m* **(of sth.,** an etwas *dat).*

glutton [´glʌtn], *s.* Vielfraß *m; Fig:* **a g. for work,** ein Arbeitstier *n;* **you're a g. for punishment!** du kannst nie genug kriegen! ´**gluttonous,** *adj.* gefräßig; *(of appetite)* unersättlich.

glycerine [´glisərin, -iːn], *s.* Glyzerin *n.*

gnarled [nɑːld], *adj.* *(of tree)* knorrig; *(of hands etc.)* knotig.

gnash [næʃ], *v.tr.* **to g. one's teeth,** mit den Zähnen knirschen.

gnat [næt], *s.* Mücke *f.*

gnaw [nɔː], *v.tr. & i.* **to g. (at) sth.,** an etwas *dat* nagen.

gnome [nəum], *s.* Gnom *m.*

gnu [nuː], *s. Z:* Gnu *n.*

go [gəu]. **I.** *v.i.* *(p.* **went;** *p.p.* **gone) 1.** *(a) (walk)* (zu Fuß) gehen; **to go for a walk,** einen Spaziergang machen; **to go up/down/along a street,** eine Straße hinauf/hinunter/entlanggehen; **to go upstairs,** nach oben/hinaufgehen; **you go first,** geh du zuerst/voran; **to go into a room,** in ein Zimmer eintreten; *(b) (travel)* fahren; **when are you going to New York?** wann fährst du nach New York? **the train goes at 10,** der Zug fährt um 10 Uhr (ab); **to go by car/train/boat,** mit dem Auto/Zug/Schiff fahren; **to go by plane,** fliegen; **the bus goes twice a day,** der Bus verkehrt zweimal am Tag; (c) (lead) **this road goes to Munich,** die Straße führt nach München; **the garden goes down to the river,** der Garten reicht bis zum Fluß; (d) **to go to school/university,** in die Schule/auf die Universität gehen; **to go to sea,** zur See fahren/ Matrose werden; **to go into the army,** zum Militär gehen; **to go to war,** in den Krieg ziehen; **to go to prison,** ins Gefängnis kommen; (e) **to go the shortest way,** den kürzesten Weg nehmen; **to go one's own way,** seine eigenen Wege gehen; (f) **this wine goes to my head,** dieser Wein steigt mir zu Kopf; (g) **I had to go hungry,** ich mußte hungrig bleiben. **2.** (a) (of machinery) gehen, funktionieren; **to go well/badly,** gut/schlecht funktionieren; (of car) gut/schlecht fahren; **my watch won't go,** meine Uhr geht nicht; **to keep industry going,** die Industrie im Gang halten; Space: F: **all systems go,** alles fertig zum Start; (b) **the bell is going,** die Glocke läutet; (c) **brennen goes like rennen,** brennen wird wie rennen konjugiert; **these colours don't go together,** diese Farben passen nicht zueinander. **3.** (a) (of time) vergehen; **Sunday came and went,** auch Sonntag verging; (b) (leave) (fort)gehen; (on a journey) abreisen; **he has already gone,** er ist schon fort; **after I've gone,** (i) wenn ich gegangen bin; (ii) nach meinem Tod; **from the word go,** von Anfang an; (c) (disappear) verschwinden; **it's all gone,** es ist nichts mehr übrig; **my strength is going,** meine Kräfte lassen nach; **her sight is going,** ihre Augen werden schwach; El: **a fuse went,** eine Sicherung brannte durch; (at auction) **going! going! gone!** zum ersten, zum zweiten, zum dritten (und letzten Mal)! **4.** (a) **how did the first night go?** wie ist die Premiere verlaufen/abgegangen? **all has gone well so far,** bisher ist alles glatt gegangen/verlaufen; F: **how goes it?** wie geht's? (b) **that's not dear as things go,** für heutige Verhältnisse ist das nicht teuer; F: **that goes without saying,** das ist doch selbstverständlich. **5.** (a) **to go and see s.o.,** j-n besuchen; **to go and fetch s.o.,** j-n holen (gehen); (b) (future) **I'm not going to,** ich werde es nicht tun; **are you going to make a speech?** werden Sie eine Rede halten? **I was going to walk there but it was too far,** ich wollte zu Fuß hingehen, aber es war zu weit; (c) **to go fishing,** angeln gehen; **you just go looking for trouble,** du suchst direkt nach Schwierigkeiten; **he even went so far as to say that ...,** er hat sogar behauptet, daß ...; **I wouldn't go that far,** soweit würde ich nicht gehen. **6. he would go to any lengths,** er würde alles versuchen; **to go to a lot of trouble,** sich dat viel Mühe machen. **7.** (a) **it won't go into my case,** es geht/paßt nicht in meinen Koffer; **the key won't go into the lock,** der Schlüssel will nicht ins Schloß; **where does this book go?** wohin gehört dieses Buch? (b) **six goes into twelve twice,** sechs ist in zwölf zweimal enthalten. **8. that just goes to show,** da sieht man's wieder mal. **9.** (become) **to go mad,** verrückt werden; **to go white/red,** erbleichen/

erröten; (of pers.) **to go to the bad,** auf die schiefe Bahn geraten. **10. to let (sth.) go,** (etwas) loslassen; **let me go!** laß mich los! **we'll let it go at that,** wir wollen es dabei lassen. **11. to go it alone,** es allein versuchen. **II.** s. F: **1.** (a) **to be always on the go,** immer auf Trab sein; (b) **full of go,** voller Energie/Schwung; energiegeladen. **2.** (a) (try) Versuch m; **to have a go at sth.,** etwas probieren; **have a go! pro-**bier's mal! (b) (turn) **it's your go,** du bist dran; **at one go,** auf einmal; (c) **a bad go of flu,** ein schwerer Grippeanfall. **3. that was a near go,** das hätte ins Auge gehen können; **he made a go of it,** er machte einen Erfolg daraus; **no go!** nichts zu machen! 'go u'bout, v. **1.** v.i. (a) herumgehen; (b) (of boat) wenden. **2.** v.tr. **how do you go a. it?** wie nimmt man das in Angriff? **to go a. one's work,** sich an die Arbeit machen. 'go-a'head. **I.** adj. fortschrittlich. **II.** s. **to give s.o. the g.-a.,** j-m das grüne Licht geben. 'go a'long, v.i. (a) weitergehen; (in car) dahinfahren; **I check the figures as I go a.,** ich kontrolliere die Zahlen der Reihe nach; (b) F: **I'll go a. with you on that,** da gebe ich Ihnen recht. 'go a'way, v.i. fortgehen; (a) (on a journey) abreisen; **to go a. for the weekend,** übers Wochenende wegfahren. 'go 'back, v.i. zurückgehen; **to go b. home,** nach Hause zurückkehren; **to go b. to work,** die Arbeit wieder aufnehmen. 'go-between, s. Vermittler(in) m(f). 'go 'by, v.tr. & i. (a) (pass) vorbeigehen; (of time) vergehen; (b) **to go by appearances,** nach dem äußeren Schein urteilen; **that's nothing to go by,** danach kann man sich nicht richten. 'go 'down, v.i. (a) hinuntergehen; (of ship, sun) untergehen; (of prices) sinken; (of food) hinunterrutschen; (b) (of wind) nach lassen; (c) (in quality) sich verschlechtern; (of area) herunterkommen; (d) **the suggestion went down well,** der Vorschlag hat Anklang gefunden. 'go'er, s. F: **a good g.,** ein tüchtiges Auto. 'go for, v.tr. F: (a) (attack) **to go f. s.o.,** auf j-n losgehen; (b) **to go f. sth.** (aim) auf etwas acc zielen; Fig: nach etwas dat streben. 'go-'getter, s. F: dynamischer Typ m. 'go 'in, v.i. (a) (into room) eintreten; (into house) hineingehen; (b) **to go in for sth.,** sich mit etwas dat befassen; **to go in for an exam,** eine Prüfung ablegen. 'going. **I.** adj. (a) **a g. concern,** ein gutgehendes Unternehmen; **the g. price,** der Marktpreis. **II.** s. (a) Horse Rac: Geläuf n; **good/heavy g.,** gute/schlechte Bahn; F: **while the g. is good,** solange es noch geht; (b) F: **goings on,** Vorfälle mpl; Pej: Umtriebe mpl. 'go 'into, v.tr. (a) hineingehen in + acc; **to go i. a room,** in ein Zimmer eintreten; (b) (examine) (auf etwas acc) näher eingehen; (Hintergründe usw.) erforschen. 'go-kart, s. Go-Kart m. 'go 'off, v.i. (a) (of pers.) fortgehen; (b) (of gun) losgehen; (of bomb) explodieren; (c) **everything went off well,** alles ist gut verlaufen/abgegangen; (d) F: (of food) verderben; (e) F: **I've gone off Gruyere,** Schweizer Käse schmeckt mir nicht mehr. 'go 'on, v.i. (a) weitergehen; **to go on speaking, working etc.,** weiter sprechen, arbeiten usw.; **I've enough to go on with,** ich komme noch eine Zeit lang damit aus; **go on!** (i) (nur)

weiter! (ii) *P:* Unsinn! (*b*) **what's going on here?**
was geht hier vor? (*c*) *F:* **to go on at s.o.,** mit
j-m dauernd schimpfen; (*d*) **I've nothing to 'go
on,** ich habe keine Beweise. **'go 'out,** *v.i.* (*a*)
(*into garden etc.*) hinausgehen; (*with friend
etc.*) ausgehen; (*b*) (*of fire*) ausgehen; (*c*) (*of
fashion*) aus der Mode kommen; (*d*) (*of tide*)
zurückgehen. **'go 'over,** *v.* **1.** *v.tr.* (eine
Arbeit, ein Dokument) durchsehen; *Fin:* (die
Bücher) revidieren. **2.** *v.i.* (*a*) **to go o. to the
enemy,** zum Feind übergehen; (*b*) *F:* (*change*)
we're going o. to gas, wir steigen auf Gas um.
'go 'round, *v.i.* (*a*) einen Umweg machen; (*b*)
(*of wheel etc.*) sich drehen; (*of pers., rumours*)
herumgehen; (*c*) **there isn't enough to go r.** es
reicht nicht für alle. **'go-'slow,** *adj. & s. -s.*
(**strike**), Bummelstreik *m.* **'go 'through,** *v.* **1.**
v.tr. (*a*) (durch eine Tür usw.) durchgehen; (*b*)
(Dokumente) durchsehen; *Sch:* (Texte)
durchnehmen; (*c*) (Erlebnisse) durchmachen.
2. *v.i.* durchgehen; **the deal didn't go t.,** das
Geschäft kam nicht zustande. **'go 'up,** *v.i.* (*of
pers.*) hinaufgehen; (*of prices*) steigen; **to go up
in flames,** in Flammen aufgehen. **'go
with'out,** *v.* **1.** *v.tr.* (auf etwas *acc*) ver-
zichten. **2.** *v.i.* ohne (es) auskommen. **'go
'wrong,** *v.i.* (*of plan etc.*) schiefgehen; **where did
we go w.?** was haben wir falsch gemacht?
goad [goud]. **I.** *s.* Stachelstock *m.* **II.** *v.tr.* (j-n)
anstacheln.
goal [goul]. *s.* **1.** (*aim*) Ziel *n.* **2.** *Fb:* Tor *n;*
(*shot*) Torschuß *m;* **to score a g.,** ein Tor schie-
ßen. **'goalkeeper,** *s.* Torwart *m.* **'goalpost,**
s. Torpfosten *m.*
goat [gout], *s.* Ziege *f; F:* **that gets my g.,** das
bringt mich auf die Palme.
gob [gɔb], *s. P:* Maul *n;* **shut your g.!** halt's Maul!
gobble [gɔbl], *v.tr.* (Essen) gierig herunter-
schlingen.
goblet ['gɔblit], *s.* Kelchglas *n; Hist:* Pokal *m.*
god [gɔd], *s.* Gott *m;* **G. forbid!** Gott bewahre!
thank G.! Gott sei Dank! **for God's sake,** um
Gottes willen; *F:* **G. knows how,** weiß Gott,
wie; *Th:* **the gods,** die Galerie. **'godchild,** *pl.*
-children, *s.* Patenkind *n.* **'goddaughter,** *s.*
Patentochter *f.* **'goddess,** *s.* Göttin *f.*
'godfather, *s.* Pate *m.* **'godforsaken,** *adj.*
gottverlassen. **'godless,** *adj.* gottlos. **'godly,**
adj. fromm. **'godmother,** *s.* Patin *f.* **'god-
parents,** *s.pl.* Paten *pl.* **'godsend,** *s.* Ge-
schenk *n* des Himmels; *F:* Segen *m.* **'godson,**
s. Patensohn *m.*
goggle ['gɔgl], *v.i.* **to g. at s.o., sth.,** (j-n, etwas)
anglotzen; *P:* **g. box,** Flimmerkiste *f,* Röhre *f.*
'goggles, *s. pl.* Schutzbrille *f.*
goitre ['gɔitər], *s. Med:* Kropf *m.*
gold [gould], *s.* Gold *n;* **g. leaf,** Blattgold *n; g.
plate,** Goldgeschirr *n.* **'golddigger,** *s.* (*a*)
Goldgräber *m;* (*b*) (*woman*) (geldgieriger)
Vamp *m.* **'gold-dust,** *s.* Goldstaub *m; F:* **like
g.-d.,** sehr selten. **'golden,** *adj.* golden; Gold-;
g. wedding, goldene Hochzeit *f; g. eagle,** Stein-
adler *m; F:* **g. handshake,** Abfindung *f* (eines
abgehenden Direktors); **g. rule,** goldene Regel.
'goldfinch, *s.* Stieglitz *m.* **'goldfish,** *s.*
Goldfisch *m.* **'gold-mine,** *s.* Goldmine *f;
F:* **it's a g.-m.,** es ist eine Goldgrube. **'gold-
plated,** *adj.* vergoldet. **'goldrush,** *s.*

Goldrausch *m.* **'goldsmith,** *s.* Goldschmied *m.*
golf [gɔlf], *s.* Golf(spiel) *n; g.* **club,** (i) Golfschläger
m; (ii) Golfklub *m; g.* **course,** Golfplatz *m.*
'golfball, *s.* **1.** Golfball *m.* **2.** *Typewr:*
Kugelkopf *m.* **'golfer,** *s.* Golfspieler(in) *m(f).*
golliwog ['gɔliwɔg], *s.* (groteske) Negerpuppe *f.*
golly ['gɔli], *int. F:* Menschenskind!
gondola ['gɔndələ], *s.* Gondel *f.*
gone [gɔn], *p.p.* of *go q.v.*
goner ['gɔnər], *s. F:* Todeskandidat *m;* **hands up
or you're a g.!** Hände hoch oder du stirbst!
gong [gɔŋ], *s.* Gong *m.*
good [gud]. **I.** *adj.* gut. **1.** (*a*) *Lit. & Iron:* **g. story,**
schöne Geschichte; *F: Iron:* **that's a g. one!**
damit kannst du mir nicht kommen! (*b*) **is this
meat still g.?** ist dieses Fleisch noch
genießbar? (*c*) **g. reason,** triftiger Grund; **g.
opportunity,** günstige Gelegenheit; **he's in a g.
position to judge,** er kann es gut beurteilen; **to
earn g. money,** gut verdienen; (*d*) (*pleasant*)
angenehm; **to have a g. time,** sich amüsieren; **g.
morning/evening!** guten Morgen/Abend! **g. af-
ternoon!** = guten Tag! (*e*) (*suitable*) geeignet; **he
would make a g. president,** er eignet sich gut
zum Präsidenten; **what's this g. for?** wozu ist
das gut? **this is g. for hayfever,** das ist gut
gegen Heuschnupfen; (*f*) **g. with one's hands,**
geschickt mit den Händen; **g. at French,** gut in
Französisch; **he's g. at games,** er ist ein guter
Sportler. **2.** (*a*) (*of pers., conduct*) gut; (*well
behaved, esp. of child*) brav; *F:* **g. old John!**
John ist doch ein prima Kerl! **he's a g. sort,** er
ist ein anständiger Kerl; (*b*) (*kind*) lieb; **that's
very g. of you,** das ist sehr nett von Ihnen/lieb
von dir; (*c*) *int.* **g. Lord!** ach, du lieber Gott! **g.
heavens!** ach du meine Güte! **3. a g. while,**
ziemlich lange; **a g. hour,** eine gute Stunde; **a g.
10 kilometres,** gute zehn Kilometer; **a g. deal,**
ziemlich viel. **4. my family is as g. as his,** meine
Familie steht seiner nicht nach; **to give as g. as
one gets,** Gleiches mit Gleichem vergelten; **as
g. as new,** so gut wie neu; praktisch neu; **he was
as g. as his word,** er hielt sein Versprechen. **5.
to make g.,** (einen Schaden, Verlust usw.) wieder-
gutmachen; (Lack usw.) ausbessern; (sein
Versprechen) erfüllen; **he made g. in the end,**
zum Schluß ist doch noch was Ordentliches
aus ihm geworden. **II.** *s.* das Gute *n,* Gutes *n;*
(*a*) (*of pers.*) **to do g.,** Gutes tun; **he's up to no
g.,** er führt nichts Gutes im Schilde; (*b*) (*of
thing*) **to do s.o. g.,** j-m guttun; *Iron:* **much g.
may it do you!** wohl bekomm's! (*c*) **I did it for your
g.,** ich habe es zu Ihrem Vorteil getan; **that isn't
much g.,** das taugt/nützt nicht viel; **it's no g.!** da ist
nichts zu machen! es hilft nichts! **no g. talking
about it,** es hat keinen Sinn/Zweck, darüber zu
reden; **he'll come to no g.,** mit ihm nimmt
es kein gutes Ende; (*d*) **we are £10 to the g.,** wir
haben £10 plus; **it's all to the g.,** es ist alles zu
zum Besten; (*e*) *adv. phr.* **for g. (and all),** für
immer; **he is leaving the country for g.,** er geht
endgültig ins Ausland. **2.** *pl.* (*a*) *Jur:* **goods and
chattels,** bewegliches Eigentum *n; F:* **all one's
goods and chattels,** seine ganze Habe; (*b*) *Com:*
Güter *npl;* Waren *fpl;* **manufactured goods,**
Fertigerzeugnisse *npl;* **to deliver the goods,** (i)
die Waren liefern; (ii) *F:* Wort halten; (*c*) *Rail:*
goods train, Güterzug *m;* **goods yard,** Güter-

bahnhof *m.* **good´bye. I.** *s.* Lebewohl *n.* **II.** *int.*
auf Wiedersehen! (*final*) leb(e) wohl! *F:* **you
can say g. to all that,** das siehst du nicht
wieder. ´**good-for-nothing. I.** *adj.* nichts-
nutzig. **II.** *s.* Taugenichts *m.* ´**good-´hearted,**
adj. (*of pers.*) herzensgut. ´**good-´humoured,**
adj. (*of pers.*) gutgelaunt; (*of smile*) gutmütig.
´**good-´looking,** *adj.* gutaussehend. ´**goodly,**
adj. (*a*) (*of amount*) beträchtlich; (*b*)
(*handsome*) gutaussehend. ´**good-´natured,**
adj. gutmütig. ´**goodness. I.** *s.* (*a*) (*kindness*)
Güte *f;* (*b*) (*virtue*) Tugend *f.* **II.** *int.* (**my**) **g.!**
du meine Güte! **for g. sake!** um Gottes willen!
thank g., Gott sei Dank; **I wish to g.** he´d come,
wenn er bloß käme! ´**good-´tempered,** *adj.*
gutmütig. ´**good´will,** *s.* **1.** guter Wille *m.* **2.**
Com: geschäftliches Ansehen *n;* guter Ruf *m.*

goose, *pl* **geese** [gu:s, gi:s], *s.* **1.** Gans *f.* **2.** *F:*
Dummkopf *m;* (*woman*) (blöde) Gans *f.* ´**goose-
flesh,** *s.* ´**goosepimples,** *N. Am: F:* ´**goose-
bumps,** *s.pl.* Gänsehaut *f.*

gooseberry [´guzbəri], *s.* **1.** Stachelbeere *f.* **2.** *F:*
(*pers.*) fünftes Rad am Wagen; (*chaperone*)
Anstandswauwau *m.*

gopher [´gəufər], *s.* *Z:* (*a*) Taschenratte *f;* (*b*)
Ziesel *m.*

gore [gɔ:r], *v.tr.* (j-n mit den Hörnern) aufspießen.
´**gory,** *adj.* blutig; (*of story etc.*) blutrünstig.

gorge¹ [gɔ:dʒ], *s.* Felsschlucht *f.*

gorge², *v.tr.* **to g. oneself,** sich vollfressen.

gorgeous [´gɔ:dʒəs], *adj.* (*magnificent*) prächtig,
prachtvoll; *F:* (*beautiful*) herrlich; **a g. girl,**
eine blendende Schönheit.

gorilla [gə´rilə], *s.* *Z:* Gorilla *m.*

gormless [´gɔ:mləs], *adj.* *F:* begriffsstutzig.

gorse [gɔ:s], *s.* *Bot:* Stechginster *m.*

gosh [gɔʃ], *int.* *F:* mein Gott! Mensch!

gosling [´gɔzliŋ], *s.* Gössel *n.*

gospel [´gɔspəl], *s.* Evangelium *n;* *Fig:* **to take
sth. for g.** (**truth**), etwas für bare Münze
nehmen.

gossamer [´gɔsəmər], **I.** *s.* Altweibersommer *m.*
II. *adj.* hauchdünn.

gossip [´gɔsip], **I.** *s.* **1.** (*pers.*) Klatschbase *f.* **2.**
Klatsch *m;* *Journ:* **g. column,** Klatschspalte *f.*
II. *v.i.* klatschen.

Goth [gɔθ], *s.* Gote *m.* ´**Gothic,** *adj.* *Art:* *Ling:*
Typ: gotisch; **G. (style, architecture),** Gotik *f.*

gouge [gaudʒ], *s.* **1.** *Tls:* Hohleisen *n.* **2.**
Aushöhlung *f.* **II.** *v.tr.* **g. out,** (*a*) (Holz)
ausmeißeln, (eine Furche) aushöhlen, (*b*)
(Augen) ausquetschen.

gourmand [´guəmənd], *s.* starker Esser *m;* *F:*
Vielfraß *m.*

gourmet [´guəmei], *s.* Feinschmecker *m.*

gout [gaut] *s.* *Med:* Gicht *f.*

govern [´gʌvən], *v.tr.* (*a*) (*also abs.*) (ein Land)
regieren; (*b*) (*control*) *Mec. E: etc:* (einen
Motor usw.) regeln. ´**governing,** *adj.* (*a*) be-
stimmend; **g. factor,** entscheidender Faktor; (*b*)
Pol: regierend; **g. party,** Regierungspartei *f;*
Sch: **g. body,** Vorstand *m.* ´**government,** *s.*
Regierung *f;* **g. grant,** staatlicher Zuschuß.
´**governor,** *s.* **1.** Gouverneur *m;* Statthalter *m*
(einer Provinz); *Sch: etc:* Vorstandsmitglied *n.*
2. *F:* **the g.,** (*boss*) Chef *m;* (*father*) der Alte. **3.**
Mec. E: Regler *m.*

gown [gaun]. **1.** Damenkleid *n;* **evening g.,**
Abendkleid *n.* **2.** Talar *m* (der Professoren,
Richter usw.); **dressing g.,** Morgenrock *m.*

grab [græb]. **I.** *v.* **1.** *v.tr.* (*a*) (*etwas*) packen; **to g.
hold of sth.,** etwas (hastig) ergreifen; (*b*) *P:* **how
does that g. you?** wie findest du das? **2.** *v.i.*
to g. at sth., nach etwas *dat* greifen. **II.** *s.* **1.**
Griff *m* (**at sth.,** nach etwas *dat*). **2.** *Civ. E:*
(**mechanical**) **g.,** Greifer *m.*

grace [greis]. **I.** *s.* **1.** (*of movement*) Anmut *f;*
social graces, (gute) Umgangsformen *fpl.* **2.** (*a*)
to give in with a good g., freiwillig nachgeben;
(*b*) *Ecc:* (**state of**) **g.,** (Stand der) Gnade *f;* **to
say g.,** das Tischgebet sprechen; *F:* **to have ten
days g.,** zehn Tage Aufschub haben; (*c*) **to be
in s.o.'s good graces,** in j-s Gunst stehen. **3.** *Mus:*
g. note, Verzierung *f.* **II.** *v.tr.* (etwas) zieren.
´**graceful,** *adj.* graziös, anmutig. **gracious**
[´greiʃəs], *adj.* (*a*) (*with condescension*) gnädig;
(*kind*) gütig; (*b*) **g. living,** luxuriöser Lebensstil;
(*c*) *int.* **g.!** du meine Güte! **good g. no!** Gott
bewahre!

grade [greid]. **I.** *s.* **1.** (*a*) Stufe *f;* **g. of difficulty,**
Schwierigkeitsgrad *m;* (*b*) *Sch:* *N. Am:* Klasse
f; **good grades,** gute Noten *fpl;* **g. school,**
Grundschule *f;* (*c*) Qualität *f;* **high g.,** hoch-
wertig; **top g.,** erstklassig; *Com:* **G. A,** Gü-
teklasse A; *F:* **to make the g.,** es schaffen. **2.** (*a*)
N. Am: Gefälle *n;* **steep g.,** starkes Gefälle; (*b*)
N. Am: **g. crossing,** (schienengleicher) Bahn-
übergang *m.* **II.** *v.tr.* (*a*) *Com:* (Waren usw.)
einteilen; *Ind:* (Kohle usw.) sortieren; (*b*) *Sch:*
(den Stoff) einstufen; (*mark*) (Schularbeiten)
bewerten; **graded exercises,** gestufte Übungen;
(*c*) *Civ. E:* (*flatten*) (ein Gelände) planieren.
´**grader,** *s.* *Civ. E:* Straßenhobel *m.*

gradient [´greidiənt], *s.* **up**(**ward**) **g.,** Steigung *f;*
down(**ward**) **g.,** Gefälle *n.*

gradual [´grædju(ə)l], *adj.* allmählich; **it was very
g.,** es ging sehr langsam.

graduate. I. [´grædjuət] *s.* Hochschulabsol-
vent *m.* **II.** [´grædjueit] *v.* **1.** *v.i.* *Sch:* graduie-
ren. **2.** *v.tr.* *Meas:* (etwas) mit Maßeinteilung
versehen.

graft [grɑ:ft]. **I.** *s.* **1.** *Hort:* (*cutting*) Pfropfreis
n; (*process*) Pfropfung *f.* **2.** *Med:* Transplantat
n; (*process*) Transplantation *f.* **3.** *F:* (*influence*)
Schiebung *f.* **4.** (*work*) Schwerarbeit *f, F:* Schuf-
terei *f.* **II.** *v.tr.* (*a*) (einen Zweig) pfropfen; (*b*)
Med: (Haut) transplantieren. ´**grafting,** *s.* **1.**
Hort: Pfropfung *f.* **2.** *Med:* **skin g.,** Hauttran-
splantation *f.*

grain [grein], *s.* **1.** (*a*) Korn *n;* *coll.* Getreide *n;*
(*b*) *Phot: etc:* Korn *n;* **fine/coarse g. film etc.,**
feinkörniger/grobkörniger Film usw. **2.** Mase-
rung *f* (von Holz); **against the g.,** gegen die
Faser; *F:* **it goes against the g.,** es geht (mir)
gegen den Strich.

gram, *occ.* **gramme** [græm], *s.* *Meas:* Gramm *n.*

grammar [´græmər], *s.* Grammatik *f;* **g. school,**
approx. Gymnasium *n.* **gra´mmatical,** *adj.*
grammatisch.

gramophone [´græməfəun], *s.* Grammophon *n;*
g. record, Schallplatte *f.*

granary [´grænəri], *s.* Getreidespeicher *m.*

grand [grænd], *adj.* **1.** (*large*) (*a*) groß; (*main*)
Haupt-; **g. piano,** Flügel *m;* (*b*) **g. total,** Ge-
samtsumme *f;* *Cards:* & *F:* **g. slam,** Groß-

schlemm *m.* **2.** (*magnificent*) grandios; (*smart*) vornehm; (*elaborate*) prunkvoll; **in the g. manner,** in großem Stil. **3.** *F:* (*a*) wunderbar; **a g. fellow,** ein großartiger Kerl; (*b*) **I am not feeling too g.,** ich fühle mich nicht ganz auf der Höhe; *°*-**ly,** *adv.* grandios. **'grandchild,** *pl.* **-children,** *s.* Enkelkind *n.* **'granddaughter,** *s.* Enkelin *f.* **grandeur** [grændjər], *s.* Herrlichkeit *f;* (*of building etc.*) Pracht *f.* **'grandfather,** *s.* Großvater *m;* **g. clock,** Standuhr *f.* **'grandma,** *s. F:* Oma *f.* **grandiose** [ˈgrændiəus], *adj.* grandios. **'grandpa,** *s. F:* Opa *m.* **'grandmother,** *s.* Großmutter *f.* **'grandparents,** *s. pl.* Großeltern *pl.* **'grandson,** *s.* Enkel *m.* **'grandstand,** *s.* (überdachte) Tribüne *f; F:* **g. view,** großartiger Blick (*of sth.,* auf etwas *acc*).

granite [ˈgrænit], *s.* Granit *m.*

granny [ˈgræni], *s. F:* Oma *f;* **g. knot,** Altweiberknoten *m.*

grant [grɑːnt]. **I.** *s.* **1.** Erfüllung *f* (einer Bitte); Erteilung *f* (einer Erlaubnis). **2.** (*finance*) Subvention *f,* (finanzielle) Unterstützung *f; Sch:* Studienbeihilfe *f.* **II.** *v.tr.* (*a*) (j-m etwas) gewähren; (j-m Erlaubnis) erteilen; (*b*) **to take sth. for granted,** etwas für gegeben hinnehmen; **you take too much for granted,** Sie betrachten zuviel als selbstverständlich; (*c*) (eine Bitte) erfüllen; (*d*) (*admit*) (etwas) zugeben; **I g. you/granted that he drinks,** zugegeben, er trinkt.

granulate [ˈgrænjuleit], *v.tr.* (etwas) granulieren; **granulated sugar,** Kristallzucker *m.* **'granular,** *adj.* körnig. **'granule,** *s.* Körnchen *n.*

grape [greip], *s.* Weintraube *f;* **g. harvest,** Weinlese *f; F:* **it's just sour grapes,** das ist der blanke Neid. **'grapefruit,** *s.* Grapefruit *f.* **'grape-'hyacinth,** *s. Bot:* Traubenhyazinthe *f.* **'grapevine,** *s.* **1.** Weinstock *m.* **2.** *F:* **I heard it through the g.,** ich habe es munkeln hören.

graph [grɑːf], *s. Mth:* Diagramm *n;* graphische Darstellung *f;* **g. paper,** Millimeterpapier *n.* **graphic** [ˈgræfik], *adj. Mth: & Art:* graphisch; **g. description,** anschauliche Beschreibung.

graphite [ˈgræfait], *s.* Graphit *n.*

grapple [ˈgræpl], *v.i.* ringen (**with s.o., sth.,** mit j-m, etwas *dat*); **to g. with a problem,** sich mit einem Problem auseinandersetzen. **'grappling iron,** *s. Nau:* Enterhaken *m.*

grasp [grɑːsp]. **I.** *s.* (*a*) Griff *m;* **to lose one's g.,** seinen Griff lockern; **within his g.,** (i) in seiner Gewalt; (ii) in seiner Reichweite; (*b*) *Fig:* Fassungsvermögen *n;* **it's beyond my g.,** das geht über meinen Horizont; **to have a g. of a subject,** eine Sache beherrschen. **II.** *v.* **1.** *v.tr.* (*a*) (etwas) ergreifen; (*b*) (*understand*) (etwas) begreifen. **2.** *v.i.* **to g. at sth.,** nach etwas *dat* greifen. **'grasping,** *adj.* habgierig.

grass [grɑːs], *s.* (*a*) Gras *n;* **blade of g.,** Grashalm *m;* (*b*) (*lawn*) Rasen *m;* (*pasture*) Weide *f; P.N:* **keep off the g.,** Betreten des Rasens verboten; *Agr:* **to put an animal out to g.,** ein Tier auf die Weide treiben; (*c*) *P: N.Am:* Marihuana *n.* **'grasscourt,** *s. Tennis:* Grasplatz *m.* **'grasshopper,** *s.* Heu-

schrecke *f.* **'grassland,** *s. esp. pl.* **grasslands,** Grasland *n;* (*pasture*) Weide *f,* Weideland *n.* **'grassroots,** *s. pl.* **1.** Graswurzeln *fpl.* **2.** *Fig:* **the g.,** das Fußvolk; **at g. level,** unter den betroffenen Volksschichten/*Ind:* Arbeitern. **'grass-snake,** *s.* Ringelnatter *f.* **'grass-'widow,** *s.* Strohwitwe *f.* **'grass-'widower,** *s.* Strohwitwer *m.* **'grassy,** *adj.* grasbedeckt; **g. green,** Grasgrün *n.*

grate[1] [greit], *s.* Feuerrost *m;* (*fireplace*) Kamin *m.* **'grating,** *s.* Gitter *n.*

grate[2], *v.* **1.** *v.tr.* (*a*) (Käse) reiben; (*b*) **to g. one's teeth,** mit den Zähnen knirschen. **2.** *v.i.* knirschen; **the screech grated on my ear,** das Kreischen tat meinen Ohren weh. **'grater,** *s. Cu:* Reibe *f.* **'grating,** *adj.* knirschend; **a g. sound,** ein kratzendes Geräusch.

grateful [ˈgreitful], *adj.* dankbar (**to s.o. for sth.,** j-m für etwas *acc*). **'gratefulness, gratitude** [ˈgrætitjuːd], *s.* Dankbarkeit *f.*

gratify [ˈgrætifai], *v.tr.* (*a*) (j-m) gefällig sein; (*b*) (j-s Wünsche usw.) befriedigen. **gratification,** *s.* Befriedigung *f.* **'gratified,** *adj.* befriedigt, erfreut. **'gratifying,** *adj.* erfreulich.

gratis [ˈgrætis], *adj. & adv.* gratis.

gratuity [grəˈtjuiti], *s.* **1.** Gratifikation *f.* **2.** (*tip*) Trinkgeld *n.* **gra'tuitous,** *adj.* überflüssig; **g. insult,** grundlose Beleidigung.

grave[1] [greiv]. **I.** *s.* Grab *n;* (*monument*) Grabmal *n; F:* **to have one foot in the g.,** mit einem Fuß im Grabe stehen. **II.** *adj.* ernst; **to look g.,** eine ernste Miene aufsetzen; **g. mistake,** schwerwiegender Fehler; **-ly,** *adv.* **g. ill,** schwer krank. **'gravedigger,** *s.* Totengräber *m.* **'gravestone,** *s.* Grabstein *m.* **'graveyard,** *s.* Friedhof *m.* **2.** *F:* (*for cars*) Autofriedhof *m.*

gravel [ˈgrævəl], *s.* Kies *m.*

gravity [ˈgræviti], *s.* **1.** Ernst *m.* **2.** *Phys:* (**force of**) **g.,** Schwerkraft *f;* **centre of g.,** Schwerpunkt *m.* **'gravitate,** *v.i.* **to g. towards sth.,** allmählich zu etwas *dat* tendieren. **gravi'tation,** *s.* Gravitation *f.*

gravy [ˈgreivi], *s. Cu:* Soße *f* (zum Braten usw.); (*juice*) Bratensaft *m.*

gray [grei] *see* **grey**.

graze[1] [greiz], *v.* **1.** *v.i.* (*of animal*) weiden. **2.** *v.tr.* (Vieh) weiden lassen; (Gras) abweiden. **'grazing,** *s.* **1.** Weiden *n.* **2.** (*pasture*) Weideland *n.*

graze[2]. **I.** *s.* Abschürfung *f.* **II.** *v.tr.* (*a*) (die Haut, den Finger) abschürfen; (*b*) (*touch lightly*) (j-n, etwas) streifen.

grease [griːs]. **I.** *s.* Fett *n;* **g. remover,** Fettentferner *m; Aut:* **g. gun,** Schmierpistole *f;* **g. nipple,** Schmiernippel *m.* **II.** *v.tr.* (Maschinenteile) (mit Fett) schmieren. **'greasepaint,** *s. Th:* Schminke *f.* **'grease-proof,** *adj.* fettdicht; **g. paper,** Butterbrotpapier *n.* **'greaser,** *s.* **1.** (*machine*) Schmiergerät *n.* **2.** *F:* (*pers.*) Schmierer *m; U.S. Pej:* Mexikaner *m.* **'greasing,** *s.* Schmieren *n.* **'greasy,** *adj.* **1.** fettig; *Pej:* schmierig. **2.** (*of road*) glitschig.

great [greit], *adj.* (*a*) groß; **G. Britain,** Großbritannien *n;* **Greater London,** Groß-London *n;* **the G. Wall of (China),** die Chinesische Mauer; **a g. deal of money,** eine Menge/sehr viel Geld; **a g. many people,** eine große Anzahl/

sehr viele Leute; **the greater part of the day,** der größere Teil des Tages; **the g. majority of women,** die überwiegende Mehrheit der Frauen; **to a g. extent,** in hohem Maße; (b) (important) bedeutend; **g. occasion,** wichtiger Anlaß; Hist: **the G. War,** der Erste Weltkrieg; (c) F: **that's g.!** das ist großartig! **we had a g. time,** wir haben uns herrlich unterhalten; **to be going g. guns,** in einem fantastischen Tempo fahren/laufen; **-ly,** adv. sehr; **to be g. mistaken,** sich gewaltig irren; **I would g. prefer tea,** ich würde viel lieber Tee haben. ´**great-´aunt,** s. Großtante f. ´**greatcoat,** s. (schwerer) Wintermantel m. ´**great-´grandfather,** s. Urgroßvater m. ´**great-´grandmother,** s. Urgroßmutter f. ´**greatness,** s. Größe f; (importance) Bedeutung f. ´**great-´uncle,** s. Großonkel m.

Greece [gri:s]. Pr. n. Geog: Griechenland n.

Greek. I. adj. griechisch. **II.** s. Grieche m, Griechin f. **III.** s. Ling: Griechisch n; **it's all G. to me,** das sind für mich böhmische Dörfer.

greed [gri:d], s. (also **greediness**) (a) Gier f (for, nach + dat); Habsucht f; (b) (for food) Gefräßigkeit f. ´**greedy,** adj. (a) gierig, (covetous) habsüchtig; (b) gefräßig.

green [gri:n]. **I.** adj. grün; (a) **to grow/turn g.,** grün werden; (of trees etc.) grünen; Fig: **g. with envy,** gelb vor Neid; (b) **g. belt,** Grüngürtel m (um eine Stadt); Fig: **to keep s.o.'s memory g.,** j-n in lebendiger Erinnerung behalten; (c) F: **she is still very g.,** sie ist noch sehr unerfahren; **he's not so g.,** er ist nicht von gestern; (d) **she has g. fingers/N.Am: a g. thumb,** sie versteht's mit Pflanzen (umzugehen). **II.** s. (a) (colour) Grün n; (b) **greens,** grünes Gemüse n; (c) (lawn etc.) Grünfläche f; Golf: Grün n; **village g.,** Dorfwiese f. ´**greenback,** s. U.S: F: Banknote f. ´**greenery,** s. F: Grün n; (foliage) Laub n. ´**greenfinch,** s. Grünfink m. ´**greenfly,** s. (grüne) Blattlaus f. ´**greengage,** s. Bot: Reneklode f. ´**greengrocer,** s. Obst- und Gemüsehändler m. ´**greenhorn,** s. F: Grünschnabel m. ´**greenhouse,** s. Gewächshaus n. ´**greenish,** adj. grünlich. ´**Greenland.** Pr. n. Geog: Grönland n. ´**greenness,** s. Grün n; (of fruit) Unreife f; (of pers.) Unerfahrenheit f. ´**greenroom,** s. Th: Künstlerzimmer n. ´**greenstick,** s. Med: **g. fracture,** Grünholzbruch m.

greet [gri:t], v.tr. (a) (j-n) grüßen, (b) (welcome) (j-n, etwas) begrüßen, empfangen. ´**greeting,** s. Gruß m; (welcome) Begrüßung f; **greetings card,** Glückwunschkarte f; **to send (s.o.) one's greetings,** (j-n) grüßen lassen.

gregarious [gri´gɛəriəs], adj. gesellig.

gremlin [´gremlin], s. böser Geist m (, der angeblich Maschinenschaden verursacht).

grenade [grə´neid], s. **(hand) g.,** Handgranate f.

grey [grei]. **I.** adj. grau; **g. matter,** graue Substanz f (des Gehirns); **to go/turn g.,** (i) (of hair) ergrauen; (ii) (of face) erbleichen. **II.** s. (a) Grau n; (b) (horse) Grauschimmel m. ´**grey-´haired/´grey-´headed,** adj. grauhaarig. ´**greyish,** adj. gräulich. ´**greyhound,** s. Windhund m; **g. racing,** Windhundrennen n; **g. track,** Windhundrennstrecke f. ´**greylag,** s. Orn: **g. (goose),** Graugans f.

grid [grid], s. **1. (iron) g.,** Gitter n. **2.** El: (a) (national) g., Überlandleitungsnetz n; (b) Gitter n (einer Elektronenröhre); **g. circuit,** Gitterkreis m; **g. current,** Gitterstrom m. **3.** (for maps) Gitternetz n. ´**gridiron,** s. Cu: Bratrost n.

grief [gri:f], s. (worry) Kummer; (pain) Leid n; **to come to g.,** verunglücken; (of plan) scheitern. ´**grievance,** s. Beschwerde f; **to air one's grievances,** seine Beschwerden vorbringen; **to harbour a g. (against s.o.),** einen Groll (gegen j-n) hegen. **grieve,** v. **1.** v.tr. (j-n) betrüben; (j-m) Kummer bereiten; **we are grieved to learn that ...,** zu unserem Bedauern erfahren wir, daß ... **2.** v.i. sich dat Kummer machen (over, über + acc); **to g. for s.o.,** um j-n trauern. ´**grievous,** adj. (painful) schmerzlich; (serious) schwer; **g. pains,** bittere Schmerzen; **g. loss,** schwerer Verlust.

grill [gril]. **I.** s. Cu: **1.** (a) (appliance) Grill m; (b) (restaurant) Rotisserie f. **2.** (meat etc.) (mixed) g., Gemischtes vom Grill. **II.** v.tr. (a) Cu: (Fleisch usw.) grillen; (b) F: **to g. a prisoner,** einen Gefangenen in die Zange nehmen.

grille [gril], s. Gitter n; Aut: **radiator g.,** Kühlergrill m.

grim [grim], adj. grimmig; **g. humour,** Galgenhumor m; **it's a g. prospect,** das sind trostlose Aussichten; **g. face,** verbissene Miene; **g. determination,** eiserne Entschlossenheit; Fig: **to hold on -ly** adv./**like g. death,** verbissen festhalten.

grimace [gri´meis], s. **I.** s. Grimasse f; F: Fratze f. **II.** v.i. Grimassen schneiden.

grime [graim], s. (eingefressener) Schmutz m; (soot) Ruß m. ´**grimy,** adj. schmutzig; rußig.

grin [grin]. **I.** s. Grinsen n; **to give a broad g.,** übers ganze Gesicht grinsen. **II.** v.i. grinsen; F: **to g. and bear it,** gute Miene zum bösen Spiel machen.

grind [graind]. **I.** s. F: Schinderei f; **the daily g.,** der tägliche Kampf. **II.** v. (p. & p.p. **ground**) **1.** v.tr. (a) (etwas) zermahlen; (Kaffee usw.) mahlen; Fig: **to g. (the faces of) the poor,** die Armen unterdrücken; (b) (Metall, Glas, Klingen) schleifen; **to g. one's teeth,** mit den Zähnen knirschen; (c) N.Am: (Fleisch) durchdrehen. **2.** v.i. (a) mahlen; **to g. away,** (of pers.) sich abschinden; (b) (sound) knirschen; **to g. to a halt,** zum Stillstand kommen ´**grinder,** s. (a) (coffee) g., Kaffeemühle f, (b) N. Am: (for meat) Fleischwolf m. ´**grinding. I.** adj. **1.** (of sound) knirschend. **2. g. poverty,** drückende Armut. **II.** s. **1.** Mahlen n (von Getreide usw.); **g. mill,** Mühle f. **2.** Metalw: etc: Schleifen n. **3.** (sound) Knirschen n. ´**grindstone,** s. Schleifstein m; Fig: **to keep one's nose to the g.,** sich ständig abschinden.

grip [grip]. **I.** s. **1.** Griff m; **to have a strong g.,** einen festen Griff haben; **to lose one's g.,** (i) den Halt verlieren; (ii) Fig: die Selbstbeherrschung verlieren; Fig: **to get/keep a g. on oneself,** sich beherrschen; **to come to grips with a problem,** sich mit einem Problem auseinandersetzen. **2.** (handle) Handgriff m. **3.** (holdall) Reisetasche f. **II.** v.tr. (p. & p.p. **gripped**) (etwas) festhalten. ´**gripping,** adj. fesselnd.

grisly [´grizli], adj. grauenerregend, grausig.

gristle ['grisl], *s.* Knorpel *m.* '**gristly,** *adj.* knorp(e)lig.

grit [grit]. **I.** *s.* **1.** Sand *m;* **road g.,** Streugut *n.* **2.** *Fig:* Mut *m, F:* Schneid *m.* **II.** *v.tr.* (*p. & p.p.* **gritted**) (*a*) (Straßen) streuen; (*b*) **to g. one's teeth,** die Zähne zusammenbeißen. '**gritting,** *adj.* **g. lorry,** Streuwagen *m.*

grizzly ['grizli]. **I.** *adj.* gräulich. **II.** *s.* **g. (bear),** Grislybär *m.*

groan [grəun]. **I.** *s.* Stöhnen *n.* **II.** *v.i.* stöhnen.

grocer ['grəusər], *s.* Lebensmittelhändler *m;* **g.'s (shop),** Lebensmittelgeschäft *n.* '**groceries,** *s. pl.* Lebensmittel *npl.*

grog [grɔg], *s.* Grog *m.* '**groggy,** *adj. F:* wacklig (auf den Beinen); **to feel g.,** sich mies fühlen.

groin [grɔin], *s. Anat:* Leiste *f.*

groom [gru:m]. **I.** *s.* Pferdeknecht *m.* **2.** (*at wedding*) Bräutigam *m.* **II.** *v.tr.* (*a*) (ein Pferd) striegeln; (*b*) (j-n) (als Nachfolger usw.) einarbeiten. '**groomed,** *adj.* **well-g.,** gepflegt.

groove [gru:v], *s.* **1.** Furche *f,* Rinne *f;* (*in wood, record*) Rille *f; Tchn:* (*esp. in metal*) Nut *f.* **2.** *Fig:* **to get into a g.,** in Routine verfallen. '**groovy,** *adj. P:* toll; hochmodern.

grope [grəup], *v.i.* tasten (**for sth.,** nach etwas *dat*); **to g. one's way,** sich vorwärtstasten.

gross[1] [grəus], *s. inv.* (= 144) Gros *n.*

gross[2], *adj.* **1.** (*of pers.*) feist. **2.** (*a*) (*coarse*) grob, unfein; (*b*) (*of error, negligence*) grob; **g. ignorance,** krasse Unkenntnis; **g. injustice,** schreiende Ungerechtigkeit. **3.** *Com: etc:* Brutto-; **g. weight,** Bruttogewicht *n;* **g. amount,** Gesamtbetrag *m;* **-ly,** *adv.* höchst; **g. exaggerated,** stark übertrieben.

grot [grɔt], *s. P:* altes schäbiges Zeug; (*dirt*) Dreck *m.* '**grotty,** *adj. P:* schäbig; (*of area*) heruntergekommen.

grotesque [grəu'tesk], *adj.* grotesk; (*ridiculous*) absurd.

grotto, *pl.* -(e)s ['grɔtəu, -əuz], *s.* Grotte *f.*

ground[1] [graund], *adj.* (*a*) (*of coffee etc.*) gemahlen; *N.Am:* **g. beef,** gehacktes Rindfleisch; (*b*) (*of glass*) geschliffen; *Phot: etc:* **g.-glass screen,** Mattscheibe *f.*

ground[2]. **I.** *s.* **1.** (*a*) Boden *m;* **above g.,** oberirdisch, *Min:* über Tage; **below g.,** unterirdisch, *Min:* unter Tage; **to fall to the g.,** zu Boden fallen; **g. frost,** Bodenfrost *m;* **g. floor,** Erdgeschoß *n; Aut:* **g. clearance,** Bodenabstand *m; Av:* **g. crew/staff,** Bodenpersonal *n;* **g. control,** Flugleitung *f; Nau:* **g. swell,** Grunddünung *f;* (*b*) *Fig:* **that suits me down to the g.,** das paßt mir bestens; **to cut the g. from under s.o.'s feet,** j-m den Boden unter den Füßen wegziehen; **to shift one's g.,** seinen Standpunkt ändern; **to hold/stand one's g.,** nicht nachgeben; **to gain/lose g.,** Boden gewinnen/verlieren; **to cover a lot of g.,** (i) (*travelling*) eine weite Strecke zurücklegen; (ii) (*in discussion*) einen weiten Themenkreis behandeln; **to break new g.,** Neuland betreten; **we have little/a lot of common g.,** wir sind uns in wenigen/vielen Punkten einig; (*c*) **high/low g.,** hohes/niedriges Gelände; **g. sports g.,** Sportplatz *m;* (*large*) Sportgelände *n;* **football g.,** Fußballplatz *m; Mil:* **parade g.,** Paradeplatz *m;* (*e*) (*area*) Grund *m;* **how much g. do you have?** wieviel Grund haben Sie? (*f*) *pl.* **grounds,** Anlagen *fpl* (eines Schlosses usw.). **2.** (*background*) Grund *m;* **black figures on a red g.,** schwarze Figuren auf rotem Grund. **3.** (*reason*) Grund *m,* Ursache *f;* **g. for complaint,** Anlaß *m* zur Klage; **on what grounds?** mit welcher Begründung? **on health grounds,** aus gesundheitlichen Gründen; *Jur:* **grounds for divorce,** Scheidungsgründe *mpl.* **4.** *N. Am: El:* Erde *f.* **II.** *v.tr. Av:* (einem Flugzeug) Startverbot erteilen; **grounded by fog,** durch Nebel am Abflug gehindert. '**grounding,** *s.* **1.** Grundlage *f* (in einem Fach). **2.** *Av:* Startverbot *n.* '**groundless,** *adj.* grundlos, unbegründet. '**ground-nut,** *s.* Erdnuß *f.* '**ground-plan,** *s.* Grundriß *m.* '**ground-rent,** *s.* Bodenzins *m.* '**groundsheet,** *s.* Unterlegplane *f.* '**groundsman,** *pl.* -**men,** *s. Sp:* Platzwart *m.* '**groundspeed,** *s. Av:* Geschwindigkeit *f* über Grund. '**groundwork,** *s.* Vorarbeiten *fpl;* (*base*) Grundlage *f.*

group [gru:p]. **I.** *s.* Gruppe *f;* (*a*) *Av:* Geschwader *n;* **g. captain,** Oberst *m; Mil:* **army g.,** Heeresgruppe *f;* (*b*) *Mus:* **pop g.,** Pop-Gruppe *f;* (*c*) *Com:* Firmengruppe *f,* Konzern *n.* **II.** *v.tr.* (etwas) gruppieren, in Gruppen einteilen.

grouse[1] [graus], *s. Orn:* (*a*) Rauhfußhuhn *n;* (*b*) **red g.,** schottisches Moorschneehuhn *n.*

grouse[2], *v.i. F:* (*of pers.*) nörgeln; meckern. '**grouser,** *s. F:* Nörgler *m.* '**grousing,** *s. F:* Meckerei *f,* Nörgelei *f.*

grove [grəuv], *s.* Hain *m.*

grovel ['grɔv(ə)l], *v.i.* (*of pers., dog*) kriechen (**to s.o.,** vor j-m). '**grovelling,** *adj.* kriecherisch.

grow [grəu], *v.* (*p.* **grew** [gru:], *p.p.* **grown** [grəun]) **1.** *v.i.* (*of pers., animals, plants etc.*) wachsen; **to g. into sth.** zu etwas *dat* werden, sich zu etwas *dat* entwickeln; **to g. into a man,** zum Mann werden; **to g. out of sth.,** aus etwas *dat* herauswachsen; *Fig:* etwas *dat* entwachsen; **he'll g. out of it,** er wird sich das schon abgewöhnen; (*b*) (*increase*) zunehmen (**in sth.,** an etwas *dat*); **to g. in size,** an Größe zunehmen, wachsen; **he has grown visibly in confidence,** sein Selbstvertrauen hat sichtbar zugenommen; (*c*) **this music grows on you,** mit der Zeit gefällt einem diese Musik doch; (*d*) (*become*) werden; **to g. old,** alt werden; **it's growing dark,** es wird dunkel. **2.** *v.tr.* (*a*) (Getreide, Gemüse) anbauen; (Rosen usw.) züchten; (*b*) **to g. a beard,** sich *dat* einen Bart wachsen lassen. '**grower,** *s.* Züchter *m* (von Rosen usw.); **fruit g.,** Obstbauer *m.* '**growing,** *adj.* wachsend; (*of number, confidence etc.*) zunehmend; **g. debts,** anwachsende Schulden; **g. crops,** Getreide *n* auf dem Halm; **g. child,** heranwachsendes Kind; **g. pains,** Wachstumsschmerzen *mpl; Fig:* Kinderkrankheiten *fpl.* '**grown,** *adj.* gewachsen; **full-g.,** (*of animal*) ausgewachsen; **a g. man,** ein erwachsener Mann; **g. up,** erwachsen. '**grown-up,** *s.* Erwachsene(r) *f(m).* '**growth,** *s.* **1.** (*process*) Wachsen *n;* **full g.,** ausgewachsene Größe *f.* **2.** (*increase*) Wachstum *n;* (*in numbers*) Zunahme *f; Econ:* **g. rate,** Wachstumsrate *f;* **g. industry,** Industrie *f* mit Zukunft. **3.** Wuchs *m* (der Haare usw.) **4.** *Med:* Gewächs *n, esp.* Tumor *m.* '**grow up,** *v.i.* (*of pers.*) aufwachsen; (*of town etc.*) entstehen; **to g. up into sth.,** sich zu etwas *dat* entwickeln; **he'll never g. up,** er bleibt immer ein Kind.

growl [graul]. **I.** *s.* Knurren *n* (eines Hundes); Brummen *n* (eines Bären); Grollen *n* (des Donners usw.). **II.** *v.i.* knurren; brummen; grollen.

grub [grʌb]. **I.** *s.* 1. Made *f;* *Mec.E:* **g. screw,** Gewindestift *m.* **2.** *P:* Futter *n;* **g.'s up!** auf zum Fraß! **II.** *v.i.* **to g. up a plant,** eine Pflanze ausgraben. '**grubby,** *adj.* *F:* schmuddelig; *(filthy)* dreckig.

grudge [grʌdʒ]. **I.** *s.* Groll *m;* **to bear s.o. a g.,** einen Groll gegen j-n hegen. **II.** *v.tr.* **to g. s.o. his success,** j-m seinen Erfolg mißgönnen. '**grudging,** *adj.* *(of nature etc.)* mißgünstig; *(of praise, gift etc.)* widerwillig.

gruel ['gruːəl], *s.* Schleimsuppe *f.* '**gruelling,** *adj.* strapaziös; **g. race,** mörderisches Rennen.

gruesome ['gruːsəm], *adj.* grauenerregend, schauerlich.

gruff [grʌf], *adj.* *(ill-tempered)* barsch, *(of voice)* rauh; **-ly,** *adv.* in barschem Ton

grumble ['grʌmbl]. **I.** *s.* (Grund *m* zum) Murren *n;* **without a g.,** ohne Murren; **to have a good g.,** ausgiebig meckern. **II.** *v.i.* murren; *(find fault)* nörgeln **(at/about/over,** über + *acc).* '**grumbler,** *s.* Querulant *m.* '**grumbling. I.** *adj.* murrend; nörglerisch. **II.** *s.* Murren *n;* Nörgelei *f.*

grumpy ['grʌmpi], *adj.* mürrisch; *(irritable)* verdrießlich.

grunt [grʌnt]. **I.** *s.* Knurren *n;* Grunzen *n.* **II.** *v* **1.** *v.i.* knurren; *(of pig etc.)* grunzen. **2.** *v.tr* (Worte) knurren.

guarantee [gærən'tiː]. **I.** *s.* 1. Garantie *f;* *(document)* Garantieschein *m.* **2.** *(security)* Kaution *f;* **to stand g. for s.o.,** für j-n bürgen. **II.** *v.tr.* (etwas) garantieren, gewährleisten. **guaran'teed,** *p.p. & adj.* garantiert; *F:* **it's g. to send you crazy,** es wird dich garantiert verrückt machen. **guaran'tor,** *s.* Bürge *m.*

guard [gɑːd]. **I.** *s.* 1. *(a) coll.* Wache *f;* *(pers.) Mil: etc:* Wachposten *m;* *(in prison)* Wärter *m;* **to be on g./stand g.,** Wache stehen; **to keep g.,** Wache halten; **g. of honour,** Ehrenwache *f;* **g. dog,** Wachhund *m;* *Mil:* **the Guards,** das Gardekorps; **G.** regiment, Garderegiment *n;* *(b) Box:* Deckung *f;* *Fig:* **to be on one's g.,** auf der Hut sein; **to be caught off one's g.,** überrumpelt werden. **2.** *Rail:* Zugführer *m;* **g.'s van,** Dienstwagen *m.* **3.** *(on machine)* Schutzblech *n;* **(fire) g.,** Kamingitter *n.* **II.** *v.* **1,** *v.tr.* *(a)* (Gefangene, ein Lager usw.) bewachen; *(b) (protect)* (einen Mechanismus, seinen Ruf usw.) schützen. **2.** *v.i.* **to g. against sth.,** sich vor etwas *dat* hüten, '**guarded,** *adj.* behutsam; **g. answer,** vorsichtige Antwort. '**guardhouse/'guardroom,** *s. Mil:* Wachstube *f.* '**guardian,** *s.* Vormund *m* (eines Minderjährigen); **g. angel,** Schutzengel *m.* '**guardianship,** *s. Jur:* Vormundschaft *f.* '**guard-rail,** *s.* Schutzgeländer *n.* '**guardsman,** *s.* Gardist *m;* *(officer)* Gardeoffizier *m.*

gudgeon-pin ['gʌdʒən'pin], *s. I.C.E: etc:* Kolbenbolzen *m.*

guer(r)illa [gə'rilə], *s. Mil:* Guerillakämpfer *m.* Partisan *m;* **g. warfare,** Partisanenkrieg *m.*

guess [ges]. **I.** *s.* Vermutung *f;* **that was a good g.,** das war gut geraten; **at a g.,** schät-

zungsweise; **I give you three guesses,** dreimal darfst du raten; **it's anybody's g.,** da kann man nur raten. **II.** *v.* **1.** *v.tr.* (etwas) erraten; **to g. a riddle,** ein Rätsel raten; **to g. the length of sth.,** die Länge von etwas *dat* abschätzen. **2.** *v.i.* *(a)* raten; **to g. right/wrong,** richtig/falsch raten; **to g. at sth.,** etwas zu erraten versuchen; **to keep s.o. guessing,** j-n im unklaren lassen; *(b) N. Am:* glauben, denken; **I g. you're right,** du hast wohl recht; **I g. so!** ich glaube schon! '**guesswork,** *s.* (reine) Vermutung *f.*

guest [gest], *s.* Gast *m;* **g. night,** Gästeabend *m.* '**guesthouse,** *s.* Pension *f.*

guffaw [gʌ'fɔː]. **I.** *s.* schallendes Gelächter *n.* **II.** *v.i.* schallend lachen.

guidance ['gaidəns], *s.* 1. Leitung *f;* Führung *f.* **2.** *(a) (information)* Orientierung *f;* **for g.,** zur Information; *(b) (advice)* Rat *m;* *Sch:* **careers g.,** Berufsberatung *f.* **guide. I.** *s.* 1. *(pers.)* Führer *m;* **girl g.,** Pfadfinderin *f.* **2.** *(book)* **travel g.,** Reiseführer *m;* **g. to Italy,** Italienführer *m;* **g. to photography,** Einführung *f* in die Photographie. **3.** *(guideline)* Richtlinie *f;* *(model)* Vorbild *n;* **to use sth. as a g.,** etwas als Vorbild nehmen. **4.** *Tchn:* Führung *f;* **g. rail,** Führungsschiene *f.* **II.** *v.tr.* (j-n) führen, leiten; (etwas) lenken; **I will be guided by you,** ich lasse mich von Ihnen beraten. '**guidebook,** *s.* Führer *m;* *esp.* **(travel) g.,** Reiseführer *m.* '**guided,** *adj.* *(a)* **g. tour,** Führung *f* (durch ein Schloß usw.); *(b) Mil:* **g. missile,** Fernlenkgeschoß *n.* '**guide-dog,** *s.* Blindenhund *m.* '**guideline,** *s.* Richtlinie *f.* '**guiding,** *adj.* führend; **g. hand,** helfende Hand, **g. principle,** Richtschnur *f.*

guild [gild], *s.* Gilde *f;* *Hist:* Innung *f.* '**guildhall,** *s.* Innungshalle *f.*

guile [gail], *s.* List *f.* '**guileless,** *adj.* arglos.

guillotine [gilə'tiːn], *s.* Guillotine *f;* *(for paper)* Schneidemaschine *f.*

guilt [gilt], *s.* Schuld *f.* '**guiltless,** *adj.* schuldlos, unschuldig **(of sth.,** an etwas *dat).* '**guilty,** *adj.* schuldig **(of,** + *gen);* **g. of murder,** des Mordes schuldig; **g. conscience,** schlechtes Gewissen; **g. look,** schuldbewußter Blick; **to feel g.,** sich schuldig fühlen.

guinea ['gini], *s. A:* Guinee *f* (£1.05). '**guinea-fowl,** *s.* Perlhuhn *n.* '**guinea-pig,** *s.* 1. Meerschweinchen *n.* **2.** *F:* *(pers.)* Versuchskaninchen *n*

guise [gaiz], *s.* Aufmachung *f;* **in the g. of a monk,** als Mönch verkleidet.

guitar [gi'tɑːr], *s. Mus:* Gitarre *f.* **gui'tarist,** *s.* Gitarrenspieler(in) *m(f).*

gulch [gʌltʃ], *s. N.Am:* Felsschlucht *f.*

gulf [gʌlf], *s.* 1. *Geog:* Golf *m,* Meerbusen *m;* **the G. Stream,** der Golfstrom *m.* **2.** *(chasm)* Abgrund *m;* *Fig:* Kluft *f* (zwischen Ansichten usw.).

gull [gʌl], *s. Orn:* Möwe *f.*

gullet ['gʌlit], *s.* Speiseröhre *f.*

gullible ['gʌləbl], *adj.* leichtgläubig. **gulli'bility,** *s.* Leichtgläubigkeit *f.*

gully ['gʌli], *s.* *(a) (ravine)* Schlucht *f;* *Austral:* Flußtal *n;* *(b)* Wasserrinne *f;* *Civ. E:* Abflußrinne *f.*

gulp [gʌlp]. **I.** *s.* Schluck *m;* **in one g.,** in einem

Zug. **II.** *v.tr.* **to g. sth. (down),** etwas hinunterschlucken.

gum¹ [gʌm]. **I.** *s.* **1.** *Bot:* Gummi *n;* (*adhesive*) Klebstoff *m.* **2.** (*a*) **(chewing) g.,** Kaugummi *m;* (*b*) **(fruit-, wine-) g.,** Gummibonbon *n.* **3.** *Bot:* **g. (tree),** Eukalyptusbaum *m; F:* **to be up a g. tree,** in der Klemme sitzen. **II.** *v.tr.* (*p. & p.p.* **gummed**) (*a*) (Papier) gummieren; (*b*) (etwas) kleben (**on/ to,** an + *acc*) ´**gumboot,** *s.* Gummistiefel *m.* ´**gummed,** *adj.* (*of label etc.*) gummiert; **g. strip,** Klebestreifen *m.*

gum², *s. Anat:* Zahnfleisch *n;* ´**gumboil,** *s.* Zahnfleischgeschwür *n.*

gumption [´gʌmpʃ(ə)n], *s. F:* Grips *m.*

gun [gʌn]. **I.** *s.* **1.** (*a*) (*large*) Geschütz *n;* **naval g.,** Schiffsgeschütz *n;* **g. turret,** Geschützturm *m;* **g. barrel,** Geschützrohr *n;* **g. carriage,** Lafette *f;* (*b*) (*rifle*) Gewehr *n;* (*c*) Pistole *f,* Revolver *m;* (*d*) *Fig:* **to stick to one's guns,** seiner Überzeugung treu bleiben. **2.** *Paint:* **(spray) g.,** Spritzpistole *f.* **II.** *v.tr.* **to g. s.o. down,** j-n niederschießen. ´**gunboat,** *s.* Kanonenboot *n.* ´**guncotton,** *s.* Schießbaumwolle *f.* ´**gundog,** *s.* Jagdhund *m.* ´**gunfire,** *s.* Geschützfeuer *n.* ´**gunman,** *pl.* -**men,** *s.* bewaffneter Bandit *m.* ´**gunmetal,** *s.* **1.** Kanonenmetall *n.* **2.** (*colour*) Graublau *n.* ´**gunner,** *s.* Artillerist *m.* ´**gunnery,** *s.* Geschützwesen *n.* ´**gunpoint,** *s.* **at g.,** von einer Pistole bedroht; (*threatening*) mit vorgehaltener Pistole. ´**gunpowder,** *s.* Schießpulver *n.* ´**gunrunner,** *s.* Waffenschmuggler *m.* ´**gunshot,** *s.* (*a*) Gewehrschuß *m;* (*b*) Kanonenschuß *m;* **g. wound,** Schußwunde *f.* **gunwale** [´gʌn(ə)l], *s. Nau:* (*of ship*) Schandeckel *m;* (*of boat*) Dollbord *n.*

gurgle [´gə:gl]. **I.** *s.* Gluckern *n* (von Wasser usw.). **II.** *v.i.* gluckern; (*with laughter*) glucksen.

gush [gʌʃ]. **I.** *s.* Flut *f* (von Tränen); Erguß *m* (von Blut); Schwall *m* (von Worten); **g. of water,** Wasserguß *m; Fig:* **g. of anger,**

Wutausbruch *m.* **II.** *v.i.* (*a*) **to g. (out),** herausströmen; (*b*) (*talk*) schwärmen (**over s.o., sth.,** von j-m, etwas *dat*). ´**gushing,** *adj.* (*a*) herausströmend; (*b*) (*of pers., praise*) überschwenglich.

gusset [´gʌsit], *s. Sew:* Zwickel *m.*

gust [gʌst], *s.* Windstoß *m;* (*at sea*) Bö *f.* ´**gusty,** *adj.* böig.

gusto [´gʌstəu], *s. F:* *adv. phr.* **with g.,** mit Genuß; (*singing*) aus voller Kehle.

gut [gʌt]. **I.** *s.* (*a*) *Anat:* Darm *m;* **guts,** Eingeweide *npl;* (*b*) *F:* **to have guts,** Schneid haben. **II.** *v.tr.* (*p. & p.p.* **gutted**) (*a*) (Fisch, Geflügel) ausnehmen; (*b*) (*of house*) **gutted by fire,** völlig ausgebrannt.

gutter [´gʌtər], *s.* **1.** Dachrinne *f;* **g. pipe,** Dachröhre *f.* **2.** (*in street*) Gosse *f;* Rinnstein *m; F:* **g. press,** Schmutzpresse *f.* ´**guttersnipe,** *s.* Gassenjunge *m.*

guttural [´gʌtərəl]. **I.** *adj.* kehlig. **II.** *s. Ling:* Kehllaut *m.*

guy¹ [gai], *s.* **1.** Popanz *m* (*esp.* des Guy Fawkes). **2.** *F: esp. N. Am:* Kerl *m,* Bursche *m.*

guy², *s.* **1.** Zeltleine *f.* **2.** *Nau:* Backstag *n.* ´**guyrope,** *s.* Zeltleine *f.*

guzzle [´gʌzl], *v.tr. & i. F:* (*a*) (*eat*) sich vollfressen; (*b*) (*drink*) saufen. ´**guzzler,** *s. F:* (*a*) Vielfraß *m;* (*b*) (*drinker*) Säufer *m.*

gym [dʒim], *s. F:* **1.** Turnhalle *f.* **2.** Turnen *n;* **g. shoes,** Turnschuhe *mpl.* **gymnasium** [´-neiziəm], *s.* Turnhalle *f.* ´**gymnast** [-næst], *s.* Turner(in) *m(f).* **gym´nastic,** *adj.* gymnastisch, Turn-. **gym´nastics,** *s. pl.* Gymnastik *f,* Turnen *n;* (*in competition*) Kunstturnen *n.*

gynaecology [gaini´kɔlədʒi], *s.* Gynäkologie *f.* **gynae´cologist,** *s.* Gynäkologe *m,* Frauenarzt *m,* Frauenärztin *f.*

gyrate [dʒaiə´reit], *v.i.* sich drehen. **gy´ration,** *s.* Drehung *f.*

gyrocompass [´dʒairəu´kʌmpəs], *s. Nau:* Kreiselkompaß *m.* ´**gyroscope,** *s. Ph:* Kreisel *m.*

H

H, h [eitʃ], *s.* (der Buchstabe) H, h *n;* **to drop one's h's** [´eitʃiz], das H (im Anlaut) nicht aussprechen. ´**H-bomb,** *s. Mil:* H-Bombe *f.*

haberdashery [´hæbədæʃəri], *s.* Kurzwaren *fpl; N. Am:* Herrenartikel *mpl.*

habit [´hæbit], *s.* **1.** Gewohnheit *f;* **to be in the h. of doing sth.,** die Gewohnheit haben/gewohnt sein, etwas zu tun; **I don't make a h. of it,** das mache ich nur ausnahmsweise; **from force of h.,** aus (alter) Gewohnheit; **to get into the h. (of doing sth.),** es sich *dat* angewöhnen (, etwas zu tun); **to get into bad habits,** schlechte Ange-

wohnheiten annehmen. **2.** (*a*) *Ecc:* Habit *n;* (*b*) *Cl:* **riding h.,** Reitkleid *n.* ´**habit-forming,** *adj.* Gewöhnung erzeugend. **habitual** [hə´bitjuəl], *adj.* gewohnt; (*automatic*) gewohnheitsmäßig; **h. liar,** notorischer Lügner; -**ly,** *adv.* aus Gewohnheit; (*constantly*) ständig. **habitué** [hə´bitjuei], *s.* Stammgast *m.*

habitable [´hæbitəbl], *adj.* bewohnbar. ´**habitat,** *s. Z: Bot:* Habitat *n.* **habitation** [-´teiʃ(ə)n], *s.* Wohnung *f;* **unfit for h.,** unbewohnbar.

hack¹ [hæk], *v.tr. & i.* (etwas) hacken; **to h. sth.**

to pieces, etwas zerhacken/in Stücke hacken.
'hacking, adj. h. cough, trockener Husten.
hack², s. 1. (a) Mietpferd n; (b) Pej· Gaul m. 2.
Pej· literary h., Schreiberling m; h. reporter,
Schmock m.
hackneyed ['hæknid], adj. abgedroschen; h.
idea, Klischeevorstellung f.
hacksaw ['hæksɔ:], s. Metallsäge f.
haddock ['hædək], s. Fish: Schellfisch m.
haemoglobin [hi:məʊ'gləʊbin], s. Hämoglobin
n, Blutfarbstoff m.
haemorrhage ['heməridʒ], s. Med· Blutung f.
hag [hæg], s. häßliches, altes Weib n; F· Schreck-
schraube f. 'hag-ridden, adj. vom Alptraum
gequält.
haggard ['hægəd], adj. abgezehrt; (from worry)
abgehärmt.
haggle ['hægl], v.i. feilschen (over, um + acc).
Hague(the) [ðə'heig]. Pr. n. Geog· Den Haag.
hail¹ [heil]. I. s. Hagel m. II. v.i. hageln. 'hail-
stone, s. Hagelkorn n. 'hailstorm, s. Ha-
gelsturm m.
hail². I. s. esp. Nau· Anruf m; Fig· to be h.-
fellow-well-met, plump-vertraulich sein. II. v.
1. v.tr. (a) (ein Taxi usw) rufen; Nau· (ein
Schiff) anpreien; within hailing distance, in
Rufweite; (b) (greet) (j-n, etwas) begrüßen;
Fig· he was hailed as the new star, man feierte
ihn als den neuen Star. 2. v.i. a ship hailing
from London, ein Schiff mit London als Hei-
mathafen; F· he hails from X, er stammt aus
X.
hair ['heər], s. 1. (human) Haar n; coll. Haare
npl; a white h., ein weißes Haar; to do one's h.,
sich frisieren; h. dryer, Haartrockner m, Fön
m; to have one's h. cut, sich dat die Haare
schneiden lassen; Fig· to split hairs, Haar-
spalterei treiben; to let one's h. down, (i) die
Haare herunterlassen; (ii) F· sich gehenlassen;
it made your h. stand on end, da standen einem
die Haare zu Berge; by a h.'s breadth, um
Haaresbreite, F· keep your h. on! nur ruhig
Blut! 2. (of animal) (a) Haar n; h. mattress,
Roßhaarmatratze f; (b) (coat) Haare npl;
(fur) Fell n; to leave hairs, sich haaren.
'hairbrush, s. Haarbürste f. 'haircut, s.
Haarschnitt m; to have a h., sich dat die Haare
schneiden lassen. 'hairdo, s. F· Frisur f; to
have a h., sich dat die Haare machen lassen.
'hairdresser, s. Friseur m, Friseuse f.
'hairdressing, s. Frisieren n; h. salon, Fri-
seursalon m. 'hairgrip, s. Haarklammer f.
'hairless, adj. unbehaart. 'hairline, s. (a)
Haaransatz m; (b) Metall. h. crack, Haarriß
m. 'hairnet, s. Haarnetz n. 'hairpin, s.
Haarnadel f; (in road) h. bend, Haarnadel-
kurve f. 'hair-raising, adj. (of adventure etc.)
haarsträubend. 'hairslide, s. Haarspange f.
'hairsplitting, s. Haarspalterei f. 'hair-
spray, s. Haarspray n. 'hairspring, s.
Clockm· Haarfeder f, Unruhfeder f.
'hairstyle, s. Frisur f. 'hairstylist, s. Fri-
seur m, Friseuse f. 'hairy, adj. (a) behaart; (b)
F· (of car, driving etc.) rasant; (of situation)
brenzlig.
hake [heik], s. Fish: Seehecht m.
hale [heil], adj. (of pers.) h. and hearty, gesund
und munter.

half [hɑ:f], pl. halves [hɑ:f, hɑ:vz]. I. s. (a) Hälfte f; h.
the loaf, die Hälfte des Brotes/das halbe Brot;
he gave me h. of it, er gab mir die Hälfte
davon; to cut sth. in h., etwas halbieren; to do
things by halves, alles nur halb tun; to go
halves, halbe-halbe machen; Hum· my better
h., meine bessere Hälfte; F· too clever by h.,
überklug; F· neunmalklug; (b) one and a h.,
eineinhalb/anderthalb; two hours and a h.,
zweieinhalb Stunden; (c) Rail· return h.,
Rückfahrabschnitt m (einer Rückfahrkarte); (d)
Fb· etc: the first h., die erste Halbzeit. II. adj.
halb; h. an hour, eine halbe Stunde; h. an
apple, ein halber Apfel; h. a dozen, ein halbes
Dutzend; at h. price, zum halben Preis. III. adv.
(a) halb; zur Hälfte; he only h. understands, er
versteht nur halb; the glass was h. full, das
Glas war halb voll; (of work etc.) h. done, halb
fertig; (of food) h. cooked, halb gar/durch; I h.
wish, ich wünsche fast; F· not h.! und wie! he
wasn't h. cross, er war ganz schön böse; (b)
it's h. past two, es ist halb drei; (c) h. as big,
halb so groß; h. as much again, um die Hälfte
mehr. 'half-and-'half, adv. halb und halb.
'half-'back, s. Fb· etc: Läufer m. 'half-
'baked, adj. (of bread) halb gebacken; F· (of
pers.) blöd; (of plan etc.) blödsinnig. 'half-
breed, s. (a) (animal) Halbblut m; (b) (pers.)
Mischling m. 'half-brother, s. Halbbruder
m. 'half-caste. I. adj. halbblütig. II. s. Misch-
ling m. 'half-'crown, s. A· (coin) Zwei-
einhalbshilling-Stück n. 'half-'day, s. freier
Nachmittag m. 'half-'dressed, adj. halb
angezogen. 'half-'fare, s. Rail· halber
Fahrpreis m. 'half-'hearted, adj. zaghaft;
(of pers.) lustlos. 'half-'holiday, s. freier
Nachmittag m. 'half-'hourly, adj. & adv.
halbstündlich. 'half-'mast, s. at h.-m.,
auf halbmast. 'half-'measure, s. halbe Maß-
nahme f; Kompromiß m. halfpenny
['heipni], s. A· halber Penny m. 'half-shaft,
s. Aut· etc: Halbwelle f. 'half-sister, s.
Halbschwester f. 'half-'term, s. Brit·
schulfreie Tage in der Mitte eines Trimesters.
'half-'timbered, adj. h.-t. house, Fach-
werkhaus n. 'half-'time, s. (a) to work h.-t.,
eine Halbtagsbeschäftigung haben; (b) Fb· etc:
Halbzeit f; (c) F· h.-t. with the sugar! aase
nicht mit dem Zucker! 'half-tone, s. Mus·
Art· Phot· Halbton m. 'half-'tracked, adj.
Mil· etc: h.-t. vehicle, Halbkettenfahrzeug n.
'half-'way, adj. & adv. 1. auf halbem Weg;
we have only got h.-w., wir haben erst den
halben Weg zurückgelegt; (with work) nur die
Hälfte gemacht; Fig· to meet s.o. h.-w., j-m auf
halbem Weg entgegenkommen; h. house,
Zwischending n. 2. N. Am· 'halfway, halbwegs;
h. decent, einigermaßen anständig. 'halfwit,
s. Einfaltspinsel m. 'half-'year, s. Halbjahr
n; -ly, adv. & adj. halbjährlich.
halibut ['hælibət], s. Fish: Heilbutt m.
hall [hɔl], s. 1. (for concerts etc.) Saal m; (dining)
h., Speisesaal m; Th· F· the halls, die Varietés.
2. (entrance-)h., Flur m; (large) Diele f; h.
porter, Portier m. 3. Univ· h. of residence, Stu-
dentenheim n. 'hallmark, s. (a) (on gold,
silver) Beschauzeichen n; (b) Fig· Stempel m,
Kennzeichen n (eines Genies usw.).

hallo [hə'ləu]. I. *int.* (guten) Tag! **h. there!** hallo! II. *s.* Gruß *m;* **to say h.,** grüßen.

hallowed ['hæləud], *adj.* heilig; (*consecrated*) geweiht; (*of ground, tradition*) geheiligt.

Hallowe'en ['hæləu'i:n], *s.* Abend *m* vor Allerheiligen.

hallucination [həlju:si'neiʃən], *s.* Halluzination *f.*

halo, *pl.* **-oes** ['heiləu, -əuz], *s.* 1. (*of saint*) Heiligenschein *m.* 2. (*around sun or moon*) Hof *m.* 3. *Phot:* Lichthof *m.*

halogen ['hælədʒən], *s. Ch:* Halogen *n.*

halt [hɔlt]. I. *s.* 1. (*a*) (*stop*) Stillstand *m; Mil: etc:* Halt *m;* **to come to a h.,** zum Stillstand kommen; **to call a h. to sth.,** etwas *dat* Einhalt gebieten; (*end*) etwas beenden; *Aut:* **h. sign,** Stoppschild *n;* (*b*) (*pause in journey*) Fahrtunterbrechung *f.* 2. *Rail:* Haltepunkt *m.* II. *v.* 1. *v.tr.* (j-n, etwas) anhalten; (den Verkehr) zum Stehen bringen. 2. *v.i.* haltmachen; *int. Mil: etc:* halt! **'halting,** *adj.* zögernd.

halter ['hɔ(:)ltər], *s.* Halfter *m; Cl:* **h. neck dress,** (rückenfreies) Kleid *n* mit Nackenträger.

halve [hɑːv], *v.tr.* (*a*) (*cut in two*) (etwas) halbieren; (*b*) (*cut down*) (etwas) um die Hälfte reduzieren.

halyard ['hæljəd], *s. Nau:* Fall *n.*

ham [hæm], *s.* 1. *Cu:* Schinken *m;* **h. sandwich,** Schinkenbrot *n; N. Am:* **h. and eggs,** Eier und Schinken. 2. *F:* (*a*) *Th:* **h. (actor),** Kulissenreißer *m;* (*b*) (**radio**) **h.,** Hobbyfunker *m.* **'ham-'fisted,** *adj.* ungeschickt.

Hamburg ['hæmbə:g]. *Pr. n. Geog:* Hamburg *n.* **'Hamburger,** *s.* 1. Hamburger(in) *m(f).* 2. *Cu:* Hamburger *m.*

hamlet ['hæmlit], *s.* Weiler *m.*

hammer ['hæmər]. I. *s.* Hammer *m;* (*at auction*) **to come under the h.** unter den Hammer kommen. II. *v.* 1. *v.tr.* (Metalle usw.) hämmern. 2. *v.i.* **to h. at the door,** an die Tür hämmern; **to h. away at sth.,** an etwas *dat* herumhämmern; *Fig:* sich mit etwas *dat* abplagen; **to h. in a nail,** einen Nagel einschlagen. **'hammerbeam,** *s. Arch:* Stichbalken *m.* **'hammering,** *s.* Hämmern *n;* **to give s.o. a h.,** j-n verprügeln/ *Sp:* vernichtend schlagen; *esp. Fig:* **to take a h.,** stark mitgenommen werden; *Sp:* eine schwere Niederlage einstecken müssen.

hammock ['hæmək], *s.* Hängematte *f.*

hamper[1] ['hæmpər], *s.* (großer) Packkorb *m;* **gift h.,** Geschenkkorb *m* (mit Eßwaren).

hamper[2], *v.tr.* (Bewegungen usw.) behindern.

hamster ['hæmstər], *s. Z:* Hamster *m.*

hamstring ['hæmstriŋ], *s. Anat:* Kniesehne *f.* **'hamstrung,** *adj. Fig:* **to be h.,** keine Bewegungsfreiheit haben; **h. by rules and regulations,** an Vorschriften gebunden.

hand [hænd]. I. *s.* 1. Hand *f;* (*a*) **on one's hands and knees,** auf allen vieren; **to vote by show of hands,** durch Handaufhebung abstimmen; **to take s.o.'s h.,** j-n bei der Hand nehmen; **to get one's hands on sth.,** an etwas *acc* rankommen; **just you wait till I get my hands on him!** warte nur, bis ich ihn kriege! **to lay hands on s.o., sth.,** Hand an j-n, etwas *acc* legen; **I can't put my h. on it,** ich kann es momentan nicht finden; **hands up!** Hände hoch! **hands off!** Hände weg! *F:* Finger davon! *A:* **to ask for a**

girl's **h. (in marriage),** um die Hand eines Mädchens anhalten; (*b*) **he can turn his h. to almost anything,** er kann so ungefähr alles; **to have a h. in sth.,** bei etwas *dat* seine Hand im Spiel haben; **I had no h. in it,** damit habe ich nichts zu tun gehabt; **to give s.o. a h.,** j-m behilflich sein; (*c*) **to have one's hands full,** alle Hände voll zu tun haben; **to have sth. on one's hands,** (*job*) etwas auf dem Hals haben; (*goods*) mit etwas *dat* dasitzen; **to have time on one's hands,** viel freie Zeit haben; *Com:* **goods left in/ on our hands,** unverkaufte Waren; **to change hands,** (*of firm etc.*) den Besitzer wechseln; (*of property*) in andere Hände übergehen; (*d*) **I am in your hands,** ich bin ganz in Ihrer Hand; **to put oneself in s.o.'s hands,** sich j-m anvertrauen. 2. *adv. phr.* (*a*) (**near**) **at h.,** nahe; (*b*) **hat in h.,** mit dem Hut in der Hand; **to have some money in h.,** etwas Geld übrig haben; **the matter in h.,** die in Bearbeitung befindliche Sache; **work in h.,** begonnene Arbeit; **to have the situation well in h.,** die Situation völlig beherrschen; (*c*) **on the right h. (side),** auf der rechten Seite; **on the one h.,** einerseits; **on the other h.,** andererseits; (*d*) **to get out of h.,** außer Kontrolle geraten; (*e*) *Com:* **your parcel has come to h.,** Ihr Paket ist angekommen; **to send sth. by h.,** etwas durch Boten schicken; **made by h.,** handgemacht; (*on article*) Handarbeit *f;* (*f*) **h. in h.,** Hand in Hand; *Mil:* **h. to h. fighting,** Nahkampf *m. Fig:* **to be h. in glove with s.o.,** mit j-m unter einer Decke stecken; **to be gaining h. over fist,** enorm Vorsprung gewinnen; **to win hands down,** spielend gewinnen; **to live from h. to mouth,** von der Hand in den Mund leben. 3. (*pers.*) (*a*) *Nau:* Mann *m;* **all hands on deck,** alle Mann an Deck; **to be lost with all hands,** mit Mann und Maus untergehen; (*b*) (*worker*) Arbeiter *m; pl.* Arbeitskräfte *fpl; F:* **to be an old h. at sth.,** in etwas *dat* sehr geübt sein. 4. *F:* (*applause*) Beifall *m;* **to give s.o. a big h.,** j-m begeistert Beifall spenden. 5. *Cards:* Blatt *n;* **to have a good/bad h.,** gute/schlechte Karten haben. 6. (*of watch, clock*) Zeiger *m;* **second h.,** Sekundenzeiger *m.* 7. *Equit: Meas:* approx. 10 cm; **horse of 15 hands,** Pferd von 1,50 Meter Widerristhöhe. 8. (*writing*) Handschrift *f.* II. *v.tr.* **to h. sth. to s.o.,** j-m etwas reichen; *F:* **you've got to hand it to him,** das muß man ihm lassen. **'handbag,** *s.* Handtasche *f.* **'handbill,** *s.* Flugblatt *n.* **'handbook,** *s.* 1. (*manual*) Handbuch *n.* 2. (*guide*) Führer *m.* **'handbrake,** *s.* Handbremse *f.* **'handcuff,** *v.tr.* (j-m) Handschellen anlegen. **'handcuffs,** *s.pl.* Handschellen *fpl.* **'hand'down,** *v.tr.* (*a*) (etwas) herunterreichen; (*b*) (*leave in will*) (etwas) hinterlassen (**to s.o.,** j-m); (eine Tradition) überliefern. **'handful,** *s.* 1. Handvoll *f;* **a h. of people,** eine Handvoll Leute. 2. (*difficult child*) Racker *m;* (*thing*) Plage *f;* **this car is a bit of a h.,** dieses Auto ist schwer zu handhaben. **'hand-grenade,** *s. Mil:* Handgranate *f.* **'hand'in,** *v.tr.* (ein Paket usw.) abgeben; (ein Formular, ein Gesuch usw.) einreichen. **'handiness,** *s.* (*a*) (*of thing*) Handlichkeit *f;* (*b*) (*of pers.*) Geschicklichkeit *f.* **'handkerchief** ['hæŋkətʃi:f], *s.* Taschentuch *n.* **'hand-'made,** *adj.* handgemacht. ´**hand** ´**on**, v.tr. (etwas) weitergeben. ´**hand** ´**out**, v.tr. (etwas) austeilen. ´**handout**, s. 1. Handout n (an die Presse); (publicity) Werbezettel m. 2. N. Am: Almosen n. ´**hand** ´**over**, v.tr. (etwas) übergeben (to s.o., an j-n); (einen Gefangenen) aushändigen. ´**handrail**, s. Handlauf m (eines Treppengeländers usw.). ´**hand** ´**round**, v.tr. (eine Flasche usw.) herumreichen; (Bonbons usw.) austeilen. ´**handshake**, s. Händedruck m. ´**handwork**, s. Handarbeit f. ´**handwriting**, s. Handschrift f. ´**handwritten**, adj. handgeschrieben. ´**handy**, adj. 1. (of tool etc.) handlich, bequem zu handhaben. 2. (a) (convenient) praktisch; zweckmäßig; **a h. solution**, eine bequeme Lösung, **that will come in h.**, das kommt uns/ mir gelegen; (b) (of pers.) geschickt. 3. (of thing) griffbereit; **to keep sth. h.**, etwas zur Hand haben. ´**handyman**, pl. -men, s. Mann m, der allerlei (kleine) Arbeiten verrichtet; (home) **h.**, Heimwerker m.

handicap [´hændikæp]. I. s. Handikap n; (mental or physical) Behinderung f; (disadvantage) Nachteil n. II. v.tr. (p. & p.p. **handicapped**) (a) (ein Pferd usw) handikappen; (b) **to be mentally/physically handicapped**, geistig/ körperlich behindert sein.

handicraft [´hændikrɑːft], s. (a) (craft) Handwerk n; (b) (work) Handarbeit f; **handicrafts**, Handarbeiten fpl.

handiwork [´hændiwɔːk], s. (a) (Stück) Handarbeit f; (b) **is this your h.?** haben Sie das angefertigt/Iron: fertiggebracht?

handle [´hændl]. I. s. (of tool, weapon etc.) Griff m; (of door) Klinke f; (of cup) Henkel m; (of broom etc.) Stiel m; Fig: **to fly off the h.**, in Wut geraten, F: hochgehen. II. v. 1. v.tr. (a) (erwas) handhaben; (touch) (etwas) anfassen, berühren; (pick up) (etwas) in die Hand nehmen; (b) (eine Angelegenheit) handhaben. 2. v.i. **this car handles well/badly**, der Wagen fährt sich gut/schwer. ´**handlebar**, s. Cy: Lenkstange f. ´**handling**, s. 1. (a) Handhabung f; (touching) Anfassen n, Berühren n; (b) (treatment) Behandlung f. 2. Handhabung f (einer Angelegenheit). 3. Aut: Fahrverhalten n.

handsome [´hænsəm], adj. (a) schön; (b) (of reward etc.) großzügig; **to make a h. profit**, einen beträchtlichen Gewinn einheimsen, **-ly**, adv. (a) **h. rewarded**, großzügig belohnt; **to win h.**, mit Vorsprung gewinnen; (b) **h. furnished**, schön eingerichtet.

hang [hæŋ]. I. v. (p. & p.p. hung) 1. v.tr. (a) (etwas) hängen (**on/from sth.**, an etwas acc); **to h. a picture on the wall**, ein Bild an die Wand hängen; **to. h. (down) one's head**, den Kopf hängen lassen; **to h. wallpaper**, tapezieren; (b) (p. & p.p. **hanged**) (einen Verbrecher) hängen; **to h. oneself**, sich erhängen; F: **h. it all!** verdammt nochmal! (c) Fig: (of plan, event etc.) **to h. fire**, nur stockend ins Rollen kommen. 2. v.i. (a) hängen (**on/from sth.**, an etwas dat); **the key is hanging from a nail**, der Schlüssel hängt an einem Nagel; **her hair hangs down her back**, das Haar fällt ihr über den Rücken; Fig: **a heavy silence hung over the meeting**, tiefes Schweigen herrschte in der Versammlung; **to h. on s.o.'s words**, an j-s Lippen hängen; (b) (of criminal)

gehängt werden. II. s. F: **to get the h. of sth.**, kapieren, wie etwas funktioniert/wie man etwas macht; (understand) etwas mitkriegen; **he got the h. of it right away**, er hat es gleich herausgehabt. ´**hang a´bout/a´round**, v.i. herumstehen; F: herumlungern; (wait) warten. ´**hang ´back**, v.i. zurückbleiben; (hesitate) zögern. ´**hang ´down**, v.i. herunterhängen. ´**hanger**, s. (a) (on coat etc.) Aufhänger m; (b) (for coat etc.) Kleiderbügel m. ´**hanger-** ´**on**, s. (pers.) Pej: etc: Mitläufer m; (sponger) Schmarotzer m. ´**hang-´glider**, s. Drachenflieger m. ´**hang-´gliding**, s. Drachenfliegen n. ´**hanging**, s. 1. Aufhängen n; **h. cupboard**, Kleiderschrank m. 2. (execution) Hinrichtung f am Galgen. 2. usu. pl. (a) (curtains) Gardinen fpl; (b) (on wall) Wandbehang m. ´**hangman**, pl. -men, s. Henker m. ´**hang ´on**, v.i. (a) sich festhalten (**to sth.**, an etwas dat); **to h. on to one's job**, seine Stelle behalten; (b) (persevere, wait) **can you h. on until I come?** kannst du aushalten, bis ich komme? F: **h. on!** Moment mal! Tel: bleiben Sie am Apparat! ´**hang ´out**, v. 1. v.tr. (Wäsche usw.) (draußen) aufhängen. 2. v.i. F: hausen; **where do you h. out?** wo haust du denn? ´**hangover**, s. F: (a) (remnant) Überbleibsel m (from, aus + dat); (b) (after drinking) Kater m. ´**hang ´up**, v. 1. v.tr. (a) (etwas) aufhängen; (b) P: **hung up**, gehemmt. 2. v.i. Tel: F: abhängen, auflegen. ´**hangup**, s. F. Hemmung f, Komplex m.

hangar [´hæŋər], s. Av: Hangar m.

hank [hæŋk], s. Strang m (Garn, Wolle).

hanker [´hæŋkər], v.i. sich sehnen, (for food) Gelüste haben (**for/after sth.**, nach etwas dat). ´**hankering**, s. Sehnen n; Gelüste n; **I've a h. for a steak**, mich gelüstet nach einem Steak.

hanky [´hæŋki], s. F: Taschentuch n. ´**hanky-** ´**panky**, s. F: Techtelmechtel n.

Hanseatic [hænsi´ætik], adj. Hist: hanseatisch; **the H. League**, die Hanse.

haphazard [hæp´hæzəd], adj. willkürlich; (accidental) zufällig; **h. arrangement**, willkürliche /planlose Anordnung.

happen [´hæpən], v.i. (a) (of accident etc.) passieren, (of event etc.) geschehen; **don't let it h. again**, daß mir das nicht noch einmal vorkommt; **as if nothing had happened**, als ob nichts passiert wäre; **worse things can h.**, es ist schon Schlimmeres vorgekommen; (b) **what's happened to him?** was ist mit ihm passiert/aus ihm geworden? **if anything happened to you**, sollte Ihnen etwas zustoßen; **I hope nothing has happened to him**, ich hoffe, daß ihm nichts zugestoßen/(injury) passiert ist; (c) **if I h. to forget**, sollte ich es vergessen; **the house happened to be empty**, zufällig stand das Haus leer; **do you h. to know whether . . . ?** wissen Sie zufällig, ob . . . ? **as it happens**, zufälligerweise; (d) **to h. upon sth.**, (zufällig) auf etwas acc stoßen; (e) (take place) stattfinden. ´**happening**, s. Ereignis n; Th: Happening n.

happy [´hæpi], adj. 1. (a) glücklich; **to be h. to do sth.**, etwas gern tun; sich freuen, etwas zu tun; **a h. event**, (birth) ein freudiges Ereignis; (b) (satisfied) zufrieden; **are you h. with this car?** sind Sie mit diesem Auto zufrieden? 2. (of combination etc.) geglückt; **h. inspiration**,

glücklicher Einfall; **-ily,** *adv.* glücklich; *(luckily)*
glücklicherweise. **'happiness,** *s.* Glück *n;*
(joy) Freude *f; (cheerfulness)* Fröhlichkeit *f.*
'happy-go-'lucky, *adj.* unbekümmert.

harangue [hə'ræŋ]. **I.** *s.* lange Rede *f.* **II.** *v.tr. &*
i. to **h./s.o. a crowd,** j-m/der Menge eine lange
Rede halten.

harass ['hærəs], *v.tr.* (a) (j-n) plagen; *(mentally)*
quälen; **to look harassed,** abgeplagt aussehen;
(b) *Mil:* (den Feind) stören; **harassing fire,**
Störfeuer *n.* **'harassment,** *s.* (a) Plage *f;*
Quälerei *f;* (b) *Mil:* Störaktion *f.*

harbour ['haːbər]. **I.** *s. Nau:* Hafen *m; h.* **basin,**
Hafenbecken *n; h.* **installations,** Hafenanlagen
fpl. **II.** *v.tr.* (a) (einem Flüchtling, einem
Verbrecher usw.) Obdach gewähren; (b) *Fig:*
(Gefühle) hegen; **to h. a grudge against s.o.,**
einen Groll gegen j-n hegen. **'harbour-
master,** *s.* Hafenkapitän *m.*

hard [haːd]. **I.** *adj.* **1.** *(not soft)* hart; *F:* **to be
as h. as nails,** (i) *(tough)* ein zäher Typ sein;
(ii) *(severe)* hart/unerbittlich sein; *Fin:* **h.
currency,** harte Währung *f;* **h. cash,** Bargeld *n.*
2. *(difficult)* schwer; (a) **h. work,** Schwerarbeit
f; **h. times,** schwere Zeiten; **a h. worker,** ein
fleißiger Arbeiter; *Jur:* **h. labour,** Zwangsarbeit
f; **to learn the h. way,** durch Schaden klug
werden; **to do sth. the h. way,** sich *dat* etwas
schwermachen; **to try one's hardest,** sein
Möglichstes tun; (b) **he is h. to please,** es ist
schwer, ihm etwas recht zu machen; **it's h. to
believe that . . . ,** es ist kaum zu glauben, daß
. . . ; **h. of hearing,** schwerhörig. **3.** (a) **to be h.
on s.o.,** streng mit j-m sein; (b) **h. facts,** nackte
Tatsachen *fpl;* **h. luck,** Pech *n; int.* **h. luck/**F:
h. lines! Pech gehabt! *F: (drink)* **the h. stuff,** das
scharfe Zeug. **II.** *adv.* (a) *(with effort)* kräftig;
as h. as one can, nach Kräften; **to try h./
harder,** sich *dat* große/mehr Mühe geben; **to
look h. at s.o., sth.,** j-n, etwas scharf/genau an-
sehen; **to think h.,** scharf nachdenken; **to work
h./be h. at work,** schwer arbeiten; **it's raining
h.,** es regnet heftig/stark; **it is freezing h.,** es
friert Stein und Bein; (b) *F:* **to be h. up,** knapp
bei Kasse sein. **2.** schwer; **h. earned wages,**
schwer/sauer verdienter Lohn; **to be h. pressed,**
schwer im Druck sein. **'hard and 'fast,** *adj.*
(of rule etc.) bindend. **'hardback,** *s.* **1.** fester
Einband *m.* **2.** *(book)* gebundene Ausgabe *f.*
'hardboard, *s. Constr:* Hartfaserplatte *f.*
'hard-'boiled, *adj. (of egg)* hartgekocht; *F:*
(of pers.) hartgesotten. **'hardcore,** *s. (rubble)*
Ziegelbruch *m.* **'hardcourt,** *s. Tennis: etc:*
Hartplatz *m.* **'harden. 1.** *v.tr.* (a) (Metalle,
Fette usw.) härten; (b) *Hort:* **to h. (off),**
(Pflanzen) abhärten; (c) *(of pers.)* **to h.
oneself,** sich abhärten; **hardened to sth.,** an
etwas *acc* gewöhnt; **hardened drinker,** Gewohn-
heitstrinker *m.* **2.** *v.i.* hart werden; *Fig: (of
prices etc.)* sich festigen; *Fig:* **his attitude
hardened,** er versteifte sich in seiner Haltung.
'hardener, *s. Ind: Phot: etc:* Härtemittel
n. **'hard-'fought,** *adj. (of battle, election)*
verbissen. **'hard-'headed,** *adj.* nüchtern.
'hard-'hearted, *adj.* hartherzig. **'hardly,**
adv. **1. h. done by,** schlecht behandelt. **2.**
kaum; **I h. know him,** ich kenne ihn kaum;
h. anyone, kaum jemand; **h. the best start,**

nicht gerade der beste Anfang. **'hardness,**
s. **1.** Härte *f.* **2.** *(strength)* Festigkeit *f.* **3.** *(of
pers.)* Strenge *f.* **'hardship,** *s.* Not *f; (pri-
vation)* Entbehrung *f.* **'hardtop,** *s. Aut:*
Hardtop *n.* **'hardware,** *s.* **1.** Haushaltswaren
fpl. **2.** *Computers: etc:* Hardware *f.* **'hard-
'wearing,** *adj. (of material etc.)* dauerhaft; *(of
clothes etc.)* strapazierfähig. **'hard-'won,** *adj.*
schwer erkämpft. **'hardwood,** *s.* Hartholz *n.*
'hard-'working, *adj.* fleißig. **'hardy,** *adj.*
1. (a) *(of pers.)* abgehärtet; (b) *(of plant)*
ausdauernd; mehrjährig. **2.** *(fearless)* furchtlos.

hare ['heər]. **I.** *s. Z:* Hase *m.* **II.** *v.i. F:* **to h. off,**
losrasen. **'hare-brained,** *adj. (of pers.,
scheme)* hirnverbrannt; *(of girl)* flatterhaft.
'harelip, *s. Med:* Hasenscharte *f.*

harem ['haːriːm], *s.* Harem *m.*

haricot ['hærikəu], *s. Bot:* **h. (bean),** weiße Bohne
f.

hark [haːk], *v.i.* **to h. back to sth.,** auf etwas *acc*
zurückgreifen.

harm [haːm]. **I.** *s.* Schaden *m; bodily* **h.,** Kör-
perverletzung *f;* **to do s.o. h.,** j-m Schaden
zufügen; **there's no h. in it (that I can see),** es
kann (meiner Meinung nach) nichts schaden;
you'll come to no h., Ihnen wird nichts passie-
ren; **out of h.'s way,** in Sicherheit. **II.** *v.tr.* (j-m,
etwas *dat)* schaden. **'harmful,** *adj.* schädlich.
'harmless, *adj.* harmlos.

harmony ['haːməni], *s. Mus: also Fig:* Har-
monie *f;* **to live in perfect h. (with s.o.),** in
bester Harmonie (mit j-m) leben; **his taste is in
h. with mine,** sein Geschmack stimmt mit dem
meinen überein. **har'monic. I.** *adj.* harmo-
nisch. **II.** *s. Mus:* Oberton *m.* **har'monica,**
s. Mundharmonika *f.* **har'monious,** *adj.*
harmonisch. **har'monium,** *s. Mus:* Har-
monium *n.* **'harmonize. 1.** *v.tr. Mus:* (eine
Melodie) harmonisieren. **2.** *v.i. (of colour etc.)*
harmonieren **(with sth.,** mit etwas *dat).*

harness ['haːnis]. **I.** *s. (of horse etc.)* Geschirr
n; Av: (of parachute) Gurtwerk *n; Fig: (of
pers.)* **to die in h.,** in den Sielen sterben. **II.** *v.tr.*
(a) (ein Pferd usw.) anschirren; (b) (Wasser-
kraft) nutzbar machen.

harp [haːp]. **I.** *s. Mus:* Harfe *f.* **II.** *v.i.* Harfe
spielen; *F:* **he's always harping on it,** er kommt
immer wieder damit.

harpoon [haː'puːn]. **I.** *s.* Harpune *f.* **II.** *v.tr.*
(Fische) harpunieren.

harpsichord ['haːpsikɔːd], *s. Mus:* Cembalo *n.*

harrow ['hærəu]. **I.** *s. Agr:* Egge *f.* **II.** *v.tr.* (den
Acker) eggen. **'harrowing,** *adj.* grauenvoll.

harry ['hæri], *v.tr.* (a) *Mil:* (Truppen) wieder-
holt angreifen; (b) *Fig:* (j-n) verfolgen.

harsh [haːʃ], *adj.* **1.** *(of texture, sound etc.)* rauh;
(of colour) grell. **2.** *(of pers., Jur: sentence etc.)*
hart. **'harshness,** *s.* **1.** Rauheit *f.* **2.** Härte *f.*

hart [haːt], *s. Z:* Hirsch *m.*

harum-scarum ['hɛərəm-'skɛərəm], *adj.* un-
bändig.

harvest ['haːvist]. **I.** *s.* Ernte *f;* **to get in the h.,**
die Ernte einbringen; **h. festival,** Erntedankfest
n. **II.** *v.tr.* (Getreide, Früchte usw.) ernten. **'har-
vester,** *s.* **1.** *(pers.)* Erntearbeiter(in) *m(f).* **2.
combine h.,** Mähdrescher *m.*

hash [hæʃ]. **I.** *s.* **1.** *Cu:* Haschee *n.* **2.** *F:* (a) **to
make a h. of sth.,** etwas vermasseln/verpfu-

schen; (b) **to settle s.o.'s h.,** mit j-m fertig werden. **3.** F: (drug) Hasch n. **II.** v.tr. Cu: (Fleisch) haschieren; F: N. Am: **to h. over (a subject),** eine Sache des langen und breiten bereden.

hassle ['hæsəl], s. F: esp. N. Am: Ärger m.

hassock ['hæsək], s. (in church) Kniekissen n.

haste [heist], s. Eile f; Prov: **more h., less speed,** eile mit Weile. '**hasten,** v. **1.** v.tr. (etwas) beschleunigen. **2.** v.i. eilen (somewhere, irgendwohin). '**hastiness,** s. Hastigkeit f. '**hasty,** adj. (of departure) hastig; (of decision) übereilt.

hat [hæt], s. Hut m; **to take off one's h. to s.o.,** vor j-m den Hut ziehen; **to pass round the h.,** den Hut herumgehen lassen; F: **keep it under your h.,** behalte es für dich; **that's old h.,** das sind olle Kamellen; **to talk through one's h.,** dummes Zeug reden; **I'll eat my h. if...,** ich fresse einen Besen, wenn...; **to be wearing another h.,** in anderer Funktion handeln; Sp: **h. trick,** Hattrick m. '**hatter,** s. Hutmacher m. '**hatstand,** s. Hutständer m.

hatch[1] [hætʃ], s. **1.** Nau: etc: Luke f. **2.** H: service h., Durchreiche f. '**hatchback,** s Aut: Limousine f mit Hecktür.

hatch[2], v. **1.** v.tr. (Eier, Fig: einen Plan) ausbrüten. **2.** v.i. **to h. (out),** ausschlüpfen. '**hatching,** s. Art: Schraffur f.

hatchet ['hætʃit], s. Tls: Beil n; **to bury the h.,** das Kriegsbeil begraben.

hate [heit]. **I.** s. Haß m; F: **he's got a h. campaign against her,** er hat es auf sie abgesehen. **II.** v.tr. (a) (j-n, etwas) hassen; (b) **to h. to do sth.,** etwas sehr ungern tun; **I h. to trouble you,** es tut mir leid, Sie stören zu müssen. '**hateful,** adj. hassenswert; **this is h. to me,** das ist mir verhaßt. '**hatred,** s. Haß m (for/of s.o., sth., gegen j-n, etwas acc).

haughty ['hɔːti], adj. (of pers., manner) hochmütig. '**haughtiness,** s. Hochmut m.

haul [hɔːl]. **I.** v.tr. (etwas) ziehen, (with effort) schleppen; **to h. in the nets/a rope,** die Netze/ ein Seil einziehen. **II.** s. **1.** (of robber) Beute f; Fish: Fang m; **to make/get a good h.,** fette Beute machen. **2.** (distance) Strecke f; **a long h.,** eine große Entfernung, eine weite Strecke. '**haulage,** s. **1.** Spedition f; h. contractor, Spediteur m. **2.** (cost) Frachtkosten fpl. '**haulier,** s. Spediteur m.

haunch [hɔːn(t)ʃ], s. (a) (of horse etc.) Hanke f; Cu: h. of venison, Rehkeule f; (b) pl. Gesäß n; **the dog sits on its haunches,** der Hund sitzt auf den Hinterbeinen.

haunt [hɔːnt]. **I.** s. Lieblingsaufenthalt m. **II.** v.tr. (a) (of pers., animal) (einen Ort) wiederholt aufsuchen; (b) (of ghost) (in einem Haus usw.) umgehen; **this house is haunted,** in diesem Haus spukt es; (c) (of pers.) **to be haunted by memories** (of sth.), von Erinnerungen (an etwas acc) verfolgt werden; **a haunting tune,** eine Melodie, die einem nicht aus dem Kopf geht.

have [hæv], v.tr. (p. & p.p. had, pres. he has) haben; (a) (possess) **he has two cars,** er hat zwei Autos; **my bag has no name (on it),** auf meiner Tasche ist kein Name; (b) (bear) **to h. a child,** ein Kind bekommen.; (c) (get) **there was no work to be had,** es war keine Arbeit zu bekommen; **we don't h. many visitors,** wir haben/ bekommen wenig Besuch; **to h. news from s.o.,** Nachricht von j-m bekommen; **I h. it on good authority that...,** ich habe von einer zuverlässigen Quelle gehört, daß...; **I must h. them by tomorrow,** ich muß sie bis morgen haben; **let me h. your keys,** geben Sie mir Ihre Schlüssel; **when can you let me h. a/your reply?** bis wann können Sie mir (Ihre) Antwort geben? **I h. had no reply,** ich habe keine Antwort erhalten; F: **let him h. it!** gib's ihm! gib ihm Saures! **he's had it,** mit ihm ist es aus; (d) (eat, drink) **to h. lunch,** zu Mittag essen; **to h. a drink,** etwas trinken; **will you h. some (more)?** möchten Sie (noch) etwas davon? **I had some more,** ich habe noch davon gegessen; **I'm not having any,** (i) ich esse nicht davon; (ii) F: dafür bin ich nicht zu haben; (e) **to h. sth. in mind,** an etwas acc denken; (intend) etwas vorhaben; (f) **to h. a cold,** erkältet sein; **to h. a game,** (eins) spielen; **to h. a pleasant evening,** einen netten Abend verbringen; (g) (accept) **he will not h. it that she is delicate,** er will es nicht wahrhaben, daß sie empfindlich ist, F: **you've been had!** du bist reingelegt worden! (h) **to h. sth. done,** etwas machen lassen; **to h. one's hair cut,** sich dat die Haare schneiden lassen; **I had my watch stolen,** mir ist die Armbanduhr gestohlen worden; (i) (want) **which (one) will you h.?** welches möchten Sie? **what would you h. me do?** was möchten Sie, daß ich tun soll? **I won't h. it!** ich will es nicht! (j) **to h. to do sth.,** etwas tun müssen; **we shall h. to walk faster,** wir müssen schneller gehen; (k) (aux. use) (i) sein; **to h. been,** gewesen sein; **I h. come,** ich bin gekommen; (emphatic) **well, you h. grown!** mein Gott, bist du aber gewachsen! (ii) haben; **he has burnt it,** er hat es verbrannt; **I h. lived in London for three years,** ich wohne seit drei Jahren in London; (iii) (emphatic) **you h. forgotten your gloves – So I h.!** Sie haben Ihre Handschuhe vergessen – Tatsächlich! **you haven't swept the room – I h.!** Sie haben das Zimmer nicht gefegt – Doch! (l) **I had better say nothing,** ich sage lieber nichts; Lit: **I had as soon stay here,** ich würde ebensogern hierbleiben. '**have** '**in,** v.tr. (a) F: **to h. the workmen in,** die Handwerker im Haus haben; **I had them in for a cup of tea,** ich habe sie zu einer Tasse Tee eingeladen; **I had the doctor in,** ich habe den Arzt gerufen; (b) F: **to h. it in for s.o.,** es auf j-n abgesehen haben. '**have** '**on,** v.tr. (a) **to h. a coat on,** einen Mantel anhaben; **to h. nothing on,** unbekleidet sein; (b) **I h. nothing on tonight,** ich bin heute abend frei; **what do you h. on this evening?** was haben Sie heute Abend auf dem Programm? (c) F: **to h. s.o. on,** j-n anführen; (d) Rac: **to h. £10 on a horse,** £10 auf ein Pferd setzen. '**have** '**out,** v.tr. (a) **to h. a tooth out,** einen Zahn gezogen kriegen; (b) **to h. it out with s.o.,** j-n zur Rede stellen. '**have** '**up,** v.tr. (a) (j-n) zu sich dat einladen; (b) F: **to be had up for sth.,** wegen etwas gen vors Gericht kommen.

haven ['heivn], s. (a) Hafen m; (b) (refuge) Zufluchtsort m.

haversack ['hævəsæk], s. Rucksack m.

havoc ['hævək], *s.* Chaos *n;* Verwüstung *f; Fig:* **to cause h.**, eine verheerende Wirkung haben; **to play h. with s.o.'s plans**, j-s Pläne über den Haufen werfen.

haw [hɔ:], *s. Bot:* Mehlbeere *f.*

Hawaii [hə'waii]. *Pr. n. Geog:* Hawaii. **Ha-'waiian. I.** *s.* Hawaiier(in) *m(f).* **II.** *adj.* hawaiisch.

hawk[1] [hɔ:k], *s. Orn:* Falke *m;* **to have eyes like a h.**, Augen wie ein Luchs haben.

hawk[2], *v.tr.* (mit etwas *dat*) hausieren. **'hawker**, *s. (at door)* Hausierer *m; (in street)* Straßenhändler *m.*

hawser ['hɔ:zər], *s. Nau:* Trosse *f.*

hawthorn ['hɔ:θɔ:n], *s. Bot:* Hagedorn *m.*

hay [hei], *s.* Heu *n; Prov:* **to make h. while the sun shines**, das Eisen schmieden, solange es heiß ist. **'haycock**, *s.* Heuhaufen *m.* **'hay-fever**, *s. Med:* Heuschnupfen *m.* **'hayloft**, *s.* Heuboden *m.* **'haymaker**, *s.* Heumacher *m.* **'haymaking**, *s.* Heumachen *n.* **'hayrick, 'haystack**, *s.* Heuschober *m.* **'haywire**, *adj. F:* durcheinander; *(of pers.)* verrückt; **to go h.**, durcheinandergeraten.

hazard ['hæzəd]. **I.** *s.* **1.** Gefahr *f* (**to health etc.**), für die Gesundheit usw.); *(risk)* Risiko *n.* **2.** *esp. Golf:* Hindernis *n.* **II.** *v.tr.* (etwas) riskieren. **'hazardous**, *adj.* gefährlich, riskant.

haze [heiz], *s.* Dunst *m.* **'hazy**, *adj. (of weather etc.)* dunstig; *Fig: (of ideas etc.)* unklar; **I'm a bit h. about it**, es ist mir nicht ganz klar; **h. recollection**, vage Erinnerung.

hazel ['heizl], *s. Bot:* **h. bush**, Haselbusch *m.* **'hazel-nut**, *s.* Haselnuß *f.*

he [hi:]. **I.** *pers. pron.* **m.** er; **it is he who said so**, er ist es, der das gesagt hat; **he doesn't care**, ihm ist es egal; *(stressed)* **he's the one!** der ist es! **II.** *s. (of animal)* Männchen *n;* **he-goat**, Ziegenbock *m; F:* **he-man** *(pl.* **-men),** Supermann *m, Hum:* Muskelprotz *m.*

head [hed]. **I.** *s.* **1.** Kopf *m; (a)* **from h. to foot**, von Kopf bis Fuß; **with one's h. held high**, mit hocherhobenem Kopf; **h. down**, mit eingezogenem Kopf; **to go h. over heels**, einen Purzelbaum schlagen; **to stand on one's h.**, auf dem Kopf stehen; *F:* **I could do it standing on my h.**, das ist ein Kinderspiel für mich; *Fig:* **he gives orders over my h.**, er kommandiert über meinen Kopf hinweg; *Horse Rac:* **to win by a h.**, um Kopfeslänge gewinnen; *(b)* **a fine h. of hair**, schönes, volles Haar; *(c) (brain)* **who put that into your h.?** wer hat Ihnen das in den Kopf gesetzt? **to take sth. into one's h.**, sich *dat* etwas in den Kopf setzen; **his name has gone out of my h.**, sein Name ist mir entfallen; **to have a good h. for business**, ein guter Geschäftsmann sein; **to have a good h. for drink** (beim Trinken) viel vertragen können; **to have a good h. for heights**, schwindelfrei sein; **they put their heads together**, sie steckten die Köpfe zusammen; **it's above my h.**, das geht über meinen Verstand; **to keep one's h.**, den Kopf nicht verlieren; **weak in the h.**, nicht ganz bei Verstand. **2.** *(a) Bot: Tchn: Rec:* Kopf *m;* Wipfel *m* (eines Baumes); Eisen *n* (einer Axt); Spitze *f* (eines Zuges usw.); Kopfende *n* (eines Tisches, eines Betts); oberer Absatz *m* (einer Treppe); *I.C.E:* Zylinderkopf *m;* **at the**

h. of the list, (ganz) oben auf der Liste; *(b) (on beer)* Blume *f; Hyd. E:* **h. of water**, Drucksäule *f; Mch:* **h. of steam**, Druckhöhe *f; Fig: (of situation)* **to come to a h.**, sich zuspitzen. **3.** *(category)* Rubrik *f;* **under separate heads**, in verschiedenen Rubriken. **4.** *(a) (pers.)* Oberhaupt *n* (einer Familie); *Sch:* Direktor(in) *m(f),* Schulleiter(in) *m(f);* **h. of a department**, Abteilungsleiter *m; (b) attrib.* Haupt-; **h. office**, Hauptsitz *m;* **h. clerk**, Bürovorsteher *m;* **h. gardener**, Obergärtner *m;* **h. waiter**, Oberkellner *m.* **5.** *usu. inv.* **thirty h. of cattle**, dreißig Stück Vieh; **to pay so much per h./a h.**, soundsoviel pro Person zahlen. **6.** *(of coin)* Bildseite *f;* **heads or tails?** Kopf oder Wappen? *F:* **I can't make h. or tail of this**, daraus werde ich nicht schlau. **II.** *v.* **1.** *v.tr. (a) (lead)* (eine Partei, Kolonne usw.) anführen; **to h. a procession etc.**, die Spitze eines Umzuges usw. bilden; **to h. a race**, an der Spitze eines Rennens liegen; *(b)* **to h. a letter**, die Überschrift schreiben; *(c) Fb:* **to h. the ball**, den Ball köpfen. **2.** *v.i.* **to h. for sth.**, auf etwas *acc* zugehen/*Nau: & Fig:* zusteuern; **to h. for London**, in Richtung London fahren; **to be heading for ruin**, auf den Bankrott lossteuern. **'headache**, *s. Med:* Kopfschmerzen *mpl; Fig:* **to be a h.**, viel Kopfzerbrechen machen. **'headdress**, *s.* Kopfschmuck *m.* **'header**, *s.* **1. to take a h.**, einen Kopfsprung machen. **2.** *Fb:* Kopfball *m.* **'head-'first**, *adv.* kopfüber. **'headgear**, *s. Cl:* Kopfbedeckung *f.* **'headhunter**, *s.* Kopfjäger *m.* **'heading**, *s.* Überschrift *f; (of letter)* Briefkopf *m.* **'headlamp, 'headlight**, *s. Aut:* Scheinwerfer *m.* **'headland**, *s. Geog:* Kap *n.* **'headline**, *s. Journ:* Schlagzeile *f;* **to hit the headlines**, Schlagzeilen machen. **'headlong. I.** *adv.* kopfüber. **II.** *adj.* **h. flight**, kopflose Flucht. **head'master**, *s.* Schulleiter *m.* **head'mistress**, *s.* Schulleiterin *f.* **head'off**, *v.tr.* (j-n) ablenken. **'head-'on**, *adj.* frontal; **h.-on collision**, Frontalzusammenstoß *m.* **'headphones**, *s.pl.* Kopfhörer *m.* **head'quarters**, *s.pl.* **1.** *Mil:* Hauptquartier *n;* **h. staff**, Stabspersonal *n.* **2.** *(of bank, police etc.)* Zentrale *f.* **'headrest**, *s.* Kopfstütze *f.* **'headroom**, *s. Constr:* lichte Höhe *f; Aut:* Kopfraum *m.* **'headscarf**, *s.* Kopftuch *n.* **'headset**, *s. Tel:* Kopfhörer *m.* **'headship**, *s. Sch:* Schulleiterstelle *f* **'headstone**, *s.* Grabstein *m.* **'headstrong**, *adj.* eigenwillig. **'headway**, *s.* **to make h.**, Fortschritte machen. **'headwind**, *s.* Gegenwind *m.* **'heady**, *adj.* berauschend; **this is a h. wine**, dieser Wein steigt mir zu Kopf.

heal [hi:l], *v.tr. & i.* (j-n, etwas) heilen. **'healing**, *s.* Heilung *f.*

health [helθ], *s.* **1.** Gesundheit *f; Adm:* **the National H. Service**, der Staatliche Gesundheitsdienst; **to be in good/bad h.**, gesund/nicht gesund sein; **h. foods**, Reformkost *f;* **h. food store**, Reformhaus *n;* **h. insurance**, Krankenversicherung *f;* **h. resort**, Kurort *m.* **2. to drink (to) the h. of s.o.**, auf j-s Wohl trinken. **'healthy**, *adj.* gesund.

heap [hi:p]. **I.** *s. (a)* Haufen *m; (b) F: pl. (large number)* jede Menge *f;* **heaps of time**, jede Menge Zeit; **to have heaps of money**, haufenweise Geld haben. **II.** *v.tr.* (Sachen) aufhäufen; **to h. s.o.'s plate with strawberries,** Erdbeeren auf j-s Teller häufen; *Cu:* **heaped spoonful,** gehäufter Löffel; *Fig:* **to h. praises/insults on s.o.,** j-n mit Lob/Beleidigungen überschütten.

hear [hiər], *v.* (*p. & p.p.* heard [hə:d]) **1.** *v.tr.* (*a*) (j-n, etwas) hören; **to h. s.o. say sth.,** j-n etwas sagen hören; (*b*) (*listen to*) (j-m) zuhören; **h. me out,** laß mich ausreden; *Parl: etc:* **h.! h.!** hört! hört! **2.** *v.i.* (*a*) **to h. from s.o.,** von j-m hören; (*b*) **to h. of/about sth.,** etwas erfahren; **to have heard of s.o.,** von j-m gehört haben; **I've heard of this process,** dieses Verfahren ist mir schon ein Begriff; **I never heard of such a thing!** das ist unerhört! **father won't h. of it,** Vater will nichts davon wissen. **'hearer,** *s.* Zuhörer *m.* **'hearing,** *s.* **1.** (*a*) *Jur: etc:* Verhandlung *f;* Vernehmung *f* (von Zeugen); (*b*) Gehör *n;* **give me a h.!** hören Sie mich an! **2.** Hören *n;* **hard of h.,** schwerhörig; **within h.,** in Hörweite *f;* **in my h.,** in meiner Gegenwart; **h. aid,** Hörgerät *n.* **'hearsay,** *s.* Hörensagen *n.*

hearse [hə:s], *s.* Leichenwagen *m.*

heart [hɑ:t], *s.* Herz *n.* **1.** (*a*) *Med:* **h. attack,** Herzanfall *m;* **to have a h. condition,** herzkrank sein; **h. failure,** Herzversagen *n;* (*b*) **his h. was in his mouth,** das Herz schlug ihm bis zum Halse; **my h. sank,** mir sank das Herz; **to break s.o.'s h.,** j-m das Herz brechen; **with a heavy h.,** schweren Herzens; **to eat one's h. out,** sich vor Kummer verzehren; **at h.,** im Grunde; **in my h. of hearts,** im Grunde meines Herzens; **after my own h.,** ganz nach meinem Herzen; **to take sth. to h.,** sich *dat* etwas zu Herzen nehmen; **to have a change of h.,** seine Meinung ändern; (*c*) **to love s.o. with all one's h./h. and soul,** j-n von ganzem Herzen lieben; **to have set one's h. on sth.,** etwas unbedingt tun wollen; **to one's h.'s content,** nach Herzenslust; **to have one's h. in one's work,** mit Leib und Seele bei der Arbeit sein; **his h. was not in it,** er war nur mit halbem Herzen dabei; **I did not have the h. to disturb him,** ich konnte es nicht über mich bringen, ihn zu stören; *F:* **have a h.!** sei nicht so! (*d*) **to take h.,** sich *dat* ein Herz fassen; **to lose h.,** den Mut verlieren; (*e*) **to know sth. by h.,** etwas auswendig können. **2.** (*core*) (*of lettuce etc.*) Herz *n;* **the h. of the matter,** der Kern der Sache; **in the h. of,** im Herzen + *gen.* **3.** *Cards:* **hearts,** Herz *n;* **Queen of Hearts,** Herzdame *f.* **'heartache,** *s.* Kummer *f.* **'heartbeat,** *s.* Herzschlag *m.* **'heartbreaking,** *adj.* herzzerreißend. **'heartbroken,** *adj.* untröstlich (**about sth.,** über etwas *acc*). **'heartburn,** *s. Med:* Sodbrennen *n.* **'hearten,** *v.tr.* (j-n) ermutigen. **'heartfelt,** *adj.* herzlich; **h. sympathy,** tiefstes Mitleid; (*to widow etc.*) innigstes Beileid. **'heartless,** *adj.* herzlos. **'heartrending,** *adj.* herzzerreißend. **'heartsearching,** *s.* Gewissenserforschung *f.* **'heartstrings,** *s.pl.* **to play upon s.o.'s h.,** auf j-s Tränendrüsen drücken. **'heartthrob,** *s. F:* (*pers.*) Schwarm *m.* **'heart-to-'heart,** *adj.* offen; **to have a h.-to-h.** (**talk**) (**with s.o.**), sich (mit j-m) aussprechen. **'hearty,** *adj.* **1.** (*of feeling etc.*) herzlich. **2.** (*of meal, appetite*) herzhaft; (*of pers.*) **hale and h.,** gesund und munter; **-ily,**

adv. **1.** herzlich (*empfinden*). **2.** herzhaft (*essen*). **3.** **I am h. sick of it,** ich habe es reichlich satt.

hearth [hɑ:θ], *s.* Herd *m.* **'hearth-rug,** *s.* Kaminvorleger *m.*

heat [hi:t]. **I.** *s.* **1.** Wärme *f;* (*intense*) Hitze *f;* **h. treatment,** Wärmebehandlung *f;* **h. value,** Heizwert *m.* **2.** *Fig:* **to reply with some h.,** hitzig antworten; **it happened in the h. of the moment,** es geschah in der Hitze des Gefechts. **3.** *Sp:* (*in sprinting etc.*) Vorlauf *m;* (ii) (*in swimming etc.*) Runde *f.* **4.** (*of animal*) Brunst *f;* **to be on h.,** brünstig/(*of dog/cat*) läufig sein. **II.** *v.tr.* (*a*) (etwas) heiß machen; (Wasser, Metall usw.) erhitzen; (*b*) (ein Zimmer usw.) heizen. **'heated,** *adj.* (*a*) (*of water etc.*) erhitzt; (*b*) (*of room etc.*) geheizt; (*c*) (*of discussion*) hitzig. **'heater,** *s.* Heizgerät *n;* (*in car etc.*) Heizanlage *f;* **electric h.,** (elektrischer) Heizofen *m;* **water h.,** Warmwasserbereiter *m.* **'heating,** *s.* Heizung *f;* **h. element,** Heizelement *n;* **h. engineer,** Heizungstechniker *m.* **'heat-resisting,** *adj.* hitzebeständig. **'heatstroke,** *s.* Hitzschlag *m.* **'heatwave,** *s. Meteor:* Hitzewelle *f.*

heath [hi:θ], *s.* Heide *f.*

heathen ['hi:ðən]. **I.** *adj.* heidnisch. **II.** *s.* Heide *m;* Heidin *f.*

heather ['heðər], *s. Bot:* Heidekraut *n.*

heave [hi:v]. **I.** *v.* **1.** *v.tr.* (*a*) (*lift*) (eine Last) (mit großer Anstrengung) heben; (*b*) **to h. a sigh,** einen Seufzer ausstoßen; (*c*) *int.* **h.! hau ruck!** (*d*) (etwas Schweres) schleudern (**at s.o.,** gegen j-n). **2.** *v.i.* (*a*) (*of sea, breast*) sich heben (und senken); (*b*) *Nau:* (*p. & p.p.* hove [həuv]) **to h. to,** (*of ship*) beidrehen; **to h. into sight,** in Sicht kommen; (*c*) **to h. at a rope,** an einem Tau ziehen. **II.** *s.* kräftiger Ruck; **with a mighty h.,** mit großer Anstrengung.

heaven ['hev(ə)n], *s.* Himmel *m; int.* **good heavens!** du lieber Himmel! **thank h.,** Gott sei Dank; **for h.'s sake,** um Himmels willen; *Fig:* **to move h. and earth,** Himmel und Erde in Bewegung setzen; **h. knows where it is,** der Himmel mag wissen, wo das steckt. **'heavenly,** *adj.* (*a*) himmlisch; (*b*) *F:* **what h. peaches!** was für herrliche Pfirsiche! **'heaven-'sent,** *adj.* **a h.-s. opportunity,** eine einmalige Gelegenheit.

heavy ['hevi], *adj.* (*a*) schwer; **h. industry,** Schwerindustrie *f;* (*b*) (*of beard, traffic, eating etc.*) stark; **a h. shower,** ein heftiger Schauer; (*c*) (*of style, tread*) schwerfällig; **h. features,** grobe Gesichtszüge; **h. weather,** schwüles Wetter; (*d*) **to be a h. sleeper,** einen tiefen Schlaf haben; (*e*) (*of print*) fett; (*of underlining*) dick; **-ily,** *adv.* **1.** schwer; **time hangs h. on his hands,** die Zeit wird ihm lang. **2. h. underlined,** dick unterstrichen; **to lose h.,** (*in gambling*) eine Menge verlieren. **3. to sleep h.,** tief schlafen. **'heaviness,** *s.* Schwere *f.* **'heavy-'duty,** *attrib. adj.* (*of material etc.*) strapazierfähig; *Mec. E:* Hochleistungs-. **'heavy-'handed,** *adj.* unbeholfen; (*of attempt etc.*) ungeschickt. **'heavyweight.** *Sp:* **I.** *adj.* Schwergewichts-. **II.** *s.* Schwergewichtler *m.*

Hebrew ['hi:bru:]. **I.** *adj.* hebräisch. **II.** *s.* (*a*) Hebräer(in) *m(f);* (*b*) *Ling:* Hebräisch *n.*

heck [hek], *s. & int. P:* what the h.! was zum Teufel! **a h. of a noise,** ein Mordskrach *m.*

heckle ['hekl], *v.tr. Pol:* (den Redner) (durch Zwischenrufe) unterbrechen. ´**heckler,** *s.* Zwischenrufer *m.* ´**heckling,** *s.* Störaktion *f.*

hectic ['hektik], *adj.* hektisch.

hedge [hedʒ]. **I.** *s.* **1.** Hecke *f;* **h. trimmer,** Heckenschere *f.* **2.** *Fin:* **h. against inflation,** Sicherung *f*/Schutz *m* gegen Inflation. **II.** *v.* **1.** *v.tr.* (Garten, Feld usw.) mit einer Hecke umgeben; *Fig:* **hedged about with difficulties,** von Schwierigkeiten umgeben. **2.** *v.i.* (*of pers.*) Vorbehalte machen, Ausreden suchen. ´**hedgehog,** *s. Z:* Igel *m.* ´**hedgerow,** *s.* Naturhecke *f.* ´**hedgesparrow,** *s. Orn:* Heckenbraunelle *f.*

heed [hi:d]. **I.** *v.tr.* (j-n, etwas) beachten. **II.** *s.* **to take h. of s.o., sth.,** j-m, etwas *dat* Beachtung schenken. ´**heedful,** *adj.* achtsam. ´**heedless,** *adj.* achtlos.

heel [hi:l]. **I.** *s.* (*a*) *Anat:* Ferse *f;* **to tread on s.o.'s heels,** j-m auf die Hacken treten; **to take to one's heels,** die Flucht ergreifen; **to come to h.,** (*of dog*) bei Fuß gehen; *Fig:* (*of pers.*) sich unterwerfen; (*to dog*) **h.!** bei Fuß! (*b*) (*of shoe, boot*) Absatz *m;* **to turn on one's h.,** auf dem Absatz kehrtmachen; **down at h.,** heruntergekommen. **II.** *v.* **1.** *v.tr.* **to h. a shoe,** einen Absatz an einen Schuh machen. **2.** *v.i.* **to h.** (**over**), (*of ship/car*) sich auf die Seite legen.

hefty ['hefti], *adj. F:* (*of pers.*) stämmig; (*of blow*) schwer; **a h. sum,** eine saftige Summe.

heifer ['hefər], *s.* Färse *f.*

height [hait], *s.* **1.** (*a*) Höhe *f;* **a wall six metres in h.,** eine sechs Meter hohe Mauer; **h. above sea level,** Höhe über dem Meeresspiegel; (*b*) (*of pers.*) Größe *f;* **of average h.,** von durchschnittlicher Größe. **2.** (*hill etc.*) Anhöhe *f,* Erhöhung *f.* **3.** *Fig:* (*summit*) Höhepunkt *m* (einer Karriere usw.); **the h. of stupidity,** der Gipfel der Torheit; **the h. of fashion,** die neueste Mode; **the storm was at its h.,** das Gewitter hatte seinen Höhepunkt erreicht; **in the h. of the summer,** im Hochsommer. ´**heighten,** *v.tr.* (die Stimmung, Freude usw.) erhöhen; (den Kontrast, Effekt usw.) steigern.

heinous ['heinəs], *adj.* (*of crime*) ruchlos.

heir ['ɛər], *s.* Erbe *m; Jur:* **h. apparent,** gesetzlicher Erbe; **h. to the throne,** Thronerbe *m.* ´**heiress,** *s.* Erbin *f.* ´**heirloom,** *s.* Erbstück *n.*

Helen ['helin]. *Pr. n. f.* Helene.

helical ['helik(ə)l], *adj. Mec. E:* **h. spring,** Schraubenfeder *f;* **h. teeth,** Schrägverzahnung *f.*

helicopter ['helikɒptər], *s. Av:* Hubschrauber *m.* ´**heliport,** *s.* Heliport *m.*

helium ['hi:ljəm], *s. Ch:* Helium *n.*

hell [hel], *s.* Hölle *f; F:* **to make a h. of a noise,** einen Höllenlärm machen; **to give s.o. h.,** j-m tüchtig einheizen; **give him h.!** gib ihm Saures! **h. for leather,** auf Teufel komm raus; **to work like h.,** wie verrückt arbeiten; *P:* **what the h. do you want?** was zum Teufel wollen Sie? **oh h.!** verdammt! ´**hell´bent,** *adj.* **h. on sth.,** auf etwas *acc* versessen. ´**hell´fire,** *s.* Höllenfeuer *n.* ´**hellish,** *adj.* teuflisch; **-ly,** *adv. F:* **h. difficult,** verteufelt/verdammt schwierig.

hello ['heləu], *int.* (*a*) (guten) Tag; *Tel:* hallo (wer ist da?)

helm [helm], *s. Nau:* Ruder *n; Fig: Pol:* **to be at the h.,** das Ruder des Staates führen.

´**helmsman,** *pl.* -**men,** *s.* Steuermann *m.*

helmet ['helmit], *s.* Helm *m.*

help [help]. **I.** *s.* **1.** Hilfe *f;* **with the h. of a friend,** mit Hilfe eines Freundes; **to call for h.,** um Hilfe rufen; **that's no h.,** das nützt nichts. **2.** (*pers.*) (**domestic**) **h.,** Hausgehilfin *f.* **II.** *v.tr.* (*a*) (j-m) helfen; **that will not h. you,** das bringt Sie nicht weiter; **das nützt Ihnen nichts; I asked him to h. me,** ich habe ihn um Hilfe gebeten; *abs.* **can I h.?** kann ich (etwas) helfen? (*b*) **to h. s.o. to do sth.,** j-m helfen, etwas zu tun; **to h. s.o. to dress,** j-m beim Anziehen helfen; **to h. with sth.,** bei etwas *dat* helfen/behilflich sein; (*c*) (*at table*) **to h. oneself to sth.,** sich *dat* etwas nehmen; **h. yourself,** bedienen Sie sich; (*d*) **if I can h. it,** wenn ich es vermeiden kann; **I can't h. it,** ich kann nichts dafür; **it can't be helped,** da kann man nichts machen; **I couldn't h. laughing,** ich mußte lachen. ´**helper,** *s.* Helfer(in) *m(f).* ´**helpful,** *adj.* (*a*) (*of pers.*) hilfsbereit; (*b*) (*of advice etc.*) nützlich. ´**helping. I.** *adj.* **to lend** (**s.o.**) **a h. hand,** j-m *dat* behilflich sein/Beistand leisten. **II.** *s.* Portion *f* (einer Speise). ´**helpless,** *adj.* hilflos. ´**helplessness,** *s.* Hilflosigkeit *f.* ´**help´out,** *v.tr.* (j-m) aushelfen.

helter-skelter ['heltə'skeltər]. **I.** *s.* (*on fairground*) Rutschbahn *f.* **II.** *adv.* holterdiepolter.

hem [hem]. **I.** *s.* Saum *m.* **II.** *v.tr.* (*a*) (ein Kleid) säumen; (*b*) **to h. in,** (j-n, etwas) umzingeln; **hemmed in by mountains,** von Bergen eingeschlossen.

hemisphere ['hemisfiər], *s.* Hemisphäre *f.* **hemispherical** [-'sferik], *adj.* hemisphärisch.

hemp [hemp], *s.* Hanf *m.*

hen [hen], *s.* **1.** (*fowl*) Huhn *n.* **2.** (*female*) Henne *f;* (*bird*) Weibchen *n; F:* **h. party,** Damengesellschaft *f.* ´**hen-coop,** *s.* Hühnerstall *m.* ´**hen-house,** *s.* Hühnerhaus *n.* ´**hen-pecked,** *adj. F:* **h. husband,** Pantoffelheld *m.*

hence [hens], *adv.* **1.** (*from now*) **five years h.,** in fünf Jahren. **2.** (*thus*) daher, deshalb; **h. his desire to impress,** daher sein Verlangen, Eindruck zu machen. **hence´forth,** *adv.* von nun an.

henchman, *pl.* -**men** ['henʃmən], *s.* (*a*) *Pol:* Gefolgsmann *m;* (*b*) (*accomplice*) Helfershelfer *m.*

Henry ['henri]. *Pr. n. m.* Heinrich.

hepatitis [hepə'taitis], *s. Med:* Leberentzündung *f.*

her [hər, hɑːr]. **I.** *pers. pron.* **1.** (*object*) (*a*) *acc* sie; **I love h.,** ich liebe sie; **for h.,** für sie; (*b*) *dat* ihr; **give h. this,** gib ihr das; **I went to h.,** ich ging zu ihr. **2.** (*refl.*) **she had no money on h.,** sie hatte kein Geld bei sich; **she took her luggage with h.,** sie nahm ihr Gepäck mit. **3.** *F:* **it's h.,** sie ist es; **he is older than h.,** er ist älter als sie. **II.** *poss. adj.* ihr; **h. friend,** (i) ihr Freund *m;* (ii) ihre Freundin *f;* **h. friends,** ihre Freunde; **she hurt h. hand,** sie hat sich die Hand verletzt.

herald ['herəld]. **I.** *s.* (*a*) Herold *m;* (*b*) *Fig:* Vorbote *m.* **II.** *v.tr.* (etwas) verkünden. **heraldic** [-'rældik], *adj.* heraldisch. ´**heraldry,** *s.* Heraldik *f.*

herb [hɑːb], *s.* (*a*) *Bot:* Kraut *n;* (*b*) *Cu:* Gewürz *n.* **her´baceous,** *adj.* krautartig; *Hort:* **h. border,** Blumenrabatte *f.* **´herbal,** *adj.* Kräuter-; **h. remedy,** Kräuterkur *f.* **her´bivorous,** *adj. Z:* pflanzenfressend.

herd [hə:d]. **I.** *s.* (*a*) (*animals*) Herde *f;* **h. instinct,** Herdeninstinkt *m;* (*b*) *Pej:* (*people*) **the common h.,** der Plebs. **II.** *v.* **1.** *v.i.* **to h. together,** in Herden leben. **2.** *v.tr.* (Vieh usw.) hüten. **´herdsman,** *pl.* **-men,** *s.* Hirte *m.*

here [hiər], *adv.* hier. **1.** **in h.,** hier (drinnen); in diesem Zimmer; **come in h. please,** kommen Sie bitte hier herein; **up to/down to h.,** bis hierhin; **h. and now,** auf der Stelle; *F:* **h. goes!** also los! **h. you are,** das ist für Sie; **h. we are,** da sind wir. **2.** (*toast*) **h.'s to you!** auf Ihr Wohl! **3.** (*call*) **h., I want you!** hallo! kommen Sie mal her! **4. h., there and everywhere,** ziemlich überall; **that's neither h. nor there,** das ist völlig belanglos. **´hereabout(s),** *adv.* hier in der Nähe. **here´after,** *adv.* nachher. **here´by,** *adv.* hierdurch; **I h. declare . . . ,** ich erkläre hiermit . . . **hereu´pon,** *adv.* hierauf. **here´with,** *adv. Com:* anbei, beiliegend.

heredity [hi´rediti], *s.* Vererbung *f;* **h. factor,** Erbfaktor *m.* **he´reditary,** *adj.* erblich

heresy [´herəsi], *s.* Ketzerei *f.* **´heretic,** *s.* Ketzer *m.* **he´retical,** *adj.* ketzerisch.

heritage [´heritidʒ], *s.* Erbe *n.*

hermaphrodite [hə:´mæfrədait], *s.* Hermaphrodit *m.*

hermetic [hə:´metik], *adj.* hermetisch; **-ally,** *adv.* **h. sealed,** luftdicht verschlossen.

hermit [´hə:mit], *s.* Einsiedler *m.* **´hermitage,** *s.* Einsiedelei *f.*

hernia [´hə:niə], *s. Med:* Hernie *f,* Bruch *m.*

hero, *pl.* **-oes** [´hiərəu, -əuz], *s.* Held *m;* **h. worship,** Heldenverehrung *f.* **heroic** [hə´rəuik], *adj.* heldenhaft. **heroine** [´herəuin], *s.* Heldin *f.* **´heroism,** *s.* Heldentum *n.*

heroin [´herəuin], *s.* Heroin *n.*

heron [´herən], *s. Orn:* Reiher *m.*

herring [´herin], *s.* Hering *m; F:* **a red h.,** eine falsche Fährte. **´herringbone,** *s.* **h. pattern,** Fischgrätenmuster *n.*

hers [hə:z], *poss. pron.* ihrer, ihre, ihres; *pl.* ihre; **that's h.,** das gehört ihr/ist ihr(e)s; **she ate both my portion and h.,** sie aß meine und ihre Portion; **this book is h.,** das ist ihr Buch; **a friend of h.,** ein Freund/eine Freundin von ihr.

herself [hə:´self], *pers. pron.* (*a*) selbst; **she went h.,** sie ging selbst; **by h.,** allein; *F:* **she is not h.,** sie ist nicht ganz auf der Höhe; **she is h. again,** sie ist wieder die alte; (*b*) (*refl.*) sich (selbst); **she hurt h.,** sie hat sich verletzt.

hesitate [´heziteit], *v.i.* zögern (**about doing sth.,** ob man etwas tun soll); **I would h. to spend so much,** ich hätte Bedenken, soviel auszugeben; **he hesitates at nothing,** er schreckt vor nichts zurück. **´hesitant,** *adj.* zögernd. **hesi´tation,** *s.* Zögern *n;* (*state of doubt*) Unschlüssigkeit *f;* **I have no h.,** ich habe keine Bedenken; **without h.,** ohne zu zögern.

heterogeneous [hetərə´dʒi:niəs], *adj.* heterogen.

hew [hju:], *v.tr.* (*p.* **hewed**) *p.p.* **hewed/hewn**) (Holz usw.) hauen.

hexagon [´heksəgən], *s.* Hexagon *n,* Sechseck *n.*

hey [hei]. *int.* he! heda!

hey-day [´heidei], *s.* Blütezeit *f;* Glanzzeit *f.*

hi [hai] *int.* **1.** *Brit:* he! **2.** *N. Am: F:* Tag! Wie geht's?

hiatus, *pl.* **-uses** [hai´eitəs, -əsiz], *s.* **1.** Lücke *f* (in einer Reihe); (*delay*) Verzögerung *f.* **2.** *Ling:* Hiatus *m.*

hibernate [´haibəneit], *v.i.* Winterschlaf halten. **hiber´nation,** *s.* Winterschlaf *m.*

hiccup, hiccough [´hikʌp]. **I.** *s.* **1.** Schluckauf *m.* **2.** *F:* (*hitch*) Stockung *f.* **II.** *v.i.* Schluckauf haben; *F:* hick machen.

hick [hik], *s. N. Am:* Hinterwäldler *m.*

hide¹ [haid]. **I.** *v.* (*p.* hid, *p.p.* hidden [hidn]) **1.** *v.tr.* (*a*) (j-n, etwas) verstecken (**from s.o.,** vor j-m); (*b*) (**from sight,** etwas verbergen (**from s.o.,** vor j-m); **clouds hid the sun,** Wolken verdeckten die Sonne; **the future is hidden from us,** die Zukunft ist uns verborgen. **2.** *v.i.* sich verstecken. **II.** *s.* Versteck *n.* **´hide-and-´seek,** *s. Games:* Versteckspiel *n.* **´hide-out,** *s.* Versteck *n.* **´hiding¹,** *s.* **to go into h.,** sich verstecken; **to be in h.,** sich versteckt halten; **h. place,** Versteck *n.*

hide², *s.* (*skin*) Haut *f.* **´hidebound,** *adj.* engstirnig. **hiding²,** *s.* **a h.,** eine Tracht Prügel; **to give s.o. a h.,** j-n verdreschen; *Sp: F:* j-n haushoch besiegen.

hideous [´hidiəs], *adj.* (*ugly*) häßlich; scheußlich; (*of crime, noise etc.*) gräßlich. **´hideousness,** *s.* Häßlichkeit *f;* Gräßlichkeit *f.*

hierarchy [´haiərɑ:ki], *s.* Hierarchie *f.*

hi-fi [´hai´fai], *s.* (*abbr.* = **high fidelity**) *Rec:* (*a*) (*set-up*) Hi-Fi-Anlage *f;* (*b*) (*quality*) Hi-Fi-Wiedergabe *f.*

higgledy-piggledy [´higldi´pigldi], *adv.* kunterbunt durcheinander.

high [hai]. **I.** *adj.* hoch. **1. a wall two metres h.** eine zwei Meter hohe Mauer; **to climb higher,** höher steigen; **the highest point,** der höchste Punkt; **h. tide,** Flut *f;* **on the h. seas,** auf hoher See; **h. chair,** Kinder(hoch)stuhl *m; Sp:* **h. jump,** Hochsprung *m.* **2.** (*a*) *F:* (*of pers.*) **h. and mighty,** hochmütig; (*b*) **in the highest degree,** im höchsten Grade; **h. fidelity,** Hi-Fi-Wiedergabe *f; Med:* **h. temperature,** hohes Fieber; (*c*) **h. wind,** starker Wind. **3.** *Ling:* **H. German,** Hochdeutsch *n.* **4. H. Street,** Hauptstraße *f; Ecc:* **h. mass,** Hochamt *n;* **H. Church,** Hochkirche *f;* **h. tea,** frühes Abendbrot *n* (zu dem Tee serviert wird); *F:* **h. days and holidays,** Fest- und Feiertage *mpl.* **5.** *F:* **it's h. time he started school,** es ist höchste Zeit, daß er in die Schule kommt. **6.** (*a*) *Cu:* (*of meat*) angegangen; (*b*) *F:* (*of pers. on drugs*) high; berauscht. **7. h. and dry,** (*i*) (*of ship*) gestrandet; (*ii*) (*abandoned*) einsam und verlassen. **8.** (*of pers.*) **in h. spirits,** vergnügt; (*exuberant*) übermütig; *Sch:* **a h. flyer,** ein begabter Schüler *m.* **9.** *Mec. E:* **h. gearing/ratio,** kleine Übersetzung *f;* **-ly,** *adv.* **1. to think h. of s.o.,** j-n sehr schätzen. **2. h. amusing,** höchst amüsant; **h. paid,** sehr gut bezahlt. **3. h. strung,** nervös. **II.** *adv.* **1.** hoch; **to search h. and low for sth.,** etwas an allen Ecken und Enden suchen; **to aim h.,** hoch hinauswollen. **2.** (*at sale*) **to go as h. as £2000,** bis zu £2000 gehen. **3. feelings ran h.,** die Gemüter erhitzten sich. **III.** *s.* **1.** *Meteor:* (*a*) Hoch *n;* (*b*) *N. Am:* **highs,** Höchsttemperaturen *fpl.* **2.** (*of prices etc.*) *F:* **all-time h.,** absoluter Rekord. **´high-**

brow. I. *s.* High-brow *m.* **II.** *adj.* (*of pers.*) hochintellektuell. ´**high-**´**geared,** *adj. Mec. E:* mit kleiner Übersetzung, niedertourig. ´**high-**´**handed,** *adj.* anmaßend. ´**high-**´**heeled,** *adj.* mit hohen Absätzen. ´**high-lands,** *spl.* **the H. of Scotland,** das Schottische Hochland. ´**highlander,** *s.* (schottischer) Hochländer *m.* ´**high-**´**level,** *attrib. adj.* (Besprechung usw.) auf höchster Ebene. ´**highlight. I.** *s.* **1.** (*in hair*) helle Strähne *f;* Highlight *m.* **2.** Höhepunkt *m* (von etwas); Glanznummer *f* (einer Show). **II.** *v.tr.* (etwas) hervorheben. ´**high-**´**minded,** *adj.* edelsinnig. ´**Highness,** *s.* His H., Seine Hoheit *f.* ´**high-**´**pitched,** *adj.* **1.** (*of voice*) hoch; (*of scream*) schrill. **2.** **h.-p.** **roof,** steiles Dach. ´**high-**´**powered,** *adj.* (*a*) (*of engine etc.*) stark, Hochleistungs-; (*b*) *F:* (Besprechung usw.) auf hoher Ebene. ´**high-**´**pressure,** *adj.* Hochdruck ; *Com:* **h.-p.** **salesman,** dynamischer Vertreter. ´**high-**´**ranking,** *adj.* ranghoch. ´**high-**´**revving,** *adj.* (*of engine*) hochtourig. ´**high-rise,** *adj.* **h.-r.** **building,** Hochhaus *n;* **h.-r.** **flats,** Wohntürme *mpl.* ´**highroad,** *s.* Hauptstraße *f.* ´**high-**´**speed,** *adj.* (*a*) Schnell-; (*of engine*) hochtourig; *Cu:* **h.-s.** **ring,** Schnellkochplatte *f;* **Rail:** **h.-s.** **train,** Schnelltriebwagen *m;* **Tls:** **h.-s.** **drill,** Schnellbohrer *m;* **Dent:** Turbine *f;* (*b*) *Phot:* hochempfindlich. ´**high-**´**spirited,** *adj.* übermütig; (*of horse*) feurig. ´**high-**´**tension,** (*abbr.* **HT**) *adj.* **El:** Hochspannungs-. ´**high-**´**waisted,** *adj.* **Cl:** mit hoher Taille. ´**highway,** *s.* Landstraße *f; N. Am:* Schnellstraße *f;* **the H. Code,** die Straßenverkehrsordnung. ´**highwayman,** *pl.* **-men,** *s.* Wegelagerer *m.*

hijack [´haidʒæk], *v.tr.* (ein Flugzeug usw.) entführen. ´**hijacker,** *s.* Hijacker *m;* (*of aircraft*) Luftpirat *m.* ´**hijacking,** *s.* Entführung *f* (eines Flugzeuges usw.).

hike [haik]. **I.** *s.* Wanderung *f.* **II.** *v.i.* wandern. ´**hiker,** *s.* Wanderer *m.* ´**hiking,** *s.* Wandern *n.*

hilarious [hi´lɛəriəs], *adj.* (*of joke, situation etc.*) urkomisch; *F:* **it was h.,** es war zum Totlachen. **hilarity** [-´læriti], *s.* Gelächter *n.*

hill [hil], *s.* **1.** Hügel *m;* (*high*) Berg *m;* **up h. and down dale,** bergauf und bergab. **2.** (*incline*) Steigung *f; P.N:* **steep h.,** starke Steigung *f;* (*drop*) starkes Gefälle *n.* ´**hillclimb,** *s. Aut:* Bergrennen *n.* ´**hillock,** *s.* Anhöhe *f.* ´**hillside,** *s.* Hang *m.* ´**hilly,** *adj.* hügelig; **h. route,** hügelige Strecke.

hilt [hilt], *s.* Griff *m* (eines Schwertes usw.); *Fig:* **to the h.,** voll und ganz.

him [him], *pers. pron. object.* **1.** (*a*) (*acc*) ihn; **I love h.,** ich liebe ihn; **for h.,** für ihn; (*b*) (*dat*) ihm; **give h. this,** gib ihm das; **I went to h.,** ich ging zu ihm. **2.** (*refl.*) **he had no money on h.,** er hatte kein Geld bei sich; **he took his luggage with h.,** er nahm sein Gepäck mit. **3.** *F:* **it's h.,** er ist es. **him**´**self,** *pers. pron.* (*a*) selbst; **he said so h.,** er hat es selbst gesagt; (*b*) (*refl.*) sich *dat & acc;* **he hurt h.,** er hat sich verletzt; **he's talking to h.,** er redet mit sich selber; **he was beside h.,** er war außer sich; (*c*) **by h.,** allein; **he is not h.,** er ist nicht ganz auf der Höhe; **he is h. again,** er ist wieder der alte.

hind[1] [haind], *adj.* **h. leg,** Hinterbein *n;* (*of horse etc.*) **h. quarters,** Hinterhand *f.* ´**hindmost,** *adj.* **the h.,** der/die Letzte. ´**hindsight,** *s.* verspätete Einsicht *f;* **with h.,** rückblickend.

hind[2], *s.* Hirschkuh *f.*

hinder [´hindər], *v.tr.* (*a*) (j-n, etwas) hindern; (eine Entwicklung) hemmen; (*b*) (*prevent*) **to h. s.o. from doing sth.,** j-n davon abhalten, etwas zu tun. ´**hindrance,** *s.* Hindernis *n.*

Hindi [´hindi:], *s. Ling:* Hindi *n.* **Hindu** [hin´du:]. **I.** *s.* (*pers.*) Hindu *m.* **II.** *adj.* Hindu-. ´**Hinduism,** *s.* Hinduismus *m.*

hinge [hindʒ]. **I.** *s.* Scharnier *n;* (*large*) Angel *f* (einer Tür usw.). **II.** *v.i.* abhängen (**on sth.,** von etwas *dat*). ´**hinged,** *adj.* mit Scharnieren; **to be h. at the top,** die Scharniere oben haben.

hint [hint]. **I.** *s.* **1.** (*a*) Wink *m; F:* **a broad h.,** ein Wink mit dem Zaunpfahl; **to give s.o. a h.,** j-m einen Fingerzeig geben; **to drop a h.,** eine Andeutung fallen lassen; (*b*) (*tip*) Hinweis *m;* (*c*) *F:* (*sign*) Spur *f;* **not a h. of rain,** keine Spur von Regen. **II.** *v.i.* **to h. at sth.,** auf etwas *acc* anspielen.

hip [hip], *s.* **1.** Hüfte *f; Dressm:* **hips,** Hüftweite *f;* **h. pocket,** Gesäßtasche *f; Anat:* **h. joint,** Hüftgelenk *n.* **2.** *Constr:* Walm *m.* ´**hipbath,** *s.* Sitzbad *n.* ´**hip-**´**roof,** *s. Constr:* Walmdach *n.* ´**hipster,** *adj.* **h. trousers,** Hüfthose *f.*

hippopotamus, *pl.* **-muses, -mi** [hipə´pɔtəməs, -masiz, -mai], *s. Z:* Nilpferd *n.*

hire [´haiər]. **I.** *s.* (*action*) Verleih *m,* Vermietung *f;* (*amount*) Miete *f;* **to have the h. of a car,** ein Auto gemietet haben; **h. car,** Mietwagen *m;* **for h.,** zu mieten; (*of taxi*) frei; *Com: Fin:* **h. purchase,** Ratenkauf *m;* **to buy sth. on h. purchase,** etwas auf Raten/Abzahlung kaufen. **II.** *v.tr.* (*a*) (ein Auto, einen Saal usw.) mieten; (Arbeiter usw.) einstellen; (*b*) **to h. out,** (ein Auto, ein Boot usw.) verleihen, vermieten.

his [hiz]. **I.** *poss. adj.* sein(e); **h. master,** sein Herr; **h. wife,** seine Frau; **h. friends,** seine Freunde; **he hurt his hand,** er hat sich die Hand verletzt. **II.** *poss. pron.* seiner, seine, seines; *pl.* seine; **this is h.,** das ist seins; das gehört ihm; **he took my pencil and h.,** er nahm meinen und seinen Bleistift; **this book is h.,** das ist sein Buch; **a friend of h.,** ein Freund/eine Freundin von ihm.

hiss [his]. **I.** Zischen *n.* **II.** *v.tr. & i.* zischen; **to h. (at) an actor/a play,** einen Schauspieler/ein Stück auszischen.

history [´hist(ə)ri], *s.* **1.** Geschichte *f;* **h. book,** Geschichtsbuch *n; F:* **that's ancient h.,** das war einmal/ist schon längst vorüber. **2.** **natural h.,** Naturgeschichte *f.* **historian** [-´tɔ:riən], *s.* Historiker(in) *m(f).* **historic** [-´tɔrik], *adj.* historisch; **of h. interest,** von historischer Bedeutung. **his**´**torical,** *adj.* geschichtlich; **h. novel,** historischer Roman.

hit [hit], *v.tr.* (*p. & p.p.* **hit,** *pres. p.* **hitting**) (*a*) (j-n) schlagen; **to h. s.o. a blow,** j-m einen Schlag versetzen; (*b*) (j-n, etwas) treffen; **a stone h. him,** ein Stein traf ihn; **to h. one's head/elbow etc. on sth.,** sich *dat* den Kopf/den Ellbogen usw. an etwas *acc* stoßen; **the car h. a tree,** das Auto fuhr gegen einen Baum; *Fig:* **hard h. by financial losses,** durch finanzielle Verluste schwer getroffen; (*c*) *F:* **you've h. it!** you've h. **the nail on the head!** du hast den

Nagel auf den Kopf getroffen! *F:* **to h. the road,** sich auf den Weg machen. **II.** *s. (a)* Schlag *m,* Hieb *m;* **direct h.,** Volltreffer *m; (b) F: (song, play)* Hit *m;* Schlager *m.* ´**hit-and-**´**run,** *adj.* **h.-a.-r.** *driver,* flüchtiger Fahrer; **h.-a.-r.** *accident,* Unfall *m* mit Fahrerflucht. ´**hit** ´**back. 1.** *v.tr.* (einen Ball usw.) zurückschlagen. **2.** *v.i.* sich verteidigen. ´**hit** ´**off,** *v.tr.* **to h. it off with s.o.,** mit j-m gut auskommen. ´**hit** ´**on,** *v.tr.* **to h. on an idea,** auf eine Idee kommen. ´**hit-or-**´**miss,** *adj.* planlos, willkürlich. ´**hit** ´**out,** *v.i.* losschlagen (**at s.o.,** auf j-n); *Fig:* **to h. o. at s.o., sth.,** über j-n, etwas *acc* herziehen.

hitch [hitʃ]. **I.** *s.* Störung *f;* **to go without a h.,** reibungslos/ *F:* wie geschmiert gehen; *Rad: TV: etc:* **technical h.,** Panne *f.* **II.** *v.tr. (a)* **to h. sth. (on) to sth.,** etwas an etwas *acc* festhaken; (einen Wagen an einen Zug) ankuppeln; *(b)* **to h. (up) one's trousers,** sich *dat* die Hose hochziehen; *(c) F:* **to h. a ride,** sich mitnehmen lassen. ´**hitch-hike,** *v.i.* trampen, per Anhalter fahren. ´**hitch-hiker,** *s.* Tramper *m.*

hive [haiv]. **I.** *s.* **(bee)h.,** Bienenkorb *m; Fig:* **this is a h. of industry,** hier wird mit Bienenfleiß gearbeitet. **II.** *v.tr.* **to h. off part of sth.,** einen Teil von etwas *dat* abtrennen.

hoard [hɔːd]. **I.** *s.* Hort *m;* **h. of money,** gehortetes Geld; **h. of arms,** verborgenes Waffenlager. **II.** *v.tr.* (Vorräte usw.) horten, hamstern. ´**hoarder,** *s.* Hortende(r) *f(m); F:* Hamsterer *m* (von Vorräten).

hoarding [´hɔːdiŋ], *s. Constr:* Bauzaun *m;* **advertisement h.,** Reklamewand *f.*

hoar-frost [´hɔːˈfrɔst], *s.* Rauhreif *m.*

hoarse [hɔːs], *adj* heiser. ´**hoarseness,** *s.* Heiserkeit *f.*

hoax [həuks], *s.* Streich *m, (joke)* Scherz *m, (false alarm)* blinder Alarm *m; (false report)* Ente *f.*

hob [hɔb], *s. (A:* Kamineinsatz *m; (b)* **(cooker) h.,** Kochmulde *f.*

hobble [´hɔbl]. **1.** *v.i.* humpeln. **2.** *v.tr* (einem Pferd usw.) Fußfesseln anlegen.

hobby [´hɔbi], *s.* Hobby *n,* **h. horse,** Steckenpferd *n.*

hobnailed [´hɔbneild], *adj. (of boots)* genagelt.

hobnob [´hɔbnɔb], *v.i. (p. & p.p.* **hobnobbed)** *F:* **to h. with s.o.,** mit j-m gut Freund sein; **to h. with the great,** in prominenten Kreisen verkehren.

hobo, *pl.* **-os** [´həubəu, -əuz], *s. N. Am: F:* Landstreicher *m.*

hock[1] [hɔk], *s. Z:* Sprunggelenk *n.*

hock[2], *s. (wine)* (weißer) Rheinwein *m.*

hockey [´hɔki], *s. Sp:* Hockey *n;* **h. stick,** Hockeyschläger *m.*

hod [hɔd], *s. (for bricks, mortar)* Tragmulde *f;* **coal h.,** Kohlenschütte *f.*

hoe [həu]. **I.** *s. Hort: Agr:* Hacke *f.* **II.** *v.tr. & i. (p. & p.p.* **hoed)** (den Boden, Unkraut) hacken.

hog [hɔg]. **I.** *s.* **1.** *(pig)* Schwein *n; Fig:* **to go the whole h.,** aufs Ganze gehen. **2.** *(pers.) F:* Vielfraß *m.* **II.** *v.tr. (p. & p.p.* **hogged)** *F:* **to h. sth.,** auf etwas *dat* sitzen; **to h. the limelight,** den Ruhm einheimsen.

Hogmanay [´hɔgmənei], *s. Scot:* Silvester *m.*

hoist [hɔist]. **I.** *s.* Lastenaufzug *m.* **II.** *v.tr. (a)*

(eine Fahne, Flagge) hissen; *(b)* **to h. sth. (up),** etwas hochziehen.

hold[1] [həuld]. **I.** *v. (p. & p.p.* **held). 1.** *v.tr. (a)* (j-n, etwas) halten; (Haare) zusammenhalten; **to h. sth. tight/in position,** etwas festhalten; **to h. oneself in readiness,** sich bereit halten; **to h. oneself upright,** sich geradehalten; **to h. s.o. to his word,** j-n beim Wort nehmen; *(b)* **to h. one's ground (against s.o.),** (j-m) nicht nachgeben; **to h. one's own,** sich behaupten; **to h. one's drink,** trinkfest sein; *(of car)* **to h. the road well,** eine gute Straßenlage haben; *Tel:* **h. the line!** bleiben Sie am Apparat!; *Hum:* **to h. the fort,** die Stellung halten; *(c) (contain)* fassen; **the jug holds two litres,** der Krug faßt zwei Liter; **that doesn't h. water,** (i) *(of jug etc.)* das ist nicht wasserdicht; (ii) *Fig: (of theory etc.)* das ist nicht haltbar; *Fig:* **what the future holds in store,** was die Zukunft bringt; *(d) (conduct)* (eine Sitzung, Ausstellung usw.) abhalten; (ein Fest usw.) veranstalten; *(e)* (den Atem) anhalten; **h. your tongue!** halt den Mund! **there was no holding him,** nichts konnte ihn zurückhalten; **h. it!** halt! Moment! *(f) (consider)* **to h. s.o. responsible,** j-n verantwortlich machen; **to h. (the view) that . . .,** die Meinung vertreten, daß . . .; **to h. strong views,** feste Überzeugungen haben; **to h. a person in great esteem,** j-n hochachten; **to h. s.o.'s attention,** j-s Aufmerksamkeit fesseln; *F:* **we left him holding the baby,** wir haben ihm die Verantwortung zugeschoben; *(g) (possess)* (einen Titel, Land, Aktien) haben; **to h. an office,** ein Amt bekleiden. **2.** *v.i. (a) (of glue, rope etc.)* halten; **to h. fast,** festhalten; *(b) (of weather)* anhalten; **to h. good (for sth.),** (für etwas *acc)* gelten. **II.** *s.* Halt *m,* **to lose one's h.,** den Halt verlieren; **to have a firm h. on sth.,** etwas fest in der Hand haben; **to have a h. over s.o.,** j-n in seiner Hand haben; **to take h. on oneself,** sich fassen; **to take h. of sth.,** etwas fassen; **to let go one's h.,** loslassen; *F:* **to get h. of sth.,** etwas auftreiben; **to get h. of s.o., (on phone etc.)** j-n erreichen. ´**hold-all,** *s.* Reisetasche *f.* ´**hold** ´**back,** *v.* **1.** *v.tr.* (etwas) zurückhalten. **2.** *v.i.* sich zurückhalten. ´**holder,** *s.* **1.** *(pers.)* Inhaber *m* (einer Karte, Lizenz); Träger *m* (eines Titels usw.). **2.** *(device)* Halter *m.* ´**hold** ´**down,** *v. (a)* (Preise usw.) niedrighalten; **to h. d. a job,** sich in einer Stellung bewähren. ´**hold** ´**forth,** *v.i.* **to h. f. on a subject,** sich über ein Thema verbreiten; *(of speaker)* über etwas *acc* dozieren. ´**holding,** *s. (a) Fin:* Besitz *m* (von Aktien usw.); *Com:* **h. company,** Holdinggesellschaft *f; (b) Agr:* **(small)h.,** (kleines) Gut *n.* ´**hold** ´**off,** *v.* **1.** *v.tr.* (den Feind) abwehren; (einen Hund usw.) zurückhalten. **2.** *v.i. (of rain etc.)* ausbleiben. ´**hold** ´**on,** *v.i.* **to h. on to sth.,** sich an etwas *dat* festhalten; **h. on!** (i) festhalten! (ii) *F:* (warten Sie) einen Augenblick; *Tel:* bleiben Sie am Apparat! ´**hold** ´**out,** *v.* **1.** *v.tr.* (etwas) hinhalten. **2.** *v.i. (of pers.)* durchhalten. ´**hold** ´**up,** *v.* **1.** *v.tr. (a)* (den Kopf) hochhalten; (die Hand usw.) hochheben; *Fig:* **to h. s.o. up as a model,** j-n als Vorbild hinstellen; **to h. s.o. up to ridicule,** j-n lächerlich machen; *(b) (delay)* (den Verkehr usw.) aufhalten; *(c) (of robber)* (j-n) überfallen. **2.** *v.i. (of story, evidence)* stichhaltig sein; (of weather) sich halten. 'hold-up, s. 1. Stockung f (des Verkehrs usw.). 2. Überfall m (auf j-n, eine, Bank usw.).

hold², s. Laderaum m (eines Schiffes).

hole [houl]. I. s. Loch n; (a) Bau m (eines Fuchses usw.); (b) F: to be in a h., in der Klemme sitzen; F: (of place) what a miserable h., was für ein elendes Loch; (c) Med: F: h. in the heart, Loch n in der Herzkammerscheidewand; (d) Civ. E: inspection h., Einsteigeschacht m; (e) to wear a h. in one's trousers, seine Hose (durch vieles Tragen) durchwetzen. II. v.tr. (etwas) durchlöchern. 'hole 'out, v.i. Golf: den Ball ins Loch bringen.

holiday ['holidei], s. (a) (day) (public) h., Feiertag m; to take a h., (i) sich dat einen Tag frei nehmen; (ii) Urlaub machen; (b) (period) Urlaub m; (esp. school) holidays, Ferien pl; a month's h., ein Monat Urlaub/Ferien; on h., auf Urlaub; to go on h., auf Urlaub/in die Ferien fahren; h. camp, (for children) Ferienlager n; (permanent) Holidaycamp n; h. season, Ferienzeit f. 'holidaymaker, s. Urlauber m.

Holland ['holənd]. Pr. n. Geog: Holland n.

hollow ['holəu]. I. adj. 1. hohl. 2. (of sound) hohl, dumpf. 3. (of promise etc.) leer. II. adv. 1. to sound h., hohl klingen. 2. F: to beat s.o. h., j-n haushoch besiegen. III. s. (a) Höhle f; Hohlraum m; in the h. of one's hand, in der geöffneten Hand; (b) Mulde f (in einer Landschaft). IV. v.tr. to h. sth. (out), etwas aushöhlen.

holly ['holi], s. Bot: Stechpalme f.

hollyhock ['holihok], s. Bot: Stockrose f.

holocaust ['holəko:st], s. Massenvernichtung f; esp. (fire) Brandkatastrophe f.

holster ['houlstər], s. Pistolentasche f.

holy ['houli], adj. heilig; h. water, Weihwasser n; H. Week, Karwoche f; Fig: holier than thou, selbstgefällig. 'holiness, s. Heiligkeit f.

homage ['homidʒ], s. Huldigung f; to pay h. to s.o., j-m huldigen.

home [houm]. I. s. 1. (a) Heim n; to have a h. of one's own, ein eigenes Heim/Zuhause haben; (b) at h., zu Hause, bei sich dat; I'm not at h. for anyone, ich bin für niemanden zu sprechen; make yourself at h., fühlen Sie sich wie zu Hause; at h. and abroad, im In- und Ausland; Fig: he's at h. with figures, er weiß mit Zahlen umzugehen; she feels at h. with him, sie fühlt sich wohl bei ihm; Fb: etc: to play at h., auf eigenem Platz spielen. 2. (birthplace) Heimat f; h. country, (ii) Heimatland n. 3. (institution or place) Heim n; old people's h., Altersheim n. II. adv. 1. nach Hause; to go h., (i) (house) nach Hause gehen; (ii) (country) in die Heimat zurückkehren; F: nothing to write h. about, nichts Aufregendes. 2. (a) Fig: the remark went h., die Bemerkung hat gesessen; to bring sth. h. to s.o., j-m etwas anschaulich machen; (b) to push sth. h., etwas ganz hineindrücken. III. adj. 1. h. circle, Familienkreis m; h. address, Privatadresse f; the h. counties, die London umgebenden Grafschaften fpl; h. economics, Hauswirtschaft f; h. help, Haushaltsgehilfin f; h. port, Heimathafen m; Sp: h. game, Heimspiel n; the h. ground, der

eigene Platz; Fig: h. truth, ungeschminkte Wahrheit. 2. h. affairs, innere Angelegenheiten fpl; h. trade, Binnenhandel m; Brit: the H. Office, Innenministerium n; the H. Secretary, Innenminister m. 'home-'brewed, adj. selbstgebraut. 'homecomer, s. Heimkehrer m. 'homecoming, s. Heimkehr f. 'homeland, s. Heimatland n. 'homeless, adj. obdachlos. 'homely, adj. 1. (of house, pers.) gemütlich; (of food) bürgerlich. 2. N. Am: (of pers.) unscheinbar. 'home-'made, adj. (of food) hausgemacht; (of object) selbstgemacht; (amateurish) (selbst)gebastelt. 'homesick, adj. she's h., sie hat Heimweh. 'homesickness, s. Heimweh n. 'homestead, s. Gehöft n. 'homewards, adv. heimwärts; to hurry h., nach Hause eilen. 'homework, s. Sch: Hausaufgaben fpl.

homeopath ['houmiəpæθ], s. Med: Homöopath(in) m(f).

homicide ['homisaid], s. Totschlag m; (murder) Mord m. homi'cidal, adj. mörderisch.

homing ['houmiŋ], adj. (a) heimkehrend; h. pigeon, Brieftaube f; (b) Mil: etc: zielansteuernd; h. device, Zielfluggerät n.

homogeneous [homəu'dʒi:niəs], adj. homogen.

homogenize [ho'mədʒənaiz], v.tr. (Milch) homogenisieren.

homosexual [homəu'seksjuəl]. I. adj. homosexuell. II. s. Homosexuelle(r) m.

hone [houn], s. (a) Wetzstein m; (b) Metalw: Honwerkzeug n.

honest ['onist], adj. aufrichtig; (of pers., intentions) ehrlich; an h. attempt, ein redlicher Versuch; an h. opinion, eine offene Meinung; the h. truth, die reine Wahrheit; -ly, adv. ehrlich; int: h.! na wirklich! 'honesty, s. Ehrlichkeit f.

honey ['hʌni], s. 1. Honig m. 2. F: (pers.) Liebling m; Engel m. 'honey-bee, s. Ent: Honigbiene f. 'honeycomb, s. Honigwabe f. 'honeyed, adj. h. words, zuckersüße Worte. 'honeymoon, s. (period) Flitterwochen fpl; (trip) Hochzeitsreise f. 'honeysuckle, s. Bot: Geißblatt n.

honorary ['onərəri], adj. (of position) ehrenamtlich; h. member, Ehrenmitglied n; Univ: h. doctorate, Ehrendoktorat n.

honour ['onər]. I. s. 1. Ehre f; seat/place of h., Ehrenplatz m; point of h., Ehrensache f; in s.o.'s h., zu j-s Ehren; to feel in h. bound to do sth., sich verpflichtet fühlen, etwas zu tun; word of h., Ehrenwort n; on my h.! bei meiner Ehre! 2. Auszeichnung f; to carry off the honours, die Lorbeeren davontragen; honours list, (i) Univ: Liste f der erreichten akademischen Grade; (ii) Liste f der Ehrentitelverleihungen. 3. to do the honours, die Honneurs machen. 4. Your H., (addressing judge) Euer Gnaden; (addressing mayor) Herr Bürgermeister. II. v.tr. (a) (j-n) ehren; to h. s.o. with one's confidence, j-n mit seinem Vertrauen beehren; I feel very honoured, ich fühle mich sehr geehrt; (b) Com: to h. a bill, einen Wechsel akzeptieren. 'honourable, adj. ehrenhaft; the H. . . . (abbr. the Hon.), der Ehrenwerte . . .

hooch [hu:tʃ], s. N. Am: P: Fusel m.

hood [hud], s. 1. (a) Cl: Kapuze f; (b) Z: Orn:

Haube f. 2. Aut: (a) Klappverdeck n; (b) N. Am: Kühlerhaube f.

hoodlum ['hu:dləm], s. Rowdy m.

hoodwink ['hudwiŋk], v.tr. (j-n) reinlegen.

hoof, pl. -s, **hooves** [hu:f, -s, hu:vz]. I. s. Huf m. II. v.tr. P: **to h. it**, latschen. **'hoofed**, adj. **h. animal**, Huftier n.

hook [huk]. I. s. Haken m; (a) **(fish-)h.**, Angelhaken m; F: **to swallow sth. h., line and sinker**, eine Geschichte mit Haut und Haaren schlucken; **by h. or by crook**, auf Biegen oder Brechen; Box: **left/right h.**, linker/rechter Haken. II. v.tr. (a) **to h. sth. to sth.**, etwas an etwas acc festhaken; **to h. up a dress**, ein Kleid zuhaken; F: El: **not hooked up**, nicht angeschlossen; (b) (einen Fisch usw.) angeln; F: (of man) **to get hooked**, (von einer Frau) geangelt werden. **'hooked**, adj. (a) **h. nose**, Hakennase f; (b) F: **to be h. on sth.**, etwas dat verfallen sein. **'hook-up**, s. Rad: TV: Gemeinschaftsschaltung f; (programme) Ringsendung f.

hooligan ['hu:ligən], s. Rowdy m. **'hooliganism**, s. Rowdytum n.

hoop [hu:p], s. Reifen m **'hoopla**, s. (at fair) Ringwerfen n.

hoot [hu:t]. I. v. 1. v.i. (a) (of owl etc.) rufen; (of pers.) **to h. with laughter**, schallend lachen; (b) Aut: hupen; (of siren) heulen; (c) Th: etc: **to h. at s.o., sth.**, j-n, etwas auspfeifen. II. s. 1. Rufen n (einer Eule); Heulen n (einer Sirene); Hupen n (eines Autos); **hoots of laughter**, schallendes Gelächter. 2. F: **it's a h.!** es ist zum Schreien/zum Wiehern! **he's a h.!** er ist urkomisch! **'hooter**, s. Sirene f (einer Fabrik); Aut: A: Hupe f.

hoover ['hu:vər]. I. s. R.t.m. Staubsauger m. II. v.tr. & i. (den Teppich usw.) saugen.

hop[1] [hop], s. Bot: Hopfen m. **'hop-picking**, s. Hopfenpflücken n.

hop[2]. I. s. 1. Hüpfer m; kleiner Sprung m; F: **to catch s.o. on the h.**, j-n unverhofft überraschen; Sp: **h., step and jump**, Dreisprung m. 2. Av: F: Katzensprung m. II. v. (p. & p.p. **hopped** [hopt]) 1. v.i. hüpfen. 2. v.tr. F: **h. it!** hau ab! **'hopping**, adj. F: **h. mad**, wütend.

hope [həup]. I. v.tr. & i. hoffen; **to h. for sth.**, auf etwas acc hoffen; **to h. against h.**, verzweifelt hoffen; **I h. she will come**, hoffentlich kommt sie; (in letter) **hoping to hear from you**, ich hoffe auf baldige Nachricht; Com: in Erwartung Ihrer Nachricht. II. s. Hoffnung f; (prospect) Aussicht f; **no h. of success**, keine Aussicht auf Erfolg, F: Iron: **what a h.!** Pustekuchen! denkste! **'hopeful**. I. adj. hoffnungsvoll; **the situation is more h.**, die Aussichten sind jetzt besser. II. s. esp. Iron: **the young hopefuls**, der hoffnungsvolle Nachwuchs m; **-ly**, adv. 1. hoffnungsvoll. 2. esp. N. Am: hoffentlich; **h. he will have time to see us**, hoffentlich hat er Zeit, uns zu besuchen. **'hopefulness**, s. Zuversicht f. **'hopeless**, adj. hoffnungslos; (of situation) aussichtslos; (of disease) unheilbar; F: **he's h./a h. case**, er ist unverbesserlich; **-ly**, adv. **h. in love**, verliebt bis über beide Ohren; **h. outnumbered**, hoffnungslos unterlegen. **'hopelessness**, s. Hoffnungslosigkeit f.

hopper ['hopər], s. Ind: etc: Einfülltrichter m.

hopscotch ['hopskotʃ], s. Games: Himmel-und-Hölle-Spiel n.

horde [hɔ:d], s. Horde f.

horizon [hə'raiz(ə)n], s. Horizont m; **on the h.**, am Horizont.

horizontal [hori'zont(ə)l], adj. horizontal; Gym: **h. bar**, Reck n.

hormone ['hɔ:məun], s. Hormon n.

horn [hɔ:n], s. 1. (a) (of animal) Horn n; **(pair of) horns**, Gehörn n; Fig: **to take the bull by the horns**, den Stier bei den Hörnern packen; (b) (of insect) Antenne f; (of snail) Fühler m. 2. Mus: **(French) h.**, Horn n; **hunting h.**, Jagdhorn n. 3. Aut: Hupe f. **'horned**, adj. (of animal) gehörnt; **h. cattle**, Hornvieh n. **'horn-rimmed**, adj. **h.-r. spectacles**, Hornbrille f. **'horny**, adj. hornig.

hornet ['hɔ:nit], s. Ent: Hornisse f.

horoscope ['horəskəup], s. Horoskop n.

horrible ['horibl], adj. schrecklich, entsetzlich; F: **don't be h. to her**, sei nicht gemein zu ihr.

horrid ['horid], adj. scheußlich; **to be h. to s.o.**, j-n schlecht behandeln; **don't be so h.!** sei nicht so gemein!

horrify ['horifai], v.tr. (j-n) entsetzen; **I was horrified at the price**, ich war über den Preis entsetzt/empört. **ho'rrific**, adj. (a) gruselig; (b) (of conditions, price etc.) entsetzlich. **horror** ['horər], s. 1. Entsetzen n; **to my h.**, zu meinem Schrecken/meinem Entsetzen; **h. story**, Schauergeschichte f; **h. film**, Horrorfilm m. 2. (a) **the h. of war**, die Grauen pl des Krieges; **chamber of horrors**, Schreckenskammer f; (b) F: (child) **a little h.**, ein kleines Scheusal. **'horrorstricken, -struck**, adj. vor Schreck gelähmt; entsetzt.

horse [hɔ:s], s. 1. (a) Pferd n; **h. racing**, Pferderennen n; coll: der Turf; **h. show**, Pferde(leistungs)schau f; (with jumping) Reit- und Springturnier n; (b) Fig: (pers.) **a dark h.**, eine unbekannte Größe; **to get on one's high h.**, sich aufs hohe Roß setzen; F: **hold your horses!** Moment mal! 2. (a) Gym: Pferd n; (b) (clothes) **h.**, Trockengestell n. **'horseback**, s. **on h.**, zu Pferde. **'horsebox**, s. Pferdetransporter m. **'horse-chestnut**, s. Roßkastanie f. **'horsedealer**, s. Pferdehändler m. **'horse-drawn**, adj. von Pferden gezogen; **h.-d. carriage**, Pferdewagen m. **'horsefly**, s. Bremse f. **'Horse Guards**, s.pl. Mil: Gardekavallerie f. **'horsehair**, s. Roßhaar n. **'horseman**, s. Reiter m. **'horsewoman**, s. Reiterin f. **'horsemanship**, s. Reitkunst f. **'horseplay**, s. Herumalbern n. **'horsepower**, s. Meas: (abbr. **h.p.**) Pferdestärke f (abbr. PS). **'horseradish**, s. Meerrettich m; Aus: Kren m. **'horseshoe**, s. Hufeisen n. **'horsewhip**, s. große Peitsche f (des Fuhrmanns). **'hors(e)y**, adj. pferdenärrisch; **h. person**, Pferdenarr m.

horticulture ['hɔ:tikʌltʃər], s. Gartenbau m. **horti'cultural**, adj. Garten-; **h. show**, Gartenschau f.

hose [həuz]. I. s. 1. (hosepipe) Schlauch m. 2. Cl: Com: Strumpfwaren fpl. II. v.tr. (den Garten usw.) spritzen; **to h. down a car**, ein Auto abspritzen. **'hosiery**, s. Strumpfwaren fpl.

hospitable [hɔs'pitəbl], *adj.* gastfreundlich. **hospi'tality**, *s.* Gastfreundschaft *f.*

hospital ['hɔspitl], *s.* Krankenhaus *n; Mil:* Lazarett *n;* **h. ship,** Lazarettschiff *n.* '**hospitalize,** *v.tr.* (j-n) ins Krankenhaus einliefern; **to be hospitalized,** im Krankenhaus sein. **hospitali'zation,** *s.* Krankenhausaufenthalt *m.*

host[1] [həust], *s.* **1.** Gastgeber *m; (at pub etc.)* Gastwirt *m.* **2.** *Biol:* Wirt *m.* '**hostess,** *s.* *(a)* Gastgeberin *f; (b) (at night club etc.)* Hostess *f;* **air h.,** Stewardeß *f.*

host[2], *s. Ecc:* Hostie *f.*

host[3], *s. (large number)* (große) Menge, Unzahl *f.*

hostage ['hɔstidʒ], *s.* Geisel *f.*

hostel ['hɔstəl], *s. (a) (for students etc)* Heim *n; (b)* **youth h.,** Jugendherberge *f.* '**hostelry,** *s.* *A: & Hum:* Gasthaus *n.*

hostile ['hɔstail], *adj.* feindselig (**to,** gegen + *acc*); **h. forces,** feindliche Truppen. **hos'tility,** *s.* **1.** *(a) (enmity)* Feindschaft *f* (**to,** gegen); *(b) (animosity)* Feindseligkeit *f.* **2.** *pl. Mil:* Feindseligkeiten *fpl.*

hot [hɔt]. **I.** *adj.* **1.** *(a)* heiß; *(of water, meal etc.)* warm; **boiling h.,** kochend heiß; **h. tap,** Warmwasserhahn *m;* **I am h.,** mir ist heiß; *F:* **to get into h. water,** sich in die Nesseln setzen; *(b) F:* **h. and bothered,** aufgeregt; **h. air,** leeres Geschwätz *n; (c) Cu: (of food)* scharf. **2.** *Fig:* **to be h. on the trail/in h. pursuit of s.o.,** j-m dicht auf den Fersen sein; *Games:* **you're getting h.,** es wird wärmer; *Rac:* **h. favourite,** heißer Favorit; *Pol: F:* **h. line,** heißer Draht; **to be in the h. seat,** alles auf seine Kappe nehmen müssen. **3.** *(a)* **to have a h. temper,** jähzornig sein; *(b) F: (of pers.)* **to be h. on discipline,** auf Disziplin scharf sein; **he's not very h. on geography,** Geographie ist nicht seine Stärke; **she's pretty h. stuff,** sie ist ganz toll. **4.** *F:* **to make things too h. for s.o.,** es j-m unerträglich machen; **it got too h. for him,** der Boden wurde ihm zu heiß unter den Füßen. **5.** *P:* **h. car,** geklautes Auto. **6.** *F: Aut: (of engine)* frisiert. **II.** *v.tr. (p. & p.p. hotted)* **to h. sth. up,** (i) *(etwas)* wärmen, erhitzen; (ii) *Aut: F:* (einen Motor) frisieren. '**hotbed,** *s.* **1.** *Hort:* Frühbeet *n.* **2.** *Fig:* Brutstätte *f.* '**hot-'blooded,** *adj.* temperamentvoll. '**hot-'cross 'bun,** *s. Cu:* warmes Rosinenbrötchen (in der Karwoche). '**hot-'dog,** *s. Cu:* Hotdog *m.* '**hot'foot,** *adv.* schleunigst. '**hothead,** *s.* Hitzkopf *m.* '**hothouse,** *s. Hort:* Treibhaus *n.* '**hot-plate,** *s.* Wärmeplatte *f.* '**hotpot,** *s. Cu:* Eintopf *m.* **hot'rod,** *s. Aut:* Hotrod *n (altes Auto mit frisiertem Motor).* '**hot-'tempered,** *adj. (of pers.)* hitzig, jähzornig. '**hot-'water 'bottle,** *s.* Wärmflasche *f.*

hotchpotch ['hɔtʃpɔtʃ], *s.* Mischmasch *m.*

hotel [həu'tel], *s.* Hotel *n.* **ho'tel-keeper,** *s.* Hotelbesitzer *m.*

hound [haund]. **I.** *s.* Jagdhund *m; Hunt:* **(pack of) hounds,** Meute *f.* **II.** *v.tr.* (j-n, ein Tier) jagen.

hour ['auər], *s.* **1.** Stunde *f;* **h. by h.,** Stunde um Stunde; **on the h.,** zur vollen Stunde; **h. hand,** Stundenzeiger *m;* **to pay s.o. by the h.,** j-n stundenweise/pro Stunde bezahlen; **to wait for hours,** stundenlang warten; *F:* **to take hours over sth.,** eine Ewigkeit für etwas *acc* brauchen; **fifty miles/kilometres an h.,** fünfzig Meilen/Kilometer in der Stunde. **2.** **at this h.,** um diese Zeit; **office hours,** Dienststunden *fpl; Bürozeit *f;* **after (working) hours,** nach Dienstschluß *m;* **in the small hours,** in den frühen Morgenstunden. '**hour-glass,** *s.* Stundenglas *n.* '**hourly.** **I.** *adj.* stündlich; *(of train, bus etc.)* **h. service,** stündliche Verbindung. **II.** *adv.* stündlich, jede Stunde.

house, *pl.* **-ses** [haus, 'hauziz]. **I.** *s.* **1.** *(a)* Haus *n;* **at/in my h.,** bei mir; **to my h.,** zu mir; **to keep h. for s.o.,** j-m den Haushalt führen; **to set up h.,** einen eigenen Hausstand gründen; **to move h.,** umziehen; *attrib.* **h. arrest,** Hausarrest *m;* **h. party,** auf mehrere Tage eingeladene Gesellschaft *f;* **h. plant,** Zimmerpflanze *f; (b) Parl:* **the H. of Commons,** das Unterhaus; **the H. of Lords,** das Oberhaus; *(c)* **business h.,** Geschäftshaus *n; (d)* **public h.,** Wirtshaus *n;* **a drink on the h.,** ein Glas auf Kosten des Wirtes. **2.** *(family, dynasty)* **the H. of York,** das Haus York. **3.** *Th:* Zuschauerraum *m;* **h. full,** ausverkauft; *Cin:* **first h.,** erste Vorstellung *f.* **II.** *v.tr.* [hauz] (j-n, etwas) unterbringen; *(store)* (etwas) aufbewahren. '**house-agent,** *s.* Häusermakler *m.* '**houseboat,** *s.* Hausboot *n.* '**housebreaker,** *s.* Einbrecher *m.* '**housebreaking,** *s.* Einbruch *m.* '**housecoat,** *s. Cl:* Morgenrock *m.* '**housefly,** *s.* Stubenfliege *f.* '**houseful,** *s.* **we have a h.,** wir haben das Haus voll. '**household,** *s. (family)* Haushalt *m;* **h. word,** Alltagswort *n;* **his name is a h. word,** sein Name ist in aller Munde. '**householder,** *s.* Haushaltsvorstand *m.* '**house-hunting,** *s.* Haussuche *f.* '**housekeeper,** *s. (woman)* Haushälterin *f;* **my wife is a good h.,** meine Frau ist eine gute Hausfrau. '**housekeeping,** *s.* Hauswirtschaft *f;* **h. money/*F:* h.,** Haushaltsgeld *n.* '**housemaid,** *s.* Hausangestellte *f.* '**house-martin,** *s. Orn:* Mehlschwalbe *f.* '**houseman,** *s. Med:* Assistenzarzt *m.* '**housemaster,** *s. Sch:* Internatsleiter *m.* '**houseproud,** *adj.* **she is h.,** sie ist ein Putzteufel. '**houseroom,** *s.* **I wouldn't give that table h.,** den Tisch möchte ich nicht in meinem Haus haben. '**housewarming,** *s.* **h. party,** Einzugsfeier *f.* '**housewife,** *pl.* **-wives,** *s.* Hausfrau *f.* '**housework,** *s.* Hausarbeit *f.* '**housing** ['hauziŋ], *s.* **1.** *(a) coll.* Wohnungen *fpl;* Häuserbestand *m* (einer Stadt); **h. estate,** Wohnsiedlung *f;* **the h. problem,** das Wohnungsproblem *n; (b)* Unterbringung *f* (von Familien usw.). **2.** *Tchn:* Gehäuse *n.*

hovel ['hɔvl], *s.* Schuppen *m; F:* Bruchbude *f.*

hover ['hɔvər], *v.i. (a) (of hawk etc.)* rütteln; *(b) (of pers.)* (i) zögernd herumstehen; (ii) *(be undecided)* schwanken. '**hovercraft,** *s.* Luftkissenfahrzeug *n.*

how [hau], *adv.* **1.** wie; **h. are you?** wie geht es Ihnen? **h. do you do?** es freut mich/sehr erfreut (, Sie kennenzulernen); *F:* **h. come?** wie kommt das? **h. about it?** was hältst du davon? wie wär's damit? **h. about a drink?** wie wär's mit einem Drink? und **h.!** und ob! *(after adj.)* und wie! **2.** *(a)* **h. much,** wieviel; **h. many,** wie viele; *(b)* **h. I wish I could!** wenn ich doch nur könnte!

however [hau'evər]. **I.** *adv.* wie ... auch; **h.**

that may be, wie dem auch sei; **h. he does it,** wie er es auch macht; **h. good his work is,** wie gut seine Arbeit auch ist; **h. much it costs,** was es auch kostet. **II.** *conj.* (je)doch; dennoch; **he is not here, h. he will be back soon,** er ist nicht hier, aber er kommt bald wieder.

howl [haul]. **I.** *v.i.* heulen; (*of baby*) brüllen. **II.** *s.* Heulen *n.* ´**howler,** *s. F:* Schnitzer *m.* ´**howling. I.** *s.* (*of wind*) Heulen *n;* (*of animal*) Geheul *n.* **II.** *adj.* heulend; *F:* **a h. success,** ein toller Erfolg.

hub [hʌb], *s.* **1.** Nabe *f.* **2.** *Fig:* Mittelpunkt *m.* ´**hub-cap,** *s. Aut:* Radkappe *f.*

hubbub [´hʌbʌb], *s.* Tumult *m;* **h. of voices,** Stimmengewirr *n.*

hubby [´hʌbi], *s. F:* **my h.,** mein Männe *m*/Alter.

huddle [´hʌdl]. **I.** *v.i.* **to h. (together),** sich zusammendrängen; **to be huddled together,** dicht zusammengedrängt sein; **to be huddled up in a corner,** in einer Ecke kauern. **II.** *s.* Häufchen *n;* **in a h.,** dicht zusammengedrängt; *F:* **to go into a h.,** die Köpfe zusammenstecken.

hue[1] [hju], *s.* Farbton *m.*

hue[2], *s.* **h. and cry,** Lärm *m;* **to raise a h. and cry,** Lärm schlagen.

huff [hʌf], *s. F:* **to be in a h.,** die gekränkte Leberwurst spielen. ´**huffy,** *adj. F:* grantig.

hug [hʌg]. **I.** *v.tr.* (*p. & p.p.* **hugged**) (*a*) (j-n) umarmen; (*b*) *Aut:* **to h. the kerb,** sich dicht am Straßenrand halten. **II.** *s.* Umarmung *f.*

huge [hju:dʒ], *adj.* riesig; *esp. Fig:* enorm; -ly, *adv.* **h. enjoyable,** höchst unterhaltsam.

hulk [hʌlk], *s.* **1.** *Nau:* Hulk *f.* **2. a h. of a man,** ein Hüne *m.* ´**hulking,** *adj.* ungeschlacht.

hull [hʌl], *s. Nau:* Rumpf *m.*

hullo [hʌ´lou], *int.* = **hallo.**

hum [hʌm]. **I.** *v.* (*p. & p.p.* **hummed**) **I.** *v.i* summen; *Rad: etc:* brummen. **2.** *v.tr.* (eine Melodie) summen. **II.** *s.* Summen *n; Rad: etc:* Brummton *m.* ´**humming bird,** *s. Orn:* Kolibri *m.*

human [´hju:mən], *adj.* menschlich; **h. (being),** Mensch *m;* -ly, *adv.* **everything h. possible,** alles menschenmögliche. **humane** [hju:(´)mein], *adj.* (*a*) (*of methods etc.*) human; (*b*) (*of pers.*) menschlich. **humanitarian** [-´mæni´tɛəriən]. **I.** *s.* Menschenfreund *m.* **II.** *adj.* menschenfreundlich. **humanity** [-´mæniti], *s.* **1.** (*quality*) Menschlichkeit *f.* **2.** (*mankind*) die Menschheit. **3.** *pl. Sch:* Geisteswissenschaften *fpl.*

humble [´hʌmbl]. **I.** *adj.* (*a*) demütig; (*b*) (*of circumstances, house etc.*) ärmlich; bescheiden. **II.** *v.tr.* (j-n) demütigen. ´**humbleness,** *s.* Demut *f;* Bescheidenheit *f.*

humbug [´hʌmbʌg], *s.* **1.** Mumpitz *m.* **2.** (*sweet*) Pfefferminzbonbon *n.*

humdrum [´hʌmdrʌm], *adj.* eintönig.

humid [´hju:mid], *adj.* feucht; *Meteor:* humid. **hu´midifier,** *s.* (*on radiator*) Luftbefeuchter *m.* **hu´midify,** *v.tr.* (die Luft usw.) befeuchten. **hu´midity,** *s.* Feuchtigkeit *f, esp.* **(atmospheric) h.,** Luftfeuchtigkeit *f;* **degree of h.,** Feuchtigkeitsgrad *m.*

humiliate [hju:(´)milieit], *v.tr.* (j-n) erniedrigen. **humili´ation,** *s.* Erniedrigung *f.* **hu´mility,** *s.* Demut *f;* **with all h.,** demütig.

humour [´hju:mər]. **I.** *s.* **1.** Humor *m;* **to have a sense of h.,** Humor haben. **2.** (*state of mind*)

Laune *f;* **to be in a good/bad h.,** guter/schlechter Laune sein. **II.** *v.tr.* **to h. s.o.,** j-m seinen Willen lassen. ´**humorist,** *s.* Humorist *m.* ´**humorous,** *adj.* (*of pers.*) humorvoll; (*of writer*) humoristisch.

hump [hʌmp], *s.* Buckel *m;* (*of camel*) Höcker *m.* ´**humpbacked,** *adj.* (*of pers.*) bucklig.

humus [´hju:məs], *s. Hort:* Humus *m.*

hunch [hʌn(t)ʃ]. **I.** *v.tr.* (den Rücken) krümmen; (die Schultern) hochziehen; **to sit hunched up,** krumm sitzen. **II.** *s. F:* **I have a h. that . . . ,** ich habe so eine Ahnung, daß . . . ´**hunchback,** *s.* (*pers.*) Bucklige(r) *f(m).*

hundred [´hʌndrəd]. **I.** *num. adj.* hundert; **two h. apples,** zweihundert Äpfel; **a h. and one pounds,** einhundertundein Pfund; **a h. and twenty-eight,** einhundertachtundzwanzig; **a h. times,** hundertmal; **in 1900,** im Jahre 1900. **II.** *s.* **1.** (*unit*) Hundert *n;* **hundreds of people,** Hunderte von Menschen; *Cu:* (*for cake etc.*) **hundreds and thousands,** Liebesperlen *fpl.* **2.** Hundert *f;* **to live to be a h.,** es auf die Hundert bringen. ´**hundredth. I.** *adj.* hundertste(r). **II.** *s.* (*fraction*) Hundertstel *n.* ´**hundredweight,** *s. Meas:* Zentner *m.*

Hungarian [hʌŋ´gɛəriən]. **I.** *s.* **1.** Ungar(in) *m(f).* **2.** *Ling:* Ungarisch *n.* **II.** *adj.* ungarisch. **Hungary** [´hʌŋgəri]. *Pr. n. Geog:* Ungarn *n.*

hunger [´hʌŋgər], *s.* Hunger *m;* **h. strike,** Hungerstreik *m.* ´**hungry,** *adj.* hungrig; **to be h.,** Hunger haben, hungrig sein.

hunk [hʌŋk], *s.* (*bread*) Runken *m.*

hunt [hʌnt]. **I.** *s.* Jagd *f;* (*by police*) Fahndung *f* (**for,** nach + *dat*). **II.** *v.* **1.** *v.i.* (*a*) *Hunt:* (Wild) jagen; (*b*) **h. for sth.,** etwas eifrig suchen; (*c*) (*of engine*) unrund laufen. **2.** *v.tr.* (*a*) *Hunt:* (Wild) jagen; (*b*) **to h. a criminal, nach einem** Verbrecher fahnden. ´**hunter,** *s.* **1.** (*pers.*) Jäger *m.* **2.** (*horse*) Jagdpferd *n.* ´**hunt ´down,** *v.tr.* (*a*) (ein Tier) hetzen; (*b*) (einen Verbrecher) zur Strecke bringen. ´**hunting,** *s.* (*a*) Jagen *n;* Jagd *f;* **h. horn,** Jagdhorn *n;* **h. ground,** Jagdgrund *m;* *Fig:* **happy h. ground,** ertragreicher Boden; (*b*) **bargain h.,** Jagd *f* nach Gelegenheitskäufen. ´**hunt ´out,** *v.tr.* (etwas) aufstöbern. ´**huntsman,** *pl.* -**men,** *s.* Jäger *m.*

hurdle [´hə:dl], *s.* (*a*) *Sp: etc:* Hürde *f;* **100 metres hurdles,** 100-Meter-Hürdenlauf *m;* (*b*) (*obstacle*) Hindernis *n.* ´**hurdler,** *s. Sp:* Hürdenläufer *m.*

hurl [hə:l], *v.tr.* (etwas) schleudern (**at s.o., sth.,** gegen j-n, etwas *acc*); **to h. oneself at s.o.,** sich auf j-n *acc* stürzen; **to h. reproaches at s.o.,** j-m Vorwürfe an den Kopf werfen.

hurrah [hu´ra:], **hurray** [hu´rei]. **I.** *int.* hurra! **II.** *s.* Hurra *n.*

hurricane [´hʌrikən], *s. Meteor:* Orkan *m;* **h. lamp,** Sturmlaterne *f.*

hurry [´hari]. **I.** *v.* **1.** *v.tr.* (j-n) antreiben; (etwas) beschleunigen; **it's no use hurrying her,** es hat keinen Sinn, sie zur Eile zu treiben; **work that cannot be hurried,** eine Arbeit, zu der man Zeit braucht. **2.** *v.i.* (*a*) sich beeilen; **h. up!** beeile dich! (*b*) **to h. somewhere,** irgendwohin eilen; **to h. to s.o.'s help,** j-m zu Hilfe eilen. **II.** *s.* Eile *f;* **to be in a h.,** es eilig haben. ´**hurried,** *adj.* eilig; (*superficial*) flüchtig.

hurt [həːt], *v.* (*p. & p.p.* **hurt**) **1.** *v.tr.* (*a*) (*bodily*) (j-n, sich) verletzen, *Mil:* verwunden; **to h. one's foot,** sich *dat* den Fuß verletzen; **to get h.,** verletzt werden; (*b*) (*feelings*) (j-n) kränken; **to h. s.o.'s feelings,** j-s Gefühle verletzen. **2.** *v.i.* schmerzen; **does it h.?** tut es weh? 'hurtful, *adj.* schädlich (**to,** *dat*); (*of remark*) verletzend.

hurtle ['həːtl], *v.i.* sausen; **to h. along,** dahinsausen; **to h. down,** hinunterschießen, herunterstürzen.

husband ['hʌzbənd], *s.* Ehemann *m;* **my h.,** mein Mann; **h. and wife,** Mann und Frau.

hush [hʌʃ]. **I.** *v.* **1.** *v.tr.* (j-n) zum Schweigen bringen; **to h. a crying child,** ein weinendes Kind besänftigen; **to be hushed,** verstummen. **2.** *v.i.* verstummen. **II.** *s.* Schweigen *n.* **III.** *int.* sei ruhig! 'hush-'hush, *adj. F:* streng geheim. 'hush 'up, *v.tr.* (eine Sache) vertuschen.

husk [hʌsk], *s.* Hülse *f;* Spelze *f* (von Getreide); **rice in the h.,** ungeschälter Reis.

husky[1] ['hʌski], *adj.* heiser. 'huskiness, *s.* Heiserkeit *f.*

husky[2], *s.* (*dog*) Husky *m,* Eskimohund *m.*

hustle ['hʌsl]. **I.** *v.* **1.** *v.tr.* (*a*) (*push roughly*) (j-n) drängeln, *F:* schubsen; (*b*) (*hurry*) **to h. sth. on,** etwas vorantreiben. **2.** *v.i.* (*of pers.*) sich beeilen. **II.** *s.* Betriebsamkeit *f.*

hut [hʌt], *s.* Hütte *f.*

hutch [hʌtʃ], *s.* (**rabbit-)h.,** Kaninchenstall *m.*

hyacinth ['haiəsinθ], *s. Bot:* Hyazinthe *f.*

hybrid ['haibrid]. **I.** *s.* **1.** *Biol:* Hybride *f.* **2.** (*thing*) Mischling *m.* **II.** *adj.* **1.** *Biol:* hybrid. **2.** gemischter Herkunft.

hydrangea [hai'drein(d)ʒə], *s. Bot:* Hortensie *f.*

hydrant ['haidrənt], *s.* Hydrant *m.*

hydraulic [hai'drɔːlik], *adj.* hydraulisch; **h. brake,** Öldruckbremse *f.*

hydrochloric ['haidrəu'klɔrik], *adj. Ch:* **h. acid,** Salzsäure *f.*

hydroelectric ['haidrəui'lektrik], *adj.* hydroelektrisch; **h. power station,** Wasserkraftwerk *n.*

'hydroelec'tricity, *s.* Hydroelektrizität *f.*

hydrofoil ['haidrəufɔil], *s.* Tragflächenboot *n.*

hydrogen ['haidrədʒ(ə)n], *s. Ch:* Wasserstoff *m.*

hydrophobia [haidrəu'fəubjə], *s. Vet: Med:* Hydrophobie *f.*

hydroplane ['haidrəuplein], *s. Nau:* Gleitboot *n.*

hyena [hai'iːnə], *s. Z:* Hyäne *f.*

hygiene ['haidʒiːn], *s.* Hygiene *f.* **hy'gienic,** *adj.* hygienisch.

hymn [him], *s. Ecc: etc:* Kirchenlied *n;* **h.-book,** Gesangbuch *n.* **hymnal** ['himnəl], *s. Ecc:* Gesangbuch *n.*

hyper- ['haipə], *prefix* über-; **hypercritical,** *adj.* (*of pers.*) überkritisch; **hypersensitive,** *adj.* (*of pers.*) überempfindlich.

hypermarket ['haipəmɑːkit], *s.* Großmarkt *m.*

hyphen ['haif(ə)n], *s.* Bindestrich *m.* 'hyphenate, *v.tr.* (ein zusammengesetztes Wort) mit Bindestrich schreiben.

hypnosis [hip'nəusis], *s.* Hypnose *f.* 'hypnotism [-nətizm], *s.* Hypnotismus *m.* 'hypnotize [-nətaiz], *v.tr.* (j-n, ein Tier) hypnotisieren.

hypochondria [haipəu'kɔndriə], *s. Med:* Hypochondrie *f.* **hypo'chondriac.** *Med:* **I.** *s.* Hypochonder *m.* **II.** *adj.* hypochondrisch.

hypocrisy [hi'pɔkrisi], *s.* Heuchelei *f.* 'hypocrite [-əkrit], *s.* Heuchler *m.* **hypo'critical,** *adj.* heuchlerisch.

hypodermic [haipə'dəːrmik], *adj. & s. Med:* **h. (syringe),** Injektionsspritze *f;* **h. needle,** Injektionsnadel *f.*

hypotenuse [hai'pɔtinjuːz], *s. Mth:* Hypotenuse *f.*

hypothesis, *pl.* **-ses** [hai'pɔθisis, -siːz], *s. Phil: etc:* Hypothese *f.* **hypothetical** [haipə'θetikl], *adj.* theoretisch.

hysteria [his'tiəriə], *s. Psy: etc:* Hysterie *f.* **hysterical** [-'terikl], *adj. Psy: etc:* hysterisch. **hys'terics,** *s.pl.* hysterischer Anfall *m;* **to go into h.,** einen hysterischen Anfall bekommen; *F:* (*laughter*) **we were in h.,** wir haben uns gerollt vor Lachen.

I

I[1], **i** [ai], *s.* (der Buchstabe) I, i *n;* **to dot one's i's and cross one's t's,** peinlich genau sein.

I[2], *pers.pron.* ich; **it is I,** ich bin es; (*stressed*) **I'll do it,** ich mach das schon; **he and I are great friends,** ich bin mit ihm gut befreundet.

Iberian [ai'biəriən], *adj. Geog:* iberisch.

ibex ['aibeks], *s.* Steinbock *m.*

ice [ais]. **I.** *s.* Eis *n;* (*a*) **to put a bottle on i.,** eine Flasche auf Eis legen; **my feet are like i.,** ich habe eiskalte Füße; (*also Fig:*) **to break the i.,** das Eis brechen; *Fig:* **to skate on thin i.,** sich aufs Glatteis begeben; *F:* **that cuts no i. with me,** das läßt mich kalt; (*b*) **i. (cream),** Speiseeis *n,* Eis *n;* **two ices,** zwei Eis; (*c*) *Ind:* **dry i.,** Trockeneis *n;* (*d*) *attrib.* **i. axe,** Eispickel *m;* **i. floe,** Eisscholle *f; Sp:* **i. hockey,** Eishockey *n;* **i. rink,** Eisbahn *f;* **i. skating,** Schlittschuhlaufen *n.* **II.** *v.* **1.** *v.tr.* (*a*) **to i. a drink,** ein Getränk mit Eiswürfeln kühlen; (*b*) **to i. a cake,** einen Kuchen mit Zuckerguß überziehen. **2.** *v.i.* (*of window etc.*) **to i. up,** vereisen. 'ice-age, *s.* Eiszeit *f.* 'iceberg, *s.* Eisberg *m.* 'icebound, *adj.* (*of harbours etc.*) zugefroren; (*of ships etc.*) festgefroren. 'icebox, *s. N.Am:* Kühlschrank *m.*

'**ice-breaker**, s. Eisbrecher m. '**ice-cap**, s. Geog: Eiskappe f. '**ice-'cream**, s. Speiseeis n; Eis n. '**ice-cube**, s. Eiswürfel m. '**Icehouse**, s. it's like an i. in here, hier ist es wie im Eiskeller. '**icicle**, s. Eiszapfen m. '**iciness**, s. (eisige) Kälte f. '**icing**, s. 1. Eisbildung f. 2. Cu: Zuckerguß m. '**icy**, adj. (of room, hands etc.) eiskalt; (of wind, welcome etc.) eisig; i. road, vereiste Straße.

Iceland ['aislənd]. Pr.n. Geog: Island n. '**Icelander**, s. Isländer(in) m(f). **Ice'landic**. I. adj. isländisch. II. s. Ling: Isländisch n.

icon ['aikən], s. Ikone f.

idea [ai'diə]. 1. Idee f, Einfall m; **he is full of (good) ideas**, er steckt voller guter Einfälle; that's the i.! jetzt hast du es begriffen! to get ideas, auf Ideen kommen; the very i.! der bloße Gedanke! was fällt dir bloß ein! 2. (concept) (a) Vorstellung f; you have no i. how difficult it is, du kannst dir nicht vorstellen, wie schwer es ist; (b) Ahnung f; he hasn't the faintest i., er hat keine blasse Ahnung; I have an i. that it's Mozart, ich glaube, es könnte Mozart sein. 3. (intention) Absicht f; our i. is to sell it, wir beabsichtigen, es zu verkaufen; F: what's the big i.? was soll das (heißen)?

ideal [ai'di:əl]. I. adj. ideal. II. s. Ideal n; -ly, adv. im Idealfall. i'**dealist**, s Idealist(in) m(f). i'**dealize**, v.tr. (j-n, etwas) idealisieren.

identical [ai'dentik(ə)l], adj. identisch (with/to, mit + dat). **identifi'cation**, s. Identifizierung f. i'**dentify**, v. 1. v.tr. (a) (j-n, etwas) identifizieren; (b) to i. oneself, sich ausweisen. 2. v.i. (of pers.) to i. with s.o., sth., sich mit j-m, etwas dar identifizieren. i'**dentikit**, s. i. picture, Phantombild n. i'**dentity**, s. Identität f; i. card, Personalausweis m; mistaken i., Personenverwechslung f.

ideology [aidi'ɔlədʒi], s. Ideologie f. **ideo'logical**, adj. ideologisch.

idiom ['idiəm], s. Redewendung f; (fixed) i., (stehende) Redensart f. **idio'matic**, adj. idiomatisch; i. phrase, Redewendung f.

idiosyncrasy [idiəu'siŋkrəsi], s. persönliche Eigenart f.

idiot ['idiət], s. Idiot m. '**idiocy**, s. (a) Dummheit f; (b) Med: Idiotie f. **idiotic** [-'ɔtik], adj. idiotisch; don't be i.! sei nicht lächerlich!

idle ['aidl]. I. adj. 1. (a) (of pers.) untätig; (of worker) to be i., nicht arbeiten; (b) (of machines etc.) standing i., außer Betrieb; (c) Fin: capital lying i., nicht arbeitendes Kapital. 2. (lazy) faul. 3. sinnlos; it would be i. to pretend..., es wäre sinnlos vorzugeben, daß...; i. threats, leere Drohungen; out of i. curiosity, einfach aus Neugier. II. v.i. (a) (of pers.) faulenzen; (b) (of engine) leer laufen. '**idleness**, s. 1. Untätigkeit f. 2. Faulheit f. '**idler**, s. 1. Müßiggänger m; F: Faulpelz m. 2. Tchn: i. wheel, leer laufendes Rad. '**idling**, s. I.C.E: Leerlauf m; i. speed, Leerlaufdrehzahl f. '**idly**, adv. to stand i. by, müßig/untätig dastehen.

idol ['aidl], s. Idol n. '**idolize**, v.tr. (j-n) vergöttern; (einen Star) zum Idol machen.

idyll ['idil], s. Idylle f. i'**dyllic**, adj. idyllisch.

if [if]. I. conj. wenn. 1. (a) if I'm late, wenn/falls ich zu spät komme; sollte ich zu spät kommen; if I did/were to do that, wenn ich das täte/tun

würde; if not, wenn nicht; you'll only get five pence for it, if that, dafür bekommst du höchstens fünf Pence; go and see him, if only to please me, geh ihn besuchen, und sei es nur mir zuliebe; (b) if I were you I'd go there, ich an Ihrer Stelle würde hingehen; (c) if only I had known! wenn ich das bloß gewußt hätte! if only he comes in time, wenn er nur rechtzeitig kommt! (d) as if, als ob; as if I care! als ob es mir was ausmache! as if by chance, wie durch Zufall. 2. (concessive) pleasant weather, if rather cold, schönes Wetter, wenn auch ziemlich kalt. 3. (= whether) ob; do you know if he is at home? wissen Sie, ob er zu Hause ist? II. s. Hum: of this i., von dieser Sorte; it's a very big if, das ist noch sehr fraglich.

igloo ['iglu:], s. Iglu m & n.

ignite [ig'nait], v. 1. v.tr. (etwas) entzünden; I.C.E: (das Gemisch) zünden. 2. v.i. sich entzünden; (catch fire) Feuer fangen; I.C.E: (of mixture) zünden. **ignition** [-'niʃən], s. 1. Entzündung f. 2. Aut: Zündung f; i. key, Zündschlüssel m; i. timing, Zündeinstellung f.

ignoble [ig'nəubl], adj. unehrenhaft.

ignominious [ignə'miniəs], adj. schändlich; an i. defeat, eine blamable Niederlage. '**ignominy**, s. Schande f; Blamage f.

ignoramus [ignə'reiməs], s. Ignorant m.

ignorance ['ignərəns], s. Unkenntnis f (of sth., + gen); Unwissenheit f (on/about sth., über etwas acc); i. of the law is no excuse, Unkenntnis des Gesetzes schützt nicht vor Strafe; to keep s.o. in i. of sth., etwas vor j-m verbergen. '**ignorant**, adj. unwissend; to be i. of a fact, eine Tatsache nicht wissen. **ignore** [ig'nɔ:r], v.tr. (j-n, etwas) ignorieren; to i. an invitation, eine Einladung übergehen.

iik [ilk], s. Hum: of this i., von dieser Sorte.

ill [il]. I. adj. (a) krank; to fall i., krank werden; (b) (bad) schlecht; i. health, schlechte Gesundheit; i. effects, schädliche Auswirkungen; of i. repute, von üblem Ruf. II. s. Übel n; to speak i. of s.o., j-n schlechtmachen. III. adv. schlecht; i. informed, schlecht informiert; he is i. at ease, ihm ist unbehaglich zumute. '**ill-ad'vised**, adj. schlecht beraten; (of action) nicht ratsam; (foolish) unklug. '**ill-dis'posed**, adj. übel gesonnen (towards, + dat). '**ill-'fated**, adj. unglückselig; (of attempt) mißglückt. '**ill-'feeling**, s. Feindseligkeit f, no i.-f.! nichts für ungut! '**ill-'gotten**, adj. i.-g. gains, unredlich erworbenes Geld. '**ill-'humoured**, adj. schlecht gelaunt. '**ill-'judged**, adj. schlecht eingeschätzt; (unwise) unklug. '**ill-'mannered**, adj. schlecht erzogen. '**ill-'natured**, adj. bösartig. '**illness**, s. Krankheit f. '**ill-'timed**, adj. ungelegen; i.-t. arrival, Ankunft im unpassenden Moment. '**ill-'treat**, v.tr. (j-n, etwas) schlecht behandeln, (maltreat) mißhandeln. '**ill-'treatment**, s. schlechte Behandlung; Mißhandlung f. '**ill-'will**, s. böses Blut n.

illegal [i'li:g(ə)l], adj. illegal, ungesetzlich.

illegible [i'ledʒibl], adj. unleserlich.

illegitimacy [ili'dʒitiməsi], s Unrechtmäßigkeit f; (of child) Unehelichkeit f. **ille'gitimate**, adj. unrechtmäßig; (of child) unehelich.

illicit [i'lisit], adj. (gesetzlich) unerlaubt; i. dealings, illegale/F: krumme Geschäfte.

illiteracy [i'lit(ə)rəsi], s. Analphabetentum n.
i'lliterate. I. adj. des Lesens und Schreibens unkundig. **II.** s. Analphabet(in) m(f).
illogical [i'lɔdʒik(ə)l], adj. unlogisch.
illuminate [i'l(j)u:mineit], v.tr. (a) (ein Zimmer, eine Straße) beleuchten; (b) Fig: (ein Problem usw.) erhellen; (c) Hist: (ein Manuskript) illuminieren. **il'luminating,** adj. (of talk etc.) aufschlußreich. **illumi'nation,** s. **1.** Beleuchtung f; pl. festliche Beleuchtung f. **2.** Erleuchtung f (des Geistes). **3.** Illuminierung f (eines Manuskripts).
illusion [i'lu:ʒ(ə)n], s. Illusion f, Täuschung f; **you are under an i.,** Sie täuschen sich; **I have no illusions on that point,** darüber mache ich mir keine Illusionen. **i'llusionist,** s. Zauberer m. **i'llusory,** adj. trügerisch.
illustrate ['iləstreit], v.tr. (a) (eine Lehre usw.) veranschaulichen, (b) (Bücher usw.) illustrieren. **illus'tration,** s. **1.** (erklärendes) Beispiel n. **2.** Illustration f. **'illustrator,** s. Illustrator m.
illustrious [i'lʌstriəs], adj. gefeiert.
image ['imidʒ], s. **1.** Bild n; (in a mirror) Spiegelbild n; Rel: (of saints etc.) Bildnis n; **faithful i.,** getreues Abbild; **he is the i. of his father,** er ist das Ebenbild seines Vaters. **2.** Fig: **to improve one's i.,** sein Image aufpolieren.
imagine [i'mædʒin], v.tr. (a) (sth. possible) sich dat (j-n, etwas) vorstellen; sich dat (etwas) denken; **i. yourself in Paris,** stellen Sie sich vor, Sie wären in Paris; **as may (well) be imagined,** wie man sich denken kann; **I i. them to be fairly rich,** ich stelle sie mir ziemlich reich vor; ·(b) (sth. untrue) sich dat (etwas) einbilden; **he is always imagining things,** er bildet sich ständig etwas ein; **I imagined I heard a knock on the door,** ich glaubte, es hätte (an die Tür) geklopft. **i'maginable,** adj. denkbar; **the greatest difficulty i.,** die denkbar größte Schwierigkeit. **i'maginary,** adj. imaginär. **imagi'nation,** s. Phantasie f; **he lacks the i. to see this,** ihm fehlt die Vorstellungsgabe, das einzusehen; **it's your i.!** das bildest du dir ein! **i'maginative,** adj. (of pers., ideas etc.) phantasievoll; (of work etc.) einfallsreich.
imbecile ['imbəsi:l], s. (a) Pej: Idiot m; (b) Med: Schwachsinnige(r) f(m). **imbe'cility,** s. (a) Pej: Blödsinnigkeit f; (b) Med: Schwachsinn m.
imbue [im'bju:], v.tr. (usu. passive) **imbued with hatred etc.,** von Haß usw. durchdrungen.
imitate ['imiteit], v.tr. (j-n, etwas) nachahmen. **imi'tation,** s. Nachahmung f; Com: **beware of imitations,** vor Nachahmungen wird gewarnt; **i. jewellery,** falscher Schmuck. **'imitative** [-tətiv], adj. nachahmend. **'imitator,** s. Nachahmer(in) m(f); (mimic) Imitator(in) m(f).
immaculate [i'mækjulit], adj. makellos, (perfect) tadellos; Rel: **the I. Conception,** die unbefleckte Empfängnis.
immaterial [imə'tiəriəl], adj. **1.** immateriell. **2.** (unimportant) unwichtig, unwesentlich; **that's quite i. to me,** das ist mir ganz gleichgültig.
immature [imə'tjuər], adj. unreif.
immeasurable [i'meʒ(ə)rəbl], adj. unermeßlich.
immediate [i'mi:djət], adj. **1.** unmittelbar, direkt; **my i. object,** mein erstes Ziel; **in the i. future,** in nächster Zukunft; **in the i. vicinity,** in

unmittelbarer Nähe. **2.** (at once) unverzüglich; **with i. effect,** mit sofortiger Wirkung; **i. response,** prompte Antwort f; **-ly. I.** adv. (a) (place etc.) unmittelbar; **i. opposite,** unmittelbar/direkt gegenüber; **i. affected,** direkt betroffen; (b) (time) sofort; **i. after his arrival,** gleich nach seiner Ankunft. **II.** conj. **i. he received the money,** sobald er das Geld bekam.
immemorial [imi'mɔ:riəl], adj. **from time i.,** seit undenklichen Zeiten.
immense [i'mens], adj. enorm; ungeheuer; **-ly,** adv. **to enjoy oneself i.,** sich prächtig unterhalten. **im'mensity,** s. Unermeßlichkeit f.
immerse [i'mə:s], v.tr. (a) (j-n, etwas) untertauchen, (dip) eintauchen; (b) **immersed in one's work/in thought,** in seine Arbeit/in Gedanken vertieft. **i'mmersion,** s. Untertauchen n; Eintauchen n; heater, (cylinder) Wasserboiler m; (small) Tauchsieder m.
immigrate ['imigreit], v.i. einwandern (into a country, in ein Land). **'immigrant. I.** adj. einwandernd. **II.** s. Einwanderer m; Immigrant(in) m(f); **i. community,** Immigrantengemeinde f. **immi'gration,** s. Einwanderung f.
imminent ['iminənt], adj. unmittelbar bevorstehend. **'imminence,** s. unmittelbares Bevorstehen n.
immobile [i'məubail], adj. unbeweglich. **immobility** [-'biliti], s. Unbeweglichkeit f. **immobilization** [-'laizeiʃ(ə)n], s. Lahmlegung f (des Verkehrs); Med: Ruhigstellung f (eines Gliedes); Fin: Festlegung f (von Kapital). **i'mmobilize,** v.tr. (j-n, etwas) bewegungsunfähig machen; (den Verkehr) lahmlegen; Med: (ein Glied) ruhigstellen; Fin: (Kapital) festlegen.
immoderate [i'mɔd(ə)rit], adj. unmäßig.
immodest [i'mɔdist], adj. unbescheiden; (indecent) unanständig.
immoral [i'mɔrəl], adj. unmoralisch; **i. earnings,** Einkünfte fpl aus einem unsoliden Lebenswandel/ esp. aus der Prostitution. **immo'rality,** s. Sittenlosigkeit f, Unmoral f.
immortal [i'mɔ:tl]. **I.** adj. unsterblich. **II.** s. Unsterbliche(r) f(m). **immor'tality,** s. Unsterblichkeit f. **i'mmortalize,** v.tr. (j-n, etwas) unsterblich machen.
immovable [i'mu:vəbl], adj. unbeweglich.
immune [i'mju:n], adj. Med: immun (from/against, gegen + acc); Fig: gefeit (from, gegen + acc). **i'mmunity,** s. Immunität f. **immuni'zation,** s. Immunisierung f. **'immunize,** v.tr. (j-n) immunisieren (against, gegen + acc).
immutable [i'mju:təbl], adj. unveränderlich.
imp [imp], s. Kobold m; (child) kleiner Teufel m.
impact ['impækt], s. **1.** Aufprall m (against/on sth., auf etwas acc); (of shell etc.) Einschlag m; (of two moving objects) Zusammenprall m. **2.** Wucht f (einer Explosion usw.). **3.** Fig: Einwirkung f (on s.o., auf j-n).
impair [im'peər], v.tr. (etwas dat) schaden; (Beziehungen) verschlechtern.
impart [im'pa:t], v.tr. **to i. sth. (to s.o.),** (j-m) etwas verleihen/(pass on) weitergeben.
impartial [im'pa:ʃ(ə)l], adj. unparteiisch. **imparti'ality,** s. Unparteilichkeit f.
impassable [im'pa:səbl], adj. (of roads etc.) unpassierbar; (of country) unwegsam.

impasse [æm'pɑ:s], *s. Fig:* Sackgasse *f*, ausweglose Situation *f*.

impassioned [im'pæʃənd], *adj. (of speech etc.)* leidenschaftlich.

impassive [im'pæsiv], *adj.* ungerührt.

impatient [im'peiʃənt], *adj.* ungeduldig. **im'patience**, *s.* Ungeduld *f*.

impeccable [im'pekəbl], *adj.* tadellos; **his taste is i.**, er hat einen unfehlbar guten Geschmack.

impecunious [impi'kju:niəs], *adj.* mittellos.

impedance [im'pi:dəns], *s. El:* Scheinwiderstand *m*, Impedanz *f*.

impede [im'pi:d], *v.tr.* (j-n) hindern; *(prevent)* (j-n, etwas) behindern. **impediment** [im'pedimənt], *s.* Hindernis *n* (**to**, für + *acc*); (speech) i., Sprachfehler *m*.

impel [im'pel], *v.tr. (p. & p.p.* **impelled**) (j-n) nötigen, zwingen **(to do sth.,** etwas zu tun). **im'peller**, *s. Mec. E:* Rotor *m*.

impending [im'pendiŋ], *adj.* (nahe) bevorstehend; **i. danger**, drohende Gefahr.

impenetrable [im'penitrəbl], *adj.* undurchdringlich; **i. mystery**, unlösbares Rätsel. **impenetra'bility**, *s.* Undurchdringlichkeit *f*.

impenitent [im'penitənt], *adj.* reuelos.

imperative [im'perətiv]. **I.** *adj.* dringend (notwendig), unerläßlich. **II.** *s. Gram:* Imperativ *m*, Befehlsform *f*.

imperceptible [impə'septəbl], *adj. (a)* nicht wahrnehmbar; *(b) (tiny)* winzig; **an i. difference**, ein kaum festzustellender Unterschied.

imperfect [im'pə:fikt]. **I.** *adj. (of article)* fehlerhaft; *(of skin, rhyme etc.)* unrein; *(of knowledge etc.)* mangelhaft. **II.** *s. Gram:* Imperfekt *n*. **imper'fection**, *s.* Fehler *m*.

imperial [im'piəriəl], *adj. (a)* kaiserlich, Kaiser-; **His I. Majesty**, Seine Kaiserliche Majestät; *(b)* **i. gallon**, (britische) Gallone *f* (= 4,55 Liter). **im'perialism**, *s.* Imperialismus *m*.

imperil [im'peril], *v.tr. (p. & p.p.* **imperilled**) (j-n, etwas) gefährden.

imperious [im'piəriəs], *adj.* anmaßend.

impermeable [im'pə:mjəbl], *adj.* undurchlässig.

impersonal [im'pə:sənəl], *adj.* unpersönlich

impersonate [im'pə:səneit], *v.tr.* **to i. s.o.,** sich für j-n ausgeben; *Th:* j-n imitieren; *(in a play)* j-n darstellen. **imperso'nation**, *s. (a) Th: Cin:* Darstellung *f*; *(b) (imitation)* Nachahmung *f*; *(c)* betrügerisches Auftreten *n* (**of s.o.,** als j-d). **im'personator**, *s. (a) Th:* Darsteller(in) *m(f)* (von Rollen); Imitator *m* (von bekannten Persönlichkeiten); *(b)* Betrüger *m* (, der sich für einen anderen ausgibt).

impertinence [im'pə:tinəns], *s.* Unverschämtheit *f*, Frechheit *f*. **im'pertinent**, *adj.* unverschämt, frech.

imperturbable [impə(:)'tə:bəbl], *adj.* unerschütterlich, phlegmatisch.

impervious [im'pə:viəs], *adj.* **1.** *(of materials etc.)* **(to fluids,** für Flüssigkeiten) undurchlässig. **2.** *Fig: (of pers.)* **i. to criticism**, keiner Kritik zugänglich; **i. to reason**, jeglicher Vernunft unzugänglich. **im'perviousness**, *s.* Undurchlässigkeit *f*.

impetuous [im'petjuəs], *adj. (of pers.)* ungestüm; *(of action)* impulsiv, unbesonnen. **impetu'osity/im'petuousness**, *s.* Ungestüm *n*.

impetus ['impitəs], *s.* Auftrieb *m;* **to give an i. to sth.,** einer Sache neuen Auftrieb geben.

impinge [im'pindʒ], *v.i.* einwirken **(on/upon,** auf + *acc*).

implacable [im'plækəbl], *adj.* unerbittlich.

implant [im'plɑ:nt], *v.tr. (a)* (eine Idee) einimpfen; *(b) Med:* (ein Organ) einpflanzen.

implement [1] ['implimənt], *s.* Gerät *n; (tool)* Werkzeug *n*.

implement [2] ['impliment]. *v.tr.* (einen Plan usw.) ausführen; (einen Vertrag) erfüllen.

implicate ['implikeit], *v.tr.* (j-n) verwickeln (**in sth.,** in etwas *acc*); **to i. s.o. in a crime,** j-n in ein Verbrechen hineinziehen. **impli'cation**, *s.* **1.** Verwicklung *f*. **2.** *(inference)* Implikation *f*; **the implications of this statement,** die Auswirkungen/Tragweite dieser Erklärung.

implicit [im'plisit], *adj.* **1.** inbegriffen **(in sth.,** in etwas *dat*); *(unexpressed)* unausgesprochen. **2.** **i. faith,** blinder Glaube; **i. obedience,** unbedingter Gehorsam; **-ly,** *adv.* **to obey (s.o.) i.,** (j-m) bedingungslos gehorchen.

implore [im'plɔ:r], *v.tr.* (j-n) anflehen, inständig bitten **(to do sth.,** etwas zu tun).

imply [im'plai], *v.tr. (a) (assume)* **to i. a complete change of policy,** eine radikale Änderung der Politik voraussetzen; *(b) (indicate)* (etwas) andeuten; **as the question had implied,** wie die Frage schon angedeutet hatte; **you seem to i. that ...,** Sie wollen anscheinend damit sagen, daß ...

impolite [impə'lait], *adj.* unhöflich **(to/towards s.o.,** j-m gegenüber). **impo'liteness,** *s.* Unhöflichkeit *f*.

import **I.** *s.* ['impɔ:t]. *Com:* Einfuhr *f*, Import *m* **(of sth.,** von etwas *dat*); *(article)* Einfuhrartikel *m*, Importware *f*; **i. duty,** Einfuhrzoll *m* **II.** *v.tr.* [im'pɔ:t]. *Com:* (etwas) einführen, importieren **(from,** aus + *dat*; **into,** nach + *dat*). **impor'tation,** *s.* Einführen *n*. **im'porter,** *s.* Importeur *m*.

importance [im'pɔ:t(ə)ns], *s.* Wichtigkeit *f*, *(significance)* Bedeutung *f*; **to attach great i. to a fact,** einer Tatsache große Bedeutung beimessen; **people of i.,** bedeutende Persönlichkeiten. **im'portant,** *adj.* wichtig; *(significant)* bedeutend; **to look i.,** wichtig aussehen/*(put on airs)* wichtig tun.

importune [impɔ:'tju:n], *v.tr.* (j-n) (mit Bitten) bedrängen, belästigen. **im'portunate,** *adj.* aufdringlich. **impor'tunity,** *s.* Aufdringlichkeit *f*.

impose [im'pəuz], *v.* **1.** *v.tr.* (eine Steuer usw.) auferlegen; (eine Geldstrafe) verhängen; **to i. conditions on s.o.,** j-m Bedingungen stellen; **to i. a tax on alcohol,** eine Alkoholsteuer erheben; **to i. a penalty on s.o.,** j-n mit einer Strafe belegen. **2.** *v.i.* **to i. on s.o.,** sich j-m aufdrängen; **to i. upon s.o.'s good nature,** j-s Gutmütigkeit ausnutzen. **im'posing,** *adj.* eindrucksvoll, imponierend. **impo'sition,** *s. (a)* Auferlegung *f* (von Steuern, Bedingungen usw.); Verhängung *f* (von Geldstrafen); *(b)* Ausnutzung *f* **(on s.o.,** von j-m); **it's an i.,** es ist eine Zumutung; *(c) Sch:* Strafe *f*.

impossible [im'posəbl], *adj.* unmöglich; *(unbearable)* unerträglich. **impossi'bility,** *s.* Unmöglichkeit *f*; **an utter i.,** ein Ding der Unmöglichkeit.

impostor [im′pɔstər], s. Hochstapler m. **im′posture,** s. Hochstapelei f.

impotence [′impət(ə)ns], s. (a) Unfähigkeit f; (b) Med: Impotenz f. **′impotent,** adj. (a) unfähig; (b) Med: impotent.

impound [im′paund], v.tr. (etwas) beschlagnahmen.

impoverish [im′pɔv(ə)riʃ], v.tr. (j-n) arm machen. **im′poverished,** adj. verarmt; (of soil) unfruchtbar. **im′poverishment,** s. Verarmung f.

impracticable [im′præktikəbl], adj. (a) (of plan etc.) undurchführbar; (b) (of design) unpraktisch; (of route) ungeeignet.

impregnable [im′pregnəbl], adj. (of fortress) uneinnehmbar; (of argument) unwiderlegbar.

impregnate [′impregneit], v.tr. (a) (einen Stoff usw.) imprägnieren **(with sth.,** mit etwas dat); (b) Med: (das Ei) befruchten.

impress. I. [′impres], s. Abdruck m. **II.** [im′pres], v.tr. (a) (in wax) (ein Siegel usw.) eindrücken; (in leather, metal etc.) (ein Muster) einprägen **(on,** auf + acc); (b) (j-n) beeindrucken, (j-m) imponieren; **to be favourably/unfavourably impressed,** einen guten/schlechten Eindruck haben; **I'm not impressed,** das imponiert mir nicht; **to i. sth. upon s.o.,** j-m etwas einschärfen. **im′pression,** s. 1. Eindruck m; **to make a good i. on s.o.,** auf j-n einen guten Eindruck machen. 2. Abdruck m (eines Siegels usw.). 3. Pub: Auflage f; **a first i. of 1000 copies,** eine Erstauflage von 1000 Exemplaren. **im′pressionable,** adj. leicht zu beeindrucken; leicht beeinflußbar. **imp′ressionism,** s. Art: Impressionismus m. **im′pressionist,** s. Art: Impressionist(in) m(f). **impressio′nistic,** adj. impressionistisch. **im′pressive,** adj. eindrucksvoll.

imprint [′imprint], s. 1. (a) Abdruck m (eines Fußes usw.); (b) Pub: Impressum n. 2. Fig: **it bears the i. of his genius,** es ist von seinem Genie geprägt.

imprison [im′prizn], v.tr. (j-n) ins Gefängnis bringen; (j-n) einsperren; **to be imprisoned,** im Gefängnis sitzen. **im′prisonment,** s. Haft f; **two years i.,** zwei Jahre Gefängnis.

improbable [im′prɔbəbl], adj. unwahrscheinlich. **improba′bility,** s. Unwahrscheinlichkeit f.

impromptu [im′prɔm(p)tju:]. **I.** adj. **i. speech,** Stegreifrede f. **II.** adv. aus dem Stegreif. **III.** s. Lit: Mus: Impromptu n.

improper [im′prɔpər], adj. 1. (wrong) falsch. 2. (unseemly) ungehörig, unschicklich; (unfitting) unpassend; **i. story,** unanständige Geschichte; **-ly,** adv. 1. **a word i. used,** ein falsch gebrauchtes Wort. 2. **to behave i.,** sich ungehörig benehmen. **impropriety** [imprə′praiəti], s. Ungehörigkeit f; Unschicklichkeit f.

improve [im′pru:v], v. 1. v.tr. (etwas) verbessern; **to i. the appearance of sth.,** etwas verschönern; Sp: **to i. one's performance,** sich steigern. 2. v.i. (of pers.) sich bessern; **to i. (up)on sth.,** (etwas) übertreffen; **he has greatly improved,** er hat große Fortschritte gemacht; **business is improving,** die Geschäfte gehen besser. **im′provement,** s. Verbesserung f; (to appearance) Verschönerung f; (in health) Besserung

f; Sp: Steigerung f **(of one's performance,** in der Leistung); **to be an i. on sth.,** gegenüber etwas dat einen Fortschritt darstellen; **my new car is a great i. on the old one,** mein neues Auto ist weit besser als mein altes; Adm: **i. grant,** Wohnverbesserungszuschuß m.

improvident [im′prɔvidənt], adj. leichtsinnig. **im′providence,** s. mangelnde Vorsorge f; Leichtsinn m.

improvise [′imprəvaiz], v.tr. (etwas) improvisieren. **improvi′sation,** s. Improvisation f.

imprudent [im′pru:dənt], adj. unklug. **im′prudence,** s. Unklugheit f.

impudent [′impjudənt], adj. unverschämt, frech. **′impudence,** s. Unverschämtheit f, Frechheit f.

impulse [′impʌls], s. Impuls m; **irresistible i.,** unwiderstehlicher Drang; **to do sth. on an i.,** etwas aus einem Impuls heraus tun. **im′pulsive,** adj. impulsiv.

impunity [im′pju:niti], s. Straffreiheit f; **with i.,** ungestraft.

impure [im′pjuər], adj. 1. (of air etc.) unrein; (of colour etc.) gemischt. 2. (of thoughts etc.) unsittlich. **im′purity,** s. Unreinheit f; **impurities,** Verunreinigungen fpl (im Blut usw.).

impute [im′pju:t], v.tr. **to i. sth. to s.o.,** j-m etwas zuschreiben; Jur: j-m etwas zur Last legen. **impu′tation,** s. Anschuldigung f.

in [in]. **I.** prep. 1. (of place) (a) in + dat; **in the house,** in dem/im Haus; **in Europe,** in Europa; **in the world,** auf der Welt; **in the street,** auf der Straße; **in the sky,** am Himmel; **in the field,** auf dem Feld; **in the country,** auf dem Lande; **in your place,** an deiner Stelle; (b) (among) unter + dat; **in the crowd,** in/unter der Menge; (c) (into) in + acc; **it won't go in the sack,** es paßt nicht in den Sack. 2. (in respect of) **two metres in length,** zwei Meter lang; **a country rich in ore,** ein an Erzen reiches Land. 3. (of ratio) **one in ten,** einer von zehn; **he paid his creditors 25p in the pound,** er zahlte seinen Gläubigern 25 Prozent. 4. (of time) (a) **in those days,** damals; **at four o'clock in the afternoon,** um vier Uhr nachmittags; **in the evening,** am Abend; (every evening) abends; **in August,** im August; **in the future,** in Zukunft; (b) **to do sth. in three hours,** etwas in drei Stunden erledigen; **in a little while,** in kurzer Zeit; **in the end,** zum Schluß. 5. **in despair,** verzweifelt; **in poor health,** bei schlechter Gesundheit. 6. (clothed in) (dressed) **in black,** schwarz gekleidet; **the man in the top hat,** der Mann mit dem Zylinder; **in black shoes,** mit schwarzen Schuhen. 7. **in my opinion,** meiner Meinung nach. 8. (manner) **in this way,** auf diese Weise; **in a gentle voice,** mit sanfter Stimme; **to be in (the) fashion,** modern sein, (in) Mode sein; **to write in ink,** mit Tinte schreiben; **in writing,** schriftlich; **in English,** auf Englisch; **in alphabetical order,** in alphabetischer Reihenfolge. 9. (while) bei + dat; **in coming downstairs** he tripped and fell, beim Herunterkommen stolperte er und fiel; **in making this statement he exceeded his authority,** mit dieser Behauptung überschritt er seine Autorität. **II.** adv. 1. (a) zu Hause; **Mr. Smith is in,** Mr. Smith ist zu Hause/ist da; (b) **the harvest is in,** die Ernte ist eingebracht; (c) **the**

train is in, der Zug ist eingefahren/ist da; (*d*) **is the fire still in?** brennt das Feuer noch? (*e*) (*in stock*) **is my new TV in yet?** ist mein neuer Fernseher schon da? (*f*) **to keep one's hand in,** in Übung bleiben. 2. (*a*) **to be (well) in with s.o.,** mit j-m auf gutem Fuße stehen; (*b*) **the Labour Party has got in,** die Labour Party ist an die Macht gekommen; (*c*) **my luck is in,** das Glück ist auf meiner Seite. 3. *F:* **he is in for it!** der kann sich auf etwas gefaßt machen! 4. (*a*) **day in, day out,** tagein, tagaus; (*b*) **all in,** alles zusammen; *F:* **I'm all in,** ich bin völlig erledigt. III. *s.* **he knows the ins and outs (of the matter),** er ist mit allen Feinheiten (der Sache) vertraut.

inability [inə'biliti], *s.* Unfähigkeit *f.*

inaccessible [inæk'sesəbl], *adj.* (*of part, place*) schwer zugänglich; (*of pers.*) unzugänglich (**to,** *dat*). **inaccessi'bility,** *s.* Unzugänglichkeit *f.*

inaccurate [in'ækjurit], *adj.* ungenau. **in'accuracy,** *s.* Ungenauigkeit *f.*

inaction [in'ækʃən], *s.* Untätigkeit *f.* **inactive** [in'æktiv], *adj.* untätig. **inac'tivity,** *s.* Untätigkeit *f.*

inadequate [in'ædikwit], *adj.* unzulänglich; (*of number, quantity*) ungenügend; **to feel i.,** sich der Situation nicht gewachsen fühlen. **in'adequacy,** *s.* Unzulänglichkeit *f.*

inadmissible [inəd'misəbl], *adj.* unzulässig. **inadmissi'bility,** *s.* Unzulässigkeit *f.*

inadvertent [inəd'vɔːt(ə)nt], *adj.* unbeabsichtigt. **inadvisable** [inəd'vaizəbl], *adj.* nicht ratsam.

inane [i'nein], *adj.* albern, idiotisch. **inanity** [i'næniti], *s.* Albernheit *f*, Idiotie *f.*

inanimate [in'ænimit], *adj.* leblos; **i. nature,** die unbelebte Natur.

inapplicable [in'æplikəbl, inə'plikəbl], *adj.* (*of rule etc.*) nicht zutreffend (**to,** für + *acc*); (*of method*) nicht anwendbar.

inappropriate [inə'prəupriit], *adj.* unpassend, ungeeignet; **i. to the occasion,** dem Anlaß nicht angemessen.

inapt [in'æpt], *adj.* unpassend (**to,** für + *acc*). **in'aptitude,** *s.* Ungeeignetheit *f* (**for,** für + *acc*); (*of pers.*) Untauglichkeit *f.*

inarticulate [inaː'tikjulit], *adj.* (*of speech*) undeutlich; (*of pers.*) **to be i.,** sich nicht ausdrücken können.

inartistic [inaː'tistik], *adj.* unkünstlerisch.

inattentive [inə'tentiv], *adj.* unaufmerksam. **ina'ttention,** *s.* Unaufmerksamkeit *f.*

inaudible [in'ɔːdəbl], *adj.* unhörbar.

inaugurate [i'nɔːgjureit], *v.tr.* (*a*) (eine Veranstaltung) eröffnen; (ein Gebäude usw.) einweihen; (*b*) (eine Zeit) einleiten; (*c*) *U.S:* (einen Präsidenten) ins Amt einsetzen. **i'naugural,** *adj.* Eröffnungs-; **i. lecture,** Antrittsvorlesung *f.*

inauspicious [inɔːs'piʃəs], *adj.* unter ungünstigen Vorzeichen; **an i. beginning,** ein unglücklicher Anfang.

inborn ['in'bɔːn], *adj.* angeboren.

inbred ['in'bred], *adj.* angeboren; **i. characteristics,** angestammte Merkmale.

incalculable [in'kælkjuləbl], *adj.* unermeßlich.

incandescent [inkæn'desənt], *adj.* (weiß)glühend; *El:* Glüh-; **i. filament,** Glühfaden *m.* **incan'descence,** *s.* Weißglut *f.*

incapable [in'keipəbl], *adj.* unfähig, nicht fähig

(**of,** + *gen*); **i. of speech,** unfähig zu sprechen; **i. of pity,** des Mitleids nicht fähig; **drunk and i.,** sinnlos betrunken. **incapa'bility,** *s.* Unfähigkeit *f.*

incapacitate [inkə'pæsiteit], *v.tr.* (j-n) untauglich machen (**for/from,** für + *acc*), (*for work*) arbeitsunfähig machen. **inca'pacity,** *s.* (*a*) Unfähigkeit *f*; **i. for work,** Arbeitsunfähigkeit *f*; (*b*) (*illness*) Unpässlichkeit *f.*

incarcerate [in'kaːsəreit], *v.tr.* (j-n) einkerkern.

incarnate. I. [in'kaːnit] *adj.* in Person; **he is the devil i.,** er ist der leibhaftige Teufel. II. [-neit], *v.tr. Lit:* (*a*) (etwas) personifizieren; (*b*) (*embody*) (etwas) verkörpern; **she incarnates all the virtues,** sie ist die Tugend in Person. **in-car'nation,** *s.* Verkörperung *f; Rel:* Menschwerdung *f.*

incautious [in'kɔːʃəs], *adj.* unvorsichtig.

incendiary [in'sendjəri], *s.* 1. (*pers.*) Brandstifter(in) m(*f*). 2. **i.** (**bomb**), Brandbombe *f.*

incense[1] ['insens], *s.* Weihrauch *m.*

incense[2] [in'sens], *v.tr.* (j-n) in Wut bringen. **in'censed,** *adj.* wütend.

incentive [in'sentiv], *s.* Anreiz *m,* Ansporn *m.*

inception [in'sepʃən], *s.* Anfang *m;* Einführung *f* (eines Systems); **from its i.,** von Anfang an.

incessant [in'sesənt], *adj.* unaufhörlich, ununterbrochen.

incest ['insest], *s.* Blutschande *f.*

inch [in(t)ʃ], *s. Meas:* Zoll *m* (2,54 cm); **i. by i.,** Stück für Stück; **to win by inches,** um eine Nasenlänge gewinnen; *Fig:* **not to give an i.,** keinen Fußbreit nachgeben.

incidence ['insidəns], *s.* 1. Vorkommen *n* (einer Krankheit usw.). 2. *Ph:* Einfall *m* (eines Strahls usw.); **angle of i.,** Einfallswinkel *m.*

incident ['insidənt], *s.* Zwischenfall *m.* **incidental.** I. *adj.* 1. beiläufig, Neben-; **i. expenses,** Nebenausgaben *pl,* Nebenkosten *pl.* 2. *Th:* **i. music,** Zwischenaktmusik *f.* 3. **i. to sth.,** etwas begleitend; zu etwas *dat* gehörig; **-ly,** *adv.* übrigens. II. *s.* Nebensächlichkeit *f; pl.* (*expenses*) Nebenausgaben *fpl.*

incinerator [in'sinəreitər], *s.* (*large*) Müllverbrennungsofen *m;* (*small*) Müllbrenner *m.*

incipient [in'sipiənt], *adj.* beginnend.

incision [in'siʒən], *s. Med: etc:* Einschnitt *m.*

incisive [in'saisiv], *adj.* (*of mind*) scharf; (*of remark*) scharfsinnig; (*of style*) prägnant.

incite [in'sait], *v.tr.* (j-n) aufhetzen, anstacheln (**to sth.,** zu etwas *dat*). **in'citement,** *s.* Aufhetzung *f,* Anstachelung *f.*

incivility [insi'viliti], *s.* Unhöflichkeit *f.*

inclement [in'klemənt], *adj.* (*of weather, climate*) unfreundlich.

inclination [inkli'neiʃən], *s.* 1. (*slope*) Neigung *f;* Gefälle *n* (eines Daches usw.). 2. (*desire*) Neigung *f;* **to follow one's own i.,** seiner eigenen Neigung nachgehen; **to do sth. from i.,** etwas aus Liebe zur Sache machen; **I have no i. to go home,** ich habe keine Lust, nach Hause zu gehen; **he is by i. a musician rather than a doctor,** ihm steht die Musik näher als die Medizin. **incline.** I. [in'klain] *v.* 1. *v.i.* neigen; **he inclines to stoutness,** er neigt zur Korpulenz; **I i. to think he is wrong,** ich neige zu der Ansicht/ich bin geneigt anzunehmen, daß er unrecht hat. **2.** *v.tr.* (*a*) (den Kopf usw.) neigen; (*b*) (j-n) veranlassen (**to,** zu + *dat*); **his behaviour inclines me to think/to the view that** . . . , sein Benehmen gibt mir Grund zu glauben, daß . . . **II.** ['inklain], *s.* Hang *m;* **a long i.,** eine lange Steigung. **in´clined,** *adj.* **1.** (*of pers.*) geneigt; (*a*) **I'm i. to think he won't come,** ich glaube fast, daß er nicht kommen wird; **I feel very much i. to sack him,** ich bin sehr versucht, ihn an die Luft zu setzen; **if you feel so i.,** falls Sie Lust (dazu) haben; (*b*) (*tendency*) **she's i. to be lazy,** sie neigt zur Faulheit; (*c*) (*disposition*) **musically i.,** musikalisch veranlagt. **2.** (*of thing*) schräg; *Geom:* **i. at an angle of 45°,** im Winkel von 45° geneigt; **i. plane,** schiefe Ebene.

include [in´klu:d], *v.tr.* (*a*) (j-n, etwas) einschließen (**in,** in + *acc*); (j-n) einbeziehen (**in a conversation,** in ein Gespräch); (*b*) **to i. s.o. in a team/a fact in a book,** j-n in eine Mannschaft/eine Tatsache in ein Buch aufnehmen; (*c*) (Kosten usw.) dazurechnen, mitrechnen; **does that i. me?** bin ich damit auch gemeint? **we were six if you i. our host,** wir waren sechs, wenn man unseren Gastgeber mitzählt. **in´cluding,** *adj.* einschließlich; **up to and i. December 31st,** bis einschließlich 31. Dezember; **i. VAT,** inklusive Mehrwertsteuer; **they are six i. the baby,** sie sind sechs, das Baby eingeschlossen; **ten writers, i. five Americans,** zehn Schriftsteller, darunter fünf Amerikaner. **in´clusion** [-ʒən], *s.* **1.** Einschließen *n;* Einbeziehung *f.* **2.** Aufnahme *f* (in eine Mannschaft usw.). **in´clusive** [-siv], *adj.* **i. of,** einschließlich + *gen;* **from Monday to Thursday i.,** von Montag bis einschließlich Donnerstag; **i. terms,** Pauschalpreis *m.*

incognito [inkɔg´ni:təu]. **I.** *s.* Inkognito *n.* **II.** *adv.* inkognito.

incoherent [inkəu´hiərənt], *adj.* (*of statement, talk etc.*) zusammenhanglos; (*confused*) verworren; (*of pers.*) **to be i.,** wirres Zeug reden.

income ['inkəm], *s.* Einkommen *n;* **i. tax,** Einkommensteuer *f.*

incoming ['inkʌmiŋ], *adj.* **i. payments,** eingehende Zahlungen; **i. mail,** Posteingang *m;* **i. tide,** hereinkommende Flut; *Tel:* **i. call,** Gespräch *n* von auswärts.

incommunicado [inkəmju:ni´ka:dəu], *adj.* (*of pers.*) nicht erreichbar.

incomparable [in´kɔmp(ə)rəbl], *adj.* unvergleichlich.

incompatible [inkəm´pætibl], *adj.* (*of views, proposals etc.*) unvereinbar (**with,** mit + *dat*); (*of drugs, blood groups*) unverträglich; (*of people*) **they are i.,** sie passen nicht zueinander. **incompati´bility,** *s.* Unvereinbarkeit *f;* Unverträglichkeit *f.*

incompetent [in´kɔmpitənt], *adj.* (*of pers.*) unfähig; (*of worker*) untauglich; (*of work*) mangelhaft, ungekonnt. **in´competence,** *s.* Unfähigkeit *f;* Untauglichkeit *f.*

incomplete [inkəm´pli:t], *adj.* unvollständig; **i. knowledge,** lückenhafte Kenntnisse *fpl.*

incomprehensible [inkɔmpri´hensibl], *adj.* unverständlich. **incompre´hension,** *s.* Unverständnis *n.*

inconceivable [inkən´si:vəbl], *adj.* undenkbar, unvorstellbar.

inconclusive [inkən´klu:siv], *adj.* (*of negotiations*) ergebnislos; (*of result, evidence*) nicht ausschlaggebend/schlüssig.

incongruous [in´kɔŋgruəs], *adj.* (*of two things*) nicht zueinander passend; (*of one thing*) unpassend; (*of pers.*) **he looked i.,** er war fehl am Platze.

inconsequential [in´kɔnsikwenʃl], *adj.* belanglos.

inconsiderable [inkən´sid(ə)rəbl], *adj.* (*usu. neg.*) **not i.,** nicht unbedeutend.

inconsiderate [inkən´sid(ə)rit], *adj.* rücksichtslos; **i. remark,** taktlose Bemerkung.

inconsistent [inkən´sistənt], *adj.* (*a*) (*contradicting*) widersprüchlich; unvereinbar (**with the evidence,** mit den Beweisen); (*b*) (*of pers.*) unbeständig; (*illogical*) inkonsequent. **incon´sistency,** *s.* (*a*) Unvereinbarkeit *f* (**with sth.,** mit etwas *dat*); (*b*) (*of pers.*) Unbeständigkeit *f;* Inkonsequenz *f.*

inconsolable [inkən´səuləbl], *adj.* untröstlich.

inconspicuous [inkən´spikjuəs], *adj.* unauffällig.

inconstant [in´kɔnstənt], *adj.* unbeständig; (*unfaithful*) treulos.

incontestable [inkən´testəbl], *adj.* unbestreitbar.

inconvenience [inkən´vi:njəns]. **I.** *s.* Unannehmlichkeit *f;* **I don't want to cause you any i.,** ich will Ihnen keine Mühe/keine Umstände machen; **without the slightest i.,** ohne die geringsten Umstände. **II.** *v.tr.* (j-m) Umstände machen. **incon´venient,** *adj.* (*a*) (*of time etc.*) ungünstig; **his visit is very i. for me,** sein Besuch kommt mir sehr ungelegen; (*b*) unbequem; **this house is i.,** dieses Haus ist schlecht geplant/unpraktisch.

incorporate [in´kɔ:pəreit], *v.tr.* (*a*) (einen Staat, ein Gebiet) einverleiben (**into** + *dat*); (*b*) (einen Vorschlag usw.) aufnehmen (**in a plan,** in einen Plan); (*c*) *Com:* (eine Firma usw.) zu einer Körperschaft zusammenschließen.

incorrect [inkə´rekt], *adj.* (*a*) falsch; (*b*) (*of behaviour*) unkorrekt.

incorrigible [in´kɔridʒəbl], *adj.* unverbesserlich.

incorruptible [in´kərʌptibl], *adj.* unbestechlich.

increase. I. *s.* ['inkri:s] Erhöhung *f* (von Preisen usw.); Zunahme *f* (der Bevölkerung usw.); Steigerung *f* (von Bemühungen, Leistungen usw.); **i. in number,** Vermehrung *f; adv. phr.* **to be on the i.,** zunehmen. **II.** *v.* [in´kri:s] **1.** *v.i.* (*a*) (*in size*) wachsen (*of priče etc.*) steigen; (*of population etc.*) zunehmen; **to i. in value,** im Wert steigen; **to be increasing in popularity,** an Beliebtheit zunehmen; (*of pers.*) **to i. in confidence,** an Selbstsicherheit gewinnen; (*b*) (*in number*) (*of difficulties etc.*) sich vermehren. **2.** *v.tr.* (Preise usw.) erhöhen; (die Leistung) steigern; (Kapital) vermehren; **to i. speed,** die Geschwindigkeit steigern. **in´creasingly,** *adv.* immer mehr; **it is becoming i. difficult,** es wird immer schwieriger.

incredible [in´kredibl], *adj.* unglaublich; **-ibly,** *adv.* **i. he was unharmed,** wie durch ein Wunder blieb er unverletzt; *F:* **i. hot,** unheimlich warm.

incredulous [in´kredjuləs], *adj.* ungläubig. **in´cre´dulity,** *s.* Ungläubigkeit *f.*

increment ['inkrimənt], *s.* Zuwachs *m;* (*of pay*) Lohnerhöhung *f.*

incriminate [in'krimineit], *v.tr. Jur:* (j-n) belasten. **incrimi'nation**, *s.* Belastung *f.* **in-'criminating**, *adj.* belastend; Belastungs-; **i. evidence**, belastendes Beweismaterial.

incubate ['inkjubeit], *v.tr.* (a) (Eier) ausbrüten; (b) (Bakterien) züchten. **incu'bation**, *s.* Ausbrüten *n; Med:* **i. period**, Inkubationszeit *f.* '**incubator**, *s.* (a) *Agr:* Brutapparat *m;* (b) *Med:* (*for babies*) Brutkasten *m.*

inculcate ['inkʌlkeit], *v.tr.* (Ideen, Lehren usw.) einimpfen, einschärfen (**in s.o./s.o.'s mind,** j-m).

inculpate ['inkʌlpeit], *v.tr.* (j-n) beschuldigen.

incumbent [in'kʌmbənt]. **I.** *adj.* (*of duty etc.*) obliegend, **it is I. on him to warn them,** er ist verpflichtet, sie zu warnen. **II.** *s.* (a) *Ecc:* amtierender Geistlicher *m;* (b) *Com: Adm:* Amtsträger *m.*

incur [in'kə:r], *v.tr.* (*p. & p.p.* **incurred**) sich *dat* (j-s Unwillen usw.) zuziehen; **to i. debts,** Schulden machen; **to i. heavy expenses,** große Ausgaben auf sich *acc* laden.

incurable [in'kjuərəbl]. **I.** *adj.* (*of disease*) unheilbar; **i. optimist,** unverbesserlicher Optimist. **II.** *s.* unheilbar Kranke(r) *f(m);* **-ably,** *adv.* **to be i. lazy,** ein unverbesserlicher Faulpelz sein.

incursion [in'kə:ʃən], *s.* **1.** *Mil:* Einfall *m,* Invasion *f.* **2.** *Fig:* Eindringen *n* (**into,** in + *acc*).

indebted [in'detid], *adj.* (zu Dank) verpflichtet (**to s.o.,** j-m); **to be i. to s.o. for sth.,** j-m für etwas *acc* Dank schulden.

indecent [in'di:sənt], *adj.* **1.** (*of behaviour, talk etc.*) anstößig; *Jur:* unzüchtig. **2.** *Hum:* **i. haste,** ungebührliche Eile.

indecipherable [indi'saif(ə)rəbl], *adj.* nicht zu entziffern.

indecision [indi'siʒən], *s.* Unentschlossenheit *f.*

indecisive [indi'saisiv], *adj* (*of battle etc.*) ergebnislos; (*of pers.*) unentschlossen

indeed [in'di:d], *adv.* (a) tatsächlich, wirklich; (b) (*intensifying*) **I'm very glad i.,** ich bin wirklich sehr froh; **thank you very much I.,** vielen herzlichen Dank; (c) (*as comment*) **i.?** wirklich? so? **i.!** was Sie nicht sagen! nicht möglich! **yes i.!** tatsächlich!

indefatigable [indi'fætigəbl], *adj.* unermüdlich.

indefensible [indi'fensəbl], *adj.* unhaltbar.

indefinable [indi'fainəbl], *adj.* undefinierbar.

indefinite [in'definit], *adj.* unbestimmt; (*vague*) vage; **to postpone sth. for an i. period,** etwas auf unbestimmte Zeit verschieben.

indelible [in'delibl], *adj.* (*of stains, marks etc.*) nicht entfernbar; **i. ink,** wasserfeste Tinte; **i. pencil,** Kopierstift *m; Fig:* **to leave an i. impression,** einen unauslöschlichen Eindruck hinterlassen.

indemnify [in'demnifai], *v.tr. Com: Jur:* (a) (j-n) entschädigen (**for a loss etc.,** für einen Verlust usw.); (b) (j-n) versichern (**against sth.,** gegen etwas *acc*). **in'demnity,** *s.* **1.** (a) Entschädigung *f;* (b) Versicherung *f.* **2.** (*sum paid*) Entschädigungssumme *f.*

indent [in'dent], *v.* **1.** *v.tr.* (a) (etwas) einkerben; **indented coastline,** zerklüftete Küste; (b) *Typ:* (eine Zeile, einen Absatz usw.) einrücken. **2.** *v.i. Mil: Com:* **to i. (on/upon s.o.) for sth.,** etwas (bei j-m) anfordern. **inden'tation,** *s.* (a) Einkerbung *f;* (*depression*) Vertiefung *f;* (b)

(*in coast*) Einbuchtung *f;* (c) *Typ:* (*also* 'indent) Einzug *m.*

independence [indi'pendəns], *s.* Unabhängigkeit *f;* Selbständigkeit *f.* **inde'pendent,** *adj.* unabhängig (**of,** von + *dat*); (*of pers.*) **to be i.,** selbständig sein, *F:* auf eigenen Füßen stehen; **she is very i.,** sie ist sehr selbständig; **to be of i. means,** über eigene Mittel verfügen; *Aut:* **i. suspension,** Einzelaufhängung *f;* **-ly,** *adv.* unabhängig (**of,** von + *dat*).

indescribable [indis'kraibəbl], *adj.* unbeschreiblich.

indestructible [indis'trʌktəbl], *adj.* unzerstörbar.

indeterminate [indi'tə:minit], *adj.* unbestimmt.

index ['indeks]. **I.** *s.* (*pl.* **-es** & *Mth: Tchn:* **indices** [-isi:z]). **1. i. (finger)** Zeigefinger *m.* **2.** (*in book*) Register *n.* **3. (card) i.,** Kartei *f;* **i. card,** Karteikarte *f.* **4.** *Econ: etc:* Index *m;* **cost of living i.,** Lebenshaltungsindex *m.* **5.** *Tchn:* (*on instruments*) Zeiger *m.* **6.** *Typ:* Hinweiszeichen *n.* **7.** *Mth:* Exponent *m.* **8. i. (number),** Indexzahl *f,* Indexziffer *f.* **II.** *v.tr.* (ein Buch) mit einem Register versehen; (etwas) in ein Register aufnehmen, eintragen; (Bücher usw.) katalogisieren. '**index-'linked,** *adj.* dem Lebenshaltungsindex angepaßt; **i.-l. pension,** dynamische Rente.

India ['indjə]. *Pr.n. Geog:* Indien *n;* **i.-rubber,** Radiergummi *m.* '**Indian. I.** *adj.* **1.** indisch. **2.** *N. & S.Am:* indianisch. **3. I. ink,** chinesische Tusche *f;* **I. summer,** Altweibersommer *m.* **II.** *s.* **1.** Inder(in) *m(f).* **2.** *N. & S.Am:* Indianer(in) *m(f).*

indicate ['indikeit], *v.tr.* (a) (*show*) (etwas) zeigen; (*of instrument*) (einen Wert) anzeigen; *Med:* **the symptoms i. thrombosis,** die Symptome deuten auf eine Thrombose; (b) (*suggest*) (eine Sache) andeuten; (*of pers.*) **to i. that . . . ,** zu verstehen geben, daß . . . ; **to i. one's displeasure,** seinem Unwillen Ausdruck geben; (c) (*point out*) (auf etwas *acc*) hinweisen. **indi'cation,** *s.* **1.** (*sign*) Anzeichen *n; Med:* Indikation *f;* **a clear i. of superiority,** ein klarer Beweis der Überlegenheit. **2.** (*suggestion*) Andeutung *f.* **3.** (*hint*) Hinweis *m.* **in'dicative. I.** *adj.* **1. to be i. of sth.,** auf etwas *acc* hindeuten; **is a red evening sky i. of good weather?** zeigt Abendrot gutes Wetter an? **2.** *Gram:* indikativisch. **II.** *s. Gram:* Indikativ *m.* '**indicator,** *s.* (*device*) Anzeiger *m; Aut:* Blinker *m.* **i. board,** Anzeigetafel *f.*

indict [in'dait], *v.tr. Jur:* (j-n) anklagen (**for,** wegen + gen). **in'dictable,** *adj. Jur:* **i. offence,** strafbare Handlung *f.* **in'dictment,** *s. Jur:* Anklage *f;* **bill of i.,** Anklageschrift *f; Fig:* **i. of government policy,** Verurteilung *f* der Regierungspolitik.

Indies ['indiz]. *Pr.n. Geog:* **the East I.,** Ostindien *n;* **the West I.,** die Antillen *fpl.*

indifferent [in'difr(ə)nt], *adj.* **1.** (*of pers.*) gleichgültig (**to/towards,** gegenüber + *dat*); **he's i. to everything,** ihm ist alles gleichgültig. **2.** (*of thing*) mittelmäßig; **very i. quality,** ziemlich schlechte Qualität. **in'difference,** *s.* **1.** Gleichgültigkeit *f* (**to/towards,** gegenüber + *dat*). **2.** Mittelmäßigkeit *f.*

indigenous [in'didʒinəs], *adj.* einheimisch.

indigestion [indi'dʒestʃ(ə)n], s. Verdauungsstörung f; (heartburn) Sodbrennen n. **indi'gestible**, adj. unverdaulich.

indignant [in'dignənt], adj. empört (**at**, über + acc); **to feel i.** at/about sth., über etwas acc empört sein; **to make s.o. i.**, j-n empören. **indig'nation**, s. Empörung f.

indignity [in'digniti], s. Erniedrigung f; (humiliation) Demütigung f.

indigo ['indigəu], s. Indigo n or m.

indirect [indi'rekt, indai-], adj. indirekt; **to make an i. reference** to s.o., auf j-n anspielen.

indiscreet [indis'kri:t], adj. (of disclosure) indiskret; (of remark) taktlos. **indis'cretion**, s. Indiskretion f; Taktlosigkeit f.

indiscriminate [indis'kriminit], adj. wahllos; **to deal out i. blows**, wahllos um sich schlagen.

indispensable [indis'pensəbl], adj. (a) unentbehrlich; **he is i.** to me, er ist mir unentbehrlich; (b) unerläßlich (**for**, für + acc); **an i. requirement**, eine unerläßliche Bedingung.

indisposed [indis'pəuzd], adj. (a) **to be i.**, sich nicht wohl fühlen; Adm: indisponiert sein; (b) abgeneigt (**to do sth.**, etwas zu tun). **indisposition** [indispə'ziʃən], s. Unwohlsein n.

indisputable [indis'pju:təbl], adj. unbestreitbar.

indissoluble [indi'sɔljubl], adj. unauflöslich; **i. tie**, unlösbare Bindung.

indistinct [indis'tiŋkt], adj. unklar, undeutlich.

indistinguishable [indis'tiŋgwiʃəbl], adj. nicht zu unterscheiden (**from**, von + dat); **i. from new**, wie neu, neuwertig; **i. to the naked eye**, mit dem bloßen Auge nicht wahrnehmbar.

individual [indi'vidjuəl]. I. adj. individuell; **i. case**, Einzelfall m. II. s. Individuum n; Pej: a **scruffy i.**, ein ungepflegter Typ; **who is this i.?** wer ist diese Person? **indi'vidualist**, s. Individualist m. **individu'ality**, s. Individualität f. **indi'vidualize**, v.tr. (Allgemeines) individualisieren. **indi'vidually**, adv. **these boxes are i. packed**, diese Kisten werden einzeln verpackt.

indivisible [indi'vizibl], adj. unteilbar. **indivisi'bility**, s. Unteilbarkeit f.

indoctrinate [in'dɔktrineit], v.tr. (j-n) indoktrinieren; **to i. s.o. with an idea**, j-m eine Idee einimpfen. **indoctri'nation**, s. Indoktrination f.

indolence ['indələns], s. Faulheit f. **'indolent**, adj. faul.

indomitable [in'dɔmitəbl], adj. unbezwingbar; (of will, courage etc.) unbeugsam.

Indonesia [ində(u)'ni:zjə]. Pr.n.Geog: Indonesien n. **Indo'nesian**. I. adj. indonesisch. II. s. 1. Indonesier(in) m(f). 2. Ling: Indonesisch n.

indoor ['indɔ:r], adj. (a) Innen-; **i. photograph**, Innenaufnahme f; **i. plant**, Zimmerpflanze f; Rad: TV: **i. aerial**, Zimmerantenne f; (b) Sp: Hallen-; **i. tennis**, Hallentennis n; **i. (swimming) pool**, Hallenbad n. **in'doors**, adv. (a) im Hause, zu Hause; **to stay i.**, zu Hause bleiben; (b) ins Haus; **to go i.**, ins Haus gehen.

indubitable [in'dju:bitəbl], adj. unbestreitbar, **-ably**, adv. zweifellos.

induce [in'dju:s], v.tr. (a) (j-n) dazu bewegen (**to do sth.**, etwas zu tun); (b) (eine Krankheit) verursachen; Med: **to i. labour**, die Wehen einleiten; **to i. sleep**, Schlaf herbeiführen; (c)

Ph: El: (Strom usw.) induzieren. **in'ducement**, s. Veranlassung f; Anreiz m; **the i. of a good salary**, der Anreiz eines guten Gehaltes.

induction [in'dʌkʃən], s. 1. Ecc: Amtseinsetzung f (eines Geistlichen). 2. El: Ph: Induktion f. 3. I.C.E: **i. manifold**, Ansaugkrümmer m; **i. stroke**, Ansaughub m.

indulge [in'dʌldʒ], v. 1. v.tr (einer Neigung, einem Verlangen usw.) nachgeben; **to i. oneself**, sich verwöhnen; **to i. one's passion for sth.**, seiner Leidenschaft für etwas acc frönen; **to i. s.o.'s whims**, j-s Launen nachgeben. 2. v.i. **to i. in sth.**, sich etwas dat hingeben; **to i. in bad habits**, schlechte Angewohnheiten pflegen; **to i. in drinking/gambling**, dem Alkohol/dem Spiel frönen; **to i. in a cigar**, sich dat eine Zigarre gönnen. **in'dulgence**, s. 1. Nachgiebigkeit f (**to/towards s.o.**, gegen j-n); **I must ask for your i.**, ich muß um Ihre Nachsicht bitten. 2. Hingabe f (**in**, an + acc); Schwelgen n (**in**, in + dat). **in'dulgent**, adj. nachsichtig, (giving way) nachgiebig (**to s.o.**, gegen j-n).

industrial [in'dʌstriəl], adj. industriell, Industrie-, Betriebs-; **i. accidents**, Betriebsunfälle mpl; **i. dispute**, Arbeitskonflikt m; **i. strife/action**, der Arbeitskampf; **i. estate**, Industriegelände n; **i. nation**, Industriestaat m. **in'dustrialist**, s. Industrieller m. **industriali'zation**, s. Industrialisierung f. **in'dustrialize**, v.tr. (ein Gebiet) industrialisieren. **in'dustrious**, adj. fleißig. **industry** ['indəstri], s. 1. (of pers.) Fleiß m. 2. Industrie f; **branch of i.**, Industriezweig m; **German i.**, die deutsche Industrie/(= economy) Wirtschaft.

inebriate. I. [i'ni:brieit] v.tr. (j-n) betrunken machen, Fig: berauschen. II. [i'ni:briit]. 1. adj. betrunken, (habitually) alkoholsüchtig. 2. s. Alkoholiker(in) m(f).

inedible [in'edibl], adj. ungenießbar.

ineffective [ini'fektiv], **ineffectual** [ini'fektju(ə)l], adj. unwirksam; (of pers.) unfähig, untauglich; **he's quite i.**, er taugt nichts/bringt nichts zustande. **ine'ffectiveness**, s. Wirkungslosigkeit f; Unfähigkeit f.

inefficient [ini'fiʃənt], adj. 1. (of pers.) untüchtig; nicht leistungsfähig. 2. (of firm, factory) unwirtschaftlich. 3. Med: etc: unwirksam. **ine'fficiency**, s. 1. (of pers.) Untüchtigkeit f; mangelnde Leistungsfähigkeit f. 2. Com: Ind: Unwirtschaftlichkeit f. 3. Med: Unwirksamkeit f.

inelegant [in'eligənt], adj. unelegant.

ineligible [in'elidʒəbl], adj. (of pers.) ohne die nötigen Voraussetzungen; **i. for a pension**, nicht pensionsberechtigt.

inept [i'nept], adj. (of remark) unpassend; (of pers.) ungeschickt. **i'neptitude**, s. Ungeeignetheit f; (clumsiness) Ungeschicktheit f.

inequality [ini(:)'kwɔliti], s. Ungleichheit f.

inequitable [in'ekwitəbl], adj. ungerecht.

ineradicable [ini'rædikəbl], adj. unausrottbar.

inert [i'nə:t], adj. (of pers.) reglos; Ch: Ph: träge; **i. gas**, Inertgas n. **inertia** [i'nə:ʃ(i)ə], s. Ch: Ph: (also of pers.) Trägheit f; Aut: **i. reel seat belt**, Sicherheitsgurt m mit Aufrollautomatik.

inescapable [inis'keipəbl], adj. unentrinnbar; (of conclusion etc.) unvermeidlich.

inestimable [in'estiməbl], adj. unschätzbar.

inevitable [in'evitəbl], *adj.* unvermeidlich. **inevita'bility**, *s.* Unvermeidlichkeit *f.*

inexact [inig'zækt], *adj.* ungenau. **ine'xactitude**, *s.* Ungenauigkeit *f.*

inexcusable [iniks'kju:zəbl], *adj.* unverzeihlich.

inexhaustible [inig'zɔ:stəbl], *adj.* unerschöpflich; (*of pers.*) unermüdlich.

inexorable [in'eksərəbl], *adj.* unerbittlich.

inexpensive [iniks'pensiv], *adj.* billig, preisgünstig.

inexperience [iniks'piəriəns], *s.* Unerfahrenheit *f*, Mangel *m* an Erfahrung. **inex'perienced**, *adj.* unerfahren, ungeübt; **i. eye**, ungeschultes Auge.

inexpert [in'ekspɔːt], *adj.* unfachmännisch; **an i. piece of work**, eine luichhafte Arbeit.

inexplicable [ineks'plikəbl], *adj.* unerklärlich.

inexpressible [iniks'presəbl], *adj.* unaussprechlich. **inex'pressive**, *adj.* ausdruckslos.

inextinguishable [iniks'tiŋgwiʃəbl], *adj.* nicht auszulöschen.

inextricable [iniks'trikəbl], *adj.* unentwirrbar.

infallible [in'fæləbl], *adj.* unfehlbar. **infalli'bility**, *s.* Unfehlbarkeit *f.*

infamous ['infəməs], *adj.* (*a*) berüchtigt; (*b*) (*of crime etc.*) abscheulich; (*base*) niederträchtig. **'infamy**, *s.* (*a*) Verrufenheit *f*; (*b*) Abscheulichkeit *f*; Niederträchtigkeit *f.*

infant ['infənt], *s.* (*a*) Kleinkind *n*; Baby *n*; **i. mortality**, Säuglingssterblichkeit *f*; (*b*) *attrib.* **i. prodigy**, Wunderkind *n*; *B*: **i. Jesus**, Jesukind *n*; *Brit*: **i. school**, Anfängerstufe *f* der Grundschule. **'infancy** [-si], *s.* (*a*) frühe Kindheit *f*; (*b*) *Fig*: Anfangsstadium *n*; **still in its i.**, noch in den ersten Anfängen. **'infantile**, *adj.* (*a*) kindlich, Kindes-; **i. paralysis**, Kinderlähmung *f*; (*b*) (*childish*) kindisch.

infantry ['infəntri], *s.* Infanterie *f.*

infatuated [in'fætjueitid], *adj.* vernarrt (**with s.o.**, in j-n). **infatu'ation**, *s.* Vernarrtheit *f*; (*blind*) Betörung *f.*

infect [in'fekt], *v.tr.* (*a*) (j-n) anstecken; *Med*: (j-n, eine Wunde, ein Tier usw.) infizieren (**with a germ**, mit einem Krankeitserreger); (*Wasser*) verseuchen; (*b*) *Fig*: (j-n) anstecken (**with enthusiasm**, mit Begeisterung). **in'fection**, *s.* (*a*) Infektion *f*; (*b*) Verseuchung *f* (*des Wassers usw.*). **in'fectious**, *adj.* ansteckend. **in'fectiousness**, *s.* ansteckende Wirkung *f*; *Med*: Ansteckungsgefahr *f.*

infer [in'fəːr], *v.tr.* (*p. & p.p.* **inferred**) (*conclude*) (daraus) schließen; (*gather*) entnehmen (**from**, aus + *dat*); **from this he inferred that . . .**, daraus schloß/entnahm er, daß . . . **'inference** [-fərəns], *s.* Folgerung *f.*

inferior [in'fiəriər]. **I.** *adj.* **1. i. to s.o.** (**in rank etc.**), j-m (im Rang usw.) untergeordnet; *Jur*: **an i. court**, ein niederes Gericht. **2.** (*a*) (*of thing*) minderwertig; **an i. piece of work**, eine mittelmäßige Arbeit; (*b*) (*of pers.*) unterlegen; **to be in no way i. to s.o.**, j-m in nichts nachstehen. **3.** *Typ*: (*of numbers etc.*) tiefgestellt. **II.** *s.* Untergebene(r) *f*(*m*). **inferi'ority**, *s.* Minderwertigkeit *f*; (*of pers.*) Unterlegenheit *f*; **i. complex**, Minderwertigkeitskomplex *m.*

infernal [in'fəːnəl], *adj.* höllisch, Höllen-; **the i. regions**, die Unterwelt; *F*: **i. row**, Höllenlärm *m*; **i. cheek**, verdammte Frechheit; **-ly**, *adv. F*:

verdammt; **i. hot**, siedend heiß.

inferno, *pl.* **-os** [in'fəːnəu, -əuz], *s.* Inferno *n*; **blazing i.**, Flammenhölle *f.*

infested [in'festid], *adj.* verseucht (**with vermin**, **mice etc.**, mit Ungeziefer, Mäusen usw.).

infidelity [infi'deliti], *s.* (eheliche) Untreue *f.*

in-fighting ['infaitiŋ], *s.* *Box*: Nahkampf *m*; *Pol*: (parteiinterne) Querelen *fpl.*

infiltrate ['infiltreit], *v.tr.* (*a*) *Mil*: **to i. the enemy positions**, unbemerkt in die feindlichen Stellungen eindringen; (*b*) *Pol*: (ein Land, eine Partei) unterwandern. **infil'tration**, *s.* *Pol*: Unterwanderung *f.*

infinite ['infinit], *adj.* unendlich; **to take i. trouble**, keine Mühe scheuen (**with/over sth.**, bei etwas *dat*). **infini'tesimal**, *adj.* unendlich klein. **in'finitive**. **I.** *adj.* Infinitiv-. **II.** *s.* *Gram*: Infinitiv *m.* **in'finity**, *s.* **1.** Unendlichkeit *f*; **to i.**, bis ins Unendliche. **2.** *Mth*: unendliche Größe *f*. **3.** *Phot*: **focussing on i.**, Unendlichkeitsstellung *f*; **from 10 metres to i.**, von 10 Metern bis unendlich.

infirm [in'fəːm], *adj.* gebrechlich; **old and i.**, altersschwach. **in'firmary**, *s.* **1.** Krankenhaus *n.* **2.** *Sch: etc*: (*room*) Krankenzimmer *n.* **in'firmity**, *s.* Gebrechlichkeit *f*; **infirmities of old age**, Gebrechen *npl* des Alters.

inflame [in'fleim], *v.* **1.** *v.tr.* *Med*: (eine Wunde usw.) entzünden; **inflamed eyes**, entzündete Augen, *Fig*: **inflamed with rage**, wutentbrannt; **inflamed with passion**, leidenschaftlich entflammt. **2.** *v.i.* *Med*: sich entzünden. **in'flammable**, *adj.* brennbar; (*esp. as warning*) feuergefährlich. **infla'mmation**, *s.* (*a*) *Med*: Entzündung *f*; (*b*) *Fig*: **centre of i.**, Entzündungsherd *m*; *Fig*: Entflammen *n.* **in'flammatory**, *adj.* (*of speech etc*) aufrührerisch.

inflate [in'fleit], *v.tr.* (*a*) (einen Luftballon usw.) aufblasen; (einen Gummireifen) aufpumpen; (*b*) (*Preise*) hochtreiben; *Econ*: **to i. the economy**, eine Inflation herbeiführen. **in'flatable**, *adj.* aufblasbar; **i. cushion**, Luftkissen *n*; **i. dinghy**, Schlauchboot *n.* **in'flated**, *adj.* (*also Fig: of pers.*) aufgeblasen; (*b*) **i. language**, geschwollene Sprache; *Econ*: **i. prices**, überhöhte Preise. **in'flation**, *s.* (*a*) *Econ*: Inflation *f*; (*b*) *Aut: etc*: Aufpumpen *n* (von Reifen); **correct i.**, der richtige Luftdruck *m.* **in'flationary**, *adj.* inflationär.

inflect [in'flekt], *v.tr.* *Gram*: (Verben) beugen.

inflexible [in'fleksəbl], *adj.* (*a*) unbiegsam; (*b*, *Fig: of pers. etc.*) unnachgiebig; (*of will etc.*) unbeugsam. **inflexi'bility**, *s.* (*a*) Unbiegsamkeit *f*; (*b*) *Fig*: Unnachgiebigkeit *f.*

inflict [in'flikt], *v.tr.* (eine Wunde, ein Leid usw.) zufügen; (eine Niederlage) beibringen (**on s.o.**, j-m); (einen Schlag) versetzen; (eine Strafe) verhängen (**on s.o.**, über j-n); *F*: **to i. oneself on s.o.**, sich j-m aufdrängen.

influence ['influəns]. **I.** *s.* (*a*) Einfluß *m* (**upon/over s.o.**, **sth.**, auf j-n, etwas *acc*); **to have an i. on sth.**, etwas beeinflussen; **to be in a position of i.**, eine einflußreiche Stellung haben; *Jur*: **undue i.**, Nötigung *f*; (*b*) **under the i. of alcohol/F: under the i.**, im betrunkenen Zustand. **II.** *v.tr.* (j-n, eine Entwicklung usw.) beeinflussen. **influ'ential**, *adj.* einflußreich.

influenza [influ'enzə], *s.* Grippe *f.*

influx ['inflʌks], s. Zustrom m (von Besuchern, Einwanderern usw.); Zufluß m (von Kapital usw.); Zufuhr f (von Waren).

inform [in'fɔːm]. I. v.tr. (a) to i. s.o. of sth., j-m etwas mitteilen; (on telephone etc.) j-n von etwas dat benachrichtigen; to keep s.o. informed, j-n auf dem laufenden halten; to i. the police, die Polizei verständigen; to i. s.o. about sth., j-n über etwas acc informieren; I regret to have to i. you that . . . , es tut mir leid, Ihnen mitteilen zu müssen, daß . . . 2. v.i. to i. against s.o., j-n denunzieren. in'formant, s. (reliable source) Gewährsmann m; Informant m. information [infɔ'meiʃ(ə)n], s. Information f; (piece of) i., Auskunft f; (news) Nachricht f; (report) Mitteilung f; (several items) Informationen fpl; source of i., Informationsquelle f; for your i., zu Ihrer Kenntnisnahme; to get i. about sth., sich über etwas acc informieren; i. desk, Auskunft f; i. bureau, Auskunftsbüro n; i. processing, Datenverarbeitung f. in'formative, adj. aufschlußreich. in'formed, adj. informiert; well i., gut informiert; i. opinion, sachkundiges Urteil. in'former, s. Anzeigeerstatter m; (traitor) Denunziant m; police i., Polizeispitzel m.

informal [in'fɔːməl], adj. zwanglos; (of meeting, Sp: match) inoffiziell; an i. dress, ein legeres Kleid; -ally, adv. informell; i. dressed, zwanglos gekleidet. infor'mality, s. Zwanglosigkeit f, Ungezwungenheit f.

infra dig ['infrə'dig], adj.phr. F: he thinks it's i.d., er findet es unter seiner Würde.

infra-red ['infrə'red], adj. infrarot.

infrastructure ['infrəstrʌktʃər], s. Infrastruktur f.

infrequent [in'friːkwənt], adj. selten; at i. intervals, in größeren Zeitabständen mpl.

infringe [in'frindʒ], v. 1. v.tr. (das Gesetz usw.) übertreten; (gegen ein Gesetz usw.) verstoßen; (ein Patent) verletzen. 2. v.i. to i. on/upon s.o.'s rights, in j-s Rechte eingreifen. in'fringement, s. Verstoß m (of, gegen + acc); i. (of the law) Gesetzesübertretung f; i. of a patent, Patentverletzung f; i. of copyright, Verstoß m gegen das Urheberrecht.

infuriate [in'fjuərieit], v.tr. (j-n) wütend machen. in'furiated, adj. wütend, rasend. in'furiating, adj. sehr ärgerlich; aufreizend; I find him/it i., er/es ärgert mich maßlos.

infuse [in'fjuːz], 1. v.tr. infused with tenderness, erfüllt/durchdrungen von Zärtlichkeit. 2. v.i. (of tea etc.) ziehen. in'fusion, s. (a) Med: Infusion f; (b) (tea etc.) Aufguß m; (c) Fig: (introduction) Einführung f.

ingenious [in'dʒiːnjəs], adj. (of pers.) einfallsreich, erfinderisch; (of thing) raffiniert. inge'nuity [-dʒi'njuːiti], s. Erfindungsgabe f; Einfallsreichtum m; Raffiniertheit f.

ingenuous [in'dʒenjuəs], adj. naiv; an i. smile, ein unschuldiges Lächeln. in'genuousness, s. Naivität f.

inglenook ['inglnuk], s. Kaminecke f.

ingot [ingət], s. (a) (of gold etc.) Barren m; (b) Metalw: Block m; (casting) Gußblock m; i. steel, Flußstahl m.

ingrained [in'greind], adj. (of habit etc.) tief eingewurzelt; i. dirt, tiefsitzender Schmutz; i. prejudices, eingefleischte Vorurteile.

ingratiate [in'greiʃieit], v.tr. to i. oneself with s.o., sich bei j-m einschmeicheln. in'gratiating, adj. einnehmend; an i. smile, ein gewinnendes Lächeln.

ingratitude [in'grætitjuːd], s. Undankbarkeit f.

ingredient [in'griːdiənt], s. Bestandteil m; ingredients of a cake, Zutaten fpl für einen Kuchen; Backzutaten fpl; Fig: the ingredients of success, die Voraussetzungen für den Erfolg.

ingrowing ['ingrəuiŋ], adj. i. toenail, eingewachsener Zehennagel.

inhabit [in'hæbit], v.tr. (ein Land usw.) bewohnen. in'habitable, adj. bewohnbar. in'habitant, s. Einwohner(in) m(f).

inhale [in'heil], v.tr. (Luft, Gas usw.) einatmen; (intentionally) (Zigarettenrauch, Med: Dämpfe) inhalieren.

inherent [in'hiər(ə)nt], adj. (of characteristic) innewohnend (in, + dat); (of pers., thing) eigen; Bot: Z: arteigen; its i. stability, die ihm eigene Stabilität; the dangers i. in this, die unabwendbar damit verbundenen Gefahren.

inherit [in'herit], v.tr. (einen Titel, ein Vermögen usw.) erben. in'heritance, s. Erbe n; Erbschaft f.

inhibit [in'hibit], v.tr. (j-n, das Wachstum) hemmen; Psy: inhibited, (of pers.) gehemmt. inhi'bition, s. Psy: Hemmung f.

inhospitable [inhɔs'pitəbl], adj. (of pers.) nicht gastfreundlich; (of region etc.) unwirtlich.

inhuman [in'hjuːmən], adj. unmenschlich. inhumanity [i'mæniti], s. Unmenschlichkeit f.

inimical [i'nimikəl], adj. feindlich; (harmful) nachteilig (to, für).

inimitable [i'nimitəbl], adj. unnachahmlich; (unique) einzigartig.

iniquitous [i'nikwitəs], adj. sündhaft; an i. system, ein völlig ungerechtes System. i'niquity, s. Sündhaftigkeit f; (act) Frevel m.

initial [i'niʃəl]. I. adj. anfänglich, Anfangs-; i. difficulties, Anfangsschwierigkeiten fpl; i. payment, erste Zahlung. II. s. (großer) Anfangsbuchstabe m; (s.o.'s) initials, (j-s) Initialen pl; -ally, adv. am Anfang. III. v.tr. (p. & p.p. initialled) (etwas) mit Initialen versehen; (einen Brief usw.) mit seinen Initialen abzeichnen.

initiate. I. [i'niʃieit] v.tr. (a) (etwas) beginnen; to i. negotiations, Verhandlungen eröffnen; to i. a reform, eine Reform einführen; (b) to i. s.o. into a mystery, j-n in ein Geheimnis einweihen. II. [i'niʃiit], s. Eingeweihte(r) f(m). initi'ation, s. (a) (of pers.) (feierliche) Einführung f, Fig: Einweihung f (in/into, in + acc); (b) Beginn m, Eröffnung f (von Verhandlungen usw.). in'itiative [i'niʃətiv], s. Initiative f; to act on one's own i., aus eigener Initiative handeln; to take the i., die Initiative ergreifen. i'nitiator, s. Initiator m.

inject [in'dʒekt], v.tr. Mec. E: (Brennstoff usw.) einspritzen; Med: to i. s.o. with a drug, j-m ein Medikament injizieren; Fig: to i. new life into sth., etwas neu beleben. in'jection, s. (a) Med: Spritze f, Injektion f; to have an i., eine Spritze bekommen; (b) Mec. E: Einspritzung f; (c) Fig: i. of capital, Kapitalspritze f.

injudicious [indʒu(ː)'diʃəs], adj. unklug.

injunction [in'dʒʌŋkʃən], s. 1. Jur: einstweilige Verfügung f. 2. (ausdrücklicher) Befehl m.

injure ['indʒər], *v.tr.* (*a*) (*hurt*) (j-n, den Arm, das Bein usw.) verletzen; **to i. one's hand,** sich *dat* die Hand verletzen; (*b*) (*impair*) (j-s Interessen usw.) schädigen, beeinträchtigen. '**injured. I.** *adj.* **1.** (*a*) verletzt; (*b*) *Fig:* gekränkt; **in an i. tone (of voice),** mit gekränkter Stimme. **2. the i. party,** der/die Geschädigte. **II.** *s.* **the i.,** die Verletzten *pl.* **in'jurious,** *adj.* schädlich (**to,** für + *acc*). '**injury,** *s.* **1.** (*a*) Verletzung *f;* **to do oneself an i.,** sich verletzen; (*b*) *Fig:* Kränkung *f;* **to add insult to i.,** das Maß vollmachen. **2.** Schädigung *f,* Beeinträchtigung *f* (**to interests** etc., der Interessen usw.).

injustice [in'dʒʌstis], *s.* Ungerechtigkeit *f;* **you do him an i.,** Sie tun ihm unrecht.

ink [iŋk]. **I.** *s.* **1.** (*a*) (*for writing*) Tinte *f;* **black as i.,** schwarz wie Tinte, pechschwarz; **written in i.,** mit Tinte geschrieben; (*b*) (*for drawing*) Tusche *f.* **II.** *v.tr.* **to i. in outlines etc.,** Umrisse usw. mit Tusche ausziehen; **to i. over a drawing,** eine Zeichnung mit Tusche nachzeichnen. '**inkfish,** *s. Fish:* Tintenfisch *m.* '**inkpad,** *s.* Stempelkissen *n.* '**inkpot,** '**inkwell,** *s.* Tintenfaß *n.* '**inky,** *adj.* (*a*) (*of fingers etc.*) mit Tinte beschmiert; (*b*) **i. (black),** pechschwarz.

inkling ['iŋkliŋ], *s.* (leise) Ahnung *f;* **he had an i. of the truth,** er ahnte die Wahrheit.

inland. I. *adj.* (*a*) binnenländisch; Binnen-; **i. trade,** Binnenhandel *m;* **i. waterways,** Binnengewässer *npl;* (*b*) inländisch; *Brit:* **I. Revenue,** Steuerbehörde *f* (für im Inland erhobene Steuern). **II.** [in'lænd], *adv.* landeinwärts.

in-laws ['inlɔ:z], *s.pl. F:* Schwiegereltern *pl.*

inlay ['inlei]. **I.** *s.* **1.** Einlegearbeit *f.* **2.** *Dent:* Inlay *n.* **II.** *v.tr.* [in'lei] (*p. & p.p.* **inlaid**) *Furn:* (Holz, Möbel) einlegen (**with,** mit + *dat*). **in'laid,** *adj.* eingelegt; **i. work,** Einlegearbeit *f.*

inlet ['inlet], *s.* **1.** *Mec.E:* Einlaß *m; I.C.E:* **i. valve,** Einlaßventil *n;* **i. manifold,** Saugleitung *f.* **2.** *Geog:* (schmaler) Meeresarm *m.*

inmate ['inmeit], *s.* Insasse *m,* Insassin *f* (eines Gefängnisses, einer Anstalt usw.).

inmost ['inməust], *adj.* (*of thoughts etc.*) innerste(r,s); **in my i. heart,** im Grunde meines Herzens.

inn [in], *s. A:* Wirtshaus *n.* '**innkeeper,** *s. A:* Gastwirt *m.*

innards ['inədz], *s.pl. F:* (*stomach etc.*) Eingeweide *pl; Hum:* (*of stomach, clock, mechanism etc.*) Innereien *fpl.*

innate [i'neit], *adj.* angeboren.

inner ['inər], *adj.* innere(r,s), Innen-; **i. courtyard,** Innenhof *m;* **i. harbour,** Innenbecken *n; Aut:* **i. tube,** Luftschlauch *m; Hum:* **the i. man,** der Magen; *Fig:* **i. eye,** inneres Auge; **i. meaning of a poem,** tiefere Bedeutung eines Gedichts.

innings ['iniŋz], *s.* **1.** *Baseball· Cricket:* Spielzeit *f,* Inning *n* (einer Mannschaft, eines Schlägers). **2.** *Fig:* **he had a long/good i.,** er hat lange gelebt.

innocent ['inəsənt]. **I.** *adj.* (*a*) (*not guilty*) unschuldig; **to put on an i. air,** eine Unschuldsmiene aufsetzen; (*b*) (*unsuspecting*) arglos; (*ingenuous*) naiv. '**innocence,** *s.* (*a*) Unschuld *f* (eines Angeklagten); (*b*) Arglosigkeit *f,* Naivität *f.*

innocuous [i'nɔkjuəs], *adj.* harmlos.

innovation [inəu'vei∫(ə)n], *s.* Neuerung *f.* '**innovator,** *s.* Neuerer *m.*

innuendo, *pl.* **-oes** [inju(:)'endəu, -əuz], *s.* versteckte Anspielung *f.*

innumerable [i'nju:mərəbl], *adj.* unzählig, zahllos.

inoculate [i'nɔkjuleit], *v.tr. Med:* (j-n) impfen (**against sth.,** gegen etwas *acc*). **inocu'lation,** *s. Med:* Impfung *f.*

inoffensive [inə'fensiv], *adj.* harmlos.

inoperable [in'ɔp(ə)rəbl], *adj.* (*of plan etc.*) undurchführbar; *Med:* nicht operierbar.

inoperative [in'ɔp(ə)rətiv], *adj.* (*of laws, rules etc.*) nicht gültig.

inopportune [in'ɔpətju:n], *adj.* ungelegen; (*of remark etc.*) unpassend.

inordinate [i'nɔ:dinit], *adj.* unmäßig.

inorganic [inɔ:'gænik], *adj.* (*a*) unorganisch; (*b*) *Ch:* anorganisch.

in-patient ['inpei∫ənt], *s.* (stationär behandelter) Krankenhauspatient *m.*

input ['input], *s.* **1.** Aufnahme *f;* (*a*) *Data-pr:* (*material*) Eingabe *f;* (*action*) Versorgung *f* (eines Programms); (*b*) *El.E:* Eingang *m;* (*consumption*) Leistungsaufnahme *f;* **i. impedance,** Eingangswiderstand *m;* (*c*) *Mec. E:* etc: **i. shaft,** Antriebswelle *f.*

inquest ['inkwest], *s.* (*a*) *Jur:* amtliche Untersuchung *f* (zur Feststellung der Todesursache); (*b*) *Fig:* **to hold an i. on an exam,** Manöverkritik über eine Prüfung abhalten.

inquire [in'kwaiər], *v.* **1.** *v.tr.* sich (nach dem Preis, Weg usw.) erkundigen; **may I i. what has been done?** darf ich fragen, was getan worden ist? **2.** *v.i.* sich erkundigen (**about/after s.o., sth.,** nach j-m, etwas *dat*); **to i. for s.o.,** nach j-m fragen; **to i. into sth.,** etwas untersuchen. **in'quiring,** *adj.* (*of glance etc.*) fragend; **-ly,** *adv.* **to glance i. at s.o.,** j-n fragend ansehen. **in'quiry,** *s.* **1.** Nachfrage *f;* **to make inquiries (about s.o.),** (über j-n) Erkundigungen einziehen; **I'll make inquiries,** ich werde mich erkundigen. **2.** (*police*) (j-n), (polizeiliche) Untersuchung *f.* **3.** *Tel: P.N:* etc: **Inquiries,** Auskunft *f.*

inquisition [inkwi'zi∫(ə)n], *s. Ecc: Hist:* **the I.,** die Inquisition; *esp. Hum:* Verhör *n.*

inquisitive [in'kwizitiv], *adj.* neugierig. **in'quisitiveness,** *s.* Neugier *f.*

inroads ['inrəudz], *s.pl.* **to make i. on/into one's time etc.,** viel Zeit usw. in Anspruch nehmen; **the purchase made i. on/into our savings,** der Kauf riß ein Loch in unsere Ersparnisse.

inrush ['inrʌʃ], *s.* Hereinströmen *n* (von Wasser, Luft usw.); Ansturm *m* (von Leuten).

insane [in'sein], *adj.* **1.** (*a*) geisteskrank; (*b*) *F:* verrückt; **it's enough to drive you i.,** es ist zum Verrücktwerden. **2.** *s.pl.* **the i.,** die Geisteskranken *pl;* **-ly,** *adv.* **i. jealous,** eifersüchtig bis zum Wahnsinn. **insanity** [-'sæniti], *s.* Geisteskrankheit *f.*

insanitary [in'sænit(ə)ri], *adj.* unhygienisch.

insatiable [in'sei∫əbl], *adj.* (*of ambition, appetite etc.*) unersättlich; (*of thirst*) unstillbar.

inscribe [in'skraib], *v.tr.* (*a*) (einen Stein, Metall usw.) mit einer Gravur/Inschrift versehen; (*b*) **to i. a book with a dedication,** eine Widmung in ein Buch schreiben. **inscription** [in'skrip∫(ə)n], *s.* Inschrift *f;* Gravur *f* (auf einer

Münze); (*dedication*) Widmung *f.*

inscrutable [in'skru:təbl], *adj.* unergründlich; (*of face*) verschlossen.

insect ['insekt], *s.* Insekt *n.* **in'secticide,** *s.* Insektengift *n.*

insecure [insi'kjuər], *adj.* (*a*) (*of pers., future*) unsicher; (*unprotected*) schutzlos; (*b*) (*loose*) locker; (*of credit*) ungedeckt; (*of building*) nicht gesichert (**against burglary etc.,** gegen Einbruch usw.). **inse'curity,** *s.* Unsicherheit *f;* Schutzlosigkeit *f.*

insemination [in'semineiʃ(ə)n], *s. Biol:* Besamung *f;* **artificial i.,** künstliche Befruchtung.

insensible [in'sensəbl], *adj.* (*unconscious*) bewußtlos; (*numb*) gefühllos; **i. to pain,** gegen Schmerz unempfindlich.

insensitive [in'sensitiv], *adj.* (*of pers., behaviour*) gefühllos (**to, gegen** + *acc*); **i. to pain,** gegen Schmerz unempfindlich. **in'sensitiveness, insensl'tivity,** *s.* Gefühllosigkeit *f;* Unempfindlichkeit *f* (**to,** gegen + *acc*).

inseparable [in'sep(ə)rəbl], *adj.* untrennbar (**from,** von + *dat*); (*of friends*) unzertrennlich.

insert. **I.** *v.tr.* [in'sə:t] (*a*) (etwas) einfügen, einsetzen (**in,** in + *acc;* **between,** zwischen + *acc*); **to i. a coin,** eine Münze einwerfen; **to i. the key in the lock,** den Schlüssel ins Schloß stecken. **II.** *s.* ['insə:t] Einsatz *m.* **insertion** [-'sə:ʃ(ə)n], *s.* (*a*) Einfügung *f,* Einsetzung *f;* (*b*) (*advertisement*) Inserat *n.*

in-service ['in'sə:vis], *attrib. adj.* **i.-s. training of teachers,** Weiterbildung *f* für Lehrer im Dienst.

inset ['inset], *s.* (*a*) (*extra page*) Einschaltblatt *n; Journ:* (*extra section*) Beilage *f;* (*b*) (*illustration*) Einschaltbild *n;* **i. map,** Nebenkarte *f.*

inshore. **I.** *adv.* [in'ʃɔː] (*close*) i., nahe (an) der Küste. **II.** *adj.* ['inʃɔː] **i. waters,** Küstengewässer *npl.*

inside ['in'said]. **I.** *s.* (*a*) Innenseite *f;* (*inner surface*) Innenfläche *f;* **on the i.,** innen; **to know sth. from the i.,** die (inneren) Zusammenhänge einer Sache kennen; **turned i. out,** (*of pockets*) umgestülpt; **to turn everything i. out,** das Unterste zuoberst kehren; *Fig:* **to know sth. i. out,** etwas in- und auswendig kennen; (*b*) (das) Innere *n* (eines Hauses usw.); (*c*) *F:* Eingeweide *npl;* **I've a pain in my i.,** ich habe Bauchschmerzen; (*d*) *Fb:* **i. left/right,** Halblinke(r)/ Halbrechte(r) *m.* **II.** *adj.* Innen-, innere(r,s); **i. information/***F:* **story,** vertrauliche Informationen; **i. job,** (i) *Com:* im Hause getane Arbeit; (ii) *F:* (*theft*) von Angestellten begangener Diebstahl. **III.** *adv.* (*a*) im Innern, innen; *F:* **to be i.,** (im Gefängnis) sitzen; (*b*) **i. of three hours,** in weniger als drei Stunden. **IV.** *prep.* innerhalb + *gen.* **in'sider,** *s.* Eingeweihte(r) *f* (*m*).

insidious [in'sidiəs], *adj.* heimtückisch.

insight ['insait], *s.* (*a*) Einblick *m;* **to gain an i. into sth.,** Einblick in eine Sache gewinnen; (*b*) (*realization*) Einsicht *f;* **a man of i.,** ein einsichtiger Mann.

insignia [in'signiə], *s.pl.* Abzeichen *npl;* (*royal*) Insignien *fpl.*

insignificant [insig'nifikənt], *adj.* unbedeutend. **insig'nificance,** *s.* Bedeutungslosigkeit *f.*

insincere [insin'siər], *adj.* unaufrichtig; (*of smile etc.*) falsch. **insincerity** [-'seriti], *s.* Unaufrichtigkeit *f.*

insinuate [in'sinjueit], *v.tr.* (*a*) (etwas) versteckt andeuten; **what are you insinuating?** was wollen Sie damit sagen? (*b*) *refl.* **to i. oneself into a person's favour,** sich in j-s Gunst einschmeicheln. **insinu'ation,** *s.* (versteckte) Andeutung *f.*

insipid [in'sipid], *adj.* (*of food*) fade, geschmacklos; (*of book etc.*) fade, langweilig. **in'sipidity,** *s.* Geschmacklosigkeit *f,* Fadheit *f.*

insist [in'sist], *v.i.* bestehen (**on/upon,** auf + *acc*); **he insisted that it was so,** er bestand darauf, daß es so sei; **to i. on doing sth.,** darauf bestehen, etwas zu tun; **he insists on wearing a kilt,** er ist nicht davon abzubringen, einen Kilt zu tragen; **I i. (upon it)!** ich bestehe darauf! *F:* **the zip insists on opening,** der Reißverschluß geht immer wieder auf. **in'sistence,** *s.* (*a*) Beharren *n* (**on,** auf + *acc*); (*b*) (*pushing*) Aufdringlichkeit *f.* **in'sistent,** *adj.* (*a*) beharrlich; (*b*) (*pushing*) aufdringlich.

insole ['insəul], *s. Shoem:* (*fixed*) Brandsohle *f;* (*loose*) Einlegesohle *f.*

insolent ['insələnt], *adj.* (*of pers., remark etc.*) frech, unverschämt; (*arrogant*) anmaßend. **'insolence,** *s.* Frechheit *f;* Anmaßung *f.*

insoluble [in'sɔljubl], *adj.* **1.** *Ch: etc:* unlöslich. **2.** (*of problem etc.*) unlösbar. **insolu'bility,** *s.* **1.** *Ch: etc:* Unlöslichkeit *f.* **2.** Unlösbarkeit *f.*

insolvent [in'sɔlvənt], *adj.* zahlungsunfähig. **in'solvency,** *s.* Zahlungsunfähigkeit *f.*

insomnia [in'sɔmniə], *s.* Schlaflosigkeit *f.*

inspect [in'spekt], *v.tr.* (*a*) (Lebensmittel, Geschäftsbücher, Maschinen usw.) prüfen; (*b*) (eine Schule, *Hum:* ein Haus usw.) inspizieren; *Mil:* **to i. troops,** die Parade abnehmen. **in'spection** [-'spekʃ(ə)n], *s.* Inspektion *f;* (*examination*) Überprüfung *f; Pub:* **i. copy,** Ansichtsexemplar *n; Adm:* **open to i.,** zur Ansicht freigegeben. **in'spector,** *s.* Inspektor(in) *m(f).* **in'spectorate,** *s.* Inspektion *f,* Inspektorat *n.*

inspire [in'spaiər], *v.tr.* (j-n) inspirieren; **to i. s.o. to do sth.,** j-n zu etwas *dat* anregen; **to i. s.o. with confidence,** j-m Vertrauen einflößen. **inspiration** [-spi'reiʃ(ə)n], *s.* Inspiration *f;* **acting on a sudden i.,** einer plötzlichen Eingebung folgend. **in'spired,** *adj.* genial.

instability [instə'biliti], *s.* (*a*) (*of boat, car etc.*) Unausgewogenheit *f;* (*b*) *Fig:* Unbeständigkeit *f;* (*esp. of character*) Labilität *f.*

install [in'stɔ:l], *v.tr.* (*a*) (j-n) in ein Amt einsetzen; (*b*) (eine Heizung usw.) installieren; (ein Gerät) montieren (**in,** in + *acc*). **3. he is comfortably installed in his new home,** er hat sich in seinem neuen Haus schon häuslich eingerichtet. **installation** [instə'leiʃ(ə)n], *s.* **1.** Amtseinsetzung *f.* **2.** (*a*) Installierung *f;* (*b*) (*system*) Anlage *f.*

instalment [in'stɔ:lmənt], *s.* **1.** (*of serial etc.*) Fortsetzung *f.* **2.** *Com:* Teillieferung *f.* **3.** (*part payment*) Rate *f,* Teilzahlung *f;* **to pay by instalments,** in Raten zahlen; **to buy sth. on the i. plan,** etwas auf Abzahlung kaufen.

instance ['instəns], *s.* **1.** Beispiel *n* (**of sth.,** für etwas *acc*); (*case*) Fall *m;* **for i.,** zum Beispiel; **in the first i.,** zunächst; **in this/the present i.,** in diesem/im vorliegenden Fall. **2.** *Jur:* Instanz *f.*

instant ['instənt]. **I.** *s.* Augenblick *m,* Moment

m; **come this i.!** komm (aber) sofort! **II.** *adj.* **1.** *Com:* (*abbr.* **inst.**) **the 5th inst.,** der 5. dieses Monats. **2.** sofortig, unverzüglich; **i. service,** Sofortdienst *m;* **i. coffee,** Schnellkaffee *m.* **instan´taneous,** *adj.* sofortig, unverzüglich.

instead [in´sted]. **I.** *prep.phr.* **i. of s.o., ·sth.,** anstelle von j-m, etwas *dat;* **i. of him,** an seiner Stelle. **II.** *adv.* (*of things*) statt dessen; **take me i.,** nimm mich an seiner/ihrer Stelle mit.

instep [´instep], *s. Anat:* Fußrücken *m,* Rist *m.*

instigate [´instigeit], *v.tr.* (j-n, etwas) anregen; (etwas Böses) anstiften; **to i. a plot,** eine Verschwörung anzetteln. **insti´gation,** *s.* (*a*) Anregung *f;* **at his i.,** auf seine Anregung (hin); (*b*) Anstiftung *f* (von etwas Bösem). ´**instigator,** *s.* Anstifter(in) *m(f).*

instil [in´stil], *v.tr.* (*p. & p.p.* **instilled**) **to i. sth. into s.o.,** j-m etwas einflößen; **to i. a sense of responsibility into s.o.,** j-m Verantwortungsgefühl einprägen.

instinct [´instiŋ(k)t], *s.* Instinkt *m;* **by i.,** spontan, instinktiv. **in´stinctive,** *adj.* instinktiv.

institute [´institju:t]. **I.** *v.tr.* (einen Brauch, eine Vorschrift usw.) einführen; *Jur:* **to i. an inquiry,** eine Untersuchung einleiten; **to i. (legal) proceedings (against s.o.),** (gegen j-n) einen Prozeß anstrengen. **II.** *s.* Institut *n.* **insti´tution,** *s.* (*a*) Einführung *f;* **this meeting has become an i.,** dieses Treffen ist (schon) zur ständigen Einrichtung geworden; (*b*) (*tradition*) (übernommener) Brauch *m,* Sitte *f;* (*c*) Anstalt *f,* Institut *n;* **charitable i.,** Stiftung *f* (für wohltätige Zwecke). **insti´tutional,** *adj.* institutionell; **i. life,** Anstaltsleben *n.*

instruct [in´strʌkt], *v.tr.* (*a*) (j-n) unterrichten (**in,** in + *dat*); **to i. s.o. in swimming,** j-m Schwimmunterricht geben; (*b*) (j-n) anweisen (**to do sth.,** etwas zu tun); **to i. a solicitor,** einen Anwalt beauftragen. **in´struction,** *s.* **1.** (*teaching*) Unterricht *m;* (*training*) Ausbildung *f.* **2.** *usu.pl.* Anweisung *f;* (*order*) Befehl *m;* **to be under strict instructions,** strikte Anweisungen haben; **instructions for use,** Gebrauchsanweisung *f; Aut: etc:* **i. book/manual,** Betriebsanleitung *f; Adm:* **standing instructions,** Dienstanweisung *f.* **in´structional,** *adj.* erzieherisch; **i. film,** Lehrfilm *m.* **in´structive,** *adj.* aufschlußreich. **in´structor,** *s. esp. N. Am:* Lehrer(in) *m(f); esp. Mil:* Ausbilder(in) *m(f);* **swimming i.,** Schwimmlehrer(in) *m(f);* **fencing i.,** Fechtmeister *m.*

instrument [´instrəmənt], *s.* Instrument *n;* (*a*) (*weapon*) Waffe *f;* **blunt i.,** stumpfer Gegenstand; (*b*) *Mus:* Instrument *n;* (*c*) *Jur:* **legal i.,** Rechtsinstrument *n;* (*d*) *Aut: Av:* **i. board/ panel,** Armaturenbrett *n; Av:* **i. flying,** Blindflug *m;* (*e*) (*tool*) Werkzeug *n;* (*pers.*) Handlanger *m.* **instru´mental,** *adj.* **1. to be i. in doing sth.,** eine entscheidende Rolle bei etwas *dat* spielen. **2.** *Mus:* **i. music,** Instrumentalmusik *f.* **instru´mentalist,** *s. Mus:* Instrumentalist(in) *m(f).* **instrumen´tation,** *s.* **1.** *Mus:* Instrumentation *f.* **2.** *Av: etc:* Ausrüstung *f* mit Instrumenten.

insubordinate [insə´bɔːdinit], *adj.* ungehorsam. **insubordi´nation,** *s.* Ungehorsamkeit *f; Mil:* Gehorsamsverweigerung *f.*

insubstantial [insəb´stænʃəl], *adj.* **1.**

unwirklich. **2. an i. accusation,** eine unhaltbare Anklage; **i. evidence,** ungenügendes Beweismaterial. **3.** (*of food*) nicht sättigend; (*of book etc.*) ohne Substanz.

insufferable [in´sʌf(ə)rəbl], *adj.* unerträglich; (*of pers.*) unausstehlich.

insufficient [insə´fiʃənt], *adj.* ungenügend. **insuf´ficiency,** *s.* (*a*) (*lack*) Mangel *m;* (*b*) (*of pers.*) Unzulänglichkeit *f; Med:* Insuffizienz *f.*

insular [´insjulər], *adj.* (*a*) insular, Insel-; **i. climate,** Inselklima *n;* (*of pers.*) engstirnig. **insu´larity,** *s.* Engstirnigkeit *f.*

insulate [´insjuleit], *v.tr.* (*El:* Drähte usw; *Constr:* ein Haus) isolieren (**from sth.,** gegen etwas *acc*). **insu´lation,** *s.* Isolierung *f.* ´**insulating,** *adj.* **i. tape,** Isolierband *n.* ´**insulator,** *s.* (*a*) (*device*) Isolator *m;* (*b*) (*material*) Isoliermaterial *n.*

insulin [´insjulin], *s. Med:* Insulin *n.*

insult. I. [´insʌlt] *s.* Beleidigung *f;* (*spoken*) Beschimpfung *f.* **II.** [in´sʌlt] *v.tr.* (j-n) beleidigen, (*vocally*) beschimpfen. **in´sulting,** *adj.* beleidigend.

insuperable [in´sju:p(ə)rəbl], *adj.* unüberwindlich.

insupportable [insə´pɔːtəbl], *adj.* unerträglich.

insure [in´ʃuər], *v.tr.* (*a*) (ein Haus, ein Auto usw.) versichern (**against sth.,** gegen etwas *acc*); **to i. one's life,** eine Lebensversicherung abschließen; (*b*) (*guarantee*) (Frieden, Erfolg usw.) gewährleisten. **in´surance,** *s.* Versicherung *f;* **i. policy,** Versicherungspolice *f;* **i. broker,** Versicherungsmakler *m.*

insurgent [in´sɔːdʒənt]. **I.** *adj.* aufständisch. **II.** *s.* (*pers.*) Aufständische(r) *f(m).*

insurmountable [insə(:)´mauntəbl], *adj.* unüberwindlich.

insurrection [insə´rekʃən], *s.* Aufstand *m.*

intact [in´tækt], *adj.* unversehrt, unbeschädigt.

intake [´inteik], *s.* **1.** (*opening*) Einlaß *m,* Einlaßöffnung *f;* **i. valve,** Einlaßventil *n.* **2.** (*amount admitted*) (*a*) **water i.,** aufgenommene Wassermenge; (*b*) **food i.,** Nahrungsaufnahme *f;* (*c*) *Sch:* Aufnahmequote *f* (von Schülern).

intangible [in´tændʒəbl], unbestimmbar; **i. assets,** immaterielle Werte.

integral [´intigrəl]. **I.** *adj.* **1.** (*a*) (*essential*) wesentlich; **an i. part,** ein wesentlicher Bestandteil; (*b*) **to be i. with sth.,** mit etwas *dat* ein Ganzes bilden. **2.** *Mth:* Integral-; **i. calculus,** Integralrechnung *f.* **II.** *s. Mth:* Integral *n.* ´**integrate** [-greit], *v.* **1.** *v.tr.* (*a*) (j-n) integrieren (**into society etc.,** in die Gesellschaft usw.); (*b*) **the illustrations must be properly integrated with the text,** die Illustrationen müssen richtig in den Text eingegliedert werden; **the various elements are not well integrated,** die einzelnen Elemente sind nicht gut aufeinander abgestimmt. **2.** *v.i.* sich integrieren **inte´gration,** *s.* **1.** Eingliederung *f.* **2.** Integration *f* (von Völkern).

integrity [in´tegriti], *s.* Integrität *f.*

intellect [´intəlekt], *s.* Intellekt *m,* Verstand *m.* **inte´llectual. I.** *adj.* intellektuell; (*of work etc.*) geistig. **II.** *s.* Intellektuelle(r) *f(m);* **-ly,** *adv.* **i. inferior,** geistig unterlegen.

intelligence [in´telidʒəns], *s.* **1.** Intelligenz *f;* **i. test,** Intelligenztest *m.* **2.** *esp. Mil:* **i. (service),**

Nachrichtendienst *m;* (*information*) Nachrichtenmaterial *n.* in'telligent, *adj.* intelligent. intelli'gentsia, *s.* the i., die Intelligenz. intelligible [in'telidʒəbl], *adj.* verständlich. intemperate [in'temp(ə)rit]. 1. (*excessive*) übermäßig. 2. (*of pers.*) unbeherrscht; (*drunken*) trunksüchtig; (*of behaviour*) zügellos.

intend [in'tend], *v.tr.* to i. to do sth., beabsichtigen, etwas zu tun; he intends to be a teacher, er beabsichtigt, Lehrer zu werden; I intended it as a joke, ich habe es als Witz gemeint; to i. s.o. for a career, j-n für einen Beruf bestimmen; I didn't i. him to go himself, es war nicht meine Absicht, daß er selbst hingehen sollte. in'tended, *adj.* 1. (*a*) beabsichtigt; (*of journey etc.*) geplant; the i. effect, der gewünschte Effekt/die gewünschte Wirkung; (*b*) (*intentional*) absichtlich. 2. i. for s.o., für j-n gedacht; (*of remark etc.*) an j-n gerichtet.

intense [in'tens], *adj.* (*a*) (*of colour, feelings etc.*) intensiv, stark; (*of light*) stark; (*b*) (*of pers., expression*) angespannt; she is so i. about everything, sie nimmt alles so ernst; -ly, *adv.* äußerst; höchst; to hate s.o. i., j-n zutiefst hassen. in'tensify, *v.* 1. *v.tr.* (*a*) (eine Wirkung, einen Kontrast usw.) steigern; (*b*) to i. one's efforts/a search, seine Bemühungen/eine Suche intensivieren. 2. *v.i.* (*of feelings etc.*) stärker werden. in'tensity, *s.* Intensität *f.* in'tensive, *adj.* intensiv; *Med:* i. care unit, Intensivstation *f.*

intent [in'tent]. I. *adj.* (*a*) to be i. on sth., in etwas acc ganz vertieft sein; to be i. on doing sth., fest entschlossen sein, etwas zu tun; (*b*) aufmerksam; an i. gaze, ein gespannter Blick. II. *s.* 1. Absicht *f;* (*purpose*) Zweck *m; Jur:* with i. to defraud, in betrügerischer Absicht. 2. to all intents and purposes, so gut wie. intention [in'tenʃən], *s.* Absicht *f;* to do sth. with the best (of) intentions, etwas in bester Absicht tun. in'tentional, *adj.* absichtlich.

interact [intər'ækt], *v.i.* aufeinander wirken. inter'action, *s.* Wechselwirkung *f.*

intercede [intə(:)'si:d], *v.i.* to i. with s.o. for s.o., bei j-m für j-n Fürsprache einlegen.

intercept [intə(:)'sept], *v.tr.* (einen Boten, einen Brief, eine Meldung usw.) abfangen; (Telefongespräche usw.) abhören. inter'ception, *s.* Abfangen *n;* Abhören *n.*

interchange. I. ['intətʃeindʒ], *s.* (*of ideas etc.*) Austausch *m;* traffic i., planfreie Kreuzung *f.* II. [intə'tʃeindʒ], *v.tr.* (zwei Sachen) austauschen. inter'changeable, *adj.* austauschbar; (*of words*) gleichbedeutend.

intercom ['intəkɔm], *s.* Sprechanlage *f;* (*on plane, ship etc.*) Bordverständigung *f.*

intercontinental [intəkɔnti'nentl], *adj.* interkontinental.

intercourse ['intə(:)kɔ:s], *s.* (*a*) Verkehr *m;* social i., gesellschaftlicher Umgang *m;* (*b*) (sexual) i., Geschlechtsverkehr *m.*

interdependent [intə(:)di'pendənt], *adj.* voneinander abhängig.

interest ['int(ə)rest]. I. *s.* 1. (*a*) Interesse *n* (in music etc., an der Musik *dat* usw.); in the interests of science, zur Förderung der Wissenschaft; to take an i. in sth., sich für etwas acc interessieren; questions of public i., Fragen des öffentlichen Interesses; of no i., uninteressant;

(*b*) (*advantage*) Vorteil *m;* to act in one's own i., zum eigenen Vorteil handeln. 2. *Com:* Beteiligung *f* (in a firm, an einer Firma); to have an i. in the profits, am Gewinn beteiligt sein. 3. *Fin:* Zinsen *mpl;* to bear i. at 10%, 10% Zinsen tragen; i. rate, Zinssatz *m.* II. *v.tr.* (j-n) interessieren (in sth., für etwas acc). 'interested, *adj.* interessiert (in sth., an etwas acc); the i. party, die beteiligte Partei; (*to customer etc.*) are you i.? sind Sie daran interessiert? to be i. in sth., sich für etwas acc interessieren. 'interesting, *adj.* interessant.

interface ['intəfeis], *s.* Verbindungsfläche *f; Fig:* Grenzlinie *f.*

interfere [intə'fiər], *v.i.* (*a*) (*of pers.*) (in einen Streit usw.) eingreifen; to i. in other people's business, sich in fremde Angelegenheiten einmischen; (*b*) don't i. with it! *F:* laß die Finger davon! (*c*) (*of event*) to i. with s.o.'s plans, j-s Pläne durchkreuzen; (*d*) *Rad:* stören. inter'ference, *s.* 1. Eingreifen *n;* Einmischung *f* (in sth., in etwas acc). 2. (*a*) *Ph:* Interferenz *f;* (*b*) *Rad:* Störung *f;* i. suppression, Entstörung *f.* inter'fering, *adj.* he's very i., er mischt sich dauernd ein.

interim ['intərim]. I. *s.* in the i., in der Zwischenzeit. II. *adj.* Zwischen-; i. report, Zwischenbericht *m.*

interior [in'tiəriər]. I. *adj.* inner, Innen-; i. decorator, Innenarchitekt *m;* i. decoration, Innenausstattung *f.* II. *s.* (*space*) Innenraum *m;* (*of country*) Binnenland *n.*

interjection [intə'dʒekʃən], *s.* Zwischenruf *m.*

interleave [intə(:)'li:v], *v.tr. Typ:* (ein Buch) durchschießen.

interlocking [intə(:)'lɔkiŋ], *adj.* ineinandergreifend.

interloper ['intələupər], *s.* Eindringling *m.*

interlude ['intəlju:d], *s. Th: Mus: & Fig:* Zwischenspiel *n; TV: Rad:* Sendepause *f.*

intermediary [intə'mi:djəri], *s.* Vermittler(in) *m(f).*

intermediate [intə'mi:diət], *adj.* Zwischen-; i. stage, Zwischenstadium *n; Sch:* i. level, mittlerer Schwierigkeitsgrad.

interminable [in'tə:minəbl], *adj.* endlos.

intermingle [intə'miŋgl], *v.i.* sich vermischen (with, mit + *dat*).

intermission [intə'miʃən], *s. esp. N.Am:* Pause *f;* without i., ununterbrochen.

intermittent [intə'mitənt], *adj.* in Abständen (auftretend/erscheinend).

intern. I. [in'tə:n], *v.tr.* (j-n) internieren. II. ['intə:n], *s. N.Am:* (im Krankenhaus wohnender) Assistenzarzt *m.* in'ternment, *s.* Internierung *f.*

internal [in'tə:nəl], *adj.* 1. innere(r, s); i. injury, innere Verletzung; *Mec:* i. thread, Innengewinde *n; Mec.E:* i. combustion engine, Verbrennungsmotor *m.* 2. Innen-; inländisch; i. trade, Binnenhandel *m; N.Am:* i. revenue, inländische Steuereinnahmen; -ally, *adv.* innen; *Med:* to bleed i., innerlich bluten; not to be taken i., nur zur äußeren Anwendung.

international [intə'næʃ(ə)nəl], *adj.* international.

interplanetary [intə'plænit(ə)ri], *adj.* interplanetarisch.

interplay ['intəplei], s. Wechselspiel n; Wechselwirkung f.

interpolate [in'tɔ:pəleit], v.tr. (falsche Angaben, Korrekturen usw.) einfügen (**into a text,** in einen Text); (Bemerkungen) einwerfen. **interpo'lation,** s. Einfügung f.

interpose [intə'pəuz], v. 1. v.tr. (Bemerkungen usw.) einwerfen. 2. v.i. dazwischentreten (**in a quarrel,** bei einem Streit).

interpret [in'tɔ:prit], v.tr. (a) (einen Text usw.) auslegen; Mus: (ein Stück) interpretieren; (b) (translate) (ein Gespräch, einen Vortrag usw.) dolmetschen. **interpre'tation,** s. 1. Interpretation f. 2. (mündliche) Übersetzung f. **in'terpreter,** s. 1. Mus: etc: Interpret(in) m(f). 2. Dolmetscher(in) m(f).

interrogate [in'terəgeit], v.tr. (j-n) ausfragen; Jur: (Zeugen usw.) vernehmen, verhören. **interro'gation,** s. Befragung f, Ausfragen n; Jur: Vernehmung f, Verhör n. **inte'rrogative** [-tə'rɔgətiv], adj. fragend; Gram: i. clause, Fragesatz m; i. (pronoun), Interrogativpronomen n. **in'terrogator,** s. 1. Fragesteller(in) m(f). 2. Jur: Vernehmungsbeamte m.

interrupt [intə'rʌpt], v.tr. (j-n, Reden usw.) unterbrechen; (disturb) (j-n) stören. **inte'rruption,** s. Unterbrechung f; Störung f.

intersect [intə(:)'sekt], v. 1. v.tr. (etwas) durchschneiden (**with/by,** mit + dat). 2. v.i. (of lines) sich schneiden; (of roads) sich kreuzen. **inter'section,** s. 1. Durchschneiden n. 2. Kreuzung f (von Straßen).

intersperse [intə'spə:s], v.tr. to i. sth. with sth., etwas mit etwas dat durchsetzen; **a conversation interspersed with witty remarks,** eine mit geistreichen Bemerkungen gewürzte Unterhaltung.

interval ['intəvəl], s. (a) Zwischenraum m; **at intervals,** in Abständen, ab und zu; (b) Meteor: **bright i.,** kurze Aufheiterung f; (c) Th: etc: Pause f.

intervene [intə'vi:n], v.i. (a) (of pers.) eingreifen (**in,** in + acc); Pol: Mil: etc: intervenieren; (b) (of events) (unerwartet) dazwischenkommen; (c) (of time) inzwischen verstreichen; **ten years intervened,** zehn Jahre lagen dazwischen. **intervention** [-'venʃ(ə)n], s. Eingreifen n; Pol: Mil: etc: Intervention f.

interview ['intəvju:]. I. s. (a) Journ: TV: Interview n; (b) (for job) Vorstellungsgespräch n. II. v.tr. (a) Journ: etc: (j-n) interviewen; (b) (mit j-m) ein Vorstellungsgespräch führen. **'interviewer,** s. Interviewer m.

interweave [intə'wi:v], v.tr. (Fäden usw.) miteinander verflechten; **interwoven with gold thread,** mit Gold durchwoben.

intestine [in'testin], s. Anat: Darm m; **large i.,** Dickdarm m; **small i.,** Dünndarm m.

intimacy ['intiməsi], s. (a) Vertrautheit f (**with s.o., sth.,** mit j-m, etwas dat); (b) Intimität f (einer Freundschaft, eines Raums); (c) (sex) Geschlechtsverkehr m. **intimate**[1] ['intimit]. I. adj. (a) vertraut; (of room etc.) intim; (of manner, talk) vertraulich; **to be on i. terms,** auf vertrautem Fuße stehen; **to become i.,** vertraut/ (sexually) intim werden; (b) (of knowledge etc.) gründlich, genau; **-ly,** adv. **to know sth. i.,** etwas gründlich/genau kennen; **i. related,** eng

miteinander verbunden. II. s. (enge(r)) Vertraute(r) f(m); **his intimates,** seine Vertrauten/ engsten Freunde.

intimate[2] ['intimeit], v.tr. (a) (announce) (etwas) ankündigen; (b) (hint) (etwas) zu verstehen geben.

intimidate [in'timideit], v.tr. (j-n) einschüchtern. **in'timidating,** adj. einschüchternd; **i. prospects,** bedrohliche Aussichten. **intimi'dation,** s. Einschüchterung f.

into ['intu, 'intə], prep. 1. **i.** + acc, in ... hinein; **to go i. the house,** ins Haus hineingehen; **far i. the night,** bis tief in die Nacht hinein. 2. (a) **to turn i. sth.,** zu etwas dat werden; **the snow changed i. rain,** der Schnee ging in Regen über; **to grow i. a man,** zum Mann werden; (b) **to translate sth. i. English,** etwas ins Englische übersetzen. 3. Mth: **5 goes i. 40 8 times,** 5 in 40 geht achtmal.

intolerable [in'tɔl(ə)rəbl], adj. unerträglich. **in'tolerant,** adj. intolerant. **in'tolerance,** s. Intoleranz f.

intonation [intə'neiʃ(ə)n], s. Mus: Ling: Intonation f.

intoxicate [in'tɔksikeit], v.tr. (j-n) berauschen. **in'toxicated,** adj. berauscht; (drunk) betrunken; Fig: **i. with success,** vom Erfolg berauscht. **in'toxicating,** adj. berauschend; **i. drink/N.Am: liquor,** alkoholisches Getränk. **intoxi'cation,** s. Rausch m; **in a state of i.,** im Rausch, im betrunkenen Zustand.

intractable [in'træktəbl], adj. widerspenstig.

intransigent [in'trænsidʒənt], adj. (uncompromising) kompromißlos; unnachgiebig.

intransitive [in'trænsitiv, in'trɑ:n-], adj. Gram: intransitiv.

intravenous [intrə'vi:nəs], adj. Med: intravenös.

intrepid [in'trepid], adj. unerschrocken.

intricate ['intrikit], adj. kompliziert; F: (tricky) knifflig. **in'tricacy,** s. Kompliziertheit f; Kniffligkeit f.

intrigue. I. v. [in'tri:g]. 1. v.i. intrigieren. 2. v.tr. **to i. s.o.,** j-n faszinieren; j-s Neugier erwecken. II. s. ['intri:g] Intrige f. **in'triguing,** adj. faszinierend.

intrinsic [in'trinsik], adj. innere(r,s); (real) wirklich; **i. value,** Eigenwert m.

introduce [intrə'dju:s], v.tr. (a) (etwas Neues) einführen; **to i. a subject,** ein Thema aufgreifen/also Mus: einleiten; Parl: **to i. a bill,** einen Gesetzesantrag einbringen; (b) **he introduced me to her,** er machte mich mit ihr bekannt/stellte mich ihr vor; **to i. a speaker,** einen Sprecher vorstellen; **to i. s.o. to sth.,** j-n mit etwas dat bekannt machen/in etwas acc einführen. **intro'duction,** s. 1. Einführung f; (spoken) einleitende Worte npl; Parl: Einbringung f (eines Gesetzantrags). 2. (of pers.) Vorstellung f. **intro'ductory,** adj. einführend; einleitend; Einführungs-; **i. price,** Einführungspreis m.

introspective [intrə'spektiv], adj. (of pers.) introspektiv. **intro'spection,** s. Introspektion f.

introvert ['intrəuvə:t], s. introvertierter Mensch m.

intrude [in'tru:d], v.i. **to i. on s.o.,** sich bei j-m eindrängen; **I don't wish to i.**, ich möchte nicht stören. **in'truder**, s. Eindringling m. **in'trusion**, s. Eindringen n; (disturbance) Störung f. **in'trusive**, adj. aufdringlich.

intuition [intju(:)'iʃən], s. Intuition f. **in'tuitive**, adj. intuitiv.

inundate ['inʌndeit], v.tr. (Land usw.) überschwemmen (**with**, mit + dat); Fig: **inundated with tourists**, von Touristen überlaufen; **inundated with requests**, mit Bitten überhäuft. **inun'dation**, s. Überschwemmung f.

inure [i'njuər], v.tr. (sich, j-n) abhärten (**to sth.**, gegen etwas acc).

invade [in'veid], v.tr. (a) (in ein Land) einfallen; Fig: **to i. s.o.'s privacy**, in j-s Privatsphäre eindringen; **invaded by tourists**, von Touristen überlaufen; (b) Med: (of germs etc.) (den Körper) befallen. **in'vader**, s. Mil: etc: eindringender Feind m.

invalid[1] [in'vælid], adj. ungültig. **in'validate**, v.tr. (eine Behauptung usw.) entkräften; Jur: (einen Vertrag) nichtig machen.

invalid[2] ['invəlid, -li:d], I. adj. (of pers.) krank. II. s. Invalide m; **i. chair**, Rollstuhl m; **i. car**, Behindertenfahrzeug n. III. v.tr. Mil: **to be invalided out (of the army)**, (aus der Armee) als dienstuntauglich entlassen werden.

invaluable [in'vælju(ə)bl], adj. unbezahlbar.

invariable [in'vɛəriəbl], adj. unveränderlich; **-ly**, adv. ständig; (each time) jedes Mal.

invasion [in'veiʒən], s. 1. Mil: etc: Invasion f. 2. Eingriff m, Eindringen n (**of privacy**, in die Privatsphäre).

invective [in'vektiv], s. usu.coll. Beschimpfung f; (words) Schimpfworte npl.

inveigle [in'veigl], v.tr. j-n verleiten (**into doing sth.**, etwas zu tun).

invent [in'vent], v.tr. (etwas) erfinden. **in'vention**, s. Erfindung f; **this is a story of his own i.**, diese Geschichte hat er selbst erfunden. **in'ventive**, adj. erfinderisch. **in'ventiveness**, s. Erfindungsgabe f. **in'ventor**, s. Erfinder(in) m(f).

inventory ['invəntri], s. Bestandsaufnahme f, Inventar n.

inverse ['in'və:s], adj. umgekehrt; **to be in i. proportion/ratio to sth.**, zu etwas dat im umgekehrten Verhältnis stehen. **in'version**, s. Umkehrung f; Gram: Mus: Med: Ch: Inversion f. **invert** [in'və:t], v.tr. (a) (etwas, Mus: ein Thema) umkehren; Gram: **inverted commas**, Anführungszeichen npl; (b) Ch: (Zucker usw.) invertieren.

invertebrate [in'və:tibreit] I. adj. Z: wirbellos. II. s. Z: wirbelloses Tier n.

invest [in'vest], v.tr. & i. (a) Fin: (Geld, Kapital) investieren (**in sth.**, in etwas acc); F: **to i. in a new couch**, sich dat ein neues Sofa zulegen; (b) **to i. s.o. with a medal**, j-m einen Orden verleihen. **in'vestiture**, s. Amtseinsetzung f; Ecc: Investitur f. **in'vestment**, s. 1. Investition f; **i. of capital**, Kapitalanlage f. 2. (money etc.) Anlage f; **gold is a good i.**, Gold ist eine gute Anlage. **in'vestor**, s. Kapitalanleger m; **small i.**, Kleinsparer m.

investigate [in'vestigeit], v.tr. (eine Frage, ein Verbrechen usw.) untersuchen. **investi'gation**, s. Untersuchung f; **police investigations**,

polizeiliche Ermittlungen fpl; **the subject under i.**, der Gegenstand der Untersuchung. **in'vestigator**, s. (a) scientific **i.**, wissenschaftlicher Forscher m; (b) (police) Ermittlungsbeamte m.

inveterate [in'vet(ə)rit], adj. (a) (of habits, feelings etc.) tief verwurzelt; (b) **i. opponent**, hartnäckiger Gegner; **i. gambler**, Gewohnheitsspieler m.

invidious [in'vidiəs], adj. 1. (of task etc.) undankbar. 2. (of comparison etc.) ungerecht.

invigorate [in'vigoreit], v.tr. (j-n) stärken. **in'vigorating**, adj. belebend.

invincible [in'vinsəbl], adj. unbesiegbar. **invinci'bility**, s. Unbesiegbarkeit f.

invisible [in'vizəbl], adj. unsichtbar; **i. ink**, Geheimtinte f; **i. mending**, Kunststopfen n. **invisi'bility**, s. Unsichtbarkeit f.

invite [in'vait], v.tr. (j-n) einladen; **to i. s.o. in**, j-n hereinbitten. **invitation** [-vi'teiʃ(ə)n], s. Einladung f. **in'viting**, adj. einladend; (of food) appetitlich.

invoice ['invɔis]. I. s. Com: Rechnung f; **i. clerk**, Fakturist(in) m(f). II. v.tr. (Waren) fakturieren; **to i. s.o. for an amount**, j-m einen Betrag in Rechnung stellen.

involuntary [in'vɔlənt(ə)ri], adj. (of reaction etc.) unwillkürlich.

involve [in'vɔlv], v.tr. (a) (often passive) (j-n) hineinziehen (**in sth.**, in etwas acc); **to i. s.o. in a quarrel**, j-n in einen Streit verwickeln; **to be involved in a dispute/in a plot**, an einem Streit/ an einer Verschwörung beteiligt sein; **the car involved (in the accident)**, das (an dem Unfall) beteiligte Auto; **the forces involved**, die mitwirkenden Kräfte; (b) (entail) (Unkosten usw.) mit sich bringen. **in'volved**, adj. (of style, story) kompliziert. **in'volvement**, s. Verwicklung f; (participation) Beteiligung f.

invulnerable [in'vʌln(ə)rəbl], adj. unverwundbar; Fig: immun (**to**, gegen + acc).

inward ['inwəd], adj. (a) **i. movement**, Bewegung f nach innen; (b) **i. eye**, inneres Auge; **-ly**, adv. innerlich; (secretly) insgeheim; **he was i. uneasy**, er war innerlich beunruhigt. **'inwards**, adv. nach innen (gerichtet).

iodine ['aiədi:n], s. Jod n.

Iran [i'ra:n], Pr.n. Geog: Iran m. **Iranian** [i'reinjən] I. adj. iranisch. II. s. Iraner(in) m(f).

Iraq [i'ra:k], Pr.n. Geog: Irak m. **I'raqi**. I. adj. irakisch. II. s. Iraker(in) m(f).

irascible [i'ræsibl], adj. (of pers.) jähzornig.

irate [ai'reit], adj. (of pers.) wütend.

Ireland ['aiələnd], Pr.n. Geog: Irland n.

iridescent [iri'desnt], adj. schillernd.

iris ['aiəris], s. 1. Anat: (pl. irides) Regenbogenhaut f; (b) Phot: **i. diaphragm**, Irisblende f. 2. Bot: (pl. irises) Schwertlilie f.

Irish ['aiəriʃ]. I. adj. irisch. II. s. 1. Ling: Irisch n. 2. pl. the I., die Iren mpl. **'Irishman**, pl. **-men**, s. Ire m. **'Irishwoman**, pl. **-women**, s. Irin f.

irksome ['ə:ksəm], adj. (of task etc.) lästig.

iron ['aiən]. I. s. 1. (a) Eisen n; **cast i.**, Gußeisen n; **corrugated i.**, Wellblech n; **i. ore**, Eisenerz n; (b) Prehist: **the I. Age**, die Eisenzeit; Pol: **I. Curtain**, eiserner Vorhang m; Med: **i. lung**, eiserne Lunge f; **i. rations**, eiserne Ration f. 2. H: Bügeleisen n. II. v.tr. (Wäsche) bügeln; Fig:

to i. out difficulties, Schwierigkeiten ausbügeln.
'**ironing**, s. Bügeln n; i. **board**, Bügelbrett
n. '**ironmonger**, s. Eisenwarenhändler
m. '**ironmongery**, s. Eisenwaren fpl.
'**ironwork**, s. Eisenarbeit f; **decorative** i.,
Schmiedekunst f. 2. pl. **ironworks**, Eisenhütte
f. '**ironworker**, s. Eisenschmied m.
irony ['aiərəni], s. Ironie f. i'**ronical**, adj. iro-
nisch; -ly, adv. (a) **he smiled** i., er lächelte iro-
nisch; (b) i., **there was none left**, ironischer-
weise war nichts übriggeblieben.
irrational [i'ræʃənəl], adj. irrational.
irreconcilable [irekən'sailəbl], adj. (a) (of
enemy, hatred etc.) unversöhnlich; (b) (of ideas)
unvereinbar (**with**, mit).
irrecoverable [iri'kʌv(ə)rəbl], adj. (of loss etc.)
unwiederbringlich; (of debts etc.) nicht
eintreibbar.
irredeemable [iri'di:məbl], adj. (a) **this loss is**
i., dieser Verlust ist nicht wiedergutzumachen;
(b) Fin: (of annuities, bonds etc.) unkündbar.
irrefutable [iri'fju:təbl], adj. unwiderlegbar.
irregular [i'regjulər], adj. 1. (a) (of bus service
etc.) unregelmäßig; (b) (of surface) uneben. 2.
(of conduct etc.) ungehörig; (against rules)
unvorschriftsmäßig; **i. life**, ungeregeltes Leben.
irregu'larity, s. 1. Unregelmäßigkeit f. 2.
(a) Ungehörigkeit f; (b) (infringement) Verstoß
m (gegen eine Vorschrift).
irrelevance [i'relivəns], s. Nebensächlichkeit f.
i'**rrelevant**, adj. nebensächlich; **that's** i., das
hat nichts damit zu tun.
irreparable [i'rep(ə)rəbl], adj. (of damage)
nicht wiedergutzumachen; (of situation) nicht
zu retten; **i. loss**, unersetzlicher Verlust.
irreplaceable [iri'pleisəbl], adj. unersetzlich.
irrepressible [iri'presəbl], adj. (of laughter
etc.) unbezwingbar; **he is** i., er ist nicht unter-
zukriegen.
irreproachable [iri'prəutʃəbl], adj. tadellos.
irresistible [iri'zistəbl], adj. unwiderstehlich.
irresolute [i'rezəl(j)u:t], adj. unentschlossen.
irrespective [iris'pektiv], adj. & adv. **i. of**,
ungeachtet + gen, ohne Rücksicht auf + acc;
i. of whether it pays, ob es sich rentiert oder
nicht.
irresponsible [iris'pɔnsəbl], adj. (of pers.) ver-
antwortungslos; (of action) unverantwortlich.
irresponsi'bility, s. Verantwortungslosig-
keit f; Unverantwortlichkeit f.
irretrievable [iri'tri:vəbl], adj. unwieder-
bringlich.
irreverent [i'rev(ə)rənt], adj. ehrfurchtslos. ir-
'**reverence**, s. Ehrfurchtslosigkeit f.
irreversible [iri'və:sibl], adj. **irrevocable**
[i'revəkəbl], adj. unwiderruflich.
irrigate ['irigeit], v.tr. (Land, Felder usw.)
bewässern. **irri'gation**, s. Bewässerung f.
irritate ['iriteit], v.tr. (a) (die Haut usw.) reizen;
abs. **does it** i.? juckt es? (b) (j-n) irritieren,
reizen. '**irritable**, adj. (of pers.) reizbar;
-ably, adv. gereizt. '**irritant**. I. adj. Reiz-. II.
s. Reizmittel n. '**irritating**, adj. irritierend.
irri'tation, s. 1. Ärger m. 2. Med: Reizung f;
nervous i., nervöser Reizzustand.
Islam ['izlɑ:m], s. Islam m. **Is'lamic** [-'læm-
ik], adj. islamisch.
island ['ailənd], s. Insel f; **traffic** i., Verkehrs-

insel f. '**islander**, s. Inselbewohner m. **isle**,
s. (esp.in Pr.n.) Insel f; **the British Isles**, die
Britischen Inseln. '**islet**, s. kleine Insel f.
isobar ['aisəubɑ:], s. 1. Meteor: Isobare f. 2.
Ph: Isobar n.
isolate ['aisəleit], v.tr. (j-n, etwas) isolieren
(**from**, von + dat). **iso'lation**, s. 1. Isolierung
f; **to live in** i., abgeschnitten leben. 2. Med: i.
hospital, Infektionskrankenhaus n; i. **ward**,
Isolierstation f; (separate room) Isolierzimmer
n. **iso'lationism**, s. Pol: Isolationismus m.
iso'lationist, s. Isolationist m.
Israel ['izrei(ə)l]. Pr.n. Geog: Israel n. **Is'raeli**.
I. adj. israelisch. II. s. Israeli m.
issue ['isju:]. I. s. 1. (of gas, liquid etc.) Aus-
strömen n; Ausfluß m; (of river) Mündung f.
2. (result) Ergebnis n; **to force the** i., eine Ent-
scheidung erzwingen. 3. Frage f; (in argument)
Streitfrage f; **crucial** i., Kernpunkt m; **the point**
at i., der strittige Punkt; **that is not at** i., darum
geht es nicht; **to evade the** i., ausweichen; **I**
don't want to make an i. **of it**, ich will mich
nicht darum streiten. 4. Jur: Nachkommen
mpl. 5. (a) Ausgabe f (von Münzen, Brief-
marken usw.); Adm: Ausstellung f (eines
Passes usw.); Fin: Emission f (von Aktien); (b)
Journ: Nummer f (einer Zeitschrift); Pub:
Ausgabe f (eines Buches). 6. (distribution)
Ausgabe f (**to**, **an** + acc) II. v. 1. v.i. (a) (of
pers., thing) herauskommen; (of liquid)
herausfließen (**out of/from**, aus + dat); (b)
(derive) herrühren (**from**, von + dat); (c)
(descend) abstammen (**from**, von + dat). 2.
v.tr. (a) (Briefmarken, Bücher usw.) heraus-
geben; (Banknoten, Münzen usw.) in Umlauf
bringen; (Pässe, Schecks usw.) ausstellen;
(Aktien) ausgeben; (b) Mil: **to** i. **an order**,
einen Befehl erteilen; **to** i. **new uniforms to the**
troops, die Truppen mit neuen Uniformen
ausrüsten.
isthmus, pl. -**uses** ['is(θ)məs,-əsiz], s. Geog:
Isthmus m.
it [it], pers.pron. 1. (a) (subject) es n; er m; sie f;
(b) (direct object) es n; ihn m; sie f; **she took**
his hand and pressed it, sie nahm seine Hand
und drückte sie; (c) (indirect object) ihm m, n;
ihr f; **bring the cat and give it a drink**, hole die
Katze und gib ihr etwas zu trinken. 2. (imper-
sonal use) (a) (subject) es; **who is it?** wer ist
es? **it's me**, ich bin's; **it's the children**, es sind
die Kinder; **that's just it!** das ist es ja gerade!
it's raining, es regnet; **how is it that . . .?** wie
kommt es, daß . . .? **it's said that . . .**, man sagt,
daß . . .; (b) **now for it!** jetzt geht's los! **there is**
nothing for it but to go back, es bleibt nichts
anderes übrig als zurückzugehen; **she had a**
bad time of it, sie hat es schwer gehabt; **he**
hasn't got it in him, er hat nicht das Zeug
dazu; **the worst of it is . . .**, das Schlimmste
daran ist . . . . 3. (with prep.) da-; dar-; **of/from**
it, davon; **out of it**, daraus; **to fall in it**, (da)
hineinfallen; **I feel the better for it**, danach
fühle ich mich besser.
Italian [i'tæliən]. I. adj. italienisch. II. s. (a) Ita-
liener(in) m(f); (b) Ling: Italienisch n. **Italy**
['itəli]. Pr.n. Geog: Italien n.
italic [i'tælik]. I. adj. Typ: kursiv. II. s. pl. Typ:
italics, Kursivschrift f.

itch [itʃ]. **I.** *v.i.* jucken; *Fig:* (*of pers.*) **to be itching to do sth.**, darauf brennen, etwas zu tun. **II.** *s.* (*a*) (*also* **itching**) Jucken *n;* (*b*) *Med:* (the) **i.**, Krätze *f;* (*c*) *F:* Verlangen *n* (**for sth.**, nach etwas *dat*); **I felt the i.** (**to travel/take a new job**), mich hat die Wanderlust gepackt. ˈ**itchy**, *adj.* juckend.

item [ˈaitəm], *s.* **1.** (*a*) (*object*) Gegenstand *m;* **a valuable i.**, ein wertvolles Stück; **i. of clothing,** Kleidungsstück *n;* **food i.**, Nahrungsmittel *n;* **i. of historical interest,** Gegenstand *m* von historischem Wert; (*b*) (*matter*) Sache *f;* **I have one more i. to deal with,** ich muß noch eine Sache erledigen. **2.** (*a*) (*on agenda etc.*) Punkt *m;* **i. on the programme,** Programmpunkt *m;* **i. for discussion,** Frage *f* zur Diskussion; (*b*) *Com: etc:* (*in list, budget, invoice etc.*) Posten *m.* **3. news i.**, (einzelne) Nachricht *f; Journ:*

(*article*) Notiz *f;* **i. of information,** Information *f.* **4.** (*in a contract*) Paragraph *m.*

itinerary [iˈtinərəri, ai-], *s.* Reiseroute *f.* **iˈtinerant,** *adj.* umherziehend.

its [its], *poss.adj. n, m* sein; *f* ihr; **the dog wagged its tail,** der Hund wedelte mit dem Schwanz.

it's [its]. *F:* = **1. it is. 2. it has.**

itself [itˈself], *pers.pron.* **1.** (*reflexive*) sich; **the door opened i.,** die Tür öffnete sich (von selbst)/ging von alleine auf; **by i.,** allein. **2.** (*emphatic*) selbst; **the cat opened the door i.,** die Katze hat die Tür selbst aufgemacht.

I've [aiv]. *F:* = **I have.**

ivory [ˈaiv(ə)ri], *s.* **1.** Elfenbein *n.* **2.** *attrib.* (*a*) Elfenbein-; elfenbeinern; *Fig:* **i. tower,** Elfenbeinturm *m; Geog:* **the I. Coast,** die Elfenbeinküste; (*b*) (*colour*) elfenbeinfarbig.

ivy [ˈaivi], *s.* Efeu *m.*

J

J, j [dʒei], *s.* (der Buchstabe) J, j *n;* (*spoken*) Jot *n.*

jab [dʒæb]. **I.** *v.tr. & i.* (*p. & p.p.* **jabbed**) (j-n) stoßen, (*with sth. sharp*) stechen; **to j. s.o.** (**with one's fist**), j-n (mit der Faust) knuffen. **II.** *s.* **1.** Knuff *m.* **2.** *Med: F:* Spritze *f.*

jabber [ˈdʒæbər], *v.tr. & i.* (etwas) quasseln; **to j. away,** daherquasseln.

Jack [dʒæk]. **1.** *Pr.n.m.dim. of* John. **2.** *s.* (*pers.*) **j. of all trades,** Hansdampf *m* in allen Gassen; **j. in the box,** *approx.* = Springteufel *m.* **3.** *Cards:* Bube *m.* **4.** Hebezeug *n; esp. Aut:* Wagenheber *m.* **5.** *Z:* (*male*) Männchen *n;* (*rabbit, hare*) Rammler *m.* ˈ**jackass,** *s. Z:* (*männlicher*) Esel *m; Pej:* (*pers.*) Dummkopf *m.* ˈ**jackboot,** *s.* Schaftstiefel *m.* ˈ**jackdaw,** *s. Orn:* Dohle *f.* ˈ**jackknife.** **I.** *s.* Klappmesser *n.* **II.** *v.i.* **the trailer jackknifed,** der Anhänger scherte aus und stellte sich quer. ˈ**jackpot,** *s.* Hauptgewinn *m; F:* **to hit/win the j.,** den Haupttreffer machen; *Fig:* den Vogel abschießen. ˈ**jack up,** *v.tr.* (ein Auto usw.) aufbocken.

jackal [ˈdʒækɔːl], *s. Z:* Schakal *m.*

jacket [ˈdʒækit], *s.* **1.** (*a*) *Cl:* Jacke *f;* **bed j.,** Bettjäckchen *n;* (*b*) *Cu:* **j. potatoes,** gebackene Kartoffeln *fpl.* **2.** (*a*) Mantel *m* (*eines Wassertanks usw.*); **book j.,** Schutzumschlag *m;* (*b*) *Mch: I.C.E:* Mantel *m* (eines Zylinders usw.).

jade [dʒeid]. **I.** *s. Miner:* Jade *m.* **II.** *adj.* Jade-; **j.(-green),** jadegrün.

jaded [ˈdʒeidid], *adj.* (*of pers.*) abgekämpft; **j. palate,** abgestumpfter Geschmackssinn.

jagged [ˈdʒægid], *adj.* zackig; (*of rock, coastline*) zerklüftet.

jaguar [ˈdʒægjuər], *s. Z:* Jaguar *m.*

jail [dʒeil], *s. see* **gaol.**

jalopy [dʒəˈlɔpi], *s. P:* alte Kiste *f.*

jam¹ [dʒæm]. **I.** *v.* **1.** *v.tr.* (*a*) *F:* (etwas) hinein-

zwängen (**into sth.,** in etwas *acc*); **to get one's finger jammed,** sich *dat* den Finger einquetschen; (*b*) *F:* **to j. on the brakes,** (heftig) auf die Bremsen steigen; (*c*) *Rad:* **to j. a station,** einen Sender stören; (*d*) (*block*) (eine Maschine) blockieren; (ein Rohr) verstopfen. **2.** *v.i.* (*a*) (*stick*) klemmen; (*b*) (*of key etc.*) steckenbleiben; **the passage was jammed with people,** im Gang standen die Menschen dicht gedrängt. **II.** *s.* (*a*) (**traffic**) **j.,** Verkehrsstauung *f;* (*b*) *F:* **to be in a j.,** in der Klemme sitzen. ˈ**jamming,** *s. Rad:* Stören *n.*

jam², *s.* Marmelade *f; F:* **it's money for j.,** das ist leicht verdientes Geld. ˈ**jam-jar,** *s.* Marmeladenglas *n.*

Jamaica [dʒəˈmeikə]. *Pr. n. Geog:* Jamaika *n.* **Jaˈmaican.** **I.** *adj.* jamaikisch. **II.** *s.* Jamaikaner(in) *m(f).*

jamb [dʒæm], *s.* Türpfosten *m;* **window j.,** Fensterpfosten *m.*

jangle [ˈdʒæŋgl], *v.* **1.** *v.i.* schrill klingeln; (*of keys*) klimpern. **2.** *v.tr.* **to j. the keys,** mit den Schlüsseln klimpern; *Fig:* **jangled nerves,** überreizte Nerven.

janitor [ˈdʒænitər], *s.* (*a*) Pförtner *m;* (*b*) *N. Am:* Hausmeister *m.*

January [ˈdʒænjuəri], *s.* Januar *m;* **in J.,** im Januar; **on J. 1st/the first,** am 1./ersten Januar.

Japan [dʒəˈpæn]. *Pr. n. Geog:* Japan *n.* **Japaˈnese.** **I.** *adj.* japanisch. **II.** *s.* **1.** Japaner(in) *m(f).* **2.** *Ling:* Japanisch *n.*

jar¹ [dʒɑːr]. **I.** *v.* (*p. & p.p.* **jarred**) **1.** *v.i.* (*of sound & Fig:*) dissonieren; (*of colours*) sich beißen (**with,** mit + *dat*); **to j. on s.o.'s nerves,** an j-s Nerven *dat* zerren. **2.** *v.tr.* (die Nerven, das Rückgrat usw.) erschüttern. **II.** *s.* Erschütterung *f.* ˈ**jarring.** **I.** *adj.* mißtönend; **j. note,**

Mißklang *m.* **II.** *s.* Erschütterung *f;* Zerren *n* (an den Nerven).

jar², *s.* Glas *n; (earthenware)* Steintopf *m.*

jargon ['dʒɑ:gən], *s. Pej:* Jargon *m.*

jasmine ['dʒæzmin], *s. Bot:* Jasmin *m.*

jaundice ['dʒɔːndis], *s. Med:* Gelbsucht *f.* '**jaun-diced**, *adj.* to take a j. view of sth., etwas pessimistisch/zynisch betrachten.

jaunt [dʒɔːnt], *s.* Ausflug *m; F:* Spritztour *f.*

jaunty ['dʒɔːnti], *adj.* flott; *(of hat)* worn at a j. angle, keck aufgesetzt. '**jauntiness**, *s.* flottes Wesen *n.*

javelin ['dʒævlin], *s. (a)* Speer *m; (b) Sp: (event)* Speerwurf *m.*

jaw [dʒɔ:]. **I.** *s.* **1.** *Anat:* Kiefer *m; (of animal)* to hold sth. in its jaws, etwas im Maul halten. **2.** *Tls:* Klaue *f; (of vice)* Backen *m.* **II.** *v.i. F:* tratschen. '**jaw-bone**, *s.* Kieferknochen *m.*

jay [dʒei], *s. Orn:* Eichelhäher *m.* '**jaywalker**, *s.* Fußgänger *m,* der sich durch den Verkehr stürzt.

jazz [dʒæz], *s.* Jazz *m.* '**jazz 'up**, *v.tr.* (ein Stück) verjazzen. '**jazzy**, *adj. (of music)* verjazzt; *F: (of tie etc.)* poppig; *Pej:* schreiend.

jealous ['dʒeləs], *adj.* eifersüchtig (**of,** auf + *acc*). '**jealousy**, *s.* Eifersucht *f.*

jeans [dʒi:nz], *s. pl. Cl:* Jeans *pl.*

jeep [dʒi:p], *s. Aut:* Jeep *m.*

jeer [dʒiər]. **I.** *v.i. (of crowd)* johlen; *(of pers.)* to j. at s.o., sth., j-n, etwas verhöhnen. **II.** *s.* Hohnruf *m.* '**jeering**. **I.** *adj.* johlend; *(scornful)* höhnisch. **II.** *s.* Johlen *n.*

jellied ['dʒelid], *adj. Cu:* geliert; **j. eel,** Aal *m* in Aspik.

jelly ['dʒeli], *s. Cu:* Gelee *n.* '**jelly-bag**, *s. H:* Seihtuch *n.* '**jelly-fish**, *s.* Qualle *f.*

jemmy ['dʒemi], *s. Tls:* Brecheisen *n.*

jeopardize ['dʒepədaiz], *v.tr.* (etwas) gefährden. '**jeopardy**, *s.* Gefahr *f;* **in j.,** gefährdet.

jerk [dʒə:k]. **I.** *s.* **1.** *(a)* Ruck *m;* to move in jerks, sich ruckweise fortbewegen; *(b)* Zuckung *f* (eines Muskels). **2.** *F:* physical jerks, Gymnastik *f.* **3.** *P: Pej: (pers.)* Lümmel *m.* **II.** *v.* **1.** *v.tr.* (etwas) ruckweise ziehen; to j. oneself free, sich losreißen. **2.** *v.i.* einen Ruck geben; *(of muscle etc.)* zucken. '**jerky**, *adj.* ruckartig; **a j. ride,** eine holprige Fahrt; -**ily,** *adv.* ruckweise.

Jerry ['dʒeri], *s. F:* Deutsche(r) *f(m); esp. (soldier)* deutscher Soldat *m.* '**jerry-builder**, *s.* Erbauer *m* schlechter Häuser. '**jerry-built**, *adj. (of house)* schlecht gebaut. '**jerry-can**, *s.* Benzinkanister *m.*

Jersey ['dʒə:zi]. **1.** *Pr. n. Geog:* Jersey *n.* **2.** *s. (a) Cl:* Pullover *m;* football j., Fußballtrikot *n; (b) Tex:* Jersey *m.*

jest [dʒest]. **A:** & *Hum:* **I.** *s.* Scherz *m.* **II.** *v.i.* scherzen. '**jester**, *s. Hist:* Hofnarr *m.*

Jesus ['dʒi:zəs]. *Pr. n. m. Rel:* **J. Christ,** Jesus Christus. '**Jesuit** ['dʒezjuit], *s. Ecc.* Jesuit *m.*

jet¹ [dʒet], *s.* Gagat *m;* **j. black,** pechschwarz.

jet², *s.* **1.** Strahl *m;* **j. of water,** Wasserstrahl *m.* **2.** *I.C.E: etc:* Düse *f* (eines Vergasers usw.). **3.** *attrib. Av:* **j. aircraft** */F:* **j. (plane),** Düsenflugzeug *n;* **j. engine,** Strahltriebwerk *n;* **j. fighter,** Düsenjäger *m.*

jettison ['dʒetis(ə)n], *v.tr.* (Ladegut, *Fig:* einen Plan usw.) über Bord werfen; *Av:* (Bomben) abwerfen.

jetty ['dʒeti], *s.* Landungssteg *m.*

Jew [dʒu:], *s.* Jude *m.* '**Jewess,** *s. f.* Jüdin *f.* '**Jewish,** *adj.* jüdisch. '**Jewry,** *s.* Judentum *n.*

jewel ['dʒu:əl], *s.* **1.** *(a)* Edelstein *m; esp. Fig:* Juwel *n; (b) pl.* Schmuck *m.* **2.** *(in watch)* Stein *m;* **with 21 jewels,** mit 21 Rubinen. '**jewel-case,** *s.* Schmuckschatulle *f; (small)* Schmucketui *n.* '**jewelled,** *adj.* **1.** mit Edelsteinen besetzt. **2.** *Clockm:* **j. movement,** Uhrwerk *n* mit Rubinen. '**jeweller,** *s.* Juwelier *m.* '**jewel-(l)ery,** *s.* Schmuck *m.*

jib¹ ['dʒib], *v.i. (p. & p.p.* **jibbed)** bocken; **to j. at doing sth.,** sich sträuben, etwas zu tun.

jib², *s. Nau:* Fock *f;* **(outer) j.,** Klüver *m.*

jiffy ['dʒifi], *s. F:* Augenblick *m;* **in a j.,** im Nu; *(soon)* gleich.

jig¹ [dʒig], *s. Tchn:* Spannvorrichtung *f.* '**jig-saw,** *s.* **1.** *Tls:* Laubsäge *f.* **2. j. (puzzle),** Puzzle(spiel) *n.*

jig², *s. Mus:* Gigue *f.*

jilt ['dʒilt], *v.tr. F:* (einem Mann) den Laufpaß geben; (ein Mädchen) sitzenlassen.

jingle ['dʒingl]. **I.** *v.* **1.** *v.i.* klingeln; *(of keys, money)* klimpern. **2.** *v.tr.* (etwas) klingeln lassen; (mit Geld, Schlüsseln) klimpern. **II.** *s.* **1.** Klingeln *n;* Klimpern *n.* **2.** *(rhyme)* Verschen *n.* '**jingling,** *s.* Geklingel *n;* Geklimper *n.*

jinx [dʒiŋks], *s. F:* **there's a j. on it,** es ist wie verhext.

jitter ['dʒitər], *s. F:* **to get the jitters,** Schiß kriegen. '**jittery,** *adj.* nervös.

job [dʒɔb], *s.* **1.** *(a)* Arbeit *f;* Aufgabe *f;* **odd jobs,** Gelegenheitsarbeiten *fpl;* **on the j.,** bei der Arbeit; **a difficult j.,** eine schwierige Aufgabe; **to make a good j. of sth.,** etwas ordentlich hinkriegen; *F:* **it's a good j. you came,** es ist ja gut, daß du gekommen bist; **that's just the j.!** das ist gerade das Richtige! *(b) F:* **I had a (hard) j. to convince him,** ich konnte ihn nur mit Mühe überzeugen; *(c) F: (product)* **a lovely j.,** ein Prachtstück; *(d) P: (crime)* Ding *n;* **to do a j.,** ein Ding drehen. *(e) s.* Stellung *f; F:* Job *m;* **j. hunter,** Stellungsuchende(r) *f(m);* **out of a j.,** stellungslos; **he knows his j.,** er versteht seine Sache; *F:* **jobs for the boys,** Vetternwirtschaft *f; (b)* **j. lot,** gemischter Posten *m; Pej:* Ramsch *m.* '**jobber,** *s. St. Exch:* Börsenjobber *m.* '**jobbing,** *adj.* Gelegenheits-; **j. printer,** Akzidenzdrucker *m;* **j. tailor,** Flickschneider *m.*

jockey ['dʒɔki], *s.* Jockei *m.*

jocular ['dʒɔkjulər], *adj.* scherzhaft. jocu'**larity,** *s.* Lustigkeit *f.*

jodhpurs ['dʒɔdpəːz], *s. pl. Cl:* Reithosen *fpl.*

jog [dʒɔg]. **I.** *s.* (leichter) Stoß *m.* **II.** *v.tr. & i. (p. & p.p.* **jogged)** *(a) (shake)* (j-n) durchrütteln; *(b) (knock)* j-n stupsen; **to j. s.o.'s memory,** j-s Gedächtnis auffrischen. '**jogging,** *s. Sp:* Jogging *n.* '**jog-trot,** *s.* leichter Trab *m.*

join [dʒɔin]. **I.** *s.* Verbindungsstelle *f.* **II.** *v.* **1.** *v.tr. (a)* (etwas) verbinden (**to sth.,** mit etwas *dat*); (zwei Teile) zusammenfügen; **to j. hands,** sich *dat* die Hände geben; **to j. forces with s.o.,** sich mit j-m vereinigen; *(of river/road)* **to j. the sea/the main road,** ins Meer/in die Hauptstraße münden; *(b)* (j-m) Gesellschaft leisten; **will you j. me in a drink?** trinken Sie ein Glas mit mir? *(at table)* **come and j. us,** setzen Sie sich zu uns; **j. me at the theatre,** treffen Sie mich im Theater; **I will j. you in a moment,** ich komme gleich; (*c*) (einem Verein, einer Partei usw.) beitreten; (in eine Firma) eintreten; **to j. the army,** zum Heer gehen; **to j. one's ship,** an Bord (seines Schiffes) gehen. **2.** *v.i.* (*of lines*) zusammenlaufen; (*of roads*) sich treffen; (*of rivers*) zusammenfließen. ´**joiner,** *s.* Tischler *m*. ´**joinery,** *s.* Tischlerarbeit *f*. ´**join´in,** *v.* **1.** *v.i.* mitmachen. **2.** *v.tr.* sich (an etwas *dat*) beteiligen. **joint. I.** *s.* **1.** (*a*) *Carp:* etc: Fuge *f*; (*b*) *Mec. E: Anat:* Gelenk *n*; (*of limb*) **out of j.,** ausgerenkt. **2.** *Cu:* Braten *n*. **3.** *F: esp. N. Am:* Lokal *n*; *Pej:* Bude *f*. **II.** *v.tr.* (*a*) (zwei Flächen) zusammenfügen; (*b*) (Holzstücke) fugen. **III.** *adj.* **1.** gemeinsam; **j. committee,** gemeinsamer Ausschuß; **j. account,** Gemeinschaftskonto *n*; **j. stock company,** Aktiengesellschaft *f*. **2.** Mit-; **j. author,** Mitverfasser *m*; **j. heir,** Miterbe *m*; **j. owner,** Miteigentümer *m*; **-ly,** *adv.* **owned j.,** im gemeinsamen Besitz; **a record held j. by X and Y,** ein von X und Y gemeinsam gehaltener Rekord. ´**jointed,** *adj.* gegliedert; **j. doll,** Gliederpuppe *f*. ´**join´up,** *v.* **1.** *v.i.* (*a*) *Mil:* zum Heer gehen; (*b*) (*of lines etc.*) zusammenlaufen. **2.** *v.tr.* (zwei Sachen) zusammenfügen.

joist [dʒɔist], *s. Constr:* Dielenbalken *m*; *pl.* Gebälk *n*.

joke [dʒəuk]. **I.** *s.* Scherz *m*; Witz *m*; **(practical) j.,** Streich *m*; **to play a j. on s.o.,** j-m einen Streich spielen; **I just did it for a j.,** ich habe es nur zum Spaß gemacht; **he knows how to take a j.,** er versteht Spaß; **he must have his little joke,** er muß immer seinen Spaß haben; *F:* **it's no j.!** das ist keine Kleinigkeit! **II.** *v.i.* scherzen; (*tell jokes*) Witze reißen (**about sth.,** über etwas *acc*); **you must be joking!** das meinst du doch nicht im Ernst! ´**joker,** *s.* **1.** (*a*) Spaßvogel *m*; (*b*) *P:* Komiker *m*. **2.** *Cards:* Joker *m*. ´**joking,** *s.* **j. apart,** Scherz beiseite.

jolly [´dʒɔli]. **I.** *adj.* (*a*) fröhlich; lustig; (*b*) (*tipsy*) angeheitert. **II.** *adv. F:* riesig; **j. glad,** riesig froh; **I'll take j. good care,** ich werde recht gut aufpassen. ´**jollity,** *s.* (*a*) Fröhlichkeit *f*; (*b*) (*celebration*) Fest *n*.

jolt [dʒəult]. **I.** *s.* Ruck *m*; (*from pers.*) Stoß *m*. **II.** *v.* **1.** *v.tr.* (j-m, etwas *dat*) einen Ruck geben; *Fig:* **jolted out of one's apathy,** aus der Apathie herausgerissen. **2.** *v.i.* **the bus jolted along,** der Bus holperte dahin.

Jordan [´dʒɔːd(ə)n]. *Pr. n. Geog:* **1.** (*country*) Jordanien *n*. **2.** (*river*) Jordan *m*.

jostle [´dʒɔsl], *v.tr. & i.* (j-n) drängeln.

jot¹ [dʒɔt], *v.tr.* (*p. & p.p.* jotted) **to j. sth. down,** sich *dat* etwas notieren. ´**jotter,** *s.* **j.** (pad), Notizblock *m*. ´**jotting,** *s.* **1. j. down,** Notieren *n*. **2.** *pl.* **jottings,** Notizen *fpl*.

jot², *s.* **not a j.,** nicht ein Jota.

journal [´dʒəːn(ə)l], *s.* **1.** Journal *n* (einer Reise usw.); (*diary*) Tagebuch *n*; *Nau:* Logbuch *n*. **2.** (*periodical*) Zeitschrift *f*. **3.** *Mec. E:* Lagerzapfen *n*. **journa´lese,** *s. F:* Zeitungsjargon *m*. ´**journalism,** *s.* Journalismus *m*. ´**journalist,** *s.* Journalist(in) *m(f)*.

journey [´dʒəːni], *s.* Reise *f*; **j. there and back,** Hin-und Rückfahrt *f*; **to go on a j.,** verreisen; **an hour's j.,** eine Stunde Fahrt.

jousting [´dʒaustiŋ], *s. Hist:* Lanzenstechen *n*.

jovial [´dʒəuvjəl], *adj.* jovial. **jovi´ality,** *s.* Jovialität *f*.

jowl [dʒaul], *s.* Kinnbacke *f*; **cheek by j.,** dicht beieinander.

joy [dʒɔi], *s.* Freude *f*; *Iron:* **I wish you j. (of it)!** ich wünsche dir viel Spaß (dabei)! ´**joyful,** *adj.* freudig. ´**joyfulness,** *s.* Fröhlichkeit *f*. ´**joyless,** *adj.* freudlos. ´**joy-ride,** *s. F:* (*a*) Spritztour *f*; (*b*) (*drive without permission*) Schwarzfahrt *f*. ´**joy-stick,** *s. Av: F:* Steuerknüppel *m*.

jubilant [´dʒuːbilənt], *adj.* (*of pers.*) hocherfreut (**at sth.,** über etwas *acc*); **to be j.,** jubeln; **j. cry,** Jubelschrei *m*; **j. face,** freudestrahlendes Gesicht. **jubi´lation,** *s.* Jubel *m*.

jubilee [´dʒuːbiliː], *s.* Jubiläum *n*.

judge [dʒʌdʒ]. **I.** *s. Jur:* Richter *m*. **2.** *Sp:* Schiedsrichter *m*. **3.** Kenner *m*; **good j. of character,** Menschenkenner *m*; **good j. of wine,** Weinkenner *m*. **II.** *v.* **1.** *v.tr.* (*a*) *Jur:* (j-n) richten; (*b*) (eine Sache) beurteilen; **to j. a competition,** in einem Wettbewerb entscheiden; (*c*) (eine Entfernung usw.) schätzen. **2.** *v.i.* urteilen (**by/from,** nach +*dat*); **I find it difficult to j.,** das kann ich schlecht beurteilen. ´**judg(e)ment,** *s.* **1.** Urteil *n*; **the last J.,** das Jüngste Gericht; **j. seat,** Richterstuhl *m*. **2.** (*opinion*) Ansicht *f*; **in my j.,** meiner Ansicht nach. **3.** (*ability*) Urteilsvermögen *n*; **sound j.,** gutes Urteilsvermögen. **judicial** [dʒuˈdiʃəl], *adj.* gerichtlich; **j. murder,** Justizmord *m*; **j. proceedings,** Gerichtsverfahren *n*. **ju´dicious,** *adj.* wohlüberlegt; klug. **ju´diciousness,** *s.* Klugheit *f*.

jug [dʒʌg], *s.* **1.** Krug *m*; (*for milk etc.*) Kanne *f*; (*small*) Kännchen *n*. **2.** *P:* (*prison*) Kittchen *n*. ´**jugged,** *adj. Cu:* **j. hare,** Hasenpfeffer *m*.

juggernaut [´dʒʌgənɔːt], *s.* Koloß *m*; (*lorry*) Riesenlaster *m*; *F:* Brummer *m*.

juggle [´dʒʌgl], *v.i.* jonglieren (**with sth.,** mit etwas *dat*). ´**juggler,** *s.* Jongleur *m*.

Jugoslavia [juːgəˈslɑːvjə] *Pr. n. Geog:* Jugoslawien *n*. **Jugoslav(ian)** [´juːg(ə)uslɑːv (jug(ə)uˈslɑːvjən)]. **I.** *adj.* jugoslawisch. **II.** *s.* Jugoslawe *m*, Jugoslawin *f*.

jugular [´dʒʌgjulə], *adj.* **j. (vein),** Drosselader *f*.

juice [dʒuːs], *s.* **1.** Saft *m*; **j. extractor,** Entsafter *m*; *P:* **let him stew in his own j.,** laß ihn im eigenen Saft schmoren. **2.** *P:* (*a*) *Aut:* Sprit *m*; (*b*) *El:* Strom *m*. ´**juiciness,** *s.* Saftigkeit *f*. ´**juicy,** *adj.* saftig.

jukebox [´dʒuːkbɔks], *s.* Musikbox *f*.

July [dʒuˈlai], *s.* Juli *m*; **in J.,** im Juli; **on J. 5th/ the fifth of J.,** am 5./fünften Juli.

jumble [´dʒʌmbl]. **I.** *v.tr.* **to j. sth. up,** etwas durcheinanderbringen. **II.** *s.* **1.** Durcheinander *n*. **2.** Altwaren *fpl*; *F:* Kram *m*; **j. sale,** *approx.* = Flohmarkt *m*.

jumbo [´dʒʌmbəu], *s.* **1.** *F:* Elefant *m*. **2.** *Av:* **j. (jet),** Jumbo-Jet *m*.

jump [dʒʌmp]. **I.** *s.* **1.** Sprung *m*; *Sp:* **high j.,** Hochsprung *m*; **long j.,** Weitsprung *m*. **2.** *Equit:* Hindernis *n*. **II.** *v.* **1.** *v.i.* (*a*) springen; **to j. clear,** zur Seite springen; **you made me j.!** du hast mich erschreckt! (*b*) (*of prices*) hochschnellen; (*c*) **to j. to conclusions,** voreilig Schlüsse ziehen. **2.** *v.tr.* (*a*) (etwas) überspringen; (*of train*) **to j. the rails,** entgleisen; (*b*) (ein Kapitel) überspringen; **to j. the queue,** sich vordrängen; **to j. the gun,** (i) *Sp:* einen Fehlstart machen; (ii) *F:* vorzeitig anfangen. **'jump a'bout,** *v.i.* herumspringen. **'jump a'cross,** *v.tr. & i.*/(über etwas *acc*) hinüberspringen. **'jump at,** *v.tr.* (*a*) **to j. at sth.,** sich auf etwas *acc* stürzen; (*b*) *F:* **to j. at an offer,** ein Angebot sofort ergreifen. **'jump'down,** *v.i.* herunterspringen; *Fig:* **to j. down s.o.'s throat,** j-n anfahren. **'jumper**[1] *s.* Springer *m;* (*horse*) Springpferd *n.* **'jumper**[2]. *s. Cl:* Pullover *m.* **'jump'in,** *v.tr. & i.* (*a*) (in etwas *acc*) hineinspringen; *Aut: etc:* **j. in!** steig ein! (*b*) ins Wasser springen; *F:* **go and j. in the lake!** scher dich zum Teufel! **'jumping. I.** *adj.* springend. **II.** *s.* Springen *n; Equit:* (**show**) *s.,* Jagdspringen *n.* **'jump-jet,** *s. Av: F:* Senkrechtstarter *m.* **'jump-'lead,** *s. Aut:* Starthilfekabel *n.* **'jump 'off,** *v.tr. & i.* (von etwas *dat*) herabspringen. **'jump-off,** *s. Equit:* Stechen *n.* **'jump 'out,** *v.i.* herausspringen; **I nearly jumped out of my skin,** ich bin vor Schreck beinahe aus der Haut gefahren. **'jumpy,** *adj. F:* nervös.

junction ['dʒʌŋ(k)ʃ(ə)n], *s.* **1.** Verbindungsstelle *f* (von Rohrleitungen usw.). **2.** (*a*) (**road**) *s.,* Kreuzung *f;* T-j., Einmündung *f;* (*b*) *Rail:* Bahnknotenpunkt *m.* **3.** *El:* **j. box,** Abzweigdose *f.*

juncture ['dʒʌŋ(k)tʃər], *s.* Zusammentreffen *n* (der Ereignisse); **at this j.,** in diesem (kritischen) Augenblick.

June [dʒu:n], *s.* Juni *m;* **in J.,** im Juni; **on J. 6th/ the sixth of J.,** am 6./sechsten Juni.

jungle ['dʒʌŋgl], *s.* Dschungel *m; Fig:* **j. law,** Faustrecht *n.*

junior ['dʒu:njər]. **I.** *s.* (*a*) Junior *m;* **W. Smith J.,** (i) W. Smith junior; (ii) (*son*) W. Smith, Sohn; (*b*) **he is two years my j.,** er ist zwei Jahre jünger als ich. **II.** *adj.* Junioren-; jünger: **j. partner,** jüngerer Teilhaber; **j. school,** Grundschule *f; Sp:* **j. events,** Juniorenwettkampf *m.*

juniper ['dʒu:nipər], *s. Bot:* Wacholder *m.*

junk[1] [dʒʌŋk], *s. Nau:* Dschunke *f.*

junk[2], *s.* **1.** *Pej:* Ramsch *m;* **the attic is full of j.,** der Speicher/Dachboden ist voll von Gerümpel; **j. dealer,** Trödler *m;* **j. heap,** Abfallhaufen *m;* **j. shop,** Trödlerladen *m.* **2.** *N.Am: P:* Rauschgift *n; esp.* Heroin *n.*

junket ['dʒʌŋkit]. **I.** *s.* **1.** *Cu:* süße Dickmilch *f.* **2.** *esp. N. Am:* Vergnügungsreise *f* (auf Kosten anderer). **II.** *v.i. F:* (*a*) feiern; (*b*) *esp. N. Am:* eine Vergnügungsreise (auf Kosten anderer) machen. **'junketing,** *s. Hum:* Festivität *f.*

junkie ['dʒʌŋki], *s. N.Am: P:* Rauschgiftsüchtige(r) *f(m), P:* Ausgeflippte(r) *f(m).*

jurisdiction [dʒuəris'dikʃ(ə)n], *s.* Rechtsprechung *f;* (*authority*) Gerichtsbarkeit *f;* **this matter does not come within the j. of this court,** diese Angelegenheit fällt nicht in den Kompetenzbereich dieses Gerichts.

jury ['dʒuəri], *s.* **1.** *Jur:* **the j.,** die Geschworenen *pl;* **to serve on the j.,** Geschworene(r) *f(m)* sein. **2.** (*of competition*) Jury *f,* Preisrichter *mpl.* **'juror, 'juryman,** *s.* Geschworener *m.* **'jurybox,** *s.* Geschworenenbank *f.*

just [dʒʌst]. **I.** *adj.* (*a*) (*fair*) gerecht; **it's only j.,** es ist nur recht und billig; **j. claim,** rechtmäßige Forderung; (*b*) (*deserved*) verdient; **as was only j.,** wie verdient; **j. reward,** wohlverdienter Lohn; **-ly,** *adv.* **j. famous,** mit Recht berühmt. **II.** *s. pl.* **to sleep the sleep of the j.,** den Schlaf der Gerechten schlafen. **III.** *adv.* **1.** gerade; (*a*) (*place*) **j. by the door,** gerade/direkt neben der Tür; **j. outside (the door),** gerade vor der Tür; (*b*) (*time*) **I saw him j. now/have j. seen him,** ich habe ihn gerade gesehen; **j. as he was leaving,** gerade als er losfuhr/wegging; (*of book*) **j. out,** soeben erschienen; **I was j. on the point of going out,** ich wollte gerade hinausgehen; **I'm j. coming!** ich komme schon! **it's not ready j. yet,** es ist noch nicht ganz fertig; **I can't do it j. now,** ich kann es im Moment nicht machen. **2.** (*exactly*) genau; **j. how many are there?** wie viele sind es genau? **it's j. the same,** es ist genau das gleiche; **he can do it j. as well,** er kann es genauso gut/ebenso gut; **that's j. it!** das ist es ja eben! **j. as you please,** wie Sie wollen. **3.** **I was (only) j. in time/***F.* **I only j. made it,** ich habe es gerade noch geschafft; **only j. enough,** gerade noch genug. **4.** (*only*) **j. once,** nur einmal; **j. a bit,** nur ein bißchen; **j. listen!** horch mal! **j. tell me,** sag's mir doch. **5.** *F:* einfach; **j. marvellous,** einfach großartig.

justice ['dʒʌstis], *s.* **1.** Gerechtigkeit *f;* (*a*) **poetic j.,** ausgleichende Gerechtigkeit; **the portrait doesn't do her beauty j.,** das Porträt wird ihrer Schönheit nicht gerecht; **to do j. to a meal,** dem Essen tüchtig zusprechen; (*b*) **to bring s.o. to j.,** j-n vor Gericht bringen; *U.S:* **Department of Justice,** Justizministerium *n.* **2. j. of the peace,** Friedensrichter *m.*

justify ['dʒʌstifai], *v.tr.* (etwas) rechtfertigen. **justi'fiable,** *adj.* berechtigt; (*of action*) zu rechtfertigen; (*of conduct*) entschuldbar. **justifi'cation,** *s.* Rechtfertigung *f.* **'justified,** *adj.* (*of decision etc.*) gerechtfertigt; (*of pers.*) **to be j. in doing sth.,** berechtigt sein, etwas zu tun.

justness ['dʒʌstnis], *s.* **1.** Gerechtigkeit *f.* **2.** Richtigkeit *f* (einer Beobachtung).

jut [dʒʌt], *v.i.* (*p. & p.p.* jutted) **to j. (out),** vorspringen.

juvenile ['dʒu:vənail], *adj.* jugendlich; Jugend-; **j. books,** Jugendbücher *npl;* **j. court,** Jugendgericht *n;* **j. delinquency,** Jugendkriminalität *f;* **j. delinquent,** jugendlicher Verbrecher *m.* **juvenilia** ['nilja], *s.* Jugendwerke *npl.*

juxtapose ['dʒʌkstəpəuz], *v.tr.* (zwei Sachen) nebeneinanderstellen. **juxtaposition** [-pə'ziʃən], *s.* Nebeneinanderstellung *f.*

K

K, k [kei], s. (der Buchstabe) K, k n.
kale [keil], s. (curly) k., Krauskohl m.
kaleidoscope [kə'laidəskəup], s. Kaleidoskop n.
kangaroo [kæŋgə'ru:], s. Z: Känguruh n.
kaolin ['keiəlin], s. Kaolin n.
kapok ['keipɔk], s. Kapok m.
Kashmir [kæʃ'miər]. I. Pr. n. Geog: Kaschmir
n. II. s. Tex: Kaschmir m. Kash'miri. I. s.
Kaschmiri m, f. II. adj. kaschmirisch.
Kate [keit]. Pr. n. f. dim of Catherine =
Käthchen n.
kayak ['kaiæk], s. Kajak m.
keel [ʌi:l]. I. s. Nau: Kiel m; Fig: to keep on an
even k., die Ruhe bewahren. II. v.i. (of ship) to
k. over, kentern.
keen [ki:n], adj. 1. (of edge) scharf. 2. (of wind)
schneidend. 3. (of interest, feeling) stark; k.
appetite, herzhafter Appetit; Com: k. compe-
tition, scharfe Konkurrenz; k. prices, günstige
Preise. 4. (of pers.) eifrig; to be k. on sth., von
etwas dat begeistert sein; to be a k. golfer/k. on
golf, ein begeisterter Golfspieler sein; F: he
isn't k. on coming, er hat wenig Lust mit-
zukommen; she was not k. on the idea, die
Sache sagte ihr nicht zu; he is k. on her, er ist
von ihr angetan/ist scharf auf sie. 5. (of eye,
ear) scharf; k. sense of smell, feiner Geruchs-
sinn; k. sense of justice, ausgeprägter Gerech-
tigkeitssinn; -ly, adv. eifrig; lebhaft; k. aware of
his debt, sich der seiner Schuld sehr bewußt.
'keenness, s. 1. Schärfe f (eines Messers, des
Windes). 2. Stärke f (des Interesses, der
Konkurrenz usw.). 3. (of pers.) Eifer m;
Begeisterung f. 4. k. of sight, Sehschärfe f.
keep [ki:p]. I. v. (p. & p.p. kept [kept] 1. v.tr. (a)
(retain) (etwas) behalten (for s.o., für j-n); to k.
a seat for s.o., einen Platz für j-n freihalten;
can you k. it for me? können Sie es für mich
aufheben? he can't k. a thing in his head, er
kann nichts (im Kopf) behalten; to k. one's
figure, schlank bleiben; to k. a secret, ein
Geheimnis bewahren; (b) (look after) (Geflügel, Schweine usw.) halten; to k. a car, (sich
dat) ein Auto halten; to k. a hotel, ein Hotel
führen; to k. one's parents, für seine Eltern
sorgen; well/badly kept, gut/schlecht erhalten;
(c) (in shop) we don't k. cigars, Zigarren
führen wir nicht; (d) (hold up) (j-n) aufhalten;
don't let me k. you, lassen Sie sich nicht auf-
halten; to k. s.o. waiting, j-n warten lassen; to
k. s.o. in custody, j-n in Haft behalten; the
noise kept me from sleeping, der Lärm ließ
mich nicht schlafen; the illness kept him from
his work, die Krankheit hielt ihn von der

Arbeit fern; (e) to k. order, Ordnung halten; to
k. silence, Stillschweigen bewahren; to k. a
promise, ein Versprechen halten; to k. the
rules, die Regeln einhalten; (f) to k. sth.
secret, etwas geheimhalten; the solution is to
be kept at a constant temperature, die Lösung
ist bei gleichmäßiger Temperatur zu halten;
(g) (store) (etwas) aufbewahren; k. in a cool
place, kühl lagern; where do you k. the sugar? wo
hast du den Zucker? (h) to k. s.o., sth. going, j-n,
etwas im Gang halten; only his faith kept him
going, nur sein Glaube half ihm weiter; here's a
fiver to k. you going, da hast du einstweilen fünf
Pfund. 2. v.i. (a) to k. doing sth., (i) etwas
immer wieder machen; (ii) (continue) etwas
weitermachen; to k. going, weitergehen;
(travelling) weiterfahren; (working) weiter-
machen; F: he keeps plugging away, er macht
standhaft weiter; (b) k. straight on, gehen Sie
immer geradeaus; P.N: k. left, links halten; (c)
(of food etc.) sich halten; (of news etc.) it'll k.,
es kann warten; (d) to k. warm/well/fit, warm/
gesund/fit bleiben; k. quiet! sei ruhig! F: how
are you keeping? wie geht es Ihnen? II. s. 1.
Hist: (castle) k., Burgfried m. 2. Unterhalt m;
to earn one's k., seinen Unterhalt verdienen;
five pounds a day and his k., fünf Pfund pro
Tag und Verpflegung dazu. 3. F: for keeps, für
immer. 'keep 'at, v.i. F: (of pers.) to k. at it,
am Ball bleiben; k. at it! mach weiter! 'keep
a'way, v. 1. v.tr. (j-n, etwas) fernhalten. 2. v.i.
sich fernhalten (from s.o., von j-m). 'keep
'back, v. 1. v.tr. (a) (den Feind, die Menge)
zurückhalten; (b) (die Wahrheit) verschweigen;
(c) (Geld) (zurück)behalten. 2. v.i. k. back!
zurücktreten! wie geht es Ihnen? 'keep 'down, v. 1. v.tr. (a) (j-n,
etwas) niederhalten; Sch: (einen Schüler) nicht
versetzen;(b) she kept her head down, sie hielt
den Kopf gebeugt; to k. prices down, die Preise
niedrig halten. 2. v.i. (of pers.) sich bücken;
(crouch) kauern. 'keeper, s. (a) (of zoo,
lighthouse) Wärter m; (of park etc.) Wächter
m; (of museum) Kustos m; (game) k., Heger m;
Sp: (goal) k., Torwart m; (b) F: (of fruit) to be
a good k., sich gut halten. 'keep 'in, v. 1. v.tr.
(a) (j-n) nicht hinauslassen; Sch: (Schüler)
nachsitzen lassen; (b) (das Feuer) nicht aus-
gehen lassen; (c) (Zorn usw.) zurückhalten; (d)
to k. one's hand in, in Übung bleiben. 2. v.i. (a)
(on road) sich am Rand halten; (b) to k. in with
s.o., mit j-m auf gutem Fuß bleiben. 'keep-
ing, s. 1. Aufbewahrung f; for (your) safe k.,
zur Verwahrung. 2. k. of accounts, Buch-
führung f. 3. in k., (den Umständen usw.)

angepaßt; (*seemly*) schicklich; **in k. with sth.**, etwas *dat* entsprechend. **4. k. of/to a rule**, Einhaltung *f* einer Regel. ´**keep** ´**off**, *v.* 1. *v.tr.* (etwas) nicht anrühren; **to k. off a subject**, ein Thema (bewußt) vermeiden; **k. off the grass!** Betreten des Rasens verboten! **k. your hands off!** Hände weg! **2.** *v.i.* **if the rain keeps off**, wenn es nicht regnet. ´**keep** ´**on**, *v.* 1. *v.tr.* (seinen Hut) aufbehalten; *P:* **k. your hair on**, reg dich nicht auf! (*b*) (j-n) (in einer Stellung) behalten. **2.** *v.i.* **to k. on doing sth.**, (i) (*repeat*) etwas immer wieder machen; (ii) (*continue*) etwas weitermachen; **he keeps on hoping**, er hofft noch immer; *F:* **to k. on at s.o.**, an j-m dauernd herumnörgeln. ´**keep** ´**out**, *v.* 1. *v.tr.* (j-n) nicht hereinlassen. **2.** *v.i.* **to k. out of the way**, sich fernhalten; *P.N:* **K. out!** Betreten verboten! *F:* **k. out of this!** misch dich nicht ein! ´**keep to**, *v.tr.* (*a*) **to k. s.o. to a promise** etc., j-n auf ein Versprechen usw. festnageln; **to k. to a rule/promise**, sich an eine Regel/ein Versprechen halten; (*b*) **to k. to the left**, sich links halten; **to k. to one's bed**, das Bett hüten; **he keeps (himself) to himself**, er ist ein Einzelgänger. ´**keep to** ´**gether**, *v.i.* zusammenbleiben. ´**keep** ´**up**, *v.* 1. *v.tr.* (*a*) (*look after*) (ein Haus, einen Garten usw.) instandhalten; (*b*) **he won't be able to k. it up**, er wird es nicht durchhalten können; **k. it up!** nur so weiter! nicht nachlassen! (*c*) (*maintain*) (Interessen, eine Freundschaft usw.) aufrechterhalten; **I have kept up my German**, ich habe meine Deutschkenntnisse immer gepflegt; **we sang to k. up our spirits**, wir sangen, um uns die Stimmung zu erhalten; **to k. up appearances**, den Schein wahren; **the enemy kept up a barrage**, der Feind unterhielt ein Sperrfeuer; (*d*) **to k. s.o. up**, j-n vom Schlafen abhalten. **2.** *v.i.* (*a*) Schritt halten (**with**, mit + *dat*); **not so fast, I can't k. up**, nicht so schnell, ich komm nicht mit; (*b*) *F:* **to k. up with the Joneses**, mit dem Nachbarn wetteifern.

keg [keg], *s.* kleines Faß *n;* **k. bitter**, helles Starkbier *n.*

kennel [´ken(ə)l], *s.* (*a*) Hundehütte *f;* (*for several dogs*) Hundezwinger *m;* (*b*) *pl.* (*for boarding*) Tierpension *f.*

Kenya [´kenjə] *Pr. n. Geog:* Kenia *n.* ´**Kenyan.** **I.** *adj.* kenianisch. **II.** *s.* Kenianer(in) *m(f).*

kerb [kə:b], *s.* Bordkante *f;* **k. drill**, Verkehrserziehung *f* für Fußgänger. ´**kerbstone**, *s.* Bordstein *m.*

kernel [´kə:n(ə)l], *s.* Kern *m;* (*of cereal*) Korn *n.*

kerosene [´kerəsi:n], *s.* Petroleum *n.*

kestrel [´kestrəl], *s. Orn:* Turmfalke *m.*

ketchup [´ketʃəp], *s. Cu:* Ketchup *n.*

kettle [´ketl], *s.* Kessel *m; F:* **this is a pretty k. of fish**, das ist eine schöne Bescherung! ´**kettledrum**, *s. Mus:* Pauke *f.*

key [ki:], *s.* **1.** Schlüssel *m;* **to leave the k. in the door/the lock**, den Schlüssel steckenlassen; **k. fob**, Schlüsselanhänger *m;* **k. money**, Ablösung *f* (für eine Wohnung); **k. ring**, Schlüsselring *m; Fig:* **k. man**, Schlüsselfigur *f;* **k. word**, Schlüsselwort *n.* **2.** *Mus:* Tonart *f;* **k. signature**, Vorzeichen *n.* **3.** Taste *f* (einer Schreibmaschine, des Klaviers usw.). ´**keyboard**, *s.* **1.** (*a*) (*of typewriter* etc.) Tastatur *f;* (*b*) *Mus:* (*of organ*) Manual *n;* (*of piano*) Klaviatur *f;* **at the k.**, am Klavier/(*harpsichord*) Cembalo usw.; **k. instrument**, Tasteninstrument *n;* **k. player**, (i) Pianist *m;* (ii) Organist *m.* **2.** (*in hotel*) Schlüsselbrett *n.* ´**keyhole**, *s.* Schlüsselloch *n.* ´**keynote**, *s.* **1.** *Mus:* Grundton *m.* **2.** *Fig:* Hauptgedanke *m.* ´**keystone**, *s. Constr:* Schlußstein *m.*

khaki [´ka:ki]. **I.** *adj.* khakifarben. **II.** *s.* (*a*) (*colour*) Khaki *n;* (*b*) (*material*) Khaki *m.*

kick [kik]. **I.** *v.* **1.** *v.i.* (*a*) (*of pers.*) treten; (*of baby*) strampeln; (*of horse* etc.) ausschlagen; **to k. at/against sth.**, mit den Füßen gegen etwas *acc* treten; (*b*) (*of gun*) zurückschlagen. **2.** *v.tr.* (j-m, etwas *dat*) einen Fußtritt geben; *Fb:* **to k. a goal**, ein Tor schießen; **to k. the ball**, den Ball kicken; *Fig:* **I could have kicked myself**, ich hätte mich ohrfeigen können; *P:* **to k. the bucket**, abkratzen. **II.** *s.* **1.** Fußtritt *m;* (*of animal*) Tritt *m; attrib.* **k. starter**, Kickstarter *m; Cl:* **k. pleat**, Gehfalte *f.* **2.** *F:* **he has no k. left in him**, er hat keinen Schwung mehr; **a drink with a k. in it**, ein Drink, der es in sich hat; *P:* (**just**) **for kicks**, nur zum Spaß. **3.** Rückstoß *m* (eines Gewehrs). ´**kick** ´**back**, *v.i. Aut: etc:* einen Rückstoß geben. ´**kick** ´**off**, *v.* 1. *v.i.* (*a*) *Fb:* den Anstoß ausführen; (*b*) *F:* (*start*) loslegen. **2.** *v.tr.* (Schuhe usw.) wegschleudern ´**kick-off**, *s. Fb:* Anstoß *m.* ´**kick** ´**out**, *v.tr. F:* (j-n) rausschmeißen ´**kick** ´**up**, *v.tr. F:* **to k. up a fuss**, Theater machen.

kid[1] [kid], *s.* **1.** *Z:* Kitz *n.* **2.** (*leather*) Glacéleder *n;* **k. gloves**, Glacéhandschuhe *mpl.* **3.** *F:* Kind *n;* **my k. brother**, mein kleiner Bruder; **that's kids' stuff**, das ist was für kleine Kinder.

kid[2], *v.tr.* (*v.* & *p.p.* **kidded**) *F:* (j-n) foppen, verkohlen; **no kidding!** im Ernst! **don't k. yourself**, mach dir nichts vor.

kidnap [´kidnæp], *v.tr.* (j-n) entführen; *F:* (j-n) kidnappen ´**kidnapper**, *s.* Menschenräuber *m; F:* Kidnapper *m.* ´**kidnapping**, *s.* Menschenraub *m;* (*of child*) Kindesraub *m; F:* Kidnapping *n.*

kidney [´kidni], *s.* **1.** *Anat:* Niere *f; Med:* **k. machine**, künstliche Niere *f.* **2.** *Fig:* **of the same k.**, vom gleichen Schlag.

kill [kil]. **I.** *v.tr.* (j-n, ein Tier) töten; (*a*) **to k. oneself**, sich umbringen; **killed in the war**, im Krieg gefallen; *F:* **he was killing himself with laughter**, er lachte sich schief/tot; **my feet are killing me**, meine Füße tun mir entsetzlich weh; (*b*) (*for food*) (ein Tier) schlachten; (*c*) (eine Pflanze) eingehen lassen, *F:* umbringen; (*d*) *Fig:* **to k. time**, die Zeit totschlagen; *Aut:* **to k. the engine**, den Motor abwürgen; (*e*) *Fig:* **to k. s.o. with kindness**, j-n mit Liebenswürdigkeit überwältigen; **to be dressed to k.**, todschick herausgeputzt sein. **II.** *s. Hunt:* Tötung *f; Fig:* **to be in at the k.**, das Ende miterleben. ´**killer**, *s.* **1.** Töter *m;* (*murderer*) Mörder *m.* **2.** *F:* (*of drug*) **to be a k.**, tödlich sein; *F:* **k. disease**, tödliche Krankheit. **2.** **k. whale**, Schwertwal *m.* ´**killing. I.** *adj.* **1.** (*of task, pace*) mörderisch. **2.** *F:* (*of joke* etc.) urkomisch. **II.** *s.* **1.** Tötung *f* (eines Menschen); Schlachten *n* (eines Tieres). **2.** Morden *n.* ´**killjoy**, *s.* Spielverderber *m.* ´**kill** ´**off**, *v.tr.* (j-n) umbringen; (Ungeziefer, Tiere) vertilgen; (*of heat, frost etc.*) (Pflanzen usw.) vernichten; (*of animals*) **to be killed off by a disease,** von einer Seuche ausgerottet werden.

kiln [kiln], *s.* (*for bricks, pottery*) Brennofen *m;* (*for hops*) Darrofen *m.*

kilocycle ['kiləu)saikl], *s. Rad:* Kilohertz *n.*

kilogram(me) ['kiləu)græm], *s.* Kilogramm *n.*

kilometre ['kiləu)miːtər, kiˈlɒmitər], *s.* Kilometer *m.*

kilt [kilt], *s.* Schottenrock *m;* (*genuine*) Kilt *m.*

kin [kin], *s.* Verwandtschaft *f;* **next of k.,** nächste(r) Verwandte(r) *f(m).*

kind[1] [kaind], *s.* **1.** Art *f;* **this k. of music,** diese Art Musik; **what k. is it?** was für eins ist es? **what k. of man is he?** was für ein Mensch ist er? **he's not my k.,** er ist nicht meine Sorte; **of all kinds,** allerlei; **this k. of thing,** so etwas; **nothing of the k.,** nichts dergleichen; *Pej:* **there was tea of a k.,** es gab etwas, was sich Tee nannte; *F:* **I k. of expected it,** ich habe das irgendwie schon erwartet; **in a k. of way,** so ungefähr. **2.** (*a*) **the human k.,** das Menschengeschlecht; (*b*) **payment in k.,** Bezahlung in Naturalien.

kind[2], *adj.* nett; gut; **to be k. to s.o./to animals,** zu j-m nett/zu Tieren gut sein; **it's very k. of you,** es ist sehr nett/freundlich von Ihnen; **would you be k. enough to . . .,** würden Sie bitte so gut sein und . . .; **with your k. permission,** mit Ihrer freundlichen Erlaubnis; *Com:* **for your k. attention,** zu Ihrer gefälligen/*abbr.* gfl. Berücksichtigung. ˈkind-ˈhearted, *adj.* gutherzig. ˈkindliness, *s.* Güte *f.* ˈkindly. **I.** *adj.* (*of pers.*) gütig. **II.** *adv.* freundlicherweise; *Iron:* gefälligst; **will you k. remove your foot!** nimm gefälligst deinen Fuß weg! **he did not take k. to it,** es hat ihm nicht gepaßt; *Com:* **k. remit by cheque,** bitte per Scheck zahlen. ˈkindness, *s.* **1.** Güte *f;* (*helpfulness*) Gefälligkeit *f.* **2. to do s.o. a k.,** j-m einen Gefallen tun.

kindergarten ['kindəgɑːtn], *s.* Vorschule *f.*

kindle ['kindl], *v.tr.* (*a*) (ein Feuer usw.) anzünden; **kindling wood,** Anmachholz *n;* (*b*) (Leidenschaft) entflammen.

king [kiŋ], *s.* (*a*) König *m; Cards:* **K. of Hearts,** Herzkönig *m;* (*b*) (*at draughts*) Dame *f.* ˈkingcup, *s. Bot:* (i) Butterblume *f;* (ii) (*marsh marigold*) Sumpfdotterblume *f.* ˈkingdom, *s.* **1.** Königreich *n;* **the United K.,** das Vereinigte Königreich. **2.** Reich *n;* **animal k.,** Tierreich *n.* **3.** *Rel:* das Reich Gottes. ˈkingfisher, *s. Orn:* Eisvogel *m.* ˈkingly, *adj.* königlich. ˈkingpin, *s. Aut:* Achsschenkelbolzen *m.* ˈking-size(d), *adj.* in Groß-format.

kink [kiŋk], *s.* **1.** Knick *m.* **2.** *F:* (*fad*) Schrulle *f.* ˈkinky, *adj. P:* abnorm; (*crazy*) verrückt; (*sexually*) pervertiert.

kinsman, -woman ['kinzmən, -wumən], *s.* Blutsverwandte(r) *f(m).* **kinship** ['kinʃip], *s.* Verwandtschaft *f.*

kiosk ['kiːɒsk], *s.* Kiosk *m.*

kip [kip], *s. P:* **to have a k.,** pennen.

kipper ['kipər], *s.* (Art) Räucherhering *m.*

kirk [kəːk], *s. Scot:* Kirche *f.*

kiss [kis]. **I.** *s.* Kuß *m.* **II.** *v.tr.* (j-n, etwas) küssen; **they kissed (each other),** sie küßten sich; **to k. s.o. goodnight,** j-m einen Gutenachtkuß geben. ˈkisser, *s. P:* Schnauze *f.*

kit [kit], *s.* **1.** (*equipment*) Ausrüstung *f; Mil:* Feldgepäck *n.* **2.** (*set*) Satz *m;* (*instruments*) Besteck *n;* **k. of tools,** Werkzeug *n; esp. Cy:* **repair k.,** Flickzeug *n.* **3.** (*set of parts*) Bausatz *m;* (**model**) **k.,** Baukasten *m;* **in k. form,** in Baukastenform. ˈkit-bag, *s.* **1.** *Tls:* Werkzeugtasche *f.* **2.** *Mil:* Feldgepäck *n; Nau:* Seesack *m.* ˈkit'out, *v.tr. F:* **fully kitted out,** komplett ausgerüstet.

kitchen ['kitʃən], *s.* Küche *f; attrib.* **k. paper/roll,** Küchenkrepp *m;* **k. utensils,** Küchengeräte *npl;* **k. unit,** Küchenelement *n;* **k. sink,** Spülbecken *n;* **k. garden,** Gemüsegarten *m.* **kitcheˈnette,** *s.* Kochnische *f.*

kite [kait], *s.* **1.** *Orn:* Milan *m.* **2.** Drachen *m;* **to fly a k.,** einen Drachen steigen lassen.

kitten [kitn], *s.* Kätzchen *n;* **to have kittens,** (i) (*of cat*) Junge werfen; (ii) *F:* (*of pers.*) Zustände kriegen. ˈkittenish, *adj.* (*of woman*) kokett. ˈkitty[1], *s. F:* Mieze *f.*

ˈkitty[2], *s.* Kasse *f; Games:* Bank *f; Cards:* Poule *f.*

kiwi ['kiːwiː], *s. Orn:* Kiwi *m.*

knack [næk], *s.* Kniff *m; F:* Dreh *m;* **to have the k. of doing sth.,** den Dreh raushaben, wie man etwas macht.

knapsack ['næpsæk], *s.* Rucksack *m; Mil:* Tornister *m.*

knave [neiv], *s.* **1.** *A:* Halunke *m.* **2.** *Cards:* Bube *m.*

knead [niːd], *v.tr.* (Teig) kneten. ˈkneading-trough, *s.* Backtrog *m.*

knee [niː], *s.* (*a*) Knie *n;* **to be on one's knees,** knien; **to go down on one's knees,** (sich) niederknien; (*b*) (*upper*) Knierohr *n.* ˈknee-cap, *s. Anat:* Kniescheibe *f.* ˈknee-ˈdeep, *adj.* knietief. ˈknee-hole, *adj.* **k.-h. desk,** Schreibtisch *m* mit einer Öffnung für die Knie. ˈknee-pad, *s.* Knieschützer *m.*

kneel [niːl], *v.i.* (*p. & p.p.* knelt [nelt]) knien; **to k. down,** (sich) niederknien. ˈkneelength, *adj. Cl:* knielang. ˈkneeler, *s. Ecc:* Kniekissen *m.*

knickers ['nikəz], *s. pl.* Damenschlüpfer *m.*

knick-knack ['niknæk], *s.* Ziergegenstand *m; pl.* Nippsachen *fpl;* (*china*) Nippfigur *f.*

knife, *pl.* **knives** [naif, naivz]. **I.** *s.* Messer *n; F:* **to have one's k. into s.o.,** j-n auf dem Kieker haben. **II.** *v.tr.* (j-n, etwas) mit dem Messer stechen. ˈknife-edge, *s.* messerscharfe Kante *f; Fig:* **on a k.-e.,** auf des Messers Schneide.

knight [nait]. **I.** *s.* **1.** *Hist:* (*also title*) Ritter *m.* **2.** *Chess:* Springer *m.* **II.** *v.tr.* (j-n) in den Adelsstand erheben. ˈknighthood, *s.* **to receive a k.,** in den Adelsstand erhoben werden.

knit [nit], *v.tr & i.* (*p. & p.p.* knitted) (*a*) (etwas) stricken; **k. one, purl one,** eine rechts, eine links; *Fig:* **to k. one's brows,** die Stirn runzeln; (*b*) (*of bones*) **to k. (together),** zusammenwachsen. ˈknitting, *s.* **1.** (*action*) Stricken *n.* **2.** Strickarbeit *f;* Strickerei *f;* **k. machine,** Strickmaschine *f.* ˈknitting-needle, *s.* Stricknadel *f.* ˈknitwear, *s.* Strickwaren *fpl.*

knob [nɒb], *s.* **1.** (*on door etc.*) Griff *m;* (*on drawer, radio etc.*) Knopf *m;* (*on walking stick*) Knauf *m; F:* **the same to you with knobs on!** dir gleichfalls! **2.** Stückchen *n* (Butter usw.). ˈknobbly, *adj.* knorrig; **k. knees,** knochige Knie.

knock [nɒk]. **I.** *s.* Klopfen *n;* (*blow*) Schlag *m;* **he got a nasty k.,** er hat sich ziemlich an-

gestoßen; **there was a k. (at the door),** es
klopfte (an der Tür) **II.** *v.* **1.** *v.tr.* (*a*) (j-n,
etwas) schlagen; **to k. one's head against sth.,**
sich *dat* den Kopf an etwas *dat* stoßen; (*b*) *F:*
(*criticize*) **to k. sth.,** etwas heruntermachen. **2.**
v.i. (*a*) **to k. against sth.,** gegen etwas *acc* sto-
ßen; (*b*) (*of pers., Aut: of engine*) klopfen; **to k.
at s.o.'s door,** bei j-m anklopfen. ´**knock
a´bout/a´round,** *v.* **1.** *v.tr.* (j-n) verprügeln;
(*of pers., thing*) **badly knocked a.,** arg mit-
genommen. **2.** *v.i.* (*of pers.*) sich herumtreiben;
(*of thing*) herumliegen. ´**knock ´back,** *v.tr.*
(etwas) zurückschlagen; *F:* **to k. b. a drink,**
sich *dat* einen hinter die Binde gießen.
´**knock ´down,** *v.tr.* (*a*) (j-n) niederschlagen;
(etwas) umstoßen; **to be knocked down by a
car,** von einem Auto angefahren werden; (*b*)
(ein Haus) niederreißen; (*c*) (*at auction*) **to k.
sth. down to s.o.,** j-m etwas zuschlagen.
´**knocker,** *s.* **1.** Türklopfer *m.* **2.** *pl. P:*
(*breasts*) Balkon *m.* ´**knocking,** *s.* Klopfen
n. ´**knock-´kneed,** *adj.* X-beinig. ´**knock
´off,** *v.* **1.** *v.tr.* (*a*) (etwas) abschlagen; (*b*) **to k.
sth. off the price,** etwas vom Preis ablassen; (*c*)
F: **to k. off an essay etc.,** einen Aufsatz usw.
schnell hinhauen. **2.** *v.i. F:* Feierabend machen.
´**knock ´out,** *v.* **I.** *v.tr.* (*a*) (einen Zahn)
(her)ausschlagen; (*b*) (die Pfeife usw.) aus-
klopfen; (*c*) *Box:* (j-n) k.o. schlagen; *Sp:* **to be
knocked out in the first round,** in der ersten
Runde ausscheiden. **II. k.-o.,** *s.* **1.** (*a*) *Box:*
K.O. *n;* (*b*) *Sp: etc:* **k. o. competition,** Aus-
scheidungswettkampf *m.* **2.** *F:* **she's a k.o.,** sie
ist umwerfend (schön). ´**knock ´over,** *v.tr.*
(j-n, etwas) umstoßen. ´**knock ´up,** *v.tr.* (*a*)
(j-n) durch Anklopfen wecken; (*b*) *F:* **com-
pletely knocked up,** völlig erschöpft; (*c*) *F:*
(*make*) (etwas) schnell zusammenschustern.
knoll [nəul], *s.* Anhöhe *f.*
knot [nɔt]. **I.** *s.* **1.** (*a*) Knoten *m;* **to tie a k.,**
einen Knoten machen; (*b*) **k. of hair,** Haar-
knoten *m.* **2.** *Nau:* (*speed*) Knoten *m;* **to make
ten knots,** mit zehn Knoten fahren. **3.** (*in
wood*) Ast *m.* **4. k. of people,** Menschenknäuel *n.*
II. *v.* (*p. & p.p.* **knotted**) **1.** *v.i.* Knoten bilden. **2.**
v.tr. (eine Schnur) verknoten. ´**knotty,** *adj.*
knotig; **a k. problem,** ein verwickeltes Problem.
know [nəu]. **I.** *v.tr. & i.* (*p.* **knew** [nju:], *p.p.*
known [nəun]) (*a*) (j-n, einen Ort, ein Buch

usw.) kennen; **do you k. his son?** kennst du
seinen Sohn? **to be in surroundings one knows,**
in bekannter Umgebung sein; **to get to k. s.o.,**
sth., j-n, etwas kennenlernen; **he has never been
known to laugh,** man hat ihn nie lachen sehen;
to k. sth. by heart, etwas auswendig können;
do you k. French? können Sie Französisch? (*b*)
(etwas) wissen; **I k. that well enough,** ich weiß
das schon; **as far as I k.,** soviel ich weiß; **you
ought to k. better than that,** ich hätte Sie für
vernünftiger gehalten; **you k. best,** du weißt es
am besten; *F:* **he knows what's what,** er weiß,
was gespielt wird; **don't I k. it!** ich weiß das
nur zu gut! (*c*) **to k. about sth.,** über etwas *acc*
Bescheid wissen; **I k. nothing about it,** davon
weiß ich nichts; **I don't k. about that,** da bin
ich nicht so sicher. **II.** *s. F:* **to be in the k.,** im
Bilde sein. ´**know-all,** *s. F:* Besserwisser *m.*
´**know-how,** *s. F:* Sachkenntnis *f;* Technik *f.*
´**knowing. I.** *adj.* wissend; **-ly,** *adv.* **1.** (*inten-
tionally*) wissentlich. **2. to look k. at s.o.,** j-m
einen wissenden Blick zuwerfen. **II.** *s.* **there's
no k. what will happen,** es ist nicht vorauszu-
sehen, was jetzt geschieht. **knowledge** [´nɔ-
lidʒ], *s.* **1.** Wissen *n;* Kenntnis *f;* Unwissenheit *f;*
I had no k. of it, ich wußte nichts davon; **it has
come to my k. that ...,** es ist mir zur Kenntnis
gekommen, daß ...; **it's a matter of common k.
that ...,** es ist allgemein bekannt, daß ...;
without my k., ohne mein Wissen; **not to my k.,**
nicht, daß ich wüßte; **to the best of my k.,**
soviel ich weiß. **2.** Kenntnisse *fpl;* **a good k. of
German,** gute Deutschkenntnisse; **thorough k.
of a subject,** gründliche Sachkenntnisse.
´**knowledgeable** *adj.* bewandert (**about,**
in + *dat*). **known,** *adj.* bekannt; **it is not k.
how many,** niemand weiß, wie viele.
knuckle [nʌkl]. **I.** *s.* **1.** *Anat:* Fingerknöchel *m.*
2. *Cu:* Hachse *f.* **II.** *v.i.* **to k. down (to it),** sich
dahinterklemmen; **to k. under,** sich unter-
werfen.
koala [kəu´ɑ:lə], *s. Z:* Koala(bär) *m.*
Korea [kɔ´riə]. *Pr. n. Geog:* Korea *n.* **Ko´rean.**
I. *adj.* koreanisch; *Hist:* **the K. War,** der
Koreakrieg. **II.** *s.* Koreaner(in) *m(f).*
kosher [´kəuʃər], *adj.* koscher.
Krakow [´krɑːkɔf]. *Pr. n. Geog:* Krakau *n.*
kudos [´kjuːdɔs], *s.* Prestige *f;* (*recognition*)
Anerkennung *f.*

L

L, l [el], *s.* (der Buchstabe) L, l *n; F:* **L driver,**
Fahrschüler *m;* **L plate,** Fahrschülerschild *n.*
lab [læb], *s. F:* Labor *n.*
label [´leibl]. **I.** *s.* **1.** Etikett *n;* (*tag*) Schildchen
n; (**luggage**) **l.,** (*tie-on*) Gepäckanhänger *m;*
stick-on l., Klebezettel *m;* (*printed*) Aufkleber

m; Rec: **on the Nonesuch l.,** in der Nonesuch-
Reihe (erschienen). **2.** (*writing*) Aufschrift *f;*
Fig: (*description*) Bezeichnung *f.* **II.** *v.tr.* (*a*)
(Flaschen usw.) etikettieren; (Gepäck) mit
Anhängern versehen; **it was labelled 'poison',**
es trug die Aufschrift 'Gift'; (*b*) (j-n als etwas)

bezeichnen; **to l. s.o. (as) a criminal,** j-n zum Verbrecher stempeln.

laboratory [lə'bɔrətri], s. Labor n; **l. assistant,** Laborant(in) m(f).

laborious [lə'bɔːriəs], adj. mühsam; (of style etc.) schwerfällig.

labour ['leibər]. I. s. 1. (work, task) Arbeit f; (effort) Mühe f; **l. camp,** Arbeitslager n; Fig: **it was a l. of love,** das habe ich aus Liebe zur Kunst gemacht. 2. (a) Ind: (workers) coll. Arbeiterschaft f, Arbeiter mpl; **shortage of l.,** Mangel m an Arbeitskräften; **skilled/unskilled l.,** gelernte/ungelernte Arbeitskräfte; **l. exchange,** Arbeitsamt n; **l. force,** Arbeiterschaft f (einer Industrie, einer Firma); **l. troubles,** Arbeitskonflikte mpl; (b) Pol: **the L. party,** die Labourpartei. 3. Med: **l. (pains),** Geburtswehen fpl; **to be in l.,** in den Wehen liegen. II. v. 1. v.i. (a) (work) arbeiten; (with difficulty) sich plagen; (b) **to l. under a delusion,** sich einer Täuschung hingeben; (c) (of car engine) sich schinden; (d) (of ship) stampfen. 2. v.tr. **to l. a point,** einen Standpunkt breittreten. **'laboured,** adj. mühsam; (of style etc.) schwerfällig; **l. breathing,** schweres Atmen. **'labourer,** s. (ungelernter) Arbeiter m; **agricultural l.,** Landarbeiter m. **'laboursaving,** adj. arbeitssparend.

laburnum [lə'bɔːnəm], s. Bot: Goldregen m.

labyrinth ['læbirinθ], s. Labyrinth n.

lace [leis]. I. s. 1. (for tying) Schnürband n; (shoe) l., Schnürsenkel m. 2. (material) Spitze f; Mil: (braid) Tresse f. II. v.tr. (a) (etwas) schnüren; (to l. (up) one's shoes, sich dat die Schuhe zuschnüren; **l.-up shoes,** F: **lace-ups,** Schnürschuhe mpl; (b) **to l. a drink with brandy,** ein Getränk mit einem Schuß Kognak versetzen.

lacerate ['læsəreit], v.tr. (j-n, einen Arm usw.) zerfleischen. **lace'ration,** s. Med: Fleischwunde f.

lachrymose ['lækriməus], adj. (of pers.) weinerlich; (of book etc.) rührselig.

lack [læk]. I. s. Mangel m (of, an + dat); **there is a l./no l. of initiative,** es fehlt/fehlt nicht an Initiative; **for l. of time/money,** aus Zeitmangel/Geldmangel. II. v.tr. & i. **he lacks/is lacking in experience,** es fehlt ihm an Erfahrung.

lackey ['læki], s. Lakai m.

laconic [lə'kɔnik], adj. lakonisch; (of pers.) wortkarg.

lacquer ['lækər]. I. s. Lack m; **hair l.,** Haarspray m. II. v.tr. (etwas) lackieren.

lad [læd], s. (a) Junge m, (junger) Bursche m; F: **he's quite a l.,** er ist ein Draufgängertyp; (b) Rac: **stable l.,** Stallbursche m.

ladder ['lædər]. I. s. 1. Leiter f. 2. (in stocking) Laufmasche f; **to mend a l.,** eine Laufmasche aufnehmen. II. v.i. (of stocking) Laufmaschen bekommen. **'ladderproof,** adj. maschenfest.

laden ['leidn], adj. beladen (with, mit + dat); **fully l.,** voll beladen, Nau: mit voller Ladung. **'lading,** s. Com: **bill of l.,** Konnossement n.

ladle ['leidl]. I. s. Schöpflöffel m; soup l., Suppenkelle f. II. v.tr. **to l. (out),** (Suppe) ausschöpfen; Fig: **to l. out honours,** Auszeichnungen großzügig austeilen.

lady ['leidi], s. Dame f; (a) (in title) Lady f; **l. in waiting,** Hofdame f; (form of address) **ladies and gentlemen,** meine Damen und Herren; **ladies' tailor,** Damenschneider m; F: **ladies' man,** Frauenliebling m; **he's one for the ladies,** er ist ein Schürzenjäger; **his young l.,** seine Freundin; Hum: **his l. love,** seine Angebetete; **your l. wife,** Ihre Frau Gemahlin; (b) F: **the ladies',** die Damentoilette; (c) Ecc: **Our L.,** Unsere Liebe Frau; **L. Day,** Mariä Verkündigung f; (d) attrib. **l. doctor,** Ärztin f. **'ladybird,** s. Ent: Marienkäfer m. **'ladykiller,** s. F: Frauenheld m. **'ladylike,** adj. damenhaft. **'ladyship,** s. **her l.,** die Lady; (address) **your l.,** approx. Gräfin/(by servant) Frau Gräfin.

lag¹ [læg]. I. v.i. (p. & p.p. lagged) **to l. behind (s.o.),** (mit j-m) nicht Schritt halten; (j-m) nachhinken; (be delayed) sich verzögern. II. s. **(time) l.,** Verzögerung f. **'laggard,** s. Bummler m.

lag², v.tr. (p. & p.p. lagged) (einen Wasserhälter, ein Rohr) mit Isoliermaterial umwickeln. **'lagging,** s. Isoliermaterial n; (process) Isolierung f.

lag³, s. P: **old l.,** Knastbruder m.

lager ['lɑːgər], s. Lagerbier n.

lagoon [lə'guːn], s. Lagune f.

laid [leid], p. & p.p. of **lay²** q.v.

lair [lɛər], s. Lager n (eines wilden Tieres).

laity ['leiiti], s. Ecc: Laienstand m.

lake¹ [leik], s. See m. **'lakeside,** s. Seeufer n.

lake², s. Paint: (crimson) l., dunkelrote Pigmentfarbe f.

lamb [læm]. I. s. Lamm n; **l.'s wool,** Lammwolle f; Fig: **he took it like a l.,** er ließ es sich ohne Widerstand gefallen. II. v.i. (of ewe) lammen.

lame [leim]. I. adj. lahm (in one leg, auf einem Bein); Fig: **l. duck,** Versager m; (firm) unrentables Unternehmen; **l. excuse,** faule Ausrede. II. v.tr. (j-n, etwas) lahm machen. **'lameness,** s. Lahmheit f.

lament [lə'ment]. I. s. Klage f; (song, poem) Klagelied n. II. v. 1. v.i. jammern (over/for s.o., sth., über/um j-n, etwas); trauern (for s.o., um j-n). 2. v.tr. (j-n, etwas) bejammern, beklagen. **lamentable** ['læməntəbl], adj. beklagenswert; **l. attempt,** kläglicher Versuch. **lamentation** ['teiʃən], s. Wehklage f. **la'mented,** adj. **the late l. X,** der verstorbene, sehr vermißte X.

laminate ['læmineit]. I. v.tr. (Metall, Holz) lamellieren. II. s. Schichtpreßstoff m. **'laminated,** adj. **l. glass,** Verbundglas n; **l. cover,** Folieneinband m (eines Buches); **l. wood,** Schichtholz n. **lami'nation,** s. Schichtung f; (process) Lamellierung f.

lamp [læmp], s. Lampe f; (in street) (small) Laterne f; (tall) Straßenleuchte f. **'lampholder,** s. Lampenfassung f. **'lamplight,** s. Lampenlicht n. **'lamp-post,** s. Laternenpfahl m. **'lampshade,** s. Lampenschirm m.

lance [lɑːns]. I. s. Lanze f. II. v.tr. Med: (einen Furunkel) aufschneiden. **'lance-'corporal,** s. Mil: Hauptgefreite(r) m. **'lancet,** s. Med: Lanzette f.

land [lænd]. I. s. (all senses) Land n; (a) **by l. and sea,** zu Wasser und zu Lande; **to travel over l.,** über Land reisen; (b) (terrain) Gelände n; Landschaft f; **flat l.,** flache Landschaft f; Flachland n; Fig: **to see how the l. lies,** das Terrain sondieren; (c) (soil) Boden m; **rich/poor l.,** fettes/mageres Land; **plot of l.,** Grundstück n; **to work on the l.,** in der Landwirtschaft arbeiten; (d) Fig: **in the l. of the living,** am Leben. II. v. 1. v.tr. (a) (Personen, Waren, ein Flugzeug) landen; (Fisch) an Land bringen; (b) F: (eine Stellung, einen Preis) kriegen; (c) F: **that will l. you in prison,** das wird dich ins Gefängnis bringen; **you've landed yourself in a fine mess,** da hast du dich schön in die Tinte gesetzt; **she landed me with her children,** sie hat mir ihre Kinder aufgehalst. 2. v.i. landen; Fig: **he always lands on his feet,** er fällt immer auf die Füße. 'landed, adj. l. gentry, Landadel m; l. property, Grundbesitz m. 'landfall, s. Landkennung f; **to make a l.,** Land sichten. 'landing, s. 1. Landung f; (a) Nau: l. of passengers, Ausschiffung f von Passagieren; l. stage, Landungssteg m; l. place, Anlegeplatz m; (b) Mil: l. craft, Landungsboot n; l. party, Landetrupp m; (c) Av: l. gear, Fahrgestell n; l. strip, Landestreifen m; (d) Fish: l. net, Kescher m. 2. (in house) Treppenflur m; (half) l., Treppenabsatz m. 'landlady, s. Wirtin f. 'land-locked, adj. vom Land eingeschlossen. 'landlord, s. (a) Hauscigentümer m; (of estate) Grundbesitzer m; (b) (of pub) Wirt m. 'landlubber, s. Nau: Landratte f. 'landmark, s. Orientierungspunkt m; (famous building) Wahrzeichen n; Fig: Markstein m (in history etc., der Geschichte usw.). 'landowner, s. Grundbesitzer m. 'land-register, s. Grundbuch n. 'landscape, s. Landschaft f; l. gardener, Gartenarchitekt m. 'landslide, s. 1. Erdrutsch m. 2. Pol: l. victory, überwältigender Wahlsieg.

lane [lein], s. 1. (a) (in town) Gasse f; (b) (in country) enge Landstraße f; Weg m; (track) Feldweg m; sunken l., Hohlweg m. 2. (a) Nau: (shipping) l., (channel) Fahrrinne f; (route) Schiffahrtsweg m; (b) Aut: Spur f; three-l. motorway, dreispurige Autobahn; (c) Av: air l., Flugschneise f; (d) Sp: Bahn f (einer Rennbahn). 3. Fig: (a) (of pers.) to form a l., Spalier bilden; (b) (strip) Streifen m.

language ['læŋgwidʒ], s. 1. Sprache f; bad l., Schimpfworte npl; l. teacher, Sprachlehrer m.

languid ['læŋgwid], adj. träge.

languish ['læŋgwiʃ], v.i. schmachten (for love etc., nach Liebe usw.). languor ['læŋgər], s. Trägheit f.

lank [læŋk], adj. 1. (of pers.) hoch aufgeschossen. 2. (of hair) strähnig (und glanzlos). 'lanky, adj. schlaksig.

lantern ['læntən], s. Laterne f; Chinese l., Lampion m. 'lantern-'jawed, adj. hohlwangig.

lanyard ['lænjəd], s. 1. Nau: Taljereep n. 2. Mil: etc: Traggurt m (für eine Pistole usw.).

lap¹ [læp], s. Schoß m; Fig: to live in the l. of luxury, im größten Luxus leben. 'lap-dog, s. Schoßhund m.

lap². I. s. Rac: Runde f; l. time, Rundenzeit f. II. v.tr. Rac: (j-n) überrunden.

lap³, v. 1 v.tr. (p. & p.p. lapped) to l. (up) milk, Milch auflecken; F: he lapped it up, (i) (food) er hat's mit großem Appetit verschlungen; (ii) Fig: (praise etc.) er hat sich daran gesonnt. 2. v.i. (of water) plätschern (against sth., an/gegen etwas acc).

lapel [lə'pel], s. Aufschlag m (einer Jacke usw.).

Lapland ['læplænd]. Pr. n. Geog: Lappland n. 'Laplander, s. Lappländer(in) m(f). Lapp. I. s. 1. Lappe m, Lappin f. 2. Ling: Lappländisch n. II. adj. lappländisch.

lapse [læps]. I. s. 1. (a) (slip) Versehen n; l. of memory, Gedächtnislücke f; (b) (moral) Fehltritt m; l. from duty, Pflichtversäumnis n; l. from faith, Glaubensabfall m 2. (of time) Verlauf m; Zeitspanne f, after a l. of three months, nach Ablauf von drei Monaten. II. v.i. (a) verfallen (into silence etc., in Schweigen usw.); (b) (expire) ablaufen; Ins: verfallen. lapsed, adj. 1. Ecc: (vom Glauben) abgefallen. 2. (of contract etc.) abgelaufen; Ins: verfallen.

lapwing ['læpwiŋ], s. Orn: Kiebitz m.

larceny ['lɑːsəni], s. Diebstahl m.

larch [lɑːtʃ], s. Lärche f.

lard [lɑːd]. I. s. Schmalz n. II. v.tr. (Fleisch, Fig: eine Geschichte usw.) spicken (with, mit + dat).

larder ['lɑːdər], s. Speisekammer f.

large [lɑːdʒ]. I. adj. groß; (of belly etc.) dick; (of shoes etc.) they are rather l. for me, sie sind mir etwas zu groß; Fig: as l. as life, in (voller) Lebensgröße; larger than life, überlebensgroß; Anat: l. intestine, Dickdarm m. II. s. (only in) at l., auf freiem Fuß; the people at l., die breite Masse. III. adv. by and l., im großen und ganzen; -ly, adv. in hohem Maße, größtenteils. 'large-'scale, adj. (a) großangelegt; l.-s. attack, Großangriff m; (b) (of map) in großem Maßstab. largesse [lɑː'ʒes], s. Freigebigkeit f.

lariat ['læriət], s. Strick m, esp. Lasso m & m.

lark¹ [lɑːk], s. Orn: Lerche f; Fig: to get up with the l., mit den Hühnern aufstehen. 'larkspur, s. Bot: Rittersporn m.

lark². I. s. F: Jux m, Ulk m; for a l., zum Spaß; what a l.! wie köstlich! II. v.i. F: to l. (about), herumtollen; (fool) Dummheiten treiben.

larva, pl. -ae ['lɑːvə, -viː], s. Ent: Larve f.

larynx ['læriŋks], s. Kehlkopf m. laringitis [lærin'dʒaitis], s. Med: Kehlkopfentzündung f.

lascivious [lə'siviəs], adj. lüstern.

laser ['leizər], s. Ph: Laser m; l. beam, Laserstrahl m.

lash¹ [læʃ]. I. s. 1. (whip) Peitschenriemen m; (blow) Peitschenhieb m. 2. (eyelash) Wimper f. II. v.tr. & i. (a) (j-n, ein Tier) peitschen; Fig: rain was lashing against the window panes, der Regen peitschte/prasselte gegen die Fensterscheiben; (b) to l. oneself into a fury, sich in Wut hineinsteigern; (c) (of animal) to l. its tail, mit dem Schwanz peitschen. 'lashing, s. 1. Peitschenhiebe mpl. F: lashings (of sth.), jede Menge (von etwas dat). 'lash 'out, v.i. (a) um sich acc schlagen; losschlagen (at s.o., auf j-n); (of horse) ausschlagen; (verbally) to l. o. (against/at s.o., über j-n, etwas acc) herfallen; (b) F: sich in Unkosten stürzen, es sich dat was kosten lassen.

lash², v.tr. (tie) (j-n, etwas) festbinden.

lass [læs], *esp. Scot:* **lassie** ['læsi], *s.* Mädel *n.*
lassitude ['læsitjuːd], *s.* Mattigkeit *f.*
lasso, *pl.* **-os** [læ'suː, uːz]. I. *s.* Lasso *n & m.* II. *v.tr.* (ein Pferd) mit einem Lasso einfangen.
last[1] [laːst], *s. Shoem:* Leisten *m.*
last[2]. I. *adj.* letzte(r,s). 1. (*final*) **she was the l. to arrive,** sie kam als letzte; **the l. but one,** der/die/das vorletzte; **l. but not least,** nicht zu vergessen; **as a/in the l. resort,** wenn alle Stricke reißen; **l. thing at night,** vor dem Schlafengehen; **at the l. minute,** im letzten Augenblick; **this is my l. offer,** das ist mein äußerstes Angebot; *F:* **this is the l. word in hats,** dieser Hut ist der letzte Schrei; **to be on one's/its l. legs,** auf dem letzten Loch pfeifen; **that's the l. thing we want,** das wollen wir unbedingt vermeiden; **he is the l. person I expected,** er ist der letzte, den ich erwartet hätte; **that's the l. straw,** das hat uns gerade noch gefehlt; **that was the l. straw (for me),** das gab mir den Rest. 2. **l.** Monday, vorigen Montag; **l. week,** letzte/vorige Woche; **l. night,** gestern abend; **in the l. few years,** in den letzten Jahren; **this day l. week/year,** heute vor einer Woche/vor einem Jahr; *Rel:* **the L. Judgement,** das Jüngste Gericht. II. *s.* (*a*) **we haven't heard the l. of it,** das letzte Wort in dieser Angelegenheit ist noch nicht gesprochen; **that's the l. I saw of him,** seitdem habe ich ihn nicht mehr gesehen; (*b*) **to/till the l.,** bis zuletzt; **at long l.!** endlich! III. *adv.* (*a*) **when I saw him l./l. saw him,** als ich ihn das letzte Mal sah; (*b*) **he came l.,** er kam als letzter (*Sp:* ans Ziel); **-ly,** *adv.* zum Schluß, zuletzt. '**last-'ditch,** *adj.* äußerst; **a l.-d. attempt,** ein allerletzter (verzweifelter) Versuch. '**last-'minute,** *adj.* im letzten Moment; **a l.-m. attempt,** ein Versuch in letzter Minute.
last[3], *v.i.* dauern; (*of food, weather etc.*) sich halten; **too good to l.,** zu schön, um lange zu währen; **the supplies will not l. two months,** der Vorrat wird nicht (für) zwei Monate reichen; **it will l. me a lifetime,** das habe ich fürs Leben; *F:* **he won't l. long,** (i) *Sp: etc:* er wird nicht durchhalten; (ii) es geht bald zu Ende mit ihm. '**lasting,** *adj.* (*of peace, friendship etc.*) dauernd, von Dauer; (*of effect etc.*) anhaltend. '**last 'out,** *v.i.* (*a*) (*of pers.*) durchhalten; (*of supplies*) ausreichen.
latch [lætʃ], *s.* (*a*) Klinke *f*; (*of door*) **on the l.,** (nur) eingeklinkt; nicht verschlossen; (*b*) (*lock*) Schnappschloß *n.* '**latchkey,** *s.* Hausschlüssel *m.* '**latch 'on,** *v.i. F:* **to l. o. to an idea etc.,** eine Idee usw. aufgreifen.
late [leit]. I. *adj.* 1. (*too l.*) (zu) spät, verspätet; **I am l.,** ich habe mich verspätet; **I was l. for work,** ich kam zu spät zur Arbeit; **the train is ten minutes l.,** der Zug hat zehn Minuten Verspätung; **he made me l.,** er hat mich aufgehalten; **he was l. with his payments,** er war mit seinen Zahlungen im Rückstand; **to be l. going to bed,** spät zu Bett gehen. 2. (*not early*) spät; **it's getting l.,** es ist/wird spät; **l. in the afternoon,** am späten Nachmittag; **in l. summer,** im Spätsommer; **in l. August,** Ende August; *F:* **it's a bit l. in the day for changing your mind,** es ist ein bißchen (zu) spät, dich anders zu entschließen. 3. (*a*) (*former*) **the l. minister,** der vorige/letzte Minister; (*b*) (*decea-*

sed) **my l. father,** mein verstorbener Vater. 4. (*recent*) letzte(r,s); neu; **of l.,** in letzter Zeit; **the latest model,** das neueste Modell; **is there any later news?** gibt es neuere Nachrichten? **have you heard the latest?** hast du das Neueste gehört? II. *adv.* (*a*) **to arrive too l./an hour l.,** zu spät/mit einer Stunde Verspätung ankommen; **better l. than never,** lieber spät als nie; (*b*) **to be kept l. (at the office etc.),** (im Büro usw.) aufgehalten werden; **to stay up l.,** bis spät (in die Nacht) aufbleiben; **l. in life,** im vorgerückten Alter; **a moment later,** im nächsten Augenblick; **see you later!** bis bald! **by tomorrow and no later/at the latest,** spätestens (bis) morgen; **-ly,** *adv.* in letzter Zeit; **till l.,** bis vor kurzem. '**latecomer,** *s.* Nachzügler *m.* '**lateness,** *s.* 1. (*of pers.*) Zuspätkommen *n;* (*of train etc.*) Verspätung *f.* 2. **the l. of the hour,** die vorgerückte Stunde.
latent ['leit(ə)nt], *adj.* verborgen; *Psy: Ph:* latent.
lateral ['lætərəl], *adj.* seitlich; **l. view,** Seitenansicht *f.*
latex ['leiteks], *s.* (ı) *Bot:* Latex *m;* (*b*) **l. (foam/rubber),** Schaumgummi *m.*
lath [laːθ], *s.* Latte *f.*
lathe [leið], *s. Tls:* Drehbank *f.*
lather ['læðər]. I. *s.* 1. Seifenschaum *m.* 2. (*on horse*) Schaum *m.* II. *v.* 1. *v.tr.* (das Kinn usw.) einseifen. 2. *v.i.* (*of soap*) schäumen.
Latin ['lætin]. I. *s.* 1. *Ling:* Latein *m.* 2. (*pers.*) Romane *m,* Romanin *f; F:* Südländer(in) *m(f).* II. *adj.* 1. *Ling:* lateinisch. 2. (*of temperament*) südländisch; **L. America,** Lateinamerika *n.*
latitude ['lætitjuːd], *s.* 1. Spielraum *m;* **to allow s.o. considerable l.,** j-m große Bewegungsfreiheit gewähren. 2. *Geog:* Breite *f;* **degree of l.,** Breitengrad *m.*
latter ['lætər], *adj.* 1. **the l.,** der/die/das letztere. 2. **the l. half of June,** die zweite Junihälfte; **-ly,** *adv. Lit:* seit neuestem, in letzter Zeit.
lattice ['lætis], *s.* Gitter *n;* **l. window,** Gitterfenster *n;* (*with diamond panes*) Rautenfenster *n.*
laudable ['lɔːdəbl], *adj.* lobenswert. '**laudatory,** *adj.* lobend.
laugh [laːf]. I. *s.* Lachen *n;* **with a l.,** lachend; **to raise a l.,** Gelächter hervorrufen; *Fig:* **to have the last l.,** zuletzt lachen. II. *v.* 1. *v.i.* lachen (**at/over s.o., sth.,** über j-n, etwas *acc*); **to l. till one cries,** Tränen lachen; **to l. to oneself,** vor sich dat hin lachen; **to l. up one's sleeve,** sich *dat* eins ins Fäustchen lachen; **to l. in s.o.'s face,** j-m ins Gesicht lachen; **there's nothing to l. at,** da gibt's nichts zu lachen; **to l. at s.o.,** j-n auslachen; *F:* **don't make me l.!** daß ich nicht lache! **I l. nearly died!** ich habe mich fast totgelacht! 2. *v.tr.* **he tried to l. the matter off,** er versuchte, die Sache mit einem Scherz abzutun. '**laughable,** *adj.* lächerlich. '**laughing.** I. *s.* Lachen *n.* II. *s.* Lachen *n;* **l. gas,** Lachgas *n;* **it's no l. matter,** da gibt's nichts zu lachen; **-ly,** *adv.* lachend; **l. called a luxury flat,** wohl scherzhaft als Luxusappartement bezeichnet. '**laughing-stock,** *s.* **to be a l.-s.,** ausgelacht werden; **to make a l.-s. of oneself,** sich lächerlich machen. '**laughter,** *s.* Gelächter *n;* **to roar with l.,** schallend lachen.

launch [lɔ:ntʃ]. **I.** s. Barkasse f. **II.** v. **1.** v.tr. (a) (eine Rakete usw.) abschießen; (einen Speer) schleudern; (b) (ein neues Schiff) vom Stapel lassen; (ein Boot) aussetzen; (c) Mil: to l. an **attack,** einen Angriff starten; (d) esp. Com: (ein neues Erzeugnis, Modell usw.) lancieren; (ein Unternehmen) vom Stapel lassen. **2.** v.i. to **l. into an explanation etc.,** eine Erklärung usw. vom Stapel lassen; **to l. out (into new ventures),** sich an neue Unternehmen heranwagen. ʹ**launching,** s. **1.** (a) Stapellauf m (eines Schiffes); (b) Rockets etc: Abschuß m; **l. pad,** Abschußrampe f. **2.** Lancieren n (eines Erzeugnisses, einer Veröffentlichung usw.).

laundry [ʹlɔ:ndri], s. **1.** (place) Wäscherei f; (in house) **l. room,** Waschküche f. **2.** (clothes etc.) Wäsche f; **l. list,** Wäscheliste f. **launderette** [lɔ:nʹdret], s. Waschsalon m.

laurel [ʹlɔrəl], s. Bot: Lorbeer m; F: **to rest on one's laurels,** sich auf seinen Lorbeeren ausruhen.

lava [ʹlɑ:və], s. Lava f.

lavatory [ʹlævətri], s. Toilette f; **l. brush,** Klosettbürste f; **l. seat,** Klosettsitz m, F: Klositz m.

lavender [ʹlævindər]. **I.** s. **1.** Bot: Lavendel m, **l. water,** Lavendelwasser n. **2.** (colour) **l. (blue),** Lavendelblau n. **II.** adj. lavendelblau.

lavish [ʹlæviʃ]. **I.** adj. **1.** (of pers.) verschwenderisch (with sth., mit etwas dat); **he is l. with his praise,** er spart nicht mit seinem Lob. **2.** (of entertainment etc.) aufwendig; **on a l. scale,** mit viel Aufwand; **l. expenditure,** großer Aufwand. **II.** v.tr. **to l. attention on s.o.,** j-n mit Aufmerksamkeit überschütten; **to l. all one's care on sth.,** etwas dat seine ganze Sorgfalt widmen; **to l. money on sth.,** haufenweise Geld in etwas acc stecken; **-ly,** adv. **to spend l.,** verschwenderisch mit seinem Geld umgehen; **to entertain l.,** mit viel Aufwand empfangen. ʹ**lavishness,** s. Verschwendung f.

law [lɔ:], s. **1.** (regulation) Gesetz n; **to become l.,** Gesetz werden; **required by l.,** gesetzlich vorgeschrieben; Ph: etc: **l. of nature,** Naturgesetz n; Fig: **his word is l.,** sein Wort ist Gesetz; **to lay down the l.,** gebieterisch auftreten; **he's a l. unto himself,** er ist sehr eigen. **2.** Univ: (subject) Jura npl; **l. student,** Jurastudent m; **l. school,** Rechtsakademie f; **l. faculty,** juristische Fakultät. **3.** (justice) Recht n; **under British l.,** nach britischem Recht; **l. and order,** Recht und Ordnung; **court of l./l. court,** Gericht n; F: **I'll have the l. on you,** ich werde Sie anzeigen; **the arm of the l.,** der Arm des Gesetzes; **to take the l. into one's own hands,** sich dat selbst Recht verschaffen. ʹ**law-abiding,** adj. gesetzestreu; **l.-a. citizen,** friedlicher Bürger. ʹ**law-breaker,** s. Rechtsbrecher m. ʹ**lawful,** adj. rechtmäßig. ʹ**lawless,** adj. gesetzlos. ʹ**lawlessness,** s. Gesetzlosigkeit f. ʹ**lawsuit,** s. Prozeß m. ʹ**lawyer,** s. Rechtsanwalt m; Jurist m.

lawn[1] [lɔ:n], s. Rasen m. ʹ**lawnmower,** s. Rasenmäher m.

lawn[2], s. Tex: Batist m.

Lawrence [ʹlɔrəns]. Pr. n. m. = Lorenz; Geog: **the St. L. (River),** der Lorenzstrom.

lax [læks], adj. (of morals, discipline etc.) locker; (of pers. etc.) nachlässig. ʹ**laxative. I.** s. Med: Abführmittel n. **II.** adj. abführend. ʹ**lax-**

ity, s. (a) lockere Moral f; (b) (in behaviour) Lässigkeit f; (in one's work) Nachlässigkeit f.

lay[1] [lei], attrib. adj. laienhaft; Laien-; **to the l. mind,** für den Laien; dem Laien; **l. opinion,** Laienansicht f; Ecc: **l. preacher,** Laienprediger m. ʹ**layman,** pl. -men, s. Laie m.

lay[2]. **I.** v. (p. & p.p. laid [leid]) **1.** v.tr. (a) (j-n, etwas) legen (on sth., auf etwas acc); (einen Teppich, Rohre usw.) verlegen; **to l. (one's) hands on sth.,** etwas erwischen; Fig: **to have nowhere to l. one's head,** kein Lager haben; **to be laid low (by an illness),** (durch eine Krankheit) ans Bett gefesselt sein; **to l. the blame on s.o.,** j-m die Schuld geben; (b) (dispel) **to l. the dust,** den Staub binden; **to l. a ghost,** einen Geist bannen; (c) (bet) **to l. a wager,** eine Wette eingehen; **I'll l. ten to one,** ich wette zehn gegen eins; (d) (prepare) (eine Falle) aufstellen; (ein Feuer) richten; **to l. the table,** den Tisch decken; **carefully laid plan,** sorgfältig ausgedachter Plan. **2.** v.i. (of hen) Eier legen. ʹ**lay aʹbout,** v.i. **to l. a. one with a stick,** mit einem Stock um sich acc schlagen. ʹ**layabout,** s. Faulenzer m. ʹ**lay aʹside,** v.tr. (etwas) beiseite legen. ʹ**layby,** s. (large) Rastplatz m; (small) Parkstreifen m. ʹ**lay ʹdown,** v.tr. (a) (j-n, etwas) hinlegen; **to l. d. one's arms,** die Waffen niederlegen; (b) Lit: **to l. d. one's life,** sein Leben opfern; (c) (Grundsätze, Regeln) aufstellen, festsetzen; (Bedingungen) stellen; **to l. d. the law,** gebieterisch auftreten; **to l. d. that...,** festlegen, daß ... ʹ**layer,** s. **1.** Schicht f; (of clothing) Lage f (Kleider); (coat of paint) Anstrich m; Cu: **l. cake,** Schichttorte f. **2.** (hen) Legehenne f. ʹ**lay ʹin,** v.tr. **to l. in a store,** Proviant anlegen. ʹ**lay ʹinto,** v.tr. F: **to l. i. s.o.,** auf j-n losgehen; (criticize) über j-n herziehen; **he laid into his food,** er hat sich über das Essen hergemacht. ʹ**lay ʹoff,** v.tr. (a) (Arbeiter) abbauen; (b) F: (j-n) in Ruhe lassen; **l.o.!** hör auf! ʹ**lay ʹon,** v.tr. (a) (Farbe usw.) auftragen; Fig: **to l. it on with a trowel,** dick auftragen; (b) (provide) (Gas, Wasser usw.) anlegen; (ein Essen) bereitstellen; F: **it's all laid on for you,** alles steht für Sie bereit; **to l. o. a reception,** einen Empfang veranstalten. ʹ**lay ʹopen,** v.tr. **to l. oneself o. to criticism/a charge,** sich der Kritik/einer Beschuldigung aussetzen. ʹ**lay ʹout,** v.tr. (a) (Gegenstände) anordnen; (Waren) zur Schau stellen; (Kleider) bereitlegen; **to l. o. a corpse,** einen Leichnam aufbahren; (b) (Geld) auslegen; (c) (einen Garten) anlegen; **to l. o. a page,** eine Seite entwerfen; (d) (with blow) (j-n) niederstrecken. ʹ**layout,** s. (a) (disposition) Anordnung f; (plan) Grundriß m; Print: Layout n, Entwurf m (einer Seite usw.); (b) (model railway etc.) Anlage f. ʹ**lay ʹup,** v.tr. (einen Wagen) aus dem Verkehr ziehen; (ein Schiff) auflegen; (of pers.) **to be laid up,** bettlägerig sein; **das Bett hüten müssen (with,** wegen + gen).

laze [leiz], v.i. faulenzen; **to l. away the time,** die Zeit vertrödeln. ʹ**laziness,** s. Faulheit f. ʹ**lazy,** adj. faul. ʹ**lazybones,** s. F: Faulpelz m.

lead[1] [led], s. **1.** Blei n; **white l.,** Bleiweiß n; **red l.,** Mennige f; **l. pencil,** Bleistift m. **2.** Nau: Senkblei n, Lot n. ʹ**leaden,** adj. bleiern.

lead² [li:d]. I. *v.* (*p. & p.p.* **led** [led]) 1. *v.tr.* (*a*) (j-n, ein Tier, *Fig:* ein Leben usw.) führen; **to l. the way,** den Weg weisen; (*go on ahead*) vorangehen; **to l. the field,** *Rac:* in Führung sein; *Fig:* führend sein; *Fig:* **he is easily led,** er läßt sich leicht beeinflussen; (*b*) (*command*) (Truppen) befehligen; (eine Armee, den Tanz) anführen; **to l. an orchestra,** Konzertmeister eines Orchesters sein. 2. *v.i.* führen (**to sth./nothing,** zu etwas *dat*/nichts; **across/through/to a place,** über/durch einen/nach einem Ort); **where does this l. (to)?** wo führt das hin? *Rac:* **to l. by two metres,** mit einem Vorsprung von zwei Metern führen. II. *s.* 1. Führung *f,* Leitung *f;* **to follow s.o.'s l.,** j-s Beispiel folgen; *Rac:* **to take the l.,** die Führung übernehmen; **to have a l. of two metres,** einen Vorsprung von zwei Metern haben (**over s.o.,** vor j-m). 2. (*clue*) Anhaltspunkt *m; Police:* Hinweis *m.* 3. *Cards:* **to have the l.,** die Vorhand haben; **your l.!** Sie spielen aus! 4. *Th:* Hauptrolle *f.* 5. (*for dog*) Leine *f;* **on a l.,** an der Leine. 6. *El:* (*flex*) Kabel *n;* (**mains**) l., Anschlußkabel *n.* '**lead a'stray,** *v.tr.* (j-n) verführen; **to be led a.,** sich verführen lassen. '**lead a'way,** *v.tr.* (j-n) wegführen; *Fig:* **to l. s.o. a. from the subject,** j-n vom Thema ablenken. '**lead 'back,** *v.tr.* (j-n) zurückführen. '**leader,** *s.* 1. (*a*) Führer *m* (einer Bewegung, Partei usw.); Anführer *m* (eines Aufruhrs usw.); (*b*) (*of orchestra*) Konzertmeister *m.* 2. *Journ:* Leitartikel *m.* 3. *Rec:* l. (**tape**), Vorspannband *n.* '**leadership,** *s.* Führung *f;* **under s.o.'s l.,** unter j-s Führung. '**lead-in,** *s.* Einleitung *f.* '**lead 'in,** *v.tr.* (j-n, etwas) hereinführen. '**leading,** *adj.* 1. l. **question,** Suggestivfrage *f.* 2. führend; **a l. personality,** eine führende Persönlichkeit; *Journ:* l. **article,** Leitartikel *m; Th:* l. **man** (**lady**), Hauptdarsteller(in) *m(f).* 3. l. **edge,** vordere Kante. '**lead 'off,** *v.i.* (*a*) vorangehen; *Rac:* am Start führen; (*b*) **he led off by remarking that...,** er begann mit der Bemerkung, daß... '**lead 'on,** *v.tr.* (*a*) (j-n) weiterführen; (*b*) (j-n) verführen; *F:* (einen Mann) an der Nase herumführen. 2. *v.i.* vorangehen; l. **o.!** vorwärts! '**lead 'up,** *v.i.* **to l. up to a subject,** auf ein Thema hinführen; **I know what you are leading up to,** ich weiß, worauf Sie hinauswollen.

leaf, *pl.* **leaves** [li:f, li:vz], *s.* 1. Blatt *n;* (*of tree*) **in l.,** belaubt; l. **mould,** Lauberde *f; Mec. E:* l. **spring,** Blattfeder *f; Fig:* **to take a l. out of s.o.'s book,** sich *dat* an j-m ein Beispiel nehmen; **to turn over a new l.,** einen neuen Anfang machen. 2. (*a*) (*of table*) Klappe *f;* **extra l.,** Einlegebrett *n;* (*b*) (*of shutters*) Flügel *m.* '**leaflet,** *s. Com:* Prospekt *m; Pol:* Flugblatt *n; Adm:* Merkblatt *n.* '**leafy,** *adj.* belaubt; l. **lane,** schattiger Weg.

league [li:g], *s.* Liga *f; Fb:* l. **match,** Ligaspiel *n;* **in l. with s.o.,** mit j-m verbündet; *F:* **he's not in the same l. as X,** er kann's mit X nicht aufnehmen.

leak [li:k]. I. *s.* undichte Stelle *f;* (*hole*) Loch *n;* (*in ship etc.*) Leck *n;* **to spring a l.,** ein Leck bekommen; **to stop a l.,** ein Leck/Loch stopfen. II. *v.* 1. *v.i.* (*of joint*) undicht sein; (*of tank, ship*) leck haben/leck sein; (*of tap*)

tropfen; **to l. away,** auslaufen; **the roof is leaking,** das Dach läßt den Regen durch. 2. *v.tr.* (Nachrichten) durchsickern lassen. '**leakage,** *s.* (*loss*) Verlust *m;* Auslaufen *n* (von Wasser usw.). '**leak 'out,** *v.i.* (*of news*) durchsickern. '**leaky,** *adj.* (*of ship, tank*) leck; (*of roof, shoes etc.*) undicht.

lean¹ [li:n]. I. *adj.* (*all senses*) mager; *Fig:* **he had a l. time,** bei ihm herrschten magere Zeiten. II. *s.* das Magere (vom Fleisch). '**leanness,** *s.* Magerkeit *f.*

lean², *v.* (*p. & p.p.* **leant** [lent] *or* **leaned**) 1. *v.i.* (*a*) sich lehnen (**against/on sth.,** an etwas *acc*); **to l. on s.o., sth.** (*for support*), sich auf j-n, etwas *acc* stützen; (*position*) **he is/was leaning on the wall,** er lehnt/lehnte an der Wand; (*b*) (*bend over*) sich beugen (**over sth.,** über etwas *acc*); **to l. out of the window,** sich zum Fenster hinauslehnen; **to l. back,** sich zurücklehnen; *Fig:* **to l. over backwards to help s.o.,** alles Erdenkliche tun, um j-m zu helfen; (*c*) (*of wall etc.*) schief stehen; **to l. at an angle of 45°,** sich im Winkel von 45° neigen; **the trees were leaning (over) in the wind,** die Bäume neigten sich im Wind. 2. *v.tr.* **to l. a ladder against a wall,** eine Leiter an eine Mauer anlehnen. '**leaning.** I. *adj.* schief. II. *s.* **to have a l. towards sth.,** zu etwas *dat* neigen. '**lean-to,** *s.* (*shed*) angebauter Schuppen *m.*

leap [li:p]. I. *s.* Sprung *m; Fig:* **a l. in the dark,** ein Sprung ins Ungewisse; **by leaps and bounds,** in großen Sätzen; **to improve by leaps and bounds,** gewaltige Fortschritte machen. II. *v.* (*p. & p.p.* **leaped** *or* **leapt** [lept]. 1. *v.i.* (*a*) (*of pers.*) springen; **to l. to one's feet/l. up,** aufspringen/(*indignantly*) in die Höhe fahren; *Fig:* **to l. at an offer,** ein Angebot mit beiden Händen ergreifen; (*b*) (*of thing*) hochschießen, (*of flame*) auflodern. 2. *v.tr.* (einen Graben) überspringen. '**leapfrog,** *s.* Bocksprung *m; Games:* **to (play at) l.,** bockspringen. '**leap-year,** *s.* Schaltjahr *n.*

learn [lə:n], *v.tr.* (*p. & p.p.* **learnt** [lə:nt] *or* **learned** [lə:nd]) (*a*) (etwas) lernen; **I have learnt better since then,** jetzt weiß ich es besser; **you live and l.,** man lernt nie aus; (*b*) (einen Beruf usw.) erlernen; (*c*) (Nachrichten usw.) erfahren; **I learnt from him that...,** ich erfuhr durch ihn, daß... **learned** ['lə:nid], *adj.* gelehrt. '**learner,** *s.* 1. **to be a quick l.,** leicht lernen. 2. Anfänger(in) *m(f);* l. **driver,** Fahrschüler(in) *m(f).* '**learning,** *s.* 1. (*process*) Lernen *n.* 2. (*knowledge*) Wissen *n;* (*erudition*) Gelehrtheit *f.*

lease [li:s]. I. *s.* Pacht *f;* (*rental agreement*) Mietvertrag *m; Fig:* **to give s.o., sth. a new l. of life,** j-m, etwas *dat* eine neue Lebensspanne geben. II. *v.tr.* (*a*) (ein Gut, ein Haus) verpachten (**to s.o.,** an j-n); (*b*) (ein Gut, ein Haus) pachten; (ein Auto) mieten. '**leasehold,** *s.* Pacht *f;* (*property*) Pachtbesitz *m; attrib.* l. **flat,** Pachtwohnung *f.* '**leaseholder,** *s.* Pächter *m.*

leash [li:ʃ], *s.* Hundeleine *f; P.N:* **dogs to be kept on a l.,** Hunde sind an der Leine zu führen; *Fig:* **to strain at the l.,** ungeduldig nach Taten drängen.

least [li:st]. I. *adj.* geringste(r,s); **that's the l. of**

my worries, das soll meine geringste Sorge sein. **II.** *s.* das Geringste/Wenigste/Mindeste; **it's the l.** **I can do,** es ist das wenigste/geringste, was ich tun kann; **to say the l.** (of it), gelinde gesagt; **at l. £10,** mindestens/wenigstens zehn Pfund; **I can at l.** try, ich kann's wenigstens versuchen; **not in the l.** worried, nicht im geringsten/durchaus nicht beunruhigt; **it doesn't matter in the l.,** das macht überhaupt nichts aus. **III.** *adv.* am wenigsten; **he deserves it l. of all,** er verdient es am allerwenigsten.

leather ['leðər], *s.* (a) Leder *n;* **l. shoes,** Lederschuhe *mpl;* (b) (*for cleaning*) Lederlappen *m.* 'leathery, *adj.* ledern; (*tough*) zäh.

leave [li:v]. **I.** *s.* **1.** (*permission*) Erlaubnis *f;* **without so much as a by your l.,** mir nichts, dir nichts. **2.** *Mil: etc:* **l.** (of absence), Urlaub *m;* **on l.,** auf Urlaub. **3. to take one's l.,** sich verabschieden, Abschied nehmen; **to take French l.,** sich (auf) französisch empfehlen; *Fig:* **have you taken l. of your senses?** bist du von Sinnen? **II.** *v.* (*p. & p.p.* left [left]) **1.** *v.tr.* (a) *esp. with adj.* (j-n, etwas) lassen; (*Essen*) stehenlassen; **l. me alone!** (i) laß mich allein! (ii) laß mich in Ruhe! **l. the door open,** laß die Tür offen; **it leaves me cold,** es läßt mich kalt; **let's l. it at that,** lassen wir es dabei; **I l. the car at the station,** ich lasse das Auto am Bahnhof (stehen); (b) (eine Nachricht, Spur) hinterlassen; (eine Narbe) zurücklassen; **to l. one's money to s.o.,** j-m sein Geld vermachen/hinterlassen; **l. a bit for me!** laß mir ein wenig übrig! (c) (*forget*) **I must have left it in the office,** wahrscheinlich habe ich es im Büro liegenlassen; (d) **to l. a decision etc. to s.o.,** j-m eine Entscheidung usw. überlassen; **l. it to me,** überlasse es mir; **he leaves nothing to chance,** er überläßt nichts dem Zufall; (e) **is there any left?** ist etwas übrig? **I've none left,** ich habe keine mehr; **there is nothing left for it but . . . ,** es bleibt nichts anderes übrig als . . . ; (f) (j-n, eine Stellung) verlassen; **to l. the room,** aus dem Zimmer gehen; **to l. the table,** vom Tisch aufstehen; (*of ship*) **to l. harbour,** auslaufen; (g) (Frau und Kinder) verlassen, *F:* sitzenlassen; **to be left without a penny,** ohne einen Pfennig dastehen; (h) (*of train*) **to l. the rails,** entgleisen. **2.** *v.i.* (*of pers.*) abreisen; (*of train, bus etc.*) abfahren; (*of plane*) starten; **we must be leaving,** wir müssen gehen; (*of employee*) **he is leaving next week,** er geht nächste Woche (ab). 'leave a'bout/a'round, *v.tr.* **to l. sth. lying a.,** etwas herumliegen lassen. 'leave be'hind, *v.tr.* (a) (j-n) zurücklassen; (b) (*forget*) (etwas) liegenlassen. 'leave 'go, *v.i.* **to l. g. of sth.,** etwas loslassen. 'leave 'off, *v.* **1.** *v.tr.* (a) (ein Kleidungsstück) nicht anziehen; (b) (*give up*) (das Rauchen usw.) aufgeben; (c) (*stop*) **to l. o. work,** aufhören zu arbeiten, mit der Arbeit aufhören. **2.** *v.i.* aufhören. 'leave 'out, *v.tr.* (a) (j-n) übergehen; (b) (etwas) auslassen. 'leave 'over, *v.tr.* (a) (*postpone*) (etwas) verschieben (**to next week,** auf nächste Woche); (b) **to be left over,** übrigbleiben. 'leaving, *s.* **1.** Abgang *m.* **2.** *pl* **leavings,** Reste *mpl.*

Lebanon ['lebənən]. *Pr. n. Geog:* der Libanon. **Leba'nese.** **I.** *s.* Libanese *m,* Libanesin *f.* **II.** *adj.* libanesisch.

lecherous ['letʃ(ə)rəs], *adj.* lüstern.

lectern ['lektə:n], *s. Ecc:* Lesepult *n.*

lecture ['lektʃər]. **I.** *s.* **1.** Vortrag *m; Univ:* Vorlesung *f* (**on,** über + *acc*); **to give a l.,** einen Vortrag halten; **l. hall,** Hörsaal *m.* **2.** (*reproof*) Strafpredigt *f;* **to give s.o. a l.,** j-n abkanzeln. **II.** *v.* **1.** *v.tr.* (j-m) eine Strafpredigt halten (**on,** über + *acc*). **2.** *v.i.* einen Vortrag/*Univ:* eine Vorlesung halten (**on,** über + *acc*). 'lecturer, *s.* Vortragende(r) *f(m);* (university) **l.,** Dozent(in) *m(f).*

ledge [ledʒ], *s. Constr:* Sims *m;* (*on rock*) Felsvorsprung *m.*

ledger ['ledʒər], *s. Com:* Hauptbuch *n.*

lee [li:], *s. Nau:* Lee(seite) *f;* **l. shore,** Leeküste *f;* **in the l. of a rock,** im Windschatten eines Felsens. 'leeward, *s. Nau:* **l.** (side), Leeseite *f;* **to l.,** leewärts. 'leeway, *s.* **1.** *Nau:* Abtrift *f.* **2.** *Fig:* Rückstände *mpl;* **he has a lot of l. to make up,** er hat viel Versäumtes nachzuholen.

leech [li:tʃ], *s.* Blutegel *m.*

leek [li:k], *s.* Lauch *m,* Porree *m.*

leer ['liər]. **I.** *s.* lüsterner Blick *m.* **II.** *v.i.* **to l.** at s.o., lüstern/boshaft nach j-m schielen.

left[1] [left]. **I.** *adj.* linke(r,s); **on the l. bank,** am linken Ufer; *Box:* **l. hook,** linker Haken; *Pol:* **the L. Wing,** (i) die Linke; (ii) der linke Flügel (einer Partei). **II.** *adv.* links; **to turn l.,** nach links abbiegen; *Mil:* **eyes l!,** die Augen links! **III.** *s.* Linke *f;* (a) **she sat on my l.,** sie saß zu meiner Linken/an meiner linken Seite; **on the l.,** links, auf der linken Seite; **from/to the l.,** von/nach links; *Aut:* **to keep to the l.,** sich links halten; (b) *Box:* **a straight l.,** eine gerade Linke; (c) *Pol:* **the L.,** die Linke; (d) *Fb:* **outside l.,** Linksaußen *m.* 'left-hand, *adj.* **on the l.-h. side,** auf der linken Seite. 'left-'handed, *adj.* linkshändig; *Fig:* **a l.-h. compliment,** ein zweifelhaftes Kompliment. 'left-'hander, *s.* **1.** (*pers.*) Linkshänder(in) *m(f).* **2.** (*blow*) Schlag *m* mit der Linken. 'leftist. *Pol:* **I.** *s.* Linksgerichtete(r) *m.* **II.** *adj.* linksgerichtet. 'left-'wing, *adj. Pol:* linksgerichtet; **l.-w. politics,** die Politik der Linken.

left[2], *adj. & p.p. of* leave *q.v.* 'left-overs, *s.pl.* Reste *mpl.* 'left-'luggage (office), *s.* Gepäckaufbewahrung *f.*

leg [leg], *s.* **1.** Bein *n;* **I ran as fast as my legs would carry me,** ich lief so schnell ich konnte; **show a l.!** aufstehen! **to give s.o. a l. up,** j-m hinaufhelfen; *Fig:* **not to have a l. to stand on,** keinerlei Beweise/(*excuse*) Ausrede haben; **to pull s.o.'s leg,** j-n auf den Arm nehmen. **2.** *Cu:* (*of chicken, lamb etc.*) Keule *f:* (*of pork, veal*) Schlegel *m.* **3.** (*of table etc.*) Bein *n;* (*of boot*) Schaft *m.* **4.** *Sp:* **the first l.,** die erste Etappe/ (*round*) Runde. -legged ['leg(i)d], *suffix* -beinig; **four-l.,** vierbeinig; **bare-l.,** mit nackten Beinen. 'legpull, *s. F:* Fopperei *f.* 'legpuller, *s. F:* Spaßvogel *m.* 'leg-room, *s.* (*in car etc.*) Knieraum *m.*

legacy ['legəsi], *s.* Erbschaft *f.* lega'tee, *s.* Erbe *m.*

legal ['li:g(ə)l], *adj.* (a) (*of rights, requirements etc.*) gesetzlich; (*rightful*) rechtmäßig; **is it l.?** ist es (gesetzlich) erlaubt? **l. owner,** rechtmäßiger Eigentümer; (b) Rechts-; **l. claim,** Rechtsanspruch *m;* **from a l. viewpoint,** vom juristischen Standpunkt aus; **l. documents**, Rechtsurkunden *fpl;* **l. aid**, Armenrecht *n;* **to get a l. opinion**, ein Rechtsgutachten einholen; **to take l. action (against s.o.),** (gegen j-n) gesetzlich vorgehen; **to enter the l. profession**, die juristische Laufbahn einschlagen; **-ly**, *adv.* **l. responsible**, gesetzlich verpflichtet; **l. binding/ valid**, rechtskräftig; **l. represented**, durch einen Rechtsanwalt vertreten. **le´gality**, *s.* Gesetzlichkeit *f;* (*of claim etc.*) Rechtmäßigkeit *f.* **´legalize**, *v.tr.* (eine Handlung usw.) legalisieren; (ein Dokument) amtlich beglaubigen.

legation [lə´geiʃ(ə)n], *s.* Gesandtschaft *f.*

legend [´ledʒənd], *s.* **1.** Legende *f.* **2.** (*inscription*) Inschrift *f;* (*caption*) Bildtext *m;* (*on map*) Zeichenerklärung *f.* **´legendary**, *adj.* legendär.

legible [´ledʒibl], *adj.* lesbar; (*esp. of writing*) leserlich. **legi´bility**, *s.* Lesbarkeit *f,* Leserlichkeit *f.*

legion [´li:dʒ(ə)n], *s.* Legion *f.*

legislate [´ledʒisleit], *v.i.* (*a*) Gesetze geben; (*b*) *Fig:* **one cannot l. for every possibility**, man kann nicht jede Möglichkeit berücksichtigen. **legis´lation**, *s.* Gesetzgebung *f.* **´legislative** [-lətiv], *adj.* gesetzgebend. **´legislator**, *s.* Gesetzgeber *m.* **´legislature** [-leitʃər] *s.* gesetzgebende Gewalt *f.*

legitimacy [li´dʒitiməsi], *s.* Legitimität *f,* Rechtmäßigkeit *f;* Ehelichkeit *f* (eines Kindes). **le´gitimate**, *adj.* **1.** *Jur:* rechtmäßig; (*of child*) ehelich. **2.** (*justified*) berechtigt.

leisure [´leʒər, *N.Am:* li:-], *s.* (*restful*) Muße *f;* (*spare time*) Freizeit *f;* **at l.**, mit Muße; **in my** (*rare*) **l. moments**, in meinen (wenigen) Mußestunden *fpl;* **you can read it at your l.**, mit dem Lesen können Sie sich Zeit lassen; **when I have a moment's l.**, wenn ich einen Augenblick Zeit habe; **l. pursuit**, Freizeitbetätigung *f;* **l. clothes**, Freizeitkleidung *f.* **´leisured**, *adj.* unbeschäftigt; **the l. classes**, die begüterten Klassen. **´leisurely**, *adj.* gemächlich.

lemon [´lemən]. **I.** *s.* Zitrone *f;* **l. squash**, Zitronengetränk *n;* **l. squeezer**, Zitronenpresse *f.* **II.** *adj.* (*colour*) zitronengelb. **lemo´nade**, *s.* Zitronenlimonade *f.*

lend [lend], *v.tr.* (*p. & p.p.* lent) (*a*) (Geld, Bücher usw.) leihen (**to s.o.**, j-m); *F:* **to l. s.o. a hand**, j-m behilflich sein; (*b*) **to l. dignity to an occasion**, einem Anlaß Würde verleihen; **this style lends itself to imitation**, dieser Stil läßt sich leicht nachahmen. **´lender**, *s.* Verleiher *m; Fin:* (*of loan*) Darlehensgeber *m.* **´lending**, *s.* Leihen *n;* **l. library**, Leihbücherei *f.*

length [leŋθ], *s.* **1.** (*distance*) Länge *f;* (*extent*) Umfang *m* (eines Buches); **to be two metres in l.**, zwei Meter lang sein; (*of ship etc.*) **to turn in its own l.**, sich um die eigene Achse drehen (können); (**throughout**) **the l. and breadth of the country**, im ganzen Land; **I fell full l.**, ich fiel der Länge nach hin; *Sp:* **to win by a l.**, mit einer Länge gewinnen. **2. l. of time**, Zeitspanne *f,* Zeit *f;* **l. of service**, Dienstalter *n;* **stay of some l.**, Aufenthalt *m* von einiger Dauer; **a concert of this l.**, ein Konzert dieser Länge; **at l.**, (i) (*at last*) endlich; (ii) (*in detail*) ausführlich. **3. to go to the l. of doing sth.**, soweit gehen, etwas zu tun; **to go to great lengths**, sich

dat viel Mühe geben; **he would go to any l. to get rid of her**, er würde alles tun, um sie loszuwerden. **4. dress l.**, (genug) Stoff *m* für ein Kleid; **what l. of material do you require?** wieviel Stoff brauchen Sie? **a l. of tube/rail/ wire etc.**, ein Stück Rohr/Schiene/Draht usw.

´lengthen, *v.* **1.** *v.tr.* (die Ferien, einen Rock usw.) verlängern; (einen Vokal usw.) dehnen. **2.** *v.i.* länger werden. **´lengthening**, *s.* Verlängerung *f;* Dehnung *f* (eines Vokals). **´lengthiness**, *s.* Langwierigkeit *f* (einer Angelegenheit). **´lengthways**, **´lengthwise**, *adj.* der Länge nach. **´lengthy**, *adj.* langwierig; (*rambling*) weitschweifig.

leniency [´li:niənsi], *s.* Nachsicht *f;* Milde *f* (einer Strafe); **to show l.**, Nachsicht üben. **´lenient**, *adj.* (*of pers.*) nachsichtig (**towards s.o.**, gegen j-n); (*of sentence*) mild.

lens [lenz], *s.* Linse *f; Phot:* Objektiv *n;* **spectacle l.**, Brillenglas *n; Phot:* **l. cap**, Objektivdeckel *m;* **l. hood**, Sonnenblende *f;* **l. system**, Optik *f.*

Lent [lent], *s. Ecc:* Fastenzeit *f.*

lentil [´lentil], *s. Bot:* Linse *f.*

Leo [´li:əu], *s. Astr:* Löwe *m.*

leopard [´lepəd], *s.* Leopard *m.*

leper [´lepər], *s. Med:* Aussätzige(r) *f(m).* **´leprosy**, *s.* Lepra *f.*

lesbian [´lezbiən]. **I.** *s.* Lesbierin *f.* **II.** *adj.* lesbisch.

less [les]. **I.** *adj.* weniger; (*smaller*) geringer; **eat l. meat!** eßt weniger Fleisch! **of l. value**, von geringerem Wert; **the amount was l. than expected**, der Betrag war geringer als erwartet; **no l. a person than X**, kein Geringerer als X. **II.** *prep.* **purchase price l. 10%**, Kaufpreis weniger/abzüglich 10%. **III.** *s.* **in l. than an hour**, in weniger als einer Stunde; **at l. than cost price**, unter dem Selbstkostenpreis; **worth l. than before**, weniger wert als vorher. **IV.** *adv.* weniger; **l. and l.**, immer weniger; **it is l. than six months since they got married**, es sind noch keine sechs Monate her, daß sie geheiratet haben; **even l.**, noch weniger; **I am l. afraid of it now**, ich habe jetzt keine große Angst mehr davor. **´lessen**, *v.* **1.** *v.i.* abnehmen; (*of wind, resistance etc.*) nachlassen. **2.** *v.tr.* (die Gefahr, Wirkung, den Wert usw.) verringern; (Schmerz) lindern. **´lesser**, *adj.* geringer; **the l. of two evils**, das geringere Übel.

lessee [le´si:], *s.* (*of shop, farm etc.*) Pächter *m;* (*of flat, house*) Mieter *m.* **le´ssor**, *s.* Verpächter *m,* Vermieter *m.*

lesson [´les(ə)n], *s.* (*a*) *Sch:* Stunde *f;* (*in book*) Lektion *f;* German l., Deutschstunde *f;* (*b*) *Fig:* Lehre *f;* **let that be a l. to you! that will teach you a l!**, das wird dir eine Lehre sein! (*c*) *Ecc:* Bibellesung *f.*

let¹ [let], *v.* (*p. & p.p.* let) **I.** *v.tr.* lassen; (*a*) (*permit*) **to l. s.o. do sth.**, j-n etwas tun lassen; **l. me tell you . . .**, laß dir eins gesagt sein; **he l. her have her way**, er ließ sie gewähren; **when can you l. me have it?** wann kann ich es haben? (*b*) **to l. s.o. know sth./about sth.**, j-n etwas wissen lassen; **l. me know as soon as possible**, sagen Sie mir so bald wie möglich Bescheid; **l. them all come!** laßt alle kommen! **l. me see**, Moment/Augenblick mal (ich muß nachdenken); (*c*) **to l. s.o. through/past/up etc.**, j-n durchlassen/vorbeilassen/hinauflassen usw.; (d) to l. go of sth., etwas loslassen; Fig: to l. oneself go, sich gehenlassen. II. v. aux. (1st & 3rd pers. of imperative) let's hurry! beeilen wir uns! don't let's go yet, wir wollen (doch) noch nicht gehen; l. there be no doubt, nur daß es keine Zweifel gibt; seien wir uns darüber im klaren. 'let a'lone. I. v.tr. (etwas) seinlassen, bleibenlassen; (j-n) in Ruhe lassen. II. prep. phr. geschweige denn. 'let'down, v.tr. (a) Th: (den Vorhang) herunterlassen; (b) (ein Kleid) verlängern; (c) F: (j-n) im Stich lassen, (disappoint) enttäuschen. 'letdown, s. F: Reinfall m. 'let'in, v.tr. (a) (j-n, etwas) hereinlassen; l. him in! laß ihn herein! (b) F: I didn't know what I was letting myself in for, ich wußte nicht, worauf ich mich einließ. 'let'into, v.tr. to l. s.o. i. the house, j-n ins Haus hereinlassen; to l. s.o. i. a secret, j-n in ein Geheimnis einweihen. 'let'off, v.tr. (a) (Feuerwerk, eine Schußwaffe) abfeuern; to l. o. steam, (i) Mch: Dampf ablassen; (ii) F: (of child etc.) sich austoben; (b) to l. s.o. o., j-n laufenlassen; I'll l. you o. this time, diesmal wirst du nicht bestraft; he was l. o. school, er wurde vom Unterricht befreit; to be l. o. with a fine/a warning, mit einer Geldstrafe/einer Warnung davonkommen. 'let'on, v.tr. & i. F: (etwas) verraten; don't l. o. that I was there, sag niemandem, daß ich dort war. 'let'out, v.tr. (a) (j-n, etwas) herauslassen; (Luft, Wasser) auslassen; (ein Kleidungsstück) auslassen/weitermachen; to l. o. a yell, einen Schrei ausstoßen; (b) (ein Geheimnis) verraten. 'letout, s. F: Ausweg m. 'let'up, v.i. nachlassen; once started he never lets up, wenn er einmal anfängt, hört er nicht mehr auf. 'letup, s. Pause f, there's no l., es läßt nicht nach.

let². I. v.tr. (eine Wohnung, ein Haus usw.) vermieten (to s.o., an j-n). II. s. (also letting), Vermietung f; a long l., eine lange Mietfrist.

lethal ['li:θəl], adj. tödlich.

lethargy ['leθədʒi], s. Trägheit f; esp. Med: Lethargie f; (lack of interest) Teilnahmslosigkeit f. le'thargic [le'θɑ:dʒik], adj. träge, teilnahmslos.

letter ['letər]. I. s. 1. (of alphabet) Buchstabe m; in large letters, in großen Buchstaben, in großer Schrift; Fig: to the l., peinlich genau; the l. of the law, der Buchstabe des Gesetzes. 2. (message) Brief m, by l., brieflich; l. box, Briefkasten m. 3. pl. Literatur f; man of letters, Literat m. II. v.tr. (etwas) beschriften. 'lettercard, s. Briefkarte f. 'letterhead, s. Briefkopf m. 'lettering, s. Beschriftung f; large/small l., große/kleine Buchstaben mpl. 'letterpress, s. Print: Buchdruck m.

lettuce ['letis], s. Kopfsalat m.

leukaemia [lu:'ki:miə], s. Med: Leukämie f.

level ['lev(ə)l]. I. s. 1. (height) Höhe f; (also Fig:) Ebene f; (standard) Niveau n; Med: Spiegel m (von Zucker usw.); water l., Wasserspiegel m; at eye l., in Augenhöhe; room on a l. with the garden, Zimmer auf gleicher Höhe mit dem Garten; Fig: on the same l., auf gleichem Niveau; at ministerial l., auf Ministerebene. 2. (a) (flat surface) Ebene f, ebene Fläche f; on the l., (i) auf der Ebene; (ii) F: (of pers.)

ehrlich; speed on the l., Geschwindigkeit f auf ebener Strecke; (b) Tls: (spirit) l., Wasserwaage f. II. adj. 1. (a) (flat) eben; (horizontal) waagerecht; Rail: l. crossing, (schienengleicher) Bahnübergang m; Av: l. flight, Normalfluglage f; (b) l. with, auf gleicher Höhe mit + dat; to draw l. with s.o., j-n einholen. 2. to keep a l. head, einen kühlen Kopf bewahren. 3. to do one's l. best, sein Möglichstes tun. III. (p. & p.p. levelled) v.tr. (a) (den Erdboden) ebnen; Constr: (ein Gelände) nivellieren; to l. a house/a town, ein Haus/eine Stadt dem Erdboden gleichmachen; (b) to l. a gun/Fig: a criticism at s.o., ein Gewehr/Kritik gegen j-n richten. 'level'down, v.tr. (Preise usw.) gleichmäßig herabsetzen; Fig: (Leistungen usw.) auf einen gemeinsamen Nenner herabsetzen. 'level-'headed, adj. vernünftig; nüchtern. 'level'off, v.i. Av: (after dive) das Flugzeug abfangen. 'level'up, v.tr. (Preise usw.) nach oben ausgleichen.

lever ['li:vər]. I. s. Hebel m; Clockm: Anker m. II. v.tr. to l. sth. up/open, etwas mit einem Hebel heben/öffnen. 'leverage, s. Hebelkraft f, Hebelwirkung f.

levity ['leviti], s. (unangebrachte) Heiterkeit f.

levy ['levi]. I. s. 1. Erhebung f (von Steuern usw.); capital l., Kapitalabgabe f. 2. Mil: Aushebung f (von Truppen). II. v.tr. (a) (Steuern usw.) erheben; (eine Geldstrafe) auferlegen; (b) Mil: (Truppen) ausheben.

lewd [lju:d], adj. (of glance) lüstern; (of remark etc.) unzüchtig.

lexicographer [leksi'kɔgrəfər], s. Lexikograph(in) m(f).

liable ['laiəbl], adj. 1. (responsible) verantwortlich; Jur: haftbar; to be l., haften (for sth., für etwas acc). 2. (obliged) verpflichtet; l. to taxation, steuerpflichtig; l. to prosecution, strafbar; l. to a fine, dem Risiko einer Geldstrafe ausgesetzt; l. for military service, wehrpflichtig, zum Wehrdienst verpflichtet. 3. (inclined) to be l. to do sth., dazu neigen, etwas zu tun; a car l. to overturn, ein Auto, das sich leicht überschlägt; difficulties are l. to occur, man muß mit Schwierigkeiten rechnen. lia'bility, s. 1. (a) Verantwortlichkeit f; Jur: Haftung f, Haftpflicht f; (b) pl. Verpflichtungen fpl; Com: Verbindlichkeiten fpl; (debts) Schulden fpl; assets and liabilities, Aktiva und Passiva pl; to meet one's liabilities, seinen Verpflichtungen nachkommen. 2. l. to taxation/military service, Steuerpflicht f/ Wehrpflicht f; l. to prosecution, Strafbarkeit f. 3. (a) (tendency) l. to sth., Hang m/Neigung f zu etwas dat; (b) (of material) l. to explode/ expand etc., Tendenz f zu explodieren/sich zu dehnen usw. 4. F: he is a l., er ist eine Belastung.

liaison [li'eizɔn], s. (a) (relationship) Verhältnis n; (b) (cooperation) Verbindung f; Mil: l. officer, Verbindungsoffizier m. li'aise, v.i. Adm: eine Verbindung aufnehmen (with s.o., mit j-m); (of two people) in Verbindung stehen; zusammenarbeiten.

liar ['laiər], s. Lügner(in) m(f).

libel ['laibl]. I. s. (schriftliche) Verleumdung f;

Jur: l. **action**, Verleumdungsklage *f.* II. *v.tr.*
(j-n) (schriftlich) verleumden. '**libellous**, *adj.*
verleumderisch.

liberal ['lib(ə)rəl]. I. *adj.* 1. (*in thinking, also Pol:*)
liberal; (*open-minded*) aufgeschlossen; (*unpre-
judiced*) vorurteilslos; l. **education**, Allgemein-
bildung *f;* **in the most l. sense**, im weitesten
Sinn (eines Wortes usw.). 2. (*a*) (*generous*) **to
be l. with one's money**, großzügig mit seinem
Geld umgehen; (*b*) (*considerable*) ansehnlich;
(*of provision, dose etc.*) reichlich; **in l. quan-
tities**, in reichlicher Menge; **-ly**, *adv.*,
reichlich; **to spend l.**, viel Geld ausgeben. II. *s.*
Liberale(r) *f(m).* '**liberalism**, *s. Pol:* Liberal-
ismus *m.* **libe'rality**, *s.* Großzügigkeit *f.*

liberate ['libəreit], *v.tr.* (j-n) befreien. **libe'-
ration**, *s.* Befreiung *f.* '**liberator**, *s.*
Befreier *m.*

Liberia [lai'bi:riə]. *Pr. n. Geog:* Liberien *n.* **Li-
'berian**. I. *adj.* liberisch. II. *s.* Liberier(in)
m(f).

liberty ['libəti], *s.* Freiheit *f;* **you are at l. to go**,
es steht Ihnen frei, zu gehen; **to take the l. of
doing sth.**, sich *dat* die Freiheit nehmen, etwas
zu tun; **he takes a good many liberties**, er
erlaubt sich allerhand (Freiheiten).

Libra ['li:brə], *s. Astr:* Waage *f.*

library ['laibrəri], *s.* Bibliothek *f;* (**public**)
lending l., Leihbücherei *f.* **librarian**
[lai'breəriən], *s.* Bibliothekar(in) *m(f).* **li'b-
rarianship**, *s.* Bibliothekswesen *n.*

libretto [li'bretəu], *s. Mus:* Libretto *n,*
Operntext *m.*

Libya ['libiə]. *Pr. n. Geog:* Libyen *n.* '**Libyan**.
I. *adj.* libysch. II. *s.* Libyer(in) *m(f).*

lice [lais], *s.pl. of* **louse**, Läuse *fpl.*

licence ['lais(ə)ns], *s.* 1. (*a*) Lizenz *f;* (*permit*)
Genehmigung *f;* **manufactured under l.**, unter
Lizenz hergestellt/(*car etc.*) gebaut; **l. to sell
alcoholic drinks**, Schankkonzession *f;* (*b*)
(*actual form*) Schein *m;* (*for car*) Zulassungs-
schein *m;* (**driving**) **l.**, Führerschein *m.* 2. **ar-
tistic/poetic l.**, künstlerische/dichterische Frei-
heit *f.* '**license**, *v.tr.* (etwas) amtlich geneh-
migen; *Com:* (einen Händler usw.) konzessio-
nieren; *Pub:* (eine Ausgabe) in Lizenz geben;
Aut: (ein Fahrzeug) zulassen; **licensed pre-
mises**, Schankwirtschaft *f.* **licen'see**, *s.* Li-
zenznehmer *m,* Lizenzinhaber *m;* (*publican*)
Konzessionär *m.* '**licensor**, *s.* Lizenzgeber *m.*
licentious [-'senʃəs], *adj.* unzüchtig. **li'cent-
iousness**, *s.* Unzüchtigkeit *f.*

lichen ['laikən, 'litʃin], *s. Bot:* Flechte *f.*

lick [lik]. I. *v.* 1. *v.tr.* (a) (etwas) lecken; **to l.
one's lips**, sich *dat* die Lippen lecken; *Fig: F:*
to l. sth. into shape, etwas *dat* Form geben;
(*finish*) etwas hinkriegen; **to l. s.o.'s boots**, vor
j-m kriechen; **to l. the dust**, ins Gras beißen; (*b*)
F: (einen Gegner) schlagen; **this problem has
got me licked**, an diesem Problem bin ich ge-
scheitert. 2. *v.i.* lecken; (*of flames*) züngeln. II. *s.*
1. Lecken *n; F:* **have a good l.!** leck's mal gut
ab! *Fig:* **a l. and a promise**, Katzenwäsche. 2.
F: **at a good l.**, in flottem Tempo. '**licking**, *s.*
(*a*) Lecken *n;* (*b*) *F:* (*defeat*) Niederlage *f;* **to
give s.o. a l.**, j-n verprügeln/(*defeat*) in die
Pfanne hauen.

lid [lid], *s.* 1. Deckel *m; F:* **that puts the l. on it**,

das hat gerade noch gefehlt. 2. *Anat:* (*eyelid*)
Augenlid *n.*

lie[1] [lai]. I. *s.* Lüge *f;* **to tell a l./lies**, lügen; **it's a
pack of lies**, das sind alles Lügen. II. *v.i.* (*pres.
p.* **lying**) lügen; **to l. to s.o.**, j-n belügen.

lie[2]. I. *v.i.* (*p.* **lay** [lei], *p.p.* **lain** [lein], *pres. p.*
lying) (*a*) (auf dem Rücken, im Bett, wach
usw.) liegen; **to l. asleep**, im Schlaf
liegen; **to l. dead**, tot daliegen; (*on tombstone*)
here lies . . ., hier ruht . . .; **to l. in wait**, auf der
Lauer liegen/(**for s.o.**, auf j-n) lauern; **to l. low**,
sich versteckt halten; (*b*) **the snow did not l.**,
der Schnee blieb nicht liegen; (*c*) *Fig:* **the onus
of proof lies with them**, es liegt an ihnen, den
Beweis zu liefern; **as far as lies within my
power**, soweit es in meinen Kräften steht; **I
find time lying heavily on my hands**, die Zeit
wird mir lang; **it lies heavily on my conscience**,
es liegt mir schwer auf dem Gewissen; **the dif-
ference lies in this**, der Unterschied liegt/
bestcht darin; **we must see how the land lies**,
wir müssen sehen, wie die Dinge liegen; (*d*) (*of
machine*) **to l. idle**, stillstehen; (*of land*) **to l.
fallow**, brachliegen. II. *s.* Lage *f; Fig:* **to spy
out the l. of the land**, das Terrain sondieren.
'**lie a'bout**, *v.i.* herumliegen. '**lie 'back**, *v.i.*
sich zurücklegen; (*in chair*) sich zurücklehnen.
'**lie 'down**, *v.i.* (*a*) sich hinlegen; (*b*) *F:* **to take
sth. lying down**, etwas ohne Widerstand hin-
nehmen; **he won't take it lying down**, er wird es
sich nicht gefallen lassen. '**lie-down**, *s.* **to
have a l.-d.**, sich hinlegen. '**lie-in**, *s. F:* **to have
a good l.-i.**, tüchtig ausschlafen.

lieu [lju:], *s.* **in l. of**, anstatt (+ *gen*), anstelle
von (+ *dat*).

lieutenant [lef'tenənt, *N.Am:* lu:-], *s. Mil:*
Oberleutnant *m; Navy:* Kapitänleutnant *m;
Mil:* **second l.**, Leutnant *m;* **l. colonel**,
Oberstleutnant *m;* **l. general**, Generalleutnant
m; Navy: **l. commander**, Korvettenkapitän *m;
Adm:* **l. governor**, Vizegouverneur *m.*

life, *pl.* **lives** [laif, laivz], *s.* Leben *n;* (*a*) **it's a
matter of l. and death**, es geht um Leben und
Tod; **to take one's own l.**, sich *dat* das Leben
nehmen; **to take one's l. in one's hands**, sein
Leben aufs Spiel setzen; **to escape with one's l.**,
mit dem Leben davonkommen; **he lost his l.**, er
kam ums Leben; **there was considerable loss of
l.**, viele sind ums Leben gekommen; **run for
your lives!** rette sich wer kann! *attrib.* **l. an-
nuity**, Leibrente *f;* **l. assurance/insurance**,
Lebensversicherung *f;* (*b*) *Fig:* **I can't for the l.
of me** understand why, ich kann beim besten
Willen nicht verstehen, warum; **not on your l.!**
auf keinen Fall! **to put new l. into s.o., sth.**, j-n,
etwas neu beleben; **he is the l. and soul of the
party**, er bringt Schwung in die Gesellschaft;
(*c*) **human l.**, Menschenleben *n;* **animal l.**, tie-
risches Leben; (*d*) (*period*) **for l.**, auf Le-
benszeit; **l. sentence**, lebenslängliche Freiheits-
strafe; **at my time of l.**, in meinem Alter; **in
early l.**, in jüngeren Jahren; **to have the time of
one's l.**, sich bestens unterhalten; **his l.'s work**,
sein Lebenswerk *n;* **l. (story)**, Lebensgeschichte
f; Tchn: **l. (span)**, Lebensdauer *f* (eines Ma-
schinenteils, einer Glühbirne usw.); (*e*) **to lead
a quiet/happy l.**, ein ruhiges/glückliches Leben
führen; (*f*) *Art:* **to draw from l.**, nach dem

Leben zeichnen; *F:* **as large as l.**, in voller Lebensgröße; (*of story*) **true to l.**, lebenswahr; (*g*) **to see l.**, viel erleben. ˈlifebelt, *s.* Rettungsring *m.* ˈlifeblood, *s. esp. Fig:* Herzblut *n.* ˈlifeboat, *s.* Rettungsboot *n.* ˈlifebuoy, *s.* Rettungsboje *f.* ˈlifeguard, *s.* (*at seaside*) Rettungsschwimmer *m.* ˈlifejacket, *s.* Schwimmweste *f.* ˈlifeless, *adj.* leblos. ˈlifelike, *adj.* (*of description*) lebenswahr; (*of reproduction, picture*) naturgetreu. ˈlifeline, *s.* 1. *Nau:* Rettungsleine *f; Fig:* Lebensader *f.* 2. (*on hand*) Lebenslinie *f.* ˈlifelong, *adj.* lebenslang. ˈlife-preˌserver, *s.* (*weapon*) Totschläger *m.* ˈlifesaving. I. *s.* Lebensrettung *f.* II. *adj.* lebensrettend. ˈlife-size(d), *adj.* lebensgroß, in Lebensgröße. ˈlifetime, *s.* Leben *n;* **in his l.**, zu seinen Lebzeiten; **chance of a l.**, einmalige Gelegenheit; **once in a l.**, einmal im Leben.

lift [lift]. I. *v.* 1. *v.tr.* (*a*) (ein Gewicht, die Hand, den Kopf usw.) heben; (die Stimme, die Hand usw.) erheben; **to l. s.o., sth. up**, j-n, etwas aufheben/(*above head*) hochheben; **to l. sth. down**, etwas herunterheben; (*b*) (Kartoffeln) ernten; (*c*) *F:* (*steal*) (etwas, *Lit:* einen Text) klauen; (*d*) **to l. a ban etc.**, ein Verbot usw. aufheben. 2. *v.i.* (*of fog etc.*) sich lichten. II. *s.* 1. *Aut:* **to give s.o. a l.**, j-n (im Auto) mitnehmen; **to get a l.**, mitgenommen werden. 2. Aufzug *m*, Fahrstuhl *m;* (*skilift*) Lift *m;* **l. attendant**, Fahrstuhlführer *m;* **goods l.**, Lastenaufzug *m.* 3. *Mec.E:* Hub *m; Av:* Auftrieb *m.* ˈlifting, *s.* 1. Heben *n.* 2. *attrib.* Hub-; **l. power**, Hubkraft *f* (eines Krans usw.).

light¹ [lait]. I. *s.* Licht *n.* 1. (*natural*) **by the l. of the sun**, im Licht der Sonne; **it's already l.**, es ist bereits Tag/ist schon hell; **bad/good l.**, schlechtes/gutes Licht; **the lamp does not give much l.**, die Lampe gibt kein gutes Licht/keine gute Beleuchtung; **to sit against the l.**, im Gegenlicht sitzen; **to stand in s.o.'s l.**, j-m im Licht stehen; *Fig:* (*of crime*) **to come to l.**, ans Licht/an den Tag kommen; **to bring sth. to l.**, etwas ans Licht/an den Tag bringen; **to throw l. on sth.**, eine Sache aufklären; **in the l. of your remarks**, angesichts Ihrer Bemerkungen; **I don't look on it in that l.**, ich sehe die Sache mit anderen Augen an; **to act according to one's lights**, nach bester Einsicht handeln; *F:* **he's seen the l.**, er hat's endlich eingesehen. 2. (*electric etc.*) (*u*) (*lamp*) Lampe *f*, (*headˌ*, *spotlight*) Scheinwerfer *m;* (**street**) **l.**, Laterne *f;* (*tall*) Leuchte *f;* **to leave the lights on**, das Licht brennen lassen; **to turn the l. on/off**, das Licht anmachen/ausmachen; (*b*) (**traffic**) **l./ lights**, Ampel *f; F:* **to see the red l.**, die Gefahr erkennen; (*c*) *Nau:* (*of lighthouse etc.*) Leuchtfeuer *n;* (*d*) *Fig:* (*pers.*) **a leading l. in science**, eine Leuchte der Wissenschaft. 3. **have you got a l.?** haben Sie Feuer? II. *v.* (*p. & p.p.* lit *or* lighted) 1. *v.tr.* (*a*) (eine Lampe, ein Licht, eine Zigarette, ein Feuer usw.) anzünden; (*b*) (*illuminate*) (einen Saal usw.) erleuchten; (eine Treppe usw.) beleuchten; **the moon lit up the road**, der Mond beleuchtete die Straße; **a smile lit up her face**, ein Lächeln erhellte ihr Gesicht; **to l. the way for s.o.**, j-m leuchten. 2. *v.i.* (*a*) **to l. up**, (i) (*of eyes, face,*

etc.) aufleuchten; (ii) (*of pers.*) sich *dat* eine Pfeife/Zigarette anzünden. III. *adj.* (*of sky, colour, hair etc.*) hell, licht; **a l. green coat**, ein hellgrüner Mantel; **to become/grow l.**, Tag/hell werden; (*of sky etc.*) sich erhellen. ˈlighten¹, *v.* 1. *v.tr.* (etwas Dunkles, eine Farbe) heller machen. 2. *v.i.* (*of sky etc.*) sich erhellen. ˈlighter¹, *s.* Feuerzeug *n;* (*for fire, gas*) Anzünder *m.* ˈlighthouse, *s. Nau:* Leuchtturm *m;* **l. keeper**, Leuchtturmwärter *m.* ˈlighting, *s.* Beleuchtung *f;* **l. up time**, Zeit *f* des Einschaltens der Straßenbeleuchtung/*Aut:* der Scheinwerfer. ˈlightship, *s. Nau:* Feuerschiff *n.*

light². I. *adj.* leicht; **to be l. on one's feet**, leichtfüßig sein; **l. railway**, Kleinbahn *f;* **to be a l. sleeper**, einen leichten Schlaf haben; **l. punishment**, milde Strafe; **l. reading**, Unterhaltungslektüre *f;* **to make l. work of sth.**, etwas mühelos hinkriegen; **to make l. of sth.**, etwas auf die leichte Schulter nehmen. II. *adv.* (*a*) **to travel l.**, mit wenig Gepäck reisen; *Rail:* (*of engine*) **running l.**, alleinfahrend. III. *v.i.* (*p. & p.p.* lighted) **to l. on sth.**, auf etwas *acc* stoßen; **-ly**, *adv.* leicht; (*a*) **l. dressed**, leicht gekleidet; (*b*) **his responsibilities sit l. on him**, er nimmt seine Verantwortung ziemlich leicht; (*c*) **to get off l.**, billig davonkommen. ˈlighten², *v.tr.* (*a*) (etwas) leichter machen; (ein Schiff) leichtern; (*b*) (einen Schmerz usw.) erleichtern. ˈlighter², *s. Nau:* Leichter *m.* ˈlight-ˈfingered, *adj.* langfingerig. ˈlight-ˈheaded, *adj.* (dizzy) schwindlig; (*stunned*) benommen. ˈlight-ˈhearted, *adj.* sorglos, unbeschwert; **-ly**, *adv.* **to undertake sth. l.**, etwas leichten Herzens unternehmen. ˈlight-ˈheavyweight, *s. Box:* Halbschwergewicht(ler) *n(m).* ˈlightness, *s.* Leichtheit *f;* (*of punishment*) Milde *f;* (*easiness*) Leichtigkeit *f;* (*of food*) Leichtverdaulichkeit *f;* **l. of touch**, Geschicklichkeit *f.* ˈlightweight. I. *s. Box: etc:* Leichtgewicht(ler) *n(m).* II. *adj.* (*a*) leicht; **l. suit**, leichter Anzug; (*b*) *Fig:* (*of politician etc.*) oberflächlich.

lightning [ˈlaitniŋ], *s.* Blitz *m;* **flash of l.**, Blitz *m*, Blitzstrahl *m;* **struck by l.**, vom Blitz getroffen; **like (greased) l.**, wie ein (geölter) Blitz; **as quick as l.**, blitzschnell; **l. conductor**, Blitzableiter *m;* **l. progress**, blitzartiges Vorwärtskommen; *Ind:* **l. strike**, spontane Arbeitsniederlegung *f.*

lights [laits], *s.pl. Cu:* Lunge *f.*

lignite [ˈlignait], *s.* Braunkohle *f.*

like¹ [laik]. I. *adj.* 1. (*similar*) ähnlich; **they are as l. as two peas**, sie sehen sich zum Verwechseln ähnlich; **l. father, l. son**, der Apfel fällt nicht weit vom Stamm. 2. *prep. & adj.* (*resembling*) wie; (*a*) **a girl l. you**, ein Mädchen wie du; **just l. anybody else**, genau wie jeder andere; **he is rather l. you**, er ist Ihnen ziemlich ähnlich; **what is he l. (to talk to)?** wie ist er (,wenn man sich mit ihm unterhält)? **what's the weather l.?** wie ist das Wetter? **it looks l. rain**, es sieht nach Regen aus; **he looks l. his father**, er sieht seinem Vater ähnlich; *F:* **that's just l. a woman!** typisch Frau! **that's just l. him!** das sieht ihm ähnlich! **old people are l. that**, alte Leute sind nun einmal so; **something l. this**, etwas ähnliches/derartiges, *F:* so (et)was; **I never saw anything l. it!** so etwas habe ich noch nie.gesehen! **it costs something l. ten pounds,** es kostet etwa zehn Pfund; *F:* **that's something l.!** das läßt sich hören! **there's nothing l. being frank,** es geht nichts über Offenheit; **she is nothing l. as pretty as you,** sie ist lange/bei weitem nicht so hübsch wie du; **he ran l. anything/l. mad,** er rannte wie verrückt; **don't talk l. that,** red nicht so. **II.** *adv.* **as l. as not,** höchstwahrscheinlich. **III.** *s.* dergleichen; **I never saw the l. (of it),** so etwas habe ich noch nie gesehen; **he and his l.,** er und seinesgleichen; *F:* **the likes of us,** unsereins. ´like-lihood, *s.* Wahrscheinlichkeit *f;* **in all l.,** aller Wahrscheinlichkeit nach. ´likely. **I.** *adj.* (*a*) wahrscheinlich; **he is not very l. to succeed,** er hat wenig Aussicht auf Erfolg; **this incident is l. to lead to war,** dieser Zwischenfall könnte leicht zum Krieg führen; (*b*) (*suitable*) geeignet; **the likeliest place for camping,** der geeignetste Platz zum Campen; (*c*) *Iron:* **a l. story!** wer's glaubt, wird selig! **II.** *adv.* **most l./ very l./as l. as not,** höchstwahrscheinlich; *F:* **not l.!** kommt nicht in Frage! ´like-´minded, *adj.* gleichgesinnt. ´likeness, *s.* **1.** (*similarity*) Ähnlichkeit *f.* **2.** (*portrait*) Bildnis *n,* Porträt *n;* **that picture is a good l. of you,** auf diesem Bild bist du gut getroffen. ´likewise, *adv.* **1.** ebenfalls, gleichfalls. **2. to do l.,** das gleiche tun.

like[2]. **I.** *v.tr.* **1.** (*with noun*) mögen, gern haben; **I l. that,** das gefällt mir; **I l. him (but . . .),** ich mag ihn (schon, aber . . .); **I've come to l. him,** ich habe ihn schätzen gelernt; **I don't like the look of him,** (*sick pers.*) sein Aussehen gefällt mir nicht; (*suspicious pers.*) dem traue ich nicht; **how do you l. him?** wie findest du ihn? **as much as (ever) you l.,** soviel du (auch immer) willst; **your father won't l. it,** das wird deinem Vater nicht recht sein; **whether he likes it or not,** ob er will oder nicht; *F: Iron:* **I l. that!** das ist doch die Höhe! **2.** (*with infin./pres. part.*) **to l. to do/doing sth.,** etwas gern tun; **I l. going to the cinema,** ich gehe gern ins Kino; **I'd l. to come too,** ich möchte mitkommen/ich hätte Lust mitzukommen; **I should have liked to go there,** ich wäre gern (dort) hingegangen. **3.** (*want*) (etwas) wollen; **to do (just) as one likes,** tun, was man will; **as you l.,** wie Sie wollen; wie es Ihnen beliebt; **he is free to act as he likes,** er kann nach Belieben handeln; **he thinks he can do anything he likes,** er glaubt, daß ihm alles erlaubt ist; **people can say what they l.,** die Leute können sagen, was sie wollen. **II.** *s.* **likes and dislikes,** Neigungen und Abneigungen *fpl.* ´likable, *adj.* sympathisch. ´liking, *s.* Vorliebe *f;* **it's to my l.,** es ist nach meinem Geschmack/es gefällt mir/ sagt mir zu; **I've taken a l. to it/him,** ich habe es/ihn liebgewonnen.

lilac [´lailək]. **I.** *s.* **1.** *Bot:* Flieder *m.* **2.** (*colour*) Lila *n.* **II.** *adj.* lila.

lilt [lilt], *s.* (beschwingter) Rhythmus *m.* ´lilting, *adj.* beschwingt.

lily [´lili], *s.* *Bot:* **1.** Lilie *f.* **2. l. of the valley,** Maiglöckchen *n.*

limb [lim], *s.* **1.** Glied *n; Fig:* **to tear s.o. l. from l.,** j-n in Stücke reißen. **2.** Ast *m* (eines Baumes); *Fig:* **out on a l.,** für sich allein.

limber [´limbər], *v.i.* *Sp:* **to l. up,** Lockerungsübungen machen.

limbo [´limbəu], *s.* *Fig:* **in l.,** in der Schwebe; **to consign sth. to l.,** etwas zum alten Eisen werfen.

lime[1] [laim], *s.* Kalk *m.* ´limekiln, *s.* Kalkofen *m.* ´limestone, *s.* Kalkstein *m.*

lime[2], *s.* *Bot:* Limone *f;* **l. juice,** Limonensaft *m.*

lime[3], *s.* **l. (tree),** Linde *f,* Lindenbaum *m.*

limelight [´laimlait], *s.* Rampenlicht *n;* **to be in the l.,** im Rampenlicht (der Öffentlichkeit) stehen.

limey [´laimi], *s.* *N. Am: Austral: P:* Engländer *m.*

limit [´limit]. **I.** *s.* (*a*) Grenze *f;* (*amount*) Höchstbetrag *m;* (*time*) **l.,** Frist *f;* **age l.,** Altersgrenze *f;* **there's a l. to my patience,** auch meine Geduld ist nicht ohne/hat Grenzen; *F:* **that's the l.!** da hört doch alles auf! **you're the l.!** du bist unmöglich! *P.N: Mil: etc:* **off limits!** Zutritt verboten! (*b*) (*restriction*) Beschränkung *f;* **no l. on expenditure,** keine Beschränkung der Ausgaben. **II.** *v.tr.* (Ansprüche, Ausgaben usw.) beschränken (**to,** auf + *acc*); **to l. one's expenditure,** sich einschränken. ´limited, *p.p. & adj.* beschränkt; *Pub:* **l. edition,** beschränkte Auflage; *Com:* **l. liability company,** Gesellschaft mit beschränkter Haftung. limi´tation, *s.* Beschränkung *f* (**of,** + *gen;* **to,** auf + *acc*); **to know one's limitations,** wissen, wieviel man sich *dat* zutrauen kann; **he has his limitations,** er hat seine Grenzen. ´limitless, *adj.* grenzenlos.

limousine [´limu(:)zi:n], *s.* große Limousine *f* (mit Trennwand hinter dem Fahrer).

limp[1] [limp]. **I.** *s.* Hinken *n;* **to have a l.,** hinken. **II.** *v.i.* hinken.

limp[2], *adj.* (*a*) schlaff; *Pub:* **l. binding,** broschierter Einband; (*b*) (*of pers.*) kraftlos, schlapp. ´limpness, *s.* Schlaffheit *f.*

limpet [´limpit], *s.* *Moll:* Napfschnecke *f; Fig:* Klette *f;* **to cling like a l. to sth.,** wie eine Klette an etwas *dat* hängen.

limpid [´limpid], *adj.* klar, durchsichtig. lim-´pidity, *s.* Klarheit *f.*

line[1] [lain]. **I.** *s.* **1.** (*a*) *Nau: Fish:* Leine *f;* **fishing l.,** Angelschnur *f;* **washing l.,** Wäscheleine *f;* (*b*) *Tel:* Leitung *f;* **a bad l.,** eine schlechte Verbindung; **hold the l.,** bleiben Sie am Apparat; (*after tel. no.*) **5 lines,** 5 Anschlüsse. **2.** Linie *f;* (*a*) (*drawn with pencil etc.*) Strich *m;* **straight l.,** gerade Linie *f; Geom:* Gerade *f; Fig:* **one must draw the l. somewhere,** alles hat seine Grenzen; (*b*) *pl.* **the car has beautiful lines,** das Auto hat schöne Linien/eine schöne Linienführung; (*c*) **l. of vision,** Gesichtslinie *f; Mil:* **to be in the l. of fire,** in der Schußlinie stehen; **l. of march,** Marschroute *f;* **front l.,** Front *f;* **enemy lines,** feindliche Stellungen *fpl;* **lines of communication,** (rückwärtige) Verbindungen, *esp.* Nachschublinien *fpl;* (*d*) (*row*) Reihe *f; esp. N.Am:* (*queue*) Schlange *f;* **to keep in l.,** in Reih und Glied bleiben; **l. of hills,** Hügelkette *f;* **in/out of l.,** in einer/außerhalb der Reihe; **in l.,** in einer/aus der Flucht; *Fig:* **this is in l. with my ideas,** das steht im Einklang mit meinen Ideen; **to fall into/F: toe the l.,** sich fügen; *Pol:* sich der Parteipolitik anschließen; (*e*) (*on hand*) Linie *f;* (*wrinkle*) Falte *f;* **the hard**

lines on his face, die harten Züge seines Ge-' sichts; (*f*) (*writing*) Zeile *f;* **l. (of poetry),** Vers *m; F:* **to drop s.o. a l.,** j-m ein paar Zeilen schreiben; *Sch:* **to get 100 lines,** etwas hundertmal schreiben müssen; *Th:* **to learn/forget one's lines,** seine Rolle lernen/vergessen; (*g*) **railway l.,** Eisenbahnlinie *f;* (*route*) Eisenbahnstrecke *f;* (*tracks*) Gleise *npl;* **the Brighton l.,** die Strecke nach Brighton; **to cross the l.,** die Gleise überschreiten; (*h*) (*family*) Geschlecht *n;* **the male l.,** die männliche Linie; (*i*) **l. of argument,** Beweisführung *f;* **I take the l. that ...,** ich vertrete den Standpunkt, daß ...; **to take a strong l.,** energisch vorgehen; strenge Maßnahmen ergreifen; (*j*) (*principles*) *pl.* Grundlinien *fpl,* Grundsätze *mpl;* **along/on the right lines,** nach den richtigen Grundsätzen. **3.** (*a*) (*job*) Fach *n,* Sparte *f;* **l. of business,** Branche *f;* **that's not my l./more his l.,** das fällt nicht in mein Fach/eher in sein Fach; *F:* **what's your l.?** was haben Sie für einen Beruf? (*b*) (*article*) Artikel *m,* Posten *m;* (*category*) Warengattung *f; Com:* **we have a nice l. in plastic flowers,** wir führen besonders schöne Plastikblumen; *F:* **what have you got in this l.?** was haben Sie in dieser Art? **4.** *F:* **hard lines!** Pech gehabt! **II.** *v.tr.* (einen Weg usw.) einsäumen; **to l. the street,** (*of crowd*) die Straße säumen; (*of troops*) auf der Straße Spalier bilden. **lined,** *p.p. & adj.* (*a*) (*of paper*) liniert; (*b*) (*of face*) faltig; **to become l.,** Falten bekommen; (*c*) (*of street*) **l. with plane trees,** von Platanen eingesäumt. **'liner¹,** *s. Nau:* Linienschiff *n.* **'linesman,** *s. Sp:* Linienrichter *m.* **'line-up,** *s. esp. Sp:* Gruppierung *f;* **an impressive l.-up,** ein eindrucksvolles Aufgebot. **'line 'up,** *v.i.* (*a*) sich in einer Reihe/*Rac:* am Start aufstellen; (*b*) (*queue*) Schlange stehen.

line², *v.tr.* (*a*) (ein Kleidungsstück usw.) füttern; (*b*) *Constr:* (einen Kamin usw.) auskleiden. **'liner²,** *s. Mec. E:* Buchse *f.* **'lining,** *s.* (*a*) *Cl: etc:* Futter *n;* (*b*) *Constr:* (*masonry*) Ausmauerung *f;* (*metal*) Auskleidung *f* (eines Kamins usw.); (*c*) *Aut:* (**brake, clutch**) **l.,** Belag *m;* (*d*) *Anat:* **l. of the stomach,** Magenschleimhaut *f.*

lineage ['liniidʒ], *s.* Abstammung *f.*

linear ['liniər], *adj.* geradlinig; *Tchn: Ph:* (*of equation etc.*) linear; **l. measure,** Längenmaß *n.*

linen ['linin], *s.* **1.** *Tex:* Leinen *n;* **l. sheet,** Leintuch *n.* **2.** Wäsche *f;* **l. department,** Weißwarenabteilung *f;* **dirty l.,** Schmutzwäsche *f.*

ling [liŋ], *s. Bot:* Heidekraut *n.*

linger ['liŋgər], *v.i.* (*a*) (*of pers.*) (länger) verweilen; **to l. over a meal,** eine Mahlzeit in die Länge ziehen; (*b*) (*of illness*) sich hinziehen; (*of effect, doubt etc.*) zurückbleiben; **to l. in the memory,** im Gedächtnis haften bleiben. **'lingering,** *adj.* (*of glance*) sehnsüchtig; **a l. doubt,** ein nicht zu verdrängender Zweifel; **a l. death,** ein schleichender Tod.

lingerie ['lɛ̃:ʒəri(:)], *s.* Damenunterwäsche *f.*

lingo ['liŋgəu], *s. Hum:* Sprache *f, Pej:* Jargon *m.*

linguist ['liŋgwist], *s.* Linguist *m,* Sprachkundige(r) *f(m).* **lin'guistics,** *s.pl.* Linguistik *f.*

link [liŋk]. **I.** *s.* (*a*) Glied *n* (einer Kette); (*b*) *Fig:* (*connection*) Verbindung *f* (**between,** zwischen + *dat*); *Biol: Fig:* **the missing l.,** das

fehlende Glied. **II.** *v.* **1.** *v.tr.* (etwas) verbinden (**with,** mit + *dat*); (Namen) in Verbindung bringen; **inextricably linked,** verkettet; **to l. arms,** sich unterhaken. **2.** *v.i.* **to l. up with s.o., sth.,** sich j-m, an etwas *acc* anschließen. **'linkage,** *s.* (*a*) *Mec. E:* Gestänge *n;* (*b*) *Biol:* Kopplung *f.* **'link-up,** *s.* Anschluß *m* (**to sth.,** an etwas *acc*); (*meeting*) Zusammenkunft *f; Space:* Koppelmanöver *n.*

links [liŋks], *s.pl.* Golfplatz *m.*

linnet ['linit], *s. Orn:* Hänfling *m.*

linoleum [li'nəuliəm], *F:* **lino** ['lainəu], *s.* Linoleum *n.* **'linocut,** *s.* Linolschnitt *m.*

linseed ['linsi:d], *s.* Leinsamen *m;* **l. oil,** Leinöl *n.*

lint [lint], *s. Med:* Scharpie *f.*

lintel ['lint(ə)l], *s.* (*of window*) Fenstersturz *m;* **door l.,** Türsturz *m.*

lion ['laiən], *s.* Löwe *m;* **l. cub,** Löwenjunge(s) *n; Fig:* **the lion's share,** der Löwenanteil. **'lioness,** *s.* Löwin *f.* **'lionize,** *v.tr.* (j-n) vergöttern.

lip [lip], *s.* **1.** (*a*) Lippe *f;* **to bite one's lip(s),** sich *dat* auf die Lippen beißen; *Fig:* **to keep a stiff upper l.,** die Ohren steifhalten; (*b*) *P:* Frechheit *f;* **none of your l.!** sei nicht so frech! **2.** Rand *m* (einer Tasse usw.); Schnauze *f* (eines Krugs). **'lip-read,** *v.tr. & i.* (Worte) von den Lippen ablesen. **'lipreading,** *s.* Lippenlesen *n.* **'lipservice,** *s.* **to pay l.-s. to sth.,** zu etwas *dat* ein Lippenbekenntnis ablegen. **'lipstick,** *s.* Lippenstift *m.*

liquefy ['likwifai], *v.* **1.** *v.tr.* (etwas) verflüssigen. **2.** *v.i.* sich verflüssigen.

liqueur [li'kjuər], *s.* Likör *m.*

liquid ['likwid]. **I.** *adj.* (*all senses*) flüssig; **l. measure,** Flüssigkeitsmaß *n; Fin:* **l. assets,** flüssige Vermögenswerte *mpl.* **II.** *s.* Flüssigkeit *f.* **'liquidate,** *v.tr.* (*Fin:* eine Firma, Aktien; *Fig:* eine Stadt, Rasse usw.) liquidieren. **liqui'dation,** *s. Fin:* Liquidation *f; Fig:* Liquidierung *f.* **li'quidity,** *s.* (*a*) Flüssigkeit *f* (einer Substanz); (*b*) *Fin:* Liquidität *f.* **'liquidizer,** *s. Cu:* (elektrischer) Mixer *m.*

liquor ['likər], *s. esp. N.Am:* Alkohol *m;* **l. store,** Wein- und Spirituosenhandlung *f.*

liquorice ['likəris], *s.* Lakritze *f.*

Lisbon ['lizbən]. *Pr. n. Geog:* Lissabon *n.*

lisp [lisp]. **I.** *s.* Lispeln *n.* **II.** *v.i.* lispeln.

list¹ [list]. **I.** *s.* Liste *f,* Verzeichnis *n;* **wine l.,** Weinkarte *f; Com:* **l. price,** Listenpreis *m.* **II.** *v.tr.* (*enter*) (etwas) (in eine Liste) eintragen; (*mention*) (Sachen, Vorteile usw.) aufführen.

list². **I.** *s. Nau:* Schlagseite *f.* **II.** *v.i.* (*of ship*) Schlagseite haben.

listen ['lisn], *v.i.* **to l. to s.o., sth.,** j-m, etwas *dat* zuhören; **sh! l.!** pst! horchen Sie mal! **he wouldn't l. to us,** er wollte nicht auf uns hören; *Rad:* **to l. to the news,** die Nachrichten hören. **'listen 'in,** *v.i.* **to l. i.** (**to the radio**), Radio hören; **to l. i. to a telephone conversation etc.,** ein Telefongespräch usw. mithören. **'listener,** *s.* Zuhörer(in) *m(f); Rad:* Hörer(in) *m(f);* (*eavesdropper*) Horcher(in) *m(f).* **'listening,** *s.* Zuhören *n; Mil:* **l. post,** Horchposten *m.*

listless ['listlis], *adj.* flau; (*uninterested*) teilnahmslos. **'listlessness,** *s.* Teilnahmslosigkeit *f.*

Litany ['litəni], *s. Ecc:* Litanei *f.*

literacy ['lit(ə)rəsi], *s.* Kenntnis *f* des Lesens und

Schreibens. 'literate, adj. des Lesens und
Schreibens kundig; (educated) gebildet.
literal ['litərəl], adj. (a) (of meaning, translation
etc.) wörtlich; in the l. sense of the word, im
buchstäblichen Sinn des Wortes; (b) (of mind)
pedantisch; -ly, adv. (a) wörtlich; to take/mean
sth. l., etwas wörtlich nehmen/meinen; (b) he
was l. pushed into it, man hat ihn förmlich
dazu gezwungen; they l. starved to death, sie
sind buchstäblich verhungert.
literary ['lit(ə)rəri], adj. (of style etc.) literarisch;
l. language, Schriftsprache f; l. history, Lite-
raturgeschichte f. literature ['litrətʃər], s. (a)
Literatur f; (b) Com: (leaflets) Prospektma-
terial n.
lithe [laið], adj. geschmeidig.
lithograph ['liθəgrɑːf], I. s. Lithographie f,
Steindruck m. II. v.tr. (etwas) lithographieren.
lithographic [-'græfik], adj. lithographisch.
lithography (-'θɔrəfi], s. Lithographie f,
Steindruck m.
Lithuania [liθju'einjə]. Pr. n. Geog: Litauen n.
Lithu'anian. I. adj. litauisch. II. s. 1. Ling:
Litauisch n. 2. (pers.) Litauer(in) m(f).
litigate ['litigeit], v.i. prozessieren (against s.o.,
gegen j-n). liti'gation, s. Prozeß m, Rechts-
streit m.
litre ['liːtər], s. Liter m.
litter ['litər], s. 1. (a) (waste paper etc.) Abfälle
mpl; l. basket, Abfallkorb m; (b) (muddle)
Durcheinander n, Unordnung f; (c) (for cat's
tray etc.) Streu f. 2. Z: Wurf m (of puppies,
junger Hunde). 3. Hist: Sänfte f; Med:
Tragbahre f. II. v.tr. (ein Zimmer usw.) in
Unordnung bringen; to l. the room with
papers/l. papers all over the room, Papiere
(überall) im Zimmer verstreuen; don't l. the
(whole) room with your books, breite dich nicht
im ganzen Zimmer mit deinen Büchern aus.
little ['litl]. I. adj. 1. (of size) klein; l. finger,
kleiner Finger; for a l. while, (auf) kurze Zeit;
the l. ones, die Kleinen; what's going on in
your pretty l. head? was geht denn in deinem
hübschen Köpfchen vor? 2. (of amount)
wenig; l. money, wenig Geld; a l. money, ein
wenig/F: ein bißchen Geld; try to eat a l.,
versuche, ein bißchen zu essen; I took very l. of
it, ich nahm sehr wenig davon. II. s. to eat l. or
nothing, wenig oder gar nichts essen; I see very
l. of him, ich sehe ihn (sehr) selten; he thinks l.
of spending £50 on a meal, es macht ihm gar
nichts aus, £50 für eine Mahlzeit auszugeben;
l. by l., nach und nach, allmählich; every l.
helps, jede Kleinigkeit hilft; I told him what l.
knew, ich sagte ihm das wenige, was ich wußte;
for a l., (auf) kurze Zeit. III. adv. a l. more,
noch ein bißchen/ein wenig; l. more than an
hour ago, vor kaum mehr als einer Stunde; he
l. suspects what is coming, er ahnt nicht, was
da kommt. 'littleness, s. Kleinheit f.
liturgy ['litə(:)dʒi], s. Liturgie f.
live. I. adj. [laiv] (a) (of animals etc.) lebendig,
lebend; Hum: a real l. burglar, ein echter
Einbrecher; Rad: l. broadcast, Live-Sendung f;
(b) l. coals, glühende Kohlen. 2. (a) El: unter
Strom; attrib. stromführend; l. wire, (i)
stromführende Leitung; (ii) F: (pers.) dynami-
scher Typ; (b) Mil: (of ammunition) scharf. II.

v. [liv] 1. v.i. leben; (a) (remain alive) to l. to a
great age, ein hohes Alter erreichen; while my
father lives, solange mein Vater (noch) lebt; he
won't l. through the winter, er wird den Winter
nicht überleben; we l. and learn, man lernt nie
aus; to l. to see sth., etwas (noch) erleben; you
will l. to regret it, du wirst es noch bereuen; l.
and let l., leben und leben lassen; (b) (subsist)
to l. on vegetables/l. off the land, sich von
Gemüse/vom Boden ernähren; I have enough
to l. on, ich habe genug zum Leben; to l. on
one's capital/reputation, von seinem Kapital/
Ruf leben; to l. in style, auf großem Fuß leben;
(c) (reside) wohnen; where do you l.? wo
wohnen Sie? I l. at 25 Seaview Road, ich
wohne Seaview-Straße 25; I l. in Germany, ich
lebe in Deutschland; (of house) not fit to l. in,
unbewohnbar; he lives with his grandparents, er
wohnt bei seinen Großeltern. 2. v.tr. to l. a
happy life, ein glückliches Leben führen. 'live
'down, v.tr. (einen schlechten Ruf usw.) durch
sein Verhalten widerlegen; he'll never l. this d.,
man wird es ihn nie vergessen lassen. 'live
'in, v.i. (of servant) im Hause wohnen. liveli-
hood ['laivlihud], s. Lebensunterhalt m.
'liveliness, s. Lebhaftigkeit f, Lebendigkeit f.
livelong ['livlɔŋ], adj. Lit: (only in) the l. day,
den lieben langen Tag. lively ['laivli], adj.
lebhaft, lebendig. liven ['laivən] 'up, v. 1. v.i.
(of pers.) lebhaft werden, in Stimmung
kommen; the party is livening up, jetzt kommt
die Party in Schwung. 2. v.tr. (etwas) beleben.
livestock ['laivstɔk], s. Agr: Vieh n; Vieh-
bestand m (eines Bauernhofs). 'live 'up, v.i.
to l. up to one's reputation, seinem Ruf gerecht
werden; to l. it up, ein tolles Leben führen. li-
ving ['livin]. I. adj. lebend, lebendig; within l.
memory, so weit man sich zurückerinnern
kann; I didn't meet a l. soul, mir ist keine Seele
begegnet; no man l. can do that, es gibt keinen
Menschen auf der Welt, der das kann. II. s. 1.
the l., die Lebenden pl; Hum: is he still in the
land of the l.? wandelt er noch unter den Leben-
digen? 2. to earn/make one's l., seinen Lebens-
unterhalt verdienen; to write for a l., sich von
der Schriftstellerei ernähren; he manages to
make a l., er hat gerade sein Auskommen;
Econ: standard of l., Lebensstandard m;
wage, Existenzminimum n. 3. Ecc: Pfründe f.
'living-room, s. Wohnzimmer n.
liver ['livər], s. Anat: Leber f. 'liverish, adj. F:
I am (feeling) l., meine Galle meldet sich.
livery ['livəri], s. Livree f.
livid ['livid], adj. bleifarben; (of complexion)
aschfahl; l. with anger, bleich vor Wut; F:
absolutely l., einfach wütend.
lizard ['lizəd], s. Z: Eidechse f.
llama ['lɑːmə], s. Z: Lama n.
load [ləud]. I. s. 1. Last f; (cargo) Ladung f;
maximum l. 3 tons, Ladefähigkeit 3 Tonnen;
work l., Arbeitsbelastung f; a (lorry) l. of
gravel, eine Fuhre Kies; Fig: that's a l. off my
mind, mir ist ein Stein vom Herzen gefallen. 2.
Mec. E: El: Belastung f. 3. F: loads of money,
jede Menge/ein Haufen Geld. II. v. 1. v.tr.
to l. s.o., sth. with sth., j-n, etwas mit etwas dat
beladen; to l. s.o. with work, j-m eine Menge
Arbeit aufbürden; (b) (ein Gewehr usw.)

laden; **to l. the camera,** einen Film in den Apparat einlegen; (c) P: **he's loaded,** er hat Geld wie Heu. **2.** v.i. **to l. (up),** (auf)laden. **'loading,** s. **1.** Laden n, Ladung f; **l. and unloading,** Ladetätigkeit f. **2.** Ins: (supplement) Zuschlag m. **3.** Mec: E: El: Belastung f; Ind: Arbeitsbelastung f.

loaf[1], pl. **loaves** [ləuf, ləuvz], s. **1.** Laib m (Brot); **a white l.,** ein Weißbrot; Prov: **half a l. is better than no bread,** wenig ist besser als gar nichts. **2.** P: (head) Birne f; **use your l.!** streng mal dein Hirn/North G: deinen Grips an!

loaf[2], v.i. **to l. (about),** herumlungern. **'loafer,** s. Bummler m, Müßiggänger m.

loam [ləum], s. Agr: Lehm m, Lehmboden m.

loan [ləun]. I. s. **1.** Leihe f; esp. Art: Leihgabe f; **to have the l. of sth./sth. on l.,** etwas geliehen bekommen; **to let s.o. have the l. of sth./sth. on l.,** j-m etwas leihweise überlassen. **2.** Fin: Anleihe f, Darlehen n; **to raise a l.,** (of pers.) ein Darlehen/(esp. of state) eine Anleihe aufnehmen. **3.** Ling: **l. word,** Lehnwort n. **II.** v.tr. **to l. s.o. sth.,** j-m etwas leihen.

loath [ləuθ], adj. **to be l. to do sth.,** etwas nur ungern tun.

loathe [ləuð], v.tr. (j-n, etwas) verabscheuen, nicht ausstehen können; **I l. this job,** ich hasse diese Arbeit. **'loathing,** s. Abscheu m (for s.o., sth., j-m, etwas dat gegenüber). **'loathsome,** adj. ekelhaft, abscheulich.

lob [lɔb]. Sp: esp. Tennis: I. s. Lob m. II. v.tr. & i. (den Ball) lobben.

lobby ['lɔbi]. I. s. (a) Vorraum m, Flur m; (b) Pol: Interessengruppe f, Lobby f. II. v.tr. Parl: **to l. M.P.s,** Parlamentsabgeordnete zu beeinflussen versuchen.

lobe [ləub], s. Anat: Lappen m; (of ear) Ohrläppchen n.

lobster ['lɔbstər], s. Z: Hummer m. **'lobsterpot,** s. Hummerkorb m.

local ['ləuk(ə)l]. I. adj. örtlich, Orts-; **l. government,** Kommunalverwaltung f; **l. authority,** Ortsbehörde f; **l. traffic,** Ortsverkehr m; Rail: Nahverkehr m; Sp: **l. hero,** Lokalmatador m; Tel: **l. call,** Ortsgespräch n, Med: **l. anaesthetic,** örtliche Betäubung. **II.** s. (a) **l. (inhabitant),** Ortsansässige(r) f(m); **the locals,** die Hiesigen pl; (b) F: **the l.,** das Wirtshaus um die Ecke; **-ly,** adv. **well-known l.,** allgemein bekannt in der Gegend; Med: **to be applied l.,** lokal/örtlich anzuwenden. **lo'cality,** s Gegend f. **lo'cate,** v.tr. (a) (find) (j-n, etwas) ausfindig machen; (b) (place) (in building) (j-n, etwas) unterbringen; Constr: (etwas) anbringen; Tchn: (etwas) in Position halten, fixieren; **to be located,** sich befinden; **the new school is to be located here,** die neue Schule soll hier gebaut werden. **lo'cation,** s. **1.** (a) (search) Suche f; (b) (placing) Unterbringung f (von etwas dat). **2.** (situation) Lage f; Cin: Gelände n für Außenaufnahmen; **they are on l.,** sie machen Außenaufnahmen; **shot on l.,** als Außenaufnahme gedreht.

loch [lɔx], s. Scot: See m; (sea l.) Bucht f.

lock[1] [lɔk], s. (of hair) Locke f.

lock[2]. I. s. **1.** (of door, rifle etc.) Schloß n; **under l. and key,** (i) (of thing) unter Verschluß; (ii) (of pers.) hinter Schloß und Riegel; **to remove/sell**

sth. l., **stock and barrel,** etwas entfernen/ verkaufen mit allem, was dazugehört. **2.** Aut: (steering) Einschlag m; **on full left l.,** beim vollen Einschlag nach links; **poor l.,** großer Wendekreis. **3.** (on canal etc.) Schleuse f. **II.** v. **1.** v.tr. (a) (die Tür usw.) zuschließen; **to l. (up) the house,** das Haus abschließen; **to l. s.o. into a room,** j-n in ein Zimmer einschließen; (b) Tchn: (ein Teil) sperren; **locking device,** Sperrvorrichtung f; Fig: **to be locked (together) in a struggle,** im Kampf verschlungen sein; **to be locked in each other's arms,** einander fest umschlungen halten. **2.** v.i. (a) (of door etc.) sich verschließen lassen; (b) (of moving parts) sperren ; (of wheels, brakes) blockieren; (c) **to l. into sth.,** in etwas acc eingreifen. **'locker,** s. kleiner Schrank m; Nau: Mil: Spind m; (on station etc.) Schließfach n. **'lock-gate,** s. Schleusentor n. **'lock-keeper,** s. Schleusenmeister m. **'lock-nut,** s. Mec: Gegenmutter f. **'lock'out,** v.tr. (j-n, Ind: Arbeiter) aussperren. **'lock-out,** s. Ind: Aussperrung f. **'lock 'over,** v.i. Aut: **to l.o. to the left/right,** links/rechts einschlagen. **'locksmith,** s. Schlosser m. **'lock 'up,** v.tr. (a) (esp in prison) (j-n) einsperren; (Geld usw.) wegschließen; (b) (das Haus) abschließen. **'lock-up.** I. s. **1.** (cell) Haftzelle f. **2.** Garage f. **II.** attrib. adj. verschließbar.

locket ['lɔkit], s. Jewel: Medaillon n.

locomotive [ləukə'məutiv], s. Lokomotive f.

locum ['ləukəm], s. Vertreter(in) m(f) (eines Arztes usw.).

locust ['ləukəst], s. Ent: Heuschrecke f; esp. Wanderheuschrecke f.

lodge [lɔdʒ]. I. s. (for porter etc., also masonic) Loge f; (small house) Häuschen n, **hunting l.,** Jagdhütte f. II. v. **1.** v.tr. (a) (j-n) beherbergen, unterbringen; (b) **to l. a complaint,** eine Beschwerde einreichen. **2.** v.i. (a) (of pers.) (bei j-m) logieren; (b) (of thing) steckenbleiben; (immovably) festsitzen; **the bullet lodged in his hip,** die Kugel steckte in seiner Hüfte. **'lodger,** s. Untermieter m. **'lodging,** s. **1.** Unterkunft f; **a night's l.,** ein Nachtquartier n. **2.** pl möblierte Zimmer npl; **to have lodgings with s.o.,** bei j-m zur Untermiete wohnen/Mil: einquartiert sein.

loft[1] [lɔft], s. Dachboden m; **hay l.,** Heuboden m; **organ l.,** Orgelempore f.

loft[2], v.tr. Cricket: etc: (den Ball) hochschlagen.

lofty ['lɔfti], adj. **1.** (a) (sehr) hoch; (of tower, cliffs) hochragend; **l. heights,** luftige Höhen fpl; (b) Fig: (of thoughts etc.) erhaben; (c) (of manner) hochmütig. **'loftiness,** s. **1.** Höhe f. **2.** Fig: Erhabenheit f.

log[1] [lɔg]. I. s. **1.** Holzscheit n; **l. cabin,** Blockhütte f; F: **to sleep like a l.,** wie ein Sack schlafen; **as easy as falling off a l.,** kinderleicht. **2. l. (book),** Nau: Logbuch n; Av: Bordbuch n; Aut: l. book, approx. Zulassungsschein m. II. v.tr. (p. & p.p. logged) Nau: (Geschwindigkeit, Wetter usw.) in das Logbuch eintragen.

logarithm ['lɔgəriθ(ə)m], F: **log**[2], s. Mth: Logarithmus m; **l. table,** Logarithmentafel f.

loggerheads ['lɔgəhedz], s. **they are constantly at l. (with one another),** sie liegen sich ständig in den Haaren.

logic ['lɔdʒik], *s.* Logik *f.* **'logical,** *adj.* logisch.

logician [lɔ'dʒiʃn], *s.* Logiker *m.*

loin [lɔin], *s.* **1.** (*usu. pl.*) Lenden *fpl;* **l. cloth,** Lendentuch *n.* **2.** *Cu:* Lendenstück *n;* **l. chop,** Kotelett *n.*

loiter ['lɔitər], *v.i.* herumlungern. **'loiterer,** *s.* Bummler *m.*

loll [lɔl], *v.i.* (sich) lümmeln.

lollipop ['lɔlipɔp], *F:* **lolly**[1] ['lɔli], *s.* Lutscher *m;* **ice l.,** Eis *n* am Stiel.

lolly[2], *s. F:* (*money*) Pinkepinke *f.*

London ['lʌndən]. *Pr. n. Geog:* London *n; attrib.* Londoner; **the L. area,** der Londoner Raum. **'Londoner,** *s.* Londoner(in) *m(f).*

lone [loun], *adj.* (*lonely*) einsam; (*only*) einzig; *Fig:* **l. wolf,** Einzelgänger *m.* **'lonely,** *adj.* einsam; **a l. spot,** eine abgelegene Stelle. **'loneliness,** *s.* Einsamkeit *f.* **'lonesome,** *adj.* einsam; *F:* **on one's l.,** mutterseelenallein.

long[1] ['lɔŋ]. **I.** *adj.* lang; (*a*) (*distance*) **ten metres l.,** zehn Meter lang; **a l. journey,** eine weite Reise; **is it a l. way?** ist es weit? **a l. way round,** ein großer Umweg; *Fig:* **he is the best by a l. way/a l. chalk,** er ist bei weitem der beste; *F:* **a bit l. in the tooth,** nicht mehr der/die Jüngste; **to pull a l. face,** ein langes Gesicht machen; **they have l. memories,** sie vergessen nicht so schnell; *Sp:* **l. jump,** Weitsprung *m;* (*b*) (*time*) **a l. time,** lange; **for a l. time,** (*past*) seit langem; (*future*) auf lange Zeit; **will it take a l. time?** wird es lange dauern? **that was a l. time ago/l. ago,** das war vor langer Zeit; das ist lange her; **it won't happen for a l. time,** es wird noch lange nicht geschehen; **three days at the longest,** höchstens/längstens drei Tage; (*c*) **l. odds,** geringe Chancen; **its a l. shot,** es ist ziemlich unwahrscheinlich. **II.** *s.* **1. the l. and the short of it is. . .,** mit einem Wort/kurzum . . . **2. before l.,** bald; **it's not for l.,** es dauert nicht lange. **III.** *adv.* **1.** (*a*) **has he been gone l.?** ist er schon lange fort? **I won't be long,** ich bin bald wieder da; ich komme gleich wieder; **it didn't take him l. to put/he wasn't l. in putting things straight,** er brauchte nicht lange, um alles in Ordnung zu bringen; **how l. have you been here?** wie lange sind Sie schon hier? **as l. as I live,** solange ich lebe; **as l. as you leave me alone,** vorausgesetzt, daß/solange du mich in Ruhe läßt; *F:* **so l.!** tschüs! (*b*) **I have l. been convinced of it,** ich bin schon seit langem davon überzeugt; **a l. felt want,** eine seit langem fühlbare Lücke; **not l. before,** kurz vorher; **he died l. ago,** er ist schon lange tot/schon längst gestorben; **not l. ago,** unlängst. **2. all day l.,** den ganzen Tag. **3. no longer,** nicht mehr; **I could no longer see him,** ich konnte ihn nicht mehr sehen; **I couldn't wait any longer,** ich konnte nicht länger warten; **three months longer,** noch drei Monate; **how much longer?** wie lange noch? **'longboat,** *s. Nau:* Großboot *n.* **'long-'distance,** *adj. Sp:* **l.-d. runner,** Langstreckenläufer *m; Tel:* **l.-d. call,** Ferngespräch *n; Rail:* **l.-d. express,** Fernschnellzug *m.* **'long-'drawn-'out,** *adj.* in die Länge gezogen. **'long-'haired,** *adj.* langhaarig. **'longhand,** *s.* Langschrift *f;* **in l.,** handgeschrieben. **'long-'haul,** *adj.* **l.-h. aircraft,** Langstreckenflugzeug *n.* **'long-'lived,** *adj.*

langlebig. **'long-'playing,** *adj.* **l.-p. record,** Langspielplatte *f.* **'long-'range,** *adj.* (*a*) (*long-distance*) Langstrecken-; **l.-r. missile,** Ferngeschoß *n;* (*b*) (*of plan, forecast*) auf lange Sicht. **'longshot,** *s. Phot:* Fernaufnahme *f.* **'long-'sighted,** *adj. Med:* weitsichtig. **'long-'standing,** *adj.* seit langem bestehend. **'long-'suffering,** *adj.* langmütig, geduldig. **'long-'term,** *adj.* langfristig. **'long-'winded,** *adj.* langatmig; (*lengthy*) langwierig.

long[2], *v.i.* sich sehnen (**for s.o., sth.,** nach j-m, etwas *dat*); **to l. for home,** Heimweh haben. **'longing. I.** *s.* Sehnsucht *f.* **II.** *adj.* sehnend; **l. looks,** sehnsüchtige Blicke.

longevity [lɔn'dʒeviti], *s.* Langlebigkeit *f.*

longitude ['lɔŋgitjuːd, 'lɔndʒi-], *s. Geog:* Länge *f.* **longi'tudinal,** *adj.* Längs-, in Längsrichtung.

loo [luː], *s. F:* (*lavatory*) Klo *n.*

look [luk]. **I.** *s.* **1.** (*glance*) Blick *m;* (*expression*) Miene *f;* **to have a l. at sth.,** sich *dat* etwas ansehen; **to have a l. round the town,** sich in der Stadt umsehen; **have a l. to see if everything is all right,** sieh mal nach, ob alles in Ordnung ist; **let's have a l.,** laß mal sehen. **2.** (*appearance*) (*a*) Anschein *m;* **I don't like the l. of him/this plan,** er/dieser Plan gefällt mir nicht; **by the l. of it,** allem Anschein nach; (*b*) *F: pl* Aussehen *n;* **good looks,** gutes Aussehen *n.* **II. 1.** (*a*) *v.tr. & i.* sehen; (*direction, esp. Lit:*) blicken; *South G:* schauen; *North G:* gucken; **l. (and see) what time it is,** sieh/schau mal nach, wie spät es ist; **l. where you are going,** paß auf, wohin du trittst; **l. here!** (i) schau/guck mal her! (ii) *F:* na hör mal! (*b*) *v.tr.* **to l. s.o. up and down,** j-n von oben bis unten mustern; **to l. one's last on sth.,** etwas zum letzten Mal sehen; **I could never l. him in the face again,** ich könnte ihm nie wieder in die Augen sehen. **2.** *v.i.* (*appear*) aussehen (**like, much + dat**); **he looks young for his age,** er sieht jung aus für sein Alter; **she looks her age,** man sieht ihr ihr Alter an; **it looks like it,** es sieht danach aus; **what does he l. like?** wie sieht er aus? *Th:* **he looks the part,** er sieht für die Rolle wie geschaffen aus. **'look a'bout,** *v.i.* sich umsehen (**for sth.,** nach etwas *dat*). **'look 'after,** *v.tr.* (*a*) (j-m) nachblicken; (*b*) **to l. a. s.o., sth.,** sich um j-n, etwas *acc* kümmern; (*carefully*) (etwas) pflegen; (*service*) (eine Maschine) warten; **please l. a. my bag for a moment,** bitte passen Sie einen Augenblick auf meine Tasche auf; **she knows how to l. a. herself,** sie weiß sich zu helfen; **I l. a. my car myself,** ich mache die Wartung meines Autos selbst. **'look a'round,** *v.* **1.** *v.i.* sich umsehen (**for sth.,** nach etwas *dat*). **2.** *v.tr.* **to l. a. a place,** sich in einem Ort umsehen. **'look 'at,** *v.tr.* (j-n, etwas) ansehen; (j-n) anblicken; **just l. at this!** sieh dir das mal an! **to l. at one's watch,** auf seine Uhr sehen; **to l. at him one would say . . .,** wenn man ihn (so) ansieht, würde man sagen . . .; **the hotel is not much to l. at,** das Hotel sieht nicht besonders/nicht nach viel aus; **the way I l. at it . . .,** meiner Ansicht nach . . .; **way of looking at things,** Anschauungsweise *f.* **'look a'way,** *v.i.* den Blick abwenden. **'look 'back,** *v.i.* zurückblicken (**at s.o., sth.,** auf j-n, etwas *acc*); **what a day to l. b. on!** was für ein unvergeßlicher Tag! ´look ´down, v. 1. v.i. (*also Fig.*) herabsehen (**on** s.o., sth., auf j-n, etwas *acc*). 2. v.tr. **to l. d. a list,** eine Liste überfliegen. ´looker-´on, s. Zuschauer(in) m(f). ´look ´for, v.tr. (a) (j-n, etwas) suchen; (b) (*expect*) (ein Resultat usw.) erwarten. ´look ´forward, v.i. **to l. f. to sth.,** sich auf etwas *acc* freuen; *esp. Com:* **I l. f. to hearing from you,** ich sehe Ihrer Antwort (gerne) entgegen. ´look ´in, v.i. **to l. in on s.o.,** bei j-m vorbeischauen; **I shall l. in again tomorrow,** ich werde morgen noch einmal vorbeikommen. ´look-in, s. F: **he won't get a l.-i.,** dabei springt nichts für ihn heraus. ´looking-glass, s. A: Spiegel m. ´look ´into, v.tr. (eine Angelegenheit) untersuchen, prüfen; **I'll l. i. it,** ich werde der Sache nachgehen. ´look ´on, v. 1. v.tr. = look upon. 2. v.i. zusehen; **I can't bear to l. on any longer,** ich kann es nicht länger mit ansehen. ´look´out, v. 1. v.i. (a) hinaussehen; **to l. o. of the window,** zum Fenster hinaussehen/hinausblicken; **a room that looks out on the garden,** ein Zimmer mit Ausblick auf den Garten; (b) Ausschau halten (**for** s.o., nach j-m); **to l. o. for a used bicycle,** sich nach einem gebrauchten Fahrrad umsehen; (c) (*take care*) aufpassen; **l. o.!** Vorsicht! 2. v.tr. (ein Buch usw.) aussuchen. ´look-out, s. 1. Wache f, Wachposten m; *Nau:* Ausguck m; **to keep a sharp l.-o.,** ein wachsames Auge haben; **to be on the l.-o. for** s.o., sth., nach j-m, etwas *dat* Ausschau halten. 2. F: **a poor l.-o.,** eine trübe Aussicht; **that's his l.-o.,** das ist seine Angelegenheit. ´look ´over, v.tr. (etwas) überprüfen, durchsehen; **to l. o. a house,** ein Haus besichtigen. ´look ´round, v.tr. & i. **to l. r. (a museum** etc), sich (in einem Museum usw.) umsehen; **l. r. the corner,** sieh um die Ecke; **to l. r. for** s.o., j-n mit den Augen suchen; **don't l. r.,** dreh dich nicht um. ´look-see, s. P: **have a l.-s.!** *South G:* schau/*North G:* guck es dir mal an! ´look ´through, v.tr. (etwas) durchsehen, (*examine*) überprüfen. ´look to, v.i. **to l. to s.o. to do sth.,** von j-m erwarten, daß er etwas tut; **I am looking to you to help,** ich rechne mit deiner Hilfe. ´look ´up, v. 1. v.i. (a) aufblicken (*Fig:* **to s.o.,** zu j-m); (b) (*improve*) sich bessern; **business is looking up,** die Geschäfte nehmen einen Aufschwung. 2. v.tr. (a) (ein Wort usw.) nachschlagen; **to l. up the trains,** die Züge im Fahrplan nachschlagen; (b) (*visit*) (j-n) aufsuchen. ´look u´pon, v.tr. (etwas) ansehen, (j-n) betrachten (**as,** als); **I do not l. u. it in that light,** ich sehe es anders.

loom[1] [lu:m], s. Webstuhl m.

loom[2], v.i. (plötzlich) aufragen; *Fig:* (*of event*) **to l. large,** drohend bevorstehen.

loony ['lu:ni], s. P: Bekloppte(r) f(m). ´loony-bin, s. P: Klapsmühle f.

loop [lu:p]. I. s. Schleife f; (*of rope etc.*) Schlinge f; *Av:* Looping n & m. II. v.tr. *Av:* **to l. the loop,** einen Looping fliegen. ´loophole, s. 1. *Mil: Hist:* Schschlitz m. 2. *Fig:* Lücke f (**in the law,** im Gesetz); F: Hintertürchen n; **to find a l.,** einen Ausweg finden.

loose [lu:s]. I. adj. 1. (a) (*detached, undone*) lose; **to come l.,** (*of hair etc.*) sich lösen; **l. sheets,**

lose Blätter; **l. change,** Kleingeld n; F: **at a l. end,** unbeschäftigt; *Fig:* **l. tongue,** loses Mundwerk; (b) (*free*) frei; **to get l.,** entkommen; **to let a dog l.,** einen Hund loslassen; *Fig:* **all hell was let l.,** die Hölle war los. 2. (*slack*) locker; **to become/work l.,** locker werden, sich lockern; *El:* **l. contact,** Wackelkontakt m. 3. *Fig:* (a) (*approximate*) ungefähr; **l. translation,** freie Übersetzung; *Ling:* **l. usage,** loser Wortgebrauch; (b) (*of morals*) locker; **l. living,** lockerer Lebenswandel; (c) **to play fast and l. with** s.o., ein falsches Spiel mit j-m treiben. II. v.tr. (j-n, etwas) losmachen; **to l. one's hold,** den Griff lockern; -ly, adv. 1. **l. tied,** locker gebunden. 2. **l. translated,** frei übersetzt. ´loose-box, s. Pferdebox f. ´loose-´fitting, adj. locker sitzend. ´loose-´leaf, adj. **l.-l.** binder, Loseblattbinder m, Schnellhefter m. ´loose-´limbed, adj. gelenkig. ´loosen, v. 1. v.tr. (seinen Griff, den Gürtel, eine Schraube usw.) lockern; (einen Knoten usw.) lösen; **to l. s.o.'s tongue,** j-m die Zunge lösen. 2. v.i. sich lockern. ´looseness, s. 1. Lockerheit f (einer Schraube usw.). 2. Schlaffheit f (eines Seils); lockerer Sitz m (eines Kleides). 3. Ungenauigkeit f (einer Übersetzung). 4. Laxheit f (der Disziplin); **the l. of his morals,** seine losen Sitten.

loot [lu:t]. I. s. Beute f. II. v. 1. v.tr. (eine Stadt) ausplündern. 2. v.i. plündern. ´looter, s. Plünderer m.

lop [lɔp], v.tr. (p. & p.p. lopped) (einen Baum) stutzen; **to l. off a branch,** einen Ast absägen. ´lop-eared, adj. (*of dog, rabbit etc.*) mit Hängeohren npl. ´lop-´sided, adj. schief.

lope [ləup]. I. s. sprunghafter Lauf m. II. v.i. **to l. along,** mit weit ausgreifenden Schritten gehen.

loquacious [lɔ´kweiʃəs], adj. redselig. lo´quaciousness/loquacity [-´kwæsiti], s. Redseligkeit f.

lord [lɔːd]. I. s. 1. (*master, also Rel:*) Herr m; L. God, der Herrgott; **the L.'s Prayer,** das Vaterunser; **in the year of our L. . . . ,** im Jahre des Herrn . . . 2. (*title*) Lord m; **my l.,** Mylord, (*to bishop etc.*) Euer Gnaden; **L. Mayor,** Oberbürgermeister m (von London); *Parl:* **the (House of) Lords,** das Oberhaus; *Fig:* **to live like a l.,** wie ein Fürst leben. II. v.i. **to l. it over** s.o., j-m gegenüber den großen Herrn spielen. ´lordliness, s. Überheblichkeit f. ´lordly, adj. 1. (*haughty*) arrogant, überheblich. 2. (*of building etc.*) vornehm. ´lordship, s. Your L., Euer Gnaden.

lorry ['lɔri], s. Lastwagen m, F: Laster m; **l. driver,** Lastwagenfahrer m.

lose [lu:z], v.tr. (p. & p.p. lost [lɔst]) (j-n, den Arm, Blut, Geld, Zeit usw.) verlieren; (a) abs. **the incident did not l. in the telling,** der Vorfall büßte beim Erzählen nichts (an Dramatik/Komik usw.) ein; **to l. in value,** an Wert verlieren; *Sp:* **to l. by 2 goals to 1,** 2 zu 1 verlieren; (b) **to l. strength,** an Kraft/Stärke verlieren; **to l. weight,** abnehmen; (*of radiator*) **to l. water,** lecken; (c) **to l. one's temper/composure,** in Wut/aus der Fassung geraten; (d) **to be lost at sea,** auf See bleiben/verschollen sein; **the ship was lost with all hands,** das Schiff ging mit der ganzen Mannschaft unter; **the Germans lost 1000 men,** die Deutschen haben 1000 Mann verloren; (*e*) **to l.** oneself/one's **way,** sich verirren; (*of car driver*) sich verfahren; **to l. an opportunity,** eine Gelegenheit versäumen/verpassen; **to l. sight of s.o.,** j-n aus den Augen verlieren; **I lost most of his answer,** der größte Teil seiner Antwort entging mir; (*f*) (*of clock etc.*) nachgehen; **that clock loses ten minutes a day,** diese Uhr geht am Tag zehn Minuten nach; (*g*) (*waste*) **we can't afford to l. time on this,** wir können es uns nicht leisten, damit Zeit zu vergeuden/verschwenden; (*h*) (*cost*) **that mistake lost him the match,** dieser Fehler kostete ihn das Spiel; (*i*) *Aut: F:* **he lost it at the last corner,** in der letzten Kurve verlor er die Beherrschung über das Auto. ′lose ′out, *v.i.* (dabei) verlieren, den kürzeren ziehen. ′loser, *s.* Verlierer *m;* **I am the l. by it,** ich verliere daran. lost, *adj.* (*a*) (*of thing*) verloren; **to get l.,** verlorengehen; **l. property office,** Fundbüro *n;* **to give s.o., sth. up for l.,** j-n, etwas verloren geben; **to make up for l. time,** verlorene Zeit aufholen; (*b*) (*of pers.*) verirrt; **to get l.,** sich verirren; **I am l.,** ich habe mich verirrt; *Fig:* (*don't understand*) ich komme nicht mehr mit; **he looks l.,** er sieht aus, als ob er sich verlaufen hätte; *F:* **get l.!** verdufte! (*c*) *Mil:* (*of pers.*) verschollen; (*of ship*) untergegangen.

loss [lɔs], *s.* Verlust *m;* (*a*) **l. of sight,** Verlust *m* des Augenlichts; **l. of weight,** Gewichtsabnahme *f;* **without l. of time,** ohne Zeitverlust; (*b*) (*pers.*) **the widow cannot get over her l.,** die Witwe kann ihren Verlust nicht verschmerzen; **the l. is hers,** sie ist es, die dabei verliert; **he's no l.,** an dem haben wir nicht viel verloren; (*c*) (*money*) **dead l.,** Totalverlust *m;* **l. of earnings,** Verdienstausfall *m;* **to sell at a l.,** mit Verlust verkaufen; *Com:* **l. leader,** Lockartikel *m;* (*d*) **to be at a l.,** in Verlegenheit sein; **to be at a l. what to do/what to say,** nicht wissen, was man tun/sagen soll; **I am at a l. for words,** mir fehlen die Worte.

lot [lɔt], *s.* **1.** (*a*) (*fate*) Los *n;* **to envy s.o.'s l.,** j-n um sein Los beneiden; **to draw lots for sth.,** um etwas *acc* losen; **to throw in one's l. with s.o.,** mit j-m gemeinsame Sache machen; (*b*) (*share*) Anteil *m;* **it fell to my l. to decide,** die Entscheidung fiel mir zu. **2.** (*a*) (*at auction*) Posten *m;* **to buy in one l.,** als gesamten Posten kaufen; (*b*) (*land*) Parzelle *f; Cin:* Filmgelände *n;* **building l.,** Bauplatz *m; N. Am:* **parking l.,** Parkplatz *m;* (*c*) *P:* **a bad l.,** ein übler Kerl; (*d*) *F:* **the l.,** alles, das Ganze; **the whole l.,** (i) (*people*) die ganze Gesellschaft; (ii) (*things*) der ganze Kram; **the l. of you,** ihr alle. **3.** *F:* **a l.,** viel(e), eine Menge; **what a l. of people,** was für eine Menge Leute; **I have quite a l. (of friends),** ich habe eine ganze Menge (Freunde); **I see quite a l. of him,** ich sehe ihn ziemlich oft; **he knows quite a l. about it,** er weiß ziemlich viel darüber; *adv.* **times have changed a l.,** die Zeiten haben sich sehr geändert. **4.** *F:* **lots,** jede Menge; **I have lots of things to do,** ich habe eine Menge zu tun.

lotion [′ləuʃ(ə)n], *s.* Lotion *f;* **hair l.,** Haarwasser *n;* **hand l.,** Handlotion *f.*

lottery [′lɔtəri], *s.* Lotterie *f;* **l. ticket,** Los *n.*

loud [laud], *adj.* (*a*) (*of laughter, noise etc.*) laut; (*b*) (*of colour*) grell; (*of clothes*) auffallend; **-ly,** *adv.* laut; **to protest l.,** lautstark protestieren. ′loud-′mouthed, *adj.* **1.** (*boastful*) großmäulig. **2.** (*coarse*) grob. ′loudness, *s.* Lautstärke *f.* ′loud′speaker, *s.* Lautsprecher *m; Rec:* **l. enclosure,** Lautsprecherbox *f.*

lounge [laundʒ]. **I.** *s.* (*in house*) Wohnzimmer *n;* (*in hotel*) Gesellschaftsraum *m.* **II.** *v.i.* sich lümmeln. ′lounger, *s.* Faulenzer(in) *m(f).* ′lounge-′suit, *s.* Straßenanzug *m.*

louse, *pl.* **lice** [laus, lais], *s.* Laus *f;* **infested with lice,** verlaust. **lousy** [′lauzi], *adj.* **1.** verlaust. **2.** *F:* lausig, miserabel; **l. trick,** Gemeinheit *f;* **I'm feeling l.,** ich fühle mich mies; *P:* **the place is l. with people,** es wimmelt von Leuten.

lout [laut], *s.* Flegel *m.* ′loutish, *adj.* flegelhaft.

louvre [′lu:vər], *s.* (*a*) *Aut: etc:* Kühlschlitz *m;* (*b*) **l. door,** Jalousietür *f.*

love [lʌv]. **I.** *s.* Liebe *f;* (*a*) **there's no l. lost between them,** sie können einander nicht ausstehen; **for the l. of God,** um Gottes willen; **to work for the l. of it,** arbeiten, weil es einem Freude macht; **give my l. to your parents,** ich lasse Ihre Eltern herzlich grüßen; *F:* **it can't be had for l. or money,** das ist auch für Geld und gute Worte nicht zu bekommen; (*b*) **in l.,** verliebt; **to fall in l. with s.o.,** sich in j-n verlieben; **to make l. to/with s.o.,** mit j-m intim sein; **to marry for l.,** eine Liebesheirat eingehen; (*c*) *attrib.* Liebes-; **l. match,** Liebesehe *f;* **l. letter,** Liebesbrief *m;* **l. song,** Liebeslied *n;* **l. story,** Liebesgeschichte *f;* **l. affair,** Liebesabenteuer *n,* Liebesaffäre *f.* **2.** (*pers.*) **my l.,** mein Schatz; mein Lieber, meine Liebste; **his first l.,** seine erste Liebe. **3.** *Tennis:* Null *f;* **game to l.,** Spiel zu null. **II.** *v.tr.* (j-n, etwas) lieben; *F:* **to l. doing sth.,** etwas schrecklich gern tun; **will you do it? – I should l. to,** werden Sie es tun? – mit dem größten Vergnügen! ′lovable, *adj.* liebenswert. ′loveless, *adj.* lieblos. ′loveliness, *s.* Schönheit *f.* ′lovely, *adj.* (*a*) (*of girl, picture etc.*) reizend, entzückend; (*b*) *F:* (*of party, meal etc.*) großartig, wunderschön; **it's been l. seeing you again,** es war riesig nett, dich wiederzusehen. ′lover, *s.* **1.** Geliebte(r) *fm; esp. Th:* Liebhaber *m;* **pair of lovers,** ein Liebespaar. **2.** Freund *m* (der Künste usw.); **music l.,** Musikfreund *m.* ′lovesick, *adj.* liebeskrank. ′loving, *adj.* liebend, liebevoll.

low [ləu]. **I.** *adj.* (*most senses*) niedrig; (*a*) (*in height*) **at l. altitude,** in einer niederen Höhenlage; **l.(-lying) land,** tiefliegendes Land; **l. tide/water,** Ebbe *f;* **the lower jaw,** der Unterkiefer; *Cl:* **l. neck,** tiefer Ausschnitt; *Fig:* **to keep a l. profile,** sich unauffällig benehmen; (*b*) **lowest weight,** Mindestgewicht *n;* **lowest price,** Mindestpreis *m,* niedrigster Preis; **£100 at the lowest,** mindestens 100 Pfund; (*c*) (*small*) **l. speed,** geringe Geschwindigkeit; **l. volume,** schwache Lautstärke; **supplies are (running) l.,** die Vorräte werden knapp; **l. pressure,** niedriger Druck; *Meteor:* Tiefdruck *m; Aut:* **l. profile tyre,** Niederquerschnittreifen *m; El:* **l. voltage/tension,** Niederspannung *f; Cu:* **on a l. flame/gas,** bei schwacher Hitze/Flamme; (*d*) (*of note, sound*) tief; (*soft*) leise; (*e*) *Fig:* (*mean*) niederträchtig;

l. **trick,** Gemeinheit *f;* (*f*) *Fig:* (*bad*) l. **opinion,** schlechte Meinung; **of a l. order,** (von) niedriger Art; l. **standard,** niedriges Niveau; (*of invalid*) **to be very** l., sehr schwach sein; in l. **spirits,** in gedrückter Stimmung/niedergeschlagen; (*g*) (*primitive*) nieder; **the lower animals,** die niederen Tiere; **the lower classes,** die unteren Klassen; *Ecc:* l. **mass,** stille Messe. II. *adv.* (*a*) tief (fliegen, liegen, sinken usw.); l. **flying aircraft,** Tiefflieger *m; Fig:* **to be laid l.,** ans Bett gefesselt sein; **to lie l.,** sich versteckt halten; (*b*) **the lowest paid workers,** die am schlechtesten bezahlten Arbeiter; (*c*) (*of instrument*) **to read l.,** einen zu geringen Wert anzeigen. III. *s.* (*a*) **all-time l.,** absoluter Tiefstand *m;* (*b*) *Meteor:* Tiefdruckgebiet *n.* '**lowbrow,** *adj.* geistig anspruchslos. '**Low 'Countries, The.** *Pr. n. Geog:* die Beneluxstaaten *mpl; Hist:* die Niederlande *npl.* '**low-down.** I. *adj. F:* gemein, niedrig; **a l.-d. trick,** eine Niederträchtigkeit. II. *s. P.* **to give s.o. the l.-d.,** j-n aufklären (**about sth.**), über etwas *acc*.) '**lower,** *v.tr.* (*a*) (*on rope etc.*) (j-n, etwas) herunterlassen; (eine Fahne) niederholen; *Nau:* **to l. a boat,** ein Boot aussetzen; (*b*) (die Augen, den Preis, das Niveau usw.) senken; l. **your voice!** sprechen Sie leiser! '**lowering**[1], *s.* Senkung *f* (der Preise, des Niveaus usw.); Aussetzen *n* (eines Bootes). '**low-'geared,** *adj. Mec. E:* mit starker Untersetzung. '**Low-'German.** I. *s. Ling:* Niederdeutsch *n.* II. *adj.* niederdeutsch. '**low-'grade,** *adj.* minderwertig. '**lowland.** I. *adj.* Tiefland- II. *s.pl.* **lowlands,** Tiefland *n.* '**low-'lying,** *adj.* (*of land*) tiefliegend. '**low-'pitched,** *adj.* **1.** (*of voice*) tief. **2.** (*of roof etc.*) mit geringer Neigung. '**low-'pressure,** *adj.* Niederdruck-.

low[2], *v.i.* (*of cow*) muhen.

lowering[2] ['lauəriŋ], *adj.* (*of sky*) drohend.

loyal ['lɔiəl], *adj.* treu (**to s.o., sth.,** j-m, etwas *dat*). '**loyalty,** *s.* Treue *f.*

lozenge ['lɔzindʒ], *s. Pharm:* Pastille *f.*

lubricate ['lu:brikeit], *v.tr.* (etwas) schmieren; **lubricating oil,** Schmieröl *n.* '**lubricant,** *s.* Schmiermittel *n.* **lubri'cation,** *s.* Schmierung *f.* '**lubricator,** *s.* Öler *m.*

Lucerne [lu(:)'sə:n]. *Pr. n. Geog:* Luzern *n;* **the Lake of L.,** der Vierwaldstätter See.

lucid ['lu:sid], *adj.* klar; (*of pers., mind*) scharfsichtig; *Med:* l. **moments,** lichte Momente. **lu'cidity,** *s.* Klarheit *f.*

luck [lʌk], *s.* **1.** (*fortune*) (**good**) l., Glück *n;* **bad/** *F:* **hard/tough l.,** Pech *n;* **good l.!** viel Glück! viel Erfolg! **better l. next time!** hoffentlich hast du nächstes Mal mehr Glück! **to be out of l./ have no l.,** Pech haben; **piece/stroke of l.,** Glücksfall *m; F.* **that was a bit/stroke of l.** (**for you**), da hast du Glück gehabt; **worse l.!** leider! *Iron:* **just my l.!** so ein Pech! **2.** (*chance*) Zufall *m;* **as l. would have it,** wie es der Zufall wollte. '**lucky,** *adj.* glücklich; (*of thing*) glückbringend; **to be l.,** (*of pers.*) Glück haben; (*of thing*) Glück bringen; l. **day,** Glückstag *m;* l. **dip,** Glückstopf *m;* **at a l. moment,** in einem günstigen Augenblick; **how l.!** was für ein Glück! **you were l. to escape,** du kannst von Glück reden, daß du entkommen bist; **-ily,** *adv.* zum Glück, glücklicherweise.

lucrative ['lu:krətiv], *adj.* höchst einträglich, lukrativ.

ludicrous ['lu:dikrəs], *adj.* lächerlich.

ludo ['lu:dəu], *s. Games:* Mensch-ärgere-dich-nicht *n.*

lug [lʌg]. I. *v.tr. F:* (etwas Schweres) schleppen. II. *s. Tchn:* Nase *f.* '**lugholes,** *s.pl. P:* (*ears*) Löffel *pl.*

luggage. ['lʌgidʒ], *s.* Gepäck *n;* l. **label,** Gepäckanhänger *m;* l. **rack,** (i) (*in train, bus etc.*) Gepäcknetz *n;* (ii) *Aut:* Gepäckträger *m; Rail:* l. **van,** Gepäckwagen *m;* l. **locker,** Schließfach *n.*

lugubrious [lu:'gu:briəs], *adj.* düster.

lukewarm ['lu:kwɔ:m], *adj.* lauwarm.

lull [lʌl]. I. *s.* (*in a storm*) kurze Flaute *f,* **a l. in the conversation,** eine Gesprächspause. II. *v.tr.* **to l. a child to sleep,** ein Kind einlullen; *Fig:* **to be lulled into a** (**false**) **sense of security,** sich in einem Sicherheitsgefühl wiegen. **lullaby** ['lʌləbai], *s.* Wiegenlied *n.*

lumbago [lʌm'beigəu], *s. Med:* Hexenschuß *m.* '**lumbar,** *adj. Anat:* Lenden-; l. **region,** Lendengegend *f; Med:* l. **puncture,** Lumbalpunktion *f.*

lumber[1] ['lʌmbər]. I. *s.* **1.** Gerümpel *n;* l. **room,** Rumpelkammer *f.* **2.** *N.Am:* Bauholz *n.* II. *v.tr. F:* (j-n) belasten (**with sth.,** mit etwas *dat*); **now you're lumbered with him,** jetzt hast du ihn am Halse. '**lumberjack/'lumberman,** *s. N.Am:* Holzfäller *m.* '**lumberyard,** *s. N. Am:* Holzplatz *m.*

lumber[2], *v.i.* **to l. along,** sich dahinschleppen. '**lumbering,** *adj.* l. **gait,** schleppender Schritt.

luminous ['lu:minəs], *adj.* leuchtend, Leucht-; l. **paint,** Leuchtfarbe *f.*

lump[1] [lʌmp]. I. *s.* **1.** (*a*) (*of clay, stone, wood etc.*) Klumpen *m;* l. **of sugar,** Zuckerwürfel *m;* l. **sugar,** Würfelzucker *m;* l. **sum,** Pauschalbetrag *m; Fig:* **it brought a l. to my throat,** die Rührung schnürte mir die Kehle zu; (*b*) (*swelling etc.*) Beule *f,* Schwellung *f;* (*in breast*) Knoten *m.* **2.** (*of pers.*) *Hum:* **you great fat l.!** du fetter Brocken! II. *v.tr. F:* **to l. everything together,** alles in einen Topf werfen. '**lumpy,** *adj.* (*of sauce*) klumpig.

lump[2], *v.tr. F:* **if you don't like it, you can l. it,** wenn's dir nicht paßt, dann hast du eben Pech gehabt.

lunacy ['lu:nəsi], *s.* Wahnsinn *m; F:* **it's sheer l.,** das ist doch der reinste Irrsinn. '**lunatic.** I. *s.* Wahnsinnige(r) *f(m),* Verrückte(r) *f(m)* II. *adj.* (*a*) wahnsinnig; l. **asylum,** Irrenanstalt *f;* (*b*) *Fig:* irrsinnig; l. **fringe,** verrückte Extremisten *mpl.*

lunar ['lu:nər], *adj.* Mond-; l. **module,** Mondfähre *f.*

lunch [lʌn(t)ʃ]. I. *s.* Mittagessen *n;* l. **hour,** Mittagspause *f.* II. *v.i.* zu Mittag essen. '**luncheon,** *s.* Mittagessen *n;* l. **voucher,** Essensbon *m.*

lung [lʌŋ], *s.* Lunge *f;* **iron l.,** eiserne Lunge.

lunge [lʌndʒ]. I. *s.* (plötzlicher) Stoß *m* nach vorn; *Fenc:* Ausfall *m.* II. *v.i.* vorwärts stoßen; *Fenc:* einen Ausfall machen.

lupin ['lu:pin], *s. Bot:* Lupine *f.*

lurch[1] [lə:tʃ], *s.* **to leave s.o. in the l.,** j-n im Stich lassen.

lurch[2]. I. *s.* **1.** (*jerk*) Ruck *m;* (plötzliches) Schlingern *n* (eines Schiffes usw.). **2.** (*of pers.*)

Taumeln *n*, taumelnde Bewegung *f*. **II.** *v.i.* (*a*) (*of vehicle*) einen Ruck geben; **to l. from side to side**, von Seite zu Seite schwanken; (*b*) (*of ship*) schlingern; (*c*) (*of pers.*) taumeln.

lure ['ljuər]. **I.** *s.* **1.** *Fish:* Köder *m*. **2.** *Fig:* Verlockung *f*, Reiz *m* (der See usw.). **II.** *v.tr.* (*a*) *Fish: Hunt:* (ein Fisch, Tier) ködern; (*b*) (j-n, ein Tier) anlocken; **to be lured into a trap**, in eine Falle gelockt werden.

lurid ['ljuərid], *adj.* **1.** (*of colours*) grell; (*of light*) fahl; **l. flame**, rötlichgelbe Flamme. **2.** (*of film etc.*) reißerisch.

lurk [lə:k], *v.i.* lauern. **'lurking**, *adj.* lauernd; **a l. suspicion**, ein heimlicher Verdacht.

luscious ['lʌʃəs], *adj.* (*juicy*) saftig; (*delicious*) köstlich; *F:* (*of girl*) üppig.

lush [lʌʃ], *adj.* üppig; **l. green**, saftiges Grün.

lust [lʌst], *s.* (*a*) (geschlechtliche) Begierde *f*; (*b*) *Fig:* Verlangen *n* (**for**, nach + *dat*); **l. for power**, Machtgier *f*.

lustre ['lʌstər], *s.* Schimmer *m;* (*gloss*) Glanz *m*. **'lustrous**, *adj.* glänzend.

lusty ['lʌsti], *adj.* (*of blow etc.*) kräftig; (*of pers.*) rüstig.

lute [lu:t], *s. Mus:* Laute *f*.

Lutheran ['lu:θərən]. **I.** *s.* Lutheraner(in) *m(f)*. **II.** *adj.* lutherisch; **the L. Bible**, die Lutherbibel; **the L. Church**, die Lutherische Kirche.

luxuriance [lʌg'zjuəriəns], *s.* Üppigkeit *f*. **lux'uriant**, *adj.* üppig; **-ly**, *adv.* **to grow l.**, wuchern. **lux'uriate**, *v.i.* **to live in l.**, im Luxus leben; **we can't afford luxuries**, wir können uns keinen Luxus/(*l. articles*) keine Luxusartikel leisten.

lying[1] ['laiiŋ]. **I.** *adj.* lügnerisch, verlogen. **II.** *s.* Lügen *n*.

lying[2], *pres. part. of* lie[2] liegend.

lymphatic [lim'fætik], *adj. Anat:* lymphatisch; **l. gland**, Lymphknoten *m*.

lynch [lin(t)ʃ], *v.tr.* (j-n) lynchen.

lynx [liŋks], *s. Z:* Luchs *m*.

lyre ['laiər], *s.* **1.** *Mus:* Leier *f*. **2.** *Orn:* **l. bird**, Leierschwanz *m*.

lyric ['lirik]. **I.** *adj.* lyrisch; **l. poetry**, Lyrik *f*. **II.** *s.* (*a*) lyrisches Gedicht *n;* (*b*) *Th: Mus:* **lyrics**, Liedtext *m;* Text *m* (eines Musicals). **'lyrical**, *adj.* lyrisch; *Hum:* **she waxed positively l.**, sie wurde ausgesprochen schwärmerisch. **'lyricism** ['lirisizm], *s.* lyrischer Charakter *m*.

M

M, m [em], *s.* (der Buchstabe) M, m *n*.

Ma [ma:], *s. P:* Mutti *f*.

mac [mæk], *s. abbr. F:* = **mackintosh**.

macabre [mə'ka:br], *adj.* makaber.

macaroni [mækə'rouni], *s.* Makkaroni *pl*.

macaroon [mækə'ru:n], *s.* Makrone *f*.

mace[1] [meis], *s.* **1.** *Hist:* Streitkolben *m*. **2.** *esp. Parl:* Amtsstab *m*.

mace[2], *s. Cu:* Muskatblüte *f*.

macedoine [mæsi'dwa:n], *s. Cu:* (*a*) gemischtes Gemüse *n;* (*b*) **m. of fruit**, Obstsalat *m*.

machinations [mæki'neiʃ(ə)nz], *s.pl.* Machenschaften *fpl*.

machine [mə'ʃi:n]. **I.** *s.* (*a*) Maschine *f;* **m. made**, maschinell hergestellt; *Ind:* **m. shop**, Maschinenhalle *f;* **m. tool**, Werkzeugmaschine *f;* (*b*) (*small device*) Apparat *m;* (*c*) (*vehicle*) Fahrzeug *n; Motor Cy:* Maschine *f;* (*d*) *Pol:* **party m.**, Parteiapparat *m;* (*e*) (*pers.*) Roboter *m*. **II.** *v.tr.* (*a*) *Ind:* (etwas) maschinell herstellen; *Metalw:* (Metalle) bearbeiten, *esp.* zerspanen; (*b*) *Dressm:* (ein Kleid) auf der Maschine nähen; (*c*) *Print:* (Bogen) drucken. **ma'chinery**, *s.* **1.** Maschinerie *f;* (*mechanism*) Mechanismus *m*. **2.** *Fig:* Maschinerie *f;* **m. of government**, Regierungsapparat *m*. **ma'chinist**, *s.* **1.** *Ind:* Maschinenarbeiter *m*. **2.** *Dressm:* Maschinennäherin *f*.

mackerel ['mæk(ə)rəl], *s.* Makrele *f*.

mackintosh ['mækintɔʃ], *s.* Regenmantel *m*.

mad [mæd], *adj.* **1.** (*a*) verrückt; **to go m.**, den Verstand verlieren; *esp. F:* verrückt/wahnsinnig werden; **to drive/send s.o. m.**, j-n um den Verstand bringen; *esp. F:* j-n verrückt machen; *F:* **m. as a hatter**, total verrückt; *F:* **like m.**, wie verrückt; wie ein Rasender; (*b*) (*of dogs*) tollwütig. **2.** *F:* **m. about/on sth.**, auf etwas *acc* versessen; **m. about s.o.**, in j-n vernarrt. **3.** **m. with joy**, außer sich *dat* vor Freude; **m. with anger**, rasend vor Wut. **4.** (*wild*) ausgelassen. **'madden**, *v.tr.* (j-n) verrückt/wahnsinnig machen. **'maddening**, *adj.* aufreizend; **it is m.**, es ist zum Verrücktwerden. **'madhouse**, *s.* Irrenanstalt *f*. **'madman**, *s.* Irre(r) *m; esp. F:* Verrückte(r) *m*. **'madwoman**, *s.* Irre *f; esp. F:* Verrückte *f*. **'madness**, *s.* Wahnsinn *m*.

madam ['mædəm], *s.* gnädige Frau; **a (proper) little m.**, ein schnippisches Fräulein.

made [meid], *adj.* (*p.p. of* make) **m. in England**, in England hergestellt; **m. of wood**, aus Holz.

Madeira [mə'diərə], *s.* **1.** (*wine*) Madeira *m*. **2.** **M. cake**, Sandkuchen *m*.

Madonna [mə'dɔnə], *s. Rel:* Muttergottes *f; Art:* Madonna *f*.

magazine [mægə'zi:n], *s.* **1.** *Mil:* (*a*) Munitionslager *m; (for powder)* Magazin *n;* (*b*) Patronenkammer *f* (eines Gewehrs usw.). **2.** (*store*) Vorratsraum *m*, Speicher *m*. **3.** (*container*) Behälter *m; Phot:* **slide m.**, Diamagazin *n*. **4.** (*periodical*) Zeitschrift *f;* (*illustrated*) Illustrierte *f*.

maggot ['mægət], *s. Ent:* Made *f.* '**maggoty**, *adj.* madig.

magic ['mædʒik]. **I.** *s.* Zauber *m;* **as if by m.**, wie durch Zauber/Zauberkraft. **II.** *adj.* magisch; **m. carpet**, fliegender Teppich *m; El:* **m. eye**, magisches Auge *n.* '**magical**, *adj.* zauberhaft. **ma'gician** [ma'dʒiʃ(ə)n], *s.* (a) (*wizard*) Zauberer *m;* (b) (*entertainer*) Zauberkünstler *m.*

magisterial [mædʒis'tiəriəl], *adj.* gebieterisch; (*solemn*) feierlich.

magistrate ['mædʒistreit], *s. Jur:* Friedensrichter *m.*

magnanimity [mægnə'nimiti], *s.* Großmut *f.* **magnanimous** [-'næniməs], *adj.* großmütig.

magnate ['mægneit], *s.* Magnat *m;* (**industrial**) **m.**, Industriekapitän *m.*

magnesia [mæg'ni:ʃə], *s. Ch:* Magnesia *f.*

magnet ['mægnit], *s.* Magnet *n.* **magnetic** [-'netik]. *adj.* magnetisch; *Ph: & Fig:* **m. attraction**, magnetische Anziehungskraft *f; Rec: etc:* **m. tape**, Magnetband *n; Ph:* **m. field**, Magnetfeld *n;* **m. pole**, magnetischer Pol. '**magnetism** [-nɔtizm], *s. Ph:* Magnetismus *m; Fig:* (**personal**) **m.**, Anziehungskraft *f.* **magneto** [-'ni:tau]. *s. I.C.E:* Magnetzünder *m.*

magnification [mægnifi'keiʃ(ə)n], *s.* Vergrößerung *f.* '**magnify**, *v.tr.* (ein Bild usw.) vergrößern; **magnifying glass**, Vergrößerungsglas *n.*

magnificence [mæg'nifis(ə)ns], *s.* Herrlichkeit *f;* (*display*) Pracht *f.* **mag'nificent**, *adj.* herrlich, prachtvoll.

magnitude ['mægnitju:d], *s.* **1.** Größe *f; Astr:* Größenordnung *f* (eines Sterns). **2.** *Fig:* Ausmaß *n* (einer Katastrophe); (*importance*) Bedeutung *f;* **of the first m.**, von größter Wichtigkeit.

magnolia [mæg'nəuliə], *s. Bot:* Magnolie *f.*

magnum ['mægnəm], *s. approx.* Eineinhalbliterflasche *f* (für Wein und Spirituosen).

magpie ['mægpai], *s. Orn:* Elster *f.*

mahogany [mə'hɔgəni], *s.* Mahagoni *n.*

maid [meid], *s.* **1.** Dienstmädchen *n;* **m. of all work**, Mädchen *n* für alles. **2.** (a) *Hist:* M. of Orleans, die Jungfrau von Orleans; (b) **old m.**, alte Jungfer *f.* '**maiden**, *attrib. adj.* **1.** (*unmarried*) **m. aunt**, unverheiratete Tante *f;* **m. name**, Mädchenname *m.* **2.** (*first*) **m. voyage**, Jungfernfahrt *f; Parl:* **m. speech**, Jungfernrede *f.* '**maidenhood**, *s.* Jungfräulichkeit *f.*

mail[1] [meil]. **I.** *s.* Post *f;* **m. order firm**, Versandhaus *n* **II.** *v.tr. esp. N.Am:* (etwas) mit der Post schicken; (einen Brief) aufgeben. '**mailbag**, *s.* Postsack *m.* '**mailbox**, *s. N.Am:* Briefkasten *m.* '**mailman**, *pl.* **-men**, *s. N.Am:* Briefträger *m.* '**mailing**, *s.* Postversand *m;* (*articles sent*) Postsendung *f; Com:* **m. list**, Postversandliste *f.*

mail[2], *s. Hist:* Panzer *m;* **coat of m.**, Panzerhemd *n.*

maim [meim], *v.tr.* (j-n) verstümmeln.

main [mein]. **I.** *s.* **1. with might and m.**, mit aller Kraft. **2. to have an eye to the m. chance**, seinen eigenen Vorteil im Auge haben. **3. in the m.**, im ganzen; im wesentlichen. **4.** (a) (**water**) **m.**, Hauptwasseranschluß *m;* (b) *Gas:* Hauptleitung *f; El:* Stromnetz *n;* **mains gas**, Leitungsgas *n;* **mains electricity**, Netzstrom *m;* **mains lead**, Anschlußkabel *n; Rad:* **mains receiver**, Netz-

empfänger *m.* **II.** *attrib. adj.* Haupt-; **m. road**, Hauptstraße *f;* **m. thing**, Hauptsache *f; Gram:* **m. clause**, Hauptsatz *m; Rail:* **m. line**, Hauptstrecke *f;* **-ly**, *adv.* hauptsächlich; (*mostly*) größtenteils. '**mainland**, *s.* Festland *n.*

mainsail ['meinsəl], *s. Nau:* Großsegel *n.*

'**mainspring**, *s.* (a) Hauptfeder *f* (einer Uhr); (b) *Fig:* Triebfeder *f.* '**mainstay**, *s.* (a) *Nau:* Großstag *m;* (b) *Fig:* Hauptstütze *f.* '**mainstream**, *s.* Hauptströmung *f.*

maintain [mein'tein], *v.tr.* (a) (Recht und Ordnung, Beziehungen, Kontakt usw.) aufrechterhalten; (Preise) halten; (eine Geschwindigkeit) beibehalten; **to m. an appearance of calm**, den Schein der Ruhe bewahren; **to m. standards/a high standard**, den Standard/ein hohes Niveau aufrechterhalten; (b) (Straßen, Anlagen usw.) instand halten; (eine Maschine) warten; (c) (j-n, eine Familie) versorgen, unterhalten; (d) (ein Recht) behaupten; (eine Meinung) vertreten; **he maintained that . . .**, er behauptete, daß . . . '**maintenance** [-tinəns], *s.* (a) Aufrechterhaltung *f* (des Gesetzes, von Beziehungen usw.); Wahrung *f* (des Niveaus usw.); Beibehaltung *f* (der Geschwindigkeit); (b) (*upkeep*) Instandhaltung *f; Aut: etc:* Wartung *f;* (c) *esp. Jur:* (*payment*) Unterhalt *m* (einer geschiedenen Frau usw.)

maisonette [meizə'net], *s.* Wohnung *f* (auf zwei Etagen).

maize [meiz], *s.* Mais *m.*

majesty ['mædʒisti], *s.* Majestät *f.* **majestic** [mə'dʒestik], *adj.* majestätisch.

major[1] ['meidʒər], *s. Mil:* Major *m;* **m.-general**, Generalmajor *m.*

major[2], *adj.* **1.** (a) (*larger*) Haupt-; **the m. part**, der Hauptanteil, der größte Teil, (b) (*serious*) *crist;* **m. crime**, Schwerverbrechen *n; Med:* **m. operation**, schwere Operation; *F:* **what's wrong? nothing m. I hope?** was ist los? (c) (*important*) bedeutend, **a m. change**, eine große Veränderung; *esp. Sp:* **m. event**, Großveranstaltung *f; Sp: Pol:* **a m. upset**, ein ganz unerwartetes Ergebnis. **2.** **m. road**, Hauptverkehrsstraße *f;* (*having priority*) Vorfahrtstraße *f.* **3.** *Mus:* Dur; **m. key**, Durtonart *f;* **in A m.**, in A-Dur; **m. third**, große Terz. **majority** [mə'dʒɔriti], *s.* **1.** Mehrheit *f;* **in the m.**, in der Mehrzahl. **2.** *Jur:* Mündigkeit *f;* **to attain one's m.**, mündig werden

make [meik]. **I.** *s.* **1.** *Ind:* (a) Marke *f;* **well-known m. of car**, bekannte Automarke; (b) **of British m.**, britischer Herstellung. **2.** *F:* **to be on the m.**, auf Gewinn aus sein. **II.** *v.* (*p. & p.p.* **made** [meid]) **1.** *v.tr.* (etwas) machen; (a) **to m. a speech**, eine Rede halten; **to m. one's escape**, entkommen; **to m. peace**, Frieden schließen; (b) (Kleider) anfertigen; (Tee) kochen; (c) (*create*) (j-n, etwas) schaffen; **to m. sth. into sth.**, etwas zu etwas *dat* machen; **he made the house into a museum**, er machte aus dem Haus ein Museum; **he makes a good doctor**, er gibt einen guten Arzt ab; **it will m. or break him**, es wird sein Glück oder Verderben sein; **he is as sharp as they m. them**, er gehört zu den gerissensten, die es gibt; (d) (*cause*) **to m. s.o. do sth.**, j-n veranlassen, etwas zu tun; **what made him do**

it? was hat ihn dazu veranlaßt? **we made him talk,** wir haben ihn zum Reden gebracht; **to m. trouble,** Unruhe stiften; **this makes a lot of extra work,** das macht viel zusätzliche Arbeit; (e) (add up to) (ein Resultat) ergeben; **two and two makes four,** zwei und zwei macht vier; **this book makes good reading,** dieses Buch liest sich gut; F: **that has made my day,** das hat den Tag für mich gekrönt; (f) **to m. progress,** Fortschritte machen; **to m. money,** (of pers.) gut verdienen; (of project) Geld einbringen; **to make a name for oneself,** sich dat einen Namen machen; F: **we've made it!** wir haben's geschafft! (g) (eine Summe usw.) schätzen; **how much do you m. it?** auf wieviel schätzen Sie es? **I m. it 6 o'clock,** nach meiner Uhr ist es 6 Uhr. **2.** v.i. **what do you m. of it?** was halten Sie davon? **he made as if to cut the bread,** er tat, als ob er das Brot schneiden wollte. ´**make a´way,** v.i. verschwinden (**with** s.o./sth., mit j-m/ etwas dat). ´**make-believe,** s. Phantasieren n. ´**make ´do,** v.i. sich begnügen (**with** s.o., sth., mit j-m, etwas dat). ´**make ´for,** v.i. (a) (aim for) he was making for London, sein Ziel war London; **where are you making for?** wohin wollen Sie? (b) (contribute to) **it makes for good relations,** es fördert gute Beziehungen. ´**make ´off,** v.i. F: sich davonmachen (**with** s.o., sth., mit j-m, etwas dat); **he made off with the money,** er ist mit dem Geld durchgebrannt. ´**make ´out,** v. **1.** v.tr. (a) (einen Scheck) ausstellen; (ein Dokument) ausfertigen; (b) (eine Handschrift) entziffern; **how do you m. that out?** wie kommen Sie darauf? **I cannot m. it out,** ich werde nicht klug daraus; (c) **I could not m. out his features in the dark,** ich konnte seine Züge im Dunkeln nicht erkennen. **2.** v.i. **he is making out very well,** er macht sich sehr gut. ´**make ´over,** v.tr. (etwas) übertragen (**to** s.o., auf j-n). ´**maker,** s. Ind: Hersteller m; Rel: **Our M.,** Unser Schöpfer m. ´**makeshift.** **I.** s. Notbehelf m. **II.** attrib. adj. behelfsmäßig; **a m. shelter,** eine Notunterkunft f. ´**make ´up,** v. **1.** v.tr. (a) **to m. up lost ground,** Versäumtes nachholen; (in race) aufholen; (b) (ein Paket) verpacken; Pharm: **to m. up a prescription,** eine verschriebene Arznei zubereiten; (c) Cl: (einen Anzug) anfertigen; (d) (invent) (eine Geschichte) erfinden; (e) **to m. up the fire,** nachlegen, zulegen; (f) (form) (ein Ganzes usw.) bilden; (g) Cosm: **to m.** (s.o., oneself) **up,** (j-n, sich) schminken; (h) **to m. up one's mind,** sich entschließen; (i) **to m. it up with** s.o., sich mit j-m versöhnen. **2.** v.i. (a) **to m. up for** sth., etwas wiedergutmachen; **to m. up for lost time,** verlorene Zeit aufholen; (b) **to m. up to** s.o., j-m schöntun; j-n (for sth., für etwas acc) entschädigen. ´**make-up,** s. **1.** (of pers.) Charakter m. **2.** Cosm: Make-up n; Th: (result) Maske f. ´**makeweight,** s. Zugabe f. ´**making,** s. (a) Machen n; Ind: Fabrikation f; **history in the m.,** Geschichte im Entstehen; **this has been the m.** of him, damit ist er ein gemachter Mann geworden; (b) pl. **he has the makings of a doctor,** er hat das Zeug zum Arzt.

maladjusted [mæləˈdʒʌstid], adj. nicht anpassungsfähig; Psy: verhaltensgestört.

maladroit [mæləˈdrɔit], adj. **1.** (clumsy) ungeschickt. **2.** (tactless) taktlos.

malady [ˈmælədi], s. Krankheit f.

malaria [məˈlɛəriə], s. Med: Malaria f.

Malaya [məˈleiə]. Pr. n. Geog: Malaya n. **Ma-´lay, Ma´layan.** **I.** s. Malaie m; Malaiin f. **II.** adj. malaiisch.

male [meil]. **I.** s. **1.** Mann m. (animal) Männchen n. **II.** adj. männlich; **m. voice choir,** Männerchor m.

malevolence [məˈlevələns], s. Böswilligkeit f. **ma´levolent,** adj. böswillig (**towards,** gegen + acc).

malfunction [mælˈfʌŋkʃ(ə)n], s. Funktionsstörung f.

malice [ˈmælis], s. Bosheit f; Jur: **with m. aforethought,** in böswilliger Absicht. **ma´licious,** adj. (of damage etc.) böswillig; (of remarks) boshaft.

malign [məˈlain]. **I.** adj. unheilvoll; **a m. influence,** ein schädlicher Einfluß. **II.** v.tr. (j-n) verleumden. **malignancy** [məˈlignənsi]/ **malignity** [məˈligniti], s. Böswilligkeit f; Med: Bösartigkeit f. **ma´lignant,** adj. heimtückisch; Med: **m. tumour,** bösartige Geschwulst f.

malinger [məˈliŋgər], v.i. sich krankstellen; F: krankfeiern.

mallard [ˈmælɑːd], s. Orn: Stockente f.

malleable [ˈmæliəbl], adj. formbar.

mallet [ˈmælit], s. **1.** Holzhammer m. **2.** Sp: Schläger m.

mallow [ˈmæləu], s. Bot: Malve f.

malnutrition [mælnjuˈtriʃ(ə)n], s. Unterernährung f.

malpractice [mælˈpræktis], s. Mißbrauch m.

malt [mɔːlt]. **I.** s. Malz n. **II.** v.tr. (Gerste usw.) mälzen. ´**malted,** adj. **m. milk,** Malzmilch f.

Malta [ˈmɔːltə]. Pr. n. Geog: Malta n. **Mal-´tese.** **I.** s. Malteser(in) m(f). **II.** adj. maltesisch; **M. Cross,** Malteserkreuz n.

maltreat [mælˈtriːt], v.tr. (j-n, etwas) mißhandeln. **mal´treatment,** s. Mißhandlung f.

mammal [ˈmæml], s. Säugetier n.

mammoth [ˈmæməθ]. **I.** s. Z: Mammut n. **II.** adj. Fig: riesig, ungeheuer; **m. enterprise,** Riesenunternehmen n.

man [mæn]. **I.** s. pl. **men** [men]. **1.** Mensch m; (a) (human) (usu. sing. without the) coll. **m.,** der Mensch; **rights of m.,** Menschenrechte npl; Prov: **m. proposes, God disposes,** der Mensch denkt, Gott lenkt; (b) (person) **every m. for himself,** jeder für sich; **few men,** wenige (Menschen); **some men,** einige (Menschen); **they perished to a m.,** sie kamen bis auf den letzten Mann um; **the m. in the street,** der Durchschnittsmensch. **2.** (male) Mann m; (a) **men's chorus,** Männerchor n; **m. about town,** Lebemann m; (b) Fig: **to speak to** s.o. **m. to m.,** mit j-m offen sprechen; **he was not m. enough,** er war nicht Manns genug; (c) **I am your m.,** Sie können es mir ruhig überlassen; **he is not the m. for the job,** er ist nicht der Richtige dafür; **good m.!** gut so! (d) **an old m.,** ein Greis; **the dead m.,** der Tote; (e) **ice-cream m.,** Eisverkäufer m; **delivery m.,** Lieferbote m. **3. m. and wife,** Mann und Frau; **her young m.,** ihr Freund; (fiancé) ihr Verlobter; **I have known him m. and**

boy, ich kenne ihn schon von Jugend auf. **4.**
(a) A: (servant) Diener m; (b) (employee)
Angestellte(r) m; (worker) Arbeiter m; **the men
are on strike,** die Arbeiter streiken. **5.** (a) Mil:
1000 men, 1000 Mann; **officers and men,** Offi-
ziere und Mannschaften; (b) Sp: Spieler m. **6.**
Games: (a) Chess: Schachfigur f; (b) (draughts)
Stein m. **II.** v.tr. Nau: Mil: (ein Schiff usw.)
bemannen; **a fully manned fort,** ein Fort mit
voller Besatzung. ΄**maneater,** s. Men-
schenfresser m. ΄**manful,** adj. mannhaft;
(brave) tapfer. ΄**manhandle,** v.tr. (a) F: (j-n,
etwas) grob behandeln; (b) (etwas) mit Men-
schenkraft befördern. ΄**manhole,** s. Einstei-
geschacht m. ΄**manhood,** s. Mannesalter n.
΄**manliness,** s. Männlichkeit f. ΄**manpower,**
s. coll. Arbeitskräfte fpl. ΄**manservant,** s.
Diener m. ΄**manslaughter,** s. Jur: Totschlag m;
(by criminal negligence) fahrlässige Tötung f.
manacle [΄mænəkl]. **I.** s.pl. **manacles,** Hand-
schellen fpl. **II.** v.tr. (j-m) Handschellen an-
legen.
manage [΄mænidʒ], v. **1.** v.tr. (a) (einen Betrieb,
ein Geschäft, ein Hotel) führen, leiten; **to m.
one's own affairs,** seine Angelegenheiten selbst
regeln; (b) (mit j-m, einem Tier) fertigwerden;
to know how to m. s.o., sth., j-n, etwas zu be-
handeln wissen; (c) F: (etwas) schaffen; **I can
m. it,** ich schaffe es schon; **she managed to see
him,** es gelang ihr, ihn zu sehen. **2.** v.i. zu-
rechtkommen; **m. as best you can,** machen Sie
es, so gut Sie können; **she manages on very
little,** sie kommt mit sehr wenig (Geld) aus.
΄**manageable,** adj. **1.** (of tool etc.) handlich;
the boat is easily m., das Boot ist leicht zu
handhaben. **2.** (of pers.) fügsam, lenkbar. ΄**man-
agement,** s. **1.** (a) (managers) Leitung f, Direk-
tion f (eines Geschäfts, eines Betriebs usw.);
(b) (practice) Geschäftsführung f; **school of m.,**
Betriebswirtschaftsschule f. **2.** (handling)
Handhabung f (eines Werkzeugs, einer An-
gelegenheit); **good m.,** kluge Taktik f. ΄**mana-
ger,** s. **1.** Leiter m, Manager m; Bank: Th:
Direktor m; **departmental m.,** Abteilungsleiter
m. **2. she is a good m.,** sie ist eine gute Wirt-
schafterin. ΄**manageress,** s. Geschäftsführ-
rerin f (eines Restaurants usw.); Leiterin f
(einer Abteilung); Direktorin f (einer Firma).
mana΄gerial, adj. Com: führend, leitend; **in a
m. capacity,** in leitender Stellung; **m. staff,**
Führungskräfte fpl. ΄**managing,** adj. **1. m.
director,** Geschäftsführer m; Journ: **m. editor,**
Hauptschriftleiter m. **2.** herrschsüchtig; **she is
very m.,** sie will immer alle bevormunden.
mandarin(e) [΄mændərin], s. Bot: **m. orange,**
Mandarine f.
mandate [΄mændeit], s. Mandat n; Jur: Voll-
macht f. ΄**mandatory** [-dətri], adj. ver-
bindlich.
mane [mein], s. Mähne f.
manganese [mæŋgə΄niːz], s. Ch: Mangan n.
mange [mein(d)ʒ], s. Räude m. ΄**mangy,** adj. (a)
(of dog) räudig; (b) F: schäbig.
manger [΄mein(d)ʒər], s. Krippe f; Fig: **dog in the
m.,** Neidhammel m.
mangle [΄mæŋgl]. **I.** s. Mangel f. **II.** v.tr. (a) (die
Wäsche) mangeln; (b) (eine Hand usw., Fig:
einen Text) verstümmeln.

mango, pl. **-oes** [΄mæŋgəu,-əuz], s. Mango f;
(tree) Mangobaum m.
mania [΄meiniə], s. Manie f; **religious m.,** religiö-
ser Wahn m; **m. for collecting,** Sammelwut f.
΄**maniac. I.** adj. wahnsinnig. **II.** s. F: Ver-
rückte(r) f(m); Irre(r) f(m); **sex m.,** Trieb-
verbrecher m.
manicure [΄mænikjuər]. **I.** s. Maniküre f; **to
give oneself a m.,** sich dat die Nägel mani-
küren; **m. set,** Maniküreetui n. **II.** v.tr. (j-m die
Hände/Nägel) maniküren. ΄**manicurist,** s.
(pers.) Maniküre f.
manifest [΄mænifest]. **I.** adj. offensichtlich. **II.**
v.tr. Lit: (declare) (etwas) kundtun; (show)
(etwas) aufweisen; **to m. itself,** sich zeigen.
manifes΄tation, s. Erscheinung f. **mani΄fe-
sto,** pl. **-os,** s. Pol: election m., Wahlprogramm n.
manifold [΄mænifəuld]. **I.** adj. mannigfaltig. **II.**
Aut: **inlet m.,** Ansaugrohr n; **exhaust m.,**
Auspuffkrümmer m.
manipulate [mə΄nipjuleit], v.tr. (etwas) ma-
nipulieren; F: **to m. the accounts,** die Bücher
frisieren. **manipu΄lation,** s. Manipulation f.
mannequin [΄mænikin], s. Mannequin n.
manner [΄mænər], s. **1.** (a) Weise f; **in this m.,**
auf diese Weise; **in a m. of speaking,** sozu-
sagen; Art: **in the m. of Rembrandt,** im Stil m
Rembrandts; (b) (of pers.) Art f; **he has a
strange m.,** er hat eine seltsame Art; **a good
bedside m.,** eine gute Art, mit Kranken um-
zugehen. **2.** pl. (a) Manieren pl; (good) **man-
ners,** gute Manieren/gutes Benehmen; **it's bad
manners,** das gehört sich nicht; **she has no
manners,** sie hat kein Benehmen; **to forget
one's manners,** sich danebenbenehmen; (b)
comedy of m., Sittenkomödie f. **3.** A: **all m. of
things,** alles mögliche; **m. of doubt,**
durchaus kein Zweifel. **4. he skis (us) to the m.
born,** er ist ein geborener Skiläufer. ΄**manner-
ism,** s. **1.** (of pers.) Tick m. **2.** Art: Manie-
rismus m.
manoeuvre [mə΄nuːvər]. **I.** s. Mil: etc: Manöver
n. **II.** v.tr. & i. (ein Schiff usw.) manövrieren.
ma΄noeuvrable, adj. (of ship) manövrier-
fähig; (of vehicle) wendig.
manor [΄mænər], s. **m. (house),** Herrenhaus n;
Schloß n.
manse [mæns], s. Scot: Pfarrhaus n.
mansion [΄mænʃən], s. Schloß n; **country m.,**
Landschloß n.
mantelpiece [΄mæntlpiːs], s. **1.** Kaminemtas-
sung f. **2.** (mantelshelf) Kaminsims m.
manual [΄mænjuəl]. **I.** adj. manuell; Hand-;
labour, Handarbeit f. **II.** s. **1.** Handbuch n;
teacher's m., Lehrerbuch n; **instruction m.,**
Bedienungsanleitung f. **2.** Mus: Manual n
(einer Orgel).
manufacture [mænju΄fæktʃər]. **I.** s. Erzeugung
f, Herstellung f (eines Produkts); **country of
m.,** Herstellungsland n. **II.** v.tr. (etwas) erzeu-
gen, herstellen; **manufactured goods,** Industrie-
waren fpl; **manufacturing town,** Industriestadt
f. **manu΄facturer,** s. (firm etc.) Hersteller m,
Erzeuger m; (pers.) Fabrikant m.
manure [mə΄njuər]. **I.** s. Dünger m; (farmyard)
m., Mist m; **liquid m.,** Jauche f; **m. heap,**
Misthaufen m. **II.** v.tr. (ein Feld) düngen.
manuscript [΄mænjuskript], s. Manuskript n.

Manx [mæŋks], *adj. Geog:* von der Insel Man; M. cat, Manxkatze *f.*

many [ˈmeni]. I. *adj.* 1. viel(e); (a good) m. times, (sehr) oft; for m. years, (*past*) seit vielen Jahren; (*future*) (auf) viele Jahre; not in so m. words, nicht ausdrücklich; one too m., eins zu viel; they behave like so m. children, sie benehmen sich einfach wie Kinder; as m. as ten people saw it, mindestens zehn Leute sahen es; I've just as m. books as you, ich habe genau so viele Bücher wie Sie; as m. again, doppelt soviel/so viele; I have twice as m. as you, ich habe zweimal soviel/so viele wie Sie; how m.? wie viele? 2. *Lit:* m. a, mancher, manche, manches; m. a time, oft; m. a man, manch einer. II. *s.* viele *pl;* a good m. of us, ziemlich viele von uns; a great m., sehr viele. ˈmanyˈsided, *adj.* vielseitig.

map [mæp]. I. *s.* Landkarte; (*of town*) Stadtplan *m; F:* our place is right off the m., wir wohnen, wo sich Fuchs und Hase gute Nacht sagen; to wipe a town etc. off the m., eine Stadt usw. ausradieren; *Fig:* to put s.o., sth. on the m., j-m, etwas *dat* Geltung verschaffen. II. *v.tr.* (ein Gebiet) kartieren; to m. out a route, eine Route ausarbeiten; to m. out one's time, sich *dat* seine Zeit einteilen. ˈmapmaking/ˈmapping, *s.* Kartographie *f.*

maple [ˈmeipl], *s. Bot:* Ahorn *m;* m. syrup, Ahornsirup *m.*

mar [mɑːr], *v.tr.* (etwas) verderben; to make or m. s.o., j-s Glück oder Verderben sein.

marathon [ˈmærəθən], *s. Sp:* Marathonlauf *m.*

maraud [məˈrɔːd], *v.i.* plündern. maˈrauder, *s.* Plünderer *m.*

marble [ˈmɑːbl]. I. *s.* 1. Marmor *m;* m. slab, Marmorplatte *f;* m. quarry, Marmorbruch *m.* 2. *Games:* Murmel *f.* II. *v.tr.* (Kuchen, Papier) marmorieren.

March[1] [mɑːtʃ], *s.* März *m;* in (the month of) M., im (Monat) März; on M. 5th/the fifth of M., am 5./fünften März.

march[2]. I. *s.* 1. *Mil:* Marsch *m;* on the m., auf dem Marsch; m. past, Vorbeimarsch *m,* Parade *f;* day's m., Tagesmarsch *m; Fig:* to steal a m. on s.o., j-m zuvorkommen. 2. *Fig:* m. of events, Lauf *m* der Ereignisse; the m. of progress, der unaufhaltsame Fortschritt. 3. *Mus:* Marsch *m;* in m. time, im Marschtempo. II. *v.* 1. *v.i. Mil:* marschieren; quick m.! vorwärts marsch! 2. *v.tr.* to m. s.o. off, j-n abführen. ˈmarching, *s.* Marschieren *n; Mil:* m. order, Marschordnung *f;* m. orders, Marschbefehl *m.*

marchioness [ˈmɑːʃənes], *s.* Marquise *f.*

mare [mɛər], *s.* Stute *f; Meteor:* m.'s tails, (langgestreckte) Federwolken *fpl.*

margarine [mɑːdʒəˈriːn], *F.* marge, *s.* Margarine *f.*

margin [ˈmɑːdʒin], *s.* 1. Rand *m* (einer Seite usw.); *Typewr:* m. release, Randauslöser *m.* 2. (a) (*interval*) Abstand *m; Fig:* to leave sufficient m., genügend Spielraum *m* lassen; (b) *Sp:* Vorsprung *m;* he won by a narrow m., er hat knapp gewonnen. 3. *Econ: etc:* m. of error, Fehlerbereich *m;* profit m., Gewinnspanne *f.* ˈmarginal, *adj.* (a) am Rande; m. note, Randbemerkung *f;* (b) (*slight*) geringfügig; *Pol:* m. seat, Wahlkreis *m* mit knapper Mehrheit *f.*

marguerite [mɑːgəˈriːt], *s. Bot:* Margerite *f.*

marigold [ˈmærigəuld], *s. Bot:* Ringelblume *f.*

marijuana [mæriˈ(h)wɑːnə], *s.* Marihuana *n.*

marinade [mæriˈneid], *s.* Marinade *f.* ˈmarinate, *v.tr.* (Fisch usw.) marinieren.

marine [məˈriːn]. I. *adj.* (a) (*sea*) Meeres-; m. plants, Meerespflanzen *fpl;* (b) (*shipping*) See-; m. insurance, See(transport)versicherung *f;* m. engine, Bootsmotor *m.* II. *s.* (a) Marine *f;* mercantile m., Handelsmarine *f;* (b) *esp. U.S:* Marinesoldat *m; F:* tell that to the marines, das kannst du deiner Großmutter erzählen.

marionette [mæriəˈnet], *s.* Marionette *f.*

marital [ˈmæritl], *adj.* (*of rights, duties etc.*) ehelich; m. status, Familienstand *m.*

maritime [ˈmæritaim], *adj.* See-; *Pol:* m. power, Seemacht *f.*

marjoram [ˈmɑːdʒ(ə)rəm], *s. Bot: Cu:* Majoran *n.*

mark[1] [mɑːk]. I. *s.* 1. (*target*) *Fig:* to hit the m., ins Schwarze treffen; to be wide of the m., danebentreffen; to be up to the m., den Erwartungen entsprechen. 2. (*trace*) Spur *f;* (dirty) m., Fleck *m;* birth m., Muttermal *n;* the illness left its m., die Krankheit hat ihre Spuren hinterlassen; *Fig:* he has made his m. (in the world), er hat es zu etwas gebracht. 3. (a) (*sign*) Zeichen *n;* punctuation m., Satzzeichen *n;* as a m. of esteem, als Zeichen der Hochachtung; (b) (*feature*) Kennzeichen *n;* the m. of the craftsman, der Stempel eines echten Handwerkers. 4. *Sch:* Note *f;* low/high m., schlechte/gute Note. 5. he was quick off the m., *Sp:* er hatte einen guten Start; *Fig:* er hat schnell geschaltet. II. *v.tr.* (a) (eine Grenze usw.) markieren; a well-marked footpath, ein gut markierter Wanderweg; (b) (die Wäsche) zeichnen; (c) (Schularbeiten) benoten, zensieren; to m. s.o. harshly, j-m eine unverdient schlechte Note geben; (d) to m. time, (i) *Mus:* den Takt schlagen; (ii) *Mil:* auf der Stelle treten; (iii) *Fig:* Zeit schinden; that's just marking time, das ist nur, um sich die Zeit zu vertreiben; (e) (you) m. my words! paß nur auf! du wirst noch an meine Worte denken! (f) *Fb:* (einen Spieler) decken; *abs.* to m., Mann decken. ˈmarkˈdown, *v.tr. Com:* (eine Ware) im Preis herabsetzen. ˈmarked, *adj.* a m. improvement, eine merkliche Besserung; he has m. features, er hat ausgeprägte Züge; a m. man, ein Gebrandmarkter. ˈmarker, *s.* 1. *Games: Sp:* Anschreiber *m; Billiards:* Markör *m.* 2. Markierungszeichen *n; Sail:* m. buoy, Markierungsboje *f.* ˈmarking, *s.* 1. Markierung *f;* m. ink, Wäschetinte *f.* 2. *Fb:* Manndeckung *f.* 3. *Sch:* Benotung *f.* (*correcting*) Korrektur *f.* ˈmarkings, *s.pl.* Markierung *f* (eines Flugzeugs); Zeichnung *f* (eines Tiers usw.) ˈmarkˈoff, *v.tr.* (ein Gebiet) abgrenzen. ˈmarkˈout, *v.tr.* (a) (einen Sportplatz) markieren; (*with flags etc.*) eine Fläche abstecken; (b) (j-n, etwas) bestimmen (for sth., zu etwas *dat*); she was marked out for promotion, sie war zur Beförderung vorgesehen. ˈmarkˈup, *v.tr.* (etwas) im Preis hinaufsetzen. ˈmarkup, *s. Com:* Kalkulationsaufschlag *m.*

mark[2], *s.* (*money*) Mark *f;* ten marks, zehn Mark; ten m. note, Zehnmarkschein *m.*

Mark[3]. *Pr.n.m. B:* etc: Markus *m.*

market ['mɑːkit]. I. *s.* Markt *m;* (*a*) **m. place/ square**, Marktplatz *m;* **m. town**, Marktstadt *f;* **covered m.**, Markthalle *f;* **m. stall**, Marktbude *f;* **to buy sth. at/in the m.**, etwas auf dem Markt kaufen; (*b*) *Com:* **to put an article on the m.**, eine Ware auf den Markt bringen; **black m.**, Schwarzmarkt *m;* **m. research**, Marktforschung *f;* **I am in the m. for a new camera**, ich bin auf der Suche nach einem neuen Fotoapparat; (*c*) (*sale*) Absatz *m;* **there's no m. for this**, es herrscht keine Nachfrage danach; **to find a ready m.**, raschen Absatz finden; (*d*) *Pol:* **the Common M.**, der Gemeinsame Markt. II. *v.tr.* (*a*) (*introduce*) (etwas) auf den Markt bringen; (*b*) (*sell*) (etwas) vertreiben. **'market-able**, *adj.* marktfähig. **'market-'garden**, *s.* Handelsgärtnerei *f.* **'market-'gardener**, *s.* Handelsgärtner(in) *m(f).* **'marketing**, *s.* Marketing *n;* (*sale*) Vertrieb *m.*

marksman, *pl.* **-men** ['mɑːksmən], *s.* Schütze *m;* (*expert*) Scharfschütze *m.* **'marksmanship**, *s.* Schießkunst *f;* (*aim*) Treffsicherheit *f.*

marmalade ['mɑːməleid], *s.* Orangenmarmelade *f.*

maroon[1] [mə'ruːn]. I. *s.* (bräunliches) Dunkelrot *n.* II. *adj.* (bräunlich-)dunkelrot.

maroon[2], *v.tr.* **to be marooned**, (*on an island*) ausgesetzt werden; *F:* (*be stuck*) festsitzen; **marooned by the floods**, vom Hochwasser (von der Umwelt) abgeschnitten.

marque [mɑːk], *s. Com:* Marke *f.*

marquee [mɑː'kiː], *s.* (großes) Zelt *n,* (*esp. for parties etc.*) Festzelt *n.*

marquess ['mɑːkwis], *s.* Marquis *m.*

marquetry ['mɑːkitri], *s.* Einlegearbeit *f,* Marketerie *f.*

marriage ['mæridʒ], *s.* (*a*) (*state*) Ehe *f;* **m. guidance**, Eheberatung *f;* (*b*) (*ceremony*) Trauung *f;* **m. certificate**, *F:* **m. lines**, *Ecc:* Trauschein *m; Adm:* Heiratsurkunde *f;* **m. licence**, Eheerlaubnis *f;* **related by m.**, verschwägert; (*c*) (*act of marrying*) Heirat *f;* **with a view to m.**, zwecks Heirat; **m. bureau**, Heiratsbüro *n;* **proposal of m.**, Heiratsantrag *m.* **'married**, *adj.* verheiratet; **m. couple**, Ehepaar *n;* **m. name**, Name *m* nach der Heirat. **'marry**, *v.* (*pres. marries, p. & p.p.* married) I. *v.tr.* (*a*) sich (mit j-m) verheiraten, (j-n) heiraten; **to m. money**, Geld heiraten; (*b*) (*of parent*) (den Sohn, die Tochter) verheiraten (**to s.o.**, an j-n); (*c*) (*of priest*) (ein Paar) trauen. II. *v.i.* heiraten; **he married into a rich family**, er hat in eine reiche Familie geheiratet. **'marry 'off**, *v.tr.* (j-n) verheiraten.

marrow ['mærəu], *s.* 1. *Anat:* **bone m.**, Knochenmark *m.* 2. (**vegetable**) **m.**, Speisekürbis *m.*

marsh [mɑːʃ], *s.* Sumpf *m; Bot:* **m. marigold**, Sumpfdotterblume *f.* **'marshy**, *adj.* sumpfig.

marshal ['mɑːʃəl]. I. *s.* 1. *Mil:* **field m.**, Feldmarschall *m; Av:* **M. of the Royal Air Force** = Kommandant *m* der Luftwaffe. 2. *Motor Rac:* Rennwart *m.* II. *v.tr.* (*p.p.* **marshalled**) (Truppen usw.) anordnen, aufstellen; (Gedanken, Tatsachen) ordnen. **'marshalling yard**, *s. Rail:* Verschiebebahnhof *m.*

marshmallow [mɑʃ'mæləu], *s. approx.* weiche Meringe *f.*

marten ['mɑːtin], *s. Z:* Marder *m.*

martial ['mɑːʃ(ə)l], *adj.* kriegerisch; **m. law**, Kriegsrecht *n.*

Martian ['mɑːʃən], *s.* Marsmensch *m.*

martin ['mɑːtin], *s. Orn:* (**house**) **m.**, Mehlschwalbe *f;* **sand m.**, Uferschwalbe *f.*

martyr ['mɑːtər]. I. *s.* Märtyrer(in) *m(f);* **to make a m. of oneself**, sich aufopfern; *Iron:* den Märtyrer spielen; *Fig:* **she's a m. to sciatica**, sie leidet schwer an Ischias. II. *v.tr. Rel:* (j-n) zum Märtyrer machen. **'martyrdom**, *s.* Martyrium *n.*

marvel ['mɑːv(ə)l]. I. *s.* Wunder *n;* **she is a m. of patience**, sie ist ein Muster an Geduld. II. *v.i.* (*p. & p.p.* marvelled) sich wundern, staunen (**at sth.**, über etwas *acc*). **'marvellous**, *adj.* wunderbar; *F:* fabelhaft.

Marxism ['mɑːksizəm], *s.* Marxismus *m.* **'Marxist. I.** *s.* Marxist(in) *m(f).* II. *adj.* marxistisch.

marzipan [mɑːzi'pæn], *s.* Marzipan *n.*

mascara [mæs'kɑːrə], *s.* Wimperntusche *f.*

mascot ['mæskɔt], *s.* Maskottchen *m.*

masculine ['mæskjulin]. I. *adj.* männlich. II. *s. Gram:* Maskulinum *n.*

mash [mæʃ]. I. *v.tr.* (etwas) zu Brei zerdrücken; *Cu:* **mashed potatoes**, Kartoffelbrei *m.* II. *s.* Brei *m.* **'masher**, *s.* Stampfer *m.*

mask [mɑːsk]. I. *s.* Maske *f;* **to drop/throw off one's m.**, die Maske fallen lassen; *Cosm:* **face m.**, Gesichtsmaske *f.* II. *v.tr.* (j-n, etwas) maskieren; *Tchn:* (etwas) zudecken. **masked**, *adj.* maskiert; **m. ball**, Maskenball *m.* **'masking**, *adj. Paint:* **m. tape**, Abdeckband *n.*

masochist ['mæsəkist], *s.* Masochist *m.*

mason ['meisən], *s.* 1. Steinmetz *m.* 2. (*freemason*) Freimaurer *m.* **masonic** [mə'sɔnik], *adj.* freimaurerisch. **'masonry**, *s. Constr:* Mauerwerk *n.*

masquerade [mæskə'reid]. I. *s.* Maskerade *f.* II. *v.i.* **to m. as s.o., sth.**, (*disguise*) sich als j-d verkleiden; (*pose*) sich für j-n ausgeben; **masquerading as . . .**, als . . . verkleidet. **masque'rader**, *s.* Verkleidete(r) *f(m);* (= *impostor*) Schwindler *m.*

mass[1] [mæs], *s. Ecc:* Messe *f;* **high m.**, Hochamt *n.*

mass[2]. I. *s.* (*all senses*) Masse *f;* (*a*) (*lump*) Klumpen *m;* **a solid m.**, eine dichte Masse; (*b*) (*large quantity*) **a m. of people**, eine Unmenge von Leuten; **there were masses of flowers**, dort waren Blumen in Massen; **he was a m. of bruises**, er hatte überall blaue Flecken; **to gather in masses**, sich anhäufen; (*of people*) sich zusammenscharen; (*c*) **the great m. of the people**, der überwiegende Teil der Bevölkerung; **the masses**, die breite Masse; **m. meeting/demonstration**, Massenkundgebung *f; Ind:* **m. production**, (i) (*in series*) Serienerzeugung *f;* (ii) (*in vast numbers*) Massenproduktion *f.* II. *v.i.* (*of crowds etc.*) sich anhäufen; (*of troops*) sich konzentrieren; (*of clouds*) sich ballen; **the massed bands of the R.A.F.**, die vereinten Kapellen der R.A.F. **'mass-pro'duce**, *v.tr.* (einen Artikel) serienmäßig/(*in vast numbers*) in Massenproduktion herstellen; **mass-produced articles**, Massenartikel *mpl.*

massacre ['mæsəkər]. I. *s.* Massaker *n.* II. *v.tr.* (Leute) massakrieren.

massage ['mæsɑ:ʒ]. 1. s. Massage f. II. v.tr. (den Rücken usw.) massieren. **ma'sseur,** s. Masseur m. **ma'sseuse,** s. Masseuse f.

massive ['mæsiv], adj. 1. (enormous) massiv; a m. attack, ein massiver Angriff. 2. (bulky) massig; his m. bulk, sein massiger Körper; a m. figure, eine wuchtige Gestalt.

mast [mɑ:st], s. Nau: etc: Mast m. **'masthead,** s. Topp m.

master ['mɑ:stər]. I. s. 1. (a) Herr m; to be one's own m., sein eigener Herr sein; (b) (employer of apprentice) Lehrherr m, Meister m; m. tailor, Schneidermeister m; (c) Nau: (ship's) m., Schiffskapitän m; m.'s certificate, Kapitänspatent n; (d) m. of ceremonies, Zeremonienmeister m. 2. Sch: (a) (teacher) Lehrer m; (b) Rektor m (eines Colleges); (c) (university degree) Magister m. 3. Meister m; to be m. of a subject, ein Fach gut beherrschen; to be m. of the situation, Herr der Lage sein; he's a (past) m./a m. hand at distorting the facts, er ist ein Meister im Verdrehen der Tatsachen; Art: old m., alter Meister m. 4. (a) Original n; Rec: (record) Schallplattenmatrize f; (tape) Masterband n; (b) m. copy, Handexemplar n (eines Manuskripts); m. key, Hauptschlüssel m. II. v.tr. eine Aufgabe, Schwierigkeiten) meistern; (Leidenschaften) bändigen; (ein Fach usw.) beherrschen. **'masterful,** adj. gebieterisch, herrisch. **'masterly,** adj. meisterhaft. **'mastermind.** I. s. (a) (lit. & game) Superhirn n; (b) führender Kopf (eines Projekts). II. v.tr. to m. a project, der führende Kopf eines Projekts sein. **'masterpiece,** s. Meisterwerk n. **'masterstroke,** s. Meisterleistung f. **'mastery,** s. (a) (superiority) Überlegenheit f; to gain m. over s.o., die Oberhand über j-n gewinnen; (b) Beherrschung f (einer Sprache usw.).

masticate ['mæstikeit], v.tr. (Essen) kauen. **masti'cation,** s. Kauen n.

mastiff ['mæstif], s. (englische) Dogge f.

masturbate ['mæstəbeit], v.i. onanieren.

mat [mæt], s. (a) Matte f; (door) m., Abtreter m; (b) (rug) Vorleger m; (c) (under plates, vases etc.) Untersetzer m; beer m., Bierdeckel m. **'matted,** adj. (of hair) verfilzt. **'matting,** s. Mattenbelag m; coconut m., Kokosmatten fpl.

match¹ [mætʃ]. I. s. 1. Sp: Spiel n; Box: Kampf m; Tennis: Partie f; m. point, Matchball m. 2. to be a m. for s.o., sth., j-m, etwas dat gewachsen sein; he is more than a m. for me, er ist mir überlegen; to meet one's m., seinen Meister finden. 3. (a) these colours are a good m., diese Farben passen gut zusammen/vertragen sich gut; (b) (identical counterpart) (genaues) Gegenstück n; (c) (marriage) Heirat f; a good m., eine gute Partie f. II. v.tr. & i. (a) to m. oneself against s.o., sich mit j-m messen; he can m. anyone for speed, er kann es mit jedem an Schnelligkeit aufnehmen; Sp: to m. s.o. against s.o., j-n gegen j-n aufstellen; to be evenly matched (for strength, beauty etc.), einander (an Stärke, Schönheit usw.) gleich sein; a well matched pair, ein gut zusammenpassendes Paar; (b) (adapt) (Tchn: Teile) aufeinander abstimmen; El: (Kreise usw.) abgleichen; Rec: matched speakers, genormte Lautsprecher; Fig: to m. one's life to one's

circumstances, sich seinen Verhältnissen anpassen; (c) the curtains m. the carpet, die Vorhänge passen zum Teppich; curtains and carpet m., Vorhänge und Teppich passen zusammen; she was wearing a suit with hat to m., sie trug ein Kostüm und einen dazu passenden Hut; (d) can you m. this colour for me? haben Sie genau diese Farbe? **'matching,** adj. zusammenpassend; Tchn: aufeinander abgestimmt; Cl: etc: a m. pair, ein zusammenpassendes Paar; Gegenstücke. **'matchless,** adj. unvergleichlich. **'matchmaker,** s. Ehestifter(in) m(f).

match², s. Streichholz n; to strike a m., ein Streichholz anzünden. **'matchbox,** s. Streichholzschachtel f. **'matchwood,** s. Spanholz n (für Streichhölzer); F: to smash sth. to m., aus etwas dat Kleinholz machen.

mate¹ [meit], v. Chess: 1. v.tr. to m. s.o., j-n matt setzen. 2. v.i. to m. (in three), (in drei Zügen) matt sein.

mate². I. s. 1. Z: Orn: (male) Männchen n; (female) Weibchen n. 2. (a) (assistant) Gehilfe m (eines Arbeiters); Nau: Maat m; (b) P: (companion) Kumpan m; (worker) Kumpel m. 3. Nau: (officer) Maat m. II. v. 1. v.i. (a) (of animals, birds) sich paaren; (b) Mec. E: (of gears etc.) ineinander eingreifen. 2. v.tr. (Tiere, Vögel) paaren. **'matey,** adj. P: familiär; they are very m., sie sind dick befreundet. **'mating,** s. 1. Z: Orn: Paarung f; m. season, Paarungszeit f. 2. Mec. E: m. surfaces, Eingriffsflächen fpl.

material [mə'tiəriəl]. I. adj. 1. materiell; m. needs, Lebensbedürfnisse npl; m. damage, Sachschaden m; Fig: a m. point of view, eine materielle Lebensanschauung. 2. (essential) wesentlich (for sth., für etwas acc); Jur: a m. witness, ein unentbehrlicher Zeuge. II. s. 1. Tex: Stoff m; dress m., Kleiderstoff m. 2. (a) (basis) Stoff m; Material n; raw m., Rohstoff m; building m., Baumaterial n; teaching m., Lehrstoff m; (b) usu. pl. (implements) Zubehör n; writing materials, Schreibmaterialien npl; teaching materials, Lehrmittel npl. **ma'terialism,** s. Materialismus m. **ma'terialist,** s. Materialist m. **materia'listic,** adj. materialistisch. **ma'terialize,** v.i. (a) (of idea, project etc.) sich verwirklichen; our plans have failed to m., aus unseren Plänen ist nichts geworden; (b) F: (of pers.) to fail to m., nicht auftauchen.

maternal [mə'tə:nəl], adj. mütterlich. **ma'ternity,** s. Mutterschaft f; m. hospital, Entbindungsanstalt f; m. dress, Umstandskleid n.

mathematics [mæθə'mætiks], s.pl. Mathematik f. **mathe'matical,** adj. mathematisch. **mathema'tician,** s. Mathematiker m. **'maths,** s.pl. F: Mathe f.

matinée ['mætinei], s. Th: Nachmittagsvorstellung f.

matins ['mætinz], s.pl. Ecc: Morgenandacht f.

matrimony ['mætriməni], s. Ehestand m. **matri'monial,** adj. Ehe-; m. agency, Heiratsvermittlungsbüro n.

matrix ['meitriks], s. 1. Print: Rec: etc: Matrize f. 2. Biol: Mth: TV: Matrix f.

matron ['meitrən], s. 1. (würdige) ältere Frau f.

2. (*in school etc.*) Hausmutter *f;* (*in hospital*) Oberin *f.*

matt [mæt], *adj. Paint: etc:* matt.

matter ['mætər]. **I.** *s.* **1.** (*material*) (*a*) Materie *f;* **vegetable m.**, pflanzlicher Stoff *m;* **organic m.**, organische Materie *f;* (*b*) (*literature etc.*) Stoff *m;* **reading m.**, Lesestoff *m;* **printed m.**, Gedrucktes *n;* (*on envelope*) Drucksache *f.* **2.** *Med:* Eiter *m.* **3. no m.!** das macht nichts! **no m. how**, egal/gleichgültig wie; **no m. how hard I tried**, it didn't work, so sehr ich mich auch bemühte, es klappte nicht. **4.** (*affair*) Sache *f,* Angelegenheit *f;* (*a*) **as a m. of course**, selbstverständlich; **no laughing m.**, nichts zum Lachen; **that's an easy m.**, das ist leicht getan; **that's quite another m.**, das ist etwas ganz anderes; **as a m. of fact**, in der Tat; eigentlich; **the m. in hand**, die vorliegende Angelegenheit; **it is a m. of life and death**, es geht um Leben und Tod; **for that m.**, was das anbelangt; **it's a m. of taste**, es ist Geschmackssache; **a m. of time**, eine Frage der Zeit; **what is the m.?** was ist los? **as if nothing was the m.**, als ob nichts sei; (*b*) *pl. without article* **business matters**, Geschäftsangelegenheiten *fpl,* **as matters stand**, wie die Dinge liegen; **to make matters worse** ..., zu allem Unglück ...; und obendrein ... **II.** *v.i.* von Bedeutung sein (**to s.o.**, für j-n *acc*); **it doesn't m. to me**, es macht mir nichts aus; **nothing else matters**, alles andere ist unwichtig; **it hardly matters**, es spielt kaum eine Rolle. `'matter-of-`
`'fact`, *adj.* sachlich; (*sober*) nüchtern.

Matthew ['mæθju:]. *Pr.n.m.* = Matthias; *B:* Matthäus.

mattress ['mætris], *s.* Matratze *f.*

mature [mə'tjuər]. **1.** *adj.* **1.** (*of person, mind, wine etc.*) reif. **2.** *Ins:* fällig. **II.** *v.tr. & i.* (*a*) (j-n, etwas) reifen; (*b*) *Ins:* (*of policy etc.*) fällig werden. **ma'turity**, *s.* **1.** Reife *f.* **2.** *Ins: Fin:* **m. date**, Fälligkeitsdatum *n.*

maudlin ['mɔ:dlin], *adj.* rührselig; (*of pers.*) sentimental.

maul [mɔ:l], *v.tr.* (j-n, etwas) übel zurichten; **to be mauled by a tiger**, von einem Tiger angefallen werden.

Maundy Thursday ['mɔ:ndi'θə:zdi], *s.* Gründonnerstag *m.*

mausoleum [mɔ:sə'li:əm], *s.* Mausoleum *n.*

mauve [məuv]. **I.** *adj.* lila. **II.** *s.* Lila *n.*

maverick ['mævərik], *s. Pol:* Einzelgänger *m;* *attrib.* **m. result**, Ausnahmefall *m.*

mawkish ['mɔ:kiʃ], *adj.* rührselig.

maxim ['mæksim], *s.* Maxime *f;* (*principle*) Grundsatz *m.*

maximize ['mæksimaiz], *v.tr.* (etwas) steigern; **to m. one's potential**, seine Möglichkeiten voll entfalten. `'maximum`, *s.* **1.** Maximum *n.* **II.** *adj.* maximal; **m. speed**, Höchstgeschwindigkeit *f;* **m. (possible) salary**, höchst(möglich)es Gehalt.

may¹ [mei], *v. aux.* (*a*) (*possibility*) können; **it m. happen at any time**, es kann jederzeit geschehen; **you m. be right**, Sie können/mögen recht haben; **he m. come tomorrow**, vielleicht kommt er morgen; **I fear he m. be ill**, ich fürchte, er könnte krank sein; **it m. be that he forgot**, es ist möglich/es kann sein, daß er es vergessen hat; **be that as it m.**, wie dem auch sei; **come**

what m., komme, was wolle; **that's as m. be**, das mag schon sein; **we m. as well stay**, da können wir ja ebensogut bleiben; **however difficult it m. be**, wie schwierig es auch sein mag; (*b*) (*permission*) dürfen; **m. I?** darf ich? **you m. smoke**, Sie dürfen rauchen; **if I m. say so**, wenn ich so sagen darf; (*c*) (*wish*) mögen; **m. all your problems be solved**, mögen alle Ihre Probleme gelöst werden; **m. you be happy**, ich hoffe, du wirst glücklich sein; *Iron:* **much good m. it do you!** wohl bekomm's! `'maybe`, *adv.* vielleicht; **m. he will come**, vielleicht kommt er doch.

May², *s.* Mai *m;* **in M.**, im Mai; **on M. 7th/the seventh of M.**, am 7./siebenten Mai. `'maybug`, *s. Ent:* Maikäfer *m.* `'Mayday¹`, *s.* der erste Mai. `'mayfly`, *s. Ent:* Eintagsfliege *f.* `'maypole`, *s.* Maibaum *m.*

mayday², *s. Rad:* **m. (call)**, Notruf *m.*

mayonnaise [meiə'neiz], *s.* Mayonnaise *f.*

mayor ['mɛər], *s.* Bürgermeister *m.* `'mayoress`, *s.* Bürgermeisterin *f;* (*mayor's wife*) Frau Bürgermeister *f.*

maze [meiz], *s.* Irrgarten *m; esp. Fig:* Labyrinth *n.*

me [mi:], *pers. pron.* **1.** (*object*) (*a*) *acc* mich; **he loves me**, er liebt mich; **he bought it for me**, er hat es für mich gekauft; (*b*) *dat* mir; **listen to me**, hör mir zu; **he gave me money**, er gab mir Geld; **he came to me**, er kam zu mir. **2.** (*refl.*) **I've no money on me**, ich habe kein Geld bei mir; **I'll take it with me**, ich nehme es mit. **3.** *F:* **it's me**, ich bin's; **he is younger than me**, er ist jünger als ich. **4.** *int.* **dear/goodness me!** du liebe Güte!

meadow ['medəu], *s.* Wiese *f.* `'meadowsweet`, *s. Bot:* Mädesüß *n.*

meagre ['mi:gər], *adj.* dürftig; **m. fare**, magere Kost; **a m. reward**, ein kärglicher Lohn.

meal¹ [mi:l], *s.* (*grobes*) Mehl *n.* `'mealy`, *adj.* mehlig; **m. mouthed**, drumherumredend.

meal², *s.* Mahlzeit *f;* **a splendid m.**, ein herrliches Essen; *F:* **to make a m. of sth.**, bei etwas *dat* unnötige Umstände machen. `'mealtime`, *s.* Essenszeit *f.*

mean¹ [mi:n]. **I.** *s.* (*a*) (*moderation*) Mitte *f;* **the golden m.**, die goldene Mitte; (*b*) (*average*) Mittel *n; Mth:* Mittelwert *m.* **II.** *adj.* mittlere(r, s); Mittel-; **m. value**, Mittelwert *m;* **m. temperature**, mittlere Temperatur *f.* **means**, *s.* **the m.**, das/die Mittel; (*a*) **a m. to an end**, ein Mittel *n* zum Zweck; **m. of transport/communication**, Verkehrs-/Verständigungsmittel *n;* **we have no m. of reaching him**, wir haben keine Möglichkeit, ihn zu erreichen; **there's no m. of telling**, man kann es gar nicht sagen; (*b*) **by all m.**, aber natürlich; **by no m./not by any m.**, keineswegs/durchaus nicht; **by some m.**, irgendwie; **by m. of sth.**, durch etwas *acc;* mittels etwas *gen;* (*c*) (*money*) Geldmittel *npl;* **m. of support**, Lebensunterhalt *m;* **to live within/beyond one's m.**, seinen Verhältnissen entsprechend/über seine Verhältnisse leben; **that's beyond my m.**, das geht über meine Verhältnisse; **a man of m.**, ein bemittelter Mann; **m. test**, Bedürftigkeitsermittlung *f.*

mean², *adj.* **1.** (*a*) (*poor*) armselig; (*of house etc.*) schäbig; (*b*) (*small*) gering; **no m. achievement**, keine geringe Leistung; **he has no m. opinion of himself,** er hat eine hohe Meinung von sich *dat;* **that should be clear to the meanest intelligence,** das muß doch dem letzten Schwachkopf einleuchten. **2.** (*unkind*) gemein; **a m. trick,** eine Gemeinheit; **to take a m. advantage of s.o.,** j-n skrupellos ausnutzen. **3.** (*miserly*) knauserig; (*of treatment, wages etc.*) schäbig; **a m. fellow,** ein Geizhals. ´**meanness,** *s.* **1.** Armseligkeit *f.* **2.** Gemeinheit *f.* **3.** Geiz *m,* Knauserigkeit *f.*

mean[3], *v.tr.* (*p. & p.p.* **meant** [ment]) (*a*) (*intend*) (etwas) beabsichtigen; (*esp. with remark*) (etwas) meinen; **what do you m. to do?** was gedenken Sie zu tun? **he didn't m. (to do) it,** er hat es nicht absichtlich getan; **without meaning it,** ohne es zu wollen; **to m. well (by s.o.),** es gut (mit j-m) meinen; **he meant no harm,** er hat es nicht böse gemeint; **I didn't m. it like that,** so habe ich es nicht gemeint; **what do you m. by that?** (i) (*of remark*) was soll das heißen? (ii) (*of action*) was willst du damit erreichen? **I m. to do it,** ich bin fest dazu entschlossen; **he means to succeed,** er will unbedingt Erfolg haben; er ist auf Erfolg aus; **I (really) m. it!** es ist mein Ernst! **do you m. me?** meinen Sie mich? (*b*) (*destine*) **this book was meant for you,** dieses Buch war für dich gedacht/bestimmt; **the remark was meant for him,** die Bemerkung war an ihn gerichtet; (*c*) (*signify*) bedeuten; **what does this m.?** was bedeutet das? **the name means nothing to me,** der Name sagt mir nichts; **he means everything to me,** er bedeutet mir alles; **you don't know what poverty means,** Sie wissen nicht, was Armut heißt. ´**meaning. I.** *adj.* (*a*) well-m., (*of pers.*) wohlmeinend; (*of action, words*) wohlgemeint; (*b*) (*of glance etc.*) vielsagend. **II.** *s.* **1.** (*a*) Bedeutung *f* (eines Wortes usw.); Sinn *m* (eines Satzes, einer Rede usw.); **what is the m. of this word?** was bedeutet dieses Wort? (*in anger*) **what's the m. of this?** was soll das heißen? (*b*) **you mistake my m.,** Sie verstehen mich falsch. ´**meaningful,** *adj.* sinnvoll. ´**meaningless,** *adj.* bedeutungslos; *Fig:* (*of life etc.*) sinnlos.

meander [mi´ændər], *v.i.* (*a*) (*of river, path*) sich schlängeln, sich winden; (*b*) *Fig:* (*wander*) umherschweifen.

meantime [´mi:ntaim]/**meanwhile** [´mi:n-(h)wail], *s. & adv.* **(in the) m.,** inzwischen.

measles [´mi:zlz], *s.pl. Med:* Masern *pl;* **German m.,** Röteln *pl.* ´**measly,** *adj. F:* lumpig; (*of gift etc.*) schäbig.

measure [´meʒər]. **I.** *s.* **1.** (*a*) Maß *n;* **liquid m.,** Flüssigkeitsmaß *n;* **short/full m.,** knappes/volles Maß; **made to m.,** *Tail:* (*of suit etc.*) nach Maß gearbeitet; *Dressm:* nach Maß geschneidert; *Fig:* **to get the m. of s.o.,** j-n richtig einschätzen; (*b*) *Ph: etc:* (**unit of**) **m.,** Maßeinheit *f;* (*c*) *Poet:* Versmaß *n;* (*d*) *Cu:* (*amount*) Portion *f.* **2.** (*device*) *Cu:* Maß *n; Tls:* Meßgerät *n; Dressm:* **tape m.,** Maßband *n;* (*metric*) Zentimetermaß *n; Fig:* **it's a m. of his success that . . .,** sein Erfolg läßt sich daran messen, daß . . . . **3.** (*share*) Anteil *m;* (*amount*) Maß *n;* **a large m. of responsibility,** ein großes Maß an Verantwortung; **beyond m.,** über alle Maßen; **in some m.,** gewissermaßen, zu einem gewissen

Grad. **4.** (*a*) (*action*) Maßnahme *f;* **to take extreme measures,** radikale Maßnahmen ergreifen; (*b*) (*legal*) **m.,** Verfügung *f;* (*regulation*) Vorschrift *f. II. v.* **1.** *v.tr.* (*a*) (*Größe, Länge, Temperatur usw.*) messen; (*Abstand*) abmessen; (*ein Zimmer*) ausmessen; **to m. off a length of material,** eine Stofflänge abmessen; **to m. out a litre of milk,** einen Liter Milch abmessen; (*b*) **to m. s.o. (for a suit),** j-m (für einen Anzug) Maß nehmen. **2.** *v.i.* (*a*) **the table measures three metres by two,** der Tisch mißt drei mal zwei Meter; (*b*) **to m. up to expectations,** den Erwartungen entsprechen. ´**measured,** *adj.* gemessen; (*restrained*) maßvoll. ´**measurement,** *s.* **1.** (*act*) Messung *f;* **to take measurements,** Messungen vornehmen. **2.** (*length etc.*) Maß *n;* **hip m.,** Hüftumfang *m;* **to take s.o.'s measurements,** j-m Maß nehmen. ´**measuring,** *s.* Messung *f;* **m. glass,** Meßglas *n;* **m. tape,** Maßband *n.*

meat [mi:t], *s.* Fleisch *n;* **m. ball,** Fleischklößchen *n;* **m. safe,** Fliegenschrank *m.* ´**meatless,** *adj.* fleischlos. ´**meaty,** *adj.* (*a*) fleischig; (*b*) *Fig:* kernig.

Mecca [´mekə]. *Pr. n. Geog: & Fig:* Mekka *n.*

mechanic [mi´kænik], *s.* **1.** Mechaniker *m;* (*fitter*) Monteur *m;* **motor m.,** Autoschlosser *m.* **2.** *pl.* **mechanics,** Mechanik *f.* me´**chanical,** *adj.* **1.** mechanisch; (*by machine*) maschinell; **m. breakdown,** Maschinenschaden *m;* **m. engineer,** Maschinenbauingenieur *m;* **m. engineering,** Maschinenbau *m.* **2.** *Fig:* mechanisch. ´**mechanism** [´mekənizm], *s.* Mechanismus *m;* (*gearing*) Getriebe *n.* ´**mechanize** [-naiz], *v.tr.* (etwas) mechanisieren.

medal [´medl], *s. Sp: etc:* Medaille *f; Mil:* Orden *m.* ´**medallist,** *s.* Medaillengewinner(in) *m(f).* **medallion** [-´dæljən], *s.* Medaillon *n.*

meddle [´medl], *v.i.* (*a*) (*interfere*) sich einmischen (**in/with sth.,** in etwas *acc*); **don't m. in my affairs,** misch dich nicht in meine Angelegenheiten; (*b*) (*mess about*) **who has been meddling with my papers?** wer hat sich an meine Papiere herangemacht? ´**meddler,** *s.* **He's a m.,** er mischt sich überall ein. ´**meddlesome/´meddling,** *adj.* sich einmischend.

media [´mi:diə], *s.* (*pl. of* **medium**) **the (mass) m.,** die Massenmedien.

medi(a)eval [medi´i:vəl], *adj.* mittelalterlich; **in m. times,** im Mittelalter.

mediate [´mi:dieit], *v.i.* vermitteln (**between,** zwischen + *dat*). ´**mediator,** *s.* Vermittler *m.* medi´**ation,** *s.* Vermittlung *f.*

medical [´medik(ə)l]. **I.** *adj.* ärztlich; **m. report,** ärztlicher Befund; **m. certificate,** ärztliches Attest; **m. man,** Mediziner *m;* **m. student,** Medizinstudent(in) *m(f);* **m. officer,** (i) *Adm:* Amtsarzt *m;* (ii) *Mil:* Militärarzt *m;* **m. practitioner,** praktischer Arzt *m;* **the m. profession,** die Ärzteschaft. **II.** *s. F:* ärztliche Untersuchung; **-ly,** *adv.* ärztlich; **m. speaking,** vom medizinischen Standpunkt aus. ´**medicated,** *adj.* (*of soap etc.*) medizinisch. medi´**cation,** *s.* Medikation *f;* medikamentöse Behandlung *f.*

medicine [´meds(i)n], *s.* Medizin *f;* **medicines,** Medikamente *npl;* **to take one's m.,** (i) seine Medizin (ein)nehmen; (ii) *Fig:* die bittere Arznei schlucken; **m. chest,** Arzneischrank

m; *(portable)* Hausapotheke *f.* **medicinal** [-′disinl], *adj.* medizinisch; **m. herbs,** Heilkräuter *npl.* **medico** [′medikəu], *s. F:* Medikus *m.*
mediocre [mi:d′iəukər], *adj.* mittelmäßig. **mediocrity** [-′ɔkriti], *s.* Mittelmäßigkeit *f.*
meditate [′mediteit], *v.i.* meditieren **(on sth.,** über etwas *acc).* **medi′tation,** *s.* (tiefes) Nachsinnen *n; Phil: Rel:* Meditation *f.* ′**meditative,** *adj.* nachdenklich.
Mediterranean [meditə′reiniən], *adj. Geog:* **the M. (Sea),** das Mittelmeer.
medium [′mi:diəm]. **I.** *s.pl.* **-s, -ia** [-iə]. 1. Mitte *f,* **the happy m.,** die goldene Mitte. 2. *(means)* Mittel *n;* **advertising m.,** Werbemittel *n.* 3. *(spiritualist)* Medium *n.* **II.** *adj.* mittlere(r,s), Mittel-; **of m. height/size,** mittelgroß, von mittlerer Größe.
medley [′medli], *s.* Gemisch *n; Mus:* Potpourri *m; Swim:* **m. relay,** Lagenstaffel *f.*
meek [mi:k], *adj.* sanftmütig; *Pej:* duckmäuserisch. ′**meekness,** *s.* Sanftmut *f.*
meet [mi:t]. **I.** *v.* (*p. & p.p.* **met** [met]). 1. *v.tr.* (a) (j-n) treffen; *(by chance)* (j-m) begegnen; **I met him in the street,** ich bin ihm auf der Straße begegnet; ich habe ihm auf der Straße getroffen; **to m. s.o. at the station,** j-n vom Bahnhof abholen; **to go to m. s.o.,** j-m entgegengehen; **to arrange to m. s.o.,** sich mit j-m verabreden; *Fig:* **to m. s.o. half-way,** j-m auf halbem Wege entgegenkommen; (b) *(for the first time)* (j-n) kennenlernen; **he met her at a dance,** er hat sie auf einem Ball kennengelernt; *(when introduced)* **pleased to m. you,** sehr erfreut! (c) *(dangers,* Schwierigkeiten usw. *dat)* begegnen; **to m. one's death,** den Tod finden; (d) **the view that met my eyes,** der Anblick, der sich meinen Augen bot; **there is more in this than meets the eye,** da steckt etwas dahinter; (e) *(fulfil)* (einer Anforderung) entsprechen; (eine Bedingung) erfüllen; (einer Verpflichtung) nachkommen. 2. *v.i.* (a) sich treffen; **we m. often,** wir treffen uns oft; **we have already met,** wir kennen uns schon; (b) zusammenkommen; **the members m. regularly,** die Mitglieder kommen regelmäßig zusammen; **the skirt won't m.,** der Rock geht nicht zu; (c) *(touch)* **here the two ends m.,** hier berühren sich die beiden Extreme; **their eyes met,** ihre Blicke trafen sich: *Fig:* **to make ends m.,** mit dem Geld auskommen; (d) **to m. with sth.,** etwas erleben; *(by chance)* **auf etwas** *acc* **stoßen, to m. with success,** Erfolg haben; **to m. with a refusal,** eine Absage erhalten; **to m. with a warm welcome,** freundlich empfangen werden; **he met with an accident,** er ist verunglückt. **II.** *s. Hunt:* Jagdtreffen *n.* ′**meeting,** *s.* 1. *(by chance)* Begegnung *f; (arranged)* Treffen *n;* **m. place,** Treffpunkt *m.* 2. (a) *(gathering)* Versammlung *f; (of committee etc.)* Sitzung *f;* **to address the m.,** zur Versammlung sprechen; (b) *Sp: etc:* Veranstaltung *f;* Meeting *n;* **race m.,** Rennveranstaltung *f,* Rennen *n.*
megaphone [′megəfəun], *s.* Megaphon *n.*
melancholy [′melənkəli]. **I.** *s.* Trübsinn *m;* Melancholie *f.* **II.** *adj.* (a) *(of pers.)* melancholisch, trübsinnig; (b) **m. news,** traurige Nachrichten *fpl.*
mêlée [me′lei], *s.* Tumult *m; (confusion)* Gewirr *n.*

mellow [′meləu]. **I.** *adj.* 1. (a) *(of fruit)* mürbe; *(of wine)* ausgereift; *(sweet)* lieblich; (b) *(of sound)* schmelzend; *(of colour)* sanft. 2. *(of pers.)* (a) milde; *(mature)* gereift; (b) *F: (tipsy)* leicht angeheitert **II.** *v.* 1. *v.tr.* (Obst, Wein) ausreifen lassen; *Fig:* (j-n) milder stimmen. 2. *v.i.* ausreifen; *Fig: (of pers.)* milder werden; **this stone mellows with age,** dieser Stein erhält durch das Alter eine sanfte Patina. ′**mellowness,** *s.* Reife *f; (character)* Milde *f.*
melodic [mi′lɔdik], *adj.* melodisch; **m. line,** Melodielinie *f.* **melodious** [-′ləudiəs], *adj.* melodisch; *(of voice, tune etc.)* melodiös. **melody** [′melədi], *s.* Melodie *f.*
melodrama [′melədra:mə], *s.* (a) *(horrific)* Schauerstück *n;* (b) *(sentimental)* Melodrama *n.* **melodra′matic,** *adj.* melodramatisch.
melon [′melən], *s. Bot:* Melone *f.*
melt [melt], *v.* (*p. & p.p.* **melted**) 1. *v.i.* (a) schmelzen; *(in liquid etc.)* zergehen; **melted butter,** zerlassene Butter; (b) *Fig:* **to m. into tears,** in Tränen zerfließen; *F: (of pers.)* **to m. in the heat,** vor Hitze zergehen. 2. *v.tr.* (etwas) schmelzen lassen, zergehen lassen; **to m. down metals,** Metalle einschmelzen. ′**melting. I.** *adj.* schmelzend; **m. heat,** schwüle Hitze. **II.** *s.* Schmelzen *n; attrib:* **m. point,** Schmelzpunkt *m; esp. Fig:* **m. pot,** Schmelztiegel *m.*
member [′membər], *s.* 1. Mitglied *n;* Angehörige(r) *f(m)* (einer Familie usw.); **m. of the audience,** Zuschauer *m; (listener)* Zuhörer *m; Pol: Brit:* **M. of Parliament,** Parlamentsabgeordnete(r) *f(m).* 2. *Anat:* Glied *n.* ′**membership,** *s.* 1. Mitgliedschaft *f,* **m. card,** Mitgliedskarte *f.* 2. *(number)* Mitgliederzahl *f.*
membrane [′membrein], *s.* Membran *f.*
memento [mə′mentəu], *pl.* -o(e)s [mə′mentəu, -əuz], *s.* Andenken *n; Iron:* Denkzettel *m.*
memo, *pl.* -os [′meməu, -əuz], *s. F: (abbr. of* **memorandum)** Mitteilung *f; F:* Zettel *m;* **m. pad,** Notizblock *m.*
memoir [′memwa:r], *s.* Denkschrift *f;* **memoirs,** Memoiren *fpl.*
memorable [′mem(ə)rəbl], *adj.* (a) *(of occasion)* denkwürdig; (b) **this music/play is not m.,** diese Musik/dieses Stück bleibt nicht im Gedächtnis haften.
memorandum, *pl.* **-da, -dums** [memə′rændəm, -də, -dəmz], *s.* 1. Memorandum *n.* 2. *(note)* Mitteilung *f.*
memorial [mə′mɔːriəl]. **I.** *s.* Denkmal *n.* **II.** *attrib. adj.* Gedächtnis-; **m. service,** Gedächtnisfeier, Gedenkfeier *f.* ′**memorize,** *v.tr.* (ein Gedicht usw.) auswendig lernen. **memory** [′meməri], *s.* 1. *(faculty)* Gedächtnis *n;* **loss of m.,** Gedächtnisverlust *m;* **if my m. serves me right,** wenn ich mich recht erinnere; **to play sth. from m.,** etwas auswendig spielen. 2. *(thing remembered)* Erinnerung *f;* **in m. of s.o.,** sth., zum Andenken/zur Erinnerung an j-n, etwas *acc;* **I have no m. of the accident,** ich kann mich nicht an den Unfall erinnern.
men [men], *pl. of* **man** *q.v.*
menace [′menəs, -nis]. **I.** *s.* (a) *(threat)* Drohung *f; (danger)* drohende Gefahr *f;* (b) *F: (of pers.)* **he's a m.,** (i) *(of criminal etc.)* er ist gemeingefährlich; (ii) er ruiniert alles. **II.** *v.tr.* (j-n)

bedrohen (**with** sth., mit etwas *dat*). ´**men-acing**, *adj*. drohend; (*of silence*) bedrohlich.
menagerie [məˈnædʒəri], *s*. Menagerie *f*.
mend [mend]. **I.** *s*. **1.** (*in fabric*) ausgebesserte Stelle; (*in metal*) Reparatur *f*. **2.** (*of patient*) **to be on the m.**, auf dem Weg der Besserung sein. **II.** *v.tr.* (*a*) (Schaden, Schuhe, Uhren, Reifen usw.) reparieren; (Kleider) ausbessern; (Löcher, Strümpfe) stopfen; (*b*) **to m. one's ways**, sich bessern; **to m. matters**, die Sachen ins reine bringen. ´**mending**, *s*. (*a*) (*clothes etc.*) Stopfwäsche *f*; (*b*) (*process*) Reparatur *f*; *Cl:* Stopfen *n*; **invisible m.**, Kunststopfen *n*.
menfolk [ˈmenfəuk], *s.pl.* Männer *mpl; Hum:* die Männerwelt.
menial [ˈmiːniəl], *adj*. (*of work etc.*) niedrig.
meningitis [meninˈdʒaitis], *s. Med:* Meningitis *f*, Gehirnhautentzündung *f*.
menopause [ˈmenəupɔːz], *s*. Wechseljahre *npl*.
menstruate [ˈmenstrueit], *v.i. Physiol:* menstruieren, die Regel haben. **menstruˈation**, *s*. Menstruation *f*, monatliche Regel *f*.
mental [ˈment(ə)l], *adj*. **1.** (*of ability, activity etc.*) geistig; **m. effort**, Geistesanstrengung *f*; **m. attitude**, Geisteshaltung *f*; **m. reservation**, geheimer Vorbehalt *m*; **m. arithmetic**, Kopfrechnen *n*. **2.** *Med:* **m. illness**, Geisteskrankheit *f*; **m. hospital/home**, Krankenhaus *n*/Heim *n* für Geisteskranke; **m. patient/case**, Geisteskranke(r) *f(m); F:* **he's m.!** er ist verrückt! **-ly**, *adv*. geistig; **m. deficient**, schwachsinnig; **m. retarded**, geistig zurückgeblieben. **mentality** [-ˈtæliti], *s*. Mentalität *f*.
menthol [ˈmenθɔl], *s. Pharm:* Menthol *n*.
mention [ˈmenʃ(ə)n]. **I.** *s*. Erwähnung *f*; **to make no m. of** sth., etwas nicht erwähnen. **II.** *v.tr.* (j-n, etwas) erwähnen; **I'll m. it to him**, ich werde es ihm sagen; **he mentioned no names**, er nannte keine Namen; **not to m. ...** , ganz zu schweigen von ... *dat*; **she is bone idle**, **not to m. dishonest**, sie ist stinkfaul und unehrlich obendrein; **not worth mentioning**, nicht der Rede wert; *F:* **don't m. it!** gern geschehen!
mentor [ˈmentɔːr], *s*. Mentor *m*, Ratgeber *m*.
menu [ˈmenjuː], *s*. (*list*) Speisekarte *f*; (*series of dishes*) Menü *n*.
mercantile [ˈmɜːk(ə)ntail], *adj*. kaufmännisch; Handels-; **m. marine**, Handelsmarine *f*.
mercenary [ˈmɜːsin(ə)ri]. **I.** *s*. Söldner *m*. **II.** *adj*. gewinnsüchtig.
merchant [ˈmɜːtʃ(ə)nt]. **I.** *s*. Kaufmann *m*; (*dealer*) Händler *m*; **wine m.**, Weinhändler *m*. **2.** *attrib*. Handels-; **m. bank**, Handelsbank *f*; **m. ship/vessel**, Handelsschiff *n*; **m. navy**, Handelsmarine *f*; **m. seaman**, Seemann *m* der Handelsmarine. ´**merchandise**, *s*. Handelsgüter *npl;* **Ware** *fpl.* ´**merchantman**, *pl.* **-men**, *s*. Handelsschiff *n*.
Mercury [ˈmɜːkjuri]. **1.** *Pr.n.m. Astr: Myth:* Merkur. **2.** **m.**, *s. Ch:* Quecksilber *n*. **merˈcurial**, *adj*. quecksilbrig.
mercy [ˈmɜːsi], *s*. Barmherzigkeit *f; Ecc: etc:* Gnade *f;* (*a*) **to show m.**, Barmherzigkeit üben; **to beg for m.**, um Erbarmen/Gnade flehen; *Ecc:* **Lord, have m. on us!** Herr, erbarme dich unser! (*b*) **to be at s.o.'s m.**/**left to s.o.'s tender mercies**, j-m ausgeliefert sein; **at the m. of the waves**, den Wellen preisgegeben; **to throw one-**

self on s.o.'s m., sich j-m auf Gnade und Ungnade ergeben; (*c*) *F:* **we must be thankful for small mercies**, wir müssen dankbar sein, daß es nicht noch schlimmer ist; **what a m.!** was für ein Glück! (*d*) *Ecc:* **Sisters of M.**, Barmherzige Schwestern *fpl.* ´**merciful**, *adj*. barmherzig; **-ly**, *adv*. glücklicherweise, zum Glück. ´**merciless**, *adj*. erbarmungslos. ´**mercilessness**, *s*. Erbarmungslosigkeit *f*.
mere [ˈmiər], *adj*. (*a*) bloß; **the m. sight of her**, ihr bloßer Anblick; **the m. thought**, der bloße Gedanke; **she is a m. child**, sie ist doch nur ein Kind; **it's a m. nothing**, es ist nicht der Rede wert; (*b*) (*pure*) rein; **from m. spite**, aus reiner/purer Bosheit; **by the merest chance**, durch den reinsten Zufall; **m. nonsense**, purer Unsinn; **-ly**, *adv*. bloß, lediglich; **he m. smiled**, er lächelte bloß; **I said it m. as a joke**, ich sagte es nur zum Scherz.
merge [mɜːdʒ], *v.* **1.** *v.tr.* (*a*) *Com:* (Firmen) fusionieren; (*b*) **to be merged into** sth., in etwas *dat* einverleibt werden. **2.** *v.i.* (*a*) (*of roads etc.*) zusammenlaufen; (*of rivers etc.*) zusammenfließen; *P.N:* **motorways m.**, Autobahnkreuz; *Aut:* **merging traffic**, sich einordnender Verkehr; (*b*) **to m. into** sth., in etwas *dat* verschmelzen; **dream and reality merged into one**, Traum und Wirklichkeit wurden eins. ´**merger**, *s. Ind:* Fusion *f*.
meridian [məˈridiən], *s. Geog:* Meridian *m*.
meringue [məˈræŋ], *s. Cu:* Baiser *n*.
merit [ˈmerit]. **I.** *s*. **1.** (*a*) *usu. pl.* Verdienst *m;* **to be treated/rewarded according to one's merits**, nach (seinem) Verdienst behandelt/belohnt werden; (*b*) (*advantage*) Vorteil *m;* **to go into the merits and demerits of** sth., auf das Pro und Kontra/auf die Vor- und Nachteile von etwas *dat* eingehen; **to judge** sth. **on its merits**, etwas objektiv beurteilen. **2.** (*worth*) Wert *m;* **novel of particular m.**, besonders wertvoller Roman. **II.** *v.tr.* (Lob, Strafe, Rücksicht usw.) verdienen.
mermaid [ˈmɜːmeid], *s*. Meerjungfrau *f*.
merry [ˈmeri], *adj*. (*a*) fröhlich; (*joking*) lustig; **m. Christmas**, fröhliche Weihnachten; **the more the merrier**, je mehr desto besser; **to make m.**, feiern; (*b*) (*tipsy*) angeheitert; **-ily**, *adv*. (*d*) fröhlich; (*b*) *F:* **to be boiling m.**, immer lustig kochen. ´**merry-go-round**, *s*. Karussell *n*. ´**merrymaker**, *s*. Feiernde(r) *f(m).* ´**merrymaking**, *s*. Feiern *n*.
mesh [meʃ]. **I.** *s*. **1.** (*of net etc.*) Masche *f*. **2.** *Mec. E:* (*of gears*) Eingriff *m*. **II.** *v.i.* (*of gears*) ineinandergreifen; **to m. with** sth., in etwas *acc* eingreifen.
mesmerize [ˈmezməraiz], *v.tr.* (j-n) mesmerisieren.
mess [mes], *s*. **1.** Unordnung *f;* (*muddle*) Durcheinander *n; F:* **to be in a m.**, im Schlamassel sitzen; **to get into a m.**, (*of things*) durcheinandergeraten; (*of pers.*) in die Klemme geraten; **to make a m. of a job**, eine Arbeit verpfuschen; *Iron:* **that's a fine m.!** das ist eine schöne Bescherung! **2.** (*dirt*) Dreck *m;* **to make a m.**, Schmutz machen; **to make a m. of the tablecloth**, das Tischtuch schmutzig/*F:* dreckig machen; **you are in a m.!** wie siehst du denn aus! **3.** *Mil:* Messe *f*. ´**mess aˈbout**, *v.* **1.** *v.i. F:* herummurksen; **to m. a. with** sth., mit

etwas *dat* herumspielen. **2.** *v.tr.* F: (j-n) hinhalten. ´**mess** ´**up**, *v.tr.* F: (a) (etwas) dreckig machen; (b) (Pläne usw.) durcheinanderbringen. ´**mess-up,** *s.* F: Durcheinander *n.* ´**messy**, *adj.* **1.** (*untidy*) unordentlich. **2.** (*dirty*) dreckig.

message [´mesidʒ], *s.* **1.** Botschaft *f;* **to give s.o. a m.**, j-m etwas ausrichten; **to deliver a m. to s.o.**, j-m eine Botschaft/Nachricht überbringen; F: **has he got the m.?** hat er es kapiert? *Tel:* **telephone m.**, telefonische Nachricht; *Rad:* **radio m.**, Funkmeldung *f.* **2.** *pl. Scot:* & *A:* (*errands*) Besorgungen *fpl;* **to run messages**, Botengänge machen. ´**messenger** [´mesindʒər], *s.* Bote *m;* **King's/ Queen's m.**, königlicher Kurier *m.*

Messrs [´mesəz], *s.pl.* **M. Smith and Jones**, die Herren/*Com:* die Firma Smith und Jones.

metabolism [me´tæbəlizm], *s.* Metabolismus *m.*

metal [metl], *s.* **1.** Metall *n;* **(made of) m.**, aus Metall, *attrib.* metallen. **2.** *pl. Rail:* Schienen *fpl.* **me´tallic** [mi´tælik], *adj.* metallisch; **m. paint**, Metalliclackierung *f;* **m. green**, grün metallic. **me´tallurgy**, *s.* Metallurgie *f.* ´**metalwork**, *s.* Metallteile *mpl.* ´**metalworker**, *s.* Metallarbeiter *m.* ´**metalworking.** **I.** *adj.* **m. industry**, Metallindustrie *f.* **II.** *s.* Metallbearbeitung *f.*

metamorphosis, *pl.* **-oses** [metə´mɔ:fəsis, -əsi:z], *s.* Metamorphose *f.*

metaphor [´metəfər], *s.* Metapher *f.* **meta´phorical** [-´fɔrikl], *adj.* metaphorisch.

metaphysics [metə´fiziks], *s.pl.* Metaphysik *f.*

meteor [´mi:tiər], *s.* Meteor *m.* **mete´oric** [-´ɔrik], *adj.* meteorisch; *Fig:* **m. rise**, kometenhafter Aufstieg. ´**meteorite** [-ərait], *s.* Meteorit *m.*

mete out [mi:t´aut], *v.tr.* (Strafen usw.) zumessen (to s.o., j-m).

meteorology [mi:tjə´rɔlədʒi], *s.* Meteorologie *f.* **meteoro´logical**, *adj.* Wetter-; **m. map**, Wetterkarte *f;* **M. Office**, Wetteramt *n.* **meteo´rologist**, *s.* Meteorologe *m.*

meter [´mi:tər], *s.* Meßgerät *n;* **parking m.**, Parkuhr *f;* **taxi m.**, Taxameter *m;* **electricity/ gas m.**, Stromzähler/Gaszähler *m.*

methane [´mi:θein], *s. Ch:* Methan *n.*

method [´meθəd], *s.* Methode *f;* (a) (**teaching**) **m.**, Lehrmethode *f;* **a m. of doing sth.**, eine Art und Weise, etwas zu tun; (b) **he's a man of m.**, er hat Methode; *F:* **there is m. in his madness**, er hat seine guten Gründe. **me´thodical** [mi´θɔdikl], *adj.* systematisch; (*thorough*) gründlich.

methodist [´meθədist], *s. Ecc:* Methodist *m.*

methyl [´meθil], *s. Ch:* Methyl *n.* ´**methylated**, *adj.* **m. spirits**, *F:* **meths**, Brennspiritus *m.*

meticulous [mi´tikjuləs], *adj.* äußerst genau; **-ly**, *adv.* mit größter Sorgfalt. **me´ticulousness**, *s.* größte Genauigkeit *f.*

metre[1] [´mi:tər], *s. Poet:* Versmaß *n.* **metrical** [´metrikl], *adj.* metrisch.

metre[2], *s.* Meter *m* & *n; Sp:* **the 200 metres**, der 200-Meter-Lauf. **metric** [´metrik], *adj.* metrisch; **m. system**, Dezimalsystem *n; Meas:* metrisches System. **metri´cation**, *s.* Übergang *m* zum Dezimalsystem/*Meas:* metrischen System.

metronome [´metrənəum], *s. Mus:* Metronom *n.*

metropolis [me´trɔpəlis], *s.* Metropole *f.* **metro´politan**, *adj.* hauptstädtisch; **m. railway**, Stadtbahn *f;* **M. Police**, (Londoner) Stadtpolizei *f.*

mettle [´metl], *s.* **to put s.o. on his m.**, j-n (zur Aufbietung aller Kräfte) anspornen; **to show one's m.**, zeigen, was man kann.

mew [mju:]. **I.** *s.* (leises) Miau *n.* **II.** *v.i.* (leise) miauen.

mews [mju:z], *s.* **1.** (*stables*) Stallungen *fpl.* **2.** (*street*) Gasse *f* mit (ehemaligen) Stallungen; **m. cottage**, als Wohnung ausgebaute Stallung.

Mexico [´meksikəu]. *Pr. n. Geog:* Mexiko *n.* ´**Mexican,** *s.* Mexikaner(in) *m(f).*

mezzanine [´mezəni:n], *s.* Mezzanin *n.*

miaow [mi(:)´au]. **I.** *s.* Miau *n.* **II.** *v.i.* miauen.

mica [´maikə], *s. Miner:* Glimmer *m.*

mice [mais], *s.pl.* of **mouse** Mäuse *fpl.*

Michael [´maikl]. *Pr.n.m.* Michael. **Michaelmas** [´miklməs], *s.* Michaelisfest *n;* **M. (Day)**, Michaelistag *m, Bot:* **m. daisy**, Herbstaster *f.*

micro- [´maikrəu-] **I.** *comb.fm.* Mikro-; **microfilm**, Mikrofilm *m;* **microprocessor**, Mikroprozessor *n.* **II.** *s.* F: Mikrocomputer *m.*

microbe [´maikrəub], *s.* Mikrobe *f.*

microcosm [´maikrəukɔzm], *s.* Mikrokosmos *m.*

micrometer [mai´krɔmətər], *s. Meas:* Meßschraube *f.*

micron [´maikrɔn], *s.* Mikron *n.*

microphone [´maikrəfəun], *s.* Mikrofon *n.*

microscope [´maikrəskəup], *s.* Mikroskop *n;* **to examine sth. under the m.**, etwas mikroskopisch untersuchen. **microscopic** [-´skɔpik], *adj.* mikroskopisch klein.

microwave [´maikrəuweiv], *s. El:* Mikrowelle *f,* **m. oven**, Mikrowellenherd *m.*

mid [mid], *attrib.* **in m. air**, in der Luft; **in m.-Channel**, in der Mitte des Kanals; **in m. June**, Mitte Juni; **he is in his m.-fifties**, er ist Mitte fünfzig. **mid´air**, *adj.* **m. collision**, Zusammenstoß *m* in der Luft. ´**mid´day**, *s.* Mittag *m.* **middle** [´midl]. **I.** *adj.* mittlere(r,s), Mittel-; **the m. one**, der Mittlere; **to take a m. course**, den Mittelweg einschlagen; **the m. class(es)**, der Mittelstand; **m. class attitude**, bürgerliche Einstellung; **m. aged/in m. age**, im mittleren Alter; *Hist:* **the M. Ages**, das Mittelalter; *Paint: etc:* **m. distance**, Mittelgrund *m; Sp:* **m.-distance runner**, Mittelstreckenläufer *m; Geog:* **the M. East**, der Nahe Osten. **II.** *s.* (a) Mitte *f;* **in the m. of**, in der Mitte von, mitten in + *dat;* **I was in the m. of my work when . . .**, ich war gerade bei der Arbeit, als . . .; **in the m. of the night**, mitten in der Nacht; **in the m. of August**, Mitte August; **in the m. of the month**, (in der) Mitte des Monats; (b) *F:* (*waist*) Taille *f.* ´**middleman**, *s. Com:* Zwischenhändler *m.* ´**middle-of-the-´road**, *adj. Pol:* gemäßigt. ´**middling**, *adj.* & *adv.* mittelmäßig; *Hum:* **fair to m.**, mittelprächtig. ´**midfield**, *s. Fb:* Mittelfeld *n;* **m. player**, Halbstürmer *m.* ´**midland**, *adj. Brit:* mittelenglisch. ´**the** ´**Midlands**, *s.pl.* Mittelengland *n.* ´**midnight**, *s.* Mitternacht *f;* **to burn the m. oil**, bis in die späte Nacht arbeiten. ´**midriff**, *s.* Bauch *m.* ´**midshipman**, *pl.* **-men**, *s.* Fähnrich *m* zur See; *U.S:* Seekadett *m.* **midst**, *s.* **in the m. of**, in der Mitte von, mitten in + *dat;* **I am still in**

the m. of (doing) it, ich bin noch dabei, F: ich stecke noch mitten drin; in their m., mitten unter ihnen. ´mid´stream, s. in m., in der Mitte des Flusses/Stromes. ´mid´summer, s. Hochsommer m; M. Day, Johannistag m. ´mid´way, adj. & adv. at the m. point/m., auf halbem Wege; m. between, in der Mitte zwischen + dat. ´mid´week, s. & adv. Mitte f der Woche; Sp: m. game, Spiel n während der Woche. ´Mid´west, s. Geog: Mittelwesten m (von Amerika). ´mid´west(ern), adj. des Mittelwestens. ´mid´winter, s. Mitte f des Winters; in m., mitten im Winter.

midge [midʒ], s. Ent: Mücke f.

midget [´midʒit]. I. s. Zwerg m; (in circus) Lilliputaner m. II. adj. winzig; (model) Miniatur-; Navy: m. submarine, Kleinstunterseeboot m.

midwife, pl. -wives [´midwaif, -waivz], s. Hebamme f. **midwifery** [-´wif(ə)ri], s. Geburtshilfe f.

might[1] [mait], s. Macht f; with all one's m./m. and main, mit aller Kraft; m. is right, Gewalt geht vor Recht.

might[2], v. aux. (past tense of **may**) könnte(n); dürfte(n); he m. turn up any moment, er könnte jede Minute auftauchen; it m. be possible, es dürfte schon möglich sein; would he come? – he m., würde er mitkommen? – vielleicht/es könnte sein; you m. like to look at this, vielleicht hätten Sie Lust, das anzusehen; he m. have left already, er könnte schon fort sein; you m. have asked! Sie hätten doch fragen können! ´mighty. I. adj. (powerful) mächtig; (enormous) gewaltig; F: a m. thirst, ein gewaltiger Durst; (of pers.) high and m., anmaßend. II. adv. esp. N. Am: höchst; m. difficult, äußerst/F: kolossal schwierig; F: m. fine, ganz prima; -ily, adv. gewaltig; to be m. mistaken, sich gewaltig irren; m. impressed, enorm beeindruckt.

migraine [´mi:grein], s. Med: Migräne f.

migrate [mai´greit], v.i. (of pers.) abwandern; (of birds) ziehen (southwards, in den Süden). ´migrant. I. adj. wandernd; m. worker, Wanderarbeiter m; (from abroad) Gastarbeiter m. II. s. Wanderer m; (pers.) Umsiedler(in) m(f); (bird) Zugvogel m. mi´gration, s. (of pers.) Abwanderung f; (of peoples) Völkerwanderung f; (of birds, fish) Zug m. ´migratory, adj. Wander-, Zug-; m. bird, Zugvogel m.

mike [maik], s. F: Mikro m.

mil [mil], s. abbr. Meas: (a) El. E: Tausendstel Zoll m; (b) Milliliter m; Pharm: 5 m. spoon, Medizinlöffel m.

Milan [mi´læn]. Pr.n. Geog: Mailand n. Mila´nese, s. Mailänder(in) m (f).

mild [maild], adj. mild; (of illness, cigar etc.) leicht; Metall: m. steel, Flußstahl m; -ly, adv. leicht; he was only m. interested, er zeigte nur geringes Interesse; to put it m., gelinde gesagt. ´mildness, s. Milde f.

mildew [´mildju:], s. 1. Bot: Mehltau m. 2. Tex: (mark) Stockfleck m.

mile [mail], s. Meile f; the only house for miles (and miles), das einzige Haus weit und breit; miles away, meilenweit entfernt; Fig: you were miles away! wo warst du denn mit deinen Gedanken? nobody comes within miles of him,

keiner kann ihm das Wasser reichen; F: he's miles better, es geht ihm weit besser. ´mileage, s. (a) (zurückgelegte) Meilenzahl f; (of car) Meilenstand m; m. allowance, = Kilometergeld n; low m. car, wenig gefahrenes Auto; (on hire car) unlimited m., unbegrenzte Kilometerleistung; (b) F: there's not much m. in this idea, mit dieser Idee kann man nicht viel anfangen. mi´leometer, s. Meilenzähler m. ´milestone, s. Meilenstein m.

militant [´militənt]. I. adj. militant; esp. Pol: m. student, militanter Student. II. s. Kämpfer m; Pol: Aktivist m. ´military. I. adj. militärisch, Militär-; m. service, Wehrdienst m; m. police, Militärpolizei f. II. s. the m., das Militär. ´militate, v.i. wirken (against sth., gegen etwas acc). militia [mi´liʃə], s. Miliz f. mi´litiaman, s. N.Am: Milizsoldat m.

milk [milk]. I. s. Milch f; m. shake, Milchmixgetränk n; m. jug, Milchkrug m; m. tooth, Milchzahn m; m. float, elektrischer Milchwagen; m. bar, Milchbar f; Fig: it's no use crying over spilt m., hin ist hin. II. v.tr. (a) (eine Kuh) melken; (b) P: (j-n) schröpfen; to m. the till, in die Kasse greifen. ´milker, s. (pers.) Melker(in) m(f). ´milking, s. Melken n; m. machine, Melkmaschine f. ´milkman, s. Milchmann m. ´milky, adj. milchig; Astr: the M. Way, die Milchstraße.

mill [mil]. I. s. 1. (for corn etc.) Mühle f; Fig: to go through the m., eine harte Schule durchmachen. 2. Ind: Fabrik f, esp. Textilfabrik f; rolling m., Walzwerk n; (cotton) m., Spinnerei f. II. v. 1. v.tr. (a) (Korn usw.) mahlen; (b) (Holz, Metall) fräsen; (Münzen) rändeln; milled edge, Rändelung f. 2. v.i. (of crowd) to m. (about), hin- und hertreiben; milling crowd, Gewühl n. ´millboard, s. Graupappe f. ´miller, s. Müller m. ´millpond, s. Mühlteich m; the sea was like a m., das Meer war spiegelglatt. ´millstone, s. Mühlstein m.

millenium [mi´leniəm], s. 1. Jahrtausend n. 2. Rel: Hist: Tausendjähriges Reich (Christi).

millet [´milit], s. Bot: Hirse f.

millibar [´miliba:r], s. Meteor: Millibar n. ´milligramme, s. Milligramm n. ´millimetre, s. Millimeter m.

milliner [´milinər], s. Modistin f. ´millinery, s. Damenhüte mpl.

million [´miljən], s. Million f; two m. inhabitants, zwei Millionen Einwohner; F: millions of people, zig Leute. millio´naire, s. Millionär(in) m(f). ´millionth. I. s. (fraction) Millionstel n. II. adj. millionste(r,s); F: for the xth time, zum xten Mal.

mime [maim]. I. s. 1. Pantomime f. 2. (actor) Pantomime m. II. v.tr. & i. (eine Szene usw.) mimen.

mimic [´mimik]. I. s. Mimiker m; Imitator m (von Stimmen). II. v.tr. (p. & p.p. mimicked) (j-n, etwas) nachäffen. ´mimicry, s. Nachäffung f.

mimosa [mi´məuzə], s. Bot: Mimose f.

minaret [minə´ret], s. Minarett n.

mince [mins]. I. s. 1. Cu: Hackfleisch n. 2. m. pie, mit 'mincemeat' gefüllte Pastete. II. v.tr. (a) (Fleisch usw.) durchdrehen; minced meat, Hackfleisch n; (b) Fig: not to m. matters/one's

words, kein Blatt vor den Mund nehmen; (c) **to m. along,** dahertrippeln. **'mincemeat,** s. Pastetenfüllung f aus Rosinen, Korinthen, Äpfeln usw; Fig: **to make m.** of s.o., aus j-m Hackfleisch machen. **'mincer,** s. Fleischwolf m. **'mincing,** adj. 1. **m. machine,** Fleischwolf m. 2. Fig: zimperlich; **to take m. steps,** dahertrippeln.

mind [maind]. I. s. 1. (a) Sinn m; Kopf m; (intellect) Geist m; **it passed through my m.,** es ging mir durch den Kopf/Sinn; **to have sth. on one's m.,** etwas auf dem Herzen haben; **frame of m.,** Geistesverfassung f; **peace of m.,** See lenfrieden m; **state of m.,** Geisteszustand m; **turn of m.,** Geisteshaltung f; **he has a good m.,** er hat einen guten Kopf; **a great m.,** ein großer Geist; (b) **of sound m.,** bei klarem Verstand; **he is not in his right m.,** er ist nicht bei Sinnen; **you're/you must be out of your m.!** du bist (wohl) nicht bei Trost! 2. (memory) (a) **to bear/keep sth. in m.,** sich dat etwas merken; (consider) etwas berücksichtigen; **to bring/call sth. to m.,** an etwas acc erinnern; F: **it went clean out of my m.,** ich habe es total vergessen; **it never entered my m.,** es ist mir überhaupt nicht in den Sinn gekommen. 3. (opinion) Meinung f; **to my m.,** meiner Ansicht nach; **to give s.o. a piece of one's m.,** j-m gehörig die Meinung sagen; **to speak one's m.,** seine Meinung frei äußern. 4. (intention) **to know one's own m.,** wissen, was man will; **to make up one's m.,** sich entschließen; **to change one's m.,** es sich dat anders überlegen; **to have an open m.,** unvoreingenommen sein; **to be of one m.** (with s.o.), sich dat (mit j-m) einig sein; **I've a good m. to . . .,** ich würde nur zu gerne . . .; **what have you in m.?** (action) was haben Sie vor? (thing) woran denken Sie? **he set his m. on it,** er wollte es unbedingt (haben/tun). 5. (attention) **to give one's m. to sth.,** sich etwas dat widmen; **to take his m. off it,** um ihn davon abzulenken; **presence of m.,** Geistesgegenwart f. II. v. 1. v.tr. (a) (look after) **to m. s.o., sth.,** sich um j-n, etwas acc kümmern; **can you m. the children/house for me?** können Sie mir die Kinder/das Haus hüten? **m. your own business,** kümmere dich um deine eigenen Angelegenheiten; (b) (look out) **m. that child!** paß auf das Kind auf! **m. the step!** Achtung Stufe! **m. your backs!** Vorsicht bitte! Moment bitte! **m. that you don't lose it,** paß auf/gib acht, daß du es nicht verlierst; (c) (object) **do you m. my smoking?** stört es Sie, wenn ich rauche? **would you m. shutting the door?** würden Sie bitte die Tür schließen? **I shouldn't m. a drink,** ich hätte nichts gegen einen Drink; **I don't m. if I do,** ich sage nicht nein; abs. **if you don't m.,** wenn Sie nichts dagegen haben; **I don't m.,** mir macht es nichts aus; **never m.,** mach dir nichts draus; (protesting) **do you m.!** erlauben Sie mal! (d) **the dirt is bad enough, never m. the noise,** der Schmutz ist schlimm genug, von dem Lärm ganz zu schweigen. 2. v.i. F: **to m. (out),** aufpassen; **m. out!** aufpassen! Achtung! **'minded,** adj. gesinnt; **politically m.,** politisch gesinnt. **'mindful,** adj. eingedenk (**of sth.,** etwas gen).

mine[1] [main], poss. pron. meiner, meine, mein(e)s; pl. meine; **that's m.,** das gehört mir/ ist meins; **this book is m.,** das ist mein Buch; **your country and m.,** dein Land und meins; **a friend of m.,** ein Freund/eine Freundin von mir.

mine[2]. I. s. 1. Bergwerk n; (coal) m., Kohlengrube f; Fig: **a m. of information,** eine Fundgrube des Wissens. 2. Mil: Navy: Mine f; **m. detector,** Minensuchgerät n. II. v.tr. (a) **to m. coal, ores etc.,** Kohle, Erze usw. abbauen; (b) Mil: Navy: (einen Hafen, ein Feld) verminen. **'minefield,** s. Mil: Navy: Minenfeld n. **'minelayer,** s. Navy: Minenleger m. **'miner,** s. Bergarbeiter m. **'mineshaft,** s. Grubenschacht m. **'minesweeper,** s. Navy: Minensuchboot n. **'mine-'working,** s. Grube f. **'mining,** s. 1. Bergbau m; **m. engineer,** Bergbauingenieur m; **m. rights,** Bergbaufreiheit f; **m. academy,** Bergbauschule f. 2. Navy: Minenlegen n; Mil: Minieren n.

mineral ['minərəl], s. 1. Geol: Mineral n; **m. deposit,** Erzlagerstätte f. 2. **m. water,** Mineralwasser n; pl. **minerals,** sprudelnde Getränke npl. **mine'ralogist,** s. Mineraloge m. **mine'ralogy,** s. Mineralogie f.

mingle ['miŋgl], v. 1. v.tr. (etwas) beimischen (**with,** dat). 2. v.i. sich mischen (**with s.o., sth.,** mit j-m, etwas); **to m. with the crowd,** sich unter die Menge mischen.

mini ['mini]. I. s. Cl: **m. (skirt),** Minirock m. II. adj. & prefix klein, Mini-; **m. demonstration,** Minidemonstration f; **minibus,** Kleinbus m; **minicar,** Kleinstwagen m; **miniskirt,** Minirock m.

miniature ['minitʃər, 'minjətʃər]. I. s. Miniatur f; **in m.,** im kleinen, Miniatur-. II. adj. Klein-; **m. camera,** Kleinbildkamera f; **m. railway,** Lilliputbahn f.

minim ['minim], s. Mus: halbe Note f.

minimal ['miniməl], adj. minimal. **'minimize,** v.tr. (etwas) auf ein Minimum verringern; (Mühe, Arbeit usw.) auf ein Minimum beschränken. **'minimum.** I. s. Minimum n (**of,** an + dat). II. attrib. adj. Mindest-; **m. wage,** Mindestlohn m; **m. temperature,** Tiefsttemperatur f.

minister ['ministər]. I. s. 1. Pol: Minister m. 2. Ecc: Pastor m. II. v.i. **to m. to s.o.,** j-n betreuen; **to m. to s.o.'s needs,** für j-s Bedürfnisse sorgen. **minis'terial,** adj. Pol: ministeriell; **at m. level,** auf Ministerebene; **m. duties,** Pflichten eines Ministers. **'ministering,** adj. betreuend; **m. angel,** hingebungsvolle Betreuerin f. **minis'tration,** s. Betreuung f. **'ministry,** s. 1. Adm: Ministerium n; **m. of defence,** Verteidigungsministerium n. 2. Ecc: **the m.,** das geistliche Amt.

mink [miŋk], s. Z: & Com: Nerz m.

minnow ['minəu], s. Fish: Elritze f.

minor ['mainər]. I. adj. 1. (a) klein(er); (negligible) geringfügig; **Asia M.,** Kleinasien n; **m. injury,** leichte Verletzung; **a m. offence,** ein leichtes Vergehen; (b) (less important) unbedeutend, Neben-; **m. matter/point,** Nebensache f; **of m. interest,** unbedeutend, von geringem Interesse; **to play a m. role,** eine untergeordnete Rolle spielen. 2. Mus: Moll; **m. key,** Molltonart f; **A m.,** a-Moll; **m. third,** kleine Terz. II. s. Jur: Minderjährige(r) f(m). **mi'nority,** s. 1. Minderheit f; **to be in a/the m.,**

in der Minderheit sein. **2.** *Jur:* Minderjäh-
rigkeit *f.*

minster ['minstər], *s. Ecc:* Münster *n.*

minstrel ['minstrəl], *s. Hist:* Spielmann *m.*

mint¹ [mint]. **I.** *s.* (*a*) **the M.**, die Münze; *F:* **to be
worth a m.** of money, (i) (*of pers.*) im Geld
schwimmen; (ii) (*of thing*) ein Vermögen wert
sein. **II.** *adj.* neuwertig; (*of stamp*) unge-
stempelt; **in m. condition**, wie neu, in neuwer-
tigem Zustand. **III.** *v.tr.* (eine Münze) prägen;
to m. money, (i) Geld münzen; (ii) *F:* Geld
scheffeln.

mint², *s.* (*a*) *Bot:* Minze *f;* **m. sauce**, (saure)
Minzsoße *f;* (*b*) (*peppermint*) Pfefferminz-
bonbon *n.*

minus ['mainəs]. **I.** *prep.* (*a*) minus, weniger; **five
m. two equals three**, fünf weniger/minus zwei
macht drei; (*b*) *F:* ohne + *acc;* **he came back
m. his coat**, er kam ohne Mantel zurück; (*c*)
it is m. 10 degrees, es ist 10 Grad unter Null/
minus 10 Grad. **II.** *s. Mth:* **m. (sign)**, Minus
(zeichen) *n; attrib.* **m. quantity**, negative
Größe.

minute¹ ['minit], *s.* **1.** (*a*) Minute *f;* **m. hand**,
Minutenzeiger *m;* (*b*) *F:* **wait a/just a m.!**
Moment mal! einen Augenblick! **I shan't be a
m.**, ich komme gleich; **he'll be here any m.**, er
wird jeden Moment kommen. **2.** *Geom:*
Minute *f.* **3.** *pl.* **minutes**, Protokoll *n* (einer Sit-
zung); **to take the minutes**, Protokoll führen.

minute² [mai'nju:t], *adj.* (*a*) (*tiny*) winzig; (*b*)
(*meticulous*) genau; **in the minutest detail(s)**, bis
ins kleinste. **mi'nuteness**, *s.* **1.** Winzigkeit *f.*
2. höchste Genauigkeit *f.*

minx [miŋks], *s. Pej:* **little m.**, kleines Biest.

miracle ['mirəkl], *s.* Wunder *n; by a m.*, durch
ein Wunder; **I can't work miracles**, ich kann
keine Wunder vollbringen; *Th: Hist:* **m. play**,
Mirakelspiel *n.* **miraculous** [-'rækjuləs], *adj.*
wunderbar; **m. effect**, Wunderwirkung *f;* **to
have a m. escape/recovery**, wie durch ein
Wunder entkommen/genesen.

mirage ['mirɑ:ʒ], *s.* Fata Morgana *f.*

mirror ['mirər]. **I.** *s.* Spiegel *m; Metalw: Paint:*
m. finish, Hochglanzpolitur *f.* **II.** *v.tr.* (etwas)
wiederspiegeln; **the trees are mirrored in the
water**, die Bäume spiegeln sich im Wasser.

mirth [mə:θ], *s.* Heiterkeit *f.*

misadventure [misəd'ventʃər], *s.* Mißgeschick
n; Jur: **death by m.**, Tod durch Unglücksfall.

misapply [misə'plai], *v.tr.* (etwas) falsch an-
wenden.

misapprehension [misæpri'henʃ(ə)n], *s.* Miß-
verständnis *n;* **to be under a m.**, sich irren.

misappropriate ['misə'prəuprieit], *v.tr.* (Geld)
veruntreuen. **'misappropri'ation**, *s.* Ver-
untreuung *f.*

misbehave [misbi'heiv], *v.i. & refl.* **to m. (one-
self)**, sich schlecht benehmen. **misbe-
'haviour**, *s.* schlechtes Benehmen *n.*

miscalculate [mis'kælkjuleit], *v.* **1.** *v.tr.* (etwas)
falsch berechnen. **2.** *v.i.* sich verrechnen. **mis-
calcu'lation**, *s.* Fehlkalkulation *f; Mth:*
Rechenfehler *m.*

miscarriage [mis'kæridʒ], *s.* **1.** (*a*) Fehlschlag
m (eines Plans usw.); (*b*) **m. of justice**, Justiz-
irrtum *m.* **2.** *Med:* Fehlgeburt *f.* **mis'car-
ry**, *v.i.* (*a*) (*of scheme*) mißlingen, fehlschlagen;

(*b*) (*of letters*) verlorengehen; (*c*) *Med:* eine
Fehlgeburt haben.

miscellaneous [misə'leiniəs], *adj.* (*of writings
etc.*) vermischt; (*of goods etc.*) divers; **a m. col-
lection**, eine bunt gemischte Sammlung. **mis-
cellany** [mi'seləni], *s.* **1.** buntes Allerlei *n.* **2.**
Lit: Sammelband *m.*

mischance [mis'tʃɑ:ns], *s.* Mißgeschick *n.*

mischief ['mistʃif], *s.* **1.** (*harm*) **to do m.**, Scha-
den anrichten; **to mean m.**, Böses im Schilde
führen; **to make m.**, böses Blut machen. **2.**
(*tricks*) Unfug *m;* **to get up to m.**, Unfug an-
stellen; **to keep out of m.**, keine Dummheiten
machen. **'mischief-maker**, *s.* Störenfried *m.*
'mischievous, *adj.* **1.** (*of rumour*) boshaft. **2.**
m. child, Racker *m*, Schlingel *m;* **a m. smile**,
ein schelmisches Lächeln. **'mischievous-
ness**, *s.* **1.** Bosheit *f.* **2.** schelmisches Wesen *n.*

misconception ['miskən'sepʃən], *s.* (*wrong idea*)
falsche Vorstellung *f;* (*misunderstanding*) fal-
sche Auffassung *f.*

misconduct ['mis'kɔndʌkt], *s.* **1.** schlechte
Führung *f* (eines Geschäfts). **2.** *Jur: etc:* Ver-
gehen *n, esp.* (*in office*) Amtsvergehen *n;*
(*adultery*) Ehebruch *m.*

misconstrue ['miskən'stru:], *v.tr.* (etwas)
mißdeuten.

miscount [mis'kaunt], *v.tr.* (etwas) falsch zählen.

miscreant ['miskriənt], *s.* Bösewicht *m.*

misdeed ['misdi:d], *s. A: & Hum:* Missetat *f.*

misdemeanour ['misdi'mi:nər], *s. Jur:* Delikt
n; Vergehen *n.*

misdirect [misdai'rekt], *v.tr.* (*a*) (j-n) in die
falsche Richtung weisen; (Fähigkeiten) falsch
anwenden; **misdirected efforts**, falsch gezielte
Bemühungen; (*b*) *Jur:* (die Geschworenen)
falsch belehren.

miser ['maizər], *s.* Geizhals *m.* **'miserliness**, *s.*
Geiz *m.* **'miserly**, *adj.* geizig.

miserable ['miz(ə)rəbl], *adj.* (*a*) (*of existence
etc.*) elend, jämmerlich; **m. conditions**, er-
bärmliche Zustände; (*b*) (*of pers.*) trübsinnig; **he
was feeling m.**, ihm war elend zumute; **to make
s.o. m.**, j-n unglücklich machen; (*c*) *F: Pej:* (*of
pay, weather etc.*) miserabel, mies; **a m. effort**,
eine klägliche/erbärmliche Leistung; **a m. sum**,
eine klägliche/lumpige Summe; **-ably**, *adv.* **to
fail m.**, kläglich versagen. **'misery**, *s.* (*a*)
Elend *n; his life was sheer m.*, sein Leben war
eine reine Qual; **to make s.o.'s life a m.**, j-m das
Leben sauer machen; **to put an animal out of
its m.**, ein Tier von seinen Qualen erlösen; (*b*)
F: (*pers.*) Miesepeter *m.*

misfire [mis'faiər]. **I.** *s.* (*of gun, engine*) Fehl-
zündung *f.* **II.** *v.i.* (*a*) (*of gun*) versagen; *I.C.E:*
(*of engine*) fehlzünden; (*b*) (*of joke, plan*)
danebengehen.

misfit ['misfit], *s.* **1.** schlecht passendes Klei-
dungsstück *n.* **2.** *Fig:* (*pers.*) Außenseiter *m.*

misfortune [mis'fɔ:tʃ(ə)n, -tju:n], *s.* Unglück *n;*
pl. Unglücksfälle *mpl, coll.* Unglück *n.*

misgiving [mis'giviŋ], *s.* Bedenken *n; (fear)*
Befürchtung *f; esp. pl.* **not without misgivings**,
nicht ohne Bedenken.

misguided [mis'gaidid], *adj.* unklug; **she was m.
enough to think that . . .**, sie war töricht genug
zu glauben, daß . . .

mishandle [mis'fɔ:tʃ(ə)], *v.tr.* (*a*) (j-n, ein Tier)

schlecht behandeln; (*b*) (eine Angelegenheit) falsch handhaben.

mishap ['mishæp], *s*. Mißgeschick *n*; **without m.**, ohne Zwischenfall *m*.

misinform ['misin'fɔːm], *v.tr.* (j-n) falsch unterrichten.

misinterpret ['misin'tɔːprit], *v.tr.* (eine Handlung, j-s Absichten) mißdeuten; (eine Handlung, Worte usw.) falsch auslegen. **misinterpre'tation**, *s*. Mißdeutung *f*; falsche Deutunge/Auffassung *f* (einer Textstelle).

misjudge ['misdʒʌdʒ], *v.tr.* (j-n, etwas) falsch beurteilen; (eine Entfernung usw.) falsch einschätzen; (j-n) verkennen.

mislay [mis'lei], *v.tr.* (*p. & p.p.* **mislaid**) (Schlüssel usw.) verlegen.

mislead [mis'liːd], *v.tr.* (*p. & p.p.* **misled**) (j-n) irreführen; (*misinform*) (j-n) falsch unterrichten; **to m. s.o. into sth.**, j-n zu etwas *dat* verleiten. **mis'leading**, *adj.* irreführend; (*deceptive*) täuschend.

mismanage [mis'mænidʒ], *v.tr.* (*a*) (ein Geschäft) schlecht führen; (*b*) (eine Angelegenheit) falsch handhaben, *Fin:* schlecht verwalten. **mis'management**, *s.* (*a*) schlechte Führung *f*; Mißwirtschaft *f*; (*b*) falsche Handhabung *f*; *Fin:* schlechte Verwaltung *f*.

misnomer [mis'nəumər], *s.* falsche/(*inappropriate*) unpassende Bezeichnung *f*.

misogynist [mi'sɔdʒinist], *s.* Frauenhasser *m*.

misplace [mis'pleis], *v.tr.* (etwas) verlegen. **mis'placed**, *adj.* unangebracht; **m. confidence**, zu Unrecht geschenktes Vertrauen.

misprint ['misprint], *s.* Druckfehler *m*.

mispronounce ['mispra'nauns], *v.tr.* (etwas) falsch aussprechen. **'mispronunci'ation**, *s.* falsche Aussprache *f*.

misquote ['mis'kwəut], *v.tr* (j-n, etwas) falsch zitieren. **'misquo'tation**, *s.* falsches Zitat *n*.

misread ['mis'riːd], *v.tr.* (*p. & p.p.* **misread** ['mis'red]) (*a*) (etwas) falsch lesen; (*b*) (*misinterpret*) (einen Text) falsch auslegen.

misrepresent ['misrepri'zent], *v.tr.* (Tatsachen, j-s Absichten usw.) falsch darstellen. **'misrepresen'tation**, *s.* falsche Darstellung *f*; Verzerrung *f* (der Tatsachen).

misrule ['mis'ruːl]. I. *v.tr.* (ein Land) schlecht regieren. II. *s.* schlechte Regierung *f*.

miss¹ [mis]. I. *s.* (*blow*) Fehlschlag *m*; (*shot*) Fehlschuß *m*; (*throw*) Fehlwurf *m*; **that was a near m.**, das ging dicht daneben, das hat uns beinahe erwischt; *F:* **to give s.o. a m.**, j-n nicht aufsuchen; **I'll give that film a m.**, den Film werde ich mir schenken. II. *v.* 1. *v.tr.* (*a*) (einen Schlag, den Weg, das Ziel usw.) verfehlen; (eine Verabredung, einen Zug usw.) verpassen; (eine Gelegenheit, eine Unterrichtsstunde usw.) versäumen; **you haven't missed much**, du hast nicht viel versäumt; **they missed one another**, sie haben sich verfehlt; *F:* **to m. the boat**, den Anschluß verpassen; (*b*) **to m. one's footing**, ausrutschen; (*c*) **to m. the point**, begreifen, worum es eigentlich geht; **she doesn't m. a thing**, ihr entgeht nichts; (*d*) (j-n, etwas) vermissen; **I shall m. you**, du wirst mir fehlen/abgehen; (*e*) (*escape*) **he just missed being run over**, er wäre fast überfahren worden; **we just missed the rain**, wir sind

gerade dem Regen entkommen; (*f*) **to m.** (**out**) **s.o., sth.**, j-n etwas auslassen. 2. *v.i.* (*a*) das Ziel verfehlen; (*of shot*) danebengehen; **he never misses**, bei ihm sitzt jeder Schuß; (*b*) (*of engine*) aussetzen; (*c*) *F:* **he feels he's missing out on something**, er glaubt, er versäumt etwas. **'missing**, *adj.* 1. fehlend; (*absent*) abwesend; **to be m.**, fehlen; *Biol: & Fig:* **the m. link**, das fehlende Glied. 2. (*of pers., esp. soldier*) vermißt; **he has been m. for two weeks**, er wird seit zwei Wochen vermißt.

miss², *s.* Fräulein *n*.

missal ['misəl], *s.* *R.C.Ch:* Meßbuch *n*; (*illuminated*) Missale *n*.

misshapen ['mis'ʃeipən], *adj.* mißgestaltet.

missile ['misail], *s.* (*thrown*) Wurfgeschoß *n*; (*fired*) Geschoß *n*.

mission ['miʃ(ə)n], *s.* 1. (*a*) (*task*) Aufgabe *f*; **m. in life**, Lebensaufgabe *f*; (*b*) *Mil: Av:* Einsatz *m*; (*also Hum:*) **m. accomplished**, Befehl/*F:* Auftrag erfolgreich ausgeführt. 2. *Ecc:* Mission *f*; *Com:* **trade m.**, Handelsmission *f*. **'missionary**, *s.* Missionär *m*; **m. work**, Missionsarbeit *f*.

missive ['misiv], *s.* *A:* & *Hum:* (*from pers.*) Epistel *m*; (*official*) Schrieb *m*.

misspell ['mis'spel], *v.tr.* (*p. & p.p.* **misspelt**) (ein Wort) falsch schreiben. **'mis'spelling**, *s.* Rechtschreibfehler *m*.

misstatement ['mis'steitmənt], *s.* falsche Angabe *f*; (*oral*) falsche Aussage *f*.

missus ['misəs], *s.* *P:* 1. (*boss*) Chefin *f*. 2. (*wife*) Alte *f*; **how's the m.?**, wie geht's deiner Alten?

mist [mist]. I. *s.* 1. (*haze*) Dunst *m*; (*thick*) Nebel *m*; **Scotch m.**, Nieselregen *m* und dichter Nebel. 2. (*on glass*) Beschlag *m*; *Lit:* **through a m. of tears**, durch einen Tränenschleier. II. *v.i.* (*of glass*) **to m. up/over**, beschlagen; **misted up**, beschlagen. **'misty**, *adj.* (*a*) neblig; (*hazy*) dunstig; (*b*) (*of idea, outline*) unklar.

mistake [mis'teik]. I. *s.* (*esp. visible*) Fehler *m*; (*abstract*) Irrtum *m*; **to make a m.**, sich irren; (*in calculation etc.*) einen Fehler machen; **by m.**, irrtümlich; **there's some m.**, das muß ein Irrtum sein; **there can be no m.**, ein Irrtum ist ausgeschlossen; *F:* **and no m.**, das muß man schon sagen. II. *v.tr.* (*p.* **mistook**; *p.p.* **mistaken**) (*a*) (Absichten, Worte) mißverstehen; (Beweggründe) verkennen; (*b*) (*confuse*) (j-n etwas) verwechseln (**for s.o., sth.**, mit j-m, etwas *dat*). **mis'taken**, *adj.* 1. **to be m.**, sich irren (**about sth.**, in etwas *dat*); **if I am not (very much) mistaken**, wenn ich mich nicht (sehr) irre. 2. **m. opinion**, irrtümliche Meinung; **m. zeal**, unangebrachter Eifer; (*case of*) **m. identity**, Personenverwechslung *f*; **-ly**, *adv.* irrtümlicherweise.

mister ['mistər], *s.* (*a*) (*always abbr. to Mr.*) **Mr. Smith**, Herr Smith; (*b*) *F:* **hey, m.!** hallo, Sie da!

mistime ['mis'taim], *v.tr.* (etwas) zur unrechten Zeit machen. **'mis'timed**, *adj.* zum falschen Zeitpunkt.

mistletoe ['misltəu], *s.* *Bot:* Mistel *f*.

mistranslate ['mistrans'leit], *v.tr.* (etwas) falsch übersetzen.

mistress ['mistris], *s.* 1. (*a*) Herrin *f*; **she is her own m.**, sie ist ihr eigener Herr; **she is m. of the**

situation, sie beherrscht die Lage/ist Herrin der Lage; (b) Sch: Lehrerin f; **German m.**, Deutschlehrerin f. **2.** Geliebte f, F: Verhältnis n.

mistrust [mis'trʌst]. **I.** s. Mißtrauen n. **II.** v.tr. (j-m, etwas dat) mißtrauen.

misunderstand ['misʌndə'stænd], v.tr. (p. & p.p. **misunderstood**) (j-n, etwas) mißverstehen; **don't m.** me, verstehen Sie mich nicht falsch; **he felt misunderstood**, er fühlte sich unverstanden. **'misunder'standing**, s. Mißverständnis n.

misuse. I. ['mis'ju:s]. s. falsche Anwendung f; Mißbrauch m (der Macht, von Drogen usw.). **II.** ['mis'ju:z], v.tr. (a) (Macht, Drogen) mißbrauchen; (b) (Worte, Werkzeuge usw.) falsch anwenden.

mite [mait], s. **1.** (child) **poor little m.**, armes kleines Wurm. **2.** Ent: Milbe f.

mitigate ['mitigeit], v.tr. (Grausamkeit usw.) mildern; (eine Wirkung) abschwächen; Jur: **mitigating circumstances**, mildernde Umstände. **miti'gation**, s. Milderung f.

mitre ['maitər], s. **1.** Ecc: Bischofsmütze f. **2.** Carp: **m.** (-joint), Gehrfuge f.

mitt [mit], s. (a) Halbhandschuh m (ohne Finger); (b) = **mitten**; (c) P: (hand) Pfote f.

mitten ['mit(ə)n], s. Fausthandschuh m.

mix [miks]. **I.** s. Mischung f; Cu: **cake m.**, (fertige) Backmischung f; **pudding m.**, Puddingpulver n. **II.** v. **1.** v.tr. (a) (Getränke, Farben, Zutaten usw.) mischen; (b) (confuse) (Begriffe, Tatschen) durcheinanderbringen. **2.** v.i. (a) (of substance) sich mischen (**with sth.**, mit etwas dat); (b) (of colours) **they don't m.**, sie vertragen sich nicht; (c) (of pers.) **to m. (with other people)**, mit anderen Leuten verkehren. **mixed**, adj. gemischt; **m. marriage**, Mischehe f; Tennis: **m. doubles**, gemischtes Doppel n. **'mixer**, s. **1.** (machine) Ind: Mischmaschine f; H: Küchenmaschine f. **2.** (of pers.) **a good/bad m.**, ein geselliger/ungeselliger Mensch. **mixture** ['mikstʃər], s. **1.** Mischung f; Gemisch n; I.C.E: **a rich/weak m.**, ein fettes/mageres Gemisch. **2.** Pharm: Mixtur f. **'mix 'up**, v.tr. (a) (Papiere usw.) durcheinanderbringen; (b) (j-n, etwas) verwechseln; **I always m. him up with his brother**, ich verwechsle ihn immer mit seinem Bruder; (c) **to be mixed up in sth.**, in etwas dat verwickelt sein; (d) F: **mixed up**, (confused) verwirrt; Psy: (emotionell) gestört. **'mix-up**, s. Durcheinander n; Verwechslung f.

mo [məu], s. P: (= moment) **just a/half a mo**, Moment mal!

moan [məun]. **I.** s. (a) Ächzen n; (groan) Stöhnen n; (b) F: (complaint) Klage f. **II.** v.i. (a) ächzen; (groan) stöhnen; (b) F: (complain) jammern; **what is she moaning about now?** worüber beklagt sie sich jetzt?

moat [məut], s. Burggraben m.

mob [mɔb]. **I.** s. **1.** the m., der Pöbel. **2.** (crowd) (wilde) Horde f. **II.** v.tr. (p. & p.p. **mobbed**) (a) (of angry crowd) (j-n) anpöbeln; (b) **he was mobbed by his fans**, er wurde von seinen Fans umdrängt.

mobile ['məubail]. **I.** adj. (a) (of pers.) beweglich; (b) (of thing) fahrbar; **m. home**, Wohnmobil n; **m. library**, Fahrbücherei f; F:

are you m.? sind Sie motorisiert? **II.** s. Mobile n. **mobility** ['məubiliti], s. Beweglichkeit f. **mobili'zation**, s. Mil: Mobilmachung f. **'mobilize**, v.tr. & i. Mil: (Truppen) mobilisieren.

mock [mɔk]. **I.** attrib. adj. (a) (false) falsch; **m. modesty**, falsche Bescheidenheit f; (b) (pretend) Schein-; **m. battle**, Scheingefecht n; Cu: **m. turtle soup**, falsche Schildkrötensuppe. **II.** v.tr. & i. **to m. (at) s.o.**, sth., j-n, etwas verspotten; (make fun of) sich über j-n, etwas acc lustig machen. **'mockery**, s. **1.** Spott m. **2.** (travesty) Farce f; **to make a m. of sth.**, etwas zur Farce machen; **a m. of justice**, ein Hohn auf die Justiz. **'mocking. I.** s. Spott m; **m. bird**, Spottdrossel f. **II.** adj. spöttisch. **'mock-up**, s. Ind: etc: Attrappe f.

mode [məud], s. **1.** (a) (Art und) Weise f; **m. of life/existence**, Lebensweise f; (b) Tchn: (Art der) Funktion f. **2.** Mus: Kirchentonart f. **'modal**, adj. Gram: Mus: etc: modal.

model ['mɔdl]. **I.** s. **1.** (toy etc.) Modell n; **m. aeroplane**, Modellflugzeug n. **2.** (for imitation) (a) Vorbild n; **to take s.o.**, sth., as a m., sich dat j-n, etwas zum Vorbild nehmen; **after/on the m. of sth.**, nach dem Muster von etwas dat; (b) (ideal) Muster n; **m. husband**, Mustergatte m; **a m. of patience**, ein Muster an Geduld; (c) artist's m., Künstlermodell n. **3.** Dressm: **m. (dress)**, Modell(kleid) n; (b) (pers.) Mannequin n. **4.** Aut: etc: Modell n; **1978 m.**, Baujahr 1978. **II.** v. **1.** v.tr. (a) (in clay etc.) (einen Kopf usw.) modellieren; (b) (Kleider) vorführen. **2.** v.i. Art: (a) **to m. for s.o.**, j-m Modell stehen; (b) **to m. in clay**, in Ton modellieren. **'modelling**, s. **1.** Modellieren n. **2.** Art: Modellstehen n; Dressm: Vorführen n (von Kleidern).

moderate I. adj. ['mɔd(ə)rət]. **1.** (a) (of ability, drinker, prices, smoker etc.) mäßig; (of views etc.) gemäßigt; (b) (medium) mittlere(r, s); **of m. size**, mittelgroß, von mittlerer Größe. **2.** s. Pol: **the moderates**, die Gemäßigten. **II.** v. ['mɔdəreit]. **1.** v.tr. (eine Forderung, seine Geschwindigkeit/Sprache, seinen Zorn usw.) mäßigen; (radikale Ansichten) mildern. **2.** v.i. (of storm etc.) nachlassen; **-ly**, adv. mäßig; **m. succes.ful**, einigermaßen erfolgreich. **mode'ration**, s. Mäßigung f, Maßhalten n; **everything in m.**, alles mit Maß; **to observe m. in all things**, alles mit Mäßigung tun; **to eat and drink in m.**, im Essen und Trinken maßhalten.

modern ['mɔdən]. **I.** adj. modern; **m. times**, die Neuzeit; **in m. style**, neumodisch; **m. languages**, neue Sprachen; **m. Greek**, Neugriechisch n. **II.** s. moderner Mensch. **mo'dernity**, s. Modernität f. **'modernize**, v.tr. (ein Haus usw.) modernisieren.

modest ['mɔdist], adj. bescheiden; (of behaviour etc.) sittsam; (of price) mäßig; **to be m. in one's requirements**, bescheidene Ansprüche haben. **'modesty**, s. (a) Bescheidenheit f; **with all due m.**, bei aller Bescheidenheit; (b) (propriety) Anstand m; feminine m., weibliche Zurückhaltung f; (chastity) Keuschheit f.

modicum ['mɔdikəm], s. Hauch m (von Anstand usw.); **a m. of truth**, ein Körnchen Wahrheit.

modify ['mɔdifai], v.tr. (a) (Forderungen, einen Entwurf) modifizieren; (Pläne) ändern; (b) (moderate) (seinen Ton usw.) mäßigen. **modifi-'cation**, s. (a) Modifizierung f; Änderung f; (b) Mäßigung f.

modulate ['mɔdjuleit], v.tr. & i. Mus: etc: (die Stimme, ein Thema usw.) modulieren. **modu-'lation**, s. Modulation f.

module ['mɔdjuːl], s. **1.** Ph: Meas: Modul m. **2.** (unit) El. E: etc: Modul n; Baustein m; (set of components) Baugruppe f. **3.** Space: lunar m., Mondfähre f. **'modular**, adj. **m. construction**, Modulbauweise f.

Mohammedan [mɔ(u)'hæmid(ə)n]. **I.** s. Mohammedaner(in) m(f). **II.** adj. mohammedanisch.

moist [mɔist], adj. feucht; **eyes m. with tears**, tränenfeuchte Augen. **moisten** ['mɔisən], v.tr. (a) (die Lippen usw.) befeuchten; (b) (Wäsche) einsprengen. **'moistness/'moisture**, s. Feuchtigkeit f. **'moisturizer**, s. Cosm: Feuchtigkeitspräparat n. **'moisturizing**, adj. Cosm: **m. cream**, Feuchtigkeitscreme f.

molar ['məulər], s. Backenzahn m.

molasses [mə(u)'læsiz], s. (a) Melasse f; (b) (treacle) N.Am: Cu: Sirup m.

mole¹ [məul], s. (on skin) Leberfleck m.

mole², s. Z: Maulwurf m. **'molehill**, s. Maulwurfshügel m.

mole³, s. (sea wall) Mole f; **harbour m.**, Hafendamm m.

molecule ['mɔlikjuːl], s. Ch: Molekül n. **molecular** [-'lekjulər], adj. molekular.

molest [mə(u)'lest], v.tr. (j-n) belästigen. **moles'tation**, s. Belästigung f.

moll [mɔl], s. P: **1.** Nutte f. **2.** gangster's m., Gangsterbraut f.

mollify ['mɔlifai], v.tr. (j-n) besänftigen. **molli-fi'cation**, s. Besänftigung f.

mollusc ['mɔləsk], s. Z: Weichtier n.

mollycoddle ['mɔlikɔdl], v.tr. F: (ein Kind) verhätscheln.

molten ['məult(ə)n], adj. geschmolzen; **m. lava**, flüssige Lava.

moment ['məumənt], s. **1.** Moment m, Augenblick m; **just a m.!** einen Moment (bitte)! F: Moment mal! **at that m.**, in dem Augenblick; **at this/the present m.**, zur Zeit; **to expect s.o. at any m.**, j-n jeden Augenblick erwarten; **I have only this m. heard of it**, ich habe es eben erst/erst jetzt erfahren; **I can't find it at/for the m.**, ich kann es im Moment/momentan nicht finden; **not for a m.**, niemals; **I'll come in a m.**, ich komme gleich. **2.** Mec: **m. of inertia**, Trägheitsmoment n. **3.** A: (of fact etc.) **to be of m.**, von Bedeutung sein. **'momentary**, adj. vorübergehend; **-ily**, adv. einen Augenblick (lang). **mo'mentous**, adj. bedeutsam; **m. decision**, folgenschwere Entscheidung. **mo'mentum**, s. Ph: Mec: Moment n; (linear) Impuls m; **to gather m.**, an Geschwindigkeit zunehmen; esp. Fig: allmählich in Fahrt kommen; **to lose m.**, sich verlangsamen; (let up) nachlassen.

monarch ['mɔnək], s. Monarch m. **'monarch-ist**. **I.** s. Monarchist(in) m(f). **II.** adj. monarchistisch. **'monarchy**, s. Monarchie f.

monastery, ['mɔnəstri], s. Kloster n. **mo'nastic**, adj. mönchisch; **m. life**,

Mönchsleben n; **m. order**, Mönchsorden m. **mo'nasticism**, s. Mönchstum n.

Monday ['mʌndi], s. Montag m; **on M.**, am Montag; **on Mondays**, montags.

monetary ['mʌnit(ə)ri], adj. Geld-; Währungs-; **m. questions**, Geldfragen fpl; **m. policy**, Währungspolitik f.

money ['mʌni], s. Geld n; **to pay in ready m.**, bar bezahlen; **to be short of m.**, mit dem Geld knapp sein; F: **to be in the m.**, gut bei Kasse sein; **to throw one's m. away/down the drain**, sein Geld zum Fenster hinauswerfen; **to have stacks of m./be rolling in m./have m. to burn**, im Geld schwimmen; **he is coining m./making m. hand over fist**, er scheffelt Geld; **there's (big) m. in it**, da steckt (ein Haufen) Geld drin; **to get one's m.'s worth**, auf seine Kosten kommen. **'money-box**, s. Sparbüchse f. **'money-changer**, s. Geldwechsler m. **'moneyed**, adj. vermögend, wohlhabend. **'moneygrubber**, s. F: Geldraffer m. **'moneylender**, s. Geldverleiher m. **'money-order**, s. Postanweisung f. **'money-spinner**, s. F: Kassenschlager m.

Mongolia [mɔn'gəuliə]. Pr. n. Geog: Mongolei f. **'Mongol**. **I.** s. **1.** Geog: Mongole m, Mongolin f. **2.** Med: mongoloides Kind. **II.** adj. mongolisch. **Mon'golian**, adj. Geog: mongolisch. **'mongolism**, s. Med: Mongolismus m.

mongoose ['mɔnguːs], s. Z: Mungo m.

mongrel ['mʌngrəl], s. (dog) Bastard m; F: Promenadenmischung f.

monitor ['mɔnitər]. **I.** s. **1.** Atom. Ph: TV: Rad: Monitor m; TV: m. screen, Kontrollschirm m. **II.** v.tr. Rad: etc: (ein Programm) abhören; Rec: (eine Aufnahme) mithören. **'monitor-ing**, s. (a) Rad: Abhören n; Rec: Mithörkontrolle f; Rad: **m. service**, Abhördienst m; (b) El. E: etc: Überwachung f; Rad: **m. station**, Überwachungsstelle f.

monk [mʌŋk], s. Mönch m.

monkey ['mʌŋki]. **I.** s. **1.** Z: Affe m; (female) Äffin f; **m. house**, Affenhaus n; F: **m. business**, Unfug m; Bot: **m. nut**, Erdnuß f; **m. puzzle (tree)**, Araukarie f; Tls: **m. wrench**, Engländer m. **2.** (child) little m., kleiner Strolch m. **II.** v.i. F: (a) **to m. about**, herumalbern; (b): **to m. (about) with sth.**, an etwas dat herumpfuschen.

mono ['mɔnəu], adj. abbr. Rec: Mono-.

monochrome ['mɔnəkrəum], adj. monochrom.

monocle ['mɔnəkl], s. Monokel n.

monocoque ['mɔnəukɔk], s. Av: Schalenrumpf m; Av: Aut: **m. construction**, Schalenbauweise f.

monogram ['mɔnəgræm], s. Monogramm n.

monologue ['mɔnəlɔg], s. Monolog m.

monoplane ['mɔnəplein], s. Av: Eindecker m.

monopolize [mə'nɔpəlaiz], v.tr. (j-n, eine Unterhaltung usw.) monopolisieren. **mo'nopoly**, s. Monopol n.

monorail ['mɔnəureil], s. Einschienenbahn f.

monosyllable ['mɔnəsiləbl], s. einsilbiges Wort n. **monosy'llabic**, adj. einsilbig.

monotone ['mɔnətəun], s. Geleier n; **in a m.**, ohne Ausdruck, mit monotoner Stimme. **mon-otonous** [mə'nɔtənəs], adj. monoton; (of landscape) eintönig; (boring) langweilig. **mo'notony**, s. Monotonie f; Eintönigkeit f.

monsoon [mɔn'su:n], s. Monsun m.
monster ['mɔnstər]. I. s. (a) Ungeheuer n; (b) Pej: (pers.) Scheusal n. II. adj. ungeheuer (groß); **m. building**, Riesenbau m. **monstrosity** [-'strɔsiti], s. (a) Ungeheuerlichkeit f; (b) (sth. hideous) Mißgeburt f. '**monstrous,** adj. (a) ungeheuer, riesig; (b) (of demand etc.) unerhört. '**monstrousness,** s. Ungeheuerlichkeit f.
month [mʌnθ], s. Monat m; **on the 19th of this m.,** am 19. dieses Monats/abbr. ds. Mts; **what day of the m. is it?** den wievielten haben wir heute? **a m. (from) today,** heute in einem Monat; **by the m.,** monatlich; **once a m.,** einmal im Monat; **for (several) months,** monatelang. '**monthly. I.** adj. & adv. monatlich; **m. instalment,** Monatsrate f; Rail: etc: **m. season (ticket),** Monatskarte f. **II.** s. (periodical) Monatsheft n.
monument ['mɔnjumənt], s. Denkmal n; **ancient m.,** historisches Denkmal; Fig: **a m. to his persistence,** ein eindrucksvolles Zeugnis seiner Ausdauer. **monu'mental,** adj. (a) (of size etc.) monumental; **m. folly,** kolossale Dummheit; (b) **m. mason,** Steinmetz m.
moo [mu:]. I. s. Muh n. II. v.i. (p. & p.p. mooed) muhen. '**moocow,** s. (baby talk) Muhkuh f.
mooch [mu:tʃ], v.i. F: **to m. about,** herumlungern.
mood[1] [mu:d], s. Gram: Modus m.
mood[2], s. (of pers.) Laune f; (esp. of group) Stimmung f; **in a good/bad m.,** guter/schlechter Laune, gut/schlecht gelaunt; **to be in the m. for sth.,** zu etwas dat aufgelegt sein; **I am not in the m. for it,** mir ist nicht danach zumute; **he is in one of his moods,** er ist schon wieder schlecht gelaunt; **the general m.,** die allgemeine Stimmung; **everyone was in a happy m.,** alle waren in heiterer Stimmung. '**moodiness,** s. Launenhaftigkeit f. '**moody,** adj. 1. (fickle) launenhaft. 2. (gloomy) mürrisch, verstimmt.
moon [mu:n]. I. s. Mond m; **there is no m.,** der Mond scheint nicht; Space: **m. rover/F: buggy,** Mondjeep m; F: **to ask for the m.,** sich dat Unmögliches wünschen; F: **over the m.,** im siebten Himmel. II. v.i. F: **to m. about/around,** (ziellos) herumlungern. '**moonbeam,** s. Mondstrahl m. '**moonless,** adj. mondlos. '**moonlight. I.** s. Mondlicht n; **m. night,** Mondnacht f; **in the/by m.,** im Mondschein. **II.** v.i. eine Nebenbeschäftigung haben. '**moonlit,** adj. mondhell. '**moonshine,** s. 1. Mondschein m. 2. Fig: leeres Gerede n; (nonsense) Unsinn m. '**moonstone,** s. Jewel: Mondstein m.
moor[1] [muər], s. Heide f. '**moorland,** s. Heideland n. '**moorhen,** s. Orn: (a) (grouse) Moorhuhn n; (b) (water hen) Teichhuhn n.
moor[2], v.tr. (ein Schiff) festmachen. '**mooring,** s. 1. Festmachen n; **m. rope,** Festmachleine f. 2. **moorings** pl. Anlegestelle f; (ropes) Vertäuung f; **ship at her moorings,** vertäutes Schiff.
Moor[3], s. Mohr m.
moose [mu:s], s. Z: (amerikanischer) Elch m.
moot [mu:t]. I. s. **it's a m. point,** darüber läßt sich streiten. II. v.tr. **the question was mooted,** die Frage wurde aufgeworfen.
mop [mɔp]. I. s. 1. H: Mop m; Ind: Tls: (polishing) **m.,** Schwabbelscheibe f. 2. **m. of hair,**

Wuschelkopf m. II. v.tr. (den Fußboden) wischen; **to m. one's face,** sich dat das Gesicht wischen. '**mop 'up,** v.tr. (a) (Wasser) aufwischen; (b) Mil: die Gegend (vom Feind) säubern; **mopping-up operation,** Säuberungsaktion f.
mope [məup], v.i. Trübsal blasen.
moped ['məuped], s. Veh: Moped n.
moraine [mɔ'rein], s. Geol: Moräne f.
moral ['mɔrəl]. I. adj. 1. sittlich; **to raise m. standards,** das sittliche Niveau heben. 2. (of life, tone, support etc.) moralisch; **m. obligation,** moralische Verpflichtung; **m. courage,** Zivilcourage f; **m. philosophy,** Moralphilosophie f. II. s. 1. Moral f (einer Geschichte). 2. pl. **morals,** Moral f; **loose morals,** lockere Moral/Sitten; **-ly,** adv. moralisch; **m. speaking,** vom moralischen Standpunkt aus. '**moralist,** s. Moralist m. **mo'rality,** s. (a) Sittlichkeit f; **Christian m.,** christliche Moral; (b) Th: **m. (play),** Moralität f. '**moralize,** v.i. Moral predigen.
morale [mɔ'rɑ:l], s. Moral f (der Truppen usw.).
morass [mɔ'ræs], s. Morast m.
Moravia [mɔ'reivjə]. Pr. n. Geog: Mähren n. **Mo'ravian. I.** s. Mähre(r) m; Mährin f. **II.** adj. mährisch.
morbid ['mɔ:bid], adj. morbid; (pathological) krankhaft; **m. imagination,** morbide Phantasie. **mor'bidity,** s. Krankhaftigkeit f. '**morbidness,** s. Morbidität f.
mordant ['mɔ:dənt], adj. **m. wit,** beißender Witz.
more [mɔ:r]. I. adj. (a) (greater amount) mehr; **m. than ten men,** mehr als zehn Männer; **one or m. books,** ein oder mehrere Bücher; **the m. money he has the m. he wants,** je mehr Geld er hat, desto mehr will er haben; (b) (additional) noch; **one m. week,** noch eine Woche; **I need (some) m. petrol,** ich brauche noch Benzin; **they need m. evidence,** sie brauchen weitere Beweise; **there's no m. jam,** es ist keine Marmelade mehr da; (c) (greater) **the m. fool you!** schön blöd bist du! II. s. mehr; (a) **is there any m.?** gibt es noch etwas davon? **I have no m.(of it/of them),** ich habe keins/keine mehr (davon); **many m.,** noch viele; (others) viele andere; (b) **I can't do m.,** mehr kann ich nicht tun; **let's say no m.,** reden wir nicht mehr davon; (c) **we hope to see m. of you,** wir hoffen, dich öfter zu sehen; (d) **what is m.,** he's married, außerdem/noch dazu ist er verheiratet. III. adv. (a) **m. and m.,** immer mehr; **m. or less,** mehr oder weniger; (b) (again) noch; **once m.,** noch einmal; **I don't want to go there any m.,** ich will nicht wieder/nicht mehr dort hingehen; **I don't want to see him – no m. do I,** ich will ihn nicht sehen – ich auch nicht; (c) (comparative) **m. critically,** kritischer; even **m. beautiful,** noch schöner; **I'm m. inclined to stay,** ich bin eher geneigt zu bleiben; **m. dead than alive,** mehr tot als lebendig. **more'over,** adv. außerdem.
morgue [mɔ:g], s. Leichenhaus n.
moribund ['mɔribʌnd], adj. im Sterben liegend.
morning ['mɔ:niŋ], s. 1. Morgen m; (later part) Vormittag m; **tomorrow m.,** morgen früh; **yesterday/this m.,** gestern/heute morgen; **in the m.,** am Morgen; am Vormittag; **at four in the m.,**

morgens um vier; um vier Uhr früh; **in the early m.,** früh am Morgen; **good m.,** guten Morgen; *F:* **the m. after,** der Morgen danach. **2.** *attrib.* Morgen-; **m. coat,** Cut(away) *m;* **m. dress,** Hauskleid *n;* **m. paper,** Morgenzeitung *f;* **m. prayer,** Morgenandacht *f.*

Morocco [məˈrɔkəu]. **1.** *Pr. n. Geog:* Marokko *n.* **2. m.,** *s.* (*leather*) Marokkoleder *n.* **Moˈroccan. I.** *s.* Marokkaner(in) *m(f).* **II.** *adj.* marokkanisch.

moron [ˈmɔːrɔn], *s.* **1.** Schwachsinnige(r) *f(m).* **2.** *F:* Idiot *m;* **complete m.,** Vollidiot *m.* **moˈronic,** *adj.* **1.** schwachsinnig. **2.** idiotisch.

morose [məˈrəus], *adj.* (*grumpy*) mürrisch; griesgrämig; (*sullen*) verstockt.

morphia [ˈmɔːfiə]/**morphine** [ˈmɔːfiːn], *s.* Morphium *n.*

Morse [mɔːs], *s.* **M. (code),** Morsealphabet *n.*

morsel [ˈmɔːs(ə)l], *s.* Stückchen *n;* (*to eat*) Bissen *m;* **tasty/choice m.,** Leckerbissen *m.*

mortal [ˈmɔːt(ə)l], *adj.* (*a*) sterblich; **m. remains,** sterbliche Reste *mpl;* (*b*) (*causing death*) **a m. blow,** ein tödlicher Schlag; (*c*) **m. enemy,** Todfeind *m;* **m. combat,** Kampf *m* um Leben und Tod; *Fig:* **to be in m. fear of s.o.,** sth., vor j-m, etwas *dat* eine Todesangst haben; **-ly,** *adv.* tödlich (verletzt, beleidigt). **morˈtality,** *s.* Sterblichkeit *f.*

mortar [ˈmɔːtər], *s.* **1.** (*bowl, also Mil:*) Mörser *m.* **2.** *Constr:* Mörtel *m;* **m. board,** (i) *Constr:* Mörtelbrett *n;* (ii) *Univ:* quadratisches Barett *n.*

mortgage [ˈmɔːgidʒ]. **I.** *s.* Hypothek *f;* **m. deed,** Hypothekenbrief *m.* **II.** *v.tr.* (ein Haus usw.) hypothekarisch belasten; *Fig:* (seinen Ruf usw.) verpfänden.

mortice [ˈmɔːtis], *s.* **m. lock,** Einsteckschloß *n.*

mortician [mɔːˈtiʃən], *s.* *N.Am:* Leichenbestatter *m.*

mortification [mɔːtifiˈkeiʃ(ə)n], *s.* **1.** (*physical*) Kasteiung *f.* **2.** (*humiliation*) Demütigung *f.* **ˈmortify,** *v.tr.* (*a*) (seinen Leib) kasteien; (*b*) (j-n) demütigen; **I was mortified to hear this,** ich war tief beschämt, das zu hören.

mortuary [ˈmɔːtjuəri], *s.* Leichenhalle *f.*

mosaic [mə(u)ˈzeiik], *s.* Mosaik *n.*

Moscow [ˈmɔskəu]. *Pr. n. Geog:* Moskau *n.*

Moselle [məˈzel]. **I.** *Pr. n. Geog:* Mosel *f.* **II.** *s.* (*wine*) Moselwein *m.*

Moslem [ˈmɔzləm, ˈmuzləm]. **I.** *s.* Mohammedaner(in) *m(f).* **II.** *adj.* mohammedanisch.

mosque [mɔsk], *s.* Moschee *f.*

mosquito, *pl.* **-oes** [mɔsˈkiːtəu, -əuz], *s.* Moskito *m.*

moss [mɔs], *s.* *Bot:* Moos *n;* **m. green,** moosgrün. **ˈmossy,** *adj.* moosig.

most [məust]. **I.** *adj.* meist; (*a*) (*with pl.*) die meisten; **m. people,** die meisten Leute; (*b*) (*with sing.*) **she has (the) m. money,** sie hat das meiste Geld; **to get the m. profit out of it,** den größten Profit daraus ziehen; **for the m. part,** zum größten Teil. **II.** *s. & indef. pron.* (*a*) **she won m.,** sie hat am meisten gewonnen; **m. of my friends,** die meisten meiner Freunde; **m. of the time,** die meiste Zeit; meistens; **m. of the work,** der größte Teil der Arbeit; **to make the m. of an opportunity,** eine Gelegenheit möglichst ausnutzen; (*b*) **twenty at (the) m.,** höchstens zwanzig. **III.** *adv.* **1.** (*comparison*) (*a*)

(*with verb*) am meisten; **what I want (the) m.,** was ich mir am meisten wünsche; (*b*) (*with adj. & adv.*) **the m. beautiful woman,** die schönste Frau; **the m. beautifully dressed woman,** die am schönsten gekleidete Frau; **the m. intelligent child,** das intelligenteste Kind. **2.** (*intensive*) höchst; (*extremely*) äußerst; **m. displeased,** höchst unzufrieden; **m. probably,** höchst/sehr wahrscheinlich; **m. unfortunate,** ganz besonders unglücklich; **-ly,** *adv.* (*a*) (*in most cases*) meistens; **they're m. expensive,** meistens/ gewöhnlich sind sie teuer; (*b*) (*for the most part*) zum größten Teil; **it's m. black,** es ist überwiegend schwarz.

motel [məuˈtel], *s.* Motel *n.*

motet [məuˈtet], *s.* *Mus:* Motette *f.*

moth [mɔθ], *s.* *Ent:* **1.** Nachtfalter *m.* **2.** (*clothes*) **m.,** Motte *f.* **ˈmothball,** *s.* Mottenkugel *f.* **ˈmotheaten,** *adj.* (*a*) (*of clothes*) mottenzerfressen; (*b*) *F:* schäbig; **a m. old hotel,** ein schäbiges/verkommenes Hotel. **ˈmothproof,** *adj.* mottenfest.

mother [ˈmʌðər]. **I.** *s.* **1.** Mutter *f;* **m. country,** Mutterland *n;* **m. tongue,** Muttersprache *f;* **m.-in-law,** Schwiegermutter *f; Ecc:* **M. Superior,** Oberin *f.* **2. m. of pearl,** Perlmutter *f.* **II.** *v.tr.* (j-n) bemuttern. **ˈmotherhood,** *s.* Mutterschaft *f.* **ˈmotherless,** *adj.* mutterlos. **ˈmotherly,** *adj.* mütterlich.

motif [məuˈtiːf], *s.* *Mus: Art: etc:* Motiv *n.*

motion [ˈməuʃ(ə)n]. **I.** *s.* **1.** (*a*) (*movement*) Bewegung *f;* **to set sth. in m.,** etwas in Gang/in Bewegung setzen; *Fig:* **he is only going through the motions,** er tut nur so als ob; (*b*) (*sign*) Geste *f,* Zeichen *n.* **2.** *Parl: etc:* Antrag *m;* **to propose a m.,** einen Antrag stellen. **II.** *v.tr. & i.* **to m. (to) s.o. to do sth.,** j-m ein Zeichen geben, etwas zu tun. **ˈmotionless,** *adj.* bewegungslos.

motive [ˈməutiv]. **I.** *s.* **1.** Motiv *n* (einer Handlung); **to act from selfish motives,** aus selbstsüchtigen Motiven handeln. **2.** (*motif*) *Mus: Lit:* Motiv *n.* **II.** *adj.* **m. force/power,** Triebkraft *f.* **ˈmotivate,** *v.tr.* (eine Handlung) motivieren. **motiˈvation,** *s.* Motivierung *f; Psy:* (*encouragement*) Motivation *f.*

motley [ˈmɔtli], *adj.* bunt gemischt; **m. assortment,** bunte Mischung.

motor [ˈməutər]. **I.** *s.* (*a*) Motor *m;* **electric m.,** Elektromotor *m;* **clockwork m.,** Uhrwerk *n;* **m. mower,** Motormäher *m;* **m. scooter,** Motorroller *m;* **m. oil,** Motorenöl *n; Navy:* **m. torpedo boat,** Torpedoboot *n,* Schnellboot *n;* (*b*) **m. car,** Automobil *n.* Kraftwagen *m;* **m. show,** Automobilausstellung *f;* **m. vehicle,** Kraftfahrzeug *n.* **II.** *adj.* (*of nerve, rhythm etc.*) motorisch. **III.** *v.i.* (mit dem Auto) fahren. **ˈmotorboat,** *s.* Motorboot *n.* **ˈmotorcade,** *s.* Autokolonne *f.* **ˈmotorcycle,** *F:* **ˈmotorbike,** *s.* Motorrad *n.* **ˈmotorcyclist,** *s.* Motorradfahrer *m.* **ˈmotoring,** *s.* Autofahren *n;* **school of m.,** Fahrschule *f.* **ˈmotorist,** *s.* Autofahrer *m.* **ˈmotorize,** *v.tr.* (etwas) motorisieren. **ˈmotorway,** *s.* Autobahn *f.*

mottled [ˈmɔtld], *adj.* (*spotted*) gesprenkelt; (*blotchy*) scheckig.

motto, *pl.* **-o(e)s** [ˈmɔtəu, -əuz], *s.* Motto *n,* Devise *f.*

mould¹ [məuld], *s.* (*esp.* **leaf**) **m.**, Humus *m.*

mould². **I.** *s.* Form *f;* (**casting**) **m.**, Gußform *f.* **II.** *v.tr.* (Glas, Ton, Wachs, *Fig:* j-s Charakter) formen (**into sth.**, zu etwas *dat*); **to m. sth. in clay,** etwas in Ton modellieren. ´**moulding,** *s.* **1.** (*action*) Formung *f; Fig:* Bildung *f* (des Charakters). **2.** (*object*) (*a*) Zierleiste *f;* (*round ceiling etc.*) Fries *m;* (*b*) *Ind:* (*in plastic etc.*) Formstück *n.*

mould³, *s.* (*on food, wall*) Schimmel *m;* (*on clothes*) Stockflecken *mpl.* ´**mouldiness,** *s.* Schimm(e)ligkeit *f.* ´**mouldy,** *adj.* (*of food*) schimm(e)lig; *F:* (*rotten*) lausig.

moulder [´məuldər], *v.i.* **to m. (away),** vermodern; (*crumble*) zerbröckeln.

moult [məult], *v.* **1.** *v.i.* (*of birds etc.*) sich mausern. **2.** *v.tr.* (Federn, Haare) verlieren. ´**moulting,** *s.* Mauser *f.*

mound [maund], *s.* (*of earth*) Erdhügel *m;* (*of stones*) Steinhaufen *m.*

mount¹ [maunt], *s.* Berg *m;* **the M. of Olives,** der Ölberg; **M. Sinai,** der Berg Sinai.

mount². **I.** *s.* **1.** (*of jewel, Phot: of lens*) Fassung *f;* (*of picture*) Passepartout *n;* (*of statue etc.*) Sockel *m;* (*of microscope*) Objektträger *m.* **2.** (*a*) (*horse etc.*) Reittier *n; esp.* (*horse*) Reitpferd *n;* (*b*) (*motor cycle*) Maschine *f.* **II.** *v.* **1.** *v.i.* (*rise*) steigen; (*grow*) wachsen; **tension is mounting,** die Spannung wächst. **2.** *v.tr.* (*a*) (ein Pferd usw.) besteigen; (eine Treppe) hinaufgehen; (eine Leiter) hinaufsteigen; (*of car*) **to m. the pavement,** auf den Bürgersteig hinauffahren/(*by accident*) geraten; (*b*) *Tchn:* (einen Apparat usw.) montieren, anbringen (**on sth.**, auf etwas *acc*); (*c*) (ein Bild, ein Photo) aufziehen; (ein Juwel) fassen; (*d*) **to m. guard,** Wache halten; (*e*) *Th:* **to m. a play,** ein Stück inszenieren. ´**mounted,** *adj.* (*a*) (*on horse etc.*) beritten; **m. police,** berittene Polizei; (*b*) (*of jewel*) **m. in gold,** in Gold gefaßt; (*c*) *Phot:* aufgezogen; (*d*) *Tchn:* montiert (**on sth.**, auf etwas *dat*). ´**mounting. I.** *s.* **1.** (*action*) Einbau *m;* (*assembly*) Montage *f; Jewel:* Fassen *n.* **2.** (*object*) Befestigung *f; Mec. E:* Lagerung *f.* **II.** *adj.* wachsend; **m. costs,** steigende Kosten. ´**mount´up,** *v.i.* (*of debts, costs etc.*) steigen; (*of bills*) sich häufen.

mountain [´mauntin], *s.* Berg *m;* **m. chain/range,** Gebirgskette *f;* **m. scenery,** Gebirgslandschaft *f; Bot:* **m. ash,** Eberesche *f; Fig:* **to make a m. out of a molehill,** aus einer Mücke einen Elefanten machen. **mountai-´neer,** *s.* Bergsteiger *m.* **mountai´neering,** *s.* Bergsteigen *n.* ´**mountainous,** *adj.* **1.** (*of country*) bergig, gebirgig. **2.** (*of waves etc.*) riesig, gewaltig; **m. height,** enorme/gewaltige Höhe. ´**mountainside,** *s.* Berghang *m.*

mourn [mɔːn], *v.* **1.** *v.i.* trauern (**for/over s.o., sth.**, um j-n, etwas *acc*). **2.** *v.tr.* (j-n, j-s Tod usw.) betrauern. ´**mourner,** *s.* Trauernde(r) *f(m);* **the mourners,** die Leidtragenden *mpl.* ´**mournful,** *adj.* trauervoll; (*sad*) traurig; **m. expression,** trauriges/düsteres Gesicht; Leichenbittermiene *f;* **a m. voice,** eine klagende Stimme. ´**mourning,** *s.* Trauer *f;* (*dress*) Trauerkleidung *f;* **to go into m.,** Trauer anlegen.

mouse, *pl.* **mice** [maus, mais], *s.* Maus *f.* ´**mousehole,** *s.* Mauseloch *n.* ´**mouser,** *s.* (*cat*) Mäusefänger *m.* ´**mousing,** *s.* Mäusefang *m.* ´**mousetrap,** *s.* Mausefalle *f; F:* **m. cheese,** gewöhnlicher Käse. ´**mousy,** *adj.* (*a*) (*colour*) mausgrau; (*b*) (*of hair*) graubraun; (*colourless*) farblos; (*c*) (*of pers.*) furchtsam.

moustache [məs´taːʃ], *s.* Schnurrbart *m.*

mouth. I. [mauθ], *s.* **1.** Mund *m;* **my m. waters,** mir läuft das Wasser im Mund zusammen; **it/he makes my mouth water,** es/er macht mir den Mund wässerig; **passed on by word of m.,** mündlich überliefert; **to put words into s.o.'s m.,** j-m Worte in den Mund legen; *Fig:* **to be down in the m.,** niedergeschlagen sein. **2.** *Z:* Maul *n;* (*of dog etc.*) Schnauze *f.* **3.** Mündung *f* (eines Flusses, Gewehrs); Öffnung *f* (einer Flasche usw.); Eingang *m* (eines Tunnels, einer Höhle); Einfahrt *f* (eines Hafens). **II.** [mauð], *v.tr.* (Worte) lautlos formen. ´**mouthful,** *s.* (*a*) Mundvoll *m;* (*b*) (*word*) Zungenbrecher *m.* ´**mouth-organ,** *s.* Mundharmonika *f.* ´**mouthpiece,** *s.* **1.** Mundstück *n* (eines Blasinstruments); *Tel:* Sprechmuschel *f* (eines Telefons). **2.** (*speaker*) Sprachrohr *n.*

move [muːv]. **I.** *s.* **1.** (*a*) *Chess: etc:* Zug *m;* **it's your m.,** du bist dran; (*b*) *Fig:* Schritt *m;* **to make the first m.,** den ersten Schritt tun; **what is the next m.?** was machen wir jetzt? **2.** (*movement*) **on the m.,** unterwegs; (*of army*) auf dem Marsch; **to make a m.,** aufbrechen; *F:* **to get a m. on,** sich beeilen; (*driving*) auf die Tube drücken. **3.** (*moving house*) Umzug *m.* **II.** *v.* **1.** *v.tr.* (*a*) (*shift*) (etwas) von der Stelle bewegen; (einen Stuhl usw.) rücken (**backwards/forwards,** nach hinten/vorn); (*misplace*) (eine Vase usw.) verrücken; (*remove*) (etwas) entfernen; (*to another place*) (Möbel) umstellen; (Pflanzen) umsetzen; **to m. house,** umziehen; **they have moved the business to London,** sie haben das Geschäft nach London verlegt; (*b*) (*set in motion*) (den Kopf, die Hand usw.) bewegen; **the wind is moving the leaves,** der Wind bewegt die Blätter; **he did not move a muscle,** er hat nicht mit der Wimper gezuckt; (*c*) (*propose*) **to m. a resolution,** einen Antrag stellen; (*d*) (*vehicle*) (j-n) bewegen (**to sth.,** zu etwas *dat*); **he was not to be moved,** er ließ sich durch nichts umstimmen; (*e*) (*emotionally*) (j-n) rühren; **I was deeply moved by his letter,** sein Brief hat mich zutiefst gerührt; **this moved him to anger,** das hat ihn erzürnt. **2.** *v.i.* (*a*) sich bewegen, sich rühren; **he can't m.,** er kann sich nicht bewegen; **don't m.!** rühr dich nicht! halt still! **to m. in exalted circles,** in vornehmen Kreisen verkehren; (*b*) (*move away*) sich fortbewegen; **keep moving!** weitergehen! **we must be moving,** wir müssen aufbrechen; (*c*) (*move house*) umziehen; (*d*) (*progress*) vor sich gehen; **to get things moving,** die Sache in Gang setzen. ´**movable. I.** *adj.* beweglich; *Ecc:* **m. feast,** bewegliches Fest; *F:* **that's a m. feast,** das können wir jederzeit tun. **II.** *s.pl.* **movables,** bewegliche Habe *f.* ´**move a´bout,** *v.* **1.** *v.i.* sich bewegen. **2.** *v.tr.* (etwas) bewegen; (Möbel) umstellen. **move a´way,** *v.i.* wegrücken (**from,** von + *dat*); (*move house*) wegziehen. ´**moved,** *adj.* (*of pers.*) gerührt.

'move 'forward, v.tr. & i. (etwas) vorrücken.
'move 'in, v.i. (in ein Haus) einziehen.
'movement, s. 1. (motion, also Lit: Pol:) Bewegung f; m. of the bowels, Stuhlgang m. 2. (of clock) Gehwerk n. 3. Mus: Satz m. 'move 'off, v.i. aufbrechen; (of vehicle) sich in Bewegung setzen. 'move 'on, v.i. weitergehen. 'move 'out, v.i. (aus einem Haus) ausziehen. 'mover, s. prime m., (pers.) Triebkraft f. 'move 'up, v. 1. v.i. aufrücken; (of troops) vorrücken; (climb) höhersteigen, Sch: versetzt werden. 2. v.tr. (etwas) nach oben stellen; Sch: (j-n) versetzen; Mil: (Truppen) vorrücken lassen. 'movie, s. F: esp. N.Am: Film m; to go to the movies, ins Kino gehen. 'moving, adj. 1. (a) (sich) bewegend; m. parts, bewegliche Teile; m. staircase, Rolltreppe f; (b) m. force, (treibende) Kraft; Fig: (pers.) m. spirit, Triebkraft f. 2. (of book, play etc.) rührend, ergreifend.

mow [məu], v.tr. (p. mowed, p.p. mown) (den Rasen usw.) mähen. 'mower, s. (lawn) m., Rasenmäher m.

Mrs ['misiz], s. Mrs. Smith, Frau Smith.

Mr ['mistər], s. Mr. Smith, Herr Smith.

Ms [məz], s. (for married or unmarried woman) Ms Brown, Frau Brown.

much [mʌtʃ]. I. adj. viel; how m. bread? wieviel Brot? with m. cursing, unter viel Fluchen; with m. care, mit großer Sorgfalt. II. adv. viel; (a) m. better, viel besser; he is m. the biggest, er ist bei weitem der größte; (b) m. the same/F: of a muchness, ziemlich das gleiche; (c) m. as I sympathize with him, so sehr ich es ihm nachfühlen kann; m. as I like him, so gern ich ihn auch mag; I don't like him m., ich mag ihn nicht sehr/nicht besonders; m. to my surprise, sehr zu meiner Überraschung. II. s. (a) (a lot) viel; (many things) vieles; m. remains to be done, es bleibt noch viel(es) zu tun; I don't agree with m. of this, mit vielem davon bin ich nicht einverstanden; he discovered m. that was unknown, er hat viel Unbekanntes entdeckt; do you see m. of one another? seht ihr einander oft? not up to m., nicht besonders; nicht viel wert; not m. of a fighter, kein großer Kämpfer; Fig: keine richtige Kämpfernatur; I don't think m. of him, ich halte nicht viel von ihm; to make m. of s.o., viel Aufhebens um j-n machen; (b) as/so m., soviel; half as m. again, um die Hälfte mehr; I thought as m., das habe ich mir gedacht; as m. as possible, soviel wie möglich/möglichst viel; this m. is certain, soviel ist sicher; I haven't so m. as my fare, ich habe nicht einmal das Fahrgeld; so m. the better, umso besser; so m. so that ..., derart, daß ...; so m. for his friendship! und das nennt sich Freundschaft! so m. for that! damit wäre es erledigt! (c) too m., zuviel; (stressed) zu viel; too m. of a good thing, zuviel des Guten; m. too m./F: too m. by half, viel zu viel; they were too m. for him, sie waren ihm überlegen. 'muchness, s. F: in the phr. much of a m., ziemlich das gleiche.

muck [mʌk]. I. s. (dung) Mist m; F: (filth) Dreck m. II. v. 1. v.tr. (a) to m. out a stable, einen Stall ausmisten; (b) F: to m. up a job, eine Arbeit verpfuschen/verhunzen. 2. v.i. F: to m.

about, herumspielen; to m. about with sth., an etwas dat herumpfuschen. 'muck-raker, s. F: Skandalmacher m. 'mucky, adj. F: dreckig; m. pup, Schmutzfink m.

mucous ['mju:kəs], adj. m. membrane, Schleimhaut f.

mud [mʌd], s. (a) (large area) (liquid) Schlamm m; (sticky) Morast m; (on street etc.) Kot m; (b) (on clothes) Schmutz m; F: Dreck m; F: his name is m., er ist (momentan) nicht gerade beliebt; Iron: F: as clear as m., völlig unklar. 'muddy, adj. (of river etc.) schlammig; (of liquid) trüb; (of floor, shoes, colour etc.) schmutzig. 'mudguard, s. Aut: A: Kotflügel m; Cy: Schutzblech n. 'mud-slinger, s. F: Verleumder(in) m(f).

muddle ['mʌdl]. I. s. Durcheinander n; (confusion) Wirrwarr n; (state) Verwirrung f; to get in a m., durcheinandergeraten; to make a m. of sth., etwas durcheinanderbringen. II. v.tr. (Dinge) durcheinanderbringen. 'muddled, adj. durcheinander; (of pers.) verwirrt; (of thinking, situation) verworren. 'muddle-'headed, adj. verwirrt. 'muddler, s. verworrener Kopf m; (botcher) Stümper m. 'muddle 'on, v.i. weiterwursteln. 'muddle 'through, v.i. sich durchwursteln.

muff [mʌf], s. Muff m.

muffle ['mʌfl], v.tr. (a) (wrap up) (j-n) einwickeln (in sth., in etwas acc); (b) (silence) (den Schall usw.) dämpfen. 'muffler, s. 1. (scarf) (dicker) Schal m. 2. N.Am: Aut: Auspufftopf m.

mufti ['mʌfti], s. Mil: F: Zivilkleidung f; in m., in Zivil.

mug¹ [mʌg], s. Becher m (mit Henkel); beer m., Bierkrug m.

mug², s. (fool) Trottel m; that's a m.'s game, darauf läßt sich nur ein Trottel ein.

mug³, v.tr. (p. & p.p. mugged) Sch: F: to m. up a subject, (für) ein Fach büffeln/pauken.

mug⁴, s. P: (mouth) Fresse f; (face) Fratze f.

mug⁵, v.tr. to be mugged, auf der Straße überfallen und beraubt werden. 'mugging, s. Straßenraub m mit Gewalt.

muggy ['mʌgi], adj. F: (of weather) schwül.

mulberry ['mʌlb(ə)ri], s. Bot: Maulbeere f; m. tree, Maulbeerbaum m.

mule [mju:l], s. Z: Maultier n. 'mule-driver, 'muleteer, s. Maultiertreiber m. 'mulish, adj. störrisch.

mull [mʌl], v.tr. (a) to m. sth. over, über etwas acc nachdenken; (b) mulled wine, Glühwein m.

mullet ['mʌlit], s. Fish: grey m., Meeräsche f; red m., Meerbarbe f.

mullioned ['mʌliənd], adj. m. window, Fenster n mit Mittelpfosten.

multi ['mʌlti], prefix viel-, mehr-; m.-lingual, mehrsprachig; m.-purpose, Mehrzweck-; m.-stage rocket, Mehrstufenrakete f.

multicoloured ['mʌltikʌləd], adj. vielfarbig.

multiple ['mʌltipl]. I. adj. vielfach; (with pl) mehrere; Med: m. sclerosis, multiple Sklerose f; m. fracture, komplizierter Bruch; m. fractures, mehrere Knochenbrüche; m. store, Filialengeschäft n; (branch) Filialgeschäft n. II. s. a m., ein Vielfaches. multipli'cation, s. (a) Mth: Multiplikation f; m. table, Einmaleins n; (b) (increase) Vermehrung f. multi'plicity, s.

(*variety*) Vielfalt *f;* (*number*) Vielzahl *f.* ´**mul- tiply,** v. 1. *v.tr. & i. Mth:* (Zahlen) multiplizie- ren. 2. *v.i.* sich vermehren.

multistorey [´mʌltiˈstɔːri], *adj.* **m. car park,** Hochgarage *f;* Parkhaus *n.*

multitude [´mʌltitjuːd], *s.* (*a*) (*people*) Men- schenmenge *f;* (*b*) (*things*) Vielzahl *f.*

mum¹ [mʌm], *int. & adj.* pst! still! *F:* **m.'s the word!** kein Wort darüber! **to keep m.,** den Mund halten (**about sth.,** über etwas *acc*).

mum², *s. F:* Mama *f.*

mumble [´mʌmbl], *v.tr. & i.* (Worte) undeutlich sprechen.

mummy¹ [´mʌmi], *s. Archeol:* Mumie *f.* ´**mum- mify,** *v.tr.* (j-n) mumifizieren.

mummy², *s. F:* Mutti *f.*

mumps [mʌmps], *s.pl. Med:* Mumps *m,* Zie- genpeter *m.*

munch [mʌntʃ], *v.tr.* (etwas) mampfen, schmatzend kauen.

mundane [mʌnˈdein], *adj.* 1. (*worldly*) weltlich. 2. (*ordinary*) alltäglich; (*sober*) nüchtern.

municipal [mjuˈnisip(ə)l], *adj.* städtisch.; **m. council,** Stadtrat *m;* **m. elections,** Gemeinde- wahlen *fpl.* **muniˈcipality,** *s.* Stadtgemeinde *f.*

munificence [mjuː(ː)ˈnifisəns], *s.* Freigebigkeit *f.* **muˈnificent,** *adj.* freigebig.

munition [mjuː(ː)ˈniʃ(ə)n], *s. usu. pl.* **munitions,** Kriegsmaterial *n;* **m. factory,** Rüstungsfabrik *f.*

mural [´mjuərəl], *s. Art:* Wandgemälde *n;* (*large or coll.*) Wandmalerei *f.*

murder [´mɔːdər]. I. *s.* Mord *m;* Ermordung *f* (**of s.o.,** j-s); *F:* **to cry blue m.,** Zeter und Mordio schreien. II. *v.tr.* (*a*) (j-n) ermorden, umbringen; (*b*) *F:* (ein Lied, Gedicht usw.) verhunzen. ´**murderer,** *s.* Mörder *m.* ´**mur- deress,** *s.* Mörderin *f.* ´**murderous,** *adj.* (*also Fig:*) mörderisch.

murky [´mɔːki], *adj.* düster; (*dark*) finster.

murmur [´mɔːmər]. I. *s.* Murmeln *n,* Gemurmel *n;* **m. of approval,** beifälliges Murmeln; **without a m.,** ohne Murren. II. *v.tr. & i.* (etwas) murmeln.

muscle [´mʌsl], *s.* Muskel *m.* ´**muscular** [´mʌskjulər], *adj.* 1. *Med:* Muskel-; **m. pain,** Muskelschmerz *m.* 2. (*of body etc.*) muskulös.

muse¹ [mjuːz], *s. Poet:* Muse *f.*

muse², *v.i.* (*think*) nachsinnen (**on,** über + *acc*).

museum [mjuː(ː)ˈziːəm], *s.* Museum *n;* **m. piece,** Museumsstück *n.*

mushroom [´mʌʃrum]. I. *s.* (eßbarer) Pilz *m, esp.* Champignon *m.; Fig:* **m. development,** wie aus dem Boden geschossene Häuser. II. *v.i. F:* (*of buildings etc.*) wie aus dem Boden schießen.

music [´mjuːzik], *s.* (*a*) Musik *f;* **to set sth. to m.,** etwas vertonen; **m. centre,** Kompaktstereo- anlage *f. F:* **to face the m.,** eine Rüge über sich *acc* ergehen lassen; (*b*) (*printed*) Noten *fpl;* **to read m.,** Noten lesen; **m. stand,** Notenständer *m.* ´**musical.** I. *adj.* 1. Musik-, musikalisch; **m. instrument,** Musikinstrument *n;* **m. box,** Spieldose *f.* 2. (*a*) (*of pers., ear etc.*) musi- kalisch; (*b*) (*of sound*) melodisch. II. *s. Th: Cin:* Musical *n;* **-ly,** *adv.* musikalisch; vom musi- kalischen Standpunkt aus. ´**music-hall,** *s.* Varieté(theater) *n.* **musician** [mjuːˈziʃən], *s.* Musiker(in) *m(f).*

musk [mʌsk], *s.* Moschus *m;* **m. rat,** *Z:* Bisam- ratte *f.* ´**musk-rose,** *s. Bot:* Moschusrose *f.*

Muslim [´muzləm]. I. *s.* Mohammedaner(in) *m(f).* II. *adj.* mohammedanisch.

muslin [´mʌzlin], *s. Tex:* Musselin *m.*

musquash [´mʌskwɔʃ], *s. Z:* Bisamratte *f;* (*fur*) Bisamfell *m;* **m. coat,** Bisammantel *m.*

mussel [´mʌsl], *s.* Muschel *f.*

must [mʌst]. I. *modal aux. v.* 1. müssen; (*a*) (*necessity*) **you m. obey,** du mußt gehorchen; **I really m. go,** ich muß unbedingt gehen; **they m. have new clothes,** sie brauchen unbedingt neue Kleider; (*b*) (*obligation*) **do it if you m.,** tu es, wenn es sein muß; (*c*) (*probability*) **it m. be the doctor,** das wird der Arzt sein; **you m. be joking!** das meinst du doch nicht im Ernst! 2. *neg.* **you m. not do that,** das darfst du nicht tun. II. *s. F:* **it's a m.,** es ist ein Muß.

mustang [´mʌstæn], *s. Z:* Mustang *m.*

mustard [´mʌstəd], *s.* Senf *m.*

muster [´mʌstər]. I. *s.* **to pass m.,** gebilligt werden. II. *v.* 1. *v.tr.* (*a*) (*summon up*) (Kraft, Mut) aufbringen; **to m. all one's strength,** seine ganze Kraft zusammennehmen; (*b*) *Mil:* (Truppen) zum Appell antreten lassen; **to m. a large force,** eine große Streitkraft aufbieten. 2. *v.i.* (*gather*) sich versammeln; *Mil:* antreten.

musty [´mʌsti], *adj.* 1. (*stuffy*) muffig; (*damp*) dumpfig. 2. *F:* **m. old books,** verstaubte alte Bücher. ´**mustiness,** *s.* Dumpfigkeit *f.*

mutation [mjuːˈteiʃ(ə)n], *s.* Veränderung *f; Biol:* Mutation *f.*

mute [mjuːt]. I. *adj.* stumm; **in m. amazement,** sprachlos vor Erstaunen; *Ling:* **h m.,** stummes h. II. *s.* 1. (*pers.*) Stumme(r) *f(m).* 2. *Mus:* Dämpfer *m.*

mutilate [´mjuːtileit], *v.tr.* (j-n, etwas) ver- stümmeln. **mutiˈlation,** *s.* Verstümmelung *f.*

mutiny [´mjuːtini]. I. *s.* Meuterei *f.* II. *v.i.* meu- tern. **mutiˈneer,** *s.* Meuterer *m.* ´**mutinous,** *adj.* (*of act, speech*) meuterisch; **the m. crew,** die meuternde Besatzung.

mutter [´mʌtər], *v.tr. & i.* (etwas) murmeln; (*grumble*) murren; **to m. a curse,** vor sich *dat* hinfluchen. ´**muttering,** *s.* Murmeln *n; esp. pl.* **mutterings,** Gemurmel *n.*

mutton [´mʌt(ə)n], *s. Cu:* Hammelfleisch *n;* **leg of m.,** Hammelkeule *f;* **m. chop,** Hammelko- telett *n.*

mutual [´mjuːtjuəl], *adj.* (*a*) (*reciprocal*) gegensei- tig; **m. aid,** gegenseitige Hilfe; (*b*) (*shared*) gemeinsam; **m. friend,** gemeinsamer Freund.

muzak [´mjuːzæk], *s. F:* Berieselungsmusik *f.*

muzzle [´mʌzl]. 1. *s.* 1. (*of dog etc.*) (*a*) Schnauze *f;* (*b*) (*guard*) Maulkorb *m.* 2. (*of gun*) Mündung *f;* **m. loader,** Vorderlader *m.* II. *v.tr.* (*a*) (einem Hund) einen Maulkorb anlegen; (*b*) *F:* (die Presse usw.) knebeln; (j-m) den Mund stopfen.

my [mai], *poss. adj.* mein; **my brother and sister,** mein Bruder und meine Schwester; **my friends,** meine Freunde; **I have broken my arm,** ich habe mir den Arm gebrochen; **my idea would be to ... ,** was mich anbelangt, würde ich ...

myopia [maiˈəupiə], *s.* Kurzsichtigkeit *f.* **myo- pic** [-´ɔpik], *adj.* kurzsichtig.

myrtle [´mɔːtl], *s. Bot:* Myrte *f; N. Am:* Im- mergrün *n.*

myself [maiˈself], *pers. pron.* (*a*) selbst; **I went m.,** ich ging selbst; (*b*) *refl.* mich (selbst); **I**

have hurt m., ich habe mich verletzt; **I am keeping it for m.**, ich behalte es für mich (selbst); **I was talking to m.**, ich habe mit mir selber geredet; (*c*) **by m.**, allein; **for m., I'd rather go later**, was mich betrifft, ginge ich lieber später.

mystery ['mistəri], *s.* Geheimnis *n*; (*puzzle*) Rätsel *n*; **it's a m. to me**, es ist mir schleierhaft; **m. tour**, Fahrt *f* ins Blaue; *Hist: Th:* **m. play**, Mysterienspiel *n*. **mysterious** [-'tiəriəs], *adj.* geheimnisvoll; (*puzzling*) rätselhaft.

mystic ['mistik], *s.* Mystiker *m*. **'mystic(al)**, *adj.* mystisch. **'mysticism**, *s.* Mystik *f*.

mystify ['mistifai], *v.tr.* (*a*) (*deceive*) (j-n) hinters Licht führen; (*b*) (*puzzle*) **it mystified me**, es war mir ein Rätsel/rätselhaft. **'mystified**, *adj.* perplex. **mystifi'cation**, *s.* 1. Täuschung *f*. 2. Verwirrung *f*.

myth [miθ], *s.* Mythos *m*; *F:* (*fiction*) Märchen *n*. **'mythical**, *adj.* mythisch; *F:* (*invented*) erdichtet. **mytho'logical**, *adj.* mythologisch. **my'thology**, *s.* Mythologie *f*.

myxomatosis [miksə(u)mə'təusis], *s.* Myxomatose *f*.

N

N, n [en], *s.* (der Buchstabe) N, n *n*.

nab [næb], *v.tr.* (*p. & p.p.* **nabbed**) *F:* (j-n, etwas) schnappen.

nadir ['nædiər, *N.Am:* 'neidiər], *s. Astr:* Nadir *m; Fig:* Tiefpunkt *m*.

nag¹ [næg], *s. Pej:* Gaul *m*.

nag², *v.tr. & i.* (*p. & p.p.* **nagged**) meckern (**about sth.**, über etwas *acc*)*;* **to n. (at) s.o.**, an j-m dauernd herumnörgeln; (*stridently*) mit j-m keifen. **'nagging. I.** *adj.* (*of pers.*) meckernd; (*of doubt, pain*) nagend. **II.** *s.* Meckern *n;* (*strident*) Gekeife *n*.

nail [neil]. **I.** *s.* 1. Nagel *m; n.* **file**, Nagelfeile *f; n.* **scissors**, Nagelschere *f; n.* **varnish**, Nagellack *m*. 2. Nagel *m; Fig:* **to hit the n. on the head**, den Nagel auf den Kopf treffen; **to pay on the n.**, sofort/auf der Stelle zahlen. **II.** *v.tr.* (etwas) nageln (**to sth.**, an/auf etwas *acc*)*;* **to n. up a window**, ein Fenster usw. zunageln; **to n. down a plank etc.**, ein Brett usw. festnageln. **'nail-brush**, *s.* Nagelbürste *f*. **'nailed**, *adj.* (*a*) (*of boots etc.*) genagelt; (*b*) *Fig:* **n. to the spot**, wie festgenagelt.

naïve, naive [naː'iːv, nai-], *adj.* naiv.

naked ['neikid], *adj.* nackt; **the n. sword**, das bloße/blanke Schwert; **n. light**, offenes Licht; **visible to the n. eye**, mit dem bloßen Auge wahrnehmbar; *Fig:* **the n. truth**, die nackte Wahrheit. **'nakedness**, *s.* Nacktheit *f*.

name [neim]. **I.** *s.* 1. (*a*) Name *m;* **full n.**, voller Name; **Christian/first/***N.Am:* **given n.**, Vorname *m;* **my n. is . . .**, ich heiße . . . ; **to go by the n. of X**, unter dem Namen X bekannt sein; **without mentioning any names**, ohne Namen zu nennen; **to put one's n. down**, (*on a list etc.*) sich einschreiben; (*apply*) sich anmelden (**for sth.**, für etwas *acc*); **to know s.o. by n.**, j-n dem Namen nach kennen; **to be ruler in n. only**, nur dem Namen nach Herrscher sein; **what's in a n.?** was besagt schon ein Name? (*b*) **to call s.o. names**, j-n beschimpfen. 2. (*reputation*) Ruf *m;* **to have a good n.**, in gutem Ruf stehen; **to make a n. for oneself/make**

one's n., sich *dat* einen Namen machen. **II.** *v.tr.* (j-n, ein Beispiel, einen Preis, usw.) nennen; **to n. a child after s.o./***N. Am:* **for s.o.**, ein Kind nach j-m nennen; *F:* **has he named the day?** hat er den Tag festgelegt? **'nameless**, *adj.* namenlos. **'namely**, *adv.* nämlich. **'nameplate**, *s.* Namensschild *n*. **'namesake**, *s.* Namensvetter *m*. **'name-tape**, *s.* Wäscheband *n*.

nanny ['næni], *s.* 1. Kindermädchen *n*. 2. *F:* **n. goat**, Ziege *f*.

nap¹ [næp]. **I.** *s. F:* Nickerchen *n;* **to have a n.**, ein Nickerchen machen. **II.** *v.i. F:* **to catch s.o. napping**, j-n überrumpeln.

nap², *s. Tex:* Haar *n;* (*of velvet*) Flor *m;* **to have lost its n.**, abgewetzt sein.

nap³, *s. Rac:* heißer Tip *m*.

nape [neip], *s. n.* **of the neck**, Nacken *m*.

napkin ['næpkin], *s.* (*a*) (**table) n.**, Serviette *f;* (*b*) (**baby's) n.**, Windel *f*.

Naples ['neiplz]. *Pr. n. Geog:* Neapel *n*.

nappy ['næpi], *s. F:* Windel *f*.

narcissus [naː'sisəs], *s. Bot:* Narzisse *f*.

narcosis [naː'kəusis], *s.* Narkose *f*. **narcotic** [naː'kɔtik]. **I.** *adj.* betäubend. **II.** *s.* 1. Betäubungsmittel *n*. 2. (*pers.*) Rauschgiftsüchtige(r) *f(m)*.

nark¹ [naːk], *s. P:* Spitzel *m*.

nark², *v.tr. F:* **it narks me**, es wurmt mich; **to be/feel narked**, verschnupft sein.

narrate [nə'reit], *v.tr.* (etwas) erzählen. **na'rration**, *s.* Erzählung *f*. **narrative** ['nærətiv]. **I.** *adj.* **n. poetry**, erzählende Dichtung; **n. powers**, erzählerisches Talent. **II.** *s.* Erzählung *f*. **na'rrator**, *s.* Erzähler *m*.

narrow ['nærəu]. **I.** *adj.* (*a*) (*opposite of wide*) eng; **n. road**, enge Straße; **n. hips**, schmale Hüften; (*b*) (*limited, strict*) **n. circle of friends**, enger Freundeskreis; **within n. limits**, in engen Grenzen; **in the narrowest sense**, im engsten Sinne; (*c*) (*with a small margin*) knapp; **to have a n. escape**, mit knapper Not davonkommen; **with a n. majority**, mit knapper Mehrheit; (*d*) (*of pers., views*) engstirnig. **II.** *v.* **1.** *v.i.* (*Sp: of lead, gap*) kleiner werden; (*of road etc.*) enger werden; (*of pipe, corridor*) sich verengen. **2.** *v.tr.* (eine Straße usw.) enger machen; (ein Arbeitsgebiet) einengen; *Sp: etc:* **to n. the gap,** den Vorsprung reduzieren (**to,** auf + *acc*); **-ly,** *adv.* (*with a small margin*) **he n. escaped death,** er entging mit knapper Not dem Tod; **to be n. defeated,** eine knappe Niederlage erleiden. ´**narrow-gauge,** *adj.* schmalspurig; **n.-g. railway,** Schmalspurbahn *f.* ´**narrow-** ´**minded,** *adj.* engstirnig. ´**narrow-**´**mindedness,** *s.* Engstirnigkeit *f.* ´**narrowness,** *s.* (*a*) Enge *f* (einer Straße, des Alltags usw.); (*b*) Beschränktheit *f* (seines Horizonts usw.); (*c*) Knappheit *f* (eines Sieges usw.)

nasal [´neiz(ə)l]. **I.** *adj.* nasal; **to speak in a n. voice,** näseln. **II.** *s.* *Ling:* Nasal(laut) *m.*

nasturtium [nəs´tə:ʃəm], *s.* *Bot:* Kapuzinerkresse *f.*

nasty [´nɑːsti]. **I.** *adj.* **1.** (*a*) (*unpleasant*) ekelhaft; **n. smell,** übler Geruch; **n. weather,** scheußliches Wetter; **a n. job,** eine unangenehme Arbeit; **n. surprise,** böse Überraschung; (*b*) (*serious*) **n. accident,** schwerer Unfall; **n. corner,** gefährliche Kurve; **n. illness,** schwere Krankheit; **n. cold,** üble Erkältung; (*c*) (*malicious*) boshaft; **n. remarks,** boshafte Bemerkungen. **2.** (*of pers.*) ekelhaft, gemein (**to s.o.,** zu j-m); **to turn n.,** eklig werden; *F:* **a n. piece of work,** ein Ekel. **3.** (*obscene*) (*of film, mind etc.*) schmutzig. **II.** *adv.* **to smell n.,** übel riechen; **-ily,** *adv.* (*a*) **to be n. cut about the face,** üble Schnittwunden im Gesicht haben; (*b*) **n. placed,** (*inaccessible*) schwer zugänglich; (*of pers.*) in einer schwierigen Lage.

nation [´neiʃ(ə)n], *s.* Nation *f;* (*people*) Volk *n.* **national** [´næʃ(ə)nəl]. **I.** *adj.* national, National-; **n. anthem,** Nationalhymne *f;* **n. costume,** Nationaltracht *f;* **n. debt,** Staatsschuld *f;* **n. income,** Volkseinkommen *n;* **n. insurance,** allgemeine Sozialversicherung *f. Mil:* **n. service,** allgemeine Wehrpflicht *f.* **II.** *s.* Staatsbürger(in) *m(f);* **-ly,** *adv.* national; **n. conscious,** nationalbewußt. ´**nationalism,** *s.* Nationalismus *m.* ´**nationalist. I.** *s.* Nationalist *m.* **II.** *adj.* Nationalisten-. **nationa´listic,** *adj.* nationalistisch. **natio´nality,** *s.* Staatsangehörigkeit *f.* **nationali´zation,** *s.* Verstaatlichung *f.* ´**nationalize,** *v.tr.* (eine Industrie) verstaatlichen. ´**nationwide,** *adj.* & *adv.* überregional; (*in W. Germany*) bundesweit; *Rad:* **broadcast n.,** überregional ausgestrahlt; *Brit: Com:* **n. service,** Dienst *m* für ganz Großbritannien.

native [´neitiv]. **I.** *adj.* (*a*) (*of quality, talent etc.*) angeboren; (*b*) (*of place*) Geburts-; **n. land,** Geburtsland *n;* **n. tongue,** Muttersprache *f;* (*c*) (*of population etc.*) einheimisch; **plants n. to the tropics,** in den Tropen heimische Pflanzen. **II.** *s.* (*a*) Eingeborene(r) *f(m)* (eines Landes); Einheimische(r) *f(m)* (einer Stadt usw.); **a n. of Munich,** ein gebürtiger Münchner.

nativity [nə´tiviti], *s.* (**Christ's**) **n.,** Christi Geburt *f;* **n. play,** Krippenspiel *n.*

Nato [´neitəu], *s.* *Pol:* Nato *f.*

natter [´nætər]. *F:* **I.** *s.* Schwatz *m;* **to have a n.,** einen Schwatz halten. **II.** *v.i.* schwatzen.

natty [´næti], *adj.* *F:* (*a*) (*of pers., dress*) adrett; (*b*) (*of gadget etc.*) raffiniert.

natural [´nætʃər(ə)l], *adj.* natürlich. **1. n. history,** Naturkunde *f;* **n. law,** Naturgesetz *n;* **n. gas,** Erdgas *n;* **in its n. state,** im natürlichen Zustand; *Ph:* im Naturzustand. **2.** (*a*) (*inborn*) angeboren; **a n. actor,** ein geborener Schauspieler; *F:* **he's a n.,** er ist ein Naturtalent; (*b*) (*normal, unforced*) **a n. reaction,** eine natürliche Reaktion; **a completely n. person,** ein völlig natürlicher Mensch; **n. behaviour,** ungezwungenes Verhalten; **-ly,** *adv.* natürlich; **it comes n. to him,** es fällt ihm leicht. ´**naturalist,** *s.* Naturwissenschaftler *m.* **naturali´zation,** *s.* Einbürgerung *f.* ´**naturalize,** *v.tr.* (einen Ausländer) einbürgern. ´**naturalness,** *s.* Natürlichkeit *f.*

nature [´neitʃər], *s.* **1.** Natur *f;* **n. reserve,** Naturschutzgebiet *n;* **n. study,** Naturkunde *f;* **n. trail,** Naturlehrpfad *m.* **2.** (*character*) (*of thing, pers.*) Wesen *n;* **it is in the n. of things that . . .,** es liegt im Wesen der Dinge, daß . . . ; **human n.,** die menschliche Natur; **it is not in his n. to lie,** Lügen ist ihm fremd; **by n.,** von Natur aus. **3.** (*sort, kind*) Art *f;* **something of that n.,** etwas in der Art.

naughty [´nɔːti], *adj.* (*a*) schlimm; (*of child*) ungezogen; (*b*) (*risqué*) gewagt. ´**naughtiness,** *s.* Ungezogenheit *f.*

nausea [´nɔːsiə], *s.* **1.** *Med:* Brechreiz *m.* **2.** *Fig:* Ekel *m* (**at s.o.,** sth., vor j-m, etwas *dat*); **it fills me with n.,** es ekelt mich. ´**nauseate,** *v.tr.* (j-n) anekeln; **I am nauseated by it,** mich ekelt davor. ´**nauseating,** *adj.* ekelerregend.

nautical [´nɔːtik(ə)l], *adj.* nautisch, See-; **n. mile,** Seemeile *f;* **n. dress,** Seemannskluft *f;* **n. science,** Nautik *f.*

naval [´neiv(ə)l], *adj.* Marine-; **n. engagement,** Seeschlacht *f;* **n. base,** Flottenstützpunkt *m;* **n. officer,** Marineoffizier *m;* **n. college,** Marineschule *f.*

nave [neiv], *s.* *Ecc: Arch:* Kirchenschiff *n;* (**central**) **n.,** Mittelschiff *n.*

navel [´neiv(ə)l], *s.* *Anat:* Nabel *m.*

navigable [´nævigəbl], *adj.* schiffbar. **naviga-** ´**bility,** *s.* Schiffbarkeit *f.* **navigate** [´nævigeit], *v.* **1.** *v.i.* (*a*) navigieren; (*b*) *Aut:* (*rally driving*) als Beifahrer fahren. **2.** *v.tr.* (*a*) (einen Fluß) befahren; (*b*) (ein Schiff, Flugzeug) navigieren. **navi´gation,** *s.* **1.** *Nau: Av:* Navigation *f.* **2.** *Nau:* Schiffahrt *f;* **n. company,** Schiffahrtsgesellschaft *f;* **n. channel,** Fahrwasser *n;* **n. light,** Positionslicht *n;* **n. officer,** Navigationsoffizier *m.* ´**navigator,** *s.* **1.** *Hist:* Seefahrer *m.* **2.** *Nau: Av:* Navigator *m; Aut:* (*rally driving*) Beifahrer(in) *m(f).*

navvy [´nævi], *s.* Erdarbeiter *m; Rail:* Streckenarbeiter *m.*

navy [´neivi], *s.* Marine *f;* **n. yard,** Marinewerft *f;* **n. base,** Marinestützpunkt *m;* **n. blue,** Marineblau *n.*

Nazi [´nɑːtsi]. **I.** *s.* Nazi *m.* **II.** *adj.* nazistisch, Nazi-. ´**Nazism,** *s.* Nazismus *m.*

Neapolitan [niə´politən]. **I.** *s.* Neapolitaner *m.* **II.** *adj.* neapolitanisch; **N. ice-cream,** *approx.* = Fürst-Pückler-Eis *n.*

near [´niər]. **I.** *adv.* nah(e); **n. at hand,** (ganz) in der Nähe; **to come/draw n. to s.o., sth.,** sich

j-m, etwas *dat* nähern; **it's the nearest I can get,** (i) ich kann nicht näher (heran)kommen; (ii) (*of colour etc.*) ich kann es nicht genauer treffen; **as n. as I can remember,** soweit ich mich erinnern kann. **II.** *prep.* **1.** (etwas *dat*) nahe; in der Nähe (von etwas *dat*); **n. the end,** (*of period*) nahe dem Ende; (*of line etc.*) fast am Ende; **n. the door,** bei der Tür; **n. (to) the shops,** in der Nähe der Geschäfte; (*really close*) nahe bei den Geschäften; **bring your chair nearer to the fire,** rück deinen Stuhl näher ans Feuer. **2. he came n. to being run over,** er wurde beinahe überfahren; **n. (to) death,** dem Tode nahe. **III.** *adj.* **1.** *(a)* **the nearest hospital,** das nächste Krankenhaus; *(b)* **a n. relation,** ein naher Verwandter; **those n. and dear to him,** seine Lieben; *(c)* *Aut:* **the n. side,** die rechte Seite; *Brit:* die linke Seite; *(d)* **the n. future,** die nahe Zukunft; **to the nearest metre,** auf den nächsten Meter genau; **to go by the nearest road,** den kürzesten Weg nehmen; **it was a n. thing (for us),** wir sind gerade noch davongekommen. **IV.** *v.tr.* sich (dem Ende, dem Ziel usw.) nähern; **the road is nearing completion,** die Straße ist fast fertig; **the old man was nearing his end,** der alte Mann ging seinem Ende entgegen; **-ly,** *adv.* **1.** *(a)* fast; beinahe; **it's n. midnight,** es ist fast Mitternacht; **he n. fell,** er ist beinahe gefallen; *(b)* **she's not n. so pretty as her sister,** sie ist längst nicht so hübsch wie ihre Schwester.
nearby. I. [ˈniəbai] *adj.* nahegelegen. **II.** [niəˈbai] *adv.* in der Nähe. ˈ**nearness,** *s.* Nähe *f.* ˈ**near-ˈsighted,** *adj.* *N.Am:* kurzsichtig.
neat [niːt], *adj.* **1.** (*unmixed*) pur; **n. whisky,** Whisky pur. **2.** *(a)* (*tidy*) ordentlich; (*of pers.*) gepflegt, adrett; **n. writing,** eine saubere Schrift; *(b)* (*clever*) geschickt; (*of figure*) zierlich; **n. solution,** elegante Lösung; **-ly,** *adv.* **n. turned,** geschickt/elegant formuliert; wohlgesetzt; *F:* **that was n. done,** das war elegant gemacht. ˈ**neatness,** *s.* Ordentlichkeit *f;* Zierlichkeit *f* (der Figur usw.); Eleganz *f* (des Stils, eines Ausdrucks usw.).
nebula [ˈnebjulə], *s.* **1.** *Astr:* Nebel *m.* **2.** *Med:* Nebelfleck *m.* ˈ**nebulous,** *adj.* nebelhaft.
necessary [ˈnesis(ə)ri, -seri]. **I.** *adj.* *(a)* nötig, notwendig (**for sth.,** zu etwas *dat*); **is it n. for him to come too?** ist es nötig, daß er mitkommt? **n. for life,** zum Leben notwendig; **to make all the n. arrangements,** alles Nötige veranlassen; **if n.,** notfalls; **to do no more than is strictly n.,** nur das Notwendigste tun; *(b)* (*inevitable*) zwangsläufig; **n. results,** unvermeidliche Folgen. **II.** *s.* *(a)* **the necessaries of life,** die Lebensbedürfnisse *npl;* *(b)* *F:* **if I had the n.** (= *money*), wenn ich die Mittel/*Hum:* das nötige Kleingeld hätte; **to do the n.,** (i) das Nötige tun; (ii) die Zeche bezahlen (im Gasthaus); **-arily** [*also* -ˈserili], *adv.* (*of necessity*) notwendigerweise; (*inevitably*) zwangsläufig; **that is not n. true,** das stimmt nicht unbedingt. **necessitate** [nəˈsesiteit], *v.tr.* (etwas) notwendig machen; (*demand*) (Fähigkeiten usw.) fordern. **neˈcessity,** *s.* **1.** *(a)* Notwendigkeit *f;* **there's no n. for you to come,** es ist nicht nötig, daß du mitkommst; **of n.,** notwendigerweise; *(b)* Not

f; **out of n.,** notgedrungen. **2. the bare necessities,** das Allernötigste; **for me a car is a n.,** ein Auto ist für mich unentbehrlich.
neck [nek]. **I.** *s.* **1.** *(a)* Hals *m;* **to throw one's arms around s.o.'s n.,** j-m um den Hals fallen; *Rac:* **to win by a n.,** um einen Hals/eine Halslänge gewinnen; **to run n. and n.,** Kopf an Kopf laufen; (*also Fig:*) **to breathe down s.o.'s n.,** j-m im Nacken sitzen; *F:* **he's a pain in the n.,** er geht mir auf die Nerven; **to stick one's n. out,** einiges riskieren; **he's up to his n. in trouble,** das Wasser steht ihm bis zum Hals; *(b)* *Cu:* Halsstück *n* (vom Schwein usw.); *(c)* Hals *m* (eines Kleides); **low n.,** tiefer Ausschnitt. **2.** *(a)* Hals *m* (einer Flasche); *(d)* (*of land*) Landenge *f.* **II.** *v.i.* *P:* knutschen. ˈ**necking,** *s.* *P:* Knutscherei *f.* ˈ**necklace,** *s.* Halskette *f.* ˈ**neckline,** *s.* Ausschnitt *m.* ˈ**necktie,** *s. esp. N.Am:* Schlips *m.*
necromancy [ˈnekrə(u)mænsi], *s.* *(a)* Geisterbeschwörung *f;* *(b)* schwarze Kunst *f.*
nectar [ˈnektər], *s.* Nektar *m.*
nectarine [ˈnektəri(ː)n], *s.* Nektarine *f.*
née [nei], *adj.* **n. Meyer,** geborene Meyer.
need [niːd]. **I.** *s.* **1.** Notwendigkeit *f;* *(a)* **if n. be/ in case of n.,** notfalls; **there's no n. to go there,** es ist nicht nötig, hinzugehen; *(b)* **Bedarf *m* (of sth.,** an etwas *dat*); **to have n./be in n. of sth.,** etwas brauchen/benötigen; **I have no n. of your help,** ich brauche Ihre Hilfe nicht; **in n. of repair,** reparaturbedürftig. **2.** (*suffering, starvation etc.*) Not *f;* **in times of n.,** in Zeiten der Not; **those in n.,** die Notleidenden. **3.** (*particular n.*) Bedürfnis *n;* **to supply s.o.'s needs,** für j-s Bedürfnisse sorgen. **II.** *v.* **1.** *v.tr.* (etwas) brauchen, (*formal*) benötigen; **this needs explaining,** das bedarf einer Erklärung; **to be told everything,** man muß ihnen alles sagen; *F:* **that's all I n.,** das hat mir gerade noch gefehlt! **2.** *aux. v.* **n. he go?** muß er gehen? **you needn't wait,** du brauchst nicht zu warten; **you n. only ask,** Sie brauchen nur zu fragen. ˈ**needful,** *adj.* nötig. ˈ**needless,** *adj.* unnötig; (*superfluous*) überflüssig; **n. to say,** selbstverständlich. ˈ**needs,** *adv.* **if n. must,** wenn unbedingt notwendig. ˈ**needy,** *adj.* notleidend.
needle [ˈniːdl]. **I.** *s.* Nadel *f;* *Mec. E:* **n. valve,** Nadelventil *n.* **II.** *v.tr.* (j-n) reizen, ärgern. ˈ**needlewoman,** *s.* Näherin *f.* ˈ**needlework,** *s.* Nadelarbeit *f;* Handarbeit *f.*
ne'er-do-well [ˈneəduːwel], *s.* Taugenichts *m*
negate [nəˈgeit], *v.tr.* (eine Frage) verneinen. **neˈgation,** *s.* Verneinung *f.* **negative** [ˈnegətiv]. **I.** *adj.* negativ; *El:* **n. pole,** negativer Pol; **n. terminal,** Minuspol *m* (einer Batterie). **II.** *s.* **1.** Verneinung *f;* *Gram:* Negation *f;* **to answer in the n.,** eine negative Antwort geben. **2.** *Phot:* Negativ *n.*
neglect [niˈglekt]. **I.** *s.* **1.** *(a)* Vernachlässigung *f* (**of s.o., sth.,** j-s, etwas *gen*); *(b)* Nichtbeachtung *f* (einer Gefahr, einer Regel, einer Person usw.); *(c)* Verwahrlosung *f* (eines Gartens usw.). **2.** *(a)* Versäumnis *n;* **n. of duty,** Pflichtversäumnis *n;* *(b)* *Jur:* Fahrlässigkeit *f.* **II.** *v.tr.* *(a)* (j-n, etwas) vernachlässigen; sich (um j-n, etwas *acc*) nicht kümmern; (*pass over*) (j-n) übersehen; *(b)* (eine Pflicht, eine Gelegenheit usw.) versäumen. **neˈglected,** *adj.* (of

children, appearance etc.) verwahrlost; (*of garden*) verwildert. **ne'glectful,** *adj.* nachlässig; **n. of one's duty,** pflichtvergessen.

negligée ['negliʒei], *s.* Negligé *n.*

negligence ['neglidʒəns], *s.* Nachlässigkeit *f;* *Jur:* Fahrlässigkeit *f;* **through n.,** aus Nachlässigkeit; *Jur:* aus/durch Fahrlässigkeit. **'negligent,** *adj.* nachlässig (**in one's work etc.,** in seiner Arbeit usw.); *Jur:* fahrlässig. **'negligible,** *adj.* unbedeutend; (*of quantity, sum*) geringfügig.

negotiate [ni'gəuʃieit], *v.* 1. *v.tr.* (*a*) (einen Vertrag, Bedingungen usw.) aushandeln; (*b*) *Aut:* **to n. a bend,** eine Kurve nehmen. 2. *v.i.* verhandeln (**for/about sth.,** über etwas *acc*). **ne'gotiable,** *adj.* (*a*) (*of obstacle*) überwindbar; (*of road*) befahrbar; (*b*) **salary n.,** Gehalt nach Vereinbarung. **negoti'ation,** *s.* Verhandlung *f;* **to open negotiations with s.o.,** mit j-m Verhandlungen aufnehmen; **this is open to n.,** darüber läßt sich verhandeln. **ne-'gotiator,** *s.* Unterhändler *m.*

negress ['niːgrəs], *s.* Negerin *f.* **negro,** *pl.* **-oes** ['niːgrəu, -əuz]. I. *adj.* Neger-; **n. slave,** Negersklave *m.* II. *s.* Neger *m.*

neigh [nei]. I. *s.* Wiehern *n.* II. *v.i.* wiehern.

neighbour ['neibər], *s.* Nachbar(in) *m(f)*. **'neighbourhood,** *s.* Nachbarschaft *f;* (*a*) (*vicinity*) **in the n. of the church,** in der Nähe der Kirche; (*of amount*) **in the n. of 1000 marks,** um 1000 Mark herum; (*b*) **the whole n. is talking about it,** die ganze Nachbarschaft spricht davon. **'neighbouring,** *adj.* benachbart; Nachbar-; **n. state,** Nachbarstaat *m.* **'neighbourly,** *adj.* nachbarlich.

neither ['naiðər, *N.Am:* 'niːðər]. I. *adv. & conj.* (*a*) **she was n. young nor beautiful,** sie war weder jung noch schön; **it can n. be seen nor heard,** es läßt sich weder sehen noch hören; **that's n. here nor there,** das hat nichts mit der Sache zu tun; (*b*) **nicht; she was not there and n. was her sister,** sie war nicht da und ihre Schwester auch nicht. II. *adj. & pron.* **in n. case is that true,** in keinem der (beiden) Fälle trifft das zu; **n. of them has come,** keine(r) von beiden ist gekommen.

neo- ['niːəu-], *prefix* Neu-, neu-; **n.-Gothic,** neugotisch; **n.-classicism,** Neuklassik *f.*

neolithic [niəu'liθik], *adj.* neolithisch; **n. period,** Jungsteinzeit *f.*

neon ['niːɔn], *s. Ch:* Neon *n;* **n. light,** Neonlicht *n;* **n. sign,** Leuchtschrift *f; Advert:* Leuchtreklame *f.*

nephew ['nevjuː, nef-], *s.* Neffe *m.*

nepotism ['nepətizm], *s.* Vetternwirtschaft *f.*

nerve [nəːv]. I. *s.* (*a*) *Anat:* Nerv *m;* **to be in a state of nerves,** nervös scin; **to get on s.o.'s nerves,** j-m auf die Nerven gehen; *Med:* **n. specialist,** Neurologe *m;* (*b*) (*courage*) **to lose one's n.,** die Nerven verlieren; **to have nerves of steel,** eiserne Nerven haben; (*c*) *F:* (*cheek*) **what a n.!** so eine Frechheit! **you've got a n.!** du hast vielleicht Nerven! (*d*) **to strain every n.,** alle Kräfte anspannen. II. *v.tr.* **to n. oneself to do sth.,** sich überwinden, etwas zu tun. **'nerveless,** *adj.* (*of pers., hand etc.*) kraftlos; (*courageous*) ohne Nerven. **'nerve-racking,** *adj.* nervenaufreibend. **'nervous,** *adj.* 1. *Anat:* **n.**

system, Nervensystem *n.* 2. (*of pers.*) (*a*) (*on edge*) nervös; (*b*) (*timid*) ängstlich; **to be n.,** Angst haben. **'nervousness,** *s.* (*a*) Nervosität *f;* (*b*) Ängstlichkeit *f.* **'nervy,** *adj. F:* nervös.

nest [nest]. I. *s.* 1. Nest *n; Fig:* **n. of thieves,** Diebesnest *n.* 2. **n. of tables,** Dreisatztisch *m.* II. *v.i.* nisten. **'nest-egg,** *s.* 1. (*of china*) Porzellanei *n.* 2. (*money*) Notgroschen *m.* **'nesting,** *s.* Nisten *n;* **n. box,** Nistkasten *m.*

nestle ['nesl], *v.i.* es sich *dat* bequem machen; **to n. up to s.o.,** sich an j-n kuscheln.

net[1] [net]. I. *s.* Netz *n;* **butterfly n.,** Schmetterlingsnetz *n;* **n. curtain,** Store *m.* II. *v.tr.* (Fische, Vögel usw.) mit dem Netz fangen **'netting,** *s.* **wire n.,** Maschendraht *m.* **'network,** *s.* Netz *n;* **road n.,** Straßennetz *n.*

net[2], *adj.* netto, Netto-; **£250 n.,** £250 netto; **n. weight,** Nettogewicht *n;* **n. profit,** Reingewinn *m.*

Netherlands ['neðələndz]. *Pr. n. Geog:* **the N.,** die Niederlande.

nettle ['netl]. I. *s. Bot:* Nessel *f;* **stinging n.,** Brennessel *f; Fig:* **to grasp the n.,** in den sauren Apfel beißen. II. *v.tr.* (j-n) reizen. **'nettlerash,** *s. Med:* Nesselausschlag *m.*

neuralgia [njuə'rældʒə], *s. Med:* Neuralgie *f.*

neurology [njuə'rɔlədʒi], *s. Med:* Neurologie *f.* **neu'rologist,** *s.* Neurologe *m.*

neurosis, *pl.* **-ses** [njuə'rəusis, -siːz], *s. Med:* Neurose *f.* **neurotic** [-'rɔtik], *adj.* neurotisch.

neuter ['njuːtər]. I. *adj. Gram:* sächlich. II. *s.* (*a*) *Gram:* Neutrum *n;* (*b*) (*animal*) kastriertes Tier *n.* III. *v.tr.* (einen Kater usw.) kastrieren; (eine Katze usw.) sterilisieren. **'neutral.** I. *adj.* neutral. II. *s. Aut:* Leerlauf *m;* **in n.,** im Leerlauf; **n. position,** Leerlaufstellung *f.* **neu-'trality,** *s.* Neutralität *f.* **'neutralize,** *v.tr.* (etwas) neutralisieren.

never ['nevər], *adv.* (*a*) nie; **I have n. seen anything like it,** so etwas habe ich noch nie gesehen; **n. again,** nie wieder; (*b*) (*emphatic*) **he'll n. believe that,** das glaubt er dir doch nie; **he n. said a word about it,** er hat gar nichts davon gesagt; *F:* **well I n.!** na, so was! **will you ever get married? n.!** wirst du jemals heiraten? niemals! (*c*) **n. mind,** mach dir nichts draus; es macht doch nichts. **'never-'ending,** *adj.* endlos. **'never-'never,** *s. F:* **to buy sth. on the n.-n.,** etwas abstottern; **n.-n. land,** Wolkenkuckucksheim *n.* **'nevertheless,** *adv.* trotzdem; nichtsdestoweniger. **'never-to-befor'gotten,** *adj.* unvergeßlich.

new [njuː], *adj.* 1. (*a*) neu; **it's made a n. man of him,** dadurch ist er ein neuer Mensch geworden; **n. moon,** Neumond *m; Mth:* **n. mathematics,** Mengenlehre *f; Fig:* **n. ground,** Neuland *n; Sch:* **the n. boys,** die Neuen *mpl;* (*b*) (*of pers.*) **I am n. here,** ich bin hier neu. 2. (*unused*) **gebraucht; start a n. page,** fang eine neue Seite an; *Com:* **as n.,** neuwertig. 3. **n. bread,** frisches Brot; **n. wine,** neuer Wein; *Aus:* Heurige(r) *m;* **-ly,** *adv.* neu; **n. arrived,** neu angekommen; **a n. painted door,** eine frisch gestrichene Tür; **n. married couple/***F:* **n.-weds,** jungverheiratetes Paar *n, F:* neugebackenes Ehepaar *n.* **'newborn,** *adj.* neugeboren; **'newcomer,** *s.* Neuankömmling *m.* **New 'England.** *Pr. n. Geog:* Neuengland *n.* **'new'fangled,** *adj.* neumodisch. **Newfoundland** ['njuːfəndlænd]. I.

Pr. n. Geog: Neufundland *n.* **II.** *s.* (*dog*) Neufundländer *m.* '**new-'laid**, *adj.* **n.-i. eggs**, frische Eier. '**newness**, *s.* Neuheit *f* (eines Hauses, einer Idee usw.). '**New 'Year,** *s.* das Neue Jahr; **N. Y.'s Day,** Neujahr *n;* **N. Y.'s Eve,** Silvester *n;* (**a**) **happy N. Y.!** ein glückliches neues Jahr! (*as toast*) Prost Neujahr! **New 'Zealand.** *Pr. n. Geog:* Neuseeland *n;* *attrib.* neuseeländisch. **New 'Zealander,** *s.* Neuseeländer *m.*

news [nju:z], *s.* **1.** Neuigkeit *f;* **we have had no n. from him,** wir haben nichts von ihm gehört; **have you heard the n.?** haben Sie das Neueste gehört? **what (is the) n.?** was gibt's Neues? **a sad piece of n.,** eine traurige Nachricht; **to break the n. of sth. to s.o.,** j-m etwas beibringen; **no n. is good n.,** keine Nachricht ist gute Nachricht; **to be in the n.,** (*of thing*) aktuell sein; (*of pers.*) von sich *dat* reden machen. **2.** *Rad: TV:* Nachrichten *pl;* **n. bulletin,** Nachrichtensendung *f;* **n. flash,** (eingeblendete) Kurzmeldung *f;* **n. room,** Nachrichtenredaktion *f.* '**newsagent,** *s.* Zeitungshändler *m.* '**newscast,** *s. N.Am: TV:* Nachrichtensendung *f.* '**newscaster,** *s. esp. N.Am: TV:* Nachrichtensprecher *m.* '**newsletter,** *s.* Mitteilungsblatt *n.* **newspaper** [nju:s-], *s.* **1.** Zeitung *f;* **n. cutting,** Zeitungsausschnitt *m;* **n. man,** (i) Zeitungsverkäufer *m;* (ii) Journalist *m.* **2.** (*paper*) Zeitungspapier *n.* '**newsprint,** *s.* Zeitungsdruckpapier *n.* '**newsreader,** *s. Rad: TV:* Nachrichtensprecher *m.* '**newsreel,** *s. Cin:* Wochenschau *f.* '**newsstand,** *s.* Zeitungskiosk *m.* '**newsworthy,** *adj.* berichtenswert. '**newsy,** *adj. F:* (*of letter*) voller Neuigkeiten.

newt [nju:t], *s. Z:* Molch *m.*

next [nekst]. **I.** *adj.* nächste(r,s); (**a**) (*of place*) **the n. room,** das nächste Zimmer; **n. to,** neben + *dat;* **her room is n. to mine,** ihr Zimmer ist neben meinem; **he sat n. to me,** er saß neben mir; (**b**) (*of time*) **the n. day she went home,** am nächsten Tag fuhr sie nach Hause; **the week after n.,** übernächste Woche; **the n. year,** im folgenden Jahr; **n. year,** nächstes Jahr; **this time n. year,** heute in einem Jahr; **the n. time I see him,** das nächste Mal, wenn ich ihn sehe; (**c**) **the n. chapter,** das nächste Kapitel; *Cl:* **the n. size,** die nächste Größe; *F:* **what n.!** na so was! **who's n.?** wer kommt als nächster dran? (**d**) **the n. best thing would be to ...,** das nächstbeste wäre, zu ...; **n.** *to* **music I like the theatre best,** nach Musik mag ich Theater am liebsten; **I got it for n. to nothing,** ich habe es fast umsonst bekommen. **II.** *adv.* **1. what shall we do n.?** was wollen wir als nächstes machen? **2.** (*next time*) **when you are n. that way,** das nächste Mal, wenn du da vorbeikommst; **when I n. saw him,** als ich ihn das nächste Mal sah. '**next(-)'door,** *adj. & adv.* **he lives n.d.** (**to us**), er wohnt nebenan/neben uns; **the n.-d. neighbours/people n.d.,** die Nachbarn.

nib [nib], *s.* **1.** Feder *f* (einer Füllfeder). **2.** *P: Iron:* **his nibs,** seine Hoheit.

nibble ['nibl]. **I.** *v.tr. & i.* **to n. (at) sth.,** an etwas *dat* knabbern; (*of fish, Fig: of pers.*) **to n. at the bait,** anbeißen. **II.** *s.* (**a**) **to take a n. at sth.,** an

etwas *dat* naschen; (**b**) *Fish:* **I got a n.,** ein Fisch biß an.

nice [nais], *adj.* **1.** *esp. F:* (**a**) (*of pers.*) nett; sympathisch; **to be n. to s.o.,** zu j-m nett sein; (**b**) (*of thing*) nett; (*of weather*) schön; **a n. meal,** ein gutes Essen; **it's n. here,** es ist schön hier; (**c**) (*intensive*) **it's n. and warm,** es ist schön warm; (**d**) *Iron:* **this is a n. mess!** das ist ja eine schöne Bescherung! **a n. way to behave!** ein feines Benehmen! **2. n. distinction,** feiner Unterschied; **-ly,** *adv. F:* **that will do n.,** das paßt ausgezeichnet; **he is doing n.,** (i) (*of patient*) er macht gute Fortschritte; (ii) (*financially*) es geht ihm nicht schlecht; (*in job*) er macht sich. '**niceness,** *s.* Nettheit *f.* **nicety** ['naisəti], *s.* (**a**) **to a n.,** haargenau; (**b**) *pl* **niceties** feine Unterschiede, Kleinigkeiten *fpl.*

niche [ni:ʃ], *s.* Nische *f.*

Nicholas ['nikələs]. *Pr.n.m.* = Nikolaus.

nick [nik]. **I.** *s.* **1.** (*notch*) Kerbe *f.* **2.** *Fig:* **in the n. of time,** im letzten Augenblick. **3.** *P.* (*prison*) Knast *m.* **4.** *F:* (*of house, car etc.*) **in good/poor n.,** gut/schlecht erhalten. **II.** *v.tr.* (**a**) (einen Stock usw.) einkerben; **he nicked his chin,** er hat sich am Kinn geschnitten; (**b**) *P:* (etwas) klauen; (**c**) *P:* **to get nicked,** (von der Polizei) geschnappt werden.

nickel ['nikl]. **I.** *s.* **1.** Nickel *n;* **n.-plated,** vernickelt; **n.-steel,** Nickelstahl *m.* **2.** *N.Am:* Fünfcentstück *n.* **II.** *v.tr.* (etwas) vernickeln.

nickname ['nikneim]. **I.** *s.* Spitzname *m.* **II.** *v.tr.* **to n. s.o. X,** j-m den Spitznamen X geben.

nicotine ['nikəti:n], *s.* Nikotin *n.*

niece [ni:s], *s.* Nichte *f.*

nifty ['nifti], *adj. F:* flott; (*of gadget*) raffiniert.

Nigeria [nai'dʒiəriə]. *Pr. n. Geog:* Nigeria *n.* **Ni'gerian, I.** *adj.* nigeriansch **II.** *s* Nigerianer(in) *m(f).*

niggardly ['nigədli], *adj.* (*of pers.*) knauserig; (*of sum etc.*) kärglich.

nigger ['nigər]. *Pej:* **I.** *s.* Neger *m.* **II.** *adj.* Neger-.

niggle ['nigl], *v.tr.* (j-n) ärgern, reizen. '**niggler,** *s.* Kleinigkeitskrämer *m.* '**niggling,** *adj.* (*of pers.*) kleinlich; **n. details,** belanglose Einzelheiten.

night [nait], *s.* Nacht *f;* (**a**) **last n.,** heute/letzte Nacht; (*up to bedtime*) gestern abend; **the n. before,** am Abend vorher; (*late*) in der Nacht davor; **tomorrow n.,** morgen abend; (*late*) morgen nacht; **ten o'clock at n.,** zehn Uhr abends; **good n.!** gute Nacht! **at/by n.,** nachts; **in the n.,** in der Nacht; **n. porter,** Nachtportier *m;* **n. watchman,** Nachtwächter *m;* *N. Am:* **n. school,** Abendschule *f; Ind:* **n. shift,** Nachtschicht *f;* **to be on n. shift/**F: **on nights,** Nachtschicht haben; *Med:* **n. nurse,** Nachtschwester *f;* (**b**) *Th:* **first n.,** Premiere *f;* (**c**) (*darkness*) Nacht *f;* **n. is falling,** es wird Nacht/die Nacht bricht herein; **n. driving requires good eyes,** das Fahren bei Nacht erfordert gute Augen. '**nightcap,** *s.* Schlaftrunk *m.* '**nightclothes,** *s.pl.* (*man's*) Schlafanzug *m;* (*woman's*) Nachthemd *n; F:* Nachtzeug *n.* '**nightclub,** *s.* Nachtklub *m.* '**nightdress,** *s.* Nachthemd *n.* '**nightfall,** *s.* **at n.,** bei Einbruch der Dunkelheit. '**nightgown,** *F:* '**nightie,** *s.* Nachthemd *n.* '**nightingale,** *s. Orn:* Nachtigall *f.* '**nightjar,** *s. Orn:* Ziegenmelker *m*, Nachtschwalbe *f.* ´**nightlight**, *s.* Nachtlicht *n.* ´**nightly. I.** *adj.* nächtlich. **II.** *adv.* jede Nacht; (*evening*) jeden Abend. ´**nightmare,** *s.* Alptraum *m.* ´**nightshade,** *s. Bot:* Nachtschatten *m;* **deadly n.,** Belladonna *f.* ´**nightshirt,** *s.* (Herren-)Nachthemd *n.* ´**nightspot,** *s.* Nachtlokal *n.* ´**nighttime,** *s.* Nachtzeit *f;* **at n.,** bei Nacht.

nil [nil], *s.* nichts; *Sp:* null; **three-nil (3:0) to Liverpool,** drei zu null für Liverpool.

Nile [nail]. *Pr. n. Geog:* **the N.,** der Nil.

nimble [´nimbl], *adj.* (*of pers.*) flink; **a n. mind,** ein reger Geist; (*of old pers.*) **still n.,** noch rüstig. ´**nimble-´footed,** *adj.* leichtfüßig. ´**nimble-´witted,** *adj.* geistig gewandt.

nincompoop [´niŋkəmpu:p], *s. F:* Trottel *m.*

nine [nain]. **I.** *num. adj.* neun; *Fig:* **n. times out of ten,** in fast allen Fällen, fast immer; **a n. days' wonder,** eine Eintagsfliege. **II.** *s.* Neun *f; F:* **dressed up to the nines,** aufgedonnert. ´**nine-pins,** *s. pl. Games:* Kegel *mpl;* Kegelspiel *n; Fig:* **to go down like n.,** wie die Fliegen umfallen. ´**nine´teen. I.** *num. adj.* neunzehn; *F:* **she talks n. to the dozen,** sie redet wie ein Wasserfall. **II.** *s.* Neunzehn *f.* ´**nine´teenth,** *num. adj.* neunzehnte(r,s). ´**ninety. I.** *num. adj.* neunzig; **n.-one,** einundneunzig. **II.** *s.* Neunzig *f.* **ninth. I.** *num. adj.* neunte(r,s). **II.** *s.* (*fraction*) Neuntel *n.*

ninny [´nini], *s.* Trottel *m.*

nip [nip]. **I.** *s.* (*pinch*) Kniff *m;* (*bite*) kleiner Biß *m; Fig:* **there was a n. in the air,** die Luft war merklich kühl. **II.** *v.* (*p. & p.p.* **nipped**) **1.** *v.tr.* (*a*) (j-n in den Arm usw.) kneifen; (*b*) *Fig:* **to n. sth. in the bud,** etwas im Keim ersticken; (*c*) (*of frost*) (eine Pflanze) beschädigen. **2.** *v.i. F:* **just n. round to the baker's,** lauf mal schnell zum Bäcker. ´**nipper,** *s. F:* Kleine(r) *f(m).* ´**nippy,** *adj.* **1.** *F:* flink; (*of car*) schnell und wendig; **look n.!** mach schnell! **2.** *F:* (*of wind*) scharf; **it's a bit n. today,** es ist ziemlich kalt heute.

nipple [´nipl], *s.* **1.** *Anat:* Brustwarze *f; Z:* Zitze *f.* **2.** *Mec: E:* Nippel *m.*

nit[1] [nit], *s. Ent:* Nisse *f.* ´**nitpicking.** *F:* **I.** *adj.* spitzfindig. **II.** *s.* spitzfindige Kritik *f.*

nit[2], *s. F:* Schwachkopf *m.*

nitrate [´naitreit], *s. Ch:* Nitrat *n.* ´**nitric,** *adj.* Salpeter-; **n. acid,** Salpetersäure *f.* ´**nitrogen** [-rədʒən], *s.* Stickstoff *m.*

nitty-gritty [´niti´griti], *s. F:* **to get down to the n.-g.,** der Sache auf den Grund gehen.

nitwit [´nitwit], *s. F:* Schwachkopf *m.*

nix [niks], *s. N.Am: F:* nichts.

no [nəu]. **I.** *adj.* kein(e). **1. to have no heart,** kein Herz haben; **he made no reply,** er gab keine Antwort; **no two people are alike,** keine zwei Menschen sind gleich; **of no interest,** uninteressant; **of no value,** ohne Wert, wertlos; *P.N:* **no admittance,** kein Eintritt; Betreten verboten; **no smoking,** Rauchen verboten; *F:* **no way!** auf keinen Fall! nie im Leben! **2. it's no easy job,** es ist keine leichte Aufgabe; **he is no musician,** er ist nicht musikalisch begabt. **3. it's no good/use,** es nützt nichts; **it's no good asking him,** es hat keinen Zweck, ihn zu fragen; **in no time,** im Nu; **there's no pleasing him,** man kann ihm nichts recht machen; **there's no getting away from it,** es läßt sich nicht leugnen. **4. no one = nobody**[1]. **II.** *adv.* **I am no richer than**

he is, ich bin nicht reicher als er; **he is no longer here,** er ist nicht mehr hier. **III.** *adv.* nein; **is it raining? no,** regnet es? nein. **IV.** *s.* Nein *n;* **to answer no,** mit einem Nein antworten; (*in voting*) **ayes and noes,** Ja- und Neinstimmen *fpl.* ´**no-man's-land,** *s.* Niemandsland *n.*

noble [´nəubl]. **I.** *adj.* **1.** (*aristocratic*) adlig; **of n. birth,** von adliger Geburt. **2.** (*of sentiments, bearing etc.*) edel; **the n. art of riding,** die hohe Kunst des Reitens. **3.** (*impressive*) stattlich. **II.** *s.* Adlige(r) *f(m).* no´**bility,** *s.* (*a*) Adel *m;* (*impressiveness*) Stattlichkeit *f* (eines Gebäudes usw.); **n.** (**of mind**), Edelmut *m;* (*b*) *coll:* **the n.,** der Adel. ´**nobleman,** *pl.* **-men,** *s.* Adlige(r) *m.* ´**noble-´minded,** *adj.* edelmütig. ´**noblewoman,** *s.* Adlige *f.*

nobody [´nəubədi]. **I.** *pron.* niemand; keine(r) *f(m);* **who was it? n.,** wer war das? niemand; **n. is perfect,** niemand/keiner ist vollkommen; **n. else can do it,** das kann sonst keiner; **there was n. else on board,** es war niemand anders an Bord; *F:* **like n.'s business,** wie nur (sonst) was. **II.** *s.* Niemand *m; Pej:* Null *f;* **when he was still a n.,** als er noch unbekannt war.

nocturnal [nɔk´tɜːn(ə)l], *adj.* nächtlich; (*of animal*) nachtaktiv; **n. bird,** Nachtvogel *m.* ´**nocturne,** *s. Mus:* Nocturne *f.*

nod [nɔd]. **I.** *s.* Nicken *n;* **she gave a n. of assent,** sie nickte zustimmend; **he gave me a friendly n.,** er nickte mir freundlich zu. **II.** *v.* (*p. & p.p.* **nodded**) **1.** *v.i.* nicken; *F:* **to n. off,** einnicken. **2.** *v.tr.* **he nodded his head,** er nickte mit dem Kopf. ´**nodding. I.** *s.* Nicken *n.* **II.** *adj.* **a n. acquaintance,** eine Grußbekanntschaft.

noddle [´nɔdl], *s. F:* (*head*) Rübe *f.*

noggin [´nɔgin], *s. F:* **shall we go for a n.?** wollen wir eins trinken gehen?

noise [nɔiz], *s.* **1.** (*a*) (*loud*) Lärm *m;* **to make a n.,** Lärm/*F:* Krach machen; (*b*) *P:* (*pers.*) **a big n.,** ein hohes Tier. **2.** Geräusch *n; Rad: Rec:* Rauschen *n;* **background n.,** Geräuschkulisse *f;* *Rad: TV:* Nebengeräusch *n;* **n. level,** Geräuschpegel *m; Rec:* **n. reduction,** Rauschunterdrückung *f; Med:* **noises in the ears,** Ohrengeräusche *npl.* ´**noiseless,** *adj.* geräuschlos. ´**noisy,** *adj.* laut.

nomad [´nəumæd], *s.* Nomade *m.* no´**madic,** *adj.* nomadisch; **n. life,** Nomadenleben *n.*

nomenclature [nəu´menklətʃər], *s.* Nomenklatur *f.*

nominal [´nɔmin(ə)l], *adj.* **1.** (*a*) nominell; **the n. head of the firm,** der nominelle Leiter der Firma; **he is only a n. Christian,** er ist nur dem Namen nach Christ; (*b*) Nenn-; *Mth: Fin: etc:* **n. value,** Nennwert *m; El: Mec.E:* **n. output,** Nennleistung *f.* **2.** (*of amount*) unbedeutend. **3.** *Gram:* nominal.

nominate [´nɔmineit], *v.tr.* (*a*) (j-n) ernennen (**as director** etc., zum Direktor usw.); (*b*) *Pol:* (j-n als Kandidat) aufstellen. nomi´**nation,** *s.* (*a*) **his n. for the post of/as minister,** seine Ernennung zum Minister; (*b*) Aufstellen *n* (einer Person) als Kandidat. ´**nominative,** *s. Gram:* Nominativ *m.* nomi´**nee,** *s.* **1.** (**for president** etc., zum Präsidenten usw.) Ernannte(r) *f(m).* **2.** *Pol:* aufgestellter Kandidat *m.*

non [nɔn], *comb. fm.* nicht-; -frei; -los.

non-aggression ['nonə'greʃən], s. Pol: **n. treaty,** Nichtangriffspakt m.

non-alcoholic ['nonælkə'holik], adj. alkoholfrei.

non-aligned ['nonə'laind], adj. Pol: **n. countries,** blockfreie Staaten.

nonchalant ['nonʃələnt], adj. (a) (of pers.) gleichgültig; Pej: sorglos; (b) (of gesture etc.) lässig. **'nonchalance,** s. (a) Gleichgültigkeit f; Sorglosigkeit f; (b) Lässigkeit f.

non-commissioned ['nonkə'miʃ(ə)nd], adj. Mil: **n. officer,** Unteroffizier m.

noncommittal ['nonkə'mit(ə)l], adj. **he was n.,** er legte sich nicht fest; **a n. reply,** eine nichtssagende Antwort.

non-conductor ['nonkən'dʌktər], s. Ph: El: Nichtleiter m. **'non-con'ducting,** adj. nichtleitend.

nonconformist ['nonkən'fɔ:mist], s. Ecc: Dissident m; Eng: Ecc: Nonkonformist m.

non-contributory ['nonkən'tribjut(ə)ri], adj. beitragsfrei.

nondescript ['nondiskript], adj. unbestimmbar; **a n. person,** ein unscheinbarer Mensch; F: **their flat is pretty n.,** ihre Wohnung ist ziemlich null-acht-fünfzehn.

none [nʌn]. I. pron. (a) keiner, keine, kein(e)s; **how much money have you got? n. at all,** wieviel Geld hast du? gar keins; **it is n. of his business/n. of this concerns him,** es geht ihn alles nichts an; **I know n. of them,** ich kenne keinen von ihnen; **have you any apples?—no, n.,** haben Sie Äpfel?—nein, keine; **n. of your impudence!** laß die Frechheiten! **it was n. other than the king himself,** er war kein anderer als der König selbst; (b) **he knew, n. better,** er wußte es besser als alle anderen. II. adv. (a) **I like him n. the worse for it,** ich mag ihn deshalb nicht weniger; (b) **he came n. too soon,** er kam keine Minute zu früh.

nonentity [no'nentiti], s. (pers.) Null f.

nonexistent ['nonig'zist(ə)nt], adj. nicht vorhanden; **his n. fortune,** sein erfundenes Vermögen.

non-ferrous ['non'ferəs], adj. nicht eisenhaltig; **n. metal,** Nichteisenmetall n.

non-fiction ['non'fikʃən], s. Sachliteratur f.

non-iron ['non'aiən], adj. Tex: bügelfrei.

non-payment ['non'peimənt], s. Nichtzahlung f.

nonplus ['non'plʌs], v.tr. (j-n) verblüffen; **to be nonplussed,** verblüfft/perplex sein.

non-profitmaking ['non'profitmeikiŋ], adj. (of organization etc.) gemeinnützig.

non-resident ['non'rezid(ə)nt]. I. s. Auswärtige(r) f(m); (of hotel) **open to non-residents,** nicht nur für Hotelgäste. II. adj. (of job) ohne Unterkunft.

non-returnable ['nonri'tə:nəbl], adj. **n. bottle,** Einwegflasche f; **n. container,** Einwegverpackung f.

nonsense ['nonsəns], s. 1. (incoherent) ungereimtes Zeug. 2. Pej: (rubbish) Unsinn m; F: Quatsch m; **don't talk n.,** red keinen Quatsch; **what n.!** so ein Quatsch! **no n.!** nur keinen Blödsinn! **non'sensical,** adj. unsinnig; F: blödsinnig.

non-sequitur ['non'sekwitər], s. unlogischer Schluß m.

non-skid ['non'skid], adj. rutschfest.

non-smoker ['non'smaukər], s. (a) (pers.) Nichtraucher m; (b) Rail: Nichtraucherabteil n.

nonstop ['non'stop]. I. adj. Nonstop-; Av: **n. flight,** Nonstopflug m; **n. train,** durchgehender Zug m. II. adv. **to talk n.,** ununterbrochen reden.

non-U ['non'ju:], adj. F: unfein.

non-union ['non'ju:niən], adj. Ind: (of workers) nicht gewerkschaftlich organisiert.

non-violent ['non'vaiələnt], adj. gewaltlos.

noodle ['nu:dl], s. Cu: Nudel f; usu. pl. Nudeln pl.

nook [nuk], s. Ecke f; Fig: Schlupfwinkel m; **in every n. and cranny,** in allen Ecken und Winkeln.

noon [nu:n], s. Mittag m; **at 12 o'clock n.,** um zwölf Uhr mittags. **'noonday,** s. **the n. sun,** die Mittagssonne.

noose [nu:s], s. Schlinge f; Fig: **to put one's head in the n.,** in die Falle gehen.

nor [nɔ:r], conj. 1. noch; **neither he n. I knew her,** weder er noch ich kannte sie. 2. auch nicht; **he was not hungry, n. was I,** er hatte keinen Hunger, und ich auch nicht; **n. does it seem that...,** es scheint auch nicht, daß...; **n. was this all,** und das war noch nicht alles.

norm [nɔ:m], s. Norm f; **above the n.,** über dem Durchschnitt. **'normal.** I. adj. normal. II. s. Normalzustand m; **to get back to n.,** sich normalisieren; Med: **temperature above n.,** erhöhte Temperatur f; **-ly,** adv. normalerweise. **nor'mality,** s. Normalität f, Normalzustand m.

Norman ['nɔ:mən]. I. adj. normannisch. II. s. Normanne m. **'Normandy.** Pr. n. Geog: Normandie f.

Norse [nɔ:s]. I. adj. nordisch. II. s. Ling: **old N.,** Altnordisch n. **'Norsemen,** s. pl. Normannen, Wikinger mpl.

north [nɔ:θ]. I. s. Norden m; **in the n. (of),** im Norden (von + dat); **in the n. of England,** im Norden Englands; **to the n. (of),** nördlich (+ gen). II. adv. nördlich (of, + gen; with Pr.n., von + dat); **n. of London,** nördlich von London; **to travel n.,** nach Norden fahren; **the window faces n.,** das Fenster geht nach Norden. III. adj. Nord-; **the n. coast,** die Nordküste; **the N. Sea,** die Nordsee; **the N. Pole,** der Nordpol; Brit: **the N. country,** der Norden (Englands). **'north-'east.** I. s. Nordosten m. II. adj. Nordost-; (of wind) nordöstlich. III. adv. nordöstlich (of, + gen, with Pr.n., von + dat); (direction) nach Nordosten. **'north-'eastern,** adj. nordöstlich. **'north-'eastwards,** adv. nach Nordost. **northerly** ['nɔ:ðəli], adj. nördlich. **northern** ['nɔ:ð(ə)n], adj. (of region, hemisphere etc.) nördlich; **N. Ireland,** Nordirland n; **n. lights,** Nordlicht n. **'Northerner,** s. Bewohner des Nordens m. **'northwards,** adv. nach Norden. **'north-'west.** I. s. Nordwesten m. II. adj. Nordwest-. III. adv. nordwestlich (of, + gen; with Pr. n., von + dat); (direction) nach Nordwesten. **'north-'western,** adj. nordwestlich.

Norway ['nɔ:wei]. Pr.n. Geog: Norwegen n. **Nor'wegian** [nɔ:'wi:dʒən]. I. adj. norwegisch. II. s. 1. Norweger(in) m(f). 2. Ling: Norwegisch n.

nose [nəuz]. **I.** *s.* **1.** (*of pers., some animals*) Nase *f;* (*of animal, F: pers.*) Schnauze *f;* **to blow one's n.**, sich *dat* die Nase putzen; **to hold one's n.**, sich *dat* die Nase zuhalten; *Fig:* **I did it under his very n.**, ich habe es direkt vor seinen Augen getan; **to poke one's n. into sth.**, seine Nase in etwas *acc* hineinstecken; **to lead s.o. by the n.**, j-n um den Finger wickeln; *F:* **he had to pay through the n.**, er mußte tüchtig blechen/bluten; **to turn up one's n. at s.o.**, **sth.**, über j-n, etwas *acc* die Nase rümpfen. **2.** (*sense of smell*) Nase *f; Fig:* **to have a (keen) n. for sth.**, eine feine Nase/*F:* einen guten Riecher für etwas *acc* haben. **3.** Bug *m* (eines Flugzeugs usw.); *Aut:* **n. to tail**, Stoßstange an Stoßstange. **II.** *v.* **1.** *v.tr. F:* **to n. out (a secret etc.),** (ein Geheimnis usw.) ausschnüffeln. **2.** *v.i.* (*of dog etc., F: of pers.*) **to n. about/around,** herumschnüffeln. ´**nosebag,** *s.* Futtersack *m.* ´**noseband,** *s.* Nasenriemen *m.* ´**nosebleed,** *s.* Nasenbluten *n.* ´**nosedive.** **I.** *s.* Sturzflug *m.* **II.** *v.i. Av:* einen Sturzflug machen. ´**nosepiece,** *s.* Steg *m* (einer Brille). ´**nosy,** *adj. F:* neugierig; **a n. parker,** ein Schnüffler.

nostalgia [nɔs'tældʒiə], *s.* Nostalgie *f;* Sehnsucht *f* (**for,** nach + *dat*). **nos´talgic,** *adj.* nostalgisch.

nostril [´nɔstril], *s.* Nasenloch *n.*

not [nɔt], *adv.* nicht. **1.** (*a*) **she is n.**/*F:* **isn't here,** sie ist nicht da; *F:* **he is stupid, isn't he!** er ist schön blöd, nicht wahr! **you do understand, don't you?** du verstehst doch, was ich meine? (*b*) **n. at all,** gar nicht; **thank you very much—n. at all,** vielen Dank—nichts zu danken. **2.** (*a*) **n. including the wine,** Wein nicht inbegriffen; (*b*) **he begged me not to (do it),** er flehte mich an, es nicht zu tun; *F:* **n. to worry!** keine Sorge! das macht nichts! **we can't n. go,** wir können unmöglich nicht hingehen; **I was angry,** **n. to say furious,** ich war ärgerlich, um nicht zu sagen wütend/sogar wütend. **3. n. that I am afraid of him,** nicht etwa, daß ich Angst vor ihm habe. **4. n. any/n. a(n),** kein(e); **n. a hope,** keine Chance; **I haven't any money,** ich habe kein Geld; (*emphatic*) **n. one shot/n. a single shot,** kein einziger Schuß.

notable [´nəutəbl], *adj.* (*of fact etc.*) bemerkenswert; (*of pers.*) bedeutend; **-ably,** *adv.* (*a*) bemerkenswert; (*b*) **many politicians, n. the Prime Minister,** viele Politiker, insbesondere der Premierminister.

notation [nəu´teiʃ(ə)n], *s. Mus:* Notenschrift *f.*

notch [nɔtʃ]. **I.** *s.* Kerbe *f.* **II.** *v.tr.* (*a*) (einen Stock usw.) einkerben; (*b*) **to n. up a success,** einen Erfolg erzielen.

note [nəut]. **I.** *s.* **1.** *Mus:* Note *f;* (*key*) Taste *f* (des Klaviers); (*sound*) Ton *m;* **to play a wrong n.**, einen falschen Ton spielen; *Fig:* **to strike the right n.**, den richtigen Ton finden. **2.** *usu. pl.* **notes,** Notizen *fpl;* **to take notes,** sich *dat* Notizen machen; **to make a n. of sth.**, sich *dat* etwas notieren. **3.** (*commentary*) Anmerkung *f;* **a text with notes,** ein Text mit Anmerkungen. **4.** (*a*) Briefchen *n;* **to leave a n. for s.o.**, j-m einen Zettel hinlegen; (*b*) **diplomatic n.**, diplomatische Note. **5.** (*a*) *Com:* **credit n.**, Gutschein *m;* **consignment n.**, Versandanzeige *f;* (*b*) **bank n.**, Banknote *f;* **ten**

mark n., Zehnmarkschein *m.* **6. to take n. of sth.**, von etwas *dat* Notiz nehmen. **7. of n.**, bedeutend, von Bedeutung. **II.** *v.tr.* (*a*) (*pay attention to*) (etwas) zur Kenntnis nehmen; **please n. how I do it,** achten Sie bitte darauf, wie ich es mache; (*b*) (*write down*) (etwas) aufschreiben. ´**notebook,** *s.* Notizbuch *n;* (*pad*) Notizblock *m.* ´**notecase,** *s.* Brieftasche *f.* ´**noted,** *adj.* bekannt (**for,** für + *acc*). ´**notepaper,** *s.* Briefpapier *n.* ´**noteworthy,** *adj.* bemerkenswert.

nothing [´nʌθiŋ]. **I.** *s.* **1.** nichts; (*a*) **I have n. to do with it,** ich habe nichts damit zu tun; **that's n. to do with you,** das geht dich nichts an; **there's n. to cry about,** da gibt es nichts zu weinen; **n. could be simpler,** nichts einfacher als das; **to say n. of the others,** von den anderen ganz zu schweigen; **there's n. in these rumours,** an den Gerüchten ist nichts dran; **she is n. if not discreet,** diskret ist sie auf jeden Fall; **n. of the kind,** nichts dergleichen; **n. else,** nichts anderes; *F:* **n. doing!** kommt gar nicht in Frage! (*b*) **n. new,** nichts Neues; **n. much,** nicht viel; (*n. special*) nichts Besonderes; **there's n. more to be said,** es gibt nichts weiter zu sagen; (*c*) **n. but,** nichts als; **he does n. but complain,** er beschwert sich dauernd; **there was n. for it but to wait,** es gab keine andere Möglichkeit als zu warten; (*d*) **for n.**, umsonst; **all my work has gone for n.**, meine ganze Arbeit ist umsonst gewesen; **I got n. out of it,** ich hatte nichts davon; (*e*) **he is n. to me,** er bedeutet mir nichts; **it's n. to me either way,** es ist mir gleichgültig; **think n. of it!** nichts zu danken! **he thinks n. of walking ten miles,** es macht ihm nichts aus, zehn Meilen zu gehen; (*f*) **n. came of it/it all came to n.**, es ist nichts daraus geworden. **2.** *Mth:* Null *f.* **3.** Nichts *n;* **a hundred marks? a mere n.!** hundert Mark? eine Bagatelle! **II.** *adv.* **n. near/n. like as good,** längst nicht so gut; **it's n. less than madness,** es ist purer Wahnsinn; **n. daunted,** unverzagt.

notice [´nəutis]. **I.** *s.* **1.** (*public*) Anschlag *m;* **official n.**, amtliche Bekanntmachung *f;* (*b*) (*in newspaper*) Anzeige *f;* **n. of birth/death,** Geburtsanzeige/Todesanzeige *f.* **2.** (*warning*) Kündigung *f;* **to give an employee a month's n.**, einem Angestellten mit einmonatiger Frist kündigen; (*of employee*) **to give in one's n.**, kündigen; (*of landlord*) **to give a tenant n. to quit (his flat),** einem Mieter die Wohnung kündigen; **without n.**, ohne Warnung; (*of dismissal*) **at short n.**, kurzfristig; **we are ready to leave at a moment's n.**, wir sind bereit, unverzüglich abzureisen; **until further n.**, bis auf weiteres. **3.** (*attention*) **to take n. of s.o.**, **sth.**, auf j-n, etwas *acc* achten; **to bring sth. to s.o.'s n.**, j-s Aufmerksamkeit auf etwas *acc* lenken; **it has come to my n. that . . .**, es ist mir zur Kenntnis gekommen, daß . . .; *F:* **to sit up and take n.**, (wieder) Interesse zeigen; (*after illness*) wieder ganz munter sein. **4.** Besprechung *f* (eines Buches, eines Stückes usw.); **good notices,** eine gute Kritik. **II.** *v.tr.* (j-n, etwas) bemerken; **to n. that . . .**, merken, daß . . .. ´**noticeable,** *adj.* bemerkbar; **it's not n.**, es fällt nicht auf. ´**notice-board,** *s.* Anschlagtafel *f; Sch: etc:* schwarzes Brett *n.*

notify ['nəutifai], *v.tr.* (j-n) benachrichtigen (**of** sth., von etwas *dat*); **to n. a death,** einen Todesfall melden; **to n. the authorities of an illness,** einen Krankheitsfall behördlich melden. 'notifiable, *adj.* meldepflichtig. notifi'cation, *s.* Benachrichtigung *f* (der Polizei usw.); Anmeldung *f* (einer Geburt usw.); Meldung *f* (eines Krankheitsfalls usw.).

notion ['nəuʃ(ə)n], *s.* 1. Idee *f;* **I have no n. of what he means,** ich habe keine Ahnung, was er meint; **he has no n. of time,** er hat keinen Zeitbegriff; **her head is full of silly notions,** sie hat nur Flausen im Kopf. 2. *N.Am:* **notions,** Kurzwaren *pl.*

notorious [nəu'tɔːriəs], *adj.* berüchtigt (**for,** wegen + *gen*). notoriety [-tə'raiəti], *s.* schlechter Ruf *m.*

notwithstanding [nɔtwiθ'stændiŋ, -wið-]. I. *prep.* trotz + *gen.* II. *adv.* trotzdem.

nought [nɔːt], *s.* 1. *Mth:* Null *f.* 2. *Lit:* **to bring a plan to n.,** einen Plan zunichte machen.

noun [naun], *s. Gram:* Substantiv *n.*

nourish ['nʌriʃ], *v.tr.* (*a*) (j-n) ernähren, (eine Pflanze usw.) nähren; (*b*) *Fig:* (Hoffnungen, Haß usw.) hegen. 'nourishing, *adj.* nahrhaft. 'nourishment, *s.* Nahrung *f.*

nova ['nəuvə], *s. Astr:* Nova *f.*

Nova Scotia ['nəuvə'skəuʃə]. *Pr.n. Geog:* Neuschottland *n.*

novel[1] ['nɔv(ə)l], *s.* Roman *m.* 'novelist, *s.* Romanschriftsteller *m.*

novel[2], *adj.* neuartig; (*original*) originell; **that's a n. idea,** das ist aber sehr originell. 'novelty, *s.* Neuheit *f; Com:* **novelties,** Scherzartikel *mpl.*

November [nəu'vembər], *s.* November *m,* **in N.,** im November usw.; **on N. 5th/the fifth of N.,** am 5./fünften November.

novice ['nɔvis], *s.* 1. Neuling *m.* 2. *Ecc:* Novize *m;* Novizin *f.*

now [nau]. I. *adv.* 1. jetzt; (*a*) **only n.,** erst jetzt; **even n.,** noch jetzt; **from n. on,** von jetzt an; **he must be an old man by n.,** er muß jetzt schon ein alter Mann sein; **in three days from n.,** heute in drei Tagen; (*b*) **it won't take long n.,** es wird (jetzt) nicht mehr lange dauern; (*c*) (*immediate future*) **it is going to begin n.,** es wird (jetzt) gleich beginnen; (*d*) (*in narrative*) **all was n. ready,** also nun war alles bereit; (*e*) (*immediate past*) **I saw him just n.,** ich habe ihn eben gesehen; (*f*) **n. here, n. there,** einmal hier, einmal dort; (**every**) **n. and then,** hin und wieder. 2. (*a*) **n. it happened like this,** es geschah folgendermaßen; **n. what's all this about?** was ist denn hier los? **come n.!** that's going a bit far, nun hör mal, das geht aber ein bißchen zu weit; **well n./n. then,** let's see, nun wollen wir mal sehen; **n. then!** what's all this about? nanu, was ist denn hier los? **n. that's just the question,** das ist ja eben die Frage. II. *conj.* **n. that I am older I think quite differently,** jetzt, wo ich älter bin, denke ich ganz anders; **n. that's what I call a sports car,** das nenne ich einen Sportwagen. 'nowadays, *adv.* heutzutage.

nowhere ['nəuwɛər], *adv.* nirgends; **such ideas will get you n.,** mit solchen Ideen kommen Sie zu nichts; **she is n. near as pretty as her sister,** sie ist nicht annähernd so hübsch wie ihre

Schwester; *F:* (*in race & Fig:*) **he came n.,** er rangierte unter „fernerliefen".

noxious ['nɔkʃəs], *adj.* schädlich.

nozzle ['nɔzl], *s.* Düse *f;* Spritzdüse *f* (eines Schlauchs); *Cu:* (*for icing*) Tülle *f.*

nth [enθ], *adj.* **to the n. degree,** im höchsten Maße.

nub [nʌb], *s.* Kern *m* (eines Problems usw.).

nucleus ['njuːkliəs], *s. Ph: Biol: etc:* Kern *m.* 'nuclear, *adj.* nuklear, Kern-; **n. disarmament,** nukleare Abrüstung; **n. power station,** Kernkraftwerk *n;* **n. reactor,** Kernreaktor *m.*

nude [njuːd] I. *adj.* nackt; **to paint n. figures,** Akte malen; **n. photograph,** Aktaufnahme *f.* II. *s.* (*a*) **in the n.,** nackt; **to draw (s.o.) from the n.,** einen Akt (von j-m) zeichnen; (*b*) (*pers.*) Nackte(r) *f(m); Art:* Akt *m.* 'nudism, *s.* Freikörperkultur *f.* 'nudist, *s.* Nudist *m;* **n. colony,** FKK- Kolonie *f.* 'nudity, *s.* Nacktheit *f.*

nudge [nʌdʒ]. I. *v.tr.* (j-n) mit dem Ellbogen anstoßen. II. *s.* Anstoß *m* (mit dem Ellbogen); *F:* **to give s.o. a n.,** j-m einen Schubs geben.

nugget ['nʌgit], *s.* Klumpen *m; esp.* Goldklumpen *m.*

nuisance ['njuːs(ə)ns], *s.* (*a*) (*pers.*) lästiger Mensch; (*interrupter*) Störenfried *m;* (*tormentor*) Quälgeist *m;* **to make a n. of oneself,** lästig/aufdringlich werden; (*b*) (*thing*) Plage *f; public n.,* öffentliches Ärgernis *n, F:* Landplage *f;* **what a n.!** wie ärgerlich!

null [nʌl], *adj. Jur:* **n. and void,** nichtig. 'nullify, *v.tr.* (eine Ehe, ein Testament usw.) für nichtig erklären.

numb [nʌm]. I. *adj.* (*of limb etc.*) gefühllos; *esp. pred.* taub; **her fingers were n. with cold,** ihre Finger waren vor Kälte erstarrt; **n. with shock,** vor Schreck betäubt. II. *v.tr.* (Schmerz, ein Körperteil usw.) betäuben. 'numbness, *s.* Gefühllosigkeit *f* (eines Gliedes usw.); Betäubtheit *f* (der Sinne usw.)

number ['nʌmbər]. I. *s.* 1. *Mth:* (*a*) Zahl *f;* **round n.,** runde Zahl; (*b*) (*numeral*) Ziffer *f.* 2. (*quantity*) (*a*) Anzahl *f;* **a large n. of people,** eine große Anzahl/Menge Leute; **a n. of people voted for him,** mehrere Leute stimmten für ihn; **any n. of times,** unzählige Male; **without n.,** zahllos; **they were five in n.,** sie waren fünf an der Zahl; **in large/small numbers,** in großer/geringer Anzahl; (*b*) **the enemy won by (sheer) weight of numbers,** der Feind siegte (rein) durch zahlenmäßige Überlegenheit. 3. (*a*) Nummer *f;* **room n. six,** Zimmer Nummer sechs; **I live at n. eleven,** ich wohne Nummer elf; **telephone n.,** Telefonnummer *f; Aut:* (*registration*) **n.,** Kennzeichen *n;* **n. plate,** Nummernschild *n;* (*b*) *F:* **his n.'s up,** seine Stunde hat geschlagen. 4. (*of periodical*) Nummer *f;* **current n.,** neueste Ausgabe *f;* **back n.,** alte Nummer. II. *v.tr.* (*a*) (Karten, Seiten usw.) numerieren; (*b*) **I n. him among my friends,** ich zähle ihn zu meinen Freunden; (*c*) **we numbered twenty,** wir waren zwanzig; *Fig:* **his days are numbered,** seine Tage sind gezählt. 'numbering, *s.* Numerierung *f* (von Kinoplätzen, Seiten usw.). 'numberless, *adj.* zahllos.

numeral ['njuːmərəl]. I. *s.* Ziffer *f.* II. *adj.* Zahl-. 'numeracy, *s.* Zahlenintelligenz *f.* 'numerate, *adj.* zahlenkundig; **to be n.,** rechnen können. nu´merical, *adj.* numerisch; in n. order, zahlenmäßig geordnet. ´numerous, *adj.* zahlreich.

nun [nʌn], *s. Ecc:* Nonne *f.* ´nunnery, *s.* Nonnenkloster *n.*

nuptial [´nʌpʃ(ə)l]. I. *adj.* Hochzeits-; n. mass, Brautmesse *f.* II. *s.pl. Hum:* nuptials, Hochzeit *f.*

nurse [nəːs]. I. *s.* (*a*) Krankenschwester *f*; male n., Krankenpfleger *m*; (*b*) (children's) n., Kindermädchen *n*; wet n., Amme *f.* II. *v.tr.* (*a*) (einen Kranken, eine Pflanze usw.) pflegen; to n. a cold, eine Erkältung pflegen; *Pol:* to n. a constituency, sich *dat* die Wähler warmhalten; *Aut:* to n. one's engine, den Motor schonen; (*b*) to n. a child, (*give milk*) ein Kind stillen; (*hold*) ein Kind in den Armen/auf dem Schoß wiegen; (*c*) (Zweifel, Verdacht usw.) nähren. ´nursemaid, *s.* Kindermädchen *n.* ´nursery, *s.* 1. (*a*) Kinderzimmer *n*; n. rhyme, Kinderreim *m*; (*sung*) Kinderlied *n*; n. story, Kindermärchen *n*; (*b*) day n., Kindertagesstätte *f*; n. school, Vorschule *f.* 2. *Hort:* Gärtnerei *f*; *For:* Baumschule *f.* ´nurseryman, *s.* Gärtnereiarbeiter *m*; (*owner*) Gärtnereibesitzer *m.* ´nursing. I. *adj.* 1. n. mother, stillende Mutter. 2. (*in hospital*) n. staff, Pflegepersonal *n.* II. *s.* Krankenpflege *f*; n. home, Privatklinik *f.*

nurture [´nəːtʃər], *v.tr.* (j-n, ein Tier) nähren; (Gefühle) hegen.

nut [nʌt], *s.* 1. (*a*) Nuß *f*; *F:* a hard/tough n. to crack, eine harte Nuß; he can't sing for nuts, er kann überhaupt nicht singen. 2. *P:* (*a*) (*head*) Birne *f*; he's off his n., der ist nicht ganz richtig im Kopf; (*b*) she's nuts, sie spinnt; he's nuts about her, er ist in sie verschossen. 3. *Mec:* Mutter *f.* ´nutbrown, *adj.* nußbraun. ´nutcase, *s. P:* he's a n., er spinnt. ´nutcracker, *s.* Nußknacker *m.* ´nutmeg, *s.* Muskat *m.* ´nutshell, *s.* Nußschale *f*; *Fig:* in a n., kurz gesagt; to put it in a n., der langen Rede kurzer Sinn ist . . . ´nutter, *s. P:* Spinner *m.* ´nutty, *adj.* (*a*) *Cu:* (*of taste, flavour*) nußartig; (*b*) *F:* bekloppt.

nutrient [´njuːtriənt]. I. *s.* Nährstoff *m.* II. *adj.* Nähr-. nu´trition, *s.* Ernährung *f.* nu´tritious, *adj.* nahrhaft. ´nutritive, *adj.* n. value, Nährwert *m.*

nuzzle [´nʌzl], *v.tr.* (*of dog*) (j-n) beschnüffeln; (*of pers.*) to n. s.o., die Nase an j-s Schulter drücken.

nylon [´nailɔn], *s. Tex:* Nylon *n*; n. stockings/*F:* nylons, Nylonstrümpfe *mpl.*

nymph [nimf], *s.* Nymphe *f.* nymphomaniac [nimfəu´meinjæk], *F:* nympho, *s.* Nymphomanin *f.*

O

O, o [əu], *s.* 1. (der Buchstabe) O, o *n.* 2. *Tel:* Null *f*; (*when speaking number*) 3103 [´θriː-wʌnəu´θriː], einunddreißignulldrei.

oaf [əuf], *s.* Lümmel *m.* ´oafish, *adj.* lümmelhaft.

oak [əuk], *s.* (*a*) o. (tree), Eiche *f*; o. apple, Gallapfel *m*; (*b*) (*wood*) Eichenholz *n*; o. furniture, Eichenmöbel *npl.*

oar [ɔːr], *s.* (*a*) Ruder *n*; *Fig:* to stick one's o. in, sich einmischen; (*b*) (*pers.*) a good o., ein guter Ruderer. ´oarlock, *s. N.Am:* Ruderdolle *f.* ´oarsman, *s.* Ruderer *m.*

oasis, *pl.* oases [əu´eisis, əu´eisiːz], *s.* Oase *f.*

oast [əust], *s.* o. house, (rundes Gebäude mit) Hopfendarre *f.*

oat [əut], *s. usu. pl.* Hafer *m*; rolled oats, Haferflocken *fpl*; *Fig:* to sow one's wild oats, sich *dat* die Hörner abstoßen. ´oatcake, *s.* Haferplätzchen *n.* ´oatmeal, *s.* Hafermehl *n.*

oath [əuθ, *pl.* əuðz], *s.* 1. (*a*) Eid *m*; to take an o., einen Eid leisten; on/under o., unter Eid; (*b*) I'll take my o. on it, ich kann es beschwören. 2. (*curse*) Fluch *m.*

obdurate [´ɔbdjurət], *adj.* verstockt; (*stubborn*) starrköpfig. ´obduracy, *s.* Verstocktheit *f*; Starrköpfigkeit *f.*

obedience [ə´biːdjəns], *s.* Gehorsam *m*; to act in

o. to orders, den Befehlen folgen; befehlsgemäß handeln. o´bedient, *adj.* gehorsam.

obese [əu´biːs], *adj.* fettleibig. o´besity, *s.* Fettleibigkeit *f.*

obey [ə´bei], *v.tr. & i.* (j-m, einem Befehl usw.) gehorchen; to make s.o. o., j-n zum Gehorsam zwingen.

obituary [ə´bitjuəri], *s.* (*a*) (*appreciation*) (geschriebener) Nachruf *m*; (*b*) (*notice*) Todesanzeige *f.*

object. I. [´ɔbdʒikt] *s.* 1. (*a*) Objekt *n*; o. lesson, Anschauungsunterricht *m*; *Fig:* Schulbeispiel *n*; (*b*) o. of pity, Gegenstand *m* des Mitleids. 2. (*a*) (*purpose*) Zweck *m*; o. in life, Lebenszweck *m*; the o. of the exercise, der Sinn der Sache; with this o., mit dieser Absicht; there's no o. in doing that, es hat keinen Zweck, das zu tun; (*b*) expense is no o., Geld spielt keine Rolle. 3. *Gram:* Objekt *n*; direct o., Akkusativobjekt *n.* II. [əb´dʒekt] *v.i.* to o. to s.o., sth., gegen j-n, etwas *acc* Einspruch erheben; (*without speaking*) gegen j-n, etwas *acc* sein; do you o. to my smoking? haben Sie etwas dagegen, wenn ich rauche? ob´jection, *s.* Einwand *m*; to raise an o., Einspruch erheben; I've no o. to that, ich habe nichts dagegen; I see no o. (to it), ich sehe keine Schwierigkeiten. ob´jectionable, *adj.*

(*of things*) widerwärtig; (*of pers.*) widerlich; **o. remarks**, anstößige Bemerkungen. **ob´jective. I.** *adj.* objektiv. **II.** *s.* (*aim*) Ziel *n; esp. Mil:* Angriffsziel *n.* **objec´tivity**, *s.* Objektivität *f.* **ob´jector**, *s.* Gegner(in) *m*(*f*) (**to** + *gen*).

oblige [ə´blaidʒ], *v.tr.* (*a*) **to o. s.o. to do sth.**, j-n zwingen/nötigen, etwas zu tun; **to feel obliged to do sth.**, sich verpflichtet fühlen, etwas zu tun; **you aren't obliged to go**, Sie müssen nicht hingehen; (*b*) **to o. s.o.**, j-m einen Gefallen tun; **can you o. me with a light?** wären Sie so freundlich, mir Feuer zu geben? (*c*) **to be obliged to s.o.**, j-m (zu Dank) verpflichtet sein; **much obliged!** danke bestens! **I would be very o. if ...**, ich wäre Ihnen sehr dankbar/*Com:* verbunden, wenn ... **obligation** [ɔbli-´geiʃ(ə)n], *s.* (*a*) Verpflichtung *f;* **to be under an o. to s.o.**, j-m gegenüber verpflichtet sein; **to be under no o.**, keinerlei Verpflichtung haben (**to s.o.**, j-m gegenüber); *Ecc:* **day of o.**, gebotener Feiertag; (*b*) *Com:* Zahlungsverpflichtung *f;* **to fail to meet one's obligations**, seinen Verpflichtungen nicht nachkommen; *Fin:* seine Schulden nicht bezahlen; **without o.**, unverbindlich. **obligatory** [ə´bligətri], *adj.* obligatorisch; **it is o.**, es ist Pflicht; **to make it o. to do sth.**, etwas verbindlich machen/*Adm:* vorschreiben. **o´bliging**, *adj.* entgegenkommend.

oblique [ə´bliːk], *adj.* (*a*) schräg; **o. angle**, schiefer Winkel; (*b*) *Fig:* **o. reference**, indirekte Anspielung.

obliterate [ə´blitəreit], *v.tr.* (*a*) (*efface*) (etwas) auslöschen; (*Geschriebenes*) ausstreichen; (*b*) (*destroy*) (etwas) ausmerzen. **oblite´ration**, *s.* Auslöschung *f;* Ausmerzung *f.*

oblivion [ə´bliviən], *s.* Vergessenheit *f;* **to sink into o.**, in Vergessenheit geraten. **o´blivious**, *adj.* ahnungslos; **o. of sth.**, etwas *gen* unbewußt; **to be o. of what is going on**, nicht merken, was vor sich geht; **to be o. of the difficulties**, die Schwierigkeiten nicht ahnen.

oblong [´ɔblɔŋ]. **I.** *adj.* länglich; *Geom:* rechteckig. **II.** *s.* Rechteck *n.*

obnoxious [əb´nɔkʃəs], *adj.* widerwärtig; (*of pers.*) widerlich, abscheulich (**to s.o.**, j-m).

oboe [´əubəu], *s. Mus:* Oboe *f.*

obscene [əb´siːn‚ɔb-], *adj.* obszön. **obscenity** [-´seniti], *s.* Obszönität *f.*

obscure [əb´skjuər]. **I.** *adj.* **1.** (*dingy*) düster. **2.** (*of argument etc.*) unklar. **3.** (*of writer etc.*) unbekannt; (*forgotten*) vergessen; *Pej:* unbedeutend; **-ly**, *adv.* unklar; **o. aware of sth.**, etwas dunkel ahnend. **II.** *v.tr.* (etwas) verdunkeln; (*hide*) verbergen; **clouds obscured the sun**, Wolken verdunkelten die Sonne. **ob´scurity**, *s.* **1.** (*darkness*) Dunkelheit *f.* **2.** Unklarheit *f.* **3.** Unbekanntheit *f;* **to sink into o.**, in Vergessenheit geraten.

obsequious [əb´siːkwiəs], *adj.* (*of pers.*) unterwürfig; (*of manner*) kriecherisch. **ob´sequiousness**, *s.* Unterwürfigkeit *f;* kriecherisches Wesen *n.*

observe [əb´zəːv], *v.tr.* (*a*) (ein Gesetz, eine Vorschrift, *Rel:* einen Feiertag) einhalten; (ein Fest) feiern; (einen Brauch) pflegen; (*b*) (*watch*) (j-n, etwas) beobachten; (*notice*) (etwas) bemerken; **I observed a dark stain**, ich

konnte einen dunklen Fleck wahrnehmen; (*c*) (*remark*) bemerken (**that**, daß). **ob´servable**, *adj.* wahrnehmbar. **ob´servance**, *s.* (*a*) Einhaltung *f; Pflege f;* (*b*) **religious observances**, religiöse Bräuche *mpl.* **ob´servant**, *adj.* aufmerksam; **he's very o.**, er merkt alles. **obser´vation**, *s.* **1.** Beobachtung *f;* **to keep s.o. under o.**, j-n beobachten (lassen); **to escape o.**, unbemerkt bleiben; **powers of o.**, Beobachtungsgabe *f; Rail:* **o. car**, Aussichtswagen *m; Mil:* **o. post**, Beobachtungsposten *m.* **2.** (*remark*) Bemerkung *f.* **ob´servatory**, *s.* Sternwarte *f.* **ob´server**, *s.* Beobachter *m.*

obsess [əb´ses], *v.tr.* **to be obsessed with an idea/ a fear**, von einer Idee/Angst besessen sein. **ob´session**, *s.* (*state*) Besessenheit *f;* (*idea*) Zwangsvorstellung *f.* **ob´sessive**, *adj. Psy:* obsessiv; **o. preoccupation**, krankhafte Besessenheit; **to become o.**, zu einer Zwangsvorstellung werden.

obsolete [´ɔbsəliːt], *adj.* veraltet; *esp. Tchn:* überholt; *Com:* **this model is o.**, dieses Modell wird nicht mehr gebaut/hergestellt. **obsolescent** [-´lesənt], *adj.* veraltend; **to be o.**, veralten.

obstacle [´ɔbstəkl], *s.* Hindernis *n* (**to**, für + *acc*); *Sp:* **o. race**, Hindernisrennen *n.*

obstetrics [əb´stetriks], *s. pl.* Geburtshilfe *f.*

obstinate [´ɔbstinət], *adj.* (*a*) (*of pers.*) starrköpfig; störrisch; **o. as a mule**, störrisch wie ein Esel; (*b*) (*of disease, resistance, refusal etc.*) hartnäckig; **-ly**, *adv.* **he o. insisted**, er bestand hartnäckig darauf. **´obstinacy**, *s.* Starrsinn *m;* Hartnäckigkeit *f.*

obstreperous [əb´strep(ə)rəs], *adj.* (*of child*) (*wild*) ausgelassen; (*disobedient*) widerspenstig; **o. behaviour**, wildes Wesen.

obstruct [əb´strʌkt], *v.tr.* (*a*) (*block*) (*intentionally*) (eine Straße usw.) versperren; (*unintentionally*) (eine Einfahrt, ein Rohr usw.) blockieren; **to o. s.o.'s view**, j-m die Sicht versperren; (*b*) (*hold up*) (Fortschritt, den Verkehr) behindern; (eine Entwicklung, Bewegungen) hemmen; **to o. the police**, die Polizei behindern. **ob´struction**, *s.* **1.** (*a*) Versperrung *f; Blockierung f;* (*b*) Behinderung *f; Aufhaltung f, Hemmung f;* (*c*) *Pol:* (**policy of**) **o.**, Obstruktion *f.* **2.** (*obstacle*) Hindernis *n* (**to**, für + *acc*); *Jur:* **to cause an o.**, ein Verkehrshindernis bilden. **ob´structive**, *adj.* hinderlich (**to**, + *dat*); **o. tactics**, hemmende Taktik; *Pol:* Obstruktionstaktik *f.*

obtain [əb´tein], *v.tr.* (etwas) erhalten (**from s.o.**, bei j-m); (*get for oneself*) sich *dat* (etwas) verschaffen (**from**, von + *dat*); (ein Recht usw.) erwerben; **to o. sth. by false pretences**, sich *dat* etwas erschleichen. **ob´tainable**, *adj.* zu erhalten; **o. only from X**, nur bei X erhältlich.

obtrusive [əb´truːsiv], *adj.* aufdringlich.

obtuse [əb´tjuːs], *adj.* **1.** *Geom:* stumpf. **2.** (*of pers.*) begriffsstutzig. **ob´tuseness**, *s.* Dummheit *f.*

obviate [´ɔbvieit], *v.tr.* (eine Notwendigkeit) erübrigen; (eine Schwierigkeit) beseitigen. **´obvious**, *adj.* offensichtlich; **o. fact**, selbstverständliche Tatsache; **o. explanation**, naheliegende Erklärung; **it is o. to me that ...**, mir ist es ganz klar, daß ...; **it's the o. thing,**

es liegt auf der Hand; **-ly,** *adv.* offensichtlich.
occasion [ɔ'keiʒ(ə)n]. **I.** *s.* **1.** (*grounds*) Grund *m;* **I've no o. for complaint,** ich habe keinen Grund/keinen Anlaß zur Klage; **if the o. arises,** bei Gelegenheit. **2.** (*event*) (*a*) Gelegenheit *f;* **on this o.,** bei dieser Gelegenheit; **on one o.,** einmal; **on several occasions,** mehrmals; **on the o. of his marriage,** anläßlich seiner Hochzeit; (*b*) Anlaß *m;* **quite an/an important o.,** ein wichtiger Anlaß; **in honour of the o.,** zur Feier des Tages; **to rise to the o.,** sich der Lage gewachsen zeigen. **II.** *v.tr. A: & Lit:* (etwas) verursachen. **o'ccasional,** *adj.* gelegentlich; **we have an o. visitor,** es kommt hin und wieder jemand zu Besuch; **o. showers,** vereinzelte Regenschauer *mpl;* **-ly,** *adv.* hin und wieder.
occult [ɔ'kʌlt, ɔk-], *adj.* okkult. **'occultism,** *s.* Okkultismus *m.*
occupant ['ɔkjupənt], *s.* Bewohner *m* (eines Hauses usw.); Inhaber *m* (eines Postens). **occu-'pation,** *s.* **1.** (*a*) Bewohnen *n* (eines Hauses); **period of o.,** Mietdauer *f;* **during his o.,** während er dort (als Mieter) wohnte; **ready for o.,** einzugsfertig; (*b*) *Mil:* Besetzung *f* (eines Landes); **army of o.,** Besatzungsheer *n.* **2.** (*task*) Beschäftigung *f;* (*profession*) Beruf *m.* **occu'pational,** *adj.* Berufs-; Beschäftigungs-; **o. therapy,** Beschäftigungstherapie *f;* **o. hazard,** Berufsrisiko *n.* **'occupied,** *adj.* (*a*) (*busy*) beschäftigt; (*b*) (*taken*) besetzt; (*of hotel room*) belegt. **'occupier,** *s.* Bewohner *m.* **'occupy,** *v.tr.* (*a*) (*live in*) (ein Haus usw.) bewohnen, (*move into*) beziehen; *Mil:* (*by force*) (ein Land, ein Gebäude usw.) besetzen; *Com: Adm:* **to o. a post/an office,** einen Posten/ein Amt innehaben; (*b*) (*of thing*) (viel/wenig Zeit) in Anspruch nehmen; (viel/wenig Platz) einnehmen; (*c*) (*of pers.*) sich *dat* (die Zeit) vertreiben; **one has to o. the time somehow,** man muß die Zeit irgendwie ausfüllen; (*d*) (*keep busy*) (j-n, sich, den Geist usw.) beschäftigen.
occur [ə'kəːr], *v.i.* (*a*) (*of event*) geschehen, sich ereignen; **if another opportunity occurs,** falls sich eine andere Gelegenheit bietet; (*b*) (*esp. ref. to frequency*) vorkommen; **the word only occurs twice,** das Wort kommt nur zweimal vor; (*c*) **it occurs to me that . . .,** es fällt mir ein, daß . . . **o'ccurrence,** *s.* **1.** (*event*) Ereignis *n,* Vorfall *m;* **a sad o.,** eine traurige Begebenheit. **2.** Vorkommen *n* (*Med:* einer Krankheit usw.).
ocean ['əuʃ(ə)n], *s.* Ozean *m; attrib.* Meeres-; **o. currents,** Meeresströmungen *fpl;* **o. floor,** Meeresgrund *m;* **o.-going vessel,** Hochseeschiff *n.* **oceanic** [əuʃi'ænik], *adj.* ozeanisch. **ocean'ography,** *s.* Meereskunde *f.*
ocelot ['əusilɔt], *s. Z:* Ozelot *m.*
ochre ['əukər], *s.* Ocker *m;* **yellow/red o.,** Ockergelb/Ockerrot *n.*
o'clock [ə'klɔk], *adv. phr.* **one/six o'clock,** ein/ sechs Uhr.
octagon ['ɔktəgən], *s.* Achteck *n.* **octagonal** [-'tægən(ə)l], *adj.* achteckig.
octane ['ɔktein], *s.* **o. number,** Oktanzahl *f.*
octave ['ɔktiv], *s. Mus:* Oktave *f.*
octet [ɔk'tet], *s. Mus:* Oktett *n.*
October [ɔk'təubər], *s.* Oktober *m;* **in O.,** im Oktober; **on O. 6th/the sixth of O.,** am 6./ sechsten Oktober.
octogenarian [ɔktəudʒi'nɛəriən]. **I.** *adj.* achtzigjährig. **II.** *s.* Achtzigjährige(r) *f(m).*
octopus, *pl.* **-ses** ['ɔktəpəs, -siz], *s.* Krake *m.*
ocular ['ɔkjulər], *adj.* (*a*) *Anat:* Augen-; **o. muscle,** Augenmuskel *m;* (*b*) (*visible*) sichtbar. **'oculist,** *s.* Augenarzt *m.*
odd [ɔd], *adj.* **1.** (*a*) (*of number*) ungerade; (*b*) **£6 o.,** etwas über sechs Pfund; **fifty o.,** über fünfzig; **to be the o. man/one out,** überzählig/ (*exception*) die Ausnahme sein. **2.** (*a*) (*single*) einzeln; **o. volume,** Einzelband *m;* (*b*) **at o. times/moments,** hin und wieder; bei Gelegenheit; **o. jobs,** Gelegenheitsarbeiten *fpl;* **o. job man,** Gelegenheitsarbeiter *m; Com:* **o. lot,** Restartikel *mpl.* **3.** (*unusual*) eigenartig, seltsam; *F:* komisch; **an o. size,** eine ausgefallene Größe; *F:* **I've an o. feeling that he's right,** ich habe so ein komisches Gefühl, daß er recht hat; **-ly,** *adv.* **o. (enough),** seltsamerweise, komischerweise; **they are o. assorted,** sie sind eine seltsame Mischung. **'oddity,** *s.* **1.** (*characteristic*) Eigenart *f* (der Kleidung, des Benehmens usw.). **2.** (*thing*) etwas Eigenartiges/ Komisches. **'oddment,** *s. Com:* Restposten *m;* (*only one*) Einzelstück *n;* **oddments,** *Tex:* Reste *mpl;* (*china etc.*) Einzelstücke *npl; F:* Krimskrams *m.* **'oddness,** *s.* Seltsamkeit *f.* **odds,** *s.pl.* **1.** (*a*) (*chances*) Aussichten *fpl; Rac:* **long/short o.,** hohe/geringe Gewinnchancen; **the o. are in his favour/against him,** er hat gute/schlechte Chancen; **the o. are 2 to 1,** die Chancen stehen 2 zu 1; (*b*) (*difference*) **it makes no o.,** es macht nichts aus/es ist egal; (*c*) (*superior forces*) **to fight against heavy/great o.,** gegen eine große Übermacht kämpfen. **2. to be at o. with s.o.,** mit j-m uneins sein. **3. o. and ends/***P:* **o. and sods,** Kram *m, F:* Krimskrams *m;* **I've a few o. and ends to clear up,** ich habe noch dieses und jenes zu erledigen.
ode [əud], *s.* Ode *f.*
odious ['əudjəs], *adj.* (*of pers.*) verhaßt; (*of task etc.*) widerlich. **'odiousness,** *s.* Widerlichkeit *f.*
odour ['əudər], *s.* **1.** (*a*) (*smell*) Geruch *m;* (*b*) (*scent*) Duft *m.* **2.** *Fig:* **to be in bad o. with s.o.,** bei j-m schlecht angeschrieben sein. **'odourless,** *adj.* geruchlos.
oesophagus [iːˈsɔfəgəs], *s. Anat:* Speiseröhre *f.*
of [*accented* ɔv, *unaccented* əv], *prep.* **1.** *gen or* von + *dat;* (*a*) (*belonging to*) **the head of the horse,** der Kopf des Pferdes; **the beginning of the month,** der Anfang des Monats; **the widow of a doctor,** die Witwe eines Arztes; eine Arztwitwe; **the Queen of England,** die Königin von England; *Univ:* **Professor of Mathematics,** Professor der Mathematik; (*b*) (*part of*) **his share of the spoils,** sein Teil (von) der Beute; **the end of the novel,** das Ende des Romans; (*c*) (*by*) **the works of Shakespeare,** die Werke Shakespeares/von Shakespeare; **the works of God,** die Werke Gottes; **of itself/its own accord,** von selbst; (*d*) (*quantity*) **many of these mistakes,** viele dieser Fehler; **much of it,** viel davon; **two of them,** zwei von ihnen/(*things*) zwei davon; **of the twenty only one was saved,** von den zwanzig wurde nur einer gerettet; (*e*) (*from*) **a friend of mine,** ein Freund von mir; einer meiner Freunde; **south of the river,**

südlich des Flusses; **south of London**, südlich von London; **free of responsibility**, frei von Verantwortung; **free of duty**, zollfrei; **deprived of his freedom**, seiner Freiheit beraubt; (*f*) (*characteristic*) **a man of courage/of importance**, ein mutiger Mann/ein Mann von Bedeutung; **a matter of principle**, eine Prinzipienfrage; **it's very kind/cruel of you**, das ist sehr nett/grausam von Ihnen. **2.** (*not translated*) **the city of St Albans**, die Stadt St Albans; **a pound of flour**, ein Pfund Mehl; **the name of Jones**, der Name Jones; **that fool of a man**, dieser blöde Mensch; **a glass of wine**, ein Glas Wein; **the first of June**, der erste Juni; **a child of ten**, ein zehnjähriges Kind. **3.** (*a*) **to die of sth.**, an etwas *dat* sterben; **to think of sth.**, an etwas *dat* denken; (*b*) **to speak of sth.**, von etwas *dat* sprechen. **4.** (*made of*) aus + *dat*; **a fence of wood**, ein Zaun aus Holz. **5.** **most of all**, am allermeisten; **best of all**, am allerbesten.

off [ɔf]. **I.** *adv.* **1.** (*away*) (*a*) (*position*) weg; (*specific distance*) entfernt; **a long way o.**, weit weg; **three miles o.**, drei Meilen entfernt; **Easter is a week o.**, es ist noch eine Woche bis Ostern; (*b*) (*movement*) fort; **o. with you!** fort/weg mit dir! **I must be o.**, ich muß fort/muß gehen; **he's o. to Australia**, er fährt nach Australien; *Rac:* **they're o.!** sie sind gestartet! (*c*) **to go/drop o.** **to sleep**, einschlafen; (*d*) (*down*) **to fall/drop o.**, herunterfallen. **2.** (*a*) (*switched*) **o.**, *El:* ausgeschaltet; (*of gas, water*) abgestellt; (*b*) *Cl:* ausgezogen; **with his shoes o.**, ohne Schuhe; (*c*) (*in restaurant*) **chicken is o.**, Huhn gibt es nicht mehr; (*d*) *F:* **that's all o.**, die ganze Sache ist abgeblasen; (*e*) **the meat is o./has gone o.**, das Fleisch ist schlecht (geworden); (*f*) **to kill o. all the animals**, alle Tiere ausrotten, **to sell o. remnants**, Restartikel unter Preis abstoßen; **I finished o. the wine**, ich habe den Wein ausgetrunken. **3.** **badly o.**, schlecht dran; **well o.**, gut dran; (*rich*) reich; **he's better/worse o.** where he is, er hat es besser/schlechter, wo er ist. **4.** **on and o.**, mit Unterbrechungen; **right/straight o.**, sofort, ohne Zögern. **II.** *prep.* **1.** (*a*) von + *dat*; **to fall o. a horse**, vom Pferd fallen; **to take sth. o. the table**, etwas vom Tisch nehmen; **to take a door o. its hinges**, eine Tür aus den Angeln heben; **to take 10p o. the price**, 10p vom Preis ablassen; *adv.* **to allow 5% for cash**, bei Barzahlung 5% Rabatt gewähren; (*b*) **the house is o. the road**, das Haus liegt abseits der Straße; **a few kilometres o. the coast**, einige Kilometer von der Küste (entfernt); **a street o. Oxford Street**, eine Seitenstraße von Oxford Street; *Nau:* **o. the Cape**, (*of islands*) dem Kap vorgelagert; (*of ship*) auf der Höhe des Kaps; **o. Dover**, vor der Küste bei Dover; (*c*) **o. the record**, inoffiziell; **o. centre**, nicht in der Mitte; *Tchn:* außermittig; *P.N: Mil: etc:* **o. limits**, kein Zutritt; (*d*) *Cl:* **o. the peg**, von der Stange. **2.** (*a*) *F:* **to be o. one's food**, keinen Appetit haben; **to be o. colour**, nicht auf dem Damm sein; *Sp:* **o. form**, nicht in Form; (*b*) **to have a day o.**, einen Tag frei haben; **he's o. duty**, er hat dienstfrei. **III.** *adj.* (*a*) *Aut:* **o. side**, rechts; (*when driving on the right*) links; (*b*) **an o. day**, ein schlechter Tag; **o. season**, tote Saison; **on**

the o. chance, aufs Geratewohl. **'off-beat**, *adj. F:* ausgefallen. **'off'hand. I.** *adv.* **I don't know o.**, das kann ich nicht so ohne weiteres sagen. **II.** *adj.* (*a*) (*of pers.*) brüsk; (*of answer*) kurz angebunden; (*b*) (*casual*) lässig. **'offing**, *s.* **to be in the o.**, unmittelbar bevorstehen. **'off-licence**, *s.* (*permit*) Konzession *f* zum Verkauf von alkoholischen Getränken über die Straße; (*shop*) Wein- und Spirituosengeschäft *n.* **'off-'peak**, *adj.* außerhalb der Stoßzeit; **o.-p. electricity**, Nachtstrom *m.* **'offprint**, *s.* Sonderdruck *m.* **'off-putting**, *adj. F:* abstoßend. **'offset**[1], *s. Print:* Offset *n;* **o. printing**, Offsetdruck *m.* **'offset**[2], *v.tr. p. & p.p.* **off'set** (*a*) (einen Verlust usw.) wettmachen; (*b*) *Tchn:* (etwas) außermittig stellen/anbringen. **'off-shoot**, *s.* Ableger *m.* **offshore**, **I.** [ˈɔfʃɔːr] *adj.* **o. wind**, Landwind *m;* **o. islands**, der Küste vorgelagerte Inseln *fpl.* **II.** [ɔfˈʃɔːr] *adv.* **2 miles o.**, zwei Meilen vor der Küste. **'off'side. Fb:** **I.** *s.* Abseits *n.* **II.** *adj. & adv.* abseits. **'off-spring**, *s.* **I.** *coll.* Nachkommen *mpl.* **2.** *F:* (*child*) Sprößling *m.* **off'stage**, *adj. & adv.* hinter den Kulissen. **'off-'white**, *adj.* (*yellowish*) ecru; (*greyish*) schmutzigweiß.

offal [ˈɔf(ə)l], *s.* Innereien *fpl* (vom Rind usw.).

offence [əˈfens], *s.* **1.** **to take o. at sth.**, an etwas *dat* Anstoß nehmen; **to give o.**, Anstoß erregen; **no o. (meant)!** nichts für ungut! **2.** (*crime*) Vergehen *n; Jur:* Delikt *n;* **minor o.**, Gesetzesübertretung *f.* **3.** (*attack*) Angriff *m.* **o'ffend**, *v.* **1.** *v.i.* (*of pers.*) **to o. against a law**, gegen ein Gesetz verstoßen. **2.** *v.tr.* (*a*) (j-n) beleidigen; **to be offended at/by sth.**, sich durch etwas *acc* beleidigt/gekränkt fühlen; (*b*) (*of thing*) **to o. the eye/the ear**, das Auge/das Ohr beleidigen; **it offends our sense of justice**, das verletzt unseren Gerechtigkeitssinn. **o'ffender**, *s.* Täter(in) *m(f); Jur:* Straffällige(r) *f(m);* **the chief o.**, der Hauptschuldige; *Jur:* **first-(time) o.**, Nichtvorbestrafte(r) *f(m).* **o'ffending**, *adj.* (*a*) (*of thing*) anstößig; (*b*) (*of words etc.*) beleidigend. **o'ffensive. I.** *adj.* (*a*) anstößig (to s.o., für j-n); **o. remark**, beleidigende Bemerkung; (*b*) *Mil:* offensiv; **o. weapon**, Angriffswaffe *f;* (*c*) (*of smell etc.*) ekelhaft, widerwärtig. **II.** *s. Mil:* Offensive *f;* **to take the o.**, in die Offensive gehen.

offer [ˈɔfər]. **I.** *s.* Angebot *n;* (*a*) **o. of marriage**, Heiratsantrag *m;* **that's my last o.**, das ist mein letztes Angebot; *F:* **any offers?** hat jemand Interesse? (*b*) (*price*) **I am open to offers**, ich lasse mit mir handeln; *Advert:* **or near o.**, oder Angebot; **no offers**, zum Fixpreis zu verkaufen; *Com:* **on o.**, zum Verkauf; **on special o.**, im Sonderangebot. **II.** *v.* **1.** *v.tr.* (*a*) **to offer s.o. sth.**, j-m etwas anbieten; **to o. sth. for sale**, etwas zum Verkauf anbieten; **to o. to do sth.**, sich anbieten, etwas zu tun; **to o. an opinion**, eine Meinung äußern; **to o. a reward**, eine Belohnung aussetzen; **to o. resistance**, Widerstand leisten; (*b*) **to o. (up) a prayer**, ein Gebet zum Himmel schicken. **2.** *v.i.* (*of occasion etc.*) sich bieten. **'offering**, *s. Ecc:* Spende *f;* (*to god*) Opfer *n.* **'offertory**, *s. Ecc:* **1.** Offertorium *n.* **2.** (*collection*) Kollekte *f.*

office [ˈɔfis], *s.* **1.** (*a*) (*building, room*) Büro *n;* (*of lawyer*) Kanzlei *f;* **o. block/building**,

Bürogebäude n; **head o.,** Hauptgeschäftsstelle f; **o. worker,** Büroangestellte(r) f(m); **o. hours,** Bürostunden fpl; (b) Brit: Pol: **Foreign/Home O.,** Außen/Innenministerium n; (c) (of house) **usual offices,** Nebenräume mpl. 2. (post) Amt n; **to be in o.,** im Amt sein; **o. bearer/holder,** Amtsträger m. 3. (service) Dienst m; **through the good offices of s.o.,** durch freundliche Vermittlung von j-m. **officer** ['ɔfisər], s. 1. (official) Beamte(r) f(m); (police) m.; Polizist m; **medical o.,** Amtsarzt m. 2. Mil: Offizier m. **official** [ə'fiʃ(ə)l]. I. adj. (a) (of powers, capacity, duties etc.) amtlich; **on o. business,** dienstlich; **through o. channels,** auf dem Dienstweg; (b) (of news etc.) offiziell. II. s. Funktionär m; (state employee) Beamte(r) f(m). **officia'lese,** s. F: Amtssprache f. **o'fficiate,** v.i. (a) fungieren (as host etc., als Gastgeber usw.); (b) Ecc: den Gottesdienst leiten. **o'fficious,** adj. diensteifrig; **-ly,** adv. **to behave o.,** (übermäßigen) Diensteifer an den Tag legen. **o'fficiousness,** s. (übertriebener) Diensteifer m.

often ['ɔftən, 'ɔfn], adv. oft; **every so o.,** von Zeit zu Zeit; **as o. as not,** meistens.

ogee ['əudʒi:], s. Arch: **o. arch,** Eselsrücken-bogen m.

ogle ['əugl], v.i. **to o. at s.o.,** j-m schöne Augen machen.

ogre ['əugər], s. 1. Myth: Menschenfresser m. 2. (pers.) Unmensch m.

oh [əu], int. oh! **oh, I see!** ach so!

oil [ɔil]. I. s. Öl n; (a) (mineral) **o.,** Erdöl n; **o. industry,** Erdölindustrie f; **o. well,** Erdölquelle f; **o. rig,** Bohrinsel f; (b) attrib. **o. slick,** Öl-teppich m; **o. gauge,** (i) (level) Ölstandzeiger m; (ii) (pressure) Öldruckmesser m; **o. level,** Ölstand m; **o. can,** Ölkanne f; **o. drum,** Öltonne f; (c) Art: **o. colours/paints, oils,** Öl-farben fpl; **o. painting,** Ölgemälde n; (d) Fig: **to pour o. on troubled waters,** Öl auf die Wogen gießen. II. v. 1. v.tr. (eine Maschine usw.) ölen; P: (of pers.) **well oiled,** besoffen. 2. v.i. Nau: Öl an Bord nehmen. **'oil-bearing,** adj. Geol: ölführend. **'oil-burning,** adj. mit Ölfeuerung. **'oilcloth,** s. Wachstuch n, Öltuch n. **'oiler,** s. 1. (can) Ölkanne f. 2. (on machine) Schmierbüchse f. **'oilfield,** s. Ölfeld n. **oil-'fired,** s. mit Ölfeuerung; **o.-f. central heating,** Ölheizung f. **'oiling,** s. Ölen n. **'oilskins,** s. pl. Cl: Ölzeug n. **'oilstone,** s. Tls: Wetzstein m. **'oil-tanker,** s. Nau: Öl-tanker m; F: Tanker m. **'oily,** adj. (a) ölig; (b) Fig: (of manner) aalglatt; F: schmierig.

ointment ['ɔintmənt], s. Salbe f.

OK (also **okay**) [əu'kei]. F: I. int. in Ordnung! gut so! II. adj. **that's OK,** das geht in Ordnung; **everything's OK,** alles in bester Ordnung. III. s. Zustimmung f; **to give the OK,** seine Zustimmung geben. IV. v.tr. (p. & p.p. **OK'd, okayed**) (ein Projekt) billigen.

old [əuld], adj. 1. alt; (a) **to grow o.,** alt werden; altern; **an o. maid,** eine alte Jungfer; **o. wives' tale,** Ammenmärchen n; **o. age,** das Alter; **o. age pension,** Altersrente f; **o. age pensioner,** Rentner m; **o. and young,** Alt und Jung; **to die at a good o. age,** in hohem Alter sterben; F: **the/my o. man/woman,** mein Alter/meine Alte;

(b) **he's an o. hand (at it),** er ist (darin) sehr geübt/F: (auf dem Gebiet) ein alter Hase; (c) (former) Sch: **o. boy,** ehemaliger Schüler; F: **an o. flame,** eine alte Flamme; **the O. Country,** die (alte) Heimat. 2. F: (intensifying) **any o. thing,** das erste beste; **good o. George!** der gute alte Georg! **a good o. hiding,** eine tüchtige Tracht Prügel.' **old-es'tablished,** adj. (of firm) alteingesessen; (of remedy etc.) altbewährt. '**old-'fashioned,** adj. 1. altmodisch; (clothes) unmodern. 2. (of ideas) überholt; (of pers.) rückständig. 3. F: **an o.-f. look,** ein mißbilli-gender Blick. '**old-'hat,** adj. F: unmodern. '**oldish,** adj. ältlich. '**old-'time,** adj. **o.-t. dancing,** Gesellschaftstanzen n im alten Stil. '**old'timer,** s. F: alter Knabe; einer von den Alten. '**old-'world,** adj. altertümlich. **olde-worlde** [əuldi-'wɔːldi], adj. F: Iron: auf alt gemacht.

olive ['ɔliv]. I. s. 1. (a) (fruit) Olive f; **o. oil,** Oli-venöl n; (b) **o. (tree),** Ölbaum m; **o. branch,** Ölzweig m; Fig: **to hold out the o. branch,** ein Friedensangebot machen. 2. Cu: **beef o.,** Rindsroulade f. II. adj. **o. (-green),** olivgrün.

Olympic [ə'limpik]. I. adj. olympisch; **the O. Games,** die Olympischen Spiele. II. s. **the Olympics,** die Olympiade.

omelet(te) ['ɔmlit], s. Cu: Omelett n.

omen ['əumen], s. Omen n; **to take sth. as a bad o.,** etwas als schlechtes Vorzeichen ansehen.

ominous ['ɔminəs], adj. ominös; (evil) unheilvoll.

omit [ə'mit, əu'mit], v.tr. (p. & p.p. **omitted**) (a) (etwas) auslassen; (j-n) übergehen; (b) **to o. to do sth.,** es unterlassen, etwas zu tun. **o'mis-sion,** s. (of thing) Weglassung f; (of action) Unterlassung f.

omnibus I. ['ɔmnibəs], adj. Pub: Sammel-; **o. edition,** Gesamtausgabe f; **o. volume,** Sammelband m. II. ['ɔmnibʌs] s. (pl. **-buses**) (vehicle) Omnibus m.

omnipotence [ɔm'nipətəns], s. Allmacht f. **om-'nipotent,** adj. allmächtig.

omniscient [ɔm'nisiənt], adj. allwissend.

omnium ['ɔmnium], s. F: Hum: **o. gatherum,** Sammelsurium n.

omnivorous [ɔm'nivərəs], adj. allesfressend.

on [ɔn]. I. prep. 1. (position) (a) (on top) auf + dat/(motion) + acc; **it is on the table,** es liegt auf dem Tisch; **it fell on the roof,** es fiel auf das Dach; **he dropped it on the floor,** er ließ es zu Boden fallen; **on page four,** auf Seite vier; **on top,** oben; **on top of the cupboard,** oben auf dem Schrank; Rac: **how much have you got on this horse?** wieviel haben Sie auf dieses Pferd gesetzt? F: **have you enough (money) on you?** haben Sie genug Geld bei sich? (b) (alongside, attached to etc.) **an** + dat/(motion) + acc; **(right) on the shore,** (direkt) am Strand; **to go on shore,** an Land gehen; **to hang on the wall,** an der Wand hängen; **he had a scar on his face,** er hatte eine Narbe im Gesicht; (c) (direction) **on the left/right,** links/rechts; **on this side of the road,** auf dieser Straßenseite; **on the way,** auf dem Weg, unterwegs; **to turn one's back on s.o.,** j-m den Rücken kehren; (d) (means) **on the train/bus,** mit dem Zug/Bus; **on foot,** zu Fuß; **on the radio,** im Radio; **on television,** im

Fernsehen; **he is on the telephone,** (i) er hat Telefon; (ii) (*making a call*) er telefoniert gerade. **2.** (*time*) (*a*) (*with day*) an + *dat;* **on Monday,** am Montag; **on Monday the fifth,** am Montag dem fünften; **on Mondays,** montags; **on and after Monday,** ab Montag; **on or about the twelfth,** um den zwölften herum; **on June 2nd/ the 2nd of June,** am zweiten Juni; *F:* **on the dot,** pünktlich; (*b*) bei + *dat;* **on this occasion,** bei diesem Anlaß; **on (his) arrival in Helsinki,** bei seiner Ankunft in Helsinki; **on waking up,** beim Aufwachen; **on demand,** auf Verlangen. **3.** (*a*) (*state*) **on fire,** in Brand; **on sale,** zu verkaufen; **to be on duty,** Dienst haben; **on holiday,** auf/im Urlaub; **he is here on business,** er ist geschäftlich hier; **on one's own,** allein; (*b*) (*manner*) **on the cheap,** billig; **on the sly,** hintenherum; (*of baby*) **to be on the bottle,** die Flasche bekommen; **to be on a diet,** Diät halten; (*c*) **he is on the committee,** er ist Mitglied des Ausschusses; **she is on our staff,** sie ist bei uns angestellt; (*d*) *F:* **the drinks are on me,** die Drinks gehen auf meine Rechnung. **4.** (*concerning*) über + *acc;* **a talk on Luther,** ein Vortrag über Luther; *F:* (*of police*) **they have nothing on him,** sie können ihm nichts anhaben. **5.** (*condition*) unter + *dat;* **on this condition/understanding,** unter dieser Bedingung; **on no account,** auf keinen Fall. **II.** *adv.* **1.** (*a*) (*of actor*) **to be on,** auf der Bühne sein; **you're on!** (es ist) Ihr Auftritt! (*b*) (*of event*) **to be on,** stattfinden; **what's on at the cinema?** was wird im Kino gespielt? **have you anything on tonight?** haben Sie heute abend etwas vor? *F:* **it's not on,** es kommt nicht in Frage; es geht nicht; (*c*) *F:* **I'm on!** ich mache mit! (*d*) (*of switch, apparatus*) eingeschaltet; **don't leave the light on,** laß das Licht nicht brennen; *Tchn:* **'on-off',** 'Ein-Aus'; *Aut:* **with the brake on,** mit angezogener Bremse. **2.** (*a*) **to have a coat on,** einen Mantel tragen/anhaben; **she had nothing on,** sie hatte nichts an; **she didn't have a hat on,** sie hatte keinen Hut auf; (*b*) *F:* **to have s.o. on,** j-n auf den Arm nehmen. **3.** (*continuation*) (*a*) **to work on,** weiterarbeiten; **go on!** (i) *F:* mach weiter! (ii) *P:* (*disbelief*) das glaubst du doch selbst nicht! **and so on,** und so weiter; **on and on,** immer weiter; **later on,** später; **from then on,** von dem Zeitpunkt an; **well on into April,** ziemlich spät im April; *F:* **he's getting on (in years),** er wird alt; (*c*) *F:* **she's always on at him,** sie redet dauernd auf ihn ein. **4. he has been abroad on and off for ten years,** er ist seit zehn Jahren mit Unterbrechungen im Ausland.

once [wʌns], *adv.* **1.** (*a*) einmal; **not o.,** kein einziges Mal; **o. a week,** einmal in der Woche; **o. more,** noch einmal; **for o.,** ausnahmsweise; **for this o.,** dieses eine Mal; **o. in a while,** hin und wieder; **o. and for all,** ein für allemal; **o. (upon a time) there was . . .,** es war einmal . . .; (*b*) **o. you hesitate . . .,** wenn man einmal zögert . . . **2. at o.,** (i) (*immediately*) sofort; (ii) (*at the same time*) auf einmal; **don't speak all at o.,** sprecht nicht alle auf einmal. **'once-over,** *s. F:* **to give sth. a/the o.-o.,** etwas schnell überprüfen.

oncoming ['ɔnkʌmiŋ], *adj.* entgegenkommend; **o. traffic,** Gegenverkehr *m.*

one [wʌn]. **I.** *adj.* **1.** (*a*) ein, eine; **twenty-o. apples,** einundzwanzig Äpfel; **o. or two people,** einige Leute; **o. house in ten,** jedes zehnte Haus; (*b*) (*stressed*) **that's o. way of doing it,** das ist eine Möglichkeit (, es zu tun); **that's o. comfort,** das ist wenigstens ein Trost. **2.** (*only*) einzig; **the o. way of doing it,** die einzige Möglichkeit, es zu tun. **3.** *indef.* **he'll come back o. day,** eines Tages kommt er doch wieder; **o. stormy evening,** an einem stürmischen Abend. **II.** *s.* **1.** (*a*) (*digit*) Eins *f;* (*b*) (*number*) eins; **to add o. to the total,** eins dazuzählen; **number o.,** (i) Nummer eins; (ii) *F:* ich selbst; (iii) *Nau:* erster Offizier. **2.** (*a*) **there's only o. left,** es ist nur einer/eine/eins übrig; **the last boy but o.,** der vorletzte Junge; **all in o.,** alles in einem; (*b*) **o. (pound) fifty,** ein Pfund fünfzig; **at o.** (o'clock), um ein Uhr/*F:* um eins; (*c*) *F:* **I landed him o.,** ich hab ihm eine geschmiert. **III.** *dem. pron.* (*a*) **this o.,** dieser/diese/dieses; **which o. do you like best?** welcher/welche/welches gefällt dir am besten? **the o. on the table,** der/die/das auf dem Tisch; **she is the o. who helped him,** sie war es, die ihm half; **the ones you want,** die(jenigen), die du willst, *P:* **you are a o.!** du bist mir einer! (*b*) (*with adj.*) (*not translated*) **a red dot and a blue o.,** ein roter Punkt und ein blauer; **our dear ones,** unsere Lieben; **pick the ripe plums and leave the green ones,** pflücke die reifen Pflaumen und laß die grünen hängen. **IV.** *indef. pron.* **1.** (*pl.* **some, any**) (*a*) (*thing*) einer/eine/ein(e)s; **I haven't a pencil, have you got o.?** ich habe keinen Bleistift, hast du einen? **o. of those,** eins von denen; (*b*) (*pers.*) **o. of them,** einer von ihnen; **o. of the ladies,** eine der Damen; **not o.** (*of them*), keiner (von ihnen); **he's o. of the family,** er gehört zur Familie; **o. and all,** alle miteinander; **o. by o./o. after the other,** einer nach dem anderen; **I for o. shall come,** ich jedenfalls werde kommen; **I'm not o. to . . .,** ich bin nicht einer, der . . .; *F:* **I'm not much of a o. for sweets,** ich reiß mich nicht um Süßigkeiten. **2.** (*you*) (*a*) (*subject*) man; (*object*) einen; **o. never knows,** man weiß nie; **it's enough to kill o.,** das kann einen umbringen; (*b*) **one's,** sein(e); **to give one's opinion,** seine Meinung sagen; **to cut one's finger,** sich in den Finger schneiden. **'one-'act,** *adj.* **o.-act play,** Einakter *m.* **'one-'armed,** *adj.* (*of pers.*) einarmig; *F:* **o.-a. bandit,** Spielautomat *m.* **'one-'eyed,** *adj.* einäugig. **'one-'horse,** *adj.* *F:* **o.-h. town,** armseliges Nest. **'one-'legged,** *adj.* einbeinig. **'one 'man,** *adj.* Einmann-; **o.-m. business,** Einmannbetrieb *m.* **'one-'night,** *adj. Th:* **o.-n. stand,** einmaliges Gastspiel *n.* **'one-'parent,** *adj.* **o.-p. family,** (Halb)familie *f.* **'one-'piece,** *adj.* einteilig. **self,** *pron.* (*a*) *refl.* sich; **to flatter o.,** sich schmeicheln; **to talk to o.,** mit sich selbst reden; **to speak of o.,** von sich selber reden; **by o.,** allein; (*b*) **one must do it o.,** man muß es selber machen. **'one-'sided,** *adj.* einseitig. **'one-'storey(ed),** *adj.* (*of house*) einstöckig. **'onetime,** *adj.* (*former*) ehemalig; (*b*) (*once only*) einmalig. **'one-'track,** *adj.* **to have a o.-t. mind,** immer nur das eine im Kopf haben. **'one-'up,** *adj.* (*a*) *Sp:* **to be o.-up,** einen Vorsprung von einem Punkt/

Fb: einem Tor/(*match*) von einem Spiel haben; (*b*) **to be o.-up on s.o.,** j-m voraus sein. **one´upmanship,** *s. Hum:* Kunst *f,* den anderen immer voraus zu sein. ´**one-´way,** *adj.* Einbahn-; **o.-w. street,** Einbahnstraße *f.*

onerous [´ɔnərəs, ´əun-], *adj.* (*of task*) mühsam; (*of duties*) lästig.

ongoing [´ɔŋgəuiŋ], *adj.* (*of project*) laufend.

onion [´ʌnjən], *s.* Zwiebel *f;* **o. skin,** Zwiebelschale *f.*

onlooker [´ɔnlukər], *s.* Zuschauer(in) *m*(*f*).

only [´əunli]. **I.** *adj.* einzig; **o. son,** einziger Sohn; **his one and o. hope,** seine einzige Hoffnung; **you're the o. one,** du bist der/die einzige. **II.** *adv.* (*a*) nur; **I've o. three,** ich habe nur drei; **o. he can say,** nur er kann es sagen; **I o. touched it,** ich habe es nur/*F:* bloß angerührt; *P.N:* **staff o.,** Zutritt nur für Personal; (*b*) (*with time*) erst; **o. just,** gerade erst; **o. yesterday,** erst gestern. **III.** *conj.* aber; **I could come, o. I have no dinner jacket,** ich könnte kommen, aber ich habe keinen Smoking; **it's a beautiful dress, o. it's rather dear,** es ist ein schönes Kleid, nur ist es ziemlich teuer.

onrush [´ɔnrʌʃ], *s.* Ansturm *m.*

onset [´ɔnset], *s.* (*attack*) Angriff *m;* (*beginning*) Anfang *m; Med:* (*of disease*) Ausbruch *m.*

onslaught [´ɔnslɔ:t], *s.* (heftiger) Angriff *m.*

onto [´ɔntu], *prep.* auf + *acc;* **to fall o. the floor,** auf den/zu Boden fallen; **to get o. s.o.,** mit j-m Kontakt aufnehmen; **to get o. the committee,** Mitglied des Ausschusses werden; *F:* **he's o. something,** er hat etwas entdeckt.

onus [´əunəs], *s.* Last *f;* (*responsibility*) Verantwortung *f;* **the o. is on him to prove it,** es liegt an ihm, es zu beweisen.

onward(s) [´ɔnwəd(z)], *adv.* (*a*) (*forwards*) vorwärts; (*b*) **from tomorrow o.,** von morgen an; ab morgen; **from this time o.,** von jetzt an.

onyx [´ɔniks], *s.* Onyx *m.*

oodles [´u:dlz], *s. pl. F:* **o. of money,** ein Haufen/ massenhaft Geld.

ooze [u:z]. **I.** *s.* (*mud*) Schlamm *m.* **II.** *v.i.* sickern; **blood oozed from the wound,** Blut sickerte aus der Wunde; *Fig:* (*of pers.*) **to o. charm,** vor Liebenswürdigkeit triefen; **his courage oozed away,** der Mut schwand ihm

op [ɔp], *s. F:* **1.** *Med:* Operation *f.* **2.** *Mil:* **combined op(s),** vereintes Unternehmen *n.*

opacity [əu´pæsiti], *s.* Undurchsichtigkeit *f.*

opal [´əup(ə)l], *s.* Opal *m.*

opaque [əu´peik], *adj.* undurchsichtig.

open [´əup(ə)n]. **I.** *adj.* **1.** (*of box, bottle, car, wound etc.*) offen; (*of shop etc.*) geöffnet; **to throw the door wide o.,** die Tür weit öffnen; **o. day,** Tag der offenen Tür; **o. to the public,** für die Öffentlichkeit zugänglich; *P.N:* zur Besichtigung geöffnet; *Jur:* **in o. court,** in öffentlicher Verhandlung; *Fig:* **two courses are o. to us,** zwei Möglichkeiten stehen uns offen. **2.** (*a*) **in the o. (air),** im Freien; **o. country,** freies Land; **on the o. road,** auf freier Strecke; **the o. sea,** das offene Meer; **o. view,** weiter Blick; (*b*) **o. to every wind,** jedem Wind ausgesetzt; *Fig:* **o. to question,** fraglich; (*of verdict*) anfechtbar; **o. to improvement,** verbesserungsfähig; **to lay oneself o. to criticism,** sich der Kritik aussetzen. **3.** (*a*) **o. secret,** offenes Geheimnis; **o.**

admiration, unverhüllte Bewunderung; **o. enemies,** erklärte Feinde; (*b*) (*frank*) offen; **to be o. with s.o.,** mit j-m offen reden; **to keep an o. mind,** sich nicht beeinflussen lassen. **4.** **the job is still open,** die Stelle ist noch frei; *Com:* **o. market,** freier Markt; *Bank:* **o. account,** laufendes Konto; **o. cheque,** Barscheck *m.* **II.** *v.* **1.** *v.tr.* (*a*) (eine Tür usw.) öffnen; (ein Buch usw.) aufschlagen; (eine Flasche usw.) aufmachen; **to o. one's mail,** seine Post öffnen; (*b*) (ein Land, neue Märkte usw.) erschließen; **to o. (up) a way/path through sth.,** sich *dat* einen Weg durch etwas *acc* bahnen; (*c*) (ein Fest, ein Geschäft, ein Gespräch, ein Konto, Verhandlungen usw.) eröffnen; *Artil:* **to o. fire,** das Feuer eröffnen. **2.** *v.i.* (*a*) (*of flower etc.*) sich öffnen; (*of shop etc.*) öffnen/*F:* aufmachen; **the door opens into the garden,** die Tür geht/führt in den Garten; **to o. a road to traffic,** eine Straße dem Verkehr übergeben; (*b*) (*start*) beginnen; **as soon as the season opens,** sobald die Saison beginnt; *Th:* **we o. at Sheffield in a fortnight,** unsere erste Aufführung ist in vierzehn Tagen in Sheffield; **-ly,** *adv.* offen; **to speak o. about sth.,** offen über etwas *acc* sprechen. ´**open-´air,** *adj.* Frei-; **o.-a. pool,** Freibad *n;* **o.-a. meeting,** Versammlung *f* im Freien; **o.-a. theatre,** Freilichtbühne *f.* ´**opencast,** *adj. Min:* **o. working,** Tagebau *m.* ´**open-´ended,** *adj.* (*a*) **o.-e. discussion,** Diskussion *f* ohne Zeitbeschränkung; (*b*) **o.-e. question,** subjektive Frage. ´**opener,** *s.* can/tin o., Büchsenöffner *m.* ´**open-´handed,** *adj.* freigebig. ´**open-´heart,** *adj. Med:* **o.-h. surgery,** Eingriffe *mpl* am offenen Herzen. ´**open-´hearted,** *adj.* offenherzig. ´**opening,** *s.* **1.** (*a*) Öffnen *n* (einer Flasche, der Post usw.); (*b*) Eröffnung *f* (von Verhandlungen, von einem Gebäude usw.). **2.** (*gap*) Öffnung *f;* (*in a forest*) Lichtung *f.* **3.** (*possibility, esp. job*) Möglichkeit *f;* (*for goods*) Absatzmöglichkeit *f.* **4.** *attrib.* Eröffnungs-; **o. speech,** Eröffnungsrede *f;* (*at auction*) **o. bid,** Eröffnungsangebot *n;* **o. sentence,** einleitender Satz; *Th:* **o. night,** Premiere *f.* ´**open-´minded,** *adj.* aufgeschlossen; **to be o.-m. about sth.,** etwas *dat* gegenüber keine Vorurteile haben. ´**open-´mouthed,** *adj.* **she remained o.-m.,** sie blieb mit offenem Mund stehen. ´**open-´necked,** *adj.* **o.-n. shirt,** Hemd *n* mit offenem Kragen. ´**openness,** *s.* Offenheit *f.* ´**open-´plan,** *adj. Arch:* ohne Trennwände; **o.-p. office,** Großraumbüro *n.* ´**open´out,** *v.* **1.** *v.tr.* (ein Blatt Papier usw.) ausbreiten. **2.** *v.i.* (*of valley etc.*) sich ausbreiten; (*of view*) sich erstrecken. ´**open´up,** *v.* **1.** *v.tr.* (ein Land, einen Markt usw.) erschließen; **to o. up new possibilities,** neue Möglichkeiten erschließen. **2.** *v.i.* (*a*) **o. up!** aufmachen! (*b*) *Mil:* das Feuer eröffnen; (*c*) *Aut:* aufs Gas steigen.

opera [´ɔp(ə)rə], *s.* Oper *f;* **o. glasses,** Opernglas *n;* **o. house,** Opernhaus *n,* Oper *f.* **ope´ratic,** *adj.* (*a*) (*for opera*) Opern-; **o. music,** Opernmusik *f;* (*b*) (*quality*) opernhaft.

operate [´ɔpəreit], *v.* **1.** *v.i.* (*a*) (*of machine*) in Betrieb sein; **to o. at full capacity,** auf vollen Touren laufen; (*b*) (*of pers., firm*) arbeiten; **where do you o. from?** wo haben Sie Ihren

Geschäftssitz? (c) Med: **to o. (on s.o.), (j-n)
operieren. 2.** v.tr. (of pers.) (eine Maschine)
bedienen; (eine Bremse, einen Hebel)
betätigen; (of engine etc.) (einen Mechanismus)
betreiben. **'operating,** s. (a) Ind: etc: Betrieb
m; **o. costs,** Betriebskosten pl; **o. instructions,**
Bedienungsanleitung f; (b) Med: Operieren n;
o. table, Operationstisch m; **o. theatre,** Ope-
rationssaal m. **ope'ration,** s. **1.** (running)
Betrieb m (einer Maschine, einer Firma usw.);
(control) Bedienung f (einer Maschine); Betä-
tigung f (einer Bremse usw.); (of law etc.) **to
come into o.,** in Kraft treten; **to put a plan into
o.,** einen Plan in die Tat umsetzen; **to be in o.,**
in Betrieb sein. **2.** (a) (single process)
Arbeitsvorgang m; Mth: Prozeß m; (b) (plan-
ned activity) Unternehmen n; Mil: Operation
f; **business operations,** Geschäftstätigkeit f;
building operations, Bauarbeiten fpl. **3.** Med:
Operation f; **to have an o.,** operiert werden.
ope'rational, adj. **1.** Betriebs-; **o. expendi-
ture,** Betriebskosten fpl. **2.** (ready for use)
betriebsfertig/Mil: einsatzfähig; (in use) im
Betrieb/Mil: Einsatz. **operative** ['ɔp(ə)rətiv].
I. adj. **1.** (a) (effective) wirksam; (of law etc.) **to
become o.,** in Kraft treten; (b) (relevant) zu-
treffend; **the o. word,** das wichtigste Wort. **2.**
Med: **o. treatment,** chirurgische Behandlung.
II. s. Ind: Maschinist m. **'operator,** s. (a) Ind:
Maschinist m; (b) Tel: Telephonist(in) m(f);
Nau: Av: etc: **radio o.,** Funker m; (c) St. Exch:
Spekulant m; F: **slick o.,** gerissener Bursche.
operetta [ɔpə'retə], s. Operette f.
opinion [ə'pinjən], s. (a) Meinung f, Ansicht f;
in my o., meiner Meinung/Ansicht nach; **to be
of the o. that . . .,** der Meinung/Ansicht sein,
daß . . . **that's a matter of o.,** das ist Ansichts-
sache f; **to ask s.o.'s o.,** j-n nach seiner Mei-
nung fragen; **I've a high/low o. of her abilities,**
ich halte viel/nicht viel von ihren Fähigkeiten;
what's your o. of him? was halten Sie von ihm?
public o., die öffentliche Meinung; **o. poll,** Mei-
nungsumfrage f; (b) Med: Jur: etc: Gutachten
n. **o'pinionated,** adj. rechthaberisch, selbst-
herrlich.
opium ['əupjəm], s. Opium n.
opponent [ə'pəunənt], s. Gegner m.
opportune ['ɔpətju:n], adj. günstig; **an o.
moment,** ein günstiger Zeitpunkt; **an o. remark,**
eine passende Bemerkung; **-ly,** adv. günstig; (at
the right time) zur rechten Zeit. **oppor-
'tunist,** s. Opportunist m. **oppor'tun-
ity,** s. Gelegenheit f; **when the o. occurs,**
wenn sich die Gelegenheit bietet; **if I got an
o.,** falls ich Gelegenheit (dazu) habe; Com:
fantastic opportunities, großartige Gelegen-
heiten fpl/Angebote npl.
oppose [ə'pəuz], v.tr. (a) sich (j-m, etwas dat)
widersetzen; (eine Ansicht, eine Bewegung
usw.) bekämpfen; Pol: etc: **to o. the motion,**
gegen den Antrag sprechen; (b) (compare) (zwei
Sachen) gegenüberstellen. **o'pposed,** adj. **1.**
abgeneigt; **to be o. to sth.,** gegen etwas acc
sein; **newspapers o. to the government,** regie-
rungsfeindliche Zeitungen. **2.** as **o. to,** im Gegen-
satz zu + dat; (of two opinions) **diametrically
o.,** genau entgegengesetzt. **o'pposing,** adj. ent-
gegengesetzt; **the o. forces,** (i) die gegnerischen

Truppen; (ii) die sich gegenüberstehenden
Heere. **opposite** ['ɔpəzit, -sit]. **I.** adj. (a)
(facing) gegenüberstehend; **see diagram on the
o. page,** siehe Diagramm auf der gegenüberlie-
genden Seite; **the house o.,** das Haus gegen-
über; **his o. number in Bonn,** sein Gegenstück
in Bonn; (b) (of directions, poles, meaning etc.)
entgegengesetzt; **the o. sex,** das andere Ge-
schlecht. **II.** s. Gegenteil n; **just the o. of what
he said,** gerade das Gegenteil von dem, was er
sagte. **III.** adv. gegenüber; **she lives o.,** sie
wohnt gegenüber. **IV.** prep. gegenüber + dat;
Th: Cin: **to act o. X,** als Partner(in) m(f) von
X spielen. **oppo'sition,** s. (a) Widerstand m;
to meet with no o., auf keinen Widerstand sto-
ßen; (b) Gegenpartei f; Pol: Opposition f; **after
five years in o.,** nach fünf Jahren als Oppo-
sitionspartei; (c) Patents: Einspruch m (**to an
application,** gegen eine Anmeldung).
oppress [ə'pres], v.tr. (a) (ein Volk) unter-
drücken; (b) (of anxiety, heat etc.) (j-n) be-
drücken. **o'ppression,** s. **1.** Unterdrückung f.
2. (feeling) Bedrücktheit f. **o'ppressive,** adj.
1. (of rule etc.) tyrannisch. **2.** (of atmosphere)
bedrückend; (of weather, heat) schwül, (of
taxes) drückend. **o'ppressiveness,** s. (of
weather) Schwüle f; Fig: Druck m. **o'ppres-
sor,** s. Unterdrücker m.
opprobrium [ə'prəubriəm], s. Schmach und
Schande f.
opt [ɔpt], v.i. sich entscheiden (**for,** für + acc);
to o. out of a deal, aus einem Geschäft aus-
steigen.
optic ['ɔptik], adj. Anat: **o. nerve,** optischer
Nerv. **'optical,** adj. optisch; **o. illusion,** opti-
sche Täuschung. **op'tician,** s. Optiker m.
'optics, s. pl. Optik f.
optimist ['ɔptimist], s. Optimist(in) m(f). **'opti-
mism,** s. Optimismus m. **opti'mistic,** adj.
optimistisch. **'optimum.** **I.** s. Optimum n.
II. adj. (of conditions) optimal; **o. result,** best-
mögliches Ergebnis.
option ['ɔpʃ(ə)n], s. (a) (choice) Wahl f; Al-
ternative f; **I have no o. but to comply,** mir
bleibt nichts anderes übrig, als zuzustimmen; **to
leave one's options open,** sich nicht festlegen;
(b) Com: Option f. **'optional,** adj. wahlfrei,
Aut: etc: **o. extra,** wahlweise zur Verfügung
gestelltes Zubehör.
optometrist [ɔp'tɔmətrist], s. N.Am: Optiker(in)
m(f).
opulence ['ɔpjuləns], s. Üppigkeit f. **'opulent,**
adj. üppig.
or [ɔr], conj. oder; **or else,** (i) sonst; (ii) (threat-
ening) sonst kriegst du's! **either one or the
other,** entweder das eine oder das andere; **he
can't read or write,** er kann weder lesen noch
schreiben; **without money or luggage,** ohne
Geld und Gepäck; **in a day or two,** in ein bis
zwei Tagen; **ten kilometres or so,** ungefähr
zehn Kilometer.
oracle ['ɔrəkl], s. Orakel n.
oral ['ɔːr(ə)l]. **I.** adj. **1.** mündlich; Sch: **o. ex-
amination,** mündliche Prüfung. **2.** Med: oral;
o. vaccination, Schluckimpfung f; Anat: **o.
cavity,** Mundhöhle f; **-ly,** adv. **1.** mündlich. **2.**
Med: **not to be taken o.,** nicht einnehmen. **II.** s.
Sch: F: mündliche Prüfung.

orange ['ɔrin(d)ʒ]. I. s. 1. *North G:* Apfelsine *f; South G: & Aus:* Orange *f;* o. **peel,** Orangenschale *f;* o. **blossom,** Orangenblüte *f.* 2. *(colour)* Orange *n.* II. *adj.* orange(farben).

oration [ɔ'reiʃ(ə)n], *s.* feierliche Rede *f; funeral* o., Leichenrede *f.* **orator** ['ɔrətər], *s.* Redner(in) *m(f).* **'oratory,** *s.* Redekunst *f.*

oratorio, *pl.* **-os** [ɔrə'tɔːriəu, -əuz], *s. Mus:* Oratorium *n.*

orb [ɔːb], *s. (ruler's)* Reichsapfel *m.*

orbit ['ɔːbit]. I. s. (a) *Space:* Umlaufbahn *f* (eines Satelliten); **to go into** o., in die Umlaufbahn gelangen; (b) *Ph:* Elektronenbahn *f;* (c) *Fig:* Einflußsphäre *f.* II. *v.tr.* (einen Planeten) umkreisen. **'orbital,** *adj.* 1. *Anat:* o. **cavity,** Augenhöhle *f.* 2. Ring-; o. **road,** Ringstraße *f.*

orchard ['ɔːtʃəd], *s.* Obstgarten *m.*

orchestra ['ɔːkistrə], *s.* Orchester *n.* **or'chestral** [-'kes-], *adj.* Orchester-. **'orchestrate,** *v.tr.* (ein Werk) orchestrieren. **orche'stration,** *s.* (Orchester-)Instrumentation *f; (arrangement for orchestra)* Orchesterbearbeitung *f.*

orchid ['ɔːkid], *s. Bot:* Orchidee *f.*

ordain [ɔː'dein], *v.tr.* (a) *Ecc:* **to** o. **s.o. priest,** j-n zum Priester weihen; (b) *(decree)* (etwas) verfügen, *Fig: (of fate etc.)* bestimmen.

ordeal [ɔː'diːl], *s.* (schwere) Probe *f; Fig:* Feuerprobe *f.*

order ['ɔːdər]. I. s. 1. Ordnung *f;* (a) *(sequence)* Reihenfolge *f;* **in alphabetical** o., in alphabetischer Reihenfolge; **out of/in the wrong** o., in der falschen Reihenfolge; **in** o. **of priority,** je nach Dringlichkeit; (b) *(condition)* **in** ǫ., in Ordnung; **out of** o., *(of machine)* außer Betrieb; *(defective)* defekt; **in running** o., *(of vehicle)* fahrtüchtig; *(of machine)* betriebsfähig; **in good** o., in gutem Zustand, gut erhalten; (c) **law and** o., Recht und Ordnung; *Parl: etc:* **in** o., ordnungsgemäß; *(permissible)* zulässig; **to call s.o. to** o., j-n zur Ordnung rufen; o. **paper,** Tagesordnung *f.* 2. (a) **in** o. **to,** um zu + *inf.;* **in** o. **to do that,** um das zu tun; (b) **in** o. **that,** damit; **in** o. **that they may see it,** damit sie es sehen können. 3. (a) *(class, also medal)* Orden *m;* **monastic** o., Mönchsorden *m; Ecc:* **to take holy orders,** zum Priester geweiht werden; *F:* **the lower orders,** die niederen Stände; (b) *(size, amount)* **of/in this** o., in dieser Größenordnung; **increases of/in the** o. **of £100,** Erhöhungen von etwa £100; (c) *(quality)* **of the first/highest** o., ersten Grades. 4. (a) *(command)* Befehl *m;* **I have orders to do it,** ich habe den Befehl, es zu tun; **to act under orders,** auf Befehl handeln; **orders are orders,** Befehl ist Befehl; **until further orders,** bis auf weiteren Befehl; *Jur:* **court** o., gerichtliche Verfügung; **extradition** o., Auslieferungsbefehl *m;* (b) *Com:* Auftrag *m;* (*act of ordering*) Bestellung *f;* **made to** o., auf Bestellung gemacht; **we got the** o. **to supply Egypt,** wir bekamen den Auftrag, nach Ägypten zu liefern; **an** o. **for 60 copies,** eine Bestellung für/auf 60 Exemplare; o. **book,** Auftragsbuch *n;* o. **form,** Bestellschein *m; F:* **that's a tall** o.! das ist aber viel verlangt! (c) **money/postal** o., Postanweisung *f.* II. *v.tr.* (a) **to** o. **s.o. to do sth.,** j-m befehlen, etwas zu tun; *F:* **to** o. **s.o. about,** j-n herumkommandie-

ren; (b) *Med:* (eine Behandlung usw.) verschreiben; (c) *Com:* (Waren, Essen, ein Taxi usw.) bestellen; *(in restaurant)* abs. **have you ordered?** haben Sie schon bestellt? **'orderliness,** *s. (of room)* Ordnung *f; (of pers.)* Ordnungsliebe *f.* **'orderly.** I. *adj.* (a) *(tidy)* ordentlich; *(of life)* geordnet; (b) *(of crowd etc.)* friedlich. II. *s.* (a) *Mil:* Ordonnanz *f;* o. **room,** Schreibstube *f;* (b) **medical** o., Krankenwärter *m; Mil:* Sanitäter *m.*

ordinal ['ɔːdin(ə)l], *adj.* o. **(number),** Ordnungszahl *f.*

ordinary ['ɔːdin(ə)ri]. I. *adj.* normal; *(also Pej:)* gewöhnlich; **in the** o. **way,** üblicherweise; *(normally)* normalerweise; **the** o. **citizen,** der schlichte Bürger; **the** o. **Englishman,** der Durchschnittsengländer; *Nau:* o. **seaman,** Leichtmatrose *m; Fin:* o. **share,** Stammaktie *f.* II. *s.* **something out of the** o., etwas Ausgefallenes/ Besonderes; **-ily,** *adv.* gewöhnlich, normalerweise. **'ordinariness,** *s.* Gewöhnlichkeit *f.*

ordination [ɔːdi'neiʃ(ə)n], *s. Ecc:* Ordination *f; R. C. Ch:* Priesterweihe *f.*

ordnance ['ɔːdnəns], *s.* 1. *Mil:* Artillerie *f.* 2. *Brit:* **O. Survey,** Nationale Landesvermessung *f;* **O. Survey map,** Meßtischblatt *n* (der Nationalen Landesvermessung).

ore [ɔːr], *s.* Erz *n.*

organ ['ɔːgən], *s.* 1. *Mus:* Orgel *f;* o. **case,** Orgelprospekt *m;* o. **loft,** Orgelempore *f;* o. **pipe,** Orgelpfeife *f;* o. **stop,** Register *n.* 2. *Anat:* Organ *n;* **vital organs,** lebenswichtige Organe *npl.* 3. *(magazine)* Zeitschrift *f;* **party** o., Parteiorgan *n.* **'organ-'grinder,** *s.* Leierkastenmann *m.* **organic** [ɔː'gænik], *adj.* organisch. **'organism,** *s.* Organismus *m.* **'organist,** *s. Mus:* Organist *m.* **organi'zation,** *s.* Organisation *f.* **'organize,** *v.tr.* (j-n, etwas) organisieren. **'organizer,** *s.* Organisator *m; (of event)* Veranstalter *m.*

orgy ['ɔːdʒi], *s.* Orgie *f.*

orient ['ɔːriənt], *s. Geog:* **the O.,** der Orient; *Poet:* das Morgenland. **ori'ental.** I. *adj.* orientalisch. II. *s.* Orientale *m;* Orientalin *f.* **'orientate,** *v.tr.* **to** o. **oneself,** sich orientieren. **orien'tation,** *s.* Orientierung *f.* **orien'teering,** *s.* Orientierungslauf *m.*

orifice ['ɔrifis], *s.* Öffnung *f.*

origin ['ɔridʒin], *s.* Ursprung *m; (source)* Quelle *f* (eines Gerüchts usw.); *(of pers.)* Herkunft *f;* **country of** o., Herkunftsland *n;* **his origins are obscure,** seine Herkunft ist unbekannt. **original** [ə'ri-]. I. *adj.* (a) *(first)* ursprünglich; *(unaltered)* original; o. **inhabitants,** Ureinwohner *mpl;* o. **text,** Originaltext *m;* (b) *(new)* originell; **an** o. **idea,** ein origineller Einfall; **he's not very** o., er läßt sich nichts Originelles einfallen; **nothing if not** o.! auf jeden Fall originell! **an** o. **thinker,** ein selbständiger Geist. II. *s.* Original *n* (eines Bildes usw.); **to read Goethe in the** o., Goethe im Original lesen. **origi'nality,** *s.* Originalität *f.* **o'riginate,** *v.* 1. *v.tr.* *(create)* (etwas) schaffen; *(found)* (eine Bewegung, Stilrichtung) begründen; **he originated the idea,** er war der Urheber dieser Idee. 2. *v.i.* *(of thing)* entstehen **(from/in,** aus + *dat); (of war, quarrel etc.)* seinen Ausgang nehmen. **o'riginator,** *s.* Urheber *m;* Begründer *m.*

Orkneys [ˈɔːkniz]. *Pr.n.pl. Geog:* the O., die Orkneyinseln *fpl.*

ornament [ˈɔːnəmənt]. **I.** *s.* Ornament *n; Fig:* (*pers. etc.*) Zierde *f.* **II.** *v.tr.* (etwas) verzieren. **ornaˈmental,** *adj.* dekorativ; **o. plant,** Zierpflanze *f.* **ornamenˈtation,** *s.* Verzierung *f.*

ornate [ɔːˈneit], *adj.* (*of style*) überladen; (*of object*) reich verziert, verschnörkelt; (*of language*) blumig.

ornithology [ɔːniˈθɔlɔdʒi], *s.* Vogelkunde *f.* **orniˈthoˈlogical,** *adj.* ornithologisch. **orniˈthologist,** *s.* Ornithologe *m.*

orphan [ˈɔːf(ə)n]. **I.** *s.* Waise *f;* **o. child,** Waisenkind *n.* **II.** *v.tr.* **to be orphaned,** (zur) Waise werden; **orphaned child,** verwaistes Kind. **ˈorphanage,** *s.* Waisenhaus *n.*

orthodox [ˈɔːθədɔks], *adj.* orthodox. **ˈorthodoxy,** *s.* Orthodoxie *f.*

orthography [ɔːˈθɔɡrəfi], *s.* Rechtschreibung *f.* **orthoˈgraphical,** *adj.* orthographisch.

orthopaedic [ɔːθəˈpiːdik], *adj.* orthopädisch.

oscillate [ˈɔsileit], *v.i.* schwingen; (*of needle etc.*) oszillieren. **osciˈllation,** *s.* Schwingung *f.*

ossify [ˈɔsifai], *v.i.* verknöchern.

Ostend [ɔsˈtend]. *Pr. n. Geog:* Ostende *n.*

ostensible [ɔsˈtensibl], *adj.* angeblich; (*apparent*) scheinbar.

ostentation [ɔstenˈteiʃ(ə)n], *s.* Protzigkeit *f.* **ostenˈtatious,** *adj.* protzig.

osteopath [ˈɔstiəpæθ], *s.* Osteopath *m.*

ostracism [ˈɔstrəsizm], *s.* Ächtung *f.* **ˈostracize,** *v.tr.* (j-n) ächten.

ostrich [ˈɔstritʃ], *s. Orn:* Strauß *m.*

other [ˈʌðər]. **I.** *adj.* (*a*) andere(r,s); **the o. one,** der/die/das andere; **the o. four,** die vier anderen; **o. people's property,** fremdes Eigentum **o. things being equal,** unter sonst gleichen Umständen (*b*) **the o. day,** unlängst, neulich; **the o. night,** neulich am Abend/in der Nacht; (*c*) (*alternate*) **every o. day,** jeden zweiten Tag; (*d*) (*additional*) **we need four o. people,** wir brauchen vier weitere Personen; (*e*) (*different*) **o. than,** anders als; **no one o. than you,** niemand außer dir. **II.** *pron.* andere(r,s); **one after the o.,** einer nach dem anderen; **the others,** die anderen; **it was none o. than the king,** es war kein anderer als der König; **they hate each o.,** sie hassen einander; **one or o. of us,** der eine oder andere von uns; *F:* **someone or o.,** irgend jemand; **something or o.,** irgend etwas. **III.** *adv.* anders (**than,** als); **I could not do o. than stare,** ich konnte nur hinstarren. **ˈotherwise,** *adv.* 1. (*differently*) anders; **should it be o.,** sollte es sich anders verhalten; **to be o. engaged,** anderweitig beschäftigt sein; **except where o. stated,** wo nicht anders angegeben. 2. (*in other respects*) sonst; **o. he's quite sane,** sonst ist er ganz normal. **otherˈworldly,** *adj.* jenseitsgerichtet.

otter [ˈɔtər], *s. Z:* Otter *m.*

ought [ɔːt], *v. aux.* (*pres. & past meaning, inv.*) (*a*) (*obligation*) sollte(n); **one o. never to be unkind,** man sollte nie lieblos sein; **you o. to go now,** Sie sollten jetzt gehen; (*b*) (*vague desirability*) **he o. not to have waited,** er hätte nicht warten sollen; **you o. to see the exhibition,** Sie sollten sich die Ausstellung ansehen; (*c*) (*probability*) **dürfte(n); that o. to be enough for three,**

das dürfte für drei Personen genügen.

ounce [auns], *s. Meas:* Unze *f; Fig:* **he hasn't an o. of courage,** er hat kein Fünkchen Mut.

our [ɑːr, ˈauər], *poss. adj.* unser; **o. house and garage,** unser Haus und unsere Garage; **a home of o. own,** ein eigenes Heim; *F:* (*pers.*) **not one of o. sort,** nicht unsere Sorte. **ours,** *poss. pron* unserer, unsere, unseres; **this is o.,** das gehört uns ist unseres; **a friend of o.,** ein Freund von uns. **ourˈselves,** *pers. pron. pl.* selbst; **we built it o.,** wir haben es selbst gebaut; **(all) by o.,** (ganz) allein.

oust [aust], *v.tr.* (j-n) verdrängen.

out [aut]. **I.** *adv.* **1.** hinaus; (*a*) **to go o.,** hinausgehen; **to come o.,** herauskommen; **o. you go!** raus mit dir! **to have an evening o.,** zum Abend ausgehen; **way o.,** Ausgang *m; Nau:* **voyage o.,** Hinfahrt *f;* (*b*) (*away*) **weg; to throw sth. o.,** etwas wegwerfen; (*c*) **my father is o.,** mein Vater ist nicht zu Hause; **he's o. and about again,** er ist wieder auf den Beinen; **a long way o.** (**of the town**), weit außerhalb (der Stadt); **o. at sea,** auf der offenen See; **o. there,** dort draußen; **the tide is o.,** es ist Ebbe; *Ind:* **the men are o.,** die Arbeiter streiken. **2.** (*a*) **the book is just o.,** das Buch ist soeben erschienen; **the secret is o.,** das Geheimnis ist enthüllt; (*b*) (*of flower*) aufgeblüht; **the roses are o.,** die Rosen blühen; (*c*) **to say sth. o. loud,** etwas laut sagen; **to tell s.o. sth. straight o.,** j-m etwas rundheraus sagen; *F:* **o. with it!** raus damit! (*d*) **to be o. for sth.,** auf etwas *acc* aus sein; **I'm not o. to make money,** ich bin nicht darauf aus, Geld zu verdienen. **3.** *Sp:* (*of ball*) aus; *Cricket:* (*of player*) nicht im Spiel; **to be o. for the count,** (i) *Box:* ausgezählt werden; (ii) *F:* bewußtlos sein; *F:* **I was o. on my feet,** ich war ganz K.O. **4.** (*wrong*) **to be o. in one's calculations (by five pounds),** sich (um fünf Pfund) verrechnet haben; **it wasn't far o.,** es hat beinahe gestimmt. **5.** (*of fire*) ausgegangen. **6.** (*finished*) (*a*) zu Ende; **before a week is o.,** in weniger als einer Woche; **hear me o.,** hören Sie mich zu Ende; (*b*) *F:* **to have it o. with s.o.,** sich *dat* j-n vorknöpfen; (*c*) **this plan is definitely o.,** dieser Plan kommt gar nicht in Frage. **7. o. of,** (*a*) aus + *dat;* **to throw sth. o. of the window,** etwas aus dem Fenster werfen/zum Fenster hinauswerfen; **to get money o. of s.o.,** j-m Geld aus der Tasche ziehen; **o. of doors,** im Freien; **o. of the way,** (i) *int.* aus dem Weg! (ii) (*of place*) abgelegen; (iii) (*little known*) unbekannt; (*b*) (*outside*) **a mile o. of (the) town,** eine Meile außerhalb der Stadt; **o. of hours,** außerhalb der Dienstzeit; *Fig:* **to feel o. of it,** sich ausgeschlossen fühlen; **o. of one's mind with worry,** außer sich *dat* vor Sorge; **you must be o. of your mind!** du bist wohl nicht ganz bei Trost! (*c*) (*negative phr.*) **o. of practice,** aus der Übung, (*expired*) abgelaufen; (*old-fashioned*) veraltet; (*b*) **o. of season,** nicht in Saison; **o. of joint,** ausgerenkt; **o. of control,** außer Kontrolle; **o. of turn,** aus der Reihenfolge; **o. of work,** arbeitslos; **o. of print,** vergriffen; **I am o. of pocket,** (i) ich habe eigenes Geld ausgeben müssen; (ii) ich habe ein Verlustgeschäft gemacht; **we have run o. of/are o. of beans,** wir haben keine Bohnen mehr; (*d*)

(*made from*) (**made**) o. **of wood**, aus Holz
(gemacht); (*e*) o. **of respect/curiosity**, aus
Respekt/ Neugierde; (*f*) **one o. of ten people**,
einer von zehn. **II.** *s.* **he knows the ins and outs**,
er ist mit allen Feinheiten vertraut. ´out-´and-
´out. **I.** *adv. phr.* durch und durch. **II.** *adj.*
hundertprozentig; **an o.-and-o.** liar, ein Erz-
lügner. ´outback, *s. Austral:* **the o.**, das
Landesinnere. out´bid, *v.tr.* (*p. & p.p.* **outbid**)
(*at auction*) (j-n) überbieten. out´board, *adj.
Nau:* **o. motor**, Außenbordmotor *m*. out´box,
v.tr. Box: **to o. s.o.**, besser als j-d boxen.
´outbreak, *s.* Ausbruch *m* (einer Krankheit
usw.). ´outbuilding, *s.* Nebengebäude *n.*
´outburst, *s.* Ausbruch *m* (von Zorn usw.).
´outcast. **I.** *s.* Ausgestoßene(r) *f(m)*. **II.** *adj.*
ausgestoßen. out´class, *v.tr. Sp:* (j-n) de-
klassieren. ´outcome, *s.* Ergebnis *n.* ´outcrop,
s. (zutageliegende) Felsmasse *f.* ´outcry, *s.*
(lautstarker) Protest *m;* **there was a public o.**,
es herrschte allgemeine Entrüstung; es gab
einen Skandal. out´dated, *adj.* überholt.
out´distance, *v.tr. Sp:* (j-n) weit hinter sich
dat lassen; *F:* (j-n) abhängen. out´do, *v.tr.* (*p.*
outdid, *p.p.* **outdone**) (j-n) übertreffen.
´outdoor, *adj.* im Freien; *Phot:* **o. shot**, Au-
ßenaufnahme *f;* **o. swimming pool**, Freibad *n;*
o. clothes, Straßenkleidung *f.* out´doors,
adv. draußen; **to go o.**, hinausgehen. ´outer,
adj. äußere(r,s), Außen-; **o. diameter**, äußerer
Durchmesser *m;* **o. suburbs**, Außenbezirke
mpl; **o. space**, Weltraum *m;* **o. garments**,
Oberbekleidung *f.* ´outermost, *adj.* äu-
ßerste(r,s). ´outfield, *s. Sp:* Außenfeld *n.*
´outfit, *s.* **1.** (*a*) Ausrüstung *f;* **camping o.**,
Campingausrüstung *f;* (*b*) (*clothes*) Garderobe
f; **a smart o.**, ein eleganter Anzug. **2.** *F:* (*group,
firm etc.*) Verein *m.* ´outfitter, *s. Com:*
(gentlemen's) o., Herrenmodengeschäft *n.*
out´flank, *v.tr. Mil:* (den Feind) überflügeln.
´outflow, *s.* (*a*) Hervorquellen *n* (von Wasser
usw.); (*b*) (*drain*) Abfluß *m.* ´outgoing, *adj.* **o.
tide**, zurückgehende Flut; **o. mail**, abgehende
Post; **o. ship**, auslaufendes Schiff; **o. tenant**,
ausziehender Mieter. ´outgoings, *s.pl.*
Ausgaben *fpl.* outgrow, *v.tr.* (*p.* **outgrew**, *p.p.*
outgrown) herauswachsen (aus Kleidern usw.);
(*Gewohnheiten*) ablegen. ´outhouse, *s.*
Schuppen *m.* ´outing, *s.* Ausflug *m.* out´lan-
dish, *adj.* (*of dress*) ausgefallen; (*of behaviour,
ideas*) seltsam. out´last, *v.tr.* (etwas)
überdauern; (j-n) überleben. ´outlaw. **I.** *s.*
Geächtete(r) *f(m)*. **II.** *v.tr.* (*a*) (j-n) ächten; (*b*)
Fig: (etwas) verbieten. ´outlay, *s.* Auslagen
fpl; **capital o.**, Geldauslagen *fpl.* ´outlet, *s.* **1.**
Auslaß *m;* (*for gas*) Abzug *m.* **2.** *El:* Anschluß
m; esp. N.Am: Steckdose *f.* **3.** *Com:* (*for goods
etc.*) Absatzmöglichkeit *f.* **4.** *Fig:* (*for emo-
tions*) Ventil *n* (der Gefühle). ´outline. **I.** *s.*
Umriß *m;* **in o.**, im Umriß; **o. of a plan**,
Entwurf *m* eines Planes. **II.** *v.tr.* (etwas)
umreißen; **to o. sth. roughly**, etwas in groben
Zügen darstellen; **sharply outlined against the
sky**, scharf gegen den Himmel abgehoben. out-
´live, *v.tr.* (j-n, etwas) überleben. ´outlook, *s.*
(*a*) (*view*) Aussicht *f;* **northerly o.**, Blick *m*
nach Norden; (*b*) *Fig:* (*prospect*) Aussichten
fpl; (*opinion*) Ansicht *f;* **the o. is not very pro-**

mising, die Aussichten sind nicht sehr vielver-
sprechend; **to share s.o.'s o.**, j-s Ansicht teilen.
´outlying, *adj.* (*of villages etc.*) entlegen; **o.
areas**, Außenbezirke *mpl.* outma´nœuvre,
v.tr. (j-n) überlisten. out´moded, *adj.*
überholt; veraltet. out´number, *v.tr.* (dem
Feind usw.) zahlenmäßig überlegen sein.
out´pace, *v.tr.* (j-n) hinter sich lassen. ´out-
patient, *s.* ambulanter Patient *m;* **outpatients'
department**, Ambulanz *f.* out´play, *v.tr. Sp:*
(j-n) überspielen. ´outpouring, *s.* Erguß *m*
(von Gefühlen usw.). ´output, *s.* (*a*) *Ind:* Pro-
duktion *f; Min:* Ertrag *m; Lit: etc:* Werk *n;* (*b*)
(*of engine, machine etc.*) Leistung *f; El. E:*
Leistungsabgabe *f;* **o. voltage**, Ausgangsspan-
nung *f.* ´outrage. **I.** *s.* **1.** (*atrocity*) Greueltat
f; **o. against humanity**, Verbrechen *n* gegen die
Menschheit; **bomb o.**, Bombenattentat *n.* **2.**
(*sth. shocking*) Unverschämtheit *f;* **that's an o.!**
das ist unerhört! das ist ein Skandal! **II.** *v.tr.*
(j-n) schockieren; (die Sittlichkeit) verletzen.
out´rageous, *adj.* unerhört; (*of prices*) un-
verschämt; (*of remark*) empörend. ´outrider,
s. Vorreiter *m.* ´outrigger, *s. Nau: Aut: etc:*
Ausleger *m.* ´outright. **I.** *adv.* (*a*) glatt; **to
refuse o.**, etwas glattweg ablehnen; **to buy sth.
o.**, etwas sofort voll bezahlen; **killed o.**, auf der
Stelle tot; **to laugh o. (at sth.)**, vor Lachen
herausplatzen (über etwas *acc*;) (*b*) **to tell s.o.
sth. o.**, j-m etwas rundheraus sagen. **II.** *adj.*
glatt; **o. purchase**, Kauf *m* mit voller Be-
zahlung. ´outset, *s.* Anfang *m;* **at the o.**, am
Anfang; **from the o.**, von Anfang an. out-
´shine, *v.tr.* (j-n, etwas) in den Schatten
stellen. out´side, *s.* **1.** Außenseite *f;* **on the o.**,
an der Außenseite; außen; **to open the door
from the o.**, die Tür von außen öffnen; *Fig:* **at
the o.**, höchstens. **II.** *adj.* äußere(r,s); Außen-;
o. wall, Außenwand *f;* **o. influence**, äußere
Einflüsse; **an o. opinion**, die Meinung eines
Außenstehenden; *Fb:* **o. right**, Rechtsaußen
m; Fig: **it's an o. chance**, es besteht eine geringe
Chance. **III.** *adv.* (*viewed from inside*) draußen;
I've left my dog o., ich habe meinen Hund
draußen gelassen. **IV.** *prep.* außerhalb + *gen;*
o. the house, vor dem Haus; **o. (office) hours**,
außerhalb der Dienststunden. out´sider, *s.*
(*a*) Außenseiter *m;* (*b*) *Rac:* Outsider *m.* ´out-
size. **I.** *s. Cl:* Übergröße *f.* **II.** *adj.* überdi-
mensional; **o. packet**, Riesenpaket *n.* ´out-
skirts, *s.pl.* Rand *m;* (*of town*) Stadtrand *m.*
out´smart, *v.tr. esp. N.Am: F:* (j-n) überlisten.
out´spoken, *adj.* (*of pers.*) offen; **he's very
o.**, er nimmt kein Blatt vor den Mund. out-
´standing, *adj.* **1.** (*excellent*) hervorragend. **2.**
(*a*) (*not paid*) offenstehend; **o. debts**, Au-
ßenstände *mpl;* (*b*) (*of work etc.*) unerledigt.
out´stay, *v.tr.* **to o. the other guests**, länger als
die anderen Gäste bleiben; **to o. one's welcome**,
länger als erwünscht bleiben. out´stretched,
adj. ausgestreckt. out´strip, *v.tr.* (j-n) hinter
sich lassen, *Fig:* überflügeln. out´vote, *v.tr.*
(j-n) überstimmen. ´outward. **I.** *adj.* (*a*) Hin-;
o. journey, Hinreise *f; Rail:* **o. half (of a return
ticket)**, Hinfahrschein *m;* (*b*) (*external*) äu-
ßerlich; (*attrib. only*) äußere(r, s); **o. appearance**,
äußere Erscheinung. **II.** *adv.* nach außen; *Nau:*
o. bound, auf der Hinreise; (*leaving harbour*)

auslaufend; **-ly,** *adv.* nach außen hin; *(apparently)* allem Anschein nach. **'out'wards,** *adv.* nach außen. **out'weigh,** *v.tr.* (etwas) überwiegen. **out'wit,** *v.tr.* (j-n) überlisten. **out'worn,** *adj.* 1. *Cl:* abgetragen. 2. *Fig:* (*of ideas*) überholt.

oval ['ɔuv(ə)l]. I. *adj.* oval. II. *s.* Oval *n.*

ovary ['ɔuvəri], *s. Anat:* Eierstock *m.*

ovation [əu'veiʃ(ə)n], *s.* Ovation *f.*

oven ['ʌv(ə)n], *s.* 1. (*baker's etc.*) Backofen *m;* (*of cooker*) Backrohr *n;* **in a slow o.,** bei niedriger Hitze; *F:* **this room is like an o.,** in diesem Zimmer ist es wie im Backofen. 2. (*kiln*) Ofen *m.* **oven'ready,** *adj.* (*of chicken etc.*) bratfertig. **'ovenware,** *s.* feuerfestes Geschirr *n.*

over ['ɔuvər]. I. *prep.* über; (*a*) (*position*) + *dat;* **his name is o. the door,** sein Name steht über der Tür; **known all o. the world,** in der ganzen Welt bekannt; **to chat o. a glass of wine,** über/ bei einem Glas Wein plaudern; **all o. the place,** (i) überall; (ii) (*in a mess*) durcheinander; (*b*) (*motion*) + *acc;* **he went o. the road,** er ging über die Straße; **the bridge o. the river,** die Brücke über den Fluß; **it flew o. (the top of) the wall,** es flog über die Mauer; **he fell o. the edge,** er fiel über den Rand; **I heard it o. the radio,** ich habe es im Radio gehört; **to go o. sth. in detail,** etwas genau besprechen; (*c*) (*beyond*) + *acc;* **o. the frontier,** über die Grenze; **o. the river,** auf der anderen Seite des Flusses; **the house o. the road/o. the way,** das Haus gegenüber; (*d*) (*more than*) + *acc;* **o. the permissible amount,** über die zulässige Summe/ Zahl; **well o. eighty,** weit über achtzig; **everything o. and above (this),** alles darüber/ Zusätzliche; (*e*) (*during*) **o. the last few years,** im Laufe der letzten Jahre; **o. the weekend,** übers Wochenende; (*f*) (*about*) **to laugh o. sth.,** über etwas *acc* lachen; **to worry o. sth.,** sich wegen etwas *gen* Sorgen machen; **he was a long time o. it,** er hat lange dazu gebraucht. II. *adv.* 1. (*a*) **all o.,** (i) (*of pers.*) am ganzen Körper; (ii) (*of thing*) an der ganzen Oberfläche; (iii) *N.Am:* überall; **covered all o. with flowers,** ganz mit Blumen bedeckt; **all o. again,** wieder von vorne; **o. and o. again,** immer wieder; **ten times o.,** zehnmal (hintereinander); (*b*) **to read sth. o.,** etwas durchlesen; **I must think it o.,** ich muß es mir überlegen. 2. (*a*) (*away*) hinüber; **to cross o.,** die Straße überqueren; **he climbed o.,** er kletterte hinüber; (*b*) **o. there,** (da) drüben; **o. here,** hier drüben; (*c*) (*towards speaker*) herüber; *F:* **come o. to our place,** komm rüber zu uns. 3. **to fall o.,** umfallen; **to knock sth. o.,** etwas umwerfen; **please turn o.,** bitte wenden; **to bend o.,** sich nach vorn beugen. 4. (*a*) (*more*) **sums of £100 and o.,** Summen von £100 und mehr; **children of 12 and o.,** Kinder über 12 Jahre; (*b*) (*remaining*) **to be left o.,** übrigbleiben; **if you have anything (left) o.,** falls Sie etwas übrig haben; (*c*) (*excessively*) allzu; **I'm not o. enthusiastic,** ich bin nicht allzu begeistert; **o.-confidence,** übermäßiges Selbstvertrauen; **to o.-react,** zu stark reagieren. 5. (*past*) vorbei; (*at an end*) zu Ende; **it's all o. with me,** mit mir ist es aus; **I want to get it o.,** ich will es hinter mich bringen. **over'act,** *v. Th:* 1. *v.tr.* (eine Rolle)

übertreiben. 2. *v.i.* (*of actor*) übertreiben. **over'all. I.** [əuvər'ɔ:l] *adj.* gesamt; Gesamt-; **o. length,** Gesamtlänge *f.* **II.** ['əuvərɔ:l] *s.* Kittelschürze *f;* **mechanic's overalls,** Monteuranzug *m.* **'overarm,** *adv. Swim:* Hand über Hand. **over'awe,** *v.tr.* (j-n) einschüchtern. **over-'balance,** *v.* 1. *v.tr.* (ein Boot usw.) umkippen. 2. *v.i.* (*of pers.*) das Übergewicht bekommen; (*of thing*) umkippen. **over'bearing,** *adj.* **an o. manner,** eine herrische Art. **'overboard,** *adv. Nau:* über Bord. **over'burden,** *v.tr.* (j-n, etwas) überlasten. **over'cast,** *adj.* (*of sky*) bedeckt. **'over'charge,** *v.tr. & i.* (*a*) **to o.** (*s.o.*), (j-m) zu viel berechnen; (*b*) *El:* (eine Batterie) überladen. **'overcoat,** *s.* Mantel *m.* **over'come. I.** *v.tr.* (*p.* **overcame,** *p.p.* **overcome**) (j-n, etwas) überwinden. **II.** *adj.* **to be o. with/by sth.,** von etwas *dat* übermannt werden. **over'cooked,** *adj.* zu lange gekocht; (*of meat*) gebraten. **over'crowded,** *adj.* überfüllt (**with,** mit + *dat*). **over'crowding,** *s.* Überfüllen *n.* **'overde'veloped,** *adj.* überentwickelt. **over'do,** *v.tr.* (*p.* **overdid,** *p.p.* **overdone**) (etwas) zu weit treiben; (*exaggerate*) (etwas) übertreiben. **over'done,** *adj. Cu.* = **overcooked.** **'overdose,** *s. Med:* Überdosis *f.* **'overdraft,** *s. Bank:* Kontoüberziehung *f;* **I have an o.,** ich bin bei der Bank überzogen. **over'draw,** *v.tr.* (*p.* **overdrew,** *p.p.* **overdrawn**) *Bank:* (das Konto) überziehen. **over'dress,** *v.tr.* (j-n, sich) übertrieben anziehen. **'overdrive,** *s. Aut:* Schongang *m.* **over'due,** *adj.* überfällig. **over'eat,** *v.i.* (*p.* **overate,** *p.p.* **overeaten**) (*of pers.*) sich überessen. **over'estimate. I.** *s.* Überschätzung *f.* **II.** *v.tr.* (etwas) überschätzen. **overex'cite,** *v.tr.* (j-n) zu sehr aufregen. **overe'xertion,** *s.* Überanstrengung *f.* **'overex'pose,** *v.tr. Phot:* (ein Bild) überbelichten. **'overex'posure,** *s. Phot:* Überbelichtung *f.* **over'fed,** *adj.* überfüttert. **over'fill,** *v.tr.* (eine Tasse usw.) überfüllen, zu voll füllen. **overflow. I.** ['əuvərfləu] *s.* 1. (*of liquid etc.*) Überlaufen *n.* 2. Überlauf *m;* **o. pipe,** Überlaufrohr *n.* 3. **o. meeting,** Parallelversammlung *f.* **II.** [əuvə'fləu] *v.* 1. *v.tr.* (Felder usw.) überschwemmen; (*of river*) **to o. its banks,** über die Ufer treten. 2. *v.i.* (*of water etc.*) überfließen; (*of cup etc.*) überlaufen; *Fig:* überquellen (**with,** vor + *dat*). **over'flowing. I.** *adj.* überströmend. **II.** *s.* **full to o.,** voll zum Überlaufen. **over'grown,** *adj.* überwachsen, überwuchert. **overhang. I.** ['əuvə'hæŋ] *v.tr. & i.* (*p. & p.p.* **overhung**) (etwas) überragen; (*of cliffs*) überhängen. **II.** ['əuvəhæŋ], *s.* Überhang *m;* (*of roof*) Dachvorsprung *m.* **over'haul. I.** ['əuvəhɔ:l] *s.* Überholung *f* (einer Maschine usw.). **II.** [əuvə'hɔ:l] *v.tr.* (*all senses*) (eine Maschine, ein Auto usw.) überholen. **over-'head. I.** *adv.* oben. **II.** *adj.* (*a*) **o. railway,** Hochbahn *f;* **o. cable/wires,** Oberleitung *f;* **o. projector,** Tageslichtschreiber *m;* (*b*) *Com:* **overheads/o. expenses,** Gemeinkosten *pl;* (*c*) *I.C.E:* **o. valves,** obengesteuerte Ventile *pl;* **o. camshaft,** obenliegende Nockenwelle. **over-'hear,** *v.tr.* (*p. & p.p.* **overheard**) (eine Konversation usw.) zufällig mit anhören. **over-'heat,** *v.* 1. *v.tr.* (etwas) überhitzen. 2. *v.i.* (*of bearing etc.*) heißlaufen; *Aut:* **the engine is**

overheating, der Motor wird zu heiß. **over-in'dulge,** v. 1. v.tr. (j-n) zu sehr verwöhnen; (einem Laster usw.) zu sehr frönen; (j-s Launen) zu sehr nachgeben. 2. v.i. (of pers.) es sich zu gut ergehen lassen; (overeat) sich über-essen; **to o. in wine,** dem Wein zu sehr zu-sprechen. **'over'dulgence,** s. übermäßiger Genuß m (von Alkohol usw.). **over'joyed,** adj. überglücklich. **'over'land. I.** adv. auf dem Landweg. **II.** adj. **o. route,** Landweg m. **over-lap. I.** [əuvə'læp] v.tr. & i. (p. & p.p. over-lapped) **to o. (one another),** sich überschneiden; (of boards etc.) sich teilweise decken; (of visits etc.) zusammenfallen. **II.** ['əuvəlæp] s. Überschneidung f. **overlay. I.** [əuvə'lei] v.tr. (p. & p.p. overlaid) (etwas) überziehen. **II.** ['əuvəlei], s. (coating) Überzug m; (separate sheet etc.) Auflage f. **'over'leaf,** adv. umseitig. **overload. I.** [əuvə'ləud] v.tr. (a) (j-n, etwas) überladen; (b) (Mec. E: einen Motor usw; El: das Netz) überlasten. **II.** ['əuvələud] s. Mec.E: El: Überlastung f. **over'look,** v.tr. (a) (etwas) überblicken; (b) (unintentionally) (j-n, eine Tatsache) übersehen; (intentionally) (etwas) durchgehen lassen; **we'll o. it,** wir werden darüber hinwegsehen. **over'manned,** adj. Ind: überbesetzt. **over'manning,** s. Ind: Überbesetzen n. **'over'much,** adv. allzuviel; **he did not bother o.,** er hat sich nicht besonders bemüht. **'over'night. I.** adv. über Nacht; **to stay o.,** übernachten. **II.** adj. **o. stay/stop,** Übernachtung f **(at, in + dat);** **o. case,** Handkoffer m. **'over'pass,** s. Civ. E: Über-führung f. **'over'pay,** v.tr. (j-n) überbezahlen; (etwas) zu teuer bezahlen. **'over'payment,** s. Überbezahlung f. **over'play,** v.tr. **to o. one's hand,** Cards: zu hoch spielen; Fig: zu viel aufs Spiel setzen. **over'populated,** adj. über-völkert. **over'power,** v.tr. (j-n, etwas) überwältigen. **over'powering,** adj. über-wältigend. **'over'print,** v.tr. (a) (Briefmarken usw.) überdrucken; (b) (on cards etc.) (eine Anschrift usw.) aufdrucken. **'overpro'duce,** v.tr. (eine Ware) überproduzieren. **'overpro'duction,** s. Überproduktion f. **over-'rate,** v.tr. (etwas) überbewerten; (j-n) über-schätzen. **over'reach,** v.tr. **to o. oneself,** sich übernehmen. **over'ride,** v.tr. (p. **overrode,** p.p. **overridden)** (a) (of pers.) **to o. objections,** sich über Einwände hinwegsetzen; (b) (of decisions etc.) (vor etwas dat) den Vorrang haben; **over-riding considerations,** ausschlaggebende Er-wägungen; **of overriding importance,** von höch-ster Bedeutung. **'over'rider,** s. Aut: Stoß-stangenhorn n. **'over'ripe,** adj. überreif. **over'rule,** v.tr. (a) (j-n) überstimmen; (b) (einen Einwand) zurückweisen; Jur: (ein Urteil) verwerfen. **over'run,** v. (p. overran, p.p. overrun) 1. v.tr. (a) Mil: (über ein Land) her-fallen; (b) **to be o. with tourists,** von Touristen überlaufen sein; **the house is o. with mice,** in dem Haus wimmelt es von Mäusen; (c) (die Zeit, die Grenzen) überschreiten. 2. v.i. esp. Rad: **the concert overran by three minutes,** das Konzert hat um drei Minuten die Zeit über-schritten. **over'seas. I.** adv. nach Übersee; **to go o.,** ins Ausland fahren. **II.** adj. Übersee-; **o. trade,** Überseehandel m; **o. correspondent,**

Auslandskorrespondent m. **'over'seer,** s. Aufseher(in) m(f); Ind: Werkmeister m. **over-'shadow,** v.tr. (j-n, etwas) überschatten. **'over'shoot,** v.tr. (p. & p.p. overshot) **to o. a turning,** an einer Abzweigung (versehentlich) vorbeifahren; Av: **to o. the runway,** über das Ende der Landebahn hinaus rollen; Fig: **to o. the mark,** zu weit gehen. **'over'sight.** s. Versehen n; **through/by an o.,** aus Versehen. **'over'size,** s. Übergröße f. **'over'sleep,** v.i. (p. & p.p. overslept) verschlafen. **'over'spend,** v.i. (p. & p.p. overspent) zu viel ausgeben. **'over'spill. (population) o.,** Bevölkerungsüberschuß m (einer Stadt). **'over'state,** v.tr. (eine Sache) übertreiben, zu stark betonen. **'over'state-ment,** s. Übertreibung f. **'over'steer,** s. Aut: Übersteuerung f. **'over'step,** v.tr. (p. & p.p. overstepped) (die Grenzen, seine Befugnisse) überschreiten. **'over'strain,** s. Überan-strengung f. **over'take,** v.tr. (p. **overtook,** p.p. **overtaken)** (a) (j-n, etwas) überholen; (b) Lit: (of accident) (j-n) ereilen; **night overtook us,** die Nacht überraschte uns. **'over'taking,** s. Überholen n; P.N: **no o.,** Überholverbot n. **'over'tax,** v.tr. (a) Fin: (j-n) übersteuern; (b) (j-n) überbeanspruchen; **to o. one's strength,** zu hohe Anforderungen an seine Kräfte stellen. **over'throw** v.tr. (p. **overthrew,** p.p. **overthrown)** (einen Herrscher, eine Regie-rung) stürzen; (einen Plan) zunichte machen. **'over'time. I.** s. Ind: Überstunden fpl. **II.** adv. **to work o.,** Überstunden machen. **over'tired,** adj. übermüdet. **'over'tone,** s. 1. Mus: Oberton m. 2. Fig: Unterton m; **sexual over-tones,** sexuelle Andeutungen; **his speech had sinister overtones,** seine Rede enthielt eine finstere Note. **over'turn,** v. 1. v.tr. (etwas) umkippen; (ein Boot) kentern. 2. v.i. (of boat) kentern; (of car) sich überschlagen. **over-'weight,** adj. (of luggage, pers.) **to be o.,** Übergewicht haben; **to become o.,** zu viel zu-nehmen. **over'whelm,** v.tr. (a) (den Feind, j-n) überwältigen **(with,** von + dat); **to be overwhelmed with work,** mit Arbeit überhäuft sein; **to o. s.o. with kindness,** j-n mit Güte überschütten. **over'whelming,** adj. (of majority etc.) überwältigend; **of o. importance,** von größter/enormer Wichtigkeit. **over'wind,** v.tr. (p. & p.p. overwound) (eine Uhr) über-drehen. **'over'work. I.** s. Überlastung f. **II.** v. 1. v.tr. (j-n) mit Arbeit überlasten; **an over-worked word,** ein abgedroschenes Wort. 2. v.i. (of pers.) sich überarbeiten. **'over'wrought,** adj. überreizt.

overt ['əuvə:t, əu'və:t], adj. offenkundig.

overture ['əuvətjuər], s. 1. Mus: Ouvertüre f. 2. usu. pl. **to make overtures to s.o.,** bei j-m An-näherungsversuche machen; **peace overtures,** erste Friedensbestrebungen fpl.

owe [əu], v.tr. (a) **to o. s.o. money/o. money to s.o.,** j-m Geld schulden/schuldig sein; (b) v.i. **I still o. you for the petrol,** ich bin Ihnen noch das Benzin schuldig; (c) (j-m sein Leben, seinen Erfolg usw.) verdanken; **he owes her a great deal,** er hat ihr viel zu verdanken; **I o. you an explanation,** ich bin Ihnen eine Er-klärung schuldig. **'owing. I.** adj. (of amount) geschuldet; **the money o. to me,** das Geld, das mir zusteht. II. *prep. phr.* o. to, (*a*) (*usu. neg.*) wegen + *gen;* it was cancelled o. to the rain, wegen des Regens wurde es abgesagt; (*b*) (*positive*) dank + *gen;* o. to his mother's care he recovered, dank der mütterlichen Fürsorge erholte er sich.

owl [aul], *s.* Eule *f.* 'owlet, *s.* junge Eule *f.*

own [əun]. I. *v.tr.* (etwas) besitzen; who owns this land? wem gehört dieses Land? II. *adj.* eigen; her o. money, ihr eigenes Geld; the house is my o., das Haus gehört mir; es ist mein eigenes Haus; it has a taste all its o., es hat einen ganz eigenen Geschmack; my time is my o., ich kann über meine Zeit ganz frei verfügen; she makes her o. clothes, sie näht ihre Kleider selbst. III. *s.* (*a*) I have money of my o., ich habe eigenes Geld; he has a copy of his o., er hat ein persönliches Exemplar; for reasons of his o., aus persönlichen Gründen; can I have it for my o.? kann ich es mir behalten? to come into one's/its o., in seinem Element sein; the car comes into its o. on a twisty road, die Vorzüge des Autos kommen erst recht auf kurvenreicher Strecke zur Geltung; he can hold his o., er kann sich behaupten; *F:* to get one's o. back, sich

revanchieren; (*b*) to be (all) on one's o., (ganz) allein sein; to do sth. on one's o., etwas selbständig machen. 'owner, *s.* Besitzer(in) *m(f)* (eines Gerätes, eines Autos usw.); Eigentümer(in) *m(f)* (eines Hauses, einer Firma); Herr(in) *m(f)* (eines Hundes usw.); *P.N:* parking at o.'s risk, Parken auf eigene Gefahr; o. occupier, im Haus selbst wohnender Eigentümer; *Aut:* o. driver, Herrenfahrer *m.* 'ownerless, *adj.* ohne Besitzer; (*of dog etc.*) herrenlos. 'ownership, *s.* Besitz *m.* 'own 'up, *v.tr. F:* to o. up to sth., etwas zugeben; o. up! gib's zu!

ox, *pl.* oxen [ɔks, 'ɔks(ə)n], *s.* Ochse *m; Cu:* o. tongue, Ochsenzunge *f.* 'oxtail, *s.* Ochsenschwanz *m.*

oxide ['ɔksaid], *s. Ch:* Oxyd *m.* oxidize ['ɔksidaiz], *v.tr. & i.* (etwas) oxydieren.

oxyacetylene [ɔksiə'setilin], *adj.* o. welding, Autogenschweißen *n.*

oxygen ['ɔksidʒən], *s.* Sauerstoff *m; Med:* o. tent, Sauerstoffzelt *n.*

oyster ['ɔistər], *s.* Auster *f;* o. bed, Austernbank *f;* o. farm, Austernpark *m; Orn:* o. catcher, Austernfischer *m.*

ozone ['əuzəun], *s.* Ozon *n.*

P

P, p [pi:], *s.* (der Buchstabe) P, p *n; F:* to mind one's P's and Q's, auf sein Benehmen achten.

pa [pɑ:], *s.* (*abbr. of* papa) *F:* Papa *m.*

pace [peis]. I. *s.* 1. (*step*) Schritt *m;* to keep p. with s.o., sth., mit j-m, etwas *dat* Schritt halten. 2. (*speed*) Tempo *n;* at a walking p., im Schrittempo; at a good/smart p., in schnellem Tempo; *Sp:* etc: to set the p., das Tempo angeben. 3. (*esp. of horses*) Gangart *f;* to put s.o./ an animal through his/its paces, j-n/ein Tier zeigen lassen, was er/es kann. II. *v.* 1. *v.i.* (*a*) (gemessenen Schrittes) gehen; to p. up and down, auf und ab schreiten; (*b*) (*of horses*) im Paßgang gehen. 2. *v.tr.* (*a*) to p. a room, in einem Raum auf und ab gehen; (*b*) to p. out/off ten metres, zehn Meter abschreiten. 'pacemaker, *s. Med: & Sp:* Schrittmacher *m.*

pacific [pə'sifik]. I. *adj. Geog:* pazifisch. II. *s.* the P. (Ocean), der Pazifik, der Stille Ozean. 'pacifism, *s.* Pazifismus *m.* 'pacifist, *s.* Pazifist(in) *m(f).* pacify ['pæsifai], *v.tr.* (j-n) beruhigen; (Zorn, Ärger) beschwichtigen.

pack [pæk]. I. *v.* 1. *v.tr.* (*a*) (Kleider usw.) einpacken; *Ind:* (Waren) verpacken; packed lunch, Lunchpaket *n;* to p. one's suitcase/*abs.* to p., (den Koffer) packen; *F:* she packed the children into the car, sie lud die Kinder in das Auto; (*b*) (*fill*) to p. sth. with sth., etwas mit etwas *dat* vollstopfen; *Fig:* a film packed with adventure, ein Film voller Abenteuer; (*c*)

(*squeeze*) to p. sth. into a hole, etwas in ein Loch stopfen; the hall was packed, der Saal war gerammelt voll; *F:* they just p. them in, die Leute werden einfach hineingepfercht; *Fig:* they packed a lot into the few days, in den paar Tagen haben sie enorm viel unternommen; (*d*) to p. a child off to bed, ein Kind ins Bett treiben; (*e*) *P:* I'm packing it in, ich schmeiße den Kram/die Arbeit hin. 2. *v.i.* (*a*) to send s.o. packing, j-n abblitzen lassen; (*b*) to p. up, (*of pers.*) Feierabend machen; *F:* the TV has packed up, der Fernseher hat den Geist aufgegeben. II. *s.* 1. (*a*) Pack *m;* (*on back*) Tornister *m; Mil:* Gepäck *n;* (*b*) *Med:* Umschlag *m,* Packung *f;* (*c*) p. ice, Packeis *n;* (*d*) *esp. N.Am:* p. of cigarettes, Päckchen *n* Zigaretten. 2. (*a*) (*of people*) Pack *n,* Bande *f;* (*of hounds, wolves etc.*) Meute *f;* p. of thieves, Diebesbande *f;* (*b*) *Rugby:* Paket *n;* (*c*) a p. of cards, ein Kartenspiel *n; Fig:* to tell s.o. a p. of lies, j-m die Hucke voll lügen. 'package. I. *s.* (*parcel, also Pol: etc.*) Paket *n; Com:* Packung *f;* p. tour, Pauschalreise *f; Pol:* p. deal, Junktim *n.* II. *v.tr. Com:* (Waren) verpacken. 'packaging, *s. Com:* (*a*) (*action*) Verpacken *n;* (*b*) (*material*) Verpackung *f.* 'packer, *s.* Packer(in) *m(f).* 'packet, *s.* (*a*) Päckchen *n,* p. of cigarettes, ein Päckchen Zigaretten; (*b*) *F:* eine Menge Geld. 'packing, *s.* 1. (*a*) (*action*) Verpacken *n;* to do one's p., (seinen Koffer) packen; (b) (wrappings) Verpackung f; (material) Verpackungsmaterial n; **p. case,** Kiste f. **2.** Mec.E: Dichtung f; (material) Dichtungsmaterial n; **p. washer,** Dichtungsring m.

pact [pækt], s. Pol: Mil: etc: Pakt m.

pad [pæd]. **I.** s. **1.** (a) Cl: etc: Polster n; (b) Sp: (for legs) Beinschützer m. **2.** (a) **writing p.,** Schreibblock m; **drawing p.,** Zeichenblock m; **inking p.,** Stempelkissen n; (b) Rockets: **launching p.,** Abschußrampe f. **3.** Z: (on paw) Ballen m. **4.** F: (home) Bude f; **luxury p.,** Luxusnest n. **II.** v.tr. (p. & pp. **padded**) (a) (einen Stuhl usw.) polstern; (eine Jacke in den Schultern) auspolstern; **padded cell,** Gummizelle f; (b) Fig: (eine Rede usw.) mit Füllwörtern usw. strecken (c) F: (of pers.) **she is well padded,** sie ist gut gepolstert. **'padding,** s. (a) Furn: Polsterung f; Cl: Wattierung f; (b) F: (in book etc.) Füllsel n.

paddle[1] ['pædl]. **I.** s. **1.** Paddel n. **2.** (on wheel) Schaufel f; **p. steamer,** Raddampfer m. **II.** v.tr. & i. (ein Kanu) paddeln.

paddle[2], v.i. planschen; **paddling pool,** Planschbecken n.

paddock ['pædək], s. (a) (field) Koppel f; (b) Rac: Führring m.

paddy ['pædi], s. **p. field,** Reisfeld n.

padlock ['pædlɔk]. **I.** s. Vorhängeschloß n. **II.** v.tr. (eine Tür) mit einem Vorhängeschloß verschließen.

padre ['pɑːdri], s. Mil: Militärgeistliche(r) m.

paediatrician [piːdiə'triʃ(ə)n], s. Kinderarzt m, Kinderärztin f.

pagan ['peigən]. **I.** s. Heide m, Heidin f. **II.** adj. heidnisch.

page[1] [peidʒ], s. **1.** Hist: Page m. **2.** **p.-boy,** (a) Hotelpage m; (b) Hairdr: Pagenkopf m.

page[2], s. Seite f; **on p. 6,** auf Seite 6; **p. by p.,** Seite für Seite; Print: **p.-proof,** Korrekturbogen m; (stage) Bogenkorrektur f.

pageant ['pædʒənt], s. Festzug m.

paginate ['pædʒineit], v.tr. (ein Buch) paginieren.

paid [peid], p.p. & adj. bezahlt.

pail [peil], s. Eimer m.

pain [pein]. s. **1.** (physical, also Fig:) Schmerz m; (mental torment) Qual f; **to be in great p.,** starke Schmerzen haben; F: **he's a p. in the neck,** er ist nicht auszuhalten. **2.** pl. Mühe f; **to take pains,** sich dat Mühe geben (over sth., bei etwas dat). **3.** Jur: **on p. of death,** bei Todesstrafe. **pained,** adj. **a p. look,** ein gequälter Blick. **'painful,** adj. **1.** (of wound, treatment etc.) schmerzhaft; (of memories etc.) schmerzlich; **my hand is p.,** meine Hand tut weh. **2.** (of spectacle) peinlich. **'painkiller,** s. schmerzstillendes Mittel n. **'painless,** adj. schmerzlos. **'painstaking,** adj. **he is very p.,** er scheut keine Mühe; **p. work,** mühsame Kleinarbeit.

paint [peint]. **I.** s. **1.** (a) Farbe f; **coat of p.,** Anstrich m; P.N: **wet p.** frisch gestrichen! **p. roller,** Farbroller m; (b) **box of paints,** Malkasten m. **2.** F: (make-up) Schminke f. **II.** v. **1.** v.tr. (a) (ein Zimmer usw.) streichen, anmalen; (eine Wand, Tür usw.) anstreichen; Hum: F: **to p. one's face,** sich dat das Gesicht anmalen; Med: **to p. s.o.'s throat,** j-m den Hals pinseln;

(b) (of artist) (ein Bild) malen. **2.** v.i. (of artist etc.) malen. **'paintbrush,** s. Farbpinsel m; Art: Malerpinsel m. **'painter**[1], s. **1.** (artist) Maler(in) m(f). **2. (house) p.,** Maler m, Anstreicher m. **'painting,** s. **1.** (a) (action) Anstreichen n; Art: Malen n; (b) Constr: (work) Malerarbeiten fpl. **2.** (art) Malerei f; **to study p.,** Malerei studieren. **3.** (picture) Gemälde n. **'paintshop,** s. Ind: Lackiererei f. **'paintwork,** s. **1.** Constr: (painting) Malerarbeiten fpl. **2.** (in house) gestrichenes Holz; Aut: Lack m.

painter[2], s. Nau: Fangleine f.

pair [pɛər], s. Paar n; **the happy p.,** das glückliche Paar; **a p. of trousers,** eine Hose; ein Paar Hosen; **a p. of scissors,** eine Schere; **a p. of spectacles,** eine Brille; **these two pictures are a p.,** diese beiden Bilder gehören zusammen; (of friends) **they are two of a pair,** sie haben sich gesucht und gefunden.

pajamas [pə'dʒæməz], s. pl. N.Am: = **pyjamas.**

Pakistan [pɑːkis'tɑːn, pæk-]. Pr. n. Geog: Pakistan n. **Pakis'tani. I.** adj. pakistanisch. **II.** s. Pakistaner(in) m(f).

pal [pæl], s. F: (guter) Freund m; **you're a p.,** du bist ein guter Kumpel. **'pally,** adj. F: **they are very p.,** sie sind gute Kumpel(s).

palace ['pælis], s. Schloß n; (royal) Königsschloß n; also Hum: Palast m.

palate ['pælit], s. Anat: Gaumen m. **'palatable** [-ətəbl], adj. wohlschmeckend.

palatial [pə'leiʃ(ə)l], adj. prunkvoll, F: feudal.

palaver [pə'lɑːvər], s. F: Palaver n.

pale [peil], adj. (a) (of face etc.) blaß; (of moonlight etc.) fahl; (b) (of colour) hell; **p. green,** blaßgrün; **p. ale,** helles Flaschenbier. **'paleface,** s. Bleichgesicht n. **'paleness,** s. Blässe f. **'palish,** adj. bläßlich.

Palestine ['pælistain]. Pr. n. Geog: Palästina n. **Pales'tinian. I.** adj. palästinensisch. **II.** s. Palästinenser(in) m(f).

palette ['pælit], s. Art: Palette f.

palings ['peilinz], s. pl. Lattenzaun m.

palisade [pæli'seid], s. Palisadenzaun m.

pall [pɔːl]. **I.** s. **1.** Bahrtuch n; **p. bearer,** Sargträger m. **2.** Fig: Decke f; **p. of snow,** Schneedecke f; **p. of smoke,** Rauchschwaden mpl. **II.** v.i. (of thing) **to p. on s.o.,** seinen Reiz für j-n verlieren; j-m langweilig werden.

pallet ['pælit], s. **1.** Strohsack m. **2.** Ind: & Paint: Palette f.

palliative ['pæliətiv]. **I.** s. (a) schmerzlinderndes Mittel n; (b) Fig: **the government's latest measure is just a p.,** die letzte Regierungsmaßnahme dient nur als Trostpflaster. **II.** adj. lindernd; Fig: beschönigend.

pallid ['pælid], adj. (of face, light etc.) blaß; (of sky) fahl.

pallor ['pælər], s. Blässe f.

palm[1] [pɑːm], s. **1.** p. (tree), Palme f. **2.** Ecc: **P. Sunday,** Palmsonntag m.

palm[2], s. Handfläche f; F: **to grease s.o.'s p.,** j-n schmieren. **'palmist,** s. Handleser(in) m(f). **'palmistry,** s. Handlesekunst f.

palm[3], v.tr. F: **to p. off (a bad coin etc.) on s.o.,** j-m (eine falsche Münze usw.) andrehen. **'palmy,** adj. F: **p. days,** Blütezeit f.

palpable ['pælpǝbl], *adj.* (*of result etc.*) greifbar; (*of difference, relief etc.*) fühlbar; (*of error*) eindeutig.

palpitate ['pælpiteit], *v.i.* (*a*) (*of heart*) heftig klopfen; wild schlagen; (*b*) (*tremble*) zittern.

palpi'tation, *s.* (*a*) *Med:* (starkes) Herzklopfen *n*; (*b*) Zittern *n*.

paltry ['pɔ:ltri], *adj.* dürftig; (*of excuse*) fadenscheinig. **'paltriness**, *s.* Dürftigkeit *f*.

pamper ['pæmpǝr], *v.tr.* (j-n) verhätscheln.

pamphlet ['pæmflit], *s.* Broschüre *f*; *esp. Pol:* Flugblatt *n*.

pan[1] [pæn-], *s.* 1. *Cu:* Kochtopf *m*; **frying p.**, Bratpfanne *f*. 2. Schale *f* (einer Waage usw.); **lavatory p.**, Toilettenbecken *n*. **'pancake**, *s.* Pfannkuchen *m*; **P. Day**, Faschingsdienstag *m*. **'pantile**, *s.* Dachpfanne *f*.

pan[2], *v.* (*p. & p.p.* **panned**) 1. *v.i. F:* **things did not p. out as he intended**, es kam anders, als er gedacht hatte. 2. *v.tr. Phot:* **to p. a shot**, eine Aufnahme panoramieren, **panned shot**, Schwenkaufnahme *f*.

pan- [pæn-], *prefix* pan-; **pan-African**, panafrikanisch; **pan-American**, panamerikanisch.

panacea [pænǝ'siːǝ], *s.* Allheilmittel *n*.

panache [pǝ'næʃ], *s.* Schwung *m*; (*elegance*) Eleganz *f*.

panchromatic [pænkrǝu'mætik], *adj. Phot:* panchromatisch.

pancreas ['pænkriǝs], *s. Anat:* Bauchspeicheldrüse *f*; Pankreas *n*.

panda ['pændǝ], *s. Z:* Panda *m*; *F:* **p. car**, Streifenwagen *m*.

pandemonium [pændi'mǝunjǝm], *s.* Tohuwabohu *n*, Chaos *n*.

pander ['pændǝr], *v.i.* **to p. to a vice/s.o.'s whims**, einem Laster/j-s Launen frönen.

pane [pein], *s.* Glasscheibe *f*; (*for window*) Fensterscheibe *f*.

panel ['pæn(ǝ)l]. I. *s.* 1. (*a*) (*wood*) Holztafel *f*; (*glass*) Glasscheibe *f*; (*in door*) Türfüllung *f*; (*metal*) Verkleidungsblech *n*; (*b*) (*fabric*) Stoffbahn *f*; (*c*) *Aut: Av:* **instrument p.**, Armaturenbrett *n*. 2. (*committee*) Ausschuß *m*; *Jur:* Geschworene *pl*; *TV: Rad: etc:* Team *n*; (*in quiz*) Rateteam *n*; **p. game**, Quiz *n*. II. *v.tr.* (*p. & p.p.* **panelled**) (eine Wand usw.) täfeln. **'panelling**, *s.* Täfelung *f*. **'panellist**, *s. TV: Rad:* (*in quiz*) Quizteilnehmer *m*; (*in discussion*) Diskussionsteilnehmer *m*.

pang [pæŋ], *s.* plötzlicher, stechender Schmerz *m*; (*in side etc.*) Stich *m*; **pangs of death**, Todesqualen *fpl*; **I felt pangs of hunger**, ich hatte nagenden Hunger; **to feel a p. (of remorse**), Gewissensbisse haben.

panic ['pænik]. I. *s.* (*a*) Panik *f*; **to get into a p.**, in Panik geraten; (*b*) *attrib.* Panik-; **p. measures**, Panikmaßnahmen *fpl*. II. *v.i.* (*p. & p.p.* **panicked**) von Panik erfaßt werden; **don't p.!** nur nicht den Kopf verlieren! **'panicky**, *adj. F:* (*of pers.*) in Panikstimmung. **'panic-stricken**, *adj.* von Panik erfaßt.

pannier ['pæniǝr], *s. Motor Cy:* **p. bag**, Packtasche *f*.

panorama [pænǝ'rɑːmǝ], *s.* Panorama *n*. **panoramic** [-'ræmik], *adj.* Panorama-; **p. view**, Rundblick *m*; *Fig:* vollständiger Überblick *m*.

pansy ['pænzi], *s.* 1. *Bot:* Stiefmütterchen *n*. 2. *P:*

(*homosexual*) Schwule(r) *m*.

pant [pænt], *v.i.* keuchen.

pantechnicon [pæn'teknikǝn], *s.* Möbelwagen *m*.

panther ['pænθǝr], *s. Z:* Panther *m*.

panties ['pæntiz], *s. pl.* Damenslip *m*.

pantomime ['pæntǝmaim], *s. Th:* Märchenspiel *n* (im Varietéstil).

pantry ['pæntri], *s.* Speisekammer *f*.

pants [pænts], *s. pl. Cl:* (*a*) (**pair of**) **p.**, Unterhose *f*; (*b*) *N.Am:* Hose *f*.

papa [pǝ'pɑː], *s. F:* Papa *m*.

papacy ['peipǝsi], *s.* Papsttum *n*. **'papal**, *adj.* päpstlich.

paper ['peipǝr]. I. *s.* 1. Papier *n*; **piece of p.**, Zettel *m*; (*large*) Bogen *m*; **p. bag**, Papiertüte *f*; **p. clip**, Büroklammer *f*; **p. mill**, Papierfabrik *f*; **p. weight**, Briefbeschwerer *m*; *Fig:* **it's a good scheme on p.**, theoretisch ist der Plan gut. 2. (*a*) (*esp. pl.*) (*documents*) Dokumente *npl*; (*records*) Akten *fpl*; (*proving identity etc.*) Papiere *npl*; (*b*) *Sch: etc:* (**examination**) **p.**, (Bogen *m* mit) Prüfungsfragen *fpl*; (*lecture*) **to read a p.**, einen Vortrag halten. 3. (*newspaper*) Zeitung *f*; **p. boy**, Zeitungsjunge *m*; **to do a p. round**, Zeitungen austragen. 4. (**wall**)**p.**, Tapete *f*. II. *v.tr.* (ein Zimmer usw.) tapezieren. **'paperback**, *s.* Taschenbuch *n*. **'paper-chase**, *s.* Schnitzeljagd *f*. **'paperwork**, *s.* Schreibarbeit *f*; *F:* Papierkrieg *m*.

par [pɑːr], *s.* 1. Gleichheit *f*; (*a*) **to be on a p. with s.o.**, j-m gleichstehen; j-m ebenbürtig sein; (*b*) *F:* **to feel below p.**, (gesundheitlich) nicht ganz auf der Höhe sein. 2. *Golf:* Par *n*.

parable ['pærǝbl], *s. B:* Gleichnis *n*.

parachute ['pærǝʃuːt]. I. *s.* Fallschirm *m*; **p. drop**, (*of supplies etc.*) Fallschirmabwurf *m*; (*jump*) Fallschirmsprung *m*. II. *v.* 1. *v.tr.* (Vorräte usw.) mit dem Fallschirm abwerfen. 2. *v.i.* mit dem Fallschirm abspringen. **'parachutist**, *s.* Fallschirmspringer *m*.

parade [pǝ'reid]. I. *s.* 1. *Mil: etc:* (*static*) Parade *f*; (*marching*) Aufmarsch *m*; (*procession*) Festzug *m*; **p. ground**, Paradeplatz *m*; **fashion p.**, Modeschau *f*. 2. (*in town*) Promenade *f*; **shopping p.**, Reihe *f* von Geschäften. II. *v.* 1. *v.tr.* (mit etwas *dat*) paradieren. 2. *v.i. Mil:* vorbeimarschieren.

paradise ['pærǝdais], *s.* Paradies *n*; **bird of p.**, Paradiesvogel *m*.

paradox ['pærǝdɔks], *s.* Paradox *n*. **para'doxical**, *adj.* paradox; **-ally**, *adv.* paradoxerweise.

paraffin ['pærǝfin], *s. Ch:* Paraffin *n*; *Pharm:* **liquid p.**, Paraffinöl *n*.

paragon ['pærǝgǝn], *s.* Muster *n*; **p. of beauty**, Inbegriff *m* der Schönheit; **p. of virtue**, Ausbund *m* der Tugend.

paragraph ['pærǝgrɑːf], *s.* Absatz *m*.

parakeet [pærǝ'kiːt], *s. Orn:* Sittich *m*.

parallel ['pærǝlel]. I. *adj.* parallel (**with/to**, zu + *dat*); *Gym:* **p. bars**, Barren *m*. II. *s.* 1. (*a*) *Geom: etc:* Parallele *f*; *Geog:* Breitengrad *m*; (*b*) *El:* **connected in p.**, parallelgeschaltet. 2. (*comparison*) Parallele *f*, Vergleich *m*; **to draw a p.**, eine Parallele ziehen (**between**, zwischen + *dat*). **para'llelogram**, *s.* Parallelogramm *n*.

paralyse ['pærǝlaiz], *v.tr.* (j-n, einen Muskel

usw.) lähmen; **paralysed with fear**, gelähmt vor
Angst. **pa'ralysis**, *s.* Lähmung *f.* **para'ly-
tic. I.** *adj.* (*a*) gelähmt; (*b*) *F:* (*drunk*) stock-
besoffen. **II.** *s.* Gelähmte(r) *f(m)*.
paramount ['pærəmaunt], *adj.* höchste(r,s);
oberste(r,s); **of p. importance**, von äußerster
Wichtigkeit; **the p. consideration**, die wichtigste
Überlegung.
parapet ['pærəpit], *s. Arch:* Brüstung *f;* (*rail-
ing*) Geländer *n.* (einer Brücke usw.).
paraphernalia [pærəfə'neiliə], *s.pl. F:* Kram *m;*
(*personal*) Siebensachen *fpl.*
paraphrase ['pærəfreiz]. **I.** *s.* Paraphrase *f,*
Umschreibung *f.* **II.** *v.tr.* (ein Schriftstück,
einen Satz) umschreiben.
parasite ['pærəsait], *s.* Parasit *m;* (*pers.*)
Schmarotzer *m.* **parasitic** [pærə'sitik], *adj.*
(*of insect etc.*) schmarotzerhaft; **p. disease**,
durch Parasiten hervorgerufene Krankheit.
parasol ['pærəsɔl], *s.* Sonnenschirm *m.*
paratrooper ['pærətru:pər], *s.* Fallschirmjäger
m. **'paratroops**, *s.pl. Mil:* Fallschirmtrup-
pen *fpl.*
parcel ['pɑːs(ə)l]. **I.** *s.* Paket *n;* **p. post**, Pa-
ketpost *f; Rail:* **parcels office**, Paketannahme *f.*
II. *v.tr.* (*p. & p.p.* **parcelled**) (Waren usw.) in
Pakete abpacken; **to p. up a consignment of
books**, eine Büchersendung verpacken.
parch [pɑːtʃ], *v.tr.* (*of sun, wind*) (etwas) aus-
trocknen; **my throat is parched (with thirst)**,
meine Kehle ist (vor Durst) wie ausgetrocknet;
F: **I'm parched!** ich komme um vor Durst!
parchment ['pɑːtʃmənt], *s.* Pergament *n.*
pardner ['pɑːdnər], *s. U.S: F:* Kumpel *m.*
pardon ['pɑːd(ə)n]. **I.** *s.* (*a*) **to beg s.o.'s p.**, j-n
um Verzeihung bitten; **I beg your p.!** Ent-
schuldigung! **I beg your p.?** wie bitte? (*b*) *Jur:* **free
p.**, Begnadigung *f;* **general p.**, Amnestie *f.* **II.** *v.tr.*
(*a*) (j-m) vergeben, verzeihen; (*b*) *Jur:* (j-n)
begnadigen. **'pardonable**, *adj.* verzeihlich.
pare [pɛər], *v.tr.* **to p. down expenses etc.**,
Ausgaben usw. kürzen.
parent ['pɛərənt]. **I.** *s.* Elternteil *m; pl.* **parents**,
Eltern *pl.* **II.** *attrib. Com:* **p. company**, Mut-
tergesellschaft *f.* **'parentage**, *s.* Abstammung
f. **parental** [pə'rentəl], *adj.* elterlich.
parenthesis, *pl.* **-eses** [pə'renθəsis, -əsi:z], *s.*
Parenthese *f;* **in parentheses**, in Klammern.
Paris ['pæris]. *Pr. n. Geog:* Paris *n.* **Parisian**
[pə'riziən]. **I.** *adj.* Pariser. **II.** *s.* Pariser(in) *m(f).*
parish ['pæriʃ], *s. Ecc:* Gemeinde *f;* **p. church**,
Pfarrkirche *f;* **p. priest**, Gemeindepfarrer *m.*
parishioner [pə'riʃənər], *s.* Gemeindemit-
glied *n.*
parity ['pæriti], *s.* (*a*) (*equality*) Gleichheit *f;* (*b*)
Com: Fin: Parität *f.*
park [pɑːk]. **I.** *s.* **1.** Park *m;* **p. bench**, Parkbank
f; **national p.**, Nationalpark *m.* **2. car p.**,
Parkplatz *m.* **II.** *v.tr.* (*a*) (ein Auto usw.)
parken; (*b*) *F:* (etwas) hinstellen; **p. it there!**
stell es dort hin! **he parked himself in the only
armchair**, er machte sich's im einzigen Sessel
bequem. **'parking**, *s.* Parken *n; P.N:* **no p.**,
Parken verboten; **p. space**, Parklücke *f;* **p.
meter**, Parkuhr *f;* **p. ticket**, Strafzettel *m* (für
falsches Parken); **p. light**, Parkleuchte *f; N.
Am:* **p. lot**, Parkplatz *m.*
parka ['pɑːkə], *s. Cl:* Parka *m.*

parliament ['pɑːləmənt], *s.* Parlament *n;* **in p.**,
im Parlament; *Brit:* **Member of P.**, Parla-
mentsabgeordnete(r) *m(f);* **the Houses of P.**, das
Parlament; (*building*) das Parlamentsgebäude.
parliamen'tarian, *s.* Parlamentarier(in)
m(f). **parlia'mentary**, *adj.* parlamentarisch,
Parlaments-; **p. election**, Parlamentswahlen *fpl.*
parlour ['pɑːlər], *s.* **1. beauty p.**, Schönheitssalon
m. **2.** *A:* (*best room*) gute Stube *f.*
parochial [pə'rəukiəl], *adj.* **1.** *Ecc:* parochial,
Pfarr-. **2.** *Pej:* (*of outlook, etc.*) provinzlerisch.
parody ['pærədi]. **I.** *s. Lit: Mus:* Parodie *f* (**on/of**,
auf + *acc*). **II.** *v.tr.* (j-n, etwas) parodieren.
parole [pə'rəul], *s.* Ehrenwort *n;* **to release (a
prisoner etc.) on p.**, (einen Häftling usw.) auf
Ehrenwort entlassen.
parquet ['pɑːkei], *s.* Parkett *n;* **p. floor**, Parkett-
boden *m.*
parrot ['pærət], *s. Orn:* Papagei *m.*
parry ['pæri], *v.tr. Fenc: Box: etc:* (einen Schlag,
Stoß usw.) parieren.
parsimonious [pɑːsi'məuniəs], *adj.* (übertrie-
ben) sparsam; (*miserly*) knauserig.
parsley ['pɑːsli], *s. Bot:* Petersilie *f.*
parsnip ['pɑːsnip], *s. Bot:* Pastinake *f.*
parson ['pɑːs(ə)n], *s. Ecc:* Gemeindepfarrer *m.*
'parsonage, *s.* Pfarrhaus *n.*
part [pɑːt]. **I.** *s.* **1.** (*a*) Teil *m & n;* **good in p.**,
Teil/teilweise gut; **the funny p. is...**, das
Komische daran ist...; **in my p. of the world**,
bei uns zu Hause; **one p. (of) X to three parts
water**, ein Teil X auf drei Teile Wasser; *F:* **it's
p. and parcel of it**, es ist ein wesentlicher Be-
standteil davon; (*b*) *Ind:* Teil *n;* **spare parts**,
Ersatzteile *npl;* (*c*) *Gram:* **p. of speech**, Wortart
f; (*d*) (*in newspaper etc.*) Fortsetzung *f* (eines
Romans usw.); (*volume*) Band *m;* (*e*) **p.-pay-
ment**, Teilzahlung *f;* **p.-time work**, Teilzeit-
erwerb *m; F:* Halbtagsbeschäftigung *f* (*to
work p.-time*, halbtags arbeiten. **2.** (*a*) **to take p.
in sth.**, an etwas *dat* teilnehmen; (*b*) *Th:* Rolle
f; Fig: **to play one's p.**, (sein Teil) beitragen (**in**,
zu + *dat*); **it played its p. in stamping out the
disease**, es hat dazu beigetragen, die
Krankheit auszurotten; (*c*) *Mus:* Partie *f;* (*in
score*) Stimme *f;* **the soprano p. is very high**, die
Sopranstimme liegt sehr hoch; **he took the
tenor p.**, er hat die Tenorpartie übernommen;
p. singing, mehrstimmiger Gesang; **trombone
p.**, Posaunenpartie *f;* **orchestral parts**, Or-
chesterstimmen *fpl.* **3. to take s.o.'s p.**, j-s Partei
ergreifen; **on the p. of**, seitens + *gen;* **an indis-
cretion on his p.**, eine Indiskretion seinerseits;
for my p., was mich betrifft. **4. to take sth. in
good p.**, etwas mit Humor hinnehmen. **II.** *adv.*
p. restored, teilweise restauriert. **III.** *v.* **1.** *v.tr.*
(*a*) (*separate*) (etwas) trennen (**from**, von +
dat); **to p. one's hair**, sich *dat* einen Scheitel
ziehen. **2.** *v.i* (*a*) sich trennen (**with one's money**
etc., von seinem Geld usw.); (*of people*) ausein-
andergehen; (*of roads*) sich gabeln; (*of clouds
etc.*) sich teilen; (*b*) (*break*) (*of rope etc.*) reißen.
'parting. I. *s.* (*a*) Trennung *f;* **we have come to
the p. of the ways**, hier trennen sich unsere
Wege; (*b*) (*farewell*) Abschied *m.* **2.** Reißen *n*
(eines Taus usw.). **3.** (*in the hair*) Scheitel *m.* **II.**
adj. Abschieds-; **his p. shot**, sein letztes Wort;
p. kiss, Abschiedskuß *m.*

partial ['pɑ:ʃ(ə)l], *adj.* **1.** (*of pers.*) (*a*) (*biased*) voreingenommen; *Jur:* befangen; (*b*) **to be p. to sth.**, ein Faible/eine Schwäche für etwas *acc* haben. **2.** Teil-; teilweise; **p. acceptance**, Teilakzept *n;* **p. eclipse of the sun**, partielle Sonnenfinsternis. **parti´ality**, *s.* **1.** Voreingenommenheit *f; Jur:* Befangenheit *f.* **2.** Schwäche *f,* Faible *n* (**for/to**, für + *acc*).

participate [pɑ:'tisipeit], *v.i.* **to p. in sth.**, an etwas *dat* teilnehmen. **par´ticipant**, *s.* Teilnehmer(in) *m(f).* **partici´pation**, *s.* Teilnahme *f* (**in**, an + *dat*).

participle ['pɑ:tisipl], *s. Gram:* Partizip *n.*

particle [pɑ:tikl], *s.* **1.** *Gram:* Partikel *f.* **2.** *Ph: etc:* Teilchen *n.*

particular [pə'tikjulər], I. (*special*) *adj.* **1.** besondere(r,s); **for no p. reason**, aus keinem bestimmten Grund; **in p.**, besonders. **2.** (*awkward*) heikel; **to be p. about one's food**, im Essen heikel sein; **he's very p.**, bei ihm muß alles genau stimmen; **I'm not p. about it**, es kommt mir nicht so sehr darauf an; **-ly**, *adv.* besonders; **I p. asked him to be careful**, ich habe ihn extra gebeten, vorsichtig zu sein. II. *s. esp. pl* **particulars**, Einzelheiten *fpl;* **in every p.**, in jeder Einzelheit; **for further particulars apply to X**, Näheres bei X zu erhalten.

partisan [pɑ:ti'zæn]. I. *s.* Partisan *m.* II. *adj.* (*biased*) voreingenommen.

partition [pɑ:'tiʃ(ə)n]. I. *s.* **1.** (*act*) Aufteilung *f* (eines Zimmers, Feldes usw.); Teilung *f* (eines Landes). **2.** (**wooden**) **p.**, (hölzerne) Trennwand *f;* (*in stable etc.*) Holzverschlag *m.* II. *v.tr.* (*a*) (ein Feld, Land usw.) teilen; (*b*) **to p. a room**, ein Zimmer aufteilen.

partly ['pɑ:tli], *adv.* zum Teil, teilweise.

partner ['pɑ:tnər], *s.* **1.** (*in marriage, dancing, tennis etc.*) Partner(in) *m(f).* **2.** *Com:* Teilhaber(in) *m(f).* **´partnership**, *s.* **1.** (*marriage etc.*) Partnerschaft *f;* (*combination*) Kombination *f.* **2.** *Com: Ind:* Assoziation *f;* **to go into p. with s.o.**, sich mit j-m assoziieren; **to take s.o. into p.**, j-n als Gesellschafter aufnehmen.

partridge ['pɑ:tridʒ], *s.* Rebhuhn *n.*

party ['pɑ:ti], *s.* **1.** *Pol:* Partei *f;* **to toe the p. line**, sich streng an die Parteilinie halten; linientreu sein. **2.** Party *f;* **birthday p.**, Geburtstagsfeier *f; Fig:* **his p. piece**, seine Glanznummer. **3.** (*group of people*) Gesellschaft *f;* Gruppe *f;* **will you join our p.?** wollen Sie sich uns anschließen? **p. ticket**, Gruppenkarte *f;* **rescue p.**, Rettungsmannschaft *f.* **4.** *Jur: etc:* **p. to a contract**, Vertragspartner *m;* **a third p.**, ein Dritter; **interested p.**, Interessent *m;* **to be a p. to a crime**, an einem Verbrechen beteiligt sein; (*b*) *Tel:* **p. line**, Gemeinschaftsanschluß *m.*

pass [pɑ:s]. I. *v.* **1.** *v.i.* (*a*) (*of pers.*) vorbeigehen; (*in vehicle*) vorbeifahren; **to let s.o. p.**, j-n vorbeilassen; **if you're passing this way**, falls Sie hier vorbeikommen; **to let a remark p.**, eine Bemerkung durchgehen lassen; **to p. unnoticed**, unbemerkt bleiben; (*b*) (*of time*) **to p. (by)**, vergehen; **when five minutes had passed**, als fünf Minuten verstrichen waren; (*c*) *Com:* (*of rights etc.*) übergehen (**to s.o.**, auf j-n); **the book passed from hand to hand**, das Buch ging von Hand zu Hand; **no one knows what passed**

between them, keiner weiß, was zwischen ihnen vorging; (*d*) *Games:* **p.!** (ich) passe! (*e*) (*in examination, test*) bestehen, durchkommen. **2.** *v.tr.* (*a*) **to p. s.o., sth.**, an j-m, etwas *dat* vorbeigehen/(*in vehicle*) vorbeifahren; **to p. s.o. on the stairs**, j-m auf der Treppe begegnen; (*b*) (*overtake*) (j-n, ein Auto usw.) überholen; (*exceed*) (eine Grenze, einen Betrag usw.) überschreiten; **it passes my comprehension**, das geht über meinen Verstand; (*c*) *Sch:* (eine Probe, eine Prüfung) bestehen; **to p. a candidate**, einen Kandidaten bestehen lassen; *Parl:* **to p. a bill**, ein Gesetz verabschieden; (*d*) (*hand*) (etwas) reichen; **p. me the salt**, reich mir das Salz; **to p. the hat**, den Hut herumreichen; *Fb:* **to p. the ball to s.o.**, j-m den Ball zuspielen; *F:* **to p. the buck**, die Verantwortung auf andere abwälzen; *Med:* **to p. water**, Wasser lassen; (*e*) **to p. one's hand over sth.**, mit der Hand über etwas *acc* (hinweg)streichen/(hinweg)fahren; (*f*) **to p. the time**, die Zeit verbringen; (*g*) *Jur:* **to p. sentence**, das Urteil verkünden. II. *s.* **1.** (**mountain**) **p.**, Gebirgspaß *m,* Paß *m.* **2.** *Sch:* **to gain/get a p. in an examination**, eine Prüfung befriedigend bestehen. **3.** (*document*) *Adm: etc:* Passierschein *m.* **4.** (*a*) *Fb: etc:* Paß *m;* (*b*) (*movement*) *esp. Mec: E:* Arbeitsgang *m; F:* **to make a p. at s.o.**, bei j-m einen Annäherungsversuch machen. **´passable**, *adj.* (*a*) passabel, leidlich; (*b*) (*of road*) passierbar. **passage** ['pæsidʒ], *s.* **1.** (*in a building*) Flur *m,* Korridor *m;* (*between buildings etc.*) Durchgang *m.* **2.** (*journey*) (**air**) **p.**, Flug *m;* (**sea**) **p.**, Überfahrt *f;* **to p. through a canal**, Durchfahrt *f* durch einen Kanal. **3.** (*in music, book etc.*) Stelle *f.* **´pass a´way**, *v.i.* (*of pain, sound*) aufhören; *Fig:* (*of pers.*) entschlafen. **´pass be´yond**, *v.tr.* (über etwas *acc*) hinausgehen. **´pass ´by**, *v.* **1.** *v.i.* (*a*) (*of pers.*) vorbeigehen, vorbeifahren; (*b*) (*of time*) verstreichen. **2.** *v.tr.* **to p. s.o. by**, j-n übergehen. **passenger** ['pæsindʒər], *s.* Passagier *m; attrib.* Personen-; **p. service**, Personenverkehr *m.* **´passer-´by**, (*pl* **passers-by**), *s.* Passant *m.* **´passing**. **I.** *adj.* (*of remark etc.*) beiläufig; **a p. fancy**, eine (vorübergehende) Laune. II. *s.* (*a*) Vorübergehen *n;* Vorbeifahren *n* (eines Zuges usw.); Verstreichen *n* (der Zeit); **the p. of an era**, das Ende einer Epoche; **he remarked in p. that ...**, er bemerkte beiläufig, daß ...; (*b*) (*death*) Hinscheiden *n.* **´pass ´into**, *v.i.* (*a*) (in ein Zimmer) eintreten; (*b*) **to p. i. another phase**, in eine neue Phase übergehen; **that has passed into history**, das ist in die Geschichte eingegangen. **´pass ´off**, *v.* **1.** *v.i.* ablaufen; **everything passed off well**, alles ging glatt (vonstatten). **2.** *v.tr.* **to p. oneself o. as an actor**, sich als Schauspieler ausgeben. **´pass ´on**, *v.* **1.** *v.tr.* (Informationen, ein Buch usw.) weitergeben; (*at table*) (etwas) weiterreichen. **2.** *v.i. Fig:* (die) hinscheiden. **´pass ´out**, *v.i.* ohnmächtig werden. **´pass ´over**, *v.* **1.** *v.i.* hinüberziehen; (*of storm*) sich legen. **2.** *v.tr.* (*ignore*) (j-n) übergehen; (*not mention*) (j-n, etwas) nicht erwähnen; (*b*) (*hand over*) (etwas) überreichen. **´Passover**, *s. Jew: Rel:* Passah *n.* **´passport**, *s.* Reisepaß *m,* Paß *m.* **´pass ´round**, *v.tr.* **to p. round the wine/the hat etc.**,

die Weinflasche/den Hut usw. herumreichen;
(*of thing*) **to be passed round,** die Runde
machen. ´**pass** ´**through,** *v.* 1. *v.tr.* (durch eine
Stadt, einen Tunnel usw.) durchgehen,
durchfahren. **2.** *v.i.* **I am just passing through,**
ich bin nur auf der Durchreise. ´**pass**
´**up,** *v.tr.* (*a*) (etwas) hinaufreichen; (*b*) *F:*
(*miss*) (eine Gelegenheit) versäumen. ´**pass-**
word, *s. Mil: etc:* Kennwort *n.*
passion [´pæʃ(ə)n], *s.* **1.** *Ecc:* Passion *f;* **P.**
Sunday, Passionssonntag *m.* **2.** (*a*) (*strong emo-*
tion, interest) Leidenschaft *f;* **to give free rein**
to one's passions, sich seinen Leidenschaften
hingeben; **p. for work,** Arbeitswut *f;* (*b*) (*anger*)
fit of p., Wutausbruch *m;* **to be in a p.,** wütend
sein. ´**passionate,** *adj.* leidenschaftlich.
passive [´pæsiv]. **I.** *adj.* passiv. **II.** *s. Gram:*
Passiv *n.*
past[1] [pɑːst]. **I.** *adj.* (*a*) vergangen; **in times p.,** in
früheren Zeiten; **for some time p.,** seit eini-
ger Zeit; (*b*) *Gram:* **p. participle,** Partizip Per-
fekt *n.* **II.** *s.* Vergangenheit *f;* **in the p.,** früher.
past[2]. **I.** *prep.* (*a*) an ... *dat* vorbei; **to walk p.**
s.o., an j-m vorbeigehen; (*b*) **a quarter p. four,**
Viertel nach vier; **he's p. eighty,** er ist über
achtzig; **p. all comprehension,** unbegreiflich; *F:*
to be p. it, zu alt dafür sein. **II.** *adv.* **to walk/go**
p., vorbeigehen.
pasta [´pæstə], *s.* Teigwaren *fpl.*
paste [peist]. **I.** *s.* **1.** (*a*) *Cu: etc:* **mix to a stiff p.,**
zu einer teigartigen Masse verrühren; **meat p.,**
Fleischpaste *f;* **almond p.,** Marzipan *n;* (*b*) (*for*
sticking paper etc.) Kleister *m.* **2. p. (jewellery),**
Straß *m.* **II.** *v.tr.* **to p. sth. in/on sth.,** etwas
in/auf etwas *acc* festkleben.
pastel [´pæst(ə)l], *s. Art:* Pastell *n;* **p. drawing,**
Pastellzeichnung *f;* **p. shades,** Pastelltöne *mpl.*
pasteurize [´pɑːstjəraiz], *v.tr.* (Milch) pasteu-
risieren.
pastille [pæs´tiːl], *s. Pharm:* Pastille *f;* **cough p.,**
Hustenbonbon *m.*
pastime [´pɑːstaim], *s.* Zeitvertreib *m.*
pastor [´pɑːstər], *s. Ecc:* Pastor *m.* ´**pastoral,**
adj. **1.** *Lit: etc:* Schäfer-; *Art:* **p. scene,** länd-
liche Szene. **2.** *Ecc:* pastoral; **p. letter,** Hirten-
brief *m.*
pastry [´peistri], *s.* **1.** Teig *m.* **2. (Danish) p.,**
Hefeteilchen *n;* **pastries,** Gebäck *n.*
pasture [´pɑːstjər]. **I.** *s.* Weide *f.* **II.** *v.tr.*
(Schafe, Vieh) auf die Weide führen. ´**pastur-**
age, *s.* Weideland *n;* (*grass*) Weidegras *n.*
pasty[1] [´peisti], *adj.* teigartig; **p. to look p.,**
käseweiß sein.
pasty[2] [´pæsti], *s. Cu:* Pastete *f.*
pat [pæt]. **I.** *s.* **1.** leichter Schlag *m,* Klaps *m;* **p.**
on the back, (anerkennender) Schlag auf die
Schulter. **2. p. of butter,** Stückchen *n* Butter.
II. *v.tr.* (*p. & p.p. patted*) (j-n, ein Tier) tät-
scheln; **to p. s.o. on the back,** j-m auf die
Schulter klopfen; *Fig:* **to p. oneself on the back,**
sich *dat* gratulieren. **III.** *adv.* **to have an answer**
off p., eine Antwort parat haben.
patch [pætʃ]. **I.** *s.* **1.** (*for repair*) Flicken *m; F:*
not to be a p. on s.o., j-m nicht das Wasser
reichen können; **this book isn't a p. on his first**
one, dieses Buch ist bei weitem nicht so gut wie
sein erstes. **2.** (*small area*) (*a*) Fleck *m;* **a cat**
with a white p. on its neck, eine Katze mit

einem weißem Fleck am Hals; **p. of blue sky,**
ein Stückchen *n* blauer Himmel; (*b*) (*land*)
(kleines) Stück *n;* **vegetable p.,** Gemüsebeet *n;*
(*c*) *F:* Revier *n;* **keep off my p.!** Finger weg! das
ist mein Revier! *Fig:* misch dich nicht in meine
Angelegenheiten! **3.** (*on eye*) Augenklappe
f. **II.** *v.tr.* (ein Kleid, einen Reifen usw.)
flicken; **to p. sth. up,** etwas ausbessern; *F:*
(*after quarrel*) **to p. it up with s.o.,** sich wieder
aussöhnen (mit j-m). ´**patchwork,** *s. Cl: Tex:*
Patchwork *n;* **p. quilt,** Flickendecke *f.*
´**patchy,** *adj.* (*a*) fleckig; **p. fog,** strichweise
Nebel; (*b*) *Fig:* (*uneven*) ungleichmäßig; (*of*
knowledge etc.) lückenhaft.
pâté [´pætei], *s. Cu:* Pastete *f; esp.* **(liver) p.,**
Leberpastete *f.*
patent [´pætənt, ´peitənt]. **I.** *adj.* **1.** patentge-
schützt, patentiert; **p. medicine,** Markenme-
dizin *f; p. leather,** Lackleder *n; F:* **my own p.**
method, mein eigenes Patent. **2.** (*obvious*) of-
fensichtlich; **-ly,** *adv.* **he was p. telling a lie,** er
log offensichtlich. **II.** *s.* Patent *n;* **p. applica-**
tion, Patentanmeldung *f;* **p. agent,** Patentan-
walt *m;* **p. pending,** Patent angemeldet; **p. spe-**
cification, Patentschrift *f.* **III.** *v.tr.* (eine Er-
findung, ein Verfahren usw.) patentieren.
paternal [pə´təːnl], *adj.* väterlich. **pa´ternity,**
s. Vaterschaft *f.*
path, *pl.* **paths** [pɑːθ, pɑːðz], *s.* **1.** Pfad *m; esp.*
Fig: Weg *m; Fig:* **to follow different paths,**
andere Wege gehen. **2.** Bahn *f* (der Sonne,
eines Planeten usw.). ´**pathway,** *s.* Pfad *m.*
pathetic [pə´θetik], *adj.* **1.** mitleiderregend; **a p.**
sight, ein rührender Anblick. **2.** *F: Pej:* **p.**
effort, ein kläglicher Versuch; **the play is just**
p., das Stück ist einfach erbärmlich.
pathology [pə´θɔlədʒi], *s.* Pathologie *f.* **patho-**
logical [pæθə´lɔdʒik(ə)l], *adj.* pathologisch.
pa´thologist, *s.* Pathologe *m.*
pathos [´peiθɔs], *s.* **the p. of the situation,** das
Rührende an der Situation.
patience [´peiʃ(ə)ns], *s.* **1.** Geduld *f;* **to try s.o.'s**
p., j-s Geduld auf die Probe stellen; **my p. is**
exhausted, meine Geduld ist am Ende. **2.**
Cards: Patience *f.* ´**patient. I.** *adj.* geduldig;
to be p., Geduld haben. **II.** *s. Med:* Patient(in)
m(f).
patriot [´peitriət, ´pæ-], *s.* Patriot(in) *m(f).* **pa-**
tri´otic, *adj.* patriotisch. ´**patriotism,** *s.*
Patriotismus *m.*
patrol [pə´traul]. **I.** *s.* (*a*) *Mil: etc:* Patrouille *f;*
to go on p., auf Patrouille gehen; (*b*) (*police*)
Streife *f;* **p. car,** Streifenwagen *m; N.Am:* **p.**
wagon, Gefangenenwagen *m;* (*c*) *Scout:* Pfad-
findergruppe *f;* **p. leader,** Gruppenführer(in)
m(f). **II.** *v.* (*p. & p.p. patrolled*). **-1.** *v.i.* auf
Patrouille/(*police*) Streife gehen. **2.** *v.tr.* (ein
Gebiet) patrouillieren. **pa´trolman,** *pl.* **-men,**
s. N.Am: Polizist *m* auf Streife.
patron [´peitrən], *s.* **1.** (*a*) Gönner *m,* Förderer
m (der Künste usw.); (*b*) Schirmherr *m* (einer
Wohltätigkeitsveranstaltung usw.); (*c*) *Ecc:*
Kirchenpatron *m;* **p. saint,** Schutzheilige(r)
f(m). **2.** *Com: Th: Cin:* Besucher *m* (eines
Kinos, Theaters, Restaurants), Kunde *m*
(eines Geschäfts). **patronage** [´pætrənidʒ], *s.*
1. (*a*) Förderung *f* (der Kunst); Protektion *f*
(eines Künstlers); (*b*) Schirmherrschaft *f.* **2.**

Com: Kundschaft *f.* **patronize** ['pæ-], *v.tr.*
(*a*) **to p. s.o.,** j-n herablassend behandeln; (*b*)
(ein Theater, Kino, Restaurant) besuchen.
'**patronizing,** *adj.* gönnerhaft; **p. tone,** herablassender Ton.

patter[1] ['pætər], *s.* Geplapper *n;* Geleier *n* (eines
Verkäufers usw.); *Th:* schnell gesprochener
Text (eines Liedes).

patter[2]. **I.** *v.i.* (*of feet*) trappeln; (*of rain, hail
etc.*) prasseln. **II.** *s.* Getrappel *n* (der Füße);
Prasseln *n* (des Regens, Hagels usw.).

pattern ['pætən], *s.* Muster *n; Tail: Sew:* Schnitt
m; (*piece of cloth*) Stoffprobe *f; Metalw:* (*for
casting*) Modell *n.*

patty ['pæti], *s. Cu:* kleine Pastete *f.*

paunch [pɔːn(t)ʃ], *s.* Wanst *m, F:* Schmerbauch *m.*

pause [pɔːz]. **I.** *s.* Pause *f;* **p. for thought,**
Denkpause *f.* **II.** *v.i.* eine Pause machen; (*in
conversation*) innehalten; (*hesitate*) zögern.

pave [peiv], *v.tr.* (eine Straße) pflastern; (einen
Hof usw.) mit Platten auslegen; *Fig:* **to p. the way
for s.o., sth.,** j-m, etwas *dat* den Weg bahnen.
'**pavement,** *s.* Bürgersteig *m;* (*paved area*)
Pflaster *n.* '**paving,** *s.* **1.** (*act*) Pflastern *n.* **2.**
Pflaster *n.* **p. stone,** Pflasterstein *m.*

pavilion [pəˈviljən], *s.* **1.** *Arch:* Pavillon *m.* **2.**
Sp: Klubhaus *n.*

paw [pɔː]. **I.** *s. Z:* (*also P: = hand*) Pfote *f.* **II.**
v.tr. (*a*) (*of cat, dog etc.*) (j-n, etwas) mit den
Pfoten stupsen; **the horse was pawing the
ground,** das Pferd scharrte (mit den Hufen); (*b*)
F: (*of pers.*) (j-n, etwas) betasten.

pawn[1] [pɔːn], *v.tr.* (Wertsachen) verpfänden.
'**pawnbroker,** *s.* Pfandleiher *m.* '**pawnshop,**
s. Leihhaus *n.*

pawn[2], *s. Chess:* Bauer *m; Fig:* **to be s.o.'s p.,**
nach j-s Pfeife tanzen.

pay [pei]. **I.** *v.* **1.** *v.tr.* (*p. & p.p.* **paid**) (*a*) (j-n, eine
Rechnung, eine Summe) (be)zahlen; (j-m) eine
Summe zahlen; **to p. a debt,** eine Schuld
bezahlen/zurückzahlen; (*on receipted bill*) **paid,**
bezahlt; (*of pers., work*) **well paid,** gut bezahlt;
I paid him to drive me there, ich habe ihn fürs
Hinbringen bezahlt; **I wouldn't go even if I
were paid (to),** ich würde um nichts in der
Welt hingehen; (*b*) **to p. attention to sth.,** etwas
dat Aufmerksamkeit schenken; **p. attention!**
aufpassen! **to p. s.o. the honour,** j-m die Ehre
erweisen; **to p. s.o. a visit,** j-m einen Besuch
abstatten; *F:* **to p. a visit,** mal (verschwinden)
müssen; (*c*) *impers.* **it will p. you to go there,** es
wird sich für Sie lohnen, dort hinzugehen. **2.**
v.i. (*a*) (*of pers.*) zahlen, bezahlen; **to p. cash
(down),** bar zahlen; *Adm: Brit:* **p.-as-you-earn,**
abbr. **P.A.Y.E.,** Einbehaltung *f* der Steuern
vom laufenden Einkommen; (*b*) (*of thing*) sich
lohnen; **it doesn't p.,** es lohnt/rentiert sich
nicht; **crime doesn't p.,** Verbrechen zahlt sich
nicht aus; *Prov:* unrecht Gut gedeiht nicht. **II.** *s.*
Lohn *m; Mil: etc:* Besoldung *f;* **holidays with
p.,** bezahlter Urlaub; **to be in s.o.'s p.,** von j-m
bezahlt werden; **p. packet,** Lohntüte *f.* '**pay-
able,** *adj.* zahlbar; **taxes p. by the owner,** vom
Eigentümer zu entrichtende Steuern; **to become
p.,** fällig werden. '**pay 'back,** *v.tr.* (Schulden
usw.) zurückzahlen; **to p. s.o. b. for sth.,** j-m
etwas zurückzahlen; *Fig:* **to p. s.o. b. in his own
coin,** j-m mit gleicher Münze heimzahlen.

'**pay-day,** *s.* Zahltag *m.* **pay'ee,** *s.* Zahlungsempfänger *m.* '**pay 'for,** *v.tr.* (etwas)
bezahlen; **I've paid for it,** ich habe es/dafür
bezahlt; **he's paid for you,** er hat für dich bezahlt; *F:* **you'll p. for this!** das wird dir teuer
zu stehen kommen! '**pay 'in,** *v.tr.* (einen
Scheck usw.) einzahlen (**into an account,** auf
ein Konto). '**paying. I.** *adj.* **1.** (*of business
etc.*) einträglich, rentabel. **2. p. guest,** zahlender Gast. **II.** *s.* Zahlen *n.* '**payload,** *s.*
Nutzlast *f* (eines Flugzeugs, eines Schiffs
usw.). '**paymaster,** *s.* Zahlmeister *m.* '**pay-
ment,** *s.* (*act, amount*) Zahlung *f;* (*of pers.*)
Bezahlung *f;* **p. of ten dollars,** bei Zahlung
von zehn Dollar; **p. on account,** Abschlagszahlung *f.* '**pay 'off,** *v.* **1.** *v.tr.* (Schulden usw.)
(vollständig) abzahlen. **2.** *v.i.* **it'll p. off in the
end,** am Ende macht sich das bezahlt. '**pay
'out,** *v.tr.* (*a*) (Geld) ausgeben; (*b*) *Mount:
Nau:* (ein Seil) auslaufen lassen. '**payroll,** *s.*
Lohnliste *f,* Gehaltsliste *f;* **on the p. of this
company,** angestellt bei dieser Firma. '**pay-
slip,** *s.* Lohnzettel *m.* '**pay 'up,** *v.i.* (*a*) (seine
Schulden) zahlen; *F:* mit dem Geld herausrücken; (*b*) **he is a fully paid up member,** er hat
den vollen Mitgliedsbeitrag gezahlt.

pea [piː], *s. Hort:* Erbse *f; Cu:* **p. soup,** Erbsensuppe *f; Bot:* **sweet p.,** Gartenwicke *f;* **p.-
green,** erbsengrün.

peace [piːs], *s.* **1.** Frieden *m;* (*of country etc.*) **at
p.,** im Frieden (**with,** mit + *dat*); **to make
(one's) p. with s.o.,** mit j-m Frieden schließen;
p. treaty, Friedensvertrag *m.* **2.** *Jur:* **to keep the
p.,** den (öffentlichen) Frieden aufrechterhalten;
disturbance of the p., Störung *f* des öffentlichen
Friedens. **3. p. and quiet,** Ruhe *f,* **leave me in
p.,** laß mich in Frieden; **you may sleep in p.,** Sie
können in Ruhe schlafen. '**peaceable,** *adj.* (*of
pers.*) friedlich. '**peaceful,** *adj.* friedlich.
'**peacefulness,** *s.* Friedlichkeit *f.* '**peace-
maker,** *s.* Friedensstifter *m.* '**peacetime,** *s.*
Friedenszeiten *fpl;* **in p.,** im Frieden.

peach [piːtʃ], *s. Hort:* Pfirsich *m;* **p.(-tree),**
Pfirsichbaum *m.*

peacock ['piːkɔk], *s. Orn:* Pfau *m.* '**peahen,** *s.*
Pfauhenne *f.*

peak [piːk], *s.* **1.** Schirm *m* (einer Mütze). **2.**
(*a*) Gipfel *m* (eines Berges usw.); *Fig:* Höhepunkt *m;* **at the p. of his power/fame,** auf dem
Gipfel seiner Macht/seines Ruhms; (*b*) *attrib.*
Höchst-; **p. efficiency,** maximale Wirtschaftlichkeit; **p. hours,** Stoßzeit *f; El: etc:* **p. load,**
Höchstbelastung *f; Mec.E: etc:* **p. output,**
Höchstleistung *f.* **II.** *v.i.* **this engine peaks at
8000 rpm.,** dieser Motor erreicht seine
Höchstleistung bei 8000 Umdrehungen pro
Minute. **peaked,** *adj.* **p. cap,** Schirmmütze *f.*

peal [piːl]. **I.** *s.* **1. p. of bells,** Glockengeläut *n;* **to
ring a p.,** die Glocken läuten. **2.** *Fig:* **p. of
thunder,** Donnerschlag *m;* **p. of laughter,**
Lachsalve *f.* **II.** *v.i.* (*of bells*) läuten.

peanut ['piːnʌt], *s.* Erdnuß *f.*

pear [pɛər], *s.* Birne *f;* **p.(-tree),** Birnbaum *m.*

pearl [pɜːl], *s.* **1.** Perle *f; Z:* **p. oyster,** Perlmuschel
f. **2.** (**mother of**) **p. button,** Perlmutt(er)knopf
m. **3.** *Cu:* **p. barley,** Perlgraupen *fpl.* '**pearl-
'diver,** *s.* Perlentaucher *m.* '**pearly,** *adj.* (*a*)
perlenartig; (*b*) mit Perlen/Perlmutter verziert.

peasant ['pez(ə)nt], *s.* **1.** (armer) Bauer *m, esp.* Kleinbauer *m.* **2.** *F: Pej:* Prolet *m.*

pease pudding ['piːz 'pudiŋ], *s. Cu:* Erbsenpüree *n.*

peat [piːt], *s.* Torf *m.*

pebble ['pebl], *s.* Kieselstein *m; F:* **you're not the only p. on the beach,** du bist nicht der einzige Mensch auf der Welt. **'pebbly,** *adj.* kiesig.

peck [pek]. **I.** *s.* Hacken *n.* **II.** *v.i. (of bird etc.)* hacken (**at,** nach + *dat*); **pecking order,** Hackordnung *f.* **'peckish,** *adj. F:* **to feel (a bit) p.,** (ein bißchen) Appetit haben.

peculiar [pi'kjuːliər], *adj.* **1.** besondere(r,s); **of p. interest,** von besonderem Interesse. **2.** *(odd)* eigenartig. **peculi'arity,** *s.* **1.** Eigenart *f,* Besonderheit *f; (on passport)* **special peculiarities,** besondere Kennzeichen *npl.* **2.** *(also* **pe'culiarness)** Eigenartigkeit *f.*

pecuniary [pi'kjuːniəri], *adj.* finanziell; **p. matters,** Geldsachen *fpl.*

pedal ['pedl]. **I.** *s.* Pedal *n; (of piano)* **soft p.,** Pianopedal *n;* **loud p.,** Fortepedal *n; attrib.* **p. boat,** Pedalo *n;* **p. car,** Tretauto *n.* **II.** *v.i. (p. & p.p.* **pedalled)** *(a) Cy:* in die Pedale treten; *(b) (of organist)* auf dem Pedal spielen.

pedant ['ped(ə)nt], *s.* Pedant *m.* **pe'dantic,** *adj.* pedantisch. **'pedantry,** *s.* Pedanterie *f.*

peddle ['pedl], *v.* **1.** *v.i.* hausieren. **2.** *v.tr.* (mit etwas *dat*) hausieren (gehen); *Pej:* **to p. drugs etc.,** mit Drogen usw. handeln. **'peddler/'pedlar,** *s.* Hausierer *m; (drug)* **p.,** Drogenhändler *m.*

pedestal ['pedist(ə)l], *s.* Sockel *m; Fig:* **to put s.o. on a p.,** j-n aufs Podest stellen.

pedestrian [pi'destriən]. **I.** *adj.* prosaisch; *(unimaginative)* einfallslos. **II.** *s.* Fußgänger *m;* **p. precinct,** Fußgängerzone *f;* **p. crossing,** Fußgängerübergang *m.*

pedigree ['pedigriː], *s. (a)* Stammbaum *m; of uncertain p.,* unbestimmter Herkunft; *(b) attrib.* reinrassig; Rasse-; **p. dog,** Rassehund *m.*

pee [piː], *v.i. & s. P:* **to (have a) p.,** pinkeln.

peel [piːl]. **I.** *s.* Schale *f* **II.** *v.* **1.** *v.tr. (a)* (eine Frucht, Kartoffeln usw.) schälen; *(b)* **to p. off (clothes),** (Kleider) abstreifen. **2.** *v.i. (a)* **to p. (off),** *(of paint etc.)* abblättern; *(of skin, nose etc.)* sich pellen, sich schälen; *(b) Av:* **to p. off,** ausscheren. **'peeler,** *s.* **potato p.,** Kartoffelschäler *m.* **'peelings,** *s.pl.* Schalen *fpl;* **potato p.,** Kartoffelschalen *fpl.*

peep [piːp]. **I.** *s.* **1.** *(squeak)* Piepsen *n; F:* **I don't want a p. out of you!** ich will keinen Ton von dir hören! **2.** *(glance)* verstohlener Blick *m; F:* **to get a p. at sth.,** etwas kurz zu Gesicht bekommen. **II.** *v.i. (a)* piepsen; *(b) F:* linsen; **to p. at sth.,** etwas kurz angucken; **to p. out,** hervorgucken. **'peep-hole,** *s.* Guckloch *n.* **'peepshow,** *s.* Guckkasten *m.*

peer[1] [piər], *s. Brit:* Peer *m.* **'peerage,** *s. Brit: (a)* Peerswürde *f; (b)* Adelsstand *m.* **'peeress,** *s. Brit:* Peeress *f.* **'peerless,** *adj.* unvergleichlich.

peer[2], *v.i.* **to p. at s.o.,** **sth.,** j-n, etwas anstarren; **to p. over the wall,** über die Mauer spähen.

peeved [piːvd], *adj.* verärgert. **'peevish,** *adj. (of pers.)* reizbar, übelgelaunt. **'peevishness,** *s.* Reizbarkeit *f,* schlechte Laune *f.*

peewit ['piːwit], *s. Orn:* Kiebitz *m.*

peg [peg]. **I.** *s. (a) (for tent etc.)* Pflock *m; Carp:* Holzstift *m; (b)* **(hat, coat) p.,** Haken *m;* **clothes p.,** Wäscheklammer *f; Cl:* **off the p.,** von der Stange; *(c) Fig:* **he's a square p. in a round hole,** er ist fehl am Platze; **to take s.o. down a p. or two,** j-m einen Dämpfer aufsetzen. **II.** *v.tr. (p. & p.p.* **pegged)** *(a)* (etwas) anpflocken **(to,** an + *acc*); *(b) Fin:* (Kurse, Preise usw.) stützen; *Com:* (Preise, Löhne usw.) festsetzen; *(c) P: (of pers., apparatus)* **to p. out,** das Zeitliche segnen; *F:* **to p. away,** (weiter)schuften.

pejorative [pi'dʒɔrətiv], *adj.* abschätzig, abwertend.

Pekinese [piːkiˈniːz], *F:* **Peke** [piːk]. *s. (dog)* Pekinese *m.*

pelican ['pelikən], *s. Orn:* Pelikan *m.*

pellet ['pelit], *s.* **1.** Kügelchen *n* (aus Papier usw.). **2.** *(for gun)* Schrotkugel *f.*

pell-mell ['pel'mel], *adv.* Hals über Kopf.

pelt [pelt]. **I.** *v.* **1.** *v.tr.* (j-n) bewerfen **(with stones,** mit Steinen). **2.** *v.i. (of rain etc.)* **to p. (down),** niederprasseln; **pelting rain,** peitschender Regen. **II.** *s.* **1.** *(skin)* Balg *m.* **2.** *F:* **full p.,** mit Vollgas.

pelvis ['pelvis], *s. Anat:* Becken *n.*

pen[1] [pen], *s. (for sheep etc.)* Pferch *m.*

pen[2], *s. (for writing)* Feder *f;* **to put p. to paper,** die Feder ansetzen; **p.-and-ink drawing,** Federzeichnung *f;* **p. friend,** Brieffreund(in) *m(f).*

penal ['piːn(ə)l], *adj.* Straf-; **p. code,** Strafgesetzbuch *n;* **p. servitude,** Zuchthausstrafe *f;* **p. colony,** Strafkolonie *f.* **'penalize,** *v.tr. (punish)* (j-n) bestrafen; *(disadvantage)* (j-n) benachteiligen; *Sp:* (einer Mannschaft, einem Spieler) Strafpunkte geben. **penalty** ['pen(ə)lti], *s.* **1.** Strafe *f; (fine)* Geldbuße *f; Fig: (disadvantage)* Nachteil *m; Jur:* **under p. of a fine,** bei einer Geldstrafe; **to pay the p. (for sth.),** (für etwas *acc*) büßen (müssen). **2.** *Fb: Ice Hockey:* Penalty *m; Fb:* **p. kick,** Strafstoß *m;* **p. area,** Strafraum *m.*

penance ['penəns], *s.* Buße *f;* **to do p.,** Buße tun.

pence [pens], *s. pl.* **there are 100 p. in a pound,** ein Pfund hat 100 Pence.

pencil ['pens(i)l], *s.* **1.** Bleistift *m;* **coloured p.,** Buntstift *m;* **p. sharpener,** Bleistiftspitzer *m;* **p. beam,** Lichtbüschel *n & m.*

pendant ['pendənt], *s. (a) Jewel:* Anhänger *m; (b)* **p. (light),** Hängelampe *f.*

pending ['pendiŋ]. **I.** *adj. Jur: (of proceedings etc.)* anhängig, schwebend. **II.** *prep.* bis auf + *acc;* **p. further instructions,** bis auf weiteres; **p. the completion of negotiations,** bis zum Ende der Verhandlungen.

pendulum ['pendjuləm], *s.* Pendel *n.*

penetrate ['penitreit], *v.tr. & i.* (in etwas *acc*) eindringen; *(permeate)* (etwas) durchdringen. **'penetrating,** *adj.* durchdringend; *(of glance)* durchbohrend; *(of pers., mind)* scharfsinnig; **p. study,** eingehende Studie. **pene'tration,** *s.* Eindringen *n,* Durchdringen *n; Tchn:* Tiefenwirkung *f; Mil:* Durchschlagskraft *f* (eines Geschosses).

penguin ['pengwin], *s. Orn:* Pinguin *m.*

penicillin [peni'silin], *s. Med:* Penizillin *n.*

peninsula [pe'ninsjulə], *s.* Halbinsel *f.*

penis ['piːnis], *s. Anat:* Penis *m.*

penitence ['penit(ə)ns], *s.* Reue *f.* **'penitent. I.**

adj. reuig. **II.** *s.* reuige Sünder(in) *m(f)*. **penitentiary** [-'tenʃəri], *s. esp. N.Am:* Gefängnis *n, esp.* Zuchthaus *n.*

penknife, *pl.* **-knives** ['pennaif, -naivz], *s.* Taschenmesser *n.*

pennant ['penənt], *s. Nau: etc:* Wimpel *m.*

penny ['peni], *s.* (*pl.* **pence,** *A: for coins & Fig:* 'pennies) Penny *m;* **p.-in-the-slot machine,** Münzautomat *m; Fig:* **he hasn't a p. to his name,** er hat keinen roten Heller; *F:* **that will cost you a pretty p.,** das wird dich eine hübsche Summe kosten; **in for a p., in for a pound,** wennsschon, dennschon; **he turns up like a bad p.,** man wird ihn nicht los; **the penny's dropped,** der Groschen ist gefallen; *Pej:* **p. dreadful,** Groschenroman *m; Cy:* **p. farthing,** Hochrad n; *Mus:* **p.-whistle,** (einfache) Metallflöte *f.* 'penniless, *adj.* mittellos; **to be p.,** keinen. Heller besitzen.

pension ['penʃ(ə)n]. **I.** *s.* Rente *f; (from employer/fund)* Pension *f;* **old age p.,** Altersrente *f;* **p. fund,** Pensionskasse *f;* **p. rights,** Pensionsberechtigung *f.* **II.** *v.tr.* **to p. s.o. off,** j-n pensionieren. 'pensionable, *adj.* (*a*) (*of pers.*) pensionsberechtigt; **p. age,** Rentenalter *n;* Pensionsalter *n;* (*b*) (*of job*) mit Pensionsberechtigung. 'pensioner, *s.* Pensionär(in) *m(f);* **(old-age) p.,** Rentner(in) *m(f).*

pensive ['pensiv], *adj.* nachdenklich.

pent-up ['pent 'ʌp], *adj.* (*of emotions etc.*) aufgestaut.

pentagon ['pentəgən], *s.* Fünfeck *n.*

pentathlon [pen'tæθlən], *s. Sp:* (*Olympic Games*) Fünfkampf *m.*

penthouse ['penthaus], *s.* **1.** (*shed*) (angebauter) Schuppen. **2. p. flat,** Dachterrassenwohnung *f,* Penthouse *n.*

penultimate [pən'ʌltimət], *adj.* vorletzte(r,s); **the p. chapter,** das vorletzte Kapitel.

penury ['penjuri], *s.* große Armut *f.*

peony ['pi(:)əni], *s. Bot:* Pfingstrose *f.*

people ['pi:pl]. **I.** *s. coll.* (*with pl. construction*) **1.** (*a*) Leute *pl;* (*esp. with number*) Menschen *mpl;* **a thousand p.,** tausend Menschen; **why should they choose you of all p.?** warum wählen sie ausgerechnet dich? *F:* **what do you p. think?** was haltet ihr davon, Leute? (*b*) *F:* (*parents*) Eltern *pl;* (*family*) Angehörige(n) *pl;* **my p. are abroad,** meine Leute sind im Ausland; *Ind: Com:* **your p.,** Ihre Kollegen *mpl;* **the tax p.,** die Leute vom Finanzamt; (*c*) (*impers.*) **p. say,** man sagt. **2.** *Pol:* Volk *n;* **government by the p.,** Regierung *f* durch das Volk; **P.'s Republic,** Volksrepublik *f.* **II.** *v.tr.* (ein Land usw.) bevölkern (**with,** mit + *dat*).

pep [pep]. **I.** *s. F:* Schwung *m;* **full of p.,** voller Schwung; **p. pill,** Peppille *f,* Aufputschmittel *n;* **p. talk,** anspornende Rede *f.* **II.** *v.tr.* (*p. & p.p.* **pepped**) *F:* **to p. up,** (j-n, etwas) aufmöbeln; *Aut:* (einen Motor) frisieren.

pepper ['pepər]. **I.** *s.* **1.** *Cu:* Pfeffer *m.* **2.** *Bot:* **(green, red) p.,** (grüner, roter) Paprika *m;* (*single fruit*) Paprikaschote *f.* **II.** *v.tr.* (Speisen usw.) pfeffern. 'peppercorn, *s.* Pfefferkorn *n.* 'peppermill, *s.* Pfeffermühle *f.* 'peppermint, *s.* Pfefferminz(bonbon) *m;* **p. cream,** Pfefferminzplätzchen *n.* 'peppery, *adj.* **1.**

(*of food*) gepfeffert. **2.** (*of pers.*) jähzornig.

per [pəːr], *prep.* **1.** (*a*) pro; **ten pence p. pound,** zehn Pence das Pfund/pro Pfund; **sixty kilometres p. hour,** sechzig Kilometer in der Stunde/pro Stunde; **p. day,** pro Tag; **three p. cent,** drei Prozent; (*b*) *Com:* **p. post,** mit der Post **2.** gemäß + *gen;* **as p. invoice,** gemäß Rechnung; **as p. sample,** dem Muster entsprechend.

perambulator [pəː'ræmbjuleitər], *s.* Kinderwagen *m.*

perceive [pə'siːv], *v.tr. Lit:* (j-n, etwas) wahrnehmen; **to p. s.o. to be sth.,** j-n als etwas *acc* erkennen. per'ceptible, *adj.* wahrnehmbar; **a p. difference,** ein spürbarer Unterschied. per-'ception, *s.* **1.** Wahrnehmung *f.* **2.** (*faculty*) Auffassungsvermögen *n.* per'ceptive, *adj.* aufmerksam; (*astute*) scharfsinnig; (*understanding*) einsichtig.

percentage [pə'sentidʒ], *s.* Prozentsatz *m.*

perch[1] [pəːtʃ]. **I.** *s.* (*for birds*) Vogelstange *f; Fig:* **(lofty) p.,** hoher Sitz *m.* **II.** *v.i.* (*a*) (*of birds etc.*) sitzen; (*alight*) sich niederlassen (**on,** auf + *dat*); (*b*) **the hut is perched on the mountainside,** die Hütte liegt hoch am Berghang.

perch[2], *s. Fish:* Barsch *m.*

percolate ['pəːkəleit], *v.i.* (*of liquid*) durchsickern; (*of coffee*) durchlaufen. perco-'lation, *s.* Durchsickern *n;* (*of coffee*) Durchlaufen. 'percolator, *s.* Kaffeemaschine *f.*

percussion [pəː'kʌʃ(ə)n], *s. Mus:* Schlagzeug *n; p.* **instrument,** Schlaginstrument *n; Sm.a:* **p. cap,** Zündhütchen *n; Tls:* **p. drill,** Schlagbohrer *m.*

peremptory [pə'rəm(p)təri], *adj.* befehlerisch; **p. tone,** Befehlston *m.*

perennial [pə'renjəl]. **I.** *adj.* immer wiederkehrend; *Bot:* (*of plant*) perennierend. **II.** *s. Bot:* perennierende Pflanze *f.*

perfect. I. ['pəːfikt] *adj.* **1.** (*a*) perfekt; (*ideal*) ideal; **to have a p. knowledge of a language/a subject,** eine Sprache/einem Fach perfekt sein; **a p. day for sailing,** ein idealer Tag zum Segeln; *Mus:* **p. pitch,** absolutes Gehör *n;* (*b*) *F:* (*complete*) völlig; **p. idiot,** völliger Idiot; **he's a p. stranger to me,** er ist mir völlig unbekannt. **2.** *Gram:* **p. (tense)** Perfekt *n.* **II.** [pə'fekt] *v.tr.* (*eine Maschine usw.*) perfektionieren; (einem Werk usw.) den letzten Schliff geben; (Sprachkenntnisse usw.) vervollkommnen. per'fection, *s.* Vollkommenheit *f,* Perfektion *f.* per'fectionist, *s.* Perfektionist(in) *m(f).*

perforate ['pəːfəreit], *v.tr.* (Papier usw.) perforieren; *Tchn:* **perforated disc,** Lochscheibe *f.* perfo'ration, *s.* Perforation *f.*

perform [pə'fɔːm], *v.* **1.** *v.tr.* (*a*) (eine Bewegung) ausführen; (einen Dienst) leisten; (eine Aufgabe, eine Pflicht) erfüllen; (*b*) *Th: Mus:* (ein Theaterstück, eine Symphonie) aufführen; *Th:* (eine Rolle) spielen; *Mus:* (ein Lied, Klavierstück usw.) vortragen. **2.** *v.i.* (*a*) **to p. well,** (i) (*of actor*) gut spielen; (ii) (*of machine*) gut funktionieren; (iii) (*of car*) eine gute Leistung haben; (*b*) (*at circus*) **performing animal,** dressiertes Tier. per'formance, *s.* **1.** Erfüllung *f* (einer Pflicht usw.). **2.** (*output*) Leistung *f* (eines Arbeiters, eines Sportlers, einer Maschine, eines Motors usw.). **3.** *Th: Mus:* Aufführung *f; Th:* Vorstellung *f;* **evening p.,** Abendvorstellung *f.* **per'former,** *s.* Ausführende(r) *f(m); Th: etc:* Darsteller(in) *m(f).*

perfume. I. *s.* ['pə:fju:m] Parfüm *n.* **II.** *v.tr.* [pə:'fju:m] (etwas) parfümieren. **per'fumery,** *s.* Parfümerie *f.*

perfunctory [pə'fʌŋkt(ə)ri], *adj.* flüchtig.

perhaps [pə'hæps, præps], *adv.* vielleicht; **p. so,** (das) mag sein.

peril ['peril], *s.* Gefahr *f;* **at your p.,** auf eigene Gefahr. **'perilous,** *adj.* gefährlich.

perimeter [pə'rimitər], *s.* Umgrenzung *f.*

period ['piəriəd], *s.* **1.** (*time*) (*a*) Zeitraum *m,* Zeitspanne *f;* (*fixed*) Frist *f;* **within the agreed p.,** innerhalb der vereinbarten Frist; (*b*) *Sch:* Schulstunde *f.* **2.** (*a*) Epoche *f;* Art: *etc:* Periode *f;* **Elizabethan p.,** elisabethanisches Zeitalter; **p. furniture,** Stilmöbel *pl;* **p. property,** altes Haus im Stil der Zeit; **in p. dress,** in zeitgenössischer Kleidung. **3.** *Gram:* Punkt *m; F: esp. N.Am:* **he's no good, p.,** er taugt nichts, und damit basta. **4.** *Physiol:* (monatliche) Regel *f* (einer Frau). **5.** *Ph:* (*of vibration etc.*) Periode *f.* **peri'odical. I.** *adj.* (*also* **peri'odic**) periodisch; **p. replacement,** zeitweiser Ersatz; **-ly,** *adv.* von Zeit zu Zeit. **II.** *s.* (*publication*) Zeitschrift *f.*

peripatetic [peripə'tetik], *adj.* **p. teacher,** Lehrer, der an verschiedenen Schulen unterrichtet.

periphery [pə'rifəri], *s.* Peripherie *f.*

periscope ['periskəup], *s. Nau: Mil:* Periskop *n.*

perish ['periʃ], *v.i.* (*a*) *A:* (*die*) umkommen; *Fig:* **p. the thought!** Gott verhüte! *F:* **I'm perishing,** ich vergehe vor Kälte; (*b*) (*of goods etc.*) verderben; (*of rubber*) altern. **'perishable. I.** *adj.* (*of goods etc.*) leicht verderblich. **II.** *s. pl.* **perishables,** leicht verderbliche Waren *fpl.* **'perished,** *adj.* **1.** verdorben; (*of rubber*) alt geworden; (*of elastic*) ausgeleiert. **2.** *F:* (*of pers.*) erfroren. **'perishing,** *adj. F:* it's **p.,** es ist saukalt.

perjure ['pə:dʒər], *v.tr. Jur:* **to p.** oneself, einen Meineid leisten. **'perjurer,** *s. Jur:* Meineidige(r) *f(m).* **'perjury,** *s. Jur:* Meineid *m.*

perk [pə:k]. **I.** *s. F:* Vorteil *m* (in einer Stellung). **II.** *v.i. F:* **to p.** (up), wieder aufleben. **'perky,** *adj. F:* (*of pers.*) munter; (*of hat etc.*) keck.

perm [pə:m]. **I.** *s. F:* Dauerwelle *f.* **II.** *v.i. F:* **to have one's hair permed,** sich *dat* eine Dauerwelle machen lassen.

permanent ['pə:mənənt], *adj.* (*a*) (*lasting*) bleibend; *esp. Tchn:* Dauer-; **p. scar,** bleibende Narbe; **p. position,** Dauerstellung *f;* **p. wave,** Dauerwelle *f;* **p. address,** ständiger Wohnsitz; **of p. value,** von bleibendem Wert; *Rail:* **p. way,** Bahnkörper *m;* (*b*) (*constant*) (*of fear etc.*) ständig; **-ly,** *adv.* auf immer (und ewig); **p. employed,** fest angestellt; **p. disabled,** für immer behindert. **'permanence,** *s.* Dauerhaftigkeit *f;* (*situation*) Dauerzustand *m.*

permeable ['pə:mjəbl], *adj.* durchlässig; **p. to water/gas,** wasser/gasdurchlässig. **permeate** ['pə:mieit], *v.tr. & i.* **to p. (through) sth.,** (*of water, smell*) etwas durchdringen; (*of moisture, flavour*) in etwas *acc* einziehen; **permeated with sth.,** von etwas *dat* durchdrungen.

permissible [pə'misibl], *adj.* zulässig. **per'mission,** *s.* Erlaubnis *f.* **per'missive,** *adj.* (*of atti-*

tude, *pers.*) antiautoritär; **p. society,** permissive Gesellschaft.

permit. I. [pə'mit] *v.tr.* (*p. & p.p.* **permitted**) (j-m etwas) erlauben; **p. me to give you some advice,** darf ich Ihnen einen Rat geben; **I was permitted to visit the works,** ich bekam die Erlaubnis/man erlaubte mir, die Fabrik zu besichtigen; **weather permitting,** bei günstiger Witterung. **II.** ['pə:mit] *s.* Genehmigung *f;* **work p.,** Arbeitserlaubnis *f.*

permutation [pə:mju(:)'teiʃ(ə)n], *s. Mth: etc:* Permutation *f.*

pernicious [pə'niʃəs], *adj.* schädlich.

pernickety [pə'nikiti], *adj. F:* heikel (**about one's food** etc., im Essen usw.).

peroxide [pə'rɔksaid], *s. Ch:* Peroxid *n.*

perpendicular [pə:pən'dikjulər]. **I.** *adj. Mth:* senkrecht (**to,** zu + *dat*). **II.** *s. Mth:* Senkrechte *f.*

perpetrate ['pə:pitreit], *v.tr.* (ein Verbrechen usw.) begehen. **'perpetrator,** *s.* Täter *m.*

perpetual [pə'petjuəl], *adj.* ewig; (*unending*) endlos; (*not stopping*) unaufhörlich; **p. snow,** ewiger Schnee; **p. motion,** unaufhörliche Bewegung. **per'petuate,** *v.tr.* (j-s Andenken usw.) verewigen; (eine Lage usw.) fortbestehen lassen. **perpetu'ation,** *s.* Verewigung *f;* endlose Fortsetzung *f* (einer Lage). **perpetuity** [pə:pi'tju:iti], *s.* unbegrenzte Dauer *f;* **in p.,** auf unbegrenzte Zeit, in alle Ewigkeit.

perplex [pə'pleks], *v.tr.* (j-n) verblüffen. **per'plexed,** *adj.* (*of pers.*) perplex, verblüfft. **per'plexing,** *adj.* verblüffend. **per'plexity,** *s.* Verblüffung *f.*

persecute ['pə:sikju:t], *v.tr.* (*a*) (j-n) verfolgen; (*b*) (*torment*) (j-n) drangsalieren (**with questions,** mit Fragen). **perse'cution,** *s.* Verfolgung *f;* **p. complex,** Verfolgungswahn *m.* **'persecutor,** *s.* Verfolger *m.*

persevere [pə:si'viər], *v.i.* durchhalten; **to p. with sth.,** mit etwas *dat* (beharrlich) weitermachen. **perse'verance,** *s.* Ausdauer *f,* Durchhaltungsvermögen *n.* **perse'vering,** *adj.* beharrlich.

Persia ['pə:ʃə]. *Pr. n. Geog:* Persien *n.* **'Persian. I.** *adj.* persisch; **the P. Gulf,** der Persische Golf; **P. cat,** Angorakatze *f;* **P. lamb,** Persianer *m;* **P. carpet,** Perserteppich *m.* **II.** *s.* **1.** Perser(in) *m(f).* **2.** *Ling:* Persisch *n.*

persist [pə'sist], *v.i.* (*a*) (*of pers.*) **to p. in sth.,** auf etwas *dat* beharren; **to p. in one's opinion,** bei seiner Meinung bleiben; **if you p. (in doing this) I shall call the police,** wenn Sie das weiterhin tun, rufe ich die Polizei; (*b*) (*of condition etc.*) anhalten. **per'sistence,** *s.* **1.** (*of pers.*) Beharrlichkeit *f,* Ausdauer *f.* **2.** Anhalten *n* (des Fiebers usw.). **per'sistent,** *adj.* **1.** (*of rain, fever*) anhaltend; **p. cough,** hartnäckiger Husten. **2.** (*of pers.*) beharrlich; (*obstinate*) hartnäckig; (*importunate*) aufdringlich.

person ['pə:s(ə)n], *s.* Person *f;* **in p.,** persönlich. **'personable,** *adj.* (*of pers.*) gutaussehend; **p. appearance,** ansprechendes Äußeres. **'personage,** *s.* Persönlichkeit *f.* **'personal,** *adj.* **1.** persönlich; **p. liberty,** persönliche Freiheit; **to make a p. application,** sich persönlich bewerben; **p. data,** Personalien *pl;* **p. matter,** Privatangelegenheit *f;* **p. property,** Privateigentum *n; Jur:* bewegliches Gut *n;* **to give sth. a p. touch,** einer Sache eine persönliche Note geben/verleihen; *Tel:* **p. call,** Privatgespräch *n; (to specified person)* Gespräch *n* mit Voranmeldung; *Journ:* **p. column,** Verschiedenes. **2.** *Gram:* **p. pronoun,** persönliches Fürwort *n;* **-ly,** *adv.* persönlich. **perso'nality,** *s.* Persönlichkeit *f;* **he is lacking p.,** es fehlt ihm an Individualität; **he's quite a p.,** er ist eine richtige Persönlichkeit; *F:* er stellt ganz schön was dar; **p. cult,** Personenkult *m.* **'personalized,** *adj. F: (of stationery etc.)* (mit Namen und Adresse) bedruckt; *(of objects)* mit Namen/Initialen versehen. **personifi'cation,** *s.* Verkörperung *f.* **per'sonify,** *v.tr.* (etwas) verkörpern; **he was innocence personified,** er war die Unschuld in Person. **perso'nnel,** *s.* Personal *n;* **p. manager,** Personalleiter(in) *m(f).*

perspective [pə'spektiv], *s.* Perspektive *f.*

perspicacious [pə:spi'keiʃəs], *adj.* scharfsinnig. **perspicacity** [-'kæsiti], *s.* Scharfsinn *m.*

perspire [pə'spaiər], *v.i.* schwitzen. **perspiration** [pə:spi'reiʃ(ə)n], *s. (a) (sweat)* Schweiß *m; (b) (sweating)* Schwitzen *n.*

persuade [pə'sweid], *v.tr. (a)* **to p. s.o. of sth.,** j-n von etwas *dat* überzeugen; **I am persuaded that ...,** ich bin der Meinung, daß ...; *(b)* **to p. s.o. to do sth.,** j-n überreden, etwas zu tun; **he persuaded me not to,** er redete es mir aus. **per'suasion,** *s. (a)* Überredung *f; (powers of)* **p.,** Überredungskünste *fpl; Hum:* **to use a little p.,** ein bißchen nachhelfen; *(b) (conviction)* Überzeugung *f;* **others of our p.,** andere, die unsere Überzeugung teilen. **per'suasive,** *adj.* überzeugend.

pert [pə:t], *adj.* schnippisch. **'pertness,** *s.* schnippische Art *f.*

pertinent ['pə:tinənt], *adj. (of remark)* zur Sache; *(of literature etc.)* einschlägig; **p. details,** sachdienliche Angaben.

perturb [pə'tə:b], *v.tr.* (j-n) beunruhigen.

Peru [pə'ru:]. *Pr. n. Geog:* Peru *n.* **Pe'ruvian.** **I.** *adj.* peruanisch. **II.** *s.* Peruaner(in) *m(f).*

peruse [pə'ru:z], *v.tr.* (ein Buch usw.) durchlesen. **'perusal,** *s.* Durchlesen *n;* **for your p.,** zur Durchsicht.

pervade [pə'veid], *v.tr.* (durch etwas *acc*) durchdringen; **the smell of garlic pervades the house,** der Knoblauchgeruch breitet sich im Haus aus; **(all-)pervading,** durchdringend. **per'vasive,** *adj.* durchdringend.

perverse [pə'və:s], *adj. (of pers., idea etc.)* pervers, querköpfig. **per'verseness, per'versity,** *s.* Querköpfigkeit *f.* **per'version,** *s.* Perversion *f.* **pervert. I.** [pə'və:t] *v.tr.* (j-n) pervertieren; (j-s Geschmack) verderben; (etwas) entstellen. **II.** ['pə:və:t] *s.* Perverse(r) *f(m).*

pesky ['peski], *adj. F: esp. N.Am:* verdammt.

pessimism ['pesimizm], *s.* Pessimismus *m.* **'pessimist,** *s.* Pessimist *m, f.* **pessi'mistic,** *adj.* pessimistisch.

pest [pest], *s.* **1.** *(nuisance)* Plage *f; (child, animal etc.)* Quälgeist *m.* **2.** *Agr:* Schädling *m.* **'pester,** *v.tr.* (j-n) belästigen; **to p. s.o. with requests,** j-n mit Bitten plagen. **'pesticide,** *s.* Schädlingsbekämpfungsmittel *n.* **pesti'lential,** *adj. (a) (of smell etc.)* pestartig; *(b) F:*

verflucht; **a p. nuisance,** ein verdammte Mist.

pestle ['pesl], *s.* Stößel *m.*

pet [pet]. **I.** *s.* **1.** *(a)* Haustier *n; attrib.* zahm; **p. dog,** Haushund *m;* **p. cat,** Hauskatze *f;* **p. crocodile,** zahmes Krokodil; **to have a p. rabbit,** ein Kaninchen als Haustier halten *(b) (child)* Engel *m;* **my p.!** mein Liebling! **2.** *attrib. (favourite)* Lieblings-; **p. subject,** Steckenpferd *n;* **p. name,** Kosename *m.* **II.** *v.tr. (p. & p.p.* petted) (ein Mädchen) liebkosen, *F:* knutschen. **'petting,** *s.* Petting *n.*

petal ['pet(ə)l], *s. Bot:* Blütenblatt *n.*

Peter ['pi:tər]. **I.** *Pr n m* Peter. **II.** *v.i.* **to p. out,** sich im Sande verlaufen; **the path is petering out,** der Weg läuft aus.

petition [pi'tiʃ(ə)n], *s. Jur: etc:* Gesuch *n; Jur:* **p. for divorce,** Scheidungsklage *f;* **p. for clemency,** Gnadengesuch *n.*

petrify ['petrifai], *v.tr. (a)* (etwas) versteinern; *(b)* (j-n) erstarren; *(terrify)* (j-n) entsetzen; **I was petrified,** ich war starr (vor Entsetzen). **petri'faction,** *s.* Versteinerung *f.*

petrol ['petr(ə)l], *s.* Benzin *n;* **p. tanker/***F:* **lorry,** Tankwagen *m* für Benzin; **p. station,** Tankstelle *f.* **petroleum** [pi'trouljəm], *s.* Erdöl *n;* **p. industry,** Erdölindustrie *f.*

petticoat ['petikəut], *s.* Unterrock *m.*

petty ['peti], *adj.* **1.** *(a)* geringfügig; **p. thief,** kleiner Dieb; **p. theft,** Bagatelldiebstahl *m; (b)* **p. (-minded),** kleinlich, engherzig. **2.** *Com:* **p. cash,** Kleinbeträge *mpl.* **3.** *Navy:* **p. officer,** Bootsmann *m.* **'pettiness,** *s.* Kleinlichkeit *f.*

petulant ['petjulənt], *adj.* launisch; *(irritated)* gereizt. **'petulance,** *s.* schlechte Laune *f,* Gereiztheit *f.*

pew [pju:], *s.* Kirchenbank *f; F:* **take a p.!** nimm Platz!

pewter ['pju:tər], *s.* Hartzinn *m;* **p. ware,** Zinnwaren *fpl.*

phantom ['fæntəm], *s.* Phantom *n.*

pharmaceutical [fɑːmə'sju:tik(ə)l], *adj.* pharmazeutisch. **'pharmacist,** *s.* Pharmazeut *m.* **'pharmacy,** *s.* Pharmazie *f; (shop)* Apotheke *f.*

pharyngitis [færin'dʒaitis], *s. Med:* Rachenkatarrh *m.* **'pharynx,** *s. Anat:* Rachen *m.*

phase [feiz]. **I.** *s.* Phase *f; El:* **in/out of p.,** phasengleich/phasenverschoben. **II.** *v.tr.* (ein Verfahren) zeitlich aufteilen; *esp. Com:* **to p. out a model** etc., ein Modell usw. auslaufen lassen.

pheasant ['feznt], *s. Orn: (cock)* Fasan *m; (hen)* Fasanhenne *f.*

phenobarbitone ['fi:nəu'ba:bitəun], *s. Med:* Phenobarbital *n.*

phenomenon, *pl.* **-ena** [fi'nɔminən, -inə], *s. (everyday)* Erscheinung *f; (remarkable)* Phänomen *n;* Wunder *n.* **phe'nomenal,** *adj.* phänomenal.

philanthropy [fi'lænθrəpi], *s.* Philanthropie *f.* **philan'thropic,** *adj.* philanthropisch. **phi'lanthropist,** *s.* Menschenfreund *m.*

philately [fi'lætəli], *s.* Philatelie *f.* **phi'latelist,** *s.* Philatelist *m.*

philharmonic [filɑ:'mɔnik], *adj. Mus:* philharmonisch; **Berlin/Vienna P. Orchestra,** Berliner/Wiener Philharmoniker *mpl.*

Philip ['filip]. *Pr.n.m.* Philipp.

Philippines, ['filipi:nz]. *Pr. n. Geog:* **the P.,** die Philippinen *fpl.*

philology [fi'lɔlədʒi], s. Sprachwissenschaft f, esp. Sprachgeschichte f. **philo'logical**, adj. sprachwissenschaftlich. **phi'lologist**, s. Sprachwissenschaftler(in) m(f).

philosopher [fi'lɔsəfər], s. Philosoph m. **philo- 'sophical**, adj. 1. philosophisch. 2. Fig: (of pers.) gleichmütig, gelassen; **-ly**, adv. philosophisch; **he took the news p.**, er nahm die Nachricht gelassen hin. **phi'losophy**, s. Philosophie f.

phlegmatic [fleg'mætik], adj. unerschütterlich; phlegmatisch.

phobia ['fəubjə], s. Psy: Phobie f.

phone [fəun]. I. s. F: Telefon n; **he's not on the p.**, er hat kein Telefon. II. v.tr. & i. F: (j-n) anrufen.

phonetic [fə'netik], adj. Ling: phonetisch. **pho- 'netics**, s. pl. (sing. constr.) Ling: Phonetik f.

phoney ['fəuni], adj. F: unecht; (forged) gefälscht; **p. story**, Lügengeschichte f.

phonograph ['fəunəgræf], s. N.Am: Plattenspieler m.

phosphate ['fɔsfeit], s. Ch: Phosphat n.

phosphorescent [fɔsfə'res(ə)nt], adj. phosphoreszierend. **phospho'rescence**, s. Ph: Biol: Phosphoreszenz f. **phosphorus** ['fɔsf(ə)rəs], s. Ch: Phosphor m.

photo ['fəutəu]. I. s. F: Foto n; to take a p., eine Aufnahme machen. II. comb. fm. Foto-, foto-. **'photocopier**, s. Fotokopiergerät n. **'photocopy**. I. s. Fotokopie f. II. v.tr. (etwas) fotokopieren. **photoe'lectric**, adj. Ph: photoelektrisch; **p. cell**, Photozelle f. **'photo-finish**, s. Sp: Fotofinish n. **photogenic** [-'dʒi:nik], adj. fotogen. **'photograph**. I. s. Fotografie f; (fotografische) Aufnahme f; **to take a p.**, eine Aufnahme machen. II. v.tr. (j-n, etwas) fotografieren. **photographer** [fə'tɔgrəfər], s. Fotograf m. **photographic** [-'græfik], adj. fotografisch; **p. library**, Fotothek f. **photography** [fə'tɔgrəfi], s. Fotografie f; (photographs) Fotografien pl. **'photostat**. I. s. Fotokopie f. II. v.tr. (etwas) fotokopieren.

phrase [freiz]. I. s. 1. Ausdruck m; **set p.**, (stehende) Redensart f; Redewendung f; **turn of p.**, Ausdrucksweise f. 2. Mus: Phrase f. II. v.tr. (a) (etwas) in Worte fassen, formulieren; (b) Mus: (eine Melodie usw.) phrasieren. **phraseology** [-i'ɔlədʒi], s. Phraseologie f.

physical ['fizik(ə)l], adj. (a) physikalisch; **p. chemistry**, physikalische Chemie f; (b) physisch; (bodily) körperlich; **p. impossibility**, Ding n der Unmöglichkeit; **p. training/**F: **jerks**, Leibesübungen fpl; **p. force**, physische Gewalt f; **p. strength/weakness**, körperliche Stärke/ Schwäche; **-ly**, adv. (a) physikalisch; (b) physisch; **p. impossible**, physisch unmöglich; **p. handicapped**, körperbehindert. **physician** [fi'ziʃ(ə)n], s. Arzt m, Ärztin f. **physics** ['fiziks], s. pl. (sing. constr.) Physik f. **'physicist**, s. Physiker(in) m(f).

physiognomy [fizi'ɔnəmi], s. Physiognomie f.

physiology [fizi'ɔlədʒi], s. Physiologie f. **physio'logical**, adj. physiologisch. **physi'ologist**, s. Physiologe m.

physiotherapy ['fiziəu'θerəpi], s. Krankengymnastik f. **'physio'therapist**, s. Krankengymnast(in) m(f).

physique [fi'zi:k], s. Körperbau m.

piano, pl. **-os** ['piænəu, -əuz], s. Mus: Klavier n; **p. recital**, Klavierabend m; **p. stool**, Klavierstuhl m; **grand p.**, Konzertflügel m. **pianist** ['pi:ənist], s. Pianist(in) m(f).

piccolo ['pikələu], s. Mus: Pikkoloflöte f.

pick [pik]. I. v.tr. & i. (a) (choose) (j-n, etwas) auswählen; **to p. and choose**, wählerisch sein; **picked troops**, Elitetruppen fpl; **to p. a quarrel**, Streit suchen; **to p. one's way**, sich dat seinen Weg suchen; (b) (Blumen, Obst usw.) pflücken; (lift) (j-n, etwas) aufheben (off, von + dat); (c) **to p. at one's food**, im Essen herumstochern; **to p. one's teeth**, in den Zähnen stochern; **to p. one's nose**, in der Nase bohren; **the vultures picked the carcass clean**, die Geier ließen nur das blanke Gerippe übrig; Fig: **to p. s.o.'s brains**, sich dat j-s Verstand zunutze machen; **I've a bone to p. with you**, mit dir habe ich noch ein Hühnchen zu rupfen; **to p. holes**, etwas auszusetzen haben (in sth., an etwas dat); (d) **to p. a lock**, ein Schloß knacken; **to p. s.o.'s pocket**, j-m etwas aus der Tasche stehlen; **picking pockets**, Taschendiebstahl m. II. s. 1. Tls: Spitzhacke f, Pickel m. 2. (people) Elite f; (thing) das Beste; **the p. of the bunch**, das Beste vom Besten. **'pick- aback**, adj. & adv. huckepack. **'pickaxe**, s. Tls: Spitzhacke f, Pickel m. **'pickings**, s. pl. 1. (food) Essensabfälle mpl. 2. Fig: Beute f, Diebesgut n. **'pick-me-up**, s. F: (drink) kleine Stärkung f. **'pick on**, v.tr. sich dat (j-n) aufs Korn nehmen; **why p. on me?** warum gerade ich? **'pick 'out**, v.tr. (a) (select) (j-n, etwas) aussuchen, auswählen; (b) (distinguish) (einzelne Gegenstände) ausmachen, erkennen; (c) **letters picked out in green**, sich abhebende grüne Buchstaben; (d) **to p. out a tune on a piano**, eine Melodie auf dem Klavier zusammensuchen. **'pickpocket**, s. Taschendieb(in) m(f). **'pick 'up**, v. 1. v.tr. (a) (etwas) vom Boden aufheben; **to p. up a pound**, (i) eine Pfundnote vom Boden aufheben; (ii) (earn) ein Pfund nebenbei verdienen; Knit: **to p. up a stitch**, eine Masche aufnehmen; (b) (collect) (eine Warensendung usw.) (mit dem Auto) abholen; **to p. s.o. up**, (i) j-n (im Auto) mitnehmen/(fetch) abholen; (ii) F: j-n aufgabeln; (c) **to p. sth. up cheap**, etwas billig erstehen; (d) Rad: (Signale usw.) auffangen; F: **to p. up New York**, New York kriegen; (e) (learn) (eine Sprache, Ausdrücke usw.) aufschnappen; **you'll p. it up in time**, das wirst du schon mit der Zeit mitkriegen; (f) (of vehicle) **to p. up speed**, beschleunigen. 2. v.i. (of pers.) (wieder) zu Kräften kommen; **business is picking up**, das Geschäft erholt sich/wird wieder besser. **'pick-up**, s. 1. F: (pers.) Gelegenheitsbekanntschaft f; (prostitute) Flittchen n. 2. (collection) Abholung f; **p. (truck)**, offener Lieferwagen m. 3. Aut: etc: (acceleration) Beschleunigung f. 4. Rec: Tonabnehmer m; **p. arm**, Tonarm m.

picket ['pikit]. I. s. 1. Pfahl m; (for tethering animals) Pflock m. 2. Mil: etc: Wachposten m; Ind: **(strike) p.**, Streikposten m. II. v.tr. & i. Ind: **to p. (a factory etc.)**, (vor einer Fabrik usw.) Streikposten stehen.

pickle ['pikl]. **I.** *s.* **1.** *Cu:* Marinade *f,* Beize *f;* *pl.* **mixed pickles,** Mixed Pickles *pl.* **2.** *F:* **to be in a p.,** in der Tinte sitzen. **II.** *v.tr. Cu:* (Gurken, Zwiebeln, Fisch usw.) einlegen; (Fleisch) pökeln.

picnic ['piknik]. **I.** *s.* Picknick *n; Iron:* **this job is no p.,** diese Arbeit ist kein Zuckerlecken. **II.** *v.i.* (*p. & p.p.* **picnicked**) picknicken.

pictorial [pik'tɔːriəl]. **I.** *adj.* bebildert; **p. map,** Bildkarte *f.* **II.** *s.* Illustrierte *f.* **picture** ['piktʃər]. **I.** *s.* (*a*) Bild *n;* (*painting*) Gemälde *n;* **he's the p. of health,** er strotzt vor Gesundheit; **she's as pretty as a p.,** sie ist bildhübsch; *Fig:* **to be in the p.,** im Bilde sein; *attrib.* **p. gallery,** Gemäldegalerie *f;* **p. postcard,** Ansichtskarte *f;* **p. window,** Panoramafenster *n;* (*b*) *Cin:* Film *m;* **to go to the pictures,** ins Kino gehen. **II.** *v.tr.* (*a*) (j-n, etwas) darstellen, (etwas) schildern; (*b*) (*imagine*) sich *dat* (j-n, etwas) vorstellen. **pictu·'resque,** *adj.* malerisch.

pie [pai], *s.* Pastete *f;* **p. crust,** Kruste *f;* **p.-dish,** Pastetenform *f; F:* **he's got a finger in every p.,** er hat überall die Finger drin.

piebald ['paibɔːld]. **I.** *adj.* (*of horse etc.*) scheckig; (schwarzweiß) gescheckt. **II.** *s.* (*horse*) Schecke *m, f.*

piece [piːs]. **I.** *s.* **1.** Stück *n;* **all in one p.,** in einem Stück; *F:* (*of pers.*) mit heilen Knochen; **a p. of my work,** eine Arbeit von mir; **a p. of advice,** ein Ratschlag; **a p. of news,** eine Neuigkeit; **a p. of information,** eine Information; **a p. of furniture,** ein Möbelstück; **p. of music,** Musikstück *n; Ind:* **to pay s.o. by the p.,** j-m Stücklohn zahlen; *Fig:* **I gave him a p. of my mind,** ich habe ihm gehörig die Meinung gesagt. **2.** (*part*) Teil *m. n;* **in pieces,** zerlegt; (*broken*) zerbrochen; **to take a machine to pieces,** eine Maschine auseinandernehmen/zerlegen; **to come to pieces,** (i) zerlegbar sein; (ii) (*fall apart*) auseinanderfallen; *Fig:* **she went to pieces,** sie brach zusammen; *F:* **to take/pull s.o. sth. to pieces,** j-n, etwas zerreißen. **3.** (*a*) (*coin*) Münze *f;* **50p p.,** 50 Pence-Stück *n;* (*b*) *Chess:* Figur *f.* **4.** *P:* (*girl*) Weibsstück *n.* **II.** *v.tr.* **to p. together,** (ein Kleid, etwas Zerbrochenes, *Fig:* Beweismaterial usw.) zusammenstücken. **'piece-goods,** *s. Tex:* Meterware *f.* **'piecemeal,** *adv.* stückweise. **'piecework,** *s.* Akkordarbeit *f.*

pier [piər], *s.* **1.** (*a*) *Brit:* Pier *m* (mit Vergnügungsmöglichkeiten); (*b*) (*landing*) **p.,** Landungsbrücke *f.* **2.** *Civ.E:* Pfeiler *m* (einer Brücke usw.)

pierce ['piəs], *v.tr.* (*a*) (*enter*) (in etwas *acc*) hineinstechen; **a thorn pierced his finger,** ein Dorn stach ihn in den Finger; (*b*) (*go through*) (etwas) durchbohren, durchstechen; **to have one's ears pierced,** sich *dat* die Ohren stechen lassen; (*of light*) **to p. the darkness,** die Dunkelheit durchdringen. **'piercing,** *adj.* (*of scream etc.*) durchdringend; **p. cold,** beißende Kälte.

piety ['paiəti], *s.* Frömmigkeit *f.*

piffle ['pifl], *s. F:* Quatsch *m.*

pig [pig], *s.* **1.** Schwein *n;* **sow in p.,** trächtige Sau; **p. breeding,** Schweinezucht *f; Fig:* **to buy a p. in a poke,** die Katze im Sack kaufen. **2.** (*pers.*) (*a*) *F:* **you p.,** du Schwein; **to make a p.**

of oneself, sich vollfressen; **you little p.!** du kleines Ferkel! (*b*) *P:* (*policeman*) Bulle *m.* **'piggy,** *s. F:* Schweinchen *n.* **'piggy-bank,** *s.* Sparschwein *n.* **'pig'headed,** *adj. F:* störrisch. **'pig-iron,** *s.* Massel *f,* Roheisen *n.* **'piglet,** *s.* Ferkel *n.* **'pigskin,** *s.* Schweinsleder *n.* **'pigsty,** *s.* Schweinestall *m.* **'pigtail,** *s.* Zopf *m;* (*single*) chinesischer Zopf *m.*

pigeon ['pidʒin], *s.* Taube *f;* **p. fancier,** Taubenliebhaber *m;* (*breeder*) Taubenzüchter *m.* **'pigeon-hole.** **I.** *s.* Brieffach *n.* **II.** *v.tr.* (etwas) beiseite legen, (*postpone*) auf die lange Bank schieben. **'pigeon-house,** *s.* Taubenschlag *m.*

pigment ['pigmənt], *s.* Pigment *n.*

pike [paik], *s. Fish:* Hecht *m.*

pilchard ['piltʃəd], *s. Fish:* Sardine *f.*

pile¹ [pail], *s. Constr:* Pfahl *m;* **p. dwelling,** Pfahlbau *m.* **'piledriver,** *s. Constr:* Ramme *f.*

pile². **I.** *s.* Haufen *m;* (*tidy*) Stapel *m;* **atomic p.,** Atommeiler *m; F: pl.* **piles of money,** ein Haufen Geld. **II.** *v. 1. v.tr.* (*a*) **to p. (up),** (Holz) aufschichten; (Bücher, Kisten) stapeln; (*amass*) (Vermögen usw.) anhäufen; **the table was piled high with presents,** auf dem Tisch türmten sich die Geschenke; (*b*) *Fig:* **to p. on the agony,** Schrecken auf Schrecken häufen; *F:* **to p. it on,** dick auftragen. **2.** *v.i.* **to p. up,** sich häufen. **'pile-up,** *s. Aut: F:* Karambolage *f.*

pile³, *s.* (*of velvet, carpet etc.*) Flor *m.*

piles [pailz], *s. pl. Med:* Hämorrhoiden *fpl.*

pilfer ['pilfər], *v.tr. & i.* (etwas) stehlen, *F:* klauen; **to p. sth. from s.o.,** j-m etwas entwenden. **'pilferer,** *s.* (kleiner) Dieb *m.* **'pilfering,** *s.* Diebstahl *m.*

pilgrim ['pilgrim], *s.* Pilger *m.* **'pilgrimage,** *s.* Pilgerfahrt *f.*

pill [pil], *s.* Pille *f;* (*sugar-coated*) Dragée *n; Med: F:* **to be on the p.,** die Pille nehmen. **'pill-box,** *s.* **1.** Pillenschachtel *f.* **2.** *Mil:* Bunker *m.*

pillage ['pilidʒ], *v.tr. & i.* (eine Stadt usw.) plündern.

pillar ['pilər], *s.* Pfeiler *m;* (*round*) Säule *f; Fig:* (*pers.*) **a p. of society,** eine Stütze der Gesellschaft. **'pillar-box,** *s.* Briefkasten *m;* **p.-b. red,** leuchtend rot.

pillion ['piliən], *s. Motor Cy:* Soziussitz *m;* **to ride p.,** auf dem Soziussitz mitfahren; **p. passenger,** Soziusfahrer(in) *m(f).*

pillow ['piləu], *s.* Kopfkissen *n;* **p.-case,** Kopfkissenbezug *m.*

pilot ['pailət]. **I.** *s.* **1.** (*a*) *Av:* Pilot(in) *m(f);* (*b*) *Nau:* Lotse *m.* **2.** **p. light,** (i) (*gas*) Zündflamme *f;* (ii) (*telltale*) Kontrollämpchen *n; I.C.E:* **p. jet,** Leerlaufdüse *f.* **3.** *Sch: etc:* **p. scheme,** Modell *n,* Modellversuch *m;* **p. study,** Pilotstudie *f.* **II.** *v.tr.* (*a*) *Av:* (ein Flugzeug) führen; (*b*) *Nau:* (ein Schiff, *Fig:* j-n) lotsen; (*c*) *Sch: etc:* (einen Lehrplan usw.) als Modell einführen.

pimento [pi'mentəu], *s. Bot: Cu:* Piment *m & n.*

pimp [pimp], *s.* Zuhälter *m.*

pimple ['pimpl], *s.* Pickel *m;* **to come out in pimples,** Pickel bekommen.

pin [pin]. **I.** *s.* **1.** Nadel *f, esp. Dressm:* Stecknadel *f;* **p. cushion,** Nadelkissen *n; Fig:* **he doesn't care two pins,** es ist ihm völlig egal; **I have pins and needles in my arms,** mir kribbelt es in den Armen. **2.** (*a*) *Tchn:* Stift *m;* (*large,* *esp. pivot*) Bolzen *m; Med: (for fracture)* Nagel *m; (b) Sp: (in bowling)* Kegel *m.* **3.** *pl. P: (legs)* Stelzen *mpl.* **II.** *v.tr. (p. & p.p.* **pinned**) *(a)* (etwas) mit einer Nadel heften; **to p. papers etc. together,** Papiere usw. zusammenheften; *Fig:* **to p. one's faith/hopes on sth.,** seine Hoffnung auf etwas *acc* setzen; *(b)* (j-n) (am Boden, gegen die Wand usw.) festhalten; *Fig:* **to p. s.o. down,** j-n (auf ein Angebot usw.) festnageln. ´**pin-money,** *s.* Nadelgeld *n.* ´**pinpoint,** *v.tr. (a)* (ein Flugzeug, ein Schiff usw.) genau orten; *(b)* (etwas) genau feststellen; **he pinpointed the trouble right away,** er hat den Fehler sofort ausfindig gemacht. ´**pinprick,** *s.* Nadelstich *m.* ´**pinstripe,** *s. Tex:* Nadelstreifen *m.* ´**pinup,** *s. F:* Pin-up *n.*

pinafore [´pinəfɔːr], *s.* **p. (dress),** Trägerrock *m.*

pincer [´pinsər], *s. (a) Tls:* **pair of pincers,** Beißzange *f,* Kneifzange *f; Mil:* **p. movement,** Zangenbewegung *f; (b) Z:* Schere *f.*

pinch [pin(t)ʃ]. **I.** *v.tr. (a)* (j-n) zwicken, kneifen; *abs. (of shoe)* drücken; **to p. one's fingers in the door,** sich *dat* die Finger in der Tür einklemmen; *(b) F: (steal)* (etwas) klauen; *(c) F: (arrest)* (j-n) schnappen. **II.** *s. (a)* Zwicken *n;* Kneifen *n; Fig:* **to feel the p.,** die Not zu spüren bekommen; **at a p.,** im Notfall; *(b)* **a p. (of snuff, salt etc.),** eine Prise (Schnupftabak, Salz usw.); *Fig:* **to take sth. with a p. of salt,** etwas nicht für bare Münze nehmen. **pinched,** *adj. (of face)* verhärmt.

pine¹ [pain], *s.* **p.(-tree),** Kiefer *f;* **p. cone,** Kienapfel *m;* **p. needle,** Kiefernnadel *f.* ´**pinewood,** *s. (a)* Kiefernholz *n; (b)* Kiefernwald *m.*

pine², *v.i.* **to p. away (with sorrow etc.),** sich (vor Leid usw.) verzehren; **to p. for s.o., sth.,** sich nach j-m, etwas *dat* sehnen.

pineapple [´painæpl], *s.* Ananas *f.*

ping-pong [´piŋpɔŋ], *s.* Tischtennis *n; F:* Pingpong *n.*

pinion [´pinjən], *s. Mec. E:* Ritzel *n; Aut:* Antriebskegelrad *n.*

pink¹ [piŋk]. **I.** *s.* **1.** *Bot:* Nelke *f.* **2.** *(colour)* Rosa *n; F:* **in the p.,** bei bester Gesundheit. **II.** *adj.* rosa *inv.*

pink², *v.i. I.C.E: F:* klopfen.

pinnacle [´pinəkl], *s.* **1.** *(summit)* Gipfel *m,* Spitze *f; (rock)* Felsnadel *f; Fig:* **the p. of fame,** der Gipfel des Ruhms. **2.** *Arch:* Spitzturm *m.*

pint [paint], *s. Meas:* Pint *n (Brit:* 0·568 Liter); **a p. of beer,** *approx.* eine Halbe (Bier).

pioneer [paiə´niər], *s.* Pionier *m.*

pious [´paiəs], *adj.* fromm.

pip¹ [pip], *s.* **1.** *Mil: F:* Sternchen *n.* **2.** *Rad:* **the pips,** das Zeitzeichen.

pip², *s. (in fruit)* Obstkern *m.*

pip³, *s. F:* **he gives me the p.,** ich kann ihn nicht ausstehen.

pip⁴, *v.tr. Sp:* **to be pipped at the post,** in letzter Sekunde abgefangen werden.

pipe [paip]. **I.** *s.* **1.** *(for liquid, gas)* Rohr *n; (mains)* Leitung *f;* **burst p.,** Rohrbruch *m.* **2.** *Mus:* Pfeife *f; pl.* **(bag)pipes,** Dudelsack *m.* **3.** *(for tobacco)* Pfeife *f;* **p. dream,** Wunschtraum *m.* **II.** *v.* **1.** *v.tr.* (Wasser, Gas usw.) durch Rohre leiten. **2.** *v.i. F:* **to p. up,** sich melden; **to p. down,** den Mund halten. ´**pipeline,** *s.* Pipeline *f.* ´**piper,** *s.* Dudelsackpfeifer *m.*

´**piping. I.** *s. (a) coll.* Rohrleitungen *fpl; (b) (on cake)* Verzierung *f* aus Zuckerguß; *Dressm:* Paspel *f; (on uniform)* Biese *f.* **II.** *adj.* **p. hot,** kochend heiß.

pippin [´pipin], *s.* Pippinapfel *m.*

piquant [´piːkənt], *adj.* pikant. ´**piquancy,** *s.* Pikanterie *f;* **the p. of the situation,** das Pikante an der Situation.

pique [piːk], *s.* Gekränktsein *n,* Groll *m;* **in a fit of p.,** pikiert.

pirate [´paiərət]. **I.** *s.* Pirat *m; (on sea)* Seeräuber *m.* **II.** *adj. Rad:* **p. station,** Piratensender *m; Pub:* **pirate(d) edition,** Raubdruck *m.* ´**piracy,** *s.* Piraterie *f.*

Pisces [´paisiːz], *s. pl. Astr:* die Fische *mpl.*

piss [pis]. **I.** *s. V:* Pisse *f.* **II.** *v.i. V:* pissen; brunzen; **p. off!** hau ab! *P: (of rain)* **it's pissing down,** es gießt. ´**pissed,** *adj. P:* stockbesoffen.

pistachio [pis´taːʃiəu], *s.* Pistazie *f.*

pistil [´pistil], *s. Bot:* Stempel *m.*

pistol [´pist(ə)l], *s.* Pistole *f.*

piston [´pistən], *s. Mch: I.C.E: etc:* Kolben *m;* **p. ring,** Kolbenring *m;* **p. engine,** Kolbenmotor *m.*

pit¹ [pit]. **I.** *s.* **1.** *(hole in ground, mine)* Grube *f; Th: etc:* **orchestra p.,** Orchesterraum *m; Anat:* **p. of the stomach,** Magengrube *f; (b) (on corroded metal)* Grübchen *n.* **2.** *Motor Rac:* Box *f;* **p. stop,** Boxenhalt *m.* **II.** *v.tr. (a)* **to p. one's wits, strength etc. against s.o.,** seinen Geist, seine Kraft usw. mit j-m messen; *(b)* (Metall) anfressen. ´**pitted,** *adj. (of metal)* angefressen; *(of skin)* narbig. ´**pit-head,** *s. Min:* **p.-h.,** Grubeneingang *m; (building)* Kaue *f.* ´**pit-prop,** *s, Min:* Stempel *m.*

pit², *s. N.Am:* Stein *m* (von Obst).

pit-(a-)pat [´pit(ə)´pæt], *adv. F:* **my heart went p.,** ich kriegte Herzklopfen.

pitch¹ [pitʃ], *s.* Pech *n;* **p. black,** pechschwarz; **it is p. dark,** es ist stockdunkel.

pitch². **I.** *v.* **1.** *v.tr. (a)* (ein Zelt, Lager) aufschlagen; *Mil:* **pitched battle,** Schlacht *f* aus fertigen Stellungen; *F:* regelrechte Schlacht; *(b) Mus:* **to p. one's voice higher,** einen höheren Ton anstimmen; *Fig:* **to p. one's hopes too high,** seine Hoffnungen zu hoch setzen; *(c) Sp:* (einen Ball usw.) werfen, schleudern. **2.** *v.i. (a) (of ship etc.)* stampfen; *(of pers.)* **to p. and toss,** sich hin und her wälzen; *(b) F:* **to p. into sth.,** sich über etwas *acc* hermachen; **to p. into s.o.,** j-n anschnauzen. **II.** *s.* **1.** *(a) Mus: (of voice)* Tonhöhe *f* (einer Stimme); Tonlage *f* (eines Instruments); *(b) Fig: (degree)* Grad *m;* **the p. of perfection,** die höchste Vollendung. **2.** *(throw)* Wurf *m.* **3.** *(a) (position)* Standplatz *m* (eines Straßenverkäufers usw.); *(b) Sp:* Spielfeld *n;* **football p.,** Fußballfeld *n.* **4.** *(a) (slope)* Gefälle *n* (eines Daches usw.); *(b) Mec. E:* Teilung *f* (eines Gewindes, eines Zahnrads); *Av:* Steigung *f* (einer Luftschraube). ´**pitchfork,** *s.* Heugabel *f.*

pitcher¹ [´pitʃər], *s.* Krug *m.*

pitcher², *s. Baseball:* Pitcher *m.*

piteous [´pitiəs], *adj.* kläglich.

pitfall [´pitfɔːl], *s.* Fallgrube *f; esp. Fig:* Falle *f.*

pith [piθ], *s.* **1.** *Bot: (a)* Mark *n* (einer Pflanze usw.); *(b)* das Weiße (einer Orangenschale). **2.** *Fig:* Kern(stoff) *m* (eines Buches usw.). ´**pith-**

iness, *s. (of style)* Markigkeit *f.* ´**pithy,** *adj.* **1.**
Bot: markhaltig. **2.** *(of style)* markig.
pittance [´pit(ə)ns], *s.* Hungerlohn *m.*
pituitary [pi´tjuit(ə)ri], *adj: Anat:* **p.**
gland, Hirnanhangdrüse *f,* Hypophyse *f.*
pity [´piti]. **I.** *s. (a)* Mitleid *n;* **to take/have p. on**
s.o., sth., mit j-m, etwas *dat* Erbarmen haben;
to feel p. for s.o., Mitleid mit j-m haben; *(b)*
it's a (great) p., es ist (sehr) schade; **what a p.!**
wie schade! **II.** *v.tr.* (j-n) bemitleiden,
bedauern. ´**pitiable,** *adj.* bemitleidenswert,
bedauernswert. ´**pitiful,** *adj.* **1.** *(of pers.)*
mitleidig. **2.** *(a) (of sight etc.)* jämmerlich; **it's**
p. to see him, es jammert einen, wenn man ihn
so sieht; *(b) Pej:* **he's a p. speaker,** er ist ein
kläglicher Redner. ´**pitiless,** *adj.* erbar-
mungslos. ´**pitying,** *adj.* mitleidig.
pivot [´pivət]. **I.** *s.* Drehpunkt *m.* **II.** *v.i.* sich
drehen **(on an axis etc.,** um eine Achse usw.).
pix [piks], *s. pl.* **P: = pictures.**
placard [´plækɑːd], *s.* Plakat *n.*
placate [plə´keit], *v.tr.* (j-n) beschwichtigen.
place [pleis]. **I.** *s.* **1.** *(a) (village, town)* Ort *m;*
(small town) Ortschaft *f;* **he comes from this p.,**
er kommt von hier/ist ein Einheimischer; **to**
move from p. to p., von Ort zu Ort ziehen; **the**
most expensive hotel in the p., das teuerste
Hotel im Ort; *F:* **he's going places,** der macht
sich; *(b) F: (restaurant etc.)* Lokal *n; (house)*
Haus *n; F:* **at our p.,** bei uns zu Hause; *(c)* **p. of**
business, Geschäftssitz *m; Adm:* **p. of residence,**
Wohnsitz *m.* **2.** *(a)* Platz *m;* **books are spread**
all over the p., Bücher liegen überall herum;
this is no p. for you, hier hast du nichts zu
suchen; **in our house everything has its proper**
p., bei uns hat alles seinen festen Platz, **in an-**
other p., woanders; **out of p.,** fehl am Platze;
(b) (square) Platz *m;* **market p.,** Marktplatz *m.*
3. *(seat at table etc.)* Platz *m;* **to lay a p.,** ein
Gedeck auflegen; **p. mat,** Set *m & n;* **to change**
places with s.o., mit j-m den Platz tauschen. **4.**
(position) (a) Stelle *f;* **in your p.,** an deiner
Stelle; **to take s.o.'s p.,** an j-s Stelle treten; **in**
(the) p. of . . ., anstelle von . . . *dat;* **in the**
first/second p., erstens/zweitens; *Mth:* **to three**
places of decimals, auf drei Dezimalstellen; *(b)*
to put s.o. in his p., j-n zurechtweisen; **he knows**
his p., er weiß, wo er hingehört; *(c) Sp:* **in first/**
second p., auf dem ersten/zweiten Platz. **II.**
v.tr. (etwas) stellen, legen **(on, in etc.,** auf, in
usw. + *acc); (a)* **to be awkwardly placed,** sich in
einer heiklen Lage befinden; *(b) Com:* **difficult**
to p., schwer abzusetzen; **to p. an order,** einen
Auftrag erteilen; *(c)* **to p. a matter in s.o.'s**
hands, j-m eine Sache übergeben; *(d)* **(the ball**
usw.) plazieren; **to be well placed,** einen guten
Platz haben; *(well able)* gut imstande sein **(to**
. . ., zu . . .); *Sp:* **to be placed,** sich plazieren; *(e)*
F: **I can't p. you,** ich weiß nicht, woher ich Sie
kenne.´**placement,** *s.* Plazierung *f.*
placid [´plæsid], *adj. (of pers.) (of*
child) friedlich; *Pej:* teilnahmslos. **pla´cidity,**
s. Gelassenheit *f.*
plagiarism [´pleidʒiərizm], *s.* Plagiat *n.* ´**plagia-**
rist, *s.* Plagiator *m.*
plague [pleig]. **I.** *s.* **1.** *(nuisance)* Plage *f.* **2.**
Med: Pest *f.* **II.** *v.tr.* (j-n) plagen; **to p. s.o. with**
requests, j-n mit Bitten belästigen.

plaice [pleis], *s. Fish:* Scholle *f.*
plain [plein]. **I.** *adj.* **1.** *(clear)* klar, deutlich; **it's**
as p. as daylight/as a pikestaff, es liegt auf der
Hand/ist sonnenklar; **in p. English,** kurz und
bündig; **p. speaking,** unverblümte Worte. **2.**
(simple) (a) (of style, dress etc.) einfach,
schlicht; **policeman in p. clothes,** Polizei-
beamter in Zivil; *Post:* **to send sth. under p.**
cover, etwas ohne Absender schicken; *Knit:* **p.**
(stitch), glatte/rechte Masche; *Cu:* **p. flour,**
normales Mehl *n;* **p. cooking,** einfache Küche;
p. truth, ungeschminkte Wahrheit; *(h) (pure)* **p.**
madness, reiner Wahnsinn; *(c) (of material*
etc.) einfarbig; *(d)* **p. chocolate,** Bitterscho-
kolade *f.* **3.** *(of pers.)* unansehnlich; **-ly,**
adv. klar; *(obviously)* offensichtlich; **I can see it**
p., ich sehe es genau; **to put it p.,** um es ganz
deutlich/unverblümt zu sagen. **II.** *adv.* **I can't**
put it any plainer, ich kann nicht deutlicher
werden. **III.** *s. Geog: etc:* Ebene *f.* ´**plain-**
ness, *s. (a) (of pers.)* unvorteilhaftes Aussehen
n.; (b) Einfachheit *f,* Schlichtheit *f.*
plaintiff [´pleintif], *s. Jur:* Kläger(in) *m(f).*
plaintive [´pleintiv], *adj.* klagend.
plait [plæt]. **I.** *s.* Zopf *m.* **II.** *v.tr.* (Haare usw.)
flechten.
plan [plæn]. **I.** *s.* Plan *m; (a) Tchn: (drawing)*
Zeichnung *f; (of building)* Grundriß *m; (b)* **to**
make plans, Pläne schmieden; **everything went**
according to p., alles verlief planmäßig/nach
Plan. **II.** *v.tr. (p. & p.p.* **planned)** (etwas)
planen; **to p. to do sth.,** vorhaben, etwas zu
tun. ´**planning,** *s.* Planung *f;* **p. blight,**
Gifthauch *m* der behördlichen Unentschlos-
senheit; **p. permission,** Baugenehmigung *f.*
plane¹ [plein], *s. Geom: etc:* Ebene *f.*
plane². **I.** *s. Tls: Carp: etc:* Hobel *m.* **II.** *v.tr.*
(Holz) hobeln.
plane³, *s.* **p.(-tree),** Platane *f.*
plane⁴, *s. Av: F:* Flugzeug *n,* Maschine *f.*
planet [´plænit], *s. Astr:* Planet *m.* **plane-**
´**tarium,** *s.* Planetarium *n.* ´**planetary,** *adj.*
Planeten-; **p. system,** Planetensystem *n; Mec:*
E: **p. gear,** Planetengetriebe *n.*
plank [plæŋk], *s.* Planke *f,* Bohle *f.* ´**planking,**
s. coll. Beplankung *f,* Bohlenbelag *m.*
plant [plɑːnt]. **I.** *s.* **1.** Pflanze *f;* **p. life,** Flora *f,*
Pflanzenwelt *f (eines Gebietes).* **2.** *Ind: (a)*
(factory) Werk *n; (b) (machinery)* Maschinen
fpl; coll. Betriebseinrichtung *f.* **II.** *v.tr. (a)*
(einen Baum usw.) pflanzen; **to p. out seed-**
lings, Sämlinge auspflanzen; *(b)* **to p. a bomb,**
eine Bombe legen; *F:* **to p. oneself in front of**
s.o., sich vor j-m aufpflanzen. **plan´tation,** *s.*
Plantage *f.* ´**planter,** *s.* Pflanzer *m.*
plaque [plɑːk, plæk], *s.* **1.** *(tablet)* Gedenktafel *f.*
2. *Dent:* Zahnbelag *m.*
plaster [´plɑːstər]. **I.** *s.* **1.** *Med: (bandage)*
Pflaster *n;* **adhesive p.,** Kleb(e)pflaster *n.* **2.**
(a) Constr: Putz *m; (b) Med:* **p. (of paris),** Gips
m; **his leg is in p.,** sein Bein ist in Gips/in
einem Gipsverband. **II.** *v.tr. (a) Constr:* (eine
Wand, Decke usw.) verputzen; *(b)* **the wall is**
plastered with slogans, die Mauer ist ganz mit
Parolen bedeckt; **plastered with mud,**
dreckverkrustet; *(c) P:* **plastered,** besoffen.
´**plasterboard,** *s.* Gipsdiele *f.* ´**plastercast,**
s. Med: Gipsverband *m; Art:* Gipsabdruck *m.*

´**plasterer,** *s. Constr: etc:* Gipser *m.*
plastic [´plæstik]. **I.** *adj.* **1.** (*easily moulded*)
plastisch; **p. bomb/explosive,** Plastikbombe *f;*
Med: **p. surgery,** plastische Chirurgie *f.* **2.** (*of*
synthetic material) Plastik-; **p. cup,** Plastiktasse
f; **p. foam,** Schaumstoff *m.* **3. p. arts,** bildende
Künste. **II.** *s.* Kunststoff *m, esp.* Plastik *n.*
plate [pleit]. **I.** *s.* **1.** (*a*) (*for food*) Teller *m;*
dinner p., flacher Teller *m; Ecc:* **collecting p.,**
Spendenteller *m; F:* **he has a lot on his p.,** er
hat viel um die Ohren; **it was handed to you on**
a p., es ist dir in den Schoß gefallen; (*b*) (*sil-*
verware) Silbergeschirr *n;* (*gold*) Goldgeschirr
n; (*plated*) versilbertes/vergoldetes Geschirr. **2.**
(*sheet of metal etc.*) (*a*) Platte *f;* (**printing**) **p.,**
Druckplatte *f; Aut:* **p. clutch,** Scheibenkupp-
lung *f;* **p. glass,** Schaufensterglas *n;* (*b*) (*with*
name etc.) Schild *n; Aut:* (**number**) **p.,** Num-
mernschild *n;* (*c*) *Dent:* Gaumenplatte *f;*
(*denture*) Zahnprothese *f.* **3.** (*book illustration*)
Bildtafel *f.* **4.** *El:* (*a*) Elektrode *f;* (*b*) *N.Am:*
Anode *f.* **II.** *v.tr.* (*chromium*) (etwas) ver-
chromen; (*silver*) (etwas) versilbern. ´**plateful,**
s. Tellervoll *m.* ´**platelayer,** *s. Rail:* Gleis-
arbeiter *m.* ´**platerack,** *s. H:* Abtropfgestell
n. ´**plating,** *s.* (**chromium**) **p.,** Verchromung *f;*
silver p., Versilberung *f.*
plateau, *pl.* **-x, -s** [´plætəu, -z], *s. Geog:*
Plateau *n.*
platform [´plætfɔːm], *s.* **1.** (*a*) (*for speaker*)
Podium *n;* (*stage*) Bühne *f;* **p. heel,** Block-
absatz *m;* (*b*) (*of bus, lorry, for diving etc.*)
Plattform *f;* **load p.,** Ladefläche *f; Oil:* **drilling**
p., Bohrinsel *f;* (*c*) *Rail:* Bahnsteig *m.* **2.** *Pol:*
Parteiprogramm *n.*
platinum [´plætinəm], *s.* Platin *n;* **p. blonde,**
Platinblondine *f.*
platitude [´plætitjuːd], *s.* Gemeinplatz *m.*
platoon [pləˈtuːn], *s. Mil:* Zug *m.*
plausible [´plɔːzibl], *adj.* (*a*) (*of theory*) plau-
sibel; **p. explanation,** glaubwürdige Erklärung;
(*b*) **he's very p.,** er wirkt sehr überzeugend.
plausi´bility, *s.* Glaubwürdigkeit *f.*
play [plei]. **I.** *s.* **1.** Spiel *n;* (*a*) **to come into p.,**
in Aktion treten; **to give full p. to s.o., sth.,** j-m,
etwas *dat* freien Lauf lassen; **to make great p.**
of sth., etwas hochspielen; (*b*) (*joking*) **to say**
sth. in p., etwas im Scherz sagen; **p. on words,**
Wortspiel *n;* (*c*) *Sp:* **p. began at one o'clock,**
das Spiel begann um ein Uhr; **in/out of p.,** im/
aus dem Spiel. **2.** *Th:* Stück *n;* **Shakespeare's**
plays, Shakespeares dramatische Werke. **II.** *v.*
1. *v.i.* (*all senses*) spielen; *F:* **do you think he'll**
p.? glauben Sie, daß er mitmacht? *Fig:* **to p. on**
s.o.'s nerves, j-n nervös machen; **to p. safe,**
sichergehen; **to p. for time,** Zeit zu gewinnen
suchen. **2.** *v.tr.* (*a*) (Schach, Fußball usw.; *Th:*
eine Rolle; *Mus:* ein Instrument, ein Stück)
spielen; *F:* **to p. the fool,** herumalbern; (*pre-*
tend) sich dumm stellen; *Sch:* **to p. truant,** die
Schule schwänzen; *Fig:* **to p. one's cards well,**
seine Möglichkeiten geschickt ausnützen; (*b*)
to p. a hose on sth., etwas mit dem Schlauch
bespritzen. ´**play´at,** *v.tr.* (Karten usw.)
spielen; (*b*) *F:* **what are they playing at?** was
treiben denn die da? ´**play´back,** *v.tr. Rec:*
(ein Tonband) überspielen. ´**playback,** *s.*
Rec: Überspielung *f.* ´**playbill,** *s.* Theater-

zettel *m.* ´**play´down,** *v.tr.* (die Wichtigkeit
eines Ereignisses usw.) bagatellisieren. ´**pla-**
yer, *s.* Spieler *m.* ´**playful,** *adj.* (*of pers.*) zum
Spielen aufgelegt; (*wild*) ausgelassen; (*of*
kitten, child) verspielt; (*of remark*) neckend.
´**playgoer,** *s.* Theaterbesucher(in) *m(f).*
´**playground,** *s.* Spielplatz *m; Sch:* Schul-
hof *m.* ´**playgroup,** *s.* Spielkreis *m.* ´**play-**
ing, *s.* Spiel *n;* **p. card,** Spielkarte *f;* **p. field,**
Spielfeld *n.* ´**playmate,** *s.* Spielkamerad
m. ´**playpen,** *s.* Laufstall *m,* Laufgitter *n.*
´**play-school,** *s.* Kindergarten *m.* ´**play-**
thing, *s.* Spielzeug *n.* ´**playtime,** *s.* Spielzeit
f; Sch: Pause *f.* ´**play´up,** *v.* **1.** *v.i. F:* (*a*) **to**
p. up to s.o., sich bei j-m einschmeicheln; (*b*)
(*give trouble*) Mätzchen machen. **2.** *v.tr. F:* **my**
back's playing me up, mein Rücken macht mir
zu schaffen. ´**playwright,** *s.* Dramatiker *m.*
plea [pliː], *s.* **1.** *Jur:* Bekenntnis *f* (**of guilty,** zur
Schuld). **2.** (*a*) (*excuse*) Entschuldigung *f;* (*b*)
(*request*) Bitte *f;* **p. for mercy,** Gnadengesuch *n.*
plead [pliːd], *v.* **1.** *v.i.* (*a*) *Jur:* (*of barrister*) plädie-
ren (**for s.o.,** für j-n); (*of prisoner*) **to p. guilty/**
not guilty, sich schuldig/nicht schuldig be-
kennen; **to p. with s.o.,** j-n anflehen; **to p. for**
s.o., sich für j-n einsetzen; **to p. for mercy,** um
Gnade bitten. **2.** *v.tr.* (*a*) **to p. s.o.'s cause,** sich
für j-s Sache einsetzen (**with s.o.,** bei j-m); (*b*)
to p. ignorance, sich auf Unwissenheit berufen.
pleasant [´plez(ə)nt], *adj.* angenehm; (*of pers.*)
freundlich, *F:* nett.
please [pliːz], *v.tr.* (*a*) (j-m) gefallen; (*satisfy*)
(j-n) zufriedenstellen; **she is easily pleased,** sie ist
leicht zufriedenzustellen; **there's no pleasing**
him, man kann ihm nichts recht machen; **he's**
hard to p., er ist sehr heikel; **p. yourself!** (ganz)
wie Sie wünschen/wollen! **do as you p.,** tun Sie,
was Sie wollen; (*b*) bitte; **p. tell me . . .,** bitte
sagen Sie mir . . .; **may I?—p. do!** darf
ich?—bitte sehr! (*c*) **if you p.!** (*disgust*) erlau-
ben sie mal! (*surprise*) na, so was! **snow in**
June, if you p.! stell dir vor, Schnee im Juni!
pleased, *adj.* erfreut; (*satisfied*) zufrieden
(**with,** mit + *dat*); **he's very p. about it,** er freut
sich sehr darüber; **I'm p. to see you,** es freut
mich, Sie zu sehen; **anything but p.,** alles
andere als erfreut. ´**pleasing,** *adj.* angenehm;
(*of result etc.*) erfreulich. **pleasure** [´pleʒər], *s.*
1. Vergnügen *n; pl* Freuden *fpl;* **with p.,** gern;
it gives me (great) p., es macht mir (viel)
Freude; **p. trip,** Vergnügungsreise *f;* **at s.o.'s p.,**
nach j-s Belieben. ´**pleasure-seeking,** *adj.*
vergnügungssüchtig.
pleat [pliːt]. **I.** *s. Dressm: etc:* Falte *f.* **II.** *v.tr.*
(einen Rock, Stoff usw.) in Falten legen; **plea-**
ted skirt, Faltenrock *m.*
plebiscite [´plebisait], *s. Pol:* Volksabstimmung *f.*
pledge [pledʒ]. **I.** *s.* (*a*) (*promise*) Versprechen *n;*
I'm under a p. of secrecy, ich stehe unter
Schweigepflicht; (*b*) (*proof*) **as a p. of friend-**
ship, als Pfand/Unterpfand der Freundschaft.
II. *v.tr.* (etwas, *Fig:* sein Wort) verpfänden;
pledged to do sth., verpflichtet, etwas zu tun.
plenary [´pliːnəri], *adj.* vollständig, Voll-; **p.**
powers, unbeschränkte Vollmacht; **p. session,**
Vollversammlung *f;* Plenarsitzung *f.*
plenty [´plenti], *s.* (*a*) Überfluß *m;* **land of p.,**
Land des Überflusses; (*b*) **he has p. of every-**

thing, er hat von allem reichlich/mehr als genug; **p. of time,** reichlich Zeit; **there's p. more,** es ist noch viel übrig; **five will be p.,** fünf sind mehr als genug. **'plentiful,** adj. reichlich vorhanden.

plethora ['pleθərə], s. Überfülle f (of, von + dat).

pleurisy ['pluərisi], s. Med: Rippenfellentzündung f.

pliable ['plaiəbl], adj. biegsam; Fig: (of character etc.) leicht beeinflußbar. **plia'bility,** s. Biegsamkeit f.

pliers ['plaiəz], s. pl. Tls: Zange f.

plight [plait], s. Notlage f.

plinth [plinθ], s. Arch: Plinthe f.

plod [plɔd], v.i. (p. & p.p. **plodded**) schwerfällig gehen; **to p. along,** mühselig dahinstapfen; **to p. on,** mühsam weitermachen; F: **to p. away,** sich abplagen (**at sth.,** mit etwas dat). **'plodder,** s. F: Büffler m.

plonk¹ [plɔŋk]. **I.** s. F: Plumps m. **II.** v.tr. F: (etwas) hinpflanzen.

plonk², s. F: Gesöff n, esp. billiger Wein m.

plot [plɔt]. **I.** s. **1.** (kleines) Grundstück n; (allotment) Parzelle f; (building) p., Baugrund m. **2.** Handlung f (eines Romans usw.). **3.** (conspiracy) Komplott n, Verschwörung f. **II.** v. **1.** v.tr. (p. & p.p. **plotted**) (a) Mth: etc: (eine graphische Darstellung) zeichnen, (eine Kurve usw.) konstruieren; graphisch darstellen; **to p. a course,** einen Kurs abstecken; (b) (plan) (einen Mord usw.) planen. **2.** v.i. **to p. against s.o.,** sth., gegen j-n, etwas intrigieren. **'plotter,** s. Verschwörer(in) m(f). **'plotting,** s. **1.** Mth: graphische Darstellung f. **2.** Verschwörung f.

plough [plau]. **I.** s. Pflug m. **II.** v.tr. (a) (einen Acker) pflügen; (b) Sch: F: (einen Kandidaten) durchfallen lassen; **to be ploughed,** durchs Examen rasseln; (c) **to p. back (the profits),** Gewinne wieder ins Geschäft stecken; (d) F: **to p. through a book** etc., ein Buch usw. durchackern. **'ploughman,** s. Pflüger m.

plover ['plʌvər], s. Orn: Regenpfeifer m.

plow [plau], s. N. Am: = plough.

ploy [plɔi], s. F: Trick m, Masche f.

pluck [plʌk]. **I.** v.tr. (a) (Geflügel) rupfen; Cosm: (Augenbrauen) (aus)zupfen; Mus: (eine Saite usw.) zupfen; (b) Lit: (Früchte, Blumen) pflücken. **II.** s. Mut m. **'pluck up,** v.tr. **to p. up (one's) courage,** sich dat ein Herz fassen. **'plucky,** adj. F: mutig.

plug [plʌg]. **I.** s. **1.** (a) (in barrel etc.) Pfropfen m; (in basin etc.) Stöpsel m; (b) (for screw) (wall) p., Dübel m. **2.** (a) El: Stecker m; (b) Aut: (sparking) p., Zündkerze f. **II.** v. (p. & p.p. **plugged**) **1.** v.tr. (a) (ein Loch) zustopfen; (den Abfluß) zustöpseln; (b) Com: F: **to p. a product,** die Werbetrommel für ein Produkt rühren; (c) **to p. in the TV,** den Fernseher anschließen/F: einstecken. **2.** v.i. **to p. away at sth.,** mit etwas dat abplagen.

plum [plʌm], s. **1.** Pflaume f; **p. tree,** Pflaumenbaum m; Cu: **p. tart,** approx. Pflaumenkuchen m; **p. pudding,** Plumpudding m. **2.** attrib. F: **p. job,** Bombenjob m.

plumage ['plu:midʒ], s. Orn: Gefieder n.

plumb [plʌm]. **I.** s. Nau: Constr: Lot n, Bleilot n; **p. line,** Lotleine f. **II.** adv. **p. in the middle,**

genau in der Mitte. **III.** v.tr. Fig: **to p. the depths (of despair** etc.**),** den Tiefpunkt (der Verzweiflung usw.) erreichen. **'plumber,** s. Installateur m (für Wasserleitungen). **'plumbing,** s. **1.** (trade) Installateurarbeit f. **2.** coll. die Rohrleitungen fpl (in einem Haus).

plume [plu:m], s. **1.** Schmuckfeder f. **2. p. of smoke,** Rauchfahne f.

plump [plʌmp]. **I.** adj. (of child, woman) mollig; (of man, woman) rundlich; (of chicken, arm etc.) fleischig. **II.** v.i. F: **to p. for s.o.,** sth., sich für j-n, etwas acc entscheiden. **'plumpness,** s. Rundlichkeit f.

plunder ['plʌndər]. **I.** s. (a) (act) Plünderung f; (b) (booty) Beute f. **II.** v.tr. (eine Stadt usw.) plündern.

plunge [plʌn(d)ʒ]. **I.** v. **1.** v.tr. (etwas ins Wasser usw.) tauchen; Fig: (j-n in Schulden usw.) stürzen; **plunged into darkness,** in Dunkelheit getaucht. **2.** v.i. (a) (ins Wasser usw.) springen, tauchen; Fig: (in ein Abenteuer usw.) stürzen; **to p. forward,** sich nach vorne werfen; (b) (of ship) stampfen; (c) (drop) (of cliff) (steil) abstürzen; (of prices) stark fallen; Cl: **plunging neckline,** tiefer Ausschnitt. **II.** s. Sturz m; (dive) Tauchen n; Fig: **to take the p.,** den Sprung wagen.

pluperfect [plu:'pə:fikt], adj. & s. Gram: p. (tense), Plusquamperfekt n.

plural ['pluər(ə)l], adj. & s. Gram: Plural m.

plus [plʌs]. **I.** prep. plus; **p. VAT,** zuzüglich Mehrwertsteuer (abbr. MWSt.) **II.** s. (pl. pluses ['plʌsiz]) Plus n.

plush [plʌʃ]. **I.** s. Tex: Plüsch m. **II.** adj. F: luxuriös; (smart) vornehm; **p. hotel,** Luxushotel m.

plutocrat ['plu:tokræt], s. Plutokrat m.

ply¹ [plai], v. **1.** v.tr. (a) **to p. a trade,** ein Gewerbe betreiben; (b) **to p. s.o. with drink,** j-m Alkohol aufdrängen; **to p. s.o. with questions,** j-m mit Fragen bedrängen. **2.** v.i. (a) esp. Nau: verkehren (**between A and B,** zwischen A dat und B dat); (b) **to p. for hire,** um Fahrgäste werben.

ply², s. **1.** (of wood) Schicht f. **2.** (of wool etc.) Strang m; **three p. wool,** dreifache Wolle. **'plywood,** s. Sperrholz n.

pneumatic [nju:'mætik], adj. pneumatisch; **p. drill,** Preßluftbohrer m.

pneumonia [nju(:)'məuniə], s. Med: Lungenentzündung f.

poach¹ [pəutʃ], v.tr. Cu: (Eier) pochieren; **poached eggs,** pochierte/F: verlorene Eier.

poach², v.tr. & i. **to p.** (game), wildern; Fig: **to p. on s.o.'s preserves,** j-m ins Gehege kommen. **'poacher,** s. Wilderer m. **'poaching,** s. Wildern n.

pocket ['pɔkit]. **I.** s. **1.** Tasche f; **p. edition,** Taschenausgabe f; **p. knife,** Taschenmesser n; **p. money,** Taschengeld n; **to go through s.o.'s pockets,** j-s Taschen durchsuchen; **to dig (deep) into one's p.,** (tief) in die Tasche greifen; **to be in p.,** einen Gewinn kassiert haben; **I'm out of p. by it,** das war ein Verlustgeschäft für mich. **2.** (a) Billiards: Loch n; (b) (air) p., (i) Av: Luftloch n; (ii) Min: Luftblase f; (c) Mil: **p. of resistance,** Widerstandsnest n. **II.** v.tr. (a) (Geld usw.) in die Tasche stecken, einstecken;

Hum: (*steal*) (etwas) mitgehen lassen; (*b*) *Billiards:* (den Ball) ins Loch spielen. **'pocketful,** *s.* Taschevoll *f.*

pod [pɔd], *s. Bot:* Schote *f;* (*of seeds*) Hülse *f.*

poem ['pouim], *s.* Gedicht *n.* **poet** ['pouit], *s.* Dichter *m.* **'poetess,** Dichterin *f.* **po'etic,** *adj.* poetisch; **p. licence,** dichterische Freiheit. **'poetry,** *s.* Gedichte *npl;* (**lyric**) **p.,** Lyrik *f;* (**art of**) **p.,** Dichtkunst *f.*

poignant ['pɔinjənt], *adj.* rührend. **'poignancy,** *s.* das Rührende.

point [pɔint]. **I.** *s.* **1.** Punkt *m;* (*a*) (*place*) Stelle *f;* **at this p. he broke off,** an dieser Stelle brach er ab; **we have not reached this p.** yet, wir sind noch nicht soweit; **p. duty,** Verkehrsregelung *f* (durch einen Polizisten); **p. of departure,** Ausgangspunkt *m;* **p. of view,** Gesichtspunkt *m;* (*attitude*) Standpunkt *m;* **he takes the p. of view that . . . ,** er vertritt den Standpunkt, daß . . . ; (*b*) Frage *f,* Sache *f;* **p. at issue,** Streitpunkt *m;* **p. of a joke,** Pointe *f* eines Witzes; **these figures give p. to his arguments,** diese Statistiken verleihen seinem Argument Gewicht; **to make one's p.,** seinen Standpunkt klarmachen; **points to be remembered,** Hinweise zur Beachtung; **on this p.,** zu diesem Punkt; **to make a p. of doing sth.,** darauf bedacht sein, etwas zu tun; **that's the p.,** darum geht es ja; **off the p.,** nicht zur Sache gehörig; **let's get back to the p.,** kommen wir auf unser Thema zurück; (*c*) (*sense*) **what would be the p. of . . . ,** welchen Sinn hätte es, zu . . .; **there's no p.,** es hat keinen Zweck; (*d*) (*feature*) Seite *f;* **to have its points,** gewisse Vorzüge haben; (*e*) **to be on the p. of doing sth.,** im Begriff sein, etwas zu tun; **I was on the p. of going,** ich wollte gerade gehen; (*f*) (*degree*) **up to a (certain) p.,** bis zu einem gewissen Punkt; (*g*) *Games:* Punkt *m;* **to win on points,** nach Punkten gewinnen; (*h*) **to refuse p. blank,** glatt ablehnen. **2.** (*a*) (*end*) Spitze *f* (einer Nadel usw.); *Geog:* Landspitze *f;* (*b*) **the points of the compass,** die Himmelsrichtungen; (*c*) *Aut:* (**contact breaker**) **points,** Unterbrecherkontakte *mpl.* **3.** *Rail:* **pl points,** Weiche *f.* **II.** *v.* **1.** *v.tr.* (*a*) (eine Waffe usw.) richten (**at s.o.,** auf j-n); **to p. one's finger at s.o.,** mit dem Finger auf j-n zeigen; (*b*) *Constr:* (eine Mauer) ausfugen. **2.** *v.i.* (*a*) **to p. at s.o., sth.,** auf j-n, etwas *acc* zeigen; *Fig:* **all the evidence points to him,** alle Beweise deuten auf ihn; (*b*) **to p. sth. out,** auf etwas *acc* hinweisen. **'point-'blank,** *adj.* **at p.-b. range,** *Artil:* in Kernschußweite; *Fig:* aus nächster Nähe; *Fig:* **he refused p.-b.,** er lehnte glatt ab. **'pointed,** *adj.* (*sharp, also of remark*) spitz. **'pointer,** *s.* **1.** (*dog*) Pointer *m.* **2.** (*a*) Zeiger *m* (eines Meßgerätes); (*b*) *F:* Tip *m.* **'pointing,** *s. Constr:* Ausfugung *f* (einer Mauer). **'pointless,** *adj.* sinnlos. **'point-to-'point,** *s. Horse Rac:* Jagdrennen *n* (im freien Gelände).

poise [pɔiz]. **I.** *s.* **1.** (*balance*) Gleichgewicht *n;* (*attitude*) Haltung *f* (des Körpers). **2.** (*self-confidence*) Selbstbewußtsein *n.* **II.** *v.tr.* (etwas) ausbalancieren; **poised ready to strike,** zum Zuschlagen/(*of army*) zum sofortigen Angriff bereit.

poison ['pɔiz(ə)n]. **I.** *s.* Gift *n; Bot: N.Am:* **p. ivy,** Giftsumach *m.* **II.** *v.tr.* (*a*) (j-n) vergiften; (*b*) *Fig:* (j-s Charakter, ein Verhältnis usw.) verderben; **to p. the atmosphere,** die Luft verpesten. **'poisoner,** *s.* Giftmörder(in) *m(f).* **'poisoning,** *s.* Vergiftung *f.* **'poisonous,** *adj.* (*of plant etc.*) giftig; *Fig:* **p. doctrine,** schädliche Lehre; **p. slander,** ekelhafte Verleumdung.

poke [pouk]. **I.** *v.* **1.** *v.tr.* (*a*) (j-n) anstoßen; **to p. s.o. in the ribs,** j-m einen Stoß in die Rippen geben; (*b*) (das Feuer) schüren; (*c*) (einen Schirm usw.) (in etwas *acc*) stecken; *Fig:* **to p. one's nose into other people's business,** seine Nase in fremde Angelegenheiten stecken; (*d*) **to p. fun at s.o.,** sich über j-n lustig machen. **2.** *v.i.* **to p. about,** herumstochern. **II.** *s.* Stoß *m* (in die Rippen usw.); *F:* Knuff *m.* **'poker**[1], *s.* Schürhaken *m.*

poker[2] ['poukər], *s. Cards:* Poker *n;* **p. face,** Pokergesicht *n.*

poky ['pouki], *adj. F:* schäbig und klein; dumpfig.

Poland ['pouland]. *Pr. n. Geog:* Polen *n.*

polar ['poulər], *adj.* polar, Polar-; **p. bear,** Eisbär *m.* **polarity** [pə(u)'læriti], *s.* Polarität *f.* **polari'zation,** *s. El: Ph:* Polarisation *f.* **'polarize,** *v.tr. El: Ph:* (etwas) polarisieren. **'polaroid,** *s. R.t.m.* Polaroid *m.*

Pole[1] [poul], *s.* Pole *m,* Polin *f.*

pole[2], *s.* Stange *f;* (*post*) Pfahl *m;* (*for flag etc.*) Mast *m; F:* **to be up the p.,** verrückt sein; *Sp:* **p. vault,** Stabhochsprung *m.*

pole[3], *s.* **1.** *Geog:* Pol *m;* **the p. star,** der Polarstern; *Fig:* **poles apart,** grundverschieden; (*of opinions etc.*) diametral entgegengesetzt. **2.** *El:* **negative/positive p.,** negativer/positiver Pol *m.*

police [pə'li:s], *s.* **the p.** (**force**), die Polizei; **p. superintendent,** *approx.* höherer Polizeikommissar *m;* **p. inspector,** Polizeikommissar *m;* **p. constable,** Schutzmann *m;* **p. officer,** Polizist(in) *m(f);* Polizeibeamte *m*/Polizeibeamtin *f;* **p. station,** Polizeiwache *f.* **po'liceman,** *pl.* **-men,** *s.* Polizist *m.* **po'licewoman,** *pl.* **-women,** *s.* Polizeibeamtin *f,* Polizistin *f.*

policy ['pɔlisi], *s.* **1.** (*a*) Politik *f;* **foreign p.,** Außenpolitik *f;* *Com: etc:* Grundsatz *m;* **our p. is to satisfy our customers,** es ist unser Grundsatz/Anliegen, unsere Kundschaft zufriedenzustellen. **2.** *Ins:* (**insurance**) **p.,** Police *f;* **p. holder,** Policeninhaber *m.*

poliomyelitis, *F:* **polio** ['pouliəumaiə'laitis, 'pouliau], *s. Med:* Kinderlähmung *f,* Polio *f.*

polish ['pɔliʃ]. **I.** *s.* **1.** (*finish*) Politur *f;* (*shine*) Hochglanz *m;* **to take the p. off,** die Politur entfernen. **2.** (*material*) Politurmittel *n;* **shoe p.,** Schuhcreme *f.* **3.** *Fig:* (*of pers. etc.*) Eleganz *f; F:* Schliff *m.* **II.** *v.tr.* (Schuhe, Möbel, *Ind:* Metalle usw.) polieren. **'polished,** *adj.* poliert; *Fig:* (*of style, manners etc.*) geschliffen. **'polishing,** *s.* Politur *f,* Polieren *n;* **p. cloth,** Poliertuch *n.* **'polish 'off,** *v.tr.* (etwas) schnell erledigen; *F:* (eine Arbeit) hinhauen; (Essen) wegputzen. **'polish 'up,** *v.tr.* (*a*) (etwas) aufpolieren; (*b*) **to p. up one's French,** Französisch auffrischen.

Polish ['pouliʃ]. **I.** *adj. Geog:* polnisch. **II.** *s. Ling:* Polnisch *n.*

polite [pə'lait], *adj.* höflich. **po'liteness,** *s.* Höflichkeit *f.*

politics ['pɔlitiks], s. pl. Politik f; **to go into p.,** Politiker werden. **political** [pə'litik(ə)l], adj. politisch; **p. economy,** Volkswirtschaft f; **p. party,** politische Partei; **p. science,** Staatswissenschaft f. **poli´tician,** s. Politiker(in) m(f).

poll [pəul], s. **1.** Wahl f; **to go to the polls,** wählen, zur Urne gehen; **to declare the p.,** das Wahlergebnis bekanntgeben; **to head the p.,** die meisten Stimmen auf sich acc vereinen; **low p.,** geringe Wahlbeteiligung f. **2. (opinion) p.,** Meinungsumfrage f. ´**polling,** s. Wählen n; **p. booth,** Wahlzelle f, **p. station,** Wahllokal n.

pollen ['pɔlin, -ɛn], s. Bot: Blütenstaub m.; ´**pollinate,** v.tr. (eine Pflanze) bestäuben.

pollute [pə'l(j)uːt], v.tr. (Wasser, die Umwelt usw.) verschmutzen. **po´llution,** s. Verschmutzung f; esp. **(environmental) p.,** Umweltverschmutzung f; **p. level,** Verschmutzungsgrad m.

polo ['pəuləu], s. **1.** Sp: Polo n. **2.** Cl: **p. neck,** Rollkragen m.

poltergeist ['pɔltəgaist], s. Poltergeist m.

polyglot ['pɔliglɔt]. **I.** adj. mehrsprachig, polyglott. **II.** s. Polyglotte(r)/f(m).

polyp ['pɔlip], s. Z: Polyp m.

polystyrene [pɔli'stairiːn], s. Polystyrol n.

polytechnic [pɔli'teknik]. **I.** adj. polytechnisch. **II.** s. approx. Technische Hochschule f.

polythene ['pɔliθiːn], s. (a) Ch: Polyäthylen n; (b) **p. (sheet),** Plastikfolie f; **p. bag,** Plastikbeutel m.

pomegranate ['pɔm(i)grænit], s. Granatapfel m.

Pomerania [pɔmə'reinjə]. Pr. n. Geog: Pommern n. **Pome´ranian,** adj. pommersch.

pomp [pɔmp], s. Pomp m, Prunk m. ´**pompous,** adj. (a) (of style etc.) schwülstig; (b) (of pers.) wichtigtuerisch, aufgeblasen.

pond [pɔnd], s. Teich m.

ponder ['pɔndər], v. **1.** v.tr. (etwas) überlegen. **2.** v.i. **to p. over sth.,** über etwas acc nachdenken. ´**ponderous,** adj. schwerfällig.

pong [pɔŋ], s. F: Gestank m.

pontoon [pɔn'tuːn], s. Ponton m; **p. bridge,** Pontonbrücke f.

pony ['pəuni], s. Pony n; Hairdr: **p. tail,** Pferdeschwanz m.

poodle ['puːdl], s. Pudel m.

pool[1] [puːl], s. **1.** (a) (natural) Weiher m; (small) Tümpel m; (b) (man-made) Becken m; **(swimming) p.,** Schwimmbad n; (single p.) Schwimmbecken m; (c) **p. of blood/oil,** Blutlache/Öllache f. **2. the P. of London,** der Londoner Hafen.

pool[2]. **I.** s. **1.** Cards: Spielkasse f; Billiards: etc: Poule f. **2. (football) pools,** Fußballtoto m & n. **3.** (typing) **p.,** Schreibsaal m. **II.** v.tr. (Gewinne, Gelder usw.) zusammenlegen; **to p. one's resources,** sich zusammentun.

poor [puər, pɔːr], adj. **1.** (needing money or help) arm; **the p.,** die Armen; F: **you p. thing/p. you!** du Ärmste(r)! **2.** (bad) schlecht; **p. harvest,** schlechte Ernte; **p. soil,** karger/unfruchtbarer Boden; **p. excuse,** faule Ausrede; **p. comfort,** schwacher Trost; **it's a p. lookout!** das sind schlechte Aussichten! **to have a p. opinion of s.o., sth.,** nicht viel von j-m, etwas dat halten. ´**poorly. I.** adv. schlecht. **II.** adj. (ill) unpäßlich; **he is p.,** es geht ihm nicht gut; **to look p.,** schlecht aussehen. ´**poorness,** s. **1.** (pov-

erty) Armut f. **2.** Kargheit f, Unfruchtbarkeit f (des Bodens).

pop[1] [pɔp]. **I.** v.i. (p. & p.p. **popped**) (a) (of cork etc.) knallen; (b) F: **just p. round to the baker's,** lauf mal schnell zum Bäcker; **to p. in to see s.o.,** bei j-m vorbeischauen; **I'll p. over to the Browns',** ich gehe auf einen Sprung zu Browns'; **to p. out,** (i) (jump) hinausspringen; (ii) (go out) einen Moment weggehen; **his eyes were popping out,** er machte Stielaugen; P: **to p. off,** (die) abkratzen. **II.** s. Knall m (eines Korkens); Platzen n (eines Luftballons). **III.** int. **to go off p.,** (of cork) knallen; (of balloon etc.) platzen. ´**popcorn,** s. Popkorn n. ´**popgun,** s. Platzpistole f.

pop[2], s. F: esp. N.Am: Vati m.

pop[3], adj. (abbr. = popular) **p. (music),** Pop m; **p. art,** Pop-art f; **p. song,** Schlager m; **p. singer,** Schlagersänger m.

pop[4], s. F: (drink) Brause f.

pope ['pəup], s. Papst m.

poplar ['pɔplər], s. Bot: Pappel f.

poplin ['pɔplin], s. Tex: Popelin m.

poppet ['pɔpit], s. (pers.) Schatz m.

poppy ['pɔpi], s. Bot: Mohnblume f.

poppycock ['pɔpikɔk], s. F: Quatsch m.

populace ['pɔpjuləs], s. Volk n; Pej: Pöbel m.

popular ['pɔpjulər], adj. (a) (of the people) Volks-; **p. uprising,** Volksaufstand m; Pol: **P. Front,** Volksfront f; (b) (much liked) beliebt; (c) (generally comprehensible) allgemeinverständlich; (of book etc.) populärwissenschaftlich; (d) (prevalent) **p. view,** herrschende Meinung; **p. error,** häufiger Fehler; **-ly,** adv. **it is p. believed that ...,** man nimmt allgemein an, daß ... **popu´larity,** s. Beliebtheit f. **populari´zation,** s Popularisierung f. ´**popularize,** v.tr. (etwas) popularisieren.

populate ['pɔpjuleit], v.tr. (ein Land usw.) bevölkern; **densely populated,** dicht bevölkert; **sparsely/thinly populated area,** dünn bevölkertes/besiedeltes Gebiet. **popu´lation,** s. Bevölkerung f.

porcelain ['pɔːslin], s. Porzellan n.

porch [pɔːtʃ], s. (a) (on houses) Windfang m; Arch: (on church etc.) Portal n; (b) N.Am: Veranda f.

porcupine ['pɔːkjupain], s. Z: Stachelschwein n.

pore[1] [pɔːr], s. Pore f.

pore[2], v.i. **to p. over a book,** über einem Buch hocken.

pork [pɔːk], s. Cu: Schweinefleisch n; **p. chop,** Schweinekotelett n; **p. pie,** Schweinefleischpastete f.

pornography [pɔː'nɔgrəfi], s. F: **porn,** s. Pornographie f; F: Porno m.

porous ['pɔːrəs], adj. porös. **po´rosity,** s. Porosität f.

porpoise ['pɔːpəs], s. Z: Tümmler m.

porridge ['pɔridʒ], s. Haferbrei m; **p. oats,** Haferflocken fpl.

port[1] [pɔːt], s. Nau: Hafen m; **p. of call,** Anlaufhafen m; F: (pers.) Ziel n; **p. of registry,** Heimathafen m; **p. charges,** Hafengebühren fpl; **to enter p.,** in den Hafen einlaufen.

port[2], s. Nau: (direction) Backbord m.

port[3], s. (wine) Portwein m.

portable ['pɔːtəbl], adj. tragbar; **p. radio,**

Kofferradio n; **p. typewriter,** Reiseschreibmaschine f.

porter¹ ['pɔːtər], s. Pförtner m; **porter's lodge,** (i) (outside) Pförtnerhaus n; (ii) (inside building) Pförtnerloge f.

porter², s. Rail: etc: Gepäckträger m; (in hotels) Hoteldiener m.

portfolio, pl. -oes [pɔːt'fəuljəu, -z], s. (a) (folder) Mappe f; (b) Adm: Geschäftsbereich m; **minister without p.,** Minister m ohne Geschäftsbereich; (c) Fin: Portefeuille n.

porthole ['pɔːthəul], s. Nau: Bullauge n.

portion ['pɔːʃ(ə)n]. I. s. (a) Teil m; (share) Anteil m (of sth., von etwas dat); (b) Cu: Portion f (von Speisen). II. v.tr. **to p. sth. out,** etwas austeilen.

portly ['pɔːtli], adj. beleibt. **'portliness,** s. Beleibtheit f.

portrait ['pɔːtrit], s. Porträt n; (description) Schilderung f. **por'tray,** v.tr. (j-n, etwas) darstellen; (describe) (j-n, etwas) schildern. **por'trayal,** s. Darstellung f; (description) Schilderung f.

Portugal ['pɔːtjug(ə)l]. Pr. n. Geog: Portugal n. **Portuguese** [-'giːz]. I. adj. portugiesisch. II. s. (a) Portugiese m, Portugiesin f; (b) Ling: Portugiesisch n.

pose [pəuz]. I. s. 1. Pose f. II. v. 1. v.tr. (eine Frage) stellen; **this poses a problem,** das ist problematisch. 2. v.i. (a) Art: (of model) die Pose einnehmen; **to p. for s.o.,** für j-n Modell stehen; (b) **to p. as a Frenchman,** sich als Franzose ausgeben. **'poser,** s. knifflige Frage f.

posh [pɔʃ], adj. F: piekfein.

position [pə'ziʃ(ə)n]. I. s. Position f; (a) Stellung f (des Körpers, Tchn: eines Hebels usw.); (mental attitude) Standpunkt m; (b) (situation) Lage f (eines Hauses, Fig: der Dinge usw.); Standort m (eines Schiffes usw.); **in p.,** an der richtigen Stelle; **out of p.,** versetzt; **to be in a p. to do sth.,** in der Lage/imstande sein, etwas zu tun; **financial p.,** Finanzlage f; **put yourself in my p.,** versetzen Sie sich in meine Lage; (c) (relative to others) Stellung f; Sp: Stelle f; **in first p.,** an erster Stelle; Sch: **p. in class,** Stellung in der Klasse; (d) (job) Stelle f; **responsible p.,** verantwortungsvolle Stellung/Position; (e) Fb: Position f; Mil: Stellung f. II. v.tr. (etwas) in die richtige Lage/Stellung bringen; Mil: **to p. troops,** Truppen stationieren.

positive ['pɔzitiv], adj. 1. (of result, reply etc.) positiv; El: **p. terminal,** positiver Pol m. 2. (a) (certain) **are you p.?** sind Sie ganz sicher? **p. proof,** eindeutiger Beweis; (b) F: (definite) ausgesprochen; **a p. advantage,** ein eindeutiger/ausgesprochener Vorteil; **-ly,** adv. 1. sicher, mit Gewißheit. 2. F: ganz, völlig; **I'm p. frozen,** ich bin völlig erfroren.

posse ['pɔsi], s. esp. U.S: Trupp m (von Helfern des Sheriffs).

possess [pə'zes], v.tr. (a) (own) (etwas) besitzen; **all I p.,** alles, was ich habe; (b) **what possessed you to do that?** was ist in Sie gefahren, daß Sie das gemacht haben? **like a man possessed,** wie ein Besessener. **po'ssession,** s. 1. (owning) Besitz m; **to take p. of sth.,** etwas in Besitz nehmen. 2. (object) Stück n (aus j-s Besitz); **all my possessions,** mein ganzes Hab

und Gut/Eigentum; Pol: **foreign possessions,** auswärtige Besitzungen fpl. **po'ssessive,** adj. (a) (acquisitive) habgierig; (jealous) eifersüchtig; **to be p.,** an seinem Besitz/(of parent) an seinem Kind hängen; (b) Gram: Possessiv-; **p. pronoun,** Possessivpronomen n. **po'ssessor,** s. Besitzer(in) m(f).

possible ['pɔsəbl], adj. 1. (which can be) möglich; **as many details as p.,** möglichst viele Einzelheiten; **as early as p.,** möglichst früh; **the highest p.,** der/die/das höchstmögliche; **the best p.,** der/die/das bestmögliche. 2. (which might be) etwaig, eventuell; **a p. candidate,** ein etwaiger/möglicher Kandidat. **'possibly,** adv. 1. (emphatic) **I cannot p. do it,** das kann ich unmöglich tun; **I'll do all I p. can,** ich werde mein möglichstes tun; **how can I p. ...,** wie kann ich nur ... 2. (perhaps) **yes, p.,** ja, vielleicht; **he might p. come too if ...,** er würde vielleicht/eventuell mitkommen, wenn ... **possi'bility,** s. Möglichkeit f; **within the bounds of p.,** im Bereich des Möglichen.

post¹ [pəust], s. Pfosten m; (stake) Pfahl m; (tall) Mast m; Fig: **as deaf as a p.,** stocktaub; Rac: **starting p.,** Startpfosten m; **winning p.,** Ziel n; **he was first past the p.,** er war der Erste am Ziel.

post², v.tr. **to p. a notice,** eine Bekanntmachung aushängen; P. N: **p. no bills!** Plakate ankleben verboten!

post³. I. s. 1. Mil: Posten m; **at his p.,** auf seinem Posten; Com: **trading p.,** Handelsniederlassung f. 2. (job) Posten m, Stelle f; (office) Amt n. II. v.tr. Mil: (a) **to p. sentries,** Wachen aufstellen; (b) **to be posted to Germany,** nach Deutschland versetzt werden. **'posting,** s. Mil: etc: Versetzung f.

post⁴, s. Mil: **last p.,** Zapfenstreich m.

post⁵. I. s. (mail, service, post office) Post f; (a) **he gets a lot of p.,** er bekommt viel Post; (b) **by return of p.,** postwendend; **it came first/second p.,** es kam mit der ersten/zweiten Post; **to send sth. by p.,** etwas mit der Post schicken; **to take a letter to the p.,** einen Brief auf die/zur Post bringen; **p. office,** Com: trading n; **p. box,** Briefkasten m; **Post Office/**abbr. **P.O. Box,** Postfach n. II. v.tr. (a) **to p. a letter,** einen Brief zur Post bringen/(in letter box) einwerfen; **it was posted yesterday,** es wurde gestern abgeschickt; (b) Fig: **to keep s.o. posted,** j-n auf dem laufenden halten. **'postage,** s. Porto n; **p. du~,** Nachgebühr f; **p. stamp,** Briefmarke f; **p. paid,** portofrei. **'postal,** adj. Post-; **p. code,** Postleitzahl f; **p. order,** Postanweisung f. **'postcard,** s. Postkarte f. **'post-'haste,** adv. eiligst. **'postman,** s. Briefträger m. **'postmark,** s. Poststempel m. **'postmaster, -mistress,** s. Postmeister(in) m(f); A: **the P. General,** der Postminister.

post- [pəust-], prefix Nach-. **'post'date,** v.tr. (einen Scheck usw.) vordatieren. **'post'graduate,** s. Graduierte(r) f(m), die/der weiterstudiert. **'Post-Im'pressionism,** s. Post-Impressionismus m. **'post-me'ridiem,** adv. (abbr. p.m.) nachmittags; (after six) abends. **'post-'mortem,** s. Obduktion f. **'post-'war,** adj. Nachkriegs-.

poster ['pəustər], s. Plakat n; Art: Poster n.

posterior [pɔs'tiəriər], s. Hum: Hinterteil n.

posterity [pɔs'teriti], s. die Nachwelt; (s.o.'s descendants) Nachkommenschaft f.
posthumous ['pɔstjuməs], adj. postum; **p. child,** nachgeborenes Kind.
postpone [pəus'pəun], v.tr. (etwas) aufschieben. **post'ponement,** s. Verschiebung f.
postscript ['pəusskript], s. Nachschrift f.
posture ['pɔstʃər]. **I.** s. (pose) Positur f; (position) Stellung f; Fig: (attitude) Haltung f. **II.** v.i. sich in Positur stellen.
posy ['pəuzi], s. Blumensträußchen n.
pot [pɔt]. **I.** s. (a) Topf m; (for tea, coffee) Kanne f; **a p.** of jam, ein Glas n Marmelade; **pots and pans,** Kochtöpfe mpl; (b) F: (trophy) Pokal m; (c) P: **to go to p.,** auf den Hund kommen. **II.** v.tr. (Fleisch) in einen Topf füllen; (Pflanzen) eintopfen. **'potted,** adj. (a) **p. meat,** hausgemachte Fleischkonserve f; **p. plant,** Topfpflanze f; (b) F: **p. version,** Kurzfassung f; **p. biography,** (unausreichende) Kurzbiographie f. **'pot-hole,** s. **1.** (in road) Schlagloch n. **2.** Geol: schachtartige Höhle f. **'pot-holer,** s. Höhlenforscher(in) m(f). **'pot-holing,** s. Höhlenforschung f. **'pot-'luck,** s. F: **to take p.-l.,** mit dem vorliebnehmen, was es gerade gibt. **'pot-shot,** s. F: **to take a p.-s. at sth.,** auf etwas acc losknallen.
potash ['pɔtæʃ], s. Kali n.
potassium [pə'tæsiəm], s. Ch: Kalium n.
potato, pl. **-oes** [pə'teitəu, -əuz], s. **1.** Kartoffel f; **p. crisps,** Kartoffelchips, Chips mpl. **2.** sweet **p.,** Batate f.
potency ['pəut(ə)nsi], s. Stärke f (eines Drinks, eines Motors usw.); Wirksamkeit f (eines Medikaments); Fig: Stichhaltigkeit f (eines Arguments); Physiol: Potenz f (eines Mannes). **'potent,** adj. stark; (of drug) wirksam; Fig: (of argument) stichhaltig; Physiol: potent.
po'tential. I. adj. potentiell; Ph: **p. energy,** Lageenergie f. **II.** s. esp. Ph: Mil: Potential n; (of firm etc.) Entwicklungsmöglichkeiten fpl; (of pers.) Fähigkeiten fpl; **to realize one's full p.,** seine Fähigkeiten voll zur Entfaltung bringen; **-ly,** adv. **p. dangerous,** unter Umständen gefährlich. **potenti'ality,** s. Möglichkeit f.
potter¹ ['pɔtər], v.i. (a) **to p.** (about), (aimlessly) herumtrödeln; (in house, garden) herumhantieren; (b) (in car) **to p. along,** langsam durch die Gegend gondeln.
potter², s. Töpfer(in) m(f); **p.'s wheel,** Töpferscheibe f. **'pottery,** s. **1.** (workshop) Töpferei f. **2.** (vessels etc.) Töpferwaren fpl; **piece of p.,** Töpferware f.
potty¹ ['pɔti], adj. F: **1.** (dead easy) kinderleicht. **2.** (mad) verrückt; (of pers.) übergeschnappt; **p. about s.o., sth.,** in j-n, etwas acc vernarrt.
potty², s. F: (for child) Töpfchen n.
pouch [pautʃ], s. Beutel m.
poultice ['pəultis], s. Med: Umschlag m.
poultry ['pəultri], s. coll. Geflügel n. **'poulterer,** s. Geflügelhändler m.
pounce [pauns], v.i. sich stürzen (**on** auf + acc).
pound¹[paund], s. (weight, money) Pfund n; (a) **to sell sugar by the p.,** Zucker pfundweise verkaufen; (b) **p. note,** Pfundnote f.

pound², s. Sammelstelle f (für entlaufene Tiere, abgeschleppte Autos).
pound³, v. **1.** v.tr. & i. **to p. sth.** (to a powder), etwas pulverisieren; **to p.** (away at) **the piano** etc., auf dem Klavier usw. herumhämmern; **the waves p.** (on) **the shore,** die Wellen schlagen ans Ufer. **2.** v.i. (of heart) pochen. **'pounding,** s. Hämmern n; Schlagen n (der Wellen); (of pers., building etc.) **to take a p.,** stark mitgenommen werden.
pour [pɔːr], v. **1.** v.tr. (eine Flüssigkeit) gießen (**into/over sth.,** in/über etwas acc). **2.** v.i. (a) **it's pouring** (**with rain**), es gießt; es regnet in Strömen; (b) (of water, Fig: of people etc.) strömen (**into,** in + acc; **out of,** aus + dat). **'pour 'in,** v. **1.** v.i. hereinströmen; (of applications etc.) in großen Mengen eintreffen. **2.** v.tr. (eine Flüssigkeit) eingießen. **'pouring,** adj. **p. rain,** strömender Regen. **'pour 'out,** v. **1.** v.tr. (eine Flüssigkeit) ausgießen; Fig: **to p. out one's heart,** sein Herz ausschütten. **2.** v.i. (of water etc.) ausströmen.
pout [paut]. **I.** s. Schmollmund m. **II.** v.i. (of pers.) schmollen.
poverty ['pɔvəti], s. Armut f. **'poverty-'stricken,** adj. verarmt; **to be p.-s.,** in Armut leben.
powder ['paudər]. **I.** s. Pulver n; Cosm: Puder m. **II.** v.tr. (a) (etwas) mit Pulver usw. bestreuen; **to p. one's face,** sich dat das Gesicht pudern; (b) (grind down) (eine Substanz) pulverisieren; **powdered milk,** Trockenmilch f. **'powder-compact,** s. Puderdose f. **'powder-maga-zine,** s. Pulvermagazin n. **'powder-room,** s. Damentoilette f. **'powdery,** adj. pulverig; **p. snow,** Pulverschnee m.
power ['pauər]. **I.** s. **1.** Macht f; **I'll do all in my p.,** ich werde tun, was in meiner Macht steht; **it is beyond my p.,** es liegt nicht in meiner Macht; **to fall into s.o.'s p.,** in j-s Gewalt kommen; Pol: (of party) **in p.,** an der Macht; Jur: **p. of attorney,** Vollmacht f. **2.** (ability) Fähigkeit f; **p. of speech,** Sprechvermögen n; **powers of persuasion,** Überredungskünste fpl; **his powers are failing,** seine Kräfte lassen nach. **3.** (strength, force) (a) Mec: E: etc: Stärke f (eines Motors); **p. output,** Leistung f; **p. plant/unit,** Triebwerk n; **motive p.,** Triebkraft f; (of vehicle) **under its own p.,** mit eigener Kraft; (b) El. E: Starkstrom m; **p. cable/line,** Stark-stromleitung f; **p. consumption,** Stromverbrauch m; **p. point,** Steckdose f; **p. station,** Kraftwerk n. **4.** (state) Staat m; **the Great Powers,** die Großmächte fpl; F: **the powers that be,** Vater Staat. **5.** Mth: Potenz f; **three to the p. of four,** drei hoch vier. **II.** v.tr. (eine Maschine usw.) antreiben; **rocket-powered,** mit Raketenantrieb. **'powerful,** adj. (a) (of engine, pers., animal etc.) stark; (of car) leistungsfähig; (of blow) heftig; **p. remedy,** wirksames Heilmittel; (b) (influential) mächtig; **a p. argument,** ein überzeugendes Argument. **'power-house,** s. (a) Kraftwerk n; (b) Sp: F: Kanone f. **'powerless,** s. (a) (weak) kraftlos; (b) (without influence) machtlos. **'powerlessness,** s. (a) Kraftlosigkeit f; (b) Machtlosigkeit f.
pow-wow ['pau wau], s. F: Besprechung f; Hum: Kriegsrat m.
practicable ['præktikəbl], adj. (of plan, idea)

durchführbar; (*possible*) möglich. **practica-**
´bility, *s.* Durchführbarkeit *f.*
practical [´præktik(ə)l], *adj.* praktisch; **p. chem-**
istry, praktische Chemie; **p. joke,** Streich *m;*
-ly, *adv.* **1.** praktisch. **2.** *F:* (*virtually*) beinahe,
fast; **there's been p. no snow,** es hat kaum
geschneit.
practice [´præktis], *s.* **1.** (*action*) Praxis *f;* **in p.,**
in der Praxis; **the p. of medicine,** die Ausübung
der Medizin; **to put a plan into p.,** einen Plan in
die Tat umsetzen. **2.** (*a*) (*habit*) Gewohnheit *f;*
(*custom*) Brauch *m;* **to make a p. of sth.,** sich
dat etwas zur Gewohnheit machen; (*b*) **sharp**
practices, unsaubere Methoden *fpl;* **illegal p.,**
illegale Handlungsweise; (*c*) *Tchn:* Technik *f;*
workshop p., Werkstättentechnik *f.* **3.** (*repeated*
exercise) (*a*) Übung *f;* **p. game,** Übungsspiel *n;*
p. makes perfect, Übung macht den Meister;
out of p., aus der Übung; **choir p.,** Chor-
probe *f;* (*b*) *Motor Rac: Ski: etc:* Training *n.* **4.**
Jur: Med: etc: Praxis *f.* **practise** [´præktis], *v.*
1. *v.tr.* (*a*) (Klavier, Schwimmen) üben; **to p.**
what one preaches, seine Lehren in die Tat
umsetzen; (*b*) (einen Beruf) ausüben. **2.** *v.i.*
(auf dem Klavier usw.) üben; *Motor Rac:*
Trainingsrunden fahren. **´practised,** *adj.*
geübt. **prac´titioner,** *s.* **1.** *Med:* **general p.,**
praktischer Arzt *m.* **2. legal p.,** Rechtsanwalt *m.*
pragmatic [præg´mætik], *adj.* pragmatisch.
prairie [´prɛəri], *s.* Prärie *f.*
praise [preiz]. **I.** *s.* Lob *n;* **in p. of s.o., sth.,** j-m,
etwas *dat* zu Ehren; **beyond all p.,** über jedes
Lob erhaben. **II.** *v.tr.* (j-n, etwas) loben.
´praiseworthy, *adj.* lobenswert.
pram [præm], *s.* Kinderwagen *m.*
prance [prɑ:ns], *v.i.* (*of child etc.*) hüpfen; (*of*
horse) tänzeln.
prank [præŋk], *s.* Streich *m;* Schabernack *m.*
prawn [prɔ:n], *s.* Garnele *f.*
pray [prei], *v.tr. & i.* beten (**for sth.,** um etwas
acc). **´prayer,** *s.* Gebet *n;* (*a*) **the Lord's**
P. das Vaterunser; **to say one's prayers,** beten,
sein Gebet sprechen; **p. book,** Gebetbuch *n;* **p.**
wheel, Gebetsmühle *f;* (*b*) (*service*) **morning/**
evening p., Morgen/Abendandacht *f.*
pre- [pri:-], *comb. fm.* Vor-; **pre-war,** Vorkriegs-;
Art: **Pre-Raphaelite,** Präraffaelit *m.*
preach [pri:tʃ], *v.* **1.** *v.tr.* **to p. a sermon,** eine
Predigt halten. **2.** *v.i.* predigen (**about sth.,** von
etwas *dat*). **´preacher,** *s.* Prediger *m.*
preamble [pri:´æmbl], *s.* Einleitung *f.*
precarious [pri´kɛəriəs], *adj.* unsicher; (*dan-*
gerous) gefährlich; **to make a p. living,** ein
unsicheres Einkommen haben.
precaution [pri´kɔ:ʃ(ə)n], *s.* Vorsichtsmaß-
nahme *f;* **to take precautions,** Vorsichtsmaß-
nahmen treffen; **as a p.,** vorsichtshalber; **I took**
the p. of going early, ich bin vorsichtshalber
zeitig hingegangen. **pre´cautionary,** *adj.* **p.**
measure, Vorsichtsmaßnahme *f.*
precede [pri(:)´si:d], *v.tr.* (j-m, etwas *dat*)
vorausgehen; **the concert was preceded by a**
dinner, dem Konzert ging ein Festessen
voraus. **precedence** [´presidəns], *s.* Vorrang
m; **to take p.,** den Vorrang haben (**over s.o.,**
vor j-m); **according to p.,** dem Rang nach. **pre-**
cedent [´presid(ə)nt], *s.* Präzedenzfall *m;*
without p., noch nie dagewesen. **preceding**

[pri´si:diŋ]. **I.** *adj.* vorhergehend; **the p. day,**
der vorige Tag. **II.** *prep.* **the week p. the match,**
die Woche vor dem Spiel.
precept [´pri:sept], *s.* Gebot *n.*
precinct [´pri:siŋkt], *s.* (*a*) *U.S:* Bezirk *m* (einer
Stadt); **police p.,** Polizeirevier *n;* (*b*) **cathedral**
precincts, Domfreiheit *f;* **shopping p.,** ver-
kehrsfreies Einkaufszentrum; **pedestrian p.,**
Fußgängerzone *f.*
precious [´preʃəs]. **I.** *adj.* (*a*) (*of great value*)
kostbar; **p. stones,** Edelsteine *mpl; Fig:* **p.**
memories, liebe Erinnerungen; **her son is very**
p. to her, sie hängt sehr an ihrem Sohn; (*b*)
Iron: F: **you are a p. nuisance,** du bist ein
richtiger Quälgeist; **him and his p. cars,** er mit
seinen verflixten Autos; (*c*) (*of pers., style*)
affektiert. **II.** *s.* **my p.!** mein Schatz! **III.** *adv.* **p.**
little, herzlich wenig.
precipice [´presipis], *s.* Steilwand *f.* **pre´cipi-**
tous, *adj.* (*of cliff*) abschüssig; **a p. drop,** ein
jäher Absturz.
precipitate I. [pri´sipiteit] *v.tr.* (*a*) *Ch:* (eine
Substanz) ausfällen; (*b*) (*push*) (j-n) heftig sto-
ßen; **to p. s.o./a country into sth.,** j-n/ein Land
in etwas *acc* stürzen; (*c*) (*hasten*) (**in order**) **to**
p. matters, um die Sache zu beschleunigen. **II.**
[-itit] *adj.* übereilt, voreilig. **precipi´tation,**
s. **1.** *Meteor: & Ch:* Niederschlag *m.* **2.** (*haste*)
Übereile *f.*
précis [´preisi:, *pl.* -i:z], *s.* Zusammenfassung *f.*
precise [pri´sais], *adj.* genau; **you must be p.,** Sie
müssen präzise sein; **at the p. moment when**
..., genau in dem Augenblick, als ... **pre´ci-**
sion [-´siʒ(ə)n], *s.* Genauigkeit *f;* **p. en-**
gineering, Feinmechanik *f;* **p. instrument,** Prä-
zisionsinstrument *n.*
precocious [pri´kəuʃəs], *adj.* frühreif; *Pej:* (*of*
small child) altklug. **pre´cociousness/pre-**
cocity [-´kɔsiti], *s.* Frühreife *f; Pej:* Alt-
klugheit *f.*
preconceived [pri:kən´si:vd], *adj.* **p. idea** (*also*
precon´ception), vorgefaßte Meinung *f.*
precursor [pri(:)´kɔ:sər], *s.* Vorläufer(in) *m(f).*
predate [pri:´deit], *v.tr.* (*a*) (einen Brief usw.)
nachdatieren; (*b*) (*precede*) (einem Ereignis)
vorausgehen.
predator [´predət(ə)r], *s.* Raubtier *n.* **´preda-**
tory, *adj.* (*a*) **p. animal,** Raubtier *n;*
p. instinct, Raublust *f;* (*b*) *Fig:* (*of woman*)
mannstoll.
predecessor [´pri:disesər], *s.* Vorgänger(in)
m(f).
predestine [pri:´destin], *v.tr.* (j-n) prädes-
tinieren (**for/to,** zu + *dat*). **predesti´nation,**
s. Prädestination *f.*
predetermine [´pri:di´tə:min], *v.tr.* (etwas)
vorherbestimmen.
predicament [pri´dikəmənt], *s.* mißliche Lage
f; Iron: **we're in a fine p.,** da sitzen wir schön
in der Tinte.
predicate [´predikət], *s. Gram:* Prädikat *n.*
predict [pri´dikt], *v.tr.* (ein Ereignis) voraus-
sagen. **pre´dictable,** *adj.* leicht voraus-
zusagen; **he's p.,** man weiß im voraus, was er
tun wird. **pre´diction,** *s.* Voraussagen *f.*
predilection [pri:di´lekʃ(ə)n], *s.* Vorliebe *f* (**for,**
für + *acc*).
predispose [pri:dis´pəuz], *v.tr.* **this predisposed**

him to look favourably on it, das hat ihn gleich veranlaßt, es wohlwollend zu betrachten; **predisposed to sth.**, zu etwas *dat* geneigt. **predispo´sition**, *s.* Neigung *f* (**to**, zu + *dat*).

predominate [pri:´dɔmineit], *v.i.* (*numerically*) überwiegen; (*of feature*) vorherrschen. **pre´dominance**, *s.* **1.** (*of pers. etc.*) Vorherrschaft *f.* **2.** (*in* ´numbers) Überwiegen *n.* **pre´dominant/pre´dominating**, *adj.* vorherrschend; überwiegend.

preeminent [pri(:)´eminənt], *adj.* hervorragend; **to be p.**, den Vorrang haben.

preen [pri:n], *v.tr.* (*of bird*) sich *dat* (das Gefieder) putzen; (*of bird, Fig: of pers.*) **to p. itself/oneself,** sich putzen.

prefabricate [pri:´fæbrikeit], *v.tr.* (etwas) aus Fertigteilen herstellen; **prefabricated house,** Fertighaus *n.* **prefabri´cation**, *s. Constr:* Fertigbauweise *f.*

preface [´prefis]. **I.** *s.* (*of book*) Vorwort *n.* **II.** *v.tr.* **to p. one's remarks with sth.**, seine Bemerkungen mit etwas *dat* einleiten.

prefect [´pri:fekt], *s. Sch: Brit:* Aufsichtsschüler(in) *m(f).*

prefer [pri´fə:r], *v.tr.* (*p. & p.p.* **preferred**) (etwas) vorziehen; **I p. blondes to redheads,** ich habe Blondinen lieber als Rothaarige; **I would p. to go without,** ich würde lieber darauf verzichten; **I would p. you to go now,** es wäre mir lieber, wenn Sie jetzt gingen. **preferable** [´pref-], *adj.* **p.** (**to sth.**), (etwas *dat*) vorzuziehen; **-ably,** *adv.* vorzugsweise. **preference** [´pref-], *s.* Vorliebe *f* (**for sth.**, für etwas *acc*); **I have no p.,** mir ist alles recht; **in p.,** vorzugsweise; *Fin:* **p. share,** Vorzugsaktie *f.* **prefe´rential** [pref-], *adj.* Vorzugs-; **p. treatment,** Vorzugsbehandlung *f.*

prefix [´pri:fiks], *s. Gram:* Präfix *n;* Vorsilbe *f.*

pregnancy [´pregnənsi], *s.* Schwangerschaft *f; Z:* Trächtigkeit *f.* ´**pregnant**, *adj.* **1.** (*of woman*) schwanger; (*of animal*) trächtig. **2.** *Fig:* **p. with meaning,** bedeutungsschwer.

prehensile [pri´hensail], *adj. Z:* Greif-; **p. foot/tail,** Greiffuß *m*/Greifschwanz *m.*

prehistory [pri:´hist(ə)ri], *s.* Vorgeschichte *f.* **prehis´toric**, *adj.* vorgeschichtlich.

pre-ignition [´pri:ig´niʃən], *s. I.C.E:* Frühzündung *f.*

prejudice [´predʒudis]. **I.** *s.* **1.** Vorurteil *n* (**against s.o., sth.,** gegen j-n, etwas *acc*). **II.** *v.tr.* (*a*) **to p. s.o. for/against sth.**, j-n für/gegen etwas *acc* beeinflussen; (*b*) (*damage*) (j-s Ruf usw.) schädigen. ´**prejudiced**, *adj.* (*of pers.*) voreingenommen (**for/against s.o., sth.,** für/gegen j-n, etwas *acc*); (*of judge, judgement*) befangen. **prejudicial** [-´diʃ(ə)l], *adj.* schädlich (**to,** für + *acc*).

preliminary [pri´liminəri]. **I.** *adj.* Vor-; (*preparatory*) vorbereitend; **p. remarks,** einleitende Bemerkungen; *Sp:* **p. round,** Vorrunde *f.* **II.** *s.* Vorbereitung *f;* vorbereitende Maßnahme *f.*

prelude [´prelju:d], *s. Mus:* Vorspiel *n; Fig:* Auftakt *m* (**to,** zu + *dat*).

premature [´premətjuər], *adj.* frühzeitig; **p. birth,** Frühgeburt *f.*

premeditated [pri:´mediteitid], *adj.* vorsätzlich.

premier [´premiər]. **I.** *adj.* führend; (*chief*) Haupt-. **II.** *s. Pol:* Premierminister *m.*

première [´premiεər], *s. Th:* Uraufführung *f;* **British p.,** britische Erstaufführung *f.*

premise [´premis], *s.* Voraussetzung *f.*

premises [´premisiz], *s. pl.* Räumlichkeiten *fpl;* (*restaurant*) Lokal *n;* **business p.,** Geschäftslokal *n;* **on the p.,** im Hause; (*restaurant*) im Lokal.

premium [´pri:miəm], *s.* **1.** Bonus *m.* **2.** (*a*) (*additional payment*) Zuschlag *m;* (*b*) **insurance p.,** Versicherungsprämie *f.* **3. to be at a p.,** sehr gesucht sein.

premonition [pri:mə´niʃ(ə)n], *s.* Vorahnung *f* (eines Unglücks).

prenatal [´pri:´neit(ə)l], *adj.* pränatal; **p. care,** Schwangerenfürsorge *f.*

preoccupation [pri:ɔkju´peiʃ(ə)n], *s.* **1.** (*distraction*) Zerstreutheit *f;* Vertieftsein *n* (**with sth.**, in etwas *dat*). **2.** (**main**) **p.,** Hauptbeschäftigung *f.* **pre´occupied**, *adj.* in Gedanken vertieft; **p. with a thought etc.**, mit einem Gedanken usw. beschäftigt.

prep [prep], *s.* **1.** *Sch: F:* Hausarbeit *f.* **2.** *F: Brit:* **p. school,** private Grundschule.

prepare [pri´pεər], *v.* **1.** *v.tr.* (j-n, etwas) vorbereiten; (ein Gericht) zubereiten; **to p. to do sth.,** sich anschicken, etwas zu tun; **to p. the way for negotiations,** den Weg für Verhandlungen bahnen; **be prepared/p. yourself for a shock,** machen Sie sich auf einen Schock gefaßt. **2.** *v.i.* **to p. for sth.**, sich auf etwas *acc* vorbereiten; **to p. for war,** zum Krieg rüsten. **prepa´ration,** *s.* Vorbereitung *f.* **pre´paratory. I.** *adj.* vorbereitend. **II.** *adv.* **p. to,** als Vorbereitung zu + *dat;* **p. school,** (i) *Brit:* private Grundschule *f;* (ii) *N.Am:* = Privatgymnasium *n.* **pre´pared,** *adj.* vorbereitet; (*ready*) bereit; **p. to sacrifice everything,** bereit, alles zu opfern; **I was not p. for that,** darauf war ich nicht gefaßt.

prepay [´pri:´pei], *v.tr.* (*p. & p.p.* **prepaid**) (eine Summe) vorausbezahlen; (*of telegram*) **answer prepaid,** Gebühr bezahlt.

preponderance [pri´pond(ə)rəns], *s.* Überwiegen *n.* **pre´ponderant,** *adj.* überwiegend.

preposition [prepə´ziʃ(ə)n], *s. Gram:* Präposition *f.*

prepossessing [pri:pə´zesiŋ], *adj.* anziehend.

preposterous [pri´pɔst(ə)rəs], *adj.* absurd. **pre´posterousness,** *s.* Absurdität *f.*

prerequisite [pri:´rekwizit]. **I.** *s.* Vorbedingung *f.* **II.** *adj.* erforderlich.

prerogative [pri´rɔgətiv], *s.* Vorrecht *n.*

Presbyterian [prezbi´tiəriən]. *Ecc:* **I.** *s.* Presbyterianer(in) *m(f).* **II.** *adj.* presbyterianisch.

prescribe [pri´skraib], *v.tr.* (*a*) (etwas) vorschreiben; *Sch:* (Schulbücher) in den Lehrplan aufnehmen; **prescribed task,** vorgeschriebene Aufgabe; (*b*) *Med:* **to p. sth. for s.o.,** j-m etwas verordnen/verschreiben. **prescription** [-´skripʃ(ə)n], *s. Med:* Rezept *n.* **pres´criptive,** *adj.* normativ.

presence [´prez(ə)ns], *s.* Gegenwart *f;* (*a*) Anwesenheit *f;* **in the p. of a friend,** in (der) Anwesenheit eines Bekannten; **in the p. of danger,** angesichts der Gefahr; (*b*) **p. of mind,** Geistesgegenwart *f;* (*c*) (*of manner, behaviour*) **he has great p.,** er ist eine imposante Erscheinung. **present¹. I.** *adj.* **1.** (*place*) (*a*) (*of pers.*)

anwesend (at, bei + *dat*); **the people p.,** die Anwesenden *mpl;* **to be p. at a ceremony,** einer Zeremonie beiwohnen; (*b*) *Ch: etc: (of substance*) vorhanden. **2.** (*time*) gegenwärtig; (*a*) **up to the p. day,** bis auf den heutigen Tag; **at the p. time,** zur Zeit; (*b*) (*existing, current*) jetzig; **the p. volume,** der vorliegende Band; (*c*) *Gram:* **p. tense,** Gegenwart *f;* **-ly,** *adv.* (*a*) bald; (*b*) *N.Am:* & *Scot:* jetzt, im Augenblick. **II.** *s.* **the p.,** die Gegenwart; **up to the p.,** bis heute; **at p.,** zur Zeit; **for the p.,** vorläufig.

present². **I.** [ˈprez(ə)nt] *s.* (*gift*) Geschenk *n;* **to make a p. to s.o., of sth.,** j-m etwas zum Geschenk machen. **II.** [priˈzent] *v.tr.* (*a*) (*hand over*) (ein Gesuch usw.) einreichen; **to p. sth. to s.o.,** j-m etwas überreichen; **to p. one's compliments to s.o.,** sich j-m empfehlen; **to p. a cheque,** einen Scheck vorlegen; (*b*) (*offer*) (eine Gelegenheit, Schwierigkeiten usw.) bieten; **if an opportunity presents itself,** falls sich eine Gelegenheit bietet; **to p. a sorry picture,** ein trauriges Bild bieten; *Th:* **to p. a play,** ein Stück darbieten; (*c*) *Mil:* **to p. arms,** das Gewehr präsentieren; (*d*) (*introduce*) (j-n, sich) vorstellen; (ein Thema, eine Geschichte usw.) darstellen. **preˈsentable** [pri-], *adj.* präsentabel. **presenˈtation** [prezə-], *s.* **1.** *Th: etc:* Darbietung *f.* **2.** (feierliche) Überreichung *f* (eines Preises usw.); **p. copy,** Widmungsexemplar *n.* **3.** (*introduction*) Vorstellung *f.* **4.** *Journ: etc:* Darstellung *f* (eines Problems usw.).

presentiment [priˈzentimənt], *s.* (böse) Vorahnung *f.*

preserve [priˈzə:v]. **I.** *v.tr.* (*a*) (*maintain*) (ein Gebäude, den Frieden usw.) erhalten; (Stillschweigen) bewahren; (Dokumente) aufbewahren; **well preserved,** gut erhalten; **to p. appearances,** den Schein wahren; (*b*) (*save*) (j-n) bewahren; (Pflanzen, Tiere) schützen (**from sth.,** vor etwas *dat*); (*c*) (Obst usw.) einmachen. **II.** *s.* **1.** *Fish: Hunt:* Gehege *n;* *Fig:* **to trespass on s.o.'s preserve(s),** j-m ins Gehege kommen; **traditional male p.,** traditionelles Männerrevier. **2.** *usu. pl. Cu:* Eingemachtes *n;* (*jam*) Konfitüre *f.* **preserˈvation** [prezə-], *s.* **1.** Erhaltung *f.* **2.** (*keeping*) Aufbewahrung *f.* **preˈservative,** *s.* **1.** (*in foods*) Konservierungsmittel *n.* **2.** (*for wood etc.*) Schutzmittel *n.* **preˈserved,** *adj. Cu:* **p. fruit/vegetables,** Eingemachtes *n.* **preˈserving-pan,** *s.* Einkochtopf *m* (für Marmelade).

preside [priˈzaid], *v.i.* den Vorsitz haben (**at/over a meeting,** über eine Versammlung). **presidency** [ˈprez-], *s.* (*a*) *N.Am: Com:* Vorsitz *m* (eines Konzerns); (*b*) *Pol:* Präsidentschaft *f.* **ˈpresident,** *s.* (*a*) *N.Am: Com:* Vorsitzende(r) *m* (eines Konzerns); (*b*) *Pol:* Präsident *m.* **presiˈdential,** *adj.* Präsidenten-; **p. election,** Präsidentenwahl *f;* **p. candidate,** Präsidentschaftskandidat *m.*

press [pres]. **I.** *s.* **1.** *Cu: Print: Ind:* Presse *f;* (*for grapes etc.*) Kelter *f;* *Tennis:* (*for racket*) Spanner *m;* *Print:* **ready for p.,** druckfertig; *Journ:* **p. agency,** Presseagentur *f;* **p. cutting,** Zeitungsausschnitt *m;* **to have a good/bad p.,** eine gute/schlechte Presse haben; **to go to p.,** in Druck gehen. **2. to give clothes a p.,** Kleider

bügeln. **II.** *v.* **1.** *v.tr.* (*a*) (etwas) drücken; (Trauben usw.) keltern; **to p. the button,** auf den Knopf drücken; **to p. juice out of a lemon,** Saft aus einer Zitrone auspressen; **to p. a suit,** einen Anzug bügeln; (*b*) (j-n) bedrängen; **pressed by one's creditors,** von seinen Schuldnern bedrängt; **to be pressed for time,** unter Zeitdruck stehen; **hard pressed,** schwer unter Druck; **to p. s.o. for an answer,** auf j-s Antwort drängen; **he didn't need much pressing,** ihn brauchte man nicht lange zu überreden; **to p. s.o. to accept,** j-n zur Annahme drängen; (*c*) **to p. a point,** auf seinem Punkt bestehen; **to p. (home) one's advantage,** seinen Vorteil ausnutzen; **to p. a gift on s.o.,** j-m ein Geschenk aufdrängen. **2.** *v.i.* (*a*) **time presses,** die Zeit drängt; (*b*) **to p. down,** hinunterdrücken; **to p. on sth.,** auf etwas *acc* drücken; (*c*) **to p. for sth.,** etwas fordern. **ˈpressing. I.** *adj.* (*urgent*) dringend; **p. danger,** drohende Gefahr; **to issue a p. invitation to s.o.,** j-m eine Einladung aufdrängen; **since you are so p.,** da Sie darauf bestehen. **II.** *s.* **1.** (*a*) Bügeln *n* (von Kleidern); (*b*) *Rec:* Pressen *n* (von Schallplatten); **a bad p.,** eine schlechte Kopie; (*c*) *Winem: etc.* Keltern *n.* **ˈpress ˈon,** *v.i.* (*a*) (*walking*) weitergehen; (*b*) (*working*) weitermachen; **p. on regardless!** nur weiter, ohne Rücksicht auf Verluste! **ˈpress-up,** *s.* Liegestütz *m.* **pressure** [ˈpreʃər], *s.* Druck *m;* **to bring p. to bear,** Druck ausüben; **p. of business,** Druck *m* der Geschäfte; **p. cooker,** Schnellkochtopf *m;* **p. gauge,** Druckmesser *m.* Manometer *m;* **p. group,** Interessengruppe *f.* **ˈpressurize,** *v.tr.* (*a*) (etwas) unter Druck setzen; *Av:* **pressurized cabin,** Druckkabine *f;* (*b*) (j-n) bedrängen.

prestige [presˈti:ʒ], *s.* Prestige *n.*

presto [ˈprestəu]. **I.** *adv. Mus:* presto. **II.** *int.* **hey p.!** hokuspokus!

prestressed [ˈpri:strest], *adj.* **p. concrete,** Spannbeton *m.*

presume [priˈzju:m], *v.* **1.** *v.tr.* (*a*) (etwas) vermuten, annehmen; **you are Mr. X. I p.,** ich vermute, Sie sind Herr X; (*b*) **to p. to do sth.,** sich *dat* erlauben, etwas zu tun; **you p. too much,** Sie maßen sich zu viel an. **2.** *v.i.* **to p. on s.o.'s friendship,** j-s Freundschaft mißbrauchen. **preˈsumably,** *adv.* vermutlich. **preˈsuming,** *conj.* **p. (that) he comes,** (einmal) angenommen, daß er kommt. **preˈsumption,** *s.* **1.** Vermutung *f.* **2.** (*of manner*) Anmaßung *f.* **preˈsumptuous,** *adj.* anmaßend.

presuppose [pri:səˈpəuz], *v.tr.* (etwas) voraussetzen, von vornherein annehmen.

pretence [priˈtens], *s.* Vortäuschung *f;* **to make a p. of sth.,** etwas vortäuschen; **under the p. of friendship,** unter dem Vorwand der Freundschaft; **by false pretences,** unter Vorspiegelung falscher Tatsachen. **preˈtend** *v.* **1.** *v.tr.* (*feign*) (etwas) vortäuschen; **to p. to be sth.,** vorgeben, etwas zu sein; **he pretended to be in pain,** er tat, als ob er Schmerzen hätte; **let's p. we're cowboys and Indians,** spielen wir Indianer und Cowboys; **he does not p. to be an expert,** er gibt sich nicht als Experte aus; **I can't p. to advise you,** ich kann Sie unmöglich beraten. **2.** *v.i.* **he's only pretending,** er tut nur so. **preˈten-**

der, *s.* **p. to the throne,** Thronprätendent *m.*

pre´tension, *s.* Anspruch *m* (**to sth.,** auf etwas *acc*). **pre´tentious,** *adj.* überheblich.

preterit(e) [´pretərit], *adj. & s. Gram:* **p.** (**tense**), Präteritum *n.*

pretext [´pri:tekst], *s.* Vorwand *m;* **on the p. of consulting me,** unter dem Vorwand, mich zu Rate zu ziehen.

pretty [´priti]. **I.** *adj.* (*a*) hübsch; **p. as a picture,** bildhübsch; *F:* **to be sitting p.,** es gut haben; (*b*) *F:* **a p. penny,** eine hübsche Summe; (*c*) *Iron:* **this is a p. state of affairs,** das ist eine schöne Bescherung. **II.** *adv. F:* ziemlich; **I'm p. well,** mir geht es ganz gut; **p. well finished/the same,** so ziemlich fertig/das gleiche. **´prettiness,** *s.* hübsches Aussehen *n.*

prevail [pri´veil], *v.i.* (*a*) **to p.** (**over s.o.**), die Oberhand (über j-n) gewinnen; **let us hope that sanity will p.,** hoffen wir, daß sich die Vernunft durchsetzt; (*b*) **to p. on s.o. to do sth.,** j-n dazu bringen, etwas zu tun; (*c*) (*of situation etc.*) herrschen; **calm prevails,** es herrscht Ruhe. **pre´vailing,** *adj.* **p. winds,** vorherrschende Winde; **p. fashion,** aktuelle Mode; **p. opinion/ conditions,** herrschende Meinung/Zustände. **prevalence** [´prevələns], *s.* Vorherrschen *n.* **´prevalent,** *adj.* vorherrschend.

prevaricate [pri´værikeit], *v.i.* Ausflüchte machen. **prevari´cation,** *s.* Ausflucht *f.*

prevent [pri´vent], *v.tr.* (*a*) (j-n) hindern (**from doing sth.,** an etwas *dat*); (*b*) (etwas) verhindern, (einen Unfall usw.) verhüten; **to p. the cup from falling off the table,** verhindern, daß die Tasse vom Tisch fällt; **to p. a conflict,** einem Konflikt vorbeugen. **pre´vention,** *s.* Verhinderung *f;* **p. of accidents,** Unfallverhütung *f.* **pre´ventive. I.** *adj.* vorbeugend. **II.** *s.* (*also* **pre´ventative**) (*drug etc.*) Vorbeugungsmittel *n;* **rust p.,** Rostschutzmittel *n.*

preview [´pri:vju:], *s.* Vorbesichtigung *f* (einer Ausstellung usw.); *Th: Cin:* Voraufführung *f.*

previous [´pri:viəs]. **I.** *adj.* (*a*) vorhergehend; **on the p. day,** am Tag vorher; (*b*) (*earlier*) früher; **to have a p. engagement,** bereits anderweitig verabredet sein; (*c*) (*premature*) vorzeitig, verfrüht. **II.** *adv.* **p. to my departure,** vor meiner Abreise; **-ly,** *adv.* vorher; (*formerly*) früher; **p. known as X,** früher als X bekannt.

pre-war [´pri:´wɔːr]. **I.** *adj.* Vorkriegs-. **II.** *adv.* vor dem Krieg.

prey [prei]. **I.** *s.* Beute *f;* **bird of p.,** Raubvogel *m;* **beast of p.,** Raubtier *n.* **II.** *v.i.* **to p. upon insects etc.,** Insekten usw. nachstellen; *Fig:* **something is preying on his mind,** etwas bedrückt ihn/*F:* liegt ihm im Magen.

price [prais]. **I.** *s.* Preis *m;* **at a high/low p.,** zu einem hohen/niedrigen Preis; **at any p.,** um jeden Preis; **not at any p.,** um keinen Preis; **to set a high p. on sth.,** (i) einen hohen Preis für etwas *acc* verlangen; (ii) *esp. Fig:* (*value*) etwas hoch bewerten; **p. control,** Preiskontrolle *f;* **p. list,** Preisliste *f;* **p. reduction,** Preissenkung *f.* **II.** *v.tr.* den Preis (einer Ware) festsetzen; (*estimate*) schätzen. **´priceless,** *adj.* (*a*) von unschätzbarem Wert; (*b*) *F:* (*of pers., story etc.*) unbezahlbar; **-ly,** *adv.* **p. funny,** urkomisch.

prick [prik]. **I.** *s.* Stich *m;* **pricks of conscience,** Gewissensbisse *mpl.* **II.** *v.tr.* (*a*) (j-n) stechen;

(einen Luftballon usw.) anstechen; **to p. one's finger,** sich *dat* in den Finger stechen; **to p. a hole in sth.,** ein Loch in etwas *acc* stechen; *Fig:* **his conscience pricks him,** er hat Gewissensbisse; (*b*) *Hort:* **to p. out seedlings,** Sämlinge pikieren; (*c*) **to p. up one's ears,** die Ohren spitzen. **´prickle. I.** *s.* Stachel *m.* **II.** *v.i.* stechen; (*of skin etc.*) prickeln. **´prickly,** *adj.* stachlig; *Fig:* (*of pers., temper*) reizbar; *Med:* **p. heat,** Hitzeausschlag *m; Bot:* **p. pear,** Feigenkaktus *m.*

pride [praid]. **I.** *s.* 1. Stolz *m;* **to take a p. in sth.,** auf etwas *acc* stolz sein; **he is the p. of the regiment,** er ist der Stolz des Regiments; **it was his p. and joy,** es war sein ganzer Stolz. 2. **p. of lions,** Rudel *n* Löwen. **II.** *v.tr.* **to p. oneself on sth.,** auf etwas *acc* stolz sein.

priest [pri:st], *s.* Priester *m;* (**parish**) **p.,** Pfarrer *m.* **´priesthood,** *s.* (*a*) *coll.* **the p.,** der Klerus; (*b*) (*office*) Priesteramt *n;* **to enter the p.,** Priester werden.

prig [prig], *s. F:* eitler Pinkel *m.* **´priggish,** *adj.* selbstgefällig.

prim [prim], *adj.* (*of pers.*) spröde; (*of manner*) geziert; (*of house etc.*) übertrieben ordentlich.

primary [´praiməri]. **I.** *adj.* 1. (*basic*) Grund-; **p. colours,** Grundfarben *fpl;* **p. school,** Grundschule *f;* **p. education,** Grundschulbildung *f.* 2. (*main*) Haupt-; **p. concern,** Hauptsorge *f.* **II.** *s. U.S: Pol:* Vorwahl *f.*

primate [´praimit, -meit], *s. Ecc:* Primas *m.* **primates** [´praimeits], *s. pl. Z:* Primaten *mpl.*

prime[1] [praim]. **I.** *adj.* 1. (*first*) Haupt-; **p. cause,** Hauptgrund *m;* **of p. importance,** von höchster Wichtigkeit; **P. Minister,** Premierminister *m.* 2. (*excellent*) **p.** (**quality**) **beef,** Rindfleisch bester Qualität/*F:* 1a Rindfleisch 3. **p. cost,** Selbstkosten *f.* 4. *Mth:* **p. number,** Primzahl *f.* **II.** *s.* Blütezeit *f;* **in the p. of life,** in den besten Jahren; **to be past one's p.,** die besten Jahre hinter sich *dat* haben.

prime[2], *v.tr.* (*a*) *Tchn:* (eine Pumpe usw.) ansaugen lassen; Kraftstoff (in einen Zylinder usw.) einspritzen; (*b*) **to p. a witness,** einen Zeugen vorbereiten; **well primed with information,** gut ausgerüstet mit Informationen; (*c*) *Mil:* (eine Bombe, Handgranate) scharfmachen; (*d*) *Paint:* (etwas) grundieren.

primer [´praimər], *s.* 1. *Sch:* Fibel *f.* 2. *Paint:* Grundierung *f.*

primeval [prai´mi:v(ə)l], *adj.* Ur-; **p. forest,** Urwald *m.*

primitive [´primitiv], *adj esp Pej:* primitiv; (*original*) ursprünglich.

primrose [´primrəuz], *s.* 1. *Bot:* (wilde) Primel *f.* 2. (*colour*) Blaßgelb *n.*

primula [´primjulə], *s. Bot:* Primel *f.*

prince [prins], *s.* (*royal*) Prinz *m;* (*nobleman & Fig:*) Fürst *m;* **p. consort,** Prinzgemahl *m.* **´princely,** *adj.* fürstlich. **prin´cess,** *s.* Prinzessin *f.* **princi´pality,** *s.* Fürstentum *n.*

principal [´prinsip(ə)l]. **I** *adj.* Haupt-; *Th:* (*in pantomime*) **p. boy,** (als Mann gekleidete) Hauptdarstellerin *f; Mus:* **p. bassoon,** erstes Fagott *n; Gram:* **p. parts,** Stammformen *fpl;* **-ly,** *adv.* hauptsächlich. **II.** *s.* 1. (*a*) *Sch: etc:* Direktor *m;* (*b*) *Th:* Hauptdarsteller(in) *m(f).* 2. *Fin:* Kapital *n.* 3. *Com:* Auftraggeber *m.*

principle ['prinsipl], *s.* Prinzip *n;* **to make a p. of sth.**, sich *dat* etwas zum Prinzip machen; **in p.**, im Prinzip; grundsätzlich; **to do sth. on p.**, etwas aus Prinzip tun; **on the p. that** ..., nach dem Prinzip, daß ...

print [print]. **I.** *s.* **1.** (*mark*) Abdruck *m.* **2.** *Print:* Druck *m;* **in p.**, im Druck; (*available*) vorrätig; **out of p.**, vergriffen; **in cold p.**, schwarz auf weiß; **large/small p.**, groß/klein gedruckter Text; **in large/small p.**, groß/klein gedruckt. **3.** (*engraving etc.*) Druck *m.* **4.** *Phot:* Abzug *m.* **5.** *Tex:* bedruckter Kattun *m.* **II.** *v.tr.* (*a*) (ein Buch, eine Zeitung) drucken; **to have a book printed**, ein Buch drucken lassen; *Post:* **printed matter**, Drucksache *f;* (*b*) (*write in capitals*) in Druckbuchstaben schreiben; **printed letters**, Druckbuchstaben *mpl;* (*c*) *Phot:* (ein Negativ) abziehen. '**printer**, *s.* Drucker *m;* **p.'s error**, Druckfehler *m.* '**printing**, *s.* **1.** (*process*) Drucken *n;* **art of p.**, Buchdruckerkunst *f;* **p. press**, Druckerpresse *f;* **p. ink**, Druckerschwärze *f;* **p. works**, Druckerei *f.* **2.** (*no. printed*) Auflage *f.* '**print-out**, *s.* *Data-pr:* Ausdruck *m.* '**print-run**, *s.* *Print:* Auflage *f.*

prior¹ ['praiər]. **I.** *adj.* früher (**to**, als); **to have a p. engagement**, bereits anderweitig verabredet sein; **p. claim**, Vorzugsrecht *n.* **II.** *adv.* **p. to**, vor + *dat;* **p. to my departure**, bevor/ehe ich abreise. **priority** [prai'ɔriti], *s.* Priorität *f;* *Aut:* Vorfahrt *f;* **to give sth. p.**, etwas *dat* den Vorrang geben; **this must take/be given p.**, dies muß den Vorrang haben.

prior², *s.* *Ecc:* Prior *m.* '**prioress**, *s.* *Ecc:* Priorin *f.* '**priory**, *s.* *Ecc:* Priorat *n.*

prise [praiz], *v.tr. see* **prize**².

prism ['priz(ə)m], *s.* Prisma *n.*

prison ['priz(ə)n], *s.* Gefängnis *n;* **to send s.o. to p.**, j-n ins Gefängnis stecken, *F:* j-n einsperren. '**prisoner**, *s.* Gefangene(r) *f(m);* **p. of war**, Kriegsgefangene(r) *m;* **to take s.o. p.**, j-n gefangennehmen.

prissy ['prisi], *adj. N.Am: F:* zimperlich.

pristine ['pristi:n], *adj.* unberührt; **in p. condition**, makellos.

private ['praivit]. **I.** *adj.* privat; Privat-; (*a*) (*confidential*) vertraulich; **to keep a matter p.**, etwas für sich *acc* behalten; **p. prayer**, stilles Gebet; **we can be p. in here**, hier sind wir ungestört; (*b*) **p. parts**, Geschlechtsteile *npl;* (*c*) (*not public*) **p. enterprise**, die Privatwirtschaft; **p. property**, Privateigentum *n;* **p. means**, Privatvermögen *n;* **p. bathroom**, eigenes Badezimmer; (*in hotel*) **p. rooms**, Nebenräume *mpl* für private Veranstaltungen; **the funeral will be p.**, die Beerdigung findet in aller Stille statt; *P.N:* **P.**, kein Zutritt! *Art:* **p. view**, Sonderbesichtigung *f* (einer Ausstellung); (*d*) *Parl:* **p. (member's) bill**, Gesetzantrag *m* eines/einer einfachen Abgeordneten; **-ly**, *adv.* privat; (*secretly*) insgeheim; **to speak to s.o. p.**, mit j-m unter vier Augen sprechen; **p. owned**, in Privatbesitz. **II.** *s.* **1.** *adv. phr.* **in p.**, privat; (*of conversation*) unter vier Augen; (*of meeting*) hinter geschlossenen Türen. **2.** *Mil:* einfacher Soldat *m;* **P. Smith**, Soldat Smith. **privacy** ['praivəsi, 'pri-], *s.* Zurückgezogenheit *f;* **in the p. of one's home**, bei sich zu Hause; **there's no**

p. here, hier ist man nicht für sich; **to disturb/ invade s.o.'s p.**, in j-s Privatsphäre eingreifen.

privation [prai'vei∫(ə)n], *s.* Entbehrung *f;* **to suffer p.**, Not leiden.

privet ['privit], *s.* *Bot:* Liguster *m.*

privilege ['privilidʒ], *s.* Privileg *n;* (*honour*) Ehre *f;* *Brit:* **parliamentary p.**, Immunität *f* der Abgeordneten. '**privileged**, *adj.* privilegiert; **the p. few**, die wenigen Privilegierten; **to be p. to do sth.**, die Ehre haben, etwas zu tun.

prize¹ [praiz]. **I.** *s.* Preis *m;* **to win first p.**, den ersten Preis gewinnen; (*in lottery*) **to draw the first p.**, das große Los ziehen. **2.** *attrib.* **p. tomatoes**, preisgekrönte/*F:* prima Tomaten; *F:* **p. idiot**, Vollidiot *m.* **II.** *v.tr.* (j-n, etwas) schätzen; **to p. sth. highly**, etwas hochschätzen. '**prizefighter**, *s.* Preisboxer *m.* '**prizewinner**, *s.* Preisträger(in) *m(f).* '**prizewinning**, *adj.* preisgekrönt.

prize², *v.tr.* **to p. up a board etc.**, ein Brett usw. hochstemmen; **to p. open a box etc.**, einen Kasten usw. aufbrechen.

pro¹ [prəu]. **I.** *prep.* **1.** *F:* für + *acc;* **are you p. women priests?** sind Sie für weibliche Priester? **the pros and cons**, das Für und Wider. **2.** *Com:* **p. forma invoice**, Proformarechnung *f;* **p. rata**, anteilmäßig. **II.** *prefix* -freundlich; **p. German**, deutschfreundlich.

pro², *s. Sp: F:* Profi *m.*

probable ['prɔbəbl], *adj.* wahrscheinlich; **the p. answer**, die vermutliche Antwort; **a not very p. story**, eine ziemlich unwahrscheinliche Geschichte. **proba'bility**, *s.* Wahrscheinlichkeit *f;* **in all p.**, höchstwahrscheinlich.

probate ['prəubeit], *s. Jur:* gerichtliche Testamentsbestätigung *f.* **pro'bation**, *s.* Probezeit *f;* *Jur:* Bewährung *f;* **on p.**, auf Probe/ *Jur:* Bewährung; **p. officer**, Bewährungshelfer *m.* **pro'bationary**, *adj.* Probe-; **p. period**, Probezeit *f;* *Jur:* Bewährungsfrist *f.* **pro'bationer**, *s.* **1.** *Com:* Angestellte(r) *f(m)* auf Probe; *Nursing:* Lernschwester *f.* **2.** *Jur:* auf Bewährung Freigelassene(r) *f(m).*

probe [prəub]. **I.** *v.* **1.** *v.tr.* (*a*) (einen Gegenstand) forschend untersuchen; (eine Angelegenheit) erforschen; (*b*) *Med:* (eine Wunde) sondieren. **2.** *v.i.* **to p. into sth.**, etwas forschend untersuchen. **II.** *s.* **1.** *Med: Space: etc:* Sonde *f;* **space p.**, Raumsonde *f.* **2.** *F:* (*investigation*) Untersuchung *f.*

problem ['prɔbləm], *s.* Problem *n;* **p. child**, Problemkind *n.* **proble'matic**, *adj.* problematisch.

procedure [prə'si:dʒər], *s.* (*a*) Verfahren *n;* **a lengthy p.**, eine langwierige Prozedur; (*b*) (*behaviour*) **p. in the event of fire**, Verhalten *n* im Falle eines Brandes.

proceed [prə'si:d], *v.i.* (*a*) (*go*) sich (irgendwohin) begeben; (*continue*) (i) weiterfahren; (ii) (*on foot*) weitergehen; *Aut:* **to p. at 50 mph**, mit 80 km pro Stunde fahren; (*b*) (*act*) verfahren; **how shall we p.?** wie sollen wir verfahren/(*continue*) weitermachen? **before we p. any further**, ehe wir weitermachen; **to p. with a job**, (i) eine Arbeit fortsetzen; (ii) (*start*) eine Arbeit in Angriff nehmen; **to p. to do sth.**, sich anschicken, etwas zu tun; **to p. cautiously**, vorsichtig handeln; **I'll now p. to another sub-**

ject, ich werde jetzt auf ein anderes Thema übergehen; (c) (of thing) vor sich gehen; **things are proceeding as usual,** alles geht seinen üblichen Gang; (d) Jur: **to p. against s.o.,** gegen j-n (gerichtlich) vorgehen; (e) (originate) herrühren **(from,** von + dat); **sounds proceeding from a room,** Geräusche, die aus einem Zimmer kommen; **I proceed from the assumption that . . .,** ich gehe davon aus, daß . . . **pro´ceeding,** s. Verfahren n. **pro´ceedings,** s. pl. **1.** (a) Parl: etc: Vorgänge mpl (im Unterhaus, eines Komitees usw.); (b) Jur: **legal p.,** Gerichtsverfahren n; **to take p. against s.o.,** gegen j-n gerichtlich vorgehen. **2.** (written) Protokoll n (einer Sitzung usw.). **proceeds** ['prəusi:dz], s. pl. Erlös m **(of a sale,** aus einem Verkauf); **p. of a robbery,** Diebesbeute f.

process¹ ['prəuses]. **I.** s. Vorgang m; esp. Ind: Verfahren n; **mental p.,** Denkprozeß m; **he is in the p. of moving,** er ist gerade dabei, umzuziehen; **in the p.,** dabei; (of building) **in the p. of construction,** im Bau befindlich; **it's a slow p.,** es geht langsam (vor sich). **II.** v.tr. (a) Ind: (Rohstoffe) verarbeiten; (Nahrungsmittel) haltbar machen, (treat) behandeln; **processed cheese,** Schmelzkäse m; (b) Phot: (einen Film) entwickeln; (c) Adm: (einen Fall, eine Anmeldung) bearbeiten. **´processing,** s. Ind: Verarbeitung f; (treatment) Behandlung f; Phot: Entwicklung f; Adm: Bearbeitung f; **p. industry,** verarbeitende Industrie.

process² [prə´ses], v.i. (wie) in einem Umzug gehen. **pro´cession,** s. Umzug m; Ecc: etc: Prozession f.

proclaim [prə´kleim], v.tr. (etwas) proklamieren; **to p. s.o. king,** j-n zum König ausrufen; Fig: **his face proclaims his guilt,** sein Gesichtsausdruck zeugt von seiner Schuld. **proclamation** [prɔklə´meiʃ(ə)n], s. Proklamation f.

procrastinate [prəu´kræstineit], v.i. (of pers.) zaudern. **pro´crastinator,** s. Zauderer m.

procreate ['prəukrieit], v.tr. (Nachwuchs) zeugen. **procre´ation,** s. Zeugung f.

procure [prə´kjuər], v. **1.** v.tr. (a) (Arbeit usw.) verschaffen; **to p. sth. for s.o.,** j-m etwas acc beschaffen; (b) (j-s Entlassung usw.) herbeiführen. **2.** v.i. Jur: kuppeln. **pro´curable,** adj. erhältlich. **pro´curing,** s. Jur: Kuppelei f.

prod [prɔd]. **I.** v.tr. (p. & p.p. **prodded**) (a) **to p. s.o., sth.,** j-n, etwas stoßen/F: knuffen **(with an umbrella,** mit einem Schirm); **to p. a swelling,** eine Geschwulst abtasten; (b) Fig: (j-n) anspornen **(into doing sth.,** zu etwas dat); **to p. s.o.'s memory,** j-s Gedächtnis nachhelfen. **II.** s. (a) leichter Stoß m, F: Knuff m; (b) Fig: Ansporn m.

prodigal ['prɔdig(ə)l]. **I.** adj. verschwenderisch; **the p. son,** der verlorene Sohn. **II.** s. Verschwender m. **prodi´gality,** s. Verschwendung f.

prodigy ['prɔdidʒi], s. Wunder n; **child/infant p.,** Wunderkind n. **pro´digious,** adj. erstaunlich.

produce. I. [prə´dju:s] v.tr. (a) (bring out) (den Paß usw.) vorzeigen; (ein Taschentuch usw.) herausholen; (b) Th: (ein Stück) inszenieren;

Rad: TV: (ein Programm) leiten; Cin: (bei einem Film) Regie führen; (c) (manufacture) (Waren usw.) herstellen; (ein Buch) herausbringen; (create) (ein Kunstwerk) schaffen; (Blüten, Früchte) hervorbringen; (d) Fig: (eine Wirkung) erzielen; (eine Sensation) erregen; (eine Stimmung, ein Gefühl usw.) hervorrufen. **II.** ['prɔdju:s] s. Produkte npl. **pro´ducer,** s. **1.** Econ: Erzeuger m. **2.** Th: Regisseur m; Cin: Produzent m; Rad: Spielleiter m; Rec: Aufnahmeleiter m. **3.** Ind: **p. gas,** Generatorgas n. **product** ['prɔdʌkt], s. Produkt n. **pro´duction,** s. **1.** Ind: Herstellung f; Produktion f; (of line, Fließband n; **p. costs,** Herstellungskosten pl; **p. model,** serienmäßig hergestelltes Modell; **the new model is going into p.,** die Produktion des neuen Modells wird aufgenommen; **to be in p.,** hergestellt werden. **2.** Th: Inszenierung f. **3.** (product) Produkt n. **pro´ductive,** adj. (of activity) produktiv; (of mine, period etc.) ergiebig. **produc´tivity,** s. Produktivität f.

profane [prə´fein], adj. (a) (of language) lästerlich; (b) (not sacred) profan. **profanity** [-´fæniti], s. **1.** Profanität f. **2.** (curse) Fluch m, Gotteslästerung f.

profess [prə´fes], v.tr. (seine Liebe usw.) erklären; (seine Unschuld usw.) beteuern; **to p. ignorance,** Unwissenheit vorgeben; **I do not p. to be a scholar,** ich gebe mich nicht als Gelehrter aus; **to p. oneself satisfied,** sich zufrieden erklären. **pro´fessed,** adj. (a) erklärt; **p. enemy,** erklärter Feind; (b) (pretended) vorgeblich. **profession** [-´feʃ(ə)n], s. **1.** (declaration) Erklärung f (der Liebe); Beteuerung f (der Unschuld); **p. of faith,** Glaubensbekenntnis n. **2.** (occupation) Beruf m; **by p.,** von Beruf; **the professions,** die freien Berufe. **pro´fessional. I.** adj. (a) beruflich; Berufs-; (of practice, work etc.) professionell; **p. ethics,** Berufsethik f; **p. jealousy,** Konkurrenzneid m; (b) **the p. classes,** die höheren Berufsstände mpl; (c) **you've made a really p. job of it,** das haben Sie ganz fachmännisch gemacht. **II.** s. Fachmann m; Sp: Profi m; Sp: **to turn p.,** Profi werden. **pro´fessionalism,** s. **1.** Sp: Berufssportlertum n. **2.** fachmännisches Vorgehen n. **pro´fessor,** s. Professor m. **pro´fessorship,** s. Professur f.

proficient [prə´fiʃənt], adj. tüchtig; **to be p. in sth.,** in etwas dat bewandert sein. **pro´ficiency,** s. Fertigkeit f.

profile ['prəufail], s. **1.** Profil n. **2.** Journ: Porträt n.

profit ['prɔfit]. **I.** s. (gain) Gewinn m; (advantage) Vorteil m; **to turn sth. to p.,** Gewinn/Nutzen aus etwas dat ziehen; Com: **net p.,** Reingewinn m; **to sell at a p.,** etwas mit Gewinn verkaufen. **II.** v.i. **to p. by sth.,** aus etwas dat Gewinn ziehen. **profita´bility,** s. Rentabilität f. **´profitable,** adj. rentabel; (advantageous) vorteilhaft. **profi´teer. I.** s. Wucherer m. **II.** v.i. Wucher treiben, wuchern. **profi´teering,** s. Wucher m; Wucherei f. **´profitless,** adj. (a) gewinnlos; (b) Fig: nutzlos. **´profit-sharing,** s. Gewinnbeteiligung f.

profound [prə´faund], adj. (a) (deep) tief; **p. sleep,** tiefer Schlaf; (b) (of knowledge) gründlich; (of thought etc.) tiefgründig; **p. interest,** starkes Interesse; **p. respect,** größte Hochachtung; **-ly,** adv. sehr, stark; **p. disturbed,** stark beunruhigt. **profundity** [-'fʌn-], s. Tiefgründigkeit f (der Gedanken usw.).

profuse [prə'fjuːs], adj. überschwenglich; **to offer p. apologies,** sich vielmals entschuldigen; **-ly,** adv. **to perspire p.,** übermäßig schwitzen; **to thank s.o. p.,** sich bei j-m überschwenglich bedanken; (of book) **p. illustrated,** reich bebildert. **pro´fusion,** s. Fülle f.

progeny ['prɔdʒini], s. Nachkommen pl.

prognosis, pl. **-noses** [prɔg'nəusis, -nəusiːz], s. Med: etc: Prognose f.

program(me) ['prəugræm]. **I.** s. Programm n; **to arrange a p.,** ein Programm zusammenstellen; **what's the p. for today?** was steht heute auf dem Programm? T.V: **p. editor,** Redakteur m. **II.** v.tr. (einen Computer usw.) programmieren; **programmed learning,** programmiertes Lernen. **´programmer,** s. Data-Pr: Programmierer m.

progress. I. ['prəugres] s. Fortschritt m; (a) **to watch p.,** die Weiterentwicklung im Auge behalten; **to make p.,** Fortschritte machen; **to make quick/slow p.,** schnell/langsam vorankommen; Com: Ind: **p. report,** Tätigkeitsbericht m; (b) **in p.,** im Gange; **harvesting is in full p.,** die Erntearbeit ist in vollem Gange. **II.** [prə'gres] v.i. (a) (proceed) (of work etc.) weitergehen; (b) (make progress) vorwärtskommen; (develop) sich entwickeln; **to p. with one's studies,** im Lernen Fortschritte machen; **to p. to more difficult work,** zu einer schwierigeren Arbeit fortschreiten; **to p. from a one-man business to a large combine,** sich von einem Einmannbetrieb zu einem großen Firmenverband entwickeln. **pro´gression,** s. (a) Fortschritt m (von einer Sache zur anderen); Mth: Reihe f; (sequence) Folge f; Mus: Sequenz f; (b) (movement) Fortbewegung f. **pro´gressive,** adj. (a) (in ideas) fortschrittlich; (b) (increasing) progressiv; **by p. stages,** stufenweise; **-ly,** adv. zunehmend; **it is getting p. worse,** es wird immer schlimmer.

prohibit [prə'hibit], v.tr. (etwas) verbieten; **to p. s.o. from doing sth.,** j-m verbieten, etwas zu tun; P.N: **smoking prohibited,** Rauchen verboten. **prohibition** [prəuhi'biʃ(ə)n], s. Verbot n; U.S: Hist: Prohibition f. **pro´hibitive,** adj. unerschwinglich.

project. I. [prə'dʒekt] v. **1.** v.tr. (a) (etwas) planen; (b) (forecast) (etwas) voraussagen; (c) (hurl) (etwas) schleudern; (throw) (Schatten, Licht usw.) werfen; Phot: (Dias, ein Bild) projizieren; Th: **to p. (one's voice),** seine Stimme weit tragen lassen. **2.** v.i. (of balcony, roof etc.) vorspringen; (esp. of parts of body) vorstehen; **to p. from/out of sth.,** aus etwas dat hervorragen. **II.** ['prɔdʒekt] s. Projekt n; **building p.,** Bauvorhaben n. **pro´jectile,** s. Geschoß n. **pro´jection,** s. **1.** Geog: Geom: Phot: Projektion f; Phot: **p. screen,** Leinwand f; Cin: **p. room,** Vorführraum m. **2.** (forecast) Vorhersage f. **3.** (sticking out) Vorsprung m; (rock) Überhang m. **pro´jector,** s. Projektor m.

proletariat [prəuli'tɛəriət], s. Proletariat n.

prole´tarian. I. adj. proletarisch. **II.** s. Proletarier m.

proliferate [prə'lifəreit], v.i. sich (stark) vermehren. **prolife´ration,** s. Vermehrung f; Biol: Zellvermehrung f; Med: Proliferation f. **prolific** [prə'lifik], adj. (of writer etc.) produktiv; (of period etc.) ergiebig, fruchtbar.

prologue ['prəulɔg], s. Prolog m.

prolong [prə'lɔŋ], v.tr. (ein Treffen usw.) verlängern. **prolongation** [prəulɔŋ'geiʃ(ə)n], s. Verlängerung f. **pro´longed,** adj. anhaltend; **a p. period,** eine längere Zeit.

promenade [prɔmən'ɑːd]. **I.** s. Promenade f; **p. concert/F: prom,** Promenadenkonzert n. **II.** v.i. promenieren.

prominence ['prɔminəns], s. **1.** Vorspringen n (der Backenknochen usw.). **2.** (fame) Berühmtheit f; (importance) Bedeutung f; **to come into p.,** in den Vordergrund treten. **´prominent,** adj. (noticeable) auffallend; (projecting) vorstehend; (of pers.) prominent; **p. chin,** markantes Kinn; **p. position,** (of house) beherrschende Lage; (of pers.) führende Stellung; **to play a p. part,** eine führende Rolle spielen; **a p. figure,** eine wichtige Persönlichkeit; **-ly,** adv. auffallend, deutlich sichtbar.

promiscuous [prə'miskjuəs], adj. **p. relationship,** Verhältnis n ohne dauernde Bindung; **she is p.,** sie gibt sich mit jedem ab. **promis´cuity,** s. Promiskuität f.

promise ['prɔmis]. **I.** s. (a) Versprechen n (to help etc., zu helfen usw.); **I'm not making any promises,** ich kann nichts versprechen; **is that a p.?** kann ich fest damit rechnen? (b) Aussicht f; **to show great p.,** viel versprechen; **there is a p. of more to come,** es besteht Aussicht auf mehr. **II.** v. **1.** v.tr. (a) **to p. s.o. sth.,** j-m etwas versprechen; (after statement) **I p. you!** das können Sie mir glauben! (b) Fig: (etwas) in Aussicht stellen; **this promises trouble,** daraus werden sich Schwierigkeiten ergeben. **2.** v.i. (a) **I p.,** ich verspreche es; (b) Fig: **the scheme promises well,** der Plan verspricht Erfolg; **it promises to be a hard struggle,** es kündigt sich ein harter Kampf an; B: **the Promised Land,** das Gelobte Land. **´promising,** adj. vielversprechend.

promontory ['prɔmənt(ə)ri], s. Kap n, Küstenvorsprung m.

promote [prə'məut], v.tr. (a) (j-n) befördern (**to the rank of,** zu + dat); (b) (eine Sache, gute Beziehungen, die Künste usw.) fördern; Com: **to p. a product,** für ein Produkt werben; **to p. sales,** den Absatz steigern; Sp: **to p. a meeting,** die Schirmherrschaft über die Veranstaltung übernehmen. **pro´moter,** s. Förderer m (einer Sache); Sp: Promoter m (einer Veranstaltung). **pro´motion,** s. **1.** (a) Beförderung f (von j-m); **to gain p.,** befördert werden; (b) Fb: Aufstieg m; **struggle for p.,** Kampf m um die Aufstiegsplätze. **2.** Förderung f (einer Sache); Com: Werbung f (für ein Produkt); **sales p.,** Absatzförderung f.

prompt [prɔm(p)t]. **I.** adj. (a) (immediate) prompt; (b) (punctual) pünktlich. **II.** v.tr. (a) **to p. s.o. to do sth.,** j-n veranlassen/(persuade) dazu animieren, etwas zu tun; (b) Th: (einem Schauspieler) soufflieren. **´prompter,** s. Th:

Souffleur *m*, Souffleuse *f*. ´**promptness**, *s*.
(*a*) (*immediacy*) Promptheit *f*; (*b*) (*punctuality*)
Pünktlichkeit *f*.

prone [prəun], *adj*. **1.** hingestreckt; **to lie p.**, auf
dem Bauch liegen. **2. to be p. to sth.**, zu etwas
dat neigen; **to be p. to hayfever**, für Heu-
schnupfen anfällig sein.

prong [prɔŋ], *s*. Zinke *f* (einer Gabel); (*sharp
point*) Zacke *f*. ´**pronged**, *adj*. **two-/three p.**,
zwei-/dreizinkig.

pronoun [´prəunaun], *s*. *Gram*: Pronomen *n*,
Fürwort *n*.

pronounce [prə´nauns], *v.tr*. (*a*) (*declare*)
(etwas) erklären, (*assert*) behaupten; **to p. s.o.
fit**, j-n für gesund erklären; (*b*) *Jur*: (ein
Urteil) verkünden; (*c*) (ein Wort usw.) aus-
sprechen. **pro´nounced**, *adj*. (*a*) (*noticeable*)
auffallend; **p.** lisp, starkes Lispeln; (*b*)
(*distinct*) deutlich; **p. improvement**, ausge-
sprochene Verbesserung. **pro´nouncement**,
s. **1.** *Jur*: Verkündigung *f*. **2.** Erklärung *f*;
Behauptung *f*. **pronunci´ation** [-nʌn-], *s*.
Aussprache *f*.

pronto [´prɔntəu], *adv*. *F*: fix.

proof [pru:f]. **I.** *s*. **1.** Beweis *m*; **to give p. of
one's gratitude**, seine Dankbarkeit beweisen;
to produce p. to the contrary, den Gegenbeweis
erbringen. **2.** (*of alcohol*) Alkoholgehalt *m*. **3.**
(*a*) *Print*: **p.** (**stage**), Korrektur *f*; (**galley**) **p.**,
Korrekturfahne *f*; **page p.**, Korrekturbogen *m*;
p. reader, Korrektor *m*; **p. reading**, Korrek-
turlesen *n*; (*b*) *Phot*: Probeabzug *m*. **II.** *adj*. (*a*)
-beständig; -fest; **p. against the weather**, wet-
terbeständig, wetterfest; (*b*) *Fig*: gefeit
(**against**, gegen + *acc*); **p. against flattery**, für
Schmeicheleien unempfänglich. **III.** *v.tr*. (einen
Mantel) imprägnieren.

prop´ [prɔp]. **I.** *s*. Stütze *f*. **II.** *v.tr*. (*p. & p.p.*
propped) **to p.** (**up**) **sth.**, etwas stützen.

prop², *s*. (*a*) *Av*: *F*: Propeller *m*; **p. jet**, PTL-Jet
m; (*b*) *Aut*: **p. shaft**, Kardanwelle *f*.

prop³, *s*. *Th*: *usu. pl*. **props**, Requisiten *npl*.

propaganda [prɔpə´gændə], *s*. Propaganda *f*.
propa´gandist, *s*. Propagandist(in) *m(f)*.

propel [prə´pel], *v.tr*. (*p. & p.p.* **propelled**) (j-n,
etwas) (vorwärts)treiben; **propelled by steam**,
mit Dampf betrieben, mit Dampfantrieb. **pro-
´peller**, *s*. Propeller *m*; **p. shaft**, *Aut*: Kar-
danwelle *f*; *Nau*: Schraubenwelle *f*.

propensity [prə´pensiti], *s*. Hang *m* (**for/to sth.**,
zu etwas *dat*).

proper [´prɔpər], *adj*. richtig; (*a*) **to put sth. to
its p. use**, etwas richtig gebrauchen; **do as you
think p.**, tun Sie, was Sie für richtig halten;
that's not p.! das gehört sich nicht! **they're very
p.**, sie sind sehr korrekt; **in the p. sense**, im
genauen/eigentlichen Sinn (des Wortes); *Mth*:
p. fraction, echter Bruch; (*b*) *F*: **to get a p.
hiding**, gehörig Prügel bekommen; **we're in a
p. mess!** da sitzen wir schön in der Tinte! *adv*.
to feel p. poorly, sich ganz mies fühlen; (*c*) **p.
to sth.**, etwas *dat* gehörig; **p. name**, Eigenname
m; (*d*) (*after noun*) **in the hotel p.**, im Hotel
selbst; **-ly**, *adv*. (*a*) richtig; **not p. shut**, nicht
richtig geschlossen; **do it p.**, machen Sie es
richtig/anständig; **to behave p.**, sich anständig
benehmen; (*b*) eigentlich; **it should p. be coun-
tersigned**, es sollte eigentlich gegengezeichnet

werden; **p. speaking**, streng genommen; (*c*) *F*:
(*intensive*) **to tick s.o. off** (**truly and**) **p.**, j-n
gehörig ausschimpfen.

property [´prɔpəti], *s*. **1.** (*a*) (*thing owned*) Ei-
gentum *n*; **lost p.**, Fundsachen *fpl*; (*b*) (*house
etc.*) Besitz *m*; (*small*) Haus *n*; (*c*) *coll*. (*land,
buildings*) Immobilien *pl*; **p. market**, Immo-
bilienmarkt *m*. **2.** *Th*: *Cin*: *usu. pl*. Requisiten
npl. **3.** (*attribute*) Eigenschaft *f* (eines Stoffes);
insulating properties, Isolationsvermögen *n*.

prophecy [´prɔfisi], *s*. Prophezeiung *f*. ´**pro-
phesy** [-sai], *v.tr. & i*. (ein Ereignis usw.)
prophezeien. ´**prophet** [-fit], *s*. Prophet *m*.
pro´phetic, *adj*. prophetisch.

propitious [prə´piʃəs], *adj*. günstig.

proportion [prə´pɔ:ʃ(ə)n]. **I.** *s*. **1.** (*a*) (*part*) Teil
m; **to divide sth. in equal proportions**, etwas
gleichmäßig verteilen; (*b*) *Ch*: *Cu*: *etc*: (*amount
in mixture*) Anteil *m*. **2.** (*relation*) Verhältnis *n*;
Proportion *f*; **the p. of white men to Africans**,
das Zahlenverhältnis von Weißen zu Afri-
kanern; **in p.**, im richtigen Verhältnis; **in/out of
p. to**, im/in keinem Verhältnis zu + *dat*; **the
cost is out of all p.**, die Kosten übersteigen
jedes Maß; **to lose all sense of p.**, jeglichen
Maßstab/Überblick verlieren. **3.** *pl*. Di-
mensionen *fpl* (eines Zimmers usw.); Pro-
portionen *fpl* (der menschlichen Form, eines
Gebäudes usw.); **a debt of enormous pro-
portions**, eine Schuld von gewaltigem Ausmaß.
II. *v.tr*. (*a*) (*share out*) (Schuld usw.) verteilen;
(*b*) (*size*) (etwas) proportionieren; **well pro-
portioned**, gut proportioniert. **pro´portional**,
adj. proportional (**to**, zu + *dat*); (*of figures*) **to
be p.**, im Verhältnis zueinander stehen; **height
p. to width**, Höhe im Verhältnis zur Breite; *Pol*:
p. representation, Verhältniswahlsystem *n*. **pro-
´portionate**, *adj*. im richtigen Verhältnis; **to
be p. to sth.**, etwas *dat* entsprechen; **salary p. to
experience**, Gehalt je nach Erfahrung.

propose [prə´pəuz], *v*. **1.** *v.tr*. (*a*) (*suggest*) (j-n,
etwas) vorschlagen; **to p. s.o. for mayor**, j-n
als Bürgermeister vorschlagen; *Parl*: **to p. a
motion**, einen Antrag stellen; **to p. a toast**,
einen Toast ausbringen; (*b*) (*intend*) (etwas)
vorhaben; **how do you p. to do it?** wie wollen
Sie es tun? wie beabsichtigen Sie, es zu tun? **2.** *v.i*.
to p. to a girl, einem Mädchen einen Heiratsan-
trag machen. **pro´posal**, *s*. (*suggestion*) Vor-
schlag *m*; (*of marriage*) Antrag *m*; *Ins*: **to make a
p.**, einen Antrag stellen. **pro´poser**, *s*. (*in debate
& Ins*:) Antragsteller *m*. **proposition** [prɔpə-
´ziʃ(ə)n], *s*. **1.** (*suggestion*) Vorschlag *m*; (*plan*)
Vorhaben *n*; (*in debate*) Antrag *m*. **2.** (*business*)
Sache *f*; Unternehmen *n*; **a paying p.**, ein loh-
nendes Unterfangen; **a tough p.**, eine schwierige
Sache. **3.** (*statement*) Behauptung *f*.

proprietor [prə´praiətər], *s*. Besitzer *m*. **pro-
´prietary**, *adj*. *Com*: **p. brand**, Marke *f*; **p.
article**, Markenartikel *m*; **p. name**, Marken-
bezeichnung *f*.

propriety [prə´praiəti], *s*. **1.** Anstand *m*; **to
commit a breach of p.**, gegen den Anstand
verstoßen. **2.** (*fitness*, *rightness*) Angemes-
senheit *f* (einer Bemerkung usw.).

propulsion [prə´pʌlʃ(ə)n], *s*. Antrieb *m*; **jet p.**,
Düsenantrieb *m*.

prosaic [prəu´zeiik], *adj*. prosaisch.

proscribe [prə(u)s'kraib], *v.tr.* (j-n, etwas) ächten.

prose [prəuz]. **I.** *s.* **1.** Prosa *f.* **2.** *Sch:* Übersetzung *f* (in eine Fremdsprache).

prosecute ['prɔsikju:t], *v.tr. & i.* (a) *Jur:* to **p. s.o.**, gegen j-n gerichtlich vorgehen; (b) (etwas) weiterverfolgen; **to p. a claim**, eine Forderung einklagen. **prose'cution**, *s. Jur:* (a) (action) strafrechtliche Verfolgung *f* (eines Verbrechens); (b) (prosecuting party) Anklagevertretung *f;* **counsel for the p.**, Anklagevertreter *m;* **witness for the p.**, Belastungszeuge *m.* **'prosecutor**, *s. Jur:* Ankläger *m.*

prospect. I. ['prɔspekt] *s.* Aussicht *f;* **to have sth. in p.**, etwas in Aussicht haben; **prospects of success**, Aussichten auf Erfolg; Erfolgschancen *fpl;* **job with good prospects (of promotion)**, Stellung mit guten Aufstiegsmöglichkeiten. **II.** [prə'spekt] *v.i.* schürfen (for gold etc., nach Gold usw.); bohren (for oil/gas, nach Öl/ Gas). **pros'pective**, *adj.* (future) künftig; (possible) eventuell; **p. buyer**, Kaufinteressent(in) *m(f);* **p. client**, potentieller Kunde **pros'pector**, *s.* Prospektor *m.*

prospectus, *pl* **-uses** [prə'spektəs, -əsiz], *s.* Prospekt *m.*

prosper ['prɔspər], *v.i.* (of business etc.) blühen; **he is prospering**, er hat viel Erfolg. **pros'perity**, *s.* Wohlstand *m.* **'prosperous**, *adj.* (of pers.) wohlhabend; (of business) erfolgreich.

prostate ['prɔsteit], *s. Anat:* **p. gland**, Prostata *f.*

prostitute ['prɔstitju:t]. **I.** *s.* Prostituierte *f.* **II.** *v.tr.* **to p. oneself**, sich prostituieren; **to p. one's talents**, sein Talent verschleudern. **prosti'tution**, *s.* Prostitution *f.*

prostrate. I. [prɔs'treit] *v.tr.* **to p. oneself before s.o.**, sich vor j-m in den Staub werfen; **prostrated by the heat**, von der Hitze erschöpft. **II.** ['prɔstreit], *adj.* **1. p. on the floor**, auf dem Boden hingestreckt. **2.** *Fig:* **p. with grief**, vor Gram gebrochen. **pro'stration**, *s.* (a) Niederwerfung *f* (before s.o., vor j-m); (b) *Med:* **nervous p.**, nervöse Erschöpfung.

protagonist [prəu'tægɔnist], *s.* Hauptfigur *f.*

protect [prə'tekt], *v.tr.* (j-n, etwas) schützen **(from sth.**, vor etwas *dat*); **to p. one's interests**, seine Interessen wahren. **pro'tection**, *s.* Schutz *m.* **pro'tective**, *adj.* (a) Schutz-; **p. layer**, Schutzschicht *f;* (b) (of pers.) schützend. **pro'tector**, *s.* Schützer *m.* **pro'tectorate**, *s.* Protektorat *n.*

protégé ['prɔteʒei], *s.* Protégé *m.*

protein ['prəuti:n], *s. Ch:* Eiweiß *n.*

protest. I. ['prəutest] *s.* Protest *m;* **to make a p.**, protestieren; *Jur:* Einspruch erheben; **under p.**, unter Protest; **p. demonstration**, Protestkundgebung *f.* **II.** [prə'test] *v.* **1.** *v.i.* protestieren. **2.** *v.tr.* **to p. one's innocence**, seine Unschuld beteuern. **Protestant** ['prɔtistənt]. *Ecc:* **I.** *s.* Protestant(in) *m(f).* **II.** *adj.* protestantisch. **protes'tation**, *s.* Beteuerung *f.*

protocol ['prəutəkɔl], *s.* Protokoll *n* (der Diplomaten).

prototype ['prəutətaip], *s.* Prototyp *m.*

protract [prə'trækt], *v.tr.* (Verhandlungen usw.) in die Länge ziehen. **pro'tracted**, *adj.* langwierig.

protrude [prə'tru:d], *v.* **1.** *v.tr.* (etwas) heraus-

strecken. **2.** *v.i.* hervorstehen; (of ears) abstehen; (of teeth) vorstehen. **pro'trusion**, *s.* Vorsprung *m.*

protuberance [prə'tju:bərəns], *s.* Auswuchs *m; Bot:* Höcker *m.* **pro'tuberant**, *adj.* hervorstehend.

proud [praud], *adj.* **1.** stolz (of s.o., sth., auf j-n, etwas acc); **p. moment**, stolzer Augenblick; *F:* **to do s.o. p.**, (entertain) j-n großartig bewirten; (do well) j-m Ehre machen; **to do oneself p.**, es sich *dat* gut gehen lassen. **2.** *Pej:* arrogant, hochmütig. **3.** (projecting) hervorstehend.

prove [pru:v], *v.* (p.p. **proved**, occ. **proven**). **1.** *v.tr.* (a) (Schuld, eine Tatsache) beweisen; (seine Identität usw.) nachweisen; **it remains to be proved**, das muß erst noch bewiesen werden; *Scot:* *Jur:* (of case) **not proven**, Schuldbeweis nicht erbracht; (b) (confirm) (etwas) bestätigen; **the exception proves the rule**, die Ausnahme bestätigt die Regel; (c) **to p. itself/oneself**, sich bewähren; **to p. oneself to be a good friend**, sich als treuer Freund erweisen; **proven remedy**, bewährtes Mittel. **2.** *v.i.* sich herausstellen; **to p. useful**, sich als nützlich erweisen.

provenance ['prɔvinəns], *s.* Herkunft *f.*

proverb ['prɔvə:b], *s.* Sprichwort *n.* **pro'verbial** [prə'və:bjəl], *adj.* sprichwörtlich; (widely known) notorisch.

provide [prə'vaid], *v.* **1.** *v.i.* (a) **to p. against sth.**, sich gegen etwas acc sichern; (b) **to p. for**, (foresee) (eine Möglichkeit) voraussehen; (satisfy) (Bedürfnisse) befriedigen; (Kosten) decken; **to p. for every possibility**, für jede Möglichkeit vorsorgen; **to p. for a family**, für eine Familie sorgen; (of widow etc.) **to be provided for**, versorgt sein. **2.** *v.tr.* (Unterstützung usw.) zur Verfügung stellen; (eine Gelegenheit) bieten; **to p. shelter**, Schutz bieten; **to p. enough heat/food etc.**, genug Wärme/Nahrung usw. geben; **to p. s.o., sth. with sth.**, j-n, etwas mit etwas *dat* versehen/(supply) beliefern; **to p. s.o. with a job**, j-m eine Arbeit besorgen/verschaffen. **pro'vided**. **I.** *adj.* **p. with sth.**, mit etwas *dat* versehen. **II.** *conj.* **p. (that) ...**, vorausgesetzt, (daß) ... **pro'vider**, *s.* Versorger(in) *m(f).*

providence ['prɔvid(ə)ns], *s. Ecc:* Vorsehung *f.* **provi'dential**, *adj.* (attrib.) glücklich; **it was p.**, es war ein Segen.

province ['prɔvins], *s.* Provinz *f;* **in the provinces**, in der Provinz; *Fig:* **that is not my p.**, das ist nicht mein Fach/meine Sparte. **provincial** [prə'vinʃ(ə)l]. **I.** *adj.* (a) provinziell; **p. town**, Provinzstadt *f;* (b) *Pej:* provinzlerisch. **II.** *s.* Provinzler *m.*

provision [prə'viʒ(ə)n]. **I.** *s.* **1.** (a) (providing) Versehen *n* (of sth., mit etwas dat); **the p. of the troops with arms**, die Versorgung der Truppen mit Waffen; (b) **to make p. for sth.**, Vorkehrungen für etwas acc treffen. **2.** *pl* Lebensmittel *npl;* (supplies) Vorräte *mpl.* **3.** *Jur:* Bestimmung *f* (eines Vertrags, eines Gesetzes usw.). **II.** *v.tr.* (ein Schiff usw.) mit Lebensmitteln versehen. **pro'visional**, *adj.* provisorisch; *Sp:* *Pol: etc:* **p. results**, vorläufiges Ergebnis.

proviso, *pl.* **-oes** [prə'vaizəu, -əuz], *s.* Vorbehalt *m.*

provocation [prɔvə'keiʃən], s. Provokation f; Herausforderung f; **at the slightest p.**, beim geringsten Anlaß. **provocative** [prə'vɔk-], adj. herausfordernd. **provoke** [prə'vouk], v.tr. (a) (j-n) provozieren; **to p. s.o. to do sth.**, j-n dazu herausfordern, etwas zu tun; **to p. s.o. (to anger)**, j-n (zum Zorn) reizen; (b) (Neugierde usw.) erregen; **to p. a smile**, ein Lächeln hervorrufen.

prow [prau], s. Nau: Bug m.

prowess ['prauis], s. **1.** (valour) Tapferkeit f. **2.** (expertness) Tüchtigkeit f.

prowl [praul]. **I.** v.i. **to p. (around)**, herumschleichen. **II.** s. **to be on the p.**, herumstreichen. **'prowler**, s. sich um Häuser schleichende Gestalt f; Herumtreiber m.

proximity [prɔk'simiti], s. Nähe f.

proxy ['prɔksi], s. Jur: **1.** (power) Vollmacht f (für Stellvertretung); **by p.**, in Vertretung; **to vote by p.**, sich bei einer Wahl vertreten lassen. **2.** (pers.) Vertreter(in) m(f); **to stand p.**, als Stellvertreter fungieren.

prude [pru:d], s. Prüde(r) f. (m) **'prudery**, s. Prüderie f. **'prudish**, adj. prüde.

prudence ['pru:d(ə)ns], s. Umsicht f. **'prudent**, adj. umsichtig; **-ly**, adv. klugerweise.

prune[1] [pru:n], s. Backpflaume f.

prune[2], v.tr. (a) (einen Baum usw.) beschneiden; **to p. (off) a branch**, einen Ast wegschneiden; (b) Fig: (in text) (Unnötiges) streichen; **to p. a text**, einen Text zurechtstutzen. **'pruning**, s. Beschneiden n (von Bäumen); **p. shears**, Baumschere f.

Prussia ['prʌʃə]. Pr. n. Hist: Preußen n. **'Prussian**. **I.** adj. preußisch. **II.** s. Preuße m, Preußin f; **P. blue**, Preußischblau n. **'prussic**, adj. **p. acid**, Blausäure f.

pry [prai], v.i. (p. & p.p. **pried**) **to p. into sth.**, seine Nase in etwas acc stecken. **'prying**, adj. neugierig.

psalm [sɑːm], s. Psalm m.

pseudo ['sju:dəu]. **I.** prefix pseudo-. **II.** adj. F: (of thing) unecht; (of pers.) falsch.

pseudonym ['sju:dənim], s. Pseudonym n.

psychiatry [sai'kaiətri], s. Psychiatrie f. **psy'chiatrist**, s. Psychiater m.

psychic ['saikik], adj. (of phenomena) übersinnlich; **p. powers**, übernatürliche Kräfte; **to be p.**, übernatürliche Kräfte haben.

psychoanalysis [saikəuə'nælisis], s. Psychoanalyse f. **psycho'analyst**, s. Psychoanalytiker(in) m (f).

psychology [sai'kɔlədʒi], s. Psychologie f. **psycho'logical**, adj. psychologisch; (of illness, pressure, reasons etc.) psychisch; **the p. moment**, der (psychologisch) richtige Augenblick. **psy'chologist**, s. Psychologe m, Psychologin f.

pub [pʌb], s. (= public house) F: Pub n, Wirtshaus n; **p. sign**, Wirtshausschild n; **to go on a p. crawl**, eine Bierreise machen.

puberty ['pju:bəti], s. Pubertät f.

pubis ['pju:bis], s. Anat: Schambein n. **'pubic**, adj. Scham-; **p. hair**, Schamhaar n.

public ['pʌblik]. **I.** adj. öffentlich; **p. holiday**, gesetzlicher Feiertag; **p. library**, öffentliche Bücherei; **p. demand**, allgemeine Nachfrage; **p. spirit**, Gemeinsinn m; Adm: **p. relations**, Öf-

fentlichkeitsarbeit f. **II.** s. **1. the (general) p.**, die (breite) Öffentlichkeit; **in p.**, in der Öffentlichkeit. **2.** (audience) Publikum n.

publican ['pʌblikən], s. Wirt m.

publication [pʌbli'keiʃ(ə)n], s. **1.** Bekanntmachung f (einer Tatsache usw.). **2.** Lit: etc: Veröffentlichung f; **new p.**, Neuerscheinung f; **monthly p.**, Monatsschrift f; **p. date**, Erscheinungstermin m.

publicity [pʌb'lisiti], s. Advert: Publicity f; Werbung f; **bad p.**, eine schlechte Reklame; **p. leaflet**, Werbeprospekt m; **p. manager**, Werbeleiter m; **to give sth. p.**, für etwas acc Reklame machen. **'publicize**, v.tr. (a) (etwas) öffentlich bekanntmachen; (b) Advert: Reklame machen (für etwas acc).

publish ['pʌbliʃ], v.tr. (einen Roman usw.) veröffentlichen; **just published**, soeben erschienen. **'publisher**, s. Verleger m. **'publishing**, s. **1.** (business) Verlagswesen n; **p. house**, Verlag m. **2.** (process) Veröffentlichung f.

puckered ['pʌkəd], adj. **p. brow**, gerunzelte Stirn.

pudding ['pudiŋ], s. **1.** Cu: Pudding m; **rice p.**, Milchreis m. **2.** (dessert) Nachtisch m.

puddle ['pʌdl], s. Pfütze f.

puerile ['pjuərail], adj. kindisch, infantil. **pue'rility** ['riliti], s. kindisches Wesen n.

puff [pʌf]. **I.** s. **1.** (a) **p. of wind**, leichter Windstoß m; (b) Zug m (an einer Zigarette); **p. of smoke**, Rauchwölkchen n; (c) F: **I'm out of p.**, ich bin ganz außer Atem. **2. powder p.**, Puderquaste f. **3.** Cu: **p. pastry**, Blätterteig m. **4.** Dressm: **p. sleeve**, Puffärmel m. **II.** v. **1.** v.i. (a) (of smoke) paffen; (b) (of pers., steam train) keuchen; (c) (of smoke) **to p. out**, ausgestoßen werden; Fig: **to be puffed up with pride**, vor Stolz aufgeblasen sein. **2.** v.tr. **to p. (out) smoke**, Rauch ausstoßen. **puffed**, adj. (of pers.) außer Atem. **'puffiness**, s. **1.** (of pers.) Kurzatmigkeit f. **2.** Gedunsenheit f (des Gesichts usw.). **'puffy**, adj. (of face) aufgedunsen.

puffin ['pʌfin], s. Orn: Papageientaucher m.

pug [pʌg], s. (dog) Mops m; **p. nose**, Stupsnase f.

pugnacious [pʌg'neiʃəs], adj. kampflustig. **pugnacity** ['næsiti], s. Kampflust f.

puke [pju:k], v.i. F: kotzen.

pukka(h) ['pʌkə], adj. echt; **a p. sahib**, ein echter Gentleman.

pull [pul]. **I.** s. (a) Zug m, Row: Durchziehen n (der Ruder); **to give sth. a p.**, an etwas dat ziehen; (b) (climb) **it was a long p.**, es war eine lange Steigung; (c) Fig: **to have a p. with s.o.**, bei j-m Einfluß haben; **the big p. of the show**, die große Attraktion der Vorstellung; (d) Print: Abzug m. **II.** v. **1.** v.tr. (a) (etwas) ziehen; **to p. the trigger**, abdrücken; (b) **to p. a muscle**, sich dat einen Muskel zerren; (c) **to p. faces**, Gesichter schneiden; **to p. a long face**, ein langes Gesicht machen; (d) F: **to p. s.o.'s leg**, j-n auf den Arm nehmen. **2.** v.i. (of engine, pers.) ziehen; (of horse) pullen. **'pull a'part**, v.tr. (zwei Teile usw.) auseinanderziehen; (tear) (Stoff usw.) auseinanderreißen. **'pull 'down**, v.tr. (a) (eine Jalousie usw.) herunterziehen; (b) (ein Gebäude) niederreißen. **'pull 'in**, v. **1.** v.tr. (a) (eine Leine usw.) einziehen; (b) F:

(*arrest*) (j-n) verhaften. **2.** *v.i.* (*of train*) einfahren; *Aut:* **to p. in** (**to the kerb**), (am Randstein) anhalten. ´**pull-in**, *s.* Rastplatz *m.* ´**pull ´off**, *v.* **1.** *v.tr.* (*a*) (ein Kleidungsstück) ausziehen; **to p. o. one's clothes**, sich ausziehen; (*b*) F: **to p. o. a victory**, den Sieg erringen; **we've pulled it off!** wir haben es geschafft! **2.** *v.i. Aut:* von der Straße hinunterfahren. ´**pull ´out**, *v.* **1.** *v.tr.* (einen Zahn usw.) herausziehen. **2.** *v.i.* (*of train*) abfahren; (*of car etc.*) ausscheren. ´**pullover**, *s. Cl:* Pullover *m.* ´**pull ´round** / ´**through**, *v.i.* (*of patient*) durchkommen. ´**pull to´gether**, *v.tr.* (*a*) **to p. oneself together**, sich zusammennehmen; (*b*) (Verschiedenes) zusammenziehen. ´**pull ´up**, *v.* **1.** *v.tr.* (*a*) (die Hosen usw.) heraufziehen; (die Rolläden usw.) hochziehen; (*b*) *Fig:* **to p. up one's socks**, sich zusammenraffen; (*work harder*) sich gehörig dahinterklemmen. **2.** *v.i.* (*of rider, vehicle*) anhalten.

pullet [´pulit], *s.* junge Henne *f.*

pulley [´puli], *s. Mec. E:* Rolle *f.*

pulmonary [´pʌlmənəri], adj. Lungen-.

pulp [pʌlp]. **I.** *s.* **1.** (*of fruit*) Fruchtfleisch *n.* **2.** (**paper**) **p.**, Papierbrei *m; F:* **to beat s.o. to a p.**, j-n zu Brei schlagen. **II.** *v.tr.* (Bücher) einstampfen.

pulpit [´pulpit], *s.* Kanzel *f.*

pulse [pʌls], *s.* **1.** Puls *m;* **to feel s.o.'s p.**, j-m den Puls fühlen. **2.** *El:* Impuls *m.* **pul´sate**, *v.i.* pulsieren.

pulverize [´pʌlvəraiz], *v.tr.* (*a*) (eine Substanz) pulverisieren; (Gestein) zerkleinern; (*b*) (eine Flüssigkeit) zerstäuben. ´**pulverizer**, *s.* Pulverisator *m;* Zerkleinerungsmaschine *f.*

pumice [´pʌmis], *s.* **p.** (**-stone**), Bimsstein *m.*

pummel [´pʌm(ə)l], *v.tr.* (*p. & p.p.* **pummelled**) (auf j-n, etwas *acc*) einschlagen.

pump [pʌmp]. **I.** *s.* Pumpe *f;* **p. handle**, Pumpenschwengel *m; Aut:* **p. attendant**, Tankwart *m.* **II.** *v.tr.* (*a*) (Wasser usw.) pumpen; **to p. a well dry**, einen Brunnen leerpumpen; *Aut:* **to p.** (**up**) **a tyre**, einen Reifen aufpumpen; (*b*) F: **to p. s.o.**, j-n ausfragen; **to p. bullets into s.o.**, j-m Kugeln in den Leib jagen. ´**pumping**, *s.* Pumpen *n;* **p. station**, Pumpwerk *n.* ´**pump-room**, *s.* **1.** Pumpenhaus *n.* **2.** (*at spa*) Trinkhalle *f* (in einem Kurhaus).

pumpkin [´pʌm(p)kin], *s. Hort:* Kürbis *m.*

pumps [pʌmps], *s. pl. Cl:* Pumps *mpl.*

pun [pʌn], *s.* Wortspiel *n.*

punch¹ [pʌntʃ]. **I.** *s.* **1.** *Tls:* (*a*) (*machine*) Stanze *f;* (*b*) (*tool*) Stempel *m;* (*for paper etc.*) Locher *m.* **2.** (*a*) (*blow*) Faustschlag *m;* **to give s.o. a p. on the nose**, j-m eine auf die Nase geben; *Fig:* **he doesn't pull his punches**, bei ihm geht es hart auf hart; (*b*) F: (*strength*) Mumm *m;* **the engine still has plenty of punch**, der Motor zieht noch kräftig. **II.** *v.tr.* (*a*) (Papier usw.) lochen; *Data-pr:* **punched card**, Lochkarte *f;* (*b*) (Metall) stanzen; (*c*) (j-n, etwas) mit der Faust schlagen; **to p. s.o.'s face**, j-m eine ins Gesicht geben/langen. ´**punch-drunk**, *adj.* (von Faustschlägen) benommen, F: groggy. ´**punching bag**, *s. Box:* Sandsack *m.* ´**punch-up**, *s.* F: Schlägerei *f.*

punch², *s.* (*drink*) Punsch *m.*

Punch³. *Pr. n. approx* = Kasperl(e); **P. and Judy show**, Kasperletheater *n.*

punctilious [pʌŋk´tiliəs], *adj.* übergenau.

punctual [´pʌŋktju(ə)l], *adj.* pünktlich. **punctu´ality**, *s.* Pünktlichkeit *f.*

punctuate [´pʌŋktjueit], *v.tr. & i.* (einen Text) interpunktieren; *Fig:* **his speech was punctuated with catcalls**, seine Rede wurde wiederholt durch Zwischenrufe unterbrochen. **punctu´ation**, *s.* Interpunktion *f;* **p. mark**, Satzzeichen *n.*

puncture [´pʌŋktʃər]. **I.** *s.* (*hole*) Loch *n; Aut: Cy:* Reifenpanne *f;* **to mend a p.**, einen Reifen flicken. **II.** *v.tr.* (ein Luftkissen usw.) durchstechen; *Med:* (eine Zyste usw.) punktieren; *Aut:* **this tyre is punctured**, dieser Reifen hat ein Loch.

pundit [´pʌndit], *s.* Experte *m.*

pungent [´pʌndʒənt], *adj.* **1.** (*of smell*) stechend; **p. taste**, scharfer Geschmack. **2.** (*of remark, satire etc.*) beißend. ´**pungency**, *s.* Schärfe *f;* stechender Charakter *m* (eines Geruchs).

punish [´pʌniʃ], *v.tr.* (*a*) (j-n, etwas) bestrafen; (*b*) *Fig:* (einen Motor usw.) strapazieren. ´**punishable**, *adj.* strafbar; **it is p. by a fine**, darauf steht eine Geldstrafe. ´**punishing**, *adj.* strapazierend. ´**punishment**, *s.* **1.** Strafe *f;* (*process*) Bestrafung *f;* **capital p.**, Todesstrafe *f.* **2.** (*hard use*) Strapaze *f;* **to take a lot of p.**, (*of machinery*) stark strapaziert werden; (*of boxer*) arg mitgenommen werden.

punk [pʌŋk], *s. P:* **1.** Mist *m.* **2.** (*a*) (*Pers.*) Punker *m;* (*b*) (*music*) Punk-Rock *m.*

punt [pʌnt], *s.* Punt *n;* **p. pole**, Staken *m.* ´**punting**, *s.* **to go p.**, im Punt fahren.

punter [´pʌntər], *s. Horse Rac:* Wetter *m.*

puny [´pjuːni], *adj.* kümmerlich, schwächlich.

pup [pʌp], *s.* **1.** (*a*) (*dog*) junger Hund *m;* **in p.**, trächtig; (*b*) seal **p.**, Robbenjunge(s) *n.* **2.** *F:* **to sell s.o. a p.**, j-m etwas andrehen.

pupil¹ [´pjuː:p(i)l], *s. Sch:* Schüler(in) *m(f).*

pupil², *s.* Pupille *f* (des Auges).

puppet [´pʌpit], *s.* Marionette *f;* **p. show**, Marionettenspiel *n; Pol:* **p. government**, Marionettenregierung *f.*

puppy [´pʌpi], *s.* junger Hund *m;* **to have puppies**, Junge werfen; *Pej:* **p. fat**, Babyspeck *m.*

purchase [´pɔːtʃəs]. **I.** *s.* **1.** Kauf *m;* (*article*) Anschaffung *f;* **p. price**, Kaufpreis *m.* **2.** (*leverage*) Hebelwirkung *f;* **to get a p. on sth.**, einen festen Halt bekommen an etwas *dat.* **II.** *v.tr.* (etwas) kaufen; **purchasing power**, Kaufkraft *f.* ´**purchaser**, *s.* Käufer(in) *m(f).*

pure [pjuər], *adj.* rein. ´**pure-´bred**, *adj.* reinrassig. ´**pureness**, *s.* Reinheit *f.*

purgatory [´pɔːgət(ə)ri], *s.* Fegefeuer *n; F:* **it was p.!** das war vielleicht eine Qual!

purge [pɔːdʒ]. **I.** *s.* (*a*) *Med:* Abführmittel *n;* (*b*) *esp. Pol:* Säuberungsaktion *f.* **II.** *v.tr.* (*a*) *Med:* (den Darm) leeren; (*b*) (ein Land, eine politische Partei usw.) säubern; **purged of crime**, von Verbrechen befreit. ´**purgative** [-gə-], *s. Med:* Abführmittel *n.*

purify [´pjuərifai], *v.tr.* (etwas) reinigen. **purifi´cation**, *s.* Reinigung *f.* ´**purist**, *s.* Purist *m.* ´**purity**, *s.* Reinheit *f.*

Puritan [´pjuəritən]. **I.** *s.* Puritaner(in) *m(f).* **II.** *adj.* (*also* **puritanical**) puritanisch.

purl [pɔːl]. *Knit:* **I.** *s.* **p. stitch**, Linksmasche *f.* **II.** *v.tr. & i.* (eine Masche) links stricken.

purple ['pə:pl]. **I.** *s.* Purpur *m.* **II.** *adj.* pur-
purrot; **to go p. in the face,** einen knallroten
Kopf bekommen; *F:* (*in book*) **p. passage,**
schwülstige Stelle.

purpose ['pə:pəs], *s.* (*aim*) Zweck *m;* (*intention*)
Absicht *f;* **on p.,** mit Absicht, absichtlich; **for
this p.,** zu diesem Zweck; **for all practical pur-
poses finished,** praktisch/so gut wie fertig; **to
serve no p.,** sinnlos sein; **to the p.,** zweckmäßig;
(*relevant*) zur Sache; **to no p.,** umsonst; **to
work to good/some p.,** mit Erfolg arbeiten; **to
turn sth. to good p.,** aus etwas *dat* Nutzen
ziehen. **purpose-'built,** *adj.* als solches
gebaut; **it's p.-b.,** es ist ein Zweckbau. **'pur-
poseful,** *adj.* zielbewußt. **'purposeless,** *adj.*
zwecklos. **'purposely,** *adv.* absichtlich.

purr [pə:r]. **I.** *s.* Schnurren *n; Fig:* Summen *n.*
II. *v.i.* (*of cat*) schnurren; (*of engine*) summen.

purse [pə:s]. **I.** *s.* **1.** Portemonnaie *n;* **well-lined
p.,** dicker Geldbeutel; *Fig:* **to hold the p.
strings,** die Kasse führen; *Adm:* **the public p.,**
die Staatskasse. **2.** *Box:* (*winnings*) Börse *f.* **II.**
v.tr. **to p. (up) one's lips,** die Lippen schürzen.
'purser, *s. Nau:* Zahlmeister *m.*

pursue [pə'sju:], *v.tr.* (*a*) (j-n, etwas, *Fig:* ein
Ziel, einen Kurs usw.) verfolgen; (dem
Vergnügen, seinem Studium usw.) nachgehen;
to p. a line of enquiry, eine Untersuchung
durchführen; (*b*) (*continue*) (ein Thema usw.)
weiterführen. **pur'suer,** *s.* Verfolger *m.* **pur-
'suit,** *s.* (*a*) Verfolgung *f;* **to set off in p. of
s.o.,** j-m nachjagen; (*b*) Ausübung *f* (eines
Gewerbes); Betreiben *n* (von Studien); *Fig:* **the
p. of knowledge,** das Studium der Wissen-
schaften; **the p. of happiness,** die Jagd nach
dem Glück. **2.** (*occupation*) Beschäftigung *f;*
(*hobby*) Zeitvertreib *m;* **favourite p.,** Lieb-
lingsbeschäftigung *f;* **his literary pursuits,** seine
literarischen Interessen.

purveyor [pə'veiər], *s.* Lieferant *m.*

pus [pʌs], *s. Med:* Eiter *m.*

push [puʃ]. **I.** *s.* **1.** (*a*) Stoß *m; Aut:* **can you give
me a p.?** können Sie bitte mein Auto anschie-
ben? *Com:* **to give a product a p.,** die Wer-
betrommel für ein Produkt rühren; *F:* **to give
s.o. the p.,** j-n rausschmeißen; (*b*) *Mil:* Of-
fensive *f.* **2.** *F:* Energie *f;* **to have plenty of p.,**
viel Triebkraft haben. **3.** *F:* **at a p.,** im Notfall;
when it comes to the p., wenn es darauf
ankommt. **II.** *v.* **1.** *v.tr.* (*a*) (etwas) schieben;
p. the button, (auf) den Knopf drücken; **to p.
oneself forward,** sich nach vorne drängen; **to p.
s.o., sth., aside,** j-n, etwas beiseiteschieben; **to
p. s.o. back,** j-n zurückdrängen; **to p. back a
bolt,** einen Riegel zurückschieben; **to p. in a
door,** eine Tür eindrücken; (*b*) *Com:* **to p. sales,**
den Absatz vorantreiben; *F:* **I'm pushed
(for time),** ich stehe unter Zeitdruck; **he's
pushing his luck,** er geht zu weit; (*d*) *F:* **he's push-
ing forty,** er wird (bald) vierzig. **2.** *v.i.* (*a*)
drängen; **to p. through the crowd,** sich *dat* einen
Weg durch die Menge bahnen; (*b*) (*helpfully*)
schieben. **'pusher,** *s.* **1.** (*pers.*) *F:* Streber *m.*
2. *Rail:* Hilfslokomotive *f.* **3.** (*for child*) Schie-
ber *m.* **4.** (drug) *Pej:,* Rauschgifthändler *m.*
'push-bike, *s. F:* Fahrrad *n.* **'push-button,**
s. Druckknopf *m.* **'pushing,** *adj. Pej:* (*of pers.*)
aufdringlich; *F:* **p. type,** Streber *m;* (*d*) **'push**

'off, *v.i.* (*a*) (*in boat*) abstoßen; (*b*) *F:* (*leave*)
abhauen. **'pushover,** *s. F:* Kinderspiel *n.*
'push-'pull, *adj. El:* Gegentakt-. **'push-
'start,** *v.tr. Aut:* (ein Auto) anschieben.

pusillanimous [pju:si'læniməs], *adj.* kleinmütig.

puss/pussy [pus, 'pusi], *s. F:* Miezekatze *f.*
'pussyfoot, *v.i. F:* (*of pers.*) leisetreten.
'pussywillow, *s.* Weidenkätzchen *n.*

put [put], *v.* (*p. & p.p.* **put**) **1.** *v.tr.* (*a*) (*place*)
(etwas) setzen, stellen, *F:* tun (**on/in,** auf/in +
acc); **p. it on the table,** setzen/legen/stellen Sie
es auf den Tisch; **to p. sth. in a pocket/
cupboard,** etwas in eine Tasche/einen Schrank
stecken/*F:* tun; **to p. milk in one's tea,** Milch in
seinen Tee tun; **to p. sth. on paper,** etwas zu
Papier bringen; **to p. one's signature to sth.,**
seine Unterschrift unter etwas *dat* setzen; **to p.
the matter right,** die Angelegenheit ins reine
bringen; **to p. a law into operation,** ein Gesetz
in Kraft setzen; **to p. money into an under-
taking,** Geld in ein Unternehmen stecken; **to p.
money on a horse,** Geld auf ein Pferd setzen; **to
stay p.,** sich nicht vom Fleck rühren; (*b*)
(*express*) (etwas) ausdrücken; **to p. it bluntly,**
um es ganz offen zu sagen; **to p. it mildly,** ge-
linde gesagt; **if I may p. it that way,** wenn ich
mich so ausdrücken darf; **to p. a question to
s.o.,** j-m eine Frage stellen; **I p. it to you that
. . .,** bedenken Sie, daß . . .; **I'll p. it to him,** ich
werde es ihm vorschlagen; (*c*) (*estimate*) **I p.
the population at 10,000,** ich schätze die Be-
völkerung auf 10 000; (*d*) **to p. a stop/an end
to sth.,** etwas *dat* ein Ende setzen; (*e*) **to p. s.o.
to work,** j-n einspannen; **to p. s.o. to bed,** j-n
ins Bett bringen; **to p. s.o. to a lot of trouble,**
j-m viel Mühe machen; *Fig:* **to p. s.o. in his
place,** j-n zurechtweisen; **p. yourself in my
place,** versetzen Sie sich in meine Lage; **I p.
myself in your hands,** ich vertraue mich Ihnen
an; *F:* **to p. s.o. through it,** j-n schwitzen lassen;
(*f*) **I p. the children first,** bei mir kommen die
Kinder zuerst. **2.** *v.i. Nau:* **to p. (out) to sea,** in
See stechen; **to p. into port,** in den Hafen
einlaufen; **to p. about,** wenden. **'put a'cross,**
v.tr. (eine Idee usw.) verständlich machen; (*of
speaker etc.*) **he succeeded in putting it a.,** er
hat das Publikum gewonnen. **'put a'side,**
v.tr. (etwas) beiseite legen; (Geld) zurücklegen.
'put a'way, *v.tr.* (*a*) (seine Sachen) wegräu-
men; *F:* **to p. a. food,** Essen in sich hinein-
stopfen; (*b*) *F:* **to p. s.o. a.,** j-n einsperren. **'put
'back,** *v.tr.* (*a*) (etwas) zurückstecken (**in sth.,**
in etwas *acc*); (etwas) zurücklegen (**on sth.,** auf
etwas *acc*); (*b*) (eine Uhr) zurückstellen; (*c*) (*de-
lay*) (etwas) aufschieber verschieben. **'put 'by,**
v.tr. (etwas) weglegen; (Geld) auf die hohe Kante
legen. **'put 'down,** *v.tr.* (*a*) (etwas) nieder-
setzen, hinlegen; (*of bus*) **to p. down passengers,**
Fahrgäste absetzen; (*b*) (einen Aufstand) nie-
derschlagen; (*c*) (*write*) (etwas) notieren; **to p.
down one's name,** sich eintragen; **p. it down to
my account,** schreiben Sie es auf mein Konto;
(*d*) (*attribute*) **you can p. it down to his igno-
rance,** man kann es seiner Unwissenheit zu-
schreiben; (*e*) **to p. down an animal,** ein Tier
einschläfern; **'put 'forward,** *v.tr.* (*a*) (j-n,
einen Plan usw.) vorschlagen; (einen Vor-
schlag) unterbreiten; (*b*) (die Uhr) vorstellen.

´put ´in, v. 1. v.tr. (etwas) hineinsetzen; **to p. in a (good) word for s.o.,** ein (gutes) Wort für j-n einlegen; **to p. in an hour's work,** eine Stunde arbeiten; **to p. in an offer (for sth.),** ein Angebot (für etwas acc) machen. 2. v.i. (a) Nau: **to p. i. to a port,** in einen Hafen einlaufen; (b) **to p. i. for a post,** sich um eine Stelle bewerben. ´put ´off, v. 1. v.tr. (a) (postpone) (etwas) verschieben (**for a week,** um eine Woche); **to p. o. doing sth.,** es verschieben, etwas zu tun; (b) **to p. s.o. o. with an excuse,** j-n mit einer Ausrede abspeisen; (c) F: (dissuade) **to p. s.o. o. doing sth.,** j-n von etwas dat abbringen; **the noise puts me o.,** der Lärm stört mich; **don't be p. o.,** lassen Sie sich nicht beirren/(be deceived) täuschen. ´put ´on, v.tr. (a) **to p. the kettle/the potatoes on,** Wasser (zum Kochen)/die Kartoffeln aufsetzen; **to p. on a record/a tape,** eine Platte auflegen/ein Band spielen; (b) (organize) (eine Ausstellung, Party usw.) veranstalten; Th: (ein Stück) aufführen; Rail: etc: (einen Zug usw.) einsetzen; (c) (switch on) (ein Licht usw.) einschalten; Aut: **to p. the brakes on,** bremsen; (d) (Kleider, Schuhe) anziehen; **to p. on one's clothes,** sich anziehen; **to p. on one's hat,** den Hut aufsetzen; (e) Fig: **to p. on an innocent air,** Naivität vortäuschen; F: **you're putting it on!** Sie tun nur so! (f) **to p. on weight,** zunehmen; (g) **to p. the clock on,** die Uhr vorstellen. ´put ´out, v.tr. (a) (stretch out) (die Hand usw.) ausstrecken; (b) (die Katze usw.) hinauslassen; **to p. o. the washing,** die Wäsche hinaushängen; (c) **to p. one's tongue o.,** seine Zunge herausstrecken; (d) **he's p. his arm o.** (of joint), er hat sich den Arm verrenkt; (e) (switch off) (das Licht, das Radio usw.) ausschalten; (f) Fig: (irritate) (j-n) ärgern; **he never seems p. o.,** nichts scheint ihn aus dem Konzept zu bringen; **he p. himself o. for me,** er machte sich meinetwegen viel Mühe. ´put ´over, v.tr. = put across. ´put ´through, v.tr. (einen Plan usw.) durchführen; (b) Tel: **can you p. me t. to X?** können Sie mich bitte mit X verbinden? ´put to´gether, v.tr. (a) (mehrere Teile) zusammensetzen, (join) zusammenfügen; (b) (assemble) (eine Maschine usw.) zusammenbauen; (ein Programm, eine Mannschaft usw.) zusammenstellen; (c) (add up) (Nummern, Beträge) zusammenzählen; Fig: **to p. two and two t.,** seine Schlüsse ziehen. ´put ´up, v.tr. (a) (einen Schirm) aufspannen; (einen Vorhang usw.) aufhängen; **to p. up one's hair,** sich dat die Haare aufstecken; **p. up your hands!** Hände hoch! (b) (ein Plakat usw.) anschlagen; (c) (increase) (Preise) erhöhen; (d) **to p. sth. up for sale,** etwas zum Verkauf anbieten; (e) Pol: etc: **to p. up a candidate,** einen Kandidaten aufstellen; (f) **to p. up a stout resistance,** starken Widerstand leisten; (g) (accommodate) (j-n) unterbringen; abs. **to p. up at a hotel,** in einem Hotel übernachten; (h) **to p. up with sth.,** sich mit etwas dat abfinden; (i) **to p. s.o. up to sth.,** j-n zu etwas dat anstiften; (j) (ein Gebäude) errichten; (ein Zelt) aufschlagen. ´put-up, adj. F: **p.-u. job,** abgekartetes Spiel. ´put u´pon, p.p. only **to be p. u.,** ausgenutzt werden.

putrefy ['pju:trifai], v.i. (of object) faulen; (of corpse) verwesen; Med: (of wound) eitern. **pu·tre´faction,** s. (a) Fäulnis f; (b) Verwesung f (eines Leichnams usw.).

putrid ['pju:trid], adj. (of food etc.) faulig; (of corpse) verwest.

putt [pʌt]. I. s. Golf: Putt m. II. v.i. putten.

putty ['pʌti], s. Kitt m; **p. knife,** Spachtelmesser n.

puzzle ['pʌzl]. I. s. Rätsel n; (jigsaw) p., Puzzlespiel m. II. v. 1. v.tr. (a) (j-n) verdutzen; **it puzzles me,** es ist mir ein Rätsel; (b) **to p. sth. out,** etwas austüfteln. 2. v.i. **to p. over sth.,** sich über etwas acc den Kopf zerbrechen. ´puzzled, adj. verdutzt. ´puzzlement, s. Verdutztheit f; (confusion) Verwirrung f. ´puzzling, adj. rätselhaft.

pygmy ['pigmi]. I. s. Pygmäe m, Pygmäin f. II. adj. Pygmäen-.

pyjamas [pi´dʒɑ:məz], s.pl. Cl: Pyjama m, Schlafanzug m.

pylon ['pailən], s. Hochspannungsmast m.

pyramid ['pirəmid], s. Pyramide f.

pyre ['paiər], s. (funeral) p., Scheiterhaufen m.

Pyrenees [pirə´ni:z]. Pr. n. Geog: **the P.,** die Pyrenäen pl.

python ['paiθ(ə)n], s. Rept: Pythonschlange f.

Q

Q, q [kju:], s. (der Buchstabe) Q, q n; Navy: **Q-ship,** Unterseebootfalle f.

quack[1] [kwæk]. I. int. quak II. v.i. (of duck) quaken, quak machen.

quack[2], s. (a) q. (doctor), Kurpfuscher m; (b) (charlatan) Scharlatan m.

quad [kwɔd], s. F: abbr. 1. Sch: (viereckiger) Hof m. 2. (child) Vierling m. 3. Rec: Quadro n.

quadrangle ['kwɔdræŋgl], s. 1. Geom: Viereck n. 2. Arch: (viereckiger) Hof m.

quadrant ['kwɔdr(ə)nt], s. Quadrant m.

quadratic [kwɔ´drætik], adj. Mth: **q. equation,** quadratische Gleichung.

quadrophony [kwɔ´drɔfəni], s. Rec: Quadrophonie f.

quadruped ['kwɔdruped], s. Z: Vierfüßler m.

quadruple ['kwɔdrupl]]. I. adj. vierfach; (in four parts) vierteilig; Mus: **q. woodwind,** Bläser *mpl* in Viererbesetzung. **II.** *s.* das Vierfache. **III.** *v.tr.* (eine Summe usw.) vervierfachen. ´**quadruplet,** *s.* Vierling *m.*

quaff [kwɔf], *v.tr.* (Wein, Bier) saufen.

quagmire [´kwæggmaiər, ´kwɔg-], *s.* Morast *m.*

quail[1] [kweil], *s. Orn:* Wachtel *f.*

quail[2], *v.i.* (*of pers., heart*) verzagen; (*tremble*) zittern (**at,** vor + *dat*).

quaint [kweint], *adj.* (*a*) (*of house, village*) malerisch; (*b*) (*unusual*) (*of customs, style*) originell; (*curious*) kurios; *N.Am:* drollig.

quake [kweik], *v.i.* zittern, beben (**with fear,** vor Angst).

Quaker [´kweikər], *s. Rel:* Quäker *m.*

qualify [´kwɔlifai], *v.* **1.** *v.tr.* (*a*) **to q. s.o. for sth.,** (*entitle*) j-n zu etwas *dat* berechtigen; (*make suitable*) j-n für etwas *acc* geeignet machen; **to q. s.o. as sth.,** j-n als etwas qualifizieren; (*b*) (*modify*) **to q. a statement etc.,** eine Behauptung einschränken/qualifizieren; *Gram:* **to q. a noun,** ein Substantiv näher bestimmen. **2.** *v.i.* (*a*) (*be suitable*) sich eignen (**for,** zu + *dat*); **do I q.?** komme ich in Frage? **to q. for assistance,** zur Unterstützung berechtigt sein; (*b*) (*train, pass test*) sich qualifizieren (**as an engineer,** zum Ingenieur; *esp. Sp:* **for sth.,** für etwas *acc*); *Sp:* **qualifying round,** Ausscheidungsrunde *f.* **qualification** [-i´keiʃ(ə)n], *s.* Qualifikation *f;* (*a*) **to accept sth. without q.,** etwas ohne Einschränkung gelten lassen; (*b*) (*training*) Ausbildung *f;* (*requirement for job etc.*) Qualifikation *f;* Voraussetzung *f;* (*diploma*) Diplom *n,* Zeugnis *n;* **to have the necessary qualifications,** die nötigen Voraussetzungen haben. ´**qualified,** *adj.* **1.** (*a*) (*of pers.*) qualifiziert; geeignet (**for sth.,** für etwas *acc*), **q. engineer,** Diplomingenieur *m;* **q. teacher,** voll ausgebildeter Lehrer; (*b*) (*entitled*) berechtigt; **q. to vote,** wahlberechtigt. **2.** (*restricted*) bedingt; **q. success,** mäßiger Erfolg.

quality [´kwɔliti], *s.* **1.** (*a*) (*excellence*) Qualität *f* (einer Ware usw.); **to underrate the q. of the opposition,** die Fähigkeiten des Gegners unterschätzen; **a voice of rare q.,** eine Stimme von seltener Klangschönheit; *attrib.* **q. newspaper,** seriöse Zeitung; *Com:* **q. goods,** Qualitätswaren *fpl; coll.* Qualitätsware *f;* (*b*) (*degree*) Qualität *f,* Güte *f;* **q. of reproduction,** Wiedergabegüte *f;* **of good/bad q.,** von guter/ schlechter Qualität. **2.** (*a*) (*characteristic*) Eigenschaft *f;* (*consistency*) Beschaffenheit *f;* **his humour has a macabre q.,** sein Humor hat einen makabren Charakter; **the strings have a fierce q.,** die Streicher haben einen schrillen Klang; (*b*) **he has hidden qualities,** er hat verborgene Talente/Fähigkeiten.

qualm [kwɑːm], *s.* Bedenken *n;* **to have no qualms about doing sth.,** keine Bedenken haben, etwas zu tun; **qualms of conscience,** Gewissensbisse *mpl.*

quandary [´kwɔndəri], *s.* **to be in a q.,** sich in einem Dilemma befinden.

quantity [´kwɔntiti], *s.* Quantität *f;* (*a*) (*amount*) Menge *f;* (*number*) Anzahl *f;* **a small/ large q. of wheat,** eine geringe/große Menge Weizen; **a small q. of books,** eine kleine Anzahl Bücher; **in small quantities,** in kleinen Mengen/ geringer Zahl; (*b*) *Mth: etc:* Größe *f;* **known/**

unknown q., bekannte/unbekannte Größe; *Fig:* **he's an unknown q.,** er ist ein unbeschriebenes Blatt; (*c*) **q. surveyor,** Baukostensachverständige(r) *m.*

quantum [´kwɔntəm], *s. Ph:* Quantum *n;* **q. theory,** Quantentheorie *f.*

quarantine [´kwɔrəntiːn]. **I.** *s.* Quarantäne *f.* **II.** *v.tr.* (j-n, ein Tier) unter Quarantäne stellen.

quarrel [´kwɔrəl]. **I.** *s.* Streit *m;* **to have a q.,** sich streiten; **to pick a q. with s.o.,** mit j-m Streit suchen; **I have no q. with him,** ich habe nichts gegen ihn; **I have no q. with it,** ich habe nichts daran auszusetzen. **II.** *v.i.* (*a*) (sich) streiten (**with s.o. over/about sth.,** mit j-m über etwas *acc*); (*b*) (*criticize*) etwas auszusetzen haben (**with sth.,** an etwas *dat*); **I wouldn't q. with that,** daran hätte ich nichts auszusetzen; damit wäre ich einverstanden. ´**quarrelling,** *s.* Streiterei *f.* ´**quarrelsome,** *adj.* streitsüchtig.

quarry[1] [´kwɔri], *s. Hunt:* Beute *f.*

quarry[2]. **I.** *s.* Steinbruch *m.* **II.** *v.tr.* (*p. & p.p.* **quarried**) (Steine) brechen. ´**quarryman,** *pl.* **-men,** *s.* Steinbrecher *m.*

quart [kwɔːt], *s. Meas:* Quart *n* (*Brit.* = 1,14 Liter; *U.S:* = 0,95 Liter).

quarter [´kwɔːtər]. **I.** *s.* **1.** (*a*) Viertel *n;* **a q. of the way,** ein Viertel des Weges; **three quarters of our food,** drei Viertel unserer Nahrungsmittel; **a bottle one q. full,** eine viertelvolle Flasche; (*b*) *Meas:* (*weight*) Viertelzentner *m;* (*c*) *Z:* **hind quarters,** Hinterteil *n;* (*of horse*) Hinterhand *f.* **2.** (*a*) (*three months*) Quartal *n;* Vierteljahr *n; Jur:* **q. day,** Quartalstag *m* (für fällige Zahlungen); (*b*) **moon at the first q.,** Mond im ersten Viertel; (*c*) **q. of an hour,** Viertelstunde *f;* **three quarters of an hour,** eine Dreiviertelstunde; **a q. to/past eight,** Viertel vor/nach acht. **3.** (*a*) (*direction*) **from what q. is the wind blowing?** aus welcher Richtung kommt der Wind? (*b*) Teil *m* (eines Landes); **from the four quarters of the globe,** aus allen vier Erdteilen; **from all quarters,** von überall (her); **at close quarters,** dicht beieinander; **seen at/from close quarters,** aus der Nähe betrachtet; **fight at close quarters,** Nahkampf *m;* (*c*) (*authority*) Stelle *f;* **in high quarters,** an höherer Stelle; **make your complaint to the proper q.,** beschweren Sie sich bei der zuständigen Stelle; **a report from a reliable q.,** ein Bericht aus zuverlässiger Quelle; (*d*) (*district*) Viertel *n,* Stadtviertel *n.* **5.** *pl.* (*a*) (*lodgings*) Unterkunft *f; Mil:* Quartiere *npl;* **married quarters,** Dienstwohnung *f* für Verheiratete; (*b*) **rear quarters (of a house),** hinterer Teil (eines Hauses). **II.** *v.tr.* (*a*) (einen Apfel usw.) vierteln; (*b*) *Mil:* (Truppen) einquartieren; (*of troops*) **to be quartered on s.o.,** bei j-m einquartiert sein. ´**quarter-´final,** *s. Sp:* Viertelfinale *n.* ´**quarterdeck,** *s. Nau:* Achterdeck *n.* ´**quarter-´hourly,** *adj. & adv.* viertelstündlich, jede Viertelstunde. ´**quarterlight,** *s. Aut:* kleines Seitenfenster *n.* ´**quarterly. I.** *adj.* (*of payment etc.*) vierteljährlich. **II.** *s.* (*publication*) Vierteljahresschrift *f.* ´**quartermaster,** *s. Mil:* Quartiermeister *m.*

quartet [kwɔː´tet], *s. Mus:* Quartett *n.*

quarto [´kwɔːtəu], *s. Print:* Quartformat *n.*

quartz [kwɔːts], *s.* Quarz *m.*

quash [kwɔʃ], *v.tr.* (*a*) *Jur:* (ein Urteil) widerrufen, annullieren; (*b*) (einen Aufstand) niederschlagen.

quasi ['kwɑːzi, 'kweisai], *prefix* quasi-; **q.-expert**, sogenannter Experte; **q.-official** quasioffiziell.

quaver ['kweivər] I. *s.* 1. *Mus:* Achtelnote *f.* 2. Zittern *n* (der Stimme). II. *v.i.* zittern; **in a quavering voice**, mit zitternder Stimme.

quay [kiː], *s.* Kai *m.*

queasy ['kwiːzi], *adj.* unwohl; (*sick*) übel; **I feel q.**, mir ist übel.

queen [kwiːn], *s.* 1. Königin *f;* **the Q. Mother**, die Königinmutter. 2. *Cards: Chess:* Dame *f.* 3. *Ent:* **q. bee**, Bienenkönigin *f.* 'queenly, *adj.* königlich, wie eine Königin.

queer ['kwiər]. I. *adj.* 1. (*strange*) seltsam, sonderbar; *F:* komisch; **a q.-looking chap**, eine komische Erscheinung. 2. (*homosexual*) *P:* schwul; **a q.**, ein Schwuler. 3. *F:* (*of pers.*) unwohl; **I feel q.**, mir ist komisch. 4. **to be in Q. Street**, in Zahlungsschwierigkeiten sein. II. *v.tr.* **to q. s.o.'s pitch**, j-m einen Strich durch die Rechnung machen. 'queerness, *s.* Seltsamkeit *f;* (*illness*) Übelkeit *f.*

quell [kwel], *v.tr. Lit:* (einen Aufstand, *Fig* Gefühle) unterdrücken.

quench [kwen(t)ʃ], *v.tr.* **to q. one's thirst**, seinen Durst löschen.

querulous ['kwerjuləs], *adj.* (*of pers.*) nörglerisch; (*of voice, tone*) klagend.

query ['kwiəri]. I. *s.* (*a*) Frage *f;* (*on work done*) Rückfrage *f;* **to raise a q.**, eine Frage aufwerfen; (*b*) (*question mark*) Fragezeichen *n.* II. *v.tr.* (eine Behauptung) in Frage stellen; (*put question mark*) (neben etwas *dat*) ein Fragezeichen setzen.

quest [kwest], *s.* Suche *f* (**for**, nach + *dat*).

question ['kwestʃ(ə)n]. I. *s.* Frage *f;* (*a*) **to ask s.o. a q.**, j-m eine Frage stellen; **q. mark**, Fragezeichen *n;* **without q.**, zweifellos; **to obey without q.**, blind gehorchen; **to call sth. in q.**, etwas in Frage stellen; **the matter in q.**, die fragliche Angelegenheit; (*b*) (*matter*) **that's not the q.**, darum handelt es sich nicht; **that's out of the q./there's no q. of that**, das kommt nicht in Frage; **a q. of time**, eine Frage der Zeit. II. *v.tr.* (*a*) (j-n) befragen; (*of police*) (j-n) vernehmen; *Jur:* (einen Zeugen, Angeklagten) verhören; (*b*) etwas bezweifeln; **I q. the need for this**, ich bezweifle die Notwendigkeit dafür. 'questionable, *adj.* fragwürdig; **it is q. whether . . .**, es ist fraglich, ob . . . 'questioner, *s.* Fragesteller(in) *m(f).* 'questioning. I. *adj.* (*of glance etc.*) fragend. II. *s.* (*of prisoner etc.*) Vernehmung *f.* questio'nnaire, *s.* Fragebogen *m.*

queue [kjuː]. I. *s.* Schlange *f* (von Menschen, Autos); **to stand in a q.**, Schlange stehen. II. *v.i.* **to q. (up)**, Schlange stehen, (sich) anstellen.

quibble ['kwibl]. I. *s.* Wortklauberei *f.* II. *v.i.* Wortklauberei betreiben, kritteln. 'quibbler, *s.* Wortklauber(in) *m(f).*

quick [kwik]. I. *adj.* (*a*) schnell; **you've been very q.!** das hast du aber schnell geschafft! **to take q. action**, rasch handeln; **to have a q. lunch**, schnell etwas zu Mittag essen; **as q. as lightning**, blitzschnell; **be q.!** mach schnell! **dich! q. march!** *Mil:* im Gleichschritt marsch! *F:* vorwärts marsch! (*b*) (*deft*) gewandt; **q. with one's hands**, flink (mit den Händen); **a q. child**, ein aufgewecktes Kind; **q. wit**, schlagfertiger Humor; **q. ear**, scharfes Gehör; **she is q. to anger/has a q. temper**, sie ist jähzornig; (*c*) *Lit:* (*living*) **the q. and the dead**, die Lebenden und die Toten. II. *s.* (lebendes) Fleisch; (*of fingernail*) Leben *n; Fig:* **cut to the q.**, im Innersten getroffen. 'quick-'acting, *adj.* schnellwirkend. 'quicken, *v.* 1. *v.tr.* (*a*) (den Schritt, den Gang) beschleunigen; (*b*) (*stimulate*) (Interesse usw.) anregen. 2. *v.i.* (*of pulse*) *etc.*) sich beschleunigen. 'quickie, *s.* (*a*) kurze Frage *f;* (*b*) (*drink*) **let's have a q.**, trinken wir schnell einen. 'quicklime, *s.* ungelöschter Kalk. 'quickness, *s.* 1. Schnelligkeit *f,* Geschwindigkeit *f.* 2. Schärfe *f* (des Gehörs); (*vivacity*) Lebhaftigkeit *f,* Flinkheit *f.* 'quicksand, *s.* Treibsand *m.* 'quicksilver, *s.* Quecksilber *n.* 'quick-'tempered, *adj.* jähzornig. 'quick-'witted, *adj.* aufgeweckt. (*of answer etc.*) schlagfertig.

quid [kwid], *s. F:* Pfund *n;* **half a q.**, 50 Pence.

quiet ['kwaiət]. I. *s.* 1. (*rest, peace*) Ruhe *f;* (*silence*) Stille *f;* (*privacy*) Ungestörtheit *f.* 2. *F:* **on the q.**, heimlich, insgeheim; **I am telling you that on the q.**, ich sage dir das im geheimen. II. *adj.* ruhig; (*a*) (*silent*) still; (*of talk, voice*) leise; **to keep q.**, sich ruhig verhalten; **be q.!** (i) sei leise! (ii) (*shut up*) sei still/ruhig! *Aut: etc:* **q. running**, Laufruhe *f;* (*b*) **a q. wedding**, eine kleine Hochzeit; **keep it q.**, behalte es für dich; (*c*) (*undisturbed*) **we can be q. here**, hier sind wir ungestört; **he's had a q. sleep**, er hat ruhig geschlafen. 'quieten, *v.* 1. *v.tr.* (j-n, ein Kind) beruhigen, (*pacify*) besänftigen; **to q. a squeak**, ein Quietschen beseitigen. 2. *v.i.* **to q. down**, sich beruhigen. 'quietness, *s.* (*a*) Ruhe *f;* Stille *f;* (*of car etc.*) Laufruhe *f;* (*b*) Besonnenheit *f* (eines Menschen usw.).

quill [kwil], *s.* (*a*) (*of bird*) Feder *f;* (*of porcupine*) Stachel *m;* (*b*) **q. (pen)**, Federkiel *m.*

quilt [kwilt]. I. *s.* Steppdecke *f.* II. *v.tr.* (eine Jacke, Bettdecke) steppen, (*line*) wattieren.

quin [kwin], *s. abbr. F:* Fünfling *m.*

quince [kwins], *s. Bot:* Quitte *f.*

quinine ['kwiniːn], *s. Pharm:* Chinin *n.*

quintessence [kwin'tesns], *s.* Inbegriff *m.*

quintet [kwin'tet], *s. Mus:* Quintett *n.*

quintuple ['kwintjupl]. I. *adj.* fünffach. II. *s.* das Fünffache. III. *v.tr.* (eine Summe usw.) verfünffachen. 'quintuplet, *s.* Fünfling *m.*

quip [kwip], *s.* (geistreicher) Witz *m;* (*at s.o.'s expense*) humorvoller Seitenhieb *m.*

quire ['kwaiər], *s.* (*paper*) Buch *n* (24 Papierbogen).

quirk [kwɔːk], *s.* Eigenart *f;* Pej: Schrulle *f,* Fig: Laune *f* (der Natur, des Schicksals usw.).

quit [kwit]. I. *adj.* befreit (**of sth.**, von etwas *dat*); **to be q. of s.o.**, j-n los sein; *F:* **to be quits**, quitt sein. II. *v.* (*p. & p.p.* quitted) 1. *v.tr.* (j-n, einen Ort) verlassen; **to q. doing sth.**, mit etwas *dat* aufhören. 2. *v.i.* (*a*) (*of tenant*) ausziehen; **to give (s.o.) notice to q.**, (j-m) kündigen; (*b*) *F:* (*of employee*) seine Stellung aufgeben; *Mil:* den Dienst quittieren; (*of crook etc.*) aussteigen (aus einem Job).

quite [kwait], *adv.* (*a*) ganz; (*fairly*) ziemlich; (*entirely*) völlig; **q. new,** ganz/ziemlich neu; **q. recovered,** ganz/völlig erholt; **it's q. five days ago,** es sind ganze fünf Tage her; **not q. as much,** nicht ganz so viel; **q. a few,** ziemlich viele; **q. enough,** schon genug; **q. (so)!** richtig! genau! **I q. understand,** ich kann das gut verstehen; **I don't q. know what he will do,** ich weiß nicht recht, was er tun wird; **I can q. believe that,** das will ich gerne glauben; (*with noun*) **q. a surprise,** eine ziemliche Überraschung; **that's q. a story,** das ist eine ganz tolle Geschichte; **not q. the thing,** nicht gerade angebracht; *F:* **it's q. the thing (nowadays),** das ist jetzt modern.

quiver [ˈkwivər]. **I.** *s.* Zittern *n;* **with a q. in his voice,** mit zitternder Stimme. **II.** *v.i.* (*of voice, movement*) zittern (**with,** vor + *dat*).

quixotic [kwikˈsɔtik], *adj.* (*of pers., ideal*) weltfremd(-idealistisch); **a q. gesture,** eine Donquichotterie.

quiz, *pl.* **quizzes** [kwiz, ˈkwiziz]. **I.** *s. Rad: TV: etc:* Quiz *n.* **II.** *v.tr.* (j-n) ausfragen. **ˈquiz-**
master, *s.* Quizmaster *m.*

quizzical [ˈkwizik(ə)l], *adj.* (*a*) (*amusing*) spaßig; (*b*) (*teasing*) (*of remark, manner*) neckisch; (*of look, smile*) spöttisch.

quorum [ˈkwɔːrəm], *s.* Quorum *n.*

quota [ˈkwəutə], *s.* (*of money, immigrants*) Quote *f;* (*of goods*) Kontingent *n.*

quote [kwəut]. **I.** *v.tr.* (*a*) (einen Schriftsteller, eine Stelle usw.) zitieren; *abs.* **to q. (from) the Bible,** aus der Bibel zitieren; **to q. an instance of sth.,** ein Beispiel für etwas *acc* anführen; (*in dictating*) **q. . . . . unquote,** Anführungsstriche unten ... Anführungsstriche oben; *Com:* **please q. this number/reference,** bitte geben Sie diese Nummer/dieses Zeichen an; (*b*) *Com:* (einen Preis) nennen; *St. Exch:* (Aktien, den Wechselkurs) notieren. **II.** *s. F:* **1.** (*a*) = **quotation 1.;** (*b*) = **quotation 2.** *pl.* **quotes,** Anführungszeichen *npl.* **quoˈtation,** *s.* **1.** Zitat *n;* Anführung *f;* **q. marks,** Anführungszeichen *npl.* **2.** *Com:* (*estimate*) Kostenvoranschlag *m;* (*of price*) Preisangabe *f; St.Exch:* Notierung *f.*

quotient [ˈkwəuʃ(ə)nt], *s. Mth:* Quotient *m.*

R

R, r [ɑːr], *s.* (der Buchstabe) R, r *n;* **the three** Rs, Lesen, Schreiben, Rechnen *n.*

rabbi [ˈræbai], *s. Jew. Rel:* Rabbiner *m.*

rabbit [ˈræbit], *s.* Kaninchen *n; N.Am: also* Hase *m;* **r. hole,** Kaninchenbau *m;* **r. hutch,** Kaninchenstall *m;* **r. warren,** (i) Kaninchensiedlung *f;* (ii) *Fig:* Labyrinth *n; F:* **a bit of a r. at games,** eine ziemliche Niete im Sport.

rabble [ˈræbl], *s.* (*a*) (*mob*) Pöbel *m;* (*b*) *Pej:* Gesindel *n.* **ˈrabble-ˈrousing,** *adj.* aufwieglerisch.

rabid [ˈræbid], *adj.* **1.** (*a*) (*furious*) wütend; (*of hate etc.*) rasend; (*b*) **r. Communist,** fanatischer Kommunist. **2.** (*of dog*) tollwütig.

rabies [ˈreibiːz], *s. Med:* Tollwut *f.*

rac(c)oon [rəˈkuːn], *s.* Waschbär *m.*

race¹ [reis]. **I.** *s.* **1.** *Sp:* Rennen *n;* **let's have a r.,** wir wollen um die Wette laufen; **to go to the races,** zum Pferderennen gehen; **r. meeting,** *esp. Horse Rac:* Renntag *m; Motor Rac:* Meeting *n; Motor Rac:* **r. control,** Rennleitung *f; Fig:* **r. against time,** Wettlauf *m* mit der Zeit, **arms r.,** Wettrüsten *n.* **2.** (*current*) reißende Strömung *f; tidal r.,* Gezeitenstrom *m;* **mill r.,** Mühlgerinne *n.* **3.** *Mec. E:* Laufring *m* (eines Kugellagers). **II.** *v.* **1.** *v.i.* (*a*) an einem Rennen teilnehmen; **to r. with s.o.,** mit j-m um die Wette laufen; (*b*) (*of engine*) jagen; (*of pulse*) heftig schlagen; (*c*) (*of car etc.*) **to r. along,** dahinrasen. **2.** *v.tr.* (*a*) **to r. s.o.,** mit j-m um die Wette laufen; (*b*) (ein Pferd) rennen lassen; **to**
r. a car, mit einem Auto an Rennen teilnehmen; (*c*) *Aut:* (den Motor) hochjagen. **ˈracecourse,** *s.* Rennplatz *m.* **ˈracegoer,** *s.* Rennplatzbesucher(in) *m(f).* **ˈracehorse,** *s.* Rennpferd *n.* **ˈracer,** *s.* **1.** (*pers.*) Wettläufer(in) *m(f); Aut:* Rennfahrer(in) *m(f).* **2.** (*horse*) Rennpferd *n.* **3.** (*cycle*) Rennrad *n;* (*car*) Rennwagen *m.* **ˈrace-track,** *s. Cy: Athletics: etc:* Rennbahn *f; Motor Rac:* Rennstrecke *f.* **ˈracing,** *s.* (*a*) (*activity*) Rennen *n;* (*sport*) Rennsport *m;* (*b*) *attrib.* Renn-; **r. dinghy,** Rennjolle *f;* **r. driver,** Rennfahrer *m;* **r. car,** Rennwagen *m;* **r. stable,** Rennstall *m.* **ˈracy,** *adj.* (*a*) (*of car etc.*) sportlich; (*b*) (*of style*) spritzig.

race², *s.* Rasse *f;* **the human r.,** das Menschengeschlecht; **r. hatred,** Rassenhaß *m.* **racial** [ˈreiʃ(ə)l], *adj.* rassisch; **r. discrimination,** Rassendiskriminierung *f;* **r. minorities,** Rassenminderheiten *fpl.* **ˈracialism/ˈracism** [ˈreisizm], *s.* Rassismus *m.* **ˈracialist/ˈracist.** **I.** *s.* Rassist *m.* **II.** *adj.* rassistisch.

rack¹ [ræk], *s.* **to go to r. and ruin,** ganz zerfallen; *Fig:* völlig zugrunde gehen.

rack², *s.* (*a*) (*frame*) Gestell *n;* (*stand*) Ständer *m; Av:* **bomb r.,** Bombenträger *m; Rail:* luggage **r.,** Gepäckablage *f;* (*net*) Gepäcknetz *n; Aut: Cy:* Gepäckträger *m; Rec:* **r. system,** HiFi-Turm *m;* (*b*) *Mec. E:* **r. and pinion (gear),** Zahnstangengetriebe *n.* **ˈrack-ˈrailway,** *s.* Zahnradbahn *f.*

rack³, *v.tr.* (j-n) foltern; **to r. one's brains,** sich *dat* den Kopf zerbrechen; **racked with pain,** von Schmerzen gepeinigt.

racket[1] ['rækit], *s. Tennis: etc:* Schläger *m.*

racket[2], *s. F.* **1.** (*noise*) Krach *m.* **2.** (*shady business*) Schiebergeschäft *n;* (*profiteering*) Wucher *m;* **it's a r.!** das ist ein Schwindel!

racke'teer, *s.* Schieber *m.*

radar ['reidɑ:r], *s.* Radar *n, m.*

radial ['reidjəl], *adj.* radial, Radial-; **r. engine,** Sternmotor *m;* **r. tyre,** Gürtelreifen *m.*

radiance ['reidjəns], *s.* strahlender Glanz *m.* **'radiant,** *adj.* strahlend; **r. heat,** Strahlungswärme *f; Fig:* **r. with joy,** freudestrahlend. **ra diate** ['reidieit], *v.* **1.** *v.i.* ausstrahlen (**from,** aus + *dat*); (*emit rays*) Strahlen aussenden; (*of lines, roads etc.*) strahlenförmig (von einem Punkt) ausgehen. **2.** *v.tr.* (Licht, Wärme) ausstrahlen; (Heiterkeit, Liebe) ausströmen. **ra di'ation,** *s.* **1.** Ausstrahlung *f* (der Sonne usw.) **2.** Strahlung *f* (von Radium usw.); **nuclear r.,** Kernstrahlung *f.* **'radiator,** *s.* **1.** (*for heating*) Heizkörper *m.* **2.** *Aut:* Kühler *m;* **r. block/core,** Kühlerblock *m;* **r. cap,** Kühlerverschluß *m.*

radical ['rædik(ə)l]. **I.** *adj.* radikal; **to make a r. alteration in sth.,** etwas von Grund auf ändern. **II.** *s.* **1.** (*pers.*) Radikale(r) *f(m).* **2.** *Ch:* Radikal *n; Ling:* Wortwurzel *f; Mth:* Wurzel *f.*

radio ['reidiəu]. **I.** *s.* **1.** (*a*) Radio *n;* **r. set,** Radioapparat *m;* **on the r.,** im Radio; (*b*) (*institution*) Rundfunk *m;* **r. station,** Rundfunksender *m;* **r. play,** Hörspiel *n.* **2.** (*radio-telegraphy*) Funk *m;* **r. contact,** Funkkontakt *m; Av:* **r. beacon,** Funkbake *f;* **r. control,** Funksteuerung *f;* (*remote*) Fernlenkung *f; Nau: Av:* **r. operator,** Funker *m; Astr:* **r. telescope,** Radioteleskop *n.* **II.** *v.tr.* (eine Meldung) funken. **'radio'active,** *adj.* radioaktiv. **'radioac'tivity,** *s.* Radioaktivität *f.* **'radiogram,** *s.* **1.** Musiktruhe *f;* Musikschrank *m.* **2.** (*message*) Funktelegramm *n.* **radi'ographer,** *s.* Röntgenassistent(in) *m(f).* **radi'ologist,** *s.* Röntgenologe *m.* **radi'ology,** *s.* Röntgenologie *f.* **'radio'telegram,** *s.* Funktelegramm *n.* **'radio'telephone,** *s.* Funksprechgerät *n.* **'radio'therapy,** *s.* Röntgentherapie *f.*

radish ['rædiʃ], *s.* (*red*) Radieschen *n;* (*large white*) Rettich *m.*

radium ['reidiəm], *s.* Radium *n.*

radius, *pl.* **-ii** ['reidiəs, -iai], *s. Geom:* Radius *m,* Halbmesser *m;* **within a r. of three kilometres,** im Umkreis von drei Kilometern; *Fig:* **r. of action,** Aktionsradius *m,* Wirkungskreis *m.*

raffia ['ræfiə], *s.* Raphiabast *m,* Bast *m.*

raffle ['ræfl]. **I.** *s.* Tombola *f;* **r. ticket,** Los *n.* **II.** *v.tr.* **to r. sth. (off),** etwas in einer Tombola verlosen.

raft [rɑ:ft], *s.* Floß *n.*

rafter, ['rɑ:ftər] *s. Constr:* Dachsparren *m.*

rag[1] [ræg], *s.* **1.** (*a*) (*torn piece*) Fetzen *m,* Lumpen *m;* **r. doll,** Stoffpuppe *f;* **r. (and bone) man,** Lumpensammler *m;* **in rags and tatters,** ganz zerlumpt; (*b*) (*for cleaning*) Lappen *m.* **2.** *F:* (*clothes*) **glad rags,** Staat *m;* Gala *f;* **the r. trade,** die Damenkonfektionsindustrie; (*fashion world*) die Modebranche. **3.** *Pej:* (*newspaper*) Käseblatt *n.* **4.** *Mus: F:* Ragtime *m.* **raga-**

muffin ['rægəmʌfin], *s.* zerlumpter Kerl *m;* (*esp. child*) Strolch *m.* **'ragbag,** *s.* Flickenbeutel *m; Fig:* (*mixture*) Mischmasch *m.* **ragged** ['rægid], *adj.* zerlumpt, zerfetzt; **r. edge,** ausgefranster Rand.

rag[2]. **I.** *s. Sch: F:* (*noisy*) Radau *m;* (*joke*) toller Streich *m;* (*students'*) Studentenkarneval *m.* **II.** *v.1. v.tr. F:* (*p. & p.p.* **ragged**) (j-n) foppen, (*about sth.*) frotzeln. **2.** *v.i.* Radau machen.

rage [reidʒ]. **I.** *s.* **1.** Wut *f;* (**fit of**) **r.,** Wutanfall *m;* **to be in a r.** (**with s.o.**), (auf j-n) wütend sein; **to fly into a r.,** in Wut geraten. **2.** (*mania*) Manie *f* (**for,** nach + *dat*); **to be all the r.,** große Mode sein. **II.** *v.i.* (*of pers.*) wüten, toben (**at/against,** gegen + *acc*); *Fig:* (*of storm, wind*) toben; (*of epidemic*) wüten. **'raging,** *adj.* wütend; (*of wind, storm*) tobend; **r. sea,** tosendes Meer; **r. fever,** heftiges Fieber; **r. thirst,** brennender Durst.

raid [reid]. **I.** *s.* Raubzug *m* (von Banditen); Razzia *f* (der Polizei); *Mil: etc:* Überfall *m;* **air r.,** Luftangriff *m; F:* **to make a r. on the larder,** die Speisekammer plündern. **II.** *v.tr.* (*a*) *Mil:* (ein Lager usw.) überfallen; (*of police*) **to r. an area,** eine Razzia auf ein Viertel vornehmen; (*b*) *F:* (Vorräte usw.) plündern. **'raider,** *s.* **1.** (*pers.*) (*a*) Überfallende(r) *f(m);* (*b*) Plünderer *m.* **2.** (*aircraft*) Angreifer *m.* **'raiding party,** *s. Mil:* Stoßtrupp *m.*

rail[1] [reil], *s.* **1.** (*for clothes etc.*) Stange *f;* (*rod*) Stab *m;* Querleiste *f* (von Stuhllehne usw.); Handlauf *m* (einer Treppe usw.). **2.** (*fence*) Geländer *n; Nau:* Reling *f; esp. pl.* Gitterzaun *m; Horse Rac:* **on the rails,** auf der Innenbahn. **3.** *Rail:* (*a*) (*track*) Schiene *f; pl.* **rails,** Gleise *npl; P.N:* **Do not walk on the rails,** Betreten der Gleise verboten; **to leave the rails,** entgleisen; *F:* (*of pers.*) **to go off the rails,** aus dem Gleis kommen; (*b*) (*railway*) **to go/travel by r.,** mit der Bahn fahren; **r. travel,** Bahnreisen *n;* **r. traffic,** Eisenbahnverkehr *m.* **'railcar,** *s.* Triebwagen *m.* **'railhead,** *s.* Eisenbahnendpunkt *m.* **'railings,** *s.pl.* Gitter *n;* Gitterzaun *m;* (*on bridge*) Geländer *n.* **'rail off,** *v.tr.* (etwas) mit einem Gitter umgeben. **'railway,** *N.Am:* **'railroad,** *s.* Eisenbahn *f;* **r. line,** (i) (*route*) Eisenbahnlinie *f;* (ii) (*track*) Gleise *npl;* **r. station,** Bahnhof *m;* **r. cutting,** Eisenbahneinschnitt *m;* **r. embankment,** Bahndamm *m.* **'railwayman,** *pl.* **-men,** *s.* Eisenbahner *m.*

rail[2], *v.i.* **to r. at s.o., sth.,** über j-n etwas *acc* herziehen.

rain [rein]. **I.** *s.* Regen *m;* (*a*) **to pour with r.,** gießen; **r. or shine,** bei jedem Wetter; *Fig:* **he is as right as r.,** ihm fehlt gar nichts; (*b*) *pl.* Regenfälle *mpl;* (*in tropics*) **the rains,** die Regenzeit. **II.** *v.tr. & i.* (*a*) regnen; *F:* **to r. cats and dogs,** gießen, in Strömen regnen; *Sp: etc:* **to be rained off,** wegen Regen abgesagt werden; (*b*) *Fig:* (*of blows etc.*) **to r. (down),** niederprasseln. **'rainbow,** *s.* Regenbogen *m.* **'raincoat,** *s.* Regenmantel *m.* **'raindate,** *s. N.Am: P.N:* **Sept. 25,** falls verregnet findet am 25. Sept. statt. **'raindrop,** *s.* Regentropfen *m.* **'rainfall,** *s.* Regenfälle *mpl;* (*quantity*) Niederschlagsmenge *f.* **'rainproof,** *adj.* regendicht. **'rainwear,** *s. coll.* Regenbekleidung *f.*

'**rainy**, *adj.* regnerisch; **r. day**, Regentag *m;* **r. weather**, Regenwetter *n; Fig:* **to keep sth. for a r. day**, etwas für den Notfall aufheben.

raise [reiz]. **I.** *v.tr.* (*a*) (*lift*) (die Hand, den Arm usw.) heben; (eine Last) hochheben, (*with crane*) hochwinden; (Rolläden, den Vorhang usw.) hochziehen; (sein Glas, seinen Kopf, den Blick usw.) erheben; **he raised his hand to strike**, er holte zu einem Schlag aus; **to r. one's hat to s.o.**, vor j-m den Hut lüften; **to r. a sunken ship**, ein gesunkenes Schiff bergen; **to r. the dust**, den Staub aufwirbeln; (*b*) (*erect*) (eine Leiter usw.) aufstellen; **to r. a monument to s.o.**, j-m ein Denkmal setzen; (*c*) (*bring up*) (eine Familie) aufziehen; (Tiere) züchten; (*d*) (*cause*) (etwas) bewirken; **to r. a bump**, eine Schwellung verursachen; **to r. a smile**, ein Lächeln hervorrufen; **to r. false hopes**, falsche Hoffnungen erwecken; (*e*) **to r. one's voice**, seine Stimme erheben; **to r. a hue and cry**, Zeter und Mordio schreien; **to r. the alarm**, Alarm schlagen; (*f*) (eine Frage) aufwerfen; **to r. an objection**, Einspruch erheben; (*g*) **to be raised to the peerage**, in den Adelsstand erhoben werden; **to r. s.o. to power**, j-n an die Macht bringen; (*h*) (*increase*) (j-s Gehalt, einen Preis usw.) erhöhen; (*i*) (*get together*) **to r. an army**, ein Heer aufstellen; **to r. money**, Geld aufbringen; (*for charity*) Geld auftreiben; *Fin:* **to r. a loan**, eine Anleihe aufnehmen; (*j*) (*remove*) **to r. a ban/a siege**, ein Verbot/eine Belagerung aufheben. **II.** *s. N.Am:* Gehaltserhöhung *f.*

raisin ['reizn], *s.* Rosine *f.*

rake[1] [reik]. **I.** *s.* Rechen *m,* Harke *f.* **II.** *v.tr.* (*a*) (Blätter) zusammenrechen; (den Boden, einen Weg) (glatt) harken; (*b*) (das Feuer) schüren; (*c*) *Mil:* (ein Gebiet) mit Feuer bestreichen. '**rake 'in**, *v.tr. F:* **to r. in money**, Geld scheffeln. '**rake-off**, *s. F:* (*a*) *Com:* Provision *f;* (*b*) (*for crime*) Anteil *m* an der Beute. '**rake 'out**, *v.tr.* **to r. o. a fire**, die Asche herausschüren. '**rake 'up**, *v.tr.* (Blätter) zusammenrechen; *Fig:* **to r. up s.o.'s past**, j-s Vergangenheit aufwärmen.

rake[2], *s.* Lebemann *m.* '**rakish**, *adj.* **r. appearance**, verwegenes/flottes Aussehen; **hat at a r. angle**, keck aufgesetzter Hut.

rake[3]. **I.** *s.* (*inclination*) Neigungswinkel *m; Nau:* **r. of the mast**, Fall *m* des Mastes. **II.** *v.tr.* (etwas) abschrägen; *Th:* (*of seats*) **steeply raked**, steil ansteigend.

rally ['ræli]. **I.** *s.* **1.** Zusammenkunft *f* (der Pfadfinder usw.); (*demonstration*) Massenkundgebung *f; Aut:* (car) **r.**, Rallye *f.* **2.** vorübergehende Besserung (eines Kranken); *Fin:* Erholung *f* (der Preise, des Marktes); *Sp:* **final r.**, letzte Anstrengung *f.* **3.** *Tennis:* Ballwechsel *m.* **II.** *v.* **1.** *v.tr.* (Truppen, Anhänger usw.) zusammenrufen. **2.** *v.i.* (*a*) (*of troops, supporters etc.*) zusammenkommen; **they rallied round their leader**, sie scharten sich um ihren Führer; (*b*) (*of invalid*) sich (vorübergehend) erholen; *Sp:* (*of team etc.*) sich fangen. '**rallying**, *s. Aut:* Rallyefahren *n.*

ram [ræm]. **I.** *s.* **1.** *Z:* Widder *m.* **2.** (*a*) *Mil. Hist:* **battering r.**, Sturmbock *m;* (*b*) *Constr:* Ramme *f;* (*weight*) Rammbär *m.* **II.** *v.tr.* (*p. & p.p.* rammed) **to r. (in) a post etc.**, einen Pfahl usw. einrammen; *Aut:* **to r. another car**, einen anderen Wagen anfahren; *Fig:* **to r. sth. down s.o.'s throat**, j-m etwas unter die Nase reiben.

'**ramjet**, *s. Av:* Staustrahltriebwerk *n.*

ramble ['ræmbl]. **I.** *s.* (*hike*) Wanderung *f;* (*aimless*) Bummel *m;* **to go for a r.**, eine Wanderung machen. **II.** *v.i.* (*a*) (*hike*) wandern; (*b*) *Fig:* vom Thema abschweifen; **to r. on**, vom Hundertsten ins Tausendste kommen. '**rambler**, *s.* **1.** (*pers.*) Wanderer *m.* **2.** (*rose*) Kletterrose *f.* '**rambling**, *adj.* **1.** (*a*) (*of pers.*) wandernd; **r. club**, Wanderverein *m;* (*b*) *Hort:* (*of rose*) kletternd. **2.** (*of story, speech*) weitschweifig; (*incoherent*) unzusammenhängend. **3. r. house**, weitläufiges Haus.

ramify ['ræmifai], *v.i.* sich verästeln. **ramification**, *s.* Verästelung *f;* **ramifications of a problem**, Verwicklungen *fpl* eines Problems.

ramp [ræmp], *s.* Rampe *f;* (*for loading*) Laderampe *f; Aut:* (**hydraulic**) **r.**, Hebebühne *f.*

rampage [ræm'peidʒ], *s.* **to be on the r.**, randalieren.

rampant ['ræmpənt], *adj.* **1.** (*of evils etc.*) um sich greifend; (*unrestrained*) zügellos. **2.** *Her:* **lion r.**, aufgerichteter Löwe.

rampart ['ræmpɑːt], *s. Fort:* Wall *m.*

ramshackle ['ræmʃækl], *adj.* baufällig.

ranch [rɑːn(t)ʃ], *s. N.Am:* Ranch *f;* **r. house**, Bungalow *m.*

rancid ['rænsid], *adj.* ranzig.

rancorous ['ræŋkərəs], *adj.* verbittert. '**rancour**, *s.* Groll *m,* Verbitterung *f.*

random ['rændəm]. **I.** *s.* **at r.**, aufs Geratewohl; **to choose at r.**, eine Stichprobe machen; **to hit out at r.**, blindlings drauflosschlagen. **II.** *adj.* ziellos; (*chance*) zufällig; **r. shot**, Schuß *m* ins Blaue; **r. sample**, Stichprobe *f.*

range [reindʒ]. **I.** *s.* **1.** (*a*) **r. of mountains/hills**, Gebirgskette *f*/Hügelkette *f;* (*b*) (*selection*) *Com:* Angebot *n,* Auswahl *f* (**of**, an + *dat*); **wide r.**, große Auswahl, weitgefächertes Angebot; **r. of colours**, Farbskala *f;* **BL have added an estate to their Allegro r.**, BL haben ihre Allegro-Reihe durch einen Kombi ergänzt. **2.** (*distance, area*) (*a*) *Artil:* Schußweite *f* (einer Kanone usw.); **within r.**, in Schußweite; **at a r. of 800 metres**, in einer Entfernung von 800 Metern; **at close r.**, aus der Nähe; (*b*) Reichweite *f* (einer Rakete, eines Autos usw.); Flugbereich *m* (eines Flugzeugs); (*c*) *Fig:* Bereich *m;* **r. of action**, Aktionsradius *m;* (*d*) *Com:* price **r.**, Preislage *f;* (*e*) *Mus:* Umfang *m* (einer Stimme, eines Instruments). **3.** *Mil:* **firing r.**, (*small*) Schießplatz *m;* (*large*) Waffenübungsplatz *m;* **rifle r.**, Schießstand *m.* **4.** *U.S:* (ausgedehntes) Weideland *n.* **5.** (**kitchen**) **r.**, Küchenherd *m, usu.* Kohlenherd *m.* **II.** *v.i.* (*a*) (*of glance, eye*) streifen (**over**, über + *acc*); (*b*) (*extend*) sich erstrecken, reichen (**from . . . to . . .**, von . . . *dat* bis . . . *dat*); **researches ranging over a wide field**, Forschungen, die sich über ein ausgedehntes Gebiet erstrecken; **the music ranges from Monteverdi to modern jazz**, die Musik umfaßt Werke von Monteverdi bis zum modernen Jazz; **the temperatures r. from ten to thirty degrees**, die Temperaturen liegen zwischen zehn und dreißig Grad. '**ran-**

gefinder, s. *Mil: Phot:* Entfernungsmesser *m.*
'ranger, s. **1.** *U.S:* Förster *m.* **2.** *N.Am:* Mitglied *n* einer berittenen Schutztruppe. **3.** *Brit:* forest r., Aufseher *m* eines königlichen Forstes.

rank¹ [ræŋk]. **I.** *s.* **1.** *Mil:* (a) Reihe *f,* Linie *f;* **to close (the) ranks,** die Reihen schließen; *Fig:* **to join the ranks of the unemployed,** fortan zu den Arbeitslosen gehören/zählen; **he has joined our ranks,** er ist zu uns gekommen; (b) *pl* **to rise from the ranks,** aus dem Mannschaftsstand hervorgehen; *F:* von der Pike auf dienen; **other ranks,** (Unteroffiziere und) Mannschaften; *Pol:* **the party r. and file,** das Fußvolk der Partei. **2.** (*position*) *Mil: etc:* Rang *m;* **to attain the r. of captain,** Hauptmann werden; *Fig:* **of the first r.,** ersten Ranges, erstrangig. **3. taxi r.,** Taxistand *m.* **II.** *v.* **1.** *v.tr.* (j-n) rechnen, zählen (**with/among the great writers etc.,** zu den großen Schriftstellern usw.); *Sp:* **he is ranked fifth in the world,** er steht an fünfter Stelle in der Weltrangliste. **2.** *v.i.* gehören, zählen (**among/ with,** zu + *dat*); **to r. as . . .,** als . . . gelten; **to r. above s.o.,** vor j-m rangieren. **'ranking,** *s.* Rang *m; Sp:* **world r.,** Stelle *f* in der Weltrangliste.

rank², *adj.* **1.** (*of plant*) wuchernd. **2.** übelriechend; (*rancid*) ranzig. **3.** *Fig:* **outsider,** krasser Außenseiter; **r. lie,** faustdicke Lüge; **r. injustice,** himmelschreiende Ungerechtigkeit.

rankle ['ræŋkl], *v.i.* **his undeserved success rankles with me,** sein unverdienter Erfolg wurmt mich.

ransack ['rænsæk], *v.tr.* (a) (ein Zimmer, eine Schublade usw.) durchwühlen; (b) (eine Stadt) plündern.

ransom ['rænsəm]. **I.** *s.* **1.** (*freeing*) Loskauf *m.* **2.** (*sum*) Lösegeld *n;* **to be held to r.,** gegen Lösegeld gefangengehalten werden. **II.** *v.tr.* (j-n) freikaufen, loskaufen.

rant [rænt], *v.i.* (a) (*in anger*) toben; **to r. at sth.,** laut über etwas *acc* schimpfen; (b) (*boast*) laut schwadronieren.

rap [ræp]. **I.** *s.* Klaps *m;* (*knock*) lautes Klopfen *n; lit. & fig:* **to give s.o. a r. on the knuckles,** j-m auf die Finger klopfen; *Fig:* **to take the r.,** die Schuld auf sich *acc* nehmen. **II.** *v.tr. & i.* (*p. & p.p.* **rapped**) klopfen (**at,** an + *acc;* **on,** auf + *acc*).

rapacious [rə'peiʃəs], *adj.* habgierig. **rapacity** [rə'pæsiti], *s.* Habgier *f.*

rape [reip]. **I.** *s.* Vergewaltigung *f.* **II.** *v.tr.* (eine Frau) vergewaltigen.

rapid ['ræpid]. **I.** *adj.* schnell; **r. increase,** rasche Zunahme; **-ly,** *adv.* schnell; **he is going r. downhill,** mit ihm geht es rasch bergab; **I am r. losing patience,** meine Geduld ist bald am Ende. **II.** *s.* (*usu. pl.*) (*in river*) Stromschnelle *f.* **ra'pidity,** *s.* Schnelligkeit *f.*

rapier ['reipiər], *s.* Rapier *n.*

rapt [ræpt], *adj.* hingerissen; **r. attention,** gespannte Aufmerksamkeit; **r. in thought,** in Gedanken verloren. **rapture** ['ræptʃər], *s.* Entzücken *n;* **to be in r.,** entzückt sein; **to go into raptures over sth.,** über etwas *acc* in Verzückung geraten. **'rapturous,** *adj.* hingerissen, entzückt; **r. applause,** stürmischer Beifall.

rare [reər], *adj.* **1.** (*infrequent*) selten; (*valuable*) rar. **2.** (*of air*) dünn. **3.** (*of meat*) nicht gar; **r. steak,** nicht durchgebratenes/englisch ge-

bratenes Steak. **'rarefied** [-ifaid], *adj.* (*of air*) verdünnt. **'rarity,** *s.* **1.** (*quality*) Seltenheit *f* (eines Gegenstandes, eines Vorkommens); **r. value,** Seltenheitswert *m.* **2.** (*thing*) Rarität *f.*

rarebit ['reəbit], *s.* **Welsh r.,** überbackene Käseschnitte *f.*

raring ['reəriŋ], *adj.* *F:* **to be r. to do sth.,** darauf brennen, etwas zu tun.

rascal ['ra:sk(ə)l], *s.* Gauner *m;* (*esp. child*) Schlingel *m;* **you little r.!** du kleiner Schlingel/ *Pej:* Bengel! **'rascally,** *adj.* (*of behaviour*) gaunerhaft; **r. smile,** schelmisches Lächeln.

rash¹ [ræʃ], *s. Med:* Hautausschlag *m.*

rash², *adj.* (*hasty*) übereilt; (*ill-considered*) unüberlegt; (*risky*) leichtsinnig; **r. words,** unüberlegte/unbesonnene Worte; **r. promise,** leichtsinniges Versprechen. **'rashness,** *s.* Überstürztheit *f;* Unbesonnenheit *f;* Leichtsinn *m.*

rasher ['ræʃər], *s. Cu:* **r. of bacon,** Scheibe *f* Speck.

rasp [ra:sp]. **I.** *v.* **1.** *v.i.* (*of voice etc.*) krächzen; (*of sound*) schnarren. **2.** *v.tr.* **to r. (out) an order,** einen Befehl schnarren. **II.** *s. Tls:* Raspel *f.*

raspberry ['ra:sb(ə)ri, 'ra:z-], *s.* **1.** Himbeere *f;* **r. bush,** Himbeerstrauch *m.* **2.** *P:* **to get a r.,** einen Rüffel bekommen.

rat [ræt]. **I.** *s.* **1.** *Z:* Ratte *f;* **r. poison,** Rattengift *n; Fig:* **to smell a r.,** Lunte riechen. **2.** *Pej:* (*pers.*) Schuft *m.* **II.** *v.i.* (*p. & p.p.* **ratted**) *F:* **to r. on a friend,** einen Freund verpfeifen/ *Sch:* verpetzen. **'rat-race,** *s.* *F:* beruflicher Existenzkampf *m.*

ratchet ['rætʃit], *s. Mec:* Ratsche *f;* (*bar*) Sperrstange *f;* (*pawl*) Sperrklinke *f;* **r. wheel,** Sperrrad *n.*

rate [reit]. **I.** *s.* **1.** (a) Rate *f;* Satz *m;* **r. of growth,** Wachstumsrate *f;* **r. per cent,** Prozentsatz *m;* **birth/death r.,** Geburtenziffer *f/* Sterblichkeitsziffer *f; Fin:* **r. of interest,** Zinssatz *m;* **bank r.,** Diskontsatz *m;* **r. of exchange,** Wechselkurs *m;* **market rates,** Markttarife *mpl;* (b) (*fixed charge*) Tarif *m; Post:* Porto *n;* **postal rates,** Postgebühren *fpl;* **advertising rates,** Anzeigengebühren *fpl;* **insurance rates,** Versicherungsprämien *fpl;* (c) (*pay*) **hourly/weekly r.,** Stundenlohn/Wochenlohn *m.* **2.** (a) (*speed*) Geschwindigkeit *f; F:* Tempo *n;* **to drive at a tremendous r.,** unheimlich schnell fahren; **to consume fuel at the r. of a ton a month,** Heizmaterial im Ausmaß von einer Tonne pro Monat verbrauchen; *Av:* **r. of climb,** Steiggeschwindigkeit *f;* (b) **at that r.,** in dem Fall; **at this r.,** wenn es so weitergeht; **at any r.,** jedenfalls. **3.** (*local tax*) Gemeindesteuer *f; pl.* **rates,** Gemeindeabgaben *fpl.* **4.** (*class*) **first/second r.,** erstrangig/zweitrangig. **II.** *v.tr.* (a) (*estimate*) (j-n, etwas) einschätzen; **how do you r. his chances?** wie schätzen Sie seine Chancen ein? **he is rated/abs. rates as our finest skater,** er gilt als unser bester Eisläufer; (b) *Adm:* **to r. a house,** den steuerbaren Wert eines Hauses festsetzen; (c) *Tchn:* (Leistungen usw.) bemessen; *El:* **rated at 10 watts,** mit 10 Watt bemessen; **rated output,** Nennleistung *f.* **'rat(e)able,** *adj. Adm:* **r. value (of a house etc.),** steuerbarer Wert (eines Hauses usw.). **'ratepayer,** *s.* Gemeindesteuerzahler *m.* **'rating,** *s.* **1.**

(a) (valuation) Bewertung f; Adm: Gemeinde-steuereinschätzung f; (b) Tchn: Nennleistung f (eines Motors usw.); **efficiency r.**, Leistungs-beurteilung f; (c) TV: **programme r.**, Ein-schaltquote f (eines Programms); (d) Sp: Rang m (eines Sportlers). 2. Nau: einfacher Matrose; **the ratings**, die Matrosen und Maate.

rather ['rɑːðər], adv. 1. ziemlich; **r. pretty**, recht hübsch; **r. a lot**, ein bißchen viel; **I r. think you know him**, ich glaube fast, daß Sie ihn kennen. 2. lieber (than, als); **I'd r. be in Paris than London**, ich wäre lieber in Paris als in London; **I'd r. not**, (ich möchte) lieber nicht; **would you like to come?—r.!** möchten Sie kommen?—ja, gerne/F: na und ob! 3. **eher, he is r. to be pitied than feared**, er ist eher/vielmehr zu bemitleiden als zu fürchten; **or r.**, I did have it, genauer gesagt, ich hatte es.

ratify ['rætifai], v.tr. (einen Vertrag) ratifizieren; (eine Abmachung) bestätigen. **ratifi'cation**, s. Ratifizierung f, Bestätigung f.

ratio, pl. **ratios** ['reiʃiou, -ouz], s. (a) Ver-hältnis n; **in the r. of 2 to 1**, im Verhältnis von 2 zu 1; (b) F: (gear) r., Übersetzungsverhält-nis n; **high/low r.**, kleine/große Übersetzung.

ration ['ræʃ(ə)n], I. s. Ration f; (allowance) Zuteilung f; **to put s.o. on short rations**, j-n auf schmale Kost setzen; **r. book**, Lebensmittel-karte f. II. v.tr. (Lebensmittel) rationieren; **he was rationed to 5 cigarettes a day**, er mußte sich auf 5 Zigaretten pro Tag beschränken. **'rationing**, s. Rationierung f.

rational ['ræʃən(ə)l], adj. 1. (of pers.) vernünftig; (sane) zurechnungsfähig. 2. (of thought etc.) rational, (of explanation) ver-nunftgemäß.

rattle ['rætl], I. s. 1. (toy) Klapper f; Fb: etc: Rassel f. 2. (a) (noise) Rattern n, Geklapper n (eines Wagens usw.); Klappern n (einer Schreibmaschine); Rasseln n (von Ketten usw.); (b) **death r.**, Röcheln n. II. v. 1. v.i. (a) klappern; **the train rattled over the bridge**, der Zug ratterte über die Brücke; (b) Med: röcheln. 2. v.tr. (a) **to r. chains**, mit Ketten rasseln; **the wind rattled the windows**, der Wind rüttelte an den Fenstern (b) F: (j-n) aus der Fassung bringen; **he never gets rattled**, nichts bringt ihn aus der Fassung; (c) F: **to r. off a poem etc.**, ein Gedicht usw. herunterrasseln. **'rattlesnake**, s. Klapperschlange f. **'rattle-trap**, s. F: Klapperkasten m.

raucous ['rɔːkəs], adj. (of voice) rauh; **r. laugh-ter**, rohes Gelächter.

ravage ['rævidʒ]. I. v.tr. (ein Land, eine Stadt, Fig: ein Gesicht) verwüsten. II. s. usu. pl. verheerende Wirkung f (der Zeit usw.).

rave [reiv], v.i. (a) (of madman) delirieren, phan-tasieren; **a raving lunatic**, ein Rasender; F: **you're raving mad!** du bist völlig verrückt! (b) (in anger) toben; **to r. at s.o.**, j-n andonnern; (c) F: **to r. about sth.**, von etwas dat schwär-men; **r. review**, Bombenkritik f. **'rave-up**, s. F: wilde Party. **'raving**, s. 1. Raserei f, De-lirium n. 2. pl **ravings**, irres Gerede n.

raven ['reiv(ə)n]. I. s. Orn: Rabe m. II. adj. **r. (black)**, rabenschwarz.

ravenous ['ræv(ə)nəs], adj. heißhungrig; **r.**

appetite, Bärenhunger m; F: **to be r.**, einen Bärenhunger haben.

ravine [rə'viːn], s. Schlucht f.

ravish ['ræviʃ], v.tr. (j-n) hinreißen, entzücken. **'ravishing**, adj. hinreißend (schön).

raw [rɔː]. I. adj. 1. (uncooked) roh; **r. state**, Rohzustand m. 2. Ind: Roh-; **r. material**, Rohstoff m; **r. silk**, Rohseide f; **r. hide**, unge-gerbtes Leder. 3. (of pers.) unerfahren; ungeübt; **r. recruit**, Neuling m; **r. troops**, Truppen fpl ohne Kriegserfahrung. 4. (a) (sore) wund; (without skin) aufgeschunden; **r. wound**, offene/(sensitive) sehr empfindliche Wunde; (b) **r. weather**, naßkaltes Wetter; (c) F: **to get a r. deal**, unfair behandelt werden. II. s. **in the r.**, im Naturzustand; **life in the r.**, das rauhe Leben. **'raw(-)'boned**, adj. grob-knochig, hager. **'rawness**, s. 1. Un-erfahrenheit f. 2. (cold) nasse Kälte f. 3. (soreness) starke Empfindlichkeit f.

ray [rei], s. Strahl m; **r. of light**, Lichtstrahl m; **a r. of hope**, ein Hoffnungsschimmer m.

rayon ['reiɔn], s. Tex: Kunstseide f.

raze [reiz], v.tr. **to r. to the ground**, (eine Stadt, ein Gebäude usw.) dem Erdboden gleich machen; (eine Festung) schleifen.

razor ['reizər], s. (a) (cut-throat) r., Rasier-messer n; (b) (safety) r., Rasierapparat m; **r. blade**, Rasierklinge f.

re¹ [riː], prep. Com: betreffs, betrifft; abbr. betr.; **re your letter of June 10th**, mit Bezug auf Ihren Brief vom 10. Juni.

re² ['riː-], prefix wieder, noch einmal; **to re-read sth.**, etwas noch einmal lesen; **to reprint a book**, (ein Buch) neu auflegen; **to revisit a place**, einen Ort nochmals besuchen; **to reac-custom s.o. to sth.**, j-n wieder/von neuem an etwas acc gewöhnen.

reach [riːtʃ]. I. s. 1. Reichweite f (eines Boxers usw.); **within s.o.'s r.**, in j-s Reichweite, für j-n erreichbar; **out of r.**, außer Reichweite, un-erreichbar; **within easy r. of the station**, vom Bahnhof leicht zu erreichen; Fig: **houses within the r. of all**, Häuser, die für alle erschwinglich sind. 2. Flußstrecke f (zwischen zwei Krüm-mungen); Kanalabschnitt m (zwischen zwei Schleusen). II. v. 1. v.tr (a) (j-n, einen Ort, ein Ziel, eine Summe, eine Zahl usw.) erreichen; **through television one reaches the widest pos-sible audience**, durch das Fernsehen wird das größtmögliche Publikum angesprochen; **to r. agreement/a conclusion**, zu einer Einigung/zu einem Schluß gelangen; **the expenses will r. £2000**, die Ausgaben werden sich auf £2,000 belaufen; (b) (come as far as) bis zu (etwas dat) reichen; **the water reached my knees**, das Wasser reichte mir bis zum Knie/bis ans Knie; (c) (hand) **please r. me my gloves**, bitte reichen Sie mir meine Handschuhe; (d) **to r. out**, (die Hand usw.) ausstrecken; **he reached out his hand to me**, er streckte mir die Hand entgegen. 2. v.i. (a) sich erstrecken, reichen **(to/as far as**, bis/bis zu +dat); **will it r. (this far)?** reicht es (bis dahin)? **as far as the eye can r.**, soweit das Auge reicht; (b) (of pers.) hinkommen; **can you r.?** kommst du hin? kannst du es er-reichen? (c) **to r. out**, die Hand ausstrecken; **to r. out for sth.**, nach etwas dat greifen.

react [ri'ækt], *v.i.* reagieren (**to**, auf + *acc*). **re'action**, *s.* Reaktion *f;* (*statement*) Stellungnahme *f.* **re'actionary. I.** *adj.* reaktionär. **II.** *s.* Reaktionär *m.* **re'actor**, *s. Ph:* Reaktor *m;* **nuclear/atomic r.**, Kernreaktor *m.* **read** [ri:d]. **I.** *v.tr. & i.* (*p. & p.p.* **read** [red]) (*a*) (etwas) lesen; **to r. to s.o.**, j-m vorlesen; **to r. through an article**, einen Artikel durchlesen; **to r. music**, Noten lesen; *Fig:* **to r. between the lines**, zwischen den Zeilen lesen; *El:* **to r. the meter**, den Zähler ablesen; *Data Pr:* **to r. off data**, Daten ablesen; (*b*) (*study*) **to r. up a subject**, über eine Sache nachlesen; **he's reading for his exam**, er bereitet sich auf seine Prüfung vor; (*at university*) **he's reading French**, er studiert Französisch; (*c*) **this sentence does not r. well**, dieser Satz liest sich nicht gut; **the sentence can be read/reads two ways**, den Satz kann man auf zweierlei Art deuten/auslegen; (*d*) *Tchn:* (*of instrument*) anzeigen; **the speedometer reads fast**, der Tachometer gibt eine zu hohe Geschwindigkeit an. **II.** *s.* (*a*) *F:* Lektüre *f;* **this book is a good r.**, das Buch liest sich gut; (*b*) **he was having a quiet r.**, er las gemütlich. **III.** *adj.* [red] **well-r.**, belesen; bewandert (**in a subject**, in einem Fach). **'readable**, *adj.* **1.** (*legible*) lesbar; (*of writing*) leserlich. **2.** (*enjoyable*) lesenswert. **'reader**, *s.* **1.** (*a*) Leser(in) *m(f);* **he's not much of a r.**, er ist kein großer Leser; (*b*) **publisher's r.**, Verlagslektor(in) *m(f);* **printer's r.**, Korrektor *m.* **2.** *Univ: approx.* außerordentlicher Professor *m.* **3.** *Sch:* Lesebuch *n.* **'readership**. *s.* Leserkreis *m.* **'reading. I.** *adj.* lesend. **II.** *s.* **1.** (*action*) Lesen *n;* Lektüre *f;* **to be fond of r.**, gern lesen. **2.** (*figure etc.*) Anzeige *f* (eines Meßinstruments); **barometric r.**, Barometerstand *m.* **'reading-lamp**, *s.* Leselampe *f.* **'reading-matter**, *s.* Lesestoff *m.* **'reading-room**, *s.* Lesesaal *m.* **readjust** [ri:ə'dʒʌst], *v.* **1.** *v.tr.* (*a*) **to r. sth.** (**to sth.**), etwas (etwas *dat*) wieder anpassen; (*b*) *Tchn:* (etwas) neu einstellen. **2.** *v.i.* (*of pers.*) **to r.** (**to sth.**), sich (etwas *dat*) wieder anpassen; **to r. to new surroundings**, sich an eine neue Umgebung gewöhnen. **rea'djustment**, *s.* (*a*) Wiederanpassung *f;* (*b*) *Tchn:* Neueinstellung *f.* **ready** ['redi]. **I.** *adj.* **1.** (*a*) (*mentally prepared*) (*of pers.*) bereit (**to do sth.**, etwas zu tun); **to get r.**, sich vorbereiten (**for sth.**, auf etwas *acc*); **I am r. for him**, ich bin auf ihn vorbereitet; **I am r. to believe anything**, ich bin bereit/geneigt, alles zu glauben; **r. for death**, zum Sterben bereit; auf den Tod gefaßt; (*b*) (*finished*) (*of pers., thing*) fertig; **r. to leave**, fertig zum Aufbruch; **when will you be r.?** wann bist du fertig/*F:* soweit? **lunch is r.**, das Mittagessen ist fertig; *Cu:* **r. to serve**, tafelfertig; *Av:* **r. for take-off**, startbereit; *Sp:* **r., steady, go!** Achtung, fertig, los! (*c*) **r. to hand**, gleich zur Hand; **r. money**, Bargeld *n.* **2.** (*quick*) (*of answer*) prompt; **to have a r. wit**, schlagfertig sein; **to have a r. tongue**, ein gutes Mundwerk haben; *Com:* **to find a r. sale**, raschen Absatz finden. **II.** *adv.* **r. made**, fertig; *Cu:* schon zubereitet, Fertig-; *Cl:* konfektioniert; **r. cooked**, fertig gekocht; **r. cooked dish**, Fertiggericht *n;* **table r. laid**, fertig gedeckter Tisch; **-ily**, *adv.* **1.**

(*willingly*) bereitwillig, gern. **2.** (*easily*) leicht, ohne Schwierigkeit. **III.** *s. F:* **the r.**, Bargeld *n.* **'readiness**, *s.* **1.** Bereitschaft *f;* **to be in r.**, bereit sein. **2.** Bereitwilligkeit *f* (**to do sth.**, etwas zu tun). **'ready-to-'wear**, *adj. Cl:* Konfektions-; **r.-to-w. clothes**, Konfektionskleidung *f.* **'ready-'reckoner**, *s. Com:* Rechentabelle *f.* **real** ['riəl]. **I.** *adj.* wirklich; (*genuine*) echt; (*true*) wahr; **r. silk**, echte Seide; **r. gold**, reines Gold; **a r. friend**, ein wahrer Freund; **in r. life**, im wirklichen Leben; **his r. feelings**, seine wahren Gefühle; **it's the r. thing**, (i) (*of gold etc.*) es ist echt/(*of drink etc.*) das Wahre; (ii) (*also F:* **it's for r.**) jetzt wird es Ernst. **2.** *Jur:* **r. estate**, Grundbesitz *m*, Immobilien *pl.* **II.** *adv. N.Am: F:* **I'm r. proud**, ich bin echt stolz; **-ly**, *adv.* (*a*) (*genuinely*) wirklich; **is it r. true?** ist es wirklich/tatsächlich wahr? **r.?** wirklich? wahrhaftig? **not r.!** nicht möglich! (*b*) (*emphatic*) **you r. must go there**, Sie müssen unbedingt hingehen; (*c*) (*in fact*) **she's r. very nice**, in Wirklichkeit ist sie sehr nett. **'realism**, *s.* Realismus *m.* **'realist**, *s.* Realist(in) *m(f).* **rea'listic**, *adj.* realistisch; (*of model etc.*) wirklichkeitsgetreu. **reality** [ri'æliti], *s.* Wirklichkeit *f.*

realize ['riəlaiz], *v.tr.* (*a*) (*achieve*) (einen Plan, eine Ambition usw.) verwirklichen; *Com:* **to r. a profit**, einen Gewinn erzielen; **to r. assets**, Aktiva flüssig machen; (*b*) (*recognize*) (etwas) einsehen, (klar) erkennen; **I r. that**, das sehe ich schon ein; **he came to r. that . . .**, er kam zu der Einsicht, daß . . . **reali'zation**, *s.* **1.** Verwirklichung *f* (eines Plans). **2.** *Com:* Flüssigmachen *n.* **3.** Einsicht *f;* Erkenntnis *f.* **realm** [relm], *s.* **1.** Königreich *n.* **2.** *Fig:* (*sphere*) Bereich *m* (**of possibility etc.**, der Möglichkeit usw.); **r. of the imagination**, Reich *m* der Phantasie; **this is his r.**, das ist seine Welt. **realtor** ['riəltər], *s. N.Am:* Grundstücksmakler *m.*

ream [ri:m], *s.* (*paper*) Ries *n; F:* **to write reams**, Seiten über Seiten schreiben.

reamer ['ri:mər], *s. Tls:* Reibahle *f.*

reap [ri:p], *v.tr.* (*a*) (Getreide usw.) schneiden, ernten; (ein Feld) mähen; (*b*) *Fig:* **to r. one's just reward**, seinen (verdienten) Lohn ernten; **to r. profit from sth.**, aus etwas *dat* Gewinn schlagen. **'reaper**, *s.* **1.** (*pers.*) Mäher(in) *m(f).* **2.** (*machine*) Mähmaschine *f;* **r. binder**, Mähbinder *m.*

reappear ['ri:ə'piər], *v.i.* wieder erscheinen. **'rea'ppearance**, *s.* Wiedererscheinen *n.*

rear¹ ['riər]. **I.** *s.* (*a*) hinterer Teil *m;* Rückseite *f* (eines Hauses usw.); Heck *n* (eines Autos; Schwanz *m* (einer Prozession); *Mil:* Nachhut *f* (einer Armee); (*b*) **at the r. of the stage**, im Hintergrund der Bühne; **he stood at the r.** (**of the crowd**), er stand ganz hinten (in der Menge). **II.** *adj.* hinter, Hinter-; **r. view**, Rückansicht *f; Aut:* **r. axle**, Hinterachse *f;* **r. engine**, Heckmotor *m;* **r. light**, Hecklicht *n;* **r.-view mirror**, Rückspiegel *m; Av:* **r. gunner**, Heckschütze *m.* **'rear-'admiral**, *s.* Konteradmiral *m.* **'rearguard**, *s. Mil:* Nachhut *f.* **'rearmost**, *adj.* hinterste, letzte. **'rearward. I.** *adj.* rückwärtig; **r. vision**, Sicht *f* nach hinten. **II.** *adv.* rückwärts, nach hinten.

rear², *v.* **1.** *v.tr.* (*a*) (ein Kind) aufziehen; (Tiere) züchten; (*b*) *Fig:* **to r. its ugly head,** (*of question*) sich erheben; (*of jealousy etc.*) erwachen. **2.** *v.i.* (*of horse*) sich aufbäumen.

rearm [ˈriːˈɑːm], *v.tr.* (ein Land, Truppen usw.) wiederbewaffnen; *abs.* aufrüsten. ˈreˈˈarmament, *s.* Aufrüstung *f.*

re-arrange [ˈriːəˈreindʒ], *v.tr.* (*differently*) (etwas) umstellen; (*again*) (etwas) neu ordnen. ˈreaˈrrangement, *s.* Umstellung *f;* Neuordnung *f.*

reason [ˈriːz(ə)n]. **I.** *s.* **1.** (*esp. personal*) Grund *m* (for, gen); (*material cause*) Ursache *f* (for, gen); (*occasion*) Anlaß *m* (for, zu + dat); **the r. for his dismissal,** der Grund seiner Entlassung; **the r. for the delay,** die Ursache der Verzögerung; **for reasons best known to himself,** aus unersichtlichen Gründen; **there is no r. for panic,** es besteht kein Grund/Anlaß zur Panik; **for no r. at all,** ohne jeden Grund/Anlaß; **you have r. to be glad,** Sie haben (guten) Grund, sich zu freuen; **there is good/every r. to believe that . . .,** alles spricht dafür, daß . . .; **with (good) r.,** mit Recht. **2.** (*mental powers*) Verstand *m;* **to lose one's r.,** den Verstand verlieren. **3.** (*good sense*) Vernunft *f;* **to listen to r.,** Vernunft annehmen; **it stands to r. that . . .,** es leuchtet ein, daß . . .; **within r.,** in vernünftigen Grenzen, mit Maß und Ziel. **II.** *v.* **1.** *v.i.* **to r. with s.o.,** j-n zu überzeugen suchen; j-m zureden. **2.** *v.tr.* **to r. that . . .,** folgern, daß . . . ˈreasonable, *adj.* **1.** (*sensible*) vernünftig; (*understanding*) verständig; **you must be r.,** Sie müssen vernünftig sein/es einsehen. **2.** (*a*) (*of article*) preiswert; (*of price*) angemessen; (*low*) niedrig, (*b*) **in r. condition,** in ganz gutem Zustand; (*c*) **a r. condition,** eine zumutbare/annehmbare Bedingung; **-bly,** *adv.* **1.** vernünftig. **2.** (*quite*) ziemlich; **I know him r. well,** ich kenne ihn ganz gut. ˈreasonableness, *s.* **1.** Vernünftigkeit *f.* **2.** (*a*) Billigkeit *f;* (*b*) Annehmbarkeit *f.* ˈreasoned, *adj.* (*of argument etc.*) begründet, durchdacht. ˈreasoning, *s.* Argumentation *f.*

reassemble [ˈriːəˈsembl], *v.* **1.** *v.tr.* (*a*) (eine Sammlung, eine Gruppe) wieder zusammenstellen; (Menschen) erneut versammeln; (*b*) *Ind:* (eine Maschine usw.) wieder zusammenbauen. **2.** *v.i.* (*of people*) wieder zusammenkommen; *Parl:* wieder zusammentreten. ˈreaˈssembly, *s. Ind:* Neumontage *f.*

reassure [ˈriːəˈʃuər], *v.tr.* (j-n) beruhigen; **he reassured me that . . .,** er versicherte mir (nochmals), daß . . . ˈreaˈssurance, *s.* Beruhigung *f,* nochmalige Versicherung *f.* ˈreaˈssuring, *adj.* beruhigend.

rebate [ˈriːbeit], *s.* (*a*) (*discount*) Rabatt *m;* (*b*) (*on tax, rent*) Rückvergütung *f.*

rebel. I. [ˈreb(ə)l] *adj* rebellisch, aufrührerisch. **II.** [ˈreb(ə)l] *s.* Rebell(in) *m(f).* **III.** [riˈbel] *v.i.* (*p. & p.p.* **rebelled**) rebellieren. reˈbellion, *s.* Rebellion *f,* Aufstand *m.* reˈbellious, *adj.* rebellisch.

rebirth [ˈriːˈbəːθ], *s.* Wiedergeburt *f.*

rebore [ˈriːˈbɔː]. **I.** *v.tr. I.C.E:* (den Motor) schleifen. **II.** *s. I.C.E:* Schleifen *n* (eines Motors).

rebound. I. [riˈbaund] *v.i.* zurückprallen. **II.** [ˈriːbaund] *s.* Zurückprallen *n;* Rückprall *m* (eines Balls usw.); **on the r.,** beim Rückprall; *Fig:* als Reaktion.

rebuff [riˈbʌf]. **I.** *s.* schroffe Abweisung *f,* Abfuhr *f.* **II.** *v.tr.* (j-n) abweisen; (*of girl*) (j-n) abblitzen lassen.

rebuild [ˈriːˈbild], *v.tr.* (etwas) wiederaufbauen; (*restore*) (ein Auto usw.) restaurieren.

rebuke [riˈbjuːk]. **I.** *s.* Rüge *f.* **II.** *v.tr.* (j-n) rügen.

recall [riˈkɔːl]. **I.** *s.* **1.** Rückruf *m;* Abberufung *f* (eines Gesandten). **2. decision past r.,** unwiderrufliche Entscheidung. **3.** (*memory*) Erinnerungsvermögen *n.* **II.** *v.tr.* (*a*) (j-n) zurückrufen; (einen Botschafter) abberufen; (*b*) **I don't r. his name,** ich kann mich nicht an seinen Namen erinnern; **it recalls Bach,** es erinnert an Bach.

recapitulate [riːkəˈpitjuleit], *F:* **recap** [ˈriːkæp] (*p. & p.p.* **recapped**), *v.tr. & i.* (Hauptpunkte einer Rede) rekapitulieren, (zusammenfassend) wiederholen. ˈrecapuˈlation, *F:* ˈrecap, *s.* Rekapitulation *f;* **let's do a r.,** fassen wir kurz zusammen.

recapture [ˈriːˈkæptʃər]. **I.** *v.tr.* (einen Verbrecher) wieder gefangennehmen, wiedererergreifen; (eine Festung, eine Stadt usw.) zurückerobern. **II.** *s.* Wiederergreifung *f;* Wiedereinnahme *f* (einer Stadt usw.).

recast [ˈriːˈkɑːst], *v.tr.* (*a*) (*rewrite*) (ein Kapitel usw.) umarbeiten; (*b*) *Th:* (ein Stück) neu besetzen.

recede [riˈsiːd], *v.i.* (*a*) (*of flood etc.*) zurückgehen; **to r. into the distance,** in die Ferne rücken; **to r. into the background,** in den Hintergrund treten; (*b*) *Fig:* (*of memory etc.*) verblassen. reˈceding, *adj.* **1.** zurückgehend; **r. tide,** abnehmende Flut. **2.** (*of chin, forehead*) fliehend.

receipt [riˈsiːt]. **I.** *s.* **1.** Empfang *m;* **on r. of this letter,** nach Erhalt/*Com:* Eingang dieses Briefes; **to acknowledge r. of a letter,** den Empfang eines Briefs bestätigen. **2.** *Com: pl.* **receipts,** Einnahmen *fpl;* *Fin:* **tax receipts,** Steuereingänge *mpl.* **3.** (*document*) (*for goods*) Empfangsbestätigung *f;* (*for money*) Quittung *f;* (*from till*) Kassenzettel *m;* **to give a r. for a sum/a payment,** eine Geldsumme/Zahlung quittieren. **II.** *v.tr. Com:* (eine Rechnung) quittieren.

receive [riˈsiːv], *v.tr.* (*a*) (einen Befehl, einen Brief, eine Nachricht, eine gute Ausbildung usw.) erhalten; (Geld, einen Schock, einen Eindruck, einen Treffer usw.) bekommen; (eine Wunde, *Rad:* eine Sendung, *Ecc:* das Sakrament usw.) empfangen; (Verletzungen) davontragen; **to r. a prize,** einen Preis erhalten/(*physically*) entgegennehmen; **to r. criticism/praise,** Tadel/Lob ernten; **how did he r. the news?** wie hat er die Nachricht aufgenommen? **he received the insult with equanimity,** er nahm die Beleidigung mit Gleichmut hin; **she receives a lot of attention,** man bemüht sich sehr um sie; *Adm:* **the matter is receiving attention,** die Sache wird bearbeitet; *Med:* **to r. (medical) attention/treatment,** behandelt werden (**for sth.,** auf etwas *acc*); *Jur:* **to r. stolen goods,** (mit gestohlenem Gut) Hehlerei treiben; (*b*) (*greet*) (Gäste) empfangen, begrüßen; (*put up*) (Gäste) bei sich aufnehmen; **to r. a warm welcome**, herzlich empfangen/aufgenommen werden; **to be received into the Church**, in die Kirche aufgenommen werden; *Rad:* **are you receiving me?** hören Sie mich? re´**ceiver**, *s.* 1. (*pers.*) Empfänger(in) *m(f)*; (*in bankruptcy*) Konkursverwalter *m*; *Jur:* **r. of stolen goods**, Hehler(in) *m(f)*. 2. (*a*) *Tel:* Hörer *m*; **to lift/put down the r.**, den Hörer abnehmen/auflegen; (*b*) *Rad:* Empfänger *m*, Empfangsgerät *n*. re´**ceiving**, *s.* Empfang *m*; *Jur:* Hehlerei *f*.

recent [´ri:s(ə)nt], *adj.* (*of event*) unlängst/vor kurzem stattgefunden; **his r. illness**, seine kürzlich überstandene Krankheit; **in r. years**, in den letzten Jahren; **r. publications**, Neuerscheinungen *fpl*; **r. events**, die jüngsten Ereignisse; *Com:* **r. model**, neueres Modell; **-ly**, *adv.* kürzlich, neulich; (*esp. single occasion*) vor kurzem; **as r. as yesterday**, erst gestern; **until quite r.**, bis vor kurzem; **he has r. become lazy**, er ist in letzter Zeit faul geworden.

receptacle [ri´septəkl], *s.* Behälter *m*.

reception [ri´sepʃ(ə)n], *s.* (*all senses*) Empfang *m*; (*in hotel etc.*) **r. (desk)**, Empfang *m*, Rezeption *f*; **friendly r.**, freundlicher Empfang, freundliche Aufnahme. re´**ceptionist**, *s.* (*in hotel etc.*) Empfangsdame *f*; (*male*) Empfangschef *m*; *Med: Dent:* Sprechstundenhilfe *f*. re´**ceptive** [ri´septiv], *adj.* (*of pers.*) empfänglich (**to**, für + *acc*); **r. audience**, geneigtes Publikum. recep´**tivity**, *s.* Empfänglichkeit *f*.

recess, *pl.* **-esses** [ri´ses, ´ri:ses, -esiz], *s.* 1. (*small*) Aussparung *f*; (*in wall*) Nische *f*; (*inaccessible*) Schlupfwinkel *m*. 2. Ferien *pl* (des Parlaments usw.). re´**cession**, *s.* *Ind: Com:* Konjunkturrückgang *m*.

recipe [´resipi], *s.* *Cu:* Rezept *n*.

recipient [ri´sipiənt], *s.* Empfänger(in) *m(f)*.

reciprocate [ri´siprəkeit], *v.* 1. *v.tr.* **to r. s.o.'s feelings/good wishes**, j-s Gefühle/Glückwünsche erwidern. 2. *v.i.* (*a*) (*of pers.*) sich revanchieren (**for**, für + *acc*); (*b*) *Mec: E:* sich hin und her bewegen. re´**ciprocal**, *adj.* gegenseitig; **r. service**, Gegendienst *m*.

recite [ri´sait], *v.tr. & i.* (ein Gedicht, eine Rede usw.) (auswendig) aufsagen, (*in public*) vortragen; *Fig:* **to r. one's woes (to s.o.)**, (j-m) seine Sorgen erzählen. re´**cital**, *s.* 1. Vortrag *m* (eines Gedichtes); Erzählen *n* (von Sorgen). 2. *Mus:* Solistenkonzert *n*; **piano/song r.**, Klavierabend/Liederabend *m*. **recitation** [resi´teiʃ(ə)n], *s.* Vortrag *m*. **recitative** [resitə´ti:v], *s. Mus:* Rezitativ *n*.

reckless [´reklis], *adj.* (*of driving etc.*) rücksichtslos; (*of behaviour*) leichtsinnig, tollkühn. ´**recklessness**, *s.* Rücksichtslosigkeit *f*; Leichtsinnigkeit *f*.

reckon [´rek(ə)n], *v.tr. & i.* (*a*) (*calculate*) (Kosten) berechnen (**from a date**, von einem Datum an); (*b*) (*estimate*) (Kosten, den Wert) schätzen; **I r. the value to be about £20**, ich schätze den Wert auf etwa £20; (*c*) (*consider*) (j-n, etwas) einschätzen; **he is reckoned to be our best player**, er gilt als unser bester Spieler; **I r. him among my friends**, ich zähle ihn zu meinen Freunden; (*d*) *F:* meinen; **he reckons he can do it in an hour**, er meint, daß er's in einer Stunde

schaffen kann; **I r. he won't come back**, ich glaube nicht, daß er zurückkommt; (*e*) **to r. on sth.**, auf etwas *acc* rechnen; **to r. with sth.**, mit etwas *dat* rechnen; **I had reckoned without his exceptional strength**, ich hatte mit seiner außerordentlichen Kraft nicht gerechnet. ´**reckoning**, *s.* Rechnen *n*; **to be out in one's r.**, sich verrechnet haben; **day of r.**, Tag der Abrechnung; *Rel:* der Jüngste Tag.

reclaim. I. [ri´kleim] *v.tr.* (*a*) (*claim back*) (Eigentum) zurückfordern; (*b*) *Agr:* (unfruchtbares) Land urbar machen; (Sumpfland) trockenlegen; **to r. land from the sea**, Neuland vom Meer gewinnen; (*c*) *Tchn:* (Altmaterial) regenerieren. II. [´ri:kleim] *s. Av:* baggage r., Gepäckausgabe *f*. recla´**mation** [reklə-], *s.* 1. Urbarmachung *f*; Nutzbarmachung *f*; Neulandgewinnung *f*. 2. *Tchn:* Regeneration *f*; Rückgewinnung *f*.

recline [ri´klain], *v.* 1. *v.tr.* (den Kopf usw.) zurücklehnen (**onto sth.**, auf etwas *acc*). 2. *v.i.* liegen (**on/upon**, auf + *dat*); **reclining on a couch**, ausgestreckt auf einer Couch; *Av: Aut: etc:* **reclining seats**, verstellbare Sitze *mpl*.

recluse [ri´klu:s], *s.* Einsiedler(in) *m(f)*.

recognize [´rekəgnaiz], *v.tr.* (*a*) (j-n, etwas) erkennen (**by sth.**, an etwas *dat*); **to r. one's mistake**, seinen Fehler einsehen; (*b*) (einen Staat, j-s Rechte, Leistungen) anerkennen. recog´**nition**, *s.* 1. Erkennen *n*; **to alter sth. beyond r.**, etwas bis zur Unkenntlichkeit abändern; *Av:* **r. light**, Kennlicht *n*. 2. Anerkennung *f* (eines Staates usw.); **in r. of his services**, in Anerkennung seiner Verdienste. ´**recognizable**, *adj.* erkennbar, kenntlich; **no longer r.**, nicht mehr zu erkennen. ´**recognized**, *adj.* (*of expert, school etc.*) anerkannt; **the r. term**, der allgemein anerkannte Ausdruck.

recoil. I. [´ri:kɔil] *s.* 1. (*a*) Rückprall *m* (einer Feder usw.); (*b*) Rückstoß *m* (eines Gewehrs); Rücklauf *m* (eines Geschützes). 2. (*of pers.*) Zurückspringen *n*; (*in horror*) Zurückschrecken *n*. II. [ri´kɔil] *v.i.* (*a*) (*of spring*) zurückspringen, zurückprallen; (*of firearm*) zurückstoßen; (*b*) (*of pers.*) zurückspringen; (*in horror*) zurückschrecken (**from**, vor + *dat*).

recollect [rekə´lekt], *v.tr.* **to r. sth.**, sich an etwas *acc* erinnern; **as far as I r.**, soweit ich mich erinnern kann. reco´**llection**, *s.* Erinnerung *f*; **to the best of my r.**, soweit ich mich erinnern kann.

recommend [rekə´mend], *v.tr.* **to r. sth. to s.o.**, j-m etwas empfehlen; **to r. s.o. to do sth.**, j-m empfehlen/raten, etwas zu tun; **she has little to r. her**, sie hat wenig Vorteilhaftes; **not to be recommended**, nicht zu empfehlen. reco´**mmendable**, *adj.* empfehlenswert. recommen´**dation**, *s.* Empfehlung *f*.

recompense [´rekəmpens]. I. *s.* Belohnung *f*; Entschädigung *f* (für einen Verlust usw.). II. *v.tr.* (j-n) belohnen (**for sth.**, für etwas *acc*); **to r. s.o. for a loss**, j-n für einen Verlust entschädigen. ´**recompense**, *s.* Entschädigung *f*.

reconcile [´rekənsail], *v.tr.* (*a*) (zwei Personen miteinander) versöhnen; **to become reconciled**, sich versöhnen; **to r. oneself to sth.**, sich mit etwas *dat* abfinden; (*b*) (Gegensätze, Wünsche usw.) in Einklang bringen; **it is difficult to r.**

this with his previous statement, es läßt sich schwer mit seiner früheren Aussage vereinbaren. **recon'cilable,** adj. (of pers.) versöhnbar; (of things) vereinbar. **reconcili'ation** [-sili-], s. 1. Versöhnung f (zwischen zwei Personen). 2. Ausgleichen n (von Gegensätzen).

recondite ['rekəndait], adj. (of knowledge) abstrus; (of style) obskur.

recondition ['ri:kən'diʃ(ə)n], v.tr. (etwas) überholen; Aut: **reconditioned engine,** generalüberholter Motor.

reconnaissance [ri'kɔnis(ə)ns], s. Mil: etc: Erkundung f (der feindlichen Stellungen); Aufklärung f; **r. aircraft,** Aufklärungsflugzeug n; **r. party,** Spähtrupp m.

reconnoitre [rekə'nɔitər], v. 1. v.tr. (ein Gelände) erkunden. 2. v.i. Erkundungen anstellen; F: **I'll r.,** ich geh mal auf Erkundung aus.

reconsider ['ri:kən'sidər], v.tr. sich dat (eine Frage usw.) nochmals überlegen; **he has reconsidered his decision,** er hat es sich anders überlegt.

reconstruct ['ri:kən'strʌkt], v.tr. (a) (ein Gebäude usw.) wiederaufbauen; (b) **to r. a crime,** ein Verbrechen rekonstruieren. **'recon'struction,** s. (a) Wiederaufbau m; (b) Rekonstruktion f (eines Verbrechens usw.).

record. I. ['rekɔ:d] s. 1. (a) Aufzeichnung f (von Tatsachen usw.); (document) Aktenstück n; (list) Register n; esp. Hist: Zeugnis n; **written r.,** Niederschrift f; **he is on r. as saying . . .,** er hat nachweisbar behauptet, daß . . .; **off the r.,** nicht für die Öffentlichkeit (bestimmt); (in confidence) im Vertrauen; **to make/keep a r. of sth.,** etwas protokollieren/aufzeichnen; Fin: über etwas acc Buch führen, (b) pl. **records,** Akten fpl; Hist: Archiv n; **the records do not go back that far,** die Urkunden/Aufzeichnungen gehen nicht so weit zurück. 2. (reputation) Leumund m; **an untarnished r.,** eine einwandfreie Vergangenheit; **to have a good/bad r.,** gute/schlechte Leistungen aufweisen können; **police r.,** Strafregister n; **to have a criminal r.,** vorbestraft sein. 3. Sp: Rekord m; **r. time,** Rekordzeit f; **at r. speed,** mit Rekordgeschwindigkeit. 4. Rec: Schallplatte, F: Platte f; **r. player,** Plattenspieler m; **r. changer,** Plattenwechsler m; **r. sleeve,** Plattenhülle f. **II.** [ri'kɔ:d] v.tr. (a) (eine Tat, ein Geschehen) aufzeichnen; **to r. one's vote,** seine Stimme abgeben; (b) Tchn: (of meter etc.) (einen Wert) registrieren; **the highest figure ever recorded,** die höchste Zahl, die je registriert wurde; (c) Post: **recorded delivery,** approx. = Einschreiben n; (d) Rec: (etwas) aufnehmen (**on a record/on tape,** auf Schallplatte/Tonband). **re'corder,** s. 1. Jur: Stadtrichter m. 2. Rec: (tape) r., Tonbandgerät n; **cassette r.,** Kassettenrecorder m. 3. Mus: Blockflöte f. **re'cording,** s. 1. Aufzeichnung f; (entry) Eintragung f. 2. Rec: Aufnahme f; **r. engineer,** Aufnahmetechniker m; **r. studio,** Aufnahmestudio n.

recount[1] [ri'kaunt], v.tr. (etwas) erzählen.

recount[2] **I.** ['ri:'kaunt] v.tr. (Stimmen usw.) nachzählen. **II.** ['ri:kaunt] s. Pol: nochmalige Zählung f (der Stimmen).

recoup [ri'ku:p], v.tr. **to r. one's losses,** seine Verluste wiedergutmachen.

recourse [ri'kɔ:s], s. **to have r. to sth.,** Zuflucht zu etwas dat nehmen; **to have r. to violence,** Gewalt anwenden.

recover[1] [ri'kʌvər], v. 1. v.tr. (a) (einen verlorenen Gegenstand) zurückbekommen; (eine Schuld) eintreiben; (einen Verlust) wiedergutmachen; **to r. one's property,** sein Eigentum wiedererlangen; **to r. lost time,** verlorene Zeit aufholen; **to r. lost ground,** das Verlorene nachholen; (b) **to r. one's breath,** wieder zu Atem kommen; **to r. consciousness,** wieder zu sich dat kommen; **to r. one's appetite,** wieder Appetit haben; **to r. one's health,** wieder gesund werden; **to r. one's balance,** sich fangen; **to r. oneself/one's composure,** sich (wieder) fassen; (c) Ind: (etwas) zurückgewinnen (**from waste,** aus Abfallstoffen). 2. v.i. genesen, sich erholen (**from an illness,** von einer Krankheit); **he's quite recovered,** er ist wieder ganz der Alte; **to r. from one's surprise,** sich von seiner Überraschung erholen. **re'coverable,** adj. zurückzubekommen; (of debt) eintreibbar. **re'covery,** s. 1. Wiedererlangung f; Ind: Rückgewinnung f. 2. (a) (of pers.) Genesung f; **to be past r.,** unheilbar krank sein; (b) Ind: Wiederbelebung f (der Wirtschaft).

recover[2] ['ri:'kʌvər], v.tr. (einen Sessel usw.) neu beziehen.

recreation [rekri'eiʃ(ə)n], s. Erholung f; (entertainment) Unterhaltung f; (pastime) Zeitvertreib m; Sch: etc: **r. ground,** Spielplatz m.

recrimination [rikrimi'neiʃ(ə)n], s. usu. pl. gegenseitige Beschuldigungen fpl.

recruit [ri'kru:t]. **I.** s. Rekrut m. **II.** v.tr. (a) Mil: (eine Armee, Soldaten) rekrutieren; (b) (neue Mitglieder) werben. **re'cruiting,** s. Mil: Rekrutierung f. **re'cruitment,** s. Com: Anwerbung f (von Arbeitskräften usw.).

rectangle ['rektæŋgl], s. Geom: Rechteck n. **rec'tangular,** adj. rechteckig.

rectify ['rektifai], v.tr. (einen Fehler) berichtigen, korrigieren; (eine Aussage) richtigstellen; (Mißstände) beseitigen. **rectifi'cation,** s. Berichtigung f, Richtigstellung f. **'rectifier,** s. El: Gleichrichter m.

rector ['rektər], s. 1. Ecc: Pfarrer m. 2. Univ: Rektor m. **'rectory,** s. Pfarrhaus n.

rectum ['rektəm], pl. **recta** ['rektə], s. Anat: Mastdarm m.

recumbent [ri'kʌmbənt], adj. liegend; **r. figure,** ruhende Gestalt.

recuperate [ri'kju:pəreit], v.i. (of pers.) sich erholen. **recupe'ration,** s. Erholung f.

recur [ri'kə:r], v.i. (of event, problem etc.) wiederkehren; Lit: (of theme, character etc.) wieder auftreten; (be repeated) sich wiederholen. **re'currence** [-'kʌrəns] s. Wiederkehr f, Wiederauftreten n (einer Krankheit usw.). **re'current,** adj. immer wiederkehrend, immer wieder auftretend. **re'curring,** adj. Mth: **r. decimal,** periodische Dezimalzahl; **3·3** ['θri: pɔint θri:], 3,3 periodisch.

recycle ['ri:'saikl], v.tr. (einen Stoff) wiederverwerten.

red [red]. **I.** adj. rot; (a) **to turn/go r.,** rot werden; (blush) erröten; Fig: **that makes me see r.,** da sehe ich rot; (b) **r. light,** rotes Licht; Aut: Rot n; **to drive through on the r. (light),** bei Rot durchfahren; Pej: **r. light district,** Bordellviertel *n; Fig:* **to see the r. light,** die Gefahr erkennen; (*c*) **r. cabbage,** Rotkohl *m,* Rotkraut *n;* **r. deer,** Rothirsch *m;* (*d*) *F:* **r. herring,** (*action*) Ablenkungsmanöver *n;* (*clue*) falsche Spur *f;* **that's just a r. herring,** das ist nur, um uns irrezuführen; (*e*) **r. letter day,** großer Tag; (*lucky*) Glückstag *m;* (*f*) *Adm:* **r. tape,** Amtsschimmel *m;* (*paperwork*) Papierkrieg *m;* (*g*) **r. lead,** Mennige *f;* **r. oxide (paint),** Eisenrot *n.* **II.** *s.* (*a*) (*colour*) Rot *n;* (*b*) *Pol:* (*pers.*) Rote(r) *f(m);* (*c*) *F:* **to be in the r.,** in Schulden stecken. ʹredbreast, *s. Orn:* Rotkehlchen *n.* ʹredʹbrick, *adj.* aus (rotem) Backstein, Backstein-; *F:* **r. university,** moderne, traditionslose Universität. redʹcurrant, *s.* rote Johannisbeere *f.* ʹredden, *v.i.* (*of sky, leaves etc.*) rot werden; (*of pers.*) erröten (**at,** über + *acc;* **with,** vor + *dat*). ʹreddish, *adj.* rötlich. ʹredʹhaired, *adj.* rothaarig. ʹredʹhanded, *adj.* **to catch s.o. r.-h.,** j-n auf frischer Tat ertappen. ʹredhead, *s.* Rothaarige(r) *f(m);* Rotkopf *m.* ʹredʹhot, *adj.* **1.** (*of metal*) rotglühend, glühend heiß. **2.** *F:* (*a*) **r.-h. news,** allerneueste Nachrichten; *Horse Rac: etc:* **r.-h. tip,** todsicherer Tip; (*b*) **r.-h. Communist,** hundertprozentiger Kommunist; (*c*) *Bot:* **r.-h. poker,** Fackellilie *f.* ʹredness, *s.* Röte *f.* redecorate [ʹriːʹdekəreit], *v.tr.* (ein Zimmer, eine Wohnung) neu streichen (und tapezieren). redeem [riʹdiːm], *v.tr.* (*a*) *Fin:* (einer Verpflichtung) nachkommen; (eine Schuld) abtragen; (eine Hypothek) abzahlen; (*b*) (ein Versprechen) einlösen; (*c*) *Rel:* (j-n) erlösen; (*d*) (Fehler usw.) ausgleichen; (*save*) (einen guten Ruf usw.) wiederherstellen; **his sincerity redeems him in her eyes,** seine Aufrichtigkeit läßt ihn bei ihr in einem besseren Licht erscheinen; **he redeemed himself in a later race,** in einem späteren Rennen hat er sein Versagen wieder wettgemacht. reʹdeemer, *s. Rel:* **the R.,** der Erlöser. reʹdeeming, *adj.* **r. feature,** (*of pers.*) versöhnender Zug; **the only r. feature is that . . . ,** das einzig Gute daran ist, daß . . . redemption [riʹdempʃ(ə)n], *s.* **1.** *Fin:* Ablösung *f;* Amortisation *f.* **2.** *Rel:* Erlösung *f* (der Menschheit). redirect [ʹriːdaiʹrekt, -di-], *v.tr.* (einen Brief usw.) nachsenden. redouble [riʹdʌbl], *v.tr.* (Bemühungen usw.) verdoppeln. redoubtable [riʹdautəbl], *adj.* ehrfurchtgebietend. redress [riʹdres]. **I.** *s.* Wiedergutmachung *f* (eines Unrechts); Entschädigung *f* (**for sth.,** für etwas *acc*); Beseitigung *f* (eines Mißstandes). **II.** *v.tr.* (*a*) (ein Unrecht) wiedergutmachen; (einen Mißstand) beseitigen; (*b*) **to r. the balance,** das Gleichgewicht wiederherstellen. reduce [riʹdjuːs], *v.tr.* (*a*) (etwas) reduzieren, (*in length*) verkürzen, (*scale down*) verkleinern (**to,** auf + *acc*); (eine Zahl) vermindern; (die Temperatur) senken; (den Preis) herabsetzen; **to r. (one's) speed,** die Fahrt verlangsamen; **to r. weight,** das Gewicht verringern; (*of pers.*) (an Gewicht) abnehmen; *Ind:* **to r. output,** die Produktion drosseln; *Mth:* **to r. a fraction,** einen Bruch kürzen; (*b*) **to r. a city to ashes,** eine Stadt in Asche legen; **reduced to a skele-**

ton, zum Skelett abgemagert; *Fig:* **to r. s.o. to silence/despair,** j-n zum Schweigen/zur Verzweiflung bringen; **he is reduced to sweeping the streets,** er ist zum Straßenkehrer herabgesunken; (*c*) *Med:* **to r. a fracture/a dislocation,** einen Bruch/eine Verrenkung einrichten. reʹduced, *adj.* reduziert; (*of speed, number*) vermindert; **r. fare,** ermäßigter Fahrpreis; **at greatly r. prices,** zu stark herabgesetzten Preisen; **in r. circumstances,** in beschränkten Verhältnissen; **on a r. scale,** in verkleinertem Maßstab. reduction [riʹdʌkʃ(ə)n], *s.* Verminderung *f,* Reduzierung *f;* Herabsetzung *f* (der Preise); Rückgang *m* (der Temperatur); *Com: Rail: etc:* Ermäßigung *f;* **to make a r. on an article,** den Preis eines Artikels herabsetzen; *Mec:* **r. gear,** Untersetzungsgetriebe *n.* redundant [riʹdʌndənt], *adj.* überschüssig; (*of personnel*) überflüssig; (*of worker*) überzählig; **to be made r.,** entlassen werden. reʹdundancy, *s.* Überschuß *m,* Überfluß *m; Ind:* Entlassung *f* (von überzähligen Arbeitern); **r. pay(ment),** Abfindung *f.* re-echo [ri(ː)ʹekəu], *v.* **1.** *v.tr.* (etwas) widerhallen lassen; *Fig:* (j-s Worte usw.) genau wiederholen. **2.** *v.i.* widerhallen (**with,** von + *dat*). reed[riːd], *s.* **1.** *Bot:* Schilfrohr *n; esp. pl.* **reeds,** Schilf *n; F:* (*pers.*) **a broken r.,** ein lahmer Heini. **2.** *Mus:* Rohrblatt *n* (der Oboe usw.). reef¹ [riːf], *s. Nau:* **r. knot,** Weberknoten *m.* reef², *s.* Riff *n;* **coral r.,** Korallenriff *n.* reek [riːk]. **I.** *s.* Gestank *m.* **II.** *v.i.* stinken (**of** garlic etc., nach Knoblauch usw.). reel [riːl]. **I.** *s.* (*a*) *Tex:* **r. of cotton,** Garnrolle *f;* (*b*) *Fish:* Rolle *f;* (*c*) *Rec: Cin:* Spule *f;* **r.-to-r. tape recorder,** Spulenbandgerät *n;* (*d*) *Mus:* schottischer Reigentanz *m.* **II.** *v.* **1.** *v.tr.* (*a*) (einen Faden) aufspulen; (*b*) *F:* **to r. off answers etc.,** Antworten usw. herunterrasseln. **2.** *v.i.* taumeln; (*of drunk*) schwanken; **my head's reeling,** mir dreht sich alles im Kopf. re-elect [riːiʹlekt], *v.tr.* (j-n) wiederwählen. ʹre-eʹlection, *s.* Wiederwahl *f.* re-enter [ʹriːʹentər], *v.tr. & i.* (in ein Zimmer usw.) wieder eintreten; (eine Stadt usw.) wieder betreten. re-ʹentrant, *adj. Geom:* **r. angle,** einspringender Winkel. re-ʹentry, *s. Space: etc:* Wiedereintritt *m.* ref [ref], *s. abbr.* **1.** *Com:* (*reference*) Aktenzeichen *n;* **your r.,** Ihr Zeichen. **2.** *Sp:* (*referee*) Schiedsrichter *m.* refectory [riʹfektəri], *s.* Speisesaal *m, Univ:* Mensa *f; Ecc:* Refektorium *n.* refer [riʹfəːr], *v.* (*p. & p.p.* **referred**) **1.** *v.tr.* **to r. a matter to s.o./to a tribunal etc.,** eine Sache an j-n/ein Gericht usw. weiterleiten; **to r. s.o. to s.o.,** j-n an j-n verweisen; **his doctor referred him to a specialist,** sein Arzt überwies ihn zu einem Facharzt. **2.** *v.i.* (*a*) **to r. to s.o., sth.,** auf j-n, etwas *acc* hinweisen; (*mention*) (j-n, etwas) erwähnen; **I'm not referring to you,** ich rede nicht von dir; das war keine Anspielung auf dich; **I don't know what you're referring to,** ich weiß nicht, was Sie meinen; **the book does not r. to it,** das Buch erwähnt es nicht; (*b*) **to r. to s.o., sth. (as one's authority),** sich auf j-n, etwas *acc* berufen; (*c*) **to r. to s.o. (for help)**, sich an j-n wenden; **to r. to a dictionary**, in einem Wörterbuch nachschlagen. **referee** [refəˈriː]. I. *s.* 1. *Sp:* Schiedsrichter *m.* 2. **to give s.o. as a r.**, j-n als Referenz angeben. II. *v.* 1. *v.i.* schiedsrichtern. 2. *v.tr.* (ein Spiel) als Schiedsrichter leiten. **reference** [ˈref(ə)rəns], *s.* 1. Übergabe *f*, Verweisung *f* (einer Frage usw.) (**to**, an + *acc*); **terms of r.**, Kompetenz *f*; (*guidelines*) Richtlinien *fpl* (eines Gerichts usw.). 2. (*a*) (*mention*) Erwähnung *f* (**to, gen**); Hinweis *m* (**to**, auf + *acc*); **r. was made to this conversation**, dieses Gespräch wurde erwähnt; **he did it without r. to me**, er tat es, ohne mich davon in Kenntnis zu setzen; **with r. to . . .**, mit Hinsicht auf + *acc; Com:* bezugnehmend auf + *acc; Com:* **for r.**, zur Kenntnisnahme; (*b*) *Com: Adm:* (*on letter, file etc.*) Aktenzeichen *n;* (*c*) **map r.**, Verweisstelle *f.* 3. **r. to a dictionary**, Nachschlagen *n* in einem Wörterbuch; **r. work**, Nachschlagewerk *n.* 4. (*for job*) Referenz *f;* **to give s.o. a r.**, j-m ein Zeugnis ausstellen; **to give s.o. as a r.**, j-n als Referenz angeben. **refeˈrendum**, *s.* Volksentscheid *m.*

refill. I. [ˈreːfil] *v.tr.* (etwas) nachfüllen. II. [ˈreːfil] *s.* Nachfüllung *f;* (*a*) (*for ballpoint*) (neue) Mine *f;* (*b*) (*for gas lighter*) Füllung *f*, neuer Tank *m;* (*c*) *F:* (*drink*) **can you give me a r.?** kannst du mir bitte nachschenken?

refine [riˈfain], *v.tr.* (*a*) (Zucker, Petroleum usw.) raffinieren; (*b*) (seinen Geschmack, Methoden usw.) verfeinern. **reˈfined**, *adj.* (*of taste etc.*) verfeinert; (*of pers.*) kultiviert, vornehm. **reˈfinement**, *s.* (*a*) (*quality*) Feinheit *f* (der Sprache, Manieren usw.); (*b*) (*process*) Verfeinerung *f; Ind:* Raffinieren *n;* (*c*) (*special feature*) refinements such as reclining seats, Feinheiten *fpl* wie z.B. Liegesitze. **reˈfinery**, *s.* Raffinerie *f.*

refit [riˈfit], *v.tr.* (*a*) (etwas) wieder anbringen (**to sth.**, an etwas *acc*); *Mec: E: etc:* (Reifen, einen Teil) wieder montieren; (*b*) *Nau:* (ein Schiff) überholen.

reflate [riːˈfleit], *v.tr. Econ:* (die Wirtschaft) wiederbeleben, ankurbeln.

reflect [riˈflekt], *v.* 1. *v.tr.* (*a*) (*of surface*) (Licht, ein Bild) widerspiegeln; (Hitze, Strahlen) reflektieren; **her face was reflected in the water**, ihr Gesicht spiegelte sich im Wasser; (*b*) (*of action etc.*) **to r. credit on s.o.**, j-m Ehre machen. 2. *v.i.* (*a*) (*meditate*) nachdenken (**on/upon sth.**, über etwas *acc*); (*b*) (*of action*) **to r. on s.o.**, ein schlechtes Licht auf j-n werfen. **reˈflection**, *s.* 1. (*a*) (*process*) Wiederspiegelung *f;* (*image*) Spiegelbild *n;* (*b*) Reflexion *f* (von Strahlen usw.) 2. *Fig:* **to cast reflections on s.o.**, sich abfällig über j-n äußern; **the strike is a r. on the management**, der Streik wirft ein schlechtes Licht auf die Geschäftsführung. 2. (*thought*) (*a*) **on r.**, wenn ich es mir überlege; **on further/mature r.**, nach weiterer/gründlicher Überlegung; (*b*)*pl.* **reflections**, Gedanken *mpl*, Betrachtungen *fpl* (**on**, über + *acc*). **reˈflector**, *s.* Reflektor *m* (einer Lampe); *Aut: Cy:* Rückstrahler *m;* (*in road*) Katzenauge *n.*

reflex [ˈriːfleks]. I. *s. Physiol: Med:* Reflex *m.* II. *adj.* 1. **r. movement**, Reflexbewegung *f.* 2. *Phot:* **(single-lens) r. camera**, (einäugige) Spiegelreflexkamera *f.* 3. *Mth:* **r. angle**, überstumpfer Winkel.

reflexive [riˈfleksiv], *adj. Gram:* rückbezüglich; **r. pronoun**, Reflexivpronomen *n.*

refloat [riːˈfləut], *v.tr.* (ein Schiff) wieder flott machen.

reform¹ [riːˈfɔːm], *v.tr.* (etwas) neu bilden.

reform² [riˈfɔːm]. I. *v.* 1. *v.tr.* (*a*) (Verwaltung usw.) reformieren, verbessern; **reformed church**, reformierte Kirche; (*b*) (j-n) bessern; **he's a reformed character**, er hat sich sehr gebessert. 2. *v.i.* sich bessern. II. *s.* Reform *f; pl* Reformbestrebungen *fpl.* **reformation** [refəˈmeiʃ(ə)n], *s.* 1. Reformierung *f;* Besserung *f* (des Charakters usw.). 2. *Hist:* **the R.**, die Reformation. **reˈformatory**, *s.* Besserungsanstalt *f.* **reˈformer**, *s.* Reformer(in) *m(f); Ecc: Hist:* Reformator *m.*

refractory [riˈfrækt(ə)ri], *adj.* 1. (*of pers.*) widerspenstig. 2. (*of brick etc.*) feuerfest.

refrain¹ [riˈfrein], *s. Mus:* Refrain *m.*

refrain² [riˈfrein], *v.i.* **to r. from sth.**, von etwas *dat* absehen; **he could not r. from smiling**, er konnte sich des Lächelns nicht enthalten.

refresh [riˈfreʃ], *v.tr.* (*a*) (j-n) erfrischen; **refreshed by his sleep**, durch den Schlaf erquickt; (*b*) **to r. oneself**, sich erfrischen; (*with drink, food*) sich stärken. **reˈfresher**, *s.* 1. *F:* **let's have a r.**, trinken wir ein Gläschen. 2. *Sch:* **r. course**, Auffrischungskurs *m.* **reˈfreshing**, *adj.* erfrischend; (*of sleep*) erquickend. **reˈfreshment**, *s.* (*a*) Erfrischung *f*, Stärkung *f;* (*b*) *esp. pl.* Erfrischungen *fpl;* **r. room**, Erfrischungsraum *m.*

refrigerate [riˈfridʒəreit], *v.tr. Ind:* (Nahrungsmittel) kühlen, (*deep freeze*) tiefkühlen. **refrigeˈration**, *s.* Kühlen *n;* (*process*) Kälteerzeugung *f.* **reˈfrigerator**, *s.* Kühlschrank *m;* (*room*) Kühlraum *m;* **r. van**, Kühlwagen *m.*

refuel [riːˈfjuəl], *v.* (*p. & p.p.* **refuelled**) 1. *v.i. Aut:* tanken. 2. *v.tr.* (ein Auto) auftanken; *Nau: Av:* (ein Schiff, ein Flugzeug) betanken.

refuge [ˈrefjuːdʒ], *s.* 1. Zuflucht *f;* (*protection*) Schutz *m* (**from**, vor + *dat*); **to seek/take r. with s.o.**, Zuflucht bei j-m nehmen. 2. (*place*) Zufluchtsort *m;* (*home*) Zufluchtsstätte *f;* Asyl *n;* mountain r., Schutzhütte *f.* 3. (*in road*) Verkehrsinsel *f.* **refuˈgee**, *s.* Flüchtling *m.*

refund. I. [riːˈfʌnd] *v.tr.* (Geld) zurückzahlen (**to s.o.**, an j-n); **to r. expenses**, Auslagen ersetzen; Unkosten rückvergüten. II. [ˈriːfʌnd] *s.* Rückzahlung *f;* Rückvergütung *f.*

refurbish [riːˈfəːbiʃ], *v.tr.* (ein Haus usw.) renovieren/*F:* aufmöbeln.

refurnish [riːˈfəːniʃ], *v.tr.* (eine Wohnung usw.) neu möblieren.

refuse¹ [ˈrefjuːs], *s.* Müll *m;* **garden r.**, Gartenabfälle *mpl;* **r. bin**, Mülleimer *m;* **r. collection**, Müllabfuhr *f;* **r. tip**, Müllkippe *f;* Müllhalde *f.*

refuse² [riˈfjuːz], *v.tr.* (*a*) **to r. s.o. sth.**, j-m etwas verweigern; **to r. an application, a gift etc.**, einen Antrag, ein Geschenk usw. ablehnen; **to r. a request**, eine Bitte abschlagen; (*b*) **to r. to do sth.**, sich weigern, etwas zu tun; **to r. to believe sth.**, etwas nicht glauben wollen;

(*of car*) to r. to start, nicht anspringen wollen.
re´fusal. *s.* 1. Ablehnung *f* (eines Antrags usw.); Verweigerung *f* (einer Bitte usw.); **r. to do sth.,** Weigerung *f,* etwas zu tun; **to give a flat r.,** sich glatt weigern. 2. **to have (the) first r. of sth.,** das Vorkaufsrecht auf etwas *acc* haben.

refute [ri´fju:t], *v.tr.* (j-n, eine Aussage) widerlegen.

regain [ri(:)´gein], *v.tr.* (die Freiheit usw.) wiedergewinnen; **to r. possession of sth.,** wieder in den Besitz einer Sache kommen; **to r. consciousness,** wieder zu Bewußtsein kommen.

regal [´ri:g(ə)l], *adj.* königlich.

regale [ri´geil], *v.tr.* **to r. s.o. with sth.,** j-m mit etwas *dat* aufwarten. **re´galia,** *s.pl.* Insignien *pl.*

regard [ri´ga:d]. I. *s.* 1. **with/having r. to,** hinsichtlich + *gen;* **with r. to payment,** was die Zahlung betrifft . . . 2. (*consideration*) Rücksicht *f* (**for,** auf + *acc*); (*concern*) Beachtung *f* (**for,** *gen*); **to have no r. for human life/for s.o.'s feelings,** auf Menschenleben/j-s Gefühle keine Rücksicht nehmen; **without r. for expense,** ohne Rücksicht auf die Kosten; **to pay r. to detail,** sich ums Detail kümmern. 3. (*a*) (*esteem*) Achtung *f;* (**high**) **r.,** Hochachtung *f;* **to have (a) high/great r. for s.o.,** j-n hochschätzen; (*b*) **my (best) regards to your wife,** bitte grüßen Sie Ihre Frau (recht herzlich) von mir; (*end of letter*) **regards,** Peter, herzliche Grüße/ herzlich, Peter. II. *v.tr.* (*a*) (etwas) betrachten, ansehen (**as,** als); **to r. sth. with suspicion,** etwas mit Mißtrauen ansehen; **he is regarded as our best swimmer,** er gilt als unser bester Schwimmer; (*b*) (*concern*) (j-n) betreffen; **as regards the money,** was das Geld betrifft; (*c*) (j-s Wünsche) berücksichtigen. **re´garding,** *prep.* hinsichtlich + *gen;* **r. your enquiry,** mit Bezug auf Ihre Anfrage, Ihre Anfrage betreffend. **re´gardless,** *adj.* **r. of,** ungeachtet + *gen;* **r. of expense,** ohne Rücksicht auf die Kosten; **to carry on r.,** stur weitermachen.

regatta [ri´gætə], *s.* Regatta *f.*

regenerate [ri:´dʒenəreit], *v.tr. Biol:* (sich, eine Zelle usw.) regenerieren; *Fig:* (etwas) neu beleben.

regent [´ri:dʒənt], *s.* Regent(in) *m(f).* **´regency,** *s.* Regentschaft *f.*

regime [rei´ʒi:m], *s.* 1. *Pol:* Regime *n.* 2. **to observe a strict r.,** streng diszipliniert leben.

regiment [´redʒimənt], *s.* Regiment *n.* **regi´mental,** *adj.* Regiments-; **r. march,** Regimentsmarsch *m.* **regimen´tation,** *s.* Reglementierung *f.*

region [´ri:dʒ(ə)n], *s.* 1. *Geog:* (*a*) Gebiet *n,* Region *f;* **the Arctic regions,** das Nordpolargebiet; (*b*) (*district*) Gegend *f; Adm:* Bezirk *m;* **the London r.,** die Londoner Gegend; (*c*) **the regions,** die Provinz. 2. (*sphere*) Bereich *m;* **a sum in the r. of £1000,** eine Summe von ungefähr 1000 Pfund. **´regional,** *adj.* regional; *Ling:* landschaftlich; **-ly,** *adv.* regional; gebietsweise. **´regionalism,** *s.* (*a*) Regionalismus *m;* (*b*) *Ling:* regionaler Ausdruck.

register [´redʒistər]. I. *s.* 1. (*list*) Register *n; Com:* **r. of companies,** Handelsregister *n; Sch:* (**class**) **r.,** Klassenbuch *n.* 2. (*a*) *Mus:* Register *n;* (**vocal**) **r.,** Stimmlage *f;* (*b*) *Ling:* Sprach-

gebrauch *m* (eines Fachbereichs usw.); **in the legal r.,** in der Sprache des Rechtswesens. 3. **cash r.,** Registrierkasse *f.* II. *v.* 1. *v.tr.* (*a*) (einen Namen) anmelden; (eine Geburt) anmelden; **to r. a company/a trademark,** eine Firma/ein Warenzeichen eintragen; **to r. a car,** ein Auto zulassen; (*b*) *Rail:* (Gepäck) aufgeben; *Post:* (einen Brief) einschreiben lassen; (*c*) (*of meter*) (einen Wert) anzeigen; **the thermometer is registering 20°,** das Thermometer zeigt 20° an; *Fig:* **her face registered surprise,** ihre Miene drückte Überraschung aus. 2. *v.i.* (*a*) sich (in ein Register) eintragen; sich (bei der Polizei usw.) anmelden; (*b*) *F:* **it didn't r. (with her),** sie hat es nicht mitgekriegt. **´registered,** *adj. Post:* eingeschrieben; *Com:* (*of trademark, company etc.*) eingetragen; **r. design,** Gebrauchsmuster *n; Med:* **state r. nurse,** staatlich geprüfte Krankenschwester. **regis´trar,** *s.* 1. *Jur:* Gerichtsschreiber *m.* 2. (*r. of births etc.*) Standesbeamte(r) *m.* 3. *Univ:* Registerführer *m.* 4. *Med:* Oberarzt *m.* **regis´tration,** *s.* (*a*) Eintragung *f* (einer Gesellschaft, eines Warenzeichens usw.); *Aut:* Zulassung *f; Post:* Einschreiben *n;* **r. number,** (polizeiliches) Kennzeichen *n;* (*b*) Anmeldung *f* (**with the police,** bei der Polizei). **´registry,** *s.* Registratur *f;* **r. office,** Standesamt *n;* **to be married at r. office,** standesamtlich getraut werden.

regret [ri´gret]. I. *s.* Bedauern *n;* **to have no regrets (for what one has done),** keine Reue für das Getane) empfinden; nichts bereuen; **to feel r. for lost opportunities,** versäumten Gelegenheiten nachtrauern. II. *v.tr.* (*p. & p.p.* **regretted**) (*a*) (etwas) bedauern; **I r. to have to tell/inform you that . . .,** ich muß Ihnen leider mitteilen, daß . . .; **we very much r. to hear that . . .,** wir erfahren mit großem Bedauern, daß . . .; (*b*) (eine Tat, Vergangenes) bereuen; **you'll live to r. it!** du wirst es noch bereuen! **re´grettable,** *adj.* bedauerlich; **-bly,** *adv.* bedauerlicherweise. **re´gretful,** *adj.* bedauernd; (*sad*) traurig; (*remorseful*) reuevoll; **-ly,** *adv.* mit Bedauern.

regular [´regjulər]. I. *adj.* 1. (*a*) regelmäßig; **as r. as clockwork,** pünktlich wie die Uhr; **r. customer,** Stammkunde *m;* (*b*) (*systematic*) geregelt, geordnet; **a man of r. habits,** ein Mensch von geregelter Lebensweise; (*c*) (*usual*) üblich; **my r. time for going to bed,** meine normale Schlafenszeit; **it's become a very r. thing with him,** es ist ihm zur Gewohnheit geworden; *Gram:* **r. verb,** regelmäßiges Verb; (*d*) **r. staff,** ständiges Personal; *Mil:* **r. troops,** Berufssoldaten *mpl;* **r. officer,** Berufsoffizier *m.* 2. *F:* (*proper*) regelrecht, richtig; **a r. hero,** ein echter Held; **a r. swindle,** ein regelrechter Betrug. II. *s.* 1. Berufssoldat *m.* 2. *F:* (*in shop*) Stammkunde *m,* Stammkundin *f;* (*in pub*) Stammgast *m.* **regu´larity,** *s.* Regelmäßigkeit *f.* **´regularize,** *v.tr.* (eine Situation) regeln, normalisieren. **´regulate,** *v.tr.* (eine Uhr, ein Gerät, die Zufuhr usw.) regulieren; (den Verkehr, die Geschwindigkeit usw.) regeln. **´regulating,** *adj.* Regulier-; *Tchn:* **r. screw,** Stellschraube *f.* **regu´lation,** *s.* 1. Regulierung *f* (einer Maschine usw.). 2. (*rule*) Vorschrift *f; attrib.* vorschriftsmäßig; *Aut: etc:* **r. lighting,** vorschriftsmäßige Beleuchtung. **'regulator,** *s.* Regler *m.*

regurgitate [ri'gɔːdʒiteit], *v.tr.* (Essen) erbrechen; *Fig:* (Gelesenes usw.) wiederkäuen.

rehabilitate [riːhə'biliteit], *v.tr.* (a) (j-n) rehabilitieren; (j-s) Ruf wiederherstellen; (b) (Versehrte, Flüchtlinge, Verbrecher) wieder (in die Gesellschaft) eingliedern. **rehabili'ta-tion,** *s.* Rehabilitierung *f,* Wiedereingliederung *f* (in die Gesellschaft).

rehash. I. ['riːhæʃ] *s. F:* Neufassung *f;* **it's just a r.,** es ist wie gehabt. II. ['riː'hæʃ] *v.tr. F:* (ein altes Werk) wiederkäuen.

rehearse [ri'hɔːs], *v.tr. & i. Th:* (ein Stück) proben. **re'hearsal,** *s. Th:* Probe *f.*

reign [rein]. I. *s.* 1. Regierung *f;* **in the r. of George VI,** während der Regierungszeit König Georgs VI. (*spoken:* des Sechsten). 2. *Fig:* Herrschaft *f;* **r. of terror,** Schreckensherrschaft *f.* II. *v.i.* regieren (**over,** über + *acc*).

reimburse [riːim'bɔːs], *v.tr.* **r. s.o. (for his costs)/s.o.'s costs,** j-m die Kosten rückerstatten. **reim'bursement,** *s.* Rückerstattung *f.*

rein [rein]. I. *s.* Zügel *m; Fig:* **to give free r. to sth.,** etwas *dat* freien Lauf lassen. II. *v.tr.* **to r. in,** (ein Pferd) zügeln.

reincarnation ['riːinkaː'neiʃ(ə)n], *s.* Reinkarnation *f.*

reindeer ['reindiər], *s. Z:* Rentier *n.*

reinforce [riːin'fɔːs], *v.tr.* (einen Bau, einen Stoff, *Mil:* eine Besatzung usw.) verstärken; (Beton) armieren; **reinforced concrete,** Stahlbeton *m.* **rein'forcement,** *s.* 1. Verstärkung *f* (einer Mauer, eines Stoffes usw.); Armierung *f* (von Beton). 2. *Mil: usu. pl.* Verstärkungstruppen *fpl.*

reinstate ['riːin'steit], *v.tr.* (a) (j-n) wiedereinstellen (**in an office etc.,** in ein Amt usw.); (b) (j-s Rechte) zurückgeben; (c) (*repair*) (etwas) wieder instandsetzen.

reissue [riː'isjuː]. I. *v.tr.* (ein Buch usw.) neu herausgeben. II. *s.* Neuausgabe *f.*

reiterate [riː'itəreit], *v.tr.* (etwas) wiederholen. **reite'ration,** *s.* Wiederholung *f.*

reject. I. [ri'dʒekt] *v.tr.* (a) (*of pers.*) (etwas) ablehnen; (eine Methode, ein Urteil) verwerfen; (einen Freier, einen Kandidaten usw.) abweisen; (b) **the machine will r. damaged coins,** der Automat nimmt keine beschädigten Münzen an; *Data-pr:* **the computer rejects such invoices,** der Computer weist solche Rechnungen zurück; (c) *Med:* (*of body, organ*) (ein Transplantat) ablehnen. II. ['riːdʒekt] *s.* Ausschußware *f;* **export r.,** für den Export nicht geeigneter Artikel. **re'jection,** *s.* Ablehnung *f;* Verwerfung *f;* Zurückweisung *f.*

rejoice [ri'dʒɔis], *v.i.* sich (sehr) freuen, hocherfreut sein (**at/over sth.,** über etwas *acc*). **re'joicing,** *s.* Jubel *m.*

rejoin [riː'dʒɔin], *v.* 1. *v.tr.* sich (j-m) wieder anschließen; **to r. a club,** einem Verein wieder beitreten; **to r. one's ship,** zu seinem Schiff zurückkehren; **we rejoined the main road,** wir kamen wieder auf die Hauptstraße. 2. *v.i.* (a) (*of lines etc.*) wieder zusammenkommen; (b) (*of pers.*) wieder Mitglied werden. **re'joinder,** *s.* Erwiderung *f.*

rejuvenate [ri'djuːvineit], *v.tr.* (sich, j-n) ver-

jüngen. **rejuve'nation,** *s.* Verjüngung *f.*

relapse [ri'læps]. I. *s.* Rückfall *m.* II. *v.i.* zurückfallen (**into,** in + *acc*).

relate [ri'leit], *v.* 1. *v.tr.* (a) (etwas) erzählen; (Tatsachen) berichten; **to r. one's adventures,** seine Abenteuer schildern; (b) (zwei Sachen) aufeinander beziehen, in Beziehung bringen; **to r. A to/with B,** A mit B *dat* verbinden. 2. *v.i.* **to r. to sth.,** (i) sich auf etwas *acc* beziehen; (ii) (*of pers.*) eine Beziehung zu etwas *dat* haben; **it does not r. to my experience,** es stimmt nicht mit meiner Erfahrung überein. **re'lated,** *adj.* 1. (*of things*) verbunden (**to,** mit + *dat*); **these phenomena are not r.,** diese Erscheinungen sind nicht miteinander verbunden; **r. concepts,** verwandte Begriffe. 2. (*of pers.*) verwandt (**to,** mit + *dat*); **r. by marriage,** verschwägert. **re'lation,** *s.* 1. (a) (*relationship*) Beziehung *f;* Verhältnis *n;* **in r. to,** im Verhältnis zu + *dat;* **that has no r. to the present situation,** das trifft auf die gegenwärtige Lage nicht zu; **his account bears no r. to the truth,** sein Bericht steht in keinerlei Beziehung zur Wahrheit; (b) *Adm: Com:* **public relations,** Öffentlichkeitsarbeit *f; Pol: etc:* **international relations,** internationale Beziehungen; **to break off relations (with a country),** diplomatische Beziehungen (mit einem Land) abbrechen; (c) **to enter into relations with s.o.,** mit j-m in Verbindung treten; **relations between them are strained,** die Beziehungen zwischen ihnen sind gespannt; **to have good relations with s.o.,** auf gutem Fuß mit j-m stehen. 2. (*pers.*) Verwandte(r) *f(m);* **is he any r. to you?** ist er mit Ihnen verwandt? **re'lationship,** *s.* (a) Verhältnis *n* (**to/with,** zu + *dat*); **they have a very close r.,** sie stehen einander sehr nahe/haben ein enges Verhältnis zueinander; **his r. with his staff,** seine Beziehung zum Personal; (b) (*to relative*) Verwandtschaft *f.*

relative ['relativ]. I. *adj.* 1. (a) (*of terms, success etc.*) verhältnismäßig; **all things are r.,** alles ist relativ; (b) **r. to sth.,** im Verhältnis zu etwas *dat.* 2. *Gram:* **r. pronoun,** Relativpronomen *n.* II. *s.* Verwandte(r) *f(m);* **-ly,** *adv.* verhältnismäßig; **r. to,** im Verhältnis zu + *dat;* **r. happy,** ganz/ziemlich glücklich. **rela'tivity,** *s.* Relativität *f; Ph:* **theory of r.,** Relativitätstheorie *f.*

relax [ri'læks], *v.* 1. *v.tr.* (den Griff, die Disziplin, ein Verbot usw.) lockern; (Muskeln) entspannen. 2. *v.i.* (a) sich lockern; (*of pers., muscle*) sich entspannen; (*of storm, attention etc.*) nachlassen; (b) (*of pers.*) sich entspannen (*rest*) sich ausruhen; (*in chair*) es sich bequem machen; **his face relaxed into a smile,** seine Gesicht entspannte sich zu einem Lächeln. **re'lax'ation,** *s.* 1. Lockerung *f;* Entspannung *f;* **r. of a ban,** Lockerung *f* eines Verbots. 2. Entspannung *f;* Erholung *f;* **to take some r.,** sich entspannen. **re'laxed,** *adj.* **to be quite r.,** ganz entspannt sein. **re'laxing,** *adj.* (a) (*of climate, air*) ermüdend; (b) (*of holiday & Med: of effect*) entspannend.

relay. I. [ri'lei] *v.tr.* (eine Nachricht) weitergeben; *Rad:* (eine Sendung, eine Nachricht) übertragen. II. ['riːlei] *s.* 1. (*relief team*) Ablösungsmannschaft *f;* **to work in relays,** sich (bei der Arbeit) ablösen; *Sp:* **r. (race),** Staffel-

lauf *m.* **2.** (*a*) (*broadcast*) Übertragung *f;* *Rad:*
r. station, Relaisstation *f;* (*b*) *El:* Relais *n.*
release [ri'li:s]. **I.** *s.* **1.** (*of pers.*) Befreiung *f;*
Freilassung *f* (eines Gefangenen); Entbindung
f (**from an obligation etc.**), von einer Ver-
pflichtung usw.); **order of r.,** Haftentlas-
sungsauftrag *m.* **2.** (*a*) Freigabe *f* (*Com:* eines
neuen Modells, *Cin:* eines Films); *Cin:* **on general
r.,** freigegeben zur allgemeinen Aufführung; (*b*)
(**press**) **r.,** Verlautbarung *f;* (*c*) (*record*) **new
r.,** Neuerscheinung *f.* **3.** *Av:* Abwurf *m* (von
Bomben); *Phot:* (**shutter**) **r.,** Auslöser *m.* **II.**
v.tr. (*a*) (j-n) befreien (**from,** von + *dat*); (einen
Gefangenen) freilassen; **to r. s.o. from his pro-
mise/obligation,** j-n von seinem Versprechen/
seiner Verpflichtung entbinden; **to r. s.o. from
work,** j-n freigeben; (*b*) (*Com:* einen neuen
Wagen usw., *Cin:* einen Film) freigeben;
(*publish*) (einen Text usw.) veröffentlichen; (ein
Dokument usw.) publik machen; (*c*) (*let go*)
(etwas) loslassen; (die Bremse) lösen; *Av:*
(Bomben) abwerfen; (einen Fallschirm) ab-
setzen; **to r. one's hold,** seinen Griff lösen;
loslassen; *Phot:* **to r. the shutter,** den Verschluß
auslösen.
relegate ['religeit], *v.tr.* (j-n, etwas) verban-
nen (**to,** in + *acc*); *Fb:* **to be relegated,** ab-
steigen (**to,** in + *acc*). **rele'gation,** *s. Fb:*
Abstieg *m.*
relent [ri'lent], *v.i.* sich erweichen lassen.
re'lentless, *adj.* (*of pers.*) schonungslos;
(*pitiless*) erbarmungslos; **r. struggle,** erbitterter
Kampf; **-ly,** *adv.* schonungslos; **to pursue one's
aim r.,** seinem Ziel unbeirrt nachgehen. **re-
'lentlessness,** *s.* Schonungslosigkeit *f;*
Unbeirrtheit *f.*
relevant ['relivant], *adj.* einschlägig; **it's not r.,**
es gehört nicht zur Sache; **to be r. to sth.,** sich
auf etwas *acc* beziehen; **all r. information,** alle
diesbezüglichen Auskünfte. **'relevance,** *s.*
Relevanz *f.*
reliable [ri'laiəbl], *adj.* zuverlässig; (*trust-
worthy*) vertrauenswürdig; (*of machine*) be-
triebssicher; **r. firm,** verläßliche/(*honest*) reelle
Firma; **r. guarantee,** sichere Garantie. **relia-
'bility,** *s.* Zuverlässigkeit *f;* Vertrauenswür-
digkeit *f;* Betriebssicherheit *f* (einer Maschine
usw.). **reliant** [ri'laiənt], *adj.* **to be r. on s.o.,**
sich auf j-n verlassen müssen. **re'liance,** *s.*
Vertrauen *n* (**on,** in + *dat*).
relic ['relik], *s.* **1.** *Ecc:* Reliquie *f.* **2.** (*remains*)
Überrest *m;* (*custom etc.*) Relikt *n;* **relics of the
past,** Altertümer *npl.*
relief[1] [ri'li:f], *s.* **1.** Erleichterung *f;* **r. of pain,**
Schmerzlinderung *f;* **to heave a sigh of r.,**
erleichtert aufatmen. **2.** (*a*) (*aid*) **to go to s.o.'s
r.,** j-m zu Hilfe eilen; **r. fund,** Unterstüt-
zungsfonds *m;* **refugee r. (work),** Flüchtlings-
fürsorge(arbeit) *f;* (*b*) (*substitute*) Entlastung
f; **r. road,** Entlastungsstraße *f;* **r. train,** Ent-
lastungszug *m;* (*c*) *Mil: etc:* Ablösung *f* (einer
Wache usw.); *Mil:* Entsetzung *f* (einer Stadt);
r. team, Ablösungsmannschaft *f.* **3.** *Jur:*
(*compensation*) Wiedergutmachung *f;* *Fin:* **tax
r.,** Steuererleichterung *f.* **4.** *Mec: etc:* **r. valve,**
Überdruckventil *n.* **re'lieve,** *v.tr.* (*a*) (Leiden)
erleichtern; (Schmerzen) lindern; (j-s
Gewissen) beruhigen; **to r. one's feelings,**

seinen Gefühlen Luft machen; **to r. boredom,**
Langeweile vertreiben; **to r. the strain/pres-
sure,** die Spannung/den Druck mindern; (*b*) **to
r. oneself,** seine Notdurft verrichten; (*c*) *Mil:
etc:* (eine Wache usw.) ablösen; **to r. a town/
fortress,** eine Stadt/Festung entsetzen; (*d*) **to r.
s.o. of a load etc.,** j-m eine Last usw. ab-
nehmen; **to r. s.o. of a duty/responsibility,** j-n
von einer Pflicht/Verantwortung entbinden;
Hum: **he relieved me of £50,** er hat mich um
£50 erleichtert. **re'lieved,** *adj.* erleichtert; **to
be/feel.,** (erleichtert) aufatmen.
relief[2], *Art:* Relief *n;* **to stand out in (sharp) r.,**
sich scharf abheben (**against sth.,** von etwas
dat); **r. map,** Reliefkarte *f.*
religion [ri'lidʒən], *s.* Religion *f;* *Fig:* Kult *m.*
re'ligious, *adj.* **1.** religiös; (*pious*) fromm; **r.
order,** geistlicher Orden. **2.** *Fig:* (*punctilious*)
peinlich genau; gewissenhaft; **-ly,** *adv.* **he r. fills
in the pools every week,** jede Woche füllt er
treu und brav seine Totoscheine aus.
relinquish [ri'liŋkwiʃ], *v.tr.* (eine Gewohnheit,
einen Plan, die Hoffnung) aufgeben; (auf ein
Amt) verzichten; *Jur:* (ein Recht, eine Erb-
schaft) abtreten (**to s.o.,** an j-n). **re'linquish-
ment,** *s.* Aufgabe *f;* Verzicht *m* (**of,**
auf + *acc*).
reliquary ['relikwəri], *s.* Reliquiar *n.*
relish ['reliʃ]. **I.** *s.* **1.** (*spice*) Würze *f;* (*appetizer*)
Appetitanreger *m.* **2.** *Fig:* **to eat sth. with r.,**
etwas mit Appetit essen; **he used to tell
the story with great r.,** er pflegte die Ge-
schichte mit großem Vergnügen zu erzählen.
II. *v.tr.* (*a*) (ein Gericht usw.) gern mögen; (*b*)
to r. doing sth., etwas sehr gern/mit Vergnügen
tun; **we didn't r. the idea,** wir waren von der
Idee nicht begeistert.
reluctance [ri'lʌktəns], *s.* Widerwille *m;* Abnei-
gung *f* (, etwas zu tun); **to do sth. with r.,** etwas
ungern/widerstrebend tun. **re'luctant,** *adj.* **1.**
(*of pers.*) **r. to do sth.,** abgeneigt/wenig dis-
poniert, etwas zu tun; **the car was r. to start,**
das Auto wollte nicht anspringen. **2.** (*of
consent etc.*) widerwillig; (*hesitant*) zögernd;
-ly, *adv.* **he r. agreed,** er stimmte widerstrebend
zu.
rely [ri'lai], *v.i.* **to r. (up)on s.o., sth.,** sich auf j-n,
etwas *acc* verlassen.
remain [ri'mein], *v.i.* bleiben; (*a*) **the fact re-
mains that . . .,** es ist und bleibt Tatsache, daß
. . .; **it remains to be seen whether,** es bleibt
abzuwarten, ob . . .; (*b*) (*to be left*)
(ver)bleiben; **only ten r.,** nur zehn sind noch
übrig; **es bleiben nur noch zehn;** (*c*) **to r. sit-
ting/seated,** sitzen bleiben; **to r. behind,** zu-
rückbleiben; (*d*) **let it r. as it is,** lassen Sie es,
wie es ist; **the weather remains fine,** das Wetter
bleibt weiterhin schön; (*e*) *Corr:* (*formal*) **I r.,
Sir, yours truly . . .,** mit vorzüglicher Hoch-
achtung verbleibe ich . . . **re'mainder. I.** *s.*
the r., der Rest, das Übrige; *coll:* die Übrigen
pl; **the r. of his life,** der Rest seines Lebens;
Com: **remainders,** (i) Restbestand *m;* (ii)
(*books*) Restauflage *f.* **II.** *v.tr. Com:* (Bücher)
(als Restauflage) abstoßen, verramschen.
re'maining, *adj.* übrig; (*surviving*) übrig-
geblieben; **I only have four r.,** es bleiben mir
nur noch vier davon; **the r. travellers,** die üb-

rigen Reisenden. re´mains, *s.pl.* Reste *mpl;* Überbleibsel *npl* (einer Mahlzeit); Überreste *mpl,* Spuren *fpl* (einer Zivilisation usw.); **mortal remains,** sterbliche Überreste.

remake. **I.** [´ri:´meik] *v.tr.* (etwas) neu machen; *Cin:* (einen Stoff) neu verfilmen. **II.** [´ri:meik] *s. Cin:* Neuverfilmung *f.*

remand [ri´mɑ:nd]. **I.** *v.tr. Jur:* (einen Angeklagten) in Untersuchungshaft halten. **II.** *s.* **on r.,** in Untersuchungshaft; **r. home,** Erziehungsanstalt *f* (für jugendliche Verbrecher).

remark [ri´mɑ:k]. **I.** *s.* Bemerkung *f; usu. Pej:* **to make remarks about s.o.,** Bemerkungen über j-n fallenlassen. **II.** *v.* **1.** *v.tr.* (etwas) bemerken; **it may be remarked that . . .,** es darf erwähnt werden, daß . . . **2.** *v.i.* **to r. on sth.,** auf etwas *acc* hinweisen; **I remarked upon it to my neighbour,** ich habe meinen Nachbarn darauf aufmerksam gemacht. re´markable, *adj.* bemerkenswert; (*strange*) merkwürdig; (*extraordinary*) außerordentlich.

remedial [ri´mi:djəl], *adj.* (*a*) abhelfend; **r. measures,** Abhilfemaßnahmen *fpl; Sch:* **r. reading,** Nachhilfeunterricht *m* im Lesen; **r. class,** Nachhilfeklasse *f;* (*b*) *Med:* heilend; Heil-. remedy [´remidi]. **I.** *s.* (*a*) Abhilfe *f;* Mittel *n* (**for/ against,** gegen + *acc*); (*b*) *Med:* Heilmittel *n.* **II.** *v.tr.* (*a*) (etwas *dat*) abhelfen, in Ordnung bringen; (einen Mißstand) beseitigen; (*b*) (eine Krankheit usw.) heilen.

remember [ri´membər], *v.tr.* (*a*) **to r. s.o., sth.,** sich an j-n, etwas *acc* erinnern; **if I r. rightly,** wenn ich mich recht besinne; **as far as I r.,** soviel/soweit ich mich entsinne; **don't you r. me?** erinnern Sie sich nicht an mich? (*recognize*) kennen Sie mich nicht mehr? **It will be something to r. you by,** das ist ein bleibendes Andenken an Sie, (*b*) (*make a mental note of*) sich *dat* (etwas) merken; **that's worth remembering,** das muß ich mir merken; **it's an easy number to r.,** diese Nummer kann man sich leicht merken; (*c*) (*think of*) (etwas) bedenken; **r. you're not a child any more,** denk daran, daß du kein Kind mehr bist; **he remembered me in his will,** er bedachte mich in seinem Testament; (*d*) **r. me (kindly) to them,** grüßen Sie sie (herzlich) von mir. re´membrance, *s.* (*a*) Andenken *n;* **in r. of s.o.,** zur Erinnerung/ (*on grave etc.*) zum Andenken an j-n; **R. Day,** Heldengedenktag *m;* (*b*) **to the best of my r.,** soweit ich mich erinnern kann.

remind [ri´maind], *v.tr.* **to r. s.o. of s.o., sth.,** j-n an j-n, etwas *acc* erinnern; **r. me to write to him,** erinnere mich daran, mir zu schreiben; **that reminds me (. . .)!** dabei fällt mir ein (, . . .)! re´minder, *s.* Mahnung *f; Com:* (*letter*) Mahnbrief *m.*

reminisce [remi´nis], *v.i.* in Erinnerungen schwelgen. remi´niscence, *s.* Erinnerung *f; Lit:* Reminiszenz *f;* **to write one's reminiscences,** seine Lebenserinnerungen schreiben. remi´niscent, *adj.* **to be r. of s.o., sth.,** an j-n, etwas *acc* erinnern.

remiss [ri´mis], *adj.* nachlässig.

remission [ri´miʃ(ə)n], *s.* **1.** *Ecc:* **r. of sins,** Vergebung *f* der Sünden. **2.** *Jur:* (teilweiser) Erlaß *m;* **r. of a sentence,** Straferlaß *m.*

remit [ri´mit], *v.tr.* (*p. & p.p.* remitted) (*a*) (eine

Strafe, Geldschuld) erlassen; *Ecc:* (Sünden) vergeben; (*b*) *Com:* (*pay*) (j-m eine Summe) überweisen. re´mittance, *s. Com:* Überweisung *f.*

remnant [´remnənt], *s.* (letzter) Rest *m; Tex:* Stoffrest *m;* **r. sale,** Resteverkauf *m.*

remodel [ri´mɔdl], *v.tr.* (etwas) ummodeln; *N.Am:* (ein Haus) umbauen.

remonstrate [´remənstreit], *v.i.* protestieren (**against sth.,** gegen etwas *acc*); **to r. with s.o. about sth.,** j-m wegen etwas *gen* Vorhaltungen machen.

remorse [ri´mɔ:s], *s.* Reue *f,* **feelings of r.,** Gewissensbisse *mpl* (**at,** über + *acc;* **for,** wegen + *gen*); **without r.,** reuelos. re´morseful, *adj.* reumütig. re´morseless, *adj.* (*a*) reuelos; (*b*) (*pitiless*) erbarmungslos; **r. pursuit of wealth,** verbissene Jagd nach Reichtum.

remote [ri´məut], *adj.* **1.** (*a*) (*distant*) fern; (weit) entfernt; **in a r. future,** in ferner Zukunft; *Rad:* **r. control,** Fernlenkung *f;* **r. controlled,** ferngesteuert; **to operate sth. by r. control,** etwas fernsteuern; (*b*) (*of situation*) abgelegen. **2.** *Fig:* **a r. resemblance,** eine entfernte Ähnlichkeit; **without the remotest chance of success,** ohne die geringste Aussicht auf Erfolg; **I haven't the remotest idea,** ich habe nicht die geringste Ahnung; **-ly,** *adv.* **we're r. related,** wir sind entfernt verwandt.

remount [´ri:´maunt], *v.tr. & i.* **to r. (a bicycle/ horse),** (auf ein Fahrrad/Pferd) wieder aufsteigen.

remove [ri´mu:v], *v.* **1.** *v.tr.* (*a*) (*take off*) (das Tischtuch, den Deckel, den Hut usw.) abnehmen; (ein Kleidungsstück) ablegen; **to r. one's make-up,** sich abschminken; (*b*) (*eliminate*) (Flecken) entfernen; (Fehler, ein Hindernis usw.) beseitigen; (Schwierigkeiten, einen Mißbrauch) beheben; **to r. s.o.'s name from a list,** j-s Namen von einer Liste streichen; *Adm:* **to r. s.o. from office,** j-n seines Amtes entheben; (*c*) (j-n) aus dem Weg räumen; (*kill*) (j-n) umbringen; (*d*) (*take away*) (etwas) wegnehmen/entfernen; (*to another house*) (Möbel) transportieren. **2.** *v.i.* (*move house*) umziehen. re´movable, *adj.* abnehmbar; (*from place to place*) transportabel. re´moval, *s.* **1.** Entfernen *n* (eines Flecks usw.); Beseitigung *f* (eines Mißbrauchs). **2.** (*to another house*) Umzug *m;* **furniture r.,** Möbelspedition *f;* **r. men,** Speditionsleute *mpl;* **r. van,** Möbelwagen *m;* **r. expenses,** Umzugskosten *pl.* re´mover, *s.* **1. furniture r.,** Möbelspediteur *m.* **2.** (*liquid*) Entferner *m;* **nail varnish r.,** Nagellackentferner *m;* **paint r.,** Abbeizmittel *n.*

remunerate [ri´mju:nəreit], *v.tr.* (*pay*) (j-n) bezahlen; (*reward*) belohnen (**for,** für + *acc*). remune´ration, *s.* Bezahlung *f;* Belohnung *f* (**for,** für + *acc*). re´munerative, *adj.* (*of work etc.*) einträglich.

renaissance [re´neis(ə)ns], *s. Art Hist:* **the R.,** die Renaissance.

render [´rendər], *v.tr.* (*a*) **to r. a service to s.o.,** j-m einen Dienst erweisen; (*b*) (*with adj.*) (j-n, etwas) . . . machen; **to r. sth. unusable,** etwas unbrauchbar machen; **to r. oneself liable to prosecution,** sich strafbar machen; (*c*) **to r. an account of sth.,** über etwas *acc* Bericht erstatten; *Com:* **to account rendered,** laut erteilter Rechnung; (*d*) (*translate*) (einen Ausdruck usw.) übersetzen; *Mus:* *Th:* (*perform*) (ein Lied, eine Rolle usw.) interpretieren; (eine Rede) sprechen; (*e*) *Cu:* **to r. (down) fat,** Fett auslassen; (*f*) *Constr:* **to r. a wall,** eine Mauer verputzen. **´rendering,** *s.* **1.** (*a*) (*translation*) Übersetzung *f;* (*b*) *Mus:* *Th:* Interpretation *f.* **2.** *Constr:* Mauerputz *m.*

rendezvous [´rɔndivu:]. **I.** *s.* Rendezvous *n;* (*place*) Treffpunkt *m.* **II.** *v.i. F:* (*p.* & *p.p.* **rendezvoused** [-vu:d]) sich treffen.

renegade [´renigeid]. **I.** *s.* Abtrünnige(r) *f(m);* (*with other side*) Überläufer(in) *m(f).* **II.** *adj.* abtrünnig.

renew [ri´nju:], *v.tr.* (etwas) erneuern; (*at library*) (ein Buch) verlängern; (eine Bekanntschaft) wieder aufnehmen; **to r. one's efforts,** sich erneut bemühen; **re´newal,** *s.* Erneuerung *f;* Wiederaufnahme *f.*

rennet [´renit], *s.* Lab *n.*

renounce [ri´nauns], *v.tr.* (auf ein Recht, einen Titel usw.) verzichten; *Rel:* **to r. one's faith,** seinem Glauben abschwören. **re´nouncement,** *s.* Verzicht *m* (**of sth.,** auf etwas *acc*).

renovate [´renəuveit], *v.tr.* (etwas) renovieren. **reno´vation,** *s.* Renovierung *f.*

renown [ri´naun], *s.* Ruhm *m,* Berühmtheit *f;* **of r.,** berühmt. **re´nowned,** *adj.* berühmt (**for,** für + *acc*).

rent[1] [rent], *s.* (*tear*) Riß *m.*

rent[2]. **I.** *s.* (*for house etc.*) Miete *f;* (*for farm, shop*) Pacht *f;* **r. collector,** Mietkassierer *m;* **r. rebate,** Mietrückzahlung *f.* **II.** *v.tr.* (*a*) (*let*) (ein Haus) vermieten; (Land, einen Bauernhof) verpachten; (*b*) (*hire*) (eine Wohnung) mieten; (einen Bauernhof) pachten; (ein Fernsehgerät usw.) leihen. **´rental,** *s.* (*amount*) Mietbetrag *m;* (*for telephone*) Grundgebühr *f;* (*for TV etc.*) Leihgebühr *f;* **r. agreement,** Mietvertrag *m.*

renunciation [rinʌnsi´eiʃ(ə)n], *s.* Verzicht *m* (**of,** auf + *acc*); *Lit:* Entsagung *f.*

reopen [´ri:´əup(ə)n], *v.* **1.** *v.tr.* (*a*) (ein Geschäft, ein Buch usw.) wieder aufmachen; (*b*) (ein Lokal, Verhandlungen usw.) wiedereröffnen. **2.** *v.i.* (*a*) (*of wound etc.*) sich wieder öffnen; (*b*) (*of theatre, shop etc.*) wieder aufmachen; (*c*) (*start again*) wieder beginnen.

reorganize [´ri:´ɔːgənaiz], *v.* **1.** *v.tr.* (etwas) neu organisieren, (*alter*) umorganisieren. **2.** *v.i.* sich neu organisieren. **´reorgani´zation,** *s.* Reorganisation *f;* Umorganisierung *f.*

rep [rep], *s. F: Com:* Vertreter(in) *m* (*f*).

repair [ri´pɛər]. **I.** *s.* Reparatur *f* (einer Maschine usw.); Ausbesserung *f* (von Kleidern usw.); *pl.* Arbeiten *fpl;* **road repairs,** Straßenarbeiten *fpl;* **in need of r.,** reparaturbedürftig; **under r.,** in Reparatur; **to be in good/ poor r.,** in gutem/schlechtem Zustand sein; *Ind:* **r. shop,** Reparaturwerkstätte *f,* Werkstätte *f;* **r. kit/outfit,** Reparaturwerkzeug *n;* (*for punctures*) Flickzeug *n.* **II.** *v.tr.* (etwas) reparieren; (Kleider usw.) ausbessern; *esp. Cy:* (einen Reifen) flicken; **to r. damage/a loss,** Schaden/ einen Verlust wiedergutmachen. **re´pairable,** *adj.* reparierbar; *pred.* zu reparieren. **re´pairer,** *s.* Reparateur *m.*

reparation [repə´reiʃən], *s.* Entschädigung *f; pl. Pol:* Reparationen *fpl.*

repartee [repa´ti:], *s.* Schlagfertigkeit *f.*

repast [ri´paːst], *s. A:* & *Hum:* Mahl *n.*

repatriate [ri:´pætrieit], *v.tr.* (j-n) repatriieren. **repatri´ation,** *s.* Repatriierung *f.*

repay [ri:´pei], *v.tr.* (*p.* & *p.p.* **repaid**) (*a*) (Geld, eine Schuld) zurückzahlen; (j-n) entschädigen; **to r. s.o. for sth.,** j-m etwas vergelten; **how can I r. you?** wie kann ich mich revanchieren? (*b*) **to r. a favour,** eine Gefälligkeit erwidern; (*c*) **a book that repays study,** ein lesenswertes Buch. **re´payment,** *s.* (*a*) Rückzahlung *f;* (*b*) Entschädigung *f.*

repeal [ri´piːl]. **I.** *s.* Aufhebung *f* (eines Gesetzes). **II.** *v.tr.* (ein Gesetz) aufheben.

repeat [ri´piːt]. **I.** *v.tr.* (etwas) wiederholen; **don't r. it (to anybody),** sage es nicht weiter; *Com:* **to r. an order (for sth.),** (etwas) nachbestellen. **II.** *s.* Wiederholung *f; Com:* **r. order,** Nachbestellung *f.* **re´peated,** *adj.* wiederholt. **re´peater,** *s.* (*gun*) Mehrladegewehr *n.*

repel [ri´pel], *v.tr.* (*p.* & *p.p.* **repelled**) (*a*) (den Feind usw.) zurücktreiben; (einen Angriff, einen Schlag) abwehren; (Insekten) vertreiben; (*b*) *Fig:* (j-n) anwidern. **re´pelling/re´pellent,** *adj.* (*a*) abstoßend; **water r.,** wasserabstoßend; (*b*) *Fig:* (*of manner etc.*) widerlich.

repent [ri´pent], *v.* **1.** *v.tr.* (etwas) bereuen. **2.** *v.i.* Reue empfinden. **re´pentance,** *s.* Reue *f.* **re´pentant,** *adj.* reuig; **to be r.,** Reue empfinden.

repercussion [ri:pə´kʌʃ(ə)n], *s.* Rückwirkung *f.*

repertoire [´repətwaːr], *s.* Repertoire *n.* **repertory** [´repət(ə)ri], *s. Th:* Repertoire *n;* **r. theatre,** Repertoirebühne *f.*

repetition [repi´tiʃ(ə)n], *s.* Wiederholung *f;* **we don't want a r.,** wir wollen nicht, daß es wieder vorkommt.

replace [ri´pleis], *v.tr.* (*a*) (etwas) wieder an seinen Platz stellen/setzen; **I replaced it in its box,** ich steckte es wieder in den Kasten; *Tel:* **to r. the receiver,** den Hörer auflegen; (*b*) (*substitute*) (j-n, etwas) ersetzen (**by/with,** durch + *acc*); (Maschinenteile) auswechseln; **to r. coal by/with oil,** Kohle durch Heizöl ersetzen; **I shall ask to be replaced,** ich werde um Ablösung bitten. **re´placeable,** *adj.* ersetzbar; *Tchn:* auswechselbar. **re´placement,** *s.* Ersatz *m;* (*a*) (*pers.*) (*temporary*) Stellvertreter(in) *m(f); Sp: etc:* Ersatzmann *m;* (*b*) *Ind:* **r. (part),** Ersatzteil *n; Aut:* **r. engine,** Austauschmotor *m.*

replay. I. [´ri:plei] *s.* **1.** *Sp:* Wiederholungsspiel *n.* **2.** *Rec:* Abspielen *n.* **II.** [´ri:´plei] *v.tr.* (*a*) *Sp:* (ein Spiel) wiederholen; (*b*) *Rec:* (ein Band, eine Aufnahme) abspielen.

replenish [ri´pleniʃ], *v.tr.* (ein Glas, einen Tank usw.) wieder auffüllen (**with,** mit + *dat*); **to r. one's supplies,** neue Vorräte anlegen. **re´plenishment,** *s.* Nachfüllen *n* (eines Tanks usw.); **r. of supplies,** Anlegen *n* von neuen Vorräten.

replica [´replikə], *s.* (genaue) Kopie *f; Art:* Replik *f.*

reply [ri´plai]. **I.** *s.* Antwort *f;* **in r. to your letter,** in Beantwortung Ihres Schreibens; **what have you to say in r.?** was haben Sie dazu zu sagen;

darauf zu antworten? **he made no r.,** er gab keine Antwort; (*of telegram*) **r. paid,** mit bezahlter Rückantwort. **II.** *v.i.* (*p. & p.p.* **replied**) antworten (**to sth.,** auf etwas *acc*; **to s.o.,** j-m); **to r. to a question,** eine Frage beantworten.

report [ri'pɔːrt]. **I.** *s.* **1.** Bericht *m* (**on,** über + *acc*); (*verbal*) Meldung *f;* **to make a r.,** Bericht erstatten (**on sth.,** über etwas *acc*); **police r.,** Protokoll *n;* **expert's r.,** Gutachten *n.* **2.** (*rumour*) Gerücht *n;* **by r.,** vom Hörensagen. **3.** (*noise*) Knall *m* (eines Gewehrs, einer Explosion). **II.** *v.* **1.** *v.tr.* (*a*) (eine Tatsache) berichten/(*on radio*) melden; *Journ:* (über etwas *acc*) Bericht erstatten/berichten; **he is reported as saying that ...,** er soll gesagt haben, daß...; **heavy fighting is reported,** schwere Kämpfe werden gemeldet; (*b*) **to r. an accident to the police,** einen Unfall der Polizei/bei der Polizei melden; **to r. s.o. to the police,** j-n bei der Polizei anzeigen; *Mil:* **reported missing,** (als) vermißt gemeldet; (*c*) *Gram:* **reported speech,** indirekte Rede. **2.** *v.i.* (*a*) **to r. on sth.,** über etwas *acc* Bericht erstatten/berichten; (*b*) **to r. to s.o.,** sich bei j-m melden. **re'porter,** *s.* Berichterstatter *m, Journ:* Reporter *m.* **re'porting,** *s.* Berichterstattung *f.*

repose [ri'pəuz]. **I.** *s.* Ruhe *f;* (*equanimity*) Gemütsruhe *f,* Gelassenheit *f.* **II.** *v.i.* ruhen.

repository [ri'pozit(ə)ri], *s.* Verwahrungsort *m;* (**furniture**) **r.,** Möbellager *n.*

reprehensible [repri'hensəbl], *adj.* tadelnswert.

represent [repri'zent], *v.tr.* (*a*) (*portray*) (etwas, *Th:* eine Rolle usw.) darstellen; **he is represented in the book as a criminal,** im Buch wird er als Verbrecher hingestellt; (*b*) (*act for*) (eine Firma, Interessen, einen Wahlbezirk usw.) vertreten. **represen'tation,** *s.* **1.** (*portrayal*) Darstellung *f.* **2.** *Com: etc:* Vertretung *f; Pol:* proportional **r.,** Proportionswahl *f.* **3.** *pl. Pol:* (diplomatische) Demarche *f,* **to make representations (to s.o.),** (bei) j-m) Beschwerde einlegen. **repre'sentative. I.** *adj.* **1.** (*symbolical*) symbolisch (**of,** für + *acc*). **2.** (*typical*) representativ; *Com:* **r. sample,** typisches Muster. **II.** *s.* **1.** *esp. Com:* Vertreter(in) *m(f);* (*deputy*) Stellvertreter(in) *m(f); Jur:* Beauftragte(r) *f(m).* **2.** *Pol: esp. U.S:* Abgeordnete(r) *f(m).*

repress [ri'pres], *v.tr.* (einen Aufstand, *Fig:* einen Impuls, Emotionen, Tränen) unterdrücken; (Wünsche, Gedanken) verdrängen. **re'pressed,** *adj.* unterdrückt; verdrängt. **re'pression,** *s.* Unterdrückung *f;* Verdrängung *f.* **re'pressive,** *adj.* repressiv.

reprieve [ri'priːv]. **I.** *s.* **1.** *Jur: etc:* (*temporary*) Aufschub *m;* (*permanent*) Begnadigung *f.* **2.** *Hum:* **we've got a r.,** man hat uns eine Gnadenfrist gegeben. **II.** *v.tr.* (*a*) *Jur:* (j-m) einen Strafaufschub gewähren; (*permanently*) (j-n) begnadigen; (*b*) *Fig:* (j-m) eine Gnadenfrist geben.

reprimand ['reprimɑːnd]. **I.** *s.* Verweis *m.* **II.** *v.tr.* (j-m) einen Verweis erteilen.

reprint. I. ['riːˈprint] *v.tr.* (*a*) (ein Buch) neu auflegen; (*b*) (einen Text) nachdrucken. **II.** ['riːprint] *s.* Neuauflage *f;* (*b*) Nachdruck *m.*

reprisal [ri'praiz(ə)l], *s.* Repressalie *f,* Vergeltungsmaßnahme *f.*

reproach [ri'prəutʃ]. **I.** *s.* Vorwurf *m;* **beyond r.,** ohne Tadel. **II.** *v.tr.* **to r. s.o. with sth.,** j-m etwas

vorwerfen; **to r. s.o. about sth.,** j-m wegen etwas *gen* Vorwürfe machen. **re'proachful,** *adj.* vorwurfsvoll.

reprobate ['reprə(u)beit], *s.* **old r.,** alter Gauner/Schuft.

reproduce ['riːprə'djuːs], *v.* **1.** *v.tr.* (*a*) (ein Modell usw.) nachbilden; (Musik) wiedergeben; (ein Bild) nachdrucken; (*b*) (*have children*) (Nachkommen) zeugen. **2.** *v.i.* (*a*) (*multiply*) sich fortpflanzen, sich vermehren; (*b*) (*of picture, sound*) **to r. well/badly,** sich gut/schlecht wiedergeben lassen. **'repro'duction,** *s.* **1.** Reproduktion *f* (eines Gemäldes, der menschlichen Rasse); *Rec: etc:* Wiedergabe *f* (von Tönen, Farben usw.). **2.** Nachbildung *f,* Kopie *f.* **'repro'ductive,** *adj. Anat:* **r. organs,** Fortpflanzungsorgane *npl.*

reproof [ri'pruːf], *s.* Tadel *m.*

reprove [ri'pruːv], *v.tr.* (j-n) tadeln, rügen.

reptile ['reptail], *s.* Reptil *n.*

republic [ri'pʌblik], *s.* Republik *f.* **re'publican. I.** *adj.* republikanisch. **II.** *s.* Republikaner(in) *m(f).* **re'publicanism,** *s.* republikanische Gesinnung *f.*

repudiate [ri'pjuːdieit], *v.tr.* (*a*) (eine Beschuldigung usw.) zurückweisen; (j-s Autorität) nicht anerkennen; (*b*) (einen mißratenen Sohn usw.) verstoßen. **repudi'ation,** *s.* (*a*) Zurückweisung *f;* Nichtanerkennung; (*b*) Verstoßung *f.*

repugnance [ri'pʌgnəns], *s.* Abscheu *m* (**to,** gegen + *acc*). **re'pugnant,** *adj.* widerlich, ekelhaft; **to be r. to s.o.,** j-m zuwider sein.

repulse [ri'pʌls], *v.tr.* (einen Feind) zurücktreiben; (einen Angriff) abwehren, abweisen. **re'pulsion,** *s.* Abscheu *f* (**to/for,** vor j-m, etwas *dat*). **re'pulsive,** *adj.* abscheulich, widerlich; **-ly,** *adv.* **r. ugly,** abschreckend häßlich.

reputable ['repjutəbl], *adj.* angesehen; (*respectable*) anständig. **repu'tation,** *s.* Ruf *m;* **they have a r. for that,** sie sind dafür bekannt; **it harmed his r.,** es hat seinem Ruf geschadet. **repute** [ri'pjuːt], *s.* Ruf *m;* **to know s.o. by r.,** j-n vom Hörensagen kennen; **a doctor of r.,** ein Arzt von Ruf; **a place of ill r.,** ein verrufener Ort. **re'puted,** *adj.* (*supposed*) angeblich, vermeintlich; **it is r. to be haunted,** es soll angeblich dort spuken; **-ly,** *adv.* **he's r. the best heart specialist,** er gilt als der beste Herzspezialist.

request [ri'kwest]. **I.** *s.* Bitte *f* (**for,** um + *acc*); (*formal*) Ersuchen *n* (**for,** um + *acc*); **at his r.,** auf seine Bitte/sein Ersuchen hin; **on/by r.,** auf Wunsch; *Com:* **samples on r.,** Muster auf Verlangen; **r. for payment,** Zahlungsaufforderung *f; P.N:* **r. stop,** Bedarfshaltestelle *f; Rad: etc:* **r. programme,** Wunschsendung *f;* (*for music*) Wunschkonzert *n;* **to make/grant a r.,** eine Bitte vorbringen/gewähren. **II.** *v.tr.* (um etwas *acc*) bitten; **to r. sth. from s.o.,** j-n um etwas *acc* ersuchen; **to r. s.o. to do sth.,** j-n bitten, etwas zu tun; *P.N:* **you are requested not to touch the exhibits,** es wird gebeten, die Gegenstände nicht zu berühren; *Com:* **as requested,** Ihren Anweisungen gemäß.

requiem ['rekwiem], *s.* Requiem *n.*

require [ri'kwaiər], *v.tr.* (*a*) (*demand*) **to r. sth. of s.o.,** etwas von j-m verlangen; (*b*) (*need*) (etwas) brauchen, nötig haben; **work that requires great precision,** eine Arbeit, die große Genauigkeit verlangt; **have you got all you r.?** haben Sie alles, was Sie brauchen? **I'll do whatever is required,** ich werde alles Nötige tun. **re´quired,** *adj.* (*necessary*) erforderlich, nötig; (*desired*) gewünscht; **in the time r.,** innerhalb der vorgeschriebenen Zeit; **the qualities r. for this post,** die für diese Stelle erforderlichen Eigenschaften; **if r.,** notfalls. **re-´quirement,** *s.* 1. (*demand*) Forderung *f.* 2. (*need*) Bedürfnis *n; pl.* Bedarf *m;* **to cover future requirements,** den künftigen Bedarf decken. 3. (*condition*) Voraussetzung *f* (**for a post,** für eine Stelle).

requisite [´rekwizit]. I. *adj.* (*necessary*) erforderlich, notwendig; (*indispensable*) unerläßlich (**for,** für + *acc*). II. *s.* **toilet requisites,** Toilettenartikel *mpl;* **office requisites,** Bürobedarf *m;* **travel requisites,** Reiserequisiten *npl.* **requi´sition,** *s.* I. *v.tr. Mil: etc:* (Lebensmittel, eine Wohnung usw.) beschlagnahmen. II. *s. Mil:* Requisition *f,* Beschlagnahme *f.*

resale [´ri:´seil], *s.* Weiterverkauf *m;* **r. price maintenance,** Preisbindung *f* der zweiten Hand; **not for r.,** darf nicht weiterverkauft werden.

rescind [ri´sind], *v.tr. Jur: Adm:* (ein Gesetz usw.) aufheben; (einen Vertrag) für ungültig erklären.

rescue [´reskju:]. I. *s.* Rettung *f;* Bergung *f* (von Schiffbrüchigen); **r. party/team,** Rettungsmannschaft *f;* **to come to s.o.'s r.,** j-m zu Hilfe kommen. II. *v.tr.* (j-n, etwas) retten, *Nau:* bergen (**from,** aus + *dat*); (*free*) (j-n) befreien (**from,** aus + *dat*); **to r. a child from drowning,** ein Kind vor dem Ertrinken retten. ´**rescuer,** *s.* Retter(in) *m(f);* Befreier(in) *m(f).*

research [ri´sə:tʃ]. I. *s.* Forschung *f* (**on/into sth.,** über etwas *acc;* **in a field,** auf einem Gebiet); **r. on Shakespeare,** Shakespeareforschung *f;* **r. work,** Forschungsarbeit *f;* **r. worker,** Forscher(in) *m(f).* II. *v.* 1. *v.i.* **to r. (into a subject),** Forschung (über eine Sache) betreiben. 2. *v.tr.* (ein Gebiet) erforschen.

resemble [ri´zembl], *v.tr.* (j-m, etwas *dat*) ähnlich sein; **he resembles his brother,** er sieht seinem Bruder ähnlich. **re´semblance,** *s.* Ähnlichkeit *f* (**to,** mit + *dat;* **between,** zwischen + *dat*); **it bears a close r. to sugar,** es sieht sehr ähnlich wie Zucker aus.

resent [ri´zent], *v.tr.* (etwas) übelnehmen; (j-n) ablehnen; **he resents criticism,** er kann keine Kritik vertragen; **I r. this inference,** ich verbitte mir diese Anspielung; **you r. my being here,** meine Anwesenheit stört Sie. **re´sentful,** *adj.* **to be r. of sth.,** etwas nicht vertragen können; **he is bound to be r. if . . . ,** es ist ihm sicher zuwider, wenn . . . **re´sentment,** *s.* Ressentiment *n,* Groll *m* (**against/at,** gegen + *acc*).

reserve [ri´zə:v]. I. *v.tr.* (etwas) aufbewahren; (einen Platz) reservieren; **to r. the right to do sth.,** sich *dat* das Recht vorbehalten, etwas zu tun. II. *s.* 1. Reserve *f* (von Geld, Energie usw.); (*store*) Vorrat *m* (von Lebensmitteln); *Fin:* **gold reserves,** Goldreserven *fpl;* **r. fund,** Reservefonds *m; Fig:* **to keep/hold sth. in r.,** etwas in Reserve halten. 2. *Sp:* Reservespieler *m.* 3. (*area*) nature **r.,** Naturschutzgebiet *n.* 4. (*reticence*) Zurückhaltung *f,* Reserve *f;* **without**

r., ohne Vorbehalt. **reser´vation** [rezə-], *s.* 1. *Rail: Th: Hotel:* Reservierung *f; Th:* Vorbestellung; *Rail:* **seat r. (ticket),** Platzkarte *f.* 2. (*doubt*) Bedenken *n;* **I have some reservations about this,** ich habe Bedenken darüber; **without r.,** ohne Vorbehalt. 3. *esp. N.Am:* (*for Indians etc.*) Reservat *n;* (*for animals*) Naturschutzgebiet *n.* **re´served,** *adj.* 1. **r. seats,** reservierte Plätze. 2. (*of pers.*) reserviert, zurückhaltend. **reservoir** [´rezəvwɑ:r], *s.* Reservoir *n;* (*container*) Behälter *m,* Speicher *m.*

reshuffle [ri:´ʃʌfl]. I. *v.tr.* (*a*) (Spielkarten) (neu) mischen; (*b*) *Pol:* (ein Kabinett usw.) umbilden. II. *s.* Umbildung *f.*

reside [ri´zaid], *v.i.* wohnen. **residence** [´rezidəns], *s.* (*a*) (*town etc.*), Wohnsitz *m;* (*house etc.*) Wohnung *f;* **summer r.,** Sommersitz *m;* (*b*) (*period*) Aufenthalt *m;* **r. permit,** Aufenthaltserlaubnis *f. Univ:* (**students') hall of r.,** Studentenheim *n.* ´**resident.** I. *adj.* (*a*) **r. in X,** wohnhaft in X; **are you r. here?** wohnen Sie hier? haben Sie hier Ihren Wohnsitz? **the r. population,** die Einwohnerschaft; (*b*) (*of caretaker etc.*) im Haus wohnend; **r. physician,** im Krankenhaus wohnender Arzt. II. *s.* Einwohner(in) *m(f);* (*in hotel*) Hotelgast *m.* **resi´dential,** *adj.* Wohn-; **r. area,** Wohnviertel *n;* **r. hotel,** Hotel *n* für Dauergäste.

residual [ri´zidjuəl], *adj.* übriggeblieben; Rest-. **residue** [´rezidju:], *s.* Rest *m; Ch:* Rückstand *m.*

resign [ri´zain]. I. *s.* 1. *v.tr.* (*a*) (eine Stelle) aufgeben; (sein Amt) niederlegen; (*b*) **to r. oneself to doing sth.,** sich damit abfinden, etwas tun zu müssen; **to r. oneself to the inevitable,** sich ins Unabwendbare fügen. 2. *v.i.* (von einem Posten) zurücktreten; (aus einem Verein) austreten. **resignation** [rezig´neiʃ(ə)n], *s.* 1. Rücktritt *m* (**from a post,** von einem Posten); (*of official*) Amtsniederlegung *f.* 2. Fügung *f* (**to the inevitable,** in das Unabwendbare); (*state of mind*) Resignation *f.* **re´signed,** *adj.* resigniert; **to become r. to sth.,** sich mit etwas *dat* abfinden.

resilient [ri´ziliənt], *adj.* elastisch; (*of pers.*) nicht unterzukriegen. **re´silience,** *s.* Elastizität *f;* (*of pers.*) Spannkraft *f.*

resin [´rezin], *s.* Harz *n.* ´**resinous,** *adj.* harzig.

resist [ri´zist], *v.tr. & i.* (*a*) (etwas *dat*) widerstehen; **I just couldn't r. (the temptation),** ich konnte (der Versuchung) einfach nicht widerstehen; (*b*) (*oppose*) (j-m) Widerstand leisten; sich (einem Projekt usw.) widersetzen; **to r. arrest,** sich der Verhaftung widersetzen; **it is senseless to r.,** jeder Widerstand ist sinnlos. **re´sistance,** *s.* (*all senses*) Widerstand *m* (**to,** gegen + *acc*); (*a*) Widerstandsfähigkeit *f* (von Stahl usw.); **r. to wear,** Verschleißfestigkeit *f;* **heat r.,** Hitzebeständigkeit *f;* (*b*) **she offered no r.,** sie leistete keinen Widerstand; **to take the line of least r.,** den Weg des geringsten Widerstandes einschlagen; **r. movement,** Widerstandsbewegung *f.* **re´sistant,** *adj.* (*of material*) widerstandsfähig; **heat-r.,** hitzebeständig. **re-´sistor,** *s. El:* Widerstand *m.*

resolute [´rezəl(j)u:t], *adj.* (*of pers., manner*) entschlossen, resolut; (*of resistance etc.*) fest.

reso′lution, s. 1. (a) (*corporate decision*) Beschluß m (einer Versammlung); **to pass a r.**, einen Beschluß fassen; **to put a r.** (**to the meeting**), eine Resolution einbringen; (b) (*personal decision*) Entschluß m; **good resolutions**, gute Vorsätze mpl; **to make a r. to do sth.**, sich fest vornehmen, etwas zu tun. 2. (*decisiveness*) Entschlossenheit f. 3. (a) Ch: Mth: Mus: Auflösung f; Opt: Auflösungsvermögen n (eines Objektivs); TV: **picture r.**, Rasterung f eines Bildes; (b) r. **of a problem**, Lösung f eines Problems. **resolve** [ri′zɔlv]. I. s. (*decision*) Entschluß m; (*decisiveness*) Entschlossenheit f. II. v. 1. v.tr. (a) (*divide up*) (etwas) auflösen (**into its component parts**, in seine Bestandteile); (b) (*solve*) (ein Problem) lösen; (einen Zweifel) beseitigen; (c) (*of meeting*) beschließen, (*of pers.*) sich (fest) entschließen (, etwas zu tun). 2. v.i. sich entschließen (**to do sth.**, etwas zu tun; (**up**)**on sth.**, fur etwas *acc*).

resonant [′rezənənt], adj. resonant; **r. voice**, tönende Stimme. ′**resonance**, s. Resonanz f; Mus: Mitklingen n. ′**resonate**, v.i. mitklingen.

resort [ri′zɔːt]. I. s. 1. Zuflucht f (**to**, zu + dat); **without r. to compulsion**, ohne Zwang anzuwenden; **as a last r.**, als letzter Ausweg, F: wenn alle Stricke reißen. 2. (**holiday**) r., Ferienort m; **health r.**, Erholungsort m; **seaside r.**, Seebad n. II. v.i. **to r. to violence, force etc.**, Gewalt, Zwang usw. anwenden; **to r. to blows**, handgreiflich werden; **to r. to a trick**, zu einer List greifen.

resound [ri′zaund], v.i. erschallen; widerhallen (**with cries**, von Schreien). **re′sounding**, adj. (a) (*of laughter*) schallend; (*of voice*) dröhnend; (b) (*of success etc.*) glänzend; **r. blow**, heftiger/ Fig: schwerer Schlag; **r. victory**, eklatanter Sieg.

resource [ri′sɔːs], s. 1. Hilfsmittel n, Sch: Lehrmittel n; **resource(s) centre**, Lehrmittelzentrale f (für Lehrer). 2. pl. (*money, labour etc.*) Mittel npl; (*wealth*) Reichtümer mpl (eines Landes); **he doesn't have the necessary resources**, er verfügt nicht über die nötigen Mittel; **natural resources**, Naturschätze mpl; (*minerals*) Bodenschätze mpl. 3. (*also* **resourcefulness**) Findigkeit f. re′**sourceful**, adj findig.

respect [ri′spekt]. I. s. 1. (*aspect*) Hinsicht f, Beziehung f; **with r. to/in r. of**, hinsichtlich + gen; **in some respects**, in mancher Hinsicht; **in this r.**, in dieser Beziehung. 2. (*esteem*) Achtung f; **to have r. for s.o.**, vor j-m Respekt haben, j-n respektieren; **worthy r.**, achtungsgebietend; **with (all) due r. . .**, mit Verlaub (zu sagen) . . . 3. pl. Empfehlungen fpl; **to pay one's respects/last respects to s.o.**, j-m seine Aufwartung machen/die letze Ehre erweisen. II. v.tr. (j-n) achten, respektieren; **to r. s.o.'s wishes**, j-s Wünsche berücksichtigen.

respecta′bility, s. (*status*) Ansehen n; (*quality*) Anständigkeit f. re′**spectable**, adj. 1. (*of pers., firm etc.*) anständig, solide; **a r. family**, eine angesehene Familie; **put on some r. clothes**, zieh dich doch anständig an. 2. (*considerable*) beachtlich; **a r. sum**, eine beachtliche/ansehnliche Summe; **-ably**, adv. 1. **r. dressed**, anständig bekleidet. 2. F: **he plays quite r.**, er spielt ganz passabel/gar

nicht schlecht. re′**spectful**, adj. ehrerbietig; (*of pers.*) respektvoll (**towards**, gegen + acc); **-ly**, adv. höflichst; Corr: **yours r.**, hochachtungsvoll. re′**spective**, adj. jeweilig; **we (each) went our r. ways**, wir gingen jeder unserer Wege; **-ly**, adv. **the concerts are in London and Manchester r.**, die Konzerte finden jeweils in London und Manchester statt.

respiration [respi′reiʃ(ə)n], s. Atmung f; **artificial r.**, künstliche Beatmung f. ′**respirator**, s. Atmungsgerät n.

respite [′respait, ′respit], s. (*postponement*) Aufschub m; (*breathing space*) Atempause f; (*rest*) Ruhepause f; **r. from work**, Unterbrechung f der Arbeit; **to work without r.**, pausenlos arbeiten.

resplendent [ri′splendənt], adj. prächtig.

respond [ri′spɔnd], v.i. (a) (*of pers.*) antworten (**to a question etc.**, auf eine Frage usw.); (*react*) reagieren (**to sth.**, auf etwas acc; **with sth.**, mit etwas dat); (b) (*of machine, instrument*) ansprechen (**to sth.**, auf etwas acc); **to r. to the controls**, auf die Steuerung ansprechen; der Steuerung gehorchen; (*of illness, patient*) **to r. to treatment**, auf die Behandlung ansprechen. re′**sponse**, s. (a) (*answer*) Antwort f; (*to advertisement etc.*) Zuschrift f; coll. Reaktion f; (*to appeal etc.*) **an overwhelming r.**, eine überwältigende Reaktion der Öffentlichkeit; **to get a good r./no r.**, Widerhall/keinen Widerhall finden; (b) Tchn: Ansprechen n (**to sth.**, auf etwas acc); El: Rec: **frequency r.**, Frequenzgang m; (c) pl. Ecc: Responsorien pl. re′**sponsi′bility**, s. Verantwortung f; **to have/ bear the r.**, die Verantwortung haben/tragen; **to do sth. on one's own r.**, etwas auf eigene Verantwortung/auf eigene Faust tun. re′**sponsible**, adj. 1. (*accountable*) verantwortlich (**to s.o. for sth.**, j-m für etwas acc); **I hold you r.**, ich mache Sie verantwortlich; **I cannot be (held) r. for this**, man kann mich nicht dafür verantwortlich machen; **he is r. for the accident**, er trägt die Schuld an dem Unfall; **he is not r. for his actions**, er ist nicht zurechnungsfähig. 2. (*of job, attitude etc.*) verantwortungsvoll; (*of pers.*) verantwortungsbewußt; (*reliable*) zuverlässig. re′**sponsive**, adj. empfänglich (**to influences**, für Einflüsse); (*of audience*) mitgehend; Aut: (*of engine*) elastisch; (*of steering etc.*) **to be r. to the slightest touch**, auf die leiseste Berührung ansprechen. re′**sponsiveness**, s. Empfänglichkeit f; Mitfühlen n.

rest[1] [rest]. I. s. 1. (a) (*repose*) Ruhe f; **to have a good night's r.**, sich ausschlafen; **he needs a complete r.**, er müßte vollkommen ausspannen; **give your feet a r.**, ruh deine Füße aus; **to be at r.**, ruhen; **to come to r.**, zum Stillstand kommen; Fig: **to set s.o.'s mind at r.**, j-n beruhigen; (b) (*halt*) Rast f; (*break*) Ruhepause f (**from**, von + dat); **to have/take a r.**, sich ausruhen; (*take a break*) Pause machen; (c) attrib. **r. cure**, Liegekur f; **r. day**, Ruhetag m; **r. room**, (i) Aufenthaltsraum m; (ii) esp. N.Am: Toilette f. 2. Mus: Pause f. 3. (*support*) Stütze f; (*of telephone*) Gabel f. II. v. 1. v.i. (a) ruhen; (*in bed etc.*) sich ausruhen; Th: **to be resting**, ohne Engagement sein; Fig: **you can r. assured that . . .**, Sie können sich darauf verlassen, daß

...; (b) **to let the matter r.**, die Sache auf sich beruhen lassen; **he won't let it r. at that**, er wird es nicht dabei belassen; (c) **to r. on sth.**, sich auf/gegen etwas acc stützen/lehnen; Fig: **it all rests with/on him**, es hängt alles von ihm ab; **the argument rests on this assumption**, das Argument beruht auf dieser Annahme. **2.** v.tr. (a) (j-n) ruhen lassen; (die Augen, die Stimme) schonen; Sp: (einen Spieler) aussetzen lassen; **to r. one's weary legs**, die müden Glieder ausruhen; (b) (support) (die Ellbogen usw.) stützen; (put down) (eine Last) niedersetzen; Fig: **to r. one's argument on sth.**, sein Argument auf etwas acc stützen/begründen. 'restful, adj. erholsam; (peaceful) ruhig, friedlich. 'resting place, s. Rastplatz m; (last) r. p., (letzte) Ruhestätte f. 'restless, adj. (of pers., night etc.) ruhelos; (uneasy) unruhig. 'restlessness, s. Ruhelosigkeit f; Unruhe f.

rest², s. (remainder) Rest m; (a) **the r. of the money**, das übrige Geld; der Rest des Geldes; **to do the r.**, das übrige tun; **for the r.**, im übrigen; **and all the r. of it**, und was es sonst (noch so) alles gibt; (b) (pers.) pl. die Übrigen; **the r. of us**, wir anderen.

restaurant ['rest(ə)rɔŋ], s. Restaurant n, Gaststätte f; **r. owner**, Gastwirt m; Rail: **r. car**, Speisewagen m.

restitution [resti'tju:ʃ(ə)n], s. Rückerstattung f (von Gestohlenem); Wiederherstellung f (von Rechten).

restive ['restiv], adj. unruhig; (on edge) nervös. 'restiveness, s. Unruhe f.

restore [ri'stɔ:r], v.tr. (a) (return) (etwas Geborgtes, Gestohlenes usw.) wiedergeben (**to s.o.**, j-m); (b) (renovate) (ein Gebäude, Gemälde usw.) restaurieren; (Möbel) erneuern; (c) (re-establish) (die öffentliche Ordnung, den Frieden) wiederherstellen; **restored to health**, erholt; wieder gesund; **his confidence has been restored**, er hat sein Selbstvertrauen zurückgewonnen; **to r. s.o. to freedom**, j-m die Freiheit wiederschenken; **to r. s.o.'s strength**, j-s Kräfte wieder beleben. restoration [restə'reiʃ(ə)n], s. **1.** Rückerstattung f (von Eigentum). **2.** Restaurierung f (eines Kunstwerkes usw.). **3.** Wiederherstellung f (der Gesundheit, Ordnung usw.). re'storative. **I.** s. Med: Stärkungsmittel n. **II.** adj. stärkend. re'storer, s. (a) Art: (pers.) Restaurator m; (b) **hair r.**, Haarwuchsmittel n.

restrain [ri'strein], v.tr. (j-n, sich) zurückhalten; (einen Hund) bändigen; Fig: (die Zunge usw.) im Zaum halten; (Gefühle) unterdrücken; (limit) (Freigebigkeit usw.) einschränken; **to r. s.o. from doing sth.**, j-n davon abhalten, etwas zu tun. re'strained, adj. (of expression etc.) verhalten; (of pers., manner) zurückhaltend, gemäßigt; **r. colours**, gedämpfte Farben. re'straint, s. (a) Beschränkung f (der Freiheit, des Handels); (b) (manner) Reserve f, Zwang m; **to exercise masterly r.**, sich meisterhaft beherrschen; **lack of r.**, Maßlosigkeit f; **without r.**, ungehemmt.

restrict [ri'strikt], v.tr. (a) (of pers.) (Ansprüche, Ausgaben usw.) beschränken (**to**, auf + acc); **to r. oneself to essentials**, sich auf das Nötigste beschränken; **to r. s.o.'s authority/freedom of movement (to certain limits)**, j-s Machtbefugnisse/Bewegungsfreiheit (auf ein gewisses Gebiet) einschränken; (b) (of things) (Bewegungen) hemmen. re'stricted, adj. beschränkt; (of movements) gehemmt; **r. for space**, eingeengt; Mil: **r. area**, Sperrzone f. re'striction, s. (a) Beschränkung f; **r. on imports**, Einfuhrbeschränkung f; **speed r.**, Geschwindigkeitsbegrenzung f; (b) Hemmung f (der Bewegungen usw.). re'strictive, adj. einschränkend; Ind: **r. practices**, arbeitshindernde Vorschriften fpl.

result [ri'zʌlt]. **I.** s. (a) Ergebnis n, Resultat n; (consequence) Folge f; **the r. was that...**, daraus erfolgte, daß..., das Endergebnis war, daß...; **without r.**, ergebnislos; (b) **to produce results**, Erfolg bringen; **the desired r.**, die gewünschte Wirkung. **II.** v.i. (a) sich ergeben (**from**, aus + dat); **little will r. from it**, es wird sich nicht viel daraus ergeben; (b) enden (in, in + dat); **to r. in nothing**, zu nichts führen. re'sultant, adj. resultierend; **the r. sum**, die sich ergebende Summe.

resume [ri'zju:m], v. **1.** v.tr. (a) (eine Tätigkeit, Bemühungen, Verhandlungen, Beziehungen usw.) wiederaufnehmen; **to r. one's position**, seine Stellung wieder einnehmen; (b) (den Kampf, das Spiel, eine Erzählung) fortsetzen. **2.** v.i. wieder anfangen; Sp: **when play resumed**, als das Spiel fortgesetzt wurde. re'sumption [ri'zʌmpʃən], s. Wiederaufnahme f; Fortsetzung f (eines Spiels usw.).

résumé ['rezju:mei], s. Resümee n.

resurface ['ri:'sə:fis], v. **1.** v.tr. **to r. the road**, den Straßenbelag erneuern. **2.** v.i. (of diver, submarine) wieder auftauchen.

resurgence [ri'sə:dʒ(ə)ns], s. Wiederaufleben n. re'surgent, adj. wiederauflebend.

resurrect [rezə'rekt], v.tr. (eine Sitte usw.) wieder aufleben lassen. resu'rrection, s. Rel: Auferstehung f.

resuscitate [ri'sʌsiteit], v.tr. (j-n) wiederbeleben. resusci'tation, s. Wiederbelebung f.

retail ['ri:teil]. **I.** s. **r. (trade)**, Einzelhandel m; **r. trader/dealer**, Einzelhändler m; **r. price**, Einzelhandelspreis m. **II.** adj. & adv. en detail; **it costs £10 r.**, es kostet £10 im Einzelhandel. **III.** v. **1.** v.tr. (Waren) im Einzelhandel verkaufen. **2.** v.i. **it retails at £10**, es wird im Einzelhandel um/für £10 verkauft.

retain [ri'tein], v.tr. (etwas) behalten; (a) (eine Sitte, eine Gewohnheit usw.) beibehalten; (b) (remember) (etwas im Gedächtnis) behalten; **I can't r. anything**, ich kann mir nichts merken; (c) **to r. one's hold on sth.**, an etwas dat festhalten; **to r. control of the car**, die Herrschaft über den Wagen behalten; **to r. one's self-control**, sich beherrschen; (d) (Wasser usw.) zurückhalten; Mec: (ein Teil) befestigen; **retaining wall**, Staumauer f. re'tainer, s. **1.** (fee) Honorar n. **2.** (pers.) F: **old r.**, (altes) Faktotum n; (treuer) langjähriger Diener.

retaliate [ri'tælieit], v.i. sich rächen; Hum: sich revanchieren (**against s.o.**, an j-m; **for sth.**, für etwas acc). reta'liation, s. Rache f; esp. Mil: Vergeltung f; (act) Vergeltungsmaßnahme f.

retard [ri'ta:d], v.tr. (Fortschritt, einen Vorgang

usw.) aufhalten, *(delay)* verzögern, *(slow)* bremsen. re´tarded, *adj. (a) (of child)* **(mentally)** r., zurückgeblieben; *(b) Aut:* r. ignition, Spätzündung *f.* retar´dation, *s.* Verzögerung *f; (braking)* Bremswirkung *f.*

retention [ri´tenʃ(ə)n], *s.* Behalten *n;* Beibehaltung *f* (alter Bräuche usw.); *(memory)* Merkfähigkeit *f.* re´tentive, *adj.* r. memory, gutes Gedächtnis.

reticent [´retis(ə)nt], *adj. (of character)* zurückhaltend; **he is** r. **about it,** er redet nicht viel davon. ´reticence, *s.* Reserve *f;* Verschwiegenheit *f.*

retina [´retinə], *s. Anat:* Netzhaut *f.*

retinue [´retinju:], *s.* Gefolge *n* (eines Fürsten).

retire [ri´taiər], *v.* 1. *v.i. (a)* sich zurückziehen **(from,** von + *dat);* **to** r. **for the night,** sich zur Ruhe begeben; **to** r. **into oneself,** sich verschließen; *(b) (stop working)* sich (vom Geschäft) zurückziehen; *(esp. of civil servant)* in den Ruhestand treten; *(on pension)* in Pension gehen. 2. *v.tr.* (j-n) pensionieren. re´tired, *adj.* 1. pensioniert, im Ruhestand; **retired major,** Major außer Dienst. 2. *(of existence)* zurückgezogen. re´tirement, *s.* Ruhestand *m,* r. **pension,** Pension *f.* re´tiring, *adj. (a) (of pers.)* zurückhaltend, reserviert; *(b)* **the** r. **chairman,** der abgehende Vorsitzende.

retort[1] [ri´tɔ:t]. I. *s.* (schlagfertige) Entgegnung *f.* II. *v.tr.* schlagfertig antworten, entgegnen **(to sth.,** auf etwas *acc).*

retort[2], *s. Ch:* Retorte *f.*

retrace [´ri:´treis], *v.tr.* (j-s Bewegungen) zurückverfolgen; **to** r. **one's steps,** denselben Weg zurückgehen.

retract [ri´trækt], *v.tr. (a)* (die Klauen, *Av:* das Fahrgestell) einziehen; *(b)* (eine Anklage) zurückziehen; (eine Aussage) widerrufen; (eine Behauptung) zurücknehmen. re´tractable, *adj. (of undercarriage etc.)* einziehbar; r. **ballpoint pen,** Druckkugelschreiber *m.*

retread. I. [´ri:´tred] *v.tr. Aut:* (Reifen) runderneuern. II. [´ri:tred] *s.* runderneuerter Reifen *m.*

retreat [ri´tri:t]. I. *s.* 1. *Mil:* Rückzug *m; Fig:* **to beat a hasty** r., eiligst das Feld räumen. II. *v.i.* sich zurückziehen.

retrenchment [ri:´tren(t)ʃmənt], *s.* Einschränkung *f* (der Ausgaben).

retrial [ri:´traiəl], *s. Jur:* Wiederaufnahmeverfahren *n.*

retribution [retri´bju:ʃ(ə)n], *s.* Vergeltung *f.*

retrieve [ri´tri:v], *v.tr. (a) (recover)* (Verlorenes) wiederbekommen; *(from awkward position)* (etwas) herausholen **(from,** aus + *dat); Data-Pr:* (Informationen) wiederauffinden; *(of dog)* (Wild) apportieren; *(b) (put right)* (einen Verlust) wettmachen; **to** r. **the situation,** die Situation retten; **to** r. **an error,** einen Fehler wiedergutmachen. re´trievable, *adj.* zurückzubekommen; *(of situation)* noch zu retten. re´trieval, *s.* Wiedergewinnung *f; Data-Pr:* Wiederauffinden *n;* r. **system,** Suchsystem *n.* re´triever, *s. (dog)* Apportierhund *m.*

retrograde [´retrəugreid], *adj. (of motion)* rückläufig; *Fig:* rückschrittlich; r. **step,** Rückschritt *m.*

retrospect [´retrəuspekt], *s.* Rückblick *m;* **in** r.,

rückblickend. retro´spective, *adj. Jur: etc:* rückwirkend; **with** r. **effect,** mit rückwirkender Kraft; *Art:* r. **exhibition,** Retrospektive *f; -ly, adv.* rückblickend.

return [ri´tə:n]. I. *s.* 1. Rückkehr *f;* Heimkehr *f* (aus dem Krieg); *(recurrence)* Wiederkehr *f (Mus:* eines Themas usw.); **on my** r., bei meiner Rückkehr; **we have reached the point of no** r., wir können nicht mehr zurück; **many happy returns (of the day)!** herzlichen Glückwunsch zum Geburtstag! **by** r. **(of post),** postwendend; r. **journey,** Rückreise *f; Rail: etc:* r. **fare,** Fahrpreis *m* für Hin- und Rückfahrt; r. **ticket,** Rückfahrkarte *f;* r. **half,** Rückfahrabschnitt *m.* 2. *(profit) Com: esp. pl.* Ertrag *m; quick* **returns,** ein schneller Gewinn/ *(turnover)* Umsatz; **to yield a fair** r., sich rentieren. 3. *(a) (giving back)* Rückgabe *f; (sending back)* Rücksendung *f; (repayment)* Rückzahlung *f;* **in** r. **for this,** als Gegenleistung; r. **visit,** Gegenbesuch *m;*Com: **on sale or** r., in Kommission; *(b) (book)* r. **(copy),** Remittende *f.* 4. *Tennis:* Rückschlag *m; Sp:* r. **match,** Rückspiel *n.* 5. *(a) Fin: (declaration)* **quarterly** r., Vierteljahresbericht *m; tax* r., Steuererklärung *f; (b) (figures)* **official returns,** amtliche Statistik; *Pol:* **election returns,** Wahlergebnisse *npl.* II. *v.* 1. *v.i.* zurückkehren; *(come back)* zurückkommen; *(go back)* zurückgehen; *(recur)* wiederkehren; **to** r. **home,** heimkehren; *(in letter etc.)* **to** r. **to the question of payment,** um auf die Frage der Zahlung zurückzukommen; **to** r. **to work,** die Arbeit wiederaufnehmen; **he has returned to his bad ways,** er ist in seine schlechten Gewohnheiten zurückverfallen. 2. *v.tr. (a)* (etwas Geborgtes usw.) zurückgeben, *(send back)* zurückschicken; (Geld) zurückzahlen **(to s.o.,** j-m); **the oil is returned to the sump,** das Öl wird zur Ölwanne zurückgeführt; *(b)* **to** r. **a book to its place,** ein Buch an seinen Platz zurückstellen; *(c) Pol:* **to** r. **a member of Parliament,** einen Abgeordneten wiederwählen; *(d)* (Dank, einen Gruß, einen Schlag) erwidern; *(e) Jur:* **to** r. **a verdict,** ein Urteil fällen; *(f)* **to** r. **a profit,** Gewinn abwerfen. re´turnable, *adj.* rückgabepflichtig; *(of deposit etc.)* rückzahlbar; *(of goods)* umtauschbar.

reunification [´ri:ju:nifi´keiʃ(ə)n], *s. Pol:* Wiedervereinigung *f.*

reunion [ri:´ju:njən], *s.* Treffen *n* (von ehemaligen Schülern usw.).

rev [rev]. I. *s. F: Aut: etc: (abbr. of* **revolution)** Umdrehung *f* (pro Minute); **at full revs,** auf vollen Touren. II. *v. F: Aut:* 1. *v.tr. (p. & p.p.* **revved) to** r. **up the engine,** den Motor auf Touren bringen. 2. *v.i.* auf Touren kommen.

revalue [ri:´vælju:], *v.tr.* (etwas) neu schätzen; *Fin:* (eine Währung) aufwerten.

revamp [ri:´væmp], *v.tr. F:* (ein altes Modell usw.) aufmöbeln, auf neu machen.

reveal [ri´vi:l], *v.tr.* (ein Geheimnis usw.) enthüllen; *(betray)* (seine Absicht, ein Geheimnis, ein Versteck usw.) verraten; **to** r. **one's identity (to s.o.),** sich (j-m) zu erkennen geben. re´vealing, *adj.* aufschlußreich; *Hum: (of dress)* offenherzig. revelation [revə´leiʃ(ə)n], *s. B:* Offenbarung *f; Fig:* **it's a** r.! es ist fabelhaft!

reveille [ri'væli], *s. Mil:* Wecksignal *n.*

revel ['rev(ə)l], *v.i.* (*p. & p.p.* **revelled**) (*a*) (*celebrate*) feiern; (*carouse*) zechen; (*b*) **to r.** **in one's freedom,** seine Freiheit in vollen Zügen genießen; **he revelled in her beauty,** er weidete sich an ihrer Schönheit. ´re-**veller,** *s.* Feiernde(r) *f(m);* Zecher *m.* ´re-**velry,** *s.* (lärmendes) Feiern *n;* (*drinking*) Gelage *n.*

revenge [ri'vendʒ]. I. *s.* Rache *f;* (*in games etc.*) Revanche *f;* **to get one's r. on s.o. for sth.,** sich an j-m für etwas *acc* rächen; **in r.,** aus Rache. II. *v.tr.* (j-n, ein Unrecht usw.) rächen; **to r.** **oneself/be revenged,** sich rächen (**on s.o.,** an j-m; **for sth.,** für etwas *acc*). **re´vengeful,** *adj.* rachsüchtig.

revenue ['revinju:], *s.* Einnahmen *fpl, esp.* (*of state*) Staatseinnahmen *fpl; Adm:* **tax r.,** Steueraufkommen *n.*

reverberate [ri'və:b(ə)reit], *v.i.* (*of sound*) hallen; (*echo*) widerhallen; **the hall reverberated** **with the sound of the trumpets,** der Saal hallte von dem Trompetengeschmetter wider. **rever-**be´ration,** *s.* Widerhall *m;* **r. period,** Dauer *f* des Widerhalls.

revere [ri'viər], *v.tr.* (j-n) verehren. **rever-**ence** ['rev(ə)rəns], *s.* Ehrfurcht *f.* ´reverend,** *adj.* ehrwürdig; *Ecc:* (*as title*) (**Very) R.,** hochwürdig; **the (Very) R. Father Brown,** Hochwürden Brown. ´reverent,** *adj.* ehrfürchtig.

reverie ['revəri], *s.* Träumerei *f.*

reversal [ri'və:s(ə)l], *s.* (*a*) Umkehrung *f* (der Reihenfolge usw.); **r. of roles,** Rollentausch *m; El:* **r. of polarity,** Umpolung *f;* (*b*) Umstoßung *f* (einer Entscheidung, *Jur:* eines Urteils): **r. of** **policy,** (totaler) Umschwung *m* in der Politik; **r. (of fortune),** Rückschlag *m; esp. Mil:* Wendung *f* des Glücks. **reverse** [ri'və:s]. I. *adj.* (*of order etc.*) umgekehrt; (*of direction*) entgegengesetzt; **r. side,** Rückseite *f* (eines Blatts), Kehrseite *f* (einer Münze usw.). II. *s.* 1. (*opposite*) Gegenteil *n;* **the very r. is true,** gerade das Gegenteil davon ist wahr. 2. (*back*) Rückseite *f* (eines Blatts); Kehrseite *f* (einer Münze usw.). 3. *Aut:* **r. (gear),** Rückwärtsgang *m.* 4. Rückschlag *m;* (*defeat*) Niederlage *f.* III. *v.tr.* (*a*) (*turn over*) (etwas) umdrehen; (*b*) (*change to opposite*) (die Reihenfolge, *El:* Phase usw.) umkehren; (eine Entscheidung, *Jur:* ein Urteil) umstoßen; **to r. one's policy,** eine entgegengesetzte Politik einschlagen; **to r.** **roles,** die Rollen tauschen; *El:* **to r. the polarity** **of an apparatus,** ein Gerät umpolen; (*c*) *Aut:* **to** **r. (one's car),** (sein Auto) rückwärts fahren; (*d*) *Tel:* **to r. the charges,** ein R-Gespräch führen. **re´versible,** *adj.* umkehrbar; (*of motor*) umsteuerbar; **r. jacket,** Wendejacke *f.* **re´versing,** *s.* (*a*) = **reversal;** (*b*) *Aut:* Rückwärtsfahren *n;* **r. light,** Rückfahrscheinwerfer *m;* (*c*) *Mec:* Umsteuerung *f* (eines Motors).

revert [ri'və:t], *v.i.* (*a*) (*of property*) heimfallen (**to s.o.,** an j-m); (*b*) **to r. to a custom etc.,** in einen Brauch usw. zurückfallen; *Biol:* **to r. to** **type,** atavistisch zum Typ zurückkehren; (*c*) **to** **r. to our subject,** um auf unser Thema zurückzukommen. **re´version,** *s.* 1. *Jur:*

Heimfall *m.* 2. Rückfall *m* (**to, in** + *acc*); *esp. Biol:* **r. to type,** Atavismus *m.*

review [ri'vju:]. I. *s.* 1. *Mil: Navy:* Parade *f.* 2. (*a*) Rückschau *f* (*of past events,* auf die Vergangenheit); **to pass sth. in r.,** über etwas *acc* Rückschau halten; (*b*) (*survey*) Übersicht *f;* (*report*) Bericht *m;* (*c*) Rezension *f,* Besprechung *f* (eines Buches, Films usw.); **good/bad** **r.,** gute/schlechte Kritik *f;* **r. copy,** Rezensionsexemplar *n;* (*d*) (*periodical*) Rundschau *f.* II. *v.tr.* (*a*) (Truppen usw.) inspizieren; (*b*) (Tatsachen, Gehälter, die Lage usw.) überprüfen; (*c*) **to r. the past,** auf die Vergangenheit zurückblicken; (*d*) (ein Buch, einen Film) besprechen. **re´viewer,** *s.* Rezensent *m.*

revile [ri'vail], *v.tr.* (j-n) schmähen.

revise [ri'vaiz]. I. *v.tr.* (*a*) (*alter*) (seine Meinung, sein Urteil) ändern; (*b*) (*correct*) (ein Buch usw.) überarbeiten; **second revised edition,** zweite, verbesserte Auflage. II. *s. Print:* zweite Korrektur *f.* **revision** [ri'viʒ(ə)n], *s.* Revision *f.*

revive [ri'vaiv], *v.* 1. *v.i.* (*a*) (*regain consciousness*) wieder zu sich *dat* kommen; (*recover*) sich erholen; (*b*) (*of business, feelings etc.*) wieder aufleben. 2. *v.tr.* (*a*) (j-n) wiederbeleben; **I feel** **revived,** ich fühle mich neu belebt/(*refreshed*) erfrischt; (*b*) (Hoffnung, Mut, Gefühle usw.) wiederwecken; (*c*) (einen alten Brauch) wieder einführen; *Th:* (ein Stück usw.) wieder in den Spielplan aufnehmen. **re´vival,** *s.* 1. Neubelebung *f* (eines Stils, einer Kunst, des Handels); Wiederbelebung *f* (eines Gefühls usw.); Wiedereinführung *f* (eines Brauches usw.); *Th:* Wiederaufnahme *f.* 2. *religious* **r.,** religiöse Erweckung *f.*

revoke [ri'vəuk], *v.* 1. *v.tr.* (eine Anordnung, einen Erlaß usw.) widerrufen; (einen Befehl usw.) aufheben; (einen Vertrag) annullieren. 2. *v.i. Cards:* Farbe nicht bekennen. **revocation** [revə'keiʃ(ə)n], *s.* Widerruf *m;* Aufhebung *f;* Annullierung *f.*

revolt [ri'vəult]. I. *s.* Aufstand *m.* II. *v.* 1. *v.i.* revoltieren, sich erheben (**against,** gegen + *acc*). 2. *v.tr.* (*disgust*) (j-n) anwidern; (*make indignant*) empören. **re´volting,** *adj.* widerlich.

revolution [revə'l(j)u:ʃ(ə)n], *s.* 1. (*rotation*) Umdrehung *f; Aut:* **r. counter,** Drehzahlmesser *m.* 2. *Pol: etc:* Revolution *f.* **revo´lutionary.** I. *adj.* revolutionär. II. *s.* Revolutionär(in) *m(f).* **revo´lutionize,** *v.tr.* (die Industrie, Sitten und Bräuche usw.) revolutionieren.

revolve [ri'vɔlv], *v.* 1. *v.tr.* (*a*) (ein Rad usw.) drehen; (*b*) *Fig:* **to r. a problem etc. in one's mind,** ein Problem usw. hin und her überlegen. 2. *v.i.* kreisen (**round sth.,** um etwas *acc*); (*of wheel etc.*) sich drehen. **re´volving,** *adj.* sich drehend; Dreh-; **r. door,** Drehtür *f;* **r. stage,** Drehbühne *f.*

revolver [ri'vɔlvər], *s.* Revolver *m.*

revue [ri'vju:], *s. Th:* Revue *f.*

revulsion [ri'vʌlʃ(ə)n], *s.* (**feeling of**) **r.,** Ekel *m;* **to feel a r. against sth.,** sich von etwas *dat* angeekelt fühlen.

reward [ri'wɔ:d]. I. *s.* Belohnung *f;* (*to finder*) Finderlohn *m.* II. *v.tr.* (j-n) belohnen.

reword ['ri:'wɔ:d], *v.tr.* (einen Satz usw.) neu formulieren.

rewrite. I. ['ri:'rait] *v.tr.* (einen Bericht usw.)

neu schreiben, überarbeiten. II. ['riːrait] s. F: Neufassung f (eines Buches usw.).

rhapsody ['ræpsədi], s. Rhapsodie f; Fig: **to go into rhapsodies over sth.**, von etwas dat schwärmen.

rhetoric ['retərik], s. 1. Rhetorik f. 2. Pej: Schwulst m; **empty r.**, leere Phrasen. **rhetorical** [-'tɔrikəl], adj. (of question etc.) rhetorisch; (of style) hochtrabend, Pej: schwülstig.

rheumatism ['ruːmətizm], s. Rheuma n, Rheumatismus m. **rheumatic** [-'mætik], adj. rheumatisch; (of pers.) rheumakrank. 'rheumatoid, adj. r. **arthritis**, chronischer Gelenkrheumatismus m.

Rhine [rain]. Pr. n. Geog: **the R.**, der Rhein; **the R. Gorge**, die Rheinenge. 'Rhineland, s. Geog: **the R.**, das Rheinland n. 'Rhinelander, s. Rheinländer(in) m(f).

rhinoceros [rai'nɔsərəs], F: **rhino** ['rainəu], Z: Nashorn n, Rhinozeros n.

Rhodesia [rəu'diːziə, -'diːʃə]. Pr. n. Geog: A: Rhodesien n. **Rho'desian**. I. adj. rhodesisch. II. s. Rhodesier(in) m(f).

rhubarb ['ruːbɑːb], s. Rhabarber m.

rhyme [raim]. I. s. Reim m; **in r.**, gereimt; Fig: **without r. or reason**, ohne Sinn und Verstand. II. v.i. sich reimen (**with**, mit + dat).

rhythm ['rið(ə)m], s. Rhythmus m. 'rhythmic(al), adj. rhythmisch.

rib [rib]. I. s. 1. Anat: Cu: Rippe f. 2. Bot: Ader f (eines Blattes). 3. (a) Rippe f (eines Schirms); (b) Nau: Av: Spant n. II. v.tr. F: (j-n) necken.

ribald ['ribəld], adj. (obscene) zotig, (of humour, laughter) derb. 'ribaldry, s. derbe Späße mpl.

ribbon ['ribən], s. 1. Band n; (a) (of medal) Ordensband n; (b) Typewr: Farbband n; (c) Constr: **r. development**, Reihenbau m (längs einer Straße). 2. pl **to tear sth. to ribbons**, etwas in Fetzen reißen.

rice [rais], s. Reis m; **r. paper**, Reispapier n; **r. grower**, Reisbauer m; **r. growing**, Reis(an)bau m; Cu: **r. pudding**, Milchreis m.

rich [ritʃ], adj. 1. reich (**in, an** + dat); **the r.**, die Reichen pl. 2. (a) (of soil) fruchtbar; (of harvest) ergiebig; Fig: **a r. store**, eine ergiebige Quelle; **a r. vein of humour**, eine humorvolle Ader; (b) (of food) gehaltvoll; (fatty) fett; **a r. cake**, ein schwerer Kuchen; Aut: **r. mixture**, fettes Gemisch; (c) (of colours) satt; (of sound) voll; **a r. voice**, eine klangvolle Stimme; (d) (of humour) köstlich, Iron: **that's r.!** das ist gut! **-ly**, adv. reich(lich); **r. deserved**, reichlich verdient; **r. decorated**, reich geschmückt.

rick¹ [rik], s. **r. of hay**, Heuschober m.

rick², s. Verrenkung f; **to give one's back etc. a r.**, sich dat den Rücken usw. verrenken.

rickets ['rikits], s.pl. Med: Rachitis f. 'rickety, adj. 1. Med: (of child) rachitisch. 2. F: (of house) baufällig; (of furniture) wackelig.

ricochet ['rikəʃei], v.i. (p. & p.p. ricocheted [-ʃeid]) abprallen.

rid [rid], v.tr. (p. & p.p. rid) (j-n, etwas) befreien (**of s.o., sth.**, von j-m, etwas dat); **to get r. of s.o., sth.**, j-n, etwas loswerden; **I can't get rid of this stain**, ich kann diesen Fleck nicht herauskriegen. 'riddance, s. Befreiung f; **good r.!** den/die/das sind wir glücklich los!

ridden ['rid(ə)n], comb. fm. von ... dat geplagt,

(illness) heimgesucht; **flea-r.**, von Flöhen geplagt; **fever-/flu-r.**, vom Fieber/von der Grippe heimgesucht; **bed-r.**, bettlägerig; **fear-r.**, angsterfüllt; **tourist-r.**, von Touristen überlaufen.

riddle¹ ['ridl], s. Rätsel n.

riddle², v.tr. **to r. s.o., sth. with bullets**, j-n, etwas (mit Kugeln) durchlöchern; **riddled with holes**, ganz durchlöchert.

ride [raid]. I. s. 1. (on horse) Ritt m; (in car, train etc.) Fahrt f; (bicycle) r., Radfahrt f; **to go for a r.**, (on horse) ausreiten, (in vehicle) spazieren fahren; **it's a short r. on the bus**, es ist eine kurze Busfahrt; F: **to take s.o. for a r.**, j-n reinlegen; (as joke) j-n auf den Arm nehmen. 2. (path) Reitweg m. II. v. (p. rode, p.p. ridden) 1. v.i. (a) (auf einem Pferd) reiten; **he rides well**, er ist ein guter Reiter; (b) **to r. on a bicycle**, mit dem Rad fahren; **to r. in a bus/car/train**, im Autobus/Auto/Zug fahren; (c) (of boat, ship) **to r. at anchor**, vor Anker liegen. 2. v.tr. (a) **to r. a well judged race**, ein gut geplantes Rennen reiten; **he is riding his first race**, er nimmt an seinem ersten Rennen teil; (b) **to r. a horse**, ein Pferd reiten; **to r. a bicycle/motorcycle**, radfahren/Motorrad fahren. 'ride 'out, v.tr. Nau: **to r. o. the storm**, den Sturm abreiten. 'rider, s. 1. Reiter(in) m(f) (eines Pferdes); Fahrer(in) m(f) (eines Fahrrads, Motorrads). 2. (addition) Zusatz m; (in contract etc.) Zusatzklausel f. 'riderless, adj. reiterlos, ohne Reiter. 'ride 'up, v.i. (of garment) in die Höhe rutschen. 'riding, s. Reiten n; attrib. **r. habit**, Reitdreß m.

ridge [ridʒ], s. (a) Rücken m (der Nase, eines Berges usw.); (raised area) Erhöhung f; (line of hills) Hügelkette f; (mountain) r., (broad) Bergrücken m; (narrow) Bergkamm m; Meteor: **r. of high pressure**, Hochdruckgebiet n, Hoch n; (b) Constr: (roof) r., Dachfirst m, First m; attrib. **r. tile**, Firstziegel m; (of tent) **r. pole**, Firststange f.

ridicule ['ridikjuːl]. I. s. Spott m; **to hold (s.o.) up to r.**, (j-n) lächerlich machen. II. v.tr. (j-n) lächerlich machen. **ri'diculous**, adj. lächerlich. **ri'diculousness**, s. Lächerlichkeit f.

rife [raif], adj. (of disease) **to be r.**, grassieren.

riff-raff ['rifræf], s. Pej: Gesindel n.

rifle¹ ['raifl], v.tr. (eine Schublade usw.) durchwühlen.

rifle², s. Gewehr n; **r. range**, Schießstand m. 'rifleman, s. Schütze m.

rift [rift], s. (a) (gap) Ritze f, Spalte f; Geol: **r. valley**, Senkungsgraben m; **there is a r. in the clouds**, die Wolken reißen auf/teilen sich; (b) Fig: (between friends) Riß m.

rig¹ [rig]. I. s. 1. Nau: Takelung f. 2. (equipment) Ausrüstung f; **oil/drilling r.**, Bohrinsel f. 3. F: (clothes) Klamotten fpl; (get-up) Aufmachung f; **working r.**, Arbeitskluft f. II. v.tr. (p. & p.p. rigged) (ein Schiff) auftakeln. 'rigging, s. Nau: (a) (type) Takelung f; (b) coll. Takelage f. 'rig 'out, v.tr. (sich, j-n) ausstaffieren; F: **all rigged out**, im Sonntagsstaat; (of woman) mächtig aufgetakelt. 'rig 'up, v.tr. F: (einen Apparat usw.) aufstellen, Mec.E: montieren, (amateurishly) zusammenbasteln.

rig², v.tr. F: (den Markt, eine Wahl usw.) manipulieren; **the fight was rigged**, der Kampf war ein abgekartetes Spiel.

right [rait]. I. adj. 1. Geom: r. angle, rechter Winkel; to be at r. angles to each other, rechtwink(e)lig zueinander stehen. 2. (a) (appropriate) recht; (just) gerecht; it's only r. that ..., es ist nur recht, daß ...; it's just r. for him, Cl: es paßt ihm genau; (of job etc.) es ist genau richtig für ihn; I thought it r., ich hielt es für richtig/angebracht; the r. word, das rechte Wort; the r. side of a material, die rechte Seite eines Stoffes; to be the r. way up, richtig herum/nicht verkehrt stehen; in the r. place, am richtigen Platz; Fig: (of heart etc.) am rechten Platz; the r. thing (to do), das Richtige; F: to get on the r. side of s.o., sich mit j-m gut stellen; he's on the r. side of forty, er ist noch nicht vierzig; (b) (correct) richtig; (exact) genau; the r. answer, die richtige Antwort; to put s.o. r., j-n berichtigen; have you got the r. time? haben Sie die genaue Zeit? to be r., (of pers.) recht haben; (of amount, remark etc.) stimmen; (of watch etc.) richtig gehen. 3. (a) in one's r. mind, bei klarem Verstand; F: not quite r. in the head, nicht ganz bei Trost; (b) (in order) to put things r., die Dinge (wieder) in Ordnung bringen; to come (out) r. in the end, glücklich enden. 4. (direction) rechte(r,s); on the r. (hand) side, auf der rechten Seite; Pol: r. wing, rechter Flügel. 5. int. r.! also gut! r. you are! geht in Ordnung! -ly, adv. (correctly) richtig; (justly) mit Recht; to act r., richtig handeln; r. or wrongly, zu Recht oder Unrecht; if I remember r., wenn ich mich recht erinnere; as you r. say, wie Sie mit Recht behaupten; I can't r. say, das kann ich nicht genau sagen; r. speaking, genaugenommen. II. s. 1. (justice) Recht n; r. and wrong, Recht und Unrecht; to be in the r., im Recht sein. 2. (a) (claim) Anrecht n (to sth., auf etwas acc); what gives you the r. to do this? was berechtigt Sie dazu? by what r.? mit welcher Berechtigung? in one's own r., von sich aus; r. of way, Vorfahrt f/Vorfahrtsrecht n; (path, road) öffentlicher Weg; (b) pl. rights, Rechte npl; by rights, von Rechts wegen; he is within his rights, er ist in seinem Recht/hat seine Rechte nicht überschritten. 3. (a) to set things to rights, die Dinge (wieder) in Ordnung bringen; (b) I want to know the rights of it, ich will den wahren Sachverhalt wissen. 4. (right hand & Pol:) Rechte f; on the r., rechts/zur Rechten; to the r., nach rechts; to the r. of, rechts von + dat; Aut: etc: to keep to the r., rechts fahren/sich rechts halten. III. adv. 1. (intensive) (a) go r. on, (i) gehen Sie immer geradeaus; (ii) machen Sie/lesen Sie nur weiter; (b) r. away, gleich, sofort; go r. in, gehen Sie nur hinein; (c) ganz; to sink r. to the bottom, bis auf den Grund sinken; r. at the top, ganz oben; r. in the middle, genau in der Mitte; it hit me r. in the face, es traf mich mitten ins Gesicht. 2. (a) to do r., das Rechte tun; it serves you r.! das geschieht dir recht! (b) to answer/ guess r., richtig antworten/raten; nothing goes r. with me, es will mir nichts gelingen; if I remember r., wenn ich mich recht erinnere. 3. (to the r.) nach rechts; Aut: to go/turn r., (nach) rechts abbiegen; Fig: he owes money r. and left, er hat hinten und vorne Schulden. IV. v.tr. (a) (ein Unrecht) wiedergutmachen; (b)

(ein Boot usw.) aufrichten. **'right-angled**, adj. rechtwink(e)lig. **righteous** ['raitʃəs], adj. (of pers.) rechtschaffen; Pej: (self-r.) selbstgerecht; r. wrath, gerechter Zorn. **'righteousness**, s. Rechtschaffenheit f. **'rightful**, adj. rechtmäßig. **'right-'hand**, adj. (a) rechte(r,s); the r.-h. glove, der rechte Handschuh; the r.-h. drawer, die rechte Schublade; Fig: he's my r.-h. man, er ist meine rechte Hand; (b) nach rechts, Rechts-; Mec: r.-h. thread, Rechtsgewinde n; r.-h. bend, Rechtskurve f. **'right-'handed**, adj. rechtshändig. **'right-'hander**, s. F: Rechtskurve f. **'right-'minded**, adj. rechtschaffen. **'rightness**, s. Richtigkeit f (einer Entscheidung usw.); Rechtmäßigkeit f (eines Anspruchs usw.); Genauigkeit f (einer Antwort). **'right-'wing**, adj. Pol: (of pers., policy etc.) rechtsgerichtet; r.-w. party, Rechtspartei f; he's very r.-w., er steht sehr weit rechts.

rigid ['ridʒid], adj. starr; (a) r. with cold, vor Kälte erstarrt; (b) Fig: (of pers.) unbeugsam; (c) Tchn: (of mounting) fest; (of structure) stabil. **ri'gidity**, s. Starrheit f; Erstarrung f (eines Gliedes); Tchn: Stabilität f.

rigmarole ['rigmərəul], s. F: langatmige/ verzwickte Geschichte f.

rigour ['rigər], s. Strenge f. **'rigorous**, adj. streng.

rim [rim], s. 1. Felge f (eines Rades). 2. Rand m (einer Vase usw.); spectacle rims, Brillenfassung f.

rind [raind], s. (of cheese) Rinde f; (of fruit) Schale f; (of bacon) Schwarte f.

ring[1] [riŋ]. I. s. 1. Ring m; there's a r. round the moon, der Mond hat einen Hof; to sit in a r., im Kreis sitzen; circus r., Arena f, Manege f; r. road, Umgehungsstraße f. II. v.tr. (Vögel) beringen. **'ringleader**, s. Rädelsführer m. **'ringlet**, s. Ringellocke f.

ring[2]. I. s. 1. (sound) (a) Klang m (der Gläser, der Stimme); (b) Klingeln n (an der Tür); there's a r. at the door, es läutet/klingelt. 2. F: r. (on the telephone), Anruf m; I'll give you a r., ich werde dich anrufen. II. v. (p. rang, p.p. rung) 1. v.i. (a) (of bells) läuten; (of small bell) klingeln; to r. for service, nach der Bedienung klingeln; (b) (of voice etc.) klingen; his answer didn't r. true, seine Antwort klang unwahr; (c) (echo) ertönen (with, von + dat); my ears are ringing, mir klingen die Ohren. 2. v.tr. to r. the bell, (i) (large) die Glocke läuten; (ii) (doorbell) klingeln, läuten. **'ringing**, adj. tönend; (of laughter) schallend; in r. tones, mit tönender Stimme. **'ring 'off**, v.i. Tel: auflegen. **'ring 'up**, v.tr. Tel: (j-n) anrufen.

rink [riŋk], s. (skating) r., Eisbahn f.

rinse [rins]. I. v.tr. (die Wäsche, die Haare usw.) spülen. II. s. (a) Spülen n; to give the washing a r., die Wäsche spülen; Hairdr: (colour) r., Tönung f.

riot ['raiət]. I. s. 1. Aufruhr f; r. police, Bereitschaftspolizei f. 2. Fig: r. of colour, Farbenmeer n. 3. (a) to run r., (of children) sich austoben, (of plants) wuchern; Fig: to let one's imagination run r., seiner Phantasie freien Lauf lassen; (b) F: it's a r., das ist zum Schießen. II. v.i. an einem Aufruhr teilnehmen. **'rioter**, s.

Aufrührer *m.* ´**rioting**, *s.* Unruhen *fpl.* ´**riot-ous**, *adj.* (*a*) (*of crowd*) aufrührerisch; (*b*) (*of laughter*) ausgelassen; (*hilarious*) urkomisch.

rip [rip]. **I.** *s.* Riß *m.* **II.** *v.tr.* & *i.* (*p. & p.p.* **ripped**) (etwas) reißen; *F: Aut: etc:* **to let her r.,** mit Vollgas fahren. ´**rip-cord**, *s.* *Av:* (*of parachute*) Reißleine *f.* ´**rip** ´**off,** *v.tr.* (etwas) abreißen; *Fig:* **to r. s.o. off,** j-n übers Ohr hauen. ´**rip** ´**open,** *v.tr.* (etwas) aufreißen; (einen Saum) auftrennen. ´**rip** ´**out,** *v.tr.* (etwas) herausreißen. ´**rip** ´**up,** *v.tr.* (etwas) zerreißen.

ripe [raip], *adj.* (*of fruit*) reif; **a r. cheese,** ein ausgereifter Käse; **a r. old age,** ein hohes Alter. ´**ripen,** *v.* 1. *v.tr.* (Obst usw) reifen lassen. 2. *v.i.* reifen; *esp. Fig:* zur Reife kommen. ´**ripe-ness,** *s.* Reife *f.*

ripple [´ripl]. **I.** *v.* 1. *v.i.* sich kräuseln; **to r. along,** dahinrieseln. 2. *v.tr.* (Wasser) kräuseln. **II.** *s.* Kräuselung *f;* kleine Welle *f;* **there was not a r.,** das Wasser war spiegelglatt.

rise [raiz]. **I.** *v.i.* (*p.* rose, *p.p.* risen) (*a*) (*of ground, mountain, wind, pers. etc.*) sich er-heben; (*of sun etc., Th:* curtain) aufgehen; (*of barometer, temperature, prices etc.*) steigen; **to r. to one's feet,** aufstehen, sich erheben; **Par-liament will r. next week,** das Parlament wird nächste Woche in die Ferien gehen; **to r. (in revolt) against s.o., sth.,** gegen j-n, etwas *acc* rebellieren; *Fig:* (*of pers.*) **to r. to the occasion,** sich der Lage gewachsen zeigen; **to r. in the world,** emporkommen; *Cu:* **to leave the dough to r.,** den Teig gehen lassen; (*b*) *Geog:* **the Rhine rises in Switzerland,** der Rhein entspringt in der Schweiz. **II.** *s.* (*a*) (*in ground*) Erhebung *f,* (*small hill*) Anhöhe *f;* (*b*) (*increase*) Erhöhung *f* (*der Preise usw*); *St. Exch:* Hausse *f;* **r. (in salary),** Gehaltserhöhung *f,* **r. in value,** Wertsteigerung *f;* (*c*) (*of pers.*) **r. to power,** Aufstieg *m* zur Macht; (*d*) (*cause*) **to give r. to sth.,** Anlaß zu etwas *dat* geben; etwas ver-anlassen. ´**riser,** *s.* **early r.,** Frühaufsteher *m;* **late r.,** Langschläfer *m.* ´**rising. I.** *adj.* (*of prices, temperature etc.*) steigend; **r. sun,** auf-gehende Sonne; **r. tide,** steigende Flut; **the r. generation,** die kommende Generation; (*of child*) **to be r. five,** an die fünf Jahre sein. **II.** *s.* (*a*) Aufgang *m* (der Sonne); Steigen *n* (des Barometers, des Wassers); (*b*) (*revolt*) Aufstand *m.*

risk [risk]. **I.** *s.* Risiko *n;* Gefahr *f;* **to take/run a r.,** ein Risiko eingehen; **at one's own r.,** auf eigene Gefahr; **at the r. of offending him,** auf die Gefahr hin, ihn zu kränken; **it isn't worth the r.,** das Risiko lohnt sich nicht. **II.** *v.tr.* (etwas) riskieren; **to r. one's own skin,** seine (eigene) Haut aufs Spiel setzen. ´**risky,** *adj.* riskant; (*dangerous*) gefährlich.

rissole [´risəul], *s. Cu:* Frikadelle *f.*

rite [rait], *s.* Ritus *m; Ecc:* **the last rites,** die Sterbesakramente *npl.* **ritual** [´ritjuəl]. **I.** *adj.* rituell; **r. murder,** Ritualmord *m.* **II.** *s.* Ritual *n.*

rival [´raiv(ə)l]. **I.** *s.* Rivale *m,* Rivalin *f;* (*com-petitor*) Konkurrent(in) *m(f);* **our rivals,** unsere Konkurrenz. **II.** *adj.* rivalisierend; *Com:* Konkurrenz-. **III.** *v.tr.* (j-m) Konkurrenz machen; **he can r. anyone,** er kann es mit jedem aufnehmen. ´**rivalry,** *s.* Rivalität *f.*

river [´rivər], *s.* Fluß *m;* (*large*) Strom *m;* **r. port,** Flußhafen *m;* **down/up (the) r.,** flußab-wärts/flußaufwärts; stromabwärts/stromauf-wärts; **r. bank,** Flußufer *n.* ´**riverside,** *s.* Fluß-ufer *n;* **r. house,** Haus *n* direkt am Fluß.

rivet [´rivit]. **I.** *s. Mec:* Niete *f.* **II.** *v.tr.* (etwas) nieten; *Fig:* **to r. s.o.'s attention,** j-s Auf-merksamkeit fesseln. ´**riveting. I.** *adj. Fig:* fesselnd. **II.** *s.* Nieten *n.*

Riviera [rivi´εərə]. *Pr. n. Geog:* **the R.,** die Riviera.

road [rəud], *s.* 1. Straße *f; esp. Fig:* Weg *m; P.N:* **r. up,** Baustelle; **to take/F: hit the r.,** sich auf den Weg machen; **to be on the r.,** (i) unter-wegs sein; (ii) *Com:* Reisender sein; (iii) *Th:* auf Tournee sein; *Aut:* **to hold the r. well,** eine gute Straßenlage haben; *Fig:* **he's on the right r.,** er ist auf dem rechten Weg; **the r. to success,** der Weg zum Erfolg; (*b*) *attrib.* Straßen-; **r. transport,** Straßentransport *m;* **r. sense,** Sinn *m* für richtiges Verhalten im Straßenverkehr; *Aut:* Fahrgefühl *n;* **r. haulage,** Spedition *f;* **r. con-ditions,** Straßenverhältnisse *npl;* **r. repairs,** Straßenbauarbeiten *fpl;* **r. surface,** Fahrbahn *f;* (*material*) Straßenbelag *m;* **r. junction,** Stra-ßenkreuzung *f;* **r. sign,** Straßenschild *n;* **r. test,** (i) *Journ:* Autotest *m;* (ii) (*trial run*) Probe-fahrt *f.* 2. *Nau:* **roads,** Reede *f.* ´**road-block,** *s.* Straßensperre *f.* ´**roadhog,** *s. F:* (*driver*) Wildsau *f.* ´**roadholding,** *s. Aut:* Straßenlage *f.* ´**roadmaking,** *s.* Straßenbau *m.* ´**road-side,** *s.* Straßenrand *m.* ´**roadster,** *s. esp. N.Am:* Sportwagen *m.* ´**road-´user,** *s.* Ver-kehrsteilnehmer *m.* ´**roadway,** *s.* Fahrbahn *f.* ´**roadworks,** *s.pl.* Straßenbauarbeiten *fpl; P.N:* Bauarbeiten. ´**roadworthy,** *adj.* fahrtüchtig.

roam [rəum], *v.i.* wandern; (*stray*) streunen.

roar [rɔːr]. **I.** *s.* 1. Brüllen *n,* Gebrüll *n* (eines Löwen usw.); **roars of laughter,** schallendes Gelächter. 2. Donnern *n* (einer Kanone, einer Explosion); Toben *n* (des Meeres, des Sturms). **II.** *v.i.* brüllen; (*of sea, storm*) toben; (*of thunder*) krachen; (*of fire*) lodern; *Aut: Av:* **to r. past,** vorbeibrausen.

roast [rəust]. **I.** *v.* 1. *v.tr.* (*a*) (Fleisch, Kartof-feln) (im Ofen) braten; (*b*) (Kaffee, Kastanien) rösten. 2. *v.i. Cu: & Fig:* (*of pers.*) braten; *F:* **I'm roasting,** ich komme um vor Hitze. **II.** *s. Cu:* Braten *m.* **III.** *adj.* **r. meat,** Braten *m;* **r. beef,** Rinderbraten *m,* Roastbeef *n;* **r. chicken,** gebratenes Huhn. ´**roasting,** *s.* 1. Braten *n* (des Fleisches); **r. chicken,** Brathuhn *n;* **r. bag,** Bratbeutel *m.* 2. Rösten *n* (des Kaffees usw.).

rob [rɔb], *v.tr.* (*p. & p.p.* robbed) (j-n) bestehlen; (eine Bank usw.) ausrauben; **to r. s.o., a bank etc. of sth.,** j-m, einer Bank usw. etwas rauben; *Fig:* **to r. sth. of its meaning,** eine Sache ihrer Bedeutung berauben. ´**robber,** *s.* Räuber *m.* ´**robbery,** *s.* Raub *m; F:* **it's sheer r.,** das ist reiner Wucher.

robe [rəub], *s.* (*loose garment*) Gewand *n;* (*cere-monial*) Robe *f;* **robes of office,** Amtstracht *f.*

robin [´rɔbin], *s. Orn:* **r. (redbreast),** Rot-kehlchen *n.*

robot [´rəubɔt], *s.* Roboter *m.*

robust [rəu´bʌst], *adj.* robust; (*of structure*) stabil; **r. humour,** derber Humor. **ro´bust-ness,** *s.* Robustheit *f.*

rock[1] [rɔk], *s.* **1.** (*a*) Fels *m*, Felsen *m*; (*in sea*) Klippe *f*; (*of ship*) **to run on the rocks,** auf die Klippen auflaufen; *P:* **to be on the rocks,** pleite sein; (*b*) (*material*) Gestein *n*; **r. salt,** Steinsalz *n.* **2.** (*a*) *Cu:* **r. cake,** kleiner hartgebackener Kuchen *m*; (*b*) (*sweet*) Zuckerstange *f*; (*c*) **whisky on the rocks,** Whisky *m* mit Eiswürfeln. **3.** *attrib.* **r. plant,** Steinpflanze *f.* ´**rock-ʹbottom,** *s.* **to touch r.-b.,** den Tiefpunkt erreichen; **r.-b. prices,** Schleuderpreise *mpl.* ´**rockery,** *s.* Steingarten *m.* ´**rocky,** *adj.* felsig.

rock[2], *v.* **1.** *v.tr.* (die Wiege, ein Kind usw.) schaukeln; **the earthquake rocked the house,** das Erdbeben brachte das Haus zum Schwanken. **2.** *v.i.* (*of cradle etc.*) schaukeln; (*of building etc.*) schwanken, wanken; **he rocked with laughter,** er kringelte sich vor Lachen. ´**rocker,** *s.* **1.** Kufe *f* (eines Schaukelstuhls); *P:* **to be (clean) off one's r.,** (ganz) übergeschnappt sein. **2.** *Mec. E:* Kipphebel *m.* ´**rocking,** *adj.* **1.** schwankend. **2.** schaukelnd; **r. chair,** Schaukelstuhl *m*; **r. horse,** Schaukelpferd *n.*

rock[3], *s.* **r. (music),** Rockmusik *f.*

rocket [ʹrɔkit]. **I.** *s.* **1.** Rakete *f*; **r. launcher,** Raketenwerfer *m.* **2.** *F:* **he's just had a r. from the old man,** der Alte hat ihn gerade fertiggemacht. **II.** *v.i. F:* **prices are rocketing,** die Preise schießen in die Höhe.

rod [rɔd], *s.* Stange *f*; (*bar, short stick*) Stab *m*; (*stick*) Rute *f*; (*fishing*) **r.,** Angelrute *f*; *Fig:* **to rule with a r. of iron,** mit eiserner Faust regieren; *Rad:* **r. aerial,** Stabantenne *f.*

rodent [ʹrəud(ə)nt], *s.* Nagetier *n.*

roe[1] [rəu], *s. Z:* **r. (deer),** Reh *n.* ´**roebuck,** *s.* Rehbock *m.*

roe[2], *s. Fish:* (**hard**) **r.,** Rogen *m*; **soft r.,** Milch *f.*

rogue [rəug], *s.* **1.** (*a*) *Pej:* Schurke *m*; **r.'s gallery,** Verbrecheralbum *n*; (*b*) Schelm *m*; **little r.,** kleiner Schlingel. **2.** (*animal*) (bösartiger) Einzelgänger *m.* **roʹguery,** *s.* (*a*) Schurkerei *f*; (*b*) Schelmerei *f.* **roʹguish,** *adj.* (*a*) schurkisch; (*b*) schelmisch.

rôle [rəul], *s. Th: etc:* Rolle *f*; *Psy: Sch:* **r. playing,** Rollenspiel *n.*

roll [rəul]. **I.** *s.* **1.** (*a*) (*of paper, film etc.*) Rolle *f*; *Phot:* **r. film,** Rollfilm *m*; (*b*) (*of bread*) Brötchen *n, South G:* Semmel *f.* **2.** (*list*) Liste *f, esp.* Namenliste *f*; **to call the r.,** die Namen aufrufen; *Mil:* den Appell abhalten; **R. of Honour,** Ehrenliste *f* (der Gefallenen). **3.** (*movement*) (*a*) *Nau: Aut:* Schlingern *n*; (*b*) *Av:* Rolle *f.* **4.** (*sound*) Rollen *n* (des Donners); Wirbel *m* (der Trommeln). **II.** *v.* **1.** *v.tr.* (*a*) (ein Faß, einen Stein usw.) rollen, wälzen; (eine Zigarette) drehen; **to r. the lawn,** den Rasen walzen; **rolled gold,** Dubleegold *n*; (*b*) **to r. one's r's,** das R rollen. **2.** *v.i.* (*a*) (*forwards, down*) rollen; **the tears rolled down her cheeks,** die Tränen rollten ihr über die Wangen; *Fig:* **to get/start things rolling,** die Sache ins Rollen bringen; (*b*) (*sideways*) (*of ship, car*) schlingern. ´**roll-call,** *s.* Namenverlesung *f*; *Mil:* Appel *m.* ´**roller,** *s. Tchn:* Rolle *f*; (*cylinder*) Walze *f*; *Print:* (**ink**) **r.,** Druckwalze *f*; **road r., one's r's,** Straßenwalze *f.* **2.** (*wave*) Sturzwelle *f.* **3.** *attrib.* **r. blind,** Rollo *n*; **r. towel,** Rollhandtuch *n*; *Mec. E:* **r. bearing,** Rollenlager *n.* ´**rollerʹskate.** **I.** *s.* Rollschuh *m.* **II.** *v.i.* Rollschuh

laufen. ´**rolling.** **I.** *adj.* (*a*) **to have a r. gait,** einen schwankenden Gang haben; **r. country,** hügelige Gegend; (*b*) *F:* **to be r. (in money),** im Geld schwimmen. **II.** *s.* Rollen *n; Cu:* **r. pin,** Teigrolle *f; Ind:* **r. mill,** Walzwerk *n; Rail:* **r. stock,** rollendes Material; *Mec:* **r. resistance,** Fahrwiderstand *m.* ´**roll ʹon,** *v.i.* (*a*) weiterrollen; *F:* **r. on the day!** wenn der Tag nur bald käme! (*b*) *attrib.* **r.-on deodorant,** Unterarmrollstift *m.* ´**roll ʹover,** *v.* **1.** *v.tr.* (j-n, etwas) umdrehen. **2.** *v.i.* (*a*) (*of pers.*) sich (im Liegen) umdrehen; (*of dog*) sich auf den Rücken wälzen; (*b*) *attrib. Aut:* **r.-o. bar,** Überrollbügel *m.* ´**roll ʹup,** *v.* **1.** *v.tr.* (einen Teppich usw.) zusammenrollen; (die Ärmel) aufkrempeln; **rolled up in a blanket,** in eine Decke eingerollt. **2.** *v.i. F:* (*of pers.*) auftauchen.

Roman [ʹrəumən]. **I.** *s.* Römer(in) *m(f).* **II.** *adj.* römisch; **R. numerals,** römische Ziffern; **R. nose,** Adlernase *f*; **R. Catholic,** (römisch)-katholisch; (*pers.*) Katholik(in) *m(f).* **Romaʹnesque,** *adj. Arch:* romanisch.

romance[1] [rəuʹmæns]. **I.** *s.* Romanze *f*; (*love story*) Liebesgeschichte *f*; **the r. of the sea,** die Romantik der See. **II.** *v.i.* fabulieren. **roʹmantic.** **I.** *adj.* romantisch; *Art: Lit:* **R. Movement,** Romantik *f.* **II.** *s.* Romantiker(in) *m(f).* **roʹmanticize,** *v.tr.* (eine Geschichte, Begebenheit) romantisieren.

Romance[2], *adj.* **R. languages,** romanische Sprachen.

Rome [rəum]. *Pr.n. Geog:* Rom *n*; **the Church of R.,** die (Römisch-)Katholische Kirche.

romp [rɔmp], *v.i.* (*of children*) **to r. (about),** herumtoben; *Rac: etc:* **to r. home,** spielend gewinnen.

rood-screen [ʹruːdskriːn], *s. Ecc:* Lettner *m.*

roof [ruːf]. **I.** *s.* **1.** Dach *n*; **r. light,** Dachluke *f*; **r. timbers,** Dachbalken *mpl; Aut:* **r. rack,** Gepäckträger *m* (am Dach); *Fig:* **to raise the r.,** (i) enormen Krach machen; (*of audience*) vor Begeisterung toben; (ii) (*rage*) an die Decke gehen. **2. r. of the mouth,** Gaumen *m.* **II.** *v.tr. Constr:* (einem Haus) das Dach aufsetzen; **roofed with tiles/slates,** mit Ziegeln/ Schiefern gedeckt; **to r. over/r. in an area,** eine Fläche überdachen. ´**roofer,** *s.* Dachdecker *m.* ´**roofing,** *s.* Bedachung *f*; (*work*) Dacharbeiten *fpl*; **r. felt,** Dachpappe *f.* ´**roofless,** *adj.* ohne Dach.

rook[1] [ruk], *s. Orn:* Krähe *f*; *esp.* Saatkrähe *f.* ´**rookery,** *s.* Krähenhorst *m.*

rook[2], *s. Chess:* Turm *m.*

rook[3], *v.tr. F:* (*a*) (*cheat*) (j-n) reinlegen; (*b*) (j-n) neppen; **he rooked me £10 for it,** er hat mir dafür £10 abgeschwindelt.

room [ruːm, rum]. **I.** *s.* **1.** (*space*) Platz *m*; **to take up a lot of r.,** viel Platz einnehmen; **to make r. for s.o., sth.,** j-m, etwas *dat* Platz machen; *Fig:* **that leaves no r. for doubt,** das beseitigt jeden Zweifel; **there is r. for improvement,** es läßt noch zu wünschen übrig. **2.** Zimmer *n*; (*esp. very large*) Raum *m*; **best/ front r.,** gute Stube; **r. divider,** Raumteiler *m*; **r. mate,** Zimmergenosse (-genossin) *m(f).* **II.** *v.i. N.Am:* logieren (**with s.o.,** bei j-m); **to r. with a friend,** ein Zimmer mit einem Freund teilen.

'**rooming-house,** *s.* Logierhaus *n.* '**roomy,** *adj.* geräumig.

roost [ru:st]. **I.** *s.* (*of birds*) Sitzplatz *m;* (*of hens*) Hühnerstange *f; Fig:* **evil deeds come (home) to r.,** Böses rächt sich; **to rule the r.,** das Regiment führen. **II.** *v.i.* (*of hens*) auf der Stange sitzen. '**rooster,** *s.* Hahn *m.*

root [ru:t]. **I.** *s.* **1.** Wurzel *f;* **to take r.,** Wurzel fassen; *Fig:* **to get to the r. of the trouble/ matter,** einem Problem/einer Sache auf den Grund gehen; **r. cause,** Grundursache *f.* **2.** *Mth:* **square r.,** Quadratwurzel *f.* **3.** *Ling:* Stammform *f.* '**rooted,** *adj.* (*of prejudice etc.*) **deeply r.,** tief verwurzelt; (*of pers.*) **to remain r. to the spot,** wie angewurzelt dastehen. '**root 'out/'root 'up,** *v.tr.* (eine Pflanze) (mit der Wurzel) ausreißen; *Fig:* (einen Mißbrauch) ausrotten.

rope [raup]. **I.** *s.* Seil *n; esp. Nau:* Tau *n;* (*hangman's*) Strick *m;* **r. ladder,** Strickleiter *f; F:* **to know the ropes,** sich auskennen; **to show s.o. the ropes,** j-n einweihen. **II.** *v.tr. & i.* (ein Paket, einen Ballen) mit einem Seil zusammenbinden; *Mount:* (j-n, sich) anseilen; **roped together,** (*of climbers*) angeseilt, (*of things*) zusammengebunden; *Mount:* **to r. down,** (sich) abseilen. '**rope 'in,** *v.tr. F:* (j-n) zur Hilfe herbeiziehen (**for sth.,** bei etwas *dat*); **they roped me in,** sie haben mich rangekriegt. '**rope 'off,** *v.tr.* (eine Fläche) mit einem Seil absperren. '**ropey,** *adj. P:* mies.

rosary ['rəuzəri], *s. R.C. Ch:* Rosenkranz *m.*

rose [rəuz]. **I.** *s.* **1.** Rose *f;* **r. bush,** Rosenstrauch *m;* **r. tree,** Rosenstock *m;* **r. hip,** Hagebutte *f.* **2.** Brause *f* (einer Gießkanne). **3.** (*colour*) Rosa *n.* **II.** *adj.* **r. (coloured),** rosa, rosarot; *Fig:* **r. coloured/tinted spectacles,** die rosarote Brille. '**rosebud,** *s.* Rosenknospe *f* '**rosemary,** *s. Bot:* Rosmarin *m.* '**rose-window,** *s. Ecc. Arch:* Fensterrose *f.* '**rosewood,** *s.* Rosenholz *n.* '**rosy,** *adj.* rosig; **r. cheeks,** rosige/blühende Wangen; *Fig:* **r. prospects,** rosige/vielversprechende Aussichten.

rosette [rəu'zet], *s.* Rosette *f.*

rosin ['rɔzin], *s.* Kolophonium *n.*

roster ['rɔstər], *s.* Dienstplan *m.*

rostrum ['rɔstrəm], *s.* Podium *n.*

rot [rɔt]. **I.** *s.* **1.** Fäule *f;* (*in timber*) **dry/wet r.,** Trockenfäule/Naßfäule *f; Aut:* **body r.,** Verrostung *f* der Karosserie; *Fig:* **to stop the r.,** den Verfall aufhalten; *Sp:* (*of team etc.*) sich zusammenreißen; **the r. has set in,** jetzt geht es nur noch abwärts. **2.** *F:* (*nonsense*) Quatsch *m.* **II.** *v.* (*p. & p.p.* **rotted**) **1.** *v.i.* faulen; (*of corpse*) verwesen; (*rust*) verrosten. **2.** *v.tr.* (etwas) faulen lassen. '**rotten,** *adj.* (*of fruit, egg etc.*) faul; verfault; (*of wood*) morsch; (*b*) *F:* miserabel; **I feel r.,** mir ist mies. '**rotter,** *s.* Schuft *m;* **he's a r.!** der ist aber gemein!

rota ['rəutə], *s.* abwechselnder Dienst; **we have a r. for washing up,** wir wechseln uns beim Abwaschen ab; **duty r.,** Dienstplan *m.*

rotate [rəu'teit], *v.* **1.** *v.i.* sich drehen. **2.** *v.tr.* (ein Rad usw.) drehen. '**rotary,** *adj.* drehend; **r. motion,** Drehbewegung *f; Phot:* **r. dryer,** Trockentrommel *f; Print:* **r. press,** Rotationsdruckmaschine *f; I.C.E:* **r. piston engine,** Drehkolbenmotor *m.* **ro'tation,** *s.*

Drehung *f;* (*of order*) **in r.,** der Reihe nach; *Agr:* **r. of crops,** Fruchtfolge *f.* '**rotor,** *s. Mec. E: El:* Läufer *m* (einer Turbine, eines Elektromotors); *Av:* Rotor *m* (eines Hubschraubers); *Aut:* **r. arm,** Verteilerfinger *m.*

rote [rəut], *s.* **to learn by r.,** auswendig lernen.

rotund [rəu'tʌnd], *adj.* rundlich. **ro'tundity,** *s.* Rundlichkeit *f.*

rouble ['ru:bl], *s.* Rubel *m.*

rouge [ru:ʒ], *s. Cosm:* Rouge *n.*

rough [rʌf]. **I.** *adj.* **1.** (*a*) (*of surface, sound*) rauh; (*coarse*) grob; (*b*) (*of road*) holprig; (*of ground*) uneben; (*c*) **in r. condition,** ziemlich mitgenommen; *F:* **to feel pretty r.,** sich ziemlich mies fühlen. **2.** (*a*) (*stormy*) stürmisch; **r. sea,** bewegte See; (*b*) (*of treatment, manner*) grob; (*of humour*) derb; **r. play,** rauhes/*Fb: etc:* brutales Spiel; **to be r. with s.o.,** grob mit j-m umgehen; **to give s.o. a r. time/***F:* **a r. ride,** j-n unsanft behandeln; *F:* **a r. diamond,** ein ungehobelter Mensch; (*c*) *F:* **it's a bit r. on you,** für dich ist es ein bißchen hart; **r. luck,** Pech *n.* **3.** (*a*) (*approximate*) grob, annähernd; **I can give you a r. idea,** ich kann es Ihnen ungefähr/(*of scheme*) in groben Umrissen sagen; **at a r. estimate,** grob geschätzt; (*b*) (*unfinished*) **r. draft,** Rohentwurf *m;* **r. translation,** Rohübersetzung *f;* **in r. state,** im Rohzustand; **r. copy,** Konzept *n;* **-ly,** *adv.* **1.** grob; **to treat s.o. r.,** j-n roh/unsanft behandeln. **2.** (*approximately*) ungefähr; **r. speaking,** so ungefähr. **II.** *s.* **1.** *Golf:* **to get into the r.,** den Ball ins lange Gras schlagen. **2.** *Fig:* **one must take the r. with the smooth,** man muß die Dinge nehmen, wie sie kommen. **III.** *adv.* (*a*) **to live/sleep r.,** im Freien leben/schlafen; (*b*) *F:* **to cut up r.,** massiv werden. **IV.** *v.tr.* (*a*) *F:* **to r. it,** auf Bequemlichkeit verzichten; (*b*) **to r. out a plan,** einen Plan in groben Umrissen entwerfen. '**roughage,** *s.* grobe Nahrung *f;* Ballaststoffe *mpl;* (*for animals*) Grobfutter *m.* '**rough-and-'ready,** *adj.* primitiv. '**rough-and-'tumble,** *s.* Rauferei *f.* '**roughcast,** *s. Constr:* Rauhputz *m.* '**roughen,** *v.tr.* (eine Fläche) aufrauhen. '**rough-house,** *s. F:* Schlägerei *f.* '**roughneck,** *s. F: esp. N. Am:* Rowdy *m.* '**roughness,** *s.* (*a*) Rauheit *f* (einer Oberfläche); (*b*) Unebenheit *f* (des Bodens); (*c*) (*of pers.*) Grobheit *f,* Roheit *f;* (*d*) Rauheit *f* (des Wetters); (*of sea*) starker Wellengang *m.* '**roughshod,** *adj.* **to ride r. over s.o.,** sth., j-n, etwas rücksichtslos übergehen.

roulette [ru:'let], *s.* Roulett(e) *n.*

round [raund]. **I.** *adj.* rund; **r. table conference,** Konferenz *f* am runden Tisch; **r. trip,** Fahrt *f* hin und zurück; (*tour*) Rundreise *f;* **r. dozen,** rundes Dutzend; (*at a good* **r. pace,** in flottem Tempo; **-ly,** *adv.* rundweg; (*thoroughly*) gründlich. **II.** *s.* **1.** *Box: Golf: etc:* Runde *f;* (*a*) **to stand a r. of drinks,** eine Runde ausgeben; (*b*) (*of doctor, postman etc.*) **to do one's rounds,** seine Runde machen; **the story went the rounds,** die Geschichte trat die Runde gemacht; (*c*) *Mil: etc:* **r. of inspection,** Inspektionsrundgang *m.* **2.** (*slice*) (ganze) Scheibe *f* (Toast, Fleisch usw.); **a r. of sandwiches,** ein (ganzes) Sandwich. **3.** (*series*) Reihe *f;* **daily r.,** Alltagsroutine *f;* **one continual r. of pleasure,** eine ununterbrochene Reihe von Vergnügungen. 4. (*a*) *Artil:* Salve *f; Fig:* **r. of applause,** Beifallssalve *f;* (*b*) **r. (of ammunition),** Schuß *m;* **20 rounds,** 20 Schuß. **5.** *Mus:* Kanon *m.* **III.** *adv.* **1.** (*a*) **to turn r.,** sich umdrehen; **r. and r.,** im Kreis; **to go r.,** (i) (*not straight there*) herumgehen; (ii) (*rotate*) sich drehen; (iii) (*to see s.o.*) vorbeigehen; **to ask s.o. r.,** j-n zu sich *dat* einladen; **if you are r. this way,** falls Sie hier vorbeikommen; (*b*) **to hand r.** the cake, den Kuchen herumreichen; **there isn't enough to go r.,** es reicht nicht für alle; (*c*) **all the year r.,** das ganze Jahr hindurch; **winter came r. again,** der Winter kehrte wieder; **r. the clock/the clock r.,** rund um die Uhr. **2.** (*a*) **garden with a wall right r./all r.,** von einer Mauer umgebener Garten; **to be six feet r.,** einen Umfang von sechs Fuß haben; (*b*) **r. about,** rund herum; **all the country r.,** die ganze Umgebung; **for a mile r.,** im Umkreis von einer Meile. **3.** **it's a long way r.,** das ist ein langer Umweg. **IV.** *prep.* **um** + *acc* (herum); (*a*) **r. the table,** rings um den Tisch; um den Tisch herum; **r. the world,** rund um die Welt; **to go r. the corner,** um die Ecke gehen; **to look r. the museum,** sich im Museum umsehen; **to go r. an obstacle,** um ein Hindernis herumgehen; *F:* **to go r. the bend,** verrückt werden; (*b*) (*approximately*) **r. (about) £100,** ungefähr £100. **V.** *v.* **1.** *v.tr.* (*a*) (etwas) rund machen; (eine Kante) abrunden; (*b*) **to r. an obstacle,** ein Hindernis umgehen; **to r. a bend,** um eine Kurve fahren; *Nau:* **to r. a headland,** ein Kap umschiffen. **2.** *v.i.* (*a*) rund werden, sich (ab)runden; (*b*) **to r. on s.o.,** j-n (heftig) anfahren. ´**roundabout.** **I.** *s.* **1.** (*at fair*) Karussell *n.* **2.** *Aut:* Kreisverkehr *m.* **II.** *adj.* (*of pers. etc.*) umständlich, weitschweifig; **to take a r. route,** einen Umweg machen. ´**rounded,** *adj.* (ab)gerundet. ´**rounders,** *s.pl.* Schlagball *m.* ´**roundness,** *s.* Rundheit *f.* ´**round** ´**off,** *v.tr.* (eine Rede usw.) abschließen. ´**round-**´**shouldered,** *adj.* mit runden Schultern. ´**roundsman,** *s.* Austräger *m;* **milk r.,** Milchmann *m.* ´**round** ´**up,** *v.tr.* (*a*) (eine Herde) zusammentreiben; (Verbrecher) einfangen; (*b*) (Ziffern) aufrunden.

rouse [rauz], *v.tr.* (*a*) **to r. s.o.** (**from sleep**), j-n (aus dem Schlaf) wecken; (*b*) *Fig:* (j-n) aufrütteln; **to r. oneself,** sich aufraffen; **to r. s.o. to action,** j-n zum Handeln ermuntern; (*c*) (*anger*) (j-n) aufbringen; **to r. the people to rebellion,** das Volk aufrühren. ´**rousing,** *adj.* **r. cheers,** stürmischer Beifall; **r. speech,** mitreißende Rede.

rout [raut]. **I.** *s.* (*defeat*) *Mil:* völlige Niederlage *f, F:* Schlappe *f;* (*retreat*) wilde Flucht *f.* **II.** *v.tr. Mil:* (eine Armee) in die Flucht schlagen.

route [ru:t]. *s.* Route *f;* (*Itinerary*) Reiscroute *f; Av:* Rail: Strecke *f;* (*bus*) **R. 218,** (die) Linie 218; **shipping/sea r.,** Schiffahrtsweg *m;* **trade routes,** Handelswege *mpl; Mil:* **r. march,** Übungsmarsch *m;* **r. map,** Straßenkarte *f.*

routine [ru:´ti:n], *s.* (*a*) Routine *f;* **to follow/go through the usual r.,** nach Schablone/Schema F vorgehen; **daily r.,** der alte Trott; (*b*) *attrib.* routinemäßig, *Pej:* (*of performance etc.*) schablonenhaft; **r. work,** Routinearbeit *f.*

roving [´rəuviŋ], *adj.* (umher)streifend; **r. instinct,** Wanderlust *f.*

row[1] [rəu], *s.* Reihe *f;* **in rows,** in Reihen, reihenweise; *N.Am:* **r. house,** Reihenhaus *n.*

row[2]. **I.** *v.tr. & i.* (ein Boot) rudern. **II.** *s.* Ruderfahrt *f;* **to go for a r.,** rudern gehen. ´**rower,** *s.* Ruderer *m.* ´**rowing,** *s.* Rudern *n; Sp:* Rudersport *m;* **r. boat,** Ruderboot *n.* **rowlock** [´rɔlək], *s.* Dolle *f.*

row[3] [rau]. *s.* **1.** (*noise*) Krach *m,* Krawall *m.* **2.** (*a*) (*quarrel*) Streit *m;* **to have a r.,** sich streiten, *F:* sich verkrachen; (*b*) *F:* (*criticism*) Rüge *f;* **there'll be a r. if . . .,** es gibt Krach/die Fetzen werden fliegen, wenn . . .; **to get into a r.,** eins aufs Dach kriegen.

rowdy [´raudi]. **I.** *adj.* rauflustig; (*noisy*) randalierend. **II.** *s.* Rowdy *m,* Raufbold *m.* ´**rowdiness,** *s.* Rauflust *f;* Randalieren *n.* ´**rowdyism,** *s.* Rowdytum *n.*

royal [´rɔiəl], *adj.* königlich; **the R. household,** die königliche Hofhaltung; *Fig:* **a r. feast,** ein königliches Mahl; **-ly,** *adv.* **to treat s.o. right r.,** j-n königlich bewirten. ´**royalist.** **I.** *s.* Monarchist *m,* Royalist *m.* **II.** *adj.* monarchistisch, königstreu. ´**royalty,** *s.* **1.** (*a*) königliche Person(en) *f(pl);* (*b*) (*status etc.*) Königswürde *f.* **2.** *Pub: etc:* (*esp. pl.*) Tantiemen *fpl.*

rozzer [´rɔzər], *s. P:* (*policeman*) Polyp *m.*

rub [rʌb]. **I.** *v.* (*p. & p.p.* **rubbed**) **1.** *v.tr.* (j-n, etwas) reiben; **to r. one's hands (together),** sich *dat* die Hände reiben; **to r. over a surface,** eine Fläche mit Politur einreiben/(*with a damp cloth*) feucht abwischen; *Fig:* **to r. shoulders with s.o.,** mit j-m zusammenkommen. **2.** *v.i.* **1.** Reiben *n;* **to give s.o. a r.,** (*with towel*) j-n trockenfrottieren. **2.** *Fig:* Schwierigkeit *f;* **there's the r.,** da hapert's. ´**rub** ´**long,** *v.i. F:* sich (irgendwie) durchschlagen; (*of two people*) miteinander auskommen. ´**rubber**[1], *s.* Gummi *m & n;* (**India**) **r.,** Radiergummi *m;* **r. band,** Gummiband *n;* **r. dinghy,** Schlauchboot *n; N.Am:* **r. cheque,** ungedeckter Scheck. **2.** *pl. esp. N.Am:* Gummischuhe *mpl.* ´**rubberneck,** *s. N.Am: F:* Gaffer(in) *m(f).* ´**rub** ´**down,** *v.tr.* (*a*) (j-n, ein Pferd) abreiben; (*with towel*) (j-n) trockenfrottieren; (*b*) *Paint:* (etwas) abschmirgeln. ´**rub** ´**in,** *v.tr.* (eine Salbe usw.) einreiben; *F:* **don't r. it in!** du brauchst es mir nicht unter die Nase zu reiben! ´**rub** ´**out,** *v.tr.* (etwas) ausradieren. ´**rub** ´**up,** *v.tr.* (*a*) (etwas) aufpolieren; (*b*) (Kenntnisse) auffrischen; (*c*) *Fig:* **to r. s.o. up the wrong way,** j-n verstimmen/irritieren.

´**rubber**[2], *s. Cards:* (*at bridge*) Robber *m.*

rubbish [´rʌbiʃ], *s.* **1.** (*a*) (*waste*) Abfälle *mpl;* (*refuse*) Müll *m;* (*debris*) Schutt *m;* **r. bin,** (*in house*) Abfalleimer *m;* (*on street*) Abfallkorb *m;* **r. chute,** Müllschacht *m;* **r. dump,** Müllkippe *f;* **r. heap,** Abfallhaufen *m;* (*b*) (*worthless goods*) Ausschußware *f;* Schund *m, F:* Mist *m.* **2.** (*nonsense*) Unsinn *m, F:* Quatsch *m;* **to talk r.,** Unsinn reden; **what r.!** so ein Quatsch! ´**rubbishy,** *adj.* (*of goods*) wertlos.

rubble [´rʌbl], *s. Constr:* (*debris*) Schutt *m;* (*for roadmaking etc.*) Bruchstein *m.*

rubric [´ru:brik], *s.* Rubrik *f.*

ruby [´ru:bi], *s.* **1.** *Miner:* Rubin *m.* **2.** (*colour*) Rubinrot *n;* **r. wine,** süßer Rotwein.

rucksack [´rʌksæk], *s.* Rucksack *m.*

rudder ['rʌdər], s. Steuerruder n, Ruder n.

ruddy ['rʌdi], adj. 1. (a) (of cheeks) rot; **r. complexion,** frische Gesichtsfarbe; (b) rötlich; **r. glow,** rotes Glühen. 2. P: verdammt; V: Scheiß-; **all this r. work,** die ganze Scheißarbeit; **a r. nuisance,** eine verdammte Plage.

rude [ru:d], adj. 1. (a) (impolite) unhöflich (to s.o., zu j-m); (b) (indecent) unanständig; Hum: **r. drawing,** obszöne Zeichnung. 2. (abrupt) unsanft; **r. shock,** heftiger Schock. **'rudeness,** s. Unhöflichkeit f.

rudiment ['ru:dimənt], s. 1. Biol: Rudiment n. 2. pl. Anfänge mpl; Grundbegriffe mpl (einer Wissenschaft). **rudi'mentary,** adj. (of knowledge) elementar; (simple) einfach.

rueful ['ru:f(u)l], adj. reumütig; **r. smile,** wehmütiges Lächeln.

ruffian ['rʌfjən], s. Rohling m.

ruffle ['rʌfl], v.tr. (a) (Haare, Federn) zerzausen; (die Wasseroberfläche) kräuseln; (b) Fig: (j-n) aus der Fassung bringen; (irritate) (j-n) irritieren; **ruffled,** gereizt.

rug [rʌg], s. 1. (blanket) Decke f; (travel) r., Reisedecke f. 2. (on floor) kleiner Teppich m; (by bed) Bettvorleger m; **Persian r.,** Perserbrücke f.

rugby ['rʌgbi], s. **r. (football),** F: **rugger** ['rʌgər], Rugby n; **R. League,** Rugby mit dreizehn Spielern.

rugged ['rʌgid], adj. 1. (a) (of terrain) wild; (rocky) felsig; (of cliffs) zerklüftet; (b) **r. features,** markante Züge. 2. **r. independence,** kompromißlose Unabhängigkeit f.

ruin [ru:in]. I. s. 1. (building etc.) Ruine f; **to be in ruins,** eine Ruine sein; Fig: (of plan) ganz zerstört sein. 2. (esp. of pers.) Ruin m; **to go to (rack and) r.,** (ganz) zerfallen; Fig: (völlig) zugrunde gehen; **the r. of my hopes,** die Vernichtung meiner Hoffnungen. II. v.tr. (j-n, seine Aussichten, Gesundheit, seinen Ruf usw.) ruinieren; (Pläne) vereiteln; F: **my hat is ruined,** mein Hut ist ganz hin; **her extravagance ruined him,** ihre Verschwendungssucht hat ihn ruiniert. **rui'nation,** s. Vernichtung f; (of pers.) Ruin m. **'ruinous,** adj. 1. (of house) verfallen. 2. (causing ruin) ruinös; **r. expense,** enorme Ausgaben fpl.

rule [ru:l]. I. s. 1. (regulation) Regel f; **as a (general) r.,** in der Regel, im allgemeinen; **r. of thumb,** Faustregel f; **to make it a r. (to do sth.),** es sich dat zur Regel machen (, etwas zu tun); **r. of conduct,** Verhaltensmaßregel f; **rules of the game,** Spielregeln fpl; **rules and regulations,** Vorschriften fpl; Ind: **work(ing) to r.,** Dienst m nach Vorschrift, F: Bummelstreik m; Aut: **r. of the road,** Straßenverkehrsordnung f. 2. (government) Regierung f (einer Partei); (domination) Herrschaft f; **under foreign r.,** unter fremder Herrschaft. 3. (measure) Carp: etc: Zollstock m. II. v. 1. v.tr. (a) (ein Land, ein Volk) regieren; (b) Fig: **to be ruled by one's passions,** sich von seinen Leidenschaften leiten lassen; **I will let myself be ruled by him,** ich richte mich nach ihm; (c) Jur: etc: einen Entscheid treffen (that, daß); **to r. sth. out of order,** etwas für unzulässig erklären; (d) (Papier usw.) linieren; **to r. a line,** eine Linie ziehen. 2. v.i. (a) (of king etc.) regieren; **to r. over a**

country, über ein Land herrschen; (b) **the prices ruling in London,** die in London gültigen/herrschenden Preise. **'ruler,** s. 1. (pers.) Herrscher(in) m(f). 2. Mth: Geom: Lineal n. **'ruling.** I. adj. (a) herrschend; **the r. class,** die herrschende Schicht; (b) Fig: vorherrschend; **his r. passion,** seine große Leidenschaft. II. s. (amtliche/gerichtliche) Entscheidung f, Verordnung f; **to give a r. in favour of s.o.,** zu j-s Gunsten entscheiden. **'rule 'out,** v.tr. (a) (eine Möglichkeit) ausschließen; **this cannot be ruled out,** das ist immer/immerhin noch möglich; (b) (ein Wort) mit dem Lineal durchstreichen.

rum¹ [rʌm], s. Rum m.

rum², adj. F: komisch; **r. customer,** komischer Kauz.

Rumania [ru(:)'meiniə]. Pr. n. Geog: Rumänien n. **Ru'manian.** I. adj. rumänisch. II. s. 1. (pers.) Rumäne m, Rumänin f. 2. Ling: Rumänisch n.

rumble¹ ['rʌmbl]. I. s. Grollen n (des Donners); Rumpeln n (eines Lastwagens, eines Zuges); Rec: Rumpelgeräusch n; r. filter, Rumpelfilter n; F: **tummy rumbles,** Magenknurren n. II. v.i. (of thunder etc.) grollen; (of stomach) knurren.

rumble², v.tr. F: (j-n) durchschauen.

rumbustious [rʌm'bʌstjəs], adj. ausgelassen.

ruminate ['ru:mineit], v.i. (a) (of cow) wiederkäuen; (b) (of pers.) grübeln (on/over sth., über etwas acc). **'ruminant.** I. s. Wiederkäuer m. II. adj. wiederkäuend. **rumi'nation,** s. 1. Wiederkäuen n. 2. Grübeln n. **'ruminative,** adj. nachdenklich.

rummage ['rʌmidʒ], v.i. **to r. through old papers,** alte Papiere durchstöbern; **to r. about for sth.,** nach etwas dat kramen/stöbern.

rummy ['rʌmi], s. Games: Rommé n.

rumour ['ru:mər], s. Gerücht n. **'rumoured,** adj. **it is r. that . . .,** man munkelt, daß . . .

rump [rʌmp], s. (of cattle) Hinterteil n; Cu: Rückenstück n; **r. steak,** Rumpsteak n.

rumple ['rʌmpl], v.tr. (Papier) zerknüllen; (ein Kleid) zerknittern; (Haare) zerraufen.

rumpus ['rʌmpəs], s. F: (a) (noise) Krawall m; (b) (fuss) Spektakel m.

run [rʌn]. I. v. (p. ran, p.p. run, pres.p. running) 1. v.i. (a) (of pers.) laufen; (fast, in race) rennen; **to r. upstairs,** die Treppe hinauflaufen; **to r. up/down the street,** die Straße hinauf/hinunterlaufen, (b) **to r. (away),** weglaufen, davonlaufen; **now we must r. for it!** jetzt aber nichts wie weg! (of yacht) **to r. before the wind,** vor dem Wind segeln; (c) Rac: teilnehmen (**in a race,** an einem Rennen); Pol: **to r. for an office,** für ein Amt kandidieren; (d) (travel) fahren; **car running at 50 kilometres per hour,** Wagen, der 50 Kilometer (in der Stunde) fährt; **this train is not running today,** dieser Zug verkehrt heute nicht; (e) (flow) fließen; (of eyes) tränen; (of tap, nose, colour) laufen; **your bath is running,** dein Bad läuft ein; Fig: **it runs in the family,** es liegt in der Familie; (f) **the thought keeps running through my head,** der Gedanke geht mir dauernd im Kopf herum; **it ran something like this,** es ging/(of text) lautete ungefähr so; (g) (of amount etc.) **to run into three figures,** sich auf eine dreistellige Zahl belaufen; **I can't r. to that,** das kann ich mir nicht leisten; (*h*) (*work*) funktionieren, laufen; **the engine is running,** der Motor läuft; *El:* **to r. off the mains,** mit Netzstrom laufen; *Th:* **the play ran for two months,** das Stück lief zwei Monate lang; (*i*) **to r. low,** knapp werden; **to r. dry,** versiegen; (*j*) **a heavy sea was running,** es war hoher Seegang; (*k*) (*stretch*) sich erstrecken; (*of road*) verlaufen; **to r. from north to south/north and south,** sich von Norden nach Süden/nach Norden und Süden erstrecken; (*l*) *Fig:* **money runs through his fingers,** das Geld rinnt ihm durch die Finger. **2.** *v.tr.* (*a*) **to r. a race,** um die Wette laufen; **to r. an errand,** eine Besorgung machen; **to r. s.o. close,** von j-m nur knapp geschlagen werden; (*b*) (*drive*) (j-n, ein Auto) fahren; **to r. s.o. into town,** j-n in die Stadt fahren; **I can't afford to r. a car,** ich kann es mir nicht leisten, ein Auto zu halten; (*c*) (einen Motor, eine Maschine, einen Hahn usw.) laufen lassen; (ein Bad) einlaufen lassen; (*d*) (*manage*) (ein Hotel, ein Geschäft usw.) führen, leiten; **to r. the house,** den Haushalt führen; (*e*) (*push*) **to r. a thorn into one's finger,** sich *dat* einen Dorn in den Finger einjagen; **to r. one's hand through/over sth.,** mit der Hand durch/über etwas *acc* fahren; **to r. one's eye over sth.,** den Blick über etwas *acc* gleiten lassen; (*f*) **to r. a temperature,** Fieber haben; (*g*) (Röhre, Leitungen) legen. **II.** *s.* (*a*) Lauf *m;* **at a r.,** im Lauf; **to break into a r.,** zu laufen beginnen; **to take a r. at a wall,** einen Anlauf zum Sprung über die Mauer nehmen; (*of criminal*) **to be on the r.,** auf der Flucht sein; **to have a good r. for one's money,** auf seine Kosten kommen; *Cricket: Baseball:* **to score/make a r.,** einen Lauf machen; (*b*) *Aut: etc:* Fahrt *f;* **to go for a r.,** eine Spazierfahrt machen; **trial r.,** Probefahrt *f; Ski: Motor Rac:* **the first runs,** der erste Durchgang; **his first r.,** seine erste Fahrt; (*c*) (*succession*) Reihe *f; Print:* Auflage *f;* **r. of successes,** Erfolgsserie *f;* **to have a r. of luck/of bad luck,** eine Glückssträhne/Pechsträhne haben; *Th:* **to have a long/short r.,** lange/ kurze Zeit laufen; (*d*) (*route*) **on the China r.,** auf der Strecke nach China; (*e*) (*demand*) (große) Nachfrage *f* (**for sth.,** nach etwas *dat*); *Fin:* **there's a r. on the pound,** es herrscht ein Run auf das Pfund; (*f*) **to have the r. of s.o.'s house,** j-s Haus nach Belieben benutzen können; **to give s.o. the r. of one's library,** j-m seine Bibliothek zur Verfügung stellen; (*g*) *Sp:* (*course*) (*toboggan*) Rodelbahn *f; Ski:* Piste *f.* **'run-about,** *s.* (*car*) (kleiner) Stadtwagen *m.* **'run a'cross,** *v.i.* (*a*) über (die Straße usw.) laufen; (*b*) auf (etwas *acc*) stoßen; (j-m) zufällig begegnen. **'run 'after,** *v.tr.* (j-m) nachlaufen. **'run a'long,** *v.* **1.** *v.tr.* **to r. a. the river,** am Fluß entlang laufen. **2.** *v.i.* **r. a.!** fort mit dir/ euch! **'run a'way,** *v.i.* (*a*) weglaufen, davonlaufen; **to r. a. from home,** von zu Hause weglaufen, ausreißen; *Fig:* **don't r. a. with the idea that . . .,** glauben Sie nur nicht, daß . . .; **that runs away with the money,** das geht/läuft ins Geld; (*b*) (*of water*) ablaufen. **'runaway. I.** *s.* Ausreißer *m;* Flüchtling *m.* **II.** *adj.* (*a*) (*of pers.*) flüchtig; (*b*) **r. victory,** leichter Sieg; Sieg *m* mit großem

Vorsprung. **'run 'down,** *v.* **1.** *v.i.* (*a*) hinunterlaufen; (*b*) (*of clock*) ablaufen. **2.** *v.tr.* (*a*) (die Straße, den Berg usw.) hinunterlaufen; (*b*) *Aut:* (j-n) anfahren; (*c*) (*find*) (j-n, etwas) aufstöbern; (*d*) (*criticize*) (j-n, j-s Anstrengungen) herabsetzen; (*e*) (einen Betrieb) abbauen; *Fig:* (*of pers.*) **run down,** (gesundheitlich) herunter. **'run-down,** *s.* **1.** Abbau *m* (einer Industrie). **2.** (*report*) Bericht *m.* **'run 'in,** *v.tr.* (*a*) (ein Auto) einfahren; (*notice*) **running in,** wird eingefahren; (*b*) *F:* (*police*) (j-n) schnappen. **'run 'into,** *v.tr.* **to r. i. sth.,** in etwas *acc* hineinrennen/(*of car*) hineinfahren; (*b*) **to r. i. difficulties,** auf Schwierigkeiten stoßen; **to r. i. debt,** in Schulden geraten. **'runner,** *s.* **1.** (*athlete*) Läufer(in) *m(f);* (*competitor, horse etc.*) Teilnehmer(in) *m(f).* **2.** *Bot:* (*shoot*) Trieb *m;* **r. bean,** Stangenbohne *f.* **3.** Kufe *f* (eines Schlittens usw.). **4.** *Mec:* (*wheel*) Laufrolle *f;* (*rail*) Laufschiene *f.* **5.** *H:* (*carpet*) Läufer *m.* **'runner-'up,** *s. Sp:* Zweite(r) *f(m).* **'running. I.** *adj.* (*of commentary, expenses etc.*) laufend; **r. jump,** Sprung *m* mit Anlauf; **r. water,** fließendes Wasser; **r. nose,** laufende/ triefende Nase; (*b*) (*one after another*) nacheinander; **three days r.,** drei Tage hintereinander. **II.** *s.* **1.** *Sp: & Fig:* **to be in/out of the r.,** Aussichten/keine Aussichten haben; **to make (all) the r.,** das Tempo angeben. **2.** (*a*) (*operation*) Betrieb *m* (einer Maschine, eines Zuges usw.); Laufen *n* (eines Motors); **smooth r.,** ruhiger Lauf; *attrib.* **r. costs,** Betriebskosten *fpl;* **in r. order,** *Aut:* fahrbereit; (*of machine*) betriebsfähig; *Mec:* **r. gear,** Laufwerk *n;* (*b*) (*administration*) Leitung *f,* Verwaltung *f.* **'runny,** *adj.* flüssig; (*of nose*) laufend; *F:* **to have a r. tummy,** den flotten Otto haben. **'run-of-the-'mill,** *adj.* durchschnittlich; *F:* null-achtfünfzehn. **'run 'off,** *v.* **1.** *v.i.* davonrennen; (*escape*) ausreißen; **to r. o. with the cash,** mit der Kasse durchbrennen. **2.** *v.tr.* (*a*) (eine Flüssigkeit) ablaufen lassen; (*b*) (*of pers.*) **to be r. o. one's feet,** überfordert sein; (*c*) *Print:* **to r. o. 200 copies,** 200 Exemplare drucken; (*d*) (ein Rennen) abhalten. **'run 'on,** *v.i.* (*a*) weiterlaufen, fortfahren; (*b*) (*continue*) fortfahren (*speaking*) weiterreden. **'run 'out,** *v.i.* (*a*) (*of pers.*) hinauslaufen; (*of liquid*) auslaufen; **the tide is running out,** die Flut geht zurück; (*b*) (*of supplies*) ausgehen; **time is running out,** die Zeit wird knapp; **we are running out of food,** wir haben bald keine Lebensmittel mehr. **'run 'over,** *v.tr.* (*a*) (ein Dokument usw.) überfliegen; (*b*) *Aut:* (j-n) überfahren. **'run 'through,** *v.tr.* (*a*) (einen Saal usw.) durchlaufen; (*b*) (ein Dokument usw.) schnell durchlesen; **to r. t. a part etc. with s.o.,** eine Rolle mit j-m durchgehen; (*c*) (ein Vermögen) durchbringen. **'run-through,** *s.* Probe *f; Th:* Sprechprobe *f.* **'run 'up,** *v.* **1.** *v.i.* (*a*) (*upwards*) hinauflaufen; (*b*) (*approach*) herbeilaufen; **to come running up,** herangelaufen kommen. **2.** *v.tr.* (*a*) (eine Schuld) auflaufen lassen; **to r. up a bill,** eine Rechnung anwachsen lassen; (*b*) **to r. up a flag,** eine Flagge hissen; (*c*) *F:* (*concoct*) (etwas) schnell zusammenbasteln; (ein Essen) herzaubern; (*d*) **to**

r. up against difficulties, auf Schwierigkeiten stoßen. ´**run-up,** s. Sp: etc: Anlauf m. ´**runway,** s. Av: (for take-off) Startbahn f; (for landing) Landebahn f.

rung [rʌŋ], s. Sprosse f (einer Leiter).

rupture [´rʌptʃər]. **I.** s. (all senses) Bruch m; r. of relations, Abbruch m der Beziehungen. **II.** v.tr. & i. (etwas) brechen; (tear) Med: **to r. a ligament,** sich dat einen Bänderriß zuziehen.

rural [´ruərəl], adj. ländlich.

ruse [ru:z], s. List f.

rush[1] [rʌʃ], s. (reed) Binse f.

rush[2]. **I.** s. **1.** Ansturm m (for sth., auf etwas acc); **to make a r. at s.o.,** auf j-n zustürzen; **a general r.,** allgemeines Gedränge (for sth., nach etwas dat); **r. hour,** Stoßzeit f; **r. hour traffic,** Stoßverkehr m. **2.** (hurry) Eile f; F: **r. job,** dringende/eilige Arbeit; **to be in a r.,** es sehr eilig haben. **3. he had a r. of blood to the head,** das Blut schoß ihm in den Kopf. **II.** v. **1.** v.i. stürzen (**at s.o.,** auf j-n); **to r. in,** hereinstürzen; **to r. to conclusions,** voreilige Schlüsse ziehen; **the blood rushed to his face,** das Blut schoß ihm ins Gesicht; (b) (of wind) brausen; (c) (of car) **to r. along,** dahinrasen. **2.** v.tr. (hurry) (j-n) drängen; **they were rushed to hospital,** sie wurden schnellstens ins Krankenhaus geschafft; **don't r. me,** hetz mich nicht; **it's no good rushing it,** man darf es nicht übereilen; Parl: **to r. a bill through,** einen Gesetzentwurf durchpeitschen.

rusk [rʌsk], s. Zwieback m.

russet [´rʌsit]. **I.** s. **1.** Hort: (apple) approx. Boskop m. **2.** (colour) Rostbraun n. **II.** adj. rostbraun.

Russia [´rʌʃə]. Pr. n. Geog: Rußland n. ´**Russian. I.** s. (a) Russe m, Russin f; (b) Ling: Russisch n. **II.** adj. russisch.

rust [rʌst]. **I.** s. Rost m; **r. patch,** Rostfleck m. **II.** v.i. verrosten. ´**rusty,** adj. rostig; **to get r.,** verrosten; F: Fig: **I am r.,** ich bin aus der Übung; **my German is a bit r.,** meine Deutschkenntnisse sind etwas eingerostet. ´**rustiness,** s. verrosteter Zustand m.

rustic [´rʌstik]. **I.** adj. ländlich; (of furniture, pers.) rustikal; esp. Hum: bäuerlich; **r. bench,** rustikale Holzbank. **II.** s. esp. Hum: Bauer m.

rustle [´rʌsl]. **I.** s. Rauschen n (des Windes usw.); Rascheln n (von Blättern usw.); Knistern n (von Papier, Seide usw.). **II.** v. **1.** v.i. (of wind etc.) rauschen; (of leaves) rascheln; (of paper, silk) knistern. **2.** v.tr. (a) **to r. a newspaper,** mit der Zeitung rascheln; (b) F: **to r. up a meal,** ein Essen herzaubern; (c) N.Am: (Vieh) stehlen. ´**rustler,** s. N.Am: Viehdieb m.

rut [rʌt], s. Furche f; Fig: (of pers.) **to be in a r.,** im alten Gleis festgefahren sein; **to get out of the r.,** aus dem alten Trott herauskommen. ´**rutted**/´**rutty,** adj. (of track) ausgefahren.

ruthless [´ru:θlis], adj. mitleidlos; (relentless) rücksichtslos; **r. murderer,** brutaler Mörder. ´**ruthlessness,** s. Rücksichtslosigkeit f; Brutalität f.

rye [rai], s. Roggen m; **r. bread,** Roggenbrot n.

S

S, s [es], s. (der Buchstabe) S, s n; **S-bend,** (in road) S-Kurve f; (in pipe) S-förmige Krümmung f; Schwanenhals m.

Sabbath [´sæbəθ], s. (a Jew: Sabbat m; (b) usu. Hum: Sonntag m. **sabbatical** [sə´bætikəl], adj. & s. Univ: s. **(term),** Freisemester n (eines Dozenten).

sable [´seibl], s. (animal/fur) Zobel m.

sabotage [´sæbəta:ʒ]. **I.** s. Sabotage f. **II.** v.tr. (ein Projekt, Maschinen usw.) sabotieren. **sabo-o´teur,** s. Saboteur m.

sabre [´seibər], s. Mil: Fenc: Säbel m; Fig: **s. rattling,** Säbelgerassel n.

saccharin [´sækərin], s. Saccharin n. ´**saccharine** [-ri:n], adj. Fig: zuckersüß.

sachet [´sæʃei], s. (a) Cosm: Duftkissen n; (b) (plastic) Sachet n.

sack[1] [sæk]. **I.** s. **1.** Sack m; **to put sth. into sacks,** etwas in Säcke abfüllen. **2.** F: **to give s.o. the s.,** j-n an die Luft setzen; **to get the s.,** an die Luft gesetzt werden, hinausfliegen. **II.** v.tr. F: **to s. s.o.,** j-n an die Luft setzen. ´**sackcloth,** s. Tex: Sackleinen n; Fig: **s. and ashes!**

(of self) ich streue Asche auf mein Haupt! (of s.o. else) schäm dich! ´**sackful,** s. **two sackfuls (of flour),** zwei Säcke (Mehl). ´**sacking,** s. **1.** Einsacken n (von Kartoffeln usw.). **2.** (material) Sackleinen n. **3.** F: Rausschmiß m.

sack[2], v.tr. (eine Stadt usw.) plündern.

sacrament [´sækrəmənt], s. Ecc: Sakrament n.

sacred [´seikrid], adj. heilig; **s. music,** geistliche Musik; Fig: **nothing was s. to him,** nichts war ihm heilig. ´**sacredness,** s. Heiligkeit f.

sacrifice [´sækrifais]. **I.** s. Opfer n; **to make sacrifices,** Opfer bringen; **he succeeded at the s. of his health,** der Erfolg kostete ihn seine Gesundheit; (in advert) **s. £200,** zum Schleuderpreis von £200; Com: **to sell sth. at a s.,** etwas mit Verlust verkaufen. **II.** v.tr. (a) (etwas) opfern; **to s. accuracy,** auf Genauigkeit verzichten; (b) Com: (sell at loss) (etwas) unter Preis anbieten.

sacrilege [´sækrilidʒ], s. Ecc: Sakrileg n; Hum: **that would be s.!** das wäre ein Frevel! **sacri-´legious,** adj. Ecc: frevlerisch; (blasphemous) gotteslästerlich.

sacristan ['sækristən], s. Ecc: Küster m, Kirchendiener m. 'sacristy, s. Ecc: Sakristei f.
sacrosanct ['sækrəusæŋkt], adj. sakrosankt; (untouchable) unantastbar.
sad [sæd], adj. traurig; (of colours etc.) trist; (dilapidated) verkommen; to make s.o. s., (j-n) betrüben; s. at heart, ganz betrübt; Hum: to come to a s. end, ein übles Ende nehmen; -ly, adv. (a) traurig; (b) (before statement) traurigerweise; s. this is our last visit, leider ist dies unser letzter Besuch; (c) s. neglected, stark vernachlässigt. 'sadden, v.tr. (j-n) betrüben. 'sadness, s. Traurigkeit f.
saddle ['sædl]. I. s. 1. (seat) Sattel m. 2. Geol: Bergsattel m. 3. Cu: s. of mutton/venison, Hammelrücken/Rehrücken m. II. v.tr. (a) (ein Pferd) satteln; F: to s. s.o. with sth., j-m etwas aufbürden; she's saddled with five children, sie hat fünf Kinder am Halse. 'saddlebag, s. Satteltasche f. 'saddler, s. Sattler m.
sadism ['seidizm], s. Psy: Sadismus m. 'sadist, s. Psy: Sadist m. sadistic [sə'-], adj. sadistisch.
safari [sə'fɑ:ri], s. Safari f; s. park, Großwildpark m.
safe [seif]. I. adj. 1. (unhurt) heil; s. and sound, wohlbehalten, heil und ganz. 2. (a) (protected) geschützt, sicher (from danger, vor der Gefahr); to feel s., sich geborgen fühlen; (b) (of bridge etc.) fest; we are s. here, hier sind wir in Sicherheit; not s., gefährlich; to put/keep sth. in a s. place, etwas sicher aufbewahren; it is s. to leave him alone, man kann ihn unbesorgt allein lassen; Jur: s. conduct, (i) sicheres Geleit; (ii) (document) Geleitsbrief m; (c) (certain) to be on the s. side, um sicherzugehen; it's s. to say that ..., es kann mit Sicherheit gesagt werden, daß ...; -ly, adv. 1. to arrive s., wohlbehalten ankommen. 2. sicher, ohne Risiko. II. s. Safe m. 'safe-de'posit, s. Tresor m; s.-d. box, Schließfach n (in einer Bank). 'safeguard. I. s. Vorsichtsmaßnahme f; (protection) Schutz m (against, gegen + acc). II. v.tr. (etwas) sicherstellen; (Rechte, Interessen) schützen. safe'keeping, s. (sichere) Aufbewahrung f (von Schmuckstücken usw.). 'safety, s. Sicherheit f; in a place of s., in Sicherheit; at a sicheren Platz; road s., Verkehrssicherheit f; s. measures, Sicherheitsmaßnahmen fpl; (there's) s. in numbers, je mehr desto besser; attrib. s. catch, Sicherung f; s. glass, Sicherheitsglas n; s. margin, Sicherheitsfaktor m; s. pin, Sicherheitsnadel f; Aut: Av: s. belt, Sicherheitsgurt m; Th: s. curtain, eiserner Vorhang m; Mec. E: s. valve, Sicherheitsventil n.
saffron ['sæfrən]. I. s. Saf.an m. II. adj. s. (yellow), safrangelb.
sag [sæg], v.i. (p. & p.p. sagged) (of roof, bed etc.) durchhängen; (of gate, etc.) schief hängen; Fig: sagging spirits, sinkender Mut.
saga ['sɑ:gə], s. (a) Lit: Sage f; esp. Heldensage f; (b) F: Hum: Epos m.
sagacious [sə'geiʃəs], adj. scharfsinnig. sagacity [-'gæsiti], s. Scharfsinn m.
sage[1] [seidʒ], s. A: & Lit: Weise(r) m.
sage[2]. I. s. Bot: Salbei m. II. adj. s.-green, graugrün.
Sagittarius [sædʒi'tɛəriəs], s. Astr: Schütze m.
sago ['seigəu], s. Sago m.

said [sed], p.p. of say q.v.
sail [seil]. I. s. 1. Nau: (a) Segel n; (b) coll. die Segel; under s., unter Segel; to set s., in See stechen; (c) (trip) Segelfahrt f; to go for a s., segeln gehen. 2. Flügel m (einer Windmühle). II. v. 1. v.i. Nau: (a) (also Fig:) segeln; (of steamer etc.) fahren; to s. up the coast, an der Küste entlang segeln/fahren; (b) (leave) abfahren; to s. for New York, (mit dem Schiff) nach New York fahren; to be about to s., zur Abfahrt bereit stehen. 2. v.tr. to s. the seas, die Meere besegeln. 'sailcloth, s. Segeltuch n. 'sailing. I. adj. Nau: s. boat, Segelboot n; s. dinghy, (kleines) Segelboot, esp. (flat-bottomed) Segeljolle f; s. ship, Segelschiff n. II. s. (a) Segeln n; F: it was all plain s., es ging alles ganz glatt; (b) (departure) Abfahrt f (eines Schiffes); port of s., Abfahrtshafen m; (c) (trip) Fahrt f. 'sailor, s. Matrose m; to be a good s., seefest sein; to be a bad s., leicht seekrank werden. 'sailplane, s. Segelflugzeug n.
saint [seint] (before Pr.n. [s(ə)nt], abbr. St., S.) s. (a) Heilige(r) f(m); saint's day, Festtag m eines Heiligen; All Saint's (Day), Allerheiligen n; Fig: the patience of a s., eine Engelsgeduld; (b) attrib. St. Peter, der Heilige Petrus; (church) St. Peter's, Sankt/abbr. St. Peter; Peterskirche f; (dog) St. Bernard, Bernhardiner(hund) m; Geog: St. Lawrence, Sankt Lorenz-Strom m. 'saintliness, s. Heiligmäßigkeit f. 'saintly, adj. heiligmäßig; (of smile etc.) engelhaft.
sake [seik], s. used only in the phr. for the s. of, wegen + gen; for s.o.'s s. j-m zuliebe; for my/your/his/her s., um meinetwillen/deinetwillen/seinetwillen/ihretwillen; do it for my s., tu es meinetwegen/mir zuliebe; for the s. of (having) another day, um einen weiteren Tag zu haben; for the sake of peace, um des lieben Friedens willen; for heaven's/God's/goodness' s., um Gottes willen; for old time's s., zur Erinnerung an die gemeinsam verbrachte Zeit.
salacious [sə'leiʃəs], adj. (of pers.) geil; (of book, picture etc.) obszön.
salad ['sæləd], s. Cu: Salat m; s. cream, Mayonnaise f; s. dressing, Salatsoße f; s. shaker, Salatschleuder f.
salary ['sæləri], s. Gehalt n; s. scale, Gehaltstarif m.
sale [seil], s. Verkauf m; (a) for s., zu verkaufen; Com: on s. or return, in Kommission; on sale, zum Verkauf angeboten; (b) s. by auction, (Verkauf durch) Versteigerung f; (c) Com: pl. Absatz m; sales are picking up, der Absatz belebt sich; (d) (clearance) s., Ausverkauf m; summer s., Sommerschlußverkauf m; s. price, Aktionspreis m; attrib. sales, Verkaufs-; sales manager, Verkaufsleiter m; F: sales talk, Verkaufsjargon n; N.Am: sales clerk, Verkäufer(in) m(f). 'sale-room, s. Verkaufslokal n, esp. Auktionslokal n. 'salesgirl, s. Verkäuferin f; (travelling) s. salesman, pl. -men, s. Verkäufer m; esp. N.Am: (travelling) s., Handelsreisende(r) m. 'salesmanship, s. Verkaufsgewandtheit f. 'saleswoman, pl. -women, s. Verkäuferin f.
salient ['seiliənt], adj. hervorspringend; (of features) hervorstehend; s. point, springender Punkt.
saline ['seilain], adj. salzhaltig; Ch: s. solution, Kochsalzlösung f.

saliva [sə'laivə], s. Speichel m.
sallow ['sælou], adj. gelblich(-blaß). 'sallow-ness, s. gelbliche Blässe f.
sally ['sæli], v.i. F: to s. out/forth, losziehen.
salmon ['sæmən]. I. s. Lachs m; s. trout, Lachsforelle f. II. adj. s. pink, lachsfarben.
saloon [sə'lu:n], s. (a) Nau: Gesellschaftsraum m; s. cabin, Kabine f (erster Klasse); (b) N.Am: Schankwirtschaft f; F: Kneipe f; Brit: s. bar, (vornehmere) Bar f; (c) Aut: s. (car), Limousine f.
salt [sɔlt]. I. s. 1. (a) Cu: Salz n; s. cellar, Salzfaß n; Fig: to take a story with a pinch of s., eine Geschichte nicht wörtlich nehmen; he isn't worth his s., er verdient das Salz in der Suppe nicht; (b) F: old s., alter Seebär m. 2. Ch: Kochsalz n; Pharm: Epsom salts, Bittersalz n. II. adj. salzig; s. water, Salzwasser n. III. v.tr. (etwas) salzen. 'saltless, adj. salzlos. salt-'petre, s. Ch: etc: Salpeter m. 'salty, adj. salzig; too s., zu salzig; Cu: versalzen.
salubrious [sə'lu:briəs], adj. gesund.
salutary ['sæljut(ə)ri], adj. heilsam.
salute [sə'l(j)u:t]. I. s. esp. Mil: Gruß m; to take the s., die Parade abnehmen; to give a s., salutieren; to fire a s., eine Ehrensalve abgeben. II. v.tr. (a) (j-n) grüßen; abs. Mil: salutieren; (b) Fig: to s. s.o.'s achievements, j-s Errungenschaften würdigen. salu'tation, s. Begrüßung f.
salvage ['sælvidʒ]. I. s. 1. (a) Bergung f (eines Schiffes usw.); s. company, Bergungsgesellschaft f; (b) Wiederverwertung f (von Abfällen, Resten usw.). 2. (property saved) Bergungsgut n. II. v.tr. (ein Schiff usw.) bergen; (Abfälle usw.) wiederverwerten
salvation [sæl'veiʃ(ə)n], s. Rettung f; Ecc: Erlösung f; S. Army, Heilsarmee f; to work out one's own s., seine Probleme selbst lösen.
salvo, pl. -oes ['sælvou, -ouz], s. Mil: Salve f.
Samaritan [sə'mæritn], s. 1. B: the Good S., der barmherzige Samariter. 2. Telefonseelsorger(in) m(f).
same [seim]. I. adj. gleich; the s. thing, dasselbe; das gleiche; the very s. thing, genau dasselbe; much the s., ziemlich das gleiche; the s. ones, die gleichen; they are all the s., sie sind alle gleich; he's the s. age as I am, er ist ebenso alt wie ich; in the s. way, auf die gleiche Weise; at the s. time, zur gleichen Zeit; it comes to the s. thing, es läuft auf dasselbe/das gleiche hinaus; it's all the s. to me, es ist mir gleich/egal; he's much the s., er hat sich nicht sehr geändert; (of patient) es geht ihm nicht viel besser; F: s. here! ich auch! the s. to you! (Ihnen) gleichfalls! II. adv. (a) he treats everyone the s., er behandelt alle gleich; she looks just the same, sie sieht genauso aus (wie früher); things go on just the s., es geht alles den alten Gang; (b) all the s., immerhin; they came just/all the s., sie sind trotzdem gekommen. 'sameness, s. 1. Gleichheit f. 2. (dullness) Eintönigkeit f.
sample ['sa:mpl]. I. s. 1. (specimen) Probe f (eines Minerals, von Blut usw.); Kostprobe f (von Wein usw.); Com: Muster n; Warenprobe f; to be up to s., dem Muster entsprechen. 2. (example) Beispiel n; a s. of his humour, ein typisches Beispiel seines Humors. II. v.tr.

(etwas) probieren; (Wein, ein Gericht usw.) kosten; (try out) (eine neues Restaurant usw.) ausprobieren; to s. American hospitality, amerikanische Gastfreundschaft erfahren.
Samson ['sæmsən]. Pr. n. B: Simson m.
sanatorium [sænə'tɔ:riəm], s. (a) Sanatorium n; (b) (sickroom) Krankenzimmer n.
sanctify ['sæŋ(k)tifai], v.tr. (j-n, etwas) heiligen. sanctimonious [-'mouniəs], adj. frömmelnd. 'sanctity, s. 1. Heiligkeit f (eines Ortes, Eides usw.). 2. Unverbrüchlichkeit f (eines Versprechens usw.). 'sanctuary, s. 1. Rel: Heiligtum n. 2. (refuge) Zufluchtsort m. 3. bird s., Vogelschutzgebiet n.
sanction ['sæŋ(k)ʃ(ə)n]. I. s. 1. (punishment) Bestrafung f; Pol: Sanktion f; to impose sanctions on a country, Sanktionen gegen einen Staat verhängen. 2. (approval) Billigung f; (permission) Erlaubnis f. II. v.tr. (a) (ein Gesetz, einen Plan usw.) sanktionieren; (b) (eine Handlung usw.) billigen; sanctioned by usage, durch den Gebrauch geweiht.
sand [sænd]. I. s. 1. Sand m. 2. (also pl. sands) (a) (beach) Sandstrand m; (b) (sandbank) Sandbank f. II. v.tr. to s. sth. (down), etwas abschmirgeln/abschleifen. 'sandbag, s. Sandsack m. 'sandbank, s. Sandbank f. 'sandblast, v.tr. Ind: (ein Werkstück) sandstrahlen. 'sand-dune/'sandhill, s. Sanddüne f. 'sander, s. Abschleifgerät n. 'sandpaper. I. s. Sandpapier n. II. v.tr. (etwas) mit Sandpapier abschmirgeln. 'sandpit, s. Sandkasten m. 'sandstone, s. Sandstein m. 'sandy, adj. 1. (of soil, beach etc.) sandig. 2. (of hair) sandfarben.
sandal ['sænd(ə)l], s. Sandale f.
sandwich ['sænwidʒ, -witʃ]. I. s. (a) Sandwich n & m; open s., belegtes Brot; ham s., Schinkenbrot n; (b) Sch: s. course, Sandwichlehrgang m. II. v.tr. (j-n) einklemmen (between, zwischen). 'sandwich-board, s. doppeltes Reklameschild n (auf Brust und Rücken getragen). 'sandwich-man, s. Reklameläufer m.
sane [sein], adj. vernünftig; (of pers.) bei Verstand/Sinnen. sanity ['sæniti], s. Vernunft f; to lose one's s., den Verstand verlieren.
sanguine ['sæŋgwin], adj. (of temperament) heiter; (of views, policy etc.) zuversichtlich.
sanitation [sæni'teiʃ(ə)n], s. sanitäre Einrichtungen fpl. 'sanitary, adj. sanitär; s. towel, Damenbinde f.
Santa Claus ['sæntəklɔ:z]. Pr. n. Brit: der Weihnachtsmann.
sap¹ [sæp]. I. s. Saft m (eines Baumes usw.). II. v.tr. (p. & p.p. sapped) to s. s.o.'s strength, an j-s Kräften zehren.
sap², s. P: Trottel m.
sapling ['sæpliŋ], s. junger Baum m.
sapper ['sæpər], s. Mil: Pionier m.
sapphire ['sæfaiər], s. Min: Saphir m.
sarcasm ['sa:kæzm], s. Sarkasmus m; his s., seine sarkastische Art. sar'castic, adj. sarkastisch.
sardine [sa:'di:n, 'sa:-], s. Sardine f; F: packed (together) like sardines, wie die Heringe zusammengepfercht.
Sardinia [sa:'diniə]. Pr. n. Geog: Sardinien n.
sardonic [sa:'dɔnik], adj. sardonisch.

sartorial [saː'tɔːriəl], *adj.* Schneider-; **his s. elegance,** die Eleganz seiner Kleidung.

sash[1] [sæʃ], *s. Cl:* Schärpe *f.*

sash[2], *s. Constr:* (senkrecht) verschiebbarer Fensterrahmen *m*; **s. window,** Schiebefenster *n.*

Satan ['seit(ə)n], *s.* Satan *m.* **satanic** [sə'tænik], *adj.* satanisch.

satchel ['sætʃ(ə)l], *s. Sch:* Schulranzen *m.*

sate [seit], *v.tr.* (j-n) sättigen; **sated with pleasure,** des Vergnügens überdrüssig.

satellite ['sætilait], *s. Astr: Ph: Pol: etc:* Satellit *m*; **s. (state),** Satellitenstaat *m*; **s. town,** Trabantenstadt *f.*

satiate ['seiʃieit], *v.tr.* (j-n) sättigen; *(to excess)* übersättigen **(with,** mit + *dat).* **satiety** [sə'taiəti], *s.* Sattheit *f; (excess)* Überdruß *m.*

satin ['sætin], *s.* 1. *Tex:* Satin *m.* 2. *attrib. (of finish)* halbmatt.

satire ['sætaiər], *s. Lit:* Satire *f.* **satirical,** [sə'tirik(ə)l] *adj.* satirisch.

satisfaction [sætis'fækʃ(ə)n], *s.* 1. *(action)* Befriedigung *f* (eines Gläubigers); Erledigung *f* (einer Pflicht usw.). 2. *(a) (state)* Befriedigung *f;* **to give s.o. s.,** j-n zufriedenstellen; **I found to my s. that . . .,** ich stellte mit Befriedigung fest, daß . . .; *(b) (feeling)* Genugtuung *f* **(at/with,** über + *acc);* **that's a great s.,** das ist eine große Genugtuung. **satis'factoriness,** *s.* das Zufriedenstellende **(of sth.,** an etwas *dat).*

satis'factory, *adj.* zufriedenstellend; *(just good enough)* befriedigend; *Med:* **his condition is s.,** sein Zustand ist zufriedenstellend. **satisfy** ['sætisfai], *v.tr. (a) (fulfil)* (einer Verpflichtung) nachkommen; (eine Bedingung, einen Wunsch) erfüllen; (einer Forderung) Genüge leisten; (Ansprüche) befriedigen; **to s. all requirements,** allen Anforderungen genügen; **to s. a need for sth.,** ein Bedürfnis nach etwas *dat* stillen; *(b) (make content)* (j-n) befriedigen; **he is easy/difficult to s.,** er ist leicht/schwer zufriedenzustellen; **to s. one's curiosity,** seine Neugier stillen/befriedigen; **to s. one's hunger,** sich sättigen; *(c) (convince)* (j-n) überzeugen; **I have satisfied myself that . . .,** ich habe mich davon überzeugt, daß . . . **'satisfied,** *adj.* 1. zufrieden; **to declare oneself s.,** sich zufriedengeben. 2. *(convinced)* überzeugt. **'satisfying,** *adj.* befriedigend; *(of food)* sättigend; *(of arguments, reasons)* überzeugend.

saturate ['sætjureit], *v.tr. (a) (wet)* (etwas) durchtränken **(with,** mit + *dat).* *Fig:* **saturated with these ideas,** von diesen Ideen durchdrungen; *(b) (Ch:* eine Substanz, *Com:* den Markt) sättigen; *Ph:* **saturated colours,** gesättigte Farben. **satu'ration,** *s.* Durchtränken *n* (mit einer Flüssigkeit); *Ch: Ph:* Sättigung *f* (mit einer Lösung, Säure usw.); *Com:* **the market has reached s. point,** der Markt ist gesättigt; *Mil:* **s. bombing,** Bombenteppich *m.*

Saturday ['sætədi], *s.* Samstag *m;* **she's coming on S.,** sie kommt am Samstag; **he comes on Saturdays,** er kommt (immer) samstags.

sauce [sɔːs], *s.* 1. *Cu:* Soße *f.* 2. *F: (cheek)* Frechheit *f;* **none of your s.!** sei nicht so frech! **'sauce-boat,** *s.* Sauciere *f.* **'saucepan,** *s. Cu:* Kochtopf *m.* **'saucer,** *s.* Untertasse *f.* **'sauciness,** *s.* Frechheit *f.* **'saucy,** *adj. F:* frech; **a s. little hat,** ein keckes Hütchen.

Saudi Arabia ['saudi ə'reibiə]. *Pr. n. Geog:* Saudi-Arabien *n.*

sauna ['sɔːnə], *s.* Sauna *f.*

saunter ['sɔːntər]. I. *v.i.* **to s. (along),** (dahin)-schlendern. II. *s.* Bummel *m.*

sausage ['sɔsidʒ], *s. Cu:* Wurst *f;* **s. meat,** Bratwurstmasse *f;* **s. roll,** Wurstpastete *f; F:* **s. dog,** Dackel *m.*

savage ['sævidʒ]. I. *adj. (a) (of people, tribe etc.)* wild; primitiv; *(b) (fierce) (of animal)* bösartig; *(of pers., attack etc.)* brutal; **s. criticism,** erbarmungslose Kritik; **-ly,** *adv.* brutal; bösartig. II. *s.* Wilde(r) *f(m).* III. *v.tr. (of animal)* (j-n, ein Tier) anfallen. **'savagery,** *s.* Wildheit *f;* Brutalität *f* (eines Angriffs usw.).

save [seiv]. I. *v.tr. (a) (rescue)* (j-n, etwas) retten **(from sth.,** vor etwas *dat);* **to s. s.o.'s life,** j-m das Leben retten; **to s.o. from death,** j-n vor dem Tode erretten; **to s. s.o. from falling,** j-n am Hinfallen hindern; **he was able to s. his ship,** er konnte den Untergang seines Schiffes (noch) verhindern; **to s. appearances,** den Schein wahren; *(b) (keep)* (etwas) aufheben; **I'm saving this for later,** ich hebe das für später auf; **s. a dance for me,** halten Sie einen Tanz für mich frei; **s. a seat for me,** reservieren Sie mir einen Platz; *(c) (economize)* (Geld, Zeit usw.) sparen; *abs.* **I'm saving (up) for a new car,** ich spare auf ein neues Auto; **he's saving his strength/voice,** er schont seine Kräfte/seine Stimme; *(d) (avoid)* **to s. unnecessary expense,** unnötige Kosten vermeiden; **that will s. us a lot of trouble,** das erspart uns viel Mühe. II. *s. Fb: etc:* Parade *f;* **to make a s.,** den Ball abwehren. III. *prep. A: & Lit:* außer + *dat;* mit Ausnahme von + *dat.* **'saving.** I. *adj. (a)* sparend; **labour-s.,** arbeitssparend; *(b)* **it's his s. grace,** das ist ein versöhnender Zug an ihm. II. *s.* 1. *(rescue)* Rettung *f* **(from sth.,** vor etwas *dat).* 2. *(a)* Ersparnis *f;* **s. of time,** Zeitersparnis *f; (b) pl.* **savings,** Ersparnisse *fpl;* **savings bank,** Sparkasse *f.*

saveloy ['sævəlɔi], *s. Cu:* (scharf gewürzte) Knackwurst *f.*

saviour ['seivjər], *s. Rel:* **the S.,** der Heiland.

savour ['seivər]. *Lit:* I. *s.* Geschmack *m; (of sth. else)* Beigeschmack *m.* II. *v.* 1. *v.tr.* (Wein, eine Speise) kosten/(enjoy) genießen; *Fig:* **to s. the joys of life,** die Freuden des Lebens genießen. 2. *v.i.* **to s. of sth.,** nach etwas *dat* schmecken; *Fig:* an etwas *acc* erinnern. **'savoury.** I. *adj. Cu: (a) (tasty)* schmackhaft; *(b) (spicy)* pikant. II. *s.* pikante Speise *f; (for cocktail party)* Appetithappen *m.*

Savoy [sə'vɔi]. I. *Pr. n. Geog:* Savoyen *n.* II. *s. s.* **(cabbage),** Wirsingkohl *m.*

saw [sɔː]. I. *s. Tls:* Säge *f.* II. *v.tr. & i. (p.p. sawn/ sawed)* (Holz usw.) sägen. **'sawdust,** *s.* Sägemehl *n.* **'sawmill,** *s.* Sägemühle *f.* **'sawtooth,** *s.* Sägezahn *m.*

Saxon ['sæksən]. I. *s.* 1. Sachse *m;* Sächsin *f.* II. *adj.* sächsisch. **'Saxony.** *Pr. n. Geog:* Sachsen *n;* **Lower S.,** Niedersachsen *n.*

saxophone ['sæksəfəun], *s.* Saxophon *n.* **saxophonist** [-'sofənist], *s.* Saxophonist(in) *m(f).*

say [sei]. I. *v.tr. (p. & p.p. said* [sed]) (etwas) sagen; *(a)* **to s. sth. again,** etwas noch einmal sagen/wiederholen; **to s. nothing,** nichts sagen/ schweigen; **to s. nothing of the cost,** von den Kosten ganz zu schweigen; **s. no more! it shall be done!** kein Wort mehr (davon)! es wird gemacht! **he didn't s. anything/a word about it,** er hat nichts/kein Wort davon gesagt; er hat es mit keinem Wort erwähnt; **you only need to s. the word,** du brauchst nur Bescheid zu sagen; **he has nothing to s. for himself,** er sagt nicht viel; **what have you to s. for yourself?** was hast du zu deiner Rechtfertigung zu sagen? **to s. yes/ no to a proposal,** einen Vorschlag bejahen/ab- lehnen; **so to s.,** sozusagen; **he said so,** er hat es gesagt, **you don't s. (so)!** was du nicht sagst! (b) (announce) **it said on the radio . . .,** im Ra- dio wurde gemeldet . . .; **who shall I say (it is)?** wen darf ich melden? (in book etc.) **it says here . . .,** hier heißt es . . .; (c) (hearsay) **he is said to be rich,** er soll reich sein; **people s./they s. he wanted it,** es heißt/man sagt, er hat es gewollt; (d) (claim) (etwas) behaupten; **or so he says,** das behauptet er wenigstens; **there's a lot to be said for it,** es spricht vieles dafür; (e) (mean) **that's to s.,** das heißt; **which is not to s. that . . .,** was nicht heißen soll, daß . . .; **that's not saying much,** das will nicht viel heißen; (f) (think) **anyone would s. he was asleep,** man würde meinen, er sei eingeschlafen; **I'd s. he's lying,** ich möchte meinen, er lügt; **what would you s. to a drink?** was halten Sie von einem Drink? (g) (hypothesis) **you are travelling at, s., 50 kph,** angenommen/sagen wir, Sie fahren mit 50 Stundenkilometern; **(let's) s. you are alone,** nehmen wir an, Sie sind allein; (h) **I s.!** (i) (drawing attention) hallo, Sie! Augenblick mal! (ii) (expressing surprise) nicht möglich! na sowas! (i) (speak) (ein Gebet) sprechen; (ein Gedicht) aufsagen; **to ask s.o. to s. a few words,** j-n bitten, ein paar Worte zu sagen; **Ecc: to s. mass,** die Messe lesen. **II.** s. (a) **to have one's s.,** seine Meinung äußern; (b) **to have a s.,** ein Wort mitzureden haben; **I've no s. in this matter,** in der Angelegenheit habe ich nichts zu sagen. **'saying,** s. 1. (a) **it goes without s. that . . .,** es versteht sich ganz von selbst, daß . . .; (b) **there's no s. what would have happened,** es ist nicht auszudenken, was geschehen wäre. 2. (common) s., Sprichwort n; **as the s. goes,** wie man zu sagen pflegt.

scab [skæb], s. 1. (on wound) Schorf m. 2. F: (pers.) Streikbrecher m.

scaffold ['skæf(ə)ld], s. 1. Constr: etc: Bauge- rüst n. 2. (for executions) Schafott n. **'scaf- folding,** s. Constr: etc: Baugerüst n; **s. pole,** Gerüststange f.

scald [skɔːld], v.tr. **to s. oneself/one's foot,** sich/sich dat den Fuß verbrühen. **'scalding. I.** adj. s. **hot,** brühheiß. **II.** s. Verbrühung f.

scale¹ [skeil]. **I.** s. 1. Schuppe f (eines Fisches). 2. (a) (in boiler etc.) Kesselstein m; **boiler s. (deposit),** Kesselsteinablagerung f; (b) (on teeth) Zahnstein m. **II.** v. 1. v.tr. (einen Fisch) schuppen. 2. v.i. (of boiler etc.) Kesselstein bilden. **'scaly,** adj. schuppig.

scale². **I.** s. 1. (a) Meas: (indicating reading) Skala f; (b) (of a map, model etc.) Maßstab m; **to s.,** maßstabsgetreu; **to a s. of 1:10,** im Maß- stab von 1:10; **on a reduced s.,** in verkleinertem

Maßstab; **s. model,** maßstabgetreues Modell; (c) Com: **s. of prices,** Preisskala f; **wage s.,** Lohntarif m; **salary s.,** Gehaltstarif m; (d) (relative size) Umfang m (einer Katastrophe usw.); **(on a) large/small s.,** im Großen/im Kleinen; **to start on a small s.,** klein anfangen. 2. Mus: Tonleiter f. **II.** v.tr. (a) **scaled down,** in verkleinertem Maßstab; (b) **wages will be scaled up,** die Lohntarife werden erhöht.

scale³, v.tr. (climb) (eine Mauer usw.) er- klimmen; (einen Berg) besteigen.

scales [skeilz], s. pl. **(pair of) s.,** Waage f; Fig: **to tip the s.,** den Ausschlag geben.

scallop ['skɔləp], s. 1. (a) Moll: Kammuschel f; (b) **s.-shell,** Muschelschale f. 2. Sew: **s. edge,** Feston n.

scallywag ['skæliwæg], s. F: Schelm m.

scalp [skælp]. **I.** s. 1. Anat: Kopfhaut f. 2. (trophy) Skalp m. **II.** v.tr. (j-n) skalpieren.

scalpel ['skælp(ə)l], s. Surg: Skalpell n.

scamp [skæmp], s. F: Racker m.

scamper ['skæmpər], v.i. huschen, flitzen; **to s. off,** weghuschen; (of pers.) davonhüpfen.

scan [skæn]. **I.** v. (p. & p.p. **scanned**) 1. v.tr. & i. (einen Vers) skandieren; **the line doesn't s.,** die Zeile hat nicht das richtige Versmaß. 2. v.tr. (den Horizont) absuchen (**for sth.,** nach etwas dat); (die Zeitung usw.) flüchtig durchsehen, F: überfliegen. 3. v.tr. TV: (ein Bild) abtasten. **II.** s. Abtastung f; Med: Scan m; TV: Bildab- tastung f; **s. frequency,** Abtastfrequenz f. **'scanning,** s. 1. Poet: Skandieren n. 2. TV: Abtastung f.

scandal ['skænd(ə)l], s. 1. (action) Skandal m; **to cause a s.,** einen Skandal machen. 2. (gossip) Klatsch m. **'scandalize,** v.tr. (j-n) schockieren. **'scandalous,** adj. skandalös; **s. behaviour,** unerhörtes Benehmen.

Scandinavia [skændi'neivjə]. Pr. n. Geog: Skandinavien n. **Scandi'navian. I.** adj. skandinavisch. **II.** s. Skandinavier(in) m(f).

scant [skænt], adj. recht wenig; **to pay s. atten- tion to sth.,** etwas kaum beachten. **'scanti- ness,** s. Dürftigkeit f; Kargheit f (der Vegetation). **'scanty,** adj. dürftig; (of vegeta- tion etc.) kärglich; **s. majority,** knappe Mehr- heit; **s. hair,** dünnes Haar; **-ily,** adv. **s. dressed,** dürftig/spärlich bekleidet.

scapegoat ['skeipgəut], s. Sündenbock m.

scapegrace ['skeipgreis], s. Nichtsnutz m; attrib. nichtsnützig.

scar [skɑːr]. **I.** s. Narbe f; Fig: **the experience left a s.,** das Erlebnis hinterließ eine Wunde. **II.** v. (p. & p.p. **scarred**) 1. v.tr. (a) (ein Gesicht usw.) mit Narben entstellen; (b) Fig: (damage) (etwas) beschädigen; **war-scarred,** vom Krieg stark mitgenommen. 2. v.i. eine Narbe hinter- lassen.

scarce ['skeəs], adj. (rare) selten; (not plentiful) knapp; F: **make yourself s.!** verdufte! **-ly,** adv. **she could s. speak,** sie konnte kaum spre- chen. **'scarcity/'scarceness,** s. Knappheit f; (lack) Mangel m; **s. of labour,** Mangel an Arbeitskräften; **s. of water,** Wassermangel m.

scare ['skeər]. **I.** s. (a) (fright) Schrecken m; **you did give me a s.,** du hast mich ganz schön erschreckt; (b) Alarm m; (hoax) blinder Alarm; **bomb s.,** Bombenalarm m. **II.** v.tr. (j-n) erschrecken; **to s. s.o./an animal away,** j-n/ein Tier verscheuchen. **'scarecrow,** *s.* Vogelscheuche *f.* **'scared,** *adj.* ängstlich; **to be s. (of** **sth.),** Angst (vor etwas *dat*) haben; **to be s. to** **death,** Todesangst haben; **to be s. out of one's** **wits,** vor Angst außer sich *dat* sein. **'scaremonger,** *s.* Bangemacher *m.* **'scary,** *adj.* F: schaurig, gruselig.

scarf [skɑːf], *pl.* **scarfs, scarves** [skɑːvz], *s.* Schal *m;* (*headscarf*) Kopftuch *n.*

scarlet ['skɑːlət], *adj.* scharlachrot; **(bright) s.,** knallrot; **to blush s.,** einen knallroten Kopf bekommen; *Med:* **s. fever,** Scharlach *m.*

scathing ['skeiðiŋ], *adj.* kritisch; (*of criticism* *etc.*) vernichtend; **he was very s. about it,** er hat sich sehr kritisch darüber geäußert.

scatter ['skætər], *v.* 1. *v.tr.* (*a*) (*make run/fly* *away*) (Vögel, Leute usw.) zerstreuen; (*b*) (Konfetti usw.) streuen; (Samen) ausstreuen; **to** **s. paper on/over the floor, s. the floor with** **paper,** Papier auf dem Fußboden verstreuen; **the region is scattered with small towns,** in der Gegend verstreut liegen viele kleine Städte. 2. *v.i.* (*of crowd*) sich zerstreuen. **'scatterbrained,** *adj.* (*of pers.*) zerstreut. **'scattercushion,** *s.* Streukissen *n.* **'scattered,** *adj.* (*of paper etc.*) verstreut; **thinly s. population,** dünn verteilte Bevölkerung; **s. showers,** vereinzelte Schauer. **'scatty,** *adj.* F: verrückt.

scavenge ['skævindʒ], *v.tr. Mec.E:* (den Zylinder usw.) spülen. **'scavenger,** *s.* 1. Aasfresser *m;* *Ent:* **s. beetle,** Totengräber *m.* 2. *Mec. E:* **s. pump,** Spülpumpe *f.*

scenario, *pl.* **-os** [si'nɑːriəu,-əuz], *s. Cin: etc:* Drehbuch *n; Th:* Textbuch *n.*

scene [siːn]. 1. *Th: etc:* Szene *f;* **the s. is set in** **London,** der Ort der Handlung ist London; **behind the scenes,** hinter den Kulissen; **s.** **change,** Szenenwechsel *m;* **s. shifter,** Kulissenschieber *m; Fig:* **to appear on the s.,** auftauchen. 2. (*place*) Schauplatz *m;* **s. of the** **crime,** Tatort *m;* **s. of the accident/disaster,** Unfallort *m;* **he was first on the s.,** er kam als erster; **a change of s. will do him good,** eine Veränderung/*F:* ein Tapetenwechsel würde ihm gut tun; *F:* **it's not my s.,** das ist nicht mein Fall. 3. (*view, sight*) **a touching s.,** ein rührender Anblick; **the s. from my window,** der Blick aus meinem Fenster. 4. (*emotional* *outburst*) Szene *f;* **to make a s.,** eine Szene machen; *F:* **family scenes,** Familienkrach *m.* **'scenery,** *s.* 1. *Th:* Kulissen *fpl;* (*design*) Bühnenbild *n.* 2. (*landscape*) Landschaft *f.* **'scenic,** *adj.* 1. landschaftlich schön. 2. (*in* *fairground*) **s. railway,** Liliputbahn *f.*

scent [sent]. I. *s.* 1. (*pleasant smell*) Duft *m;* (*perfume*) Parfüm *n.* 2. *Hunt:* Witterung *f* (*eines Tieres*); (*track*) Fährte *f;* (*of hounds,* *police etc.*) **to be on the right s.,** auf der richtigen Spur sein. 3. (*sense of smell*) Geruchssinn *m* (eines Hundes usw.). II. *v.tr.* (*a*) *Hunt:* (ein Tier) wittern; (*b*) (etwas) parfümieren; (die Luft) mit Duft erfüllen.

sceptic ['skeptik], *s.* Skeptiker(in) *m(f).* **'sceptical,** *adj.* skeptisch. **'scepticism,** *s.* Skepsis *f.*

sceptre ['septər], *s.* Zepter *n.*

schedule ['ʃedjuːl, *esp. N.Am:* 'ske-]. I. *s.* 1. (*a*) (*list*) Verzeichnis *n;* **s. of charges,** Gebühren-

tabelle *f;* (*b*) (tax) **s.,** Steuerklasse *f;* (*c*) (*form*) Formular *n.* 2. (*a*) Plan *m;* **to work to s.,** nach Plan arbeiten; **everything is going according to** **s.,** alles verläuft planmäßig; **on/(up) to s.,** (*of* *train etc.*) fahrplanmäßig; **ahead of s.,** vor der planmäßigen Zeit; **to be behind s.,** Verspätung haben; (*b*) (*of pers.*) Programm *n;* **crowded s.,** volles Programm. II. *v.tr.* (*a*) (etwas) (in einer Liste) anführen; **scheduled as a building of historic interest,** als historisch wertvolles Denkmal erfaßt; (*b*) (etwas) planen; **the mayor is scheduled to make a speech,** es ist vorgesehen, daß der Bürgermeister eine Rede halten wird; **the** **train is scheduled to arrive at noon,** der Zug soll planmäßig um 12 Uhr mittags ankommen; *Rail:* **scheduled service,** fahrplanmäßiger Verkehr *m.*

scheme [skiːm]. I. *s.* 1. (*combination*) Schema *n;* (*system*) System *n;* **colour s.,** Farbzusammenstellung *f,* Farbschema *n.* 2. (*a*) (*plan*) Plan *m;* Entwurf *m;* **grand s.,** großangelegtes Projekt; **mad s.,** Schnapsidee *f;* (*b*) (*dishonest*) Intrige *f;* **shady s.,** zwielichtige Angelegenheit *f.* II. *v.* 1. *v.i.* planen (**to do sth.,** etwas zu tun); **to s. against s.o.,** gegen j-n intrigieren. 2. *v.tr.* Ränke schmieden; ein Komplott anzetteln. **'scheming.** I. *adj.* intrigant. II. *s.* Intrigieren *n.* **'schemer,** *s.* Intrigant(in) *m(f).*

schizophrenia [skitsəu'friːnjə, skidzəu-], *Psy:* Schizophrenie *f.* **schizophrenic** [-'frenik]. I. *adj.* schizophren. II. *s.* Schizophrene(r) *f(m).*

scholar ['skɔlər], *s.* 1. (*student*) Studierende(r) *f(m); A:* (*pupil*) Schüler(in) *m(f).* 2. (*pers. with* *much knowledge*) Gelehrte(r) *f(m).* **'scholarly,** *adj.* gelehrt. **'scholarship,** *s.* 1. Gelehrsamkeit *f.* 2. *Sch:* Stipendium *n.* **scholastic,** *adj.* (*a*) *Phil:* scholastisch; (*b*) (= *of* *schools, education*) schulisch; **s. year,** Schuljahr *n.*

school[1] [skuːl]. I. *s.* Schule *f;* (*a*) **to go to s.,** in die/zur Schule gehen; **what s. were you at?** welche Schule haben Sie besucht? **to start s.,** eingeschult werden; **s. leaver,** Schulabgänger *m;* **s. leaving age,** Schulabgangsalter *n;* **s. bus,** Schulbus *m;* **s. equipment,** Schulausstattung *f;* **the s. year,** das Schuljahr; **s. cap/tie,** besondere Mütze/Krawatte einer Schule; *Brit:* **the old s.** **tie,** der Einfluß der Public Schools; *N. Am:* **to** **teach s.,** Schulunterricht erteilen; (*b*) **s. of art,** Kunstakademie *f;* **s. of dancing,** Tanzschule *f;* **s. of music,** Musikakademie *f,* Konservatorium *n;* **s. of motoring/driving s.,** Fahrschule *f;* (*c*) (*followers of artist etc.*) *Art:* **the Venetian S.,** die Venezianische Schule; *Fig:* **s. of thought,** Denkart *f;* **a gentleman of the old s.,** ein Kavalier der alten Schule. II. *v.tr.* (*train*) (ein Pferd, einen Hund usw.) dressieren; (*discipline*) **to s. oneself to do sth.,** sich (dazu) erziehen, etwas zu tun. **'schoolbook,** *s.* Schulbuch *n.* **'schoolboy,** *s.* Schüler *m,* Schuljunge *m.* **'schooldays,** *s.pl.* Schulzeit *f.* **'schoolgirl,** *s.* Schülerin *f,* Schulmädchen *n.* **'schooling,** *s.* (*education*) Ausbildung *f;* (*instruction*) Schulunterricht *m.* **'school-marm,** *s.* F: Lehrerin *f.* **'schoolmaster,** *s.* Lehrer *m.* **'schoolmate,** *s.* Mitschüler(in) *m(f).* **'schoolmistress,** *s.* Lehrerin *f.* **'schoolroom,** *s.* Klassenzimmer *n.* 'schoolteacher, *s.* Lehrer(in) *m(f).*

school², *s.* Schwarm *m* (von Fischen); Schule *f* (von Walen).

schooner¹ ['sku:nər], *s. Nau:* Schoner *m.*

schooner², *s.* (a) großes Sherryglas *n*; (b) *N.Am:* großes Bier.

sciatic [sai'ætik], *adj.* s. nerve, Ischiasnerv *m.* sci'atica, *s. Med:* Ischias *m.*

science ['saians], *s.* Wissenschaft *f*; *esp.* Naturwissenschaft *f*; s. master/mistress, Lehrer(in) *m(f)* der Naturwissenschaften; s. fiction, Science-Fiction *f.* scien'tific, *adj.* (a) naturwissenschaftlich; (of subject etc.) to have a s. mind, wissenschaftlich veranlagt sein; (b) (systematic) (of method) wissenschaftlich; (of pers.) systematisch; it's not very s., but it works, es ist ziemlich primitiv, aber es funktioniert. 'scientist, *s.* Naturwissenschaftler(in) *m(f).*

scintillate ['sintileit], *v.i.* funkeln; *Fig:* (of wit etc.) sprühen; scintillating performance, *Th: etc:* glänzende Aufführung; *Aut:* hervorragende Leistung.

scissors ['sizəz], *s. pl.* (pair of) s., Schere *f.*

scoff¹ [skɔf], *v.i.* spotten (at s.o., sth., über j-n, etwas *acc*); not to be scoffed at, nicht zu verachten.

scoff², *v. P:* (eat) 1. *v.i.* fressen. 2. *v.tr.* (etwas) verputzen.

scold [skould], *v.tr.* (j-n) schelten, ausschimpfen. 'scolding, *s.* Schelte *f*; to get a s., ausgeschimpft werden.

scone [skɔn, skəun], *s. Cu:* Scone *n, approx.* Milchbrötchen *n.*

scoop [sku:p]. I. *v.tr.* (a) to s. (out), (Wasser usw.) ausschöpfen; to s. up, (etwas) aufschaufeln; (b) *F: Journ:* to s. a piece of news, eine Nachricht als Exklusivmeldung bringen. II. *s.* 1. (kleine) Schaufel *f*; ice-cream s., Eisportionierer *m.* 2. *Fig:* at one s., mit einem Schlag. 3. *F: Journ:* Exklusivmeldung *f*; to make a s., eine sensationelle Entdeckung bringen.

scooter ['sku:tər], *s.* Roller *m.*

scope [skəup], *s.* (a) (range) Bereich *m*; (extent) Umfang *m*; that's outside the s. of my job, das liegt außerhalb meiner Kompetenz; to extend the s. of one's activities, seinen Aktionsradius erweitern; (b) (opportunity) I want more s., ich möchte mehr Spielraum/Möglichkeiten; to give s.o. plenty of s., j-m viel Spielraum/ Handlungsfreiheit geben; it leaves s. for improvement, es ließe sich noch bessern.

scorch [skɔːtʃ], *v.* 1. *v.tr.* (etwas) versengen. 2. *v.i.* (a) versengt werden; (b) *F:* (of cyclist, motorist) to s. (along), dahinrasen. 'scorched, *adj.* versengt; *Mil:* s. earth policy, Politik *f* der verbrannten Erde. 'scorcher, *s. F:* glutheißer Tag *m.* 'scorching. I. *adj. & adv.* sengend; s. heat, sengende Hitze; Gluthitze *f*; s. hot, glutheiß. II. *s.* Versengen *n.*

score [skɔːr]. I. *s.* 1. (scratch) Kratzer *m*; (notch) Kerbe *f*; (cut) Einkerbung *f.* 2. *Sp:* (no. of points) Punkt(e)zahl *f*; (position of game) Spielstand *m*; (result) Ergebnis *n*; final s., Endergebnis *n*; what's the s.? wie steht das Spiel? 3. (debt) *Fig:* to settle/pay off old scores, alte Rechnungen begleichen. 4. *Mus:*

Partitur *f.* 5. (a) *A:* (inv. in pl.) a s., zwanzig; (b) *pl.* jede Menge; scores of people, Scharen *pl* von Menschen. 6. (respect) have no fear on that score, machen Sie sich in dieser Hinsicht keine Sorge. II. *v.* 1. *v.tr.* (a) (mark with cuts) (Metall, Stein usw.) ritzen; to s. sth. in sth., etwas in etwas *acc* einkerben; (b) *Sp:* (Punkte, Cricket: Läufe usw.) erzielen; *Fb:* to s. a goal, ein Tor schießen; to s. a win, einen Sieg erringen; *Fig:* to s. a success, einen Erfolg verbuchen; to s. a hit, (i) *Mil: etc:* einen Treffer landen; (ii) *F:* reüssieren (with s.o., bei j-m); (c) *Mus:* (ein Musikstück) instrumentieren; a passage scored for woodwind, eine für Holzbläser gesetzte Passage. 2. *v.i.* (a) *Sp:* die Punkte anschreiben; (b) *Sp:* (of player) Punkte erzielen; *Cricket:* Läufe machen; *Fb:* ein Tor schießen; (c) *F:* (succeed) reüssieren; that's where he scores, das ist seine Stärke; to s. off s.o., gegen j-n auftrumpfen. 'scoreboard, *s. Sp: etc:* Anzeigetafel *f.* 'scorer, *s. Sp:* (a) Anschreiber *m*; (b) *Fb:* Torschütze *m.* 'scoring, *s.* 1. Einkerben *n.* 2. *Sp:* (a) Anschreiben *n* (von Punkten); (b) Erzielen *n* von Punkten/ *Fb:* Toren *n*; *Fb:* s. chance, Torchance *f.* 3. *Mus:* Instrumentation *f.*

scorn [skɔːn]. I. *s.* Hohn *m.* II. *v.tr.* (j-n, etwas) verhöhnen; (reject) (ein Angebot usw.) verschmähen. 'scornful, *adj.* höhnisch.

Scorpio ['skɔːpiəu], *s. Astr:* Skorpion *m.*

scorpion ['skɔːpjən], *s.* Skorpion *m.*

Scot [skɔt], *s.* Schotte *m*; Schottin *f*; to get off s. (-)free, straffrei ausgehen. Scotch [skɔtʃ]. I. *adj.* (a) (incorrect use) schottisch; she is S., sie ist Schottin; (b) S. mist, Nieselregen *m* (im Schottischen Hochland); S. terrier, Schottischer Terrier *m*; *Cu:* S. broth, Graupensuppe *f* mit Hammelfleisch und Gemüseeinlage; S. egg, hartgekochtes Ei *n* in feingehacktem Schweinefleisch. II. *s.* (whisky) Schottischer Whisky *m*, Scotch *m*; *esp. N.Am:* a (glass of) S., ein Scotch. III. *v.tr.* (j-s Pläne usw.) durchkreuzen. Scotland ['skɔtlənd]. *Pr. n. Geog:* Schottland *n.* Scots, *adj.* (used in Scotland) schottisch; to talk S., schottisches Dialekt sprechen. 'Scotsman, *pl.* -men, *s.* Schotte *m.* 'Scotswoman, *pl.* -women, *s.* Schottin *f.* 'Scottish, *adj.* schottisch.

scoundrel ['skaundrəl], *s.* Schuft *m.*

scour¹ ['skauər], *v.tr.* (Töpfe usw.) scheuern. 'scourer, *s.* (pot) s., Topfkratzer *m.*

scour², *v.tr.* to s. the district for s.o., sth., die Gegend nach j-m, etwas *dat* absuchen.

scourge [skɔːdʒ]. I. *s.* Geißel *f*; *Fig:* Plage *f.* II. *v.tr.* (j-n) geißeln.

scout [skaut]. I. *s.* (a) *Mil:* Kundschafter *m*; s. car, Spähwagen *m*; s. plane, Aufklärungsflugzeug *n*; (b) (boy) s., Pfadfinder *m.* II. *v.i.* (a) *Mil:* auskundschaften; (b) to s. about/around for sth., nach etwas *dat* herumsuchen. 'scoutmaster, *s. Brit:* Führer *m* (einer Pfadfindergruppe).

scowl [skaul]. I. *s.* finsterer Blick *m.* II. *v.i.* finster blicken; to s. at s.o., j-n finster anblicken.

scraggy ['skrægi], *adj.* mager; a long, s. neck, ein langer, dürrer Hals.

scram! [skræm] *int. F:* verdufte!

scramble ['skræmbl]. I. *v.* 1. *v.i.* (a) (climb)

klettern; **to s. up a ladder** etc., eine Leiter usw. rasch hinaufklettern; **to s. to one's feet,** sich aufrappeln; (*b*) **to s. for the ball,** sich um den Ball raufen. **2.** *v.tr.* (*a*) *Rad:* (*code*) (eine Nachricht) verschlüsseln; (*b*) *Cu:* **scrambled eggs,** Rührei *n.* **II.** *s.* **1.** (*a*) (*climb*) Klettern *n;* (*b*) *Motor Rac:* Geländefahrt *f* (für Motoräder). **2.** (*rush*) Hetze *f;* Gedränge *n* (**for sth.,** um etwas *acc*).

scrap¹ [skræp]. **I.** *s.* **1.** (*a*) (*small piece*) Stückchen *n;* (*of cloth*) Fetzen *m;* (*of china*) Scherbe *f;* (*of paper*) Schnitzel *m;* **not a s. of evidence,** kein einziger Beweis; **to catch scraps of conversation,** Fetzen einer Unterhaltung aufschnappen; **not a s. of comfort,** kein bißchen Trost; (*b*) (*fragment*) Bruchstück *n.* **2.** (*a*) *pl.* **scraps,** (*remains*) Überbleibsel *npl;* (*uneaten food*) Reste *mpl* (einer Mahlzeit); (*b*) **s.** (**metal**), Schrott *m;* **s. heap,** Schrotthaufen *m;* **to throw sth. on the s. heap,** etwas zum alten Eisen werfen. **II.** *v.tr.* (*p. & p.p.* **scrapped**) (*a*) (etwas) wegwerfen; (ein Auto usw.) verschrotten; (*b*) (einen Plan usw.) aufgeben. **'scrapbook,** *s.* Erinnerungsalbum *n.* **'scrappy,** *adj.* bruchstückhaft; **s. knowledge,** lückenhaftes Wissen; **s. meal,** dürftiges Essen.

scrap². **I.** *v.i.* (*p. & p.p.* **scrapped**) *F:* (*fight*) sich raufen; (*quarrel*) sich streiten. **II.** *s.* *F:* Rauferei *f;* Streit *m.*

scrape [skreip]. **I.** *s.* **1.** (*sound*) Kratzgeräusch *n;* (*action*) Kratzen *n;* (*result*) Schramme *f.* **2.** (*awkward situation*) *F:* **to be in a s.,** in der Klemme sitzen; **to get out of a s.,** aus dem Schlamassel herauskommen. **II.** *v.* **1.** *v.tr.* (*a*) (Schmutz, Farbe usw.) abkratzen, abschaben (**from/off sth.,** von etwas *dat*); **to s. one's shoes,** sich *dat* die Schuhe abputzen; *Fig:* **that's really scraping the barrel,** das ist das Letzte vom Letzten; (*b*) (*damage*) (Möbel, Lackierung usw.) schrammen; **to s. one's knee** etc., sich *dat* das Knie usw. aufschürfen; (*c*) *Fig:* **to s. acquaintance with s.o.,** sich bei j-m anbiedern; **to s. together a sum of money,** mit Mühe und Not eine Summe zusammenkratzen. **2.** *v.i.* (*a*) kratzen; **to s. against the wall,** die Wand streifen; (*b*) *Fig:* **to s. along,** sich schlecht und recht durchschlagen; **to s. through an exam,** ein Examen mit knapper Not bestehen. **'scraper,** *s.* (*a*) *Tls: Paint:* Schabmesser *n;* (*b*) (*shoe*) **s.,** Schmutzabstreifer *m.*

scratch [skrætʃ]. **I.** *s.* **1.** (*a*) (*mark*) Kratzer *m,* Schramme *f* (an einer Oberfläche usw.); (*b*) (*wound*) Schramme *f,* Kratzwunde *f;* **to escape without a s.,** unverletzt davonkommen. **2.** (*action, sound*) Kratzen *n.* **3.** (*a*) **to start from s.,** (i) *Rac:* ohne Vorgabe starten; (ii) *Fig:* ganz von vorne anfangen; (*b*) **to come up to s.,** den Erwartungen entsprechen; **to bring sth. up to s.,** etwas *dat* den letzten Schliff geben. **II.** *v.* **1.** *v.tr.* (*a*) (j-n, etwas) kratzen; **to s. sth. in sth.,** etwas in etwas *acc* ritzen; **to s. one's head,** sich *dat* am Kopf kratzen; *Fig:* **to s. the surface (of a subject),** ein Thema nur oberflächlich berühren; (*b*) (*of animal*) (im Sand usw.) scharren; (*c*) *Rac:* (j-n, ein Pferd) aus dem Rennen ziehen; *abs.* **to s.,** nicht starten. **2.** *v.i.* (*of pen* etc.) kratzen; (*of pers.*) sich kratzen. **III.** *adj.* (*of meal* etc.) improvisiert; *Sp:* **s. team,**

Notmannschaft *f.* **'scratch 'out,** *v.tr.* (*a*) (*erase*) (ein Wort usw.) ausstreichen; (*b*) *Fig:* **to s. out s.o.'s eyes,** j-m die Augen auskratzen. **'scratchy,** *adj.* (*a*) (*of writing* etc.) kritzelig; (*b*) (*of wool* etc.) kratzig.

scrawl [skrɔːl]. **I.** *v.tr.* **to s. sth. on sth.,** etwas auf etwas *acc* kritzeln/schmieren; **who scrawled all over this wall?** wer hat diese Wand vollgeschmiert? **II.** *s.* Kritzelei *f.*

scream [skriːm]. **I.** *s.* **1.** (gellender) Schrei *m;* **screams of laughter,** schrilles Gelächter; **s. of pain,** Schmerzensschrei *m.* **2.** *F:* **it was a** (perfect) **s.!** es war zum Schreien (komisch)! **II.** *v.i.* (*a*) einen Schrei ausstoßen; schreien (**with fright,** vor Angst); (*b*) *F:* **to s. with laughter,** vor Lachen wiehern. **'screamingly,** *adv.* **s. funny,** zum Schreien (komisch); urkomisch.

scree [skriː], *s. Geol:* Geröllhalde *f.*

screech [skriːtʃ]. **I.** *s.* kreischender Schrei *m.* **II.** *v.i.* kreischen. **'screech-owl,** *s. Orn:* Schreieule *f, esp.* Waldohreule *f.*

screen [skriːn]. **I.** *s.* **1.** (*shield*) Schirm *m;* (*against draughts*) Wandschirm *m;* (*flyscreen*) Fliegenfenster *n;* *Aut:* (*windscreen*) Windschutzscheibe *f;* *For:* **s. of trees,** schützende Baumreihe *f; Mil:* **s. of fire,** Feuervorhang *m.* **2.** (*a*) *Phot: Cin:* Leinwand *f;* (*medium*) **the s.,** der Film; **s. star,** Filmstar *m;* **s. test,** Probeaufnahmen *fpl;* (*b*) *TV:* Bildschirm *m.* **3.** (*a*) (*for gravel, coal* etc.) Sieb *n;* (*b*) *Print:* Raster *m.* **II.** *v.tr.* (*a*) (*hide, protect*) (etwas) abschirmen (**from sth.,** gegen etwas *acc*); **screened from the wind by a line of trees,** von einer Baumreihe vor dem Wind geschützt; (*b*) (*separate*) (Kohle, Kies usw.) durchsieben; (*c*) *F: Pol:* (investigate) (j-n) durchleuchten; (*d*) *Cin:* (einen Roman usw.) verfilmen; *TV:* (ein Programm) (auf dem Bildschirm) zeigen. **'screening, s.** **1.** (*protection, also El:*) Abschirmung *f* (**from/ against,** gegen + *acc*). **2.** *F: Pol:* Durchleuchten *n.* **3.** Durchsieben *n.* **4.** *TV:* Übertragung *f.* **'screenplay,** *s. Cin:* Drehbuch *n.* **'screenwriter,** *s. Cin:* Filmautor *m.* **'screenwasher,** *s. Aut:* Scheibenwaschanlage *f.*

screw [skruː]. **I.** *s.* **1.** *Mec. E:* Schraube *f; F:* (*of pers.*) **to have a s. loose,** eine Schraube locker haben; **to put the screws on s.o.,** auf j-n Druck ausüben. **2.** (*propeller*) *Av:* Luftschraube *f; Nau:* Schiffsschraube *f.* **3.** *Sp:* (*spin*) Effet *m.* **4.** *P:* (*wages*) **a good s.,** ein schöner Batzen Geld. **5.** *P:* (*warder*) Gefängniswärter *m; Hum:* Zerberus *m.* **II.** *v.* **1.** *v.tr.* (*a*) **to s. sth.** (**on**) **to sth.,** etwas an etwas *acc* schrauben; **to s. sth. down** (**tight**), etwas festschrauben; **to s. up a nut,** eine Schraubenmutter anziehen; *F:* **he's got his head screwed on** (**the right way**), er ist nicht auf den Kopf gefallen; (*b*) **to s. up one's handkerchief,** sein Taschentuch zusammenknüllen; **to s. up one's eyes,** die Augen zusammenkneifen; *Fig:* **to s. up one's courage,** all seinen Mut zusammennehmen; (*c*) *V:* (*copulate*) (j-n) ficken. **2.** *v.i.* **the knob screws into the drawer,** der Griff läßt sich in die Schublade schrauben. **'screwball,** *s. N.Am: P:* Spinner *m.* **'screwdriver,** *s. Tls:* Schraubenzieher *m.* **'screwy,** *adj. F:* (*of pers.*) übergeschnappt.

scribble ['skribl]. **I.** *v.tr.* (*a*) (etwas) kritzeln; (*b*) *(dash off)* (einen Artikel) hinhauen. **II.** *s.* **1.** *(illegible)* Gekritzel *n.* **2.** *(meaningless)* Geschreibsel *n.* ´**scribbler,** *s.* **1.** *(messy)* Schmierer *m.* **2.** *(bad writer)* Federfuchser *m.* ´**scribbling,** *s.* Kritzelei *f;* **s. paper,** Schmierpapier *n.*

scrimmage [´skrimidʒ], *s. F:* Gedränge *n.*

script [skript], *s.* **1.** *(a) (manuscript)* Manuskript *n; Sch:* **examination** s., schriftliche Prüfungsarbeit *f; (b) Cin:* Drehbuch *n;* **s. girl,** Skriptgirl *n;* **s. writer,** Drehbuchautor *m.* **2.** *(alphabet)* Schrift *f;* **phonetic** s., phonetische Schrift.

scripture [´skriptʃər], *s. Ecc·* **(Holy) S.,** Heilige Schrift *f; Sch:* **s. (lesson),** Religionsstunde *f.*

scroll [skrəul], *s.* **1.** Schriftrolle *f.* **2.** *(decoration)* Schnörkel *m.*

scrounge [skraundʒ]. **I.** *v.tr. & i. F:* (etwas) organisieren; *(beg)* (etwas) schnorren. **II.** *s.* **to be on the s.,** schnorren gehen. ´**scrounger,** *s.* Schnorrer *m.*

scrub[1] [skrʌb]. **I.** *v.tr. (p. & p.p.* **scrubbed)** (den Fußboden usw.) schrubben. **II.** *s.* **to give sth. a good s.,** etwas tüchtig schrubben. ´**scrubbing-brush,** *s.* Scheuerbürste *f.*

scrub[2], *s.* Gestrüpp *n.*

scruff [skrʌf], *s.* **1. s. of the neck,** Genick *n;* **to seize s.o. by the s. of the neck,** j-n beim Kragen/*F:* Schlafittchen packen. ´**scruffy,** *adj. F:* ungepflegt.

scrum [skrʌm], *s. Rugby & F:* Gedränge *n; Rugby:* **s. half,** Gedrängehalb *n.*

scrumptious [´skrʌmpʃəs], *adj.* lecker.

scruple [´skru:pl], *s.* Skrupel *m; pl.* **scruples,** Bedenken *npl;* **to have no scruples about doing sth.,** keine Bedenken haben, etwas zu tun. ´**scrupulous,** *adj. (a) (conscientious)* gewissenhaft **(about/over/as to,** mit/in + *dat); (b) (precise)* genau; **to pay s. attention to sth.,** genau auf etwas *acc* achten. ´**scrupulousness,** *s.* Gewissenhaftigkeit *f,* Genauigkeit *f.*

scrutineer [skru:ti´niər], *s. Pol:* Wahlvorstcher *m; Motor Rac: etc:* Abnahmekommissar *m.* **scruti´neering,** *s. Motor Rac: etc:* Abnahme *f* (von Rennautos usw.). ´**scrutinize,** *v.tr.* (j-n, etwas) prüfend ansehen. ´**scrutiny,** *s.* Untersuchung *f.*

scuffle [´skʌfl]. **I.** *s.* Rauferei *f.* **II.** *v.i.* raufen; **to s. with one's feet,** mit den Füßen scharren.

scull [skʌl]. **I.** *s. Row:* Skull *n;* **double s.,** Zweier *m.* **II.** *v.i.* skullen. ´**sculler,** *s.* Skuller *m.*

scullery [´skʌləri], *s.* Spülküche *f.*

sculptor [´skʌlptər], *s.* Bildhauer *m.* ´**sculpture,** *s. Art:* Plastik *f.*

scum [skʌm], *s.* Schaum *m* (auf einer Flüssigkeit usw.); *Pej: (people)* Abschaum *m* (der Menschheit).

scurf [skə:f], *s.* Schuppen *fpl* (im Haar).

scurrilous [´skʌriləs], *adj.* gemein; *(of language etc.)* unflätig. **scu´rrility,** *s.* Gemeinheit *f;* Unflätigkeit *f* (der Sprache).

scurry [´skʌri], *v.i.* huschen; **to s. off/away,** davonhasten.

scuttle[1] [´skʌtl], *s.* **(coal) s.,** Kohlenschütte *f.*

scuttle[2], *v.tr.* (ein Schiff) versenken.

scuttle[3], *v.i.* **to s. off** = scurry off.

scythe [saið], *s. Tls:* Sense *f.*

sea [si:], *s.* **1.** *(a)* Meer *n;* See *f;* **at s.,** auf See; **by the s.,** am Meer; **by s.,** auf dem Seeweg; **beyond the seas,** jenseits des großen Meeres; **to put out to s.,** in See stechen; *Fig:* **to be all at s.,** ganz ratlos sein; *attrib.* **s. air,** Meeresluft *f;* **s. bathing,** Baden *n* im Meer; **s. captain,** Kapitän *m* zur See; **s. chest,** Seemannskiste *f;* **s. level,** Meeresspiegel *m;* **s. trip,** Seefahrt *f;* **s. battle,** Seeschlacht *f; (b) (motion of sea)* Seegang *m;* **heavy s.,** schwerer Seegang *m; F:* **to be half seas over,** Schlagseite haben. **2.** *Fig: (expanse)* **seas of blood,** Ströme von Blut; **a s. of faces,** ein Meer von Gesichtern. ´**sea-a´nemone,** *s. Z:* Seeanemone *f.* ´**seabird,** *s.* Seevogel *m.* ´**sea-´breeze,** *s.* Seebrise *f.* ´**seacoast,** *s.* Meeresküste *f.* ´**seafarer,** *s.* Seefahrer *m.* ´**seafaring,** *adj.* seefahrend; Seefahrts-; **a s. nation,** ein Volk von Seefahrern. ´**seafood,** *s.* Meeresfrüchte *fpl; Cu:* Fischgerichte *npl.* ´**seafront,** *s.* Strandpromenade *f.* ´**seagoing,** *adj. (of ship)* seetüchtig. ´**seagull,** *s. Orn:* Möwe *f.* ´**seahorse,** *s. Z:* Seepferdchen *n.* ´**sealegs,** *s. pl. F:* **to have one's s.,** seefest sein. ´**sea-lion,** *s. Z:* Seelöwe *m.* ´**seaman,** *pl.* **-men,** *s.* Seemann *m.* ´**seamanship,** *s.* Seemannschaft *f.* ´**seaplane,** *s.* Wasserflugzeug *n.* ´**seaport,** *s.* Seehafen *m.* ´**seascape,** *s.* Meerlandschaft *f; Art:* Seestück *n.* ´**seashell,** *s.* Muschel *f.* ´**seashore,** *s.* Meeresstrand *m.* ´**sea-sickness,** *s.* Seekrankheit *f.* ´**seaside,** *s.* Meeresküste *f;* **at the s.,** am Meer; **to the s.,** ans Meer; **s. resort,** Seebad *n.* ´**sea-urchin,** *s. Z:* Seeigel *m.* ´**seawall,** *s.* Seedeich *m; (in harbour)* Damm *m.* ´**seaward. I.** *adj.* See-; **s. side,** Seeseite *f.* **II.** *adv.* seewärts. ´**sea-water,** *s.* Meerwasser *n.* ´**seaway,** *s.* **1.** Fahrt *f* (eines Schiffes). **2.** Wasserstraße *f.* ´**seaweed,** *s.* Seetang *m.* ´**seaworthy,** *adj.* seetüchtig.

seal[1] [si:l], *s. Z:* Seehund *m; coll. (family)* Robben *fpl.* ´**sealer,** *s.* Robbenfänger *m.* ´**sealskin,** *s.* Seehundfell *n.*

seal[2]. **I.** *s. (a) (on document, letter etc.)* Siegel *n; Fig:* **to set the s. on sth.,** etwas besiegeln; **to give sth. the s. of one's approval,** etwas *dat* persönlich billigen; *(b) (closure)* Verschluß *m; Mec. E: (packing, gasket)* Dichtung *f;* **airtight s.,** luftdichter Verschluß *m; (c) (on tank, crate etc.)* Plombe *f.* **II.** *v.tr. (with wax)* (eine Urkunde usw.) versiegeln; *(gum down)* (einen Brief usw.) zukleben; *(make airtight)* (eine Flasche usw.) luftdicht verschließen; *(with lead seal)* (einen Container usw.) plombieren; **to s. a joint,** eine Fuge dichten; *Fig:* **my lips are sealed,** ich sage kein Wort; **his fate is sealed,** sein Schicksal ist besiegelt. ´**sealing-wax,** *s.* Siegellack *m.* ´**seal ´off,** *v.tr.* (ein Gebiet) abriegeln.

seam [si:m], *s.* **1.** *Sew: & Welding:* Naht *f; Fig:* **bursting at the seams,** zum Bersten voll. **2.** *Min: (of coal)* Flöz *n; (of ore)* Ader *f.* ´**seamless,** *adj.* nahtlos. ´**seamy,** *adj. F:* **the s. side of life,** die Schattenseite des Lebens.

séance [´seiɑ:ns], *s.* Séance *f.*

search [sə:tʃ]. **I.** *s.* **1.** *(a)* Suche *f; (for s.o. missing)* Suchaktion *f; (manhunt)* Fahndung *f;* **in s. of,** auf der Suche nach + *dat;* **s. party,** Suchtrupp *m; (b) (act)* Durchsuchen *n* (einer Schublade usw.); *(c) Jur:* Haussuchung *f;* **s. warrant,** Haussuchungsbefehl *m.* **2.** *(examination) (a) Customs:* Visitation *f,* Untersuchung *f* (von Gepäck usw.); (*b*) *Jur: etc:* Einsichtnahme *f* (in ein öffentliches Register). **II.** *v.* **1.** *v.tr.* (*a*) (eine Schublade, j-s Taschen usw.) durchsuchen, (j-n, einen Ort) absuchen (**for sth.**, nach etwas *dat*); *Fig:* (in j-s Gesicht) forschen; *Customs: Jur:* (Gepäck, ein Haus usw.) durchsuchen; (*b*) *P:* **s. me!** keine Ahnung! **2.** *v.i.* **to s. (for sth.),** (etwas/(*intensively*) nach etwas *dat*) suchen. **'searching,** *adj.* (*thorough*) gründlich; **a s. glance,** ein forschender Blick. **'searchlight,** *s. Mil: Av: etc:* Suchscheinwerfer *m.*

season[1] ['si:z(ə)n]. **I.** *s.* **1.** Jahreszeit *f;* **holiday s.,** Urlaubszeit *f;* **to be in s.,** (i) (*of fruit*) reif sein; (ii) (*of deer etc.*) brünstig sein; (*of cat, bitch*) läufig sein; *Hunt:* **close s.,** Schonzeit *f;* **open s.,** Jagdzeit *f.* **2.** *Th: Sp: etc:* Saison *f;* **at the height of the s.,** in der Hochsaison; *Rail: etc:* **s. (ticket),** Zeitkarte *f.* **II.** *v.* **1.** *v.tr.* (*a*) (eine Speise) (mit Salz, Pfeffer usw.) würzen; (*b*) (Holz) ablagern; (Wein) reifen lassen. **2.** *v.i.* (*of timber*) ablagern; (*of wine*) reifen. **'seasonable,** *adj.* zeitgemäß; (*suitable*) passend; **s. weather,** der Jahreszeit entsprechendes Wetter. **'seasonal,** *adj.* saisonbedingt; **s. work,** Saisonarbeit *f.* **'seasoned,** *adj.* **1.** gewürzt; **a highly s. dish,** ein scharf gewürztes Gericht. **2.** (*of wine*) ausgereift; (*of timber*) abgelagert; *Fig:* (*of pers.*) erfahren; **s. campaigner,** alter Hase *m.* **'seasoning,** *s. Cu:* Würze *f.*

seat [si:t]. **I.** *s.* (*a*) Sitz *m; Rail: etc:* Sitzplatz *m; Th:* Platz *m;* Sattel *m* (eines Motorrades usw.); **take a s.,** nehmen Sie Platz; **s. cushion,** Sitzkissen *n; Aut:* **belt,** Sicherheitsgurt *m; Parl:* **to lose one's s.,** nicht wiedergewählt werden; (*b*) (*part of body*) Gesäß *n;* **s. of trousers,** Hosenboden *m;* (*c*) **s. of government,** Regierungssitz *m;* (*d*) **s. of a fire,** Brandherd *m.* **II.** *v.tr.* (j-n, sich) setzen; **to be seated,** sitzen; **please be seated,** nehmen Sie bitte Platz; (*of building*) **to s. 500,** 500 Sitzplätze haben; **this table seats twelve,** an diesem Tisch haben zwölf Leute Platz. -**'seater,** *comb. fm.* -sitzer *m;* **two-s.,** Zweisitzer *m.* **'seating,** *s.* **1.** (*seats*) Sitzplätze *mpl;* **s. capacity,** Zahl *f* der Sitzplätze; **additional s. downstairs,** weitere Sitzgelegenheiten unten. **2.** *Mec. E:* (*of valve etc.*) Sitz *m.*

sec [sek], *s. F:* = **second**[1]; **just a s.,** Moment mal!

secateurs [sekə'tə:z], *s.pl. Hort:* Rosenschere *f.*

secede [si'si:d], *v.i.* sich lossagen (**from,** von + *dat*). **secession** [-'seʃ(ə)n], *s.* Loslösung *f; Art Hist:* Sezession *f.*

secluded [si'klu:did], *adj.* (*of place etc.*) ruhig gelegen; (*lonely*) einsam; **to live a s. existence,** zurückgezogen leben. **seclusion** [-'klu:ʒ(ə)n], *s. Ruhe f;* ruhige Lage *f* (eines Hauses).

second[1] ['sekənd], *s.* Sekunde *f;* (*on watch*) **s. hand,** Sekundenzeiger *m; F:* **I'll be back in a s.,** ich bin gleich wieder da; **just a s.,** (einen) Moment mal.

second[2]. **I.** *adj.* (*a*) zweiter, zweite, zweites; **the s. of January,** der zweite Januar; **s. sight,** zweites Gesicht; **s. cousin,** Vetter *m* zweiten Grades; **s. only to X,** (*rank*) nur X nachgestellt; (*quality*) nur von X übertroffen; **to be s. to none,** keinem nachstehen; **the s. largest,** der/die/das zweitgrößte; *Sp:* **to come s. (to s.o.),** den zwei-

ten Platz (hinter j-m) belegen; *Rail:* **to travel s. (class),** zweiter Klasse fahren; *Fig:* **it's s. nature for him,** es ist ihm in Fleisch und Blut übergegangen; (*b*) **she has had s. thoughts,** sie hat es sich anders überlegt; **-ly,** *adv.* zweitens. **II.** *s.* **1.** Zweite *m f & n; Aut:* zweiter Gang *m; Hist:* **Charles the S.,** Karl der Zweite; *Mil:* **s. in command,** Stellvertreter *m* (im Kommando). **2.** *Com:* **seconds,** Waren *fpl* zweiter Wahl. **3.** (*pers.*) *Box: etc:* Sekundant *m.* **III.** *v.tr. Box: etc:* (j-m) sekundieren; *Parl:* **to s. a motion,** einen Vorschlag befürworten. **'secondary,** *adj.* **1.** sekundär; **s. cause,** Nebenursache *f;* **of s. importance,** nebensächlich; **s. road,** Nebenstraße *f.* **2.** *Sch: Brit:* **s. school/education,** höhere Schule/Schulbildung *f;* **s. schools,** weiterführende Schulen *fpl.* **'second (-) 'hand,** *adj.* aus zweiter Hand; **s. h. books,** antiquarische Bücher; **s. h. car,** Gebrauchtwagen *m;* **s. h. dealer,** Altwarenhändler *m.* **'second-'rate,** *adj.* zweitrangig; (*mediocre*) mittelmäßig.

second[3] [sə'kɔnd], *v.tr. Mil:* (einen Offizier usw.) abkommandieren.

secret ['si:krit]. **I.** *adj.* (*a*) (*officially*) geheim; **to keep sth. s.,** etwas geheimhalten; *Mil: Pol:* **s. service,** Geheimdienst *m;* (*b*) (*of whisper, smile, feeling etc.*) heimlich; **-ly,** *adv.* heimlich; **he s. wished that . . .,** er wünschte insgeheim, daß . . . **II.** *s.* Geheimnis *n;* **in s.,** heimlich; **to let s.o. into a s.,** j-n in ein Geheimnis einweihen. **'secrecy,** *s.* (*a*) Heimlichkeit *f* (eines Planes usw.); **in s.,** im geheimen; **there's no s. about it,** es ist kein Geheimnis; (*b*) **sworn to s.,** zur Verschwiegenheit verpflichtet. **secrete** [si'kri:t], *v.tr.* (*a*) *Biol:* (ein Sekret) absondern; (*b*) (*hide*) (j-n, etwas) verbergen, verstecken (**from,** von + *dat*). **se'cretion,** *s. Biol:* Sekretion *f.* **'secretive,** *adj.* (*of pers.*) geheimtuerisch; **to be s.,** geheim tun.

secretary ['sekrətri], *s.* Sekretär(in) *m(f);* **company/club s.,** Geschäftsführer *m; Pol:* **S. of State,** (i) *Brit:* Minister *m;* (ii) *U.S:* Außenminister *m;* **S. General,** Generalsekretär *m.* **secretarial** [-'teəriəl], *adj.* **s. work/post,** Arbeit *f*/Posten *m* einer Sekretärin; **s. college,** Sekretärinnenschule *f.*

sect [sekt], *s.* Sekte *f.*

section ['sekʃ(ə)n], *s.* **1.** (*a*) (*part*) Teil *m;* **made in sections,** in Fertigteilen gebaut; (*b*) Abschnitt *m* (eines Textes, *Mil:* der Front usw.); *Rail:* Streckenabschnitt *m;* (*c*) (*department*) Abteilung *f; Mil:* Gruppe *f;* (*d*) *Jur:* Paragraph *m* (eines Gesetzes). **2.** *Geom: Med:* Schnitt *m;* (**cross**) **s.,** Querschnitt *m.* **'sectional,** *adj.* **1.** *Geom:* im Schnitt. **2.** (*also* **sectioned**) **s. drawing,** Schnittzeichnung *f.* **3.** **s. furniture,** Baukastenmöbel *npl;* **s. bookcase,** zerlegbares Bücherregal.

sector ['sektər], *s.* Sektor *m.*

secular ['sekjulər], *adj.* (*a*) (*of education, affairs etc.*) weltlich; (*b*) *Mus: Art:* profan; **s. architecture,** Profanbauten *mpl.*

secure [si'kjuər]. **I.** *adj.* **1.** (*safe, certain*) sicher (**against,** vor + *dat*); (*of position*) gesichert; **to feel s.,** sich geborgen fühlen. **2.** (*firm*) fest. **II.** *v.tr.* (*a*) (*make safe*) (etwas) sichern; (*protect*) (einen Ort, usw.) schützen (**against/from,** gegen + *acc*); (*b*) (*fix*) (etwas) festmachen (**to,**

an + *acc*); (eine Tür, ein Fenster usw.) fest verschließen; (c) (*obtain*) sich *dat* (einen Platz, j-s Dienste usw.) beschaffen; **to s. a good price,** einen guten Preis erzielen. se´**curity,** *s.* 1. Sicherheit *f; Pol:* S. **Council,** Sicherheitsrat *m; Adm:* s. **risk,** Gefährdung *f* der Staatssicherheit; *Mil:* s. **forces,** Sicherheitskräfte *fpl.* 2. (a) (*guarantee*) Bürgschaft *f;* (*pers.*) Bürge *m;* **to stand s.,** Bürgschaft leisten; (b) *Com:* (*deposit*) Kaution *f;* s. **for a debt,** Sicherstellung *f* einer Schuld; **to pay a sum as a s.,** eine (Summe als) Kaution hinterlegen; **mortgage without s.,** ungedeckte Hypothek; (c) *Fin: usu. pl.* **securities,** Wertpapiere *npl.*

sedan [si´dæn], *s. U.S: Aut:* Limousine *f.*

sedate [si´deit], *adj.* gesetzt. se´**dateness,** *s.* Gesetztheit *f.*

sedative [´sedətiv]. I. *s. Med:* Beruhigungsmittel *n.* II. *adj.* beruhigend.

sedentary [´sedəntri], *adj.* sitzend; s. **work,** Sitzarbeit *f.*

sediment [´sedimənt], *s.* (a) *Geol: etc:* Sediment *n;* (b) (*in wine etc.*) Bodensatz *m.*

sedition [si´diʃ(ə)n], *s.* Aufruhr *m.* se´**ditious,** *adj.* aufruhrerisch.

seduce [si´dju:s], *v.tr.* (j-n) verführen. se´**ducer,** *s.* Verführer *m.* se**duction** [-´dʌkʃ(ə)n], *s.* Verführung *f.* se´**ductive,** *adj.* verführerisch.

see [si:], *v.tr.* (*p.* saw, *p.p.* seen) (a) (j-n, etwas) sehen; **to s. s.o. coming,** j-n kommen sehen; **he's not fit to be seen,** er kann sich nicht sehen lassen; **he sees a great deal of the Smiths,** er sieht die Smiths häufig; *F:* **see you on Thursday!** bis Donnerstag! **s. you soon!** bis bald! (b) *abs.* **he can hardly s.,** er kann kaum sehen; **as far as the eye can see,** soweit das Auge reicht; **it was too dark to s.** (clearly), es war zu dunkel, um etwas (deutlich) erkennen zu können; *F:* **I'll go and s.,** ich werde mal nachsehen; **let me s.,** (i) lassen Sie mal sehen; (ii) (*pause for thought*) einen Augenblick mal . . .; **I'll have to s.,** ich muß es mir überlegen; (*wait and s.*) ich werde abwarten müssen; (c) (*visit*) **to go to/** *F:* **go and s. s.o.,** j-n besuchen; **to s. the sights of a town,** eine Stadt besichtigen; **to (go to) s. the doctor,** zum Arzt gehen; **to s. s.o. about sth./on business,** j-n wegen etwas *gen*/geschäftlich sprechen; (d) (einen Besucher) empfangen; **I can't s. him today,** ich kann ihn heute nicht sprechen; (e) (*accompany*) (j-n) begleiten; **I'll s. you home/to the door,** ich begleite Sie nach Hause/(bis) zur Tür; (f) (*recognize*) (etwas) erkennen; (*understand*) (etwas) verstehen; **I don't s. why,** ich sehe nicht ein, warum; **he saw that he was wrong,** er erkannte, daß er unrecht hatte; **do you s. what I mean?** verstehen Sie, was ich meine? (**now**) **I s.!** jetzt verstehe ich! **I don't s. the point,** es scheint mir zwecklos; **you s., it's not far,** du siehst ja, es ist nicht weit; (g) (*discover*) **what can you s. in her?** was finden Sie bloß an ihr? **I can s. no fault in him,** ich habe nichts an ihm auszusetzen; **s. for yourself,** überzeugen Sie sich selbst; **I s. from his letter that he is coming,** ich entnehme seinem Brief, daß er kommt; (h) (*judge*) (etwas) betrachten, sehen; **this is how I s. it,** ich sehe die Sache so; **if you s. fit to,** wenn Sie es

für richtig halten; (i) **to s. that everything is in order,** danach sehen/dafür sorgen, daß alles in Ordnung ist. ´**see a´bout,** *v.tr.* **to s. a. sth.,** sich um etwas *acc* kümmern; **I'll s. a. it,** (i) ich werde mich darum kümmern; (ii) (*think*) ich werde es mir überlegen. ´**see ´off,** *v.tr.* (a) **to s. s.o. off on a train/a plane,** j-n zur Bahn/zum Flughafen bringen; (b) *F:* (*outperform*) (j-n, etwas) in den Schatten stellen. ´**see ´over,** *v.tr.* **to s. over a house,** sich *dat* ein Haus ansehen. ´**see ´through,** *v.tr.* (a) (durch ein Fenster usw.) durchsehen; (b) *Fig:* (j-s Absichten usw.) durchschauen; (c) (*support*) **to s. s.o. through,** j-m (bis zum Ende) durchhelfen; **to s. it through,** (die Sache) durchhalten. ´**see ´to,** *v. tr.* (nach j-m, etwas *dat*) sehen; **to s. to everything,** sich um alles kümmern; **I'll s. to it that he gets it,** ich sorge dafür, daß er es bekommt. ´**seeing.** I. *s.* Sehen *n;* **worth s.,** sehenswert; *Prov:* **s. is believing,** was man sieht, glaubt man. II. *conj. phr.* **s. that . . .,** angesichts der Tatsache, daß . . .; **s. that you have already paid,** da Sie schon bezahlt haben.

seed [si:d]. I. *s.* 1. *Bot: Agr: Physiol:* Samen *m; coll.* Saat *f;* **s. potato,** Saatkartoffel *f;* **to go to s.,** (i) (*of plant*) (in Samen) schießen; (ii) *F:* (*of pers.*) herunterkommen. 2. *Tennis:* gesetzter Spieler *m.* II. *v.tr. Tennis:* (einen Spieler) setzen. ´**seedling,** *s. Hort:* Sämling *m.* ´**seedsman,** *pl.* -**men,** *s.* Samenhändler *m.* ´**seedy,** *adj. F:* (*of pers., place etc.*) schäbig.

seek [si:k], *v.tr.* (*p. & p.p.* sought) (a) (*look for*) (etwas) suchen; **to s. shelter,** Schutz suchen; (b) (*ask for*) **to s. sth. from s.o.,** etwas von j-m erbitten; **to s.** (s.o.'s) **advice,** (j-n) um Rat bitten; **much sought after,** sehr gesucht.

seem [si:m], *v.i.* scheinen; (a) **he seems better,** es scheint ihm besser zu gehen; **how does it s. to you?** wie erscheint Ihnen das? wie kommt Ihnen das vor? **it seems like a dream,** es kommt mir vor wie im Traum, **I s. to have heard his name,** mir scheint, daß ich seinen Namen schon einmal gehört habe; (b) *impers.* **it seems to me that you are right,** mir scheint, Sie haben recht; **it seems as though/as if,** es scheint, als ob; **or so it seems/would s.,** so scheint es wenigstens. ´**seeming,** *adj.* -**ly,** *adv.* (*not real*) scheinbar; (*perhaps real*) anscheinend.

seemly [´si:mli], *adj.* (*of behaviour*) schicklich.

seep [si:p], *v.i.* sickern; (s. *through*) durchsickern. ´**seepage,** *s.* Durchsickern *n.*

seersucker [´si:əsʌkər], *s. Tex:* Seersucker *n,* Kräuselkrepp *m.*

see-saw [´si:sɔ:]. I. *s.* Wippe *f.* II. *v.i.* wippen.

seethe [si:ð], *v.i.* (*of water etc.*) schäumen; (*of place*) wimmeln (**with,** von + *dat*); **the people were seething with discontent,** die Unzufriedenheit gärte im Volk; **to be seething with anger,** vor Wut kochen.

segment [´segmənt], *s. Geom: etc:* Segment *n* (eines Kreises usw.); Kreisabschnitt *m;* **orange s.,** Orangenspalte *f.*

segregate [´segrigeit], *v.tr.* (Leute, eine Gruppe) segregieren. segre´**gation,** *s.* Segregation *f; Pol:* **racial s.,** Rassentrennung *f.*

seize [si:z], *v.* 1. *v.tr.* (a) sich (etwas *gen*) bemächtigen; (*take possession of*) *Jur:* (j-s Eigentum) beschlagnahmen; (b) (*capture*) (j-n) festnehmen; *Mil:* (eine Stadt usw.) einnehmen; (c) (*take hold of*) (etwas) packen, greifen; (*catch*) (etwas) abfangen; **to s. s.o. by the throat,** j-n bei/an der Gurgel packen; *Fig:* **to s. the opportunity,** die Gelegenheit ergreifen; **to s. power,** die Macht an sich reißen. **2.** *v.i. Mec. E:* (*of piston etc.*) **to s. (up),** sich festfressen. **seizure** ['siːʒər], *s.* **1.** Beschlagnahme *f* (von Waren). **2.** *Med:* plötzlicher Anfall *m.* **3.** *Mec. E:* Festfressen *n.*

seldom ['seldəm], *adv.* selten.

select [si'lekt]. **I.** *v.tr.* (etwas) auswählen (**from,** aus + *dat*). **II.** *adj.* (a) (*of school etc.*) ausgesucht; Elite-; **only for a s.** few, nur für die Elite; **s. club,** Exklusivklub *m; Parl:* **s. committee,** Sonderausschuß *m;* (b) (*of wine etc.*) auserlesen. **se'lection,** *s.* Auswahl *f;* **to make a s.,** eine Auswahl treffen; **s. from a musical,** Querschnitt *m* durch ein Musical; *N.Am:* **selections from Byron,** ausgewählte Stellen *fpl* aus Byrons Werken. **se'lective,** *adj.* selektiv; *Rad:* trennscharf. **se'lector,** *s.* Wähler *m; Sp:* (*of team*) Aufsteller *m* (einer Mannschaft); *Aut:* (**gear**) **s.,** Gangwähler *m.*

self, *pl.* **selves** [self, selvz]. **I.** *s.* (a) Selbst *n; his other s.,* sein anderes Ich; *F:* **he's his old s. again,** er ist wieder der alte; **all by one's (very) s.,** ganz allein; (b) (*self-interest*) Eigennutz *m;* **to have no thoughts of s.,** nicht an sich selbst denken. **II.** *pron.* (a) (*on cheque*) *Brit:* **pay s.,** zahlbar an den Aussteller; (b) (*in compounds*) **I'm not (quite) myself today,** ich bin heute nicht ganz auf der Höhe; **she's kindness itself,** sie ist die Güte in Person; **everyone for himself,** jeder für sich; (c) (*for emphasis*) selbst; **he went himself,** er ging selbst, *F:* selber; (d) (*reflexive*) sich; **help yourself,** bedienen Sie sich. **'self-a'djusting,** *adj.* selbstregelnd. **'self-a'pointed,** *adj.* selbsternannt. **'self-a'ssertion,** *s.* Selbstbehauptung *f.* **'self-a'ssertive,** *adj.* selbstbehauptend; **to be s.-a.,** sich in den Vordergrund drängen. **'self-a'ssurance,** *s.* Selbstsicherheit *f; Pej:* Anmaßung *f.* **'self-a'ssured,** *adj.* selbstsicher. **'self-'centred,** *adj.* selbstsüchtig, egoistisch. **'self-con'fessed,** *adj.* erklärt. **'self-'confidence,** *s.* Selbstbewußtsein *n.* **'self-'confident,** *adj.* selbstbewußt. **'self-'conscious,** *adj.* verlegen, befangen. **'self-'consciousness,** *s.* Befangenheit *f.* **'self-con'tained,** *adj.* **1.** (*independent*) unabhängig. **2. s.-c. flat,** abgeschlossene Wohnung *f.* **'self-con'trol,** *s.* Selbstbeherrschung *f.* **'self-de'fence,** *s.* Selbstverteidigung *f; Jur:* Notwehr *f;* **to act in s.-d.,** in/aus Notwehr handeln. **'self-de'nial,** *s.* (a) Selbstverleugnung *f;* (b) (*general*) Entsagung *f.* **'self-determi'nation,** *s. Pol:* Selbstbestimmung *f.* **'self-'drive,** *adj.* **s.-d. cars for hire,** Autovermietung *f* für Selbstfahrer. **'self-'educated,** *adj.* **he is s.-e.,** er ist Autodidakt. **'self-em'ployed,** *adj.* selbständig erwerbstätig. **'self-es'teem,** *s.* Selbstachtung *f.* **'self-'evident,** *adj.* selbstverständlich. **'self-ex'pression,** *s.* Ausdruck *m* der eigenen Persönlichkeit. **'self-'governing,** *adj.* selbstverwaltend. **'self-'government,** *s.* Selbstverwaltung *f.* **'self-'help,** *s.* Selbsthilfe *f.* **'self-im'portant,** *adj.*

überheblich. **'self-in'dulgence,** *s.* Genußsucht *f.* **'self-in'dulgent,** *adj.* (*of pers.*) genußsüchtig, sich selbst verwöhnend. **'self-in'flicted,** *adj.* **s.-i. wound,** Selbstverstümmelung *f.* **'self-'interest,** *s.* Eigennutz *m.* **'selfish,** *adj.* selbstsüchtig, egoistisch. **'selfishness,** *s.* Selbstsucht *f,* Egoismus *m.* **'selfless,** *adj.* selbstlos. **'self-'pity,** *s.* Mitleid *n* mit sich selbst. **'self-'portrait,** *s. Art:* Selbstbildnis *n.* **'self-po'ssessed,** *adj.* selbstbewußt. **'self-po'ssession,** *s.* Selbstbewußtsein *n.* **'self-preser'vation,** *s.* Selbsterhaltung *f.* **'self-pro'pelled,** *adj.* mit eigenem Antrieb. **'self-'raising,** *adj. Cu:* **s.-r. flour,** Kuchenmehl *n* (mit Zusatz von Backpulver). **'self-re'liance,** *s.* Selbständigkeit *f.* **'self-re'liant,** *adj.* selbständig. **'self-re'spect,** *s.* Selbstachtung *f.* **'self-re'specting,** *adj.* **any s.-r. person,** jeder, der etwas auf sich hält. **'self-re'straint,** *s.* Selbstdisziplin *f.* **'self-'righteous,** *adj.* selbstgerecht. **'self-'sacrifice,** *s.* Selbstlosigkeit *f;* Selbstaufopferung *f.* **'self-'same,** *adj.* genau der/die/dasselbe. **'self-'satisfied,** *adj.* selbstzufrieden. **'self-'service. I.** *s.* Selbstbedienung *f.* **II.** *adj.* Selbstbedienungs-; **s.-s. shop,** Selbstbedienungsgeschäft *n.* **'self-'starter,** *s. Aut:* Anlasser *m.* **'self-'styled,** *adj.* selbsternannt. **'self-su'fficient,** *adj.* sich selbst versorgend (**in,** mit + *dat*); **to be s.-s.,** Selbstversorger sein. **'self-su'pporting,** *adj.* unabhängig; (*of pers.*) **to be s.-s.,** Selbstversorger sein; (*of business*) ohne fremde Gelder auskommen. **'self-'taught,** *adj.* **s.-t. person,** Autodidakt *m.* **'self-tu'ition,** *s.* Selbststudium *n;* **s.-t. course,** Fernkurs *m.* **'self-'willed,** *adj.* eigensinnig. **'self-'winding,** *adj.* **s.-w. watch,** automatische Armbanduhr.

sell [sel]. **I.** *v.* (*p. & p.p.* **sold** [səuld]) **1.** *v.tr.* (a) (Waren usw.) verkaufen (**to,** an + *acc*); (b) (*betray*) (ein Geheimnis usw.) verraten; (c) (*cheat*) *F:* **you've been sold a pup!** du bist angeschmiert worden! **sold again!** schon wieder reingefallen! (d) *F:* (*persuade*) **to s. s.o. an idea,** j-m eine Idee andrehen; **I'm not sold on this idea,** ich bin von dieser Idee nicht angetan. **2.** *v.i.* **will it s.?** wird es Absatz finden/*F:* gehen? **this book sells well,** dieses Buch verkauft sich gut; **the picture sold for £500,** das Bild wurde für £500 verkauft. **II.** *s. F:* (a) **hard s.,** aggressive Verkaufstaktik *f;* (b) (*deception*) Reinfall *m.* **'seller,** *s.* (a) (*pers.*) Verkäufer(in) *m(f);* (b) (*article*) **a good s.,** eine gutgehende Ware. **'selling,** *s.* Verkauf *m;* **s. price,** Verkaufspreis *m.* **'sell 'off,** *v.tr. Com:* (Waren usw.) unter Preis abstoßen. **'sell 'out,** *v.tr. Com:* (Waren) ausverkaufen; **we're sold out of this article,** wir haben diesen Artikel nicht mehr vorrätig. **'sell 'up,** *v.* **1.** *v.tr.* (sein Geschäft, seinen Betrieb usw.) verkaufen. **2.** *v.i.* seine ganze Habe verkaufen.

sellotape ['seləuteip], *s. R.t.m.* = Tesafilm *m R.t.m.*

semaphore ['seməfɔːr], *s. Nau: Mil:* (*action*) Flaggenwinken *n;* (*signals*) Winkzeichen *npl.*

semblance ['sembləns], *s.* Anschein *m* (von Heiterkeit, Ehrlichkeit usw.); **to put on the s. of a smile,** ein Lächeln vortäuschen.

semi ['semi]. I. *prefix* halb-. II. *s. abbr. F:* Doppelhaus *n.* 'semi-auto'matic, *adj.* halbautomatisch. 'semibreve, *s. Mus:* ganze Note *f.* 'semicircle, *s.* Halbkreis *m.* 'semi'circular, *adj.* halbkreisförmig. 'semi'colon, *s. Gram:* Strichpunkt *m;* Semikolon *n.* 'semi-con'ductor, *s. El:* Halbleiter *m.* semi-'conscious, *adj.* halb bei Bewußtsein. 'semi-de'tached, *adj.* s.-d. house, Doppelhaus *n.* 'semi-'final, *s. Sp:* Halbfinale *n.* 'semi-o'fficial, *adj.* halbamtlich. 'semi-'precious, *adj.* s.-p. stone, Halbedelstein *m.* 'semiquaver, *s. Mus:* Sechzehntelnote *f.* 'semi-'skilled, *adj.* (*of worker*) angelernt. 'semitone, *s. Mus:* Halbton *m.* 'semi-'tropical, *adj.* subtropisch.

seminal ['semin(ə)l], *adj.* 1. *Physiol:* Samen-; s. duct, Samengang *m.* 2. *Fig:* (*of ideas etc.*) keimtragend; s. development, zukunftsträchtige Entwicklung; of s. importance, für die Zukunft ausschlaggebend.

seminary ['seminəri], *s.* Priesterseminar *n.*

semolina [semə'li:nə], *s. Cu:* Grieß *m.*

senate ['senit], *s.* Senat *m.* 'senator, *s.* Senator *m.*

send [send], *v.tr.* (*p. & p.p.* sent) (*a*) (j-n) schicken (for sth., um etwas *acc*); she sent me for bread, sie schickte mich um Brot/Brot holen; (*b*) (einen Brief, ein Paket usw.) schicken; to s. s.o. a present/a telegram etc., j-m ein Geschenk/ein Telegramm usw. schicken; *Fig:* the thought sent a shiver down my spine, bei dem Gedanken lief es mir (eis)kalt über den Rücken; (*c*) (with pres. p.) to s. sth. crashing to the ground, etwas zusammenstürzen lassen; to s. s.o. sprawling/reeling, j-n umwerfen; *F:* to s. s.o. packing, j-n zum Teufel jagen; (*d*) to send s.o. mad/*F:* round the bend, j-n verrückt machen. 'send a'way, *v.tr.* (j-n) fortschicken. 'send 'back, *v.tr.* (j-n, etwas) zurückschicken. 'sender, *s.* Absender *m* (eines Briefes usw.). 'send 'for, *v.tr.* (j-n) holen lassen; s. for the doctor, rufen Sie den Arzt; I shall s. for it, ich werde es mir schicken lassen/(*order it*) es bestellen. 'send 'in, *v.tr.* (*a*) (j-n) hereinschicken; (*b*) (*submit*) (eine Rechnung usw.) einschicken; (ein Gesuch, eine Kündigung) einreichen; to s. in one's entry (for a contest), sich zu einem Wettbewerb anmelden. 'send 'off. I. *v.tr.* (*a*) (j-n) fortschicken; (*b*) (einen Brief usw.) abschicken. II. *s. F:* they gave him a terrific s.-o., sie haben ihn ganz groß verabschiedet. 'send 'on, *v.tr.* (*a*) (j-m einen Brief usw.) nachschicken; (*b*) (*pass on*) (eine Nachricht usw.) weitergeben. 'send 'out, *v.tr.* (*a*) (j-n) hinausschicken; (*b*) to s. o. a circular, ein Rundschreiben verschicken; (*c*) (*of sun etc.*) (Wärme usw.) ausstrahlen. 'send 'round, *v.tr.* (*a*) (eine Flasche usw.) herumreichen; (*b*) (j-n) schicken; I'll s. somebody round tomorrow, ich schicke Ihnen morgen jemanden. 'send 'up, *v.tr.* (*a*) (einen Ballon usw.) steigen lassen, (*b*) (Preise usw.) in die Höhe treiben. (*c*) *F:* to s. up s.o., sth., j-n, etwas verulken. 'send-up, *s. F:* Karikatur *f.*

senile ['si:nail], *adj.* senil. **senility** [si'niliti], *s.* Senilität *f.*

senior ['si:njər]. I. *adj.* (*a*) ältere(r, s); s. citizen, Senior *m*, (*pensioner*) Rentner *m*; **William Jones** S., William Jones der Ältere; he's two years my s., er ist zwei Jahre älter als ich; (*b*) s. (in rank), ranghöher; *Com:* s. clerk, Bürovorsteher *m.* II. *s.* (*elder*) Ältere(r) *f(m)*; (*eldest*) Älteste(r) *f(m)*; (*partner of firm*) Senior(in) *m(f)*; to be s.o.'s s., (*in age*) älter als j-d sein; (*in rank*) j-s Vorgesetzter sein. seniority [-i'ɔriti], *s.* 1. (*in age*) höheres Alter; *Adm: Com: etc:* Dienstalter *n;* to be promoted by s., nach dem Dienstalter befördert werden. 2. (*in rank*) höherer Rang.

sensation [sen'seiʃ(ə)n], *s.* 1. (*feeling*) Gefühl *n* (des Unbehagens, der Wärme, *Med:* im Bein usw.); I had the s. of falling, es kam mir vor/es wur mir, als ob ich fiele. 2. Sensation *f;* to create/cause a s., Sensation machen. sen'sational, *adj.* sensationell; her debut was s., ihr Debüt war eine Sensation.

sense [sens]. I. *s.* 1. (*a*) Sinn *m;* a keen s. of smell, ein guter Geruchssinn; (*b*) (*feeling*) Gefühl *n* (der Freude, der Sicherheit usw.); s. of justice, Gerechtigkeitssinn *m;* to labour under a s. of injustice, das Gefühl haben, ungerecht behandelt zu werden; to have no s. of time, kein Zeitgefühl haben; to have a s. of humour, Humor haben. 2. (*a*) *pl.* are you out of your senses? bist du von Sinnen? any man in his senses, jeder vernünftige Mensch; to frighten s.o. out of his senses, j-n zu Tode erschrecken; to come to one's senses, (i) Vernunft annehmen; (ii) (*regain consciousness*) wieder zu Bewußtsein kommen; to bring s.o. to his senses, j-n zur Besinnung bringen; (*b*) (*reason*) Vernunft *f;* common s., gesunder Menschenverstand; to talk s., vernünftig reden; if he had any s., wenn er vernünftig wäre; there is no s. in (doing) that, das hat keinen Sinn. 3. (*meaning*) Sinn *m;* Bedeutung *f* (eines Wortes); I can't make s. of this passage, ich kann den Sinn dieser Textstelle nicht verstehen; in the full s. of the word, im eigentlichen Sinn des Wortes. II. *v.tr.* (etwas) spüren; I sensed that he was about to attack, ich hatte das Gefühl, daß er angreifen wollte. 'sense-less, *adj.* 1. (*pointless*) sinnlos. 2. (*unconscious*) bewußtlos. 'senselessness, *s.* Sinnlosigkeit *f.* sensi'bility, *s.* (*of pers.*) Empfindsamkeit *f; Ph: etc:* Empfindlichkeit *f.* 'sensible, *adj.* vernünftig. sensitive ['sensitiv], *adj.* (*a*) (*of pers., skin, tooth etc.*) empfindlich; s. to cold, empfindlich gegen Kälte, kälteempfindlich; (*b*) (*positive sense*) (*of pers.*) feinfühlig, sensibel; s. instrument, (hoch)empfindliches Gerät. 'sensitiveness/ sensi'tivity, *s.* (*a*) Empfindlichkeit *f* (to, gegen + *acc*); (*b*) Feingefühl *n.* sensory ['sensəri], *adj.* Sinnes-; s. organ, Sinnesorgan *n.* sensual ['sensjuəl], *adj.* sinnlich. sensu'ality, *s.* Sinnlichkeit *f.* 'sensuous, *adj.* (*of pleasure etc.*) sinnlich; (*voluptuous*) wollüstig, üppig.

sentence ['sentəns]. I. *s.* 1. *Gram:* Satz *m.* 2. *Jur:* (*a*) (*statement*) Urteil *n;* to pass s., das Urteil sprechen (on s.o., über j-n); (*b*) (*punishment*) Strafe *f;* a s. of 10 years' imprisonment, eine Freiheitsstrafe von 10 Jahren; s. of death, Todesstrafe *f.* II. *v.tr. Jur:* (j-n) verurteilen.

sententious [sen'tenʃəs], *adj.* (*of style, speech*

etc.) geschwollen, hochtrabend; (*of pers.*) aufgeblasen.

sentiment ['sentimənt], *s.* 1. (*a*) (*feeling*) Gefühl *n;* **noble sentiments**, edle Regungen; (*b*) *esp. pl.* Meinung *f,* Ansicht *f;* **my sentiments entirely!** ganz meine Meinung! 2. (*sentimentality*) Sentimentalität *f.* **senti'mental,** *adj.* sentimental; *Pej:* (*of book, film*) rührselig; **for s. reasons,** aus Sentimentalität; **s. value,** Erinnerungswert *m.* **senti'mentalist,** *s.* Gefühlsmensch *m.* **sentimen'tality,** *s.* Sentimentalität *f.*

sentinel ['sentin(ə)l], *s. Mil:* Posten *m.*

sentry ['sentri], *s. Mil:* Posten *m;* **to be on s. duty,** (auf) Posten stehen. **'sentry-box,** *s. Mil:* Schilderhaus *n.*

sepal ['sep(ə)l, 'si:-], *s. Bot:* Kelchblatt *n.*

separate. I. ['sep(ə)rət] *adj.* (*a*) (*not connected*) getrennt (**from,** von + *dat*); *Bank:* **s. account,** getrenntes Konto; (*b*) (*different*) verschieden; **in s. columns,** in verschiedenen Spalten; **a s. question,** eine andere Frage; (*c*) (*individual*) **each theme is given s. treatment,** jedes Thema wird einzeln behandelt; **-ly,** *adv.* getrennt; (*individually*) einzeln; **s. packed,** einzeln verpackt. II. ['sepəreit] *v.tr. & i.* (j-n, etwas) trennen; (*of two or more people*) sich trennen. **sepa'ration,** *s.* 1. Trennung *f; Jur:* **legal/judicial s.,** Trennung *f* von Tisch und Bett. 2. (*distance*) Abstand *m,* Entfernung *f.*

sepia ['si:pjə], *s. Art:* Sepia *f; Phot:* **s. print,** Sepiadruck *m.*

September [sep'tembər], *s.* September *m;* **in S.,** im September; **on S. 6th/the sixth of S.,** am 6./ sechsten September.

septet [sep'tet], *s. Mus:* Septett *n.*

septic ['septik], *adj. Med:* septisch; **s. tank,** Senkgrube *f.*

sepulchral [si'pʌlkrəl], *adj.* Grabes-; **in a s. voice/s. tones,** mit Grabesstimme.

sequel ['si:kwəl], *s.* (*a*) Fortsetzung *f* (eines Romanes usw.); (*b*) (*consequence*) Folge *f;* **an unpleasant s.,** ein unangenehmes Nachspiel.

sequence ['si:kwəns], *s.* 1. Folge *f;* (*order*) Reihenfolge *f;* **in s.,** der Reihe nach; **in alphabetical/historical s.,** in alphabetischer/geschichtlicher Reihenfolge; *Gram:* **s. of tenses,** Zeitenfolge *f.* 2. (*series*) Reihe *f; Cards:* also *Cin: etc:* Sequenz *f;* **a remarkable s. of events,** eine merkwürdige Kette von Ereignissen.

Serb [sə:b], *s.* Serbe *m,* Serbin *f.* **Serbian** ['sə:bjən], *s.* I. Serbe *m,* Serbin *f.* II. *adj.* serbisch.

serenade [serə'neid]. I. *s. Mus:* Serenade *f.* II. *v.tr.* **to s. (s.o.),** (j-m) ein Ständchen bringen.

serene [sə'ri:n], *adj.* (*of pers.*) abgeklärt; (*unperturbed*) gelassen; (*of sky, landscape etc.*) heiter. **serenity** [-'reniti], *s.* Abgeklärtheit *f;* heitere Gelassenheit *f.*

serge [sə:dʒ], *s. Tex:* Serge *f.*

sergeant ['sa:dʒənt], *s.* (*a*) *Mil:* Feldwebel *m;* (*b*) (*police*) **s.,** *approx.* Wachtmeister *m.* **'sergeant-'major,** *s. Mil:* Hauptfeldwebel *m.*

serial ['siəriəl]. I. *adj.* 1. **s. number,** laufende Nummer *f* (eines Schecks, einer Banknote usw.). 2. *Mus:* **s. music,** Zwölftonmusik *f.* II. *s.* **s.** (*story*), Fortsetzungsgeschichte *f.* **series** ['siəri:z], *s. inv.* 1. Serie *f* (von Briefmarken,

Münzen usw.); Reihe *f* (von Unfällen, Mißernten usw.); Kette *f* (von Ereignissen); *Rad: TV:* Sendereihe *f.* 2. *adv. phr.* **in s.,** (i) *El:* hintereinander (geschaltet); (ii) *Ind:* serienmäßig (hergestellt).

serious ['siəriəs], *adj.* (*a*) ernst; (*of pers.*) ernsthaft; (*of offer*) ernstgemeint; **I'm s.,** ich meine es im Ernst; **a s. promise,** ein feierliches Versprechen; (*b*) **s. injury,** schwere Verletzung; **s. mistake,** schwerwiegender Fehler; **s. rival,** ernstzunehmender Rivale; **no s. opposition,** kein nennenswerter Widerstand; **-ly,** *adv.* (*a*) **to take sth. s.,** etwas ernst nehmen; (*b*) **s. ill,** schwer krank. **'seriousness,** *s.* (*a*) Ernst *m* (einer Lage usw.); (*of pers.*) Ernsthaftigkeit *f;* **in all s.,** allen Ernstes; (*b*) Schwere *f* (einer Krankheit usw.).

sermon ['sə:mən], *s.* 1. *Ecc:* Predigt *f.* 2. *F:* Moralpredigt *f.*

serpent ['sə:p(ə)nt], *s. Z:* Schlange *f.* **'serpentine,** *adj.* sich schlängelnd; **s. course,** Schlangenlinie *f.*

serrated [sə'reitid], *adj.* gezackt.

serum ['siərəm], *s.* Serum *n.*

serve [sə:v], *v.* 1. *v.tr.* (*a*) (*of pers.*) **to s. a master/ a cause,** einem Herrn/einer Sache dienen; *Jur:* **to s. on the jury,** Geschworene(r) sein; **to s. one's apprenticeship,** seine Lehre absolvieren; *Jur:* **to s. a sentence,** eine Freiheitsstrafe verbüßen; (*b*) (*of thing*) (etwas *dat*) dienlich sein; **it will s. the purpose/abs. it will s.,** es erfüllt den Zweck; **it serves no purpose,** es hat keinen Zweck; **if my memory serves me right,** wenn ich mich recht erinnere; (*c*) (*of bus, railway etc.*) **to s. X and X,** zwischen X und X verkehren; (*d*) (*in shop, at table*) (j-n) bedienen; **are you being served?** werden Sie schon bedient? **to s. s.o. with a pound of butter,** j-m ein Pfund Butter verkaufen; **to s. the soup,** die Suppe servieren; (*e*) *F:* **it serves you right!** es geschieht dir recht! 2. *v.i.* (*a*) dienen (**as,** als); *Adm:* amtieren; **to s. in the forces,** beim Militär sein; **to s. on a committee,** Mitglied eines Ausschusses sein; **it serves to . . .,** es dient dazu, zu . . . ; **to s. as an example of sth.,** für etwas *acc* als Beispiel dienen; (*b*) *Tennis:* aufschlagen. **'servant,** *s.* 1. (**domestic**) **s.,** Diener(in) *m(f).* 2. **civil s.,** Staatsbeamte(r) *m.* **'server,** *s.* 1. (*a*) *Ecc:* Ministrant *m;* (*b*) *Tennis:* Aufschläger *m.* 2. (**pair of**) **salad servers,** Salatbesteck *n;* **fish servers,** Vorlegebesteck *n* für Fisch. **'service.** I. *s.* 1. Dienst *m;* (*a*) **to do s.o. a s.,** j-m einen Dienst erweisen; **I'm at your s.,** ich stehe Ihnen zur Verfügung; **to be of s. to s.o.,** j-m von Nutzen sein; **public s.,** öffentlicher Dienst; **to enter public s.,** Beamter werden; (*b*) (*regular transport*) Verkehr *m;* **railway s.,** Eisenbahnbetrieb *m;* **a regular bus s.,** eine regelmäßige Busverbindung; (*c*) *esp. pl.* (**public**) **services,** (öffentliche) Einrichtungen *fpl;* **social services,** Sozialeinrichtungen *fpl;* **s. industry,** Versorgungsindustrie *f.* 2. **the** (**armed**) **services,** das Militär; **s. families,** Familienangehörige des Militärs; **s. personnel,** Militärpersonal *n.* 3. (*a*) (*in shop, hotel etc.*) Bedienung *f;* **s. flat,** möblierte Wohnung *f* mit Bedienung; **s. charge,** Bedienungsgeld *n;* **s. hatch,** Durchreiche *f;* (*b*) *Aut:* Wartung *f;* **s. station,** Großtankstelle *f* (mit Werkstatt); **s. area**, Raststätte *f.* **4.** *Ecc:* Gottesdienst *m.* **5.** *Tennis:* Aufschlag *m.* **6.** (*china*) **tea/dinner s.**, Teeservice/Speiseservice *n.* **II.** *v.tr.* (ein Auto, eine Maschine usw.) warten. ˈserviceable, *adj.* brauchbar. (*durable*) strapazierfähig. ˈserviceman, *s.* Angehöriger *m* des Militärs; *Mil:* & *Av:* Soldat *m; pl.* servicemen, Militärpersonal *n.*

serviette [sɔːviˈet], *s.* Serviette *f.*

servile [ˈsɔːvail], *adj.* (*of pers.*) unterwürfig.

servility [-ˈviliti], *s.* Unterwürfigkeit *f.*

servitude [ˈsɔːvitjuːd], *s.* Knechtschaft *f.*

servo [ˈsɔːvəu], *s.* & *prefix Aut:* Servo *n;* **s.-assisted brakes**, Servobremsen *fpl.*

session [ˈseʃ(ə)n], *s.* Sitzung *f; Parl:* **the House is in s.**, das Unterhaus tagt.

set [set]. **I.** *s.* **1.** (*a*) Satz *m* (von Briefmarken, Werkzeugen usw.); Garnitur *f* (von Unterwäsche); Besteck *n* (von Messern, Gabeln, Löffeln); (*china*) Service *n;* **s. of teeth**, Gebiß *n;* **s. of Shakespeare's works**, Gesamtausgabe *f* von Shakespeares Werken; **boxed s. of records**, Schallplatten in einer Kassette; **only available as a s.**, nicht einzeln zu haben; (*b*) *TV: Rad: etc:* Apparat *m;* (*c*) *Tennis: etc:* Satz *m;* (*d*) (*group*) Kreis *m; Pej:* Clique *f; Sch:* Leistungsgruppe *f;* **the smart s.**, die vornehme Gesellschaft *f;* (*e*) (*series*) Reihe *f; Mth:* **s. of numbers**, Zahlenreihe *f.* **2.** *Hairdr:* shampoo **and s.**, Waschen und Legen *n.* **3.** (*habitual posture*) Haltung *f* (des Kopfes, der Schultern usw.); (*angle*) Stellung *f* (der Nase, Augen usw.); (*direction, drift*) Richtung *f* (des Windes, der Strömung); (*warp or bend*) Neigung *f* (eines Balkens usw.). **4.** (**badger's**) **s.**, Bau *m* (eines Dachses). **5.** *Cin:* Filmkulisse *f; Th:* Bühnenbild *n.* **6.** (**stone**) **s.**, Pflasterstein *m.* **II.** *v.* (*pres. p.* **setting**, *p.* & *p.p.* **set**) **1.** *v.tr.* (*a*) (*put*) (etwas auf etwas *acc*) stellen/setzen; **to s. one stone on another**, einen Stein auf den anderen setzen; **to s. food and drink before s.o.**, j-m Essen und Trinken vorsetzen; **to s. eyes on s.o., sth.**, j-n, etwas sehen; **I've never s. eyes on him**, ich habe ihn nie zu Gesicht bekommen; **to s. the table**, den Tisch decken; *Fig:* **to s. one's heart on doing sth.**, es sich *dat* in den Kopf setzen, etwas zu tun; (*b*) (*adjust*) (*Phot:* Belichtung, *El:* Spannung, *I.C.E:* die Zündung usw.) einstellen (**to**, auf + *acc*); (eine Falle, den Wecker usw.) stellen; *Aut:* **to s. the speedometer to zero**, das Tachometer auf Null stellen; *Nau:* **to s. the sails**, die Segel setzen; **to s. sail**, in See stechen; (*c*) (*make*) **to s. sth. on fire**, etwas in Brand stecken; **to s. sth. going/in motion**, etwas in Gang bringen; **to s. s.o. to work**, j-n beschäftigen (**doing sth.**, mit etwas *dat*); **to s. s.o. free**, j-n befreien; (*d*) (*provide*) **to s. a good example**, ein gutes Beispiel geben; **to s. the fashion**, den Ton angeben; (*e*) (eine Aufgabe, *Sch:* eine Frage) stellen; **to s. a target**, ein Ziel setzen; *Sch:* **to s. a text**, eine Lektüre vorschreiben; **to s. an examination paper**, die Prüfungsfragen verfassen; (*f*) *Med:* (einen Knochen) einrichten; *Hairdr:* **to have one's hair s.**, sich *dat* die Haare legen lassen; (*g*) (*of commentator*) **to s. the scene**, den Ort des Geschehens beschreiben; *Th:* **the scene is s. in the street**, die Handlung spielt sich auf der

Straße ab; (*h*) *Jewel:* (einen Edelstein) fassen; **a ring s. with rubies**, ein mit Rubinen besetzter Ring; (*i*) *Mus:* (ein Gedicht usw.) vertonen; (*j*) *Print:* (ein Buch) setzen; (*k*) **I'll s. the dogs on you!** ich hetze die Hunde auf Sie! **2.** *v.i.* (*a*) (*of sun*) untergehen; (*b*) (*of jelly etc.*) fest werden; (*of cement, glue etc.*) hart werden; (*c*) **to s. to work**, sich an die Arbeit machen. **III.** *adj.* **1.** (*a*) (*firm*) (*of jelly etc.*) fest; (*of glue etc.*) hart; **s. smile**, ein starres Lächeln; (*b*) (*fixed*) (*of price, time etc.*) fest; **s. phrase**, stehende Redewendung; **s. lunch**, Tagesmenü *n;* **at s. times**, zu bestimmten Zeiten; **s. piece**, (i) (*fireworks*) großes Feuerwerksarrangement *n;* (ii) *Fb: etc:* eingeübtes Manöver *n,* (iii) *Th:* Glanzauftritt *m; Fig:* **to be s. on sth.**, zu etwas *dat* fest entschlossen sein; **he's s. in his ways**, er ist ein Gewohnheitsmensch; (*c*) (*prepared*) *F:* **to be all s.**, ganz bereit sein; **all s. to go**, startbereit; *Sp:* **all s.**, auf die Plätze. ˈset aˈbout, *v.i.* (*a*) **to s. a. (doing) sth.**, etwas in Angriff nehmen; (*b*) **to s. a. s.o.**, über j-n herfallen. ˈset aˈside, *v.tr.* (*a*) (*save*) (Geld) beiseite legen; (*b*) (*disregard*) (etwas) außer Acht/*F:* aus dem Spiel lassen. ˈsetback, *s.* Rückschlag *m.* ˈset ˈback, *v.tr.* (*a*) (*move back*) (etwas) zurückstellen; (*b*) (*delay*) (Bemühungen usw.) verzögern; (j-n) aufhalten; (*c*) *F:* **it s. me back £20**, es hat mich um £20 ärmer gemacht. ˈset ˈdown, *v.tr.* (*a*) (etwas) hinsetzen; (einen Fahrgast) absetzen; (*b*) **to s. down one's thoughts**, seine Gedanken zu Papier bringen; (*c*) (*attribute*) **I s. it down to his lack of experience**, ich schreibe es seiner mangelnden Erfahrung zu. ˈset ˈforth, *v.* **1.** *v.i.* sich auf den Weg machen. **2.** *v.tr.* (Gründe usw.) darlegen. ˈset ˈin, *v.i.* (*start*) einsetzen; **before the winter sets in**, bevor der Winter richtig einsetzt; **the rain has s. in**, es hat sich eingeregnet. ˈset ˈoff, *v.* **1.** *v.tr.* (*a*) (eine Bombe usw.) zur Explosion bringen; **to s. s.o. off (doing sth.)**, j-n veranlassen, etwas zu tun; **you've s. him off again**, du hast ihn wieder in Fahrt gebracht; (*b*) **to s. sth. off against tax**, etwas von der Steuer absetzen; (*c*) **the hat sets off her face**, der Hut bringt ihre Gesichtszüge zur Geltung. **2.** *v.i.* sich aufmachen (**on a journey**, zu einer Reise). ˈset ˈout, *v.* **1.** *v.tr.* (*a*) (*display*) (Waren usw.) auslegen, (*arrange*) anordnen; (seine Gründe) darlegen; **his work is well s. o.**, seine Arbeit ist gut geplant; (*b*) **to s. o. to do sth.**, sich *dat* vornehmen, etwas zu tun. **2.** *v.i.* = **set off 2.** ˈset-ˈscrew, *s.* Stellschraube *f.* ˈset-ˈsquare, *s.* Zeichendreieck *n.* ˈsetting, *s.* **1.** (*a*) Schauplatz *m* (eines Romans usw.); Milieu *n;* (*framework*) Rahmen *m* (einer Erzählung usw.); (*b*) *Th:* Bühnenbild *n;* (*c*) *Jewel:* Fassung *f* (eines Edelsteins usw.). **2.** (*a*) *Mus:* Vertonung *f* (eines Gedichtes usw.); (*b*) *Print:* Satz *m* (eines Buches). **3.** (*a*) (*adjustment*) Einstellung *f* (eines Gerätes usw.); Justierung *f* (eines Meßgerätes). **4.** Untergang *m* (der Sonne usw.). **5.** *Med:* Einrichtung *f* (eines Knochenbruches). **6.** Hartwerden *n* (von Klebstoff usw.). **7.** *Hairdr:* **s.-lotion**, Haarfestiger *m.* ˈset-ˈto, *s. F:* Schlägerei *f.* ˈset ˈup, *v.tr.* (eine Maschine, ein Denkmal, einen Rekord usw.) aufstellen; (eine Maschine) montieren; **to s. up**

house, einen (eigenen) Hausstand gründen; **to s. up a business/in business,** ein Geschäft etablieren; *Print:* **to s. up a manuscript (in type),** ein Manuskript setzen. **'set-up,** *s. F:* (*structure*) Aufbau *m* (einer Firma usw.); **what's the s.-up here?** wie ist das hier organisiert?

sett[1] [set], *s.* stone s., Pflasterstein *m.*

sett[2], *s.* badger's s., Dachsbau *m.*

settee [se'ti:], *s. Furn:* Sofa *n;* **convertible s.,** Bettcouch *f.*

setter ['setər], *s.* (a) (*dog*) Setter *m;* (b) *Print:* Setzer *m.*

settle ['setl]. I. *s.* (*bench*) Sitzbank *f.* II. *v.* 1. *v.tr.* (a) (*colonize*) (ein Land usw.) besiedeln; (b) (*decide*) (eine Angelegenheit, Frage usw.) regeln; (einen Streit) beilegen; **s. it among yourselves,** macht das untereinander aus; **it's all settled,** es ist alles erledigt/ausgemacht; **that settles it!** (i) das ist abgemacht! (ii) *Iron:* jetzt ist es endgültig aus! (c) (*calm*) (j-n, j-s Nerven, den Magen) beruhigen; **to s. s.o.'s doubts,** j-s Zweifel zerstreuen; (d) (*fix*) (einen Termin, einen Preis usw.) festsetzen; (e) (*pay*) (eine Rechnung, eine Schuld usw.) begleichen; *abs.* **to s. (up) with s.o.,** mit j-m abrechnen. 2. *v.i.* (a) (*of pers., bird etc.*) **to s. somewhere,** sich irgendwo niederlassen; **to s. in a chair,** es sich in einem Stuhl bequem machen; (b) (*of snow*) liegenbleiben; (*of dust*) sich legen; (c) (*of liquid*) sich klären; (*of dregs, sediment*) sich absetzen; (*of foundations, soil*) sich senken; (d) (*decide*) **to s. on/for sth.,** sich für etwas *acc* entscheiden, (*agree*) sich auf etwas *acc* einigen. **'settled,** *adj.* (a) (*of weather etc.*) beständig; **s. outlook,** gesicherte Zukunft; (*weather*) anhaltendes Schönwetter; (b) (*decided*) entschieden; (*of matter*) erledigt; **that's s. then,** das ist also abgemacht; (c) (*of pers.*) ruhig. **'settle 'down,** *v.i.* (a) (*sit*) es sich in (einem Stuhl usw.) bequem machen; (b) (*in a place*) sich niederlassen; **to s. d. in a job,** sich in eine Stellung einarbeiten; **he's beginning to s. d. at school,** er fängt an, sich in der Schule einzuleben; (c) **he's settled d. since he married,** er ist ruhiger/ (*domesticated*) häuslich geworden, seitdem er verheiratet ist; (d) **to s. d. to work,** sich an die Arbeit machen. **'settlement,** *s.* 1. (a) (*act*) Niederlassung *f* (eines Volkes usw.); Besiedlung *f* (eines Landes usw.); (b) (*place*) Siedlung *f.* 2. Erledigung *f* (einer Angelegenheit); Begleichung *f* (einer Schuld usw.); **they have reached a s.,** sie haben sich geeinigt; *Com:* **in (full) s.,** zum Ausgleich aller Forderungen. 3. **s. of a building,** Setzungen *fpl* eines Gebäudes.

seven ['sev(ə)n]. I. *num. adj.* sieben. II. *s.* Sieben *f.* **seven'teen.** I. *num. adj.* siebzehn. II. *s.* Siebzehn *f.* **'seventeenth.** I. *num. adj.* siebzehnte(r, s). II. *s.* Siebzehntel *n.* **'seventh.** I. *num. adj.* siebente(r, s); **the s. of July/July the s.,** der sieb(en)te Juli; *Fig:* **to be in one's s. heaven,** sich (wie) im siebenten Himmel fühlen. II. *s.* Siebentel *n.* **'seventieth.** I. *num. adj.* siebzigste(r, s). II. *s.* Siebzigstel *n.* **'seventy.** I. *num. adj.* siebzig. II. *s.* Siebzig *f;* **to be in one's seventies,** in den Siebzigern sein; **in the seventies,** in den siebziger Jahren.

sever ['sevər], *v.tr.* (etwas) abtrennen; **to s. connections,** Verbindungen abbrechen.

several ['sev(ə)rəl], *adj.* mehrere; **he and s. others,** er und einige andere.

severe [si'viər], *adj.* 1. (*strict*) streng (**with s.o.,** mit j-m); (*of criticism, punishment etc.*) hart. 2. (*intense*) (*of pain, storm*) stark, heftig; (*of weather*) rauh; **s. cold,** (äußerst) starke Kälte; (*illness*) starke Erkältung; **s. illness,** schwere Krankheit; **-ly,** *adv.* 1. streng. 2. heftig; **s. restricted,** stark begrenzt. **severity** [-'veriti], *s.* 1. Strenge *f.* 2. Heftigkeit *f,* Stärke *f* (*Med:* eines Anfalls usw.).

sew [səu], *v.tr.* (*p.* sewed, *p.p.* sewn) (etwas) nähen; **to s. on a button,** einen Knopf annähen; **to s. (up) a seam,** eine Naht zusammennähen. **'sewing,** *s.* 1. Nähen *n;* **s. needle,** Nähnadel *f;* **s. cotton,** Nähgarn *n;* **s. machine,** Nähmaschine *f.* 2. Näharbeit *f.*

sewage ['s(j)u:idʒ], *s.* Abwasser *n;* **s. farm,** Rieselfelder *npl;* **s. works,** Kläranlage *f.* **'sewer** ['s(j)u:ər], *s. Civ.E:* Abwasserkanal *m.* **'sewerage,** *s.* Kanalisation *f.*

sex [seks], *s.* Geschlecht *n;* **s. appeal,** Sex-Appeal *m;* **s. education,** Sexualaufklärung *f; Sch:* Sexualkunde *f.* **'sexless,** *adj.* geschlechtslos. **'sexual,** *adj.* geschlechtlich; **s. intercourse,** Geschlechtsverkehr *m; Biol:* **s. reproduction,** geschlechtliche Fortpflanzung *f.* **'sexy,** *adj. F:* (*of film, book etc.*) erotisch; (*of girl*) sexy.

sextet [seks'tet], *s. Mus:* Sextett *n.*

sexton ['sekstən], *s. Ecc:* Küster *m.*

shabby ['ʃæbi], *adj.* schäbig; **s. house,** schäbiges/ heruntergekommenes Haus; **s. treatment,** gemeine/schäbige Behandlung. **'shabbiness,** *s.* Schäbigkeit *f.*

shack [ʃæk], *s.* (primitive) Hütte *f.*

shade [ʃeid]. I. *s.* 1. Schatten *m;* **to give s.,** Schatten spenden; *Fig:* **to put s.o./s.o.'s efforts in (to) the s.,** j-n/j-s Leistungen in den Schatten stellen; *Art: etc:* **light and s.,** Licht und Schatten; *Fig:* Kontrast *m.* 2. (a) **s. (of a colour),** Farbton *m;* (*nuance*) Schattierung *f; Fig:* **s. of meaning,** Nuance *f;* (b) (*slightly*) **a s. too big,** eine Spur zu groß. 3. (a) (*lamp*) Lampenschirm *m;* (b) *N.Am:* (window) **s.,** Jalousie *f.* II. *v.tr.* (a) (einen Ort) beschatten; (*make dark*) (etwas) überschatten; (b) (*screen*) (ein Licht, eine Lampe, die Augen) abschirmen; (c) *Art:* (Flächen usw.) schattieren. **'shadiness,** *s.* 1. Schattigkeit *f* (eines Weges usw.). 2. *F:* Zwielichtigkeit *f* (einer Person, des Verhaltens usw.). **'shading,** *s.* Schattierung *f.* **'shady,** *adj.* 1. schattig; **a s. walk,** ein schattiger Weg. 2. *F:* zwielichtig; (*suspicious pers.*) verdächtig; **a s. business,** eine anrüchige Sache; **s. character,** zwielichtige Gestalt.

shadow ['ʃædəu]. I. *s.* 1. (a) Schatten *m;* (*also Fig:*) **to cast a s.,** einen Schatten werfen (on, über + *acc*); *Brit: Pol:* **s. cabinet,** Schattenkabinett *n;* (b) **not the s. of a doubt,** nicht der geringste Zweifel; (c) **to wear oneself to a s.,** sich völlig erschöpfen; **he is only a s. of his former self,** er ist nur noch ein Schatten seiner selbst. II. *v.tr. Fig:* (*follow*) **to s. s.o.,** j-n beschatten. **'shadower,** *s.* Beschatter *m.* **'shadowy,** *adj.* (a) schattenhaft; **a s. form,** eine geisterhafte Gestalt; (b) (*shady*) schattig.

shaft [ʃɑ:ft], *s.* 1. Stiel *m* (eines Werkzeuges

usw.); Schaft *m* (eines Pfeiles); Kiel *m* (einer Feder); Schaft *m* (einer Säule). **2.** (*ray*) Strahl *m* (der Sonne usw.). **3.** *Mec. E:* (*spindle, axle*) Welle *f.* **4.** *usu. pl.* **shafts,** Deichsel *f* (eines Pferdewagens). **5.** (*of mine, lift*) Schacht *m.*

shaggy ['ʃægi], *adj.* (*of hair etc.*) struppig; (*of dog*) zottig; *Hum:* **s. dog story,** langatmige, verwickelte Geschichte.

shake [ʃeik]. **I.** *s.* **1.** (*a*) Schütteln *n;* **to give sth. a good s.,** etwas gut durchschütteln; **a s. of the head,** ein Kopfschütteln; (*b*) *F:* **I'll be with you in a s./in two shakes,** ich bin gleich da. **2.** (**milk**) **s.,** Milchmixgetränk *n.* **3.** *F:* **he/it is no great shakes,** mit ihm/damit ist es nicht weit her (**ut sth.,** in etwas *dat*). **II.** *v.* (*p.* **shook** [ʃuk], *p.p.* **shaken**) **1.** *v.tr.* (*a*) (j-n, etwas) schütteln; **to s. oneself free,** sich mit einem Ruck befreien; **to s. one's head,** den Kopf schütteln; **to s. one's fist at s.o.,** j-m mit der geballten Faust drohen; **to s. hands with s.o.,** j-m die Hand schütteln; *F:* **let's s. on that,** besiegeln wir das mit einem Handschlag; **s.!** schlag ein! (*b*) *F:* (j-n, j-s Glauben usw.) erschüttern. **2.** *v.i.* beben; (*of building etc.*) wackeln; (*tremble*) (*of pers., voice*) zittern; **to s. all over,** am ganzen Körper zittern; **to s. with laughter,** sich vor Lachen schütteln; **to s. with anger,** vor Zorn beben. **'shake-down,** *s.* Notlager *n.* **'shake 'down,** *v.i.* (*a*) sich einleben; (*of new team, etc.*) sich einspielen; (*b*) *F:* (*sleep*) sich *dat* ein Nachtlager zurechtmachen. **'shaken,** *adj.* (*of pers.*) erschüttert; (*trembling*) zitterig; **badly s. (up),** stark mitgenommen. **'shake 'off,** *v.tr.* (einen Verfolger, etwas) abschütteln. **'shake 'up,** *v.tr.* (*a*) (ein Kissen usw.) aufschütteln; (*b*) *Fig:* (j-n) aufrütteln. **'shake-up,** *s. F:* (*of pers.*) Aufrüttelung *f;* **a big s.-up,** eine große Umwälzung; **government s.-up,** Regierungsumbildung *f.* **'shaky,** *adj.* (*a*) (*of pers.*) zitterig; (*of hand, voice*) zitternd; (*of chair etc.*) wackelig; (*b*) (*uncertain*) unsicher; *F:* wackelig.

shall [ʃæl,ʃ(ə)l], *modal aux. v.* (*p.* **should** [ʃud], *q.v.*) (*a*) (*command*) sollen; **ships s. carry three lights,** Schiffe sollen/müssen drei Lichter tragen; **he s. not** (*abbr.* **shan't**) **do it,** er darf es nicht tun; *Jur: Pol:* **the committee s. decide on this,** der Ausschuß entscheidet hierüber; (*b*) (*polite request*) **s. I open the window?** soll ich das Fenster öffnen? (*c*) *1st pers. future* werde(n); **I s. go tomorrow,** ich werde morgen gehen; ich gehe morgen; **will you be there? – we s.,** werdet ihr dort sein? ja, sicher.

shallot [ʃə'lɔt], *s. Bot: Cu:* Schalotte *f.*

shallow ['ʃæləu]. **I.** *adj.* (*of water, also Fig:*) seicht; (*of dish etc.*) flach. **II.** *s.* seichte Stelle *f; pl.* **shallows,** Untiefen *fpl.* **'shallowness,** *s.* Seichtheit *f.*

sham [ʃæm]. **I.** *adj.* (*a*) (*pretend*) vorgetäuscht, verstellt; **s. fight,** Scheingefecht *n;* (*b*) (*false*) falsch. **II.** *s.* (*a*) (*thing*) Täuschung *f;* (*b*) (*pers.*) Scharlatan *m.* **III.** *v.* (*p. & p.p.* **shammed**) **1.** *v.tr.* (Schlaf usw.) vortäuschen. **2.** *v.i.* heucheln; **he's only shamming,** er tut nur so.

shamble ['ʃæmbl]. **I.** *v.i.* **to s.** (along), (daher)schlurfen. **II.** *s. pl.* **shambles** (*with sing. constr.*) *F:* (*mess*) Schlamassel *m;* (*fiasco*) Reinfall *m.*

shame [ʃeim]. **I.** *s.* (*a*) (*disgrace*) Schande *f;*

sense of s., Schamgefühl *n; to my s.,** zu meiner Schande; **have you no sense of s.?** schämen Sie sich nicht? **s. on you!** du solltest dich schämen! **to put s.o. to s.,** j-n beschämen; (*b*) *F:* **it's a (terrible) s.,** es ist (sehr) schade/ein Jammer! **what a s.!** wie schade! **II.** *v.tr.* (j-n) beschämen; **to s. one's family,** seiner Familie Schande machen; **to be shamed into doing sth.,** sich moralisch gezwungen fühlen, etwas zu tun. **'shamefaced,** *adj.* beschämt. **'shameful,** *adj.* schändlich. **'shamefulness,** *s.* Schändlichkeit *f.* **'shameless,** *adj.* schamlos. **'shamelessness,** *s.* Schamlosigkeit *f.*

shampoo [ʃæm'puː]. **I.** *s.* Shampoo *n,* Haarwaschmittel *n.* **II.** *v.tr.* (Haar) schampunieren.

shamrock ['ʃæmrɔk], *s.* irischer Dreiblattklee *m.*

shandy ['ʃændi], *s.* Shandy *n* (Mischgetränk *n* aus Bier und Limonade o.ä.); *approx.* = *South G:* Radler *m.*

shank [ʃæŋk], *s.* **1.** *Anat:* Schenkel *m; F:* **by s.'s pony,** auf Schusters Rappen **2.** *Mec.E:* Schaft *m* (eines Bolzens usw.).

shan't [ʃɑːnt], *see* **shall I. 1.** (*b*).

shanty ['ʃænti], *s.* **1.** (elende) Baracke *f;* **s. town,** Barackenvorstadt *f.* **2.** (*song*) (**sea**) **s.,** Seemannslied *n.*

shape [ʃeip]. **I.** *s.* **1.** (*a*) (*outer form*) Form *f;* (*of garment etc.*) **to lose its/get out of s.,** die Form verlieren; **to put/F: knock sth. into s.,** etwas in die richtige Form bringen; (*of plan, structure etc.*) **to take s.,** Gestalt annehmen; **in any s. or form,** jedweder/gleich welcher Art; (*b*) (*pers. or being*) Gestalt *f;* **in human s.,** in Menschengestalt; (*c*) *Ind: Cu:* (*mould*) Form *f.* **2.** *F:* (*state*) Zustand *m; Sp: etc:* Kondition *f;* **in good/poor s.,** (*of pers., team etc.*) gut/schlecht in Form. **II.** *v.* **1.** *v.tr.* (Ton usw.) formen; **to s. one's life,** sein Leben gestalten. **2.** *v.i.* (*develop*) sich entwickeln; **the affair is shaping well,** die Sache nimmt allmählich Gestalt an. **'shaped,** *p.p. & adj.* (*after noun*) -förmig; **wedge-s., s. like a wedge,** keilförmig. **'shapeless,** *adj.* formlos. **'shapelessness,** *s.* Formlosigkeit *f.* **'shapely, adj.** (*of thing*) formschön; (*of pers.*) gut proportioniert; **s. legs,** wohlgeformte Beine.

share [ʃɛər]. **I.** *s.* **1.** (*a*) Anteil *m; fair s.,** gerechter Anteil; **s. in/of the profits,** Anteil am Gewinn, Gewinnanteil *m; in equal shares,** zu gleichen Teilen; *F:* **let's go shares,** teilen wir es; (*b*) (*part played*) Beteiligung *f* (**in an enterprise etc.,** an einem Unternehmen usw.); **he doesn't do his s.,** er trägt sein Teil nicht bei. **2.** *Com: Fin:* Aktie *f;* **s. index,** Aktienindex *m; s. prices,** Börsenkurse *mpl.* **II.** *v.* **1.** *v.tr.* etwas, *Fig:* Ansichten usw.) teilen; **to s. sth. out,** etwas aufteilen (**among,** unter + *dat*). **2.** *v.tr. & i.* **to s. (in) sth.,** an etwas *dat* teilnehmen; **to s. in the expense,** sich an den Kosten beteiligen. **'shareholder,** *s. Fin:* Aktionär(in) *m(f).*

shark [ʃɑːk], *s.* Hai *m; F:* (*pers.*) Gauner *m.*

sharp [ʃɑːp]. **I.** *adj.* (*most senses*) scharf; (*a*) (*of point*) spitz; (*of drop*) steil; (*b*) *Fig:* (*of pers.*) scharfsinnig; *Pej:* gerissen; **a s. child,** ein aufgewecktes Kind; **s. practices,** unsaubere Geschäftsmethoden; Gaunerei *f;* **to be too s. for s.o.,** zu schlau für j-n sein; (*c*) (*of shower*) heftig; (*of winter*) streng; (*of wind*) schneidend;

(d) (of sound) durchdringend; schrill; **a s. tongue/remark,** eine spitze Zunge/Bemerkung; **in a s. tone,** mit scharfer Stimme; (e) (of taste) herb; (f) Mus: zu hoch; **a semitone s.,** um einen Halbton zu hoch; **C s., F s.** etc., Cis, Fis usw.; **-ly,** adv. scharf; **the road dips s.,** die Straße fällt steil ab; **he looked s. at her,** er sah sie scharf an; **to answer s.o. s.,** j-m schroff antworten. **II.** s. Mus: Kreuz n; s. key, Kreuztonart f. **III.** adv. **1.** scharf; **turn s. right,** biegen Sie scharf nach rechts ab. **2.** pünktlich; **at four o'clock s.,** pünktlich um vier Uhr. **3.** F: **look s.!** mach schnell! **´sharpen,** v.tr. (ein Messer, eine Axt usw.) schärfen; (einen Bleistift) spitzen; Fig: **to s. one's wits,** seinen Geist schärfen. **´sharpness,** s. (most senses) Schärfe f; (a) (severity) Strenge f (eines Urteils); Heftigkeit f (des Schmerzes); (of pers.) Scharfsinn m; (cunning) Schlauheit f. **´sharp- ´shooter,** s. Mil: Scharfschütze m. **sharp- ´sighted,** adj. scharfsichtig. **´sharp- ´witted,** adj. scharfsinnig.

shatter ['ʃætər], v. **1.** v.tr. (Glas usw.) zerschmettern; Fig: (Hoffnungen, einen Gegenstand usw.) zertrümmern; Fig: (Nerven usw.) zerrütten. **2.** v.i. zersplittern. **´shattering,** adj. **a s.** blow, ein vernichtender Schlag. **´shatterproof,** adj. (of glass) splitterfrei.

shave [ʃeiv]. **I.** s. **1.** Rasur f; **to have a s.,** (i) sich rasieren, (ii) (at barber's) sich rasieren lassen. **2. to have a close/narrow s.,** mit knapper Not davonkommen. **II.** v.tr. (a) (j-n, sein Kinn usw.) rasieren; **to s. (oneself),** sich rasieren; (b) (Holz) abschälen; **to s. sth. off,** etwas abschaben; (c) (touch lightly) (etwas) streifen. **´shaven,** adj. usu. in the phr. **clean-s.,** glatt rasiert; **(clean-)s. head,** kahl geschorener Kopf. **´shaving,** s. **1.** Rasieren n; s. **brush,** Rasierpinsel m. **2.** usu. pl. **shavings,** Späne mpl (von Holz, Metall usw.).

shawl [ʃɔːl], s. Dreieckstuch n.

she [ʃi, ʃiː]. pers. pron. f. **1.** (pers.) sie; (stressed or before relative) die; **it is she (who said so),** sie/die ist es (, die es gesagt hat); **she whom we saw yesterday,** sie/diejenige, die wir gestern sahen. **2.** (car, ship) es; **she sails tomorrow,** es/ das Schiff fährt morgen ab. **3.** s. F: (female animal) Weibchen n; **she-bear,** Bärin f.

sheaf, pl. **sheaves** [ʃiːf, ʃiːvz], s. **1.** Garbe f (von Korn usw.). **2.** Bündel n (von Akten usw.).

shear [ʃiər], v. (p. **sheared,** p.p. **shorn** [ʃɔːn]) **1.** v.tr. (ein Schaf usw.) scheren; **to s. off a branch,** einen Ast abschneiden. **2.** v.i. Metall: abscheren. **´shearer,** s. Scherer m (von Schafen usw.). **´shearing,** s. (a) Scheren n (eines Schafes usw.); (b) Metall: Abscherung f; s. **strength,** Scherfestigkeit f. **shears,** s. pl. **(pair of) s.,** große Schere f; **(garden) s.,** Heckenschere f.

sheath [ʃiːθ], s. (a) Scheide f (eines Schwertes usw.); Futteral n (eines Messers usw.); **s.-knife,** Fahrtenmesser n; (b) Tchn: Hülle f; Hyg: (contraceptive) s., Kondom n. **sheathe** ['ʃiːð], v.tr. (a) (ein Schwert usw.) in die Scheide stecken; (b) Tchn: (ein Teil) umhüllen.

shed[1] [ʃed], s. Schuppen m.

shed[2], v.tr. (p. & p.p. **shed,** pres. p. **shedding**) (a) (of tree) (Laub) verlieren; (of animal) (die Hörner) abwerfen; (of lorry etc.) **to s. its load,**

seine Ladung verlieren; **to s. weight,** Gewicht verlieren; **to s. one's clothes,** seine Kleider abstreifen; (b) (Tränen, Blut) vergießen; Fig: **to s. light on a matter,** eine Sache aufklären.

sheen [ʃiːn], s. Glanz m.

sheep [ʃiːp], s. inv. Schaf n; coll. Schafe npl; **to separate the s. from the goats,** die Schafe von den Böcken trennen. **´sheepdog,** s. Hütehund m, (esp. schottischer) Schäferhund m. **´sheepfarming,** s. Schafzucht f. **´sheepfold,** s. Schafhürde f. **´sheepish,** adj. **1.** (feeling foolish) verlegen. **2.** (timid) furchtsam; (shy) schüchtern. **´sheepishness,** s. **1.** Verlegenheit f. **2.** Furchtsamkeit f; Schüchternheit f. **´sheepskin,** s. Schaffell n.

sheer ['ʃiər]. **I.** adj. (a) (complete) völlig; **s. impossibility,** völlige Unmöglichkeit; **s. nonsense,** reiner Unsinn; **s. ignorance,** pure Unwissenheit; (b) (of textiles) hauchdünn, extrafein; **s. nylon tights,** feinmaschige Nylonstrumpfhose; (c) (of rock) senkrecht; (of drop) jäh. **II.** adv. (a) ganz; völlig; **torn out s. by the roots,** total entwurzelt; (b) **the ground drops s. away,** der Boden fällt jäh ab.

sheet [ʃiːt], s. **1.** (for bed) Bettuch n. **2.** (paper) Bogen m; (small) Blatt n; **loose sheets,** lose Blätter; **s. music,** Notenblätter npl. **3.** (a) **s. of glass,** Glasscheibe f; (of metal, Blech n; **s. iron,** Eisenblech n. **4.** **s. of water,** Wasserfläche f. **5.** **s. lightning,** Wetterleuchten n.

sheik(h) [ʃeik], s. Scheich m.

shelf, pl. **shelves** [ʃelf, ʃelvz], s. **1.** Brett n, Bord n; (in cupboard) Fach n; (set of) **shelves,** Regal n (für Bücher usw.); **s. unit,** Regalbauteil n; F: (of woman) **she's been left on the s.,** sie ist sitzengeblieben. **2.** Mount: (ledge) Felsvorsprung m; Geog: **the continental s.,** der Kontinentalschelf.

shell [ʃel]. **I.** s. **1.** Schale f (eines Eies, einer Muschel, einer Nuß usw.); Haus n (einer Schnecke); Panzer m (einer Schildkröte); Fig: **to retire into one's s.,** sich in sein Schneckenhaus zurückziehen. **2.** (outer structure) (a) Rohbau m (eines Gebäudes); Aut: Rohkarosse f (eines Autos); **burnt out s.,** ausgebrannte Ruine f; (b) Tchn: Gehäuse n (eines Kugellagers usw.). **3.** Mil: Granate f. **II.** v.tr. (a) (Erbsen) enthülsen; (b) Mil: (eine Stadt, eine Festung usw.) beschießen. **´shellfish,** s. coll. Z: Schalentiere npl. **´shell ´out,** v.tr. P: (Geld) blechen. **´shellshock,** s. Schützengrabenschock m.

shelter ['ʃeltər]. **I.** s. **1.** (concept) Obdach n; (protection) Schutz m; (place) Unterschlupf m; **to take s.,** sich unterstellen; (from bombs etc.) in Deckung gehen. **2.** (hut) Schutzhütte f; (roof) Schutzdach n; **(air raid) s.,** Bunker m. **II.** v. **1.** v.tr. (j-n, etwas) schützen (from, vor + dat); (take into one's home) (j-m) Obdach geben. **2.** v.i. Schutz suchen (from, vor + dat); sich unterstellen. **´sheltered,** adj. geschützt (against/from, vor + dat).

shelve [ʃelv], v.tr. (a) (einen Plan usw.) aufschieben; Adm: (einen Antrag usw.) zu den Akten legen; (b) (Bücher usw.) in ein Regal stellen. **´shelving,** s. **1.** Aufschieben n. **2.** Regale npl; **adjustable s.,** verstellbare Anbauregale npl.

shepherd ['ʃepəd], s. Schäfer m; Hirt m; B: **the Good S.**, der gute Hirte; Cu: **s.'s pie**, Hackfleisch n mit Kartoffelpüree überbacken. '**shepherdess**, s. Schäferin f.

sherbet ['ʃəːbət], s. (drink) Brauselimonade f; (powder) Brausepulver n.

sheriff ['ʃerif], s. N.Am: Sheriff m.

sherry ['ʃeri], s. Sherry m.

Shetland ['ʃetlənd]. Pr. n. Geog: **the Shetlands/S. Islands**, die Shetlandinseln; **S. pony**, Shetlandpony n. '**Shetlander**, s. Bewohner(in) m(f) der Shetlandinseln

shield [ʃiːld]. I. s. (a) Mil. Hist: etc: Schild m; (b) Tchn: (against radiation etc.) Schutz m, (plate) Schutzblech n. II. v.tr. (j-n, seine Augen usw.) abschirmen (**from**, gegen + acc); (protect) (j-n) schützen (**from**, vor + dat).

shift [ʃift]. I. s. 1. (movement) Verschiebung f; (change) Veränderung f; Wechsel m; **s. in emphasis**, Verschiebung f der Betonung; **s. of wind**, Umspringen n des Windes; Typewr: **s. key**, Umschalttaste f; Aut: N.Am: (gear) **s.**, Gangschaltung f. 2. Ind: Schicht f; **to work in shifts**, schichtweise arbeiten; **s. work**, Schichtarbeit f. II. v. 1. v.tr. (move) (etwas) verschieben; (eine Last usw.) verlagern; (Möbel usw.) umstellen; Th: **to s. the scenery**, die Kulissen schieben; Fig: **to s. the blame onto s.o.**, j-m die Schuld in die Schuhe schieben; N.Am: Aut: **to s. gear**, (Gang) schalten. 2. v.i. (a) (move) (of cargo etc.) sich verlagern, verschieben; (of wind) umspringen; (b) **to s. for oneself**, für sich selbst sorgen. '**shifting**, adj. 1. **s. sands**, Treibsand m. 2. (changing) veränderlich; (of wind) umspringend; (in novel etc.) **s. scene**, wechselnder Handlungsort m. '**shiftiness**, s. Verschlagenheit f. '**shiftless**, adj (of pers.) lebensuntüchtig. '**shifty**, adj. (of pers.) verschlagen; **s. look**, ausweichender Blick.

shilly-shally ['ʃiliʃæli], v.i. F: schwanken; wankelmütig sein.

shim [ʃim], s. Mec.E: Zwischenlegering m.

shimmer ['ʃimər], v.i. schimmern.

shin [ʃin], s. (a) Anat: **s. (bone)**, Schienbein n; (b) Cu: **s. of beef**, Rinderhachse f.

shindy ['ʃindi], s. F: Krawall m; **to kick up a s.**, randalieren.

shine [ʃain]. I. v.i. (p. & p.p. **shone** [ʃɔn]) (a) (of sun etc.) scheinen; (of eyes etc.) strahlen; (of polished surface, hair etc.) glänzen; (of sun, lamp etc.) **to s. on sth.**, etwas anstrahlen; (illuminate) etwas beleuchten; **to s. out**, hervorleuchten; **there's a light shining on the first floor**, es brennt ein Licht im ersten Stock; Fig: **his face shone with happiness**, sein Gesicht strahlte (vor Glück); (b) Fig: (of pers.) glänzen; **he doesn't s. in conversation**, Konversation ist nicht seine Stärke. II. s. 1. Schein m (der Sonne usw.); **rain or s.**, ob Regen oder Sonnenschein. 2. (polish) Glanz m; **to give a s. to the brass**, das Messing auf Hochglanz polieren; **to take the s. off sth.**, etwas dat den Glanz nehmen. '**shining**, adj. glänzend; **a s. example**, ein leuchtendes Beispiel. '**shiny**, adj. glänzend.

shingle ['ʃiŋgl], s. Strandkies m. '**shingly**, adj. kiesig; **s. beach**, Kieselstrand m.

shingles ['ʃiŋglz], s. pl. Med: Gürtelrose f.

ship [ʃip]. I. s. (usu. referred to as **she, her**) Schiff n; **ship's chandler**, Schiffsausrüster m; **ship's company**, Schiffsbesatzung f; **on board s.**, an Bord (eines Schiffes); **to take s. for Hamburg**, sich nach Hamburg einschiffen. II. v. (p.p. & p. **shipped**) 1. v.tr. (a) (load) (eine Fracht usw.) verladen; **to s. water**, eine Sturzwelle über Bord nehmen; (b) (send) (Güter) verschiffen/(by air) befördern/(by road, rail) verfrachten. 2. v.i. sich einschiffen. '**shipbuilder**, s. Schiffbauer m. '**shipbuilding**, s. Schiffbau m. '**shipment**, s. 1. (a) (loading) Einschiffung f; (b) (sending) Verschiffung f. 2. (a) (shipload) Schiffsladung f; (b) (batch of goods) Lieferung f. '**shipper**, s. Spediteur m. '**shipping**, s. 1. Verfrachtung f; (in ship) Verschiffung f; Com: **s. agent**, Schiffsagent m; **s. company/line**, Reederei f, Schiffahrtsgesellschaft f; **s. lane/route**, Schiffahrtsstraße f. 2. coll. (a) Schiffe pl; **warning to all s.**, Warnung an alle Schiffe; (b) Schiffsbestand m (eines Landes usw.). '**shipshape**, adj. in tadelloser Ordnung; (spotless) blitzsauber. '**shipwreck**. I. s. (a) Schiffbruch m; (b) (ship) Wrack n. II. v.tr. **to be shipwrecked**, schiffbrüchig werden; **shipwrecked sailors**, Schiffbrüchige pl.

shire ['ʃaiər, suffix ʃ(i)ər], s. Grafschaft f; **Ayrshire**, die Grafschaft Ayrshire.

shirk [ʃəːk], v.tr. **to s. a task**, sich vor einer Aufgabe drücken. '**shirker**, s. Drückeberger m.

shirt [ʃəːt], s. Cl: Hemd n; **s. front**, Hemdbrust f; **in (one's) s. sleeves**, in Hemdsärmeln; F: **to put one's s. on a horse**, seinen letzten Heller auf ein Pferd setzen; P: **keep your s. on!** reg dich nicht auf! '**shirty**, adj. F: **to get s.**, sauer werden.

shit [ʃit]. I. s. V: Scheiße f. II. v.i. V: scheißen.

shiver ['ʃivər]. I. v.i. zittern (**with cold/fear**, vor Kälte/Angst); (with fever) Schüttelfrost haben; **I s. at the very thought**, mir schaudert bei dem bloßen Gedanken. II. s. Schauer m. '**shivery**, adj. F: **to feel s.**, frösteln.

shoal[1] [ʃəul], s. (shallow) Untiefe f; esp. Sandbank f.

shoal[2], s. Schwarm m (von Fischen, Fig: von Menschen).

shock[1] [ʃɔk], s. **s. of hair**, Strubbelkopf m. '**shock-'headed**, adj. mit strubbeligem Haar.

shock[2]. I. s. 1. (jolt) Stoß m; (earth tremor) Erdstoß m; **s. wave**, Druckwelle f; Aut: **s. absorber**, Stoßdämpfer m. 2. (a) Med: etc: Schock m; **to be suffering from s.**, unter Schock stehen; (b) Fig: (fright) Schreck m; (blow) Schlag m; **her death was a terrible s. (to me)**, ihr Tod versetzte mir einen schweren Schock/hat mich sehr erschüttert; F: **I had the s. of my life**, ich war wie vom Schlag gerührt. 3. El: (elektrischer) Schlag m. II. v.tr. (a) (j-n) schockieren; (b) (frighten) (j-n) erschrecken. '**shocker**, s. 1. (disgrace) Schande f. 2. (sensational novel, film etc.) Schocker m. 3. Aut: F: Stoßdämpfer m. '**shocking**, adj. (a) (disgraceful) schändlich; **it's s.**, es ist eine Schande; **how s.!** wie entsetzlich! (b) F: (bad) miserabel; **s. cold**, fürchterliche Erkältung. '**shock-proof**, adj. erschütterungsfest. '**shock-troops**, s. pl. Mil: & Fig: Stoßtrupps pl.

shod [ʃɔd], *adj. & p.p.* beschuht; **well s.,** mit guten Schuhen ausgerüstet; *Aut:* gut bereift.

shoddy ['ʃɔdi], *adj.* schäbig, *(bad)* minderwertig.

shoe [ʃuː]. **I.** *s.* **1.** Schuh *m;* **s. polish,** Schuhcreme *f; Fig:* **now the s. is on the other foot,** jetzt ist es gerade umgekehrt; **I wouldn't like to be in his shoes,** ich möchte nicht in seiner Haut stecken; **to step into s.o.'s shoes,** j-s Stelle einnehmen. **2. (horse) s.,** Hufeisen *n.* **II.** *v.tr. (p.p.* shod [ʃɔd]) (ein Pferd) beschlagen. 'shoebrush, *s.* Schuhbürste *f.* 'shoehorn, *s.* Schuhlöffel *m.* 'shoelace, *s.* Schnürsenkel *m.* 'shoemaker, *s.* Schuhmacher *m.* 'shoestring, *s. only in the phr.* **on a s.,** mit ein paar Groschen; **to set up a business on a s.,** ein Geschäft mit minimalen Mitteln etablieren.

shoo [ʃuː]. **I.** *int.* schu! husch! **2.** *v.tr.* **to s. away an animal,** ein Tier verscheuchen.

shoot [ʃuːt]. **I.** *v. (p. & p.p.* shot [ʃɔt]) **1.** *v.i. (a) (with gun, also Fb:)* schießen **(at s.o.,** sth., auf j-n, etwas *acc);* **the plan has been shot at,** der Plan ist unter Beschuß genommen worden; *(b) (move fast)* schießen; *(of car etc.)* **to s. (along),** (dahin)rasen; *(of pers., animal etc.)* **to s. out (of sth.),** (aus etwas *dat)* herausschießen; **to s. ahead of s.o.,** j-m voranstürmen; **the pain shot through him,** der Schmerz durchzuckte ihn; *(c) (of plants)* treiben; *(of trees)* ausschlagen. **2.** *v.tr. (a)* (ein Tier usw.) schießen; (eine Pistole, *Fig:* Fragen usw.) abfeuern **(at s.o.,** auf j-n); **to s. s.o. dead,** j-n erschießen; **I was shot in the arm,** ein Schuß traf mich in den Arm; *(b) Aut:* **to s. the lights,** die Ampel bei Rot überfahren; *(c) F:* **to s. a line,** aufschneiden; *(d) Cin:* (einen Film) drehen; *(e) Fb:* **to s. a goal,** ein Tor schießen. **II.** *s.* **1.** *Bot:* Schößling *m;* **(wild) s.,** Ableger *m* (einer Pflanze); Trieb *m* (eines Rebstocks). **2.** *Hunt: (a) (activity)* Jagd *f;* Jagdpartie *f; (b) (area)* Jagdrevier *n.* **3.** *P:* **the whole (bang) s.,** der ganze Mist. 'shoot'down, *v.tr.* (ein Flugzeug, einen Vogel usw.) abschießen. 'shooting. **I.** *adj.* **s. star,** Sternschnuppe *f;* **s. pain,** stechender Schmerz. **II.** *s. (a)* Schießen *n* (aus einer Pistole usw.); Erschießung *f* (von j-m); **s. incident,** Schießerei *f;* **s. range,** Schießstand *m;* **s. stick,** Sitzstock *m; Hunt:* **s. party,** Jagdgesellschaft *f;* **s. box,** Jagdhütte *f; Aut:* **s. brake,** Kombiwagen *m; (b) Cin:* Dreharbeiten *fpl.* 'shoot'up, *v.i. (of flames etc.)* emporschießen; *(of prices)* (rapide) in die Höhe gehen; *(of plant)* schnell wachsen.

shop [ʃɔp]. **I.** *s.* **1.** Laden *m;* Geschäft *n:* **s. assistant,** Verkäufer(in) *m(f);* **s. window,** Schaufenster *n;* **to keep a s.,** ein Geschäft haben; **to go to the shops,** einkaufen gehen; *F:* **all over the s.,** in einem großen Durcheinander. **2.** *Ind:* Werkstatt *f;* **s. steward,** Vertrauensmann *m* (der Gewerkschaft); **on the s. floor,** in der Fabrikhalle; unter den Arbeitern. **3.** *F:* **to talk s.,** fachsimpeln. **II.** *v.i. (p. & p.p.* shopped) einkaufen. 'shopkeeper, *s.* Ladenbesitzer(in) *m(f),* Geschäftsinhaber(in) *m(f).* 'shoplifter, *s.* Ladendieb *m.* 'shoplifting, *s.* Ladendiebstahl *m.* 'shopper, *s.* Käufer(in) *m(f).* 'shopping, *s. (a) (purchases)* Einkäufe *mpl; (b) (activity)* Einkaufen *n;* **to go s.,** einkaufen gehen; **s. centre,** Einkaufszentrum *n;*

s. trolley, Einkaufswagen *m.* 'shop-soiled, *adj. Com:* (leicht) angeschmutzt. 'shopwalker, *s.* Ladenaufseher(in) *m(f).*

shore¹ [ʃɔːr], *s.* Ufer *n* (eines Sees); **(sea) s.,** Strand *m;* Küste *f* (des Meeres); *Mil:* **s. battery,** Küstenbatterie *f; Nau:* **on s.,** an Land; **s. leave,** Landurlaub *m;* **(two miles) off s.,** (zwei Meilen) vor der Küste; *N.Am:* **s. dinner,** Fischessen *n.*

shore². **I.** *s. Constr: etc:* Stütze *f,* Stützbalken *m* (aus Holz usw.). **II.** *v.tr. Constr: etc:* **to s. (sth.) up,** (etwas) abstützen, abfangen.

shorn [ʃɔːn], *adj. (of sheep, Hum: of pers.)* geschoren; *Fig:* **s. of all his possessions,** seines ganzen Besitzes beraubt.

short [ʃɔːt]. **I.** *adj.* kurz; *(a) (distance)* **s. steps,** kleine Schritte; **to take a s. cut,** eine Abkürzung nehmen; **a s. man,** ein kleiner Mann; **at s. range,** aus kurzer Entfernung; *El:* **s. circuit,** Kurzschluß *m; Rad: etc:* **s. wave,** Kurzwelle *f; (b) (time)* **at s. notice,** kurzfristig; **to make s. work of sth.,** mit etwas *dat* kurzen Prozeß machen; **make it s.,** fassen Sie sich kurz; **s. sleep,** kurzes Schläfchen; **you have a s. memory,** Sie vergessen schnell; **for a s. time,** für/auf kurze Zeit; **a s. time ago,** vor kurzem; **in a s. time,** bald; *Ind:* **s. time,** Kurzarbeit *f;* **to be on s. time,** Kurzarbeit machen, kurzarbeiten; *(c) (length)* **s. story,** Kurzgeschichte *f;* **in s.,** kurz; *(of applicant)* **on the s. list,** in die engere Wahl gezogen; *F:* **for s.,** abgekürzt; **he's called Bob for s.,** er wird kurz Bob genannt; *(d)* **to be s. with s.o.,** j-n kurz abfertigen; **to have a s. temper,** leicht aufbrausen/in Zorn geraten; *(e)* **s. weight/measure,** Fehlgewicht *n;* **s. change,** zu wenig Wechselgeld; **to give s. measure,** (etwas) zu knapp bemessen; **s. (of money),** knapp bei Kasse; **I'm 20p s.,** mir fehlen 20 Pence; **we are (running) s. of milk,** die Milch wird uns knapp; **he is never s. of ideas,** ihm mangelt es nie an Einfällen; **to be s. of breath,** *(permanently)* kurzatmig/*(momentarily)* außer Atem sein; **they are s. of food,** sie sind mit Nahrungsmitteln knapp; **ihnen fehlt es an Nahrungsmitteln; nothing s. of,** nichts weniger als; **little s. of,** beinahe; *(f) Cu:* **s. pastry,** (Art) Mürbeteig *m;* **-ly,** *adv.* **1.** kurz angebunden (antworten). **2.** bald; **the book is to be published s.,** das Buch soll bald/in Kürze erscheinen; **s. after(wards),** kurz danach; *Cin:* **coming s.,** demnächst in diesem Theater. **II.** *s. (a)* **the long and the s. of it,** kurzum; *(b) Cl:* **shorts,** Shorts *pl; (c) Cin: F:* Kurzspielfilm *m; (d) El: F:* Kurzschluß *m.* **III.** *adv.* **1. to stop s.,** plötzlich stehenbleiben; *(in speaking)* innehalten; **to cut s. s.,** j-m das Wort abschneiden; **to cut s. one's holiday,** seinen Urlaub vorzeitig abbrechen. **2. to fall s. of sth.,** etwas nicht erreichen; *(not fulfil)* etwas *dat* nicht nachkommen; **s. of burning it,** es sei denn, daß wir es verbrennen; **to stop s. of actual crime,** vor einem eigentlichen Verbrechen zurückschrecken; *F:* **to be taken s.,** (auf einen gewissen Ort) rennen müssen. **IV.** *v.* **1.** *v.tr. El: F:* (einen Kreis usw.) kurzschließen. **2.** *v.i. El: F:* einen Kurzschluß haben. 'shortage, *s.* Knappheit *f* **(of food,** an Nahrungsmitteln); Mangel *m* **(of labour, money etc.,** an Arbeitskräften, Geld usw.). 'shortbread/

'shortcake, s. Cu: (Art) Mürbeteiggebäck n.
'short-'circuit, v.tr. El: (einen Kreis
usw.) kurzschließen. 'shortcomings, s. pl.
Mängel mpl (eines Buches, einer Ausbildung
usw.); Unzulänglichkeit f (eines Plans usw.).
'short-'dated, adj. (of film) kurzlebig; (of
food) kurz datiert. 'shorten, v. 1. v.tr. (etwas)
verkürzen; (Kleider) kürzen. 2. v.i. kürzer
werden, sich verkürzen. 'shortfall, s. Fin:
Fehlbetrag m. 'shorthand, s. Kurzschrift f,
Stenographie f; s.-typist, Stenotypistin f.
'short-'handed, adj. to be s.-h., an Perso-
nalmangel leiden. 'short-'haul, s. s.-h.
transport, Güternahverkehr m; s.-h. aircraft,
Kurzstreckenflugzeug n. 'short-list, v.tr. (j-n)
in die engere Wahl ziehen. 'short-'lived, adj.
(of pers.) jung gestorben; (of fashion etc.)
kurzlebig. 'shortness, s. 1. Kürze f; s. of
memory, Gedächtnisschwäche f; s. of breath,
Atemnot f. 'short-'range, s. Kurzstrecken-;
Av: s.-r. fighter, Kurzstreckenjäger m. 'short-
'sighted, adj. kurzsichtig. 'short-'sighted-
ness, s. Kurzsichtigkeit f. 'short-'tem-
pered, adj. (of pers.) reizbar. 'short-'term,
adj. kurzfristig. 'short-'time, adj. Ind: s.-t.
working, Kurzarbeit f.

s h o t [ʃɔt]. I. adj. Tex: s. silk, Schillerseide f;
Fig: s. through with humour, mit Humor
gespickt. II. s. 1. (discharge) Schuß m; to
take a s. at s.o., auf j-n schießen; Fig: a long s.,
reine Vermutung; not by a long s., noch lange
nicht; F: I'd go like a s., ich ginge sofort. 2.
(missile) Geschoß n; (small) s., Schrot m. 3.
(pers. who shoots) Schütze m; P: a big s., ein
hohes Tier. 4. Sp: (a) Fb: Schuß m; (throw)
Wurf m; (b) (heavy ball) Kugel f. 5. Phot:
Aufnahme f. 6. F: (try) Versuch m; I'll have a
s. at it, ich werde es mal probieren. 'shotgun,
s. Schrotbüchse f; Hunt: Jagdgewehr n; F: s.
wedding, Mußheirat f. 'shotput(ting), s. Sp:
Kugelstoßen n.

should [ʃud]. 1. pret. of shall (ought to) sollte(n),
solltest, solltet; you s. do it at once! Sie sollten
es sofort tun! you s. have seen him, Sie hätten
ihn sehen sollen; he s. have arrived by this time,
um diese Zeit hätte er hier sein müssen/sollen;
that s. do, das durfte genügen. 2. (conditional)
(a) würde(n); we s. go if we were free, wir
würden hingehen, wenn wir frei wären; I s. like
a drink, ich möchte gerne etwas trinken; (b)
(inverted) sollte(n); s. I be free, sollte ich frei sein;
s. the occasion arise, sollte sich die Gelegenheit
ergeben; in case he s. not be there, für den Fall,
daß er nicht da sein sollte. 3. (rhetorical) whom s.
I run into but Helen, ausgerechnet (die) Helen ist
mir über den Weg gelaufen.

shoulder ['ʃəuldər]. I. s. (a) Anat: Z: & Cu:
Schulter f; to shrug one's shoulders, mit den
Achseln zucken; s. blade, Schulterblatt n; s.
strap, Schulterriemen m; (on bra etc.) Träger
m; Fig: to rub shoulders with s.o., mit j-m
zusammenkommen; to give s.o. the cold s., j-m
die kalte Schulter zeigen; to put one's s. to the
wheel, sich ins Zeug legen; (b) s. (of a road),
Randstreifen m; (on motorway) hard s., Stand-
streifen m, Bankett n. II. v.tr. (a) to s. one's
way through the crowd, sich dat einen Weg
durch die Menge bahnen; (b) (carry) (ein

Gewehr usw.) schultern; (j-n) auf die Schulter
heben; Fig: to s. a responsibility, eine Verant-
wortung auf sich acc nehmen.

shout [ʃaut]. I. s. (a) (loud call) Ruf m; shouts of
applause, Beifallsrufe mpl; shouts of joy, Freu-
denrufe mpl; (b) (loud cry) Schrei m; s. of
alarm, Entsetzensschrei m. II. v. 1. v.i. (speak
loudly) schreien; (call out) rufen; to s. oneself
hoarse, sich heiser schreien/rufen; to s. at s.o.,
j-n anschreien; to s. for s.o., sth., nach j-m,
etwas dat schreien; to s. for joy, jauchzen. 2.
v.tr. (etwas) rufen, schreien; to s. s.o. down, j-n
überschreien. 'shouting, s. Geschrei n.

shove [ʃʌv]. I. s. Schubs m. II. v.tr. (j-n, etwas)
schubsen; to s. sth. into a drawer, etwas in eine
Schublade hineinstopfen; to s. a boat into the
water, ein Boot ins Wasser schieben; F: s. off!
mach, daß du fortkommst!

shovel ['ʃʌv(ə)l]. I. s. Schaufel f. II. v.tr. (p. &
p.p. shovelled) (Kohlen, Schnee) schaufeln.
'shovelful, s. Schaufel f (voll Kohlen usw.).

show [ʃəu]. I. s. 1. to vote by a s. of hands, durch
Handzeichen abstimmen. 2. (a) Ind: Com:
(display) Ausstellung f (von Waren); motor s.,
Automobilausstellung f; fashion s., Mode-
schau f; agricultural s., Landwirtschaftsmesse
f; goods on s., ausgestellte Waren; (b) Th:
Vorstellung f; esp. Cin: TV: Show f; s. busi-
ness, Showbusineß n; F: to steal the s. (from
s.o.), (j-m) die Schau stehlen; good s.! gut
gemacht! (c) s. flat, Modellwohnung f. 3. (ap-
pearance) Schau f; to make a great s. of friend-
ship, große Freundschaft vortäuschen; to make
a s. of resistance, Widerstand markieren; it's
only for s., es ist nur fürs Auge. 4. F: (affair)
Sache f; to run the s., den Laden schmeißen; to
give the s. away, die Katze aus dem Sack
lassen; it's his s., es ist seine Schau; it's a poor
s., es ist eine Schande. II. v. (p. showed, p.p.
shown) 1. v.tr. (etwas) zeigen (s.o./to s.o., j-m);
(a) (Fahrkarten usw.) vorzeigen; to s. s.o. how
to do sth., j-m zeigen, wie man etwas macht;
(teach) j-m etwas beibringen; I have spent
£500, and there is nothing to s. for it, ich habe
£500 ausgegeben, und man sieht nichts davon;
he won't s. his face here again, er wird sich hier
nicht mehr sehen lassen; to s. an interest in s.o.,
sich für j-n interessieren; he shows his age, man
sieht ihm sein Alter an; abs. time alone will s.,
nur die Zeit wird es zeigen; (b) (exhibit)
(etwas) ausstellen; (demonstrate) (etwas) vor-
führen; (c) (indicate) (etwas) anzeigen; (of
watch) to s. the time, die Zeit anzeigen; to s. a
profit, einen Gewinn aufweisen; (of pers.) to s.
great courage, großen Mut an den Tag legen;
to s. s.o. great kindness, j-m viel Güte erweisen;
(d) to s. s.o. the way, j-m den Weg zeigen; to s.
s.o. to his room, j-n zu seinem Zimmer bringen;
to s. s.o. the door, j-m die Tür weisen; (e)
(prove) he showed himself to be unreliable, er
erwies sich als unzuverlässig; F: I'll s. you! ich
werde es dir zeigen/beweisen! 2. v.i. (a) (of
thing) hervorsehen (under sth., unter etwas
dat); your petticoat is showing, dein Unterrock
guckt vor; F: bei dir blitzt es; it shows, man
sieht es; (of pers.) to s. willing, sich willig
zeigen; his hate showed in his eyes, der Haß
war in seinen Augen zu lesen; (b) (of film) to

be **showing**, laufen; **now showing**, derzeit in diesem Theater. **´showbiz**, s. F: Showbusineß n. **´showboat**, s. U.S: Theaterschiff n. **´showcase**, s. Schaukasten m, Vitrine f. **´showdown**, s. (endgültige) Auseinandersetzung f; (trial of strength) Kraftprobe f. **´show ´in**, v.tr. (j-n) hereinführen. **´showiness**, s. Prunkhaftigkeit f. **´showing**, s. 1. Cin: Vorstellung f. 2. Sp: etc: Leistung f; **on this s.**, nach dieser Leistung zu urteilen. **´show-jumper**, s. 1. (horse) Springpferd n. 2. (rider) Springreiter m. **´show-jumping**, s. Sp: Springreiten n. **´showman**, pl. -men, s. (a) Schausteller m (auf einem Jahrmarkt usw.); (b) Th: Mus: etc: Meister m der Effekte; Pej: Effekthascher m. **´showmanship**, s. meisterhafte Beherrschung der Effekte; Pej: Effekthascherei f. **´show ´off**, v. 1. v.tr. (j-s Vorzüge) zur Geltung kommen lassen; **the dress shows off her figure**, das Kleid schmeichelt ihrer Figur. 2. v.i. (of pers.) angeben. **´show-off**, s. F: Angeber m. **´showpiece**, s. Schaustück n; (esp. fine specimen) Prachtstück n (einer Sammlung usw.). **´showroom**, s. Ausstellungsraum m. **´show ´round**, v.tr. j-n (in einem Haus) herumführen. **´show ´up**, v. 1. v.tr. (a) (j-n) hinaufführen; (b) (j-n, j-s Heuchelei usw.) bloßstellen. 2. v.i. (of feature) zum Vorschein kommen, hervortreten; F: (of visitor etc.) auftauchen. **´showy**, adj. auffällig; (splendid) prunkvoll; (of performance etc.) effektvoll.

shower [´ʃauər]. I. s. (a) Schauer m (von Regen usw.); **heavy s.**, Regenguß m; Fig: **s. of stones**, Hagel m von Steinen; (b) **s. (bath)**, Dusche f; **to take a s.**, duschen. II. v.tr. j-n (mit Wasser usw.) übergießen; **to s. compliments/presents on s.o.**, j-n mit Komplimenten/Geschenken überschütten. **´showery**, adj. (of weather) mit häufigen Schauern; Meteor: mit Schauerneigung; **it'll be s.**, es ist mit Schauern zu rechnen.

shrapnel [´ʃræpnəl], s. Mil: Schrapnell n.

shred [ʃred]. I. s. Streifen m; Fetzen m (von Stoff usw.); Stückchen n (von Obstschale usw.); Schnitzel n (von Papier); **to tear sth. to shreds**, etwas in kleine Stücke zerreißen; Fig: **there isn't a s. of evidence**, man hat keinen einzigen Beweis; **not a s. of truth**, kein Fünkchen Wahrheit. II. v.tr. (p. & p.p. **shredded**) (a) (etwas) in Stückchen schneiden; (b) (tear) zerreißen; (Papier usw.) schnitzeln; (Gemüse) raspeln.

shrew [ʃru:], s. 1. Z: Spitzmaus f. 2. (woman) Xanthippe f. **shrewish** [´ʃru:iʃ], adj. (of woman) zänkisch.

shrewd [ʃru:d], adj. 1. (of pers.) scharfsinnig, klug; **a s. businessman**, ein kluger Geschäftsmann; **a s. judgement**, ein scharfsinniges Urteil. 2. (intensive) **I have a s. idea that...**, ich bin ziemlich sicher, daß... **´shrewdness**, s. Scharfsinn m; Klugheit f.

shriek [ʃri:k]. I. s. (schriller) Schrei m; **shrieks of laughter**, kreischendes Gelächter n. II. v.i. schrill aufschreien; kreischen (**with laughter**, vor Lachen).

shrill [ʃril], adj. schrill. **´shrillness**, s. schriller Klang m.

shrimp [ʃrimp], s. Crust: Garnele f. **´shrimping**, s. Garnelenfang m.

shrine [ʃrain], s. Schrein m (eines Heiligen); esp. Fig: Heiligtum n.

shrink [ʃriŋk], v. (p. **shrank** [ʃræŋk], p.p. **shrunk** [ʃrʌŋk]) 1. v.i. (a) schrumpfen; (of clothes etc.) eingehen; (of other materials) sich zusammenziehen; (of gums) sich zurückbilden; Metall: schwinden; Fig: (of reserves etc.) zusammenschrumpfen; (b) (of pers.) **to s. (back) from danger etc.**, vor einer Gefahr usw. zurückweichen/zurückschrecken; **he shrinks from doing this**, es widerstrebt ihm, das zu tun. 2. v.tr. (etwas) schrumpfen lassen; (Gewebe) eingehen lassen. **´shrinkage**, s. Schrumpfen n; Eingehen n (eines Kleidungsstückes usw.); Metall: Schwindung f. **´shrink-´wrap**, v.tr. (Bücher usw.) einschweißen.

shrivel [´ʃriv(ə)l], v.i. (p. & p.p. **shrivelled**) schrumpfen; **to s. up**, zusammenschrumpfen; (of skin etc.) runzelig werden.

shroud [ʃraud], s. Leichentuch n. **´shrouded**, adj. eingehüllt (**in mist**, in Nebel).

Shrove [ʃrəuv], adj. S. **Tuesday**, Fastnachtsdienstag m; South G: Faschingsdienstag m.

shrub [ʃrʌb], s. Strauch m. **´shrubbery**, s. Gesträuch n; (planted) Sträucherrabatte f.

shrug [ʃrʌg]. I. v.tr. (p. & p.p. **shrugged**) **to s. (one's shoulders)**, mit den Achseln zucken. II. s. Achselzucken n.

shrunken [´ʃrʌŋk(ə)n], adj. geschrumpft; **s. head**, Schrumpfkopf m.

shudder [´ʃʌdər]. I. s. Zittern n; Beben n; Schauder m (von Entsetzen, Furcht usw.). II. v.i. (tremble) zittern; (shake) beben; **to s. with horror, fear etc.**, vor Entsetzen, Furcht usw. schaudern.

shuffle [´ʃʌfl]. I. v. 1. v.i. **to s. (along)**, (dahin)schlurfen. 2. v.tr. & i. **to s. one's feet**, mit den Füßen scharren. 3. v.tr. (a) Cards: (Karten) mischen; (b) **to s. papers together**, Papiere zusammenraffen. II. s. (Tanz im) Schleifschritt m.

shun [ʃʌn], v.tr. (p. & p.p. **shunned**) (j-n, etwas) meiden; **to s. everybody**, allen aus dem Wege gehen; **to s. the (light of) publicity**, das Rampenlicht scheuen.

shunt [ʃʌnt]. I. v.tr. Rail: (Wagen, einen Zug) rangieren; El: (Strom) ableiten; **to s. a train onto a siding**, einen Zug abstellen. II. s. 1. El: Nebenschluß m, Shunt m. 2. Aut: F: (crash) Karambolage f. **´shunting**, s. Rail: Rangieren n (von Eisenbahnwagen); **s. yard**, Rangierbahnhof m; **s. engine**, Rangierlok f.

shut [ʃʌt], v. (pres. p. **shutting**, p. & p.p. **shut**) 1. v.tr. (a) (eine Tür, ein Fenster usw.) schließen, zumachen; **s. your mouth!** (i) mach den Mund zu; (ii) (be quiet) halt den Mund! **to be s.**, zusein; **the shops are s.**, die Geschäfte sind/haben zu; (b) **to s. s.o. into/out of a house**, j-n einsperren/aussperren. **´shut ´down**, v.tr. & i. Ind: (eine Fabrik usw.) stilllegen. **´shutdown**, s. Ind: Schließung f, Stillegung f (einer Fabrik usw.). **´shut-eye**, s. F: Schläfchen n. **´shut ´in**, v.tr. (j-n, etwas) einschließen; (lock in) einsperren. **´shut ´off**, v.tr. (a) (Strom, Wasser usw.) absperren; (b) (j-n) absondern, ausschließen (**from**, von dat). **´shut ´out**, v.tr. (a) (exclude) (j-n) ausschließen; **the trees s. o. the view**, die Bäume versperren die Aussicht;

(b) (*lock out*) (j-n) aussperren. 'shut 'up, v. 1. v.tr. (a) (j-n, etwas) einschließen; to s. the dog up, den Hund einsperren; (b) (ein Haus usw.) verschließen; F: to s. up shop, den Laden dichtmachen; (c) F: to s. s.o. up, j-m das Maul stopfen. 2. v.i. F: s. up! halt's Maul! 'shutter, s. 1. Fensterladen m. 2. Phot: Verschluß m; s. release, Verschlußauslösung f. 'shuttering, s. Constr: Schalung f.

shuttle ['ʃʌtl], s. 1. Tex: Schiffchen n. 2. s. service, Pendelverkehr m; space s., Raumfähre f. 'shuttlecock, s. Games: Federball m.

shy¹ [ʃai], v.i. (pres. p. shying, p. & p.p. shied) (of horse) scheuen.

shy², adj. (of pers.) scheu; (timid) schüchtern; to fight s. of sth., etwas meiden. 'shyness, s. Scheu f; Schüchternheit f.

shy³. I. v.tr. & i. to s. (a stone) at sth., (mit einem Stein) nach etwas dat werfen. II. s. (at fair) three shies for 6p, drei Würfe für 6 Pence.

Siamese [saiǝ'miːz]. I. s. Siamese m; Siamesin f. II. adj. siamesisch; S. twins, siamesische Zwillinge mpl; S. cat, Siamkatze f.

Siberia [sai'biǝriǝ]. Pr. n. Geog: Sibirien n. Si'berian. I. s. Sibirier(in) m(f). II. adj. sibirisch.

Sicily ['sisili]. Pr. n. Geog: Sizilien n. Si'cilian. I. s. Sizilianer(in) m(f). II. adj. sizilianisch.

sick [sik], adj. 1. krank; pl. the s., die Kranken. 2. to be s., (vomit) sich übergeben; I feel s., mir ist schlecht; s. headache, Kopfschmerzen pl mit Übelkeit. 3. Fig: to be s. at heart, niedergeschlagen sein; F: to be s. of sth., etwas satt haben; I'm s. (and tired) of it, es hängt mir zum Hals raus; you make me s.! du ekelst mich an! it makes you s., es ekelt einen an; P: it is zum Kotzen. 4. F: morbid; s. humour, schwarzer Humor. 'sickbay, s. Krankenzimmer n; (on ship) Schiffslazarett n. 'sickbed, s. Krankenbett n. 'sicken, v. 1. v.i. er-kranken (with, an + dat); he's sickening for sth., er brütet etwas aus. 2. v.tr. (j-n) anekeln; his methods s. me, seine Methoden ekeln mich an. 'sickening, adj. widerlich; it's s., es ekelt einen an. 'sick-leave, s. Krankenurlaub m. 'sickliness, s. Kränklichkeit f. 'sickly, adj. (a) (of pers. etc.) kränklich; (weakly) schwächlich; (b) s. smile, mattes Lächeln; (b) s. smell/taste, widerlich süßer Geruch/ Geschmack m. 'sickness, s. 1. Krankheit f; s. benefit, Krankengeld n. 2. (vomiting) Übelkeit f. 'sickroom, s. Krankenzimmer n.

sickle ['sikl], s. Agr: Sichel f.

side [said]. I. s. Seite f. 1. (a) by s.o.'s s., an j-s Seite, neben j-m; s. by s., Seite an Seite, ne-beneinander; to split one's sides laughing, sich krank lachen; (b) (half of animal) Flanke f (eines Hammels usw.); s. of bacon, Speckseite f; (c) on all sides, auf allen Seiten, überall; to move to one s., zur Seite treten; to put sth. on one s., etwas beiseite legen/(save) auf die hohe Kante legen; F: to make sth. on the s., etwas nebenbei verdienen. 2. (a) the right/wrong s., die Oberseite/Rückseite (eines Stoffs usw.); F: to be on the right/wrong s. of forty, etwas unter/über vierzig sein; to get on the right s. of s.o., sich mit j-m gut stellen; (b) (aspect) the bright s. (of things), die positiven Aspekte; you

must look on the bright s., Sie müssen das Gute an der Sache sehen; Fig: the other s. of the pic-ture, die Kehrseite der Medaille; F: the weather is (a bit) on the cool s., das Wetter ist etwas kühl. 3. (a) he's on our s., er ist auf unserer Seite; to take sides (with s.o.), (j-s) Partei ergreifen; (b) (department) Abteilung f; he's on the engineering s., er ist im Ingenieurfach; (c) Games: Partei f; (team) Mannschaft f; (d) on his mother's/father's s., mütterlicherseits/ väterlicherseits. 4. attrib. (a) seitlich; Seiten-; s. entrance, Seiteneingang m; s. view, Seitenan-sicht f; (b) (secondary) Neben-; s. issue, Ne-benfrage f; Med: s. effect, Nebenwirkung f. II. v.i. to s. with s.o., j-s Partei ergreifen. 'side-aisle, s. (a) (in church) Seitenschiff n; (b) N.Am: Th: Seitengang m. 'sideboard, s. Furn: Büfett n; Anrichte f (in einem Eßzimmer). 'sideburns, s. pl. Koteletten fpl. 'side-car, s. (on motorcycle) Beiwagen m. 'side-drum, s. Mus: kleine Trommel f. 'sidelight, s. 1. Art: Phot: etc: Seitenlicht n; Fig: interesting s., aufschlußreicher Nebenaspekt m. 2. Aut: Standlicht n. 'sideline, s. (a) (job) Nebenbe-schäftigung f; as a s., nebenbei; (b) Sp: Seitenlinie f. 'sidelong, adj. s. glance, Sei-tenblick m. 'side-road, s. Nebenstraße f. 'side-saddle, s. Damensattel m; to ride s.-s., (im) Damensitz reiten. 'sideshow, s. (a) (at fair) Nebenattraktion f; (b) Fig: Nebensäch-lichkeit f. 'sidesman, s. Ecc: Spendenein-sammler m. 'sidestep, v.tr. & i. (einem Schlag usw.) ausweichen. 'side-street, s. Sei-tenstraße f, Nebenstraße f. 'sidewalk, s. N.Am: Bürgersteig m. 'sideways, adv. seitwärts; to look s. at s.o., j-n von der Seite ansehen. 'siding, s. Rail: Abstellgleis n.

sidle ['saidl], v.i. sich schlängeln; to s. up to s.o., sich an j-n heranschleichen.

siege [siːdʒ], s. Mil: Belagerung f; to lay s. to a town, eine Stadt belagern.

siesta [si'estǝ], s. Siesta f.

sieve [siv]. I. s. Sieb n; F: a memory like a s., ein Gedächtnis wie ein Sieb. II. v.tr. (etwas) durchsieben.

sift [sift], v.tr. (a) (etwas) durchsieben; (b) (Be-werbungen, Beweismaterial usw.) sichten. 'sifter, s. Cu: feinmaschiges Sieb n; (flour) s., Mehlsieb n.

sigh [sai]. I. s. Seufzer m. II. v.i. seufzen; to s. for the good old times, der guten alten Zeit nachtrauern.

sight [sait]. I. s. 1. (a) Sehkraft f, Sehvermögen n; short s., Kurzsichtigkeit f; to lose one's s., blind werden, erblinden; (b) to catch s. of s.o., sth., j-n, etwas erblicken/erspähen; to lose s. of s.o., sth., j-n, etwas aus den Augen verlieren; I can't bear the s. of him, ich kann ihn nicht ausstehen; to shoot s.o. at s., sofort auf j-n schießen; at the s. of the police he ran, beim Anblick der Polizei rannte er davon; at first s., zunächst; love at first s., Liebe auf den ersten Blick; to know s.o. by s., j-n (nur) vom Sehen kennen; (c) to come into s., sichtbar werden; to be within s., im Blickfeld sein; out of s., außer Sicht; unsichtbar; to keep out of s., sich ver-borgen halten; the end is in s., das Ende ist jetzt abzusehen; Prov: out of s., out of mind, aus den Augen, aus dem Sinn. 2. (a) Anblick m; a s. for sore eyes, eine Augenweide; it's a s. worth seeing, es lohnt sich, das zu zehen; his face was a s.! Sie hätten sein Gesicht sehen sollen! what a s. you are! wie siehst du denn aus! (b) to see the sights, die Sehenswürdigkeiten besichtigen. 3. Mil: Visier n (eines Gewehrs usw.). II. v.tr. (a) (j-n, etwas) erblicken; to s. land, Land sichten; (b) to s. a gun, ein Geschütz richten. 'sighting, s. Sichten n; Sichtung f (von Vögeln usw.). 'sightless, adj. blind. 'sight-read, v.tr. & i. Mus: (ein Stück) vom Blatt singen/spielen. 'sightseeing, s. Besichtigung f; to go s., Sehenswürdigkeiten besichtigen. 'sightseer [-siːər], s. Tourist(in) m(f).

sign [sain]. I. s. 1. Zeichen n; s. of the cross, Kreuzzeichen n; s. language, Zeichensprache f; to make a s. to s.o., j-m ein Zeichen geben. 2. (a) (indication) Anzeichen n; (trace) Spur f; a sure s., ein sicheres Anzeichen; no s. of rain, keine Spur von Regen; to show no s. of life, kein Lebenszeichen von sich geben; there was no s. of him, er war nirgends zu sehen; (b) (proof) Beweis m; as a s. of confidence, als Vertrauensbeweis; he gave no outward s. (of his anger), er ließ sich nichts (von seinem Zorn) anmerken. 3. (a) (notice) Schild n; Aushängeschild n (eines Wirtshauses); (road) s., Verkehrszeichen n; s. of the Zodiac, Tierkreiszeichen n. II. v.tr. (einen Brief usw.) unterschreiben; (ein Gemälde) signieren; to s. one's name, mit seinem Namen unterschreiben. 'signboard, s. Schild n; (with several notices) Tafel f. 'sign 'off, v.i. (of worker etc.) sich abmelden; Rad: den Sendeschluß ansagen. 'sign 'on, v. 1. v.tr. (Arbeiter usw.) einstellen. 2. v.i. sich (in eine Liste) eintragen; (take a job) sich verpflichten (eine Stellung anzunehmen); (of unemployed pers.) stempeln gehen; Mil: he signed on for five years, er meldete sich für fünf Jahre freiwillig zum Heer. 'signpainter, s. Schildermaler m. 'signpost I. s. Wegweiser m. II. v.tr. (eine Straße) ausschildern.

signal[1] ['signəl]. I. s. Signal n; (indication, gesture) Zeichen n; (radio message) Funkspruch m; Rad: TV: (station) s., Sendezeichen n; to give the s. for departure, das Zeichen/Signal zur Abfahrt geben; Rail: s. box, Stellwerk n. II. v. (p. & p.p. signalled) 1. v.i. ein Signal/Zeichen geben, (wave) winken (to s.o., j-m); (with lights) Aut: Mil: blinken. 2. v.tr. (eine Nachricht) signalisieren, (by radio) funken. 'signaller, s. Signalgeber m; Mil: Blinker m; Nau: Signalgast m. 'signalman, pl -men, s. Rail: Weichensteller m.

signal[2], adj. (notable) beachtlich; (extraordinary) außerordentlich; a s. success, ein glänzender Erfolg.

signatory ['signətri], s. Unterzeichner m (eines Vertrages usw.) 'signature ['signətʃər], s. Unterschrift f; Rad: etc: s. tune, Kennmelodie f; Indikativ n.

signet ['signit], s. Siegel n; s. ring, Siegelring m.

signify ['signifai], v. 1. v.tr. (a) (mean) (etwas) bedeuten; (b) (indicate) (Zustimmung usw.) zu verstehen geben. 2. v.i. von Bedeutung sein; it

does not s., es hat keine Bedeutung. **significance** [-'nifikəns], s. Bedeutung f; of (no) s., von (keinerlei) Bedeutung. sig'nificant, adj. bedeutend; (typical) bezeichnend; -ly, adv. bezeichnenderweise; to change s., sich bedeutend/erheblich ändern.

silence ['sailəns]. I. s. Stille f; (esp. of pers.) Schweigen n; to pass sth. over in s., etwas stillschweigend übergehen; (command) s.! Ruhe! II. v.tr. (j-n) zum Schweigen bringen; (by force etc.) (j-n) mundtot machen. 'silencer, s. Schalldämpfer m (einer Pistole usw.); Aut: Auspufftopf m. 'silent, adj. (a) (of mechanism, steps etc.) geräuschlos, lautlos; (of night, countryside) still; Mec. E: s. running, Laufruhe f (eines Motors usw.); Cin: s. film, Stummfilm m; (b) (of pers.) schweigsam; to keep s. about sth., über etwas acc schweigen; -ly, adv. geräuschlos; schweigend.

Silesia [sai'liːzjə]. Pr. n. Geog: Schlesien n. Si'lesian. I. s. Schlesier(in) m (f). II. adj. schlesisch.

silhouette [silu(ː)'et]. I. s. (a) (outline) Umrisse mpl; (b) Art: Silhouette f. II. v.tr. (a) to be silhouetted against the sky, sich gegen den Himmel abheben; (b) Art: (j-n) silhouettieren.

silicon ['silikən], s. Ch: Silizium n; s. chip, Siliziumscheibe f. 'silicones [-kəunz], s. pl. Ch: Silikone pl. silicosis [-'kəusis], s. Med: Silikose f.

silk [silk], s. Tex: (a) Seide f; Com: silks, Seidenwaren fpl; (b) attrib. Seiden-; s. stocking, Seidenstrumpf m. 'silken, adj. seidig; (soft) seidenweich. 'silkiness, s. (softness) seidige Weichheit f; (shine) seidiger Glanz m; (quietness) Laufruhe f (eines Motors). 'silkworm, s. Seidenraupe f. 'silky, adj. seidig; (soft) seidenweich; (quiet) geräuscharm.

sill [sil], s. (window) s., Fenstersims m; (internal) Fensterbank f; (door) s., Schwelle f.

silly ['sili], adj. (a) dumm; F: blöd; don't do anything s., mach keine Dummheiten; F: s. ass, Dummkopf; (b) to knock s.o. s., j-n grün und blau schlagen. 'silliness, s. Dummheit f.

silo, pl. -os ['sailəu, -uz], s. Agr: Silo m.

silt [silt]. I. s. Schlick m. II. v.tr. & i. (of river, harbour) to s. up, verschlammen.

silver ['silvər], s. 1. (metal, also articles) Silber n. 2. attrib. silbern, Silber-; s. spoon, Silberlöffel m; s. plate, (i) Silbergeschirr n; (ii) (plated) versilbertes Geschirr; s.-plated, versilbert; s. wedding, Silberhochzeit f; Prov: every cloud has a s. lining, dem Schlechten sind auch gute Seiten abzugewinnen. 3. (coins) Silber n; (change) Kleingeld n. 'silversmith, s. Silberschmied m. 'silvery, adj. (like silver) silbrig; (lustrous) silberglänzend; (of sounds) silberhell.

similar ['similər], adj. ähnlich (to, dat). similarity [-'læriti], s. Ähnlichkeit f.

simile ['simili], s. Gleichnis n.

simmer ['simər], v. 1. v.i. (a) Cu: sanft kochen; (b) Fig: (of revolt) schwelen; (of pers.) to s. down, sich beruhigen. 2. v.tr. Cu: sanft kochen.

simper ['simpər]. I. s. geziertes Lächeln n. II. v.i. geziert lächeln.

simple ['simpl], adj. 1. (of thing, problem) einfach; (plain) schlicht; (not complicated) unkompliziert; **a s. task/question,** eine leichte Aufgabe/Frage; *Com:* **s. interest,** Kapitalzinsen *fpl; F:* **it's s. robbery,** das ist ganz einfach Diebstahl. **2.** (*of pers.*) einfältig, simpel; **she's a s. soul,** sie ist etwas naiv. **'simple-'minded,** *adj.* (*of pers.*) einfältig. **'simpleton,** *s.* einfältiger Mensch *m, F:* Einfaltspinsel *m.* **sim-'plicity,** *s.* (*a*) Einfachheit *f* (einer Methode, eines Problems usw.); Unkompliziertheit *f* (eines Charakters); **it's s. itself,** es könnte nicht einfacher sein; (*b*) Schlichtheit *f* (eines Kleides usw.). **2.** (*of pers.*) Einfalt *f,* Naivität *f.* **'simplify,** *v.tr.* (etwas) vereinfachen. **simplifi-'cation,** *s.* Vereinfachung *f.* **'simply,** *adv.* **1.** einfach. **2.** (*a*) *F:* (*absolutely*) **you s. must go,** du mußt unbedingt gehen; **the weather is s. ghastly,** das Wetter ist einfach scheußlich; (*b*) (*only*) nur; **I s. said that...,** ich sagte nur, daß...

simulate ['simjuleit], *v.tr.* (Staunen usw.) vortäuschen; (eine Krankheit usw.) simulieren; *Ind:* (einen Stoff) imitieren. **simu'lation,** *s.* Vortäuschung *f.*

simultaneous [sim(ə)l'teiniəs], *adj.* gleichzeitig; **s. interpreting,** Simultandolmetschen *n;* **-ly,** *adv.* gleichzeitig; **to appear s.,** zur gleichen Zeit erscheinen.

sin [sin]. **I.** *s.* Sünde *f; Hum:* **to live in s.,** in wilder Ehe leben. **II.** *v.i.* (*p. & p.p.* sinned) sündigen (**against,** gegen + *acc*). **'sinful,** *adj.* (*of pers.*) sündig; (*of act, waste etc.*) sündhaft; **-fully,** *adv.* in sündhafter Absicht. **'sinfulness,** *s.* Sündhaftigkeit *f.* **'sinner,** *s.* Sünder(in) *m(f).*

since [sins]. **I.** *adv.* (*a*) seitdem; **ever s.,** von der Zeit an; **long s. forgotten,** (schon) längst vergessen; **it is many years s.,** es ist viele Jahre her; (*b*) (*meanwhile*) inzwischen: **it has been changed s.,** es ist inzwischen geändert worden. **II.** *prep.* seit + *dat;* **he's been up s. dawn,** er ist schon seit der Morgendämmerung auf; **s. then,** seitdem, von da an; **s. when have you been here?** seit wann sind Sie hier? *Iron:* **s. when do you give the orders?** seit wann bestimmen Sie hier? **III.** *conj.* (*a*) (*time*) seitdem; seit; **s. I've been here,** seit(dem) ich hier bin; **it's a week s. he came,** er ist vor einer Woche gekommen; (*b*) (*consequence*) da; weil; **s. he's not of age,** da er noch nicht mündig ist.

sincere [sin'siər], *adj.* (*of pers., feelings etc.*) aufrichtig; (*warm*) herzlich; (*frank*) offen; **-ly,** *adv.* aufrichtig; (*in letter*) **yours s.,** mit freundlichen Grüßen. **sincerity** [-'seriti], *s.* Aufrichtigkeit *f;* Herzlichkeit *f;* Offenheit *f;* **speaking in all s.,** ganz aufrichtig gesagt.

sinecure ['sainikjuər], *s.* (fette) Pfründe *f; F:* (*easy job*) Ruheposten *m.*

sinew ['sinju:], *s. Anat:* Sehne *f.* **'sinewy,** *adj.* sehnig.

sing [sin], *v.* (*p.* sang [sæŋ], *p.p.* sung [sʌŋ]) **1.** *v.tr.* (ein Lied usw.) singen. **2.** *v.i.* (*of pers., bird*) singen; (*of kettle, ears*) summen. **'singer,** *s.* Sänger(in) *m(f).* **'singing. I.** *adj.* singend; **s. bird,** Singvogel *m.* **II.** *s.* **1.** Gesang *m;* **s. lesson,** Gesangstunde *f.* **2.** Summen *n* (eines Kessels usw.); **s. in the ears,** Ohrensausen *n.* **'singsong. I.** *adj.* leiernd. **II.** *s.* **1.** lustiges Singen *n.* **2.** *Pej:* **in a s.,** im Leierton.

Singapore ['siŋgə'pɔːr]. *Pr. n. Geog:* Singapur *n.*

singe [sindʒ], *v.tr.* (Haare usw.) versengen.

single ['siŋgl]. **I.** *adj.* **1.** (*a*) (*only one*) einzig; (*of payment*) einmalig; **not a s. one,** kein einziger; **I haven't seen a s. soul,** ich habe keine Menschenseele gesehen; **with a s. voice,** wie aus einem Munde; **one s. apple was left,** ein einziger Apfel blieb übrig; (*b*) (*individual*) einzeln; **every s. one of us,** jeder einzelne von uns; **in s. file,** im Gänsemarsch. **2.** (*a*) (*for one pers.*) Einzel-; *Furn:* **s. bed,** Einzelbett *n;* **s. bedroom,** Einzelzimmer *n;* **s. combat,** Einzelkampf *m; Rail:* **s. ticket,** einfache Fahrkarte; (*b*) (*of pers.*) ledig; alleinstehend. **II.** *s.* **1.** *Tennis: Golf:* Einzel(spiel) *n.* **2.** *Rec:* Single *f.* **III.** *v.tr.* **to s. s.o., sth. out,** j-n, etwas auslesen; (*for a purpose*) j-n, etwas bestimmen (**for,** für + *acc*). **'single-'barrelled,** *adj.* (*of gun*) einläufig. **'single-'breasted,** *adj. Cl:* einreihig. **'single-'decker,** *s.* Eindeckerbus *m.* **'single-'engined,** *adj. Av:* einmotorig. **'single-'handed,** *adj.* allein; **he did it s.-h.,** er hat es im Alleingang gemacht; *Sail:* **s.-h. race,** Einhandregatta *f.* **'single-'minded,** *adj.* (*of pers.*) zielstrebig. **'singleness,** *s.* **s. of purpose,** Zielstrebigkeit *f;* **with s. of purpose,** mit nur einem Ziel im Auge. **'single-'seater,** *s. Aut: Av: etc:* Einsitzer *m.* **'single-'track,** *adj.* (*a*) *Rail:* eingleisig; (*b*) (*of road*) einspurig. **'singly,** *adv.* **1.** (*separately*) getrennt; einzeln. **2.** (*alone*) allein.

singlet ['siŋglit], *s.* **1.** (*vest*) Unterhemd *n.* **2.** *Sp:* Trikot *n.*

singular ['siŋgjulər]. **I.** *adj.* **1.** (*unique*) einzigartig; (*strange*) eigenartig; (*remarkable*) merkwürdig. **2.** *Gram:* im Singular. **II.** *s. Gram:* Einzahl *f,* Singular *m;* **-ly,** *adv.* (*a*) merkwürdig; (*b*) eigenartig. **singularity** [-'læriti], *s.* Eigenart *f.*

sinister ['sinistər], *adj.* (*of thoughts, looks etc.*) finster; **s.-looking,** unheimlich aussehend; **s. story,** unheimliche Geschichte.

sink[1] [sink], *s.* Spülbecken *n;* **to pour sth. down the s.,** etwas in den Ausguß schütten.

sink[2], *v.* (*p.* sank [sæŋk], *p.p.* sunk [sʌŋk]) **1.** *v.i.* sinken; (*a*) (*of ship, sun*) untergehen; (*of pers.*) **to s. into an armchair,** in einen Sessel sinken; **to s. up to one's knees in the snow,** bis zu den Knien im Schnee versinken; **I had a sinking feeling,** mir wurde es ganz weich in den Knien; **his heart sank,** ihm sank der Mut; *Fig:* **he will have to s. or swim,** er muß sich durchschlagen, so gut er kann; **sunk without trace,** spurlos verschwunden; (*b*) (*of ground*) sich senken; (*slope*) abfallen; (*c*) *Fig:* (*of pers.*) **to s. into a deep sleep,** in einen tiefen Schlaf fallen; **he is sinking fast,** es geht mit ihm rasch dem Ende entgegen; **to s. deep(er) into crime,** immer mehr der Kriminalität verfallen; **to s. into oblivion,** in Vergessenheit geraten; (*d*) **to s. (in value),** im Wert sinken; **he has sunk in my esteem,** er ist in meiner Achtung gesunken. **2.** *v.tr.* (*a*) (ein Schiff) versenken; (*b*) (*lower*) (die Stimme, den Kopf) senken; (*c*) (einen Pfahl usw.) einsenken; (einen Brunnen) bohren; *Min:* (einen Schacht) abteufen; *Fig:* **to s. one's differences,** seine Meinungsverschiedenheiten beilegen; (*d*) *F:* **we're sunk,** wir sind erledigt. **'sink 'in,** *v.i.* (*of words*) ihre Wirkung haben;

it hasn't sunk in yet, er hat es noch nicht ganz begriffen.

sinuous ['sinjuəs], adj. gewunden; (of road) kurvenreich.

sinus ['sainəs], s. Anat: (frontal) s., Stirnhöhle f; (nasal) s., Nasennebenhöhle f; s. trouble, Stirnhöhlenkatarrh m. sinu'sitis, s. Med: Nebenhöhlenentzündung f.

sip [sip]. I. s. kleiner Schluck m. II. v.tr. (p. & p.p. sipped) (etwas) in kleinen Schlucken trinken.

siphon ['saif(ə)n]. I. s. Siphon m. II. v.tr. to s. (off) a liquid, eine Flüssigkeit absaugen.

sir [səːr, sər], s. 1. yes s., jawohl, mein Herr; Com: etc: (in letter) (Dear) Sir, Sehr geehrter Herr! Dear Sirs, Sehr geehrte Herren! 2. Brit: (title) Sir.

sire ['saiər], s. Z: (männliches) Zuchttier n; (horse) Zuchthengst m; (cattle) Zuchtstier m.

siren ['saiərən], s. Sirene f.

sissy ['sisi], s. F: Waschlappen m.

sister ['sistər], s. Schwester f; Med: (ward) s., Oberschwester f. 'sister-in-law, s. Schwägerin f. 'sisterly, adj. schwesterlich.

sit [sit], v. (p. & p.p. sat [sæt], pres. p. sitting) 1. v.i. (a) sitzen; to s. still, ruhig sitzen; F: to s. tight, nicht vom Platze weichen; abwarten; (b) to s. on a committee, in einem Ausschuß tätig sein; to s. on a jury, Geschworener sein; F: to s. for an exam(ination), eine Prüfung ablegen; to s. for an artist, einem Maler Modell sitzen; F: to s. for s.o., bei j-m babysitten; (c) (of court, assembly etc.) tagen; (d) (of hen) to s. (on her eggs), (auf den Eiern) brüten; F: the ministry is sitting on the report, das Ministerium hat den Bericht auf die lange Bank geschoben; (e) (fit) the coat sits well across the shoulders, der Mantel sitzt an den Schultern gut. 2. v.tr. (ein Kind auf einen Stuhl usw.) setzen. 'sit 'back, v.i. (a) sich zurücklehnen; (b) Fig: sich ausruhen. 'sit 'down, v.i. sich (auf einen Stuhl usw.) setzen; please s. d., nehmen Sie bitte Platz; to s. d. to/at table, sich zu Tisch setzen. 'sit-down, adj. Ind: 's. strike, Sitzstreik m. 'sit-in, s. Sit-in n. 'sit 'out, v.tr. (a) (ein Theaterstück usw.) absitzen; (b) (einen Tanz) aussetzen. 'sitter, s. 1. (for painter) Modell n. 2. F: Babysitter m. 3. F: (easy target) leichte Beute f. 'sitting. I. s. (all senses) Sitzung f; at one s., (i) (without pausing) in einem Zug; (ii) (at the same time) gleichzeitig. II. adj. sitzend; (of hen) brütend; s. target, leichte Beute. 'sitting-room, s. Wohnzimmer n. 'sit 'up, v.i. (a) aufrecht sitzen; to s. up in bed, sich im Bett aufrichten; s. up straight! sitz gerade! F: (of news etc.) to make s.o. s. up, j-n aufhorchen lassen; (b) (not go to bed) aufbleiben; to s. up with an ill person, bei einem Kranken wachen.

site [sait], s. 1. (of building, town etc.) Lage f; on the s. of the temple, dort, wo der Tempel einst gestanden hat; camping s., Campingplatz m; prehistoric s., vorgeschichtliche Stätte f; exhibition s., Ausstellungsgelände n. 2. Constr: (building) s. Baustelle f; s. hut, Bauhütte f.

situate ['sitjueit], v.tr. (etwas) hinstellen; (die Handlung eines Romans) versetzen (in France, nach Frankreich). 'situated, adj. 1. the house is s. by the sea, das Haus liegt am Meer; pleasantly s., schön gelegen. 2. (of pers.) situiert; I

am awkwardly s., ich befinde mich in einer peinlichen Lage; fortunately s., in einer glücklichen Lage. situ'ation, s. 1. Lage f. 2. (job) Stelle f; situations vacant, Stellenangebote npl; situations wanted, Stellengesuche npl.

six [siks]. I. num. adj. sechs; F: it's s. of one and half a dozen of the other, das ist Jacke wie Hose. II. s. Sechs f; F: everything's at sixes and sevens, alles ist durcheinander. six'teen. I. num. adj. sechzehn. II. s. Sechzehn f. six-'teenth. I. num. adj. sechzehnte(r, s). II. s. Sechzehntel n. sixth. I. num. adj. sechste(r, s); F: s. sense, sechster Sinn; Sch: s. form, approx. Oberstufe f; s. form college, approx. Oberstufenzentrum n. II. s. (fraction) Sechstel n. 'sixtieth. I. num. adj. sechzigste(r, s). II. s. Sechzigstel n. 'sixty. num. adj. sechzig; (of pers.) in his sixties, in den Sechzigern; in the sixties (= 1960s), in den sechziger Jahren.

size¹ [saiz]. I. s. Größe f; Umfang m (eines Problems); (of book, paper) Format n; (thickness) Stärke f; of a s., gleich groß; F: that's about the s. of it, so sieht die Sache aus; Cl: what s. do you take? welche Größe tragen Sie? s. in shoes, Schuhgröße f; a s. larger/smaller, eine Nummer größer/kleiner. II. v.tr. (a) (measure) (etwas) bemessen; (b) (sort) (etwas) der Größe nach ordnen; (c) F: to s. s.o., sth. up, sich dat über j-n, etwas acc eine Meinung bilden. 'siz(e)able, adj. ziemlich groß; a s. sum, eine beträchtliche Summe.

size². I. s. Tex: Papermaking: Leim m. II. v.tr. (Papier usw.) leimen.

sizzle ['sizl], v.i. (of sausages etc.) brutzeln; Fig: a sizzling hot day, ein glühend heißer Tag.

skate¹ [skeit], s. (fish) (common) s., Glattrochen m.

skate². I. s. Schlittschuh m. II. v.i. Schlittschuh laufen; Fig: to s. over a problem, über ein Problem hinweggleiten; to be skating on thin ice, in einer heiklen Situation sein. 'skateboard, s. Rollbrett n, Skateboard n. 'skater, s. Schlittschuhläufer m. 'skating, s. Schlittschuhlaufen n; s. rink, Eisbahn f.

skeleton ['skelit(ə)n], s. 1. (of pers., animal) Skelett n; to be reduced to a s., zum Skelett abgemagert sein; s. construction, Skelettbauweise f; (b) s. key, Nachschlüssel m; (c) Minimal-; s. staff/crew, Minimalbelegschaft f.

sketch [sketʃ]. I. s. 1. Skizze f; to give a s. of sth. (in words), etwas kurz umreißen; s. pad, Skizzenblock m. 2. Th: Sketch m. II. v.tr. (eine Szene usw.) skizzieren. 'sketch 'out, v.tr. (Pläne usw.) skizzieren. 'sketchy, adj. (of drawing, description etc.) skizzenhaft; (of knowledge etc.) oberflächlich; I only have a s. idea, ich weiß es nur so ungefähr.

skewer ['skjuː(:)ər]. I. s. Cu: Spieß m. II. v.tr. (Fleisch, Geflügel usw.) aufspießen.

ski [skiː]. I. s. Ski m; s. jump, Sprungschanze f; s. jumping, Skispringen n; s. lift, Skilift m. II. v.i. skilaufen. 'skier, s. Skiläufer m. 'skiing, s. Skilaufen n; s. instructor, Skilehrer m.

skid [skid]. I. s. 1. Rutschen n; Aut: Schleudern n; to go into a s., ins Schleudern kommen; s. mark, Schleuderspur f. 2. Av: etc: Gleitkufe f. II. v.i. (p. & p.p. skidded) rutschen; Aut: schleudern. 'skidpan, s. Aut: Rutschplatte f.

skiff [skif], s. Row: Skiff n.

skill [skil], s. Geschick n; **this job requires various skills,** dieser Beruf verlangt verschiedene Fertigkeiten. **'skilful,** adj. geschickt. **'skilfulness,** s. Geschicklichkeit f. **'skilled,** adj. (of pers.) geschickt (**at sth.,** in etwas dat); Ind: **s. worker,** gelernter Arbeiter; **a s. job,** eine Arbeit, die Fachkenntnisse erfordert.

skim [skim], v. (p. & p.p. **skimmed**) **1.** v.tr. (das Fett von einer Suppe, den Rahm usw.) abschöpfen; **skimmed milk,** Magermilch f. **2.** v.i. (of bird) **to s. over the surface,** dicht über die Oberfläche dahingleiten; **to s. through a letter,** einen Brief flüchtig durchlesen. **'skimmer,** s. Cu: Schaumlöffel m.

skimp [skimp], v. **1.** v.tr. (an Material, am Essen dat usw.) sparen. **2.** v.i. knausern. **'skimpy,** adj. (of meal) mager; (of garment) dürftig.

skin [skin]. **I.** s. **1.** (of pers., on milk etc.) Haut f; **next (to) one's s.,** auf der bloßen Haut; Med: **s. graft,** Hauttransplantation f; Fig: **to have a thick s.,** ein dickes Fell haben; **to have a thin s.,** sensibel sein; **to save one's skin,** seine Haut retten; F: **by the s. of one's teeth,** mit knapper Not; **s. game,** Schwindel m. **2.** (of animal) (with fur) Fell n; (without fur) Haut f. **3.** (of fruit) Schale f. **II.** v.tr. (p. & p.p. **skinned**) (ein Tier) häuten; F: **to keep one's eyes skinned,** die Augen offenhalten. **'skin-'deep,** adj. oberflächlich. **'skin-diving,** s. Sporttauchen n. **'skinflint,** s. Geizhals m. **'skinny,** adj. mager. **'skin-'tight,** adj. hauteng.

skint [skint], adj. F: pleite.

skip [skip]. **I.** v. (p. & p.p. **skipped**) **1.** v.i. (a) hüpfen; Fig: **to s. from one subject to another,** von einem Thema zum anderen wechseln; (b) (with rope) seilspringen. **2.** v.tr. (ein Kapitel im Buch usw.) überspringen; F: **s. it,** laß nur; **to s. school,** (die Schule) schwänzen. **II.** s. Ind: etc: Kübel m. **'skipping,** s. Seilspringen n; **s. rope,** Springseil, Hüpfseil n.

skipper ['skipər], s. F: Nau: Sp: Kapitän m.

skirmish ['skə:miʃ], s. Mil: etc: Geplänkel n.

skirt [skə:t]. **I.** s. (a) Cl: Rock m; (b) P: (bit of) s., Weibsbild n; F: **he runs after every bit of s.,** er läuft jeder Schürze nach. **II.** v.tr. (eine Stadt, einen Wald usw.) umranden; **the path skirts the wood,** der Pfad läuft am Rande des Waldes entlang. **'skirting,** adj. **s. board,** Fußleiste f.

skit [skit], s. Parodie f (on, auf + acc).

skittish ['skitiʃ], adj. (lively) lebhaft, ausgelassen; (teasing) neckisch; (of horse) nervös.

skittle ['skitl]. **I.** s. Games: Kegel m; **to play skittles,** Kegel schieben. **II.** v.i. kegeln. **'skittle alley,** s. Kegelbahn f.

skulk [skʌlk], v.i. sich versteckt halten; (with evil purpose) lauern.

skull [skʌl], s. Anat: Schädel m; **s. and crossbones,** Totenkopf m.

skunk [skʌŋk], s. Z: Stinktier n.

sky [skai], s. Himmel m; **in the s.,** am Himmel; **under Italian skies,** unter italienischem Himmel/dem Himmel Italiens; Fig: **to praise s.o. to the skies,** j-n über den grünen Klee loben; F: **the s.'s the limit,** nach oben gibt's keine Grenzen. **'sky-'blue. I.** s. Himmelblau n. **II.** adj. himmelblau. **'sky-'high,** adv. **to**

blow sth. s.-h., etwas in die Luft jagen. **'skylark,** s. Orn: Feldlerche f. **'skylight,** s. Dachluke f. **'skyline,** s. Horizont m; Skyline f. **'skyscraper,** s. Wolkenkratzer m. **'skywards,** adv. zum Himmel (empor). **'skyway,** s. **1.** Av: Flugweg m. **2.** N.Am: Hochstraße f. **'sky-writing,** s. Av: Himmelsschrift f.

slab [slæb], s. (a) (of stone etc.) Platte f; (b) (slice) dicke Scheibe f; **s. of cake,** großes Stück n Kuchen; **s. of chocolate,** Tafel f Schokolade.

slack [slæk]. **I.** s. (a) (of rope) Lose f; **to take up the s.,** die Lose durchholen; (b) Mec: Spiel n. **II.** adj. **1.** (of pers.) nachlässig (**at,** in + dat); (of attitude etc.) lässig; (of discipline, morals) locker. **2.** (not tight) lose; (of rope) schlaff; Aut: (of steering) **to be s.,** Spiel haben. **3.** (of business etc.) flau; **s. period,** Flaute f; **the s. season,** die tote Saison/F: Sauregurkenzeit. **III.** v.i. (of pers.) F: faulenzen. **'slacken,** v. **1.** v.i. (of speed) nachlassen; (of rope etc.) sich lockern; (of Geschwindigkeit) verlangsamen. **'slacken 'off,** v.i. (of pers., wind, speed etc.) nachlassen; (of business) abflauen. **'slacker,** s. F: Drückeberger m, Ind: Bummelant m. **'slackness,** s. **1.** (of pers.) Nachlässigkeit f; (of attitude etc.) Lässigkeit f. **2.** (of rope etc.) Lockerheit f, Schlaffheit f. **3.** (of business etc.) Flauheit f. **slacks,** s. pl. (lange) Hose f.

slag [slæg], s. Min: Schlacke f; **s. heap,** Halde f.

slake [sleik], v.tr. (den Durst, Ch: Kalk) löschen.

slam[1] [slæm]. **I.** s. (of door etc.) Knall m. **II.** v. (p. & p.p. **slammed**) **1.** v.i. (of door etc.) knallen. **2.** v.tr. (eine Tür usw.) zuknallen; Fb: **to s. the ball into the net,** den Ball ins Tor knallen.

slam[2], s. Cards: Schlemm m; **grand s.,** Großschlemm m.

slander ['sla:ndər]. **I.** s. Verleumdung f. **II.** v.tr. (j-n) verleumden. **'slanderer,** s. Verleumder m. **'slanderous,** adj. verleumderisch.

slang [slæŋ]. **I.** s. Slang m. **II.** v.tr. F: (j-n) beschimpfen; **slanging match,** Hickhack m.

slant [sla:nt]. **I.** v. **s. 1.** Schräge f; **at a s.,** schräg. **2.** F: (point of view) Blickwinkel m; **he has a different s. on it,** er sieht es aus einem anderen Blickwinkel. **II.** v. **1.** v.i. schräg sein; (of surface etc.) sich neigen. **2.** v.tr. (a) (etwas) neigen; (b) Fig: (einen Bericht usw.) färben. **'slanting,** adj. schräg.

slap [slæp]. **I.** s. Klaps m; **s. in the face,** Ohrfeige f; Fig: Abfuhr f, Abweisung f. **II.** v.tr. (p. & p.p. **slapped**) (a) (ein Kind usw.) klapsen; **to s. s.o.'s face,** j-m eine Ohrfeige geben; **to s. s.o. on the back,** j-m auf den Rücken klopfen; (b) F: **to s. butter on bread,** Butter aufs Brot klatschen. **III.** adv. **to run s. into sth.,** mit voller Wucht auf etwas acc prallen. **'slapdash/ 'slap-'happy,** adj. liederlich. **'slapstick,** s. **s. (comedy),** Slapstick m. **'slap-up,** adj. **s.-up meal,** feudales Essen.

slash [slæʃ]. **I.** s. **1.** Hieb m (mit dem Messer usw.). **2.** (cut) Hiebwunde f. **3.** (a) Cl: Schlitz m; (b) esp. N.Am: **s. (mark),** Schrägstrich m. **II.** v.tr. (a) (einen Weg durch etwas usw.) hauen; **to s. s.o.'s face,** j-m das Gesicht zerschneiden; (b) Fig: (Preise usw.) stark herabsetzen. **'slashed,** adj. Cl: **s. sleeve,** Schlitzärmel m. **'slashing,** adj. (of criticism etc.) vernichtend.

slat [slæt], *s.* Latte *f;* Brettchen *n* (einer Jalousie).

slate [sleit]. **I.** *s.* (*a*) *Geol: Constr:* Schiefer *m;* **s. quarry,** Schieferbruch *m;* **s. roof,** Schieferdach *n;* (*b*) *Sch: A:* Schiefertafel *f; Fig:* **to start with a clean s.,** einen neuen Anfang machen. **II.** *v.tr.* (*a*) (ein Dach) mit Schiefer decken; (*b*) *F:* (einen Film, ein Theaterstück usw.) verreißen. ´**slating,** *s. F:* Verriß *m.*

slaughter [´slɔːtər]. **I.** *s.* (*a*) (*act*) Schlachten *n* (von Vieh); Abschlachten *n* (von Menschen); (*b*) (*carnage*) Gemetzel *n.* **II.** *v.tr.* (Vieh) schlachten; (Menschen) abschlachten. ´**slaughterhouse,** *s.* Schlachthaus *n.*

Slav [slɑːv]. **I.** *s.* Slawe *m,* Slawin *f.* **II.** *adj.* slawisch. **Slavonic** [slə´vɔnik], *adj.* slawisch.

slave [sleiv]. **I.** *s.* Sklave *m;* Sklavin *f; Fig:* **he is a s. to drink,** er ist dem Alkohol verfallen. **II.** *v.i.* **to s. (away) at sth.,** sich mit etwas *dat* abschinden/abplagen. ´**slavedriver,** *s.* Sklaventreiber *m; Fig:* Menschenschinder *m.* ´**slavery,** *s.* Sklaverei *f.* ´**slavish,** *adj.* sklavisch.

slay [slei], *v.tr.* (*p.* **slew** [sluː], *p.p.* **slain** [slein]) *A: & Lit:* (*also F: = be furious with*) (j-n) umbringen.

sleazy [´sliːzi], *adj. F:* verkommen.

sledge [sledʒ]. **I.** *s.* Schlitten *m.* **II.** *v.i.* **to s./go sledging,** Schlitten fahren.

sledge-hammer [´sledʒhæmər], *s.* Schmiedehammer *m; Fig:* **s. tactics,** Holzhammermethode *f.*

sleek [sliːk], *adj.* (*a*) (*of hair etc.*) seidenglänzend; (*b*) **s. lines,** schnittige Form (eines Autos usw.). ´**sleekness,** *s.* (*a*) Seidenglanz *m;* (*b*) schnittige Form *f.*

sleep [sliːp]. **I.** *s.* Schlaf *m;* (*a*) (*of pers., F: of leg etc.*) **to go to s.,** einschlafen; **to drop off to s.,** einnicken; **to send s.o. to s.,** j-n einschläfern; *Vet:* **to put an animal to s.,** ein Tier einschläfern; (*b*) **short s.,** Schläfchen *n;* **to have a (good) s.,** (gut) schlafen. **II.** *v.* **1.** *v.i.* (*a*) schlafen; **to s. like a log/top,** wie ein Murmeltier schlafen; **to s. on sth.,** etwas überschlafen; (*b*) (*spend night*) (im Hotel usw.) übernachten. **2.** *v.tr.* (*a*) *F:* **I haven't slept a wink all night,** ich habe die ganze Nacht kein Auge zugetan; *Hum:* **to s. the s. of the just,** den Schlaf der Gerechten schlafen; (*b*) (*accommodate*) (Leute) unterbringen; **the hotel sleeps 100,** das Hotel bietet Schlafgelegenheiten für 100 Personen. ´**sleep a´round,** *v.i. F:* mit jedem ins Bett gehen. ´**sleeper,** *s.* **1.** Schläfer *m;* **to be a light/heavy s.,** einen leichten/tiefen Schlaf haben. **2.** *Rail:* Schwelle *f.* **3.** *Rail:* Schlafwagen *m.* ´**sleep ´in,** *v.i.* (*a*) (*of housekeeper etc.*) mit im Haus wohnen; (*b*) (*sleep late*) (*intentionally*) ausschlafen; (*unintentionally*) verschlafen. ´**sleepiness,** *s.* **1.** Schläfrigkeit *f.* **2.** (*lethargy*) Verschlafenheit *f.* ´**sleeping. I.** *adj.* schlafend; *Com:* **s. partner,** stiller Teilhaber *m.* **II.** *s.* Schlafen *n;* **s. bag,** Schlafsack *m; Rail:* **s. car,** Schlafwagen *m;* **s. pill,** Schlaftablette *f; Med:* **s. sickness,** Schlafkrankheit *f.* ´**sleepless,** *adj.* schlaflos; **s. night,** schlaflose Nacht. ´**sleeplessness,** *s.* Schlaflosigkeit *f.* ´**sleep ´off,** *v.tr.* (einen Rausch usw.) ausschlafen. ´**sleepwalker,** *s.* Schlafwandler(in) *m(f).* ´**sleep-**

walking, *s.* Schlafwandeln *n.* ´**sleepy,** *adj.* **1.** (*of pers.*) schläfrig; (*lethargic*) verschlafen. **2.** (*of village etc.*) verschlafen. **3.** (*of pear, apple etc.*) teigig. ´**sleepyhead,** *s. F:* Schlafmütze *f.*

sleet [sliːt]. **I.** *s.* Schneeregen *m.* **II.** *v.i.* regnen und schneien zugleich.

sleeve [sliːv], *s.* **1.** Ärmel *m; Fig:* **to have sth. up one's s.,** noch einen Pfeil im Köcher haben. **2.** (**record**) **s.,** Plattenhülle *f.* **3.** *Mec. E:* Hülse *f;* (*esp. coupling*) Muffe *f.*

sleigh [slei], *s.* Pferdeschlitten *m.*

sleight [slait], *s.* **s. of hand,** Fingerfertigkeit *f* (eines Taschenspielers).

slender [´slendər], *adj.* **1.** (*of pers.*) schlank. **2.** (*a*) (*of income etc.*) schmal; **s. means,** geringe Mittel; (*b*) (*of hope, excuse etc.*) schwach. ´**slenderness,** *s.* **1.** Schlankheit *f.* **2.** Beschränktheit *f* (des Einkommens).

slice [slais]. **I.** *s.* **1.** Scheibe *f* (**of bread, meat** etc., Brot, Fleisch usw.); **s. of bread and butter,** Butterbrot *n; Fig:* **s. of good luck,** Glücksfall *m; Fig:* **a large s. of the profits,** ein großer Teil des Gewinns. **2.** *Cu:* (**fish-**)**s.,** Fischkelle *f.* **II.** *v.tr.* (*a*) (Brot usw.) (in Scheiben) schneiden; (Fleisch, Wurst usw.) aufschneiden; **sliced bread,** Scheibenbrot *n;* (*b*) *Golf:* **to s. the ball,** den Ball fälschen. ´**slicer,** *s.* Schneidemaschine *f.* ´**slice ´off,** *v.tr.* (ein Stück Fleisch usw.) abschneiden.

slick [slik]. **I.** *s.* (**oil**) **s.,** Ölteppich *m.* **II.** *adj.* (*a*) (*of businessman etc.*) clever; **a s. business deal,** ein glatt abgewickeltes Geschäft; (*b*) (*of performance*) routiniert.

slide [slaid]. **I.** *s.* **1.** (*action*) Rutschen *n;* (*landslide*) Erdrutsch *m.* **2.** (*on ice,* playground) Rutschbahn *f; Ind:* Rutsche *f.* **3.** *Phot:* Diapositiv *n, F:* Dia *n;* (*for microscope*) Objektträger *m.* **4.** (*a*) (**hair**) **s.,** Haarspange *f;* (*b*) *Mec. E: etc:* Schieber *m; Mth:* **s. rule,** Rechenschieber *m.* **II.** *v.* (*p. & p.p.* **slid** [slid]) **1.** *v.i.* (*a*) (*of bolt, drawer etc.*) gleiten; (*b*) (*of pers.*) (*on ice etc.*) rutschen; (*by accident*) ausrutschen; (*c*) **to let things s.,** die Dinge laufenlassen. **2.** *v.tr.* (etwas) schieben. ´**sliding,** *adj.* gleitend; **s. door,** Schiebetür *f; Mec. E:* **s. fit,** Gleitsitz *m; Aut:* **s. roof,** Schiebedach *n; Com: etc:* **s. scale,** gleitende Skala; *Row:* **s. seat,** Rollsitz *m.*

slight [slait]. **I.** *adj.* **1.** (*of pers., build*) zierlich; (*frail-looking*) schmächtig. **2.** (*not great*) leicht; (*insignificant*) gering(fügig); **a s. dent,** eine kleine Beule; **he has a s. stammer/squint,** er stottert/schielt ein bißchen; **s. smell,** schwacher Geruch; **not the slightest danger,** nicht die geringste Gefahr; **not in the slightest,** nicht im geringsten; **-ly,** *adv.* **1.** (*of pers.*) **s. built,** von zierlichem Körperbau. **2.** leicht; **s. better,** ein bißchen/etwas besser; **I know him s.,** ich kenne ihn flüchtig. **II.** *s.* Kränkung *f.* **III.** *v.tr.* (j-n) kränken.

slim [slim]. **I.** *adj.* (*a*) (*of pers.*) schlank; (*b*) (*of chance, hope etc.*) gering. **II.** *v.i.* (*p. & p.p.* **slimmed**) eine Schlankheitskur machen; (*lose weight*) abnehmen. ´**slimline,** *adj.* **1.** (*of TV etc.*) superflach. **2.** (*low-calory*) kalorienarm. ´**slimness,** *s.* Schlankheit *f.*

slime [slaim], *s.* **1.** (*mud*) Schlamm *m.* **2.** (*mucus*) Schleim *m.* ´**sliminess,** *s.* Schlei-

migkeit *f.* ′ **slimy,** *adj.* **1.** (*muddy*) schlammig.
2. (*slippery, also Fig:*) schleimig.
sling [sliŋ]. **I.** *s.* (*weapon*) Schleuder *f.* **2.** (*for hoisting etc.*) Schlinge *f; Med:* Armschlinge *f; Mil:* (*for gun etc.*) Tragriemen *m.* **II.** *v.tr.* (*p. & p.p.* **slung** [slʌŋ]) (*a*) (einen Ball usw.) schleudern; *Fig:* **to s. mud at s.o.,** j-n mit Schmutz bewerfen; (*b*) **to s. up a hammock,** eine Hängematte spannen; **to s. a rifle over one's shoulder,** ein Gewehr umhängen.
slink [sliŋk], *v.i.* (*p. & p.p.* **slunk** [slʌŋk]) schleichen; **to s. off,** wegschleichen. ′ **slinky,** *adj.* (*of dress*) verführerisch; (*tight*) hauteng.
slip [slip]. **I.** *s.* **1.** (*a*) (*on ice etc.*) Rutsch *m; Mec. E:* Rutschen *n* (eines Riemens usw.); *Geol:* Erdrutsch *m;* (*b*) **to give s.o. the s.,** j-m entkommen. **2.** (*mistake*) Versehen *n;* (*conduct*) Fehltritt *m;* **it was a s. of the tongue,** ich habe mich versprochen. **3.** *H:* (*pillow-*)s., Kopfkissenbezug *m.* **4.** *Cl:* Unterrock *m.* **5.** (*a*) **s. of paper,** Zettel *m;* (*b*) *Fig:* **s. of a boy,** schmächtiges Kerlchen. **6.** (*shipbuilding*) Helling *f.* **II.** *v.* (*p. & p.p.* **slipped**) **1.** *v.i.* (*a*) (*move out of position*) rutschen; (*slide*) gleiten; **it slipped out of my hand,** es glitt mir aus der Hand; *Med:* **slipped disc,** Bandscheibenvorfall *m; F:* **to let s. a remark,** eine Bemerkung fallenlassen; **he let s. that . . . ,** ihm rutschte die Bemerkung heraus, daß . . . ; **to let an opportunity s.,** sich *dat* eine Gelegenheit entgehen lassen; (*b*) **he slipped and fell,** er rutschte aus und fiel hin; (*c*) *F:* (*go quickly*) **to s. away,** entschlüpfen, sich davonschleichen; **to s. in (to see s.o.),** (bei j-m) vorbeikommen; **I'll s. round to the baker's,** ich laufe eben schnell zum Bäcker; **to s. into a dress,** in ein Kleid schlüpfen; (*d*) *F:* **he's slipping,** er hat nachgelassen; (*of time*) **to s. by,** verstreichen; (*e*) *Tchn:* (*of belt etc.*) rutschen; *Aut:* (*of clutch*) schleifen. **2.** *v.tr.* (*a*) **the dog slipped his lead,** der Hund hat sich von der Leine losgemacht; **to s. off a ring/a dress,** einen Ring/ein Kleid abstreifen; *Rail:* **to s. a coach,** einen Wagen abhängen; (*b*) **it slipped his attention,** es ist ihm entgangen; **it slipped my mind,** es ist mir entfallen; (*c*) **he slipped it into his pocket,** er ließ es in die Tasche gleiten; **I slipped it into his hand,** ich steckte es ihm zu; (*d*) *Aut:* **to s. the clutch,** die Kupplung schleifen lassen; (*e*) *Knit:* (eine Masche) abheben. ′ **slipcase,** *s.* (*for book*) Kassette *f.* ′ **slipknot,** *s.* laufender Knoten *m.* ′ **slipover,** *s. Cl:* Pullunder *m.* ′ **slipper,** *s.* **1.** Hausschuh *m;* (**bedroom**) **s.,** Pantoffel *m.* **2.** *Rail:* Hemmschuh *m.* ′ **slippery,** *adj.* **1.** glitschig; (*icy*) glatt. **2.** *F:* (*of pers.*) gerissen; **he's as s. as an eel/a s. customer,** er ist aalglatt. ′ **slipshod,** *adj.* liederlich. ′ **slip-road,** *s.* Zufahrtstraße *f.* ′ **slipstream,** *s. Av:* Sog *m; Aut:* Windschatten *m.* ′ **slip′up,** *v.i.* einen Schnitzer machen. ′ **slip-up,** *s. F:* Panne *f.* ′ **slipway,** *s.* Helling *f.*
slit [slit]. **I.** *s.* Schlitz *m.* **II.** *v.* **1.** *v.tr.* (*pres. p.* **slitting,** *p. & p.p.* **slit**) (j-m die Kehle) aufschneiden; **to s. open a sack etc.,** einen Sack usw. aufschlitzen; **to s. one's finger open,** sich *dat* den Finger aufreißen. **2.** *v.i.* **to s.** (**open**), aufreißen.
slither [′sliðər], *v.i.* glitschen; (*of snake etc.*) gleiten.

sliver [′slivər], *s.* (*of wood etc.*) Streifchen *n;* (*of cheese etc.*) hauchdünne Scheibe *f.*
slub [slʌb], *s. P:* Lümmel *m.*
slobber [′slɔbər], *v.i.* geifern.
sloe [sləu], *s. Bot:* (*a*) (*fruit*) Schlehe *f;* (*b*) (*bush*) Schlehdorn *m.*
slog [slɔg]. **I.** *v.* (*p. & p.p.* **slogged**) *F:* **1.** *v.tr.* (den Ball) knallen; *Box:* (den Gegner) verprügeln. **2.** *v.i.* (*a*) **to s. away at sth.,** sich mit etwas *dat* abplagen; **to s. uphill,** sich den Berg hinaufschinden. **II.** *s.* **hard s.,** Schinderei *f.* ′ **slogger,** *s.* Arbeitstier *n.*
slogan [′sləugən], *s. Advert:* Slogan *m; Pol: etc:* Schlagwort *n.*
sloop [slu:p], *s. Nau:* Slup *f.*
slop [slɔp]. **I.** *s. pl.* **slops,** (*a*) Schmutzwasser *n;* (*b*) dünne Suppe; *F:* Brühe *f; Med:* flüssige Nahrung *f.* **II.** *v.* (*p. & p.p.* **slopped**) **1.** *v.i.* (*of liquid*) **to s.** (**over**), überschwappen. **2.** *v.tr.* (Bier, Wasser usw.) verschütten. ′ **sloppy,** *adj. F:* (*a*) (*untidy*) schlampig; (*b*) (*sentimental*) rührselig; **s. sentiment,** Gefühlsduselei *f.*
slope [sləup]. **I.** *s.* (*a*) (*gradient*) **on/at a s.,** geneigt; (*b*) (*sloping ground*) Hang *m;* **mountain s.,** Berghang *m.* **II.** *v.* **1.** *v.i.* (*a*) (*of ground*) sich neigen; **to s. down,** abfallen; **to s. upwards,** ansteigen; (*b*) (*of writing*) **to s. forwards/backwards,** sich nach rechts/links neigen. **2.** *v.tr.* (etwas) neigen. ′ **slope ′off,** *v.i. F:* sich davonschleichen. ′ **sloping,** *adj.* (*of ground etc.*) geneigt; (*of writing etc.*) schräg; (*of shoulders*) abfallend.
slosh [slɔʃ], *v.* **1.** *v.tr. P:* (j-n) hauen; **s. him one!** knall ihm eine! **2.** *v.i. F:* (*of water etc.*) schwappen. ′ **sloshed,** *adj. P:* besoffen.
slot [slɔt], *s.* **1.** (*for money etc.*) Einwurf *m;* **s. machine,** Münzautomat *m.* **2.** (*for peg etc.*) Kerbe *f; Tchn:* Nut *f.* **3.** *F:* Platz *m;* **to find a s. for sth.,** etwas unterbringen.
slouch [slautʃ], *v.i.* mit hängenden Schultern stehen/sitzen/gehen; **to s. about at street corners,** an Straßenecken herumlungern; **don't s.!** sitz/steh nicht so krumm!
slovenly [′slʌv(ə)nli], *adj.* liederlich. ′ **slovenliness,** *s.* Liederlichkeit *f.*
slow [sləu]. **I.** *adj.* **1.** langsam; **it's s. work,** es geht sehr langsam; *Rail:* **s. train,** Personenzug *m; F:* Bummelzug *m; Cu:* **to bake sth. in a s. oven,** etwas bei schwacher Hitze backen; *Cin: TV:* **in s. motion,** in Zeitlupe; *Aut:* **s. running,** Leerlauf *m.* **2.** (*of pers.*) schwerfällig, **s. on the uptake,** schwer von Begriff; **a s. child,** ein Kind, das schwer lernt; **he is s. to anger,** er läßt sich nicht leicht zum Zorn hinreißen; **he is s. in his work,** er arbeitet langsam; **he has been s. to answer,** er hat sich mit seiner Antwort Zeit gelassen; *Com:* **s. payer,** säumiger Zahler. **3. business is s.,** das Geschäft geht schleppend. **4. the clock is** (**ten minutes**) **s.,** die Uhr geht (10 Minuten) nach. **II.** *adv.* langsam; *Ind:* **to go s.,** Bummelstreik machen; *Mec. E:* **s. running engine,** niedertouriger Motor. **III.** *v.* **1.** *v.i.* **to s. up/down,** langsamer fahren/gehen. **2.** *v.tr.* **to s. sth. down/up,** etwas verlangsamen, **-ly,** *adv.* langsam; **I s. realized that she was dead,** allmählich wurde mir klar, daß sie tot war; *Cu:* **to cook s.,** auf kleiner Flamme kochen. ′ **slowcoach**/*N.Am:* **slowpoke,** *s. F:* Bummelant *m;*

he's a s., bei ihm geht alles im Schneckentempo.
'slowness, s. Langsamkeit f.
sludge [slʌdʒ], s. Schlamm m.
slug¹ [slʌg], s. Nacktschnecke f.
slug², s. Geschoß n (für das Luftgewehr).
sluggard ['slʌgəd], s. Faulenzer m. 'sluggish,
adj. (of pers., engine) träge. 'sluggishness, s.
Trägheit f.
sluice [sluːs]. I. s. 1. Schleuse f; s. gate, Schleu-
sentor n. 2. Min: Gerinne n. 3. to give sth. a s.
down, etwas abspülen. II. v.tr. (a) to s. sth.
down, etwas abspülen. (b) Min: (Erz usw.)
waschen.
slum [slʌm], s. Elendsviertel n; s. clearance,
Sanierung f der Elendsviertel.
slumber ['slʌmbər]. I. s. Schlummer m. II. v.i.
schlummern.
slump [slʌmp]. I. s. Com: Kurssturz m; St.
Exch: Baisse f; economic s., Konjunktur-
rückgang m. II. v.i. (a) (of pers.) sacken (into a
chair, in einen Stuhl); (b) Com: (of prices etc.)
(plötzlich) stürzen.
slur¹ [sləːr], s. Makel m; to cast a s. upon s.o.'s
reputation, j-s Ehre beflecken.
slur². I. v.tr. (p. & p.p. slurred) (Buchstaben,
Silben) verschleifen; to s. one's words, mit
schwerer Zunge reden. II. s. Mus: Bindebogen
m. 'slurred, adj. undeutlich.
slush [slʌʃ], s. 1. Matsch m. 2. Fig: Kitsch m. 3.
F: s. fund, Schmiergelder pl. 'slushy, adj. 1.
matschig. 2. Fig: kitschig.
slut [slʌt], s. Schlampe f. 'sluttish, adj.
schlampig.
sly [slai], adj. 1. (a) (of pers., look etc.) listig; (b)
on the s., heimlich. 2. (mischievous) verschmitzt.
'slyness, s. 1. Listigkeit f. 2. Verschmitztheit f.
smack¹ [smæk], v.i. to s. of sth., leicht nach
etwas dat schmecken; Fig: to s. of treachery,
nach Verrat riechen.
smack². I. s. 1. (sound) Klatsch m. 2. (slap)
Klaps m; s. in the face, Ohrfeige f. II. v.tr. (a) to
s. s.o., j-m einen Klaps geben; to s. s.o.'s face,
j-m eine Ohrfeige geben; (b) to s. one's lips,
(mit den Lippen) schmatzen. III. adv. F: he ran
s. into a tree, er fuhr direkt gegen einen Baum.
'smacker, s. 1. F: (loud kiss) Schmatz m. 2.
P: Pfund n.
smack³, s. Nau: Schmacke f.
small [smɔːl]. I. adj. klein; (a) (in size) s. number,
geringe Anzahl; s. letter, Kleinbuchstabe m;
the s. print, das Kleingedruckte; s. town,
Kleinstadt f; s. change, Kleingeld n; the s.
hours, die frühen Morgenstunden; Hunt: s.
game, Niederwild n; Journ: s. ads, Kleinanzei-
gen fpl; (b) (in scale) s. business, Kleinbetrieb
m; s. trader, Kleingewerbetreibende(r) m; (c)
(unimportant) s. talk, Geplauder n; s. fry,
kleine Fische; (children) kleines Gemüse; a
s. matter, eine Kleinigkeit; in a s. way, in
bescheidenem Maße; to start in a s. way, klein
anfangen; on a s. scale, in kleinem Maßstab;
(d) to make s. look s., j-n blamieren; to feel
s., sich schämen. II. s. 1. Anat: s. of the back,
Kreuz n. 2. A: & Hum: smalls, Unterwäsche f.
III. adv. klein; to chop sth. up s., etwas klein-
schneiden/kleinhacken. 'small-'arms, s.
Hand(feuer)waffen fpl. 'smallholding, s.
Kleinbauernhof m. 'smallholder, s. Klein-

bauer m. 'smallish, adj. ziemlich klein.
'small-'minded, adj. kleinlich, engherzig.
'smallness, s. Kleinheit f. 'smallpox, s.
Med: Pocken fpl. 'small-'scale, adj. 1.
(of model) in verkleinertem Maßstab (an-
gefertigt). 2. Klein-; s.-s. business, Kleinbetrieb
m. 'small-time, adj. F: (of actor etc.) dritt-
klassig; s.-t. criminal, kleiner Verbrecher.
smart [smɑːt]. I. s. (brennender) Schmerz m. II.
v.i. (a) (of wound, eyes etc.) brennen; (b) she
was still smarting under the injustice, die Un-
gerechtigkeit schmerzte sie noch. III. adj. 1. (of
pers., clothes) elegant; F: schick; the s. set, die
vornehme Welt. 2. esp. N.Am: (clever) klug;
s. guy, gescheiter Kerl; s. answer, fixe Antwort;
to try to be s., klugreden. 3. (brisk) s. pace,
flottes Tempo; look s. (about it)! mach fix! 4.
(of blow) hart; -ly, adv. 1. s. dressed, elegant/
flott angezogen. 2. he jumped s. to attention, er
nahm zackig Haltung an. 'smarten, v. 1. v.tr.
(a) to s. sth. up, etwas aufmöbeln; to s. s.o./
oneself up, j-n/sich feinmachen; to s. up one's
ideas, sich zusammenreißen. 2. v.i. to s. up,
sich feinmachen/herausputzen. 'smartness,
s. 1. (of clothes, pers. etc.) Schick m. 2.
Klugheit f; Com: etc: Gerissenheit f.
smash [smæʃ]. I. s. 1. (loud noise) Krach m;
(blow) (heftiger) Schlag m; Tennis: Schmet-
terball m. 2. (crash) (heftiger) Zusammenstoß
m; car s., Autounfall m. 3. Com: Zusam-
menbruch m. II. v. 1. v.tr. (a) to s. sth. (to
pieces), etwas zerschlagen/(shatter) zerschmet-
tern; to s. down/in a door, eine Tür einschla-
gen; P: to s. s.o.'s face in, j-m die Schnauze
polieren; (b) (den Feind) vernichtend schlagen;
Sp: etc: (einen Rekord) weit übertreffen. 2. v.i.
(a) (of window etc.) zerbrechen; (b) (of car) to
s. into a wall, gegen eine Wand prallen; (c)
Tennis: den Ball schmettern; (d) Com: pleite
gehen. 'smash-and-grab (raid), s. Schau-
fenstereinbruch m. 'smasher, s. F: (woman)
Mordszahn m. 'smash-hit, s. F: Bomben-
erfolg m. 'smashed, adj. P: stockbesoffen.
'smashing, adj. 1. (of blow etc.) zerschmet-
ternd. 2. F: klasse. 'smash'up, v.tr. (etwas)
zertrümmern; F: (ein Auto) zu Schrott fahren.
'smash-up, s. Zusammenstoß m.
smattering ['smæt(ə)riŋ], s. oberflächliche
Kenntnisse fpl (of, in + dat).
smear [smiːər]. I. s. 1. Klecks m; Fig: s. cam-
paign, Verleumdungskampagne f. 2. Med: Ab-
strich m. II. v.tr. (a) (j-n, etwas) beschmieren; to
s. one's hands with grease/s. grease on one's
hands, sich dat die Hände mit Fett einschmieren;
Fig: to s. s.o.'s reputation, j-s Ruf besudeln; (b)
(Geschriebenes, Tinte usw.) verwischen.
smell [smel]. I. s. Geruch m; (bad) s., Gestank
m; sense of s., Geruchssinn m; to have a keen
sense of s., eine feine Nase haben. II. v. (p. &
p.p. smelt) 1. v.tr. (a) (involuntarily) (etwas)
riechen; (b) (voluntarily) to s. a flower, an
einer Blume riechen. 2. v.i. to s. nice/bad, gut/
schlecht riechen; to s. of garlic, nach
Knoblauch dat riechen; Pej: he smells, er stinkt.
'smelly, adj. übelriechend, stinkend.
smelt [smelt], v.tr. Metall: (a) (Erz) schmelzen;
(b) (Metall aus Erz) erschmelzen; smelting
works, Schmelzhütte f.

smile [smail]. **I.** *s.* Lächeln *n;* **he was all smiles,** er strahlte über das ganze Gesicht. **II.** *v.* **1.** *v.i.* lächeln; **to s. at s.o.,** j-m zulächeln; **keep smiling!** Kopf hoch! *Fig:* **fate smiled on him,** das Glück hat ihm gelächelt. **2.** *v.tr.* **to s. one's approval/thanks,** zustimmend/dankend lächeln; **to s. a wicked s.,** boshaft lächeln.

smirk [smɔːk]. **I.** *s.* (selbstgefälliges) Grinsen *n.* **II.** *v.i.* feixen.

smith [smiθ], *s.* Schmied *m.* **'smithy** [-iði], *s.* Schmiede *f.*

smithereens [smiðə'riːnz], *s.pl. F:* **to be smashed to s.,** in tausend Stücke zerspringen; **to smash sth. to s.,** aus etwas *dat* Kleinholz machen.

smitten [smitn], *adj. F:* **he's quite s. with her,** er ist ganz in sie verknallt.

smock [smɔk], *s. Cl:* Hänger(kleid) *m(n).* **'smocking,** *s. Needlw:* Smokarbeit *f.*

smog [smɔg], *s.* Smog *m.*

smoke [smouk]. **I.** *s.* **1.** Rauch *m;* **to go up in s.,** in Rauch und Flammen aufgehen; *Prov:* **there's no s. without fire,** wo Rauch ist, ist auch Feuer. **2.** *F:* **to have a s.,** eine (Zigarette/Zigarre/Pfeife) rauchen. **II.** *v.* **1.** *v.tr.* (*a*) (eine Zigarette usw.) rauchen; (*b*) (Fleisch, Fisch usw.) räuchern; (*c*) **to s. s.o. out,** j-n ausräuchern. **2.** *v.i.* (*of pers., chimney etc.*) rauchen. **'smoke-bomb,** *s.* Rauchbombe *f.* **smoked,** *adj.* (*of meat etc.*) geräuchert; **s. glass,** Rauchglas *n.* **'smokeless,** *adj.* **s. fuel,** raucharmer Brennstoff; **s. zone,** rauchfreie Zone. **'smoker,** *s.* **1.** (*pers.*) Raucher *m;* **heavy s.,** starker Raucher. **2.** *Rail:* Raucherabteil *n.* **'smoke-screen,** *s. Mil:* künstlicher Nebel; *Fig:* Rauchschleier *m* (von Propaganda usw.). **'smoking,** *s.* **1.** Rauchen *n* (von Zigaretten usw.); *P.N:* **no s.,** Rauchen verboten; *Rail:* **s. compartment,** Raucherabteil *n.* **2.** Räuchern *n* (von Fleisch usw.). **'smoky,** *adj.* rauchig.

smooth [smuːð]. **I.** *adj.* **1.** glatt; (*of flight, crossing*) ruhig; (*of drink*) mild; (*of sea*) **as s. as a millpond,** spiegelglatt; **to have a s. tongue,** eine glatte Zunge haben; *F:* **a s. character,** ein schmieriger Typ. **2.** *Cu:* **to mix sth. to a s. paste,** etwas glattrühren. **II.** *v.tr.* **to s. sth. (down/out),** etwas glätten; *Fig:* **to s. away difficulties,** Schwierigkeiten aus dem Weg räumen; **to s. the way for s.o.,** j-m den Weg ebnen; **-ly,** *adv.* glatt; **to run s.,** (i) (*of machine*) ruhig laufen; (ii) (*of event etc.*) reibungslos verlaufen. **'smoothness,** *s.* Glätte *f;* ruhiger Verlauf *m* (eines Fluges usw.); Laufruhe *f* (einer Maschine usw.).

smother ['smʌðər], *v.tr.* (j-n, etwas) ersticken; *Fig:* **smothered with flowers,** unter Blumen begraben.

smoulder ['smouldər], *v.i.* schwelen; *Fig:* **smouldering hate,** schwelender Haß.

smudge [smʌdʒ]. **I.** *s.* Schmutzfleck *m;* (*in writing etc.*) verwischte Stelle *f.* **II.** *v.* **1.** *v.tr.* (etwas) beschmutzen; (die Unterschrift, Farben usw.) verwischen. **2.** *v.i.* (*of ink, paint etc.*) schmieren. **'smudgy,** *adj.* schmierig; (*of writing etc.*) geschmiert; (*of outline etc.*) verwischt.

smug [smʌg], *adj.* selbstgefällig. **'smugness,** *s.* Selbstgefälligkeit *f.*

smuggle ['smʌgl], *v.tr. & i.* (j-n, etwas)

schmuggeln. **'smuggler,** *s.* Schmuggler *m.* **'smuggling,** *s.* Schmuggel *m.*

smut [smʌt], *s.* **1.** Rußflocke *f;* (*on face etc.*) Schmutzfleck *m.* **2.** (*obscenity*) Schmutz *m.* **'smutty,** *adj.* **1.** schmutzig. **2.** (*obscene*) zotig.

snack [snæk], *s.* Imbiß *m;* **to have a s.,** eine Kleinigkeit essen. **'snack-bar,** *s.* Imbißstube *f,* Schnellimbiß *m.*

snag [snæg], *s. F:* Haken *m;* **that's the s.,** das ist der Haken (dabei/daran).

snail [sneil], *s.* Schnecke *f;* **at a s.'s pace,** im Schneckentempo.

snake [sneik]. **I.** *s.* Schlange *f.* **II.** *v.i.* (*of road etc.*) sich schlängeln. **'snake-charmer,** *s.* Schlangenbeschwörer *m.*

snap [snæp]. **I.** *s.* **1.** (*a*) (*bite*) Schnappen *n,* *F:* Schnapper *m;* **the dog took a s. at my leg,** der Hund schnappte nach meinem Bein; (*b*) (*sound*) Knacks *m;* **the door closed with a s.,** die Tür schnappte ins Schloß. **2. cold s.,** Kälteeinbruch *m.* **3.** *Phot:* **s.(shot),** Schnappschuß *m.* **4.** *Cu:* **ginger s.,** Ingwerknusperchen *n.* **II.** *adj.* **to make a s. decision/judgement,** Knall und Fall entscheiden/urteilen; *Parl:* **s. election,** kurz angesetzte Wahl. **III.** *v.* (*p. & p.p.* **snapped**) **1.** *v.tr.* (*a*) **to s. sth. shut,** etwas zuklappen; (*b*) **to s. one's fingers,** mit den Fingern schnalzen; *Fig:* **to s. one's fingers at s.o.,** j-m die Stirn bieten; (*c*) (*break*) (etwas) durchbrechen; (*d*) *Phot: F:* (j-n, etwas) knipsen. **2.** *v.i.* (*a*) **to s. at** (*of dog*) nach j-m schnappen; (*of pers.*) j-n anfahren; (*b*) (*of lock etc.*) **to s. to/shut,** zuschnappen; **the door snapped shut,** die Tür schnappte ins Schloß; (*c*) (*break*) entzweibrechen; (*of rope*) reißen; *Fig:* **his patience snapped,** der Geduldsfaden riß ihm. **'snapdragon,** *s. Bot:* Löwenmaul *n.* **'snap 'fastener,** *s. Sew:* Druckknopf *m.* **'snap 'out,** *v.i.* **s.o. of it!** reiß dich zusammen! **'snappy,** *adj.* **1.** (*irritable*) reizbar; *F:* schnauzig. **2.** *F:* flott; **look s.!/make it s.!** mach zu! **'snap 'up,** *v.tr.* (etwas) ergattern; **I had to s. up the bargain,** bei dem günstigen Angebot mußte ich sofort zugreifen.

snare ['snɛər]. **I.** *s.* **1.** Falle *f.* **2.** *Mus:* **s. drum,** Wirbeltrommel *f.* **II.** *v.tr.* (ein Tier usw.) in einer Falle fangen.

snarl [snɑːl]. **I.** *v.i.* (*of animal, pers.*) knurren; **to s. at s.o.,** j-n anknurren. **II.** *s.* Knurren *n.* **'snarl 'up,** *v.* **1.** *v.i.* (*of traffic etc.*) **to s. up,** einen Stau bilden. **2.** *v.tr.* (den Verkehr usw.) zum Stocken bringen. **'snarl-up,** *s. F:* Stauung *f.*

snatch [snætʃ]. **I.** *v.* **1.** *v.i.* greifen (**at,** nach + *dat*). **2.** *v.tr.* (*a*) (j-n, etwas) wegreißen; **to s. sth. out of s.o.'s hand,** j-m etwas aus der Hand reißen; (*b*) *Fig:* (eine Gelegenheit) ergreifen; **to s. an hour's sleep,** eine Stunde Schlaf kriegen; **to s. sth. to eat,** schnell was essen. **II.** *s.* **1. to make a s. at sth.,** nach etwas *dat* greifen. **2.** (*a*) (*bit of song etc.*) Bruchstück *n, F:* Brocken *m;* **to work in snatches,** mit Unterbrechungen arbeiten; (*b*) (*jerk*) Ruck *m.*

sneak [sniːk]. **I.** *s. Sch:* Petze(r) *f(m).* **II.** *v.* **1.** *v.i.* (*a*) **to s. about,** herumschleichen; **to s. off,** wegschleichen; (*b*) *Sch:* petzen. **2.** *v.tr. F:* (etwas hinterhältig) klauen; **to s. a look at sth.,** etwas heimlich ansehen. **'sneakers,** *s.* (*shoes*)

N.Am: F: Leisetreter *mpl.* ´ **sneaking**, *adj.* **a s. suspicion**, ein leiser Verdacht; **I have a s. admiration for him**, ich muß ihn doch irgendwie bewundern. ´ **sneaky**, *adj.* hinterhältig.

sneer [sniər]. **I.** *s.* spöttisches Lächeln *n*; **to say sth. with a s.**, etwas höhnisch bemerken. **II.** *v.i.* spöttisch lächeln; **to s. at s.o., sth.**, über j-n, etwas *acc* spotten. ´ **sneering**, *adj.* spöttisch; *(scornful)* höhnisch.

sneeze [sni:z]. **I.** *s.* Niesen *n.* **II.** *v.i.* niesen; *F:* **it's not to be sneezed at**, es ist nicht zu verachten.

snick [snik]. **I.** *s.* **1.** *(cut)* Kerbe *f.* **2.** *Sp:* Schneiden *n* (des Balles). **II.** *v.tr.* (etwas) einkerben; *(b) Cricket:* (den Ball) schneiden.

sniff [snif]. **I.** *s. (a)* Schnüffeln *n; (b) F: (breath)* Zug *m;* **to get a s. of sea air**, ein bißchen Seeluft schnuppern; **one s. of this knocks you out**, eine Nase voll/ein Hauch davon haut dich um. **II.** *v.* **1.** *v.i.* schnüffeln; **to s. at sth.**, *(of pers.)* an etwas *dat* riechen; *(of animal)* etwas beschnuppern; *F:* **it's not to be sniffed at**, es ist nicht zu verachten. **2.** *v.tr. (of pers.)* (an etwas *dat*) riechen; *(of animal)* (etwas) beschnuppern. ´ **sniffle.** **I.** *s.* Schnüffeln *n; (cold in the nose)* leichter Schnupfen *m.* **II.** *v.i.* schnüffeln. ´ **sniffy**, *adj. F: (a) (having cold)* verschnupft; *(b) (disdainful)* hochnäsig.

snifter [´sniftər], *s. F:* Schnäpschen *n.*

snigger [´snigər]. **I.** *s.* Kichern *n.* **II.** *v.i.* kichern. ´ **sniggering**, *s.* Gekicher *n.*

snip [snip]. **I.** *v.tr. (p. & p.p. snipped)* **to s. (at) sth.**, (an etwas *dat*) schnippeln; **to s. sth. off**, etwas abschneiden. **II.** *s.* **1.** *(a) (cut)* Schnitt *m; (b) (piece)* (abgeschnittenes) Stückchen *n; F:* Schnipsel *m & n.* **2.** *F:* **it's a s.**, es ist spottbillig.

snipe[1] [snaip], *s. Orn:* Schnepfe *f.*

snipe[2], *v.i.* **to s. at s.o.**, aus dem Hinterhalt auf j-n schießen. ´ **sniper**, *s.* Heckenschütze *m.*

snippet [´snipit], *s. F: (a)* Schnipsel *m & n; (b) pl. (of conversation etc.)* Bruchstücke *npl; F:* Brocken *mpl.*

snivel [´snivl], *v.i. (p. & p.p. snivelled) (a) (with runny nose)* schnüffeln; *(b) (cry)* wimmern. ´ **snivelling**, *adj. (a)* schnüffelnd; *(b)* wimmernd; *(of child)* weinerlich.

snob [snɔb], *s.* Snob *m;* **to be an intellectual s.**, einen Bildungsfimmel haben. ´ **snobbery/** ´ **snobbishness**, *s.* Snobismus *m.* ´ **snobbish**, *adj.* snobistisch.

snooker [´snu:kər], *s. Sp:* Snooker *n.*

snoop [snu:p], *v.i.* **to s. (around)**, (herum) schnüffeln. ´ **snooper**, *s.* Schnüffler *m.*

snooty [´snu:ti], *adj. F:* hochnäsig.

snooze [snu:z]. *F:* **I.** *s.* Nickerchen *n.* **II.** *v.i.* ein Nickerchen machen. ´ **snoozing**, *adj.* schlummernd.

snore [snɔːr]. **I.** *v.i.* schnarchen. **II.** *s.* Schnarchen *n.*

snorkel [´snɔːkl], *s. Swim:* Schnorchel *m.*

snort [snɔːt]. **I.** *v.i.* schnauben. **II.** *s.* Schnauben *n.*

snout [snaut], *s.* Schnauze *f.*

snow [snəu]. **I.** *s.* **1.** Schnee *m;* **there's been a fall of s.**, es ist Schnee gefallen; **s. flurry**, Schneegestöber *n;* **s. tyres**, Winterreifen *mpl.* **2.** *P: (cocaine)* Koks *m.* **II.** *v. impers.* schneien; **to be snowed up**, eingeschneit sein; *F:* **I'm snowed under with work**, ich bin mit Arbeit überhäuft.

´ **snowball.** **I.** *s.* Schneeball *m.* **II.** *v.* **1.** *v.tr.* (j-n) schneeballen. **2.** *v.i. Fig: (grow quickly)* lawinenartig anwachsen. ´ **snowbound**, *adj.* eingeschneit. ´ **snow-covered**, *adj.* schneebedeckt. ´ **snowdrift**, *s.* Schneewehe *f.* ´ **snowdrop**, *s. Bot:* Schneeglöckchen *n.* ´ **snowfall**, *s. Meteor:* Schneefall *m.* ´ **snowflake**, *s.* Schneeflocke *f.* ´ **snowline**, *s.* Schneegrenze *f.* ´ **snowman**, *pl.* **-men**, *s.* Schneemann *m.* ´ **snowmobile**, *s.* Schneemobil *n.* ´ **snowplough**, *s.* Schneepflug *m.* ´ **snowshoes**, *s.pl.* Schneeschuhe *mpl.* ´ **snowstorm**, *s.* Schneesturm *m.* ´ **snowy**, *adj. (of landscape etc.)* schneebedeckt; *(white)* schneeweiß.

snub[1] [snʌb]. **I.** *s.* schroffe Abweisung *f.* **II.** *v.tr. (p. & p.p. snubbed)* (j-n) schroff abweisen.

snub[2], *adj. F:* **s.-nose**, Stupsnase *f.*

snuff[1] [snʌf], *s.* Schnupftabak *m.*

snuff[2], *v.tr.* **to s. out a candle**, eine Kerze auslöschen; *P:* **to s. it**, abkratzen.

snug [snʌg], *adj.* gemütlich; *(of bed etc.)* mollig warm; **-ly**, *adv.* gemütlich; *(of garment etc.)* **to fit s.**, wie angegossen passen.

snuggle [´snʌgl], *v.i.* **to s. up to s.o.**, sich an j-n anschmiegen; **to s. down in bed**, sich ins Bett kuscheln.

so [səu]. **I.** *adv.* **1.** so; *(a) (to such degree)* **it was so hot that he fainted**, es war so heiß, daß er in Ohnmacht fiel; **he's not so young as he looks**, er ist nicht so jung, wie er aussieht; **I'm not so sure**, ich bin gar nicht so sicher; **he is so nice**, er ist so (besonders) nett; **so much**, so (sehr); **I (do) so hope he will come**, ich hoffe so sehr, daß er kommen wird; **why are you crying so?** warum weinst du so (sehr)? *(b)* **so far**, bis jetzt; **so far as I know**, soviel ich weiß; *(c)* **so much**, so viel; *(unspecified quantity)* **so many articles at 10 marks**, soundso viele Artikel zu 10 Mark; **so much s. that . . .**, derart/dermaßen, daß . . . **2.** *(a) (in this/that way)* **it so happens that I have got it with me**, es trifft sich (zufällig), daß ich es gerade bei mir habe; **and s. on**, und so weiter; *(b)* **I think so**, ich glaube (schon); **I don't think so**, ich glaube nicht; **I'm afraid s.**, leider ja; so it seems, es scheint so; **so to speak**, sozusagen; **I told you so**, das habe ich dir gleich gesagt; **is that so?** tatsächlich? **it's not so**, es stimmt nicht; **perhaps so**, vielleicht (ist es so); **quite so!** genau! *(c) (also)* **he is clever and so is she**, er ist intelligent und sie auch; **I want to go – so do I**, ich will mitgehen – ich auch; *(d) (expressing agreement)* **that's his car – so it is!** das ist sein Auto – (ja) tatsächlich! **3.** *conj. phr.* **so that . . .**, (i) *(result)* so daß . . .; (ii) *(intent)* damit . . .; **so as to . . .**, damit . . .; **he hurried, so as not to be late/so that he would not be late**, er beeilte sich, damit er nicht zu spät käme. **4.** *(about)* **a week or so**, ungefähr eine Woche; **he is twenty or so**, er ist so um die zwanzig. **5.** **just so**, tipptopp; **he likes everything to be just so**, er liebt die Ordnung. **II.** *conj.* also; *(a)* **he wasn't there, so I came back**, er war nicht da, also/daher bin ich zurückgekommen; *(b)* **so there you are!** da bist du also! **s. you are coming?** du kommst also doch mit? *F:* **s. what?** na und? ´ **so-and-so**, *s. (a)* **Mr. So-and-So**, Herr Soundso; *(b) F: (woman)*

Zicke *f; (man)* Querkopf *m.* ′**so-called,** *adj.*
sogenannt. ′**so-′so,** *adv. F:* soso; **he's s.,** es
geht ihm so lala.

soak [səuk]. **I.** *v.* **1.** *v.tr. (a) Cu: H: etc:* (Brot,
Wäsche usw.) einweichen (**in,** in + *dat*)*;* **to s.
the label off a bottle,** das Etikett von einer
Flasche abweichen; *(b)* (etwas) durchtränken
(**in sth.,** mit etwas *dat*)*; (of rain)* (j-n, etwas)
durchnässen; **soaked to the skin,** völlig
durchnäßt; *F:* klatschnaß; *(c) F:* **to s. the rich,**
die Reichen schröpfen. **2.** *v.i. (a) (of washing
etc.)* eingeweicht werden; **to put the washing
in to s.,** die Wäsche einweichen; *(b) (of
moisture)* **to s. through,** durchkommen; *(c) (of
pers.) F:* saufen. **II.** *s.* **1. to give sth. a good s.,**
etwas gut einweichen. **2.** *Ch: Phot: etc:* Bad *n.*
3. *(pers.) F:* Säufer *m.* ′**soaking,** *s.* Einwei-
chen *n* (der Wäsche usw.); Durchtränken *n*
(mit Öl usw.); *(of pers.)* **to get a good s.,** völlig
durchnäßt werden. ′**soak ′up,** *v.tr. (of sponge
etc.)* (Wasser usw.) aufsaugen; *(of pers.)*
(Wissen usw.) in sich aufnehmen.

soap [səup]. **I.** *s.* Seife *f;* **cake/tablet of s.,** Stück
n Seife. **II.** *v.tr.* (j-n, sich, etwas) einseifen.
′**soapflakes,** *s. pl.* Seifenflocken *fpl.* ′**soap-
′opera,** *s. F:* rührseliges Hörspiel *n* in Fortset-
zungen. ′**soapsuds,** *s.pl.* Seifenlauge *f.*
′**soapy,** *adj.* seifig.

soar [sɔːr], *v.i. (a) (of bird, plane etc.)* in die Höhe
steigen; *(of spire etc.)* hochragen; *(of prices)* in
die Höhe schnellen; *(b) (glide)* schweben.

sob [sɔb]. **I.** *s.* Schluchzer *m.* **II.** *v.i. (p. & p.p.
sobbed)* schluchzen. ′**sob-stuff,** *s.* senti-
mentaler Kitsch *m; (of film etc.)* **it's a lot of s.,**
es drückt auf die Tränendrüsen.

sober [′səubər]. **I.** *adj.* nüchtern; *(matter of fact)*
sachlich; **in s. earnest,** ganz ernsthaft. **II.** *v.* **1.**
v.i. **to s. up,** nüchtern werden; **to s. down,**
wieder zur Vernunft kommen. **2.** *v.tr.* **to s. s.o.
up/down,** j-n ernüchtern. ′**sober-′minded,**
adj. (of pers.) ernst. ′**soberness, so′briety**
[-′braiəti], *s.* Nüchternheit *f.*

soccer [′sɔkər], *s.* Fußball *m.*

sociable [′səuʃəbl], *adj.* gesellig; *F:* **you don't
have to be s.,** Sie brauchen uns nicht unbedingt
Gesellschaft leisten. **socia′bility,** *s.* Gesel-
ligkeit *f.*

social [′səuʃ(ə)l]. **I.** *adj. (a) (of society)* gesell-
schaftlich; Gesellschafts-; **s. class,** Gesell-
schaftsschicht *f;* **s. structure,** gesellschaftliche
Struktur; *Pej:* **s. climber,** Arrivist *m; (b)
(aiding society)* sozial; **s. security,** Sozialver-
sicherung *f; (payment)* soziale Leistungen;
s. worker, Fürsorger(in) *m(f);* **s. services,**
Sozialeinrichtungen *fpl; (c)* **s. event,** gesellschaft-
liche Veranstaltung; **s. gathering,** geselliges
Beisammensein; **-ly,** *adv.* **to meet s.,** gesell-
schaftlich zusammenkommen. **II.** *s.* geselliges
Beisammensein *n.*

socialism [′səuʃəlizm], *s.* Sozialismus *m.* ′**social-
ist. I.** *s.* Sozialist *m.* **II.** *adj.* sozialistisch.

society [sə′saiəti], *s.* Gesellschaft *f; (club)*
Verein *m.*

sock[1] [sɔk], *s. Cl:* **1.** Socken *m;* (**ankle**) **s.,**
Söckchen *n;* **long/knee s.,** Kniestrumpf *m; P:*
put a s. in it! halt die Fresse! **2.** *(for shoe)* Ein-
legesohle *f.*

sock[2] *F:* **I.** *s.* Schlag *m;* **to give s.o. a s. on the**

jaw, j-m einen Kinnhaken geben; **to have a s.
at sth.,** etwas mal probieren. **II.** *v.tr.* j-m eine
langen; **s. him one!** hau ihm eine runter!

socket [′sɔkit], *s.* **1.** *El:* (**power**) **s.,** Steckdose *f.*
2. *Anat:* **eye s.,** Augenhöhle *f;* **tooth s.,** Zahn-
fach *n; Mec. E:* **ball-and-s. joint,** Kugelgelenk
n.

sod[1] [sɔd], *s.* Rasenstück *n, esp. North G:* Sode *f.*
sod[2], *V:* **I.** *s.* Saukerl *m.* **II.** *v.i.* **s. off!** scher dich
zum Teufel!

soda [′səudə], *s.* **1.** *(a) Ch:* Soda *f;* **bicarbonate
of s.,** (doppeltkohlensaures) Natrium *n;* **caus-
tic s.,** Ätznatron *n; (b) Cu:* **baking-s.,** (dop-
peltkohlensaures) Natron *n.* **2. s.** (**water**), Soda
(wasser) *n; N.Am:* **s. fountain,** Milchbar *f.*

sodden [′sɔdn], *adj.* durchnäßt.

sodium [′səudiəm], *s. Ch:* Natrium *n.*

sofa [′səufə], *s.* Sofa *n.*

soft [sɔft], *adj.* **1.** weich; **it is s. to the touch,** es
faßt sich weich an; **s. fruit,** Beerenobst *n.* **2.** *(a)
(of voice, light, breeze etc.)* sanft; *(b) (quiet)*
leise; **s. music,** gedämpfte Musik; *Mus:* **s.
pedal,** Pianopedal *n.* **3. a s. heart,** ein weiches
Herz; **to have a s. spot for s.o.,** für j-n etwas
übrig haben. **4. s. drugs,** weiche Drogen; **s.
drinks,** alkoholfreie Getränke. **5.** *(a) (easy) F:*
to have a s. job, eine ruhige Kugel schieben; **to
take the s. option,** den bequemen Weg wählen;
(b) Fin: **s. currency,** weiche Währung. **6.** *(of
pers.) F: (a)* **s. (in the head),** schwachsinnig; *(b)
(physically)* verweichlicht; **you're getting s.,** du
wirst ein Weichling; **-ly,** *adv.* **s. sprung,**
weich gefedert. **2. to speak/tread s.,** leise
sprechen/treten. **soften** [′sɔfn], *v.* **1.** *v.tr. (a)*
(etwas) weich machen; *(das Licht, die Musik
usw.)* dämpfen; *(b)* (j-n, j-s Herz) erweichen;
(j-s Zorn usw.) mildern. **2.** *v.i.* weich werden;
(of pers.) sich erweichen lassen. ′**softener,** *s.*
water s., Enthärtungsmittel *n.* ′**softening,** *s.*
Erweichen *n.* ′**soft-′hearted,** *adj.* weich-
herzig. ′**softness,** *s.* Weichheit *f; (of voice
etc.)* Sanftheit *f. (of software,** *s. Data-pr:*
Software *f.* ′**softwood,** *s.* Nadelholz *n.*
′**softy,** *s. F:* Weichling *m.*

soggy [′sɔgi], *adj. (of ground)* matschig;
(soaked) durchnäßt; *(of cake etc.)* klitschig.

soil[1] [sɔil], *s.* Boden *m.*

soil[2], *v.tr.* (etwas) beschmutzen. ′**soiled,** *adj.*
schmutzig; **s. linen,** schmutzige Wäsche.

solace [′sɔlis]. **I.** *s.* Trost *m.* **II.** *v.tr.* (j-n) trösten.

solar [′səulər], *adj.* Sonnen-; **s. system,** Son-
nensystem *n;* **s. heating,** Solarheizung *f.*

solder [′səuldər, ′sɔldər]. **I.** *s.* Lot *n,* Lötmittel *n.*
II. *v.tr.* (etwas) löten. ′**soldering iron,** *s.*
Lötkolben *m.*

soldier [′səuldʒər], *s.* Soldat *m.* ′**soldierly,** *adj.*
soldatisch.

sole[1] [səul]. **I.** *s.* Sohle *f;* **s. of the foot,** Fußsohle
f; **inner s.,** Einlegesohle *f.* **II.** *v.tr.* (Schuhe usw.)
besohlen. ′**soling,** *s.* Besohlen *n.*

sole[2], *s. Fish:* Seezunge *f.*

sole[3], *adj.* einzig; **s. agent,** Alleinvertreter *m; -ly,*
adv. einzig und allein; *(merely)* lediglich.

solecism [′sɔlisizm], *s. (a) Ling:* Sprachver-
stoß *m; F:* Sprachschnitzer *m; (b) (social)*
Verstoß *m* (gegen den Anstand); *F:*
Schnitzer *m.*

solemn [′sɔləm], *adj.* **1.** *(of music, ceremony etc.)*

feierlich; s. **duty**, heilige Pflicht. 2. (*of pers.,
mood etc.*) ernst; **to put on a s. face,** ein ernstes
Gesicht machen. **solemnity** [-'lemniti], *s.* 1.
Feierlichkeit *f.* 2. (*of pers.*) Ernsthaftigkeit *f.*
solemni'zation [-nai-], *s.* (feierliche) Voll-
ziehung *f* (einer Trauung). '**solemnize,** *v.tr.*
(eine Trauung) feierlich vollziehen.
solenoid ['soulənɔid], *s.* Magnetspule *f.*
solicit [sə'lisit], *v.tr. & i.* (*a*) **to s. (for)** sth., um
etwas *acc* werben; **to s. a favour,** um einen
Gefallen bitten; (*b*) (*of prostitute*) sich an-
bieten. **solici'tation,** *s.* Werben *n* (*of,* um
+ *acc*); Bitten *n* (*of,* um + *acc*). **so'licitor,**
s. Jur: Rechtsanwalt *m.* **so'licitous,** *adj.*
bedacht (**of/about,** auf + *acc*); **s. to do sth.,**
(eifrig) bemüht, etwas zu tun; **to be s. for s.o.'s
comfort,** um j-s Wohl besorgt sein. **so'lici-
tude,** *s.* Besorgtheit *f* (**for/about,** um + *acc*).
solid ['sɔlid]. **I.** *adj.* 1. (*not liquid*) fest; **s. fuel,**
fester Brennstoff. 2. (*not hollow*) massiv; **s.
gold,** massives Gold; **s. rock,** (massives) Gestein
n; **s. measure,** Raummaß *n; E:* **parts cast s.,**
massiv gegossene Teile. 3. (*firm, reliable*) (*of
pers., thing*) solid(e). 4. (*of argument, proof
etc.*) handfest. 5. **a s. hour,** eine volle Stunde;
for five s. hours, fünf Stunden ununter-
brochen. 6. (*unanimous*) einmütig; **s. support,**
solidarische Unterstützung; **there was a s. vote
in favour of the proposal,** der Antrag wurde
einstimmig angenommen. **II.** *s.* 1. *Ph: Ch:*
(fester) Körper *m; Mth:* Körper *m.* 2. *pl.*
(*food*) **solids,** feste Nahrung *f;* **-ly,** *adv.* 1. **s.
built,** (i) (*of pers.*) kräftig gebaut; (ii) (*of build-
ing etc.*) stabil gebaut. 2. **to vote s. for sth.,**
geschlossen für etwas *acc* stimmen; **they are s.
behind us,** sie stehen geschlossen hinter uns.
soli'darity, *s.* Solidarität *f.* **so'lidify,** *v.* 1.
v.i. fest werden. 2. *v.tr.* (etwas) fest werden
lassen. **so'lidity,** *s.* Festigkeit *f* (einer Sub-
stanz usw.); Zuverlässigkeit *f* (einer Person);
Stabilität *f* (eines Gebäudes usw.).
soliloquy [sə'liləkwi], *s.* Selbstgespräch *n; Th:*
Monolog *m.*
solitary ['sɔlit(ə)ri], *adj.* (*only one*) einzig;
(*lonely*) einsam; **s. confinement,** Einzelhaft *f.*
'**solitude,** *s.* Einsamkeit *f.*
solo, *pl.* **-os** ['soulau, -əuz]. **I.** *s.* Solo *n.* **II.** *adj.*
Solo-; **s. instrument,** Soloinstrument *n; Av:* **s.
flight,** Alleinflug *m; Cards:* **s. whist,** Solo *n.*
III. *adv. Mus:* **to play s.,** solo spielen; **to fly s.,**
allein fliegen. '**soloist,** *s.* Solist(in) *m(f).*
solstice ['sɔlstis], *s. Astr:* Sonnenwende *f.*
soluble ['sɔljubl], *adj.* 1. *Ph: Ch:* löslich. 2. (*of
problem*) lösbar. **solu'bility,** *s.* 1. *Ph: Ch:*
Löslichkeit *f.* 2. Lösbarkeit *f* (eines Problems
usw.). **solution** [sə'lu:ʃ(ə)n], *s.* Lösung *f;*
problem that defies s., unlösbares Problem.
solve [sɔlv], *v.tr.* (ein Problem usw.) lösen. '**sol-
vency,** *s. Com:* Zahlungsfähigkeit *f* (einer
Firma). '**solvent. I.** *adj.* 1. *Com:* (*of firm*)
zahlungsfähig. 2. *Ch: etc:* auflösend. **II.** *s. Ch:
etc:* Lösungsmittel *n.*
sombre ['sɔmbər], *adj.* düster.
some [sʌm]. **I.** *adj.* 1. (*usu. not translated*) I
bought s. coffee, ich habe Kaffee gekauft;
would you like s. cake? möchten Sie (etwas)
Kuchen? **have s. more,** nimm noch (etwas)
davon; **s. more meat,** noch Fleisch. 2. (*not all*)

s. people, manche Leute; **in s. cases,** in
manchen Fällen. 3. (*unspecified*) **s. man** (or
other), irgendein Mann; **s. day,** eines Tages;
s. time, irgendwann; **s. way or another,** auf
irgendeine Weise; **to make s. sort of reply,** ir-
gendeine Antwort geben. 4. (*a certain amount*)
einige(r, s); **s. distance away,** in einiger Ent-
fernung; **after s. time,** nach einiger Zeit; **s. days
ago,** vor einigen Tagen; **at s. length,** aus-
führlich; **there is s. similarity,** eine gewisse
Ähnlichkeit ist vorhanden; **it was s. help,** es
hat etwas/einigermaßen geholfen. 5. (*about*)
etwa; **s. twenty people,** etwa zwanzig Leute. 6.
F: N.Am: toll; **that was s. party!** das war
vielleicht eine Party! *Iron:* **s. hope!** höchst
unwahrscheinlich! **II.** *pron.* 1. (*partitive*)
welche(s); **take s. bread** – I've already got s.,
nimm dir Brot – ich habe schon welches; **these
strawberries are cheap** – I'll buy s., diese Erd-
beeren sind billig – ich werde welche kaufen;
take s.! nimm (dir) davon! 2. (*not all*) einige; **s.
of them,** einige von ihnen/(*things*) davon.
somebody ['sʌmbədi]. **I.** *pron.* jemand; **s. or
other,** irgend jemand. **II.** *s. F:* **he's (really) s.,** er
ist ein hohes Tier; er ist wer.
somehow ['sʌmhau], *adv.* **s. (or other),** ir-
gendwie.
someone ['sʌmwʌn], *pron. & s.* = **somebody.**
someplace ['sʌmpleis], *adv. N.Am:* irgendwo;
s. else, irgendwo anders.
somersault ['sʌməsɔːlt]. **I.** *s.* Purzelbaum *m,
Gym:* Salto *m;* **to turn a s.** = **II. II.** *v.i.* (*a*)
einen Purzelbaum schlagen; *Gym:* einen Salto
machen; (*b*) (*accidentally*) (*of pers., car etc.*)
sich überschlagen.
something ['sʌmθiŋ]. **I.** *pron.* etwas; *F:* was. 1.
s. nice, etwas Schönes; **s. to drink,** etwas zu
trinken; **I want s. to eat,** ich will etwas (zu)
essen; **s. or other,** irgend etwas; **perhaps we
shall see s. of you now,** vielleicht wirst du dich
jetzt ab und zu sehen lassen. 2. **s. which you
ought to know,** etwas, was Sie wissen sollten;
there's s. about him (that) I don't like, er hat
etwas an sich, was mir nicht gefällt; **there's s.
in what you say,** es ist schon etwas Wahres an
dem, was Sie sagen; **well, at least that's s.,**
nun, das ist immerhin etwas. 3. *F:* **he is an archi-
tect or s.,** er ist Architekt oder so was (Ähn-
liches). 4. *F:* **it's quite s.,** es ist allerhand/(*fan-
tastic*) ganz was Tolles. **II.** *adv.* **it looks s. like a
rose,** es sieht so ähnlich wie eine Rose aus; *F:*
that's s. like a cigar! das nenne ich mal eine
Zigarre!
sometime ['sʌmtaim]. **I.** *adv.* **s. (or other),** irgend-
wann; **s. soon,** irgendwann in der nächsten
Zeit; *F:* **see you s.,** bis dann. **II.** *adj.* **s. priest of
the parish,** ehemals Pfarrer dieser Gemeinde.
sometimes ['sʌmtaimz], *adv.* manchmal; **s.
here, s. there,** mal hier, mal dort.
somewhat ['sʌmwɔt], *adv.* (*a*) (*with adj.*) etwas;
(*b*) **s. of a surprise,** eine ziemliche Überra-
schung.
somewhere ['sʌmwɛər], *adv.* **s. (or other),**
irgendwo; **s. else,** (irgend)wo anders; **he's s.
about fifty,** er ist um die Fünfzig herum.
somnambulism [sɔm'næmbjulizm], *s.* Schlaf-
wandeln *n.* **som'nambulist,** *s.* Schlafwand-
ler(in) *m(f).*

somnolence ['sɔmnələns], s. Schläfrigkeit f. **'somnolent**, adj. (a) (of pers.) schläfrig; (b) (of music etc.) einschläfernd.

son [sʌn], s. Sohn m. **'son-in-law**, s. Schwiegersohn m.

sonata [sə'nɑːtə], s. Mus: Sonate f.

song [sɔŋ], s. 1. (singing) Gesang m; **to burst into s.**, zu singen anfangen; (of pers.) ein Lied anstimmen. 2. Lied n. 3. Fig: **to buy sth. for a s.**, etwas um einen Spottpreis kaufen; **to make a s. (and dance) about sth.**, viel Getue um etwas acc machen. **'songbird**, s. Singvogel m. **'songster**, s. Sänger(in) m(f); (bird) Singvogel m. **'songwriter**, s. Liederkomponist m.

sonic ['sɔnik], adj. Schall-; Nau: **s. depth finder**, Echolot n; Av: **s. boom**, Überschallknall m.

sonnet ['sɔnit], s. Sonett n.

sonority [sə'nɔriti], s. (a) (quality) Klangfülle f; (b) (sound) Klang m. **sonorous** ['sɔnərəs], adj. (of voice etc.) klangvoll; (of bell etc.) wohltönend.

soon [suːn], adv. 1. bald; **s. after**, bald darauf/ danach; **see you again s.!** bis bald! **as s. as possible**, sobald wie möglich, möglichst bald; **he came as s. as he could**, er kam, sobald er konnte; **no sooner had he come than he had to leave**, kaum war er gekommen, als er auch schon wieder gehen mußte; **no sooner said than done**, gesagt – getan. 2. (early) **too s.**, zu früh; **how s. can you be ready?** wie schnell kannst du fertig sein? **none too s.**, keine Minute zu früh; **the sooner the better**, je früher, desto besser; **sooner or later**, früher oder später. 3. (a) **I would just as s. stay**, ich würde ebensogern/genausogern bleiben; (b) **sooner** (= rather), lieber; **I'd sooner die**, ich würde lieber sterben.

soot [sut], s. Ruß m. **'sooty**, adj. rußig.

soothe [suːð], v.tr. (a) (j-n, j-s Zorn usw.) besänftigen; (ein Kind) beruhigen; (b) (Schmerzen, Sonnenbrand usw.) lindern.

soothsayer ['suːθseiər], s. Wahrsager(in) m(f).

sop [sɔp]. I. s. Beschwichtigungsmittel n (to, für + acc). II. v.tr. (p. & p.p. sopped) **to s. up a liquid**, eine Flüssigkeit aufnehmen. **'sopping**, adj. **s. (wet)**, klatschnaß, (völlig) durchnäßt. **'soppy**, adj. F: (silly) doof; (sentimental) kitschig; **he's s.**, er ist ein richtiger Waschlappen.

sophisticated [sə'fistikeitid], adj. 1. (of pers.) weltklug, weltmännisch; (of tastes etc.) verfeinert, anspruchsvoll; Cl: etc. hochelegant. 2. (of machine etc.) hochentwickelt; (of system) raffiniert. **sophisti'cation**, s. 1. (of pers.) Weltklugheit f. 2. Raffiniertheit f; hochentwickelter Stand (der Technik).

sophomore ['sɔfəmɔːr], s. N.Am: Sch: Student(in) m(f) im zweiten Studienjahr.

soporific [sɔpə'rifik]. I. s. Schlafmittel n. II. adj. einschläfernd.

soprano, pl. -os [sə'prɑːnəu, -əuz], s. Mus: (a) (voice) Sopran m; (b) (pers.) Sopranistin f; **boy s.**, Sopranist m; (c) attrib. Sopran-.

sorcerer ['sɔːsərər], s. Zauberer m. **'sorceress**, s. Zauberin f. **'sorcery**, s. Zauberei f.

sordid ['sɔːdid], adj. elend; (dirty) dreckig, (of story) trist, wenig schön; (unpleasant) unschön, unappetitlich. **'sordidness**, s. Elend n; Unappetitlichkeit f.

sore [sɔːr]. I. adj. 1. (a) wund; **my finger is s.**, mein Finger schmerzt/tut weh; **s. throat**, Halsweh n; **s. head**, (after drinking) Brummschädel m; (b) Fig: **a s. point**, ein wunder Punkt; **sight for s. eyes**, Augenweide f. 2. F: (a) (of pers.) ärgerlich; (hurt) gekränkt. II. s. wunde Stelle f; **-ly**, adv. sehr; **to be s. tempted**, in große Versuchung geraten; **s. needed**, dringend gebraucht. **'soreness**, s. Schmerz m; (state) Wundsein n.

sorority [sə'rɔriti], s. U.S: Verbindung f von Studentinnen.

sorrel[1] ['sɔrəl], s. Bot: Sauerklee m, common s., Sauerampfer m.

sorrel[2]. I. adj. (of horse) fuchsrot. II. s. Fuchs m.

sorrow ['sɔrəu], s. (a) (suffering) Leid n; Kummer m; (b) (regret) Bedauern n; **to my s.**, zu meinem Bedauern; **more in s. than in anger**, mehr traurig als zornig. **'sorrowful**, adj. kummervoll; (of expression etc.) traurig. **'sorry**, adj. 1. **I am s. about it**, es tut mir leid; ich bedauere es; **he is s. that . . .**, es tut ihm leid, daß . . .; er bedauert, daß . . .; **he was s. for her**, sie tat ihm leid; **to be s. for oneself**, sich selbst bedauern; **I am s. to say**, ich muß leider sagen. 2. (I'm) **s.!** Entschuldigung! **I'm terribly s.**, es tut mir schrecklich leid. 3. (pitiable) **a s. sight/state**, ein erbärmlicher Anblick/Zustand.

sort [sɔːt]. I. s. 1. (a) Sorte f; **two sorts of apple**, zwei Sorten Äpfel; **all sorts of people**, allerlei Leute; **all sorts of things**, allerlei; (b) Art f; **what s. of car have you got?** was für ein Auto haben Sie? **something of that s.**, etwas in der Art; **it was nothing of the s.**, es war ganz was anderes; **what s. of day is it?** wie ist das Wetter heute? **a strange s. of fellow**, ein komischer Typ; **he's the s. (of person) who . . . , er** ist einer von denen, die . . . ; **she's not my s.**, sie ist nicht mein Typ; **he's a/some s. of financier**, er ist so eine Art Finanzmann; F: **I have a s. of idea that . . .**, ich habe den leisen Verdacht, daß . . . ; **I was s. of expecting that**, das hatte ich schon irgendwie erwartet; (c) Pej: **we had coffee of sorts/of a sort**, wir bekamen etwas, was sich Kaffee nannte. 2. (of pers.) **he/she is a good s.**, er/sie ist ein guter Kerl. 3. F: **out of sorts**, (i) (health) nicht ganz auf der Höhe; (ii) (temper) schlecht gelaunt. II. v.tr. (Gegenstände, Briefe usw.) sortieren. **'sorter**, s. (a) (pers.) Sortierer(in) m(f); (b) (machine) Sortiermaschine f. **'sort 'out**, v.tr. (a) (etwas) aussortieren; **to s. o. the best fruit**, die besten Früchte auslesen; (b) (eine Angelegenheit, Frage usw.) erledigen; F: **ask him, he'll s. you o.**, fragen Sie den da, er wird Ihnen alles Nötige besorgen. **'sorting**, s. Sortieren n; **s. office**, Sortierstelle f.

sortie ['sɔːti], s. Mil: Ausfall m; Av: Einsatz m.

soul [səul], s. Seele f; (a) **he has no s.**, er ist ein seelenloser Mensch; **to put one's heart and s. into it**, mit Leib und Seele dabei sein; (b) (pers.) **he's the s. of the enterprise**, er ist die Seele des Unternehmens; **he was the life and s. of the party**, er hielt die Party in Schwung. 2. **All Souls' Day**, Allerseelen n. 3. (of pers.) **he is the s. of honour**, er ist die Ehre selbst. 4. (person) (a) **the ship sank with 200 souls**, das Schiff ist mit 200 Mann untergegangen; **there**

wasn't a s. to be seen, es war keine Menschenseele zu sehen; (b) **poor s.!** armes Geschöpf! **'soul-destroying,** adj. geisttötend. **'soulful,** adj. (of eyes, look etc.) traurig; (of music) gefühlvoll; Pej: gefühlsselig. **'soulless,** adj. seelenlos; (of job) geisttötend. **'soul-stirring,** adj. mitreißend.

sound[1] [saund]. I. s. 1. (a) (noise) Geräusch n; **to move without making a s.,** sich geräuschlos bewegen; (b) (concept) Schall m (einer Glocke usw.); esp. Cin: Ton m; **he heard the s. of voices,** er hörte Stimmen; Av: **s. barrier,** Schallmauer f; Ph: **s. wave,** Schallwelle f; Rec: **s. engineer,** Toningenieur m; Cin: **s. film,** Tonfilm m; **s. track,** Tonspur f; (recording) Originalaufnahme f; (c) (uttered by pers. or animal) Laut m; **to make sounds,** Laute bilden; (d) (tone) Klang m (einer Stimme, eines Instruments usw.) 2. **I don't like the s. of it,** es gefällt mir nicht. II. v. 1. v.i. (a) (of trumpet etc.) schallen; (of music) erklingen; (b) klingen; (of thing, pers.) **to s. nice/wrong etc.,** schön/falsch usw. klingen; **that sounds good in a speech,** das hört sich gut an in einer Rede; **it sounds like Mozart,** es klingt nach Mozart. 2. v.tr. (a) (die Trompete) erschallen lassen; **to s. the alarm,** Alarm läuten; Aut: **to s. the horn,** hupen; (b) Ling: (einen Buchstaben) aussprechen; (c) Med: **to s. s.o.'s heart,** j-m das Herz abhorchen. **'sounding,** adj. **s. board,** (i) (over pulpit) Schalldeckel m; (ii) (of piano etc.) Resonanzboden m. **'soundless,** adj. geräuschlos, lautlos. **'soundproof.** I. adj. schalldicht. II. v.tr. (einen Raum usw.) schalldicht machen.

sound[2], v.tr. Nau: (die Wassertiefe usw.) loten. **'sounding,** s. Nau: Loten n; **to take soundings,** loten; **s. line,** Lotleine f. **'sound 'out,** v.tr. (j-n) aushorchen (on, über + acc).

sound[3], s. Geog: Meerenge f; (with name) Sund m.

sound[4], adj. (a) (healthy) gesund; **s. in wind and limb,** gesund an allen Gliedern; Jur: **of s. mind,** zurechnungsfähig; F: **as s. as a bell,** kerngesund; (b) (of fruit etc.) unbeschädigt. 2. (a) (sensible) vernünftig; (of thinking, judgement etc.) folgerichtig; (of argument etc.) stichhaltig; **s. advice,** guter Rat; (b) Com: Fin: (of firm, investment) solide; (c) (thorough) tüchtig; **to give s.o. a s. thrashing,** j-n tüchtig verprügeln. 3. (of sleep) fest. **'soundness,** s. 1. (a) Gesundheit f; (b) fehlerfreier/unbeschädigter Zustand (von Waren, Obst usw.) 2. (a) Vernünftigkeit f; Stichhaltigkeit f; (b) Gediegenheit f (einer Arbeit); Com: Solidität f.

soup [su:p], s. Suppe f; **clear s.,** Bouillon f; **s. ladle,** Suppenkelle f; **s. plate,** Suppenteller m; **s. tureen,** Suppenterrine f; **s. spoon,** Suppenschüssel f; Fig: **to be in the s.,** in der Tinte sitzen. **'soup 'up,** v.tr. Aut: (den Motor) frisieren.

soupçon ['su:psɔ:(n)], s. **a s. of garlic etc.,** eine Spur Knoblauch usw.

sour [sauər]. I. adj. 1. sauer; (of milk etc.) **to turn s.,** sauer werden; **the milk is going s.,** die Milch hat einen Stich; **to turn sth. s.,** etwas säuern. 2. (of pers.) gallig; **a s. face,** eine saure Miene. II. v.tr. (a) (etwas) säuern; (b) (j-n) verbittern. **'sourness,** s. 1. (of fruit etc.) Säure f. 2. (of pers.) mürrisches Wesen n; **the s. of his expression,** seine saure Miene.

source [sɔ:s], s. Quelle f (eines Flusses, Fig: der Freude usw.); (origin) Ursprung m (einer Tradition usw.).

souse [saus], v.tr. (etwas) in Wasser eintauchen; (soak) (etwas) durchtränken. **soused,** adj. (a) Cu: **s. herrings,** eingelegte Heringe; (b) P: besoffen.

south [sauθ]. I. s. Süden m; **from the s.,** aus dem Süden; **in the s. of England,** im Süden Englands, in Südengland; **to the s. (of),** südlich (+ gen). II. adv. südlich (of, + gen/with Pr. n. von + dat); **to travel s.,** nach (dem) Süden fahren; **the window faces s.,** das Fenster geht nach Süden. III. adj. Süd-; **the s. coast,** die Südküste; **s. wind,** Südwind m; **the S. Pole,** der Südpol; **S. Africa,** Südafrika n; **S. African,** (i) adj. südafrikanisch; (ii) s. Südafrikaner(in) m(f). **'south-'east.** I. s. Südosten m. II. adj. Südost-; (of wind) südöstlich. III. adv. südöstlich (of, + gen/with Pr. n. von + dat); (direction) nach Südosten. **'south-'eastern,** adj. südöstlich. **'south-'eastwards,** adv. nach Südosten. **southerly** ['sʌðəli]. I. adj. südlich. II. s. Südwind m. **southern** ['sʌðən], adj. südlich; Astr: **the S. Cross,** das Kreuz des Südens; **s. lights,** südliches Polarlicht. **'Southerner,** s. (d) Bewohner m des Südens; (from Mediterranean) Südländer(in) m(f); (b) U.S: Südstaatler(in) m(f). **'southwards,** adv. nach Süden. **'south-'west.** I. s. Südwesten m. II. adj. Südwest-. III. adv. südwestlich (of, + gen/ with Pr. n. von + dat); (direction) nach Südwesten. **'south-'western,** adj. südwestlich.

souvenir [su:və'ni(:)ər], s. Andenken n.

sou'wester [sau'westər], s. 1. starker Südwestwind. 2. Cl: Südwester m.

sovereign ['sɔvrin]. I. s. 1. Herrscher(in) m(f). 2. (gold coin) Sovereign m. II. adj. 1. **s. state,** unabhängiger Staat. 2. **s. remedy,** unfehlbares Mittel. **'sovereignty,** s. Souveränität f.

Soviet ['səuviət, 'sɔvjət], s. Sowjet m; **S. Union,** Sowjetunion f; **Union of S. Socialist Republics (USSR),** Union der Sozialistischen Sowjetrepubliken (UdSSR).

sow[1] [səu], v.tr. (p. sowed, p.p. sown) (Samen usw.) (aus)säen; **to s. a field with wheat,** auf einem Acker Weizen säen; Fig: **to s. the seeds of discord,** Zwietracht säen. **'sowing,** s. Saat f; **s. season,** Saatzeit f. **'sower,** s. Sämann m.

sow[2] [sau], s. Z: Sau f.

soya ['sɔiə], s. Cu: **s. bean,** Sojabohne f.

sozzled ['sɔzld], adj. P: (völlig) blau, total besoffen.

spa [spɑ:], s. Kurort m.

space [speis]. I. s. 1. (a) (concept) Raum m; (between objects, lines) Abstand m; **to leave a space of two metres,** zwei Meter Zwischenraum lassen; **blank s.,** Lücke f; (on form) **sign in the s. indicated,** in der vorgesehenen Spalte unterschreiben; Games: **move forward two spaces,** zwei Felder vorrücken; (b) (room) Platz m; **to take up a lot of s.,** viel Platz einnehmen; **to make s. for sth.,** Platz für etwas acc schaffen; (c) (area) Fläche f; **open spaces,** freies Gelände; **in a confined s.,** auf engem Raum. 2. (outer) **s.,** Weltraum m; **s. flight,** Raumflug m; **s. shuttle,** Raumfähre f; **s. station,** Raumstation f; **s. suit,** Raumanzug m; **s. travel,** Weltraumfahrt f; **s.**

race, Wettlauf *m* um die Eroberung des Weltraums. **3. s. (of time),** Zeitraum *m;* **in the s. of a few minutes,** innerhalb weniger Minuten. **II.** *v.tr.* (etwas) in regelmäßigen Abständen verteilen; **widely spaced,** weit auseinanderliegend; *Print:* mit viel Zwischenraum. ´**space-capsule,** *s.* Raumkapsel *f.* ´**spacecraft,** *s.* Raumfahrzeug *n.* ´**space-heater,** *s.* Raumheizkörper *m.* ´**spaceman,** *pl.* -**men,** *s.* Raumfahrer *m.* ´**space** ´**out,** *v.tr.* (a) (etwas) in regelmäßigen Abständen verteilen; **well spaced out,** mit viel Zwischenraum; **to s. o. payments over several months,** Zahlungen über mehrere Monate verteilen; (b) *Typ:* (Wörter) sperren. ´**spacer,** *s.* 1. *Typewr:* Leertaste *f.* 2. *Mec.E:* Distanzstück *n.* ´**space-saving,** *adj.* raumsparend. ´**spaceship,** *s.* Raumschiff *n.* ´**spacing,** *s.* Abstand *m* (zwischen den Zeilen usw.); *Typewr:* **single/double s.,** einfacher/ doppelter Zeilenabstand. ´**spacious** [-ʃəs], *adj.* geräumig. ´**spaciousness,** *s.* Geräumigkeit *f.*

spade[1] [speid], *s.* Spaten *m; Fig:* **to call a s. a s.,** das Kind beim rechten Namen nennen. ´**spade-work,** *s.* Vorarbeit *f.*

spade[2], *s. Cards:* Pik *n;* **queen of spades,** Pikdame *f.*

spaghetti [spə´geti], *s. Cu:* Spaghetti *pl.*

Spain [spein]. *Pr. n. Geog:* Spanien *n.*

spam [spæm], *s.* Frühstücksfleisch *n.*

span [spæn]. **I.** *s.* 1. Spannweite *f* (einer Brücke, eines Bogens usw.). 2. **s. (of time),** Zeitspanne *f;* **life s.,** Lebensdauer *f.* **II.** *v.tr.* (*p. & p.p.* **spanned**) (a) (*of bridge etc.*) **to s. sth.,** sich über etwas *acc* spannen; (b) (*of life, reign etc.*) (einen Zeitraum) umspannen.

Spaniard [´spænjəd], *s.* Spanier(in) *m(f).*

spaniel [´spænjəl], *s.* Spaniel *m*

Spanish [´spæniʃ]. **I.** *adj.* spanisch; **S. chestnut,** Edelkastanie *f;* **S. onion,** Gemüsezwiebel *f.* **II.** *s. Ling:* Spanisch *n.*

spank [spæŋk], *v.tr.* **to s. a child,** einem Kind den Hintern versohlen. ´**spanking. I.** *s.* Hauc *mpl;* **to give s.o. a s.,** j-m den Hintern versohlen. **II.** *adj.* (*of breeze*) steif; **a s. pace,** ein zügiges Tempo.

spanner [´spænər], *s.* Schraubenschlüssel *m;* **adjustable s.,** Engländer *m; Fig:* **to throw a s. in the works,** querschießen.

spar[1] [spɑːr], *s. Nau:* Rundholz *n.*

spar[2]. **I.** *v.i.* (*p. & p.p.* **sparred**) (a) *Box:* sparren; (b) *Fig:* **to s. with s.o.,** mit j-m argumentieren. ´**sparring,** *s. Box:* Sparringskampf *m; Fig:* **s. match,** Wortgefecht *n.*

spare [spɛər]. **I.** *adj.* 1. (a) überschüssig; **s. time,** Freizeit *f;* **s. money,** überschüssiges Geld; **s. room,** Gästezimmer *n;* (b) *Aut: etc:* **s. part,** Ersatzteil *n;* **s. wheel,** Reserverad *n;* **s. tyre,** Ersatzreifen *m; Fig:* (*fat*) Rettungsring *m.* 2. (*of pers., figure*) dürr. 3. *Cu:* **s. rib,** Rippchen *n.* **II.** *v.tr.* (a) (*do without*) (etwas) entbehren; **can you s. me a cigarette?** hast du eine Zigarette für mich (übrig)? **to have nothing to s.,** nichts übrig haben; **to have enough and to s.,** mehr als genug haben; **we arrived with two minutes to s.,** wir kamen zwei Minuten vor der Zeit an; **I can't s. the time,** ich habe keine Zeit (dazu); **could you s. me a moment?** hätten Sie

einen Augenblick Zeit (für mich)? *F:* **s. me a thought!** denk an mich! (b) (*not hurt*) (j-n, j-s Gefühle usw.) schonen; **to s. s.o.'s life,** j-m das Leben schenken; (c) (*save*) **to s. you the trouble,** um Ihnen die Mühe zu (er)sparen; **they spared neither effort nor expense,** sie scheuten weder Mühe noch Kosten. **III.** *s. Aut: etc:* Ersatzteil *n.* ´**sparing,** *adj.* sparsam; **to be s. with sth./ use sth. sparingly,** sparsam mit etwas *dat* umgehen; **s. of words,** wortkarg; **to be s. in one's praise,** mit Lob kargen.

spark [spɑːk]. **I.** *s.* (a) Funke *m; El: I.C.E:* **s. gap,** Funkenstrecke *f;* (b) *Fig:* **Funken** *m;* **he hasn't a s. of decency in him,** er hat keinen Funken Anstand im Leibe. **II.** *v.i.* funken, ´**sparking,** *s.* Funken *n; El:* Funkenbildung *f; I.C.E:* **s. plug,** Zündkerze *f.* ´**spark** ´**off,** *v.tr.* (etwas) auslösen.

sparkle [´spɑːkl]. **I.** *s.* Funkeln *n.* **II.** *v.i.* funkeln; (*of wine*) perlen. ´**sparkler,** *s.* 1. (*firework*) Wunderkerze *f.* 2. *F: pl.* (*jewels*) Glitzersachen *fpl.* ´**sparkling,** *adj.* funkelnd; **s. wine,** Perlwein *m;* (*champagne-style*) Schaumwein *m;* **s. wit,** sprühender Witz.

sparrow [´spærəu], *s. Orn:* Sperling *m; F:* Spatz *m.* ´**sparrowhawk,** *s. Orn:* Sperber *m.*

sparse [spɑːs], *adj.* (a) (*of population etc.*) dünn; **s. hair,** schütteres Haar; **s. vegetation,** spärlicher Pflanzenwuchs; (b) (*rare*) selten; **-ly,** *adv.* dünn; **s. populated,** dünn besiedelt. ´**sparseness/´sparsity,** *s.* Spärlichkeit *f;* Seltenheit *f.*

spartan [´spɑːtən], *adj.* spartanisch.

spasm [´spæz(ə)m], *s.* (a) *Med:* Krampf *m;* **coughing s.,** Hustenkrampf *m;* (b) **s. of jealousy,** Anfall *m* von Eifersucht; **to work in spasms,** stoßweise/in Schüben arbeiten. **spas´modic,** *adj.* (a) *Med:* krampfartig; (b) unregelmäßig, **ally,** *adv.* hin und wieder.

spastic [´spæstik]. *Med:* **I.** *adj.* spastisch; (*of pers.*) spastisch gelähmt. **II.** *s.* Spastiker *m.*

spats [spæts], *s.pl. Cl:* Gamaschen *fpl.*

spate [speit], *s.* 1. **the river is in (full) s.,** der Fluß führt Hochwasser. 2. *Fig:* Flut *f* (von Worten, Briefen usw.); **sudden s. of visitors,** plötzlicher Andrang von Besuchern; (*of speaker*) **to be in full s.,** im besten Zuge sein.

spatial [´speiʃ(ə)l], *adj.* räumlich.

spatter [´spætər], *v.tr.* (j-n, etwas) bespritzen (**with,** mit + *dat*).

spatula [´spætjulə], *s.* Spachtel *m, f; Med: etc:* Spatel *m.*

spawn [spɔːn]. **I.** *s.* Laich *m;* **frog s.,** Froschlaich *m.* **II.** *v.* 1. *v.i.* (*of fish, frog etc.*) laichen. 2. *v.tr.* (*of fish, frog etc.*) (Eier) ablegen; *Hum:* (*of pers.*) (Kinder) an die Welt setzen.

speak [spiːk], *v.* (*p.* **spoke** [spəuk], *p.p.* **spoken**) 1. *v.i.* (a) sprechen; **to s. to s.o.,** (i) (*address*) j-n ansprechen; (ii) (*converse with*) mit j-m sprechen (**about,** über + *acc*); **I had to s. to him about his behaviour,** ich mußte ihn auf sein Benehmen hin ansprechen; **I know him to s. to,** ich kenne ihn nur flüchtig; *Com: Adm:* **may I s. to the director?** kann ich den Direktor sprechen? *Tel:* **who is (it) speaking?** wer ist am Apparat? (b) **generally speaking,** im allgemeinen; **strictly speaking,** genaugenommen; **politically speaking,** vom politischen Standpunkt; **so to s.,** sozusagen; (c) (*make a speech*) sprechen; eine Rede halten. 2. *v.tr.* (*a*) **to s. the truth,** die Wahrheit sagen; **to s. one's mind,** seine Meinung sagen; *F:* kein Blatt vor den Mund nehmen; (*b*) **to s. German,** Deutsch sprechen; **he speaks good German,** er spricht gut Deutsch. ´**speaker,** *s.* 1. (*a*) Redner *m;* **to be a fluent s.,** flüssig reden; *Pol: Brit:* **the S.,** der Präsident (des Unterhauses); (*b*) **speakers of English,** Englischsprechende *pl.* 2. (*louds.*) Lautsprecher *m.* ´**speak** ´**for,** *v.i.* (*a*) **to s. for s.o.,** (*support*) j-n unterstützen; (*on behalf of*) in j-s Namen sprechen; **speaking for myself,** was mich betrifft; **s. for yourself!** das ist (wohl) Ihre Meinung! **the facts s. for themselves,** das ist selbstredend/schon aus den Tatsachen zu ersehen; **that speaks well for your courage,** das zeugt von Ihrem Mut. ´**speaking.** **I.** *adj.* **I am not on s. terms with him,** ich spreche nicht mit ihm; **English-s.,** englischsprechend. **II.** *s.* Sprechen *n;* **to do some plain s.,** unverblümt reden; **public s.,** öffentliches Reden. ´**speak of,** *v.i.* (j-n, etwas) erwähnen; **to s. well of s.o.,** Gutes von j-m sagen; **nothing to s. of,** nichts Erwähnenswertes; **he has no money to s. of,** er hat so gut wie kein Geld. ´**speak** ´**out,** *v.i.* seine Meinung offen sagen; **to s. o. in s.o.'s favour,** Fürsprache für j-n einlegen. ´**speak** ´**up,** *v.i.* (*a*) lauter sprechen; (*b*) **to s. up for s.o.,** für j-n eintreten.

spear [´spiər]. **I.** *s.* Speer *m.* **II.** *v.tr.* (j-n, etwas) mit dem Speer durchbohren; **to s. sth. with a fork,** etwas mit der Gabel aufspießen.

spec [spek], *s. F:* **on s.,** spekulationsweise, aufs Geratewohl.

special [´speʃ(ə)l]. **I.** *adj.* besondere(r, s); Sonder-; **s. case,** Sonderfall *m;* **s. feature,** besonderes Merkmal; (*article*) Sonderbeitrag *m;* *Journ:* **s. correspondent,** Sonderberichterstatter *m;* *Adm:* **s. constable,** Hilfspolizist *m;* *Com:* **s. offer,** Sonderangebot *n;* **s. price,** Sonderpreis *m;* **nothing s.,** nichts Besonderes. **II.** *s.* **1.** Sondernummer *f* (einer Zeitung usw.). **2.** (*policeman*) Hilfspolizist *m.* **3.** (*train*) Sonderzug *m.* **4.** (*in restaurant*) *F:* **today's s.,** Spezialität *f* des Tages. **5.** (*car*) selbstgebasteltes Auto; **-ly,** *adv.* (*a*) besonders; **s. good,** besonders gut; (*b*) **I came s.,** ich bin extra gekommen. ´**specialist,** *s.* Spezialist *m; Med:* Facharzt *m; Tchn:* Fachmann *m.* **speciality** [-i´æliti], *s.* Spezialität *f;* (*feature*) besonderes Merkmal *n.* **specialization** [-əlai´zeiʃ(ə)n], *s.* Spezialisierung *f;* (*subject*) Spezialfach *n.* ´**specialize,** *v.i.* sich spezialisieren, spezialisiert sein (**in,** auf + *acc*).

species [´spi:ʃi:z], *s. Z: etc:* Art *f.*

specific [spə´sifik], *adj.* **1.** (*of statement, orders etc.*) genau; **a s. purpose,** ein bestimmter Zweck. **2.** *Ph:* spezifisch; **s. gravity,** spezifisches Gewicht; *Med:* **s. remedy,** Spezifikum *n;* **-ally,** *adv.* genau; **he s. mentioned it,** er hat es ausdrücklich erwähnt. **specifi**´**cation,** *s.* (*a*) Spezifizierung *f;* (*description*) Beschreibung *f;* (*b*) *Constr:* Leistungsbeschreibung *f;* **the house was built according to his specifications,** das Haus wurde nach seinen Angaben gebaut; (*c*) (*data*) technical **s.,** technische Daten (eines Autotyps, einer Maschine usw.); (*d*) (*equipment*) Ausrüstung *f;* **de luxe s.,** Luxus-

ausführung *f.* **specify** [´spesifai], *v.tr.* (*a*) (*state*) (Zweck usw.) genau angeben; (seine Gründe usw.) nennen; *abs.* **he didn't s.,** er sagte es nicht genau; (*b*) (*prescribe*) (etwas) vorschreiben; **to s. every detail,** jedes Detail festlegen; **unless otherwise specified,** falls nicht anders angeführt/*Med:* verordnet.

specimen [´spesimin], *s.* (*a*) (*example*) Exemplar *n;* **fine s.,** Prachtexemplar *n;* (*b*) (*sample*) Probe *f; Pub:* **s.** (**copy**), Probeexemplar *n;* (*c*) *F:* (*pers.*) **queer s.,** komische Type.

specious [´spi:ʃəs], *adj.* fadenscheinig.

speck [spek], *s.* (*on dress etc.*) (kleiner) Fleck *m;* **s. of dust,** Staubkorn *n;* **specks before the eyes,** Pünktchen *npl* vor den Augen; **a s. on the horizon,** ein kleiner Punkt am Horizont. ´**speckled,** *adj.* gesprenkelt.

specs [speks], *s. pl. F:* Brille *f.*

spectacle [´spektəkl], *s.* **1.** (*a*) (*public show*) Schau *f; Fig:* Schauspiel *n;* **to make a s. of oneself,** sich auffällig benehmen/kleiden; (*b*) (*sight*) Anblick *m.* **2.** (**pair of**) **spectacles,** Brille *f;* **s. case,** Brillenetui *n.* **spectacular** [-´tækjulər], *adj.* spektakulär; **a s. sight,** ein eindrucksvoller Anblick; **nothing s.,** nichts Besonderes. **spectator** [-´teitər], *s.* Zuschauer(in) *m(f).*

spectre [´spektər], *s.* Gespenst *n.*

spectrum, *pl.* **-tra** [´spektrəm, -trə], *s. Ph:* Spektrum *n;* **colours of the s.,** Spektralfarben *fpl.*

speculate [´spekjuleit], *v.i.* (*a*) **to s. about sth.,** Mutmaßungen über etwas *acc* anstellen; (*b*) *Fin:* spekulieren (**on,** auf + *acc*). **specu**´**lation,** *s.* **1.** Vermutung *f;* Mutmaßung *f* (**about,** über + *acc*); **idle s.,** leere Vermutungen. **2.** *Fin:* Spekulation *f;* **bad s.,** Fehlspekulation *f.* ´**speculative** [-lətiv], *adj.* (*a*) (*of pers., mood etc.*) grüblerisch; (*b*) *Phil: Fin:* spekulativ. ´**speculator,** *s.* Spekulant *m.*

speech [spi:tʃ], *s.* **1.** (*a*) (*faculty, language*) Sprache *f;* **to lose the power of s.,** die Sprache verlieren; **freedom of s.,** Redefreiheit *f;* (*b*) (*way of talking*) Sprechweise *f;* (*c*) *Gram:* **indirect s.,** indirekte Rede; **part of s.,** Wortart *f.* **2.** (*address*) Rede *f;* **to make a s.,** eine Rede halten; *Sch:* **s. day,** Abschlußfeier *f.* ´**speechless,** *adj.* sprachlos (**with,** vor + *dat*).

speed [spi:d]. **I.** *s.* **1.** (*a*) Geschwindigkeit *f;* (*of engine*) Drehzahl *f;* **s. limit,** Geschwindigkeitsgrenze *f;* **maximum/full/top s.,** Höchstgeschwindigkeit *f;* **at a s. of 30 m.p.h,** mit einer Geschwindigkeit von 30 Meilen/50 Kilometern pro Stunde; *Nau:* **full s. ahead,** volle Kraft voraus; (*b*) (*going fast*) Schnelligkeit *f;* **at s.,** in voller Fahrt; **s. in itself is not dangerous,** hohe Geschwindigkeiten an sich sind nicht gefährlich; *F·* **s. cop,** motorisierter Verkehrspolizist, *approx.* = weiße Maus; **s. merchant,** rasanter Fahrer. **2.** *Phot:* (*a*) (**film**) **s.,** Lichtempfindlichkeit *f;* (*b*) **s.** (**of a lens**), Lichtstärke *f* (eines Objektivs); (*b*) (*exposure*) Belichtungszeit *f.* **3.** *Aut: Cy:* (*gear*) Gang *m;* **four-s. gear box,** Vierganggetriebe *n.* **II.** *v.i.* (*p. & p.p.* **sped** [sped]) schnell fahren; *F:* rasen; **to s. along,** dahinsausen. ´**speedboat,** *s.* Schnellboot *n.* ´**speeding,** *s. Aut:* Überschreitung *f* der zulässigen Geschwindigkeit; Zuschnellfahren *n.* **spee**´**dometer,** *s.* Tachometer *m.* ´speed ´up, *v.* **1.** *v.i.* schneller werden; (*accelerate*) beschleunigen. **2.** *v.tr.* **to s. sth. up,** etwas beschleunigen; **to s. up a film,** einen Film im Zeitraffer abspulen. ´speedway, *s. Aut:* (*a*) *U.S:* Schnellstraße *f;* (*b*) *Motor Cy:* **s.** (racing), Speedway *m;* **s. track,** Speedwaybahn *f.* ´speedy, *adj.* (*a*) zügig; (*fast*) schnell; **s. reply/ recovery,** baldige Antwort/Genesung.

spell¹ [spel], *s.* Zauberspruch *m; Fig:* Bann *m;* **to cast a s. over s.o.,** j-n verzaubern; **to break the s.,** den Zauber lösen; **under the s. of the music/of his personality,** unter dem Bann der Musik/seiner Persönlichkeit. ´spellbound, *adj.* (wie) gebannt; **to hold one's audience s.,** die Zuhörer in seinem Bann halten.

spell², *v.* (*p. & p.p.* **spelled** *or* **spelt**) **1.** *v.tr.* (*a*) (ein Wort, einen Namen) schreiben; **how do you s. it?** wie wird es geschrieben? **how is your name spelt?** wie schreibt sich Ihr Name? **to s. a word (out),** (*aloud*) ein Wort buchstabieren; (*b*) **D-O-G spells dog,** D-O-G ergibt 'dog'; (*c*) (*mean*) (etwas) bedeuten; **it spells ruin for him,** es bedeutet seinen Ruin. **2.** *v.i.* rechtschreiben. ´spelling, *s.* Rechtschreibung *f.* ´spell ´out, *v.tr.* (*a*) (Worte) buchstabieren; (*b*) (etwas) im einzelnen darlegen; **do I have to s. it o.?** muß ich noch deutlicher werden?

spell³, *s.* **1.** Periode *f;* **cold s.,** Kältewelle *f;* **warm s.,** Warmwetterperiode *f;* **for a s.,** eine Zeitlang. **2.** (*turn at work*) Arbeitsschicht *f,* Schicht *f;* **at a s.,** ununterbrochen; *Aut:* **we took spells at the wheel,** wir haben uns am Steuer abgelöst.

spend [spend], *v.tr.* (*p. & p.p.* **spent**) (*a*) (Geld) ausgeben (on, für + *acc*); *F:* **to s. a penny,** pinkeln, mal müssen; (*b*) **to s. a lot of care/ time on sth.,** etwas *dat* viel Sorgfalt/Zeit widmen; (*c*) (Zeit) verbringen; **where are you spending your holidays?** wo verbringen Sie die Ferien? **to s. Sunday working in the garden,** den Sonntag mit Gartenarbeit verbringen. ´spending, *s.* Ausgeben *n* (von Geld); **s. power,** Kaufkraft *f.* ´spendthrift. **I.** *s.* Verschwender *m.* **II.** *adj.* verschwenderisch. spent, *adj.* (*of pers., powers etc.*) erschöpft; (*of bullet etc.*) verbraucht.

sperm [spə:m], *s. Biol:* Samen *m.* ´sperm-whale, *s. Z:* Pottwal *m.*

spew [spju:], *v.tr.* **to s. sth. (out),** etwas ausspeien.

sphere [´sfi(:)ər], *s.* **1.** *Geom:* Kugel *f.* **2.** Bereich *m; that doesn't come within my s.,** das gehört nicht in meinen Bereich/*Adm:* in meine Sparte; **in the political s.,** in der politischen Sphäre; **s. of influence,** Wirkungskreis *m;* **s. of activity,** Tätigkeitsbereich *m.* spherical [´sfe-], *adj.* kugelförmig.

spice [spais]. **I.** *s.* (*a*) Gewürz *n;* (*b*) *Fig:* **to give s. to a story,** eine Geschichte würzen; **the s. of life,** die Würze des Lebens; **the s. of adventure,** der Reiz des Abenteuers. ´spiciness, *s.* (*a*) Würzigkeit *f;* (*b*) *Fig:* Pikanterie *f* (einer Geschichte usw.). ´spicy, *adj.* (*a*) (*of food*) würzig; (*b*) (*of story etc.*) pikant.

spick and span [´spik ən(d) ´spæn], *adj. phr.* (*of room etc.*) blitzblank; (*of pers.*) geschniegelt.

spider [´spaidər], *s.* Spinne *f.* ´spidery, *adj.* (*of handwriting*) krakelig.

spiel [spi:l], *s. F:* Blabla *n;* **long s.,** langatmige Geschichte.

spigot [´spigət], *s.* **1.** (*stopper*) Zapfen *m.* **2.** (*valve*) Hahn *m.*

spike [spaik], *s.* (*on railing, stick etc.*) Spitze *f;* (*on barbed wire etc.*) Stachel *m.* **spiked,** *adj.* **s. running shoes,** Spikes *mpl.* ´spiky, *adj.* (*pointed*) spitz.

spill [spil]. **I.** *v.* (*p. & p.p.* **spilt** *or* **spilled**) **1.** *v.tr.* (Wasser, Milch usw.) verschütten; **to s. blood,** Blut vergießen; *F:* **s. the beans!** pack aus! **2.** *v.i.* (*of liquid*) verschüttet werden. **II.** *s. F:* Sturz *m* (vom Pferd, vom Fahrrad usw.); **to have a s.,** stürzen.

spin [spin]. **I.** *v.* (*p. & p.p.* **spun**) **1.** *v.tr* (*a*) (Wolle, Garn, *Fig:* ein Garn usw.) spinnen; (*of spider*) **to s. a web,** ein Netz spinnen; (*b*) **to s. a top,** einen Kreisel drehen lassen; *Sp:* **to s. the ball,** den Ball anschneiden. **2.** *v.i.* (*of top, wheel etc.*) sich drehen; (*of aircraft*) trudeln; (*of pers.*) **to s. round,** sich plötzlich umdrehen; **my head's spinning,** mir dreht sich alles im Kopf; **to send s.o. spinning,** j-n hinschleudern. **II.** *s.* **1.** *Sp:* Drall *m;* **to put s. on the ball,** dem Ball einen Drall/*Billiards:* Effet geben. **2.** *Av:* **to go into a s.,** ins Trudeln kommen; **to go into a tail-s.,** über den Schwanz abtrudeln; *F:* (*of pers.*) **to be in a flat s.,** nicht mehr wissen, was hinten und vorne ist. **3.** *Aut:* **to go for a s.,** eine Spazierfahrt machen. ´spin-´drier, *s.* Wäscheschleuder *f.* ´spinner, *s.* Spinner(in) *m(f).* ´spinning, *s.* Spinnen *n; Ind:* Spinnerei *f;* **s. wheel,** Spinnrad *n.* ´spin-off, *s.* Abfallprodukt *m* (der Raumfahrttechnik usw.); *Fig:* Nebenwirkung *f.* ´spin ´out, *v.tr.* (eine Geschichte, eine Sache) in die Länge ziehen.

spinach [´spinidʒ], *s. Cu:* Spinat *m.*

spindle [´spindl], *s.* Spindel *f;* (*shaft*) Welle *f.* ´spindly, *adj.* dünn.

spinal [´spain(ə)l], *adj.* Wirbelsäulen-; **s. column,** Wirbelsäule *f;* **s. complaint,** Wirbelsäulenleiden *n.* spine [spain], *s.* **1.** *Anat:* Wirbelsäule *f.* **2.** (*of book*) Rücken *m.* **3.** (*prickle*) Stachel *m.* ´spine-chilling, *adj.* gruselig. ´spineless, *adj.* (*of pers.*) ohne Rückgrat; **he's s.,** er hat kein Rückgrat.

spinney [´spini], *s.* Dickicht *n.*

spinster [´spinstər], *s.* unverheiratete Frau *f;* (*old*) alte Jungfer *f.*

spiral [´spaiərəl]. **I.** *s.* Spirale *f.* **II.** *adj.* spiralig; gewunden; **s. staircase,** Wendeltreppe *f;* **s. spring,** Spiralfeder *f.* **III.** *v.i.* (*p. & p.p.* **spiralled**) (in Spiralen) hochwirbeln; (*of prices etc.*) in die Höhe schießen.

spire [´spaiər], *s.* Turmspitze *f, esp.* Kirchturmspitze *f.*

spirit [´spirit]. **I.** *s.* **1.** Geist *m;* (*a*) *Rel:* **the Holy S.,** der heilige Geist; **evil spirits,** böse Geister; (*b*) (*of pers.*) **the leading s. of an enterprise,** der führende Geist eines Unternehmens; **kindred spirits,** verwandte Geister; (*c*) **the s. of the age,** der Zeitgeist. **2.** (*mood*) Stimmung *f;* (*a*) **party s.,** Partystimmung *f;* **to enter into the s. of sth.,** etwas mit Hingabe mitmachen; **to take sth. in the wrong s.,** etwas falsch auffassen; **that's the s.!** bravo! ganz richtig! **to show s.,** Charakter zeigen; (*b*) *pl.* **spirits,** Gemütsverfassung *f;* **in high spirits,** übermütig; **in low spirits,** (in) gedrückter Stimmung; **to keep up one's spirits,** den Mut nicht sinken lassen; **their spirits rose,** die Stimmung hob sich. 3. *(alcohol) usu. pl.* Spirituosen *pl;* **surgical s.,** Wundbenzin *n.* II. *v.tr.* **to s. s.o.,** *sth.* **away,** j-n, etwas wegzaubern. ´spirited, *adj. (of pers.)* temperamentvoll; *(of discussion)* lebhaft; *(of horse, defence, speech)* feurig. ´spirit-level, *s. Tls:* Wasserwaage *f.* ´spiritual. I. *adj.* 1. *(of the spirit)* geistig. 2. *Rel:* geistlich. II. *s.* **(negro) s.,** Spiritual *n.* ´spiritualism, *s.* 1. *(belief in spirits)* Spiritismus *m.* 2. *Phil: Rel:* Spiritualismus *m.* ´spiritualist, *s.* 1. Spiritist *m.* 2. Spiritualist *m.*

spit[1] [spit], *s.* 1. *Cu:* Bratspieß *m.* 2. *Geog:* Landzunge *f.*

spit[2]. I. *v. (p. & p.p.* **spat** [spæt]) 1. *v.i. (a)* spucken; *(of cat)* fauchen; **it's spitting (with rain),** es tröpfelt; *Fig:* **I was spitting (with anger),** ich schäumte vor Wut; *(b) Fig:* **she's the spitting image of her mother,** sie ist ihrer Mutter wie aus dem Gesicht geschnitten. 2. *v.tr.* (Blut) spucken; **to s. sth. out,** etwas ausspucken; *Fig:* **to s. fire,** Feuer und Flamme speien. II. *s.* Spucke *f; F:* **s. and polish,** Wienern *n.* ´spittoon, *s.* Spucknapf *m.* ´spittle, *s.* Speichel *m.*

spite [spait]. I. *s.* 1. Bosheit *f;* **out of sheer s.,** aus reiner Bosheit. 2. *prep. phr.* **in s. of,** trotz + *gen;* **in s. of everything,** trotz allem. II. *v.tr.* **he did it to s. her,** er tat es ihr zum Trotz. ´spiteful, *adj.* gehässig; **a s. tongue,** eine giftige Zunge. ´spitefulness, *s.* Gehässigkeit *f.*

spiv [spiv], *s. F:* Schieber *m.*

splash [splæʃ]. I. *s.* 1. *(a) (sound)* Klatsch *m;* Platschen *n; (b) (mark)* Spritzer *m.* 2. *(of colour, light)* Fleck *m.* 3. *Fig:* **to make a s.,** Furore machen; *Journ:* **s. headline,** große Schlagzeile *f.* II. *v.* 1. *v.i. (of waves etc.)* platschen **(against,** gegen + *acc); (of tap)* spritzen; **to s. about,** planschen. 2. *v.tr.* (j-n, etwas) sich) bespritzen (mit Wasser, Schmutz usw.); *Fig:* **to s. one's money about,** mit dem Geld um sich werfen; *Journ:* **to s. a story,** eine Geschichte groß herausbringen. ´splash ´down, *v.tr. (of spacecraft)* wassern. ´splash-down, *s.* Wasserung *f.*

splay [splei], *v.tr.* (die Beine usw.) spreizen.

spleen [spli:n], *s.* 1. *Anat:* Milz *f.* 2. *A: & Lit:* schlechte Laune *f.*

splendid [´splendid], *adj.* herrlich; *(magnificent)* prächtig; *F:* **that's s.!** das ist prima! ´splendour, *s.* Pracht *f.*

splice [splais], *v.tr. (a)* (zwei Tauenden, Kabel) spleißen; *Cin: Rec:* (einen Film, ein Band) kleben; *(b) P:* **to get spliced,** *(marry)* in den Hafen der Ehe einlaufen.

splint [splint], *s.* Schiene *f;* **to put s.o.'s arm in a s.,** j-m den Arm schienen.

splinter [´splintər]. I. *s.* Splitter *m; Pol:* **s. group,** Splittergruppe *f.* II. *v.i.* splittern.

split [split]. I. *s.* 1. Riß *m* (im Stoff, in der Haut usw.); *Pol:* **a s. in the party,** eine Spaltung innerhalb der Partei. 2. *Cu:* **banana s.,** BananenSplit *m.* 3. *Gym: etc:* **to do the splits,** Spagat machen. II. *v. (p. & p.p.* **split**) 1. *v.tr. (a)* (Holz usw., *Ph:* das Atom) spalten **(into,** in + *acc);* *(when bargaining)* **to s. the difference,** sich in der Mitte treffen; **to s. the cost,** die Kosten teilen; *Fig:* **to s. hairs,** Haare spalten; **to s. one's sides (with laughing),** sich krank lachen. 2. *v.i. (a) (of wood etc.)* sich spalten; *(of seam etc.)* platzen; *(b) F:* **my head's splitting/I've got a splitting headache,** ich habe rasende Kopfschmerzen; *(c) P:* **to s. on s.o.,** j-n verpetzen. III. *adj.* gespalten; **s. ring,** Schlüsselring *m; Mec. E:* **s. pin,** Splint *m; Cu:* **s. peas,** geschälte Erbsen; *Fig:* **in a s. second,** im Bruchteil einer Sekunde; *Psy:* **s. personality,** gespaltenes Bewußtsein. ´split-´level, *adj. Arch: etc:* vertikal unterteilt, auf zwei Ebenen; *Cu:* **s.-l. cooker,** Einbaubackofen *m* mit Kochmulde. ´split ´up, *v.* 1. *v.i. (of couple)* auseinandergehen; **to s. up into groups,** sich in Gruppen aufteilen. 2. *v.tr.* (etwas) aufteilen **(into,** in + *acc).*

splodge [splɔdʒ], *s. F:* Klecks *m; Cu:* formloser Pudding *m.*

splutter [´splʌtər], *v.* 1. *v.i. (of pers., engine)* stottern; *(of swimmer)* prusten. 2. *v.tr.* (Worte usw.) herausstottern.

spoil [spɔil]. I. *v. (p. & p.p.* **spoiled, spoilt)** 1. *v.i. (a) (of food)* schlecht werden; *(b) (of pers.)* **spoiling for a fight,** streitlustig. 2. *v.tr. (a)* (etwas) verderben; *(b)* (ein Kind usw.) verwöhnen. II. *s. (a) usu. pl.* Beute *f;* **spoils of war,** Kriegsbeute *f; (b) Min: etc:* Schutt *m.* ´spoiler, *s. Aut:* Heckflosse *f.* ´spoilsport, *s.* Spielverderber *m.* ´spoilt, *adj.* verdorben; **a s. child,** ein verwöhntes Kind.

spoke [spəuk], *s. (a) (of wheel)* Speiche *f; Fig:* **to put a s. in s.o.'s wheel,** j-m einen Knüppel zwischen die Beine werfen; *(b) (of ladder)* Sprosse *f.*

spoken [´spəukən], *adj. & p.p. of* **speak** *q.v.;* **spoken for,** reserviert.

spokesman, *pl.* **-men** [´spəuksmən, -men], *s.* Wortführer *m; government* **s.,** Regierungssprecher *m.*

sponge [spʌn(d)ʒ]. I. *s.* 1. Schwamm *m; Fig:* **to throw in the s.,** sich geschlagen geben. 2. *Cu:* **s. (-cake),** Biskuitkuchen *m;* **s. finger,** Löffelbiskuit *m.* II. *v.* 1. *v.tr.* (etwas) mit einem Schwamm abwischen. 2. *v.i. F:* **to s. on s.o.,** bei j-m schmarotzen. ´sponger, *s. F:* Schmarotzer *m.* ´spongy, *adj.* schwammig; *(of ground)* sumpfig.

sponsor [´spɔnsər]. I. *s.* 1. *(backer)* Förderer *m; (a) Com:* Bürge *m; (b) Advert:* Auftraggeber *m; (c) Sp:* Sponsor *m.* 2. *R. C. Ch: (at baptism, confirmation)* Pate *m,* Patin *f.* II. *v.tr. (a)* (j-n, etwas) fördern; *Com:* (für j-n) bürgen; *Rad: TV: Advert:* (eine Sendung) (als Sponsor) finanzieren; *Sp:* (j-n, eine Mannschaft usw.) sponsern; *R. C. Ch:* (j-m) Pate stehen. ´sponsorship, *s.* Unterstützung *f; Com:* Bürgschaft *f; R. C. Ch:* Patenschaft *f; Sp:* Sponsern *n.*

spontaneous [spɔn´teinjəs], *adj.* spontan; **s. combustion,** Selbstentzündung *f.* **spontaneity** [spɔntə´ni:iti]/**spon´taneousness,** *s.* Spontaneität *f.*

spoof [spu:f]. F: I. *v.tr.* (etwas) parodieren. II. *s.* 2. Parodie *f* **(on/of,** auf + *acc).*

spook [spu:k], *s.* Spuk *m.* ´spooky, *adj.* unheimlich.

spool [spu:l]. **I.** *s.* Spule *f.* **II.** *v.tr.* (das Band, den Film usw.) aufspulen.

spoon [spu:n]. **I.** *s.* Löffel *m.* **II.** *v.tr.* **to s. sth. (up),** etwas löffeln. **'spoon-feed,** *v.tr.* (*a*) (ein Kind usw.) mit dem Löffel füttern; (*b*) *Fig:* (j-m) alles vorkauen. **'spoonful,** *s.* **a s. of soup,** ein Löffel Suppe.

sporadic [spɔ'rædik], *adj.* sporadisch.

spore [spɔ:r], *s. Bot:* Spore *f.*

sport [spɔ:t]. **I.** *s.* **1.** (*a*) Sport *m;* **(type of) s.,** Sportart *f; Sch:* **sports (day),** Sportfest *n;* (*b*) *attrib.* Sport-; **sports car,** Sportwagen *m;* **sports ground,** Sportplatz *m;* **sports jacket,** Sakko *m.* **2.** (*fun*) Spaß *m.* **3.** (*pers.*) *F:* (fairer) Sportsmann *m;* **a good s.,** ein guter Kerl; **be a s.!** sei kein Spielverderber! **II.** *v.tr.* (eine Blume im Knopfloch usw.) tragen; **he sports a beard,** er hat sich einen Bart wachsen lassen. **'sporting,** *adj.* **1.** (*of pers. etc.*); sportlich; **s. man,** Sportfreund *m, esp.* Liebhaber *m* des Pferderennens. **2.** (*taking risks*) mutig; (*of pers.*) fair; **s. chance,** ziemlich gute Chance; **s. gesture,** sportliche Geste. **'sportsman,** *pl.* **-men,** *f.* **-woman,** *pl.* **-women,** *s.* **1.** Sportler(in) *m(f).* **2.** (*fair player*) Sportsmann *m.* **'sportsmanlike,** *adj.* **1.** sportlich. **2.** fair; anständig. **'sportsmanship,** *s.* **1.** Sportlichkeit *f.* **2.** Fairneß *f.* **'sporty,** *adj.* sportlich.

spot [spɔt]. **I.** *s.* **1.** Punkt *m;* Fleck *m;* (*a*) **a dress with green spots,** ein grün getupftes/(*small*) gepunktetes Kleid; **a leopard's spots,** die Flecke eines Leoparden; **s. (of dirt),** Schmutzfleck *m; F:* **he can knock spots off you,** er ist Ihnen weitaus überlegen; (*b*) **blind s.,** (i) *Anat:* blinder Fleck *m;* (ii) *Aut: etc:* Gesichtsausfall *m;* (*c*) (*radar*) **scanning s.,** Punktlichtabtaster *m.* **2.** (*a*) (*place*) Ort *m;* **a lovely s.,** ein schönes Fleckchen; (*b*) (*exact position*) Stelle *f;* **on the s.,** (i) zur Stelle; (ii) (*there and then*) an Ort und Stelle; (iii) (*immediately*) auf der Stelle; **he was killed on the s.,** er war auf der Stelle tot; **an on-the-s. report,** ein Bericht vom Ort des Geschehens; **s. check,** Stichprobe *f; F:* **to put s.o. on the s.,** j-n in die Klemme bringen; (*with question*) j-n in Verlegenheit bringen; (*c*) *Com:* **s. cash,** Barzahlung *f;* (*d*) **soft/weak s.,** Schwäche *f;* **to find s.o.'s weak s.,** j-n an seiner empfindlichen Stelle treffen; (*e*) *Rad: TV:* (*on programme*) Spot *m.* **3.** (*on face etc.*) Pickel *m; pl.* (*rash*) Ausschlag *m.* **4.** (*a*) (*drop*) Tropfen *m* (Regen); (*b*) (*small amount*) *F:* **a s. of brandy,** ein Schluck Cognac; **what about a s. of lunch?** wollen wir schnell was zu Mittag essen? **a s. of trouble,** ein bißchen Ärger. **II.** *v.* (*p. & p.p.* **spotted**) **1.** *v.i.* (*a*) **it's spotting with rain,** es tröpfelt; (*b*) (*of material*) flecken. **2.** *v.tr.* (*a*) (*mark*) (etwas) beflecken; (*b*) (*catch sight of*) (j-n, etwas) erkennen; *Rac: etc:* **to s. the winner,** auf den Sieger tippen. **'spotless,** *adj.* fleckenlos; (*immaculate*) makellos. **'spotlight.** **I.** *s. Th: etc:* Spotlight *n; Aut:* Fernscheinwerfer *m; Fig:* **to be in the s.,** im Rampenlicht stehen. **II.** *v.tr.* (j-n, etwas) anstrahlen; *Fig:* (j-n, etwas) herausstellen. **'spot-'on,** *adj.* genau richtig. **'spotted,** *adj.* (*of material*) getupft; (*of animal*) gefleckt; (*speckled*) gesprenkelt. **'spotter,** *s.* Beobachter *m;* **s. (plane),** Beobachtungsflugzeug *n.* **'spotty,** *adj.* (*of face*

etc.) pickelig. **'spot-'weld,** *v.tr.* (Metall) punktschweißen.

spouse [spauz], *s. Jur:* Ehepartner(in) *m(f); Hum:* Gatte *m,* Gattin *f.*

spout [spaut]. **I.** *s.* **1.** Schnauze *f* (einer Kanne usw.); (*for rainwater*) Ausguß *m;* (*of pump*) Hahn *m; P:* **up the s.,** futsch (gegangen). **II.** *v.* **1.** *v.i.* (heraus)spritzen. **2.** *v.tr.* (Wasser usw.) speien; *F:* **to s. poetry,** Verse deklamieren.

sprain [sprein]. **I.** *s.* Verstauchung *f.* **II.** *v.tr.* **to s. one's ankle/wrist,** sich *dat* den Fuß/die Hand verstauchen.

sprat [spræt], *s.* Sprotte *f.*

sprawl [sprɔ:l], *v.i.* (*a*) (*of pers.*) (behaglich) ausgestreckt liegen/sitzen; *F:* (sich) rekeln; **to go sprawling,** der Länge nach hinfallen; **to send s.o. sprawling,** j-n zu Boden strecken; (*b*) (*of town*) sich weit ausdehnen; (*of plant*) sich ausbreiten.

spray¹ [sprei], *s.* **s. of flowers,** Blütenzweig *m.*

spray². **I.** *s.* **1.** (*of sea etc.*) Gischt *f.* **2.** (*a*) (*for hair, plants etc.*) Spray *m or n;* (*b*) (*atomizer*) Sprühdose *f;* **perfume s.,** Parfümzerstäuber *m.* **II.** *v.* **1.** *v.i.* (*of liquid*) sprühen. **2.** *v.tr.* (*a*) (eine Flüssigkeit) zerstäuben; (*b*) *Agr:* (Bäume, Getreide usw.) spritzen; *Ind:* (ein Auto usw.) spritzlackieren; *F:* spritzen. **'sprayer,** *s.* Zerstäuber *m.* **'spraygun,** *s.* Spritzpistole *f.*

spread [spred]. **I.** *s.* **1.** (*of wings*) Spannweite *f; Fig:* (*range*) Umfang *m;* Spektrum *n* (der Interessen usw.). **2.** (*a*) (*process*) Verbreitung *f* (des Wissens, der Krankheit usw.); (*b*) *F:* **middle-age s.,** Altersspeck *m* (der mittleren Jahre). **3.** *F:* (*meal*) Schmaus *m.* **4.** (*on bread*) Aufstrich *m.* **5.** **double-page s.,** *Advert:* doppelseitige Anzeige *f; Journ:* doppelseitiger Beitrag *m.* **II.** *v.* (*p. & p.p.* **spread**) **1.** *v.i.* (*a*) (*of news, disease etc.*) sich verbreiten; (*of fire, area of land*) sich ausbreiten; (*b*) (*of butter etc.*) sich streichen lassen. **2.** *v.tr.* (*a*) **to s. sth. (out),** etwas ausbreiten; (*b*) (Krankheit, eine Nachricht usw.) verbreiten; (*c*) (Brot mit Butter, Honig usw.) bestreichen; **to s. butter on bread,** Butter aufs Brot streichen; (*d*) *F:* **to s. oneself,** (i) (*on sofa etc.*) sich ausbreiten; (ii) (*on a subject*) sich verbreiten (**on,** über + *acc*); (*e*) **instalments s. over several months,** über mehrere Monate verteilte Abzahlungen. **'spread-'eagled,** *adj.* mit ausgestreckten Armen und Beinen (daliegend).

spree [spri:], *s.* Orgie *f;* **shopping s.,** Einkaufsbummel *m;* **spending s.,** Kauforgie *f.*

sprig [sprig], *s.* Zweig *m.*

sprightly ['spraitli], *adj.* lebhaft; (*of old pers.*) rüstig.

spring [spriŋ]. **I.** *s.* **1.** (*jump*) Sprung *m.* **2.** (*of water*) Quelle *f.* **3.** (*season*) Frühling *m;* **early s.,** Vorfrühling *m;* **in the s.,** im Frühling; **s. flowers,** Frühlingsblumen *fpl;* **s. onion,** Frühlingszwiebel *f.* **4.** **s. tide,** Springflut *f.* **5.** (*a*) (*elasticity*) Elastizität *f;* (*b*) (*device*) Feder *f;* **s. mattress,** Sprungfedermatratze *f; pl. Aut: etc:* **springs,** Federung *f.* **II.** *v.* (*p.* **sprang** [spræŋ], *p.p.* **sprung** [sprʌŋ]) **1.** *v.i.* (*a*) springen; **to s. up/to one's feet,** aufspringen; **to s. out of bed,** aus dem Bett springen; **the lid sprang open,** der Deckel sprang auf; *F:* **where did you s. from?** wo kommst du denn her? (*b*) (*arise*) entstammen **(from,** *dat*)**; her behaviour springs from jealousy,** ihr Verhalten entspringt der Eifersucht. **2.** *v.tr.* (*a*) **to s. sth. on s.o.,** j-n mit etwas *dat* überraschen; (*b*) **to s. a leak,** ein Leck bekommen; (*c*) **to s. a trap,** eine Falle zuschnappen lassen; **to s. a mine,** eine Mine zünden. **'springboard,** *s.* Sprungbrett *n.* **'springbok,** *s.* **1.** *Z:* Springbock *m.* **2.** *F:* Südafrikaner *m.* **'spring-'clean. I.** *v.tr.* (das Haus) gründlich putzen. **II.** *s.* Frühjahrsputz *m; F:* **to have a s.-c.,** ein Großreinemachen veranstalten. **'spring-'cleaning,** *s.* Frühjahrsputz *m;* **to do the s.-c.,** Frühjahrsputz machen. **'springiness,** *s.* Elastizität *f;* **the s. of his step,** sein federnder Gang. **'springing,** *s. Aut: etc:* Federung *f.* **'springless,** *adj.* federlos. **'springlike,** *adj.* frühlingsmäßig. **'spring 'up,** *v.i.* (*of breeze, Fig:* *doubt etc.*) aufkommen; (*of plant*) aufschießen. **'springy,** *adj.* (*of gait etc.*) federnd; **to be s.,** federn.

sprinkle [ˈspriŋkl], *v.tr.* (*a*) (Wasser usw.) sprengen; (Sand, Zucker) streuen (**on sth.,** auf etwas *acc*); (*b*) **to s. s.o., sth. with water,** j-n, etwas mit Wasser besprengen/berieseln; **sprinkled with sugar,** mit Zucker bestreut. **'sprinkler,** *s.* **1.** *Hort: Agr:* Regner *m;* (*as fire extinguisher*) Sprinkleranlage *f.* **2.** *Ecc:* Weihwasserwedel *m.* **3. sugar s.,** Zuckerstreuer *m.* **'sprinkling,** *s.* **1.** (*a*) Sprengen *n* (von Wasser usw.); (*b*) Streuen *n* (von Sand usw.) **2. s. of snow,** leichter Schneefall; *Cu:* **cover with a s. of sugar,** mit Zucker bestreuen.

sprint [sprint]. **I.** *s.* (*a*) (*race*) Sprint *m;* (*b*) (*spurt*) Spurt *m;* **final s.,** Endspurt *m.* **II.** *v.i.* (*a*) sprinten; (*b*) (*spurt*) spurten. **'sprinter,** *s.* Sprinter *m;* Kurzstreckenläufer *m.*

sprocket [ˈsprɔkit], *s. E:* (*a*) Zahn *m;* (*b*) **s. (wheel),** Zahnrad *n.*

sprout [spraut]. **I.** *v.* **1.** *v.i.* (*a*) (*of seed*) treiben; (*of plant*) sprießen; (*b*) (*of plant etc.*) hochschießen. **2.** *v.tr.* **to s. horns,** Hörner bekommen; *F:* (*of pers.*) **to s. a moustache,** sich *dat* einen Schnurrbart wachsen lassen. **II.** *s.* Sproß *m;* **(Brussels) sprouts,** Rosenkohl *m.*

spruce[1] [spruːs]. **I.** *adj.* gepflegt, schmuck. **II.** *v.tr.* **to s. oneself up,** sich schmuck machen. **'spruceness,** *s.* Gepflegtheit *f.*

spruce[2], *s.* (*tree*) Fichte *f.*

sprung [sprʌŋ], *adj. & p.p.* of **spring** *q.v.;* **well/ badly s.,** gut/schlecht gefedert.

spry [sprai], *adj.* rüstig.

spud [spʌd], *s. P:* Kartoffel *f.*

spunk [spʌŋk], *s. P:* Mumm *m,* Courage *f.* **'spunky,** *adj. P:* couragiert.

spur [spəːr]. **I.** *s.* **1.** *Equit:* Sporn *m.* **2.** (*incitement*) Ansporn *m;* **on the s. of the moment,** ganz spontan; (*of decision*) plötzlich. *Geog:* Ausläufer *m.* **II.** *v.tr.* (*p. & p.p.* **spurred**) (ein Pferd) anspornen; *Fig:* **to s. s.o. on,** j-n anspornen. **'spur-gear,** *s. Mec.E:* Stirnrad *n.*

spurious [ˈspjuəriəs], *adj.* falsch. **'spuriousness,** *s.* Unechtheit *f.*

spurn [spəːn], *v.tr.* (j-n, ein Angebot usw.) verschmähen.

spurt [spəːt]. **I.** *v.i.* (*a*) (*of liquid, flames etc.*) **to s. out,** hervorschießen; **to s. up,** emporschießen; (*b*) *Sp:* spurten. **II.** *s.* **1. s. of water,** plötzlich hervorschießender Wasserstrahl; **s. of energy,**

plötzlicher Tatendrang. **2.** *Sp:* Spurt *m;* **final s.,** Endspurt *m.*

spy [spai]. **I.** *s.* Spion(in) *m(f).* **II.** *v.* (*p. & p.p.* **spied**) **1.** *v.i.* spionieren; **to s. on s.o.,** j-m nachspionieren. **2.** *v.tr.* (*see*) (j-n, etwas) erkennen, *Lit:* erspähen. **'spying,** *s.* Spionage *f.*

squab [skwɔb], *s.* (*cushion*) Polster *n.*

squabble [ˈskwɔbl]. **I.** *v.i.* zanken. **II.** *s.* Zank *m.* **'squabbling,** *s.* Gezänk *n.*

squad [skwɔd], *s.* **1.** *Mil: etc:* Kommando *n;* **firing s.,** Exekutionskommando *n.* **2.** (*a*) Mannschaft *f;* **rescue s.,** Rettungsmannschaft *f;* *Police:* **flying s.,** Überfallkommando *n;* (*b*) *Sp:* Aufgebot *n.*

squadron [ˈskwɔdrən], *s.* (*a*) *Mil:* (*armoured*) Kompanie *f;* (*cavalry*) Schwadron *n;* (*b*) *Navy:* Geschwader *n;* (*c*) *Av:* Staffel *f;* **s. leader,** Major *m* (der Luftwaffe).

squalid [ˈskwɔlid], *adj.* elend. **'squalor,** *s.* Elend *n.*

squall[1] [skwɔːl], *v.i.* (*howl*) brüllen.

squall[2], *s. Nau:* Bö *f.* **'squally,** *adj.* böig.

squander [ˈskwɔndər], *v.tr.* (Geld, Zeit) vergeuden; *F:* (Geld) verpulvern; **to s. a fortune,** ein Vermögen durchbringen. **'squandering,** *s.* Vergeudung *f.* **'squanderer,** *s.* Verschwender *m.*

square [skwɛər]. **I.** *s.* **1.** (*a*) (*figure*) Quadrat *n;* [*on chessboard, map etc.*] Feld *n; Fig:* **it was back to s. one,** es hieß wieder von vorne anfangen; (*b*) *Cl:* **silk s.,** seidenes Kopftuch *n.* **2.** (*in town*) Platz *m; Mil:* **barrack s.,** Kasernenhof *m; F:* **s. bashing,** Drill *m.* **3.** *Mth:* **the s. of a number,** die zweite Potenz einer Zahl. **4.** *Tls:* (*set*) **s.,** Winkel *m;* **out of s.,** nicht rechtwinkelig. **5.** *F:* **he's a s.,** er ist altmodisch/nicht up to date. **II.** *adj.* **1.** (*a*) quadratisch; **s. dance,** Square-dance *m;* (*b*) (*of shoulders, chin etc.*) eckig; **s. bracket,** eckige Klammer. **2.** *Mth:* Quadrat-; **s. root,** Quadratwurzel *f;* **s. measure,** Quadratmaß *n;* **two metres s.,** zwei Meter im Quadrat. **3.** (*a*) **to get things s.,** alles in Ordnung bringen; **to be all s. with s.o.,** mit j-m quitt sein; (*b*) **a s. deal,** ein reelles Geschäft; **to give s.o. a s. deal,** j-n fair behandeln; (*c*) **a s. meal,** ein ordentliches Essen. **4.** *F:* altmodisch. **III.** *adv.* **set s. to/with sth.,** rechtwinkelig zu etwas *dat* stehend; *Fig:* **fair and s.,** (i) (*above-board*) einwandfrei; (ii) (*directly*) direkt. **IV.** *v.* **1.** *v.tr.* (*a*) (Stein, Holz) rechteckig behauen; (*b*) (die Schultern) straffen; (*c*) *Mth:* (eine Zahl) zur zweiten Potenz erheben; (*d*) *F:* (*bribe*) (j-n) schmieren; (*e*) (etwas) in Einklang bringen; **I cannot s. it with my conscience,** ich kann es vor meinem Gewissen nicht verantworten. **2.** *v.i.* (*a*) **to s. up with s.o.,** mit j-m abrechnen; (*b*) **that theory does not s. with the facts,** diese Theorie stimmt mit den Tatsachen nicht überein. **squared,** *adj.* **s. paper,** kariertes Papier.

squash[1] [skwɔʃ]. **I.** *v.* **1.** *v.tr.* (*a*) (etwas) zerdrücken, zerquetschen; (*b*) *F:* (j-n) kleinkriegen. **2.** *v.i.* (*a*) (*of fruit etc.*) zerdrückt werden; (*b*) (*of people*) sich quetschen (**into a car etc.,** in einen Wagen usw.) **II.** *s.* **1.** Gedränge *n.* **2.** *Cl:* **s. hat,** Schlapphut *m.* **3. orange s.,** Orangengetränk *n.* **4.** *Sp:* **s. (rackets),** Squash *n.* **'squashy,** *adj. F:* matschig; (*soft*) weich.

squash[2], *s. Bot: esp. N.Am:* Kürbis *m.*

squat [skwɔt]. **I.** *v.i.* (*p. & p.p.* **squatted**) (*a*) hocken; **to s. down**, sich hinhocken, hinkauern; (*b*) **to s. in a house**, ein Haus besetzt haben. **II.** *adj.* untersetzt. **'squatter**, *s.* Hausbesetzer *m.*

squaw [skwɔ:], *s.* Indianerfrau *f.*

squawk [skwɔ:k]. **I.** *v.i.* kreischen. **II.** *s.* Kreischen *n;* **to give a s.**, aufkreischen.

squeak [skwi:k]. **I.** *v.i.* (*a*) (*of mouse etc.*) piepsen; (*b*) (*of hinge, shoes, etc.*) quietschen. **II.** *s.* (*a*) Piepser *m;* (*b*) Quietschen *n;* (*c*) F: **to have a narrow s.**, gerade noch davonkommen.

squeal [skwi:l]. **I.** *v.i.* (*a*) (*of child etc.*) **to s. with delight**, vor Vergnügen quietschen; **to s. with fear**, vor Angst schreien; (*b*) (*of pig*) quieken; (*c*) P: (*turn informer*) singen. **II.** *s.* Quietschen *n;* winselnder Schrei *m* (eines Kindes usw.); Quieken *n* (eines Ferkels usw.).

squeamish ['skwi:miʃ], *adj.* überempfindlich; leicht angeekelt; **a nurse can't afford to be s.**, als Krankenschwester muß man ganz abgebrüht sein. **'squeamishness**, *s.* Überempfindlichkeit *f.*

squeegee['skwi:dʒi:], *s.* Gummiwischer *m; Phot:* Quetscher *m.*

squeeze [skwi:z]. **I.** *v.* **1.** *v.tr.* (*a*) (etwas, j-m die Hand usw.) drücken; (Saft, eine Zitrone usw.) auspressen; (*b*) (*injure*) **to s. one's finger**, sich *dat* den Finger quetschen; (*c*) (*force*) (etwas in einen Koffer usw.) quetschen; **to s. oneself into a corner**, sich in eine Ecke zwängen; (*e*) F: **to s. (money out of) s.o.**, Geld aus j-m herauspressen; F: j-n schröpfen. **2.** *v.i.* **to s. into/through sth.**, sich in/durch etwas *acc* quetschen. **II.** *s.* (*a*) **to give s.o.'s hand a s.**, j-s Hand drücken; (*b*) **it was a tight s.**, es war sehr eng; (*c*) **a s. of lemon**, ein Spritzer *m* Zitrone; (*d*) *Fin:* **credit s.**, Kreditdrosselung *f.*

squelch [skweltʃ], *v.i.* **to s. through the mud**, durch den Morast quatschen.

squib [skwib], *s.* Knallfrosch *m; Fig:* **a damp s.**, ein Schlag ins Wasser.

squid [skwid], *s. Z:* Tintenfisch *m.*

squiggle ['skwigl], *s. F:* Schnörkel *m.*

squint [skwint]. **I.** *v.i.* schielen (**at**, auf + *acc*). **II.** *s.* Schielen *n; F:* **let's have a s.!** laß mich mal gucken!

squire ['skwaiər], *s. Brit:* Gutsherr *m.*

squirm [skwɔ:m], *v.i.* (*of worm, Fig: of pers. etc.*) sich winden; F: **it makes me s.**, es ekelt mich an; (*with embarrassment*) es ist mir peinlich.

squirrel ['skwirəl], *s. Z:* Eichhörnchen *n.*

squirt [skwɔ:t]. **I.** *v.* **1.** *v.i.* (*of liquid*) **to s. (out)**, (heraus)spritzen. **2.** *v.tr.* (Wasser, Sahne usw.) spritzen; **to s.o. with water**, j-n mit Wasser bespritzen. **II.** *s.* **1.** (*jet*) Strahl *m;* **a s. of soda**, ein Spritzer *m* Soda. **2.** *Pej: F:* (*pers.*) **little s.**, Pinscher *m.*

Sri Lanka ['sri:'læŋkə]. *Pr.n. Geog:* Sri Lanka *n.* **'Sri'Lankan**, *adj.* srilankisch.

stab [stæb]. **I.** *v.tr.* (*p. & p.p.* **stabbed**) **to s.o. to death**, j-n erstechen; **to s. s.o. in the back with a dagger**, j-m einen Dolch in den Rücken stoßen; **stabbing pains**, stechende Schmerzen. **II.** *s.* **1.** Stoß *m* (mit dem Dolch usw.); (*wound*) Stichwunde *f; Fig:* **s. in the back**, Dolchstoß *m;* **stabs of conscience**, Gewissensbisse *mpl.* **2.** *F:* **I'll have a s. at it**, ich werde es mal probieren.

stable[1] ['steibl]. **I.** *s.* (*a*) Pferdestall *m; Rac:* Stall *m;* **s. boy/lad**, Stallbursche *m;* **s. companion**, Stallgefährte *m;* (*b*) *Fig:* **from the same s.**, gleichen Ursprungs, aus dem gleichen Hause. **II.** *v.tr.* (ein Pferd) einstallen. **'stabling**, *s.* Stallung *f.*

stable[2], *adj.* (*esp. of structure, currency*) stabil; (*lasting*) dauerhaft; (*Ch: of compound*) beständig; (*of pers.*) ausgeglichen. **stability** [stə'biliti], *s.* Stabilität *f; Ch:* Beständigkeit *f;* Ausgeglichenheit *f* (einer Person). **stabili'zation**, *s.* Stabilisierung *f.* **'stabilize**, *v.tr.* (Preise usw.) stabilisieren. **'stabilizer**, *s. Nau: etc:* Stabilisator *m.*

stack [stæk]. **I.** *s.* **1.** (*a*) **s. of wood/books etc.**, Stapel *m* Holz/Bücher usw.; **hay s.**, Heuschober *m;* (*b*) *F:* **I've stacks of work to do**, ich habe einen Haufen Arbeit. **2.** Schornstein *m;* (*of factory*) Fabrikschlot *m;* **chimney s.**, Schornstein *m* mit mehreren Rauchabzügen. **II.** *v.tr.* **to s. sth. (up)**, etwas (auf)stapeln; *Av:* (Flugzeuge) in verschiedenen Höhen fliegen lassen. **'stacker**, *s.* Stapler *m.*

stadium, *pl.* **-ia, -iums** ['steidiəm, -iə, -iəmz], *s.* Stadion *n.*

staff [stɑ:f], *s.* **1.** (*pole*) Stab *m.* **2.** (*a*) Personal *n; Sch:* (**teaching**) **s.**, Lehrkörper *m;* **to be on the s.**, zum Personal/Lehrkörper gehören; *Journ: Pub:* **editorial s.**, Redaktion *f;* (*b*) *Mil:* Stab *m;* **s. car**, Dienstwagen *m;* **general s.**, Generalstab *m;* **s. officer**, Stabsoffizier *m.* **II.** *v.tr.* (ein Büro usw.) mit Personal besetzen.

stag [stæg], *s.* (*a*) Hirsch *m;* (*b*) *F:* **s. party**, Herrengesellschaft *f.* **'stag-beetle**, *s. Ent:* Hirschkäfer *m.*

stage [steidʒ]. **I.** *s.* **1.** *Th:* Bühne *f;* **to go on the s.**, zur Bühne gehen, to come onto the s., die Bühne betreten; **at the front of the s.**, an der Rampe; *attrib.* **s. directions**, Bühnenanweisungen *fpl;* **s. door**, Bühneneingang *m;* **s. fright**, Lampenfieber *n;* **s. hand**, Bühnenarbeiter *m;* **s. manager**, Inspizient *m; Fig:* **s. whisper**, lautes Flüstern. **2.** (*a*) Stadium *n;* (*in development*) Entwicklungsstufe *f;* **the stages of growth**, die Phasen des Wachstums; **at an early s.**, in einem frühen Stadium; **to achieve sth. in (easy) stages**, etwas stufenweise erreichen; **what s. is it at?** in welchem Stadium befindet es sich? (*b*) Etappe *f* (einer Reise, *Cy:* eines Rennens); **by (easy) stages**, etappenweise; (*on bus route*) **fare s.**, Zahlgrenze *f;* (*c*) *Tchn:* Stufe *f* (eines Verstärkers, einer Rakete usw.). **3.** **landing s.**, Landungssteg *m.* **4.** Objekttisch *m* (eines Mikroskops). **II.** *v.tr.* (ein Stück, eine Demonstration usw.) inszenieren. **'stagecraft**, *s.* Bühnenkenntnis *f.* **'stager**, *s. F:* **old s.**, alter Hase. **'staging**, *s.* **1.** *Th: etc:* Inszenierung *f* (eines Stückes usw.). **2.** *Constr:* Baugerüst *n.* **'stagestruck**, *adj.* theaterbegeistert; **to be s.**, unbedingt zur Bühne gehen wollen. **'stag(e)y**, *adj. usu. Pej:* theatralisch.

stagger ['stægər], *v.* **1.** *v.i.* schwanken; (*nearly fall*) taumeln; **to s. along**, schwankenden Schrittes gehen; **to s. to one's feet**, schwankend aufstehen. **2.** *v.tr.* (*a*) (j-n) erschüttern; (*b*) (Schulferien usw.) staffeln; (*c*) *Tchn:* (etwas) versetzt anordnen. **'staggered**, *adj.* (*a*) erstaunt; **he was s.**, er war sprachlos; (*b*) (*of* *hours, holidays*) gestaffelt; (*c*) *Tchn:* versetzt. '**staggering**, *adj.* (*of news*) umwerfend; **s. blow**, wuchtiger Schlag.

stagnant ['stægnənt], *adj.* (*a*) **s. water**, stehendes Wasser; (*b*) (*of trade etc.*) **to be s.**, stocken. **stag'nate**, *v.i.* (*of water, also Fig:*) stagnieren; (*of pers.*) geistig abstumpfen. **stag'nation**, *s.* Stagnieren *n* (des Wassers); Stagnation *f* (des Markts usw.); geistige Abstumpfung *f* (einer Person).

staid [steid], *adj.* (*of pers.*) gesetzt. '**staidness**, *s.* Gesetztheit *f*.

stain [stein]. I. *s.* 1. (*a*) Fleck *m*; **s. remover**, Fleckenentferner *m*; (*b*) *Fig:* Makel *m* (**on**, an + *dat*); **his character is without a s.**, sein Ruf ist unbefleckt. 2. (*for glass etc.*) Farbe *f*; (*for wood*) Beize *f*. II. *v.tr.* (*a*) (ein Kleid, *Fig:* j-s Ruf) beflecken (**with**, mit + *dat*); (*b*) (Glas usw.) färben; (Holz) beizen; **stained glass**, bemaltes Glas; **the s. glass in Chartres**, die Glasmalereien von Chartres. '**stainless**, *adj.* unbefleckt; **s. steel**, rostfreier Stahl.

stair [stɛər], *s.* (*a*) Stufe *f*; (*b*) *pl.* **stairs** (*also* **staircase**) Treppe *f*; **s. carpet**, Treppenläufer *m*. '**stairwell**, *s.* Treppenschacht *f*.

stake [steik]. I. *s.* 1. (*post*) Pfahl *m*. 2. (*a*) *Gaming:* Einsatz *m*; **to play for high stakes**, um einen hohen Einsatz spielen; (*b*) **to have a s. in sth.**, an etwas *dat* (finanziell) beteiligt sein; *Fig:* **to be at s.**, auf dem Spiel stehen. 3. *Horse Rac:* **stakes**, Geldpreis *m*. II. *v.tr.* (*a*) (junge Bäume, eine Pflanze usw.) an einen Pfahl binden; (*b*) **to s. out/off an area**, eine Fläche abstecken; (*c*) (eine Geldsumme usw.) setzen (**on**, auf + *acc*); **I'd s. my life on it**, dafür lege ich die Hand ins Feuer. '**stake-boat**, *s. Row:* Markierungsboot *n*.

stalactite ['stæləktait], *s.* Stalaktit *m*; (hängender) Tropfstein *m*.

stalagmite ['stæləgmait], *s.* Stalagmit *m*; (stehender) Tropfstein *m*.

stale [steil], *adj.* 1. (*a*) (*of bread*) alt(backen); (*of beer*) abgestanden; (*of air*) verbraucht; (*of smell etc.*) muffig. 2. (*of joke etc.*) abgedroschen; **s. news**, alte Sache, *F:* olle Kamelle. 3. (*of pers.*) abgestumpft; (*of athlete*) übertrainiert; **I'm getting s.**, meine Arbeit wird zu sehr zur Routine. '**stalemate**, *s.* 1. *Chess:* Patt *n*; **the game ended in s.**, die Partie endete patt. 2. *Fig:* **the talks have reached a s.**, die Verhandlungen sind in eine Sackgasse geraten. '**staleness**, *s.* 1. (*a*) Trockenheit *f* (des Brotes); (*b*) Dumpfheit *f* (der Luft usw.). 2. Abgedroschenheit *f* (eines Witzes usw.) 3. Abgestumpftheit *f* (einer Person).

stalk[1] [stɔːk], *v.* 1. *v.i.* (*a*) (*walk stiffly*) stolzieren; (*b*) *Hunt:* pirschen. 2. *v.tr.* sich (an j-n, etwas *acc*) anschleichen/*Hunt:* anpirschen. '**stalker**, *s.* Pirschjäger *m*. '**stalking**, *s. Hunt:* Pirsch *f*.

stalk[2], *s.* Stiel *m*.

stall [stɔːl]. I. *s.* 1. (*for horses & at market etc.*) Stand *m*. 2. *Ecc:* Stuhl *m*; **choir stalls**, Chorgestühl *n*. 3. *Th:* **stalls**, Parkett *n*. 4. *Av:* Überziehen *n*. II. *v.* 1. *v.tr.* (*a*) *Aut:* (den Motor) abwürgen; *Av:* (ein Flugzeug) überziehen; (*b*) *F:* **to s. s.o.**, j-n hinhalten. 2. *v.i.* (*a*) *Aut:* (*of engine*) absterben; *Av:* (*of plane*)

überziehen; (*b*) *Fig:* (*of pers.*) Ausflüchte machen. '**stallholder**, *s.* Budenbesitzer *m*.

stallion ['stæljən], *s.* Hengst *m*.

stalwart ['stɔːlwət]. I. *adj.* (*a*) (*robust*) stramm; (*b*) loyal; **s. champion of a cause**, wackerer Vertreter einer Sache. II. *s.* **party s.**, treuer Anhänger der Partei.

stamen ['steimən], *s. Bot:* Staubblatt *n*.

stamina ['stæminə], *s.* Durchhaltevermögen *n*; *esp. Sp:* Ausdauer *f*.

stammer ['stæmər]. I. *v.* 1. *v.i.* (*a*) stottern; (*b*) (*from embarrassment etc.*) stammeln. 2. *v.tr.* **to s. sth. (out)**, etwas stammeln. II. *s.* Stottern *n*; **to have a s.**, stottern. '**stammerer**, *s.* Stotterer *m*, Stotterin *f*.

stamp [stæmp]. I. *s.* 1. (*act*) Stampfen *n*; **with a s. of the foot**, mit dem Fuß stampfend. 2. (*mark, instrument*) Stempel *m*; **date s.**, Datumsstempel *m*; **rubber s.**, Gummistempel *m*; *Fig:* **it bears the s. of his personality**, es trägt den Stempel seiner Persönlichkeit/ist von seiner Persönlichkeit geprägt. 3. (*a*) (**postage**) **s.**, Briefmarke *f*; **s. album**, Briefmarkenalbum *n*; **s. collector**, Briefmarkensammler *m*; **s. machine**, Briefmarkenautomat *m*; (*b*) (**National Insurance**) **s.**, Versicherungsmarke *f*; *Com:* (**trading**) **s.**, Rabattmarke *f*; (*c*) *Adm:* **s. duty**, Stempelsteuer *f*. II. *v.* 1. *v.tr.* (*a*) **to s. one's foot**, mit dem Fuß aufstampfen; **to s. down the earth**, die Erde festtreten; (*b*) (Gold, Silber) stempeln; (einen Brief, einen Paß) (ab)stempeln; **to s. sth. with one's name/one's name on sth.**, seinen Namen auf etwas *acc* (auf)stempeln; **to s. sth. on metal**, etwas auf Metall prägen; *Fig:* **to s. s.o. as a rebel**, j-n zum Rebellen stempeln; (*of event etc.*) **to s. itself on s.o.'s memory**, sich in j-s Gedächtnis einprägen; (*c*) (*affix stamp*) **to s. a letter**, einen Brief freimachen; *Ins: etc:* **to s. a card**, Marken in ein Heft kleben; (*d*) *Metalw:* (**with die**) (Blech) stanzen. 2. *v.i.* stampfen; **to s. about**, herumtrampeln; **to s. on sth.**, etwas zertrampeln. **stamped**, *adj.* **s. addressed envelope**, frankierter Rückumschlag. '**stamping**, *s.* 1. Stampfen *n*; (*persistent*) Gestampfe *n*. 2. Freimachen *n* (eines Briefes usw.). 3. (*on metal, book etc.*) Prägung *f*. 4. **s.-ground**, Lieblingsaufenthalt *m* (eines Tieres, einer Person). '**stamp out**, *v.tr.* (*a*) (ein Feuer) austreten; *Fig:* **to s. o. a rebellion**, einen Aufstand niederschlagen; **to s. o. an epidemic**, eine Epidemie ausrotten; (*b*) *Metalw:* (Metallteile, Löcher usw.) ausstanzen.

stampede [stæm'piːd]. I. *s.* (*a*) (*of animals*) panische Flucht *f*; (*b*) (*of people*) Ansturm *m* (**for/towards**, auf + *acc*). II. *v.* 1. *v.i.* (*a*) (*of animals*) (in wilder Flucht) davonstürmen; (*b*) (*of people*) losstürmen (**for/towards**, auf + *acc.*). 2. *v.tr.* (*a*) (Tiere) in wilde Flucht jagen; (*b*) **to s. s.o. into doing sth.**, j-n voreilig zu etwas *dat* drängen.

stance [stæns, stɑːns], *s.* (*a*) Haltung *f*; *Sp:* Stand *m*; **to take one's s.**, sich (spielbereit) hinstellen; *Fig:* **to take up a s.**, einen Standpunkt beziehen; (*b*) *Scot:* **taxi s.**, Taxistand *m*.

stand [stænd]. I. *s.* 1. (*a*) **to take one's s. near the door**, sich an die Tür stellen; *Fig:* **to take a firm s.**, eine entschlossene Haltung einnehmen;

to take one's s., Stellung nehmen (on, zu + dat); to take one's s. on a principle, sich an ein Prinzip halten; (b) (fight) to make a s. against the enemy, dem Feind Widerstand leisten; to make a s. against s.o., sth., j-m, etwas dat entgegentreten. 2. Furn: (support) Ständer m; hat s., Kleiderständer m; music s., Notenständer m. 3. (at market, exhibition etc.) Stand m; news s., Zeitungsstand m. 4. (a) (for spectators) Tribüne f, Zuschauertribüne f; (b) U.S: Jur: (witness-) s., Zeugenstand m. 5. Th: Gastspiel n; one night s., einmaliges Gastspiel. II. v. (p. & p.p. stood [stud]) 1. v.i. (a) (of pers., building etc.) stehen; I'll s. by the window, ich werde mich ans Fenster stellen; to s. talking, dastehen und sich unterhalten; Fig: to s. on one's own feet, auf eigenen Füßen stehen; he hasn't got a leg to s. on, er hat gar keine Beweise (für seinen Standpunkt)/(no excuse) gar keine Ausrede; my hair stood on end, mir standen die Haare zu Berge; he stands six feet two, er ist zwei Meter groß; tears stood in his eyes, ihm standen Tränen in den Augen; nothing stands between you and success, deinem Erfolg steht nichts mehr im Wege, buy the house as it stands, kaufen Sie das Haus, wie es ist; (c) to s. still, (i) (cease to move) stehenbleiben; (ii) (not fidget) still stehen; Cu: etc: to let a liquid s., eine Flüssigkeit stehenlassen; to let the tea s., den Tee ziehen lassen; taxis may s. here, Taxis dürfen hier warten; (d) to s. firm/fast, nicht nachgeben; the house will s. for centuries, das Haus wird noch jahrhundertelang erhalten bleiben; (e) (remain valid) (of offer etc.) bestehenbleiben; to let a sentence s., einen Satz stehenlassen; Sp: the record stands at 5 metres, der Rekord liegt bei 5 Metern; (f) Jur: to s. convicted of a crime, eines Verbrechens überführt worden sein; to s. in need of help, der Hilfe bedürfen; I don't s. to lose anything, ich kann nichts dabei verlieren; I s. corrected, ich bin belehrt! I'd like to know where I s., ich möchte wissen, woran ich bin; as things s./as it stands at the moment, wie die Dinge stehen/zur Zeit liegen; how do we s.? wie sieht es für uns aus? Pol: to s. as candidate, sich als Kandidat aufstellen lassen; Fin: to s. surety, (eine) Kaution stellen; to s. security for s.o., für j-n bürgen; the amount standing to your credit is . . . , Ihr Guthaben beträgt . . . ; (g) to s. aloof, sich abseits halten; to s. clear of sth., von etwas dat zurücktreten; (h) it stands to reason that . . . , es liegt auf der Hand/ist nur natürlich, daß . . . 2. v.tr. (a) (place) (j-n, etwas) stellen; to s. a vase on the table, eine Vase auf den Tisch stellen; (b) (bear) (etwas) ertragen; I can't s. the heat, ich kann die Hitze nicht vertragen; it can s. rough handling, es ist sehr strapazierfähig; I can't s. him, ich kann ihn nicht ausstehen; I can't s. it any longer, ich kann es nicht länger aushalten; she won't s. (for) any nonsense, sie läßt sich dat nichts gefallen; we had to s. the loss, wir mußten für den Verlust aufkommen; (c) F: to s. s.o. sth., j-m etwas spendieren; to s. a round (of drinks), eine Runde ausgeben; to s. s.o. a meal, j-n zum Essen einladen; (d) he stands a good/poor chance, seine Chancen stehen gut/schlecht; to

s. one's ground, nicht nachgeben. 'stand a'side, v.i. zur Seite treten. 'stand 'back, v.i. (of pers.) zurücktreten; the house stands back from the road, das Haus ist von der Straße zurückgesetzt. 'stand 'by, v. 1. v.i. (a) (of troops etc.) in Alarmbereitschaft stehen; (b) to s. by and watch sth. happen, ruhig zusehen, während etwas passiert. 2. v.tr. (a) (j-m) beistehen; (b) to s. by a promise, ein Versprechen einhalten; I s. by what I said, ich bleibe bei dem, was ich gesagt habe. 'standby, s. (a) Av: s. flight, Standby-Flug m; Mil: to be on s., in Bereitschaft stehen; (b) Reserve f; to keep sth. as a s., etwas in Reserve haben/für den Notfall bereithalten; (c) attrib. Reserve-; s. troops, Reservetruppen fpl; Rail: s. engine, Ersatzlokomotive f. 'stand 'down, v.i. to s. d. in favour of s.o. else, zugunsten eines anderen zurücktreten. 'stand 'for, v.tr. (a) (of abbreviation) (etwas) bedeuten; (b) (tolerate) sich dat (etwas) gefallen lassen. 'stand 'in, v.i. to s. i. for s.o., für j-n einspringen; Cin: j-n doubeln. 'stand-in, s. Sp: etc: Ersatzmann m; Cin: Double n; to be s.o.'s s.-i., j-n doubeln. 'standing. I. adj. 1. stehend; (a) Rac: F: to leave the rest s., mit großem Vorsprung gewinnen; to be left s., überhaupt nicht mithalten können; (b) s. corn, Getreide auf dem Halm; (c) Sp: s. jump, Sprung m aus dem Stand; Athletics: s. start, Hochstart m; Typ: s. type, Stehsatz m. 2. (permanent) to become a s. joke, sprichwörtlich werden; (of pers.) immer ausgelacht werden; Com: s. expenses, laufende Unkosten; Adm: s. committee, ständiger Ausschuß; Bank: s. order, Dauerauftrag m; Parl: s. orders, Geschäftsordnung f. II. s. 1. Stehen n; (in bus etc.): s. room for three passengers, drei Stehplätze. 2. (a) (position) Rang m; social s., gesellschaftlicher Rang; (b) (high) s., Ansehen n; a firm of high s., eine angesehene Firma; to lose s., sein Ansehen einbüßen. 3. Dauer f; of long s., langjährig. 'stand 'off, v.tr. Ind: to be stood off, vorübergehend entlassen werden. 'stand'offish, adj. F: (of pers.) unfreundlich, kühl. 'stand'offishness, s. F: Unfreundlichkeit f. 'stand 'out, v.i. (a) (of pers., thing) sich abheben (against, gegen + acc; from, von + dat); to make sth. s. o., etwas hervorheben; the features that s. o. in his work, die markanten Merkmale seiner Arbeit; (b) (be excellent) he stands o. among his contemporaries, er ragt unter seinen Zeitgenossen hervor; (c) (of pers.) to s. o. against sth., etwas bekämpfen; to s. o. for sth., sich auf etwas acc versteifen; (d) Nau: to s. o. to sea, von der Küste wegsteuern. 'stand 'over, v.tr. to s. o. s.o., j-m im Genick sitzen. 'standpoint, s. Standpunkt m. 'standstill, s. Stillstand m; to come to a s., zum Stillstand kommen; (of car) stehenbleiben; business is at a s., der Handel liegt danieder. 'stand-'to, s. Mil: Alarmzustand m. 'stand 'up, v.i. (a) aufstehen; (b) Fig: to s. up for s.o., sth., für j-n, etwas acc eintreten; to s. up to s.o., sich gegen j-n wehren; (of materials etc.) to s. up to hard use, strapazierfähig sein; (c) F: to s. s.o. up, j-n sitzenlassen. 'stand-up, adj. s.

collar, Stehkragen *m;* **s. fight,** regelrechte
Prügelei *f.*

standard ['stændəd], *s.* **1.** *Mil:* Fahne *f;* **royal
s.,** königliche Standarte *f.* **2.** *Meas:* Eichmaß *n;*
Ind: Norm *f; Fin:* **the gold s.,** Goldwährung *f.*
3. (*a*) (*yardstick*) Maßstab *m;* **to apply/set high
standards,** hohe Maßstäbe anlegen/setzen; **to
be up to s.,** den Anforderungen/*Ind:* der Norm
entsprechen; **below s.,** ungenügend; (*of goods*)
von minderwertiger Qualität; (*b*) (*level of
achievement*) Niveau *n;* **to maintain standards,**
das Niveau einhalten; **s. of living,** Lebens-
standard *m;* **to aim at a high s.,** sich *dat* ein
hohes Ziel setzen; ein hohes Niveau anstreben;
(*c*) *pl.* (*values*) **moral standards,** moralische
Werte; **to conform to normal standards of
behaviour,** sich der Norm entsprechend ver-
halten. **4.** *attrib.* Standard-; (*a*) **s. work,** Stan-
dardwerk *n;* **s. English,** die englische Gemein-
sprache; (*b*) *Ind:* (*of equipment etc.*) serienmä-
ßig; **s. size,** Normalgröße *f;* **s. model,** Stan-
dardmodell *n;* serienmäßige Ausführung;
Aut: **seat belts are s. equipment/are fitted as s.,**
Gurte werden serienmäßig mitgeliefert; *Rail:* **s.
gauge,** Normalspur *f.* **5. lamp s.,** Laternenpfahl
m; H: **s. lamp,** Stehlampe *f; Hort:* **s. rose,** *s.*
Hochstammrose *f.* **standardi'zation,** *s.*
Standardisierung *f; Ind:* Normierung *f; Meas:*
Eichung *f.* 'standardize, *v.tr.* (etwas) stan-
dardisieren; *Ind:* (Produkte usw.) normieren;
to s. weights and measures, Gewichte und
Maße eichen.

stanza ['stænzə], *s.* Strophe *f.*

staple¹ ['steipl]. **I.** *s.* (*a*) (*for paper*) Heft-
klammer *f;* (*for cable, flex*) Krampe *f;* (*b*) (*to
take hook etc.*) Haspe *f.* **II.** *v.tr.* (*a*) (Papiere
usw.) (mit einer Klammer) zusammenheften;
(*b*) (ein Kabel usw.) krampen. 'stapler, *s.*
Heftmaschine *f.*

staple², *adj.* Haupt-; **s. diet,** Hauptnahrung *f.*

star [stɑːr]. **I.** *s.* **1.** Stern *m; Fig:* **you can thank
your lucky stars that . . .,** du kannst von Glück
reden, daß . . .; **to see stars,** Sterne sehen. **2.** (*a*)
U.S: **the stars and stripes/s.-spangled banner,**
das Sternenbanner; (*b*) (*asterisk*) Sternchen *n;*
five-s. hotel, Hotel *n* mit fünf Sternen. **3.** *Cin: Th:
etc:* Star *m;* **s. part,** Starrolle *f;* **s. cast,** Star-
besetzung *f.* **II.** *v.* (*p. & p.p.* **starred**) **1.** *v.tr.* (*a*)
(ein Wort usw.) mit einem Sternchen versehen;
(*b*) *Cin: Th:* (j-n) in der Hauptrolle zeigen; **a
film starring X,** ein Film mit X in der
Hauptrolle. **2.** *v.i.* (*of actor usw.*) die Haupt-
rolle spielen (in einem Film usw.). 'stardom, *s.*
Cin: Th: etc: Berühmtheit *f;* **to rise to s.,** ein
Star werden. 'starfish, *s.* Seestern *m.* 'star-
less, *adj.* sternenlos. 'starlet, *s. Cin:*
Sternchen *n.* 'starlight, *s.* Sternenlicht *n;* **s.
night,** sternhelle Nacht. 'starlit, *adj.*
sternhell. 'starry, *adj.* (*of sky, night etc.*)
sternklar; (*of eyes*) leuchtend; **s.-eyed,** mit
leuchtenden Augen; (*naive*) blauäugig.

starboard ['stɑːbəd], *s. Nau:* Steuerbord *n;* **to
s./the s. side,** nach Steuerbord.

starch [stɑːtʃ]. **I.** *s.* Stärke *f;* **s.-reduced,** stär-
kevermindert. **II.** *v.tr.* (Wäsche) stärken.
'starchy, *adj.* (*of food*) stärkehaltig.

stare [steər]. **I.** *s.* (set/stony) *s.,* starrer Blick;
with a s. of horror, mit vor Schreck aufgeris-

senen Augen. **II.** *v.* **1.** *v.i.* starren; **to s. at s.o.,**
j-n anstarren; **to s. in astonishment at s.o.,** j-n
anstaunen; **it's rude to s.,** es ist unhöflich, die
Leute anzustarren. **2.** *v.tr. F:* **it's staring you in
the face,** es liegt direkt vor deiner Nase; **ruin is
staring us in the face,** wir stehen unmittelbar
vor dem Ruin. 'staring, *adj.* starrend.

stark [stɑːk]. **I.** *adj.* (*bare*) kahl; **the s. outlines,**
die nackten Umrisse; **in s. contrast with . . .,** in
scharfem Gegensatz zu . . . *dat.* **II.** *adv.* **s.
naked,** splitternackt; **s. staring/raving mad,**
vollkommen verrückt.

starling ['stɑːliŋ], *s. Orn:* Star *m.*

start [stɑːt]. **I.** *s.* **1.** (*a*) Anfang *m; Rac:* Start *m;*
to make/get off to a good s., einen guten Start
haben (**at/with,** bei + *dat*); **to make a false s.,**
einen Fehlstart machen; **for a s.,** erstens; **from
s. to finish,** von Anfang bis Ende; *Rac:* vom
Start bis zum Ziel; **to give s.o. a (good) s. (in
life),** j-m zu einem (guten) Start verhelfen; **to
make a fresh s.,** einen neuen Anfang machen;
right from the s., von Anfang an; (*b*) Antritt *m*
(einer Reise); Abfahrt *f;* **to make an early s.,**
früh aufbrechen; (*c*) *Rac:* **to give s.o. twenty
metres s.,** j-m zwanzig Meter Vorsprung
geben. **2.** (*a*) (*fright*) **to give a s.,** aufschrecken;
he woke with a s., er fuhr aus dem Schlaf
(empor); **to give s.o. a s.,** j-n erschrecken; (*b*)
by fits and starts, schubweise (arbeiten);
ruckweise (vorwärtskommen). **II.** *v.* **1.** *v.i.* (*a*)
anfangen (**doing sth./to do sth.,** etwas zu tun;
on sth., mit etwas *dat*); **to s. in business,** ins
Geschäftsleben eintreten; **to s. by doing sth.,**
etwas als erstes machen; **to s. with,** (i) (*at the
beginning*) zuerst; (ii) (*in the first place*)
erstens; **it started as quite a simple idea,** am
Anfang war es eine ganz einfache Idee; (*b*)
Aut: etc: (*of engine*) anspringen; (*c*) (*in race*)
starten; (*on journey*) **to s. (out),** aufbrechen; (*of
bus etc.*) losfahren; **the train starts here,**
der Zug fängt hier an; **to s. back,** den
Rückweg antreten; (*d*) aufschrecken; **to s. with
surprise,** erschreckt auffahren; (*e*) **tears started
to her eyes,** ihr traten Tränen in die Augen;
his eyes started out of his head, die Augen
traten ihm aus dem Kopf. **2.** *v.tr.* (*a*) (eine
Arbeit usw.) anfangen; **to s. a loaf,** ein Brot
anschneiden; **to s. a bottle of wine,** eine Flasche
Wein anbrechen; (*b*) **to s. (up) a business,** ein
Unternehmen gründen, anfangen; **to s. a fire,**
(i) (*of thing*) einen Brand verursachen; (ii) (*of
pers.*) (*arson*) Feuer legen; (*for warmth*) Feuer
machen; (*c*) *Sp:* **to s. a race,** ein Rennen
starten; (*d*) *Aut:* (das Auto) starten; **to s. the
engine,** den Motor anlassen; *Ind: etc:* **to s. (up)
a machine,** eine Maschine in Gang setzen; (*e*)
to s. s.o. doing sth., j-n zu etwas *dat* ver-
anlassen/bringen; **it started me thinking,** es gab
mir zu denken; **once you s. him talking,** wenn
man ihn einmal in Reden kommen läßt; **to s.
s.o. on a career,** j-n lancieren. 'starter, *s.* **1.**
(*a*) **you're an early s.,** du bist früh unterwegs;
(*b*) *Rac:* Teilnehmer *m* (an einem Rennen). **2.**
Rac: Starter *m* (eines Rennens). **3.** *Aut:* An-
lasser *m.* **4.** *F:* (*a*) *Cu:* Vorspeise *f;* (*b*) **that'll
do for starters,** das genügt so für den Anfang.
'starting, *s. attrib.* **s. point,** Ausgangspunkt
m; Aut: **s. handle,** Anlaßkurbel *f; Rac:* **s. post,**

Startpfosten *m;* s. **line,** Startlinie *f;* s. **pistol,** Startpistole *f;* s. **price,** (i) *St.Exch:* Eröffnungskurs *m;* (ii) *Rac:* Quote *f.*

startle ['stɑ:tl], *v.tr.* (j-n) erschrecken; **to be startled out of one's sleep,** aus dem Schlaf aufgeschreckt werden. **'startling,** *adj.* alarmierend; (*amazing*) erstaunlich; (*of resemblance*) frappant; *F:* s. **get-up,** umwerfende Aufmachung.

starve [stɑ:v], *v.* **1.** *v.i.* (a) hungern; **to s. to death,** verhungern; (b) *F:* **I'm starving,** ich habe einen Mordshunger. **2.** *v.tr.* (j-n) hungern lassen; **to s. s.o. to death,** j-n verhungern lassen. **star'vation,** *s.* Hungern *n;* **to die of s.,** verhungern; s. **wage,** Hungerlohn *m.* **'starved,** *adj.* ausgehungert; **to be s. of sth.,** nach etwas *dat* hungern; *Fig:* s. **of affection,** liebebedürftig.

stash [stæʃ], *v.tr. F: esp. N.Am:* **to s. sth. away,** etwas aufbewahren/(*hide*) versteckt halten.

state [steɪt]. **I.** *s.* **1.** (*condition*) Zustand *m* (einer Person, eines Gegenstands); **in a good s.** (**of repair**), in gutem Zustand; **s. of health,** Gesundheitszustand *m; Iron:* **you're in a fine s.!** wie siehst du denn aus! **this is a fine s. of affairs!** das ist eine schöne Bescherung! *F:* **to get into a s.,** (*of pers.*) sich aufregen; **in a** (**terrible**) **s.,** (i) (*of pers.*) sehr aufgeregt; (ii) (*of thing*) arg mitgenommen. **2.** (*status*) **married s.,** Ehestand *m.* **3.** (a) Pomp *m;* **in** (**great**) **s.,** mit viel Pomp; *F:* **to live in s.,** großen Aufwand treiben; (*of body*) **to lie in s.,** feierlich aufgebahrt sein; (b) *attrib.* **s. apartments,** Prunkräume *mpl;* s. **ball,** Hofball *m;* s. **coach,** Staatskutsche *f;* s. **reception,** Staatsempfang *m.* **3.** (*nation*) Staat *m;* Head of S., Staatsoberhaupt *n;* **affairs of s.,** Staatsangelegenheiten *fpl;* the United States (of America)/*F:* the States, die Vereinigten Staaten (von Amerika); *attrib.* **s. school,** staatliche Schule. **II.** *v.tr.* (seinen Namen, seine Gründe usw.) angeben; (Tatsachen) feststellen; (seine Meinung) vorbringen, äußern; **he stated that ...,** er sagte/(*emphatically*) behauptete, daß ...; **the conditions stated in the contract,** die im Vertrag festgelegten Bedingungen; **as stated above,** wie oben angeführt; **to s. a claim,** eine Forderung erheben; **to s. sth.** (**before a court**), etwas (vor Gericht) aussagen; **to s. one's case,** seine Sache darlegen; **I have seen it stated that ...,** ich habe schwarz auf weiß gesehen, daß ... **'state-'aided,** *adj.* staatlich unterstützt. **'state-con'trolled,** *adj.* unter staatlicher Überwachung; (*nationalized*) verstaatlicht. **'stated,** *adj.* **on s. days,** an festgesetzten Tagen; **for the reason s.,** aus dem angegebenen/ angeführten Grund; **at s. intervals,** zu vorgesehenen Terminen. **'stateless,** *adj.* (*of pers.*) staatenlos. **'stateliness,** *s.* (*of pers., building etc.*) Stattlichkeit *f;* (*of manner, walk etc.*) Gemessenheit *f.* **'stately,** *adj.* (*of pers., building etc.*) stattlich; (*of manner, walk etc.*) gemessen; **s. home,** herrschaftliches Haus, *esp.* Landschloß *n.* **'statement,** *s.* Feststellung *f;* (*remark*) Behauptung *f; esp. Jur:* Aussage *f;* **public s.,** öffentliche Erklärung *f;* **s. of a problem,** Darstellung eines Problems; *Com: Bank:* **s. of account/bank s.,** Kontoauszug *m.* **'stateside,**

adv. U.S: in/nach den Vereinigten Staaten. **'statesman,** *pl.* **-men,** *s.* Staatsmann *m.* **'statesmanlike,** *adj.* staatsmännisch. **'statesmanship,** *s.* staatsmännische Fähigkeiten *fpl.*

static ['stætik]. **I.** *adj.* (a) *Ph: El:* statisch; (b) (*immobile*) unbeweglich. **II.** *s. Ph:* statische Elektrizität; *Rad:* atmosphärische Störung.

station ['steɪʃ(ə)n]. **I.** *s.* **1.** (*position*) Platz *m; Mil: etc:* **to take up one's s.,** seinen Posten beziehen; *Fig:* **s. in life,** gesellschaftliche Stellung; **to marry below one's s.,** nicht standesgemäß heiraten. **2.** (a) *Rad:* **broadcasting s.,** Sendestation *f;* **to tune in to a different s.,** auf einen anderen Sender umschalten; (b) (**police**) **s.,** Polizeiwache *f,* Wache *f; Av:* (**air**) **s.,** Fliegerhorst *m; Aut:* **filling s.,** Tankstelle *f; Nau:* **lifeboat s.,** Rettungsstation *f; Pol:* **polling s.,** Wahllokal *n; Austral:* **sheep s.,** Schaffarm *f; Meteor:* **weather s.,** Wetterwarte *f.* **3.** (**railway**) **s.,** Bahnhof *m;* **bus/coach s.,** Omnibusbahnhof *m;* **underground/F: tube s.,** U-Bahnhof *m.* **4.** *Ecc:* **the Stations of the Cross,** die Stationen des Kreuzwegs. **II.** *v.tr.* (a) (j-n, sich) aufstellen; (b) *Mil:* **to s. troops,** Truppen stationieren; **to be stationed at X,** in X stationiert sein. **'stationary,** *adj.* (a) (*of machine etc.*) ortsfest; (b) unbeweglich; **to be s.,** (still) stehen; **a s. car,** ein haltendes Auto. **'stationmaster,** *s. Rail:* Bahnhofsvorsteher *m.* **'station-wagon,** *s. N.Am:* Kombi(wagen) *m.*

stationer ['steɪʃənər], *s.* Schreibwarenhändler *m.* **'stationery,** *s.* Schreibwaren *fpl;* (*paper*) Schreibpapier *n;* **office s.,** Bürobedarf *m.*

statistics [stə'tistiks], *s.pl.* (*science, set of figures*) Statistik *f;* **the s. for 1977,** die Statistik(en)/Zahlen für das Jahr 1977. **sta'tistical,** *adj.* statistisch; **s. table,** statistische Aufstellung. **statistician** [stætis'tiʃ(ə)n], *s.* Statistiker *m.*

statue ['stætju:], *s.* Standbild *n.* **'statuesque** [-ju'esk], *adj.* wie eine Statue; **s. beauty,** klassische Schönheit.

stature ['stætʃər], *s.* (a) Gestalt *f;* **of small s.,** von kleiner Gestalt; (b) *Fig:* Format *n;* **a man of s.,** ein Mann von Format; **to gain (in) s.,** an (geistiger) Größe gewinnen.

status ['steɪtəs], *s.* (a) *Adm:* (**civil**) **s.,** Personenstand *m;* **marital s.,** Familienstand *m; Jur:* **legal s.,** Rechtsstellung *f;* **with no official s.,** nicht amtlich anerkannt; (b) Rang *m;* **social s.,** gesellschaftlicher Rang; **s. symbol,** Statussymbol *n;* (c) **s. quo,** Status quo *m.*

statute ['stætju:t], *s.* (a) *Jur:* Gesetz *n;* **s. law,** geschriebenes Recht; **s. book,** Gesetzbuch *n;* (b) **the statutes** (**of a university, corporation** etc.), die Satzung (einer Universität, einer Körperschaft usw.). **'statutory,** *adj.* gesetzlich; **s. requirement,** Vorschrift *f; Jur:* **s. declaration,** eidesstattliche Erklärung.

staunch[1] [stɔ:n(t)ʃ], *adj.* treu. **'staunchness,** *s.* Treue *f.*

staunch[2], *v.tr.* (Blut) stillen; **to s. the flow of blood** (**from a wound**), die Blutung (aus einer Wunde) zum Stillstand bringen.

stave [steɪv]. **I.** *s.* **1.** Stab *m.* **2.** *Mus:* Notensystem *n.* **II.** *v.tr.* (a) (*p. & p.p.* stove [stəʊv]) **to s. sth. in,** etwas einstoßen; (b) (*p. & p.p.* staved) **to s. off danger/a disaster,** eine Gefahr/eine

Katastrophe abwehren; **to s. off hunger,** den Hunger vorläufig stillen.

stay¹ [stei]. I. *s.* 1. Aufenthalt *m;* **a fortnight's s.,** ein vierzehntägiger Aufenthalt. 2. *Jur:* **s. of proceedings,** Einstellung *f* des Verfahrens; **s. of execution,** Vollstreckungsaufschub *m.* II. *v.* 1. *v.i.* (*a*) bleiben; **to s. at home,** zu Hause bleiben; **to s. in bed,** im Bett bleiben; (*when ill*) das Bett hüten; **to s. for/to dinner,** zum Abendessen bleiben; **to s. single,** ledig bleiben; *F:* **to s. put,** (*of pers.*) dableiben; (*of thing*) festsitzen; (*b*) sich aufhalten (**in a place,** an einem Ort; **with s.o.,** bei j-m); **he's staying with us for a few days,** er verbringt einige Tage bei uns; **to s. at a hotel,** in einem Hotel wohnen. 2. *v.tr.* (*a*) (*of pers., horse*) **to s. the course/distance,** (bis zum Schluß) durchhalten; (*b*) **to s. one's hand,** nicht zupacken; *Fig:* sich zurückhalten. **'stay-at-home,** *s. F:* Stubenhocker *m.* **'stay a'way,** *v.i.* wegbleiben. **'stayer,** *s. Sp:* Sportler(in) *m(f)* von großer Ausdauer; (*horse*) Steher *m.* **'stay 'in,** *v.i.* zu Hause bleiben; *Sch:* **to have to s. in,** nachsitzen müssen. **'staying,** *s.* **s. power,** Ausdauer *f.* **'stay 'on,** *v.i.* länger bleiben. **'stay 'out,** *v.i.* ausbleiben; *Ind:* **the men are staying out,** die Arbeiter setzen den Streik fort. **'stay 'up,** *v.i.* **to s. up late,** lange aufbleiben.

stay², *s.* 1. (*prop*) Stütze *f.* 2. *pl. Cl:* Korsett *n.*

stead [sted], *s.* 1. **to stand s.o. in good s.,** j-m zustatten kommen. 2. **in his s.,** an seiner Stelle.

steadfast ['stedfɑːst], *adj.* (*of pers.*) beständig (**in,** in + *dat*); (*in courage etc.*) standfest; **to be s. in one's principles,** an seinen Grundsätzen festhalten; **s. gaze,** fester Blick. **'steadfastness,** *s.* Beständigkeit *f;* (*courage*) Standhaftigkeit *f;* Festigkeit *f* (der Absichten).

steady ['stedi]. I. *adj.* 1. fest; (*of table, ladder etc.*) standfest; (*of voice*) ruhig; **to have a s. hand,** eine sichere Hand haben; **not very s. on one's legs,** (i) (*when ill*) etwas wackelig auf den Beinen; (ii) (*when drunk*) nicht mehr ganz standfest. 2. (*unchanging*) gleichmäßig; (*of prices etc.*) stabil; (*continuous*) ständig; **s. speed,** gleichmäßige Geschwindigkeit; **s. rain,** anhaltender Regen; **s. job,** regelmäßige Arbeit; **s. demand for sth.,** gleichbleibende Nachfrage nach etwas *dat;* **we are making s. progress,** wir kommen gut voran. 3. (*of pers.*) solide; (*reliable*) zuverlässig. II. *adv. & int.* 1. **s. (on)!** (i) nur langsam! (ii) beruhige dich! 2. *F:* (*of couple*) **to be going s.,** fest befreundet sein. III. *v.* 1. *v.tr.* (*a*) (ein Boot, einen Tisch usw.) festhalten; **to s. oneself against sth.,** sich auf etwas *acc* stützen; (*b*) (j-n, sich, die Nerven) beruhigen. 2. *v.i.* (*a*) (*of pers.*) **to s. down,** sich beruhigen; (*of prices, etc.*) sich festigen; -ily, *adv.* 1. fest; **to walk s.,** mit festen Schritten gehen; **to gallop s.,** gleichmäßig galoppieren; **he looked at her s.,** er sah sie mit ruhigem Blick an. 2. ständig; **his health is getting s. worse,** sein Gesundheitszustand verschlechtert sich zusehends; **to work s. at sth.,** beharrlich an etwas *dat* arbeiten. **'steadiness,** *s.* 1. Festigkeit *f* (der Hand, der Stimme usw.); Standfestigkeit *f* (eines Tisches usw.). 2. Gleichmäßigkeit *f* (einer Geschwindigkeit). 3. (*reliability*) Zuverlässigkeit *f.*

steak [steik], *s. Cu:* Steak *n;* **s. and kidney pie,** Rindfleischpastete *f* mit Nieren.

steal [stiːl], *v.* (*p.* stole [stəul], *p.p.* stolen ['stəul(ə)n]) 1. *v.tr.* (*a*) **to s. sth. from s.o.,** j-m etwas stehlen; (*b*) *Fig:* **to s. a kiss,** einen Kuß rauben; **to s. a glance at s.o.,** j-m einen verstohlenen Blick zuwerfen; **to s. a march on s.o.,** j-m zuvorkommen; **to s. the show/limelight,** die anderen in den Schatten stellen. 2. *v.i.* **to s. away/off,** sich davonschleichen/wegstehlen; **to s. into the room,** sich in das Zimmer stehlen. **'stealer,** **s. sheep s.,** Schafdieb *m.* **'stealing,** *s.* Stehlen *n.*

stealth [stelθ], *s.* Heimlichkeit *f;* **by s.,** verstohlen. **'stealthiness,** *s.* Heimlichkeit *f.* **'stealthy,** *adj.* verstohlen.

steam [stiːm]. I. *s.* Dampf *m;* **heated by s./s.-heated,** mit Dampfheizung; **to get up s.,** (i) Dampf aufmachen; (ii) *Fig:* in Fahrt kommen; **to let off s.,** (i) Dampf ablassen; (ii) *Fig:* seinen Gefühlen Luft machen; (*of children etc.*) sich austoben; *Nau:* **full s. ahead!** Volldampf voraus! **s. engine,** (i) Dampfmaschine *f;* (ii) *Rail:* Dampflokomotive *f.* II. *v.* 1. *v.tr.* (*a*) *Cu:* (Fisch, Gemüse usw.) dünsten; (*b*) **to s. open a letter,** einen Brief über Dampf öffnen; **to s. off a stamp,** eine Briefmarke über Dampf ablösen. 2. *v.i.* (*a*) (*emit steam*) dampfen; *Nau:* **to s. at ten knots,** mit zehn Knoten fahren; (*b*) (*of glass*) **to s. up,** (sich) beschlagen. **'steamer,** *s.* 1. *Nau:* Dampfer *m.* 2. *Cu:* Dampftopf *m.* **'steamroller. I.** *s.* Dampfwalze *f.* II. *v.tr.* (j-n, den Widerstand usw.) überrollen. **'steamy,** *adj.* dampfig; (*of climate*) feuchtheiß.

steel [stiːl]. I. *s.* 1. Stahl *m;* **s. industry,** Stahlindustrie *f;* **s. sheet,** Stahlblech *n;* **s. wool,** Stahlwolle *f;* **nerves of s.,** stählerne Nerven. 2. (*for sharpening knives*) Wetzstahl *m.* II. *v.tr.* **to s. oneself for/against a blow,** sich auf einen Schlag vorbereiten; **to s. oneself to do sth.,** sich überwinden, etwas zu tun; **to s. one's heart,** sein Herz verhärten. **'steelworks,** *s.pl.* (*usu. with sing. constr.*) Stahlwerk *n.* **'steely,** *adj.* stählern; **s. look,** harter Blick.

steep¹ [stiːp], *adj.* (*a*) steil; **it was a s. climb,** es ging steil aufwärts; **s. drop,** jäher Abfall; (*b*) *F:* **that's a bit s.!** das ist ein bißchen viel! **s. price,** hoher/*F:* gepfefferter Preis. **'steepen,** *v.i.* (*of road*) steiler werden. **'steepness,** *s.* Steilheit *f.*

steep², *v.tr.* (*a*) (etwas) einweichen, durchtränken (**in sth.,** mit etwas *dat*); (*b*) *Fig:* **to s. oneself in sth.,** sich in etwas *acc* versenken; **steeped in prejudice,** von Vorurteilen durchdrungen; **steeped in tradition,** traditionsreich.

steeple [stiːpl], *s.* (spitzer) Kirchturm *m;* (*spire*) Kirchturmspitze *f.* **'steeplechase,** *s.* Hindernisrennen *n.* **'steeplechaser,** *s.* (*a*) Hindernispferd *n;* (*b*) Hindernisreiter *m.* **'steeplejack,** *s.* Turmarbeiter *m.*

steer¹ ['stiːər], *v.tr. & i.* (*a*) (ein Auto usw.) lenken; (ein Schiff) steuern; *Aut:* **to s. to the left/right,** nach links/rechts einschlagen; (*b*) *Fig:* **to s. clear of sth.,** etwas vermeiden; **to s. a middle course,** den Mittelweg einhalten. **'steering,** *s.* (*a*) *Nau:* Steuerung *f;* **s. gear,** Ruderanlage *f;* (*b*) *Aut:* Lenkung *f;* **s. wheel,** Lenkrad *n;* **s. column,** Lenksäule *f;* (*c*) *Pol: etc:* **s. committee,** Lenkungsausschuß *m.*

steer[2], _s. Z:_ junger Ochse _m._

stem[1] [stem]. _Bot: (a)_ Stengel _m; (b)_ **s. of bananas,** Bündel _n_ Bananen. **2.** Stiel _m_ (eines Glases, einer Pfeife). **3.** _Ling:_ Stamm _m_ (eines Wortes usw.). **4.** _Nau:_ Steven _m; **from s.** to stern,_ vom Bug bis zum Heck; _Fig:_ von hinten nach vorn. **II.** _v.i._ **to s. from sth.,** von etwas _dat_ herrühren; auf etwas _acc_ zurückgehen.

stem[2], _s. Ski:_ **s. turn,** Stemmbogen _m._

stem[3], _v.tr. (a)_ **to s. the flow,** den Fluß dämmen; _(of blood)_ das Blut stillen; _(b) Fig:_ **to s. the tide of sth.,** etwas hemmen.

stench [sten(t)ʃ], _s._ Gestank _m._

stencil ['stens(i)l]. **I.** _s._ **1.** _(a) (plate)_ Schablone _f; (b) (design)_ Schablonenzeichnung _f._ **2.** _Typewr: (a)_ **(wax) s.,** Matrize _f; (b) (copy)_ Matrizenabzug _m._ **II.** _v.tr. (a)_ (etwas) schablonieren; _(b)_ (ein Dokument) auf Matrize schreiben.

sten-gun ['stengʌn], _s. approx._ leichtes Maschinengewehr _n._

stenographer [stə'nɔgrəfər], _s._ Stenograph(in) _m(f)._

stentorian [sten'tɔːriən], _adj._ **s. voice/tones,** Stentorstimme _f._

step[1] [step]. **I.** _s._ **1.** _(a) (marching)_ Schritt _m;_ **to take a s.,** einen Schritt machen; **in/out of s.,** im Gleichschritt/nicht im Gleichschritt; **s. by s.,** Schritt für Schritt; schrittweise; **to retrace one's steps,** (den gleichen Weg) zurückgehen; **to tread in the steps of s.o.,** in j-s Fußstapfen treten; _(b) Fig:_ **a big s. forward,** ein großer Fortschritt; **to keep s. with technical advances,** mit dem technischen Fortschritt Schritt halten; **in/out of s.** with, im/nicht im Einklang mit + _dat._ **2.** _(measure)_ Maßnahme _f;_ **to take the necessary steps,** die erforderlichen Maßnahmen ergreifen/treffen; **I will take steps,** ich werde dafür sorgen; **that is a s. in the right direction,** das ist immerhin ein Anfang. **3.** Stufe _f_ (einer Treppe); **(door) s.,** Schwelle _f;_ **flight of steps,** Treppenflucht _f;_ **(pair of) steps,** Stehleiter _f;_ **folding steps,** Klappleiter _f._ **II.** _v.i._ **(a)** treten; **s. this way,** folgen Sie mir bitte; **to s. aside,** zur Seite treten; **in(side) for a moment,** treten/ kommen Sie einen Augenblick herein; **s. over to my place,** kommen Sie bei mir vorbei; **to s. into/out of a car,** in ein Auto einsteigen/aus einem Auto aussteigen; **he stepped off/out of the train,** er stieg aus dem Zug; **to s. out briskly,** energisch ausschreiten; **somebody stepped on my foot,** jemand ist mir auf den Fuß getreten; **to s. up to s.o.,** auf j-n zugehen; _Aut: F:_ **to s. on it/on the gas,** aufs Gas steigen; _(b) Fig:_ **to s. down,** sich zurückziehen. **'stepladder,** _s._ Stehleiter _f,_ _(small)_ Trittleiter _f._ **'stepping,** _adj._ **s.-stone,** Trittstein _m; Fig:_ Sprungbrett _n._ **'step 'up,** _v.tr._ (Produktion usw.) steigern.

step[2]-, _prefix_ Stief-; **stepbrother,** Stiefbruder _m;_ **stepchild,** Stiefkind _n._

steppe [step], _s. Geog:_ Steppe _f._

stereo ['steriəu, 'stiəriəu]. **I.** _s._ **1.** _Print:_ Stereo _n._ **2.** _Rec: (a)_ **in s.,** in Stereo; _(b) F: (system)_ Stereoanlage _f._ **II.** _adj._ Stereo-. **stereo'phonic,** _adj._ _Rec:_ stereophon; **s. recording,** Stereoaufnahme _f._ **stereo'scopic,** _adj._ stereoskopisch. **'stereotype,** _s._ **1.** _Print:_ Stereotypie _f;_ Druckplatte _f._ **2.** _Fig:_ Klischee _n._ **'stereo-**

typed, _adj._ stereotyp; **s. phrase,** Klischee _n._

sterile ['sterail], _adj._ steril; _Med: (germ-free)_ keimfrei. **sterility** [stə'riliti], _s._ Sterilität _f._ **sterilization** [sterilai'zeiʃ(ə)n], _s._ Sterilisation _f._ **'sterilize,** _v.tr._ (j-n, etwas) sterilisieren. **'sterilizer,** _s._ Sterilisator _m._

sterling ['stəːliŋ], _adj._ **1.** Sterling-; **s. silver,** Standardsilber _n._ **2. pound s.,** Pfund _n_ Sterling; **s. area,** Sterlinggebiet _n._ **3.** _Fig: (of pers.)_ **of s. character,** von echtem Schrot und Korn.

stern[1] [stəːn], _adj._ streng. **'sternness,** _s._ Strenge _f._

stern[2], _s. Nau:_ Heck _n;_ **to go out s. first,** über Steuer auslaufen. **'sternmost,** _adj._ hinterste(r,s).

sternum ['stəːnəm], _s. Anat:_ Brustbein _n._

stet [stet], _imp. Print:_ bleibt!

stethoscope ['steθəskəup], _s. Med:_ Stethoskop _n._

stevedore ['stiːvədɔːr], _s. Nau:_ Schauermann _m._

stew [stjuː]. **I.** _s. (a) Cu:_ Eintopf _m; (b) F:_ **in a s.,** sehr aufgeregt, in großer Erregung. **II.** _v._ **1.** _v.tr. Cu:_ (Fleisch) schmoren; (Obst) kochen. **2.** _v.i. (a) Cu: (of meat)_ schmoren; _F:_ **to let s.o. s. in his own juice,** j-n im eignen Saft schmoren lassen; _(b) F:_ **I'm stewing/stewed,** ich schmore. **stewed,** _adj._ **s. meat,** Schmorfleisch _n;_ **s. fruit,** Kompott _n;_ **s. apples,** Apfelkompott _n._

steward ['stjuːəd], _s._ **1.** _(estate manager)_ Verwalter _m._ **2.** _(attendant) Nau: Av:_ Steward _m; Rail:_ Kellner _m._ **3.** _(official)_ Ordner _m; Motor Rac: etc:_ Kommissar _m._ **stewar'dess,** _s._ Stewardeß _f._

stick[1] [stik], _s._ **1.** _(a) (for walking, hitting etc.)_ Stock _m; (switch)_ Rute _f; (for peas, beans etc.)_ Stange _f;_ **hockey s.,** Hockeyschläger _m; Fig:_ **he's got hold of the wrong end of the s.,** er hat die Sache in den falschen Hals gekriegt; _(b) Mus: (baton)_ Taktstock _m; (drumstick)_ Schlegel _m; (c) pl._ **sticks,** Kleinholz _n; (firewood)_ Reisig _n; F:_ **in the sticks,** in finsterster Provinz; _(d)_ **without a s. of furniture,** ganz ohne Möbel. **2.** _F: (of pers.)_ **a queer s.,** ein komischer Typ. **3.** Stange _f_ (Siegellack, Sellerie, Rhabarber usw.); **s. of dynamite,** Dynamitstange _f;_ **s. of rock,** Zuckerstange _f._ **4.** _Av: (control) s.,** Steuerknüppel _m._ **5.** _Mil: Av:_ **s. of bombs,** Bomben _fpl_ im Reihenabwurf.

stick[2], _v._ _(p. & p.p._ **stuck** [stʌk]) **1.** _v.tr. (a)_ (eine Nadel usw.) (hinein)stecken (**into sth.,** in etwas _acc);_ **to s. a knife into s.o.,** j-n mit einem Messer stechen; _(b) F: (put)_ (etwas) stecken (**in/on etc.,** in/auf usw. + _acc);_ **to s. a rose in one's buttonhole,** (sich _dat)_ eine Rose ins Knopfloch stecken; **to s. one's hat on one's head,** sich _dat_ den Hut aufsetzen; **s. it in your pocket,** steck's in die Tasche; _(c) (fix with glue etc.)_ (etwas) kleben (**to,** an + _acc);_ **to s. down an envelope,** einen Umschlag zukleben; _(d) F: (bear)_ (j-n, etwas) ertragen; **to s. it out,** es durchhalten; **I can't s. him,** ich kann ihn nicht leiden. **2.** _v.i._ _(a) (of lid, drawer etc.)_ festsitzen; _(of door)_ klemmen; _(b)_ **kleben (to sth.,** an etwas _acc);_ **the envelope won't s.,** der Umschlag klebt nicht; **the vegetables have stuck to the pan,** das Gemüse hat sich angesetzt; **the name stuck to him,** der Name blieb ihm (hängen); **s. to a friend/one's word,** einem Freund/seinem Wort treu bleiben; **to s. together,** zusammenkleben; _(of people)_ zusammenhalten; _Fig:_

to s. to s.o. like glue, j-m nicht von der Seite weichen; **to s. to one's post**, auf seinem Posten bleiben; **to s. to the subject/point**, bei der Sache bleiben; *F:* **s. to it/at it!** bleib dabei! **to s. at a job**/*F:* **s. at it for 6 hours**, sechs Stunden lang durcharbeiten/durchhalten; **to s. to one's guns**, seiner Sache treu bleiben; (*c*) **to s./be stuck**, steckenbleiben; (*between two objects*) (fest) eingeklemmt sein; *F:* (*with food*) nicht mehr können; (*in work*) nicht weiterkönnen; *Fig:* **the word stuck in my throat**, das Wort blieb mir in der Kehle stecken; *F:* **we are stuck with him/with it**, wir müssen uns mit ihm/damit abfinden; (*d*) (*stay*) **to s. indoors**, im Haus bleiben; (*e*) (*stop*) **to s. at nothing**, vor nichts zurückschrecken. ´**stick a´round**, *v.i. F:* in der Nähe bleiben. ´**sticker**, *s.* 1. Aufkleber *m.* 2. *F:* Mensch *m* mit Ausdauer. ´**stickiness**, *s.* 1. Klebrigkeit *f.* 2. Schwüle *f* (des Wetters). ´**sticking**, *adj.* **s. plaster**, Heftpflaster *n.* ´**stick-in-the-mud**, *s. F:* Rückschrittler *m.* ´**stick´on**, *v.tr.* (*a*) (*affix*) (eine Briefmarke usw.) aufkleben; (*b*) *F:* (*add*) (eine weitere Summe) dazurechnen; (*build on*) (etwas) anbauen. ´**stick-on**, *adj.* **s.-o. label**, Klebeetikett *n;* (*preprinted*) Aufkleber *m.* ´**stick´out**, *v.* 1. *v.tr.* **to s. o. one's tongue**, die Zunge herausstrecken; *F:* **to s. one's neck o.**, sich auf ein Risiko einlassen. 2. *v.i.* (*a*) vorstehen; (*of ears*) abstehen; **to s. o. beyond sth.**, über etwas *acc* hinausragen; (*b*) *Fig:* (*be noticeable*) auffallen; *F:* **it sticks out a mile!** das sieht (ja) ein Blinder! (*c*) *F:* **to s. o. for sth.**, sich auf etwas *acc* versteifen. ´**stick´up**, *v.* 1. *v.tr.* (*a*) *F:* **s. 'em up!** Hände hoch! (*b*) (*hang up*) (etwas) aufhängen; (*put up*) (etwas) anbringen; **to s. up a notice**, einen Anschlag aushängen. 2. *v.i.* (*a*) **to s. up (above sth.)**, (über etwas *acc*) hinausragen; (*b*) *F:* **to s. up for s.o.**, sich für j-n einsetzen. ´**sticky**, *adj.* 1. (*a*) klebrig; **s. hands**, klebrige Hände; (*b*) (*gummed*) Klebe-; **s. tape**, Klebestreifen *m;* **s. label**, Klebeetikett *n;* (*preprinted*) Aufkleber *m;* (*c*) *Fig:* **s. weather**, schwüles Wetter. 2. *F:* (*difficult*) schwierig; **he is s. about such things**, in solchen Sachen ist er sehr heikel; *Fig:* **on a s. wicket**, in einer heiklen Lage; **he came to a s. end**, mit ihm hat es ein schlimmes Ende genommen.

stickleback [´stiklbæk], *s.* (*fish*) Stichling *m.*

stickler [´stiklər], *s.* Pedant *m;* **he's a s. for punctuality**, er ist sehr scharf auf Pünktlichkeit.

stiff [stif]. I. *adj.* (*a*) steif; **s. shirt**, gestärktes Hemd; (*of fingers*) **s. with cold**, starr vor Kälte; **the body was already s.**, die Leiche war schon starr; *Cu:* **beat until s.**, steif schlagen; *Nau:* **s. breeze**, steife Brise; (*b*) *Fig:* **s. resistance**, hartnäckiger Widerstand; **s. competition**, scharfe Konkurrenz; **s. price**, hoher Preis; *Jur:* **s. sentence**, harte Strafe; (*c*) (*difficult*) schwierig; **s. climb**, steiler Aufstieg. II. *s. P:* 1. (*corpse*) Leiche *f.* 2. **big s.**, Blödmann *m.* ´**stiffen**, *v.* 1. *v.tr.* (*a*) (etwas) versteifen; **age has stiffened his limbs**, mit dem Alter sind seine Glieder steif geworden; *Aut:* **to s. the suspension**, die Aufhängung steifer machen; (*b*) (*strengthen*) (ein Bauteil usw.) verstärken; (*c*) (eine Forderung usw.) steigern; (eine Prüfung)

schwieriger machen. 2. *v.i.* (*a*) (*of joints, Fig: attitude etc.*) sich versteifen; (*of pers.*) (plötzlich) erstarren; (*b*) (*of wind*) auffrischen; (*of resistance*) hartnäckiger werden. ´**stiff-´necked**, *adj.* hartnäckig. ´**stiffness**, *s.* (*a*) Steifheit *f;* (*b*) (*difficulty*) Schwierigkeit *f.*

stifle [´staifl], *v.* 1. *v.tr.* (*a*) (j-n, ein Feuer usw.) ersticken; **stifled by the smoke**, im Rauch halb erstickt; (*b*) (*suppress*) (ein Gefühl) unterdrücken; (ein Gerücht) im Keim ersticken; **to s. a laugh**, ein Lachen unterdrücken. 2. *v.i.* ersticken. ´**stifling**, *adj.* stickig; **it's s. in here**, hier ist es zum Ersticken (heiß).

stigma [´stigmə], *s.* Stigma *n;* (*disgrace*) Schande *f.*

stile [stail], *s.* Zauntritt *m.*

stiletto, *pl.* **-o(e)s** [sti´letəu; -əuz], *s.* Stilett *n;* **s. heel**, Pfennigabsatz *m.*

still[1] [stil]. I. *adj.* still; (*quiet*) ruhig; (*of cider etc.*) nicht schäumend; **to keep s.**, sich nicht rühren; **to stand s.**, stillstehen; *Art:* **s. life**, Stilleben *n.* II. *s. Cin:* Standfoto *n.* ´**still-birth**, *s.* Totgeburt *f.* ´**stillborn**, *adj.* totgeboren. ´**stillness**, *s.* Stille *f,* Ruhe *f.*

still[2]. I. *adv.* noch; (*a*) **he's s. here**, er ist (immer) noch da; **I s. have five pounds**, ich habe noch fünf Pfund übrig; **has he s. not replied?** hat er noch immer nicht geantwortet? (*b*) (*even so*) **you s. have to pay**, Sie müssen trotzdem zahlen; (*c*) **s. better**, noch besser; **s. less**, noch weniger. II. *conj.* dennoch; trotzdem; **but s., I did see her**, aber wenigstens habe ich sie gesehen.

still[3], *s.* Destillierapparat *m.*

stilt [stilt], *s.* (**pair of) stilts**, Stelzen *fpl;* **house on stilts**, Pfahlbau *m.* ´**stilted**, *adj.* steif; **s. language**, gezierte/*F:* geschraubte Sprache.

stimulate [´stimjuleit], *v.tr.* (j-n, etwas) stimulieren; (den Handel) ankurbeln. ´**stimulant**, *s.* Anregungsmittel *n.* ´**stimulating**, *adj.* stimulierend. **stimu´lation**, *s.* Anregung *f.* ´**stimulus**, *s.* Antrieb *m; Physiol: Psy:* Reiz *m;* **to give trade a s.**, den Handel ankurbeln.

sting [stiŋ]. I. *s.* 1. Stachel *m* (einer Biene usw.). 2. (*wound*) Stich *m.* II. *v.* (*p. & p.p. stung* [stʌŋ]) 1. *v.tr.* (*a*) (*of bee etc.*) (j-n) stechen; *Fig:* **this reply stung him (to the quick)**, diese Antwort hat ihn im Innersten getroffen; (*b*) *F:* **to s. s.o. for a fiver**, j-n um £5 neppen. 2. *v.i.* **my eyes were stinging**, mir brannten die Augen. ´**stinging**, *adj.* stechend; **a s. retort**, eine scharfe Entgegnung; **s. blow**, schmerzender Schlag; *Bot:* **s. nettle**, Brennessel *f.*

stingy [´stin(d)ʒi], *adj.* knauserig. ´**stinginess**, *s.* Knauserigkeit *f.*

stink [stiŋk]. I. *s.* (*a*) Gestank *m;* (*b*) *F:* **to raise a s. (about sth.)**, Stunk machen (wegen etwas *gen*). II. *v.i.* (*p. stank* [stæŋk]; *p.p. stunk* [stʌŋk]) stinken (**of**, nach + *dat*); *F: Pej:* **the whole business stinks**, das ist eine ganz faule Sache. ´**stinker**, *s. P:* 1. (*pers.*) Scheißkerl *m.* 2. (*a*) **a s. of . . .**, ein(e) Mords-. . .; **a s. of a cold**, eine Mordserkältung; **to write s.o. a s. (of a letter)**, j-m einen saugroben Brief schreiben; (*b*) (*sth. difficult*) **a s.**, ein harter Brocken. ´**stinking**, *adj.* stinkend, *Pej:* (*awful*) widerlich; *F:* **s. rich**, steinreich.

stint [stint]. I. *v.tr.* (*a*) **to s. oneself**, sich einschränken; **there's no need to s. yourself**, du brauchst nicht zu knausern; (b) **to s. sth.**, mit etwas *dat* knausern. **II**. *s.* **to do one's s.**, seinen Teil beitragen; **to do a long s. as chairman**, lange Zeit als Vorsitzender amtieren.

stipend ['staipend], *s. Ecc:* Gehalt *n* (eines Geistlichen).

stipple ['stipl], *v.tr. Art:* (ein Bild, die Farbe) tüpfeln.

stipulate ['stipjuleit], *v.* **1.** *v.tr.* (eine Bedingung usw.) voraussetzen; (einen Termin usw.) festsetzen; **the time stipulated**, die festgesetzte Zeit. **2.** *v.i.* **he stipulated that …**, er machte es zur Bedingung, daß … **stipu'lation**, *s.* Bedingung *f;* Voraussetzung *f.*

stir [stə:r]. **I.** *s.* **1.** Rühren *n;* **to give one's coffee a s.**, seinen Kaffee umrühren. **2.** (a) (*movement*) Bewegung *f;* (b) (*excitement*) Aufregung *f;* **to make/cause a s.**, Aufsehen erregen. **II.** *v.* **1.** *v.tr.* (a) (Kaffee, Teig usw.) rühren; (b) (*move*) (etwas) bewegen; **he didn't s. a finger**, er rührte keinen Finger; *F:* **to s. one's stumps**, sich aufraffen; *Fig:* **to s. s.o. to pity**, j-s Mitleid erregen; (c) *Fig:* **to s. up trouble**, böses Blut machen, **to s. up the people**, das Volk aufhetzen. **2.** *v.i.* sich rühren; **he didn't s. out of the house**, er ging kein einziges Mal aus dem Haus; **there's not a breath of air stirring**, es rührt sich kein Lüftchen. **'stirring**, *adj.* (*of tune, speech etc.*) mitreißend; **s. times**, aufregende Zeiten.

stirrup ['stirəp], *s.* Steigbügel *m;* **s. cup**, Abschiedstrunk *m.*

stitch [stitʃ]. **I.** *s.* **1.** (a) *Sew:* Stich *m; F:* **he hasn't a s. on**, er ist splitternackt; (b) *Knit:* Masche *f;* **to drop a s.**, eine Masche fallen lassen; (c) *Med:* **to put stitches in a wound**, eine Wunde nähen; **to take the stitches out**, die Fäden ziehen. **2.** *Med:* **s. (in the side)**, Seitenstechen *n; F:* **to be in stitches**, sich totlachen. **II.** *v.tr.* (a) (ein Kleidungsstück) nähen; **to s. sth. on**, etwas annähen; **to s. up a tear**, einen Riß flicken; (b) *Med:* (eine Wunde) nähen; (c) *Bookb:* (Bogen) heften.

stoat [stəut], *s. Z:* Hermelin *m* (im braunen Sommerfell).

stock [stɔk]. **I.** *s.* **1.** (*race*) Stamm *m;* **of peasant s.**, aus einer Bauernfamilie. **2.** Schaft *m* (eines Gewehrs); Griff *m* (einer Peitsche). **3. on the stocks**, (*of ship*) im Bau; *Fig:* (noch) in Vorbereitung. **4.** (*store*) Vorrat *m; Com:* Lagerbestand *m;* **to lay in a s. of wood**, Holz einlagern; *Com:* **surplus s.**, Inventarüberschuß *m;* **in/out of s.**, vorrätig/nicht vorrätig; **to take s.**, Inventur machen; *Fig:* die Bilanz ziehen; **to take s. of the situation**, die Lage abschätzen. **5.** *Agr:* **(live)s.**, Vieh *n;* Viehbestand *m;* **s. farming**, Viehzucht *f.* **6.** *Cu:* (*for soup*) Brühe *f.* **7.** *Fin:* Aktien *fpl; Government s.*, Staatspapiere *npl;* **stocks and shares**, Wertpapiere *npl;* **the S. Exchange**, die Börse; **the s. market**, der Börsenmarkt. **8.** *Bot:* Levkoje *f.* **9.** *attrib.* **s. size**, Normalgröße *f;* **s. argument**, abgedroschenes Argument; **s. phrase**, Klischee *n; Sp:* **s. car**, Stockcar *m.* **10.** *Th: esp. U.S:* **s. company**, Repertoirebühne *f.* **II.** *v.* **1.** *v.tr.* (a) *Com:* **to s. a shop (with goods)**, den Lagerbestand eines Geschäfts auffüllen; (b) (*of shop*) (eine Ware) führen; (c) (einen Bach usw.) (mit Fischen) be-

setzen; **a well-stocked garden**, ein Garten mit einer Fülle von Blumen und Gemüse. **2.** *v.i.* **to s. up (with sth.)**, sich (mit etwas *dat*) eindecken; *Com:* seinen Lagerbestand (von etwas *dat*) auffrischen. **'stockbreeder**, *s.* Viehzüchter *m.* **'stockbroker**, *s.* Börsenmakler *m.* **'stockholder**, *s.* Aktieninhaber *m.* **'stockist**, *s.* Fachhändler *m* (**of**, für + *acc*); **paint s.**, Farbenhändler *m.* **'stockman**, *pl.* **-men**, *s. Austral:* Viehhirt *m.* **'stockpile**. **I.** *s.* großer Vorrat *m.* **II.** *v.* **1.** *v.tr.* (Waren) aufstapeln. **2.** *v.i.* einen großen Vorrat anlegen; *F:* hamstern. **'stockpot**, *s. Cu:* Suppentopf *m.* **'stockstill**, *adj.* **to stand s.-s.**, regungslos stehen. **'stocktaking**, *s. Com:* Lagerbestandsaufnahme *f*, Inventur *f.* **'stocky**, *adj.* (*of pers.*) untersetzt; (*strong*) stämmig.

stockade [stɔ'keid], *s.* Staket *n; Mil:* Palisade *f.*

stocking ['stɔkiŋ], *s.* (a) *Cl:* Strumpf *m;* (b) **to knit s. stitch**, rechts stricken.

stodge [stɔdʒ], *s. F:* Mehlpampe *f.* **'stodgy**, *adj.* (*of food*) schwer verdaulich; (*of pers., style*) schwerfällig.

stoic ['stəuik], *s.* Stoiker *m.* **'stoical**, *adj.* stoisch. **'stoicism** [-sizm], *s.* Stoizismus *m.*

stoke [stəuk], *v.tr.* (ein Feuer) schüren; (einen Ofen) bedienen. **'stokehole**, *s. Nau:* Heizraum *m.* **'stoker**, *s. Nau:* Heizer *m.*

stole [stəul], *s. Cl:* Stola *f.*

stolen ['stəulən], *adj. & p.p. of* steal *q.v.*

stolid ['stɔlid], *adj.* stur. **sto'lidity**, *s.* Sturheit *f.*

stomach ['stʌmək]. **I.** *s.* (a) Magen *m;* **on a full/empty s.**, mit vollem/leerem Magen; **s. ache**, Magenschmerzen *mpl;* (b) (*belly*) Bauch *m;* **to crawl on one's s.**, auf dem Bauch kriechen; (c) **to have no s. for sth.**, gegen etwas *acc* eine starke Abneigung haben. **II.** *v.tr* (j-n, etwas) vertragen; **I can't s. it any longer**, ich kann es nicht länger ertragen.

stone [stəun]. **I.** *s.* Stein *m;* (a) **s. quarry**, Steinbruch *m;* **s. wall**, Steinmauer *f;* **to throw stones (at s.o.)**, (nach j-m) mit Steinen werfen; **a s.'s throw**, ein Katzensprung *m;* **within a s.'s throw**, ganz in der Nähe; **not to leave one s. upon another**, keinen Stein auf dem anderen lassen; *Fig:* **to leave no s. unturned**, nichts unversucht lassen; (b) (*precious*) **s.**, Edelstein *m;* (c) (*in fruit*) Kern *m*, Stein *m;* **cherry s.**, Kirschkern *m;* **s. fruit**, *coll.* Steinobst *n;* (d) *Meas:* = 6,35 Kilo; **to weigh 12 s.**, 76 Kilo wiegen; (e) *attrib.* **s. cold**, eiskalt; **s. dead**, mausetot; **s. deaf**, stocktaub; **s. blind**, stockblind; (f) *Fig:* **a heart of s.**, ein steinernes Herz. **II.** *v.tr.* (a) **to s. s.o. (to death)**, j-n (zu Tode) steinigen; (b) (Obst) entsteinen; (Kirschen, Datteln) entkernen. **stoned**, *adj.* **1.** *P:* besoffen. **2.** (*of fruit*) entsteint; **s. dates**, entkernte Datteln. **'stonemason**, *s.* Steinmetz *m.* **'stoneware**, *s.* Steinzeug *n.* **'stonework**, *s.* Mauerwerk *n.* **'stoniness**, *s.* steinige/*Fig:* steinerne Art. **'stony**, *adj.* **1.** (*of path etc.*) steinig. **2.** *Fig:* steinern; **to be s.-hearted**, ein steinernes Herz haben; **s. stare**, starrer Blick. **3.** *P:* **s. broke**, ganz pleite.

stooge [stu:dʒ], *s. F:* (*henchman*) Handlanger *m.*

stool [stu:l], *s.* **1.** Hocker *m;* **folding s.**, Klappstuhl *m;* **wooden (foot)s.**, Schemel *m; Fig:* **to fall between two stools**, sich zwischen zwei

Stühle setzen. **2.** *Med:* Stuhl *m;* (*bowel movement*) Stuhlgang *m.*

stoop [stu:p]. **I.** *s.* krumme Haltung *f;* **to have a s.,** einen krummen Rücken haben; **to walk with a s.,** krumm gehen. **II.** *v.i.* (*a*) sich bücken; (*habitually*) sich krumm halten; (*b*) *Fig:* I won't **s. to** (**doing**) **that,** ich werde mich nicht dazu erniedrigen.

stop [stɔp]. **I.** *s.* **1.** (*a*) (*state*) Stillstand *m;* **to come to a s.,** zum Stillstand kommen; **to put a s. to sth.,** (mit) etwas *dat* ein Ende machen; (*b*) (*during journey*) Halt *m;* (*longer*) Aufenthalt *m; Av:* Zwischenlandung *f;* **to make a s.,** Station machen, haltmachen; *Rail:* **first s. Birmingham,** erste Station Birmingham; (*c*) (*for bus etc.*) Haltestelle *f;* **request s.,** Bedarfshaltestelle *f;* (*d*) *Bank:* Sperrauftrag *m* (für einen Scheck). **2.** (*in telegram*) STOP; (**full**) **s.,** Punkt *m.* **3.** *Mus:* (*a*) (*on violin*) Griff *m;* (*b*) (*organ*) **s.,** Register *n.* **4.** *Mec. E:* Anschlag *m;* (*lock*) Sperre *f.* **5.** *Phot:* Blende *f.* **6.** *Phon:* (*glottal*) **s.,** Knacklaut *m.* **II.** *v.* **1.** *v.tr.* (*a*) (j-n, einen Wagen, den Verkehr) anhalten/(*briefly*) aufhalten; (eine Tätigkeit) einstellen; (den Ball, eine Uhr) stoppen; (eine Maschine, *Aut:* den Motor) abstellen; (den Kampf) abbrechen; (einem Vorgang) ein Ende machen; **to s. doing sth.,** aufhören, etwas zu tun; **s. that noise!** hör auf mit dem Lärm! **we s. work at 5.30,** wir machen um 17.30 Schluß/Feierabend; **to s. s.o. doing sth.,** j-n daran hindern, etwas zu tun; **I can't s. it** (**happening**), ich kann es nicht verhindern; **the rain has stopped the building work,** der Regen hat die Bauarbeiten zum Stillstand gebracht; **to s. a blow,** einen Schlag abwehren; **to s. the supply of electricity,** den Strom abstellen; **to s. s.o.'s pay/wages,** j-s Lohn einbehalten; *Bank:* **to s. a cheque,** einen Scheck sperren; **to s. a payment,** eine Zahlung rückgängig machen; *Mil:* **all leave has been stopped,** Urlaubssperre ist verhängt worden; *Med:* **to s. the bleeding,** die Blutung stillen; (*b*) (*deduct*) **the firm stopped £10 from my wages,** die Firma hat £10 von meinem Lohn abgezogen; (*c*) (*fill, block*) (ein Loch) zustopfen; (eine Lücke) ausfüllen; (*close*) (eine Flasche usw.) verschließen; **to s. one's ears,** sich *dat* die Ohren zuhalten; (*of pipe*) **to get stopped up,** sich verstopfen. **2.** *v.i.* (*a*) (*stop moving*) (*of car etc.*) halten; (*of pers., watch*) stehenbleiben; **to s. short/dead,** plötzlich stehenbleiben; *Rail:* **how long do we s. at Bath?** wie lange halten wir in Bath? **to pass a station without stopping,** durch einen Bahnhof durchfahren; *Nau:* **to s. at a port,** einen Hafen anlaufen; (*b*) (*stop action*) aufhören; (*stop talking*) innehalten; **the rain stopped,** der Regen hat aufgehört; **he didn't s. at that,** damit war er nicht zufrieden; **she will s. at nothing,** sie wird vor nichts zurückschrecken; **the affair won't s. there,** damit ist die Angelegenheit nicht erledigt; (*c*) *F:* **to s. at home,** zu Hause bleiben; **he's stopping with us a few days,** er bleibt ein paar Tage bei uns; **to s.** (**off**) **at a hotel,** in einem Hotel absteigen; *N.Am:* **to s. by,** reinschauen; **to s. off/over in Memphis,** in Memphis Station machen/*Av:* Zwischenlandung machen. **'stopcock,** *s.* Absperrhahn *m.* **'stopgap,** *s.* Lückenbüßer *m.*

'stoplight, *s. Aut:* Stopplicht *n.* **'stopover,** *s.* (*a*) *Av:* Zwischenlandung *f;* (*b*) *N.Am:* Fahrtunterbrechung *f.* **'stoppage,** *s.* **1.** Stockung *f* (des Verkehrs usw.). **2.** (*interruption*) Unterbrechung *f; Mec. E:* Betriebsstörung *f; Ind:* (*by workers*) Arbeitseinstellung *f.* **3.** *Med:* **s. of the bowels,** Verstopfung *f.* **'stopper,** *s.* Verschluß *m;* Pfropfen *m;* **screw s.,** Schraubverschluß *m.* **'stopping,** *s.* **1.** *Dent:* Zahnfüllung *f.* **2.** *attrib.* **s. place,** (*for tourists etc.*) Aufenthaltsort *m;* (*for bus etc.*) Haltestelle *f; Aut:* **s. distance,** Bremsweg *m; Rail:* **s. train,** Bummelzug *m.* **'stop-'press,** *adj. Journ:* (*heading*) letzte Meldungen; **s.-p. news,** Meldungen *fpl* nach Redaktionsschluß. **'stopwatch,** *s.* Stoppuhr *f.*

storage ['stɔ:ridʒ], *s.* **1.** (*storing*) Lagerung *f* (von Waren); Speicherung *f* (von Energie usw.); **to put sth. into cold s.,** etwas in einem Kühlhaus einlagern; *Fig:* etwas auf Eis legen; **to take goods out of s.,** Waren auslagern; *El:* **s. heating,** Speicherheizung *f;* **s. battery,** Akkumulator *m.* **2.** (*space*) Lagerraum *m; Furn:* **s. unit,** Schrankelement *n.* **3.** **s.** (**charge**), Lagergeld *n.*

store [stɔ:r]. **I.** *s.* **1.** (*a*) Vorrat *m* (**of sth.,** an etwas *dat*); **military stores,** Militärbedarf *m;* **to lay in a s. of sth.,** etwas einlagern; (*b*) (*warehouse*) Lagerhaus *n;* (**furniture**) **s.,** Möbeldepot *n;* **to keep furniture in s.,** Möbel einstellen; **s. room,** Lagerraum *m;* (*c*) *Fig:* **what the future holds in s.** (**for one**), was einem die Zukunft bringt; **that's a treat in s.,** dieses Vergnügen steht uns noch bevor; **to set great s. by sth.,** auf etwas *acc* großen Wert legen. **2.** (*shop*) *esp. N.Am:* Geschäft *n;* (**department**) **s.,** Kaufhaus *n.* **II.** *v.tr.* (Waren, Vorräte) lagern; (Möbel) einstellen; **to s. up food etc.,** Lebensmittel usw. einlagern/F: hamstern. **'storehouse,** *s.* (*a*) Lagerhaus *n;* (*b*) *Fig:* Schatzkammer *f.* **'storekeeper,** *s.* **1.** Lagerverwalter *m.* **2.** *esp. N.Am:* Ladenbesitzer(in) *m(f).*

storey ['stɔ:ri], *s.* Stockwerk *n;* **on the third s.**/*N.Am:* **on the fourth s.,** im dritten Stock. **'storeyed,** *adj.* -stöckig; **six-s.,** sechsstöckig.

stork [stɔ:k], *s. Orn:* Storch *m.*

storm [stɔ:m]. **I.** *s.* **1.** Sturm *m;* (**thunder**)**s.,** Gewitter *n; Fig:* **s. in a teacup,** Sturm im Wasserglas; **to cause a s. of protest,** ein Protestgeschrei hervorrufen; **a s. of abuse,** eine Flut von Schimpfwörtern. **2.** *Mil:* **to take a town by s.,** eine Stadt im Sturm nehmen; **s. troops,** Sturmtruppen *fpl.* **II.** *v.* **1.** *v.i.* (*of pers., weather*) stürmen. **2.** *v.tr. Mil:* (eine Festung) stürmen; **storming party,** Sturmtrupp *m.* **'stormy,** *adj.* stürmisch; **s. wind,** Sturmwind *m;* **s. sky,** drohender Himmel; *Fig:* **s. debate,** stürmische/heftige Debatte; *Orn:* **s. petrel,** Sturmschwalbe *f.*

story[1] ['stɔ:ri], *s.* Geschichte *f;* (*plot*) Handlung *f* (eines Romans usw.); **according to his own s.,** seiner eigenen Darstellung nach; **that's my s. and I'm keeping to it,** das ist meine Version und dabei bleibe ich; **that's quite another s.,** das ist eine andere Geschichte; *Iron:* **that's a good s.!** das kannst du deiner Großmutter erzählen! **it's the same old s.,** es ist immer das gleiche Lied. **'storyline,** *s.* (Grundriß *m* der) Handlung *f.* **'storyteller,** *s.* Erzähler *m.*

story², *s. N.Am:* = storey.

stout¹ [staut], *adj.* 1. (*strong*) stark; (*of shoes*) fest; **to put up a s. resistance**, zähen Widerstand leisten. 2. (*fat*) beleibt; **-ly**, *adv.* **s. built**, fest gebaut; **to maintain sth. s.**, etwas fest behaupten; **to deny sth. s.**, etwas entschieden ableugnen. **'stout-'hearted**, *adj.* tapfer; beherzt. **'stoutness**, *s.* 1. Stärke *f.* 2. Beleibtheit *f.*

stout², *s.* Stout *n* (dunkles Starkbier).

stove [stəuv], *s.* (*a*) (*for heating*) Ofen *m;* (*b*) (*cooker*) Herd *m.* **'stove-e'namel. I.** *s.* Einbrennlack *m.* **II.** *v.tr* (etwas) einbrennlackieren. **'stovepipe**, *s.* Ofenrohr *n.*

stow [stəu], *v.* 1. *v.tr.* **to s.** (**away**) **goods, cargo etc.**, Güter, die Ladung usw. verstauen. 2. *v.i.* **to s. away**, als blinder Passagier fahren. **'stowage**, *s.* (*a*) (*process*) Verstauen *n;* (*b*) (*space*) Laderaum *m.* **'stowaway**, *s.* blinder Passagier *m.*

straddle ['strædl], *v.* 1. *v.i.* mit gespreizten Beinen stehen. 2. *v.tr.* **to s. a horse/a chair**, rittlings auf einem Pferd/einem Stuhl sitzen; (*of bridge*) **to s. a river etc.**, einen Fluß usw. überspannen.

strafe [streif], *v.tr. esp Av:* (ein Ziel) mit Bordwaffen beschießen.

straggle ['strægl], *v.i.* (*of pers.*) umherstreifen; (*of plants*) wuchern; **to s.** (**behind**), hinterherzotteln. **'straggler**, *s.* 1. (*pers.*) Nachzügler *m.* 2. (*plant*) wilder Sproß *m.* **'straggling**, *adj.* (*of hair*) strähnig; **s. village**, verstreut liegendes Dorf; **s. plant**, wuchernde Pflanze.

straight [streit]. **I.** *adj.* 1. gerade; **s. edge**, Lineal *n;* **s. line**, gerade Linie; **s. hair**, glattes Haar; **with a s. face**, mit ernstem Gesicht; **to put sth. s.**, etwas geradestellen; **your tie isn't s.**, dein Schlips sitzt nicht richtig. 2. (*of pers.*) aufrichtig; **to give s.o. a s. answer**, j-m ohne Umschweife antworten. 3. (*a*) *Pol:* **s. fight**, direkter Kampf (zwischen zwei Gegenkandidaten); (*b*) **s. whisky**, Whisky pur; *Th:* **s. play**, (konventionelles) Theaterstück *n.* **II.** *s.* 1. *F:* (*of pers.*) **to be on the s.** (**and narrow**), ein anständiges Leben führen. 2. *Rac:* Gerade *f.* **III.** *adv.* 1. gerade; **to keep s. on**, immer geradeaus gehen; **to go s.**, geradeaus gehen/(*of road*) führen; *F:* (*of pers.*) keine krummen Sachen drehen; **to read a book s. through**, ein Buch vom Anfang bis zum Ende durchlesen. 2. (*a*) direkt; **it leads s. into London**, es führt direkt nach London hinein; **to look s.o. s. in the face/the eye**, j-m gerade ins Gesicht sehen; **to come s. to the point**, direkt zur Sache kommen; **to drink s. from the bottle**, (direkt) aus der Flasche trinken; **(b)** (*at once*) (so)gleich; **I'll come s. back**, ich bin gleich wieder da; **I recognized him s. away**, ich erkannte ihn sogleich/sofort; **s. off**, ohne zu zögern; (*one after another*) eins nach dem andern, nacheinander. 3. **I tell you s. . . .**, ich sage Ihnen ganz offen, . . . ; **he came s. out with it**, er rückte gleich heraus damit. 4. **to play s.**, fair sein/*Sp:* spielen. 5. *F:* **get me s.**, versteh mich recht. **'straighten**, *v.* 1. *v.tr.* (*a*) (etwas) geradestellen/(*by bending*) geradebiegen; **to s. one's legs**, die Beine durchdrücken; (*b*) (*tidy*) (ein Zimmer, eine Angelegenheit usw.) in Ordnung bringen; **to s. one's tie**, die Krawatte

zurechtrücken; **to s. out a problem**, ein Problem regeln; **to s. out the confusion**, das Durcheinander entwirren. 2. *v.i.* (*of pers.*) **to s.** (**up**), sich aufrichten. **straight'forward**, *adj.* (*a*) (*frank*) offen; (*b*) (*uncomplicated*) einfach; **a s. answer**, eine direkte Antwort. **straight'forwardness**, *s.* (*a*) Offenheit *f;* (*b*) Einfachheit *f.* **'straightness**, *s.* Geradheit *f.*

strain¹ [strein]. **I.** *s.* 1. (*a*) Spannung *f* (eines Seils); *Mec. E:* Beanspruchung *f,* Belastung *f* (eines Teils); **to reduce the s. on a part**, ein Teil entlasten; **to put a heavy s. on a part**, ein Teil stark beanspruchen; (*b*) *Fig:* Belastung *f,* (*physical*) Anstrengung *f* (**on** s.o., für j-n); **mental/nervous s.**, nervliche Überanstrengung; **it placed a s. on our relations**, es hat zu Spannungen zwischen uns geführt. 2. *Med:* Zerrung *f.* **II.** *v.* 1. *v.tr.* (*a*) (ein Seil usw.) spannen; **to s. one's ears**, angestrengt lauschen; **to s. every nerve**, seine ganze Kraft aufbieten; (*b*) *Med:* (einen Muskel) zerren; (ein Gelenk) verstauchen; (das Herz, die Augen) überanstrengen; **to s. oneself lifting sth.**, sich überheben; (*c*) (j-s Geduld) überfordern; (*d*) (etwas) durch ein Sieb abtropfen lassen; (eine Flüssigkeit) filtrieren; (Babynahrung usw.) durchschlagen; **to s. the vegetables**, das Gemüse abgießen. 2. *v.i.* zerren (**at**, an + *dat*); *Fig:* **to s. at the leash**, ungeduldig drängen; **to s. after sth.**, nach etwas *dat* streben; **to s. after effect**, nach Effekt haschen. **strained**, *adj.* 1. **s. relations**, gespannte Beziehungen; *Med:* **s. muscle**, Muskelzerrung *f;* **s. heart**, überanstrengtes Herz. 2. (*of baby food etc.*) durchgeschlagen. **'strainer**, *s.* Sieb *n;* (*for baby food etc.*) Durchschlag *m.*

strain², *s.* 1. Zug *m:* **s. of weakness/mysticism**, ein Hang zur Schwäche/zur Mystik. 2. (*a*) (*breed*) Rasse *f;* **to produce a new s.**, eine neue Variante züchten; (*b*) (*plant, virus*) Art *f;* (*c*) (*family*) Geschlecht *n.*

strain³, *s. esp. pl.* Melodie *f,* **strains of a waltz**, Walzerklänge *mpl.*

strait [streit], *s.* (*a*) Meeresstraße *f;* **the Straits of Dover**, die Straße von Dover; (*b*) *Fig:* **in financial straits**, in Geldschwierigkeiten; **in dire straits**, in einer Notlage. **'straitened**, *adj.* **in s. circumstances**, in beschränkten Verhältnissen. **'straitjacket**, *s.* Zwangsjacke *f.* **'strait'laced**, *adj.* sittenstreng; prüde.

strand [strænd], *s.* (*a*) Strang *m* (eines Seils usw.); **s. of hair**, Haarsträhne *f;* (*b*) Reihe *f;* **s. of pearls**, Perlenschnur *f;* (*c*) *Fig:* Faden *m* (einer Erzählung usw.).

stranded ['strændid], *adj.* (*a*) (*of ship*) (auf Grund) aufgelaufen; (*b*) (*of pers.*) **to be s.**, auf dem trockenen sitzen; *Aut:* steckengeblieben sein.

strange [strein(d)ʒ], *adj.* 1. (*alien*) fremd; (*unfamiliar*) unbekannt; **the work is still s. to me**, die Arbeit ist mir noch ungewohnt. 2. (*peculiar*) seltsam; **s. to say**, seltsamerweise; **-ly**, *adv.* **s. dressed**, seltsam angezogen; **s. (enough)**, seltsamerweise/*F:* komischerweise. **'strangeness**, *s.* 1. Seltsamkeit *f.* 2. fremde Art *f;* **the s. of the work**, das Ungewohnte an der Arbeit. **'stranger**, *s.* Fremde(r) *f(m):* **to be no s. to a place/to an activity**, sich in einem Ort/

bei einer Tätigkeit auskennen; **I'm a s. here**,
ich bin hier fremd; **you're quite a s.!** Sie lassen
sich aber selten blicken!
strangle ['stræŋgl], *v.tr.* (j-n) erwürgen; **in a
strangled voice**, mit halb erstickter Stimme.
´**stranglehold**, *s.* Würgegriff *m; Fig:* **to have a
s. on s.o.**, j-n in der Zange haben. **strangu-**
´**lation**, *s.* Strangulierung *f.*
strap [stræp]. **I.** *s.* Riemen *m; (for watch)*
Armband *n; Rail: Aut:* Halteriemen *m; Cl:*
(over shoulder) Träger *m.* **II.** *v.tr.* **to s. sth.**
(down), (etwas) (mit einem Riemen) fest-
schnallen. ´**straphanger**, *s. Rail: etc:* Ste-
hende(r) *f(m)* (, der sich am Halteriemen
festhält). ´**strapless**, *adj. Cl:* trägerlos.
´**strapping**, *adj. F:* **a s. fellow**, ein strammer
Bursche; **a s. girl/**Hum: **wench**, ein dralles
Mädchen.
stratagem ['strætədʒem], *s.* Kriegslist *f.* **stra-**
tegic(al) [-'ti:dʒik(l)], *adj.* strategisch; **-ally**,
adv. **s. placed**, in einer vorteilhaften Lage.
´**strategist** [-ədʒist], *s.* Stratege *m; Sp: etc:*
Taktiker *m.* ´**strategy**, *s.* Strategie *f; Sp: etc:*
Taktik *f.*
stratosphere ['strætəusfiər], *s.* Stratosphäre *f.*
stratum, *pl.* **-a** ['strɑːtəm, -ə], *s.* Schicht *f;* **social
strata**, gesellschaftliche Schichten.
straw [strɔː]. **I.** *s.* **1.** *coll.* Stroh *n;* **s. hat**,
Strohhut *m.* **2.** *(single s.)* Strohhalm *m;*
(drinking) s., Trinkhalm *m; Fig:* **to clutch at
straws**, sich an einen Strohhalm klammern; **s.
in the wind**, Fingerzeig *m; F:* **it's the last s.!** das
hat uns gerade noch gefehlt! **that was the last s.**
(for me), das gab mir den Rest. **II.** *adj.* **s.
(-coloured)**, strohfarben.
strawberry ['strɔːb(ə)ri], *s.* Erdbeere *f; attrib.*
Erdbeer-; **s. jam**, Erdbeermarmelade *f.*
stray [strei]. **I.** *adj. (of dog etc.)* streunend; **s.
sheep**, verlaufenes Schaf; **s. child**, verlorenes/
verirrtes Kind; **s. bullet**, verirrte Kugel; *Fig:* **s.
thoughts**, vereinzelte Gedanken; **a few s.
houses**, ein paar verstreut gelegene Häuser. **II.**
s. streunendes Tier. **III.** *v.i.* (a) *(of pers.,
animal)* streunen; *(of thoughts)* abschweifen;
(b) Fig: **to s. from the path of virtue**, vom Weg
der Tugend abkommen; **to s. from the point**,
vom Thema abschweifen.
streak [striːk]. **I.** *s.* **1.** *(strip)* Streifen *m;* **the first
s. of dawn**, das erste Morgenlicht; **a s. of light-
ning**, ein Blitzstrahl *m; F:* **like a s. of lightning**,
blitzschnell. **2.** (a) *(element)* **s. of cowardice**,
feiger Zug; **s. of humour**, humorvolle Ader; *(b)*
a s. of luck/bad luck, eine Glückssträhne/
Pechsträhne. **II.** *v.i.* (a) **to s. past**, vorbeisau-
sen; **to s. off**, wegsausen; *(b) F: (run naked)*
flitzen. ´**streaked**, *adj.* **s. with red**, mit roten
Streifen ´**streaker**, *s. F:* Flitzer *m.* ´**streaky**,
adj. streifig; **s. bacon**, durchwachsener Speck.
stream [striːm]. **I.** *s.* (a) Bach *m; (b) (current &
Fig:)* Strom *m;* **against the s.**, gegen den
Strom; *(c)* **s. of water/lava**, Wasserstrom/La-
vastrom *m; Fig:* **s. of words**, Wortschwall *m;*
he let forth a s. of abuse, er stieß eine Flut von
Schimpfwörtern aus; **a s. of cars heading south**,
eine (einzige) Autokolonne, die nach Süden
strömt; **in a continuous s.**, unaufhörlich; *Psy:*
s. of consciousness, Bewußtseinsstrom *m; (d)
Sch:* Leistungsgruppe *f.* **II.** *v.* **1.** *v.i.* (a) *(of*

liquid & Fig:) strömen; **his nose is streaming**,
seine Nase läuft; **the walls are streaming (with
moisture)**, die Wände triefen (vor Nässe); *Fig:*
people were streaming over the bridge, die
Leute strömten über die Brücke. **2.** *v.tr. Sch:*
(Schüler) nach Leistungsniveau gruppieren.
´**streamer**, *s.* flatterndes Band *n;* **(paper)
streamers**, Papierschlangen *fpl.* ´**stream**ing,
adj. strömend; *(of face)* **s. with tears/sweat**,
tränen/schweißüberströmt; *F:* **I've got a s.
cold**, ich habe einen fürchterlichen Schnupfen.
´**streamline**, *v.tr.* (a) (etwas *dat*) eine
Stromlinienform geben; *(b)* (eine Firma usw.)
rationalisieren. ´**streamlined**, *adj.* **1.** strom-
linienförmig. **2.** *(of firm etc.)* rationell orga-
nisiert. ´**streamlining**, *s.* **1.** Stromlinienform
f. **2.** Rationalisierung *f.*
street [striːt], *s.* Straße *f;* (a) **in the s.**, auf der
Straße; **to turn a family into the s.**, eine Familie
auf die Straße setzen; **at s. level**, zu ebener
Erde; *F:* **they're streets ahead of him**, sie sind
ihm weit voraus; **that's not up my s./right up
my s.**, das ist nicht mein Fall/wie geschaffen
für mich; *(b) attrib.* **s. accident**, Straßenunfall
m; **s. door**, Haustür *f;* **s. lighting**, Straßen-
beleuchtung *f;* **s. sweeper**, (i) *(pers.)* Stra-
ßenkehrer *m;* (ii) Straßenkehrmaschine *f;* **s.
musician**, Straßenmusikant *m;* **s. walker**, Stra-
ßenmädchen *n.* ´**streetcar**, *s. N.Am:* Stra-
ßenbahn *f.*
strength [streŋθ], *s.* **1.** (a) Stärke *f* (des Lichts,
einer Person, eines Maschinenteils usw.);
(physical) Kraft *f;* **with all one's s.**, mit aller
Kraft; **s. of mind/will**, Willensstärke *f;* **on the s.
of his letter**, auf seinen Brief hin; **on the s. of
one meeting**, auf Grund einer einzigen Be-
gegnung; *(b)* Intensität *f* (der Farbe, des Ge-
fühls). **2.** (a) *(numbers)* Stärke *f;* **to be present
in great s.**, in großen Mengen anwesend sein;
at full/below s., vollzählig/nicht vollzählig;
(b) (staff) **to be on the s.**, auf der Stammrolle
sein. ´**strengthen**, *v.tr.* (j-n, etwas) stärken;
(eine Mauer usw.) verstärken; **to s. s.o.'s re-
solve**, j-n in seinem Vorsatz bestärken; **to s.
one's position**, seine Stellung ausbauen.
´**strengthening**. **I.** *adj.* stärkend. **II.** *s.*
Stärkung *f;* Verstärkung *f* (einer Mauer usw.).
strenuous ['strenjuəs], *adj.* anstrengend; **to
make a s. effort**, sich sehr anstrengen; **to offer
s. opposition to sth.**, zähen Widerstand gegen
etwas *acc* leisten; **-ly**, *adv.* energisch.
´**strenuousness**, *s.* anstrengende Art *f.*
stress [stres]. **I.** *s.* **1.** (a) *Mec: Ph:* (starke) Bean-
spruchung *f; (load)* Belastung *f; (pressure)*
Druck *m; (b) (on pers.)* Druck *m* (der Angst,
der Arbeit usw.); *Psy:* Streß *m;* **to suffer from
s.**, unter Streß leiden; *Fig:* **in the s. of the
moment**, im Eifer des Gefechts. **2.** *(emphasis)*
(a) Nachdruck *m;* **to lay s. on a fact**, eine
Tatsache betonen; *(b) Ling:* **s. (accent)**, Be-
tonung *f;* **s. mark**, Betonungszeichen *n.* **II.** *v.tr.*
(a) *Mec:* (ein Teil) (stark) beanspruchen; *(b)*
(den Wert von etwas, *Ling:* eine Silbe usw.)
betonen.
stretch [stretʃ]. **I.** *s.* **1.** (a) *(road, rail etc.)*
Strecke *f;* **s. of water**, Gewässer *n;* **s. of forest**,
Waldgebiet *n;* **s. of land/coast**, Landstrich/
Küstenstrich *m;* **a beautiful s. of country(side)**,

eine landschaftlich schöne Gegend; (b) (time) Zeitspanne f; **for a long s.** of time, lange Zeit; **at a/one s.**, ununterbrochen; F: **to do a (five-year) s.**, (fünf Jahre) im Knast sitzen. **2.** (action) **to have a s.**, sich strecken; **at full s.**, (lang) ausgestreckt; Med: **s. mark,** Schwangerschaftsstreifen m; Fig: **by no s.** of the imagination, niemals, unter keinen Umständen. **3.** (quality) Elastizität f; attrib. elastisch; Cl: Stretch-; **s. socks,** Stretchsocken mpl. **II.** v. **1.** v.tr. (a) (expand) (ein Gummiband, enge Schuhe usw.) dehnen; (stretch tight) (ein Tuch usw.) spannen; (b) **to s. oneself,** sich strecken; Fig: sich anstrengen; F: **to s. one's legs,** sich dat die Beine vertreten; (c) Fig: **to s. s.o. (to the limit),** das Letzte aus j-m herausholen; **the staff is dangerously stretched,** das Personal ist gefährlich überfordert; (d) F: **to s. a point,** ein Auge zudrücken; **that's stretching it a bit!** das ist ein bißchen übertrieben! **2.** v.i. (a) (of elastic etc.) sich dehnen; **material that stretches,** elastischer/dehnbarer Stoff; F: (of meal) **we can make it s. a bit,** wir können das Essen ein bißchen strecken; (b) (of landscape etc.) sich erstrecken; (c) (of pers.) sich strecken, rekeln; **to s. for sth.,** nach etwas dat langen; F: **can't we s. to another bottle?** können wir uns nicht noch eine Flasche leisten? **'stretcher,** s. (a) Med: Tragbahre f; Mil: **s. bearer,** Krankenträger m; (b) Art: Keilrahmen m; (c) Row: Stemmbrett n. **'stretch 'out,** v. **1.** v.tr. (sich, die Beine, die Hand) ausstrecken. **2.** v.i. sich strecken; (reach) langen (**for sth.,** nach etwas dat); **stretched out on the ground,** am Boden ausgestreckt.

strew [stru:], v.tr. (p.p. strewn) (a) (intentional) **to s. the floor with sand/s. sand over the floor,** den Fußboden mit Sand bestreuen; (b) (accidental) **strewn with debris,** mit Trümmern übersät.

stricken ['strik(ə)n], adj. **s. with an illness,** von einer Krankheit befallen.

strict [strikt], adj. streng; (precise) genau; **in the strictest sense of the word,** im engsten Sinne des Wortes; **s. orders,** strikte Befehle; **-ly,** adv. **s. (speaking),** genaugenommen; **s. in confidence,** streng vertraulich; **s. forbidden/prohibited,** strengstens verboten. **'strictness,** s. Strenge f; (exactness) Genauigkeit f.

stride [straid]. **I.** s. langer Schritt m; Fig: **to make big strides,** gute Fortschritte machen; **to take exams etc. in one's s.,** Prüfungen usw. ohne Schwierigkeit bewältigen; **to get into one's s.,** in Fahrt kommen. **II.** v.i. (p. & p.p. strode [strəud]) (of pers.) mit langen Schritten gehen; **to s. along,** dahinschreiten.

strident ['straidənt], adj. (of voice) kreischend; (of sound) grell, schrill.

strife [straif], s. Streit m.

strike [straik]. **I.** s. **1.** Ind: Streik m; **to go on/come out on s.,** in Streik treten. **2.** Min: Fund m (von Öl usw.); F: **lucky s.,** Glückstreffer m. **3.** Mil: Angriff m; **lightning s.,** Blitzoffensive f; **s. force,** Kampfverband m. **4.** (a) Baseball: Fehlschlag m; (b) Baseball: Cricket: **to take s.,** zum Schlag ansetzen. **II.** v. (p. & p.p. struck [strʌk]) **1.** v.tr. (a) (hit) (j-n, etwas) schlagen; (das Ziel) treffen; (accidentally) (gegen etwas

acc) schlagen; **to s. s.o. a blow,** j-m einen Schlag versetzen; **his head struck the pavement,** sein Kopf ist aufs Pflaster aufgeschlagen; **the ship struck the rocks/a mine,** das Schiff ist auf die Klippen/eine Mine aufgelaufen; **struck by lightning,** vom Blitz getroffen; **to s. a match,** ein Streichholz anzünden; **to s. a chord,** Mus: einen Akkord anschlagen; Fig: eine Erinnerung wachrufen; Min: **to s. oil,** auf Öl stoßen; F: **to s. lucky,** Glück haben; (b) **to s. a coin etc.,** eine Münze usw. prägen; (c) Fig: **to s. terror into s.o.,** j-m Schrecken einjagen; **struck with terror,** vom Schreck überwältigt; (d) (impress) (j-n) frappieren, (j-m) auffallen; **he was struck by the similarity,** die Ähnlichkeit fiel ihm auf/(stronger) frappierte ihn; **I was struck by its size/beauty,** seine Größe/Schönheit hat mich beeindruckt; **it strikes me as unnecessary,** es kommt mir unnötig vor; ich halte es für unnötig; (e) **to s. one's flag,** die Flagge streichen; **to s. one's tent/camp,** das Zelt/das Lager abbrechen; (f) **to s. an attitude,** eine Haltung einnehmen; **to s. a balance,** das Gleichgewicht herstellen; **to s. a bargain,** einen Handel abschließen; (g) (delete) **to s. (off/out),** (etwas) streichen. **2.** v.i. (a) (of clock, hour) schlagen; **it's just struck ten,** es hat gerade zehn geschlagen; (b) **to s. across country,** querfeldein losziehen; **to s. into the jungle,** in den Dschungel eindringen; **to s. (out) for the shore,** aufs Ufer zuschwimmen; (c) (of enemy) zuschlagen; **to s. back,** zurückschlagen; **to s. out,** losschlagen; (in words) loslegen; Fig: **then disaster struck,** dann passierte/geschah das Unglück; (d) (of employees) streiken; **to s. in sympathy,** aus Solidarität streiken. **'striker,** s **1.** Ind: Streikende(r) f(m). **2.** Fb: Stürmer m. **'striking,** adj. **1.** s. clock, Uhr f mit Schlagwerk. **2.** (a) (of similarity etc.) frappierend, auffallend; (b) (impressive) imponierend, eindrucksvoll. **3.** within s. distance of ...,** nicht weit entfernt von ... dat. **'strike 'up,** v. **1.** v.tr. (eine Bekanntschaft, ein Gespräch mit j-m) anknüpfen. **2.** v.tr. & i. Mus: **to s. up (a tune),** (mit einer Melodie) einsetzen.

string [striŋ]. **I.** s. **1.** Schnur f; Fig: **to pull strings,** seine Beziehungen spielen lassen; **to have s.o. on a s.,** j-n am Gängelband führen; **with no strings attached/without strings,** ohne (zusätzliche) Bedingungen; attrib. **s. bag,** Einkaufsnetz n; **s. vest,** Netzhemd n. **2.** Mus: Tennis: Saite f; Mus: coll. **the strings,** die Streicher mpl; **s. instrument,** Streichinstrument n; **s. orchestra,** Streichorchester n. **3.** (a) **s. of beads,** Perlenkette f; **a s. of onions,** eine Schnur Zwiebeln; (b) (queue) Schlange f; Kolonne f (von Autos usw.). **II.** v. (p. & p.p. strung [strʌŋ]) **1.** v.tr. (a) (ein Musikinstrument) besaiten; (einen Tennisschläger) bespannen; Fig: (of pers.) **highly strung,** nervös; (b) Cu: **to s. beans,** Bohnen abziehen; (c) (Perlen) auf eine Schnur aufziehen; (d) F: **to s. s.o. along,** (i) (j-n) mitschleppen; (ii) (deceive) j-n an der Nase herumführen. **2.** v.i. F: **to s. along with s.o.,** sich mit j-m auf kurz oder lang zusammentun. **'string 'up,** v.tr. F: (hang) (j-n) aufhängen. **'stringy,** adj. (of meat) sehnig.

stringent ['strin(d)ʒ(ə)nt], *adj.* streng. **'stringency,** *s.* Strenge *f;* (*hardship*) Härte *f.*

strip [strip]. **I.** *s.* **1.** Streifen *m;* **s. of coast,** Küstenstrich *m;* **s. cartoon/comic s.,** Comicstrip *m;* **s. lighting,** Neonröhren, Fluoreszenzröhren *fpl;* **s. metal,** Bandmetall *n; F:* **to tear s.o. off a s.,** j-n zusammenstauchen. **2.** *Fb:* Dreß *m.* **II.** *v.* (*p. & p.p.* **stripped**) **1.** *v.tr.* (j-n) ausziehen; (*violently*) (j-m) die Kleider vom Leibe reißen; **to s. off one's clothes,** sich ausziehen; **stripped to the waist,** mit nacktem Oberkörper; (*b*) **to s. s.o. of sth.,** j-n etwas *gen* berauben; **trees stripped of their leaves,** entlaubte Bäume; (*c*) (ein Bett) abziehen; (ein Zimmer) ausräumen, (*burgle*) ausplündern; (Farbe, Lack) abziehen, (*with liquid*) abbeizen; (einen Wald) entlauben; (eine Maschine, ein Gewehr) auseinandernehmen; (Schafe) scheren; **stripped furniture,** abgezogene/abgebeizte Holzmöbel; *Mec:* **to s. a thread,** ein Gewinde abwürgen. **2.** *v.i.* (*a*) (*of pers.*) sich ausziehen; (*b*) (*of bark etc.*) sich abschälen. **'stripper,** *s.* **1.** (*pers.*) Stripperin *f.* **2.** *Paint:* Abbeizmittel *n.* **'striptease,** *s.* Striptease *n.*

stripe [straip]. **I.** *s.* Streifen *m; Mil:* **to gain/lose one's stripes,** befördert/degradiert werden. **II.** *v.tr.* (etwas) streifen. **striped/'stripy,** *adj.* gestreift.

strive [straiv], *v.i.* (*p.* **strove** [strouv], *p.p.* **striven** [striv(ə)n]) **to s. (to do sth.),** sich bemühen (, etwas zu tun); **to s. after/for sth.,** nach etwas *dat* streben; **to s. against s.o., sth.,** gegen j-n, etwas *acc* kämpfen.

stroke [strouk]. **I.** *s.* **1.** (*a*) (*blow*) Schlag *m;* (*with whip*) Hieb *m;* **with one/at a s.,** mit einem Schlag; (*b*) (*movement*) Row: Ruderschlag *m; Swim:* Schwimmart *f; I.C.E:* Hub *m;* (*c*) **s. of the brush/pen,** Pinselstrich/Federstrich *m; F:* **he hasn't done a s. of work,** er hat noch keinen Strich getan; *Fig:* **s. of (good) luck,** Glücksfall *m;* **what a s. of luck!** was für ein Glück! **s. of genius,** genialer Einfall; (*d*) **on the s. of nine,** Punkt neun Uhr; (*e*) *Med:* **to have a s.,** einen Schlaganfall haben. **2.** *Row:* (*pers.*) Schlagmann *m.* **3. to give s.o., sth. a s.,** j-n, etwas (liebevoll) streicheln. **II.** *v.tr.* (*a*) *Row:* **to s. a boat,** als Schlagmann (eines Bootes) rudern; (*b*) (j-n, etwas) streicheln.

stroll [stroul]. **I.** *s.* Spaziergang *m; F:* (*sightseeing etc.*) Bummel *m;* **to go for a s.,** spazierengehen. **II.** *v.i.* schlendern; *F:* bummeln. **'stroller,** *s.* Spaziergänger(in) *m(f);* (*in town*) Bummler(in) *m(f).*

strong [strɔŋ]. **I.** *adj.* (*most senses*) stark; (*a*) (*of colour, health, expression, voice etc.*) kräftig; **to be s. in the arm,** viel Kraft im Arm haben; **s. measures,** drastische Maßnahmen; **s. in numbers,** zahlreich; **s. argument,** überzeugendes/gewichtiges Argument; **s. reasons,** triftige Gründe; **s. feelings,** feste Überzeugungen; **I've no s. feelings,** es ist mir ziemlich egal; *F:* **manners aren't his s. point,** gutes Benehmen ist nicht seine Stärke; (*b*) **s. cheese,** scharfer Käse. **II.** *adv. F:* **it's still going s.,** es funktioniert noch tadellos; **-ly,** *adv.* (*a*) **s. worded letter,** scharfer/*F:* gepfefferter Brief; **I feel s. that ...,** ich bin fest davon überzeugt, daß ...; **I don't feel very s. about it,** es ist mir ziemlich

gleichgültig; (*b*) **stark** (riechen, schmecken); **s. spiced,** scharf gewürzt. **'strongarm,** *adj.* Gewalt-; **s. tactics,** Gewalttaktik *f.* **'strongbox,** *s.* Geldschrank *m.* **'stronghold,** *s. Mil:* Festung *f; Fig:* Hochburg *f.* **'strongminded,** *adj.* willensstark. **'strongroom,** *s.* Stahlkammer *f,* Tresor *m.*

stroppy ['strɔpi], *adj. F:* ungehalten, fuchtig.

struck [strʌk], *p.p. & adj. see* **strike.**

structure ['strʌktʃər], *s.* Struktur *f;* (*a*) (*manner of construction*) Bauart *f* (eines Hauses); *Mec. E:* Bauweise *f; Biol: Econ:* Struktur *f* (einer Zelle, der Wirtschaft usw.); (*b*) (*building*) Bauwerk *n;* (*complex*) **s.,** Gefüge *n;* (*social*) **s.,** Gesellschaftsstruktur *f; Ling:* **s. of a sentence,** Satzbau *m;* **s. drill,** Strukturübung *f.* **'structural,** *adj.* Struktur-; *Constr:* baulich, Bau-; **s. steel,** Baustahl *m;* **s. engineering,** Hochbau *m;* **s. engineer,** Hochbauingenieur *m;* **-ly,** *adv.* **s. sound,** in gutem baulichem Zustand.

struggle ['strʌgl]. **I.** *s.* (*a*) Kampf *m;* (*resistance*) Widerstand *m;* **he gave in without a s.,** er ergab sich kampflos/widerstandslos; (*b*) *Fig:* Ringen *n* (**with death,** mit dem Tode; **for air,** nach Luft); **s. for recognition,** Ringen *n* nach Anerkennung; (*c*) **we had a s. to get the wheel off,** wir mußten uns abplagen, um das Rad herunterzukriegen. **II.** *v.i.* kämpfen (**for sth.,** um etwas *acc*); **he had to s. hard to succeed,** hat den Erfolg schwer erkämpft; **we struggled through,** wir haben uns durchgekämpft; **he struggled to his feet,** er ist mit Mühe auf die Beine gekommen. **'struggler,** *s.* Kämpfer *m.* **'struggling,** *adj.* **a. author,** ein noch nicht anerkannter Schriftsteller.

strum [strʌm], *v.tr. & i.* (*p. & p.p.* **strummed**) **to s. (on) the piano/the guitar,** auf dem Klavier/auf der Gitarre klimpern.

strut[1] [strʌt]. **I.** *s.* stolzer Gang *m.* **II.** *v.i.* stolzieren; **to s. about/in/out,** umher/herein/herausstolzieren.

strut[2], *s.* Strebe *f.*

strychnine ['strikni:n], *s.* Strychnin *n.*

stub [stʌb]. **I.** *s.* (*short piece*) Stummel *m;* (*of tree*) Baumstumpf *m;* (**ticket**) **s.,** Kontrollabschnitt *m.* **II.** *v.tr.* (*p. & p.p.* **stubbed**) (*a*) **to s. one's toe,** *dat* die Zehe anstoßen; (*b*) **to s. out a cigarette,** eine Zigarette ausdrücken. **'stubby,** *adj.* kurz und dick; **s. fingers,** Wurstfinger *mpl.*

stubble ['stʌbl], *s.* Stoppel *f.* **'stubbly,** *adj.* stoppelig; **s. beard,** Stoppelbart *m.*

stubborn ['stʌbən], *adj.* hartnäckig; *Pej:* (*of pers.*) eigensinnig. **'stubbornness,** *s.* Hartnäckigkeit *f; Pej:* Starrsinn *m.*

stucco ['stʌkəu], *s.* Stuck *m.*

stuck [stʌk], *adj. & p.p. of* **stick** *q.v.* **1.** (*in mud, with problem etc.*) festgefahren; **to get s.,** steckenbleiben. **2. to squeal like a s. pig,** wie eine abgestochene Sau schreien. **'stuck-'up,** *adj. F:* hochnäsig.

stud[1] [stʌd]. **s. 1.** (*a*) (*nail*) Nagel *m; Fb:* (*on boot*) Schraubstollen *m;* (*b*) *Constr:* (**wall**) **s.,** Pfosten *m,* Stiel *m;* (*c*) *Mec. E:* Stiftschraube *f.* **2.** *Cl:* **collar s.,** Kragenknopf *m.* **'studded,** *adj.* mit Nägeln beschlagen; *Fig:* **sky s. with stars,** mit Sternen besäter Himmel.

stud[2], *s. s.* (**farm**), Gestüt *n;* **horse at s.,** Gestütspferd *n;* (*stallion*) Zuchthengst *m.*

student ['stju:d(ə)nt], s. Student(in) m(f); **the s. body,** die Studentenschaft.

studio, pl. -os ['stju:diəu, -əuz], s. TV: Rad: Cin: Studio n; Art: Cin: Atelier n; **s. couch,** Bettcouch f.

studious ['stju:diəs], adj. (a) lernbegierig; **to be s.,** fleißig lernen; (b) **with s. politeness,** mit gewollter Höflichkeit; **-ly,** adv. (a) fleißig; (b) absichtlich; **he s. avoided me,** er hat mich betont gemieden.

study ['stʌdi]. I. s. 1. (a) Studie f; **to make a s. of sth.,** etwas studieren; **the s. of physics,** das Studium der Physik; **s. group,** Arbeitsgemeinschaft f; **his face is a s. of misery,** sein Gesicht ist ein Bild des Jammers; (b) pl. **studies,** Studium n. 2. Art: Studie f; Entwurf m. 3. Mus: Etüde f. 4. (room) Arbeitszimmer n. II. v. 1. v.tr. (a) (ein Fach, einen Fahrplan usw.) studieren; **to s. s.o.'s face,** j-s Gesicht mustern. 2. v.i. studieren; **to s. under Professor Martin,** bei Professor Martin studieren; **to s. for an examination,** sich auf eine Prüfung vorbereiten; **to s. hard,** fleißig lernen. '**studied,** adj. absichtlich, gewollt.

stuff [stʌf]. I. s. 1. F: Zeug n; (a) **this is good s.!** das ist das Wahre/was Richtiges! **that's the s. to give them!** so ist's genau richtig! **rough s.,** Prügelei f; **come on, do your s.!** zeig doch, was du kannst! **he knows his s.,** er kennt sich aus; **s. and nonsense!** Quatsch! (b) **have you got all your s.?** hast du deine ganzen Sachen? 2. Tex: Wollstoff m. II. v.tr. (a) (fill) (etwas) vollstopfen; (ein Kissen, Cu: Geflügel usw.) füllen; (ein Sofa) polstern; (of taxidermist) (ein Tier) ausstopfen; F: **to s. oneself with chocolate,** sich mit Schokolade vollstopfen; **stop stuffing sweets!** friß nicht dauernd Bonbons! (b) **to s. up a hole,** ein Loch zustopfen; **my nose is all stuffed up,** meine Nase ist ganz verstopft; (c) **to s. sth. into sth.,** etwas in etwas acc stopfen. '**stuffing,** s. (all senses) Füllung f; F: **to knock the s. out of s.o.,** j-n zu Brei schlagen; (of illness) j-n arg mitnehmen.

stuffy ['stʌfi], adj. (a) (of air) stickig; (of room) muffig; **it's s. in here,** hier mieftes; (b) (of pers.) spießig. '**stuffiness,** s. (a) Stickigkeit f; F: Mief m; (b) Spießigkeit f.

stumble ['stʌmbl]. I. s. Stolpern n. II. v.i. (a) stolpern; **to s. (in one's speech),** sich verhaspeln; Fig: **stumbling block,** Stein m des Anstoßes; (obstacle) Hindernis n; (b) **to s. on s.o., sth.,** zufällig auf j-n, etwas acc stoßen.

stump [stʌmp]. I. s. 1. (of tree, tooth etc.) Stumpf m; (of pencil, cigar etc.) Stummel m. 2. Cricket: Torstab m; **to draw stumps,** das Spiel abbrechen. 3. F: **to stir one's stumps,** sich aufraffen. II. v. 1. v.i. **to s. along,** dahinstampfen. 2. v.tr. (a) F: (j-n) verblüffen; **to be stumped,** aufgeschmissen sein; (b) Cricket: (j-m) die Torstäbe niederwerfen. '**stumpy,** adj. stumpfartig; (of pers.) untersetzt.

stun [stʌn], v.tr. (p. & pp. **stunned**) (j-n) (durch einen Schlag) betäuben; **the news stunned me,** ich war von der Nachricht wie betäubt. '**stunner,** s. F: dufte Biene f. '**stunning,** adj. F: toll; **stunningly beautiful,** umwerfend schön.

stunt¹ [stʌnt], v.tr. **to s. the growth of s.o., sth.,** j-n, etwas im Wachstum hemmen. '**stunted,** adj. (of

pers. etc.) verkümmert; **s. growth,** gehemmtes Wachstum.

stunt², s. F: Kunststück n; Av: Flugkunststück n; **s. flying,** Kunstflug m; Cin: **s. man,** Stuntmann m; Pej: **publicity s.,** Werbetrick m.

stupefy ['stju:pifai], v.tr. (j-n) erstaunen; **I was stupefied!** es verschlug mir den Atem! ich war wie vom Schlag gerührt! **stupe'faction,** s. großes Erstaunen n.

stupendous [stju:'pendəs], adj. umwerfend; F: phänomenal; (enormous) gewaltig.

stupid ['stju:pid]. I. adj. dumm, F: blöd; **he's not s.,** er ist nicht von gestern. II. s. F: Blödian m. **stu'pidity,** s. Dummheit f.

stupor ['stju:pər], s. Betäubung f; Med: Stupor m; **to be in a s.,** betäubt sein.

sturdy ['stə:di], adj. kräftig; (of pers.) robust; (of structure) stabil; **-ily,** adv. **s. built,** robust/stabil gebaut. '**sturdiness,** s. Robustheit f; Stabilität f.

stutter ['stʌtər]. I. s. Stottern n. II. v.tr. & i. (etwas) stottern. '**stutterer,** s. Stotterer m; Stotterin f.

sty, pl. sties [stai, staiz], s. (pig) s., Schweinestall m.

sty(e) [stai], s. Med: Gerstenkorn n.

style [stail]. I. s. 1. (kind) Art f; (manner) Weise f; esp. Art: Stil m; **s. of living,** Lebensweise f; **s. of writing,** Schreibstil m; **to win in fine s.,** souverän gewinnen; **something in that s.,** etwas in dieser Art; Art: **furniture in Empire s.,** Möbel im Empirestil; Com: **made in three styles,** in drei Ausführungen hergestellt; Cl: **the latest s.,** die neueste Mode; F: **that's not my s.,** (i) (behaviour) das ist nicht meine Art; (ii) Cl: etc: das paßt nicht zu mir; Fig: **to cramp s.o.'s s.,** j-m ins Gehege kommen. 2. Stil m; **there's no s. about her,** sie hat keinen Schick; **to live in s.,** in großem Staat/auf großem Fuß leben; F: **let's do it in s.,** machen wir's auf die große Tour. II. v.tr. (a) **to s. oneself/s.o. emperor,** sich/j-n Kaiser nennen; (b) Com: (ein neues Auto usw.) gestalten; (c) Hairdr: (das Haar) modisch frisieren; (for men) (Haare) im Fassonschnitt schneiden. '**styling,** s. Formgebung f; Aut: etc: Linienführung f; Hairdr: Frisur f; (for men) Fassonschnitt m; **s. brush,** Rundbürste f. '**stylish,** adj. schick. '**stylishness,** s. Schick m. '**stylist,** s. (a) Stilist(in) m(f); (b) Ind: Stylist m; Hairdr: (hair) s., Friseur m, Friseuse f. '**stylize,** v.tr. (etwas) stilisieren. '**stylized,** adj. stilisiert.

stylus, pl. -li, -luses ['stailəs, -lai, -ləsiz], s. Rec: Nadel f.

Styria ['stiriə]. Pr. n. Geog: Steiermark f. '**Styrian.** I. adj. steirisch. II. s. (pers.) Steirer(in) m(f).

suave [swɑ:v], adj. gewandt; Pej: glatt. '**suavity,** s. Gewandtheit f; Pej: Glattheit f.

sub- [sʌb]. I. prefix Unter-. II. s. abbr. F: 1. (pers.) Sp: Ersatzmann m. 2. Nau: U-Boot n. 3. (subscription) Mitgliedsbeitrag m.

subcommittee [sʌbkə'miti:], s. Unterausschuß m.

subconscious [sʌb'kɔnʃəs]. I. adj. unterbewußt; **s. longing,** nur halb bewußtes Verlangen; **-ly,** adv. im Unterbewußtsein. II. s. **the s.,** das Unterbewußtsein.

subcontinent ['sʌb'kɔntinənt], s. Subkontinent m.

subcontract. I. [sʌb'kɔntrækt] s. Nebenvertrag m. II. [sʌbkən'trækt] v.tr. (Arbeit) durch einen Nebenvertrag regeln. subcon'tractor, s. zweiter Kontrahent m; (supplier) zweiter Lieferant m.

subdivide [sʌbdi'vaid], v. 1. v.tr. (etwas) unterteilen. 2. v.i. sich unterteilen. subdi'vision, s. 1. (action) Unterteilen n. 2. (category) Unterabteilung f.

subdue [səb'dju:], v.tr. (a) (j-n, etwas) unterwerfen; (b) (das Licht, seine Stimme usw.) dämpfen. sub'dued, adj. (a) (of pers.) in sich gekehrt; (quiet) ruhig; (gloomy) bedrückt; (b) (of colour, voice, lighting etc.) gedämpft.

sub-edit ['sʌb'edit], v.tr. (ein Buch, einen Artikel) redigieren. 'sub-'editor, s. Journ: zweiter (zweite) Redakteur(in) m(f).

subheading ['sʌbhediŋ], s. Untertitel m.

subject. I. ['sʌbdʒikt] s. 1. (pers.) Staatsbürger(in) m(f); British s., britischer Staatsbürger. 2. Gram: Subjekt n. 3. (a) Thema n (eines Vortrags, Aufsatzes usw.); s. (of a conversation), Gesprächsthema n; s. (matter), Gegenstand m (eines Buches usw.); it was the s. of much discussion, es wurde viel diskutiert; while we are on the s., da wir gerade dabei sind; to change the s., von etwas anderem reden; the s. of an experiment, das Versuchsobjekt; Mus: first/second s., erstes/zweites Thema; Libraries: s. catalogue, Schlagwortkatalog m; (b) Sch: Fach n; (c) Med: hysterical s., hysterisch veranlagte Person. II. ['sʌbdʒikt] adj. 1. s. to s.o., j-m unterworfen. 2. Adm: -pflichtig; s. to stamp duty, stempelsteuerpflichtig; Com: prices s. to a 5% increase, 5% Preiserhöhung vorbehalten; s. to modification, Änderungen vorbehalten. III. [səb'dʒekt] v.tr. (ein Volk) unterwerfen; to s. s.o. to sth., j-n etwas dat aussetzen; to be subjected to much criticism, viel Kritik hinnehmen müssen. sub'jection, s. 1. (action) Unterwerfung f. 2. (state) Unterworfensein n. sub'jective, adj. subjektiv.

subjunctive [səb'dʒʌŋ(k)tiv]. Gram: I. adj. konjunktiv. II. s. Konjunktiv m.

sublease [sʌb'li:s], sublet [sʌb'let], v.tr. (ein Zimmer usw.) untervermieten.

sublieutenant [sʌblef'tenənt], s. Navy: zweiter Leutnant zur See.

sublime [sə'blaim], adj. (a) (lofty) erhaben; (extremely beautiful) himmlisch; s. happiness, das höchste Glück; s. scenery, traumhafte/himmlische Landschaft; (b) s. indifference, totale Gleichgültigkeit; s. ignorance, selige Unwissenheit. sublimate ['sʌblimeit], v.tr. (Gefühle) sublimieren. sublimity [sə'blimiti], s. Erhabenheit f.

subliminal[sʌb'liminəl],adj. Psy: unterschwellig.

submarine ['sʌbməri:n]. I. s. Unterseeboot n, U-Boot m. II. adj. submarin; s. cable, Tiefseekabel n.

submerge [səb'mə:dʒ], v. 1. v.tr. (a) (j-n, etwas) untertauchen; (b) (flood) (ein Feld usw.) überschwemmen. 2. v.i. (of submarine, diver) tauchen. sub'merged, adj. unter Wasser; (by flood) überschwemmt; s. wreck, gesunkenes Wrack; s. rock, vom Wasser bedeckte Klippe. sub'mergence/sub'mersion, s. Untertauchen n.

submission [səb'miʃ(ə)n], s. 1. (a) Unterwerfung f (von Rebellen usw.); (b) (obedience) Ergebung f; Sichfügen n (to s.o.'s will, j-s Willen dat). 2. Unterbreitung f (einer Frage usw.); Vorlegen n (einer Sache). sub'missive, adj. fügsam; (servile) unterwürfig. sub'missiveness, s. Fügsamkeit f; (servility) Unterwürfigkeit f. sub'mit, v. 1. v.i. sich fügen (to s.o., sth., j-m, etwas dat); to s. to an examination etc., sich einer Untersuchung usw. unterziehen; they were forced to s., sie mußten sich ergeben. 2. v.tr. (a) to s. sth. to s.o., j-m etwas vorlegen; to s. a question, eine Frage unterbreiten; to s. proof of identity, einen Identitätsnachweis erbringen; (b) Jur: etc: I s. that ..., ich gebe zu bedenken, daß ...; the defence submitted that there was no case, von der Verteidigung wurde vorgebracht, daß kein Grund zur Anklage bestände.

subnormal [sʌb'nɔ:m(ə)l], adj. (a) unter dem Normalwert; Med: s. temperature, Untertemperatur f; (b) (of pers.) geistig zurückgeblieben.

subordinate. I. [sə'bɔ:dinət]. 1. adj. untergeordnet (to s.o., j-m); Gram: s. clause, Nebensatz m. 2. s. Untergebene(r) f(m). II. [sə'bɔ:dineit] v.tr. to s. sth. to sth. else, etwas etwas anderem unterordnen. subordi'nation, s. Unterordnung f.

subpoena [sʌb'pi:nə], Jur: esp. U.S: I. s. Vorladung f (unter Strafandrohung). II. v.tr. (j-n) unter Strafandrohung vorladen.

subscribe [səb'skraib], v. 1. v.tr. (a) (eine Summe) spenden; to s. £10, £10 stiften; (b) Fin: (eine Anleihe) zeichnen. 2. v.i. (a) to s. to a charity, einem Wohltätigkeitsverein einen Beitrag zahlen; Fig: to s. to an opinion, einer Ansicht beistimmen; (b) to s. to a newspaper, eine Zeitung abonnieren. sub'scriber, s. 1. (to newspaper etc.) Abonnent(in) m(f). 2. (to charity) Spender m (einer kleinen Summe); Stifter m (einer größeren Summe). 3. Fin: s. for shares, Aktienzeichner(in) m(f). 4. (telephone) s., Teilnehmer(in) m(f). subscription [-'skripʃ(ə)n], s. 1. (member's) s., Mitgliedsbeitrag m; to raise a s., eine Sammlung ins Leben rufen; s. list, (shares) Subskriptionsliste f; (newspaper) Liste f der Abonnenten. 2. (for theatre, magazine etc.) Abonnement n; to take out a s. (to a paper), (eine Zeitung) abonnieren.

subsequent ['sʌbsikwənt], adj. folgend; (later) später, nachträglich; at a s. meeting, bei einem späteren Treffen; s. payment, nachträgliche Zahlung; -ly, adv. später; (as a result) infolgedessen.

subside [səb'said], v.i. (a) (of ground) sich senken, (of pers.) to s. into an armchair, sich in einen Sessel fallen lassen; (b) (of water level) sinken; the flood is subsiding, die Überschwemmung geht zurück; (c) (of storm, anger, fever) nachlassen; (of noises, excitement) sich legen. subsidence ['sʌbsidəns], s. Bodensenkung f.

subsidiary [səb'sidjəri]. I. adj. untergeordnet; Sch: s. subject, Nebenfach n; Com: s. company, Tochtergesellschaft f. II. s. Com: Filiale f; Tochtergesellschaft f.

subsidy ['sʌbsidi], s. Subvention f; government s.,

subsistence [səb'sistəns], *s.* Lebensunterhalt *m;* **to earn a bare s. (wage),** das Existenzminimum verdienen; **means of s.,** Existenzmöglichkeit *f;* **s. allowance,** Unterhaltsbeihilfe *f.*

subsoil ['sʌbsɔil], *s.* Untergrund *m.*

subsonic ['sʌb'sɔnik], *adj. Av:* **(at) s. speed(s),** (mit) Unterschallgeschwindigkeit *f.*

substance ['sʌbstəns], *s.* **1.** Substanz *f; (a)* (*material*) **a sticky s.,** eine klebrige Substanz; *(b) Fig:* **the s. (of an argument etc.),** das Wesentliche *n* (an einem Argument usw.); **argument that has little s.,** Argument *n* mit wenig Substanz; **there is no s. in the allegation,** diese Beschuldigung ist unbegründet. **2.** (*wealth*) **a man of s.,** ein wohlhabender Mann. **substantial** [səb'stænʃ(ə)l], *adj.* **1.** (*real*) wirklich; **s. reasons,** echte Gründe; **her fears proved to be s.,** ihre Befürchtungen erwiesen sich als begründet. **2.** (*large*) beträchtlich; **a s. amount,** eine bedeutende Summe; **a s. difference,** ein wesentlicher Unterschied. **3.** (*a*) **a s. meal,** ein reichliches/*F:* deftiges Essen; *(b)* (*of structure*) solide; **a man of s. build,** ein kräftig gebauter Mann. **4.** (*well-to-do*) **a s. farmer,** ein wohlhabender Bauer; **-ally,** *adv.* (*a*) beträchtlich; **this contributed s. to our success,** dies hat wesentlich zu unserem Erfolg beigetragen; *(b)* (*essentially*) **s. the same,** im wesentlichen gleich; *(c)* (*of house etc.*) **s. built,** solide gebaut. **sub'stantiate,** *v.tr.* (einen Anspruch usw.) begründen.

substandard ['sʌb'stændəd], *adj.* unter der Norm; *Com:* zweiter Wahl.

substantive ['sʌbst(ə)ntiv], *s. Gram:* Substantiv *n.*

substation ['sʌbsteiʃən], *s. El:* Umspannwerk *n.*

substitute ['sʌbstitjuːt]. **I.** *s.* **1.** (*pers.*) Stellvertreter *m; Sp:* Ersatzmann *m; Fb:* Auswechselspieler *m;* **to act as a s. for s.o.,** j-n vertreten. **2.** (*material, foodstuff*) Ersatz *m;* **coffee s.,** Kaffee-Ersatz *m;* (*on label*) **beware of substitutes,** vor Nachahmungen wird gewarnt; **there's no s. for . . .,** es geht nichts über . . . *acc.* **II.** *v.* **1.** *v.tr.* **to s. concrete for stone,** Stein durch Beton ersetzen. **2.** *v.i.* **to s. for s.o.,** j-n vertreten. **substi'tution,** *s.* Verwendung *f* als Ersatz; (*replacement*) Ersetzung *f; Fb:* **to make a s.,** auswechseln.

subtenant [sʌb'tenənt], *s.* Untermieter(in) *m(f).*

subterfuge ['sʌbtəfjuːdʒ], *s.* List *f;* (*evasion*) Ausflucht *f.*

subterranean [sʌbtə'reiniən], *adj.* unterirdisch.

subtitle ['sʌbtaitl]. **I.** *s.* Untertitel *m.* **II.** *v.tr.* (*a*) **the book is subtitled . . .,** das Buch hat als Untertitel . . . ; *(b) Cin:* (einen Film) mit Untertiteln versehen.

subtle ['sʌtl], *adj.* **1.** fein; **s. perfume,** feiner Duft; **s. distinction,** feiner Unterschied. **2.** (*a*) (*ingenious*) raffiniert; *(b)* (*crafty*) schlau. **'subtlety,** *s.* (*a*) Feinheit *f; (b)* Raffiniertheit *f;* Schlauheit *f.*

subtotal ['sʌbtəutəl], *s. Mth:* Zwischensumme *f.*

subtract [səb'trækt], *v.tr.* (eine Zahl usw.) abziehen, *Mth:* subtrahieren (**from,** von + *dat*). **sub'traction,** *s. Mth:* Subtraktion *f.*

suburb ['sʌbəːb], *s.* Vorort *m;* **life in the suburbs,** das Leben in der Vorstadt. **su'burban** [sə-], *adj.* vorstädtisch; Vorstadt-. **su'burbanite,** *s. F: Pej:* Vorstädter(in) *m(f).* **su'burbia,** *s. usu. Pej:* Vorstadt *f.*

subversion [səb'vəːʃ(ə)n], *s. Pol:* Staatsgefährdung *f; Fig:* Untergrabung *f* (der Moral usw.). **sub'versive,** *adj. Pol:* staatsgefährdend, umstürzlerisch; *Fig:* zerrüttend.

subway ['sʌbwei], *s.* **1.** Unterführung *f* (für Fußgänger). **2.** *N.Am:* Rail: U-Bahn *f.*

succeed [sək'siːd], *v.* **1.** *v.tr.* (*a*) **to s. s.o. (in office),** j-m (im Amt) nachfolgen; **to s. s.o. on the throne,** j-m auf den Thron folgen; *(b)* **day succeeds day,** ein Tag folgt auf den anderen. **2.** *v.i.* (*a*) (*of project*) gelingen; (*of pers.*) **if I s.,** wenn es mir gelingt; **he succeeded in persuading her,** es gelang ihm, sie zu überreden; **how to s. in business,** die Kunst des geschäftlichen Erfolges; **if you want to s.,** wenn Sie Erfolg haben/erfolgreich sein wollen; *(b)* **to s. to a fortune,** ein Vermögen erben; **to s. to the throne,** (als Nachfolger) den Thron besteigen. **suc'ceeding,** *adj.* (nächst)folgend; **s. generations,** aufeinanderfolgende Generationen. **suc'cess,** *s.* Erfolg *m;* **to be a (great) s.,** ein (großer) Erfolg sein; **he didn't make a s. of it,** er hatte keinen Erfolg damit. **suc'cessful,** *adj.* (*of pers.*) erfolgreich; **s. outcome,** glücklicher Ausgang; **s. experiment,** gelungener Versuch; **he was s. (in doing sth.),** es gelang ihm (, etwas zu tun); **the play was s.,** das Stück war ein Erfolg. **suc'cession,** *s.* **1.** (*a*) (*sequence*) Folge *f;* **in s.,** hintereinander; **for 2 years in s.,** zwei Jahre nacheinander; **in rapid s.,** in rascher Folge, rasch hintereinander; *(b)* (*series*) Reihe *f;* **after a s. of losses,** nach einer Reihe von Verlusten. **2.** (*to title etc.*) Erbfolge *f;* **s. to the throne,** Thronfolge *f;* **to be next in line of s.,** nächster Erbe sein. **suc'cessive,** *adj.* aufeinanderfolgend; **s. governments,** eine Regierung nach der anderen; **for four s. days,** vier Tage nacheinander; **-ly,** *adv.* (*a*) **to win two games s.,** zwei Spiele nacheinander gewinnen; *(b)* **the speeches grew s. more boring,** die Reden wurden immer langweiliger. **suc'cessor,** *s.* **1.** Nachfolger(in) *m(f);* **s. to s.o.,** j-s Nachfolger; **s. to the throne,** Thronfolger(in) *m(f).* **2.** (*heir*) Erbe *m;* Erbin *f.*

succinct [sʌk'siŋ(k)t], *adj.* prägnant.

succulence ['sʌkjuləns], *s.* Saftigkeit *f.* **'succulent.** **I.** *adj.* saftig. **II.** *s. Bot:* Sukkulente *f.*

succumb [sə'kʌm], *v.i.* **to s. to an illness,** *Fig:* temptation etc., einer Krankheit, *Fig:* einer Versuchung usw. erliegen.

such [sʌtʃ]. **I.** *adj. & adv.* **1.** solch; (*a*) **s. a man,** ein solcher Mann, *F:* so ein Mann; **I had s. a fright,** ich bekam einen derartigen Schreck; **he drives at s. a speed that . . .,** er fährt so schnell, daß . . .; **in s. a way that . . .,** auf solche Weise, daß . . .; *(b)* **s. a thing,** so etwas, *F:* so was; **there's no s. thing,** so etwas gibt es nicht; **I said no s. thing,** ich habe nichts dergleichen gesagt; **there is no s. bird,** einen solchen Vogel gibt es nicht; es gibt keinen solchen Vogel; *(c)* (*with adj.*) **s. big houses,** so große/solche große Häuser; **s. a clever boy,** so ein kluger Junge; **s. a long time,** so lange; *(d)* (*so great*) **s. was his courage that . . .,** so groß war sein Mut, daß . . .; **it gave me s. pleasure,** es hat mir soviel

Freude bereitet; (*e*) (*similar*) derartig; **shop-lifting and s.** crimes, Ladendiebstahl und ähnliche/derartige Delikte; **some s. plan,** irgend so ein Plan; (*f*) **s. and s.,** das und das; **on s. and s. a day,** an dem und dem Tag; **Mr. S. and S.,** Herr Soundso. **2. s. as,** (so) wie; **men s. as you/s. men as you,** Männer wie Sie; **s. steps as I think necessary,** Maßnahmen, wie ich sie für nötig halte; **until s. time as . . . ,** bis zum Zeitpunkt, wo . . . ; **this is the room, s. as it is,** das ist das Zimmer, aber es ist nichts Besonderes; *F:* **s. as?** zum Beispiel? **II.** *pron.* (*a*) dergleichen; **traitors and all s.,** Verräter und dergleichen; **or some s.,** oder etwas Derartiges; (*b*) **I haven't any s.,** ich habe nichts dergleichen; **I'll send you s. as I have,** ich schicke Ihnen das (wenige), was ich habe; (*c*) **history as s.,** Geschichte als solche. ´**suchlike. I.** *adj. F:* derartig. **II.** *pron. usu. pl.* **and s.,** und dergleichen.

suck [sʌk], *v.tr. & i.* (*a*) (etwas) saugen (**out of,** aus + *dat*); **it is sucked into the machine,** es wird in die Maschine gesaugt; *Fig:* **to s. s.o. dry,** j-n (bis aufs Blut) aussaugen; (*b*) **to s. sweets/an ice-cream,** Bonbons/ein Eis lutschen; **to s. one's thumb,** am Daumen lutschen. ´**suck ´down,** *v.tr.* (*of current, bog etc.*) (j-n, etwas) hinunterziehen. ´**sucker,** *s.* **1.** (*on fly etc., also rubber cup*) Saugnapf *m.* **2.** *Bot:* wilder Trieb *m.* **3.** *P:* (*pers.*) Dussel *m; F:* **I'm a s. for soft ice cream,** ich habe eine Schwäche für Softeis; ich kann Softeis nicht widerstehen. ´**suck ´in,** *v.tr.* (Luft, Wasser, Staub) einsaugen; (*of current etc.*) (j-n, etwas) hinunterziehen. ´**sucking- ´pig,** *s.* Spanferkel *n.* ´**suckle,** *v.tr.* (ein Jungtier) säugen; (ein Baby) stillen. ´**suck ´up,** *v.* **1.** *v.tr.* (Flüssigkeit usw.) aufsaugen. **2.** *v.i. F:* **to s. up to s.o.,** j-m um den Bart gehen. ´**suction,** *s.* (*action*) Saugen *n;* (*effect*) Saugwirkung *f;* **s. pump,** Saugpumpe *f;* **s. valve,** Saugventil *n; I.C.E:* **s. stroke,** Ansaugtakt *m.*

Sudan [su:'dæn, su:'dɑ:n]. *Pr. n. Geog:* **the S.,** der Sudan *m.* **Sudanese** [-də'ni:z]. **I.** *adj.* sudanesisch. **II.** *s.* Sudanese *m;* Sudanesin *f.*

sudden ['sʌdn]. **I.** *adj.* (*a*) plötzlich; (*unexpected*) unvermutet; *Hum:* **this is very s.!** das ist eine plötzliche Liebesbezeugung! (*b*) **a s. drop,** ein jäher Abfall. **II.** *adv. phr.* **all of a s.,** ganz plötzlich; **-ly,** *adv.* plötzlich. ´**suddenness,** *s.* Plötzlichkeit *f;* **with startling s.,** mit erschreckender Abruptheit.

suds [sʌdz], *s. pl.* (**soap-) s.,** Seifenlauge *f.*

sue [su:, sju:], *v.tr. Jur:* **to s. s.o.,** gegen j-n gerichtlich vorgehen; **to s. s.o. for damages,** j-n auf Schadenersatz verklagen; **to s. for divorce,** die Scheidung(sklage) einreichen.

suede [sweid], *s.* Wildleder *n.*

suet ['su:it], *s. Cu:* Rindertalg *m.*

Suez ['su:iz]. *Pr. n. Geog:* Sues *n;* **the S. Canal,** der Sueskanal.

suffer ['sʌfər], *v.* **1.** *v.tr.* (*a*) (Verluste, Schmerzen, einen Schlaganfall, den Tod usw.) erleiden; **to s. a defeat,** eine Niederlage einstecken müssen; **to s. damage,** beschädigt werden; (*b*) (*bear*) (j-s Launen usw.) ertragen. **2.** *v.i.* leiden (**from an illness,** an einer Krankheit; **from neglect etc.,** unter Vernachlässigung usw.); **to s. for one's**

rashness, für seine Unbesonnenheit zahlen müssen; **the vines have suffered from the frost,** die Reben haben durch den Frost gelitten. ´**sufferance,** *s.* Duldung *f;* **you are only here on s.,** Sie werden hier nur geduldet. ´**sufferer,** *s.* Leidende(r) *f(m).* ´**suffering. I.** *adj.* leidend. **II.** *s.* Leiden *n.*

suffice [sə'fais], *v.i.* genügen; **s. it to say I got nothing,** kurz und gut, ich bekam nichts. **sufficiency** [-'fiʃənsi], *s.* Hinlänglichkeit *f;* **a s. of food, fuel etc.,** genügend Essen, Heizmaterial usw. **su´fficient,** *adj.* genügend; **s. time,** genügend Zeit; **£100 will be s.,** hundert Pfund werden genügen/reichen.

suffix ['sʌfiks], *s. Gram:* Nachsilbe *f.*

suffocate ['sʌfəkeit], *v.tr. & i.* (j-n, ein Tier) ersticken. ´**suffocating,** *adj.* erstickend; **it's s. in this room,** es ist zum Ersticken in diesem Zimmer. **suffo´cation,** *s.* Ersticken *n.*

suffragan ['sʌfrəgən], *adj. & s. Ecc:* **s. bishop,** Weihbischof *m.*

suffrage ['sʌfridʒ], *s.* Wahlrecht *n;* **universal s.,** allgemeines Wahlrecht *n.*

sugar ['ʃugər]. **I.** *s.* Zucker *m;* **s. basin/bowl,** Zuckerschale *f;* (*esp. with lid*) Zuckerdose *f;* **s. beet,** Zuckerrübe *f;* **s. cane,** Zuckerrohr *n;* **s. tongs,** Zuckerzange *f;* **s. lump,** Stück *n* Zucker; *Bot:* **s. maple,** Zuckerahorn *m; F:* **s. daddy,** Geldonkel *m.* **II.** *v.tr.* (Kaffee, Tee usw.) zuckern; (einen Kuchen) mit Zucker bestreuen; *Fig:* **to s. the pill,** die bittere Pille versüßen. ´**sugary,** *adj.* (*a*) zuckrig; (**too) s.,** übersüß; (*b*) *Pej:* (*of smile, words etc.*) zuckersüß.

suggest [sə'dʒest], *v.tr.* (*a*) **to s. sth. to s.o.,** j-m etwas vorschlagen/(*recommend*) nahelegen; **a solution suggested itself to me,** eine Lösung fiel mir ein; **prudence suggested a retreat,** die Vorsicht mahnte zum Rückzug; (*b*) (*indicate*) (*of evidence etc.*) (auf etwas *acc*) hindeuten; **the marks s. a struggle,** die Spuren deuten auf einen Streit hin; **this shape suggests a rabbit,** diese Form erinnert an ein Kaninchen; **what does this picture s. to you?** was stellt dieses Bild Ihrer Ansicht nach dar? (*c*) (*assert*) (etwas) behaupten; **do you s. I'm lying?** wollen Sie behaupten/damit sagen, daß ich lüge? **su´ggestion,** *s.* (*a*) Vorschlag *m;* **to make a s.,** etwas vorschlagen; **at his s.,** auf seinen Vorschlag hin; **a useful s.,** ein nützlicher Hinweis; (*b*) Behauptung *f;* **there was no s. that he was involved,** es hat niemand behauptet, daß er darin verwickelt wäre; (*c*) (*trace*) Spur *f;* **there is a s. of Brahms in the piece,** das Stück erinnert etwas an Brahms; **there is a s. of autumn in the air,** man spürt einen Hauch des Herbstes. **su´ggestive,** *adj.* (*a*) vielsagend; (*b*) (*of remark etc.*) zweideutig; **s. humour,** schlüpfriger Humor.

suicide ['sju(:)isaid], *s.* **1.** (*pers.*) Selbstmörder(in) *m(f).* **2.** (*act*) Selbstmord *m;* **to commit s.,** Selbstmord begehen; **attempted s.,** Selbstmordversuch *m;* **s. pact,** Einigung *f,* gemeinsam Selbstmord zu begehen. **sui´cidal,** *adj.* **s. tendencies,** selbstmörderische Neigungen; *F:* **I feel s.,** ich könnte mich gleich umbringen; **that would be s.,** das wäre reiner Selbstmord.

suit [suːt, sjuːt]. **I.** s. **1.** Jur: to bring a s. against s.o., eine Klage gegen j-n anstrengen. **2.** Cl: (man's) Anzug m; (woman's) Kostüm n; Hist: s. of armour, Rüstung f. **3.** Cards: Farbe f; to follow s., (i) Cards: Farbe bekennen; (ii) Fig: dasselbe tun. **4.** Nau: s. of sails, Satz m Segel. **II.** v.tr. (a) (of pers.) to be suited to sth., für etwas acc geeignet sein; they are suited to each other, sie passen gut zueinander; Th: he is not suited to the part, er eignet sich nicht für die Rolle; (b) (of thing) (j-m) passen; I shall do it when it suits me, ich werde es tun, wenn es mir paßt; s. yourself, wie es Ihnen beliebt; that suits me! (das ist mir) schon recht! this colour suits you, diese Farbe steht Ihnen gut; (c) to s. the action to the word, das Wort in die Tat umsetzen. suita′bility, s. Geeignetsein n; Schicklichkeit f (einer Bemerkung, des Benehmens usw.); I am doubtful of his s., ich bezweifle, ob er dafür geeignet ist. ′suitable, adj. **1.** passend; I've found nothing s., ich habe nichts Passendes gefunden; the most s. date, das günstigste Datum. **2.** to be s. to/for sth., zu etwas dat/für etwas acc geeignet sein/passen; a remark s. to/for the occasion, eine den Umständen angepaßte Bemerkung. ′suitcase, s. Koffer m.

suite [swiːt], s. **1.** Gefolge n (eines Fürsten usw.). **2.** (a) s. of rooms, Zimmerflucht f; (in hotel) Suite f; (b) s. of furniture, Möbelgarnitur f; lounge s., Sitzgarnitur f; bathroom s., Badezimmereinrichtung f. **3.** Mus: Suite f.

suitor [′suːtər], s. Freier m.

sulk [sʌlk]. **I.** s. usu. pl. he has (a fit of) the sulks, ihm ist eine Laus über die Leber gelaufen. **II.** v.i. schmollen. ′sulkiness, s. Schmollen n; trotzige Laune f. ′sulky, adj. mürrisch; (esp. of child) schmollend; trotzig; to look s., ein schmollendes Gesicht machen.

sullen [′sʌlən], adj. verdrossen; s. expression, verdrießliche Miene. ′sullenness, s. Verdrossenheit f; Verdrießlichkeit f.

sully [′sʌli], v.tr. Lit: (j-s guten Namen usw.) besudeln.

sulphur [′sʌlfər], s. Schwefel m. ′sulphate, s. Sulfat n; copper s., Kupfersulfat n. ′sulphide, s. Sulfid n. **sulphuric** [-′fjuːrik], adj. Schwefel-. ′sulphurous, adj. schwef(e)lig.

sultan [′sʌltən], s. Sultan m. **sultana** [-′tɑːnə], s. **1.** Sultanin f. **2.** (raisin) Sultanine f.

sultry [′sʌltri], adj. schwül; (of temperament) heißblütig. ′sultriness, s. Schwüle f.

sum [sʌm], s. **1.** (a) (total) Summe f; s. total, Gesamtsumme f; in s., insgesamt; (b) s. (of money), Betrag m; Geldsumme f; to spend vast sums, ungeheure Summen ausgeben; (c) Fig: (final result) Endergebnis n. **2.** Mth: F: Rechenaufgabe f; to do sums, rechnen; to do a s. in one's head, kopfrechnen. ′summarize, v.tr. (eine Rede usw.) zusammenfassen. ′summary. **I.** adj. (immediate) unverzüglich; (of dismissal) fristlos; Jur: summarisch; s. condemnation, schroffe Verurteilung. **II.** s. Zusammenfassung f; s. of contents, Inhaltsangabe f; -ily, adv. auf der Stelle; ohne Umschweif; Jur: summarisch; s. dismissed, fristlos entlassen. ′summing-up, s. Zusammenfassung f; Jur: Resümee n (des Richters). ′sum ′up, v.tr.

(a) to s. up (one's thoughts), (seine Gedanken kurz) zusammenfassen; (b) to s. up I would like to say . . ., zusammenfassend möchte ich sagen, . . .; to s. up the situation at a glance, die Situation sofort erfassen; to s. s.o. up, j-n abschätzen; (in words) j-n charakterisieren.

summer [′sʌmər], s. Sommer m; in (the) s., im Sommer; s. resort, Sommerfrische f; s. visitor, Sommergast m; Adm: (British) s. time, (Britische) Sommerzeit f; Sch: s. term, Sommersemester n; s. school, Ferienkurs m; the s. holidays, die Sommerferien pl. ′summerhouse, s. Gartenhaus n. ′summertime, s. Sommer m; in s., im Sommer. ′summery, adj. sommerlich.

summit [′sʌmit], s. Gipfel m (eines Berges, Fig: seiner Macht usw.); Pol: s. meeting, Gipfeltreffen n.

summon [′sʌmən], v.tr. (a) j-n (zu sich dat) bestellen; (die Feuerwehr usw.) rufen; Jur: to s. s.o. (as a witness), j-n (als Zeugen) vorladen; (b) to s. a meeting, eine Versammlung einberufen; (c) to s. up one's courage/all one's strength, seinen Mut/seine ganzen Kräfte zusammenraffen; (d) to s. up spirits, Geister heraufbeschwören. ′summons, s. **1.** Aufforderung f (to s.o., zu j-m zu kommen). **2.** Jur: Vorladung f; to take out a s. against s.o., j-n vorladen lassen.

sump [sʌmp], s. I.C.E: Ölwanne f.

sumptuous [′sʌm(p)tjuəs], adj. (of clothes, feast) prächtig; a s. meal, ein üppiges Mahl. ′sumptuousness, s. Pracht f; Üppigkeit f.

sun [sʌn]. **I.** s. Sonne f; to get a touch of the s., einen leichten Sonnenstich bekommen; s. lounge, Glasveranda f; s. oil, Sonnenöl n; s. helmet, Tropenhelm m; Aut: etc: s. vizor, Sonnenblende f. **II.** v.tr. to s. oneself, sich sonnen. ′sunbathe, v.tr. sich sonnen. ′sunbather, s. jemand, der/die sich sonnt; (habitual) Sonnenanbeter(in) m(f). ′sunbathing, s. Sonnenbaden n. ′sunbeam, s. Sonnenstrahl m. ′sunblind, s. Jalousie f; (of shop) Markise f. ′sunburn, s. Sonnenbrand m. ′sunburnt, adj. (tanned) sonnengebräunt; (esp. excessively) sonnenverbrannt. ′Sunday, s. Sonntag m; on S., am Sonntag; every S./on S., sonntags; one's S. best, sein Sonntagsstaat m; S. school = Kindergottesdienst m; F: a month of Sundays, eine Ewigkeit. ′sundial, s. Sonnenuhr f. ′sundown, s. Sonnenuntergang m. ′sunflower, s. Sonnenblume f. ′sunglasses, s. pl. Sonnenbrille f. ′sunlamp, s. (künstliche) Höhensonne f. ′sunless, adj. sonnenlos. ′sunlight, s. Sonnenlicht n. ′sunlit, adj. sonnenbeschienen. ′sunny, adj. sonnig; Fig: to have a s. disposition, ein sonniges Gemüt haben; to look on the s. side, optimistisch sein. ′sunrise, s. Sonnenaufgang m. ′sunset, s. Sonnenuntergang m; at s., bei Sonnenuntergang. ′sunshade, s. Sonnenschirm m. ′sunshine, s. Sonnenschein m; in the s., in der Sonne; Aut: s. roof, Schiebedach n. ′sunspot, s. Astr: Sonnenfleck m. ′sunstroke, s. Sonnenstich m; to get a s., einen Sonnenstich bekommen. ′suntan, s. Sonnenbräune f. ′suntanned, adj. sonnengebräunt. ′suntrap, s. sonnige Ecke f. ′sun-up, s. Sonnenaufgang m.

sundry ['sʌndri]. **I.** *adj.* verschiedene; **s. expenses,** diverse Unkosten; **on s. occasions,** schon mehrmals. **II.** *s.* (*a*) **all and s.,** jedermann; **he told all and s. about it,** er erzählte es Gott und der Welt; (*b*) *pl.* **sundries,** Verschiedenes *n;* (*with meal*) Beilagen *fpl.*

sunk [sʌŋk], *adj.* & *p.p. of* **sink** (*of ship etc.*) untergegangen; *F:* **we're s.,** wir sind geliefert. **'sunken,** *adj.* (*of wreck etc.*) versunken; (*of garden, bath etc.*) versenkt; **s. cheeks,** eingefallene Wangen; **s. road,** Hohlweg *m.*

sup [sʌp], *v.i. A:* & *Hum:* zu Abend essen.

super ['su:pər]. **I.** *s. F:* (*a*) (*abbr. for superintendent*) Kommissar *m;* (*b*) *Cin:* Statist(in) *m(f).* **II.** *adj. F:* toll. **III.** *prefix* Super-, Über-.

superabundance [su:pərə'bʌndəns], *s.* Überfülle *f.* **supera'bundant,** *adj.* überreichlich.

superannuate [su:pər'ænjueit], *v.tr.* (j-n) pensionieren. **super'annuation,** *s.* **1.** Pensionierung *f.* **2.** Pension *f;* **s. fund,** Pensionskasse *f.*

superb [su:'pə:b], *adj.* (*outstanding*) hervorragend; (*beautiful*) herrlich.

supercharged [su:pə'tʃɑ:dʒd], *adj. I.C.E:* mit Kompressor; **s. engine,** Kompressormotor *m.* **'supercharger,** *s. I.C.E:* Kompressor *m.*

supercilious [su:pə'siliəs], *adj.* (*of manner*) hochnäsig; (*of remark*) geringschätzig. **super'ciliousness,** *s.* hochnäsiges Benehmen.

superficial [su:pə'fiʃ(ə)l], *adj.* oberflächlich; **s. characteristics/resemblance,** äußerliche Merkmale/Ähnlichkeit; **he bears a s. resemblance to X,** beim ersten Blick sieht er X *dat* ähnlich; **she has a s. mind,** sie ist oberflächlich in ihrem Denken. **superfici'ality,** *s.* Oberflächlichkeit *f.*

superfine ['su:pəfain], *adj. Com:* extrafein; (*in quality*) hochfein; **of s. quality,** von höchster Qualität.

superfluous [su:'pə:fluəs], *adj.* überflüssig. **superfluity** [-pə'flu:iti], *s.* Überfluß *m* (**of sth.,** an etwas *dat*).

superhighway [su:pə'haiwei], *s. U.S:* Autobahn *f.*

superhuman [su:pə'hju:mən], *adj.* übermenschlich.

superimpose [su:pərim'pəuz], *v.tr.* (etwas) darüberlegen; *esp. El: Phot:* (etwas) überlagern; **to s. sth. on sth.,** etwas über etwas *acc* legen.

superintend [su:pərin'tend], *v.tr.* (Arbeit, Arbeiter) beaufsichtigen. **superin'tendent,** *s.* Direktor *m; Adm:* Aufsichtsbeamte *m;* **police s.,** Polizeikommissar *m.*

superior [su:'piəriər]. **I.** *adj.* **1.** (*a*) (*better*) (*of pers.*) überlegen (**to s.o.,** j-m); (*of thing*) besser (**to, als**); **to be s. in numbers,** in der Überzahl sein; **of s. quality,** (von) besserer Qualität; **s. knowledge,** größeres Wissen; **they live in a s. part of the town,** sie wohnen in einem vornehmeren Stadtteil. **2.** (*higher*) (*a*) *Mil: etc:* **s. officer,** Vorgesetzter *m; Jur:* **s. court,** höhere Instanz; (*b*) *Print:* **s. 2,** zwei hochgestellt. **3.** (*supercilious*) überheblich; **a s. smile,** ein überlegenes Lächeln. **II.** *s.* (*a*) (*at work etc.*) Vorgesetzte(r) *f(m);* (*b*) **he is my s. in courage,** er ist mir an Mut überlegen; *Ecc:* **Mother S.,** Oberin *f;* **Father S.,** Superior *m.* **superiority** [-'ɔriti], *s.* **1.** Überlegenheit *f* (**over,** über + *dat*); **s. in strength,** Übermacht *f.* **2.** Überheblichkeit *f.*

superlative [su:'pə:lətiv]. **I.** *adj.* unübertrefflich. **II.** *s. Gram:* Superlativ *m.*

superman, *pl.* **-men** ['su:pəmæn, -men], *s.* Übermensch *m.*

supermarket ['su:pəmɑ:kit], *s.* Supermarkt *m.*

supernatural [su:pə'nætʃ(ə)rəl], *adj.* übernatürlich.

supernumerary [su:pə'nju:mərəri]. **I.** *adj.* überzählig. **II.** *s.* (*a*) überzählige Person; (*b*) *Cin: Th:* Statist(in) *m(f).*

superpower ['su:pəpauər], *s. Pol:* Supermacht *f.*

supersede [su:pə'si:d], *v.tr.* (etwas) ersetzen (**by sth.,** durch etwas *acc*); **a method now superseded,** eine jetzt überholte Methode.

supersonic [su:pə'sɔnik], *adj. Av:* Überschall-; **to go s.,** mit Überschallgeschwindigkeit fliegen.

superstition [su:pə'stiʃ(ə)n], *s.* Aberglaube *m.* **super'stitious,** *adj.* abergläubisch.

superstructure ['su:pəstrʌktʃər], *s.* Oberbau *m; Nau:* Aufbauten *mpl.*

supervise ['su:pəvaiz], *v.tr.* (Arbeit, Arbeiter) beaufsichtigen. **supervision** [-'viʒ(ə)n], *s.* Beaufsichtigung *f;* **under police s.,** unter Polizeiaufsicht *f.* **'supervisor,** *s.* Aufseher *m.*

supine ['su:pain], *adj.* (*of pers.*) auf dem Rücken liegend, hingestreckt; **s. position,** Rückenlage *f.*

supper ['sʌpər], *s.* Abendessen *n;* (*simple*) Abendbrot *n;* **to have s.,** zu Abend essen; *Rel:* **the Last S.,** das letzte Abendmahl. **'suppertime,** *s.* Zeit *f* zum Abendessen.

supplant [sə'plɑ:nt], *v.tr.* (j-n, etwas) ersetzen.

supple ['sʌpl], *adj.* geschmeidig; (*flexible*) biegsam. **'suppleness,** *s.* Geschmeidigkeit *f* (**des** Körpers usw.).

supplement. I. ['sʌplimənt] *s.* **1.** (*addition*) Ergänzung *f* (**to,** *gen*). **2.** (*a*) Beilage *f;* (*to book, report*) Nachtrag *m; Journ:* **literary s.,** Literaturbeilage *f;* (*b*) *Rail: etc:* (*to fare*) Zuschlag *m.* **II.** ['sʌpliment] *v.tr.* **to s. one's income by sth.,** sein Einkommen durch etwas *acc* ergänzen. **supple'mentary,** *adj.* zusätzlich; **s. fare/charge,** Zuschlag *m; Adm:* **s. benefit,** Zusatzrente *f.*

supply [sə'plai]. **I.** *s.* **1.** (*act*) Versorgung *f* (**of,** mit + *dat*); (*delivery*) Lieferung *f; Tchn:* Zufuhr *f* (von Öl usw.); **electricity s.,** Stromversorgung *f; Econ:* **s. and demand,** Angebot und Nachfrage; **in short s.,** knapp; *Mil:* **s. lines,** Nachschubverbindungen *fpl;* **s. ship,** *Tchn:* Nachschubverbindungen *fpl;* **s. ship,** Versorgungsschiff *n; Tchn:* **s. pipe,** Speiserohr *n.* **2.** (*store*) Vorrat *m* (**of,** an + *dat*); **supplies,** Vorräte *mpl; Mil: etc:* Nachschub *m;* (*food*) Proviant *m;* **office supplies,** Bürobedarf *m;* **to lay in a s. of sth.,** sich *dat* einen Vorrat an etwas *dat* anschaffen. **3.** (*stand-in*) **s. teacher,** stellvertretender Hilfslehrer *m,* stellvertretende Hilfslehrerin *f.* **II.** *v.tr.* (*a*) **to s. s.o. with sth./ sth. to s.o.,** j-n mit etwas *dat* versorgen; (*b*) *Com:* (j-n) beliefern (Waren) liefern; (*c*) *Tchn:* (einen Motor usw.) speisen (**with fuel etc.,** mit Brennstoff usw.); (*d*) (einen Verlust) ausgleichen; (fehlende Worte usw.) ergänzen; (einem Mangel) abhelfen; **to s. s.o.'s needs,** j-s Bedürfnisse befriedigen. **su'pplier,** *s.* Lieferant *m* (von Waren usw.).

support [sə'pɔ:t]. **I.** *s.* **1.** (*a*) (*act*) Unterstützung *f;* **moral s.,** moralische Unterstützung *f;* **can I count on your s.?** kann ich mit Ihrem

Beistand rechnen? **collection in s. of a charity,** Geldsammlung *f* zu einem wohltätigen Zweck; **evidence in s. of a claim,** Beweise zur Begründung eines Anspruchs; (*b*) **to be without means of s.,** mittellos sein. **2.** (*object*) Stütze *f;* (*of arch etc.*) Träger *m;* (*for gun*) Auflage *f; Fig:* **the sole s. of his old age,** die einzige Stütze seines Alters. **II.** *v.tr.* (*a*) (j-n, einen Bogen usw.) stützen; **a roof supported by four columns,** ein von vier Säulen getragenes Dach; (*b*) *Fig:* (*with money, help*) (eine Organisation) unterstützen; (*with comfort*) (j-m) beistehen; (eine Theorie, einen Anspruch) bestätigen; *Fb:* **which club do you s.?** von welchem Club sind Sie Anhänger? (*c*) (j-n, eine Familie) erhalten/(*feed*) ernähren; *Biol:* **to s. life,** organisches Leben tragen. **su'pporter,** *s.* Verfechter *m* (einer Sache); *Fb: etc:* Anhänger *m.* **su'pporting,** *adj.* (*a*) stützend; Stütz-; **s. wall,** Stützmauer *f;* (*b*) *Th: Cin:* **s. cast,** Mitspieler *mpl;* **s. role,** Nebenrolle *f.*

suppose [sə'pəuz], *v.tr.* (*a*) (*treat as fact*) (etwas) annehmen; **s./supposing (that) you are right,** angenommen, daß Sie recht haben; **supposing he came back?** wenn er nun zurückkäme? (*firm*) **s. we change the subject,** reden wir von etwas anderem; (*tentative*) **s. we go to the cinema?** wie wäre es, wenn wir ins Kino gingen? (*b*) (*imagine*) (etwas) vermuten, (*think*) glauben, (*assume*) annehmen; **I s. he'll come today,** er kommt wohl/vermutlich (noch) heute; **as I supposed,** wie ich es vermutet habe; **I s. so,** es ist wohl anzunehmen; **I don't s. so,** wahrscheinlich nicht; **I don't s. he'll do it,** ich glaube nicht, daß er es tun wird; **you mustn't s. that . . . ,** Sie dürfen nicht glauben, daß . . . ; (*c*) **to be supposed to do sth.,** etwas (eigentlich) tun sollen; **he's supposed to have a chance,** er soll eine Chance haben; **I'm not really supposed to be here,** eigentlich dürfte ich nicht hier sein; **I'm not supposed to know,** offiziell weiß ich nichts davon. **su'pposed,** *adj.* vermeintlich; **the s. culprit,** der vermeintliche Täter; **-ly,** *adv.* vermutlich. **supposition** [sʌpə'ziʃ(ə)n], *s.* Vermutung *f;* (*assumption*) Annahme *f.*

suppository [sə'pɔzit(ə)ri], *s. Med:* Zäpfchen *n.*

suppress [sə'pres], *v.tr.* (*a*) (einen Aufstand, ein Gefühl, ein Lächeln usw.) unterdrücken; (*b*) (eine Veröffentlichung) verbieten; (einen Skandal, die Wahrheit) vertuschen; **to s, a passage,** eine Stelle streichen; (*c*) *El:* (im Gerät) entstören; **to s. interference,** die Störung bremsen/beheben. **su'ppression,** *s.* **1.** Unterdrückung *f.* **2.** Verbot *n;* (*hushing up*) Vertuschen *n;* (*deletion*) Streichung *f.* **3.** *El:* Entstörung *f.* **su'ppressor.** *s.* **1.** Unterdrücker *m.* **2.** *El:* Entstörer *m;* **s. grid,** Bremsgitter *n.*

suppurate ['sʌpjʊreit], *v.i.* eitern. **suppu'ration,** *s.* Eiterung *f.*

supreme [su(:)'pri:m], *adj.* (*a*) (*highest*) höchste(r,s); (*in rank*) oberste(r,s); *Mil:* **s. commander,** Oberbefehlshaber *m; Jur:* **the S. Court,** das Oberste Gericht; (*b*) (*unbeatable*) unübertrefflich; *Sp:* unschlagbar; (*c*) (*ultimate*) äußerste(r,s); **s. sacrifice,** Aufopferung *f* des Lebens; **s. indifference,** totale Gleichgültigkeit; **-ly,** *adv.* höchst; **s. happy,** überglücklich. **supremacy** [-'preməsi], *s.* Vorherrschaft *f* (**over,**

über + *acc*); Oberhoheit *f* (der Kirche, des Staates); *Mil:* **air s.,** Luftherrschaft *f.*

surcharge ['sɜːtʃɑːdʒ], *s.* Zuschlag *m; Post:* Nachgebühr *f.*

sure [ʃuər]. **I.** *adj.* sicher; (*a*) **are you s. (about/of that)?** sind Sie (sich *dat*) (dessen) sicher? **are you s. you don't want it?** wollen Sie es wirklich nicht? **I don't know, I'm s.,** das weiß ich aber wirklich nicht; **I'm not quite s. (about that)/I don't know for s.,** da bin ich nicht ganz sicher; **I'm not s. why,** ich weiß nicht genau, warum; **s. of success,** des Erfolges sicher; **s. of oneself,** selbstsicher; (*b*) **he's s. to know/I'm s. he will know,** er wird es bestimmt wissen; **it's s. to rain/it'll rain for s.,** es wird bestimmt regnen; (*c*) **to make s. of sth.,** sich einer Sache vergewissern; (*check*) etwas prüfen; **you'd better make s. that it's shut,** sehen Sie lieber nach/prüfen Sie lieber, ob es geschlossen ist; **just to make s.,** (einfach) um sicherzugehen; **be s. to switch it off,** vergessen Sie nicht, es abzuschalten; **be s. to come early,** sehen Sie zu, daß Sie rechtzeitig kommen; **be s. not to lose it,** passen Sie auf, daß Sie es nicht verlieren; **to be s.,** (ja) freilich; (*d*) *attrib.* **s. way/method,** sichere Methode; **s. footing,** fester Halt; (*e*) *N. Am: F:* **s. (thing)!** klar! **II.** *adv.* (*a*) *N. Am:* **he s. is!** das ist er! und wie! **it s. is cold,** es ist ganz schön kalt; (*b*) **s. enough he was there,** er war wie erwartet/tatsächlich da; **he'll come s. enough,** er wird schon kommen/kommt bestimmt; **-ly,** *adv.* **1.** sicher; **slowly but s.,** langsam aber sicher. **2.** (*intensive*) doch; **s. you don't believe that!** das glauben Sie doch nicht im Ernst! **s. he must come now,** jetzt muß er doch kommen. **'sureness,** *s.* Sicherheit *f.* **'sure-'footed,** *adj.* mit sicherem Tritt. **'surety,** *s.* **to stand s. for s.o.,** für j-n Bürgschaft leisten.

surf [sɜːf]. **I.** *s.* Brandung *f;* **s. riding,** Wellenreiten *n.* **II.** *v.i.* wellenreiten. **'surfboard,** *s.* Surfbrett *n.* **'surf-boat,** *s.* Brandungsboot *n.* **'surfing,** *s.* Wellenreiten *n,* Surfing *n.*

surface ['sɜːfis]. **I.** *s.* **1.** *Geom: etc:* (*area*) Fläche *f;* **flat/curved s.,** flache/gebogene Fläche. **2.** (*top, exterior*) Oberfläche *f;* (*road*) **s.,** Straßendecke *f;* **earth's s.,** Erdoberfläche *f; Post:* **s. mail,** normale Post (nicht Luftpost); *Min:* **s. worker,** Arbeiter *m* über Tage; *Fig:* **on the s. everything was well,** nach außen hin schien alles in Ordnung; **he doesn't probe beneath the s. (of things),** er sieht nur auf das Äußere. **II.** *v.* **1.** *v.tr.* (*a*) *Civ: E:* (eine Straße) asphaltieren; (*b*) (ein U-Boot) auftauchen lassen. **2.** *v.i.* (*a*) an die Oberfläche kommen; (*of submarine*) auftauchen; (*b*) *F:* (*of pers.*) wach werden.

surfeit ['sɜːfit], *s.* Übermaß *n* (**of, an** + *dat*).

surge [sɜːdʒ]. **I.** *s.* (*a*) Wogen *n,* Schwall *m* (des Wassers usw.); **s. of power,** Kräftestoß *m;* **s. of blood,** Blutandrang *m;* (*b*) *Fig:* Aufwallung *f* (von Freude, Zorn usw.); **s. (forward),** Vorwärtsdrängen *n* (einer Menge). **II.** *v.i.* (*of sea*) wogen; (*of crowd*) **to s. forward,** nach vorn drängen; *Lit:* **blood surged to her cheeks,** die Röte stieg rasch in ihre Wangen; **anger surged up within him,** Zorn wallte in ihm auf.

surgeon ['sɜːdʒən], *s.* (*a*) Chirurg *m;* (*b*) *Nau:* Schiffsarzt *m.* **'surgery,** *s.* **1.** Chirurgie *f;* **fur-**

ther s. is not necessary, weitere chirurgische Eingriffe sind nicht nötig. 2. Praxis *f;* (*place*); s. (hours), Sprechstunden *fpl; Aus:* Ordination *f.* ´surgical, *adj.* chirurgisch; s. appliances, Sanitätsartikel *mpl;* s. spirit, Wundbenzin *n.*

surly [´sə:li], *adj.* griesgrämig; (*in speech*) schroff; (*rude*) grob. ´surliness, *s.* Griesgrämigkeit *f;* Grobheit *f.*

surmise [sə(:)´maiz]. I. *s.* Vermutung *f.* II. *v.tr.* (etwas) vermuten.

surmount [sə(:)´maunt], *v.tr.* (Schwierigkeiten usw.) überwinden.

surname [´sə:neim], *s.* Familienname *m.*

surpass [sə(:)´pɑ:s], *v.tr.* (j-n, etwas) übertreffen; you've surpassed yourself, Sie haben sich selbst übertroffen. sur´passing, *adj.* hervorragend.

surplice [´sə:plis], *s.* Chorhemd *n.*

surplus [´sə:pləs], *s.* (*a*) Überschuß *m* (of sth., an etwas *dat*); (*b*) *attrib.* überschüssig;-Über-; s. population, Bevölkerungsüberschuß *m; Com:* s. stock, überschüssige Ware *f.*

surprise [sə´praiz]. I. *s.* Überraschung *f;* to take s.o. by s., j-n überraschen/*Mil:* überrumpeln; it came as a s., es kam überraschend; s. visit, unerwarteter Besuch. II. *v.tr.* (j-n) überraschen; (*a*) to s. s.o. in the act, j-n auf frischer Tat ertappen; (*b*) surprised at sth., von etwas *dat* überrascht; (*stronger*) über etwas *acc* erstaunt; that surprises me, das hätte ich nicht erwartet; I shouldn't be surprised if . . ., es würde mich nicht überraschen/ich würde mich nicht wundern, wenn . . .; I'm surprised at you! ich staune über Sie! sur´prising, *adj.* überraschend; that's s., das ist eine Überraschung.

surrealism [sə´ri:əlizm], *s.* Surrealismus *m.* su´rrealist. I. *s.* Surrealist(in) *m(f).* II. *adj.* surrealistisch.

surrender [sə´rendər]. I. *s.* 1. (*handing over*) Übergabe *f* (einer Sache, *Mil:* einer Festung usw.); Auslieferung *f* (von Gefangenen, Geiseln usw.); s. of a privilege, Verzicht *m* auf ein Vorrecht; *Ins:* s. of a policy, Versicherungsrückkauf *m.* 2. *Mil:* Kapitulation *f* (eines Heeres). II. *v.* 1. *v.tr.* (*a*) (etwas) übergeben; (Gefangene usw.) ausliefern; (*b*) (*give up*) (einen Besitz) aufgeben; to s. a right, auf ein Recht verzichten; to s. sth. to s.o., j-m etwas herausgeben; *Ins:* to s. a policy, eine Police einlösen. 2. *v.i.* to s. (to the enemy), sich (dem Feind) ergeben; to s. (to the police), sich (der Polizei) stellen; *Fig:* to s. to one's emotions, sich seinen Gefühlen überlassen; to s. to a desire, einem Verlangen nachgeben.

surreptitious [sʌrəp´tiʃəs], *adj.* heimlich.

surround [sə´raund]. I. *s.* Umrandung *f.* II. *v.tr.* (*a*) (j-n, etwas) umgeben; surrounded with/by luxury, von Luxus umgeben; surrounded with mystery, von Geheimnissen umwittert; (*b*) *Mil:* (Truppen usw.) umzingeln. su´rrounding, *adj.* umliegend; s. countryside, Landschaft *f* in der Umgebung. su´rroundings, *s.pl.* 1. Umgebung *f.* 2. (social) s., Milieu *n.*

surtax [´sə:tæks], *s.* Zuschlagsteuer *f.*

surveillance [sə(:)´veiləns], *s.* Überwachung *f.*

survey. I. [´sə:vei] *s.* 1. (*a*) (*esp. written*) Übersicht *f* (of, über + *acc*); (*b*) (*examination*) Untersuchung *f;* Inspektion *f* (von Gebäuden, Bergwerken); (*c*) (*opinion poll*) Umfrage *f.* 2. *Surv:* Vermessung *f;* air/aerial s., Luftbildmessung *f.* II. [sə(:)´vei] *v.tr.* (*a*) (*from high point*) (eine Landschaft, *Fig:* eine Lage usw.) überblicken; (*b*) (*examine*) (etwas) untersuchen; (ein Gebäude, ein Bergwerk) inspizieren; (*c*) *Surv:* (Land usw.) vermessen. sur´veying, *s.* Vermessung *f.* sur´veyor, *s.* (land) s., Landvermesser *m; Min:* s. of mines, Markscheider *m.*

survival [sə´vaiv(ə)l], *s.* (*a*) Überleben *n;* fight for s., Existenzkampf *m;* s. kit, Notausrüstung *f;* (*b*) Fortbestand *m* (einer Tradition usw.); a s. from Victorian days, ein Überbleibsel *n* aus der viktorianischen Zeit. sur´vive, *v.* 1. *v.i.* (*of pers., animal*) am Leben bleiben; (*of custom etc.*) fortbestehen. 2. *v.tr.* (*a*) (eine Verletzung, einen Schiffbruch usw.) überleben; (*b*) he survived her by five years, er überlebte sie um fünf Jahre. sur´viving, *adj.* (*of pers.*) überlebend; (*thing*) the sole s. example, das einzige noch erhaltene Beispiel. sur´vivor, *s.* Überlebende(r) *f(m).*

susceptible [sə´septibl], *adj.* 1. *Lit:* to be s. of sth., etwas zulassen; it is s. of improvement, es ließe sich verbessern. 2. empfindlich; s. to pain, schmerzempfindlich; s. to a disease, für eine Krankheit anfällig; s. to flattery, für Schmeicheleien empfänglich; he's very s. to that sort of thing, er fällt gleich auf so etwas herein. suscepti´bility, *s.* (*a*) Anfälligkeit *f* (to an illness etc., gegen/für eine Krankheit usw.); s. to impressions, Empfänglichkeit *f* für Eindrücke; (*b*) to wound s.o.'s susceptibilities, j-n an seiner empfindlichen Stelle treffen.

suspect. I. [´sʌspekt]. 1. *adj.* (*a*) (*of pers.*) verdächtig; (*b*) (*of thing*) suspekt; the side wall is s., die Seitenwand scheint nicht in Ordnung zu sein; *F:* this tomato is a bit s., diese Tomate sieht etwas faul aus. 2. *s.* Verdächtige(r) *f(m).* II. [səs´pekt] *v.tr.* (*a*) (j-n, etwas) verdächtigen (of a murder etc., eines Mordes usw.); (*b*) (etwas) vermuten; to s. danger, Gefahr wittern; I suspected as much, das dachte ich mir; he suspects nothing, er ahnt nichts.

suspend [səs´pend], *v.tr.* (*a*) (hang) (etwas) aufhängen; to be suspended from the ceiling, von der Decke hängen, an der Decke aufgehängt sein; suspended in midair, in der Luft hängend; (*b*) (*stop*) (Zahlungen, ein Verfahren, Arbeit usw.) einstellen; *Med:* suspended animation, Scheintod *m; Rail: etc:* (of service) suspended until further notice, bis auf weiteres aufgehoben; (*c*) (*delay*) to s. judgment, *Jur:* die Urteilsverkündung aufschieben; *Fig:* sich *dat* ein Urteil vorbehalten; *Jur:* suspended sentence, bedingtes Urteil; (*d*) (*ban*) (ein Mitglied) vorübergehend ausschließen/suspendieren; *Sp:* (einen Sportler) sperren; *Aut:* (einen Führerschein) entziehen. sus´pender, *s. Cl:* (*a*) Strumpfhalter *m;* s. belt, Strumpfbandgürtel *m;* (*b*) *pl. N.Am:* Hosenträger *mpl.* sus´pense, *s.* Spannung *f;* to keep s.o. in s., j-n in Spannung halten; (*in uncertainty*) j-n im Ungewissen lassen; s. novel, spannender Roman. sus´pension, *s.* 1. (*a*) (*process*) Aufhängen *n; Ch:* Suspension *f;* (*b*) *Mec: E:* Aufhängung *f;* s. bridge, Hängebrücke *f;* (*c*) *Aut:* Radaufhängung *f;* hard/soft s., harte/

weiche Federung *f.* 2. *Journ: etc:* Einstellung *f* (der Veröffentlichung usw.); *(delay)* Aufschub *m.* 3. Ausschließen *n* (eines Vereinsmitglieds usw.); *Sp:* Sperrung *f* (eines Spielers); *Aut:* **s. of a driving licence,** Führerscheinentzug *m.*

suspicion [sə'spiʃ(ə)n], *s.* 1. (a) Verdacht *m;* **to have suspicions about s.o.,** j-n verdächtigen; **to arouse s.,** Verdacht erregen; **above s.,** über jeden Verdacht erhaben; *Jur:* **to arrest s.o. on s.,** j-n wegen Tatverdachts festnehmen; (b) *(state)* Mißtrauen *n;* **to regard s.o. with s.,** j-n mit Mißtrauen betrachten. 2. *(trace)* Spur *f;* **s. of a smile,** Anflug *m* eines Lächelns. **sus-'picious,** *adj.* (a) *(of behaviour etc.)* verdächtig; **it looks s. to me,** es kommt mir verdächtig vor, *F:* **s.-looking customer,** mißtrauenerregender Typ; (b) *(of glance, attitude, pers.)* mißtrauisch **(about s.o., sth.,** gegen j-n, etwas *acc);* **to be s. of s.o.,** j-n verdächtigen; **-ly,** *adv.* (a) **to behave s.,** sich verdächtig benehmen; **it looks s. like measles,** es sieht verdächtig nach Masern aus; (b) **to look s. at s.o.,** j-n mißtrauisch ansehen. **sus'piciousness,** *s.* 1. das Verdächtige **(of sth.,** an etwas *dat).* 2. *(towards s.o.)* Mißtrauen *n.*

suss [sʌs], *v.tr. F:* **to s. sth. out,** etwas auskundschaften.

sustain [sə'stein], *v.tr.* (a) *(keep going)* (j-n) erhalten; *(feed)* (eine Familie usw.) ernähren; **enough to s. life,** genug um einen Menschen am Leben zu erhalten; **to s. interest,** das Interesse wachhalten; **he was unable to s. the effort,** er konnte (die Austrengung) nicht durchhalten; *Th:* **to s. a part,** eine Rolle durchhalten; *Mus:* **to s. a note,** eine Note halten; *Jur:* **to s. an objection,** einen Einspruch aufrechterhalten; (b) *(suffer)* (eine Niederlage, eine Verletzung usw.) erleiden; (c) *(withstand)* (einen Druck usw.), *Fig:* (einen Vergleich) aushalten; (einem Angriff) standhalten. **sus-'tained,** *adj.* Dauer-; *(of interest etc.)* anhaltend; **s. speed,** Dauergeschwindigkeit *f.* **sus-'taining,** *adj.* **s. food,** kräftige Nahrung; **s. wall,** Stützmauer *f; Mus:* **s. pedal,** Fortepedal *n.*

sustenance ['sʌstinəns], *s.* (a) *(food)* Nahrung *f;* (b) *(feeding)* Ernährung *f.*

suture ['suːtjər], *s.* (a) *Surg: Anat:* Naht *f;* (b) *Surg: (thread)* Faden *m.*

svelte [svelt], *adj.* grazil.

swab [swɔb]. I. *s.* 1. *Med:* (a) Tupfer *m;* (b) *(specimen)* Abstrich *m.* 2. *H:* Scheuerlappen *m; Nau:* **(deck) s.,** Dweil *m.* II. *v.tr.* (Wasser usw.) aufwischen; *Nau:* (das Deck) schrubben.

Swabia ['sweibjə]. *Pr. n. Geog:* Schwaben *n.* '**Swabian.** I. *s.* 1. Schwabe *m;* Schwäbin *f.* 2. *Ling:* Schwäbisch *n.* II. *adj.* schwäbisch.

swag [swæg], *s. F:* (a) Beute *f;* (b) *Austral:* Bündel *n.* '**swagman,** *s. Austral:* Tramp *m.*

swagger ['swægər]. I. *s.* 1. stolzierender Gang *m;* **to walk (about) with a s.,** (herum)stolzieren. 2. *(boasting)* Prahlerei *f.* II. *v.i.* (a) stolzieren; **to s. in/out,** hinein/hinausstolzieren; (b) *(boast)* prahlen.

swallow [¹ 'swɔləu]. I. *s.* Schluck *m.* II. *v.tr.* (eine Pille, einen Bissen, Wasser) schlucken; *Fig:* (eine Beleidigung, seinen Stolz, seine Tränen usw.) herunterschlucken; **he had to s. his words,** er mußte diese Behauptung zurück-

nehmen; *F:* **they won't s. that (story),** dieses Märchen werden sie Ihnen nicht abkaufen; (b) **to s. sth. (up),** *(also Fig:)* etwas verschlingen; **London has swallowed (up) many outlying areas,** London hat viele Randgebiete geschluckt.

swallow [² *s. Orn:* Schwalbe *f.* '**swallowtail,** *s. Ent:* **s. (butterfly),** Schwalbenschwanz *m.*

swamp [swɔmp]. I. *s.* Sumpf *m;* **s. fever,** Sumpffieber *n.* II. *v.tr.* (eine Gegend mit Wasser, einen Markt mit Waren usw.) überschwemmen; *(of waves)* **to s. a boat,** über einem Boot zusammenschlagen; *Fig:* *(of pers.)* **to be swamped with work,** mit Arbeit überhäuft sein. '**swampy,** *adj.* sumpfig.

swan [swɔn], *s.* Schwan *m.* '**swan-neck,** *s.* Schwanenhals *m.* '**swansong,** *s. esp. Fig:* Schwanengesang *m.*

swank [swæŋk]. *F:* I. *s.* 1. Angeberei *f.* 2. *(pers.)* Angeber(in) *m(f).* II. *v.i.* angeben.

swap [swɔp]. I. *s.* (a) Austausch *m;* **to get sth. as a s. for sth.,** etwas gegen etwas *acc* im Austausch bekommen; **let's do a s.,** tauschen wir; (b) *(duplicate, e.g. stamp)* Dublette *f.* II. *v.tr.* **to s. sth. for sth.,** etwas gegen etwas *acc* austauschen; **shall we s.?** tauschen wir? **to s. places with s.o.,** mit j-m den Platz tauschen.

swarm [¹ swɔːm]. I. *s.* Schwarm *m;* **s. of bees,** Bienenschwarm *m;* **a s. of children,** eine Schar Kinder. II. *v.i.* (a) *(of bees)* schwärmen; *(of people, ants)* strömen; (b) **to s. with sth.,** von etwas *dat* wimmeln; **the street is swarming with people,** auf der Straße wimmelt es von Menschen.

swarm [²,*v.tr. & i.* **to s. (up) a tree,** auf einen Baum rasch hinaufklettern.

swarthy ['swɔːði], *adj* dunkelhäutig. '**swarthiness,** *s.* dunkle Hautfarbe *f.*

swashbuckling ['swɔʃbʌkliŋ], *adj.* verwegen.

swastika ['swɔstikə], *s.* Hakenkreuz *n.*

swat [swɔt], *v.tr. (p. & p.p. swatted)* (eine Fliege usw.) totschlagen. '**swatter,** *s.* **(fly) s.,** Fliegenklatsche *f.*

swatch [swɔtʃ], *s. (pattern)* Muster *n; (selection)* Musterkollektion *f.*

swathe [sweið], *v.tr.* (j-n, etwas) einwickeln; **with his head swathed in bandages,** mit völlig bandagiertem Kopf.

sway [swei]. I. *s.* 1. Schwanken *n.* 2. *Lit: (rule)* Herrschaft *f; (influence)* Einfluß *m;* **under his s.,** unter seiner Herrschaft; *Fig:* in seinem Bann; **to hold s.,** herrschen **(over,** über + *acc).* II. *v.* 1. *v.i.* schwanken; *(gently)* sich wiegen; *(of boat)* schaukeln; *Fig:* *(of pers.)* **to s. from one extreme to the other,** von einem Extrem ins andere fallen. 2. *v.tr.* (a) (etwas) schwenken; (ein Boot) schaukeln; (b) (j-n, j-s Meinung) beeinflussen; (das Publikum) mitreißen; **he is easily swayed,** man kann ihn leicht überreden.

swear [sweər]. I. *s. F:* **to have a good s.,** tüchtig fluchen. II. *v.* *(p. swore* [swɔːr], *p.p. sworn)* 1. *v.tr.* (einen Eid, Treue usw.) schwören; **to s. to do sth.,** sich (eidlich) verpflichten, etwas zu tun; **I could have sworn I heard footsteps,** ich hätte schwören können, daß ich Fußtritte gehört habe; **to be sworn in,** vereidigt werden; **to s. s.o. to secrecy,** j-n (eidlich) zur Verschwiegenheit verpflichten. 2. *v.i.* (a) schwören; **to s.**

by s.o., sth., auf j-n, etwas *acc* schwören; **I
could s. to it**, ich könnte es beschwören; (*b*)
(*curse*) fluchen; **to s. at s.o.**, auf j-n schimpfen;
to s. like a trooper, wie ein Landsknecht
fluchen. 'swearing, *s.* 1. Schwören *n.* 2. *Jur:*
s. in of the jury, Vereidigung *f* der Geschworenen. 3. Fluchen *n.* 'swear-word, *s.*
Kraftwort *m*, Fluch *m*.
sweat [swet]. I. *s.* 1. Schweiß *m;* **to be in a s.**,
schwitzen; *attrib.* **s. band**, Schweißband *n;* **s.
shirt**, Trainingshemd *n; F:* **s. shop**, Ausbeutungsbetrieb *m; Fig:* **by the s. of one's brow**,
im Schweiße seines Angesichts; **to be in a cold
s.**, eine Höllenangst haben. 2. *F:* **old s.**, alter
Knochen *m.* II. *v.tr. & i.* (*a*) schwitzen; (*of
walls etc.*) (Feuchtigkeit) ausschwitzen; *F:* **to s.
it out**, es (mit Hangen und Bangen) durchstehen; (*b*) (*work*) **to s. away**, sich schinden; **to
s. blood**, Blut schwitzen; **sweated labour**, ausgebeutetc/billige Arbeiter. 'sweater, *s.* *Cl:*
Pullover *m.* 'sweaty, *adj.* verschwitzt.
Sweden ['swi:d(ə)n]. *Pr. n. Geog:* Schweden *n.*
Swede, *s.* (*pers.*) Schwede *m;* Schwedin
f. 2. *Agr:* **s.**, Kohlrübe *f.* 'Swedish. I. *adj.*
schwedisch. II. *s. Ling:* Schwedisch *n.*
sweep [swi:p]. I. *s.* 1. Kehren *n;* Fegen *n;* **to give
the room a s.**, das Zimmer (aus)kehren/(aus)fegen; *Fig:* **to make a clean s.**, reinen Tisch
machen. 2. (*movement*) (*a*) Schwung *m* (des
Arms usw.); **with a wide s. of the arm**, mit einer
weit ausholenden Geste; *Fig:* **at one s.**, mit
einem Schlag; (*b*) *Radar:* Abtasten *n; Ph:* Ablenkung *f* (von Teilchen). 3. (*a*) geschwungene
Kurve *f* (einer Bucht, Straße usw.); (*b*)
(*stretch*) weite Strecke *f;* **a fine s. of country/
coast**, ein schöner Landschaftsstrich/Küstenstrich. 4. (*pers.*) (**chimney**) **s.**, Schornsteinfeger
m. 5. *Rac:* Sweepstake *m.* II. *v.* (*p. & p.p.*
swept [swept]) 1. *v.tr.* (*a*) (das Zimmer, den
Schornstein usw.) kehren, fegen; **to s. up the
dead leaves**, das Laub zusammenkehren/zusammenfegen; (*b*) **to s. the horizon with a
telescope**, den Horizont mit einem Fernrohr
absuchen; *Mil:* **to s. an area with fire**, ein
Gebiet mit Feuer bestreichen; *Nau:* **to s. the
sea for mines**, das Meer nach Minen absuchen;
(*of army*) **they swept all before them**, sie trieben
alles vor sich her; (*c*) (*of current*) **to s. s.o., sth.
along**, j-n, etwas mitreißen; **to s. away obstacles
etc.**, Hindernisse usw. aus dem Weg räumen;
the bridge was swept away by the torrent, die
Brücke wurde von der Strömung weggeschwemmt; *Fig:* **to s. aside objections**, Einwände beiseite schieben; **I was swept off my
feet**, ich war ganz hingerissen; **she swept me off
my feet**, sie hat mich im Sturm erobert. 2. *v.i.*
(*with broom*) kehren, fegen; (*of wind, rain*)
fegen; (*of water*) strömen; (*of pers., vehicle*) **to
s. (along)**, dahinfegen; **to s. into/out of a room**,
in ein Zimmer hineinrauschen/aus einem
Zimmer hinausrauschen; **the enemy swept
down on us**, der Feind stürzte sich auf uns; **hills
sweeping down to the sea**, Hügel, die sich bis
zum Meer im abfallenden Bogen erstrecken;
to s. past, vorbeirauschen. 'sweeper, *s.* 1.
(*pers.*) Straßenkehrer *m.* 2. (*for street, carpet
etc.*) Kehrmaschine *f.* 'sweeping. I. *adj.*
(*grand*) großangelegt; (*far-reaching*) weit-

gehend; **s. gesture**, weit ausholende Geste; **s.
statement**, Verallgemeinerung *f;* **s. changes**,
radikale/tiefgreifende Änderungen; **s. victory/
success**, durchschlagender Erfolg/Sieg. II. *s.*
(*a*) Kehren *n;* (**chimney**) **s.**, Kaminkehren *n;* (*b*)
pl. **sweepings**, Kehricht *m.* 'sweepstake, *s.*
Sweepstake *n.*
sweet [swi:t]. I. *adj.* süß; (*a*) *F:* **to have a s.
tooth**, ein Leckermaul sein; (*b*) **s.-(scented/
smelling)**, wohlriechend; *Bot:* **s. potato**, Süßkartoffel *f;* **s. pea**, Gartenwicke *f;* **s. william**,
Studentennelke *f;* (*c*) (*of food, water*) frisch; **s.
breath**, reiner Atem; (*d*) (*of sound*) wohlklingend; **s. melody**, süße/*Pej:* schmalzige Melodie; (*e*) (*of child, girl*) lieb, süß; **s. temper**,
freundliches Temperament; *F:* **to be s. on s.o.**,
auf j-n scharf sein; (*f*) **at one's own s. will**,
nach eigenem Gelüste. II. *s.* (*a*) Bonbon *n &
m;* **sweets**, Süßigkeiten *fpl;* (*b*) (*course*) Nachtisch *m;* (*dish*) Süßspeise *f;* **-ly**, *adv.* 1. süß; **to
smile s.**, süß lächeln. 2. (*of machine*) **to run s.**,
glatt laufen. 'sweetbread, *s. Cu:* Bries *n, esp.*
Kalbsbries *n.* 'sweeten, *v.tr.* (*a*) (ein Getränk
usw.) süßen; (*b*) (die Luft) wieder rein machen;
(*c*) *Fig:* (sein Leben) versüßen. 'sweetener/
'sweetening, *s.* 1. Süßstoff *m.* 2. *Fig:* (*bribe*)
Schmiergeld *n.* 'sweetheart, *s.* Herzchen *n,
Schatz m;* 'sweetie, *s. F:* 1. (*girl*) Schätzchen
n; **she's a s.**, sie ist ja goldig. 2. Bonbon *n & m.*
'sweetish, *adj.* süßlich. 'sweetness, *s.* 1.
Süße *f;* (*scent*) süßer Duft *m.* 2. (*kindness*) Liebenswürdigkeit *f;* (*of nature*) Lieblichkeit *f.*
'sweetshop, *s.* Süßwarengeschäft *n.* 'sweet-
'tempered, *adj.* gutmütig.
swell [swel]. I. *s.* 1. *Nau:* Dünung *f.* 2. *Mus:*
(**organ**), Schwellwerk *n;* **s. box**, Schwellkasten
m. 3. *F:* (*pers.*) feiner Pinkel *m.* II. *adj. esp.
N.Am:* *F:* klasse; **a s. guy**, ein prima Kerl. III. *v.*
(*p.* **swelled** [sweld]; *p.p.* **swollen** ['swəulən]) 1.
v.tr. (*a*) (*in size*) (etwas) anschwellen lassen;
(*fill*) (die Segel usw.) blähen; **the river was
swollen with floodwater**, der Fluß war vom
Hochwasser angeschwollen; **eyes swollen with
tears**, vom Weinen geschwollene Augen; (*b*)
(*increase*) (eine Anzahl) erhöhen; (eine Menschenmenge) vergrößern; **their numbers were
swollen with hangers-on**, ihre Zahl stieg durch
Mitläufer an. 2. *v.i.* (*most senses*) anschwellen;
(*of sail etc.*) blähen; (*grow in number*) sich
vermehren; (*of numbers*) ansteigen; *Fig:* **the
murmur swelled into a loud cry**, das Murmeln
steigerte sich zu einem lauten Geschrei. **swel-
led**, *adj.* **s. with pride**, stolzgeschwellt; **to have/
suffer from a s. head**, aufgeblasen sein. 'swell-
ing, *s.* 1. (*process*) Anschwellen *n.* 2. *Med:*
Schwellung *f.*
swelter ['sweltər], *v.i.* (*of pers.*) vor Hitze
verschmachten/*F:* kochen. 'sweltering, *adj.*
drückend heiß; **s. heat**, drückende Hitze.
swept [swept], *adj. & p.p. of* sweep *q.v.; I.C.E:* **s.
volume**, Hubraum *m; Av:* **s.-wing fighter**,
Pfeilflügeljagdflugzeug *n.*
swerve [swə:v]. I. *s.* Abweichung *f;* Abschwenkbewegung *f;* (*skid*) Schleudern *n;* **to
make a s.**, ausweichen, abschwenken. II. *v.i.* (*of
pers., vehicle*) (plötzlich) abschwenken; (*of car*)
to s. across the road, auf die andere Straßenseite schleudern.

swift [swift]. **I.** *adj.* schnell, rasch; (*of reply*) prompt; **to be s. to react**, schnell reagieren. **II.** *s. Orn:* Segler *m.* ´**swiftness**, *s.* Schnelligkeit *f;* Promptheit *f.*

swig [swig]. *F:* **I.** *s.* tüchtiger Schluck *m.* **II.** *v.tr.* (etwas) (gierig) saufen; **to s. beer/wine,** dem Bier/Wien tüchtig zusprechen.

swill [swil]. **I.** *s.* **1. to give a glass a s.,** ein Glas ausspülen. **2.** (*a*) (**pig**) **s.,** Schweinefutter *n;* (*b*) *Pej:* Fraß *m.* **II.** *v.tr.* (*a*) (den Fußboden) abschwemmen; **to s.** (**out**) **a glass,** ein Glas ausspülen; (*b*) *P:* (ein Glas Bier usw.) saufen.

swim [swim]. **I.** *s.* (*a*) Schwimmen *n;* **to have a s.,** schwimmen; **to go for a s.,** schwimmen gehen; (*b*) *F:* (*of pers.*) **in the s.,** beteiligt; (*in the know*) auf dem laufenden. **II.** *v.* (*p.* **swam** [swæm], *p.p.* **swum** [swʌm]) *v.tr. & i.* (*a*) schwimmen; **to s.** (**across**) **the river,** den Fluß durchschwimmen; **he can't s. a stroke,** er kann keinen Zug schwimmen; **to s. for it,** sich durch Schwimmen retten; *Fig:* **to s. with the tide,** mit dem Strom schwimmen; (*b*) **meat swimming in gravy,** in Soße schwimmendes Fleisch; **her eyes were swimming with tears,** ihre Augen schwammen (in Tranen); (*c*) **my head's swimming,** mir ist schwindlig; **everything swam before my eyes,** alles verschwamm vor meinen Augen. ´**swimmer,** *s.* Schwimmer(in) *m(f).* ´**swimming. I.** *adj.* schwimmend; (*flooded*) überschwemmt; **s. eyes,** tränende Augen. **II.** *s.* Schwimmen *n;* **s. pool,** (*complex*) Schwimmbad *n;* (*actual pool*) Schwimmbecken *n;* (*outdoor*) Freibad *n;* (*indoor*) (*also* **s. bath(s)**), Hallenbad *n;* **s. trunks,** Badehose *f;* **s. suit/costume,** Badeanzug *m;* **-ly,** *adv.* F: **to go (off) s.,** reibungslos verlaufen; **to get on s. with s.o.,** mit j-m bestens/glänzend auskommen. ´**swimsuit,** *s.* Badeanzug *m.*

swindle [´swindl]. **I.** *s.* Schwindel *m.* **II.** *v.tr.* **to s. s.o.** (**out of sth.**), j-n (um etwas *acc*) betrügen ´**swindler,** *s.* Schwindler(in) *m(f).*

swine [swain], *s. inv.* (*also Pej: of pers.*) Schwein *n; Pej:* **dirty s.!** Drecksau!

swing [swiŋ]. **I.** *s.* **1.** (*a*) Schwingen *n;* (*one movement*) Schwung *m; Golf:* Durchschwung *m;* **the s. of the pendulum,** der Pendelschlag; **to give a child a s.,** einem schaukelnden Kind einen Schubs geben; **to take a s. at s.o.,** ausholen, um j-n zu schlagen; (*b*) (*change*) Umschwung *m* (der öffentlichen Meinung); *Pol:* **a s. of 5% to Labour,** ein fünfprozentiger Trend zu Labour. **2.** (*rhythm etc.*) Schwung *m;* **he walks with a s.,** er hat einen schwingenden Gang; **a song that goes with a s.,** ein Lied, das Schwung hat; **to be in full s.,** in vollem Gang sein; *F:* **everything went with a s.,** alles lief wie am Schnürchen; **when you've got into the s. of things,** wenn Sie sich richtig eingelebt haben. **3.** *Games:* (**child's**) **s.,** Schaukel *f; Fig:* **what you gain on the swings you lose on the roundabouts,** Gewinn und Verlust gleichen sich aus. **4.** *Mus:* Swing *m.* **II** *v.* (*p. & p.p.* **swung** [swʌŋ]) **1.** *v.i.* (*a*) schwingen; (*of hanging object*) baumeln; (*of pers. on swing*) schaukeln; (*of door*) **to s. open,** aufgehen; **to s. on its hinges,** sich in den Angeln drehen; *Nau:* (*of ship*) **to s. at anchor,** schwojen; (*b*) *F:* (*hang*) baumeln; **you'll s. for this!** dafür wirst du (auf)gehängt! (*c*) (*turn*) **to**

s. round, sich umdrehen; **the car swung right round,** das Auto drehte sich um 180 Grad; **he swung round the corner,** er schwenkte um die Ecke; **the back of the bus swung out,** der hintere Teil des Busses scherte aus; (*d*) (*change of opinion*) **to s. in s.o.'s favour,** sich zu j-s Gunsten ändern; (*e*) **to s. along,** (mit schwingendem Gang) dahinschreiten; (*f*) **to s. at s.o.,** zum Schlag gegen j-n ausholen. **2.** *v.tr.* (*a*) (etwas) schwingen; (*above one's head*) (ein Schwert usw.) schwenken; (seine Beine) baumeln lassen; **to s. one's arms,** mit den Armen schlenkern; **to s. oneself into the saddle,** sich den Sattel schwingen; (*b*) (*turn*) (etwas) drehen; **to s. sth. round,** etwas umdrehen; **he swung the car into the drive,** er schwenkte mit dem Auto in die Auffahrt ein; *Aut:* **to s. the engine,** den Motor ankurbeln; (*c*) *Nau:* **to s. a hammock,** eine Hängematte aufhängen; (*d*) *P:* (*manage*) **can we s. it?** können wir die Sache schaukeln? ´**swing-bridge,** *s.* Drehbrücke *f.* ´**swing-´door,** *s.* Pendeltür *f.* ´**swinging. I.** *adj.* (*a*) schwingend; **s. stride,** schwingender Gang; (*b*) *F:* flott, schwungvoll; (*with it*) modern. **II.** *s.* Schwingen *n;* Schaukeln *n; Nau:* Schwojen *n.*

swingeing [´swindʒiŋ], *adj.* gewaltig.

swipe [swaip]. **I.** *s.* (wuchtiger) Schlag *m.* **II.** *v.tr.* (*a*) *Sp:* (den Ball) (mit Wucht) schlagen; *F:* **to s. s.o.,** j-m eine schmieren; (*b*) *P:* **to s. sth.** (**from s.o.**), (j-m) etwas klauen.

swirl [swɜːl]. **I.** *s.* Wirbel *m;* (*water*) (kleiner) Strudel *m.* **II.** *v.i.* (*of dust etc.*) wirbeln; (*of water*) strudeln; **to s. up,** aufwirbeln.

swish [swiʃ]. **I.** *s.* Rascheln *n* (von Seide usw.); Zischen *n,* Sausen *n* (einer Peitsche, eines Stocks) **II.** *v.* **1.** *v.tr.* (eine Peitsche, einen Stock) sausen/zischen lassen; **the cow swished its tail,** die Kuh schlug mit dem Schwanz. **2.** *v.i.* (*rustle*) rascheln; (*of whip, stick*) zischen, sausen. **III.** *adj. F:* vornehm, nobel.

Swiss [swis]. **I.** *adj.* schweizerisch, Schweizer-; **S. German,** Schweizerdeutsch *n;* **s. roll,** Biskuitrolle *f.* **II.** *s. inv.* Schweizer(in) *m(f).*

switch [switʃ]. **I.** *s.* **1.** (*stick*) Gerte *f.* **2. s. of hair,** (langes) Haarteil *n.* **3.** *Rail:* Weiche *f.* **4.** *El:* Schalter *m.* **5.** (*change*) Wechsel *m;* **s. of roles,** Rollentausch *m;* **to make the s. to oil,** sich auf Öl umstellen. **II.** *v.* **1.** *v.tr.* (*a*) **to s. a train onto a branch line,** einen Zug auf eine Zweiglinie umleiten; (*b*) *El:* **to s. sth. on/off,** etwas einschalten/ausschalten; **to s. the light on/off,** das Licht anschalten/ausschalten; *F:* **it doesn't s. me on,** das läßt mich kalt; (*c*) (*change*) (das Thema usw.) wechseln; (die Produktion) umstellen (**to,** auf + *acc*); **to s. roles,** die Rollen tauschen. **2.** *v.i.* (*a*) **to s. on/off,** einschalten/ausschalten; *Fig:* (*of pers.*) **to s. off,** abschalten; (*b*) (*change*) **to s.** (**over**), sich umstellen (**to,** auf + *acc*); *Mil: etc:* **to s. over to the offensive,** zur Offensive übergehen. ´**switchback,** *s.* (*in amusement park*) Achterbahn *f;* (*also road*) Berg- und Talbahn *f.* ´**switchboard,** *s.* (*a*) (*in office etc.*) Hauszentrale *f;* **s. operator,** Telefonist(in) *m(f);* (*b*) *El:* Schaltbrett *n.*

Switzerland [´switsələnd]. *Pr. n. Geog:* die Schweiz.

swivel ['swiv(ə)l]. **I.** *v.* (*p.& p.p.* **swivelled**) **1.** *v.i.*
sich drehen. **2.** *v.tr.* (etwas) drehen, (*swing*)
schwenken. **II.** *s. attrib.* Dreh-; Schwenk-; **s.**
chair, Drehstuhl *m; Tchn:* **s.** (**pin**), Drehzapfen
m; **s. mounting,** *Mil:* Schwenklafette *f; Mec: E:*
Drehlagerung *f.*
swiz(z) [swiz] (*pl.* **swizzes**) *s. F:* Schwindel *m;*
what a s.! das ist aber ein Schwindel!
swizzle ['swiz(ə)l], *s. F:* **s. stick,** Rührstäbchen *n*
(für Getränke).
swollen ['swəulən], *p.p & adj.* geschwollen; *Fig:*
s. with pride, stolzgeschwellt. 'swollen-
'headed, *adj.* aufgeblasen.
swoon [swu:n]. **I.** *s.* Ohnmacht *f.* **II.** *v.i.* **to s.**
(**away**), in Ohnmacht fallen.
swoop [swu:p]. **I.** *s.* (*a*) (*of bird of prey*)
Sturzflug *m;* **to make a s.,** herabstoßen; (*b*)
(*raid*) Überfall *m;* (*by police*) Razzia *f; Fig:* **at**
one fell s., mit einem Schlag. **II.** *v.i.* (*of bird*) **to**
s. on its prey, auf seine Beute herabstoßen; (*of*
pers.) **to s.** (**on sth.**), (auf etwas *acc*) stürzen; (*of*
police) **to s. on an area,** in einem Bezirk Razzia
machen.
swop [swɔp], *s. & v.tr.* = **swap.**
sword [sɔ:d], *s.* Schwert *n; Fig:* **to cross swords**
with s.o., mit j-m die Klingen kreuzen. 'sword-
fish, *s.* Schwertfisch *m.* 'swordplay, *s.*
Fechten *n.* 'swordsman, *pl.* -men, *s.* Fechter
m. 'swordsmanship, *s.* Fechtkunst *f.*
sworn [swɔ:n], *adj. & p.p.* of **swear** *q.v.* ge-
schworen; **s. enemies,** Todfeinde *mpl;* **s. state-**
ment, eidliche Aussage *f.*
swot [swɔt], *Sch: F:* **I.** *s.* Büffler *m.* **II.** *v.* **1.** *v.tr.*
to s. (**up**) **maths,** Mathematik büffeln. **2.** *v.i.* **to**
s. for an exam, für eine Prüfung büffeln.
sycamore ['sikəmɔ:r], *s. Bot:* Bergahorn *m.*
syllable ['siləbl], *s.* Silbe *f.* **syllabic** [-'læbik],
adj. silbenweise.
syllabus, *pl.* **-uses** ['siləbəs, -əsiz], *s. Sch:*
Lehrplan *m.*
symbol ['simb(ə)l], *s.* Symbol *n; Mth: Ch: etc:*
Zeichen *n.* **symbolic(al)** [-'bɔlik(l)], *adj.*
symbolisch. 'symbolism, *s.* Symbolik *f.*
'symbolize, *v.tr.* (etwas) symbolisieren.
symmetry ['simitri], *s.* Symmetrie *f.* **sym-**
metrical [-'metrikl], *adj.* symmetrisch.
sympathetic [simpə'θetik], *adj.* (*a*) mitfühlend;
(*b*) (*understanding*) verständnisvoll; **s. to new**
ideas, für neue Ideen empfänglich; **to be s. to a**
cause, einer Sache wohlwollend gegenüber-
stehen; **s. audience,** wohlwollendes Publikum;
Ind: **s. strike,** Sympathiestreik *m; Ph:* **s. vibra-**
tion, Sympathieschwingung *f;* (*c*) (*congenial*)
sympathisch. 'sympathize, *v.i.* **to s.** (**with**
s.o.), (*be sorry*) (mit j-m) Mitleid haben; (*un-*
derstand) (mit j-m) sympathisieren; **I s.,** da
habe ich schon Verständnis; das sehe ich
schon ein; **I don't agree with him but I s. with**
his point of view, ich bin nicht seiner Meinung,
aber ich habe Verständnis für seinen Stand-
punkt. 'sympathizer, *s.* Sympathisierende(r)
f(m); Pol: Mitläufer(in) *m(f).* 'sympathy, *s.*

1. (*sorrow*) Mitleid *n;* (*concern*) Mitgefühl *n;*
please accept my deep s., ich möchte mein
tiefes Beileid aussprechen; **to have s. for/with**
s.o., mit j-m Mitleid haben. **2.** Sympathie *f;*
popular s. is on his side, er genießt die Sympathie
der Öffentlichkeit; **I know you're in s. with**
them/your sympathies are with them, ich weiß,
daß Sie mit ihnen sympathisieren; **to strike in**
s. with s.o., aus Solidarität mit j-m streiken.
symphony ['simfəni], *s.* Symphonie *f.* **sym-**
phonic [-'fɔnik], *adj.* symphonisch.
symposium [sim'pəuziəm], *s.* **1.** (*conference*)
Tagung *f.* **2.** (*collection of articles*) Beitrags-
sammlung *f.*
symptom ['simptəm], *s.* Anzeichen *n; Med:*
Symptom *n* (**of,** für + *acc*). **sympto'matic,**
adj. symptomatisch (**of,** für + *acc*).
synagogue ['sinəgɔg], *s.* Synagoge *f.*
synchromesh ['siŋkrəumeʃ], *adj. & s. Aut:* **s.**
gearbox, Synchrongetriebe *n.*
synchronize ['siŋkrənaiz], *v.tr.* (zwei Vorgänge
usw.) synchronisieren; **s. your watches,** stimmen
Sie Ihre Uhren aufeinander ab. **synchroni-**
'zation, *s.* Synchronisierung *f.*
syncopate ['siŋkəpeit], *v.tr. Mus:* (den
Rhythmus) synkopieren. **synco'pation,** *s.*
Synkopierung *f.*
syndicate. I. ['sindikit] *s.* Syndikat *n.* **II.** ['sin-
dikeit] *v.tr.* (*a*) (eine Firma) einem Syndikat
anschließen; (*b*) *Journ:* (Artikel usw.) in
mehreren Zeitungen veröffentlichen.
syndrome ['sindrəum], *s. Med:* Syndrom *n.*
synonym ['sinənim], *s.* Synonym *n.* **synony-**
mous [-'nɔniməs], *adj.* synonym; **s. with sth.,**
gleichbedeutend mit etwas *dat.*
synopsis, *pl.* **-ses** [si'nɔpsis, -si:z], *s.* Inhalts-
angabe *f.*
syntax ['sintæks], *s.* Syntax *f.*
synthesis, *pl.* **-ses** ['sinθisis, -si:z], *s.* Synthese *f.*
synthetic [sin'θetik], *adj.* synthetisch, Kunst-;
s. fibre, Kunstfaser *f.*
syphilis ['sifilis], *s. Med:* Syphilis *f.*
syphon ['saifən], *s. see* **siphon.**
Syria ['siriə]. *Pr. n. Geog:* Syrien *n.* 'Syrian. **I.**
s. Syrer(in) *m(f).* **II.** *adj.* syrisch.
syringe ['sirindʒ]. **I.** *s.* Spritze *f.* **II.** *v.tr.* (*a*)
(eine Flüssigkeit) spritzen; (*b*) *Med:* (die Ohren)
ausspritzen; *Hort:* (Pflanzen) bespritzen.
syrup ['sirəp], *s.* Sirup *m;* **golden s.,** heller Sirup
m; **cough s.,** Hustensaft *m.* 'syrupy, *adj.*
sirupartig; dickflüssig.
system ['sistəm], *s.* **1.** (*a*) System *n;* **school s.,**
Schulwesen *n;* **water s.,** Wasserversorgung *f;*
digestive s., Verdauungsapparat *m;* (*b*) (*of*
railways, roads etc.) Netz *n;* **motorway s.,**
Autobahnnetz *n;* **one way s.,** Einbahn *f; Data-*
Pr: **systems analysis,** Systemanalyse *f;* (*c*) **to lack**
s., kein System haben. **2.** *Anat:* (*body*) Orga-
nismus *m; F:* **to get sth. out of one's s.,** etwas
ganz loswerden. **syste'matic,** *adj.* systema-
tisch. 'systematize, *v.tr.* (etwas) systema-
tisieren.

T

T, t [tiː], s. (der Buchstabe) T, t n; (a) Fig: to (dot one's i's and) cross one's t's, bis aufs I-Tüpfelchen genau sein; **to a T,** haargenau; **it suits me to a T,** es paßt mir ausgezeichnet; (b) **T-junction,** Einmündung f (in eine Vorfahrtsstraße); Tchn: **T-square,** Reißschiene f; Cl: **T-shirt,** T-shirt n.

ta [taː], int. P: danke.

tab [tæb], s. 1. (a) (material, cardboard) Strippe f; (metal) Zunge f; (on beer etc. can) Dosenring m; (b) Cl: (loop) Schlaufe f; (for hanging up) Aufhänger m; (c) Reiter m (einer Karteikarte); (d) (label) Anhänger m. 2. Th: F: **tabs,** Vorhang m. 3. F: **to keep tabs on s.o., sth.,** j-n, etwas im Auge behalten.

tabby ['tæbi], s. **t. (cat),** getigerte Katze.

tabernacle ['tæbənækl], s. 1. Jew. Hist: Stiftshütte f. 2. (a) (Mormon church) Tempel m; (b) Ecc: (containing host) Tabernakel m.

table ['teibl]. I. s. 1. Tisch m; **t. top,** Tischplatte f; **to lay the t.,** den Tisch decken; **to clear the t.,** (den Tisch) abräumen; **to sit down to/at t.,** sich zu Tisch setzen; attrib. **t. knife,** Tafelmesser n; **t. linen,** Tischleinen n, **t. mat,** Set n & m; **t. salt,** Tafelsalz n; **t. wine,** Tafelwein m; **t. manners,** Tischmanieren pl; Sp: **t. tennis,** Tischtennis n. 2. Fig: **to turn the tables (on s.o.),** den Spieß (gegen j-n) umdrehen. 3. (list) Tafel f; (conversion etc.) Tabelle f; **to learn one's tables,** das Einmaleins lernen; **t. of logarithms,** Logarithmentafel f; **t. of contents,** Inhaltsverzeichnis n. II. v.tr. Parl: **to a motion,** einen Antrag einbringen. **'tablecloth,** s. Tischtuch n. **'tableland,** s. Geog: Tafelland n, Hochebene f. **'tablespoon,** s. Eßlöffel m.

tablet ['tæblit], s. 1. (memorial) t., Gedenktafel f. 2. Pharm: Tablette f. 3. **t. of soap,** Stück n Seife. 4. N.Am: Notizblock m.

tabloid ['tæbloid], s. **t. (newspaper),** kleinformatige Bildzeitung f, Pej: Sensationsblatt n.

taboo [tə'buː]. I. s. Tabu n. II. adj. tabu.

tabular ['tæbjulər], adj. tabellarisch; **in t. form,** in Tabellenform. **'tabulate,** v.tr. (Resultate) in Tabellen aufzeichnen; (Ziffern) tabellarisch anordnen.

tachometer [tæ'kɔmitər], s. Aut: Drehzahlmesser m.

tacit ['tæsit], adj. **t. consent,** stillschweigende Zustimmung. **'taciturn,** adj. (silent) schweigsam; (of few words) wortkarg. **taci'turnity,** s. Schweigsamkeit f.

tack [tæk]. I. s. 1. (nail) Zwecke f; **carpet t.,** Teppichnagel m; F: **to get down to brass tacks,** auf den Kern der Sache kommen.

2. Sew: Heftstich m. 3. Nau: **to be on a starboard t.,** auf Steuerbordhalsen liegen; Fig: **on the right/wrong t.,** auf dem richtigen/falschen Wege. II. v. 1. v.tr. (a) **to t. sth. (down),** etwas festnageln; (b) Fig: (add) **to t. sth. on to sth.,** etwas an etwas acc anhängen; (c) Sew: (einen Saum usw.) heften. 2. v.i. Nau: kreuzen. **'tacking,** s. (a) Festnageln n; (b) Sew: Anheften n; (thread) die Heftfäden mpl; (c) Nau: Kreuzen n.

tackle ['tækl]. I. s. 1. Gerät n; (equipment) Ausrüstung f; **fishing t.,** Angelgerät n. 2. (ropes) Nau: Talje f, Takel n; Tchn: **block and t.,** Flaschenzug m. 3. Fb: Attacke f, Tackling n. II. v.tr. (a) (j-n) (mit Fragen usw.) angehen; (ein Problem) anpacken; (b) Fb: (einen Spieler) angreifen.

tacky ['tæki], adj. klebrig.

tact [tækt], s. Takt m, Feingefühl n; **he has no t.,** er hat kein Taktgefühl. **'tactful,** adj. taktvoll. **'tactless,** adj. taktlos; **t. question,** indiskrete Frage. **'tactlessness,** s. Taktlosigkeit f.

tactical ['tæktik(ə)l], adj. taktisch; **t. error,** taktischer Fehler. **tactician** [tæk'tiʃən], s. Taktiker m. **tactics,** s. pl. Taktik f.

tadpole ['tædpoul], s. Kaulquappe f.

taffeta ['tæfitə], s. Taft m.

tag [tæg]. I. s. 1. Anhängsel n; (label) Etikett n, Anhänger m; **price t.,** Preisschild n. 2. (quotation) geflügeltes Wort n. 3. (children's game) Haschen n. II. v. 1. v.i. **to t. along (behind),** hinterherlaufen. 2. v.tr. **to t. sth. on to sth.,** etwas an etwas acc anhängen.

tail [teil]. I. s. 1. (a) Schwanz m (eines Tieres); Schweif m (eines Kometen); **with his t. between his legs,** (of dog) den Schwanz zwischen die Beine geklemmt; Fig: (of pers.) wie ein begossener Pudel; Fig: **to keep one's t. up,** sich nicht unterkriegen lassen; **to turn t.,** Reißaus nehmen; (b) Cl: (coat) t., Rockschoß m; **to wear tails,** einen Frack tragen; (c) Aut: Av: Heck m; **t. wind,** Rückenwind m; Av: **t. unit,** Leitwerk n; Aut: **t. light,** Schlußlicht n; F: **there's a car on my t.,** es fährt einer dicht hinter mir her; (d) **t. end,** Schluß m (einer Prozession usw.); Ende (der Saison) 2. Kehrseite f (einer Münze); **heads or tails?,** Kopf oder Adler? 3. (of police) **to put a t. on s.o.,** j-n beschatten. II. v.tr. (Stachelbeeren usw.) entstielen; **to t. s.o.,** j-m auf den Fersen folgen; (of police) j-n beschatten. **'tailback,** s. Aut: Rückstau m. **'tailboard,** s. Ladeklappe f (eines Lastwagens). **'tailgate,** s. Aut: Heckklappe f. **'tailless,** adj. schwanzlos. **'tail 'off,** v.i. (a) (of sound) abklingen,

schwächer werden; (b) (of novel etc.) abflauen.
'**tailpiece**, s. Schlußstück n; Mus: Saitenhalter m (einer Violine). '**tailplane**, s. Av: Höhenflosse f.

tailor ['teilər]. I. s. Schneider m. II. v.tr. (einen Anzug) nach Maß schneidern; **well tailored**, tadellos gearbeitet. '**tailoring**, s. (job) Schneiderei f; (process) Schneidern n. '**tailor-made**, adj. Cl: & Fig: nach Maß geschneidert; **t.-m. suit**, Maßanzug m.

taint [teint]. I. s. Makel m; (inherited) erbliche Belastung f. II. v.tr. (j-n, Fleisch) verderben; esp. Fig: (j-n) anstecken (**with sth.**, von etwas dat). '**tainted**, adj. verdorben; Fig: **t. reputation**, befleckter Ruf.

take [teik]. I. v. (p. **took** [tuk]; p.p. **taken** ['teik(ə)n]). 1. v.tr. (j-n, etwas) nehmen; (a) to **t. sth. from s.o.**, j-m etwas (weg)nehmen; to **t. sth. from the table**, etwas vom Tisch (weg)nehmen; to **t. a passage from a book**, eine Stelle einem Buch entnehmen; F: **t. it or leave it!** mach was du willst, mir ist es gleich! (b) to **t. hold of s.o., sth.**, j-n, etwas anfassen; to **t. sth. with both hands**, etwas mit beiden Händen fassen; **she took my arm**, sie nahm mich beim Arm; to **t. an opportunity**, eine Gelegenheit wahrnehmen; (c) (capture) (j-n) festnehmen; Mil: (eine Stadt) einnehmen, erobern; to **t. s.o. prisoner**, j-n gefangennehmen; (d) to be taken ill, erkranken, krank werden; **he was very much taken with the idea**, er war von der Idee sehr angetan; **I wasn't taken with him**, er hat keinen guten Eindruck auf mich gemacht; (e) (ein Haus) mieten; to **t. a paper**, eine Zeitung abonnieren; (of seat, table) **taken**, besetzt; **t. a seat/your seats**, nehmen Sie bitte Platz; to **t. the train/bus/boat**, mit dem Zug/Bus/Boot fahren; to **t. a plane**, fliegen; (f) **t. the first turning on the left**, biegen Sie an der ersten Straße links ab; **die erste Straße links abbiegen**; to **t. the wrong road**, die falsche Straße einschlagen; (g) to **t. legal advice**, sich juristisch beraten lassen; Sch: Univ: **he's taking French**, er macht Französisch; **she's taking a degree**, sie studiert auf einen akademischen Grad; to **t. an examination**, eine Prüfung ablegen; (h) (einen Preis) gewinnen, davontragen; Cards: to **t. a trick**, einen Stich machen; (i) (Nahrung) zu sich nehmen; (on bottle) **not to be taken!** nicht einnehmen! **I can't t. gin**, ich vertrage keinen Gin; Com: to **t. £3000 per week**, £3000 wöchentlich einnehmen; (j) to **t. a walk**, einen Spaziergang machen; to **t. a photograph**, eine Aufnahme machen; to **have one's photograph taken**, sich fotografieren lassen; to **t. sth. to pieces**, etwas auseinandernehmen; Sch: **she is taking our form**, sie unterrichtet unsere Klasse; (k) (accept) (ein Geschenk, Trinkgeld) annehmen; (Verantwortung) übernehmen; (einen Schlag) bekommen; **t. that (and that)!** da hast du eine! (und noch eine!) **this part takes a lot of punishment**, dieser Teil wird stark beansprucht; to **t. no denial**, sich nicht abweisen lassen; **what will you t. for it?** wieviel wollen Sie dafür haben? to **t. a bet**, eine Wette annehmen; **taking one thing with another**, alles in allem; to **t. things as one finds them**, die Dinge nehmen, wie sie sind; **the car can t. six people**, in dem Auto haben sechs

Leute Platz; **t. it from me!** glaube (es) mir! to **t. sth. the wrong way**, etwas falsch auffassen; **I wonder how he'll t. it**, ich frage mich, wie er das aufnehmen wird; (l) (assume) **how old do you t. him to be?** wie alt schätzen Sie ihn? **I t. it that you are coming**, ich nehme an, daß du kommst; **he took it to mean consent**, er hat das als Einverständnis aufgefaßt; **I took him for an Englishman**, ich hielt ihn für einen Engländer; (m) to **t. a dislike to s.o.**, gegen j-n eine Abneigung fassen; to **t. exception to sth.**, an etwas dat Anstoß nehmen; to **t. root**, Wurzel fassen; to **t. effect**, wirken; (of law etc.) in Kraft treten; (n) (require) (Geduld usw.) fordern; (last) (eine Woche usw.) dauern; **the journey takes five days**, die Reise dauert fünf Tage; **it took all his strength**, es nahm seine ganze Kraft in Anspruch; **it took four men to hold him**, vier Männer waren nötig, um ihn zu halten; **that will t. some explaining**, das läßt sich nicht ohne weiteres erklären; F: **that takes some doing!** dazu gehört was! Gram: **this verb takes the dative**, dieses Verb wird mit dem Dativ konstruiert; Cl: **I t. size six**, ich habe Größe sechs; (o) to **t. s.o. somewhere**, j-n irgendwohin führen/(in car etc.) mitnehmen; to **t. s.o. to the hospital/to the station**, j-n ins Krankenhaus/zum Bahnhof bringen; **he took her to the theatre**, er nahm sie ins Theater mit; **it took me out of my way**, ich mußte deswegen einen Umweg machen; to **t. sth. to s.o.**, etwas zu j-m hintragen; **t. it with you**, nehmen Sie es mit. 2. v.i. (a) (of plant) Wurzel fassen; **the fire has taken**, das Feuer brennt jetzt richtig; Med: (of vaccination) aufgehen; (of graft) anwachsen. II. s. Cin: Einstellung f; Rec: Abschnitt m (einer Aufnahme). '**take after**, v.i. **she doesn't t. a. her father**, sie gerät nicht nach ihrem Vater. '**take away**, v.tr. (etwas) wegnehmen; (eine Mauer usw.) abtragen; (j-n) wegführen; **t. the knife a. from the child**, nehmen Sie dem Kind das Messer weg; to **t. a child a. from school**, ein Kind aus der Schule nehmen; (in café) **is it to t.a.?** ist es zum Mitnehmen? '**takeaway**, s. (shop) Restaurant n mit Straßenverkauf; **t. meal**, Mahlzeit f zum Mitnehmen. '**take back**, v.tr. (a) (etwas) zurücknehmen (to s.o., j-m); **I t. it all b.!** ich nehme alles zurück (, was ich gesagt habe); (b) (j-n) zurückführen; (einen Angestellten) wiedereinstellen. '**take down**, v.tr. (a) (from shelf etc.) (etwas) herunternehmen; (Vorhänge usw.) abnehmen; F: to **t. s.o. d. a peg or two**, j-m einen Dämpfer aufsetzen; (b) (eine Mauer) abreißen; (c) (write) to **t. d. a few notes**, sich dat einige Notizen machen; to **t. sth. d. in writing**, etwas dat etwas aufschreiben/notieren. '**take-home**, adj. **t. h. pay**, Nettolohn m; (salary) Nettogehalt n. '**take in**, v.tr. (a) (admit) (j-n) einlassen; (ein Mitglied, einen Untermieter) aufnehmen; to **t. in the washing**, die Wäsche hereinbringen; (of boat) to **t. in water**, leck sein; (b) to **t. in a dress at the waist**, ein Kleid in der Taille enger machen; (c) (include) (etwas) umfassen; **our tour took in 5 cities**, auf unserer Tour besuchten wir fünf Städte; (d) (grasp) (eine Idee) begreifen; to **t. in the situation**, die Lage überblicken; to **t. in** everything at a glance, alles mit einem Blick übersehen; (e) F: (j-n) hereinlegen; to be taken in, reinfallen (by sth., auf etwas acc). 'take 'into, v.tr. (a) (j-n) hereinführen; to t. s.o. i. one's confidence, j-n ins Vertrauen ziehen; (b) to t. sth. i. account, etwas in Betracht ziehen; to t. it i. one's head to do sth., es sich dat in den Kopf setzen, etwas zu tun. 'take 'off, v. 1. v.tr. (a) (etwas) wegnehmen; to t. sth. o. a list, etwas von einer Liste streichen; not to t. one's eyes o. sth., etwas nicht aus den Augen lassen; I couldn't t. my eyes o. her, ich konnte mich an ihr nicht satt sehen; (b) (den Hut) abnehmen; (Kleider) ausziehen; to t. o. one's clothes, sich ausziehen; (c) (j-n) wegbringen; F: to t. oneself o., sich davonmachen; to t. 10 p. o. (the price of sth.), zehn Pence (vom Preis) abziehen; (d) F: (mimic) (j-n) nachäffen; (e) (cancel) (den Busverkehr usw.) einstellen; Th: (ein Stück) vom Spielplan absetzen; (f) to t. the day o., sich dat den Tag freinehmen. 2. v.i. Av: starten. 'take-off, s. 1. Av: Abflug m, Start m. 2. (mimicry) Karikatur f. 'take 'on, v. 1. v.tr. (a) (eine Arbeit) annehmen; (einen Kampf) annehmen; to t. on a bet, auf eine Wette eingehen; (b) (engage) (einen Arbeiter) anstellen, einstellen; (c) Nau: (Passagiere usw.) an Bord nehmen; Rail: (Fracht) laden; (d) to t. on the character/shape of sth., die Eigenschaft/Gestalt von etwas dat annehmen; to t. on a new light, neue Aspekte gewinnen. 2. v.i. F: don't t. on so! mach nicht so ein Theater! 'take 'out, v.tr. (a) (etwas) (aus der Tasche) herausnehmen; to t. o. a stain, einen Fleck entfernen; to t. o. a tooth, einen Zahn ziehen; Bank: to t. o. money, Geld abheben; (from library) to t. o. a book, ein Buch ausleihen; (b) F: I'll t. it o. of him, ich werde es ihm heimzahlen; the heat takes it o. of one, die Hitze macht einen ganz matt; don't t. it o. on me, laß deine Wut nicht an mir aus; (c) (j-n) ausführen (to dinner, the theatre etc., zum Abendessen, ins Theater usw.); (ein Kind) spazierenführen; (d) sich dat (eine Lizenz) beschaffen; (ein Patent) anmelden; to t. o. an insurance policy, eine Versicherung abschließen. 'take 'over, v. 1. v.tr. (a) (etwas) übernehmen; (b) (j-n) hinüberführen. 2. v.i. to t. o. from s.o., j-m (in einem Amt) nachfolgen; (relieve s.o.) j-n ablösen. 'takeover, s. (a) Com: etc: Übernahme f (eines Betriebes usw.); b. bid, Übernahmeangebot n; (b) Pol: Machtergreifung f. 'taker, s. Abnehmer(in) m(f); at that price there were no takers, bei diesem Preis gab es keine Käufer. 'take to, v.i. (a) to t. to flight/to one's heels, die Flucht ergreifen; to t. to the road, losfahren; to t. to the woods, in die Wälder fliehen; to t. to one's bed, das Bett hüten; (b) to t. to doing sth., es sich dat angewöhnen, etwas zu tun; to t. to drink, sich dem Alkohol ergeben; (c) to t. to s.o., sich zu j-m hingezogen fühlen; I don't t. to the idea, ich bin von dieser Idee nicht angetan; I shall never t. to it, ich werde mich nie damit abfinden. 'take 'up, v. 1. v.tr. (a) (etwas) aufnehmen; (raise) heben; (einen Teppich) aufrollen; (eine Straße) aufreißen; Rail: to stop to t. up passengers, anhalten, um

Passagiere einsteigen zu lassen; (b) (einen Rock usw.) kürzer machen; (c) (absorb) (Wasser) aufsaugen; (d) to t. up a challenge, eine Herausforderung annehmen; to t. up an idea/a question, eine Idee/eine Frage aufgreifen; to t. up s.o.'s cause, sich für j-n einsetzen; (e) (einen Beruf) ergreifen; (eine Tätigkeit) beginnen; to t. up one's duties again, seine Aufgaben wieder aufnehmen; (f) (Zeit, j-s Aufmerksamkeit, Platz usw.) in Anspruch nehmen; he's very taken up with his work, er ist sehr von seiner Arbeit in Anspruch genommen, (g) to t. up the story, die Erzählung fortsetzen. 2. v.i. to t. up with s.o., sich mit j-m anfreunden. 'take u'pon, v.tr. to t. it u. oneself to do sth., es auf sich acc nehmen, etwas zu tun. 'taking, adj. t. ways/manners, gewinnende Art. 'takings, s.pl. Com: Einnahmen fpl.

talc [tælk], s. Miner: Talk m. 'talcum, s. Cosm: t. powder, Körperpuder m.

tale [teil], s. (a) (story) Erzählung f; I've heard that t. before, das ist eine alte Geschichte; (b) (untruth) Lügengeschichte f; (c) to tell tales, aus der Schule plaudern, Sch: F: petzen. 'tale-bearer, s. Zuträger(in) m(f).

talent ['tælənt], s. Talent n; (ability) Fähigkeit f; esp. Iron: Gabe f (for doing sth., etwas zu tun); a man of t., ein begabter Mensch; we have a lot of local t., bei uns gibt es viele begabte Leute; Cin: etc: t. scout, Talentsucher m. 'talented, adj. begabt.

talk [tɔːk]. I. s. 1. (a) (action) Reden n; he's all t., er ist ein großer Schwätzer; (b) (what is said) Gerede n; (idle) t., Geschwätz n; there's some t. of his returning, es wird gemunkelt, daß er zurückkommt; it's all t., es ist nur Gerede; it's the t. of the town, es ist in aller Munde; (c) (conversation) Gespräch n; (casual) Plauderei f; to have a t. with s.o., sich mit j-m unterhalten. 2. (lecture) Vortrag m; to give a t. on/about sth., einen Vortrag über etwas acc halten. II. v. 1. v.i. reden, sprechen (on/about sth., über etwas acc; of sth., von etwas dat); (a) to learn to t., sprechen lernen; Iron: you're a fine one to t.! look who's talking! das sagst ausgerechnet du! F: du bist mir der Richtige! it's easy to t.! du hast gut reden! F: to t. big, aufschneiden; (habitually) eine großes Mundwerk haben; now you're talking! das läßt sich schon eher hören! (b) he's talking of buying a car, er redet davon, daß er sich ein Auto kaufen will; talking of which..., da wir gerade davon sprechen...; you don't know what you're talking about, du weißt nicht, wovon du redest; he knows what he's talking about, er kennt sich da aus; t. about luck! was für ein Glück! to get oneself talked about, von sich dat reden machen; (c) to t. to s.o., mit j-m reden, sich mit j-m unterhalten; to t. to oneself, Selbstgespräche führen; who do you think you're talking to? und was glaubst du, wen du vor dir hast? (d) (give away a secret) reden; somebody must have talked, es muß einer geschwatzt haben. 2. v.tr. (a) (Deutsch, Französisch usw.) sprechen; (Unsinn, wirres Zeug) reden; to t. sense, vernünftig reden; to t. politics, über Politik reden; (b) to t. oneself hoarse, sich heiser reden; to t. s.o. into doing

sth., j-m einreden, etwas zu tun; **to t.** s.o.
round/over, j-n überreden. ´**talkative,** adj.
geschwätzig, redselig. ´**talkativeness,** s.
Geschwätzigkeit f. ´**talk** ´**down,** v. 1. v.tr. Av:
(einen Piloten) heruntersprechen (bei der
Landung). 2. v.i. **to t. d. to s.o.,** herablassend
mit j-m reden. ´**talker,** s. Sprechende(r) f(m);
Pej: Schwätzer(in) m(f); **he's a great t.,** er redet
viel; **an interesting t.,** ein interessanter Redner.
´**talking,** s. Sprechen n, Reden n; **it's no use**
my t., man hört nicht auf mich; **to do (all) the**
t., allein das Wort führen; **no t. please!** Ruhe
bitte! F: **to give s.o. a good t.** to, j-m die Le-
viten lesen.
tall [tɔːl], adj. 1. (of pers.) groß; (of thing) hoch;
a t. man, ein hochgewachsener Mann; **how t.**
are you? wie groß bist du? **six feet t.,** approx.
(of pers.) zwei Meter groß; (of thing) zwei
Meter hoch. 2. F: **a t. story,** eine unglaubliche
Geschichte; **that's a t. order!** das ist ein biß-
chen viel verlangt! ´**tallboy,** s. Aufsatzkom-
mode f. ´**tallness,** s. Größe f, Höhe f.
tallow [´tæləu], s. Talg m.
tally [´tæli]. I. s. (a) (bill etc.) Rechnung f; (b) **to**
keep a t. of goods etc., eine Kontrolliste von
Waren führen. II. v.i. übereinstimmen (**with**
sth., mit etwas dat).
talon [´tælən], s. Kralle f; Klaue f (des Adlers).
tamarisk [´tæmərisk], s. Bot: Tamariske f.
tambourine [tæmbə´riːn], s. Mus: Tamburin n.
tame [teim]. I. 1. (of animal) zahm; (tamed)
gezähmt. 2. Fig: (of pers., affair etc.) lahm;
(boring) fade. II. v.tr. (a) (ein Tier) zähmen;
(einen Löwen) bändigen; (b) (eine Leiden-
schaft) bezähmen; (j-n) gefügig machen; **-ly,**
adv. **to submit t. (to s.o.),** sich (j-m) fügsam
unterwerfen; (of story) **to end t.,** lahm
enden. ´**tameness,** s. 1. Zahmheit f (eines
Tieres). 2. Fig: Lahmheit f, Fadheit f. ´**tamer,**
s. Bändiger m (von Löwen), Dompteur m,
Dompteuse f (von wilden Tieren).
tamper [´tæmpər], v.i. **to t. with sth.,** an etwas
dat herumhantieren; (alter) etwas unbefugt
abändern; **stop tampering with things that don't**
concern you, misch dich nicht in Sachen ein,
die dich nichts angehen.
tam-tam [´tæm´tæm], s. Mus: Tamtam n.
tan [tæn]. I. s. 1. (colour) Hellbraun n. 2.
(suntan) Bräune f. II. adj. hellbraun. III. v. 1.
v.tr. (a) (Leder) gerben; Fig: **to t. s.o.'s hide,** j-n
versohlen; (b) (die Haut) bräunen. 2. v.i. (of
pers.) sich bräunen; **she tans easily,** sie wird
schnell braun. ´**tanner,** s. Gerber m. ´**tan-**
nery, s. Gerberei f. ´**tanning,** s. 1. Gerben n,
Gerbung f. 2. Bräunen n; **t. lotion,** Bräu-
nungsmittel n.
tandem [´tændəm], s. 1. Tandem n. 2. adv. phr.
in t., hintereinander (angeordnet), (in colla-
boration) in Zusammenarbeit (**with,** mit + dat).
tang [tæŋ], s. scharfer Beigeschmack m; (smell)
Geruch m.
tangent [´tæn(d)ʒənt], s. Geom: etc: Tangente f;
Fig: **to go/fly off at a t.,** plötzlich (vom
Thema) abschweifen.
tangerine [tæn(d)ʒə´riːn], s. Mandarine f.
tangible [´tæn(d)ʒibl], adj. greifbar, konkret; **t.**
evidence, konkrete/handfeste Beweise; **t. assets/**
values, reale Werte; **t. difference,** merklicher

Unterschied. **tangi´bility,** s. Greifbarkeit f.
tangle [´tæŋgl]. I. s. Gewirr n; (in ball) wirrer
Knäuel m (von Garn, Haaren); **in a t.,** (of
string etc.) ganz verfitzt/verwurstelt; (of pers.)
ganz durcheinander; **to get into a t.,** durchein-
andergeraten. II. v.tr. (Fäden usw.) durchein-
anderbringen, F: verwursteln, verfitzen; (of
string etc.) **to get tangled (up),** sich verwirren.
tango [´tæŋgəu]. I. s. Tango m. II. v.i. Tango
tanzen.
tank [tæŋk], s. 1. (container) Tank m; **hot water**
t., Heißwasserspeicher m; Aut: (petrol) **t.,**
Benzintank m; **to fill up the t.,** volltanken;
Rail: **t. waggon/**N.Am: **t. car,** Kesselwagen m;
A: **t. engine,** Tenderlokomotive f. 2. Mil:
Panzerwagen m, Tank m. ´**tanker,** s. (a) Nau:
Tanker m; (b) Aut: Tankwagen m.
tankard [´tæŋkəd], s. Bierkrug m; **(pewter) t.,**
Zinnkrug m.
tantalize [´tæntəlaiz], v.tr. (j-n) quälen; (keep in
suspense) (j-n) zappeln lassen. ´**tantalizing,**
adj. quälend; (of smile) provozierend; **t. pros-**
pect, verlockende Aussicht.
tantamount [´tæntəmaunt], adj. **t. to,** gleich-
bedeutend mit + dat; **that is t. to a refusal,** das
kommt einer Ablehnung gleich.
tantrum [´tæntrəm], s. Wutanfall m; **to get into**
a t., außer sich dat geraten (vor Zorn).
Tanzania [tænzə´niːə]. Pr.n. Geog: Tansania m.
Tanza´nian. I. adj. tansanisch. II. s. Tansa-
nier(in) m(f).
tap[1] [tæp]. I. s. 1. (a) Zapfen m (eines Fasses);
(b) Hahn m; **to turn the t. on/off,** den Hahn
aufdrehen/abdrehen; **t. water,** Leitungswasser
n; Fig: **on t.,** sofort verfügbar. 2. Mec.E: Tls:
Gewindebohrer m. II. v.tr. (p. & p.p. **tapped**)
(a) (ein Faß) anstechen; **to t. a tree (for resin),**
einen Baum anzapfen (, um Harz zu gewin-
nen); Metall: **to t. the furnace,** den Hochofen
abstechen; (b) **to t. a telephone,** eine Telefonlei-
tung anzapfen; Fig: **to t. new markets/sources**
of energy, neue Absatzmärkte/Energiequellen
erschließen. ´**taproom,** s. Schankstube f.
tap[2]. I. s. leichter Schlag m, Klaps m; **a t. at the**
door, ein (leichtes) Klopfen an der Tür; **t.**
dance/dancing, Steptanz m; **t. dancer,** Steptän-
zer(in) m(f). II. v. (p. & p.p. **tapped**) 1. v.tr.
(etwas) leicht schlagen, klopfen. 2. v.i. **to t. at/**
on the door, an die Tür klopfen.
tape [teip]. I. s. 1. Band n; **(adhesive) t.,** Klebe-
streifen m; Med: Heftpflaster n; Sp: (finishing)
t., Zielband n; Data Pr: **punched t.,** Lochstrei-
fen m; El: **insulating t.,** Isolierband n; Rec:
(recording) t., Tonband n; **t. recording,**
Bandaufnahme f; **t. recorder,** Tonbandgerät n;
Sew: **t. measure,** Maßband n, Bandmaß n. II.
v.tr. (a) F: **I've got it taped,** ich kann das aus
dem Effeff; (b) Rec: (etwas) auf Tonband
aufnehmen. ´**tapeworm,** s. Bandwurm m.
taper [´teipər]. I. s. 1. (candle) dünne Wachs-
kerze f. 2. Tchn: Verjüngung f. II. v.i. sich ver-
jüngen. ´**tapering,** adj. spitz zulaufend; (nar-
rowing) sich verjüngend; (conical) kegelförmig.
tapestry [´tæpistri], s. Gobelin m.
tapioca [tæpi´əukə], s. Tapioka f.
tappet [´tæpit], s. I.C.E: Ventilstößel m; **to**
adjust the tappets, das Ventilspiel einstellen.
tar [tɑːr]. I. s. Teer m; **t. spraying,** Teeren m; Fig:

that's spoiling the ship for a ha'porth of t., das ist am falschen Ende gespart. **II.** *v.tr.* (*p. & p.p.* **tarred**) (etwas) teeren; *Fig:* **they're all tarred with the same brush**, sie sind alle gleich.

tarantula [tə'ræntjulə], *s.* Tarantel *f.*

target ['tɑ:git], *s.* Ziel *n;* (*in archery etc.*) Schießscheibe *f;* **to hit the t.**, die Scheibe/*Mil:* das Ziel treffen; **a good t. for caricaturists**, ein dankbares Subjekt für Karikaturisten; *Ling:* **t. language**, Zielsprache *f; Mil:* **t. practice**, Übungsschießen *n.*

tariff ['tærif], *s.* **1.** Zolltarif *m,* Zollgebühr *f;* **t. union**, Zollunion *f;* **t. walls**, Zollschranken *fpl.* **2.** (*price list*) Preisverzeichnis *n.*

tarmac ['tɑ:mæk], *s.* Teermakadam *m,* **t. (surface)**, makadamisierte Decke.

tarn [tɑ:n], *s.* (kleiner) Bergsee *m.*

tarnish ['tɑ:niʃ]. **I.** *s.* Trübung *f,* Anlaufen *n* (von Metall). **II.** *v.* **1.** *v.tr.* (etwas) trüben, matt machen; *Fig:* (j-s Ruf usw.) beflecken. **2.** *v.i.* (*of metal*) anlaufen.

tarpaulin [tɑ:'pɔ:lin], *s.* Plane *f; Nau:* Persenning *f.*

tarragon ['tærəgən]. *s.* Estragon *m.*

tart[1] [tɑ:t]. **I.** *s.* **1.** *Cu:* Torte *f;* (*small*) Törtchen *n.* **2.** *F:* (*prostitute*) Dirne *f.* **II.** *v.tr. F:* **to t. oneself up**, sich herausputzen; **tarted up**, aufgedonnert.

tart[2], *adj.* sauer; (*of answer*) bissig. **'tartness**, *s.* Säure *f;* Bissigkeit *f.*

tartan ['tɑ:t(ə)n], *s.* Tartan *m,* Schottenstoff *m;* (*pattern*) Schottenmuster *n.*

Tartar[1] ['tɑ:tər]. **I.** *s.* (*pers.*) Tatar(in) *m(f).* **II.** *adj.* Tataren-; *Cu:* **t. sauce**, Tatarsoße *f.*

tartar[2], *s.* **1.** *Ch:* Weinstein *m.* **2.** *Dent:* Zahnstein *m.*

task [tɑ:sk], *s.* Aufgabe *f;* **to set s.o. a t.**, j-m eine Aufgabe stellen; *Fig:* **to take s.o. to t.**, j-n zur Rede stellen (**for sth.**, wegen etwas *gen*); *Mil:* **t. force**, Kampfgruppe *f* (für Sonderunternehmen). **'taskmaster**, *s.* **he's a hard t.**, dem macht man eine Arbeit nie gut genug.

Tasmania [tæz'meiniə]. *Pr. n. Geog:* Tasmanien *n.* **Tas'manian. I.** *s.* Tasmanier(in) *m(f).* **II.** *adj.* tasmanisch.

tassel ['tæs(ə)l], *s. Furn: Cl:* Quaste *f.* **'tasselled**, *adj.* mit Quasten (versehen).

taste [teist]. **I.** *s.* Geschmack *m;* (*a*) (**sense of) t.**, Geschmackssinn *m;* (*b*) (*flavour*) **it has a burnt t.**, es schmeckt angebrannt; **different tastes**, verschiedene Geschmacksrichtungen; (*c*) (*small quantity*) kleiner Bissen *m* (Käse usw.); Schlückchen *n* (Wein); **wouldn't you like to have a t.?** magst du nicht kosten? *F:* **he's already had a t. of prison**, er hat schon einen Vorgeschmack vom Gefängnis gehabt; (*d*) (*liking*) **to my t.**, nach meinem Geschmack; **is it to your t.?** entspricht es Ihrem Geschmack? **he acquired**/*F:* **got a t. for it**, er ist auf den Geschmack gekommen; **to have a t. for sth.**, eine Vorliebe für etwas *acc* haben; **she has expensive tastes**, sie hat einen teuren Geschmack; (*e*) **to have (good) t.**, (guten) Geschmack haben; **in bad t.**, geschmacklos; (*bad manners*) unangebracht. **II.** *v.* **1.** *v.tr.* (*a*) (etwas) schmecken; (ein Gewürz usw.) herausschmecken; (*b*) (*sample*) (etwas) kosten; (Weine) probieren; *Fig:* **to t. happiness/**

misfortune, das Glück/Unglück kennenlernen. **2.** *v.i.* **to t. of sth.**, nach etwas *dat* schmecken. **'tastebud**, *s.* Geschmacksknospe *f.* **'tasteful**, *adj.* geschmackvoll. **'tasteless**, *adj.* **1.** (*of food*) ohne Geschmack; **to be t.**, keinen Geschmack haben. **2.** (*of furnishings etc.*) geschmacklos. **'tastelessness**, *s.* Geschmacklosigkeit *f.* **'taster**, *s.* Koster *m* (von Wein, Tee usw.). **'tastiness**, *s.* Schmackhaftigkeit *f* (einer Speise). **'tasting. I.** *s.* Kosten *n;* **winet.**, Weinprobe *f.* **II.** *adj.* **sweet-/sour-t.**, süß/ sauer schmeckend. **'tasty**, *adj.* schmackhaft.

ta-ta [tæ'tɑ:], *int. Nursery & P:* Wiedersehen!

tatters ['tætəz], *s. pl.* **in t.**, zerlumpt; **rags and t.**, Lumpen *mpl.* **'tattered**, *adj.* zerfetzt.

tattoo[1] [tə'tu:], *s. Mil:* **1.** (*drumming*) Zapfenstreich *m.* **2.** (*entertainment*) Tattoo *m.*

tattoo[2]. **I.** *s.* (*on body*) Tätowierung *f.* **II.** *v.tr.* (den Körper) tätowieren.

tatty ['tæti], *adj. F:* schäbig.

taught [tɔ:t], *p.p. of* **teach** *q.v.*

taunt [tɔ:nt]. **I.** *s.* spöttische Bemerkung *f;* **taunts**, Spott *m.* **II.** *v.tr.* (j-n) verspotten (**with sth.**, wegen etwas *dat*). **'taunting**, *adj.* (*of tone*) spöttend.

Taurus ['tɔ:rəs], *s. Astr:* Stier *m.*

taut [tɔ:t], *adj.* (*of rope etc.*) straff; gespannt; (*of nerves*) angespannt. **'tauten**, *v.tr.* (ein Seil) straff anspannen.

tavern ['tævən], *s. esp. A:* Schenke *f,* Kneipe *f.*

tawdry ['tɔ:dri], *adj.* kitschig-bunt; geschmacklos. **'tawdriness**, *s.* grelle Buntheit *f;* Geschmacklosigkeit *f.*

tawny ['tɔ:ni], *adj.* gelbbraun (mit einem roten Stich); **t. owl**, Waldkauz *m.*

tax [tæks]. **I.** *s.* Steuer *f;* **local taxes**, Ortstaxen *fpl;* **there's no t. on books**, Bücher sind steuerfrei; **t. collector**, Steuereinnehmer *m;* **t. return**, Steuererklärung *f;* **t. rebate**, Steuervergütung *f;* **t. evasion**, Steuerhinterziehung *f;* **for t. reasons**, aus steuertechnischen Gründen. **II.** *v.tr* (*a*) (j-n, etwas) besteuern; **heavily taxed**, hoch besteuert; (*b*) (*weary*) (j-n) strapazieren; (j-s Kräfte, Geduld) auf eine harte Probe stellen. **'taxable**, *adj.* (*of income*) steuerpflichtig. **tax'ation**, *s.* (*a*) Besteuerung *f;* **subject to t.**, steuerpflichtig; (*b*) (*taxes*) Steuern *fpl;* (*c*) (*receipts*) Steuereinkünfte *fpl.* **'tax-exile**, *s.* Steuerflüchtling *m.* **'tax-'free**, *adj.* steuerfrei. **'tax-'haven**, *s.* Steuerparadies *n.* **'taxing**, *adj.* strapazierend. **'taxpayer**, *s.* Steuerzahler *m.*

taxi ['tæksi]. **I.** *s.* Taxi *n,* Taxe *f;* **t. driver**, Taxifahrer *m;* **t. rank**/*Scot:* **stance**, Taxistand *m.* **II.** *v.i.* (*p. & p.p.* **taxied**, *pres. p.* **taxying**) *Av:* rollen. **'taximeter**, *s.* Taxameter *m.*

taxidermy ['tæksidə:mi], *s.* Taxidermie *f.* **'taxidermist**, *s.* Tierpräparator *m.*

tea [ti:], *s.* Tee *m;* (*a*) **t. break**, Teepause *f;* **t. service/set**, Teeservice *n; F:* **t. things**, Teegeschirr *n; Fig:* **not my cup of t.**, nicht mein Fall; *Bot:* **t. plant**, Teestrauch *m;* (*b*) (**afternoon) t.**, Nachmittagstee *m;* **(high) t.**, frühes Abendbrot *n;* **to ask s.o. to t.**, j-n zum Tee einladen; **t. party**, Teegesellschaft *f;* **t. trolley**, Teewagen *m;* (*c*) **beef t.**, Kraftbrühe *f;* (*d*) *Bot:* **t. rose**, Teerose *f.* **'teabag**, *s.* Teebeutel *m.* **'teacaddy**, *s.* Teedose *f.* **'teacake**, *s.* flaches, weiches Brötchen *n.* **'teacloth**, *s.* **1.** (kleine)

Tischdecke *f* (für den Teetisch). **2.** = **tea towel.** ´**teacosy,** *s.* Teewärmer *m.* ´**teacup,** *s.* Teetasse *f.* ´**tealeaf,** *s.* Teeblatt *n.* ´**teapot,** *s.* Teekanne *f.* ´**tearoom,** *s.* Teestube *f.* ´**teashop,** *s.* **1.** (*café*) Teestube *f.* **2.** (*shop*) Teegeschäft *n.* ´**teaspoon,** *s.* Teelöffel *m.* ´**teaspoonful,** *s.* Teelöffel(voll) *m.* ´**teatime,** *s.* Teestunde *f.* ´**teatowel,** *s.* Geschirrtuch *n.*

teach [tiːtʃ], *v.tr. & i.* (*p. & p.p.* **taught** [tɔːt]) (j-n, ein Fach) unterrichten; **to t. s.o. sth.,** j-m etwas lehren/*F:* beibringen; (*in school*) j-n in etwas *dat* unterrichten; **to t. s.o. how to do sth.,** j-n lehren/j-m beibringen, wie man etwas macht; **to t. s.o. to swim,** j-m das Schwimmen beibringen; **she teaches French/the piano,** sie gibt Französisch/Klavierunterricht; **she teaches**/*N.Am:* **teaches school,** sie ist Lehrerin; **to t. oneself sth.,** sich *dat* etwas beibringen; *F:* **that will t. him!** das wird ihm eine Lehre sein! **I could t. you a thing or two,** ich könnte dir einiges zeigen. ´**teacher,** *s.* Lehrer(in) *m(f);* (*educator*) Erzieher(in) *m(f);* **t. training,** Lehrerausbildung *f;* **t. training college,** Pädagogische Hochschule *f.* ´**teaching,** *s.* **1.** Unterricht *m;* **to take up/go into t.,** ins Lehrfach gehen; **t. staff,** Lehrkörper *m;* **t. career,** Lehrberuf *m;* **t. hospital,** *approx.* Universitätsklinik *f.* **2.** *esp. pl.* **teachings,** Lehren *fpl.*

teak [tiːk], *s.* Teakholz *n.*

teal [tiːl], *s. Orn:* Krickente *f.*

team [tiːm]. **I.** *s.* (a) *Sp: etc:* Mannschaft *f;* **t. spirit,** Mannschaftsgeist *m;* (b) **t. of experts,** Gruppe *f*/Team *n* von Experten; **to work as a t.,** gut zusammenarbeiten. **2.** Gespann *n* (von Pferden usw.). **II.** *v.i.* **to t. up with s.o.,** sich mit j-m zusammenschließen; (*collaborate*) mit j-m zusammenarbeiten. ´**teamwork,** *s.* **1.** *Sp:* Zusammenspiel *n.* **2.** (*at work*) Zusammenarbeit *f,* Teamwork *n.*

tear¹ [tiər], *s.* Träne *f;* **to burst into tears,** in Tränen ausbrechen; **to shed tears of joy,** Freudentränen vergießen. ´**teardrop,** *s.* Träne *f.* ´**tearful,** *adj.* (*of pers., voice*) weinerlich; (*of parting etc.*) tränenreich; **in a t. voice/-ly,** *adv.,* mit weinerlicher Stimme. ´**tear-gas,** *s.* Tränengas *n.* ´**tear-jerker,** *s.* Schnulze *f.* ´**tear-stained,** *adj.* (*of face*) verweint.

tear² [teər]. **I.** *s.* **1.** Riß *m* (in einem Kleid usw.). **2. wear and t.,** Abnutzung *f* (der Möbel usw.). **II.** *v.* **1.** *v.tr.* (*p.* **tore** [tɔːr], *p.p.* **torn** [tɔːn]) (a) (etwas) zerreißen; **to t. sth. to pieces,** etwas in Stücke reißen; *Fig:* (*of critic*) etwas verreißen; **to t. a hole in sth.,** ein Loch in etwas *acc* reißen; *Fig:* **torn between two possibilities,** zwischen zwei Möglichkeiten hin und her gerissen; *F:* **that's torn it!** jetzt ist alles im Eimer! (h) **to t. sth. (away) from s.o./out of s.o.'s hands,** j-m etwas entreißen; **to t. one's hair,** sich *dat* die Haare raufen. **2.** *v.i.* (a) (*of paper etc.*) reißen; (b) (*rush*) **to t. along/down/up,** dahinrasen/hinunterrasen/hinaufrasen; **he tore down the stairs,** er sauste/stürzte die Treppe hinunter. ´**tear a´way,** *v.tr.* (etwas) wegreißen; **to t. sth. a. from s.o.,** j-m etwas entreißen; **I could not t. myself a.,** ich konnte mich nicht losreißen. ´**tear ´down,** *v.tr.* (ein Plakat) herunterreißen; (ein Haus) niederreißen. ´**tearing. I.** *adj.* reißend; **t. sound,** Reißgeräusch *n;* *F:* **t. rage,** rasende Wut *f;* **to be in a t. hurry,** es furchtbar eilig haben. **II.** *s.* Zerreißen *n.* ´**tear ´off,** *v.tr.* (etwas) abreißen; *F:* **to t. s.o. o. a strip,** j-n zusammenstauchen. ´**tear ´out,** *v.tr.* (etwas) ausreißen. ´**tearproof,** *adj.* unzerreißbar. ´**tear ´up,** *v.tr.* (a) (einen Brief usw.) zerreißen; (b) **to t. u. a tree by the roots,** einen Baum entwurzeln.

tease [tiːz], *v.tr.* (j-n) necken, (*maliciously*) aufziehen. ´**teaser,** *s.* **1.** (*pers.*) Schäker(in) *m(f).* **2.** *F:* (*problem*) harte Nuß *f.* ´**teasing. I.** *adj.* neckend. **II.** *s.* Neckerei *f.*

teat [tiːt], *s. Anat:* Brustwarze *f; Z:* Zitze *f;* (*on bottle*) Sauger *m.*

technical [´teknik(ə)l], *adj.* technisch; **t. terms,** Fachausdrücke *mpl; Box:* **t. knockout,** technischer K.o.; *Adm:* **on t. grounds,** aus (verfahrens)technischen Gründen; **-ly,** *adv.* **1.** technisch. **2.** (*actually*) genaugenommen, eigentlich. **techni´cality,** *s.* **1.** *Tchn:* technische Einzelheit *f.* **2.** *Jur: Adm: etc:* Formsache *f.* **tech´nician,** *s.* Techniker *m.* **technique** [tek´niːk], *s.* Technik *f.* **tech´nologist,** *s.* Technologe *m.* **tech´nology,** *s.* Technologie *f.*

Teddy [´tedi]. *Pr. n. m.* (*diminutive*) = Eduard; Edmund; Theodor; **t. (bear),** Teddy(bär) *m.*

tedious [´tiːdiəs], *adj.* langweilig. ´**tediousness/ ´tedium,** *s.* Langweiligkeit *f.*

tee [tiː], *s. Golf:* (*area*) Abschlag *m;* (*peg*) Aufsatz *m.*

teem [tiːm], *v.i.* **to be teeming with people, ants etc.,** von Leuten, Ameisen usw. wimmeln; **teeming rain,** strömender Regen.

teens [tiːnz], *s. pl.* Jugendjahre *npl* (13. bis 19. Lebensjahr); **to be in one's t.,** Teenager sein. ´**teenage,** *adj.* **t. daughter,** junge Tochter (zwischen 13 und 19). ´**teenager,** *s.* Teenager *m.*

teeny(-weeny) [´tiːni(´wiːni)], *adj. F:* klitzeklein, winzig.

tee-shirt [´tiːʃəːt], *s.* T-shirt *n.*

teeter [´tiːtər], *v.i.* taumeln; (*sway*) wanken; *Fig:* **to t. on the brink,** am Rande des Abgrunds stehen.

teeth [tiːθ], *s. pl. of* **tooth** *q.v.* **teethe** [tiːð], *v.i.* zahnen. ´**teething,** *s.* das Zahnen; *Fig:* **t. troubles,** Anfangsschwierigkeiten *fpl;* Kinderkrankheiten *fpl* (einer neuen Industrie usw.).

teetotal [tiː´təutl], *adj.* abstinent; **he's t.,** er ist Abstinenzler. **tee´totalism,** *s.* Abstinenz *f.* **tee´totaller,** *s.* Abstinenzler(in) *m(f).*

telecast [´telikɑːst]. **I.** *v.tr.* (eine Sendung) im Fernsehen übertragen. **II.** *s.* Fernsehübertragung *f.*

telecommunications [telikəmjuː´niˈkeiʃ(ə)nz], *s. pl.* Fernmeldewesen *n.*

telegram [´teligræm], *s.* Telegramm *n.* **telegraph** [´teligrɑːf]. **I.** *s.* Telegraf *n;* **t. pole,** Telegrafenmast *m.* **II.** *v.tr. & i.* (eine Botschaft) telegrafieren (to s.o., j-m/an j-n). **tele´graphic,** [-´græfik], *adj.* telegrafisch; **t. address,** Telegrammadresse *f.* **telegraphy** [ti´legrəfi], *s.* Telegrafie *f.*

telepathy [ti´lepəθi], *s.* Gedankenübertragung *f.* **telepathic** [teli´pæθik], *adj. Psy:* telepathisch; *F:* **you must be t.,** du kannst wohl Gedanken lesen.

telephone [´telifəun]. **I.** *s.* Telefon *n, Adm:* Fernsprecher *m;* **to be on the t.,** (i) Telefon haben; (ii) (*speaking*) am Apparat sein; **you're**

wanted on the t., Sie werden am Telefon verlangt; **you can't get him on the t.,** er ist telefonisch nicht zu erreichen; **t. number,** Telefonnummer *f;* **t. box,** Telefonzelle *f;* **t. call,** Telefonanruf *m;* **t. directory,** Telefonbuch *n;* **t. exchange,** Telefonzentrale *f;* **t. operator,** Telefonist(in) *m(f).* **II.** *v.* **1.** *v.i.* telefonieren. **2.** *v.tr.* (eine Nachricht) telefonieren. **telephonic** [-'fɔnik], *adj.* telefonisch. **telephonist** [ti'lefənist], *s.* Telefonist(in) *m(f).*

telephoto [teli'fəutəu], *s.* **t. (lens),** Teleobjektiv *n,* F: Gummilinse *f.*

teleprinter [teli'printər], *s.* Fernschreiber *m.*

telescope ['teliskəup]. **I.** *s.* Fernrohr *n.* **II.** *v.* **1.** *v.tr.* (Teile) ineinanderschieben; **to t. sentences,** Sätze incinanderschachteln. **2.** *v.i.* sich ineinanderschieben. **telescopic** [-'skɔpik], *adj.* (a) *Mil:* **t. sight,** Zielfernrohr *n;* (b) ineinanderschiebbar; (*of aerial, strut*) ausziehbar.

teletext ['telitekst], *s.* Bildschirmtext *m.*

television [teli'viʒ(ə)n], *s.* Fernsehen *n;* **on (the) t.,** im Fernsehen; **t. set,** Fernsehapparat *m;* **t. commercial,** Werbespot *m;* **t. announcer,** Fernsehansager(in) *m(f);* **t. aerial,** Fernsehantenne *f;* **t. channel,** Fernsehkanal *m.* **'televise,** *v.tr.* (etwas) im Fernsehen übertragen.

telex ['teleks], *s.* Fernschreiber *m,* Telex *n.*

tell [tel], *v.* (*p. & p.p.* **told** ['təuld]) **1.** *v.tr.* (etwas, die Wahrheit usw.) sagen; (etwas, eine Geschichte usw.) erzählen; **to t. the truth, I'm not convinced,** offen gestanden, ich bin nicht überzeugt; **to t. a lie,** lügen; **to t. tales,** aus der Schule plaudern; *Sch: F:* petzen; **to t. s.o. sth.,** j-m etwas sagen/erzählen; **I have been told that . . .,** man hat mir gesagt/erzählt, daß . . .; **I don't want to have to t. you that again,** ich will das nicht wiederholen müssen; **I told you so!** ich habe es dir ja gleich gesagt! F: **you're telling me!** wem sagen Sie das! **t. me another!** das machst du mir nicht weis! (b) (*express*) **more than words can t.,** mehr als man mit Worten ausdrücken kann; (c) (*pass on*) (eine Neuigkeit) mitteilen; (ein Geheimnis) verraten; **has she told you the news?** hat sie dir schon die Neueste erzählt? **the postman will t. you the way,** der Briefträger sagt Ihnen, wie man dahinkommt; (d) (*inform*) **to t. s.o. about sth.,** j-m von etwas *dat* erzählen; j-n über etwas *acc* informieren; **it's not so easy, let me t. you,** es ist gar nicht so einfach, das kann ich dir sagen/ Ihnen versichern; **he'll be furious, I (can) t. you!** er wird toben, das weiß ich jetzt schon! (e) **to t. s.o. to do sth.,** j-m sagen er solle etwas tun; j-n bitten, etwas zu tun; **I told him to fetch the milk,** ich sagte ihm, er solle die Milch holen; **do as you are told,** tu, was man dir sagt; (f) (*distinguish*) (etwas) unterscheiden; (*recognize*) erkennen; **to t. right from wrong,** Recht von Unrecht unterscheiden; **you can't t. her from her sister,** man kann sie und ihre Schwester nicht auseinanderhalten; **one can t. him by his voice,** man erkennt ihn an der Stimme; **one can t. she's intelligent,** man merkt schon, daß sie intelligent ist; (g) *esp. abs.* (*know*) (etwas) wissen; **who can t.?** wer weiß? **you never can t. (whether he's lying),** man kann (es) nie wissen (, ob er lügt); **I can't t.,** ich kann es nicht beurteilen; (h) **all told,** alles mitgerechnet. **2.**

v.i. (a) seine Wirkung haben; **the difference in age really tells,** der Altersunterschied macht sich schon bemerkbar; **these drugs t. on one,** man spürt schon die Wirkung dieser Drogen; **time alone will t.,** nur die Zeit wird es zeigen; **every shot tells,** jeder Schuß zählt; **this tells in his favour,** das spricht für ihn; **everything told against him,** alles sprach gegen ihn; (b) **to t. on s.o.,** j-n verpetzen; **that would be telling!** das wäre aus der Schule geplaudert! (c) *Lit:* **to t. of sth.,** von etwas *dat* erzählen; **his face told of suffering,** sein Gesicht verriet seine Leiden. **'teller,** *s.* **1.** Erzähler(in) *m(f).* **2.** *Bank:* Kassierer(in) *m(f).* **3.** *Pol:* Stimmenzähler(in) *m(f).* **'telling.** **I.** *adj.* wirksam; **t. blow,** wuchtiger Schlag; **t. success,** durchschlagender Erfolg. **II.** *s.* **1.** (a) Erzählung *f* (einer Geschichte); Verbreitung *f* (eines Geheimnisses); (b) **there's no t. where it will end,** man kann nie wissen, wo es noch hinführt. **2.** *Pol:* Auszählung *f* (der Stimmen usw.). **'telling-'off,** *s.* F: Ausschimpfen *n;* **to give s.o. a good t.-o.,** j-n tüchtig ausschimpfen. **'tell 'off,** *v.tr.* F: **to t. s.o. o.,** j-n ausschimpfen. **'telltale.** **I.** *s.* (a) (*pers.*) Klatschbase *f;* *Sch:* Petze(r) *f(m),* (b) *Tchn:* Warnanzeige *f.* **II.** *adj.* **t. signs,** verräterische Zeichen.

telly ['teli], *s.* F: Flimmerkiste *f.*

temerity [ti'meriti], *s.* Kühnheit *f;* Verwegenheit *f.*

temp [temp], *s.* F: (zeitweilig angestellte) Aushilfskraft *f, esp.* Sekretärin *f; pl.* **temps,** Zeitpersonal *n.*

temper ['tempər]. **I.** *s.* **1.** (a) **to lose one's t.,** ärgerlich werden; (*lose patience*) die Geduld verlieren; **to keep one's t.,** die Ruhe bewahren; (b) Charakter *m,* Temperament *n;* **of uncertain t.,** launenhaft; (c) (*state of mind*) Laune *f;* **in a vile t.,** übelster Laune; **to be in a good/bad t.,** guter/schlechter Laune sein; (d) (*anger*) Zorn *m;* **outburst of t.,** Wutanfall *m;* **to be in a t.,** gereizt sein; eine Wut haben; **to get into a t.,** in Wut/Zorn geraten; **t.! t.!** nur nicht die Fassung verlieren! **2.** *Metalw:* Härte *f* (des Stahls). **II.** *v.tr.* (a) *Metalw:* (Stahl) härten; (b) (seinen Eifer usw.) mäßigen. **'temperament,** *s.* **1.** (*excitability*) Temperament *n.* **2.** (*character*) Veranlagung *f;* **placid t.,** stille Gemütsart. **tempera'mental,** *adj.* launenhaft; F: (*of machine, car etc.*) nicht zuverlässig.

temperance ['temp(ə)rəns], *s.* Mäßigkeit *f;* (*abstinence*) Enthaltsamkeit *f, esp.* Abstinenz *f* (vom Alkoholgenuß). **'temperate,** *adj.* **1.** (*of pers.*) mäßig; enthaltsam; (*of language*) gemäßigt. **2.** (*of climate*) gemäßigt.

temperature ['tempritʃər], *s.* Temperatur *f; Med:* **to have a t.,** Fieber/erhöhte Temperatur haben.

tempest ['tempist], *s.* A: & Lit: (wilder) Sturm *m.* **tempestuous** [-'pestjuəs], *adj.* stürmisch; (*of pers., nature*) ungestüm.

template ['templit], *s. Tchn:* Schablone *f.*

temple[1] ['templ], *s.* Tempel *m.*

temple[2], *s. Anat:* Schläfe *f.*

tempo ['tempəu], *s. Mus:* Tempo *n; Fig:* Rhythmus *m* (der Produktion).

temporal ['tempərəl], *adj.* **1.** zeitlich. **2.** (*secular*) weltlich.

temporary ['temp(ə)rəri], *adj.* **1.** (*provisional*) vorläufig, provisorisch; **t. measures,** provisorische Maßnahmen; **t. cook,** Aushilfskoch *m;* **t. work,** Zeitarbeit *f;* **t. staff,** Zeitpersonal *n.* **2.** (*passing*) vorübergehend; **the improvement was only t.,** es war nur eine zeitweilige/keine anhaltende Besserung; **-ily,** *adv.* vorübergehend; *Com:* **t. out of stock,** momentan nicht vorrätig.

tempt [tem(p)t], *v.tr.* **to t. s.o. to do sth.,** j-n verlocken, etwas zu tun; **to be tempted,** in Versuchung kommen, versucht werden; **to let oneself be tempted,** sich verleiten lassen; **I was greatly tempted,** ich war sehr versucht; *Fig:* **to t.** providence/fate, das Schicksal herausfordern. **temp'tation,** *s.* Versuchung *f.* **'tempter,** *s.* Versucher *m.* **'tempting,** *adj.* verführerisch; (*of offer*) lockend; (*of food*) appetitlich, verlockend.

ten [ten]. **I.** *num. adj.* zehn. **II.** *s.* Zehn *f; F:* **t. to one he finds out,** wetten, daß er dahinterkommt. **'ten-pin,** *adj. Sp:* **t.-p. bowling,** Bowling *n* (mit zehn Kegeln).

tenable ['tenəbl], *adj.* (*of opinion*) vertretbar.

tenacious [tə'neiʃəs], *adj.* zäh; (*obstinate*) hartnäckig. **tenacity** [-'næsiti], *s.* Zähigkeit *f;* Hartnäckigkeit *f.*

tenant ['tenənt], *s.* (*of house etc.*) Mieter *m;* (*of estate*) Pächter *m;* **t. farmer,** Pächter *m* eines Bauernhofs. **'tenancy,** *s.* (*a*) Mieten *n* (eines Hauses usw.); Pachtung *f* (eines Gutes usw.); **t. agreement,** Mietvertrag *m,* Pachtvertrag *m;* (*b*) (*period*) Mietdauer *f;* Pachtzeit *f.*

tend[1] [tend], *v.tr.* (einen Garten, einen Kranken) pflegen; (eine Maschine) bedienen. **tender**[1], *s. Nau: Rail:* Tender *m.*

tend[2], *v.i.* (*a*) **to t. towards sth./in a certain direction,** zu etwas *dat*/in eine gewisse Richtung tendieren; (*b*) **to t. to do sth.,** dazu neigen, etwas zu tun; **he tends to forget,** er neigt zur Vergeßlichkeit; (*of material*) **to t. to shrink,** leicht einlaufen. **'tendency,** *s.* Tendenz *f;* (*of pers.*) Neigung *f,* Hang *m* (**to,** zu + *dat*).

tender[2] ['tendər], *adj.* zart; (*a*) **t. meat,** zartes/ weiches Fleisch; (*b*) (*of pers.*) zärtlich; *Fig:* **t. heart,** weiches/empfindsames Herz; *esp. Iron:* **left to her t. care,** ihrer zärtlichen Fürsorge überlassen; (*c*) (*of wound*) empfindlich; **to t. the touch,** empfindlich bei Berührung; (*d*) **at a t. age,** im zarten Kindesalter; **t. young plant,** zartes Pflänzchen. **'tender'hearted,** *adj.* weichherzig; (*sympathetic*) mitfühlend. **'tender'heartedness,** *s.* Weichherzigkeit *f.* **'tenderness,** *s.* Zartheit *f;* (*of pers.*) Zärtlichkeit *f,* Weichherzigkeit *f;* Empfindlichkeit *f.*

tender[3]. **I.** *s.* **1.** *Com:* Angebot *n,* Offerte *f;* **to invite tenders for a job,** einen Arbeitsauftrag ausschreiben. **2.** (*money*) **legal t.,** gesetzliches Zahlungsmittel *n;* **to be legal t.,** im Kurs sein. **II.** *v.tr.* (seine Dienste) anbieten; **to t. one's resignation,** sein Abschiedsgesuch einreichen. **III.** *v.i. Com:* **to t. for sth.,** sich an der Ausschreibung von etwas *dat* beteiligen.

tenderloin ['tendələin], *s. Cu:* zartes Lendenstück (vom Rind oder Schwein).

tendon ['tendən], *s. Anat:* Sehne *f.*

tendril ['tendril], *s. Bot:* Ranke *f.*

tenement ['tenimənt], *s.* Mietskaserne *f.*

tenfold ['tenfəuld], *adj. & adv.* zehnfach; **to in-**

crease t., (sich) verzehnfachen.

tennis ['tenis], *s.* Tennis *n;* **t. court,** Tennisplatz *m;* **t. player,** Tennisspieler(in) *m(f);* **t. racket,** Tennisschläger *m; F:* **t. elbow,** Tennisellbogen *m.*

tenon ['tenən]. **I.** *s. Woodw:* Zapfen *m;* **t. saw,** (grader) Fuchsschwanz *m.* **II.** *v.tr.* (etwas) verzapfen.

tenor ['tenər], *s.* **1.** *Lit:* (*sense*) wesentlicher Sinn, Tenor *m;* (*content*) Inhalt *m.* **2.** *Mus:* Tenor *m;* (*voice*) Tenorstimme *f;* **t. saxophone,** Tenorsaxophon *n.*

tense[1] [tens], *s. Gram:* Zeitform *f,* Tempus *n.*

tense[2], *adj.* gespannt; **t. atmosphere,** spannungsgeladene Atmosphäre; **t. silence,** atemlose Stille; **t. voice,** erregte Stimme; **t. drama,** spannendes Drama. **'tenseness,** *s.* Gespanntheit *f* (des Muskels, der Verhältnisse); das Spannende (an einem Drama usw.). **tension** ['tenʃ(ə)n], *s.* **1.** Gespanntheit *f* (der Muskeln). **2.** Spannung *f* (der Nerven, *Fig:* eines Dramas). **3.** Druck *m* (eines Gases). **4.** *El:* Spannung *f;* **high t.,** Hochspannung *f.*

tensile ['tensail], *adj. Tchn:* dehnbar, **t. strength,** Zugfestigkeit *f;* **high t. steel,** Edelstahl *m.*

tent [tent], *s.* Zelt *n;* **t. peg,** Zeltpflock *m,* Hering *m;* **to pitch a t.,** ein Zelt aufschlagen.

tentacle ['tentəkl], *s. Z:* Tentakel *m,* Fühler *m.*

tentative ['tentətiv], *adj.* zögernd; (*provisional*) provisorisch; **t. offer,** Probeangebot *n;* **-ly,** *adv.* probeweise, versuchsweise; **he t. suggested that . . .,** er schlug zögernd vor, daß . . .

tenterhooks ['tentəhuks], *s. pl. Fig:* **to be on t.,** auf die Folter gespannt sein; **to keep s.o. on t.,** j-n auf die Folter spannen.

tenth [tenθ]. **I.** *num. adj.* zehnte(r, s). **II.** *s.* **1.** der/ die/das Zehnte; **the t./10th of March,** der zehnte/10. März. **2.** (*fraction*) Zehntel *n;* **a t. of a litre,** ein Zehntelliter *n;* **-ly,** *adv.* zehntens.

tenuous ['tenjuəs], *adj.* (*of thread*) dünn, fein; (*of distinction*) subtil, **t. connection,** dürftige Verbindung.

tenure ['tenjər], *s.* Bekleidung *f* (eines Amtes); (*period*) Amtszeit *f; Univ: N.Am:* feste Anstellung *f* (als Dozent).

tepid ['tepid], *adj.* lauwarm.

term [təːm], *s.* **1.** (*a*) (*fixed*) Frist *f;* **to set a t.,** eine Frist setzen; **to put a t. on sth.,** etwas zeitlich begrenzen; (*b*) (*period*) Zeit *f,* Dauer *f;* **during his t. of office,** während seiner Amtszeit; **in the short/ long t.,** auf kurze/lange Sicht (gesehen); **long-t./ short-t. transaction,** langfristiges/kurzfristiges Geschäft; (*c*) *Sch:* Trimester *n; Univ:* Semester *n;* **during t.,** während der Schulzeit/*Univ:* des Semesters; **end of t.,** Schulschluß *m; Univ:* Semesterschluß *m;* (*d*) *Jur:* Sitzungsperiode *f.* **2.** *pl.* (*a*) (*conditions*) Bedingungen *fpl;* Bestimmungen *fpl* (eines Vertrages); Verfügungen *fpl* (eines Testaments); **name your own terms,** stellen Sie Ihre Bedingungen selbst; **to come to terms,** sich einigen; *Com:* handelseinig werden; *Fig:* **to come to terms with death,** sich mit dem Tod abfinden; **not on any terms,** um keinen Preis; *Com:* **terms of payment,** Zahlungsbedingungen *fpl;* **inclusive terms,** Inklusivpreis *m;* **to buy sth. on easy terms,** etwas auf Raten kaufen; (*b*) (*relationship*) Beziehungen *fpl;* **to be on friendly/good terms with s.o.,** mit j-m befreundet sein/auf gutem Fuße stehen;

he is on bad terms with his neighbours, er kommt mit seinen Nachbarn nicht aus; we are on the best of terms, wir verstehen uns bestens; (c) *Mth:* terms of an equation, Glieder *npl* einer Gleichung. 3. (*expression*) (a) Ausdruck *m;* t. of endearment, Kosewort *n;* technical t., Fachausdruck *m;* to speak in disparaging terms of s.o., sich herabsetzend über j-n äußern; how dare you speak to me in such terms! was erlauben Sie sich, so mit mir zu reden! contradiction in terms, Widerspruch in sich; (b) in terms of, in Hinsicht auf + *acc;* in historical terms, in geschichtlicher Hinsicht, vom geschichtlichen Standpunkt; in money terms/in terms of money, als Geldsumme ausgedrückt; to think in money terms, in Mark und Pfennig denken. II. *v.tr.* (j-n, etwas) bezeichnen (als). '**terminal. I.** *adj.* (*a*) End-; *Mth:* t. value, Endwert *m;* (b) *Med:* (*of illness*) unheilbar. II. *s.* 1. *Rail:* Endstation *f; Av:* Terminal *m;* coach t., Omnibusbahnhof *m.* 2. *El:* Anschlußklemme *f;* (*of battery*) positive/negative t., Pluspol/Minuspol *m.* '**terminate,** *v.* 1. *v.tr.* (etwas) beenden; (eine Untersuchung) zu Ende führen; (einen Vertrag) kündigen, (eine Rede, Verhandlungen usw.) abschließen. 2. *v.i.* zum Abschluß kommen; *Gram:* (*of word*) enden (in, auf + *acc*). termi'nation, *s.* 1. Ende *n;* Schluß *m;* Abschluß *m* (der Verhandlungen usw.); Beendigung *f* (eines Verfahrens usw.); Kündigung *f* (eines Vertrages). 2. *Gram:* Endung *f.* termi'nology, *s.* Terminologie *f;* (*specialized*) Fachsprache *f.* '**terminus,** *pl.* -i, -uses [-minɔs, -minii, -ɔsiz], *s. Rail:* Endstation *f;* (*building*) Kopfbahnhof *m.*
termite ['tɔ:mait], *s. Ent:* Termite *f.*
tern [tɔ:n], *s. Orn:* Seeschwalbe *f.*
terrace ['terɔs, -ris]. I. *s.* 1. Terrasse *f; Geol:* Geländestufe *f.* 2. Häuserreihe *f;* t. house, Reihenhaus *n.* 3. *pl. Fb: etc:* terraces, Zuschauerränge *mpl.* II. *v.tr.* (ein Grundstück) terrassenförmig anlegen.
terracotta ['terɔ'kɔtɔ], *s.* Terrakotta *f.*
terrain [tɔ'rein], *s.* Gelände *n.*
terrestrial [ti'restriɔl], *adj.* irdisch.
terrible ['teribl], *adj.* schrecklich, furchtbar; *F:* t. price, unerhörter Preis; -ibly, *adv. F:* furchtbar, schrecklich; t. tired, furchtbar müde; t. dangerous, äußerst gefährlich; t. rich, enorm reich; t. expensive, sündhaft teuer.
terrier ['teriɔr], *s.* Terrier *m.*
terrific [tɔ'rifik], *adj.* (a) (*enormous*) enorm, ungeheuer; t. effort, enorme Anstrengung; t. fire, fürchterlicher Brand; (b) *F:* (*splendid*) großartig; that's t.! das ist ja toll/fantastisch! -ally, *adv.* enorm.
terrify ['terifai], *v.tr.* (j-n) in Angst und Schrecken versetzen; to be terrified, panische Angst/*F:* eine Heidenangst haben (of s.o., sth., vor j-m, etwas *dat*); terrified out of one's wits, außer sich *dat* vor Schreck. '**terrifying,** *adj.* angsterregend, fürchterlich.
territory ['terit(ɔ)ri], *s.* Gebiet *n;* on French t., auf französischem Boden. terri'torial, *adj.* territorial; t. waters, Hoheitsgewässer *npl.*
terror ['terɔr], *s.* 1. Schrecken *m,* Entsetzen *n* (of, vor + *dat*); in a state of t., in Todesängsten; to go in t. of one's life, um sein Leben

fürchten müssen; reign of t., Schreckensherrschaft *f.* 2. (*pers. etc.*) the t. of the village, der Schrecken des Dorfes; *F:* he's a little t., er ist ein kleiner Teufel. '**terrorism,** *s.* Terror *m.* '**terrorist,** *s.* Terrorist *m.* '**terrorize,** *v.tr.* (j-n, etwas) terrorisieren. '**terror-stricken, -struck,** *adj.* schreckerfüllt.
terry towelling ['teri'tauɔliŋ], *s. Tex:* Frottierstoff *m.*
terse [tɔ:s], *adj.* knapp; (*of pers.*) kurz und bündig; (*of sentences etc.*) gedrängt; -ly, *adv.* t. expressed, knapp gefaßt. '**terseness,** *s.* Knappheit *f;* Gedrängtheit *f* (des Stils); Kürze *f* (einer Antwort).
tertiary ['tɔ:fɔri], *adj.* tertiär, Tertiär-; t. education, Hochschulwesen *n.*
test [test]. I. *s.* 1. Probe *f; esp. Tchn:* Test *m;* (*examination*) Untersuchung *f;* (*check*) Kontrolle *f;* to put s.o., sth. to the t., j-n, etwas auf die Probe stellen; to stand the t. of time, sich auf die Dauer bewähren; *Mec.E:* t. bench, Prüfstand *m; Aut:* t. run, Probefahrt *f; Av:* t. pilot, Testpilot *m; Ch: etc:* t. tube, Reagenzglas *n; F:* t.-tube baby, Retortenbaby *n; Cricket:* t. (match), Länderspiel *n.* 2. *Sch: etc:* Test *m;* Prüfung *f;* written t., schriftliche Arbeit; intelligence t., Intelligenztest *m; Aut:* driving t., Fahrprüfung *f.* II. *v.tr.* (j-n, etwas) prüfen (for sth., auf etwas *acc* hin); (etwas) einer Prüfung unterziehen; (eine Maschine usw.) erproben, testen, (*examine*) untersuchen; (ein Verfahren) auf die Probe stellen; *Ch:* (einen Stoff) analysieren; *Med:* (Blut) untersuchen; *Sch:* to t. s.o. in algebra, j-n in Algebra prüfen.
testament ['testɔmɔnt], *s. B: & Jur:* Testament *n.*
testicle ['testikl], *s. Anat:* Hoden *m.*
testify ['testifai], *v.* 1. *v.tr.* (etwas) aussagen (on oath, unter Eid). 2. *v.i. esp. Jur:* Zeugnis ablegen (in s.o.'s favour/against s.o., für/gegen j-n); to t. to sth., etwas bezeugen. testi'monial [-'mɔunjɔl], *s.* 1. (*evidence*) Zeugnis *n;* (*for job etc.*) Empfehlungsschreiben *n.* 2. (*gift*) Ehrengabe *f.* '**testimony** [-mɔni], *s. Jur: etc:* Zeugnis *n;* (*statement*) (mündliche) Zeugenaussage *f; Fig:* to bear t. to sth., Zeugnis für etwas *acc* ablegen.
testy ['testi], *adj.* reizbar, (*bad-tempered*) mürrisch. '**testiness,** *s.* Reizbarkeit *f.*
tetanus ['tetɔnɔs], *s. Med:* Wundstarrkrampf *m.*
tetchy ['tetʃi], *adj.* reizbar.
tether ['teðɔr]. I. *s.* 1. Haltestrick *m* (eines Pferdes usw.); *Fig:* at the end of one's t., am Ende seiner Kräfte; (*impatient*) am Ende seiner Geduld. II. *v.tr.* (ein Tier) anbinden.
Teuton ['tju:t(ɔ)n], *s.* Teutone *m,* Teutonin *f; F: Pej:* Germane *m,* Germanin *f.* **teutonic** [-'tɔnik], *adj.* teutonisch; *F: Pej:* germanisch.
text [tekst], *s.* Text *m; Ecc:* (*scripture*) t., Bibelstelle *f.* '**textbook,** *s. Sch:* Lehrbuch *n.* '**textual,** *adj.* Text-; t. error, Textfehler *m.*
textile ['tekstail]. I. *adj.* Textil-; t. industry, Textilindustrie *f.* II. *s.* Gewebe *n; pl.* textiles, Textilien *pl.* **texture** ['tekstʃɔr], *s.* Beschaffenheit *f; Tex:* Gewebestruktur *f; Biol:* Textur *f;* (*of wood*) Maserung *f.*
Thai [tai]. I. *s.* Thailänder(in) *m(f).* II. *adj.* thailändisch. '**Thailand.** *Pr. n. Geog:* Thailand *n.*

thalidomide[θə'lidə(u)maid], *s. Pharm:* = R.t.m. Contergan *n; t.* baby, Contergankind *n.*

Thames (the) [θə'temz]. *Pr. n. Geog:* die Themse; *F:* **he'll never set the T. on fire,** er hat das Pulver nicht erfunden.

than [ðæn, ðən], *conj.* (*a*) als; **I have more/less t. you,** ich habe mehr/weniger als du; **she would do anything rather t. let him suffer,** sie würde alles tun, um ihn nicht leiden zu lassen; **no sooner had we arrived t. the music began,** kaum waren wir angekommen, begann die Musik zu spielen; (*b*) **any person other t. himself,** jeder andere als er.

thank [θæŋk]. I. *s. pl.* **thanks,** Dank *m; that's all the thanks I get!* das ist der Dank dafür! **give him my (best) thanks,** ich lasse ihm vielmals danken; **vote of thanks,** Dankesbezeigung *f; F:* **thanks! danke! many thanks!** vielen Dank! (*b*) **thanks to,** dank + *gen;* **thanks to your help,** dank Ihrer Hilfe. II. *v.tr.* (*a*) (j-m) danken, sich (bei j-m) bedanken (**for sth.,** für etwas *acc*); **t. goodness!** Gott sei Dank! **t. you (very much),** danke (vielmals); **no t. you,** nein danke (*b*) **I'll t. you to mind your own business!** kümmern Sie sich gefälligst um Ihre eigenen Angelegenheiten! (*c*) **to have s.o. to t. for sth.,** j-m etwas zu verdanken haben; **you've only yourself to t. for it,** daran bist du selber schuld. '**thankful,** *adj.* (*a*) dankbar; **that's sth. to be t. for,** das ist wenigstens etwas, worüber man froh sein kann; (*b*) (*relieved*) froh, erleichtert; **I was t. to hear that he was not coming,** ich erfuhr mit Erleichterung, daß er nicht kommen würde. '**thankfulness,** *s.* Dankbarkeit *f.* '**thankless,** *adj.* (*of pers.*) undankbar. **2.** (*of work*) nicht lohnend; **a t. task,** eine undankbare Aufgabe. **thanks'giving,** *s.* Danksagung *f; Ecc:* (**Harvest**) T., Erntedankfest *n; N.Am:* T. (**Day**), Erntedanktag *m.* '**thankyou,** *s.* Dankeschön *n; t.* letter, Dankbrief *m.*

that¹ [ðæt]. I. *dem. pron.* (*pl.* those [ðəuz]) **1.** das, *pl.* die; (*a*) **give me t.,** gib mir das; **what's t.?** was ist das? **how much are those?** wieviel kosten die (da)? **t. is (to say) . . .,** das heißt, . . .; **do you really think t.?** sind Sie wirklich dieser Meinung? (*b*) (*with preposition*) da-, dar-; **after t.,** danach, darauf; **with t. she went out,** daraufhin ging sie hinaus; **what do you mean by t.?** was willst du damit sagen? if it **comes to t.,** wenn es dazu kommt; (*c*) (*stressed*) **he's a hack writer and a poor one at t.,** er ist ein Schreiberling, und ein schlechter noch dazu; **t.'s right! t.'s it!** so ist es recht! richtig! **and t.'s t.!** und damit basta! **and t. was t.!** und damit hatte es sich! **2.** (*opposed to* **this, these**) jener, jene, jenes; **this is new, t. is old,** dies(es) ist neu, jenes ist alt. **3.** (*a*) (*with relative*) derjenige, diejenige, dasjenige; **t. which I bought,** das(jenige), was ich gekauft habe; **all those I saw,** alle die(jenigen), die ich sah; **those of whom I speak,** die(jenigen), von denen ich spreche; (*b*) *pl.* (*some*) einige; *F:* **there are those who believe it,** es gibt einige/welche, die es glauben. II. *dem. adj.* (*pl.* those) **1.** jener, jene, jenes; *pl.* jene; **t. one,** jenes dort; **everyone agrees on t. point,** alle sind sich in dem Punkt einig; **I only saw him t. once,** ich habe ihn nur das eine Mal gesehen; (*b*) *F:* **well, how's t. leg of yours?** nun, was macht dein

Bein? (*c*) **I'm not one of those (people) who let a friend down,** ich bin nicht einer derjenigen/von denen, die einen Freund im Stich lassen. III. *dem. adv.* **t. high,** so hoch; **cut off just t. much,** schneide gerade so viel weg.

that² [ðət], *rel. pron. sing. & pl.* der, die, das; (*a*) **the house t. stands at the corner,** das Haus, das an der Ecke steht; **the letter t. I sent you,** der Brief, den ich Ihnen schickte; *F:* **idiot t. I am!** ich Idiot! (*b*) (*governed by prep.*) **the envelope t. I put it in,** der Umschlag, in den ich es steckte; **nobody has come t. I know of,** soviel ich weiß, ist niemand gekommen; (*c*) (*after expression of time*) **the night t. we went to the theatre,** der Abend, an dem wir ins Theater gingen; **during the years t. he had been in prison,** während der Jahre, die er im Gefängnis verbracht hatte; (*d*) **everything/all t. . . .,** alles, was . . .; **the best t. he could do,** das Beste, was er machen konnte.

that³ [ðæt, ðət], *conj.* **1.** (*introducing subordinate clause*) daß; (*a*) **it was for her t. they fought,** sie war es, um die sie kämpften; **not t. I would have gone,** nicht (etwa), daß ich gegangen wäre; **I hope t. you'll have good luck,** ich hoffe, sie haben Glück/daß sie Glück haben; (*b*) (**so**) **t.,** so daß, damit; **come nearer so t. I can see you,** komm näher, so daß/damit ich dich sehen kann. **2.** (*because*) weil; **it was rather t. he had no friends,** es war eher deshalb, weil er keine Freunde hatte.

thatch [θætʃ]. I. *s.* (*a*) Dachstroh *n;* (*b*) *F:* (*hair*) Haarschopf *m.* II. *v.tr.* (ein Dach) mit Stroh/ (*with reeds*) mit Binsen decken; **thatched roof,** Strohdach *n;* **thatched cottage,** strohgedecktes Landhaus. '**thatcher,** *s.* Strohdecker *m.*

thaw [θɔː]. I. *s.* Tauwetter *n;* (*process*) Tauen *n.* II. *v.* **1.** *v.tr.* (Schnee) tauen; (Fleisch usw.) auftauen. **2.** *v.i.* (*of snow etc.*) tauen; (*of frozen food; Fig: of pers.*) auftauen.

the [ðə], *before vowel* [ði:]. I. *def. art.* der, die, das; *pl.* die; (*a*) **the voice of the people,** die Stimme des Volkes; **the arrival of the guests,** die Ankunft der Gäste; **the Martins,** die Martins; **George the Sixth,** Georg der Sechste; (*b*) **he's not the person to do that,** er ist nicht einer, der das tun würde; **the impudence of it!** was für eine Unverschämtheit! (*c*) (*with adj.*) **the beautiful,** das Schöne; **translated from the Russian,** übersetzt aus dem Russischen; *coll.* **the poor,** die Armen; (*d*) **paid by the day,** tageweise bezahlt; **ten pence the pound,** zehn Pence das Pfund/pro Pfund. **2.** (*stressed*) **he's the authority on that,** er ist die führende Autorität auf dem Gebiet. II. *adv.* **1. it will be (all) the easier for you as you are young,** es wird um so leichter für Sie sein, da Sie jung sind; **so much the better,** umso besser. **2. the . . . the . . .,** je . . . desto . . .; **the sooner the better,** je eher, desto besser; **the less said the better,** darüber schweigt man am besten.

theatre ['θiətər], *s.* **1.** Theater *n;* **repertory t.,** Repertoirebühne *f;* **to go to the t.,** ins Theater gehen; **it is good t.,** es ist bühnenwirksam. **2.** *Med:* (**operating**) **t.,** Operationssaal *m.* **3.** *Mil:* Einsatzgebiet *n; t.* **of war,** Kriegsschauplatz *m.* '**theatregoer,** *s.* Theaterbesucher(in) *m(f).*

theatrical [θi'ætrik(ə)l], *adj.* **1.** Theater-; **t. works,** Bühnenwerke *npl; t.* **company,** Schau-

spieltruppe f. 2. (as in the theatre) theatralisch.
the′atricals, s. pl. F: amateur t., Laien-
theater n. Laienaufführungen fpl.

theft [θeft], s. Diebstahl m (from sth., aus etwas
dat; from s.o., an j-m).

their [ðɛər], poss. adj. ihr, ihre; **t. father and
mother,** ihr Vater und ihre Mutter; **T. Majesties,**
ihre Majestäten; **for t. sake,** ihretwegen; **nobody
in t. senses,** kein Mensch bei gesundem Ver-
stand. **theirs** [ðɛəz], poss. pron. ihrer, ihre,
ihres; pl. ihre; **that is t.,** das ist ihres; **this
house is t.,** dieses Haus gehört ihnen; **he's a
friend of t.,** er ist ein Freund von ihnen.

them [ðəm], pers. pron. pl. (objective case) **1.** (a)
(direct = acc) sie; (indirect = dat) ihnen; **I like
t.,** ich habe sie gern; **I shall tell t.,** ich werde es
ihnen sagen; **it's t.!** sie sind's! (emphatic) die
sind's! (b) (with prep.) **speak to t.,** reden Sie
mit ihnen; **they took the keys with t.,** sie
nahmen die Schlüssel mit (sich); **because of t.,**
ihretwegen; (c) (of t., von ihnen; (things) davon;
most of t., die meisten; **both/the two of t.,** alle
beide; **there are three of t.,** sie sind drei; **every
one of t. was killed,** sie wurden alle getötet;
give me half of t., gib mir die Hälfte davon;
neither of t., weder der/die/das eine, noch der/
die/das andere; **lay the tables and put some
flowers on t.,** decken Sie die Tische und stellen
Sie Blumen darauf. **them′selves,** pers. pron. **1.**
(reflexive) sich; **they washed t.,** sie wuschen
sich; **among t.,** unter sich; untereinander; **by t.,**
allein; **they think of nobody but t.,** sie denken
nur an sich (selber); **they all work for t.,** sie alle
arbeiten für sich selbst. **2.** (emphatic) selbst;
they cooked it t., sie haben es selbst gekocht.

thematic [θiˈmætik], adj. thematisch. **theme**
[θiːm], s. Thema n; **t. song,** Hauptmelodie f.

then [ðən]. **1.** adv. dann; (a) (at that time)
damals; **t. and there,** auf der Stelle, sofort; **now
and t.,** dann und wann; (b) (after that) danach,
darauf; **they travelled in France and t. in Spain,**
sie machten eine Frankreichreise und dann/
danach eine Spanienreise; **what t.?** was
dann? (c) (concessive) **but t.,** aber eigentlich/
andererseits; **you weren't there, but t. neither
was I,** du warst nicht dort, allerdings/an-
dererseits ich auch nicht; (d) **I've no time, and
t. it isn't my business,** ich habe keine Zeit, und
außerdem geht es mich gar nichts an; (e)
also; **go on t.!** mach's also! also geh! **you knew
all the time t.?** du hast es also die ganze Zeit
gewußt? **now t.!** (i) aufpassen! (ii) hören Sie
mal! **II.** s. (point of time) **before t.,** vorher; **by t.,**
bis dahin; bis zu der Zeit; (ever) **since t.,**
seitdem, von dem Augenblick an; **till t.,** bis
dahin; **between now and t.,** inzwischen.

theology [θiˈɔlədʒi], s. Theologie f. **theo-
logian** [θiəˈləudʒən], s. Theologe m. **theo-
logical** [ˈlɔdʒikl], adj. theologisch.

theorem [ˈθiərəm], s. Geom: Lehrsatz m. **theore-
tical** [ˈθiəˈretikl], adj. theoretisch. **theorist/
′theorizer,** s. Theoretiker m. **′theorize,** v.i.
Theorien aufstellen. **theory** [ˈθiəri], s.
Theorie f; in t., theoretisch.

therapy [ˈθerəpi], s. Med: Therapie f. **′thera-
pist,** s. Therapeut(in) m(f).

there [ðɛər]. **I.** adv. (a) (place) dort; (direction)
dorthin; **he does not live t.,** er wohnt nicht

dort; **put it t.,** stellen Sie es dorthin; **he went t.
by car,** er fuhr mit dem Auto hin; **he left t. at
ten,** er fuhr um zehn Uhr dort ab; **we're t. at
last!** endlich sind wir da! **it's a hundred kilo-
metres t. and back,** es sind hundert Kilometer
hin und zurück; (b) Fig: (finished) **I'm nearly
t.,** ich bin bald soweit; **he gets t. in the end,** er
schafft es doch am Ende; F: **he's all t.,** er ist
auf Draht; **he's not all t.,** er hat nicht alle
Tassen im Schrank; (c) (with prep.) **from t.,**
von dort; **in t.,** da drinnen; **up t.,** dort oben;
(d) (emphatic) **that man t.,** der Mann dort; **you
t.!** he, Sie da! **hurry up t.!** beeilen Sie sich! **2.**
(unstressed) [ðər] (a) **t. is/are,** es sind/sind; es gibt
+ acc; **t. are ten of them,** es sind/es gibt zehn
davon; (people) sie sind zehn; **t. was once a
King,** es war einmal ein König; **t. is no cause
for alarm,** es gibt keinen Grund zur Be-
fürchtung; **t. was a terrible row,** es gab einen
Mordskrach; **t. was singing and dancing,** es
wurde gesungen und getanzt; **t.'s a page mis-
sing,** es fehlt eine Seite; (b) **t. comes a time
when . . .,** es kommt eine Zeit, wo . . . **3.** da; (a)
t.'s the bell ringing, da läutet es gerade; (b) (in
that respect) darin, in dieser Hinsicht; **t. you
are mistaken,** da irrst du dich; **t.'s the diffi-
culty,** gerade da liegt die Schwierigkeit; F: **t.
you have me!** da bin ich überfragt! **II.** int. da!
(look) sieh mal! **t. now!** na also! (calming)
schon gut! **t. I told you so!** ich habe es dir
doch gleich gesagt! **t.! t.! don't worry!** schon gut,
mach dir keine Sorgen! **but t., what's the good
of talking?** was nützt aber die Rederei? **I shall
do as I like, so t.!** ich mache, was ich will,
damit basta! **′thereabouts,** adv. **1.** da herum,
in der Nähe; **somewhere t.,** da irgendwo; ir-
gendwo dort in der Nähe. **2.** (with number) so
ungefähr; **it's four o'clock or t.,** es ist so zirka
vier Uhr; Fig: **he's always there or t.,** er trifft
es immer ziemlich genau. **there′by,** adv.
dadurch, auf diese Weise. **′therefore,** adv.
deshalb, deswegen; **it's probable t. that he will
consent,** es ist also wahrscheinlich, daß er zu-
stimmen wird. **there′u′pon,** adv. darauf(hin).

therm [θəːm], s. Meas: 100 000 Wärmeeinheiten
fpl. **′thermal,** adj. (a) esp. Ph: Wärme-; **t. unit,**
Wärmeeinheit f; **t. efficiency,** Wärmewir-
kungsgrad m; (b) **t. spring,** Thermalquelle f.
thermi′onic, adj. **t. valve,** Elektronenröhre f.
thermometer [θəˈmɔmitər], s. Thermometer
n. **′thermos** adj. & s. R.t.m. **t.** (flask),
Thermosflasche f. **thermostat** [ˈθəːməstæt],
s. Thermostat m.

these [ðiːz], pl. of **this** q.v.

thesis, pl. **theses** [ˈθiːsis, ˈθiːsiːz], s. These f; Univ:
Doktorarbeit f.

they [ðei]. **1.** pers. pron. nom. pl. (a) sie;
(stressed) die; **t. are rich people,** sie/es sind
reiche Leute; **it is t. who are responsible,** sie sind
es, die verantwortlich sind; Iron: **t. are a fine
lot, t. are!** die sind aber eine feine Bande! (b)
t. who suffer most, die, die am meisten leiden. **2.**
indef. pron. (= one) man; **t. say that . . .,** man
sagt, daß. . .; F: **nobody admits t. are to blame,**
niemand gibt zu, daß er schuld hat.

thick [θik]. **I.** adj. **1.** dick; **a wall two metres t.,**
eine zwei Meter dicke Mauer; **t. snow,** tiefer
Schnee; **t. clothing,** warme Kleidung; F: to

have a t. skin, ein dickes Fell haben. **2.** (*of forest, fog, hair etc.*) dicht; (*of crowd*) dichtgedrängt; **it's t. with flies,** es wimmelt von Fliegen. **3.** (*of liquid*) dickflüssig; **t. mud,** dicker Schlamm; **t. soup,** dicke Suppe; (*b*) (*of voice*) belegt; (*of sound*) dumpf; (*c*) **to have a t. head,** einen Brummschädel haben; *F:* **t.(-headed),** begriffsstutzig; **to be t. from the neck up,** ein Brett vor dem Kopf haben; (*d*) *F:* **to be very t. with s.o.,** mit j-m dick befreundet sein; **they are as t. as thieves,** sie halten zusammen wie Pech und Schwefel. **4.** *F:* **that's a bit t.!** das ist ein bißchen stark! **II.** *s.* **1.** dichtester Teil; **in the t. of it,** mittendrin; **in the t. of the fight,** im dichtesten Kampfgetümmel; *Fig:* **to stick to s.o. through t. and thin,** mit j-m durch dick und dünn gehen. **III.** *adv.* **1.** (*also -ly*) dick; **you're spreading the butter too t.,** du streichst die Butter zu dick auf; *F:* **to lay it on t.,** dick auftragen. **2. the blows fell t. and fast,** die Schläge kamen hageldicht; **-ly,** *adv.* **t. populated,** dicht besiedelt; **the snow fell t.,** es schneite stark. **'thicken,** *v.* **1.** *v.tr.* (etwas) dicker machen; *Cu:* (eine Soße) eindicken; (eine Suppe) legieren. **2.** *v.i.* (etwas) dicker werden; (*of fog etc.*) dichter werden; (*b*) (*of sauce*) eindicken; **the crowd was thickening,** das Gedränge verstärkte sich; (*c*) *Fig:* **the plot thickens,** die Sache wird immer geheimnisvoller. **'thicket,** *s.* Dickicht *n.* **'thickness,** *s.* **1.** (*a*) Dicke *f* (eines Gegenstandes); (*b*) Dichte *f* (des Nebels, eines Waldes usw.); Dichtheit *f* (der Haare usw.); (*c*) Belegtheit *f* (der Stimme). **2.** (*layer*) Schicht *f.* **'thickset,** *adj.* (*of pers.*) untersetzt. **'thick-skinned,** *adj.* dickhäutig; *F:* (*of pers.*) dickfellig.

thief, *pl.* **thieves** [θiːf, θiːvz], *s.* Dieb(in) *m(f);* (*crook*) Gauner; *Fig:* **to set a t. to catch a t.,** einen vom Fach heranziehen; **honour among thieves,** Ehre unter Gaunern. **'thieve,** *v.tr. & i.* stehlen. **'thieving. I.** *adj.* diebisch. **II.** *s.* Diebstahl *m.*

thigh [θai], *s.* Oberschenkel *m.*

thin [θin]. **I.** *adj.* dünn; (*a*) (*of thread*) fein; **t. clothes,** leichte Kleidung; *Fig:* **to have a t. skin/ be t.-skinned,** empfindlich/leicht beleidigt sein; (*b*) (*of pers.*) mager; (*slim*) schlank; **to get thinner,** abnehmen; **t. face,** schmales Gesicht; (*c*) (*of population*) spärlich; (*of hair*) dünn, schütter; *Th:* **there was a t. audience,** die Vorstellung war schwach besucht; (*d*) (*of liquid etc.*) dünn; **t. voice,** schwache Stimme; *F:* **to disappear into t. air,** verdüften; (*e*) *Fig:* **t. excuse,** fadenscheinige Entschuldigung; *F:* **he had a t. time of it,** ihm ging es mies. **II.** *adv.* dünn; (*also -ly*) **to cut (bread etc.) t.,** (Brot usw.) in dünne Scheiben schneiden; **to spread the paint t.,** die Farbe dünn auftragen; **-ly,** *adv.* dünn; **t. dressed,** spärlich bekleidet; **t. veiled illusion,** eine kaum verschleierte Anspielung; **t. populated,** dünn besiedelt. **III.** *v.* **1.** *v.tr.* (*a*) (einen Gegenstand) dünner machen; (*b*) (eine Farbe, Soße usw.) verdünnen; (*c*) **to t. out,** (einen Wald) lichten; (Bäume, Sträucher) auslichten; (Pflanzen) vereinzeln. **2.** *v.i.* (*a*) dünn(er) werden; (*of pers.*) abmagern, abnehmen; (*b*) (*of numbers*) **the crowd gradually thinned (out),** die Menge zerstreute sich allmählich; **his hair is thinning,** sein Haar wird schütter. **'thinner. I.** *adj.* dünner. **II.** *s. esp. pl. Paint:* Ver-

dünner *m,* Verdünnungsmittel *n.* **'thinness,** *s.* Dünnheit *f;* (*a*) Feinheit *f* (eines Fadens); (*b*) Magerkeit *f;* Schlankheit *f;* (*c*) Spärlichkeit *f* (der Haare); (*d*) *Fig:* Dürftigkeit *f* (einer Entschuldigung). **'thinning,** *s.* (*a*) Verdünnung (einer Farbe usw.); (*b*) (*of pers.*) Abmagerung *f;* (*c*) **t. out,** Lichten *n;* Auslichten *n* (von Bäumen usw.).

thing [θiŋ], *s.* **1.** (*object*) (*a*) Ding *n; pl. esp. Pej:* Zeug *n;* **those are useless things,** das ist nutzloses Zeug; **the right/very t.,** genau das Richtige; **just the t. I am looking for,** genau das, was ich suche; **all the things I need,** alles, was ich brauche; **neither one t. nor the other,** weder das eine noch das andere; *F:* **what's that t.?** was ist das für ein Ding? **tea things,** Teegeschirr *n;* **sewing things,** Nähzeug *n;* **swimming things,** Badesachen *fpl;* (*b*) *pl. F:* (*clothes*) Kleider *npl;* **to take off one's things,** den Mantel (und den Hut) ablegen; (*undress completely*) sich ausziehen; (*c*) *pl. F:* (*possessions*) Sachen *fpl.* **2.** *F:* (*pers., animal*) Wesen *n,* Geschöpf *n;* **you poor t.!** du Armes! Sie Ärmste(r)! **(the) poor little things,** die armen kleinen Dinger; **she's a nice old t.,** sie ist eine nette alte Haut. **3.** (*matter*) Sache *f;* (*a*) **you take the whole t. too seriously,** du nimmst die ganze Angelegenheit zu ernst; **the t. is this,** es ist nämlich so; **he expects great things of the new treatment,** er setzt große Hoffnung auf die neue Behandlung; **of all things to do!** ausgerechnet das mußte er/mußtest du machen! **to do the right/ wrong t.,** richtig/falsch handeln; **to talk of one t. and another,** von diesem und jenem sprechen; **what with one t. and another,** alles in allem; **it goes from one t. to another,** man kommt vom Hundertsten ins Tausendste; **for one t.,** einerseits; **for another t.,** and(e)rerseits; **that's quite another t.,** das ist etwas ganz anderes; **it's just one of those things,** so etwas kommt eben vor; **to know a t. or two,** (über vieles) Bescheid wissen; **I could tell you a t. or two,** ich könnte dich über einiges aufklären; **first t.** (**in the morning**), zuallererst (nach dem Aufstehen); **last t. at night,** als letztes (vor dem Schlafengehen); (*b*) **things are going badly,** die Dinge stehen schlecht; **as things are,** wie die Dinge liegen; **that is how things are,** es ist nun einmal so; *F:* **how are/how's things?** wie geht's, wie steht's? **4. the usual t.,** das Gewöhnliche; **the latest t. in ties,** das Neueste in Krawatten; *F:* **it's not the t.,** das tut man nicht; **it's quite the t.,** das ist eben Mode. **'thingamy(bob)/'thingummy/ 'thingumajig,** *s. F:* Dings *n.*

think [θiŋk]. **I.** *s.* **to have a (quiet) t.,** es (in Ruhe) überlegen; (*ruhig*) nachdenken. **II.** *v.* (*p. & p.p.* **thought** [θɔːt]) **1.** *v.tr. & i.* (etwas) denken; (*a*) (*consider*) überlegen; (*meditate*) nachdenken; **he thinks for himself,** er denkt selbständig; **I can't t. why,** ich kann mir nicht vorstellen, warum; **to act without thinking,** unüberlegt/ohne Überlegung handeln; **t. before you speak,** überlege, bevor du sprichst; **give me time to t.,** laß mir Zeit zum Nachdenken; **his name was – let me t.,** er hieß – laß mich nachdenken; *F:* **t. again!** überleg es noch einmal! **I'd t. twice before buying it,** ich würde es mir nochmal überlegen, ehe ich es kaufte; (*b*) (*believe*) glauben; **I would have thought that . . . ,** ich hätte geglaubt/gemeint, daß . . .; **anyone**

would t. that ..., man würde meinen/annehmen, daß ...; **who'd have thought it!** wer hätte das gedacht/geglaubt! **just t.!** stell dir nur vor! (c) I've **(just) been thinking that ...**, es ist mir (gerade) eingefallen, daß ...; **did you t. to bring any money?** hast du daran gedacht, etwas Geld mitzubringen? (d) (express opinion) (etwas) meinen; **what do you t. (about it)?** was meinen Sie (dazu)? **it's better like this, don't you t.?** so ist es besser, nicht wahr? **what do you t. I ought to do?** was sollte ich Ihrer Ansicht nach machen? **I t. she's pretty,** ich finde sie hübsch; **everyone thought he was mad,** jeder hielt ihn für verrückt; **they are thought to be rich,** sie gelten als reich; **to t.** oneself lucky, sich glücklich preisen; **I t. so,** ich glaube ja; **I t. not,** ich glaube nicht; **I (should) hardly t. so/t. it likely,** ich halte es nicht für wahrscheinlich; **do as you t. best,** tu, was du für das beste hältst; **I should (just) t. so!** das will ich meinen! P: **I don't t.!** nie im Leben! (e) (expect) **I little thought I'd see him again,** ich hatte kaum erwartet, ihn wiederzusehen; **I thought as much/thought so,** das dachte ich mir. **2.** v. ind. tr. (a) **to t. of/about sth.,** an etwas acc denken; (meditate) über etwas acc nachdenken; (imagine) sich dat etwas vorstellen; **one can't t. of everything,** man kann nicht an alles denken; **I've so much to t. about,** es gibt so vieles zu bedenken; **I can't t. of the right word,** ich komme nicht auf das richtige Wort; **the best I can t. of,** das beste, was mir einfällt; **that's worth thinking about,** es lohnt sich, das zu erwägen/zu überlegen; **what can I be thinking of?** wo hab' ich nur meine Gedanken?! **(just) t. of that!** stell dir (nur) vor! **t. of it, I'm in love with him,** stell dir vor, ich bin in ihn verliebt; **it's not to be thought of,** es kommt gar nicht in Frage; **t. of the expense!** denken Sie nur, was das kostet! **to t. of s.o.'s feelings,** Rücksicht auf j-s Gefühle nehmen; **to be thinking of/about doing sth.,** vorhaben, etwas zu tun; **I wouldn't t. of it!** das fällt mir nicht im Traum ein! **what do you t. of/about it?** was halten Sie davon/meinen Sie dazu? **to t. well/highly of s.o.,** j-n hochschätzen; **to t. a great deal of oneself,** große Stücke auf sich acc halten; **I told him what I thought of him,** ich habe ihm tüchtig meine Meinung gesagt; **to t. better of it,** sich eines Besseren besinnen; **I don't t. much of it,** ich halte nicht viel davon; **he thinks nothing of walking ten miles,** es macht ihm nichts aus, zehn Meilen zu Fuß zu gehen. ´**think a ble,** adj. denkbar. ´**thinker,** s. Denker(in) m(f). ´**thinking. I.** adj. denkend. **II.** s. Denken n, Nachdenken n; **to my way of t.,** meiner Meinung nach; **what is your t. on the subject?** was meinen Sie dazu? ´**think out,** v.tr. (etwas) ausdenken; **to t. o. a plan,** einen Plan ausarbeiten/ausdenken; **a carefully thought o. answer,** eine gründlich erwogene Antwort; **that wants thinking o.,** das muß man sorgfältig erwägen; **I must t. things o.,** ich muß die Sache gründlich bedenken; **he thinks things o. for himself,** er beurteilt die Sachen selbständig. ´**think over,** v.tr. (etwas) überlegen; **this wants thinking over,** wir müssen darüber nachdenken. ´**think up,** v.tr. (einen Plan, Streich) ausbrüten, aushecken; **what will they t. up next?** was fällt ihnen wohl als nächstes ein? **third** [θəːd]. **I.** num. adj. dritter, dritte, drittes; **t. person,** (i) (also t. party) Dritte(r) m; (ii) Gram:

dritte Person; **t. party insurance,** Haftpflichtversicherung f; **t. finger,** Ringfinger m; **on March 3rd/the t. of March,** am 3./dritten März. **II.** s. **1.** Mus: Terz f. **2.** Aut: dritter Gang. **3.** (fraction) Drittel n; -ly, adv. drittens. ´**third-'class,** adj. drittklassig. ´**third-'rate,** adj. drittrangig, minderwertig.

thirst [θəːst]. **I.** s. Durst m; Fig: **t. for knowledge,** Wißbegier f. **II.** v.i. **to t. for revenge,** nach Rache dürsten. ´**thirsty,** adj. durstig; **to be (very) t.,** (großen) Durst haben; **this is t. work,** diese Arbeit macht Durst/durstig.

thirteen [θəːˈtiːn]. **I.** num. adj. dreizehn. **II.** s. Dreizehn f. ´**thir'teenth. I.** num. adj. dreizehnte(r,s); **the t. of May/May 13th.,** der dreizehnte/13. Mai. **II.** s. (fraction) Dreizehntel n.

thirty [ˈθəːti]. **I.** num. adj. dreißig; **t.-one,** einunddreißig; **the t. first,** der einunddreißigste. **II.** s. Dreißig f. ´**thirtieth. I.** num. adj. dreißigste(r,s). **II.** s. (fraction) Dreißigstel n.

this [ðis]. **I.** dem. pron. pl. **these** [ðiːz] **1.** dies(es); pl. diese; (a) **t. I already know,** dies wußte ich schon; **who is t.?** wer ist das? **after t.,** von jetzt an; (later) später; **before t.,** früher; **t. is Mr. Martin,** darf ich Ihnen Herrn Martin vorstellen? **t. is where he lives,** hier wohnt er; **it was like t.: ...,** es war folgendermaßen: ...; (b) **will you have t. or that?** möchtest du dieses oder jenes? **to talk of t. and that,** von diesem und jenem sprechen; **I prefer these to those,** ich ziehe diese jenen (dort) vor. **II.** dem. adj. (pl. **these**) dieser, diese, dieses; pl. diese; **t. one,** dieses; **t. morning/evening,** heute morgen/abend; **these days,** heutzutage; **t. day last year,** heute vor einem Jahr; **to run t. way and that,** hin und her laufen; **I've been waiting t. half hour,** ich warte schon seit einer halben Stunde. **III.** dem. adv. **t. high,** so hoch; **t. far,** bis hierher.

thistle [ˈθisl], s. Bot: Distel f. ´**thistledown,** s. Distelwolle f.

thither [ˈðiðər], adv. **hither and t.,** hin und her.

thong [θɔŋ], s. Lederstreifen m.

thorax [ˈθɔːræks], s. Anat: Brustkorb m.

thorn [θɔːn], s. **1.** Dorn m; Fig: **he's a t. in my flesh,** er ist mir ein Dorn im Auge. **2.** (bush) Dornbusch m. ´**thorny,** adj. dornig; Fig: **t. problem,** heikles Problem.

thorough [ˈθʌrə], adj. (a) gründlich; (of search) eingehend; (careful) sorgfältig; **t. examination,** genaue Untersuchung; **to give a room a t. cleaning,** ein Zimmer gründlich reinigen; (b) **t. scoundrel,** ausgemachter Schurke; **I'm a t. believer in fresh air,** ich bin ein überzeugter Frischluftfanatiker; -ly, adv. gründlich; (completely) gänzlich; vollkommen (begreifen); völlig (neu gestalten); **she's t. spoilt,** sie ist total verwöhnt; **I t. enjoyed the play,** das Stück hat mir sehr gut gefallen; **I t. enjoyed the meal,** das Essen schmeckte mir ausgezeichnet. ´**thoroughbred,** s. **I.** adj. (of horse) vollblütig, Vollblut-; (of dog) reinrassig. **II.** s. Vollblut(pferd) n. ´**thoroughfare,** s. esp. Adm: Durchgangsstraße f; **public t.,** öffentliche Verkehrsader f; **main t.,** Hauptverkehrsstraße f; P.N: **no t.!** Durchfahrt verboten! ´**thoroughgoing,** adj. durch und durch; **t. rascal,** ausgemachter Schurke; **t. socialist,** kompromißloser Sozialist. ´**thoroughness,** s. Gründlichkeit f; (care) Sorgfalt f; (completeness) Vollkommenheit f.

those [ðəuz], *pron. & adj. pl. of* **that**[1].

though [ðəu]. **I.** *conj.* **1.** (*a*) obgleich, obwohl; I am sorry for him, (even) t. I don't like him, er tut mir leid, obwohl/obgleich ich ihn nicht mag; t. small, he is none the less brave, obgleich er klein ist, ist er dennoch tapfer; (*b*) strange t. it may seem, so seltsam es auch scheinen mag. **2.** as t., als ob + *subj;* he behaves as t. he owns it, er tut, als ob es ihm gehöre; it looks as t. he has gone, es sieht danach aus, als ob er schon gegangen sei/als sei er schon gegangen. **II.** *adv.* **1.** trotzdem; immerhin; I like him t., immerhin mag ich ihn; you don't know him t., du kennst ihn doch nicht. **2.** did he t.! und ob (er es tat)!

thought [θɔ:t], *s.* **1.** (*process*) Denken *n;* (*meditation*) Nachdenken *n;* lost in t., in Gedanken vertieft; t. process, Denkprozeß *m; Phil:* western t., die abendländische Gedankenwelt. **2.** (*idea*) Einfall *m,* Idee *f;* happy t., glücklicher Einfall *m; F:* that's a t., (i) (*positive*) gute Idee! (ii) (*negative*) oh je! **3.** Gedanke *m;* (*a*) the mere t. (of it), der bloße Gedanke (daran); I didn't give it a/another t., ich habe nicht/nicht weiter daran gedacht; (*b*) *pl.* to collect one's thoughts, seine Gedanken sammeln; her thoughts were elsewhere, sie war mit den Gedanken ganz woanders; to read s.o.'s thoughts, j-s Gedanken lesen. **4.** (*a*) (*consideration*) Überlegung *f,* Erwägung *f;* after much t., nach reiflicher Überlegung; on second thoughts, nach weiterer Erwägung; (*b*) (*care*) Rücksicht *f;* lack of t. (for others), Rücksichtslosigkeit *f* (gegenüber anderen); he has no t. for others, er nimmt keine Rücksicht auf andere. **5.** *pl.* (*intention*) Absicht *f;* I once had thoughts of emigrating, einmal habe ich mit dem Gedanken gespielt, auszuwandern. **'thoughtful,** *adj.* **1.** (*pensive*) gedankenvoll, nachdenklich. **2.** (*considerate*) rücksichtsvoll (of others), anderen gegenüber); he was t. enough to warn me, er war so freundlich/ aufmerksam, mich zu warnen; **-ly,** *adv.* (*a*) (*pensively*) nachdenklich, gedankenvoll; (*b*) he t. left the light on, freundlicherweise ließ er das Licht brennen. **'thoughtfulness,** *s.* **1.** Nachdenklichkeit *f.* **2.** Rücksicht(nahme) *f;* (*attention*) Aufmerksamkeit *f.* **'thoughtless,** *adj.* (*a*) unüberlegt; unbesonnen; t. action, leichtsinnige Handlung; (*b*) (*inconsiderate*) rücksichtslos (of others, gegenüber anderen); **-ly,** *adv.* to treat s.o. t., j-n rücksichtslos behandeln. **'thoughtlessness,** *s.* (*a*) Unüberlegtheit *f;* (*b*) Rücksichtslosigkeit *f.* **'thought-reader,** *s.* Gedankenleser(in) *m(f).* **'thought-reading,** *s.* Gedankenlesen *n.*

thousand ['θauz(ə)nd]. **I.** *num. adj.* tausend; a t. men, tausend Mann; a t. times, tausendmal. **II.** *s.* **1.** Tausend *n;* by the t., zu Tausenden; thousands and thousands of people, Tausende und Abertausende von Menschen; he's one in a t., er ist einer unter tausend. **2.** (*written*) Tausend *f.* **'thousandth. I.** *num. adj.* tausendste(r, s). **II.** *s.* (*fraction*) Tausendstel *n.*

thrash [θræʃ], *v.* **1.** *v.tr.* (*a*) (j-n) verprügeln; (*b*) *Sp: etc:* (j-n, eine Mannschaft) vernichtend schlagen. **2.** *v.i.* to t. (about), sich hin und her wälzen. **'thrashing,** *s.* Dresche *f;* a t., eine Tracht Prügel; to give s.o. a t., j-n verdre-

schen. *Sp:* vernichtend schlagen. **'thrash'out,** *v.tr.* (ein Problem) ausführlich erörtern.

thread [θred]. **I.** *s.* **1.** Faden *m; Fig:* to hang by a t., an einem Faden hängen; (*a*) sewing t., Nähfaden *m;* (*b*) *Tex:* Garn *n; Fig:* to lose the t. (of an argument), den Faden (der Beweisführung) verlieren. **2.** *Mec. E:* Gewinde *n;* t. cutter, Gewindeschneidemaschine *f.* **II.** *v.tr.* (*a*) *Sew:* to t. a needle, (den Faden in) eine Nadel einfädeln; (*b*) *Mec. E:* (an einem Bolzen usw.) ein Gewinde schneiden. **'threadbare,** *adj.* (*also Fig:*) fadenscheinig.

threat [θret], *s.* Drohung *f;* to be under the t. of sth., von etwas *dat* bedroht sein; there is a t. of rain, der Regen droht; there is a t. of a strike, es besteht die Gefahr eines Streiks. **'threaten,** *v.* **1.** *v.tr.* to t. s.o., sth. (with sth.), j-m, etwas *dat* (mit etwas *dat*) drohen; to t. to do sth., drohen, etwas zu tun; the sky threatens rain, es sieht nach Regen aus; houses threatened with demolition, vom Abbruch bedrohte Häuser. **2.** *v.i.* a storm is threatening, es sieht nach einem Gewitter aus. **'threatening,** *adj.* (*of tone*) drohend; the weather looks t., das Wetter sieht bedrohlich aus.

three [θri:]. **I.** *num. adj.* drei; to come in threes/t. by t./t. at a time, zu dritt eintreten; three quarters, dreiviertel; t. quarter-length coat, dreiviertellanger Mantel; t.-cornered, dreieckig; *Mus:* t.-four time, Dreivierteltakt *m; Cl:* t.-piece suit, dreiteiliger Anzug; *Aut:* t.-wheeler, Dreirad *n.* **II.** *s.* (*figure*) Drei *f.* **'threefold,** *adj. & adv.* dreifach; to increase t., sich um das Dreifache vermehren.

thresh [θreʃ], *v.tr.* (Weizen) dreschen. **'thresher,** *s.* Drescher *m,* Dreschmaschine *f.*

threshold ['θreʃ(h)əuld], *s.* Schwelle *f; Psy:* t. of perception, Wahrnehmungsgrenze *f.*

thrift [θrift], *s.* Sparsamkeit *f.* **'thriftiness,** *s.* Sparsamkeit *f.* **'thrifty,** *adj.* (*economical*) sparsam; (*spending wisely*) haushälterisch; *N.Am:* (*of plant*) üppig wachsend.

thrill [θril]. **I.** *s.* **1.** (*trembling*) Zittern *n.* **2.** (*excitement*) Erregung *f;* (*a*) t. of joy, freudige Erregung; it gave me quite a t., es hat mich sehr gepackt; (*b*) (*cheap*) t., Nervenkitzel *m;* the thrills of the circus, die Sensationen des Zirkus. **II.** *v.* **1.** *v.tr.* (*a*) (*excite*) (j-n) erregen; (*b*) (*delight*) (j-n, das Publikum) begeistern, packen; (Zuschauer) elektrisieren; to be thrilled, begeistert sein (with, von + *dat*). **2.** *v.i.* beben, zittern (with, vor + *dat*). **'thriller,** *s.* Thriller *m; Pej:* Reißer *m.* **'thrilling,** *adj.* aufregend; (*tense*) spannend; (*of spectacle*) packend, hinreißend.

thrive [θraiv], *v.i.* (*a*) (*of child, plant etc.*) gedeihen; (*of business*) blühen; he thrives on hard work, bei viel Arbeit blüht er förmlich auf; (*b*) (*of pers.*) Erfolg haben, reich werden; to t. on other people's misfortune, sich durch das Unglück anderer bereichern. **'thriving,** *adj.* gedeihend; (*of pers., business*) blühend.

throat [θrəut], *s.* **1.** (*outside*) Hals *m;* to take s.o. by the t., j-n an der Gurgel packen; to cut s.o.'s t., j-m die Kehle durchschneiden; *Fig:* to cut one's own t., sich selbst ruinieren. **2.** (*inside*) Kehle *f;* (*of animal*) Rachen *m;* to have a sore t., Halsschmerzen haben; to clear one's t., sich räuspern; *F:* **he's always ramming it down my t.**, er reibt es mir dauernd unter die Nase; **to jump down s.o.'s t.**, j-n barsch anschnauzen; **it sticks in my t.**, es bleibt mir im Halse stecken. **2.** Hals *m* (einer Vase usw.); Kehle *f* (eines Kamins). '**throaty,** *adj.* kehlig; (*hoarse*) heiser.

throb [θrɔb]. **I.** *s.* Klopfen *n*; Pochen *n* (des Herzens); Dröhnen *n* (einer Maschine). **II.** *v.i.* (*a*) (*of heart*) schlagen, klopfen; (*of engine*) dröhnen; **his heart throbbed with joy,** ihm klopfte das Herz vor Freude; (*b*) (*with pain*) hämmern; **my finger is throbbing,** ich habe einen pochenden Schmerz im Finger. '**throbbing,** *s.* **1.** = **throb I. 2.** (*pain*) pochende/(*in the head*) hämmernde Schmerzen *mpl.*

throes [θrəuz], *s. pl.* (*a*) **death t.**, Todeskampf *m; esp. Fig:* die letzten Zuckungen; (*b*) *Fig:* **in the t. of,** mitten in + *dat.*

thrombosis [θrɔm'bəusis], *s. Med:* Thrombose *f.*

throne [θrəun], *s.* Thron *m.*

throng [θrɔŋ]. **I.** *s.* **1.** (*people*) Menschenmenge *f*; (*crush*) Gedränge *n.* **2.** (*things*) Haufen *m.* **II.** *v.* **1.** *v.i.* **to t. together,** sich zusammendrängen; **they t. to see him,** sie strömen herbei, um ihn zu sehen. **2.** *v.tr.* **to t. the streets,** sich in den Straßen zusammendrängen; **a street thronged with people,** eine von Menschen wimmelnde Straße.

throttle ['θrɔtl]. **I.** *s. Aut: etc:* (*a*) (*pedal*) Gaspedal *n;* (*flap*) Drosselklappe *f;* (*b*) **more/less t.**, mehr/weniger Gas; **to open the t.**, Gas geben. **II.** *v.* **1.** *v.tr.* (j-n) erwürgen. **2.** *v.i.* **to t. back,** den Motor abdrosseln.

through [θru:]. **I.** *prep.* **1.** (*a*) durch + *acc;* **he went t. the park,** er ging durch den Park (hindurch); **to drill t. a wall,** eine Wand durchbohren; **to go t. s.o.'s pockets,** j-s Taschen durchsuchen; **to send sth. t. the post,** etwas mit der Post schicken; **he's got t. the examination,** er hat seine Prüfung bestanden; **I'm halfway t. this book,** ich habe das halbe Buch schon gelesen; *F:* **he's been t. it,** (i) (*read it*) er hat es durchgesehen; (ii) (*suffered a lot*) er hat viel durchgemacht; (*b*) (*time*) während, hindurch; **all t. his life,** sein ganzes Leben hindurch; *N.Am:* **Monday t. Friday,** von Montag bis (einschließlich) Freitag. **2.** (*a*) (*because of*) wegen + *gen;* (*with emotions etc.*) aus + *dat;* **absent t. illness,** wegen Krankheit/krankheitshalber abwesend; **t. ignorance/fear,** aus Unkenntnis/Furcht; **t. neglect,** durch/infolge Nachlässigkeit; (*b*) (*by means of*) durch + *acc,* mittels + *gen;* **I know it t. him,** ich habe es durch ihn erfahren; **cured t. the use of drugs,** mittels Drogen geheilt. **II.** *adv.* **1.** durch; **the water poured t.**, das Wasser strömte (hin)durch; **to let s.o. t.**, j-n durchlassen; **wet t.**, völlig durchnäßt; **this train goes t. to Aberdeen,** dieser Zug fährt durch bis Aberdeen; *Tel:* **to get t.**, eine Verbindung bekommen; **I can't get t. to him,** ich kann ihn (telefonisch) nicht erreichen; *Fig:* ich kann es ihm nicht verständlich machen; **you're t.**, Sie sind verbunden; *Fig:* **t. and t./right t.**, durch und durch; **an Englishman t. and t.**, ein eingefleischter Engländer. **2.** (*finished*) fertig; **to see sth. t.**, etwas zu Ende führen; **are you t. with the work?** sind

Sie mit der Arbeit fertig? **I'm t. with him,** ich will nichts mehr mit ihm zu tun haben. **III.** *adj. Rail:* **t. train,** durchgehender Zug; **t. carriage for Geneva,** Kurswagen *m* nach Genf; **t. traffic,** Durchgangsverkehr *m.* **through'out. I.** *prep.* **1.** **t. the country/book,** im ganzen Lande/Buch. **2.** (*time*) . . . *acc* hindurch; **t. the year,** das ganze Jahr hindurch/während des ganzen Jahres. **II.** *adv.* **1.** (*completely*) ganz; **central heating t.**, Zentralheizung im ganzen Haus. **2.** (*all the time*) die ganze Zeit. **'throughway,** *s. U.S:* Autobahn *f.*

throw [θrəu]. **I.** *s.* Wurf *m.* **II.** *v.tr.* (*p.* **threw** [θru:], *p.p.* **thrown** [θrəun]) (*a*) (etwas) werfen, (*hurl*) schleudern; *abs.* **he can t. a hundred metres,** er kann hundert Meter werfen; **to t. stones (at s.o.),** mit Steinen (nach j-m) werfen; (*b*) **to t. oneself at s.o.'s feet/into s.o.'s arms,** sich j-m zu Füßen/in die Arme werfen; **to t. oneself into the water,** sich ins Wasser stürzen; *Fig:* **to t. oneself on s.o.'s mercy,** sich j-m auf Gnade und Ungnade ergeben; **to be thrown (back) upon one's resources,** auf sich *acc* selbst angewiesen sein; (*c*) **to t. a picture on the screen,** ein Bild auf die Leinwand projizieren; *Fig:* **to t. light on the matter,** Licht auf die Sache werfen; (*d*) *F:* **to t. a fit,** einen Wutanfall bekommen; **to t. a party,** eine Party geben/*F:* schmeißen; (*e*) *Wrestling:* (seinen Gegner) (zu Boden) werfen; *Equit:* (*of horse*) (seinen Reiter) abwerfen; (*of rider*) **to be thrown,** aus dem Sattel geworfen werden; (*f*) *F:* (j-n) aus dem Konzept bringen; **the question threw me,** die Frage verwirrte mich. **'throw a'bout,** *v.tr.* (*a*) (j-n, etwas) hin und her werfen; **to t. one's arms a.**, gestikulieren; (*b*) *F:* **to t. money a.**, mit Geld um sich werfen; **to t. one's weight a.**, wichtig tun. **'throw a'way,** *v.tr.* (etwas, *Fig:* sein Leben) wegwerfen; (*waste*) (Worte, Zeit) verschwenden; (Geld) zum Fenster hinauswerfen; **to t. a. a chance,** eine Gelegenheit verpassen. **'throwaway,** *adj.* (*a*) zum Wegwerfen, Wegwerf-; (*b*) **t. remark,** leger hingeworfene Bemerkung; *Th:* **t. line,** (bewußt) ohne Nachdruck gesprochene Stelle. **'throwback,** *s.* (*feature*) Atavismus *m;* (*pers., animal*) Rückschlag *m.* **'throw 'down,** *v.tr.* (*a*) (*from height*) (etwas) hinunterwerfen; (*b*) (*to the ground*) (etwas) zu Boden werfen. **'throw 'in,** *v.tr.* (*a*) (etwas) hineinwerfen; *Fb:* (den Ball) einwerfen; (*b*) (*add*) (eine Bemerkung) einflechten, hinzufügen; (*include in sale*) **I'll t. in the radio (as well),** ich gebe Ihnen das Radio (noch) dazu; (*c*) *Fig:* **to t. in one's lot with s.o.**, mit j-m gemeinsame Sache machen; (*d*) *Cards: & Fig:* **to t. in one's hand,** aufgeben; *Box: & Fig:* **to t. in the sponge,** sich geschlagen geben. **'throw 'off,** *v.tr.* (*a*) (etwas) abwerfen; (*shake off*) abschütteln; (Kleider) abwerfen; (*b*) (*get rid of*) (eine Erkältung usw.) loswerden; **to t. s.o. off the scent,** j-n von der Fährte abbringen; (*c*) (ein Gedicht usw.) aus dem Ärmel schütteln. **'throw 'open,** *v.tr.* (eine Tür usw.) aufreißen. **'throw 'out,** *v.tr.* (*a*) (j-n, etwas) hinauswerfen, *F:* hinausschmeißen; (Hitze) ausstrahlen; (*of pers.*) **to t. o. one's chest,** sich in die Brust werfen; *Parl:* **to t. o. a bill,** einen Gesetzentwurf verwerfen; (b) (eine Bemerkung usw.) fallenlassen. 'throwouts, s. pl. Aussortiertes n. 'throw to'gether, v.tr. (a) (Menschen) zusammenführen; (b) Pej: (ein Essen, einen Aufsatz) hinhauen; (ein Buch) zusammenstoppeln, 'throw 'up, v. 1. v.tr. (etwas) in die Höhe werfen, hochwerfen; (die Hände) hochheben; (b) F: to t. up one's job, seinen Posten aufgeben. 2. v.i. F: (vomit) kotzen.

thru [θru:], N.Am: = through.

thrush [θrʌʃ], s. Orn: Drossel f.

thrust [θrʌst]. I. s. (a) Stoß m; (with sword) Hieb m; Fenc: Stich m; (b) Mec.E: Axialdruck m; Av: Schubleistung f (eines Düsenmotors). II. v. 1. v.tr. (a) (etwas) (heftig) stoßen; (j-n) schieben; to t. one's hands into one's pockets, die Hände in die Taschen stecken; to t. a knife into s.o.'s back, j-m ein Messer in den Rücken stoßen; to t. out one's hand, die Hand ausstrecken; to t. s.o. aside/forward, j-n beiseite/nach vorne schieben; (b) to t. one's way through the crowd, sich dat einen Weg durch die Menschenmenge bahnen; he t. his way into the room, er drängte sich in das Zimmer; to t. (one's way) past s.o., sich an j-m vorbeidrängen; (c) to t. sth. on s.o., j-m etwas aufdrängen. 2. v.i. to t. at s.o., nach j-m stoßen.

thud [θʌd]. I. s. dumpfer Schlag m, F: Bums m. II. v.i. (p. & p.p. **thudded**) dumpf aufschlagen.

thug [θʌg], s. F: Schläger m; (bully) Tyrann m.

thumb [θʌm]. I. s. Daumen m; F: my fingers are all thumbs, ich habe zwei linke Hände; Fig: to be under s.o.'s t., unter j-s Fuchtel stehen. II. v.tr. (a) to t. (through) a book, ein Buch durchblättern; (of book) well-thumbed, abgegriffen; (b) F: to t. a lift, per Anhalter fahren. 'thumbnail, s. Daumennagel m; Art: t. sketch, (kleine) rasch angefertigte Skizze f. 'thumbprint, s. Daumenabdruck m. 'thumbscrew, s. 1. Mec. E: Flügelschraube f. 2. (for torture) Daumenschraube f. 'thumbtack, s. N.Am: Reißzwecke f.

thump [θʌmp]. I. dumpfer Schlag m, F: Plumps m; (blow) Puff m. II. v.tr. & i. (a) (j-n) schlagen; to t. (on) the table, auf den Tisch hämmern/ (heftig) schlagen; (b) (of heart) heftig pochen.

thunder [ˈθʌndər]. I. s. Donner m; there's t. in the air, es ist ein Gewitter im Anzug; Fig: t. of applause, donnernder Beifall. II. v.tr. & i. (also Fig:) donnern; (of pers.) to t. (out) threats/an order, Drohungen ausstoßen/ein Kommando brüllen. 'thunderbolt, s. Myth: & Geol: Donnerkeil m; Fig: (news) Blitzstrahl m. 'thunderclap, s. Donnerschlag m. 'thundercloud, s. Gewitterwolke f. 'thundering, adj. donnernd; Fig: to be in a t. rage, vor Wut toben. 'thunderous, adj. (of applause) donnernd; Fig: he is in a t. mood, er ist übelster Laune; F: das Barometer steht auf Sturm. 'thunderstorm, s. Gewitter n. 'thunderstruck, adj. wie vom Blitz getroffen. 'thundery, adj. F: (of weather) gewitterschwül.

Thursday [ˈθəːzdi], s. Donnerstag m; on T., am Donnerstag; on Thursdays, donnerstags.

thus [ðʌs], adv. 1. (in this way) so; auf diese (Art und) Weise. 2. (therefore) also, folglich. 3. in diesem Maße; t. far, soweit; (time) bis jetzt.

thwack [θwæk]. I. s. Puff m. II. v.tr. (j-n)

verprügeln.

thwart¹ [θwɔ:t], s. Row: Ruderbank f.

thwart², v.tr. (j-m) in die Quere kommen; to t. s.o.'s plans, j-s Pläne durchkreuzen/vereiteln; to be thwarted, gehindert sein.

thyme [taim], s. Bot: Thymian m.

thyroid [ˈθairɔid], s. t. (gland), Schilddrüse f.

tiara [tiˈɑːrə], s. Diadem n.

Tibet [tiˈbet]. Pr. n. Geog: Tibet n. **Ti'betan.** I. adj. tibetisch. II. s. Tibeter(in) m(f).

tick¹ [tik]. I. s. 1. (a) (sound) Ticken n; (b) F: Moment m; just a/half a t.! ich komme gleich! in a t./two ticks, im Nu. 2. (mark) Häkchen n; to put a t. against a name, einen Namen anhaken. II. v. 1. v.i. (sound) ticken; F: I'd like to know what makes him t., ich möchte gern wissen, was ihn in Gang hält/wie sein Hirn arbeitet. 2. v.tr. (einen Namen, eine Antwort) anhaken. 'ticker, s. 1. P: Hum: (clock) Zwiebel f; (b) (heart) Pumpe f. 2. N.Am: t. tape, (im Schreibtelegrafen verwendeter) Lochstreifen m. 'ticking, s. 1. Ticken n. 2. Tex: Bezugsstoff m (für Kissen usw.); (bed-) t., Inlett n. 'tick 'off, v.tr. (a) (einen Namen) abhaken; (b) F: (j-n) herunterputzen. 'tick 'over, v.i. (of engine) leerlaufen. 'tickover, s. Aut: Leerlauf m. 'tick-'tock, s. (child's language) Ticktack f.

tick², s. (insect) Zecke f.

tick³, s. F: Kredit m; to buy sth. on t., etwas auf Pump kaufen.

ticket [ˈtikit]. I. s. 1. Karte f; (entrance) t., Eintrittskarte f; (bus, train) t., Fahrkarte f, Fahrschein m; left luggage t., Gepäckschein m; cloakroom t., Garderobenmarke f; lottery t., Lotterielos n; t. collector, Fahrkartenkontrolleur m; t. machine, Fahrkartenautomat m; t. office, Fahrkartenschalter m. 2. (label) Etikett n; (price) t., Preisschild n; Aut: F: to get a (parking) t., einen Strafzettel bekommen. 3. F: that's the t.! das ist genau das Richtige! 4. N.Am: Pol: Kandidatenliste f; to stand on the Republican t., als Republikaner kandidieren. II. v.tr. (etwas) etikettieren.

tickle [ˈtikl]. I. s. Kitzel m. II. v. 1. v.tr. (a) (j-n) kitzeln; Fig: to t. s.o.'s fancy, j-m zusagen; (b) F: (j-n) erheitern; to be tickled pink/to death (over sth.), sich köstlich (über etwas acc) amüsieren. 2. v.i. kitzeln; my hand tickles, meine Hand juckt. 'ticklish, adj. 1. (of pers.) kitzlig. 2. (tricky) heikel, kitzlig.

tide [taid], s. esp. coll. or pl. **tides,** Gezeiten pl; high t., Flut f; the t. is coming in, die Flut steigt; the t. is out/it is low t., es ist Ebbe f; t. mark, Gezeitenmarke f; F: (in bath etc.) Dreckrand m; Fig: t. of events, (normaler) Verlauf der Ereignisse; against the t., gegen den Strom; to go with the t., mit dem Strom schwimmen. 'tidal, adj. 1. t. wave, Flutwelle f. 2. Gezeiten-; t. power station, Gezeitenkraftwerk n; t. river, den Gezeiten ausgesetzter Fluß. 'tideless, adj. ohne Gezeiten. 'tide 'over, v.tr. that will t. us over, das wird uns solange darüber hinweghelfen/über Wasser halten. 'tideway, s. Gezeitenströmung f.

tidings [ˈtaidiŋz], s. pl. A: & Hum: Nachricht f, Neuigkeit f.

tidy [ˈtaidi]. I. adj. 1. (of room, pers. etc.)

ordentlich; (*orderly*) geordnet; (*of pers.*) ordnungsliebend; **make yourself t.**, richte dich ein bißchen her; **have you made your room t.?** hast du in deinem Zimmer aufgeräumt? **he has a t. mind,** er liebt die Ordnung. **2.** F: anständig, beträchtlich; **a t. sum,** eine hübsche Summe. **II.** *s.* **sink t.,** Küchenabfallkorb *m* (in einem Ausgußbecken); **desk t.,** Schreibtischboy *m.* **III.** *v.* **1.** *v.tr.* (etwas) ordnen, in Ordnung bringen; **to t. a room,** in einem Zimmer aufräumen; **to t. oneself up,** sich herrichten; **to t. sth. away,** etwas wegräumen. **2.** *v.i.* **to t. up,** aufräumen, Ordnung machen. **'tidily,** *adv.* **t. dressed,** ordentlich/sorgfältig angezogen. **'tidiness,** *s.* Ordentlichkeit *f;* (*order*) Ordnung *f.*

tie [tai]. **I.** *s.* **1.** (*a*) Band *n;* (*connection*) Verbindung *f;* **family ties,** Familienverpflichtungen *fpl;* **ties of friendship,** Bande der Freundschaft; (*b*) **she finds her children a t.,** sie ist durch ihre Kinder sehr gebunden. **2.** *Cl:* Krawatte *f;* **bow t.,** Fliege *f;* (*on invitation*) **black t.** = Smoking *m.* **3.** *Mus:* Bindebogen *m,* Ligatur *f.* **4.** (*a*) *Sp: etc:* Gleichstand *m;* *Pol:* Stimmengleichheit *f;* **there was a t. for third place,** zwei teilten sich den dritten Platz; **the election has ended in a t.,** die Wahl ist stimmengleich ausgegangen; (*b*) (*game*) Ausscheidungsspiel *n;* *Fb:* **cup t.,** Pokalspiel *n.* **II.** *v.* (*p & p.p.* **tied,** *pres. p.* **tying**) **1.** *v.tr.* (etwas) binden, (*tightly*) festbinden; **to t. sth. to sth.,** etwas an etwas *acc* anbinden; **to t. s.o.'s hands,** j-m die Hände binden; **to be tied to one's work,** an seine Arbeit gebunden sein; (*b*) *Mus:* (zwei Noten) durch eine Ligatur binden. **2.** *v.i. Sp: etc:* punktgleich sein; **they tied for third place,** sie haben sich den dritten Platz geteilt. **'tie 'down,** *v.tr.* (*a*) (j-n) fesseln; (etwas) festbinden; (*b*) (j-n) festlegen (**to sth.,** auf etwas *acc*). **'tie 'in,** *v.i.* übereinstimmen (**with,** mit + *dat*); (*fit*) passen (**with,** zu + *dat*). **'tie 'on,** *v.tr.* (etwas) anbinden (**to sth.,** an etwas *acc*); **t.-on label,** Anhängezettel *m.* **'tiepin,** *s.* Krawattennadel *f.* **'tie 'up,** *v.tr.* (*a*) (Schnürsenkel, einen Knoten usw.) binden; (ein Paket) zubinden; (ein Bündel) zusammenbinden; (*bandage*) (einen verletzten Arm, usw.) verbinden; (*b*) (einen Hund) anbinden (**to a post,** an eine Pfahl); (j-n) fesseln; (*c*) **the money is all tied up,** das Geld ist (fest) angelegt; (*d*) (*deal with*) **we can t. it up in a few minutes,** wir können die Sache in wenigen Minuten erledigen; (*e*) F: **to get tied up,** (*in a tangle*) sich verheddern; **just now I'm tied up,** augenblicklich bin ich beschäftigt; (*f*) (*connect*) (etwas) verbinden (**with,** mit + *dat*); *abs.* **that ties up with what she said,** das steht in Übereinstimmung mit dem, was sie sagte. **'tie-up,** *s.* Verbindung *f;* (*collaboration*) Zusammenarbeit *f.*

tier [tiər], *s.* Etage *f;* *Th: etc:* Rang *m;* **in tiers,** etagenförmig; **four-t. cake,** vierstöckige Torte.

tiff [tif], *s.* kleine Unstimmigkeit *f,* F: Krach *m.*

tiger ['taigər], *s.* Tiger *m;* **t. cub,** Tigerjunge(s) *n;* *Bot:* **t. lily,** Tigerlilie *f;* *Ent:* **t. moth,** Bärenspinner *m.* **'tigress,** *s.* Tigerin *f.*

tight [tait]. **I.** *adj.* **1.** (*a*) (*of clothes etc.*) eng; **t. fit,** knapper Sitz *m;* (*b*) (*of money, time etc.*) knapp; (*c*) (*of cork, screw etc.*) fest; (*stiff*) steif; *Fig:* **to keep a t. hold over s.o.,** j-n fest in der

Hand haben; **to be in a t. corner,** in der Klemme sitzen; (*d*) (*taut*) gespannt; **to draw a cord t.,** eine Schnur straff ziehen. **2.** F: blau, beschwipst; **to get t.,** sich einen antrinken. **II.** *adv.* (*of door, eyes etc.*) **shut t.,** fest geschlossen; **to screw a nut t.,** eine Schraubenmutter fest anziehen; **-ly,** *adv.* (*of clothes etc.*) **to fit t.,** eng anliegen; **t. packed,** dicht gedrängt; **to hold s.o., sth. t.,** j-n, etwas festhalten; **t. tied,** fest gebunden. **'tighten,** *v.* **1.** *v.tr.* (a) (eine Schraube usw.) festziehen; (ein Seil usw.) straff ziehen; (Muskeln, eine Feder) spannen; **to t. one's belt,** den Gürtel enger schnallen; **to t. one's grip (on sth.),** den Druck (auf etwas *acc*) verstärken; (*b*) **to t. restrictions,** Beschränkungen verschärfen. **2.** *v.i.* (*a*) (*of rope, muscle etc.*) sich spannen; (*of grip*) fester werder; (*b*) *Fig:* **we'll have to t. up,** wir müssen strenger vorgehen. **'tight-'fisted,** *adj.* knauserig. **'tight-'fitting,** *adj. Cl:* eng anliegend; *Mec. E:* genau passend. **'tight-'lipped,** *adj.* (*taciturn*) verschlossen; (*disapproving*) mißbilligend. **'tightness,** *s.* (*a*) knapper Sitz *m* (einer Hose usw.); (*b*) Festigkeit *f;* Steifheit *f;* (*c*) Spannung *f,* Straffheit *f* (eines Seils usw.). **'tightrope,** *s.* Seil *n* (eines Akrobaten usw.); **t. walker,** Seiltänzer(in) *m(f).* **'tights,** *s. pl. Cl:* Strumpfhose *f; Th: etc:* Trikot *n.*

tile [tail]. **I.** *s.* (*a*) (*floor*) **t.,** Fliese *f;* (*on walls etc.*) Kachel *f;* (*b*) (*on roof*) Dachziegel *m.* **II.** *v.tr.* (*a*) (den Boden) fliesen; (die Küche, das Bad) kacheln; (*b*) (das Dach) decken; **tiled roof,** Ziegeldach *n;* **t. floor,** Fliesenboden *m.* **'tiling,** *s.* **1.** (*job*) (*a*) Fliesen *n;* Kacheln *n;* (*b*) Dachdecken *n.* **2.** *coll.* (*a*) Fliesen *fpl;* Kacheln *fpl;* (*b*) Dachziegeln *mpl.*

till¹ [til], *v.tr. A: & Lit:* (Land usw.) bestellen.

till², *s.* (*cash*) t., Ladenkasse *f.*

till³, *prep. & conj.* (*a*) bis; **t. now/then,** bis jetzt/dahin; **the teacher I have had t. now,** mein bisheriger Lehrer; **I laughed t. I cried,** ich lachte, bis mir die Tränen kamen; (*b*) (*with noun*) bis zu + *dat;* **t. the next time,** bis zum nächsten Mal; (*c*) **he won't come t. after dinner,** er kommt erst nach dem Essen; **he won't come t. he's invited,** er kommt erst, wenn er eingeladen wird.

tiller ['tilər], *s. Nau:* Ruderpinne *f.*

tilt [tilt]. **I.** *s.* **1.** (*slant*) Neigung *f,* Schräglage *f;* **to give sth. a t.,** etwas kippen; **at a t.,** schräg. **2.** **at full t.,** mit voller Wucht. **II.** *v.* **1.** *v.i.* (*a*) (*of surface*) **to t. (up),** sich neigen; (*of pile*) **to t. over,** kippen; (*fall*) umkippen; (*b*) *Fig:* **to t. at s.o.,** j-n angreifen. **2.** *v.tr.* (etwas) kippen; **to t. one's chair (back),** mit dem Stuhl wippen.

timber ['timbər], *s.* **1.** Holz *n;* *esp.* Nutzholz *n;* *Constr:* Bauholz; **t. merchant,** Holzhändler *m;* **standing t./t. trees,** Nutzholzbäume *mpl.* **2.** (*piece of*) **t.,** Holzbalken *m.* **'timbered,** *adj. Constr:* aus Holz gebaut. **'timberyard,** *s.* Holzplatz *m.*

timbre ['tẽ:mbr], *s.* Klangfarbe *f.*

time [taim]. **I.** *s.* Zeit *f;* (*a*) **t. (alone) will tell,** (nur) die Zeit wird es lehren; **in (the course of) t./as t. goes on,** mit der Zeit; **In t. to come,** in der Zukunft; (*b*) (*period*) **in a short t.,** binnen kurzem; **in three weeks t.,** in drei Wochen; **to do sth. in (next to) no t.,** etwas im Handumdrehen machen; **within the required t.**, innerhalb der vorgeschriebenen Zeit/Frist; **to take a long t. over sth.**, viel Zeit für etwas *acc* verwenden; **it took a long t.**, es hat lange gedauert; **for a long t. (to come)**, noch lange; **I haven't seen him for a long t.**, ich habe ihn (schon) lange/seit langem nicht gesehen; **for some t. (past)**, seit einiger Zeit; **all the t.**, die ganze Zeit; **t.'s up!** die Zeit ist um! (*c*) (*time at s.o.'s disposal*) **my t. is my own**, ich bin Herr meiner Zeit; **it takes me all my t. to do the washing**, ich bin mit der Wäsche völlig ausgelastet; **to lose no t. in doing sth.**, etwas sogleich/ohne weiteres tun; **to take one's t. over sth.**, sich für etwas *acc* Zeit lassen; *F:* **I've no t. for him**, (i) ich habe keine Geduld mit ihm; (ii) er ist mir unsympathisch; (*d*) **to serve one's t.**, seine Lehrzeit/*Mil:* seinen Militärdienst absolvieren; *F:* **to do t.**, (im Kittchen) sitzen; (*e*) (*present*) **a sign of the times**, ein Zeichen der Zeit; **in our t.**, in unserer/der heutigen Zeit; **behind the times**, altmodisch; (*f*) (*moment*) Zeit *f;* Zeitpunkt *m;* **I was away at the t.**, ich war zu der (betreffenden) Zeit nicht hier; **at that t.**, zu der Zeit, damals; **at the present t.**, gegenwärtig; **at a given t.**, zur festgesetzten Zeit; **at one t. . . .**, **at another t. . . .**, einmal . . ., einmal . . .; **at one t.**, einmal; **at no t.**, nie, zu keiner Zeit; **at times**, manchmal; **at various times**, zu verschiedenen Zeiten; **(at) any t.** (**you like**), jederzeit; **some t. or other**, irgendwann einmal; **by the t. I got there**, bis ich dort ankam; **from t. to t.**, ab und zu; von Zeit zu Zeit; **from that t. (on)**, seitdem; **when the t. comes**, wenn es soweit ist; **now's the (best) t.**, jetzt wäre es am günstigsten; **to choose one's t.**, den (geeigneten) Zeitpunkt wählen; **you'll hear from me at the proper t.**, Sie werden zu gegebener Zeit von mir hören; (*g*) (*by clock*) **what's the t.?** wieviel Uhr ist es? wie spät ist es? **what t. do you make it?** wie spät haben Sie es? **can't he tell the t. yet?** kennt er die Uhr noch nicht? **a watch that keeps (good) t.**, eine Uhr, die genau geht; **t. of day**, Tageszeit *f;* **to pass the t. of day with s.o.**, ein paar Worte mit j-m wechseln; **to be ahead of t.**, früh dran sein; **to arrive on t.**, pünktlich ankommen; **in good t.**, rechtzeitig; **I was just in t.**, ich kam gerade (noch) rechtzeitig; *F:* **and about t. too!** es wird aber auch (langsam) Zeit! **it's high t.**, es ist höchste Zeit; (*h*) **t. of the year**, Jahreszeit *f;* **at my t. of life**, in meinem Alter; **to die before one's t.**, zu früh sterben; (*i*) **we had a good t.**, wir haben uns bestens amüsiert; **to have a hard/rough t. (of it)**, es schwer haben; (*j*) (*occasion*) Mal *n;* **next t.**, nächstes Mal; **several times over**, mehrere Male; **t. and t. again/t. after t.**, immer wieder; **for weeks at a t.**, wochenlang; **three times running**, dreimal hintereinander; **four times as big**, viermal so groß; (*k*) *adv. phr.* **at the same t.**, gleichzeitig; **at the same t. you mustn't forget that . . .**, Sie dürfen jedoch nicht vergessen, daß . . .; (*l*) *Mus:* Takt *m;* **to beat/keep t.**, (den) Takt schlagen; **in strict t.**, in genauem Tempo; **you're not in t.**, du bist nicht im Takt; (*m*) *attrib.* **t. waster**, (*pers.*) Zeitvergeuder *m;* **it's a real t. waster**, damit vergeudet man viel Zeit; **t. bomb**, Zeitbombe *f;* **t. fuse**, Zeitzünder *m;* **t.**

lag, Verzögerung *f;* **t. limit**, Frist *f;* Zeitbeschränkung *f;* *Phot:* **t. exposure**, Zeitbelichtung *f;* *Rad:* **t. signal**, Zeitzeichen *n.* **II.** *v.tr.* (*a*) den Zeitpunkt festlegen/festsetzen/wählen für (etwas *acc*); **it was timed to coincide with the wedding**, es sollte mit der Hochzeit zusammenfallen; **to t. a blow perfectly**, den günstigsten Moment für einen Schlag abpassen; **he didn't t. it right**, er hat den richtigen Zeitpunkt nicht erwischt; **well-timed remark**, im richtigen Moment angebrachte Bemerkung; (*b*) *I.C.E:* (die Zündung) einstellen; (*c*) *Sp:* **to t. s.o.**, j-n stoppen. **'time-honoured**, *adj.* altehrwürdig. **'timekeeper**, *s.* **1.** *Sp:* Zeitnehmer *m.* **2. good t.**, (i) Uhr *f,* die genau geht; (ii) (*pers.*) pünktlicher Mensch. **'timeliness**, *s.* Rechtzeitigkeit *f.* **'timely**, *adj.* rechtzeitig, zur rechten Zeit. **'timepiece**, *s.* Uhr *f.* **'timeserver**, *s.* **1.** Opportunist *m.* **2.** *F:* Gefängnisinsasse *m.* **'timetable**, *s.* **1.** *Rail: etc:* Fahrplan *m.* **2.** *Sch:* Stundenplan *m.* **'timeswitch**, *s.* Schaltuhr *f.* **'timing**, *s.* **1.** *I.C.E:* (ignition) t., Zündeinstellung *f;* **2.** *Sp:* Zeitnahme *f.* **3.** (*fixing of time*) Zeitbestimmung *f;* Zeitwahl *f;* **the t. of the election was unfortunate**, der Termin für die Wahl war schlecht gewählt.

timid ['timid], *adj.* scheu. **ti'midity**, *s.* Scheu *f.*

timpani ['timpəni], *s. pl. Mus:* Kesselpauken *fpl.* **'timpanist**, *s. Mus:* Pauker *m.*

tin [tin]. **I.** *s.* **1.** Zinn *n;* (*tinplate*) Blech *n; Mil: F:* **t. hat**, *approx.* Stahlhelm *m;* **t. whistle**, Blechflöte *f.* **2.** (*a*) Blechdose *f,* Dose *f;* **cake t.**, Kuchenform *f;* **t. opener**, Dosenöffner *m;* (*b*) **petrol t.**, Benzinkanister *m.* **II.** *v.tr.* (*a*) (Eisen usw.) verzinnen; (*b*) (Sardinen, Früchte usw.) in Dosen abfüllen; **tinned food**, Konserven *fpl* (in Dosen); **tinned fruit**, Dosenobst *n;* **tinned meat**, Büchsenfleisch *n;* **to live on tinned food**, sich aus der Dose ernähren. **'tin'can**, *s.* Blechdose *f.* **'tinfoil**, *s.* Stanniol *n.* **'tinny**, *adj.* (*of sound etc.*) blechern; **t. taste**, Blechgeschmack *m;* **t. car**, Blechkiste *f.* **'tin'plate**, *s.* Weißblech *n.* **'tintack**, *s.* Tapeziernagel *m.*

ting-a-ling ['tiŋə'liŋ], *s.* Klingling *n.*

tinge [tin(d)ʒ]. **I.** *s.* **1.** (zarte) Tönung *f,* Nuance *f;* **with a red t./a t. of red**, mit einem Stich ins Rote; rötlich getönt. **2.** *Fig:* (*trace*) Spur *f;* **a t. of sadness**, ein Anflug *m* von Trauer. **II.** *v.tr.* (*a*) (Haare usw.) leicht tönen; (*b*) *Fig:* **his words were tinged with envy**, aus seinen Worten sprach der Neid.

tingle ['tiŋgl], *v.i.* prickeln; (*with cold etc.*) (leicht) brennen; **my legs are tingling**, mir kribbelt es in den Beinen.

tinker ['tiŋkər]. **I.** *s.* Kesselflicker *m.* **II.** *v.i.* **to t. (about)**, herumfuschen (**with**, an + *dat*).

tinkle ['tiŋkl]. **I.** *s.* (*also* **tinkling**) Geklingel *n.* **II.** *v.* **1.** *v.i.* klingeln. **2.** *v.tr.* (mit etwas *dat*) klingeln.

tinsel ['tins(ə)l], *s.* Lamettagirlanden *fpl;* (*loose*) Flitter *m.*

tint [tint]. **I.** *s.* Farbton *m;* Tönung *f;* (*of black*) Schattierung *f.* **II.** *v.tr.* (Haar usw.) tönen.

tiny ['taini], *adj.* winzig; *F:* **a t. bit**, ein ganz kleines Bißchen.

tip¹ [tip]. **I.** *s.* Spitze *f;* (*of billiard cue*) Lederkuppe *f;* (*of cigarette*) Mundstück *n;* (**filter**) **t.**, Filter *m; Fig:* **it is on the t. of my tongue**, es liegt mir auf der Zunge. **II.** *v.tr.* (*p. & p.p* **tipped**) (einen Stock usw.) mit einer Spitze versehen; (*of cigarettes*) **are they tipped?** sind es Filterzigaretten? **'tiptoe. I.** *s. & adv.* **(on) t.,** auf Zehenspitzen *fpl.* **II.** *v.i.* auf Zehenspitzen gehen; **to t. in/out,** auf Zehenspitzen hereinschleichen/hinausschleichen. **'tip'top,** *adj.* F: klasse, prima.

tip². I. *s.* **1.** (*money*) Trinkgeld *n.* **2.** *Rac: etc:* Tip *m; Fig:* **if you take my t.,** wenn Sie auf mich hören (wollen). **3.** (*a*) (**rubbish**) **t.,** Müllkippe *f;* (*b*) *Min:* Halde *f.* **II.** *v.* (*p. & p.p.* **tipped**) **1.** *v.tr.* (*a*) (j-n ins Wasser usw.) stoßen; (*tilt*) (etwas) kippen; (*knock over*) (etwas) umstoßen; **to t. up a seat,** einen Sitz hochklappen; **to t.** (**out**), (eine Ladung usw.) auskippen; (Wasser usw.) ausgießen; (Müll) abladen; (*b*) **to t. s.o. off,** j-m einen Wink geben; (*c*) *Sp:* (auf j-n, ein Pferd usw.) tippen; **X is tipped to win,** X ist Favorit; (*d*) (j-m) ein Trinkgeld geben. **2.** *v.i.* kippen; **to t. over,** umkippen; **to t. up,** hochkippen. **'tip-lorry/**F:**'tipper,** *s.* Kipper *m.* **'tip-off,** *s.* F: Tip *m;* **to give s.o. a/the t.-o.,** j-m einen Wink geben. **'tipping,** *s.* **1.** Kippen *n,* Neigen *n;* t. **over,** Umkippen *n; P.N:* **no t./t. prohibited,** Schutt abladen verboten. **2.** *Sp:* Tippen *n* (**of s.o., sth.,** auf j-n, etwas *acc*). **3.** Trinkgeldgeben *n.* **'tipster,** *s. Rac:* Tipgeber *m.* **'tip-up,** *adj.* t.-**up seat,** Klappsitz *m.*

tipple ['tipl]. **I.** *s.* F: Gesöff *n.* **II.** *v.i.* zechen. **'tippler,** *s.* Säufer *m.*

tipsy ['tipsi], *adj.* beschwipst; **to get t.,** sich *dat* einen Schwips antrinken. **'tipsiness,** *s.* Beschwipstheit *f.*

tirade [tai'reid], *s.* Tirade *f,* Wortschwall *m;* t. **of abuse,** Schimpftirade *f;* **to direct a t. at s.o.,** auf j-n ein Donnerwetter loslassen

tire¹ ['taiər], *v.* **1.** *v.tr.* (j-n, ein Tier) ermüden; **to t. s.o. out,** j-n erschöpfen. **2.** *v.i.* müde werden; **he soon tired of it,** ihm wurde es bald langweilig. **'tired,** *adj* müde; (*a*) **t. out,** erschöpft; **t. to death,** todmüde; (*b*) **to be t. of sth.,** etwas *gen* müde sein; **I'm t. of telling her the same thing,** ich habe es satt, ihr immer wieder das gleiche zu sagen; F: **you make me t.!** du machst mich krank! **'tiredness,** *s.* Müdigkeit *f.* **'tireless,** *adj.* unermüdlich. **'tiresome,** *adj.* aufreibend; (*of child*) lästig; **how t.!** wie ärgerlich! **'tiring,** *adj.* ermüdend, (*of day, pers. etc.*) anstrengend.

tire², *s. Am:* = **tyre.**

tissue ['tisju:], *s.* **1.** *Anat: etc:* Gewebe *n; Fig:* **t. of lies,** Lügengespinst *n.* **2.** (**paper**) **t.,** Papiertaschentuch *n;* **t. paper,** Seidenpapier *n;* **toilet t.,** Toilettenpapier *n.*

tit¹ [tit], *s. Orn:* Meise *f;* **blue t.** Blaumeise *f.*

tit², *s.* F: **t. for tat,** wie du mir, so ich dir; **to give s.o. t. for tat,** es j-m mit gleicher Münze heimzahlen.

titanic [tai'tænik], *adj.* titanisch; gigantisch.

titbit ['titbit], *s.* Leckerbissen *m.*

titillate ['titileit], *v.tr.* (den Gaumen, die Sinne usw.) kitzeln. **titi'llation,** *s.* Kitzel *m.*

titivate ['titiveit], *v.tr.* (j-n, sich) schön machen; (ein Haus usw.) schön herrichten, F: aufmöbeln. **titi'vation,** *s.* Herrichten *n.*

title ['taitl], *s.* **1.** Titel *m;* (*a*) **t.** (**of nobility**), Adelstitel *m;* **people with titles,** Leute von

Rang und Namen; (*b*) Titel *m* (eines Buches usw.); **t. page,** Titelblatt *n; Th:* **t. part/rôle,** Titelrolle *f;* (*c*) *Cin:* (*subtitle*) Untertitel *m; pl.* (*credits*) Vorspann *m.* **2.** *Jur:* Rechtstitel *m;* (*to property*) Eigentumsrecht *n;* **to have a t. to sth.,** ein Recht auf etwas *acc* haben; **t. deed,** Eigentumsurkunde *f.* **'titled,** *adj.* adelig.

titter ['titər]. **I.** *s.* Kichern *n.* **II.** *v.i.* kichern. **'tittering,** ¸. Gekicher *n.*

tittle-tattle ['titltætl], *s.* F: Klatsch *m.*

to [tu:]. **I.** *prep.* **1.** (*direction*) zu + *dat;* (*esp. with town, country*) nach + *dat;* (*a*) **he went to France/to the USA,** er reiste nach Frankreich/in die USA; **I'm going to the greengrocer's,** ich gehe zum Gemüsehändler; **from town to town,** von Stadt zu Stadt; **it's thirty kilometres to London,** nach London sind es dreißig Kilometer; **to the east,** nach Osten; **to the right,** nach rechts; (*b*) **to go to school/university,** in die Schule/auf die Universität gehen; (*c*) **to clasp s.o. to one's heart,** j-n ans Herz drücken. **2.** zu + *dat;* (*a*) **to this end,** zu diesem Zweck; **to come to s.o.'s help,** j-m zu Hilfe kommen; **to my despair,** zu meiner Verzweiflung; **to everyone's surprise,** zur Überraschung aller; (*b*) **to sing sth. to the tune of X,** etwas zur Melodie von X *dat* singen. **3.** (*a*) (*until*) bis; **from morning to night,** von morgens bis abends; **to this day,** bis heute, zum heutigen Tag; **from Monday to Friday,** von Montag bis Freitag; **from day to day,** von Tag zu Tag; **ten** (**minutes**) **to six,** zehn (Minuten) vor sechs; (*b*) bis auf + *acc;* **soaked to the skin,** naß bis auf die Haut; **accurate to a millimetre,** (bis) auf den Millimeter genau; **a year to the day,** ein Jahr auf den Tag genau; **he penetrated to the centre,** er ist bis zur Mitte durchgedrungen. **4.** gegen + *acc;* (*a*) **that's nothing to what I've seen,** das ist (noch) gar nichts gegen das, was ich gesehen habe; **six votes to four,** sechs Stimmen gegen vier; **it's ten to one he'll lose,** es steht zehn zu eins, daß er verliert. **5.** (*per*) **one house to the square kilometre,** ein Haus pro Quadratkilometer; **there are 100 pence to the pound,** ein Pfund hat 100 Pence. **6.** *gen* **heir to an estate,** Erbe eines Grundbesitzes; **secretary to the director,** Sekretärin des Direktors. **7.** (*according to*) **to all appearances,** allem Ansehen nach; **to write to s.o.'s dictation,** nach j-s Diktat schreiben; **to the best of my knowledge,** nach bestem Wissen; **it is not to my taste/liking,** es entspricht nicht meinem Geschmack. **8.** **to drink to s.o.,** auf j-s Wohl trinken. **9.** **what did he say to my suggestion?** was hat er zu meinem Vorschlag gesagt? **that's all there is to it,** es ist weiter nichts dabei; **there is nothing to it,** es ist nichts dabei. **10.** (*with pers.*) (*a*) **what's that to you?** was geht dich das an? (*b*) zu, gegenüber + *dat;* **good to everyone,** gut zu allen; **kind to me,** nett zu mir/mir gegenüber; (*c*) **known to the Romans,** den Römern (schon) bekannt; (*d*) **to speak to s.o.,** mit j-m sprechen; **he said to me ...,** er sagte mir, ... **II.** (*with the infinitive*) **1.** zu; (*a*) (**in order**) **to,** um zu; **he came to help me,** er kam, um mir zu helfen; **so to speak,** sozusagen; (*b*) (*with adj.*) **ready to listen,** bereit, zuzuhören; **too hot to drink,** zu heiß zum Trinken; (*c*) **to have a great**

deal **to do**, viel zu tun haben; **it is nothing to speak of**, es ist nicht der Rede wert; **he is the first to complain**, er ist der erste, der sich beschwert; (d) **to look at her you wouldn't imagine that . . .**, wenn man sie so sieht, kann man sich gar nicht vorstellen, daß . . .; **he woke to find the lamp still burning**, als er aufwachte, brannte die Lampe noch. **2.** (not translated) (a) **he wants/is able to go**, er will/kann gehen; **he likes to fly**, er fliegt gerne; **I didn't want to go**, **but I had to**, ich wollte nicht gehen, aber ich mußte; **you ought to**, Sie sollten es tun; **I want to**, ich möchte gern; ich will es schon (machen); (b) (infin. used as noun) **to lie is shameful**, Lügen n ist eine Schande. **3. I want him to (do it)**, ich will, daß er es tut; **I'd like it to happen**, ich möchte, daß es geschieht. **4. fifty employees are to go**, fünfzig Angestellte sollen gehen. **III.** adv. (stressed) **1. to come t.**, (wieder) zu sich dat kommen. **2. to go to and fro**, kommen und gehen; **movement to and fro**, Hin- und Herbewegung f.

toad [təud], s. Kröte f. **'toadstool**, s. (größerer) Pilz m; (poisonous) Giftpilz m.

toady ['təudi], v.i. **to t. to s.o.**, vor j-m kriechen.

toast [təust]. **I.** s. **1. (a piece of) t.**, (eine Scheibe) Toast m. **2.** Trinkspruch m, Toast m; **to drink a t. to s.o.**, auf j-s Wohl trinken. **II.** v. **1.** v.tr. & i. (Brot) toasten; **to t. oneself**, sich (vor dem Feuer) wärmen. **2.** v.tr. **to t. s.o.**, auf j-s Wohl trinken. **'toaster**, s. Toaster m. **'toasting**, s. Toasten n; **t. fork**, Toastgabel f.

tobacco [tə'bækəu], s. Tabak m; **t. pouch**, Tabak(s)beutel m. **to'bacconist**, s. Tabakhändler m; **t.'s (shop)**, Tabakwarenladen m.

toboggan [tə'bɔgən]. **I.** s. Rodelschlitten m; **t. run**, Rodelbahn f. **II.** v.i. rodeln; Schlitten fahren.

today [tə'dei], adv. & s. heute; **t. week**, heute in einer Woche; **of t./today's**, heutig; **t.'s paper**, die Zeitung von heute; **the youth of t.**, die heutige Jugend.

toddle ['tɔdl], v.i. (of child) watscheln; F: **to t. off**, sich auf die Socken machen. **'toddler**, s. Kleinkind n (, das gerade zu laufen anfängt).

toddy ['tɔdi], s. Grog m.

to-do [tə'du:], s. F: (fuss) Getue n; **what a t.!** was für eine Aufregung!

toe [təu]. **I.** s. **1.** Zehe f; **from top to t.**, vom Scheitel bis zur Sohle; **to tread on s.o.'s toes**, j-m auf die ·Zehen/Fig: den Schlips treten; Fig: **it keeps me on my toes**, das hält mich auf Draht/in Schwung. **2.** Spitze f (eines Schuhes, eines Strumpfes). **II.** v.tr. F: **to t. the line**, sich an die Hausordnung/Pol: Parteilinie halten. **'toecap**, s. Schuhspitze f. **'toeclip**, s. Cy: Rennhaken m (am Pedal). **'toehold**, s. Halt m (für die Zehen). **'toenail**, s. Zehennagel m.

toffee ['tɔfi], s. Toffee n: (weiches) Karamellbonbon n; F: **he can't sing for t.**, vom Singen hat er keine Ahnung.

together [tə'geðər], adv. zusammen; (a) **to go/belong t.**, zusammengehören; **t. with**, zusammen mit + dat; samt + dat; **to bring (two people) t.**, (zwei Menschen usw.) zusammenbringen; (b) (jointly) **to act t.**, gemeinsam handeln; (c) **for months t.**, Monate hintereinander; **for hours t.**, stundenlang.

toggle ['tɔgl], s. Knebel(verschluß) m.

togs [tɔgz], s.pl. P: Kluft f.

toil [tɔil]. **I.** s. (mühselige) Arbeit f. **II.** v.i. sich abplagen; **to t. up a hill**, sich einen Berg hinaufquälen.

toilet ['tɔilit], s. (WC, also Cosm:) Toilette f; (a) **t. soap**, Toilettenseife f; **t. bag**, Toilettentasche f; (b) **t. paper**, Toilettenpapier n; **t. roll**, Rolle f Toilettenpapier; **t. seat**, WC-Sitz m, Brille f.

token ['təuk(ə)n], s. **1.** Zeichen n, Symbol n; **as a t. of respect**, als/zum Zeichen des Respekts; **t. payment**, symbolische Zahlung; **t. strike**, Warnstreik m. **2.** (for books, records) Gutschein m; Games: Spielmarke f.

tolerable ['tɔlərəbl], adj. (a) erträglich; (b) (reasonable) passabel; **-ably**, adv. **it's t. certain**, es ist ziemlich sicher; **she sings t. well**, sie singt ganz passabel. **'tolerance**, s. (all senses) Toleranz f. **'tolerant**, adj. tolerant. **'tolerate**, v.tr. (a) (j-n, etwas) dulden; (Ansichten usw.) tolerieren; (b) (bear) (etwas) aushalten; Med: (ein Medikament) vertragen. **tole'ration**, s. (esp. Rel:) Duldung f.

toll¹ [təul], s. (a) Zoll m; esp. Aus: Maut f; **t. bridge/road**, gebührenpflichtige Brücke/Straß; (b) Fig: (of epidemic etc.) **to take a heavy t.**, viele Opfer fordern; **the death t. of an accident**, die (Zahl der) Todesopfer mpl bei einem Unfall.

toll², v.tr. & i. (eine Glocke) läuten.

Tom [tɔm]. **I.** Pr. n. m. Thomas; **any T., Dick or Harry**, jeder Hergelaufene. **II.** s. **t. (cat)**, Kater m.

tomato, pl. **-oes** [tə'mɑːtəu, -əuz], s. Tomate f; **t. ketchup**, Ketchup m & n; **t. puree**, Tomatenmark n; **t. sauce**, Tomatensoße f.

tomb [tuːm], s. Grab n; (monument) Grabmal n; (vault) Gruft f. **'tombstone**, s. Grabstein m.

tombola [tɔm'bəulə, 'tɔmbələ], s. Tombola f.

tomboy ['tɔmbɔi], s. jungenhaftes Mädchen n; F: wilde Range f.

tome [təum], s. dicker Band m, F: Wälzer m.

tomfool ['tɔm'fuːl], adj. F: dämlich; **t. scheme**, idiotischer Plan. **tom'foolery**, s. F: Unfug m.

Tommy ['tɔmi]. Pr. n. m. Thomas; Mil: F: **t. gun**, Maschinenpistole f; F: **t. rot**, Quatsch m.

tomorrow [tə'mɔrəu]. **I.** adv. morgen; **t. evening**, morgen abend; **t. week**, morgen in einer Woche; **the day after t.**, übermorgen. **II.** s. Morgen n; **t.'s/of t.**, morgig, von morgen.

tomtom ['tɔmtɔm], s. Buschtrommel f.

ton [tʌn], s. **1.** Meas: Tonne f; **metric t.**, metrische Tonne; **10-ton lorry**, F: **10-tonner**, Zehntonnen-Laster m; F: **it weighs (half) a t.**, es ist ein schöner Brocken. **2.** F: **there's tons of it**, es gibt jede Menge davon. **3.** P: Aut: **to do the t.**, hundert Meilen draufhaben. **'tonnage**, s. Nau: (a) (of ship) Tonnage f; (b) (duty) Frachtgeld n. **'ton-'up**, adj. P: **ton-up machine**, Feuerstuhl m.

tonal ['təunəl], adj. Mus: tonal. **to'nality**, s. Mus: Tonalität f.

tone [təun]. **I.** s. **1.** (a) (sound) Ton m; Klang m (eines Instruments); **in a gentle t.**, mit sanfter Stimme; **to change one's t.**, einen anderen Ton anschlagen; Mus: **t. poem**, Tondichtung f; (b) (sound quality) Klangfarbe f; Rec: **t. control**, Klangregler m. **2.** Fig: **the t.**

of the **neighbourhood**, der Charakter der Umgebung; **to set the t.**, den Ton angeben; *Fin:* t. of the market, Börsenstimmung *f.* 3. *Med:* Muskeltonus *m.* 4. (*colour*) Farbton *m.* II. *v.i.* **to t. with sth.**, mit etwas harmonieren. ′**tone** ′**down**, *v.tr.* (einen Ausdruck, Farben, usw.) abschwächen. ′**toneless**, *adj.* tonlos.

tongs [tɔŋz], *s.pl.* Zange *f;* **fire-t.**, Feuerzange *f.*

tongue [tʌŋ], *s.* 1. Zunge *f;* (*a*) **to put one's t. out** at s.o., j-m die Zunge herausstrecken; (*b*) **to hold one's t.**, den Mund halten; **to find one's t.** again, die Sprache wiederfinden; **to keep a civil t. in one's head**, höflich bleiben; **he's got his t. in his cheek**, man darf nicht ernst nehmen, was er sagt. 2. *A:* (*language*) Sprache *f.* 3. *Geog:* Landzunge *f.* 4. (*a*) (*of shoe*) Zunge *f*, Lasche *f;* (*b*) (*of bell*) Klöppel *m.* ′**tongue-tied**, *adj.* **I was t.-t.**, ich konnte kein Wort herausbringen. ′**tongue-twister**, *s.* Zungenbrecher *m.*

tonic [′tɔnik] I. *adj. Med:* tonisch. II. *s.* 1. *Med:* Tonikum *n; Fig:* Stimulans *n.* 2. *Mus:* Grundton *m.*

tonight [tə′nait], *adv. & s.* heute abend; (*after bedtime*) heute nacht.

tonne [tʌn], *s. Meas:* (metrische) Tonne *f.*

tonsil [′tɔns(i)l], *s. Anat:* Mandel *f.* **tonsillitis** [-′laitis], *s. Med:* Mandelentzündung *f.*

tonsure [′tɔnʃər], *s.* Tonsur *f.*

too [tu:], *adv.* 1. zu; **t. much money**, zuviel Geld; **t. much of a good thing**, zuviel des Guten; **she loved him t. much**, sie liebte ihn zu sehr; **he was t. much for me**, ich war ihm nicht gewachsen; **I know him all t. well**, ich kenne ihn nur zu gut; **none t. comfortable**, nicht gerade bequem. 2. (*as well*) auch; **he t. was alone**, auch er war allein; **I'm coming t.**, ich komme auch mit; **a week off and a free flight t.**, eine Woche Urlaub und ein Gratisflug noch dazu/obendrein.

tool [tu:l]. I. *s.* 1. Werkzeug *n;* **tools of the trade**, Handwerkszeug *n;* **gardening tools**, Gartengeräte *npl; Ind:* machine t., Werkzeugmaschine *f.* 2. *Fig:* Instrument *n;* **he was a mere t. in her hands**, er war ein gefügiges Werkzeug in ihrer Hand. II. *v.* 1. *v.tr.* (*a*) (Steine, Metall usw.) bearbeiten; (*b*) *Bookb:* (einen Ledereinband) punzen; (*c*) (eine Fabrik) mit Werkzeugmaschinen ausrüsten. 2. *v.i. Ind:* Werkzeugmaschinen aufstellen. ′**toolbag**, *s.* Werkzeugtasche *f.* ′**toolbox**, *s.* Werkzeugkasten *m.* ′**tooling**, *s.* (*a*) Bearbeiten *n* (von Steinen, Metall usw.); (*b*) *Bookb:* Punzen *n;* (*c*) *Ind:* Ausrüstung *f* mit Werkzeugmaschinen.

tooth, *pl.* **teeth** [tu:θ, ti:θ], *s.* 1. Zahn *m;* **set of teeth**, Gebiß *n;* **to cut one's teeth**, zahnen; **to have a t. out**, sich *dat* einen Zahn ziehen lassen; *Fig:* **in the teeth of all opposition**, trotz aller Opposition; (*of dog*) **to show its teeth**, die Zähne fletschen; **to fight t. and nail**, erbittert kämpfen; **at last something to get my teeth into!** endlich eine Arbeit, die mich ganz in Anspruch nimmt! *F:* **long in the t.**, nicht mehr der/die jüngste. 2. Zahn *m* (einer Säge, eines Zahnrades usw.); Zinke *f* (eines Kamms). ′**toothache**, *s.* Zahnschmerzen *mpl.* ′**toothbrush**, *s.* Zahnbürste *f.* ′**toothed**, *adj.* gezähnt; **t. wheel**, Zahnrad *n.* ′**toothless**, *adj.* zahnlos. ′**toothpaste**, *s.* Zahnpasta *f.*

′**toothpick**, *s.* Zahnstocher *m.* ′**toothy**, *adj.* **t. girl**, Mädchen *n* mit einem Pferdegebiß.

top[1] [tɔp]. I. *s.* 1. (*a*) Spitze *f* (eines Daches usw.); Gipfel *m* (eines Berges usw.); Wipfel *m* (eines Baumes); **at the t.**, (ganz) oben; *Fig:* an der Spitze; **the t. of the tree**, (i) der Baumwipfel; (ii) *Fig:* die Spitzenposition; **t. of a hill/ rise**, Bergkuppe *f;* **at the t. of the house**, im obersten Stockwerk; **at the t. of page two**, oben auf Seite zwei; *Fig:* **at the t. of his voice**, aus vollem Halse; (*b*) **t. of the head**, Scheitel *m* (des Kopfes); **from t. to bottom**, von oben bis unten; **from t. to toe**, von Kopf bis Fuß; *F:* **to blow one's t.**, hochgehen; (*c*) **on t.**, obenauf; **on t. of the pile**, zuoberst/als Oberstes auf dem Stapel; *Sp: etc:* **to be on t.**, der Stärkere/die Stärkeren sein; **to come out on t.**, sich als der Stärkere erweisen; (*win*) (zum Schluß) als Sieger hervorgehen; **on t. of one's form/the world**, in bester Form; **on t. of it (all)**, noch dazu/obendrein. 2. **table t.**, Tischplatte *f.* 3. oberes Ende *n;* **at the t. of the table**, am Ende des Tisches. 4. *Cl:* Oberteil *n.* 5. (*lid*) Deckel *m; Aut:* Verdeck *n*, Hardtop *n.* 6. *Aut:* (*gear*) höchster Gang *m.* II. *adj.* (*a*) oberste(r,s), höchste(r,s); **t. floor/storey**, oberstes Stockwerk; *Paint:* **t. coat**, letzter Anstrich; *Mus:* **t. notes**, die höchsten Töne; *Tennis: etc:* **t. spin**, Topspin *m; Aut:* **t. gear**, höchster Gang *m;* (*b*) **t. job**, Spitzenposition *f; F:* **t. people**, die Spitzen *fpl* der Gesellschaft; **to be t. dog**, der Überlegene sein; *Sch:* **to be t.**, der/die Klassenerste sein; (*c*) **t. hat**, Zylinder *m;* (*d*) (*maximum*) **t. speed**, Höchstgeschwindigkeit *f;* **t. efficiency**, maximale Leistungsfähigkeit; **t. secret**, streng geheim. III. *v.tr.* (*a*) (*lop*) (einen Baum usw.) kappen, **to t. and tail gooseberries**, Stachelbeeren putzen; (*b*) (*cover*) (etwas) bedecken, (*crown*) krönen; **and to t. it all ...**, und um dem ganzen die Krone aufzusetzen ...; (*c*) (*exceed*) (eine Zahl, Summe) übersteigen; (*d*) **to t. the list**, die Liste anführen; *Fig:* (*take priority*) den Vorrang haben. ′**top-**′**flight**, *adj.* erstklassig. ′**top**′**heavy**, *adj.* kopflastig. ′**topknot**, *s.* Haarknoten *m.* ′**topless**, *adj. & adv.* oben ohne; *attrib.* Oben-ohne-. ′**topmost**, *adj.* höchst. ′**top-**′**notch**, *adj.* erstklassig. ′**topsoil**, *s.* Ackerkrume *f.* ′**top** ′**up**, *v.tr.* (ein Glas, den Tank usw.) nachfüllen.

top[2], *s.* Kreisel *m.*

topaz [′təupæz], *s.* Topas *m.*

topee [′təupi:], *s.* Tropenhelm *m.*

topic [′tɔpik], *s.* Thema *n;* **topics of the day**, aktuelle Fragen *fpl.* ′**topical**, *adj.* aktuell; **t. allusion**, Anspielung *f* auf aktuelles Geschehen.

topper [′tɔpər], *s. F:* Zylinder(hut) *m.*

topple [′tɔpl], *v.* 1. *v.i.* **to t.** (**down/over**), umkippen; (*of tree, building etc.*) umstürzen. 2. *v.tr.* **to t. sth. over**, etwas umstoßen.

topsy-turvy [′tɔpsi′tə:vi], *adj. & adv.* verkehrt; (*confused*) durcheinander; **to turn everything t.-t.**, alles auf den Kopf stellen.

torch [tɔːtʃ], *s.* 1. Fackel *f.* 2. (**electric**) **t.**, Taschenlampe *f.* 3. (**welding**) **t.**, Schweißbrenner *m.* ′**torchlight**, *s.* Fackelschein *m;* **t. procession**, Fackelzug *m.*

torment. I. [′tɔːment] *s.* Qual *f;* **to be in t.**, Qualen ausstehen; **that child is a positive t.**, das

Kind ist eine wahre Plage/ein richtiger Quälgeist.
II. [tɔː'ment] *v.tr.* (j-n) quälen; **to be tormented
by/with hunger,** vom Hunger gequält sein.
tor'mentor, *s.* Peiniger *m; F:* Quälgeist *m.*
tornado, *pl.* **-oes** [tɔː'neidəu, -əuz], *s.* Tornado *m.*
torpedo, [tɔː'piːdəu]. **I.** *s.* (*pl.* **-oes** [-əuz])
Torpedo *m;* **t. tube,** Torpedorohr *n.* **II.** *v.tr.*
(ein Schiff) torpedieren.
torpid ['tɔːpid], *adj.* **1.** träge, schlaff. **2.** (*of
hibernating animal*) erstarrt. **tor'pidity,** *s.* **1.**
Trägheit *f,* Schlaffheit *f.* **2.** Erstarrtsein *n.*
torque [tɔːk], *s. Mec:* Drehmoment *n.*
torrent ['tɔrənt], *s.* (reißender) Strom *m;*
(*mountain stream*) Sturzbach *m;* (*of rain*) **to
fall in torrents,** in Strömen gießen; **t. of abuse,**
Schimpftirade *f.* **torrential** [-'renʃ(ə)l], *adj.*
(*of rain*) strömend.
torrid ['tɔrid], *adj.* (*a*) (*of heat, passion etc.*)
glühend; (*b*) (*of land, plain etc.*) ausgedörrt.
torsion ['tɔːʃən], *s.* Drehung *f; Aut:* **t. bar,**
Torsionsstab *m.*
torso, *pl.* **-os** ['tɔːsəu, -əuz], *s.* (*a*) *Anat:* Rumpf
m; **bare t.,** nackter Oberkörper; (*b*) *Fig:*
(*fragment*) Bruchstück *n.*
tortoise ['tɔːtəs], *s.* Schildkröte *f.* **'tortoise-
shell** ['tɔːtəʃel], *s.* Schildpatt *n;* **t. butterfly,**
Großer Fuchs *m.*
tortuous ['tɔːtjuəs], *adj.* **1.** (*of path etc.*) ver-
schlungen. **2.** *Fig:* (*of argument*) spitzfindig.
torture ['tɔːtʃər]. **I.** *s.* Folter *f; Fig:* Marter *f.* **II.**
v.tr. (j-n) foltern; *Fig:* **tortured by remorse,** von
Reue gequält.
toss [tɔs]. **I.** *s.* **1.** *Sp: etc:* Wurf *m* (einer Münze
usw.). **2.** Zurückwerfen *n* (des Kopfes). **3. to
take a t.,** vom Pferd fallen. **II.** *v.* **1.** *v.tr.* (*a*)
(einen Ball usw.) in die Luft werfen; **to t. sth.
to s.o.,** j-m etwas zuwerfen; **to t. a coin,** mit
einer Münze knobeln (**for sth.,** um etwas *acc*);
(*b*) (*of bull etc.*) (j-n) in die Luft schleudern;
(*of horse*) (einen Reiter) abwerfen; (*c*) (*of pers.,
horse etc.*) **to t. one's/its head,** den Kopf zu-
rückwerfen; (*d*) (j-n, etwas) schütteln; **to be
tossed about,** hin und her gestoßen werden;
tossed by the waves, von den Wellen durchge-
schaukelt; (*e*) *Cu:* **to t. salad,** Salat (ver)mi-
schen. **2.** *v.i.* (*a*) **to t. (about)/t. and turn in bed,**
sich im Bett hin und her wälzen; (*b*) (*of waves*)
sich überschlagen; (*c*) **to t. for sth.,** um etwas
acc mit einer Münze knobeln. **'tossing,** *s.* **1.**
Werfen *n.* **2.** Hin- und Herwerfen *n,* Schütteln
n. **'toss 'off,** *v.tr.* (*a*) (*of horse*) (einen Reiter)
abwerfen; (*b*) *F:* (eine Arbeit usw.) hinhauen.
'toss-up, *s.* (*a*) Knobeln *n* (mit einer Münze);
(*b*) *F:* **it's a t.-up,** es steht auf der Kippe.
tot[1] [tɔt], *s.* **1.** *F:* (*child*) tiny t., kleiner Putz *m.*
2. a t. of rum, ein Schluck *m* Rum.
tot[2], *v.tr.* (*p. & p.p.* **totted**) **to t. up,** (Zahlen,
Ausgaben usw.) zusammenrechnen.
total ['təut(ə)l]. **I.** *adj.* (*a*) (*whole*) gesamt; **t.
amount,** Gesamtsumme *f;* **t. effect,** Gesamt-
wirkung *f;* (*b*) (*complete*) völlig; (*of eclipse, war
etc.*) total; **they were in t. ignorance of it,** sie
wußten überhaupt nichts davon; **t. silence,** abso-
lute Stille; **-ly,** *adv.* völlig; **t. devoid of respect,**
ganz/völlig respektlos. **II.** *s.* (*a*) (*money*) Ge-
samtbetrag *m,* Endsumme *f;* **grand t.,** Gesamt-
summe *f;* (*b*) (*number*) Endresultat *n.* **III.** *v.* **1.**
v.tr. (Summen usw.) zusammenrechnen. **2.** *v.i.*

sich belaufen auf + *acc;* **to t. £500,** £500
ausmachen. **totalitarian** [təutæli'tɛəriən],
adj. totalitär. **totali'tarianism,** *s.* Totalita-
rismus *m.* **totality** [-'tæliti], *s.* Gesamtheit *f.*
totalisator ['təutəlaizeitər], *F:* **tote** [təut], *s.
Rac:* Totalisator *m.*
totem ['təutəm], *s.* Totem *n.*
totter ['tɔtər], *v.i.* (*a*) (*of pers.*) taumeln; **to t. in,**
hereinstolpern; (*b*) (*of structure*) wanken,
wackeln. **'tottering,** *adj.* taumelnd; **t. steps,**
wankende/taumelnde Schritte; **t. empire,** unter-
gehendes Reich. **'tottery,** *adj. F:* wackelig
(auf den Beinen).
toucan ['tuːkæn], *s. Orn:* Tukan *m.*
touch [tʌtʃ]. **I.** *s.* **1.** (*a*) Berührung *f;* **I felt a t. on
my arm,** ich fühlte eine leichte Berührung am
Arm; *F:* **it was t. and go,** es hing an einem
Faden; (*b*) **to give sth. the finishing t.,** einer
Sache den letzten Schliff geben; **to add a few
touches,** noch einige Striche ausführen. **2.**
(*sense of*) **t.,** Tastsinn *m;* **it is rough to the t.,** es
fühlt sich rauh an. **3.** (*a*) *Mus: Typewr: etc.*
Anschlag *m;* (*b*) (*feature*) Zug *m;* **character-
istic touches,** charakteristische Züge; **the t. of
the master,** die Hand des Meisters; **with a sure
t.,** mit sicherer Hand; **to lose one's t.,** es nicht
mehr können; **personal t.,** persönliche Note. **4.
t. of garlic,** eine Spur Knoblauch; **t. of rouge,**
ein Hauch von Rouge; **with a t. of bitterness,**
mit einem Anflug von Bitterkeit; **a t. of flu,**
eine leichte Grippe; **he's got a t. of the sun,** er
hat zuviel Sonne abbekommen. **5.** Kontakt *m;*
to be in t. with s.o., mit j-m in Verbindung
stehen/Kontakt haben; **to lose t.,** den Kontakt
verlieren; **to get in t.,** Kontakt aufnehmen; **to
get in t. with the police,** sich mit der Polizei in
Verbindung setzen; (*inform*) die Polizei ver-
ständigen; **I'll be in t.,** ich lasse von mir hören;
to keep in t., (*with s.o.*) Kontakt aufrechter-
halten; (*informed*) sich auf dem laufenden
halten. **6.** *Rugby:* Malfeld *n; Fb:* Aus *n;* **t. line,**
Rugby: Mallinie *f; Fb:* Seitenlinie *f.* **II.** *v.* **1.**
v.tr. (*a*) (j-n, etwas) berühren; (*esp. neg.*)
(etwas) anrühren; **to t. s.o. on the shoulder,** j-m
auf die Schulter tippen; **to t. one's hat,** an den
Hut tippen; **t. wood!** toi, toi, toi! **I never t.
wine,** ich rühre keinen Wein an; *Fig:* **to t.** (on)
a subject, ein Thema (kurz) berühren; **the law
can't t. him,** das Gesetz kann ihm nichts an-
haben; **nobody can t. him in comedy,** als Ko-
miker kann ihm keiner das Wasser reichen; (*b*)
(*reach*) **the speedometer touched 100,** der
Tachometer erreichte/zeigte auf 100; (*c*) (j-n)
rühren; **his kindness touched me deeply,** ich-
war von seiner Güte sehr gerührt; (*d*) *F:* **to t.
s.o. for a fiver,** j-n um fünf Pfund anpumpen.
2. *v.i.* (*of pers., things*) sich berühren. **'touch
'down,** *v.i.* (*a*) *Av:* landen; (*b*) *Rugby:* den Ball
im gegnerischen Malfeld niederlegen. **touched,**
adj. (*of pers.*) (*a*) (*moved*) gerührt; (*b*) *F:*
(*slightly mad*) nicht ganz richtig im Kopf.
'touchiness, *s.* Empfindlichkeit *f,* Reiz-
barkeit *f.* **'touching,** *adj.* rührend. **'touch-
paper,** *s.* Zündpapier *n* (eines Feuerwerks).
'touchstone, *s. Fig:* Prüfstein *m.* **'touch-
type,** *v.i.* blindschreiben. **'touch 'up. I.** *v.tr.
Aut: H:* (Lack) ausbessern; *Phot:* (eine Auf-
nahme) retuschieren. **II.** *s. Aut:* **t.-up (paint),**

Tupflack m. 'touchy, adj. (of pers.) empfindlich, reizbar; t. subject, heikles Thema.

tough [tʌf]. I. adj. 1. (strong) stark, widerstandsfähig; (of pers., meat) zäh; t. material, strapazierfähiger/fester Stoff. 2. (inflexible) (of pers.) hart, unnachgiebig; F: to get t., streng durchgreifen; he's a t. customer, er ist sehr hartnäckig. 3. (difficult) F: a t. job, ein schwieriger Job; t. luck! (was für ein) Pech! it was t. going, es ging mühselig voran. II. s. F: Raufbold m, Rowdy m. 'toughen, v. 1. v.tr. (j-n) abhärten; (einen Stoff) fester machen. 2. v.i. sich abhärten. 'toughness, s. 1. Stärke f; Zäheit f. 2. Härte f, Strenge f. 3. Schwierigkeit f.

tour [tuər]. I. s. 1. (a) Tour f, Reise f (of, durch + acc); walking t., Wandertour f; (b) Th: etc: Tournee f (of, durch + acc). 2. t. of inspection, Inspektion f (einer Fabrik, Hum: eines Hauses usw.); conducted t., Führung f (of a castle, durch eine Burg). 3. Mil: etc: t. of duty, Dienstturnus m. II. v.tr. & i. (a) to t. a country, ein Land bereisen; Th: etc: to t. the provinces, Gastspiele in der Provinz geben; to t. Germany, eine Deutschlandtournee machen; touring company, Gastspieltruppe f; Aut: touring car, Tourenwagen m; (b) Aut: to t. (along), dahingondeln. 'tourism, s. Fremdenverkehr m. 'tourist, s. Tourist m; t. agency/bureau/office, Verkehrsamt n, (amtliches) Reisebüro n; t. centre, Fremdenverkehrszentrum n; t. trade, Fremdenindustrie f; Tourismus m; Av: Nau: t. class, Touristenklasse f.

tournament ['tuənəmənt], s. Turnier n.

tourniquet ['tuənikei], s. Med: Aderpresse f.

tousle ['tauzl], v.tr. (Haare) zerzausen.

tout [taut]. I. (a) F: Kundenfänger m; Sp: etc: Wucherer m (, der Karten zu überhöhten Preisen anbietet); (b) Rac: Tipgeber m. II. v. 1. v.i. F: to t. for customers, auf Kundenfang gehen. 2. v.tr. (ein Produkt) anpreisen; (seine Dienste) anbieten.

tow [təu]. I. s. to take a ship/a car in t., ein Schiff ins Schlepptau nehmen/ein Auto abschleppen; Aut: do you need/want a t.? wollen Sie abgeschleppt werden? F: he always has his family in t., er hat immer seine (ganze) Familie im Schlepptau. II. v.tr. (ein Fahrzeug) abschleppen; (ein Schiff) schleppen. 'towboat, s. Schlepper m. 'towing, s. Schleppen n; Aut: Abschleppen n. 'towline, s. Nau: Schlepp trosse f. 'towpath, s. Leinpfad m. 'tow-rope, s. Aut: Schleppseil n.

towards [tə'wɔːdz], prep. 1. auf ... acc zu; he came t. me, er kam auf mich zu/mir entgegen; he ran t. the goal, er lief auf das Tor los. 2. (for) (a) für + acc; his feelings t. me, seine Gefühle für mich/mir gegenüber; (b) to save up t. sth., für/auf etwas acc sparen; efforts t. his release, Bemühungen um seine Freilassung. 3. (time) gegen + acc; t. noon, gegen Mittag; t. the end of the week, gegen Ende der Woche. 4. (cost) a contribution t. sth., ein Beitrag zu etwas dat; can I pay sth. t. the cost? kann ich etwas zu den Kosten beisteuern?

towel ['tauəl], s. Handtuch n; t. rail/N.Am: rack, Handtuchhalter m. 'towelling, s. Frottierstoff m.

tower ['tauər]. I. s. Turm m; t. block, Hochhaus n; (flats) Wohnturm m; Fig: he's a t. of strength, er ist eine große Stütze. II. v.i. hochragen; to t. over/above s.o., sth, j-n, etwas weit überragen/Fig: übertreffen. 'towering, adj. 1. haushoch; t. height, (alles) überragende Höhe; Fig: t. ambition, grenzenloser Ehrgeiz. 2. F: in a t. rage, in rasender Wut.

town [taun], s. 1. Stadt f; he works in t., er arbeitet in der Stadt/esp. in London; to go into t., in die Stadt gehen; (= London) nach London hineinfahren; attrib. t. life, das Leben in der Stadt; t. council, Stadtrat m; t. councillor, Stadtrat m, Stadträtin f; t. hall, Rathaus n; t. planning, Städteplanung f. 2. F: to go to t., (spend a lot) es sich dat was kosten lassen; (take trouble) sich dat einen abbrechen (on sth., bei etwas dat). 'township, s. (a) Stadtgemeinde f; (b) N.Am: Verwaltungsbezirk m. 'townsman, -woman, s. 1. Stadtbewohner(in) m(f). 2. (citizen) Bürger(in) m(f). 'townspeople, s. pl. 1. Stadtbewohner mpl. 2. (citizens) Bürger mpl.

toxic ['tɔksik], adj. Med: giftig.

toy [tɔi]. I. s. (a) Spielzeug n, toys, Spielsachen fpl; t. trumpet, Kindertrompete f; t. soldier, Spielzeugsoldat m; (lead) Bleisoldat m; (b) t. poodle, Zwergpudel m. II. v.i. to t. with one's food, in seinem Essen stochern; to t. with an idea, mit einem Gedanken spielen. 'toyshop, s. Spielwarengeschäft n.

trace¹ [treis]. I. s. 1. Spur f; we lost all t. of them, wir haben sie völlig aus den Augen verloren; to disappear without t., spurlos verschwinden; just a t. of insulin, nur eine Spur (von) Insulin. 2. (a) Meas: Aufzeichnung f; (b) (tracing) Pause f. II. v.tr. (a) (draw) (Linien usw.) nachzeichen; (Muster usw.) durchpausen; (b) (find) (j-n, etwas) aufspüren, ausfindig machen; he has been traced to Paris, man hat seine Spur bis nach Paris verfolgt; to t. lost goods, verlorene Gegenstände auffinden; I can't t. any reference to it, ich kann keinen Hinweis darauf finden; (c) (follow) (einer Entwicklung) nachgehen; he has traced his family (back) to the crusaders, er hat seine Familie bis in die Zeit der Kreuzzüge zurückverfolgt. 'tracer, s. 1. Atom. Ph: Indikator m. 2. Mil: t. bullet/shell, Leuchtspurgeschoß n. 'tracery, s. Fachwerk n: Arch: (window) t., Maßwerk n. 'tracing, s. 1. (act) Durchpausen n; t. paper, Pauspapier n, Transparentpapier n. 2. (result) Pause f; Meas: Aufzeichnung f.

trace², s. pl. Equit: Stränge mpl; Fig: to kick over the traces, über die Stränge schlagen.

track [træk]. I. s. 1. (trace) Spur f; Fährte f (eines Tieres); to follow in s.o.'s tracks, in j-s Fußstapfen treten; to be on s.o.'s t., j-m auf der Spur sein; to put s.o. on the right t., j-n auf die richtige Fährte bringen; to be on the right/wrong t., auf der richtigen/falschen Spur sein; to keep t. of s.o., j-n nicht aus den Augen verlieren; to lose t. of sth., über etwas acc nicht mehr auf dem laufenden sein; to throw s.o. off the t., j-n von der Spur abbringen; F: to make tracks, sich auf den Weg machen (for, nach + dat). 2. (a) (path) Weg m; it's off the beaten t., es liegt abseits; (b) Sp: Piste f

(motor-racing) t., Rennstrecke *f;* **t. racing,** Rundstreckenrennen *n;* **t. suit,** Trainingsanzug *m;* **t. events,** Laufdisziplinen *fpl.* **3.** *Rail:* **Gleis** *n;* **single-t. line,** eingleisige Strecke; *(of train)* **to leave the tracks,** entgleisen. **4.** *(of vehicle)* Kette *f.* **5.** *Aut:* Spurweite *f.* **6.** *Rec:* (a) *(on tape)* Spur *f;* (b) *(on record)* Band *n;* **the first t.,** das erste Stück. **II.** *v.tr.* (a) (einen Täter, eine Spur usw.) verfolgen; **to t. s.o. down,** j-n aufspüren; (b) *Rec:* *(of pickup)* (eine Platte) abtasten. **tracked,** *adj.* **t. vehicle,** Kettenfahrzeug *n.* **'tracker dog,** *s.* Spürhund *m.* **'trackrod,** *s.* *Aut:* Spurstange *f.*

tract¹ [trækt], *s.* **1.** **t. (of country),** Landstrich *m.* **2.** *Anat:* **respiratory t.,** Atemwege *mpl.*

tract², *s.* *Ecc:* Traktat *n.*

tractable ['træktəbl], *adj.* *(of child, pers.)* fügsam; (leicht) lenkbar; *(of car)* wendig. **tracta'bility,** *s.* Fügsamkeit *f;* *Aut:* Wendigkeit *f.*

traction ['trækʃ(ə)n], *s.* (a) *(pulling)* Zug *m;* Ziehen *n;* **t. engine,** Zugmaschine *f;* (b) *(drive)* *Aut:* Bodenhaftung *f;* *Rail:* **electric/diesel/ steam t.,** elektrischer Betrieb/Dieselbetrieb/ Dampfbetrieb *m.* **'tractor,** *s.* *Agr:* Traktor *m;* *(for towing)* Zugmaschine *f.*

trade [treid]. **I.** *s.* **1.** (a) *(occupation)* Beruf *m;* *(craft)* Handwerk *n;* **he is an electrician by trade,** er ist Elektriker von Beruf; **to carry on a t.,** einen Beruf/ein Handwerk ausüben; (b) *(business)* Gewerbe *n;* **to ply a t.,** ein Gewerbe betreiben; (c) **the t.,** die Branche; **known in the t. as . . . ,** in der Fachsprache/unter Fachleuten . . . genannt; (d) *attrib.* **t. directory,** Firmenverzeichnis *n;* **t. union,** Gewerkschaft *f;* **t. unionism,** Gewerkschaftswesen *n;* **t. unionist,** Gewerkschaftler *m;* *F:* **t. secret,** Geschäftsgeheimnis *n.* **2.** (a) Handel *m;* **foreign t.,** Außenhandel *m;* **balance of t.,** Handelsbilanz *f;* **it's good for t.,** das fördert den Handel; **to do a good/F:** **roaring t.,** gute Geschäfte/*F:* eine Bombengeschäft machen; (b) *attrib.* **t. fair,** Messe *f;* **t. mark,** Warenzeichen *n;* **t. name,** Handelsbezeichnung *f;* **t. figures,** Handelsstatistik *f;* **t. price,** Großhandelspreis *m;* *Hist:* **t. route,** Handelsstraße *f.* **II.** *v.* **1.** *v.i.* (a) handeln, Handel treiben **(in sth.,** mit etwas *dat*); (b) **to t. on s.o.'s ignorance,** j-s Unwissenheit ausnützen; *F:* **you can't t. on it,** du kannst dich nicht darauf verlassen. **2.** *v.tr.* *Com:* **to t. in one's old car for a new one,** sein altes Auto für ein neues in Zahlung geben. **'trader,** *s.* *(merchant)* Kaufmann *m;* *(dealer)* Händler *m.* **'tradesman,** *pl.* **-men,** *s.* Händler *m;* *(shopkeeper)* Geschäftsinhaber *m;* **tradesmen's entrance,** Lieferanteneingang *m.* **'tradewind,** *s.* Passat *m.* **'trading,** *s.* Handel *m;* **t. stamp,** Rabattmarke *f;* **t. relations,** Handelsbeziehungen *fpl;* **t. estate,** Gewerbegebiet *n.*

tradition [trə'dɪʃ(ə)n], *s.* Tradition *f;* (a) *(custom)* Brauch *m;* **it is a t. with us,** bei uns ist es Brauch; (b) *Lit: Hist:* **oral t.,** mündliche Überlieferung *f.* **tra'ditional,** *adj.* traditionell; **-ly,** *adv.* nach altem Brauch.

traffic ['træfik]. **I.** *s.* **1.** *(trade)* Handel *m;* *(illegal)* Schleichhandel *m* **(in sth.,** mit etwas *dat*); **t. in arms,** Waffenhandel *m.* **2.** Verkehr *m;* **heavy t.,** starker Verkehr *m;* **t. jam,** Verkehrsstauung *f;* **t. island,** Verkehrsinsel *f;* **t.**

lights, Ampel *f;* **t. policeman,** Verkehrspolizist *m;* **t. warden,** *(female)* Politesse *f;* *(male)* Hilfspolizist *m* (für den ruhenden Verkehr). **II.** *v.i.* *Pej:* **to t. in sth.,** mit etwas *dat* Schwarzhandel treiben.

tragedy ['trædʒidi], *s.* Tragödie *f.* **'tragic,** *adj.* tragisch; **t. actor/actress,** Tragödiendarsteller(in) *m(f).*

trail [treil]. **I.** *s.* **1.** Spur *f;* **t. of smoke,** Rauchfahne *f;* **the tourists left a t. of litter behind them,** die Touristen hinterließen überall haufenweise Abfall. **2.** *Hunt: etc:* Fährte *f;* **to pick up a t.,** auf eine Fährte kommen; **to be on s.o.'s t.,** j-m auf der Spur sein. **3.** *esp. N.Am:* (unbefestigte) Straße *f;* Weg *m;* *Fig:* **to blaze a t.,** eine Bahn brechen; *Motor Cy:* **t. bike,** geländegängiges Motorrad *n.* **II.** *v.* **1.** *v.tr.* (a) **to t. sth. (along) behind one,** (etwas) hinter sich *dat* herschleppen; (b) *(follow)* (j-n) verfolgen; *(shadow)* (einen Verbrecher usw.) beschatten; **to t. an animal,** der Fährte eines Tieres folgen. **2.** *v.i.* (a) **to t. (behind),** (i) *Sp:* *(drop back)* Boden verlieren; (ii) *(be far behind)* nachgehinkt kommen; *Sp:* **to be trailing (by 4 points),** (vier Punkte) im Rückstand sein; (b) *(of pers.)* **to t. along,** sich dahinschleppen; *(of skirt)* **to t. along the ground,** am Boden schleifen; (c) *(of plant)* herunterhängen. **'trailblazer,** *s.* Bahnbrecher *m,* Pionier *m.* **'trailblazing,** *adj.* bahnbrechend. **'trailer,** *s.* **1.** *Aut:* (a) Anhänger *m;* (b) *N.Am:* Wohnwagen *m.* **2.** *Cin:* Voranzeige *f.*

train [trein]. **I.** *s.* *Cl:* Schleppe *f.* **2.** *Fig:* *(series)* Reihe *f,* Folge *f* (von Ereignissen usw.); **t. of thought,** Gedankengang *m.* **3.** *Rail:* Zug *m;* **to travel by t.,** mit dem Zug/der Bahn fahren; **t. journey,** Bahnfahrt *f;* **t. crash,** Eisenbahnunglück *n;* **t. ferry,** Zugfähre *f.* **4.** *Mec. E:* **t. of gears/gear t.,** Räderwerk *n.* **II.** *v.* **1.** *v.tr.* (a) (j-n) ausbilden, schulen; (ein Kind) erziehen; (ein Tier) dressieren; *Sp:* (j-n) trainieren; (b) *Hort:* (eine Pflanze) ziehen **(on a trellis,** am Spalier); (c) (eine Waffe, Kamera usw.) richten **(on,** auf + *acc*). **2.** *v.i.* *Sp: etc:* üben, trainieren **(for,** für + *acc*). **trained,** *adj.* **1.** *(of soldier etc.)* ausgebildet; *(of animal)* dressiert; *(of eye etc.)* geschult, geübt; *(of athlete)* trainiert; **he's well t.,** er ist gut geschult/*Hum:* gut dressiert. **2.** *(of plant)* am Spalier gezogen. **trai'nee,** *s.* Lehrling *m;* **management t./t. manager,** Angestellte(r) *f(m),* die/der zum Manager ausgebildet wird. **'trainer,** *s.* **1.** Dompteur *m* (eines Löwen usw.); Dresseur *m* (von Hunden). **2.** *Sp:* Trainer *m.* **3.** *Av:* Schulflugzeug *n.* **'training,** *s.* **1.** (a) Ausbildung *f;* Schulung *f* (des Auges usw.); **professional t.,** Berufsausbildung *f;* **(teacher) t. college,** Pädagogische Hochschule *f;* *Nau:* **t. ship,** Schulschiff *n;* (b) *Sp:* Training *n;* **to go into t.,** trainieren; **in t.,** in Kondition; **out of t.,** aus der Übung; (c) Dressur *f* (eines Tieres). **2.** *Hort:* Ziehen *n* (am Spalier).

traipse [treips], *v.i.* *F:* latschen; **to t. round the streets,** die Straßen abklappern.

trait [trei], *s.* Charakterzug *m.*

traitor ['treitər], *s.* Verräter(in) *m(f);* **to be a t. to one's country,** ein Landesverräter sein.

trajectory [trə'dʒektəri], s. Flugbahn f.

tram [træm], s. Straßenbahn f. '**tramcar**, s. Straßenbahnwagen m. '**tramline**, s. Straßenbahnschiene f.

tramp [træmp]. I. s. 1. (sound) Getrampel n (von Füßen, Hufen usw.). 2. Fußmarsch m; (hike) Wanderung f. 3. (pers.) (a) Landstreicher m, Tramp m; (b) N.Am: (prostitute) Straßenmädchen n. 4. Nau: t. (steamer), Trampschiff n. II. v. 1. v.i. (a) stapfen, trampeln (on sth., auf etwas dat); (b) (hike) wandern; (wander) herumvagabundieren. 2. v.tr. to t. the streets/countryside, durch die Straßen/Landschaft latschen.

trample ['træmpl], v. 1. v.i. to t. on s.o., sth., j-n, etwas mit Füßen treten; Fig: to t. on s.o.'s feelings, auf j-s Gefühlen herumtrampeln. 2. v.tr. to t. sth. underfoot, etwas zertrampeln; to t. (down) the grass, das Gras niedertreten.

trampoline ['træmpəli:n], s. Trampolin n.

trance [trɑ:ns], s. (a) Med: etc: Trance f; in a t., im Trancezustand/Fig: Traumzustand m; (b) Psy: Ekstase f.

tranquil ['træŋkwil], adj. ruhig; (peaceful) friedlich; (of pers., attitude etc.) gelassen. **tran'quillity**, s. Ruhe f; Friedlichkeit f. '**tranquillize**, v. (j-n) (mit Drogen) beruhigen. '**tranquillizer**, s. Med: Beruhigungsmittel n.

trans- [træns, trænz], prefix trans-. **transact** [træn'sækt], v.tr. (ein Geschäft) durchführen; to t. business, Geschäfte tätigen. **tran'saction**, s. 1. Durchführung f (einer Sache). 2. (a) Com: (business) t., Geschäft n; St. Exch: Börsengeschäft n; (process) Geschäftsvorgang m; (b) pl. (negotiations) Verhandlungen fpl. **transatlantic** [trænzət'læntik], adj. (a) (of flight etc.) transatlantisch; (b) amerikanisch. **transceiver** [træn'si:vər], s. Rad: (kombiniertes) Sende- und Empfangsgerät n. **transcend** [træn'send], v.tr. (a) (den Verstand, j-s Kräfte usw.) übersteigen; to t. the limitations, über die Grenzen hinausgehen; (b) (excel) (etwas) übertreffen. **transcontinental** ['trænzkɔnti'nentl], adj. transkontinental. **transcribe** [træn'skraib], v.tr. (a) (copy) (etwas Geschriebenes) abschreiben; (b) (Stenogramm, eine Aufnahme usw.) übertragen; (c) Ling: Mus: (einen russischen Text, ein Musikstück usw.) transkribieren. '**transcript/tran'scription**, s. (a) Abschrift f; Übertragung f (einer Aufnahme usw.); (b) (recording) Aufzeichnung f; (c) Ling: Mus: Transkription f; phonetic t., phonetische Umschrift f. **transept** ['trænsept], s. Ecc: Arch: Querschiff n. **transfer**. I. [træns'fə:r] v. 1. v.tr. (a) (move) (eine Geschäftsstelle usw.) verlegen (to, nach + dat); (Beamte usw.) versetzen (to, nach + dat); (b) (hand over) (ein Recht, ein Eigentum, Fig: Zuneigung usw.) übertragen (to s.o., auf j-n); (Geld) überweisen (to s.o., j-m). 2. v.i. übergehen (to sth., zu etwas dat); to t. to another train/bus, in einen anderen Zug/Bus umsteigen. II. ['trænsfər] s. 1. (a) Verlegung f; (b) Versetzung f. 2. (a) Übertragung f (von Eigentum); Jur: deed of t., Übertragungsurkunde f; (b) Überweisung f (von Geld). 3. (change) Wechsel m; Av: etc: Umsteigen n. 4. (picture) Abziehbild n; Sew:

(iron-on) t., Aufbügelmuster n. **trans'ferable**, adj. übertragbar (to, auf + acc). **transform** [træns'fɔ:m], v.tr. (a) (j-n, etwas) verwandeln (into sth., in etwas acc); (b) Ch: (Energie usw.) umsetzen; El: (Strom) umspannen. **transfor'mation**, s. 1. Verwandlung f; Med: Gram: etc: Transformation f. 2. Ch: Umsetzung f; El: Umspannung f. **trans'former**, s. El: Transformator m. **transfuse** [træns'fju:z], v.tr. Med: (Blut) übertragen. **trans'fusion**, s. Med: (blood) t., Bluttransfusion f. **transient** ['trænziənt]. I. adj. vorübergehend; (of happiness) vergänglich. II. s.pl. N.Am: (travellers) Durchreisende mpl. **transistor** [træn'sistə], s. El: Transistor m; t. (radio), Transistorgerät n. **tran'sistorize**, v.tr. El: (ein Gerät) transistorisieren. **transit** ['trænsit, -zit], s. 1. Durchreise f; passengers in t., Durchreisende mpl; t. visa, Durchreisevisum n; t. camp, Durchgangslager n. 2. Com: Transit m (von Gütern); damage/loss in t., Beschädigung f/Verlust m auf dem Transport. **transition** [træn'siʒən], s. Übergang m (to, zu + dat). **tran'sitional**, adj. Übergangs-; t. period, Übergangszeit f. '**transitive**, adj. Gram: t. verb, transitives Verb. '**transitory**, adj. vorübergehend; (short-lived) vergänglich. **translate** [træns'leit], v.tr. (etwas) übersetzen (into English/German, ins Englische/Deutsche). **trans'lation**, s. Übersetzung f. **trans'lator**, s. Übersetzer(in) m(f). **transliteration** [trænzlitə'reiʃ(ə)n], s. Transliteration f. **translucence** [trænz'lu:s(ə)ns], s. Lichtdurchlässigkeit f. **trans'lucent**, adj. lichtdurchlässig. **transmission** [trænz'miʃ(ə)n], s. (a) Übertragung f; Übermittlung f (von Nachrichten usw.); (b) Mec.E: the t., das Kraftübertragung f; Aut: das Getriebe; t. belt, Treibriemen m; t. shaft, Getriebewelle f; (c) Rad: Sendung f; Übertragung f. **trans'mit**, v.tr. (a) (Krankheiten, Rad: eine Sendung usw.) übertragen (to, auf + acc); (b) (Nachrichten usw.) übermitteln. **trans'mitter**, s. Rad: etc: Sender m, Sendegerät n. **transom** ['trænsəm], s. Constr: Querbalken m. **transparency** [træns'pɛər(ə)nsi], s. 1. (quality) Durchsichtigkeit f. 2. Phot: Diapositiv n. **trans'parent**, adj. durchsichtig; t. lie, offensichtliche Lüge; -ly, adv. t. obvious, ganz offensichtlich, sonnenklar. **transpire** [trəns'paiər], v.i. passieren; it transpires that he has no money, es stellt sich heraus, daß er kein Geld hat; his account of what transpired, seine Version über den Vorfall. **transplant**. I. [træns'plɑ:nt] v.tr. (a) (eine Pflanze) umpflanzen; (b) Med: (ein Organ, Gewebe usw.) transplantieren. II. ['trænsplɑ:nt] s. Med: Transplantation f. **transport**. I. ['trænspɔ:t] s. 1. (a) Transport m, Beförderung f (von Personen, Gütern usw.); t. café, Fernfahrerlokal n; (by) (means of) t., Transportmittel n; public t., öffentliche Verkehrsmittel npl; have you any t.? sind Sie motorisiert? (c) Transportwesen n; t. system, Verkehrssystem n, t. policy, Verkehrspolitik f. 2. Lit: t. of joy/rage, Freudensrausch/Wutrausch m. II. [træns'pɔ:t] v.tr. (a) (Personen, Güter) transportieren, befördern; (b) Lit: he was transported with joy, er war außer sich *dat* vor Freude. **transpor'tation**, *s.* Transport *m*, Beförderung *f*. **trans'porter**, *s.* (*vehicle*) Transporter *m*. **transpose** [træns'pəuz], *v.tr.* (*a*) (zwei Sachen) umstellen; (*b*) *Mus:* (ein Stück) transponieren (**into**, in + *acc*). **transpo'sition**, *s.* (*a*) Umsetzung *f*, Umstellung *f*; (*b*) *Mus:* Transposition *f*. **transverse** ['trænzvə:s], *adj.* querlaufend; Quer-; *Tchn:* **t. section**, Querschnitt *m*. **transvestite** [trænz'vestait], *s.* Transvestit *m*.

trap¹ [træp]. **I.** *s.* **1.** Falle *f*; **to set a t. for s.o.**, **sth.**, j-m, etwas *dat* eine Falle stellen; **caught in a t.**, in einer Falle gefangen; **2.** (*in wastepipe*) Siphon *m*, Geruchverschluß *m*. **3.** *P:* (*mouth*) Klappe *f*; **shut your t.!** halt die Klappe! **II.** *v.tr.* (*a*) (ein Tier usw.) (mit einer Falle) fangen; **trapped by the flames**, von den Flammen eingeschlossen; (*b*) (j-m) eine Falle stellen. **'trapdoor**, *s.* Falltür *f*. **'trapper**, *s.* Trapper *m*.

trap², *s.* (**pony**) **t.**, Ponywagen *m*.

trapeze [trə'pi:z], *s.* Trapez *n*; **t. artist**, Trapezkünstler(in) *m(f)*.

trappings ['træpiŋz], *s. pl.* **all the t.**, das ganze Drum und Dran.

trash [træʃ], *s.* **1.** *N.Am:* Abfälle *mpl*. **2.** *Pej:* (*literature etc.*) Schund *m*; (*worthless stuff*) Plunder *m*; **to talk a lot of t.**, eine Menge dummes Zeug schwatzen. **'trashy**, *adj.* wertlos; **t. literature**, Schundliteratur *f*.

traumatic [trɔ:'mætik], *adj. Psy:* traumatisch; *F:* erschütternd.

travel ['trævl]. **I.** *s.* **1.** (*a*) Reisen *n*; **to be fond of t.**, gerne reisen; **t. agency**, Reisebüro *n*; (*b*) *pl.* **is he still on his travels?** ist er immer noch unterwegs/auf Reisen? **2.** *Tchn:* Bewegung *f*. **II.** *v.* (*p. & p.p.* **travelled**) **1.** *v.i.* (*a*) reisen; **to be travelling/travelling through**, er ist auf Reisen/auf der Durchreise; (*b*) *Fig:* (*of eyes etc.*) wandern, schweifen; (*of news*) sich verbreiten; (*c*) *Tchn:* sich bewegen. **2.** *v.tr.* (eine Strecke) zurücklegen; **to t. 10 miles**, 10 Meilen fahren. **'traveller**, *s.* **1.** Reisende(r) *f(m)*; **t.'s cheque**, Reisescheck *m*. **2.** (**commercial**) **t.**, Vertreter *m*, Handelsreisende(r) *m*. **'travelling**. **I.** *adj.* reisend; **t. salesman**, Handelsreisende(r) *m*; **t. circus**, Wanderzirkus *m*; **t. crane**, Laufkran *m*. **II.** *s.* Reisen *n*; **t. bag**, Reisetasche *f*; **t. expenses**, Reisekosten *pl*; *Adm:* Reisespesen *pl*. **'travelogue**, *s.* Reisebeschreibung *f*.

traverse [trə'və:s], *v.tr.* (ein Land) durchqueren, durchreisen; (eine Wüste usw.) überqueren.

travesty ['trævisti]. **I.** *s.* Travestie *f*. **II.** *v.tr.* (etwas) travestieren.

trawl [trɔ:l]. **I.** *s. Fish:* **t. (net)**, Grundschleppnetz *n*. **II.** *v.i.* mit dem Grundschleppnetz fischen. **'trawler**, *s.* Trawler *m*, Fischdampfer *m*.

tray [trei], *s.* (*a*) Tablett *n*; **t. cloth**, Tablettdeckchen *n*; (*b*) (**letter-**)**t.**, Briefkorb *m*.

treacherous ['tretʃ(ə)rəs], *adj.* (*of pers., disease etc.*) heimtückisch; (*of action*) verräterisch; *Fig:* **a t. surface**, eine glitschige Fahrbahn. **'treachery**, *s.* Verrat *m*.

treacle ['tri:kl], *s.* (dunkler) Sirup *m*.

tread [tred]. **I.** *s.* **1.** Schritt *m*, Tritt *m*; **to walk with a heavy t.**, mit schweren Schritten gehen. **2.** (*of stair*) Treppenstufe *f*; (*of ladder*) Leitersprosse *f*. **3.** *Aut: etc:* Profil *n* (eines Rei-

fens). **II.** *v.* (*p.* **trod** [trɔd], *p.p.* **trodden** ['trɔdn]) **1.** *v.i.* treten; **to t. softly**, leise auftreten; **to t. on sth.**, auf etwas *acc* treten; **to t. on s.o.'s toes**, j-m auf die Zehen/*Fig:* den Schlips treten. **2.** *v.tr.* (*a*) **to t. under foot**, (etwas) mit Füßen treten, *Fig:* (ein Volk) unterdrücken; (*b*) **to t. water**, Wasser treten; (*c*) (einen Pfad) treten; *Fig:* **to t. a dangerous path**, einen gefährlichen Kurs verfolgen. **'tread 'down**, *v.tr.* (Boden, Gras usw.) niedertreten. **'tread 'out**, *v.tr.* (Feuer) austreten. **'treadle**, *s.* Tritt *m*, Fußhebel *m*. **'treadmill**, *s.* Tretmühle *f*.

treason ['tri:z(ə)n], *s. Jur:* Landesverrat *m*; **high t.**, Hochverrat *m*. **'treasonable**, *adj.* **t. offence**, (landes)verräterische Handlung.

treasure ['treʒər]. **I.** *s.* (*a*) Schatz *m*; **t. house**, Schatzkammer *f*; **t. hunt**, Schatzsuche *f*; **t. trove**, *Jur:* Schatzfund *m*, *F:* Schatz *m* von unermeßlichem Wert; (*b*) *F:* (*pers.*) Perle *f*; **be a t. and . . .**, sei so lieb und . . . **II.** *v.tr.* (*a*) (etwas) (wie einen Schatz) hüten; (*b*) *Fig:* (j-s Freundschaft usw.) sehr schätzen; **I t. the memory of those days**, ich habe jene Tage noch in lieber Erinnerung. **'treasurer**, *s.* Schatzmeister *m*. **'treasury**, *s.* Schatzamt *n*; *Brit: Adm:* **the T.**, das Finanzministerium.

treat [tri:t]. **I.** *s.* (besonderes) Vergnügen *n*; (*meal*) Schmaus *m*; **a real t.**, ein echter Genuß; **to give/stand s.o. a t.**, j-m etwas spendieren; **to give oneself a t.**, sich *dat* etwas gönnen; **that's a t. in store**, da hast du etwas Schönes in Aussicht; **school t.**, Schulausflug *m*; *F:* **it worked a t.**, es hat prima funktioniert. **II.** *v.tr.* (*a*) (j-n, eine Krankheit, ein Thema usw.) behandeln; *Ind:* (eine Fläche, Stahl usw.) bearbeiten; **to t. sth. with care**, vorsichtig mit etwas *dat* umgehen; **to t. sth. as a joke**, etwas als (einen) Scherz ansehen; *Med:* **to t. s.o. for sth.**, j-n auf etwas *acc* behandeln; (*b*) **to t. s.o. to sth.**, j-m etwas ausgeben; **to t. oneself to sth.**, sich *dat* etwas gönnen. **treatise** ['tri:tiz], *s.* Abhandlung *f* (**on**, über + *acc*). **'treatment**, *s.* Behandlung *f* (*Med:* **for sth.**, auf etwas *acc*); **his t. of his friends**, sein Verhalten gegenüber seinen Freunden; *Med:* **under(going) t.**, in Behandlung; *F:* **to give s.o. the full t.**, es j-m an nichts fehlen lassen; (*as guest*) j-m eine Galabewirtung bieten. **'treaty**, *s.* Vertrag *m*; **t. obligations**, Vetragsverpflichtungen *fpl*; *Jur:* **sale by private t.**, freihändiger Verkauf.

treble ['trebl]. **I.** *adj.* **1.** dreifach; **t. the amount**, das Dreifache, dreimal soviel. **2.** *Mus:* **t. voice**, Sopranstimme *f*; **t. part**, Oberstimme *f*; **t. clef**, Diskantschlüssel *m*; **t. loudspeaker**, Hochtonlautsprecher *m*. **II.** *s.* **1.** das Dreifache. **2.** *Mus:* (*a*) (*pers., voice*) Sopran *m*; (*b*) (*range*) Diskant *m*; **to sing the t.**, die Oberstimme singen; *Rec: etc:* **weak t.**, schwache Höhen *fpl*. **III.** *v.* **1.** *v.tr.* (etwas) verdreifachen. **2.** *v.i.* sich verdreifachen. **'trebly**, *adv.* dreifach, dreimal.

tree [tri:], *s. Bot:* **t. frog**, Laubfrosch *m*; **to climb a t.**, auf einen Baum klettern; *Fig:* **he has got to the top of the t.**, er hat eine Spitzenposition erreicht. **'treeless**, *adj.* baumlos. **'treetop**, *s.* Baumkrone *f*; (*tip*) Baumwipfel *m*.

trek [trek]. **I.** *s.* Treck *m*; **day's t.**, Tagesmarsch *m*; *F:* **it's quite a t.**, es ist ein ziemlicher

Schlauch. **II.** *v.i. F:* (irgendwohin) latschen.

trellis ['trelis], *s.* Gitter *n; Hort:* Spalier *n.*

tremble ['trembl]. **I.** *s.* Zittern *n; (in voice etc.)* Beben *n; F:* **to be all of a t.**, am ganzen Körper zittern. **II.** *v.i.* zittern **(with,** vor + *dat); (of voice etc.)* beben; *Fig:* **I t. to think/at the thought,** ich zittere bei dem Gedanken. '**trembling. I.** *adj.* zitternd. **II.** *s.* Zittern *n;* Beben *n;* **in fear and t.**, in Angst und Bangen.

tremendous [tri'mendəs], *adj. (a)* enorm, riesig; **t. storm,** gewaltiger Sturm; *(b) (splendid)* prächtig; **t. reception,** begeisterte Aufnahme; **t. performance,** überwältigende Aufführung.

tremolo ['treməlou], *s. Mus:* Tremolo *n.*

tremor ['tremər], *s.* **1.** Zittern *n; Med: (of heart)* Herzflattern *n.* **2. (earth) t.**, Erschütterungswelle *f.* **tremulous** ['tremjuləs], *adj.* zittrig.

trench [tren(t)ʃ]. **I.** *s.* Graben *m; Mil:* Schützengraben *m;* **t. warfare,** Stellungskrieg *m.* **II.** *v.tr.* (ein Feld usw.) mit Gräben durchziehen. '**trenchant,** *adj.* schneidend, scharf.

trend [trend]. **I.** *s.* Trend *m,* Richtung *f.* **II.** *v.i.* neigen, tendieren **(to/towards,** zu + *dat).* '**trendy,** *adj. F:* modisch.

trepidation [trepi'deiʃ(ə)n], *s.* Angst *f;* **in t.**, in Angst und Bangen.

trespass ['trespəs]. **I.** *s. Jur:* unbefugtes Betreten *n.* **II.** *v.i. Jur:* (ein Grundstück) unbefugt betreten; **to t. on s.o.'s rights,** j-s Rechte verletzen. '**trespasser,** *s. Jur:* Eindringling *m; P.N:* **trespassers will be prosecuted,** unbefugtes Betreten wird strafrechtlich verfolgt.

tress [tres], *s. Lit:* Locke *f.*

trestle ['tresl], *s.* Gestell *n,* Bock *m;* **t. table,** (langer) Klapptisch *m; Paint:* Tapeziertisch *m.*

trial ['traiəl], *s.* **1.** *Jur:* Prozeß *m;* **to stand t.**, unter Anklage stehen **(for,** wegen + *gen);* **nioh vor Gericht verantworten (for,** wegen + *gen);* **t. by jury,** Schwurgerichtsverfahren *n.* **2.** *(test)* Probe *f;* **to give sth. a t.**, es mit etwas *dat* versuchen; **on t.**, auf/zur Probe; **by t. and error,** durch wiederholtes Versuchen; *Com:* **t. order,** Probeauftrag *m; Aut:* **t. run,** Probefahrt *f.* **3.** *Aut:* Trial *n;* **trials special,** geländegängiges Spezialauto; *Motor Cy:* **trials machine,** geländegängige Spezialmaschine *f.* **4.** *(annoying pers. etc.)* Plage *f; F:* Nervensäge *f;* **he is a great t. to his parents,** er macht seinen Eltern viel Kummer; **trials and tribulations,** Kummer und Sorgen.

triangle ['traiæŋgl], *s.* **1.** *Geom:* Dreieck *n.* **2.** *Mus:* Triangel *m.* **tri'angular,** *adj.* dreieckig.

tribe [traib], *s.* Volksstamm *m.* '**tribal,** *adj.* Stammes-; **t. law,** Stammesrecht *n.* '**tribesman,** *pl.* **-men,** *s.* Stammesehörige(r) *m.*

tribulation [tribju'leiʃən], *s. Lit:* Drangsal *n.*

tribunal [tr(a)i'bjuːn(ə)l], *s.* Tribunal *n; (for appeals)* Appellationsgericht *n; Ind:* Arbeitsgericht *n.*

tribute ['tribjuːt], *s.* **1.** *(a) (respect)* Huldigung *f; (praise)* Lob *n;* **to pay t. to s.o., sth.**, j-n, etwas huldigen; *(b)* **floral tributes,** Blumenspenden *fpl.* **2.** *(evidence)* Beweis *m;* **it's a t. to his strength of character that . . .**, es ist ein Beweis für seine Charakterstärke, daß . . . '**tributary,** *s. Geog:* Nebenfluß *m.*

trice [trais], *s.* **in a t.**, im Nu.

trick [trik]. **I.** *s.* **1.** *(a) (dishonest)* List *f,* Trick

m; **to play a t. on s.o.**, j-m einen Streich spielen; **shabby t.**, schäbige Tour *f;* **to be up to one's old tricks,** auf die alte Tour/Masche reisen; *(b)* Kniff *m;* **he knows the tricks of the trade,** er kennt alle Kniffe und Schliche; *F:* **to know the t.**, den Dreh heraushaben; **that'll do the t.**, damit haben wir's (geschafft); *(c)* **(conjuring/card) t.**, Kunststück *n; F:* **the whole bag of tricks,** das ganze Drum und Dran. **2.** *(habit)* Angewohnheit *f; F:* Tick *m.* **3.** *Cards:* Stich *m;* **to win/take a t.**, einen Stich machen. **II.** *v.tr.* (j-n) betrügen **(out of sth.**, um etwas *acc);* **to t. s.o. into doing sth.**, j-n verleiten, etwas zu tun. '**trickery,** *s.* Betrug *m;* **piece of t.**, Gaunerei *f.* '**trickiness,** *s.* Kompliziertheit *f, F:* Kitzligkeit *f* (einer Aufgabe); Verzwicktheit *f* (einer Lage). '**trickster,** *s.* Betrüger(in) *m(f), F:* Gauner *m.* '**tricky,** *adj. (of job etc.)* kompliziert, *F:* kitzlig; *(of situation etc.)* verzwickt, heikel.

trickle ['trikl]. **I.** *s.* Rinnsal *n; (drip)* Tröpfeln *n;* **t. of blood,** dünner Blutfluß; **to be reduced to a t.**, fast ganz versiegen; *El:* **t. charger,** Kleinlader *m.* **II.** *v.i.* rieseln; *(seep)* sickern; *(of tap)* tröpfeln; *Fig:* **to t. through,** *(of news etc.)* durchsickern.

tricycle ['traisikl], *s.* Dreirad *n.*

trident ['traidənt], *s.* Dreizack *m.*

tried [traid], *adj.* **(well) t.**, bewährt.

triennial [trai'eniəl], *adj.* alle drei Jahre stattfindend, dreijährlich.

trier ['traiər], *s. F:* **he's a (hard) t.**, er bemüht sich sehr.

trifle ['traifl]. **I.** *s.* **1.** *(a)* Kleinigkeit *f,* Lappalie *f; (b)* **a t. too short,** etwas/*F:* eine Idee zu kurz; **he's a t. over forty,** er ist etwas über vierzig. **2.** *Cu:* Trifle *n.* **II.** *vi* (herum)spielen **(with,** mit + *dat);* **to t. with one's health,** mit seiner Gesundheit Schindluder treiben; **he's not to be trifled with,** er läßt nicht mit sich *dat* spaßen. '**trifling,** *adj.* unbedeutend; **t. matter,** Lappalie *f;* **of t. value,** von geringem Wert.

trigger ['trigər]. **I.** *s. (a) (of gun)* Abzug *m;* **to press the t.**, abdrücken; *F:* **to be t.-happy,** gleich losschießen; *(b) Phot: etc:* Auslöser *m; (c) Fig:* auslösendes Moment *n.* **II.** *v.tr.* **to t. sth. (off),** etwas auslösen.

trigonometry [trigə'nomitri], *s.* Trigonometrie *f.*

trill [tril]. **I.** *s. Mus:* Triller *m.* **II.** *v.i.* trillern.

trillion ['triliən], *s.* Trillion *f; N.Am:* Billion *f.*

trilogy ['trilədʒi], *s.* Trilogie *f.*

trim [trim]. **I.** *s.* **1.** *(condition)* (guter) Zustand *m;* **everything was in perfect t.**, alles war in bester Ordnung; **in good t.**, in gutem Zustand; *(of pers.)* gut beisammen; *Sp:* in guter Form; *Sp:* **to get into t.**, in Kondition kommen. **2.** *Nau:* Trimm *m; Av:* Trimmlage *f.* **3.** *(cutting)* **to give sth. a t.**, etwas (nach)schneiden. **4.** *Aut:* Zierleisten *fpl; (interior)* Innenausstattung *f.* **II.** *adj. (neat)* ordentlich; sauber; *(smart)* schmuck; *(of lawn, beard)* gepflegt; **a t. figure,** eine schlanke Figur. **III.** *v.tr.* **(p. & p.p. trimmed)** *(a) (cut)* (Haare usw.) (nach)schneiden; (eine Hecke, den Bart) stutzen; (einen Hund) trimmen; **to t. one's nails,** sich *dat* die Nägel schneiden; *(b) (decorate) Cl:* (einen Hut, ein Kleid) verzieren, aufputzen **(with,** mit + *dat);* **trimmed with lace,** mit Spitze besetzt; (c) Nau: to t. the cargo, die Ladung trimmen; Fig: to t. one's sails to the wind, sich nach dem Winde drehen. 'trimming, s. 1. Cl: Besatz m; Tex: Borte f. 2. Nau: Trimmen n (der Ladung). 3. Cu: Garnierung f; F: with all the trimmings, mit allem Drum und Dran. 4. Nachschneiden n; Stutzen n.

Trinity ['triniti], s. Ecc: the T., die Dreifaltigkeit; T. (Sunday), Dreifaltigkeitsfest n.

trinket ['triŋkit], s. (wertloses) Schmuckstück n; pl. Tand m, Kinkerlitzchen npl.

trio, pl. -os ['tri:əu, -əuz], s. Trio n; (sung) Terzett n.

trip [trip]. I. s. 1. (excursion) Ausflug m; (journey) Reise f; (short) Fahrt f; esp. N.Am: (holiday) Urlaubsreise f; have a good t.! (i) gute Reise! (ii) N.Am: schönen Urlaub! to take a weekend t. abroad, eine Wochenendreise ins Ausland machen; to go on a t. round Munich, eine Rundfahrt durch München machen; Aut: t. (recorder), Kilometerzähler m (für kurze Entfernungen). 2. (on drugs) Trip m. 3. (a) (stumble) Stolpern n; (b) (tripping s.o.) Beinstellen n. II. v. 1. v.i. (a) to t. along, dahertrippeln; (b) to t. (up), stolpern; Fig: to t. up (badly), einen (schweren) Fehler machen. 2. v.tr. to t. s.o. (up), (i) j-m ein Bein/Fig: eine Falle stellen; (ii) (catch out) Fig: j-n bei einem Fehler ertappen. 'tripper, s. Ausflügler(in) m(f); Tourist(in) m(f).

tripe [traip], s. 1. Cu: Kaldaunen fpl, South G. Kutteln fpl. 2. F: (rubbish) Mist m:

triple ['tripl]. I. adj. dreifach; Mus: Tripel-; t. time, Tripeltakt m; t. woodwind, Bläser mpl in dreifacher Besetzung. II. v. 1. v.tr. (etwas) verdreifachen. 2. v.i. sich verdreifachen. 'triplet, s. 1. (pers.) Drilling m. 2. Mus: Triole f. 'triplicate, s. dritte Ausfertigung f; in t., in dreifacher Ausfertigung.

tripod ['traipɔd], s. Dreifuß m; Phot: Stativ n.

triptych ['triptik], s. Art: Triptychon n.

trite [trait], adj. banal; (of phrase) abgedroschen. 'triteness, s. Banalität f; Abgedroschenheit f.

triumph ['traiəmf, -ʌmf]. I.s. Triumph m; (victory) Sieg m; sense of t., Siegesfreude f; in t., im Triumph, triumphierend. II. v.i. triumphieren, siegen (over s.o., sth., über j-n, etwas acc). triumphal [-'ʌmf(ə)l], adj. Triumph-; t. arch, Triumphbogen m. tri'umphant, adj. triumphierend; (victorious) siegreich.

trivial ['trivial], adj. unbedeutend; (a) (of reason, complaint etc.) geringfügig; t. loss, geringer Verlust; (b) (of work of art) banal. trivi'ality, s. (a) Unwichtigkeit f; (b) Banalität f.

trolley ['trɔli], s. (a) Handwagen m; shopping t., Einkaufswagen m; Rail: Av: luggage t., Kofferkuli m; (two-wheeled) Gepäckschiebekarren m; (b) (tea) t., Teewagen m. 'trolleybus, s. Oberleitungsbus m, F: O-Bus m.

trombone [trɔm'bəun], s. Mus: Posaune f.

troop [tru:p]. I. s. 1. (group of pers.) Schar f. 2. Mil: (a) pl. troops, Truppen fpl; t. ship, Truppentransportschiff n; t. train, Militärzug m; (b) (cavalry) Schwadron f. 3. Scout: Gruppe f. II. v.i. (a) to t. together, sich zusammenscharen; (b) to t. in/out/off, in Scharen hereinströmen/ hinausströmen/losziehen. 'trooper. s. Mil: Kavallerist m; to swear like a t., wie ein

Landsknecht fluchen. 'trooping, s. Mil: t. the colour, Fahnenparade f.

trophy ['trəufi], s. Trophäe f.

tropic ['trɔpik], s. Geog: (a) the T. of Capricorn/ Cancer, der Wendekreis des Steinbocks/des Krebses; (b) pl. the tropics, die Tropen pl. 'tropical, adj. tropisch. 'tropicalize, v.tr. (etwas) tropenfest machen.

trot [trɔt]. I. s. Trab m; to break into a t., sich in Trab setzen; F: to keep s.o. on the t., j-n in Trab halten. II. v.i. (a) (of horse) traben; (b) F: (of pers.) to t. along/off, sich davonmachen; she's always trotting about, sie ist immer unterwegs. 'trot 'out, v.tr. (Wissen usw.) zur Schau tragen; F: he is always trotting out the same old story, er kommt immer mit der gleichen alten Leier. 'trotter, s. 1. (horse) Traber m. 2. Z: & Cu: pig's trotters, Schweinsfüße mpl. 'trotting, s. Traben n; t. race, Trabrennen n.

trouble ['trʌbl]. I. s. 1. (a) (worry) Sorge f; money troubles, Geldsorgen fpl; his troubles are over, seine Sorgen sind vorbei; (of dead pers.) er hat ausgelitten; they are having a lot of t. with their son, sie haben viel Kummer mit ihrem Sohn; (b) (difficulties) Schwierigkeiten fpl; (unpleasantness) Unannehmlichkeiten fpl; the t. is that..., das Unangenehme daran/ dabei ist...; to have t. with s.o./the police/a car, mit j-m/der Polizei/einem Auto Schwierigkeiten haben; to get into t. with the police, mit der Polizei in Konflikt kommen; to get s.o. out of t., j-m aus der Patsche helfen; to be in t., in Nöten sein, F: in der Patsche sitzen; he's asking for t., er macht sich dat nur selber Schwierigkeiten; to make t., Unruhe stiften; that's going to cause t., das gibt Schwierigkeiten/Ärger. 2. (bother) Mühe f; to take the t./go to the t. of doing sth., sich dat die Mühe machen, etwas zu tun; it's not worth the t., das ist nicht der Mühe wert; to give s.o. t., j-m Umstände/Mühe machen; to give oneself/go to a lot of t., sich dat viel Mühe machen; it's no t.! das ist nicht der Rede wert! he had all the t. for nothing, all seine Mühe war umsonst. 3. (a) Med: Beschwerden fpl; eye t., Augengeschichten fpl; he has heart t., er hat es mit dem Herzen; (b) Tchn: Defekt m; Aut: Rail: etc: engine t., Maschinenschaden m; brake t., Bremsdefekt m; (c) pl. Pol: Unruhen fpl; Ind: Unstimmigkeiten fpl. II. v. 1. v.tr. (a) (worry) (j-n) beunruhigen; to be troubled about s.o., um j-n in Sorge sein; that doesn't t. him (much), das kümmert ihn wenig; (b) (of disease) (j-n) plagen; my arm troubles me, mein Arm macht mir zu schaffen; (c) (j-n) belästigen; I'm sorry to t. you, es tut mir leid, Sie stören zu müssen; I won't t. you with the details, die Einzelheiten will ich Ihnen ersparen; may I t. you to shut the door? darf ich Sie bitten, die Tür zu schließen? to t. (oneself) to do sth., sich dat die Mühe machen, etwas zu tun; don't t. to change your dress, Sie brauchen sich nicht umzuziehen. 2. v.i. (a) (worry) beunruhigt sein (about, wegen + gen); don't t. about it, machen Sie sich keine Sorgen darum; without troubling about the consequences, ohne sich um die Folgen zu kümmern; (b) (bother) sich dat Mühe machen; it's not worth troubling (about), es ist nicht der Mühe wert. 'troubled, adj. 1. (of water) aufgewühlt; Fig: to pour oil on t. waters, Öl auf die Wogen gießen; to fish in t. waters, im Trüben fischen. 2. (of sleep etc.) unruhig; t. period, turbulente/bewegte Zeit. 'troublemaker, s. Unruhestifter m. 'troubleshooter, s. (a) Ind: Störungssucher m; (b) Fig: (peacemaker) Friedensstifter m. 'troublesome, adj. 1. lästig; t. child, lästiges Kind; her asthma is t., ihr Asthma macht ihr zu schaffen. 2. (of task) mühsam, schwierig.

trough [trɔf], s. 1. Trog m; water/drinking t., Wassertrog m. 2. in the t. of the wave, im Wellental n. 3. Meteor: t. of low pressure, Tiefdruckgebiet n.

trounce [trauns], v.tr. Sp: (j-n, eine Mannschaft) haushoch besiegen, F: überfahren.

troupe [tru:p], s. Th: etc: Truppe f.

trousers ['trauzəz], s.pl. (pair of) t., Hose f. 'trouser-suit, s. Hosenanzug m.

trousseau ['tru:səu], s. Brautausstattung f, Aussteuer f.

trout [traut], s. inv. Fish: Forelle f; t. fishing, Forellenfang m; t. stream, Forellenbach m; t. breeding, Forellenzucht f.

trowel ['trau(ə)l], s. (a) Constr: Kelle f; F: to lay it on with a t., dick auftragen; (b) Hort: Pflanzkelle f.

truant ['tru:ənt], s. Sch: Schwänzer m; to play t., die Schule schwänzen. 'truancy, s. Sch: Schwänzen n; Ind: Fernbleiben n (von der Arbeit).

truce [tru:s], s. Waffenstillstand m.

truck[1] [trʌk], s. 1. I have no t. with him, mit ihm will ich nichts zu tun haben. 2. N.Am: (garden) t., Gemüse und Obst; t. farmer, Gemüsegärtner m; t. farm, Gemüsegärtnerei f.

truck[2], s. (a) Aut: esp. N.Am: Lastwagen m, F: Laster m; t. delivery t., Lieferwagen m; t. driver, Lastwagenfahrer m; (b) Rail: esp. Brit: Wagen m; goods t., Güterwagen m; (c) Rail: Karren m; (porter's) t., Gepäckwagen m. 'trucker, s. N.Am: LKW-Fahrer m. 'trucking, s. N.Am: Lastwagentransport m.

truculence ['trʌkjuləns], s. Trotz m. 'truculent, adj. trotzig.

trudge [trʌdʒ]. I. s. (mühsamer) Marsch m. II. v.i. (mühselig) stapfen.

true [tru:]. I. adj. 1. (a) wahr; that's t.! das stimmt! it's not t. of all Germans, das gilt nicht für alle Deutschen; to come t., sich verwirklichen; (of dream) in Erfüllung gehen; (b) it's a long way, it's t., es ist allerdings/zwar weit. 2. (real) echt, wirklich; a t. friend, ein wahrer Freund. 3. Tchn: (straight) gerade; to make sth. t., etwas ausrichten. 4. (faithful) treu (to, dat); t. to one's word, seinem Wort getreu; to be t. to one's promise, sein Versprechen halten; t. copy, genaue Kopie; t. to life, lebensecht; t. to type, artgemäß; Fig: to show oneself in one's t. colours, sein wahres Gesicht zeigen. II. adv. to sing t., rein singen; (of wheel) to run t., sich gleichmäßig drehen. III. s. out of t., schief; (of wheel etc.) to run out of t., eiern. IV. v.tr. Tchn: to t. sth. (up), etwas ausrichten. 'true-'blue/ 'true-'born, adj. waschecht.

truffle ['trʌfl], s. Trüffel f.

truism ['tru:izm], s. Binsenwahrheit f.

truly ['tru:li], adv. (a) treu, aufrichtig; (b) I am t. grateful to you, ich bin Ihnen wirklich dankbar; (c) yours t., (i) Corr: Ihr ergebener; (ii) Hum: (I myself) meine Wenigkeit; (d) F: really and t.? wirklich wahr?

trump [trʌmp]. I. s. Cards: Trumpf m; hearts are trumps, Herz ist Trumpf; F: he always turns up trumps, man kann sich immer auf ihn verlassen (,wenn man was braucht); to play one's t. card, seinen Trumpf ausspielen. II. v.tr. (a) Cards: (eine Karte) stechen; (b) to t. up an excuse, eine Entschuldigung erfinden; to t. up a charge, eine (falsche) Anschuldigung erheben.

trumpet ['trʌmpit]. I. s. 1. Trompete f; t. player, Trompeter m. 2. (ear) t., Hörrohr n. II. v.i. trompeten. 'trumpeter, s. Trompeter m.

truncheon ['trʌn(t)ʃ(ə)n], s. Knüppel m; rubber t., Gummiknüppel m.

trundle ['trʌndl], v. 1. v.tr. (eine Schubkarre usw.) schieben. 2. v.i. Aut: to t. along, dahingondeln, die Straße entlangtrudeln.

trunk [trʌŋk], s. 1. (a) Stamm m (eines Baumes); (b) (of pers., animal) Rumpf m; (c) attrib. t. road, Hauptverkehrsstraße f; Tel: t. call, Ferngespräch n. 2. (large case) Schrankkoffer m. 3. Rüssel m (eines Elephanten). 4. pl. Cl: (underwear) Unterhose f; Swim: Badehose f.

truss [trʌs], s. 1. Bündel n (Stroh usw.). 2. Constr: (framework) Fachwerk n. 3. Med: Bruchband n. II. v.tr. (a) (Heu, Stroh) bündeln; (b) Cu: (Geflügel) zusammenschnüren; (c) to t. s.o. up, j-n fesseln.

trust [trʌst]. I. s. 1. Vertrauen n (in, auf + acc); to take sth. on t., etwas auf Treu und Glauben hinnehmen; to put one's t. in s.o., sein Vertrauen in j-n setzen; position of t., Vertrauensstellung f; Jur: etc: breach of t., Vertrauensbruch m. 2. Jur: Treuhandverhältnis n; to hold money in t., Gelder treuhänderisch verwalten. 3. Fin: Trust m; t. fund, Treuhandgelder npl. II. v. 1. v.tr. (a) (j-m) vertrauen; (j-m) trauen; he's not to be trusted, ihm kann man nicht trauen; to t. s.o. with sth./sth. to s.o., j-m etwas anvertrauen; you can t. her to do her best, man kann sich auf sie verlassen, daß sie ihr Bestes tut; F: she doesn't t. him out of her sight/further than she can see him, sie traut ihm nicht um die Ecke; Iron: t. him to spend it all on drink! das sieht ihm ähnlich, das alles für Alkohol auszugeben! (b) I t. he will come, ich hoffe, daß er kommt. 2. v.i. to t. in s.o., sth., sein Vertrauen auf j-n, etwas acc setzen; to t. to luck, sich auf sein Glück verlassen. trus'tee, s. Jur: Treuhänder m; Verwalter m (eines Vermögens). 'trustful/ 'trusting, adj. vertrauensvoll. 'trustworthiness, s. 1. Zuverlässigkeit f, Vertrauenswürdigkeit f. 2. Glaubwürdigkeit f. 'trustworthy, adj. 1. zuverlässig; t. witness, vertrauenswürdiger Zeuge. 2. (credible) glaubwürdig. 'trusty, adj. zuverlässig; (faithful) treu.

truth [tru:θ], s. 1. Wahrheit f; the t. is/to tell the t., I forgot, ehrlich gesagt, ich habe es vergessen; there's no t. in what you say, es stimmt nicht, was Sie sagen; **to tell s.o. a few home truths,** j-m die ungeschminkte Wahrheit sagen; *Jur:* **the t., the whole t. and nothing but the t.,** die volle Wahrheit und nichts als die Wahrheit. **2.** *Tchn:* **out of t.,** schief; (*of wheel*) eiernd. ´**truthful,** *adj.* (*a*) (*of pers.*) wahrheitsliebend; (*b*) (*of story etc.*) wahr; **-ly,** *adv.* wahrhaftig. ´**truthfulness,** *s.* (*a*) Wahrheitsliebe *f;* (*b*) Wahrhaftigkeit *f.*

try [trai]. **I.** *s.* (*also Rugby:*) Versuch *m;* **to have a t. at doing sth./give sth. a t.,** es mit etwas *dat* versuchen; **let's have a t.!** versuchen/probieren wir es mal! **at the first t.,** beim ersten Versuch. **II.** *v.* **1.** *v.tr.* (*a*) (etwas) versuchen; **to t. to do/** *F:* **t. and do sth.,** versuchen, etwas zu tun; **he tried his hardest to save them,** er tat sein Äußerstes, um sie zu retten; **to t. one's hand at sth.,** sich an etwas *dat* versuchen; (*b*) (etwas) ausprobieren; **to t. a dish,** eine Speise kosten; *F:* **t. me!** (i) versuchen Sie es mit mir! (ii) *Com: etc:* machen Sie mir ein Angebot; (*c*) *Fig:* (j-n, etwas) prüfen; **he/his patience has been sorely tried,** er/seine Geduld ist schwer geprüft worden; **to t. one's eyes,** seine Augen (über)anstrengen; (*d*) *Jur:* **to t. a case,** über eine Sache gerichtlich verhandeln. **2.** *v.i.* (*a*) (*take trouble*) **he really tries,** er gibt sich *dat* redlich Mühe; **you're not trying,** du strengst dich nicht an; **without (even) trying,** ohne sich (irgendwie) anzustrengen, mühelos; (*b*) (es) versuchen; **t. again,** versuch es noch einmal; **it's worth trying,** der Versuch lohnt sich; (*c*) **to t. for sth.,** sich um etwas *acc* bemühen; **he is trying for the record,** er macht einen Rekordversuch; ´**trying,** *adj.* aufreibend; (*laborious*) mühsam; **it's/he is very t.,** es/er gibt einem auf die Nerven. ´**try** ´**on,** *v.tr.* (*a*) (ein Kleidungsstück) anprobieren; (*b*) *F:* **he's just trying it on,** er versucht es ja nur; **to t. it on with s.o.,** es bei j-m probieren. ´**try** ´**out,** *v.tr.* (etwas) ausprobieren. ´**try-out,** *s.* Probe *f.*

tsar [zɑːr, tsɑːr], *s. Hist:* Zar *m.*

tsetse [´tsetsi], *s. Ent:* **t. (fly),** Tsetsefliege *f.*

tub [tʌb], *s.* **1.** (*a*) (*for plants etc.*) Kübel *m;* (**water**) (*water*) Wassertonne *f;* **bath t.,** Badewanne *f;* (*b*) (*small*) Becher *m;* **ice-cream t.,** Eisbecher *m.* **2.** *F:* (*ship*) **old t.,** alter Kahn *m.* ´**tubby,** *adj. F:* (*of pers.*) pummelig. ´**tub-** ´**thumper,** *s. F:* Kanzelpauker *m,* Kanzeldonnerer *m.*

tuba [´tjuːbə], *s.* Tuba *f.*

tube [tjuːb], *s.* **1.** (*a*) *esp. Tchn: & N.Am: El:* (= *valve*) Röhre *f; T.V:* Bildröhre *f;* (*b*) (*pipe*) Rohr *n;* (*flexible; also Aut:*) Schlauch *m.* **2. t. of toothpaste etc.,** Tube *f* Zahnpasta usw. **3.** *Anat:* **bronchial tubes,** Bronchien *fpl.* **4.** *Rail: F:* **the t.,** die U-Bahn; **t. station,** U-Bahnhof *m.* ´**tubeless,** *adj. Aut:* (*of tyre*) schlauchlos. ´**tubing,** *s.* (*a*) (*system*) Röhrenwerk *n;* (*b*) (*material*) Röhre *f,* Rohr *n;* **plastic/rubber t.,** Plastikschlauch/Gummischlauch *m.* ´**tubular,** *adj.* (*a*) röhrenförmig; (*b*) Röhren-, Rohr-; **t. furniture,** Stahlrohrmöbel *n; Aut:* **t. frame,** Rohrrahmen *m; Mus:* **t. bells,** Glockenspiel *n.*

tuber [´tjuːbər], *s. Bot:* Knolle *f.* **tubercular** [tjuː(ː)´bəːkjələr], *adj. Med:* tuberkulös. **tuberculosis** [-´ləusis], *s. Med:* Tuberkulose *f.*

tuck [tʌk]. **I.** *s. Sew:* Abnäher *m;* **to make a t. in a dress,** einen Abnäher in ein Kleid machen. **2.**

Sch: A: Leckereien *fpl;* **t. shop,** Süßwarengeschäft *n.* **II.** *v.tr.* (*a*) *Sew:* Abnäher (in den Stoff) machen; (*b*) (etwas) (irgendwohin) stecken; **t. your shirt into your trousers,** steck dein Hemd in die Hose; **to t. a blanket round s.o.,** j-n in eine Decke einschlagen. ´**tuck** a´**way,** *v.tr.* (*a*) (etwas) wegstecken, (*hide*) verstecken; **tucked away village,** abseits gelegenes Dorf; (*b*) *F:* (Essen) verputzen, verdrücken. ´**tucker,** *s.* **1.** *F:* **she was in her best bib and t.,** sie trug ihren Sonntagsstaat. **2.** *Austral:* Süßigkeiten *fpl.* ´**tuck** ´**in,** *v.* **1.** *v.tr.* (*a*) (etwas) einstecken; **to t. in the sheet,** das Bettuch unterschlagen/feststecken; **t. in your shirt,** steck dein Hemd rein; (*b*) **to t. the children in,** die Kinder im Bett gut zudecken. **2.** *v.i. F:* (tüchtig) zulangen **t. in!** lang zu! ´**tuck** ´**into,** *v.tr. F:* **to t. i. sth.** sich *dat* etwas schmecken lassen. ´**tuck** ´**up,** *v.tr.* (*a*) (die Ärmel) hochkrempeln; (den Rock) schürzen; (*b*) (j-n) im Bett gut zudecken.

Tuesday [´tjuːzdi], *s.* Dienstag *m;* **on T.,** am Dienstag; **on Tuesdays,** dienstags.

tuft [tʌft], *s.* (*of hair, grass etc.*) Büschel *n; Orn:* Haube *f;* **little t. of beard,** Bärtchen *n.* ´**tuft- ed,** *adj.* büschelig; **t. carpet,** Langflorteppich *m.*

tug [tʌg]. **I.** *s.* **1.** Zerren *n;* **to give a (good) t.,** (kräftig) zerren; *Sp:* (*also Fig:*) **t. of war,** Tauziehen *n.* **2.** *Nau:* **t. (boat),** Schlepper *m.* **II.** *v.tr. & i.* (*p. & p.p.* **tugged**) (etwas) ziehen, zerren; **to t. sth. along,** etwas hinter sich *dat* herziehen; **to t. at sth.,** an etwas *dat* zerren.

tuition [tjuː(ː)´iʃ(ə)n], *s.* Unterricht *m.*

tulip [´tjuːlip], *s.* Tulpe *f.*

tulle [tjuːl], *s. Tex:* Tüll *m.*

tumble [´tʌmbl]. **I.** *s.* Fall *m,* Sturz *m;* **to take a t.,** (hin)stürzen. **II.** *v.* **1.** *v.i.* (*a*) (*fall*) stürzen; **to t. into bed/into the car,** ins Bett fallen/sich ins Auto stürzen; **to t. over sth.,** über etwas *acc* stolpern; **that building is tumbling down,** das Gebäude ist baufällig; (*b*) **to t. about in the water,** (sich) im Wasser tummeln; (*c*) *F:* **to t. to it,** es kapieren; **I soon tumbled to his ruse,** seine List hatte ich bald heraus. **2.** *v.tr.* (*a*) **to t. sth. down/over,** etwas umwerfen/umstürzen; (*b*) **tumbled heap of clothes,** unordentlicher Haufen Kleidung. ´**tumbledown,** *adj.* baufällig. ´**tumble-** ´**drier,** *s.* Wäschetrockner *m.* ´**tumbler,** *s.* **1.** (*glass*) Trinkglas *n,* Becher *m.* **2.** (*pers.*) Akrobat(in) *m(f).* **3.** *El:* **t. switch,** Kippschalter *m.*

tummy [´tʌmi], *s. F:* Magen *m;* (*belly*) Bauch *m;* **he has a t. ache,** er hat Bauchschmerzen.

tumour [´tjuːmər], *s. Med:* Tumor *m.*

tumult [´tjuːmʌlt], *s.* Tumult *m.* **tu´multuous,** *adj.* turbulent; (*of applause etc.*) stürmisch.

tumulus, *pl.* **-li** [´tjuːmjuləs, -lai], *s.* Hügelgrab *n.*

tuna [´tjuːnə], *s. Fish:* Thunfisch *m.*

tundra [´tʌndrə], *s. Geog:* Tundra *f.*

tune [tjuːn]. **I.** *s.* **1.** Melodie *f; F:* **to call the t.,** den Ton angeben; **to change one's t.,** andere Töne anschlagen. **2.** (*a*) **the piano is in t./out of t.,** das Klavier ist gestimmt/verstimmt; **to sing/play) out of t./in t.,** falsch/richtig (singen/spielen); (*b*) *Fig:* **to be in t. with one's surroundings,** mit seiner Umwelt im Einklang/im Widerspruch stehen. **3.** *Aut:* (*of engine*) **(state of) t.,** Einstellung *f;* **my car is out of t.,**

mein Auto läuft nicht mehr richtig. **II.** *v.tr.* (*a*) (ein Instrument) stimmen; (*b*) *Aut:* **to t. the ignition/engine etc.**, die Zündung/den Motor usw. einstellen; **(highly) tuned engine,** frisierter Motor; (*c*) *El:* (einen Kreis usw.) abstimmen. **´tuneful,** *adj.* (*of voice etc.*) melodisch; (*of music*) melodienreich. **´tuneless,** *adj.* ohne Melodie. **´tuner,** *s.* **1. piano t.,** Klavierstimmer *m.* **2.** *Rad:* Tuner *m.* **´tune ´in,** *v.tr. & i. Rad: etc:* (das Radio) einstellen (**to a station,** auf einen Sender). **´tune ´up,** *v.* **1.** *v.i. Mus:* die Instrumente stimmen. **2.** *v.tr. Aut:* (den Motor) frisieren. **´tuning,** *s.* **1.** *Mus:* Stimmen *n;* **t. fork,** Stimmgabel *f.* **2.** *Aut:* Einstellen *n;* (*for performance*) Frisieren *n,* Tuning *n.* **3.** *Rad:* Sendereinstellung *f.*

tungsten [´tʌŋstən], *s.* Wolfram *n;* **t. steel,** Wolframstahl *m.*

tunic [´tju:nik], *s.* **1.** (*of soldier, policeman*) Uniformjacke *f.* **2.** (*blouse*) Kasack-Bluse *f.*

Tunisia [tju(:)´niziə]. *Pr. n. Geog:* Tunesien *n.* **Tu´nisian. I.** *adj.* tunesisch. **II.** *s.* Tunesier(in) *m(f).*

tunnel [´tʌn(ə)l]. **I.** Tunnel *m;* **pedestrian t.,** Fußgängerunterführung *f.* **II.** *v,* **1.** *v.i.* einen Tunnel bohren. **2.** *v.tr.* **to t. one's way under a mountain etc.,** einen Berg usw. untertunneln. **´tunnelling,** *s.* Tunnelbau *m.*

tunny(-fish) [´tʌni(fiʃ)], *s.* Thunfisch *m.*

turban [´tə:bən], *s. Cl:* Turban *m.*

turbid [´tə:bid], *adj.* (*a*) (*thick*) zähflüssig; (*b*) (*not clear*) trüb. **tur´bidity,** *s.* (*a*) Zähflüssigkeit *f;* (*b*) Trübe *f.*

turbine [´tə:bain], *s.* Turbine *f.* **´turbocharger,** *s. I.C.E:* Turbolader *m.* **´turbojet,** *s. Av:* Strahlturbine *f.*

turbot [´tə:bət], *s. Fish:* Steinbutt *m.*

turbulent [´tə:bjulənt], *adj.* stürmisch, turbulent. **´turbulence,** *s.* Turbulenz *f.*

tureen [tə´ri:n, tju-], *s.* Terrine *f.*

turf, *pl.* **turves** [tə:f, tə:vz]. **I.** *s.* **1.** Rasen *m;* (stretch of) **t.,** Grasfläche *f;* (*sod*) Grassode *f.* **2.** *Irish:* (*peat*) Torf *m.* **3.** *Rac:* the **t.,** der Turf; **t. accountant,** Buchmacher *m.* **II.** *v.tr.* (*a*) (eine Fläche) mit Rasen bedecken; (*b*) *F:* **to t. s.o. out,** j-n rausschmeißen.

turgid [´tə:dʒid], *adj. Med: & Fig:* geschwollen.

Turkey¹ [´tə:ki]. *Pr. n. Geog:* die Türkei. **Turk,** *s.* Türke *m,* Türkin *f.* **´Turkish. I.** *adj.* türkisch; **T. bath,** Dampfbad *n;* **t. delight,** Türkischer Honig *m.* **II.** *s. Ling:* Türkisch *n.*

turkey², *s.* (*bird*) Truthahn *m;* *Cu:* Pute(r) *f (m).*

turmoil [´tə:mɔil], *s.* Tumult *m;* **in a t.,** (*of town etc.*) in Aufruhr; (*of pers.*) völlig verwirrt.

turn [tə:n]. **I.** *s.* **1.** (*revolution*) Umdrehung *f,* Drehung *f* (eines Rades usw.); *Cu:* (*of meat etc.*) done to a **t.,** gerade richtig (gebraten usw.). **2.** (*a*) (*change of direction*) Richtungswechsel *m;* **t. of the tide,** Gezeitenwechsel *m;* *Fig:* Wendepunkt *m;* (*of tide, weather etc.*) to be on the **t.,** umschlagen; (*b*) (*in road*) Abbiegung *f;* (*bend*) Kurve *f;* (*of pers.*) **to make a sudden/sharp t.,** eine plötzliche/scharfe Drehung machen; **at every t.,** auf Schritt und Tritt; (*c*) (*change of condition*) Wendung *f;* **at the t. of the century,** um die Jahrhundertwende; **to take a tragic t.,** einen tragischen Verlauf nehmen; **t. for the better/worse,** glückliche/

unglückliche Wendung; **to take a t. for the better/worse,** sich zum Guten/Schlechten wenden; (*d*) *F:* **the sight gave me quite a t.,** der Anblick versetzte mir einen ziemlichen Schock; **she had one of her (bad) turns yesterday,** sie hatte gestern wieder eine Krise/ einen Anfall. **3.** (*a*) **in t.,** der Reihe nach; **out of t.,** außer der Reihe, aus der Reihenfolge; **t. and t. about,** nacheinander; **by turns,** abwechselnd; **they take (it in) turns,** sie wechseln sich ab; **it is my t.,** ich bin an der Reihe/*F:* dran; (*b*) *Th: etc:* Nummer *f.* **4.** **to do s.o. a good t.,** j-m einen Gefallen tun. **5.** (*a*) **he has a practical t. of mind,** er ist praktisch veranlagt; (*b*) **t. of phrase,** Formulierung *f;* (*c*) *Aut:* **to have a good t. of speed,** ein gutes Tempo an den Tag legen können. **II.** *v.* **1.** *v.tr.* (*a*) (*rotate*) (ein Rad, den Schlüssel im Schloß, den Kopf usw.) drehen; **to t. one's back (on s.o., sth.),** (j-m, etwas *dat*) den Rücken kehren; **it turns my stomach,** es dreht mir den Magen um; **to t. a page,** umblättern; *Fig:* **without turning a hair,** ohne mit der Wimper zu zucken; **she/success has turned his head,** sie hat ihm den Kopf verdreht/der Erfolg ist ihm zu Kopf gestiegen; (*b*) **to t. one's pockets inside out,** seine Taschen umstülpen; **they turned the whole house upside down,** sie haben das ganze Haus auf den Kopf gestellt; (*c*) (*direct*) (Augen, Gedanken usw.) richten, lenken (**to, towards,** auf + *acc*); **to t. a deaf ear (to s.o., sth.),** sich (j-m, etwas gegenüber) taub stellen; **to t. a blind eye,** beide Augen zudrücken; **to t. one's steps homewards,** seine Schritte heimwärts lenken; **to t. one's attention to sth.,** sich/seine Aufmerksamkeit etwas *dat* widmen; *Fig:* **to t. everyone against one,** sich *dat* alle zum Feind machen; (*d*) **to t. the corner,** um die Ecke biegen; (*of invalid etc.*) über dem Berg sein; **he has turned forty,** er ist vierzig geworden; **it's turned seven,** es ist sieben Uhr vorbei; (*e*) (j-n, etwas) machen (**into,** zu + *dat*); **to t. a field into a golf course,** ein Feld zum Golfplatz machen; **to t. love into hate,** Liebe in Haß verwandeln; **this weather has turned the milk sour,** bei diesem Wetter ist die Milch sauer geworden; (*f*) (Metallteile) drehen; (Tischbeine, Holz) drechseln; *Fig:* (etwas) formen; **a well-turned sentence,** ein geschickt formulierter Satz. **2.** *v.i.* (*a*) (*rotate*) (*of wheel etc.*) sich drehen; **to toss and t. in bed,** sich im Bett hin und her wälzen; **to t. upside down,** (*of boat*) kentern; (*of car*) sich überschlagen; *Fig:* **to t. in one's grave,** sich im Grab umdrehen; **everything turns on your answer,** alles hängt von deiner Antwort ab; (*b*) sich drehen, wenden (**to, zu** + *dat*); **to t. to the right/left,** sich nach rechts/links drehen; *Aut:* nach rechts/links abbiegen; **the wind is turning,** der Wind dreht sich; **to t. to s.o.,** sich j-m zuwenden; **to t. against s.o.,** sich gegen j-n wenden; **to t. on s.o.,** j-n angreifen; *Fig:* **I don't know which way to t.,** ich weiß nicht mehr ein noch aus; (*c*) (*change*) sich verwandeln (**into,** in + *acc*); (*become*) werden (**zu** + *dat*); **the tide is turning,** die Gezeiten schlagen um; **his luck has turned,** sein Glück hat sich gewendet; **the snow is turning to rain,** der Schnee wird zu Regen; **the prince turned into a frog,** der Prinz verwandelte sich in einen Frosch; **the milk has turned (sour),** die Milch ist sauer geworden; **the leaves are beginning to t.,** die Blätter verfärben sich; **to t. socialist,** Sozialist werden. ´**turn a´way,** *v.* 1. *v.tr.* (*a*) (das Gesicht, einen Schlag usw.) abwenden; (*b*) (j-n, *esp.* Zuschauer) abweisen. 2. *v.i.* sich abwenden. ´**turn ´back,** *v.* 1. *v.tr.* (*a*) (j-n) umkehren lassen; (*b*) (die Bettdecke usw.) zurückschlagen. 2. *v.i.* umkehren; **there is no turning back,** es gibt kein Zurück. ´**turn ´down,** *v.tr.* (*a*) (eine Bettdecke usw.) zurückschlagen; (den Kragen, die Hutkrempe usw.) herunterschlagen; (eine Buchseite) umknicken; (*b*) (die Gasflamme usw.) kleiner stellen; (das Radio usw.) leiser stellen; (*c*) (j-n) abweisen; **to t. d. an offer/an application** etc., ein Angebot/eine Bewerbung usw. ablehnen. ´**turner,** *s.* Drechsler *m.* ´**turn ´in,** *v.* 1. *v.tr.* (*a*) (die Füße usw.) nach innen drehen; (Stoff usw.) nach innen falten; (*b*) **to t. in one's equipment,** seine Ausrüstung zurückgeben. 2. *v.i.* F: **to t. in early,** früh schlafen gehen. ´**turning.** I. *adj.* (sich) drehend; *Fig:* **t. point,** Wendepunkt *m; Aut:* **t. traffic,** Abbieger *mpl.* II. *s.* 1. Abbiegen *n;* **take the first t. to the right,** die erste Straße rechts abbiegen. 2. Drehen *n* (von Metallteilen); Drechseln *n* (von Holz). ´**turn ´off,** *v.* 1. *v.tr.* (*a*) (das Wasser, den Strom usw.) abstellen, abdrehen; (das Licht) ausmachen; (das Radio, den Fernseher usw.) ausschalten; (den Wasserhahn usw.) zudrehen; (*b*) F: **the programme on lung cancer turned me off smoking,** bei der Sendung über Lungenkrebs verging mir die Lust zum Rauchen. 2. *v.i.* (von einer Straße) abbiegen; **at Luton we turned off the motorway,** bei Luton verließen wir die Autobahn/fuhren wir von der Autobahn ab. ´**turn ´on,** *v.tr.* (*a*) (das Gas, den Strom usw.) anstellen; (das Wasser) andrehen; (das Licht) anmachen; (das Fernsehen, das Radio usw.) anschalten; (ein Gerät) einschalten; (den Wasserhahn usw.) aufdrehen; (*b*) F: **this music really turns me on,** diese Musik bringt mich richtig in Schwung. ´**turn ´out,** *v.* 1. *v.tr.* (*a*) (j-n) hinauswerfen, vertreiben (**of/from,** aus + *dat*); (*b*) (eine Schublade, ein Zimmer usw.) ausräumen; **to t. o. one's pockets,** seine Taschen umstülpen; (*c*) *Ind:* (Waren) herstellen; *Sch:* (*of schools*) (Schüler) hervorbringen; (*d*) (das Licht usw.) ausmachen. 2. *v.i.* (*a*) (*of crowd etc.*) herauskommen; **they all turned out to meet him,** alle machten sich auf die Beine, um ihn zu begrüßen; **nobody feels like turning out in this weather,** bei so einem Wetter hat keiner Lust fortzugehen; (*b*) **everything turned out well in the end,** es ist alles gut ausgegangen; **the weather has turned out fine,** es ist schön geworden; **it turned out that . . . ,** es stellte sich heraus, daß . . . ; **he turned out to be a charming host,** er entpuppte sich als charmanter Gastgeber. ´**turn-out,** *s.* 1. Zusammenkunft *f* (von Menschen, Besuchern usw.); **there was a good t.-o. at the meeting,** die Versammlung war gut besucht; *Pol:* **low t.-o.,** schlechte Wahlbeteiligung. 2. (*appearance*) Aufmachung *f.* ´**turn ´over,** *v.* 1. *v.tr.* (*a*) (j-n, etwas) umdrehen; (eine Seite) um-

blättern; *Fig:* **to t. o. a new leaf,** einen neuen Anfang machen; **to t. o. a proposal in one's mind,** sich *dat* einen Vorschlag überlegen; (*b*) *Com:* (Waren) umsetzen; **he turns o. £500 a week,** er hat £500 Umsatz in der Woche; (*c*) **to t. sth. o. to s.o.,** j-m etwas übergeben; **they turned the thief o. to the police,** sie lieferten den Dieb der Polizei aus. 2. *v.i.* sich umdrehen; (*of car etc.*) sich überschlagen. ´**turnover,** *s.* (*a*) *Com:* Umsatz *m;* **t. of staff,** Personalwechsel *m;* (*b*) *Cu:* apple t., Apfeltasche *f.* ´**turnpike,** *s. U.S:* gebührenpflichtige Autobahn *f.* ´**turn ´round,** *v.* 1. *v.tr.* (j-n, etwas) umdrehen; (ein Schiff) ausladen und wieder fahrbereit machen; (ein Flugzeug) abfertigen. 2. *v.i.* (*of pers., etc.*) sich umdrehen; (*of ship, aircraft*) ausladen und umkehren. ´**turnround,** *s. Nau: Av:* Abfertigung *f;* Ausladen und Umkehren *n* (eines Schiffes usw.). ´**turnstile,** *s.* Drehkreuz *n.* ´**turntable,** *s.* 1. *Rail: etc:* Drehscheibe *f.* 2. *Rec:* Plattenteller *m;* (*complete unit*) Laufwerk *n.* ´**turn ´to,** *v.i.* (*a*) **to t. to s.o. (for help),** sich an j-n wenden; (*b*) F: (*work hard*) sich ins Zeug legen. ´**turn ´turtle,** *v.i. Nau:* kentern. ´**turn ´up,** *v.* 1. *v.tr.* (*a*) (etwas) nach oben drehen; (den Kragen) hochschlagen; **turned up at the edges,** an den Rändern hochstehend; **turned up nose,** Stupsnase *f; Fig:* **to t. up one's nose at sth.,** über etwas *acc* die Nase rümpfen; (*b*) (*find*) (Keramiken) ausgraben; (Verlorenes) (zufällig) wiederfinden; *Cards:* (eine Karte) aufdecken; (*c*) **to t. up the gas,** die Gasflamme größer stellen; *Rad: etc:* **can you t. it/the volume up?** können Sie es bitte lauter stellen? 2. *v.i.* (*a*) sich nach oben drehen; (*b*) F: (*appear*) auftauchen; **something is sure to t. up,** irgend etwas wird sich schon noch ergeben; **till something better turns up,** bis sich etwas Besseres bietet. ´**turn-up,** *s.* 1. Aufschlag *m* (an einer Hose usw.). 2. F: **that's a t.-up for the book!** damit hätte man nie gerechnet!

turnip [´tə:nip], *s.* (weiße) Rübe *f.*

turpentine [´tə:p(ə)ntain], *F: Com:* **turps,** *s.* Terpentin *n;* t. substitute, Terpentinersatz *m.*

turquoise [´tə:kwɑ:z, -kwɔiz]. I. *s.* 1. *Miner:* Türkis *m.* 2. (*colour*) Türkis *n.* II. *adj.* türkisfarben.

turret [´tʌrit], *s.* Türmchen *n; Mil: Navy:* (gun) t., Geschützturm *m.*

turtle [´tə:tl], *s.* 1. Schildkröte *f;* t. soup, Schildkrötensuppe *f.* 2. t. dove, Turteltaube *f.*

Tuscany [´tʌskəni]. Pr. n. Geog: die Toskana. ´**Tuscan.** I. *adj.* toskanisch. II. *s.* Toskaner(in) *m(f).*

tusk [tʌsk], *s.* Stoßzahn *m.*

tussle [´tʌsl]. I. *s.* Handgemenge *n;* **to have a t. (with s.o.),** (mit j-m) streiten. II. *v.i.* kämpfen, streiten (**over sth.,** um etwas *acc*).

tussock [´tʌsək], *s.* Grasbüschel *n.*

tut [tʌt], *int.* na!

tutor [´tju:tər], *s.* 1. *Univ:* Tutor *m.* 2. (private) t., Privatlehrer *m.* tu´**torial,** *s. Univ:* Tutorenstunde *f.*

tuxedo, *pl.* -os [tʌk´si:dəu, -əuz], *s. Cl: N.Am:* Smoking *m.*

twaddle [´twɔdl], *s. F:* Quatsch *m;* **to talk t.,** quatschen.

twang [twæŋ]. I. *s.* 1. Vibrierton *m* (eines

Saiteninstruments). **2. to talk with a nasal t.**, näseln. **II.** *v.* **1.** *v.tr.* **to t. a guitar**, auf der Gitarre zupfen. **2.** *v.i.* (*of string*) vibrieren.

tweak [twi:k], *v.tr.* (etwas) zwicken.

tweed [twi:d], *s.* **1.** *Tex:* Tweed *m.* **2.** *pl. Cl:* **tweeds**, Tweedkleidung *f., esp.* Tweedanzug *m.*

tweet [twi:t]. **I.** *s.* Piepsen *n.* **II.** *v.i.* (*of bird*) piepsen **'tweeter**, *s. Rec:* Hochtöner *m.*

tweezers ['twi:zəz], *s.,pl.* Pinzette *f.*

twelve [twelv]. **I.** *num. adj.* zwölf; **t. o'clock,** (*noon*) zwölf Uhr; (*midnight*) vierundzwanzig Uhr. **II.** *s.* Zwölf *f.* **'twelfth. I.** *num. adj.* zwölfte(r, s); **T. Night**, Dreikönigsabend *m;* **Cricket:** **t. man**, Ersatzspieler *m.* **II.** *s.* (*fraction*) Zwölftel *n.*

twenty ['twenti]. **I.** *num. adj.* zwanzig; **t.-one,** einundzwanzig; **a man in his twenties**, ein Mann in den Zwanzigern; **in the twenties**, in den zwanziger Jahren. **II.** *s.* Zwanzig *f.* **'twentieth. I.** *num. adj.* zwanzigste(r, s). **II.** *s.* (*fraction*) Zwanzigstel *n.*

twerp [twə:p], *s. P:* Blödian *m.*

twice [twais], *adv.* zweimal; **t. as big**, doppelt so groß; **he's t. as old as I am/t. my age**, er ist doppelt so alt wie ich; **to do sth. t. over**, etwas zweimal machen; **I'd think t. about that**, das würde ich mir (zweimal) überlegen; **he didn't have to be asked t.**, er ließ sich nicht zweimal bitten.

twiddle ['twidl], *v.tr. & i.* herumspielen (sth./ with sth., an etwas *dat*); *F:* **to t. one's thumbs**, die Daumen drehen; **to t. the knobs**, an den Knöpfen drehen.

twig[1] [twig], *s.* Zweig *m.*

twig[2], *v.tr.* (*p. & p.p.* **twigged**) *P:* (etwas) kapieren.

twilight ['twailait], *s.* (*evening*) Zwielicht *n;* Abenddämmerung *f; occ.* (*morning*) Morgendämmerung *f.*

twin [twin]. **I.** *s.* **1.** Zwilling *m;* **t. brother/sister**, Zwillingsbruder *m*/Zwillingsschwester *f.* **2.** *attrib.* **t. beds**, zwei Einzelbetten; **t. tyres**, Zwillingsreifen *mpl;* **t.-engined aircraft**, zweimotoriges Flugzeug; **t. town**, Partnerstadt *f.* **II.** *v.tr.* (zwei Städte) zu Partnerstädten machen. **'twinning**, *s.* Partnerschaft *f* (zweier Städte).

twine [twain]. **I.** *s.* Bindfaden *m.* **II.** *v.* **1.** *v.tr.* (Fäden usw.) drehen, (*together*) zusammendrehen; (Blumen usw.) winden (**into a garland**, zu einer Girlande); **to t. one's arms round s.o.**, j-n mit den Armen umschlingen. **2.** *v.i.* sich winden (**around/round**, um + *acc*).

twinge [twin(d)ʒ], *s.* (*a*) Stich *m;* **t. of pain**, plötzlicher Schmerz *m;* (*b*) **twinges of conscience**, Gewissensbisse *mpl.*

twinkle ['twiŋkl]. **I.** *s.* Funkeln *n;* Blinken *n;* **he has a mischievous t. in his eyes**, ihm schaut der Schalk aus den Augen. **II.** *v.i.* (*of stars etc.*, *Fig: of eyes*) funkeln; (*of light*) blinken. **'twinkling**, *s.* Funkeln *n; F:* **in the t. of an eye/in a t.**, im Nu.

twirl [twə:l]. **I.** *s.* **1.** (*action*) Drehen *n;* Zwirbeln *n.* **2.** (*decoration*) Schnörkel *m.* **II.** *v.* **1.** *v.tr.* (Daumen, Locken usw.) drehen; (den Schnurrbart) zwirbeln. **2.** *v.i.* sich drehen.

twist [twist]. **I.** *s.* **1.** Windung *f;* (*rotating*) Drehung *f; also Fig:* Verdrehung *f;* **to give one's ankle a t.**, sich *dat* den Fuß verrenken; (*of*

path) **to be full of twists and turns**, sich schlängeln; *Fig:* **to give a new t. to a story**, einer Geschichte eine neue Wendung geben; **strange t. of fate**, seltsame Wendung des Schicksals. **2.** (*a*) (*thread, yarn*) Twist *m;* (*rope*) Seil *n;* (*b*) (*tobacco*) Rollentabak *m;* (*c*) *Tls:* **t. drill**, Spiralbohrer *m.* **II.** *v.* **1.** *v.tr.* (*a*) (etwas) drehen, winden; **to t. threads together**, Fäden zusammendrehen; *F:* **she can t. him round her little finger**, sie kann ihn um den kleinen Finger wickeln; (*b*) (*out of shape*) (etwas, *Fig:* die Wahrheit) verdrehen, verzerren; **to t. one's ankle**, sich *dat* den Fuß verrenken; **to t. s.o.'s arm**, j-m den Arm verdrehen; *Fig:* bei j-m seine ganzen Überredungskünste anwenden; (*c*) **to t. off the lid of a jar**, den Deckel eines Glases abschrauben. **2.** *v.i.* (*of worm, road etc.*) sich winden. **'twisted**, *adj.* (*a*) (*contorted*) verzerrt; (*of ankle etc.*) verrenkt; (*b*) (*of pers., views etc.*) verdreht; (*esp. sexually*) pervers; **t. mind**, perverse Veranlagung. **'twister**, *s. F:* Gauner *m.* **'twisty**, *adj.* verschlungen; (*of road*) kurvenreich.

twit [twit], *s. P:* Idiot *m.*

twitch [twitʃ]. **I.** *s.* **1.** Zuckung *f* (eines Muskels, Nervs usw.). **2.** (*sudden pull*) Zupfen *n.* **II.** *v.i.* (*of muscle, nerve etc.*) zucken; **his face twitches**, er hat einen Tick; **the cat's tail was twitching**, der Schwanz der Katze schlug hin und her.

twitter ['twitər]. **I.** *s.* **1.** Zwitschern *n; F:* **I don't want to hear a single t. out of you**, ich will keinen Pieps von dir hören. **2.** *F:* **to be all of a t.**, ganz aufgeregt sein. **II.** *v.i.* (*of bird etc.*) zwitschern. **'twittering**, *s.* Gezwitscher *n.*

two [tu:]. **I.** *s.* **1.** **the t. of us/we t.**, wir zwei; wir beide; **to come in t. by t./in twos**, zu zweit/ paarweise ankommen; **to have t. of everything**, alles doppelt haben; *Fig:* **to put t. and t. together**, es sich *dat* zusammenreimen. **2.** (*figure*) Zwei *f.* **II.** *adj.* zwei; **one or t. people**, einige/ein paar (Leute); **the t. boys**, die beiden Jungen; *Fig:* **to be in t. minds about sth.**, über etwas *acc* im Zwiespalt sein. **'two-'faced**, *adj.* heuchlerisch. **'two-'legged**, *adj.* zweibeinig. **'two-'piece**, *adj. Cl:* zweiteilig. **'two-'seater**, *s. Av: Aut:* Zweisitzer *m.* **'two-stroke**, *adj. I.C.E:* Zweitakt-; **t.-s. engine**, Zweitaktmotor *m.* **'two-'time**, *v.tr. esp. N.Am:* (seinen Mann usw.) betrügen. **'two-'way**, *adj.* (*a*) *El:* **t.-w. adapter**/*F:* plug, Doppelstecker *m,* (*b*) **t.-w. road**, Straße *f* mit Gegenverkehr.

tycoon [tai'ku:n], *s. Ind:* Industriemagnat *m.*

type ['taip]. **I.** *s.* **1.** Typ *m;* (*a*) (*of pers.*) **people of every t.**, Menschen jeden Schlags; *F:* **she's not my t.**, sie ist nicht mein Fall/mein Typ; **an unpleasant t.**, ein unangenehmer Typ; (*b*) (*of thing*) **that t. of thing**, etwas in dieser Art; **the latest t.**, die neueste Version; *Com:* das neueste Modell. **2.** *Print:* Type *f.* **II.** *v.tr. & i.* (*a*) (etwas) mit der Maschine schreiben, *F:* tippen; **can you t.?** können Sie maschineschreiben? **typed**, maschinegeschrieben; (*b*) **to t. s.o.**, j-n typisieren. **'typecast**, *v.tr. Th: etc:* (einem Schauspieler) eine Rolle zuordnen, die seinem Charakter entspricht. **'typeface**, *s. Print:* Type *f.* **'typescript**, *s.* (*a*) Schreibmaschinenmanuskript *n, esp. Pub:* Typoskript *n;* (*b*) **in t.**, in Maschinenschrift. **'typesetter**, *s. Print:* (*pers.*)

Schriftsetzer *m;* (*machine*) Setzmaschine *f.* 'typesetting, *s. Print:* Drucksatz *m.* 'typewriter, *s.* Schreibmaschine *f;* t. ribbon, Farbband *n.* 'typewritten, *adj.* maschinegeschrieben, *F:* getippt. 'typing, *s.* 1. Maschineschreiben *n, F:* Tippen *n;* t. mistake, Tippfehler *m;* t. paper, Schreibmaschinenpapier *n.* 2. Typisieren *n* (einer Person usw.). 'typist, *s.* Maschinenschreiber(in) *m(f).* ty'pography, *s.* (*art*) Typographie *f,* Buchdruckerkunst *f;* (*appearance*) Druckbild *n.*

typhoid ['taifɔid]. I. *adj.* Typhus-. II. *s. Med:* Typhus *m.*

typhoon [tai'fuːn], *s.* Taifun *m.*

typhus ['taifəs], *s. Med:* Flecktyphus *m.*

typical ['tipik(ə)l], *adj.* typisch; that's t. of him, das ist typisch für ihn. 'typify, *v.tr.* (etwas) charakterisieren; this typifies his attitude, das ist ein typisches Beispiel seiner Haltung.

tyranny ['tirəni], *s.* Tyrannei *f.* tyrannical [ti'rænik(ə)l], 'tyrannous, *adj.* tyrannisch. 'tyrannize, *v.tr.* (j-n) tyrannisieren. tyrant ['taiər(ə)nt], *s.* Tyrann(in) *m(f).*

tyre ['taiər], *s. Aut: etc:* Reifen *m;* t. pressure, Reifendruck *m;* to check the t. pressure, den Luftdruck messen; t. lever, Montiereisen *n.*

tyro, *pl.* -os ['taiərəu, -əuz], *s. F:* Neuling *m;* (*beginner*) Anfänger(in) *m(f).*

Tyrol [ti'rɔːl]. *Pr. n. Geog:* (in) the T., (in) Tirol *n.* Tyrolean [tirə'liːən] *adj.* T. Alps, Tiroler Alpen. Tyrolese [tirə'liːz] *s.* Tiroler(in) *m(f).*

U

U, u [juː], *s.* 1. (der Buchstabe) U, u *n.* 2. *F:* U and non-U, das Feine und das Unfeine. 3. *Aut:* U-turn, Umdrehmanöver *n;* to make a U-turn, umdrehen, (um)wenden.

ubiquitous [juː'bikwitəs], *adj.* (*a*) allgegenwärtig; (*b*) (*all-purpose*) Allzweck-.

U-boat ['juːbəut], *s. Navy:* (deutsches) U-Boot *n.*

udder ['ʌdər], *s.* Euter *n.*

ugh [uh], *int.* pfui!

ugly ['ʌgli], *adj.* häßlich; in an u. mood, übler Laune; u. scene, unangenehmer Auftritt; u. wound, schlimme Wunde; *F:* an u. customer, ein übler Kunde. 'ugliness, *s.* Häßlichkeit *f.*

ulcer ['ʌlsər], *s.* Geschwür *n.* ulce'ration, *s.* Geschwürbildung *f.* 'ulcerous, *adj.* geschwürig.

ulna ['ʌlnə], *s. Anat:* Elle *f.*

ulterior [ʌl'tiəriər], *adj.* u. purpose/motive, verborgener/geheimer Zweck; without u. motive, ohne Hintergedanken.

ultimate ['ʌltimət]. I. *adj.* äußerste(r, s); (*final*) endgültig; the u. truths, die letzten Dinge; u. weapon, äußerste Waffe; u. decision, endgültiger Entschluß. II. *s.* the u., das absolute Maximum/Minimum; the u. in décolletés, das tiefste aller Dekolletés; -ly, *adv.* (*a*) schließlich; (*b*) im Endeffekt; u. unsatisfactory, letzten Endes unbefriedigend. ultimatum [ʌlti'meitəm], *s.* Ultimatum *n.*

ultra- ['ʌltrə], *prefix* extrem, Ultra-; *El:* u. high frequency, Ultrahochfrequenz *f.* 'ultra-'fashionable, *adj.* todschick; der allerletzte Schrei. ultrama'rine. I. *adj.* ultramarin. II. *s.* Ultramarin *n.* ultra'sonic, *adj. Ph:* Ultraschall-. ultra'violet, *adj.* ultraviolett.

umber ['ʌmbər], *s.* Umbra *f.*

umbilical [ʌm'bilik(ə)l], *adj.* u. cord, Nabelschnur *f.*

umbrage ['ʌmbridʒ], *s.* Ärgernis *n;* to take u. at sth., an etwas *dat* Anstoß nehmen.

umbrella [ʌm'brelə], *s.* (*a*) Regenschirm *m, F:* Schirm *m;* u. stand, Schirmständer *m; Bot:* u. pine, Schirmfichte *f;* (*b*) *Adm:* u. organization, Dachorganisation *f;* under the u. of the United Nations, unter der Schirmherrschaft der Vereinten Nationen; *Av:* fighter u., Jagdschutz *m.*

umpire ['ʌmpaiər]. I. *s. Sp:* Schiedsrichter *m.* II. *v.tr. Sp:* (ein Spiel) als Schiedsrichter leiten. 'umpiring, *s.* Schiedsrichtern *n.*

umpteen [ʌm(p)'tiːn], *adj. F:* zig; u. times, x-mal.

un- [ʌn], *prefix* un-, nicht; un'bleached, ungebleicht; un'charted, nicht kartiert.

unabashed [ʌnə'bæʃt], *adj.* unerschrocken.

unabated [ʌnə'beitid], *adj.* unvermindert.

unable [ʌn'eibl], *adj.* to be u. to do sth., etwas nicht tun können; außerstande sein, etwas zu tun; u. to speak, sprachlos; u. to work/pay, arbeitsunfähig/zahlungsunfähig.

unabridged [ʌnə'bridʒd], *adj.* ungekürzt; u. edition, vollständige Ausgabe.

unacceptable [ʌnək'septəbl], *adj.* unannehmbar.

unaccommodating [ʌnə'kɔmədeitiŋ], *adj.* ungefällig.

unaccompanied [ʌnə'kʌmpənid], *adj.* 1. unbegleitet, allein. 2. *Mus:* ohne Begleitung; sonata for u. violin, Sonate *f* für Violinsolo.

unaccountable [ʌnə'kauntəbl], *adj.* unerklärlich; -ably, *adv.* unerklärlicherweise. una'ccounted, *adj.* five passengers are still u. for, das Schicksal von fünf Passagieren ist noch ungeklärt.

unaccustomed [ʌnə'kʌstəmd], *adj.* ungewohnt; u. to sth., an etwas *acc* nicht gewöhnt.

unacquainted [ʌnə'kweintid], *adj.* to be u. with s.o., with sth., j-n, etwas nicht kennen.

unadopted [ʌnə'dɔptid], *adj.* nicht adoptiert; *Adm:* u. road, (von der Gemeinde) nicht unterhaltene Straße.

unadorned [ʌnə'dɔːnd], *adj.* ungeschmückt.

unadulterated [ʌnə'dʌltəreitid], *adj.* unverfälscht, rein; *F:* u. **laziness**, reinste Faulheit.

unadventurous [ʌnəd'ventʃərəs], *adj.* (*of pers.*) to be u., keinen Unternehmungsgeist haben; u. **choice**, einfallslose Wahl.

unaffected [ʌnə'fektid], *adj.* 1. (*genuine*) ungekünstelt; (*of feelings*) aufrichtig; (*of pers., style*) natürlich. 2. (*a*) (*of pers.*) (*unmoved*) unberührt; (*b*) (*unchanged*) unverändert; (*of time, number etc.*) ungeändert; he is u. by the change, er wird von dieser Änderung nicht betroffen; **our trains are u.**, unsere Züge verkehren normal/fahrplanmäßig.; **it is u. by salt water**, es wird von Salzwasser nicht angegriffen.

unafraid [ʌnə'freid], *adj.* furchtlos, ohne Angst (of vor + *dat*).

unaided [ʌn'eidid], *adj.* ohne Hilfe; (**alone and**) u., ganz allein; he can walk u. now, jetzt kann er ohne Unterstützung gehen.

unalloyed [ʌnə'lɔid], *adj. Metall:* rein, unlegiert; *Fig:* u. **pleasure**, reines Vergnügen.

unalterable [ʌn'ɔːltərəbl], *adj.* unveränderlich, unabänderlich. un'altered, *adj.* ungeändert; (*of pers.*) unverändert.

unambiguous [ʌnæm'bigjuəs], *adj.* eindeutig.

unambitious [ʌnæm'biʃəs], *adj.* 1. (*of pers.*) nicht ehrgeizig. 2. (*of project*) anspruchslos.

unanimous [ju(ː)'næniməs], *adj.* (*of decision*) einstimmig; we were u., wir waren einmütig dieser Ansicht.

unanswerable [ʌn'ɑːnsərəbl], *adj.* (*of criticism*) unwiderlegbar; (*of question, problem*) unlösbar. un'answered, *adj.* 1. (*of letter*) unbeantwortet. 2. (*of question, problem*) ungelöst.

unappetizing [ʌn'æpitaizin], *adj.* unappetitlich.

unappreciated [ʌnə'priːʃieitid], *adj.* nicht (gebührend) gewürdigt;/(*of talent*) anerkannt.

unapproachable [ʌnə'prəutʃəbl], *adj.* 1. unzugänglich; (*of pers.*) unnahbar. 2. (*incomparable*) unvergleichlich.

unarmed [ʌn'ɑːmd], *adj.* unbewaffnet.

unashamed [ʌnə'ʃeimd], *adj.* ohne Scham, schamlos.

unasked [ʌn'ɑːskt], *adv.* ungebeten; to do sth. u., etwas unaufgefordert tun.

unassailable [ʌnə'seiləbl], *adj.* unangreifbar; *Sp:* u. **lead**, nicht aufzuholender Vorsprung.

unassuming [ʌnə'sjuːmin], *adj.* anspruchslos; (*modest*) bescheiden.

unattached [ʌnə'tætʃt], *adj.* unabhängig; (*unmarried*) ungebunden, ledig.

unattainable [ʌnə'teinəbl], *adj.* unerreichbar.

unattended [ʌnə'tendid], *adj.* (*of pers.*) unbegleitet; (*of children, things*) unbeaufsichtigt.

unattractive [ʌnə'træktiv], *adj.* wenig anziehend; (*of pers.*) reizlos.

unauthorized [ʌn'ɔːθəraizd], *adj.* unbefugt; (*of trade*) unrechtmäßig.

unavoidable [ʌnə'vɔidəbl], *adj.* unvermeidlich.

unaware [ʌnə'wɛər], *adj.* to be u. of sth., sich *dat* einer Sache nicht bewußt sein; (*not know*) etwas nicht wissen. una'wares, *adv.* to take s.o. u., j-n überraschen.

unbalanced [ʌn'bælənst], *adj.* unausgeglichen; (*of mind*) gestört.

unbar [ʌn'bɑːr], *v.tr.* (ein Tor usw.) aufriegeln.

unbearable [ʌn'bɛərəbl], *adj.* unerträglich; to make oneself u., sich unmöglich benehmen.

unbeatable [ʌn'biːtəbl], *adj.* unschlagbar. un'beaten, *adj.* ungeschlagen; *Sp:* u. **record**, unübertroffener/(*speed*) nie unterbotener Rekord.

unbecoming [ʌnbi'kʌmin], *adj.* 1. ungehörig, unschicklich. 2. (*of garment*) unkleidsam.

unbelievable [ʌnbi'liːvəbl], *adj.* unglaublich.

unbend [ʌn'bend], *v.* (*p. & p.p.* unbent) 1. *v.i.* sich gerade biegen; *Fig:* (*of pers.*) auftauen. 2. *v.tr.* (etwas) geradebiegen. un'bending, *adj.* unbiegsam; *Fig:* (*of will etc.*) unbeugsam.

unbias(s)ed [ʌn'baiəst], *adj.* unparteiisch.

unbind [ʌn'baind], *v.tr.* (*p. & p.p.* unbound) (Gefangene usw.) losbinden, befreien.

unblemished [ʌn'blemiʃt], *adj.* makellos; (*of honour*) unbefleckt; u. **reputation**, tadelloser Ruf.

unblushing [ʌn'blʌʃin], *adj.* schamlos.

unbounded [ʌn'baundid], *adj.* unbegrenzt.

unbreakable [ʌn'breikəbl], *adj.* unzerbrechlich.

unbridled [ʌn'braidld], *adj.* (*of passion*) ungezügelt, zügellos.

unborn [ʌn'bɔːn], *adj.* (noch) ungeboren; u. **generations**, künftige Generationen.

unbroken [ʌn'brəuk(ə)n], *adj.* 1. (*a*) nicht gebrochen, noch ganz; (*b*) (*uninterrupted*) ununterbrochen; (*c*) *Sp:* u. **record**, unübertroffener/(*speed*) nie unterbotener Rekord. 2. (*of horse*) nicht zugeritten.

unbutton [ʌn'bʌt(ə)n], *v.tr.* (Kleidung) aufknöpfen.

uncalled [ʌn'kɔːld], *adj.* u. **for**, (*inappropriate*) fehl am Platze; (*unjustified*) unbegründet.

uncanny [ʌn'kæni], *adj.* unheimlich.

uncared for [ʌn'kɛəd fɔːr], *adj.* vernachlässigt.

unceasing [ʌn'siːsin], *adj.* unaufhörlich, anhaltend; u. **efforts**, nie nachlassende Bemühungen; -**ly**, *adv.* ununterbrochen.

unceremonious [ʌnseri'məuniəs], *adj.* (*of treatment*) unsanft; (*of pers., rebuke*) brüsk; -**ly**, *adv.* ohne viel Federlesens.

uncertain [ʌn'səːt(ə)n], *adj.* (*most senses*) unsicher; (*a*) (*of future etc.*) ungewiß; (*of time, amount*) unbestimmt; the result is still u., das Ergebnis ist noch unentschieden/in der Schwebe; (*b*) (*varying*) unbeständig; u. **steps**, schwankende Schritte; u. **health**, wechselnder Gesundheitszustand; u. **temper**, launenhaftes Wesen; (*c*) (*of pers.*) to be u. of/about sth., (sich *dat*) etwas gen nicht sicher sein; **I am u. whether . . .**, ich bin nicht sicher, ob . . . un-'certainty, *s.* (*a*) Unsicherheit *f;* Ungewißheit *f;* (*b*) Unbestimmtheit *f,* (*doubt*) Zweifel *m;* to remove any u., alle Zweifel beseitigen.

unchallenged [ʌn'tʃælin(d)ʒd], *adj.* unbestritten; to let a comment pass u., eine Bemerkung einfach übergehen.

unchangeable [ʌn'tʃein(d)ʒəbl], *adj.* unveränderlich. un'changed, *adj.* unverändert, gleichgeblieben. un'changing, *adj.* unveränderlich, gleichbleibend.

uncharitable [ʌn'tʃæritəbl], *adj.* lieblos.

uncharted [ʌn'tʃɑːtid], *adj.* nicht kartiert.

unchecked [ʌn'tʃekt], *adj.* 1. (*not held up*) ungehemmt; (*of fire, epidemic*) to continue u., unvermindert fortdauern; u. **advance**, ungehinderter Vormarsch. 2. (*not examined*) nicht kontrolliert.

uncivil [ʌnˈsivl], *adj.* unhöflich. **uncivilized** [ʌnˈsivilaizd], *adj.* unzivilisiert; (*of conditions*) primitiv; (*of behaviour*) ungehobelt; **u. hour,** unchristliche Stunde.

unclaimed [ʌnˈkleimd], *adj.* **1.** (*of letter etc.*) nicht abgeholt. **2. u. right,** nicht beanspruchtes Recht.

unclassified [ʌnˈklæsifaid], *adj.* **1.** nicht klassifiziert, nicht eingeordnet. **2.** *Mil:* nicht geheim.

uncle [ˈʌŋkl], *s.* Onkel *m.*

unclothed [ʌnˈkləuðd], *adj.* unbekleidet.

unclouded [ʌnˈklaudid], *adj.* (*of sky*) unbewölkt; (*of vision*) klar; (*of liquid*) ungetrübt.

unco [ˈunkəu], *adv.* *Scot:* unheimlich; (*extremely*) äußerst.

uncoil [ʌnˈkɔil], *v.* **1.** *v.tr.* (ein Kabel usw.) abspulen. **2.** *v.i.* (*of snake*) sich ausringeln.

uncoloured [ʌnˈkʌləd], *adj.* farblos; *Fig:* nicht gefärbt (**by,** durch + *acc*)

uncomfortable [ʌnˈkʌmf(ə)təbl], *adj.* (*a*) (*of things*) unbequem; (*unpleasant*) unangenehm; **to make things u. for s.o.,** j-m Unannehmlichkeiten bereiten; (*b*) (*of pers.*) **you look u. there,** Sie sehen aus, als ob es Ihnen dort nicht sehr bequem wäre; **to feel u.,** sich unbehaglich fühlen; **to be/feel u. about sth.,** bei etwas *dat* ein ungutes Gefühl haben.

uncommitted [ʌnkəˈmitid], *adj.* unverpflichtet (**to,** zu + *dat*); *Pol:* (*of pers.*) nicht engagiert; **the u. countries,** die blockfreien Staaten.

uncommon [ʌnˈkɔmən], *adj.* ungewöhnlich; (*of word, bird, flower etc.*) selten; **-ly,** *adv.* außerordentlich, ungemein.

uncommunicative [ʌnkəˈmjuːnikətiv], *adj.* nicht mitteilsam; verschlossen.

uncomplaining [ʌnkəmˈpleiniŋ], *adj.* nicht klagend; **-ly,** *adv.* ohne Murren, klaglos.

uncomplimentary [ʌnkɔmpliˈment(ə)ri], *adj.* wenig schmeichelhaft.

uncompromising [ʌnˈkɔmprəmaiziŋ], *adj.* kompromißlos, (*inflexible*) unnachgiebig; **u. honesty,** absolute Aufrichtigkeit.

unconcealed [ʌnkənˈsiːld], *adj.* unverhohlen.

unconcern [ʌnkənˈsəːn], *s.* Sorglosigkeit *f;* (*indifference*) Gleichgültigkeit *f.* **uncon´cerned,** *adj.* (*not worried*) unbesorgt; ungeniert, unbekümmert (**about,** um + *acc*/wegen + *gen*); **to be u. about sth.,** sich über etwas *acc* keine Gedanken machen.

unconditional [ʌnkənˈdiʃənəl], *adj.* unbedingt; (*of offer, agreement etc.*) vorbehaltlos; **u. surrender,** bedingungslose Kapitulation; **u. refusal,** kategorische Ablehnung.

unconfirmed [ʌnkənˈfəːmd], *adj.* unbestätigt.

uncongenial [ʌnkənˈdʒiːniəl], *adj.* (*of pers.*) unsympathisch; **an u. task,** eine Aufgabe, die einem nicht zusagt.

unconnected [ʌnkəˈnektid], *adj.* nicht miteinander verbunden, (*separate*) getrennt; (*not related*) nicht verwandt; **the two events are quite u.,** die zwei Ereignisse sind völlig ohne Zusammenhang.

unconscionable [ʌnˈkɔnʃənəbl], *adj.* unzumutbar; (*excessive*) übermäßig.

unconscious [ʌnˈkɔnʃəs], *adj.* **1.** (*unaware*) unbewußt (**of,** + *gen*); **I was u. of her presence,** ich war mir ihrer Gegenwart nicht bewußt; *Psy:* **the u.,** das Unbewußte. **2.** (*senseless*) bewußtlos; **to become u.,** das Bewußtsein

verlieren; **-ly,** *adv.* unbewußt. **un´consciousness,** *s.* **1.** Unbewußtheit *f.* **2.** Bewußtlosigkeit *f.*

unconsidered [ʌnkənˈsidəd], *adj.* (*rash*) unüberlegt; (*disregarded*) unberücksichtigt.

unconstitutional [ʌnkɔnstiˈtjuːʃinəl], *adj.* verfassungswidrig.

uncontested [ʌnkənˈtestid], *adj.* (*of right*) unbestritten; *Pol:* **u. seat,** Parlamentssitz *m* ohne Gegenkandidaten.

uncontrollable [ʌnkənˈtrəuləbl], *adj.* (*of child, anger*) unbändig; (*of desire*) unwiderstehlich; **u. laughter,** unbeherrschtes Gelächter. **uncon´trolled,** *adj.* unbeherrscht.

unconventional [ʌnkənˈvenʃən(ə)l], *adj.* unkonventionell.

unconvinced [ʌnkənˈvinst], *adj.* nicht überzeugt (**of sth.,** von etwas *dat*). **uncon´vincing,** *adj.* nicht überzeugend.

uncooked [ʌnˈkukt], *adj.* ungekocht, roh.

uncork [ʌnˈkɔːk], *v.tr.* (eine Flasche) entkorken.

uncorrected [ʌnkəˈrektid], *adj.* (*a*) (*of school work, proof*) unkorrigiert; (*of error*) nicht ausgebessert; (*b*) *Sp:* **u. time,** effektive Zeit.

uncouple [ʌnˈkʌpl], *v.tr.* (zwei Teile) (voneinander) abkoppeln; *Rail:* (eine Lokomotive, einen Wagen) loskuppeln.

uncouth [ʌnˈkuːθ], *adj.* ungehobelt; (*of remark*) grob; (*awkward*) ungeschlacht, linkisch.

uncover [ʌnˈkʌvər], *v.tr.* (*a*) (etwas) freilegen; (einen Körperteil) entblößen; (*b*) *Fig:* **to u. a plot,** eine Verschwörung aufdecken. **un´covered,** *adj.* (*a*) unbedeckt; (*without a hat*) mit bloßem Kopf; *Cl:* **to leave the shoulders u.,** die Schultern freilassen; (*b*) (*of cheque*) ungedeckt.

uncritical [ʌnˈkritik(ə)l], *adj.* unkritisch.

uncrossed [ʌnˈkrɔst], *adj.* **u. cheque,** Barscheck *m.*

unction [ˈʌŋkʃ(ə)n], *s.* *Ecc:* **extreme u.,** letzte Ölung *f.*

uncultivated [ʌnˈkʌltiveitid], *adj.* **1.** *Agr:* (*of field*) nicht bebaut, brachliegend. **2.** *Fig:* (*of pers.*) ungebildet, unkultiviert.

uncurbed [ʌnˈkəːbd], *adj.* (*of passion etc.*) ungezähmt; (*of tendency etc.*) uneingeschränkt.

uncut [ʌnˈkʌt], *adj.* ungeschnitten; *Jewel:* ungeschliffen.

undamaged [ʌnˈdæmidʒd], *adj.* unbeschädigt.

undaunted [ʌnˈdɔːntid], *adj.* unverzagt.

undecided [ʌndiˈsaidid], *adj.* (*a*) (*of game, issue etc.*) unentschieden; (*b*) (*of pers.*) unentschlossen, unschlüssig; **u. how to act,** unentschlossen, wie man vorgehen soll.

undecipherable [ʌndiˈsaif(ə)rəbl], *adj.* nicht zu entziffern.

undefeated [ʌndiˈfiːtid], *adj.* unbesiegt.

undefended [ʌndiˈfendid], *adj.* unverteidigt; **u. divorce,** unbeantwortete Scheidungsklage.

undefinable [ʌndiˈfainəbl], *adj.* undefinierbar. **unde´fined,** *adj.* (*a*) nicht definiert; (*b*) (*vague*) unbestimmt.

undelivered [ʌndiˈlivəd], *adj.* nicht abgeliefert; (*of letter*) nicht zugestellt; *Post:* **if u. please return to sender,** falls nicht zustellbar bitte zurück an den Absender.

undemonstrative [ʌndiˈmɔnstrətiv], *adj.* zurückhaltend, reserviert.

undeniable [ʌndiˈnaiəbl], *adj.* unleugbar, unstreitbar; **-ably,** *adv.* unleugbar; **she is u. at-**

tractive, daß sie schön ist, ist nicht zu leugnen.
under ['ʌndər]. **I.** *prep.* unter; (*a*) (*position*) unter + *dat*/(*with motion*) + *acc*; **to swim u. (the) water,** unter Wasser schwimmen; **put it u. the table,** lege es unter den Tisch; **to sit u. the table,** sitzen unter dem Tisch sitzen; **from u. the table,** unter dem Tisch hervor; **to speak u. one's breath,** im Flüsterton sprechen; **u.** cover, untergestellt; *Mil:* in Deckung; (*b*) (*less than*) weniger als; **he's u.** thirty, er ist unter dreißig (Jahren); **u.** age, minderjährig; **I'll be back in u. an hour,** ich bin in weniger als einer Stunde zurück; (*c*) **to be u. s.o.,** j-m untergeordnet sein; **to act u. orders,** auf Befehl handeln; **u. doctor's orders,** unter der Aufsicht des Arztes; (*d*) **u. lock and key,** hinter Schloß und Riegel; **to be u. sentence of death,** zum Tod verurteilt sein; **u. these circumstances,** unter diesen Umständen; **u. (the terms of) his father's will,** nach dem Testament seines Vaters; **I'm u. no obligation to him (to do it),** ich habe keinerlei Verpflichtung ihm gegenüber (, es zu tun); (*e*) **u. construction,** im Bau; **u. way,** (*of ship*) in Fahrt; (*of work*) im Gange; **to be u. repair,** in Reparatur sein; *Med:* **u. treatment,** in Behandlung; (*f*) *Post:* **u. separate cover,** mit getrennter Post. **II.** *adv.* (*a*) unten; **as u.,** wie unten (angeführt); *F:* **down u.,** in Australien; (*b*) unter-; **to go u.,** untergehen. **III.** *adj.* unter-; Unter-; **u. gardener,** Hilfsgärtner *m;* *Adm:* **U.-Secretary,** Unterstaatssekretär *m.* 'under**arm,** *adv. Cricket:* **to bowl u.,** (den Ball) mit der Hand unter Schulterhöhe werfen. 'under**carriage,** *s. Av:* Fahrgestell *n.* under'**charge,** *v.tr.* (j-m) zu wenig berechnen. 'under**clothes,** *s. pl*/'under**clothing,** *s.* Unterwäsche *f,* 'under**coat,** *Paint:* **I.** *s.* Grundanstrich *m,* Grundierung *f.* **II.** *v.tr.* (etwas) grundieren. 'under**cover,** *adj.* **u. agent,** Geheimagent *m; F:* Spitzel *m.* 'under**current,** *s.* Unterströmung *f.* 'under**cut,** *s. Cu:* Filet *n,* Lendenstück *n* (vom Rind). under'**cut,** *v.tr.* (*p. & p.p.* undercut, *pres. p.* under**cutting**) (j-n im Preis) unterbieten. 'under**de'veloped,** *adj.* unterentwickelt; **u. countries,** Entwicklungsländer *npl.* 'under**dog,** *s.* **the u.,** der Unterlegene. under'**done,** *adj.* nicht gar; (*of meat*) nicht durch(gebraten). 'under**dose,** *s. Med:* zu geringe Dosis *f.* under'**estimate.** **I.** [-mət] *s.* Unterschätzung *f.* **II.** [-meit] *v.tr.* (j-n, etwas) unterschätzen. underex'**pose,** *v.tr. Phot:* (einen Film) unterbelichten. underex'**posure,** *s. Phot:* Unterbelichtung *f.* under'**fed,** *adj.* unterernährt. 'under-'**floor,** *adj.* **u.-f. heating,** Bodenheizung *f.* under'**foot,** *adv.* unter den Füßen; **to trample sth. u.,** etwas (mit den Füßen) zertrampeln. under'**go,** *v.tr.* (*p.* underwent, *p.p.* undergone)(einen Wandel) erleben; (eine Erfahrung, einen Prozeß usw.) durchmachen; (einen Verlust) erleiden; *Med:* **to u. an operation,** sich einer Operation unterziehen. under'**graduate**/*F:* 'under**grad,** *s.* Student(in) *m(f)* (einer Universität). 'under**ground.** **I.** *adv.* **1.** unterirdisch; **to run u.,** unter der Erde verlaufen; *Min:* **to work u.,** unter Tage arbeiten. **2.** *Fig: Pol:* **to go u.,** zur Untergrundbewegung werden. **II.** *adj.* **1.** unterirdisch; **u. railway,** Untergrundbahn *f; Min:* **u.**

working, Untertagebau *m.* **2.** *Pol:* Untergrund-. **III.** *s.* **the U.,** (i) *Rail:* Untergrundbahn *f;* (ii) *Pol:* Untergrundbewegung *f.* 'under**growth,** *s.* Unterholz *n;* Gestrüpp *n.* 'under**hand,** *adj.* hinterhältig; (*of pers.*) verschlagen. 'under**lay,** *s.* Unterlage *f.* under'**line,** *v.tr.* (*a*) (etwas) unterstreichen; (*b*) (*stress*) (die Wichtigkeit von etwas) betonen. 'under**ling,** *s. Pej:* Handlanger *m.* under'**lying,** *adj.* (*a*) darunterliegend; (*b*) *Fig:* zugrundeliegend; **the u. causes (of an event),** die (einem Ereignis) zugrundeliegenden Ursachen. under'**manned,** *adj.* (personell) unterbesetzt; *Nau:* unterbemannt. under'**mentioned,** *adj.* unten erwähnt. under'**mine,** *v.tr.* (*a*) (etwas) unterminieren; (ein Ufer) aushöhlen; (*b*) *Fig:* (Autorität usw.) untergraben; **his health was being undermined,** seine Gesundheit wurde allmählich zerrüttet. 'under**most.** **I.** *adj.* unterste(r,s). **II.** *adv.* zuunterst. under'**neath.** **I.** *prep.* unter + *dat*/(*with motion*) + *acc;* **from u. sth.,** unter etwas *dat* hervor. **II.** *adv.* (*a*) unten; (*b*) (*below*) darunter. **III.** *adj.* **the u. part,** der untere Teil, die Unterseite. **IV.** *s.* Unterseite *f.* under'**nourished,** *adj.* unterernährt. under'**paid,** *adj.* unterbezahlt. 'under**pass,** *s.* Unterführung *f.* under'**pin,** *v.tr. Constr:* (etwas) untermauern. under'**populated,** *adj.* unterbevölkert. under'**privileged,** *adj.* unterprivilegiert; (gesellschaftlich) benachteiligt. under'**rate,** *v.tr.* (einen Gegner usw.) unterschätzen; (einen Roman usw.) unterbewerten. under'**ripe,** *adj.* nicht ausgereift. under'**score,** *v.tr.* (etwas) unterstreichen. 'under**seal,** *s. Aut:* Bodenschutz *m.* under'**sell,** *v.tr.* (*p. & p.p.* undersold) (*a*) (j-n) unterbieten; (*b*) (etwas) unter dem Wert verkaufen. under'**signed,** *s.* **the u.,** der/die Unterzeichnete. 'under**size.** **I.** *s.* kleinere Größe als normal. **II.** *adj.* (*also* under'**sized**) unter Normalgröße. 'under**skirt,** *s.* Unterrock *m.* under'**staffed,** *adj.* **to be u.,** an Personalmangel leiden. under'**stand,** *v.* **1.** *v.tr.* (*p. & p.p.* understood) (j-n, etwas) verstehen; (*a*) **I don't u. French,** Französisch verstehe ich nicht; **to u. business,** sich in geschäftlichen Angelegenheiten auskennen; **to u. horses,** sich auf Pferde verstehen; **I u. your impatience,** ich habe Verständnis für Ihre Ungeduld; **we u. one another,** wir verstehen uns; **easy/difficult to u.,** leicht/schwer verständlich; *abs.* **now I u.!** jetzt begreife ich es! jetzt bin ich im Bilde! (*b*) **to give s.o. to u. sth.,** j-m etwas zu verstehen geben; **what do you u. by that?** was verstehen Sie darunter? **am I to u. that . . . ?** wollen Sie damit sagen, daß . . . ? **I u. he'll consent,** wie ich höre, wird er zustimmen; **now u. me, I am determined to go,** merken Sie sich, ich bin fest entschlossen, hinzugehen. **2.** *v.i.* **to u. about sth.,** sich auf etwas *acc* verstehen; **I u. about your difficulties,** ich habe Verständnis für Ihre Schwierigkeiten. under'**standable,** *adj.* verständlich; *esp. attrib.* begreiflich; **that's u.,** das kann man verstehen; **-ably,** *adv.* begreiflicherweise. under'**standing.** **I.** *s.* **1.** Verstehen *n,* Verständnis *n* (of, für + *acc*); (*insight*) Einsicht *f* (of, in + *acc*); **it's beyond u.,** es ist unbegreiflich; **my u. of the**

matter is that he is to go, wie ich es verstehe, soll er gehen. 2. (*agreement*) Abmachung *f*. Vereinbarung *f* (with s.o., mit j-m); there's an u. between them, sie verstehen sich; to come to/ reach an u. (with s.o.), sich (mit j-m) verständigen; on the u. that, unter der Bedingung/ Voraussetzung, daß ... II. *adj.* (*of pers.*) verständnisvoll. ´under´state, *v.tr.* (die Tatsachen) untertreiben. ´under´statement, *s.* Untertreibung *f*, Understatement *n*. ´under-steer. *Aut:* 1. *v.i.* untersteuern, II. *s.* Untersteuerung *f*. under´stood, *adj.* 1. verstanden; easily u., leicht verständlich; to make oneself u., sich verständlich machen; he could not make himself u. in the din, bei dem Lärm konnte er sich *dat* kein Gehör verschaffen. 2. (*agreed*) abgemacht; that's u., das ist also abgemacht; it is u. that ..., (i) es ist vereinbart/abgemacht, daß ...; (ii) (*reported*) es heißt, daß ... ´understudy. I. *s. Th:* zweite Besetzung *f*. II. *v.tr.* (einen Schauspieler) vertreten. under´take, *v.tr.* (*p.* undertook, *p.p.* undertaken) (*a*) (eine Reise usw.) unternehmen; (eine Aufgabe) auf sich *acc* nehmen; (*b*) to u. to do sth., sich verpflichten, etwas zu tun; (*c*) (ein Risiko) eingehen. ´undertaker, *s.* Leichenbestatter *m*. under´taking, *s.* 1. (*taking on*) Übernehmen *n* (einer Aufgabe); Unternehmen *n* (einer Reise usw.). 2. (*a*) *Com:* (*business*) Unternehmen *n*, Betrieb *m*; (*b*) (*task*) Aufgabe *f*; Unterfangen *n*; it's quite an u., es ist eine ganz schöne Aufgabe. 3. (*promise*) Versprechen *n*, Verpflichtung *f*; to give an u., sich verpflichten. 4. [´ʌndə-] (*funerals*) Leichenbestattung *f*. ´undertone, *s.* (*a*) to talk in an u., mit gedämpfter Stimme sprechen; (*b*) *Fig:* an u. of criticism, ein kritischer Unterton. ´undertow, *s.* Sog *m* (der Strömung). under´value, *v.tr.* (j-n, etwas) unterschätzen, unterbewerten. ´under´water, *adj.* Unterwasser-; u. fishing, Fischfang *m* unter Wasser; (*with harpoon*) Unterwasserjagd *f*. ´underwear, *s.* Unterwäsche *f*. ´underworld, *s.* the (criminal) u., die Unterwelt. ´under´write, *v.tr.* (*p.* ´under´wrote, *p.p.* ´under´written) *Ins: Fin:* (eine Summe, eine Aktienemission usw.) garantieren. ´underwriter, *s. Ins:* Versicherungsgeber *m*.

undeserved [ʌndi´zɜːvd], *adj.* unverdient; -ly [-idli], *adv.* unverdient(erweise). unde´serving, *adj.* unwürdig (of, + *gen*); u. of so much attention, so viel Aufmerksamkeit nicht wert. undesirable [ʌndi´zaiərəbl], *adj.* unerwünscht. undetected [ʌndi´tektid], *adj.* unentdeckt; to pass/remain u., (*of mistake*) unbemerkt bleiben; (*of criminal*) unbehelligt bleiben. undetermined [ʌndi´tɜːmind], *adj.* 1. (*of question etc.*) unentschieden; (*unclear*) unbestimmt. 2. (*of pers.*) unentschlossen. undeveloped [ʌndi´veləpt], *adj.* unentwickelt; u. land, unerschlossenes Gelände. undies [´ʌndiz], *s. pl. F:* Unterwäsche *f*. undignified [ʌn´dignifaid], *adj.* würdelos. undiluted [ʌnd(a)i´l(j)uːtid], *adj.* unverdünnt; *F:* to talk u. nonsense, lauter dummes Zeug reden. undiminished [ʌndi´miniʃt], *adj.* unvermindert. undipped [ʌn´dipt], *adj. Aut:* nicht abgeblendet. undischarged [ʌndis´tʃɑːdʒd], *adj.* (*a*) *Jur:* u.

bankrupt, nicht entlasteter Gemeinschuldner; (*b*) u. debt, unbeglichene Schuld. undisclosed [ʌndis´kləuzd], *adj.* nicht bekanntgegeben. undiscovered [ʌndis´kʌvəd], *adj.* unentdeckt. undiscriminating [ʌndis´krimineitiŋ], *adj.* (*of pers., taste etc.*) unkritisch, anspruchslos. undisguised [ʌndis´gaizd], *adj.* (*of pers.*) unverkleidet; (*of feelings*) unverhohlen. undisputed [ʌndis´pjuːtid], *adj.* unbestritten. undistinguished [ʌndis´tiŋgwiʃt], *adj.* durch nichts ausgezeichnet; (*ordinary*) gewöhnlich. undisturbed [ʌndis´tɜːbd], *adj.* ungestört; (*of peace*) ungetrübt. undivided [ʌndi´vaidid], *adj.* ungeteilt; to give sth. one's u. attention, etwas *dat* seine ganze Aufmerksamkeit widmen. undo [ʌn´duː], *v.tr.* (*p.* undid [-´did]; *p.p.* undone [-´dʌn]) (*a*) (*destroy*) to u. the mischief, das Unheil wiedergutmachen; (*b*) (*open*) (ein Kleid, Paket, einen Knoten usw.) aufmachen; (*unbutton*) (ein Kleid) aufknöpfen. un´doing, *s.* Verderben *n;* gambling will be his u., das Spielen wird sein Verderben/Ruin sein. un-´done, *adj.* 1. offen; to come u., aufgehen. 2. (*of work etc.*) ungetan, unerledigt; to leave some work u., eine Arbeit nicht zu Ende führen; what's done cannot be u., Geschehenes kann man nicht ungeschehen machen. undoubted [ʌn´dautid], *adj.* unbezweifelt, unbestritten; -ly, *adv.* ohne Zweifel, zweifellos. undreamed/undreamt [ʌn´driːmd, ʌn´dremt], *adj.* u. (of), ungeahnt. undress [ʌn´dres], *v.* 1. *v.i.* sich ausziehen. 2. *v.tr.* (j-n, sich) ausziehen. un´dressed, *adj.* (*of pers.*) ausgezogen. undue [´ʌndjuː], *adj.* ungebührlich, nicht gebührend; (*excessive*) übermäßig, übertrieben; u. optimism, unberechtigter Optimismus. un-´duly, *adv.* übermäßig; u. high prices, übertrieben hohe Preise; not u. (worried etc.), nicht sonderlich (besorgt usw.). undulate [´ʌndjuleit], *v.i.* wogen, sich wellenförmig bewegen. ´undulating, *adj.* wogend; u. country, welliges/hügeliges Gelände. undu´lation, *s.* wellenförmige Bewegung; wellige Form *f* (einer Landschaft). undying [ʌn´daiiŋ], *adj.* unsterblich, unvergänglich; u. hatred, untilgbarer Haß. unearned [´ʌn´ɜːnd], *adj.* unverdient; u. income, Privateinkommen *n*. unearth [ʌn´ɜːθ], *v.tr.* (etwas) ausgraben; (ein Manuskript usw.) aufstöbern, ans Tageslicht bringen. unearthly [ʌn´ɜːθli], *adj.* (*a*) (*supernatural*) überirdisch, übernatürlich; (*b*) *Fig:* u. pallor, Leichenblässe *f;* u. light, unheimliches/gespenstisches Licht; (*c*) *F:* at an u. hour, in aller Herrgottsfrühe; an u. din, ein Höllenlärm. uneasy [ʌn´iːzi], *adj.* (*worried*) besorgt; (*embarrassed*) verlegen; he was u. (in his mind). ihm war unbehaglich zumute; u. feeling, Unbehagen *n;* u. sleep, unruhiger Schlaf. un´easiness, *s.* Unbehagen *n;* (*worry*) Unruhe *f*, Besorgtheit *f*. uneatable [ʌn´iːtəbl], *adj.* ungenießbar. uneconomic [ʌniːkə´nomik], *adj.* unwirtschaftlich; (*unprofitable*) unrentabel. un-eco´nomical, *adj.* nicht sparsam.

uneducated [ʌn'edjukeitid], *adj.* ungebildet; (*of accent etc.*) unkultiviert.

unemotional [ʌni'məuʃənəl], *adj.* nüchtern.

unemployable [ʌnim'plɔiəbl], *adj.* **1.** (*of thing*) nicht anwendbar. **2.** (*of pers.*) arbeitsunfähig.

unem'ployed, *adj.* (*a*) unbeschäftigt; (*b*) (*out of a job*) arbeitslos; **the u.**, die Arbeitslosen *pl.* **unem'ployment**, *s.* Arbeitslosigkeit *f; Adm:* **u. benefit**, Arbeitslosenunterstützung *f.*

unending [ʌn'endiŋ], *adj.* endlos; **his u. complaints**, seine ewigen/endlosen Klagen.

unenlightened [ʌnin'laitənd], *adj.* unaufgeklärt.

unenterprising [ʌn'entəpraiziŋ], *adj.* ohne Unternehmungsgeist; **u. choice**, einfallslose Wahl.

unenviable [ʌn'cnviəbl], *adj.* wenig beneidenswert; **he has an u. reputation**, er ist um seinen Ruf nicht zu beneiden.

unequal [ʌn'i:kwəl], *adj.* ungleich; **of u. length**, von unterschiedlicher Länge; **to be u. to the task**, der Aufgabe nicht gewachsen sein; **to be u. to doing sth.**, nicht imstande sein, etwas zu tun; **-ly**, *adv.* ungleich. **un'equalled**, *adj.* einmalig; (*of quality etc.*) unerreicht; (*of pers.*) ohnegleichen; (*of characteristic*) beispiellos.

unequivocal [ʌni'kwivək(ə)l], *adj.* eindeutig.

unerring [ʌn'ə:riŋ], *adj.* unfehlbar; (*of sense*) untrüglich.

uneven [ʌn'i:v(ə)n], *adj.* **1.** (*a*) (*of surface*) uneben; (*bumpy*) holperig; (*b*) *Fig:* (*variable*) ungleichmäßig; (*of pulse*) nicht regelmäßig; **u. quality**, ungleichmäßige Qualität; **u. temper**, unausgeglichenes Temperament; **his work is very u.**, seine Arbeit ist sehr wechselhaft. **2.** *Mth:* **u. number**, ungerade Zahl. **3.** (*of distribution*) ungleichmäßig. **un'evenness**, *s.* **1.** Unebenheit *f.* **2.** Ungleichmäßigkeit *f;* Unregelmäßigkeit *f* (des Pulses).

uneventful [ʌni'ventful], *adj.* ereignislos; **u. life**, ruhiges Leben.

unexceptionable [ʌnik'sepʃ(ə)nəbl], *adj.* (*of behaviour, character etc.*) untadelig; (*faultless*) völlig einwandfrei.

unexciting [ʌnik'saitiŋ], *adj.* nicht aufregend; (*boring*) langweilig, eintönig.

unexpected [ʌnik'spektid], *adj.* unerwartet; (*of result*) unvermutet; (*of meeting*) unverhofft.

unexpired [ʌnik'spaiəd], *adj.* nicht abgelaufen.

unexplained [ʌnik'spleind], *adj.* unerklärt.

unexplored [ʌnik'splɔ:d], *adj.* unerforscht.

unexpressed [ʌniks'prest], *adj.* unausgesprochen.

unexpurgated [ʌn'ekspəgeitid], *adj.* ungekürzt.

unfading [ʌn'feidiŋ], *adj.* nicht verblassend; *Fig:* unvergänglich.

unfailing [ʌn'feiliŋ], *adj.* unfehlbar; **his u. good humour**, seine nie versagende gute Laune; **an u. source of inspiration**, eine unerschöpfliche Quelle der Inspiration.

unfair [ʌn'fɛər], *adj.* (*of pers., treatment etc.*) ungerecht, *also Sp:* unfair; **to be u. to s.o.**, j-n ungerecht behandeln; **it's u. to the children**, es ist den Kindern gegenüber unfair; **u. advantage**, ungerechter Vorteil; **u. competition**, unlauterer Wettbewerb; **-ly**, *adv.* unfair; (*wrongly*) zu Unrecht; **to act u.**, ungerecht handeln. **un'fairness**, *s.* Ungerechtigkeit *f.*

unfaithful [ʌn'feiθfəl], *adj.* untreu. **un'faithfulness**, *s.* Untreue *f.*

unfaltering [ʌn'fɔltəriŋ], *adj.* (*of step, glance etc.*) fest; (*of press.*) entschlossen.

unfamiliar [ʌnfə'miljər], *adj.* (*a*) (*of thing*) unbekannt (**to s.o.**, j-m); (*strange*) fremd; (*b*) (*of pers.*) **to be u. with sth.**, etwas nicht kennen.

unfashionable [ʌn'fæʃ(ə)nəbl], *adj.* altmodisch; *esp. Cl:* unmodern.

unfasten [ʌn'fɑ:sn], *v.tr.* (*a*) (etwas) losmachen; (*untie*) (eine Leine usw.) losbinden; (*b*) (*open*) (ein Kleid) aufmachen; (einen Tor, eine Tür) aufriegeln.

unfathomable [ʌn'fæðəməbl], *adj.* unergründlich.

unfavourable [ʌn'feiv(ə)rəbl], *adj.* ungünstig; (*of terms etc.*) unvorteilhaft (**for/to**, für + *acc*); **to show oneself in an u. light**, sich in einem unvorteilhaften Licht zeigen; **u. criticism**, negative Kritik; **u. winds**, widrige Winde.

unfeeling [ʌn'fi:liŋ], *adj.* gefühllos, herzlos.

unfeigned ['ʌn'feind], *adj.* ungeheuchelt.

unfilled [ʌn'fild], *adj.* ungefüllt; (*of hole etc.*) unausgefüllt; (*of post*) unbesetzt.

unfinished [ʌn'finiʃt], *adj.* (*a*) nicht fertig; (*of work of art*) unvollendet; **u. business**, unerledigte Geschäfte; (*b*) *Ind:* unbearbeitet.

unfit [ʌn'fit], *adj.* (*a*) (*esp. of things*) ungeeignet (**for sth.**, für etwas *acc*); **u. for human consumption**, für den menschlichen Verbrauch ungeeignet; ungenießbar; *Aut: P.N:* **u. for vehicles**, für Kraftfahrzeuge nicht befahrbar; (*b*) (*esp. of pers.*) untauglich; (*unworthy*) nicht würdig (**to do sth.**, etwas zu tun); **u. for the simplest task**, nicht für die einfachste Aufgabe zu gebrauchen; *Mil:* **u. for military service**, wehrdienstuntauglich; (*c*) (*in poor health*) bei schlechter Gesundheit, *Sp: & F:* nicht fit. **un'fitness**, *s.* (*a*) Ungeeignetsein *n,* (*b*) Untauglichkeit *f;* (*c*) schlechte Gesundheit.

unfixed [ʌn'fikst], *adj.* unbefestigt; (*loose*) lose.

unflagging [ʌn'flægiŋ], *adj.* unermüdlich.

unflappable [ʌn'flæpəbl], *adj. F:* **she is u.**, sie ist nicht aus der Ruhe zu bringen.

unflattering [ʌn'flæt(ə)riŋ], *adj.* wenig schmeichelhaft; (*of dress*) unvorteilhaft.

unflinching [ʌn'flin(t)ʃiŋ], *adj.* unerschütterlich; (*resolute*) entschlossen; **-ly**, *adv.* ohne mit der Wimper zu zucken.

unfold [ʌn'fəuld], *v.* **1.** *v.tr.* (*a*) (etwas) entfalten; (eine Zeitung) ausbreiten; (*b*) (einen Plan) darlegen. **2.** *v.i.* sich entfalten; (*of plot etc.*) sich entwickeln.

unforced [ʌn'fɔ:st], *adj.* ungezwungen.

unforeseeable [ʌnfɔ:'si:əbl], *adj.* nicht voraussehbar. **unfore'seen**, *adj.* unvorhergesehen, unerwartet; **unless sth. u. happens**, solange nichts Unerwartetes dazwischenkommt.

unforgettable [ʌnfə'getəbl], *adj.* unvergeßlich.

unforgivable [ʌnfə'givəbl], *adj.* unverzeihlich. **unfor'giving**, *adj.* nachtragend.

unfortunate [ʌn'fɔ:tʃ(ə)nət], *adj.* (*a*) (*of pers.*) unglücklich; **to be u.**, Pech haben; (*b*) (*of mistake, coincidence etc.*) bedauerlich; **it is u. that . . .**, es ist schade, daß . . .; **how u.!** was für ein Pech! wie schade! **-ly**, *adv.* unglücklicherweise, leider.

unfounded [ʌn'faundid], *adj.* (*of accusation*) unbegründet; (*of rumours*) gegenstandslos.

unfrequented [ʌnfri'kwentid], *adj.* wenig besucht; (*lonely*) einsam; verlassen.

unfriendly [ʌn'frendli], adj. unfreundlich (**to/ towards** s.o., gegen j-n); (of house, area etc.) unwirtlich. **un'friendliness**, s. Unfreundlichkeit f.

unfruitful [ʌn'fru:tful], adj. unfruchtbar, fruchtlos.

unfulfilled [ʌnful'fild], adj. unerfüllt; **u. promise**, nicht gehaltenes Versprechen.

unfurl [ʌn'fɔ:l], v.tr. (eine Fahne usw.) entrollen; Nau: (Segel) losmachen.

unfurnished [ʌn'fɔ:niʃt], adj. unmöbliert.

ungainly [ʌn'geinli], adj. unbeholfen; (of appearance) ungelenk.

unget-at-able ['ʌnget'ætəbl], adj. F: schwer erreichbar/zugänglich.

unglazed [ʌn'gleizd], adj. 1. (of windows etc.) unverglast. 2. (of pottery) unglasiert.

ungodly [ʌn'gɔdli], adj. 1. gottlos; (sinful) sündhaft. 2. F: **at an u. hour**, in aller Hergottsfrühe.

ungovernable [ʌn'gʌv(ə)nəbl], adj. unbezähmbar; Pol: (of people) nicht zu regieren.

ungracious [ʌn'greiʃəs], adj. ungnädig, unliebenswürdig; (impolite) unhöflich.

ungrammatical [ʌngrə'mætik(ə)l], adj. ungrammatisch.

ungrateful [ʌn'greitful], adj. undankbar.

ungrudging [ʌn'grʌdʒiŋ], adj. bereitwillig; **to give u. praise**, mit Lob nicht kargen; **-ly**, adv. ohne Murren.

unguarded [ʌn'ga:did], adj. 1. (of place, building) unbewacht, ungeschützt. 2. (of pers., remark) unachtsam, unvorsichtig; **in an u. moment**, in einem Augenblick der Selbstvergessenheit.

unhampered [ʌn'hæmpəd], adj. ungehindert; **u. by rules**, an Vorschriften nicht gebunden.

unhappy [ʌn'hæpi], adj. unglücklich; **u. sight**, trauriger Anblick; **I am u. about it**, ich bin nicht damit zufrieden. **un'happily**, adv. unglücklicherweise, leider.

unharmed [ʌn'ha:md], adj. unversehrt.

unhealthy [ʌn'helθi], adj. ungesund; (a) **smoking is u.**, Rauchen ist ungesund/gesundheitsschädlich; (b) (of pers.) nicht gesund, kränklich; (c) Fig: **u. influence**, schädlicher Einfluß; **u. curiosity**, krankhafte Neugier. **un'healthiness**, s. 1. Ungesundheit f (des Klimas usw.). 2. Kränklichkeit f.

unheard [ʌn'hɔ:d], adj. 1. **to go u.**, nicht gehört werden; (be ignored) nicht beachtet werden; **to condemn s.o. u.**, j-n verurteilen, ohne ihn anzuhören. 2. **that's u. of**, das ist noch nie dagewesen/(outrageous) unerhört.

unheeded [ʌn'hi:did], adj. unbeachtet; **to remain u.**, nicht beachtet/(of prayer etc.) erhört werden.

unhelpful [ʌn'helpful], adj. (of pers.) nicht hilfsbereit, unfreundlich; (of criticism) nicht konstruktiv; **to be u. to s.o.**, j-m nicht behilflich sein; (of advice etc.) j-m nicht weiterhelfen/nicht viel nutzen.

unhesitating [ʌn'heziteitiŋ], adj. prompt, unverzüglich; **-ly**, adv. ohne Zögern.

unhinged [ʌn'hindʒd], adj. **he/his mind is u.**, er ist geistesgestört.

unhitch [ʌn'hitʃ], v.tr. (etwas) losmachen, (untie) losbinden; (ein Pferd) ausspannen; Aut: (einen Anhänger) abkoppeln.

unholy [ʌn'həuli], adj. F: Mords-; **u. racket/din**, Mordslärm m.

unhook [ʌn'huk], v.tr. (etwas) loshaken; (ein Kleid usw.) aufhaken.

unhoped for [ʌn'həuptfɔ:r], adj. unverhofft.

unhurried [ʌn'hʌrid], adj. gemächlich.

unhurt [ʌn'hɔ:t], adj. unverletzt.

unicorn ['ju:nikɔ:n], s. Einhorn n.

unidentified [ʌnai'dentifaid], adj. nicht identifiziert; **u. flying object**, unbekanntes Flugobjekt.

unification [ju:nifi'keiʃ(ə)n], s. Vereinigung f.

uniform ['ju:nifɔ:m]. I. adj. (same) gleich; (same shape) gleichförmig; (of dress etc.) einheitlich; **of u. quality**, von gleichmäßiger Qualität; (of book) **u. with ...**, vom gleichen Format wie ...; **-ly**, adv. einheitlich; **u. distributed**, gleichmäßig verteilt. II. s. Uniform f. **'uniformed**, adj. uniformiert. **uni'formity**, s. Gleichförmigkeit f; Gleichmäßigkeit f, Einheitlichkeit f (der Kleidung, des Stils usw.); Pej: Einförmigkeit f, Eintönigkeit f.

unify ['ju:nifai], v.tr. (ein Land usw.) vereinigen.

unilateral [ju:ni'læt(ə)rəl], adj. einseitig.

unimaginable [ʌni'mædʒinəbl], adj. unvorstellbar. **uni'maginative**, adj. phantasielos, einfallslos.

unimpaired [ʌnim'pɛəd], adj. ungeschwächt; (of strength) unvermindert; (of rights, health etc.) unbeeinträchtigt.

unimpeded [ʌnim'pi:did], adj. ungehindert.

unimportant [ʌnim'pɔ:tənt], adj. unwichtig; **it's quite u.**, es ist völlig unbedeutend.

unimpressed [ʌnim'prest], adj. nicht beeindruckt. **unim'pressive**, adj. nicht eindrucksvoll; (small) unscheinbar.

uninformed [ʌnin'fɔ:md], adj. (a) nicht informiert/unterrichtet (**about/of sth.**, über etwas acc); (ignorant) unwissend; (of opinion) nicht sachkundig.

uninhabitable [ʌnin'hæbitəbl], adj. unbewohnbar. **unin'habited**, adj. unbewohnt.

uninitiated [ʌni'niʃieitid], adj. nicht eingeweiht; **for the u.**, für Nichteingeweihte.

uninjured [ʌnin(d)ʒəd], adj. unverletzt.

uninspired [ʌnin'spaiəd], adj. einfallslos; (dull) langweilig. **unin'spiring**, adj. nicht gerade begeisternd, uninteressant.

unintelligent [ʌnin'telidʒənt], adj. unintelligent; F: **that was u. of you**, das war nicht sehr schlau von dir. **unin'telligible**, adj. unverständlich.

unintentional [ʌnin'tenʃ(ə)nəl], adj. unbeabsichtigt, unabsichtlich.

uninterested [ʌn'intristid], adj. uninteressiert (**in**, an + dat); (indifferent) gleichgültig. **un'interesting**, adj. uninteressant.

uninterrupted [ʌnintə'rʌptid], adj. ununterbrochen; (of work) ungestört (**by**, von + dat).

uninvited [ʌnin'vaitid], adj. uneingeladen, ohne Einladung; **u. guests**, ungeladene Gäste. **unin'viting**, adj. (of food) wenig einladend; (of offer etc.) wenig verlockend.

union ['ju:njən], s. 1. (joining) Vereinigung f; Pol: Zusammenschluß m (von Parteien usw.); **u. of opposites**, Verbindung f von Gegensätzen. 2. (body) (a) Verein m; Com: Verband m; Pol: Union f; (b) Ind: (trade) **u.**, Gewerkschaft f; F: **u. bashing**, (unberechtigte) Kritik f der Gewerkschaften. 3. Tchn: Verbindungsstück n. **'unionist**, s. (trade) **u.**, Gewerkschaftler(in) m(f). **'unionize**, v.tr. (die Arbeiterschaft einer

Firma) gewerkschaftlich organisieren. ´**Union**
´**Jack,** s. Union Jack m (*die britische Natio-nalflagge*).

unique [ju:'ni:k], *adj.* einmalig; (*of its kind*)
einzigartig; **u. opportunity,** einmalige Gele-genheit; **-ly,** *adv.* wie sonst keine(r); **u. suited to
the conditions,** den Bedingungen besser als
jeder/jede/jedes andere angepaßt.

unisex ['ju:niseks] *adj.* Cl: Unisex-, unisex.

unison ['ju:nisən], s. **1.** *Mus:* (*a*) Einklang m; **in
u.,** unisono; (*b*) *attrib.* einstimmig. **2. we acted
in u./I acted in u. with him,** wir haben mit
vereinten Kräften gehandelt.

unit ['ju:nit], *s.* (*all senses*) Einheit *f;* (*a*) *Com:*
u. price, Stückpreis *m; Fin:* **u. trust,** Investment-trust *m;* (*b*) **u. of measure/time,** Maßeinheit/
Zeiteinheit *f;* (*c*) *Mil:* Einheit *f,* Truppenteil *m;*
(*d*) *Sch:* **u. of work,** Arbeitseinheit *f;* (*e*) *Furn:*
u. furniture, Anbaumöbel *pl;* **kitchen u.,** Küchen-element *n;* (*f*) *Constr:* (*buildng*) Bau *m;* (*in
address*) U.6, Objekt 6; (*g*) *Rec: etc:* Baustein *m.*

unite [ju:'nait], *v.* **1.** *v.tr.* (*a*) (Elemente, Be-standteile) verbinden; (*b*) (Länder) vereinigen;
(Familien) zusammenbringen; (Eigenschaften)
in sich vereinigen. **2.** *v.i.* (*a*) sich vereinigen,
sich verbinden (**with,** mit + *dat*); (*b*) (*of states*)
sich verbünden (**against,** gegen + *acc*); (*of
party*) sich vereinigen; (*of parties*) einen Block
bilden; **workers of the world u.!** Proletarier
aller Länder, vereinigt Euch! **u´nited,** *adj.*
vereint; (*esp. of states etc.*) vereinigt; **u. efforts,**
gemeinsame Bemühungen; **we are u. in our
efforts,** wir sind in unseren Bestrebungen
vereint; **to present a u. front,** eine geschlossene
Front bilden; **the U. Kingdom,** das Vereinigte
Königreich; **the U. States (of America),** die
Vereinigten Staaten (von Amerika); **the U.
Nations,** die Vereinten Nationen. **unity**
['ju:niti], *s.* (*a*) Einheit *f* (einer Partei, einer
Nation usw.); Einheitlichkeit *f* (der Handlung
eines Romans usw.); (*b*) (*agreement*) Einigkeit
f; (*harmony*) Eintracht *f.*

universe ['ju:nivə:s], *s.* Weltall *n,* Universum *n.*
uni´versal, *adj.* universal, Universal-; (*of
knowledge*) allumfassend; (*of rule etc.*) all-gemeingültig; **u. remedy,** Universalmittel *n;* **u.
suffrage,** allgemeines Wahlrecht; **he's a u.
favourite,** er ist allgemein beliebt; **this view is
not u.,** diese Ansicht ist nicht allgemein
verbreitet; *Mec.E:* **u. joint,** Kardangelenk *n;*
-ly, *adv.* (ganz) allgemein; universell
(verwendet). **universality** [-´sæliti], *s.* Uni-versalität *f;* Allgemeinheit *f;* Allgemeingül-tigkeit *f.* **uni´versity,** *s.* Universität *f;* **u. edu-cation,** Hochschulbildung *f;* **u. professor,** Uni-versitätsprofessor *m;* **u. man,** Akademiker *m.*

unjust [ʌn'dʒʌst], *adj.* ungerecht (**to,** gegen
+ *acc*); **u. suspicions,** unberechtigte Ver-dächtigungen. **unjusti´fiable,** *adj.* nicht zu
rechtfertigen(d). **un´justified,** *adj.* ungerecht-fertigt, unberechtigt.

unkempt [ʌn'kem(p)t], *adj.* (*of hair*) unge-kämmt, zerzaust; (*of appearance*) ungepflegt;
(*of garden*) vernachlässigt, verwahrlost.

unkind [ʌn'kaind], *adj.* lieblos, (*unfeeling*) ge-fühllos; (*cruel*) grausam; **u. words,** unfreund-liche Worte; **that's u. of him,** das ist nicht nett
von ihm; **her aunt is u. to her,** sie wird von

ihrer Tante schlecht behandelt; **he was u.
enough to say . . . ,** er war so gemein, zu sagen
. . . **un´kindly,** *adv.* lieblos, unfreundlich;
don't take it u., nehmen Sie es nicht übel.
un´kindness, *s.* Lieblosigkeit *f;* Unfreund-lichkeit *f.*

unknowing [ʌn'nəuiŋ], *adj.* unbewußt. **un-´known. I.** *adj.* unbekannt (**to,** *dat*); **u.
quantity,** *Mth:* & *Fig:* unbekannte Größe;
that face is u. to me, das Gesicht ist mir fremd. **II.**
adv. **u. to me,** ohne mein Wissen; **u. to anyone,**
ohne daß jemand etwas davon wußte. **III.** *s.*
(*pers.*) Unbekannte(r) *f(m); Mth:* Unbekannte *f.*

unladen [ʌn'leidn], *adj.* unbeladen; **weight u./u.
weight,** Leergewicht *n.*

unlawful [ʌn'lɔːful], *adj.* ungesetzlich, un-rechtmäßig; (*of transaction etc.*) illegal.

unleash [ʌn'liːʃ], *v.tr.* (*a*) (j-n, etwas) entfesseln;
(Hunde) loskoppeln; (*b*) *Fig:* **to u. a torrent of
abuse,** eine Schimpftirade loslassen.

unless [ʌn'les], *conj.* wenn/falls . . . nicht; es
sei denn (, daß + *subj.*); **you'll be late u. you
start at once,** wenn Sie sich nicht gleich auf
den Weg machen, werden Sie zu spät
kommen; **u. I am mistaken,** wenn ich mich
nicht irre; **u. I hear to the contrary,** falls ich
nichts Gegenteiliges höre; **u. a miracle happens,**
ausgenommen, es geschieht ein Wunder; **u.
you know more,** es sei denn, Sie wissen mehr.

unlicensed [ʌn'laisənst], *adj.* unbefugt; (*of
action*) unerlaubt; *Com:* (*of sale etc.*) nicht
konzessioniert; **u. hotel,** Hotel *n* ohne Alko-holausschank.

unlike [ʌn'laik]. **I.** *adj.* verschieden. **II.** *prep.* **u.
sth.,** anders als etwas; **not u. s.o.,** j-m nicht
unähnlich; **he, u. his father . . . ,** er, im Gegen-satz zu seinem Vater ; **that is very u. him,** das
sieht ihm gar nicht ähnlich. **un´lik(e)able,**
adj. unsympathisch. **un´likely,** *adj.* un-wahrscheinlich; **an u. tale,** eine unglaub-würdige Geschichte; **it's not at all u. that . . . ,**
es könnte wohl sein, daß . . . ; **he's u. to
come,** (höchst)wahrscheinlich kommt er nicht;
he's the most u. man to do such a thing, er ist
der letzte (Mann), von dem man so etwas
erwarten würde. **un´likelihood,** *s.* Unwahr-scheinlichkeit *f.*

unlimited [ʌn'limitid], *adj.* unbegrenzt; *Com:*
(*of liability etc.*) unbeschränkt.

unlined [ʌn'laind], *adj.* (*a*) (*of clothes*) ungefüt-tert; (*b*) (*of paper*) unliniert; (*of face*) faltenlos.

unload [ʌn'ləud], *v.tr.* (*a*) (ein Schiff usw.) ent-laden; (eine Fracht) ausladen, löschen; (*b*)
(eine Waffe) entladen. **un´loaded,** *adj.* (*of
weapon*) entladen. **un´loading,** *s.* Entladen *n.*

unlock [ʌn'lɔk], *v.tr.* (eine Tür usw.) auf-schließen.

unloose [ʌn'luːs], *v.tr.* (etwas) loslassen.

un´lovely, *adj.* unschön.

unlucky [ʌn'lʌki], *adj.* **1.** (*a*) (*of pers.*) un-glücklich; **to be u.,** kein Glück haben; *F:* Pech
haben; (*b*) (*of thing*) unglückbringend; **it's sup-posed to be u.,** es soll Unglück bringen; **it was
u. that he came,** es war Pech, daß er ge-kommen ist; **u. star,** Unglücksstern *m.* **un-´luckily,** *adv.* unglücklicherweise.

unmade [ʌn'meid], *adj.* (*of bed etc.*) ungemacht;
(*of road*) nicht asphaltiert.

unmanageable [ʌnˈmænidʒəbl], *adj.* nicht zu handhaben; (*of child*) unlenksam, widerspenstig.

unmanned [ʌnˈmænd], *adj.* unbemannt.

unmarked [ʌnˈmɑːkt], *adj.* **1.** (*spotless*) makellos. **2.** (*without a name etc.*) ungezeichnet. **3.** *Fb:* (*of player*) ungedeckt.

unmarketable [ʌnˈmɑːkitəbl], *adj.* unverkäuflich.

unmarried [ʌnˈmærid], *adj.* unverheiratet; **u. mother**, ledige Mutter.

unmask [ʌnˈmɑːsk], *v.* **1.** *v.tr.* (j-n) demaskieren; *Fig:* (j-n) entlarven. **2.** *v.i.* sich demaskieren.

unmatched [ʌnˈmætʃt], *adj.* unerreicht.

unmentionable [ʌnˈmenʃ(ə)nəbl], *adj.* tabu.

unmerciful [ʌnˈmɔːsiful], *adj.* gnadenlos.

unmerited [ʌnˈmeritid], *adj.* unverdient.

unmethodical [ʌnmiˈθɔdik(ə)l], *adj.* unsystematisch; (*of work*) planlos.

unmistakable [ʌnmisˈteikəbl], *adj.* unmißverständlich; (*easily recognized*) unverkennbar.

unmitigated [ʌnˈmitigeitid], *adj.* (*undiminished*) ungemindert, ungeschwächt; (*thorough*) hundertprozentig; *F:* **u. ass**, vollkommener Idiot.

unmixed [ʌnˈmikst], *adj.* unvermischt, ungemischt; (*pure*) rein, pur; **it's not an u. blessing**, es ist kein reines/ungetrübtes Glück.

unmodified [ʌnˈmɔdifaid], *adj.* unverändert, *Tchn:* Standard-.

unmolested [ʌnmɔˈlestid], *adj.* ungestört.

unmounted [ʌnˈmauntid], *adj.* unmontiert; (*of gem*) nicht gefaßt.

unmourned [ʌnˈmɔːnd], *adj.* unbeweint.

unmoved [ʌnˈmuːvd], *adj.* **u. by s.o.'s pleas etc.**, von j-s Bitten usw. ungerührt.

unmusical [ʌnˈmjuːzik(ə)l], *adj.* **1.** (*of sound*) nicht melodisch. **2.** (*of pers.*) unmusikalisch.

unnamed [ʌnˈneimd], *adj.* ungenannt.

unnatural [ʌnˈnætʃrəl], *adj.* unnatürlich; (*of crime*) widernatürlich; (*of style etc.*) künstlich.

unnecessary [ʌnˈnesis(ə)ri], *adj.* unnötig; (*superfluous*) überflüssig; **it is u. to say that ...**, es erübrigt sich zu sagen, daß ...; **-ily**, *adv.* unnötigerweise; **u. large**, größer als notwendig.

unneeded [ʌnˈniːdid], *adj.* nicht benötigt.

unnerve [ʌnˈnɔːv], *v.tr.* (j-n) zermürben; (j-m) den Mut nehmen.

unnoticed [ʌnˈnəutist], *adj.* unbemerkt.

unobjectionable [ʌnəbˈdʒekʃnəbl], *adj.* einwandfrei.

unobservant [ʌnəbˈzɔːvənt], *adj.* unaufmerksam. **unobˈserved**, *adj.* unbemerkt.

unobstructed [ʌnəbˈstrʌktid], *adj.* ungehindert; (*of street*) unversperrt; (*of pipe*) nicht verstopft; (*of view, access*) frei.

unobtainable [ʌnəbˈteinəbl], *adj.* nicht erhältlich.

unobtrusive [ʌnəbˈtruːsiv], *adj.* (*of pers., manner*) unaufdringlich; (*of thing*) unauffällig.

unoccupied [ʌnˈɔkjupaid], *adj.* **1.** (*of pers.*) unbeschäftigt. **2.** (*empty*) leerstehend; (*of house etc.*) unbewohnt; (*of seat*) frei.

unoffending [ʌnəˈfendiŋ], *adj.* harmlos, nicht anstößig.

unofficial [ʌnəˈfiʃ(ə)l], *adj.* inoffiziell; (*of report*) unbestätigt.

unopposed [ʌnəˈpəuzd], *adj.* (*of pers.*) ohne Konkurrenz; *Sp:* ohne Gegner; *Parl:* ohne

Gegenkandidat(en); (*of proposal etc.*) unbeanstandet.

unorthodox [ʌnˈɔːθədɔks], *adj.* unorthodox.

unostentatious [ʌnɔstenˈteiʃəs], *adj.* (*a*) (*of building, dress*) prunklos, schlicht; (*b*) (*of pers., behaviour*) unauffällig.

unpack [ʌnˈpæk], *v.tr. & i.* (einen Koffer, Waren) auspacken.

unpaid [ʌnˈpeid], *adj.* **1.** (*of job*) unbezahlt; (*honorary*) ehrenamtlich. **2.** (*of bill*) noch nicht bezahlt, unbezahlt; (*of debt*) ungetilgt.

unpalatable [ʌnˈpælitəbl], *adj.* nicht schmackhaft; *Fig:* (*of truth etc.*) unangenehm.

unparalleled [ʌnˈpærəleld], *adj.* (*of intensity etc.*) unerreicht, unvergleichlich; (*of action*) beispiellos; (*of luck etc.*) ohnegleichen.

unpardonable [ʌnˈpɑːdnəbl], *adj.* unverzeihlich; **his conduct is u.**, sein Verhalten läßt sich nicht entschuldigen.

unperturbed [ʌnpəˈtɔːbd], *adj.* ungestört; (*calm*) gelassen.

unpick [ʌnˈpik], *v.tr. Sew:* (eine Naht) auftrennen. **unˈpicked**, *adj.* **1.** *Sew:* aufgetrennt. **2.** (*of fruit etc.*) ungepflückt.

unpitied [ʌnˈpitid], *adj.* unbemitleidet. **unˈpitying**, *adj.* mitleidlos.

unplaced [ʌnˈpleist], *adj. Rac:* nicht plaziert.

unplayable [ʌnˈpleiəbl], *adj.* **1.** *Sp:* (*a*) (*of ball*) nicht zu spielen; (*b*) (*of pitch*) unbespielbar. **2.** *Mus:* unspielbar.

unpleasant [ʌnˈplez(ə)nt], *adj.* unangenehm; (*of sight, meeting etc.*) unerfreulich; (*of pers.*) **to be u. to s.o.**, j-m gegenüber unfreundlich sein. **unˈpleasantness**, *s.* (*a*) *no pl.* Unerfreulichkeit *f*; Unfreundlichkeit *f*; (*b*) *esp. pl.* Unannehmlichkeiten *fpl.*

unplumbed [ʌnˈplʌmd], *adj.* **u. depths**, unergründete Tiefen.

unpolished [ʌnˈpɔliʃt], *adj.* unpoliert; (*of gem, marble etc., Fig: of pers., style*) ungeschliffen.

unpolluted [ʌnpəˈl(j)uːtid], *adj.* nicht verschmutzt.

unpopular [ʌnˈpɔpjulər], *adj.* unbeliebt; (*of measure etc.*) **to be generally u.**, von keinem gern gesehen werden. **unpopuˈlarity**, *s.* Unbeliebtheit *f*.

unpractical [ʌnˈpræktik(ə)l], *adj.* (*of pers.*) unpraktisch.

unprecedented [ʌnˈpresidentid], *adj.* beispiellos; noch nie dagewesen; **this case is u.**, ein solcher Fall ist noch nie vorgekommen.

unprejudiced [ʌnˈpredʒudist], *adj.* vorurteilslos; (*of pers., judgement*) unparteiisch.

unpremeditated [ʌnpriˈmediteitid], *adj.* unvorbereitet; **u. act**, spontane Handlung, *Jur:* nicht vorsätzlich begangene Tat.

unprepared [ʌnpriˈpɛəd], *adj.* unvorbereitet; **u. for sth.**, auf etwas *acc* nicht vorbereitet; **to catch s.o. u.**, j-n überrumpeln; **to go into sth. u.**, etwas ohne Vorbereitung unternehmen.

unprepossessing [ʌnpriːpəˈzesiŋ], *adj.* wenig anziehend.

unpretentious [ʌnpriˈtenʃəs], *adj.* anspruchslos; (*modest*) bescheiden.

unprincipled [ʌnˈprinsipld], *adj.* skrupellos.

unprintable [ʌnˈprintəbl], *adj.* nicht wiederzugeben; **my opinion of him is u.**, meine Meinung von ihm läßt sich nicht wiederholen.

unprocurable [ʌnprə'kjuərəbl], *adj.* nicht erhältlich.

unproductive [ʌnprə'dʌktiv], *adj.* (*of land, Fig:* periods etc.) unfruchtbar; (*of talk*) unergiebig.

unprofessional [ʌnprə'feʃən(ə)l], *adj.* (*a*) unethisch; **u. conduct**, berufswidriges Verhalten; (*b*) (*of pers., work*) unfachmännisch; **he's a rather u. sort of architect**, als Architekt ist er etwas unorthodox.

unprofitable [ʌn'prɔfitəbl], *adj.* (*of investment, business*) unrentabel; *Fig:* (*of effort etc.*) unnütz; **-ably,** *adv.* **to spend one's time u.,** seine Zeit unnütz vertrödeln.

unpromising [ʌn'prɔmisiŋ], *adj.* nicht (gerade) verheißungsvoll/vielversprechend.

unprompted [ʌn'prɔmtid], *adj.* spontan.

unpronounceable [ʌnprə'naunsəbl], *adj.* unaussprechbar.

unpropitious [ʌn'prəpiʃəs], *adj.* ungünstig.

unprotected [ʌnprə'tektid], *adj.* ungeschützt.

unproved [ʌn'pruːvd], *adj.* **1.** (*of guilt etc.*) unbewiesen. **2.** (*of pers., machine etc.*) noch nicht bewährt.

unprovided for [ʌnprə'vaidid fɔːr], *adj.* (*a*) (*of child etc.*) unversorgt, ohne Mittel; (*b*) (*of eventuality*) nicht vorgesehen.

unprovoked [ʌnprə'vəukt], *adj.* nicht provoziert; unbegründet.

unpunctual [ʌn'pʌŋ(k)tju(ə)l], *adj.* unpünktlich. **unpunctu'ality,** *s.* Unpünktlichkeit *f.*

unpunished [ʌn'pʌniʃt], *adj.* ungestraft; **to go u.,** (*of pers.*) straflos ausgehen; (*of deed*) ungestraft bleiben.

unqualified [ʌn'kwɔlifaid], *adj.* **1.** (*of pers.*) unqualifiziert; (*not fully trained*) nicht ausgebildet; **u. to vote,** nicht wahlberechtigt; **I am u. to speak on this,** ich bin nicht kompetent, darüber zu sprechen. **2.** (*unlimited*) uneingeschränkt; (*of statement*) ohne Vorbehalt; **not an u. success,** kein durchgreifender Erfolg.

unquenchable [ʌn'kwenʃəbl], *adj.* unlöschbar.

unquestionable [ʌn'kwestʃənəbl], *adj.* unbestreitbar; **-ably,** *adv.* fraglos, ohne jeden Zweifel. **un'questioned,** *adj.* **1.** (*of right*) unbestritten. **2. to let a statement pass u.,** eine Behauptung unbeanstandet lassen. **un'questioning,** *adj.* ohne Frage; (*absolute*) bedingungslos; **u. obedience,** blinder Gehorsam; **-ly,** *adv.* ohne zu fragen; ohne Zögern.

unquote [ʌn'kw(ə)ut], *v.t.* **quote ... u.,** Anfang *m* des Zitats ... Ende *n* des Zitats. **un'quoted,** *adj. Fin:* (*of shares*) nicht notiert.

unravel [ʌn'ræv(ə)l], *v.tr.* (*a*) (Fäden) entwirren; (ein Gewebe, Gestricktes) auftrennen; (*b*) *Fig:* (ein Geheimnis) enträtseln.

unread [ʌn'red], *adj.* ungelesen. **unreadable** [ʌn'riːdəbl], *adj.* (*a*) (*of handwriting*) unleserlich; (*b*) (*of book*) unlesbar.

unready [ʌn'redi], *adj.* (*a*) (*of pers.*) nicht bereit (**for sth.,** zu etwas *dat*); (*of thing*) nicht fertig; (*b*) (*unprepared*) nicht vorbereitet.

unreal [ʌn'riːəl], *adj.* unwirklich; phantastisch. **'unrea'listic,** *adj.* unrealistisch; (*of pers., attitude*) wirklichkeitsfremd. **unreality** [-'æliti], *s.* Unwirklichkeit *f.* **un'rea'lizable,** *adj.* (*of project etc.*) nicht realisierbar; (*of hopes etc.*) nicht zu verwirklichen. **un'realized,** *adj.* (*of hopes, plan*) nicht verwirklicht; **u. potential,**

Fähigkeiten, die nicht zur Entfaltung gekommen sind.

unreasonable [ʌn'riːznəbl], *adj.* (*a*) (*of pers.*) **don't be so u.,** sei doch vernünftig; (*b*) (*of request etc.*) unzumutbar; **u. demands,** übertriebene Forderungen; **it's u. to expect that,** das ist zu viel verlangt; **at an u. time,** zu ungelegener Stunde. **un'reasoning,** *adj.* **u. hatred/obedience,** blinder Haß/Gehorsam.

unrecognizable [ʌn'rekəgnaizəbl], *adj.* unerkennbar; **he was u.,** er war nicht wieder zu erkennen. **un'recognized,** *adj.* unerkannt; *Pol:* (*of state etc.*) nicht anerkannt.

unreconciled [ʌn'rekənsaild], *adj.* unversöhnt (**to/with,** mit + *dat*).

unrecorded [ʌnri'kɔːdid], *adj.* (*in list etc.*) nicht eingetragen; *Hist:* nicht überliefert; *Rec:* nicht aufgenommen.

unredeemed [ʌnri'diːmd], *adj.* **1.** (*a*) *Rel:* (*of sin*) nicht erlöst; (*b*) (*of bad quality*) nicht ausgeglichen (**by sth.,** durch etwas *acc*). **2.** (*a*) (*of debt*) ungetilgt; (*b*) (*of voucher, bond etc.*) uneingelöst.

unrefined [ʌnri'faind], *adj.* **1.** (*of oil etc.*) nicht raffiniert; **u. sugar,** Rohzucker *m.* **2.** (*of pers.*) unkultiviert.

unrehearsed [ʌnri'həːst], *adj.* (*a*) *Th:* ungeprobt; (*b*) (*of speech etc.*) aus dem Stegreif; (*of effect*) nicht geplant.

unrelated [ʌnri'leitid], *adj.* (*of facts, concepts*) nicht (miteinander) verbunden; (*of pers.*) nicht miteinander verwandt.

unrelenting [ʌnri'lentiŋ], *adj.* (*of pers.*) unnachgiebig; (*of struggle*) unerbittlich; (*of persecution*) schonungslos; (*of pace*) nicht nachlassend, unvermindert.

unreliable [ʌnri'laiəbl], *adj.* unzuverlässig; (*of character*) nicht vertrauenswürdig; (*of information*) nicht glaubwürdig. **'unrelia'bility,** *s.* Unzuverlässigkeit *f.*

unrelieved [ʌnri'liːvd], *adj.* **1.** (*of pain*) ungemindert. **2.** (*uniform*) einheitlich, (*monotonous*) monoton; (*of colour etc.*) ohne Abwechslung; **this u. gloom gets me down,** dieser ewige Trübsinn geht mir auf die Nerven.

unremitting [ʌnri'mitiŋ], *adj.* (*of concentration etc.*) unablässig; (*of effort*) beharrlich; (*untiring*) unermüdlich.

unremunerative [ʌnri'mjuːnərətiv], *adj.* nicht einträglich; (*unprofitable*) unrentabel.

unrepentant [ʌnri'pentənt], *adj.* reuelos.

unrequited [ʌnri'kwaitid], *adj.* **u. love,** nicht erwiderte Liebe.

unreserved [ʌnri'zəːvd], *adj.* **1.** (*of praise, support etc.*) uneingeschränkt. **2.** (*of pers., nature*) offenherzig. **3. u. seats,** nicht reservierte Plätze; **-ly** [-idli], *adv.* ohne Vorbehalt; **to recommend s.o. u.,** j-n ohne Einschränkung empfehlen.

unresolved [ʌnri'zɔlvd], *adj.* **1.** (*of pers.*) unentschlossen. **2.** (*of problem, question*) ungelöst; **u. conflict,** unbeendeter Kampf. **3.** *Mus:* (*of discord*) unaufgelöst.

unresponsive [ʌnris'pɔnsiv], *adj.* **1.** (*of pers.*) teilnahmslos; **to be u.,** nicht reagieren (**to,** auf + *acc*); *Aut:* **u. engine,** nicht tourenfreudiger Motor.

unrest [ʌn'rest], *s.* Unruhe *f;* **industrial u.,** Unzufriedenheit *f* unter der Arbeiterschaft.

unrestrained [ʌnri'streind], *adj.* ungehemmt; (*of grief etc.*) hemmungslos; (*of passion*) zügellos; (*of praise, generosity*) uneingeschränkt.

unrestricted [ʌnri'striktid], *adj.* uneingeschränkt; (*of speed*) unbegrenzt; (*of view*) ungehindert.

unripe [ʌn'raip], *adj.* (*of fruit etc.*) unreif.

unrivalled [ʌn'raiv(ə)ld], *adj.* unvergleichlich; (*of pers.*) ohne Rivalen; (*of ability, performance etc.*) unerreicht.

unroll [ʌn'rəul], *v.* **1.** *v.tr.* (einen Teppich usw.) aufrollen. **2.** *v.i.* (*of flag etc.*) sich aufrollen.

unruffled [ʌn'rʌfld], *adj.* (*of pers.*) gelassen; **u. composure,** unerschütterliche Gelassenheit.

unruly [ʌn'ru:li], *adj.* (*of child*) unbändig; widerspenstig; (*wild*) ungestüm.

unsaddle [ʌn'sædl], *v.tr.* (ein Pferd) absatteln.

unsafe [ʌn'seif], *adj.* (*of feeling, position etc.*) unsicher; (*of structure, action*) gefährlich; (*of undertaking*) riskant; (*of pers.*) in Gefahr.

unsaid [ʌn'sed], *adj.* ungesagt, unausgesprochen.

unsalaried [ʌn'sælərid], *adj.* unbezahlt.

unsal(e)able [ʌn'seiləbl], *adj.* unverkäuflich.

unsalted [ʌn'sɔltid], *adj.* ungesalzen.

unsanitary [ʌn'sænit(ə)ri], *adj.* unhygienisch.

unsatisfactory [ʌnsætis'fækt(ə)ri], *adj.* unbefriedigend; (*of explanation*) nicht überzeugend. **unsatisfied** [ʌn'sætisfaid], *adj.* **1.** (*of pers.*) unzufrieden. **2.** (*of desire etc.*) unbefriedigt; (*of appetite*) nicht gesättigt. **3.** (*of condition*) nicht erfüllt. **un'satisfying,** *adj.* unbefriedigend; (*of meal*) nicht sättigend.

unsavoury [ʌn'seiv(ə)ri], *adj.* **1.** (*of dish*) unschmackhaft; **u. smell,** übler Geruch. **2.** (*of affair etc.*) zwielichtig; **u. reputation,** übler Ruf.

unscathed [ʌn'skeiðd], *adj.* unversehrt; (*of thing*) unbeschädigt.

unscientific ['ʌnsaiən'tifik], *adj.* unwissenschaftlich.

unscrew [ʌn'skru:], *v.tr.* (etwas) abschrauben.

unscrupulous [ʌn'skru:pjuləs], *adj.* skrupellos.

unseasonable [ʌn'si:z(ə)nəbl], *adj.* **u. weather,** der Jahreszeit nicht entsprechendes Wetter. **un-'seasoned,** *adj. Cu:* ungewürzt.

unseat [ʌn'si:t], *v.tr.* (einen Reiter) abwerfen.

unseaworthy [ʌn'si:wɔ:ði], *adj.* seeuntüchtig.

unsecured [ʌnsi'kjuəd], *adj.* (*a*) (*not fixed*) nicht befestigt; (*b*) *Fin:* (*of loan*) ungedeckt.

unseeing [ʌn'si:iŋ], *adj.* blind; **u. glance,** leerer Blick.

unseemly [ʌn'si:mli], *adj.* unziemlich, ungehörig.

unseen [ʌn'si:n], **I.** *adj.* **1.** ungesehen. **2.** (*invisible*) unsichtbar. **II.** *s. Sch:* unvorbereitete Übersetzung *f.*

unselfish [ʌn'selfiʃ], *adj.* (*of pers.*) selbstlos, nicht egoistisch; **u. motive,** uneigennütziger Beweggrund. **un'selfishness,** *s.* Selbstlosigkeit *f;* Uneigennützigkeit *f.*

unserviceable [ʌn'sə:visəbl], *adj.* unbrauchbar; (*of machine etc.*) betriebsunfähig.

unsettle [ʌn'setl], *v.tr.* (j-n) beunruhigen. **un-'settled,** *adj.* **1.** (*disturbed*) unruhig; (*of weather*) veränderlich; **the u. state of the weather,** die Unbeständigkeit des Wetters. **2.** (*a*) (*undecided*) unentschlossen; (*of questions*) unentschieden; (*b*) (*of bill*) unbezahlt; (*of estate*) noch nicht abgewickelt. **3.** (*of area*) unbesiedelt.

unshaded [ʌn'ʃeidid], *adj.* schattenlos.

unshak(e)able [ʌn'ʃeikəbl], *adj.* unerschütterlich.

unshaven [ʌn'ʃeivn], *adj.* unrasiert.

unsheltered [ʌn'ʃeltəd], *adj.* ungeschützt.

unsightly [ʌn'saitli], *adj.* häßlich.

unsigned [ʌn'saind], *adj.* unsigniert.

unskilful [ʌn'skilful], *adj.* ungeschickt. **un-'skilled,** *adj.* unerfahren, ungeübt; *Ind:* **u. worker,** ungelernter Arbeiter; **u. work,** Hilfsarbeit *f* (für ungelernte Arbeiter).

unskimmed [ʌn'skimd], *adj.* nicht entrahmt; **u. milk,** Vollmilch *f.*

unsmiling [ʌn'smailiŋ], *adj.* ernst, ohne Lächeln.

unsociable [ʌn'səuʃəbl], *adj.* ungesellig.

unsoiled [ʌn'sɔild], *adj.* sauber.

unsold [ʌn'səuld], *adj.* unverkauft.

unsolicited [ʌnsə'lisitid], *adj.* ungebeten; (*of action*) freiwillig.

unsolved [ʌn'sɔlvd], *adj.* (*of problem*) ungelöst; (*of mystery*) ungeklärt.

unsophisticated [ʌnsə'fistikeitid], *adj.* ungekünstelt; (*genuine*) unverfälscht; (*naive*) arglos; (*simple*) schlicht.

unsound [ʌn'saund], *adj.* **1.** (*defective*) fehlerhaft; (*of wood*) morsch; (*of fruit*) verdorben; (*of structure etc.*) unsicher, (*dangerous*) gefährlich; *esp. Jur:* **of u. mind,** unzurechnungsfähig. **2.** (*of position*) unsicher; (*of business*) unsolid(e). **3.** (*wrong*) verfehlt; **u. argument,** nicht stichhaltiges Argument.

unsparing [ʌn'spɛəriŋ], *adj.* **to be u. in one's efforts,** keine Mühe scheuen.

unspeakable [ʌn'spi:kəbl], *adj.* unbeschreiblich; *F:* (*terrible*) entsetzlich.

unspecified [ʌn'spesifaid], *adj.* nicht genauer beschrieben; (*of thing*) nicht einzeln angegeben.

unspent [ʌn'spent], *adj.* **1.** (*of money*) nicht ausgegeben. **2.** (*of strength etc.*) unverbraucht.

unspoilt [ʌn'spɔilt], *adj.* unverdorben; (*of countryside*) unberührt; (*of child*) nicht verwöhnt.

unspoken [ʌn'spəuk(ə)n], *adj.* (*of words*) ungesprochen; (*of thoughts*) unausgesprochen; (*of agreement*) stillschweigend.

unsporting [ʌn'spɔ:tiŋ], *adj.* unsportlich.

unstable [ʌn'steibl], *adj.* (*a*) nicht stabil; *Av:* kopflastig; **to be u.,** (*of boat etc.*) leicht umkippen; (*b*) (*of position*) unsicher; (*c*) (*of pers.*) labil.

unstained [ʌn'steind], *adj.* (*a*) (*of wood*) ungebeizt; (*b*) *Cl: etc:* ohne Flecke; *Fig:* unbefleckt.

unsteady [ʌn'stedi], *adj.* **1.** (*of object*) wackelig; (*of footsteps*) wankend; (*of hand*) unsicher; (*of voice*) bebend; **u. on one's feet,** wackelig auf den Beinen. **2.** (*varying*) unbeständig; (*of prices*) schwankend; (*of pulse etc.*) unregelmäßig; **-ily,** *adv.* wankend, schwankend. **un-'steadiness,** *s.* **1.** Wackeligkeit *f;* Wanken *n* (der Schritte); Unsicherheit *f* (der Hand); Beben *n* (der Stimme). **2.** Unbeständigkeit *f;* Schwanken *n* (der Preise usw.). **3.** Unregelmäßigkeit *f* (des Pulses).

unstinting [ʌn'stintiŋ], *adj.* großzügig; **to be u.**

in one's praise, mit seinem Lob nicht kargen.
unstitch [ʌnˈstitʃ], *v.tr.* (ein Kleidungsstück)
auftrennen; **to come unstitched,** aufgchen.
unstrap [ʌnˈstræp], *v.tr.* (etwas) losschnallen.
unstressed [ʌnˈstrest], *adj.* 1. *Ling:* unbetont.
2. *Mec.E:* unbelastet.
unstuck [ʌnˈstʌk], **to come u.,** (i) (*of envelope*)
aufgehen; (ii) (*of plan*) schiefgehen; (*of
pers.*) sich vertun.
unsubstantial [ʌnsəbˈstænʃəl], *adj.* 1. (*unreal*)
unwirklich; (*disembodied*) substanzlos; **u. evi-
dence,** inhaltslose Beweise. 2. (*of food*)
gehaltlos, nicht sättigend.
unsubstantiated [ʌnsəbˈstænʃieitid], *adj.*
unbegründet.
unsuccessful [ʌnsəkˈsesful], *adj.* 1. erfolglos;
u. attempt, gescheiterter Versuch. 2. (*of pers.*)
nicht erfolgreich; (*in examination*) durch-
gefallen; (*at election*) nicht gewählt; (*of
applicant*) zurückgewiesen.
unsuitable [ʌnˈsjuːtəbl], *adj.* 1. (*of pers., thing*)
ungeeignet (**for,** für + *acc*); (*of behaviour*)
unangemessen. 2. (*of thing*) unpassend; (*of
several things, married couple*) nicht zusam-
menpassend; **it is u. for the occasion,** es eignet
sich nicht für diesen Anlaß. **unsuita′bility,**
s. Ungeeignetheit *f;* Unangemessenheit *f.*
un′suited, *adj.* ungeeignet (**to/for,** für + *acc*).
unsupported [ʌnsəˈpɔːtid], *adj.* ungestützt; (*of
pers.*) nicht unterstützt; (*of statement*) **u. by
the facts,** von den Tatsachen nicht bestätigt.
unsure [ʌnˈʃuər], *adj.* unsicher; **to be u. of one-
self,** wenig Selbstvertrauen haben.
unsurpassed [ʌnsəˈpɑːst], *adj.* unübertroffen.
unsuspected [ʌnsəsˈpektid], *adj.* 1. (*of pers.*)
unverdächtigt. 2. (*of qualities*) unvermutet,
ungeahnt. **unsus′pecting,** *adj.* nichts-
ahnend, almungslos; (*by nature*) nicht
argwöhnisch; (*naive*) arglos.
unsweetened [ʌnˈswiːt(ə)nd], *adj.* ungesüßt.
unswerving [ʌnˈswəːviŋ], *adj.* unbeirrbar; **u.
devotion,** unerschütterliche Liebe.
unsympathetic [ʌnsimpəˈθetik], *adj.* 1.
mitleidslos. 2. (*uncongenial*) unsympathisch.
unsystematic [ʌnsistəˈmætik], *adj.* unsyste-
matisch, planlos.
untainted [ʌnˈteintid], *adj.* unverdorben; *Fig:*
unangetastet; (*of reputation*) unbefleckt.
untamed [ʌnˈteimd], *adj.* ungezähmt.
untapped [ʌnˈtæpt], *adj.* unangezapft; **u. source,**
ungenutzte Quelle.
untarnished [ʌnˈtɑːniʃt], *adj.* (*a*) ungetrübt; (*b*)
Fig: unbefleckt.
untaught [ʌnˈtɔːt], *adj.* (*of pers.*) unausgebildet;
(*of ability*) angeboren.
untaxed [ʌnˈtækst], *adj.* nicht versteuert.
unteachable [ʌnˈtiːtʃəbl], *adj.* (*of pers.*) un-
belehrbar; (*of thing*) unlehrbar.
untempered [ʌnˈtempəd], *adj.* 1. (*of steel*) unge-
härtet. 2. *Fig:* ungemildert (**by,** durch + *acc*).
untenable [ʌnˈtenəbl], *adj.* unhaltbar.
untested [ʌnˈtestid], *adj.* ungeprüft; (*of loyalty
etc.*) unerprobt.
unthinkable [ʌnˈθiŋkəbl], *adj.* undenkbar;
(*unimaginable*) unvorstellbar.
unthread [ʌnˈθred], *v.tr.* (aus einem Saum usw.)
den Faden herausziehen.
untidy [ʌnˈtaidi], *adj.* (*of room etc.*) unordent-

lich; (*of hair*) zerzaust, ungekämmt; (*of pers.,
appearance*) ungepflegt, *F:* schlampig. **un′ti-
diness,** *s.* Unordentlichkeit *f;* Schlampigkeit *f.*
untie [ʌnˈtai], *v.tr.* (Schnürsenkel, eine Schleife
usw.) aufbinden; (eine Schnur) aufknoten;
(einen Knoten) lösen; (ein Tier) losbinden; **to
come untied,** aufgehen.
until [ʌnˈtil]. **I.** *prep.* (*a*) bis; (*with article*) bis
zu + *dat;* **u. tomorrow,** bis morgen; **u. the eve-
ning,** bis zum Abend; (*b*) **not u.,** erst (an
+ *dat*); **he won't come u. the evening/two
o'clock,** er wird erst am Abend/um zwei Uhr
kommen. **II.** *conj.* (*a*) bis; **I'll wait u. he comes,**
ich werde warten, bis er kommt; (*b*) **not u.,** erst
als/wenn; **he won't come u. he is invited,** er wird
erst (dann) kommen, wenn er eingeladen wird;
he would not rest u. all had been saved, er
wollte nicht eher ruhen, bis alle gerettet waren.
untimely [ʌnˈtaimli], *adj. & adv.* 1. (*early*) (*of
death etc.*) vorzeitig; (*of arrival etc.*) verfrüht.
2. (*inopportune*) ungelegen, unpassend.
untiring [ʌnˈtaiəriŋ], *adj.* unermüdlich.
untold [ʌnˈtəuld], *adj.* 1. (*of story*) unerzählt. 2.
Fig: unsäglich; **u. riches,** unermeßliche Reich-
tumer; **u. losses,** unendlich große Verluste.
untouched [ʌnˈtʌtʃt], *adj.* unberührt; (*un-
damaged*) unbeschädigt; (*unhurt*) unverletzt.
untoward [ʌnˈtəwɔːd], *adj.* (*of circumstances*)
ungünstig; (*of accident*) unglücklich; **I hope
nothing u. has happened,** hoffentlich ist kein
Unglück geschehen.
untrained [ʌnˈtreind], *adj.* 1. ungeschult. 2. *Sp:*
untrainiert. 3. (*of animal*) undressiert.
untranslatable [ˈʌntrænsˈleitəbl], *adj.* un-
übersetzbar.
untried [ʌnˈtraid], *adj.* 1. ungeprüft; (*of pers.,
method etc.*) unerprobt; **we left nothing u.,** wir
haben alles versucht. 2. *Jur:* (*of defendant*)
nicht verhört.
untroubled [ʌnˈtrʌbld], *adj.* (*of mind etc.*)
ruhig; (*of happiness etc.*) ungestört; *Fig:* **u.
waters,** ungetrübte Gewässer.
untrue [ʌnˈtruː], *adj.* 1. (*of statement etc.*)
unwahr, falsch. 2. (*of wheel*) unrund; **to run u.,**
eiern. 3. (*of pers.*) untreu.
untrustworthy [ʌnˈtrʌstwəːði], *adj.* (*of pers.,
information etc.*) unzuverlässig; (*of witness etc.*)
nicht vertrauenswürdig.
untruth [ʌnˈtruːθ], *s.* Unwahrheit *f.* **un′truth-
ful,** *adj.* (*of pers.*) lügnerisch; (*of statement
etc.*) unwahr; (*of report*) erlogen, falsch. **un-
′truthfulness,** *s.* Unwahrhaftigkeit *f;*
Lügenhaftigkeit *f;* Falschheit *f.*
unturned [ʌnˈtəːnd], *adj. Fig:* **to leave no stone
u.,** nichts unversucht lassen.
untwine [ʌnˈtwain], *v.tr.* (etwas) entflechten.
unusable [ʌnˈjuːzəbl], *adj.* unbrauchbar, un-
verwendbar. **unused,** *adj.* 1. [ʌnˈjuːzd] un-
gebraucht; (*of stamp*) ungestempelt. 2. [ʌn-
ˈjuːst] nicht gewöhnt (**to, an** + *acc*); **he is u. to
cooking for himself,** er ist nicht gewohnt, für
sich zu kochen.
unusual [ʌnˈjuːʒju(ə)l, -ʒəl], *adj.* ungewöhnlich;
(*rare*) selten; (*of word etc.*) ungebräuchlich;
that's u., das kommt selten vor; **nothing u.,**
nichts Ungewöhnliches; **-ly,** *adv.* ungewöhn-
lich; **he was u. attentive (for him),** er war
aufmerksamer als gewöhnlich/als sonst.

unutterable [ʌn'ʌt(ə)rəbl], *adj.* unaussprechlich.

unvaried [ʌn'vɛərid], *adj.* unverändert. **un-'varying**, *adj.* unveränderlich, gleichbleibend.

unveil [ʌn'veil], *v.* **1.** *v.tr.* (das Gesicht) entschleiern; (ein Denkmal, *Fig:* die Wahrheit usw.) enthüllen. **2.** *v.i.* sich enthüllen.

unwanted [ʌn'wɔntid], *adj.* unerwünscht.

unwarrantable [ʌn'wɔr(ə)ntəbl], *adj.* nicht zu begründen; (*inexcusable*) unverzeihlich; (*of assertion*) unhaltbar. **un'warranted**, *adj.* unberechtigt; (*unfounded*) unbegründet; **an u. remark**, eine ungerechtfertigte Bemerkung.

unwary [ʌn'wɛəri], *adj.* unvorsichtig.

unwatched [ʌn'wɔtʃt], *adj.* unbeobachtet.

unwavering [ʌn'weivəriŋ], *adj.* unerschütterlich; **u. glance/gaze**, unverwandter Blick; **-ly**, *adv.* unbeirrt; unverwandt.

unwelcome [ʌn'welkəm], *adj.* (a) (*of visitor*) unwillkommen; (b) (*of news*) unangenehm.

unwell [ʌn'wel], *adj.* krank.

unwholesome [ʌn'houlsəm], *adj.* unbekömmlich; (*esp. of appearance*) unappetitlich.

unwieldy [ʌn'wi:ldi], *adj.* **1.** (*of equipment, tool*) unhandlich; (*of package etc.*) sperrig. **2.** (*of structure*) unförmig; (*topheavy*) kopflastig.

unwilling [ʌn'wiliŋ], *adj.* (*of pers., agreement etc.*) widerwillig; **u. to do sth.**, unwillig, etwas zu tun; **I was u. that my wife should know**, ich wollte nicht, daß meine Frau es erführe; **-ly**, *adv.* ungern. **un'willingness**, *s.* Widerwilligkeit *f;* Abgeneigtheit *f.*

unwind [ʌn'waind], *v.* (*p. & p.p.* **unwound** [ʌn'waund]) **1.** *v.tr.* (ein Kabel usw.) abwickeln, (*from drum etc.*) abspulen. **2.** *v.i. Fig:* (*of pers.*) sich entspannen.

unwise [ʌn'waiz], *adj.* unklug; (*foolish*) töricht.

unwitting [ʌn'witiŋ], *adj.* unbewußt; (*unintentional*) unabsichtlich; **-ly**, *adv.* unwissentlich.

unwonted [ʌn'wəuntid], *adj.* ungewohnt.

unworkable [ʌn'wə:kəbl], *adj.* **1.** (*of plan*) undurchführbar. **2.** *Tchn:* nicht zu bearbeiten; *Min:* nicht abbauwürdig. **un'workmanlike**, *adj.* nicht fachgerecht, unfachmännisch.

unworldly [ʌn'wə:ldli], *adj.* weltfremd. **un-'worldliness**, *s.* Weltfremdheit *f.*

unworn [ʌn'wɔ:n], *adj.* (wie) neu; *Mec.E:* nicht abgenutzt; *Cl:* ungetragen.

unworthy [ʌn'wə:ði], *adj.* unwürdig (**of**, + *gen;* **to do sth.**, etwas zu tun); **he is u. of my confidence**, er ist meines Vertrauens nicht würdig; er verdient mein Vertrauen nicht; **that is u. of you**, das ist deiner/Ihrer nicht würdig; **u. conduct**, tadelnswertes Benehmen.

unwrap [ʌn'ræp], *v.tr.* (*p. & p.p.* **unwrapped**) (ein Geschenk) aufmachen; (ein Paket usw.) aufmachen; (einen Verband usw.) abwickeln.

unwritten [ʌn'rit(ə)n], *adj.* (a) ungeschrieben; (b) (*of van*) nicht beschriftet.

unyielding [ʌn'ji:ldiŋ], *adj.* nicht nachgebend; (*of pers.*) unnachgiebig.

up [ʌp]. **I.** *adv.* **1.** (a) nach oben; (*upwards*) aufwärts; (*into the air*) in die Höhe; **up and up**, immer höher; **to go up**, hinaufgehen; (*explode*) in die Luft gehen; **to throw up**, etwas in die Höhe werfen/hochwerfen; **to climb right up (to the top)**, ganz hinaufsteigen; (b) **to walk up and down**, auf und ab gehen; **to go up north**, nach Norden fahren; **to go up to town**, in die

Stadt/*esp. Brit:* nach London fahren; **to go up to university**, auf die Universität gehen; (c) **from five pounds up**, ab fünf Pfund. **2.** (a) (*position*) oben; **up on the roof**, oben auf dem Dach; **what are you doing up there?** was machst du dort oben? **halfway up**, in halber Höhe; **up above (sth.)**, oberhalb (von etwas *dat*); **the moon is up**, der Mond ist aufgegangen; **the shops had their shutters up**, die Fensterläden der Geschäfte waren geschlossen; **the road is up**, die Straße ist aufgerissen; *P.N:* **road up**, (Vorsicht) Bauarbeiten. (b) (*facing upwards*) nach oben (gerichtet); **face up**, (i) (*of pers.*) mit dem Gesicht nach oben; (ii) (*of coin*) Bildseite nach oben; (*on packing case*) **this side up**, oben; (c) **up in London**, (dort) in London; **up north**, oben im Norden; **I'm only up for the day**, ich bin nur für den Tag hier; **relations up from the country**, Verwandte vom Lande, die hier zu Besuch sind; **to be up at university**, (an der Universität) studieren; (d) *Sp:* **to be one goal up**, mit einem Vorsprung von einem Tor führen. **3.** (a) **to go up**, (*of prices, temperature etc.*) steigen; **butter is up again**, die Butter ist wieder teurer geworden; (b) **screwed up (tight)**, (fest) zugeschraubt; **to get up steam**, Dampf aufmachen; **his blood was up**, er war ganz aufgeregt/empört; (c) **to be well up in a subject**, in einem Fach gut bewandert sein; (*in race*) **to be well up**, vorn liegen; **to be up with the leaders**, (vorne) unter den Führenden sein; (d) **speak up**, sprechen Sie bitte lauter. **4.** **put it up agaiṅst the other one**, stellen Sie es gegen das andere; **to be up against s.o.**, es mit j-m zu tun haben; **to be up against difficulties**, Schwierigkeiten gegenüberstehen; *F:* **to be up against it**, in der Klemme sein. **5.** (*not in bed*) auf; **is he up yet?** ist er schon aufgestanden? **to be up and about**, auf den Beinen sein; **to be/stay up all night**, die ganze Nacht aufbleiben; *Fig:* **she was up in arms over his behaviour**, sie war über sein Benehmen höchst empört. **6.** **what's up?** was ist los? was geht hier vor? **something's up**, es liegt etwas in der Luft; **what's up with him?** was hat er? was ist mit ihm los? **7.** (*your*) **time's up**, Ihre Zeit ist um; **his leave's up**, sein Urlaub ist zu Ende; *F:* **the game's up**, das Spiel ist aus; **it's all up with him**, mit ihm ist es aus; **I thought it was all up with me**, da dachte ich, meine letzte Stunde hätte geschlagen. **8.** **up to;** (a) (*place*) bis **zu** + *dat;* **up to here/this point**, bis hierher/zu diesem Punkt; **to go up to s.o.**, auf j-n zugehen; **the water came up to his knees**, das Wasser reichte ihm bis an die Knie; (b) (*time*) bis; **up to now**, bis jetzt; **up to his death**, bis zu seinem Tode; *Fig:* **to come up to expectations**, den Erwartungen entsprechen; (c) **to be up to a task**, einer Aufgabe gewachsen sein; *F:* **I don't feel up to it**, ich fühle mich nicht dazu imstande; (*of thing*) **not up to much**, nicht viel wert; (d) **what are you up to?** was machst du da? **he's up to something**, er führt etwas im Schilde; (e) **it's up to him to decide**, die Entscheidung liegt bei ihm. **II.** *prep.* **1.** **to go up a hill**, einen Berg hinaufsteigen/(*of car*) hinauffahren; **he went up the stairs**, er ging die Treppe hinauf; **the cat is up the tree**, die Katze ist (oben) auf dem Baum. **2.** **up the river**, den

Fluß hinauf, flußaufwärts; **he went further up the street,** er ging die Straße weiter entlang; **to walk up and down the platform/the room,** auf dem Bahnsteig/im Zimmer auf- und ab gehen. **III.** adj. Rail: **up train/line,** Zug m/Gleis n in Richtung Stadt. **IV.** s. F: **ups and downs,** (of roads) das Auf und Ab; Fig: (of life) Wechselfälle mpl; **she has had her ups and downs,** sie hat Gutes und Schlechtes durchgemacht. **V.** v. **1.** v.tr. F: (Preise) erhöhen. **2.** v.i. F: **he upped and went,** er machte sich auf und davon. ´up-and-´coming, adj. vielversprechend; **u.-and c. dancer,** Tänzer(in) m(f) mit Zukunft. ´up-and-´over, adj. **up-a.-o. door,** Schwingtor n. ´up-and-´up, s. F: **he is on the up-a.-up,** er macht sich. **upbeat** [´ʌpbiːt], s. Mus: Auftakt m. **upbringing** [´ʌpbriŋiŋ], s. Erziehung f; **what sort of (an) u. did he have?** wie ist er erzogen worden? **up-country** [´ʌp´kʌntri]. **I.** adj. im Inner(e)n (des Landes). **II.** adv. landeinwärts. **up-end** [´ʌp´end], v.tr. (etwas) hochkant stellen. **upgrade** [ʌp´greid], v.tr. (a) (improve) (etwas) qualitätsmäßig verbessern; (technische Geräte usw.) auf eine höhere Stufe bringen; Rec: **to u. (one's equipment),** sich auf eine bessere Anlage anschaffen; (b) (promote) (j-n) befördern; (eine Stellung) höher einstufen. **upheaval** [ʌp´hiːv(ə)l], s. (a) (fuss) Getue n; **have you got over the u. of the move?** haben Sie die Strapazen des Umzugs überwunden? (b) (violent) Aufruhr f; Pol: etc: Umwälzung f, Umbruch m. **uphill** [´ʌp´hil]. **I.** adj. (a) **it's u. for two miles,** es geht zwei Meilen bergauf; (b) Fig: (of task) mühsam. **II.** adv. bergauf. **uphold** [ʌp´həuld], v.tr. (p. & p.p. **upheld**) (a) (eine Tradition) aufrechterhalten; (b) (approve) (j-s Verhalten, einen Einspruch) billigen; (eine Entscheidung) bestätigen. **upholster** [ʌp´həulstər], v.tr. (Möbel usw.) polstern; **upholstered furniture,** Polstermöbel npl. **up´holsterer,** s. Polsterer m. **up´holstery,** s. 1. (a) Polsterung f (eines Möbelstücks, eines Wagens); (b) Polstermaterial n. 2. (work) Polstern n. **upkeep** [´ʌpkiːp], s. Instandhaltung f; **(cost of) u.,** Instandhaltungskosten pl. **uplands** [´ʌpləndz], s. Hochland n. **uplift** [´ʌplift], s. (a) (improvement) Aufschwung m; (b) moral u., moralischer Auftrieb. **up-market** [ʌp´mɑːkit], adj. Com: (of product) für höhere Ansprüche. **upon** [ə´pɔn], prep. (a) esp. Lit: (on) auf + dat/ (motion) + acc; int. **u. my word!** na! das ist ja allerhand! **once u. a time,** es war einmal; **he is not to be relied u.,** auf ihn ist kein Verlaß; (b) (after) **u. this,** daraufhin; **u. finishing his work he went home,** nachdem/als er mit seiner Arbeit fertig war, ging er nach Hause; **time u. time,** wiederholt, immer wieder; **he ate cake u. cake,** er aß einen Kuchen nach dem anderen. **upper** [´ʌpər]. **I.** adj. obere(r,s); Ober-; (a) **u. jaw,** Oberkiefer m; **the u. storeys,** die oberen Stockwerke; **u. part,** Oberteil m, n; **u. reaches,** Oberlauf m (eines Flusses); Print: **u. case,** Großbuchstaben mpl; (b) (in rank) **the u. classes,** (i) die Oberschicht (der Gesellschaft); (ii) Sch: die Oberklassen; Fig: **to get the u. hand,** die Oberhand gewinnen; **to let s.o. get the u. hand,** sich von j-m diktieren lassen. **II.** s. usu. pl.

Oberleder n (am Schuh). **uppermost** [´ʌpəməust]. **I.** adj. oberste(r,s); **to be u.,** ganz oben sein; Fig: **this problem is u. in our minds,** dieses Problem beschäftigt uns am meisten. **II.** adv. ganz oben, zuoberst; **face u.,** (i) (of pers.) mit dem Gesicht nach oben; (ii) (of coin) Bildseite nach oben. **uppish** [´ʌpiʃ], adj. F: überheblich; **don't get u.!** tu nicht so hochnäsig! **upright** [´ʌprait]. **I.** adj. 1. aufrecht; (vertical) senkrecht; (straight) gerade; **to set sth. u.,** etwas aufrecht stellen; **to hold oneself u.,** sich gerade halten; **u. piano,** Pianino n. 2. (of conduct) aufrichtig; (of pers.) rechtschaffen, ehrenhaft. **II.** s. senkrechter Teil m; (support) (senkrechte) Stütze f; Träger m; Fb: **the uprights,** die Torpfosten mpl. **III.** adv. aufrecht. **uprising** [´ʌpraiziŋ], s. Aufstand m. **uproar** [´ʌprɔːr], s. Tumult m; **the town is in an u.,** die Stadt ist in Aufruhr. **up´roarious,** adj. lärmend, stürmisch; **u. laughter,** wildes Gelachter. **uproot** [ʌp´ruːt], v.tr. (einen Baum, Fig: j-n) entwurzeln; (eine Pflanze) ausreißen; Fig: (Mißstände) ausmerzen. **upset. I.** [´ʌpset] s. 1. Umkippen n (eines Wagens usw.); Kentern n (eines Bootes); (of pers.) seelische Erschütterung f. 2. (a) Vereitlung f (von Unternehmungen); (b) (confusion) Durcheinander n; Verwirrung f; **to cause an u.,** (i) Verwirrung stiften; Unordnung (in j-s Pläne) bringen; (ii) Sp: ein unerwartetes Resultat herbeiführen; (c) **I have a stomach u.,** ich habe eine Magenverstimmung. **II.** [ʌp´set] v. (p. & p.p. **upset**) 1. v.tr. (a) (knock over) (eine Vase) umwerfen; (einen Wagen) umkippen; (ein Boot) zum Kentern bringen; (destroy) (die Gesellschaftsordnung) umstürzen; (j-s Pläne) vereiteln; (c) (disturb) (Verhältnisse) stören; (j-s Pläne) in Unordnung bringen; **it u. my calculations,** es hat meine Berechnungen umgeworfen; (d) (j-n) aus der Fassung bringen; (j-n) aufregen; (confuse) (j-n) verwirren; **he's easily u.,** er gerät leicht aus der Fassung; (e) **it u. my stomach,** damit habe ich mir den Magen verdorben. 2. v.i. (of cup) umfallen; (of vehicle) umkippen; (of boat) kentern. **III.** adj. 1. (of pers.) aufgeregt; aus der Fassung; **don't be so u.,** reg dich nicht so auf; **to get u.,** aus der Fassung geraten; (b) **he has an u. stomach,** er hat einen verdorbenen Magen. 2. (of plans) vereitelt; (in a mess) in Unordnung. **upshot** [´ʌpʃɔt], s. Ausgang m; **the u. was that . . . ,** der Endeffekt war, daß . . . ; **what will the u. be?** was wird dabei herauskommen? **upside down** [´ʌpsai(d)´daun], adv. phr. (a) das Oberste zuunterst; (of pers.) mit dem Kopf nach unten; **to hold sth. u. d.,** etwas verkehrtherum halten; (b) (of things) auf den Kopf gestellt; (in a muddle) drunter und drüber; **to turn everything u. d.,** alles auf den Kopf stellen. **upstage** [ʌp´steidʒ]. **I.** adv. Th: etc: hinten auf der Bühne. **II.** v.tr. to u. s.o., Th: vor j-m (auf der Bühne) stehen; Fig: j-n in den Hintergrund drängen. **upstairs** [ʌp´stɛəz]. **I.** adv. (a) (position) oben; (b) **to go u.,** nach oben gehen. **II.** adj. (of room) im oberen Stockwerk. **upstanding** [ʌp´stændiŋ], adj. **fine u. young man,** rechtschaffener junger Mann. **upstart** [´ʌpstaːt], s. Emporkömmling m, Parvenü m.

upstream ['ʌpstriːm], *adv.* stromauf-
wärts. **upsurge** ['ʌpsɔːdʒ], *s.* Aufwallung *f*
(von Gefühlen usw.). **upswept** ['ʌpswəpt],
adj. nach oben gebogen; (*of hair*) hochge-
kämmt. **uptake** ['ʌpteik], *s.* **slow on the u.,**
schwer von Begriff; **to be quick on the u.,**
schnell begreifen. **uptight** [ʌp'tait], *adj. F:*
(*tense*) nervös; (*angry*) sauer. **up-to-date**
[ʌptə'deit], *adj.* (*of pers., clothes etc.*) modern;
(*of report, subject*) aktuell; (*of attitude*)
zeitgemäß; (*of machine*) auf dem neuesten
Stand; **to be/keep up-to-d.,** auf dem laufenden
sein. **uptown** [ʌp'taun], *adj. N. Am:* **u. New
York,** die oberen Stadtteile/(*residential*) die
Wohnviertel von New York. **upturn** ['ʌptəːn],
s. Aufwärtsbewegung *f* (der Preise usw.); *Fig:*
(*in fortune*) Aufschwung *m.* '**upturned,** *adj.*
(*a*) nach oben gebogen; **u. nose,** Stupsnase *f;*
(*b*) (*overturned*) umgekippt; (*of boat*) ge-
kentert. **upward** ['ʌpwəd], *adj.* Aufwärts-; **u.
movement,** Aufwärtsbewegung *f;* **an u. tendency,**
eine steigende Tendenz. **upwards** ['ʌpwədz],
adv. **1.** aufwärts; (*into the air*) in die Höhe,
empor; **the road climbs u.,** der Weg steigt an/
hinauf; **to look u.,** hochblicken. **2.** (*facing u.*)
nach oben; **face u.,** (i) (*of pers.*) mit dem Ge-
sicht nach oben; (ii) (*of coin*) Bildseite oben. **3.**
(*more*) mehr; **they cost a hundred pounds and
u.,** sie kosten hundert Pfund und mehr; **u. of
fifty,** über/mehr als fünfzig; **from ten (years
old) u.,** ab zehn Jahren.
Urals ['juərəlz]. *Pr. n. Geog:* **the U.,** das Ural-
gebirge.
uranium [ju'reiniəm], *s.* Uran *n.*
urban ['əːbən], *adj.* städtisch, Stadt-; **u. life,** das
Leben in der Stadt. **urbani'zation,** *s.*
Verstädterung *f.* '**urbanize,** *v.tr.* (eine
Gegend) verstädtern.
urbane [əː'bein], *adj.* weltmännisch; (*smart*)
elegant. **urbanity** [-'bæniti], *s.* Weltgewand-
theit *f.*
urchin ['əːtʃin], *s.* **1.** (*boy*) Gassenjunge *m.*
2. *Z:* **sea u.,** Seeigel *m.*
urge [əːdʒ]. **I.** *s.* Drang *m,* Antrieb *m;* **to feel an
u. to do sth.,** ein starkes Verlangen spüren,
etwas zu tun. **II.** *v.tr.* (*a*) **to u. s.o./a horse
(on),** j-n/ein Pferd vorwärts treiben/anspornen;
(*b*) **to u. s.o. to do sth.,** j-n drängen/dringend
bitten, etwas zu tun; **to u. that sth. should be
done,** darauf drängen, daß etwas getan wird;
he urged immediate action, er drängte auf so-
fortige Maßnahmen; (*c*) (eine Entschuldigung)
vorbringen, anführen; (einen Anspruch)
geltend machen. '**urgent,** *adj.* dringend; **the
matter is u.,** die Sache drängt. '**urgency,** *s.*
Dringlichkeit *f;* **it's a matter of (the utmost) u.,**
die Sache drängt (sehr)/ist (äußerst) dringend;
there's no u., es drängt nicht.
urinal [ju'rainəl], *s.* (*a*) Pissoir *n;* (*b*) (*for in-
valid*) Urinflasche *f.* **urine** ['juərin], *s.* Urin *m,*
Harn *m.* '**urinate,** *v.i.* urinieren.
urn [əːn], *s.* (*a*) *Archeol:* Vase *f;* (**burial**) **u.,** Urne
f; (*b*) **tea u.,** Teemaschine *f.*
us, *pers. pron. objective case* **1.** [əs] (*acc &
dat*) uns; **he sees us,** er sieht uns; **give us some,**
gib uns davon; **there are three of us,** wir sind
drei; **we'll take him with us,** wir werden ihn
mitnehmen. **2.** (*stressed*) [ʌs] (*a*) uns; **between**

us, unter uns; **they can't deceive us women,** uns
Frauen kann man nicht irreführen; (*b*) (*as a
nominative*) wir; **he wouldn't believe it was us,**
er wollte nicht glauben, daß wir es waren. **3.**
(*with sing. meaning* = me) (*royal we*) **it appears
to us that . . .** , es scheint uns, daß . . .
usable ['juːzəbl], *adj.* brauchbar; (*under certain
conditions etc.*) verwendbar. **usage** ['juːsidʒ],
s. **1.** (*treatment*) Behandlung(sweise) *f.* **2.**
(*custom*) Brauch *m,* Gepflogenheit *f.* **3.** *Ling:*
Sprachgebrauch *m;* (*of word*) Wort/gebrauch
m.
use. I. [juːs], *s.* **1.** Gebrauch *m,* Benutzung *f;* (*for
a particular purpose*) Verwendung *f;* (*appli-
cation*) Anwendung *f* (von Gewalt usw.); **a new
u. for radio,** eine neue Anwendung des Funks;
I'll find a u. for it, ich werde es schon ir-
gendwie verwenden; **this toy has seen
a lot of u.,** dieses Spielzeug ist viel gebraucht
worden; **to make u. of sth.,** Gebrauch von
etwas *dat* machen; **to make good u. of sth./put
sth. to good u.,** etwas (gut) nutzen/ausnutzen;
article in everyday u., alltäglicher Gebrauchs-
artikel; **not in u.,** nicht in Gebrauch; (*of lift
etc.*) außer Betrieb; **it has been in u. for ten
years,** es wird schon seit zehn Jahren ver-
wendet; (*of machine etc.*) es ist seit zehn Jahren
in Betrieb; **for u. in snow,** zum Gebrauch/zur
Verwendung bei Schnee; **fit for u.,** brauchbar;
ready for u., gebrauchsfertig; **directions for u.,**
Gebrauchsanweisung *f; Med:* **for external u.,**
zur äußerlichen Anwendung. **2.** (*ability, right*)
he has the u. of the garden, er darf den Garten
benutzen; (*in advert.*) **with u. of kitchen,** (mit)
Mitbenutzung der Küche; **he has lost the u. of
his left leg,** er kann das linke Bein nicht mehr
bewegen; **I'd like to have (the) u. of it,** ich
möchte gerne darüber verfügen können. **3.**
(*help*) Nutzen *m;* **of u.,** nützlich, von Nutzen;
can I be of any u. to you? kann ich Ihnen be-
hilflich sein? **it's no u.,** es ist nutzlos/zwecklos;
es hat keinen Zweck/Sinn; **to have no u. for
sth.,** mit etwas *dat* nichts anfangen können; **I
have no u. for him,** für ihn habe ich nichts
übrig; **it's no u. discussing the matter,** es hat
keinen Sinn, darüber zu sprechen; **what's the
u.?** wozu (das)? was hilft uns das? **what's the u.
of making plans?** was hilft es, Pläne zu
machen? **II.** [juːz] *v.tr.* (*a*) (etwas) gebrauchen;
(ein Gerät, einen Gegenstand) benutzen, (*for a
purpose*) verwenden; (Zeit usw.) nutzen; **the
word is no longer used,** das Wort ist nicht mehr
gebräuchlich; **are you using this knife?** be-
nutzen Sie dieses Messer? **to be used for sth.,** zu
etwas *dat* verwendet werden; **I used the money
to rebuild my house,** ich verwendete das Geld
zum Wiederaufbau meines Hauses; **I used that
as a hammer,** ich habe das als Hammer ver-
wendet; **he used the time to get more infor-
mation,** er nutzte die Zeit, um sich besser zu
informieren; **you may u. my name (as a refe-
rence),** Sie können sich (bei Ihrer Bewerbung)
auf mich berufen; (*b*) (*apply*) **to u. force,**
Gewalt anwenden; **to u. every means (at one's
disposal,** von allen verfügbaren Mitteln
Gebrauch machen; **to u. one's influence,** seinen
Einfluß geltend machen; **to u. one's discretion,**
nach Gutdünken handeln; (*d*) **to u. sth. (up),**

etwas aufbrauchen/verbrauchen; **it's all used (up)**, es ist nichts mehr übrig; **this car uses a lot of petrol**, dieses Auto (ver)braucht viel Benzin/ hat einen hohen Benzinverbrauch; **to u. up the scraps**, die Speisereste verwenden; (e) F: (need) **I could u. a cold drink**, ich könnte ein kaltes Getränk gut vertragen. **used**[1] [ju:zd], adj. gebraucht; (of stamp) gestempelt; (of clothes) getragen; **u. car**, Gebrauchtwagen m; **hardly u.**, fast neu; **u. up**, (of supplies) verbraucht. **used**[2] [ju:st]. **I.** adj. **to be u. to sth.**, an etwas acc gewöhnt sein; etwas gewohnt sein; **to get u. to sth.**, sich an etwas acc gewöhnen; **you'll get u. to it in time**, mit der Zeit werden Sie sich daran gewöhnen; **he is u. to swimming every day**, er ist gewohnt, jeden Tag zu schwimmen. **II.** aux. past tense **as children we u. to play together**, als Kinder spielten wir immer miteinander; **I used to do it**, ich habe es früher immer getan; **früher war ich gewohnt, es zu tun**; **things aren't what they u. to be**, die Zeiten haben sich geändert; **she used not to like him**, früher hat sie ihn nicht gemocht. **useful** ['ju:sful] adj. (a) nützlich; (of clothing) praktisch; **the book was very u. to me**, das Buch war mir von großer Hilfe, **to make oneself u.**, sich nützlich machen; (b) (usable) verwendbar. **'usefulness**, s. Nützlichkeit f, Verwendbarkeit f. **useless** ['ju:slis], adj. (unusable) (of object) unbrauchbar; (of pers., actions) nutzlos, unnütz; (pointless) sinnlos; (of efforts) vergeblich; **it's u.**, es ist nutzlos/zwecklos. **'uselessness**, s. Nutzlosigkeit f, Unbrauchbarkeit f. **user** ['ju:zər], s. Benutzer(in) m(f); **road users**, Verkehrsteilnehmer mpl.

usher ['ʌʃər]. **I.** s. **1.** Th: etc: Platzanweiser m. **II.** v.tr. **to u. s.o. in**, (j-n) hineinführen; **to u. s.o. out**, j-n hinausbegleiten. **ushe'rette**, s Cin: Platzanweiserin f.

usual ['ju:ʒu(ə)l], adj. gewöhnlich; (generally accepted) üblich; **at the u. hour**, zur gewohnten Stunde; **the u. terms**, die üblichen Bedingungen; **it's u. to pay in advance**, es ist üblich, im voraus zu zahlen; **it's the u. practice**, das ist gang und gäbe; **earlier than u.**, früher als gewöhnlich; **as u.**, wie gewöhnlich, wie immer; **-ly**, adv. gewöhnlich; meist, meistens; **he was more than u. polite**, er war höflicher als gewöhnlich; **they are u. softer than this**, sie sind meistens weicher (als das).

usurer ['ju:ʒərər], s. Wucherer m. **usury** ['ju:ʒuri], s. Wucher m.

usurp [ju'zə:p], v.tr. (j-s Rechte/Autorität) an sich acc reißen; **to u. the throne**, sich des Thrones bemächtigen. **u'surper**, s. Besitzergreifer m; (of throne) Thronräuber m.

utensil [ju(:)'tens(i)l], s. (a) Gerät n; **household utensils**, Haushaltsgegenstände mpl; **kitchen u.**, Küchengerät n; (b) (tool) Werkzeug n.

uterus ['ju:tərəs], s. Anat: Gebärmutter f.

utilitarian [ju:tili'teəriən]. **I.** adj. utilitär. **II.** s. Utilitarist m. **utility** [ju'tiliti], s. (a) (usefulness) Nutzen m, Nützlichkeit f; **of great u.**, von großem Nutzen; **u. room**, Wirtschaftsraum m; Com: **u. goods**, Gebrauchsgegenstände mpl; (b) Aut: Kombiwagen m; (c) **public u.**/N.Am: **u.**, gemeinnütziges Unternehmen n. **'utilizable** [-aizəbl], adj. verwendbar; Ind: (of material) verwertbar. **utilization** [-ai'zeiʃ(ə)n], s. Verwendung f; Nutzbarmachung f (vom Boden, Fig: von Talenten usw.); Ausnutzung f, Verwertung f (von Rohstoffen usw.) **'utilize** [-aiz], v.tr. (a) (etwas) verwenden; (b) (exploit) (den Boden, Fig: Talente usw.) nutzbar machen; (Zeit, eine Gelegenheit) ausnutzen; (Rohstoffe usw.) verwerten.

utmost ['ʌtməust]. **I.** adj. (of care etc.) äußerste(r,s); (of need etc.) höchste(r,s), größte(r,s); **it is of the u. importance that . . .**, es ist äußerst wichtig, daß . . .; **with the u. ease**, mit äußerster/größter Leichtigkeit. **II.** s. das Äußerste; **to the u.**, aufs äußerste; **to the u. of one's ability**, nach besten Kräften; **he is fifty at the u.**, er ist höchstens fünfzig.

Utopia [ju:'təupiə], s. Utopie f, **u'topian**, adj. utopisch.

utter[1] ['ʌtər], adj. vollkommen; **u. bliss**, die höchste Seligkeit; **he's an u. stranger to me**, er ist mir völlig fremd; Pej: **u. fool**, Vollidiot m; **u. nonsense**, völliger Unsinn; **-ly**, adv. ganz (und gar), völlig; **she is u. devoted to him**, sie ist ihm von ganzem Herzen zugetan. **'uttermost**, adj. äußerste(r,s); (most distant) entfernteste(r,s); **to the u. ends of the earth**, ans Ende der Welt.

utter[2], v. **1.** v.tr. (einen Laut, ein Wort usw.) von sich geben; (Gefühle, Gedanken) äußern, aussprechen; **without uttering a word**, ohne ein Wort zu sagen. **2.** v.i. F: **he didn't u.**, er hat den Mund nicht aufgemacht.

V

V, v [vi:], s. (der Buchstabe) V, v; Cl: **V neck**, V-Ausschnitt m; Mec.E: **V belt**, Keilriemen m.

vac [væk], s. Univ: F: Ferien fpl; **long v.**, Sommerferien fpl.

vacant ['veik(ə)nt], adj. (a) (empty) leer; (not occupied) frei; **v. space**, freier Platz; (gap) Lücke f; (of house etc.) **to be v.**, leerstehen; **with v. possession**, bei der Übernahme leerstehend; (b) (of job) offen; Advert: **situations v.**, Stellenangebote npl; (c) Fig: (of expression etc.) geistlos;

v. stare/look, leerer Blick. **'vacancy,** *s.* **1.** (*emptiness*) Leere *f.* **2.** (*a*) (*on boarding house*) 'v.', Zimmer frei; **'no vacancies',** alle Zimmer belegt; (*b*) (*job*) **a v. still exists for a secretary,** eine Stelle für eine Sekretärin ist noch offen. **vacate** [və'keit], *v.tr.* (*a*) (eine Stelle usw.) aufgeben; (*b*) (ein Zimmer usw.) räumen. **va'cation,** *s.* **1.** (*a*) *Univ:* Ferien *fpl;* (*b*) *esp. N.Am:* Urlaub *m.* **2.** (*also* **va'cating**) Räumung *f* (eines Hauses).

vaccinate ['væksineit], *v.tr.* (j-n) impfen (**against smallpox,** gegen Pocken). **vacci-'nation,** *s.* Schutzimpfung *f.* **'vaccine,** *s.* Impfstoff *m.*

vacillate ['væsileit], *v.i.* schwanken. **'vacillating,** *adj.* schwankend; (*of pers.*) wankelmütig, unschlüssig. **vaci'llation,** *s.* Schwankung *f;* (*state*) Wankelmut *m.*

vacuous ['vækjuəs], *adj.* **v. expression,** leerer/ ausdrucksloser Blick; **v. remark,** geistlose Bemerkung. **va'cuity,** **'vacuousness,** *s.* (*esp.* geistige) Leere *f;* Plattheit *f* (einer Bemerkung usw.).

vacuum ['vækjuəm]. **I.** *s. Ph: & Fig:* Vakuum *n;* **v. packed,** vakuumverpackt; **v. cleaner,** Staubsauger *m;* **v. flask,** Thermosflasche *f; Aut: etc:* **v. brake,** Unterdruckbremse *f.* **II.** *v.tr. F:* (etwas) staubsaugen.

vagabond ['vægəbɔnd]. **I.** *adj.* **v. life,** Vagabundenleben *n.* **II.** *s.* Vagabund *m;* (*tramp*) Landstreicher *m.*

vagary ['veigəri], *s.* Kaprice *f.*

vagina [və'dʒainə], *s. Anat:* Scheide *f.*

vagrant ['veigrənt]. **I.** *adj.* wandernd; (*of tramp*) herumziehend. **II.** *s. esp. Jur:* Landstreicher *m.* **'vagrancy,** *s.* Landstreicherei *f.*

vague [veig], *adj.* vage; (*unclear*) unklar; **v. outlines,** verschwommene Umrisse; **v. resemblance,** entfernte Ähnlichkeit; *F:* **I've a v. feeling/idea that ...,** ich habe eine dunkle Ahnung, daß ...; **I haven't the vaguest idea,** ich habe nicht die geringste Ahnung; **-ly,** *adv. esp. F:* vage. **'vagueness,** *s.* Vagheit *f;* Unklarheit *f;* (*of pers. etc.*) vage Art.

vain [vein], *adj.* **1.** (*of pers.*) eitel. **2.** (*of effort etc.*) vergeblich; **v. hope(s),** eitle Hoffnungen; **v. promises,** leere Versprechungen. **3. in v.** (*also* **-ly,** *adv.*), vergeblich; **to labour in v.,** sich umsonst abmühen *A: & Hum:* **to take s.o.'s name in v.,** j-s Namen (leichtfertig) gebrauchen.

valance ['væləns], *s. Furn:* Volant *m; Mec.E:* Schutzblech *n.*

valency ['vei〈ə〉nsi], *s. Ch: Ling:* Valenz *f.*

valentine ['væləntain], *s.* **1.** (*card*) Valentinsgruß *m.* **2.** (*pers.*) Empfänger(in) *m(f)* eines Valentinsgrußes.

valet ['vælei], *s.* Kammerdiener *m; Mil:* Offiziersbursche *m.*

valiant ['væljənt], *adj.* tapfer; (*in attack*) mutig; (*of effort etc.*) heldenhaft.

valid ['vælid], *adj.* gültig; (*of argument, reason*) stichhaltig; **no longer v.,** ungültig; **v. claim,** berechtigter Anspruch. **va'lidity,** *s.* Gültigkeit *f* (eines Dokuments); Stichhaltigkeit *f* (eines Arguments, eines Grundes).

valise [və'li:z], *s. esp. N.Am:* (kleiner) Handkoffer *m;* (*bag*) Reisetasche *f.*

valley ['væli], *s.* **1.** Tal *n;* **down the v.,** talab-

wärts; **v. bottom,** Talsohle *f.* **2.** *Constr:* Kehle *f* (eines Daches).

valour ['vælər], *s.* Tapferkeit *f.*

value ['vælju:]. **I.** *s.* (*a*) Wert *m;* **to be of v.,** wertvoll sein; **of no v.,** wertlos; **to set a high v. on sth.,** großen Wert auf etwas *acc* legen; **increase/decrease in v.,** Wertsteigerung *f/* Wertverlust *m; Com:* **to the v. of,** im Werte von + *dat;* **v. added tax,** Mehrwertsteuer *f;* (*b*) **this is good v.,** das ist preiswert; **to get good v. for** (one's) money, preiswert einkaufen; (*c*) *pl* Werte *mpl;* **he has no sense of values,** er hat keine Wertmaßstäbe **II.** *v.tr.* (*a*) **to v. sth.,** den Wert einer Sache schätzen; *Com:* etwas bewerten; **to get a picture valued,** ein Bild schätzen lassen; **valued at £100,** auf £100 geschätzt; (*b*) (j-n, j-s Freundschaft) schätzen; **I would v. your advice,** ich wäre für Ihren Rat sehr dankbar. **'valuable. I.** *adj.* wertvoll; **v. information,** nützliche Information; **v. time,** kostbare Zeit. **II.** *s.pl.* **valuables,** Wertgegenstände *mpl.* **valu'ation,** *s.* **1.** (*value*) Schätzwert *m;* **at v.,** zum geschätzten Wert; *Fig:* **to take s.o. at his own v.,** j-n so akzeptieren, wie er sich selbst einschätzt. **2.** (*process*) Schätzung *f,* Bewertung *f.* **'valueless,** *adj.* wertlos. **'valuer,** *s.* Schätzer *m.*

valve [vælv], *s.* **1.** *Tchn:* Ventil *n;* (*cock*) Hahn *m; I.C.E:* **v. gear,** Ventilsteuerung *f; Cy:* **v. rubber,** Ventilgummi *n.* **2.** *Anat: Moll: & Mus:* Klappe *f* (des Herzens, eines Instruments usw.). **3.** *Rad:* Röhre *f.* **'valvular,** *adj.* Klappen-; *Med:* **v. defect,** Herzklappenfehler *m.*

vamp [væmp], *s.* Vamp *m.*

vampire ['væmpaiər], *s. Myth: & Z:* Vampir *m.*

van [væn], *s.* **1.** *Aut:* **(delivery) v.,** Lieferwagen *m;* **removal v.,** Möbelwagen *m.* **2.** *Rail:* (geschlossener) Güterwagen *m;* (*luggage*) **v.,** Gepäckwagen *m;* **guard's v.,** Dienstwagen *m.*

vandal ['vænd〈ə〉l], *s.* Vandale *m.* **'vandalism,** *s.* Vandalismus *m.* **'vandalize,** *v.tr.* (etwas) mutwillig beschädigen.

vane [vein], *s.* **1. (weather) v.,** Wetterfahne *f.* **2.** Flügel *m* (eines Ventilators, einer Windmühle); *Mec.E:* Schaufel *f* (einer Turbine).

vanilla [və'nilə], *s.* Vanille *f.*

vanish ['væniʃ], *v.i.* verschwinden; *F:* **to v. into thin air,** spurlos verschwinden. **'vanishing,** *n;* **profits have dwindled to v. point,** der Profit ist auf den Nullpunkt gesunken; *Cosm:* **v. cream,** Tagescreme *f.*

vanitory ['vænitri], *adj.* **v. unit,** Toilettentisch *m;* **v. basin,** im Toilettentisch eingebautes Waschbecken.

vanity ['væniti], *s.* Eitelkeit *f; Cosm:* **v. case,** Kosmetikkoffer *m.*

vanquish ['væŋkwiʃ], *v.tr. Lit:* (j-n) besiegen; *Fig:* (Angst usw.) überwinden.

vantage ['va:ntidʒ], *s.* (*a*) *Tennis:* Vorteil *m;* (*b*) **v. point,** Aussichtspunkt *m.*

vapid ['væpid], *adj.* leer; (*boring*) fade.

vaporize ['veipəraiz], *v.* **1.** *v.tr.* (etwas) verdampfen lassen. **2.** *v.i.* (*of liquid*) verdampfen. **vapori'zation,** *s.* Verdampfung *f.* **'vaporizer,** *s.* Verdampfer *m.* (*for perfume etc.*) Zerstäuber *m.* **'vapour,** *s.* Dampf *m; Av:* **v. trail,** Kondensstreifen *m.*

variable ['vɛəriəbl], *adj.* (*a*) veränderlich; (*of*

weather) wechselhaft; (*of cost*) schwankend; (*of mood*) wechselnd; *Meteor:* v. winds, Winde aus wechselnder Richtung; (*b*) *Mth:* variabel; *Tchn:* (*adjustable*) verstellbar; regelbar; *Mec. E:* v. gear/v. speed transmission, Wechselgetriebe *n.* varia'bility, *s.* Veränderlichkeit *f;* Wechselhaftigkeit *f; Mth:* Variabilität *f.* 'vari-ance, *s.* to be at v. with s.o., mit j-m uneinig sein; a theory at v. with the facts, eine Theorie, die mit den Tatsachen nicht übereinstimmt. 'variant, *s.* Variante *f.* vari'ation, *s.* 1. (*change*) Schwankung *f;* v. of/in temperature, Temperaturschwankung *f;* v. in speed, Geschwindigkeitsänderung *f; Rec: etc:* Gleichlaufschwankung *f.* 2. (*difference*) Unterschied *m* (between two things, zwischen zwei Sachen). 3. v. (from the norm), Abweichung *f* (von der Norm); *Mus: etc:* variations on a theme, Variationen auf/über ein Thema; insufficient v. of mood, ungenügender Stimmungswechsel.

varicose ['værikous], *adj. Med:* v. veins, Krampfadern *fpl.*

variegated ['veəriəgeitid], *adj.* mannigfaltig; (*varied*) abwechslungsreich; in v. colours, in vielerlei Farben.

variety [vəˈraiəti], *s.* 1. (*a*) (*richness*) Abwechslung *f;* to lend v. to the menu, im Speisezettel Abwechslung schaffen; nature in all its v., die Natur in ihrer ganzen Vielfalt; (*b*) (*large number*) Vielzahl *f;* (*selection*) Auswahl *f;* for a v. of reasons, aus vielerlei Gründen. 2. (*type*) Art *f;* (*variant*) Variante *f; esp. Nat.Hist:* Abart *f.* 3. *Th:* Varieté *n;* v. show, Varietévorstellung *f.*

various ['veəriəs], *adj.* verschieden; they are of v. kinds, sie sind verschiedener Art; to talk about v. things, über alles mögliche reden; for v. reasons, aus verschiedenen Gründen.

varnish ['vɑːniʃ], *s.* Firnis *m.*

vary ['veəri], v. 1. *v.tr.* (etwas) abändern; *Mus:* (ein Thema usw.) variieren, abwandeln; to v. one's diet, abwechslungsreich essen. 2. *v.i.* (*a*) (*of temperature etc.*) schwanken (between A and B/ from A to B, zwischen A und B *dat*); to v. in weight, im Gewicht variieren; (*b*) (be *different*) verschieden sein; (*disagree*) nicht übereinstimmen; tastes v., jeder hat einen anderen Geschmack; opinions v. on this, da teilen sich die Meinungen; (*c*) to v. (from the norm), (von der Norm) abweichen. 'varied, *adj.* verschiedenartig; (*of work, career etc.*) abwechslungsreich; opinions are v. on this, hierüber sind die Meinungen geteilt/verschieden. 'varying, *adj.* (*a*) (*different*) verschieden; (*of weight, degree etc.*) unterschiedlich; with v. degrees of success, mit unterschiedlichem Erfolg; (*b*) (*inconstant*) veränderlich; v. prices, schwankende Preise.

vase [vɑːz], *s.* Vase *f.*

vaseline ['væsiliːn], *s.* Vaseline *f,* Vaselin *n.*

vast [vɑːst], *adj.* riesig; (*of plain etc.*) ausgedehnt; v. sum, enorme/riesige Summe.

vat [væt], *s.* Bottich *m;* (*barrel*) Faß *n.*

Vatican ['vætikən]. *Pr. n.* the V., der Vatikan.

vault[1] [vɔː]lt]. I. *s.* 1. (*roof*) Gewölbe *n.* 2. (*underground*) Kellergewölbe *n;* (*of bank*) Tresorraum *m;* wine v., Weinkeller *m;* (*burial*) v., Gruft *f.* II. *v.tr.* (ein Gebäude) (über)wölben. 'vaulted, *adj.* gewölbt. 'vaulting, *s.* 1. coll. Gewölbe *n.* 2. (*process*) Wölben *n.*

vault[2]. I. *s. Sp:* Sprung *m.* II. *v.tr. & i.* to v. (over) sth., über etwas *acc* springen.

vaunt [vɔːnt], *v.tr. Lit:* (etwas) rühmen; much vaunted product, vielgepriesenes Produkt.

veal [viːl], *s. Cu:* Kalbfleisch *n; attrib.* Kalbs-; v. chop, Kalbskotelett *n.*

vee [viː], *s.* V-; arranged in a v., V-förmig angeordnet.

veer ['viər], *v.i.* (*a*) (*of wind*) sich drehen; (*of ship*) abdrehen; (*of car*) to v. to the right/left, nach rechts/links ausscheren; (*b*) *Fig:* opinion has veered to the other extreme, die Meinung ist zum anderen Extrem umgeschwenkt.

vegetable ['vedʒ(i)təbl]. I. *adj. Bot:* Pflanzen-; v. oil, Pflanzenöl *n;* v. marrow, Kürbis *m.* II. *s.* Gemüse *n;* v. garden, Gemüsegarten *m.* vege-'tarian. I. *adj.* vegetarisch. II. *s.* Vegetarier(in) *m(f).* vege'tarianism, *s.* vegetarische Lebensweise *f.* 'vegetate, *v.i.* (*of pers., animal*) vegetieren. vege'tation, *s.* Vegetation *f.*

vehemence ['viːəməns], *s.* Heftigkeit *f.* 'vehement, *adj.* heftig.

vehicle ['viːikl], *s.* 1. Fahrzeug *n.* 2. *Fig:* Medium *n;* speech is the v. of thought, die Sprache ist das Ausdrucksmittel der Gedanken; the film was simply a v. for her talents, der Film diente nur dazu, ihr Talent herauszustreichen. **vehicular** [viˈhikjulər], *adj. Adm:* v. traffic, Kraftfahrzeugverkehr *m.*

veil [veil]. I. *s.* Schleier *m; Ecc:* to take the v., Nonne werden; *Fig:* to draw a v. over sth., etwas verschweigen. II. *v.tr.* (das Gesicht) verschleiern; *Fig:* (seine Gefühle usw.) verhüllen; veiled in mist, in Nebel gehüllt. veiled, *adj.* (*of reference etc.*) verschleiert; a v. threat, eine versteckte Drohung.

vein [vein], *s.* 1. *Anat:* Vene *f.* 2. *Bot:* Rippe *f.* 3. (*a*) (*in marble, wood*) Maser *f;* (*b*) *Min:* Ader *f* (von Erz usw.); (*seam*) Flöz *n.* 4. *Fig:* (*a*) Stimmung *f;* in melancholy v., in melancholischer Stimmung; (*b*) poetic v., poetische Ader; a rich v. of satire, ein starker satirischer Zug. veined, *adj.* geädert; (*of marble, wood*) gemasert.

vellum ['veləm], *s.* Pergament *n.*

velocity [viˈlɒsiti], *s. Ph:* Geschwindigkeit *f.*

velvet ['velvit], *s.* Samt *m; Fig:* to handle s.o. with v. gloves, j-n mit Samthandschuhen anfassen. velve'teen, *s.* Baumwollsamt *m.* 'velvety, *adj.* (*soft*) samtig.

venal ['viːn(ə)l], *adj.* bestechlich.

vendetta [venˈdetə], *s.* Blutrache *f,* Vendetta *f.*

vending ['vendiŋ], *s.* Verkauf *m;* v. machine, Automat *m.* 'vendor, *s.* Verkäufer(in) *m(f).*

veneer [vəˈniːər]. I. *s.* 1. Furnier *n.* 2. *Fig:* Anschein *m; F:* Tünche *f;* a v. of politeness, ein äußerer Anschein von Höflichkeit. II. *v.tr.* (Möbelstücke usw.) furnieren.

venerable ['ven(ə)rəbl], *adj.* ehrwürdig. 'venerate [-əreit], *v.tr.* (j-n) verehren. vene'ration, *s.* Verehrung *f;* to hold s.o. in v., j-n verehren.

venereal [viˈniəriəl], *adj. Med:* v. disease (*abbr. F:* VD), Geschlechtskrankheit *f.*

Venetian [viˈniːʃ(ə)n]. I. *adj.* venezianisch; V. glass, Muranoglas *n;* v. blind, Jalousie *f.* II. *s.* Venezianer(in) *m(f).*

Venezuela [veneˈzweilə]. *Pr. n. Geog:* Venezuela *n.* Vene'zuelan. I. *adj.* venezolanisch. II. *s.* Venezolaner(in) *m(f).*

vengeance ['ven(d)ʒəns], s. Rache f; **to take v. on s.o.**, sich an j-m rächen; F: **with a v.**, ganz gewaltig; **it's raining with a v.**, es gießt wie aus Kannen. ʹ**vengeful**, adj. rachsüchtig.

venial ['vi:niəl], adj. (of fault etc.) verzeihlich; (of sin) läßlich.

Venice ['venis]. Pr. n. Geog: Venedig n.

venison ['venizn], s. Reh(fleisch) n; occ. (stag) Hirsch m; **roast v.**, Reh/Hirschbraten m.

venom ['venəm], s. (a) Schlangengift n; (b) Fig: Giftigkeit f; **with v.**, giftig. ʹ**venomous**, adj. 1. giftig; **v. snake**, Giftschlange f. 2. Fig: (of remarks, tongue etc.) giftig; (of pers.) gehässig. ʹ**venomousness**, s. Giftigkeit f.

vent [vent]. I. s. 1. (round) Luftloch n; (long) Luftschlitz m; (in barrel) Spundloch n; (of volcano) Schlot m. 2. Fig: **to give v. to one's anger**, seinem Ärger Luft machen. 3. Cl: Schlitz m (an einem Jackett usw). II. v.tr. **to v. one's anger on s.o.**, seinen Ärger an j-m auslassen.

ventilate ['ventileit], v.tr. (a) (ein Zimmer usw.) lüften; Min: (einen Schacht usw.) entlüften; (b) Fig: (eine Beschwerde, eine Frage) zur Sprache bringen. **venti'lation**, s. 1. Lüftung f (eines Zimmers usw.); (intake) Belüftung f; (extraction) Entlüftung f; **v. (system)**, Ventilation f; Aut: etc: Lüftungsanlage f; Min: etc: v. shaft, Ventilationsschacht m. 2. Erörterung f (einer Frage). ʹ**ventilator**, s. Ventilator m.

ventricle ['ventrikl], s. Anat: Ventrikel m.

ventriloquist [ven'triləkwist], s. Bauchredner m. **ven'triloquism, ven'triloquy**, s. Bauchreden n.

venture ['ventʃər]. I. s. 1. esp. Com: (gewagtes) Unternehmen n. 2. **at a v.**, auf gut Glück. II. v. 1. v.tr. (a) (etwas) wagen; **to v. a remark**, sich dat eine Bemerkung erlauben; Prov: **nothing v., nothing gain**, wer nicht wagt, der nicht gewinnt; (b) (sein Leben, Geld) riskieren. 2. v.i. **to v. on sth.**, sich an etwas acc wagen; **I ventured to ask him whether . . .** , ich erlaubte mir, ihn zu fragen, ob . . . ; **to v. into an unknown country**, sich in ein unbekanntes Land wagen; **to v. out of doors**, sich hinauswagen. ʹ**venturesome**, adj. 1. (of pers.) kühn. 2. (of action) kühn, gewagt.

venue ['venju:], s. (meeting place) Treffpunkt m; (of conference) Tagungsort m; Sp: etc: (scene of event) Schauplatz m.

veracity [və'ræsiti], s. Genauigkeit f.

veranda(h) [və'rændə], s. Veranda f.

verb [və:b], s. Zeitwort n, Verb(um) n. ʹ**verbal**, adj. 1. Gram: verbal; **v. noun**, Verbalsubstantiv n. 2. (oral) mündlich; **v. agreement**, mündliches Übereinkommen. 3. (literal) wörtlich.

verbatim [və:'beitim]. I. adj. wörtlich. II. adv. Wort für Wort.

verbena [və(:)'bi:nə], s. Bot: Eisenkraut n.

verbiage ['və:biidʒ], s. Wortschwall m. **verbose** [-'bəus], adj. (of style, language) wortreich; (of pers.) redselig. **verboseness, verbosity** [-'bɔsiti], s. Wortfülle f; Redseligkeit f.

verdict ['və:dikt], s. Urteil n (**on sth.**, über etwas acc); Jur: **to bring in a v. of guilty/not guilty**, auf schuldig/unschuldig erkennen; F: **what's the v.?** was ist Ihre Entscheidung?

verdigris ['və:digri:s], s. Grünspan m.

verge [və:dʒ]. I. s. (a) Rand m; Einfassung f (eines Blumenbeets); (beside road) **(grass) v.**, Grasstrei-

fen m; Aut: P.N: **soft v.**, Bankett nicht befahrbar! (b) **on the v. of ruin**, am Rande des Ruins; **on the v. of tears**, den Tränen nahe. II. v.i. **to v. on sth.**, an etwas acc grenzen; **he's verging on insanity**, er ist dem Wahnsinn nahe.

verger ['və:dʒər], s. Ecc: Kirchendiener m.

verify ['verifai], v.tr. (eine Tatsache) (auf ihre Richtigkeit hin) prüfen; (Konten, einen Bericht) nachprüfen. **verification** [-fi'keiʃ(ə)n], s. Nachprüfung f. **veritable** ['veritəbl], adj. echt; **a v. goldmine**, eine wahre Goldgrube.

vermicelli [və:mi'tʃeli], s. Cu: Fadennudeln fpl.

vermilion [və:'miljən]. I. s. Zinnober m. II. adj. zinnoberrot.

vermin ['və:min], s. Ungeziefer n; Fig: Abschaum m.

vermouth ['və:məθ], s. Wermut m.

vernacular [və'nækjulər]. I. s. Ling: Landessprache f. II. adj. in der Landessprache; **v. poet**, Volksdichter m.

versatile ['və:sətail], adj. (of pers. etc.) vielseitig; **v. mind**, wendiger Geist. **versa'tility**, s. Vielseitigkeit f; Wendigkeit f.

verse [və:s], s. 1. (unit) Strophe f; (in bible) Vers m. 2. (a) Verse mpl; (lyric) v., Lyrik f; (written) **in v.**, in Versen; (b) (metre) Versmaß n; **free v.**, freies Versmaß. **versifi'cation**, s. Versemachen n. ʹ**versify**, v.i. Verse schreiben.

versed [və:st], adj. bewandert (**in**, in + dat).

version ['və:ʃ(ə)n], s. 1. (a) Fassung f (eines Werkes usw.); **original v.**, Urfassung f; (b) F: (of a story) Version f; **that's his v.**, das ist seine Version. 2. (a) Ind: Com: (model) Ausführung f; **luxury v.**, Luxusausführung f; (b) Variante f (eines Spiels usw.).

versus ['və:səs], prep. Sp: gegen + acc; Jur: **in the case Miller v. Smith**, im Prozeß Miller kontra Smith.

vertebra, pl. -**brae** ['və:tibrə, -bri:], s. Wirbel m; pl. **vertebrae**, Wirbelsäule f.

vertical [və:'tik(ə)l]. I. adj. senkrecht, vertikal; Av: **v. take-off aircraft**, Senkrechtstarter m; Geom: **v. section**, Vertikalschnitt m. II. s. Vertikale f.

vertigo ['və:tigəu], s. Med: Schwindel(anfall) m.

verve [və:v], s. Schwung m; **he has plenty of v.**, er hat viel Mumm in den Knochen.

very ['veri]. I. adj. 1. (a) (exact) genau; **you're the v. man!** du bist genau der Richtige! **the v. opposite**, genau das Gegenteil; **at that v. moment**, genau in dem Augenblick; **that v. afternoon**, am selben Nachmittag; (b) (emphatic) **at the v. beginning/end**, ganz am Anfang/Ende; **caught in the v. act**, auf frischer Tat ertappt; (c) (mere) **I shudder at the v. thought (of it)**, mich schaudert's beim bloßen Gedanken (daran). II. adv. 1. sehr; **v. good**, sehr gut; **do you like him? – not v. much**, mögen Sie ihn? – nicht sehr. 2. **the v. first**, der/die/das allererste; **the v. best**, das allerbeste; **the v. next day**, gleich am nächsten Tag; **at the v. latest**, spätestens; **the v. same**, genau der/die/das gleiche; **for your v. own**, ganz allein für dich.

vespers ['vespəz], s.pl. Ecc: Vesper f.

vessel ['vesl], s. 1. Schiff n. 2. (a) (container) Gefäß n; (b) Anat: **blood v.**, Blutgefäß n.

vest[1] [vest], s. 1. Unterhemd n; **string v.**, Netzhemd n. 2. N.Am: Weste f.

vest², *v.tr.* (j-n) ausstatten (**with**, mit + *dat*); **the powers vested in the crown**, die der Krone verliehene Macht. ´**vested**, *adj.* **v. rights/interests**, angestammte Rechte.

vestibule [´vestibju:l], *s.* Vorhalle *f*, Vestibül *n.*

vestige [´vestidʒ], *s.* Spur *f*; **not a v. of . . .**, nicht die geringste Spur von . . . *dat*; **not a v. of truth**, kein Funken Wahrheit. **ves´tigial**, *adj.* rudimentär.

vestments [´vestmənts], *s. pl. Ecc:* Gewand *n*; *R.C.Ch:* Meßgewand *n.* ´**vestry**, *s.* Sakristei *f.*

Vesuvius [vi´s(j)u:viəs]. *Pr. n. Geog:* Vesuv *m.*

vet [vet]. **I.** *s. F:* Tierarzt *m.* **II.** *v.tr. F:* (j-s Arbeit usw.) überprüfen.

vetch [vetʃ]. *s. Bot:* Wicke *f.*

veteran [´vet(ə)rən]. **I.** *s.* Veteran *m.* **II.** *adj.* (*a*) (*of things*) uralt; **v. car**, Veteranenwagen *m* (*Brit:* bis Baujahr 1904); (*b*) (*of pers.*) mit langjähriger Erfahrung.

veterinary [´vetrənri], *adj.* tierärztlich; **v. surgeon**, Tierarzt *m.*

veto [´vi:tou]. **I.** *s.* Veto *n*; **power/right of v.**, Vetorecht *n.* **II.** *v.tr.* (etwas) verbieten; (*reject*) ein Veto (gegen etwas *acc*) einlegen.

vex [veks], *v.tr.* (*a*) (j-n) irritieren, (*annoy*) ärgern; (*b*) **vexed by a problem**, von einem Problem geplagt. **vex´ation**, *s.* Ärger *m.* **vex´atious/´vexing**, *adj.* ärgerlich; (*troublesome*) lästig. **vexed**, *adj.* **1.** (*of pers.*) irritiert; ärgerlich (**at sth.**, über etwas *acc*; **with s.o.**, über j-n). **2. v. question**, vielumstrittene Frage.

via [´vaiə]. *prep.* über + *acc*; **to travel v.** Dover, über Dover fahren; **v. airmail**, per Luftpost.

viable [´vaiəbl], *adj. Biol:* lebensfähig; *Fig:* (*of project etc.*) durchführbar. **via´bility**, *s. Biol:* Lebensfähigkeit *f; Fig:* Durchführbarkeit *f.*

viaduct [´vaiədʌkt], *s.* Viadukt *m.*

vibrant [´vaibr(ə)nt], *adj.* (*of strings etc.*) schwingend; (*of voice, tone*) tönend; *Fig:* **v. with life**, von Leben pulsierend; **v. personality**, vitale Persönlichkeit. **vibrate** [vai´breit], *v.* **1.** *v.i.* vibrieren; (*of tone, string*) schwingen; (*of voice*) beben (**with emotion**, vor Erregung). **2.** *v.tr.* (etwas) vibrieren/schwingen lassen. **vi´bration**, *s.* Vibration *f; Ph:* Schwingung *f; Tchn:* **v. damper**, Schwingungsdämpfer *m.* ´**vibratory**, *adj.* **v. massage**, Vibrationsmassage *f.*

vicar [´vikər], *s. Ecc:* Pfarrer *m.* ´**vicarage**, *s. Ecc:* Pfarrhaus *n.*

vicarious [vi´keəriəs], *adj.* mitempfunden.

vice¹ [vais], *s.* Laster *n; Adm:* **v. squad**, Sittenpolizei *f;* (*for drugs*) Rauschgiftdezernat *n.* **2.** Unart *f* (eines Pferdes, einer Maschine usw.); (*defect*) Fehler *m.*

vice², *s. Tls:* Schraubstock *m.*

vice-³, *prefix* Vize-; **v.-chairman**, stellvertretender Vorsitzender; **v.-chancellor**, (i) Vizekanzler *m;* (ii) Rektor *m* (einer britischen Universität); **v.-president**, Vizepräsident *m.* ´**viceroy**, *s.* Vizekönig *m.*

vice versa [´vaisi´və:sə], *adv. phr.* umgekehrt.

vicinity [vi´siniti], *s.* (*a*) Nähe *f;* **in close v. to sth.**, in nächster Nähe von etwas *dat;* **somewhere in the v. of £200**, um die 200 Pfund; (*b*) nähere Umgebung *f* (der Stadt usw.).

vicious [´viʃəs], *adj.* (*a*) (*of animal, pers.*) bösartig; (*of attack, criticism etc.*) gemein; (*b*)

v. kick, boshafter Fußtritt; **to give a v. tug at the lead**, heftig an der Leine zerren; (*c*) *Fig:* **v. circle**, Teufelskreis *m.* ´**viciousness**, *s.* (*a*) Bösartigkeit *f;* Gemeinheit *f;* (*b*) Wucht *f* (eines Schlages usw.).

vicissitude [vi´sisitju:d], *s.* Wandel *m;* **the vicissitudes of fortune**, die Launen *fpl* des Glücks.

victim [´viktim], *s.* Opfer *n;* **v. of an accident**, Unfallopfer *n.* **victimi´zation**, *s.* Schikane *f;* (*after strike etc.*) **no v.!** keine Repressalien! ´**victimize**, *v.tr.* (j-n) schikanieren.

victor [´viktər], *s.* Sieger *m.* **victorious** [vik´tɔ:riəs], *adj.* siegreich; **to be v. over s.o.**, über j-n siegen. ´**victory**, *s.* Sieg *m.*

Victoria [vik´tɔ:riə]. *Pr.n.* Viktoria *f.* **Vic´torian**. **I.** *adj.* viktorianisch. **II.** *s.* Viktorianer(in) *m(f).*

victuals [´vitlz], *s. pl. A:* & *Hum:* Proviant *m.*

video [´vidiəu], *s.* **v. tape**, Videoband *n;* **v. tape recorder**, Videobandgerät *n;* **v. cassette**, Videokassette *f.*

vie [vai], *v.i.* **to v. with s.o.**, mit j-m wetteifern.

Vienna [vi´enə]. *Pr. n. Geog:* Wien *n;* **V. Woods**, Wienerwald *m.* **Viennese** [viə´ni:z]. **I.** *adj.* Wiener; (*in character*) wienerisch; **V. waltz**, Wiener Walzer; **typically V.**, typisch wienerisch. **II.** *s.* **1.** (*pers.*) Wiener(in) *m(f); pl.* **the V.**, die Wiener. **2.** *Ling:* Wienerisch *n.*

view [vju:]. **I.** *s.* **1.** (*a*) Besichtigung *f;* **I should like a closer v. of it**, ich möchte es näher betrachten; **on v.**, zu besichtigen; (*displayed*) ausgestellt; *Art:* **private v.**, Sonderbesichtigung *f* (einer Ausstellung); (*b*) **in v.**, in Sicht; **to come into v.**, sichtbar werden; **in full v. of the spectators**, vor den Augen der Zuschauer; (*of telescope*) **field of v.**, Gesichtsfeld *n.* **2.** (*scene*) Aussicht *f;* (*particular aspect*) Ansicht *f;* **you'll get a better v. from here**, von hier haben Sie eine bessere Aussicht/können Sie besser sehen; **views of the town**, Blicke *mpl* auf die Stadt; (*pictures*) Bilder *npl*/Ansichten *fpl* von der Stadt; **the front v. of the hotel**, die Vorderansicht des Hotels. **3.** *Fig:* (*a*) **point of v.**, Gesichtspunkt *m;* **to take the long v.**, weitsichtig planen; **he has the overall v.**, er hat den Überblick; (*b*) **in v. of**, im Hinblick auf + *acc;* **in v. of the fact that . . .**, angesichts + *gen;* **in v. of the fact that . . .**, angesichts der Tatsache, daß . . . ; **in v. of his age**, im Hinblick auf sein Alter. **4.** (*opinion*) Ansicht *f;* **to take the right view of sth.**, die richtige Einstellung gegenüber/zu etwas *dat* haben; **to take another view**, eine andere Auffassung haben; **to hold extreme views**, extreme Ansichten haben; **in my v.**, meiner Ansicht/Meinung nach; **to share s.o.'s views**, j-s Ansichten teilen. **5. to have sth. in v.**, etwas im Auge haben; **with a v. to marriage**, zwecks Heirat; **negotiations with a v. to an alliance**, Verhandlungen zum Zweck eines Bündnisses. **II.** *v.tr.* (*a*) (j-n, etwas, *TV:* ein Programm) ansehen; (ein Haus, eine Ausstellung usw.) besichtigen; (*b*) *Fig:* (j-n, etwas) betrachten (**as**, als); **I don't v. the matter in that light**, ich sehe die Sache in einem anderen Licht. ´**viewer**, *s.* **1.** (*pers.*) Betrachter *m; TV:* Fernsehzuschauer *m.* **2.** *Phot:* Diabetrachter *m.* ´**viewfinder**, *s. Phot:* Sucher *m.* ´**viewpoint**, *s.* Gesichtspunkt *m.*

vigilance [´vidʒiləns], *s.* Wachsamkeit *f.* ´**vigilant**, *adj.* wachsam. **vigilante** [-´lænti], *s.*

(*esp.* nichtamtlicher) Ordnungshüter *m*.

vigour ['vigər], *s*. Energie *f; Vitalität f; Fig:* Nachdruck *m*. '**vigorous**, *adj*. energisch.

Viking ['vaikiŋ], *s. Hist:* Wikinger *m;* **V. ship,** Wikingerschiff *n*.

vile ['vail], *adj*. **1.** (*of pers.*) widerwärtig; **v. treatment,** schändliche Behandlung; **v. language,** unflätige Ausdrücke. **2.** *F:* (*of weather, temper etc.*) scheußlich. '**vileness,** *s*. **1.** Widerwärtigkeit *f;* Schändlichkeit *f;* Unflätigkeit *f* (der Sprache). **2.** *F:* **the v. of the weather,** das scheußliche Wetter.

vilify ['vilifai], *v.tr.* (j-n) verleumden. **vilification** [-fi'keiʃ(ə)n], *s*. Verleumdung *f*.

villa ['vilə], *s*. **1.** (*Roman*) Villa *f*. **2.** *Brit:* (kleineres) Haus *n* am Stadtrand, *esp.* Doppelhaus *n*.

village ['vilidʒ], *s*. Dorf *n; attrib.* **v. green,** Dorfwiese *f;* **v. inn,** Dorfschenke *f;* **v. hall,** Gemeindesaal *m*. '**villager,** *s*. Dorfbewohner(in) *m(f)*.

villain ['vilən], *s*. Schurke *m; Th:* etc. **the v. (of the piece),** der Bösewicht; *F:* **you little v.!** du kleiner Schlingel! '**villainous,** *adj*. böse; **v. deed,** Schandtat *f;* **v. smile,** boshaftes Lächeln.

vim [vim], *s. F:* **with v. and vigour,** voller Schwung und Schneid.

vindicate ['vindikeit], *v.tr.* (*a*) (j-n, Handlungen usw.) rechtfertigen; (*b*) (einen Anspruch) geltend machen. **vindi'cation,** *s*. (*a*) Rechtfertigung *f;* **in v. of,** zur Rechtfertigung + *gen;* (*b*) Geltendmachen *n*.

vindictive [vin'diktiv], *adj*. (*vengeful*) rachsüchtig; (*unforgiving*) nachtragend. **vin'dictiveness,** *s*. Rachsucht *f*.

vine [vain], *s*. (*a*) Weinstock *m;* **v. grower,** Winzer *m;* **v. growing,** Weinbau *m;* **v.-growing district,** Weinbaugebiet *n;* **v. leaf,** Weinblatt *n;* (*b*) *N.Am:* Kletterpflanze *f*. **vineyard** ['vinjəd], *s.* (*on hill*) Weinberg *m;* (*on flat*) Weingarten *m*.

vinegar ['vinigər], *s*. Essig *m*.

vintage ['vintidʒ], *s*. **1.** Weinlese *f;* (*crop*) Weinernte *f*. **2.** (*year*) Jahrgang *m;* **this is a 1977 v.,** das ist ein Wein aus dem Jahre 1977; *attrib.* **v. wine,** Qualitätswein *m; esp. Fig:* **v. year,** hervorragender Jahrgang; **of v. quality,** von besonderer Qualität. **3. v. car,** Veteranenwagen *m* (aus den Jahren 1918–1930).

vinyl ['vainil], *s*. Vinyl *n*.

viola¹ [vi'əulə], *s. Mus:* Bratsche *f;* **v. (player),** Bratschist(in) *m(f)*.

viola² ['vaiələ], *s. Bot:* (*a*) Veilchen *n;* (*b*) (*pansy*) (einfarbiges) Stiefmütterchen *n*.

violate ['vaiəleit], *v.tr.* (*a*) (eine Regel) verletzen; (ein Gesetz) übertreten; (*b*) (*rape*) (eine Frau) vergewaltigen. **vio'lation,** *s*. (*a*) Verletzung *f;* Gesetzesübertretung *f;* (*b*) Vergewaltigung *f*. **violence** ['vaiələns], *s*. **1.** (*action*) Gewalt *f;* (*a*) **to die by v.,** durch eine Gewalttat sterben; *Jur:* **robbery with v.,** gewaltsamer Raub; **acts of v.,** Gewalttaten *fpl;* (*b*) *Fig:* **to do v. to sth.,** etwas *dat* Gewalt antun. **2.** (*quality*) Heftigkeit *f,* Stärke *f* (einer Reaktion, des Windes usw.). '**violent,** *adj*. (*a*) (*most senses*) heftig, stark; **v. braking,** starkes Bremsen; **v. dislike,** heftige Aversion, starke Abneigung; **in a v. hurry,** in rasender Eile; **in a v. temper,** tobend vor Wut; **v. colours,** grelle Farben; (*b*) (*of act, pers.*) gewaltsam; **to**

become **v.,** gewalttätig werden; **to die a v. death,** ein gewaltsames Ende finden; **-ly,** *adv.* heftig; **to act v.,** gewalttätig werden.

violet ['vaiələt]. **I.** *s*. **1.** *Bot:* Veilchen *n*. **2.** (*colour*) Violett *n,* Veilchenblau *n*. **II.** *adj*. violett, veilchenblau.

violin [vaiə'lin], *s*. Violine *f,* Geige *f;* **first v.,** erste Geige; **v. case,** Geigenkasten *m;* **v. concerto,** Violinkonzert *n*. **vio'linist,** *s*. Geiger(in) *m(f)*.

viper ['vaipər], *s*. Giftschlange *f, esp.* Kreuzotter *f*.

virgin ['və:dʒin]. **I.** *s*. Jungfrau *f; B:* **the Blessed V.,** die Heilige Jungfrau. **II.** *adj*. jungfräulich; *Fig:* unberührt; **v. forest,** Urwald *m;* **v. soil,** ungepflügtes Land; *Fig:* Neuland *n; Rec:* **v. tape,** unbespieltes Band. **vir'ginity,** *s*. Jungfräulichkeit *f*.

virginals ['və:dʒin(ə)lz], *s. pl. Mus:* Spinett *n*.

Virginia [və:'dʒiniə]. *Pr. n. Geog:* Virginia *n; Bot:* **v. creeper,** wilder Wein.

Virgo ['və:gəu], *s. Astr:* Jungfrau *f*.

virile ['virail], *adj*. (*a*) (*sexually*) viril; (*b*) robust; (*manly*) männlich. **vi'rility,** *s*. (*a*) Virilität *f;* (**age of) v.,** Mannesalter *n;* (*b*) Männlichkeit *f,* Robustheit *f*.

virtual ['və:tjuəl], *adj*. eigentlich; praktisch; **he is the v. head of the business,** er ist der eigentliche Chef der Firma; **the v. collapse of law and order,** der fast völlige Zusammenbruch von Zucht und Ordnung; **this was a v. confession,** das war praktisch/so gut wie ein Geständnis; **-ly,** *adv.* praktisch, so gut wie; (*nearly*) beinahe; **v. extinct,** so gut wie/beinahe ausgestorben; **I am v. certain,** ich bin fast sicher.

virtue ['və:tju:], *s*. **1.** Tugend *f;* **to make a v. of necessity,** aus der Not eine Tugend machen. **2.** (*good quality*) **he has many virtues,** er hat viele gute Eigenschaften; **the great v. of the scheme is . . . ,** der große Vorzug dieses Planes ist . . . **3.** *prep. phr.* **by v. of,** auf Grund + *gen.* '**virtuous,** *adj*. tugendhaft; (*in character*) rechtschaffen; **that was very v. of you,** das war sehr brav/(*conscientious*) gewissenhaft von dir.

virtuoso, *pl.* -os [və:tju'əuzəu, -əuz], *s. Mus:* (*a*) Virtuose *m,* Virtuosin *f;* (*b*) *attrib.* **v. performance,** virtuose Leistung. **virtu'osity,** *s*. Virtuosität *f*.

virulent ['virjulənt], *adj. Med:* bösartig.

virus ['vaiərəs], *s. Med:* Virus *n*.

visa ['vi:zə], *s*. Visum *n*.

vis-à-vis ['vi:za:'vi:]. **I.** *prep.* gegenüber + *dat.* **II.** *adv.* **to sit v.-à-v.,** einander gegenübersitzen.

viscosity [vis'kɔsiti], *s*. Viskosität *f* (von Öl usw.). '**viscous,** *adj*. zähflüssig.

viscount ['vaikaunt], *s*. Vicomte *m*. '**viscountess,** *s*. Vicomtesse *f*.

vise [vais], *s. N.Am: Tls:* Schraubstock *m*.

visible ['vizəbl, -ibl], *adj*. (*a*) sichtbar; *F:* **I'm not v.,** ich bin nicht zu sprechen; (*b*) (*evident*) sichtlich; **-ibly,** *adv.* sichtlich; **she was v. annoyed,** es war ihr anzusehen, daß sie sich ärgerte. **visi'bility,** *s*. (*a*) Sichtbarkeit *f;* Sichtverhältnisse *npl;* **good/bad v.,** gute/ schlechte Sicht. **vision** ['viʒ(ə)n], *s*. **1.** (*a*) Sehkraft *f* (eines Auges); **field of v.,** Blickfeld *n;* **restricted v. to the rear,** beschränkte Sicht nach hinten; (*b*) *Fig:* **a man of v.,** ein Mann mit Weitblick. **2.** (*a*) Traumbild *n;* **visions of**

wealth, Träume *mpl* von Reichtum; *F:* **I had visions of him waiting for hours,** ich stellte mir vor, daß er stundenlang warten müßte; (*b*) *Rel: etc:* Vision *f;* **to see visions,** Visionen haben. **'visionary. I.** *s.* Hellseher(in) *m(f).* **II.** *adj.* hellseherisch.

visit ['vizit]. **I.** *s.* Besuch *m* (**to, in** + *dat*); (*stay*) Aufenthalt *m; Med:* Hausbesuch *m;* **on a v.,** zu/auf Besuch; **to pay s.o. a v.,** j-m einen Besuch machen; j-n besuchen; **our v. to the U.S.A.,** unser Aufenthalt in den USA; *F:* **to pay a v.,** aufs Klo gehen. **II.** *v.* **1.** *v.tr.* (*a*) (j-n, etwas) besuchen; (*seek out*) (j-n) aufsuchen; (*b*) (*of official etc.*) (j-n, etwas) inspizieren. **2.** *v.i. N.Am:* **to v. with s.o.,** bei j-m zu Besuch sein; **to v. in Rome,** sich in Rom aufhalten. **vis i'tation,** *s.* (*a*) *Hum:* (langer) Besuch *m;* (*b*) (*punishment*) Heimsuchung *f.* **'visiting. I.** *adj.* zu/auf Besuch; Gast-; **v. professor,** Gastprofessor *m; Sp:* **v. team,** Gastmannschaft *f* **II.** *s.* Besuchen *n;* (*at hospital etc.*) **v. hours,** Besuchszeiten *fpl;* **v. card,** Visitenkarte *f.* **'visitor,** *s.* Besucher *m* (**to,** *gen*); (*to house, restaurant*) Gast *m* (**to, in** + *dat*); **she's got visitors,** sie hat Besuch; **visitors' book,** Gästebuch *n;* **summer visitors,** Sommergäste *mpl.*

vista ['vistə], *s.* Aussicht *f;* Ausblick *m; Fig:* **to open up new vistas,** neue Perspektiven eröffnen.

visual ['vizju(ə)l, 'viʒ-], *adj.* (*of image, memory etc.*) visuell; **a strong v. impression,** ein starker optischer Eindruck; *Sch:* **v. aids,** Anschauungsmaterial *n;* **-ly,** *adv.* **v. impressive,** optisch eindrucksvoll. **'visualize,** *v.tr.* **to v. s.o., sth.,** sich *dat* j-n, etwas vorstellen; **I can't v. him/it,** ich kann mir von ihm/davon kein Bild machen.

vital ['vait(ə)l], *adj.* **1.** (*essential*) (*of organ, supplies etc.*) lebenswichtig; **a v. component,** ein wesentlicher Bestandteil; **question of v. importance,** Frage von entscheidender Bedeutung; **v. statistics,** (i) (*population*) Bevölkerungsstatistik *f;* (ii) *F:* (weibliche) Körpermaße *npl.* **2.** (*full of life*) vital. **vitality** [-'tæliti], *s.* Vitalität *f;* **bubbling over with v.,** lebensprühend.

vitamin ['vitəmin, vait-], *s.* Vitamin *n;* **v. deficiency,** Vitaminmangel *m;* **v. enriched,** mit Vitaminen angereichert.

vitiate ['viʃieit], *v.tr.* (etwas) beeinträchtigen; (*Argumente*) hinfällig machen.

vitreous ['vitriəs], *adj.* glas-; (*of rocks*) glasig; **v. enamel,** Glasemail *n.*

vitriol ['vitriəl], *s. Ch:* Vitriol *n.* **vitri'olic,** *adj. Ch:* Vitriol-; *Fig:* **v. remarks,** giftige Bemerkungen.

vituperation [vitju:pə'reiʃ(ə)n], *s.* Beschimpfung *f.*

viva ['vaivə], *s. Univ: F:* mündliche Prüfung *f.*

vivacious [vi'veiʃəs], *adj.* lebhaft. **vi'vaciousness, vivacity** [-'væsiti], *s.* Lebhaftigkeit *f.*

vivid ['vivid], *adj.* (*a*) (*bright*) hell, leuchtend; **v. colours,** leuchtende Farben; **v. flash of lightning,** intensiver Blitzstrahl; (*b*) (*clear*) deutlich; **I have a v. memory of him,** ich habe ihn noch ganz deutlich in Erinnerung; (*c*) (*lively*) (*of description etc.*) lebhaft; (*of picture*) lebendig; **v. imagination,** rege Phantasie. **'vividness,** *s.* Lebhaftigkeit *f;* Lebendigkeit *f.*

vivisection [vivi'sekʃ(ə)n], *s.* Vivisektion *f.*

vixen ['viksn], *s. Z:* Füchsin *f.*

viz [viz], *adv.* nämlich.

vizor ['vaizər], *s.* **1.** *Mil. Hist:* Visier *n.* **2.** *Aut: & Cl:* (*on cap*) Blendschirm *m.*

vocabulary [və'kæbjuləri], *s.* Wortschatz *m;* (*list*) Wörterverzeichnis *n;* (*with translations*) Glossar *n.*

vocal ['vəuk(ə)l], *adj.* (*a*) Stimm-; *Anat:* **v. cords,** Stimmbänder *npl;* (*b*) *Mus:* **v. part,** Singstimme *f;* **v. music,** Vokalmusik *f;* **v. score,** Gesangspartitur *f;* **v. recital,** Liederabend *m;* (*c*) (*of pers.*) **to be v. in support of sth.,** etwas lautstark unterstützen; **-ly,** *adv.* (*a*) *Mus:* stimmlich; (*in song*) gesanglich; (*b*) (*orally*) mündlich. **'vocalist,** *s.* Sänger(in) *m(f).* **'vocalize,** *v.i.* singen.

vocation [və(u)'keiʃ(ə)n], *s.* (*a*) (*calling*) Berufung *f* (**for,** zu + *dat*); (*b*) (*aptitude*) Begabung *f* (**for,** für + *acc*); (*c*) (*profession*) Beruf *m.* **vo'cational,** *adj.* Berufs-; **v. training,** Berufsausbildung *f;* **v. guidance,** Berufsberatung *f.*

vociferate [və'sifəreit], *v.i.* (*of pers.*) schreien (**against sth.,** gegen etwas *acc*). **vo'ciferous,** *adj.* lautstark.

vodka ['vodkə], *s.* Wodka *m.*

vogue [vəug], *s.* Mode *f;* **to be in v./enjoy a v.,** Mode sein; sich *dat* großer Beliebtheit erfreuen.

voice [vois]. **I.** *s.* Stimme *f;* (*a*) **to raise one's v.,** (i) die Stimme erheben; (ii) (*speak louder*) lauter sprechen; **in a low v.,** mit leiser Stimme; **he likes the sound of his own v.,** er hört sich gerne reden; *Mus: Th:* **in good v.,** gut bei Stimme; (*b*) *Fig:* **the v. of experience/common sense,** die Stimme der Erfahrung/der Vernunft; (*c*) **we have no v. in the matter,** da haben wir nichts mitzureden; **with one v.,** einstimmig; (*d*) *Gram:* **passive v.,** Passiv *n;* **active v.,** Aktiv *n.* **II.** *v.tr.* (eine Meinung, Zweifel usw.) äußern. **voiced,** *adj. Ling:* stimmhaft. **'voiceless,** *adj.* ohne Stimme; *Ling:* stimmlos.

void [void]. **I.** *adj.* **1.** (*empty*) leer. **2.** *Jur:* **null and v.,** null und nichtig. **3. v. of,** ohne + *acc;* **v. of all reason,** ohne jegliche Vernunft, **v. of meaning,** sinnlos. **II.** *s.* Leere *f;* **gaping v.,** gähnende Leere; **to fill the v.,** die Lücke schließen.

volatile ['volətail], *adj.* **1.** *Ch:* flüchtig; **v. oil,** ätherisches Öl. **2.** (*of pers.*) (*excitable*) überschäumend; (*inconstant*) flatterhaft.

volcano, *pl.* **-oes** [vol'keinəu, -əuz], *s.* Vulkan *m.* **volcanic** [-'kænik], *adj.* vulkanisch; **v. rock,** vulkanisches Gestein.

vole [vəul], *s. Z:* Wühlmaus *f.*

volition [və'liʃ(ə)n], *s.* Willenskraft *f;* **of one's own v.,** aus freien Stücken.

volley ['voli]. **I.** *s.* (*a*) *Artil:* Geschützsalve *f;* (*b*) *Tennis:* Flugball *m,* Volley *n.* **II.** *v.* **1.** *v.tr. & i. Tennis:* einen Flugball/Flugbälle spielen. **2.** *v.i. Artil:* eine Salve abgeben. **'volleyball,** *s. Sp:* Volleyball *m.*

volt [vault], *s. El:* Volt *n.* **'voltage,** *s. El:* Spannung *f;* **v. drop,** Spannungsabfall *m;* **v. regulator,** Spannungsregler *m.* **'voltmeter,** *s.* Spannungsmesser *m.*

voluble ['voljubl], *adj.* redselig. **volu'bility,** *s.* Redseligkeit *f.*

volume ['volju:m], *s.* **1.** (*book*) Band *m;* **v. one,** Band eins; *F:* **it speaks volumes for him,** das spricht Bände für ihn. **2.** (*quantity*) **the v. of exports,** das Ausfuhrvolumen; **volumes of smoke/water,** Massen *fpl* von Rauch/Wasser;

Rauchmassen *fpl*/Wassermassen *fpl*. **3.** (*measure*) *Ph: etc:* Volumen *n;* Rauminhalt *m;* Fassungsvermögen *n* (eines Stausees usw.). **4.** (*loudness*) Lautstärke *f;* **to turn up the v. of the radio,** das Radio lauter stellen. **voluminous** [və'l(j)u:minəs], *adj.* umfangreich.

voluntary ['vɔlənt(ə)ri]. **I.** *adj.* freiwillig; *Jur:* **v. settlement,** außerordentliche Einigung; .*Gym:* **v. exercise,** Kür *f.* **II.** *s. Ecc: Mus:* (improvisiertes) Orgelsolo *n.* **volunteer** [vɔlən'ti:ər]. **I.** *s.* (*a*) *Mil:* Freiwillige(r) *m;* **v. army,** Freiwilligenkorps *n;* (*b*) (*unpaid worker*) Volontär(in) *m(f)*. **II.** *v.* **1.** *v.tr.* **to v. to do sth.,** sich anbieten, etwas zu tun; **to v. information,** freiwillig Auskunft geben. **2.** *v.i.* (*of pers.*) sich freiwillig melden (**for sth.,** zu etwas *dat*).

voluptuous [və'lʌptjuəs], *adj.* (*of thoughts, pleasures etc.*) wollüstig; **v. figure,** üppige Formen.

vomit ['vɔmit]. **I.** *s.* Erbrochenes *n.* **II.** *v.* **1.** *v.tr.* (Blut usw.) erbrechen. **2.** *v.i.* (*of pers.*) sich erbrechen. **'vomiting,** *s.* Erbrechen *n.*

voracious [və'reiʃəs], *adj.* gierig; **v. appetite,** unersättlicher Appetit; **v. reader,** Leseratte *f.* **vo'raciousness, voracity** [və'ræsiti], *s.* Unersättlichkeit *f.*

vortex, *pl.* **-texes, -tices** ['vɔ:teks, -teksiz, -tisi:z], *s.* (*a*) (*of air, smoke*) Wirbel *m;* (*b*) (*of water*) Strudel *m.*

vote [vəut]. **I.** *s.* (*a*) Abstimmung *f;* **to put a question to the v.,** über eine Frage abstimmen; (*b*) (**individual**) **v.,** Stimme *f;* **to have the/a v.,** das Stimmrecht haben; **to record one's v.,** wählen; *Parl:* **v. of censure,** Mißtrauensvotum *n;* (*c*) *Pol:* **the Conservative v.,** die Stimmenzahl für die Konservativen. **II.** *v.* **1.** *v.i.* (*of pers.*) wählen; **to v. for a candidate,** für einen Kandidaten stimmen; **v. for Martin!** wählen Sie Martin! *F:* **I v. we go,** ich bin dafür, daß wir gehen. **2.** *v.tr.* (j-n, etwas) wählen; *Parl:* **to v. a sum,** eine Summe bewilligen. **'voter,** *s.* Wähler *m.* **'voting,** *s.* Abstimmung *f;* (*at election*) Wählen *n;* **v. paper,** Stimmzettel *m;* **the v. was 365 to 359,** das Ergebnis der Abstimmung war 365 Stimmen zu 359.

vouch [vautʃ], *v.i.* **to v. for s.o./for the truth of sth.,** für j-n/für die Wahrheit von etwas *dat* bürgen; **to v. for a fact,** eine Tatsache bezeugen. **'voucher,** *s. Com:* Gutschein *m;* **gift v.,** Geschenkbon *m.*

vow [vau]. **I.** *s.* Gelübde *n;* **to take/make a v.,** ein Gelübde ablegen. **II.** *v.tr.* (etwas) geloben.

vowel ['vauəl], *s.* Vokal *m;* **v. sound,** Selbstlaut *m,* Vokallaut *m.*

voyage ['vɔiidʒ]. **I.** *s.* Seereise *f;* **v. home,** Heimreise *f.* **II.** *v.i.* eine Seereise unternehmen. **'voyager,** *s.* Seereisende(r) *f (m).*

vulcanize ['vʌlkənaiz], *v.tr.* (Gummi) vulkanisieren. **vulcani'zation,** *s.* Vulkanisierung *f.*

vulgar ['vʌlgər], *adj.* (*a*) vulgär; (*of language, pers.*) ordinär; **don't be so v.!** sei nicht so ordinär! (*b*) *Mth:* **v. fraction,** gemeiner Bruch. **'vulgarism,** *s.* vulgärer Ausdruck *m.* **vul'garity,** *s.* Gewöhnlichkeit *f;* **to lapse into v.,** ins Ordinäre verfallen.

vulnerable ['vʌln(ə)rəbl], *adj.* (*a*) (leicht) verletzbar; *Fig:* anfällig (**to sth.,** für etwas *acc*); **he is very v.** (**to criticism**), er ist leicht (durch Kritik) zu verletzen; **a v. point,** ein schwacher Punkt; (*b*) *Mil:* angreifbar. **vulnera'bility,** *s.* Verletzbarkeit *f;* *Fig:* Anfälligkeit *f* (**to,** für + *acc*); *Mil: etc:* Schwäche *f* (**to,** gegenüber + *dat*).

vulture ['vʌltʃər], *s. Orn: & Fig:* Geier *m.*

W

W, w ['dʌblju:], *s.* (der Buchstabe) W, w *n.*

wad [wɔd]. **I.** *s.* (*a*) (*ball*) Ball *m;* Knäuel *n* (Papier); (*pad*) Polster *n;* **w. of cotton wool,** Wattebausch *m;* (*b*) **w. of (bank)notes,** Bündel *n* Banknoten; **w. of papers,** Aktenbündel *n.* **II.** *v.tr.* (*p. & p.p.* **wadded**) (eine Jacke usw.) wattieren. **'wadding,** *s.* (*a*) *Cl:* Wattierung *f;* (*b*) (*cotton wool*) Watte *f.*

waddle ['wɔdl]. **I.** *v.i.* watscheln. **II.** *s.* watschelnder Gang *m.*

wade [weid], *v.* **1.** *v.i.* (*a*) (durch einen Bach usw.) waten; *F:* **to w. through a book,** sich durch ein Buch durchackern; (*b*) *F:* **to w. in to the (attack),** zum Angriff übergehen. **2.** *v.tr.* (einen Bach) durchwaten. **'wader,** *s.* **1.** *Orn:* Watvogel *m.* **2.** *pl.* (*boots*) Wasserstiefel *mpl.*

wafer ['weifər], *s.* **1.** (*biscuit*) Waffel *f.* **2.** *Ecc:* Oblate *f;* (*consecrated*) Hostie *f.* **'wafer-'thin,** *adj.* hauchdünn.

waffle[1] ['wɔfl], *s. Cu:* Waffel *f;* **w. iron,** Waffeleisen *n.*

waffle[2]. **I.** *v.i. F:* faseln; **to w. on,** immer weiter quasseln. **II.** *s. F:* Faselei *f,* Blabla *n.*

waft [wɑ:ft], *v.tr. & i.* **a scent of roses (was) wafted into the room,** ein Duft von Rosen wehte ins Zimmer.

wag[1] [wæg]. **I.** *v.* (*p. & p.p.* **wagged**) **1.** *v.tr.* **the dog wagged its tail,** der Hund wedelte mit dem Schwanz; **to w. one's head,** den Kopf schütteln; **to w. one's finger at s.o.,** j-m mit dem Finger drohen. **2.** *v.i.* (*of tail*) (schnell) hin und her schlagen; *Fig:* **that will set people's tongues**

wagging, das wird den Leuten was zu reden geben. II. *s.* **w. (of the tail),** Schwanzwedeln *n.*

wag², *s.* (*pers.*) Spaßvogel *m.*

wage¹ [weidʒ], *s.* (*sing. or pl.*) Lohn *m;* **to earn good wages,** gut verdienen; **w. earner,** Lohnempfänger *m;* **w. packet,** Lohntüte *f;* **w. freeze,** Lohnstopp *m;* **w. scale,** Tarif *m;* **w. agreement,** Tarifvertrag *m.*

wage², *v.tr.* **to w. war/a campaign,** Krieg/einen Feldzug führen.

wager ['weidʒər]. I. *v.* 1. *v.tr.* **to w. a pound on a horse,** ein Pfund auf ein Pferd setzen; **to w. s.o. £10 that . . . ,** mit j-m um zehn Pfund wetten, daß . . . 2. *v.i.* wetten. II. *s.* Wette *f.*

waggle ['wægl], *v.* 1. *v.tr.* **to w. its tail,** mit dem Schwanz wedeln; **to w. one's ears/hips,** mit den Ohren/Hüften wackeln. 2. *v.i.* (*of bird*) wippen; (*wriggle*) zappeln; (*wobble*) wackeln.

wag(g)on ['wæg(ə)n], *s.* 1. (*cart*) Pferdewagen *m.* 2. *Rail:* (**goods**) **w.,** (offener) Güterwagen *m.* '**wag(g)onload,** *s.* Wagenladung *f* (**of hay etc.,** Heu usw.).

wagtail ['wægteil], *s. Orn:* Bachstelze *f.*

waif [weif], *s.* Heimatlose(r) *f(m)*, *esp.* verwahrlostes Kind *n;* **waifs and strays,** heimatlose Kinder *npl.*

wail [weil]. I. *v.i.* (*a*) (*of child, siren etc.*) heulen; (*b*) (*lament*) jammern, klagen (**about,** über + *acc*). II. *s.* (*a*) Heulen *n;* (*b*) Klage *f;* Jammerschrei *m.* '**wailing.** I. *adj.* heulend. II. *s.* (*a*) Geheul *n* (eines Kindes, einer Sirene usw.); (*b*) (*lamentation*) Klagen *n;* Jammern *n.*

wainscot(ing) ['weinskət(iŋ)], *s.* Holztäfelung *f* (an der unteren Hälfte einer Wand).

waist [weist], *s.* 1. (*of pers., dress*) Taille *f;* **to put one's arm around s.o.'s w.,** j-n um die Taille fassen; **w. measurement,** Taillenweite *f;* **dress with a high w.,** Kleid *n* mit einer hoch angesetzten Taille. 2. *Tchn:* schmalste Stelle *f;* (*worn*) abgenutzte Stelle *f.* '**waistband,** *s.* Bund *m;* (*of skirt*) Rockbund *m.* '**waistcoat,** *s.* Weste *f.* '**waistline,** *s.* Taille *f;* **to watch one's w.,** auf die (schlanke) Linie achten.

wait [weit]. I. *v.* 1. *v.i.* (*a*) warten; **w. a moment!** (wart einen) Moment! **to w. for s.o., sth.,** auf j-n, etwas *acc* warten; **to w. for the rain to stop,** warten, bis der Regen aufhört; **den Regen abwarten; he didn't w. to be told twice,** er ließ es sich nicht zweimal sagen; **to keep s.o. waiting,** j-n warten lassen; **that can w.,** das hat Zeit; **w. and see!** nur Geduld! *F:* abwarten und Tee trinken! (*threat*) **just you w.!** warte nur! *Com:* **repairs while you w.,** Reparatur-Sofortdienst *m;* (*b*) **to w. up for s.o.,** aufbleiben, bis j-d nach Hause kommt; (*c*) **to w. (at table),** (bei Tisch) bedienen; **to w. on s.o. (hand and foot),** j-n (vorn und hinten) bedienen. 2. *v.tr.* **to w. one's opportunity,** eine günstige Gelegenheit abwarten; **to w. one's turn,** warten, bis man an die Reihe kommt. II. (*a*) Wartezeit *f;* **we had a long w.,** wir mußten lange warten; (*b*) **to lie in w.,** auf der Lauer liegen; **to lie in w. for s.o.,** j-m auflauern. '**waiter,** *s.* Kellner *m;* **head w.,** Oberkellner *m;* (*calling*) **w.!** Herr Ober! '**waiting,** *s.* 1. (*a*) Warten *n; P.N: Aut:* **no w.,** Halten verboten; (*b*) *attrib.* **w. list,** Warteliste *f;* **w. room,** (*at doctor's etc.*) Wartezimmer *n; Rail:* Wartesaal *m;* (*c*) **lady in w.,** Hofdame *f.*

'waitress, *s.* Kellnerin *f;* (*calling*) **w.!** Fräulein!

waive [weiv], *v.tr.* **to w. a claim/one's rights,** auf einen Anspruch/seine Rechte verzichten; **to w. a rule,** eine Vorschrift übergehen. '**waiver,** *s.* Verzicht *m;* (*written*) Verzichterklärung *f* (**of,** auf + *acc*).

wake¹ [weik], *v.* (*p.* woke [wəuk], *p.p.* woken [wəuk(ə)n]) 1. *v.i.* (*a*) **to w. (up),** aufwachen; **to w. up to find oneself famous,** über Nacht berühmt werden; (*b*) *Fig:* **he's waking up to the truth,** langsam wird er sich *dat* der Wahrheit bewußt. 2. *v.tr.* **to w. s.o. (up),** j-n wecken; *F:* **to w. up one's ideas,** (i) mehr Energie an den Tag legen; (ii) moderner denken; **he needs sth. to w. him up,** er muß mal ein bißchen aufgerüttelt werden. '**wakeful,** *adj.* (*a*) (*of pers.*) **to be w.,** immer wieder aufwachen; (*vigilant*) wachsam sein; **w. night,** durchwachte Nacht. '**wakefulness,** *s.* Schlaflosigkeit *f;* (*vigilance*) Wachsamkeit *f.* '**waken,** *v.* 1. *v.i.* **to w. to reality,** sich *dat* der Wirklichkeit bewußt werden. 2. *v.tr.* (*a*) (j-n) wecken; **this noise is enough to w. the dead!** das ist ein Krach, um Tote aufzuwecken! (*b*) (Gefühle usw.) erwecken; (Erinnerungen) wachrufen. '**waker,** *s.* **I am an early w.,** ich wache immer früh auf. '**waking.** I. *adj.* wachend; **w. hours,** wache Stunden; **every w. minute,** jede Minute des Wachseins. II. *s.* Erwachen *n;* **between sleeping and w.,** im Halbschlaf.

wake², *s.* (*a*) *Nau:* Kielwasser *n;* (*b*) *Fig:* **to follow in s.o.'s w.,** j-m auf dem Fuße folgen; **in the w. of the storm,** unmittelbar nach dem Sturm; (*of event etc.*) **to bring sth. in its w.,** etwas nach sich *dat* ziehen.

Wales [weilz]. *Pr.n. Geog:* Wales *n.*

walk [wɔːk]. I. *v.* 1. *v.i.* gehen; *F:* laufen; (*a*) **he was walking along slowly,** er schlenderte (langsam) dahin; **the child is learning to w.,** das Kind lernt laufen; (*b*) (*as opposed to drive etc.*) **to w. home,** zu Fuß nach Hause gehen; **you can w. there in ten minutes,** man braucht zehn Minuten zu Fuß (bis dorthin); (*c*) (*for pleasure*) (i) spazierengehen; (ii) (*longer distances*) wandern; (*d*) **to w. in one's sleep,** nachtwandeln. 2. *v.tr.* (*a*) **to w. the streets,** (i) durch die Straßen gehen/*F:* laufen; (ii) (*of prostitute*) auf den Strich gehen; (*b*) **to w. s.o. off his feet,** j-n solange mitschleppen, bis er nicht mehr kann; (*c*) **to w. a dog,** einen Hund spazierenführen; **to w. a horse,** ein Pferd am Zügel führen; (*d*) *F:* **to w. it,** zu Fuß gehen. II. *s.* 1. Weg *m;* **quite a w.,** ein hübsches Stück zu Fuß; **it's an hour's w. from here,** von hier aus geht man eine Stunde zu Fuß. 2. Spaziergang *m;* **to go for a w.,** spazierengehen, einen Spaziergang machen; **to take the dog for a w.,** den Hund spazierenführen. 3. (*gait*) Gang *m;* **I recognized him by his w.,** ich erkannte ihn an seinem Gang; **to slow down to a w.,** seine Schritte verlangsamen. 4. (*in garden etc.*) Spazierweg *m;* **covered w.,** gedeckter Gang *m.* 5. **people from all walks of life,** Angehörige *pl* aller Gesellschaftsschichten und Berufsgruppen. '**walk a'bout,** *v.i.* herumgehen. '**walk-about,** *s.* Spaziergang *m* (eines Staatschefs) unter dem Volk. '**walk**

´**down**, *v.tr.* (die Straße, den Berg) hinunter-
gehen. ´**walker,** *s.* Spaziergänger *m;* (*hiker*)
Wanderer *m;* **a keen w.,** ein begeisterter
Wanderer; **he's a fast w.,** er geht sehr schnell.
´**walkie-´talkie,** *s.* tragbares Funksprech-
gerät *n,* Walkie-talkie *n.* ´**walk ´in,** *v.i.*
eintreten; **please w. i.,** kommen Sie nur herein;
(*on door*) nicht anklopfen. ´**walking,** *s.*
Gehen *n;* Laufen *n;* (*for pleasure*) Spazie-
rengehen *n;* (*hiking*) Wandern *n;* **I like w.,** (i)
ich gehe gern spazieren; (ii) ich wandere gern;
attrib. **w. shoes,** Wanderschuhe *mpl;* **w. stick,**
Spazierstock *m;* **w. tour,** Wandertour *f; Sp:* **w.
race,** Gehwettbewerb *m.* ´**walk ´into,** *v.i.* (in
ein Zimmer usw.) (hin)eintreten; **to w. i. a wall,**
gegen eine Wand laufen; (*b*) *F:* **he expects to w.
i. a job,** er erwartet, daß er ohne weiteres eine
Stelle bekommt. ´**walk ´off,** *v.* 1. *v.i.* (*a*)
fortgehen; (*b*) *F:* (*steal*) **to w. o. with sth.,** etwas
mitgehen lassen; **someone has walked off with
my purse,** mein Geldbeutel hat Beine be-
kommen; (*c*) *F:* **he walked off with the first
prize,** er hat den ersten Preis eingeheimst. 2.
v.tr. F: **to w. o. one's lunch,** einen Verdauungs-
spaziergang (nach dem Mittagessen) machen.
´**walk ´on,** *v.i.* (*a*) weitergehen; (*b*) *Th:* auf-
treten; **a w.-on part,** eine stumme Rolle. ´**walk
´out,** *v.i.* (*a*) hinausgehen; (*b*) *F:* **to w. o. on
s.o.,** j-n im Stich lassen; **his wife has walked
out on him,** seine Frau ist ihm davongelaufen;
(*c*) *Ind:* die Arbeit spontan niederlegen.
´**walkout,** *s. Ind:* spontane Arbeitsnieder-
legung *f.* ´**walk ´over,** *v.i.* **to w. o. to s.o.,** zu
j-m hinübergehen. ´**walkover,** *s. Sp:* (*a*)
leichter Sieg *m;* (*b*) (*bye*) Freilos *n.* ´**walk
´round,** *v.tr.* (in einer Stadt, Ausstellung usw.)
herumgehen. ´**walk ´up,** *v.i.* **to w. up to s.o.,**
auf j-n zugehen; **to w. up to the fifth floor,** in
die fünfte/*N.Am:* vierte Etage hinaufgehen.
´**walkway,** *s.* (*open*) Laufsteg *m;* (*covered*)
Verbindungsgang *m.*
wall [wɔːl]. I. *s.* 1. (*a*) (*freestanding, of garden,
city etc.*) Mauer *f;* **the Great W. of China,** die
Chinesische Mauer; (*b*) (*of building, room*)
Wand *f;* **to hang sth. on the w.,** etwas an die
Wand hängen; *attrib.* **w. clock,** Wanduhr *f;* **w.
unit,** Schrankwand *f;* **w. painting,** Wandge-
mälde *n;* **w.-to-w. carpeting,** Teppichboden *m;*
(*c*) *Fig:* **to come up against a blank w.,** in eine
Sackgasse geraten; **walls have ears,** die Wände
haben Ohren; **to go to the w.,** (*of firm*) pleite
gehen; *F:* **it's enough to drive you up the w.,** das
ist zum Verrücktwerden. 2. Wand *f* (der Brust,
einer Zelle usw.); *Min:* Seitenwand *f* (eines
Grubenbaus); **hanging w.,** Hangende *n.* II. *v.tr.*
to w. sth. (in), etwas ummauern; **walled town,**
befestigte Stadt; **to w. up a window etc.,** ein
Fenster usw. zumauern. ´**wallflower,** *s.* (*a*)
Bot: Goldlack *m;* (*b*) *F:* (*at dance*) **to be a
w.,** Mauerblümchen spielen. ´**wallpaper,** *s.*
Tapete *f.* ´**wall-plug,** *s.* Wanddübel *m.*
wallet [´wɔlit], *s.* Brieftasche *f.*
Walloon [wɔ´luːn]. I. *adj.* wallonisch. II. *s.* 1.
(*pers.*) Wallone *m;* Wallonin *f.* 2. *Ling:* Wal-
lonisch *n.*
wallop [´wɔləp]. *F:* I. *v.tr.* (*a*) (*hit*) (j-m) eine
langen; (*b*) (*thrash*) (j-n) verdreschen. II. *s.*
wuchtiger Schlag *m.* ´**walloping.** *F:* I. *s.* to

give s.o. a w., j-m eine Tracht Prügel ver-
abreichen. II. *adj.* riesig; **w. (great) lie,**
faustdicke Lüge.
wallow [´wɔləu]. *v.i.* (*a*) (*of animal*) **to w. in the
mud,** sich im Schlamm wälzen (*b*) (*of pers.*) *Fig:*
to w. in sentiment etc., in Gefühlen usw.
schwelgen; **to be wallowing in luxury/in money,**
im Luxus/in Geld schwimmen.
walnut [´wɔːlnʌt], *s.* (*a*) Walnuß *f;* (*b*) (*tree*)
Nußbaum *m;* (*c*) (*wood*) Nußbaumholz *n,* Nuß
f; **w. table,** Tisch *m* aus Nuß(baum).
walrus [´wɔːlrəs], *s. Z:* Walroß *n; F:* **w. mous-
tache,** Knebelbart *m.*
waltz [wɔːl(t)s]. I. *s.* Walzer *m.* II. *v.i.* (*a*) (einen)
Walzer tanzen; (*b*) *F:* **she came waltzing in,** sie
kam hereingetanzt.
wan [wɔn], *adj.* (*a*) (*of pers., face*) blaß, bleich;
w. smile, mattes Lächeln; (*b*) (*of light, sky*)
fahl.
wand [wɔnd], *s.* (**magic**) **w.,** Zauberstab *m.*
wander [´wɔndər], *v.i.* (*a*) (*of pers.*) wandern; **to
w. aimlessly through the town,** ziellos durch die
Stadt wandern; **to w. about,** herumschweifen;
Fig: **his glance wandered from one to the other,**
sein Blick schweifte von einem zum anderen;
(*b*) (*stray*) irren; **to w. from the path,** vom
Weg abkommen; (*c*) *Fig:* (*of pers.*) **to w. from
the subject,** vom Thema abschweifen; **some-
times his thoughts w.,** manchmal ist er mit
seinen Gedanken ganz woanders; (*of sick
pers.*) **he/his mind is wandering,** er phantasiert;
(*d*) *Aut:* **the car wanders,** das Auto fährt nicht
in einer Geraden. ´**wanderer,** *s.* Wanderer *m.*
´**wandering. I.** *adj.* 1. wandernd; **the w. Jew,**
der Ewige Jude; **w. life,** Wanderleben *n,* No-
madenleben *n.* II. *s.* 1. Wandern *n;* **in his wan-
derings,** auf seinen Reisen. 2. **the wanderings of
the sick man,** das Phantasieren des Kranken.
´**wanderlust,** *s.* Wanderlust *f.*
wane [wein]. I. *v.i.* (*of moon, Fig: of strength,
influence*) abnehmen; (*of interest etc.*) nach-
lassen; (*of beauty*) schwinden; (*of light*)
schwächer werden. II. *s.* Abnehmen; **to be on
the w.,** im Abnehmen sein. ´**waning. I.** *adj.* (*of
moon*) abnehmend; (*of strength etc.*) nachlas-
send. II. *s.* Abnehmen *n;* Nachlassen *n.*
wangle [´wæŋgl]. *F:* I. *v.tr.* **he'll w. it somehow,**
er wird die Sache schon schaukeln/deichseln;
he's wangled a week's leave, er hat eine
Woche Urlaub herausgeschunden. II. *s.* Kniff
m; **the whole thing's a w.,** das ist alles Schie-
bung/ein Dreh.
want [wɔnt]. I. *v.tr.* (*a*) (*desire*) (etwas) wollen,
wünschen; **they w. a car,** sie wollen ein Auto
(haben); **he wants a bike for Christmas,** er
wünscht sich ein Fahrrad zu Weihnachten; **he
knows what he wants,** er weiß, was er will; **I
don't w. anything to drink,** ich möchte nichts
(zu) trinken; **what more do you w.?** was willst
du noch mehr? **how much do they w. for it?**
wieviel verlangen sie dafür? **you're wanted
(on the phone),** Sie werden (am Telefon)
verlangt; **we're not wanted here,** wir sind hier
nicht erwünscht; **what does he w. with me?**
was will er von mir? *Iron:* **you don't w. much!**
du stellst vielleicht Ansprüche! (*b*) **to w. to do
sth.,** etwas tun wollen; **he wants to be a doctor,**
er will Arzt werden; **he wants me to go with**

him, er will, daß ich mitgehe; **I don't w. to,** ich will/mag/möchte nicht; **I don't w. it (to be) known,** ich möchte nicht, daß es bekannt wird; *Scot:* **to w. in/out,** hinein/hinauswollen; *(c) (need)* (j-n, etwas) brauchen, nötig haben; **have you got everything you w.?** haben Sie alles, was Sie brauchen? **this work wants a lot of patience,** diese Arbeit erfordert viel Geduld; *F:* **the lawn wants mowing,** der Rasen müßte gemäht werden; **he wants a good hiding,** er hätte eine ordentliche Tracht Prügel nötig; *(d) (seek)* (eine Stelle, einen Verbrecher) suchen; **he is wanted by the police,** er wird von der Polizei gesucht; *Advert:* **cook wanted,** Koch/Köchin gesucht. **II.** *s.* **1.** *(lack)* Mangel *m* **(of,** an + *dat);* **for w. of attention,** durch schlechte Instandhaltung; **for w. of anything better,** mangels eines Besseren; **his w. of understanding,** seine mangelnde Einsicht. **2.** *(poverty)* Not *f;* **to be in w.,** Not leiden. **3.** *(need)* Bedürfnis *n; (desire)* Wunsch *m;* **to supply s.o.'s wants,** j-s Wünsche/Bedürfnisse befriedigen; **to meet a long-felt w.,** eine seit langem fühlbare Lücke ausfüllen; **a man of few wants,** ein anspruchsloser Mensch. **'wanting,** *adj.* **he is w. in intelligence, tact etc.,** es fehlt ihm an Intelligenz, Takt usw.; **he was (tried and) found w.,** er hat die Probe nicht bestanden.

wanton ['wɔntən], *adj.* **1.** *(wilful)* **w. destruction,** mutwillige Zerstörung. **2.** *(unchaste)* unkeusch.

war [wɔːr]. **I.** *s.* *(a)* Krieg *m;* **to be at w.,** Krieg führen **(with,** mit + *dat);* **to make w. on s.o.,** gegen j-n Krieg führen; **to go to w.,** in den Krieg ziehen; **to declare w. on a country,** einem Land den Krieg erklären; **w. clouds were gathering,** die Anzeichen des drohenden Krieges wurden immer deutlicher; **w. correspondent,** Kriegsberichterstatter *m;* **w. cry,** Kriegsgeschrei *n;* **w. dance,** Kriegstanz *m;* *(b) Fig:* Kampf *m* **(on/against,** gegen + *acc);* **to declare w. on poverty,** der Armut den Krieg ansagen; **w. of words,** Wortgefecht *n; (c) F:* **he has been in the wars,** er ist arg mitgenommen. **II.** *v.i. (p. & p.p.* **warred)** Krieg führen **(with,** gegen + *acc);* **the warring factions,** die kriegführenden Gruppen. **'warfare,** *s.* Kriegführung *f;* **class w.,** Klassenkampf *m.* **'warhead,** *s.* Gefechtskopf *m* (eines Torpedos usw.); **nuclear w.,** Atomsprengkopf *m.* **'warhorse,** *s. (a)* Schlachtroß *n; (b) F:* **an old w.,** ein alter Haudegen. **'warmonger,** *s.* Kriegshetzer *m.* **'warpaint,** *s. (lit. & Hum:* make-up) Kriegsbemalung *f.* **'warpath,** *s. (a)* Indians on the w., Indianer auf dem Kriegspfad; *(b) F:* **he's on the w.,** er ist in Kampfstimmung. **'warship,** *s.* Kriegsschiff *n.* **'wartime,** *s. (a)* **in w.,** in Kriegszeiten; *(b) attrib.* Kriegs-, kriegsmäßig; **w. economy,** Kriegswirtschaft *f.* **'war-widow,** *s.* Kriegerwitwe *f.*

warble ['wɔːbl]. **I.** *v.i. (of bird)* trillern. **II.** *s.* Triller *m.* **'warbler,** *s. Orn:* Grasmücke *f.* **'warbling,** *s.* Trillern *n.*

ward [wɔːd]. **I.** *s.* **1.** *Jur:* Mündel *n;* **w. of court/ in Chancery,** Mündel unter Amtsvormundschaft. **2.** *(in hospital)* Station *f;* **w. sister,** Stationsschwester *f.* **3.** *Brit: Pol:* Wahlbezirk *m.* **II.** *v.tr.* **to w. off a blow, a danger etc.,** einen

Schlag, eine Gefahr usw. abwehren. **'warden,** *s.* **1.** Aufseher *m;* Leiter *m* (eines Studentenheims); *(of youth hostel)* Herbergsvater *m; (female)* Herbergsmutter *f;* **traffic w.,** *(male)* Hilfspolizist *m* (für den ruhenden Verkehr); *(female)* Politesse *f.* **2.** *Univ:* Rektor *m* (eines Colleges). **'warder/'wardress,** *s.* Gefängniswärter(in) *m(f).* **'wardrobe,** *s.* **1.** *Furn:* Kleiderschrank *m.* **2.** *(clothes)* Garderobe *f; Th:* **w. master/mistress,** Gewandmeister(in) *m(f); (also dresser)* Garderobier(e) *m(f).* **'wardroom,** *s. Navy:* Offiziersmesse *f.*

ware [wɛər], *s. (coll. esp. in compounds)* Waren *fpl; (china etc.)* Geschirr *n.* **'warehouse,** *s.* Lagerhaus *n.* **'warehouseman,** *s. (worker)* Lagerarbeiter *m; (storekeeper)* Lagerhalter *m.*

warm [wɔːm]. **I.** *adj.* warm; *(a)* **I am w.,** mir ist warm; **are you w. (enough)?** ist dir warm genug? **w. work,** anstrengende Arbeit; *(b)* **to give s.o. a w. welcome/reception,** j-m einen warmen/herzlichen Empfang bereiten; *(c) F: (in game)* **you're getting w.,** jetzt wird's langsam wärmer. **II.** *s. F:* **in the w.,** im Warmen; **have a w.,** wärme dich; **come into the w.,** komm herein in die Wärme. **III.** *v.* **1.** *v.tr.* (ein Zimmer, eine Flüssigkeit usw.) wärmen, *(gradually)* erwärmen; **to w. oneself/one's hands by the fire,** sich/sich *dat* die Hände am Feuer wärmen. **2.** *v.i.* sich erwärmen; *Fig:* **to w. to s.o., sth.,** sich für j-n, etwas *acc* erwärmen; **the speaker warmed to his subject,** der Redner kam in Schwung; **-ly,** *adv.* **1. w. dressed,** warm angezogen. **2. to thank s.o. w.,** j m herzlich danken; **to applaud w.,** begeisterten Applaus spenden. **'warm-'blooded,** *adj. Z:* warmblütig; **w.-b. animal,** Warmblüter *m.* **'warm-'hearted,** *adj.* warmherzig. **'warming,** *s.* Wärmen *n,* Erwärmen *n;* **w. pan,** Bettwärmer *m.* **warmth,** *s.* **1.** Wärme *f.* **2.** *(cordiality)* Herzlichkeit *f* (eines Empfanges usw.). **3.** *(emotion)* **he replied with some w.,** er antwortete mit einiger Heftigkeit. **'warm 'up,** *v.* **1.** *v.tr.* (etwas) erwärmen; **to w. u. food,** Speisen aufwärmen; *Aut:* **to w. u. the engine,** den Motor warmlaufen lassen. **2.** *v.i.* warm werden; *(of engine)* warmlaufen; *(of athlete before race)* sich aufwärmen; **I'm beginning to w. u.,** mir wird langsam wieder warm; *Fig:* **the speaker warmed up,** der Redner kam in Schwung.

warn [wɔːn], *v.tr.* (j-n) warnen **(of/against,** vor + *dat);* **to w. s.o. of a danger,** j-n vor einer Gefahr warnen; **he warned her not to go/ against going,** er warnte sie davor, zu gehen; **you have been warned!** ich habe Sie gewarnt! **'warning. I.** *adj.* warnend; **w. light,** Warnlicht *n;* **w. shot,** Warnschuß *m.* **II.** *s. (a)* Warnung *f;* **let this be a w. to you,** laß dir das eine Warnung sein; *(b) (notice)* **to give s.o. plenty of w.,** j-n rechtzeitig benachrichtigen; **to arrive without w.,** unangemeldet kommen; *(b) (preceding punishment)* Verwarnung *f.*

warp [wɔːp]. **I.** *v.* **1.** *v.tr. (a)* **the damp has warped the wood,** durch die Feuchtigkeit hat sich das Holz geworfen; *(b) Fig:* (j-s Charakter) verbiegen; **to w. s.o.'s judgement,** j-s Urteilsvermögen beeinträchtigen. **2.** *v.i. (of wood)* sich werfen. **II.** *s.* **1.** Verwerfung *f* (von Holz usw.) **2.** *Tex:* Kette *f.* **3.** *Nau:* (*rope*) Schleppseil *n.* **warped**, *adj.* **1.** (*of wood*) geworfen. **2.** (*of mind, humour etc.*) verdreht. ´**warping**, *s.* **1.** Verwerfung *f* (des Holzes). **2.** *Tex:* Scheren *n* (der Kettfäden).

warrant [´wɔrənt]. **I.** *s.* **1.** (*document*) (*a*) (*order*) Befehl *m;* (*authority*) Vollmacht *f; Jur:* **w. of arrest**, Haftbefehl *m;* **death w.**, Hinrichtungsbefehl *m;* **search w.**, Haussuchungsbefehl *m;* (*b*) (*voucher*) *Fin:* **dividend w.**, Dividendenschein *m; Com:* **w. for payment**, Zahlungsanweisung *f.* **3.** *Mil:* **w. officer**, Stabsfeldwebel *m.* **II.** *v.tr.* (*a*) (*justify*) (etwas) berechtigen; **nothing can w. such behaviour**, ein solches Betragen ist durch nichts zu rechtfertigen; (*b*) (*guarantee*) (etwas) garantieren; **it will never happen again, I w. you**, ich kann Ihnen versichern, daß es nie wieder vorkommt. ´**warranted**, *adj. Com:* garantiert. ´**warranty**, *s. Com:* Garantie *f.*

warren [´wɔrən], *s.* **1.** (**rabbit**) **w.**, Kaninchensiedlung *f.* **2.** *Fig:* **a w. of narrow streets**, ein Labyrinth *n* von engen Straßen.

warrior [´wɔriər], *s.* Krieger *m.*

Warsaw [´wɔːsɔː]. *Pr. n. Geog:* Warschau *n.*

wart [wɔːt], *s.* Warze *f.* ´**warthog**, *s. Z:* Warzenschwein *n.*

wary [´wɛəri], *adj.* vorsichtig; **to be w. of doing sth.**, sich hüten, etwas zu tun; **I'd be w. of his advances**, ich würde seinen Annäherungsversuchen mißtrauen; **-ily**, *adv.* vorsichtig; **to tread w.**, behutsam vorgehen. ´**wariness**, *s.* Vorsicht *f.*

was [wɔz], *p. of* **be**, *q.v.*

wash [wɔʃ]. **I.** *v.* **1.** *v.tr.* (*a*) (etwas) waschen; **to w. oneself**, sich waschen; **to w. one's hands/hair**, sich *dat* die Hände/Haare waschen; *Fig:* **I w. my hands of him/it**, ich will nichts mehr mit ihm/damit zu tun haben; (*b*) (*of sea*) (Felsen) umspülen; (eine Küste) bespülen; **to w. s.o. overboard**, j-n über Bord spülen. **2.** *v.i.* (*a*) (*of pers.*) sich waschen; **this material is easy to w./washes well**, dieser Stoff läßt sich leicht waschen/wäscht sich gut; *F:* **that (excuse) won't w.**, diese Ausrede zieht nicht; (*b*) (*of waves etc.*) **to w. over the deck**, über (das) Deck spülen; **to w. against the side of the boat**, gegen die Seite des Boots schlagen. **II.** *s.* **1.** (*a*) (*of pers.*) **to have a w.**, sich waschen; **to have a w. and brush up**, sich frisch machen; **to give sth. a w.**, etwas waschen; (*b*) (*dirty clothes etc.*) Wäsche *f;* **to do a big w.**, große Wäsche haben; **the shirts are at the w.**, die Hemden sind in der Wäsche; *Fig:* **it will all come out in the w.**, es wird alles schon wieder gut. **2.** (*of boat etc.*) Kielwasser *n.* **3.** *Art:* Wasserfarbe *f.* ´**washable**, *adj.* waschbar. ´**wash a´way**, *v.tr.* (etwas) wegspülen. ´**wash-basin**, *N.Am:* ´**washbowl**, *s.* Waschbecken *n.* ´**washcloth**, *s. N.Am:* Waschlappen *m.* ´**washday**, *s. N.Am:* Waschtag *m.* ´**wash ´down**, *v.tr.* (*a*) (eine Wand, ein Auto usw.) waschen; (*b*) **to w. d. one's meal with a glass of beer**, das Essen mit einem Glas Bier hinunterspülen. ´**washer¹**, *s.* **1.** (*pers.*) **w. up**, Tellerwäscher *m.* **2.** *Aut:* (**windscreen**/*N.Am:* **windshield**) **w.**, Scheibenwaschanlage *f.* ´**washerwoman**, *s.*

Waschfrau *f.* ´**washhouse**, *s.* Waschküche *f.* ´**washing**, *s.* **1.** Waschen *n.* **2.** (*a*) Wäsche *f;* **dirty w.**, Schmutzwäsche *f;* **to do the w.**, Wäsche waschen; **w. day**, Waschtag *m;* **w. machine**, Waschmaschine *f; w.* **powder**, Waschpulver *n;* (*b*) *Aut:* **w. bay**, Waschanlage *f.* **2. w.-up**, Abwaschen *m; F:* Abwasch *m;* **to do the w.-up**, (das Geschirr) abwaschen; *F:* den Abwasch machen; **w.-up bowl**, Abwaschschüssel *f;* **w.-up machine**, Geschirrspülmaschine *f.* ´**wash-leather**, *s.* Waschleder *n.* ´**wash ´off**, *v.tr.* (Schmutz usw.) abwaschen. ´**wash ´out**, *v.* **1.** *v.tr.* (*a*) (*remove*) (einen Fleck usw.) auswaschen; (*b*) (*rinse*) (eine Flasche usw.) ausspülen; **to w. o. a pair of socks**, (schnell) ein Paar Socken auswaschen; (*c*) (*of colours, material*) **washed out**, ausgewaschen; *F:* (*of pers.*) **to feel washed out**, sich ganz schlapp fühlen; **you look washed out**, du siehst ganz mitgenommen aus; (*d*) *Sp:* **the game was washed out**, das Spiel fiel wegen Regen aus. **2.** *v.i.* (*of stain etc.*) sich auswaschen lassen. ´**washout**, *s. F:* (*of event etc.*) Pleite *f;* (*of pers.*) Niete *f.* ´**washrag**, *s. N.Am:* Waschlappen *m.* ´**washroom**, *s.* Waschraum *m.* ´**washstand**, *s.* Waschtisch *m.* ´**wash ´up**, *v.* **1.** *v.tr.* (*a*) (das Geschirr usw.) abwaschen; (*b*) (*of sea*) (etwas) an Land spülen. **2.** *v.i.* abwaschen.

washer², *s. Mec.E:* Dichtungsring *m.*

wasp [wɔsp], *s.* Wespe *f;* **w.'s nest**, Wespennest *n.* ´**waspish**, *adj.* (*of pers., tongue*) giftig. ´**wasp-´waist**, *s.* Wespentaille *f.*

waste [weist]. **I.** *v.* **1.** *v.tr.* (*a*) (Geld usw.) verschwenden; (seine Kräfte usw.) vergeuden (**on**, an + *acc*); **don't w. money on such baubles**, verschwende dein Geld nicht für solchen Firlefanz; **to w. time**, (i) (*use to no purpose*) Zeit vergeuden; (ii) (*lose*) Zeit verlieren (**on**, mit + *dat*); **to w. an opportunity**, eine Gelegenheit nicht ausnutzen; **I'm wasting my breath**, ich rede umsonst. **2.** *v.i.* (*a*) (*of pers.*) **to w. away**, dahinschwinden, (*die*) dahinsiechen; (*b*) *Prov:* **w. not, want not**, spare in der Zeit, so hast du in der Not. **II.** *adj.* **1.** **w. land/ground**, wüstes/unbebautes Gelände; *esp. Mil. Hist:* **to lay w. a town etc.**, eine Stadt usw. verwüsten. **2.** Abfall-; **w. paper**, Altpapier *n;* **w. paper basket**, Papierkorb *m; Ind:* **w. product**, Abfallprodukt *n;* **w. gas**, Abgas *n.* **III.** *s.* **1.** Verschwendung *f* (von Geld, Licht usw.); **w. of time/space**, Zeit/Platzvergeudung *f;* **it's a w. of effort**, das ist verlorene Mühe; **to go to/run to w.**, nicht ausgenutzt werden. **2.** (*rubbish*) Abfälle *mpl;* **radioactive w.**, radioaktive Abfälle; *H:* **w. disposal unit**, (*chute*) Müllschlucker *m;* (*in sink*) Abfallzerkleinerer *m.* **3.** *usu. pl.* (*deserted land*) Einöde *f;* **icy wastes**, Eiswüste *f.* ´**wastage**, *s.* **1.** Verschwendung *f.* **2.** (*amount lost*) Verlust *m.* ´**wasted**, *adj.* **1.** (*of time etc.*) verloren; **w. money**, vergeudetes/hinausgeworfenes Geld; **a w. life**, ein verpfuschtes Leben; **his efforts were w.**, seine Bemühungen waren umsonst; **the good wine was w. on him**, er wußte den guten Wein nicht zu schätzen. **2.** (*of pers.*) **w. (by disease)**, abgezehrt. ´**wasteful**, *adj.* (*of pers.*) verschwenderisch; (*of methods etc.*) unwirtschaftlich. ´**wastefulness**, *s.* (*of pers.*) Hang *m* zur Verschwendung; Unwirtschaftlichkeit *f* (einer Methode).

'**waster,** s. Vergeuder m (von Zeit usw.).
'**wasting. I.** s. Verschwendung f; w. away,
Dahinschwinden n; (dying) Dahinsiechen n. **II.**
adj. w. disease, zehrende Krankheit. '**wastrel,**
s. Verschwender m; (useless) Nichtsnutz m.
watch [wɔtʃ]. **I.** s. **1.** Wache f; (a) to be on the w.
for s.o., sth., nach j-m, etwas dat Ausschau
halten; to keep w. over s.o., sth., auf/j-n, etwas
acc aufpassen; to keep a close w. on s.o., sth.,
j-n, etwas scharf beobachten; (b) Hist:
Nachtwache f; (c) Nau: (pers. or period of
time) Schiffswache f; it's my w./I am on w., ich
habe Wache; officer of the w., wachhabender
Offizier. **2.** Uhr f; pocket/wrist w.,
Taschenuhr/Armbanduhr f; it's half past five
by my w., nach meiner Uhr ist es halb sechs.
II. v. **1.** v.tr. (a) (j-n, etwas) beobachten; to w.
s.o. do sth., beobachten, wie j-d etwas macht; I
watched him working, ich sah ihm bei der
Arbeit zu; to w. television, fernsehen; (b) could
you w. the baby for a moment? würdest du
einen Moment auf das Baby aufpassen? to w.
the time, auf die Zeit achten; you'll have to w.
him, du wirst auf ihn achtgeben müssen; F: w.
your step! w. it! paß auf! Vorsicht! you'd better
w. it! paß nur gut auf! **2.** v.i. (a) to w. (out) for
s.o., sth., nach j-m, etwas dat ausschauen;
(wait) j-n, etwas abwarten; (b) (take care) to
w. out, sich in acht nehmen; aufpassen; w. out!
Vorsicht! paß auf! '**watchdog,** s. Wachhund
m. '**watcher,** s. Beobachter m. '**watchful,**
adj. wachsam. '**watchfulness,** s. Wach-
samkeit f. '**watching,** s. (a) Beobachten n (of,
von + dat); (b) Aufpassen n (of, auf + acc).
'**watchmaker,** s. Uhrmacher m. '**watch-
making,** s. Uhrmacherei f. '**watchman,** s.
Wächter m; Hist: Ind: night w., Nachtwächter
m. '**watchnight,** s. w. service, Mitter-
nachtsmesse f am 31. Dezember. '**watch-
tower,** s. Wachtturm m. '**watchword,** s.
Kennwort n; (slogan) Parole f.
water ['wɔːtər]. **I.** s. **1.** Wasser n; (a) running w.,
fließendes Wasser, (in hotel) Fließwasser n; (in
hotel) hot and cold w. in every room, alle
Zimmer mit fließendem Kalt- und Warm-
wasser; w. main, Hauptleitung f; w. softener,
Enthärtungsmittel n; w. heater, Warmwas-
serbereiter m; w. tower, Wasserturm m; w.
supply, Wasserversorgung f; w. rate, Wasser-
geld n; (b) Fig: to pour/throw cold w. on a
scheme, Kritik an einem Plan üben; (of theory
etc.) to hold w., stichhaltig sein; (c) (at spa) to
take the waters, eine Brunnenkur machen; (d)
Geog: pl waters, Gewässer npl (eines Sees,
eines Flusses usw.); coastal waters, Küsten-
gewässer npl; (e) on land and w. zu Wasser und
zu Lande; by w., auf dem Wasserweg; w. bus,
Flußboot n; (f) (of fields etc.) to be under w.,
unter Wasser stehen; Fig: & Lit: to keep one's
head above w., sich über Wasser halten; (g)
(tide) high w., Flut f; low w., Ebbe f; w. level,
Wasserstand m; Geol: w. table, Grundwas-
serspiegel m; (h) attrib. w. diviner, Ruten-
gänger m; w. butt, Regentonne f; w. ice, Was-
sereis n; w. power, Wasserkraft f; Z: w. rat,
Wasserratte f; Bot: w. lily, Seerose f; w. melon,
Wassermelone f; Sp: w. polo, Was-
serball m; w. skiing, Wasserskilaufen n;

Equit: w. jump, Wassergraben m; I.C.E: w.
jacket, Wassermantel m. **2.** (a) Med: w. on the
knee, Kniegelenkerguß m; (b) to make/pass w.,
Wasser lassen. **3.** Fig: of the first w., von
reinstem Wasser. **II.** v. **1.** v.tr. (a) (die Blumen,
den Garten usw.) gießen; (of river etc.) (eine
Landschaft) bewässern; (b) to w. down wine
etc., Wein usw. verdünnen; Fig: (of story etc.)
watered down, verwässert; (c) (Tiere) tränken. **2.**
v.i. (a) (of eyes) tränen; (b) my mouth watered, das
Wasser lief mir im Mund zusammen. '**water-
colour,** s. **1.** (paint) Wasserfarbe f **2.**
(painting) Aquarell n. '**water-colourist,** s.
Aquarellmaler(in) m (f). '**water-cooled,** adj.
Mec. E: wassergekühlt. '**watercourse,** s. **1.**
Wasserlauf m. **2.** (river bed) Flußbett n. '**wa-
tercress,** s. Bot: Brunnenkresse f. '**watered,**
adj. Tex: silk, Moiré m & n. '**waterfall,** s.
Wasserfall m. '**waterfowl,** s. (a) Wasservogel
m; (b) Hunt: coll. Wasservögel mpl. '**water-
front,** s. Ufer n (des Meeres, eines Sees usw.);
(beach) Strand m; N.Am: on the w., im Ha-
fenviertel. '**waterhole,** s. Wasserstelle f (in den
Tropen). '**watering,** s. (a) Gießen n (der
Blumen usw.); w. can, Gießkanne f; (b) Wässern
n (des Weins usw.); (c) Tränken n (von Tieren);
(d) Tränen n (der Augen). '**waterline,** s. Nau:
Wasserlinie f (eines Schiffes). '**waterlogged,**
adj. (of boat) voll Wasser; (of ground, wood) (von
Wasser) durchtränkt. '**waterman,** s. Schiffer m
(am Fluß); (ferryman) Fährmann m. '**water-
mark,** s. Wasserzeichen n. '**waterproof. I.** adj.
wasserdicht. **II.** v.tr. (etwas) imprägnieren.
'**watershed,** s. (a) Geog: Wasserscheide f; (b)
Fig: Wendepunkt m. '**waterside,** s. Ufer n;
by the w., am Wasser. '**waterspout,** s. Meteor:
Wasserhose f '**watertight,** adj. (a) wasser-
dicht; (b) Fig: (of argument etc.) stichhaltig.
'**waterway,** s. Wasserstraße f. '**water-
works,** s. **1.** Wasserwerk n. **2.** (a) P: to turn on
the w., (anfangen zu) heulen; (b) F: I am hav-
ing trouble with my w., ich habe mit der Blase
zu tun. '**watery,** adj. wässerig; w. eyes, tränen-
de Augen npl; Lit: a w. grave, ein nasses Grab.
Waterloo [wɔːtə'luː]. Pr. n. Fig: to meet one's
W., zur Strecke gebracht werden.
watt [wɔt], s. El: Watt n; 100 watts, 100 Watt.
wattle ['wɔtl], s. Constr: Flechtwerk n; (for
fence) Reisigmatte f.
wave [weiv]. **I.** s. **1.** (in sea, hair, also Ph. & Fig:)
Welle f; (a) permanent w., Dauerwelle f; (b)
Rad: long w., Langwelle f; short w., Kurzwelle
f; (c) the first w. (of an attack), das erste Sta-
dium (eines Angriffs); (d) Fig: waves of enthu-
siasm/indignation, Wellen der Begeisterung/
der Empörung. **2.** Winken n; to give s.o. a w.,
j-m mit der Hand (zu)winken; w. of the hand,
Handbewegung f. **II.** v. **1.** v.i. (a) (of flag etc.)
wehen; (of corn) to w. in the wind, im Winde
wogen; (of branches) schwanken; (b) to w. to
s.o., j-m (mit der Hand) zuwinken; (c) (of hair)
sich wellen; her hair waves naturally, sie hat
Naturwellen. **2.** v.tr. (a) (die Arme, eine
Fahne usw.) schwenken; to w. one's hand, mit
der Hand winken; to w. goodbye to s.o., j-m
zum Abschied zuwinken; to w. s.o. to a chair,
j-n mit einer Handbewegung auffordern, Platz
zu nehmen; to w. s.o. on, j-m freie Fahrt geben;

to w. **aside an objection,** einen Einwand mit einer Handbewegung abtun; **to w. s.o. away,** j-m abwinken; (b) **to have one's hair waved,** sich dat die Haare in Wellen legen lassen. **waved,** adj. (of hair) gewellt. ´**wavelength,** s. Rad: Wellenlänge f; F: (of pers.) **to be on the same w.,** die gleiche Wellenlänge haben. ´**wavy,** adj. wellig; gewellt.

waver ['weivər], v.i. (a) (of flame etc.) flackern; (b) (of pers.) schwanken (**between two courses** etc., zwischen zwei Entschlüssen usw.); unentschlossen sein; (of courage) wanken. ´**waver-er,** s. Schwankende(r) f(m).

wax¹ [wæks]. I. s. Wachs n; **ear w.,** Ohrenschmalz m. II. v.tr. (den Fußboden, Skier usw.) (ein)wachsen. ´**waxcloth,** s. Wachstuch n. ´**waxwork,** s. Wachsfigur f; **waxworks,** Wachsfigurenkabinett n. ´**waxy,** adj. (a) (pale) wachsbleich; (b) (waxlike) wachsartig.

wax², v.i. (of moon) zunehmen; **to w. and wane,** zu- und abnehmen.

way¹ [wei], s. 1. (path) Weg m; (road) Straße f; **over/across the w.,** gegenüber; **there's no w. through,** man kann nicht durch; Rel: **the W. of the Cross,** der Kreuzweg; Rail: **permanent w.,** Bahnkörper m; N.Am: **w. train,** Personenzug m. 2. (route) Weg m; (a) **to ask one's w.,** nach dem Weg fragen; **which is the best w. to the station?** wie kommt man am besten zum Bahnhof? **to lose one's w.,** sich verirren; **to go the wrong w.,** (i) (on foot) sich verlaufen; (ii) (in car etc.) sich verfahren; **to find one's w.,** den Weg finden; F: hinfinden; **which w. did you go?** welche Strecke sind Sie gefahren? (on foot) wie sind Sie gegangen? (also Fig:) **to know one's w. about,** sich auskennen; (b) **on the w.,** unterwegs **(to,** nach + dat); **on the w. home/to school,** auf dem Heimweg/Schulweg; **on the w. out,** beim Hinausgehen; (not fashionable) nicht mehr so sehr Mode; F: **she's got a baby on the w.,** bei ihr ist ein Kind unterwegs; (c) **to go out of one's w.,** einen Umweg machen; Fig: **to go out of one's w. to help s.o.,** sich dat besondere Mühe geben, j-m zu helfen; **to go out of one's w. to make difficulties,** absichtlich Schwierigkeiten machen; (of village etc.) **out of the w.,** abgelegen; **that's nothing out of the w.,** das ist nichts Außerordentliches; (d) **by the w.,** übrigens; (e) **w. in,** Eingang m; **w. out,** Ausgang m; **to find a w. out of a difficulty,** einen Ausweg aus einer schwierigen Situation finden; (f) **to make one's w. through the crowd,** sich dat einen Weg durch die Menge bahnen; Fig: **to go one's own w.,** seine eigenen Wege gehen; **to make one's w. (in the world),** sich im Leben durchsetzen; **to work one's w. up,** sich hocharbeiten; **to pay one's w.,** seinen Anteil bezahlen; **it pays its w.,** es rentiert sich. 3. (distance) Entfernung f; **it's a long w. (from here),** es liegt weit weg/weit entfernt (von hier); **I've a long w. to go,** ich habe einen weiten Weg vor mir; **I'll go part of the w. with you,** ich werde dich ein Stück (Wegs) begleiten; **all the w.,** den ganzen Weg; Fig: **I'm with you all the w.,** ich stimme dir völlig zu; **he'll go a long w.,** er wird es (im Leben/in seinem Beruf) weit bringen; **to know how to make a little go a long w.,** mit wenigem gut auszukommen wissen; **she is not as clever**

as her sister **by a long w.,** sie ist bei weitem nicht so klug wie ihre Schwester; **the takings went a long w. towards covering expenses,** die Einnahmen haben die Kosten weitgehend gedeckt. 4. (lit & Fig:) **to stand/be in s.o.'s w.,** j-m im Wege stehen; (of pers., thing) **to get in s.o.'s w.,** j-n hindern; **get out of the/my w.!** geh mir aus dem Weg! **to keep out of s.o.'s w.,** j-m aus dem Wege gehen; **to make w. for s.o.,** j-m Platz machen; **to see one's w. (clear) to doing sth.,** sich in der Lage sehen, etwas zu tun; (of pers., thing) **to give way!** nachgeben **(to** + dat); P.N: **give w.!** Vorfahrt beachten! 5. (direction) (a) Richtung f; **which w. are you going?** in welche Richtung gehen Sie? **I'm going your w.,** ich fahre in Ihre Richtung; **which w. is the wind blowing?** aus welcher Richtung weht der Wind? Fig: woher weht der Wind? **look this w. please,** sehen Sie bitte hierher; **he looked the other w.,** er sah in die andere Richtung; **it's this w. out,** hier geht es hinaus; **this w. and that,** bald hierhin, bald dorthin; **one w. street/traffic,** Einbahnstraße f; Fig: **I don't know which w. to turn,** ich weiß nicht, was ich jetzt machen soll; **the w. things are going it'll take years,** so wie die Dinge liegen, wird es Jahre dauern; **if the opportunity comes my w.,** wenn sich mir die Gelegenheit bietet; **to put s.o. in the w. of sth.,** j-m zu etwas dat verhelfen; F: **down our w.,** in unserer Gegend; (b) **the wrong w. round,** verkehrt; (of photograph etc.) seitenverkehrt; **the other w. round,** anders herum; **the wrong/right w. up,** die verkehrte/richtige Seite nach oben. 6. (manner) Weise f; Art f; (a) **in this w.,** auf diese Weise; so; **is this the w. to do it?** macht man es so? **in a friendly w.,** freundlich, auf freundliche Weise; **in one w. or another,** auf die eine oder andere Art und Weise; **I do not wish to criticize you in any w.,** ich will Sie auf keinerlei Weise kritisieren; **no w.!** ganz ausgeschlossen! **no w. can I come today,** ich kann heute ganz unmöglich kommen; (b) **to go the right w. about sth.,** etwas richtig anpacken; **there are no two ways about it,** es läßt sich nicht bestreiten; **you can't have it both ways,** entweder das eine oder das andere – beides geht nicht; **well, it's this w.,** es verhält sich nun mal so; **that's always the w. with him,** es ist immer so bei ihm; (c) (personal manner.) Art f; **to do sth. in one's own w.,** etwas auf seine eigene Weise machen; **he is grateful in his own w.,** er ist dankbar auf seine Art; **his w. of laughing,** seine Art zu lachen; **he's got a w. with him,** er hat eine gewinnende Art; **she's got a w. with children,** sie kann gut mit Kindern umgehen; **I know his little ways,** ich kenne seine Eigenarten; **the British w. of life,** der britische Lebensstil; (d) (possibility) Möglichkeit f; **to find a w. to do/of doing sth.,** eine Möglichkeit finden, etwas zu tun; **ways and means,** Mittel und Wege; Pol: **Committee of Ways and Means =** Budgetkommission f; Prov: **where there's a will there's a w.,** wo ein Wille ist, ist auch ein Weg; (e) (custom, habit) **the old ways,** die alten Sitten; **to get into the w. of doing sth.,** sich daran gewöhnen, etwas zu tun; (f) **to get one's own w.,** seinen Willen durchsetzen; **he wants it all his own w.,** er will in nichts nachgeben; **he had it all his own w.,** er stieß auf keinen Widerstand; **if I had my w.,** wenn es nach mir ginge; **I'm doing this my w.**, das mache ich, wie ich es für richtig halte; (*g*) (*respect*) Hinsicht *f;* **in many ways,** in vieler Hinsicht. **6.** (*a*) (*course*) **in the ordinary w.**, normalerweise; **in the w.** of business, im Rahmen der Geschäfte; (*b*) (*condition*) **he is in a bad w.**, es steht schlecht mit ihm; **things are in a bad w.**, die Dinge stehen schlecht. **7. by w. of an apology,** als Entschuldigung; **he's by w. of being a socialist,** er ist sozialistisch eingestellt; **what have you got in the w. of drinks?** was haben Sie an Getränken? **8.** (*motion*) Fahrt *f;* **under w.**, (*of ship*) in Fahrt; (*of work*) im Gange, (*of ship, car, train*) **to get under w.**, in Fahrt kommen; **we must get the work under w.**, wir müssen mit der Arbeit beginnen. **´wayfarer,** *s. Lit:* Wanderer *m.* **way´lay,** *v.tr.* (*p. & p.p.* **way´laid**) (j-m) auflauern. **´wayside,** *s.* Wegrand *m;* **w. flowers,** Blumen, die am Straßenrand blühen; *Fig:* **to fall by the w.,** nicht mithalten können; *F:* auf der Strecke bleiben. **´wayward,** *adj.* (*capricious*) launenhaft, unberechenbar; (*self-willed*) eigensinnig.

way², *adv. F:* (= **away**) (*a*) **w. back in 1900,** vor langer Zeit im Jahre 1900; **a friend from w. back,** ein Freund aus alten Zeiten; (*b*) **w. up/down,** weit oben/unten; **w. off,** weit (entfernt).

we [wiː], *pers. pron. nom. pl.* wir; **here we are!** da sind wir! **we girls,** wir Mädchen; **we who live in this town,** wir, die wir in dieser Stadt leben.

weak [wiːk], *adj.* (*all senses*) schwach; **that's his w. spot,** das ist seine Schwäche/seine schwache Seite; **the weaker sex,** das zarte Geschlecht; *Aut:* **w. mixture,** mageres/gasarmes Gemisch; *Fig:* **w. excuse,** faule Ausrede. **´weaken,** *v.* **1.** *v.tr.* (j-n, etwas) schwächen; (j-n, ein Argument) entkräften. **2.** *v.i.* schwach/schwächer werden; (*of power, influence etc.*) nachlassen; *Fin:* (*of prices*) abschwächen. **´weak-´kneed,** *adj. Fig:* charakterschwach. **´weakling,** *s.* Schwächling *m.* **´weakly. I.** *adv.* schwach. **II.** *adj.* kränklich. **´weak-´minded,** *adj.* **1.** willensschwach. **2.** (*mentally deficient*) schwachsinnig. **´weakness,** *s.* Schwäche *f* (einer Person, der Augen usw.); Unzulänglichkeit *f* (einer Leistung); **in a moment of w.,** in einer schwachen Stunde; **to have a w. for s.o., sth.,** eine Schwäche für j-n, etwas *acc* haben; *F:* auf j-n, etwas *acc* scharf sein.

weal [wiːl], *s.* (*wound*) Striemen *m.*

wealth [welθ], *s.* **1.** Reichtum *m;* **a man of great w.,** ein sehr vermögender Mann. **2. a w. of material/ideas,** eine Fülle von Material/Anregungen. **´wealthy,** *adj.* reich, wohlhabend.

wean [wiːn], *v.tr.* (einen Säugling, ein junges Tier) entwöhnen; *Fig:* **to w. s.o. of a habit,** j-n von einer Angewohnheit abbringen.

weapon [´wepən], *s.* Waffe *f.*

wear [wɛər]. **I.** *v.* (*p.* **wore** [wɔːr], *p.p.* **worn** [wɔːn]) **1.** *v.tr.* (*a*) (einen Hut, ein Kleid, eine Brille) tragen; **he was wearing a hat,** er hatte einen Hut auf; **to w. black,** Schwarz tragen; **what shall I w.?** was soll ich anziehen? *F:* **I've nothing (fit) to w.,** ich habe nichts zum Anziehen; *Fig:* **she wears her years lightly,** man sieht ihr ihr Alter nicht an; (*b*) **to w. sth. into holes/holes in sth.,** etwas durchwetzen; **to w. a hole in the carpet,** ein Loch in den Teppich

treten; (*c*) *F:* **he wouldn't w. it,** das ließ er sich *dat* nicht gefallen. **2.** *v.i.* (*a*) (*of tyres etc.*) sich abnutzen, abgenutzt werden; **to w. into holes,** (*of material, clothes*) durchgewetzt werden; **to w. thin,** fadenscheinig werden; *Fig:* **my patience is wearing thin,** mir geht langsam die Geduld aus; (*b*) (*of material etc.*) **to w. well,** strapazierfähig sein; **these shoes have worn well,** diese Schuhe haben gut gehalten; *F:* (*of pers.*) **he is wearing well,** er hält sich gut. **II.** *s.* **1.** (*clothes*) **men's w.,** Herrenkleidung *f;* **evening w.,** Abendkleidung *f.* **2.** (*a*) **there's still a lot of w. in this dress,** dieses Kleid läßt sich noch lange tragen; **I got a lot of w. out of this suit,** diesen Anzug habe ich sehr viel getragen; (*b*) Abnutzung *f; Mec: E:* Verschleiß *m;* **material that will stand hard w.,** strapazierfähiger Stoff; *Com: Jur:* **fair w. and tear,** (normale) Abnutzung. **´wearable,** *adj. Cl:* tragbar. **´wear a´way,** *v.* **1.** *v.tr.* (etwas) abnutzen; (*of* Farbe) abtragen; (eine Inschrift usw.) wegwischen; **steps worn away by many feet,** von vielen Füßen ausgetretene Stufen; **the water has worn away the rocks,** das Wasser hat die Felsen verwittert/(*hollowed*) ausgehöhlt. **2.** *v.i.* abgenutzt werden; (*of steps*) ausgetreten werden; (*of rocks etc.*) ausgewaschen werden; **the inscription had worn away,** die Inschrift war verwittert. **´wear ´down,** *v.* **1.** *v.tr.* (*a*) (etwas) abnutzen; (Absätze) abtreten; (*b*) **to w. d. s.o.'s resistance,** j-n zermürben. **2.** *v.i.* abgenutzt werden; (*of heels*) abgetreten werden. **´wearer,** *s.* Träger(in) *m(f)* (eines Mantels usw.); **spectacle w.,** Brillenträger(in) *m(f).* **´wearing,** *adj.* (*of thing*) ermüdend; (*of pers.*) anstrengend. **´wear ´off,** *v.* **1.** *v.tr.* (etwas) abtragen; **to w. the pile off velvet,** den Flor vom Samt abwetzen. **2.** *v.i.* (*a*) abgetragen werden; (*of pile etc.*) sich abwetzen; (*b*) (*of effect etc.*) nachlassen; **the novelty will soon w. o.,** der Reiz der Neuheit wird sich bald verlieren. **´wear ´on,** *v.i.* **the day wore slowly on,** der Tag schleppte sich dahin. **´wear ´out,** *v.* **1.** *v.i.* (*of things*) (ganz) abgenutzt werden. **2.** *v.tr.* (*a*) (etwas) abnutzen; (Kleider) abtragen; *Fig:* **my patience is worn out,** meine Geduld ist erschöpft; (*b*) **to w. one-self o.,** sich erschöpfen; **to w. oneself o. with talking,** sich müde reden.

weary [´wiəri]. **I.** *adj.* müde (**of** sth., + *gen*); **I am w. of her chatter,** ich habe genug von ihrem Geschwätz; **w. of life,** lebensmüde. **II.** *v.* (*p. & p.p.* **wearied**) **1.** *v.tr.* (j-n) ermüden; **to w. s.o. with questions,** j-n mit Fragen plagen. **2.** *v.i.* **to w. of sth.,** etwas *gen* müde/überdrüssig werden; **to w. of doing sth.,** (es) müde werden, etwas zu tun. **´weariness,** *s.* Müdigkeit *f.* **´wearisome, ´wearying,** *adj.* ermüdend; (*tedious*) langweilig.

weasel [´wiːz(ə)l], *s. Z:* Wiesel *n.*

weather [´weðər]. **I.** *s.* (*a*) Wetter *n;* **what's the w. like?** wie ist das Wetter? **in all weathers,** bei jedem Wetter; **in this w./w. like this,** bei solchem Wetter; **w. permitting,** bei günstiger Witterung; **w. bureau/centre,** Wetterzentrale *f;* **w. forecast,** Wettervorhersage *f;* **w. report,** Wetterbericht *m;* **w. man,** Meteorologe *m;* **w. station,** Wetterwarte *f;* (*b*) *Fig:* **he is making heavy w. of it,** er macht es sehr umständlich; **to**

keep a w. eye open, sehr aufpassen; F: (of pers.) under the w., unpäßlich; nicht ganz auf der Höhe. II. v. 1. v.tr. (a) (Holz) austrocknen; (b) to w. a storm, (of ship) einen Sturm abwettern; Fig: (of pers.) eine Krise überstehen. 2. v.i. (of stone etc.) verwittern; the building has weathered, Wind und Wetter haben das Gebäude angegriffen. 'weatherbeaten, adj. (of building etc.) vom Wetter angegriffen; (of face) verwittert. 'weatherboards/'weatherboarding, s. Verschalungsbretter npl. 'weathercock, s. Wetterhahn m. 'weathering, s. Austrocknen n (von Holz); Verwitterung f (von Stein usw.). 'weatherproof, adj. wetterfest.

weave [wi:v]. I. v. (p. wove [wouv], p.p. woven [wouv(ə)n]) 1. v.tr. (a) Tex: (Stoff) weben; (b) (Körbe usw.) flechten; to w. a garland/wreath, eine Girlande/einen Kranz winden; (c) (of pers., river etc.) sich winden; a road weaves its way through the mountains, eine Straße windet/schlängelt sich durch die Berge. 2. v.i. (a) Tex: weben; (b) F: get weaving! mach dich dran! II. s. it is a fine/coarse w., es ist fein/grob gewebt. 'weaver, s. Weber m. 'weaving, s. Weberei f.

web [web], s. 1. spider's w., Spinnennetz n; Fig: Gewebe n; w. of lies, Lügengewebe n; w. of intrigue, Intrigennetz m. 2. Z: (of webbed foot) Schwimmhaut f; (of bat's wing) Flughaut f. 3. w. of paper, Papierbahn f. webbed, adj. Z: w. foot, Schwimmfuß m. 'web-'footed, adj. Z: mit Schwimmfüßen (ausgestattet); w.-f. birds, Schwimmvögel mpl. 'webbing, s. Tex: Gurt m.

wed [wed], v. (p. & p.p. wed/'wedded) 1. v.tr. (a) Lit: (j-n) heiraten; (b) Lit: (of priest) (ein Brautpaar) trauen; (c) Fig: to be firmly wedded to an idea, sich von einer Idee nicht trennen können. 2. v.i. (of pers.) heiraten. 'wedding, s. (a) Hochzeit f; (ceremony) Trauung f; at the w., bei der Hochzeit; church w., kirchliche Trauung; silver/golden w., silberne/goldene Hochzeit; (b) attrib. Hochzeits-; w. cake, (mehrstöckiger) Hochzeitskuchen m; w. day, Hochzeitstag m; w. dress, Hochzeitskleid n; w. ring, Trauring m.

wedge [wedʒ], s. 1. Keil m; Fig: it's the thin end of the w., damit fängt das Übel erst an. 2. a w. of cake, ein (keilförmiges) Stück Kuchen. 3. Cost: w. heel, Keilabsatz m. II. v.tr. to w. sth. into sth., etwas in etwas acc (hin)einzwängen; to w. a door open, eine Tür (mit einem Keil) offenhalten; (of pers.) wedged between two people, zwischen zwei Leuten eingezwängt; (of thing) wedged in position, festgeklemmt.

Wednesday ['wenzdi], s. Mittwoch m; on W., am Mittwoch; on Wednesdays, mittwochs.

wee¹ [wi:], adj. esp. Scot: klein; F: a w. bit, ein klein(es) bißchen; a w. bit short, eine Idee zu kurz.

wee², v.i. F: Pipi machen.

weed [wi:d]. I. s. 1. Unkraut n. 2. F: (pers.) Waschlappen m. 3. P: (cigarette) Glimmstengel m; (marijuana) Gras n. II. v. I. v.i. Unkraut jäten. 2. v.tr. (a) to w. the garden, den Garten jäten; (b) to w. out the worst pupils, die schlechtesten Schüler aussondern. 'weeding, s. Jäten n; to do the w., Unkraut jäten. 'weedkiller, s. Unkrautvertilgungsmittel n. 'weedy, adj. 1. (of garden) von Unkraut

bewachsen. 2. (of pers.) schmächtig.

week [wi:k], s. Woche f; what day of the w. is it? welchen Tag haben wir? once a w., einmal in der Woche; a three weeks' stay, ein dreiwöchiger Aufenthalt; a w. from now/today w., heute in acht Tagen; a w. ago yesterday, gestern vor einer Woche/vor acht Tagen; within the w./a w., innerhalb von acht Tagen; during the w., während/unter der Woche; P: knock s.o. into the middle of next w., j-n krumm und lahm schlagen. 'weekday, s. Wochentag m; on weekdays, wochentags. 'weekend, s. Wochenende n; w. cottage, Wochenendhaus n; at the w./N.Am: on weekends, am Wochenende. 'weekly. I. adj. & adv. wöchentlich; w. wage, Wochenlohn m; adv. twice w., zweimal wöchentlich/in der Woche. II. s. (magazine) Wochenzeitschrift f; (newspaper) Wochenzeitung f.

weeny ['wi:ni], adj. F: winzig.

weep [wi:p]. I. v. (p. & p.p. wept [wept]) 1. v.i. (a) weinen (over/about, über + acc); to w. for joy, vor Freude weinen; it's enough to make you w., es ist zum Weinen; (b) (of eye) tränen; (of wound) nässen; (c) (leak) tröpfeln. 2. v.tr. to w. bitter tears, bittere Tränen weinen; to w. oneself to sleep, sich in den Schlaf weinen. II. s. to have a little w., still vor sich dat hinweinen; to have a good w., sich ausweinen. 'weeping, adj. 1. (of pers.) weinend. 2. Bot: w. willow, Trauerweide f. 'weepy, adj. F: weinerlich.

weevil ['wi:vil], s. Ent: Rüsselkäfer m.

wee-wee ['wi:wi], s. F: (child's language) Pipi n; to do wee-wees, Pipi machen.

weft [weft], s. Tex: Schuß m.

weigh [wei], v. 1. v.tr. (a) (j-n, einen Koffer, ein Paket usw.) wiegen; Fig: to w. one's words, seine Worte abwägen; to w. the pros and cons/one thing against another, das Für und Wider abwägen; (b) Nau: to w. anchor, den Anker lichten. 2. v.i. how much do you w.? wieviel wiegen Sie? it weighs a pound, es wiegt ein Pfund; to w. a lot, sehr schwer sein; Fig: this argument weighs heavily with him, dieses Argument fällt bei ihm schwer ins Gewicht; the problem is weighing heavily on him/on his mind, das Problem belastet ihn sehr. 'weighbridge, s. Brückenwaage f. 'weigh 'down, v.tr. (etwas) niederdrücken; the fruit weighed the branches down, die Last der Früchte drückte die Äste nieder; Fig: (of pers.) weighed down with cares, mit Sorgen belastet. 'weigh 'in, v.i. Rac: Box: (vor dem Rennen/Kampf) gewogen werden. 'weigh 'out, v.tr. (Mehl, Kartoffeln usw.) abwägen. weight. I. s. 1. (most senses) Gewicht n; (a) weights and measures, Maße und Gewichte; to sell sth. by w., etwas nach Gewicht verkaufen; to try the w. of sth., etwas in der Hand wiegen; (of pers.) to lose w., abnehmen; to gain/put on w., zunehmen; Fig: it/he is worth its/his w. in gold, es/er läßt sich nicht mit Gold aufwiegen; to pull one's w., seinen Teil beitragen; F: to throw one's w. about, viel Wind machen; (b) Fig: (consequence) this adds w. to his argument, das verleiht seinem Argument Gewicht; his opinion carries w., seine Meinung ist von Gewicht; this fact carries great w. with me, dieser Tatsache messe ich viel Bedeutung bei; (c) (burden) Last f; **the pillars bear the w. of the whole building,** die Säulen tragen die Last des ganzen Gebäudes; Fig: **the w. of responsibility,** die Last der Verantwortung; **that's a great w. off my mind,** damit ist mir ein Stein vom Herzen gefallen; (d) **paper w.,** Briefbeschwerer m. **II.** v.tr. (einen Gegenstand, Tex: Seide usw.) beschweren; Fig: **this weights things in your favour,** das gibt Ihnen den Vorteil. ˈweightiness, s. (a) Schwere f (eines Gegenstands); (b) Gewichtigkeit f (einer Entscheidung, einer Frage usw.). ˈweighting, s. (on salary) Gehaltszulage f. ˈweightless, adj. Ph: schwerelos. ˈweightlessness, s. Ph: Schwerelosigkeit f. ˈweight-ˈlifter, s. Sp: Gewichtheber m. ˈweight-ˈlifting, s. Sp: Gewichtheben n. ˈweighty, adj. schwer; Fig: (of reason etc.) schwerwiegend. ˈweight-ˈwatcher, s. Linienbewußte(r) f(m). ˈweigh ˈup, v.tr. to w. up advantages and disadvantages, Vor- und Nachteile abwägen; **to w. s.o. up,** j-n abschätzen.

weir [ˈwiər], s. Wehr n.

weird [ˈwiəd], adj. (a) (uncanny) unheimlich; (b) (strange) seltsam; (of pers.) verschroben; F: komisch. ˈweirdie, s. F: komischer Kauz m. ˈweirdness, s. (a) Unheimlichkeit f; (b) Seltsamkeit f.

welcome [ˈwelkəm]. **I.** adj. (a) willkommen; **to make s.o. w.,** j-n freundlich aufnehmen; (b) int. **w.!** herzlich willkommen! **w. home!** willkommen in der Heimat! **w. to England!** willkommen in England! (c) **you're w. to use my telephone,** Sie können mein Telefon gerne benutzen; Iron: **If you think you can do it better, you're w. to try,** wenn du meinst, es besser zu können, dann bitte schön; **thank you – you're w.!** vielen Dank – gern geschehen! nichts zu danken! **II.** s. **to give s.o. a warm/hearty w.,** j-n freundlich/herzlich aufnehmen; **to outstay one's w.,** länger als erwünscht bleiben; F: Sitzfleisch haben. **III.** v.tr. (i-n) willkommen heißen; **to w. a suggestion etc.,** einen Vorschlag usw. begrüßen.

weld [weld]. **I.** v.tr. (Rohre, Schienen usw.) schweißen; **to w. parts together,** Teile zusammenschweißen; **welded seam,** Schweißnaht f. **II.** s. Schweißstelle f. ˈwelder, s. Schweißer m. ˈwelding, s. Schweißen n.

welfare [ˈwelfɛər], s. (of state etc.) Wohlfahrt f; (of pers.) Wohlergehen n; (social) w., öffentliche Fürsorge m; **w. work,** Fürsorge f; **w. worker,** Fürsorger(in) m(f); **the W. State,** der Wohlfahrtsstaat.

well¹ [wel]. **I.** s. 1. Brunnen m. 2. **oil w.,** Ölquelle f. 3. (shaft) Schacht m; **stair w.,** Treppenhaus n. **II.** v.i. (of water, tears etc.) **to w. (up),** hochquellen; **the blood welled from the wound,** das Blut quoll aus der Wunde.

well². **I.** adv. 1. (a) gut; **to behave w.,** sich gut benehmen; (on bottle) **shake w. before use,** vor Gebrauch gut schütteln; **to be w. situated,** (i) (of house) schön liegen; (ii) (of pers.) gut situiert sein; **w. done/played!** bravo! **to do w.,** Erfolg haben; (of patient, schoolchild) gute Fortschritte machen; **to do as w. as one can,** sein Bestes tun; **to do oneself w.,** sich dat ein schönes Leben machen; **to do w. out of sth.,** von/an etwas dat profitieren; **he has done w. for**

himself, er hat es weit gebracht; F: er hat sich gemacht; **you did w. to come immediately,** du hast gut daran getan, sofort zu kommen; **you would do w. to forget about it,** am besten vergißt du das; **you did w. to come third,** für dich war das eine recht gute Leistung, dritter zu werden; **to wish s.o. w.,** j-m alles Gute wünschen; (b) **to think w. of s.o.,** j-n schätzen; **to speak w. of s.o.,** j-n lobend erwähnen; **it speaks w. for your patience that you stayed so long,** es spricht für deine Geduld, daß du so lange geblieben bist; (c) **you are w. out of it,** du kannst froh sein, nichts mehr damit zu tun zu haben; **I am (we/you are etc.) w. rid of him/it,** um den/darum ist es nicht schade. 2. (a) **you may w. laugh,** du hast gut lachen; **I couldn't very w. leave him alone,** ich konnte ihn schlecht allein lassen; **we may/might as w. go now,** eigentlich könnten wir jetzt schon gehen; **you might as w. admit it,** Sie geben es am besten zu; **it may w. be that he will come,** es kann gut sein, daß er kommt; **that may w. be,** das mag gut sein; (b) **we might (just) as w. have stayed at home,** wir hätten ebensogut zu Hause bleiben können; **one might just as w. say that black is white,** man könnte ebensogut sagen, daß schwarz weiß sei. 3. (intensifying) **it's w. worth trying,** es lohnt sich durchaus, es zu versuchen; **to come/stay w. after six o'clock,** viel später als sechs (Uhr) kommen/bleiben; **he's w. over fifty,** er ist weit über fünfzig; **w. forward/back,** weit nach vorne/hinten; (in race) **w. up,** unter den Führenden; F: **to be w. up in a subject,** in einem Fach gut bewandert/beschlagen sein. 4. **as w.,** auch; **my brother and my sister as w.,** mein Bruder und auch meine Schwester; **children as w. as adults,** sowohl Kinder als auch Erwachsene; **she is clever as w. as beautiful,** sie ist zugleich intelligent und schön. 5. F: (with another adv.) **it's pretty w. finished,** es ist so gut wie fertig; **w. and truly (beaten, over etc.),** restlos (geschlagen, vorbei usw.); F: **he'll jolly w. have to,** er muß (es), und damit Schluß! 6. **to be w. away,** (i) (well placed) gut dran sein; (ii) (drunk) einen sitzen haben; (of meat) **w. done,** gut durch; **w. off,** gut dran; (rich) wohlhabend; **you don't know when you're w. off,** du weißt nicht, wie gut du es hast. **II.** adj. 1. (healthy) gesund; **I'm not w.,** es geht mir nicht gut; **to look w.,** fit aussehen; **to feel w.,** sich wohl fühlen. 2. **all is w.,** es ist alles in Ordnung; **I should leave w. alone,** ich würde es gut sein lassen; **it was just as w. that you stayed,** es war ganz gut, daß du geblieben bist; **it would be (just) as w. to do it,** es wäre (vielleicht) ganz gut, das zu machen; **it's all very w. for you to talk/laugh,** Sie haben gut reden/lachen; **that's all very w., but . . . ,** das ist alles schön und gut, aber . . . ; Prov: **all's w. that ends w.,** Ende gut, alles gut. **III.** int. (a) (surprise) **w!** w. I never! na, so was! **w., who'd have thought it!** nun, wer hätte das wohl gedacht! (b) (resignation) (oh) **w., it can't be helped,** na ja, das ist nun mal so; (c) (agreement) **very w. (then),** nun gut; also gut; (d) (reluctant) **w., all right then,** nun ja, wenn es sein muß; **oh w., I suppose I can at least try,** na ja, ich kann es wenigstens versuchen; (e) (indecision) **w., I don't** really know, tja, das weiß ich nicht so recht; (*f*) (*demanding an answer*) what's your name? w.? wie heißt du? na? w., what now? so, und nun? (*g*) w., as I was saying ..., also, wie gesagt ...; oh w., in that case everything is all right, na also, dann ist ja alles gut. ´well-ad´vised, *adj.* (*of pers.*) you would be w.-a. to forget this, es wäre ratsam, das zu vergessen. ´well-´balanced, *adj.* ausgeglichen; w.-b. diet, ausgewogene Kost. ´well-be´haved, *adj.* artig. ´well-´being, *n* Wohlergehen *n* (eines Einzelnen); Wohl *n* (der Familie, des Staates usw.); a feeling of w.-b., ein Wohlgefühl *n*. ´well-´bred, *adj.* gut erzogen. ´well-dis´posed, *adj.* to be w.-d. towards s.o., j-m wohlgesinnt sein. ´well-´founded, *adj.* (*of suspicion etc.*) (gut) begründet. ´well-in-´formed, *adj.* (*of pers.*) gut informiert; I have heard from w.-i. quarters that ..., ich weiß von wohlunterrichteter Quelle/Seite, daß ... ´well-´known, *adj.* bekannt. ´well-´meaning, *adj.* she is very w.-m., sie meint es gut. ´well-´meant, *adj.* gutgemeint. ´well-´read, *adj.* (*of pers.*) belesen. ´well-´timed, *adj.* it was w.-t., es geschah gerade im richtigen Augenblick. ´well-to-´do, *adj.* wohlhabend. ´well-´tried, *adj.* erprobt; w.-t. method, bewährte Methode. ´well-wisher, *s.* Wohlgesinnte(r) *f(m)*. ´well-´worn, *adj.* Cl: abgetragen; Mec. E: etc: abgenutzt; Fig: w.-w. phrase, abgedroschene Redewendung.

wellington [´weliŋtən], *s.* w. boots/wellingtons/ F: wellies, Gummistiefel *mpl.*

Welsh[1] [welʃ]. I. *adj.* walisisch; w. dresser, Anrichte *f* mit Tellerbord; Cu: W. rabbit/rarebit, überbackener Käsetoast *m.* II. *s.* (*a*) the W., die Waliser; (*b*) Ling: Walisisch. ´Welshman, *s.* Waliser *m.* ´Welshwoman, *s.* Waliserin *f.*

welsh[2], *v.i.* P: to w. on s.o., j-n um seinen Gewinn/seine Beute betrügen.

welt [welt], *s.* 1. Shoem: Rahmen *m.* 2. Bündchen *n* (eines Pullovers usw.).

west [west]. I. *s.* (*a*) Westen *m*; the w. of England, Westengland *n*; to the w. (of), westlich + *gen*/(with names) von + *dat*; 15 miles to the w. of London, 15 Meilen westlich von London; (*b*) the W., (i) Art: Hist: etc: das Abendland; (ii) Pol: der Westen, die Westmächte. II. *adj.* West-; w. wind, Westwind *m*; the w. coast, die Westküste; the W. Country, Westengland *n*; Geog: the W. Indies, die westindischen Inseln; W. Indian, (*a*) *adj.* westindisch; (*b*) *s.* Westinder(in) *m(f)*. III. *adv.* the room faces w., das Zimmer geht nach Westen; P: the radio's gone w., das Radio ist hin. ´westbound, *adj.* nach Westen fahrend; (*of traffic, carriageway*) in westlicher Richtung. ´westerly, *adj.* in a w. direction, in westlicher Richtung; w. wind, Westwind *m.* ´western. I. *adj.* (*a*) West-; W. Europe, Westeuropa *n*; (*b*) (*of art, civilization etc.*) abendländisch; the w. world, das Abendland. II. *s.* F: Cin: Western *m.* ´westerner, *s.* Abendländer(in) *m(f)*. ´westernize, *v.tr.* (ein Land usw.) verwestlichen. ´westward, *adj.* in a w. direction/to w., nach Westen. ´westwards, *adv.* nach Westen.

wet [wet]. I. *adj.* (*a*) naß; I got my feet w., meine Füße sind naß geworden; w. through, durchnäßt; P.N: w. paint, frisch gestrichen; F: (*pers.*) a w. blanket, ein Spielverderber; (*b*) (*rainy*) w. weather, Regenwetter *n*; w. day, Regentag *m*; w. season, Regenzeit *f*; it has been very w. recently, es hat viel geregnet in letzter Zeit; (*c*) F: he's a bit w., er ist ein Waschlappen. II. *s.* (*a*) Nässe *f*; don't go out in the w., geh nicht hinaus in den Regen; (*b*) F: he's a w., er ist ein Waschlappen. III. *v.tr.* (*p.* & *p.p.* wetted) (etwas) naß machen; to w. the bed, bettnässen, Bettnässer sein; P: to w. one's whistle, sich *dat* einen hinter die Binde gießen. ´wetness, *s.* Nässe *f.* ´wet-suit, *s.* Swim: Kälteschutzanzug *m* (für Taucher). ´wetting, *s.* Naßmachen *n*; to get a good w., durchnäßt werden.

whack [wæk]. I. *v.tr.* F: (*a*) to w. s.o., (*thrash*) j-n verprügeln; (*hit*) j-m eine langen; (*b*) Sp: (seine Gegner) in die Pfanne hauen. II. *s.* 1. Schlag *m.* 2. P: (*share*) Teil *m & n*; he's had his w., er hat seinen Teil weg. whacked, *adj.* F: todmüde; total erledigt. ´whacking. I. *s.* to give s.o. a w., j-m eine Tracht Prügel verabreichen. II. *adj.* F: Mords-; w. great thing, Mordsding *n*; w. great lie, faustdicke Lüge.

whale [weil], *s.* 1. Wal *m*; w. calf, Waljunge(s) *n*. 2. F: we had a w. of a time, wir hatten einen Mordsspaß. ´whaleboat, *s.* Walfänger *m.* ´whalebone, *s.* Fischbein *n.* ´whaling, *s.* Walfang *m*; to go w., Walfang betreiben. ´whaler, *s.* (*pers., ship*) Walfänger *m.*

wharf *pl.* -ves [´wɔːf -vz], *s.* Kai(anlage) *m(f)*.

what [wot]. I. *adj.* 1. he gave me w. money he had, er gab mir alles, was er an Geld hatte; she lost w. little she had, sie verlor das wenige, was sie besaß. 2. *interrog.* w. reason did he give? welchen Grund hat er angegeben? w. size do you take? welche Größe haben Sie? w. time is it? wieviel Uhr/wie spät ist es? w. good/ use is it? wozu dient es/ist es gut? w. day of the month is it? den wievielten haben wir heute? w. sort of (an) animal is that? was ist das für ein Tier? 3. (*exclamatory*) w. an idea! was für eine Idee! w. a lovely picture! welch ein schönes Bild! w. a lot of people! was für eine Menge Leute! II. *pron.* was. 1. *rel.* das, was ...; w. I have just said ..., das, was ich eben gesagt habe ...; do w. you think is right, mach (das), was du für richtig hältst; what's done is done, das Getane läßt sich nicht mehr ändern; this is what it's all about, darum geht es; come w. may, komme, was da wolle; say w. he will, er kann sagen, was er will; what's more ..., was noch (viel) wichtiger ist, ...; hinzu kommt, daß ...; F: w. with the housework and all the gardening, I haven't much time, mit dem Haushalt und der ganzen Gartenarbeit bleibt mir nicht viel Zeit; I know w./I'll tell you w., ich weiß was; P: to give s.o. w. for, j-n fertigmachen. 2. *interrog.* (*a*) was? w. are you doing here? was machst du denn hier? w. is it? (i) was ist es? (ii) (*also* what's the matter?) was ist los? what's his name? wie heißt er? w. does he do? was ist er von Beruf? what's that to you? was geht dich das an? what's the German for 'cat'? wie heißt 'cat' auf deutsch? w. is the weather like? wie ist das Wetter? **w. does he look like?** wie sieht er aus? **w. about a cup of tea?** wie wär's mit einer Tasse Tee? **w. about you?** wie steht's mit Ihnen? **well, w. about it?** ja, und? **w. if it rains?** was geschieht, wenn es regnet? **w. if he doesn't come?** was ist, wenn er nicht kommt? **w. did you say?** wie bitte? (b) (with prep.) wo-; **w. with?** womit? **w. on?** worauf? **over w.?** worüber? **w. for?** (purpose) wozu? (reason) wieso? warum? **w. do you take me for?** wofür hältst du mich (eigentlich)? **what's that for?** wozu dient das/ist das gut? **w. (on earth) did you do that for?** warum (in aller Welt) hast du das getan? (c) F: **so w.?** na, und? **there were cakes and biscuits and w. have you,** es gab Kuchen und Kekse und was weiß ich alles; **w.'s-its-name/w.-d'you-call-it,** Dings n, Dingsbums n; **w.'s-his(her)-name/w.-d'you-call-him(her),** Dings(da) m(f); **Mr. W.'s-his-name,** der Herr Dingsda; (d) (indirect) was; I **don't know w. to do,** ich weiß nicht, was ich machen soll; F: **he knows w.'s w.,** er kennt sich aus. 3. (exclamatory) **w.! you don't know?** was! du weißt es nicht? **w. next!** so was! **w. he must have suffered!** wie muß er gelitten haben! **what´ever. I.** pron. (a) **w. it may/might be,** was es auch sein mag; **w. it may cost,** wieviel es auch kostet; F: egal, was es kostet; **w. happens,** was auch geschieht; **don't let go w. happens,** du darfst auf keinen Fall/unter keinen Umständen loslassen; (b) **w. you like,** (alles) was du willst; **w. I have is yours,** alles, was ich habe, gehört dir; (c) interrog. **w. happened to Susan?** was in aller Welt ist aus Susan geworden? (d) F: **a car, a motorbike or w.,** ein Auto, ein Motorrad, oder was es auch sein mag. **II.** adj. (a) **w. price they are asking,** welchen Preis sie auch immer verlangen; F: egal, welchen Preis sie verlangen; **at w. time you like,** wann immer du willst; (b) **no hope w.,** gar/überhaupt keine Hoffnung; **is there any hope w.?** gibt es überhaupt noch Hoffnung? **´whatnot,** s. F: Dings(bums) n. **whatso´ever,** adj. = whatever II. (b).

wheat [wi:t], s. Bot: Weizen m. **´wheatgerm,** s. Weizenkeim m. **´wheatsheaf,** s. Weizengarbe f.

wheedle [´wi:dl], v.tr. **to w. s.o. into doing sth.,** j-n überreden, etwas zu tun; **to w. sth. out of s.o.,** j-m etwas abschmeicheln. **´wheedling,** adj. schmeichelnd.

wheel [wi:l]. **I.** s. Rad n; (a) Nau: Steuerrad n; Aut: **(steering) w.,** Lenkrad n; **at the w.,** am Steuer; **to take the w.,** das Steuer übernehmen; (b) **potter's w.,** Töpferscheibe f; (c) Fig: **the wheels of state,** die Staatsmaschine; **there are wheels within wheels,** es ist eine sehr verwickelte Situation. **II.** v. **1.** v.tr. (ein Fahrrad, eine Karre usw.) schieben. **2.** v.i. (a) (of bird) kreisen; (b) (of pers.) **to w. round,** sich jäh umdrehen; (c) Mil: **right w.!** rechts schwenkt, marsch! **´wheelbarrow,** s. Schubkarre(n) f(m). **´wheelbase,** s. Aut: Achsstand m. **´wheelchair,** s. Rollstuhl m. **´wheelspin,** s. Aut: Durchdrehen n (der Räder).

wheeze [wi:z]. **I.** v.i. pfeifend atmen; **he was wheezing,** sein Atem pfiff. **II.** s. **1.** pfeifender Atemzug. **2.** F: **that's a good w.!** das ist eine

Glanzidee! **´wheezing,** s. pfeifender Atem. **´wheezy,** adj. (of breath) pfeifend; (of pers.) asthmatisch.

whelk [welk], s. Z: Wellhornschnecke f.

when [wen]. **I.** adv. **1.** interrog. wann? **w. did he arrive?** wann ist er gekommen? **since/until w?** seit/bis wann? **2.** rel. (a) **the days w. the shops are closed,** die Tage, an denen die Geschäfte geschlossen sind; **there are times w.** I despair, es gibt Zeiten, wo ich verzweifeln möchte; **the time w. . . . ,** die Zeit, wo . . . ; (b) interrog. **I don't know w.,** ich weiß nicht, wann. **II.** conj. **1.** (events or state in the past) als; **w. he saw her, he stopped,** als er sie sah, hielt er an. **2.** (whenever) wenn; **we have fun w. he comes,** wir haben viel Spaß, wenn er kommt; **I always visited him w. I went to London,** jedesmal, wenn ich nach London fuhr, habe ich ihn besucht. **3.** (future) **w. I find it I'll let you know,** sobald ich es finde, sage ich dir Bescheid; **he will ring you up w. he gets there,** er wird dich anrufen, wenn er ankommt; F: (when pouring drink) **say w.,** sag, wenn es genug ist. **4. how could you say such a thing, w. you know that he's ill?** wie konntest du so was sagen, wo du doch weißt, daß er krank ist? **why walk w. you could drive?** wozu laufen, wenn man auch fahren kann? **when´ever,** adv. (a) (any time that) wann immer; **you can come w. you like,** du kannst kommen, wann immer du willst; (b) (each time that) immer wenn; **w. I want to travel by train, there is a strike,** jedesmal/immer, wenn ich mit dem Zug fahren will, wird gestreikt.

where [weər], adv. **1.** interrog. wo? **w. (to)?** wohin? **w. from?** woher? **w. do you live?** wo wohnen Sie? **w. are you going?** wohin gehen Sie? **w. have we got to?** wie weit sind wir gekommen? **w. do you come from?** (i) woher kommen Sie? (ii) (w. born) woher stammen Sie? **I asked him w. he had been,** ich fragte ihn, wo er gewesen sei. **2.** rel. wo; (direction) wohin; **(at the place) w. it happened,** an der Stelle/dort, wo es passiert ist; **he doesn't know w. to go,** er weiß nicht, wohin er gehen soll; **the house w. I was born,** das Haus, in dem ich geboren bin; **look w. you're going!** paß auf, wo du hintrittst! **that's (just) w. you're wrong,** (gerade) da irren Sie sich. **whereabouts. I.** [weərə´bauts] interrog. adv. **w. do you live?** wo (ungefähr) wohnen Sie? **II.** [´weər-] s. Aufenthaltsort m; **his w. is/are unknown,** man weiß nicht, wo er sich aufhält. **where´as,** conj. **1.** während; I **save my money, w. he spends his immediately,** ich spare, während er sein Geld sofort ausgibt; **some people lose weight easily, w. others don't,** manche Leute nehmen leicht ab, andere dagegen nicht. **2.** Jur: da. **where´by,** conj. wodurch. **´wherefore,** s. **the whys and wherefores,** das Warum und Weshalb. **wher´ever,** adv. **1. w. he is,** wo (immer) er auch ist; **in X, w. that may be,** in X, wo immer das auch sein mag. **2. w. you go you see them,** überall, wo man hinkommt, sieht man sie. **whereu´pon,** conj. worauf. **´wherewithal,** s. F: das nötige (Geld).

whet [wet], v.tr. (p. & p.p. whetted) Fig: **to w. the appetite,** den Appetit anregen.

whether ['weðər], *conj.* ob; **I don't know w.
it is true,** ich weiß nicht, ob es stimmt; **he didn't
know w. to go or not,** er wußte nicht, ob er
gehen sollte oder nicht; **w. he comes or not, we
shall leave,** ob er nun kommt oder nicht, wir
werden gehen.

whey [wei], *s.* Molke *f.*

which [witʃ]. **I.** *adj.* (*a*) *interrog.* welche(r, s); **w.
colour do you prefer?** welche Farbe ziehen Sie
vor? **w. school do you go to?** in welche
Schule gehst du? **I like that coat – w. one?**
ich mag den Mantel – welchen? **w. way shall
we go?** wie werden wir hinkommen? (*b*) **he is
coming on the 7th, by w. time it will be too late,**
er kommt am 7., aber bis dahin ist es zu spät.
II. *pron.* **1.** *interrog.* welche(r, s); **w. have you
chosen?** welche/welchen/welches hast du ge-
wählt? **w. of the dresses did you buy?** welches
von den Kleidern haben Sie sich *dat* gekauft?
w. of you knows the answer? wer von Ihnen
weiß die Antwort? **w. of them has sugar in?**
welche (von den Tassen) ist gezuckert? **give me
a newspaper, I don't mind w.,** gib mir eine Zei-
tung, (es ist) egal welche; **I can't tell w. is w.,**
ich kann sie nicht auseinanderhalten. **2.** *rel.*
der, die, das; (*a*) **the house w. is for sale,** das
Haus, das zu verkaufen ist; **the things w. I
need,** die Sachen, die ich brauche; (*b*) (*with
prep.*) **about w.,** worüber; **for w.,** wofür; **the
car, the owner of w. has disappeared,** das Auto,
dessen Besitzer verschwunden ist; **the doors of
w. you have the keys,** die Türen, deren Schlüs-
sel Sie haben; **the house of w. I was speaking,**
das Haus von dem/wovon ich sprach; **the
countries in w. it is cheaper,** die Länder, in
denen es billiger ist; **ten apples, six of w. are
bad,** zehn Äpfel, wovon/von denen sechs faul
sind; **the book through w. he became famous,**
das Buch, wodurch er berühmt wurde; (*c*) (*re-
ferring to a clause*) was; **I have lost my purse,
w. is very annoying,** ich habe mein Geldbeu-
tel verloren, was sehr ärgerlich ist; **he said he
was leaving, from w. I concluded that . . . ,** er
sagte, er wolle weggehen, woraus ich schloß,
daß . . . . **which'ever. I.** *pron.* welche(r,s)
auch; **take w. you like,** nimm welches du
(auch) willst; *F:* nimm irgendeins; **w. (of them)
is the culprit,** wer (von ihnen) auch immer der
Schuldige ist. **II.** *adj.* welche(r, s) . . . auch
(immer); **take w. book you like,** nehmen Sie
sich welches Buch Sie (auch immer) wollen; **I
shall be cold w. dress I wear,** mir wird kalt sein,
egal welches Kleid ich anziehe; **w. way you go,**
wie man auch fährt; **w. way one looks,** überall,
wo man hinsieht.

whiff [wif]. **I.** *s.* (leichter) Hauch *m;* (*scent*)
Duft *m;* (*smell*) Geruch *m.* **II.** *v.i. F:* duften.

while [wail]. **I.** *s.* **1.** Weile *f,* Zeit *f;* **after/in a
(little) w.,** nach einer Weile/einiger Zeit; **for a
w.,** eine Zeitlang; **(for) a long/short w.,** (eine)
lange/kurze Zeit; **a good/quite a w.,** eine ganze
Weile; **between whiles,** inzwischen, zwi-
schendurch; **once in a w.,** hin und wieder; ge-
legentlich. **2.** **it's not worth your w.,** es ist nicht
der Mühe wert; **es lohnt sich nicht (für Sie);
I'll make it worth your w.,** ich werde dafür
sorgen, daß es sich für Sie rentiert/lohnt. **II.**
v.tr. **to w. away the time,** sich *dat* die Zeit

vertreiben (**with/by,** mit + *dat*). **III.** *conj.* **1.**
(*time*) (*a*) während; **w. he was here,** während er
hier war; **he fell asleep w. (he was) reading,** er
schlief beim Lesen ein; (*b*) solange (wie); **w. I
live you shall lack nothing,** solange ich lebe,
wird es dir an nichts fehlen. **2.** (*a*) (*concessive*)
w. I admit it is difficult, you can at least try,
ich gebe schon zu, daß es schwer ist, aber Sie
können es wenigstens versuchen; (*b*) (*contrast*)
I was dressed in white, w. my sister wore grey,
ich war in Weiß, meine Schwester dagegen
trug Grau. **whilst,** *conj.* = **while III.**

whim [wim], *s.* (*idea*) Grille *f;* (*mood*) Laune *f.*
'**whimsical,** *adj.* (*of pers.*) grillenhaft, lau-
nenhaft; (*of ideas*) schrullig.

whimper ['wimpər]. **I.** *v.i.* wimmern; (*esp. of
dog*) winseln. **II.** *s.* Wimmern *n;* Winseln *n.*

whine [wain]. **I.** *v.i.* (*of engine etc.*) heulen;
(*complain*) (wehleidig) jammern; (*of child*)
quengeln; (*of dog*) jaulen. **II.** *s.* (*also* '**whining**)
Geheul *n;* Gejammer *n;* Quengelei *f;* Jaulen *n.*

whinny [wini]. **I.** *v.i.* wiehern. **II.** *s.* Wiehern *n.*

whip [wip]. **I.** *v.* (*p.* & *p.p.* **whipped**) **1.** *v.tr.* (*a*)
(j-n, ein Pferd) peitschen; (*b*) *Cu:* (Sahne usw.)
schlagen; **whipped cream,** Schlagsahne *f; Aus:*
Schlagobers *n;* (*c*) **he whipped the revolver out
of his pocket,** er riß den Revolver aus der
Tasche. **2.** *v.i.* (*a*) **the rain was whipping against
the window panes,** der Regen peitschte gegen
die Fensterscheiben; (*b*) *F:* **I'll just w. into the
baker's,** ich laufe nur schnell in die Bäckerei.
II. *s.* **1.** Peitsche *f.* **2.** *Parl:* (*pers.*) Einpeitscher
m; (*institution*) Fraktionszwang *m.* **3.** *Cu:*
Kaltschale *f.* '**whip'hand,** *s.* **to have/hold the
w.,** die Oberhand haben. '**whiplash,** *s.* **1.**
(*stroke*) Peitschenhieb *m.* **2.** (*thong*) Peit-
schenriemen *m.* '**whip'off,** *v.tr.* (seine Klei-
der, die Mütze vom Kopf) herunterreißen.
'**whipper-snapper,** *s. F:* Dreikäsehoch *m.*
'**whipping,** *s.* **to give s.o. a w.,** j-n auspeit-
schen. '**whip'round. I.** *v.i.* sich blitzartig
umdrehen. **II.** *s. F:* **to have a quick 'w.-r.,** den
Hut herumgehen lassen. '**whip'through,**
v.tr. F: (ein Buch, Papiere usw.) eiligst
durchlesen. '**whip'up,** *v.tr.* (*a*) (Leiden-
schaften) aufpeitschen; **to w. up support,** Unter-
stützung zusammentrommeln; (*b*) *F:* **to w. up a
meal,** ein Essen herzaubern.

whirl [wəːl]. **I.** *v.* **1.** *v.i.* (*turn*) **to w. round,** her-
umwirbeln; **my head's whirling,** mir dreht sich
alles im Kopf; (*b*) **to w. along/past,** dahin-
flitzen/vorbeiflitzen. **2.** *v.tr.* (*a*) (*of wind*)
(Blätter usw.) herumwirbeln; (*b*) **the train
whirled us along,** der Zug raste mit uns dahin.
II. *s.* Wirbel *m,* Strudel *m; Fig:* **my head's in a
w.,** mir dreht sich alles im Kopf; **social w.,**
Trubel *m* des gesellschaftlichen Lebens.
'**whirlpool,** *s.* Wasserstrudel *m.* '**whirlwind,**
s. Wirbelwind *m,* Wirbelsturm *m; Fig:* **to come
in like a w.,** ins Zimmer hereinstürmen.

whirr [wəːr]. **I.** *s.* Schwirren *n* (der Flügel);
Brummen *n,* Schnurren *n* (einer Maschine);
Surren *n* (eines Propellers). **II.** *v.i.* schwirren;
(*of machinery etc.*) brummen, schnurren; (*of
propeller etc.*) surren.

whisk [wisk]. **I.** *v.tr.* (*a*) (*of cow*) (mit dem
Schwanz) schlagen; (*b*) **to w. s.o., sth. away,**
j-n, etwas schnell entfernen; **he whisked it into**

his pocket, er ließ es rasch in seiner Tasche verschwinden; *F:* **he was whisked into hospital,** er wurde schnellstens ins Krankenhaus befördert; (*c*) *Cu:* (Eiweiß, Sahne) (mit dem Schneebesen) schlagen. **II.** *s.* **1.** rasches Schlagen *n* (des Schwanzes). **2.** (*a*) *H:* (*for dusting*) Staubbesen *m;* (*b*) *Cu:* Schneebesen *m.*

whisker ['wiskər], *s.* Schnurrhaar *n* (einer Katze usw.); *F:* (*of pers.*) **whiskers,** Schnauzer *m;* *Fig:* **to win by a w.,** um Haaresbreite gewinnen.

whisk(e)y ['wiski], *s.* Whisky *m.*

whisper ['wispər]. **I.** *s.* Flüstern *n;* **to speak in a w.,** im Flüsterton reden; *Th.* **stage w.,** Aparte *n.* **II.** *v.tr. & i.* flüstern (**to s.o.,** mit j-m); **to w. sth. to s.o.,** j-m etwas zuflüstern; **whispered conversation,** Unterhaltung *f* im Flüsterton. '**whisperer,** *s.* Flüsterer *m.* '**whispering,** *s.* Flüstern *n;* **w. gallery,** Flüstergalerie *f.*

whist [wist], *s.* Whist *n;* **w. drive,** Whistturnier *n.*

whistle ['wisl]. **I.** *s.* **1.** (*sound*) Pfeifen *n;* (*single*) Pfiff *m.* **2.** (*instrument*) Pfeife *f.* **II.** *v.* **1.** *v.i.* pfeifen; **to w. for one's dog,** (nach) seinem Hund pfeifen; *F:* **he can w. for his money!** auf sein Geld kann er lange warten! **2.** *v.tr.* (eine Melodie) pfeifen. '**whistle-stop,** *s.* *U.S:* **1.** kleiner Bahnhof *m.* **2.** *Pol:* **w.-s. tour,** Wahlkampfreise *f* mit Sonderzug. '**whistler,** *s.* Pfeifer(in) *m(f).*

whit¹ [wit], *s.* (ein) bißchen, Jota *n;* **he's not a w. the better for it,** er ist dadurch kein bißchen/ keinen Deut besser dran.

Whit². **I.** *adj.* **W. Sunday,** Pfingstsonntag *m;* **W. Monday,** Pfingstmontag *m.* **II.** *s.* *F:* Pfingsten *n;* **at W.,** zu Pfingsten.

white [wait]. **I.** *adj.* weiß; (*a*) **w. bread,** Weißbrot *n;* **w. wine,** Weißwein *m;* **w. coffee,** Milchkaffee *m;* **w. horse,** Schimmel *m;* **w. horses,** (*waves*) schaumgekrönte Wellen *fpl;* **w. heat,** Weißglut *f;* **w. metal,** Weißmetall *n;* (*b*) **a w. man,** ein Weißer; **the w. races,** die weißen Rassen; (*c*) (*pale*) **a w. face,** ein bleiches/blasses Gesicht; **as w. as a sheet,** leichenblaß; (*d*) *Fig:* **w. lie,** Notlüge *f;* **w. elephant,** (großer) nutzloser Gegenstand; *Hum:* **big w. chief,** großes Tier. **II.** *s.* **1.** Weiß *n;* **dressed (all) in w.,** (ganz) in Weiß gekleidet; (ganz) weiß angezogen. **2.** (*pers.*) Weiße(r) *f(m).* **3.** (*a*) *Cu:* **w. of egg,** Eiweiß *n;* (*b*) *Anat:* **the w. of the eye,** das Weiße im Auge. '**whitebait,** *s.* *Fish:* Breitling *m.* '**white-'collar,** *adj.* **w.-c. worker,** Büroangestellte(r) *f(m).* '**white-'faced,** *adj.* blaß. '**white-'haired,** *adj.* weiß haarig. '**white-'hot,** *adj.* weißglühend. '**whiten,** *v.tr.* (etwas) weiß machen; (*whitewash*) (eine Mauer usw.) weißen; (*bleach*) (Kleider usw.) bleichen. '**whiteness,** *s.* **1.** Weiße *f.* **2.** (*pallor*) Blässe *f.* '**whitethorn,** *s.* Weißdorn *m.* '**whitewash.** **I.** *s.* Tünche *f.* **II.** *v.tr.* (*a*) (eine Mauer usw.) (weiß) tünchen; (*b*) *Fig:* (j-n) (von einer Anschuldigung) reinwaschen. '**whitewood,** *s.* Weißholz *n.*

whiting ['waitiŋ], *s.* *Fish:* Merlan *m.*

Whitsun(tide) ['witsən(taid)], *s.* Pfingsten *n;* **at W.,** zu Pfingsten.

whittle ['witl], *v.tr.* (*a*) **to w. away,** (Ersparnisse usw.) allmählich aufzehren; (*b*) **to w. down,** (etwas) stark reduzieren.

whizz [wiz], *v.i.* sausen; **to w. past,** vorbeisausen; (*of bullet etc.*) vorbeizischen; **to w. along,** dahinflitzen. **whizzkid,** *s.* *F:* Senkrechtstarter *m.*

who [hu:], *nom. pron.* **1.** *interrog.* (*a*) wer? **w. on earth is it?** wer in aller Welt ist das? *F:* **w. does he think he is?** was bildet er sich eigentlich ein? (*b*) *F:* (= *whom*) **w. did you send it to?** wem hast du es geschickt? **w. are you looking for?** wen suchst du? (*c*) **I know w. did it,** ich weiß, wer es gemacht hat. **2.** *rel.* der, die, das; **the friend w. came yesterday,** der Freund, der gestern gekommen ist; **those w. don't work,** die, die nicht arbeiten. **who'-dunit,** *s.* *F:* Krimi *m.* **who'ever,** *pron.* wer (auch) immer, wer auch; **w. finds it may keep it,** wer es findet, darf es behalten; **w. you are,** speak! reden Sie, wer immer Sie auch sein mögen!

whoa [wəu], *int.* halt! (*to horse*) brr!

whole [həul]. **I.** *adj.* **1.** ganz; **roasted w.,** im Ganzen gebraten; **he swallowed it w.,** er hat es ganz hinuntergeschluckt; **w. length,** Gesamtlänge *f;* **w.-length portrait,** Vollporträt *n;* **to tell the w. truth,** die volle Wahrheit sagen; *Mth:* **w. number,** ganze Zahl; *F:* **to go the w. hog,** aufs Ganze gehen; **the w. lot of you,** ihr alle miteinander. **II.** *s.* (*a*) **the w.,** das Ganze; **the w. of the school,** die ganze Schule; **the w. of our reserves,** unsere ganzen/gesamten Reserven; (*b*) **to form a w.,** ein Ganzes/eine Einheit bilden; **as a w.,** als Ganzes; **on the w.,** im großen und ganzen; alles in allem. '**wholefood,** *s.* Reformkost *f.* '**whole-'hearted,** *adj.* aufrichtig; **w. support,** rückhaltlose Unterstützung; **-ly,** *adv.* von ganzem Herzen; **I agree w.,** ich bin ganz Ihrer Meinung. '**wholeness,** *s.* Ganzheit *f,* Vollständigkeit *f.* '**wholemeal,** *adj.* **w. bread,** Vollkornbrot *n.* '**wholesale.** **I.** *adj.* *Com:* **1.** Großhandels-; **w. price,** Großhandelspreis *m;* **w. trade,** Großhandel *m.* **2.** **w. slaughter,** Massenmord *m.* **II.** *adv.* im Großhandel, en gros; *F:* **to bundle the clothes w. into a suitcase,** alle Kleider zusammen in einen Koffer werfen. '**wholesaler,** *s.* Großhändler *m.* '**wholly,** *adv.* **1.** (*entirely*) ganz (und gar), völlig; **w. or partly,** gänzlich oder teilweise. **2.** (*exclusively*) ausschließlich, durchaus.

wholesome ['həulsəm], *adj.* gesund, zuträglich; (*of food, drink*) bekömmlich. '**wholesomeness,** *s.* Zuträglichkeit *f,* Bekömmlichkeit *f.*

whom [hu:m], *object pron.* **1.** *interrog. acc* wen; *dat* wem; **w. did you see?** wen haben Sie gesehen? *of* **w. . . .?** von wem/(*whose*) wessen . . .? **2.** *rel. acc:* den, die, das; *dat* dem, der; *pl* denen; **the man w. you saw,** der Mann, den du gesehen hast; **the friend to w. I lent the book,** der Freund, dem ich das Buch geliehen habe; **of w.,** von dem/*pl.* denen; (*whose*) dessen, *pl.* deren; **the two officers between w. she was sitting,** die zwei Offiziere, zwischen denen sie saß.

whoop [hu:p] *v.i. Med:* keuchen. '**whooping cough,** *s.* Keuchhusten *m.*

whoopee ['wupi:], *s.* *P:* **to make w.,** es hoch hergehen lassen.

whopper ['wɔpər], *s.* *P:* Mordsding *n;* (*giant*) Riese *m.* '**whopping,** *adj. P:* kolossal, enorm; **w. lie,** faustdicke Lüge.

whore [hɔ:r]. **I.** *s.* Hure *f.* **II.** *v.i.* huren.

whose [hu:z], *poss. pron.* **1.** *interrog.* wessen? **w. daughter are you?** wessen Tochter bist du? **w. are those gloves?** wem gehören die Handschuhe? **2.** *rel.* dessen; *pl. & f* deren; **the pupil about w. work I complained,** der Schüler, über dessen Arbeit ich mich beklagt habe.

why [wai]. **I.** *adv.* warum; **w. not?** warum nicht? wieso denn nicht? **the reason w.** (**he came**), der Grund (, weshalb er gekommen ist); **I didn't ask w.,** ich fragte nicht, weshalb. **II.** *s.* **the whys and wherefores,** die verschiedenen Gründe. **III.** *int.* **w., it's David!** sieh da/*South G:* schau, (da kommt) David! **w., of course!** aber natürlich! **w., you're not afraid, are you?** du hast doch keine Angst, oder? **w., what's the matter?** nun, was ist (denn) los?

wick [wik], *s.* Docht *m* (einer Öllampe usw.).

wicked ['wikid], *adj.* (*a*) (*of pers., intentions*) böse; (*of remarks*) boshaft; *F:* **w. price,** unverschämter Preis; (*b*) (*of child*) schlimm; **a w. look,** ein schalkhafter Blick. **'wickedness,** *s.* Bosheit *f.*

wicker ['wikər], *s.* **1. w.** (**work**), Flechtwerk *n;* (*articles*) Korbwaren *fpl.* **2.** *attrib.* Korb-; **w. chair,** Korbsessel *n;* **w. basket,** Weidenkorb *m.*

wicket ['wikit], *s.* **1.** Pförtchen *n;* **w. gate,** Gittertor *n.* **2.** *Cricket:* Dreistab *m;* Tor *n;* **w. keeper,** Torhüter *m.*

wide [waid]. **I.** *adj.* **1.** (*of river, road, also Meas:*) breit; **to be 10 metres w.,** 10 Meter breit sein; **how w. is the room?** welche Breite hat das Zimmer? *Cin:* **w. screen,** Breitwand *f; Aut:* **w. tyres,** Breitreifen *mpl.* **2.** (*extensive*) weit; **the w. world,** die weite Welt; *Fig:* **w. experience,** reiche/umfangreiche Erfahrung; **w. knowledge,** umfassende Kenntnisse; **w. reading,** große Belesenheit; **w. support,** weitgehende Unterstützung; **w. connections,** weitreichende Verbindungen; **w. sympathies,** vielseitiges Einfühlungsvermögen. **3. to be w. of the mark,** danebenhauen. **4.** *P:* **a w. boy,** ein gerissener Bursche. **II.** *adv.* weit; (*a*) **w. apart,** weit auseinander; **far and w.,** weit und breit; (*b*) **open w.!** weit aufmachen! **to fling the door w. open,** die Tür weit aufreißen; **w. open spaces,** (ausgedehntes) offenes Gelände; (*c*) **w. awake,** hellwach; **-ly,** *adv.* weit; **w. spaced,** weit auseinander; **a w. read paper,** eine in breiten Kreisen gelesene Zeitung; **w. read,** (*of author*) viel gelesen; (*of reader*) sehr belesen; **w. known,** weit und breit bekannt; **he has travelled w.,** er ist ein weit gereister Mann. **'wide-'angle,** *adj. Phot:* **w.-a. lens,** Weitwinkelobjektiv *n.* **'wide-'eyed,** *adj.* mit weit aufgerissenen Augen. **'widen,** *v.* **1.** *v.tr.* (*a*) (etwas) breiter machen; (eine Straße) ausbauen, verbreitern; (*b*) (ein Loch) ausweiten; (*c*) *Fig:* **to w. one's horizons,** seinen Gesichtskreis erweitern. **2.** *v.i.* breiter werden; **the gap is widening,** der Abstand vergrößert sich. **'widespread,** *adj.* weitverbreitet. **width** [widθ], *s.* Breite *f;* **to be 10 metres in w.,** 10 Meter Breite haben.

widow ['widou], *s.* Witwe *f.* **'widowed,** *adj.* verwitwet. **'widower,** *s.* Witwer *m.* **'widowhood,** *s.* Witwenstand *m.*

wield [wi:ld], *v.tr.* (ein Schwert usw.) handhaben; **to w. power,** Macht ausüben (**over,** über + *acc*).

wife, *pl.* **wives** [waif, waivz], *s.* Frau *f;* (*formal*) Gattin *f; farmer's w.,* Bäuerin *f; F:* **how's the w.?** wie geht's Ihrer Alten? *Fig:* **old wives' tale,**

Ammenmärchen *n.* **'wifely,** *adj.* **w. duties,** eheliche Pflichten (der Frau).

wig [wig], *s.* Perücke *f.*

wigging ['wigiŋ], *s. F:* Standpauke *f;* **to give s.o. a good w.,** j-n tüchtig ausschelten.

wiggle ['wigl], *v.* **1.** *v.i.* (*a*) (*of path etc.*) sich schlängeln; (*b*) (*move*) wackeln. **2.** *v.tr.* **to w. one's toes, hips, etc.,** mit den Zehen, Hüften usw. wackeln.

wigwam ['wigwæm], *s.* Wigwam *m.*

wild [waild]. **I.** *adj.* wild; (*a*) **w. country,** wilde/unwirtliche Landschaft; (*of plants*) **to grow w.,** wild wachsen; **w. flowers,** wild wachsende Blumen; (*b*) (*of wind*) heftig; **a w. night,** eine stürmische Nacht; (*c*) (*untamed*) ungezähmt; **w. animals,** wilde Tiere; *F:* **w. horses won't drag it out of me,** nichts auf der Welt würde es aus mir herauslocken; (*d*) (*of pers.*) ausgelassen, ungezügelt; **a w. look,** ein wirrer Blick; **w. with joy,** wahnsinnig/außer sich *dat* vor Freude; *F:* **to be w. with s.o.,** auf j-n wütend sein; **it makes me w.,** das macht mich wild/wütend; (*of girl*) **w. about s.o.,** nach j-m verrückt; (*e*) (*of idea etc.*) hirnverbrannt, verrückt; **w. talk,** unsinniges Gerede; **w. guess,** wilde Vermutung. **II.** *s.* (*a*) **in the w.,** in der Natur; (*b*) *pl* **the wilds,** die Wildnis; **-ly,** *adv.* wild; (*at random*) aufs Geratewohl; **to talk w.,** drauflosreden, unsinniges Zeug reden; **w. inaccurate,** maßlos ungenau. **'wildcat,** *adj. Ind:* **w. strike,** wilder Streik. **wilderness** ['wildənis], *s.* Wildnis *f;* (*desert*) Wüste *f.* **'wildfire,** *s.* **to spread like w.,** sich wie ein Lauffeuer verbreiten. **'wildfowl,** *s. coll.* Wildvögel *mpl.* **'wild 'goose,** *s.* Wildgans *f; F:* **w.-g. chase,** nutzloses Unterfangen. **'wildlife,** *s.* Tiere *npl* (in der freien Natur); **w. sanctuary,** Tierschutzgebiet *n.* **'wildness,** *s.* Wildheit *f* (einer Gegend, eines Tieres usw.); Toben *n* (eines Sturmes); Ausgelassenheit *f* (einer Person); Unsinnigkeit *f* (der Ideen, des Geredes).

wildebeest ['wildibi:st], *s. Z:* Weißschwanzgnu *n.*

wiles [wailz], *s.pl.* Schliche *mpl;* (*cunning*) List *f.*

wilful ['wilful], *adj.* **1.** (*of pers.*) eigenwillig, eigensinnig. **2.** (*intentional*) absichtlich; *Jur:* **w. murder,** vorsätzlicher Mord.

will [wil]. **I.** *s.* **1.** Wille *m;* **strength of w.,** Willensstärke *f;* **to work with a w.,** eifrig arbeiten; *Prov:* **where there's a w. there's a way,** wo ein Wille ist, ist auch ein Weg; *B:* **Thy w. be done,** Dein Wille geschehe; (*b*) (*desire*) Wunsch *m,* Belieben *n;* **at w.,** nach Wunsch/Belieben; **of one's own free w.,** freiwillig, aus freien Stücken; **against my w.,** gegen meinen Willen; **with the best w. in the world,** mit dem denkbar besten Willen. **2.** *Jur:* Testament *n;* **the last w. and testament of X,** die letztwillige Verfügung des X; **to leave s.o. sth. in one's w.,** j-m etwas testamentarisch vermachen. **II.** *v.* **1.** *v.tr.* **to w. sth. to happen,** etwas durch reine Willenskraft erzwingen; *Lit:* **as fate willed,** wie das Schicksal es wollte. **2.** *modal aux. v.* (*pres.* **will; w. not** *often contracted to* **won't**) (*a*) (*want*) wollen; **look at it whichever way you w.,** wie man es auch betrachtet; **the engine won't start,** der Motor will nicht anspringen; **just wait a moment, w. you?** bitte, warte (noch) einen

Augenblick; **he won't have any of it,** er will
nichts davon wissen; **I won't have it!** das lasse
ich nicht zu! **won't you sit down?** nehmen Sie
bitte Platz; (b) **accidents w. happen,** Unfälle
wird es immer geben; **he w. have his little joke,**
er muß doch immer seinen Spaß haben/treiben;
this hen w. lay up to six eggs a week, diese
Henne legt (regelmäßig) bis zu sechs Eier in
der Woche; (c) (future) werden; **I w./F: I'll
come,** ich werde kommen; **I w.** not/F: **won't be
caught again,** man wird mich nicht wieder
erwischen; **this w. be the last time we meet,** das
ist jetzt das letzte Mal, daß wir uns treffen; **w.
he be there? – he w.,** wird er dort sein? – ja
(bestimmt); **I'll starve! – no, you won't,** ich
werde verhungern! – aber nein; **don't forget, w.
you?** das vergißt du doch nicht? **you won't
forget – or w. you?** du wirst es nicht vergessen –
oder vielleicht doch? **you w. write to me, won't
you?** du wirst mir doch schreiben, nicht wahr?
(emphatic) **I think he w. come,** ich glaube
schon, daß er kommt; (command) **you w. be here
at three o'clock!** Sie haben um drei Uhr hier zu
sein! (d) (future perfect) **he w. have repaired it
by tomorrow,** bis morgen wird er es repariert
haben. **'willing,** adj. (a) **a few w. people/
hands,** ein paar hilfsbereite Leute; (b) **to be w.,**
willig sein; **to be w. to do sth.,** bereit sein, etwas
zu tun; **OK, I'm w.,** gut, ich mache mit; **w. or
not, he must do it,** ob er will oder nicht, er muß
es tun; F: **to show w.,** guten Willen zeigen; **-ly,**
adv. bereitwillig; **I would w. go, but . . .,** ich
würde gerne hingehen, aber . . .; **he didn't come
w.,** er kam nicht freiwillig. **'willingness,** s.
Bereitwilligkeit f; Bereitschaft f (etwas zu tun);
with the utmost w., sehr gerne. **'willpower,** s.
Willenskraft f; **to have no w.,** keine Willens-
stärke haben.

William ['wiliəm]. Pr. n. m. = Wilhelm.

willies ['wiliz], s. pl. F: **it gives me the w.,** es
macht mich schaudern.

will o' the wisp ['wiləðə'wisp], s. Irrlicht n.

willow ['wiləu], s. **w. (tree),** Weide f. **'willowy,**
adj. (flexible) biegsam; (slender) gertenschlank.

willy-nilly ['wili'nili], adv. wohl oder übel.

wilt [wilt], v.i. (a) (of plant) verwelken; (b) (of
pers.) schlapp werden.

wily ['waili], adj. listig; F: gerissen.

win [win], v. 1. v.tr. (p. & p.p. **won** [wʌn]) (einen
Sieg, einen Preis, Fig: j-s Liebe usw.) ge-
winnen; (den ersten Preis usw.) davontragen;
(Lob) ernten; **to w. a reputation,** einen Ruf
erwerben; **this action won him praise/fame,**
diese Tat hat ihm Lob/Ruhm eingebracht; **to
w. sth. from s.o.,** j-m etwas abgewinnen. 2. v.i.
gewinnen. II. s. Sieg m. **'win 'back,** v.tr.
(etwas) zurückgewinnen. **'winner,** s. Gewin-
ner(in) m(f) (einer Medaille, bei einer Lotterie
usw.); Sp: Sieger(in) m(f) (**of the race/final/
competition/match,** des Rennens/im Endspiel/
bei dem Wettkampf/bei dem Spiel). **'winning.**
I. adj. 1. (a) (of pers., team) siegreich; (in lot-
tery etc.) **w. number,** Gewinnummer f; (b) (de-
cisive) entscheidend; Golf: Cricket: **w. stroke,**
entscheidender Schlag; Ski: etc. **w. run,** Sie-
geslauf m. 2. (of pers.) **w. ways,** anziehendes
Wesen; **w. smile,** gewinnendes Lächeln. II. s. 1.
Gewinnen n, Sieg m; Rac: **w. post,** Ziel n; Mil:

the w. of the war, der siegreiche Ausgang des
Krieges. 2. pl **winnings,** Gewinn m (beim Spiel,
Toto usw.). **'win 'over,** v.tr. (j-n) für sich acc
gewinnen; **to w. over one's audience,** das Pu-
blikum erobern. **'win 'through,** v.i. **to w. t. in
the end,** sich am Ende durchsetzen.

wince [wins]. I. v.i. (vor Schmerz) zusammen-
zucken; (make a face) das Gesicht verziehen
(**at,** bei + dat). II. s. Zusammenzucken n.

winch [wintʃ], s. Winde f.

wind¹ [wind]. I. s. 1. Wind m; (a) Fig: **to throw
all caution to the winds,** alle Vorsicht in den
Wind schlagen; **scattered to the four winds,** in
alle Winde verstreut; **to see which way the w.
blows,** sehen, wie der Hase läuft; **to get w. of
sth.,** etwas wittern; **to go like the w.,** dahinsau-
sen; F: **to have/get the w. up,** Schiß kriegen; **to
put the w. up s.o.,** j-m angst und bange
machen; (b) Nau: **to sail/run before the w.,** vor
dem Winde segeln; Fig: **to sail close to the w.,**
sich gefährlich nah an der Grenze des
Erlaubten bewegen; **to take the w. out of s.o.'s
sails,** j-m den Wind aus den Segeln nehmen;
(c) attrib. Meteor: **w. gauge,** Anemometer n;
Tchn: **w. tunnel,** Windkanal m. 2. (a) (breath)
Atem m; **to get one's second w.,** wieder zu
Atem kommen; (b) (flatulence) Blähungen fpl.
3. Mus: **w. instrument,** Blasinstrument n; **the w.
(section)**/occ. **winds,** die Bläser mpl; **w. quintet,**
Bläserquintett n. II. v.tr. **it winded me,** es hat
mir den Atem verschlagen. **'windbag,** s. F:
Schwafler(in) m(f). **'windbreak,** s. Wind-
schutz m. **'windcheater,** s. Windjacke f.
'windfall, s. 1. (fruit) windfalls, Fallobst n.
2. Fig: unverhoffter Gewinn. **'windless,** adj.
windstill. **'windmill,** s. Windmühle f. **'wind-
pipe,** s. Anat: Luftröhre f. **'windproof,** adj.
windundurchlässig. **'windscreen/**N.Am:
'windshield, s. Aut: Windschutzscheibe f; **w.
washer,** Scheibenwaschanlage f; **w. wiper,**
Scheibenwischer m. **'windsock,** s. Av:
Windsack m. **'windswept,** adj. dem Winde
ausgesetzt; (of sea etc.) windgepeitscht.
'windward. I. adj. Wind-; Nau: Luv-; **the W.
Islands,** die Kleinen Antillen. II. s. Windseite
f; Nau: Luv(seite) f; **to w.,** windwärts; Nau:
luvwärts. **'windy,** adj. 1. windig; (of day,
weather) stürmisch. 2. F: **to be w.,** Schiß
haben.

wind² [waind]. I. v. (p. & p.p. **wound** [waund]) 1.
v.i. sich winden, sich schlängeln; **the road winds
up/down the hill,** die Straße schlängelt sich den
Berg hinauf/hinunter. 2. v.tr. (a) (etwas)
winden (**round sth.,** um etwas acc); Tex:
(Garn) aufspulen; **to w. wool into a ball,** Wolle
zu einem Knäuel wickeln; Rec: Phot: **to w. (the
tape/film) forward/back,** (das Band/den Film)
vorspulen/rückspulen; (b) (eine Uhr) aufzie-
hen. II. s. Windung f; (single bend) Biegung f.
'winding. I. adj. sich schlängelnd; (of path)
kurvenreich; **w. staircase,** Wendeltreppe f. II.
s. 1. Winden n, Wickeln n; Sich-Schlängeln n.
2. Tex: Rec: Phot: Spulen n. 3. El: Wick(e)lung
f (eines Motors usw.). 4. Aufziehen n (einer
Uhr). **'wind 'up,** v. 1. v.tr. (a) (ein Seil usw.)
aufwinden; (Garn) aufwickeln; (eine Uhr)
aufziehen; F: (of pers.) **to be all wound up,** sehr
aufgeregt sein; (b) (finish) (eine Rede usw.)

schließen; *Com:* (eine Firma) liquidieren; **to w. up s.o.'s affairs/estate**, j-s Angelegenheiten/ Hinterlassenschaft regeln. **2.** *v.i.* enden; **winding up, he said . . .**, abschließend sagte er . . .

windlass ['windləs], *s.* Winde *f; Nau:* Ankerspill *n.*

window ['windəu], *s.* Fenster *n;* (a) **to look out of the w.**, zum Fenster hinaussehen; **w. pane**, Fensterscheibe *f;* **w. seat**, (*in train, etc.*) Fensterplatz *m;* (*in house*) Fensterbank *f;* **w. ledge/sill**, Fenstersims *m;* (*internal*) Fensterbrett *n;* **w. box**, Blumenkasten *m* (für den Fenstersims); (b) *Com:* (**shop**) **w.**, Schaufenster *n;* (*display*) Auslage *f;* **w. shopping**, Schaufensterbummel *m;* **w. dressing**, Schaufensterdekoration *f; F:* **that's just w. dressing**, das ist nur Mache; (c) **w. envelope**, Fensterbriefumschlag *m.*

wine [wain]. **I.** *s.* Wein *m;* **w. production/producing**, Weinbau *m;* **w. producing region**, Weinbaugebiet *n;* **w. cellar**, Weinkeller *m;* **w. list**, Weinkarte; **w. merchant**, Weinhändler *m;* **w. tasting**, Weinprobe *f;* **w. waiter**, Weinkellner *m.* **II.** *v.tr. F:* **to w. and dine s.o.**, j-m ein Festessen vorsetzen. **'wineglass**, *s.* Weinglas *n.*

wing [wiŋ], *s.* Flügel *m;* (a) *Av:* **w. area**, Flügelfläche *f; Fig:* **to take s.o. under one's w.**, sich um j-n kümmern; (b) *Mil: Av:* Geschwader *n;* **w. commander**, *Brit:* Oberstleutnant der Luftwaffe; *U.S:* Geschwaderkommodore *m;* (c) *Th:* **the wings**, die Kulissen *fpl;* (d) *Fb: etc:* (*pers.*) Flügel *m*, Außenstürmer *m;* (e) *Aut:* Kotflügel *m;* (f) *attrib.* **w. chair**, Ohrensessel *m; Mec.E:* **w. nut**, Flügelmutter *f.* **winged**, *adj.* geflügelt. **'wingless**, *adj.* ohne Flügel, flügellos. **'wingspan**, *s.* Flügelspannweite *f.*

wink[wiŋk]. **I.** *s.* Wink *m* (mit den Augen); **with a w.**, mit einem Zwinkern; *F:* **to have forty winks**, ein Nickerchen machen; **I didn't get a w. of sleep**, ich habe kein Auge zugetan; *P:* **to tip s.o. the w.**, j-m einen Wink geben. **II.** *v.i.* (a) (*of pers.*) zwinkern; **to w. at s.o.**, j-m zuzwinkern; (b) (*of light*) blinken. **'winker**, *s. Aut:* Blinkleuchte *f; F:* Blinker *m.* **'winking**, *s.* Zwinkern *n;* **as easy as w.**, kinderleicht.

winkle ['wiŋkl], *s.* Strandschnecke *f.*

winsome ['winsəm], *adj.* gewinnend.

winter ['wintər]. **I.** *s.* Winter *m;* **in w.**, im Winter; **w. clothes**, Winterkleidung *f;* **w. sports**, Wintersport *m;* **w. resort**, Wintersportort *m.* **II.** *v.i.* den Winter (irgendwo) verbringen; überwintern. **'wintry**, *adj.* winterlich; **w. showers**, Schneegestöber *n;* **w. weather**, Winterwetter *n; Fig:* **w. smile**, frostiges Lächeln.

wipe [waip]. **I.** *v.tr.* (etwas) wischen; (eine Fläche) abwischen; **to w. one's eyes/hands**, sich auf die Augen/die Hände abwischen; **to w. one's nose**, sich *dat* die Nase putzen; **to w. up the mess**, den Schmutz aufwischen; **to w. sth. clean/dry**, etwas sauberwischen/abtrocknen. **II.** *s.* Wischen *n;* **give it a w.!** wisch es ein bißchen ab! **'wipe a'way**, *v.tr.* (sich *dat* die Tränen) abwischen. **'wiper**, *s. Aut:* (**windscreen**/*N.Am:* **windshield**) **w.**, Scheibenwischer *m;* **w. blade**, Wischblatt *n.* **'wipe 'out**, *v.tr.* (a) (eine Schuld) tilgen; (b) (*erase*) (ein Bild, Wörter) ausradieren; (*destroy*) (eine Armee usw.) vernichten; (eine Rasse, Tierart) ausrotten.

wire ['waiər]. **I.** *s.* Draht *m;* (a) **w. brush**, Drahtbürste *f;* **w. cutter(s)**, Drahtschere *f;* **w. netting**, Drahtnetz *n;* **w. rope**, Drahtseil *n; Fig:* **to pull wires**, seine Beziehungen spielen lassen; (b) *Mil:* (**barbed**) **w.**, Stacheldraht *m;* **w. entanglement**, Drahtverhau *m;* (c) (**telephone**) **w.**, Telefonleitung *f;* **w. tapping**, Anzapfen *n* von Telefonleitungen; **w. tapper**, Abhörer *m; Fig:* **to get one's wires crossed**, durcheinanderkommen; (d) *El:* Leitung *f;* (*lead*) Kabel *n;* (e) Telegramm *n.* **II.** *v.tr.* (a) *El:* (ein Gerät) verdrahten; **to w. (up) a radio etc. (to the mains)**, ein Radio usw. (ans Netz) anschließen; **to w. a house**, die elektrischen Leitungen in einem Haus legen; (b) (eine Nachricht) telegrafieren. **'wired**, *adj.* (a) (*reinforced*) mit Draht versteift; (b) (*of enclosure*) mit einem Drahtzaun umgeben; (c) *El:* **how is it w.?** wie ist es geschaltet? **not w. up**, nicht angeschlossen; **w. for sound**, mit einer Lautsprecheranlage versehen. **'wire-'haired 'terrier**, *s.* Drahthaarterrier *m.* **'wireless. I.** *adj.* drahtlos. **II.** *s.* (a) Funk *m;* **w. message**, Funkspruch *m; esp. Av:* **w. operator**, Bordfunker *m;* (b) **w.** (**set**), Radio(apparat) *n(m);* on the air Rundfunk. **'wirepulling**, *s. Fig:* Drahtzieherei *f.* **'wiring**, *s. El:* (a) Verdrahtung *f;* (*circuit*) Schaltkreis *m;* **w. diagram**, Schaltplan *m;* (b) **the w.**, die elektrischen Leitungen *fpl* (eines Hauses). **'wiry**, *adj.* drahtig.

wisdom ['wizdəm], *s.* Weisheit *f;* **w. tooth**, Weisheitszahn *m.* **wise** [waiz], *adj.* (a) weise; (*in particular instance*) klug; **it would be wiser to give it up**, es wäre klüger/ratsamer, darauf zu verzichten; **a w. move**, eine kluge Maßnahme; **that was w. of you**, das war sehr klug/ *F:* gescheit von dir; *N.Am: F:* **w. guy**, Klugscheißer *m; B:* **the W. Men**, die drei Weisen aus dem Morgenland; (b) **he's none the wiser for it**, er ist nicht klüger als zuvor; **to be w. after the event**, es im nachhinein besser wissen; **without anybody being any the wiser**, ohne daß es jemand überhaupt merkt; (c) *F:* **to put s.o. w.**, j-n aufklären; **to be w. to s.o.'s little tricks**, über j-s Schliche im Bilde sein; **-ly**, *adv.* klugerweise, vernünftigerweise. **'wisecrack**, *s.* Witz *m.*

wish [wiʃ]. **I.** *v.* **1.** *v.i.* (*to pers. pulling wishbone etc.*) **w.!** wünsch dir (et)was! **2.** *v.tr.* (a) **to w. to do sth.**, etwas tun wollen; **I don't w. you to do it**, ich möchte nicht, daß du es tust; **I w. I were in your place**, ich wollte, ich wäre an deiner Stelle; **I w. I had seen it!** hätte ich das nur gesehen! **I w. he would come!** wenn er nur käme! **don't you w. you could have it?** das möchtest du gerne haben, nicht wahr? *Scot:* **do you w. breakfast?** wollen Sie frühstücken? (b) **to w. sth. on s.o.**, j-m etwas (Unerwünschtes) aufdrängen; **it's been wished on me**, es ist mir aufgehalst worden; (c) (*greeting*) (j-m etwas) wünschen; **to w. s.o. well**, j-m alles Gute wünschen; **to w. s.o. good night**, j-m gute Nacht sagen; **we w. you a happy birthday**, wir gratulieren (Ihnen) zum Geburtstag. **II.** *s.* Wunsch *m;* (a) (*desire*) **w. for power/solitude**, Verlangen *n* nach Macht/Einsamkeit; **I haven't the slightest w. to go**, ich habe nicht die geringste Lust, hinzugehen; **everything seems to**

go according to his wishes, alles scheint nach seinem Wunsch zu gehen; **you shall have your w.,** du sollst haben, was du dir wünschst; (b) (greeting) **my best wishes on your retirement/ for a rapid recovery,** die besten Wünsche zu Ihrer Pensionierung/für eine baldige Genesung; **my best wishes to your mother,** deiner Mutter die herzlichsten Grüße; (end of letter) **all best wishes,** herzliche Grüße; herzlich grüßend. ´**wishbone,** s. (a) Gabelbein n (eines Huhns); (b) Aut: Dreiecklenker m. ´**wish for,** v.tr. to **w. for sth.,** sich dat etwas wünschen; **what more could you w. for?** was wollen Sie noch mehr? ´**wishful,** adj. F: **that's w. thinking,** das ist reines Wunschdenken.

wishy-washy [´wiʃiwɔʃi], adj. F: (of soup etc.) wässerig, labberig; (of colour) verwaschen; (of idea) vage; (of book etc.) seicht.

wisp [wisp], s. (straw) Wisch m; **w. of hair,** Haarsträhne f; **w. of smoke,** Rauchfahne f; **a mere w. of a girl,** ein schmächtiges Mädchen.

wisteria [wis´tiəriə], s. Bot: Glyzinie f.

wistful [´wistful], adj. wehmütig; (longing) sehnsüchtig; **w. smile,** wehmütiges Lächeln.

wit [wit], s. 1. pl. **wits,** Verstand m; **to collect one's wits,** seine fünf Sinne zusammennehmen; **to have one's wits about one,** geistesgegenwärtig sein; **that will sharpen your wits,** das wird deinen Verstand schärfen; **to be at one's wits' end,** am Ende seiner Weisheit sein; **to live by one's wits,** sich schlecht und recht durchschlagen; (be self-reliant) auf sich acc angewiesen sein; **scared out of one's wits,** zu Tode erschreckt. 2. **flash of w.,** witziger Einfall. 3. (pers.) witziger Mensch, F: Witzbold m.

witch [witʃ], s. Hexe f; **w. doctor,** Medizinmann m; F: **old w.,** alte Hexe. ´**witchcraft,** s. Hexerei f. ´**witchhunt,** s. Pol: Hexenjagd f (for Communists etc., auf Kommunisten usw.)

with [wið], prep. mit + dat. 1. (a) (staying w. etc.) bei + dat; **to work w. s.o./a firm,** mit j-m/ bei einer Firma arbeiten; **to leave a child w. s.o.,** ein Kind bei j-m lassen; **this decision rests w. you,** diese Entscheidung liegt bei dir; **bring it w. you,** bringen Sie es mit; **is there s.o. w. you?** sind Sie (allein oder) in Begleitung? **I'll be w. you in a moment,** ich komme gleich; Fig: **I'm not quite w. you,** ich komme nicht ganz mit; **it's become an obsession w. him,** bei ihm ist es zu einer Manie geworden; **it's a habit w. me,** das ist Gewohnheit bei mir; (b) (possessing) mit; **the girl w. the blue coat,** das Mädchen im blauen Mantel; **a child w. a cold/measles,** ein erkältetes/an Masern erkranktes Kind; **have you a pencil w. you?** hast du einen Bleistift bei dir? **w. your intelligence it should be easy,** bei deiner Klugheit sollte es leicht sein; (c) (in spite of) **w. all his faults,** bei allen seinen Fehlern; trotz aller seiner Fehler; **w. all due respect,** bei aller Hochachtung. 2. (a) (contact) **to trade w. France,** mit Frankreich Handel treiben; **to fight w. s.o.,** mit j-m/gegen j-n kämpfen; **the war w. France,** der Krieg gegen Frankreich; **I have nothing to do w. him/it,** ich habe nichts mit ihm/damit zu tun; **to be honest w. oneself,** sich dat selbst gegenüber ehrlich sein; (b) **I sym-**

pathize w. you, ich fühle mit dir; **I don't agree w. you,** ich bin nicht deiner Meinung; **I'm in w. you there,** da bin ich ganz deiner Ansicht; F: **that's with it,** das ist jetzt Mode/hochmodern; **she's always w. it,** sie macht jede Mode mit; (c) **w. this/these words he left me,** damit/mit diesen Worten verließ er mich. 3. (a) (using) **to cut sth. w. a knife,** etwas mit dem Messer schneiden; **to take sth. w. both hands,** etwas mit beiden Händen fassen; (b) **to tremble w. rage,** vor Wut zittern; **to be stiff w. cold,** vor Kälte steif sein. 4. (manner) **w. the object of . . . ,** in der Absicht zu . . . ; **with no effort,** ohne Anstrengung.

withdraw [wið´drɔ:], v. (p. **withdrew** [-´dru:], p.p. **with´drawn**) 1. v.tr. (remove) (etwas) entfernen, wegnehmen; (die Hand, Jur: eine Klage, Com: ein Angebot usw.) zurückziehen (from, von/ aus + dat); (Truppen) abziehen; **to w. money from the bank,** Geld von der Bank abheben; **to w. a contract from s.o.,** einen Vertrag mit j-m annulieren; **to w. one's support,** seine Unterstützung zurückziehen. 2. v.i. (of pers.) sich zurückziehen, sich entfernen (from, von/aus + dat); Mil: (of troops) sich absetzen; Pol: (of candidate) zurücktreten; Sp: (of competitor) to **w. from a competition,** aus einem Wettkampf ausscheiden. with´**drawal,** s. Zurückziehen n; Abhebung f (von Geld); Zurücknahme f (eines Angebotes usw.); Mil: Rückzug m; Pol: Zurücktreten n ; Sp: Ausscheiden n; Psy: **w. symptoms,** Entziehungserscheinungen fpl.

wither [´wiðər], v. 1. v.i. (of plant) verwelken; (dry up) verdorren. 2. v.tr. (eine Pflanze usw.) welk machen; (of pers.) verdorren lassen. ´**with´ered,** adj. (a) Bot: verwelkt; (b) **w. arm,** verkümmerter Arm. ´**withering. I.** adj. verwelkend; Fig: **w. look,** vernichtender Blick. **II.** s. Verwelken n, Verdorren n; **-ly,** adv. im verächtlichen Ton; **to look w. at s.o.,** j-n verächlich/geringschätzig ansehen.

withhold [wið´həuld], v.tr. (p. & p.p. **with´held**) (a) (refuse) (seine Einwilligung usw.) verweigern; (b) (Tatsachen, die Wahrheit) zurückhalten; **to w. information from s.o.,** j-m Informationen vorenthalten.

within [wið´in], prep. 1. (inside) innerhalb + gen; (a) (space) **w. one's four walls,** innerhalb seiner vier Wände; **w. sight,** in Sichtweite; **w. call,** in Rufweite; **situated w. five kilometres of the town,** nicht weiter als fünf Kilometer von der Stadt (entfernt); **w. a radius of ten kilometres,** im Umkreis von zehn Kilometern; **he came w. half a second of the record,** seine Zeit lag eine halbe Sekunde unter dem Rekord; Fig: **to come w. an inch/an ace of death,** dem Tod mit knapper Not entrinnen; (b) (time) **it will be ready w. an hour,** binnen einer Stunde wird es fertig sein; **w. a week,** vor Ende der Woche; innerhalb einer Woche; **w. a short time,** binnen kurzer Zeit; (c) Fig: **to keep w. the law,** sich an das Gesetz halten; **to live w. one's means,** nicht über seine Verhältnisse leben; **w. reason,** solange es vernünftig ist; mit Maß und Ziel; Parl: **w. the meaning of the act,** im Sinne des Gesetzes.

without [wið´aut], prep. ohne + acc; **to be w. friends,** keine Freunde haben; **w. money or lug-**

gage, ohne Geld und Gepäck; **not w. difficulty,** nicht ohne Schwierigkeiten; **w. seeing me,** ohne mich zu sehen; **that goes w. saying,** das versteht sich von selbst; **to go/do w. sth.,** (*voluntarily*) auf etwas *acc* verzichten; (*manage*) ohne etwas *acc* auskommen; **w. scruples,** skrupellos; **w. end,** endlos.

withstand [wið'stænd], *v.tr.* (*p. & p.p.* **withstood** ['-stud]) (Schmerzen usw.) aushalten; *Mil:* (einen Angriff) widerstehen.

witness ['witnis]. **I.** *s.* Zeuge *m;* Zeugin *f;* **to be a w. to a fact,** eine Tatsache bezeugen können; *Jur:* **w. for the defence/prosecution,** Entlastungszeuge/Belastungszeuge *m;* **w. box/**N.Am.* **stand,** Zeugenbank *f.* **II.** *v.tr.* (*a*) **to w. an occurrence,** bei einem Vorfall zugegen sein; **I witnessed his disgrace,** ich habe seine Schande miterlebt; (*b*) (ein Dokument) als Zeuge unterschreiben; (eine Unterschrift) beglaubigen.

witty ['witi], *adj.* witzig, geistreich. '**witticism,** *s.* witzige Bemerkung *f.* '**wittiness,** *s.* Witzigkeit *f.*

wizard ['wizəd], *s.* Zauberer *m,* Hexenmeister *m.* '**wizardry,** *s.* Zauberei *f.*

wizened ['wizənd], *adj.* runz(e)lig; (*shrunken*) zusammengeschrumpft; **w. face,** verhutzeltes Gesicht.

wobble ['wobl]. **I.** *v.i.* wackeln; (*sway*) schwanken; (*of wheel*) flattern. **II.** *s.* Wackeln *n,* Schwanken *n; Mus: F:* (*of soprano*) Jodeln *n; Aut:* **wheel w.,** Radflattern *n.* '**wobbly,** *adj. F:* wack(e)lig; (*of wheel*) flatternd; **my legs feel w.,** ich fühle mich wack(e)lig auf den Beinen.

wodge [wodʒ], *s. F:* (*solid*) Klumpen *m;* **a whole w. of papers,** ein dickes Bündel Papiere.

woe [wəu], *A: & Hum:* Leid *n,* Kummer *m;* **to tell one's tale of w.,** seine Leidensgeschichte erzählen. '**woebegone,** *adj.* jammervoll. '**woeful,** *adj.* (*a*) (*of pers.*) kummervoll, traurig; (*b*) **to display w. ignorance,** eine jämmerliche Unwissenheit an den Tag legen.

wog [wog], *s. P: Pej:* (*esp. Arab*) Kameltreiber *m;* (*black*) Nigger *m.*

wolf, *pl.* **wolves** [wulf, wulvz]. **I.** *s.* **1.** Wolf *m;* (**she**) **w.,** Wölfin *f;* **w. cub,** (i) Wolfsjunge(s) *n;* (ii) *Scout:* Wölfling *m;* **a w. pack,** ein Rudel *n* Wölfe; *Fig:* **to cry w.,** blinden Alarm schlagen; **that will keep the w. from the door,** damit können wir uns über Wasser halten. **2.** (*pers.*) (*a*) *F:* Schürzenjäger *m;* **w. whistle,** bewundernder Pfiff (nach einem Mädchen); (*b*) **w. in sheep's clothing,** Wolf im Schafspelz. **II.** *v.tr.* **to w. one's food,** sein Essen hinunterschlingen. '**wolfhound,** *s.* (irischer) Wolfshund *m.* '**wolfish,** *adj.* **w. appetite,** Wolfshunger *m.*

woman, *pl.* **women** ['wumən, 'wimin], *s.* Frau *f;* (*a*) **w. of the world,** Dame *f* von Welt; *F:* **the old w.,** meine Alte; *Sp:* **women's 200 metres,** 200-Meterlauf *m* der Damen; **women's team,** Damenmannschaft *f;* (*b*) *pl. F:* **women's lib,** Freiheit *f* der Frau; **women's libber,** Frauenrechtlerin *f;* (*c*) *attrib.* **w. doctor,** Ärztin *f;* **w. friend,** Freundin *f.* '**womanhood,** *s.* Frauenalter *n.* '**womanizer,** *s.* Schürzenjäger *m;* Casanova *m.* '**womanly,** *adj.* fraulich. '**womenfolk,** *s. pl.* **the w.,** die Frauen *fpl* der Familie.

womb [wu:m], *s. Anat:* Gebärmutter *f.*

wonder ['wʌndər]. **I.** *s.* **1.** (*miracle*) Wunder *n;* **to promise wonders,** das Blaue vom Himmel versprechen; **the seven wonders of the world,** die sieben Weltwunder; **it's a w. he hasn't lost it yet,** es ist erstaunlich/ein Wunder, daß er es noch nicht verloren hat; **and no w.!** (das ist) kein Wunder! **2.** (*surprise*) Erstaunen *n;* **it is a source of w. to us all,** es hat uns alle erstaunt; **they gazed in w.,** sie starrten voller Verwunderung/(*awe*) Ehrfurcht. **II.** *v.i.* sich wundern; erstaunt sein (**at/about,** über + *acc*); **I don't w. at it,** das wundert mich nicht; **it's not to be wondered at,** das ist kein Wunder; **it makes me w.,** das macht mich stutzig. **II.** *v.tr.* (*a*) **I w. he didn't buy it,** ich wundere mich/bin erstaunt, daß er es nicht gekauft hat; (*b*) **I w. whether he will come,** ich frage mich/bin gespannt, ob er kommen wird; **I w. why/who,** ich möchte gerne wissen, warum/wer; *abs.* **I w.,** das möchte ich gerne wissen; (*of future event*) da bin ich gespannt; (*c*) **I w. if I might . . . ,** dürfte ich vielleicht . . .? '**wonderful,** *adj.* wunderbar, wundervoll; *F:* **you were w.,** du warst fantastisch; **we had a w. time,** wir haben uns herrlich unterhalten; **-ly,** *adv.* (*intensive*) **to feel w. well,** sich sehr wohl fühlen; **you did w.,** du hast Fantastisches geleistet. '**wonderland,** *s.* Wunderland *n,* Märchenland *n.* '**wonderment,** *s.* Verwunderung *f,* Staunen *n.*

wonky ['wɔŋki], *adj. F:* wack(e)lig.

woo [wu:], *v.tr.* **to w. a woman,** um eine Frau werben, einer Frau den Hof machen; *Fig:* **to try to w. s.o. (for a cause),** j-n (für eine Sache) zu gewinnen suchen. '**wooer,** *s.* Freier *m.*

wood [wud], *s.* **1.** Wald *m; Fig:* **you can't see the w. for the trees,** man sieht den Wald vor lauter Bäumen nicht; **we're not out of the w. yet,** wir sind noch nicht über den Berg; *Orn:* **w. pigeon,** Ringeltaube *f.* **2.** (*material*) Holz *n;* **w. shavings,** Hobelspäne *mpl;* (*of wine, beer*) **from the w.,** vom Faß. '**woodcarver,** *s.* Holzschnitzer *m.* '**wood-carving,** *s.* Holzschnitzerei *f.* '**woodchuck,** *s. Z:* (amerikanisches) Waldmurmeltier *n.* '**woodcock,** *s. Orn:* Waldschnepfe *f.* '**woodcut,** *s.* Holzschnitt *m.* '**wood-cutter,** *s.* Holzfäller *m.* '**wooded,** *adj.* (*of area, slope*) bewaldet. '**wooden,** *adj.* **1.** hölzern, Holz-. **2.** *Fig:* (*of movement, style etc.*) steif, unbeholfen; **w.-headed,** begriffsstutzig. '**woodland,** *s.* Wald *m;* (*area*) Waldfläche *f.* '**woodlouse,** *s.* Kellerassel *f.* '**woodman,** *pl.* **-men,** *s.* **1.** Förster *m.* **2.** (*lumberjack*) Holzfäller *m.* '**woodpecker,** *s. Orn:* Specht *m;* **spotted w.,** Buntspecht *m.* '**woodpile,** *s.* Holzhaufen *m; Fig:* **the nigger in the w.,** der Haken (an der Sache). '**woodpulp,** *s. Paperm:* Holzschliff *m.* '**woodshed,** *s.* Holzschuppen *m.* '**woodscrew,** *s.* Holzschraube *f.* '**woodsman,** *pl.* **-men,** *s.* Waldbewohner *m.* '**woodwind,** *s. Mus: coll.* das Holz, die Holzbläser *mpl* (eines Orchesters); **w. instrument,** Holzblasinstrument *n.* '**woodwork,** *s.* **1.** (*object*) Holzwerk *n,* hölzerne Bauteile *npl.* **2.** (*process*) Holzbearbeitung *f.* '**woodworm,** *s.* Holzwurm *m.* '**woodyard,** *s.* Holzplatz *m.*

woof [wuf], *int.* **w.! w.!** wuff wuff!

woofer ['wu:fər], *s. Rec:* Tieftöner *m.*

wool [wul], *s.* Wolle *f;* **w. trade,** Wollhandel *m;*

Fig: **to pull the w. over s.o.'s eyes,** j-n hinters Licht führen. ´**woolgathering,** *s. F:* Verträumtheit *f;* **to be w.,** in Phantasien verloren sein. ´**woollen,** *adj.* wollen; **w. goods,** Wollwaren *fpl.* ´**woollens,** *s. pl. (materials)* Wollstoffe *mpl; (goods)* Wollwaren *fpl.* ´**woolliness,** *s.* 1. wollige Beschaffenheit *f.* 2. *Fig:* Unklarheit *f,* Verschwommenheit *f* (des Denkens usw.). ´**woolly. I.** *adj.* 1. wollig, wollartig. 2. *Fig: (of ideas, sound etc.)* unklar, verschwommen. **II.** *s. F:* Pullover *m;* **woollies,** Wollsachen *fpl.*

word [wɔːd]. **I.** *s.* Wort *n; (a)* **w. for w.,** Wort für Wort, (wort)wörtlich; **in a w.,** mit einem Wort, kurz (und gut); **bad isn't the w. for it,** schlecht ist kein Ausdruck dafür; *(b) pl. (spoken, written, in context)* Worte *npl; (individual, out of context)* Wörter *npl;* **there are 100 words with this stem,** es gibt 100 Wörter mit diesem Stamm; **in other words,** mit anderen Worten; anders ausgedrückt; **I didn't say so in so many words,** ich habe es nicht ausdrücklich gesagt; **in the words of the poet,** mit den Worten des Dichters; **to put sth. into words,** etwas in Worte fassen; **a man of few words,** ein wortkarger Mensch; **you've taken the words out of my mouth,** du nimmst mir das Wort aus dem Mund; **he's too stupid for words,** er ist unbeschreiblich/unsagbar dumm; *(c)* **to get a w. in,** eine Bemerkung anbringen; **I'd like a w. with you (about it),** ich möchte kurz mit dir (darüber) sprechen; **just say the w. and I'll come,** du brauchst nur Bescheid zu sagen, und ich komme gleich; **to say a good w. for s.o.,** ein gutes Wort für j-n einlegen; *(d) F:* **to have words with s.o.,** eine Auseinandersetzung mit j-m haben; *(e)* **by w. of mouth,** mündlich; *(f) (news)* **to send s.o. w. of sth.,** j-n (brieflich) über etwas *acc* benachrichtigen; **w. came that . . . ,** es kam die Nachricht, daß . . . ; *(g) (promise)* **to keep/break one's w.,** sein Wort halten/brechen; **to take s.o. at his w.,** j-n beim Wort nehmen; **I'll have to take your w. for it,** ich werde es dir glauben müssen; **my w.!** wer hätte das gedacht! *(h)* **w. of command,** Befehl *m,* Kommando(wort) *n;* **the magic w.,** das Zauberwort; **the w. of God,** das Wort Gottes; *(i) Gram:* **w. order,** Wortstellung *f.* **II.** *v.tr.* (etwas) (in Worten) ausdrücken, formulieren; **well worded,** gut formuliert. ´**wording,** *s. (a)* Wortlaut *m* (eines Dokuments); *(b) (choice of words)* Wortwahl *f; (manner)* Formulierung *f.* ´**wordiness,** *s.* Weitschweifigkeit *f.* ´**wordless,** *adj.* wortlos. ´**word-perfect,** *adj.* **to be w.-p.,** den Text/*Th:* seine Rolle auswendig können. ´**word-´processing,** *s.* Textverarbeitung *f.* ´**wordy,** *adj.* wortreich; *(of a speech etc.)* weitschweifig.

work [wɔːk]. **I.** *s.* 1. Arbeit *f; (a)* **at w.,** bei der Arbeit; *(in office)* im Büro; **he was hard at w.,** er arbeitete fleißig; **the forces at w.,** die Kräfte im Spiel; **to set to w.,** sich an die Arbeit machen; **to go the right way to w.,** die Sache richtig anpacken; **out of w.,** arbeitslos; **w. force,** Belegschaft *f,* Arbeiterschaft *f;* **a day's w.,** eine Tagesarbeit; **three days' w.,** Arbeit für drei Tage; **it's all in the day's w.,** das gehört (so) mit dazu; *(b) (job)* Beschäf-

tigung *f,* Aufgabe *f;* **I hate this (sort of) w.,** ich hasse diese Beschäftigung/Arbeit; **a piece of w.,** *(task)* eine Aufgabe; *(completed)* eine Leistung; *F: (pers.)* **a nasty piece of w.,** ein übler Kerl; *(woman)* ein übles Weib; *(c) (effect)* **the brandy has done its w.,** der Kognak hat seine Wirkung gehabt. 2. *(a) Lit: Mus: etc:* Werk *n;* **the works of Shakespeare,** Shakespeares Werke; **a w. of art,** ein Kunstwerk; *(b) F:* **she is full of good works,** sie tut viele gute Werke. 3. **public works,** öffentliche Arbeiten *fpl;* **road works,** Straßenbauarbeiten *fpl; Mil:* **defensive works,** Festungsanlagen *fpl.* 4. *(machinery)* Räderwerk *n; (gears)* Getriebe *n;* **the works of a watch,** ein Uhrwerk; *P:* **to give s.o. the works,** j-n gehörig herunterputzen. 5. *pl. (factory)* Werk *n,* Betrieb *m;* **works committee,** Betriebsrat *m;* **ex works,** ab Werk. **II.** *v.* 1. *v.i.* arbeiten **(on sth.,** an etwas *dat), (a)* **to w. hard,** schwer/fleißig arbeiten; *Ind:* **to w. to rule,** Dienst nach Vorschrift machen; *F:* einen Bummelstreik veranstalten; *(b) (of machine etc.)* funktionieren, in Betrieb sein; **this system works well,** dieses System funktioniert gut; **the pump doesn't w./isn't working/works continuously,** die Pumpe funktioniert nicht/ist außer Betrieb/ist ununterbrochen in Betrieb; *(c)* **this medicine really works,** diese Medizin wirkt garantiert; **your idea just doesn't w.,** deine Idee ist einfach nicht durchführbar; **his plan didn't w.,** sein Plan ist nicht gelungen/*F:* hat nicht geklappt; *F:* **that won't w. with me!** damit kannst du mir nicht kommen! *(d) (move)* sich bewegen; **to w. loose,** sich lockern. 2. *v.tr. (a)* (j-n, ein Tier) arbeiten lassen; **he works his men too hard,** er verlangt zu viel von seinen Arbeitern; **to w. oneself to death,** sich zu Tode arbeiten; *(b) (operate)* (eine Maschine) bedienen; **to be worked by electricity,** elektrisch betrieben werden; *(c) Fig:* **to w. wonders,** Wunder wirken; **how are we going to w. it?** wie werden wir es fertigbringen? *(d) (of thing)* **to w. its way up/down/through,** sich allmählich hinauf/hinab/hindurchschieben; **to w. one's hands free,** seine Hände freimachen; **to w. one's way up,** sich nach oben arbeiten; **to w. one's way through college,** sich *dat* einen Weg durch die Menge bahnen; **he worked his way through college,** er verdiente sich *dat* sein Studium; *Nau:* **to w. one's passage,** seine Überfahrt abarbeiten; *(e) Metalw:* (ein Werkstück) verarbeiten, formen; *Sew:* (ein Muster) besticken; **worked in silver,** in Silber gearbeitet; *(f)* **to w. oneself into a rage,** sich in Wut hineinsteigern; *(g) Min:* **to w. a mine,** eine Grube abbauen. ´**workable,** *adj. (of project)* durchführbar. ´**workbasket,** *s.* Nähkorb *m.* ´**workbench,** *s.* Werkbank *f; (small)* Arbeitstisch *m.* ´**workday,** *s.* Werktag *m.* ´**worker,** *s. (a)* Arbeiter(in) *m(f);* **the workers (of a particular firm),** die Arbeiterschaft (einer Firma); *Ent:* **w. bee,** Arbeiterin *f; (b)* **w. of miracles,** Wundertäter *m.* ´**working. I.** *adj.* 1. *(a) (of pers.)* arbeitend, berufstätig; **the w. class,** die Arbeiterklasse; *(b) Adm: etc:* **w. party,** Arbeitsgruppe *f.* 2. *(a) (of machine)* **w./in w. order,** betriebsfähig, in Betrieb; **not w.,** außer Betrieb; **w. parts of a machine,** Arbeitsteile *mpl* einer Maschine; w. **drawing,** Werkstattzeichnung *f;* w. **model,** *(toy)* funktionsfähiges Modell *n; Tchn:* Arbeitsmodell *n;* (*b*) *Pol: etc:* w. **agreement,** Modus vivendi *m; Parl:* w. **majority,** arbeitsfähige Mehrheit *f.* 3. w. **knowledge,** (ausreichende) Grundkenntnisse *fpl.* II. *s.* 1. Arbeiten *n; attrib.* Arbeits-; w. **method,** Arbeitsweise *f; Ind:* w. **conditions,** Arbeitsverhältnisse *npl;* w. **day,** Arbeitstag *m;* w. **hours,** Arbeitszeit *f; H:* w. **surface,** Arbeitsfläche *f.* 2. Betrieb *m;* (*functioning*) Funktionieren *n* (einer Maschine usw.); Durchführen *n* (eines Verfahrens); Abbau *m* (einer Grube); w. **expenses,** Betriebskosten *pl; Fin:* w. **capital,** Betriebskapital *n.* 3. **the workings of his mind,** seine Denkprozesse. ´**workload,** *s.* Arbeitsbelastung *f.* ´**workman,** *s.* Arbeiter *m;* **we have the workmen in,** wir haben die Handwerker im Haus. ´**workmanlike,** *adj.* fachgemäß, kunstgerecht. ´**workmanship,** *s.* (Qualität *f* der) Arbeit *f,* Ausführung *f;* **sound w.,** sorgfältige Ausführung; **fine piece of w.,** ausgezeichnete Arbeit. ´**work** ´**off,** *v.tr.* (*a*) (Schulden usw.) abarbeiten; (*b*) **to w. o. one's energy,** überflüssige Energie loswerden; **to w. o. one's bad temper on s.o.,** seine schlechte Laune an j-m abreagieren. **work on,** *v.* 1. *v.i.* [´wəːk´ɔn] weiterarbeiten. 2. *v.tr.* [´wəːkɔn] (*a*) **to w. on a project,** an einem Projekt arbeiten, sich mit einem Projekt befassen; **we have no data to w. on,** wir haben keine Daten, wonach wir uns richten können; (*b*) *F:* **I'm working on him,** ich versuche, ihn zu überreden. ´**work** ´**out,** *v.* 1. *v.tr.* (*a*) (eine Idee, einen Plan usw.) ausarbeiten; **to w. o. one's own salvation,** sich selbst zurechtfinden; (*b*) (ein Problem) lösen; **I can't w. it out,** (i) (*understand*) ich werde nicht klug daraus; (ii) (*calculate*) ich kann es nicht ausrechnen; **I can't w. o. how to get there,** ich kann nicht herausfinden, wie man hinkommt. 2. *v.i.* (*a*) (gut/schlecht) ausgehen; **how will things w. o.?** wie werden die Dinge sich entwickeln? **it worked o. well for me,** es hat sich als günstig für mich erwiesen; (*b*) (*of sum*) **how much does it w. o. at?** auf wieviel beläuft es sich? **it works o. altogether at £100,** es beträgt insgesamt £100. ´**work-out,** *s. Sp:* Trainingslauf *m.* ´**workpiece,** *s. Ind:* Werkstück *n.* ´**workroom,** *s.* Arbeitszimmer *n.* ´**worksheet,** *s. Sch:* Arbeitsbogen *m.* ´**workshop,** *s.* Werkstatt *f.* ´**workshy,** *adj. F:* arbeitsscheu. ´**worktable,** *s.* Arbeitstisch *m.* ´**worktop,** *s.* Arbeitsfläche *f.* ´**work** ´**up,** *v.* 1. *v.tr.* (*a*) (*develop*) (einen Gedanken, eine Situation usw.) entwickeln; (ein Geschäft) hochbringen; **to w. up an appetite,** sich *dat* Appetit holen; (*b*) **to w. up a subject,** näher auf ein Thema eingehen; (*c*) (*excite*) (ein Publikum) aufregen; **to w. oneself up into a rage,** sich in Wut hineinsteigern; *F:* **don't get worked up,** reg dich nicht auf. 2. *v.i.* **to w. up to sth.,** auf etwas *acc* hinführen; **what are you working up to?** worauf willst du hinaus?

world [wəːld], *s.* Welt *f;* (*a*) **in the w.,** auf der Welt; **all over the w./the w. over,** in der ganzen Welt; **from all over the w.,** aus der ganzen Welt; **he's not long for this w.,** er hat nicht mehr lange zu leben; *Fig:* **for all the w. as**

though . . . , genauso, als ob . . . ; **what in the w. is the matter with you?** was in aller Welt fehlt dir? *attrib.* w. **war,** Weltkrieg *m; Pol:* w. **power,** Weltmacht *f; Sp:* w. **record,** Weltrekord *m;* (*b*) **it's the way of the w.,** so geht es auf dieser Welt zu; **man of the w.,** Mann von Welt; **to feel on top of the w.,** in bester Form sein; **he has gone down in the w.,** er hat bessere Zeiten gesehen; *F:* **it's something out of this w.,** es ist was ganz Fantastisches; (*c*) **the theatrical/business w.,** die Theaterwelt/Geschäftswelt; **he lives in a w. of his own,** er lebt in seiner eigenen Phantasiewelt; (*d*) **that will do you a w. of good,** das wird dir ungemein gut tun; **to think the w. of s.o.,** j-n sehr hoch einschätzen; **she is/means the w. to him,** sie ist sein ein und alles. ´**world**´**famous,** *adj.* weltberühmt. ´**world**´**liness,** *s.* Weltlichkeit *f;* weltliche Gesinnung *f.* ´**worldly,** *adj.* weltlich; w. **goods,** irdische Güter. ´**world**´**wide,** *adj.* weltweit; w. **reputation,** Weltruf *m.*

worm [wəːm]. I. *s.* 1. *Z:* Wurm *m; esp.* (**earth**) **w.,** Regenwurm *m; Fig:* **w.'s eye view,** Froschperspektive *f;* (*of pers.*) **the w. has turned,** er läßt sich nicht mehr alles gefallen. 2. *Mec. E:* Schneckengewinde *n;* w. **gear,** Schneckengetriebe *n;* w. **drive,** Schneckenantrieb *m.* II. *v.tr.* (*a*) **to w. one's way,** sich (irgendwohin) schlängeln; **to w. oneself into s.o.'s favour,** sich in j-s Gunst einschleichen; (*b*) **to w. a secret out of s.o.,** j-m ein Geheimnis aus der Nase ziehen. ´**wormeaten,** *adj.* (*a*) wurmstichig; (*b*) *Fig:* uralt. ´**wormwood,** *s. Bot:* Wermut *m.*

worn [wɔːn], *adj. & p.p. of* **wear** *q.v.* abgenutzt, abgetragen; w. **out,** (i) (*of thing*) (ganz) abgenutzt; (ii) (*of pers.*) erschöpft, todmüde.

worry [´wari]. I. *v.* (*p. & p.p.* **worried**) 1. *v.tr.* (*of dog*) (Schafe usw.) hetzen; (*b*) (j-n) beunruhigen, (*pester*) belästigen; **to w. oneself,** sich *dat* Sorgen/Kummer machen; **does the sun in your eyes w. you?** stört Sie das Sonnenlicht (in den Augen)? 2. *v.i.* sich *dat* Sorgen machen; **don't w.!** keine Angst! mach dir keine Sorgen! **there's nothing to w. about/no need to w.,** es besteht kein Grund zur Sorge; **it's not worth worrying about,** es lohnt sich nicht, sich *dat* darüber Gedanken zu machen. II. *s.* Sorge *f;* (*stronger*) Kummer *m;* **financial worries,** finanzielle Sorgen; **he's always been a to me,** er war mir immer schon eine Sorge; *F:* **what's your w.?** was hast du auf dem Herzen? ´**worried,** *adj.* besorgt, beunruhigt. ´**worrying,** *adj.* (*of thing*) beunruhigend; *F:* **he's the w. sort,** er macht sich über alles Sorgen.

worse [wəːs]. I. *adj.* schlechter, schlimmer; **in (a) w. condition than before,** in noch schlechterem Zustand als zuvor; **it gets w. and w.,** es wird immer schlimmer; **to make matters w.,** um die Sache zu verschlimmern; **I'm none the w. for it,** ich bin glimpflich davongekommen; **he escaped with nothing w. than a fright,** er ist mit dem Schrecken davongekommen; **so much the w. for him,** um so schlimmer für ihn; **the w. for wear,** *Cl:* stark abgetragen; *Furn: etc: & F:* (*of pers.*) ziemlich mitgenommen; (*of drunk*) ziemlich besoffen. II. *s.* 1. Schlimmeres *n,* Schlechteres *n;* **there was w. to come,** es sollte noch schlimmer kommen; **I have known w.,** ich habe schon Schlimmeres erlebt; **to change for the w.,** sich zum Schlechteren wenden; **he has taken a turn for the w.,** sein Zustand hat sich verschlechtert. **III.** *adv.* schlechter, schlimmer; **he behaves w. than ever/w. and w.,** er benimmt sich schlechter als je zuvor/immer schlechter; **you might do w.,** du könntest es schlechter erwischen; **he's w. off (than before),** er ist schlechter dran (als zuvor); **the noise went on w. than ever,** der Lärm hat sich nur verstärkt. '**worsen,** v. 1. v.tr. (Beziehungen usw.) schlechter machen, verschlechtern. **2.** v.i. sich verschlechtern. '**worsening,** s. Verschlechterung f.

worship ['wɔːʃip]. **I.** v.tr. (p. & p.p. **worshipped**) (seinen Gott, *Fig:* eine Frau) anbeten. **II.** s. **1.** Anbetung f (der Gottheit, *Fig:* einer Frau); *Rel:* Kult m; **place of w.,** Kultstätte f; **times of w.,** Gottesdienstzeiten fpl. **2. his W. the Mayor,** der Herr Bürgermeister; **yes, your W.,** ja, Herr Bürgermeister/*Jur:* Herr Richter. '**worshipper,** s. Anbeter(in) m(f); *Ecc: Kirchengänger(in)* m(f).

worst [wɔːst]. **I.** adj. schlechteste(r, s); schlimmste(r, s); **his w. mistake,** sein größter Fehler; **his w. enemy,** sein ärgster Feind; **a coward w. of the w. kind,** ein Feigling m der übelsten Sorte; **the w. part of it/about it is that ...,** das Schlimmste daran ist, daß ... **II.** s. **the w.,** der, die das, Schlechteste/Schlimmste; **the w. of the storm is over,** der Höhepunkt des Sturms ist vorbei; **that's the w. of cheap shoes,** das ist der Nachteil von billigen Schuhen; **when things are at their w.,** wenn alles schief geht; *(in a fight)* **to get the w. of it,** den kürzeren ziehen; **at the w.,** schlimmstenfalls; **if the w. comes to the w.,** wenn alle Stricke reißen; **go on, do your w.!** mach dich dran, und laß dich nicht zurückhalten! **III.** adv. am schlechtesten/ schlimmsten; **that frightened me w. of all,** das hat mich am meisten erschreckt.

worsted ['wustid], s. (a) Kammgarn n; (b) *(material)* Kammgarnstoff m.

worth [wɔːθ]. **I.** adj. **1.** (a) **to be w. £10,** £10 wert sein; **it's not w. that much,** so viel ist es nicht wert; (b) **I'm telling you this for what it's w.,** ich sage dir das ohne Gewähr; (c) **it's w. the trouble/w. it,** es lohnt sich; es ist der Mühe wert; **it's w. thinking about,** es lohnt sich, das zu überlegen; **it's w. knowing,** es ist gut, wenn man das weiß; **a book w. reading,** ein lesenswertes Buch; **nothing w. mentioning,** nichts Erwähnenswertes; **it's not w. having,** das ist kein guter Kauf. **2. he's w. millions,** er besitzt Millionen; *Fig:* **to run for all one is w.,** rennen, was man nur rennen kann. **II.** s. Wert m; **give me five pounds' w. of petrol,** geben Sie mir für fünf Pfund Benzin; **to get one's money's w.,** auf seine Kosten kommen; **he/it proved its w.,** er/ es hat sich bewährt. '**worthless,** adj. wertlos; *F:* **w. character,** Niete f. '**worthlessness,** s. Wertlosigkeit f. '**worth'while,** adj. der Mühe wert, lohnend; **he made no w. contribution,** er trug nichts von Wert bei.

worthy ['wɔːði], adj. würdig; *(esp. of thing)* wert **(of sth.,** etwas gen); **this is not w. of you,** das ist Ihrer nicht würdig; **he is w. of better treatment,** er verdient eine bessere Behandlung; **the town has no museum w. of the name,** die Stadt hat

kein richtiges Museum; **w. of consideration/ attention,** der Aufmerksamkeit wert. '**worthily,** adv. würdig, auf würdige Weise. '**worthiness,** s. Würdigkeit f.

wotcher ['wɔtʃər], int. *P:* **w. mate!** was gibt's, alter Kumpel!

would [wud], *p. & condit. of modal aux. v.* **will** (a) *(conditional)* **he w. come if he were invited,** er würde (schon) kommen/käme schon, wenn man ihn einladen würde; (b) *(wishing)* **what w. you expect me to do?** was wollen Sie denn, daß ich mache? **w. that I could!** wenn ich nur könnte! **he could if he w.,** er könnte es schon, wenn er nur wollte; (c) *(habit)* **she w. often come home tired out,** oft kam sie total erschöpft nach Hause; **I quite forgot! – you w.!** ich habe ganz vergessen! – das sieht dir ähnlich! (d) *(conjecture)* **w. this be your cousin?** ist das etwa dein Vetter? **would-be** ['wudbi], adj. (a) *(future)* angehend; **w. lawyer,** angehender Anwalt; (b) *(unsuccessful)* **w. assassin,** erfolgloser Attentäter m; (c) *(so-called)* sogenannt.

wound [wuːnd]. **I.** s. Wunde f. **II.** v.tr. (j-n) verwunden; *Fig:* (j-s Gefühle) verletzen.

woven ['wouv(ə)n], adj. & p.p. of **weave** q.v. **w. goods,** Webwaren fpl.

wow¹ [wau]. **I.** int. *P:* *(admiring)* toll! *(surprised)* wui! **II.** s. esp. *N.Am:* *P:* Bombenerfolg m.

wow², s. *Rec:* Gleichlaufschwankung f.

wrangle ['ræŋgl]. **I.** v.i. sich zanken, streiten **(about/over,** über + acc). **II.** s. Zank m, Streit m.

wrap [ræp]. **I.** v. **1.** v.tr. (p. & p.p. **wrapped**) (a) **to w. sth. (up),** (etwas) einwickeln, einpacken **(in sth.,** in etwas acc); **wrapped in polythene,** in Plastikfolie verpackt; *F:* **we should be able to w. it up today,** heute dürften wir das Geschäft hinkriegen; (b) **to w. (oneself) up,** sich warm anziehen; (c) *Fig:* **wrapped up in one's work,** ganz in seine Arbeit vertieft; **wrapped in mystery,** in geheimnisvolles Dunkel gehüllt; (d) **to w. sth. round sth.,** etwas mit etwas dat umwickeln; **he wrapped his arms round her,** er hielt sie umschlungen; *F:* **he wrapped his car round a tree,** er ist mit seinem Wagen gegen einen Baum gerast. **2.** v.i. **to w. round sth.,** sich um etwas acc wickeln. **II.** s. *(scarf)* Schal m; *(rug)* Decke f. '**wrapper,** s. Hülle f; Umschlag m (eines Buches); Streifband, Kreuzband n (für eine Zeitung); **sweet wrappers,** Bonbonpapiere npl; **(cigar) w.,** Deckblatt n (einer Zigarre). '**wrapping,** s. **1.** *(action)* Einpacken n. **2.** (a) Hülle f; esp. *Ind:* Verpackung f; **w. paper,** Packpapier n. '**wrap-round,** adj. **1.** *Aut:* **w.-r. bumper,** Rundumstoßstange f. **2.** *Cl:* **w.-r. skirt,** Wickelrock m.

wrath [rɔθ], s. *Lit:* Zorn m.

wreath [riːθ], s. Kranz m; *(flowers)* Girlande f. **wreathe** [riːð], v.tr. (etwas) wickeln, winden **(round/about,** um + acc); *Fig:* **a face wreathed in smiles,** ein strahlendes Gesicht; **wreathed in mist,** in Nebel gehüllt.

wreck [rek]. **I.** s. **1.** *(ship, car)* Wrack n; *(building)* Ruine f; **my car's a complete w.,** mein Wagen hat Totalschaden; (b) *Fig:* *(of pers.)* **to be a nervous w.,** ein Nervenbündel sein. **2.** *(occurrence)* Schiffbruch m; *Fig:* **the w. of my hopes,** die Vernichtung meiner Hoffnungen; **to save sth. from the w.,** etwas noch aus den Trümmern retten. **II.** *v.tr.* (a) (ein Schiff) zum Wrack machen; (ein Auto) zu Schrott fahren; (ein Gebäude usw.) (total) zerstören; **to be wrecked,** (*of ship*) auflaufen; (*of pers.*) Schiffbruch erleiden; (b) *Fig:* (ein Unternehmen) zu Fall bringen, zugrunde richten; (j-s Pläne, Hoffnungen) vernichten. ´**wreckage,** *s.* Wrackteile *npl* (eines Schiffes); Trümmer *pl* (eines Autos, Flugzeugs usw.). **wrecked,** *adj.* zerstört; (*of ship*) aufgelaufen, gestrandet; *Fig:* vernichtet. ´**wrecker,** *s.* **1.** *A: Nau:* Plünderer *m* gestrandeter Schiffe. **2.** *N.Am:* (*demolition worker*) Abbrucharbeiter *m.* **3.** *N.Am: Aut:* **w.** (**truck**), Abschleppwagen *m.*

wren [ren], *s.* **1.** *Orn:* Zaunkönig *m.* **2.** *Navy: F:* **W.,** Angehörige *f* des Women's Royal Naval Service (*Frauendienst der britischen Marine*).

wrench [rentʃ]. **I.** *s.* **1.** (heftiger) Ruck *m;* **he gave his ankle a w.,** er hat sich *dat* den Knöchel verstaucht; *Fig.* **it will be a w. to leave,** man trennt sich schweren Herzens. **2.** *Tls:* Schraubenschlüssel *m;* **adjustable/monkey w.,** Universalschraubenschlüssel *m; F:* Engländer *m.* **II.** *v.tr.* (a) (etwas) mit Wucht drehen, (*tear away*) plötzlich wegreißen; **to w. a lid off,** einen Deckel mit Gewalt öffnen; **to w. a door open,** eine Tür aufreißen; **to w. oneself free (from s.o.),** sich gewaltsam (von j-m) befreien; (b) **to w. one's ankle/shoulder,** sich *dat* den Knöchel/ die Schulter verrenken.

wrest [rest], *v.tr.* **to w. sth. from s.o.,** j-m etwas entreißen.

wrestle [resl], *v.i.* **to w. with s.o.,** mit j-m ringen; *Fig:* **to w. with difficulties etc.,** mit Schwierigkeiten usw. kämpfen; **to w. with a problem,** sich mit einem Problem abplagen/abmühen. ´**wrestler,** *s. Sp:* Ringer *m,* Ringkämpfer *m.* ´**wrestling,** *s. Sp:* Ringen *n,* Ringkampf *m.*

wretch [retʃ], *s.* **1.** (**poor**) **w.,** armer Teufel. **2.** (*child*) **little w.,** kleiner Schelm/Fratz *m.* ´**wretched** [-id], *adj.* **1.** (*of pers.*) elend; **to feel w.,** (i) (*ill*) sich elend fühlen; (ii) ein sehr schlechtes Gewissen haben (**about sth.,** wegen etwas *gen*); **to look w.,** elend/erbärmlich aussehen. **2.** *Pej:* jämmerlich; **what w. weather!** was für ein scheußliches Wetter! (*cursing*) **where's my w. umbrella?** wo ist denn der blöde Schirm? **what's that w. boy up to?** was führt denn dieser verdammte Junge im Schilde? **-ly,** *adv.* **to be w. poor,** erbärmlich arm sein.

wriggle [rigl], *v.* **1.** *v.i.* sich winden; (*of child etc.*) zappeln; **to w. out of a difficulty,** sich aus einer Schwierigkeit herauswinden; **he tried to w. out of it,** er versuchte, sich davor zu drücken. **2.** *v.tr.* **to w. one's toes,** mit den Zehen wackeln; **to w. one's way into/through sth.,** sich in etwas *acc* einschleichen/durch etwas *acc* durchschlängeln. ´**wriggler,** *s.* (*child*) Zappelphilipp *m.* ´**wriggly,** *adj.* zappelig.

wring [riŋ], *v.tr.* (*p. & p.p.* **wrung** [rʌŋ]) (a) (etwas) auswringen; **to w.** (**out**) **the washing,** die Wäsche (aus)wringen; **to w. the neck of a chicken,** einem Huhn den Hals abdrehen; *F:* **I'd like to w. your neck!** ich möchte dir am liebsten den Hals umdrehen! (b) *Fig:* **to w. a secret from s.o.,** j-m ein Geheimnis abringen; **to w. money out of s.o.,** Geld von j-m erpressen. ´**wringer,** *s.* Wringmaschine *f.*

´**wringing,** *adj.* **w. wet,** ganz durchnäßt, *F:* klatschnaß.

wrinkle [´riŋkl]. **I.** *s.* (a) (*on face*) Runzel *f,* Falte *f;* (*furrow*) Furche *f;* (b) (*in clothes*) Falte *f.* **II.** *v.* **1.** *v.tr.* (in etwas *dat*) Falten machen, (*crumple*) (etwas) zerknittern; **to w. one's forehead,** die Stirn runzeln; **2.** *v.i.* Falten werfen; (*of face*) runzelig werden. ´**wrinkled,** *adj.* faltig; (*crumpled*) zerknittert; (*of face*) runzelig; **her stockings were w.,** ihre Strümpfe machten Falten.

wrist [rist], *s.* Handgelenk *n; w. watch,* Armbanduhr *f.*

writ [rit], *s. Jur:* gerichtlicher Befehl *m; to serve a w. on s.o.,* j-n vorladen.

write [rait], *v.* **1.** *v.tr.* (*p.* **wrote** [rəut]; *p.p.* **written** [´rit(ə)n]) (a) (etwas) schreiben; *N.Am:* **to w. s.o.,** j-m schreiben; (b) *Fig:* **his guilt was written in his eyes/all over his face,** man konnte ihm seine Schuld an den Augen/im Gesicht ablesen. **2.** *v.i.* schreiben; **he writes for a living,** er ist von Beruf Schriftsteller; **he wrote to me yesterday,** er hat mir gestern geschrieben; **w. to this address,** schreiben sie an diese Adresse; *F:* **that's nothing to w. home about,** das ist nichts Besonderes. ´**write´down,** *v.tr.* (etwas) aufschreiben, niederschreiben; **these songs were never written down,** diese Lieder wurden nie schriftlich niedergelegt. ´**write´in,** *v.i.* **to w. in for information etc.,** schriftlich um Auskunft usw. bitten/anfragen; **listeners have written in to complain,** Hörer haben sich schriftlich beschwert. ´**write´off,** *v.* **1.** *v.tr.* (a) *Fin: Com:* (eine Summe, eine faule Schuld usw.) abschreiben; (b) *F:* **to w. off a car,** ein Auto zu Schrott fahren; **to w. oneself off,** sich (durch Leichtsinn) umbringen. **2.** *v.i.* **to w. off for sth.,** sich schriftlich um etwas *acc* bewerben. ´**write-off,** *s.* Totalverlust *m;* **the car's a w.-o.,** der Wagen hat Totalschaden. ´**write´out,** *v.tr.* (etwas) ganz ausschreiben. ´**writer,** *s.* Schriftsteller(in) *m(f);* (*author*) Verfasser(in) *m(f).* ´**write´up,** *v.tr.* (a) *Journ:* (über ein Ereignis usw.) berichten; (ein Thema) behandeln; (b) (ein Tagebuch) auf das Laufende bringen; *Sch:* **w. up your notes,** schreibt Eure Notizen ins Reine. ´**write-up,** *s. Journ:* Bericht *m* (über ein Ereignis); *Mus: Th:* Kritik *f,* Rezension *f* (einer Aufführung usw.). ´**writing,** *s.* **1.** (*process*) Schreiben *n.* **2.** Schrift *f;* **good/bad w.,** gute/schlechte Handschrift; **to answer in w.,** schriftlich antworten; **w. desk,** Schreibtisch *m; w. paper,* Schreibpapier *n, esp.* Briefpapier *n.* **3. writings,** Schriften *fpl.* ´**written,** *adj.* geschrieben; (*in writing*) schriftlich; **the w. language,** die Schriftsprache.

writhe [raið], *v.i.* sich krümmen (**in/with pain,** vor Schmerzen).

wrong [rɔŋ]. **I.** *adj.* **1.** unrecht; **it's w. (of him) to do that,** es ist unrecht (von ihm), das zu tun; **stealing is w./it is w. to steal,** Stehlen ist ein Unrecht. **2.** (*incorrect*) (a) (*of fact etc.*) falsch, verkehrt; (*of view*) irrig; **w. calculation,** falsche Berechnung; **my watch is w.,** meine Uhr geht falsch; (b) (*of pers.*) **to be w.,** sich irren; unrecht haben; **you are w. to think/in thinking that . . . ,** sie irren sich, wenn Sie glauben, daß . . . ; (c) **in the w. place,** am falschen

Ort/Platz; **your sweater's w. side out,** du hast den Pullover verkehrt an; **to go the w. way,** den falschen Weg nehmen; (*get lost*) sich verlaufen; **you're doing it the w. way,** du machst es falsch; (*of food*) **it went down the w. way,** es ist mir in die falsche Kehle gekommen; *F:* **to get out of bed on the w. side,** mit dem linken Bein zuerst aufstehen; **to be on the w. side of forty,** über vierzig (Jahre alt) sein; *Tel:* **sorry, w. number,** Verzeihung, falsch verbunden; (*d*) **what's w. with you?** was hast du? was ist mit dir los? **there's something w. with this car,** etwas stimmt nicht an diesem Auto, **something's w. (somewhere),** etwas ist (irgendwo) nicht in Ordnung; **I hope nothing's w.,** hoffentlich ist nichts schiefgegangen/(*accident*) passiert; **-ly,** *adv.* (*a*) (*unjustly*) zu Unrecht; (*by mistake*) irrtümlicherweise; **rightly or w.,** zu Recht oder Unrecht; (*b*) (*incorrectly*) falsch. **II.** *s.* (*injustice*) Unrecht *n,* Ungerechtigkeit *f;* **to do s.o. w.,** j-m unrecht

tun/ein Unrecht zufügen; **two wrongs do not make a right,** man kann ein Unrecht nicht durch ein anderes wiedergutmachen. **2. to be in the w.,** unrecht haben; im Unrecht sein. **III.** *adv.* **1.** falsch; **he got the answer w.,** er hat die Frage falsch beantwortet/*Mth:* sich verrechnet; *F:* **you've got me/it w.,** Sie haben mich/es ganz falsch verstanden. **2. to go w.,** (i) (*of pers.*) fehlgehen, sich verlaufen; (ii) (*of plan*) schiefgehen; (*of machinery*) nicht richtig funktionieren; **the radio has gone w.,** das Radio ist nicht in Ordnung. **IV.** *v.tr.* (j-m) unrecht tun; **he has been wronged,** ihm ist Unrecht geschehen. **'wrong'doer,** *s.* Übeltäter(in) *m(f).* **'wrongful,** *adj.* ungerecht. **'wrongness,** *s.* **1.** Unrichtigkeit *f.* **2.** (*injustice*) Ungerechtigkeit *f.*

wrought [rɔːt], *adj.* **w. iron,** Schmiedeeisen *n;* **w. iron gate,** schmiedeeisernes Tor.

wry [rai], *adj.* **a w. smile,** ein ironisches Lächeln; **w. humour,** trockener Humor; **to pull a w. face,** ein schiefes Gesicht ziehen.

X, x [eks], *s.* (der Buchstabe) X, x *n; Cin:* **X certificate,** Jugendverbot *n.*

Xmas ['eksməs], *s. F:* Weihnachten *fpl.*

X-ray ['eksrei]. **I.** *s.* **1.** Röntgenstrahl *m;* **X-r. examination,** Durchleuchtung *f;* **X-r. treat-**

ment, Röntgenbestrahlung *f.* **2.** (*picture/process*) Röntgenaufnahme *f;* **to have an X-r.,** sich röntgen lassen. **II.** *v.tr.* (j-n, ein Organ) durchleuchten, röntgen.

xylophone ['zailəfəun], *s. Mus:* Xylophon *n.*

Y, y [wai], *s.* (der Buchstabe) Y, y *n;* (*when spoken*) Ypsilon *n.*

yacht [jɔt], *s.* Jacht *f;* **y. club,** Jachtklub *m.* **'yachting,** *s.* Segelsport *m;* **to go y.,** sportsegeln. **'yachtsman,** *s.* Sportsegler *m.*

yak¹ [jæk], *s. Z:* Jak *m,* Grunzochse *m.*

yak², *v.i. F:* (*of pers.*) keifen.

yank [jæŋk]. *F:* **I.** *v.tr.* (an etwas *dat*) zerren; (j-n) (aus dem Bett usw.) zerren; **to y. out a tooth etc.,** einen Zahn usw. mit einem Ruck herausziehen. **II.** *s.* Ruck *m;* **give it a y.!** zerr kräftig daran!

Yank², Yankee ['jæŋki], *s. F:* Ami *m; U.S. Hist: Pej:* Nordstaatler *m.*

yap [jæp]. **I.** *v.i.* (*p. & p.p.* yapped) kläffen. **II.** *s.* Kläffen *n.* **'yapping,** *s.* Gekläff *n.*

yard¹ [jɑːd], *s.* **1.** *Meas:* Yard *n* (= 0,914 m). **2.** *Nau:* Rahe *f.* **'yardage,** *s.* Länge *f* in Yards. **'yardarm,** *s. Nau:* Rahnock *f.*

yard², *s.* Hof *m;* (*a*) **Scotland Y.,** *F:* **the Y.,** die Londoner Kriminalpolizei; (*b*) (*for storage*) Stapelplatz *m;* **builder's y.,** Bauhof *m; Rail:* **goods y.,** Güterbahnhof *m;* **marshalling y.,** Rangierbahnhof *m;* (*c*) *N.Am:* Garten *m.*

yarn [jɑːn], *s.* **1.** *Tex:* Garn *n.* **2.** *Fig:* (*story*) Seemannsgarn *n;* **he can tell a good y.,** er kann gut Geschichten erzählen; **to spin a y.,** Märchen erzählen.

yawn [jɔːn]. **I.** *v.* **1.** *v.i.* (*of pers. & Fig: gap*) gähnen. **2.** *v.tr. F:* **to y. one's head off,** sich zu Tode gähnen. **II.** *s.* Gähnen *n;* **to stifle a y.,**

ein Gähnen unterdrücken. '**yawning. I.** *s.*
Gähnen *n.* **II.** *adj.* gähnend.
year [jɔːr, jiər], *s.* Jahr *n;* (*a*) **in the y.** 1850, im
Jahre 1850; **all (the) y. round,** das ganze Jahr
hindurch; **twice a y.,** zweimal im Jahr/jährlich;
a y. (ago) last March, im März vor einem Jahr;
to earn ten thousand a y., zehntausend Pfund
im Jahr verdienen; **to rent a house etc. by the
y.,** ein Haus usw. auf das Jahr mieten; **y. in y.
out/y. after y.,** Jahr für Jahr; (*b*) Jahrgang *m;*
(*of wine etc.*) **a good y.,** ein guter Jahrgang;
Sch: **he's in my y.,** er ist mein Jahrgang/in
meiner Klasse; (*c*) *pl.* (*age*) Alter *n;* **ten years
old,** zehn Jahre alt; **from his earliest years,** von
Kindesbeinen an; **the years of discretion,** die
Volljährigkeit; **old for his years,** (i) jünger als
er aussieht; (ii) (*of child*) altklug; **active for his
years,** noch rüstig für sein Alter; **he's getting
on in years,** er ist nicht mehr der Jüngste;
it's enough to put years on one, es ist zum
graue Haare kriegen; (*d*) **I haven't seen
you for (***F:*** donkey's) years,** ich habe dich
schon seit Jahren/*F:* Urzeiten nicht mehr ge-
sehen; **I've known him for years,** ich kenne ihn
schon jahrelang/seit Jahren; **years ago,** vor
Jahren; **it was years ago,** es ist viele Jahre her.
'**yearbook,** *s.* Jahrbuch *n.* '**yearling,** *s. Z:*
Jährling *m; esp.* **y. (colt),** einjähriges Fohlen.
'**yearly,** *adj.* jährlich; **y. subscription,**
Jahresbeitrag *m.*
yearn [jɔːn], *v.i.* **to y. for sth.,** sich nach etwas
dat sehnen. '**yearning,** *s.* Sehnen *n* (**for,**
nach + *dat*).
yeast [jiːst], *s.* Hefe *f; Aus:* Germ *m.*
yell [jel]. **I.** *v.tr. & i.* (etwas) schreien; **to y. at
s.o.,** j-n anschreien. **II.** *s.* (gellender) Schrei *m;*
he let out a y., er schrie laut auf.
yellow ['jeləu]. **I.** *adj.* (*a*) gelb; (*of paper etc.*) **y.
with age,** vergilbt; *Med:* **y. fever,** Gelbfieber *n;
Aut:* **y. line,** gelbe Halteverbotslinie *f; N.Am:
Journ:* **the y. press,** die Sensationspresse; *Brit:
F:* **the y. pages,** das Branchenverzeichnis; (*b*)
F: (*of pers.*) feige. **II.** *s.* Gelb *n.* '**yellow-
hammer,** *s. Orn:* Goldammer *f.* '**yellowish,**
adj. gelblich.
yelp [jelp]. **I.** *v.i.* (*of dog*) kläffen; (*in pain*)
jaulen. **II.** *s.* Kläffen *n,* Jaulen *n;* (*of pers.*)
schriller Schrei *m.*
yen[1] [jen], *s. F:* **to have a y. for sth.,** sich nach
etwas *dat* sehnen.
yen[2], *s. Fin:* Yen *m.*
yes [jes]. **I.** *adv.* ja; (*stressed*) jawohl; **to answer
y. or no,** mit ja oder nein antworten; *F:* **y. man,**
Jasager *m.* **II.** *s.* Ja *n;* (*esp. to proposal*) Jawort *n.*
yesterday ['jestədi]. **I.** *adv.* gestern; **y. morning,**
gestern früh; **y. week,** gestern vor einer Woche;
F: **I wasn't born y.,** ich bin nicht von gestern.
II. *s. y.* **was my birthday,** gestern war mein
Geburtstag; **the whole of y.,** der ganze gest-
rige Tag; **yesterday's paper,** die gestrige Zei-
tung; **the day before y.,** vorgestern.
yet [jet]. **I.** *adv.* (*a*) noch; **has he gone y.?** ist er
schon gegangen? **not y.,** noch nicht; **it won't
happen just y.,** es wird noch eine Weile dauern
(, bis es passiert); **nothing has been done
(as) y.,** bisher wurde noch nichts unter-
nommen; (*b*) doch noch; **he'll win y.,** er wird
schon noch gewinnen; (*c*) (*even*) **y. further,**

noch weiter; **y. again,** schon wieder. **II.** *conj.*
dennoch; **(and) y. I like him,** (und) trotzdem/
dennoch mag ich ihn.
yew [juː], *s.* **y. (tree),** Eibe *f;* (*wood*) Eibenholz *n.*
'**Yiddish** ['jidiʃ]. **I.** *adj.* jiddisch. **II.** *s. Ling:*
Jiddisch *n.*
yield [jiːld]. **I.** *s.* Ertrag *m;* (*a*) (*harvest*) Ernte *f;*
a good y. of wheat, eine gute Weizenernte; (*b*)
Fin: (*interest*) Zinsertrag *m;* **these shares give a
poor y.,** diese Aktien sind nicht ertragreich; **net
y.,** Nettoertrag *m.* **II.** *v.* **1.** *v.tr.* (*a*) *Agr: Min:
etc:* (Getreide, Kohlen, Öl usw.) liefern; *Fin:*
(einen Gewinn) abwerfen; (eine Ernte) ein-
bringen; **to y. good results,** gute Ergebnisse lie-
fern; *Fin:* (*of money, shares*) **to y. interest,**
Zinsen tragen; (*b*) (*give up*) (etwas) hergeben;
(ein Land, ein Recht) abtreten (**to s.o.,** an j-n);
(*of house etc.*) **to y. (up) its secret,** sein
Geheimnis preisgeben. **2.** *v.i.* nachgeben (**to
s.o.,** j-m); **to y. to force,** der Gewalt weichen.
'**yielding. I.** *adj.* nachgebend; (*of pers.*)
nachgiebig. **II.** *s.* Nachgeben *n; Fig:* Nachgie-
bigkeit *f.*
yodel ['jəudl], *v.i.* (*p. & p.p.* **yodelled**) jodeln.
yoga ['jəugə], *s.* Joga *n.*
yoghurt ['jɔgət, 'jəu-], *s.* Joghurt *m.*
yoke [jəuk]. **I.** *s.* **1.** Joch *n.* **2.** *Dressm:* Passe *f.*
II. *v.tr.* (Ochsen usw.) anjochen.
yolk [jəuk], *s.* Eidotter *n; esp. Cu:* Eigelb *n.*
you [juː], *pers. pron.* **1.** (*subject*) Sie; (*to close
friend, relative, child, animal etc.*) du/*pl* ihr; (*in
letter etc.*) Du/Ihr; **y. poor thing!** Sie/du
Ärmste(r)! **y. poor things!** Sie/ihr Ärmsten! **y.
Germans,** ihr Deutschen; **y. and I will go by
train,** du/Sie und ich fahren mit dem Zug; **is it
y.?** sind Sie/bist du/seid ihr es? **if I were y.,**
ich an Ihrer/deiner/eurer Stelle; **there y. are!** da
haben Sie's! da hast du's! da habt ihr's! *F:* **that
isn't quite y.,** das paßt nicht ganz zu dir/Ihnen.
2. (*object*) (*a*) *acc* Sie, dich; *pl* Sie, euch; **I love
y.,** ich liebe dich; **this is for y.,** das ist für dich/
für Sie; **there's a good fire for y.!** da hast du
ein richtiges Feuer! das nenne ich nun ein
richtiges Feuer! (*b*) *dat* Ihnen, dir; *pl.* Ihnen,
euch; **I'll give y. this,** ich gebe Ihnen/dir/euch
das; **he came to y.,** er kam zu Ihnen/dir/euch;
between y. and me, unter uns. **3.** *refl.* **have y.
any money on y.?** haben Sie Geld bei sich? hast
du Geld bei dir? habt ihr Geld bei euch? **take
your dog with y.,** nehmen Sie Ihren/nimm
deinen/nehmt euren Hund mit. **4.** (*indefinite*)
man; *acc* einen; *dat* einem; **y. never know,** man
weiß es nie; **it does y. good,** es tut einem gut; **it
really fools y.,** es täuscht einen wirklich.
you'd = you would. you'll = you will.
young [jʌŋ]. **I.** *adj.* (*a*) jung; **y. children,** kleine
Kinder; **y. people,** Jugendliche/junge Leute;
you are looking years younger, du siehst viel
jünger aus; *F:* **her y. man,** ihr Freund; **y. Mr.
Thomas,** Herr Thomas junior; (*b*) **the night is
y.,** die Nacht ist noch lang; (*c*) *F:* **a lake like a
y. sea,** ein See wie ein kleines Meer. **II.** *s. inv.*
(*a*) *pl.* **the y.,** die Jugend; **books for the y.,**
Jugendbücher *npl;* **the y. and not so y.,** die
Jungen und nicht mehr so Jungen; (*b*) (*ani-
mals*) Junge(s) *n; pl.* Junge(n); **the fox and its
y.,** die Füchsin und ihre Jungen. '**youngster,**
s. Jugendliche*f(m);* (*boy*) Junge *m;* **young-**

sters today, die heutige Jugend; **he/she is only a y.,** er/sie ist eben noch jung.
your [jɔːr], *poss. adj.* **1.** Ihr(e); (*familiar*) *sing.* dein(e); *pl.* euer, eure; **you don't need y. passport,** Sie brauchen Ihren/du brauchst deinen/ ihr braucht euren Paß nicht; **you have/F: you've hurt y. hand,** Sie haben sich/du hast dir die Hand verletzt; **so much for y. promises!** Ihre/deine/eure Versprechen sind nicht viel wert! **2.** (*indefinite*) **you cannot alter y. nature,** man kann seinen Charakter nicht ändern; **he's y. true enthusiast,** da hat man einen echten Fanatiker. **yours,** *poss. pron.* Ihrer, Ihre, Ihres; *pl* Ihre; (*familiar*) deiner, deine, deines; *pl* deine; (*familiar pl.*) eurer, eure, eures; *pl* eure; **this is y.,** das gehört Ihnen/dir/euch; das ist Ihres/deines/eures; **he took both my pencil and y.,** er nahm meinen und Ihren/deinen/ euren Bleistift; **this book is y.,** das ist Ihr/dein/ euer Buch; **a friend of y.,** ein Freund von Ihnen/dir/euch. **your'self,** *pl.* **your'selves,** *pers. pron.* (*a*) selbst; **you said so y./yourselves,** Sie haben/du hast/ihr habt es selbst gesagt; (*b*) *refl.* sich *dat & acc;* dich *acc;* dir *dat;* euch *dat & acc;* **you have hurt y./yourselves,** Sie haben sich/du hast dich/ihr habt euch verletzt; **you're talking to y./yourselves,** Sie reden mit sich selbst; du redest mit dir; ihr redet mit euch; (*c*) **by y./yourselves,** allein; **you're not quite y.,** Sie sind/du bist nicht ganz auf der Höhe; **you are y. again,** Sie sind/du bist wieder der/die Alte.
youth, *pl.* **-s** [juːθ, *pl.* juːðz], *s.* **1.** (*period*) Jugend *f;* **in his y.,** in seiner Jugend/seinen jungen Jahren. **2.** (*pers.*) Jugendliche(r) *f(m).* **3.** *coll.* junge Leute, die Jugend; **y. club,** Jugendklub *m;* **y. hostel,** Jugendherberge *f.* **'youthful,** *adj.* (*a*) (*of pers.*) jung; **to look y.,** jung aussehen; (*b*) **y. indiscretion,** jugendliche Indiskretion. **'youthfulness,** *s.* Jugendlichkeit *f.*
yowl [jaul], *v.i. F:* (*of dog*) jaulen; (*of cat*) miauen; (*of child*) heulen.
Yugoslavia [juːgəu'slɑːviə]. *Pr. n. Geog:* Jugoslawien *n.* **'Yugoslav, I.** *adj.* jugoslawisch. **II.** *s.* Jugoslawe *m,* Jugoslawin *f.*
Yule [juːl], *s. A:* Weihnachten *fpl;* Julfest *n;* **Y. log,** Julscheit *n.*

Z

Z, z [zed, *N.Am:* ziː], *s.* (der Buchstabe) Z, z.
Zambezi [zæm'biːzi]. *Pr. n. Geog:* **the (river) Z.,** der Sambesi.
Zambia ['zæmbiə]. *Pr. n. Geog:* Sambia *n.* **'Zambian. I.** *s.* Sambier *m.* **II.** *adj.* sambisch.
zany ['zeini], *adj. F:* burlesk; **z. character,** Hanswurst *m;* **z. comedy,** verrückte Komödie.
zeal [ziːl], *s.* Eifer *m.* **zealot** ['zelət], *s. Rel:* Zelot *m.* **zealous** ['zeləs], *adj.* eifrig.
zebra ['zebrə, 'ziːbrə], *s. Z:* Zebra *n;* **z. crossing,** Zebrastreifen *m.*
zenith ['zeniθ], *s. Astr:* Zenit *m; Fig:* Höhepunkt *m.*
(*point on scale etc.*) Nullpunkt *m; Mil: etc:* **z. hour,** die Stunde Null; *Fig:* **his enthusiasm had sunk to z.,** seine Begeisterung war auf den Nullpunkt gesunken.
zest [zest], *s.* (*a*) (*enthusiasm*) Begeisterung *f;* (*verve*) Schwung *m;* **to eat with z.,** mit Genuß essen; (*b*) **this added a bit of z. to the adventure,** das verlieh dem Abenteuer etwas Würze.
zigzag ['zigzæg]. **I.** *s.* Zickzack *m;* **in zigzags,** im Zickzack. **II.** *v.i.* (*of road*) im Zickzack verlaufen; (*of car etc.*) im Zickzack fahren.
Zimbabwe [zim'bæbwi] *Pr.n. Geog:* Simbabwe *n.*
zinc [ziŋk], *s.* Zink *n.*

zing [ziŋ], *s. F:* Schwung *m.*
zinnia ['ziniə], *s. Bot:* Zinnie *f.*
Zionism ['zaiənizm], *s. Pol:* Zionismus *m.*
zip [zip]. **I.** *s.* **1.** Surren *n* (einer Kugel usw.). **2.** *F:* Schwung *m;* **put a bit of z. into it,** setze ein bißchen Schwung dahinter. **3. z. (fastener),** Reißverschluß *m.* **4.** *N.Am:* **z. code,** Postleitzahl *f.* **II.** *v.* (*p. & p.p.* **zipped**) **1.** *v.i.* (*of bullet etc.*) surren; **to z. past,** vorbeisausen. **2.** *v.tr. F:* **can you z. me up?** kannst du mir den Reißverschluß zumachen?
zither ['ziðər], *s. Mus:* Zither *f.*
zodiac ['zəudiæk], *s.* Tierkreis *m.*
zombie ['zombi], *s. F:* apathischer Typ *m;* (*moron*) Schwachkopf *m.*
zone [zəun]. **I.** *s.* Zone *f; Geog:* **torrid z.,** heiße Zone; *Mil:* **war z.,** Kriegsgebiet *n.* **II.** *v.tr.* (eine Stadt usw.) in Zonen aufteilen. **'zonal,** *adj.* Zonen-. **'zoning,** *s.* Aufteilung *f* in Zonen.
zoo [zuː], *s.* Zoo *m.* **zoology** [zuː'ɔlədʒi], *s.* Zoologie *f.* **zoo'logical** [zuː(ə)-], *adj.* zoologisch; **z. gardens,** zoologischer Garten.
zoologist [zuː'ɔ-], *s.* Zoologe *m,* Zoologin *f.*
zoom [zuːm], *s. Phot:* **z. (lens),** Gummilinse *f.* **II.** *v.i. F:* **to z. along,** dahinbrausen; **he zoomed past,** er sauste vorbei.
Zurich ['zjuərik], *Pr. n. Geog:* Zürich *n.*

Common English Abbreviations

Häufige englische Abkürzungen

A.A. *Automobile Association* (führender Automobilclub)

A.A.A. 1. *U.S: American Automobile Association* (führender Automobilclub) **2.** *Brit: Amateur Athletics Association* Leichtathletikverband *m*

ABC 1. *American Broadcasting Company* (amerikanische Rundfunkgesellschaft). **2.** *Australian Broadcasting Corporation* Australischer Rundfunk

AC *El: alternating current* Wechselstrom *m*

a/c *account* Konto *n*

acc. to *according to* gemäß, *abbr.* gem.

A.D. *anno Domini* nach Christi Geburt, *abbr.* n.Chr.

AFN *American Forces Network* Rundfunk der amerikanischen Streitkräfte

A.G.M. *Annual General Meeting* Jahresvollversammlung *f*

a.m. *ante meridiem* vormittags

amp. *El: ampere* Ampère *n*

anon *anonymous* Autor unbekannt

appro. *Com: on appro.* = *on approval* zur Ansicht/Probe

approx. *approximately* ungefähr

arr. *Rail: etc: arrive(s)* . . . an, Ankunft in . . .

ASAP *as soon as possible* sobald wie möglich

ass(oc). *association* Verband *m*

asst. *assistant* Mitarbeiter *m*; *attrib.* stellvertretend

Aug. *August* August *m*

AV *audio visual* audiovisuell

Av., Ave. *Avenue* Chaussee *f*

b. *born* geboren, *abbr.* geb.

B.A. 1. *Univ: Bachelor of Arts* (Grad). **2.** *Av: British Airways* Britische Fluggesellschaft

b. & b. *bed & breakfast* Zimmer mit Frühstück

Bart *Baronet* Baron *m*

B.A.O.R. *British Army of the Rhine* Britische Rheinarmee

BBC *British Broadcasting Corporation* Britische Rundfunkgesellschaft

BC *before Christ* vor Christi Geburt, *abbr.* v.Chr.

B.C.G. *Pharm: Bilié de Calmette et Guérin* (TBC-Impfstoff)

Beds. *Bedfordshire* (Grafschaft)

Berks. *Berkshire* (Grafschaft)

B.F.N. *Rad: British Forces Network* Rundfunk der Britischen Streitkräfte

b.h.p. *Mec.E: brake horse power* Brems-PS

bldg(s). *building(s)* Gebäude *n*

B.M. *British Museum* Britisches Nationalmuseum

B.M.A. *British Medical Association* Britischer Ärzteverband

B.O. *F: body odour* Körpergeruch *m*

Br. *Ecc: Brother* Frater *m*

BR *British Rail* Britische Eisenbahngesellschaft

BRDC *British Racing Drivers' Club* Britischer Rennfahrerclub

Bros. *Com: Brothers* Gebrüder

BRS *British Road Services* Britisches Straßentransportunternehmen

BS *British Standard approx.* = DIN

B.Sc. *Bachelor of Science* (Grad)

B.S.I. *British Standards Institution* Britisches Normungsinstitut

B.S.T. *British Summer Time* Britische Sommerzeit

bt. fwd. *Com: brought forward* Übertrag

B.T.U. *British Thermal Unit* Britische Wärmeeinheit

Bucks. *Buckinghamshire* (Grafschaft)

B.V.M. *Blessed Virgin Mary* die selige Jungfrau Maria

C *Ph: centigrade* Celsius

c. 1. *N.Am: etc: cent* Cent *m.* **2.** *circa* zirka

Cantab. *Cantabrigiensis* = *of Cambridge* von Cambridge

cap. *capital* Großbuchstabe *m*

Capt. *captain Mil:* Hauptmann *m*; *Nau:* Kapitän *m*

CB *Rad: Citizens' Band* Welle für Autofahrer

CBC *Canadian Broadcasting Company* Kanadischer Rundfunk

C.B.E. *Commander of the (Order of the) British Empire* Komtur des Ordens des British Empire

C.B.I. *Confederation of British Industries* Britischer Industrieverband

C.B.S. *Columbia Broadcasting System* (amerikanische Rundfunkgesellschaft)

C.C. 1. *County Council* Verwaltung der Grafschaft. **2.** *Cricket Club*

c.c. *cubic centimetre(s)* Kubikzentimeter *m*

CCTV *closed circuit television* (geschlossenes) Drahtfernsehnetz, CCTV *n*

C.D. 1. *Civil Defence* ziviler Bevölkerungsschutz. **2.** *corps diplomatique* diplomatisches Korps

Cdr. *Navy: Commander* Fregattenkapitän *m*

CEGB *Central Electricity Generating Board* Zentrale Verwaltung für Stromversorgung

cent. *hundred* hundert

cert. *certificate* Bescheinigung *f*; *Sch:* Zeugnis *n*, Zertifikat *n*

CET *Central European Time* Mitteleuropäische Zeit, *abbr.* MEZ

cf. *confer* vergleiche, *abbr.* vgl.

C.H. *Companion of Honour* Mitglied des Ehrenordens

chw. *constant hot water* fließendes Warmwasser zu jeder Tages- und Nachtzeit

C.I. *Channel Islands* Kanalinseln *fpl*

C.I.A. *U.S: Central Intelligence Agency* (amerikanischer Geheimdienst)

C.I.D. *Brit: Criminal Investigation Department* Kriminalpolizei *f*

C-in-C. *Commander-in-Chief* Oberbefehlshaber *m*

cl. *Meas: centilitre* Zentiliter *m*

cm *Meas: centimetre* Zentimeter *m*

CND *Campaign for Nuclear Disarmament* Feldzug für atomare Abrüstung

C.O. *Commanding Officer* Kommandeur *m*

c/o *(on letter) care of* bei

Co. *Company* Gesellschaft

COD *cash on delivery* per Nachnahme

C. of E. *Church of England* anglikanische Kirche

Col. *Mil: Colonel* Oberst *m*

Cons. *Pol: Conservative* konservativ

cp. *compare* vergleiche, *abbr.* vgl.

c.p.s. *El.E: cycles per second* Hertz

cr. *Book-k: credit* Haben

Cres. *Crescent* (bogenförmig geschwungene Straße)

cu. *cubic* kubik

c.v. *curriculum vitae* Lebenslauf *m*

cwt. *Meas: hundredweight* Zentner *m*

d. 1. *deceased* gestorben. **2.** *A: (coin) penny/pl pence* Penny

D.A. 1. *N.Am: district attorney* Bezirksstaatsanwalt *m*. **2.** *Bank: deposit account* Sparkonto *n*

db., dB *decibel* Dezibel *n*

D.C. 1. *El: direct current* Gleichstrom *m*. **2.** *U.S: Geog:* District of Columbia

deb. *Book-k: debit* Soll *n*

Dec. *December* Dezember *m*

dep. *departure* Abfahrt *f*

Dept. *Department* Abteilung *f*

Dip.Ed. *Diploma of Education* Lehrerdiplom *n*

DIY *do-it yourself* Heimwerken *n*; *DIY shop* Heimwerkerladen *m*

D.J. *dinner jacket* Smoking *m*

do. *ditto* dito, desgleichen

dol. *dollar* Dollar *m*

doz. *dozen* Dutzend *n*

D.P. *displaced person* Heimatvertriebene(r) *f(m)*

D.Phil. *doctor of Philosophy* Doktor der Philosophie

Dr. *doctor* Doktor *m*

D.S.C. *Distinguished Service Cross* (militärisches Verdienstkreuz)

D.S.O. *Distinguished Service Order* (militärischer Verdienstorden)

D.T. *delirium tremens* Delirium tremens *n*

E. *East* Ost

E. & O.E. *Com: errors and omissions excepted* Irrtümer und Auslassungen vorbehalten

E.C. *European Community* Europäische Gemeinschaft, *abbr.* EG

E.C.G. *electrocardiogram* Elektrokardiogramm *n*, *abbr.* EKG

Ed. *Editor* Redakteur *m*

E.D.C. *European Defence Community* Europäische Verteidigungsgemeinschaft, *abbr.* EVG

ed(it). *edited (by)* herausgegeben (von)

E.E.C. *European Economic Community* Europäische Wirtschaftsgemeinschaft, *abbr.* EWG

EFTA *European Free Trade Association* Europäische Freihandelszone

e.g. *for example* zum Beispiel, *abbr.* z.B.

encl. *Com: enclosure(s)* Anlage *f*

ENE *east-north-east* Ostnordost, *abbr.* ONO

eng(r). *engineer* Ingenieur, *abbr.* Ing.

E.P.U. *European Payment Union* Europäische Zahlungsunion

ESE *east-south-east* Ostsüdost, *abbr.* OSO

Esq. *Esquire; (in address)* J. Smith Esq. Herrn J. Smith

est. *established* gegründet

E.T.A. *Estimated Time of Arrival* geschätzte Ankunftszeit

et. al. *et alia* und andere

etc. *etcetera* und so weiter, *abbr.* usw.

Euratom *European Atomic Energy Community* Europäische Atomgemeinschaft

ex. *example* Beispiel *n*

Exc. *Excellency* Exzellenz *f*

excl. *exclusive* ausschließlich

F *Meas: Fahrenheit* (Temperaturskala)

F.A. *Football Association* Fußballbund *m*

F.B.I. *U.S: Federal Bureau of Investigation* Bundeskriminalamt *n*

F.C. *football club* Fußballclub *m*

Feb. *February* Februar *m*

fem. *feminine* weiblich

ff. *(and) following (pages etc.)* (und) folgende (Seiten usw.)

fig. 1. *figure* Abbildung *f*. **2.** *figurative* figurativ, übertragen

fl. *florin* Florin *m*

FM *frequency modulation* Frequenzmodulation *f*; *Rad: (=VHF)* UKW

F.O. *Foreign Office* (britisches) Außenministerium *n*

f.o.b. *Com: free on board* frei Schiff

f.o.c. *Com: free of charge* franko

Fr. *Ecc: Father* Pater *m*

F.R.C.S. *Fellow of the Royal College of Surgeons* Mitglied des königlichen Chirurgenkollegiums

F.R.G.S. *Fellow of the Royal Geographical Society* Mitglied der königlichen geographischen Gesellschaft

Fri. *Friday* Freitag *m*, *abbr.* Fr.

F.R.S. *Fellow of the Royal Society* Mitglied der königlichen Gesellschaft (für Naturwissenschaften)

ft. *Meas: foot* Fuß *m*

fwd. *forward; (amount) brought fwd.* Übertrag *m*

FWD *Aut: front-wheel drive* Vorderradantrieb *m*

gal. *Meas: gallon* Gallone *f*

G.B. *Great Britain* Großbritannien *n*

G.C. *George Cross* (Tapferkeitsorden für die Zivilbevölkerung)

Gdn(s). *Garden(s)* (in Straßennamen)

G.D.R. *German Democratic Republic* Deutsche Demokratische Republik, *abbr.* DDR

Gen. *Mil: etc: General* General *m*

G.I. *U.S.Mil: general infantryman* einfacher Soldat

G.L.C. *Greater London Council* Verwaltungsrat für Großlondon

G.M.T. *Greenwich Mean Time* westeuropäische Zeit, *abbr.* WEZ

G.N.P. *gross national product* Bruttonationalprodukt *n*

govt. *government* Regierung *f*

G.P. *general practitioner* praktischer Arzt *m*

G.P.O. *A: General Post Office* Britische Postverwaltung

gr. **1.** *Meas: gram* Gramm *n.* **2.** *Ph: gravity* Schwerkraft *f*

h. *hour(s)* Stunde(n) *f(pl)*

h. & c. *hot and cold* fließendes Warm- und Kaltwasser

Hants. *Hampshire* (Grafschaft)

H.E. *His Excellency* Seine Exzellenz

hect. *Meas: hectolitre* Hektoliter, *abbr.* hl.

Herts. *Hertfordshire* (Grafschaft)

H.F. *high frequency* Hochfrequenz *f*

H.M. *His/Her Majesty* Seine/Ihre Majestät

H.M.S. *His/Her/Majesty's Ship* Schiff der königlichen Marine

H.M.S.O. *His/Her Majesty's Stationery Office* Staatsdruckerei und -verlag

Hon. **1.** (*in titles*) *Honourable* ehrenwert (jüngerer Sohn eines Adligen). **2.** *Hon. Sec. Honorary Secretary* ehrenamtlicher Geschäftsführer

H.P. *Hire Purchase* Ratenkauf *m*

h.p. *Mec: horsepower* Pferdestärke, *abbr.* PS

H.Q. *Mil: headquarters* Hauptquartier *n*

H.R.H. *His/Her Royal Highness* Seine/Ihre Königliche Hoheit

H.T., h.t. *El: high tension* Hochspannungs-

ibid. *ibidem* ebenda

IBM *International Business Machines* (großes Konzern für Datenverarbeitung usw.)

i/c *in charge; to be i/c* die Leitung/Verantwortung haben

ICI *Imperial Chemical Industries* (großes Chemiekonzern)

ID *identity/identification* Identität *f*/Identitätsausweis *m*

i.e. *id est = that is to say* das heißt

I.L.O. *International Labour Organization* Internationale Arbeitsorganisation

I.M.F. *International Monetary Fund* Internationaler Währungsfonds

in./ins. *Meas: inch/inches* Zoll *n(pl)*

Inc. *Incorporated (of company etc.)* eingetragen

incl. *inclusive* inklusive, einschließlich

Ind. *Pol: Independent* Unabhängige(r) *f(m)*

inst. *Com: instant* dieses Monats

I.O.M. *Isle of Man* die Insel Man

I.O.U. *I owe you* Schuldschein *m*

I.O.W. *Isle of Wight* die Insel Wight

i.p.s. *Rec: inches per second* Zoll pro Sekunde

I.Q. *intelligence quotient* Intelligenzquotient *m, abbr.* IQ *m*

IRA *Irish Republican Army* Irisch-Republikanische Armee, *abbr.* IRA *f*

Is. *Island* Insel *f*

ITV *Independent Television* Unabhängiges Fernsehen (Werbefernsehen)

Jan. *January* Januar *m*

J.C. *Jesus Christ* Jesus Christus

J.P. *Justice of the Peace* Friedensrichter *m*

Jul. *July* Juli *m*

Jr. *Junior* Junior

k. *kilogram* Kilogramm *n, abbr.* kg

kc. *El: kilocycle* Kilohertz *n, abbr.* kHz

K.C.B. *Knight Commander of the Order of the Bath* Großmeister *m* des Bath-Ordens

K.C.V.O. *Knight Commander of the Victorian Order* Großmeister *m* des Viktorianischen Ordens

KHz *kilohertz* Kilohertz *n, abbr.* kHz

kilo *kilogram* Kilogramm *n, abbr.* kg

km *kilometre* Kilometer *m, abbr.* km

K.O. *Box: knockout* K.O. *n*

k.p.h. *kilometres per hour* Stundenkilometer *pl, abbr.* km/h

kv *El: kilovolt* Kilovolt *n, abbr.* kv

kw *El: kilowatt* Kilowatt *n, abbr.* kW

kwh(r) *El: kilowatt-hour(s)* Kilowattstunde(n) *f(pl), abbr.* kWh

l. **1.** *Meas: litre* Liter *m abbr.* l. **2.** *left* links

Lab. *Pol: Labour* Labour(partei *f*)

lat. *Geog: latitude* geographische Breite

lb. *Meas: pound* Pfund *n* (Gewicht)

l.b.w. *Cricket: leg before wicket* (unerlaubtes) Schützen des Tores durch die Beine

Ld. *Lord* Lord *m*

Leics. *Leicestershire* (Grafschaft)

L.F. *low-frequency* Niederfrequenz *f*

l.h. *lefthand* linke(r, s)

Lib. *Pol: Liberal* Liberale(r) *f(m)*

Lieut. *Mil: Lieutenant* Oberleutnant *m*

Lieut.-Col. *Mil: Lieutenant-Colonel* Oberstleutnant *m*

Lincs. *Lincolnshire* (Grafschaft)

loc.cit. *loco citato = at the place cited* am angeführten Orte, *abbr.* a.a.O.

long. *Geog: longitude* geographische Länge

L.P. *long-playing record* Langspielplatte *f*

L.P.O. *London Philharmonic Orchestra* Londoner Philharmoniker *pl*

L.S.D. *Pharm: lysergic acid diethylamide* LSD *n*

L.S.E. *London School of Economics* Londoner Wirtschaftshochschule *f*

L.S.O. *London Symphony Orchestra* Londoner Symphonieorchester *n*

Lt. *Mil: Lieutenant* Oberleutnant *m*

Ltd. *Com: Limited (company) approx.* (Gesellschaft *f*) mit beschränkter Haftung, *abbr.* GmbH *f*

m. 1. *male, Gram: masculine* männlich, *abbr.* m. **2.** *Meas: (a) metre* Meter *m, abbr.* m; **m²** *square metre* Quadratmeter *m, abbr.* m²; **m³** *cubic metre* Kubikmeter *m, abbr.* m³; *(b) mile(s)* Meile(n) *f(pl)*

M.A. *Univ: Master of Arts* (Magistergrad)

Maj. *Mil: Major* Major *m*

masc. *masculine* männlich

math *N.Am:/**maths** Brit: mathematics* Mathematik *f*

max. *maximum* Maximum *n*

M.C. *Master of Ceremonies* Zeremonienmeister *m*

M.C.C. *Marylebone Cricket Club* (führender Cricketverein, der den Sport verwaltet)

M.D. *Medicinae Doctor = Doctor of Medicine* Doktor *m* der Medizin, *abbr.* Dr.med.

mg. *Meas: milligram* Milligramm *n, abbr.* mgr

Mgr. *Ecc: Monsignor* Monsignore *m, abbr.* Mgr.

Middx. *Middlesex* (Grafschaft)

min. *minimum* Minimum *n*

MIRA *Motor Industries Research Association* Forschungsverband *m* der Automobilindustrie

mm *Meas: millimetre(s)* Millimeter *m, abbr.* mm

M.O. *Mil: Medical officer* Stabsarzt *m*

mod.cons. *modern conveniences* (moderner) Komfort

Mon. *Monday* Montag *m, abbr.* Mo

M.O.T. *(a) A: Ministry of Transport* Transportministerium *n; (b) Aut:F: MOT (test)* approx. TÜV *m*

M.P. 1. *Member of Parliament* Parlamentsabgeordnete(r) *f(m).* **2.** *Military Police* Militärpolizei *f*

m.p.g. *Aut: miles per gallon* Meilen pro Gallone

m.p.h. *miles per hour* Meilen pro Stunde

MS. *manuscript* Manuskript *n;* **MSS.** *manuscripts* Manuskripte *npl*

MS *Nau: Motor Ship* Motorschiff *n*

Mt. *Mount* Berg *m* (in Eigennamen)

N. *north* Nord, *abbr.* N

NASA ['næsə] *U.S: National Aeronautics and Space Administration* Nationale Luft- und Raumfahrtbehörde

NATO ['neitəu] *North Atlantic Treaty Organization* Nordatlantikpaktorganisation

N.B. *nota bene* wohlgemerkt

NBC *National Broadcasting Corporation* (amerikanische Rundfunkgesellschaft)

N.C.O. *Mil: non-commissioned officer* Unteroffizier *m*

NE, N.E. *north-east* Nordost, *abbr.* NO

N.H.S. *Adm: National Health Service* Staatlicher Krankheitsdienst

NNE *north-north-east* Nordnordost, *abbr.* NNO

NNW *north-north-west* Nordnordwest, *abbr.* NNW

no. *number* Nummer *f, abbr.* Nr.

Northants. *Northamptonshire* (Grafschaft)

Notts. *Nottinghamshire* (Grafschaft)

Nov. *November* November *m*

nr. *near (in address)* bei

N.S. *Nova Scotia* Neuschottland *n*

N.S.P.C.C. *National Society for the Prevention of Cruelty to Children* Jugendschutzverein *m*

N.T. 1. *New Testament* Neues Testament. **2.** *National Trust* (Natur- und Denkmalschutzverein)

NUJ *National Union of Journalists* (Journalistengewerkschaft)

NUR *National Union of Railwaymen* (Eisenbahnergewerkschaft)

NUS *National Union of Students* (Studentengewerkschaft)

NUT *National Union of Teachers* (Lehrergewerkschaft)

NW *north-west* Nordwest, *abbr.* NW

N.Y. *New York*

N.Y.C. *New York City*

N.Z. *New Zealand* Neuseeland *n*

OAP *old age pensioner* Rentner *m*

OAS *Organization of American States* Organisation der amerikanischen Staaten

OAU *Organization of African Unity* Organisation der afrikanischen Einheit

ob. *obit* gestorben, *abbr.* gest.

O.B.E. *(Officer of the) Order of the British Empire* (Auszeichnung für Beamte und Zivilisten)

Oct. *October* Oktober *m*

OECD *Organization for Economic Cooperation and Development* Organisation für wirtschaftliche Zusammenarbeit und Entwicklung

OHMS *On His/Her Majesty's Service* im Dienste seiner/ihrer Majestät; *Post:* Dienstsache

O.M. *Order of Merit* (hohe Auszeichnung)

o.n.o. *or nearest offer* oder höchstes Angebot

op. *Mus: opus* Opus

op.cit. *opere citato = in the work quoted* im zitierten Werk, *abbr.* op.cit.

ord. *ordinary* gewöhnlich, normal

O.U.P. *Oxford University Press* Verlag der Universität Oxford

Oxon. 1. *Univ: Oxoniensis = of Oxford* von Oxford. **2.** *Oxfordshire* (Grafschaft)

oz. *Meas: ounce* Unze *f*

p. 1. *page* Seite. **2.** *per* pro. **3.** *(money) pence* Pence *pl*

p.a. *per annum* pro Jahr

P.A. 1. *Press Association* Presseverband *m.* **2.** *Publishers' Association* Verlegerverband *m*

P.A.Y.E. *pay as you earn* direkt einbehaltene Einkommenssteuer

P.C. 1. *police constable* Polizist *m,* Schutzmann *m.* **2.** *postcard* Postkarte *f*

p.c. 1. *per cent* Prozent. **2.** *postcard* Postkarte *f*

P.D.S.A. *People's Dispensary for Sick Animals*

tierärztliche Fürsorge für weniger Wohlhabende

P.E. *Physical Education* Leibesübungen und Sport

P.G. *paying guest* zahlender Gast

Ph.D. *Doctor of Philosophy* Doktor der Philosophie

PLC/plc *public limited company* Gesellschaft *f* mit beschränkter Haftung, *abbr.* GmbH *f* (mit börsenfähigen Aktien)

P.L.O. *Palestine Liberation Organization* Vereinigung für die Befreiung Palästinas

P.M. *Prime Minister* Premierminister *m*

p.m. *post meridiem* nachmittags, abends

P.O. *Post Office* Postamt *n*

poss. *possible* möglich

P.O.W. *prisoner of war* Kriegsgefangene(r) *m*

pp. *pages* Seiten *fpl*

p.p. *per pro(curationem)* in Auftrag, *abbr.* i.A.

P.R. *public relations* Öffentlichkeitsarbeit *f*

pr(s). *pair(s)* Paar(e) *n(pl)*

Pres. *president* Präsident *m*

Prof. *professor* Professor *m*

P.S. *postscript* Postskriptum *n*, Nachschrift *f*, *abbr.* PS

P.T. *physical training* Leibesübungen *fpl*

P.T.A. *Parent-Teacher Association* Elternvereinigung *f*, Elternbeirat *m*

Pte. *Mil:* *Private* einfacher Soldat

P.T.O. *please turn over* bitte wenden, *abbr.* b.w.

pub. *published* veröffentlicht

PVC *polyvinylchloride* PVC *n*

PX *U.S:Mil:* *Post Exchange* (Geschäft für das Militär)

Q.C. *Jur:* *Queen's Council* Justizrat *m*

Q.E.D. *quad erat demonstrandum* was zu beweisen war, *abbr.* q.e.d.

qr. *Meas:* *quarter* Viertelzentner *m*

qt. *Meas:* *quart* Quart *n*

q.v. *which see* siehe unten, *abbr.* q.v.

R. 1. *River* Fluß *m.* 2. *Road* Straße *f*

r. *right* rechts

R.A. *Royal Academy* Königliche Kunstakademie

R.A.C. *Royal Automobile Club* Königlicher Automobilclub

RADA ['ra:də] *Royal Academy of Dramatic Art* Königliche Schauspielschule

R.A.F. *Royal Air Force* (Britische Luftwaffe)

R.C. *Roman Catholic* römisch-katholisch

Rd. *road* Straße *f*, *abbr.* Str.

R.E. 1. *Mil:* *Royal Engineers* (Pioniertruppe). 2. *Sch:* *religious education* Religion *f* (als Fach)

ref. *reference* Aktenzeichen *n;* *(on letter)* *your ref.*, Ihr Zeichen

regd. *registered* eingetragen, *(of letter)* eingeschrieben

REME *Royal Electrical and Mechanical Engineers* auf Elektronik und Mechanik spezialisierte Pioniertruppe

rep. *representative* *Com:* Vertreter *m*

retd. *retired* in Pension

Rev. *Ecc:* *Reverend* Hochwürden

rev. *revolution* Umdrehung *f*

Rgt. *regiment* Regiment *n*

r.h. *righthand* rechte(r,s)

rly. *railway* Eisenbahn *f*

rm(s). *room(s)* Zimmer *n(pl)*

RMS *Royal Mail Ship* Schiff der Königlichen Post

R.N. *Royal Navy* Königliche Marine

R.N.L.I. *Royal National Lifeboat Institution* Königlich-Nationales Institut für Rettungsboote

R.N.V.R. *Royal Navy Volunteer Reserve* Freiwilligenreserve der Königlichen Marine

RoSPA ['rɔspə] *Royal Society for the Prevention of Accidents* Königliches Institut für Unfallverhütung

r.p.m. *revolutions per minute* Umdrehungen pro Minute

R.P.O. *Royal Philharmonic Orchestra* Königliches Philharmonisches Orchester

RSPCA *Royal Society for the Prevention of Cruelty to Animals* Königlicher Tierschutzverein

R.S.V.P. *répondez s'il vous plaît* um Antwort wird gebeten, *abbr.* u.A.w.g.

Rt.Hon. *Right Honourable* Sehr Ehrenwert

S. *south* Süd

s.a.e. *stamped addressed envelope* frankierter Umschlag mit Adresse

SALT [sɔlt] *Strategic Arms Limitation Treaty* Vertrag über die Beschränkung von strategischen Waffen

SDP *Social Democratic Party* Sozialdemokratische Partei

SE *south-east* Südost, *abbr.* SE

SEATO ['siːtəu] *South East Asia Treaty Organization* Südostasienpakt-Organisation *f*

sec. 1. *second* Sekunde *f.* 2. *secretary* Schriftführer(in) *m(f)*

Sen. 1. *(with names)* *Senior* Senior, der Älteste. 2. *U.S:* *Senator* Senator *m*

Sept. *September* September *m*

S.F. *science fiction* Science-fiction *f*

Sgt. *sergeant* Feldwebel *m*

SLR *Phot:* *single-lens reflex* (einäugige) Spiegelreflexkamera *f*

SMMT *Society of Motor Manufacturers and Traders* Verband der Automobilindustrie und der Autohändler

SNP *Scottish Nationalist Party* Schottisch-Nationale Partei

snr. *senior* Senior, der Älteste

Soc. *Society* Gesellschaft *f*, *(club)* Verein *m*

Som. *Somerset* (Grafschaft)

S.O.S. SOS *n* (Seenotzeichen)

Sq. *Square* Platz *m*

sq. *square* Quadrat *n*

SRN *state-registered nurse* staatlich anerkannte Krankenschwester

SSE *south-south-east* Südsüdost, *abbr.* SSO

SSW *south-south-west* Südsüdwest, *abbr.* SSW

St. 1. *Saint* Sankt. 2. *Street* Straße *f*

Sta. *station* Bahnhof *m*

Staffs. *Staffordshire* (Grafschaft)

S.T.D. *Subscriber Trunk Dialling* Selbst-wählferndienst *m*

sub. *subscription* Beitrag *m*

Sun. *Sunday* Sonntag *m*

Supt. *superintendent (of police)* approx. Kommis-sar *m*

SW. *south-west* Südwest, *abbr.* SW

t. *Meas: ton* Tonne *f*

T.B. *Med: tuberculosis* Tuberkulose *f*

tel. *telephone (number)* Telefon(nummer) *n (f)*

temp. **1.** *temperature* Temperatur *f.* **2.** *F: tempor-ary secretary* Aushilfssekretärin *f*

Ter(r). *Terrace* Häuserreihe *f*

Thurs. *Thursday* Donnerstag, *abbr.* Do

TNT *trinitrotoluene* TNT *n*

Tues. *Tuesday* Dienstag, *abbr.* Di

TUC *Trade Union Congress* (britischer) Gewerkschaftsbund *m*

TV *television* Fernsehen *n,* TV *n*

TWA *Trans-World Airlines* (amerikanische Flug-gesellschaft)

U.A.R. *United Arab Republic* Vereinigte Arabi-sche Republik

UFO ['ju:fəu] *unidentified flying object* un-bekanntes Flugobjekt, *abbr.* UFO *n*

UHF *ultra high frequency* Ultra-Hochfrequenz *f*

U.K. *Geog: United Kingdom* Vereinigtes König-reich

ult. *ultimo* des letzten Monats

UN, U.N. *United Nations* Vereinigte Nationen, *abbr.* UNO *pl*

UNESCO *United Nations Educational, Scientific and Cultural Organization* Organisation der Vereinten Nationen für Erziehung, Wissenschaft und Kultur

UNICEF *United Nations International Children's Emergency Fund* Kinderhilfswerk *n* der Verein-ten Nationen

Univ. *university* Universität *f*

UNO *United Nations Organization* Organisation der Vereinten Nationen, *abbr.* UNO *f*

UPU *Universal Postal Union* Weltpostverein *m*

US *United States* Vereinigte Staaten *pl, abbr.* US *pl*

USA *United States of America* Vereinigte Staaten von Amerika, *abbr.* USA *pl*

USAF *United States Air Force* US-Luftwaffe *f*

USN *United States Navy* US-Marine *f*

USS *United States Ship* US-Schiff *n*

USSR *Union of Socialist Soviet Republics* Union der Sozialistischen Sowjetrepubliken, *abbr.* UdSSR *f*

UV *ultra-violet* ultraviolett

v. **1.** *El: volt* Volt *n.* **2.** *Sp: & Jur: versus* gegen + acc. **3.** *vide* siehe. **4.** *B: & Poet: verse* Vers *m*

V. & A. *F: Victoria and Albert Museum* (Kunst-museum in London)

VAT *value added tax* Mehrwertsteuer *f, abbr.* MWSt.

V.C. **1.** *Vice-Chancellor* Vizekanzler *m.* **2.** *Vic-toria Cross* (höchste Tapferkeitsmedaille)

VD *venereal disease* Geschlechtskrankheit *f*

VDU *visual display unit* Sichtgerät *n*

VHF *Rad: very high frequency* Ultrakurzwelle *f, abbr.* UKW

VIP *F: very important person* hohes Tier

viz. *videlicet* nämlich

vocab. *F: vocabulary* Wortschatz *m; (with trans-lations)* Glossar *n*

vol. *volume* Band *m; vols. volumes* Bände *pl*

vs. *versus* gegen + acc

VTOL *Av: vertical take-off and landing (aircraft)* Senkrechtstarter *m*

W. (*a*) *west* West; (*b*) *adj. western* West-, west-lich

W., w. *El: watt(s)* Watt *n(pl)*

WC *water closet* WC *n*

Wed. *Wednesday* Mittwoch *m, abbr.* Mi

Wh *El: watt-hour(s)* Stundenwatt *n(pl)*

WHO *World Health Organization* Weltgesund-heitsorganisation *f*

WNW *west-north-west* Westnordwest, *abbr.* WNW

Worcs. *Worcestershire* (Grafschaft)

wpm *Typewr: words per minute* Worte pro Minute

WRAF *Women's Royal Air Force* (Frauendienst der Luftwaffe)

WRNS *Women's Royal Naval Service* (Frauen-dienst der Marine)

WSW *west-south-west* Westsüdwest, *abbr.* WSW

yd. *Meas: yard* Yard *n* (0.914 m)

Yd. *yard* Hof *m*

YHA *Youth Hostel Association* Jugendherbergs-verband *m*

YMCA *Young Men's Christian Association* Christlicher Verein junger Männer, *abbr.* CVJM

YWCA *Young Women's Christian Association* Christlicher Verein junger Frauen, *abbr.* CVJF

yrs. (*in letter*) *yours* Ihr(e), Dein(e)

ZANU *Pol: Zimbabwe African National Union* (führende Partei in Zimbabwe)

GERMAN – ENGLISH
DEUTSCH – ENGLISCH

A

A, a [ɑ:], *n* -/- **1.** (the letter) A, a; *Fig:* **das A und O,** the be-all and end-all; **wer A sagt, muß auch B sagen,** once you start something you have to see it through. **2.** *Mus:* **A(-Dur),** A (major); **a (-Moll),** A minor.

à [ɑ:], *prep. Com:* at; **10 Stück à 4 Mark,** 10 at 4 marks (each/apiece).

Aa [ɑ:'ɑ:], *n* (*child's language*) **Aa machen,** to do big jobs.

Aal [ɑ:l], *m* -(e)s/-e eel; *Fig:* **er windet sich wie ein A.,** he's trying to wriggle out of it. **'a~en,** *v.refl. F:* **sich a.,** to laze/lounge about. **'a~glatt,** *adj. F:* smooth, oily (type, manner); slippery (customer).

Aas [ɑ:s], *n* -es/Äser **1.** *no pl* carrion. **2.** *V:* (*Pers.*) swine; sod; **kein A.,** not a soul. **a~en** ['ɑ:zən], *v.i.* (*haben*) *P:* **mit dem Zucker a.,** to be heavy on the sugar; **mit dem Geld a.,** to throw one's money about. **'A~fresser,** *m* -s/- *Z:* scavenger. **'A~geier,** *m* -s/- vulture.

ab [ap]. **I.** *prep.* 1 *dat* from (... onwards); (*a*) **ab drei Uhr,** from three o'clock on(wards); **ab dem 1./ab 1.** (= **erstem**) **Mai,** as from May 1st; **ab 3 Mark,** from 3 marks upwards; (*b*) **wir fliegen ab München,** we fly from Munich, *Com:* **ab Fabrik,** ex works. **II.** *adv.* **ab und zu,** now and then; **von nun ab,** from now on; **auf und ab,** up and down. **2.** off; (*a*) *int:* **ab ins Bett!** off to bed with you! **Hut ab!** take off your hat! *F:* **ab durch die Mitte!** come on, hop it! (*b*) *F:* **der Knopf ist ab,** the button has come off; (*c*) *North G: F:* (*Pers.*) all in; (*d*) *Rail:* **Hamburg ab 11.45,** departs Hamburg 11.45; (*e*) *Th:* exit; *pl* exeunt; **Romeo ab.** exit Romeo. **III.** *sep.vbl prefix* (*a*) (to bite, brush, plane, saw etc.) off; (to flow etc.) away; **abgleiten,** to slide off; **abtupfen,** to dab (sth.) away; (*b*) (*hinab*) down; **abstürzen,** to plunge down; (*c*) un-; **absatteln,** to unsaddle (a horse).

'abänder|n, *v.tr.sep.* (*a*) to work off (a debt); (*b*) **sich a.,** to overwork, *F:* work oneself to death.

'Abart, *f* -/-en *Bot: Z:* & *Fig:* (special) variety. **'a~ig,** *adj.* abnormal; *Psy:* perverted.

'Abbau, *m* -(e)s/*no pl* **1.** taking down; dismantling; *Ch:* & *Fig:* breaking down. **2.** (*Sen-*

kung) reduction; laying off. **3.** *Min:* mining; working (of a mine). **'a~en,** *v.tr.sep.* (*a*) to take down (a stall, tent etc.); to dismantle (a machine, building); to break down (*Ch:* a compound, *Fig:* prejudices etc.); (*b*) to cut, reduce (expenditure, prices, staff); (*c*) *Min:* to work (a mine, seam); to mine (coal, ore etc.). **'A~strecke,** *f* -/-n *Min:* working face.

'abbeißen, *v.tr.sep.irr.4* to bite (sth.) off.

'Abbeizmittel, *n* -s/- paint remover.

'abbekommen, *v.tr.sep.irr.53* (*a*) to get (a share etc.); (*b*) **etwas/nichts a.,** to be damaged/undamaged; (*Pers.*) to be hurt/unhurt; (*Pflanze*) **Frost a.,** to catch the frost.

'abberufen, *v.tr.sep.irr.74* to recall (a diplomat).

'abbestell|en, *v.tr.sep.* to cancel an order for (a paper etc.); **j-n a.,** (*Arzt usw.*) to cancel s.o.'s appointment; *F:* to put s.o. off. **'A~ung,** *f* -/-en cancellation.

'abbieg|en, *v.i.sep.irr.7* (*sein*) (*Straße*) to branch off; (*Pers., Auto*) to turn off; **nach rechts/links a.,** to turn right/left. **'A~er,** *m* -s/- car etc. turning off; *pl* turning traffic. **'A~ung,** *f* -/-en turning.

'Abbild, *n* -(e)s/-er image, likeness (of s.o.); portrayal (of sth.). **'a~en,** *v.tr.* to portray (s.o.), depict (sth.); to reproduce (a picture). **'A~ung,** *f* -/-en (*a*) illustration; *esp. Tchn: Geom: etc:* (*im Buch*) **A. 6,** Figure 6; (*b*) (*Wiedergabe*) reproduction.

'abbinden, *v.tr.sep.irr.9* (*a*) to untie (a scarf etc.), undo (a tie); (*b*) *Med:* to ligature (an artery).

'Abbitte, *f* **bei j-m A. tun/leisten,** to make due apology to s.o.

'abblasen, *v.tr.sep.irr.11 F:* to call off (a strike, meeting etc.).

'abblättern, *v.i.sep.* (*sein*) (*Farbe, Haut*) to peel (off); (*abfallen*) to flake (off).

'abblend|en, *v.sep.* **1.** *v.tr.* (*a*) to screen (a light); (*b*) *Aut:* **die Scheinwerfer a.,** to dip /*N.Am:* dim one's headlights; (*c*) *Cin:* to fade out (a scene). **2.** *v.i.* (*haben*) (*a*) *Aut:* to dip; (*b*) *Phot:* to stop down. **'A~vorrichtung,** *f* -/-en *El:* dimmer.

'abblitzen, *v.i.sep.* (*sein*) *F:* **j-n a. lassen,** to send s.o. packing; **er ist bei ihr abgeblitzt,** he got short shrift from her.

'abbrechen, *v.sep.irr.14* **1.** *v.tr.* (*a*) to break off (a piece, branch, *Fig:* relations etc.); (*beenden*) to stop (a fight etc.); to call off (a search); (*b*) to demolish (a house); **das Lager**

a., to strike camp. **2.** *v.i.* (*haben*) to stop (speaking), break off.

'**abbremsen,** *v.tr.sep.* to slow down (a process); to reduce (speed).

'**abbrennen,** *v.sep.irr.15* **1.** *v.tr.* (*a*) to burn off (paint etc.); (*b*) to let off (a firework). **2.** *v.i.* (*sein*) to burn down.

'**abbringen,** *v.tr.sep.irr.16* **j-n von etwas** *dat* **a.,** to dissuade s.o. from doing sth.

'**abbröckeln,** *v.i.sep.* (*sein*) to crumble away; (*Putz usw.*) to flake (off).

'**Abbruch,** *m* **-(e)s/⁻e 1.** demolition (of a building). **2.** breaking off (of negotiations etc.). **3.** *F:* **das tut der Liebe keinen A.,** that needn't stand between us. '**a ~ reif,** *adj.* (*Haus*) fit only for demolition.

ABC, Abc [aːbeːˈtseː], *n* **-/-** ABC. **Abc-Schütze,** *m* **-n/-n** child learning to read.

'**Abdampf,** *m* **-(e)s/*no pl*** exhaust steam. '**a ~ en,** *v.i.sep.* (*sein*) (*Schiff usw.*) to steam away; *F:* (*Pers.*) to clear out.

'**abdämpfen,** *v.tr.sep.* to muffle, *Tchn:* damp (a sound).

'**abdank|en,** *v.i.sep.* (*haben*) to resign; (*Herrscher*) to abdicate. '**A ~ ung,** *f* **-/-en** resignation; abdication.

'**Abdeck|band,** *n* **-(e)s/⁻er** *Paint:* masking tape. '**a ~ en,** *v.tr.sep.* (*a*) to unroof (a house); to clear (a table); (*b*) (*zudecken*) to cover, (*schützen*) protect (sth.); *Fb:* to mark (a player).

'**abdicht|en,** *v.tr.sep.* to seal, make (a joint) watertight/airtight etc.; *Nau:* to caulk (seams). '**A ~ ung,** *f* **-/-en** (watertight, airtight etc.) joint, seal.

'**abdrehen,** *v.sep.* **1.** *v.tr.* to turn off (a tap etc.); to switch off (a light etc.); to twist off (the head of a screw). **2.** *v.i.* (*haben*) to turn away/*Av:Aut:* off.

'**abdrosseln,** *v.tr.sep.* *Mec.E:* to shut off (steam), throttle down (an engine).

'**Abdruck,** *m* **1. -(e)s/-e** copy (of a photo, article etc.); reprint (of an extract). **2. -(e)s/⁻e** impression, imprint; *Dent:* cast. '**a ~ en,** *v.tr.sep.* to (re)print (a text); to reproduce (a photograph).

'**abdrücken,** *v.tr.sep.* to fire (a gun); *abs.* to press the trigger.

Abend [ˈaːbənt]. **I.** *m* **-s/-e 1.** evening; **heute a.,** this evening; (*später*) tonight; **gestern a.,** yesterday evening; last night; **morgen a.,** tomorrow evening/night; **am A.,** in the evening; **guten A.!** good evening! **es wird A.,** it is getting dark; **zu A. essen,** to have supper. **2.** (*Vora.*) eve; **der Heilige A.,** Christmas Eve. **II. A~-,** *comb.fm.* evening (suit, sun, star etc.); **A~kleid** *n,* (ladies') evening dress/gown; **in A~toilette** *f,* in evening dress; **A~blatt** *n/*A~**zeitung** *f,* evening paper; *Th: etc:* **A~kasse** *f,* evening box office; *Sch:* **A~kurs** *m,* evening class; *Ecc:* **A~andacht** *f,* evening prayer; evensong. '**A ~ brot,** *n* **-(e)s/** *no pl* (*esp.* simple) supper. '**A ~ essen,** *n* **-s/-** supper; (*mit Gästen*) dinner. '**a ~ füllend,** *adj.* full-length (film, programme). '**A ~ land,** *n* **-(e)s/*no pl*** **das A.,** the West. '**a ~ ländisch,** *adj.* western (thought etc.). '**a ~ lich,** *adj.* (of) evening; **a~er Besuch,** evening visit. '**A ~ mahl,** *n* **-(e)s/-e** *Ecc:* (Holy) Communion. '**A ~ rot,** *n* **-s/***no pl* sunset; red (evening) sky. '**a ~ s,** *adv.* in the evening(s); **6 Uhr a.,** 6 p.m.

Abenteuer [ˈaːbəntɔyər], *n* **-s/-** adventure. '**a ~ lich,** *adj.* **1.** (*gewagt*) adventurous (act, life etc.). **2.** bizarre, fantastic (costume etc.). '**a ~ lustig,** *adj.* adventurous (person). '**Abenteurer,** *m* **-s/-** adventurer.

aber [ˈaːbər], *conj.* but; **oder a.,** or else; (*verstärkend*) **a. ja!** but of course! **a. nein!** oh no! **das ist a. hübsch,** that's really pretty; (*Tadel*) *F:* **a.! a.!** now, now! '**A ~ glaube,** *m* **-ns/***no pl* superstition. '**a ~ gläubisch,** *adj.* superstitious. '**a ~ mals,** *adv.* again. '**A ~ tausende,** *pl Lit:* thousands upon thousands.

'**aberkennen,** *v.tr.sep.irr.51* **j-m seine Rechte usw. a.,** to deprive s.o. of his rights etc.

Abessin|ien [abɛˈsiːniən]. *Pr.n.n* **-s.** *Geog:* Abyssinia. **A~ier,** *m* **-s/-** Abyssinian. **a~isch,** *adj.* Abyssinian.

'**abfahr|bereit,** *adj.* ready to depart/(*Pers.*) to go. '**a ~ en,** *v.sep.irr.26* **1.** *v.i.* (*sein*) (*a*) to depart, leave; *Aut:* to drive off/away; *Nau:* to sail; (*b*) *Ski:* to run downhill; (*c*) *F:* **j-n a. lassen,** to tell s.o. to get lost. **2.** *v.tr.* (*a*) (*Polizei usw.*) to patrol (a road etc.); (*b*) *Aut:* to wear out (tyres). '**A ~ t,** *f* **-/-en 1.** (*Fahrtbeginn*) departure; *Nau:* sailing; *Sp:* start of a rally etc.). **2.** (*Talfahrt*) downward trip; *Ski:* downhill run. '**A ~ ts-,** *comb.fm.* departure (platform, time etc.); starting (signal etc.); *Nau:* (port, time etc.) of sailing. '**A ~ tslauf,** *m* **-(e)s/⁻e** '**A ~ tsrennen,** *n* **-s/-** *Ski:* downhill race.

'**Abfall. I.** *m* **-(e)s/⁻e 1.** (*Hang*) drop, (downward) slope. **2.** (*Abnahme*) decrease; drop (*El:* **der Spannung usw.,** in voltage etc.); **A. in der Leistung,** *Ind:* fall in output; *Fig:* drop in standards. **3.** (*Lossagung*) defection (from a party etc.); *Rel:* **A. vom Glauben,** lapse from faith. **4.** (*Müll*) *usu.pl* **A ~ e,** refuse, rubbish, *N.Am:* garbage, trash; *esp. Ind:* waste; chips, shavings (of wood etc.); scraps (of meat etc.). **II. A ~ -,** *comb.fm.* rubbish (heap etc.); *Ind:* waste (product etc.); **A~eimer** *m,* rubbish bin; *N.Am:* trash can. '**a ~ en,** *v.i.sep.irr.27* (*sein*) (*a*) (*herunterfallen*) to fall, drop (off); (*b*) (*übrigbleiben*) to be left over; **bei dem Geschäft fällt nicht viel ab,** that sort of business doesn't yield much profit; *F:* **keine Angst, es fällt etwas für dich ab,** don't worry, you'll get something out of it; (*c*) (*sich neigen*) to slope (down); **steil a.,** to drop away steeply; **a~der Boden/a~de Schultern,** sloping ground/shoulders; (*d*) (*sich lossagen*) to break away (**von einer Partei usw.,** from a party etc.; **vom Glauben a.,** to lapse from one's faith; (*e*) (*nachlassen*) to decline, (*schlechter werden*) deteriorate; (*Druck, El:* **Spannung usw.**) to drop, fall; *Sp:* **er/seine Leistung fällt ab,** his performance is falling off; he is losing his form.

'**abfällig,** *adj.* adverse (judgement, criticism); disparaging (remark); derogatory (words, statement etc.); *adv.* **sich a. über j-n äußern,** to speak disparagingly of s.o.

'**abfangen,** *v.tr.sep.irr.28* (*a*) to intercept (a letter etc.); to catch (s.o.); *Mil:* to head off (the enemy); (*b*) to bring (a car etc.) under control.

'**abfärben,** *v.i.sep.* (*haben*) (*Farbstoff*) to run; **auf etwas** *acc* **a.,** to stain sth.; *Fig:* **seine radikalen Ansichten färbten auf sie ab,** his radical views rubbed off on her.

'abfass|en, *v.tr.sep.* to draw up, draft (a letter, report etc.). 'A~ung, *f* -/*occ.* -en drafting.

'abfertig|en, *v.tr.sep.* (*a*) to attend to, *Adm:* process, deal with (an application, order etc.); to serve (a customer etc.); *F:* j-n kurz a., to snub s.o.; (*b*) to turn round (goods, an aircraft etc.); (*schicken*) to dispatch, *Customs:* clear (goods). 'A~ung, *f* -/-en turnround; (*Versand*) dispatch; *Customs:* clearance.

'abfeuern, *v.tr.sep.* to fire (a shot, gun, rocket).

'abfind|en, *v.tr.sep.irr.9* (*a*) to pay off (a creditor); *Jur:* to compensate (s.o.); (*b*) sich mit etwas *dat* a., to resign/reconcile oneself to sth.; sich mit j-m a., to come to terms with s.o. 'A~ung, *f* -/-en settlement; *Jur:* compensation; *Fin:* satisfaction (of creditors); *Ind:* (*bei Entlassung*) redundancy pay.

'abflachen, *v.tr.sep.* to flatten, level (a surface).

'abflauen, *v.i.sep.* (*sein*) (*Wind*) to drop, ease; (*Interesse usw.*) to flag, wane; (*Geschäfte*) to slack off.

'abfliegen, *v.sep.irr.7* **1.** *v.i.* (*sein*) to fly away/off; *Av:* to take off. **2.** *v.tr. Av:* to patrol (an area etc.).

'abfließen, *v.i.sep.irr.31* (*sein*) to flow away, drain; Wasser a. lassen, to run/drain off water; *F:* die Wanne fließt schlecht ab, the bath empties only slowly.

'Abflug, *m* -(e)s/-̈e *Av:* take-off.

'Abfluß, *m* -sses/-̈sse **1.** (*Abfließen*) outflow, draining away. **2.** (*Rohr*) waste pipe; (*Öffnung*) outlet, drain (of pond etc.). 'A~graben, *m* -s/-̈ drainage ditch. 'A~hahn, *m* -(e)s/-̈e drain tap. 'A~rinne, *f* -/-n gully. 'A~rohr, *n* -(e)s/-e drainpipe.

'abfragen, *v.tr. sep.* to question, *Sch:* test (s.o.); j-n/j-m Vokabeln usw. a., to test s.o. on vocabulary etc.

'Abfuhr, *f* -/*no pl* **1.** removal (of rubbish etc.). **2.** (*a*) (*Abweisung*) rebuff; j-m eine A. erteilen, to snub s.o.; (*b*) *Sp:* heavy defeat.

'abführ|en, *v.sep.* **1.** *v.tr.* (*a*) to lead/take (s.o.) away; (*Polizei*) to take (s.o.) into custody; (*b*) to pay (off) (taxes, debts etc.). **2.** *v.i.* (*haben*) *Med:* to act as a laxative. 'a~end, *adj.* laxative. 'A~mittel, *n* -s/- *Med:* laxative.

'abfüllen, *v.tr.sep.* to decant, (*in Flaschen*) bottle (wine, etc.).

'Abgabe, *f* -/-n **1.** (*a*) (*Aushändigung*) handing over; (*Einreichen*) handing in; *Rail: etc:* depositing (of luggage etc.); *Fb: etc:* passing; (*b*) casting (of one's vote). **2.** (*Geldleistung*) *Adm:* tax; (*auf Güter*) duty; soziale A., social security contribution. **3.** *Ph:* emission (of heat). 'a~nfrei, *adj.* tax-free, duty-free. 'a~(n)pflichtig, *adj.* taxable; liable to duty.

'Abgang, *m* -(e)s/-̈e **1.** (*a*) departure; A. aus dem Amt, retirement from office; der A. von der Schule, leaving school; (*b*) *Th:* exit. **2.** *Med:* passing (of blood etc.); discharge (of urine etc.). **3.** *Com:* guten A. finden, to find a ready sale. 'A~sprüfung, *f* -/-en *Sch:* leaving/ *N.Am:* final examination. 'A~szeugnis, *n* -ses/-se *Sch:* leaving certificate; *N.Am:* diploma.

'Abgas, *n* -es/-e (*a*) *I.C.E:* exhaust gas; *pl* A~e, exhaust fumes; (*b*) *Ind:* waste gas.

'abgearbeitet, *adj.* worn out (by overwork); toilworn (hands).

'abgeben, *v.tr.sep.irr.36* (*a*) (*übergeben*) to hand in/over, deliver (a letter, parcel etc.) (bei j-m, to s.o.); *Fb: etc:* to pass (the ball) (an j-n, to s.o.); j-m einen Teil von etwas *dat* a., to give up part of sth. to s.o.; (*b*) (*verkaufen*) to sell (sth.); Fahrrad billig abzugeben, bicycle for sale cheap; (*c*) (*zum Aufbewahren*) to deposit (an article); *Rail:* to leave (one's luggage), *N.Am:* check (one's baggage); (*d*) to cast (one's vote); eine Erklärung a., to make a declaration; (*e*) to emit, generate (heat etc.); abgegebene Leistung, power output (of an engine); (*f*) (*Ort usw.*) to provide (a background etc.); (*Pers.*) to be cut out for (sth.); er würde einen guten Lehrer a., he would make a good teacher; (*g*) *v.refl.* sich mit etwas *dat* a., to go in for sth.; mit sowas/seinesgleichen gebe ich mich nicht ab, I've no time for that sort of thing/for his sort; *F:* sie gibt sich mit jedem ab, she carries on with all and sundry.

'abgebrüht, *adj. F:* callous, unfeeling.

'abgedroschen, *adj. F:* hackneyed, stale (joke); trite (phrases etc.).

'abgegriffen, *adj.* worn (coins); well-thumbed (book).

'abgehärmt, *adj.* careworn.

'abgehen, *v.sep.irr.36* **1.** *v.i.* (*sein*) (*a*) to go away; von der Schule a., to leave school; der Brief geht heute ab, the letter will go off today; *Th:* geht ab, exit; *pl* gehen ab, exeunt; (*b*) (*ablaufen*) to go off; es ist alles gut abgegangen, everything went off well/passed off smoothly; (*c*) (*Knopf*) to come off; (*d*) *Com: F:* reißend a., to sell like hot cakes; (*e*) (*fehlen*) *F:* ihm geht jedes Gefühl für Humor ab, he has absolutely no sense of humour; du gehst mir (sehr) ab, I miss you (a lot); (*f*) *Com: etc:* to be deducted; bei Barzahlung gehen 5% ab, there is a discount/reduction of 5% for cash. **2.** *v.tr.* to walk along (sth.); to walk over (tracks, fields etc.).

'abgehetzt, *adj.* rushed off one's feet; a. aussehen, to look harassed/(*erschöpft*) exhausted.

'abgekämpft, *adj.* jaded, exhausted.

'abgekartet, *adj. F:* a~es Spiel, put-up job.

'abgeklärt, *adj.* serene. 'A~heit, *f* -/*no pl* serenity.

'abgelegen, *adj.* remote.

'abgemacht, *adj.* agreed, understood; a.! done! it's a deal!

'abgeneigt, *adj.* etwas *dat* a. sein, to be opposed/(*nicht mögen*) be averse to sth.; a. sein, etwas zu tun, to be reluctant/disinclined to do sth. 'A~heit, *f* -/*no pl* reluctance.

Abgeordnete(r) ['apgə'ɔrdnətə(r)], *m & f decl. as adj. Parl:* deputy; *West G:* member of the Bundestag/Landtag; *Brit: etc:* Member of Parliament, *U.S:* representative.

'abgerissen, *adj.* (*a*) *Cl:* ragged; (*b*) a~e Sätze, disjointed sentences, incoherent phrases.

'Abgesandte(r), *m & f decl. as adj.* envoy.

'abgeschieden, *adj. Lit:* **1.** secluded (position); remote (spot). **2.** (*verstorben*) departed (souls). 'A~heit, *f* -/*no pl* seclusion; remoteness.

'abgeschmackt, *adj.* trite, *F:* corny (remark etc.). 'A~heit, *f* -/-en triteness.

'**abgesehen**, *adj.* **a. von** + *dat,* apart from; **a. davon, daß er zu alt ist,** apart from/in addition to (his) being too old.

'**abgespannt**, *adj.* exhausted; tired (out); drawn, tired (face).

'**abgestanden**, *adj.* flat (beer); stale (air).

'**abgestorben**, *adj.* numb (limb); dead (tree, tissue etc.).

'**abgestumpft**, *adj.* blunt; *Fig:* apathetic (person); dulled (senses). '**A ~ heit**, *f -/no pl* bluntness; *Fig:* dullness, apathy.

'**abgetragen**, *adj.* (well) worn (clothes).

'**abgewetzt**, *adj. F:* threadbare (clothes etc.).

'**abgewinnen**, *v.tr.sep.irr.3* **j-m etwas a.,** to win sth. from/*F:* off s.o.; **etwas** *dat* **Geschmack a.,** to get a taste for sth.; **dem Meer Boden a.,** to reclaim land from the sea.

'**abgewöhnen**, *v.tr. sep.* **j-m etwas a.,** to break/cure s.o. (of the habit) of sth.; **ich habe mir das Rauchen abgewöhnt,** I have given up smoking.

'**abgezehrt**, *adj.* emaciated.

'**abgießen**, *v.tr.sep.irr.31 Cu:* to strain off (water etc.); to drain (the potatoes etc.).

'**Abglanz**, *m -es/no pl esp. Fig:* reflection.

'**abgleichen**, *v.tr.sep.irr.40 El: Rad:* to match, align (circuits etc.).

'**abgleiten**, *v.i.sep.irr.41 (sein)* to slip/slide off; *Fig:* **Beleidigungen gleiten von ihm ab,** insults have no effect on him.

'**Abgott**, *m -(e)s/⁻er* idol.

'**abgöttisch**, *adj.* idolatrous; *adv.* **j-n a. lieben,** to idolize/dote on s.o.

'**abgrasen**, *v.tr.sep. F:* **eine Gegend nach j-m, etwas** *dat* **a.,** to scour a district for s.o., sth.

'**abgrenzen**, *v.tr.sep.* (*a*) to demarcate (territory etc.); to mark off (an area); (*b*) to define (s.o.'s powers, field of action etc.). '**A ~ ung,** *f -/-en* (*a*) demarcation; (*b*) definition.

'**Abgrund**, *m -(e)s/⁻e* (*a*) abyss, chasm; (*b*) *Fig:* (*Verderben*) ruin; **am Rande des A~es,** on the brink of disaster.

'**abgucken**, *v.tr.sep.* (*a*) *F:* **j-m etwas a.,** to learn sth. by watching s.o.; (*b*) *abs. Sch:* to crib (**bei/von j-m,** from s.o.).

'**Abguß**, *m -sses/⁻sse* cast (in plaster etc.).

'**abhaken**, *v.tr.sep.* to tick/*N.Am:* check off (sth.)

'**abhalten**, *v.tr.sep.irr.45* (*a*) to keep (sth.) away; to keep (the rain etc.) off; **j-n von etwas** *dat* **a.,** to deter/(*hindern*) prevent s.o. from (doing) sth.; **lassen Sie sich nicht a.,** go ahead, don't let yourself be put off; (*b*) **etwas von sich** *dat* **a.,** to hold sth. away from oneself/at arm's length; (*c*) **eine Sitzung/einen Gottesdienst a.,** to hold a meeting/a service. '**A ~ ung,** *f -/no pl* holding.

'**abhandeln**, *v.tr.sep.* (*a*) **j-m etwas** *acc* **a.,** to do a deal with s.o. for sth.; (*b*) (*behandeln*) to treat, deal with (a subject). '**A ~ lung,** *f -/-en* treatise (**über** + *acc,* on).

ab'handen, *adv.* **a. kommen,** to get lost.

'**Abhang**, *m -(e)s/⁻e* (downward) slope.

'**abhängen**, *v.* **1.** *v.i.sep.irr.46* (*haben*) (*a*) **von j-m, etwas** *dat* **a.,** to depend on s.o., sth.; **das hängt davon ab,** it all depends; (*b*) (*abhängig sein*) **er hängt finanziell von seinem Vater ab,** he is financially dependent on his father; (*c*) *Cu:* (*Wild*) to hang (until tender). **2.** *v.tr.* (*a*) *Rail:* to uncouple (a coach etc.); (*b*) *abs. Tel:* (**den**

Hörer) **a.,** to hang up; (*c*) *F:* to get rid of (s.o.); to shake off (a pursuer, *Sp:* a competitor). '**a ~ ig,** *adj.* dependent (**von** + *dat,* on); **von einer Bedingung a.,** subject to one condition; **voneinander a.,** interdependent; *Gram:* **a~er Satz,** subordinate clause. '**A ~ igkeit,** *f -/occ -en* dependence (**von** + *dat,* on).

'**abhärten**, *v.tr.sep.* to harden (s.o.) (**gegen** + *acc,* to); **sich a.,** to build up one's resistance. '**A ~ ung,** *f -/no pl* hardening (**gegen** + *acc,* to).

'**abhauen**, *v.sep.irr.47* **1.** *v.tr.* to chop off (a branch etc.). **2.** *v.i.* (*sein*) *P:* to beat it; **hau ab!** scram! **mit dem Geld a.,** to make off with the money.

'**abhäuten**, *v.tr.sep.* to skin (a rabbit etc.).

'**abheben**, *v.sep.irr.48* **1.** *v.tr.* (*a*) to lift/take off (the lid etc.); *Tel:* to lift (the receiver); *Knit:* **eine Masche a.,** to slip a stitch; *Bank:* **Geld a.,** to draw money; (*b*) **sich a.,** to stand out (**gegen** + *acc,* against; **von** + *dat,* from). **2.** *v.i.* (*haben*) (*a*) *Av:* to take off; *Rockets:* to lift off; (*b*) *Cards:* to cut (the cards). '**A ~ ung,** *f -/-en* withdrawal (of money); cut (of cards).

'**abheilen**, *v.i.sep.* (*sein*) (*Wunde*) to heal (up).

'**abhelfen**, *v.i.sep.irr.50* (*haben*) **etwas** *dat* **a.,** to remedy sth.; **einem Bedürfnis a.,** to meet a need; **einem Übel a.,** to redress a wrong.

'**abhetzen**, *v.tr.sep.* **sich a.,** to wear oneself out.

'**Abhilfe,** *f -/no pl* remedy; **A. schaffen,** to take remedial action.

'**Abholdienst**, *m -(e)s/-e* pick-up service. '**a ~ en,** *v.tr.sep.* (*a*) to fetch (sth.); to collect (letters, left luggage etc.); *Th: etc:* **Karten an der Kasse a.,** to pick up tickets from the box office; **etwas a. lassen,** to send for sth.; (*b*) to pick (s.o.) up; (*zu Hause*) to call for s.o.; **j-n am Bahnhof a.,** to meet s.o. at the station; **ich werde dich a.,** someone is calling/coming for me. '**A ~ er,** *m -s/-* caller (for sth.). '**A ~ preis,** *m -es/-e* cash and carry price. '**A ~ ung,** *f -/no pl* fetching, collection.

'**abholzen**, *v.tr.sep.* (*a*) to clear (land) of trees; (*b*) to cut down (trees).

'**abhorchen**, *v.tr.sep. Med:* to sound, auscultate (a patient, s.o.'s chest).

Abhördienst ['aphø:rdi:nst], *m -(e)s/-e Rad: etc:* monitoring service. '**a ~ en,** *v.tr.sep.* (*a*) *Sch:* **einem Schüler sein Einmaleins a.,** to hear a pupil say his tables; (*b*) to listen in to (a telephone conversation etc.); *Rad:* to monitor (a broadcast); *Mil:* to intercept (a message). '**A ~ gerät,** *n -(e)s/-e* listening device; *F:* bug.

'**abhungern**, *v.tr.* **sich** *dat* **ein Kilo a.,** to lose two pounds (by starving).

Abitur [abi'tu:r], *n -s/-e Sch:* school-leaving examination. **A~ient(in)** [-turi'ɛnt(in)], *m -en/-en* (*f -/-nen*) (*a*) school-leaving examination candidate; (*b*) school-leaver (with the *Abitur*); *N.Am:* high school graduate.

'**abkanzeln**, *v.tr.sep. F:* to put (s.o.) on the carpet.

'**abkapseln**, *v.tr.sep. F:* **sich a.,** to cut oneself off (**von** + *dat,* from).

'**abkaufen**, *v.tr.sep.* **j-m etwas a.,** to buy sth. from s.o; *F:* **das kaufe ich dir nicht ab,** I don't believe your story for a moment.

Abkehr ['apke:r], *f -/no pl* estrangement (**von j-m,** from s.o.); departure (**von einer Politik**

usw., from a policy etc.). ´a ~ en, v.tr. sich von j-m, etwas dat a., to turn away from/esp. Fig: turn one's back on s.o., sth.

´abklingen, v.i.sep.irr.19 (sein) (Lärm) to fade away; (Erregung usw.) to die down; (Schmerz) to ease; (Fieber) to go down.

´abklopfen, v.sep. 1. v.tr. to knock (snow etc.) off; to beat (dust) out. 2. v.i. (haben) Mus: der Dirigent klopfte ab, the conductor rapped his baton (to stop the orchestra).

´abknallen, v.tr.sep. F: to gun (s.o.) down.

´abknicken, v.tr.&i.sep. (haben) to break, snap (off) (a flower etc.); Aut: a ~ de Vorfahrt, priority on road forming a bend.

´abknöpfen, v.tr.sep. F: j-m Geld a., to sting s.o. for money.

´abknutschen, v.tr.sep. P: to kiss and cuddle (a girl/boy); (Paar) sich a., to neck.

´abkochen, v.tr.sep. to boil (water etc.).

´abkommen. I. v.i.sep.irr.53 (sein) vom Wege a., to lose one's way; Fig: vom Thema a., to get off the subject; er ist von seinem Vorhaben abgekommen, he has given up his plan. II. A., n -s/- Com: Pol: agreement.

´abkömm|lich, adj. dispensable. ´A ~ ling, m -s/-e descendant.

´abkoppeln, v.tr.sep. to uncouple (esp. Rail: a coach etc.), unhitch (a trailer etc.); to unleash (hounds).

´abkratzen, v.sep. 1. v.tr. to scrape off (mud, paint etc.). 2. v.i. (sein) P: (sterben) to kick the bucket.

´abkühl|en, v.sep. 1. v.tr. to cool (air, liquid etc.). 2. v.refl.&i. (sein) (sich) a., to cool down; (Wetter) to turn cool. ´A ~ ung, f -/no pl cooling.

abkürz|en, v.tr.sep. (a) (abbrechen) to curtail (a speech etc.); to cut short (a visit etc.); (b) (kürzer machen) to shorten (a process etc.); to abbreviate (a word etc.); den Weg a., to take a short cut. ´A ~ ung, f -/-en (a) (kürzerer Weg) short cut; (b) abbreviation (of a word etc.).

´abladen, v.tr.sep.irr.56 (a) to unload (a vehicle, luggage etc.); to tip (rubbish etc.); F: wo kann ich Sie a.? where can I drop you? (b) seine Sorgen bei j-m a., to unburden oneself to s.o. ´A ~ eplatz, m -es/-e unloading point; (für Müll) tip. ´A ~ er, m -s/- unloader.

´Ablage, f -/-n place to keep/put sth.; (Regal) shelf; (für Kleider) hanging space; (Archiv) records; (Aktenschrank) filing cabinet.

´ablager|n, v.sep. 1. v.tr. (a) (reifen) to mature (sth.) (by keeping); to season (wood); to age (wine etc.); (b) (absetzen) to deposit (refuse, Geol: mud etc.); sich a., to settle, form a deposit. 2. v.i. (sein) (Holz) to season; (Wein usw.) to mature. ´A ~ ung, f -/-en 1. Geol: deposit; A. von Müll, refuse disposal. 2. seasoning; Winem: maturing.

´Ablaß [´aplas], m -sses/-sse 1. (Abfluß) drain. 2. R.C.Ch: indulgence. ´A ~ schraube, f -/-n drain plug. ´A ~ ventil, n -s/-e blow-off valve.

´ablassen, v.sep.irr.57 1. v.tr. (a) to drain (water, oil, a boiler, sump etc.); to let out (water, air etc.); Dampf a., to let off steam; (b) Com: j-m etwas billig a., to let s.o. have sth. cheap; etwas vom Preis a., to knock sth. off the price. 2. v.i. (haben) (aufhören) von etwas dat a., to stop doing sth; von j-m a., to leave s.o. alone.

´Ablauf, m -(e)s/-e 1. (Abfließen) outflow; draining (away/off); (Rohr usw.) drain. 2. (Ende) expiry, N.Am: expiration; nach A. von zwei Jahren, at the end of two years. 3. (Verlauf) A. der Ereignisse, course of events; für einen reibungslosen A. sorgen, to ensure that things run smoothly. ´a ~ en, v.sep.irr.58 1. v.i. (sein) (a) (abfließen) to run/flow away; an etwas dat a., to run down sth.; (b) (abrollen) (Band, Film usw.) to run to the end; (Uhr) to stop, run down; Nau: Mount: das Seil a. lassen, to pay out the rope; (c) (Ereignisse usw.) gut/schlecht a., to go well/badly; (d) (Frist usw.) to come to an end, expire; mein Paß läuft bald ab, my passport expires soon. 2. v.tr. (a) Sp: eine Strecke a., to run over a course; (b) die Geschäfte a., to scour the shops (nach etwas dat, for sth.); (c) (abnutzen) die Sohlen a., to wear out one's soles; F: sich dat die Beine nach etwas dat a., to walk miles in search of sth.

´ableg|en, v.sep. 1. v.tr. (a) (ausziehen) to take off (one's coat, a mask etc.); abs. möchten Sie a.? would you like to take your coat off? (b) (aufgeben) to discard (old clothes, cards etc.); to drop (a name etc.); to give up (a habit etc.); abgelegte Kleidung, cast-offs; (c) to put down (a burden, Tel: the receiver etc.); (d) Jur: etc: to give (evidence etc.); einen Eid/ein Gelübde a., to take an oath/a vow; ein Geständnis a., to make a confession; (e) Adm: Com: to file (correspondence, documents etc.). 2. v.i. (haben) Nau: to cast off. ´A ~ er, m -s/- (a) Bot: shoot; Hort: cutting; (b) Com: offshoot (of a firm).

´ablehn|en, v.tr.sep. to refuse (an invitation etc.); to reject (an offer, argument, Med: organ etc.); die Verantwortung a., to refuse to accept responsibility; etwas dat a~d gegenüberstehen, to disapprove of sth. ´A ~ ung, f -/-en refusal, rejection.

´ableit|en, v.tr.sep. (a) to divert (a river, traffic etc.); to draw off (water, smoke etc.); to deflect (lightning etc.; El: to shunt (current); (b) (herleiten) to derive (a word, Mth: a formula etc.) (aus/von + dat, from); abgeleitetes Wort, derivative; seine Herkunft von etwas dat a., to trace one's origins back to sth. ´A ~ ung, f -/-en 1. no pl (a) diversion; drainage (of water etc.); (b) derivation. 2. (Wort) derivative.

´ablenk|en, v.tr.sep. (a) to turn away, deflect (sth.); to ward off (a blow, danger etc.); (b) to distract (s.o., s.o.'s attention, thoughts etc.) (von + dat, from sth.); to divert (suspicion etc.); die Party wird dich (davon) a., the party will take your mind off it. ´A ~ ung, f -/-en (a) deflection; (b) distraction, diversion. ´A ~ ungsmanöver, n -s/- Mil: diversion, F: red herring.

´ables|en, v.tr.sep.irr.61 to read (a speech, Tchn: a meter etc.); to read out (an announcement etc.), read off (numbers etc.); ich kann es dir von den Augen a., I can see it in your eyes. A ~ er, m -s/- meter reader.

´ableugnen, v.tr.sep. to deny (sth.).

´abliefer|n, v.tr.sep. to deliver (goods, F: s.o.); (überreichen) to hand over (sth.) (j-m, to s.o.). ´A ~ ung, f -/-en delivery.

´ablocken, v.tr.sep. j-m etwas a., to coax/ wheedle sth. out of s.o.

'**ablös|en**, *v.tr.sep.* (*a*) to detach, remove (sth.) (**von etwas** *dat,* from sth.); to peel off (a label, stamp etc.); **sich a.,** to come off; (*Farbe, Tapete usw.*) to peel off; (*b*) to relieve (s.o., *Mil:* the guard etc.); **sich/einander (am Steuer usw.) a.,** to take turns (at the wheel etc.); (*c*) *Fin:* to redeem (a mortgage etc.). '**A ~ esumme,** *f -/-n Sp:* transfer fee. '**A ~ ung,** *f -/-en* (*a*) removal, detachment; peeling; (*b*) *Mil: etc:* relief; (*Wachwechsel*) changing of the guard; (*c*) *Fin:* redemption.

'**abmach|en**, *v.tr.sep.* (*a*) (*entfernen*) to remove (sth.) (**von etwas** *dat,* from sth.); (*b*) (*vereinbaren*) to arrange (sth.); to settle (an affair); to agree on (a date, price etc.); **wir haben mit ihm abgemacht, daß . .,** we have arranged/agreed with him, that . . .; **abgemacht!** that's settled! *F:* done! '**A ~ ung,** *f -/-en* settlement, agreement; **A ~ en treffen,** to make arrangements.

'**abmager|n**, *v.i.sep* (*sein*) to get thinner, lose weight. '**A ~ ung,** *f -/-en* thinning, loss of weight. '**A ~ ungskur,** *f -/-en* slimming diet.

'**Abmarsch,** *m -(e)s/-̈e* departure; *Mil:* marching off. '**a ~ ieren,** *v.i.sep.* (*sein*) to march off.

Abmeld|eformular [ˈapmɛldəfɔrmuːlɑːr], *n -s/-e Adm:* (official) change of address form. '**a ~ en,** *v.tr.sep.* (*a*) to cancel (the newspaper etc.); **sich a.,** to give notice of one's departure; (*vom Hotel*) to check out; (*in einem Heim usw.*) to sign out; *Ind:* to sign off; *Adm:* **sich polizeilich a.,** to notify the police that one is moving; **sein Auto a.,** to take one's car off the road; *Sch:* **einen Schüler (von einer Schule) a.,** to give notice of the removal of a pupil (from a school); (*b*) *F:* **er ist bei ihr abgemeldet,** he's had it as far as she's concerned. '**A ~ ung,** *f -/-en* notification of departure/*Sch:* removal (of a pupil); *Adm:* **polizeiliche A.,** report of change of address (to the police).

'**abmess|en**, *v.tr.sep.irr.25* to measure (sth.); to measure off (a length of cloth etc.); (*schätzen*) to estimate (the damage etc.); *Fig:* **seine Worte a.,** to weigh one's words. '**A ~ ung,** *f -/-en* 1. *no pl* measuring. 2. *esp. pl* dimensions, measurements.

'**abmontieren,** *v.tr. sep.* to take off (a part); to dismantle (a machine etc.).

'**abmühen,** *v.refl.sep.* **sich a.,** to slave away (**mit/an etwas** *dat,* at sth.).

'**abmurksen,** *v.tr.sep. P:* to bump (s.o.) off.

'**Abnäher,** *m -s/- Dressm:* dart.

Abnahme [ˈapnɑːmə], *f -/no pl* 1. (*a*) (*Herunternehmen*) taking down; (*b*) (*Entfernen*) removal (*Med:* of a dressing etc.); *Surg:* amputation. 2. *Com:* (*a*) acceptance, taking delivery (of goods etc.); (*b*) (*Kauf*) purchase; **bei A. größerer Mengen,** if larger quantities are bought/taken; **A. finden,** to sell; (*c*) *Jur:* **A. eines Eides,** administration of an oath. 3. (official) inspection (of a machine, *Sp:* course etc.); *Motor Rac:* scrutineering; *Mil:* **A. einer Parade,** reviewing/inspection of the troops. 4. (*Nachlassen*) decline (**der Stärke usw.,** in strength etc.); decrease (**des Gewichts usw.,** in weight etc.); **A. des Mondes,** waning of the moon. '**A ~ kommissar,** *m -s/-e Sp:* scrutineer. '**A ~ prüfung,** *f -/-en Ind:* inspection test.

'**abnehm|bar,** *adj.* removable, detachable.

'**a ~ en,** *v.sep.irr.69* 1. *v.tr.* (*a*) to take down (a lamp, decorations etc.); to take off (a hat, lid, spectacles etc.); to remove (the tablecloth, *Med:* dressing etc.); to detach (a part); *Tel:* to lift (the receiver); *Surg:* to amputate (a limb); *Knit:* **Maschen a.,** to cast off stitches; (*b*) **j-m etwas a.,** to take sth. from s.o.; **er hat mir zuviel Geld abgenommen,** he overcharged me; **j-m eine Arbeit/Last/Verantwortung a.,** to relieve s.o. of a task/burden/responsibility; *F:* **das nehme ich dir nicht ab!** I don't believe it! (*c*) *Com:* to purchase, buy (goods); (*d*) *Ind:* (*prüfen*) to inspect (a machine, bridge etc.); *Mil:* **eine Parade a.,** to take the salute at a parade; (*e*) *Jur:* to administer (an oath); *Ecc:* **j-m die Beichte a.,** to hear s.o.'s confession. 2. *v.i.* (*haben*) to decrease; (*Fieber*) to go down; (*Kräfte usw.*) to decline; (*Pers.*) to lose weight; (*Mond, Interesse usw.*) to wane. '**A ~ er,** *m -s/- Com:* buyer, purchaser.

'**Abneigung,** *f -/-en* aversion (**gegen** + *acc,* to); dislike (**gegen** + *acc,* of).

abnorm [apˈnɔrm], *adj.* abnormal. **A ~ i´tät,** *f -/-en* abnormality; irregularity.

'**abnötigen,** *v.tr.sep.* **j-m Geld/ein Geständnis a.,** to extort money/a confession from s.o.

'**abnutz|en,** *v.tr.sep.* to wear down, (*völlig*) wear out (a part, tyres etc.); to wear away (a surface, pattern etc.); (*Reifen usw.*) **sich a.,** to wear. '**A ~ ung,** *f -/-en* wear; (*Vorgang*) wearing away/down.

Abonn|ement [abɔnəˈmãː], *n -s/-s* subscription (**auf eine Zeitschrift usw.,** to a periodical etc.). **A ~ ent(in)** [-ˈnɛnt(in)], *m -en/-en* (*f -/-nen*) subscriber; *Th: etc:* subscription ticket holder. **a ~ ieren** [-ˈniːrən], *v.tr.* to take out a subscription to (a periodical, a concert series etc.).

Abort[1] [aˈbɔrt], *m -(e)s/-e* lavatory, toilet.

A´bort[2], *m -s/-e Med:* miscarriage.

'**abpacken,** *v.tr.sep.* to pre-pack (groceries etc.).

'**abpassen,** *v.tr.sep.* to look out for, waylay (s.o.); to wait for (an opportunity etc.); **das war gut abgepaßt,** that was neatly timed.

'**abpfeifen,** *v.tr.sep.irr.43 Fb:etc:* (*Schiedsrichter*) to blow his whistle; **das Spiel a.,** to blow the final whistle. '**Abpfiff,** *m -(e)s/-e Fb: etc:* final whistle.

'**abplagen,** *v.tr.sep.* **sich mit etwas** *dat* **a.,** to slog/slave away at sth., struggle with sth.

'**abprallen,** *v.i.sep.* (*sein*) (*Ball usw.*) to rebound, bounce (**von** + *dat,* off); (*Geschoß usw.*) to ricochet (**an** + *dat,* off); *Fig:* (*Vorwürfe usw.*) **an j-m a.,** to make no impression on s.o.

'**abputzen,** *v.tr.sep.* to wipe off (dirt etc.); **sich** *dat* **die Schuhe a.,** to wipe one's shoes.

'**abquälen,** *v.refl.sep.* **sich mit etwas** *dat* **a.,** to struggle with sth.

abrackern [ˈaprakərn], *v.refl.sep. F:* **sich a.,** to slave away, work oneself to death.

'**abraten,** *v.tr.&i.sep.irr.13* (*haben*) **j-m a.,** to dissuade s.o.; **er riet es mir ab/mir davon ab,** he advised me not to do it/against it.

'**abräumen,** *v.tr.sep.* to clear away, remove (sth.); (**den Tisch**) **a.,** to clear the table.

'**abreagieren,** *v.tr.sep. Psy:* to work off (excitement, anger).

'**abrechn|en,** *v.sep.* 1. *v.tr.* (*abziehen*) to deduct (expenses, VAT etc.); **. . . abgerechnet,** not counting . . . 2. *v.i.* (*haben*) to clear/

square accounts; *F:* **mit j-m a.,** to get even with s.o. **'A ~ ung,** *f -/-en* (a) (*Abzug*) deduction; (b) (*Rechnung*) account; (*Schlußrechnung*) settlement (of accounts); **jährliche A.,** annual statement; *Fig:* **Tag der A.,** day of reckoning.

'abreib|en, *v.tr.sep.* (a) to rub (sth.) off; (b) (*trockenreiben*) to rub down (s.o., a horse). **'A ~ ung,** *f -/-en* **1.** rub-down. **2.** *F:* (*Prügel*) thrashing.

'Abreise, *f -/-en* departure. **'a ~ n,** *v.i.sep.* (*sein*) to depart, set out (**nach** + *dat,* for).

'abreiß|en, *v.sep.* **1.** *v.tr.* (a) to tear (sth.) off; to rip off (a label etc.); (b) to pull down (a house etc.), demolish (a building, bridge etc.). **2.** *v.i.* (*sein*) (*Musik, Unterhaltung usw.*) to stop abruptly. **'A ~ block,** *m -(e)s/=e* tear-off pad. **'A ~ kalender,** *m -s/-* tear-off calendar.

'abricht|en, *v.tr.sep.* to train (an animal), break in (a horse); *F:* **j-n zu etwas** *dat* **a.,** to drill s.o. in sth. **'A ~ ung,** *f -/-en* training.

'abriegeln, *v.tr.sep. Mil:* etc: to block (a road); to cut off (troops); (*Polizei*) **eine Gegend a.,** to cordon off an area.

'abringen, *v.tr.sep.irr.19* **j-m ein Geständnis a.,** to wring/extort a confession from s.o.

'Abriß, *m -sses/-sse* **1.** (a) (*Skizze*) draft, sketch; (b) (*Übersicht*) summary, outline. **2.** (*Abbruch*) demolition.

'abrollen, *v.tr.sep.* (a) to roll (sth.) off; to unwind (a cable etc.); **einen Film a. lassen,** to run a film; (b) *Fig:* **sich a.,** to happen, unfold.

'abrücken, *v.sep.* **1.** *v.tr.* to move (sth.) away (**von etwas** *dat,* from sth.). **2.** *v.i.* (*sein*) *Mil:* (*Truppen*) to march off.

'Abruf, *m -(e)s/-* (a) (*Pers.*) **auf A. bereitstehen,** to be on call; *Com:* **Waren auf A.,** goods for delivery in consignments/as required; (b) *Bank:* withdrawal. **'a ~ en,** *v.tr.sep.irr.74* (a) *Com:* to request delivery of (goods ordered); *Bank:* to withdraw (money); (b) *Data-pr:* to recall (information).

'abrunden, *v.tr.sep.* to round off (a corner etc.); **einen Betrag (nach oben/unten) a.,** to round up/down an amount.

abrupt [ap'rupt], *adj.* abrupt.

'abrüst|en, *v.i.sep.* (*haben*) *Mil:* to disarm. **'A ~ ung,** *f -/-en Mil:* disarmament.

'abrutschen, *v.i.sep.* (*sein*) (a) to slip (off/down); **vom Felsen a.,** to slip off the cliff; (b) *Av: Ski:* to side-slip.

'absacken, *v.i.sep.* (*sein*) to sink; (*Flugzeug*) to lose height; *Fig:* (*Leistungen*) to fall off.

'Absage, *f -/-n* cancellation; refusal (of an invitation etc.); **A. an eine Politik,** denouncement of a policy. **'a ~ n,** *v.sep.* **1.** *v.tr.* to cancel (sth.). **2.** *v.i.* (*haben*) to refuse, *F:* cry off; **ich habe ihm abgesagt,** I have cancelled the appointment with him.

'Absatz, *m -es/=e* **1.** *Print:etc:* paragraph. **2.** heel (of a shoe). **3.** *no pl Com:* sales; **dieser Artikel findet reißenden A.,** this article sells rapidly. **'A ~ gebiet,** *n -(e)s/-e/* **'A ~ markt,** *m -(e)s/=e Com:* market (for a product). **'A ~ möglichkeit,** *f -/-en Com:* sales outlet.

'abschaben, *v.tr.sep.* to scrape off (mud etc.).

'abschaff|en, *v.tr.sep.irr.77* to abolish, do away with (sth.). **'A ~ ung,** *f -/-en* abolition.

'abschalten, *v.tr.&i.sep.* (*haben*) to switch off (the light, radio etc.).

'abschätz|en, *v.tr.sep.* to assess (s.o., property etc.); to estimate (value, weight etc.); (*zwei Personen*) **sich gegenseitig a.,** to size one another up. **'a ~ ig,** *adj.* adverse (judgment etc.); derogatory (remarks).

'Abschaum, *m -(e)s/no pl Pej:* **A. der Menschheit,** scum of the earth; dregs of humanity.

'Abscheu, *m -(e)s/no pl* repugnance, loathing (**vor j-m, etwas** *dat,* of s.o., sth.); **j-s A./A. bei j-m erregen,** to repel/disgust s.o. **a ~ lich** [-'ʃɔyliç], *adj.* repulsive, revolting (sight, smell etc.); atrocious (deed); *adv. F:* **a. kalt,** horribly cold. **A ~ lichkeit,** *f -/-en* repulsiveness; (*Handlung*) atrocity.

'abschicken, *v.tr.sep.* to send off, (*per Post*) post, *N.Am:* mail (a letter etc.).

'abschieb|en, *v.tr.sep.irr.82* (a) to push/shove (sth.) away; **die Schuld auf einen anderen a.,** to shift the blame onto someone else; (b) *Jur:* to deport (s.o.). **A ~ ung,** *f -/-en* deportation.

Abschied ['apʃiːt], *m -(e)s/occ.-e* **1.** farewell, parting; (**von j m**) **A. nehmen,** to say goodbye (to s.o.). **2.** *Mil:A:* retirement. **'A ~ s-,** *comb.fm.* farewell (visit, kiss, scene etc.); parting (gift, kiss, tear etc.); **A ~ feier** *f,* farewell/leaving party.

'abschießen, *v.tr.sep.irr.31* (a) to fire, launch (a rocket etc.); (b) to shoot down (an aircraft); to shoot (a bird) in flight.

'abschinden, *v.tr.sep.irr.83 F:* **sich a.,** to slave away.

'abschirm|en, *v.tr.sep.* to screen (a light, *El:* a lead etc.); (*schützen*) to shield (s.o., sth.) (**gegen** + *acc,* from). **'A ~ ung,** *f -/-(e)n* screen, shield; *El:* screening. **'A ~ dienst,** *m -(e)s/-e Mil:* counter-intelligence.

'abschlacht|en, *v.tr.sep.* to slaughter (cattle etc., s.o.). **'A ~ ung,** *f -/-en* slaughter.

'Abschlag, *m -(e)s/=e* **1.** *Sp:* (a) opening stroke/hit; *Fb:* **A. vom Tor,** goal kick; (b) *Golf:* tee. **2.** *Com:* (a) (*Ermäßigung*) reduction (in price); (b) (*Rate*) instalment. **'a ~ en,** *v.tr.sep.irr.85* (a) to knock/(*abschneiden*) cut (sth.) off; (b) to refuse (a request etc.). **'A ~ szahlung,** *f -/-en Com:* first instalment; payment on account.

abschlägig ['apʃlɛːgiç], *adj.* unfavourable; **a ~ e Antwort,** refusal.

'abschleifen, *v.tr.sep.irr.43* to sand (down) (a surface); *Dent:* to grind down (a tooth).

Abschlepp- ['apʃlɛp-], *comb.fm.* breakdown (service etc.); **A ~ wagen** *m,* breakdown lorry, *N.Am:* wrecker, tow-truck. **'a ~ en,** *v.tr.sep.* to tow away (a ship, vehicle).

'abschließ|bar, *adj.* lockable. **'a ~ en,** *v.sep. irr.31* **1.** *v.tr.* (a) (*verschließen*) to lock (a door, cupboard, house etc.); *abs.* **haben Sie abgeschlossen?** have you locked up? (b) to seal (a container); **luftdicht abgeschlossen,** in an airtight container; (c) (*beenden*) to conclude (an agreement etc.), complete (a book, deal etc.); to end (a speech etc.); *Book-k:* to close (an account); **eine Wette a.,** to make a bet; **eine Versicherung a.,** to take out an insurance policy. **2.** *v.i.* (*haben*) (*Fest usw.*) to end, come to an end; **a ~ d möchte ich darauf hinweisen, daß**

..., in closing I would like to point out that ...
'**Abschluß**, m -sses/¨sse (a) extremity; (Rand)
unterer/oberer A., bottom/top edge; (b) (Ende)
end, conclusion (of a speech etc.); closure (of a
debate, Fin: an account); completion (of a deal
etc.); **zum A. kommen**, to draw to a close; **zum
A. möchte ich sagen . . .**, finally/in closing I
would like to say . .; Com: Fin: **jährlicher A.**,
final results (for the year). II. '**A ~ -**, comb. fm.
final (examination, session, payment etc.);
A ~ bilanz f, final (annual) balance-sheet.
'**A ~ feier**, f -/-n Sch: speech day. '**A ~ grati-
fikation**, f -/-en golden handshake. '**A ~ prü-
fer**, m -s/- Com: Fin: auditor. '**A ~ prüfung**, f
-/-en 1. Fin: (final) audit. 2. Sch: leaving ex-
amination. '**A ~ zeugnis**, n -ses/-se Sch:
annual report.
'**abschmecken**, v.tr.sep. Cu: to season (food).
'**abschminken**, v.tr.sep. Th:etc: **sich a.**, to
remove one's make-up.
'**abschmirgeln**, v.tr.sep. to smooth, rub down
(a surface) (with sandpaper etc.).
'**abschnallen**, v.sep. 1. v.tr. to unfasten (a belt,
skate etc.). 2. v.i. (haben) F: **geistig a.**, to switch
off.
'**abschneiden**, v.sep.irr.41 1. v.tr. to cut off
(sth.); to slice off (bread etc.); **eine Verbindung
a.**, to sever a link; **den Weg a.**, to take a short
cut; **j-m das Wort a.**, to cut s.o. short. 2. v.i.
(haben) **gut/schlecht a.**, to make a good/poor
showing (**bei + dat**, in).
'**Abschnitt**, m -(e)s/-e 1. (a) section; Geom:
segment (of a circle); Mil: sector (of a front);
East G: Adm: (residential) district; (b) (Sta-
dium) phase; stage (of a journey). 2. (abtrenn-
barer Teil) counterfoil, stub (of a ticket etc.);
(Bon) coupon. '**a ~ (s)weise**, adv. by/in
sections.
'**abschnüren**, v.tr.sep. to cut off (the blood
supply etc.); **j-m die Luft a.**, to strangle/Fig: ruin
s.o.
'**abschöpfen**, v.tr.sep. **den Rahm (von etwas dat)
a.**, to skim the cream off (sth.).
'**abschrauben**, v.tr.sep. to unscrew (sth.).
'**abschreck|en**, v.tr.sep. (a) to deter, F: put
off (s.o.); (b) Cu: to rinse (spaghetti etc.); to
dip (a boiled egg) in cold water; Metalw: to
quench (steel). '**a ~ end**, adj. deterrent, F:
off-putting; **a ~ es Beispiel**, warning example.
'**A ~ ung**, f -/-en/ '**A ~ ungsmittel**, n -s/-Mil:
Pol: etc: deterrent.
'**abschreib|en**, v.sep.irr.12 1. v.tr. (a) (Abschrift
machen) to copy, transcribe (a document etc.);
Sch: to crib (an exercise etc.); (b) (J) (streichen) to
delete (sth.); Com:Fin: to write off (a loss,
debt, F: a lost friend etc.); **den Ring kannst du
a.**, you can forget about the ring. 2. v.i. (haben)
(a) **j-m a.**, to write to s.o. to cancel (an engage-
ment etc.); (b) Sch: to crib (**bei j-m**, from s.o.).
'**A ~ ung**, f -/-en Com: Fin: writing off (of
debts, losses); (Wertminderung) depreciation.
'**Abschrift**, f -/-en copy, transcript.
'**abschürf|en**, v.tr.sep. to graze (one's knees
etc.); **sich dat die Haut a.**, to scrape off the
skin. '**A ~ ung**, f -/-en graze.
'**Abschuß**, m -sses/¨sse 1. firing (of a gun);
launching (of a rocket). 2. shooting down (of a
bird, aircraft). '**A ~ basis**, f -/-basen launch-

(ing) site. '**A ~ rampe**, f -/-n launch(ing) pad.
'**abschüssig** ['apʃysiç], adj. sloping.
'**abschütteln**, v.tr.sep. to shake off (s.o., sth.).
'**abschwächen**, v.tr.sep. to weaken, lessen (an
effect etc.); to tone down (one's remarks); to
reduce (volume, Phot: contrast etc.); **sich a.**, to
grow weaker, (Lärm) fade.
'**abschweif|en**, v.i.sep. (sein) to stray, wander;
vom Thema a., to ramble, digress. '**A ~ ung**, f
-/-en digression.
'**abschwenken**, v.i.sep. (sein) to swing (away),
(Fahrzeug) swerve.
'**abschwören**, v.i.sep. (haben) **seinem Glauben
a.**, to renounce one's faith; F: **dem Alkohol a.**,
to give up the demon drink.
abseh|bar ['apze:ba:r], adj. foreseeable; **in
a ~ er Zeit**, in the foreseeable future; '**a ~ en**,
v.sep.irr.92 1. v.tr. (a) to foresee (sth.); **die
Folgen sind nicht abzusehen**, there is no telling
what will happen; **es ist (noch) kein Ende ab-
zusehen**, there is no end in sight; (b) **das war
auf dich abgesehen!** that was aimed at/meant
for you! F: **es auf j-n, etwas acc abgesehen
haben**, to have one's eye on s.o., sth.; to be
after s.o., sth.; **der Lehrer hat es heute auf ihn
abgesehen**, the teacher has got it in for him
today; (c) **j-m ein Kunststück a.**, to learn a
trick by watching s.o.; Sch: **bei j-m a.**, to crib
sth. from s.o. 2. v.i. (haben) (a) **von etwas dat
a.**, to ignore/disregard sth.; **abgesehen von +
dat**, apart from; **abgesehen davon, daß . . .**,
apart from the fact that . . .; (b) **von einem
Plan/Besuch a.**, to abandon a plan/visit.
'**abseilen**, v.tr.sep. (a) to lower (s.o., sth.) on a
rope; Mount: **sich a.**, to abseil oneself; (b) F:
sich a., to push off.
abseit|ig, adj. obscure; (pervers) perverse. '**a ~ s.**
I. adv. (a) **a. liegend**, remote, secluded; **a. vom
Wege**, off the road; Fig: **sich a. halten**, to keep
in the background; (b) Fb: etc: offside. II. **A.**, n
Fb: offside.
'**absend|en**, v.tr.sep.irr.94 to send off, (per Post)
post, N.Am: mail (a letter etc.). '**A ~ er**, m -s/-
sender; A. W. Braun, from W. Braun.
absetz|bar ['apzɛtsba:r], adj. (a) (verkäuflich)
saleable; (b) Fin: (**von der Steuer) a.**, deductible
(from tax). '**a ~ en**, v.sep. 1. v.tr. (a) (abneh-
men) to take off (a hat etc.); (hinstellen) to put
down (sth. heavy, one's glass etc.); to set down
(passengers); **ich werde Sie am Bahnhof a.**, I
will drop you at the station; (b) (entfernen) from
office; to depose (a monarch); **einen Punkt von
der Tagesordnung a.**, to remove an item from
the agenda; Th: **ein Stück (vom Spielplan) a.**,
to take a play off; (c) (ablagern) (Flüssigkeit)
to deposit (sediment etc.); (Staub, Sediment)
sich a., to settle; (d) Com: (verkaufen) to sell,
dispose of (goods); (e) Book-k: (abziehen)
Spesen usw. (von der Steuer) a., to deduct
expenses etc. (from tax); (f) **etwas gegen etwas
acc a.**, to contrast sth. with sth.; **ein blaues Kleid
mit weiß a.**, to set off/trim a blue dress with
white; (g) **sich a.**, (i) F: to make off, decamp;
(ii) (Truppen) to withdraw; (h) impers. F: **es
wird etwas a.**, there's trouble brewing. 2. v.i.
(haben) to stop; **ohne abzusetzen**, without
pausing; at one go. '**A ~ ung**, f -/-en dis-

missal; deposition (of a monarch); *Th:* withdrawal (of a play).

'absicher|n, *v.tr.sep.* to make (a road junction etc.) safe; **sich gegen etwas** *acc* **a.**, to guard against sth. 'A ~ ung, *f* -/-en safeguard.

'Absicht, *f* -/-en intention; (*Ziel*) purpose, aim; **mit A.**, intentionally; **ohne A.**, unintentionally; **die A. haben, etwas zu tun**, to intend to do sth.; **er hat die besten Absichten**, he means well; **auf j-n (ernste) Absichten haben**, to be (seriously) interested in s.o.; *Jur:* **mit betrügerischer A.**, with intent to defraud. **a ~ lich** [ap'ziçtliç, 'ap-], *adj.* intentional, deliberate; *Jur:* wilful (murder etc.); *adv.* **ich bin a. gekommen**, I came on purpose.

'absitzen, *v.sep.irr.97* 1. *v.i.* (*sein*) to dismount (**vom Pferd usw.**, from a horse etc.). 2. *v.tr. F:* to spend, sit out (a period of time); **eine Strafe a.**, to serve a sentence.

absolut [apzo'luːt], *adj.* absolute (ruler, majority, *F:* rubbish etc.); complete (rest); *Mus:* **a ~ es Gehör**, perfect pitch; *Sp:* **a ~ er Rekord**, outright record; *adv.* **a. unmöglich**, absolutely/completely impossible; **das verstehe ich a. nicht**, I don't understand it at all; **das kann ich a. nicht leiden**, I simply can't stand it. **A ~ ion** [apzolutsi'oːn], *f* -/-en *Ecc:* absolution.

Absolv|ent [apzɔl'vɛnt], *m* -en/-en A. (eines Lehrgangs), student completing a course; *Univ:* graduate. **a ~ ieren** [-'viːrən], *v.tr.* to complete (a course etc.); to pass (an examination). **A ~ ierung**, *f* -/-en completion; passing.

'absonder|n, *v.tr.sep.* (*a*) to isolate (s.o., oneself), cut (s.o., oneself) off (**von** + *dat,* from); (*b*) *Biol:* to secrete (bile, sweat etc.); *Med:* to discharge (pus etc.); *Ch:* to abstract (an element etc.). 'A ~ ung, *f* -/-en (*a*) isolation; (*b*) *Biol:* secretion; *Med:* discharge, *Ch:* abstraction.

absor|bieren [apzɔr'biːrən], *v.tr.sep. Ph: Ch:* etc: to absorb (rays, energy, *Fig:* attention). A ~ ption [-ptsi'oːn], *f* -/-en absorption.

'abspalten, *v.tr.sep.* to split off (sth.).

'absparen, *v.tr.sep.* **sich** *dat* **etwas vom Munde a.**, to pinch and scrape in order to get sth.

'abspeisen, *v.tr.sep. F:* **j-n mit Ausreden usw. a.**, to fob s.o. off with excuses etc.

abspenstig ['apʃpɛnstiç], *adj. F:* **j-m den Freund, einen Ring usw. a. machen**, to pinch s.o.'s boyfriend, ring etc.

'absperr|en, *v.tr.sep.* (*a*) *South G:* to lock (a door etc.); (*b*) to cordon off (an area); (*c*) to turn off (the gas, water etc.). 'A ~ hahn, *m* -(e)s/ㄷe stopcock. 'A ~ ung, *f* -/-en (road) block; barrier. 'A ~ vorrichtung, *f* -/-en cut-off/*El:* cut-out (device).

'Abspiel, *n* -(e)s/-e *Fb:* etc: (*a*) pass; (*b*) *no pl* passing. 'a ~ en, *v.tr.sep.* (*a*) *Mus:* to play (through) (a piece); (*b*) *Rec:* to play (a gramophone record); to play back (a tape recording); (*c*) *Fb:etc:* to pass (the ball); (*d*) **sich a.**, to take place; (*Buch usw.*) to be set (somewhere); *F:* **da spielt sich nichts ab**, there's nothing doing. 'A ~ gerät, *n* -(e)s/-e *Rec:* playback machine.

'absplittern, *v.tr.&i.sep.*(*sein*) to splinter (sth.); to chip (off) (paint).

'Absprache, *f* -/-n (verbal) arrangement.

'absprechen, *v.tr.sep.irr.14* (*a*) **j-m ein Recht a.**, to deprive s.o. of a right; **man kann ihm das Talent nicht a.**, one cannot deny his talent; (*b*) **sich (mit j-m) a.**, to come to an agreement/arrangement (with s.o.).

'abspringen, *v.i.sep.irr.19* (*sein*) (*a*) to jump, *Sp:* take off; *Av:* to parachute; **von einem Bus a.**, to jump off a bus etc.; (*b*) (*Farbe, Lack usw.*) to chip off; (*abblättern*) to peel off; (*Teil*) to come off.

'abspritzen, *v.tr.sep.* (*a*) to hose down (a car etc.); to wash off (dirt); (*b*) to spray (plants).

'Absprung, *m* -(e)s/ㄷe jump; *Sp:* take-off.

'abspulen, *v.tr.sep.* to unwind (tape, rope etc.).

'abspülen, *v.tr.sep.* to rinse (plates etc.); to rinse (sth.) off.

'abstamm|en, *v.i.sep.* (*sein*) (*Pers.*) to be descended (**von** + *dat,* from); *Ling:* (*Wort*) to be derived (**von** + *dat,* from). 'A ~ ung, *f* -/-en descent, ancestry; *Ling:* derivation.

'Abstand, *m* -(e)s/ㄷe (*a*) (*Entfernung*) distance, gap (between two things/people); *Tchn:* clearance; *Print:* spacing (of lines); *Sp:* (*Vorsprung*) lead; **in 10 Meter A.**, at a distance of 10 metres; **in gleichen A ~ en**, at equal intervals; *Soziol:* **der soziale A.**, social/class differences; *Sp:* **mit A. gewinnen**, to win by a large margin; *F:* **er ist mit A. der Beste**, he is far and away the best; *Fig:* (*Pers.*) **(den gebührenden) A. wahren**, to keep one's (proper) distance; (*b*) (*Zeitspanne*) interval; **in regelmäßigen A ~ en**, at regular intervals; (*c*) **von etwas** *dat* **A. nehmen**, to abandon sth., give up (doing) sth.

'abstatten, *v.tr.sep.* **j-m einen Besuch a.**, to pay s.o. a visit.

'abstauben, *v.tr.sep.* (*a*) to dust (furniture etc.); (*b*) *F:* (*entwenden*) to swipe, pinch (sth.).

'abstech|en, *v.sep.* 1. *v.tr.* (*a*) to cut the throat of (an animal); (*b*) *Hort:* **den Rasen a.**, to trim the edges of the lawn. 2. *v.i.* (*haben*) **gegen etwas** *acc* **a.**, to contrast with sth. 'A ~ er, *m* -s/- einen A. machen, to make a detour.

'abstecken, *v.tr.sep.* (*a*) to mark out (a site, *Sp:* course etc.); *Fig:* to lay down (procedure); (*b*) *Dressm:* to fit (a dress) (with pins).

'abstehen, *v.i.sep.irr.100* (*haben*) to stick out.

'absteige|n, *v.i.sep.irr.89* (*sein*) (*a*) to descend; **vom Pferd/Fahrrad a.**, to get off one's horse/bicycle; **in einem Hotel a.**, to put up at a hotel; (*b*) *esp. Fb:* to be relegated. 'a ~ nd, *adj.* descending (curve, *Mus:* scale etc.); *Fb:* relegated (club); *F:* (*Pers.*) **auf dem a ~ en Ast sein**, to be going downhill. 'A ~ quartier, *n* -s/-e (overnight) accommodation.

'abstell|en, *v.tr.sep.* (*a*) to put away, store (furniture etc.); to park (a car, cycle etc.); *Rail:* to shunt (a train) onto a siding; (*b*) (*abschalten*) to stop (a clock, machine etc.); to turn off (gas, water, heating etc.); to switch off (a radio, an engine etc.); (*c*) (*niedersetzen*) to put/set down (a burden). 'A ~ gleis, *n* -es/-e *Rail:* siding. 'A ~ hahn, *m* -(e)s/ㄷe stopcock. 'A ~ raum, *m* -(e)s/ㄷe store room.

'abstempeln, *v.tr.sep.* to stamp (a document etc.); *Post:* to cancel (a stamp).

'absterben, *v.i.sep.irr.101* (*sein*) (*a*) (*Pflanze*) to die (off), wither; (*b*) **die Finger sind mir ab-**

gestorben, my fingers have gone numb.

Abstieg ['apʃti:k], *m* -(e)s/-e descent; *Fig:* (economic, social) decline; *Fb: etc:* relegation.

'**Abstimm-,** *comb.fm. Rad: TV:* tuning (circuit, knob etc.). '**a ~ en,** *v.sep.* 1. *v.tr.* (*a*) to tune (in) (the radio, a circuit etc.) (**auf** + *acc,* to); (*b*) to adjust (sth.) (**auf** + *acc*) to suit (sth.); **Pläne usw. aufeinander a.,** to co-ordinate/bring into line plans etc.; **genau aufeinander abgestimmt,** perfectly matched (colours, *Rec:* loudspeakers etc.). **2.** *v.i.* (*haben*) to vote, *N.Am:* ballot; *Parl:* to divide (**über etwas** *acc,* on sth.). '**A ~ ung,** *f* -/-en **1.** *Rad: TV:* tuning. **2.** vote, voting; *Parl:* division; **geheime A.,** secret ballot; **A. durch Handzeichen,** (vote by) show of hands.

abstinen|t [apsti'nɛnt], *adj.* abstemious; (*vom Alkohol*) teetotal. **A ~ z,** *f* -/*no pl* teetotalism. **A ~ zbewegung,** *f* -/-en temperance movement. **A ~ zler,** *m* -s/- teetotal(l)er.

'**Abstoß,** *m* -es/-̈e push (off); *Fb:* goal kick. '**a ~ en,** *v.sep.irr.103* 1. *v.tr.* (*a*) (*abschlagen*) to break/knock (sth.) off; (*b*) (*mit Stoß bewegen*) to push (s.o., sth.) away/off; *Nau:* **das Boot a.,** to push off (from the land); *Fig:* **seine Art stößt mich ab,** I find his manner repellent; his manner repels/disgusts me; (*c*) (*loswerden*) to pay off (debts); *Com:* **Waren (unter Preis) a.,** to sell off/clear goods. **2.** *v.i.* (*haben, occ. sein*) *Nau:* (*Boot*) to push off. '**a ~ end,** *adj.* repellent, repulsive (appearance etc.).

'**abstottern,** *v.tr.sep. F: Hum:* to buy (sth.) on HP/the never-never.

abstrakt [ap'strakt], *adj.* abstract. **A ~ ion** [-tsi'o:n], *f* -/-en abstraction.

'**abstreif|en,** *v.tr.sep.* to take off (a glove etc.), peel off (clothes); to strip off (berries etc.); (*Reptil usw.*) **die Haut a.,** to cast its skin.

'**abstreiten,** *v.tr.sep.* to deny (a fact, guilt).

'**Abstrich,** *m* -(e)s/-e **1.** (*in der Schrift*) downstroke. **2.** *Med:* swab; (*von der Scheide usw.*) smear. **3.** deduction, cut.

abstrus [ap'stru:s], *adj.* abstruse, obscure.

'**abstuf|en,** *v.tr.sep.* (*a*) to terrace (land); (*b*) to grade (colours, salaries etc.). '**A ~ ung,** *f* -/-en (*a*) terracing; (*b*) grading, gradation.

'**Absturz,** *m* -es/-̈e (*a*) (*Felswand*) precipice; (*b*) plunge; *Av:* crash; **ein Flugzeug zum A. bringen,** to bring down an aircraft.

'**abstürzen,** *v.i.sep.* (*sein*) to plunge (down); (*Flugzeug*) to crash.

'**abstützen,** *v.tr.sep. Constr:* to shore up (a wall).

'**absuchen,** *v.tr.sep.* to search, scour (a district etc.), scan (the horizon) (**nach** + *dat,* for).

absurd [ap'zurt], *adj.* absurd. **A ~ ität** [-di'tε:t], *f* -/-en absurdity.

Abszeß [aps'tsεs], *m* -sses/-sse *Med:* abscess.

Abt [apt], *m.* -(e)s/-̈e abbot.

'**Abtast-,** *comb.fm. Radar: TV:* scanning (frequency, beam etc.). '**a ~ en,** *v.tr.sep.* (*a*) to feel (s.o., sth.) all over; (*Polizei*) to frisk (s.o.); (*b*) *TV: Data Pr:* to scan (an image etc.); *Rec:* to track (grooves etc.). '**A ~ ung,** *f* -/-en *TV:* scanning; *Radar:* scan, sweep; *Rec:* tracking.

'**abtauen,** *v.tr.sep.* to melt (ice); to defrost (the refrigerator).

Abtei [ap'tai], *f* -/-en abbey. **A ~ kirche,** *f* -/-n abbey (church).

Ab'teil, *n* -(e)s/-e *Rail:* compartment. '**a ~ en,** *v.tr.sep.* to divide up (a room); to partition off (part of a room). **A ~ ung,** *f* -/-en **1.** ['ap-] *no pl* division. **2.** [ap'tailuŋ] *Adm: Com: Univ: etc:* department; *Mil:* detachment. **A ~ ungsleiter,** *m* -s/- *Adm:* head of department/division; *Com:* departmental manager.

Äbtissin [εp'tisin], *f* -/-nen abbess.

'**abtrag|en,** *v.tr.sep.irr.42* (*a*) to pull down (a building etc.); to flatten (a mound etc.); (*b*) **eine Schuld a.,** to pay a debt; (*c*) to wear out (clothes etc.).

abträglich ['aptrε:kliç], *adj.* harmful; **der Gesundheit a.** sein, to be injurious to health.

'**Abtransport,** *m* -(e)s/-e *Com:* shipping, dispatch; *Mil:* evacuation. '**a ~ ieren,** *v.tr.sep. Com:* to ship, dispatch (goods); *Mil: etc:* to evacuate (wounded etc.).

'**abtreib|en,** *v.sep.irr.12* 1. *v.tr.* (*a*) (*Strom, Wind*) to drive (a ship etc.) off course; to carry (a swimmer) out to sea; (*b*) *Med:* to expel (gallstones etc.); **ein Kind a.,** to procure an abortion. **2.** *v.i.* (*sein*) (*Schiff*) to drift. '**A ~ ung,** *f* -/-en *Med:* abortion; expulsion.

'**abtrenn|en,** *v.tr.sep.* to detach (a counterfoil etc.); to tear out (a cheque); to cut off (a button etc.); to divide off (part of a room); **ihm wurde ein Bein abgetrennt,** one of his legs was severed.

'**abtret|en,** *v.sep.irr.105* 1. *v.tr.* (*a*) (*abnutzen*) to wear out (a step, carpet etc.), wear down (heels); (*b*) (*überlassen*) to relinquish (a right); *Jur:* to assign (a property), cede (territory) (**an** + *acc,* to); **j-m seinen Platz a.,** to let s.o. have one's seat. **2.** *v.i.* (*sein*) (*a*) (*Pers.*) to withdraw; *Th: etc:* to exit/make one's exit; *Mil:* **a.!** dismiss! (*b*) (*Regierung usw.*) to resign; **vom Schauplatz a.,** to retire from the scene. '**A ~ ung,** *f* -/-en *Jur:* assignment; cession.

'**Abtritt,** *m* -(e)s/-e (*a*) withdrawal; *Th: etc:* exit; (*b*) retirement, resignation.

'**abtrocknen,** *v.tr.&i.sep.* (*haben*) to dry (oneself, the dishes etc.).

'**abtropf|en,** *v.i.sep.* (*sein*) to drip; **Gemüse usw. a. lassen,** to strain vegetables etc. '**A ~ brett,** *n* -(e)s/-er draining board, *N.Am:* drainboard. '**A ~ gestell,** *n* -(e)s/-e *H:* plate-rack.

abtrünnig ['aptryniç], *adj.* renegade (priest etc.); **einer Partei a. werden,** to defect from a party.

'**abtun,** *v.tr.sep.irr.106* (*a*) (*übergehen*) to dismiss (s.o., s.o.'s objections etc.); (*b*) *F:* to take off (one's tie etc.).

'**abverlangen,** *v.tr.sep.* **j-m etwas** *acc* **a.,** to demand sth. from s.o.

'**Abwaage,** *f* -/-n *Box: etc:* weighing-in.

'**abwägen,** *v.tr.sep.irr.24* **das Für und Wider/seine Worte a.,** to weigh the pros and cons/one's words.

'**abwälzen,** *v.tr.sep.* to shift (blame, responsibility etc.) (**auf j-n,** onto s.o.).

'**abwand|eln,** *v.tr.sep.* to modify (an idea etc.), *Mus:* vary (a theme etc.). '**A ~ lung,** *f* -/-en variation; modification.

'**abwander|n,** *v.i.sep.* (*sein*) (*Pers.*) to migrate. '**A ~ ung,** *f* -/-en migration.

'**abwarten,** *v.tr.sep.* (*haben*) to await, wait for (sth.); **den Regen a.,** to wait until the rain is over; **warte ab,** wait and see; **das bleibt abzuwarten,** it remains to be seen.

abwärts [′apverts]. **I.** *adv.* down, downwards; **(den Fluß) a.,** downstream. **II.** ′A ~ -, *comb.fm.* downward (movement, trend etc.). ′a ~ **gehen,** *v.i.sep.* (*sein*) to get worse; **es geht a. mit ihm,** his health is failing.

Abwasch [′apvaʃ]. **I. 1.** *m* -es/*no pl F:* (*a*) washing up; (*b*) dirty dishes. **2.** *f* -/*no pl Aus:* sink. **II.** ′A~-, *comb.fm.* washing-up (bowl etc.); dish (cloth, -water); **A~mittel** *n,* washing-up/*N.Am:* dishwashing liquid. ′**a ~ en,** *v.tr.sep. irr.108* to wash off (dirt etc.); **(das Geschirr) a.,** to wash the dishes.

′**Abwasser,** *n* -s/-̈ sewage; *Ind:* effluent. ′**A ~ kanal,** *m* -(e)s/-̈e *Civ.E:* sewer.

′**abwechs|eln,** *v.tr.&i.* (*haben*) *sep.* to alternate (two things); (*Pers.*) to take turns (**mit j-m,** with s.o.); **sich bei etwas** *dat* **a.,** to take sth. in turns. ′**a ~ elnd,** *adj.* alternate, alternating; *adv.* alternately, in turns. ′**A ~ lung,** *f* -/-en (*a*) alternation; (*b*) variety; **zur A.,** for a change. ′**a ~ lungsreich,** *adj.* varied.

′**Abweg,** *m* -(e)s/-e **auf A~e geraten,** to go astray. ′**a ~ ig,** *adj.* out of the way; bizarre, obscure (idea etc.); (*verfehlt*) off the point.

′**Abwehr. I.** *f* -/*no pl* (*a*) warding off (of blows etc.); (*b*) (*Widerstand*) **A. gegen etwas** *acc,* resistance to sth.; (*c*) *Mil: Sp:* defence; (*d*) *Mil:* (*also* **A~dienst** *m*) counter-espionage. **II.** ′**A ~ -,** *comb.fm.* defensive (fire, measure etc.). ′**a ~ en,** *v.tr.sep.* to fend/ward off (danger, an attack etc.); *Mil:* to repel (an attack, enemy). ′**A ~ spieler,** *m* -s/- *Sp:* defender.

′**abweichen**[1]*,* *v.tr.sep.* to soak off (label etc.).

′**abweich|en**[2]*,* *v.i.sep.irr.40* (*sein*) (*verschieden sein*) to differ (**von** + *dat, from*); (*abgehen*) **von der Wahrheit, der Norm usw. a.,** to deviate from the truth, the norm etc.; **von einer Regel a.,** to depart from a rule; **vom Weg/der Straße a.,** to leave the (right) path/road; **vom Kurs a.,** to go off course. ′**a ~ end,** *adj.* deviating; divergent (opinion etc.). ′**A ~ ung,** *f* -/-en (*a*) deviation, divergence (**von** + *dat,* from); departure; (*von einer Meinung*) dissent; (*b*) (*Unterschied*) difference, variation.

′**abweis|en,** *v.tr.sep.irr.70* (*a*) (*fortschicken*) to turn (s.o.) away; **j-n schroff a.,** to snub s.o.; (*b*) (*ablehnen*) to reject, turn down (a candidate, request etc.); *Jur:* **eine Klage a.,** to dismiss a case. ′**a ~ end,** *adj.* **a~e Geste,** dismissive gesture. ′**A ~ ung,** *f* -/-en (*a*) refusal; **schroffe A.,** rebuff, snub; (*b*) *Jur:* dismissal.

′**abwenden,** *v.tr.sep.irr.94* (*a*) to turn away (one's eyes, face etc.) (**von etwas** *dat,* from sth.); **sich a.,** to turn away/aside; (*b*) (*abwehren*) to parry (a blow, thrust), ward off (danger); to avert (a disaster etc.).

′**abwerfen,** *v.tr.sep.irr.110* (*a*) to throw off (sth., a rider etc.); to shed (leaves, skin, antlers); *Av:* to drop (bombs, pamphlets etc.); (*b*) *Com:* **Gewinn a.,** to yield a profit.

′**abwert|en,** *v.tr.sep.* to devalue (currency, *Fig:* ideals etc.). ′**a ~ end,** *adj.* pejorative. ′**A ~ ung,** *f* -/-en *Fin:* devaluation.

′**abwesen|d,** *adj.* **1.** absent (**von** + *dat,* from). **2.** (*zerstreut*) absent-minded. ′**A ~ de(r),** *m&f* decl. as *adj.* absent person; absentee. ′**A ~ heit,** *f* -/*no pl* absence (**von** + *dat,* from).

′**abwick|eln,** *v.tr.sep.* (*a*) (*abrollen*) to unwind (thread, a cable etc.); to unwrap (a bandage etc.); (*b*) (*erledigen*) to settle (a matter), complete, tie up (a deal); to organize (an event); (*c*) (*Verkehr usw.*) **sich reibungslos a.,** to flow smoothly. ′**A ~ lung,** *f* -/-en **1.** unwinding. **2.** settlement; completion (of a deal).

′**abwiegen,** *v.tr.sep.irr.7* to weigh out (sugar etc.); *Box: etc:* **abgewogen werden,** to weigh in.

′**abwimmeln,** *v.tr.sep. F:* to get rid of (s.o.)

′**abwischen,** *v.tr.sep.* to wipe away (a stain, tears etc.); to wipe (the table, one's mouth.)

′**Abwurf,** *m* -(e)s/-̈e **1.** *no pl* throwing; *Av:* dropping (of bombs etc.). **2.** *Sp:* release (of a discus etc.). **3.** *Show Jumping:* fence down.

′**abwürgen,** *v.tr.sep.* (*a*) to strangle (s.o.); (*b*) *Aut:* to stall (the engine).

′**abzahl|en,** *v.tr.sep.* to pay off (a debt etc.); **der Fernseher ist noch nicht abgezahlt,** the instalments on the television have not all been paid yet. ′**A ~ ung,** *f* -/-en instalment; **auf A.,** by hire-purchase. ′**A ~ ungsgeschäft,** *n* -(e)s/-e hire-purchase deal.

′**abzähl|en,** *v.tr.sep.* to count (sth.); (*in Kinderspielen*) to count (s.o.) out; **Fahrgeld ist abgezählt bereitzuhalten!** please have the exact fare ready; *F:* **das kannst du dir an den Fingern a.,** it sticks out a mile. ′**A ~ reim,** *m* -(e)s/-e counting-out rhyme.

′**Abzeichen,** *n* -s/- badge; *Mil: etc:* insignia.

′**abzeichn|en,** *v.tr.sep.* (*a*) to draw, sketch (sth.); to copy (a picture etc.); (*b*) **sich gegen etwas** *acc* **a.,** to stand out against sth.; (*c*) *Adm: etc:* to initial (a document). ′**A ~ ung,** *f* -/-en (*a*) sketch; (*b*) **scharfe A. der Umrisse,** sharp delineation/definition of outlines.

Abzieh|bild [′aptsi:bilt], *n* -(e)s/-er transfer. ′**a ~ en,** *v.sep.irr.113* **1.** *v.tr.* (*a*) to take off (a ring); to take out (a key); (*b*) to skin (an animal, *Cu:* tomato etc.); to string (beans); to strip (a bed, paint etc.); (*c*) *Phot: Cin:* to print (a film, negative); *Print:* to pull (a proof); (*d*) to draw off, bottle (wine, beer etc.); (*e*) to deduct (an amount), subtract (a number); (*f*) *Mil:* to withdraw (troops). **2.** *v.i.* (*sein*) (*Nebel, Rauch usw.*) to clear; (*Gewitter*) to pass, move on; *Mil:* (*Truppen*) to withdraw; *F:* (*Pers.*) to go away; **zieh ab!** clear off!

′**abzielen,** *v.i.sep.* (*haben*) **auf etwas** *acc* **a.,** to aim at sth.

abzüglich [′aptsy:kliç], *prep.* + *gen Com:* less.

′**Abzug,** *m* -(e)s/-̈e **1.** deduction; *Com:* (*Rabatt*) discount, price reduction. **2.** (*a*) *Phot:* print; (*b*) *Print:* proof, pull. **3.** (*Rauch.*) flue; (*für Gase*) vent, outlet. **4.** *Mil:* withdrawal. **5.** trigger (of a gun). ′**A ~ shaube,** *f* -/-n *H:* cooker hood.

′**Abzweig|dose,** *f* -/-n *El:* junction box. ′**a ~ en,** *v.tr.&i.sep.* (*sein*) (*a*) (*Straße, Eisenbahn usw.*) to branch off; (*Auto*) to turn off; (*b*) *Com: etc:* to divert (capital). ′**A ~ ung,** *f* -/-en turning (in road) (**nach** + *dat,* for); (*Gabelung*) fork; *Rail:* branch.

ach [ax]. **I.** *int.* oh! ah! **a. Gott!** oh Lord! **a. was!** you don't say! (*ärgerlich*) to hell with it! **a. wo!** so what! **II. A.,** *n* -s/*no pl* A. **und Weh/Weh und A.,** cries of woe; *F:* **die Prüfung mit A. und Krach bestehen,** to pass the exam by the skin of one's teeth.

Achat [a′xa:t], *m* -(e)s/-e *Miner.* agate.

Achs|e ['aksə], *f* -/-n **1.** *Aut: Rail: etc:* axle;
Com: **Güter per A. schicken,** to send goods by
road/rail; *F:* **er ist immer auf A.,** he is always
on the move. **2.** (*Mittellinie*) *Ph: Geom: etc:*
axis; (*Pers.*) **sich um die eigene A. drehen,** to
turn right round. **'A~enmächte,** *fpl Hist:*
Axis powers. **'A~schenkel,** *m* -s/- *Aut:*
stub axle. **'A~stand,** *m* -(e)s/=e *Aut: Rail:*
wheelbase.

Achsel ['aksəl], *f* -/-n shoulder; **die A~n/mit den
A~n zucken,** to shrug one's shoulders.
'A~höhle, *f* -/-n armpit. **'A~klappe,** *f* -/-n/
'A~stück, *n* -s/-e *Mil: etc:* shoulderstrap.
'A~zucken, *n* -s/*no pl* shrug (of the
shoulders).

acht[1] [axt]. **I.** *num. adj.* eight; (**heute**) **in a. Tagen,**
a week today; **alle a. Tage,** every week; **once a
week. II. A.,** *f* -/-en (number) eight. **a~e(r,s),**
num. adj. eighth. **'A~eck,** *n* -(e)s/-e octagon.
'a~eckig, *adj.* octagonal. **'a~el.** **I.** *inv.adj.*
eighth (part) of . . . **II. A.,** *n* -s/- eighth. **'A~el-
note,** *f* -/-n *Mus:* quaver, *N.Am:* eighth note.
'a~ens, *adv.* eighthly. **'A~er**[1], *m* -s/- (*a*)
Skating: etc: figure of eight; (*b*) *Row:* eight.
'A~erbahn, *f* -/-en big dipper, roller coaster.
a~er'lei, *inv. adj.* of eight kinds. **'A~er-
mannschaft,** *f* -/-en *Row:* (crew of an)
eight. **'a~fach,** *adj.* eightfold; *adv.* eight
times. **'a~jährig,** *adj.* eight-year-old (child
etc.). **'a~kantig,** *adj.* eight-sided, octagonal.
'a~mal, *adv.* eight times. **'a~stellig,** *adj.*
Mth: eight-figure (number). **A~'stundentag,**
m -(e)s/-e *Ind:* (the) eight-hour day. **'a~tägig,**
adj. lasting eight days/ a week; **ein a~er Urlaub,**
a week's holiday. **'a~zehn. I.** *num. adj.*
eighteen. **II. A.,** *f* -/-en (number) eighteen.
'a~zehnte(r,s), *num. adj.* eighteenth.
'a~zig. I. *num. adj.* eighty. **II. A.,** *f* -/-en
(number) eighty. **a~ziger. I.** *inv. adj.* **die a.
Jahre,** the eighties (of a century). **II. A.,** *m* -s/-
octogenarian; **in den A~n,** in one's eighties.
'a~zigjährig, *adj.* octogenarian. **'a~zig-
ste(r,s),** *num. adj.* eightieth.

'acht[2], *in the vbl. phr.* **sich in a. nehmen,** to be
careful, watch out; **sich vor j-m, etwas** *dat* **in a.
nehmen,** to watch out for/be on one's guard
against s.o., sth.; **etwas außer a. lassen,** to
disregard sth. **'a~en,** *v.* 1. *v.tr.* (*a*) (*respektie-
ren*) to respect (s.o., s.o.'s rights, age); to ob-
serve (the law); **eine Gefahr, Warnung usw.
nicht a.,** to disregard a danger, warning etc. **2.**
v.i. (*haben*) **auf etwas** *acc.* **a.,** to pay attention
to sth.; **auf eine Warnung a.,** to heed a
warning; **auf die Zeit a.,** to watch the time.
'a~enswert, *adj.* estimable; noteworthy,
remarkable (performance etc.). **'a~geben,**
v.i.sep.irr.35 (*haben*) (*aufpassen*) to pay atten-
tion (**auf etwas** *acc,* to sth.); (*sorgen für*) **auf
j-n, etwas** *acc* **a.,** to keep an eye on s.o., sth.;
gib acht! take care! **'a~los,** *adj.* careless,
heedless. **'A~losigkeit,** *f* -/-en carelessness,
heedlessness; *pl* **A~en,** careless actions. **'a~
sam,** *adj.* heedful (**auf** + *acc,* of); careful.
'A~samkeit, *f* -/*no pl* watchfulness; care-
fulness. **'A~ung,** *f* -/*no pl* **1.** (*Aufmerk-
samkeit*) attention, heed; *int.* **A.!** look out! take
care! **A. Stufe!** mind the step; *P.N:* **A. vor dem
Hunde!** beware of the dog! **2.** (*Wertschätzung*)

regard; respect; **bei aller A.,** with (all) due
respect; **sich** *dat* **A. verschaffen,** to make oneself
respected.

ächt|en ['ɛçtən], *v.tr.* to ostracize (s.o.); *Hist:*
to outlaw (s.o.). **'Ä~ung,** *f* -/-en ostracism;
Hist: banishment.

Achter-[2] ['axtər], *comb.fm. Nau:* after-(deck
etc.). **'a~aus,** *adv.* astern. **'a~n,** *adv.* aft;
von a., from astern.

ächzen ['ɛçtsən], *v.i.* (*haben*) (*Pers.*) to moan,
groan; (*Dielen usw.*) to creak.

Acker ['akər], *m* -s/= (cultivated) field.
'A~bau, *m* -(e)s/*no pl* agriculture; *esp.*
arable farming; **A. treiben,** to grow field crops.
'A~krume, *f* -/-n *Agr:* topsoil.
'A~gaul, *m* -(e)s/=e/ **'A~pferd,** *n* -(e)s/-e
farmhorse. **'A~land,** *n* -(e)s/*no pl* arable
land. **'a~n,** *v.* 1. *v.tr.* to farm, till (land). **2.**
v.i. (*haben*) *F:* to slave away.

a conto [a'kɔnto:], *adv. phr. Com:* on account.

Acryl- [a'kry:l-], *comb.fm.* acrylic (fibre etc.).

Adam ['a:dam]. *Pr.n.m* Adam; *F:* **seit A~s
Zeiten/A. und Eva,** from time immemorial; *Hum:*
nach A. Riese, according to higher mathematics.
'A~sapfel, *m* -s/= Adam's apple. **'A~skos-
tüm,** *n F:* **im A.,** in his birthday suit.

add|ieren [a'di:rən], *v.tr.* to add up (figures).
A~iermaschine, *f* -/-n adding machine.
A~ition [-itsi'o:n], *f* -/-en *Mth:* addition.

Ad|el ['a:dəl], *m* -s/*no pl* **1.** (*Klasse*) nobility;
(**niederer**) **A.,** gentry. **2.** noble birth; **A. ver-
pflichtet,** noblesse oblige. **'a~lig** *adj.* noble
(family, descent); titled (person); **ein A~er,** a
nobleman; **eine A~e,** a noblewoman.
'a~eln, *v.tr.* to raise (s.o.) to the nobility/
Brit: peerage; *Fig:* to ennoble (s.o., an action
etc.). **'A~elsstand,** *m* -(e)s/*no pl* nobility,
aristocracy; **j-n in den A. erheben,** to raise s.o.
to the nobility/*Brit:* peerage. **'A~elstitel,** *m*
-s/- aristocratic title.

Ader ['a:dər], *f* -/-n (*a*) *Bot: Ent: Min: Anat:*
vein; **j-n zur A. lassen,** *A: Med:* to bleed s.o.;
F: to get money out of s.o.; (*b*) *Fig:* streak (in
s.o.'s character), vein (in s.o.'s work); **keine A.
für etwas** *acc* **haben,** to have no feeling for
sth.; (*c*) *El:* core (of a cable). **'A~presse,** *f*
-/*no pl* tourniquet.

Äderung ['ɛːderuŋ], *f* -/-en veining (of marble).

Adjektiv ['atjɛkti:f], *n* -s/-e *Gram:* adjective.
'a~isch [-ti:viʃ] *adj.* adjectival.

Adler ['a:dlər], *m* -s/- *Orn:* eagle; **junger A.,**
eaglet. **'A~auge,** *n* -s/-n *Fig:* keen/eagle eye.
'A~horst, *m* -(e)s/-e eyrie. **'A~nase,** *f* -/-en
aquiline nose.

Admiral [atmi'ra:l], *m* -s/-e **1.** *Navy:* admiral.
2. red admiral (butterfly). **A~ität** [-ali'tɛːt], *f*
-/-en Admiralty.

adopt|ieren [adɔp'ti:rən], *v.tr.* to adopt (a
child). **A~ion** [-tsi'o:n], *f* -/-en adoption.
A~iv- [-'ti:f], *comb.fm.* adopted (child, son,
daughter); adoptive (parents, mother, father).

Adreßbuch [a'drɛsbu:x], *n* -(e)s/=er directory.

Adress|e [a'drɛsə], *f* -/-n address; *F:* **an die
falsche A. geraten,** to get the wrong person.
A~enbüro, *n* -s/-s addressing service.
a~ieren [-'si:rən], *v.tr.* to address (a letter,
words etc.) (**an** + *acc,* to). **A~iermaschine,**
f -/-n addressing machine.

adrett [aˈdrɛt], *adj.* neat, smart (person, dress); dapper (man).

Adria [ˈɑːdriaː]. *Pr.n.f* -. *Geog:* die A., the Adriatic.

Advent [atˈvɛnt], *m* -(e)s/*no pl Ecc:* Advent; **der erste/zweite A.**, the first/second Sunday in Advent. **A ~ s-**, *comb.fm.* advent (calendar etc.); **A~kranz** *m*, advent wreath.

Adverb [atˈvɛrp], *n* -s/-ien *Gram:* adverb. **a ~ ial** [-biˈɑːl], *adj.* adverbial.

Aerodynam|ik [aerodyˈnɑːmik], *f* -/*no pl.* aerodynamics. **a ~ isch**, *adj.* aerodynamic.

Aero|gramm [aeroˈgram], *n* -s/-e air letter.

Aerosol [aeroˈzoːl], *n* -s/-e *Ch:* aerosol.

Affäre [aˈfɛːrə] *f* -/-n *usu. Pej:* affair; *F:* **er konnte sich aus der A. ziehen,** he was able to get out of it.

Aff|e [ˈafə], *m* -n/-n 1. *Z:* monkey; (*Menschena.*) ape; *P:* **ich dachte, mich laust der A.,** you could have knocked me down with a feather; **vom nassen/wilden A~en gebissen,** crazy; out of one's mind. 2. *F:* (*Pers.*) fool, clown; **er ist ein eingebildeter A.,** he is a conceited ass. 3. *P:* **einen A~en haben,** to be sloshed. **'a ~ enartig,** (*a*) *adj.* monkeylike; *Z:* apelike; *F:* **mit a~er Geschwindigkeit,** with lightning speed, like greased lightning; (*b*) *adv.* like a monkey. **'A ~ enhitze,** *f* -/*no pl F:* scorching/baking heat. **'A ~ enliebe,** *f* -/*no pl* infatuation; doting love. **'A ~ enschande,** *f F:* **es ist eine A.!** it's an absolute scandal! **'A ~ entheater,** *n* -s/*no pl* ridiculous business, complete farce. **'A ~ enzahn,** *m P:* **mit A. fahren/einen A. draufhaben,** to go at breakneck speed. **'a ~ ig,** *adj. F:* stuck-up, la-di-da.

Affekt [aˈfɛkt], *m* -(e)s/-e strong emotion; **im A. begangen,** done under emotional stress/in the heat of the moment. **a ~ iert** [-ˈtiːrt], *adj.* affected. **A ~ iertheit,** *f* -/-en affectation.

Äffin [ˈɛfin], *f* -/-nen female monkey/ape.

Afrika [ˈafrikaː]. *Pr.n.n* -s. *Geog:* Africa. **A ~ (a)nder** [-ˈkɑːndər], *m* -s/- Afrikaaner. **A~ner(in),** *m* -s/- (*f* -/-nen) African. **a ~ nisch,** *adj.* African.

After [ˈaftər], *m* -s/- *Anat:* anus.

Ägäis [ɛˈgɛːis]. *Pr.n.f* -. *Geog:* die Ä., the Aegean.

Agent|(in) [aˈgɛnt(in)], *m* -en/-en (*f* -/nen) agent. **A ~ ur** [-ˈtuːr], *f* -/-en agency.

Aggregat [agreˈgɑːt], *n* -(e)s/-e 1. *Mth: Geol: etc:* aggregate. 2. *El: etc:* assembly, system.

Aggression [agrɛsiˈoːn], *f* -/-en aggression. **a ~ iv** [-ˈsiːf], *adj.* aggressive.

agil [aˈgiːl], *adj.* agile. **A~ität** [agiliˈtɛːt], *f* -/*no pl* agility.

Agitation [agitatsiˈoːn], *f* -/-en *Pol: etc:* agitation. **A~ator** [-ˈtɑːtər], *m* -s/-en *Pol:* agitator; campaigner. **A ~ 'prop.** *Pol:* 1. *f* -/*no pl* agitprop. 2. *m* -s/-s agitprop demonstrator.

Agnost|iker [agˈnɔstikər], *m* -s/- *Phil:* agnostic. **a ~ isch,** *adj.* agnostic.

Agraffe [aˈgrafə], *f* -/-en clasp, brooch.

Agrar- [aˈgrɑːr], *comb.fm.* agricultural (product, imports, policy etc.); **A~reform** *f,* agrarian/land reform; **A~wirtschaft** *f,* farming industry; **A~preise** *mpl,* farm prices.

Ägypt|en [ɛˈgyptən]. *Pr.n.n* -s. *Geog:* Egypt.

Ä ~ er(in), *m* -s/- (*f* -/-nen) Egyptian. **ä ~ isch,** *adj.* Egyptian.

ah [ɑː], *int.* ah! oh! **aha** [aˈhaː], *int.* (oh) I see!

Ahn [ɑːn], *m* -en/-en *Lit:* ancestor. **'A ~ enforschung,** *f* -/*no pl* (study of) genealogy.

ähneln [ˈɛːnəln], *v.i.* (*haben*) **j-m, etwas** *dat* **ä.,** to resemble s.o., sth.

ahn|en [ˈɑːnən], *v.tr.* (*a*) (*Vorgefühl haben*) to have a foreboding of (sth.); to suspect (the truth etc.); **ich habe es geahnt,** I knew it was going to happen; I saw it coming; *F:* **du ahnst es nicht!** you wouldn't believe it! you can't imagine! (*b*) to sense (a shape in the darkness etc.). **'A ~ ung,** *f* -/-en 1. foreboding, presentiment; **ich habe so eine A., als ob . . . ,** I have a feeling/hunch that . . . 2. (*Vermutung*) idea; **er hat keine A.,** he has no idea/*F:* hasn't a clue; *Iron:* **hast du eine A.!** fat lot you know about it! **'a ~ ungslos,** *adj.* unsuspecting, oblivious (of danger). **'A ~ ungslosigkeit,** *f* -/-en ignorance. **'a ~ ungsvoll,** *adj.* full of presentiment, apprehensive.

ähnlich [ˈɛːnliç], *adj.* (*a*) similar; **es ist diesem ä./F:** **so ä. wie dieses,** it is similar to/like this one; **sie sehen ä. aus/sehen einander ä.,** they look alike; *F:* **das sieht dir ä.!** that's just like you! (*b*) *adv.* similarly, in a similar way; **es ging mir ä. wie das letzte Mal,** I had much the same experience as last time. **'A ~ keit,** *f* -/-en similarity (**mit** + *dat,* to); (*im Aussehen*) resemblance; (**viel**) **Ä. mit j-m haben,** to resemble (s.o.) closely.

Ahorn [ˈɑːhɔrn], *m* -s/-e maple (tree/wood).

Ähre [ˈɛːrə], *f* -/-n ear (of grain).

ais, Ais [ˈaːis], *n* -/- *Mus:* A sharp.

Akademie [akadeˈmiː], *f* -/-n academy. **A ~ ker(in)** [-ˈdeːmikər], *m* -s/- (*f* -/-nen) university graduate, *F:* university man/woman. **a ~ isch** [-ˈdeːmiʃ], *adj.* academic (career, *Pej:* painting etc.); university (education etc.).

Akazie [aˈkɑːtsie], *f* -/-n *Bot:* acacia.

Akklimatis|ation [aklimatizatsiˈoːn], *f* -/*no pl* acclimatization. **a ~ ieren** [-ˈziːrən], *v.tr.* to acclimatize (s.o.); **sich a.,** to become acclimatized. **A ~ ierung,** *f* -/*no pl* acclimatization.

Akkord [aˈkɔrt], *m* -(e)s/-e 1. *Mus:* chord. 2. (*a*) *Com:* (*Abkommen*) settlement, agreement (with creditors); (*b*) *Ind:* (*Arbeiter*) **im A. arbeiten,** to be on piece-work. **II. A~-,** *comb.fm. Ind:* piece(-work, -worker, -wage etc.).

Akkordeon [aˈkɔrdeon], *n* -s/-s *Mus:* accordion.

Akku [ˈaku], *m* -s/-s *El: F:* battery. **A ~ mulator** [-muˈlaːtər], *m* -s/-en *El:* accumulator, battery.

akkurat [akuˈrɑːt], *adj.* meticulous, precise.

Akkusativ [ˈakuzaːtiːf], *m* -s/-e *Gram:* accusative (case). **'A ~ objekt,** *n* -(e)s/-e *Gram:* direct object.

Akne [ˈakneː], *f* -/-n *Med:* acne.

Akontozahlung [aˈkɔntotsaːluŋ], *f* -/-en *Com: Fin:* payment on account.

Akrlbie [akriˈbiː], *f* -/*no pl* meticulousness.

Akrobat|(in) [akroˈbaːt(in)], *m* -en/-en (*f* -/-nen) acrobat. **a ~ isch,** *adj.* acrobatic.

Akt [akt]. **I.** *m* -(e)s/-e 1. (*a*) (*Tat*) act; (*Feier*) ceremony; (ceremonial) act; *Jur:* (*Verfahren*) action; (*b*) *Th:* act (of a play). **2.** *Art:* nude. **II.** 'A ~ -, *comb.fm. Art:* nude (photograph, model etc.); **A ~ zeichnung** *f,* drawing from the nude.

Akte ['aktə], *f* -/-n *Adm: etc:* document; (*über eine Sache*) file; *pl* **A ~ n,** records, files; **ein Stoß A ~ n,** a pile of papers; *etwas zu den* **A ~ n legen,** (i) to file sth.; (ii) *F:* to shelve sth.; **die A ~ n über X,** the file on/papers about X; **'zu den A ~ n',** 'to be filed'. 'A ~ n**deckel,** *m* -s/- folder (for documents). 'A ~ n**format,** *n* -(e)s/*no pl* foolscap. 'A ~ n**hefter,** *m* -s/- file (for holding documents). 'A ~ n**mappe,** *f* -/-n **1.** folder. **2.** *North G:* = **A ~ ntasche.** 'A ~ n**schrank,** *m* -(e)s/"-e filing cabinet. 'A ~ n**tasche,** *f* -/-n briefcase. 'A ~ n**zeichen,** *n* -s/- *Adm: Com:* reference.

Aktie ['aktsiə], *f* -/-n *Com: Fin:* share; *pl* **A ~ n,** shares, *esp. N.Am:* stock; *F:* **wie stehen die A ~ n?** how are things? **seine A ~ n steigen,** things are looking brighter for him. 'A ~ n-, *comb.fm.* share, *N.Am:* stock (index, capital, price etc.); stock (market etc.); joint-stock (bank etc.); **A ~ besitz** *m,* shareholding, *N.Am:* stockholding; **A ~ börse** *f,* stock exchange; **A ~ gesellschaft** *f,* joint-stock company; **A ~ paket** *n,* block of shares/stocks. 'A ~ n**mehrheit,** *f* -/-en majority holding.

Aktion [aktsi'o:n], *f* -/-en **1.** action; **in A. treten,** to come into action. **2.** campaign; *Com:* (sales) drive; **gemeinsame A.,** combined operation. **A ~ är(in)** [-'nɛːr(in)], *m* -s/-e (*f* -/-nen) *Fin:* shareholder, *N.Am:* stockholder. **A ~ spreis,** *m* -es/-e *Com:* (special) offer price.

aktiv [ak'ti:f]. **I.** *adj.* active; *Pol:* militant; **bei einem Verein/einer Partei usw. a. sein,** to be an active member of a club/a party etc.; *Mil:* **a ~ er Soldat,** regular (soldier); *Com:* **a ~ e Handelsbilanz,** favourable balance of trade; *Pol:* **a ~ es Wahlrecht,** franchise. **II. A.,** *n* -s/-e **1.** *Gram:* active voice. **2.** *East G.Pol:* active cell; *F:* ginger group. **III. A ~ -,** *comb.fm. Com: Fin:* credit (transaction, side etc.); **A ~ posten** *m,* credit item, asset; **A ~ saldo** *m,* credit balance. **A ~ a** [-'ti:va], *npl Com: Fin:* assets. **a ~ ieren** [-ti'vi:rən], *v.tr.* to get (business etc.) going; to get (people) moving; *Ch: Ph:* to activate (a substance, molecules); *Med:* to stimulate (activity). **A ~ ierung,** *f* -/-en activation, stimulation. **A ~ ismus** [-'vismus], *m* -/*no pl* activism. **A ~ ist** [-'vist], *m* -en/-en activist, *Pol:* militant. **A ~ ität** [-vi'tɛːt], *f* -/-en activity.

Aktuа|alität [aktuali'tɛːt], *f* -/-en topicality, *F:* up-to-dateness of a book, film etc.). **a ~ ell** [-'ɛl], *adj.* topical; current (fashion, style etc.); (subject) of current interest; **a ~ er Bericht,** (i) up-to-date report; (ii) report on the current situation.

Akupunktur [akupuŋk'tu:r], *f* -/-en acupuncture.

Akustik [a'kustik], *f* -/*no pl* acoustics. **a ~ isch,** *adj.* acoustic.

akut [a'ku:t]. **I.** *adj.* acute. **II. A.,** *m* -(e)s/-e *Gram:* acute accent.

Akzent [ak'tsɛnt], *m* -(e)s/-e accent; **mit englischem A. sprechen,** to speak with an English accent; *Fig:* **auf etwas** *acc* **einen besonderen A.**

legen, to lay particular stress on sth. **a ~ frei,** *adj.* without an accent. **a ~ u'ieren,** *v.tr.* (*a*) *Ling:* to stress, accentuate (a syllable etc.); (*b*) (*hervorheben*) to emphasize, lay stress on (a fact etc.). **A ~ u'ierung,** *f* -/-en accentuation.

akzept|abel [aktsɛp'ta:bəl], *adj.* acceptable. **a ~ ieren** [-'ti:rən], *v.tr.* to accept (sth.); *Com:* **einen Wechsel a.,** to honour a bill. **A ~ ierung,** *f* -/-en acceptance.

Alarm [a'larm]. **I.** *m* -(e)s/-e alarm; *Mil:* alert; **A. schlagen,** to raise/give/sound the alarm. **II.** **A ~ -,** *comb.fm.* warning (system, device etc.); **A ~ glocke** *f,* warning bell, *esp.* burglar alarm; **A ~ zeichen** *n,* danger signal; **A ~ zustand,** *m* *Mil:* stand-to, alert. **a ~ bereit,** *adj. Mil: etc:* on the alert. **A ~ bereitschaft,** *f* -/*no pl Mil: etc:* standby; **in A. stehen,** to be on standby. **a ~ ieren** [-'mi:rən], *v.tr.* (*a*) (*Alarm geben*) to alert (troops, police etc.); **die Feuerwehr a.,** to call out the fire brigade; (*b*) (*aufschrecken*) to alarm (s.o.).

Alban|ien [al'ba:niən]. *Pr.n.n* -s. *Geog:* Albania. **A ~ ier(in),** *m* -s/- (*f* -/-nen) Albanian. **a ~ isch,** *adj.* Albanian.

Albatros ['albatrɔs], *m* -/-se *Orn:* albatross.

albern ['albərn], *adj.* silly (behaviour, person etc.); fatuous, inane (remark); **a ~ es Zeug reden,** to talk nonsense. **A ~ heit,** *f* -/-en silliness; inanity.

Album ['album], *n* -s/-ben album.

Algen ['algən], *fpl Bot:* algae, seaweed.

Algebra ['algebra], *f* -/*no pl* algebra.

Alger|ien [al'ge:riən]. *Pr.n.n* -s. *Geog:* Algeria. **A ~ ier(in),** *m* -s/- (*f* -/-nen) Algerian. **a ~ isch,** *adj.* Algerian.

Alibi ['a:libi], *n* -s/-s *Jur:* alibi.

Alimente [ali'mɛntə], *npl Jur:* alimony.

Alkali [al'ka:li], *n* -s/-en *Ch:* alkali. **a ~ sch,** *adj. Ch:* alkaline.

Alkohol ['alkoho:l], *m* -s/-e alcohol. 'A ~ **arm,** *adj.* with low alcoholic content. 'A ~ **frei,** *adj.* non-alcoholic, soft (drinks). 'A ~ **gehalt,** *m* -(e)s/*no pl* alcohol(ic) content. 'A ~ **haltig,** *adj.* alcoholic. **A ~ iker(in)** [-'ho:likər(in)], *m* -s/- (*f* -/-nen) alcoholic. **a ~ isch** [-'ho:liʃ], *adj.* alcoholic. **A ~ ismus** [-'lismus], *m* -/*no pl Med:* alcoholism.

Alkoven [al'ko:vən], *m* -s/- alcove.

all [al]. **I.** *indef. pron.* **1.** *sing.* **a ~ es;** (*a*) everything; **das ist a ~ es,** that is all; **das a ~ es,** all that; **a ~ es wichtige,** everything important; **all the important things; a ~ es, was ich habe,** everything/all (that) I have; **a ~ es in allem,** all in all; all things considered; **a ~ es, nur nicht das!** anything but that! **Mädchen für a ~ es,** maid of all work; (*b*) (+ *prep.*) **in a ~ em,** in all; **vor a ~ em,** above all, first and foremost; **bei/trotz a ~ em,** in spite of everything; **sie war sein ein und a ~ es,** she was everything to him; (*c*) everybody; **a ~ es einsteigen!** all aboard! **a ~ es aussteigen!** all change! **2.** *pl* **a ~ e,** all; (*Pers.*) everybody; **a ~ e und jeder,** all and sundry; **a ~ e beide,** both (of them); **a ~ e, die gehen können,** all those who can walk; **vor a ~ er Augen,** in full view of everybody. **II.** *adj.* all; (*a*) *sing.* **für a ~ e Zeit,** for all time; **a. mein Geld,** all my money; **trotz a./a ~ er seiner Liebe,** in spite of all his love; **in a ~ er Frühe,** bright and early; (*b*) **a ~ e Menschen,** all men; **a ~ e Leute,**

everybody; **a~e zwei Tage,** every other day; **a~e acht Tage,** once a week; **a~e Jahre wieder,** every year. **III.** *adv. or pred. adj. North G: F:* **a~e werden,** to come to an end; to run low; **der Zucker ist a~e,** there is no sugar left. **IV. A.,** *n -s/no pl* **das A.,** the universe. **V. a~~,** *comb.fm.* all-(embracing etc.); omni-(present etc.); **a ~ wissend,** all-knowing, omniscient; **a~mächtig,** all-powerful, omnipotent; *esp. Rel:* almighty; **A~macht** *f,* omnipotence. ′**a ~ e′dem,** *indef. pron.* **trotz a.,** in spite of all (that). ′**a ~ e′mal,** *adv.* (*a*) every time; **ein für a.,** once and for all; (*b*) *F:* whatever happens. ′**a ~ en′falls,** *adv.* if need be, if the worst comes to the worst. ′**a ~ er-,** *comb.fm.* + *superl.* (best, highest, most, most beautiful etc.) of all; very (best, highest etc.); **der/die/das a~erste, a~letzte, a~nächste, a~neueste, a~wenigste usw.,** the very first, last, next, latest, least etc.; **a~liebst,** (i) (*Lieblings-*) very favourite; (ii) (*niedlich*) adorable; *adv.* **am a~meisten/a~wenigsten,** most/least of all; **zu a~erst,** first of all, first and foremost. ′**a ~ er′art,** *inv. adj.* of all kinds. ′**a ~ er-′dings,** *adv.* (*a*) (*bejahend*) certainly; **kennst du diesen Menschen? a.!** do you know this person? I certainly do! (*b*) (*einschränkend*) **sie ist a. keine Schönheit,** admittedly/ it's true she is no beauty. ′**a ~ er′hand,** *inv. adj.* of all sorts/kinds; **er kann a.,** he can do all sorts of things; *F:* **das ist ja a.!** (i) (*bewundernd*) that's quite something! (ii) (*ärgerlich*) that's the limit! ′**A ~ er′heiligen,** *n -/no pl* All Saints' Day, All Hallows'. ′**A ~ er′lerlei. I.** *inv. adj.* all sorts/kinds of. **II. A.,** *n -s/no pl* variety; **ein buntes A.,** a colourful mixture (**an** + *dat,* of). ′**A ~ er′seelen,** *n -/no pl* All Souls' Day. ′**a ~ er′seits,** *adv.* (*a*) on all sides; (*b*) *F:* **guten Morgen a.!** good morning everybody! ′**A ~ er-′weltskerl,** *m -(e)s/-e F:* smart chap; *N.Am:* hell of a guy. ′**A ~ es-,** *comb.fm.* universal; **A~kleber** *m,* general/universal adhesive; **A~schneider** *m,* universal food slicer; **A~fresser** *m,* omnivorous animal; **A~wisser** *m,* know-all. ′**a ~ e′samt,** *adv.* all together. ′**a ~ e′zeit,** *adv.* always. ′**A ~ ′heilmittel,** *n -s/-* universal remedy, panacea. ′**a ~ ′jährlich,** *adj.* annual; *adv.* annually, every year. ′**a ~ ′monatlich,** *adj.* monthly. ′**A ~ strom-,** *comb.fm. El:* for alternating or direct current (*usu. abbr.* AC/DC). ′**A ~ tag,** *m -(e)s/occ.-e* (*a*) working day; (*b*) *no pl* **der A.,** everyday life; **zurück zum A.,** back to the daily grind. ′**a ~ ′täglich,** *adj.* (*a*) (*täglich*) everyday (event etc.); daily (walk etc.); (*b*) (*durchschnittlich*) ordinary (person, face etc.); mundane (occupation). ′**A ~ ′täglichkeit,** *f -/no pl* banality, ordinariness. ′**a ~ tags,** *adv.* on working days/weekdays. ′**A~tags-,** *comb.fm.* everyday (life, language etc.). ′**a ~ ′zu-,** *adv. comb.fm.* all too, only too (quickly etc.); far too (long, much etc.); **das tue ich a~gern,** I just adore doing that; **nicht a~viel,** not all that much. ′**A~zweck-,** *comb.fm.* all-purpose (tool etc.).

Allee [a′le:], *f -/-n* avenue.

Allegorie [alego′ri:], *f -/-n Lit:* allegory. **a ~ sch** [-′go:riʃ], *adj.* allegorical.

allein [a′lain]. **I.** *adj.& adv.* (*a*) (*für sich*) alone;

laß mich nicht a., don't leave me alone/by myself/on my own; **sich von a~e schließen,** to shut automatically; (*b*) (*nur*) alone, only; **a. der Gedanke ist schrecklich,** the bare/mere thought is terrible; **er a. ist schuld,** only he is to blame; (*c*) *Mus:* **für Violine a.,** for solo violin. **II.** *conj. Lit:* yet, however. **III. A~-,** *comb.fm.* (*einzig*) sole (proprietor, heir, agency etc.); (*ausschließlich*) exclusive (right, possession etc.); **A~herstellung** *f,* sole manufacturing rights; **A~vertreter** *m,* sole agent/representative. **A ~ flug,** *m -(e)s/-e Av:* solo flight. **A ~ gang,** *m -(e)s/-e esp. Sp:* single-handed effort; *Hum:* **im A.,** on one's own. **A ~ herrscher,** *m -s/-* autocrat. **a ~ ig,** *adj.* sole, exclusive (agent, heir etc.). **a ~ stehend,** *adj.* (*a*) (*Pers.*) living alone; single, unmarried; (*b*) isolated (house etc.). **A ~ verkauf,** *m -(e)s/no pl Com:* monopoly.

aller- see **all.**

Allergie [aler′gi:], *f -/-n Med:* allergy. **a ~ isch** [a′lɛrgiʃ], *adj. Med:* allergic (**gegen** + *acc,* to).

alles see **all.**

allgemein [algə′main]. **I.** *adj.* general (rule, opinion, agreement etc.); common (belief etc.); **a~e Belesenheit,** wide reading; **a~e Wehrpflicht,** (compulsory) military service; conscription; **im a~en,** in general, generally; *adv.* **er ist a. beliebt,** he is a general favourite; **a.** verbreitet, widespread; commonly held (view). **II. A~-,** *comb.fm.* general (knowledge etc.); **A~bildung** *f,* (i) general education; (ii) (*A~~ wissen*) general knowledge; **A~gut** *n,* public property; **das A~wohl,** the common good. **a ~ gültig,** *adj.* universal (rule etc.). **A~gültigkeit,** *f -/no pl* universality. **A ~ heit,** *f -/no pl* **1. die A.,** the general public. **2.** generality. **a ~ verständlich,** *adj.* popular (work etc.).

Allianz [ali′ants], *f -/-en* alliance. **a ~ ieren,** *v.refl.* **sich a.,** to form an alliance. **a ~ iert,** *adj.* allied; **die A~en,** the allies.

Alligator [ali′ga:tɔr], *m -s/-en* alligator.

allmählich [al′mɛ:liç], *adj.* gradual; *adv.* gradually; **wir müssen a. gehen,** we must be thinking about going.

Allüre [a′ly:rə], *f -/-n usu. pl* **A~n,** fancy ways; grand airs.

Alm [alm], *f -/-en* (*a*) alpine meadow/(*Weide*) pasture; (*b*) (*Sennerei*) alpine dairy farm.

Almanach [′almanax], *m -s/-e* **1.** almanac. **2.** (*Jahrbuch*) yearbook.

Almosen [′almo:zən], *n -s/-* alms; *F: & N.Am:* hand-to-mouth.

Alp|en [′alpən]. **I.** *Pr.n.pl Geog:* **die A.,** the Alps. **II.** ′**A ~ -,** *comb.fm.* alpine (pass, climate, plant etc.); **A~glühen** *n,* alpenglow. ′**A ~ enveilchen,** *n -s/- Bot:* cyclamen. **a ~ in** [al′pi:n], *adj.* alpine.

Alphabet [alfa′be:t], *n -(e)s/-e* alphabet. **a ~ isch,** *adj.* alphabetical; *adv.* **a. geordnet,** in alphabetical order.

Alptraum [′alptraum], *m -(e)s/-e* nightmare.

als [als], *conj.* **1.** (*a*) (*zeitlich*) when; **er sprach, a. ich geendet hatte,** he spoke when/after I had finished; (*b*) (*nach Komparativen*) than; **ich bin älter a. er,** I am older than he is; (*c*) **sie ist zu dumm, a. daß sie es verstehen könnte,** she is too stupid to understand; (*d*) (*außer*) but, except; **nichts a. die Wahrheit,** nothing but the truth;

alles andere a. schön, anything but beautiful; (e) (in der Eigenschaft) as; **er a. der Vorsitzende,** he (in his capacity) as chairman; **a. Clown,** as a clown; **er zeigte sich a. guter Freund,** he showed himself (to be) a good friend; **er kam a. letzter/ erster,** he was the last/first to come; **a. Entschuldigung,** f -/-n alto/-(weiblich) excuse. **2. a. wäre es wichtig/a. ob es wichtig wäre,** as though/if it were important; **er tut nur so a. ob,** he is only pretending; **a. ob es ihm was ausmacht!** as if he cared!

also ['alzo], conj.& adv. (a) therefore, so; **er war 55, a. kein junger Mann,** he was 55, so by no means a young man; (b) F: so; **da bist du a.!** so there you are! **a. gehen wir?** shall we go then? **a. los!** right, let's go/(bei Arbeit) get on with it! **a. doch!** (i) so I was right (after all)! (ii) so you've changed your mind! **na a.!** what did I tell you! (c) (verknüpfend) **a., ich glaube, Sie haben recht,** well, I think you're right.

alt¹ [alt], adj. (comp. **älter,** superl. **älteste**) old; (a) **zwanzig Jahre a.,** twenty years old/of age; (b) (nicht mehr neu) stale (bread, beer etc.); **a ~ es Zeug,** junk, N.Am: trash; **ich habe es a. gekauft,** I bought it second hand; **a~es Eisen,** scrap iron; Fig: **etwas zum a~en Eisen werfen,** to throw sth. out; **ich zähle noch nicht zum a~en Eisen,** you can't write me off yet; (c) F: (Pers.) **ein a~er Hase,** an old hand/campaigner; (d) (unverändert) **er ist immer noch der a~e,** he hasn't changed at all; **wir lassen alles beim a~en,** we are leaving things just as they are; F: **die a~e Leier,** the (same) old story; (e) (ehemalig) former, old (teacher, pupil etc.); Univ: **a~er Herr,** former member (of a student fraternity); (f) **in a~en Zeiten,** in times past; **A~e Geschichte,** ancient history; **A~e Sprachen,** classical languages; (g) F: **mein a~er Herr,** my old man; the governor; **der A~e,** (i) the old man; (ii) (Chef) the boss; **mein A~er,** my hubby/old man; **meine A~e,** my old woman; **a~er Junge,** old boy; Pej: **a~er Esel,** silly ass. ′**a~backen,** adj. stale (bread etc.). F: out-of-date (ideas etc.). ′**A~bauwohnung,** f -/-en flat/N.Am: apartment in an old building. **a~be′kannt,** adj. (old and) familiar. ′**a~be′währt,** adj. proven, well-tried (remedy, methods); long-standing (friendship etc.). ′**a~′ehrwürdig,** adj. venerable, time-honoured (custom etc.). ′**a~′eingesessen,** adj. old-/long-established (family etc.). ′**A~eisen,** n -s/no pl scrap iron. ′**A~enteil,** n(e)-s/no pl part of farm retained by retired farmer. ′**A~gold,** n -(e)s/no pl old gold (colour). ′**a~′hergebracht,** adj. traditional. ′**A~hochdeutsch,** n -(s)/no pl Ling: Old High German. ′**a~jüngferlich,** adj. spinsterish, old-maidish. ′**a~klug,** adj. precocious (child). ′**A~klugheit,** f -/no pl precocity. ′**A~material,** n -s/no pl Ind: scrap. ′**A~meister,** m -s/- (a) Sp: ex-champion; (b) Fig: doyen, grand old man. ′**A~metall,** n -s/ no pl Ind: scrap (metal). ′**a~modisch,** adj. old-fashioned. ′**A~papier,** n -s/no pl waste paper. ′**A~philologe,** m -n/-n classical scholar. ′**a~sprachlich,** adj. classical (studies); **a~es Gymnasium,** Gymnasium specializing in classical languages. ′**A~stadt,** f -/-ᴇ old (part of a) town; old quarter. ′**A~waren,** fpl secondhand articles, jumble. ′**A~warenhändler,** m

-s/-secondhand dealer. **A~′weibersommer,** m -s/-1. (Spinngewebe) gossamer. **2.** Indian summer.

′**Alt²,** m -s/-e Mus: alto; (weiblich) contralto; (männlich) counter tenor. **A~ist(in)** [al′tist-(in)], m -en/-en (f -/-nen) alto;/f contralto. ′**A~-stimme,** f -/-n alto/-(weiblich) contralto voice.

Altar [al′tɑːr], m -(e)s/-ᴇ altar. **A~bild,** n -(e)s/-er altarpiece.

Alter ['altər], n -s/- age; (a) **im A. von 20 Jahren,** at the age of 20; **er ist in meinem A.,** he is my age/the same age as I am; **nach dem A. befördert werden,** to be promoted by seniority; (b) (hohes) **A.,** old age; **sechzig ist kein A.,** sixty – that's not old; Prov: **A. schützt vor Torheit nicht!** there's no fool like an old fool. ′**a ~ n,** v.i. (sein/haben) (Pers., Metall) to age; (Wein) to mature. ′**a~s,** adv. **von a. her,** from time immemorial. **A~s-,** comb.fm. (a) age (group etc.); **A~grenze** f, age limit; **A~unterschied** m, difference in age; (b) (of) old age; (care etc.) of old people/the aged; Med: geriatric(complaints, medicine etc.); **A~erscheinung** f, sign of old age; **A~rente** f, old age pension; **A~heim** n, old people's home. ′**A~sgenosse,** m -n/-n,/ ′**A~genossin,** f -/-en contemporary. ′**a~sschwach,** adj. decrepit (person, car etc.); old and infirm (person); F: rickety (furniture etc.). ′**A~sschwäche,** f -/ no pl decrepitude. ′**A~tum,** n -s/-ᴇr antiquity. ′**a~tümlich,** adj. ancient; (altmodisch) antiquated (dress etc.); old-world (town etc.). ′**A~tumsforscher,** m -s/- archaeologist. ′**A~tumsforschung,** f -/-en archaeology.

ält|er ['ɛltər], adj. (comp. of **alt¹**) (a) older; elder (son, brother etc.); **er ist (um) zwei Jahre ä. als ich,** he is two years older than I am/two years my senior; **ä. werden,** to grow old; (b) (ältlich) **ein ä~er Herr,** an elderly gentleman; (c) (früher) earlier (work etc.). ′**ä~este(r,s),** adj. (superl. of **alt¹**) oldest; eldest (son, brother etc.). ′**ä~lich,** adj. elderly.

altern|ativ [altɛrna′tiːf], adj. alternative. **A~a-tive** [-′tiːvə], f -/-n alternative.

Alu- ['ɑːlu-], comb.fm. aluminium, N.Am: aluminum (wheels etc.). **A~folie** f -/-n tin/Cu: baking foil. **A~minium** [alu′miːnium], n -s/ no pl aluminium, N.Am: aluminum.

am [am], prep. **1.** (a) = **an dem;** (b) Aus: = **auf dem. 2.** (superl. adv.) **am deutlichsten,** most clearly; **er spielt am besten,** he plays best; **am meisten leiden,** to suffer most.

Amalgam [amal′gɑːm], n -s/-e amalgam. **a~ieren** [-a′miːrən], v.tr. Metall: & Fig: to amalgamate (metals, things).

Amateur [ama′tøːr], m -s/- amateur.

Amazon|as [ama′tso:nas]. Pr.n.m -. Geog: the (river) Amazon. **A~e,** f -/-n **1.** Myth: Amazon. **2.** athletic girl.

Ambition [ambitsi′oːn], f -/-en ambition.

Amboß ['ambɔs], m -sses/-sse anvil.

ambulan|t [ambu′lant], adj. Med: **a~e Patienten,** outpatients; adv. **j-n a. behandeln,** to treat s.o. as an outpatient. **A~z,** f -/-en (a) Med: outpatients' department; (b) Aut: ambulance.

Ameise ['ɑːmaizə], f -/-n Ent: ant. ′**A~nbär,** m -en/-en Z: ant-eater. ′**A~nhaufen,** m -s/- anthill. ′**A~nsäure,** f -/no pl Ch: formic acid.

amen ['a:mən], *int.* & A., *n* -s/- amen; *F:* zu allem ja und a. sagen, to say yes to everything.

Amerika [a'me:rika]. *Pr.n.n* -s. *Geog:* America. A ~ ner [-'ka:nər], *m* -s/- 1. American. 2. *Cu:* small iced cake. A ~ nerin, *f* -/-nen American girl/woman. a ~ nisch, *adj.* American. A ~ - nistik [-a'nistik], *f* -/no *pl Univ:* study of American language and literature.

Amethyst [ame'tyst], *m* -(e)s/-e *Miner:* amethyst.

Ami ['ami], *m* -s/-s *F:* Yank.

Amme ['amə], *f* -/-n (wet) nurse. 'A ~ nmärchen, *n* -s/- *Pej:* old wives' tale.

Ammer ['amər], *f* -/-n *Orn:* bunting.

Ammoniak [amoni'ak], *n* -s/no *pl Ch:* ammonia.

Amnestie [amnes'ti:], *f* -/-n amnesty, general pardon.

Amortisation [amɔrtizatsi'o:n], *f* -/-en *Fin:* amortization, redemption. a ~ ieren [-'zi:rən], *v.tr. Fin:* to amortize, redeem (a debt etc.).

Ampel ['ampəl], *f* -/-n 1. traffic light(s). 2. (*Hängelampe*) hanging lamp.

Amphibie [am'fi:biə], *f* -/-n *Z:* amphibian. a ~ sch, *adj.* amphibious.

Amphitheater [am'fi:tea:tər], *n* -s/- *Arch:* amphitheatre.

Amputation [amputatsi'o:n], *f* -/-en *Surg:* amputation. a ~ ieren ['ti:rən], *v.tr. Surg:* to amputate (a leg etc.).

Amsel ['amzəl], *f* -/-n *Orn:* blackbird.

Amt [amt], *n* -(e)s/-er 1. office; ein A. bekleiden, to hold an office/a position; sich um ein A. bewerben, to apply for a (government etc.) post; von A ~ s wegen, by virtue of one's position; *Adm:* ex officio; (*dienstlich*) on official business; *Ecc:* das geistliche A., the ministry. 2. *Adm:* (*a*) (*Behörde*) (government) office/ department; section (of a ministry); A. für Statistik, Office/*N.Am:* Bureau of Statistics; (*b*) (*Gebäude, Raum*) office (post/tax etc.) office; *Tel:* exchange, *N.Am:* central. a ~ ieren [-'ti:rən], *v.i.* (*haben*) to be in/hold office; a. als ..., to officiate/(*stellvertretend*) act as ...; a ~ der Bürgermeister, acting mayor. 'a ~ lich, *adj.* official (announcement, bulletin etc.); *adv.* a. beglaubigt, certified, legalized (document, signature etc.). 'A ~ mann, *m* -(e)s/-er senior clerk (in middle grade of German civil service). 'A ~ s-, *comb.fm.* official (language, secret etc.); (holder, term, robes, oath etc.) of office; A ~ blatt *n*, official gazette; A ~ handlung *f*, official duty; A ~ periode/A ~ - zeit *f*, term of office; A ~ niederlegung *f*, resignation from office; A ~ mißbrauch *m*, abuse of official powers; auf dem A ~ weg, through official channels. 'A ~ sarzt, *m* -es/-e *Adm:* medical officer. 'A ~ sbereich/'A ~ sbezirk, *m* -(e)s/-e area of jurisdiction (of a judge/official). 'A ~ sführung, *f* -/no *pl* (course of) administration. 'A ~ sgericht, *n* -(e)s/-e *Jur:* district court. 'a ~ shalber, *adv.* officially. 'A ~ srichter, *m* -s/- *Jur:* district court judge. 'A ~ sschimmel, *m* -s/no *pl F:* red tape; den A. reiten, to indulge in red tape. 'A ~ ssprache, *f* -/-n (*a*) official language; (*b*) *Pej:* officialese. 'A ~ szeichen, *n* -s/- *Tel:* dialling tone.

Amulett [amu'lɛt], *n* -(e)s/-e amulet, charm.

amüsant [amy:'zant], *adj.* amusing. a ~ ieren [-'zi:rən], *v.tr.* to entertain, amuse (s.o., oneself); amüsiert euch gut! enjoy yourselves! have a good time! sich über j-n, etwas *acc* a., to be amused/(*lachen*) laugh at s.o., sth.

an [an]. I. *prep.* 1. + *dat* (*a*) (*räumlich*) at, on; (*neben*) by; an der Tür, at the door; an dem/am Ufer, on the bank; am Fluß/an der Wand sitzen, to sit by the river/wall; Seite an Seite, side by side; an Bord (eines Schiffes, Flugzeugs), aboard (a ship, an aircraft); an einer Schule/ Universität, at a school/university; *Fig:* an erster Stelle, in the first place, (*b*) es liegt an mir, it is up to me; an dem Gerücht ist nichts, there is nothing in the rumour; an sich, in itself; as such; an und für sich, strictly speaking; an sich halten, to control oneself; an Gewicht abnehmen/zunehmen, to decrease/increase in weight; an der Grippe erkrankt, ill with influenza; an Kopfschmerzen leiden, to suffer from headaches; an einer Krankheit sterben, to die of a disease; an einem Roman schreiben, to work on a novel; an j-s Gewissen appellieren, to appeal to s.o.'s conscience; (*c*) (*zeitlich*) on; am Montag, on Monday; am 1. Mai, on May 1st; am Morgen/ Abend, in the morning/evening; am Tage, in the daytime. 2. + *acc* (*a*) (*Bewegung usw.*) (directed) to (s.o.); (intended) for (s.o.); einen Brief an j-n schreiben, to write a letter to s.o.; *Mil:* an die Front gehen, to go to the front; *Nau:* an Bord/an Land gehen, to go aboard/ ashore; (*b*) etwas an etwas *acc* binden/heften/ nageln, to tie/pin/nail sth. (on)to sth.; an die Tür klopfen, to knock on the door; (*c*) (*Richtung*) at; j-m etwas an den Kopf werfen, to throw sth. at s.o.'s head; (*d*) (*gegen*) (up) against, die Leiter an den Baum stellen, to lean the ladder against the tree. II. *adv.* 1. (*örtlich, zeitlich*) von Köln an, from Cologne on(wards); von heute an, (as) from today; *Rail:* Köln an 13.00, arriving at Cologne 1 p.m. 2. *F:* (*a*) das Licht/Gas/Radio ist an, the light/gas/radio is on; (*b*) *Cl:* mit dem Mantel an, with his/her coat on. 3. *F:* an die fünfzig Mark, about fifty marks. III. *sep.vbl prefix* (*a*) (to bark, growl, shout, stare) at (s.o., sth.); anbrüllen, to bellow at (s.o.), anglotzen, to goggle at (s.o., sth.); anhupen, to hoot/*N.Am:* honk at (s.o., sth.); (*b*) (to stick, sew etc.) on; andrehen/anschalten/*F:* anknipsen, to turn/switch (sth.) on.

Anachronismus [anakro'nismus], *m* -/-men anachronism. a ~ tisch, *adj.* anachronistic.

analog [ana'lo:k], *adj.* analogous (zu + *dat*, to); *Data-pr:* analog. A ~ ie [-lo'gi:], *f* -/-n analogy (zu + *dat*, to).

Analphabet [analfa'be:t], *m* -en/-en illiterate. A ~ entum, *n* -s/no *pl* illiteracy. a ~ isch, *adj.* illiterate.

Analyse [ana'ly:zə], *f* -/-n analysis. a ~ sieren, *v.tr.* to analyse (sth.). A ~ tiker [-'ly:tikər], *m* -s/- analyst. a ~ tisch, *adj.* analytic.

Anämie [anɛ'mi:], *f* -/-n *Med:* anaemia. a ~ isch [-ɛ'mif], *adj.* anaemic.

Ananas ['ananas], *f* -/- & -se pineapple.

Anarchie [anar'çi:], *f* -/-n anarchy. A ~ ist(in) [-'çist(in)], *m* -en/-en (*f* -/-nen) anarchist. a ~ istisch, *adj.* anarchic.

Anästhesie [anɛste'zi:], *f* -/no *pl* anaesthesia.

A ~ ist [-'zist], *m* -en/-en anaesthetist.
Anatom [ana'to:m], *m* -en/-en anatomist. **A ~ ie**
[-to'mi:], *f* -/-n **1.** (science of) anatomy. **2.**
(*Saal*) dissecting room. **a ~ isch** [-'to:miʃ],
adj. anatomical.
'anbahnen, *v.tr.sep.* to pave the way for (nego-
tiations etc.); (*Sache*) **sich a.,** to be on the way/
in the offing.
'anbändeln, *South G:* **'anbandeln** *v.i. sep.*
(*haben*) *F:* **mit j-m a.,** to start carrying on with s.o.
'Anbau, *m* -(e)s/-ten **1.** *no pl Agr:* cultivation,
growing (of wheat etc.). **2.** *Constr:* extension,
annexe. **'a ~ en,** *v.tr.sep.* (*a*) to cultivate, grow
(plants, crops); (*b*) to build on (further rooms
etc.); *abs.* **an ein Haus a.,** to extend/build onto
a house. **'A ~ fläche,** *f* -/-n *Agr:* arable land.
'A ~ küche, *f* -/-n fitted kitchen. **'A ~ möbel,** *n*
-s/- piece of unit/*esp. N.Am:* built-in furniture.
'A ~ wand, *f* -/-e wall unit.
an'bei, *adv. Com:* herewith.
'anbeißen, *v.irr.sep. 4* **1.** *v.tr.* to take a bite at/
out of (an apple etc.); *F:* **zum A. aussehen,** to
look adorable. **2.** *v.i.* (*haben*) (*Fisch & F: Pers.*)
to nibble (at the bait), bite.
'anbelangen, *v.tr. impers. sep.* **was ihn/Sie/**
mich anbelangt, as far as he is/you are/I am
concerned.
'anbet|en, *v.tr.sep.* to worship (a god etc.); *F:*
to worship, adore (s.o.). **'A ~ er,** *m* -s/- (*a*)
worshipper; (*b*) *F:* (*Verehrer*) admirer.
'A ~ ung, *f* -/*no pl* worship; *F:* adoration.
'Anbetracht: in A. + *gen,* in consideration
of; **in A. dessen,** taking that into consideration.
'anbetreffen, *v.tr.impers. irr.104.* **was ihn/Sie/**
mich anbetrifft, as far as he is/you are/I am
concerned.
'anbieder|n, *v.tr.sep. Pej:* **sich bei j-m a.,** to
curry favour with s.o.; (*flirten*) to make up to
s.o. **'A ~ ungsversuch,** *m* -(e)s/-e attempt at
currying favour/chatting up.
'anbieten, *v.tr.sep.irr.8* to offer (sth.) (**j-m,** to
s.o.); **sich a.,** to offer oneself/one's services; to
come forward (as a candidate etc.); (*Prosti-*
tuierte) to solicit; **eine Lösung bietet sich an,**
one solution suggests itself.
'anbinden, *v.tr.sep.irr.9* to tie up (a boat, an
animal etc.) (**an** + *acc,* to).
'Anblick, *m* -(e)s/-e sight; **einen kläglichen A.**
bieten, to look a sorry sight. **'a ~ en,** *v.tr.sep.* to
look/(*flüchtig*) glance at (s.o., sth.); **j-n finster**
a., to scowl at s.o.
'anbohren, *v.tr.sep.* (*Käfer usw.*) to bore/*Tchn:*
drill a hole in (sth.); to tap (a barrel).
'anbraten, *v.tr.sep.irr.13 Cu:* to sauté (meat)
before stewing etc.
'anbrechen, *v.sep.irr.14* **1.** *v.tr.* to break into
(provisions, stocks etc.); to start (a loaf), open
(a bottle); *F:* **was sollen wir mit dem an-**
gebrochenen Abend tun? what shall we do with
what's left of the evening? **2.** *v.i.* (*sein*) (*Tag*) to
break, dawn; (*Nacht*) to fall; *Fig:* **eine neue Zeit**
bricht an, a new era is beginning.
'anbrennen, *v.sep.irr.15* **1.** *v.tr.* to set fire to
(sth.). **2.** *v.i.* (*sein*) (*a*) to catch fire; (*b*) *Cu:*
(*Essen*) to burn, stick to the pan.
'anbring|en, *v.tr.sep.* (*a*) (*befestigen*) to fix, fit
(sth.) (**an etwas** *dat,* to sth.); to put up (cur-
tains, a sign etc.); to put, *Tchn:* mount (sth.)

(**an** + *dat,* on); to install (plumbing, wiring
etc.); (*b*) (*vorbringen*) to put forward (a request,
a suggestion); to lodge (a complaint); *Jur:* **eine**
Klage a., to bring an action; (*c*) *F:* (*herbei-*
tragen) to bring (sth.) along, turn up with
(sth.). **'A ~ ung,** *f* -/*no pl* (*a*) fixing, fitting;
mounting; putting up; (*b*) installation.
'Anbruch, *m* -(e)s/-e *Lit:* dawn (of a day, era);
bei A. der Dunkelheit, when darkness falls.
Andacht ['andaxt], *f* -/-en *Rel:* **1.** devotion. **2.**
(*Gottesdienst*) (short) service. **'andächtig,**
adj. (*a*) devout, reverent (person); (*b*) *adv.* **j-m**
a. zuhören, to listen to s.o. with rapt attention.
'andauern, *v.i.sep.* (*haben*) to last; (*länger*
dauern) to persist. **'a ~ d,** *adj.* persistent, con-
tinuous (rain etc.); constant (questions); lasting
(effect); *adv.* constantly.
Anden ['andən]. *Pr.n.pl Geog:* **die A.,** the Andes.
'Andenken, *n* -s/- (*Erinnerung*) remembrance,
memory; (*Sache*) souvenir (**an j-n, etwas** *acc,*
of s.o., sth.); **zum A. an j-n,** in memory of s.o.
and(e)re(r,s) ['andərə(r,s)], *adj. & pron.* **1.** (*a*)
(*nicht dieses*) other; **unter a ~ m,** among other
things; **mit a ~ n Worten,** in other words; **die**
a ~ n (Anwesenden), the others (who were pres-
ent); **weder das eine noch das a.,** neither the
one nor the other; neither of them; **einer nach**
dem a ~ n, one after another/the other; **ein**
Jahr nach dem a ~ n, year after year; **eins**
kommt zum a ~ n, it's one thing after another;
ihr seid einer wie der a., you are all the same;
(*b*) **am a ~ n Tag/Morgen,** (on) the next day/
morning. **2.** (*verschieden*) (*a*) other, different;
ein a ~ s Kleid anziehen, to put on another/a
different dress; **er ist a ~ r Meinung (als ich)**
he thinks differently (from me); *Prov:* **a.**
Länder, a. Sitten, the different countries have
their different ways of life; *Fig:* (*Frau*) **in a ~ n**
Umständen, in the family way; (*b*) **jemand/nie-**
mand a ~ r, somebody/nobody else; **etwas/**
nichts a ~ s, something/nothing else; **alles a.,**
everything else; **das ist etwas ganz a ~ s,** that's
quite a different matter; (*c*) **alles a. als schön,**
anything but beautiful; **kein a ~ r als X,** (i) no
less a person than X; (ii) nobody but X.
'a ~ nfalls, *adv.* otherwise. **'a ~ rseits,** *adv.*
on the other hand.
andermal ['andərma:l], *adv.* **ein a.,** another/
some other time.
änder|n ['ɛndərn], *v.tr.* (*a*) to change (one's atti-
tude, direction etc.); to alter (plans, a dress,
Nau: course etc.); **es ändert nichts an der Tat-**
sache (, daß . . .), it doesn't alter the fact (that
. . .); **ich kann es nicht ä.,** I cannot help it; **sich**
ä., to change (**zum Vorteil/Nachteil,** for the
better/worse). **'Ä ~ ung,** *f* -/-en alteration;
change; **Ä ~ en vorbehalten,** subject to altera-
tion. **'Ä ~ ungsantrag,** *m* -(e)s/-e *Parl:*
amendment.
anders ['andərs], *adv.* (*a*) differently, in different
ways (**als,** from); **ich habe es mir a. überlegt,**
I've changed my mind; **ich kann nicht a.,** I can't
help it; I cannot do anything else; **a. sein/aus-**
sehen/klingen/schmecken, to be/look/sound/
taste different; **a. werden,** to change; (*b*) (*sonst*)
jemand/niemand a., somebody/nobody else;
wer a. als er? who (else) but he? **'a ~ artig,**
adj. of a different kind, different (appearance,

behaviour etc.) (**als,** from). ′**a ~ denkend,** *adj.* dissenting, *esp. Pol:* dissident. ′**a ~ herum,** *adv.* the other way round. ′**a ~ wo,** *adv.* elsewhere; somewhere else. ′**a ~ woher,** *adv.* from somewhere else. ′**a ~ wohin,** *adv.* (to) somewhere else.

anderthalb [′andərt′halp], *inv. adj.* one and a half.

anderweitig [′andərvaitiç], *adj.* further, other (measures etc.); *adv.* elsewhere; **a. beschäftigt/ verpflichtet,** otherwise engaged.

′**andeut|en,** *v.tr. sep.* to indicate (sth.); to intimate (a desire, intention); to outline (a plan); **j-m a., daß . . .,** to give s.o. to understand that . . . ′**A ~ ung,** *f -/-en* (*a*) indication; (*b*) intimation, implication; **A. eines Lächelns,** hint/ ghost of a smile. ′**a ~ ungsweise,** *adv.* by way of suggestion; by hints.

′**Andrang,** *m* -(e)s/*no pl* rush (**nach Karten usw.,** for tickets etc.); (*Gedränge*) crush.

Andreas [an′dreːas]. *Pr.n.m -.* = Andrew.

′**andrehen,** *v.tr.sep.* (*a*) (*einschalten*) to turn on (gas, water, radio etc.); to switch on (light); (*b*) *F:* **j-m etwas a.,** to palm sth. off onto s.o., sell s.o. a pup.

′**androhen,** *v.tr.sep.* **j-m etwas a.,** to threaten s.o. with sth.

′**anecken,** *v.i.sep.* (*sein*) *F:* **bei j-m a.,** to rub s.o. up the wrong way.

′**aneign|en,** *v.tr.sep.* (*a*) **sich** *dat* **etwas a.,** to appropriate/take possession of sth.; (*b*) (*lernen*) **sich** *dat* **Kenntnisse, Fertigkeiten usw. a.,** to acquire knowledge, skills etc. ′**A ~ ung,** *f -/-en* (*a*) appropriation; (*b*) acquisition.

aneinander [anai′nandər]. **I.** *pron. & adv.* by/ to one another; (*Freunde usw.*) **a. hängen,** to be attached to one another; **a. vorbei,** past one another; **a. denken,** to think of one another. **II. a ~ -,** *comb.fm.* (to join, tie etc.) to one another; (to grow, bind etc.) together; **a ~ gedrängt,** squashed together; **Stühle a ~ rücken,** to move chairs closer together. **a ~ geraten,** *v.i.sep.irr.13* (*sein*) (*Parteien, Streitkräfte usw.*) to clash (with one another); (*zwei Menschen*) to go for each other. **a ~ grenzen,** *v.i.sep.* (*haben*) (*Gärten, Felder usw.*) to adjoin, be adjacent (to one another). **a ~ reihen,** *v.tr. sep.* to line (things) up (in rows).

Anekdote [anɛk′doːtə], *f -/-n* anecdote.

′**anekeln,** *v.tr.sep.* to disgust, sicken (s.o.); **du ekelst mich an,** you make me sick.

Anemone [ane′moːnə], *f -/-n Bot:* anemone.

′**anerkannt,** *adj.* acknowledged, recognized (expert, authority etc.); established (right, author etc.); accepted (usage, custom etc.); **staatlich a.,** officially approved (school etc.). ′**a ~ er′maßen,** *adv.* as is generally accepted.

′**anerkenn|en,** *v.tr.sep.&insep.irr.51* (*a*) (*bestätigen*) to recognize (s.o., a state, s.o.'s merits etc.) (**als,** as); to acknowledge, accept (s.o.'s right, authority etc.); *Com:* to accept (a bill etc.); **Schulden usw. nicht a.,** to repudiate debts etc.; **ein Kind nicht a.,** to disown a child; (*b*) (*würdigen*) to respect (rules, other people etc.); appreciate (s.o.'s efforts etc.); **ein Vorhaben a.,** to approve a plan. ′**a ~ end,** *adj.* approving, appreciative. ′**a ~ enswert,** *adj.* creditable, laudable. ′**A ~ ung,** *f -/-en* recognition, ack‐

nowledgment; acceptance; (*Würdigung*) appreciation; **bei j-m A. finden,** to be approved by s.o.

′**anfachen,** *v.tr.sep. Lit:* to fan (flames etc.), *Fig:* stir up (passions etc.).

′**anfahr|en,** *v.sep.irr.26* **1.** *v.tr.* (*a*) (*liefern*) to deliver (coal etc.); (*b*) *Aut:* to approach (a corner, a hill etc.); (*c*) *Aut: etc:* to run into (s.o., sth.); (*d*) *F:* (*Pers.*) to go for, snap at (s.o.). **2.** *v.i.* (*sein*) (*Auto usw.*) to start (off). ′**A ~ t,** *f -/-en* **1.** (*Lieferung*) delivery. **2.** (*Wegstrecke*) *Aut:* drive; **es ist eine lange A.,** it's a long journey/drive to get there.

′**Anfall,** *m* -(e)s/‵-e (of coughing, hysterics, *Fig:* jealousy etc.); *Med:* attack; (*Wuta:*) (furious) outburst; **einen A. bekommen,** to have an attack, *F:* have a fit. ′**a ~ en,** *v.sep.irr.27* **1.** *v.tr.* to attack, assault (s.o.). **2.** *v.i.* (*sein*) (*Kosten usw.*) to accrue, (*Arbeit*) accumulate.

anfä|llig [′anfɛliç], *adj.* prone, susceptible (**gegen/für eine Krankheit usw.,** to a disease etc.); *Fig:* vulnerable (**für etwas** *acc,* to sth.); **sie ist sehr a.,** she/her health is very delicate. ′**A ~ keit,** *f -/no pl* proneness, susceptibility; vulnerability.

′**Anfang,** *m* -(e)s/‵-e (*a*) (*Beginn*) beginning, start; **von A. an,** from the beginning/the start; **am A.,** at the beginning; to start with; **das genügt (so) für den A.,** that's enough to start with; **er ist A. der Vierziger,** he is in his early forties; **einen neuen A. machen,** to make a fresh start; *Prov:* **aller A. ist schwer,** beginnings are always difficult; (*b*) *pl* (*Ursprünge*) the origins; **erste A ~ e der Kultur,** first rudiments of civilization; **es steckt noch in den A ~ en,** it is still in its infancy. ′**a ~ en,** *v.sep.irr.28* **1.** *v.tr.* (*a*) (*beginnen*) to begin, start (sth.); to open (a conversation, negotiations etc.); **sie fing an zu weinen,** she started crying; **wie soll ich es a.?** how should I go/set about it? (*b*) (*machen, tun*) **was soll ich damit a.?** what am I to do with it? **mit ihm ist heute nichts anzufangen,** you won't get anywhere with him today. **2.** *v.i.* (*haben*) to begin, start; *Iron:* **das fängt ja gut an!** that's a good start! *F:* **da fängt sie schon wieder an!** there she goes again! **nun fang du auch noch damit an!** don't you start!

Anfäng|er(in) [′anfɛŋər(in)], *m* -s/- (*f -/-nen*) beginner, learner. ′**A ~ erkurs,** *m* -es/-e *Sch:* beginners'/elementary course. ′**a ~ lich,** *adj.* initial (hesitation etc.); early (symptoms etc.).

′**anfangs. I.** *adv.* at first, to start with. **II.** ′**A ~ -,** *comb.fm.* initial (success, difficulties etc.); **A ~ buchstabe** *m,* initial (letter); **A ~ stadium** *n,* first/initial/*Sch:* elementary stage; **A ~ gehalt** *n,* starting salary.

′**anfassen,** *v.sep.* **1.** *v.tr.* (*a*) (*berühren*) to touch (s.o., sth.); to handle (sth.); **nicht a.!** don't touch! **sich wie . . . a.,** to feel like . . .; (*b*) (*bei der Hand nehmen*) **j-n a.,** to take s.o.'s hand; (*c*) *Fig:* to handle, tackle (a problem etc.); **etwas richtig a.,** to set about sth. the right way; **j-n zart/rücksichtslos a.,** to treat s.o. gently/ inconsiderately. **2.** *v.i.* (*haben*) **mit a.,** to lend a hand (**bei** + *dat,* with).

anfecht|bar [′anfɛçtaːr], *adj.* open to question; disputable. ′**A ~ barkeit,** *f -/no pl* questionableness. ′**a ~ en,** *v.tr.sep.irr.29* (*a*) to contest, dispute (an opinion, a statement etc.); to challenge (s.o.'s right etc.); (b) to disturb, worry (s.o.). ´A ~ ung, f -/-en contestation.

´anfertig|en, v.tr.sep. (a) to produce, make (sth.); Ind: to manufacture (goods etc.); (b) to draft (a document etc.). ´A ~ ung, f -/-en (a) making, manufacture; (b) drafting.

´anfeuchten, v.tr.sep. to moisten (sth.); to humidify (air).

´anfeuern, v.tr.sep. to spur (s.o.) on.

´anflehen, v.tr.sep. to entreat, beseech (s.o.).

´anfliegen, v.sep.irr.17 1. v.tr. Av: (a) (Flugzeug) to approach (an airport etc.); (b) (Fluglinie) to call at, serve (an airport, a city); **Salzburg wird nur von kleineren Maschinen angeflogen,** only smaller aircraft land at Salzburg. 2. v.i. (sein) (Vogel) to come flying up.

´Anflug, m -(e)s/-e 1. Av: approach. 2. Fig: (Spur) touch, tinge; suspicion (of a smile).

´anforder|n, v.tr.sep. (a) to demand, claim (sth.); (b) Com: (bestellen) to order (an article). ´A ~ ung, f -/-en (a) demand, claim (an j-n, upon s.o.); **alle A ~ en erfüllen,** to meet all requirements; (b) Com: etc: order (von + dat, for).

´Anfrage, f -/-n inquiry; Parl: question. ´a ~ n, v.i.sep. (haben) to enquire (wegen + gen, about); **bei j-m a.,** to make enquiries of s.o.

´anfressen, v.tr.sep.irr.25 (a) to gnaw, nibble at (sth.); (b) (zersetzen) to corrode, pit (metal etc.).

´anfreunden, v.refl.sep. sich a., to become/ make friends (mit j-m, with s.o.).

´anfühlen, v.tr.sep. to feel (sth.); **sich hart/weich a.,** to feel hard/soft.

anführ|en, v.tr.sep. (a) (leiten) to lead (troops, a party, dance etc.); to head (a party, procession etc.); (b) (zitieren) to quote (an author, passage); to state, specify (one's reasons etc.); to produce (evidence); **etwas in einer Liste a.,** to list sth.; (c) F: to trick, fool (s.o.). ´A ~ er, m -s/- leader, esp. ringleader (of a revolt etc.). ´A ~ ung, f -/-en quotation. ´A ~ ungszeichen, npl quotation marks, inverted commas.

´Angabe, f -/-n 1. (a) esp. pl A ~ n, information (über + acc, about); Tchn: data; (nähere) A ~ n, details, particulars; **genaue/falsche A ~ n machen,** to give accurate/wrong information; (b) (Erklärung) statement, declaration; **ohne A. der Adresse,** with no indication of the address. 2. Tennis: service.

´angaffen, v.tr.sep. to gape at (s.o., sth.).

´angeb|en, v.sep.irr.35 1. v.tr. (a) to give, state (one's name, reasons etc.); (and .ten) to indicate (a position etc.); Custo .s: ´ declare (goods); **etwas näher a.,** to give de .is of sth.; (b) (bestimmen) to set (the pace etc.). 2. v.i. (haben) (a) Sp: ´ throw in; Tennis: to serve; (b) F: (prahle..) to swank (mit etwas dat, about sth.); (im Benehmen) to show off. ´A ~ er, m -s/- F: swank, show-off. A ~ e´rei, f -/-en F: swanking, showing off. ´a ~ erisch, adj. F: boastful. ´a ~ lich, adj. supposed, alleged (reason, thief etc.); ostensible (purpose etc.); adv. **das ist a. wahr/soll a. wahr sein,** this is supposed to be true.

´angeboren, adj. innate, inborn (qualities etc.); esp. Med: congenital (defect etc.).

´Angebot, n -(e)s/-e (a) offer; tender (über/für etwas acc, for sth.); (bei einer Auktion) first bid;

Com: quotation; (b) Com: (Auswahl) range (von/an Waren, of goods); (lieferbare Ware) stock, supply; **aus unserem A.,** from our (current) stock; Econ: **A. und Nachfrage,** supply and demand. ´A ~ spreis, m -es/-e asking price.

´angebracht, p.p. as adj. appropriate, fitting; apt (remark); **es wäre a., zu . . .,** it would be a good idea to . . .; **er hielt es für a., zu . . .,** he saw fit to . . .

´angebunden, p.p. as adj. **kurz a.,** curt, offhand; adv. curtly.

´angegangen, adj. Cu: high (meat).

´angegossen, p.p. as adj. F: **es paßt/sitzt wie a.,** it fits like a glove.

´angeheiratet, adj. (relation) by marriage.

´angeheitert, adj. F: tipsy.

´angehen, v.sep.irr.36 1. v.i. (sein) (a) (kämpfen) **gegen eine Krankheit usw. a.,** to fight an illness etc.; (b) F: (anfangen) to begin; (Pflanze) to take (root); (Licht usw.) to go on; (Maschine, Motor usw.) to start (up); (Feuer) to catch; (c) impers. F: **das geht nicht an,** that won't do. 2. v.tr. (a) (angreifen) to attack (s.o.); Fig: to tackle (a problem etc.); Sp: **eine Kurve/ein Hindernis a.,** to come up to a bend/a jump; (b) **j-n um Geld, Hilfe usw. a.,** to turn/apply to s.o. for money, help etc.; (c) (betreffen) to concern, affect (s.o.); **das geht dich nichts an,** that is none of your business; **was mich angeht,** as far as I am concerned; **was geht mich das an?** what has that to do with me? **a ~ d,** adj. future (teacher, pilot etc.); budding (artist etc.).

´angehör|en, v.i.sep. (haben) to belong (dat, to); **das gehört der Vergangenheit an,** that is a thing of the past. ´a ~ ig, adj. belonging (+ dat, to). ´A ~ ige(r), m & f decl. as adj. member (of a family, society etc.); **seine A ~ n,** his family.

´Angeklagte(r), m & f decl. as adj. Jur: accused; (im Zivilrecht) defendant.

Angel|el [´aŋəl]. I. f -/-n 1. (A ~ rute) fishing-rod. 2. (Türa.) hinge; Fig: **etwas aus den A ~ n heben,** to alter sth. radically. II. ´A ~ -, comb.fm. fishing (line, gear etc.); **A ~ haken** m, fish hook; **A ~ rute** f, fishing rod. ´a ~ eln, v. 1. v.i. (haben) to angle, fish (with a rod); F: **nach einem Mann a.,** to set one's cap at a man. 2. v.tr. to hook, catch (fish, F: a husband). ´A ~ ler, m -s/- angler.

´Angelegenheit, f -/-en affair, matter; (Fall) case; **kümmere dich um deine A ~ en,** mind your own business; **in einer dienstlichen A.,** on official business; Pol: **auswärtige A ~ en,** foreign affairs.

Angel|sachse [´aŋəlzaksə], m -n/-n Anglo-Saxon. ´a ~ sächsisch, adj. Anglo-Saxon.

´angemessen, adj. appropriate, suitable (moment etc.) (+ dat, for); apt (remark); **a ~ er Preis,** reasonable price; **den Umständen a.,** adapted to the circumstances. ´A ~ heit, f -/-en appropriateness, suitability; aptness.

´angenehm, adj. pleasant; agreeable (voice etc.); congenial (work etc.); **es ist mir nicht a.,** I don't like it; **eine a ~ e Nachricht,** good/welcome news; **a ~ e Reise!** have a pleasant journey/ N.Am: good trip! **a ~ e Ruhe!** sleep well! **a.!** pleased to meet you! **das A ~ e mit dem Nützlichen verbinden,** to combine business with pleasure; *adv.* **a. überrascht,** pleasantly surprised.

'**angenommen,** *p.p. of* **annehmen,** *q.v.*

'**angeregt,** *p.p. as adj.* lively, spirited. '**A** ~ **heit,** *f* -/*no pl* liveliness.

'**angeschmutzt,** *p.p. as adj.* slightly soiled; *Com:* shop-soiled.

'**angesehen,** *p.p. as adj.* esteemed, respected (person); reputable (firm).

'**Angesicht,** *n* -(e)s/-e(r)* face; **von A. zu A.,** face to face. '**a** ~ **s,** *prep.* + *gen;* in view of; **a. der Tatsache, daß . . .,** considering that . . .

'**angespannt,** *p.p. as adj.* intense (concentration etc.); tense, strained (nerves, situation); *adv.* **a. zuhören,** to listen intently.

'**angestammt,** *adj.* hereditary (rights etc.).

'**Angestellte(r),** *m & f decl. as adj.* (salaried) employee; (bank etc.) clerk; (shop) assistant.

'**angetan,** *p.p. as adj.* **von j-m, etwas** *dat* **a. sein,** to be keen on/taken with s.o., sth.

'**angetrunken,** *p.p. as adj.* inebriated, tipsy.

'**angewandt,** *p.p. as adj.* applied (physics, etc.); **a** ~ **e Kunst,** arts and crafts.

'**angewiesen,** *p.p. as adj.* **auf j-n, etwas** *acc* **a. sein,** to be dependent on s.o., sth.; **auf sich selbst a. sein,** to be left to one's own devices.

'**ange|wöhnen,** *v.tr.sep.* **j-m etwas a.,** to get s.o. used to sth.; **sich** *dat* **etwas a.,** to get into the habit of (doing) sth.; **er hat es sich angewöhnt, sie Dolly zu nennen,** he has taken to calling her Dolly. '**A** ~ **wohnheit,** *f* -/-en habit.

'**angewurzelt,** *p.p. as adj.* **wie a. dastehen,** to stand rooted to the spot.

Angina [aŋ'gi:na], *f* -/-nen *Med: F:* tonsillitis; (*Rachenkatarrh*) pharyngitis.

'**angleichen,** *v.tr.sep.irr.40* to adjust, adapt (sth.) (**etwas** *dat*/**an etwas** *acc,* to sth.); **den Lebenshaltungskosten angeglichene Löhne,** wages geared to the cost of living.

'**angliedern,** *v.tr.sep.* to link up, join (a territory etc.) (**etwas** *dat*/**an etwas** *acc,* to sth.).

Anglikan|er(in) [aŋgli'ka:nər(in)], *m* -s/- (*f* -/-nen) *Ecc:* Anglican. **a** ~ **isch,** *adj. Ecc:* Anglican; **die A** ~ **e Kirche,** the Church of England.

angli|sieren [aŋgli'zi:rən], *v.tr.* to anglicize (sth.). **A** ~ **st(in)** [aŋ'glist(in)], *m* -en/-en (*f* -/-nen) *Univ:* English specialist. **A** ~ **stik,** *f* -/*no pl Univ:* (study of) English language and literature. **A** ~ '**zismus,** *m* -/-men *Ling:* Anglicism.

Angora- [aŋ'go:ra], *comb.fm.* angora (wool, rabbit etc.). **A** ~ **katze,** *f* -/-n Persian cat.

'**angreif|bar,** *adj.* open to attack/criticism. '**a** ~ **en,** *v.tr.sep.irr.43* (*a*) (*überfallen*) to attack (s.o., the enemy etc.); **j-n (tätlich) a.,** to assault s.o.; (*b*) *esp. South G:* (*anfassen*) to touch, handle (sth.); (*c*) (*anbrechen*) to draw on (reserves etc.); to dip into (savings etc.); (*d*) (*schädigen*) (*Krankheit usw.*) to attack (an organ, a tissue etc.), affect (s.o.); (*Anstrengung*) to strain (s.o., the nerves etc.); (*Säure usw.*) to attack, corrode (metal etc.); **angegriffene Gesundheit,** poor health. '**A** ~ **er,** *m* -s/- attacker; (*Staat*) aggressor.

'**angrenzen,** *v.i.sep.* (*haben*) **an etwas** *acc* **a.,** to border/be adjacent to sth. **a** ~ **d,** *adj.* adjoining, adjacent (property etc.).

'**Angriff,** *m* -(e)s/-e **1.** (*a*) attack, (*heftig*) on-

slaught; *Mil:* (*Großa.*) offensive; *esp. Jur:* assault (**auf j-n, etwas** *acc,* on s.o., sth.); **zum A. übergehen,** to go onto the offensive; *Jur:* **tätlicher A.,** assault and battery; (*b*) *Fb:* (*Zweikampf*) tackle. **2. etwas in A. nehmen,** to set about (doing) sth. '**A** ~ **s-,** *comb.fm.* offensive (alliance, weapon, football etc.); aggressive (spirit etc.); **A** ~ **krieg** *m,* war of aggression. '**a** ~ **s-lustig,** *adj.* aggressive, belligerent (state, party etc.). '**A** ~ **sspieler,** *m* -s/- *Fb: etc:* forward, striker. '**A** ~ **sziel,** *n* -(e)s/-e *Mil:* objective.

Angst [aŋst]. **I.** *f* -/-̈e (*a*) fear; (*Schreck*) fright; (*Sorge*) anxiety; *Psy:* angst; **A. (vor j-m, etwas** *dat*) **haben,** to be afraid/frightened (of s.o., sth.); **es mit der A. zu tun bekommen/***F:* **kriegen,** to get scared; *F:* to get the wind up; **j-n in A. versetzen/j-m A. einjagen,** to scare s.o.; **A. um j-n, etwas** *acc* **haben,** to be anxious/worried about s.o., sth.; **in tausend Ä** ~ **en sein/ schweben,** to be terribly worried; (*b*) **mir ist/ wird a. (und bange),** I am scared stiff; **j-m a. machen,** to scare/frighten s.o. **II.** '**A** ~ -, *comb.fm.* panic (measure, buying etc.); (cry etc.) of fear/alarm; **A** ~ **gefühl** *n,* (feeling) of anxiety; **A** ~ **schauer** *m,* chill of fear. '**A** ~ **hase,** *m* -n/-n *F:* chicken, scaredy cat. '**A** ~ **macher,** *m* -s/- alarmist. '**A** ~ **schweiß,** *m* -es/*no pl* cold sweat. '**a** ~ **voll,** *adj.* scared, frightened. '**A** ~ **zustände,** *mpl* **A. bekommen,** to get into a panic.

ängst|igen ['ɛŋstigən] *v.tr.* to frighten, scare (s.o.); **sich ä.,** to be frightened (**vor** + *dat,* of); (*Sorgen haben*) to be anxious (**um** + *acc,* about). '**ä** ~ **lich,** *adj.* nervous, (*scheu*) timid (person, disposition etc.); frightened, scared (look etc.); (*kummervoll*) anxious; **ein ä. gehütetes Geheimnis,** a carefully/jealously guarded secret. '**Ä** ~ **lichkeit,** *f* -/*no pl* nervousness; timidity; anxiety.

'**angucken,** *v.tr.sep. esp. North G: F:* to look at (s.o., sth.).

'**angurten,** *v.refl.sep. Av: Aut:* **sich a.,** to fasten one's safety belt.

'**anhaben,** *v.tr.sep.irr.44* (*a*) *Cl:* to have (sth.) on, be wearing (a dress etc.); (*b*) *F:* **das Licht a.,** to have the light on; (*c*) **j-m etwas/nichts a. können,** to be able/unable to harm s.o., sth.; **er kann mir nichts a.,** he can't get at me/pin anything on me.

'**anhaften,** *v.i.sep.* (*haben*) **etwas** *dat* **a., (***Schmutz usw.***)** to stick to sth.; *Fig:* (*Nachteil*) to be inherent in sth.

'**anhaken,** *v.tr.sep.* (*a*) to tick, *N.Am:* check (sth.); (*b*) (*befestigen*) to hook (sth.) on (**an** + *acc,* to).

'**Anhalt,** *m* -(e)s/*occ* -e support. '**a** ~ **en,** *v.sep. irr.45* **1.** *v.tr.* (*a*) (*zum Stehen bringen*) to stop (s.o., sth.); to bring (traffic, a train etc.) to a standstill; **den Atem a.,** to hold one's breath; (*b*) (*ermahnen*) **j-n zur Arbeit, Sauberkeit usw. a.,** to urge s.o. to work, be clean etc. **2.** *v.i.* (*haben*) (*a*) (*Fahrzeug usw.*) to stop, come to a standstill; (*b*) (*andauern*) (*Wetter*) to last, continue; (*Zustand usw.*) to persist; (*c*) *Al:* **um ein Mädchen/die Hand eines Mädchens a.,** to ask for a girl's hand in marriage. '**a** ~ **end,** *adj.* lasting (effect); prolonged (applause); persistent (rain); unceasing (efforts); sustained

(interest). ′A ~ er, m -s/- F: hitch-hiker; per
A. fahren, to hitch-hike. ′A ~ spunkt, m
-(e)s/-e clue; pl evidence.

an′hand, prep. a. von Beispielen, with the help/
aid of examples.

′Anhang, m -(e)s/-̈e 1. (in einem Buch usw.)
appendix, supplement. 2. coll. F: (a) (Gefolge)
hangers-on; (b) (Angehörige) (near) relatives;
family; F: samt A., with all the kids.

′anhäng|en, v.sep. 1. v.tr. (a) to hang (sth.) on;
(befestigen) to fix, fasten (a label, tag etc.) (an
+ acc, to); (b) (ankuppeln) Rail: Aut: to couple,
hitch up (a coach, trailer etc.) (an + acc, to);
der Speisewagen wird in Köln angehängt, the
dining car comes on at Cologne; (c) (hin-
zufügen) to add on (a paragraph etc.); ich werde
etwas Urlaub a., I'll take some holiday after-
wards; (d) F: j-m einen Diebstahl usw. a., to
pin a theft etc. on s.o.; j-m schlechte Waren a.,
to fob off shoddy goods on s.o. 2. v.i.irr.46
(haben) Lit: einer Mode, einem Glauben usw.
a., to be an adherent of a fashion, belief etc.
′A ~ er, m -s/- 1. Aut: trailer. 2. Jewel: pend-
ant. 3. (Etikett) tag. 4. (Pers.) adherent (of a
belief etc.); supporter (of a party, Sp: club etc.);
Phil: Rel: follower, disciple (of s.o.); A. des
Motorsports/des Jazz, motor racing/jazz en-
thusiast. ′A ~ erschaft, f -/no pl followers,
adherents. ′A ~ eschild, n -(e)s/-er tie-on label,
tag. ′a ~ lich, adj. affectionate; devoted
(friend etc.). ′A ~ lichkeit, f -/-en affection
(an j-n, for s.o.). ′A ~ sel, n -s/- (a) ap-
pendage; (b) (Schmuck) small pendant.

′anhauen, v.tr.sep. (a) P: (belästigen) to accost
(a girl, a man); (b) South G: F: sich/sich dat
den Kopf a., to hit oneself/one's head (an etwas
acc, on sth.).

′anhäuf|en, v.tr.sep. to accumulate, amass
(money etc.); (Arbeit usw.) sich a., to pile up.
′A ~ ung, f -/-en accumulation; pile (of work).

′anheben, v.tr.sep.irr.48 to lift, raise sth.); to
jack up (a car).

′anheften, v.tr.sep. to fasten, (mit Heftklam-
mern) staple (sth.), Dressm: tack on (a
sleeve).

′anheimeln, v.tr.sep. to make (s.o.) feel at
home; a ~ d, homely.

′anheizen, v.tr.sep. to light (a boiler etc.); Fig:
to stoke (inflation).

′Anhieb, m -(e)s/no pl F: etwas auf (den ersten)
A. tun, to do sth. straight off/first go.

′anhimmeln, v.tr.sep. F: to idolize (s.o.).

′Anhöhe, f -/-n rise (in the ground); hillock.

′anhör|en, v.tr.sep. (a) (zuhören) to listen to
(s.o., sth.); muß ich mir das a.? do I have to
sit and listen to this? (b) das hört sich gut an,
that sounds good; es hört sich an, als ob . . ., it
sounds as if . . .; (c) man hört (es) ihm an, daß
. . ., one can tell from his voice/from the way
he speaks that . . . ′A ~ verfahren, n -s/-
public enquiry.

animálisch [ani′mɑ:liʃ], adj. animal (warmth
etc.); Fig: bestial (behaviour).

animier|en [ani′mi:rən], v.tr. (a) (anregen) j-n
zum Trinken usw. a., to persuade s.o. to have a
drink etc.; animierte Stimmung, high spirits;
jollity; (b) Cin: to animate (a cartoon etc.).
A ~ dame, f -/-n F: hostess (in a night club

etc.). A ~ lokal, n -s/-e sleazy night club/
bar (with hostesses).

Anis [a′ni:s], m -es/-e aniseed.

′Ankauf, m -(e)s/-̈e purchase. ′a ~ en, v.tr.sep.
to purchase (sth.).

Anker [′aŋkər], m -s/- 1. Nau: Constr: etc:
anchor; (Schiff) vor A. liegen, to lie/ride at
anchor; vor A. gehen, to drop anchor. 2.
Clockm: lever. 3. El: armature. ′a ~ n, v.i.
(haben) Nau: to anchor. ′A ~ platz, m -es/-̈e
Nau: anchorage. ′A ~ spill, n -(e)s/-e Nau:
windlass. ′A ~ winde, f -/-n Nau: capstan.

′anketten, v.tr.sep. to chain (s.o., sth.) (an +
acc, to).

′Anklage, f -/-n (a) accusation; Jur: charge; A.
gegen j-n erheben, to prefer a charge/charges
against s.o.; unter A. stehen, to stand trial
(wegen + gen, for); (b) Jur: (A ~ vertretung)
prosecution; Zeuge der A., witness for the pro-
secution. ′A ~ bank, f -/-̈e Jur: dock. ′a ~ n,
v.tr.sep. (a) j-n (wegen etwas gen) a., to accuse
s.o. of sth., Jur: charge s.o. with sth.; (b) (Film,
Buch) to condemn (evil practices etc.).
′A ~ vertreter, m -s/-/′A ~ vertretung f
-/-en Jur: (counsel for the) prosecution. ′An-
kläger, m -s/- Jur: plaintiff; öffentlicher A.,
public prosecutor; N.Am: = district attorney.

′anklammern, v.tr.sep. (a) to clip (sth.) (an +
acc, to); (b) sich an j-n, etwas acc a., to cling to
s.o., sth.

′Anklang, m -(e)s/-̈e 1. (Ähnlichkeit) echo,
reminiscence (an + acc, of). 2. (bei j-m) A.
finden, to meet with (s.o.'s) approval; (Buch,
Idee usw.) to catch on (with s.o.).

′ankleben, v.tr.sep. to stick, glue (sth.) on (an
+ acc, to); Plakate a. verboten! post no bills!

′Ankleide|kabine, f -/-n changing room, cub-
icle. ′a ~ n, v.tr.sep. to dress (s.o.); sich a., to
dress (oneself). ′A ~ r(in), m -s/- (f -/-nen)
Th: etc: dresser. ′A ~ raum, m -(e)s/-̈e Th:
dressing room; Sp: changing room.

′anklopfen, v.i.sep. (haben) bei j-m a., to knock
at s.o.'s door.

′anknipsen, v.tr.sep. F: to switch on (the light).

′anknüpf|en, v.sep. 1. v.tr. (a) etwas an etwas
acc a., to tie sth. to sth.; (b) to start (a conver-
sation etc.); eine Bekanntschaft mit j-m a., to
strike up an acquaintance with s.o. 2. v.i.
(haben) to carry on (where one left off); a ~ d
an unser Gespräch, coming back to what we
were saying. ′A ~ ung, f in A. an + acc, with
reference to.

′anknurren, v.tr.sep. to growl at (s.o.).

′ankommen, v.i.sep.irr.53 (sein) (a) (eintreffen)
to arrive; in Köln a., to arrive in/reach Cologne;
bist du gut angekommen? did you get there all
right? (b) (Erfolg haben) bei j-m (gut) a., to be
a success with s.o., (Witz usw.) go down well
with s.o.; bei j-m nicht a., to have no luck with
s.o.; gegen j-n, etwas acc nicht a. können, to be
powerless against/be no match for s.o., sth.;
(c) auf j-n, etwas acc a., to depend on s.o., sth.;
darauf kommt es nicht an, that is not the point;
auf den Preis kommt es nicht an, it is not a matter/
question of price; auf ein paar Tage kommt es
(mir) nicht an, a few days won't matter (to me); F:
ich lasse es drauf a.! I'll chance it!

Ankömmling [′ankœmliŋ], m -s/-e newcomer.

'**ankotzen**, *v.tr.sep. P:* **das kotzt mich an,** it makes me sick.

'**ankreiden**, *v.tr.sep.* j-m etwas (übel) a., to hold sth. against s.o.

'**ankreuzen**, *v.tr.sep.* to mark (sth.) with a cross.

'**ankündig|en**, *v.tr.sep.* to announce (sth.); to publicize (an event); *Fig:* to herald (a new era etc.); **ein Gewitter kündigt sich an,** a storm is brewing. '**A ~ ung,** *f -/-en* announcement.

Ankunft ['ankunft], *f -/-̈e* arrival.

'**ankuppeln**, *v.tr.sep. Rail: etc:* to hitch (a coach etc.) **(an +** *acc,* to).

'**ankurbeln**, *v.tr.sep. (a) Aut:* to crank (an engine), *(b) Econ:* to boost, stimulate (production, the economy etc.).

'**anlächeln**, *v.tr.sep.* to give (s.o.) a smile.

'**anlachen**, *v.tr.sep.* to smile at (s.o.); *F:* **sich** *dat* **ein Mädchen/einen Mann a.,** to pick up a girl/man.

'**Anlage. I.** *f -/-n* **1.** *(a)* installation (of apparatus etc.); *(Bau)* construction; *(b) Fin:* investment. **2.** *(Anordnung)* layout; *Tchn:* installation, system; *Fig:* plan, structure (of a novel etc.); *Aut:* **elektrische A.,** electrical system. **3.** *pl (a)* grounds (of a castle etc.); **öffentliche A~n,** public gardens; *(b) Sp: etc:* facilities; *Ind:* plant; **militärische A~n,** military installations; **sanitäre A~n,** lavatories and washrooms. **4.** *Com:* enclosure **(zu einem Brief,** with a letter); **in der A. senden wir Ihnen . . .,** enclosed (herewith) please find . . . **5.** *(Veranlagung)* predisposition, tendency **(zu Allergien usw.,** to allergies etc.). **II.** '**A~-,** *comb.fm.* investment (capital, credit etc.).

Anlaß ['anlas] *m -sses/-̈sse (a) (Grund)* reason **(zu +** *dat,* for); **kein A. zum Klagen/zur Aufregung,** no cause for complaint/for alarm; *(b) (Gelegenheit)* occasion; **bei feierlichen Anlässen,** on formal occasions.

'**anlass|en**, *v.tr.sep.irr.57 (a)* to start (up) (an engine, machine); **sich gut/schlecht a.,** to start well/badly; to make a good/bad start; *(b) F:* to leave (the light, radio etc.) on; **lassen Sie Ihren Mantel an,** keep your coat on. '**A ~ er,** *m -s/- I.C.E:* (self-)starter. '**Anlaßkurbel,** *f -/-n Aut: etc:* starting handle.

anläßlich ['anlesliç], *prep. + gen* on the occasion of.

'**Anlauf,** *m -(e)s/-̈e* **1.** *(a) Sp:* run-up; *Ski:* approach run; **einen A. zu etwas** *dat* **nehmen,** (i) to take a run at sth.; (ii) *(sich vorbereiten)* to prepare (for sth.); *(b) Mil:* charge; *Fig:* **im/beim ersten A.,** at the first attempt. '**a ~ en,** *v.sep. irr.58* **1.** *v.i. (sein) (a)* to run up; **angelaufen kommen,** to come running up; *(b) (Maschine, Motor usw.)* to start (up); *(Fahndung usw.)* to get under way; *(Film)* to open; *(c) (Scheibe, Brille usw.)* to mist up; *(Metall)* to tarnish; *(d) (Pers,)* **vor Kälte blau a.,** to go/turn blue with cold; **rot a.,** to blush. **2.** *v.tr. Nau:* **einen Hafen a.,** to call at a port. '**A ~ hafen,** *m -s/-̈ Nau:* port of call. '**A ~ zeit,** *f -/-en Ind:* starting up time (of a machine); *I.C.E:* warm(ing) up period; *Fig:* run-up.

anlege|n, *v.sep.* **1.** *v.tr. (a)* **etwas an etwas** *acc* **a.,** to put/lay sth. on sth.; **eine Leiter an die Wand a.,** to put up a ladder against the wall; **einen Säugling a.,** to give a baby the breast;

(Pferd usw.) **die Ohren a.,** to lay back its ears; *(b) (anziehen)* to put on (a dress, medals, *Med:* a bandage etc.); **Trauer a.,** to go into mourning; *(c)* **das Gewehr a.,** to raise the gun to one's shoulder; *(zielen)* **auf j-n a.,** to aim at s.o.; *(d) Fin:* **Geld a.,** to invest/*(ausgeben)* spend money; **wieviel wollen Sie (dafür) a.?** how much do you want to pay (for it)? *(e) (einrichten)* to lay out (a garden etc.); to design, plan (a bridge, road etc.); to draw up (a list, statistics etc.); to install (cables, pipes etc.). **2.** *v.i. (haben) Nau:* to moor. '**A ~ platz,** *m -es/-̈e/* '**A ~ stelle,** *f -/-n* landing place; moorings.

'**anlehn|en**, *v.tr.sep. (a)* to lean (sth.) **(an etwas** *acc,* against sth.); *(Pers.)* **sich an j-n, etwas** *acc* **a.,** to lean/*Fig:* base oneself on s.o., sth.; *(b)* **die Tür/das Fenster a./angelehnt lassen,** to leave the door/window ajar. '**A ~ ung,** *f -/-en* dependence **(an +** *acc,* on); **in A. an +** *acc,* in imitation of, based on (an author etc.). '**A ~ ungsbedürfnis,** *n -ses/no pl* need of support/affection. '**a ~ ungsbedürftig,** *adj.* in need of support/affection.

'**Anleihe,** *f -/-n Fin:* loan; *Hum:* **bei j-m eine A. machen,** to borrow money/*Fig:* ideas from s.o.

'**anleit|en**, *v.tr.sep.* j-n zu etwas *dat* **a.,** to train/school s.o. in sth.; **Kinder dazu a., höflich zu sein,** to bring children up to be polite. '**A ~ ung,** *f -/-en* instruction; **unter seiner A.,** under his guidance; **A. zum Gebrauch,** instructions/directions for use.

'**anlernen**, *v.tr.sep. Ind:* to train (an apprentice, new hand etc.); **angelernter Arbeiter,** semi-skilled worker.

'**anlieg|en. I.** *v.i.sep.irr.62 (haben) (a) Cl:* **(eng) a.,** to fit closely; *(c) (Arbeit usw.)* to be pending. **II. A.,** *n -s/- (a)* request; **ein A. an j-n haben,** to have a favour to ask of s.o.; *(b) (Sorge)* concern, preoccupation. '**a ~ end,** *adj. (a)* adjoining (property etc.); *Com:* attached (document); *(b) Cl:* **(eng) a.,** close-fitting. '**A ~ er,** *m -s/-* **die A. an dieser Straße,** the residents in this road; *P.N:* **A. frei,** access for residents (only).

'**anlocken**, *v.tr.sep.* to decoy (birds, animals); to lure, attract (customers etc.).

'**anmach|en**, *v.tr.sep. (a) Cu:* to dress (the salad); *Civ.E:* to mix (concrete, mortar); *(c) F:* to switch/turn on (the light, radio etc.); **Feuer a.,** to light a fire.

'**anmalen**, *v.tr.sep. F:* to paint (sth.); *Hum:* **sich a.,** to paint one's face.

'**Anmarsch,** *m -(e)s/-̈e Mil:* approach; **im A. sein,** to be approaching/*F:* on the way. '**a ~ ieren,** *v.i.sep. (sein)* to advance, march up. '**A ~ weg,** *m -(e)s/-e* journey (to work etc.).

'**anmaß|en**, *v.tr.sep.* **sich** *dat* **ein Recht usw. a.,** to usurp a right etc.; **sich** *dat* **a., etwas zu tun,** to presume to do sth. '**a ~ end,** *adj.* presumptuous; *(hochmütig)* arrogant. '**A ~ ung,** *f -/no pl (a)* usurping; *(b)* presumption, insolence.

Anmelde- ['anmeldǝ-], *comb.fm. Adm:* registration (form, fee etc.); *(für eine Bewerbung)* application (form etc.); *(für einen Wettbewerb)* entry (form, fee etc.); **A~pflicht** *f,* obligation to register. '**a ~ en,** *v.tr.sep. (a) Adm:* to register (a car, birth, death, business etc.); to apply for (a patent); **das Fernsehen/Radio a.,**

to get a television/radio licence; *Sch:* **ein Kind in der Schule a.**, to enter a pupil for a school; *Tel:* **ein Ferngespräch a.**, to book a long distance call; (*b*) **sich a.**, to register (**polizeilich**, with the police); (*im Hotel*) to book in; (*beim Arzt*) to make an appointment (with the doctor); to enter (**zu einem Wettbewerb**, for a competition); **melden Sie sich bei der zuständigen Stelle an**, apply to the relevant office; *Sch:* **sich zu einem Kurs a.**, to enrol for a course; (*c*) (*ankündigen*) to announce (s.o.); **er meldete sich/seinen Besuch (telefonisch) aus Frankfurt an**, he telephoned from Frankfurt to say he was coming to see us. ´**A ~ ung**, *f -/-en* (*a*) registration; application (for a patent etc.); entry (for a competition); announcement; (*Verabredung*) appointment; *Sch:* enrolment; (*b*) (*Büro*) registration office; (*im Hotel*) reception.

´**anmerk|en**, *v.tr.sep.* **j-m etwas a.**, to notice sth. in s.o.; **sie läßt sich nichts a.**, she does not show her feelings; **laß dir nichts a.!** don't give yourself away! ´**A ~ ung**, *f -/-en* note; **mit A~en versehen**, annotated.

´**Anmut**, *f -/no pl* grace; (*Schönheit*) beauty; **mit A.**, gracefully. ´**a ~ en**, *v.tr.sep.* **es mutet mich seltsam an**, it strikes me as odd. ´**a ~ ig**, *adj.* graceful; charming, pleasant (manner etc.).

´**annähen**, *v.tr.sep.* to sew on (sth.) (**an** + *acc*, to).

´**annäher|n**, *v.tr.sep.* **sich (etwas** *dat*) **a.**, to come closer (to sth.). ´**a ~ nd**, *adj.* approximate; *adv.* **nicht a.**, not nearly. ´**A ~ ung**, *f -/-en* (*a*) approach (of troops etc.); (*b*) **A. an etwas** *acc*, approximation of sth.; (*c*) (*Anfreundung*) rapprochement. **A ~ ungsversuch**, *m -(e)s/-e F:* **bei j-m A~e machen**, to make advances/overtures to s.o.

Annahme [´anna:mə], *f -/-n* **1.** (*a*) (*Annehmen*) acceptance; (*Eingang*) receipt (of a letter etc.); *Post:* **die A. verweigern**, to refuse to accept delivery; *Pol:* **A. einer Gesetzesvorlage**, passing of a bill; (*b*) = **A ~ stelle. 2.** (*Aneignung*) adoption (of a name etc.); *Jur:* **A. an Kindes Statt**, adoption (of a child). **3.** (*Vermutung*) supposition, assumption; **in der A., daß . . .**, on the assumption that . . . ´**A ~ stelle**, *f -/-n* (*Sammelstelle*) collecting point; *Rail:* baggage counter; *Post:* parcels counter.

annehm|bar [´anne:mba:r], *adj.* acceptable. ´**a ~ en**, *v.tr.sep.irr.69* (*a*) to accept (a gift, an invitation, *Com:* a bill etc.); to take (employment, an offer etc.), take on (a job); *Parl: etc:* to adopt (a resolution, proposal); *Com:* to accept (delivery of) (goods); *Bank:* to honour (a cheque, bill); (*b*) to adopt (a name, attitude etc.); (*Sache*) to take on (huge proportions, a different meaning), (*Pers.*) **schlechte Gewohnheiten a.**, to get into bad habits; *Jur:* **j-n an Kindes Statt a.**, to adopt s.o.; **eine Gesetzesvorlage a.**, to pass a bill; (*c*) **Vernunft/ Verstand a.**, to listen to reason; (*d*) (*vermuten*) to assume, presume (sth.); **angenommen, daß . . .**, suppose/supposing that . . . ; (*e*) (*kümmern*) **sich j-s/etwas** *gen* **a.**, to take care of s.o./sth. ´**A ~ lichkeiten**, *fpl* comforts, amenities.

annektier|en [anɛk´ti:rən], *v.tr. Pol:* to annex (a territory). **A ~ ung**, *f -/-en/***Annexion** [anɛksi´o:n], *f -/-en Pol:* annexation.

Anno [´ano], *adv.phr.* **A. dazumal**, (in) the olden days.

Annonc|e [a´nõ:sə], *f -/-n* advertisement. **a ~ ieren** [-õ´si:rən], *v.tr.&i.* (*haben*) to advertise (sth.).

annullier|en [anu´li:rən], *v.tr.* to annul (a marriage), cancel (a contract, flight etc.); *Jur:* to quash (a will, judgment etc.), revoke (an order etc.). **A ~ ung**, *f -/-en* cancellation; annulment; revocation.

Anode [a´no:də], *f -/-n El:* anode; *N.Am:* plate.

anomal [´anoma:l], *adj.* anomalous. **A ~ ie** [-a´li:], *f -/-n* anomaly.

anonym [ano´ny:m], *adj.* anonymous. **A ~ i´tät**, *f -/no pl* anonymity.

Anorak [´anorak], *m -s/-s Cl:* anorak.

´**anordn|en**, *v.tr.sep.* (*a*) to arrange (objects) (**nach Sachgruppen usw.**, by categories etc.); to dispose (troops etc.); (*b*) (*befehlen*) to order (s.o.'s release etc.). ´**A ~ ung**, *f -/-en* (*a*) arrangement, disposition; layout (of rooms etc.); (*b*) order; (*Vorschrift*) regulation; **A~en treffen**, to make dispositions; **auf A. des Arztes**, on doctor's orders.

´**anorganisch**, *adj. Ch:* inorganic.

anormal [´anɔrma:l], *adj.* abnormal.

´**anpacken**, *v.tr.sep.* (*a*) to seize (s.o., sth.); (*b*) **ein Problem (richtig) a.**, to tackle/set about a problem (the right way).

´**anpass|en**, *v.tr.sep.* to adjust, adapt (sth.) (**etwas** *dat*, to sth.); **der Jahreszeit/Gelegenheit angepaßt**, suitable for the time of year/occasion; **Gehälter (den Lebenshaltungskosten) a.**, to link salaries to the cost of living; **sich den Verhältnissen/an die Verhältnisse a.**, to adapt/adjust to circumstances; **sich schlecht a. können**, to have difficulties in adjusting (to new circumstances). ´**A ~ ung**, *f -/-en* adaptation, adjustment (**an** + *acc*, to). ´**a ~ ungsfähig**, *adj.* adaptable; (*vielseitig*) versatile. ´**A ~ ungsfähigkeit**, *f -/-en* adaptability.

´**anpflanzen**, *v.tr.sep.* to plant (trees etc.).

´**anpicken**, *v.tr.sep. Aus: F:* to glue (sth.) on.

´**anpirschen**, *v.tr.sep. Hunt:* to stalk (deer etc.).

´**anpöbeln**, *v.tr.sep. F:* to shout abuse at (s.o.).

´**Anprall**, *m -(e)s/-e* impact (**gegen** + *acc*, on). ´**a ~ en**, *v.i.sep.* (*sein*) **an/gegen etwas** *acc* **a.**, to strike/crash against sth.; (*Auto*) to crash/ (*Pers.*) bump into sth.

´**anprangern**, *v.tr.sep.* to pillory (s.o.).

´**anpreisen**, *v.tr.sep.irr.70* to extol (s.o., sth.); *Com:* to tout (one's wares).

´**Anprob|e**, *f -/-n Tail:* fitting. ´**a ~ ieren**, *v.tr.sep.* to try on (clothes).

´**anpumpen**, *v.tr.sep. F:* to touch (s.o.) (for money).

Anrainer [´anrainər], *m -s/- esp. Aus:* = **Anlieger**.

´**anraten**, *v.tr.sep.irr.13* to recommend (sth.); **j-m etwas a.**, to advise s.o. to do sth.

´**anrechn|en**, *v.tr.sep.* (*a*) (*berechnen*) **j-m etwas a.**, to charge s.o. for sth.; (*b*) *Com:* **wir können für Ihren alten Kühlschrank 200 Mark a.**, we can allow you 200 marks on your old refrigerator; (*c*) **j-m etwas als Fehler a.**, to count/ consider sth. as a mistake on s.o.'s part; *Fig:* **wir rechnen ihm seine Hilfe hoch an**, we greatly appreciate his help.

'**Anrecht**, n -(e)s/-e right, Jur: title (**auf etwas acc,** to sth.).

'**Anrede**, f -/-en address; opening (of a letter). '**a ~ n**, v.tr.sep. to address (s.o.).

'**anreg|en**, v.tr.sep. (a) (vorschlagen) to suggest (sth.); **j-n zu etwas** dat a., to encourage s.o. to do sth.; (b) (beleben) to stimulate (s.o., the circulation etc.); **den Appetit a.,** to whet the appetite; abs. **Tee/Kaffee regt an,** tea/coffee acts as a stimulant. '**a ~ end,** adj. stimulating. '**A ~ er,** m -s/- originator, instigator. '**A ~ ung,** f -/-en (a) stimulation, encouragement (**zu** + dat, to); (b) suggestion; **auf meine A. hin,** at my instigation; **j-m die A. zu etwas** dat geben, to give s.o. the initial idea (for sth.). '**A ~ ungsmittel,** n -s/- Med: stimulant.

'**anreicher|n**, v.tr.sep. to enrich (soil, I.C.E: the mixture etc.). '**A ~ ung,** f -/-en enrichment.

'**Anreise,** f -/-n (a) journey (there); (b) (Ankunft) arrival. '**a ~ n,** v.i.sep. (sein) (a) to travel (there); (b) to arrive.

'**Anreiz,** m -es/-e incentive, inducement (**zu etwas** dat, to sth.). '**a ~ en,** v.tr.sep. to stimulate (s.o., desires etc.); to excite, arouse (passions etc.).

'**anrempeln,** v.tr.sep. F: to barge into (s.o.).

'**anrennen,** v.i.sep.irr.15 (sein) **gegen j-n, etwas** acc a., to run/charge into s.o., sth.; **angerannt kommen,** to come running/charging up.

'**Anrichte,** f -/-n Furn: sideboard; (mit Tellerbord) dresser. '**a ~ n,** v.tr.sep. (a) Cu: to prepare (a meal, dish) (for serving); (garnieren) to garnish (a dish); to dress (a salad); (b) to cause (confusion, disaster etc.); **großen Schaden a.,** to do great damage/harm.

'**anrüchig,** adj. disreputable (person etc.); sleazy (night spot etc.); shady (business, character); **a ~ er Witz,** blue joke.

'**anrücken,** v. **1.** v.i.sep. (sein) to approach; F: to turn up. **2.** v.tr. to move (sth.) up (**an etwas** acc, closer to sth.).

'**Anruf,** m -(e)s/-e (Zuruf & Tel.) call; Nau: etc: hail; Mil: (sentry's) challenge. '**A ~ beantworter,** m -s/- Tel: answering machine. '**a ~ en,** v.tr.sep.irr.74 (a) to call to (s.o.); Nau: to hail (a ship); Mil: (Wache) to challenge (s.o.); (b) **j-n um Hilfe a.,** to appeal to s.o. for help; (c) Tel: to telephone (s.o.), N.Am: call (s.o.). '**A ~ er,** m -s/- Tel: caller. '**A ~ ung,** f -/-en Ecc: invocation; Jur: appeal (gen, to).

'**anrühren,** v.tr.sep. (a) to mix (a sauce, paint, mortar etc.); (b) usu. neg. to touch (sth.); **sie hat keinen Bissen angerührt,** she hasn't had a bite to eat.

ans [ans], prep. = **an das.**

'**Ansage,** f -/-n (a) Rad: TV: Rail: Sp: etc: announcement; (b) Cards: declaration; (Bridge) bid. '**a ~ n,** v.tr.sep. (a) Rad: TV: Rail: Sp: to announce (a programme, trains, result etc.); to give (the time etc.); (b) Cards: **Trumpf a.,** to declare trumps; **Sie sagen an,** it's your call; (c) **er hat sich zum Mittagessen angesagt,** he has told us he is coming to lunch. '**A ~ r(in),** m -s/- (f -/-nen) announcer; Th: etc: compère.

'**ansammeln,** v.tr.sep. to collect, gather together (objects etc.); to accumulate, amass (goods, wealth); **sich a.,** (Staub, Menge usw.) to collect; (Menschen) to gather; (Vermögen usw.) to accumulate. '**A ~ lung,** f -/-en collection; accumulation; gathering.

ansässig ['anzɛsiç], adj. resident; **in X a. werden,** to take up one's residence in X.

'**Ansatz. I.** m -es/⁻e **1.** (a) first sign (of buds etc.); beginning; base (of the neck etc.); **A. des Haars,** hairline; Fig: **A ~ e zur Kultur,** first beginnings of civilization; (b) Biol: rudiment (**zu einem Schwanz usw.,** of a tail etc.); (c) Tchn: extension. **2.** Mus: (Sänger) attack; (Bläser) embouchure. **II. A ~ -,** comb.fm. extension (pipe, piece etc.). '**A ~ punkt,** m -(e)s/-e starting point.

'**Ansaug-,** comb.fm. I.C.E: induction (pipe etc.); **A ~ hub** m. induction/suction stroke; **A ~ krümmer** m, inlet/induction manifold. '**a ~ en,** v.tr.sep. to suck in/up (air etc.).

'**ansausen,** v.i.sep. (sein) **angesaust kommen,** to come tearing up.

'**anschaff|en,** v.tr.sep. **sich** dat **etwas a.,** to acquire/(kaufen) purchase sth.; F: **wir wollen uns einen Hund a.,** we want to get ourselves a dog. '**A ~ ung,** f -/-en acquisition; (Kauf) purchase. '**A ~ ungskosten,** pl prime cost. '**A ~ ungspreis,** m -es/-e cost/purchase price.

'**anschalten,** v tr.sep. to turn on (a radio etc.).

'**anschau|en,** v.tr.sep. esp. South G: to look at (s.o., sth.); to watch (a TV programme etc.), **das muß ich mir a.,** I must have a look at that. '**a ~ lich,** adj. clear (picture); graphic, vivid (description); **j-m etwas a. machen,** to make sth. clear/bring sth. home to s.o. '**A ~ lichkeit,** f -/no pl clarity, vividness. '**A ~ ung,** f -/-en opinion, view (**über etwas** acc, on sth). '**A ~ ungsmaterial,** n -s/-ien illustrative material; Sch: visual aids; (für Versuche) demonstration material. '**A ~ ungsunterricht,** m -(e)s/no pl Sch: teaching with visual aids; Fig: object lesson. '**A ~ ungsweise,** f -/-n view (of things).

'**Anschein,** m -(e)s/no pl appearance, look; (täuschend) semblance; **allem A. nach,** to all appearances; **es hat den A., als wolle es regnen,** it looks like rain; **sich** dat **den A. geben, etwas zu sein,** to pretend to be sth. '**a ~ end,** adv. apparently.

'**anschicken,** v.refl.sep. **sich a., etwas zu tun,** to get ready/prepare to do sth.

'**anschieben,** v.tr.sep.irr.82 to push-start (a car).

'**anschießen,** v.tr.sep.irr.31 (a) to shoot at (and wound) (s.o., an animal); (b) F: (kritisieren) to have a go at (s.o.).

'**Anschiß,** m -sses/-sse P: **einen A. kriegen,** to get a blowing out.

'**Anschlag,** m -(e)s/⁻e **1.** (Bekanntmachung) (public) notice; (Plakat) poster; **einen A. am schwarzen Brett machen,** to put up a notice on the (notice) board. **2.** (Überfall) attack; **einen A. auf j-n machen,** to make an attempt on s.o.'s life. **3.** (a) (Anprall) impact; (Geräusch) thud; (b) touch (of a pianist, piano; Typewr:) of a key etc.; Typewr: **240 A ~ e in der Minute schreiben,** to hit 240 keys per minute; **Zeilenlänge von 50 A ~ en,** line of 50 spaces; (c) (beim Versteckspiel) home. **4.** (a) Mil: Hunt: **das Gewehr im A. halten,** to hold the rifle in the aiming position; (b) Tchn: stop (of a door, machine etc.). '**A ~ brett,** n -(e)s/-er notice board;

N.Am: bulletin board. '**a ~ en**, *v.sep.irr.85* **1.** *v.tr.* (*a*) to put up (a notice, poster etc.); (*mit Nägeln*) to nail on (a board etc.); (*b*) to strike, hit (*Mus:* a note, *Typewr:* a key etc.); *Fig:* **einen anderen Ton a.**, to change one's tune; (*c*) *Games:* (*Versteckspiel*) **sich a.**, to be home; (*d*) (*beschädigen*) to knock, chip (a plate, glass etc.); *F:* **sich** *dat* **den Kopf a.**, to knock/bump one's head; (*Pers.*) **schwer angeschlagen**, groggy; (*betrunken*) completely sloshed; (*e*) *Knit:* to cast on (a stitch). **2.** *v.i.* (*haben*) (*a*) to knock (**an etwas** *acc*, on/against sth.); *Swim:* (**am Beckenrand**) **a.**, to touch the end of the pool; (*b*) (*Uhr*) to start striking; (*Hund*) to start barking. '**A ~ tafel**, *f* -/-n = **A ~ brett.** '**A ~ zettel**, *m* -s/- bill.

'**anschließen**, *v.tr.sep.irr.31* (*a*) to join, attach (sth.) (**an etwas** *acc*, to sth.); *El: etc:* to connect (up) (an appliance) (**ans Netz**, to the mains); *Rad: TV:* **Sender a.**, to link (up) transmitters; **angeschlossen sind die BBC und das ZDF**, this programme is also transmitted by the BBC and ZDF; (*b*) to affiliate (a group) (**an eine Organisation**, to an organization); **sich j-m, einer Partei usw. a.**, to join up with s.o., a party etc.; **wollen Sie sich uns a.?** will you join us? **sich j-s Meinung a.**, to fall in with/endorse s.o.'s ideas; (*c*) (*folgen*) **sich an etwas** *acc* **a.**, to follow (immediately) after sth.; **dem Vortrag schloß sich eine Diskussion an**, the lecture was followed by a discussion; **an den Schulhof schließt sich ein Sportplatz an**, there is a playing field next to the school playground. '**a ~ d**, *adv.* (immediately) afterwards.

'**Anschluß. I.** *m* -sses/-sse **1.** (*Verbindung*) (*a*) *Tel: El: Rail: etc:* connection; **sie haben keinen A.**, *El: etc:* they are not connected to the mains; *Tel:* they are not on the telephone; *Tel:* **die Firma hat 7 Anschlüsse**, the firm has 7 lines; *Rail:* **A. haben**, to have a connection; **A. an einen Zug haben**, to connect with a train; **den A. verpassen**, (i) to miss one's connection; (ii) *F:* to miss the boat; (*b*) *no pl* connecting (up), joining (of sth.); affiliation (of a society); *Pol:* **A. eines Staates an eine Union**, entry of a state into a union. **2.** (*Kontakt*) contact; **er findet schwer A.**, he has difficulty in making (social) contact/getting on with people; **sie sucht A.**, she wants to make friends. **3. im A. an** + *acc*, following; *Com:* **im A. an unser Schreiben vom . . .**, with further reference to our letter of the . . . **II.** '**A ~ -**, *comb.fm.* connecting (train etc.); *El:* **A ~ kabel** *n*, connecting/mains lead.

'**anschmiegen**, *v.tr.sep.* **sich a.**, (*Pers., Tier*) to snuggle up (**an j-n, etwas** *acc*, to s.o., sth.); (*Kleid*) to cling (**an die Figur**, to the figure). '**a ~ sam**, *adj.* affectionate.

'**anschmieren**, *v.tr.sep.* (*a*) to smear, (*mit Farbe*) daub (sth.); (*b*) *F:* to diddle, con (s.o.); **da bist du schön angeschmiert worden!** you've been properly had!

'**anschnallen**, *v.tr.sep.* to fasten the strap(s) of (a rucksack etc.); to put on (skates, skis); *Aut: Av:* **sich a.**, to fasten one's seat belt. '**A ~ gurt**, *m* -(e)s/-e *Aut: Av:* seat belt. '**A ~ pflicht**, *f* -/*no pl* compulsory wearing of seat belts.

'**anschnauzen**, *v.tr.sep. F:* **j-n a.**, to bite s.o.'s head off.

'**anschneiden**, *v.tr.sep.irr.59* (*a*) to cut into (a loaf); (*b*) **ein Thema a.**, to broach a subject; (*c*) *Cl:* **angeschnittener Ärmel**, dolman sleeve.

'**anschrauben**, *v.tr.sep.* to screw (sth.) on (**an** + *acc*, to).

'**anschreiben**, *v.tr.sep.irr.12* (*a*) to write (sth.) (**an etwas** *acc*, on sth.); (*b*) *Com:* **etwas a. lassen**, to have sth. charged (to one's account); to buy sth. on credit; *Fig:* **bei j-m gut angeschrieben sein**, to be in s.o.'s good books; (*c*) *Adm:* to write to (s.o., an authority etc.).

'**anschreien**, *v.tr.sep.irr.88* to shout at (s.o.). '**Anschrift**, *f* -/-en address.

anschuldigen, *v.tr.sep. Lit:* **j-n eines Vergehens usw. a.**, to accuse s.o. of an offence etc. '**A ~ ung**, *f* -/-en accusation; allegation.

'**anschwärzen**, *v.tr.sep.* to denigrate (s.o.) (**bei j-m**, in s.o.'s eyes).

'**anschwellen**, *v.i.sep.irr.71* (*sein*) to swell; (*Fluß*) to rise; (*Lärm usw.*) to grow louder.

'**anschwemmen**, *v.tr.sep.* (*Meer usw.*) to wash (sth.) up.

'**anschwindeln**, *v.tr.sep. F:* to tell (s.o.) a fib.

'**ansehen. I.** *v.tr.sep.irr.92* (*a*) to look at (s.o., sth.); *TV:* to watch (a programme); **j-n böse a.**, to give s.o. a nasty look; **j-n von oben bis unten a.**, to look s.o. up and down; **darf ich es (mir) mal a.?** may I have a look at it? **ich kenne sie vom A.**, I know her by sight; **sich** *dat* **einen Film/eine Ausstellung a.**, to go and see a film/an exhibition; *abs. F:* **sieh mal einer an!** fancy that! (*b*) (*dulden*) **etwas (stillschweigend) mit a.**, to stand by and watch sth.; (*c*) (*anmerken*) **j-m etwas a.**, to see sth. from s.o.'s appearance; **man sieht ihm sein Alter nicht an**, he does not look his age; (*d*) (*einschätzen*) **etwas anders a.**, to look at/view sth. differently, take a different view of sth.; **wie ich die Sache ansehe**, as I see it; **in my view**; **ich sehe es als meine Pflicht an, zu . . .**, I regard it/look upon it as my duty to . . .; (*e*) (*untersuchen*) **etwas auf seine Brauchbarkeit hin a.**, to consider sth. with an eye to its usefulness. **II. A.**, *n* -s/*no pl* (*a*) respect; **hohes A.**, high standing; **hohes A. genießen/in hohem A. stehen**, to be highly respected/held in great respect; (*b*) **ohne A. der Person**, regardless of status. '**a ~ nlich**, *adj.* considerable.

'**anseilen**, *v.tr.sep. Mount:* to rope (climbers) together, rope (s.o., oneself) (**mit j-m**, to s.o.).

'**ansetzen**, *v.sep.* **1.** *v.tr.* (*a*) to place (a tool etc.) in position/at the ready; to put (a wind instrument, glass) to one's lips; (*b*) (*festlegen*) to fix, arrange (a meeting etc.); (*c*) to estimate, allow (an amount, a period); *Com: etc:* to quote (a price); (*e*) (*Baum*) **Knospen/Früchte a.**, to (be in) bud/fruit; (*Eisen*) **Rost a.**, to get rusty, to rust; *F:* **Fett a.**, to put on weight. **2.** *v.i.* (*haben*) to start; (*Pers.*) **zum Sprung/zum Reden a.**, to get ready to jump/to speak.

'**Ansicht**, *f* -/-en **1.** view; (*a*) (*Meinung*) opinion (**über** + *acc*, of); **meiner A. nach**, in my opinion; **ich bin anderer A.**, I take a different view; (*b*) (*Blick*) **vordere A.**, front view/*Tchn:* elevation; *Art: Phot:* **eine A. der Stadt Köln**, a view/picture of Cologne. **2.** *Com:* **zur A.**, for inspection; **Waren zur A. schicken**, to send goods on approval. '**A ~ sexemplar**, *n* -s/-e *Pub:* inspection copy. '**A ~ skarte**, *f* -/-n picture postcard. 'A~ssache, *f -/no pl* matter of opinion.

'ansied|eln, *v.tr.sep.* to settle (people); sich a., to settle (down) (in a place). 'A~lung, *f -/-en* settlement.

an'sonsten, *adv. F:* otherwise.

'anspann|en, *v.tr.sep.* (*a*) to harness (a horse) (an + *acc,* to); to tauten (a rope); to tense (the muscles), strain (one's nerves); alle (seine) Kräfte a., to summon up all one's strength. 'A~ung, *f* etwas unter A. aller Kräfte tun, to put all one's strength/energy into doing sth.

'Anspiel, *n -(e)s/-e* 1. *Sp:* opening (of play); *Games:* first turn; *Cards:* lead. 2. *Fb:* pass. 'a~en, *v.sep.* 1. *v.i.* (*haben*) (*a*) *Games:* to start playing; *Fb:* to kick off; *Cards: etc:* to lead off; (*b*) (*hinweisen*) auf j-n, etwas *acc* a., to allude to s.o., sth.; (*versteckt*) to hint at sth. 2. *v.tr. Fb:* einen Spieler a., to pass the ball to a player. 'A~ung, *f -/-en* allusion (auf + *acc,* to); (versteckte) A., hint; hidden reference.

'anspitz|en, *v.tr.sep.* to sharpen (a pencil etc.). 'A~er, *m -s/-* (pencil etc.) sharpener.

'Ansporn, *m -(e)s/no pl* incentive, spur (zu etwas *dat*/etwas zu tun, to do sth.) 'a~en, *v.tr.sep.* to spur on (one's horse); *Fig:* to spur, urge (s.o.) on (zu etwas *dat*, to do sth.).

'Ansprache, *f -/-en* speech, address.

ansprech|bar ['anʃprɛçbaːr], *adj.* (*Pers.*) free, approachable; *F:* er ist heute nicht a., you won't get anything out of him today. 'a~en, *v.sep. irr.14* 1. *v.tr.* to speak to (s.o.) (auf etwas *acc,* about sth.); to address (s.o., a crowd etc.). 2. *v.i.* (*haben*) (*reagieren*) (*Maschine, Instrument usw.*) to respond (auf etwas *acc,* to sth.); (*Pers.*) auf die Behandlung a., to respond to treatment; (*gefallen*) (*Theaterstück, Buch usw.*) to appeal/*F:* catch on. 'a~end, *adj.* attractive, appealing.

'anspringen, *v.sep.irr.19* 1. *v.tr.* (*Hund*) to jump up at (s.o.). 2. *v.i.* (*sein*) (*Motor*) to start.

'Anspruch, *m -(e)s/-̈e* claim; (*a*) seine A~e auf etwas *acc* geltend machen, to assert one's claims to sth.; A. auf etwas *acc* haben/erheben, to be entitled to/lay claim to sth.; (*b*) *pl* (hohe) A~e stellen, to make (heavy) demands (an j-n, on s.o.); er stellt keinerlei A~e, he is modest/ undemanding; (*c*) j-n, etwas in A. nehmen, to make claims on/demands upon s.o., sth.; ich bin heute stark in A. genommen, I am very busy today; viel Zeit in A. nehmen, to take up a lot of time. 'a~slos, *adj.* (*bescheiden*) modest; unpretentious (hotel etc.); undemanding, unassuming (person); unambitious (project); lowbrow (literature); frugal (way of life). 'A~slosigkeit, *f -/no pl* modesty; frugality. 'a~svoll, *adj.* exacting, fastidious (person, taste); sophisticated, highbrow (literature etc.).

'anstacheln, *v.tr.sep.* to goad/egg (s.o.) on; to fire (s.o.'s ambition, imagination).

Anstalt ['anʃtalt], *f -/-en* 1. institution; (*für Geisteskranke*) (mental) hospital, asylum; (*für Alte*) home. 2. *pl* arrangements; A~en machen, etwas zu tun, to prepare to do sth.; (*so tun, als ob*) to make as if to do sth.

'Anstand, *m -(e)s/-̈e* 1. *no pl* decorum, propriety; (moralischer) A., decency; gegen allen A., contrary to all notions of decency; den A.

wahren, to observe the proprieties; ich werde ihm A. beibringen! I'll teach him how to behave! 2. *pl South G:* difficulties, trouble. 'A~sbesuch, *m -(e)s/-e* formal call. 'A~sdame, *f -/-n* chaperone. 'A~sformen, *fpl* proprieties. 'a~shalber, *adv.* for decency's sake. 'a~slos, *adv.* unhesitatingly. 'A~swauwau, *m -s/-s F:* chaperone.

'anständig, *adj.* 1. decent, well-behaved (person); proper (conduct etc.); reputable (person, firm etc.); respectable (person, dress etc.); ein a~er Witz, a clean joke; *adv.* sich a. benehmen, to behave properly/decently. 2. *F:* (*a*) (*ziemlich gut/groß*) decent (meal, portion, hotel etc.); eine a~e Summe, a tidy sum; der Wein ist ganz a., the wine is not at all bad; (*b*) (*richtig*) real, proper; eine a~e Tracht Prügel, a proper hiding. 'A~keit, *f -/no pl* decency, respectability; decorum, propriety.

'anstarren, *v.tr.sep.* to stare at (s.o., sth.).

an'statt, *conj. & prep.* + *gen* instead of; a. dort zu sitzen, instead of sitting there.

'anstauen, *v.tr.sep. Fig:* (*Emotionen*) sich a., to get bottled up; angestaut, pent up (emotions).

'anstaunen, *v.tr.sep.* to gaze at (s.o., sth.) in amazement/(*bewundernd*) in admiration.

'anstechen, *v.tr.sep.irr.14* to prick, puncture (sth.); ein Faß a., to tap a barrel.

'ansteck|en, *v.tr.sep.* (*a*) (*mit Nadel*) to pin (sth.) on; sich *dat* eine Blume a., to put a flower in one's buttonhole; (*b*) (*anzünden*) to set fire to (sth.); to light (a fire, cigarette etc.); (*c*) *Med:* to infect (s.o.) (mit einer Krankheit, *F:* seiner Begeisterung usw., with a disease, *F:* one's enthusiasm etc.); angesteckt werden/sich a., to become infected; to catch an infection; *F:* Gähnen steckt an, yawning is infectious; 'a~end, *adj.* infectious. 'A~nadel, *f -/-n* lapel badge; *Jewel:* decorative pin. 'A~ung, *f -/-en Med: etc:* infection.

'anstehen, *v.i.sep.irr.100* (*haben*) (*a*) to stand in a queue/*N.Am:* line, queue (up) (nach Eintrittskarten usw., for tickets etc.); (*b*) Schulden usw. a. lassen, to allow debts, etc. to accumulate; (*c*) es steht mir nicht an, mich einzumischen, it would not be proper for me to intervene.

'ansteigen, *v.i.sep.irr.89* (*Gelände, Preise*) to rise; (*Straße*) to climb.

an'stelle, *prep.* + *gen* instead of.

'anstell|en, *v.tr.sep.* (*a*) to stand, place (sth.) (an etwas *acc,* against sth.); die Leiter a., to put the ladder in position; (*b*) (*Pers.*) sich a., to stand in a queue/*N.Am:* line; to queue (up) (nach etwas *dat*/um etwas *acc,* for sth.); (*c*) (*einstellen*) to employ, take on (s.o.); (fest) angestellt, in (regular) employment; (*d*) (*in Gang setzen*) to start (machinery); (*e*) to contrive, manage (to do sth.); ich weiß nicht, wie ich es a. soll, I've no idea how to set about it/ manage it; *F:* etwas a., to do something silly; to make trouble; was hat er bloß angestellt? what has he been up to? (*f*) *F:* sich geschickt/ dumm a., to show skill/act stupidly; stell dich nicht so an! don't make so much fuss! 'a~ig, *adj.* skilful. 'A~ung, *f -/-en* employment.

'ansteuern, *v.tr.sep. Nau: Av:* to head for (sth.).

Anstieg ['anʃtiːk], *m -(e)s/-e* (*a*) ascent, climb; (*b*) rise (der Preise usw., in prices etc.).

'anstift|en, *v.tr.sep.* to cause, bring about (confusion etc.); to instigate (a crime, revolt etc.); **j-n zu etwas** *dat* **a.,** to incite s.o./put s.o. up to (doing) sth. 'A ~ er(in), *m* -s/- (*f* -/-nen) instigator. 'A ~ ung, *f* -/-en instigation; incitement (**eines Verbrechens,** to a crime).

'anstimmen, *v.tr.sep.* to strike up (a song); **ein Gelächter a.,** to start laughing.

'Anstoß, *m* -es/=e **1.** (*Anlaß*) impetus; **den** (**ersten**) **A. zu etwas** *dat* **geben,** to initiate sth. **2.** (*Ärgernis*) offence; **A. an etwas** *dat* **nehmen,** to take offence at sth./exception to sth.; **ich wollte keinen A. erregen,** I did not mean to cause offence/hurt anyone's feelings. **3.** *Fb:* kick-off. 'a ~ en, *v.sep.irr.103* **1.** *v.tr.* (*a*) to give (s.o., sth.) a push/knock; (*mit dem Ellbogen*) to nudge s.o.; **angestoßen,** bruised (fruit); (*b*) *abs. Fb:* to kick off. **2.** *v.i.* (*a*) (*sein*) **an etwas** *acc* **a.,** to knock/bump against sth.; (*b*) (*haben*) **mit der Zunge a.,** to lisp; (**mit den Gläsern**) **a.,** to clink glasses (with s.o.); **auf j-s Wohl a.,** to drink s.o.'s health; (*c*) (*haben*) (*angrenzen*) **an etwas** *acc* **a.,** to adjoin/be adjacent to sth.

anstößig ['anʃtøːsiç], *adj.* offensive.

'anstrahlen, *v.tr.sep.* (*a*) (*Licht*) to shine on sth.; (*Scheinwerfer*) to floodlight (a building etc.); to spotlight (s.o., a single object); (*b*) *F:* (*Pers.*) to beam at s.o.

'anstreich|en, *v.tr.sep.irr.40* (*a*) to coat (sth.) (**mit etwas** *dat,* with sth.); (*mit Farbe*) to paint (sth.); (*b*) to mark (a passage, mistake etc.); *F:* **das werde ich ihm a.!** I'll make him pay for this! 'A ~ er, *m* -s/- (house) painter.

anstreng|en ['anʃtrɛŋən], *v.tr.sep.* (*a*) to strain (one's eyes, voice); **diese Arbeit strengt mich an,** this work is an effort for me; (*b*) **sich a.,** to make an effort, try hard (to do sth.); (*körperlich*) to exert oneself; **du mußt dich mehr a.,** you must work harder; **sich zu sehr a.,** to over-exert/strain oneself. 'a ~ end, *adj.* strenuous, (*erschöpfend*) exhausting (work etc.). 'A ~ ung, *f* -/-en effort, exertion; strain (for the eyes etc.); **trotz aller A ~ en,** in spite of every effort.

'Anstrich, *m* -(e)s/-e **1.** (*a*) (*Anstreichen*) painting; application (of paint); (*b*) (*Farbe*) paint(work); (*Schicht*) coat. **2.** *Fig:* look; **A. von Vornehmheit,** touch of distinction.

'Ansturm, *m* -(e)s/=e (*a*) *Mil: etc:* assault (**auf** + *acc,* on); (*b*) (*Andrang*) rush (**nach** + *dat/* **auf** + *acc,* for); (*kopflos*) stampede; *Fig:* **A. von Touristen,** tourist invasion. 'anstürmen, *v.i.sep.* (*sein*) (*a*) *Mil: etc:* **gegen den Feind/eine Stellung a.,** to charge the enemy/storm a position; (*b*) (*Pers.*) to rush (**gegen** + *acc,* into).

'Ansuchen, *n* -s/- request; *Adm:* application (**um** + *acc,* for); **auf mein A.,** at my request.

Antagonis|mus [antago'nismus], *m* -/-men antagonism. **A ~ t,** *m* -en/-en antagonist. **a ~ tisch,** *adj.* antagonistic (**gegen** + *acc,* to).

Antarkt|is [ant''arktis]. *Pr.n.f -. Geog:* **die A.,** the Antarctic. **a ~ isch,** *adj.* antarctic.

'antasten, *v.tr.sep.* (*a*) to touch (an object, money etc.), *Fig:* touch on (a subject); (*b*) (*schmälern*) to cast a slur on (s.o.'s name).

'Anteil, *m* -(e)s/-e **1.** share, portion (**von etwas** *dat,* of sth.); (*im Gemisch*) proportion; **A. am Gewinn,** share in/of the profits; **A. an etwas**

dat **haben,** to participate/play an active part in sth. **2.** *no pl* **A. an etwas** *dat* **nehmen,** to take an interest in sth., (*besorgt*) be concerned about sth. 'a ~ mäßig, *adj.* proportional. 'A ~ nahme, *f* -/no pl sympathy (**für j-n,** for s.o.; **an j-s Unglück** *dat,* with s.o.'s misfortune).

Antenne [an'tɛnə], *f* -/-n **1.** *Rad: TV:* aerial. **2.** *pl Z:* antennae, *F:* feelers (of insect).

Anthologie [antolo'giː], *f* -/-n anthology.

Anthrazit [antra'tsiːt], *m* -s/*occ*-e *Min:* anthracite. **a ~ farben,** *adj.* charcoal grey.

Anthropo|loge [antropo'loːgə], *m* -n/-n anthropologist. **A ~ logie** [-lo'giː], *f* -/no pl anthropology. **a ~ logisch,** *adj.* anthropological.

Anti-, anti- ['anti-], *prefix* anti-. 'A ~ alko-'holiker(in), *m* -s/- (*f* -/-nen) teetotaller. 'a ~ autori'tär, *adj.* permissive (attitude, person, etc.); **a ~ e Erziehung,** non-disciplinarian upbringing. 'A ~ 'babypille, *f* -/-n *F:* the pill. **A ~ biotikum** [-bi'oːtikum], *n* -s/-ka *Pharm:* antibiotic. **a ~ bi'otisch,** *adj.* antibiotic. 'A ~ körper, *m* -s/- *Physiol:* antibody. **A ~ pathie** [-pa'tiː], *f* -/-n antipathy (**gegen** + *acc,* to). **A ~ semit** [-ze'miːt], *m* -en/-en anti-semite. **a ~ se'mitisch,** *adj.* anti-semitic. **A ~ septikum** [-'zɛptikum], *n* -s/-ka *Med:* antiseptic. **a ~ 'septisch,** *adj.* antiseptic. **A ~ 'these,** *f* -/-n antithesis. **a ~ 'thetisch,** *adj.* antithetical.

antik [an'tiːk], *adj.* (*a*) classical (art, literature); ancient (Greece, Rome); (*b*) antique (furniture etc.). **A ~ e,** *f* -/-n **1.** *usu. pl* **A ~ n,** antiquities. **2. die A.,** the ancient world.

Antillen [an'tilən]. *Pr.n.pl Geog:* **die A.,** the West Indies.

Antilope [anti'loːpə], *f* -/-n *Z:* antelope.

Antiquar [anti'kvaːr], *m* -s/-e secondhand/ antiquarian bookseller. **A ~ iat** [-kvari'aːt], *n* (e)-s/-e secondhand/(*mit wertvollen Büchern*) antiquarian bookshop. **a ~ isch,** *adj.* secondhand (book, bookshop).

antiquiert [anti'kviːrt], *adj.* antiquated.

Antiquität [antikvi'tɛːt], *f* -/-en *usu. pl* antique. **A ~ en-,** *comb.fm.* antique (dealer, shop etc.).

Antlitz ['antlits], *n.* -es/-e *B: & Lit:* countenance.

Antrag ['antraːk], *m* -(e)s/=e **1.** (*a*) (*Vorschlag*) proposal; *Parl: etc:* motion; (*b*) *Adm:* application; *Jur:* petition (**auf etwas** *acc,* for sth.). **2.** (*Angebot*) offer; proposal (of marriage); **einem Mädchen einen A. machen,** to propose to a girl. 'A ~ sformular, *n* -s/-e application form. 'A ~ steller, *m* -s/- applicant; *Jur:* petitioner.

'antreffen, *v.tr.sep.irr.104* to find (s.o.) (**bei etwas** *dat,* doing sth.; **zu Hause,** at home).

'antreiben, *v.tr.sep.irr.12* (*a*) to urge, drive (a horse etc.); **j-n zur Eile a.,** to hustle s.o.; (*b*) (*Motor usw.*) to power, drive (a vehicle etc.).

'antreten, *v.sep.irr.105* **1.** *v.tr.* to set out on (a journey); to start (a job); to enter upon (a career); **ein Erbe a.,** to come into an inheritance; **sein Amt a.,** to assume/take up office. **2.** *v.i.* (*sein*) *Mil: etc:* (**in Linie**) **a.,** to fall in; *Sp:* **gegen X** *acc* **a.,** to compete against X.

'Antrieb, *m* -(e)s/-e **1.** *Mec.E:* drive; *Av:* propulsion; **mit eigenem A.,** self-propelled; **Maschinen mit elektrischem A.,** electrically driven machinery. **2.** *Fig:* motive; **aus eigenem A.,** of one's own accord/independently; **es gab ihm neuen A.**, it gave him fresh impetus. ´A ~ s-, *comb.fm. Mec.E:* driving (axle, belt, motor etc.); A ~ **rad** *n,* driving wheel/gear; A ~ **welle** *f,* drive shaft; (*im Getriebe*) input shaft.

´**antrinken**, *v.tr.sep.irr.96 F:* **sich** *dat* **Mut a.**, to take a drop of Dutch courage.

´**Antritt**, *m* -(e)s/-e start (of a journey etc.); taking up (an office). ´A ~ s-, *comb.fm.* inaugural (lecture, address etc.); A ~ **besuch** *m,* initial (formal) visit.

´**antun**, *v.tr.sep.irr.106* **j-m etwas a.**, to do sth. to s.o.; **j-m Böses a.**, to do s.o. harm; **sich** *dat* **Zwang a.**, to restrain oneself; *Iron:* **tun Sie sich** *dat* **keinen Zwang an**, don't force yourself; **er könnte sich** *dat* **etwas a.**, he might take his own life; (*b*) (*bezaubern*) **sie hat es ihm angetan**, he is fascinated by her/under her spell.

Antwerpen [´antvɛrpən]. *Pr.n.n* -s. *Geog:* Antwerp.

Antwort [´antvɔrt], *f* -/-en answer; reply (**auf** + *acc,* to); **abschlägige A.**, refusal; **schlagfertige A.**, retort; **sie blieb ihm keine A. schuldig**, she had an answer for everything he said; **um A. wird gebeten**, an answer is requested; *usu. abbr.* RSVP; *Tel:* **keine A.**, no reply. ´a ~ **en**, *v.i.* (*haben*) to answer (j-m, s.o.), reply (j-m, to s.o.; **auf etwas** *acc,* to sth.); **j-m auf eine Frage a.**, to answer s.o.'s question; **mit Ja/Nein a.**, to answer yes/no. ´A ~ **schein**, *m* -(e)s/-e *Post:* **internationaler A.**, international reply coupon.

´**anvertrauen**, *v.tr.sep.* (*a*) **j-m etwas/ein Kind a.**, to entrust s.o. with sth./a child; *Jur:* **anvertrautes Gut**, property held in trust; (*b*) **sich j-m a.**, to confide in s.o.

´**anwachsen**, *v.i.sep.irr.107* (*sein*) (*a*) (*Pflanze*) to take root; *Med:* (*Transplantat*) to take; (*b*) (*zunehmen*) to increase, grow; (*Zinsen*) to accrue.

Anwalt [´anvalt], *m* -(e)s/-̈e (*a*) *Jur:* lawyer; **mein A.**, my solicitor/(*vor Gericht*) barrister; *N.Am:* my attorney; **A. des Angeklagten**, counsel for the defence; (*b*) *Fig:* (*Verfechter*) advocate; champion (**einer Sache**, of a cause). ´A ~ -**schaft**, *f* -/-en *Jur:* **1.** *coll.* **die A.**, the legal profession. **2.** (*Vertretung*) acting as counsel.

´**anwandeln**, *v.tr.sep.* (*Emotion*) to come over (s.o.). ´A ~ **lung**, *f* -/-en fit (of anger etc.); **in einer A. von Schwäche**, in a weak moment.

´**anwärmen**, *v.tr.sep.* to take the chill off (sth.).

´**Anwärter**|(**in**), *m* -s/- (*f* /-nen) candidate; *Sp:* contender (**auf** + *acc,* for).

´**Anwartschaft**, *f* -/occ -en candidature.

´**anweis**|**en**, *v.tr.sep.irr.70* (*a*) (*zuteilen*) to assign, allot (a room etc.) (j-m, to s.o.); *Th: Cin: etc:* **j-m einen Platz a.**, to show s.o. to a seat; (*b*) (*anleiten*) to give (s.o.) directions/instructions; to instruct (s.o.) (to do sth.); (*c*) (*überweisen*) to pay, *Bank:* transfer (a sum) (j-m, to s.o.). ´A ~ **ung**, *f* -/-en (*a*) allotment; assignment; (*b*) instruction; **j-m A. geben, etwas zu tun**, to instruct s.o. to do sth.; *Com:* **Ihren A ~ en gemäß**, as instructed; (*c*) remittance; *Bank:* transfer; (*Schein*) (money) order.

anwend|**bar** [´anvɛntba:r], *adj.* applicable. ´a ~ **en**, *v.tr.sep.irr.94* to apply (a method, rule, law etc.) (**auf** + *acc,* to); (*gebrauchen*) to use (an object, money, force etc.); **Geduld a.**,

to exercise patience. ´A ~ **ung**, *f* -/-en application; use. ´A ~ **ungsbereich**, *m* -(e)s/-e field of application.

´**anwerb**|**en**, *v.tr.sep.irr.5* to recruit (helpers, soldiers etc.); to attract (customers, members). ´A ~ **ung**, *f* -/-en recruitment.

´**Anwesen**, *n* -s/- estate. **a ~ d** [´anve:zənt], *adj.* present (**bei** + *dat,* at); **die A ~ en**, those present. ´A ~ **heit**, *f* -/no *pl* presence; **man erwartet Ihre A.**, you are expected to attend. ´A ~ **heitsliste**, *f* -/-n attendance sheet.

anwidern [´anvi:dərn], *v.tr.sep.* to disgust, repel (s.o.).

´**Anzahl**, *f* -/no *pl* number. ´**a ~ en**, *v.tr.sep.* to pay (a sum) as a deposit; to pay a deposit on (a TV etc.). ´A ~ **ung**, *f* -/-en *Com:* deposit.

´**anzapf**|**en**, *v.tr.sep.* (*a*) to tap (a barrel, tree, *F: Tel:* wire); (*b*) *F:* to touch (s.o.) (**um Geld**, for money) ´A ~ **ung**, *f* -/-en *Tel:* wire tapping.

´**Anzeichen**, *n* -s/- indication, sign.

Anzeige [´antsaigə], *f* -/-n **1.** announcement (of a death etc.); (*Inserat*) advertisement. **2.** *Jur:* notification (of the authorities); **A. wegen einer Sache/gegen j-n erstatten**, to report sth./s.o. to the authorities. **3.** *Tchn:* reading (on a gauge etc.); *Data-pr:* display. ´**a ~ n**, *v.tr.sep.* (*a*) (*bekanntgeben*) to announce, give notice of (a marriage etc.); (*b*) *Meas:* to indicate (a reading); **das Thermometer zeigt 30 Grad an**, the thermometer registers/records 30 degrees; (*c*) *Jur: etc:* (*melden*) to report (s.o., sth.) to the police/(*den Behörden*) the authorities; (*bei Gericht*) to take proceedings against (s.o.). ´A ~ **n**-, *comb.fm.* advertising (campaign etc.); A ~ **tarife** *mpl,* advertising rates; A ~ **vermittlung** *f,* advertising agency; A ~ **teil** *m* advertisement section (in a newspaper) ´A ~ **pflicht**, *f* -/no *pl* obligation to notify the police/authorities. ´**a ~ pflichtig**, *adj.* notifiable (disease, crime etc.). ´A ~ **r**, *m* -s/- indicator. ´A ~ **tafel**, *f* -/-n indicator board; *Sp:* scoreboard.

anzetteln, *v.tr.sep.* to instigate (a plot etc.).

´**anzieh**|**en**, *v.sep.irr.113* **1.** *v.tr.* (*a*) **die Knie a.**, to draw up one's knees; (*b*) to put on (clothes, shoes etc.); to dress (s.o.); **sich a.**, to put on one's clothes, to dress (oneself); **warm angezogen**, warmly dressed; (*c*) (*Magnet usw. & Fig:*) to attract (s.o., sth.); **sich von j-m angezogen fühlen**, to feel attracted to s.o.; **Gegensätze ziehen sich an**, opposites attract one another; (*d*) (*festschrauben*) to tighten (a screw etc.); *Equit:* **die Zügel a.**, to draw rein. **2.** *v.i.* (*haben*) (*a*) (*Pferd, Zug usw.*) to start, move off; (*b*) *Chess: etc:* to start, have the first move; (*c*) *Com: Fin:* (*Preise usw.*) to rise. ´**a ~ end**, *adj.* attractive. ´A ~ **ung**, *f* -/-en attraction. ´A ~ **ungskraft**, *f* -/no *pl* attraction, appeal (of a book etc.); *Ph: & Fig:* magnetism; *Ph:* **A. der Erde**, (power of) gravitation.

´**Anzug**, *m* -(e)s/-̈e **1.** *Cl:* suit. **2.** *no pl* approach; **im A. sein**, (*Sturm*) to be gathering; (*Gefahr usw.*) to be imminent.

anzüglich [´antsykliç], *adj.* suggestive **1.** *no pl.* ´A ~ **keit**, *f* -/-en suggestiveness. **2.** suggestive remark.

´**anzünde**|**n**, *v.tr.sep.* to light (a cigarette, fire etc.); to set fire to (sth.). ´A ~ **r**, *m* -s/- lighter (for fire, gas etc.).

'anzweifeln, *v.tr.sep.* to question, shed doubt on (s.o.'s words etc.).

apart [a'part], *adj.* distinctive; striking (face, person); stylish (dress etc.); a. aussehen, to look striking.

Apartment [a'partmənt], *n* -s/-s (luxury) flat, *N.Am:* apartment. A ~ haus, *n* -es/-er block of (luxury) flats/*N.Am:* apartments.

Apath|ie [apa'ti:], *f* -/no pl apathy. a ~ isch [a'pɑ:tiʃ], *adj.* apathetic; *esp. adv.* listless(ly).

Apennin [ape'ni:n]. *Pr.n.m* -s. *Geog:* der A./die A ~ en, the Apennines.

Aperitif [aperi'ti:f], *m* -s/-s aperitif.

Apfel ['apfəl]. I. *m* -s/- apple; wilder A., crab apple; *Fig:* der A. fällt nicht weit vom Stamm, like father like son. II. 'A ~ -, *comb.fm.* apple (tree, flan, strudel, juice etc.); A ~ kern *m*, apple pip/*N.Am:* seed; A ~ kuchen *m*, apple flan; A ~ mus *m*, apple sauce; A ~ tasche *f*, apple turnover; A ~ kompott *m*, stewed apples. 'A ~ most, *m* -(e)s/no pl (new) still cider. A ~ sine [-'zi:nə], *f* -/-n *esp. North G:* orange.

Aphorismus [afo'rismus], *m* -/-men aphorism.

Aphrodisiakum [afrodi'zi:akum], *n* -s/-ka aphrodisiac.

Apokalyp|se [apoka'lypsə], *f* -/-n apocalypse; *B:* die A., the Book of Revelation. a ~ tisch, *adj.* apocalyptic; *B:* die A ~ en Reiter, the Horsemen of the Apocalypse.

Apostel [a'pɔstəl], *m* -s/- apostle. A ~ geschichte, *f* -/no pl *B:* die A., the Acts of the Apostles. apostolisch [apɔs'to:liʃ], *adj.* apostolic; das A ~ e Glaubensbekenntnis, the Apostles' Creed.

Apostroph [apo'stro:f], *m* -s/-e apostrophe.

Apotheke [apo'te:kə], *f* -/-n (dispensing chemist's (shop); pharmacy; (im Krankenhaus) dispensary. A ~ r, *m* -s/- (dispensing) chemist; *N.Am:* druggist.

Apparat [apa'ra:t], *m* -(e)s/-e (a) coll. apparatus; (Gerät) device; (small) machine; (b) Rad: TV: set; Phot: camera; (c) telephone; ist Frau X da?—am A., is Miss X there?— speaking; bleiben Sie bitte am A., please hold the line; (d) Fig: A. der Verwaltung, administrative machine/machinery. A ~ ur [apara-'tu:r], *f* -/-en equipment; also Fig: machinery.

Appartement [apartə'mã:], *n* -s/-s (a) (hotel) suite; (b) luxury flat/*N.Am:* apartment.

Appell [a'pɛl], *m* -s/-e (a) appeal (an j-n, to s.o.); (b) Mil: roll-call; A. abhalten, to hold an inspection. A ~ ati'onsgericht, *n* -(e)s/-e Jur: court of appeal. a ~ ieren [apɛ'li:rən], *v.i.* (haben) to appeal (an j-n, to s.o.).

Appetit [ape'ti:t], *m* -(e)s/occ-e appetite; guten A.! enjoy your food! einen gesegneten A. haben, to like one's food; hast du A. auf Essiggurken? would you fancy pickled cucumbers? da vergeht einem ja der A.! that puts you off (your food)! der A. kommt beim Essen, you'll enjoy it if you try it. a ~ anregend, adj. appetizing. a ~ lich, adj. appetizing; F: dishy (girl). A ~ losigkeit, *f* -/no pl lack of appetite. A ~ zügler, *m* -s/- slimming aid (suppressing appetite).

applau|dieren [aplau'di:rən], *v.i.* (haben) to applaud (j-m, s.o.). A ~ s [a'plaus], *m* -es/occ -e applause; A. spenden, to applaud.

apportier|en [apɔr'ti:rən], *v.tr.* (Hund) to re-

trieve (game), fetch (a stick etc.). A ~ hund, *m* -(e)s/-e Hunt: retriever (dog).

Apposition [apoziʦi'o:n], *f* -/-en Ling: apposition.

appret|ieren [apre'ti:rən], *v.tr.* Tex: to finish (fabrics). A ~ ur [-'tu:r], *f* -/-en Tex: finish.

Aprikose [apri'ko:zə], *f* -/-n 1. apricot. 2. apricot tree.

April [a'pril], *m* -(s)/occ -e April; im A., in April; am ersten/1. A., on the first of April/April 1st; j-n in den A. schicken, to make an April fool of s.o. A ~ scherz, *m* -es/-e April fool joke.

apropos [apro'po:], adv. by the way.

Apsis ['apsis], *f* -/Apsiden Ecc.Arch: apse.

Aquädukt [akvɛ'dukt], *m* -(e)s/-e aqueduct.

Aquamarin [akvama'ri:n], *m* -s/-e Miner: aquamarine. a ~ blau, adj. aquamarine.

Aquaplaning [akva'plɑ:niŋ], *n* -(s)/no pl Aut: aquaplaning (of tyres).

Aquarell [akva'rɛl], *n* -s/-e Art: water-colour (painting). a ~ ieren [-'li:rən], v.tr.& i. (haben) to paint (sth.) in water colours. A ~ maler(in), *m* -s/- (f -/-nen) water-colourist. A ~ malerei, *f* -/-en 1. no pl painting in water colours. 2. water-colour (painting).

Aquarium [a'kvɑ:rium], *n* -s/-rien aquarium.

Äquator [ɛ'kvɑ:tor], *m* -s/no pl equator. ä ~ ial [ɛkvatori'a:l], adj. equatorial.

Ära ['ɛ:ra], *f* -/occ -en era.

Arab|er ['arabər], *m* -s/- 1. Arab (man). 2. (also A ~ pferd n) Arab (horse). A ~ erin [a'rɑ:bərin], *f* -/-nen Arab woman. A ~ eske [ara'bɛskə], *f* -/-n Art: Mus: arabesque. A ~ ien [a'rɑ:biən]. Pr.n.n -s. Geog: Arabia. a ~ isch [a'rɑ:biʃ]. I. adj. Arabian; Arabic (language, numerals etc.). II. A., *n* -/no pl Ling: Arabic.

Arbeit ['arbait], *f* -/-en work; (a) coll. no pl schriftliche A., paperwork; geistige A., brainwork; sich an die A. machen, to set to work; keine A. scheuen, to spare no effort/pains; etwas in A. nehmen, to start work on sth.; bei der A., at work; ohne A., unemployed; Tag der A., Labour Day; Hum: er hat die A. nicht erfunden, he's not the world's keenest worker; (b) (Aufgabe) task; job; (piece of) work; eine saubere A., a neat job/piece of work; nach getaner A., when one's work is done; (c) handgefertigte A ~ en, handiwork; Art: seine neuesten A ~ en, his latest works; Univ: eine wissenschaftliche A., a scientific treatise/paper; Sch: eine schriftliche A., a written test; (d) (Qualität) schlampige/tüchtige A., slipshod/excellent workmanship; ganze A. leisten, to do a thorough job; (e) pl A ~ en, (road)works; (Reparaturen) repairs; öffentliche A ~ en, public works. 'a ~ en, v.i. (haben) (a) to work (an etwas dat., on sth.); bei j-m/einer Firma a., for s.o./a firm); körperlich/geistig a., to do manual work/brainwork; mit einer Firma a., to do business with a firm; sein Geld a. lassen, to invest one's money; mit Gewinn a., to make a profit; (b) (Maschine usw.) to operate; (Organ) to function; a ~ de Teile, working/moving parts. 2. v.tr. (a) to work (metal, wood etc.); gut gearbeitet, well made (furniture etc.); j-m einen Anzug a., to make a suit for s.o.; (b) refl. es arbeitet sich gut mit ihm zusammen, you can

work well with him; (c) refl. **sich zu Tode a.,** to work oneself to death; **sich durch das Gestrüpp a.,** to struggle through the thicket; *Fig:* **sich nach oben a.,** to work one's way up. ´A ~ **er,** *m* -s/- worker; (*Handwerker*) workman; *Agr: etc:* labourer; **gelernter/ungelernter A.,** skilled/ unskilled worker. **A~er-,** *comb.fm.* labour (movement, shortage etc.); working-class (family etc.); **A~führer** *m,* worker's/labour leader; **A~unruhen** *fpl,* labour troubles; **A~stand** *m/A~klasse* *f,* working class; **A~viertel** *n,* working class area. ´A ~ **erin,** *f* -/nen 1. (female) worker. 2. *Ent:* worker bee/ ant. ´**A ~ erschaft,** *f* -/*no pl* (*a*) workforce (of a firm); (*b*) *coll.* workers, labour. ´A ~ **geber(in),** *m* -s/- (*f* -/-nen) employer. ´**A ~ nehmer(in),** *m* -s/- (*f* -/-nen) employee. ´A ~ **nehmerschaft,** *f* -/*no pl* (firm's) employees. ´A ~ **s-,** ´a ~ **s-,** *comb.fm.* (*a*) working (clothes, wage, method, day, week, title etc.); **A~essen** *n,* working lunch; **A - exemplar** *n,* working/desk copy; **A~gemeinschaft** *f,* working party; *Sch:* study group; **A~fläche** *f,* working surface; *Ind:* **A~zeit** *f,* working hours; **A~ausfall** *m,* loss of working hours; (*b*) labour (service, costs, camp, market, minister etc.); work (therapy, process etc.); **A~belastung** *f,* workload; **A~einteilung** *f,* division of labour; **A~erlaubnis/A~genehmigung** *f,* work permit; **a~intensiv** *adj.* labour-intensive; **A~kollege** *m,* workmate; **a~scheu** *adj.* workshy; **a~sparend** *adj.* labour-saving; **A~tisch** *m,* worktable, (small) workbench; (*c*) (certificate, contract etc.) of employment; **A~bedingungen** *fpl,* conditions of employment; **A~amt** *n,* employment/labour exchange; **A~vermittlung** *f,* employment agency; (*d*) industrial (psychology, law, accident etc.); **A - gericht** *n,* industrial tribunal; **A~kampf** *m,* industrial strife/conflict; **A~konflikt** *m,* industrial dispute. **a ~ sam** [´-za:m], *adj.* industrious. ´A ~ **samkeit,** *f* -/*no pl* industriousness. ´A ~ **sbrigade,** *f* -/-n *East G:* workers' brigade. ´A ~ **seinkommen,** *n* -s/- earned income. ´a ~ **sfähig,** *adj.* (*Pers.*) fit to work, capable of working. ´A ~ **sgang,** *m* -(e)s/-e *Ind:* operation, pass (of a worker); working cycle (of a machine). ´A ~ **skraft,** *f* -/-e (*a*) worker; *pl* A~e, manpower; (*b*) (s.o.'s) capacity for work. ´A ~ **sleistung,** *f* -/-en performance; capacity, output (of a machine). ´a ~ **slos,** *adj.* unemployed; **er ist a.,** he is out of work; **die A~en,** the unemployed. ´A ~ **slosenunterstützung,** *f* -/*no pl* unemployment benefit. ´A ~ **slosigkeit,** *f* -/*no pl* unemployment. ´A ~ **sniederlegung,** *f* -/*no pl* *Ind:* walkout. ´A ~ **splatz,** *m* -es/-e (*a*) place of work; (*b*) (*Stelle*) job. ´A ~ **stier,** *n* -(e)s/-e (*a*) working animal; (*b*) (*Pers.*) workhorse; *Pej:* drudge. ´a ~ **sunfähig,** *adj.* unable to work; unemployable. ´A ~ **sunfähigkeit,** *f* -/*no pl* incapacity for work. ´A ~ **sverhältnis,** *n* -ses/-se (*a*) employer-employee relationship; (*b*) *pl* **A~se,** working conditions. ´A ~ **svorgang,** *m* -(e)s/-e operation. ´A ~ **sweise,** *f* -/-n mode of operation (of a machine); (s.o.'s) working method, way of working. ´A ~ **swillig,** *adj.* willing to work. ´A ~ **szimmer,** *n* -s/-study.
archaisch [ar´ça:iʃ], *adj.* archaic.

Archäologe [arçɛo´lo:gə], *m* -n/-n archeologist. **A ~ ie** [-lo´gi:], *f* -/*no pl* archeology. **A ~ in** [-´lo:gin], *f* -/-nen (female) archeologist. **a ~ isch** [-´lo:giʃ], *adj.* archeological.
Arche [´arçə], *f* -/-n *B:* **A. Noah,** Noah's ark.
Archipel [arçi´pe:l], *m* -s/-e archipelago.
Architekt|(in) [arçi´tɛkt(in)], *m* -en/-en (*f* -/-nen) architect. **A ~ ur** [-tɛk´tu:r], *f* -/-en architecture. **a ~ onisch** [-tɛk´to:niʃ], *adj.* architectural.
Archiv [ar´çi:f], *n* -s/-e archive; (film etc.) library; *Adm:* record office; (*Dokumente*) archives, records. **A ~ ar** [arçi´va:r], *m* -s/-e archivist; *Adm:* keeper of (public) records. **A ~ exemplar,** *n* -s/-e *Pub:* file copy.
Arena [a´re:na], *f* -/-nen arena; (*im Zirkus, für Stierkämpfe*) ring.
arg [ark], *adj.* (*comp.* ärger, *superl.* ärgste) bad (mistake etc.); (*unangenehm*) nasty (wound, disappointment etc.); *F:* lousy (weather etc.); **a~e Schmerzen,** terrible pains; **in a~e Verlegenheit kommen,** to be gravely embarrassed; **so a. ist es doch nicht!** it's not as bad as all that! **mein ärgster Feind,** my worst enemy; *adv.* **a. abgenutzt,** badly worn; **a. mitgenommen,** in a bad way; badly knocked about; **es a. treiben,** to go too far; **j-m a. mitspielen,** to give s.o. a rough time.
Argentin|ien [argɛn´ti:niən], *Pr.n.n* -s. *Geog:* Argentina. **A ~ ier(in),** *m* -s/- (*f* -/-nen) Argentinian. **a ~ isch,** *adj.* Argentinian (meat etc.); Argentine (Republic).
Ärger [´ɛrgər], *m* -s/*no pl* (*a*) (*Unmut usw.*) irritation, annoyance, (*Zorn*) anger (**über etwas** *acc,* about sth.); **seinen Ä. an j-m auslassen,** to vent one's aggravation on s.o.; (*b*) (*Schererei*) trouble; **j-m Ä. machen,** to make difficulties for s.o.; **beruflichen Ä. haben,** to have worries at work; **nichts als Ä. und Verdruß!** nothing but trouble! **´ä ~ lich,** *adj.* 1. (*Sache*) annoying, irritating; **das ist wirklich zu ä.!** that's really infuriating/too bad! **wie ä.!** what a nuisance! 2. (*Pers.*) annoyed; **auf j-n ä. sein,** to be annoyed with/*N.Am:* mad at s.o. (**über etwas** *acc,* about sth.). ´**ä ~ n,** *v.tr.* (*a*) to annoy, (*irritieren*) irritate (s.o.), make (s.o.) angry/*N.Am:* mad; **sich über j-n/etwas** *acc* **schwarz/zu Tode ä.,** to be hopping mad about s.o., sth.; **ärgere dich nicht!** don't let it upset you; **ich ärgere mich, daß ich es vergessen habe,** I am annoyed with myself for forgetting it; (*b*) (*mit Absicht*) to provoke (s.o.); to tease (an animal). ´**Ä ~ nis,** *n* -ses/-se (*a*) *usu.pl* irritation, annoyance; (*b*) (*Anstoß*) Ä. **erregen,** to cause offence; *Jur:* **öffentliches Ä.,** public nuisance.
arglos [´arklo:s], *adj.* unsuspecting; **a~e Bemerkung,** innocent remark. ´A ~ **igkeit,** *f* -/*no pl* innocence; unsuspecting nature.
Argument [argu´mɛnt], *n* -(e)s/-e argument. **A ~ ation** [-tatsi´o:n], *f* -/-en reasoning. **a ~ ieren** [-´ti:rən], *v.i.* (*haben*) to argue (**mit j-m wegen etwas** *gen,* with s.o. about sth.).
Arg|wohn [´arkvo:n], *m* -(e)s/*no pl* *Lit:* mistrust (**gegen** + *acc,* of); **A. erregen,** to arouse suspicion. ´**a ~ wöhnisch,** *adj.* *Lit:* mistrustful, suspicious (**gegen** + *acc,* of).
Arie [´a:riə], *f* -/-n *Mus:* aria.

Arier(in) [ˈɑːriər(in)], *m* -s/- (*f* -/-nen) Aryan. **ˈarisch,** *adj.* Aryan.

Aristokrat [aristoˈkrɑːt], *m* -en/-en aristocrat. **A ~ ie** [-kraˈtiː], *f* -/-n aristocracy. **a ~ isch** [-ˈkrɑːtiʃ], *adj.* aristocratic.

Arithmet|ik [aritˈmeːtik], *f* -/*no pl* arithmetic. **a ~ isch,** *adj.* arithmetical (progression etc.).

Arkade [arˈkɑːdə], *f* -/-n arcade.

Arkt|is [ˈarktis], *Pr.n.f* -. *Geog:* **die A.,** the Arctic. **ˈa ~ isch,** *adj.* arctic.

arm¹ [arm], *adj.* (*comp.* **ärmer,** *superl.* **ärmste**) poor; **um 10 Mark ärmer,** ten marks the poorer/worse off; **du Ärmste!** you poor thing! **er ist a. dran,** he is badly off; **a. an Vitaminen usw.,** lacking in vitamins etc. **ˈA ~ enhaus,** *n* -es/ːer almshouse; *Hist:* poorhouse. **ˈA ~ enrecht,** *n* -(e)s/*no pl Jur:* legal aid. **ˈA ~ enviertel,** *n* -s/- poor quarter. **A ~ eˈsündermiene,** *f* -/-n *F:* hangdog look.

Arm² [arm], *m* -(e)s/-e arm; branch (of a river); **j-n in die A ~ e schließen,** to embrace s.o.; *Fig:* **j-m unter die A ~ e greifen,** to help s.o. out; *Hum:* **j-n auf den A. nehmen,** to pull s.o.'s leg. **ˈA ~ ausschnitt,** *m* -(e)s/-e *Dressm:* armhole. **ˈA ~ band,** *n* -(e)s/ːer (*a*) *Jewel:* bracelet; (*b*) (*für die Uhr*) watchstrap; (*zum Schutz*) wrist strap. **ˈA ~ banduhr,** *f* -/-en wristwatch. **ˈA ~ lehne,** *f* -/-n armrest; arm (of a chair). **ˈA ~ leuchter,** *m* -s/- (*a*) candelabra; (*b*) *Pej:* (*Pers.*) nitwit. **ˈA ~ sessel,** *m* -s/-/ **A ~ stuhl,** *m* -(e)s/ːe armchair. **ˈA ~ voll,** *n* -/- armful.

Armatur [armaˈtuːr], *f* -/-en *usu. pl* fittings (for bathroom etc.). **A ~ enbrett,** *n* -(e)s/-er *Aut:* dashboard; *Av: etc:* instrument panel.

Armee [arˈmeː], *f* -/-n army.

Ärmel [ˈɛrməl], *m* -s/- sleeve; *F:* **etwas aus dem Ä. schütteln,** to produce sth. out of a hat; to do sth. as though there is nothing to it. **ˈÄ ~ kanal.** *Pr.n. m* -s. *Geog:* **der Ä.,** the (English) Channel. **ˈÄ ~ loch,** *n* -(e)s/ːer *Cl:* armhole. **ˈä ~ los,** *adj. Cl:* sleeveless.

armieren [arˈmiːrən], *v.tr. El:* to armour (cable); *Constr:* to reinforce (concrete).

ärmlich [ˈɛrmliç], *adj.* poor (family, area etc.); mean, shabby (house etc.); **ä ~ e Verhältnisse,** humble circumstances. **ˈÄ ~ keit,** *f* -/*no pl* poverty; shabbiness.

armselig [ˈarmseliç], *adj.* (*mittellos*) destitute, impoverished; (*elend*) wretched, miserable (person, state, attempt etc.). **ˈA ~ keit,** *f* -/*no pl* destitution; wretchedness.

Armut [ˈarmuːt], *f* -/*no pl* poverty; poorness (of soil etc.); *Fig:* **A. an Bodenschätzen/Ideen,** lack of minerals/ideas. **ˈA ~ szeugnis,** *n* -ses/ -se *Fig:* **sich** *dat* **ein A. ausstellen,** to betray one's incompetence/(*Unwissenheit*) ignorance.

Aroma [aˈroːma], *n* -s/-men & -s. 1. (*a*) (*Geruch*) aroma; bouquet (of wine); fragrance (of perfume); (*b*) (*Geschmack*) flavour, taste. 2. *Cu:* essence. **a ~ tisch** [aroˈmɑːtiʃ], *adj.* aromatic.

Arrang|ement [arãʒəˈmãː], *n* -s/-s arrangement (of flowers, *Mus:* a piece etc.). **a ~ ieren** [-ˈʒiːrən], *v.tr.* to arrange (events, music etc.).

Arrest [aˈrɛst], *m* -(e)s/-e (*a*) *Mil: etc:* detention; (*b*) *Jur:* **Waren mit A. belegen,** to seize goods.

arriv|iert [ariˈviːrt], *adj.* successful; **ein A ~ er,** a self-made man; *Pej:* a climber. **A ~ ist,** *m* -en/-en *Pej:* (social) climber.

arrogan|t [aroˈgant], *adj.* arrogant; (*hochmütig*) haughty, superior. **A ~ z,** *f* -/*no pl* arrogance.

Arsch [arʃ], *m* -(e)s/ːe *V:* arse, *N.Am:* ass; **leck mich am A.!** go to hell! **j-m in den A. kriechen,** to suck up to s.o. **ˈA ~ backe,** *f* -/-n *P:* buttock. **ˈA ~ kriecher,** *m* -s/- *V:* boot-licker. **ˈA ~ loch,** *n* -(e)s/ːer *V:* (*a*) arse/*N.Am:* ass hole; (*b*) (*Pers.*) swine.

Arsen [arˈzeːn], *n* -s/*no pl* arsenic.

Arsenal [arzeˈnɑːl], *n* -s/-e arsenal.

Art [ɑːrt], *f* -/-en (*a*) kind, sort; *Z: etc:* species; *Bot:* variety; **eine A. Maler,** a painter of sorts; **einzig in seiner A.,** unique; **Gemüse aller A ~ en,** vegetables of all kinds/descriptions; (*b*) (*Weise*) way, manner; **auf diese A.,** in this way/manner; **auf irgendeine A.,** somehow (or other); **auf jede A. und Weise,** in every possible way; *Cu:* **nach englischer A.,** à l'anglaise; **in der A. von Brahms,** in the style of Brahms; (*c*) (*Wesen*) nature, disposition; **eine gewinnende A. haben,** to have winning ways; **das liegt nicht in seiner A.,** it isn't in his nature (to do that); (*d*) (*Benehmen*) **das ist doch keine A.!** that's no way to behave! **ˈa ~ en,** *v.i.* (*sein*) **nach j-m, etwas** *dat* **a.,** to take after s.o., sth. **ˈa ~ verwandt,** *adj.* related.

Arterie [arˈteːriə], *f* -/-n artery. **A ~ n-,** *comb.fm.* arterial; **A ~ verkalkung** *f,* arteriosclerosis.

artesisch [arˈteːziʃ], *adj.* **a ~ er Brunnen,** artesian well.

Arthriti|s [arˈtriːtis], *f* -/*no pl Med:* arthritis. **a ~ sch,** *adj. Med:* arthritic.

artig [ˈɑːrtiç], *adj.* well-behaved, good (child etc.); (*höflich*) polite; **sei a.!** be good!

Artikel [arˈtiːkəl], *m* -s/- *Gram: Com: Journ:* article; clause (of a contract); *Com:* (*Ware*) item line.

artikulieren [artikuˈliːrən], *v.tr.& i.* (*haben*) to articulate (a word etc.).

Artiller|ie [artiləˈriː], *f* -/*occ*-n artillery. **A ~ ist** [-ˈrist], *m* -en/-en artilleryman; gunner.

Artischocke [artiˈʃɔkə], *f* -/-n (globe) artichoke.

Artist|(in) [arˈtist(in)], *m* -en/-en (*f* -/-nen) (circus) artiste, performer. **a ~ isch,** *adj.* 1. deft; **a ~ es Kunststück,** feat of dexterity. 2. (*künstlerisch*) artistic.

Arznei [aːrtsˈnai], *f* -/-en *esp. A:* medicine. **A ~ mittel,** *n* -s/- medicament; (*zum Einnehmen*) medicine; (*Heilmittel*) remedy. **A ~ schrank,** *m* -(e)s/ːe medicine cabinet/ chest. **A ~ waren,** *fpl* pharmaceuticals.

Arzt [ˈaːrtst], *m* -es/ːe doctor; **praktischer A.,** general practitioner, *F:* GP. **ˈA ~ helferin,** *f* -/-nen/ **A ~ hilfe,** *f* -/-n doctor's secretary.

Ärzt|ekammer [ˈɛːrtstəkamər], *f* -/*no pl approx.* = General Medical Council. **ˈA ~ eschaft,** *f* -/*no pl* **die Ä.,** the medical profession. **ˈÄ ~ in,** *f* -/-nen woman doctor. **ˈä ~ lich,** *adj.* medical (treatment, certificate, etc.); *adv.* **ä. verordnet,** prescribed by a doctor.

As¹ [as], *n* -ses/-se *Cards: Fig:* ace.

As², *n* -/- *Mus:* A flat.

Asbest [asˈbest], *m* -(e)s/-e asbestos.

asch|blond [ˈaʃblɔnt], *adj.* ash blonde. **ˈA ~ e,** *f* -/-n ash; ashes (of a fire); (*Schlacke*) cinders (for a track); **glühende A.,** (glowing) embers; *Fig:* **sich** *dat* **A. aufs Haupt streuen,** to don sackcloth and ashes. **ˈA ~ enbahn,** *f* -/-en *Sp:*

cinder track; *Motor Cy:* dirt track. ´A ~ en-
becher, *m* -s/- ashtray. ´A ~ **enbrödel/**
´A ~ **enputtel**, *n* -s/- Cinderella. A ~ **er-**
´**mittwoch**, *m* -s/-e *Ecc:* Ash Wednesday.
´a ~ ´**fahl**, *adj.* ashen.

Asi|at(in) [azi´aːt(in)], *m* -en/-en (*f* -/-nen)
Asian. **a** ~ ´**atisch**, *adj.* Asiatic (tribe etc.).
A ~ **en** [´aːziən]. *Pr.n.n* -**s.** *Geog:* Asia.

Aske|se [as´keːzə], *f* -/*no pl* asceticism. **A** ~ **t**
[as´keːt], *m* -en/-en ascetic. **a** ~ **tisch**, *adj.*
ascetic.

asozial [´azotsiaːl], *adj.* antisocial.

Aspekt [a´spɛkt], *m* -(e)s/-e aspect; **etwas unter**
einem neuen A. berücksichtigen, to consider sth.
from a different point of view.

Asphalt [as´falt], *m* -s/-e asphalt. **a** ~ **ieren**
[-´tiːrən], *v.tr.* to surface (a road) (with asphalt).
A ~ **straße,** *f* -/-n (asphalt-)surfaced road.

Aspik [as´piːk], *m* -s/-e *Cu:* aspic.

Aspirin [aspi´riːn], *n* -s/*no pl* aspirin.

Assessor(in) [a´sɛsɔr(-oː´rin)], *m* -s/-en (*f*
-/-nen) 1. *Jur:* assessor. 2. *Adm:* probationer
for a post in the Higher Civil Service.

assimilieren [asimi´liːrən], *v.tr.* to assimilate
(food, *Fig:* ideas etc.).

Assist|ent(in) [asis´tɛnt(in)], *m* -en/-en (*f*
-/-nen) assistant; *esp. Sch:* junior teacher; *Univ:*
research assistant. **A** ~ **enzarzt**, *m* -es/-̈e
approx. senior registrar, senior medical officer;
N.Am: intern.

Assozi|ation [asotsiatsi´oːn], *f* -/-en (*a*) associa-
tion (of ideas etc.); (*b*) *Com: Ind:* partnership.
a ~ **ieren** [-tsi´iːrən], *v.tr.* to associate (sth.,
oneself) (**mit etwas** *dat,* with sth.); *Com:* **sich**
mit j-m geschäftlich a., to enter into a partner-
ship with s.o.

Ast [´ast], *m* -(e)s/-̈e (*a*) branch (of tree, nerve
etc.); *Fig:* **sich auf dem absteigenden A. be-**
finden, (*Pers.*) to be on the downward path;
(*Geschäft usw.*) to be going downhill; *P:* **er**
lachte sich einen A., he was in stitches; (*b*) (*im*
Holz) knot. ´a ~ **rein**, *adj.* (*Holz*) free of
knots; *F:* **die Angelegenheit ist nicht ganz a.,**
the business is a bit fishy.

Aster [´astər], *f* -/-n aster.

Ästhet [ɛs´teːt], *m* -en/-en aesthete. **Ä** ~ **ik**, *f*
-/*no pl* aesthetics. **ä** ~ **isch**, *adj.* aesthetic.

Asthma [´astma], *n* -s/*no pl* asthma. **A** ~ **tiker**
[-´maːtikər], *m* -s/- asthmatic. **a** ~ **tisch**
[-´maːtiʃ], *adj.* asthmatic.

Astro|loge(-login) [astro´loːgə(-´loːgin)], *m*
-n/-n (*f* -/-nen) astrologer. **A** ~ **logie** [-lo´giː],
f -/*no pl* astrology. **a** ~ ´**logisch**, *adj.* astro-
logical. **A** ~ **naut** [-´naut] *m* -en/-en astronaut.
A ~ ´**nautik**, *f* -/*no pl* space flight. **A** ~ **nom**
[-´noːm] *m* -en/-en astronomer. **A** ~ **nomie**
[-no´miː] *f* -/*no pl* astronomy. **a** ~ **nomisch**
[-´noːmiʃ] *adj.* astronomical. **A** ~ **phy´sik,** *f*
-*no pl* astrophysics.

Asyl [a´zyːl], *n* -s/-e (*a*) **(politisches) A.,** (politi-
cal) asylum; (*b*) (*Ort*) refuge; (*für Obdachlose*)
home; *Fig:* sanctuary.

asymmetrisch [asy´meːtriʃ], *adj.* asymmetrical.

Atavismus [ata´vismus], *m* -/*no pl Biol:* rever-
sion to type; (*Merkmal*) throwback.

Atelier [atəli´eː], *n* -s/-s *Art: Phot: Cin:* studio.
A ~ **aufnahme,** *f* -/-n studio shot/*Cin:* take.

Atem [´aːtəm], *m* -s/*no pl* breath; **außer A.,** out

of breath, *F:* puffed; **A. holen,** to breathe in; *Fig:*
to pause for breath; *Fig:* **mit angehaltenem A.,**
with bated breath, **j-n in A. halten,** to keep s.o.
on the trot/(*in Spannung*) on tenterhooks; **es**
verschlug mir den A., it took my breath away.
´a ~ **beraubend,** *adj.* breathtaking. ´a ~ **los,**
adj. breathless. ´A ~ **not,** *f* -/*no pl* shortage of
breath. ´A ~ **pause,** *f* -/-n breathing space;
j-m eine A. geben, to grant s.o. a respite.
´A ~ **zug,** *m* -(e)s/-̈e breath; **im selben A./in**
einem A., in one and the same breath; *F:* **in den**
letzten A ~̈ **en,** (*Pers.*) at one's last gasp; (*Ding*)
on its last legs.

A theis|mus [ate´ismus], *m* -/*no pl* atheism. **A** ~ **t,**
m -en/-en atheist. **a** ~ **tisch**, *adj.* atheistic.

Athen [a´teːn]. *Pr.n.n* -**s.** *Geog:* Athens.
A ~ **er(in)**, *m* -s/- (*f* -/-nen) Athenian.

Äther [´ɛːtər], *m* -s/*occ-Ch:* *etc:* ether.
ä ~ **isch** [ɛ´teːriʃ], *adj.* ethereal; *Ch:* volatile
(oils etc.).

Äthi|o p|ien [ɛti´oːpiən]. *Pr.n.n* -**s.** *Geog:* Ethiopia.
Ä ~ **ier(in)**, *m* -s/- (*f* -/-nen) Ethiopian.
ä ~ **isch**, *adj.* Ethiopian.

Athlet|(in) [at´leːt(in)], *m* -en/-en (*f* -/-nen)
athlete. ´A ~ **ik**, *f* -/*no pl* athletics. **a** ~ **isch**,
adj. athletic.

Atlant|ik [at´lantik]. *Pr.n.m* -**s.** *Geog:* **der A.,** the
Atlantic (Ocean). **a** ~ **isch**, *adj.* Atlantic.

Atlas [´atlas], *m* -ses/At´lanten atlas.

atm|en [´aːtmən]. I. *v.* 1. *v.i.* (*haben*) to breathe;
tief a.! take a deep breath! 2. *v.tr.* to breathe
(oxygen etc.). II. **A.,** *n* -s/*no pl* breathing.
´A ~ **ung,** *f* -/*no pl* breathing; *Physiol:* respira-
tion. ´A ~ **ungs-,** *comb.fm.* respiratory (organ
etc.); **A** ~ **apparat** *m,* breathing apparatus.

Atmosphär|e [atmos´fɛːrə], *f* -/-n atmosphere.
a ~ **isch**, *adj.* atmospheric; *Rad:* **a** ~ **e Stö-**
rungen, atmospherics.

Atom [a´toːm]. I. *n* -s/-e atom. II. **A~-,**
comb.fm. atomic (bomb, weight, power station
etc.), nuclear (war etc.); **A** ~ **energie/A** ~ **kraft**
f, atomic/nuclear energy; **A** ~ **forscher** *m,* nuclear
scientist; **A** ~ **meiler** *m,* atomic pile; **A** ~ **müll** *m,*
nuclear waste; *Mil:* **A** ~ **sprengkopf** *m,* nuclear
warhead; *Ph:* **A** ~ **zahl** *f,* atomic number. **a** ~ **ar**
[ato´maːr], *adj.* atomic (structure etc.); nuclear
(warfare, weapons, power).

Attaché [ata´ʃeː], *m* -s/-s attaché.

Attacke [a´takə], *f* -/-n (*also Med:*) attack.

Attent|at [´atənta:t], *n* -(e)s/-e attempted
assassination, **ein A. auf j-n verüben,** to make
an attempt on s.o.'s life. **A** ~ **äter(in),** *m* -s/-
(*f* -/-nen) (would-be) assassin.

Attest [a´tɛst], *n* -(e)s/-e certificate.

Attrakt|ion [atraktsi´oːn], *f* -/-en attraction.
a ~ **iv** [-´tiːf], *adj.* attractive.

Attrappe [a´trapə], *f* -/-n dummy; *Ind:* mock-
up; *F:* **das ist alles nur A.,** it's all sham.

Attribut [atri´buːt], *n* -(e)s/-e attribute. **a** ~ **iv**
[-bu´tiːf], *adj. Ling:* attributive.

ätz|en [´ɛtsən], *v.tr.* (*a*) *Med:* to cauterize (a
wound etc.); (*b*) to corrode (metal); (*c*) *Print:*
etc: to etch (a plate, an image etc.). ´**ä** ~ **end,**
adj. esp. Metall: corrosive; *Ch: & Fig:* caus-
tic. ´**Ä** ~ **mittel**, *n* -s/- *esp. Metall:* corrosive;
Med: caustic. ´**Ä** ~ **natron**, *m* -s/*no pl Ch:*
caustic soda. ´**Ä** ~ **ung**, *f* -/-en (*a*) *Med:* cau-
terization; (*b*) corrosion; (*c*) etching.

au [au], *int.* (*a*) **au** (**weh**)**!** ouch! ow! (*b*) **au fein!** oh, lovely!

Aubergine [ober'ʒi:nə], *f* -/-n *Bot:* aubergine; *N.Am:* egg plant.

auch [aux], *adv. & conj.* **1.** (*zusätzlich*) (*a*) too, also; **kommst du a.?** are you coming too/as well? **ich bin müde—ich a.!** I am tired—so am I! **sowohl er als a. seine Tochter haben die Masern,** both he and his daughter have measles; *F:* **er ist a. so einer!** he's another one! (*b*) (*mit Negativ*) either; **er kann es a. nicht,** he can't do it either; **sie kann a. kaum schwimmen,** she can hardly swim either; **ich a. nicht,** nor/ neither do I; (*c*) (*außerdem*) what's more; **ich kann nicht, ich will a. nicht,** I can't and what's more I don't want to; **a. das noch!** that's the last straw! **2.** (*sogar*) even; **a. der Klügste kann sich irren!** even the cleverest person can make a mistake! **a. wenn du nicht kommst,** even if you don't come. **3.** (*Betonung*) (*a*) (*tatsächlich*) really; **es sieht billig aus—es ist es a.!** it looks cheap—and it *is* cheap! **er weiß a. rein gar nichts!** he really doesn't know a thing! **was hätte es a. für einen Sinn?** what would be the point anyway? **er ist a. nur ein Mensch,** after all he's only human; (*b*) **wer a. (immer) streikt . . .,** whoever strikes . . .; **wo er a. (immer) hinkommt,** wherever he goes; **was a. geschieht . . .,** whatever happens . . .; **wie oft ich es a. sage,** however often I say it; **so sehr ich es a. bedaure,** much though I regret it.

Audienz [audi'ɛnts], *f* -/-en audience (**bei j-m,** with s.o.). **A ~ saal,** *m* -(e)s/-säle audience chamber.

Audimax [audi'maks], *n* -es/*no pl Univ: F:* main lecture hall.

Audio- ['audio-], *prefix* audio-; **a ~ visu'ell** *adj.* audiovisual.

Auditorium [audi'to:rium], *n* -s/-rien *Univ:* (*a*) auditorium, lecture hall; (*b*) (*Hörer*) audience.

Auerhahn ['auərha:n], *m* -(e)s/ꞏe capercaillie.

auf [auf]. **I.** *prep.* **1.** (*räumlich*) (*a*) + *dat* on; (**oben**) **a. dem Schrank,** on (top of) the cupboard; **a. Jersey,** on Jersey; **a. dem Bild/der Welt/seinem Zimmer,** in the picture/the world/ his room; **a. der Post/einer Hochzeit,** at the post office/a wedding; **blind a. einem Auge,** blind in one eye; **a. der Jagd sein,** to be out hunting; **a. Urlaub sein,** to be on holiday/*Mil:* leave; **es hat nichts a. sich,** there's nothing to it; (*b*) (*Richtung*) + *acc* on, onto; **a. den Tisch/Baum klettern,** to climb on(to) the table/tree; **sich a. einen Stuhl setzen,** to sit down on a chair; **a. einen Ball/die Universität/sein Zimmer gehen,** to go to a dance/university/one's room; **a. etwas** *acc* **zugehen,** to go towards sth.; (*c*) (*Entfernung*) + *acc* **a. zehn Meter/eine Entfernung von zehn Metern sichtbar,** visible from ten metres (away); **a. 3 Kilometer zu hören,** audible for 3 kilometres/from 3 kilometres away. **2.** (*zeitlich*) + *acc* (*a*) (*wann, wie lange*) **a. einige Tage/ längere Zeit,** for a few days/a longer period; **a. die Minute genau,** punctual to the minute; **das Taxi ist a. 6 Uhr bestellt,** the taxi has been ordered for six o'clock; **a. einmal war es finster,** suddenly it was dark; **alles a. einmal essen,** to eat it all in one go; (*b*) (*bis*) **etwas a. morgen/ a. später verschieben,** to put sth. off until to-

morrow/until later; **von einem Tag a. den anderen,** from one day to the next; **von heute a. morgen,** at very short notice; **in der Nacht vom 24. a. den 25.,** in the night of the 24th; (*c*) (*nach*) **a. meine Bitte (hin),** at my request; **a. einen Brief/ein Versprechen hin,** on the strength of a letter/a promise; *Com:* **a. Bestellung,** to order. **3.** + *acc*/*dat* (*wie*) **a. dem kürzesten Wege,** by the shortest route; **a. diese Art/Weise,** in this way; **sich a. deutsch unterhalten,** to converse in German. **4.** + *acc* (*a*) (*Ziel*) **a. etwas zielen,** to aim for sth.; **a. etwas hinweisen,** to point to/at sth.; **a. Geld aus sein,** to be after money; **a. j-n böse sein,** to be angry with s.o.; **a. j-s Wohl trinken,** to drink to s.o.'s health; (*b*) **a. j-n, etwas schwören,** to swear by s.o., sth.; **a. j-n, etwas stolz sein,** to be proud of s.o., sth.; **a. j-n, etwas hören,** to heed s.o., sth.; **a. etwas ankommen,** to depend on sth. **5.** + *acc* (*Proportion*) **zwei Eßlöffel Salz a. fünf Liter,** two tablespoons of salt to (every) five litres. **II.** *adv.* (*a*) up, upwards; **a. und ab,** up and down; **sich a. und davon machen,** to make off; (*b*) **von klein a.,** from childhood. **III.** *sep.vbl prefix* (*a*) (to eat, polish, pump, shake etc.) up; **a ~ bocken,** to jack up (a car); **a ~ flammen/a ~ lodern,** to flare up; **a ~ krempeln,** to roll up (one's sleeves); **a ~ lecken,** to lap (sth.) up; **a ~ schaufeln,** to scoop/shovel (sth.) up; **a ~ schichten/a ~ stapeln,** to pile (sth.) up; (*b*) (to slit etc.) open; **a ~ platzen,** to burst open; (*c*) un-; **a ~ haken,** to unhook (a gate); **a ~ knöpfen,** to unbutton (a dress etc.); **a ~ schnüren,** to untie (a parcel etc.); (*d*) (to stick etc.) on.

'aufarbeit|en, *v.tr.sep.* to finish off (a pile of work); **Rückstände a.,** to clear a backlog.

'aufatmen, *v.i.sep.* (*haben*) to draw a deep breath; (*erleichtert*) to breathe a sigh of relief.

aufbahr|en ['aufba:rən], *v.tr.sep.* to lay out (the corpse) (on the bier). **'A ~ ung,** *f* -/-en laying out; (*feierlich*) lying in state.

'Aufbau, *m* -(e)s/-ten **1.** *no pl* (*Aufbauen*) construction; erection (of a tent, scaffolding etc.); assembly (of a machine etc.); (*Wiedera.*) rebuilding; **im A. (begriffen),** under construction; *Fig:* (*Geschäft usw.*) being set up. **2.** (*Zusammenstellung*) composition (of society, a picture etc.); structure (of a building, *Ch:* compound, *Fig:* organization, play etc.). **3.** (*a*) *Aut:* Karosserie) bodywork; (*b*) **A ~ ten,** *Nau:* superstructure; *Cin:* film set; (*Zirkus*) big top. **'A ~ arbeiten,** *fpl* reconstruction work, rebuilding. **'a ~ en,** *v.tr.sep.* (*a*) to construct (a building etc.); to assemble (a machine etc.); to erect (a tent, structure etc.); to set up (cameras etc.); (*von neuem*) to rebuild (a town etc.); (*b*) to build up (a collection, reserves, a team etc.); **sich** *dat* **eine neue Existenz a.,** to build a new life for oneself; **nach demokratischen Grundsätzen aufgebaut,** organized on democratic lines; **aus Molekülen aufgebaut,** composed/made up of molecules; (*c*) *F:* (*Pers.*) **sich vor j-m a.,** to plant oneself in front of s.o.; (*d*) (*Theorie usw.*) (**sich) auf etwas** *dat* **a.,** to be based on sth. **'A ~ programm,** *n* -s/-e development programme.

'aufbäumen, *v.tr.sep.* (*Pferd*) **sich a.,** to rear; (*Pers.*) **sich gegen j-n etwas** *acc* **a.,** to rebel against s.o., sth.

'**aufbauschen**, *v.tr.sep.* to exaggerate, *F:* blow up (an event, story etc.).

'**aufbegehren**, *v.i.sep.* (*haben*) *Lit:* to rebel.

'**aufbekommen**, *v.tr.sep.irr.53 F:* (*a*) to get (a door, lid etc.) open; (*b*) *Sch:* **zehn Seiten a.**, to get ten pages (to do) (as homework).

'**aufbereiten**, *v.tr.sep.* to process (*Ind:* raw materials, *Adm:* statistics etc.); to dress (ore).

'**aufbessern**, *v.tr.sep.* to improve (sth.); to raise (a salary etc.).

'**aufbewahr|en**, *v.tr.sep.* to keep (sth.) (safely), (*lagern*) store (luggage, furniture etc.). '**A ~ ung**, *f -/no pl* **1.** custody, safekeeping (of documents etc.); (*Lagern*) storage. **2.** *Rail: etc:* (*Stelle*) left-luggage office. '**A ~ ungsgebühr**, *f -/-en* storage charge; *Rail:* left-luggage fee.

'**aufbiet|en**, *v.tr.sep.irr.8* to muster, summon (all one's tact, strength etc.); *Mil:* to muster (men, materials); to call out (the army); **alle Mittel a.**, to use every possible means. '**A ~ ung**, *f -/no pl* summons; *Mil:* call (to arms); **unter A. aller Kräfte**, using all one's strength.

'**aufbinden**, *v.tr.sep.irr.9* (*a*) to untie (sth.); (*b*) *F:* **j-m einen Bären a.**, to tell s.o. a tall story.

'**aufblähen**, *v.tr.sep.* to swell, blow (sth.) up; **sich a.**, to swell; (*Segel usw.*) to billow, fill.

'**aufblas|bar**, *adj.* inflatable. '**a ~ en**, *v.tr. sep.irr.11* to inflate, blow up (a balloon, tyre etc.); *F:* **sich a.**, to puff oneself up.

'**aufbleiben**, *v.i.sep.irr.12* (*sein*) (*Pers.*) to stay up; (*Geschäft usw.*) to stay open.

'**aufblenden**, *v.i.sep.* (*haben*) *Aut:* to switch to full beam.

'**aufblicken**, *v.i.sep.* (*haben*) to look up (**zu etwas** *dat*, at s.th.; *Fig:* **zu j-m**, to s.o.).

'**aufblühen**, *v.i.sep.* (*sein*) (*a*) (*Blume usw.*) to burst into flower; (*Baum, Fig: Mädchen usw.*) to blossom; (*b*) *Fig:* (*Handel usw.*) to prosper; **er blüht (sichtlich) auf**, he is a new man.

'**aufbrauchen**, *v.tr.sep.* to use up, exhaust (supplies, one's patience).

'**aufbrausen**, *v.i.sep.* (*sein*) (*a*) (*Flüssigkeit*) to bubble, (*schäumen*) fizz (up); (*Wellen*) to surge; (*b*) *Fig:* (*Pers.*) to flare up. '**a ~ d**, *adj.* irascible (person), fiery (temperament).

'**aufbrechen**, *v.sep.irr.14* **1.** *v.tr.* (*a*) to break open (a door etc.), force (a lock etc.); to tear open (a letter); (*b*) to break up (a road etc.). **2.** *v.i.* (*sein*) (*a*) to crack; (*Straße*) to break up; (*Wunde*) to open, (*Knospe, Abszeß usw.*) burst; (*b*) (*Pers.*) to leave, set out (**nach** + *dat*, for); **früh a.**, to make an early start.

'**aufbringen**, *v.tr.sep.irr.16* (*haben*) (*a*) to raise, find (money); to muster (enough courage, strength); (*b*) (*reizen*) to rouse, anger (s.o.).

'**Aufbruch**, *m -(e)s/-̈e* **1.** departure, start; **um 10 war allgemeiner A.**, at ten there was a general exodus. **2.** *pl* damage, cracks (in a road).

'**aufbrummen**, *v.tr.sep. F:* **j-m die Kosten/drei Tage (Arrest) usw. a.**, to land s.o. with the expenses/three days detention etc.

'**aufbügel|n**, *v.tr.sep.* (*a*) to press (clothes); (*b*) to iron on (a patch). '**A ~ muster**, *n -s/-* iron-on transfer.

aufbürden ['aufbyrdən], *v.tr.sep.* **j-m etwas a.**,

to encumber/*F:* saddle s.o. with sth.

'**aufdeck|en**, *v.tr.sep.* (*a*) to uncover (a bed etc.), *Cards:* **seine Karten a.**, to show one's hand; (*b*) *Fig:* to expose (a plot, crime etc.), reveal (secrets, motives etc.). '**A ~ ung**, *f -/-en* uncovering; *Fig:* exposure.

'**aufdonnern**, *v.refl.sep. F:* (*Frau*) **sich a.**, to doll oneself up.

'**aufdrängen**, *v.tr.sep.* **j-m etwas a.**, to force sth. on s.o.; **sich j-m a.**, to inflict oneself/intrude on s.o.; **der Gedanke/Verdacht drängte sich (mir) auf**, there was no getting away from this thought/suspicion.

'**aufdrehen**, *v.tr.sep.* (*a*) to turn on (a tap, *F:* the gas etc.); to unscrew (a nut etc.); *F:* to turn up (the radio); (*b*) *F:* **sich** *dat* **die Haare a.**, to put one's hair in curlers.

'**aufdringlich**, *adj.* persistent, pushing (person); obtrusive (advertisement, object); loud, flashy (clothes, colours etc.); intrusive, insistent (noise); overpowering (perfume). '**A ~ keit**, *f -/no pl* persistence, importunity (of s.o.); obtrusiveness, flashiness; intrusiveness.

'**Aufdruck**, *n -(e)s/-e* overprinting; (*Firmena.*) (firm's) printed name. '**a ~ en**, *v.tr.sep.* to overprint (an address etc.).

'**aufdrücken**, *v.tr.sep.* (*a*) to push (a door etc.) open; (*b*) to affix (a seal).

aufein'ander, *adv. & comb.fm.* (*a*) (*übereinander*) on top of one another; (*b*) **a. losgehen**, to fly at one another; (*c*) (*zusammen*) (to fit etc.) together; **zwei Sachen a ~ drücken**, to press two things together. **A ~ folge**, *f -/no pl* succession; chain (of events); **zeitliche A.**, chronological sequence. **a ~ folgen**, *v.i.sep.* (*sein*) to follow/succeed one another. **a ~ folgend**, *adj.* successive, consecutive. **a ~ prallen**, *v.i.sep.* (*sein*) (*Autos usw.*) to crash into one another; *Fig:* (*Ansichten*) to clash. **a ~ stoßen**, *v.i.sep.* (*sein*) to collide; *F:* (*sich begegnen*) to run into one another. **a ~ treffen**, *v.i.sep.irr.104* (*sein*) (*Heere, Sportler*) to meet.

Aufenthalt ['aufɛnthalt], *m -(e)s/-e* (*a*) stay; *P.N:* **der A. (in . . .) ist verboten!** keep out (of . . .); (*b*) *Rail: etc:* stop; **wir haben dort eine Stunde A.**, we stop there for an hour. '**A ~ serlaubnis**, *f -/no pl/* '**A ~ sgenehmigung**, *f -/-en* (temporary) residence permit. '**A ~ sort**, *m -(e)/-e* place of (temporary) residence. '**A ~ sraum**, *m -(e)s/-̈e* recreation room; *Sch:* common room; (*im Krankenhaus*) day room.

'**auferlegen**, *v.tr.sep.* to impose (taxes, a fine etc.), inflict (a punishment) (**j-m**, on s.o.). '**A ~ ung**, *f -/no pl* imposition; infliction.

'**auferstehen**, *v.i.sep.irr.100* (*sein*) *B:* (*Christus*) (**vom Tode**) **a.**, to rise from the dead. '**A ~ ung**, *f -/no pl* resurrection.

'**aufessen**, *v.tr.sep.irr.25* to eat (sth.) up.

'**auffädeln**, *v.tr.sep.* to string (beads).

'**auffahr|en**, *v.sep.irr.26* **1.** *v.i.* (*sein*) (*a*) *Nau:* to run aground; *Aut:* **auf ein anderes Fahrzeug a.**, to run into (the back of) another vehicle; (*b*) (*Pers.*) **aus dem Schlaf a.**, to wake with a start; **verärgert a.**, to jump up angrily; (*c*) *Aut:* to drive up (**vor einem Haus**, in front of a house); (*d*) *B:* to ascend (into Heaven). **2.** *v.tr.sep. Mil:* to bring up (the guns). '**A ~ t**, *f -/-en* (*zum Schloß usw.*) drive; (*zur Autobahn*) access road. '**A** ~ **unfall,** *m* -(e)s/⁼e *Aut:* (*esp.* nose-to-tail) collision.

'**auffallen,** *v.i.sep.irr.27* (*sein*) to attract attention; (*Merkmal*) to be noticeable; **ist Ihnen nichts aufgefallen?** didn't you notice anything? **es fiel mir auf, daß . . .,** it struck me that . . .; **unangenehm a.,** to make a bad impression. '**a** ~ **d,** *adj.* striking (similarity, beauty, clothes etc.); marked (difference); pronounced (accent); conspicuous (position etc.); *adv.* **ein a. stilles Kind,** a remarkably quiet child.

'**auffällig,** *adj.* flashy (dress etc.); showy (person); loud (colours etc.); obvious (clues etc.); **a** ~ **es Benehmen,** ostentatious behaviour; *adv.* **a. oft,** conspicuously often. '**A** ~ **keit,** *f* -/*no pl* ostentatiousness, flashiness; conspicuousness.

'**auffang|en,** *v.tr.sep.irr.28* (*a*) to catch (s.o., sth. falling); to bring together (refugees etc.); to pick up (words, *Rad:* signals etc.); to collect (liquid, gas etc.); (*b*) (*abwehren*) to ward off (a blow; *Mil:* to contain (an advance); *Tchn:* to absorb, cushion (vibration, shock etc.); *Econ:* **Preissteigerungen a.,** to absorb price increases. '**A** ~ **lager,** *n* -s/- transit camp (for refugees).

'**auffass|en,** *v.tr.sep.* (*a*) to understand, grasp (sth.); **etwas falsch a.,** to misunderstand sth.; (*b*) to interpret (sth.); **etwas anders a.,** to interpret/view sth. differently; **er hat es als Beleidigung aufgefaßt,** he took it as an insult. '**A** ~ **ung,** *f* -/-en 1. (*a*) understanding; **eine falsche A.,** a misconception; (*b*) view, opinion; **nach meiner A.,** as I see it; in my view; **er hat eine ganz andere A.,** he takes a completely different view. 2. *no pl* (*also* **A** ~ **sgabe** *f*) (powers of) perception; **eine schnelle A. haben,** to be quick on the uptake.

'**auffind|bar,** *adj.* traceable; **nirgends a.,** not to be found anywhere. '**a** ~ **en,** *v.tr.sep.irr.9* to find, locate (s.o., sth.); to trace (a lost object, person); (*entdecken*) to discover (a painting etc.).

'**auffliegen,** *v.i.sep.irr.8* (*sein*) (*a*) (*Vogel*) to fly up; (*b*) (*Tür, Fenster*) to fly open; (*c*) *F:* (*Pläne usw.*) to collapse; **einen Schwindel a. lassen,** to take the lid off a swindle.

'**aufforder|n,** *v.tr.sep.* (*a*) **j-n a., etwas zu tun,** to call on/(*dringlich*) urge/(*bitten*) ask s.o. to do sth.; (*b*) **j-n (zum Tanz) a.,** to ask s.o. for a dance. '**A** ~ **ung,** *f* -/-en (*a*) (urgent) request; **A. zur Zahlung,** demand for payment; **A. zur Ruhe,** appeal for calm; (*b*) (*Einladung*) invitation (**zu einem Besuch,** to make a visit); **A. zum Tanz,** (i) invitation to dance; (ii) *F:* challenge.

'**Aufforstung,** *f* -/-en (re)afforestation.

'**auffressen,** *v.tr.sep.irr.25* (*a*) (*Tier, F: Pers.*) to devour (its prey, food); (*b*) *F:* **keine Angst, er frißt dich nicht gleich auf!** don't be afraid, he won't eat you!

'**auffrisch|en,** *v.sep.* 1. *v.tr.* to refresh (one's memory); to brush up (a language, one's knowledge); to replenish (stores etc.). 2. *v.i.* (*sein/haben*) (*Wind*) to freshen. '**A** ~ **ungskurs,** *m* -es/-e refresher course.

'**aufführ|bar,** *adj. Th:* performable; **schwer/leicht a.,** difficult/easy to stage. '**a** ~ **en,** *v.tr.sep.* (*a*) *Th: Mus:* to perform (a play, a piece); to show, put on (a film); *F:* **führ nicht so ein Theater auf!** don't make such a fuss/

song and dance! (*b*) **sich gut/schlecht a.,** to behave well/badly; **sich wie ein Verrückter a.,** to carry on like a maniac; (*c*) to list (names, items etc.); *Jur:* **j-n als Zeugen (namentlich) a.,** to cite s.o. as a witness. '**A** ~ **ung,** *f* -/-en (*a*) *Th: Mus:* performance; **ein Stück zur A. bringen,** to stage a play; (*b*) listing.

'**auffüllen,** *v.tr.sep.* to top up, fill up (a glass, tank etc.); to replenish (stocks).

'**Aufgabe,** *f* -/-n 1. *no pl* (*a*) posting, *N.Am:* mailing; sending, dispatch (of a telegram etc.); *Advert:* insertion (of an advertisement); *Com:* placing (of an order etc.); *Rail:* registering, sending (luggage) in advance; (*b*) (*Verzicht*) giving up; abandonment (of plans etc.); relinquishment (of a right); *Sp:* retirement (from a race etc.); **A. eines Ehrenamtes,** resignation from an honorary post. 2. (*Auftrag*) (*a*) task, job; *Mil: etc:* mission, assignment; **j-s A** ~ **n übernehmen,** to take over s.o.'s duties; **sich** *dat* **etwas zur A. machen,** to make sth. one's business; (*b*) (*Zweck*) **die Batterie hat eine doppelte A.,** the battery has a dual purpose/ function; (*c*) *Sch:* exercise; *Mth:* problem; **A** ~ **n** *pl* work, *esp.* (*Hausaufgaben*) homework. '**A** ~ **nbereich,** *m* -(e)s/-e area of responsibility; **in j-s A. fallen,** to be s.o.'s responsibility/part of s.o.'s job.

'**aufgabeln,** *v.tr.sep. P:* to pick up (a girl); to dig (s.o.) up (for a job etc.).

'**Aufgang,** *m* -(e)s/⁼e (*a*) rising (of the sun); ascent (of a star); (*b*) (*Treppe*) staircase, stairway.

'**aufgeben,** *v.tr.sep.irr.35* (*haben*) (*a*) to post, *N.Am:* mail (a letter); to send, dispatch (a telegram, *Com:* an order); **seine Bestellung a.,** to place/give one's order; **eine Annonce a.,** to put an advertisement in the paper; *Rail:* **sein Gepäck a.,** to register one's luggage/send one's luggage in advance; (*b*) **j-m eine Arbeit/ein Problem a.,** to set s.o. a task/problem; *Sch:* **der Lehrer hat uns heute viel aufgegeben,** the teacher has given us a lot of homework today; (*c*) to give up (a struggle, business etc.); to abandon (an attempt, a plan); to drop (an idea etc.); to relinquish (a right); **das Rauchen a.,** to give up smoking; **sein Amt a.,** to resign from office; *Sp:* (**das Rennen**) **a.,** to retire (from the race); *F:* **den Geist a.,** to give up the ghost; **ich geb's auf!** I give up!

'**aufgeblasen,** *p.p. as adj. Fig:* conceited, swollen-headed. '**A** ~ **heit,** *f* -/*no pl* conceit, self-importance.

'**Aufgebot,** *n* -(e)s/-e 1. array (**an etwas** *dat,* of things); contingent (of police etc.); *Sp:* (*Mannschaft*) team, squad; **eindrucksvolles A.,** impressive array/*Sp:* line-up. 2. **unter A. aller Kräfte,** using all one's strength; with the utmost effort. 3. *Ecc:* **kirchliches A.,** banns.

'**aufgebracht,** *p.p. as adj.* roused; angry (**gegen** j-n, with s.o.).

'**aufgedonnert,** *p.p. as adj. F:* (*Frau*) tarted up.

'**aufgedreht,** *p.p. as adj. F:* in high spirits; (*Kind*) full of beans.

'**aufgedunsen,** *adj.* puffy (face); bloated (stomach etc.). '**A** ~ **heit,** *f* -/*no pl* puffiness.

'**aufgehen,** *v.i.sep.irr.36* (*sein*) (*a*) (*Sonne, Teig, Vorhang usw.*) to rise; **in Flammen a.,** to go up in flames; (*b*) (*Tür, Augen usw.*) to open;

(*Knoten, Reißverschluß*) to come undone; (*Knospen, Furunkel usw.*) to burst (open); *F:* **ihm ging ein Licht auf,** it suddenly dawned on him; (*c*) (*Samen*) to germinate; *Med:* (*Impfung*) to take; (*d*) (*Pers.*) **in etwas** *dat* **a.,** to live for/be taken up with sth.; (*e*) *Mth:* **in einer Zahl a.,** to divide/ *F:* go into a number exactly; **die Gleichung geht auf,** the equation works out exactly.

'**aufgeklärt,** *p.p. as adj.* enlightened, broadminded; **sie ist (sexuell) a.,** she knows the facts of life. '**A~heit,** *f -/no pl* enlightenment, broadmindedness.

'**aufgelegt,** *p.p. as adj.* **gut/schlecht a.,** in a good/bad mood; **zu etwas** *dat* **a. sein,** to be in the mood for sth.; **ich bin nicht zum Singen a.,** I don't feel like singing.

'**aufgelöst,** *p.p. as adj.* (*Haare*) in a mess; *F:* (*Pers.*) frantic (**vor Schmerz,** with pain).

'**aufgeräumt,** *p.p. as adj.* cheerful; (*fidel*) jovial.

'**aufgeregt,** *p.p. as adj.* worked up, upset; agitated. '**A~heit,** *f -/no pl* agitation.

'**aufgeschlossen. 1.** *p.p. of* **aufschließen. 2.** *adj.* (*Pers.*) open-minded; liberal (views). '**A~heit,** *f -/no pl* open-mindedness.

'**aufgeschmissen,** *adj. F:* **a. sein,** to be in a fix/(*nicht weiterkönnen*) completely stuck.

'**aufgeweckt,** *p.p. as adj.* quick-witted; alert, (*klug*) bright (child). '**A~heit,** *f -/no pl* quick-wittedness; alertness.

'**aufgießen,** *v.tr.sep.irr.31* to make (tea, coffee).

'**aufgliedern,** *v.tr.sep.* to divide, split up (sth.) (**in Kategorien usw.,** into categories etc.); to break down (figures). '**A~ung,** *f -/-en* (*a*) division; (*b*) (*Aufbau*) structure; arrangement.

'**aufgreifen,** *v.tr.sep.irr.43* (*a*) to pick up, catch (a criminal etc.); (*b*) to take up (an idea, a case etc.); (*c*) to carry on (a conversation etc.) (**where** one left off)

'**Aufguß,** *m -sses/-̈sse* infusion (of tea etc.).

'**aufhaben,** *v.sep.irr.44 F:* **1.** *v.tr.* (*a*) (*tragen*) to be wearing (a hat, spectacles etc.); (*b*) to have (the window etc.) open; (*c*) *Sch:* to have (sth.) to do as homework. **2.** *v.i.* (*haben*) **die Geschäfte haben auf,** the shops are open.

'**aufhalsen,** *v.tr.sep. F:* **j-m etwas a.,** to lumber/ saddle s.o. with sth.

'**aufhalten,** *v.tr.sep.irr.45* (*a*) to stop (s.o., sth.); to halt (progress etc., *Mil:* an advance); **eine Katastrophe nicht a. können,** to be unable to prevent a disaster; (*b*) (*vorübergehend*) to hold up, delay (s.o., traffic etc.); to obstruct (a development etc.); **lassen Sie sich nicht a.!** don't let me keep you! **sich bei etwas** *dat* **a.,** to dwell on/linger over sth.; **ich kann mich damit nicht länger a.,** I can't waste any more time on that; (*c*) **sich über j-n/etwas** *acc* **a.,** to complain about s.o., sth.; (*d*) **j-m die Tür a.,** to hold the door open for s.o.; *F:* **die Hand a.,** to hold out one's hand (for money); (*e*) **sich in/an einem Ort a.,** to live/(*vorübergehend*) stay in a place.

'**aufhängen,** *v.tr.sep.* (*a*) to hang (sth.) up; to put up (curtains, a poster etc.); to hang (a picture etc.); **j-n/sich a.,** to hang s.o./oneself. '**A~er,** *m -s/- Cl:* hanger. '**A~ung,** *f -/no pl Tchn:* suspension.

'**aufhäufen,** *v.tr.sep.* to heap/pile up (stones etc.); to accumulate (goods etc.), amass (a fortune); **sich a.,** to pile up, accumulate.

'**A~ung,** *f -/no pl* accumulation.

aufheben. I. *v.tr.sep.irr.48* (*a*) to lift (s.o., sth.) up, raise (sth.); (*vom Boden*) to pick (sth.) up; (*b*) (*aufbewahren*) **j-m etwas/etwas für j-n a.,** to keep sth. for s.o; **gut aufgehoben sein,** to be well looked after/in good hands; (*c*) (*abschaffen*) to lift (a ban, restrictions etc.); to revoke, cancel (an order etc.), abolish (a tax etc.); to cancel (out) (an effect); (*Nachteil und Vorteil usw.*) **sich gegenseitig a.,** to cancel one another out; **die Versammlung a.,** to adjourn/ close the meeting. **II. A.,** *n -s/no pl* **viel A~s um j-n, etwas** *acc* **machen,** to make a great fuss about s.o., sth. '**A~ung,** *f -/no pl* abolition; cancellation, revocation; adjournment.

'**aufheitern,** *v.tr.sep.* to cheer (s.o.) up; (*Himmel, Wetter*) **sich a.,** to clear up. '**A~ung,** *f -/no pl Meteor:* **zeitweise A.,** occasional bright periods.

'**aufhellen,** *v.tr.sep.* to lighten (colours etc.); *Fig:* to throw light on (a mystery etc.); **sich a.,** (*Gesicht*) to light up; (*Wetter*) to clear up.

'**aufhetzen,** *v.tr.sep.* to stir up (people) (**gegen** + *acc*, against); **j-n (zu etwas** *dat*) **a.,** to incite s.o. (to sth.). '**A~ung,** *f -/no pl* incitement.

'**aufholen,** *v.tr.sep.* (**den Vorsprung**) **a.,** to catch up; *Sp:* to close the gap; **die Verspätung a.,** to make up for lost time.

'**aufhorchen,** *v.i.sep.*(*haben*) to prick up one's ears.

'**aufhören,** *v.i.sep.*(*haben*) to stop; (*Freundschaft, Periode usw.*) to come to an end; **mit etwas** *dat* **a.,** to stop/*N.Am:* quit doing sth.; *F:* **hör (damit) auf!** stop it! *F:* cut it out! **da hört sich doch alles auf!** that's the limit!

'**aufjauchzen,** *v.i.sep.*(*haben*) to shout with joy.

'**aufkaufen,** *v.tr.sep.* to buy up (land etc.); *Com:* **den Markt a.,** to corner the market.

'**aufklappbar,** *adj.* hinged (lid etc.); folding (seat); convertible (sofa etc.). '**a~en,** *v.tr.sep.* to open (a knife, book etc.), raise (a lid), put up (a folding chair etc.).

'**aufklären,** *v.tr.sep.* (*a*) to clear up (a misunderstanding, crime etc.); to clarify (a question, process etc.); (*b*) **j-n über etwas** *acc* **a.,** to enlighten s.o./*F:* put s.o. in the picture about sth.; **Kinder (sexuell) a.,** to explain the facts of life to children; (*c*) (*Wetter*) **sich a.,** to clear (up); **sein Gesicht klärte sich auf,** his face lit up. '**A~ung,** *f -/occ-en* clarification; enlightenment; *Mil:* reconnaissance; *Hist:* **das Zeitalter der A.,** the Age of Enlightenment. '**A~ungs-,** *comb.fm.* (*a*) informative, (*sexualkundlich*) sex education (leaflet, film, literature etc.); **A~kampagne** *f,* information campaign; (*b*) *Mil:* reconnaissance (aircraft, unit etc.).

'**aufkleben,** *v.tr.sep.* to stick on (a stamp etc.), (*mit Klebstoff*) glue (sth.) on. '**A~er,** *m -s/-* sticker; (*Etikett*) stick-on label.

'**aufknacken,** *v.tr.sep.* to crack (nuts, *F:* a safe); *F:* to break into (a car etc.).

'**aufknöpfen,** *v.tr.sep.* to unbutton (clothes).

'**aufknüpfen,** *v.tr.sep.* (*a*) to untie (a knot etc.); (*b*) *F:* (*erhängen*) to string (s.o., oneself) up.

'**aufkochen,** *v.tr.sep. Cu:* **etwas (kurz) a. lassen,** to bring sth. to the boil.

'**aufkommen,** *v.i.sep.irr.53* (*sein*) (*a*) (*Nebel*) to rise; (*Wind*) to spring up; *Fig:* (*Verdacht,*

Zweifel usw.) to arise; (*Stil, Mode*) to come in; **es kamen Gerüchte auf,** rumours started going around; **es wollte keine rechte Stimmung a. (bei der Party),** the party just didn't get going; (*b*) **für j-n, etwas** *acc* **a.,** to be liable for s.o., sth.; **dafür komme ich auf,** I'll pay for it; that's on me.
ˈaufkrempeln, *v.tr.sep.* to roll up (sleeves etc.).
ˈaufkreuzen, *v.i.sep.* (*sein*) *F:* to roll up.
ˈaufkriegen, *v.tr.sep. F:* = **aufbekommen.**
ˈauflachen, *v.i.sep.* (*haben*) (*laut*) **a.,** to burst out laughing.
ˈaufladen, *v.tr.sep.irr.56* (*haben*) (*a*) to load (baggage etc.) (**auf etwas** *acc,* onto sth.); *Fig:* **j-m etwas a.,** to burden/*F:* saddle s.o. with sth.; (*b*) *El:* to charge (a battery).
ˈAuflage, *f* -/-n **1.** printing; (*a*) *Pub:* impression; **überarbeitete A.,** revised edition; (*b*) (*gedruckte Anzahl*) print run; *Journ:* circulation. **2.** (*a*) (mattress) overlay; (*b*) (*Stütze*) (gun etc.) support, rest. **3.** *Adm:* (*Beschränkung*) condition, restriction. **ˈA ~ (n)höhe,** *f* -/no pl *Print:* print-run; *Journ:* circulation.
ˈauflassen, *v.tr.sep.irr.57* (*a*) to leave (the door etc.) open, leave (one's coat) unbuttoned; (*b*) to keep (a hat) on; *F:* to let (children) stay up.
ˈauflauern, *v.i.sep.* (*haben*) **j-m a.,** to waylay s.o.
ˈAuflauf, *m* -(e)s/ˈ̈-e (*a*) (esp. excited) crowd; (*Tumult*) commotion; **einen A. verursachen,** to cause a crowd to gather/a commotion; (*b*) *Cu:* approx. = soufflé. **ˈA ~ bremse,** *f* -/-n *Aut:* overrun brake. **ˈa ~ en,** *v.i.sep.irr.58* (*sein*) (*a*) *Nau:* to run aground, (*stranden*) be beached; **auf Felsen a.,** to run onto rocks; (*b*) (*sich anhäufen*) to accumulate.
ˈaufleben, *v.i.sep.* (*sein*) (*wieder*) **a.,** (*Pers.*) to get a new lease of/*N.Am:* on life; (*Pflanze usw.*) to revive.
ˈauflecken, *v.tr.sep.* (*Tier*) to lap up (sth.).
ˈauflegen, *v.tr.sep.* (*a*) to put on (fuel, makeup, a record etc.); *Tchn:* to apply (*Med:* a compress etc.) (**auf** + *acc,* to); **ein Gedeck a.,** to lay a place; *Tel:* (**den Hörer**) **a.,** to hang up; (*b*) *Print:* **ein Buch neu a.,** to reprint a book.
ˈauflehnen, *v.refl.sep.* **sich a.,** to rebel (**gegen** + *acc,* against). **ˈA ~ ung,** *f* -/no pl rebellion.
ˈauflesen, *v.tr.sep.irr.61* to pick up (sth., *F:* a person), glean (information).
ˈaufleuchten, *v.i.sep.* (*haben*) (*Licht*) to shine out (brightly), flash; *Fig:* (*Augen*) to light up.
ˈaufliegen, *v.sep.irr.62* **1.** *v.i.* (*haben*) **auf etwas** *dat* **a.,** to rest/be supported on sth. **2.** *v.tr.* (*Patient*) **sich a.,** to get bedsores.
ˈauflockern, *v.tr.sep.* (*a*) to break up (the soil, cloud etc.); *Fig:* **den Unterricht durch Dias a.,** to use slides to provide variety in one's teaching; (*b*) (*entspannen*) to make (the atmosphere etc.) more relaxed.
ˈauflösˈbar, *adj.* soluble (problem, *Ch:* substance etc.); *Jur:* terminable (contract etc.). **ˈa ~ en,** *v.tr.sep.* (*a*) to dissolve (tablets etc.); to untie (knots, one's hair); **etwas in seine Bestandteile a.,** to break sth. down into its component parts; (*b*) (*beenden*) to break up (a partnership etc.); to dissolve (parliament, a marriage etc.); to dismiss (an assembly); to disband (an association, army etc.); to wind up (a company etc.); to terminate, cancel (a contract etc.); to close (an account etc.); (*c*) to

solve, resolve (a riddle, difficulty, *Mus:* a discord etc.); (*d*) **sich a.,** to break up, disintegrate; (*Salz usw.*) to dissolve; (*Formation usw.*) to split up; (*Menge*) to disperse; (*Nebel, Wolke*) to clear (away); (*Knoten, Haare*) to come undone; (*Verein*) to disband; *F:* **sich in blauen Dunst a.,** to vanish into thin air; **alles hat sich in Wohlgefallen aufgelöst,** it all sorted itself out; (*Pers.*) **sich in Tränen a.,** to dissolve into tears. **ˈa ~ end,** *adj. Ch: etc:* solvent. **ˈA ~ ung,** *f* -/ **-en** (*a*) disintegration; dissolution; (*b*) dismissal; *Mil:* disbanding; (*c*) *Com:* winding up; *Jur:* termination; *Bank:* closing (of an account); *Mus: etc:* resolution; (*d*) resolution (of a riddle etc.). **ˈA ~ ungsvermögen,** *n* -s/no pl *Opt:* resolution.
ˈaufmachˈen, *v.sep.* **1.** *v.tr.* (*a*) to open (a door, one's mouth, a parcel etc.); to undo (buttons, string etc.); to unfasten (a dress); **ein Geschäft a.,** (i) to open a shop; (ii) to set up a business; **sie machte den Mund den ganzen Abend nicht auf,** she didn't say a word all evening; (*b*) (*zurechtmachen*) to present (sth.), *F:* get (sth., oneself) up; **hübsch aufgemachte Geschenke,** attractively wrapped gifts; *F:* **auf alt aufgemacht,** made to look old; (*c*) **sich (zu einer Reise) a.,** to set off (on a journey). **2.** *v.i.* (*haben*) to open; **sie hat mir selbst aufgemacht,** she opened the door for me herself. **ˈA ~ ung,** *f* -/-en appearance; *F:* get-up (of s.o., sth.); layout (of a page); (*Frau*) **in großer/eleganter A.,** smartly turned out; **in verschiedenen A ~ en zu haben,** available in different versions; *F:* **das ist alles bloß A.!** it's all for show!
ˈAufmarsch, *m* -(e)s/ˈ̈-e *Mil: etc:* parade, march-past; *F:* line-up. **ˈa ~ ieren,** *v.i.sep.* (*sein*) to parade, march past.
ˈaufmerksam, *adj.* (*a*) attentive; (*beobachtend*) observant; *adv.* **a. zuhören,** to listen attentively/ intently; (*b*) **auf j-n, etwas** *acc* **a. werden,** to become conscious of/notice s.o., sth.; **j-n auf etwas** *acc* **a. machen,** to draw s.o.'s attention to sth., point sth. out to s.o.; (*c*) (*höflich*) attentive, thoughtful. **ˈA ~ keit,** *f* -/-en (*a*) attention; (*b*) (*Höflichkeit*) attentiveness, thoughtfulness.
ˈaufmöbeln, *v.tr.sep. F:* to do (sth.) up, titivate (sth.); to buck/pep (*aufmuntern*) cheer (s.o.) up.
ˈaufmunterˈn, *v.tr.sep.* to cheer (s.o.) up; (*Kaffee, Alkohol*) to buck/pep (s.o.) up; **a ~ der Blick,** encouraging glance. **ˈA ~ ung,** *f* -/-en **eine A. nötig haben,** to need cheering up.
Aufnahme [ˈaufnɑːmə]. **I.** *f* -/-n **1.** opening (of negotiations etc.); establishment (of relations etc.). **2.** (*Empfang*) reception; admission (**in ein Krankenhaus, einen Verein usw.,** to hospital, a club etc.); **eine warme A. finden,** to meet with a warm welcome/reception; **A. beim Publikum,** public reaction. **3.** raising (of money, a loan etc.). **4.** intake (of food, refugees etc.); absorption (*Econ:* of goods, *Ph:* of heat etc.); assimilation (of knowledge); **die A. eines Wortes in ein Wörterbuch,** the inclusion of a word in a dictionary. **5.** *Phot:* photograph; *Cin: TV:* shot, take; *Rec:* recording; **eine A. machen,** to take a photograph/make a recording; *Cin:* **Achtung, A.!** action! **II.** **ˈA ~ -,** *comb.fm. Rec:* recording (studio, engineer etc.); **A ~ leiter** *m,* recording producer. **ˈA ~ bedingung,** *f* -/-en

condition of admission. ´a ~ be reit, adj. (a) receptive (mind); (b) Cin: ready (to shoot). ´a ~ fähig, adj. receptive (person, mind) (für + acc, to); nicht mehr a., (Pers.) incapable of taking in any more; Econ: (Markt) saturated. ´A ~ prüfung, f -/-en Sch: etc: entrance examination. ´A ~ vermögen, n -s/no pl capacity for absorbing ideas/Econ: goods.

´aufnehmen, v.tr.sep.irr.69 (a) to pick (sth.) up (vom Boden, off the ground); (aufsaugen) to absorb (water etc.); Knit: Maschen a., to pick up stitches; Fin: Geld auf ein Haus a., to mortgage a house; Fig: Eindrücke in sich a., to take in/absorb impressions; (b) to take up (an idea, the fight etc.); to start (work etc.); Verhandlungen/Beziehungen mit j-m a., to enter into negotiations/relations with s.o.; Kontakt mit j-m a., to establish contact with s.o.; die Arbeit usw. wieder a., to resume work etc.; (c) (empfangen) to take (s.o.) in; to shelter, accommodate (refugees etc.) (bei sich dat. in one's house); (annehmen) to accept (s.o.) (as a member etc.), include (s.o.) (in a team etc.); ins Krankenhaus aufgenommen werden, to be admitted to hospital; j-n, einen Vorschlag usw. warm/kühl a., to receive s.o., a proposal etc. warmly/coolly; ein Stück in den Spielplan a., to include a play in the repertoire; eine Klausel in einen Vertrag a., to insert a clause in a treaty; (d) (niederschreiben) to take down (dictation, notes etc.); das Protokoll a., to write the minutes; Com: den Bestand a., to take stock; (e) Phot: to photograph, take a photograph of (s.o., sth.); Cin: to shoot, film (a scene etc.); Rec: to record (s.o., sth.); (f) (fassen) to hold, contain (a quantity of goods, number of people etc.).

´aufopfer|n, v.tr sep. to sacrifice (one's time, life, freedom etc.), ´a ~ nd, adj. self sacrificial. ´A ~ ung, f -/no pl (self-)sacrifice.

´aufpassen, v.i.sep. (haben) (a) (achtgeben) to pay attention, watch out (auf + acc, for); passen Sie auf, daß , be careful that . . .; paß auf! look/watch out! (b) (beaufsichtigen) auf j-n, etwas acc a., to keep an eye on s.o., sth.; auf die Kinder a., to mind/look after the children.

´aufpeitschen, v.tr.sep. to rouse, stir up (feelings, the people etc.); sich a., to pep oneself up (durch + acc, with).

´aufpflanzen, v.tr.sep. F: sich vor j-m a., to plant oneself in s.o.'s way.

´aufplatzen, v.i.sep. (sein) to burst open.

´aufprägen, v.tr.sep. to stamp (a pattern etc.) (auf + acc, on); Fig: etwas dat seinen Stempel a., to leave one's mark on sth.

´Aufprall, m -(e)s/-e impact (auf + acc, against/on). ´a ~ en, v.i.sep. (sein) auf etwas acc a., to strike, hit sth.

´Aufpreis, m -es/-e supplement, additional charge; gegen A., at extra cost.

´aufputsch|en, v.tr.sep. F: to pep (s.o., oneself) up; to whip up (the passions etc.). ´A ~ mittel, n -s/- F: pep pill; Sp: dope.

´aufraffen, v.tr.sep. sich a., (i) to haul oneself up to one's feet; (aus dem Schlaf usw.) to rouse oneself; (ii) Fig: to pull oneself together; sich zu einer Entscheidung a., to face up to a decision; ich konnte mich nicht dazu a., I could not bring myself to do it.

´aufrappeln, v.tr.sep. F: sich a., (i) to scramble to one's feet; (ii) Fig: to pull oneself together; (nach einer Krankheit) to be one's old self.

´aufrauhen, v.tr.sep. to roughen (sth.).

´aufräum|en, v.tr.&i.sep. (haben) to clear up/away (toys etc.); to tidy (a room etc.); du mußt hier a., you must tidy up in here; Fig: mit Vorurteilen a., to sweep away prejudices.

´aufrecht, adj. & adv. upright (bearing, Fig: person, etc.); a. sitzen, to sit up; er konnte sich kaum noch a. halten, he could hardly stand. ´a ~ erhalten, v.tr.sep.irr.45 to maintain (order, contact etc.); to stick to (one's offer etc.); to uphold (a tradition etc.); to keep up (a friendship); nur diese Hoffnung erhielt ihn aufrecht, only this hope sustained him. ´A ~ erhaltung, f -/no pl maintenance; upholding.

´aufreg|en, v.tr.sep. to agitate, excite (s.o.), (beunruhigen) upset (s.o.); sich a., to get excited/F: worked up; (sich entrüsten) to be indignant (über etwas acc, about sth.); reg dich nicht auf! don't get into a state! take it easy! ´a ~ end, adj. exciting; thrilling. ´A ~ ung, f -/-en agitation; (Spannung) excitement; A. verursachen, to cause a stir; vor A. konnte er kaum sprechen, he could hardly speak for excitement.

´aufreiben, v.tr.sep.irr.12 (a) to chafe, rub off (the skin); (b) (zermürben) to wear (s.o.) down, fray (s.o.'s nerves); von Sorgen aufgerieben, ill with worry. ´a ~ d, adj. exhausting, gruelling.

´aufreihen, v.tr.sep. to string, thread (beads etc.) (auf etwas acc, on sth.); to line up (people etc.); sich a., to form a line.

´aufreißen, v.sep.irr.49 1. v.tr. (a) to tear/rip (sth.) open; to fling (the door, window) (wide) open; to tear up (the road), die Augen (weit) a., to stare wide-eyed; den Mund a., (i) (staunend) to gape (at s.o.); (ii) F: (prahlen) to talk big; (b) P: to pick up (a girl, a job). 2. v.i. (sein) (Naht, Hosen usw.) to split.

´aufreizen, v.tr.sep. to provoke (s.o., the senses) (zum Widerstand usw., to resistance etc.). ´a ~ d, adj. provocative.

´aufricht|en, v.tr.sep. (a) to raise, erect (a mast, pillar etc.); to help (s.o.) to his/her feet; (im Bett) to sit (s.o.) up; sich a., to straighten/(aufsitzen) sit up; (b) Fig: to comfort, console (s.o.). ´a ~ ig, adj. sincere; genuine (person, feeling); honest (person, opinion); upright (conduct); (offen) frank, candid (opinion etc.); a ~ e Teilnahme, whole-hearted sympathy; adv. ich bedauere a., daß . . ., I sincerely regret that . . . ´A ~ igkeit, f -/no pl sincerity; frankness. ´A ~ ung, f -/no pl erection.

´aufriegeln, v.tr.sep. to unbolt (a door).

´Aufriß, m -sses/-sse 1. Constr: elevation; Mec.E: section. 2. outline (of history etc.).

´aufrollen, v.tr.sep. (a) to roll up (a carpet, sleeves etc.); F: to put (one's hair) in rollers; (b) Fig: to open up (a problem etc.).

´aufrücken, v.i.sep. (sein) (a) to move up; Mil: to close ranks; (b) (befördert werden) to be promoted (zum Manager usw., to the post of manager etc.).

´Aufruf, m -(e)s/-e (a) summons, appeal (an j-n, to s.o.); bei A., when called; einen A. erlassen, to issue an appeal; (b) Data-Pr: call-in. ´a ~ en, *v.tr.sep.irr.74* (*a*) to call out (a name); to summon (s.o., *Jur:* a witness etc.); (*b*) *Data-Pr:* to call in/up (a programme).

'**Aufruhr,** *m -s/no pl* (*a*) (*Tumult*) upheaval, commotion; **die Stadt war in A.,** the town was in a ferment; *Fig:* **Gefühle usw. in A. bringen,** to rouse/stir up feelings etc.; (*b*) (*Aufstand*) rebellion; (*einer Meute*) riot.

'**aufrühr|en,** *v.tr.sep.* (*a*) to stir up (sediment, *Fig:* feelings etc.); *Fig:* to inflame (passions); (*b*) *F:* to dig/rake up (a story); to revive (memories). '**A ~ er,** *m -s/-* rioter; (*Aufständischer*) rebel. '**a ~ erisch,** *adj.* riotous, rioting (crowd), rebellious (people); seditious (ideas); inflammatory (speech).

'**aufrunden,** *v.tr.sep.* to round up, *N. Am:* round off (numbers).

'**aufrüst|en,** *v.tr.&i.sep.* (*haben*) *Mil:* to (re)arm (a country). '**A ~ ung,** *f -/no pl* (re)armament.

'**aufrütteln,** *v.tr.sep.* to rouse (s.o.) (**aus dem Schlaf,** from sleep).

'**aufsagen,** *v.tr.sep.* to recite (a poem etc.).

'**aufsammeln,** *v.tr.sep.* to pick up, collect (pieces etc.).

'**aufsässig** [ˈaufzɛsiç], *adj.* refractory (child); rebellious (people).

'**Aufsatz,** *m -es/ⁿe* 1. *Lit: Sch:* essay; *Univ:* (*Abhandlung*) paper. 2. *Furn:* top (of a dresser etc.).

'**aufsaug|en,** *v.tr.sep.irr.76* to absorb, suck up, (*Schwamm*) soak up (a liquid). '**A ~ ung,** *f -/no pl* absorption.

'**aufschauen,** *v.i.sep.* (*haben*) *esp. South G:* to look up (**zu j-m,** at/*Fig:* to s.o.).

'**aufscheuchen,** *v.tr.sep.* to startle (s.o., an animal); *Hunt:* to flush out (a bird).

'**aufscheuern,** *v.tr.sep.* to chafe (the skin).

'**aufschieb|en,** *v.tr.sep.irr.82* (*a*) to slide open (a window etc.); to slide back (a bolt etc.); (*b*) (*verschieben*) to put off, postpone (sth.) (**auf +** *acc,* until); to shelve (a question). '**A ~ ung,** *f -/-en* postponement; delay.

'**Aufschlag,** *m -(e)s/ⁿe* 1. (*Aufprall*) impact (of a bomb etc.); (*Geräusch*) bump. 2. *Tennis: etc:* service; **er hat A.,** it's his service. 3. *Com:* surcharge; (*Preiserhöhung*) price increase. 4. *Cl:* (*Hosena.*) turn-up; (*Ärmela.*) cuff; (*Mantela.*) lapel; *Mil:* **rote A~e,** red facings. '**a ~ en,** *v.sep.irr.85* 1. *v.i.* (*a*) (*sein*) **auf den Boden (hart) a.,** to hit the ground/floor (hard); **dumpf a.,** to land with a thud/bump; (*b*) (*haben*) *Tennis: etc:* to serve; (*c*) (*sein*) (*Tür usw.*) to burst open; (*d*) (*haben*) (*Preise*) to rise; (*Waren*) to go up (in price). 2. *v.tr.* (*a*) to break (sth.) open; to crack (an egg); to open (a book, paper, one's eyes etc.); **sich** *dat* **das Knie a.,** to take the skin off one's knee; (*b*) **die Ärmel a.,** to roll up one's sleeves; (*c*) to put up (a tent, scaffolding etc.); **sein Quartier/seinen Wohnsitz in X a.,** to take up residence in X; (*d*) to raise (prices).

'**aufschließen,** *v.tr.sep.irr.31* (*a*) to unlock (a door, drawer etc.); *Fig:* to reveal (sth.); **j-m sein Herz a.,** to open one's heart to s.o.

'**Aufschluß,** *m -sses/ⁿsse* information; **A. über etwas** *acc* **geben,** to provide information/enlightenment about sth. '**a ~ reich,** *adj.* revealing, illuminating (facts); (*lehrreich*) informative, instructive (talk etc.).

'**aufschnallen,** *v.tr.sep.* (*a*) to strap on (baggage

etc.); (*b*) (*lösen*) to unbuckle (a belt etc.).

'**aufschnappen,** *v.sep.* 1. *v.tr.* (*Hund usw.*) to snap up (sth.); *F:* (*Pers.*) to pick up, catch (s.o.'s words etc.). 2. *v.i.* (*sein*) to spring open.

'**aufschneid|en,** *v.sep.irr.59* 1. *v.tr.* (*a*) to cut (sth.) open; (*b*) to cut up, slice (bread etc.); to carve (meat). 2. *v.i.* (*haben*) *F:* to brag, shoot a line. '**A ~ er,** *m -s/-* *F:* show-off. **A ~ e'rei,** *f -/-en* bragging. '**a ~ erisch,** *adj.* boastful.

'**aufschnellen,** *v.i.sep.* (*sein*) to leap up.

'**Aufschnitt,** *m -(e)s/no pl* (selection of) sliced cold meat; *N.Am:* cold cuts.

'**aufschnüren,** *v.tr.sep.* to untie (a parcel etc.); **die Schuhe a.,** to untie one's shoelaces.

'**aufschrecken,** *v.sep.* 1. *v.tr.* to startle (s.o.) (**aus dem Schlaf,** out of his/her sleep); *Hunt:* to set up (game), flush out (a bird). 2. *v.i.irr.23* (*sein*) to start (up).

'**Aufschrei,** *m -(e)s/-e* (sudden) cry, yell. '**a ~ en,** *v.i.sep.irr.88* (*haben*) to cry out.

'**aufschreiben,** *v.tr.sep.irr.12* to write (sth.) down; (*notieren*) to make a note of (an address etc.); *F:* (*Polizist*) to book (s.o.); (*Arzt*) to prescribe (a medicine).

'**Aufschrift,** *f -/-en* writing, inscription; (*Etikett*) label.

'**Aufschub,** *m -(e)s/ⁿe* delay; **es duldet keinen A.,** it must not be delayed/postponed; **j-m A. geben/gewähren,** to grant s.o. a deferment/ *Jur:* a (temporary) reprieve.

'**aufschütten,** *v.tr.sep.* (*a*) to pour (on) (water etc.); to heap (on) (coal etc.) (*b*) (*aufhäufen*) to pile up (stones etc.); to bank up (a fire, earth), build up (an embankment); to raise (the level of) (a dam, road).

'**aufschwatzen,** *v.tr.sep.* **j-m etwas a.,** to talk s.o. into buying/taking sth.

'**aufschwemmen,** *v.tr.sep.* to fatten, bloat (the body), make (the face) puffy.

'**aufschwingen,** *v.tr.sep.irr.19* **sich a.,** (*a*) *Lit:* (*Vogel*) to soar into the air; (*b*) *Fig:* (*Pers.*) to rise in the world; (*c*) *F:* **sich zu einem Brief a.,** to bring oneself to write a letter.

'**Aufschwung,** *m -(e)s/ⁿe* 1. upward swing. 2. *Fig:* upturn, change for the better; *Econ:* upswing; **einen A. nehmen,** to improve, *Econ:* boom.

'**aufseh|en,** I. *v.i.sep.irr.92* (*haben*) to look up (**zu j-m,** at/*Fig:* to s.o.). II. **A.,** *n -s/no pl* **A. erregen/verursachen,** to cause a stir; **ohne A.,** unnoticed. '**a ~ enerregend,** *adj.* sensational. '**A ~ er(in),** *m -s/- (f -/-en*) supervisor, overseer; *Ind:* foreman; (*im Museum, am Parkplatz*) attendant; (*im Gefängnis*) warder; (*im Kaufhaus*) shopwalker.

'**aufsein,** *v.i.sep.irr.93* (*sein*) (*a*) (*Fenster, Geschäft*) to be open; (*b*) (*Pers.*) to be up.

'**aufsetzen,** *v.sep.* 1. *v.tr.* (*a*) to put on (a hat, glasses, the kettle, *Fig:* an expression etc.); (*b*) to draft (a letter, contract etc.); (*c*) (*Pers.*) **sich a.,** to sit up. 2. *v.i.* (*haben*) *Av:* (*Flugzeug*) to land, touch down; **hart/weich a.,** to have a hard/soft landing.

'**aufseufzen,** *v.i.sep.* (*haben*) to heave a sigh.

'**Aufsicht,** *f -/-en* 1. (*a*) *no pl* supervision; **elterliche A.,** parental control; **A. (über etwas** *acc*) **haben/führen,** to supervise (sth.); (*Lehrer usw.*) to be in charge (of sth.); (*b*) (*Pers.*) = **Aufseher. 2.** *Geom:* (*Zeichnung*) plan view. '**a ~ führend,** *adj.* supervisory (board etc.); (teacher etc.) in charge. ´A~sbeamte(r), *m decl. as adj.* supervisor; *Adm:* superintendent; *Ind:* inspector. ´A~srat, *m* -(e)s/ˆe *Com: Ind:* board of trustees; *approx.* = board of directors.

´**aufsitzen,** *v.i.sep.irr.97 (a)* (**haben**) (**nachts**) **a.,** to sit/stay up (at night); **im Bett a.,** to sit up in bed; *(b)* (*sein*) (*Reiter, Fahrer*) to mount one's horse/motor cycle; *(c)* (*haben*) (*Balken usw.*) to rest, be supported (**auf etwas** *dat,* on sth.); *(d)* (*sein*) **j-m, etwas dat a.,** to be taken in by s.o., sth.; *F:* **j-n a. lassen,** to leave s.o. in the lurch; (*bei einer Verabredung*) to stand s.o. up.

´**aufspannen,** *v.tr.sep.* to put up (an umbrella, tent etc.).

´**aufsparen,** *v.tr.sep.* to save up, keep (sth.)

´**aufspeicher|n,** *v.tr.sep.* to store up, (*horten*) hoard (food etc.); to store (electricity); *Fig:* **die (in ihm) aufgespeicherte Wut,** the anger bottled up inside him. ´A~ung, *f* -/no *pl* storage.

´**aufsperren,** *v.tr.sep. (a)* (*Vogel/Tier*) to open (its beak/mouth) wide; *(b) South G:* to unlock (a door).

´**aufspielen,** *v.tr.&i.sep.* (**haben**) *(a)* to strike up (a tune); **zum Tanz a.,** to play for dancing; *(b) Pej:* **sich a.,** to put on an act; **sich als Held a.,** to play the great hero.

´**aufspießen,** *v.tr.sep.* to run (s.o.) through; to spear (sth.) (with a fork etc.).

´**aufspringen,** *v.i.sep.irr.19* (*sein*) *(a)* to jump up; **auf etwas** *acc* **a.,** to jump onto sth. (moving); *(b)* (*Ball usw.*) to bounce; (*Skispringer*) to land; *(c)* (*Deckel usw.*) to spring/ (*Tür*) fly open; (*Knospen*) to burst; (*Haut*) to crack; **aufgesprungene Lippen,** chapped lips.

´**aufspritzen,** *v.sep.* **1.** *v.tr. Aus:* to dilute (wine) with soda water. **2.** *v.i.* (*sein*) to splash up.

´**Aufsprung,** *m* -(e)s/ˆe *Ski: Gym: etc:* landing.

´**aufspulen,** *v.tr.sep.* to wind (thread etc.), spool (a film, tape).

´**aufspüren,** *v.tr.sep.* to trace (s.o., sth.), track down (a criminal).

´**aufstacheln,** *v.tr.sep.* to incite (people), goad (s.o.) (**zu etwas** *dat,* to sth.).

´**Aufstand,** *m* -(e)s/ˆe revolt, rebellion; (*Meuterei*) mutiny.

´**aufständisch,** *adj.* rebellious; **ein A~er,** an insurgent.

´**aufstauen,** *v.tr.sep.* to dam up (water, a river etc.); **sich a.,** (*Wasser*) to collect; *Fig:* (*Ärger usw.*) to be bottled up.

´**aufstecken,** *v.tr.sep. (a)* to put up/(*mit Nadeln*) pin up (one's hair etc.); *(b) F:* to give up (a plan etc.).

´**aufstehen,** *v.i.sep.irr.100 (a)* (*sein*) to stand up; (*vom Bett*) to get up; *F:* **da mußt du früher a.,** you must be a bit quicker on the uptake; *(b)* (*sein*) (*Volk*) to revolt; *(c)* (*haben*) (*Tür usw.*) to stand open.

´**aufsteigen,** *v.i.sep.irr.89* (*sein*) *(a)* to get on; **auf ein Fahrrad/Pferd a.,** to mount a bicycle/ horse; **j-n a. lassen,** to give s.o. a ride on a motorcycle etc.; *(b)* (*Ballon usw.*) to ascend; (*Rauch, Sonne etc.*) to rise; (*Nebel*) to lift; (*Rakete usw.*) to rise into the air; *(c)* (*im Rang*) (*Pers. usw.*) to be promoted (**zum Direktor,** to the position of director); *(d) Fig:* (*Zweifel usw.*) to arise; **Angst/Tränen stiegen**

in ihr auf, fear/tears welled up inside her.

´**aufstell|en,** *v.tr.sep. (a)* to put up, erect (a tent, statue etc.); to set up (a machine); to stand up (sth. fallen, one's collar etc.); (*Hund*) **die Ohren a.,** to prick its ears; *(b)* to place (chairs, a ladder etc.) in position; **Wasser a.,** to put the kettle on; **eine Falle a.,** to set a trap; **einen Posten a.,** to post a sentry; (*Pers.*) **sich a.,** to post/station oneself; (*in Reihen*) to line up in rows; *(c) Parl:* to put up (a candidate); *Sp:* to enter (s.o.) (**zu etwas** *dat,* for sth.); **sich a. lassen,** to be nominated/*Parl:* stand (**zu etwas** *dat,* for sth.); *(d)* (*schaffen*) to form (a team etc.); to establish (a system, theory etc.); to set up (a record); to draw up, compile (a list, table); to draft (a plan); to lay down (rules, norms); *(e)* **eine Behauptung/Forderung a.,** to make a statement/ demand; **den Beweis a., daß ...,** to provide proof that ... ´A~ung, *f* -/-en **1.** *(a)* erection; setting up, assembly (of a machine); *(b)* positioning; *Mil:* disposition (of troops); posting; *(c) Parl: etc:* nomination; *(d)* formation (of a team); establishment, setting up; compilation; drafting. **2.** list, schedule; (*Tafel*) table; (*Übersicht*) survey.

´**aufstemmen,** *v.tr.sep.* to prize up (a board, lid), prize open (a box etc.).

Aufstieg [´aufʃtiːk], *m* -(e)s/-e **1.** climb, ascent (*esp.* of a rocket, balloon). **2.** rise (**zur Macht usw.,** to power etc.); **wirtschaftlicher A.,** economic boom; *Fb:* **A. in die Bundesliga,** promotion to the Federal League. ´A~smöglichkeit, *f* -/-en chance of promotion.

´**aufstöbern,** *v.tr.sep. (a) Hunt:* to flush out (game); *(b) Fig:* to track down (s.o., sth.).

´**aufstoßen. I.** *v.sep.irr.103* **1.** *v.tr.* to push/(*mit dem Fuß*) kick open (a door etc.). **2.** *v.i.* (*sein*) *(a)* **auf etwas** *acc* **a.,** to bump into/hit sth.; *(b)* (*Baby*) to burp; (*Betrunkener usw.*) to belch. **II. A.,** *n* -s/no *pl* belch(ing); burp.

´**Aufstrich,** *m* -(e)s/-e spread (for bread).

´**aufstülpen,** *v.tr.sep.* to stick/plump on (a hat).

´**aufsuchen,** *v.tr.sep. (a)* to seek, look for (sth.); *(b)* to look (s.o.) up; to go to see (a doctor).

´**auftakel|n,** *v.tr.sep. (a) Nau:* to rig (a ship); *(b) F:* **sich a.,** to rig/doll oneself up. ´A~ung, *f* -/-en *(a) Nau:* rigging; *(b) F:* rig-out.

´**Auftakt,** *m* -(e)s/-e *(a) Mus:* upward beat; *(b) Fig:* opening (of a meeting etc.); **A. zu etwas** *dat,* prelude to sth.

´**auftanken,** *v.tr.&i.sep.* (*haben*) to fill up (a car); to refuel (an aircraft).

´**auftauchen,** *v.i.sep.* (*sein*) *(a)* to emerge (**aus etwas** *dat,* from sth.); (*U-Boot, Taucher*) to surface; **eine neues Talent ist aufgetaucht,** a new talent has appeared on the scene; *(b)* (*Pers., Verlorenes*) to turn up; (*Probleme*) to crop up.

´**auftauen,** *v.tr.&i.sep.* to thaw (sth.); *Fig:* (*Pers.*) to unbend, get going.

´**aufteil|en,** *v.tr.sep.* to divide (sth.) up. ´A~ung, *f* -/-en division; sharing (out).

´**auftischen,** *v.tr.sep.* to serve up (food), dish up (a meal, *F:* lies etc.).

Auftrag [´auftraːk], *m* -(e)s/ˆe **1.** (*Aufgabe*) task, commission; *Constr:* contract; *Com:* (*Bestellung*) order; **etwas (bei j-m) in A. geben,** to commission/*Com:* order sth. (from s.o.); **ich komme im A. der Firma X,** I come on behalf of

Messrs X. **2.** application (of paint etc.).
´a ~ en, *v.tr.sep.irr.85* (*a*) to dish/serve up (a
meal); (*b*) to apply, put on (paint, make-up
etc.); *abs.* (*Hinweis*) **dünn a.,** apply sparingly;
(*c*) **j-m etwas a.,** to instruct/(*vertraglich*) con-
tract s.o. to do sth.; **sie hat mir einen Gruß an
dich aufgetragen,** she asked me to give you her
regards/*F:* love; (*d*) **das Kleid trägt auf,** this
dress makes one look fatter. ´A ~ geber(in),
m -s/- (*f* -/-nen) (*a*) (*Kunde*) customer; *Constr:
Jur: etc:* client; (*b*) (*Arbeitgeber*) employer.
´A ~ nehmer(in), *m* -s/- (*f* -/-nen) con-
tractor; *Com:* supplier. ´A ~ sbuch, *n* -(e)s/-̈er
Com: order book. ´a ~ sgemäß, *adv.* as in-
structed/ordered.
´auftreiben, *v.tr.sep.irr.12* (*a*) to rouse (s.o.);
(*b*) (*schwellen*) to swell/blow up (the body); (*c*)
F: to get hold of (s.o., sth.); to raise (money);
wo hast du das aufgetrieben? where did you dig
that up?
´auftrennen, *v.tr.sep. Sew:* to unpick (a seam);
to undo (knitting).
´auftreten. **I.** *v.i.sep.irr.105* (*sein*) (*a*) (*Pers.*)
leise usw. a., to tread softly etc.; (*b*) (*Pers.*) to
appear (*Jur:* **als Zeuge,** *Th:* **Hamlet usw.,** as a
witness, as Hamlet etc.); *Th:* **Hamlet tritt auf,**
Hamlet enters; enter Hamlet; **zum ersten Mal
a.,** to make one's debut; *Fig:* **als Vermittler usw.
a.,** to act as mediator etc.; **selbstbewußt a.,** to
behave/act confidently; **energisch a.,** to take a
firm stand; (*c*) (*Schwierigkeiten, Zweifel usw.*)
to arise; (*Probleme*) to crop up; (*Krankheiten*) to
occur. **II. A.,** *n* -s/*no pl* (*a*) appearance;
occurrence (of disease); *Th:* **erstes A.,** debut; (*b*)
behaviour; bearing; **sicheres A.,** self-confidence.
´Auftrieb, *m* -(e)s/-e (*im Wasser*) buoyancy; *Av:*
(aerodynamic) lift; *Fig:* **j-m A. geben,** to buoy
s.o. up, give s.o. a lift/boost; **neuen A. be-
kommen,** to get a fresh impetus.
´Auftritt, *m* -(e)s/-e appearance; *Th:* entrance
(of an actor); (*b*) *Th:* scene (of a play); (*also
Fig:*) **peinlicher A.,** embarrassing scene.
´auftrumpfen, *v.i.sep.* (*haben*) to demonstrate
one's superiority.
´auftürmen, *v.tr.sep.* to pile up (wood, boxes
etc.); **sich a.,** to pile up, (*Berg*) tower up.
´aufwachen, *v.i.sep.*(*sein*) to wake up; (*aus der
Narkose*) to come round.
´aufwachsen, *v.i.sep.irr.107* (*sein*) to grow up.
´aufwall|en, *v.i.sep.* (*sein*) to surge up.
´A ~ ung, *f* -/-en (up)surge (of emotion).
Aufwand [´aufvant], *m* -(e)s/*no pl* (*a*) expendi-
ture (**an Geld, Energie usw.,** of money, energy
etc.); (*b*) extravagance; **großen A. treiben,** to
be lavish with one's money; to live in luxury.
´A ~ sentschädigung, *f* -/-en entertain-
ment/expenses allowance.
´aufwärmen, *v.tr.sep.* (*a*) to warm up (food); *F:*
to rehash (a story), rake up (s.o.'s past etc.);
(*b*) **sich a.,** to warm oneself; *Sp:* to warm up.
´aufwarten, *v.i.sep.* (*haben*) **mit etwas** *dat* **a.,** to
come up with/offer sth.
aufwärts [´aufvɛrts]. **I.** *adv.* upwards; (*berg-
auf*) uphill; **den Fluß a.,** up the river, up-
stream. **II.** ´A ~ -, *comb.fm.* upward (movement,
trend etc.). ´a ~ gehen, *v.i.sep.irr.36* (*sein*) to
get better; **mit ihm geht es aufwärts,** things are
looking up for him; (*Patient*) he is improving.

´aufwecken, *v.tr.sep.* to wake (s.o.) up; *Fig:*
ein Lärm, um Tote aufzuwecken, a noise fit to
waken the dead.
´aufweichen, *v.tr.* to soften (sth.); (*im Wasser*)
to leave (sth.) to soak.
´aufweisen, *v.tr.sep.irr.70* to embody, have (a
feature, advantage etc.); **er hat gute Zeugnisse
aufzuweisen,** he has/can show good references.
´aufwend|en, *v.tr.sep.* to spend (money, time),
use up (material, energy) (**für** + *acc,* on); to
devote (effort, time) (**für** + *acc,* to); **alles a.,
(um) etwas zu tun,** to spare no efforts to do
sth. ´a ~ ig, *adj.* lavish; (*kostspielig*) costly.
´aufwerfen, *v.tr.sep.irr.110* (*a*) to throw (sth.)
up; to pile up (snow etc.), build up (an em-
bankment); (*b*) to bring up, raise (a problem).
´aufwert|en, *v.tr.sep. Fin:* to revalue (the mark
etc.). ´A ~ ung, *f* -/-en *Fin:* revaluation.
´aufwickeln, *v.tr.sep.* (*a*) to wind up (thread
etc.), roll up (material etc.), spool (film, tape);
(*b*) *F:* **sich** *dat* **die Haare a.,** to put one's hair in
curlers; (*c*) to unwrap (a parcel).
´aufwieg|eln, *v.tr.sep.* to incite (people) (**zum
Aufstand etc.,** to revolt etc.), stir (people) up
(**gegen etwas** *acc,* against sth.). ´A ~ elung, *f*
-/*no pl* incitement. ´A ~ ler, *m* -s/- agitator;
Pej: rabble-rouser. ´a ~ lerisch, *adj.* sedi-
tious; inflammatory (speech).
´aufwiegen, *v.tr.sep.irr.7* to compensate for,
offset (sth.).
´aufwinden, *v.tr.sep.irr.9* to hoist (sth.); to wind
up (a rope etc.).
´aufwirbeln, *v.tr.sep.* to whirl (leaves etc.) into
the air; **Staub a.,** to raise the dust.
´aufwisch|en, *v.tr.sep.* to wipe/mop up (water
etc.). ´A ~ lappen, *m* -s/- floorcloth.
´aufwühlen, *v.tr.sep.* to churn up (the ground,
water); *Fig:* to agitate, stir (s.o.); **ein a ~ des
Erlebnis,** a traumatic experience.
´aufzähl|en, *v.tr.sep.* to enumerate, list (dates
etc.). ´A ~ ung, *f* -/-en enumeration, list.
´aufzeichn|en, *v.tr.sep.* (*a*) to sketch (sth.); (*b*)
(*festhalten*) to record (an event, *Rec:* a broad-
cast, *Tchn:* a reading etc.); ´A ~ ung, *f* -/-en
(*a*) sketch; (*b*) record; *Rec:* recording.
´aufziehen, *v.sep.irr.113* **1.** *v.tr.* (*a*) to pull (sth.)
up; to hoist (a sail, flag), raise (a barrier etc.);
(*b*) (*öffnen*) to open (a zip, drawer etc.); to draw
back (the curtains); (*c*) to wind up (a clock
etc.); **Spielzeug zum A.,** clockwork toy; (*d*) to
bring up (a child), rear (an animal); (*e*) to
mount (a photograph, map, *Art:* canvas etc.);
Mus: to fit (new strings); *F:* **andere Saiten a.,**
to change one's tune; (*f*) *F:* **j-n a.,** to tease s.o.,
pull s.o.'s leg (**mit etwas** *dat,* about sth.). **2.** *v.i.*
(*sein*) (*Sturm, Wolken*) to come up; *Mil:*
(*Wache usw.*) to march up.
´Aufzucht, *f* -/*no pl* rearing (of animals).
´Aufzug, *m* -(e)s/-̈e **1.** procession; *Mil:* march-
past, parade. **2.** hoist; (*Fahrstuhl*) lift, *N.Am:*
elevator; **den A. benutzen/mit dem A. fahren,** to
take the lift/*N.Am:* elevator. **3.** *Pej: F:* get-up,
rig-out. **4.** *Th:* act (of a play). ´A ~ schacht,
m -(e)s/-̈e lift/*N.Am:* elevator shaft.
´aufzwingen, *v.tr.sep.irr.19* **j-m etwas a.,** to
force/impose sth. on s.o.
Augapfel [´auk²apfəl], *m* -s/-̈äpfel eyeball; *Fig:* **er
hütet es wie seinen A.,** he keeps it in cotton wool.

Auge [ˈaugə], n -s/-n **1.** eye; (a) **gute/schlechte A~n haben**, to have good/bad eyesight; **sich** dat **die A~n verderben**, to ruin one's eyes/eyesight; **hast du keine A~n im Kopf?** are you blind? **j-m die A~n verbinden**, to blindfold s.o.; **kein A. zutun**, not to sleep a wink; **vor aller A~n**, in full view; (öffentlich) in public; **unter vier A~n**, in private; confidentially; **komm mir ja nicht unter die A~n!** I don't want to set eyes on you (again)! **geh mir aus den A~n!** get out of my sight! **j-n, etwas aus den A~n verlieren**, to lose sight of s.o., sth.; **ein A. riskieren**, (to dare) to take a peep; Prov: **aus den A~n, aus dem Sinn**, out of sight, out of mind; **A. um A.**, an eye for an eye; (b) **es ist nur fürs A.**, it's just for show; **ins A. springen**, (i) to catch one's eye; (ii) to be utterly obvious; (c) **j-m in die A~n sehen**, to look s.o. in the eye; Fig: **dem Tod/ der Gefahr ins A. sehen**, to be face to face with death/danger; (d) Fig: **in meinen A~n**, as I see it; **etwas mit anderen A~n ansehen**, to view sth. differently; (e) Fig: **j-n, etwas im A. behalten**, to bear s.o., sth. in mind; (f) **große A~n machen**, to gape/stare; **j-m schöne A~n machen**, to make eyes at s.o.; **ein A. zudrücken**, to turn a blind eye to sth. **2.** (a) eye (of a potato); (b) dot (on a dice); (c) spot of fat (in soup). ˈA~n-, comb.fm. eye (shade, trouble, drops, lotion etc.); ocular (muscles etc.); optic (nerve etc.); **A~arzt** m, eye specialist, oculist; **A~braue** f, eyebrow; in **A~höhe**, at eyelevel; **A~höhle** f, eye socket; **A~lid** n, eyelid; **A~wimper** f, eyelash; **A~zahn** m, eyetooth; **A~zeuge** m, eyewitness. ˈA~naufschlag, m -(e)s/-e upturned glance. ˈA~nblick, m -(e)s/-e moment; **jeden A.**, (at) any moment; **einen A. (mal)!** just a moment! **im A.**, at the moment ˈa~nblicklich, adj. (a) immediate, instantaneous; adv. **a.** einschlafen, to go to sleep immediately/at once; (b) (derzeitig) present (situation etc.); adv. at the moment. ˈA~n-fällig, adj. conspicuous; obvious. ˈA~n-ˈheilkunde, f -/no pl ophthalmology. ˈA~nmaß, n -es/no pl visual judgment (of distance). ˈA~nmerk, n -(e)s/no pl Lit: **sein A. auf j-n, etwas** acc **richten**, to turn one's attention to s.o., sth. ˈA~npulver, n -s/no pl F: Hum: minute writing/print. ˈA~nschein, m -(e)s/no pl Lit: appearance(s); **dem A. nach**, to all appearances. ˈA~nweide, f -/-n Fig: feast for the eyes; (Pers., Ding) sight for sore eyes. ˈA~nzwinkern, n -s/no pl wink.

August [auˈgust], m -s/occ -e August; **im A.**, in August; **am zehnten/10. A.**, on the tenth of August/August 10th.

Auktion [auktsiˈoːn], f -/-en auction. **A~ator** [auktsioˈnaːtɔr], m -s/-en auctioneer.

Aula [ˈaula], f -/-len Sch: Univ: assembly hall; Aus: entrance hall.

Au-pair-Mädchen [oˈpɛːrmɛːtçən], n -s/- au pair (girl).

aus [aus]. **I.** prep. + dat **1.** (Richtung) (a) out of; **a. der Badewanne/dem Tunnel/dem Haus kommen**, to come out of the bath/tunnel/house; **geh mir a. den Augen!** get out of my sight! (b) from; **der Zug kommt a. Hamburg**, the train comes from Hamburg; **a. einem Traum erwachen**, to waken from a dream. **2.**

(Ursprung) (a) **a. einer Zeit/einem Ort stammen**, to date from a time/come from a place; **eine Uhr a. dem 16. Jahrhundert**, a 16th century clock; (b) (Material) of; **der Tisch ist a. Marmor**, the table is made of/from marble; Fig: **a. dem Versuch ist nichts geworden**, nothing came of the attempt; **a. der Not eine Tugend machen**, to make a virtue of necessity; (c) **a. erster Hand**, at first hand. **3.** (Grund) from, out of (fear, habit etc.); **a. welchem Grund?** for what reason? **a.** Versehen, by mistake. **II.** adv. (a) (Licht, Feuer) out; El: (Schalter) off; (b) (vorbei) over; **das Spiel ist a.**, the game is over/Fig: up; **mit meiner Weisheit ist es a.**, I've run out of ideas; **mit dieser Hoffnung war es a.**, this hope was dashed; **es ist a. mit ihm**, it's all up with him; (c) **er geht bei ihr a. und ein/ein und a.**, he comes and goes in her house; Fig: **er weiß weder ein noch a./a. noch ein**, he is at his wits' end; (d) **auf etwas** acc **a. sein**, to be set/bent on sth.; **worauf ist er a.?** what's he up to/after? **III. A.**, n -/no pl Sp: out of play/ Golf: bounds (area); Fb: touch. **IV.** sep.vbl prefix (a) (to blow, comb, sweep, pump, cut etc.) out; **a-bügeln**, to iron out (creases etc.); **a~spucken**, to spit (sth.) out; **a~wringen**, to wring out (wet clothes); (b) to finish (doing sth.); **a~lesen**, to finish reading (a book etc.); **a~trinken**, to finish (drinking) (one's beer etc.).

ˈausarbeit|en, v.tr.sep. to think/work out (a plan, design etc.); (schriftlich) to formulate (guidelines etc.), draw up (a contract etc.); (im Detail) to develop, perfect (an idea etc.). ˈA~ung, f -/-en working out; formulation; development.

ˈausart|en, v.i.sep. (sein) to degenerate (**in etwas** acc, into sth.). ˈA~ung, f -/-en degeneration.

ˈausatm|en, v.tr.&i.sep. (haben) to breathe out, exhale (air). ˈA~ung, f -/-en exhalation.

ˈausbaden, v.tr.sep. F: to carry the can for (s.o.'s mistakes etc.).

ˈausbaggern, v.tr.sep. to dredge (a river bed etc.); to excavate (foundations etc.).

ˈausbalancieren, v.tr.sep. to balance (things).

ˈAusbau, m -(e)s/no pl **1.** Tchn: removal (of a part). **2.** (Erweiterung) widening; Constr: etc: extension; (Vergrößerung) enlargement; (Umbau) conversion (of an attic etc.). ˈa~en, v.tr.sep. (a) Tchn: to remove (a part, an engine); (b) to widen (a road); to extend (a house, network etc.). ˈausbesser|n, v.tr.sep. to repair, N.Am: fix, (behelfsmäßig) patch up (sth., damage etc.); to mend (clothes); to touch up (a painting, paintwork). ˈA~ung, f -/-en repair; touching up.

ˈausbeulen, v.tr.sep. (a) to knock out the dent(s) in (a hat, etc.); (b) to make (trousers etc.) baggy.

ˈAusbeut|e, f -/no pl Min: output, yield (**an Kohle usw.**, of coal etc.); Fig: (Gewinn) gain; **die ganze A. seiner Grabung bestand aus zwei zerbrochenen Krügen**, all he had to show for his dig was two broken jugs. ˈA~ebetrieb, m -(e)s/-e sweat shop. ˈa~en, v.tr.sep. (a) Ind: to exploit (resources etc.), work (a mine etc.); (b) (ausnutzen) to exploit (s.o.); **sie beutete seine Gutmütigkeit aus**, she took advantage of his good nature. ˈA~er(in), m -s/- (f -/-nen)

exploiter; *F:* slave-driver. ´A ~ ung, *f -/no pl*
exploitation; *Min:* working.

´ausbild|en, *v.tr.sep.* (*a*) to train (s.o.) (an einer
Maschine, to use a machine); sich a., to train
(als Pilot/zum Piloten usw., as a pilot etc.); sich
zum Zahnarzt a., to (study to) qualify as a
dentist; sich im Maschinenschreiben a., to take
a course in typing; (*b*) to form, *Tchn:* design
(sth.). ´A ~ er(in), *m -s/-* (*f -/-nen*) *esp. Mil:*
instructor. ´A ~ ung, *f -/-en* (*a*) training;
(further/university) education; er steht noch in
der A., he hasn't finished his education; (*b*)
formation, design; development. ´A ~ ungs-,
comb.fm. training (camp, film, method etc.).

´ausbitten, *v.tr.sep.irr.10* sich *dat* etwas a., to
ask for/demand sth.

´ausbleib|en. I. *v.i.sep.irr.12* (*sein*) (*Pers.*) to fail
to appear/(*Wirkung, Erwartetes*) materialize;
(*Symptome usw.*) to be absent; (*nicht heim-
kommen*) to stay out; der Regen blieb aus, the
rain held off; die Folgen werden nicht a., you/
we/they will not be spared the consequences;
es konnte nicht a., daß . . ., it was inevitable
that . . . II. A., *n -s/no pl* absence; non-appear-
ance (of s.o.).

´ausblenden, *v.tr.sep. Rad: TV:* to fade out (the
sound, picture).

´Ausblick, *m -(e)s/-e* (*a*) (extensive) view, vista
(aufs Meer usw., of the sea etc.); (*b*) *Fig:* pros-
pect; A. auf die Zukunft, future outlook.

´ausbrech|en, *v.sep.irr.14* 1. *v.tr.* to break (sth.)
off. 2. *v.i.* (*sein*) (*a*) (*Feuer, Krieg usw.*) to break
out; (*Vulkan*) to erupt; mir brach der Schweiß
aus, I broke into a sweat; *Fig:* in Tränen/Ge-
lächter a., to burst into tears/laughter; (*b*) (aus
dem Gefängnis) a., to break out (of prison); (*c*)
(*Auto*) in der Kurve a., to break away in a
corner. ´A ~ er, *m -s/-*escaped prisoner.

´ausbreit|en, *v.tr.sep.* (*a*) to spread out (wares,
a map, wings etc.); to unfold, open out (a
newspaper etc.); *Fig:* er breitete alle seine
Probleme vor mir aus, he gave me a complete
account of all his problems; (*b*) sich a., (*Feuer,
Wärme, Fig:* eine Nachricht usw.) to spread; *F:*
(*Pers.*) to spread oneself/take up a lot of room.
´A ~ ung, *f -/no pl* spreading; dissemination (of
ideas).

´ausbrennen, *v.sep.irr.15* 1. *v.tr.* to burn out (a
wasps' nest etc.); *Med:* to cauterize (a wound
etc.). 2. *v.i.* (*sein*) (*Kerze, Feuer usw.*) to burn
out; das Haus brannte völlig aus, the house
was completely gutted (by fire).

´Ausbruch, *m -(e)s/-e* (*a*) (*Beginn*) outbreak;
eruption (of a volcano); die Krankheit kam ganz
plötzlich zum A., the illness broke out very sud-
denly; (*b*) break-out, escape (from prison, etc.);
(*c*) outburst (of rage etc.).

´ausbrüten, *v.tr.sep.* to incubate, hatch out
(eggs); *Fig:* to hatch, think up (a plan).

´Ausbuchtung, *f -/-en* bulge.

´ausbügeln, *v.tr.sep.* to iron out (creases, *F:* dif-
ficulties).

´Ausbund, *m -(e)s/no pl* (*Pers.*) model, embodi-
ment; A. an/von Tugend, paragon of virtue.

´ausbürger|n, *v.tr.sep.* to expatriate (s.o.).
´A ~ ung, *f -/-en* expatriation.

´Ausdauer, *f -/no pl* staying power; (*Durch-
halten*) perseverance; er hat keine A., he has no

stamina/gives up easily. ´a ~ nd, *adj.* tena-
cious, persevering.

´ausdehn|bar, *adj.* extensible (material); es ist
nicht a., it cannot be stretched. ´a ~ en,
v.tr.sep. (*a*) to stretch, expand (sth.); to extend
(frontiers, contacts etc.); (*b*) sich a., to stretch,
extend; (*Stadt, Handel, Ch: Gas*) to expand; sich
über mehrere Wochen a., to last for several weeks.
´A ~ ung, *f -/-en* (*a*) expansion; (*b*) (*Fläche*)
expanse, extent.

´ausdenken, *v.tr.sep.irr.17* (*a*) sich *dat* einen
Plan usw. a., to think up/devise a plan; (*b*) die
Folgen sind nicht auszudenken! the conse-
quences don't bear thinking about!

´ausdörren, *v.tr.&i.sep.* (*sein*) to dry (sth.)
up.

´ausdrehen, *v.tr.sep. F:* to turn off (the light).

´Ausdruck¹, *m -(e)s/-e* expression. 1. (*a*) (*Wen-
dung*) phrase; (*Wort*) term; müde ist gar kein
A.! tired isn't the word for it! er gebraucht solch-
gewählte A ~ e, he uses such refined/recondite
language; (*b*) *no pl* zum A. kommen, to be ex-
pressed; seine Freude zum A. bringen, to express
one's joy; sein Brief ist schwerfällig im A., his
letter is clumsily expressed/written. 2. *no pl*
(*Miene*) (facial) expression; sein Gesicht hatte
einen wütenden A., he looked furious. ´a ~ s-
fähig, *adj.* expressive. ´A ~ skraft, *f -/no pl*
expressiveness. ´a ~ slos, *adj.* expressionless
(face); blank, vacant (look). ´A ~ smittel, *n*
-s/-means of expression. ´a ~ svoll, *adj.*
expressive, eloquent (playing, style etc.); mean-
ingful (glance). ´A ~ sweise, *f -/-n* mode of
expression; er hatte eine eigenartige A., he had a
strange way of expressing himself.

´Ausdruck², *m -(e)s/-e Data-pr:* print-out.

´ausdrück|en, *v.sep.* 1. *v.tr.* (*a*) to squeeze (out)
(water, juice etc.) (aus + *dat*, out of); to stub
out (a cigarette); (*b*) to express, convey (an
opinion etc.); etwas mit Worten a., to put sth.
into words; anders ausgedrückt, in other words;
put another way; wenn ich mich so a. darf, if I
may say so. ´a ~ lich, *adj.* explicit; express
(wish, command etc.); *adv.* explicitly; er bat sie
a., früh nach Hause zu kommen, he particularly
asked her to come home early. ´A ~ lichkeit,
f -/no pl explicitness.

auseinander, *adv. & comb.fm.* (*a*) apart; Äste
a ~ biegen, to bend branches apart; die beiden
Ereignisse liegen weit a., the two events were at
quite different times; (*b*) (*kaputt*) in pieces;
a ~ fallen, to fall/come to pieces. a ~ breiten,
v.tr.sep. to open out (a newspaper etc.). a ~ -
bringen, *v.tr.sep.irr.16* to separate (people etc.).
a ~ falten, *v.tr.sep.* to unfold (a napkin etc.).
a ~ gehen, *v.i.sep.irr.36* (*sein*) (*a*) (*Wege usw.*)
to diverge; *Fig:* (*Meinungen usw.*) to differ; (*b*)
(*Versammlung usw.*) to disband; *F:* (*Paar*) to
separate, split up; die Ehe ging auseinander, the
marriage broke up. a ~ halten, *v.tr.sep.irr.45*
(*a*) to keep (contestants etc.) apart; (*b*) (*unter-
scheiden*) to distinguish between (people etc.),
tell (people) apart. a ~ laufen, *v.i.sep.irr.58*
(*sein*) (*Menschenmenge*) to disperse; (*Straßen
usw.*) to diverge. a ~ nehmen, *v.tr.sep.irr.69*
to dismantle, take to pieces (a machine etc.).
a ~ setzen, *v.tr.sep.* (*a*) (*erklären*) to explain
(ideas etc.); (*b*) sich mit etwas *dat* a., to exa-

mine, go into sth. (in detail); **sich mit der Situation/einem Problem a.,** to come to terms with a situation/a problem; **sich mit j-m a.,** to have it out with s.o. **A ~ setzung,** f -/-en (a) discussion; (b) (*Erklärung*) exposition (of a problem etc.); (c) (*Streit*) argument, showdown; (d) *Jur:* settlement (of an estate). **a ~ treiben,** *v.tr.sep.irr.12* to make (animals etc.) scatter; to disperse (demonstrators etc.).

'**auserlesen,** adj. select (people); choice (food, wine); exquisite (taste etc.).

'**auserwählen,** v.tr.sep. *Lit:* to select (s.o., occ. sth.).

'**ausfahr|en,** v.sep.irr.26 **1.** v.tr. (a) to take (s.o.) out for a drive; (b) to drive all the way along (a road etc.); to take (a corner) on the outside; to run, compete in (a race); **er fährt den Wagen nie aus,** he never lets the car have its head; (c) *Tchn:* to lower (*Av:* landing gear etc.); to raise (an aerial, periscope etc.). **2.** v.i. (*sein*) to drive out; (*Zug*) to pull out (of the station); (*Schiff*) to leave harbour; *Min:* to leave the pit; **am Sonntag fahren wir aus,** on Sunday we will go for a drive. '**A ~ t,** f -/-en **1.** excursion. **2.** (*Abfahrt*) departure; *Rail:* **A. haben,** to leave (the station). **3.** exit (from a garage, motorway etc.); mouth (of a harbour); *P.N:* **A. freihalten!** keep (exit) clear! **4.** *Min:* ascent (from a pit).

'**Ausfall,** m -(e)s/-̈e **1.** (a) (*Verlust*) loss (of hair, earnings etc.); (b) (*Absagen*) cancellation; (c) (*Versagen*) failure (of a machine etc.); *Ind:* stoppage (in a factory); (*Fehlen*) absence. **2.** (a) *Mil:* sortie; (b) *Fenc:* lunge. '**a ~ en,** v.i.sep. irr.27 (*sein*) (a) (*Zähne, Haare usw.*) to fall out; (b) to turn out (well, badly etc.); **wie ist das Spiel ausgefallen?** how did the game end/go? (c) (*Vorstellung, Zug usw.*) to be cancelled; **der Unterricht fällt heute aus,** there are no lessons today; **mein Lohn fällt für diese Zeit aus,** I don't get any pay for this period; (d) (*Maschine usw.*) to fail, break down; (e) *Fenc:* to lunge. '**A ~ straße,** f -/-n arterial road (out of a town).

'**ausfällen,** v.tr.sep. *Ch:* to precipitate (a substance).

'**ausfällig,** adj. abusive. '**A ~ keit,** f -/-en **1.** no pl. offensiveness. **2.** offensive remark.

'**ausfechten,** v.tr.sep.irr.29 usu. *Fig:* **mit j-m einen Streit a.,** to have it out with s.o.

'**ausfeilen,** v.tr.sep. to file (sth.) to shape; *Fig:* to polish (a speech etc.).

'**ausfertig|en,** v.tr.sep. to draw up (a contract etc.), make out (a bill etc.); (*ausstellen*) to issue (a passport etc.). '**A ~ ung,** f -/-en (a) drawing up, making out; issuing; (b) (*Exemplar*) copy; **in doppelter A.,** in duplicate. '**A ~ ungs-,** *comb.fm.* (date etc.) of issue; **A ~ gebühr** f, issuing fee.

'**ausfindig,** adv. **j-n, etwas a. machen,** to discover/locate s.o., sth.

'**ausfließen,** v.i.sep.irr.31 (*sein*) (*Flüssigkeit*) to flow out (**aus** + dat. from); (*Behälter*) to leak.

'**Ausflucht,** f -/-̈e excuse, pretext.

'**Ausflug,** m -(e)s/-̈e excursion; **einen A. machen,** to go on an excursion/outing. '**A ~ s- karte,** f -/-n excursion ticket. '**A ~ slokal,** n -s/-e restaurant popular with day-trippers. '**A ~ sziel,** n -(e)s/-e destination for a day trip.

'**Ausflügler(in)** ['ausfly:glər(in)], m -s/- (f -/-nen) day-tripper.

'**Ausfluß,** m -sses/-̈sse (a) outflow (of water etc.); discharge (of sewage, *Med:* of pus etc.); (b) (*Abfluß*) drain, outlet.

'**ausfragen,** v.tr.sep. to interrogate, quiz (s.o.).

'**ausfransen,** v.i.sep. (*sein*) *Tex:* to fray (at the edges).

'**ausfressen,** v.tr.sep.irr.25 *F:* **was hat er ausgefressen?** what has he been up to?

'**ausfugen,** v.tr.sep. *Constr:* to point (a wall).

'**Ausfuhr. I.** f -/-en. **II.** '**A ~-,** *comb.fm.* export (quota, permit etc.); **A ~ sperre** f, export embargo; **A ~ zoll** m, export duty. '**A ~ land,** n -(e)s/-̈er exporting country.

'**ausführ|bar,** adj. **1.** exportable (goods etc.). **2.** (*durchführbar*) feasible, workable (ideas etc.); **nicht a.,** unworkable, impracticable. '**A ~ barkeit,** f -/no pl feasibility. '**a ~ en,** v.tr.sep. (a) to export (goods); (b) to carry out (an order, a plan, repair etc.); to execute (a movement, a commission etc.), perform (a task); **etwas fachmännisch a.,** to make a professional job of sth.; *Art:* **das Bild ist in Aquarell ausgeführt,** the picture is executed in watercolours; (c) to take out (a dog, a girl etc.); (d) to elaborate on, explain (a question etc.); **wie oben ausgeführt,** as set out/explained above. '**a ~ end,** adj. performing (artist); *Adm:* **die a ~ e Gewalt,** the executive (power); *Mus:* **die A ~ en,** the performers. '**a ~ lich,** adj. detailed (description etc.); full (report); adv. in detail; **so a. wie möglich,** in as much detail as possible. '**A ~ lichkeit,** f -/no pl (amount of) detail; fullness; **in aller A.,** at length, in full detail. '**A ~ ung,** f -/-en **1.** exportation. **2.** (*Vollzug*) execution; (*Bau*) construction, (*Qualität*) workmanship; **das ist eine fachmännische A.,** that's a professional job. **3.** explanation; (*Bemerkung*) remark, comment (**zu etwas** dat, on sth.); **A. über ein Thema,** exposition of a subject. **4.** (a) esp. *Com:* version; design; *Aut:* model; (*Lack, Appretur usw.*) finish; **diesen Mantel gibt es in zwei A ~ en,** this coat is available in two styles; (b) **in doppelter/dreifacher A.,** in duplicate/triplicate.

'**ausfüllen,** v.tr.sep. (a) to fill in (a ditch etc.); to fill (up) (a space); to fill in/*N.Am:* fill out (a form); (b) to occupy (time, s.o. etc.); **der Beruf füllt ihn ganz aus,** he is completely taken up with his job.

'**Ausgabe,** f -/-n **1.** (a) handing out, (*Verkauf*) sale (of stamps etc.); issue (of shares); (b) (*Schalter*) counter. **2.** (a) edition (of a book, news broadcast etc.); issue (of a periodical); (b) *F:* version; *Aut:* **viertürige A.,** four-door model. **3.** usu. pl **A ~ n,** expenditure; **beträchtliche A ~ n,** considerable expenses/outgoings.

'**Ausgang,** m -(e)s/-̈e **1.** way out, exit (**aus** + dat. from). **2.** (a) going out (for a walk etc.); (b) outing; (*Spaziergang*) walk; *Mil: etc:* **A. haben,** to have time off; (c) (*Anfang*) beginning; **das Unglück nahm davon seinen A.,** that was where the trouble all started. **3.** no pl (*Ergebnis*) result, upshot; **A. einer Handlung,** ending (of a story), dénouement; **am A. des Mittelalters,** in the last years of the Middle

Ages. ´a ~ s¹, *prep.* + *gen* (*a*) *Aut:* **a. der Kurve,** leaving the corner; (*b*) (*zeitlich*) at the end of. ´A ~ s-², *comb.fm.* (*a*) starting, initial (position etc.); original (condition, question etc.); **A~punkt** *m,* starting point, point of departure; *Fin:* **A~kapital** *n,* original investment; (*b*) *El:* output (voltage, impedance, stage).

´**ausgeben,** *v.tr.sep.irr.35* (*a*) to hand out, distribute (food etc.); to sell (stamps); to issue (tickets, *Fin:* shares, notes); *Data pr:* to print out (a text); (*b*) to spend (money) (**für etwas** *acc,* on sth.); *F:* **ich gebe die nächste Runde aus,** the next round will be on me; (*c*) **sich für j-n/ als j-d a.,** to impersonate s.o.; **er gibt sich als Engländer aus,** he pretends to be English.

´**ausgebeult,** *p.p. as adj.* baggy (trousers etc.).

´**ausgebildet,** *p.p. as adj.* trained (soldier etc.); skilled (worker); qualified (doctor).

´**ausgebombt,** *p.p. as adj.* (*Pers.*) bombed out; (*Haus*) destroyed by bombs.

´**ausgebürgert,** *p.p. as adj.* expatriate; **ein A~er,** an expatriate.

´**Ausgeburt,** *f* -/-en *Lit:* monstrous product/ creation (**der Phantasie,** of the imagination).

´**ausgedehnt,** *p.p. as adj.* extensive; (*riesig*) vast.

´**ausgedient,** *p.p. as adj.* worn out; **es hat a.,** it has come to the end of its useful life.

´**ausgedörrt,** *p.p. as adj.* dried up (land); parched (throat).

´**ausgefahren,** *p.p. as adj.* worn, rutted.

´**ausgefallen,** *adj.* unusual; *F:* off-beat (style etc.); eccentric (taste).

´**ausgeflippt,** *adj. P:* on drugs; **ein A~er,** a junkie.

´**ausgeglichen. 1.** *p.p. of* **ausgleichen. 2.** *adj.* balanced, stable (person, etc.); well-balanced, even (temperament); well-rounded (style); equable (climate). ´**A ~ heit,** *f* -/*no pl* (good) balance; stability, equanimity.

´**ausgehen,** *v.i.sep.irr.36* (*sein*) (*a*) to go out (**zum Essen usw.,** for a meal etc.); (*b*) *Fig:* **der Vorschlag ging von ihm aus,** the suggestion came from him; **von einem Prinzip usw. a.,** to start from a principle etc.; **gehen wir einmal davon aus, daß . . .,** let us assume that . . .; (*c*) (*Zähne, Haare usw.*) to fall out; (*Geld usw.*) to run out; **ihm ging die Luft aus,** he was short of breath; (*d*) (*Epoche*) to come to an end; **im a~den Mittelalter,** towards the end of the Middle Ages; **die Sache ging gut/schlecht aus,** the affair ended well/badly; (*d*) (*Licht, Feuer*) to go out; (*e*) **auf etwas** *acc* **a.,** to set out to do sth.; **auf Abenteuer a.,** to look for adventure; **auf Gewinn a.,** to be out to make money; (*f*) **leer a.,** to come away empty-handed; **frei a.,** to get off scotfree; (*g*) *Aus: F:* **es geht sich nicht aus,** it won't be enough. ´**A ~ verbot,** *n* -(e)s/-e curfew; *Mil:* confinement to barracks.

´**ausgehungert,** *adj.* famished, starved.

´**ausgekocht,** *adj. Pej:* totally unscrupulous.

´**ausgeklügelt,** *adj.* ingenious, clever.

´**ausgelassen,** *adj.* exuberant (pers., mood); (*energisch*) boisterous; (*wild*) unruly (child etc.); wild (party). ´**A ~ heit,** *f* -/*no pl* exuberance, high spirits; wildness.

´**ausgeleiert,** *adj. F:* worn (out) (thread etc.); stretched (elastic); *Fig:* hackneyed (terms etc.).

´**ausgemacht,** *p.p. as adj.* (*a*) agreed, settled (terms etc.); **es ist a~e Sache,** it's all settled; **etwas als a. voraussetzen,** to take sth. as read; (*b*) *F:* utter, downright (stupidity etc.).

´**ausgemergelt,** *adj.* emaciated.

´**ausgenommen. 1.** *p.p. of* **ausnehmen. 2.** *prep.* + *governing verb* except (for); **wir gaben allen Kindern Bonbons, a. ihm,** we gave sweets to all the children except him; **meine Frau nicht a.,** not excepting my wife. **3.** *conj.* **a. (wenn) es regnet,** unless it rains.

´**ausgeprägt,** *p.p. as adj.* marked, pronounced; **ein a~es Ehrgefühl,** a strong sense of honour.

´**ausgerechnet,** *adv.* of all (people, things, places etc.); **mußtest du a. jetzt/heute kommen?** did you have to come now of all times/today of all days? **a. ihm mußte das passieren!** it had to happen to him of all people!

´**ausgereift,** *adj.* mature; mellow (wine).

´**ausgeschlossen. 1.** *p.p. of* **ausschließen. 2.** *pred. adj.* impossible; out of the question.

´**ausgeschnitten. 1.** *p.p. of* **ausschneiden. 2.** *adj.* low-cut (dress etc.).

´**ausgesprochen. 1.** *p.p. of* **aussprechen. 2.** *adj.* decided, positive (preference etc.); pronounced (talent); *adv.* **a. freundlich,** decidedly friendly; **er hat sie a. gern,** he is really fond of her.

´**ausgestalt|en,** *v.tr.sep.* to organize, arrange (a room, festivity etc.); (*umgestalten*) to convert (sth.) (**zu etwas** *dat,* into sth.). ´**A ~ ung,** *f* -/-en arrangement, design.

´**ausgestattet,** *p.p. as adj.* **gut a.,** well-appointed (house); well-produced (book).

´**ausgestellt,** *adj. Cl:* flared (skirt, trousers).

´**ausgestorben,** *p.p. as adj.* extinct (animal); *Fig:* **wie a.,** (*Stadt usw.*) dead, deserted.

´**Ausgestoßene(r),** *m&f decl. as adj.* outcast.

´**ausgesucht,** *adj.* select, choice (wines etc.); *Fig:* studied (politeness).

´**ausgewählt,** *p.p. as adj.* selected; **Goethes a~e Werke,** a selection from Goethe's works.

´**Ausgewanderte(r),** *m&f decl. as adj.* emigrant.

´**ausgewaschen,** *p.p. as adj.* faded (colours).

´**ausgewechselt,** *adj.* **wie a.,** like a new man.

´**ausgewogen,** *adj.* well-balanced.

´**ausgezeichnet,** *adj.* excellent.

ausgiebig [´ausgi:biç], *adj.* extensive (discussion etc.); **ich habe von deinem Angebot a~en/***adv.* **a. Gebrauch gemacht,** I have taken full advantage of your offer; *adv.* **a. frühstücken/schlafen,** to have a really good breakfast/sleep.

´**ausgießen,** *v.tr.sep.irr.31* (*a*) to pour out (liquid); to empty (a bottle, glass).

´**Ausgleich,** *m* -(e)s/*no pl* **1.** (*Gleichgewicht*) equilibrium, balance (**zwischen zwei Sachen,** between two things). **2.** (*Entschädigung*) compensation; **zum A. für die Mehrarbeit wurde ihr Gehalt erhöht,** her salary was raised to compensate for the increased workload. **3.** (*a*) *Fb:* equalizer; (*b*) *Tennis:* deuce; (*c*) *Horse Rac:* handicap. **4.** *Jur:* settlement (between parties); *Fin:* balancing, settlement (of an account). ´**a ~ en,** *v.tr.sep.irr.40* (*a*) to balance (weights,

Fig: an account etc.); to equalize (pressures etc.); to reconcile (differences, opposites); to compensate/make up for (a loss, lack etc.); **sich a.**, *(zwei Sachen)* to cancel one another out; *(Gutes und Schlechtes)* to offset one another; *Fb: abs.* **a.**, to equalize; *(b) Fin:* **eine Rechnung, Schuld usw. a.**, to settle an account, debt etc. ´A ~ **(s)getriebe**, *n -s/no pl Mec.E:* differential (gear). ´A ~ **srennen**, *n -s/-* handicap race. ´A ~ **sgymnastik**, *f -/no pl/* ´A ~ **ssport** *m -(e)s/no pl* keep-fit (exercises). ´A ~ **streffer**, *m -s/- Fb:* equalizer.

´**ausgleiten**, *v.i.sep.irr.59 (sein)* to slip.

´**ausgrab|en**, *v.tr.sep.irr.42 also Fig:* to dig (sth.) up, *Archeol:* to excavate (ruins). ´A ~ **ung**, *f -/-en Archeol:* excavation, dig.

´**ausgreifend**, *adj.* a~e **Schritte**, long strides; *Fig:* **weit a~e Pläne**, far-reaching plans.

Ausguck ['ausguk], *m -(e)s/-e esp. Nau:* look-out post; *(Pers.)* look-out.

´**Ausguß**, *m -sses/-sse (Becken)* sink, *(Abfluß)* plughole.

´**aushaben**, *v.tr.sep.irr.44 F:* **wann habt ihr aus?** when do you get out (of school)? **ich habe das Buch schon aus**, I have finished the book.

´**aushalten**, *v.tr.sep.irr.45 (a)* to bear, stand (s.o., sth.); to endure (pain etc.); **j-s Blick a.**, to meet s.o.'s gaze; **es ist nicht auszuhalten/ nicht zum A.**, it is unbearable; **es bis zum bitteren Ende a.**, to stick it out to the bitter end; *Hum:* **hier läßt es sich a.**, it's not at all bad here; *(b) F:* to keep (s.o.); **er läßt sich von ihr a.**, he lives off her earnings; *(c) Mus:* to hold (a note).

´**aushandeln**, *v.tr.sep.* to negotiate (conditions, a contract etc.).

aushändig|en ['aushendigən], *v.tr.sep.* to hand (sth.) over, hand out (prizes etc.). ´A ~ **ung**, *f -/no pl* handing over/out.

´**Aushang**, *m -(e)s/-e* notice.

´**aushäng|en**, *v.sep.* **1.** *v.tr. (a)* to hang out (flags etc.); to put up, post (a sign, notice etc.); *(b)* to take (a door) off its hinges. **2.** *v.i.irr.46 (haben)* to be hung up/displayed (on a notice board). ´A ~ **schild**, *n -(e)s/-er* (inn/shop) sign.

´**ausharren**, *v.i.sep. (haben)* to persevere.

´**aushecken**, *v.tr.sep. F:* to think up (a plan etc.); **was haben sie jetzt wieder ausgeheckt?** what are they up to now?

´**ausheilen**, *v.i.sep. (sein) (Wunde usw.)* to heal (completely); *(Krankheit)* to be fully cured.

´**aushelfen**, *v.i.sep.irr.50 (haben)* **(j-m) a.**, to help (s.o.) out **(mit etwas dat**, with sth.).

´**Aushilf|e**, *f -/-n (a)* (temporary) assistance; *(b) (Pers.)* temporary worker. ´A ~ **sarbeit**, *f -/-en* temporary job. ´A ~ **skraft**, *f -/-e* temporary worker, *F:* temp.

´**aushöhl|en**, *v.tr.sep.* to hollow out (sth.), scrape out (a melon etc.); to undermine (a river bank etc.). ´A ~ **ung**, *f -/-en* **1.** hollow, depression. **2.** undermining.

´**ausholen**, *v.i.sep. (haben)* **mit dem Arm a.**, to raise one's arm (ready to strike); *Fig:* **um das zu erklären, muß ich weit a.**, to explain this I'll have to go back a long way.

´**aushorchen**, *v.tr.sep.* to sound (s.o.) out **(über etwas** *acc*, on sth.).

´**auskennen**, *v.refl.sep.irr.51* **sich a.**, to know what's what/*F:* the ropes; *(in einem Ort)* to know one's way about; **er kennt sich auf diesem Gebiet gut aus**, he is well up in this subject; **er kennt sich mit Hunden aus**, he knows all about dogs.

´**auskippen**, *v.tr.sep. F:* to tip out/*N.Am:* dump (a load etc.).

´**ausklammern**, *v.tr.sep.* to leave on one side, exclude (a topic etc.) **(aus/bei einer Diskussion**, from a discussion).

´**Ausklang**, *m -(e)s/-e Mus:* closing phrase; *Fig: no pl* end (of a festivity etc.).

´**auskleiden**, *v.tr.sep. (a) Lit:* to undress (s.o., oneself); *(b)* to line (a wall etc.)

´**ausklingen**, *v.i.sep.irr.19 (sein) (Lied, Fig: Tag usw.)* to come to an end.

´**ausklopfen**, *v.tr.sep.* to beat (a carpet etc.); to knock out (a pipe etc.).

´**auskneifen**, *v.i.sep.irr.43 (sein) F:* to do a bunk, *N.Am:* skip (town).

´**ausknipsen**, *v.tr.sep. F:* to switch off (a light).

´**ausknobeln**, *v.tr.sep. F: (a)* to throw dice to decide (sth.); *(b)* to work out (a plan etc.).

´**auskommen. I.** *v.i.sep.irr.53 (sein) (a)* **mit etwas** *dat* **a.**, to make do/manage with sth.; **mit seinem Geld a.**, to make both ends meet; **er kommt ohne seine Frau nicht aus**, he can't manage without his wife; *(b)* **mit j-m a.**, to get on with s.o.; **wir kommen gut miteinander aus**, we get on well together. **II. A.**, *n -s/no pl* **1. er hat ein gutes A./gerade sein A.**, he is quite well off/can just manage. **2. mit ihm ist kein A.**, it is impossible to get on with him.

´**auskratzen**, *v.sep.* **1.** *v.tr.* to scratch out (s.o.'s eyes etc.); *Med:* to scrape out (the womb). **2.** *v.i. (sein) F:* to make off, do a bunk

´**auskundschaften**, *v.tr.sep.* to reconnoitre (an area), spy out (a secret etc.).

Auskunft ['auskunft], *f -/-e (a)* (item of) information; **können Sie mir bitte über Abfahrtszeiten A. geben?** could you please give me details of departure times? *(b) (Stelle)* information (desk/bureau); *Tel: P.N:* Enquiries. ´A ~ **sbeamte(r)**, *m decl. as adj. esp. Rail:* official handling enquiries. ´A ~ **sbüro**, *n -s/-s/* ´A ~ **sstelle**, *f -/-n* information bureau. ´A ~ **sdienst**, *m -(e)s/no pl usu. Tel:* enquiries.

´**auskuppeln**, *v.tr.sep. Mec.E:* to disconnect (the drive); *Aut: abs.* **a.**, to let out the clutch.

´**auskurieren**, *v.tr.sep. F:* to get rid of (flu etc.).

´**auslachen**, *v.tr.sep.* to laugh at, *(verspotten)* make fun of (s.o.).

´**auslad|en**, *v.sep.irr.56* **1.** *v.tr. (a)* to unload (goods etc.); *(Schiff)* to disembark (passengers); *(b) F:* **einen Gast a.**, to put off a guest. **2.** *v.i. (haben) Arch:* to project, jut out; **a~de Geste**, sweeping gesture. ´A ~ **eplatz**, *m -es/-e/* ´A ~ **estelle**, *f -/-n* unloading place; *Nau:* wharf. ´A ~ **ung**, *f -/no pl* unloading.

´**Auslage**, *f -/-n* **1.** *pl.* **A~n**, expense, outlay. **2.** *(Schaufenster)* shop window; *(Ausgestelltes)* display.

´**auslagern**, *v.tr.sep.* to remove (valuables) for safe storage.

'**Ausland**, n -(e)s/no pl das A., foreign countries; im/ins A., abroad. 'A ~ s-, comb.fm. (a) foreign (business, department etc.); Com: A ~ filiale f, foreign branch; Journ: A ~ korrespondent m, foreign correspondent; (b) international (relations, Tel: call etc.); (c) ... abroad; A ~ aufenthalt m, stay abroad; A ~ reise f, trip abroad.

Ausländ|er(in) ['auslɛndər(in)], m -s/- (f -/-nen) foreigner; Adm: alien. 'a ~ isch, adj. foreign.

Auslaß ['auslas], m -sses/-sse Tchn: outlet. 'A ~ - ventil, n -s/-e I.C.E: exhaust valve.

'**auslass|en**, v.tr.sep.57 (a) to let out (steam, water, a dress etc.); (b) to leave out, omit (sth.) (**aus etwas** dat, from sth.); F: to leave off (a piece of clothing); **keine Gelegenheit a.**, not to miss a chance (to do sth.); (c) Cu: to render down (fat); to melt (butter); (d) to give vent to (one's feelings, anger); **er ließ seine schlechte Laune an ihr aus**, he took his bad mood out on her; **sich über etwas** acc **a.**, to expatiate on sth., F: go on about sth. 'A ~ ung, f -/-en 1. omission. 2. (Rede) holding forth, peroration. 'A ~ ungszeichen, n -s/- Gram: apostrophe.

'**auslasten**, v.tr.sep. to use (a machine, etc.) to capacity; **ich bin mit meiner Arbeit nicht voll ausgelastet**, my work does not keep me fully occupied.

'**Auslauf**, m -(e)s/-e 1. outlet, outflow (for water etc.). 2. room to move; **der Hund hat hier keinen A.**, there's no space for the dog to run free here. 3. Nau: **zum A. bereit**, ready to sail. 'a ~ en, v.sep.irr.58 1. v.i. (sein) (a) (Flüssigkeit) to run out, (durch Leck) leak; (Farben) to run; (Faß usw.) to run dry; (b) (Schiff) to leave harbour; (c) (enden) to come to an end; (Maschinen, Produktion usw.) to run down, come to a standstill; (Gegenstand) spitz **a.**, to end in a point; Com: **dieses Modell läuft aus,** this model is being discontinued. 2. v.refl. **sich a.**, to run about/(frei) free.

'**Ausläufer**, m -s/- 1. (Rand) fringe; spur (of a mountain); **die A. der Alpen,** the foothills of the Alps. 2. Bot: runner, sucker.

'**ausleeren**, v.tr.sep. to empty (a jug etc.).

'**ausleg|en**, v.tr.sep. (a) to set out, display (goods etc.); (b) to cover (a surface) with; **einen Fußboden mit Teppich a.**, to carpet a floor; **eine Schublade mit Zeitungspapier a.**, to line a drawer with newspaper; (c) **für j-n Geld a.**, to lend/loan s.o. money; (d) (deuten) to interpret (a text, s.o.'s behaviour etc.). 'A ~ er, m -s/- 1. interpreter. 2. (a) Mec.E: jib (of a crane etc.); (b) Row: Nau: outrigger; (c) Constr: cantilever. 'A ~ ung, f -/-en interpretation.

'**ausleiern**, v.tr.sep. F: to wear out (a mechanism etc.); to stretch (elastic).

'**Ausleihe**, f -/-n issue desk (in a library). 'a ~ en, v.tr.sep.irr.60 (a) to borrow (money); to take out (a book) (**aus einer Bibliothek,** from a library); (b) to lend (sth.) (**an j-n,** to s.o.).

'**auslernen**, v.i.sep. (haben) to finish one's training; **ausgelernt,** qualified; Prov: **man lernt nie aus,** you live and learn.

'**Auslese**, f -/-n 1. no pl selection. 2. elite (of society etc.); Agr: pick (of the crop); Winem:

wine from specially selected grapes. 'a ~ n, v.tr. sep.irr.61 (a) to select (flowers etc.); (b) to finish reading (a book etc.).

'**ausliefer|n**, v.tr.sep. (a) Com: to supply, distribute (goods) (to the trade); (b) to hand over (s.o.) (**der Polizei usw.**, to the police etc.); to surrender (hostages); (an einen Staat) to extradite (s.o.). 'A ~ ung, f -/-en 1. Com: (esp. trade) distribution; **unsere A. für Deutschland,** our German distributors. 2. handing over, surrender; extradition. 'A ~ ungsbefehl, m -(e)s/-e deportation order. 'A ~ ungslager, m -s/-supply depot. 'A ~ ungsschein, m -(e)s/-e delivery note. 'A ~ ungsvertrag, m -(e)s/-e extradition treaty.

'**ausliegen**, v.i.sep. (haben) to be on display.

'**auslösch|en**, v.tr.sep. (a) to extinguish, put out (a fire, candle etc.); (b) to wipe out (writing on a board etc.); to efface (memories); (c) to annihilate (a people, lives). 'A ~ ung, f -/no pl extinguishing; obliteration, extinction.

'**auslös|en**, v.tr.sep. (a) to trigger off (an event etc.); to provoke, cause (surprise, joy etc.); to set off (an alarm etc.); Phot: **den Verschluß a.**, to release the shutter; (b) to redeem (pawned goods); to bail out (a prisoner). 'A ~ er, m -s/- trigger; Phot: (shutter) release.

'**auslos|en**, v.tr.sep. to draw lots for (sth.). 'A ~ ung, f -/-en draw.

'**ausmachen**, v.tr.sep. (a) (Summe, Zahl) to amount to (sth.); (Sachen) to constitute, make up (a whole, part); **Hosen machten den größten Teil ihrer Garderobe aus,** her wardrobe was made up/consisted mainly of trousers; (b) (erkennen) to make out, recognize (a ship etc.) (in the distance); (c) F: (vereinbaren) to arrange, agree (a time, meeting point etc.); **etwas mit sich** dat **alleine a.**, to decide sth. on one's own; (d) F: to turn off (the light, radio etc.); to put out (a cigarette etc.); (e) F: to matter; **das macht gar nichts aus,** that doesn't matter/make any difference at all; **Lärm macht mir nichts aus,** I don't mind noise; **macht es Ihnen etwas aus, wenn ich rauche?** do you mind if I smoke?

'**ausmal|en**, v.tr.sep. (a) to paint (a whole room etc.); to colour (in) (a drawing); (b) Fig: (j-m) **ein Erlebnis usw. lebendig a.**, to depict an experience etc. (to s.o.) in vivid colours; **sich** dat **etwas anders a.**, to imagine sth. differently, have a different idea of sth. 'A ~ ung, f -/-en 1. no pl painting, colouring. 2. vivid description.

'**Ausmaß**, m -es/-e (Größe) size; Fig: (Umfang) extent (of destruction etc.); **von größtem A.**, on a huge scale.

ausmerz|en ['ausmɛrtsən], v.tr.sep. to eliminate, wipe out (vermin etc.); to eradicate (mistakes etc.). 'A ~ ung, f -/-en elimination.

'**ausmessen**, v.tr.sep.irr.25 to measure (a room, site etc.).

'**ausmisten**, v.tr.sep. to muck out (a stable); F: to clear out (a drawer etc.); abs. to have a good clearout.

Ausnahm|e ['ausna:mə], f -/-n exception (**von der Regel,** to the rule); **die A. bestätigt die Regel,** the exception proves the rule; **alle mit A. von zweien,** all except two. 'A ~ efall, m -(e)s/-e exception, exceptional case. 'A ~ - etarif, m -s/-e special tariff. 'A ~ ezustand, *m* **-(e)s/⸚e** *Pol:* state of emergency. **'a ~ slos,** *adv.* without exception. **'a ~ sweise,** *adv.* as an exception; **du mußt a. mal früh aufstehen,** you will have to get up early for once/for a change.

'ausnehmen, *v.tr.sep.irr.69* (*a*) to take (sth.) out; to clean out, gut (a fish etc.); to draw (a fowl); (*b*) (*ausschließen*) to exclude, exempt (s.o.) (**von etwas** *dat,* from sth.); (*c*) *P:* (*Geld abnehmen*) to fleece, rook (s.o.); (*d*) *v.refl.* **sich gut/schlecht a.,** (*Pers.*) to cut a fine/poor figure, make a good/bad impression; **das Bild nimmt sich an dieser Wand gut aus,** the picture looks good on this wall. **'a ~ d,** *adv.* exceptionally; **der Film hat mir a. gut gefallen,** I particularly liked the film.

'ausnutz|en, *v.tr.sep.* (*a*) to exploit (a source of energy etc.); to utilize, make the best use of (time etc.); **eine Gelegenheit a.,** to make the most of an opportunity; (*b*) *Pej:* to take advantage of (s.o., s.o.'s kindness etc.); **laß dich nicht von ihm a.!** don't let him take advantage of you! **'A ~ ung,** *f -/no pl* exploitation.

'auspacken, *v.tr.sep.* (*a*) to unpack (goods, clothes), unwrap (presents); (*b*) *F:* to let out (a secret); *P: abs.* to spill the beans.

'auspeitschen, *v.tr.sep.* to flog (s.o.).

'auspfeifen, *v.tr.sep.irr.43 Th: etc:* to boo (a performer etc.) (off the stage).

'ausplaudern, *v.tr.sep.* to let out (secrets etc.); **er plaudert immer alles aus,** he can never keep anything to himself.

'ausplündern, *v.tr.sep.* to plunder (a town etc.).

'ausposaunen, *v.tr.sep. F:* to tell the whole world (about) (sth.).

'ausprägen, *v.tr.sep.* (*a*) to coin (metal); (*b*) (*Merkmal*) **sich a.,** to show; (*sich ausdrücken*) to express itself; **sich immer mehr a.,** to become more and more pronounced.

'auspressen, *v.tr.sep.* to squeeze (a lemon etc.), squeeze out (juice etc.).

'ausprobieren, *v.tr.sep.* to try (sth.) out.

'Auspuff. I. *m* **-(e)s/-e** *I.C.E:* exhaust (system). **II. 'A ~-,** *comb.fm.* exhaust (pipe etc.); **A ~ gase** *npl,* exhaust fumes; **A ~ krümmer** *m,* exhaust manifold. **'A ~ topf,** *m* **-(e)s/⸚e** silencer, *N.Am:* muffler.

'ausputz|en, *v.tr.sep. South G:* to clean out (sth.). **'A ~ er,** *m* **-s/-** *Fb:* sweeper.

'ausquartieren, *v.tr.sep. Mil:* to billet (s.o.) out; *F:* **j-n für eine Nacht a.,** to move s.o. out for one night.

'ausquetschen, *v.tr.sep. F:* (*a*) = **auspressen;** (*b*) (*ausfragen*) to pump (s.o.).

'ausradieren, *v.tr.sep.* to rub out, erase (a word etc.); *Fig:* to wipe (a town) off the map.

'ausrangieren, *v.tr.sep. F:* to chuck out (old clothes etc.); to scrap, (*abladen*) dump (a TV, car, etc.)

'ausrauben, *v.tr.sep.* to rob (s.o.) of all his/her valuables; to loot (a shop); to empty (the till).

'ausräuchern, *v.tr.sep.* to fumigate (a room).

'ausräumen, *v.tr.sep.* to empty, turn out (a drawer, cupboard etc.); to clear (a room); *F: abs.* (*Diebe*) to clean out, make a clean sweep.

'ausrechn|en, *v.tr.sep.* to calculate, work out (a sum, measurement etc.); **hast du dir auch die Folgen ausgerechnet?** have you thought what

the consequences will be? **'A ~ ung,** *f -/occ -en* calculation.

'Ausrede, *f -/-n* excuse; **er suchte nach A ~ n,** he hedged. **'a ~ n,** *v.sep.* **1.** *v.i.* (*haben*) to finish speaking; **laß mich a.!** don't interrupt! **2.** *v.tr.* **j-m etwas** *acc* **a.,** to dissuade s.o. from sth., talk s.o. out of sth.

'ausreichen, *v.i.sep.* (*haben*) (*Vorräte usw.*) to suffice, be enough; (*für eine gewisse Zeit*) to last out. **'a ~ d,** *adj.* (*a*) sufficient, adequate; **in a ~ em Maße,** (i) in adequate quantities; (ii) to a sufficient extent; *adv.* **a. informiert,** sufficiently (well) informed; (*b*) *Sch:* approx. pass, grade D.

'ausreifen, *v.i.sep.* (*sein*) (*Obst usw.*) to ripen; (*Käse, Wein, Fig: Idee*) to mature.

'Ausreise, *f -/-n* departure (for a foreign country); **j-m die A. verweigern,** to prohibit s.o. from leaving the country. **'A ~ genehmigung,** *f -/-en/* **'A ~ visum,** *m* **-s/-sa & -sen** exit visa. **a ~ n,** *v.i.sep.* (*sein*) to leave the country.

'ausreiße|n, *v.sep.irr.4* **1.** *v.tr.* to pull/tear (sth.) out; to uproot (a plant etc.); *Fig: F:* **deswegen reiße ich mir kein Bein aus,** I'm not going to kill myself for that; **er sah aus, als ob er Bäume a. könnte,** he looked as strong as an ox. **2.** *v.i.* (*sein*) *F:* to run away (from home etc.), escape (from prison). **'A ~ r,** *m* **-s/-** runaway.

'ausreiten, *v.i.sep.irr.59* (*sein*) to go for a ride.

'ausrenk|en, *v.tr.sep.* **sich** *dat* **die Schulter usw. a.,** to dislocate one's shoulder etc.; *F:* **sich nach etwas** *dat* **den Hals a.,** to crane one's neck to see sth. **'A ~ ung,** *f -/-en* dislocation.

'ausrichten, *v.tr.sep.* (*a*) to align, true (sth.); *Fig:* to bring (work, ideas) into line; *Mil:* (*Truppen*) **sich a.,** to line up (in ranks); (*b*) **die Waren sind auf die Bedürfnisse/den Geschmack des Publikums ausgerichtet,** the goods are designed to meet the requirements/tailored to the taste of the public; (*c*) (*mitteilen*) **j-m etwas** *acc* **a.,** to tell s.o. sth.; **ich soll Ihnen Grüße von meiner Tante a.,** my aunt sends her regards; **kann ich etwas a.?** can I take a message? (*d*) (*erreichen*) to achieve (sth.); **mit Vernunft kannst du bei ihm nichts a.,** he won't listen to reason. **'A ~ ung,** *f -/-en* alignment.

'Ausritt, *m* **-(e)s/-e** ride/outing on horseback.

'ausrollen, *v.sep.* **1.** *v.i.* (*sein*) (*Flugzeug usw.*) to taxi to a standstill. **2.** *v.tr.* to unroll (a carpet etc.), roll out (dough etc.).

'ausrott|en, *v.tr.sep.* to wipe out, exterminate (a race, species etc.); *Fig:* to eradicate (abuses etc.). **'A ~ ung,** *f -/no pl* extermination.

'ausrücken, *v.sep.* **1.** *v.i.* (*sein*) *Mil:* (*Truppen usw.*) to march off; *F:* (*Pers.*) to run away, escape (**j-m,** from s.o.). **2.** *v.tr. Mec.E:* to disengage (gears etc.).

'Ausruf, *m* **-(e)s/-e** exclamation. **'a ~ en,** *v sep.irr.74* **1.** *v.i.* (*haben*) to exclaim, cry out. **2.** *v.tr.* (*a*) to call out (lots, names etc.); (*im Hotel usw.*) **j-n a. lassen,** to page s.o.; (*b*) to proclaim (a state of emergency etc.), call (a strike). **'A ~ ezeichen/***Aus:Swiss:* **'A ~ ungszeichen,** *n* **-s/-** exclamation mark. **'A ~ ung,** *f -/* **-en** (public) proclamation.

'ausruhen, *v. refl.* **sich a.,** to rest; **wir haben uns gut ausgeruht,** we have had a good rest.

'ausrüst|en, *v.tr.sep.* to equip (s.o., an army, a car etc.); to fit out (a ship etc.). 'A~ung, *f* -/-en equipment; eine komplette A., a complete outfit; *Tchn:* A~en, outfits, systems. 'A~ungsgegenstand, *m* -(e)s/-e piece of equipment.

'ausrutschen, *v.i.sep.* (*sein*) to slide, slip.

'aussäen, *v.tr.sep.* to sow (seeds).

'Aussage ['ausza:gǝ], *f* -/-n (*a*) statement; (*Meinung*) opinion; nach/laut seiner eigenen A., according to his own statement; *Jur:* eidliche A., sworn evidence, deposition; A. der Zeugen, testimony of the witnesses; die A. verweigern, to refuse to give evidence; (*b*) *Gram:* predicate. 'A~kraft, *f* -/no *pl* expressiveness. 'a~n, *v.sep.* 1. *v.tr.* to declare, state (sth.). 2. *v.i.* (*haben*) to make a statement; *Jur:* vor Gericht a., to give evidence in court; gegen/für j-n a., to testify against/in favour of s.o. 'A~satz, *m* -es/-e *Gram:* affirmative clause. 'A~weise, *f* -/-n (*a*) manner of expression; (*b*) *Gram:* mood, *N.Am:* mode.

'Aussatz, *m* -es/no *pl Med:* leprosy.

Aussätzige(r) ['auszɛtsigǝ(r)], *m & f decl. as adj. Med:* leper.

'aussaugen, *v.tr.sep.* to suck out (poison etc.); *Fig:* j-n bis aufs Blut a., to bleed s.o. white.

'ausschacht|en, *v.tr.sep.* to dig (a pit, cellar etc.). 'A~ung, *f* -/-en excavation.

'ausschalt|en, *v.tr.sep.* (*a*) to switch/turn off (the light, radio etc.); (*b*) *Fig:* to eliminate (a competitor, mistakes etc.). 'A~ung, *f* -/-en (*a*) switching off; (*b*) elimination.

'Ausschank, *m* -(e)s/-e (*a*) sale of alcoholic drinks; (*b*) (*Theke*) drinks counter; bar.

'Ausschau, *f* nach j-m, etwas *dat* A. halten, to watch out/keep a lookout for s.o., sth. 'a~en, *v.i.sep.* (*haben*) (*a*) nach j-m a., to look out for s.o.; (*b*) *South G:* =aussehen.

'ausscheid|en, *v.sep.irr.56* 1. *v.tr.* to eliminate, exclude (sth. unsatisfactory); *Physiol:* to excrete (waste matter); to reject (poison etc.). 2. *v.i.* (*sein*) aus dem Berufsleben a., to retire/withdraw from professional life; aus einem Wettkampf a., to retire from/drop out of a contest; *Fig:* diese Alternative scheidet aus, this alternative can be eliminated. 'A~ung, *f* -/-en 1. *Physiol:* excretion. 2. *Ch:* precipitation. 3. *Sp:* (*a*) elimination; (*b*) (*A~ungsrunde*) qualifying round/heat. 'A~ungs-, *comb.fm. Sp:* qualifying (round etc.); A~spiel *n,* qualifying match/tie; A~wettkampf *m, Sp:* knockout competition. 'A~ungsprodukt, *n* -(e)s/-e *Physiol:* waste matter; excrement.

'ausschelten, *v.tr.sep.irr.80* to scold (s.o.).

'ausschenken, *v.tr.sep.* to pour out, (*verkaufen*) sell (drinks).

'ausscheren, *v.i.sep.* (*sein*) (*Fahrzeug usw.*) to pull out; *Av:* to peel off.

'ausschiffen, *v.tr.sep. Nau:* to discharge (cargo); to land (passengers).

'ausschimpfen, *v.tr.sep.* to scold (s.o.), tell (s.o.) off.

'ausschlacht|en, *v.tr.sep.* (*a*) to gut and cut up (a carcass); *F:* to cannibalize (a car, machine etc.); (*b*) *Pej: F:* to make the most of, exploit (a situation). 'A~ung, *f* -/no *pl* exploitation.

'ausschlafen, *v.sep.irr.84* 1. *v.tr.* (*a*) sich a., to sleep late, *F:* have a lie-in; (*b*) seinen Rausch usw. a., to sleep off the effects of alcohol etc. 2. *v.i.* (*haben*) ich habe noch nicht ausgeschlafen, I have not slept enough.

'Ausschlag, *m* -(e)s/occ. -e 1. *Med:* rash. 2. *Ph:* deflection (of a compass needle etc.). 3. den A. geben, to tip the balance; seine Stellungnahme gab den A., his comments decided/clinched the matter. 'a~en, *v.sep.irr.85* 1. *v.i.* (*a*) (*haben*) (*Pferd usw.*) to kick/lash out; (*Pflanzen*) to sprout, break into leaf; (*Kompaßnadel usw.*) to show a deflection; (*b*) (*sein*) *Fig:* zu etwas *dat* a., to develop into/result in sth. 2. *v.tr.* (*a*) to knock out (s.o.'s teeth etc.); *F:* das schlägt dem Faß den Boden aus! that is the last straw! that beats everything! (*b*) to line (a box etc.) (mit Seide, with silk); (*c*) (*ablehnen*) to reject, decline (an offer etc.); to turn down (a suitor etc.). 'a~gebend, *adj.* decisive (events, importance etc.); critical (moment); a~e Stimme, casting /*N.Am:* deciding vote; der Preis ist für mich nicht a., the price is not what matters to me.

'ausschließ|en, *v.sep.irr.31* 1. *v.tr.* (*a*) to lock/shut (s.o.) out (aus einem Haus usw., of a house etc.); (*b*) j-n von/aus etwas *dat* a., to exclude/bar s.o. from sth.; man schloß ihn aus der Partei/von der Schule aus, he was expelled from the party/from school; *Sp: etc:* j-n (vorübergehend) a., to suspend s.o.; (*c*) to exclude, rule out (a possibility etc.); der Lärm schließt jeden Schlaf aus, the noise makes sleep quite impossible; (*d*) sich a., to shut oneself off. 'a~lich. I. *adj.* exclusive (right etc.). II. *prep.* + *gen.* exclusive of; das ist der Gesamtpreis a. der Mahlzeiten, this is the overall price excluding/without the meals. 'A~lichkeit, *f* -/no *pl* exclusivity. 'A~ung, *f* -/no *pl* exclusion.

'ausschlüpfen, *v.i.sep.* (*sein*) (*Küken*) to hatch.

'Ausschluß, *m* -sses/-sse exclusion (of s.o., sth.); *Pol: Sch:* expulsion; *Sp:* suspension; *Jur:* der Fall findet unter A. der Öffentlichkeit statt, the case will be heard in camera.

'ausschmück|en, *v.tr.sep.* to decorate (a room with flowers etc.); *Fig:* to embellish (sth.), embroider (a story). 'A~ung, *f* -/-en decoration, embellishment.

'ausschneiden, *v.tr.sep.irr.59* to cut (sth.) out.

'Ausschnitt, *m* -(e)s/-e 1. extract; (*Zeitungsa.*) cutting. 2. *Dressm:* neckline; tiefer A., low neck.

'ausschnüffeln, *v.tr.sep. F:* to nose out (a secret etc.).

'ausschöpfen, *v.tr.sep.* to scoop out (water etc.), ladle out (soup etc.); to bail out (a boat).

'ausschreib|en, *v.tr.sep.irr.12* (*a*) to write out (a word, number, *Mus:* parts etc.); (*b*) to make out (a cheque, prescription etc.); (*c*) to advertise (a post, competition etc.); einen Wettbewerb/*Com:* einen Auftrag a., to invite entries for a competition/*Com:* tenders for a contract. 'A~ung, *f* -/-en (*a*) writing out; (*b*) making out; (*c*) advertisement; *Com:* invitation for tenders/*Sp:* entries.

'ausschreit|en, *v.i.sep.irr.59* (*sein*) *usu. Fig:* gegen j-n, die Gesellschaft usw. a., to commit an outrage against s.o., society etc. 'A~ung,

f -/-en outrage; *esp. pl* A~en, excesses.
'**Ausschuß. I.** *m* -sses/=sse **1.** *Pol: etc:* committee. **2.** *no pl Com:* (*also* A~ware *f*) rejects.
II. '**A~-,** *comb.fm.* committee (member, meeting etc.).
'**ausschütten,** *v.tr.sep.* (*a*) to pour out, (*aus Versehen*) spill (water etc.); to empty (a bucket etc.); (*b*) *Com:* to pay out, distribute (dividends etc.); (*c*) *Fig:* **j-m sein Herz a.,** to pour out one's heart to s.o.; **sich vor Lachen a.,** to fall about/ *N.Am:* fall over laughing.
'**ausschweif|en,** *v.i.sep.* (*sein*) to indulge in (dissolute) excesses. '**a ~ end,** *adj.* dissolute, debauched (life); licentious (thoughts); *Fig:* extravagant (imagination). '**A ~ ung,** *f* -/-en excess; *coll.* debauchery; dissipation.
'**ausschweigen,** *v.refl.sep.irr.89* **sich über eine Frage a.,** to maintain silence on an issue.
'**ausschwenken,** *v.tr.sep.* (*a*) to swill out (a bucket etc.); (*b*) to shake out (a duster etc.); (*c*) to swing (a crane etc.) outwards; *Nau:* to put out (a boat etc.).
'**ausschwitzen,** *v.tr.sep.* (*a*) (*Wände usw.*) to exude (moisture etc.); (*b*) (*Pers.*) to sweat out (impurities, *F:* a cold).
'**aussehen. I.** *v.i.sep.irr.92* (*haben*) to look (nice, well, sad etc.); **wie sieht er aus?** (i) what does he look like? (ii) how does he look? **er sieht gut aus,** (i) he looks well; (ii) he is handsome; **der Pullover sieht gut zu dem Rock aus,** the sweater goes well with the skirt; **nach etwas** *dat* **a.,** to look like sth.; **es sieht danach aus, als ob . . .,** it looks as though . . .; *F:* **das Kleid sieht nach nichts aus,** the dress doesn't look anything special; **sehe ich danach aus?** do I look as if I would (do that)? **wie du (nur) aussiehst!** just look at you! **you look a sight! so sichst du aus!** you can think again! nothing doing! **II. A.,** *n* -s/ *no pl* appearance; *F:* looks; **dem A. nach,** judging by appearances.
außen ['ausən]. **I.** *adv.* (on the) outside; **a. ist die Tür rot,** the door is red (on the) outside; **nach a. aufgehen,** to open outwards; **von a.,** from the outside. **II.** '**A~-,** *comb.fm.* (*a*) (*äußere von zwei*) outer (wall, surface etc.); **A~hafen** *m*, outer harbour; (*b*) exterior (lighting, *Geom:* angle, *Aut:* mirror etc.); outside (pocket, diameter, staircase, *Sp:* lane etc.); external (thread, measurement etc.); **A~temperatur** *f*, outside/ outdoor temperature; **A~wand** *f*, outside wall; **die A~welt,** the outside world; *Cin:* **A~aufnahme** *f*, location/outdoor shot; (*c*) foreign (trade, policy etc.); **A~minister** *m*, foreign minister; *Brit:* Foreign Secretary; *U.S:* Secretary of State; **A~ministerium** *n*, foreign ministry; *Brit:* Foreign Office; *U.S:* State Department; **a~politisch** *adj,* with regard to foreign policy. '**A ~ bezirk,** *m* -(e)s/-e (outer) suburb; *pl* **A~e,** outskirts. '**A ~ bordmotor,** *m* -s/-en *Nau:* outboard motor. '**A ~ dienst,** *m* -(e)s/*no pl* field work. '**A ~ seite,** *f* -/-n outside, front (of a book etc.). '**A ~ seiter,** *m* -s/- *Sp:* outsider; *Fig:* (*Pers.*) misfit. '**A ~ stände,** *mpl Com:* outstanding debts. '**A ~ stehende(r),** *m* & *f* decl. as adj. bystander, onlooker. '**A ~ stürmer,** *m* -s/- *Fb:* wing.

'**aussend|en,** *v.tr.sep.irr.94* (*a*) to send out (s.o., a patrol etc.); (*b*) to emit, radiate (rays, heat). '**A ~ ung,** *f* -/*no pl* (*a*) dispatch; (*b*) emission.
'**aussenken,** *v.tr.sep.* to countersink (a screw hole etc.).
außer ['ausər]. **I.** *prep.* **1.** + *dat, occ.* + *acc* out of; **a. Hause essen,** to have a meal out; **a. Sicht, Gefahr, Atem usw.,** out of sight, danger, breath etc.; (*Pers.*) **a. Dienst,** retired; **a. Betrieb,** not working; **a. Kraft,** no longer in force; **es steht a. dem Hund hat er noch ein Meerschweinchen,** he has a guinea pig as well as the dog. **II.** *conj.* except; **er weiß nichts, a. daß es morgen stattfindet,** he knows nothing about it except that it takes place tomorrow; **a. wenn es regnet,** unless it rains. **III.** '**a ~-,** *comb.fm.* (*a*) extra-(parliamentary etc.); **a~ehelich,** extra-marital; **u - irdisch,** extra-terrestrial; (*b*) non-(European etc.); **a~amtlich,** non-official (capacity); **a~dienstlich,** unofficial (comment); *Rail:* **a~fahrplanmäßig,** unscheduled. **A ~ 'achtlassung,** *f* -/*no pl* disregard. '**a ~ dem. I.** *adv.* (*noch dazu*) in addition, as well. **II.** *conj.* moreover; **ich habe keine Lust spazierenzugehen, a. regnet es,** I don't feel like going for a walk, and what's more it's raining. '**a ~ gewöhnlich,** *adj.* unusual, exceptional. '**a ~ halb, I.** *prep.* + *gen* outside; **a. seines Wirkungskreises,** beyond his sphere of influence. **II.** *adv.* **a. wohnen,** to live outside (the town etc.)
A ~ 'kraftsetzung, *f* -/*no pl* invalidation; repeal. **A ~ 'kurssetzung,** *f* -/*no pl* withdrawal from circulation. '**a ~ ordentlich,** *adj.* extraordinary (situation, session etc.); remarkable, exceptional (person, etc.); *G.Univ:* **a ~ er Professor,** *approx.* associate professor; *adv.* **a. begabt,** exceptionally gifted. **a ~ 'stand(e),** *adv.* **a. sein, etwas zu tun,** to be unable/in no position to do sth.
äußere(r,s) ['ɔysərə], *adj.* (*a*) outer (layer, margin etc.); external (circumstances, appearance etc.); **das Ä.,** outward appearance; (*b*) *Pol:* **Minister des Ä ~ n,** foreign minister.
äußerlich ['ɔysərliç], *adj.* (*a*) outward (appearance etc.); external (feature, use etc.); *Med:* **nur ä. (anzuwenden),** for external use only; not to be taken; (*b*) *Fig:* (*oberflächlich*) superficial; **das ist nur a.,** that is only skindeep; *adv.* **ä. blieb er ruhig,** he remained calm on the surface; **rein ä. betrachtet hat sich nichts geändert,** on the face of it nothing has changed. '**A ~ keit,** *f* -/-en outward characteristic; *Pej:* superficial feature; *pl* **Ä~en,** minor matters; (*Formsachen*) matters of form.
äußer|n ['ɔysərn], *v.tr.* (*a*) to express, voice (an opinion, wish etc.); (*b*) **sich über etwas** *acc* **ä.,** to comment/give one's opinion on sth.; **er äußerte sich abfällig über sie,** he made disparaging remarks about her; **er äußerte sich dahingehend, daß . . .,** he expressed the view that . . .; (*c*) (*Merkmale usw.*) **sich in etwas** *dat* **ä.,** to

show/be apparent in sth. ´Ä ~ ung, *f -/-en* (*a*) (*Behauptung*) statement; comment, remark; (*b*) (*Ausdruck*) expression (of sth.).

äußerst [ˈɔʏsərst]. **1.** *adv.* extremely. **2.** *adj.* ä~e(r,s) (*a*) (*Ort*) furthest (end, limits etc.); **im ä~en Norden,** in the far north; *Pol:* ä~e **Linke,** extreme left; (*b*) (*höchste*) (absolute) maximum (price, load etc.); **der ä~e Termin,** the last possible date; **ä~es Angebot,** highest offer; **im ä~en Fall kostet es 5 Mark,** it will cost 5 marks at the outside; (*c*) (*größte*) extreme (danger, poverty etc.); supreme (effort, concentration); utmost (importance, caution etc.); **sein Ä~es tun,** to do one's utmost; *Fig:* **das Ä~e wagen/zum Ä~en gehen,** to risk everything; **er ist zum Ä~en entschlossen,** he is determined to try anything; (*d*) (*schlimmste*) worst; **im ä~en Fall/wenn es zum Ä~en kommt,** if the worst comes to the worst; as a last resort; **aufs Ä~e gefaßt sein,** to expect the worst; (*e*) **aufs ä~e gereizt,** extremely annoyed. ´ä ~ en´falls, *adv.* at the most/worst; **ich warte ä. bis drei Uhr,** I'll wait until three o'clock at the latest.

´aussetz|en. **I.** *v.sep.* **1.** *v.tr.* (*a*) to abandon (a child, dog etc.); (*b*) to launch (a boat etc.); to land (passengers); (*c*) **j-n/sich einer Gefahr usw. a.,** to expose s.o./oneself to a danger etc.; **sich der Kritik/dem Spott a.,** to lay oneself open to criticism/ridicule; (*d*) (*kritisieren*) **du hast an mir immer etwas auszusetzen,** you always find fault with me; **an diesem Plan ist viel auszusetzen,** there are many objections to this plan; (*e*) *Jur:* to suspend (proceedings etc.). **2.** *v.i.* (*haben*) (*a*) to stop (suddenly); (*Motor*) to cut out; (*b*) to make a pause; *Med:* **mit der Behandlung a.,** to discontinue/interrupt the treatment; *F:* **bei dieser Runde setze ich mal aus,** I'll skip this round. **II.** **A.,** *n -s/no pl* (*a*) stopping; suspension (of payments etc.); (*b*) failure (of pulse, breath etc.). ´A ~ ung, *f -/-en* (*a*) abandoning; (*b*) *Jur:* suspension.

´Aussicht, *f -/-en* (*a*) view (**aufs Meer usw.,** of the sea etc.); (*b*) *Fig:* prospect; *usu. pl* outlook; **wie sind denn seine A~en?** what are his prospects? *Meteor:* **weitere A~en,** further outlook; *F:* **das sind ja schöne A~en!** that is a fine lookout! (*c*) *Fig:* chance; **es besteht kaum A. auf Erfolg** *acc/* **daß er Erfolg hat,** there is not much chance of success/that he will be successful; **er stellte ihr ein neues Kleid in A.,** he held out the promise of a new dress to her; **er wurde für die Stelle in A. genommen,** he was considered for the job. ´a ~ - slos, *adj.* hopeless (situation etc.); doomed (venture etc.). ´A ~ slosigkeit, *f -/no pl* hopelessness. ´A ~ spunkt, *m -(e)s/-e* vantage point. ´a ~ sreich, *adj.* hopeful, promising. ´A ~ sturm, *m -(e)s/-e* observation tower. ´A ~ swagen, *m -s/-* *Rail:* observation car.

´aussied|eln, *v.tr.sep.* to evacuate, resettle (people). ´A ~ lung, *f -/-en* evacuation.

´aussöhnen, *v.tr.sep.* to reconcile (quarrelling parties etc.); **sich mit j-m/seinem Schicksal a.,** to become reconciled with s.o./to one's fate.

´aussortieren, *v.tr.sep.* to sort out (washing etc.), eliminate (unwanted items).

´ausspann|en, *v.sep.* **1.** *v.tr.* to unharness, unhitch (a horse etc.); **einen Bogen aus der Schreibmaschine a.,** to take a sheet out of the

typewriter; (*b*) to spread out (a net, wings etc.); to stretch (a rope etc.); (*c*) *F:* **j-m den Schmuck usw. a.,** to bag s.o.'s jewellery etc. **2.** *v.i.* (*haben*) to relax; **ich muß ein paar Tage lang a.,** I need a few days' rest. ´A ~ ung, *f -/no pl* relaxation, rest.

´aussparen, *v.tr.sep.* to leave (sth.) empty/(a space) blank; to leave out, ignore (a subject). ´A ~ ung, *f -/-en* blank (space); (*Lücke*) gap.

´ausspeien, *v.tr.sep.irr.88* *Lit:* to spew out, (*erbrechen*) vomit (sth.).

´aussperr|en, *v.tr.sep.* to shut/lock (s.o.) out (**aus einer Wohnung,** of a flat); *Ind:* to lock out (workers). ´A ~ ung, *f -/-en* *Ind:* lock-out.

´ausspiel|en, *v.tr.&i.sep.* (*haben*) (*a*) *Cards:* (**Trumpf usw.) a.,** to lead (trumps etc.); (*b*) *Fig:* **er spielt seine Kenntnis/Erfahrung gegen seinen Gegner aus,** he brings his knowledge/experience into play against his opponent; **das Kind spielt seine Mutter gegen seinen Vater aus,** the child plays off his mother against his father; (*c*) *F:* **er hat (seine Rolle) ausgespielt,** his number's up, he's finished. ´A ~ ung, *f -/-en* draw (of a lottery).

´Aussprache, *f -/-en* **1.** pronunciation; (*Akzent*) accent; **eine klare A.,** clear diction; **falsche A.,** mispronunciation. **2.** discussion; **eine offene A.,** a frank exchange of views.

´aussprechen, *v.sep.irr.14* **1.** *v.tr.* (*a*) to pronounce (a word etc.); (*b*) to express (a wish, one's gratitude etc.); to state (one's views etc.); to deliver (a judgement); (*c*) **sich mit j-m a.,** to have a heart-to-heart (talk) with s.o.; **sprich dich ruhig aus!** have your say! get it off your chest! **sich für/gegen etwas** *acc* **a.,** to come out in favour of/against sth. **2.** *v.i.* (*haben*) to finish speaking; **laß mich doch mal a.!** let me finish!

´Ausspruch, *m -(e)s/-e* statement, saying.

´ausspül|en, *v.tr.sep.* to rinse out (a bottle etc.). ´A ~ ung, *f -/-en* *Med:* irrigation.

ausstaffieren [ˈausstafiːrən], *v.tr.sep.* to rig (s.o, sth..) out.

´ausstatt|en, *v.tr.sep.* to provide (s.o., sth.) (**mit etwas** *dat,* with sth.); to fit (s.o.) out (with clothes etc.); to furnish, equip (an office etc.); (*Pers.*) **mit einer Vollmacht ausgestattet,** empowered/authorized (to do sth.). ´A ~ ung, *f -/-en* (*a*) (*Ausrüstung*) equipment; (*Innena.*) furnishing; (*Kleider usw.*) outfit; (*b*) *Pub:* production, design (of books); *Th:* scenery and costumes. ´A ~ ungsgegenstand, *m -(e)s/-e* fitment; piece of equipment/(*Möbel*) furniture.

´ausstechen, *v.tr.sep.irr.14* (*a*) to cut/dig out (turf etc.); (*b*) (*übertreffen*) to eclipse, outdo (s.o.).

´ausstehen, *v.sep.irr.100* **1.** *v.tr.* to suffer, endure (pains, anxiety etc.); **bei j-m viel auszustehen haben,** to have a lot to put up with from s.o.; **ich kann ihn nicht a.,** I can't bear/stand him. **2.** *v.i.* (*haben*) (*Rechnungen usw.*) to be outstanding; (*Entscheidung*) to be pending.

´aussteig|en, *v.i.sep.irr.89* (*sein*) (*a*) to get out (of a car), get off (a bus, plane etc.), disembark (from a ship); *Rail:* **alle(s) a.!** all change! (*b*) *F:* to give up; **aus einem Unternehmen/Rennen a.,** to back out of an enterprise/drop out of a race. ´A ~ er, *m -s/-* drop-out.

'**ausstell|en**, *v.tr.sep.* (*a*) to display (goods etc.); to show, exhibit (pictures, products etc.); (*b*) to issue (a passport etc.); to write, make out (a cheque, bill etc.) (**auf j-n,** to s.o.). '**A ~ ung,** *f -/-en* **1.** display; (*Schau*) show; *Art: etc:* exhibition. **2.** *Adm:* issue. '**A ~ ungs-,** *comb.fm.* **1.** exhibition (catalogue, stand etc.); **A ~ gelände** *n,* exhibition site; **A ~ stück** *n,* exhibit. **2.** (date etc.) of issue; **A ~ ort** *m,* place of issue.

'**aussterben**, *v.i.sep.irr.101* (*sein*) to die out; *Z:* (*Gattungen*) to become extinct.

'**Aussteuer,** *f -/-n* (*Wäsche usw.*) trousseau; (*Geld*) dowry. '**a ~ n,** *v.tr.sep. Rec:* to control the level of (a tape recorder etc.); to drive (channels, loudspeakers).

'**Ausstieg,** *m -(e)s/-e* exit (from a bus etc.). '**A ~ luke,** *f -/-n* trap door, escape hatch.

'**ausstopf|en**, *v.tr.sep.* to pad out (a cushion etc.); to stuff (an animal). '**A ~ ung,** *f -/-en* (*a*) padding; (*b*) (*von Tieren*) taxidermy.

'**Ausstoß,** *m -es/-̈e* (*a*) discharge; emission; (*b*) *Ind:* production, output. '**a ~ en,** *v.tr.sep.irr.103* (*a*) (*Pers.*) to blow/puff out (smoke etc.); (*Schlot usw.*) to emit (smoke, fumes etc.); to discharge (water, gas etc.); *Physiol:* to eject (sperm); *Fig:* to heave, utter (a sigh); to ejaculate, blurt out (words); (*b*) to expel, (*aus der Gesellschaft*) ostracize (s.o.).

'**ausstrahl|en**, *v.sep.* **1.** *v.tr.* (*a*) to radiate, give out (heat, rays, etc.); *Fig:* **er strahlt Fröhlichkeit aus,** he radiates cheerfulness/good humour; (*b*) *Rad: TV:* to broadcast (a programme). **2.** *v.i.* (*sein*) **von/aus etwas** *dat* **a.,** to radiate from sth. '**A ~ ung,** *f -/-en* (*a*) radiation, emission; (*b*) *Rad: TV:* broadcast; (*c*) *Fig:* effect (of an event etc.); charisma (of a person).

'**ausstrecken**, *v.tr.sep.* to stretch out (a hand etc.); **sich (der Länge nach) a.,** to stretch out (full length).

'**ausstreichen**, *v.tr.sep.irr.40* to cross out, delete (a letter, word etc.).

'**ausstreuen**, *v.tr.sep.* to scatter (seeds etc.).

'**ausströmen**, *v.sep.* **1.** *v.tr.* to exude (a smell etc.), to emit, discharge (water, gas etc.); *Fig:* to radiate (love etc.). **2.** *v.i.* (*sein*) (*Wasser, Gase usw.*) to escape, pour out.

'**aussuchen**, *v.tr.sep.* to pick out, select (sth.); **sich** *dat* **ein Kleid a.,** to choose a dress.

'**Austausch,** *m -(e)s/no pl* (*a*) exchange (**gegen** + *acc,* for); (*b*) *Tchn:* renewal, replacement (of machine parts etc.). '**a ~ bar,** *adj.* exchangeable (goods etc.); *Tchn:* interchangeable (parts etc.). '**A ~ barkeit,** *f -/no pl* exchangeability; interchangeability. '**A ~ dienst,** *m -(e)s/-e* exchange service. '**a ~ en,** *v.tr.sep.* (*a*) to exchange (sth.) (**gegen etwas anderes,** for sth. else); *Fig:* **Gedanken mit j-m a.,** to exchange ideas with s.o.; (*b*) (*ersetzen*) to replace (*Tchn:* a part, *Sp:* player etc.) (**gegen** + *acc,* by). '**A ~ motor,** *m -s/-en Aut:* replacement engine. '**A ~ schüler(in),** *m -s/- (f -/-nen)* exchange student.

'**austeil|en**, *v.tr.sep.* to deal out (cards etc.), hand out (books etc.); to distribute (clothes etc.) (**an** + *acc,* to); to dish out (soup, *F:* praise etc.). '**A ~ ung,** *f -/-en* distribution.

Auster ['austər], *f -/-n* oyster. '**A ~ n-,**

comb.fm. oyster (breeding etc.); **A ~ bank** *f,* oyster bed; *Orn:* **A ~ fischer** *m,* oyster catcher.

'**austilgen**, *v.tr.sep.* to exterminate (vermin etc.).

'**austoben**, *v.tr.sep.* (*a*) **sich a.,** (*Kinder usw.*) to let off steam; **seine Wut usw. an j-m a.,** to vent one's fury etc. on s.o.; (*b*) (*sich legen*) (**sich**) **a.,** (*Sturm*) to die down; (*Pers.*) to calm down.

'**Austrag,** *m -(e)s/no pl* **zum A. kommen,** (i) (*Streit*) to be settled; (ii) *Sp:* (*Wettkampf*) to be held; **eine Sache zum A. bringen,** to bring sth. to a head; to decide/settle a matter. '**a - en,** *v.tr. sep.irr.85* (*a*) to hold (a race, contest etc.); (*b*) to settle, decide (a quarrel etc.); (*c*) to deliver (newspapers etc.). '**A ~ ung,** *f -/-en* **1.** delivery. **2.** *Sp:* staging, holding (of a game etc.). '**A ~ ungsort,** *m -(e)s/-e Sp:* venue.

Austral|ien [au'stra:liən]. *Pr.n.n -s.* Australia. **A ~ ier(in),** *m -s/- (f -/-nen)* Australian **a ~ isch,** *adj.* Australian.

'**austreib|en**, *v.tr.sep.irr.12* (*a*) to drive (people etc.) out (**aus ihren Häusern usw.,** of their homes etc.); (*b*) *Fig:* **j-m eine Unart usw. a.,** to cure s.o. of a bad habit etc.; *Rel:* **böse Geister a.,** to exorcize/cast out evil spirits. '**A ~ ung,** *f -/-en* expulsion; *Rel:* exorcism.

'**austreten**, *v.sep.irr.105* **1.** *v.tr.* to tread/stamp out (a fire etc.); to wear down (a path, steps etc.). **2.** *v.i.* (*sein*) (*a*) (*Pers.*) to step out, (*Öl, Blut*) come out; (*Gas*) to escape; *Med:* (*Schweiß usw.*) to be secreted; (*b*) *F:* **a. (gehen),** to go for a pee; *Sch:* **darf ich a.?** may I be excused? (*c*) to withdraw, resign (**aus einem Verein usw.,** from a society etc.); **aus der Kirche a.,** to leave the church.

'**austrinken**, *v.tr.sep.irr.96* to drink up, finish (a drink), drain (a glass etc.).

'**Austritt,** *m -(e)s/-e* (*a*) emergence; escape (of gas); (*b*) resignation, withdrawal (**aus** + *dat,* from). '**A ~ serklärung,** *f -/-en* notice of resignation.

'**austrocknen**, *v.sep.* **1.** *v.tr.* to dry (sth.) thoroughly; (*Sonne*) to dry out, parch (soil). **2.** *v.i.* (*sein*) to dry out; (*Holz usw.*) to weather.

'**austüfteln**, *v.tr.sep.* to contrive (a plan); to puzzle out (a problem).

'**ausüb|en**, *v.tr.sep.* (*a*) to practise, follow (a profession etc.); to carry on (an activity); to exercise, make use of (a right); **ein Gewerbe a.,** to pursue a trade; **a ~ der Künstler,** performing/ practising artist; *Pol:* **die a ~ de Gewalt,** the executive power; (*b*) to exercise, exert (pressure, an influence etc.); **Macht a.,** to wield power; **eine magische Wirkung a.,** to have a magical effect; **auf j-n einen starken Reiz a.,** to hold a great attraction for s.o. '**A ~ ung,** *f -/no pl* pursuit (of a trade, profession etc.); performance; exercise.

'**Ausverkauf,** *m -(e)s/-̈e Com:* (clearance) sale; **im A.,** in a sale, at the sales. '**a ~ en,** *v.tr.sep. Com:* to sell out, clear (goods). '**a ~ t,** *adj.* sold out; *Th:* **vor a ~ em Haus spielen,** to play to a full house.

'**auswachsen**, *v.i.sep.irr.107* (*sein*) to grow to (one's/its) full size; **noch nicht ausgewachsen,** not yet full-grown.

'**Auswahl,** *f -/no pl* (*a*) choice, selection; **Sie**

haben die A.! you can choose! **einige Möglichkeiten zur A.,** several possibilities to choose from; (b) range, assortment (of goods etc.); **sie hatten Schuhe in großer/reicher A.,** they had a wide selection/variety of shoes; **eine A. aus Goethes Werken,** an anthology of/a selection/ N.Am: selections from the works of Goethe; (c) elite, pick (of a society, goods etc.); Sp: picked team. ´A ~ b a n d, m -(e)s/=e anthology. ´A ~ m a n n s c h a f t, f -/-en Sp: team of picked players.

´auswählen, v.tr.sep. to choose, select (s.o., sth.) (aus + dat, from).

´Auswander|er, m -s/- emigrant. ´a ~ n, v.i.sep. (sein) to emigrate. ´A ~ u n g, f -/-en emigration.

auswärt|ig [´ausvertiç], adj. (a) non-local; **ein A ~ er,** someone from outside; **a ~ e Besucher,** visitors from another town; (b) foreign; **ein A ~ er,** a foreigner; Pol: **a ~ e Angelegenheiten,** foreign affairs; **das A ~ e Amt,** the (West German) foreign ministry. ´a ~ s, adv. (a) away from home; **a. essen,** to eat out; Sp: **a. spielen,** to play away; (b) **er kommt von a.,** he comes from another town; **er wohnt a.,** he lives out of town. ´A ~ s s p i e l, n -(e)s/-e Sp: away match.

´auswaschen, v.tr.sep.irr.108 (a) to wash out (a stain etc.); to rinse out (a glass etc.), give (socks etc.) a quick wash; (b) to wash away (a bank etc.).

´Auswechs|el, m -s/- Fb: substitution. ´a ~ e l b a r, adj. exchangeable; replaceable (machine part etc.). ´a ~ e l n, v.tr.sep. to replace (a part etc.) (**gegen ein neues,** with a new one); Fb: to substitute (a player). ´A ~ e l - s p i e l e r, m -s/- Fb: substitute. ´A ~ (e)l u n g, f -/-en replacement.

´Ausweg, m -(e)s/-e way out, solution; **es gab keinen anderen A., als zu Fuß zu gehen,** there was nothing for it but to walk; **als letzter A.,** as a last resort. ´a ~ l o s, adj. hopeless (situation, undertaking etc.). ´A ~ l o s i g k e i t, f -/ no pl hopelessness.

´Ausweich-, comb.fm. (a) avoiding, evasive (movement, course); A ~ m a n ö v e r n, evasive action; Jur: A ~ k l a u s e l f, escape clause; (b) passing (place etc.); Rail: A ~ g l e i s n, loop-line; (c) alternative (plan, fuel, Rad: frequency); relief (road, harbour, hospital etc.). A ~ f l u g - h a f e n m, second/relief airport. ´a ~ e n. I. v.i.sep.irr.40 (sein) j-m, der Versuchung usw. a., to avoid s.o., temptation etc.; **einem Schlag a.,** to sidestep/dodge a blow; Aut: **(vor) einem Auto usw. a.,** to get out of the way of a car etc.; **nach rechts a.,** to swerve to the right; Fig: **der Gefahr a.,** to steer clear of danger; **einem Thema usw. a.,** to evade an issue etc. II. A., n -s/no pl avoidance; evasion. ´a ~ e n d, adj. evasive. ´A ~ m ö g l i c h k e i t, f -/-en **es gab keine A.,** there was no way out; (beim Unfall) it was impossible to take avoiding action.

´ausweinen, v.refl.sep. sich a., to have a good cry.

Ausweis [´ausvais], m -es/-e identification; esp. (a) identity card; (b) certificate (of membership etc.). ´A ~ p a p i e r e, npl identification papers. ´a ~ e n, v.tr.sep.irr.70 (a) j-n, sich a., to prove

s.o.´s, one's identity; to identify s.o., oneself; **er konnte sich als Besitzer des Koffers a.,** he could prove he was the legitimate owner of the suitcase; (b) (aus dem Land) to deport (s.o.). ´A ~ u n g, f -/-en deportation.

´ausweit|en, v.tr.sep. (a) to widen (a gap), enlarge (a hole etc.); to stretch (a glove, shoes etc.); (Gummiband usw.) sich a., to become (permanently) stretched; (b) Fig: to expand; **die Unruhen weiteten sich zur Revolution aus,** the unrest escalated into a revolution. ´A ~ u n g, f -/no pl enlargement, expansion; escalation.

´auswendig, adv. **ein Gedicht usw. a. lernen/können,** to learn/know a poem etc. by heart; **ich kenne das in- und a.,** I know that inside out; Mus: **ein Stück a. spielen,** to play a piece from memory.

´auswerfen, v.tr.sep.irr.110 to cast (a net etc.); Nau: **den Anker a.,** to drop anchor.

´auswert|en, v.tr.sep. to evaluate, analyse (statistics etc.); to utilize (experiences etc.); Ind: to exploit (an idea, a patent). ´A ~ u n g, f -/-en evaluation, interpretation; utilization; Ind: exploitation.

´auswirk|en, v.refl.sep. sich (günstig, verhängnisvoll usw.) auf etwas acc a., to have a (beneficial, disastrous etc.) effect/impact on sth. ´A ~ u n g, f -/-en effect, impact; **verheerende A ~ en,** disastrous consequences.

´auswischen, v.tr.sep. (a) to wipe out (words on a blackboard etc.); (b) to wipe (the inside of) (a glass etc.); (b) F: **j-m eins a.,** to put one over on s.o., play a nasty trick on s.o.

´Auswuchs, m -es/=e 1. (Buckel) hump; (Geschwulst) protuberance, excrescence. 2. Fig: esp. pl A=e, aberrations, excesses; **das ist ein A. Ihrer Phantasie,** that is a figment of your imagination.

´auswuchten, v.tr.sep. Mec.E: to balance (Aut: wheels etc.).

´Auswurf, m -(e)s/=e 1. ejection (of lava etc.). 2. Med: phlegm, sputum.

´auszahl|en, v.tr.sep. (a) to pay out (money, wages etc.); to pay off (creditors, workmen); to buy out (a business partner); (b) Fig: sich a., to be worth it; **Lügen zahlen sich nicht aus,** it doesn't pay to lie. ´A ~ u n g, f -/-en payment; buying out (a business partner etc.); Ins: (Police) **zur A. fällig werden,** to mature.

´auszeichn|en, v.sep. 1. v.tr. (a) Com: to price/ mark (goods) with a price; (b) to honour (s.o.); **j-n mit einem Orden, Preis usw. a.,** to award s.o. a medal, prize etc.; **er zeichnete sie durch eine Beförderung aus,** he showed his appreciation by promoting her; (c) to distinguish (s.o., oneself, sth.); **sich durch ein Merkmal a.,** to be distinguished/characterized by a feature; **sich im Sport a.,** to excel at sport; **sich als Arzt a.,** to achieve distinction as a doctor. ´A ~ u n g, f -/-en 1. Com: pricing, marking (with a price). 2. (a) (Ehrung) distinction, honour; decoration; award (of a prize etc.); Univ: Sch: **eine Prüfung mit A. bestehen,** to pass an examination with distinction; (b) (Preis, Orden) award, medal.

´auszieh|bar, adj. extensible; telescopic (aerial etc.); ´a ~ e n, v.sep.irr.113 1. v.tr. (a) to pull out (a nail etc.); to extend (a table etc.); (b) to take off (clothes); **j-n/sich a.,** to undress s.o./

oneself; (c) **eine Linie mit Tusche a.**, to ink in a line. **2.** v.i. (sein) (a) to move out (of a house); (b) to set out (**auf Abenteuer**, in search of adventure). ′**A~feder**, f -/-n drawing pen. ′**A~leiter**, f -/-n extension ladder. ′**A~tisch**, m -(e)s/-e draw-leaf table. ′**A~tusche**, f -/-n drawing/Indian ink.

′**Auszubildende(r)**, m & f decl. as adj. trainee.

′**Auszug**, m -(e)s/-e **1.** move, removal (from a house etc.); **A. aus dem Land**, exodus (of people)/withdrawal (of troops) from a country. **2.** (Ausschnitt) excerpt, extract; Cin: clip. **3.** Bank: (Kontoa.) statement. **4.** Mus: arrangement (for piano etc.). ′**a~sweise**, adv. in the form of extracts; **einen Brief a. wiedergeben**, to reproduce extracts from a letter.

′**auszupfen**, v.tr.sep. to pluck (eyebrows etc.).

autark [au′tark], adj. Pol: self-sufficient.

authentisch [au′tɛntiʃ], adj. authentic.

autistisch [au′tistiʃ], adj. autistic (child).

Auto[1] [′auto]. **I.** n -s/-s car; **mit dem A. fahren**, to go by car; **A. fahren**, to drive (a car). **II.** ′**A~-**, comb.fm. (a) car (ferry, dealer, tyre, key, insurance etc.); motor (industry, road, traffic etc.); **A~elektrik** f, car electrical system, N.Am: auto electrics; **A~friedhof** m, car dump; **A~nummer** f, (car) registration number; **A~plane** f, car cover; **A~reisezug** m, car sleeper; **A~verleih** m, car hire/N.Am: rental; (Betrieb) car hire/rental firm; **A~unterstand** m, carport; **A~werkstatt** f, car repair shop, Brit: garage; **A~zubehör** n, car/motor accessories; **A~fabrikat** n/**A~marke** f, make of car; **A~kolonne** f, line of cars; **A~schlange** f, queue/N.Am: line of cars, **A~ausstellung** f, motor show; **A~mechaniker** m, motor mechanic; **A~rennen** n, motor race; (b) road (atlas etc.); **A~karte** f, road map; **A~test** m, road test. ′**A~bahn**, f -/-en motorway, N.Am: freeway. ′**A~bahn-**, comb.fm. motorway (network etc.); **A~auffahrt/A~ausfahrt** f, motorway access/exit (road); **A~kreuz** n, motorway interchange/junction; **A~kleeblatt** n, (motorway) cloverleaf junction; **A~zubringer** m, motorway approach road. ′**A~bus**, m -ses/-se bus; (für lange Strecken) coach. ′**A~bus-**, comb.fm. bus, coach (stop etc.); **A~bahnhof** m, bus/coach station. ′**A~fahren**, n -s/no pl motoring. ′**A~fahrer(in)**, m -s/- (f -/-nen) driver (of a car), motorist. ′**A~fahrt**, f -/-en drive; **eine A. machen/unternehmen**, to go for a drive. ′**A~falle**, f -/-n speed trap. ′**a~frei**, adj. (street) closed to traffic; **a~er Sonntag**, carless Sunday. ′**A~kino**, n -s/-s drive-in

cinema. **A~mo′bil**, n -s/-e motor car, N.Am: automobile. **A~mo′bilklub**, m -s/-s motoring organization. ′**A~stopp**, m -s/no pl **per A. fahren**, to hitch-hike.

Auto-, auto-[2], prefix auto-(suggestion etc.); **A~biographie** f, autobiography; **a~biographisch** adj. autobiographical. **A~didakt** [-di′dakt], m -en/-en self-taught person. **a~didaktisch**, adj. (acquired) through self-tuition. **a~gen** [-′ge:n], adj./**A~′gen-**, comb.fm. oxyacetylene (welding). **A~gramm** [-′gram], n -s/-e autograph (signature). **A~′grammjäger**, m -s/- autograph hunter. **A~krat** [-′kra:t], m -en/-en autocrat. **a~′kratisch**, adj. autocratic. **A~mat** [-′ma:t], m -en/-en automatic machine, esp. slot/vending machine. **A~′matik**, f -/-en automatic mechanism; Aut: automatic transmission. **A~mation** [-atsi′o:n], f -/no pl automation. **a~matisch** [-′ma:tiʃ], adj. automatic. **A~matisierung** [-mati′zi:ruŋ], f -/-en automation. **a~nom** [-′no:m], adj. autonomous. **A~nomie** [-no′mi:], f -/-n autonomy. ′**A~pilot**, m -en/-en automatic pilot.

Autopsie [autop′si:], f / n autopsy.

Autor [′autor], m -s/-en [-′to:rən] author. **A~enkollektiv**, n -s/-e esp. East G: team of writers. **A~in** [-′to:rin], f -/-nen authoress. **A~isation** [-izatsi′o:n], f -/-en authorization. **a~i′sieren**, v.tr. to authorize (s.o.). **a~itär** [-i′tɛ:r], adj. authoritarian. **A~ität** [-i′tɛ:t], f -/-en authority. **a~itativ** [-ita′ti:f], adj. authoritative.

Avantgard|e [avã′gardə], f -/-n (a) Mil: advance guard; (b) Fig: avant-garde. **a~istisch** [-′distiʃ], adj. avant-garde (painting etc.).

Aversion [avɛrzi′o:n], f -/-en aversion (gegen + acc, to).

axial [aksi′a:l], adj. axial (stress etc.). **A~druck**, m -(e)s/-e Mec.E: (axial) thrust.

Axiom [aksi′o:m], n -s/-e axiom. **a~atisch** [-o′ma:tiʃ], adj. axiomatic.

Axt [akst], f -/Äxte axe; Fig: **die A. an die Wurzel legen**, to strike at the root of sth.

Azalee [atsa′le:ə], **Azalie** [at′sa:liə], f -/-n Bot: azalea.

Azetat [atse′ta:t], n -(e)s/-e Ch: acetate.

Azetylen [atsety′le:n], n -s/no pl Ch: acetylene.

Azoren [a′tso:rən]. Pr.n.fpl Geog: **die A.**, the Azores.

Azur [a′tsu:r], m -s/no pl sky blue. **a~blau**, adj. azure (sky etc.).

B

B, b [beː], *n* -/- (*F:* -s/-s) **1.** (the letter) B, b. **2.** *Mus:* **B(-Dur),** B flat (major); **b(-moll),** B flat minor.

Baby ['beːbi], *n* -s/-s baby. '**b ~ sitten,** *v.i.* (*only infin.*) to babysit. '**B ~ speck,** *m* -(e)s/ *no pl* puppy fat. '**B ~ wäsche,** *f* -/*no pl* baby clothes.

Bach [bax], *m* -(e)s/⸚e stream. '**B ~ stelze,** *f* -/-n *Orn:* wagtail.

Back[1] [bak], *f* -/-en *Nau:* forecastle; *F:* fo'c'sle. '**B ~ bord,** *n* -(e)s/-e *Nau:* port (side).

Back-[2], *comb.fm.* baking (powder etc.); **B~blech** *n,* baking sheet; **B~form** *f,* baking tin. '**b ~ en,** *v.irr.* (*p.* **backte**/*A:* **buk,** *p.p.* **gebacken**) **1.** *v.tr.* (*a*) to bake (bread etc.), make (a cake, biscuits etc.); to cook (a soufflé etc.) (in the oven); *abs.* **wir haben gestern gebacken,** we did some baking yesterday; *F:* **ein frisch gebackenes Ehepaar,** a couple of newly weds; (*b*) (*braten*) to fry (fish, pancakes etc.). **2.** *v.i.* (*haben*) (*Lehm usw.*) to cake, cling (**an etwas** *dat,* to sth.). '**B ~ fisch,** *m* -(e)s/-e **1.** *Cu:* fried fish. **2.** *F:* teenage girl, *N.Am:* bobbysoxer. '**B ~ huhn,** *n* -(e)s/⸚er/*Aus:* **B ~ hend(e)l,** *n* -s/-fried chicken. '**B ~ mischung,** *f* -/-en *Cu:* cake mix. '**B ~ obst,** *n* -(e)s/*no pl* dried fruit. '**B ~ ofen,** *m* -s/⸚ (baker's/ kitchen) oven; *F:* **hier ist es wie im B.,** it's like an oven in here. '**B ~ pflaume,** *f* -/-n prune. '**B ~ rohr,** *n* -(e)s/-e/'**B ~ röhre,** *f* -/-n oven. '**B ~ stein,** *m* -(e)s/-e (red) brick. '**B ~ stube,** *f* -/-n bakehouse. '**B ~ trog,** *m* -(e)s/⸚e kneading trough. '**B ~ waren,** *fpl* bakery products.

Back[e] ['bakə], *f* -/-n/*occ.* '**B ~ n,** *m* -s/- **1.** cheek. **2.** *Tchn:* (*a*) jaw (of a vice etc.); (*b*) (*Bremsb.*) brake shoe. '**B ~ enbart,** *m* -(e)s/⸚e side-whiskers. '**B ~ enknochen,** *m* -s/- *Anat:* cheekbone. '**B ~ enzahn,** *m* -(e)s/⸚e *Anat:* molar. '**B ~ pfeife,** *f* -/-n *F:* slap in the face.

Bäcker ['bɛkər], *m* -s/- baker. **B ~ ei** ['rai], *f* -/-en bakery, baker's shop. '**B ~ laden,** *m* -s/⸚e baker's shop.

Bad [baːt], *n* -(e)s/⸚er **1.** (*a*) bath; *Fig:* **das Kind mit dem B ~ e ausschütten,** to throw out the baby with the bathwater; (*b*) (*im Meer usw.*) swim, dip. **2.** (*a*) (*B~ezimmer*) bathroom; **öffentliches B.,** public baths; (*b*) (*Schwimmb.*) (swimming) pool. **3.** (*Kurort*) spa. **4.** *Ch: Phot: etc:* bath. '**B ~ e-** ['baːdə-], *comb.fm.* (*a*) bathing (cap, things, beach etc.); **B ~ anzug** *m,* bathing suit; **B~hose** *f,* bathing/swimming trunks; (*b*) (*fürs Bad*) bath (mat etc.); **B~ mantel** *m,* bathrobe; **B~salz** *n,* bath salts; **B~tuch** *n,* bath towel; **B~wanne** *f,* bath tub; **B~zimmer** *n,*

bathroom. '**B ~ eanstalt,** *f* -/-en swimming-baths. '**B ~ egast,** *m* -(e)s/⸚e (*Kurgast*) spa visitor; (*im Schwimmbad*) bather. '**B ~ ekabine,** *f* -/-n changing room (at a swimming pool). '**B ~ emeister,** *m* -s/- swimming-pool attendant. '**b ~ en,** *v.* **1.** *v.i.* (*haben*) (*a*) (**kalt/ warm**) **b.,** to have a (cold/warm) bath; (*b*) (*schwimmen*) to bathe; **b. gehen,** to go for a bathe; *F:* (**bei/mit etwas** *dat*) **b. gehen,** to come a cropper (with sth.). **2.** *v.tr.* (*a*) to bath, *N.Am:* bathe (a baby etc.); (*b*) to bathe (a wound, eyes etc.); (**wie**) **in Schweiß-gebadet,** bathed in perspiration. '**B ~ eort,** *m* -(e)s/-e **1.** seaside resort. **2.** (*Kurort*) spa.

baff [baf], *adj. F:* flabbergasted.

Bagage [ba'gaːʒə, *Aus:* ba'gaːʒ], *f* -/*no pl F:* gang; *Pej:* blighters.

Bagatell[e] [baga'tɛlə], *f* -/-n **1.** trifle; trifling matter/(*Geld*) sum. **2.** *Mus:* bagatelle. **b ~ i- 'sieren,** *v.tr.* to make light of (a matter).

Bagger ['bagər], *m* -s/- (*für das Flußbett*) dredger; (*für Erde*) excavator. '**b ~ n,** *v.* **1.** *v.i.* (*haben*) to dredge, excavate. **2.** *v.tr.* to dig, excavate (a pit etc.). '**B ~ see,** *m* -s/-n (water-filled) gravel pit.

Bahn [baːn]. **I.** *f* -/-en **1.** way, path; *Fig:* **sich** *dat* **B. brechen,** (*Idee usw.*) to gain acceptance; **j-m, etwas** *dat* **die B. ebnen,** to pave the way for s.o., sth.; **auf die schiefe B. geraten,** to fall into bad ways. **2.** *Astr:* course (of a star); orbit (of a planet); path (of a comet). **3.** (*a*) *Sp:* (*Rennb.*) (race/running) track; (*Rodelb.*) (toboggan/ sleigh) run; (*Kegelb.*) (skittle/bowling) alley; **Golfplatz mit 9 B ~ en,** 9-hole golf course; *Swim: Athletics:* **auf B. 6,** in lane 6; (*b*) (*Fahrb.*) carriageway (of a road). **4.** width (of material, wallpaper etc.); *Dressm:* panel. **5.** (*a*) *Rail:* **mit der B. fahren,** to travel by train/rail; **j-n zur B. bringen,** to take s.o. to the station (and see him/her off); **er arbeitet bei der B.,** he works for the railways; (*b*) (*Straßenb.*) tram. **II.** '**B ~ -,** *comb.fm.* railway, *N.Am:* railroad (worker, official, line); rail (connection); **B ~ damm** *m,* railway embankment; **B~fahrt** *f,* rail/train journey; **B~knotenpunkt** *m,* railway junction. '**b ~ brechend,** *adj.* revolutionary (idea, discovery etc.); **b ~ e Leistungen,** pioneering/trail-blazing work. '**B ~ brecher,** *m* -s/- pioneer. '**b ~ en,** *v.tr.* **sich** *dat* **einen Weg b.,** to clear a way/path (**durch etwas** *acc,* through sth.); *Fig:* **j-m, etwas** *dat* **den Weg b.,** to pave the way for s.o., sth. '**B ~ hof,** *m* -(e)s/⸚e (*a*) (railway) station; (*b*) *F:* **j-n mit großem B. empfangen,**

to put out the red carpet for s.o.; **ich verstehe nur B.**, I can't understand a word. ´B ~ hofs-halle, f -/-n station concourse. ´B ~ hofs-vorstand, m -(e)s/-̈e/´B ~ hofsvorsteher, m -s/- station master. ´B ~ körper, m -s/- Rail: permanent way. ´B ~ schranke, f -/-n level crossing barrier. ´B ~ steig, m -(e)s/-e Rail: platform. ´B ~ übergang, m -(e)s/-̈e level crossing. ´B ~ wärter, m -(e)s/- Rail: crossing keeper.

Bahr|e ['ba:rə], f -/-n (a) (für Kranke) stretcher; (b) (für Tote) bier. ´B ~ tuch, n -(e)s/-̈er pall.

Baiser [bɛ'ze:], n -s/-s Cu: meringue.

Baisse ['bɛ:s], f -/-n St.Exch: fall (in prices).

Bajonett [bajo'nɛt], n -(e)s/-e Mil: bayonet. B ~ fassung, f -/-en bayonet socket.

Bake ['ba:kə], f -/-n Nau: Av: beacon.

bakteri|ell [bakteri'ɛl], adj. bacterial. B ~ en [-'te:riən], fpl Med: bacteria, F: germs. B ~ -enkrieg, m -(e)s/-e germ warfare. B ~ ologe [-o'lo:gə], m -n/-n bacteriologist. B ~ ologie, [-olo'gi:] f -/-no pl bacteriology. b ~ o'lo-gisch, adj. bacteriological.

Balanc|e [ba'lā:sə], f -/-n balance. B ~ eakt, m -(e)s/-e balancing act. b ~ ieren [-'si:rən], v. 1. v.i. (haben/occ. sein) to balance (auf etwas dat, on sth.); er ist über die schmale Brücke balanciert, he picked his way precariously across the narrow bridge. 2. v.tr. to balance (sth.) (auf dem Kopf usw., on one's head etc.).

bald [balt], adv. 1. (a) soon; b. darauf, shortly afterwards; F: bis b.! see you soon! (b) bist du b. still! will you be quiet! 2. F: almost; das hätte ich b. vergessen, I nearly forgot about that. 3. b. . . ., b. . . ., now . . . now . . .; b. regnet es, b. schneit es, it rains (at) one moment and snows the next. b ~ ig ['baldiç], adj. speedy.

Baldachin ['baldaxi:n], m -s/-e Hist: canopy (of a bed, throne etc.).

Baldrian ['baldria:n], m -s/-e Bot: valerian; Pharm: valerian extract.

Balearen, die [bale'a:rən]. Pr.n.pl Geog: the Balearic Islands.

Balg¹ [balk], m -(e)s/-̈e 1. Z: skin, pelt; slough (of a snake). 2. esp. pl B ~ e, bellows.

Balg², n & m -(e)s/-̈e(r) F: kid; (unerzogen) (little) brat.

balg|en ['balgən], v.refl. sich b., to tussle, scuffle (um etwas acc, for sth.). B ~ e'rei, f -/ en tussle, scuffle; coll. tussling, scuffling.

Balkan ['balka:n]. I. Pr.n.m -s. Geog: der B., the Balkans. II. ´B ~ ~, comb.fm. Balkan (States etc.).

Balken ['balkən], m -s/- Constr: beam; (Stahl) girder; F: er lügt, daß sich die B. biegen, he lies like a trooper. ´B ~ decke, f -/-n timbered ceiling. ´B ~ überschrift, f -/-en Journ: banner headline.

Balkon [bal'koŋ, South G: bal'ko:n], m -s/-s & -e 1. balcony. 2. Th: dress circle, N.Am: balcony; Cin: circle.

Ball¹ [bal]. I. m -(e)s/-̈e ball; B. spielen, to play ball; Fig: j-m die B ~ e zuspielen, to give s.o. cues (in a conversation). II. ´B ~ ~, comb.fm. ball (game, Tennis: boy etc.); B ~ behandlung/ B ~ führung f, ball control. ´B ~ abgabe, f -/-n

Fb: pass; passing. ´b ~ en, v.tr. (a) to form, press (snow, paper etc.) into a ball; die (Hand zur) Faust b., to clench one's fist; (b) sich b., to gather (into a ball); (Wolken) to gather, mass. ´B ~ ung, f -/-en compression; concentration, massing (of clouds etc.). ´B ~ ungsgebiet, n -(e)s/-e densely populated (industrial) region. ´B ~ wechsel, m -s/- Tennis: etc: rally.

Ball², m -(e)s/-̈e Danc: dance; (großangelegt) ball; auf einen B. gehen, to go to a dance/ball. ´B ~ kleid, n -(e)s/-er ball dress. ´B ~ saal, m -(c)s/-säle ballroom.

Ballade [ba'la:də], f -/-n ballad.

Ballast [ba'last, 'balast], m -(e)s/no pl (a) Nau: etc: ballast; (b) Fig: dead wood, lumber. ´B ~ -stoffe, mpl Med: roughage.

Ballen ['balən], m -s/- 1. Com: etc: bale (of straw, paper etc.). 2. Anat: ball (of the hand/ foot); Z: pad (on the paw). 3. Med: bunion.

Ballerina [balə'ri:na], f -/-nen ballerina.

Ballett [ba'lɛt], n -(e)s/-e ballet. Ba'llettän-zer, m -s/- (male) ballet dancer. Ba'llettän-zerin, f -/-en/ B ~ euse [balɛ'tø:zə], f -/-n ballerina.

Ballist|ik [ba'listik], f -/no pl ballistics. b ~ isch, adj. ballistic; b ~ e Kurve, trajectory.

Ballon [ba'loŋ, South G: ba'lo:n], m -s/-s & e 1. balloon. 2. (Flasche) (a) Ind: carboy; (b) Winem: etc: demijohn.

Balsam ['balza:m], m -s/-e (a) Pharm: balsam; (b) Fig: balm. b ~ ieren [-za'mi:rən], v.tr. to embalm (a corpse).

Balustrade [balus'tra:də], f -/-n balustrade.

Bambus ['bambus], m -/- & -ses/-se Bot: bamboo. ´B ~ rohr, n -(e)s/-e bamboo cane.

Bammel ['baməl], m -s/no pl P: B. vor j-m/ etwas dat haben, to be scared to death of s.o./ about sth. ´b ~ n, v.i. (haben) F: to dangle.

banal [ba'na:l], adj. commonplace, trite (remark etc.); trivial, banal (story etc.). b ~ -i'sieren, v.tr. to trivialize (sth.). B ~ i'tät, f -/-en (a) no pl triteness; triviality; (b) trite remark.

Banane [ba'na:nə], f -/-n banana. B ~ nschale, f -/-n banana skin.

Banause [ba'nauzə], m -n/-n philistine.

Band¹ [bant]. I. n -(e)s/-̈er 1. (a) tape; (als Zierde) ribbon; Furn: etc: webbing; Fig: das Blaue B., the Blue Riband; (b) (metal) strip (for packing etc.); hoop (of a barrel); (c) Rec: (magnetic) tape; ein Gedicht auf B. sprechen, to record a poem (on tape); (d) (Fließb.) conveyor belt; F: er macht Fehler am laufenden B., he makes one mistake after the other; (e) Anat: ligament; (f) Rad: waveband. 2. m -(e)s/-̈e (Buch) volume; F: das spricht B ~ e, that speaks volumes. 3. n -(e)s/-e (usu. pl) Lit: (a) bond, tie (of friendship, love etc.); (b) pl B ~ e, chains, fetters. II. ´B ~ ~, comb.fm. Rec: Dressm: etc: tape (recording etc.); B ~ gerät n, tape recorder; B ~ maß n, tape measure. ´B ~ nudeln, fpl Cu: noodles. ´B ~ säge, f -/-n band-saw. ´B ~ -scheibe, f -/-n Anat: intervertebral disc. ´B ~ -scheibenvorfall, m -(e)s/-̈e Med: prolapsed intervertebral disc; F: slipped disc. ´B ~ wurm, *m* -(e)s/-̈er tapeworm. ´B ~ **wurmsatz,** *m* -(e)s/-̈e *Hum:* long and involved sentence.

Band[2] [bɛnt, bænd], *f* -s/-s (jazz/dance) band.

Bandage [ban´da:ʒə], *f* -/-n *Med: Box: etc:* bandage. **b ~ ieren** [-da´ʒi:rən], *v.tr.* to bandage (a sprained wrist etc.).

Bande [´bandə], *f* -/-n (a) gang (of thieves, thugs etc.); (b) *F:* bunch (of people); **ihr seid ja eine B.!** you're a fine lot!

bändig|en [´bɛndigən], *v.tr.* (a) to tame (a wild animal); (b) to control (a child, scared animal); *Fig:* to curb, master (one's anger etc.). ´B ~ **er,** *m* -s/- tamer (of wild animals). ´B ~ **ung,** *f* -/no *pl* (a) taming; (b) control, controlling.

Bandit [ban´di:t], *m* -en/-en bandit, gangster.

bang|(e) [´baŋ(ə)], *adj.* (a) anxious; **mir wurde angst und b.,** I got scared; **j-m b. machen,** to frighten s.o.; *Lit:* **um j-n, etwas** *acc* **b. sein,** to be worried about s.o., sth. ´B ~ **e,** *f* -/no *pl* **nur keine B.!** don't you worry! ´b ~ **en,** *v.i.* (*haben*) *Lit:* **um j-n, etwas** *acc* **b.,** to be anxious about s.o., sth.

Bank[1] [baŋk], *f* -/-̈e 1. bench; *F:* **etwas auf die lange B. schieben,** to shelve/put off sth.; **(alle) durch die B.,** every single one. 2. (work)bench. 3. (a) (*im Meer*) (sand/mud)bank; (oyster)bed; (b) bank (of clouds etc.).

Bank[2]. I. *f* -/-en 1. *Fin:* bank; **Geld auf der B. (liegen) haben,** to have money in the bank. 2. *Games:* kitty; *Gaming:* bank; **die B. halten,** to be banker. II. ´B ~ -, *comb.fm.* bank (account etc.); **B ~ angestellte(r)** *f(m),* bank clerk; **B ~ direktor** *m,* bank manager; **B ~ note** *f,* banknote, *N.Am:* bill; **B ~ spesen** *fpl,* bank charges; **B ~ überfall** *m,* bank robbery. ´B ~ **halter,** *m* -s/- *Gaming:* banker. **B ~ ier** [-ki´e:], *m* -s/-s banker. **B ~ rott** [-´krɔt]. I. *m* -s/-e *Jur: & Fig:* bankruptcy; **B. machen,** (i) to go bankrupt; (ii) *Fig:* to fail utterly. II. **b.,** *adj. Jur:* bankrupt; *F:* (*Pers.*) broke. **B ~ rotteur** [-rɔ´tø:r], *m* -s/-e bankrupt. ´B ~ **wesen,** *n* -s/no *pl* banking.

Bankett[1] [baŋ´kɛt], *n* -(e)s/-e banquet.

Bankett[2], *n* -(e)s/-e/B ~ **e,** *f* -/-n verge (of road); *P.N:* **B ~ (e) nicht befahrbar,** soft verge.

Bann [ban], *m* -(e)s/-e 1. spell; *Fig:* **in j-s B. stehen,** to be under s.o.'s spell; **j-n in seinen B. ziehen/schlagen,** to cast one's spell over s.o. 2. *Ecc:* (decree of) excommunication. ´b ~ **en,** *v.tr.* to exorcize (ghosts); *Fig:* to hold (s.o.) spellbound.

Banner [´banər], *n* -s/- banner; standard. ´B ~ **träger,** *m* -s/- standard bearer.

Bantam|gewicht [´bantamgə´viçt], *n* -(e)s/-e *Box:* bantamweight. ´B ~ **huhn,** *n* -(e)s/-̈er *Z:* bantam.

Bar[1] [ba:r], *f* -/-s bar. ´B ~ **dame,** *f* -/-n barmaid. ´B ~ **hocker,** *m* -s/- bar stool. ´B ~ **keeper,** *m* -s/-/´B ~ **mann,** *m* -(e)s/-̈er barman.

bar[2]. I. *adj.* 1. **b ~ es Geld,** cash; **(etwas) (in) b. bezahlen,** to pay cash (for sth.); **etwas gegen b. verkaufen,** to sell sth. for cash; *Fig:* **eine Bemerkung/einen Scherz für b ~ e Münze nehmen,** to take a remark/joke literally. 2. *Lit:* (a) bare (head etc.); (b) **etwas** *gen* **b. sein,** to be lacking in sth. II. ´B ~ -, *comb.fm.* cash (payment, sale,

transaction, purchase etc.); **B ~ geld** *n,* cash, ready money. ´b ~ **fuß,** *adv.*/´b ~ **füßig,** *adj.* barefoot. ´b ~ **geldlos,** *adj. Fin:* **b ~ er Verkehr/ Zahlungsverkehr,** credit transactions. ´B ~ **schaft,** *f* -/-en ready money; **meine ganze B. besteht aus zehn Mark,** all I have on me is ten marks. ´B ~ **scheck,** *m* -s/-s uncrossed cheque/ *N.Am:* check. ´B ~ **sortiment,** *n* -(e)s/-e book distribution centre.

Bär [bɛ:r], *m* -en/-en (a) *Z:* bear; *F:* **j-m einen B ~ en aufbinden,** to pull s.o.'s leg; (b) *Astr:* **der Große B.,** the Great Bear; **der Kleine B.,** the Little Bear. ´b ~ **beißig,** *adj.* surly, grumpy. ´B ~ **enfell,** *n* -(e)s/-e bearskin. ´B ~ **enhunger,** *m* -s/no *pl F:* **einen B. haben,** to be ravenous. ´B ~ **enjunge(s),** *n decl. as adj.* bear cub. ´B ~ **enkälte,** *f* -/no *pl F:* **heute ist eine B.,** it's bitterly cold today. ´b ~ **enstark,** *adj.* as strong as a horse. ´B ~ **in,** *f* -/-nen shebear.

Baracke [ba´rakə], *f* -/-n hut; hutment; *Pej:* shanty. **B ~ nlager,** *n* -s/- hutted camp.

Barbar(in) [bar´ba:r(in)], *m* -en/-en (*f* -/-nen) *esp. Hist:* barbarian; (*heute*) vandal. **B ~ ei** [-a´rai], *f* -/-en barbarism; vandalism. **b ~ isch** [-´ba:riʃ], *adj.* (a) barbaric, barbarous; (b) *F:* dreadful (cold, hunger etc.).

Barett [ba´rɛt], *n* -(e)s/-e beret; *Jur: Ecc:* biretta.

Bariton [´ba:ritɔn], *m* -s/-e *Mus:* baritone.

Bark [´bark], *f* -/-en *Nau:* barque. **B ~ asse** [-´kasə], *f* -/-n *Nau:* launch.

barmherzig [barm´hɛrtsiç], *adj.* merciful; (*mitfühlend*) compassionate; *Ecc:* **die B ~ en Schwestern,** the Sisters of Mercy. **B ~ keit,** *f* -/no *pl* mercy, compassion.

barock [ba´rɔk]. I. *adj. Art: Hist:* baroque; extravagant, florid (style, etc.). II. **B.,** *n & m* -(s)/no *pl* (*also* **B ~ zeit** *f*) baroque period.

Barometer [baro´me:tər], *n* -s/- barometer; *Fig:* **das B. steht auf Sturm,** there's trouble brewing. **B ~ stand,** *m* -(e)s/-̈e barometer reading.

Baron [ba´ro:n], *m* -s/-e baron. **B ~ in,** *f* -/-nen baroness.

Barren [´barən], *m* -s/- 1. (*Gold usw.*) bar, ingot. 2. *Gym:* parallel bars. **B ~ gold,** *n* -(e)s/no *pl* gold bullion. ´B ~ **silber,** *n* -s/no *pl* silver bullion.

Barriere [bari´ɛ:rə], *f* -/-n barrier.

Barrikade [bari´ka:də], *f* -/-n barricade; *Fig:* **auf die B ~ n gehen/steigen,** to be up in arms (**für eine Sache,** about a cause).

barsch[1] [barʃ], *adj.* gruff; (*kurz angebunden*) curt; *adv.* **j-n b. anfahren,** to bite s.o.'s head off.

Barsch[2], *m* -(e)s/-e *Fish:* perch.

Bart [´ba:rt], *m* -(e)s/-̈e 1. (a) beard; *Fig:* **j-m um den B. gehen,** to butter s.o. up; *F:* **der B. ist ab!** that's enough! it's all over! (*Witz usw.*) **das hat so einen B.!** that's an old chestnut; (b) whiskers (of a cat). 2. web (of a key). ´b ~ **los,** *adj.* beardless, clean-shaven. ´B ~ **stoppeln,** *fpl* stubble (on chin). ´B ~ **wuchs,** *m* -es/no *pl* (growth of) beard.

bärtig [´bɛ:rtiç], *adj.* bearded.

Basar [ba´za:r], *m* -s/-e bazaar.

Basel [´ba:zl]. *Pr.n.n* -s. *Geog:* Basle.

basieren [ba'zi:rən], v. 1. v.i. (haben) **auf etwas** dat **b.**, to be based on sth. 2. v.tr. to base (a plan, an idea etc.) (**auf etwas** acc/dat, on sth.).

Basis ['ba:zis], f -/**Basen** 1. Mil: Ch: Geom: Mth: Arch: etc: base. 2. (Grundlage) basis; **auf einer festen B. ruhen**, to have a firm basis.

Bask|e ['baskə], m -n/-n Basque. 'B~en-mütze, f -/-n Cl: beret. 'B~in, f -/-nen Basque woman/girl. 'b~isch. I. adj. Geog: Basque. II. B., n -/no pl Ling: Basque.

Basketball ['ba(:)skətbal], m & n -(e)s/no pl Sp: basketball.

Baß [bas], m -sses/-sse 1. bass (voice/singer); **den B. singen**, to sing the bass part. 2. pl B~e, (a) bass instruments; (b) Rec: etc: (Klang) bass. 3. (Instrument) double bass. 'B~geige, f -/-n double bass. B~ist [ba'sist], m -en/-en 1. bass (singer). 2. double bass player. 'B~stimme, f -/-n 1. bass voice. 3. bass part.

Bassin [ba'sɛ̃], n -s/-s (a) (artificial) lake, pool; (Schwimmb.) swimming pool; (b) basin (of a fountain).

Bast [bast], m -(e)s/-e raffia.

basta ['basta], int F: **b.!** enough! **du gehst hin und damit b.!** you'll go, and that's all there is to it!

Bastard ['bastart], m -s/-e 1. (a) (Tier) cross-breed; (Hund) mongrel; (b) Bot: hybrid (plant). 2. Pej: esp. Hist: bastard.

Bast|elarbeit ['bastəl'arbait], f -/-en 1. no pl (home) handicraft(s). 2. (piece of) handiwork. B~e'lei, f -/-en 1. handiwork. 2. F: Pej: tinkering about (an etwas dat, with sth.). 'b~eln, v. 1. v.i. (haben) (a) to do (home) handicrafts; **er bastelt gern**, he likes making things; (b) **an etwas** dat **b.**, to tinker (around) with sth. 2. v.tr. to make, F: knock up (sth.). 'B~ler, m -s/- handicraft enthusiast; (Heimwerker) do-it-yourselfer.

Bataillon [batal'jo:n], n -s/-e Mil: approx. = battalion.

Batist [ba'tist], m -(e)s/-e Tex: cambric; lawn.

Batterie [batə'ri:], f -/-n Artil: & El: battery; Plumb: mixer tap; F: **eine ganze B. (von) Flaschen**, a whole array of bottles.

Batzen ['batsən], m -s/- F: (a) lump (of earth, gold etc.); dollop (of ice-cream etc.); (b) loads (of money); **das hat einen (schönen) B. (Geld) gekostet**, that cost a packet.

Bau [bau], m 1. -(e)s/no pl (a) construction (of roads, houses etc.); **die Straße ist/befindet sich im B.**, the road is under construction; (b) (Baustelle) building site; (c) F: **vom B. sein**, to be in the trade; (d) Fig: (Aufbau) structure (of a play etc.); (e) (Körperbau) build; **von zartem B.**, slightly built. 2. no pl Mil: F: guard room; **drei Tage B.**, three days in the glasshouse/N.Am: stockade. 3. -(e)s/-ten building, edifice; **historische B~ten**, historic monuments. 4. -(e)s/-e (a) burrow (of a rabbit); earth (of a fox, badger); couch (of an otter); F: **er kommt niemals aus seinem B.**, he stays within his four walls; (b) Min: pit. II. 'B~-, comb.fm. (a) Constr: building (firm, costs, material etc.); B~arbeiten fpl, building operations; (Straßenb.) roadworks; B~arbeiter, m, building

labourer; B~gelände n, (large) building site; B~grund m, building land/(Geländestück) plot; B~stelle f, building site; (auf der Straße) roadworks; B~klotz m, (child's) building brick; B~sparkasse f, building society; B~unternehmer m, building contractor; B~vorhaben n, building project; **das** B~wesen/B~gewerbe, the building trade; (b) structural (engineer, steel, drawing etc.); B~element n/B~teil m, structural member/Tchn: component; B~holz n (structural/building) timber. 'B~amt, n -(e)s/-er approx. = local planning authority. 'B~art, f -/-en (a) architectural style; (b) = Bauweise; (c) Ind: design (of machine etc.). 'B~denkmal, n -s/-er building of historic/architectural interest. 'b~en, v. 1. v.tr. (a) to build (houses, a nest etc.); to construct (a machine, model etc.); to make (violins etc.); (Pers.) **kräftig/schmal gebaut sein**, to be of sturdy/slim build; (b) **seine Hoffnungen auf etwas** acc **b.**, to base one's hopes on sth.; (c) F: **seinen Doktor b.**, to do one's doctorate; **einen Unfall b.**, to have an accident; P: **Mist b.**, to make a mess of things. 2. v.i. (haben) (a) to build; **an dem Haus wird noch gebaut**, they are still working on the house; (b) Fig: **auf j-n, etwas** dat **b.**, to rely on/put one's faith in s.o., sth. 'b~fällig, adj. dilapidated, tumbledown. 'B~fälligkeit, f -/no pl dilapidation. 'B~genehmigung, f -/-en planning permission. 'B~gerüst, n -(e)s/-e scaffolding. 'B~herr, m -n/-en initiator of a building project. 'B~hof, m -(e)s/-e builder's yard. 'B~hütte, f -/-n site hut. 'B~jahr, n -(e)s/-e year of construction/manufacture; Aut: **B. 1982**, 1982 model. 'B~kasten, m -s/- (a) (child's) box of bricks; (Lego usw.) constructional toy; (b) (model) kit. 'B~kastenform, f -/no pl **in B.**, in kit form; Furn: etc: in sections. 'B~kastensystem, n -s/-e unit/sectional construction. 'B~kunst, f -/no pl architecture. 'B~leiter, m -s/- architect in charge. 'b~lich, adj. structural; adv. **b. gut erhalten**, structurally sound. 'B~lichkeiten, fpl buildings. 'B~meister, m -s/- (master) builder. 'B~rat, m -(e)s/-e head of the local planning authority. 'B~satz, m -es/-e kit (of parts). 'B~stein, m -(e)s/-e 1. building brick/stone. 2. Tchn: (Bestandteil) component; (Einheit) unit; El.E: Data pr: module; Fig: important contribution (für + acc, to). 'B~stil, m -(e)s/-e architectural style. 'B~weise, f -/-n (method of) construction. 'B~werk, n -(e)s/-e (impressive) building, edifice. 'B~zaun, m -(e)s/-e Constr: hoarding.

Bauch [baux]. I. m -(e)s/-e 1. Anat: abdomen; Pej: (dicker B.) paunch; F: (Magen) tummy; **sich** dat **den B. vollschlagen**, to stuff oneself; **sich** dat **(vor Lachen) den B. halten**, to split one's sides (with laughter); Fig: F: **j-m ein Loch in den B. fragen**, to pester s.o. with questions. 2. (a) belly (of a ship etc.); (b) bulge (of a vase etc.). II. 'B~-, comb.fm: belly (dancer, Av: landing etc.); Anat: abdominal (cavity, region etc.); Z: etc: ventral (fin etc.); F: Swim: B~klatscher m, belly-flop. 'B~binde, f -/-n (a) Cl: cummerbund; (b) F: band (round a cigar/

book). ´b~ig, adj. bulbous (vase etc.).
´B~laden, m -s/-̈ F: sales tray. ´b~reden.
I. v.i.sep. (haben) to ventriloquize. II. B., n
-s/no pl ventriloquism. ´B~redner, m -s/-
ventriloquist. ´B~schmerzen, mpl stomach
ache. ´B~speicheldrüse, f -/-n Anat: pan-
creas. ´B~ung, f -/-en bulge.
Bauer [´bauər], m -n/-n 1. (a) farmer; smallhol-
der; (b) F: rustic; Pej: peasant. 2. Chess: pawn.
´B~nbrot, n -(e)s/-e coarse rye bread. ´B~n-
fängerei, f -/no pl (blatant) trickery. ´B~n-
frühstück, n -(e)s/-e Cu: omelette paysanne
(with potatoes and bacon). ´B~nhaus, n
-es/-̈er farmhouse. ´B~nhof, m -(e)s/-̈e farm.
´B~nmöbel, npl rustic furniture. ´B~n-
regel, f -/-n (piece of) country lore. ´b~n-
schlau, adj. crafty.
Bäuer|chen [´bɔɪərçən], n -s/- (Baby) (ein) B.
machen, to burp. ´B~in, f -/-nen farmer's
wife. ´b~lich, adj. rural; rustic (art etc.).
´B~lichkeit, f -/no pl rusticity.
Baum [baum]. I. m -(e)s/-̈e 1. tree; F: es ist, um
auf die B~̈e zu klettern, it's enough to drive
you up the wall; heute könnte ich B~̈e ausreißen,
I feel on top of the world/ready for anything
today. 2. Nau: boom. II. ´B~-, comb.fm. tree
(roots etc.); (group etc.) of trees; B~blüte f,
tree blossom; B~grenze f, tree-line; B~krone
f, treetop; B~stamm m, tree trunk; B~stumpf
m, tree stump; B~bestand m, (stock of) trees;
B~schnitt m, pruning of trees. ´B~garten,
m -s/-̈e orchard. ´B~kuchen, m -s/- G: Cu:
tall cylindrical cake. ´B~rinde, f -/-n bark.
´B~schere, f -/-n pruning shears. ´B~-
schule, f -/-n For: etc: (tree) nursery.
´B~woll-, comb.fm. cotton (plantation, mill
etc.). ´B~wolle, f -/no pl cotton. ´b~wol-
len, adj. (made of) cotton. ´B~wollkrepp,
m -s/-s occ -e Tex: cheesecloth. ´B~zucht, f
-/no pl arboriculture.
baumeln [´bauməln], v.i. (haben) to dangle; die
Beine b. lassen, to swing/dangle one's legs.
bäumen [´bɔɪmən], v.refl. (Pferd) sich b., to
rear.
bäurisch [´bɔɪrɪʃ], adj. uncouth, boorish.
Bausch [bauʃ], m -(e)s/-̈e ball, wad (of cotton
wool etc.); F: einen B. machen, Cl: to bulge, be
baggy; Fig: in B. und Bogen, wholesale, indis-
criminately. ´b~en, v.tr. to puff (sth.) out; to
fill (a sail); sich b., (Segel, Gardine usw.) to
billow (out); (Kleider) to be baggy. ´b~ig, adj.
puffed out, bulging; full (sleeve).
Bauxit [bau´ksi:t], m -s/-e Miner: bauxite.
Bay|er(in) [´baɪər(in)], m -n/-n (f -/-nen)
Bavarian. ´b~(e)risch, adj. Bavarian. ´B~ern.
Pr.n.n -s. Geog: Bavaria.
Bazill|e [ba´tsilə], f -/-n/B~us, m -/-illen Biol:
bacillus. B~enträger, m -s/- Med: carrier.
beabsichtigen [bə´ʔapziçtigən], v.tr. to intend
(sth.); ich habe es nicht beabsichtigt, I didn't
mean to do it; es war nicht beabsichtigt, it was
not intentional.
be´acht|en, v.tr. (a) to observe (rules, regula-
tions); (b) to heed (a warning etc.); bitte b. Sie,
daß .., please note that ...; j-n, etwas nicht
b., to ignore/take no notice of s.o., sth. B~-
enswert, adj. noteworthy, notable. b~lich,
adj. respectable, considerable (sum, achieve-

ment etc.); important (position). B~ung, f -/
no pl 1. observation. 2. attention; B. verdienen,
to be worthy of note; j-m, etwas dat (keine) B.
schenken, to pay (no) attention to s.o., sth.
Beamt|e(r) [bə´ʔamtə(r)], m decl. as adj. B~in, f
-/-nen official; (Funktionär) civil servant; (Kom-
munalb.) local government officer. B~en-
deutsch, n -(s)/no pl officialese. B~en-
laufbahn, f -/-en career in the civil service.
B~entum, n -s/no pl officialdom.
be´ängstigen, v.tr. to alarm, worry (s.o.).
beanspruch|en [bə´ʔanʃpruxən], v.tr. (a) to
claim (one's share, damages etc.); to lay claim
to (sth.); to take advantage of (s.o.'s help, hos-
pitality etc.); to take up, occupy (s.o., space,
time etc.); ich bin sehr beansprucht, there are
many demands upon my time; (b) to tax, strain
(s.o.); Tchn: to stress (a machine etc.); stark
beansprucht, (Stoff, Teppich usw.) subject to
hard wear/Tchn: (Teil) heavy strain. B~ung,
f -/-en 1. claiming; B. meiner Zeit, demands
upon my time. 2. stress, strain (eines Teils, on
a part); zulässige B., safe (maximum) load.
beanstand|en [bə´ʔanʃtandən], v.tr. (a) to find
fault with, object to (sth.); ich habe an seiner
Arbeit nichts zu b., I have no criticism to make
of his work; (b) Com: to query (an invoice); to
make a complaint about (goods). B~ung, f
-/-en objection (+ gen, to); complaint (+ gen,
about).
beantrag|en [bə´ʔantra:gən], v.tr. (a) to apply
for (a permit etc.); (b) (bei einer Sitzung) to
propose (an adjournment etc.); b., daß ..., to
move that ...; (c) esp. Jur: to call for, demand
(a sentence etc.). B~ung, f -/-en 1. (also Jur:)
application. 2. proposal.
be´antwort|en, v.tr. to answer (a question,
letter), return (a greeting etc.), react to (an
insult). B~ung, f -/-en answer; Com: in B.
Ihres Schreibens, in answer to your letter.
be´arbeit|en, v.tr. (a) to work on, (behandeln)
treat (sth.); Ind: to process (raw materials); to
dress (leather, stone etc.); to machine (metal);
(b) Adm: Jur: etc: to deal with, process (an
application, a case etc.); (c) to edit (a book,
text etc.); to adapt (a play etc.) (für das Fern-
sehen, for television etc.); Mus: to arrange (a
piece) (für Klavier usw., for piano etc.); ein
Buch neu b., to revise a book; (d) F: j-n (mit
den Fäusten) b., to beat s.o. up (with one's
fists), work s.o. over. B~er(in), m -s/- (f
-/-nen) Th: TV: etc: adaptor; Mus: arranger;
Lit: editor (of a text etc.); Adm: B. eines Auf-
trags, person handling an application. B~-
ung, f -/-en 1. no pl treatment; Ind: Adm: pro-
cessing; Lit: adapting, revising; Mus: arrang-
ing; in B., (Buch usw.) in preparation; (Fall)
being dealt with. 2. (Ergebnis) adaptation;
(Neub.) revision; Mus: arrangement.
Beatmung [be´ʔa:tmun], f -/no pl künstliche B.,
artificial respiration.
beaufsichtig|en [bə´ʔaufziçtigən], v.tr. to
supervise, superintend (s.o., sth.). B~ung, f
-/-en supervision.
beauftrag|en [bə´ʔauftra:gən], v.tr. to give
(s.o.) the job (etwas zu tun, of doing sth.); to
commission (an artist etc.); Jur: to brief (a
lawyer); j-n mit einer Arbeit b., to assign a task

to s.o. **B ~ te(r)**, *m & f decl. as adj. Pol: Jur: etc:* representative; *Com:* agent. **B ~ ung**, *f -/no pl* commissioning, *Jur:* briefing.

be'bau|en, *v.tr.* (*a*) to build on (a plot, piece of land); to develop (an area); **bebautes Gebiet**, built-up area; (*b*) *Agr:* to farm (the land); to cultivate (a garden, field). **B ~ ung**, *f -/-en* **1.** *Constr:* development. **2.** *Agr:* cultivation.

beben ['be:bən], *v.i.* (*haben*) to shake, tremble; *Fig:* **vor Angst b.**, to quake with fear; **um j-n b.**, to tremble for s.o.

bebildert [bə'bildərt], *adj.* illustrated.

Becher ['bɛçər], *m -s/-* (*a*) (*Trinkb.*) beaker; (*aus Glas*) tumbler; (*mit Henkel*) mug; *F:* **er hat zu tief in den B. geschaut**, he's had one too many; (*b*) carton (of cream etc.); tub (of ice cream). '**b ~ n**, *v.i.* (*haben*) *F:* to booze.

becircen [bə'tsirtsən], *v.tr. F:* (*Frau*) to bewitch, use one's charm on (a man).

Becken ['bɛkən]. **I.** *n -s/-* **1.** (*a*) (wash)basin; (kitchen) sink; (*WC*) (lavatory) pan; (*b*) (*Bassin*) (swimming, paddling) pool; (artificial) pond, lake. **2.** *Geol:* basin. **3.** *Mus: pl* cymbals. **4.** *Anat:* pelvis. **II.** '**B ~ ~**, *comb.fm. Anat:* pelvic (bone etc.); **B ~ gürtel** *m*, pelvic girdle.

bedacht [bə'daxt], *adj.* (*a*) careful, circumspect; *adv.* **b. handeln**, to act with care/deliberation; (*b*) (*besorgt*) concerned (**auf** + *acc*); **auf j-s Wohl b.**, solicitous for s.o.'s welfare; **darauf b., etwas zu tun**, intent on doing sth.

bedächtig [bə'dɛçtiç], *adj.* deliberate, slow; (*Pers.*) thoughtful; (*vorsichtig*) cautious; *adv.* **b. reden**, to weigh one's words. **B ~ keit**, *f -/no pl* slowness, deliberateness; thoughtfulness; caution.

be'danken, *v.refl.* **sich b.**, to express one's gratitude; **sich bei j-m (für etwas** *acc***) b.**, to thank s.o. (for sth.); *Iron:* **dafür bedanke ich mich!** no thank you!

Bedarf [bə'darf], *m -(e)s/no pl* (*a*) need, *Com:* demand (**an** + *dat.* for); **B. an etwas** *dat* **haben**, to need sth.; **über B. mit etwas** *dat* **eingedeckt sein**, to have more of sth. than one requires; **bei B.**, if required; in case of need; **den persönlichen B. decken**, to cover personal needs/requirements; **der tägliche B. an Eiweiß usw.**, one's daily protein etc. requirement. **B ~ sartikel**, *m -s/-* **1.** *Com: pl* requisites. **2.** *Econ:* essential commodity. **B ~ sfall**, *m* **im B.**, if necessary; **für den B.**, in case it should be necessary. **B ~ shaltestelle**, *f -/-n* request stop.

bedauer|lich [bə'dauərliç], *adj.* regrettable, unfortunate. **b ~ licher'weise**, *adv.* unfortunately, regrettably. **b ~ n. I.** *v.tr.* (*a*) to feel sorry for (s.o.); **er ist zu b.**, he is to be pitied; (*b*) to regret (sth.); **ich bedauere (sehr), daß . . .**, I (very much) regret/am (very) sorry that . . .; **bedaure!** sorry! can't be done! **II. B.**, *n -s/no pl* **1.** regret; **mit B.**, regretfully. **2.** sympathy. **b ~ nswert**, *adj.* pitiable (person, condition); deplorable (situation etc.).

be'deck|en, *v.tr.* to cover (sth.) (**mit** + *dat.* with); (*Himmel*) **sich b.** to cloud over/become overcast. **b ~ t**, *adj.* covered; cloudy, overcast (sky). **B ~ ung**, *f -/-en* **1.** cover(ing). **2.** *Mil: etc:* escort.

be'denk|e n. I. *v.tr.irr.17* (*a*) (*überlegen*) to think

(sth.) over; **wenn man es richtig bedenkt**, when you come to think about it; **sich b.**, to consider; **sich eines anderen b.**, to change one's mind; (*b*) (*berücksichtigen*) to bear (sth.) in mind; **du mußt b., daß er lange krank war**, you must remember that he was ill for a long time; **die Folgen b.**, to consider the consequences; (*c*) *Lit:* **er hat sie in seinem Testament bedacht**, he remembered her in his will. **II. B.**, *n -s/-* **1.** *no pl* thought, reflection; **nach langem B.**, after much thought; **ohne B.**, without hesitation. **2.** *usu.pl* misgivings (**gegen** + *acc.* about); **B. haben (, etwas zu tun**), to have doubts/reservations (about doing sth.); (*b*) **moralische B.**, scruples. **b ~ enlos**, *adj.* (*a*) thoughtless; reckless (spending etc.), (*b*) unhesitating (acceptance, trust etc.). **b ~ lich**, *adj.* **1.** (*Pers.*) thoughtful; doubtful (expression); **j-n b. stimmen**, to make s.o. wonder/hesitate. **2.** (*a*) (*verdächtig*) dubious, suspect (transaction etc.); (*b*) (*besorgniserregend*) worrying, serious, *Med:* serious (state). **B ~ lichkeit**, *f -/no pl* (*a*) dubiousness; (*b*) seriousness. **B ~ zeit**, *f -/no pl* time to think it over.

be'deut|en, *v.tr.* to mean (sth); **das hat nichts zu b.**, it is of no significance; **was soll das b.?** what is the meaning of this? **Geld bedeutet mir wenig**, money is of no importance to me. **b ~ end**, *adj.* important; distinguished (person); prominent (personality, position); major (film, novel etc.); considerable (amount, sum); *adv.* **b. mehr/weniger**, considerably more/ less. **b ~ sam**, *adj.* **1.** (*bedeutend*) momentous. **2.** meaning (look, smile etc.). **B ~ samkeit**, *f -/no pl* significance. **B ~ ung**, *f -/-en* **1.** (*Sinn*) meaning. **2.** importance; **einer Sache B. beimessen**, to attach significance to sth.; **von B.**, of importance/consequence; **ohne B.**, unimportant, of no consequence. **b ~ ungslos**, *adj.* (*a*) meaningless; (*b*) unimportant. **B ~ ungslosigkeit**, *f -/no pl* (*a*) meaninglessness, (*b*) insignificance. **b ~ ungsvoll**, *adj.* **1.** significant. **2.** meaning (look, words etc.).

be'dien|en, *v.tr.* (*a*) to serve, attend to (a customer, guest); **werden Sie schon bedient?** are you being served? **bitte b. Sie sich!** (do) help yourself! (*b*) to operate (a machine etc); (*c*) **sich j-s, etwas** *gen* **b.**, to make use of s.o., sth.; (*d*) *Cards:* (**Herz usw.**) **b.**, to follow suit (with hearts etc.). **B ~ stete(r)**, *m & f decl. as adj. Adm:* employee **b ~ t**, *p.p. as adj. F:* **mit etwas** *dat* **gut/schlecht b. sein**, to get a good/bad bargain with sth.; **ich bin b.!** I've had (just about) enough! **B ~ ung**, *f -/no pl* **1.** (*a*) service; **B. im Preis eingeschlossen/enthalten**, service included; (*b*) (*Kellnerin*) waitress. **2.** operation (of a machine). **B ~ ungsanleitung**, *f -/-en* operating instructions; (*Buch*) instruction manual. **B ~ ungsgeld**, *n -(e)s/no pl* service charge.

beding|en [bə'diŋən], *v.tr.* to cause (sth.); to bring (sth.) about. **b ~ t**, *p.p. & adj.* (*a*) conditional (permission); qualified (praise, agreement etc.); *Jur:* **b ~ er Straferlaß**, suspended sentence; *Psy:* **b ~ e Reflexe**, conditioned reflexes; *adv.* **etwas nur b. gutheißen**, to give sth. only qualified approval; (*b*) **psychologisch b. sein**, to have psychological causes; **durch**

viele Faktoren b., governed by many factors.
B ~ theit, *f -/ occ* -en limiting nature. **B ~ ung,**
f **-/en** (*a*) condition, stipulation; **es zur B.
machen (, daß . . .),** to make it a condition (that
. . .); **unter der B., daß . . .,** on condition that
. . .; **mit der B., daß . . .,** with the proviso that
. . .; **unter keiner B.,** on no account; (*b*) *pl* (*Ver-
hältnisse*) conditions; (*c*) *pl Com:* terms.
b ~ ungslos, *adj.* unconditional (surrender,
approval etc.); unquestioning (devotion, faith
etc.); *adv.* **b. gehorchen,** to obey implicitly.
B ~ ungslosigkeit, *f -/no pl* unconditional/
unquestioning nature. **B ~ ungssatz,** *m*
-(e)s/-̈e *Gram:* conditional clause. **b ~ ungs-
weise,** *adv.* conditionally.

be'dräng|en, *v.tr.* to press (s.o.) (hard);
(*plagen*) to pester (s.o.) (**mit Fragen usw.,** with
questions etc.); **von Hunger/Sorgen bedrängt,**
beset by hunger/worries; **in einer bedrängten
Lage,** in difficulties, up against it. **B ~ nis/
B ~ theit,** *f -/no pl Lit:* distress.

be'droh|en, *v.tr.* to threaten (s.o., sth.).
b ~ lich, *adj.* threatening, menacing. **B ~ lich-
keit,** *f -/no pl* threatening nature. **B ~ ung,** *f
-/-en* threat (**des Friedens usw.,** to peace etc.).

be'drucken, *v.tr.* etwas **mit Buchstaben, einem
Muster usw. b.,** to print letters, a pattern etc.
on sth.; **bedruckt,** printed (notepaper, cotton).

be'drücken, *v.tr.* to depress (s.o.); (*Sorgen usw.*)
to weigh (heavily) on s.o. **b ~ end,** *adj.* op-
pressive. **b ~ t,** *adj.* depressed; downcast,
subdued. **B ~ theit,** *f -/no pl* depression.

be'dürf|en, *v.tr.irr.20 Lit:* **j-s, etwas gen b.,** to
be in need of s.o., sth.; **einer Erklärung b.,** to
require an explanation. **B ~ nis,** *n* **-ses/-se**
need, requirement (**für** + *acc,* for); **es ist mir
ein B., Ihnen zu danken,** I feel I really must
thank you. **B ~ nisanstalt,** *f -/-en* public
convenience. **b ~ nislos,** *adj.* modest (in one's
requirements); frugal. **b ~ tig,** *adj.* needy,
poor. **B ~ tigkeit,** *f -/no pl* neediness, want.

Beefsteak ['bi:fste:k], *n* **-s/-s** *Cu:* steak; **deut-
sches B.,** rissole; *approx.* hamburger.

be'ehren, *v.tr.* (*formal*) to honour (s.o.); **wir b.
uns, Ihnen mitzuteilen, daß . . .,** we have the
honour to inform you that . . .

beeid|en [bə'ʔaidən], *v.tr.* to declare (sth.) on
oath. **b ~ igen,** *v.tr.* = **beeiden; beeidigter
Zeuge,** sworn witness. **B ~ igung,** *f -/-en*
declaration on oath; swearing (of a witness).

beeilen [bə'ʔailən], *v.refl.* **sich b.,** to hurry (**mit/
bei** + *dat,* with); **beeil(e) dich!** hurry up! **sich
b., etwas zu tun,** to hasten to do sth.

beeindrucken [bə'ʔaindrukən], *v.tr.* to impress
(s.o.).

beeinfluß|bar [bə'ʔainflusba:r], *adj.* easily
influenced. **be'einflussen,** *v.tr.* to influence,
sway (s.o., s.o.'s judgment etc.). **B ~ ung,** *f
-/no pl* (use of) influence; influencing.

beeinträchtig|en [bə'ʔaintrεçtigən], *v.tr.* to
affect (s.o., sth.) (adversely); (*schädigen*) to
damage (health etc.), encroach on (rights);
(*mindern*) to lessen (effect, value); to impair
(judgment etc.). **B ~ ung,** *f -/-en* adverse effect
(+ *gen,* on); damage; encroachment.

beend(ig)|en [bə'ʔεnd(ig)ən], *v.tr.* to finish
(sth.); to complete (one's studies, a job etc.); to
end (a speech, letter etc.); to put an end to (a

quarrel, s.o.'s career etc.). **B ~ ung,** *f -/-en*
finish(ing), termination; completion, ending.

beeng|en [bə'ʔεŋən], *v.tr.* to restrict, hamper
(s.o.'s movements, freedom etc.); **beengt
wohnen,** to live in confined/cramped conditions.
B ~ theit, *f -/no pl* cramped nature. **B ~ ung,**
f -/no pl constriction; restriction.

be'erben, *v.tr.* **j-n b.,** to become s.o.'s heir.

beerdig|en [bə'ʔεrdigən], *v.tr.* to bury (a dead
person). **B ~ ung,** *f -/-en* burial; funeral.
B ~ ungsanstalt, *f -/-en/B ~ ungsinstitut,**
n **-(e)s/-e** (firm of) undertakers; *N.Am:* funeral
parlor.

Beere ['be:rə], *f -/-n* berry. **B ~ nauslese,** *f -/-n*
Winem: wine made from selected overripe
grapes. **B ~ nobst,** *n* **-(e)s/no pl** soft fruit.

Beet ['be:t], *n* **-(e)s/-e** *Hort:* (flower etc.) bed.

befähig|en [bə'fε:igən], *v.tr.* (*Eigenschaft usw.*)
to qualify (s.o.) (**zu etwas** *dat,* for sth./to do
sth.); (*Umstände usw.*) to enable (s.o.) (to do
sth.). **B ~ ung,** *f -/no pl* **1.** ability, competence.
2. qualification(s) (**zu** + *dat,* for).

befahr|bar [bə'fa:rbar], *adj.* (*a*) (*Straße usw.*)
passable (for vehicles); **nicht b.,** unfit for traffic;
noch nicht b., not yet open to traffic; (*b*) (*Fluß
usw.*) navigable. **b ~ en,** *v.tr.irr.26* to drive
along (a road etc.); **eine stark/wenig b~e
Strecke,** a busy/little-used stretch of road.

Befall [bə'fal], *m* **-(e)s/no pl** *Hort: Agr:* attack
(by a pest). **b ~ en,** *v.tr.irr.27* (*a*) (*Krankheit*)
to attack (s.o., a plant etc.); (*b*) (*Angst, De-
pression usw.*) to seize, overcome (s.o.); **von
Panik b.,** panic-stricken.

be'fangen, *adj.* **1.** (*schüchtern*) shy; (*gehemmt*)
self-conscious; (*verlegen*) embarrassed. **2.** *esp.
Jur:* (*parteiisch*) biased, prejudiced. **B ~ heit,**
f -/no pl **1.** shyness; self-consciousness; embar-
rassment. **2.** *esp. Jur:* bias, prejudice; partiality
(of a witness).

be'fassen, *v.refl.* **sich mit etwas** *dat* **b.,** to con-
cern oneself with sth.; (*untersuchen*) to go into/
deal with sth.; **sie b. sich viel mit ihren Kindern,**
they spend a lot of time with their children.

Befehl [bə'fe:l], *m* **-(e)s/-e** (*a*) order; *Data-pr:*
instruction; *Hum:* **dein Wunsch ist mir B.!** your
wish is my command! **zu B.!** *Mil:* yes sir! *Nau:*
aye, aye, sir! (*b*) *Mil:* command; **den B. über
eine Einheit haben/führen,** to be in command
of a unit. **b ~ en,** *v.tr.irr.* (*pres.* **befiehlt,** *p.*
befahl, *p.p.* **befohlen**) **j-m etwas b./j-m b., etwas
zu tun,** to order/command s.o. to do sth.; **hier
habe ich zu b.,** I give the orders here; **von dir
lasse ich mir nichts b.!** I don't take orders from
you! **in b~dem Ton,** in a peremptory tone.
b ~ erisch, *adj.* imperious, peremptory; *F:*
bossy. **b ~ igen,** *v.tr. Mil:* to command (an
army etc.). **B ~ sausgabe,** *f -/-n Mil:* briefing.
B ~ sform, *f -/-en Gram:* imperative (mood).
B ~ shaber, *m* **-s/-** *Mil:* commander. **B ~ s-
notstand,** *m* **-(e)s/no pl** obligation to obey
orders. **B ~ ston,** *m* **-(e)s/-̈** *no pl* peremptory
tone. **B ~ sverweigerung,** *f -/-en Mil:* ins-
ubordination. **b ~ swidrig,** *adj.* contrary to
orders.

be'festig|en, *v.tr.* (*a*) to fix, attach (sth.) (**an
etwas** *dat,* to sth.); to hold (sth.) in position;
(*b*) to strengthen, reinforce (a bridge, dam, *Fig:*
feelings etc.); (*c*) *Mil:* to fortify (a town etc.).

B ~ ung, *f* -/-en 1. *no pl* fixing, attaching (an + *dat*, to). 2. reinforcement. 3. *Mil:* fortification.

be'feuchten, *v tr.* to moisten (sth.), humidify (the air).

Beffchen ['bɛfçən], *n* -s/- *Ecc:* (collar with) bands (worn *esp.* by Protestant clergymen).

be'find|en. I. *v.* 1. (*a*) *v.tr.* etwas für gut/richtig usw. b., to judge sth. to be good/right etc.; *Jur:* j-n (als/für) schuldig b., to find s.o. guilty; (*b*) *refl.* sich b., (*Pers., Sache*) to be; (*Ort, Gebäude usw.*) to be situated; sich in einer schwierigen Lage b., to be/find oneself in a difficult situation; (*gesundheitlich*) wie b. Sie sich? how do you feel? 2. *v.i.* (*haben*) über etwas *acc* b., to make a decision about/give a judgement on sth. II. B., *n* -s/*no pl* 1. (*Meinung*) opinion; judgement; nach meinem B., as I see it. 2. (*Zustand*) state of health; sich nach j-s B. erkundigen, to enquire after s.o.'s health. b ~ lich, *adj.* situated; to be found; die im Lager b~en Waren, the goods (to be found) in the store.

be'flaggen, *v.tr.* to decorate, deck out (a town, ship etc.) with flags.

be'flecken, *v.tr.* to stain, spot (sth.), *Fig:* sully (s o.'s reputation etc.).

beflissen [bə'flisən], *adj. Lit:* assiduous, zealous. B ~ heit, *f* -/*no pl Lit:* assiduity, zeal.

be'flügeln, *v.tr. Lit:* (*a*) to speed (s.o.'s steps etc.), give s.o. wings; (*b*) to inspire (s.o.).

be'folg|en, *v.tr.* to follow (advice), comply with (rules etc.). B ~ ung, *f* -/*no pl* following; compliance.

be'förder|n, *v.tr.* (*a*) to transport (s.o., sth.); to convey, (*schicken*) send (letters, goods), *Com:* ship (goods); *F:* j-n ins Freie/an die frische Luft b., to throw s.o. out; (*b*) to promote (s.o.) (zum Direktor, Kapitän usw., to the position of director/the rank of captain). B ~ ung, *f* -/-en 1. *no pl* transport(ation), conveyance; *Com:* shipping. 2. promotion. B ~ ungskosten, *fpl* transport costs. B ~ ungsmittel, *n* -s/- conveyance, (means of) transport.

be'fracht|en, *v.tr.* to load (a ship) with freight.

be'frag|en, *v.tr.* to ask, question (s.o.) (über etwas *acc*/wegen etwas *gen*, about sth.); to interrogate (a witness); to consult (a doctor, dictionary etc.). B ~ ung, *f* -/-en 1. *no pl* questioning, interrogation; consultation. 2. (*Umfrage*) (opinion) poll.

be'frei|en [bə'fraiən], *v.tr.* (*a*) to release (a prisoner etc.); to free, liberate (s.o., a country etc.) (von + *dat*, from); to rescue (s.o.) (aus + *dat*, from); to free (s.o.) (von Angst, Schmerzen usw., from fear, pain etc.); sich b., to escape (aus + *dat*, from); (*b*) to clear (sth.), rid (s.o.) (von etwas *dat*, of sth.); etwas vom Schmutz b., to clean the dirt off sth.; (*c*) to exempt (s.o.) (von der Wehrpflicht, von Steuern usw., from military service, taxes etc.); einen Schüler vom Unterricht b., to let a pupil off school; j-n von einer Schuld b., to exonerate s.o. B ~ er(in), *m* -s/- (*f* -/-nen) liberator; rescuer. B ~ ung, *f* -/*no pl* 1. liberation, release (von + *dat*, from); emancipation (of women). 2. exemption. B ~ ungs-, *comb. fm.* freedom (movement etc.); B ~ ungskampf *m*, struggle for freedom. B ~ ungskrieg, *m* -(e)s/-e war of independence/liberation.

befremden [bə'frɛmdən]. I. *v.tr.* to take (s.o.) aback, shock (s.o.). II. B., *n* -s/*no pl* amazement; shock; (*Entrüstung*) indignation.

befreund|en [bə'frɔyndən], *v.refl.* sich mit j-m b., to make friends with s.o.; sich mit etwas *dat* b., to come to like sth. b ~ et, *adj.* friendly (state, etc.); mit j-m (eng) b. sein, to be (great) friends with s.o.

befriedig|en [bə'fri:digən], *v.tr.* to satisfy (s.o., a need etc.); to fulfil (a desire, demand etc.); sich (selbst) b., to masturbate. b ~ end, *adj.* satisfactory; *Sch:* (*Note*) approx. C. B ~ ung, *f* -/*no pl* satisfaction; fulfilment.

befristen [bə'fristən], *v.tr.* to limit (the duration of) (a contract etc.).

befrucht|en [bə'fruxtən], *v.tr.* (*a*) to fertilize (an egg, flower); (*b*) *Fig:* to stimulate (s.o., s.o.'s ideas etc.). B ~ ung, *f* -/-en (*a*) fertilization; künstliche B., artificial insemination; (*b*) *Fig:* stimulation.

befug|t [bə'fu:gt], *p.p. as adj.* b. sein, etwas zu tun, to be authorized/have the authority to do sth. B ~ nis, *f* -/-se authority; *pl* B~se, powers.

be'fühlen, *F:* be'fummeln, *v.tr.* to finger, handle (sth.); to feel (a material etc.).

Befund [bə'funt], *m* -(e)s/-e result (of a test etc.); findings (of an inquiry etc.); *Med:* ohne B., result negative.

be'fürcht|en, *v.tr.* to fear (sth., the worst etc.); es ist zu b., daß . . ., it is to be feared that . . . B ~ ung, *f* -/-en fear; (*Bedenken*) misgiving.

befürwort|en [bə'fy:rvɔrtən], *v.tr.* to support (sth.), advocate (a policy etc.). B ~ er, *m* -s/- advocate. B ~ ung, *f* -/-en support; advocacy.

begab|t [bə'ga:pt], *adj.* gifted, talented; künstlerisch b., artistic. B ~ ung, *f* -/-en gift, talent (für + *acc*/zu + *dat*, for).

begaffen [bə'gafən], *v.tr. F:* to gape at (s.o., sth.).

begatt|en [bə'gatən], *v.tr.* (*Tiere*) to mate with (a male/female); sich b., to mate; (*Pers.*) to copulate. B ~ ung, *f* -/-en mating, copulation.

be'geben, *v.refl.irr.35* (*a*) sich an einen anderen Ort, nach Wien usw. b., to go/proceed to another place, to Vienna etc.; sich an die Arbeit b., to set to work; (*b*) *impers. Lit:* es begab sich, daß . . ., it so happened that . . . B ~ heit, *f* -/-en incident, occurrence.

begegn|en [bə'ge:gnən], *v.i.* (*sein*) (*a*) j-m, etwas *dat* b., to meet s.o., sth.; einem Gedanken in einem Buch b., to come across an idea in a book; der Gefahr mutig/mit Mut b., to face danger with courage; (*b*) das schlimmste, was Ihnen b. kann, the worst that can happen to you; (*c*) j-m freundlich/höflich b., to treat s.o. kindly/politely. B ~ ung, *f* -/-en meeting, encounter.

begeh|bar [bə'ge:ba:r], *adj.* passable (road etc.). b ~ en, *v.tr.irr.36* (*a*) to walk along (a path etc.); eine viel begangene Brücke, a much used bridge; (*b*) (*feiern*) to celebrate (a birthday etc.); to keep (a feast day); (*c*) (*verüben*) to commit (a crime, blunder etc.); einen Fehler b., to make a mistake.

begehr|en [bə'ge:rən]. I. *v.tr.* to want, covet (sth.); to desire (a woman etc.); (*heftig*) to crave for (sth.); alles, was das Herz begehrt, all that the heart could desire. II. B., *n* -s/- desire, wish. **b~enswert**, *adj.* desirable. **b~lich**, *adj.* covetous. **B~lichkeit**, *f -/-en* covetousness, desire. **b~t**, *adj.* sought after; popular (dancing partner etc.).

begeister|n [bə'gaistərn], *v.tr.* (*a*) to arouse enthusiasm in (s.o.); (*Theaterstück usw.*) to delight, thrill (s.o., the audience etc.); **j-n für etwas** *acc* **b.**, to arouse s.o.'s enthusiasm for sth.; **er ist für nichts zu b.**, you can't get him excited about anything; **sich (für etwas** *acc*) **b.**, to get enthusiastic/*F:* excited (about sth.). **b~t**, *adj.* enthusiastic (**von** + *dat*, about), thrilled (**von** + *dat*, by); **hellauf b.**, absolutely delighted. **B~ung**, *f -/no pl* enthusiasm; **in B. geraten**, to get excited; *F:* **er malt mit B.**, he's a keen painter. **b~ungsfähig**, *adj.* capable of enthusiasm, enthusiastic. **B~ungssturm**, *m -(e)s/-̈e* storm of applause.

Begier|de [bə'gi:rdə], *f -/-n* desire, (*Gelüste*) craving, (*Sehnsucht*) longing (**nach** + *dat*, for); (**geschlechtliche**) **B.**, (sexual) desire, lust. **b~ig**, *adj.* avid, eager (**nach** + *dat*/**auf** + *acc*, for); **ich bin b. zu wissen, ob ...**, I am eager/longing to know whether ...; **b~e Blicke**, covetous/ (*sexuell*) lustful glances.

be'gießen, *v.tr.* to water (plants); *Cu:* to baste (meat etc.); *F:* **wir müssen den Anlaß b.**, we must celebrate the occasion with a drink.

Beginn [bə'gin], *m -(e)s/no pl* beginning; **bei/zu B.**, at the start; **vor B. der Vorstellung**, before the performance begins/began. **b~en**, *v.irr.* (*p.* **begann**, *p.p.* **begonnen**) 1. *v.tr.* (*a*) to start (a conversation, work etc.); (*b*) to set about (sth.); **er weiß nichts mit sich zu b.**, he doesn't know what to do with himself. 2. *v.i.* (*haben*) to begin, start; **mit etwas** *dat* **b.**, (*Pers.*) to start sth.; (*Wort, Buch usw.*) to begin with sth.; **im b~den 19. Jahrhundert**, at the start of the 19th century.

beglaubig|en [bə'glaubigən], *v.tr.* to authenticate, certify (a document, etc.); to accredit (an ambassador). **B~ung**, *f -/-en* authentication; accrediting.

be'gleich|en, *v.tr.irr.40 Com: etc:* to settle, pay (a bill, etc.). **B~ung**, *f -/no pl* settlement.

Begleit- [bə'glait-], *comb.fm.* accompanying (text etc.); attendant (symptom, circumstances etc.); *Mil: etc:* escort (aircraft, vessel etc.); **B~brief** *m*/**B~schreiben** *n*, accompanying/ covering letter; *Com:* advice note. **b~en**, *v.tr.* to accompany, escort (s.o., sth.); **j-n nach Hause b.**, to see s.o. home; *Mus:* **j-n (auf dem Klavier) b.**, to accompany s.o. (on the piano); *Fig:* **unsere besten Wünsche b. Sie**, our best wishes go with you. **B~er(in)**, *m -s/- (f -/-nen)* 1. companion. 2. *Mus:* accompanist. **B~erscheinung**, *f -/-en* attendant phenomenon/*Med:* symptom; **die B~en des Alters**, the (inevitable) effects of old age. **B~musik**, *f -/no pl Th:* incidental music; *Cin: TV: etc:* background music. **B~ung**, *f -/-en* 1. company; **in B. eines Mädchens**, accompanied by a girl. 2. (*Gefolge*) entourage; retinue (of a king etc.). 3. *Mus:* accompaniment.

beglück|en [bə'glykən], *v.tr.* to make (s.o.) happy, *Iron:* **j-n mit seiner Anwesenheit/einem Geschenk b.**, to favour s.o. with one's presence/ a present. **b~t**, *adj.* happy, pleased. **B~ung**, *f -/-en* 1. giving of pleasure. 2. (*Zustand*) happiness. **b~wünschen**, *v.tr.* to congratulate (s.o.) (**zu etwas** *dat*, on sth.).

begnad|et [bə'gna:dət], *adj.* gifted. **b~igen**, *v.tr. Jur:* to pardon (s.o.). **B~igung**, *f -/-en Jur:* (free) pardon.

begnügen [bə'gny:gən], *v.refl.* **sich mit etwas** *dat* **b.**, to content oneself/make do with sth.

Begonie [be'go:niə], *f -/-n Bot:* begonia.

be'graben, *v.tr.irr.42* to bury (s.o., sth.); *Fig:* to abandon (hope, a plan etc.); *F:* **da kann ich mich gleich b. lassen**, I might as well give up.

Begräbnis [bə'grɛːpnis], *n -ses/-se* burial; (*Feier*) funeral. **B~stätte**, *f -/-n* burial place.

begreif|bar [bə'graifbaːr], *adj.* understandable. **b~en**, *v.tr.irr.43* to understand (s.o., sth.), grasp (sth.); *abs.* **das Kind begreift langsam/schnell**, the child is slow/quick on the uptake; **es ist einfach nicht zu b.**, it's quite incomprehensible. **b~lich**, *adj.* understandable; **es ist mir nicht b., wie**, I cannot understand how. **b~licherweise**, *adv.* understandably.

begrenz|en [bə'grɛntsən], *v.tr.* (*a*) to limit, restrict (sth.) (**auf** + *acc*, to); **er hat einen begrenzten Horizont**, his (mental) horizons are limited; (*b*) to form the boundary of (a field, country etc.); **von einem Zaun begrenzt**, bounded by a fence. **B~theit**, *f -/-en* limited nature. **B~ung**, *f -/-en* 1. limitation, restriction. 2. boundary, limit.

Begriff [bə'grif], *m -(e)s/-e* 1. concept; (*Ausdruck*) term, expression; *Hum:* **das ist ein dehnbarer B.**, that means what you want it to mean. 2. conception, idea; **sich** *dat* **einen B. von etwas** *dat* **machen**, to get/form an idea of sth.; **nach heutigen B~en/für heutige B~e**, by present day standards; **für meine B~e ist es zu teuer**, to my mind it's too expensive; **das geht über meine B~e**, that's beyond my comprehension; **ist er dir ein B.?** does his name mean anything to you? *Com:* **ein B. für Qualität**, a byword for quality; *F:* **du machst dir keinen B. davon, wie schön das war**, you've (got) no idea how lovely it was. 3. *F:* (*Pers.*) **schwer/ langsam von B. sein**, to be slow on the uptake. 4. **im B. sein, etwas zu tun**, to be about to do sth./on the point of doing sth. **b~en**, *adj.* in **etwas** *dat* **b. sein**, to be in the process of (doing) sth.; **die Gäste sind gerade im Aufbruch b.**, the guests are just leaving. **b~lich**, *adj.* abstract; *Phil:* conceptual (definition etc.); *adv.* in abstract terms. **b~sstutzig**, *adj.* slow on the uptake; *F:* gormless (person, expression).

be'gründ|en, *v.tr.* (*a*) to justify (an action, opinion etc.); **er begründete seine Abwesenheit mit Zeitmangel**, he gave lack of time as the reason for his absence; **das ist in den wirtschaftlichen Verhältnissen begründet**, its cause is to be found in the economic conditions; (*b*) *occ.* = **gründen** (*a*). **b~et**, *adj.* well-founded (hope, suspicion etc.); reasoned (argument etc.). **B~ung**, *f -/-en* **eine B. war ...**, the reasons he gave were ...; **ohne B.**, without justification.

be'grüß|en, *v.tr.* (*a*) to greet (s.o.); to welcome, receive (a guest etc.); to say good morning/ afternoon/evening to (s.o.); (*b*) to welcome (a suggestion etc.). **b~enswert**, *adj.* welcome. **B~ung**, *f -/-en* (*a*) greeting; welcome; (*b*)

(*Empfang*) reception. **B ~ ungsformel,** *f* -/-n conventional greeting.

be'gucken, *v.tr. F:* to have a (good) look at (s.o., sth.).

begünstig|en [bə'gynstigən], *v.tr. (a)* to favour (s.o., sth.); (*Umstände usw.*) to further (plans etc.); (*b*) (*bevorzugen*) to give (s.o.) preferential treatment. **B ~ ung,** *f* -/-en (*a*) favouring; furtherance; **steuerliche B~en,** tax concessions; (*b*) preferential treatment; (*c*) *Jur:* aiding and abetting; acting as an accessory.

be'gutachten, *v.tr.* to give a professional opinion on (sth.).

begütert [bə'gy:tərt], *adj.* well-to-do.

behaar|t [bə'ha:rt], *p.p. as adj.* hairy. **B ~ ung,** *f* -/-en (growth of) hair.

behäbig [bə'hɛ:biç], *adj.* (*Pers.*) portly and slow-moving); leisurely, unhurried (pace etc.). **B ~ keit,** *f* -/no pl portliness; leisureliness.

behaftet [bə'haftət], *adj.* **mit einer Krankheit usw. b.,** afflicted with a disease etc.; **mit Fehlern/Mängeln b.,** defective.

behag|en [be'ha:gən]. **I.** *v.i.* (*haben*) **j-m b.,** to please/suit s.o.; **der Gedanke behagt mir gar nicht,** I don't like the idea at all; **es behagt ihm, in der Sonne zu liegen,** he really enjoys lying in the sun. **II. B.,** *n* -s/no pl contentment; (*Genuß*) enjoyment, relish. **b ~ lich,** *adj.* (*a*) comfortable (armchair etc.); cosy (room, restaurant etc.); **ein b~es Leben führen,** to have an easy/pleasant life; (*b*) *adv.* with enjoyment; (*bequem*) at one's ease; **sich b. ausstrecken,** to stretch luxuriously. **B ~ lichkeit,** *f* -/no pl comfort; cosiness.

be'halten, *v.tr.irr.45* to keep (s.o., sth.); **er behält immer seine gute Laune,** he never loses his good humour; **er hat aus dem Krieg einen Herzschaden b.,** the war left him with a heart defect; **der Kranke konnte keine Nahrung bei sich b.,** the sick man could not keep any food down; **etwas/ein Geheimnis für sich b.,** to keep sth./a secret to oneself; **etwas (im Gedächtnis/im Kopf) b.,** to remember/retain sth.

Behälter [bə'hɛltər], *m* -s/- container, receptacle; (*für Flüssigkeiten*) tank.

behämmert [bə'hemərt], *adj. P:* bonkers.

be'hand|eln, *v.tr. (a)* to treat (s.o., sth., *esp. Med:* a patient, disease); **eine Angelegenheit diskret b.,** to handle an affair discreetly; *Med:* **ärztlich behandelt werden,** to receive medical attention (**wegen + gen/auf + acc,** for); **b der Arzt,** doctor in charge of the case; (*b*) (*Buch, Pers. usw.*) to deal with, cover (a subject). **B ~ lung,** *f* -/-en handling (of an affair); (*Patient*) **in B.,** undergoing treatment (**wegen + gen/auf acc,** for). **B ~ lungsweise,** *f* -/-n way of treating (s.o., sth.); **eine solche B. bin ich nicht gewohnt,** I am not used to such treatment.

Behang [bə'haŋ], *m* -(e)s/=e (*Wandb.*) hanging; drape; (*am Weihnachtsbaum*) decorations.

be'hängen, *v.tr.* to hang, drape (a wall, tree etc.) (with hangings etc.); to festoon (sth.) (with garlands etc.); *F:* (*Pers.*) **mit Schmuck/Orden behängt,** laden with jewels/medals.

beharr|en [bə'harən]. **I.** *v.i.* (*haben*) to persist (**auf einer Ansicht, bei einer Meinung usw.,** in a view, opinion etc.); **auf/bei seinem Entschluß**

b., to abide by/stick to one's decision. **II. B.,** *n* -s/no pl persistence; adherence (**bei einem Entschluß,** to a decision). **b ~ lich,** *adj.* persistent; obstinate (silence, refusal etc.); dogged (determination); unremitting (work etc.). **B ~ lichkeit,** *f* -/no pl persistence; perseverance.

behaupt|en [bə'hauptən], *v.tr.* to maintain (sth.); (*a*) to say (sth., the opposite etc.); **man behauptet (von ihm), daß . . .,** it is said (of him) that . . .; **du willst doch nicht etwa b., daß . . .,** you don't really mean to say that . . .; (*b*) **einen Standpunkt b.,** to maintain a position; (*Pers., Firma usw.*) **sich (in einer Position) b.,** to hold one's own. **B ~ ung,** *f* -/-en (*a*) statement; assertion; (*b*) maintenance (of power, etc.).

be'heb|en, *v.tr.irr.48* to remove (doubts, difficulties etc.); to rectify (an abuse, defect); to repair (damage). **B ~ ung,** *f* -/no pl removal; rectifying; repair.

beheimatet [bə'haima:tət], *adj.* **er ist in X b.,** his home is in X.

be'heiz|en, *v.tr.* to heat (a room, house etc.). **B ~ ung,** *f* -/no pl heating.

Behelf [bə'helf], *m* -(e)s/-e stopgap, makeshift; **ein schwacher B.,** a poor substitute. **b ~ en,** *v.refl.irr.50* **sich b.,** to manage, make do. **B ~ s-,** *comb.fm.* temporary (construction, accommodation etc.); **B ~ maßnahme** *f,* temporary/emergency measure. **b ~ smäßig,** *adj.* makeshift, temporary.

behelligen [bə'hɛligən], *v.tr.* to bother (s.o.).

behend [bə'hent]/**b ~ e** [-də], *adj. Lit:* quick, nimble; (*geschickt*) deft.

beherbergen [bə'herbergən], *v.tr.* to put (s.o.) up; (*Gebäude usw.*) to house (people, sth.).

be'herrsch|en, *v.tr. (a)* to rule (over) (a country etc.); (*b*) (*Pers., Gefühl usw.*) to dominate (s.o., s.o.'s mind/life etc.); (*c*) to be in control of (the situation etc.); to control (oneself, one's feelings etc.); (*d*) to master (an instrument, a language etc.). **b ~ t,** *adj.* controlled, composed. **B ~ theit,** *f* -/no pl self-control, composure. **B ~ ung,** *f* -/no pl **1.** hold, sway (**eines Volks,** over a nation); domination. **2.** control; **die B. verlieren,** to lose one's self-control. **3.** mastery; command (of a language); grasp (of a subject).

beherz|igen [bə'hertsigən], *v.tr.* to heed (a warning etc.); to take (s.o.'s advice) to heart. **B ~ igung,** *f* -/no pl heeding.

beherzt [bə'hertst], *adj.* courageous.

be'hexen, *v.tr.* to cast a spell on (s.o., sth.), *Fig:* to bewitch (s.o.).

behilflich [bə'hilfliç], *adj.* **j-m (bei etwas dat) b. sein,** to help s.o. (with sth./to do sth.); **kann ich Ihnen b. sein?** can I be of any assistance?

be'hinder|n, *v.tr.* to hinder, hamper (s.o.) (**bei etwas dat,** in sth.); to obstruct (traffic, *Sp:* an opponent etc.), impede (visibility etc.); (*aufhalten*) to hold (s.o., sth.) up. **b ~ t,** *adj.* (mentally/physically) handicapped. **B ~ ung,** *f* -/-en (*a*) hindrance, impeding; *Aut: Sp:* obstruction; (*b*) (*Hindernis*) obstacle (+ *gen,* to); (*c*) *Med:* handicap.

Behörd|e [bə'hø:rdə], *f* -/-n *Adm:* authority; public body; **die städtische B.,** the municipal authorities. **B ~ enapparat,** *m* -(e)s/-e administrative machinery. **B ~ endeutsch,** *n* -/no pl officialese. **b ~ lich** [-'hø:rtliç], *adj.*

official; *adv.* **b. genehmigt,** approved by the authorities.

be´hüten, *v.tr.* to protect, guard (s.o., sth.) (**vor** + *dat,* from); *F:* **(Gott) behüte!** heaven forbid!

behutsam [bə´hu:tza:m], *adj.* cautious, guarded (person, words); tentative (question); gentle (treatment etc.); *adv.* **b. vorgehen,** to proceed warily/with caution; **er brachte es ihr b. bei,** he broke it to her gently. **B ~ keit,** *f* **-/no** *pl* caution; gentleness.

bei [bai], *prep.* + *dat* **1.** (*Ort*) (*a*) (**nahe/dicht**) **bei der Schule,** (right/just) by the school; **beim Gepäck bleiben,** to stay with/near the luggage; **etwas bei der Hand haben,** to have sth. to hand; **Königswinter bei Bonn,** Königswinter near Bonn; **die Schlacht bei Waterloo,** the Battle of Waterloo; (*b*) among (a number of people/ things); **bei der Morgenpost,** in the morning post; (*c*) at; **bei Tisch,** at table; **ich habe es bei C & A gekauft,** I bought it at C & A; **bei j-m,** at s.o.'s house; **bei uns (zu Hause),** (i) at our house; (ii) in our country; **bei j-m wohnen,** to live with s.o./in s.o.'s house; **Herr X, bei Schmidt,** Mr X, c/o Schmidt; **bei einer Firma arbeiten,** to work for a firm; **wie es bei Shakespeare heißt,** as Shakespeare says; **sie lernt Klavier bei einem guten Lehrer,** she has piano lessons with a good teacher; **sie hatte kein Geld bei sich,** she didn't have any money with/on her. **2.** (*Zeit*) **bei seiner Ankunft/Abfahrt,** on his arrival/departure; **when he arrived/left; er hat sich beim Skilaufen verletzt,** he injured himself while skiing; **er war (gerade) beim Abwaschen,** he was (just) washing up (at that moment); **bei (nächster) Gelegenheit,** when the (next) opportunity arises; **bei näherer Betrachtung,** on closer examination; **bei diesen Worten,** on hearing these words; at these words; **bei Tag(e)/Nacht,** by day/night. **3.** by; **j-n bei der Hand nehmen/beim Namen rufen,** to take s.o. by the hand/call s.o. by name. **4.** (*im Falle von*) (*a*) with, in the case of (s.o., sth.); **bei mir war das anders,** it was different in my case; **bei ihm kann man nie wissen,** you never know with him; (*b*) **bei Regen,** if it rains; *P.N:* **bei Versagen Knopf drücken,** in case of failure press button. **5.** (*Zustand*) **bei guter Gesundheit sein,** to be in good health; **alles beim alten lassen,** to leave everything as it is/was. **6.** (*a*) (*Umstände*) **bei strömendem Regen,** in (the) pouring rain; **bei Kerzenlicht,** by candlelight; **etwas bei einem Glas Wein besprechen,** to discuss sth. over a glass of wine; (*b*) (*angesichts*) **bei den hohen Preisen kaufe ich hier nicht ein,** in view of these high prices I don't do my shopping here; (*c*) (*trotz*) in spite of, for; **bei all seiner Klugheit hat er nichts erreicht,** for all his cleverness he achieved nothing; **bei alledem,** for all that. **7. bei weitem,** by far. **8.** (*Schwüre*) **bei Gott! by God! bei meiner Ehre!** upon my word!

´beibehalt|en, *v.tr.sep.irr.45* to retain (sth.); to keep up (a custom, habit); to maintain (a speed); to keep to, continue in (a direction, course of action etc.). **´B ~ ung,** *f* **-/no** *pl* retention; keeping up (of a custom etc.).

´Beiblatt, *n* **-(e)s/-er** *Journ: etc:* supplement.

´Beiboot, *n* **-(e)s/-e** *Nau:* dinghy.

´beibringen, *v.tr.sep.irr.16* **j-m etwas b.,** to

teach s.o. sth.; **j-m die Wahrheit usw. b.,** to get the truth etc. across to s.o.; *F:* **wie soll ich es ihr b.?** how shall I break it to her?

Beicht|e [´baiçtə], *f* **-/-n** confession. **´b ~ n,** *v.* **1.** *v.tr.* to confess (one's sins etc.); *F:* **ich muß dir was b.,** I have a confession to make (to you). **2.** *v.i.* (*haben*) to confess; **b. gehen,** to go to confession. **´B ~ stuhl,** *m* **-(e)s/-̈e** *Ecc:* confessional. **´B ~ vater,** *m* **-s/-̈** *Ecc: & Fig:* (father) confessor.

beid|e [´baidə], *adj. & pron.* **1.** (*mit Artikel usw.*) two; **die b ~ n Schwestern,** the two sisters; (*betont*) both (of) the sisters; **wir b ~ n Mädchen,** we two girls; **die b ~ n,** the two of them; **für uns b.,** for the two/(*betont*) both of us. **2.** (*ohne Artikel*) (**alle**) **b.,** both; **b. Hände,** both hands; **b ~ s,** both; **ich wäre mit b ~ m zufrieden,** I would be satisfied with either; **eins von b ~ n,** one or the other; **keins von b ~ n,** neither; **sie sind (alle) b. nicht gekommen,** neither of them came; **er sah sie b. nicht,** he didn't see either of them. **3.** *Tennis: etc:* **dreißig b.,** thirty all. **´b ~ erlei,** *inv. adj.* of both kinds, forms etc.; **Kinder b. Geschlechts,** children of both sexes. **´b ~ erseitig,** *adj.* on both sides; mutual (agreement, satisfaction etc.); *Med:* **b ~ e Lungenentzündung,** double pneumonia. **´b ~ erseits. I.** *prep.* + *gen* on both sides of (the road etc.). **II.** *adv.* on both sides; by both sides/ parties. **b ~ händig** [´bait-], *adj.* ambidextrous (person); *adv.* with both hands. **´b ~ seitig,** *adj.* = **b ~ erseitig.**

´beidrehen, *v.i.sep.* (*haben*) *Nau:* to heave to.

beiein´ander, *adv.* (close) together; *F:* **gut/ schlecht b.,** in good/poor health; well/not well; **er ist nicht ganz b.,** he's not quite all there. **b ~ sitzen,** *v.i.sep.irr.97* (*haben*) to sit together.

´Beifahrer, *m* **-s/-** *Aut:* (front-seat) passenger; (*im Lastwagen*) driver's mate; (*bei einer Rallye*) co-driver, navigator; *Motor Cy:* pillion passenger. **´B ~ sitz,** *m* **-es/-e** *Aut:* front seat; *Motor Cy:* pillion.

´Beifall, *m* **-(e)s/no** *pl* **1.** applause; **B. klatschen,** to applaud; **j-m B. spenden,** to applaud s.o. **2.** (*Billigung*) approval; **B. finden,** to meet with approval. **´B ~ srufe,** *mpl* cheers.

´beifällig, *adj.* approving (look etc.).

´beifügen, *v.tr.sep.* (*a*) to enclose (sth.) (**einem Brief/Paket,** with a letter/parcel); (*b*) (*hinzufügen*) to add (sth.). **´B ~ ung,** *f Adm:* **unter B. von ...,** enclosing ...

´Beigabe, *f* **-/-n** addition; (*Sache*) extra; **unter B. von Salz,** adding some salt.

beige [be:ʒ]. **I.** *inv. adj.* (*also* **b ~ farben**) beige. **II. B.,** *n* **-/no** *pl* beige.

´beigeben, *v.sep.irr.36* **1.** *v.tr.* (*a*) to add (sth.) (**etwas** *dat,* to sth.); (*b*) to assign (a helper etc.) (**j-m,** to s.o.). **2.** *v.i.* (*haben*) **klein b.,** to give in, *F:* climb down.

´Beigeschmack, *m* **-(e)s/no** *pl* (slight) taste, flavour (of sth. else); (*scharf*) tang; *Fig:* **die Angelegenheit hatte einen üblen B.,** the affair left a bad taste in the mouth.

´Beiheft, *n* **-(e)s/-e** accompanying booklet, supplement.

´Beihilfe, *f* **-/-n 1.** *Adm:* financial aid; (*einmalig*) grant. **2.** *Jur:* aiding and abetting; **j-m B. (zum**

Mord) leisten, to aid and abet s.o. (in committing murder).

'**beikommen,** *v.i.sep.irr.53* j-m b., to hold one's own against s.o.

Beil [bail], *n* -(e)s/-e (a) hatchet; (butcher's) cleaver; (b) (executioner's) axe.

'**Beilage,** *f* -/-n 1. *Journ:* supplement. 2. *Cu:* accompaniment(s) (to meat, fish etc.); **Fleisch mit Nudeln und Salat als B.,** meat served with noodles and salad.

'**beiläufig,** *adj.* passing (remark etc.); casual (inquiry, behaviour etc.); *adv.* **etwas b. erwähnen,** to mention sth. in passing. '**B ~ keit,** *f* -/no pl nonchalance.

'**beileg|en,** *v.tr.sep.* (a) to enclose (sth.) (**einem Brief,** with a letter); (b) to settle (a quarrel, difference etc.). '**B ~ ung,** *f* -/-en settlement.

bei'leibe, *adv.* **b. nicht,** certainly not; (*was auch geschieht*) not at any price.

'**Beileid,** *n* -s/no pl condolences; **sein B. aussprechen,** to offer one's condolences. '**B ~ s-,** *comb.fm.* (visit, letter etc.) of condolence.

'**beiliegen,** *v.i.sep.irr.62* (haben) **einem Brief usw. b.,** to be enclosed with a letter etc. '**b ~ d,** *adj.* enclosed; *Com:* **b. finden Sie ...,** please find enclosed ...

beim [baim] = **bei dem.**

'**beimengen,** *v.tr.sep. Cu:etc:* to mix in (sth.) (**etwas** *dat,* with sth.).

'**beimessen,** *v.tr.sep.irr.25* **etwas** *dat* **Wichtigkeit/Bedeutung b.,** to attach importance to sth.

'**beimisch|en,** *v.tr.sep.* to mix in (sth.) (**etwas** *dat,* with sth.). '**B ~ ung,** *f* -/no pl addition.

Bein [bain], *n* -(e)s/-e leg; (a) **j-m ein B. stellen,** to trip s.o. up; *F:* **j-m B ~ e machen,** to get s.o. moving; **ich muß mich auf die B ~ e machen,** I must be going/*F:* making tracks; **sich** *dat* **die B ~ e vertreten,** to stretch one's legs; **sich** *dat* **die B ~ e nach etwas** *dat* **ablaufen,** to wear oneself out looking for sth.; **die B ~ e unter die Arme nehmen,** to take to one's heels; **mein Geldbeutel hat B ~ e bekommen,** my purse has done a vanishing trick; (b) **auf den B ~ en,** on one's feet; (*nach einer Krankheit*) up and about; **die ganze Stadt war auf den B ~ en,** the whole town had turned out; *F:* **er ist noch gut auf den B ~ en,** he is still pretty fit; *Fig:* **auf eigenen B ~ en stehen,** to stand on one's own feet; **mit beiden B ~ en fest auf der Erde stehen,** to have both feet on the ground; **mit einem B. im Grabe stehen,** to have one foot in the grave; *F:* **er steht mit einem B. im Kittchen,** he's heading for a spell inside; **auf einem B. kann man nicht stehen,** you can't stop at one drink; **du bist wohl mit dem linken B. (zuerst) aufgestanden,** you must have got out of bed on the wrong side; **er reißt sich** *dat* **kein B. aus,** he's not going to die of overwork. '**B ~ bruch,** *m* -(e)s/ᵉe fracture of the leg; *F:* **das ist (doch) kein B.!** it's not the end of the world! '**B ~ haus,** *n* -(e)s/ᵉer charnel-house. '**B ~ schiene,** *f* -/-n 1. *Sp:* shinpad. 2. *Surg:* leg-splint.

beinah(e) ['baina:(ə)], *adv.* almost, nearly.

'**Beiname,** *m* -ns/-n nickname.

beinhalten [bə'ʔinhaltən], *v.tr.* to contain (sth.); (*Begriff usw.*) to cover (sth.); (*Brief usw.*) to say (sth., that ...).

'**beiordnen,** *v.tr.sep.* j-m j-n, etwas einer Kate-

gorie usw. b., to assign s.o. to s.o., sth. to a category etc.

beipflichten ['baipfliçtən], *v.i.sep.* (haben) j-m, etwas *dat* b., to agree with s.o., sth.

'**Beirat,** *m* -(e)s/ᵉe advisory committee.

beirren [bə'ʔirən], *v.tr.* to disconcert (s.o.); **laß dich nicht b.,** don't let yourself be put off.

beisammen [bai'zamən], *adv. & comb.fm.* together; **seine Gedanken b ~ haben,** to be concentrating; *F:* **er hat seinen Verstand nicht recht b.,** he's not quite all there; **er ist wieder ganz gut b.,** he's quite fit again. **B ~ sein,** *n* -s/no pl (social) gathering; **ein zwangloses B.,** an informal get-together.

'**Beischlaf,** *m* -(e)s/no pl sexual intercourse.

'**bei|schließen,** *v.tr.sep.irr.31* to enclose (sth.) (**einem Brief,** with a letter).

'**Beisein,** *n* **im B. von j-m/in j-s B.,** in the presence of s.o.

bei'seite, *adv.* (a) (*auf der Seite*) apart, on one side; *Th:* aside; **b. sprechen,** to speak in a stage whisper; *F:* **Spaß b.,** joking apart; (b) (*an die Seite*) aside, to one side; **Geld b. legen,** to put money onto one side; **j-n, etwas b. schaffen,** to get rid of s.o., sth.

'**beisetz|en,** *v.tr.sep.* to bury (a corpse). '**B ~ ung,** *f* -/-en burial; (*Feier*) funeral.

'**Beispiel,** *n* -s/-e example (**für etwas** *acc.* of sth.); **zum B.,** for example; **wie zum B. ...,** such as ...; **ohne B.,** unheard of; **sich** *dat* **ein B. an j-m, etwas** *dat* **nehmen,** to take s.o., sth. as one's model. '**b ~ haft,** *adj.* exemplary. '**b ~ los,** *adj.* unprecedented. '**b ~ sweise,** *adv.* for example.

'**beispringen,** *v.i.sep.irr.19* (sein) j-m b., to come to s.o.'s aid.

beiß|en ['baisən], *v.irr.* (*p.* biß, *p.p.* gebissen) *v.tr. & i.* (haben) (a) to bite (s.o., sth.); **der Hund biß ihm/ihn ins Bein,** the dog bit him in the leg; **ich habe mir auf die Zunge gebissen,** I bit my tongue; **der Hund biß nach mir,** the dog snapped at me; **er hat nichts zu b. (und zu brechen),** he hasn't a crust to eat; (b) (*Rauch, Wind usw.*) j-m ins Gesicht/in die Augen b., to make s.o.'s face/eyes smart; **die Gewürze b. auf der Zunge,** the spices burn/bite one's tongue; *F:* **die Farben b. sich,** the colours clash. '**b ~ d,** *adj.* biting (cold, wind); acrid (taste, smell, smoke); *Fig:* caustic (wit, remark). '**B ~ ring,** *m* -(e)s/-e teething ring. '**B ~ zange,** *f* -/-n *Tls:* (pair of) pliers.

'**Beistand,** *m* -(e)s/no pl assistance; (*Unterstützung*) support, j-m B. leisten, to help, assist s.o.

'**beistehen,** *v.i.sep.irr.100* (haben) j-m b., to help/(*in Schwierigkeiten*) stand by s.o.

'**Beisteuer,** *f* -/no pl financial contribution. '**b ~ n,** *v.tr.sep.* to contribute (money, ideas etc.) (**zu etwas** *dat,* to sth.).

'**beistimmen,** *v.i.sep.* (haben) j-m, **einem Vorschlag b.,** to agree with s.o., a proposal.

Beitrag ['baitra:k], *m* -(e)s/ᵉe contribution (**zu** + *dat,* to); (*Mitgliedsb.*) subscription; *Ins:* premium; *Journ:* article. **b ~ en** ['-gən], *v.tr. & i.sep.irr.85* (haben) to contribute (sth.) (**zu etwas** *dat,* to sth.); **jeder trug (etwas) dazu bei, daß der Abend ein Erfolg wurde,** everyone played his part in making the evening a success. '**b ~ sfrei,** *adj.* non-contributory (pension scheme etc.). '**b ~ spflichtig,** *adj. Ins:* (*Pers.*) liable to pay contributions.

´**beitreten**, *v.i.sep.irr.105* (*sein*) **einem Verein, einer Partei usw. b.**, to join a club, party etc.

´**Beitritt**, *m* -(e)s/-e joining (**zu einem Verein usw.**, of a club etc.). ´**B ~ sgebühr**, *f* -/-en membership fee.

´**Beiwagen**, *m* -s/- 1. *Motor Cy:* sidecar. 2. trailer (of a tram etc.).

´**Beiwerk**, *n* -(e)s/*no pl* trimmings; *esp. Cl:* accessories; *Fig:* **überflüssiges B.**, irrelevance.

´**beiwohnen**, *v.i.sep.* (*haben*) **etwas** *dat* **b.**, to be present at sth.

´**Beiwort**, *n* -(e)s/-̈er epithet.

Beiz|e [´baitsə], *f* -/-n 1. (*a*) corrosive; (*b*) *Cu:* pickle, marinade. 2. (*für Holz*) stain. ´**b ~ en**, *v.tr.* (*a*) *Cu:* to pickle, marinate (meat); (*b*) to stain (wood). ´**B ~ mittel**, *n* -s/- 1. corrosive. 2. (wood) stain.

bei´zeiten, *adv.* in good time.

bejah|en [bə´ja:ən], *v.tr.&i.* (*haben*) to say yes (to a question), answer (a question) in the affirmative; (*billigen*) to approve of, accept (s.o., sth.). **b ~ end**, *adj.* positive (attitude); affirmative (answer). **B ~ ung**, *f* -/-en (*a*) affirmative answer; **zum Zeichen der B.**, as a sign of agreement; (*b*) approval, acceptance.

bejahrt [bə´ja:rt], *adj.* aged. **B ~ heit**, *f* -/*no pl* advanced age.

be´jammern, *v.tr.* to bewail (sth.), lament (s.o.).

be´jubeln, *v.tr.* to cheer (s.o., sth.), give (s.o.) a rousing reception; to acclaim (an idea etc.).

be´kämpf|en, *v.tr.* to fight (an opponent, a pest, plan etc.), to combat (an epidemic, evil etc.). **B ~ ung**, *f* -/*no pl* fight, battle (+ *gen*, against); **B. von Schädlingen**, pest control.

bekannt [bə´kant], *adj.* 1. well-known; (*berühmt*) famous (**für etwas** *acc*, for sth.); **der b ~ este Fall**, the best-known case. 2. (*Tatsache, Person*) known (**j-m**, to s.o.); (*seit langem/ von früher*) familiar; **es ist allgemein b., daß . . .**, it is widely known/common knowledge that . . .; **mir ist das schon b.**, I know that already; **sie kam mir b. vor**, she seemed familiar; **sie sind seit langem mit Schmidts b.**, they have known the Schmidts for a long time; **wir sind miteinander b. geworden**, we got to know each other; **darf ich Sie mit meinem Mann b. machen?** may I introduce you to my husband? **j-n mit etwas** *dat* **b. machen**, to familiarize s.o. with sth./inform s.o. of sth. **B ~ e(r)**, *m & f decl. as adj.* acquaintance; friend. **B ~ ~ enkreis**, *m* -es/-e circle of acquaintances. **b ~ er´maßen**, _adv._ as is well known. **B ~ gabe**, *f* -/-n announcement; disclosure. **b ~ geben**, *v.tr.sep.irr.35* to announce, disclose (sth.). **b ~ lich**, *adv.* as is well known; **er hat b. keine Geduld**, everybody knows he has no patience. **b ~ machen**, *v.tr.sep.* to publish, make known (findings, a discovery etc.). **B ~ machung**, *f* -/-en (*a*) publication; **öffentliche B.**, official announcement; (*b*) (*Anschlag*) notice. **B ~ schaft**, *f* -/-en 1. *no pl* acquaintance; *Hum:* **mit dem Schnee usw. B. machen**, to make contact with the snow etc. 2. (*a*) circle of acquaintances; **er lud seine ganze B. ein**, he invited all his friends; (*b*) **ihre neue B.**, her new boy friend. **b ~ werden**, *v.i. sep.irr.109* to become public/known.

be´kehr|en, *v.tr.* (*a*) to convert (s.o.) (**zum Christentum**, to Christianity); **sich b. (lassen)**, to be converted; (*b*) **j-n zu einer Ansicht usw. b.**, to bring s.o. round to a point of view etc.; **B ~ te(r)**, *m & f decl. as adj.* convert. **B ~ ung**, *f* -/-en conversion (**zu** + *dat*, to). **B ~ ungseifer**, *m* -s/*no pl* missionary zeal.

be´kenn|en, *v.tr.irr.51* to admit (one's mistake, guilt); to confess (the truth, one's sins, that . . .); **sich zu Christus usw. b.**, to declare one's faith in Christ etc.; **sich zu j-m b.**, to stand by s.o.; **sich (als) schuldig b.**, to admit one's guilt; *Jur:* to plead guilty. **B ~ tnis**, *n* -ses/-se confession (of one's sins etc.); *Jur:* **B. zur Schuld**, plea of guilty; (*b*) declaration of one's belief (**zu etwas** *dat*, in sth.); *Rel:* profession (of faith); (*c*) (*Konfession*) denomination. **b ~ tnislos**, *adj.* without religion. **B ~ tnisschule**, *f* -/-n denominational school.

be´klag|en, *v.tr.* (*a*) *Lit:* to grieve over, lament (a loss, death etc.); (*bedauern*) to deplore (sth.); **Menschenleben waren nicht zu b.**, there was no loss of life; (*b*) **sich b.**, to complain (**bei j-m**, to s.o.; **über etwas** *acc*, about sth.). **b ~ enswert**, *adj.* lamentable; deplorable. **B ~ te(r)**, *m & f decl. as adj. Jur:* defendant.

be´kleben *v.tr.* **etwas mit Bildern usw. b.**, to stick/paste pictures etc. onto sth.

be´kleckern/be´klecksen, *v.tr. F:* to stain, blot (a garment etc.).

be´kleid|en, *v.tr.* (*a*) to dress (s.o.); **nur mit einer Badehose bekleidet**, wearing only swimming trunks; (*b*) *Lit:* to hold (an office). **B ~ ung**, *f* -/-en 1. clothing. 2. tenure (of an office). **B ~ ungsindustrie**, *f* -/*no pl* clothing industry.

be´kleistern, *v.tr.* to paste (wallpaper etc.).

be´klemm|en, *v.tr.* to oppress (s.o., s.o.'s spirits etc.). **b ~ end**, *adj.* oppressive; stifling (atmosphere). **B ~ ung**, *f* -/-en feeling of oppression/ (*Angst*) apprehension.

beklommen [bə´klɔmən], *adj.* anxious, uneasy. **B ~ heit**, *f* -/*no pl* anxiety; uneasiness.

bekloppt [bə´klɔpt], *adj. P:* crazy, bonkers.

be´kommen, *v.tr.irr.53* 1. *v.tr.* to get (sth.); (*a*) (*erhalten*) to receive (a letter, permission, money, etc.); to get (a headache, cold etc.); to have (a stroke etc.); **eine Strafe/Prügel b.**, to be punished/beaten; **Besuch b.**, to have visitors; **ein Kind b.**, to have a baby; (*im Geschäft usw.*) **b. Sie schon?** are you being served? **wieviel b. Sie?** how much do I owe you? **das habe ich geschenkt b.**, I got/was given that as a present; (*b*) (*sich verschaffen*) to obtain (sth.); **es sind keine Karten mehr zu b.**, there are no more tickets available; **den Zug/Bus noch b.**, to catch the train/bus; (*c*) **er ist nicht ins Bett zu b.**, you can't get him to go to bed; (*d*) **etwas zu essen b.**, to get sth. to eat; **j-s Zorn/zu spüren b.**, to get a taste of s.o.'s anger; **viel zu sehen/hören b.**, to get to see/hear a lot; (*e*) (*Zustand*) **Angst/ Hunger b.**, to get frightened/hungry; **damit wirst du Ärger b.**, you'll have trouble with that; **er bekam plötzlich Lust zu baden**, he suddenly felt like having a swim; (*Sachen*) **Form/Gestalt b.**, to take shape; **seine Stimme bekam einen zärtlicheren Ton**, his voice took on a gentler tone. 2. *v.i.* (*sein*) **j-m b.**, (*Nahrung, Klima usw.*) to agree with s.o.; (*Ruhe, Urlaub usw.*) to do s.o. good; **der Wein ist mir nicht b./schlecht b.**, the wine disagreed with me.

bekömmlich [bə'kœmliç], *adj.* wholesome; **leicht/schwer b.**, easily digestible/indigestible. **B ~ keit**, *f* -/*no pl* wholesomeness.

be´kräftig|en, *v.tr.* to confirm (an opinion, suspicion etc.), strengthen (s.o.) **(in seiner Überzeugung**, in his conviction); **etwas mit einem Handschlag b.**, to shake hands on sth. **B ~ ung**, *f* -/-en confirmation; **zur B. seiner Aussage**, in support of his statement.

be´kreuzigen, *v.refl.* to cross oneself.

bekritteln *v.tr.* to find fault with (s.o., sth.)

be´kritzeln, *v.tr. F:* to scribble on (sth.).

be´krön|en, *v.tr. Lit:* to crown (s.o., *Fig:* sth.).

be´kümmer|n, *v.tr.* to trouble, worry (s.o.). **B ~ nis**, *f* -/-se *Lit:* sorrow, distress. **b ~ t**, *adj.* sorrowful; troubled.

be´kund|en, *v.tr.* (*a*) *Lit:* to display, manifest (one's feelings, intentions etc.); (*b*) *Jur:* (*Zeuge*) to testify (that . . .). **B ~ ung**, *f* / en (*a*) *Lit:* manifestation; (*b*) *Jur:* statement, testimony.

be´lächeln, *v.tr.* to smile (condescendingly/ pityingly) at (s.o., sth.).

be´lachen, *v.tr.* to laugh at/about (s.o., sth.).

be´laden, *v.tr. irr. 56* to load (s.o., a lorry etc.); **schwer b.**, heavily laden; *Fig:* **mit Sorgen b.**, weighed down with care.

Belag [bə'lu:k], *m* -(e)s/-e **1.** (*Schicht*) coating, layer; (*sehr dünn*) film; *Med:* fur (on the tongue); (*Zahnb.*) plaque. **2.** (road) surface; (floor-)covering; *Tchn:* lining (of brakes etc.). **3.** *Cu:* filling (for sandwiches etc.).

be´lager|n, *v.tr.* (*a*) to besiege (a town etc.); (*b*) *F:* to crowd round, mob (s.o., sth.). **B ~ ung**, *f* -/-en siege.

Belang [bə'laŋ], *m* -(e)s/-e **1.** *no pl* **von/ohne B.**, of consequence/no consequence, important/ unimportant. **2.** *pl* **B ~ e**, interests. **b ~ en**, *v.tr. Jur:* to sue, prosecute (s.o.). **b ~ los**, *adj.* unimportant. **B ~ losigkeit**, *f* -/-en **1.** *no pl* unimportance, insignificance. **2.** trifling matter.

be´lassen, *v.tr.irr.57* to leave (s.o., sth.); **wir haben es dabei b.**, we left it at that.

belast|bar [bə'lastba:r], *adj. P.N:* **maximal mit 5 Tonnen b.**, maximum load 5 tons; *Fl: Rad:* **mit 50W b.**, capable of handling 50 watts. **B ~ barkeit**, *f* -/-en load(-bearing)/*El: Rec:* power handling capacity. **b ~ en**, *v.tr.* (*a*) to load, place a load/strain on (sth.); *Fig:* to burden (oneself, one's memory etc.); *Tchn:* **einen Motor usw. zu stark b.**, to overload an engine etc.; **die Arbeit belastete ihn sehr**, the work is weighing heavily upon him/*F:* is getting him down; **der Gedanke belastete ihn**, the thought preyed on his mind; (*b*) *Fin:* to debit (an account) (**mit einem Betrag**, with an amount; **mit einer Hypothek belastet**, mortgaged; (*c*) *Jur:* to incriminate (s.o.). **B ~ ung**, *f* -/-en **1.** (*a*) *Tchn: Constr: El.E: etc:* load, (*Beanspruchung*) stress, strain (**eines Teils**, on a part); **zulässige B.**, safe (working) load; (*b*) *Fig:* strain (**für j-n**, on s.o., **des Kreislaufs usw.**, on the circulation etc.); **die B. durch seinen Beruf**, the demands of his job. **2.** *Fin:* debiting (of an account). **3.** *Jur:* incrimination. **B ~ ungsfähigkeit**, *f* -/*no pl* load

capacity. **B ~ ungsmaterial**, *n* -s/-ien *Jur:* incriminating evidence. **B ~ ungsprobe**, *f* -/-n *Mec.E: Constr: etc.* load test; *Fig:* gruelling test (of s.o.). **B ~ ungszeuge**, *m* -n/-n *Jur:* witness for the prosecution.

be´lästig|en, *v.tr.* to bother (s.o.), (*Mann*) molest (a girl); to pester (s.o.) (with questions etc.); **darf ich Sie noch einmal b.?** may I trouble you again? **B ~ ung**, *f* -/-en (*a*) *no pl* bothering; molestation; (*b*) importunity; (*Besuch usw.*) intrusion; **etwas als B. empfinden**, to find sth. annoying.

be´laubt, *adj.* (*Baum*) in leaf.

be´lauern, *v.tr.* to watch (s.o., sth.) secretly.

be´laufen, *v.refl.irr.58* **sich auf 100 DM** *acc* **b.**, to amount to 100 marks.

be´lauschen, *v.tr.* to eavesdrop on (s.o., a conversation).

be´leb|en, *v.tr.* (*a*) to give life to (s.o., sth.); (*b*) (*lebhafter machen*) to enliven (s.o., sth.); to stimulate (the economy etc.); to brighten, cheer up (a room etc.); **j-n neu b.**, (*Getränk usw.*) to revive (s.o.); (*Urlaub, Bad usw.*) to invigorate/ put new life into (s.o.); **sich b.**, to become more lively, liven up, (*Straße, Stadt usw.*) to come to life. **b ~ t**, *adj.* busy (road, town etc.); animated (conversation). **B ~ theit**, *f* -/*no pl* liveliness. **B ~ ung**, *f* -/-en livening up; revival, invigoration; stimulation. **B ~ ungsversuch**, *m* -(e)s/-e attempted resuscitation.

Beleg [bə'le:k], *m* -(e)s/-e (documentary) proof (**für** + *acc*, of); (*Scheck*) voucher, receipt; **B. für den Gebrauch eines Wortes usw.**, instance/ example of the use of a word etc. **b ~ en**, *v.tr.* (*a*) (*bedecken*) to cover (sth.); **die Küche mit Fliesen b.**, to lay tiles on the kitchen floor; **Brote mit Käse b.**, to put cheese on pieces of bread; (*b*) (*reservieren*) to reserve (a seat, table, room); *Univ:* **Vorlesungen b.**, to enrol for lectures; *Sp:* **deutsche Reiter belegten die ersten drei Plätze**, German riders filled the first three places; (*c*) **Kaffee ist mit hohem Zoll belegt**, coffee carries a heavy duty; (*d*) (*beweisen*) to substantiate, provide documentary evidence for (sth.); **seine Ausgaben mit Quittungen b.**, to produce receipts as proof of one's expenses; **etwas durch Beispiele b.**, to illustrate sth. with examples. **B ~ exemplar**, *n* -s/-e *Pub:* voucher copy, author's copy; *Journ:* file copy. **B ~ schaft**, *f* -/-en employees, personnel (of a firm). **b ~ t**, *p.p. as adj.* (*a*) furred, coated (tongue); husky (voice); **b ~ e Brote**, open sandwiches; (*b*) (*Zimmer, Platz*) taken; (*c*) **das Wort ist mehrfach bei Shakespeare b.**, several instances of the word occur in Shakespeare.

be´lehr|en, *v.tr.* to inform, instruct (s.o.) (**über etwas** *acc*, about sth.); **er belehrte uns darüber, wie das System funktioniert**, he explained to us how the system works, **b ~ d**, instructive; **er ist nicht zu b.**, he won't listen to reason; he thinks he knows better; *Hum:* **ich bin belehrt!** I stand corrected. **B ~ ung**, *f* -/-en (*a*) *no pl* informing, instruction (of s.o.); (*b*) advice; correction.

beleibt [bə'laipt], *adj.* corpulent, portly. **B ~ heit**, *f* -/*no pl* corpulence, portliness.

beleidig|en [bə'laidigən], *v.tr.* to offend (s.o., *Fig:* the eye, ear); (*absichtlich*) to insult (s.o.); **b ~ de Bemerkungen**, offensive remarks; **ein**

beleidigtes Gesicht machen, to look offended. **B~ung,** *f* -/-en insult; *Jur:* slander, (*schriftlich*) libel; *Fig:* offence (**des guten Geschmacks,** against good taste).

belemmert [bə'lɛmərt], *adj. F:* (*a*) sheepish (person, expression); (*b*) wretched (weather etc.).

be'lesen, *adj.* well-read. **B~heit,** *f* -/*no pl* wide reading.

be'leucht|en, *v.tr.* to light (a street, room etc.); to illuminate (a scene etc.); *Fig:* to shed light on, illuminate (a point etc.). **B~er,** *m* -s/- *Th: Cin:* lighting engineer. **B~ung,** *f* -/-en lighting; (*Licht*) light; *esp. Fig:* illumination; illustration (of a question/point). **B~ungs-,** *comb.fm.* lighting (system, regulations etc.); light (intensity etc.); **B~körper** *m,* light fixture.

beleumundet [bə'lɔymundət], *adj.* **gut/schlecht b.,** of good/ill repute.

belfern ['bɛlfərn], *v.i.* (*haben*) *F:* (*Hund*) to yelp.

Belg|ien ['bɛlgiən]. *Pr.n.n* -s. Belgium. **'B~ier(in),** *m* -s/- (*f* -/-nen) & **'b~isch,** *adj.* Belgian.

be'licht|en, *v.tr. Phot:* to expose (a photograph etc.). **B~ung,** *f* -/-en *Phot:* exposure. **B~ungsmesser,** *m* -s/- *Phot:* light meter.

be'lieb|en. I. *v.i.* (*haben*) (*a*) *A:* & *Hum:* to be inclined (to do sth.); **Sie b. zu scherzen!** you must be joking! (*b*) **wie es Ihnen beliebt,** as you like. **II. B.,** *n* -s/*no pl* will, pleasure; **nach B.,** as one likes/chooses; at will; *Cu:* to taste. **b~ig,** *adj.* **1.** *attrib.* any (at all/ you like); **wählen Sie eine b~e Farbe,** choose any colour you like. **2.** *adv.* **b. lange/viel,** as long/much as one likes; **etwas b. verändern,** to alter sth. at will. **b~t,** *adj.* popular (**bei j-m,** with s.o.); *Com:* in demand; (*Pers.*) **sich bei j-m b. machen,** to get into s.o.'s good books; **eine b~e Ausrede,** a favourite excuse. **B~theit,** *f* -/*no pl* popularity.

be'liefer|n, *v.tr.* to supply (s.o.) (**mit** + *dat,* with). **B~ung,** *f* -/*no pl* supplying.

bellen ['bɛlən], *v.i.* (*haben*) to bark.

Belletrist|ik [bɛle'tristik], *f* -/*no pl* fiction. **b~isch,** *adj.* literary; fictional.

be'lohn|en, *v.tr.* to reward (s.o., patience etc.) (**für** + *acc,* for; **mit** + *dat,* with). **B~ung,** *f* -/-en **1.** *no pl* rewarding. **2.** reward.

be'lüft|en, *v.tr.* to ventilate (a room etc.).

be'lügen, *v.tr.irr.63* to lie to (s.o.); **sich b.,** to deceive oneself.

be'lustig|en, *v.tr.* to amuse, entertain (s.o.); *Lit:* **sich über j-n b.,** to make fun of s.o. **B~ung,** *f* -/-en amusement.

be'mächtigen, *v.refl.* **sich j-s, etwas** *gen* **b.,** to seize s.o., sth.

bemäkeln [bə'mɛ:kəln], *v.tr. F:* = **bemängeln.**

be'mal|en, *v.tr.* to paint; (*Kind*) to colour (a drawing); **die Kinder haben die Wände bemalt,** the children have daubed paint on the walls. **B~ung,** *f* -/-en painting.

bemängel|n [bə'mɛŋəln], *v.tr.* to find fault with (s.o., sth.). **B~ung,** *f* -/-en fault-finding.

be'mann|en, *v.tr.* to man (a ship etc.). **b~t,** *adj.* manned.

bemerk|bar [bə'mɛrkbɑ:r], *adj.* noticeable, perceptible; **sich b. machen,** to draw attention

to oneself/itself; **die Anstrengung machte sich allmählich b.,** the strain gradually began to tell. **b~en,** *v.tr.* (*a*) to notice (s.o., sth.); (*b*) (*sagen*) to remark (that . . .). **b~enswert,** *adj.* noteworthy, notable; remarkable (progress). **B~ung,** *f* -/-en remark, comment.

be'mess|en, *v.tr.irr.25* to calculate, fix (a price etc.) (**nach etwas** *dat,* according to sth.); *Tchn:* to rate (output); **er hat den Vorrat zu knapp b.,** he underestimated the amount of supplies that would be needed; **ein reichlich b~es Taschengeld,** a generous amount of pocket money; **meine Zeit ist knapp b.,** my time is limited. **B~ung,** *f* -/-en calculation; *Tchn:* rating.

be'mitleiden, *v.tr.* to pity, feel sorry for (s.o.). **b~swert,** *adj.* pitiable; (*Pers.*) to be pitied.

be'mittelt, *adj.* well off, well-to-do.

be'mogeln, *v.tr. F:* to cheat, con (s.o.).

be'müh|en. I. *v.tr.* (*a*) *Lit:* to trouble (s.o.) (**um etwas** *acc,* for sth.); to call on the services of (a doctor, lawyer etc.); (*b*) **sich b.,** to try (hard), take trouble (**etwas zu tun,** to do sth.); **bemüht sein, etwas zu tun,** to endeavour/be at pains to do sth.; **sich (sehr) b., pünktlich zu sein,** to do one's best to be punctual; **er bemühte sich sehr um sie,** he gave her a lot of attention/(*warb um sie*) courted her assiduously; **b. Sie sich nicht!** don't trouble yourself! (*c*) (*sich kümmern*) **sich um einen Patienten usw. b.,** to attend to a patient etc.; **sich um eine Stellung/j-s Vertrauen b.,** to try to get a job/win s.o.'s confidence; **wir müssen uns um einen Nachfolger b.,** we must take steps to find a successor. **II. B.,** *n* -s/*no pl* endeavour; **vergebliches B.,** wasted effort. **B~ung,** *f* -/-en *esp. pl* (*a*) efforts (**um etwas** *acc,* to achieve/obtain sth.); (*b*) (*Dienstleistungen*) services.

be'muttern, *v.tr.* to mother (s.o.).

be'nachbart, *adj.* neighbouring (town etc.); **b~e Familie,** family living nearby.

be'nachrichtig|en, *v.tr.* to inform, *Adm:* notify, *Com:* advise (s.o.) (**von etwas** *dat,* of sth.). **B~ung,** *f* -/-en notification.

be'nachteilig|en, *v.tr.* to treat (s.o.) unfairly, discriminate against (s.o.); (*Vorschrift usw.*) to put/place (s.o.) at a disadvantage. **b~t,** *adj.* deprived, underprivileged; **durch sein Alter b.,** at a disadvantage/handicapped due to his age. **B~ung,** *f* -/-en (*a*) unfair treatment, discrimination; (*b*) disadvantage, handicap.

benannt [bə'nant], *p.p. of* **benennen,** *q.v.*

benebelt [bə'ne:bəlt], *adj.* tipsy; fuddled (brain).

Benediktiner [benedik'ti:nər], *m* -s/- Benedictine (monk, liqueur). **B~in,** *f* -/-nen Benedictine nun.

Benefiz- [bene'fi:ts], *comb.fm.* charity (performance etc.); *Sp:* benefit (match).

be'nehm|en. I. *v.refl.irr.69* **sich b.,** to behave; **sich schlecht b.,** to misbehave/behave badly; **benimm dich!** behave yourself! **II. B.,** *n* -s/*no pl* behaviour, conduct; **er hat kein B.,** he has no manners.

be'neiden, *v.tr.* to envy (s.o.); **j-n um etwas** *acc* **b.,** to envy s.o. sth. **b~swert,** *adj.* enviable (success etc.); **nicht b.,** not to be envied.

be'nenn|en, *v.tr.irr.51* to name (s.o., sth.) (**nach**

+ *dat.* after; **als,** as). **B ~ ung,** *f* -/-en **1.** *no pl*
naming. **2.** (*Name*) name, designation.
Bengel ['bɛŋəl], *m* -s/- & *F:* -s (*a*) lad, youth;
(*frech*) rascal; **dummer B.,** stupid lout; (*b*)
(*kleiner Junge*) **süßer kleiner B.,** dear little boy.
Benimm [bə'nim], *m* -s/*no pl F:* manners.
benommen [bə'nɔmən], *adj.* dazed, stunned.
B ~ heit, *f* -/*no pl* dazed/stunned state.
benoten [bə'noːtən], *v.tr. Sch:* to mark (work).
be'nötigen, *v.tr.* to need, require (sth.).
be'nutz|bar, *adj.* usable. **b ~ en/benützen,**
v.tr. to use (sth.); to take (the car, train, a taxi
etc.); **die Gelegenheit b.,** to take (advantage of)
the opportunity. **B ~ er/Benützer,** *m* -s/-
user, borrower. **B ~ ung/Benützung,** *f* -/*no
pl* use; **ein Gebäude der öffentlichen B. über-
geben,** to open a building to the public.
B ~ ungsgebühr, *f* -/-en fee for use; (*für eine
Brücke*) toll; (*Leihgebühr*) hire charge.
Benzin [bɛn'tsiːn], *n* -s/-e petrol; *N.Am:* gas(o-
line). **B ~ kanister,** *m* -s/- jerry can. **B ~ uhr,**
f -/-en *Aut:* fuel gauge. **B ~ verbrauch,** *m*
-(e)s/*no pl* petrol/gas consumption.
beobacht|en [bə'ʔoːbaxtən], *v.tr.* (*a*) to watch,
(*kontrollieren*) observe (s.o., sth.); **einen Pati-
enten b.,** to keep a patient under observation;
(*b*) (*bemerken*) to notice (sth.); **etwas an j-m b.,**
to notice sth. about s.o.; (*c*) (*einhalten*) to ob-
serve (rules, silence etc.), comply with (the law,
regulations). **B ~ er,** *m* -s/- observer; *Mil:*
spotter. **B ~ ung,** *f* -/-en observation; **unter B.
der Vorschriften,** (while) observing/keeping to
the regulations. **B ~ ungsflugzeug,** *n* -(e)s/-e
reconnaissance/spotter plane. **B ~ ungsgabe,**
f -/*no pl* powers of observation. **B ~ ungs-
posten,** *m* -s/- *Mil:* **1.** observation post; **auf
B.,** on lookout duty. **2.** (*Pers.*) lookout.
be'packen, *v.tr.* to load (s.o., sth.).
be'pflanzen, *v.tr.* to plant (a border etc.).
be'pinseln, *v.tr. F:* to paint (one's face etc.),
Pej: daub (sth.); *Cu:* to brush (pastry, meat).
bequem [bə'kveːm], *adj.* (*a*) comfortable (chair,
shoes etc.); **mach es dir b.,** make yourself at
home; (*b*) easy (route, life, way etc.); **b ~ er Job,**
cushy job; **b ~ e Ausrede,** convenient excuse;
adv. **es ist b. in einer Stunde zu erreichen,** it can
easily be reached in an hour. **2.** (*Pers.*) easy-
going; (*faul*) lazy; **dazu ist er viel zu b.,** he's
much too lazy for that. **b ~ en,** *v.refl. esp. Iron:*
sich (dazu) b., etwas zu tun, to deign to do sth.
B ~ lichkeit, *f* -/-en **1.** comfort. **2.** *no pl* lazi-
ness.
berappen [bə'rapən], *v.tr. P:* to cough up
(money).
be'rat|en, *v.irr.13* **1.** *v.tr.* (*a*) to advise (s.o.);
sich b. lassen, to take advice; **eine b ~ de
Tätigkeit ausüben,** to act in an advisory capa-
city; **gut b. sein, etwas zu tun,** to be well advised
to do sth.; (*b*) (*besprechen*) to discuss, debate
(sth.). **2.** *v.i.* (*haben*) & *refl.* (**sich**) **mit j-m (über
etwas** *acc*) **b.,** to confer/consult (about sth.)
with s.o.; **sie berieten (miteinander), was zu tun
sei,** they discussed what was to be done.
B ~ er(in), *m* -s/- (*f* -/-nen) adviser; (*Eheb.*)
(marriage) counsellor. **b ~ schlagen,** *v.i.*
(*haben*) to confer (**mit j-m über etwas** *acc*, with
s.o. about sth.). **B ~ schlagung,** *f* -/-en de-
liberation; discussion. **B ~ ung,** *f* -/-en **1.**

advice; (marriage, occupational) guidance;
Med: Jur: consultation. **2.** (*Besprechung*) dis-
cussion. **3.** = **B ~ ungsstelle. B ~ ungsdienst,**
m -(e)s/-e advisory service; (*Fürsorge usw.*)
counselling service. **B ~ ungskosten,** *fpl Jur:
etc:* consultation fees. **B ~ ungsstelle,** *f* -/-n
advice bureau; *Med:* (*für Familienplanung
usw.*) clinic.
be'raub|en, *v.tr.* to rob (s.o.) (**einer Sache** *gen*,
of sth.); *Fig:* **j-n seiner Rechte b.,** to divest/de-
prive s.o. of his rights. **B ~ ung,** *f* -/-en rob-
bery; *Fig:* deprivation.
be'rauschen, *v.tr.* to intoxicate (s.o.); **sich an
Wein/Bier** *dat* **b.,** to get drunk on wine/beer;
Fig: **der Erfolg berauschte ihn,** he was euphoric
with this success. **b ~ d,** *adj.* intoxicating
(drink); heady (perfume).
berech|enbar [bə'rɛçənbaːr], *adj.* calculable.
b ~ nen, *v.tr.* (*a*) to calculate, work out (sth.);
(*schätzen*) to estimate (the price etc.) (**auf** +
acc, at); (*b*) **j-m etwas mit 10 Mark b.,** to charge
s.o. 10 marks for sth.; **j-m zu viel/wenig b.,** to
overcharge/undercharge s.o. **b ~ nend,** *adj.*
calculating (person). **B ~ nung,** *f* -/-en **1.**
calculation. **2.** *no pl* **mit B.,** deliberately; **aus B.
handeln,** to act from calculated self-interest.
berechtig|en [bə'rɛçtigən], *v.tr.* to entitle (s.o.)
(**zu etwas** *dat,* to sth.); (*Pers.*) to authorize (s.o.)
(to do sth.). **b ~ t,** *adj.* justified (hope, com-
plaint etc.); legitimate (reason, pride etc.).
b ~ terweise, *adv.* justifiably. **B ~ ung,** *f* -/-en
1. entitlement; right; (*Befugnis*) authoriza-
tion, authority (**zu etwas** *dat,* to (do) sth.); **mit
voller B.,** with every justification. **2.** validity,
justness (of a claim etc.).
be'red|en, *v.tr.* (*a*) to talk (sth.) over; to discuss
(sth.); *Pej:* (*abfällig*) to gossip about (s.o., sth.);
(*b*) (*überreden*) to persuade (s.o.). **b ~ sam,** *adj.*
(*a*) eloquent; (*b*) (*redselig*) talkative. **B ~ sam-
keit,** *f* -/*no pl* eloquence. **b ~ t** [bə'reːt], *adj.*
eloquent. **B ~ theit,** *f* -/*no pl* eloquence.
Be'reich, *m occ. n* -(e)s/-e (*a*) region, area; **im
B. der Stadt,** within the confines of the town;
(*b*) field (of science, art etc.); realm (of tech-
nology, fantasy etc.); sphere (of politics etc.);
der private/öffentliche B., the private/public
sector; **im B. des Möglichen,** within the bounds
of possibility.
be'reicher|n, *v.tr.* (*a*) to enrich (oneself, a lan-
guage etc.); to extend (one's knowledge etc.);
to enlarge (a collection) (**um** + *acc,* by); (*b*)
sich b., to grow rich (**an** + *dat,* on). **B ~ ung,** *f*
-/*occ*-en **1.** enrichment; extension, enlargement.
2. (*sich bereichern*) personal gain; **wertvolle B.,**
valuable addition. **3.** (*Gewinn*) acquisition, gain.
be'reif|en, *v.tr. Aut:* to fit tyres to (a car etc.).
B ~ ung, *f* -/-en *Aut: etc:* (set of) tyres.
be'reinig|en, *v.tr.* to settle (an argument etc.);
to clear up (a problem etc.). **B ~ ung,** *f* -/-en
settlement; clearing up.
be'reisen, *v.tr.* to travel around, tour (a
country); *Com:* to travel, cover (an area) (as a
commercial traveller).
bereit [bə'rait], *adj.* (*Pers., Sache*) ready (**zu
etwas** *dat,* for sth.); **sich b. halten,** to hold one-
self in readiness; *Mil: etc:* (*einsatzb.*) to stand
by; **sich zu etwas** *dat* **b. zeigen/erklären,** to
show/declare one's willingness to do sth.

b ~ en, *v.tr.* j-m Sorgen/Kummer b., to cause s.o. worry/trouble; j-m Freude/eine Überraschung b., to give s.o. pleasure/a surprise; etwas *dat* ein Ende b., to put an end to sth. b ~ halten, *v.tr.sep.irr.45* to have (sth.) ready; (*für Notfälle*) to keep (sth.) handy. b ~ legen, *v.tr.sep.* to put (clothes, a meal etc.) out (ready) (j-m, for s.o.). b ~ liegen, *v.i.sep.irr.62* (*haben*) to be/lie ready. b ~ machen, *v.tr.sep.* to get (s.o., sth.) ready. b ~ s, *adv.* already; b. im 12. Jahrhundert, as early as the 12th century. B ~ schaft, *f -/-en* 1. (*a*) readiness; in B. sein/stehen, to be ready/*Mil:* on standby; (*b*) willingness (zur Hilfe/zu helfen, to help). 2. (*Polizeieinheit*) riot squad. B ~ schaftsarzt, *m -es/ːe* duty doctor. B ~ schaftsdienst, *m -(e)s/no pl* emergency service; B. haben, to be on standby (duty)/(*Arzt usw.*) on call; (*Apotheke*) to be open for late-night/Sunday dispensing. B ~ - schaftspolizei, *f -/no pl* police on standby, *esp.* riot police. B ~ schaftstasche, *f -/-en* *Phot:* every-ready case. b ~ stehen, *v.i. sep. irr.100* (*haben*) to be ready/waiting. b ~ stellen, *v.tr.sep.* to provide (machines, troops etc.); to make (funds etc.) available. B ~ stellung, *f -/no pl* provision. b ~ willig, *adj.* willing (etwas zu tun, to do sth.); *adv.* willingly, readily. B ~ willigkeit, *f -/no pl* willingness, readiness.

be′reuen, *v.tr.* to regret (sth., having done sth.); *Rel:* to repent (one's sins); nichts zu b. haben, to have nothing on one's conscience.

Berg [′bɛrk]. I. *m -(e)s/-e* (*a*) mountain, (high) hill; über B. und Tal, up hill and down dale; in die B ~ e fahren, to go to the mountains (for a holiday); *F:* der Dieb ist längst über alle B ~ e, the thief will be miles away by now; (*b*) *Fig:* B ~ e versetzen, to move mountains; mit etwas *dat* hinter dem B ~ (e) halten, to keep sth. quiet/dark; jetzt sind wir über den B., we are over the worst (of it); the worst is behind us; der Kranke ist über den B., the patient has turned the corner; (*c*) *F:* heap, pile (of work etc.); die Haare standen ihm zu B ~ e, his hair stood on end. II. ′B ~ -, *comb.fm.* 1. mountain (guide, hut etc.); climbing (boot etc.); B ~ bahn *f,* mountain railway; B ~ gipfel *m,* mountain summit/peak; B ~ hang *m,* mountainside; hillside; B ~ kamm *m,* (narrow) mountain ridge; B ~ kette *f,* mountain range; B ~ rettungsdienst *m/*B ~ wacht *f,* mountain rescue service; B ~ rücken *m,* (broad) mountain ridge; B ~ spitze *f,* mountain peak. 2. mining (engineer etc.); B ~ akademie *f,* college of mining. b ~ ′ab, *adv.* downhill, down(wards); *Fig:* mit ihm/mit dem Geschäft geht es b., he/the business is going downhill. ′B ~ ahorn, *m -s/-e* sycamore (tree). ′B ~ arbeiter, *m -s/-* miner. b ~ ′auf, *adv.* uphill, up(wards); *Fig:* mit ihm/dem Geschäft geht es wieder b., things are looking up for him/the business. ′B ~ bau, *m -(e)s/no pl* mining. ′B ~ fahrt, *f -/-en* 1. trip into the mountains. 2. uphill trip (of a cable car etc.). ′b ~ ig, *adj.* mountainous. ′B ~ kristall, *m -s/-e Miner:* rock crystal. ′B ~ kuppe, *f -/-n* brow (of a hill). ′B ~ mann, *m -(e)s/-leute* miner. ′B ~ not, *f* in B. geraten, to get into difficulties on a mountain. ′B ~ predigt, *f*

-/no pl B: die B., the Sermon on the Mount. ′B ~ rennen, *n -s/-* *Aut:* speed hillclimb. ′B ~ rutsch, *m -es/-e* landslide, landslip. ′B ~ sattel, *m -s/ː* saddle, col. ′b ~ steigen. I. *v.i.sep.irr.89* (*sein/occ. haben*) to go climbing/mountaineering. II. B., *n -s/no pl* mountaineering. ′B ~ steiger(in), *m -s/-* (*f -/-nen*) mountaineer, climber. ′B ~ -und- ′Tal-Bahn, *f -/-en* (*a*) switchback; *N.Am:* roller coaster; (*b*) (*Straße*) switchback road. ′B ~ wand, *f -/no pl* sheer mountainside; rock face. ′B ~ werk, *n -(e)s/-e* mine.

berg|en [′bɛrgən], *v.tr.irr.* (*pres.* birgt, *p.* barg, *p.p.* geborgen) (*a*) to salvage (cargo, a vessel); to recover (cargo, a dead body etc.); to rescue (accident victims etc.); *Agr:* to bring in (crops); (*b*) *Nau:* to take in (sails); (*c*) *Fig:* Gefahren/Vorteile in sich b., to have hidden dangers/advantages. ′B ~ ung, *f -/-en* salvage, recovery; rescue; bringing in (the crops). ′B ~ ungsaktion, *f -/-en* rescue/salvage operation.

Bericht [bə′riçt], *m -(e)s/-e* report (über + *acc,* on; von + *dat,* of); account (of an event, journey etc.); B. erstatten, to report. b ~ en, *v.tr. & i.* (*haben*) to report (sth.) (j-m, to s.o.); über etwas *acc*/von etwas *dat* b., to (give a) report on sth. B ~ erstatter, *m -s/-* *Journ:* reporter, correspondent. B ~ erstattung, *f -/no pl* report(s), reporting.

berichtig|en [bə′riçtigən], *v.tr.* to correct (s.o., sth.). B ~ ung, *f -/-en* correction.

beriesel|n, *v.tr.* (*a*) to sprinkle, spray (fields, plants etc.); (*b*) *f:* j-n mit Werbung/Musik b., to subject s.o. to continuous advertising/background music. B ~ ung, *f -/no pl* (*a*) sprinkling, spraying; (*b*) *F:* subjection to continuous advertising/background music etc. B ~ ungsanlage, *f -/-n Agr: etc:* spraying apparatus, sprinkler. B ~ ungsmusik, *f -/no pl F:* canned music; *Pej:* muzak.

be′ring|en, *v.tr.* to ring (birds etc.). b ~ t, *adj.* ringed (finger).

beritten [bə′ritən], *adj.* mounted (policeman etc.).

Berliner [bɛr′liːnər]. I. *m -s/-* 1. Berliner. 2. *Cu:* doughnut. II. *adj.* Berlin; B. Weiße, Berlin pale ale. b ~ isch, *adj.* Berlin (dialect etc.).

Bernhardiner [bɛrnhar′diːnər], *m -s/-/* B ~ hund, *m -(e)s/-e* St. Bernard (dog).

Bernstein [′bɛrnʃtain], *m -(e)s/no pl* amber.

bersten [′bɛrstən], *v.i. irr.* (*pres.* birst, *p.* barst, *p.p.* geborsten) (*sein*) to burst (von + *dat,* with); (*Mauer, Eis, Boden usw.*) to develop cracks; *Fig:* (bis) zum B. voll, full to bursting (point).

berüchtigt [bə′ryçtiçt], *adj.* notorious (wegen + *gen*/für + *acc,* for); disreputable (area, house etc.).

be′rücken, *v.tr.* to captivate, entrance (s.o.); von b ~ der Schönheit, ravishingly beautiful.

berücksichtig|en [bə′rykziçtigən], *v.tr.* (*a*) to take (sth.) into account/consideration; to consider (feelings, expense etc.); to allow, cater for (a possibility); to make allowances for (s.o.'s youth, ill-health etc.); (*b*) to consider (an application, s.o. for a job etc.). B ~ ung, *f -/no pl* consideration; unter B. der Tatsache, daß . . ., taking into account/bearing in mind the fact that ...; **eine B. Ihres Antrages ist unmöglich,** your application cannot be considered.

Beruf [bə'ru:f], *m* **-(e)s/-e** occupation; (*freier B.*) profession; (*handwerklich*) trade; **seinem B. nachgehen,** to pursue one's profession, carry on one's business; **von B.,** by profession/trade; **was ist er von B.?** what does he do? what is his job? **seinen B. verfehlen,** to miss one's vocation. **b ~ en. I.** *v.tr.irr.74* (*a*) **j-n zum Nachfolger b.,** to appoint s.o. as one's successor; *Univ:* **j-n auf einen Lehrstuhl/als Professor (nach X) b.,** to offer s.o. a chair (at X); (*b*) **sich b. auf** + *acc*, to quote/refer to (s.o., the law etc.) (*esp* as one's authority); **sich auf seine Unkenntnis b.,** to plead ignorance, **darf ich mich auf Sie b.?** may I mention your name (as a reference)? **II.** *adj.* (*a*) (*fähig*) competent; (*b*) **er fühlt sich dazu b.,** he feels he has a vocation for it. **b ~ lich,** *adj.* vocational (training etc.); professional (duties, advancement etc.); work (problems, prospects etc.); **b ~ e Tätigkeit/Stellung,** occupation; **b ~ er Ärger,** trouble at work; *adv.* **b. tätig sein,** to pursue one's profession; **ich bin b. verhindert,** I am unable to come for business reasons; **b. verreisen,** to go away on business. **B ~ s-,** *comb.fm.* (*a*) professional (footballer, soldier, boxer, criminal etc.); *Mil:* regular (soldier, officer, army); **B ~ ethos** *n,* professional ethics; **B ~ geheimnis** *n,* professional secrecy; **B ~ sportler** *m,* professional sportsman; **B ~ verband** *m,* professional/trade association; **B ~ beamte(r)** *m,* career civil servant; (*b*) vocational (training, school); **B ~ aussichten** *fpl,* career prospects; **B ~ berater(in)** *m(f),* careers officer/*Sch:* teacher; **B ~ beratung** *f,* vocational/careers guidance; (*c*) occupational (disease etc.), working (clothes etc.); **B ~ risiko** *n,* occupational hazard. **B ~ sleben,** *n* **-s/***no pl* world of work; **im B. stehen,** to be working/at work. **B ~ sschule,** *f* **-/-en** vocational school, *esp.* (compulsory) further education college (for day-release students). **b ~ stätig,** *adj.* working (person); **b. sein,** to have a job, go out to work. **B ~ stätigkeit,** *f* **-/***no pl* employment; occupation. **B ~ sverbot,** *n* **-(e)s/-e** ban prohibiting a teacher, doctor etc. from practising his profession; (*Arzt, Anwalt*) **B. bekommen,** to be struck off. **B ~ sverkehr,** *m* **-s/***no pl* rush-hour traffic. **B ~ ung,** *f* **-/-en 1.** appointment (**auf ein Amt/an ein Theater usw.,** to an office/a theatre etc.). **2.** *no pl* vocation (**zum Arzt,** to become a doctor); *Rel:* (divine) calling. **3.** *no pl* reference (**auf** + *acc,* to); **unter B. auf j-n, etwas** *acc,* with reference to s.o., sth. **4.** *Jur:* appeal. **B ~ ungsgericht,** *n* **-(e)s/-e/** **B ~ ungsinstanz,** *f* **-/-en** court of appeal.

be'ruhen, *v.i.* (*haben*) **auf etwas** *dat* **b.,** to be based/founded on sth./due to sth.; **eine Sache auf sich b. lassen,** to let a matter rest.

beruhig|en [bə'ru:igən], *v.tr.* to soothe, calm (s.o., the nerves etc.); to pacify; reassure (s.o.); to ease, relieve (one's conscience, pain etc.); to settle (the stomach); **b ~ des Mittel,** sedative; **sich b.,** to calm down, grow calm; (*Sturm, Aufregung usw.*) to die down; (*Lage*) to settle down, stabilize. **B ~ ung,** *f* **-/-en** (*a*) *no pl* soothing, calming; reassuring; **zur B. der Nerven,** to calm the nerves; (*b*) reassurance, comfort; (*c*) abatement (of a storm etc.).

B ~ ungsmittel, *n* **-s/-** sedative; (*gegen Depressionen*) tranquillizer.

berühmt [bə'ry:mt], *adj.* famous, renowned (**für** + *acc*/**wegen** + *gen,* for); *F:* **nicht b.,** nothing special; not up to much. **B ~ heit,** *f* **-/-en 1.** *no pl* fame; renown. **2.** famous person, celebrity.

be'rühr|en, *v.tr.* (*a*) to touch (s.o., sth.); (*zwei Sachen*) **sich b.,** to touch, come into contact; *Fig:* (*Ideen usw.*) to have something in common; (*b*) (*Schiff*) to call at (a port); (*Pers.*) to pass through (a town, country); (*c*) to mention, touch on (a subject, point etc.); (*d*) to affect (s.o.); **das berührt mich nicht,** it doesn't concern/affect me; **j-n angenehm b.,** to impress s.o. favourably; **es hat mich peinlich/schmerzlich b.,** it caused me embarrassment/pain. **B ~ ung,** *f* **-/-en 1.** contact; touch (of s.o.'s hand etc.); **mit j-m, etwas** *dat* **in B. kommen,** to come into contact with s.o., sth. **2.** *no pl* mention (of sth.).

be'säen, *v.tr.* to sow (a bed, field); *Fig:* **mit Blumen/Papier besät,** strewn with flowers/ paper.

be'sag|en, *v.tr.* (*Sache*) to say, mean (sth., nothing). **b ~ t,** *adj.* aforesaid.

besaiten [bə'zaitən], *v.tr.* to string (a violin etc.). *Fig:* (*Pers.*) **zart besaitet,** very sensitive.

besam|en [bə'za:mən], *v.tr.* to inseminate (a cow etc.). **B ~ ung,** *f* **-/-en** insemination.

besänftigen [bə'zɛnftigən], *v.tr.* to soothe, pacify (s.o.), calm (s.o.'s anger etc.); **sich b.,** to calm down. **B ~ ung,** *f* **-/***no pl* calming, soothing.

Be'satz, *m* **-es/=e 2.** *Cl:* trimming; facing.

Besatzung [bə'zatsuŋ], *f* **-/-en** (*a*) *Nau: Av:* crew; (*b*) *Mil:* occupying force, (*Garnison*) garrison. **B ~ s-,** *comb.fm.* occupying (army, troops etc.); occupied (area etc.); **B ~ zone** *f,* zone of occupation.

be'saufen, *v.refl.irr.75 P:* **sich b.,** to get plastered.

beschädig|en [bə'ʃɛ:digən], *v.tr.* to damage (sth.). **B ~ ung,** *f* **-/-en 1.** *no pl* damaging. **2.** damage (**einer Sache** *gen,* to a thing).

be'schaff|en¹, *v.tr.* to obtain, *F:* get (sth.) (**j-m,** for s.o.); **ich habe mir Arbeit beschafft,** I've got/found myself a job. **B ~ ung,** *f* **-/***no pl* obtaining. **B ~ ungskosten,** *pl* cost of acquisition; *Com:* prime cost.

be'schaffen², *adj.* **es ist so b., daß ...,** it is such/so constituted that ...; **wie ist es mit seiner Gesundheit b.?** what is the state of his health? **ich bin nun einmal so b.,** that's just the way I'm made. **B ~ heit,** *f* **-/***no pl* consistency; texture (of skin, material etc.); (*Zustand*) state, condition; (*Struktur*) structure, composition; (*Art*) nature, character; **j-s körperliche/seelische B.,** s.o.'s physical/mental make-up.

beschäftig|en [bə'ʃɛftigən], *v.tr.* to occupy (s.o., oneself) (**mit** + *dat,* with); **j-n b.,** to keep (s.o.) busy; (*Problem usw.*) to exercise s.o.'s mind; **sie beschäftigt sich viel mit den Kindern,** she spends a lot of time with the children; **sich mit einem Problem/Fall b.,** to concern oneself with a problem/case; *Ind: Com:* **die Firma beschäftigt 200 Leute,** the firm employs 200 people. **b ~ t,** *adj.* (*a*) busy (**mit** + *dat,* with); **er war damit b., einen Brief zu**

schreiben, he was busy writing a letter; (b) **bei einer Firma b. sein,** to be employed by/work for a firm. **B ~ ung,** f -/-en (a) (Tätigkeit) occupation; job; **es ist eine interessante B.,** it's interesting work; (b) no pl **die B. mit diesem Problem,** thinking about this problem; (c) no pl Ind: Com: employment. **b ~ ungslos,** adj. unemployed. **B ~ ungstherapie,** f -/-l occupational therapy.

be·schäm|en, v.tr. to make (s.o.) feel ashamed; to shame (s.o.). **b ~ end,** adj. humiliating; shameful. **B ~ ung,** f -/occ-en shame.

be·schatt|en, v.tr. (a) to shade (one's eyes, a path etc.); Fig: (schlechte Nachricht usw.) to cast a shadow over (events etc.); (b) (Polizei usw.) to shadow, tail (s.o.); Sp: to mark (one's opponent). **B ~ er,** m -s/- shadower, tail.

Beschau [bə·ʃau], f -/no pl inspection; Aus: (von Leichen) post-mortem. **b ~ en,** v.tr. to have a look at (sth.). **b ~ lich,** adj. tranquil, peaceful (person, life etc.); Rel: contemplative (order, book etc.). **B ~ lichkeit,** f -/no pl peacefulness, tranquillity; Rel: contemplation. **B ~ zeichen,** n -s/- hallmark.

Bescheid [bə·ʃait], m -(e)s/-e 1. (a) information, instruction(s) (**über** + acc, about); **B. hinterlassen,** to leave a message; (b) Adm: ruling; (official) decision. 2. F: **über etwas** acc **B. wissen,** to know about sth.; **er weiß B.,** he knows all about it; **in einer Stadt/in einem Fach B. wissen,** to know one's way about in a town/ be well up in a subject; **ich werde Ihnen B. sagen,** I'll let you know; **dem werde ich B. sagen!** I'll give him a piece of my mind!

be·scheiden, adj. modest (person, income etc.); unassuming (person); unpretentious (appearance etc.); adv. **b. anfragen, ob . . . ,** to venture to ask whether . . . **B ~ heit,** f -/no pl modesty.

be·scheinen, v.tr.irr.79 to shine on (s.o., sth.).

be·scheinig|en [bə·ʃainigən], v.tr. Adm: etc: to confirm, certify (sth.) (in writing); to acknowledge (receipt). **B ~ ung,** f -/-en 1. certification; (written) confirmation. 2. (Schein) certificate; (Quittung) receipt.

be·scheiß|en, v.tr.irr.4 P: to swindle (s.o.) (**um** + acc, out of).

be·schenken, v.tr. to give (s.o.) presents.

bescher|en [bə·ʃe:rən], v. 1. v.i. (haben) to give out (Christmas) presents. 2. v.tr. j-m **etwas b.,** (i) to give s.o. sth. (for Christmas); (ii) Lit: (Gott, das Schicksal) to bless s.o. with sth. **B ~ ung,** f -/-en 1. giving out of (Christmas) presents. 2. F: **da haben wir die B.!** there! I told you so! **eine schöne B.!** a nice mess!

bescheuert [bə·ʃɔyərt], adj. F: (Pers.) dotty.

be·schicken, v.tr. Ind: to charge (a furnace).

be·schieß|en, v.tr.irr.31 to fire/shoot at (a ship, aeroplane etc.); to bombard (a town, Ph: nucleus). **B ~ ung,** f -/-en bombardment. ·

be·schilder|n, v.tr. to signpost (a road). **B ~ ung,** f -/no pl 1. signposting. 2. coll. signposts.

be·schimpf|en, v.tr. to abuse (s.o.), call (s.o.) names. **B ~ ung,** f -/-en 1. no pl abusing. 2. vituperation; pl invective, abuse.

beschissen [bə·ʃisən], adj. P: lousy, bloody.

be·schlafen, v.tr. F: to sleep on (a problem etc.).

Beschlag [bə·ʃlɑːk], m -(e)s/-e (a) (metal) fittings (of a door, chest etc.); (b) film, mist (on metal, window etc.); (c) j-n, etwas **in B. nehmen,** to take s.o., sth. over completely; to monopolize s.o., sth. **b ~ en. I.** v.irr.85 **1.** v.tr. to put metal fittings on(to) (a door, etc.); to stud (boots etc.); to tip (a stick etc.) with metal; to shoe (a horse). **2.** v.i. (sein) (Glas) to steam/ mist up; (Metall) to bloom. **II.** adj. knowledgeable, well-informed; well up (**auf einem Gebiet,** in a subject). **B ~ enheit,** f -/no pl thorough knowledge (**in** + dat, of). **B ~ nahme,** f -/-n confiscation, seizure, esp. Mil: requisition. **b ~ nahmen,** v.tr. to confiscate (sth.); to seize, esp. Mil: requisition (land, property etc.).

be·schleichen, v.tr.irr.86 Lit: (Gefühl) to come over (s.o.).

beschleunig|en [bə·ʃlɔynigən], v. 1. v.tr. to quicken (one's steps etc.); to speed up (work, a process etc.); to hasten (s.o.'s recovery, collapse); **das Tempo b.,** to increase the pace; (Tempo, Puls) **sich b.,** to quicken. 2. v.i. (haben) Aut: to accelerate. **B ~ er,** m -s/- Ph: accelerator. **B ~ ung,** f -/-en 1. quickening; speeding up. 2. Ph: Aut: acceleration.

be·schließ|en, v.irr.31 1. v.tr. (a) to decide (that . . .); to decide on (sth.); **das ist beschlossene Sache,** that's settled; (b) Parl: to pass (a bill etc.); (c) (beenden) to end (a letter, speech etc.). 2. v.i. (haben) to make a decision, Parl: etc: (abstimmen) vote (**über** + acc, on).

Be·schluß, m -sses/-sse decision, resolution (of an assembly etc.); **einen B. fassen,** to come to a decision; Parl: etc: to pass a resolution. **b ~ fähig,** adj. competent to make decisions.

be·schmieren, v.tr. F: to smear (sth.) (with oil, paint etc.); **eine Mauer mit Propaganda b.,** to scribble slogans on a wall.

beschmutzen [bə·ʃmutsən], v.tr. to get (sth.) dirty, soil (sth.); (Hund) to foul (the pavement).

be·schneid|en, v.tr.irr.59 (a) to cut, trim (a hedge etc.); to cut back, prune (a tree, Fig: expenditure etc.); (b) Jew.Rel: etc: to circumcise (s.o.). **B ~ ung,** f -/-en 1. cutting, trimming; Hort: pruning. 2. circumcision.

be·schnüffeln/be·schnuppern, v.tr. (a) (Tier) to sniff (at) (s.o., sth.); (b) F: (Pers.) to have a good look at (sth.); **sie b. sich gegenseitig,** they are sizing one another up.

beschönigen [bə·ʃøːnigən], v.tr. to gloss over (a fault etc.); **b ~ der Ausdruck,** euphemism.

beschränk|en [bə·ʃrɛŋkən], v.tr. to limit, restrict (sth.) (**auf** + acc, to); **sich auf etwas** acc **b.,** (i) (Sache) to be limited/confined to sth.; (ii) (Pers.) to confine oneself to sth. **b ~ t,** adj. (a) limited (means, time etc.); slender (income); **b ~ e Sicht,** poor visibility; **in b ~ en Verhältnissen,** in straitened circumstances; Jur: Com: **b ~ e Haftung,** limited liability; adv. Com: **b. lieferbar,** available only in limited quantities; (b) (Pers.) (geistig) **b.,** of limited intelligence, dull-witted; (c) (engstirnig) narrow-minded. **B ~ theit,** f -/no pl 1. (a) limited intelligence; (b) narrow-mindedness. 2. limited nature. **B ~ ung,** f -/-en limitation, restriction; curb, restraint (**des Handels,** on trade).

beschrankt [bə'ʃraŋkt], *adj. Rail:* **b~er Bahnübergang**, level crossing with barriers.

be'schreib|en, *v.tr.irr.12* (*a*) to describe (sth.); (*b*) to write on (a piece of paper etc.); **zwei eng beschriebene Bogen**, two closely written pages. **B~ung**, *f -/-en* description.

beschrift|en [bə'ʃriftən], *v.tr.* to write (on) (a label etc.); to label (a jar, box etc.); *Pub:* to caption (illustrations). **B~ung**, *f -/-en* **1.** *no pl* writing; labelling; **große/kleine B.**, small/large lettering. **2.** (*Aufschrift*) inscription; label; *Pub:* caption.

beschuht [bə'ʃuːt], *adj.* shod.

beschuldig|en [bə'ʃuldigən], *v.tr.* **j-n (eines Verbrechens) b.**, to charge s.o. (with a crime), accuse s.o. (of a crime). **B~te(r)**, *m & f decl. as adj. Jur:* **der/die B.**, the accused/defendant. **B~ung**, *f -/-en* accusation.

be'schummeln, *v.tr. F:* to cheat (s.o.) (**um 5 Mark usw.**, out of 5 marks etc.).

Beschuß [bə'ʃus], *m -sses/no pl Mil: etc:* bombardment; **unter B.**, under fire; **eine Stadt usw. unter B. nehmen**, to open fire on a town etc.

be'schütz|en, *v.tr.* to protect (s.o., sth.) (**vor +** *dat*, against/from). **B~er**, *m -s/-* protector.

be'schwatzen, *v.tr. F:* to talk (s.o.) round; **j-n b.**, **etwas zu tun**, to talk s.o. into doing sth.

Beschwerde [bə'ʃveːrdə], *f -/-n* (*a*) complaint; *Jur:* **B. einreichen/einlegen**, to appeal; (*b*) *pl* pain, trouble; **die B~n des Alters**, the infirmities of old age. **b~frei**, *adj.* free from any complaint. **B~führende(r)**, *m & f decl. as adj./B~führer**, *m -s/-* complaint. **B~schrift**, *f -/-en* (written) complaint.

beschwer|en [bə'ʃveːrən], *v.tr.* (*a*) to weight (down) (a roof, net etc.); (*b*) **sich b.**, to complain (**über +** *acc*, about). **b~lich**, *adj.* tiring, arduous. **B~lichkeit**, *f -/-en* **1.** *no pl* tiresomeness, arduousness. **2.** inconvenience, difficulty. **B~ung**, *f -/-en* (*a*) *no pl* weighting (down); (*b*) weight.

beschwichtig|en [bə'ʃviçtigən], *v.tr.* to calm, pacify (s.o.); to placate (s.o., s.o.'s anger etc.); to ease (one's conscience); **b~de Geste**, conciliatory gesture. **B~ung**, *f -/-en* **1.** *no pl* soothing, calming; *esp. Pol:* appeasement; conciliation. **2.** soothing word/gesture. **B~ungspolitik**, *f -/no pl* policy of appeasement.

be'schwindeln, *v.tr. F:* to cheat, swindle (s.o.); (*belügen*) to tell (s.o.) fibs.

beschwingt [bə'ʃviŋt], *adj.* gay, lively; lilting (melody). **B~heit**, *f -/no pl* gaiety, liveliness.

beschwipst [bə'ʃvipst], *adj. F:* tipsy.

be'schwör|en, *v.tr.irr.91* (*a*) to swear to (a statement etc.); (*b*) (*anflehen*) to entreat, implore (s.o.) (**etwas zu tun**, to do sth.); (*c*) (*heraufb.*) to call up, invoke (spirits etc.); *Fig:* to evoke (the past, memories etc.); (*d*) (*austreiben*) to exorcise (a spirit etc.). **B~ung**, *f -/-en* **1.** entreaty; *pl* beseeching. **2.** invocation; exorcism; (*B~sformel*) incantation.

beseel|en [bə'zeːlən], *v.tr.* (*a*) to put/*Fig:* breathe life into (sth.); (*Schauspieler*) to bring (a character) to life; (*beseelte Natur*, animated nature; (*b*) (*Emotionen usw.*) to inspire (s.o.); **von Idealismus beseelt**, filled with idealism.

be'sehen, *v.tr.irr.92* to look at (s.o., sth.).

beseitig|en [bə'zaitigən], *v.tr.* to remove, get rid of (sth.), eliminate (mistakes etc.); to dispose of (rubbish etc.); to clear away (snow, a mess etc.); to remedy, rectify (an abuse). **B~ung**, *f -/no pl* removal, disposal; elimination.

Besen ['beːzən], *m -s/-* (*a*) broom; *F:* **ich fresse einen B., wenn . . .**, I'll eat my hat if . . .; (*b*) *P:* (*zänkische Frau*) battle-axe. **'B~ginster**, *m -s/no pl Bot:* broom. **'B~stiel**, *m -(e)s/-e* broom-handle, broomstick.

besessen [bə'zɛsən], *adj.* fanatical (cardplayer etc.); **von einer Idee b.**, obsessed with an idea; **wie b./wie ein B~er**, like a man possessed. **B~heit**, *f -/no pl* obsession; fanaticism.

be'setz|en, *v.tr.* (*a*) to occupy (a seat, post, *Mil:* a country etc.); to fill (a space, vacancy, *Th:* part etc.); *Th:* **ein Stück (neu) b.**, to (re-)cast a play; (*b*) (*verzieren*) to trim (a dress etc.); to set, stud (a crown etc.) (**mit Edelsteinen**, with jewels). **b~t**, *adj.* (*Sitz usw.*) taken; (*Toilette, Tel: Leitung*) engaged; (*Zug, Bus*) full; (*Abend usw.*) taken up, occupied; *F:* (*Pers.*) busy. **B~tzeichen**, *n -s/- Tel:* engaged tone. **B~ung**, *f -/-en* **1.** (*a*) *esp. Mil:* occupation; (*b*) filling (of a vacancy); *Th:* casting (of a play). **2.** *Th:* cast; **zweite B.**, understudy.

besichtig|en [bə'ziçtigən], *v.tr.* to look/go round (a school etc.); to view (a house); to see the sights of (a town); (*prüfen*) to inspect (sth., *Hum:* s.o.). **B~ung**, *f -/-en* look round, viewing; visit (**eines Museums**, to a museum); sightseeing (**einer Stadt**, in a town). **B~ungsfahrt**, *f -/-en* sightseeing tour.

besied|eln [bə'ziːdəln], *v.tr.* to settle (in), colonize (an area); **dünn/dicht besiedelt**, sparsely/densely populated. **B~(e)lung**, *f -/no pl* settlement, colonization.

besiegeln [bə'ziːgəln], *v.tr.* to seal (an agreement etc.).

be'sieg|en, *v.tr.* (*a*) to defeat (s.o., an army); *Fb: etc:* **eine Mannschaft mit 3 zu 2 b.**, to beat a team 3 : 2; (*b*) *Fig:* to overcome (doubts etc.). **B~te(r)**, *m & f decl. as adj.* loser. **B~ung**, *f -/no pl* defeat; *Fig:* overcoming.

besinn|en [bə'zinən], *v.refl.irr.3* (*a*) **sich b.**, to think, reflect; **sich anders b.**, to change one's mind; **sich eines Besseren b.**, to think better of it; **er hat sich endlich besonnen**, he has come to his senses at last; (*b*) **sich auf j-n, etwas** *acc* **b.**, to remember s.o., sth.; **wenn ich mich recht besinne**, if I remember rightly. **b~lich**, *adj.* thoughtful, contemplative. **B~lichkeit**, *f -/no pl* thought, contemplation. **B~ung**, *f -/no pl* consciousness; **ohne/nicht bei B.**, unconscious; **(wieder) zur B. kommen**, to regain consciousness; *Fig:* to come to one's senses. **b~ungslos**, *adj.* unconscious. **B~ungslosigkeit**, *f -/no pl* unconsciousness.

Be'sitz, *m -es/no pl* **1.** (*a*) property, possession(s); *Fin:* holding; (*b*) (*Gut*) **ein B.**, an estate. **2.** (*das B~en*) possession, ownership; **im B. von etwas** *dat* **sein**, to possess/be in possession of sth.; **etwas in B. nehmen/von etwas** *dat* **B. ergreifen**, to take possession of sth. **b~anzeigend**, *adj.* possessive (pronoun). **b~en**, *v.tr.irr.97* (*a*) to possess, own (property etc.); **die b~de Klasse**, the propertied class; (*b*) to have (talent, courage etc.). **B~er(in)**, *m -s/- (f -/-nen*) owner. **B~ergreifung**, *f -/no pl* taking possession; (*mit Gewalt*) seizure.

B ~ erwechsel, *m* -s/- change of ownership.
b ~ los, *adj.* without possessions, destitute.
B ~ nahme, *f* -/no *pl* taking possession.
B ~ tum, *n* -s/̈-er **1.** possession(s). **2.** (*Gut*)
property. **B ~ ung**, *f* -/-en property, estate;
Pol: **auswärtige B ~ en**, foreign possessions.
besoffen [bə'zɔfən], *adj. P:* well oiled, tight;
(**total**) **b.**, completely plastered, sloshed.
besohlen [bə'zo:lən], *v.tr.* to sole (a shoe etc.).
besold|en [bə'zɔldən], *v.tr.* to pay (a soldier,
civil servant etc.). **B ~ ung**, *f* -/-en *Adm:*
salary; *Mil:* pay.
besonder|e(r, s) [bə'zɔndərə(r,s)], *adj.* special;
particular (reason, wish, care etc.); **b. Kenn-
zeichen**, distinguishing marks/features; **im
b ~ n**, (i) in particular; (ii) (*im einzelnen*) speci-
fically; **etwas (ganz) B ~ s**, something (extra-)
special; **nichts B ~ s**, nothing special; nothing
in particular; **sie haben ein b ~ s Zimmer dafür**,
they have a special/separate room for it.
B ~ heit, *f* -/-en peculiarity; special feature.
b ~ s, *adv.* particularly; (e)specially; *F:* **der Film
war nicht b.**, the film wasn't up to much.
besonnen [bə'zɔnən], *adj.* prudent, level-headed;
(*umsichtig*) cautious; (*überlegt*) considered
(opinion, judgement); *adv.* **sich b. verhalten**, to
keep one's head. **B ~ heit**, *f* -/no *pl* prudence,
level-headedness; caution.
be'sorg|en, *v.tr.* (*a*) to get (hold of), (*kaufen*)
buy (sth.); **können Sie mir ein Taxi b.?** can you
get me a taxi? (*b*) to see to, take care of (sth.).
B ~ nis, *f* -/-se anxiety, concern (**um** + *acc*,
about). **b ~ niserregend**, *adj.* worrying; **sein
Zustand war b.**, his condition gave cause for
concern. **b ~ t**, *adj.* worried, concerned (**über**
+ *acc*/**wegen** + *gen*, about); **b. um** + *acc*,
concerned for (s.o.'s wellbeing etc.). **B ~ theit**,
f -/no *pl* anxiety, concern. **B ~ ung**, *f* -/-en **1.**
no pl **B. von etwas** *dat*, (*i*) getting sth.; (*ii*) deal-
ing with, taking care of sth. **2.** (*Kauf*) purchase;
ich habe noch B ~ en zu machen, I still have
some shopping to do/errands to run.
be'spannen, *v.tr.* (*a*) to cover (sth.) (**mit** + *dat*,
with); to string (a tennis racket etc.); (*b*) **mit
vier Pferden bespannt**, pulled by four horses.
be'spielen, *v.tr. Rec:* **ein Tonband mit etwas
dat b.**, to record sth. on tape; **bespielt**, recorded
(tape, cassette).
be'sprech|en, *v.tr.irr.14* (*a*) to discuss, talk
about (sth.), *Journ:* review (a book, film etc.);
sich mit j-m (über etwas *acc*) **b.**, to confer
with s.o. (about sth.); (*b*) **eine Schallplatte/ein
Tonband b.**, to record (one's voice on) a disc/
tape. **B ~ er**, *m* -s/- critic, reviewer. **B ~ ung**, *f*
-/-en discussion; conference; (*Rezension*)
review.
be'spritzen, *v.tr.* to splash, spatter (s.o.), spray
(a plant etc.).
be'spülen, *v.tr.* (*Meer usw.*) to wash (a coast).
besser ['besər], *adj.* (*a*) better; **b ~ e Leute**,
better-class/superior people; **b. ist b.**, better
safe than sorry; **b. spät als nie**, better late than
never; **er hat es b./ist b. dran als ich**, he's better
off than I am; **es kommt noch b.!** there's better
still to come! **ich habe B ~ es zu tun**, I've got
better things to do; (*b*) *Pej:* **eine b ~ e Scheune**,
a glorified barn; (*c*) *adv.* **du hättest b. ge-
schwiegen**, you would have done better to keep

quiet; (**oder**) **b. gesagt . . .**, or rather . . . **'b ~ n**,
v.tr. to improve (sth.); to reform (a criminal
etc.); **sich b.**, to improve, get better; (*Pers.*) to
reform, mend one's ways. **'B ~ ung**, *f* -/-en
improvement (+ *gen*, in); reformation; (*nach
Krankheit*) recovery (of a sick person); **auf dem
Wege der B.**, on the road to recovery; **gute B.!**
get well soon! **'B ~ ungsanstalt**, *f* -/-en
reformatory. **'B ~ wisser**, *m* -s/- know-all, *F:*
smart aleck.
best- ['best-], *comb.fm.* (*a*) best (paid, dressed
etc.); **b ~ möglich**, best possible; (*b*) *F:* most
(hated etc.). **'b ~ e(r, s)**, *adj.* best; (*a*) **im b ~ n
Fall(e)**, at best; **beim b ~ n Willen**, with the best
will in the world; **bei b ~ r Gesundheit**, in the
best of health; **er ist auf dem b ~ n Wege, etwas
zu werden**, he is well on the way/in a fair way
to becoming sth.; **ein Mann in den b ~ n Jahren/
im b ~ n Alter**, a man in his prime; **b ~ n Dank!**
many thanks; **mit den b ~ n Grüßen**, with very
best wishes; **das b. wäre abzureisen**, it would be
best to leave; (*b*) **der/die/das B.**, the best; **das
B. vom B ~ n**, the very best; the pick of the
bunch; **sein B ~ s tun**, to do one's best; **es
geschieht zu deinem B ~ n**, it is in your best
interests; **zum B ~ n der Behinderten**, for the
benefit of the handicapped; (*c*) *adv.phr.* **er
weiß es am b ~ n**, he knows best; **du kommst am
b ~ n morgen**, it would be best if you came
tomorrow; **einen Witz/ein Lied zum b ~ n
geben**, to tell a joke/sing a song; **j-n zum b ~ n
halten**, to make fun of s.o.; to pull s.o.'s leg.
'b ~ enfalls, *adv.* at (the) best. **'b ~ ens**, *adv.*
very well, excellently; **j-m b. danken**, to thank
s.o. very much (indeed). **'B ~ leistung**, *f*
-/-en *Sp:* best performance; (**absolute**) **B.**, record;
persönliche B., personal best. **'B ~ zeit**, *f* -/-en
Sp: fastest time. **'B ~ zustand**, *m* -(e)s/no *pl*
Advert: (in) immaculate/perfect condition.
Be'stand, *m* -(e)s/̈-e **1.** *no pl* continued exist-
ence, survival (of a nation, firm etc.); **B. haben/
von B. sein**, to be lasting/enduring. **2.** stock
(**an etwas** *dat*, of sth.; **von Bäumen**, of trees);
B ̃ e auffüllen, to replenish stocks; **eiserner B.**,
emergency/iron ration; *Fig:* **zum eisernen B.
gehören**, to be part of the essential core/*Th:
etc:* the basic repertoire. **b ~ en**, *p.p.* of
bestehen *q.v.* **B ~ saufnahme**, *f* -/-n *Com:*
stock-taking; **eine B. machen**, to take stock.
B ~ sliste, *f* -/-n stock list, inventory.
B ~ teil, *m* -(e)s/-e component, constituent
(part); *Fig:* element.
be'ständig, *adj.* (*a*) constant; *adv.* **er klagt b.**,
he is constantly/continually complaining; (*b*)
enduring (peace, friendship etc.); faithful,
steadfast (friend etc.); reliable, steady (worker
etc.); settled (weather); *Ch:* stable (compound
etc.); (*c*) (*widerstandsfähig*) resistant (**gegen** +
acc/**gegenüber** + *dat*, to). **B ~ keit**, *f* -/no *pl*
(*a*) permanence; constancy, faithfulness, re-
liability, steadiness; *Ch: etc:* stability; (*b*) re-
sistance (**gegen** + *acc*/**gegenüber** + *dat*, to).
be'stärk|en, *v.tr.* to confirm (s.o.'s suspicions,
doubts etc.); **j-n in seinem Vorsatz b.**, to
strengthen s.o. in his resolve. **B ~ ung**, *f* -/-en
pl confirmation; strengthening.
bestätig|en [bə'ʃtɛːtigən], *v.tr.* to confirm
(sth.); to corroborate, verify (a statement etc.),

endorse (an opinion etc.); (*bescheinigen*) to certify (sth., that . . .); *Jur:* to uphold (a decision, verdict); *Pol:* to ratify (an agreement); **einen Brief b.**, to acknowledge (receipt of) a letter; **der Verdacht hat sich bestätigt**, the suspicion proved to be well-founded; *Fig:* **er fühlte sich bestätigt**, he felt more confident. **B ~ ung**, *f -/-en* confirmation; corroboration, verification; *Pol:* ratification; *Com:* acknowledgement (of receipt).

bestatt|en [bə'ʃtatən], *v.tr. Lit:* to inter (a corpse); to lay (s.o.) to rest. **B ~ er**, *m -s/-* undertaker. **B ~ ung**, *f -/-en* interment, funeral. **B ~ ungsinstitut**, *n -(e)s/-e* (firm of) undertakers; *N.Am:* funeral parlor.

bestäub|en [bə'ʃtɔybən], *v.tr.* (a) to dust (sth.) (**mit Mehl usw.**, with flour etc.); (b) *Bot:* to pollinate (a plant). **B ~ ung**, *f -/no pl* pollination.

be'staunen, *v.tr.* to gaze at (s.o., sth.) in amazement/admiration.

be'stech|en, *v.tr.irr.14* (a) to bribe (s.o.); (b) *Fig:* to captivate (s.o.); *abs.* **die Lösung besticht durch ihre Einfachheit**, the attraction of this answer is its simplicity. **b ~ end**, *adj.* fascinating (person, appearance etc.); engaging (manner etc.); attractive, tempting (offer etc.); outstanding (impression, *Sp:* form etc.). **b ~ lich**, *adj.* open to bribery; corruptible. **B ~ lichkeit**, *f -/no pl* corruptibility. **B ~ ung**, *f -/-en* bribery, corruption. **B ~ ungsgelder**, *npl* bribes.

Besteck [bə'ʃtɛk], *n -(e)s/-e* **1.** (a) place setting; **ein B. auflegen**, to lay a place; (b) *no pl* cutlery. **2.** *Surg:* (set of) instruments. **B ~ kasten**, *m -s/-* canteen of cutlery.

be'stehen. I. *v.irr.100* **1.** *v.i.* (*haben*) (a) to exist; **das Geschäft besteht schon lange**, the business has been in existence for a long time; **es besteht . . .**; there is . . .; **darüber besteht kein Zweifel**, there is no doubt about it; (b) **b. aus** + *dat*, (i) to be made of (rubber, metal etc.); (ii) to consist of (several parts, two members etc.); **b. in** + *dat*, to consist in (sth.); **der Unterschied bestand darin, daß . . .**, the difference was that . . .; (c) **auf etwas** *dat* **b.**, to insist (up)on sth.; **sie b. darauf, daß . . .**, they insist that . . .; (d) (*sich bewähren*) to prove oneself (in danger, battle etc.); to make out, keep going (**gegenüber der Konkurrenz usw.**, in the face of competition etc.); to stand one's ground (**vor Kritik** *dat* usw., in the face of criticism etc.), *Sch:* (**mit gut**) **b.**, to pass the examination (with a B). **2.** *v.tr.* to pass (*Sch:* an examination; *Tchn: Fig: & etc:* a test). **II. B.**, *n -s/no pl* **1.** existence; **fünfzigjähriges B.**, fiftieth anniversary; **seit dem B. der Firma**, since the firm's foundation. **2.** endurance, survival. **3.** insistence (**auf** + *dat*, on). **4.** *Sch:* passing (an examination). **b ~ bleiben**, *v.i.sep.irr.12* (*sein*) to continue to exist, last; **das Angebot bleibt noch bestehen**, the offer still stands.

be'stehlen, *v.tr.irr.2* to rob (s.o.).

be'steig|en, *v.tr.irr.89* to climb (a mountain etc.); to go up (a tower); to mount, get on(to) (a horse, bicycle etc.); to board (a train etc.); to ascend (the throne). **B ~ ung**, *f -/-en* ascent.

Be'stell-, *comb.fm. Com:* order (book, number etc.); **B ~ schein** *m*, order form. **b ~ en**,

v.tr. (a) to order (goods, a meal etc.) (**bei j-m**, from s.o.); *abs.* **haben Sie schon bestellt?** have you (already) ordered? (b) to book (a table, *Th:* seats etc.); (c) **j-n zu sich b.**, to send for/summon s.o.; **ich habe ihn ins Café bestellt**, I have asked him to meet me in the café; **ich bin um 4 Uhr beim Arzt bestellt**, I have an appointment with the doctor at 4 o'clock; (d) (*ausrichten*) **bestell deinem Bruder schöne Grüße von mir**, give my regards to your brother; **kann ich etwas b.?** can I take a message? (e) (*ernennen*) to appoint (a representative etc.); **j-n zum Richter b.**, to appoint s.o. (as) a judge; (f) to cultivate (the land, a garden etc.); (g) **es ist um ihn/mit ihm schlecht bestellt**, things are going badly for him, he is in a bad way. **B ~ ung**, *f -/-en* **1.** *Com:* order (**auf/über** + *acc*, for); **auf B.**, to order. **2.** message. **3.** appointment. **4.** cultivation.

be'steuerbar, *adj.* taxable. **b ~ n**, *v.tr.* to tax (s.o., sth.); to rate (a building). **B ~ ung**, *f -/-en* taxation; (*Grundsteuer*) rates.

best|ialisch [besti'a:liʃ], *adj.* bestial, brutal. **B ~ ialität** [-ali'tɛːt], *f -/-n* (a) *no pl* bestiality, brutality, (b) bestial, brutal act. '**B ~ ie**, *f -/-n* beast; *Fig:* (*Pers.*) brute.

be'sticken, *v.tr.* to embroider (sth.).

bestimm'bar [bə'ʃtimba:r], *adj.* determinable (size etc.); definable (concept etc.). **b ~ en**, *v.* **1.** *v.tr.* (a) to fix, decide (on) (a price, time etc.); to lay down (conditions, rules etc.); **du hast nichts zu b.**, you haven't any say in the matter; *esp. Jur:* **b., daß . . .**, (*Gericht*) to rule/(*Gesetz usw.*) provide that . . .; (b) to mean, intend (sth.) (**für j-n, etwas** *acc*, for s.o., sth.; **zu etwas** *dat*, for sth.); **j-n zum/als Nachfolger b.**, to mark out/(*ernennen*) appoint s.o. (as) one's successor; **er ist zu Höherem bestimmt**, he is destined for higher things; (c) (*ermitteln*) to determine (the age, position of sth. etc.); to define (the meaning of a word etc.); *Bot:* to classify (plants); *Gram:* to qualify (a noun etc.); (d) to have a decisive influence on (s.o., sth.); (*regeln*) to govern (the amount, size etc.); **sich von seinen Gefühlen b. lassen**, to allow oneself to be influenced/ruled by one's emotions; **ein b ~ der Faktor**, a decisive/governing factor. **2.** *v.i.* (*haben*) (a) **über etwas** *acc* (**frei**) **b.**, to be able to do what one likes with sth.; **er hat über mich nicht zu b.**, he has no right to tell me what to do; (b) (*anordnen*) to give orders; **hier bestimme ich!** I give the orders/*F:* am the boss (around) here! **b ~ t**, *adj.* **1.** definite (purpose, *Gram:* article); distinct (impression); **eine b ~ e Summe**, a certain/given sum; **ein noch nicht b ~ er Ort**, a place not yet specified; (b) *adv.* certainly, definitely; **er wird es b. wissen**, he is sure/bound to know; **ich glaube b., daß . . .**, I'm sure that . . ., **das kann ich Ihnen nicht b. sagen**, I can't tell you that with any certainty. **2.** particular, special; **hast du etwas B ~ es vor?** are you doing anything special/in particular? **3.** (*klar*) clear, specific (instructions etc.); firm, decisive (tone, manner etc.). **B ~ theit**, *f -/no pl* **1.** firmness, decisiveness. **2.** **etwas mit B. wissen/sagen**, to know/say sth. for certain. **B ~ ung**, *f -/-en* **1.** *no pl* fixing. **2.** *no pl* (a) appointment (**zu** + *dat*; **als**, as); (b) (*Schicksal*) fate, destiny. 3. (*Ermittlung*) determination (of sth.); definition (of a word etc.); *Bot:* classification. 4. (*Anordnung*) rule, regulation; provision, clause (of a contract). 5. *no pl* (*Zweck*) intended purpose; **ein Gebäude seiner B. übergeben,** to open a building. **B ~ ungs-,** *comb.fm.* (port, country etc.) of destination; **B~ort** *m,* destination. **b ~ ungsgemäß,** *adv.* according to the regulations.

be´straf|en, *v.tr.* to punish (s.o., sth.) (**wegen** + *gen,* for). **B ~ ung,** *f* -/-en punishment.

be´strahl|en, *v.tr.* (*a*) to shine on, illuminate (sth.); (*b*) *Med:* to give (s.o.) ray/(*mit der Höhensonne*) sunlamp treatment. **B ~ ung,** *f* -/-en *Med:* ray/sunlamp treatment.

be´streb|en. I. *v.tr. Lit:* **sich b., etwas zu tun,** to endeavour/strive to do sth. **II. B.,** *n* -s/*no pl* endeavour; (*Ziel*) aim. **b ~ t,** *p.p. as adj.* at pains (to do sth.); **er ist b., anderen zu helfen,** his aim is to help others. **B ~ ung,** *f* -/-en effort; (*Versuch*) attempt; **B~en um eine Einigung,** efforts to reach agreement.

be´streichen, *v.tr.irr.40* to spread (bread etc.) (**mit** + *dat,* with); **eine Wand mit Farbe usw. b.,** to give a wall a coat of paint etc.

be´streit|en, *v.tr.irr.41* (*a*) to dispute, contest (a statement etc.); to challenge (s.o.'s right etc.); (*leugnen*) to deny (a fact, one's guilt etc.); (*b*) to pay for (sth.); to meet (costs); to provide (entertainment etc.); **das ganze Programm b.,** to fill/(*Pers.*) carry the whole programme. **B ~ ung,** *f* -/*no pl* 1. disputing, contestation; challenge, denial. 2. (*a*) payment (of costs etc.); **zur B. der Unkosten,** in order to cover (the) expenses; (*b*) provision.

be´streuen, *v.tr.* to sprinkle (sth.); *Cu:* to powder, dust (a cake etc.).

be´stricken, *v.tr.* to charm, captivate (s.o.).

be´stücken, *v.tr.* to equip (sth.) (**mit** + *dat,* with).

be´stürmen, *v.tr.* (*a*) *Mil: etc:* to storm, make an assault on (the enemy, a town etc.); (*b*) to bombard, assail (s.o.); to pester (s.o.) (**mit Fragen usw.,** with questions etc.).

be´stürz|en, *v.tr.* to dismay, alarm (s.o.), (*erschüttern*) stun, stagger (s.o.); **sie sah ihn bestürzt an,** she looked at him in dismay/alarm. **B ~ theit/B ~ ung,** *f* -/*no pl* dismay; alarm.

Besuch [bə´zu:x], *m* -(e)s/-e 1. visit (**des Museums usw.,** to the museum etc.; **in London,** to London); (*kurz*) call (**bei j-m,** on s.o.); **j-m/bei j-m einen B. machen,** to pay s.o. a visit; **er ist bei uns zu/auf B.,** he is staying with us; **der Arzt macht ungern B~e,** the doctor does not like making house calls; **danke für den B.!** thank you for coming! 2. **der B. der Schule, Kirche usw.,** attendance at/going to school, church etc. 3. guest(s), visitor(s); **B. bekommen,** to have visitors/a visitor. **b ~ en,** *v.tr.* (*a*) to visit (s.o., a country etc.); (*kurz*) to call on (s.o.); (*b*) to attend (a meeting etc.); to go to (school, a museum, concert etc.); to patronize (a restaurant etc.); **das Konzert war gut besucht,** the concert was well attended. **B ~ er(in),** *m* -s/- (*f* -/-nen) visitor (**einer Ausstellung,** to an exhibition); (*unerwartet*) caller; *Com: Th: Cin:* patron. **B ~ erzahl,** *f* -/-en number of visitors, attendance; *Sp:* gate. **B ~ skarte,** *f* -/-n

visiting card. **B ~ szeit,** *f* -/-en visiting time.

besudeln [bə´zu:dəln], *v.tr. Lit:* to soil (hands, clothes etc.); *Fig:* to sully (s.o.'s name, honour).

betagt [bə´ta:kt], *adj.* aged; advanced in years.

be´tanken, *v.tr.* to fill up (a car etc.), refuel (an aircraft).

be´tasten, *v.tr.* to touch, (*prüfend*) feel (s.o., sth.).

betätig|en [bə´tɛ:tigən], *v.tr.* (*a*) to operate (a machine etc.); to apply (the brakes); (*in Gang setzen*) to set (machinery etc.) in motion; (*b*) **sich b.,** to work, be active (**als,** as); **sich künstlerisch/sportlich b.,** to engage in artistic/sporting activities; **sich im Haus b.,** to busy oneself about the house; *F:* **du könntest dich auch mal b.!** what about you making yourself useful! **B ~ ung,** *f* -/-en 1. *no pl* operation; application. 2. activity. **B ~ ungsfeld,** *n* -(e)s/-er sphere of activity.

betäub|en [bə´tɔybən], *v.tr.* (*a*) (*Schlag usw.*) to stun, (*Lärm*) deafen (s.o.); **sich wie betäubt fühlen,** to feel dazed; (*b*) *Med: Surg:* to anaesthetize (s.o.), give (s.o.) an anaesthetic; (*c*) to deaden (pain, a nerve etc.); *Fig:* to dull, lessen (grief etc.); **seinen Kummer mit/durch Alkohol b.,** to drown one's sorrows (in drink). **b ~ end,** *adj.* 1. *Med:* anaesthetic (effect etc.); narcotic (drug); (*schmerzlindernd*) analgesic. 2. (*berauschend*) intoxicating, heady (perfume etc.). **B ~ ung,** *f* -/*no pl* 1. daze; dazed/stunned state. 2. *Med:* (*a*) anaesthetization; (*b*) *Surg:* (*Narkose*) anaesthesia. **B ~ ungsmittel,** *n* -s/- 1. narcotic; *esp. Surg:* anaesthetic. 2. analgesic.

Bete [´be:tə], *f* -/-n *North G:* **rote B.,** beetroot.

beteilig|en [bə´tailigən], *v.tr.* **sich b./beteiligt sein an** + *dat,* to take part/participate in (a game, competition etc.); to contribute to (a project, present etc.); **er war nicht daran beteiligt,** he had no part in it/was not involved; *Com:* **sich mit 10 000 DM an einem Geschäft b./mit 10 000 DM an einem Geschäft beteiligt sein,** to buy/have a 10,000 mark share in a firm; **j-n an etwas** *dat* **b.,** to give s.o. a share in sth. **B ~ te(r),** *m & f decl. as adj.* person concerned/involved; participant (**an einem Rennen usw.,** in a race etc.); *Jur:* interested party. **B ~ ung,** *f* -/-en participation, involvement (**an** + *dat,* in); attendance (**an einem Kurs,** at a course); *Com:* interest, share (**an** + *dat*); **unter großer B. der Arbeiter,** with many workers taking part.

bet|en [´be:tən], *v.* 1. *v.i.* (*haben*) to pray (**um/für etwas** *acc,* for sth.). 2. *v.tr.* to say (the Lord's prayer etc.). ´**B ~ saal,** *m* -(e)s/-säle meeting house, chapel.

beteuer|n [bə´tɔyərn], *v.tr.* to declare (sth.) solemnly; to protest (one's innocence etc.); **b., daß ...,** to swear that ... **B ~ ung,** *f* -/-en declaration, protestation.

betitel|n [bə´ti:təln], *v.tr.* to give (a book, film etc.) a title; to address (s.o.) (**mit** + *dat,* as).

Beton [be´tɔ̃], *South G:* be´to:n], *m* -s/-s & -e concrete. **b ~ ieren** [-to´ni:rən], *v.tr.* to concrete (a road etc.). **b ~ iert,** *adj.* concrete. **B ~ mischmaschine,** *f* -/-n concrete mixer.

beton|en [bə´to:nən], *v.tr.* (*a*) to stress (a syllable etc.); *Mus:* to accent (a note etc.); (*b*) (*hervorheben*) to emphasize (sth.); to lay stress, emphasis on (sth.). **b ~ t,** *adj.* 1. stressed (syllable etc.); *Mus:* accented (note etc.). **2.** emphatic; studied (indifference, simplicity etc.); *adv.* **b. höflich,** with studied politeness. **B~ung,** *f* -/-en **1.** *no pl* stressing, accentuation. **2.** emphasis, *esp. Ling:* stress.

beto̅re̅n [bə'tøːrən], *v.tr.* to bewitch, dazzle (s.o.)

Betracht [bə'traxt], *m in the phr.* **j-n, etwas in B. ziehen,** (i) (*erwägen*) to consider (s.o., sth.); (ii) (*berücksichtigen*) to take s.o., sth. into account; **j-n, etwas außer B. lassen,** to disregard s.o., sth.; **in B. kommen,** to be possible/worth considering; **das kommt nicht in B.,** that is out of the question. **b~en,** *v.tr.* (*a*) to look at (s.o., sth., *Fig:* a problem etc.); *Fig:* to observe, watch (events, political developments etc.); **so betrachtet,** seen like that, looked at from that point of view; **etwas einseitig b.,** to take a one-sided view of sth.; (*b*) **j-n als seinen Freund, etwas als seine Pflicht usw. b.,** to regard/look upon s.o. as one's friend, sth. as one's duty etc. **B~er,** *m* -s/- onlooker, *also Fig:* observer. **B~ung,** *f* -/-en **1.** *no pl* observation; (*besinnlich*) contemplation; **bei der B. des Bildes,** while looking at the picture; **bei genauerer B.,** on closer examination. **2.** (*Überlegung*) reflection, meditation. **B~ungsweise,** *f* -/-n way of looking at things, approach; point of view.

beträchtlich [bə'trɛçtliç], *adj.* considerable; *F:* tidy (sum of money); **um ein b~es erhöht,** considerably increased.

Betrag [bə'traːk], *m* -(e)s/⁻e amount, sum (of money); *Com:* **eine Rechnung im B. von ...,** a bill to the amount of ... **b~en. I.** *v.tr.irr.85* (*a*) (*Rechnung usw.*) to amount, come to (1000 marks etc.); **die Entfernung beträgt 2 Meter,** the distance is 2 metres; (*b*) **sich b.,** to behave (**gegen j-n/j-m gegenüber,** towards s.o.) **II. B~,** *n* -s/*no pl* behaviour; *Sch: etc:* conduct.

be'trauern, *v.tr.* to mourn (s.o., s.o.'s death).

beträufeln [bə'trɔyfəln], *v.tr.* to sprinkle (sth.) (with lemon juice etc.).

Betreff, *m* -(e)s/-e *Com: Adm:* (*a*) *Corr:* subject; **B.: ...,** re: ...; (*b*) **in diesem B.,** in this respect; **in b.** + *gen,* with regard to. **b~en,** *v.tr.irr.104* to affect, concern (s.o., sth.); (*sich beziehen auf*) to refer to (s.o., sth.); **was mich/meine Familie betrifft,** as far as I am/my family is concerned; *Com: Corr:* **Betrifft: ...,** re: ... **b~end,** *pres. p. & adj.* relevant (person etc.); **das diesen Fall b~e Gesetz,** the law relating to this case. **b~s,** *prep.* + *gen* concerning, with regard to.

be'treiben, *v.tr.irr.12* (*a*) to pursue (a hobby, policy, studies etc.); **ein Gewerbe b.,** to ply a trade; **eine Arbeit energisch b.,** to press on with a job; **den Sport als Beruf b.,** to be a professional sportsman; (*b*) to run (a shop, business etc.); (*c*) *Mec.E:* to run (a machine, vehicle etc.) (**mit** + *dat,* on); **mit Dampf betrieben,** steam driven; **atomar betrieben,** atomic-powered.

be'treten. I. *v.tr.irr.105* to enter, go into (a room, house etc.); to walk on (a lawn etc.); to step onto (a bridge etc.), set foot on (dry land etc.); **ich werde sein Haus nie wieder b.,** I shall never set foot in his house again; *P.N:* **den Rasen nicht b.!** keep off the grass; **B. verboten!** keep out! **II.** *adj.* embarrassed; sheepish (smile). **B~heit,** *f* -/*no pl* embarrassment.

betreuen [bə'trɔyən], *v.tr.* to take care of (s.o., sth.). **B~er(in),** *m* -s/- (*f* -/-nen) (*a*) nurse; (*im Hause*) home help; (*bei Unfällen usw.*) relief worker; (*b*) *Sp:* coach. **B~ung,** *f* -/*no pl* care. **B~ungsstelle,** *f* -/-n welfare centre.

Betrieb [bə'triːp], *m* -(e)s/-e **1.** (*Firma*) concern, business; (*Fabrik*) factory, works; **landwirtschaftlicher B.,** farm. **2.** *no pl* running, operation; **automatischer B.,** automatic operation/working; **in B.,** in use, being used; (*nicht defekt*) working; **außer B.,** (*Maschinen, Anlagen usw.*) out of action; standing idle; (*defekt*) out of order; **eine Maschine in/außer B. setzen,** to start/stop a machine; **in B. nehmen,** to start using (a machine etc.); to open (a factory, road etc.). **3.** *no pl F:* bustle; activity; (*auf den Straßen*) (heavy) traffic; **im Restaurant war großer/gar kein B.,** the restaurant was very busy/not busy at all. **b~lich,** *adj.* company (matter etc.); (*innerb.*) internal. **B~s-,** *comb.fm.* (*a*) operating (costs, *El:* voltage etc.); working (capital, climate etc.); **B~anleitung/B~anweisung** *f,* operating instructions; *Aut: etc:* instruction manual; **B~klima** *n,* working conditions; (*b*) staff, (*Fabriks-*) works (canteen, holidays etc.); company (doctor etc.); **B~ausflug** *m,* staff outing/*N.Am:* trip; **B~rat** *m,* (i) works council; (ii) (*Pers.*) works council member, *approx.* shop steward; **B~ordnung** *f,* company/house rules. **b~sam,** *adj.* busy, bustling. **B~samkeit,** *f* -/*no pl* activity; (hustle and) bustle. **b~seigen,** *adj.* company (-owned). **b~sfähig,** *adj. Ind: Mec.E: etc:* operational; in running/working order. **B~sführer,** *m* -s/- = **B~sleiter. B~sführung,** *f* -/*no pl* = **B~sleitung. B~sgeheimnis,** *n* -ses/-se trade secret. **B~singenieur,** *m* -s/-e production engineer. **B~sleiter,** *m* -s/- manager; *Ind:* works manager. **B~sleitung,** *f* -/-en management. **B~snudel,** *f* -/-n *F:* (*a*) life and soul of the party; (*b*) *Pej:* busybody. **b~ssicher,** *adj.* reliable (in operation). **b~sunfähig,** *adj.* (*Maschinen*) unserviceable. **B~sunfall,** *m* -(e)s/⁻e accident at work; industrial accident. **B~swirt,** *m* -(e)s/-e business administration expert/graduate. **B~swirtschaft,** *f* -/*no pl* business administration; management (studies).

be'trinken, *v.refl.irr.96* **sich b.,** to get drunk.

betroffen [bə'trɔfən]. **1.** *p.p of* **betreffen** *q.v.;* **die B~en,** those concerned/affected. **2.** *adj.* upset; (*bestürzt*) shaken, taken aback; (*gekrankt*) hurt; *adv.* **j-n b. ansehen,** to look at s.o. in shocked amazement. **B~heit,** *f* -/*no pl* shock, amazement; bewilderment.

betrogen [bə'troːgən], *p.p. of* **betrügen** *q.v.;* **B~e(r),** dupe; (*Ehepartner*) deceived partner.

betrüben [bə'tryːbən], *v.tr.* to sadden (s.o.). **b~lich,** *adj.* sad; distressing (news etc.). **b~t,** *adj.* sad, gloomy, (face etc.). **B~theit,** *f* -/*no pl* sadness; gloominess.

Betrug [bə'truːk], *m* -(e)s/*no pl* deception; swindle; (*Betrügerei*) cheating; trickery; *Jur:* fraud.

betrügen [bə'tryːgən], *v.irr.63* **1.** *v.tr.* to deceive (s.o., oneself); to cheat, swindle (s.o.) (**um etwas** *acc,* out of sth.); *Jur:* to defraud (s.o.). **2.** *v.i.* (*haben*) to cheat. **B~er(in),** *m* -s/- (*f* -/-nen) deceiver; swindler, trickster; (*beim Spiel* *usw.*) cheat. **B ~ e´rei**, *f* -/-en (persistent) cheating, swindling (**an j-m**, of s.o.). **b ~ e-risch**, *adj.* deceitful (person); fraudulent (act etc.); in **b ~ er Absicht**, with intent to deceive.

betrunken [bə´truŋkən], *adj.pred.* drunk; *attrib.* drunken (man, driver etc.); in **b ~ em Zustand**, in a state of intoxication; **ein B ~ er**, a drunk. **B ~ heit**, *f* -/no *pl* drunkenness.

Bett [bɛt]. I. *n* -(e)s/-en 1. (*a*) bed; **ans B. gefesselt**, bed-ridden, confined to bed; **er kann morgens nicht aus dem B. finden**, he is very bad at getting up in the mornings; **ein Kind ins B. bringen**, to put a child to bed; **ins/zu B. gehen**, to go to bed; *Fig:* **sich ins gemachte B. legen**, to take over when all the hard work has been done; (*b*) (*Federb.*) duvet, quilt. 2. bed (of a river, *Mec.E:* lathe etc.). II. ´**B ~-**, ´**b ~-**, *comb.fm.* bed (jacket, rest etc.); **bedtime** (reading etc.); bedding (box etc.); **B ~ couch** *f*, bed-settee; **B ~ gestell** *n*, bedstead; **b ~ lägerig** *adj.* bed-ridden; **B ~ nässen** *n*, bed-wetting; **B ~ wäsche** *f*, bed linen; **B ~ vorleger** *m*, bedside rug; *F:* **B ~ hupferl** *n*, bedtime sweet/*N.Am:* candy. ´**B ~ bezug**, *m* -(e)s/-e duvet/quilt cover. ´**B ~ decke**, *f* -/-n (*a*) (*aus Wolle*) blanket; (*gesteppt*) quilt; (*b*) (*Tagesdecke*) bedspread. ´**b ~ en**, *v.tr.* to lay, settle (s.o., sth.) (**auf/in etwas** *acc*, on/in sth.); **sich b.**, to settle/lie down; **in roten Samt gebettet**, nestling in red velvet; *F:* **er war nicht auf Rosen gebettet**, his life was no bed of roses; *Fig:* **sich weich b.**, to feather one's nest. ´**B ~ schwere**, *f F:* **die nötige B. haben**, to be ready for bed. ´**Bettuch**, *n* -(e)s/¨er sheet. ´**B ~ ung**, *f* -/-en (*a*) *Rail:* ballast; (*b*) bed; *Artil:* mounting (of a gun). ´**B ~ zeug**, *n* -(e)s/no *pl F:* bedding.

Bettel- [´bɛtəl-], *comb.fm. Ecc:* mendicant (order, friar etc.). ´**b ~ ´arm**, *adj.* desperately poor, destitute. **B ~ ei** [-´lai], *f* -/-en 1. no *pl* begging. 2. (*Flehen*) pleading. ´**B ~ geld**, *n* -(e)s/no *pl* pittance. ´**b ~ n**, *v.i.* (*haben*) to beg (**um etwas** *acc*, for sth.); **sie bettelte** (**darum**), **aufbleiben zu dürfen**, she begged/pleaded to be allowed to stay up. ´**B ~ stab**, *m* **j-n an den B. bringen**, to ruin (s.o.), reduce (s.o.) to penury. **Bettler|(in)** [´bɛtlər(in)], *m* -s/- (*f* -/-nen) beggar.

betulich [bə´tu:liç], *adj.* fussy. **B ~ keit**, *f* -/no *pl* fussiness.

be´tupf|en, *v.tr.* to dab (sth.).

beug|bar [´bɔygbɑːr], *adj.* flexible. ´**B ~ e**, *f* -/-n bend (of the arm/leg); *Gym:* bend from the waist. ´**b ~ en**, *v.tr.* (*a*) to bend, flex (one's arm, leg); to bow, incline (one's head); **den Rumpf b.**, to bend from the waist; **sich aus dem Fenster/über den Tisch b.**, to lean out of the window/over the table; **vom Alter gebeugt**, bent with age; (*b*) *Lit:* to break (s.o., s.o.'s will etc.); **sich j-m, etwas** *dat* **b.**, to yield/submit to s.o., sth.; (*c*) *Gram:* to inflect (a word); (*d*) *Ph:* to deflect (light, rays etc.). ´**B ~ ung**, *f* -/-en 1. bending. 2. *Gram:* inflection. 3. *Ph:* deflection.

Beule [´bɔylə], *f* -/-n 1. lump, swelling; (*eiternd*) boil. 2. (*Vertiefung*) dent.

beunruhig|en [bə´?unru:igən], *v.tr.* to worry (s.o., oneself) (**wegen** + *gen*/**um** + *acc*, about); **b ~ de Nachrichten**, worrying/disturbing news; **du brauchst dich nicht zu b.**, there's no need for

you to worry. **b ~ t**, *adj.* anxious, worried (**wegen** + *gen*/**über** + *acc*, about). **B ~ ung**, *f* -/no *pl* worry, anxiety.

beurkund|en [bə´?u:rkundən], *v.tr.* to record, register (births etc.); (*beglaubigen*) to certify (a statement etc.); (*bezeugen*) to prove, verify (sth.) by documentary evidence. **B ~ ung**, *f* -/-en recording; registration; *Adm:* certification; (*Beweis*) documentary evidence.

beurlaub|en [bə´?u:rlaubən], *v.tr.* (*a*) to grant (s.o.) time off/*esp. Mil:* leave; (*b*) *Mil:Adm:* to suspend (an official etc.). **B ~ ung**, *f* -/-en 1. (*a*) no *pl* granting of time off/leave; (*b*) (*Urlaub*) time off; leave. 2. suspension.

beurteil|en [bə´?u:rtailən], *v.tr.* to judge (s.o., sth.); to assess (value, s.o.'s work etc.); **j-n, etwas falsch b.**, to misjudge s.o., sth.; **das kann ich nicht b./schlecht b.**, I am not in a position to/find it difficult to judge; *F:* I can't really tell; **soweit ich b. kann**, as far as I can tell. **B ~ ung**, *f* -/-en 1. judgement; (*Meinung*) opinion, view; **bei nüchterner B. der Lage**, looking at the situation objectively. 2. (*schriftlich*) report, assessment.

Beute [´bɔytə], *f* -/no *pl* (*a*) booty, haul; *Mil:* spoils; *Hunt:* bag; **fette/reiche B. machen**, to get a good haul; (*b*) (*Opfer*) prey, victim; **leichte B.**, easy prey; (*Ziel*) sitting target.

Beutel [´bɔytəl], *m* -s/- bag (for shoes etc.); pouch (for tobacco, *Z:* of a kangaroo etc.); *F:* (*Geldb.*) purse. ´**B ~ bär**, *m* -en/-en koala bear. ´**B ~ tier**, *n* -(e)s/-e *Z:* marsupial.

bevölker|n [bə´fœlkərn], *v.tr.* (*a*) (*Pers., Tier*) to inhabit (an area etc.); **ein dicht/dünn bevölkertes Land**, a densely/sparsely populated country; (*b*) (*besiedeln*) to settle, people (an area etc.) (**mit** + *dat*, with); (*c*) (*erfüllen*) to fill (a room, beach etc.). **B ~ ung**, *f* -/-en population. **B ~ ungsdichte**, *f* -/no *pl* population density. **B ~ ungsgruppe**, *f* -/-en section of the population. **B ~ ungsschicht**, *f* -/-en social class.

bevollmächtig|en [bə´fɔlmɛçtigən], *v.tr.* to authorize, empower (s.o.) (**zu etwas** *dat*/**etwas zu tun**, to do sth.); *Jur:* to give (s.o.) power of attorney. **B ~ te(r)**, *m & f decl. as adj.* authorized representative/*esp. Com:* agent; (*Beauftragte*) delegate; *Pol:* plenipotentiary. **B ~ ung**, *f* -/-en (*a*) no *pl* authorization; (*b*) authority; *Jur:* power of attorney.

bevor [bə´foːr], *conj.* before; **b. er nicht kommt**, until he comes.

bevormund|en [bə´foːrmundən], *v.tr.* to treat (s.o.) like a child, not to allow (s.o.) to make decisions; **ich lasse mich von niemandem b.**, nobody is going to tell me what to do. **B ~ ung**, *f* -/-en making decisions for others.

be´vorstehen, *v.i.sep.irr.100* (*haben*) (unmittelbar/nahe) **b.**, to be close at hand/imminent; **wer weiß, was uns noch bevorsteht**, who knows what is in store for us; **ihm steht eine große Enttäuschung bevor**, he is in for a big disappointment. **b ~ d**, *adj.* forthcoming; (**unmittelbar**) **b.**, imminent.

bevorzug|en [bə´foːrtsuːgən], *v.tr.* (*a*) to prefer (s.o., sth.) (**vor j-m, etwas** *dat*, to s.o., sth.); (*b*) (*begünstigen*) to favour (s.o.), give (s.o.) preferential treatment; **Körperbehinderte werden**

bevorzugt, disabled people are given precedence/priority. **b ~ t**, *adj.* **1.** privileged (person, position etc.); preferential (treatment etc.); sought-after (area); *adv.* **j-n b. behandeln**, to give s.o. preferential treatment. **2.** (*Lieblings-*) favourite. **B ~ ung**, *f* -/-en preferential treatment; priority; (**ungerechte**) **B.**, favouri¹ism.

be'wach|en, *v.tr.* to guard (a house, prisoners etc.); **j-n, etwas scharf b.**, to keep a close watch on (s.o., sth.); **bewachter Parkplatz**, car park with an attendant. **B ~ ung**, *f* -/-en **1.** *no pl* guarding; **unter B.**, under surveillance. **2.** (*Wache*) guard, escort.

bewaffn|en [bə'vafnən], *v.tr.* to arm (s.o., oneself, a country etc.). **B ~ ung**, *f* -/-en armament; (*Waffen*) arms, weapons.

bewahren [bə'va:rən], *v.tr.* to keep, preserve (sth.); (*a*) to maintain (one's composure, silence etc.); to retain (one's independence, sense of humour etc.); **die Ruhe b.**, to keep one's head; **der Brauch hat sich bis heute bewahrt**, the custom has survived until the present day; (*b*) **j-n, etwas vor Schaden/einer Gefahr b.**, to preserve/protect s.o., sth. from harm/danger; **vor Krankheit bewahrt bleiben**, to be spared from illness; *int.* **Gott bewahre!** God forbid!

bewähr|en [bə've:rən], *v.refl.* **sich b.**, to prove one's/its worth; (*Einrichtungen usw.*) to be/ prove a success; **er hat sich als guter/treuer Freund bewährt**, he has proved (to be) a good/ faithful friend. **b ~ t**, *adj.* reliable, trustworthy (friend etc.); reliable, efficient (worker); well-tried, proven (remedy etc.); established (principle etc.), **eine b ~ e Methode**, a method which has stood the test of time. **B ~ theit**, *f* -/*no pl* reliability; (proven) efficiency, effectiveness. **B ~ ung**, *f* -/-en **1.** test, trial; **eine Möglichkeit zur B.**, a chance to prove oneself. **2.** *Jur:* probation; **drei Monate Gefängnis mit B.**, a suspended sentence of three months; **die Strafe wurde zur B.** ausgesetzt, the sentence was suspended on probation. **B ~ ungsfrist**, *f* -/-en *Jur:* (period of) probation; probationary period. **B ~ ungshelfer**, *m* -s/- probation officer. **B ~ ungsprobe**, *f* -/-n (crucial) test.

bewahrheiten [bə'va:rhaitən], *v.refl.* **sich b.**, to prove (to be) true (**an j-m**, in s.o.'s case).

bewaldet [bə'valdət], *adj.* wooded (hill, area).

bewältig|en [bə'vɛltigən], *v.tr.* to cope with (problems, a pile of work etc.); to overcome (difficulties etc.); to manage, get on top of (a job); to deal with, get through (a task, *F:* food etc.); *Fig:* **die Vergangenheit (innerlich) b.**, to come to terms with the past. **B ~ ung**, *f* -/*no pl* coping, managing; overcoming (problems).

bewandert [bə'vandərt], *adj.* well-versed (**in/auf einem Gebiet usw.**, in a subject etc.).

Bewandtnis [bə'vantnis], *f* -/-se **damit hat es (s)eine eigene/besondere B.**, there are special circumstances surrounding it; **was hat es damit für eine B.?** what is special about it? what's the story behind it?

bewässer|n [bə'vɛsərn], *v.tr.* to irrigate (fields etc.); (*Flüsse*) to water (a region). **B ~ ung**, *f* -/*no pl* irrigation. **B ~ ungs-**, *comb.fm.* irrigation (system, channel etc.); **B ~ graben** *m*, irrigation ditch.

beweg|bar [bə've:kba:r], *adj.* movable. **b ~ en¹**

[-gən], *v.tr.* (*a*) (*von der Stelle*) to move (sth.); to shift (sth. large/heavy); **sich b.**, to move; (*sich rühren*) to stir; **er bewegte sich nicht vom Fleck/von der Stelle**, he did not move/budge (an inch); *Fig:* **der Preis bewegt sich zwischen fünf und zehn Mark**, the price varies between five and ten marks; (*b*) (*rühren*) to move, affect (s.o.); **es hat ihn schmerzlich bewegt**, it pained him deeply; (*c*) **Probleme, die uns alle b.**, problems which exercise all our minds. **b ~ en²**, *v.tr.irr.* (*p.* bewog, *p.p.* bewogen) j-n (dazu) **b.**, **etwas zu tun**, to make s.o. do sth.; (*überreden*) to prevail upon s.o. to do sth.; **was hat ihn zur Abreise bewogen?** what induced him to leave? **B ~ grund**, *m* -(e)s/⁻e motive (**für** + *acc*, for). **b ~ lich**, *adj.* **1.** movable (parts, *Rel:* feasts etc.); *Mil:* mobile (units, troops); **leicht/schwer b.**, easy/difficult to move; **die b ~ en Teile einer Maschine**, the moving parts of a machine; *Jur:* **b ~ e Habe/Güter**, personal effects, *F:* goods and chattels. **2.** (*rege*) active, agile (mind, person). **B ~ lichkeit**, *f* -/*no pl* **1.** mobility. **2.** (mental/physical) agility. **b ~ t**, *adj.* (*a*) (*Pers.*) moved; emotional (words etc.); (*b*) **ein leicht/stark b ~ es Meer**, a slightly choppy/ rough sea; (*c*) eventful (times, life etc.); troubled (times); **sie hat eine b ~ e Vergangenheit (hinter sich)**, she has a colourful past. **B ~ ung**, *f* -/-en **1.** movement; motion; (*a*) **in B. geraten**, to start to move; **etwas in B. setzen**, to start sth., set sth. in motion; **sich in B. setzen**, to start to move; *Rail: Aut: etc:* to move off; (*b*) *Ph:* **B. in Wärme umsetzen**, to convert motion into heat; (*c*) **körperliche B.**, physical exercise; (*sich dat*) **B. machen**, to take exercise; (*d*) **eine religiöse/politische B.**, a religious/ political movement; (*e*) *Tchn:* travel (of a seat etc.). **2.** (*Erregung*) emotion. **B ~ ungsenergie**, *f* -/*no pl* *Ph:* kinetic energy. **B ~ ungsfreiheit**, *f* -/*no pl* freedom of movement/*Fig:* action; *F:* elbow-room. **b ~ ungslos**, *adj.* motionless. **B ~ ungslosigkeit**, *f* -/*no pl* motionlessness. **B ~ ungsstudie**, *f* -/-n time and motion study.

be'weinen, *v.tr.* to weep for, mourn (s.o., sth.).

Beweis [bə'vais], *m* -es/-e (*a*) proof, *esp. pl.* **B ~ e**, evidence (**für etwas** *acc*, of sth.); **ein schlüssiger B.**, a conclusive piece of evidence; **es ist kein B. (dafür), daß . . .**, it does not prove that . . .; **bis zum B. des Gegenteils**, until the opposite is proved true; (*b*) (*Zeichen*) sign, token; (*Ausdruck*) expression (of gratitude etc.); **als B. meiner Hochachtung**, as a token/ mark of my esteem. **B ~ aufnahme**, *f* -/-n *Jur:* (hearing of) evidence. **b ~ bar**, *adj.* provable; **es ist nicht b.**, it cannot be proved. **b ~ en** [-zən], *v.tr.irr.70* to prove (a fact, guilt, that . . . etc.) (**j-m**, to s.o.); to establish (innocence, the truth of sth. etc.); **seine Bemerkungen b. seine Intelligenz**, his remarks are proof of his intelligence. **B ~ führung**, *f* -/*no pl* argumentation; (line of) argument. **B ~ grund**, *m* -(e)s/⁻e argument. **B ~ kraft**, *f* -/*no pl* conclusiveness, cogency. **b ~ kräftig**, *adj.* cogent, forceful. **B ~ material**, *n* -s/*no pl* *Jur: etc:* evidence. **B ~ mittel**, *n* -s/- (piece of) evidence. **B ~ stück**, *n* -(e)s/⁻e *Jur:* exhibit.

be'wenden, *v.tr.* **es dabei b. lassen**, to leave it at that.

be'werb|en, *v.refl.irr.101* **sich (um eine Stellung)
b.**, to apply (for a job); **sich um ein Amt b.**, to
stand (as a candidate) for/*N.Am:* run for an
office; **die Firma hat sich um den Auftrag be-
worben**, the firm has put in a tender (for the
job). **B ~ er(in)**, *m* -s/- (*f* -/-*nen*) applicant;
candidate; *Sp:* contender (for a title etc.).
B ~ ung, *f* -/-*en* application (**um** + *acc*, for).
B ~ ungs-, *comb.fm.* application (form etc.);
B~schreiben *n*, (letter of) application.
be'werfen, *v.tr.irr.110* **j-n mit etwas** *dat* **b.**, to
pelt s.o. with sth.; *Constr:* **eine Mauer mit
Zement/Putz b.**, to render a wall.
bewerkstelligen [bə'vɛrkʃtɛligən], *v.tr.* to
manage, arrange (sth.).
be'wert|en, *v.tr.* to assess (achievements, *Tax:*
property, *Sp:* a performance etc.); to rate, eval-
uate (s.o.'s work etc.); *Fin:* to value (sth.) (**mit
1000 Mark**, at 1000 marks); *Sch:* to mark/
N.Am: grade (an essay etc.) (**mit der Note drei
usw.**, *approx.* with a C etc.); **j-n, etwas zu hoch/
niedrig b.**, to overrate/underrate s.o., sth.
B ~ ung, *f* -/-*en* assessment; judgement; estim-
ation; *Fin:* valuation; *Sch:* marking; (*Note*)
mark, *N.Am:* grade.
bewillig|en [bə'viligən], *v.tr.* to grant (credit
etc.); (*genehmigen*) to authorize, approve (a new
tax, payment etc.). **B ~ ung**, *f* -/-*en* grant(ing);
authorization, approval.
be'wirken, *v.tr.* to result in, cause (sth.); to
effect (a change, cure); **es bewirkte das Ge-
genteil**, it produced the opposite result.
bewirt|en [bə'virtən], *v.tr.* to entertain (guests
etc.). **B ~ ung**, *f* -/-*no pl* entertaining; hos-
pitality.
bewirtschaft|en [bə'virtʃaftən], *v.tr.* (*a*) to run
(a farm, restaurant etc.); to farm (land); (*b*) to
control (foreign exchange etc.). **B ~ ung**, *f*
-/-*en* **1.** management; cultivation. **2.** control.
bewog [bə'voːk], **b ~ en**, *p.&p.p. of* **bewegen²**
q.v.
bewohn|bar [bə'voːnbɑːr], *adj.* habitable; fit to
live in. **b ~ en**, *v.tr.* to occupy, live in (a house
etc.); to inhabit (a region, country etc.); **die
Insel ist nicht bewohnt**, the island is uninhab-
ited. **B ~ er**, *m* -s/- occupier, occupant; in-
habitant.
bewölk|en [bə'vœlkən], *v.refl.* **der Himmel be-
wölkt sich**, it is clouding over. **b ~ t**, *adj.*
cloudy, overcast. **B ~ ung**, *f* -/*no pl* **1.** clouding
over. **2.** (*Wolken*) clouds.
Bewunder|er [bə'vundərər], *m* -s/- admirer.
B ~ in, *f* -/-*nen* (female) admirer. **b ~ n**, *v.tr.*
to admire (s.o., sth.). **b ~ nswert**, *adj.* admir-
able. **B ~ ung**, *f* -/*no pl* admiration.
Bewurf [bə'vurf], *m* -(e)s/-̈e *Constr:* rendering.
bewußt [bə'vust], *adj.* conscious; (*a*) **sich** *dat*
etwas *gen* **b. werden**, to become aware/
conscious of sth.; to realize sth.; **er war sich der
Gefahr nicht b.**, he was unaware of the danger;
(*b*) (*absichtlich*) deliberate, intentional (decep-
tion etc.); *adv.* **er hat sie b. irregeführt**, he know-
ingly/deliberately deceived her; (*c*) (*erwähnt*)
aforementioned. **B ~ heit**, *f* -/*no pl* conscious-
ness, awareness (of oneself etc.). **b ~ los**, *adj.*
unconscious; **b. werden**, to faint. **B ~ los-
igkeit**, *f* -/*no pl* (state of) unconsciousness; *F:*
etwas bis zur B. tun, to do sth. ad nauseam.

B ~ sein, *n* -s/*no pl* consciousness, awareness;
(*a*) **im B.**, **seine Pflicht getan zu haben**, con-
scious of having done one's duty; **j-m etwas zu
B. bringen**, to make s.o. aware of sth.; **allmäh-
lich kam mir zum B., daß . . .**, I gradually
realized/it gradually dawned on me that . . .;
etwas mit vollem B. tun, to do sth. deliberately;
(*b*) **soziales/politisches B.**, social/political
awareness; (*c*) **das B. verlieren**, to lose con-
sciousness; **wieder zu(m) B. kommen**, to regain
consciousness; **bei (vollem) B.**, (fully) con-
scious.
be'zahl|en, *v.tr.&i.* (*haben*) to pay (s.o., an
amount, price, bill etc.); to pay for (goods, *Fig:*
a mistake etc.); **bezahlter Urlaub**, holiday with
pay; **die Mühe machte sich bezahlt**, the effort
paid off/was worth it; **sie hat ihm 10 Mark
dafür bezahlt**, she paid him 10 marks for it; (*im
Restaurant*) **ich möchte b.**, may I have the
bill/*N.Am:* check? **B ~ ung**, *f* -/*no pl* payment.
be'zähmen, *v.tr.* to control, restrain (oneself,
feelings etc.); to contain (one's curiosity etc.).
be'zaubern, *v.tr.* to captivate, enchant (s.o.).
b ~ d, *adj.* enchanting; bewitching (smile etc.).
be'zeichn|en, *v.tr.* (*a*) to mark (a spot, path
etc.), indicate (pronunciation etc.); **das Wort
'Bungalow' bezeichnet ein einstöckiges Haus**,
the word 'bungalow' denotes a single storey
house; (*b*) (*nennen*) to call, describe (s.o.,
oneself, sth.); (*Abkürzung*) to stand for (sth.);
man kann ihn nicht gerade als hilfsbereit b., you
can't exactly call him helpful; **können Sie es
näher b.?** can you be more specific/give more
details (about it)? **b ~ end**, *adj.* characteristic,
typical (**für** *+* **j-n, etwas** *acc*, of s.o., sth.).
B ~ ung, *f* -/-*en* **1.** marking; indication;
genaue/nähere B., specification. **2.** word (used
to describe sth.), description; name, designa-
tion; (*Ausdruck*) expression; *esp.Tchn:* term.
be'zeug|en, *v.tr.* to bear witness to, testify (to)
(sth.); *Hist: etc:* **im 12. Jahrhundert usw. be-
zeugt**, documented as early as the 12th century
etc. **B ~ ung**, *f* -/-*en* testimony; (*Beweis*) docu-
mentary evidence.
bezichtig|en [bə'tsiçtigən], *v.tr.* **j-n eines Ver-
brechens b.**, to accuse s.o. of a crime. **B ~ ung**,
f -/-*en* accusation.
bezieh|bar [bə'tsiːbɑːr], *adj.* (*Wohnung usw.*)
ready to be moved into, vacant. **b ~ en**,
v.tr.irr.113 (*a*) to cover, (*neu b.*) recover (an
armchair etc.) (**mit** + *dat*, with); to string (a
tennis racket etc.); **die Betten frisch b.**, to
change the bedclothes; **der Himmel hat sich (mit
Wolken) bezogen**, the sky has become overcast;
(*b*) to move into (a house, flat etc.); *Mil:* to
take up (a position etc.), *Fig:* adopt a stand-
point; (*c*) to obtain (goods etc.) (**von/bei** + *dat*,
from); to subscribe to, take (a newspaper etc.);
to receive (a salary, pension etc.); **bei der Firma
X zu b.**, obtainable from Messrs. X; *F:* **Prügel
b.**, to get a good hiding; (*d*) **etwas auf etwas**
acc **b.**, to relate sth. to sth., (*verknüpfen*) link
sth. with sth.; **Tatsachen aufeinander b.**, to cor-
relate facts; **die Bemerkung war nicht auf dich
bezogen**, the remark was not aimed at you;
(*Pers., Bemerkung usw.*) **sich auf j-n, etwas b.**,
to refer to s.o., sth.; *Com:* **wir b. uns auf unser
Schreiben vom . . .**, with reference to our letter

of the ... **B ~ er**, *m* **-s/-** recipient; *Journ:* subscriber. **B ~ ung**, *f* **-/-en 1.** (*a*) *pl* **menschliche/ freundschaftliche/diplomatische B ~ en**, human/ friendly/diplomatic relations; **gute B ~ en zu j-m haben**, to be on good terms with s.o.; (*b*) *pl* contacts; **seine B ~ en spielen lassen**, to make use of one's contacts, *F:* pull strings; (*c*) (*Zusammenhang*) connection; **sein Rücktritt steht in keiner B. zur Sache**, his resignation is in no way connected with/has no bearing on the matter; **zwei Dinge zueinander in B. setzen**, to connect/link two things. **2.** (*Verhältnis*) relationship (**zwischen den Geschlechtern**, between the sexes), **ich habe keine B. zur Musik**, music means nothing to me. **3.** (*Hinsicht*) **in dieser/ jeder B.**, in this/every respect. **b ~ ungslos**, *adj.* unrelated, unconnected. **b ~ ungsweise**, *adv.* (*abbr.* **bzw.**) (*a*) and ... respectively; **die Statuen sind aus Marmor bzw. Bronze**, the statues are made of marble and bronze respectively; (*b*) or; **es wird mit Roggen- bzw. Weizenmehl gebacken**, it is baked with rye or wheat flour (as the case may be). **B ~ ungswort**, *n* **-(e)s/⁻er** *Gram:* antecedent.

beziffern [bə'tsifərn], *v.tr.* (*a*) to number (book pages etc.); (*b*) (*schätzen*) to estimate (a loss, damage etc.) (**auf** + *acc*, at).

Bezirk [bə'tsirk], *m* **-(e)s/-e** *Adm:* district; *Fig:* (*Bereich*) sphere. **B ~ sgericht**, *n* **-(e)s/-e** *Aus: East G:* local court. **B ~ shauptmann**, *m* **-(e)s/ -leute** *Aus:* chief officer of the district administration. **B ~ shauptmannschaft**, *f* **-/-en** *Aus:* (*a*) district administration; (*b*) (*Büro*) district council offices. **b ~ sweise**, *adv.* by districts

Bezug [bə'tsu:k], *m* **-(e)s/⁻e 1.** cover (of a cushion etc.); loose cover, *N.Am:* slipcover (of a chair etc.); (pillow-)case. **2.** *no pl* (*Erwerb*) purchase, obtaining; drawing (of a salary etc.), *Journ:* subscription; *Com:* **Rabatt bei B. von 100 Stück**, discount on orders of 100. **3.** *pl* **B⁻e**, salary, income. **4.** (*Zusammenhang*) reference (**zu** + *dat*/*Com:* **auf** ι acc), *Com:* **wir nehmen B. auf Ihr Schreiben vom ...**, we refer to your letter of ...; **mit B./in b. auf j-n, etwas** *acc*, concerning/regarding s.o., sth. **B ~ nahme**, *f* **-/-n** reference (**auf** + *acc*, to). **b ~ sfertig**, *adj.* vacant (house etc.); *pred.* ready to move into. **B ~ sperson**, *f* **-/-en** *Psy:* person to whom one relates. **B ~ spreis**, *m* **-es/-e** purchase/*Journ:* subscription price. **B ~ - squelle**, *f* **-/-n** source of supply; supplier. **B ~ sstoff**, *m* **-(e)s/-e** *Tex:* cover material.

bezüglich [bə'tsy:kliç]. **I.** *prep.* + *gen* concerning, regarding. **II.** *adj.* **auf etwas** *acc* **b.**, relating/relevant to sth.

bezwecken [bə'tsvɛkən], *v.tr.* to aim at (sth.); **was b. Sie mit dieser Frage?** what is your aim/ object in asking this question?

be'zweifeln, *v.tr.* to doubt (sth.; **daß/ob ...**, whether ...); **es läßt sich nicht b.**, there is no question/doubt about it; **das möchte ich b.**, I have my doubts about that.

be'zwing|en, *v.tr.irr.19* to conquer (an enemy, *Fig:* fear, mountain etc.); to defeat, vanquish (an opponent); *Fig:* to keep (one's curiosity, anger etc.) under control. **B ~ er**, *m* **-s/-** conqueror. **B ~ ung**, *f* **-/no pl** conquest; defeat, (*Sieg*) victory.

BH [be'ha:], *m* **-(s)/-(s)** *F:* bra.

bibbern ['bibərn], *v.i.* (*haben*) *F:* to shiver; (*vor Angst*) to tremble.

Bibel ['bi:bəl], *f* **-/-n** Bible. '**B ~ lesung**, *f* **-/-en** Bible reading; (*im Gottesdienst*) lesson. '**B ~ spruch**, *m* **-(e)s/⁻e** biblical text. '**B ~ - stunde**, *f* **-/-n** Bible class.

Biber ['bi:bər], *m* **-s/-** beaver. '**B ~ pelz**, *m* **-es/-e** beaver fur; (*Mantel*) beaver coat.

Biblio|graph [biblio'gra:f], *m* **-en/-en** bibliographer. **B ~ graphie** [-a'fi:], *f* **-/-n** bibliography. **b ~ 'graphisch**, *adj.* bibliographical. **B ~ thek** [-'te:k], *f* **-/-en** library. **B ~ thekar(in)**, [-te'ka:r(in)], *m* **-s/-e** (*f* **-/-nen**) librarian. **B ~ 'thekswesen**, *n* **-s**/*no pl* librarianship.

biblisch ['bi:bliʃ], *adj.* biblical; *F:* **ein b ~ es Alter erreichen**, to live to a ripe old age.

bieder ['bi:dər], *adj.* (*a*) honest, upright; *Iron:* worthy (citizens etc.); (*b*) *Pej:* (*spießig*) bourgeois. '**B ~ keit**, *f* **-/no pl** (*a*) honesty, uprightness; (*b*) *Pej:* bourgeois conformism. '**B ~ mann**, *m* **-(e)s/⁻er 1.** honest citizen. **2.** (*Spießer*) (narrow-minded) bourgeois.

bieg|bar ['bi:kba:r], *adj.* flexible; pliable (wood etc.). '**b ~ en. I.** *v.irr.* (*p.* **bog**, *p.p.* **gebogen**) **1.** *v.tr.* to bend (wire, a branch etc.); **sich b.**, to bend (*Nase, Rücken usw.*) to be curved/ (*krumm*) bent; (*Holz*) to warp; **sich unter einer Last b.**, to sag under/be weighed down by a load; *F:* **er bog sich vor Lachen**, he fell about laughing. **2.** *v.i.* (*sein*) to bend, curve; (*Pers., Fahrzeug*) **um die Ecke/in eine Straße usw. b.**, to turn the corner/into a street etc. **II. B.**, *n* **-s**/*no pl* bending, curving; *F:* **etwas auf B. oder Brechen erreichen**, to achieve sth. by hook or by crook; **es geht auf B. oder Brechen**, it's all or nothing. '**b ~ sam**, *adj.* flexible; pliable (material); supple (body, limbs). '**B ~ samkeit**, *f* **-/no pl** flexibility; pliability; suppleness. '**B ~ ung**, *f* **-/-en** bend.

Biene ['bi:nə], *f* **-/-n 1.** *Ent:* bee; **fleißig wie eine B.**, as busy as a bee. **2.** *F:* (*Mädchen*) bird, bit of fluff. '**B ~ n-**, *comb.fm.* bee's, bee (sting etc.); (swarm etc.) of bees; bees' (honey); **B ~ korb** *m*, (basketwork) beehive; **B ~ stich** *m*, (i) bee-sting; (ii) *Cu:* plain cake covered in grated almonds and sugar; **B ~ stock** *m*, beehive; **B ~ wachs** *m*, beeswax; **B ~ zucht** *f*, bee-keeping; **B ~ züchter** *m*, bee-keeper. '**B ~ nfleiß**, *m* **-es/no pl** untiring industry. '**B ~ nkönigin**, *f* **-/-nen** queen bee. '**B ~ nstand**, *m* **-(e)s/⁻e** apiary.

Bier [bi:r]. **I.** *n* **-(e)s/-e** beer; **drei B.**, three beers/ glasses of beer; **verschiedene B ~ e**, different types of beer. **II.** '**B ~ -**, *comb.fm.* beer (barrel, garden etc.); **B ~ deckel** *m*, beer mat; **B ~ dose** *f*, beer can; **B ~ krug** *m*, beer mug; *F:* **B ~ bauch** *m*, beer belly. '**B ~ brauer**, *m* **-s/-**brewer. '**B ~ chen**, *n* **-s/-** *F:* **ein B. trinken gehen**, to go for a quick one. '**B ~ kutscher**, *m* **-s/-** *F:* (brewer's) drayman. '**B ~ leiche**, *f* **-/-n** *F:* prostrate drunk. '**B ~ ruhe**, *f* **-/no pl** *F:* unshakable calm; **er hat eine B.**, he's completely unflappable. '**B ~ stube**, *f* **-/-n** small pub/*N.Am:* bar. '**B ~ wagen**, *m* **-s/-** brewer's dray.

Biese ['bi:zə], *f* **-/-n** (*a*) piping (on uniform etc.); (*b*) *Dressm:* tuck.

Biest [bi:st], *n* -(e)s/-r *F: Pej: also Fig:* beast.

biet|en ['bi:tən], *v.tr.irr.8* to offer (sth.) (**j-m,** to s.o.); to provide (shelter, an opportunity etc.); to present (difficulties, *Sp:Th:* a programme etc.); **sie bot ihm den Rücken,** she turned her back on him; **was/wieviel b. Sie mir dafür?**,what will you offer/give me for it? (**tausend Mark**) **auf etwas** *acc* **b.,** to bid (a thousand marks) for sth.; **eine Gelegenheit bot sich,** an opportunity presented itself/occurred; **ein schreckliches, hübsches Bild usw. b.,** to be/present a terrible, pretty sight etc.; **das lasse ich mir nicht b.!** I won't put up with/stand for that. '**B ~ er(in),** *m* -s/- (*f* -/-nen) bidder.

Bifokalbrille [bi:fo'ka:lbrilə], *f* -/-n bifocal spectacles.

Bigam|ie [biga'mi:], *f* -/-n bigamy. **B ~ ist,** *m* -en/-en bigamist.

bigott [bi'gɔt], *adj.* (religiously) bigoted; (*frömmelnd*) sanctimonious; (*heuchlerisch*) hypocritical. **B ~ erie** [bigɔtə'ri:], *f* -/-n (religious) bigotry; sanctimoniousness; hypocrisy.

Bikini [bi'ki:ni], *m* -s/-s bikini.

Bilanz [bi'lants], *f* -/-en **1.** *Fin: Book-k:* balance; (*schriftlich*) balance sheet; **B. des Jahres,** year's results; **eine B. aufstellen,** to make up the accounts; *F:* **B. machen,** to check up on one's finances. **2.** *Fig:* outcome, (net) result; **die B. ziehen,** to draw conclusions (**aus etwas** *dat,* about sth.); (*rückblickend*) to take stock. **b ~ ieren** [-'tsi:rən] *v.tr.&i.* (*haben*) to balance (accounts); *Fig:* to sum (sth.) up. **B ~ prüfer,** *m* -s/- auditor.

Bild [bilt]. **I.** *n* -(e)s/-er **1.** *Art: TV: Phot: etc:* picture; **ein B. von einem Mädchen,** (i) a picture/portrait of a girl; (ii) a lovely girl; *Phot:* **B ~ er machen,** to take pictures; *Fig:* **ein B. des Jammers sein/bieten,** to be a picture of misery; **ein schreckliches/schönes B. bot sich unseren Augen,** a terrible/lovely sight met our eyes; **das äußere B. der Stadt,** the (outward) appearance of the town. **2.** image; (*Spiegelbild*) reflection; **in B ~ ern sprechen,** to speak figuratively. **3.** (*Eindruck*) impression; **ein falsches B. von etwas** *dat* **haben,** to have the wrong idea about sth.; **bist du im B ~ e?** are you in the picture? **4.** *Th:* scene. **II.** '**B ~ -,** *comb.fm.* picture (editor etc.); pictorial (document, book etc.); **B ~ band** *m,* picture book; **B ~ beilage** *f,* pictorial supplement; **B ~ karte** *f,* (i) picture postcard; (ii) pictorial map; *TV:* **B ~ abtastung** *f,* picture scanning; **B ~ röhre** *f,* picture tube. '**B ~ ausschnitt,** *m* -(e)s/-e detail (from a picture). '**B ~ bericht,** *m* -(e)s/-e *Journ:* photoreportage. **B ~ er-** ['bildər-], *comb.fm.* picture (story, hook, dealer, frame etc.); **B ~ buch** *n,* (child's) picture book; **B ~ dienst** *m,* picture library; **B ~ schrift** *f,* picture writing, hieroglyphics. '**B ~ erbogen,** *m* -s/- sheet of pictures. '**B ~ erreich,** *adj.* lavishly illustrated (book etc.); **b ~ er Stil,** style rich in images. '**B ~ ersprache,** *f* -/-n figurative language, imagery. '**B ~ fläche,***f*-/-n *Phot: Cin:* screen; *F:* **auf der B. erscheinen/von der B. verschwinden,** to appear on/disappear from the scene. '**B ~ format,** *n* -(e)s/-e *Phot:* print size. '**B ~ frequenz,** *f* -/*no pl TV: Cin:* frame frequency. '**b ~ haft,** *adj.* **1.** pictorial (representation etc.).

2. (*anschaulich*) vivid; graphic (description etc.); (style, language) rich in imagery. '**B ~ hauer,** *m* -s/- sculptor. **B ~ haue'rei,** *f* -/*no pl* (art of) sculpture. '**b ~ hauern,** *v.i.* (*haben*) *F:* to sculpt. '**b ~ hübsch,** *adj.* lovely; *F:* gorgeous. '**B ~ lich,** *adj.* **1.** pictorial (respresentation etc.). **2.** *Ling:* figurative (expression etc.). '**B ~ nis,** *n* -sses/-sse portrait, likeness; (*auf Münzen*) head. '**B ~ platte,***f*-/-n *TV:* video disc. '**B ~ reporter,** *m* -s/- press photographer. '**B ~ schärfe,***f*-/-n *Phot: Cin:* sharpness, definition. '**B ~ schirm,** *m* -(e)s/-e *TV:* screen. **B ~ schirmtext,** *m* -(e)s/*no pl* teletext. '**b ~ schön,** *adj.* lovely, gorgeous. '**B ~ seite,** *f* -/-n face (of a coin etc.). '**B ~ tafel,** *f* -/-n plate (in a book). '**B ~ text,** *m* -(e)s/-e/'**B ~ unterschrift,** *f* -/-en caption. '**B ~ wand,** *f* -/*-e Phot:* (projection) screen. '**B ~ zuschrift,** *f* -/-en application enclosing a photograph.

bild|en ['bildən], *v.tr.* (*a*) to form, (*gestalten*) fashion, shape (sth.); **sich** *dat* **eine eigene Meinung b.,** to form one's own opinion; **eine Eisschicht bildete sich,** a layer of ice formed; **die b ~ den Künste,** the fine arts; *Fig:* **j-s Charakter b.,** to form/mould s.o.'s character; (*b*) (*darstellen*) to be (sth.); **die Regel/eine Ausnahme b.,** to be the rule/an exception; **die Spitze eines Zuges b.,** to head the procession; (*c*) (*erziehen*) to educate (s.o., oneself, s.o.'s taste etc.); to develop (s.o.'s taste etc.); **seinen Geist b.,** to improve one's mind; *abs.* **Reisen bildet,** travel broadens the mind. '**B ~ ung,** *f* -/*no pl* **1.** (*Bilden*) formation; (*Formen*) shaping. **2.** (*a*) (*Erziehung*) education; (general) knowledge, culture; **eine umfassende B.,** a broad educational/cultural background; **ein Mann von B.,** a well-educated/cultured man; (*b*) *F:* **sie hat keine B.,** she has no manners. '**B ~ ungs-,** *comb.fm.* educational (policy, reform etc.); **B ~ anstalt** *f,* educational establishment; **B ~ lücke** *f,* gap in one's education; **B ~ wesen** *n,* educational system, education. '**B ~ ungsroman,** *m* -s/-e *Lit:* novel of character development. '**B ~ ungsweg,** *m* -(e)s/-e type of education; **der zweite B.,** second chance to take examinations, *esp.* further education.

Billard ['biljart]. **I.** *n* -s/-e **1.** billiards. **2.** (*Tisch*) billiard table. **II.** '**B ~ -,** *comb.fm.* billiard (room etc.); **B ~ kugel** *f,* billiard ball; **B ~ queue** *n,* billiard cue.

billig ['biliç]. **I.** *adj.* (*a*) cheap; low (price); *adv.* cheaply, at a low price; *Advert:* **b. abzugeben,** for sale cheap; *F:* **b. davonkommen,** to get off lightly; (*b*) (*dürftig*) poor (goods); **b ~ e Ausrede,** feeble/poor excuse; **das ist ein b ~ er Trost,** that is not much consolation; (*c*) *Nau:* **b ~ e Flagge,** flag of convenience. **2.** (*angemessen*) reasonable (request etc.); **recht und b.,** right and proper. **II.** '**B ~ -,** *comb.fm.* cheap (flight, goods); low (price). '**b ~ en** [-gən], *v.tr.* to agree to (sth.), give (sth.) one's approval; (*amtlich*) to approve, sanction (sth.); **ich kann es nicht b., daß du das machst,** I cannot agree to you(r) doing that. '**B ~ keit,** *f* -/*no pl* **1.** cheapness. **2.** poorness, feebleness. **3.** *Jur:* justice. '**B ~ ung,** *f* -/*no pl* approval; *Adm:* sanction.

Billion [bili'o:n], *f* -/-en billion; *N.Am:* trillion.

bim [bim], *int.* ding! **b. bam!** ding dong!

´B ~ bam, n -s/no pl (a) (Glocken) ding-dong;
(b) F: (ach) du heiliger B.! ye gods!

bimmeln [ˈbiməln], v.i. (haben) F: to ring.

Bimsstein [ˈbimsʃtain], m -(e)s/-e pumice-
stone.

bin [bin], 1st pers. pres. ind. of sein q.v.

Bind|e [ˈbində], f -/-n (a) bandage; den Arm in
einer B. tragen, to have one's arm in a sling;
(b) (Armb.) armband; (Stirnb.) headband; (c)
F: (Damenb.) sanitary towel; (d) F: sich dat
einen hinter die B. gießen/kippen, to knock one
back, N.Am: toss one down. ´B ~ ebalken, m
-s/- Constr. tie-beam. ´B ~ ebogen, m -s/-
Mus: tie. ´B ~ egewebe, n -s/- Anat: con-
nective tissue. ´B ~ eglied, n -(e)s/-er (con-
necting) link. ´B ~ ehautentzündung, f -/-en
Med: conjunctivitis. ´B ~ emittel, n -s/-
binding agent/material. ´b ~ en, v.tr.irr. (pres.
bindet, p. band, p.p. gebunden) (a) to tie (a
knot, shoelaces, s.o.'s hands etc.); (fesseln) to
bind (s.o.), tie (s.o.) up; (zusammenb.) to tie/
bind (sth.) (an etwas acc, to sth.); to bind (a
book, Ch: gases etc.); (sich dat) ein Tuch um
den Kopf b., to tie a scarf round one's head;
Kränze/Sträuße/Besen b., to make wreaths/
bouquets/brooms; (Pers.) an Händen und Füßen
gebunden, bound hand and foot; Fig: mir sind
die Hände gebunden, my hands are tied; (b) ich
bin durch/an mein Versprechen gebunden, I
am bound by my promise; ich will mich noch
nicht b., I do not want to commit myself/esp.
get married yet; sie ist durch die Kinder sehr
gebunden, she is very tied (up) with the
children; (c) die Besprechungen sind an keine
Zeit gebunden, there is no fixed time for the
discussions; (d) Cu: eine Soße (mit Mehl) b., to
thicken a sauce (with flour). b ~ end, adj.
binding; hard-and-fast (rule). ´B ~ estrich,
m -(e)s/-e hyphen. ´B ~ faden, m -s/- string;
ein B., a piece of string; F: es regnet Bindfäden,
it's raining cats and dogs. ´B ~ ung, f -/-en
1. tie, bond; (gefühlsmäßig) attachment;
(Verpflichtung) obligation, commitment (an
j-n, etwas acc, to s.o. sth.); eine B. eingehen, to
enter into a relationship. 2. Ski: binding.

binnen [ˈbinən]. I. prep. + dat/occ. gen within;
b. kurzem, shortly; b. kürzester Zeit, in a very
short time. II. ´B ~ -, comb.fm. inland (harbour,
sea etc.); internal, home (trade etc.); B ~ -
schiffahrt f, inland navigation; B ~ staat m,
landlocked country; das B ~ land, the interior (of
a country). ´b ~ ländisch, adj. inland.

Binse [ˈbinzə], f -/-n Bot: rush; F: in die B ~ n
gehen, to go west. ´B ~ nmatte, f -/-n rush
mat. ´B ~ nwahrheit/´B ~ nweisheit, f -/-en
well known fact, truism.

Bio [ˈbiːo], f -/no pl Sch: F: biology. b ~ ak´tiv,
adj. biologically active; b ~ es Waschmittel,
biological washing powder. B ~ che´mie, f
-/no pl biochemistry. B ~ ´chemiker, m -s/-
biochemist. b ~ ´chemisch, adj. biochemical.
´B ~ gemüse, n -s/no pl organically grown
vegetables. B ~ graph [-ˈgraːf], m -en/-en bio-
grapher. B ~ graphie [-aˈfiː], f -/-en bio-
graphy. b ~ ´graphisch, adj. biographical.
B ~ loge [-ˈloːgə], m -n/-n biologist. B ~ logie
[-oˈgiː], f -/no pl biology. b ~ ´logisch, adj.
1. biological. 2. Agr: organic (cultivation);

b ~ es Gemüse, organically grown vegetables.
B ~ phy´sik, f -/no pl biophysics.

Birke [ˈbirkə], f -/-n birch (tree). ´B ~ nholz, n
-es/no pl birch (wood). ´B ~ nwasser, n -s/-
birch-water hair lotion.

Birma [ˈbirmaː]. Pr.n. n Geog: -s. Burma. B ~ ne
[-ˈmaːnə], m -n/-n Burmese. B ~ nin, f -/-nen
Burmese (woman). b ~ nisch [-ˈmaːniʃ], adj.
Burmese.

Birn|baum [ˈbirnbaum], m -(e)s/-e 1. pear tree.
2. (Holz) pearwood. ´B ~ e, f -/-n 1. (a)
(Frucht) pear; (b) (Baum) pear tree. 2. El:
(light) bulb. 3. P. (Kopf) nut; eine weiche B.
haben, to be soft in the head. ´b ~ enförmig,
adj. pear-shaped.

bis [bis]. I. prep. + acc 1. (a) until; b. morgen/
nächstes Jahr, until tomorrow/next year; b.
jetzt, up to now; so far; b. heute, until today;
(nachdrücklich) to this day; b. wann willst du
bleiben? how long do you want to stay? von 9
b. 5 Uhr, from nine to/till five; von Montag b.
(einschließlich) Freitag, from Monday to
Friday (inclusive), N.Am: Monday through
Friday; F: (Abschiedsformel) b. bald/später/
morgen usw., see you soon/later/tomorrow
etc.; b. dann, see you (some time); (b) (+
prep.) b. auf weiteres, (i) for the time being; (ii)
until further notice; b. in die Nacht (hinein),
(far) into the night; b. gegen 3 Uhr, until
nearly/about 3 o'clock; b. vor einer Woche,
until/up to a week ago; b. zum nächsten Mal/
zum 1. Mai, until the next time/May 1st. 2.
(nicht später als) by; b. dahin/Montag, by
then/Monday; b. wann kannst du hier sein?
how soon can you get here? 3. (räumlich) (a)
wir fahren b. Ostende, we are driving as far as
Ostend; b. hierher und nicht weiter, this far and
no further; b. wohin? how far? von oben b.
unten, from top to bottom; (b) (+ prep.) b.
nach/zu + dat, as far as, b. an die Grenze, as
far as/up to the border; naß b. auf die Haut,
soaked to the skin; b. in den Garten (hinein),
right into the garden; b. kurz vor London, until
just before London; (c) (+superl. etc.) b. aufs
höchste, to the utmost; b. ins kleinste/letzte,
down to the last detail. 4. b. auf (a) (inklusive)
es wurden alle b. auf den letzten Mann gerettet,
everybody was rescued down to the last man;
(b) (mit Ausnahme von) b. auf dich sind alle
fertig, everyone is ready except (for) you. 5.
(mit Zahlen) (a) b. zu, up to; Kinder b. zu 12
Jahren/bis 12 Jahre, children up to the age of
twelve; (b) (zwischen) vier b. fünf Mark, four to
five marks; between four and five marks. II.
conj. until; ich warte (so lange), b. er kommt, I
will wait until he comes. b ~ ´her, adv. so far,
up to now. b ~ ´herig, adj. existing (up to now);
die b ~ en Konferenzen, the conferences held so
far/to date; der b ~ e Präsident, the retiring presi-
dent. b ~ ´lang, adv. up to now.

Bisam [ˈbiːzam], m -s/-s & -e 1. Z: (Moschus)
musk. 2. musquash, N.Am: muskrat (fur). ´B ~
ratte, f -/-n muskrat, musquash.

Bischof [ˈbiʃɔf], m -s/-e bishop. ´B ~ smütze,
f -/-n Ecc: mitre. ´B ~ ssitz, m -es/-e epi-
scopal see; (Stadt) cathedral town. ´B ~ sstab,
m -(e)s/-e crozier.

bischöflich [ˈbiʃøːfliç], adj. episcopal.

Biskuit [bis'kviːt], *n&m* -(e)s/-s & -e *Cu:* sponge.
B~kuchen, *m* -s/- sponge cake. **B~rolle**, *f*
-/-n swiss roll.

Bismarckhering ['bismarkheːriŋ], *m* -s/-e
(type of) marinated herring.

Biß [bis], *m* -sses/-sse bite. **'b~chen**, *inv.s.* ein
b., a (ach; **ihr b. Schmuck**, what little jewellery
she has; **er hat kein b. Zeit**, he hasn't got a
moment; **ein b. lang**, a bit/rather long; **ich bin
kein b. müde**, I'm not a bit/not in the least tired;
F: (ach!) **du liebes b.**! oh dear! **'B~wunde**, *f*
-/-n (animal etc.) bite.

Biss|en ['bisən], *m* -s/- bite, mouthful (of food);
ein feiner B., a choice morsel; **er hat keinen B.
angerührt**, he didn't touch a thing; **sich** *dat*
jeden/den letzten B. vom Mund absparen, to
scrape and save (every penny); *F:* **ein fetter B.**,
a profitable deal; (*Aufgabe*) a plum job; **ein
harter B.**, a hard nut to crack. **'b~ig**, *adj.* 1.
vicious (dog etc.); (dog) that bites; *P.N:* **Vor-
sicht, b~er Hund!** beware of the dog. **2.** biting,
caustic (remark etc.). **'B~igkeit**, *f* -/-en 1. *no
pl* tendency to bite, viciousness (of a dog etc.).
2. (a) *no pl* sharpness, biting/caustic tone; (b)
cutting/caustic remark.

Bistum ['bistuːm], *n* -s/-er *R.C.Ch:* bishopric,
diocese.

bisweilen [bis'vailən], *adv. Lit:* sometimes,
from time to time.

bitt|e ['bitə]. **I.** *adv.* please; **ja, b.?** yes? **möchten
Sie Kaffee?—(ja) b.!** would you like some
coffee?—yes please! **b. schön!** (*als Antwort*) of
course! please do! (ii) (*etwas anbietend*) do
have/take one! **vielen Dank!—b. sehr/schön!**
thank you very much!—don't mention it/
N.Am: you're welcome; **(wie) b.?** pardon? **na
b.!** there you are, you see! what did I tell you?
II. B~, *f* -/-n request; (*dringend*) plea; **auf seine
B. hin**, at his request; **ich habe eine B. an dich**, I
want to ask you a favour. **'b~en**, *v.tr.&i.irr.*
(*haben*) (*pres.* **bittet**, *p.* **bat**, *p.p.* **gebeten**) (a)
(j-n) um etwas *acc* **b.**, to ask (s.o.) for sth.; **j-n
b., etwas zu tun**, to ask/(*formell*) request/
(*dringend*) beg s.o. to do sth.; **ich bitte Sie,
machen Sie es nicht**, please don't do it; **(aber)
ich bitte Sie!** well really! do you mind! **j-n zu
sich** *dat* **b.**, to ask s.o. to come to see one; **Herr
Schmidt läßt b.**, Herr Schmidt will see you
now; **etwas schneller, wenn ich b. darf**, a bit
faster if you don't mind; (*beim Tanz*) **darf ich
b.?** may I have the pleasure (of the next
dance)? *F:* **ich muß doch (sehr) b.!** I really must
protest! (b) **für j-n (bei j-m) b.**, to intercede
(with s.o.) on s.o.'s behalf. **'B~gesuch**, *n*
-(e)s/-e petition (**um etwas** *acc*, for sth.) **'B~-
steller**, *m* -s/- petitioner.

bitter ['bitər], *adj.* bitter (taste, *Fig.* disappoint-
ment, cold etc.); biting (irony); **b~es Unrecht**,
grievous wrong; **b~e Not**, desperate need, dire
distress; **b~e Armut**, abject poverty; **das war
sehr b. für ihn**, it was a bitter pill for him
to swallow; *adv.* **etwas b. nötig haben**, to need
sth. desperately. **'b~böse**, *adj.* (*wütend*)
furious, livid; (*übel*) villainous. **'b~ernst**, *adj.*
deadly serious. **'B~keit**, *f* -/no pl bitterness;
(*Verbitterung*) rancour; acerbity, acrimony (of
a remark etc.). **'b~lich**, *adv.* bitterly.
'B~schokolade, *f* -/no pl bitter/plain

chocolate. **'b~süß**, *adj.* bitter-sweet.

Bitum|en [bi'tuːmən], *n* -s/- *Ch:* bitumen.
b~inös [-umi'nøːs], *adj.* bituminous.

Biwak [bi'vak], *n* -s/-s & -e bivouac.

bizarr [bi'tsar], *adj.* bizarre.

Bizeps ['biːtsɛps], *m* -es/-e biceps.

Blabla ['blaːblaː], *n* -(s)/no pl *F:* waffle.

bläh|en ['blɛːən], **1.** *v.tr.* (a) (*Wind*) to swell (sails),
puff out (curtains etc.); (*Pferd*) **die Nüstern b.**,
to flare its nostrils; **sich b.**, (*Segel*) to swell,
(*Gardine*) billow; (*Nüstern*) to flare; (b) *abs.*
(*Speisen*) to cause flatulence. **'B~ungen**, *fpl*
flatulence, *F:* wind.

blam|abel [bla'maːbəl], *adj.* embarrassing,
humiliating; ignominious (defeat). **B~age**
[-'maːʒə], *f* -/-n humiliation, disgrace; **Angst
vor der B. haben**, to be afraid of looking
ridiculous/making a fool of oneself. **b~ieren**
[-'miːrən], *v.tr.* to make (s.o.) look foolish/
small; **er hat sich ganz schön blamiert**, he made
a real fool of himself.

blanchieren [blã'ʃiːrən], *v.tr. Cu:* to blanch
(vegetables, almonds).

blank [blaŋk], *adj.* **1.** shiny, shining (metal,
boots etc.); (**blitz und**) **b.**, spotless; **etwas b.
reiben**, to polish sth. **2.** (*nackt*) bare (skin,
boards etc.); **b~es Schwert**, naked sword. **3.**
(*rein*) pure, sheer (nonsense, envy etc.). **4.** *F:*
(*pleite*) (stony) broke. **'B~vers**, *m* -es/-e
blank verse.

blanko ['blaŋko], *inv.adj.* (*Papier usw.*) blank,
unlined; (*Formular, Scheck usw.*) blank. **'B~-
scheck**, *m* -s/-s blank cheque. **'B~voll-
macht**, *f* -/-en *Jur:* full power of attorney.

Blas|e ['blaːzə], *f* -/-n **1.** (a) bubble; *Tchn:* flaw
(in glass etc.); (*Farbe usw.*) **B~n ziehen**, to
blister; (b) *Med:* blister; **sich B~n laufen**, to
get blisters on one's feet. **2.** *Anat:* bladder; *F:*
er hat es mit der B. zu tun, he's got trouble
with his waterworks. **'B~ebalg**, *m* -(e)s/-e
bellows. **'b~en**, *v.irr.* (*pres.* **bläst**, *p.* **blies**,
p.p. **geblasen**) **1.** *v.tr.* (a) to blow (smoke,
bubbles, glass etc.); *P:* **ich blas dir was!** you can
get lost! (b) *Mus:* to play (a flute, oboe, a tune
etc.). **2.** *v.i.* (*haben*) to blow; **es bläst**, it's
windy. **'B~enkatarrh**, *m* -s/-e *Med:* cystitis.
'B~enleiden, *n* -s/- bladder complaint.
'B~instrument, *n* -(e)s/-e *Mus:* wind in-
strument. **'B~kapelle**, *f* -/-n *Mus:* brass
band. **'B~rohr**, *n* -(e)s/-e blowpipe.

Bläser ['blɛːzər], *Mus:* **I.** *m* -s/- wind player; **die
B.**, the wind (section) (of an orchestra). **II.**
B~-, *comb.fm.* wind (quintet etc.).

blasiert [bla'ziːrt], *adj.* blasé.

Blasphem|ie [blasfe'miː], *f* -/-n blasphemy.
b~isch [-'feːmiʃ], *adj.* blasphemous.

blaß [blas]. **I.** *adj.* (a) pale (face, person, colour
etc.); *Fig:* colourless (style, description etc.);
(**vor Schreck**) **b. werden**, to (turn) pale (with
fear); (b) (*schwach*) faint (hope); vague
(memory, idea etc.); *F:* **ich habe keine b~e
Ahnung**, I haven't the faintest idea; (c) (*rein*)
sheer (panic etc.); **der b~e Neid spricht aus
ihm**, he is green with envy. **II.** **'b~-**, *comb.fm.*
pale (green, yellow etc.); **b~blau**, pale blue.

Blässe ['blɛsə], *f* -/no pl paleness, pallor; *Fig:*
colourlessness.

bläßlich ['blɛsliç], *adj.* pallid, rather pale.

Blatt [blat], *n* -(e)s/⁼er **1.** *Bot:* leaf; *F:* **er nimmt (sich** *dat*) **kein B. vor den Mund,** he speaks his mind/doesn't mince his words. **2.** sheet, leaf (of paper); *Mus:* **vom B. singen/spielen,** to sight-read; *Fig:* **das steht auf einem anderen B.,** that is another matter. **3.** (*Zeitung*) (news)paper. **4.** (*Spielkarte*) (playing) card; **ein gutes B. haben,** to have a good hand; *F:* **das B. hat sich gewendet,** the tide has turned. **5.** blade (of an oar, axe, a saw). ′**B ~ feder,** *f* -/-n leaf spring. ′**B ~ gold,** *n* -(e)s/*no pl* gold-leaf. ′**B ~ laus,** *f* -/⁼e *Ent:* aphis; **grüne B.,** greenfly, aphid; **schwarze B.,** blackfly. ′**b ~ los,** *adj.* leafless. ′**B ~ pflanze,** *f* -/-n green plant.

blätter|n [′blɛtərn], *v.i.* (*a*) (*haben*) **in einem Buch b.,** to leaf/glance through a book; (*b*) (*sein*) (*Farbe usw.*) to flake (off). ′**B ~ teig,** *m* -(e)s/*no pl* puff pastry.

blau [blau]. **I.** *adj.* **1.** blue (eyes, dress etc.); **ein b~es Auge,** a black eye; **ein b~er Fleck,** a bruise; *Cu:* **Aal/Forelle b.,** boiled eel/trout; *F:* **zwei Tage b. machen,** to stay away from work for two days; **b~en Montag machen,** to take Monday off (unofficially); **sein b~es Wunder erleben,** to get a nasty surprise; **einen b~en Brief bekommen,** to get a letter of dismissal/ *Sch:* a warning letter; **j-m das B~e vom Himmel (herunter) versprechen,** to promise s.o. the moon; **ins B~e (hinein) reden,** to chatter on aimlessly; **eine Fahrt ins B~e,** a mystery tour. **2.** *F:* (*betrunken*) tight; **b. wie ein Veilchen,** as drunk as a lord. **II. B.,** *n* -s/- *F:* -s bluc; **sie war ganz in B.,** she was all in blue. ′**b ~ äugig,** *adj.* blue-eyed. ′**B ~ beere,** *f* -/-n bilberry, blueberry. ′**B ~ kraut,** *n* -(e)s/ *no pl Aus:* red cabbage. ′**B ~ licht,** *n* -(e)s/-er blue light (on ambulance etc.); **er wurde mit B. ins Krankenhaus gebracht,** he was rushed to hospital (with the blue light flashing). ′**b ~ machen,** *v.i.sep.* (*haben*) *F:* to malinger, stay away from work. ′**B ~ meise,** *f* -/-n blue tit. ′**B ~ papier,** *n* -s/*no pl* blueprint paper. ′**B ~ pause,** *f* -/-n blueprint. ′**B ~ säure,** *f* -/*no pl* prussic acid. ′**B ~ strumpf,** *m* -(e)s/⁼e blue-stocking.

Bläu|e [′blɔyə], *f* -/*no pl Lit:* blue (of the sky etc.). ′**b ~ lich,** *adj.* bluish.

Blech [blɛç]. **I.** *n* -(e)s/-e **1.** sheet metal; (*für Dosen usw. & Pej:*) tin. **2.** *no pl Mus:* brass. **3.** *no pl F:* (*Unsinn*) rubbish, rot. **II.** ′**B~-,** *comb.fm.* (*a*) tin (drum etc.); metal (shears etc.); **B~büchse** *f,* tin (box); **B~dose** *f,* tin (can); *esp. N.Am:* can; (*b*) *Mus:* brass (instrument etc.). ′**b ~ en,** *v.i.* (*haben*) *F:* to fork out, cough up. ′**b ~ ern,** *adj.* **1.** metal, tin (bucket, drum etc.). **2.** tinny (sound). ′**B ~ schaden,** *m* -s/- *Aut:* superficial damage (to the bodywork).

Blei [blai], *n* -(e)s/-e **1.** lead; **B. gießen,** *Metalw:* to cast lead; (*als Silvesterbrauch*) to pour molten lead into water to tell fortunes; *Fig:* **das Essen liegt mir wie B. im Magen,** the food is lying heavy on my stomach. **2.** (*B~lot*) plumb, lead. ′**b ~ ern,** *adj.* **b~e Müdigkeit,** utter weariness. ′**b ~ haltig,** *adj.* containing lead. ′**B ~ lot,** *n* -(e)s/-e plumb. ′**b ~ schwer,** *adj.* as heavy as lead; *Fig:* leaden (limbs etc.). ′**B ~ soldat,** *m* -en/-en tin soldier. ′**B ~ stift,** *m* -(e)s/-e pencil. ′**B ~ stiftabsatz,** *m* -es/⁼e stiletto heel. ′**B ~ stiftspitzer,** *m* -s/- pencil sharpener.

Bleibe [′blaibə], *f* -/-n *F:* place to stay. ′**b ~ n,** *v.i.irr.* (*p.* blieb, *p.p.* geblieben) (*sein*) to stay, remain; (*a*) **bei j-m b.,** to stay with s.o.; **zum Essen b.,** to stay for a meal; **das bleibt unter uns,** (that's) strictly between ourselves; **bei der Sache b.,** to keep to the point; *Tel:* **b. Sie bitte am Apparat!** hold the line please! (*b*) *F:* **wo bleibst du denn?** what's keeping you? what's happened to you? (*c*) (*with adj.*) **neutral, wach usw. b.,** to remain/stay neutral, awake etc.; **ruhig/gelassen b.,** to keep calm; **am Leben b.,** to stay alive; **b. Sie gesund!** look after yourself! **in Kontakt/Übung b.,** to keep in contact/ practice; **es ist alles beim alten geblieben,** nothing has changed; (*d*) (*with infin.*) **sitzen/ stehen b.,** to remain sitting/standing; **es bleibt abzuwarten, ob . . .,** it remains to be seen whether . . .; (*e*) to remain, be left; **es bleibt keine andere Wahl,** there is no other choice (left); (*f*) **bei seiner Meinung/einem Entschluß b.,** to stick to one's opinion/a decision; **ich bleibe dabei, daß. . .,** I still say that . . .; **es bleibt dabei,** that's settled/final; **das bleibt sich gleich,** that does not make any difference; (*g*) *Lit:* **im Krieg b.,** to be killed in the war; **auf See b.,** to be lost at sea. ′**b ~ nd,** *adj.* permanent (damage etc.); lasting (effect etc.). ′**b ~ nlassen,** *v.tr.sep.irr.57* to leave/let (sth.) alone; to give up (smoking, drinking etc.); **an deiner Stelle würde ich es b.,** I wouldn't do it if I were you.

bleich [blaiç], *adj.* pale, white (face etc.). ′**b ~ en,** *v.* **1.** *v.tr.* to bleach (linen, hair etc.). **2.** *v.i.* (*p. occ* blich, *p.p.* geblichen) (*sein*) to turn white; (*durch die Sonne*) to become bleached; *Tex:* to fade. ′**B ~ gesicht,** *n* -(e)s/-er *F:* pale-face. ′**B ~ mittel,** *n* -s/- bleach.

Blend|e [′blɛndə], *f* -/-n **1.** shield, shade (for the eyes); *Aut: etc:* vizor. **2.** *Phot:* diaphragm; (*Öffnung*) aperture, stop; **die B. schließen,** to stop down; **B. 8 einstellen,** to set the lens to f8. **3.** *Dressm:* (*contrasting*) facing, trimming. ′**b ~ en,** *v.tr.&i.* (*haben*) (*also Fig:*) to dazzle (s.o.); (*blind machen*) to blind (s.o.); **die Sonne blendet sehr,** the sun is very dazzling; *Lit:* **sich vom äußeren Schein b. lassen,** to be taken in by outward appearances. ′**b ~ end,** *adj.* dazzling, radiant (beauty etc.); magnificent (sight, spectacle etc.); brilliant (speech, achievements etc.); *adv.* marvellously, wonderfully; **es geht ihm b.,** he's in great form; **wir haben uns b. amüsiert,** we had a marvellous time. ′**B ~ eneinstellung,** *f* -/-en *Phot:* aperture setting. ′**B ~ enzahl,** *f* -/-en *Phot:* stop, f-number. ′**B ~ er,** *m* -s/- show-off. ′**B ~ schutz,** *m* -es/-e anti-dazzle (device). ′**B ~ ung,** *f* -/-en **1.** dazzling. **2.** deception; deceiving. **3.** blinding. ′**B ~ werk,** *n* -(e)s/*no pl Lit:* deception, trickery.

Blesse [′blɛsə], *f* -/-n (horse's) blaze.

Blick [blik], *m* -(e)s/-e **1.** (*a*) look; (*kurz*) glance; **finsterer B.,** scowl; **starrer B.,** fixed gaze/stare; **die B~e auf sich** *acc* **ziehen,** to attract attention; **einen (kurzen) B. auf die Uhr usw. werfen/** *F:* **tun,** to glance at the clock etc.; **einen (verstohlenen) B. riskieren,** to risk a (quick) peep; **den B. heben/senken,** to raise/lower one's eyes;

er wich ihrem B. aus, he avoided her eyes/
glance; ihre B~e begegneten sich, their eyes
met; er sah auf den ersten B., daß ..., he saw
at once/at a glance that ...; Liebe auf den
ersten B., love at first sight. 2. (Aussicht) view;
ein Zimmer mit B. aufs Meer, a room overlook-
ing/with a view of the sea. 3. einen/keinen B.
für etwas acc haben, to have an/no eye for sth.
'b~en, v. 1. v.i. (haben) (a) to look (auf etwas
acc, at sth.; aus dem Fenster, geradeaus usw.,
out of the window, straight ahead etc.); F: das
läßt tief b., that explains/reveals a lot; (b) F:
sich (irgendwo) b. lassen, to show one's face
(somewhere); laß dich ab und zu mal b.! drop
in now and again! 'B~fang, m -(e)s/⁻e eye-
catching object, eye-catcher; ein B. sein, to
catch the eye. 'B~feld, n -(e)s/-er field of
vision. 'B~punkt, m -(e)s/no pl im B. sein/
stehen, to be clearly visible/Fig: in the centre
of interest; im B. der Öffentlichkeit, in the
public eye. 'B~richtung, f -/-en line of
vision; in B. (nach) Süden, looking south.
'B~winkel, m -s/- point of view.
blieb ['bli:p], p. of bleiben, q.v.
blies ['bli:s], p. of blasen, q.v.
blind ['blint], adj. 1. blind (für + acc, to); ein
B~er/eine B~e, a blind man/woman; Anat:
b~er Fleck, blind spot; Fig: der b~e Zufall,
pure chance; F: das sieht doch ein B~er! any
fool can see that! adv. j-m b. gehorchen, to
obey s.o. blindly. 2. cloudy (mirror etc.); dull,
tarnished (metal). 3. (a) (vorgetäuscht) blank
(window etc.); Dressm: false buttonhole/
pocket; b~er Alarm, false alarm; (b) b~er Pas-
sagier, stowaway; Dressm: b~e Naht, invisible
seam. 'B~darm, m -(e)s/⁻e Anat: appendix.
'B~darmentzündung, f-/no pl appendicitis.
'B~e'kuh, f B. spielen, to play blindman's
buff. 'B~en-, comb.fm. (home, school, Rad:
programme etc.) for the blind; B~hund m, guide
dog (for the blind). 'B~enschrift, f-/no pl
braille. 'b~fliegen, v.i.sep.irr.7 (sein) Av: to
fly blind. 'B~flug, m -(e)s/⁻e Av: instrument/
blind flight. 'B~gänger, m -s/- dud (shell); P:
(Pers.) dud. 'B~heit, f -/-no pl blindness.
'B~landung, f -/-en Av: blind/instrument
landing. 'b~lings, adv. blindly; b. rennen/
stürzen, to rush headlong. 'B~schleiche, f
-/-n slow-worm. 'b~schreiben, v.i.sep.irr.12
(haben) to touch-type.
Blink- ['bliŋk-], comb.fm. flashing (light etc.);
Aut: B~leuchte f, flashing indicator. 'B~an-
lage, f -/-n Aut: hazard warning lights.
'b~en, v.i. (haben) (Stern, fernes Licht usw.)
to twinkle; (regelmäßig/als Signal) to flash;
Aut: Mil: Nau: etc: to signal. 'B~er, m -s/-
1. Aut: (flashing) indicator, flasher. 2. Mil:
signal-operator, signaller.
blinzeln ['blintsəln], v.i. (haben) to blink; (mit
einem Auge) to wink.
Blitz [blits]. I. m -es/-e 1. lightning; ein B., a
flash of lightning; Fig: wie ein B. aus heiterem
Himmel, like a bolt from the blue; wie vom B.
getroffen, thunderstruck; F: wie ein (geölter) B.,
like (greased) lightning. 2. Phot: F: flash. II.
'B~-, comb.fm. (a) lightning (attack, war etc.);
B~ableiter m, lightning conductor; B~strahl
m, lightning flash; B~schlag m, stroke of

lightning; (b) Phot: flash (cube etc.); B~gerät
n, flash unit; B~licht n, (a) flash(light); (b)
(Birne) flashbulb. 'b~artig, adj. lightning
(attack, reaction etc.); split-second (decision);
adv. like lightning, in a trice. 'b~(e)'blank,
adj. spick and span, spotless(ly clean).
'B~diät, f -/-en F: crash diet. 'b~en, v.i.
(haben) (a) v. impers. es blitzte, there was a
flash of lightning; F: bei dir blitzt es, your slip
is showing; (b) to flash, sparkle. 'B~es-
'schnelle, f in/mit B., with lightning speed.
'b~'schnell, adj. lightning (movement,
reaction etc.); split-second (decision); adv.
with lightning speed.
Block [blɔk], m -(e)s/⁻e & -s 1. (pl ⁻e) block (of
stone etc.); ingot (of gold etc.); Geol: errati-
scher B., erratic boulder. 2. (pl ⁻e & -s) (a) ein B.
Briefpapier, a writing pad; (b) Pol: bloc; (c)
block (of houses). 'B~absatz, m -es/⁻e plat-
form heel. B~ade [-'ka:də], f -/-n blockade.
'b~en, v.tr. to block (Rail: a line, Sp: one's
opponent). 'B~flöte, f -/-n Mus: recorder.
'b~frei, adj. Pol: non-aligned (state).
'B~haus, n -es/⁻er log cabin/house.
'B~hütte, f -/-n log cabin. b~ieren
[-'ki:rən], v. 1. v.tr. to block, obstruct (a road,
Rail: line, Fig: decision etc.); to stop (traffic,
supplies etc.); to jam (a machine, Tel: lines
etc.); Aut: to lock (the wheels); Mil: to block-
ade (a port). 2. v.i. (haben) (Räder) to lock;
(Motor usw.) to seize. B~ierung [-'ki:ruŋ], f
-/-en 1. no pl blocking, obstructing, jamming;
Aut: locking; Mil: Nau: blockade. 2. blockage,
obstruction (in road, pipe etc.). 'B~-
schokolade, f -/no pl cooking chocolate.
'B~schrift, f -/no pl block capitals.
blöd(e) [blø:t, -də], adj. (a) (schwachsinnig)
feeble-minded, mentally deficient; (b) F:
(dumm) silly, daft (person, remark etc.); b~er
Einfall, barmy/half-baked idea; der ist ganz
schön b.! he's a real twit/idiot! (c) F: (ärgerlich)
b~e Situation, stupid situation; es ist b.,
daß du nicht mitkommst, it's silly/a nuisance
that you aren't coming. b~er'weise, adv.
stupidly. 'B~hammel, m -s/-, ⁻ P: (damn)
fool, blithering idiot. 'B~heit, f -/-en (a) no
pl feeble-mindedness, mental deficiency; (b)
(piece of) stupidity; (Äußerung) stupid remark.
B~ian ['-dia:n], m -s/-e F: idiot, twerp.
'B~mann, m -(e)s/⁻er P: (damn) fool,
blithering idiot. 'B~sinn, m -(e)s/no pl
F: rubbish; P: crap; hör mit diesem B. auf!
stop this nonsense! 'b~sinnig, adj. (a)
(schwachsinnig) feeble-minded, mentally de-
ficient; (b) F: nonsensical (chatter); idiotic
(behaviour, idea). B~sinnigkeit, f -/-en 1.
no pl idiocy, senselessness. 2. (piece of) idiotic
behaviour; (Äußerung) idiotic remark.
blöken ['blø:kən], v.i. (haben) (Schafe) to bleat,
(Rinder) low.
blond [blɔnt], adj. (a) blonde, fair (hair, beard);
fair-haired (person); eine B~e, a blonde; (b)
F: pale, light-coloured; b~es Bier, approx.
light ale. 'B~e, f -/no pl fairness.
b~ieren [-'di:rən], v.tr. to bleach (one's hair).
B~ine [-'di:nə], f -/-n blonde (woman).
'B~kopf, m -(e)s/⁻e 1. fair/blonde hair. 2. F:
(Kind) fair-haired child.

bloß [blo:s], *adj. & adv.* 1. bare; **mit b~en Füßen**, barefoot; **mit b~em Auge**, with the naked eye. 2. (*a*) mere (supposition, trifle etc.); **der b~e Gedanke**, the mere/very thought; **er kam mit dem b~en Schrecken davon**, he escaped with no more than a shock; (*b*) *adv. F:* only; just; **das macht er b., um dich zu ärgern**, he only/just does it to annoy you; (*verstärkend*) **mach das b. nicht wieder!** don't you dare do that again! **was soll ich ihm b. sagen?** what on earth am I going to tell him? **'b~legen**, *v.tr.sep.* to uncover, expose (sth.). **'B~legung**, *f -/-en* exposure. **'b~liegen**, *v.i.sep.irr. 62* (*sein*) to be exposed/uncovered. **'b~stellen**, *v.tr.sep.* to compromise (s.o., oneself). **'b~strampeln**, *v.refl.sep.* (*Baby*) **sich b.**, to kick off the bedclothes.

Blöße ['blø:sə], *f -/-n* 1. *Lit:* nakedness. 2. **sich** *dat* **eine B. geben**, to show one's weak spot.

blubbern ['blubərn], *v.i.* (*haben*) *F:* to bubble.

Bluff ['bluf], *m -s/-s* bluff. **'b~en**, *v.tr.&i.* (*haben*) to bluff (s.o.).

blühen ['bly:ən], *v.i.* (*haben*) (*a*) to flower, be in bloom/(*Bäume*) in blossom; (*Garten usw.*) to be full of flowers; (*b*) *Fig:* (*Pers., Geschäft usw.*) to flourish, thrive; **er blüht und gedeiht**, he's thriving/*F:* in the pink; *F:* **das kann dir auch noch b.**, that could happen to you too. **'b~d**, *adj.* 1. (*a*) *Bot:* flowering; in flower/bloom; (*b*) thriving (person, business); (*c*) radiant (beauty, appearance etc.); **wie das b~e Leben aussehen**, to look the picture of health. 2. **eine b~e Phantasie**, a very fertile imagination.

Blum|e ['blu:mə], *f -/-n* 1. flower; *Fig:* **etwas durch die B. sagen**, to say sth. in a roundabout way; to hint at sth.; *F: Iron:* **vielen Dank für die B~n!** thanks for the compliment. 2. (*a*) bouquet (of wine); (*b*) froth, head (on beer). 3. tail (of a rabbit/hare). **'B~en-**, *comb.fm.* flower (bed, arrangement, garden, shop etc.); floral (design etc.); **B~beet** *n*, flower bed; **B~topf** *m*, flowerpot; **B~gruß** *m/B~spende* *f*, floral tribute. **'B~endraht**, *m -(e)s/-̈e* florist's wire. **'B~enerde**, *f -/no pl* potting compost. **'B~enfenster**, *n -s/-* display window for house plants. **'B~enhändler**, *m -s/-* florist. **'B~enkasten**, *m -s/-̈* window box. **'B~enkohl**, *m -(e)s/no pl* cauliflower. **'B~enrabatte**, *f -/-n* herbaceous border. **'b~enreich**, *adj.* 1. full of flowers. 2. flowery, florid (language etc.) **'B~enstrauß**, *m -es/-̈e* bunch of flowers, bouquet; (*klein*) posy. **'B~enzwiebel**, *f -/-n* bulb. **'b~ig**, *adj.* flowery.

Blümchen ['bly:mçən], *n -s/-* little/small flower. **'B~kaffee**, *m -s/no pl F:* wishy-washy coffee.

Bluse ['blu:zə], *f -/-en* blouse.

Blut [blu:t]. I. *n -(e)s/no pl* blood; **mit B. befleckt**, bloodstained; *F:* (**nur**) **ruhig B.!** keep calm! keep your hair on! *Fig:* **kaltes B. bewahren**, to keep calm/cool; **heißes/feuriges B. haben**, to be hot-/fiery- tempered; **B. (und Wasser) schwitzen**, to sweat blood; **die Firma braucht frisches B.**, the firm needs new blood; **j-n bis aufs B. peinigen/quälen**, to torture s.o.; **es liegt ihm im B.**, he's got it in his blood. II. **'B~~**, **'b~~-**, *comb.fm.* blood (-bath, group,

orange, sausage, transfusion etc.); **B~alkohol** *m*, blood alcohol level; **B~bild** *n*, blood count; **B~druck** *m*, blood pressure; **B~fleck** *m*, bloodstain; **B~gefäß** *n*, blood vessel; **B~hund** *m*, bloodhound; **B~gerinnsel** *n*, blood clot; **B~körperchen** *n*, blood corpuscle; **B~probe** *f*, blood test; **B~senkung** *f*, blood sedimentation test; **B~spender** *m*, blood donor; **B~strom** *m*, bloodstream; **B~vergießen** *n*, bloodshed; *adj.* **b~befleckt**, bloodstained; **b~leer**, bloodless; **b~rünstig**, bloodthirsty; **b~unterlaufen**, bloodshot. **'B~andrang**, *m -(e)s/no pl Med:* congestion (in the brain). **b~arm**, *adj.* 1. ['blu:t-ʔarm] *Med:* anaemic. 2. [blu:t'arm] as poor as a church mouse. **'B~armut**, *f -/no pl Med:* anaemia. **'B~buche**, *f -/-n* copper beech. **'B~egel**, *m -s/-* leech. **'b~en**, *v.i.* (*haben*) to bleed. **'B~erguß**, *m -sses/-sse Med:* effusion of blood; haematoma. **'B~farbstoff**, *m -(e)s/no pl* haemoglobin. **'b~ig**, *adj.* 1. bloody, gory. 2. (*verstärkend*) complete (beginner, layman etc.); **das ist mein b~er Ernst**, I am dead serious about it. **'b~jung**, *adj.* very young; **ein b~es Mädchen**, a slip of a girl. **'B~rache**, *f -/no pl* vendetta. **'B~schande**, *f -/no pl* incest. **'B~stropfen**, *m -s/-* drop of blood. **'B~sverwandte(r)**, *m & f decl. as adj.* blood relation. **'B~sverwandtschaft**, *f -/-en* blood relationship. **'B~ung**, *f -/-en* bleeding; *Med:* haemorrhage; **innere B~**, internal bleeding.

Blüte ['bly:tə], *f -/-n* 1. flower, bloom; (*von Obstbäumen*) blossom; **B~n tragen**, to be in flower/blossom. 2. (*Blühen*) flowering, blooming; blossoming; **sich zu voller B. entfalten**, to burst into full bloom. 3. *Fig:* (*a*) (*Höhepunkt*) peak (of perfection); *Econ:* (time of) prosperity, boom; **eine geistige/kulturelle B.**, a flowering of the intellect/the arts; **in der B. seiner Jugend/seiner Jahre**, in the flower of his youth/the prime of life; (*b*) (*Elite*) **die B. der Jugend**, the flower of youth. 4. *F:* dud (bank) note. **'B~nblatt**, *n -(e)s/-̈er* petal. **'B~nkelch**, *m -(e)s/-e* calyx. **'B~nknospe**, *f -/-n* flower bud. **'B~npflanze**, *f -/-n* flowering plant. **'B~nstaub**, *m -(e)s/no pl* pollen. **'b~nweiß**, *adj.* snow-white. **'B~nzweig**, *m -(e)s/-e* spray of flowers. **'B~zeit**, *f -/-en* 1. flowering period; blossom-time (of a tree). 2. *Fig:* (*a*) period of prosperity; (*b*) heyday; great period (of a culture etc.).

Bö [bø:], *f -/-en Nau:* gust; (*Regenbö*) squall.

Boa ['bo:a], *f -/-s* 1. *Rept:* boa (constrictor). 2. *Cl:* (feather/fur) boa.

Bock [bok], *m -(e)s/-̈e* 1. (*a*) *Z:* (*Reh, Kaninchen*) buck; (*Ziegenb.*) he-/*F:* billy-goat; (*Schafb.*) ram; *Fig:* **die B~e von den Schafen trennen**, to separate the sheep from the goats; **einen B. schießen**, to make a bloomer; **den B. zum Gärtner machen**, to choose quite the wrong person for the job; (*b*) *F: Pej:* **ein alter/geiler B.**, a dirty old man; **der ist ein sturer B.**, he's as stubborn as a mule. 2. (*Gestell*) stand (for tools etc.); trestle (for a table); (*Schemel*) stool; *Gym:* (vaulting-)horse; *Aut: etc:* jack. 3. *inv.* bock beer. **'b~beinig**, *adj. F:* stubborn, mulish. **'B~bier**, *n -(e)s/-e* bock beer. **'b~en**, *v.i.* (*haben*) (*Pferd usw.*) to dig in its heels; (*sich* *aufbäumen*) to buck, rear; *F:* (*Pers.*) to be pigheaded; *Aut:* (*Motor*) to fire unevenly. ′b ~ ig, *adj.* obstinate, pigheaded. ′B ~ igkeit, *f* -/*no pl* obstinacy, stubbornness. ′B ~ s-beutel, *m* -s/- squat flat bottle (for Franconian wine). ′B ~ shorn, *n F:* j-n ins B. jagen, to put the wind up s.o. ′B ~ sprung, *m* -(e)s/ːe *Games:* leapfrog; *Gym:* vault (over the horse). ′B ~ wurst, *f* -/ːe large sausage for boiling.

Boden [′boːdən]. I. *m* -s/ː 1. ground; (*Erde*) soil; (*Fußb*). floor; **sumpfiger B.**, marshy ground; **den B. bestellen/bebauen**, to cultivate the land/soil; **100 Morgen B.**, a hundred acres of land; **auf deutschem B.**, on German soil; **historischer B.**, historic ground; **zu B. fallen**, to fall to the ground; **wieder festen B. unter den Füßen haben**, to be on terra firma again; **den B. unter den Füßen verlieren**, to lose one's footing; (*im Wasser*) get out of one's depth; **(an) B. gewinnen/verlieren**, to gain/lose ground; **vor Scham wäre ich am liebsten in den B. versunken**, I wished the ground would open and swallow me up; *Fig:* **etwas aus dem B. stampfen**, to conjure sth. up/out of thin air; *F:* **ich war am B. zerstört**, I was absolutely shattered; **ihm brannte der B. unter den Füßen**, things were getting too hot for him. 2. (*Grundlage*) basis; **auf dem B. der Tatsachen stehen**, to be firmly based on fact. 3. bottom (of a box etc.); **B. des Meeres**, sea bed. 4. (*Dachb.*) attic, loft. II. ′B ~ -, *comb.fm.* ground (frost, *Av:* staff etc.); floor (area etc.); *Agr:* soil (analysis, erosion etc.); land (reform etc.); *Aut:* B ~ abstand *m*, ground clearance; *Mil:* B ~ abwehr *f*, ground defence; *H:* B ~ belag *m*, floor covering; B ~ fläche *f*, (i) floor space/area; (ii) *esp. Agr:* area, acreage (of land); B ~ heizung *f*, under-floor heating; *Gym:* B ~ turnen *n*, floor exercises. ′B ~ haftung, *f* -/*no pl Aut: etc:* (road) adhesion. ′B ~ kammer, *f* -/-n attic (room). ′b ~ los, *adj.* abysmal (ignorance etc.); boundless (stupidity etc.); **seine Frechheit ist b.**, there's no end to his cheek; *adv.* **b. frech/dumm**, indescribably cheeky/stupid. ′B ~ satz, *m* -es/*no pl* sediment, *F:* dregs. ′B ~ -schätze, *mpl* mineral resources. ′B ~ schutz, *m* -es/*no pl Aut:* underseal. ′B ~ see. *Pr.n.m.* -s. **der B.**, Lake Constance. ′b ~ ständig, *adj.* indigenous, native; local (customs etc.).

bog [boːk], *p. of* **biegen**, *q.v.*

Bogen [′boːgən]. *m* -s/- *& South G: & Aus:* ː 1. (*a*) arch (of a bridge etc.); (*b*) *Geom: etc:* arc; **die Straße macht einen B. nach links**, the road curves round to the right; *Ski:* **B. fahren**, to do turns; *Skating:* **B. laufen**, to do figures; *F:* **einen (großen) B. um j-n, etwas** *acc* **machen**, to give s.o., sth. a wide berth; **er ist in hohem B. hinausgeflogen**, he was thrown out on his ear; **er hat den B. (he)raus**, he's got the knack. 2. (*Waffe*) bow; *Fig:* **den B. überspannen**, to overdo it. 3. *Mus:* bow (of violin etc.). 4. sheet (of paper). ′B ~ fenster, *n* -s/- arched window. ′b ~ förmig, *adj.* arch-shaped, arched. ′B ~ führung, *f* -/*no pl Mus:* bowing. ′B ~ gang, *m* -(e)s/ːe arcade. ′B ~ lampe, *f* -/-n arc-light. ′B ~ schießen, *n* -s/*no pl* archery. ′B ~ schütze, *m* -n/-n archer.

Bohle [′boːlə], *f* -/-n (thick) plank.

Böhm|en [′bøːmən]. *Pr.n.n* -s. *Geog:* Bohemia.

′b ~ isch, *adj.* Bohemian; *F:* **das kommt mir b. vor**, that seems odd to me; **das sind für mich b ~ e Dörfer**, that doesn't mean a thing to me.

Bohne [′boːnə], *f* -/-n bean; *P:* **nicht die B.**, not a thing/sausage; (*als Antwort*) not on your life! ′B ~ nkaffee, *m* -s/*no pl* pure/*F:* real coffee. ′B ~ nstange, *f* -/-n (*a*) *Hort:* beanstick; (*b*) *F:* (*Pers.*) beanpole.

′**Bohnerma|schine** [′boːnərmaʃiːnə], *f* -/-n (electric) floor polisher. ′b ~ n, *v.tr.* to polish (a floor). ′B ~ wachs, *n* -es/-e floor polish.

bohr|en [′boːrən], *v.* 1. *v.tr.* to drill (a hole, wood, metal etc.); (*Tier usw.*) to bore (a hole); *Civ.E:* to cut, drive (a tunnel); **er bohrte mir den Finger in den Arm**, he poked his finger into my arm; *Fig:* (*Lichter*) **sich ins Dunkel b.**, to pierce the darkness. 2. *v.i.* (*haben*) (*a*) to drill (**nach** + *dat*, for; **in** + *dat*, into); **an/in einem Zahn b.**, to drill a tooth; **in der Nase b.**, to pick one's nose; *Fig:* **b ~ der Hunger/Schmerz**, gnawing hunger/pain; (*b*) *F:* (*drängen*) to keep on; **b ~ de Fragen**, probing/persistent questions. ′B ~ er, *m* -s/- drill. ′B ~ erspitze, *f* -/-n drill bit. ′B ~ insel, *f* -/-n drilling platform/rig. ′B ~ loch, *n* -(e)s/ːer bore-hole. ′B ~ maschine, *f* -/-n *Tls:* power-drill; *Ind:* drilling machine. ′B ~ turm, *m* -(e)s/ːe (drilling) derrick. ′B ~ ung, *f* -/-en 1. *no pl* boring, drilling. 2. *I.C.E:* bore.

böig [′bøːiç], *adj.* gusty; squally.

Boje [′boːjə], *f* -/-n buoy.

Böller [′bœlər], *m* -s/- (salute etc.) gun.

Bollwerk [′bolverk], *n* -(e)s/-e 1. (*also Fig:*) bulwark. 2. (*Kai*) quay, wharf.

Bolzen [′boltsən], *m* -s/- *Mec.E:* bolt; (*ohne Gewinde*) pin.

bomb|ardieren [bombar′diːrən], *v.tr.* to bombard (a town etc.; *F:* s.o. with questions etc.). B ~ e [′bombə], *f* -/-n bomb; *Fig:* **die Nachricht schlug wie eine B. ein**, the news burst on the world. ′B ~ en-, *comb.fm.* 1. bomb (attack, crater, damage etc.); **B ~ anschlag** *m/* **B ~ attentat** *n*, bomb attempt (**auf** j-n, on s.o.'s life); bomb outrage; **b ~ geschädigt** *adj*, bomb-damaged. 2. *F:* terrific, fantastic (success, mood etc.); **B ~ gehalt** *n*, enormous/terrific salary; **ein B ~ geschäft machen**, to do a roaring trade. ′b ~ enfest, *adj.* 1. bomb-proof. 2. *F:* dead certain; *adv.* **etwas b. behaupten**, to claim sth. with absolute certainty. ′B ~ enleger, *m* -s/- *F:* (*Pers.*) bomber. ′b ~ ensicher, *adj.* = **b ~ enfest**[1]. ′B ~ er, *m* -s/- *F: Av:* bomber.

Bon [boŋ], *m* -s/-s 1. (*Gutschein*) voucher. 2. (*Kassenzettel*) receipt.

Bonbon [boŋ′boŋ, bõ′bõ], *m & esp. Aus:* *n* -s/-s sweet; *N.Am:* (*sing. & pl.*) candy. B ~ niere [bõboni′ɛːrə], *f* -/-n 1. (fancy) box of chocolates. 2. (*Behälter*) bonbon dish.

Bonus [′boːnus], *m* -/-ses)/-(se) bonus; extra dividend; *Ins:* no claim bonus.

Bonze [′bontsə], *m* -n/-n *F:* big shot/*N.Am:* wheel; *Mil:* **die B ~ n**, the top brass.

Boot [boːt], *n* -(e)s/-e boat; **B. fahren**, to go boating; *F:* **wir sitzen alle in einem/im gleichen B.**, we're all in the same boat. ′B ~ s-, *comb.fm.* boat (builder, hook, race, hire etc.); **B ~ bau** *m*, boat-building; **B ~ fahrt** *f*, boat trip;

B~haus n, boathouse. ′B~sführer, m -s/-
Nau: coxswain, F: cox. ′B~smann, m -(e)s/
-leute 1. Nau: bo'sun. 2. Navy: petty officer.
′B~ssteg, m -(e)s/-e landing-stage.
Bord¹ [bɔrt], n -(e)s/-e shelf.
Bord², m -(e)s/-e Nau: Av: an B. (eines Schiffes),
aboard/on board (a ship); über B., overboard;
von B. gehen, Nau: to go ashore; Fig: alle Vor-
sicht/Sorgen über B. werfen, to throw caution
to the wind/forget all one's worries.
′B~buch, n -(e)s/=er Av: Nau: etc: log
(book). ′B~funk, m -s/no pl ship's radio.
′B~funker, m -s/- Nau: Av: radio operator.
′B~karte, f -/-n Av: boarding ticket.
′B~personal, n -s/no pl Av: flight crew.
′B~wand, f -/=e side (of a ship etc.). ′B~ver-
ständigung, -/no pl Av: Nau: intercom
(system). ′B~stein, m -(e)s/-e kerb(stone).
Bordell [bɔr'dɛl], n -s/-e brothel. ′B~viertel,
n -s/- red light district.
borgen ['bɔrgən], v.tr. (a) j-m etwas b., to lend
sth. to s.o./lend s.o. sth.; (b) sich dat etwas (bei/
von j-m) b., to borrow sth. (from s.o.).
Borke ['bɔrkə], f -/-n (tree) bark. ′B~n-
schokolade, f -/no pl chocolate flake.
borniert [bɔr'ni:rt], adj. narrow-minded.
B~heit, f -/-en narrow-mindedness.
Börse ['bœrzə], f -/-n 1. Fin: stock exchange;
(Warenb.) commodity market. 2. (Geldbeutel,
also Box:) purse. ′B~n-, comb.fm. stock ex-
change (transaction etc.); B~bericht m, stock
market report; Journ: financial news; B~blatt
n, approx. Stock Exchange Gazette; B~kurs/
B~preis m, stock exchange price. B~nmak-
ler, m -s/- stockbroker (on the Exchange).
Borste ['bɔrstə], f -/-n bristle. ′B~entier, n
-(e)s/-e F: (Schwein) porker. ′b~ig, adj. 1.
bristly. 2. (grob) surly.
Borte ['bɔrtə], f -/-n Cl: braid.
bös [bø:s], adj. = b~e. ′b~artig, adj. 1. vici-
ous, savage (animal); malicious (person, remark
etc.). 2. Med: malignant (disease etc.). ′B~ar-
tigkeit, f -/no pl 1. viciousness; malice; spite-
fulness. 2. Med: malignancy. b~e ['bø:zə],
adj. 1. (a) evil, wicked (person, act etc.); das
B., evil; der b. Blick, the evil eye; b~s Blut,
bad blood; sie hat eine b. Zunge, she has a malici-
ous tongue; (b) bad, nasty (weather, illness);
terrible (shock, mistake); b. Zeiten, bad/hard
times; ich ahnte nichts B~s, I was all un-
suspecting; adv. es war nicht b. gemeint, no
harm was intended; b. ausgehen, to come to a
bad end; (c) F: einen b~n Finger usw. haben,
to have a bad/sore finger etc. 2. F: (zornig)
angry, cross (auf j-n, with s.o.; über etwas acc,
about sth.); sei mir nicht b.! don't be cross with
me/N.Am: mad at me! ′B~ewicht, m
-(e)s/-e(r) (also Th:) villain; scoundrel; F:
(Kind) scamp, rascal. ′b~willig, adj. (a) ill-
willed, malicious; (b) Jur: wilful (damage etc.).
′B~willigkeit, f -/no pl (a) ill-will,
maliciousness; (b) Jur: wilfulness.
Böschung ['bœʃuŋ], f -/-en slope, bank; (steil)
escarpment; (Damm) embankment.
bos|haft ['bo:shaft], adj. wicked, evil; (böswillig)
spiteful, malicious. ′B~haftigkeit, f -/-en
1. no pl spite, malice. 2. spiteful act/remark.
′B~heit, f -/-en 1. no pl malice, spite; F: das

macht er mit konstanter B., he goes on doing it
from sheer cussedness. 2. piece of malice/spite;
(Bemerkung) malicious remark.
Boskop ['bɔskɔp], m -s/- (type of) russet
apple.
Boß [bɔs], m -sses/-sse F: boss.
bot [bo:t], p. of bieten q.v.
Botan|ik [bo'ta:nik], f -/no pl botany. B~i-
ker, m -s/- botanist. b~isch, adj. botanical.
Bot|e ['bo:tə], m -n/-n messenger. ′B~en-
gang, m -(e)s/=e errand; B~e machen, to run
errands. ′B~engänger, m -s/- messenger.
′B~schaft, f -/-en 1. message; eine will-
kommene/traurige B., welcome/sad news. 2.
(Vertretung) embassy. ′B~schafter(in),
m -s/- (f -/-nen) ambassador.
Bottich ['bɔtiç], m -s/- tub; (für Wein usw.) vat.
Bouillon [bul'jɔ̃, -jɔŋ], f -/-s broth; clear soup.
B~würfel, m -s/- stock cube.
Boulevard [bulə'va:r], m -s/-s boulevard; East
G: pedestrian precinct. B~presse, f -/no pl
gutter press. B~zeitung, f -/-en sensational
newspaper.
Bowle ['bo:lə], f -/-n fruit cup, cold punch.
Box [bɔks], f -/-en 1. (Pferdestand) loose box. 2.
Motor Rac: pit. 3. (a) (Kasten) box; (b) Rec:
loudspeaker (enclosure). ′B~enhalt, m
-(e)s/-e Motor Rac: pit stop.
box|en ['bɔksən], I. v. 1. v.i. (haben) to box;
gegen j-n b., to fight s.o. 2. v.tr. to punch (s.o.,
F: sth.); Box: to fight (s.o.); F: sich b., to have
a punch-up. II. B., n -s/no pl boxing. ′B~er,
m -s/- boxer. ′B~ermotor, m -s/-en I.C.E:
horizontally opposed engine ′B~er-
handschuh, m -(e)s/-e boxing glove.
′B~kampf, m -(e)s/=e boxing match; fight.
′B~sport, m -s/no pl boxing.
Boykott [bɔy'kɔt], m -(e)s/-s & -e boycott.
b~ieren [-'ti:rən], v.tr. to boycott (s.o., sth.).
brabbeln ['brabəln], v.i. (haben) F: to mumble.
brach [bra:x], p. of brechen q.v.
Brach-, comb.fm. fallow (land etc.); B~zeit f,
fallow season. ′b~liegen, v.i.sep.irr.62 (haben)
to lie fallow. ′B~vogel, m -s/= curlew.
brachte ['braxtə], p. of bringen q.v.
brackig ['brakiç], adj. brackish.
Branche ['brɑ̃ʃə], f -/-n branch (of industry
etc.); (Gewerbe) trade; (line of) business; in
welcher B. sind Sie tätig? what is your line of
business? ′B~nblatt, n (e)s/=er trade
journal. ′B~nverzeichnis, n -ses/-se Tel:
classified directory; Brit: F: yellow pages.
Brand [brant]. I. m -(e)s/=e 1. fire, blaze;
in B. geraten, to catch fire; etwas in B. setzen/
stecken, to set fire to sth. 2. (B~fackel) (fire-)
brand. 3. Cer: firing. 4. F: hangover, thirst. 5.
no pl (a) Med: gangrene; (b) Bot: blight. II. ′B~,
comb.fm. (a) fire (-wall etc.); incendiary (bomb
etc.); B~bekämpfung f, firefighting; B~herd m,
seat of a/the fire; B~katastrophe f, disastrous
fire; B~opfer n, (i) fire victim; (ii) Rel: burnt
offering; B~schneise f, firebreak; B~wache f, fire
watcher/N.Am: guard; (b) burning (smell etc.).
′b~eilig, adj. F: ultra-urgent; b~er Auftrag,
rush job. ′B~fleck, m -(e)s/-e burn (mark).
′B~mal, n -(e)s/-e & =er burn (mark); Agr:
(Zeichen) brand; Fig: stigma. ′b~marken,
v.tr. insep. to censure, condemn (s.o., sth.)

(publicly); to brand (s.o.) **(als Verräter usw.,** as a traitor etc.). **'B ~ sohle,** f -/-n *Shoem:* (fixed) insole. **'B ~ stelle,** f -/-n 1. scene of the fire. 2. burnt patch (on material). **'B ~ stifter,** m -s/- arsonist, fire-raiser. **'B ~ stiftung,** f -/-en arson. **'B ~ teig,** m -(e)s/-e *Cu:* choux pastry. **'B ~ wunde,** f -/-n burn. **'B ~ zeichen,** n -s/- brand (on an animal).

brand|en ['brandən], v.i. *(haben) (Wellen usw.)* to break **(gegen/an** + *acc,* on). **'B ~ ung,** f -/no pl surf. **'B ~ ungswelle,** f -/-n breaker.

brannte ['brantə], p. of **brennen** q.v.

Branntwein ['brantvain], m -(e)s/-e spirit; *coll.* spirits. **'B ~ brenner,** m -s/- distiller. **'B ~ brenne'rei,** f -/-en 1. no pl distilling. 2. *(Betrieb)* distillery.

Brasil|ianer(in) [brazili'a:nər(in)], m -s/- (f -/-nen) Brazilian. **b ~ i'anisch,** adj. Brazilian. **B ~ ien** [bra'zi:ljən]. *Pr.n.n* -s. *Geog:* Brazil.

Brat- ['bra:t-], *comb.fm.* fried (fish etc.); roast (meat); baked (apple); **B ~ kartoffeln** fpl, fried potatoes; **B ~ wurst** f, fried sausage; **B ~ hähnchen** n/B ~ **huhn** n/Aus: **B ~ hendl** n roast chicken. **'b ~ en. I.** v.tr. & i.irr. *(haben)* (pres. **brät,** p. **briet,** p.p. **gebraten)** to roast (meat, potatoes etc.); to bake (apples) *(in der Pfanne)* to fry (meat, potatoes etc.); *Fig: (Pers.)* **in der Sonne b.,** to roast in the sun. **II. B.,** m -s/- *(gebraten)* roast; *(auch roh)* joint; *Fig: F:* **fetter B.,** choice morsel; **er hat den B. gerochen,** he got wind of it/(Unangenehmes) smelt a rat. **'B ~ enfett,** n -(e)s/no pl dripping. **'B ~ enplatte,** f -/-n meat plate. **'B ~ ensoße,** f -/-n gravy. **'b ~ fertig,** adj. oven-ready (chicken etc.). **'B ~ pfanne,** f -/-n frying pan. **'B ~ rost,** m -(e)s/-e grill; *(im Freien)* barbecue.

Bratsch|e ['bra:tʃə], f -/-n *Mus:* viola. **B ~ ist** [bra'tʃist], m -en/-en viola player.

Bräu [brɔy], n -s/-e *South G:* (a) brewery; (b) *(Sorte)* (brand of) beer; (c) *Aus:* beer hall.

Brauch ['braux], m -(e)s/=e custom; *(im Geschäft usw.)* practice; **bei uns ist es B.,** it is a tradition with us; **nach altem B.,** in the traditional way. **b ~ bar,** adj. usable (material, tool etc.); practical (clothes etc.); practicable (idea etc.); good (worker, pupil etc.). **'B ~ barkeit,** f-/no pl usability; practicality. **'b ~ en,** v.tr. (a) to need (sth.) **(zu** + *dat,* for); **wozu brauchst du das?** what do you want/need that for? **du brauchst nicht hinzugehen,** you don't have to/need to go there; **das brauchte nicht zu sein,** that needn't have happened; **das Auto braucht ein wenig Öl,** this car uses a little oil; **nach Bremen braucht man eine Stunde,** it takes an hour to get to Bremen; *Lit:* (+ *gen)* **es braucht keiner weiteren Erklärungen,** no further explanations are necessary; (b) *(benutzen)* to use (sth.); **das kann ich gut b.,** that will be very useful; I can do with that; **das kann ich nicht mehr b.,** I have no further use for that.

Braue ['brauə], f -/-n (eye)brow.

brau|en ['brauən], v.tr. to brew (beer, *F:* coffee etc.). **'B ~ er,** m -s/- brewer. **B ~ e'rei,** f -/-en 1. brewery. 2. no pl *(Brauen)* brewing. **B ~ e'reipferd,** n -(e)s/-e dray horse.

braun ['braun]. **I.** adj. brown; bay (horse). **II. B.,** n -s/- brown. **III. b ~ -,** comb.fm. brown

(-eyed etc.); **b ~ haarig** adj, brown-haired. **'b ~ - gebrannt,** adj. sun-tanned. **'B ~ kohle,** f -/-n brown coal, lignite.

Bräun|e ['brɔynə], f -/no pl tan. **'b ~ en,** v.tr. & i. *(haben)* (a) to turn (sth.) brown; *(in der Sonne)* to tan (s.o., skin etc.); (b) *Cu:* to brown (meat, onions etc.). **'b ~ lich,** adj. brownish. **'B ~ ung,** f -/no pl 1. *(Bräunen)* browning; tanning. 2. brownness; (sun)tan. **'R ~ ungsmittel,** n -s/- tanning lotion.

Brause ['brauzə], f -/-n 1. (a) *Hort:* (watering) rose, sprinkler; (b) *(Dusche)* shower. 2. *F:* *(Limonade)* (fizzy) lemonade. **'b ~ n,** v. 1. v.i. (a) *(haben)* to roar; **b ~ der Beifall,** thunderous/ tumultuous applause; (b) *(sein)* **der Zug brauste durch den Tunnel,** the train roared/rushed through the tunnel; (c) *(haben) (duschen)* to have/take a shower. 2. v.tr. to give (s.o.) a shower. **'B ~ pulver,** n -s/- fizzy lemonade powder; *Brit:* sherbet. **'B ~ tablette,** f -/-n effervescent tablet.

Braut [braut]. **I.** f -/=e (a) fiancée; (b) *(am Hochzeitstag)* bride. **II. 'B ~ -,** comb.fm. bridal (bouquet, veil etc.); wedding (night etc.); nuptial (mass); **B ~ ausstattung** f, bridal trousseau; **B ~ paar** n, bridal pair; **B ~ kleid** n, wedding dress. **'B ~ jungfer,** f -/-n bridesmaid.

Bräut|igam ['brɔytigam], m -s/occ -e (a) fiancé; (b) *(am Hochzeitstag)* bridegroom. **'b ~ lich,** adj. bridal.

brav ['bra:f], adj. **1.** good, well-behaved (child etc.); adv. **geh jetzt b. ins Bett,** now go to bed like a good girl/boy. **2.** *Iron:* *(bieder)* worthy, honest (man, citizen etc.). **3.** *Pej:* correct (but uninspired) (performance, work etc.); adv. *Mus:* **b. heruntergespielt,** reeled off without expression. **'B ~ heit,** f -/no pl 1. good behaviour. 2. *Pej:* (uninspired) correctness.

Bravour [bra'vu:r], f -/no pl 1. bravado, courage. 2. virtuosity; *Mus:* bravura.

brech|bar ['brɛçba:r], adj. breakable. **'B ~ bohne,** f -/-n French bean. **'B ~ eisen,** n -s/- crowbar; jemmy, *N.Am:* jimmy. **'b ~ en,** v.irr. (pres. **bricht,** p. **brach,** p. subj. **bräche,** p.p. **gebrochen) 1.** v.tr. (a) to break (sth., *Fig:* a record, contract, etc.); to violate (a truce, an oath etc.); *Min:* to crush (ore, etc.); *Med:* to fracture (a bone); **die Wellen b. sich an den Felsen,** the waves break on the rocks; **die Ehe b.,** to commit adultery; *Jur:* **Bundesrecht bricht Landesrecht,** federal law overrides state law; (b) *Opt:* to refract, bend (light rays); **sich b.,** to be refracted/deflected; (c) *F:* to sick up (food etc.). **2.** v.i. (a) *(sein)* to break; (b) *(sein)* to burst, break out **(aus einem Versteck usw.,** from a hiding place etc.); (c) *(haben)* **mit j-m/ einer Partei usw. b.,** to break with s.o./break away from a party etc.; (d) *(haben) F: (sich übergeben)* to vomit, be sick. **B ~ er,** m -s/- **1.** *(Welle)* breaker. **2.** *Ind:* breaker, crusher. **'B ~ mittel,** n -s/- (a) emetic; (b) *F: (Pers.)* pest, bore. **'B ~ reiz,** m -es/no pl (feeling of) nausea. **'B ~ stange,** f -/-n crowbar. **'B ~ ung,** f -/-en *Opt:* refraction.

Brei [brai], m -(e)s/-e pulp; *Cu: & Agr:* mash; *(Mus)* purée; *(aus Haferflocken)* porridge; *P:* **j-n zu B. schlagen,** to beat s.o. to a pulp. **'b ~ ig,** adj. pulpy, mushy; mashed, puréed (food).

breit [brait]. **I.** *adj.* wide (street, mouth etc.); broad (shoulders, grin, base etc.); **etwas b~er machen**, to widen sth.; **sie ist so b. wie lang**, she is as broad as she is tall; **die Schuhe b. treten**, to wear one's shoes until they become sloppy; *Fig:* **die b~e Masse**, the vast majority; **die b~e Öffentlichkeit**, the general public. **II.** '**B~-**, *comb.fm.* wide (tyres etc.); *Cin:* **B~wand** *f,* wide screen; *Rail:* **B~spur** *f,* broad gauge; *adj.* **b~krempig**, broad-brimmed; **b~schult(e)rig**, broad-shouldered. '**b~beinig**, *adj.* with (one's) legs apart. '**B~e**, *f -/-n* **1.** width, breadth (of shoulders etc.); **der Rasen hat eine B. von 10 Metern**, the lawn is 10 metres wide/in width; **ein Teppich von 4 Meter B.**, a carpet 4 metres wide; *F:* (*Frau*) **in die B. gehen**, to get rather broad in the beam. **3.** *Geog:* latitude; (**auf**) **30° nördlicher B.**, latitude 30° north. '**B~engrad**, *m -(e)s/-e Geog:* (degree of) latitude. '**B~enkreis**, *m -es/-e Geog:* parallel (of latitude). '**b~gefächert**, *adj.* wide-ranging (interests etc.); *Com:* **b~es Angebot**, wide range. '**b~machen**, *v.refl.sep. F:* **sich b.**, to take up a lot of room, spread oneself; *Iron:* to make oneself at home. '**b~schlagen**, *v.tr.sep.irr.85* **sich b. lassen**, to let oneself be persuaded. '**B~seite**, *f -/-n* (*a*) long side (of a table etc.); (*b*) *Nau:* broadside. '**b~spurig**, *adj.* **1.** broad-gauge (railway etc.). **2.** *Fig:* pompous, overbearing. '**b~treten**, *v.tr.sep.irr.105 F:* to flog (a subject), go on about (sth.); to spread (a story etc.).

Brems- ['brɛms-], *comb.fm. Aut: etc:* brake (light, drum etc.); **B~backe** *f,* brake shoe; **B~belag** *m,* brake lining, **B~leistung** *f,* brake horsepower; **B~spur** *f,* braking/tyre marks; **B~weg** *m,* braking distance. **B~e¹** ['brɛmzə], *f /n* brake; *Aut:* **auf die B. treten/***F:* **steigen**, to apply/*F:* stand on the brakes. '**b~en**, *v.* **1.** *v.tr.* to slow down (a vehicle, *Fig:* development etc.), curb (imports, expenditure etc.); to hold (s.o.) back; *F:* **ich kann mich b.**, I can restrain myself. **2.** *v.i.* (*haben*) to brake.

Bremse², *f -/-n* horsefly.

brenn|bar ['brɛnbaːr], *adj.* combustible; (**leicht**) **b.**, inflammable. '**B~barkeit**, *f -/no pl* combustibility; inflammability. '**B~eisen**, *n -s/-* **1.** *Hairdr:* curling tongs. **2.** *Agr:* branding iron. '**b~en**, *v.irr.* (*p.* **brannte**, *p.p.* **gebrannt**) **1.** *v.i.* (*haben*) (*a*) to burn; (*Haus usw.*) to be on fire; **es brennt!** (i) fire! (ii) (*bei Suchspielen*) you're getting hot! **es brennt in X**, there's a fire in X; **die Sonne brennt heute**, the sun is scorching today; *F:* **wo brennt's denn?** what's (all) the rush? (*b*) *Fig:* **vor Neugier usw. b.**, to be consumed with curiosity etc.; **darauf b.**, **etwas zu tun**, to be dying to do sth.; (*c*) (*Licht, Lampe*) to be alight; **das Licht b. lassen**, to leave the light on; (*d*) (*Wunde, Augen usw.*) to smart, sting; **meine Füße b.**, my feet are sore. **2.** *v.tr.* (*a*) to burn (sth., a hole etc.); to bake (bricks), fire (pottery, tiles etc.); to distil (spirits); to roast (coffee, almonds etc.); (*b*) to have a (light, lamp) on. '**b~end**, *adj.* (*a*) burning, blazing (building etc.); scorching (sun etc.); lighted (cigarette, candle); (*b*) *Fig:* burning (ambition, desire etc.); fervent (desire); searing (pain, passion), raging (thirst); **eine b~e Frage**, an urgent/burning question; *adv.* **ich möchte es b. gern wissen**, I should dearly love to know. '**B~er**, *m -s/-* **1.** (*Vorrichtung*) burner. **2.** (*Pers.*) distiller. **B~e'rei**, *f -/-en* **1.** *no pl* distilling. **2.** distillery. '**B~holz**, *n -es/no pl* firewood. '**B~material**, *n -s/no pl* fuel. '**Brennessel**, *f -/-n* stinging nettle. '**B~ofen**, *m -s/* : furnace; *Cer:* kiln. '**B~punkt**, *m -(e)s/-e* **1.** *Opt: etc:* focal point. **2.** *Fig:* centre, focus (of interest etc.); **im B. des öffentlichen Interesses stehen**, to be the centre of public attention/(*Pers.*) in the limelight. '**B~schere**, *f -/-n Huirdr:* curling tongs. '**B~spiritus**, *m -/no pl* methylated spirits. '**B~stoff**, *m -(e)s/-e* fuel. '**B~weite**, *f -/-n Opt:* focal length.

brenzlig ['brɛntsliç], *adj. F:* risky, dodgy.

Bresche ['brɛʃə], *f -/-n* breach; *Fig:* **für j-n eine B. schlagen**, to prepare the way for s.o.

Bretagne [bre'tanjə]. *Pr.n. f* **die B.**, Brittany.

Brett [brɛt], *n -(e)s/-er* **1.** *Constr: Swim: Games: etc:* board; (**mehr als 5 cm dick**) plank; **mit B~ern vernagelt**, boarded up; *F:* **hier ist die Welt (wie) mit B~ern vernagelt**, we've come to a dead end; **er hat ein B. vor dem Kopf**, he's slow on the uptake/has a mental block. **2.** *F: pl:* (*a*) (*Aus:* **B~eln**) skis; (*b*) *Th:* **die B~er**, the boards; (*Stück*) **über die B~er gehen**, to be put on '**B~chen**, *n -s/-* (*a*) slat, lath; (*b*) (kitchen) board. '**B~er(ver)schalung**, *f -/-en Constr:* boarding. '**B~erwand**, *f -/:e* (*a*) hoarding; (*b*) (*Trennwand*) wooden partition. '**B~erzaun**, *m -(e)s/:e* wooden fence. '**B~spiel**, *n -(e)s/-e* board game.

Brezel ['bre:tsəl], *f -/-n* pretzel.

bricht ['briçt], *pres. of* **brechen**, *q.v.*

Bridge ['britʃ], *n -/no pl Cards:* bridge.

Brief ['bri:f], *m -(e)s/-e* letter, *R:* epistle (**an j-n**, to s.o.). '**B~beschwerer**, *m -s/-* paperweight. '**B~block**, *m -(e)s/-s* writing pad. '**B~bogen**, *m -s/-* (sheet of) notepaper. '**B~chen**, *n -s/-* (*a*) note; (*b*) book (of matches etc.). '**B~einwurf**, *m -(e)s/:e* (slit of a) posting box, *N.Am:* mailbox. '**B~fach**, *n -(e)s/:er* pigeonhole. '**B~freund(in)**, *m -(e)s/-e* (*f -/-nen*) penfriend, *N.Am:* penpal. '**B~geheimnis**, *n -es/no pl* privacy of correspondence. '**B~karte**, *f -/-n* correspondence card. '**B~kasten**, *m -s/:e* letter box, *N.Am:* mailbox. '**B~kopf**, *m -(e)s/:e* letterhead. '**B~korb**, *m -(e)s/:e* lettertray. '**b~lich**, *adv.* by letter. '**B~marke**, *f -/-n* (postage) stamp. '**B~marken-**, *comb.fm.* stamp (collector, album etc.); **B~automat** *m,* stamp machine. '**B~ordner**, *m -s/-* letter file. '**B~papier**, *n -s/no pl* writing paper, notepaper. '**B~partner**, *m -s/-* correspondent. '**B~porto**, *n -s/-s Post:* letter rate. '**B~schreiber**, *m -s/-* letter-writer; **schlechter B.**, bad correspondent. '**B~schulden**, *fpl* backlog of correspondence. '**B~tasche**, *f -/-n* wallet, *N.Am:* billfold. '**B~taube**, *f -/-n* carrier pigeon. '**B~träger**, *m -s/-* postman, *N.Am:* mailman. '**B~trägerin**, *f -/-nen* postwoman. '**B~umschlag**, *m -(e)s/:e* envelope. '**B~verkehr**, *m -s/no pl* correspondence. '**B~wahl**, *f -/no pl* postal vote. '**B~wechsel**, *m -s/no pl* correspondence.

Bries [bri:s], *n -es/-e Cu:* sweetbread.

Brigade [bri'gɑːdə]. *f -/-n* brigade. **B~e**

führer, *m* -s/- = **B~ier. B~egeneral,** *m* -s/=e *Mil:* brigadier-general. **B~ier** [-gadi'e:], *m* -s/-s **1.** *Mil: etc:* brigadier. **2.** *East G: Ind:* leader of a work brigade.

Brikett [bri'kɛt], *n* -s/-s (coal) briquette.

brillant [bril'jant]. **I.** *adj.* brilliant. **II. B.,** *m* -en/-en *Jewel:* brilliant, *esp.* (cut) diamond.

Brille ['brilə], *f* -/-n **1.** (pair of) spectacles, glasses; **eine B. tragen,** to wear spectacles/ glasses. **2.** toilet seat. **'B~n-,** *comb.fm.* spectacle (wearer etc.); **B~etui/B~futteral** *n,* spectacle case; **B~fassung** *f,* spectacle frame; **B~glas** *n,* spectacle lens.

brillieren [bril'ji:rən], *v.i.* (haben) to shine, be brilliant.

bringen ['briŋən], *v.tr.irr.* (*p.* **brachte,** *p.subj.* **brächte,** *p.p.* **gebracht**) (a) to bring, (wegb.) take (s.o., sth.); **er brachte mir Blumen,** he brought me some flowers; **j-n zur Tür b.,** to see s.o. to the door; **er brachte sie nach Hause,** he took/ saw her home; (b) to yield (profit, interest etc.); **die Möbel brachten viel Geld bei der Versteigerung,** the furniture fetched a lot of money at the auction; *F:* **das bringt nichts,** it doesn't get you anywhere; (c) *F:* (veröffentlichen) to publish (an article etc.); *TV:* to screen (a programme etc.); *Rad:Th:* to put on (a play etc.); **die Zeitung brachte einen Bericht darüber,** there was a report about it in the paper; **es wurde im Fernsehen/im Radio gebracht,** it was on television/the radio; (d) **es zu etwas** *dat* **b.,** to achieve sth.; **er brachte es bis zum Minister,** he rose to the position of minister; **es weit b.,** to go far; *F:* **es auf 100 Jahre b.,** to live to be 100; (e) (+ *prep.*) **j-n auf die Idee b.,** to give s.o. the idea (**etwas zu tun,** of doing sth.); **etwas hinter sich b.,** to get sth. over and done with; **j-n in Gefahr/Verlegenheit/Wut b.,** to endanger/ embarrass/enrage s.o.; **ich bringe es nicht über mich, das zu tun,** I cannot bring myself to do it; **ich brachte es nicht über die Lippen,** I could not bring myself to say it; **j-n um etwas** *acc* **b.,** to cause s.o. to lose sth., rob s.o. of sth.; **j-n um seinen guten Ruf b.,** to ruin s.o.'s reputation; **das hat mich um den Schlaf gebracht,** it kept me awake; **ein Gerücht unter die Leute b.,** to spread a rumour; **j-n zum Lachen/zur Verzweiflung b.,** to reduce s.o. to laughter/ despair; **j-n dazu b., daß er etwas tut,** to get/ persuade s.o. to do sth.; (f) to cause (annoyance, problems etc.); to offer (advantages, disadvantages etc.); **viel Arbeit usw. mit sich b.,** to entail/involve a lot of work etc.; **sein Alter bringt es mit sich, daß...,** a consequence of his age is that ....

brisan|t [bri'zant], *adj.* highly explosive (substance etc.); *Fig:* explosive (question etc.); controversial (book etc.). **Brise** ['bri:zə], *f* -/-n/ breeze.

Brit|e ['bri(:)tə], *m* -n/-n/'**B~in,** *f* -/-nen Briton; *N.Am: Austral:* Britisher. **b~isch** ['britiʃ], *adj.* British.

Bröck|chen ['brœkçən], *n* -s/- small piece, bit; crumb (of bread). **'b~(e)lig,** *adj.* crumbly, crumbling. **'b~eln,** *v.tr.&v.i.* (haben) to crumble (sth.).

brocken ['brɔkən]. **I.** *v.tr.* **Brot in die Suppe usw. b.,** to break bread into the soup etc. **II. B.,** *m*

-s/- scrap, bit (of bread, meat etc.); lump (of coal, soil etc.); snatch, *F:* snippet (of a conversation etc.); *Fig:* **er kann nur ein paar B. Englisch,** he only knows a few scraps of English; **ein fetter B.,** a juicy deal; **ein harter B.,** a tough nut (to crack); **ein schwerer B./ein B. von Mann,** a hulking great chap.

brodeln ['bro:dəln], *v.i.* (haben) to bubble. **Brokat** [bro'ka:t], *m* -(e)s/-e brocade. **Brokkoli** ['brɔkoli], *pl.* broccoli. **Brom** ['bro:m], *n* -s/no pl *Ch:* bromine. **Brombeer|e** ['brɔmbe:rə], *f* -/-n blackberry. **'B~strauch,** *m* -(e)s/=er blackberry bush, bramble.

bronch|ial [brɔnçi'a:l], *adj.* bronchial. **'B~ien,** *fpl* bronchial tubes. **b~itis** [-'çi:tis], *f* -/no pl bronchitis.

Bronze ['brõ:sə], *f* -/-n bronze. **B~zeit,** *f* -/no pl Bronze Age. **'b~n,** *adj.* made of bronze, bronze (figure etc.).

Brosche ['brɔʃə], *f* -/-n brooch.

brosch|iert [brɔ'ʃi:rt], *adj.* (book) in paper covers; paperback (edition). **B~üre** [-'ʃy:rə], *f* -/-n (Heft) booklet; (Flugschrift) pamphlet.

Brösel ['brø:zəl], *m* -s/- *Aus:* breadcrumb. **'b~n,** *v.tr.&i.* (haben) to crumble (bread etc.).

Brot [bro:t], *n* -(e)s/-e bread; (a) **ein (Laib) B.,** a loaf of bread; (b) (Scheibe) slice of bread; **ein B. mit Käse,** a piece of bread and cheese; **belegte B~e,** open sandwiches; (c) *Fig:* (sich dat) **sein B. (mit Unterrichten) verdienen,** to earn one's living (by teaching). **'B~aufstrich,** *m* -s/no pl (sandwich) spread. **B~erwerb,** *m* -s/ no pl livelihood. **'B~kasten,** *m* -s/= bread bin. **'B~korb,** *m* -(e)s/=e bread basket. **'B~krume,** *f* -/-n/'**B~krümel,** *m* -s/- breadcrumb. **'b~los,** *adj.* unemployed, out of work; **das ist eine b~e Kunst,** there is no money in that. **'B~scheibe/'B~schnitte,** *f* -/-n slice of bread. **'B~verdiener,** *m* -s/- breadwinner. **'B~zeit,** *f* -/no pl *South G:* mid-morning/mid-afternoon snack.

Brötchen ['brø:tçən], *n* -s/- (bread) roll.

brr! [br], *int.* whoa (there)!

Bruch ['brux]. **I.** *m* -(e)s/=e **1.** (a) breaking; bursting (of a dike etc.); (b) (B~stelle) break; fracture (of metal part, *Med:* bone); *Med:* (Riß) rupture; (Eingeweideb.) hernia; (c) breach of a contract etc.); break (**mit der Tradition,** with tradition); breaking-up (of a friendship etc.); (Ehe usw.) **in die B~e gehen,** to break up; **es kam zum B. zwischen ihnen,** they broke off their friendship; (Eheleute) their marriage/they broke up. **2.** *Mth:* fraction. **3.** *Geol:* fault. **4.** *Com:* (a) (B~schaden) breakage; (b) damaged goods; *F:* junk. **II.'B~-,** *comb.fm.* broken (glass, egg etc.). **'B~band,** *n* -(e)s/=er *Med:* truss. **'B~bude,** *f* -/-n hovel. **'B~landung,** *f* -/-en *Av:* crash-landing. **'B~schaden,** *m* -s/= *Com:* breakage. **'B~stein,** *m* -(e)s/-e quarry stone; (für Straßenbau usw.) rubble. **'B~stelle,** *f* -/-n break; (im Glas usw.) crack; *Med:* (point of) fracture. **'B~stück,** *n* -(e)s/-e fragment; snatch (of a song, conversation etc.). **B~e von Porzellan,** pieces of broken china. **'b~stückhaft,** *adj.* fragmentary; *adv.* in fragmentary form. **'B~teil,** *m* -(e)s/-e fraction; **im**

B. einer Sekunde, in a fraction of a second. 'B ~ **zahl,** f -/-en *Mth:* fraction.

brüchig ['bryçiç], *adj.* brittle, (*bröckelig*) crumbly; cracked (leather, *Fig:* voice). 'B ~ **keit,** f -/no pl brittleness; crumbliness.

Brücke ['brykə], f -/-n **1.** *Constr: Dent: Nau: etc:* bridge; *Fig:* **B~n zwischen den Menschen schlagen,** to forge links between people; **alle B~n hinter sich abbrechen,** to burn one's boats; **j-m (goldene) B~n bauen,** to make it easy for s.o. (to confess/withdraw). **2.** *Rail:* (*Signalb.*) gantry. **3.** (*Teppich*) rug. **4.** *Gym:* back-bend. 'B ~ **njoch,** n -(e)s/-e bay (of a bridge). 'B~**kopf,** m -(e)s/-e *Mil:* bridgehead. 'B ~ **npfeiler,** m -s/- pier (of a bridge). 'B ~ n**waage,** f -/-n weighbridge.

Bruder ['bru:dər], m -s/- (a) brother; *Ecc:* **geistlicher B.,** monk; **B. Michael,** Brother Michael; *F:* **was kostet das unter B~n?** (now come on!) what would a fair price be? (b) *Pej: F:* **diese B~!** these wretched people! 'B ~ **mord,** m -(e)s/-e fratricide. 'B ~ **mörder,** m -s/- (*Pers.*) fratricide. 'B ~ **schaft,** f -/-en *Rel:* brotherhood, fraternity.

brüder|lich ['bry:dərliç], *adj* brotherly, fraternal; *adv.* like a brother. 'B ~ **lichkeit,** f -/no pl brotherliness. 'B ~ **schaft,** f -/-en **1. mit j-m B. schließen,** to agree to be on 'du' terms with s.o.; **sie tranken B.,** they drank to their friendship (and to calling each other 'du'). **2.** brotherhood.

Brüh|e ['bry:ə], f -/-n **1.** *Cu:* broth; clear soup; (*Grundlage für Suppe*) stock. **2.** *Pej: F:* (*Kaffee, Tee*) **(dünne) B.,** dishwater; (*Wasser*) **schmutzige B.,** murky water. 'b ~ **en,** v.tr. *Cu:* to pour boiling water over, scald (meat, vegetables etc.). 'b ~ '**heiß,** adj. scalding hot. 'b ~ **-'warm,** adj. *F:* (red-)hot (news, story etc.); *adv.* **eine Neuigkeit b. weitererzählen,** to pass on a piece of news while it's still hot. 'B ~ **würfel,** m -s/- *Cu:* stock cube. 'B ~ **wurst,** f -/-e sausage heated in simmering water.

brüllen ['brylən], v. **1.** v.i. (*haben*) (a) (*Vieh*) to low, (*Stier*) bellow; (*Raubtier, Fig: Kanonen usw.*) to roar; (b) (*schreien*) to yell, bawl; *F:* (*Baby*) to scream, howl; **vor Schmerzen b.,** to howl with pain; **b~des Gelächter,** roars/howls of laughter; *F:* **es war zum B.,** it was a scream. **2.** v.tr. to howl, bawl (insults, curses etc.).

Brumm|bär ['brumbε:r], m -en/-en *F:* grouser, *Hum:* grumbleguts. 'B ~ **baß,** m -basses/-bässe *F:* (a) deep bass (voice); (b) *Mus:* double bass. 'b ~ **en,** v. **1.** v.i. (*haben*) (a) (*Insekten*) to buzz, drone; (*Bären*) to growl; (*Fig: Motor, Orgel usw.*) (*laut*) to boom; (*leise*) to hum; (*summen*) to hum; **mir brummt der Kopf/Schädel,** my head's throbbing; (b) *F:* **zwei Jahre b.,** to do a two-year stretch. **2.** v.tr.&i. (*haben*) (a) to sing (sth.) out of tune; (b) to grumble, grouse; (*schmollen*) to sulk; (**etwas**) **vor sich hin/in den Bart b.,** to mumble (sth.) to oneself/into one's beard; 'B ~ **er,** m -s/- *F:* **1.** buzzing insect, *esp.* bluebottle. **2.** (*Lkw*) heavy (lorry). 'b ~ **ig,** adj. *F:* grumpy, surly. 'B ~ **kreisel,** m -s/- humming top. 'B ~ **schädel,** m -s/- *F:* sore head, (throbbing) headache; (*Kater*) hangover. 'B ~ **ton,** m -(e)s/-e buzz, buzzing (sound); (*laut*) booming; (*anhaltend*) drone, *esp. Rad:* hum.

brünett [bry'nεt], *adj.* brunette (girl); brown (hair). **B ~ e,** f -/-n brunette.

Brunnen ['brunən], m -s/- **1.** well, (*Quelle*) spring. **2.** (*Heilquelle*) spa water(s); **B. trinken,** to take the waters. 'B ~ **kresse,** f -/no pl watercress. 'B ~ **kur,** f -/-en cure at a spa; taking the waters.

Brunst ['brunst], f -/-e *Z:* heat; rut (of male deer etc.); **in der B. sein,** to be on/*N. Am:* in heat/ (*Hirsch usw.*) rutting. 'B ~ **zeit,** f -/-en mating/ rutting season.

brünstig ['brynstiç], *adj.* (*Tier*) on/*N.Am:* in heat; (*Hirsch usw.*) rutting.

brunzen ['bruntsən], v.i. (*haben*) *South G: V:* to piss.

brüsk ['brysk], *adj.* brusque, curt; *adv.* **sie fertigte ihn b. ab,** she gave him short shrift. **b ~ ieren** [-'ki:rən], v.tr. to slight, snub (s.o.). **B ~ ierung,** f -/-en slight; snub.

Brüssel ['brysəl]. *Pr.n.n* -s. Brussels.

Brust [brust], f -/-e **1.** no pl *Anat:* chest; *Cu: Fig: & Lit:* breast; **mit geschwellter B.,** puffed up with pride; *F:* **er hat es auf der B.,** he has chest/lung trouble; *Lit:* **aus voller B. singen,** to sing lustily; *Fig:* **sich in die B. werfen,** to give oneself airs. **2.** (*der Frau*) breast; **einem Kind die B. geben,** to breastfeed a child. 'B ~ **bein,** n -(e)s/-e breastbone. 'B ~ **bild,** n -(e)s/-er half-length portrait. 'B ~ **korb,** m -(e)s/-e *Anat:* thorax. 'B ~ **krebs,** m -es/-e breast cancer. 'B ~ **schwimmen,** n -s/no pl breaststroke. 'B ~ **tasche,** f -/-n breast pocket. 'B ~ **ton,** m -(e)s/no pl *Mus:* chest note; *Fig:* **im B. der Überzeugung,** with overriding conviction. 'B ~ **umfang,** m -s/no pl chest measurement. 'B ~ **warze,** f -/-n *Anat:* nipple; *Z:* teat.

brust|en ['brystən], v.refl. **sich b.,** to boast (**mit etwas** dat. about sth.). 'B ~ **ung,** f -/-en parapet; (*mit Balustern*) balustrade.

Brut [bru:t], f -/-en **1.** incubation (of eggs) **2.** (a) brood (of birds, bees); spawn (of fish); (b) *Hum:* (*Kinderschar*) brood; *P:* (*Gesindel*) gang. 'B ~ **apparat,** m -(e)s/-e incubator (for eggs). 'B ~ **hitze,** f -/no pl *F:* sweltering/stifling heat. 'B ~ **kasten,** m -s/- *Med:* incubator (for premature babies). 'B ~ **reaktor,** m -s/-en *Atom.Ph:* breeder (reactor). 'B ~ **stätte,** f -/-n (*also Fig:*) breeding-ground; *Fish:* spawning-ground.

brutal [bru'ta:l], *adj.* brutal, (*grausam*) cruel. **b ~ isieren** [-ali'zi:rən], v.tr. to brutalize (s.o.). **B ~ ität** [-ali'tε:t], f -/-en **1.** no pl brutality, cruelty. **2.** act of brutality.

brüt|en ['bry:tən], v. **1.** v.i. (*haben*) (a) (*Vogel*) to brood, (*Henne*) sit (on her eggs); (b) (*Pers.*) **über etwas acc b.,** to ponder/brood over sth.; **dumpf vor sich hin b.,** to sit brooding; (c) *Lit:* **die Hitze brütete über der Stadt,** the oppressive heat hung over on the town. **2.** v.tr. to plot (revenge etc.). 'B ~ **er,** m -s/- **1.** broody hen. **2.** *Atom.Ph:* breeder (reactor).

brutto ['bruto]. **I.** *adv. Com:* gross; **mein Gehalt beträgt 3000 Mark b.,** my gross salary is 3000 marks. **II.** **B~-,** *comb.fm.* gross (weight, profit etc.); *Nau:* **B~registertonne** f, gross (register) ton; *Econ:* **B~sozialprodukt** n, gross national product.

brutzeln ['brutsəln], *v.* **1.** *v.i.* (*haben*) to sizzle. **2.** *v.tr. F:* to fry (sausages etc.).

Bub ['buːp], *m* -en/-en *South G:* boy. **B~e** ['-bə], *m* -n/-n *Cards:* jack, knave.

Buch ['buːx], *n* -(e)s/-̈er book; (*a*) *Fig:* **er ist ein Lehrer, wie er im B~e steht,** he's your typical teacher/everyone's idea of a teacher; **das ist mir/für mich ein B. mit sieben Siegeln,** it's a mystery to me; *F:* **er redet wie ein B.,** he never stops talking; (*b*) *Cin:* script; (*c*) *Com:* **die B~er führen,** to keep the books/accounts; *Fig:* **über etwas** *acc* **B. führen,** to keep a record of sth. **'B~binder,** *m* -s/- bookbinder. **B~binde'rei,** *f* -/-en **1.** *no pl* bookbinding. **2.** bindery. **'B~drucker,** *m* -s/- printer. **B~drucke'rei,** *f* -/-en **1.** *no pl* printing. **2.** (printer's) press. **'B~einband,** *m* -(e)s/-̈e book cover, binding. **'B~führung,** *f* -/*no pl* bookkeeping, accounts. **'B~gemeinschaft,** *f* -/-en book club. **'B~halter(in),** *m* -s/- (*f* -/-nen) book-keeper. **'B~haltung,** *f* -/-en **1.** *no pl* book-keeping. **2.** accounts department. **'B~handel,** *m* -s/*no pl* book trade, bookselling. **'B~händler(in),** *m* -s/- (*f* -/-nen) bookseller. **'B~handlung,** *f* -/-en bookshop, *N.Am:* bookstore. **'B~macher,** *m* -s/- *Rac:* bookmaker. **'B~prüfer,** *m* -s/- auditor. **'B~rücken,** *m* -s/- (book) spine.

Buch|e ['buːxə], *f* -/-n beech (tree). **'B~ecker,** *f* -/-n beechnut. **'B~enwald,** *m* -(e)s/-̈er beechwood. **'B~fink,** *m* -en/-en chaffinch. **'B~weizen,** *m* -s/*no pl* buckwheat.

buchen ['buːxən], *v.tr.* (*a*) *Fin:* to enter (a sum etc.) (**auf ein Konto,** to an account); *Fig:* to record; *F:* chalk up (a victory etc.); **etwas als Erfolg b.,** to count sth. (as) a success; (*b*) to book (a seat, ticket etc.).

Bücher|bord ['byːçərbɔrt], *n* -(e)s/-e/ **'B~brett,** *n* -(e)s/-er bookshelf. **B~ei** [-'rai], *f* -/-en library. **'B~freund(in),** *m* -(e)s/-e (*f* -/-nen) booklover. **'B~narr,** *m* -en/-en **er ist ein B.,** he is mad about books. **'B~regal,** *n* -s/-e bookshelves, bookcase. **'B~schrank,** *m* -(e)s/-̈e bookcase. **'B~verzeichnis,** *n* -ses/-se **1.** catalogue/list of books. **2.** bibliography. **'B~wurm,** *m* -(e)s/-̈er *F:* bookworm.

Buchs ['buks], *m* -es/-e/'B~baum, *m* -(e)s/-̈e *Bot:* box (tree). **'B~baumholz,** *n* -es/*no pl* boxwood.

Buchse ['buksə], *f* -/-n (*a*) *Mec.E:* bush; liner (of a cylinder); (*b*) *El:* socket.

Büchse ['byksə], *f* -/-n **1.** (*a*) (*rund*) tin; *esp. N.Am:* can; (*aus Porzellan usw.*) jar; (*b*) (*rechteckig*) small box. **2.** (*Jagdgewehr*) sporting rifle. **'B~n-,** *comb.fm.* tinned, *esp. N.Am:* canned (fruit etc.); **B~fleisch** *n*, tinned/canned meat. **'B~nöffner,** *m* -s/- tin/*esp. N.Am:* can opener.

Buchstab|e ['buːxʃtaːbə], *m* -ns/-n letter (of the alphabet); *Fig:* **setz dich auf deine vier B~n,** sit yourself down. **'B~enfolge,** *f* **nach der B.,** in alphabetical order. **b~ieren** [-ʃtaˈbiːrən], *v.tr.* to spell (out) (a word). **B~ierung** *f* -/*no pl* spelling.

buchstäblich ['buːxʃtɛːplɪç], *usu. adv.* literally.

Bucht ['buxt], *f* -/-en *Geog:* bay.

Buchung ['buːxuŋ], *f* -/-en **1.** *Book-k:* entry. **2.** (*Reservierung*) booking, reservation.

Buck|el ['bukəl], *m* -s/- **1.** (*a*) *F:* back; **den B. vollkriegen,** to get a good hiding; **dem juckt der B.!** he's asking for it! *Fig:* **er hat einen breiten B.,** he can take a lot of punishment; **ich habe schon genug auf dem B.,** I've got enough on my plate already; **er hat schon 90 Jahre auf dem B.,** he's already chalked up 90; **er kann mir den B. runterrutschen!** he can go to blazes/get lost; (*b*) (*krummer B.*) hunchback; **einen B. haben,** to be hunchbacked; **die Katze machte einen B.,** the cat arched its back; **mach nicht so einen B.!** don't hunch yourself up like that! **2.** *F:* (*Höcker*) hump, bump; (*Hügel*) hillock. **'b~(e)lig,** *adj.* **1.** hunchbacked (person); **ein B~er,** a hunchback. **2.** *F:* bumpy (road etc.).

bücken ['bykən], *v.refl.* **sich b.,** to bend (down), stoop (**nach etwas** *dat,* to pick sth. up).

Bückling ['byklɪŋ], *m* -s/-e **1.** *F: Hum:* (low) bow. **2.** *Fish:* buckling.

buddeln ['budəln], *v.tr.&i.* (*haben*) *F:* to dig (a hole etc.).

Buddh|ismus [buˈdɪsmus], *m* -/*no pl* Buddhism. **B~ist,** *m* -en/-en Buddhist. **b~istisch,** *adj.* Buddhist.

Bude ['buːdə], *f* -/-n **1.** (*a*) (*auf dem Markt usw.*) stall, booth; (*b*) *Constr:* site hut. **2.** *F:* (*Bruchb.*) hovel, dump. **3.** *F:* (*a*) (*Mietzimmer*) digs; (*Wohnung*) place, pad; **er ist auf seiner B.,** he's in his den; *Fig:* **Leben in die B. bringen,** to liven things up; **mir fällt die B. auf den Kopf,** I'm sick of the sight of these four walls; **j-m die B. einrennen,** to be constantly on s.o.'s doorstep; **j-m auf die B. rücken,** to pay s.o. a surprise visit; (*b*) (*Laden, Lokal*) joint. **'B~nbesitzer,** *m* -s/- stallholder. **'B~nzauber,** *m* -s/- *F:* wild party.

Budget [byˈdʒeː], *n* -s/-s budget.

Büfett [byˈfɛt], *n* -(e)s/-s & -e **1.** *Furn:* sideboard. **2.** (*Theke*) (buffet) counter. **3. kaltes B.,** cold buffet. **B~dame,** *f* -/-n counter assistant.

Büffel ['byfəl], *m* -s/- **1.** *Z:* buffalo. **2.** *F:* lout.

büff|eln ['byfəln], *v.* *F:* **1.** *v.i.* (*haben*) to cram, *Brit:* swot. **2.** *v.tr.* to swot/*N.Am:* bone up (a subject). **'B~ler,** *m* -s/- swot, *N.Am:* grind.

Büffet [byˈfeː], *n* -s/-s = **Büfett.**

Bug [buːk], *m* -(e)s/-e **1.** *Nau:* bow(s); *Av:* nose. **2.** (*pl also* **Büge**) *Cu:* shoulder; chuck (of beef).

Bügel ['byːgəl], *m* -s/- **1.** (*Kleiderb.*) clothes/coat-hanger. **2.** (*a*) (*Equit:* stirrup; (*b*) (hacksaw etc.) frame; handle (of a bag etc.). **3.** side-piece (of spectacles). **'B~automat,** *m* -en/-en ironing machine. **'B~brett,** *n* -(e)s/-er ironing board. **'B~eisen,** *m* -s/- (electric) iron. **'B~falte,** *f* -/-n crease (in trousers). **'b~frei,** *adj.* non-iron (material); drip-dry (shirt etc.). **'B~maschine,** *f* -/-n = **B~automat.** **'b~n,** *v.* **1.** *v.tr.* to iron (clothes etc.). **2.** *v.i.* (*haben*) to do the/some ironing.

bugsieren [buˈksiːrən], *v.tr.* *Nau:* to dock, (*schleppen*) tow (a ship etc.); *F:* to steer (s.o.), manoeuvre (sth.).

buh [buː], *int.* & **B.,** *n* -s/-s (*also* **B~ruf** *m*) boo. **'b~en,** *v.i.* (*haben*) *F:* to boo.

Buhmann ['buːman], *m* -(e)s/-̈er *F:* scapegoat.

Bühne ['byːnə], *f* -/-n **1.** *Th:* (*a*) stage; **ein Stück auf die B. bringen,** to stage a play; **hinter der B.,** backstage; *Fig:* behind the scenes; **über die**

B. gehen, (*Stück*) to be performed; *Fig:* to take place; *F:* **alles ging glatt über die B.**, everything went off smoothly; *Fig:* **die politische B.**, the political arena; **von der B. abtreten**, to disappear from the scene/public eye; (*b*) **die Städtischen B~n**, the Municipal Theatres. **2.** platform; (*Hebeb.*) hydraulic lift. '**B ~ n-**, *comb.fm.* (*a*) stage (lighting, version, words etc.); **B~anweisung** *f*, stage direction; **B~arbeiter** *m*, stage hand; **B~bearbeitung** *f*, stage adaptation; dramatization; **B~bild** *n*, stage scenery, set; **B~bildner** *m*, stage designer; **B~dekoration** *f*, stage decor; **B~eingang** *m*, stage door; **B~meister** *m*, stage manager; **B~musik** *f*, stage/incidental music; (*b*) dramatic (art etc.); *adj.* **b~fähig/b~wirksam**, dramatically effective. '**B~ndeutsch**, *n -(s)/no pl* standard German (as used on the stage). '**B~nmaler**, *m -s/-* scene painter. '**B~ntechnik**, *f -/no pl* production techniques.

Bukett [buˈkɛt], *n -s/-s & -e* bouquet (of flowers/wine).

Bulgar|ien [bulˈgɑːriən]. *Pr.n.n -s.* Bulgaria. **B~e**, *m -n/-n* Bulgarian. **B~in**, *f -/-nen* Bulgarian (woman). **b - isch**, *adj.* Bulgarian.

Bull|auge [ˈbulˀaugə], *n -s/-n Nau:* porthole. '**B~dogge**, *f -/-n* bulldog. '**B~e**, *m -n/-n* **1.** *Z:* bull. **2.** *Pej:* (*a*) *F:* tough; beefy type; (*b*) *P:* (*Polizist*) rozzer; **die B~n**, the fuzz. '**B~enhitze**, *f -/no pl F:* scorching heat. **B~enkalb**, *n -(e)s/̈-er* bull calf. '**B~enstark**, *adj. F:* brawny. '**b~ig**, *adj. F:* **1.** stocky, beefy. **2.** scorching (heat); *adv.* **b. heiß**, boiling hot.

bullern [ˈbulərn], *v.i.* (*haben*) *F.* (*Feuer*) to roar away.

Bumerang [ˈbuːmərʌŋ], *m -s/-s & -e* boomerang.

Bumm|el [ˈbuməl], *m -s/- F:* **1.** stroll; **einen B. machen**, to go for a stroll. **2.** (*Bierreise*) pub crawl. **B~e'lant**, *m -en/-en F:* slowcoach; slacker, time-waster; (*Nichtstuer*) idler, loafer. **B~e'lei**, *f -/no pl* dawdling, time-wasting; idleness. '**b~elig**, *adj.* lackadaisical. '**b~eln**, *v.i. F:* (*a*) (*sein*) to stroll, saunter; **b. gehen**, to go on a pub crawl; (*b*) (*haben*) to dawdle, loiter; (*bei der Arbeit*) to waste time; (*faulenzen*) to idle, loaf about. '**B~elstreik**, *m -(e)s/-s* go-slow. '**B~elzug**, *m -(e)s/̈-e F:* stopping train. '**B~ler(in)**, *m -s/- (f -/-nen) F:* **1.** stroller. **2.** *Pej:* = **B~elant**.

Bums [bums], *m -es/-e & b~*, *int. F:* thump, thud; (*laut*) crash. '**b~en**, *v.i. F:* (*a*) (*haben*) to bang, crash; **es hat gebumst**, there was a bang/crash; (*b*) (*sein*) **an etwas** *acc* **b.**, to bang/crash into sth.; (*c*) *v.tr.&i.* (*haben*) *V:* (*kopulieren*) to screw (s.o.). '**B~lokal**, *n -s/-e F: Pej:* (low) dive. '**b~'voll**, *adj. F:* packed.

Bund[1] [bunt], *n -(e)s/-e* bundle; bunch (of radishes etc.).

Bund[2], *m -(e)s/̈-e* **1.** (*a*) bond (of friendship etc.); (*Verband*) association; *esp. Pol:* confederation; (*Bündnis*) alliance; **den B. der Ehe eingehen/den B. fürs Leben schließen**, to take the marriage vows; **mit j-m im B~e sein**, to be associated/ *Pej:* in league with s.o.; *Pol: West G: & Aus:* **der B.**, the Federation, (*Regierung*) the Federal Government; **Mittel vom B.**, Federal funds. **2.** *Cl:* waistband. **3.** *Mus:* fret. '**B~es-**, *comb.fm.* federal (capital, government, state

etc.); *West G:* **die B~post**, (Federal) Post Office; **die B~wehr**, the Federal Armed Forces; **die deutsche B~bahn**, German Federal Railways; **die B~republik (Deutschland)**, the Federal (German) Republic; *Sp:* **die B~liga**, the Federal League (= First Division); *Jur:* **B~gerichtshof** *m*, Federal Supreme Court; **B~verfassungsgericht** *n*, Federal Constitutional Court; *Parl:* **das B~haus**, the Federal Parliament (Building); **der B~tag/B~rat**, the Lower/Upper House (of the Federal Parliament); **der B~kanzler**, the Federal Chancellor; **B~tagsabgeordnete(r)**, Member of the Federal Parliament. '**b~esdeutsch**, *adj.* West German; **ein B~er/eine B~e**, a citizen of the German Federal Republic. '**B~esgebiet**, *n -(e)s/no pl* federal territory; *West G:* (territory of the) Federal Republic. '**B~esgenossenschaft**, *f -/-en* confederation, (*Bündnis*) alliance. '**B~esland**, *n -(e)s/̈-er West G:* Federal State; *Aus:* Province. '**B~espräsident**, *m -en/-en* President of the Federal Republic/*Aus:* Republic/*Swiss:* Confederation. '**B~esstaat**, *m -(e)s/-en* **1.** confederation. **2.** (*Gliedstaat*) federal state. '**B~esstraße**, *f -/-n West G: Aus:* Federal Highway, main road. '**B~hose**, *f -/-n* knee breeches.

Bünd|chen [ˈbʏntçən], *n -s/-* neckband; (*an Ärmeln*) cuff. '**B~el**, *n -s/-* bundle; wad (of banknotes); *Meas:* **ein B. Heu**, a bale of hay. '**b~eln**, *v.tr.* to tie (wood, banknotes etc.) into a bundle/bundles; to truss (hay, straw). '**b~elweise**, *adv.* in bundles. '**b~ig**, *adj.* **1.** valid, convincing (argument etc.); conclusive (proof etc.). **2.** (*kurz*) succint, terse (answer etc.); precise (style). **3.** *Constr:* on a level, flush. '**B~nis**, *n -ses/-se* alliance; **ein B. schließen/eingehen**, to enter into an alliance.

Bungalow [ˈbuŋgalo], *m -s/-s* bungalow; *N.Am:* ranch house.

Bunker [ˈbuŋkər], *m -s/-* bunker; bin (for grain); *Mil:* pillbox; (*Luftschutzb.*) air raid shelter. '**b~n**, *v.* **1.** *v.tr.* to store (coal, ore etc.) in bunkers/(grain) in bins. **2.** *v.i.* (*haben*) *Nau:* to fuel.

Bunsenbrenner [ˈbunzənbrɛnər], *m -s/-* Bunsen burner.

bunt [bunt]. **I.** *adj.* (*a*) coloured; (*vielfarbig*) colourful, multi-coloured; (*farbenfroh*) gaily coloured; bright, (*grell*) gaudy (colours, clothes etc.); **b~e Kuh**, spotted cow; **b. gestreift**, striped in different colours; *F:* **er ist bekannt wie ein b~er Hund**, everybody knows him; (*b*) (*gemischt*) mixed, varied (programme etc.); (*wirr*) in a jumble; **ein b~er Abend**, a social (evening); **eine b~e Platte**, a plate of assorted cold meats; **b~e Reihe machen**, to seat men and women alternately; **b~e Mischung**, motley assortment; **es ging recht b. zu**, it was pretty chaotic; (*c*) *F:* **jetzt wird's mir zu b.!** I've had enough! that's going too far! **sie treiben es zu b.**, they're overdoing it. **II.** '**B~-**, *comb.fm.* coloured (glass, paper etc.); **B~druck** *m*, (i) *no pl* colour printing; (ii) colour print; **B~stift** *m*, coloured pencil; crayon; **B~wäsche** *f*, coloureds. '**b~ge'mischt**, *adj.* varied. '**B~metall**, *n -s/-e* non-ferrous metal. '**B~specht**, *m*

-(e)s/-e **großer/kleiner B.**, greater/lesser spotted woodpecker.

Bürde ['byrdə], *f* -/-n burden.

Burg ['burk], *f* -/-en castle; (*also Fig:*) stronghold. '**B ~ friede(n)**, *m* -ns (-s)/*no pl Pol: etc:* truce. '**B ~ graben**, *m* -s/⁼ moat. '**B ~ hof**, *m* -(e)s/⁼e castle courtyard. '**B ~ ruine**, *f* -/-n ruined castle.

Bürg|e ['byrgə], *m* -n/-n guarantee (**für** + *acc,* of); (*Pers.*) guarantor (**für** + *acc,* for); **B. für j-n sein**, to stand surety/(*im Strafprozeß*) bail for s.o. '**b ~ en**, *v.i.* (*haben*) **für j-n, etwas** *acc* **b.**, to vouch/*Fin:* stand surety for s.o., sth.; **der Name bürgt für Qualität**, the name is a guarantee of quality. '**B ~ schaft**, *f* -/-en guarantee, surety; **B. leisten**, to stand surety.

Bürger|(in) ['byrgər(in)], *m* -s/- (*f* -/-nen) **1.** citizen. **2.** *Pej:* member of the middle classes, bourgeois. '**B ~ initiative**, *f* -/-n (community) pressure group; (*Aktion*) public campaign. '**B ~ krieg**, *m* -(e)s/-e civil war. '**B ~ kunde**, *f* -/*no pl Sch:* civics. '**b ~ lich**, *adj.* **1.** civil (rights, marriage etc.); **die b ~ en Rechte und Pflichten**, the rights and duties of the citizen; *West G: Jur:* **das B ~ e Gesetzbuch**, the Civil Code. **2.** (*a*) middle-class (family etc.); *esp. Pej:* bourgeois (attitude etc.); (*b*) (*einfach*) plain, homely (cooking etc.). '**B ~ meister**, *m* -s/- mayor. '**B ~ meisterin**, *f* -/-nen mayoress. '**B ~ pflicht**, *f* -/-en duty as a citizen. '**B ~ recht**, *n* -(e)s/-e citizenship; *esp. pl* **B ~ e**, civil rights. '**B ~ schaft**, *f* -/-en **1.** citizens, townspeople. **2.** (*in Hamburg/Bremen*) City Parliament. '**B ~ steig**, *m* -(e)s/-e pavement, *N.Am:* sidewalk. '**B ~ tum**, *n* -s/*no pl* middle class(es), bourgeoisie.

Burgund [bur'gunt]. *Pr.n.n* -s. Burgundy. **B ~ er** [-dər], *m* -s/- **1.** (*Pers.*) Burgundian. **2.** (*Wein*) burgundy.

burlesk [bur'lɛsk], *adj.* burlesque, *F:* zany. **B ~ e**, *f* -/-n burlesque.

Büro [by'ro:]. **I.** *n* -s/-s office; **ins B. gehen**, to go to the office. **II. B ~ -**, *comb.fm.* office (building etc.); **B ~ angestellte(r)** *f(m)*/**B ~ kraft** *f*, office worker; **B ~ bedarf** *m*, office requisites; **B ~ - fläche** *f*, office (floor) space; **B ~ schluß** *m*, (office) closing time; **B ~ stunden** *fpl*/**B ~ zeit** *f*, office hours. **B ~ kaufmann**, *m* -(e)s/-leute (qualified) clerk. **B ~ klammer**, *f* -/-n paper clip. **B ~ krat** [-o'kra:t], *m* -en/-en bureaucrat. **B ~ kratie** [-a'ti:], *f* -/-n bureaucracy. **b ~ kratisch** [-'kra:tiʃ], *adj.* bureaucratic.

Bursch|e ['burʃə], *m* -n/-n **1.** lad, youth; (*Junge*) boy. **2.** *F:* (*Kerl*) chap, bloke; *esp. N.Am:* guy; **ein übler B.**, a nasty piece of work; **ein toller B.**, a great guy; (*Fisch usw.*) **ein prächtiger B.**, a magnificent specimen. '**B ~ enherrlichkeit**, *f* -/*no pl* good old days of student traditions. '**B ~ enschaft**, *f* -/-en (German) students' association. '**b ~ ikos** [-i'ko:s], *adj.* **1.** (*Mädchen*) (tom)boyish; (*Frau*) mannish, hearty. **2.** (*salopp*) sloppy, careless. '**B ~ ikosität** [-kozi'tɛ:t], *f* -/-en **1.** (tom)boyishness; mannishness, heartiness. **2.** sloppiness, carelessness.

Bürste ['byrstə], *f* -/-n brush. '**b ~ n**, *v.tr.* to brush (sth.). '**B ~ nfrisur**, *f* -/-en/**B ~ nschnitt**, *m* -(e)s/-e *Hairdr:* crew cut.

Bus [bus], *m* -ses/-se bus; *Brit:* (*für Ausflüge/ längere Strecken*) coach. '**B ~ fahrer**, *m* -s/- bus/coach driver. '**B ~ fahrt**, *f* -/-en bus ride; *Brit:* (*längere Strecke*) coach journey.

Busch [buʃ], *m* -(e)s/⁼e bush; *F:* **auf den B. klopfen**, to put out feelers; **sich (seitwärts) in die B ⁼ e schlagen**, to slope off. '**B ~ bohne**, *f* -/-n dwarf bean. '**b ~ ig**, *adj.* **1.** bushy (eyebrows etc.). **2.** (*Gelände*) bush-covered. '**B ~ - trommel**, *f* -/-n tomtom. '**B ~ werk**, *n* -(e)s/*no pl* bushes; (*Sträucher*) shrubbery.

Büsch|el ['byʃəl], *n* -s/- tuft (of grass, hair); bunch, clump (of flowers etc.); cluster (of blossoms). '**b ~ (e)lig**, *adj.* in clumps/tufts/*esp. Bot:* clusters; *esp. Z: Orn:* tufted.

Busen ['bu:zən], *m* -s/- bosom; *Fig:* **ein Geheimnis in seinem B. verschließen**, to keep a secret locked in one's heart. '**b ~ frei**, *adj.* topless (dress etc.). '**B ~ freund(in)**, *m* -(e)s/-e (*f* -/-nen) bosom friend.

Buß [bu:s], *comb.fm. Ecc:* (sacrament etc.) of penance/repentance; **B ~ und Bettag** *m*, Day of Prayer and Repentance; **B ~ übung** *f*, act of penance. '**B ~ e**, *f* -/-n **1.** *Ecc: no pl* penance. **2.** *Jur:* fine. '**b ~ fertig**, *adj. Ecc:* penitent. '**B ~ fertigkeit**, *f* -/*no pl Ecc:* penitence. '**B ~ geld**, *n* -(e)s/-er fine.

Bussard ['busart], *m* -s/-e buzzard.

Busserl ['busərl], *n* -s/- *Aus: F:* kiss.

büß|en ['by:sən], *v.tr.&i.* (*haben*) (**für**) **etwas b.**, to pay (the penalty) for (sth.); **er büßte seinen Leichtsinn mit dem Leben**, his carelessness cost him his life; *Ecc:* **für seine Sünden b.**, to atone/do penance for one's sins. '**B ~ er**, *m* -s/- *Ecc:* penitent.

Büste ['bystə], *f* -/-n (*a*) *Art: & Cl:* bust; (*b*) *Dressm:* tailor's/dressmaker's dummy. '**B ~ nhalter**, *m* -s/- bra.

Butan [bu'ta:n], *n* -s/*no pl Ch:* butane.

Bütte ['bytə], *f* -/-n tub, vat. '**B ~ nrand**, *m* -(e)s/⁼er deckle-edge. '**B ~ nrede**, *f* -/-n carnival oration.

Butter ['butər], *f* -/*no pl* butter; *F:* **sie läßt sich nicht die B. vom Brot nehmen**, she can look after/stick up for herself; **es ist alles in (bester) B.**, everything's just fine. '**B ~ blume**, *f* -/-n buttercup. '**B ~ brot**, *n* -(e)s/-e slice of bread and butter; *F:* **für ein B.**, for next to nothing; **du brauchst es mir nicht aufs B. zu schmieren**, you don't have to rub it in. '**B ~ brotpapier**, *n* -s/*no pl* greaseproof paper. '**B ~ dose**, *f* -/-n butter dish. '**B ~ faß**, *n* -sses/⁼sser butter churn. '**B ~ milch**, *f* -/*no pl* buttermilk. '**b ~ n**, *v.* **1.** *v.tr.* (*a*) to butter (bread etc.); (*b*) *F:* **Geld in etwas** *acc* **b.**, to put money into sth. **2.** *v.i.* (*haben*) to make butter. '**B ~ seite**, *f* -/-n buttered side (of bread); *F:* (*Pers.*) **auf die B. fallen**, to fall on one's feet.

Butzemann ['butsəman], *m* -s/⁼er bogeyman.

'**Butzenscheibe** ['butsənʃaibə], *f* -/-n bull's eye (pane).

C

C, c [tseː], *n* -/- (*F*. -s/-s) **1.** (the letter) C, c. **2.** *Mus:* C; **C(-Dur),** C major; **c(-Moll),** C minor.
Café [kaˈfeː], *n* -s/-s café.
Caissonkrankheit [keˈsõːkrankhait], *f* -/no pl *Med:* caisson disease, *F:* the bends.
Camp [kɛmp], *n* -s/-s *Mil:* etc: camp. ′**c ~ en,** *v.i.* (*haben*) to camp. ′**C ~ er,** *m* -s/- (*Pers.*) camper. ′**C ~ ing,** *n* -s/no pl camping. ′**C ~ ingplatz,** *m* -(e)s/-̈e camp site/*N.Am:* ground. ′**C ~ ingstuhl,** *m* -(e)s/-̈e folding (canvas) chair.
Cape [keip], *n* -s/-s *Cl:* cape.
Caravan [ˈkaravan, karaˈvɑːn], *m* -s/-s *Aut:* (*a*) (motor) caravan, *N.Am:* camper; (*b*) (*Kombi*) estate car, *N.Am:* station wagon.
Cäsar [ˈtsɛːzar]. *Pr.n.m* -s/occ -en Caesar.
Cellist(in) [tʃeˈlist(in)], *m* -en/-en (*f* -/-nen) cellist. ′**C ~ o,** *n* -s/-lli & -s cello.
Cellophan [tsɛloˈfɑːn], *n* -s/no pl *R.t.m.* cellophane.
Celsius [ˈtsɛlzius], *n* (*abbr.* C) 22° C., 22° Centigrade.
Cembalo [ˈtʃɛmbaloː], *n* -s/-bali & -s *Mus:* harpsichord.
Center [ˈsɛntər], *n* -s/- (shopping, recreation etc.) centre.
Ces [tsɛs], *n* -/no pl *Mus:* C flat.
Ceylon [ˈtsailon]. *Pr.n.n* -s. *Geog: A:* Ceylon.
Chalet [ʃaˈleː], *n* -s/-s (mountain) chalet.
Chamäleon [kaˈmɛːleon], *n* -s/-s *Z:* chameleon.
Champagner [ʃamˈpanjər], *m* -s/- champagne.
Champignon [ˈʃampinjõ], *m* -s/-s mushroom.
Chance [ˈʃɑ̃ːsə], *f* -/-n chance; (*a*) **er hat keine C. (zu gewinnen),** he doesn't stand a chance (of winning); **die C ~ n stehen gleich/zwei zu eins,** the odds are even/two to one; **die C ~ n sind gut,** the prospects are good; (*b*) **bei j-m C ~ n haben,** to stand a chance with s.o.; (*c*) (*Gelegenheit*) opportunity; **j-m eine C. geben,** to give s.o. a chance/*F:* a break. ′**C ~ ngleichheit,** *f* -/no pl equality of opportunity.
Chaos [ˈkaːɔs], *n* -/no pl chaos; (*Tumult*) pandemonium. **chaˈotisch,** *adj.* chaotic.
Charakter [kaˈraktər], *m* -s/-e [-ˈteːrə] character; **keinen C. haben,** to be characterless; to lack character/(*Moral*) principles; **von vertraulichem C.,** of a confidential nature. **C ~ anlage,** *f* -/-n disposition; *pl* characteristics. **C ~ bild,** *n* -(e)s/-er character study. **C ~ darsteller,** *m* -s/- *Th:* actor of complex parts. **c ~ iˈsieren,** *v.tr.* to characterize (s.o., sth.); (*schildern*) to portray, depict (s.o., sth.); (*kennzeichnen*) to typify (s.o., sth.). **C ~ istik** [-ˈristik], *f* -/-en characterization; (*C ~ bild*) character sketch. **C ~ istikum** [-ˈristikum], *n* -s/no pl special/

distinguishing feature. **c ~ istisch** [-ˈristiʃ], *adj.* typical, characteristic (**für j-n, etwas** *acc.* of s.o., sth.). **c ~ lich,** *adj.* (qualities etc.) of character; *adv.* in character; **c. fragwürdig,** of dubious character. **c ~ los,** *adj.* insipid (colour, taste); characterless (person, building). **C ~ losigkeit,** *f* -/no pl characterlessness; insipidity. **C ~ rolle,** *f* -/-n *Th:* etc: part with a complex character. **c ~ schwach,** *adj.* spineless, weak-kneed. **c ~ stark/c ~ voll,** *adj.* full of character; (person) of strong personality. **C ~ zug,** *m* -(e)s/-̈e trait.
Charge [ˈʃarʒə], *f* -/-n **1.** *Adm:* post; *Mil:* rank; (*Pers.*) officer; **C ~ n und Mannschaften,** officers and other ranks. **2.** *Metalw:* charge (of a furnace). **3.** *Th:* (*usu.* minor) role, (small) part. ′**C ~ ndarsteller,** *m* -s/- *Th:* actor of small parts, *N.Am:* bit part actor.
charmant [ʃarˈmant], *adj.* charming; delightful. **Charme** [ʃarm], *m* -s/no pl charm. **Charmeur** [ʃarˈmøːr], *m* -s/-e charmer.
Charter- [ˈ(t)ʃartər-], *comb.fm.* charter (flight etc.); **C ~ maschine** *f*, charter plane. ′**c ~ n,** *v.tr.* to charter (a plane etc.). ′**C ~ ung,** *f* -/-en charter(ing).
Chassis [ʃaˈsiː], *n* -/- *Aut: TV: Rad:* chassis.
Chauffeur [ʃɔˈføːr], *m* -s/-e chauffeur; (taxi) driver. **c ~ ieren** [-ˈfiːrən], *v.tr. & i.* (*haben*) to drive (s.o., car).
Chaussee [ʃɔˈseː], *f* -/-n [-ˈseːən] high road.
Chauvinismus [ʃoviˈnismus], *m* -/no pl chauvinism. **C ~ ist,** *m* -en/-en chauvinist. **c ~ istisch,** *adj.* chauvinist.
checken [ˈtʃɛkən], *v.tr.&i.* (*haben*) to check (s.o., sth.).
Chef [ʃɛf]. **I.** *m* -s/-s (*a*) head (of a firm, school etc.); *F:* boss; (*b*) *Mil:* commander; **C. des Generalstabs,** Chief of Staff. **II.** *C ~ -, comb.fm.* chief (engineer, editor etc.); **C ~ koch** *m*, head cook; (*Meisterkoch*) chef; **C ~ arzt** *m*, chief consultant, superintendent (of a hospital). **C ~ in,** *f* -/-nen head (of a firm, department etc.); *Sch:* headmistress; *F:* boss's wife.
Chemie [çeˈmiː], *f* -/no pl chemistry. **C ~ iefaser,** *f* -/-n *Tex:* man-made fibre. **C ~ ikalien** [-ˈkaːliən], *fpl* chemicals. ′**C ~ iker(in),** *m* -s/- (*f* -/-nen) chemist. ′**c ~ isch,** *adj.* chemical; **c ~ e Reinigung,** (i) dry cleaning; (ii) (*Geschäft*) dry cleaner's; *adv.* **Kleider usw. c. reinigen,** to dry-clean clothes etc. ′**C ~ otechniker,** *m* -s/- chemical engineer.
Chenille [ʃəˈnil(jə)], *f* -/-n/**C ~ stoff,** *m* -(e)s/-e chenille; candlewick.
Chicoree [ˈʃikoreː], *m* -s/no pl & *f* -/no pl chicory.
Chiffon [ˈʃifõ, ʃiˈfõ], *m* -s/-s *Tex:* chiffon.

Chiffr|e ['ʃifər, 'ʃifrə], *f* -/-n **1.** number. **2.** (code) symbol, cipher. **3.** *Advert:* box number. **c ~ ieren** [ʃi'fri:rən], *v.tr.* to encode (a text), put (a message etc.) into code; **chiffrierter Brief,** coded letter.

Chile ['tʃi:le]. *Pr.n.n* **-s.** *Geog:* Chile. **C ~ ne** [tʃi'le:nə], *m* -n/-n Chilean. **C ~ nin,** *f* -/-nen Chilean (woman). **c ~ nisch,** *adj.* Chilean.

Chin|a ['çi:na]. *Pr.n.n* **-s.** *Geog:* China. **C ~ ese** [çi'ne:zə], *m* -n/-n Chinese. **C ~ esin,** *f* -/-nen Chinese (woman). **c ~ esisch. I.** *adj.* Chinese; **die c~e Mauer,** the Great Wall of China; *F: adv.* **c. essen,** to have a Chinese meal. **II. C.,** **-(s)**/*no pl Ling:* Chinese.

Chinin [çi'ni:n], *n* -s/*no pl Pharm:* quinine.

Chintz [tʃints], *m* -/*no pl Tex:* chintz.

Chip [tʃip], *m* -s/-s **1.** *Cu: usu. pl* **C ~ s,** (potato) crisps/*N.Am:* chips. **2.** *Gaming:* chip.

Chirurg [çi'rurk], *m* -en/-en surgeon. **C ~ ie** [-'gi:], *f* -/-n **1.** *no pl* surgery. **2.** *(Abteilung)* surgical unit. **c ~ isch,** *adj.* surgical.

Chlor [klo:r], *n* -s/*no pl Ch:* chlorine. **'c ~ en,** *v.tr.* to chlorinate (water). **C ~ id** [klo'ri:t], *n* -s/-e chloride. **C ~ oform** [kloro'fɔrm], *n* -s/ *no pl Med:* chloroform. **c ~ ofor'mieren,** *v.tr.* to chloroform (s.o.). **C ~ ophyll** [-o'fyl], *n* -s/*no pl Ch: Bot:* chlorophyll.

Choke [tʃouk], *m* -s/-s/'C ~ r, *m* -s/- *Aut:* choke.

Chol|era ['ko(:)lərə], *f* -/*no pl Med:* cholera.

Choleriker [ko'le:rikər], *m* -s/- irascible person.

Cholesterin [kolɛstə'ri:n], *n* -s/*no pl Ch:* cholesterol.

Chor [ko:r]. **I.** *m* -(e)s/ʼ̈e **1.** *(Sänger)* choir; *(also Th:)* chorus; **im C. sprechen, im C.** speak in unison; **alle im C.!** all together (now)! **2.** *Ecc.Arch:* choir. **II. 'C~-,** *comb.fm. Mus:* choral (concert, music, work etc.); choir (practice etc.); **C~-gesang** *m,* choral singing; **C~gestühl** *n,* choirstalls; **C~knabe** *m,* choirboy; **C~leiter** *m,* choirmaster; **C~schranke** *f,* choirscreen. **'C ~ hemd,** *n* -(e)s/-en surplice. **'C ~ raum,** *m* -(e)s/ʼ̈e *Ecc.Arch:* chancel. **'C ~ sänger(in),** *m* -s/- *(f* -/-nen) chorister.

Choral [ko'ra:l], *m* -s/ʼ̈e chorale.

Choreograph [koreo'gra:f], *m* -en/-en choreographer. **C ~ ie** [-a'fi:], *f* -/-n choreography. **c ~ isch** [-'gra:fiʃ], *adj.* choreographic.

Christ|(in) ['krist(in)], *m* -en/-en *(f* -/-nen) Christian. **C ~ baum,** *m* -(e)s/ʼ̈e Christmas tree. **'C ~ en-,** *comb.fm.* Christian (faith, duty etc.). **'C ~ enheit,** *f* -/*no pl* Christendom. **'C ~ entum,** *n* -s/*no pl* Christianity; **sich zum C. bekennen,** to profess the Christian faith. **C ~ i,** *gen. of* **C~us,** *q.v.* **c ~ ianisieren** [-i'zi:rən], *v.tr.* to convert (a nation etc.) to Christianity. **C ~ iani'sierung,** *f* -/*no pl* christianization. **'C ~ kind,** *n* -(e)s/-er *(a)* **das C.,** the infant Jesus; *(b)* **er glaubt noch an das C.** = he still believes in Santa Claus. **'c ~ lich,** *adj.* Christian. **'C ~ messe/***South G:* **'C ~ - mette,** *f* -/-n Christmas/midnight mass. **'C ~ nacht,** *f* -/*no pl* Christmas night. **'C ~ us.** *Pr.n.m gen.* **Christi.** Christ; **Christi Himmelfahrt,** Ascension Day; **nach C./nach Christi Geburt,** after Christ *(abbr.* A.D.); **vor C./vor Christi Geburt,** before Christ *(abbr.* B.C.).

Chrom [kro:m]. **I.** *n* -s/*no pl Ch:* chromium; *Aut:*

etc: F: chrome. **II. 'C~-,** *comb.fm. (a)* chrome (leather, steel etc.); **C~gelb** *n,* chrome yellow; *(b) (verchromt)* chromium(-plated) (parts). **c ~ atisch** [-'ma:tiʃ] *adj. Mus: etc:* chromatic.

Chromosom [kromo'zo:m], *n* -s/-en *Biol:* chromosome.

Chron|ik ['kro:nik], *f* -/-en chronicle; **diese Geschehnisse werden in die C. eingehen,** these events will go down in history. **'c ~ isch,** *adj. Med: etc:* chronic. **C ~ ist** [kro'nist], *m* -en/-en chronicler. **C ~ ologie** [-olo'gi:], *f* -/-n chronology. **c ~ ologisch** [-o'lo:giʃ], *adj.* chronological. **C ~ ometer** [-o'me:tər], *m* -s/- chronometer.

Chrysantheme [kryzan'te:mə], *f* -/-n *Bot:* chrysanthemum.

circa ['tsirka], *adv. (abbr.* **ca)** about, approximately.

Cis [tsis], *n* -/- *Mus:* C sharp.

City ['siti], *f* -/-s & **Cities** city centre.

clever ['klɛvər], *adj.* astute, clever, *N.Am: & F:* smart. **'C ~ ness,** *f* -/*no pl* astuteness; *Sp:* (tactical) skill.

Clique ['klikə], *f* -/-n *(a)* clique; gang (of thieves etc.); *(b) Sch: F:* **die ganze C. kam mit,** the whole gang came along too.

Clou ['klu:], *m* -s/-s *F: (a)* main attraction, highlight; **der C. des Abends,** the high spot/hit of the evening; *(b)* **der C. (an) der Sache ist . . .,** the great thing/whole point about it is . . .

Clown ['klaun], *m* -s/-s clown. **C ~ e'rie,** *f* -/-n clowning.

Coach ['koutʃ], *m* -(s)/-s *Sp:* coach. **'c ~ en,** *v.tr. &i. (haben) Sp:* to coach (a team etc.).

Cockpit ['kɔkpit], *n* -s/-s *Av: Motor Rac: Sail:* cockpit.

Cocktail ['kɔkteil], *m* -s/-s cocktail.

Code [ko:t], *m* -s/-s code.

Cola ['ko:la], *n* -(s)/- & *f* -/- *F:* coke.

Comeback [kam'bɛk], *n* -s/-s **ein C. feiern,** to make a comeback.

Comic ['kɔmik], *m* -s/-s *(usu. pl.)* **C~s/C. Strips,** comic strip. **'C ~ heft,** *n* -(e)s/-e comic.

Computer [kɔm'pju:tər], *m* -s/- *Data-pr:* computer. **C~blitz,** *m* -es/-e *Phot:* computerized flash. **c ~ i'sieren,** *v.tr.* to computerize (sth.).

Conferencier [kõferãsi'e:], *m* -s/-s **1.** *Th: TV: etc:* compère. **2.** *(bei Festessen usw.)* Master of Ceremonies.

Container [kɔn'te:nər]. **I.** *m* -s/- **1.** *Com:* container. **2.** (large) carton (for sending books). **II. C~-,** *comb.fm.* container (ship, traffic etc.). **C~hafen** *m,* container port/terminal.

Contra ['kɔntra:], *n* -/- *Cards:* **C. geben,** to double.

Contergan [kɔnter'ga:n], *n* -s/*no pl R.t.m.* thalidomide.

Cord [kɔrt], *m* -(e)s/-e *Tex:* corduroy.

Couch [kautʃ], *f* -/-(e)s couch, sofa. **'C ~ garnitur,** *f* -/-en *Furn:* three-piece suite. **'C ~ tisch,** *m* -(e)s/-e coffee table.

Coup [ku:], *m* -s/-s **1.** blow, stroke. **2.** *F:* **einen C. (gegen j-n, etwas** *acc)* **landen,** to pull off a coup (against s.o., sth.).

Coupé [ku'pe:], *n* -s/-s **1.** *Aut:* coupé. **2.** *Aus: Rail:* compartment.

Coupon [ku'põ:], *m* -s/-s **1.** *Com:* voucher, coupon; *(zum Abreißen)* counterfoil. **2.** *Fin:* dividend warrant. **3.** *Tex:* length (of material).

Courage [ku'ra:ʒə], *f -/no pl* courage; **C. zeigen**, to show spirit; *F:* **Angst vor der eigenen C. bekommen**, to get cold feet. **c ~ iert** [-a'ʒi:rt], *adj.* courageous; *F:* plucky.

Courtage [kur'ta:ʒə], *f -/-n St.Exch: etc:* brokerage (fee).

Cousin [ku'zɛ̃], *m -s/-s* (male) cousin. **C ~ e** [ku'zi:nə], *f -/-n* (female) cousin.

Creme ['kre:m], *f -/-s Cosm: & Cu:* cream; *Fig:* **die C. der Gesellschaft**, the cream of society;

the social elite. **'c ~ farben**, *adj.* cream(-coloured). **'c ~ ig**, *adj.* creamy. **'C ~ schnitte**, *f -/-n Cu:* cream slice.

cum tempore [kum 'tɛmpore], *adv. phr. Univ:* fifteen minutes later than stated.

Cup [kap], *m -s/-s* **1.** *Fb:* trophy, cup. **2.** *Cl:* cup (of a bra).

Curry ['kœri], *n -s/-s* curry.

Cutaway ['kœtəve], *m -s/-s Cl:* cutaway; morning coat.

D

D, d [de:], *n -/-* **1.** (the letter) D, d. **2.** *Mus:* D; **D(-dur)**, D major; **d(-moll)**, D minor.

da [da:]. **I.** *adv.* **1.** (*räumlich*) (*a*) there; *esp. South G:* here; **er wohnt da**, he lives there/*South G:* here; **da drüben**, over there; **da kommt sie ja!** there/here she comes! (*b*) here; **da sind wir**, here we are; **da, nimm das Geld**, here, take the money; **er ist schon da**, he's already arrived; **ich bin gleich wieder da**, I'll be back in a minute; **ist ein Brief für mich da?** is there a letter for me? **ist noch etwas Brot da?** is there any bread left? (*c*) (*Ausrufe*) **da hast du's!** there you are! **sieh da!** look at that! **nichts da!** nothing doing! **2.** (*zeitlich*) then; (*a*) **da lachte er**, then he laughed; **von da an**, from then on; (*b*) *F:* (*in dem Fall*) **da gehe ich lieber gleich**, in that case/then I'd rather go straight away; **nun, was macht man da?** what does one do in a case like this? **II.** *conj.* (*a*) (*Ursache*) as, since; **da sie hübsch war**, nahm er sie mit, as/since she was pretty, he took her with him; (*b*) (*zeitlich*) *Lit:* when; **da er noch in London wohnte**, while/as long as he was still in London; **in dem Augenblick, da ich es hörte**, the moment I heard it. **III.** **da-**, *prefix before prep*. . . . it, . . . them; . . . that, . . . those; **dafür**, for it/them; **dagegen**, against it/them; **damit**, with it/them; **darauf**, on it/them; *North G: F:* **da kann ich nichts für**, I can't help it; **da weiß ich nichts von**, I know nothing about it.

dabehalten ['da:bəhaltən], *v.tr.sep.irr.45* to keep (s.o.) (here, there etc.).

dabei [da'bai], *adv.* **1.** (*a*) (*räumlich*) **dicht d.**, close to it, close by; (*b*) with it; (*im Paket usw.*) enclosed; **ein Haus mit einem Garten d.**, a house with a garden; **es ist kein Fleisch d.**, there is no meat with it/in it; **ist die Bedienung schon d.?** is the service included? (*c*) *F:* **ich habe kein Geld d.**, I have no money on me. **2. d. bleiben**, to stick to one's point; **es bleibt d.**, it's settled; **es ist doch nichts d.!** (i) there's no harm in it! (ii) (*leicht*) there's nothing to it! **was ist schon d.?** what does it matter? **3.** (*a*) (*im Begriff*) **j-n d. erwischen**, to catch s.o. in the act; **d. sein, etwas zu tun**, to be (in the process of) doing sth.; **sie**

waren gerade d., zu packen/das Haus zu verlassen, they were just packing/on the point of leaving the house; (*b*) (*gleichzeitig*) while doing so; **sie erzählte und lachte d.**, she talked and laughed at the same time; **er hat sich nichts d. gedacht**, he didn't mean anything by it; **d. kam es zu erbitterten Kämpfen**, this resulted in/gave rise to bitter fighting; **d. kam es heraus, daß . . .**, in the process it came out that . . .; (*c*) (*auch noch*) what is more; **es war eiskalt–und naß d.**, it was freezing and damp into the bargain; (*d*) (*dagegen*) yet; **er mag mich, d. kann ich ihn nicht ausstehen**, he likes me, but I can't stand him; **d. darf man nicht vergessen, daß . . .**, at the same time one must not forget that . . . **d ~ bleiben**, *v.i.sep.irr.12* (*sein*) to stay there; (*bei einer Tätigkeit*) to stick to/at it. **d ~ haben**, *v.tr.sep.irr.44* to have (s.o., sth.) with one; (*bei einem Unternehmen*) **wir wollen ihn nicht d.**, we don't want him to be involved. **d ~ sein**, *v.i.sep.irr.93* (*sein*) (*a*) to be present (**bei** + *dat*, at); *Fig:* **ich bin dabei!** OK, I'm on! count me in! **er war mit Leib und Seele dabei**, he put everything he'd got into it. **d ~ sitzen**, *v.i.sep.irr.97* (*haben*) to sit there. **d ~ stehen**, *v.i.sep.irr.100* (*haben*) to stand by, stand there.

'dableiben, *v.i.sep.irr.12* (*sein*) to stay (here/there).

Dach [dax]. **I.** *n -(e)s/̈-er* **1.** roof; **er wohnt unter dem D.**, he lives in the attic; **unter D. und Fach**, under cover; (*sicher*) in safety; (*erledigt*) settled; (*fertig*) finished; *F:* **j-m aufs D. steigen**, to haul s.o. over the coals. **2.** *P:* (*Kopf*) nut; **j-m eins aufs D. geben**, (i) to give s.o. a biff on the head; (ii) *Fig:* to give s.o. a ticking off. **II.** **'D ~ -**, *comb.fm.* (*a*) roof (beam, gable etc.); **D ~ stuhl** *m*, roof frame; **D ~ ziegel** *m*, roof/roofing tile; (*b*) (*im Dach*) attic (room, flat etc.); **D ~ geschoß** *n*, attic (storey). **'D ~ boden**, *m -s/̈-* loft, attic. **'D ~ decken**, *n -s/no pl* roofing; (*mit Ziegeln*) tiling. **'D ~ decker**, *m -s/-* roofer, tiler. **'D ~ first**, *m -(e)s/-e* ridge (of the roof). **'D ~ fenster**, *n -s/-* dormer window; (*Luke*) skylight. **'D ~ gesellschaft**, *f -/-en Ind:* parent/holding company. **'D ~ luke**, *f -/-n* skylight. ´D~organisation, ƒ -/-en *Ind:* umbrella organization. ´D~pappe, ƒ -/-n roofing felt. ´D~pfanne, ƒ -/-n pantile. ´D~rinne, ƒ -/-n gutter. ´D~schaden, *m* -s/-̈ 1. roof damage. 2. *F: Hum:* er hat einen leichten D., he's not quite right in the head. ´D~sparren, *m* -s/- rafter. ´D~traufe, ƒ -/-n eaves.

Dachs [daks], *m* -es/-e *Z:* badger; *F:* (*Pers.*) er ist noch ein junger D., he's still wet behind the ears; frecher D., young whipper-snapper.

dachte [´daxtə], *p. of* denken *q.v.*

Dackel [´dakəl], *m* -s/- dachshund. ´d~beinig, *adj. F: Hum:* bow-legged.

dadurch [da´durç, *emphatic* ´da:durç], *adv.* 1. (*a*) (*hindurch*) through it/them; (*b*) by it; was hat er d. gewonnen? what has he gained by it? 2. [´da:durç] for this reason, because of this/that; d. hat er den Zug verpaßt, that's how he missed the train; d. gewann er ihr Vertrauen, by this means he won her confidence; d., daß ..., because, due to the fact that ...; d., daß er regelmäßig trainiert, hält er sich fit, he keeps fit by doing regular training.

dafür [da´fy:r, *emphatic* ´da:fy:r], *adv.* 1. (*a*) for it/them; (*statt dessen*) instead; d. gab er mir zwei Bücher, he gave me two books in return/in exchange; er ist bekannt d., daß er gern trinkt, he has a reputation for liking a drink; ein Beweis d., daß ..., proof (of the fact) that ...; (*b*) d. sein, to be for/in favour of it; ich bin d., daß wir weitermachen, I am in favour of going on; d. spricht, daß ..., (i) a point in its favour is that ...; (ii) (*Bestätigung*) this is confirmed by the fact that .... 2. [´da:fy:r] (*a*) (*dagegen*) (but) on the other hand; er arbeitet langsam, d. aber gründlich, he works slowly, but makes up for it in thoroughness; (*b*) d:, daß er nicht lange hier ist, beherrscht er die Sprache sehr gut, considering that he hasn't been here long, he is very good at the language. d~halten, *v.i. sep.irr.45* (*haben*) d., daß ..., to think/be of the opinion that ... d~können, *v.i.sep.irr.54* (*haben*) er kann nichts dafür, he can't help it; it's not his fault (daß ..., that ...).

dagegen [da´ge:gən, *emphatic* ´da:ge:gən], *adv.* 1. (*a*) against it/them; d. hilft nichts/gibt es kein Mittel, there is no cure for that; there's nothing you can do about that; (*b*) against/opposed to it; ich bin sehr d., daß er kommt, I'm very much opposed to his coming; er hat etwas d., he dislikes it; haben Sie etwas d., wenn ich rauche? do you mind if I smoke? d. läßt sich einwenden, daß ..., one may object (on the grounds) that ... 2. was kann ich d. eintauschen? what can I exchange for it? 3. (*im Vergleich*) dieser ist nichts d.! this is nothing in comparison. 4. (*andererseits*) but, on the other hand; er redet nicht viel, d. handelt er, he doesn't say much, (but) on the other hand he does get things done. d~halten, *v.tr.sep.irr.45* to argue, object (daß ..., that ...). d~sprechen, *v.tr.&i.sep.irr.14* (*a*) (*Sache*) to be evidence to the contrary; (*b*) (*Pers.*) to speak against it.

´dagewesen. I. *p.p. of* dasein *q.v.* II. *adj.* noch nie d., unheard of; (*beispiellos*) unprecedented; alles bisher D~e in den Schatten stellen, to put all previous achievements in the shade.

da´heim, *adv.* at home; bei uns d., back home.

daher [da´he:r, *emphatic* ´da:he:r], *adv. & conj.* (*a*) from there; sie stammt auch d., she comes from there too; *F:* d. weht der Wind! so that's the way the wind is blowing! (*b*) (*deshalb*) d. dieser Brauch, hence this custom; d. kam es, daß ..., this is how it came about that ...; d.! that's why! sie hatte es eilig, d. konnte sie nicht lange bleiben, she was in a hurry, so she couldn't stay long. d~kommen, *v.i.sep.irr.53* (*sein*) to come up/along. d~reden, *v.tr.sep.* (*haben*) *Pej: F:* to chatter away, blather; was du wieder daherredest! what hot air you're talking!

daherum [´da:hɛrum], *adv.* thereabouts.

dahin [da´hin, *emphatic* ´da:hin]. I. *adv.* 1. (*a*) there, to that place; ich fahre morgen d., I'm going there tomorrow; (*b*) bis d., (i) that far; (*im Buch usw.*) up to that point; (ii) (*zeitlich*) until then; up to that time; (*Zukunft*) by then; *F:* es steht mir bis d., I'm fed up (with it); (*c*) (*soweit*) to that point; ist es wirklich d. gekommen? has it really come to that? j-n d. bringen, daß er etwas tut, to bring/persuade s.o. to do sth.; (*d*) *Adm: etc:* er äußerte sich d., daß ..., he spoke to the effect that ...; meine Meinung geht d., daß ..., I am of the opinion that ...; (*e*) (*Absicht*) sie arbeitet d., she is working towards this/with this aim in view. 2. [da´hin] (*vorbei*) past, over; (*verloren*) gone; die Ernte ist d., the crops are ruined. II. d~-, *comb.fm.* 1. [´da:hin-] (*before prep.*) there; d~ab, down there; d~auf, up there; d~aus, out there; bis d~aus, to the last degree; utterly (spoilt etc.); d~ein, in(to) there; d~unter, down there. 2. [da´hin-] *sep. vbl. prefix* (*a*) (to hurry, fly etc.) along, (*vorbei*) past; d~fließen, to flow along; d~fahren, to travel, go, *Aut:* drive, *Cy:* ride etc. along/by/past; (*b*) (*weg*) away; d~schwinden/d~siechen, to fade/waste away; j-n d~raffen, to snatch s.o. away, carry s.o. off. d~dämmern, *v.i.sep.*(*sein*) to be fading away, be living in a twilight/*Med:* semi-conscious state. d~gehen, *v.i.sep.irr.36* (*sein*) to go (along); (*Zeit*) to pass. d~gehend, *adv.* to this/that effect. d~gestellt, *p.p.* es bleibt d. ob ..., it remains to be seen whether ...; it's impossible to judge whether ...; es d. sein lassen (, ob ...), to leave it open (whether ...). d~leben, *v.i.sep.* (*haben*) to live from day to day; nur so d., to vegetate. d~siechen, *v.i.sep.* (*sein*) (*Kranker*) to waste away. d~stehen, *v.i. sep.irr.100* (*haben*) to be uncertain; es steht noch dahin, it is still undecided.

dahingegen [dahin´ge:gən], *adv.* whereas.

da´hinten, *adv.* back there; over there.

dahinter [da´hintər, *emphatic* ´da:hintər], *adv.* behind it/them; ein Haus mit einem Garten d., a house with a garden at the back/*N.Am:* in back; *F:* viel Gerede und nichts d., just a load of empty talk. d~´her, *adv. F:* d. sein (, etwas zu tun), to be dead set (on doing sth.). d~klemmen/d~knien, *v.refl.sep.* (*haben*) *F:* sich d., to buckle down to it. d~kommen, *v.i. sep.irr.53* (*sein*) *F:* to get to the bottom of it; endlich kam ich dahinter, was los war, I finally got wise to what was going on. d~machen, *v.tr.sep.* (*haben*) *F:* sich d., to get down to work;

Druck d., to get things moving. **d ~ sein**, *v.i. sep.irr.93 (sein)* F: to be chivvying/chasing people. **d ~ setzen**, *v.refl.sep.* F: **sich d.**, to buckle down to/get on with it. **d ~ stecken**, *v.i.sep. (haben)* F: to be behind it/(*Pers.*) at the bottom of it; **da steckt doch mehr dahinter**, there's more to it than meets the eye. **d ~ - stehen**, *v.i.sep.irr.100 (haben)* to be behind it, (*unterstützen*) back it.

Dahlie ['da:liə], *f* -/-n *Bot:* dahlia.

'**dalassen**, *v.tr.sep.irr.57* F: to leave (s.o., sth.) (here/there); (*vergessen*) to leave (sth.) behind.

'**daliegen**, *v.i.sep.irr.62 (haben)* to lie (there).

dalli ['dali], *adv.* F: **d., d.!/mach ein bißchen d.!** look smart! make it snappy!

Dalmat|ien [dal'ma:tsiən]. *Pr.n.n* -s. *Geog:* Dalmatia. **D ~ iner** [-a'ti:nər], *m* -s/- Dalmatian (*pers., dog*). **d ~ inisch** [-a'ti:niʃ], *adj.* Dalmatian.

damalig(e)(r,s) ['da:ma:ligər, s)], *attrib. adj.* of that time; (fashion etc.) of the day; **der d. Präsident**, the then president; **in der d ~ n Zeit**, in those days.

damals ['da:ma:ls], *adv.* then, at that time; **d., als . . .,** (in the days) when . . .; **schon d.,** even in those days.

Damast [da'mast], *m* -(e)s/-e *Tex:* damask.

Dame ['da:mə], *f* -/-n **1.** lady; **meine D ~ n (und Herren)**, ladies (and gentlemen); *Sp:* **400 Meter der D ~ n**, women's 400 metres. **2.** (*Spiel*) draughts; *N.Am:* checkers. **3.** (*Figur*) *Draughts:* king; *Chess: Cards:* queen. '**D ~ brett**, *n* -(e)s/-er draughtboard. '**D ~ n-**, *comb.fm.* (*a*) lady's (glove, shoe, bicycle etc.); ladies' (hairdresser, tailor, toilet etc.); **D ~ schlüpfer** *m*, (pair of) lady's panties; **D ~ slip** *m*, ladies' briefs; **D ~ - strümpfe** *mpl*, (ladies') stockings; *Danc:* **D - wahl** *f*, ladies' choice; **D ~ wäsche** *f*, ladies' underwear, lingerie; (*b*) *Sp:* women's (team etc.); *Tennis:* **D ~ doppel/D ~ einzel** *n*, women's doubles/singles. '**D ~ nbart**, *m* -(e)s/-e superfluous facial hair. '**D ~ nbekanntschaft**, *f* -/-en F: lady friend. '**D ~ nbesuch**, *m* -(e)s/-e **1.** visit from a lady/ladies. **2.** lady visitor. '**D ~ n- binde**, *f* -/-n sanitary towel, *N.Am:* napkin. '**D ~ ngesellschaft**, *f* -/-en **1.** *no pl* (in) D., (in the) company of ladies/a lady. **2.** party for ladies, F: hen party. '**d ~ nhaft**, *adj.* ladylike. '**D ~ nsattel**, *m* -s/- *Equit:* side-saddle. '**D ~ nschneiderin**, *f* -/-nen dressmaker. '**D ~ nsitz**, *m* -es/*no pl Equit:* **im D. reiten**, to ride side-saddle. '**D ~ spiel**, *n* -(e)s/-e draughts, *N.Am:* checkers. '**D ~ stein**, *m* -(e)s/-e draughtsman.

Damhirsch ['damhirʃ], *m* -(e)s/-e fallow deer.

da mit [*emphatic also* 'da:mit]. **I.** *adv.* (*a*) with it; **was soll ich d.?** what am I supposed to do with this/these? **es fing d. an, daß ihre Mutter starb**, it all started with her mother dying; **und d. verließ er den Raum**, and thereupon with these words he left the room; **sie war d. einverstanden**, she agreed to it; **wie steht es d.?** (i) what is the position (with that)? (ii) (*nach einer Einladung*) how about it? F: **her d.!** hand it over! **hör auf d.!** stop it! (*b*) **was willst du d. sagen?** what do you mean by that? **sie war nicht d. gemeint**, it was not meant for her; **d. bewies er seine Unschuld**, he thereby proved his inno-

cence; **d., daß du dich aufregst, änderst du nichts an der Sache**, by getting worked up you won't make things any better. **II.** *conj.* so that; **schreib es dir auf, d. du es nicht vergißt**, write it down so you don't forget/lest you forget.

dämlich ['dɛ:mliç], *adj.* F: silly, stupid. '**D ~ keit**, *f* -/-en F: (*a*) *no pl* silliness; (*b*) stupid prank.

Damm [dam], *m* -(e)s/-e embankment (of a road, railway etc.); (*Deich*) dike, *N.Am:* levee; (*zu einer Insel*) causeway; (*im Fluß usw.*) dam; (*Hafend.*) mole; F: **nicht (recht) auf dem D.,** out of sorts, under the weather; **wieder auf dem D.,** up and about, on one's feet again. '**D ~ - bruch**, *m* -(e)s/-e bursting of a dike/dam.

dämmen ['dɛmən], *v.tr.* to dam (a river); F: **j-s Redefluß d.,** to stem the tide of s.o.'s eloquence.

dämm(e)rig ['dɛm(ə)riç], *adj.* dim, faint (light); gloomy, dull (day etc.); **es wird schon d.,** (i) dusk is falling; (ii) dawn is breaking.

Dämmer|licht ['dɛmərliçt], *n* -(e)s/*no pl* twilight; (*am Abend*) dusk. '**d ~ n**, *v.i. (haben)* to grow light/dark; **es dämmert**, (i) day/dawn is breaking; (ii) dusk is falling; F: **jetzt dämmert's bei mir!** now I see! now I'm beginning to get it! '**D ~ schlaf**, *m* -(e)s/*no pl* half-sleep, doze. '**D ~ stunde**, *f* -/*no pl* twilight hour. '**D ~ ung**, *f* -/-en twilight; (*abends*) dusk; (*morgens*) dawn. '**D ~ zustand**, *m* -(e)s/*occ* -e (*a*) half-sleep, daze; (*b*) *Med:* semi-conscious state.

Dämon ['dɛ:mɔn], *m* -s/-en [dɛ'mo:nən], demon; (*esp.* evil) genius; *Fig:* **von einem D. getrieben**, driven by some demonic inner force. **d ~ isch** [-'mo:niʃ], *adj.* demonic.

Dampf [dampf]. **I.** *m* -(e)s/-e steam; (chemische) **D ~ e**, vapours; **giftige D ~ e**, toxic fumes; **mit D. betrieben**, steam-driven; F: **j-m D. machen**, to put a bomb under s.o., **D. dahintersetzen/dahintermachen**, to get things moving, put on the pressure. **II.** '**D ~ -**, *comb.fm.* steam (power, pressure, pipe, turbine, *H:* iron etc.); **mit D ~ antrieb**, steam-driven/-powered; **D ~ bad** *n*, steam/*Med:* vapour bath; **D ~ boot/D ~ schiff** *n* steamship, steamer; *Rail:* **D ~ lokomotive/***F:* **D ~ lok** *f*, steam locomotive/engine; *Mec:E:* **D ~ maschine** *f* steam engine; *Nau:* '**D ~ schiffahrt** *f*, steam navigation; **D ~ walze** *f*, steamroller. '**d ~ en**, *v.i.* (*a*) (*haben*) (*Suppe, Kessel usw.*) to steam; (*b*) (*sein*) (*Schiff, Zug*) to steam (along). '**D ~ er**, *m* -s/- steamer; *F:* **auf dem falschen D. sitzen**, to be on the wrong track. '**d ~ ig**, *adj.* steamy. '**D ~ kessel**, *m* -s/- boiler. '**D ~ kochtopf**, *m* -(e)s/-e *Cu:* pressure-cooker. '**D ~ nudel**, *f* -/-n *South G:* steamed dumpling.

dämpf|en ['dɛmpfən], *v.tr.* (*a*) to deaden, muffle (sound); to soften (light), tone down (colours); to absorb, cushion (a blow etc.); *Fig:* to curb (anger, excitement etc.); to dampen (s.o.'s enthusiasm etc.); **mit gedämpfter Stimme**, in a low/hushed voice; **gedämpfte Musik**, soft music; (*b*) *Cu:* to steam (fish, potatoes); (*c*) *H:* to press (sth.) with a damp cloth, (*mit Dampfbügeleisen*) steam-iron (sth.). '**D ~ er**, *m* -s/- (*a*) *Mus:* mute; *F:* **j-m/j-s Begeisterung** *dat* **einen D. aufsetzen**, to dampen s.o.'s enthusiasm; (*b*) *Mec: etc:* damper. '**D ~ ung**, *f* -/-en absorption; deadening; *Econ:* curb (**der Preise**, on prices).

Damwild ['damvilt], n -(e)s/no pl Z: fallow deer.

danach [da'nɑːx, emphatic 'dɑːnɑːx], adv. (a) (räumlich) after it/them; (dahinter) behind it/them; (b) (zeitlich) afterwards, later on; **bald d.,** soon after(wards); **zwei Stunden d.,** two hours later; (c) (demgemäß) in accordance with it/them; **er kannte die Regeln und handelte d.,** he knew the rules and acted accordingly; **d. richtet es sich nicht,** that's not the deciding factor; (d) **sich d. sehnen,** to long for it; **ich habe d. gefragt/mich d. erkundigt,** I asked/enquired about it; (e) **es sieht (ganz) d. aus,** it looks (very) like it; **mir ist nicht d. (zumute),** I don't feel like it; **das Zimmer ist billig, es ist aber auch d.!** the room is cheap, and it looks it!

Dän|e ['dɛːnə], m -n/-n Dane. '**D ~ emark.** Pr.n.n -s. Geog: Denmark. '**D ~ in,** f -/-nen Danish girl/woman. '**d ~ isch,** adj. Danish; Z: **d ~ e Dogge,** Great Dane.

daneben [da'neːbən, emphatic 'dɑːneːbən]. I. adv. (a) beside it/them; **dicht/gleich d.,** right next to it/them; **im Haus d.,** (in the house) next door; (b) (außerdem) in addition, as well; (gleichzeitig) at the same time; (c) (im Vergleich) by comparison. II. **d~-,** sep.vbl.prefix (a) (to shoot etc.) wide of the mark; (b) (falsch) (to guess etc.) wrongly. **d ~ gehen,** v.i.sep.irr.36 (sein) (a) (Schuß) to miss (the target); (b) F: to go wrong; (Plan) to fail, misfire. **d ~ gera-ten,** v.i.sep.irr.13 (sein) to fail. **d ~ hauen,** v.i.sep.irr.47 (haben) F: (a) to miss (with a hammer etc.); (b) to make a mistake/mistakes; **mit der Schätzung hat er danebengehauen,** his estimate was wide of the mark.

daniederliegen [da'niːdɐliːgən], v.i.sep.irr.62 (haben) (a) Lit: to be laid up (mit + dat, with); (b) (Wirtschaft) to stagnate, be depressed.

Dank [daŋk]. I. m -(e)s/no pl thanks, gratitude; **Gott sei D.!** thank God! thank goodness! **vielen/besten/schönen/herzlichen D.,** thank you very much; many thanks; **j-m D. schulden,** to be indebted to s.o.; **das ist der D. dafür!** that's all the thanks one gets! **mit bestem D. zurück,** returned with thanks; **als/zum D. dafür,** as a reward, in return. II. **d.,** prep. + gen/occ. + dat thanks to; **d. seines Wissens,** thanks/due to his knowledge. '**d ~ bar,** adj. 1. grateful (j-m für etwas acc, to s.o. for sth.); **sich (j-m) d. zeigen/erweisen,** to show one's gratitude (to s.o.); **ich war d., als es vorüber war,** I was thankful when it was over. 2. rewarding, worthwhile (task etc.); Th: **ein d ~ es Publikum,** an appreciative audience. '**D ~ barkeit,** f -/no pl gratitude; thankfulness. '**D ~ brief,** m -(e)s/-e/'D ~ schreiben, -s/- letter of thanks. '**d ~ e,** see **d ~ en** 1. (d). '**d ~ en,** v. 1. v.i. (haben) (a) to say thank you; **j-m für etwas d.,** to thank s.o. for sth.; **sie läßt sehr d.,** she asked me to thank you very much; **nichts zu d.,** don't mention it; **etwas d~d ablehnen,** to decline sth. with thanks; Com: **Betrag d~d erhalten,** received with thanks; (b) **er grüßte, sie dankte,** he greeted her, and she acknowledged his greeting; (c) to refuse; **sie bot Kaffee an, aber er dankte,** she offered coffee, but he declined/ said no thank you; Iron: **(na) ich danke!** no thank you! (d) **danke (schön/sehr)!** thank you (very much)! **(nein) danke! danke nein!** Iron:

danke vielmals! no thank you! **wie geht es Ihnen?—danke gut;** how are you?—very well, thank you. 2. v.tr. **ich habe es ihr zu d.,** I have her to thank for it; **niemand wird es dir d.,** no one will thank you for it. '**d ~ enswert,** adj. deserving (of thanks); **d~e Bemühungen,** commendable efforts. '**D ~ esworte,** npl words of thanks. '**D ~ gottesdienst,** m -(e)s/-e thanksgiving service. '**D ~ sagung,** f -/-en (expression of) thanks, Ecc: thanksgiving.

dann [dan], adv. then; (a) **d. und d.,** at such and such time; **d. und wann,** now and then; **bis d.!** see you (then)! (b) (in dem Fall) **d. will ich nicht weiter stören!** in that case/then I won't disturb you any longer; **selbst/nur d., wenn . . .,** even/only if . . .; F: **(na) d. eben nicht!** all right then, don't! **na d.!** well that's different! oh well, in 'that case!

daran [da'ran, emphatic 'dɑːran], adv. 1. (a) on it/them; onto it/them; **es hing etwas d.,** there was sth. hanging on it; **er klebte Papier d.,** he stuck paper (on)to it/them; (b) at it/them; **ein Tisch mit zwei Personen d.,** a table with two people (sitting) at it; **er arbeitete lange d.,** he worked at/on it for a long time; (c) **wir gingen d. vorbei,** we went past it; **nahe d.,** close to it/them; **im Anschluß d./d. anschließend,** immediately after that. 2. **es ist nichts Wahres d.,** there is no truth in it; **es liegt d., daß . . .,** the reason for it is that . . .; **mir liegt viel d.,** it is very important to me; **er hatte viel Freude d.,** it brought/gave him a lot of pleasure; **sie ist d. gestorben,** she died of it; **er war schuld d.,** it was his fault. **d ~ gehen,** v.i.sep.irr.36 (sein) **d., etwas zu tun,** to set to work to do sth. **d ~ ma-chen,** v.refl. **sich d.,** (a) = **d~gehen;** (b) to set about it. **d ~ setzen,** v.tr.sep. **alles/sein letztes d., um etwas zu erreichen,** to do one's utmost to attain sth.; **sich d.,** to get down to it.

darauf [da'rauf, emphatic 'dɑːrauf], adv. 1. (a) on it/them; **oben d.,** on top (of the pile); (b) **d. zugehen/losgehen,** to go towards it/them; **d. zielen/schießen,** to aim/shoot at it/them. 2. (a) after that; **am Tag d.,** the day after; **bald d.,** soon after(wards); **d. beschlossen sie, heim-zugehen,** thereupon they decided to go home; (b) (dahinter) behind. 3. (a) **wie kommst du d.?** (i) what gave you that idea? (ii) how did you arrive at that conclusion? **wir kamen d. zu sprechen,** we got to talking about it; **ich komme jetzt nicht d.,** I can't think of it at the moment; (b) **sie ist d. aus, einen Mann zu bekommen,** her aim is to get a husband; (c) **d. steht Todesstrafe,** the penalty for that is death; (d) **es kommt d. an,** it all depends; **ich lasse es d. ankommen,** I'll leave it to chance. **d ~ folgend,** adj. next, following. **d ~ 'hin,** adv. 1. as a result; **er bekam eine Gehaltserhöhung und kaufte sich d. ein Auto,** he got a rise/N.Am: raise and bought a car on the strength of it. 2. with this in view; **er arbeitete d., ein Geschäft zu gründen,** his efforts were aimed at setting up a business.

daraus [da'raus, emphatic 'dɑːraus], adv. 1. (räumlich) from it/them; (Material) **er formte einen Kopf d.,** he formed a head out of it; (Quelle) **er zitierte d.,** he quoted from it. 2. **d. wird nichts,** (i) nothing will come of that; (ii) that's out of the question; **was ist d. geworden?**

what has become of it? **ich mache mir nichts d.,** F: it doesn't turn me on; **d. folgt/schließen wir, daß . . .,** from this it follows/we conclude that . . .

darbieten ['darbi:tən], v.tr.sep.irr.8 (a) Th: etc: to present, perform (a play etc.); (b) to offer (sth.), serve (drinks etc.); (Anblick) **sich d.,** to meet one's gaze. **'D ~ ung,** f -/-en Th: performance, presentation; item (in a programme).

'darbringen, v.tr.sep.irr.16 Lit: to offer (a sacrifice etc.); **j-m seine Huldigung d.,** to pay homage to s.o.

darein [da'rain, emphatic 'da:rain], adv. Lit: in(to) it; **sich d. ergeben,** to resign oneself.

darin [da'rin, emphatic 'da:rin], F: **drin** (a) in it/them; inside; (b) (emphatic) there; **d. unterscheiden wir uns,** that's where we differ.

'darleg|en, v.tr.sep. to set forth, explain (a plan, reasons); to demonstrate, expound (a theory etc.); Lit: to interpret (a text). **'D ~ ung,** f -/ -en explanation, exposition; demonstration (of a theory); Lit: interpretation.

Darlehen ['da:rle:ən], n -s/- Fin: loan. **'D ~ s- nehmer,** m -s/- borrower.

dar'nieder, adv. Lit: down; on the ground.

Darm [darm]. I. m -(e)s/¨e 1. Anat: intestine; pl D~e, bowels. 2. (a) (für Saiten usw.) gut; (b) (sausage) skin. II. **D~-,** comb.fm. Med: intestinal (ulcer, disease, haemorrhage etc.); (cancer etc.) of the bowels; **D~verschluß** m, intestinal obstruction; **D~entleerung** f, evacuation of the bowels; **D~tätigkeit** f, movement of the bowels. **'D ~ grippe,** f -/-n Med: gastric influenza. **'D ~ katarrh,** m -s/-e Med: enteritis. **'D ~ saite,** f -/-n catgut string. **'D ~ verstopfung,** f -/-en Med: constipation.

Darr|e ['darə], f -/-n/ **'D ~ ofen,** m -s/- (drying) kiln (for malt, hops etc.).

darstell|bar ['da:rstɛlba:r], adj. portrayable; Th: playable (part); stageable (play); Mth: **graphisch d.,** (curve etc.) that can be plotted. **'d ~ en,** v.tr.sep. (a) (bildlich) to depict, portray, (oft symbolisch) represent (s.o., sth.); Fig: **diese Arbeit stellt den Höhepunkt seiner Laufbahn dar,** this work represents/constitutes the crowning achievement of his career; F: **das Geschenk stellt nichts dar,** the present doesn't look anything special; (b) (in Worten) to portray, describe (s.o., sth.); to present (arguments, facts, etc.); **Tatsachen falsch d.,** to misrepresent facts; **er stellt seinen Chef als Diktator dar,** he makes his boss out to be a dictator; (c) Th: to interpret (a character, part); (spielen) to play the part of (the hero etc.); (d) Mth: to plot (a curve etc.); to illustrate (an equation etc.); (e) **sich (als etwas) d.,** to show oneself/ itself (to be sth.); **so hat sich mir die Sache dargestellt,** that's how the matter appeared to me. **'d ~ end,** adj. **d ~ e Künste,** interpretative arts; **d ~ e Geometrie,** descriptive geometry. **'D ~ er(in),** m -s/- (f -/-nen) Th: actor, actress; interpreter (of a part). **'d ~ erisch,** adj. Th: acting (abilities, talent); **eine glänzende d ~ e Leistung,** a brilliant piece of acting; adv. **d. hervorragend,** outstandingly well acted. **'D ~ ung,** f -/-en 1. representation; portrayal; Th: interpretation (of a part); **bildliche D.,** pictorial/Mth: etc: graphic representation; sche-

matische D., diagram; (b) Mth: graphische D., plotting. 2. (Schilderung) description; account (of the facts etc.); Jur: **falsche D. (des Sachverhalts),** misrepresentation (of the facts). **'D ~ ungsform,** f -/-en (artistic) medium. **'D ~ ungskunst,** f -/-¨e descriptive/Th: interpretative powers. **'D ~ ungsweise,** f -/-n manner of presentation; Th: style of interpretation.

darüber [da'ry:bər, emphatic 'da:rybər], adv. 1. (a) over it/them; **laufe nicht d.!** don't walk over/ across it; (b) **d. hinaus,** beyond (it); (zusätzlich) in addition; **er ist schon d. hinaus,** he has already passed that stage; (c) **ich komme nicht d. hinweg,** I can't get over it; **d. hinweggehen/ hinwegsehen,** to ignore it; (d) **es geht nichts d.,** nothing can beat/touch it; (e) (Zahlen usw.) more; (Preis) higher; **Männer von sechzig Jahren und d.,** men of sixty and over; **100 Mark und kein Pfennig d.,** 100 marks and not a penny more. 2. (dabei) in the process, **sie war d. eingeschlafen,** she fell asleep over it; **d. vergaß ich meine eigenen Sorgen,** that made me forget my own troubles. 3. (über die Angelegenheit) about it; **sich d. freuen/ärgern/wundern,** to be pleased/angry/surprised about it. **d ~ fahren,** v.i.sep.irr.26 (sein) **mit einem Lappen d.,** to give it a wipe with a cloth. **d ~ machen,** v.refl.sep. F: **sich d.,** to get down to it/to work. **d ~ - stehen,** v.i.sep.irr.100 (haben) **die Vorwürfe machten ihr nichts, sie stand darüber,** the reproaches did not worry her, she was above such things.

darum [da'rum, emphatic 'da:rum], adv. 1. (a) round it/them; **ein Park mit einer Mauer d.,** a park with a wall round it; (b) about it; **er weiß d.,** he knows about it; **d. geht es/handelt es sich nicht,** that's not the point; it's not a question of that; **es ist mir sehr d. zu tun, daß . . .,** I am very anxious that . . .; **es geht ihm d., zu . . .** his aim is to . . . 2. (mit Verben) (to ask, fight etc.) for it; **d. wetten,** to bet on it. 3. (Folge) so; (Grund) that's (the reason) why; **es regnete, d. blieb er zu Haus,** it was raining so he stayed at home; **ach d.!** so that's why/the reason! **eben d.!** for that very reason! **sie taten es d., weil uns helfen wollten,** they did it because they wanted to help us; F: **warum denn?—d.!** but why?—because! **d ~ kommen,** v.i.sep.irr.53 (sein) F: to lose the chance, miss out (on it).

darunter [da'runtər, emphatic 'da:runtər], adv. 1. (a) beneath it/them; **sie hob das Kissen auf und fand ihre Kette d.,** she lifted the cushion and found her necklace underneath; (b) (Zahl, Preis) less; **d. macht er nichts!** he won't do it for less! (c) among(st) them; **es waren wertvolle Stücke d.,** there were valuable pieces amongst them/(Sammlung) in it. 2. (mit Verben) from/ by it; **er leidet d.,** he suffers from it; **was verstehst du d.?** what do you understand/mean by that? **d. kann ich mir nichts vorstellen,** that doesn't mean anything to me.

das [das], see der.

dasein ['da:zain]. I. v.i.sep.irr.93 (sein) (a) to be there/(anwesend) present; **es muß noch etwas d.,** there must (still) be some left; (b) to exist, be in existence; **es ist alles schon mal dagewesen,** there is nothing new under the sun; see also

dagewesen. II. D., *n* -s/*no pl* existence, life.
D ~ sberechtigung, *f* -/-en justification,
raison d'être. **'D ~ sform,** *f* -/-en way of life.
'D ~ skampf, *m* -(e)s/⸚e fight for survival.
'dasitzen, *v.i.sep.irr.97* (*haben*) to sit (there).
das'jenige, *see* derjenige.
daß [das], *conj.* that; **ich glaube, d. er kommt,** I
think (that) he'll come; **entschuldigen Sie, d. ich
Sie störe,** excuse my/forgive me for disturbing
you; **es ist zwei Jahre her, d. wir das Haus
gekauft haben,** it is two years since we bought
the house; **nicht, d. ich wüßte,** not that I know
of; **d. du ja nicht zu spät kommst!** don't you
dare be late!
das'selbe [das'zɛlbə], *see* derselbe.
'dastehen, *v.i.sep.irr.100* (*haben*) (a) to stand
(there); (b) **gut/schlecht d.,** to be in a good/bad
position; **es steht einzig/unerreicht da,** it is un-
rivalled/unequalled; **jetzt steht er ganz allein da,**
now he is all alone in the world; *F:* **wie stehe
ich jetzt da?** (i) (*verzweifelt*) now I'm sunk! (ii)
(*prahlend*) how's that? aren't I clever?
Daten ['dɑːtən], *npl esp. Tchn:* data; **(persön-
liche) D.,** particulars. **'D ~ bank,** *f* -/-en data
bank. **'D ~ verarbeitung,** *f* -/ *no pl* data pro-
cessing.
datieren [da'tiːrən], *v.* 1. *v.tr.* to date (sth.);
(*Brief*) **vom 1. April datiert,** dated 1st April. 2.
v.i. (*haben*) to date (**aus** + *dat,* from).
Dativ ['dɑːtiːf], *m* -s/-e *Gram:* dative (case).
'D ~ objekt, *n* -(e)s/-e *Gram:* dative/*esp.*
indirect object.
dato ['dɑːtoː], *adv. Com:* **bis d.,** to date.
Dattel ['datəl], *f* -/-n *Bot:* date.
Datum ['dɑːtum], *n* -s/Daten date; **welches D.
haben wir heute?** what's the date today? **ohne
D.,** undated; **ein Brief heutigen/gestrigen D ~ s,**
a letter dated today/yesterday; **neueren D ~ s,**
of recent date. **'D ~ s-,** *comb.fm.* date (stamp
etc.); *Corr:* **D ~ angabe** *f,* dateline; *Geog:* **D ~ -
grenze** *f* (international) dateline.
Dauer ['dauər]. I. *f* -/*no pl* (a) length, duration;
Jur: term (of contract etc.); **es war von kurzer
D.,** it did not last long/(*Begeisterung usw.*) was
short-lived; **für die D. eines Jahres,** for (a
period of) a year; **während der D. der Kon-
ferenz,** in the course of the conference; (b) **von
D.,** lasting, permanent; **auf D. gearbeitet,** made
to last; **auf die D. gewöhnt man sich daran,** you
get used to it after a time/in the long run. II.
'D ~ -, *comb.fm.* (a) permanent (exhibition,
condition, symptom etc.); lasting (success,
solution etc.); continuous (rain, *Mil:* fire etc.);
constant, sustained (speed etc.); **D ~ be-
schäftigung/D ~ stellung** *f,* permanent position/
post; **D ~ gast** *m,* (*im Hotel*) permanent resi-
dent; *F.* (*zu Hause*) permanent fixture;
D ~ mieter *m,* long-term/permanent tenant;
D ~ welle *f,* permanent wave; **D ~ belastung** *f,*
constant strain/*Mec.E:* load; **D ~ betrieb** *m,*
continuous operation (of a machine etc.); con-
tinuous/24-hour service (in a café etc.); **D ~ flug**
m, non-stop flight; **D ~ ton** *m,* continuous tone;
Mus: sustained note; *El: Mec.E:* **D ~ leistung** *f,*
constant/continuous output; (b) *Sp: Mec: etc:*
endurance (run, test etc.); *Metall:* fatigue (test,
resistance). **'D ~ auftrag,** *m* -(e)s/⸚e *Bank:*
standing order. **'D ~ brenner,** *m* -s/- 1. slow-

burning stove. 2. *F: Th:* long-running success;
(*Film, Schlager*) evergreen. 3. *F:* long passion-
ate kiss. **'D ~ flamme,** *f* -/-n pilot light.
'd ~ haft, *adj.* lasting, enduring (peace etc.);
durable, hard-wearing (material etc.); *adv.* d.
gebaut, solidly built. **'D ~ haftigkeit,** *f* -/*no
pl* permanence. **'D ~ karte,** *f* -/-n season
ticket. **'D ~ lauf,** *m* -(e)s/⸚e (a) long-distance
run; (b) **im D.,** at a jogtrot. **'D ~ lutscher,** *m*
-s/- *F:* lollipop; (*ohne Stiel*) gob-stopper.
'D ~ marsch, *m* -(e)s/⸚e *Mil:* forced march.
'D ~ milch, *f* -/*no pl* long-life milk. **'d ~ n,**
v.i. (*haben*) to last (an hour etc.); **das dauert
(mir) zu lange,** that takes too long (as far as I
am concerned); **es wird nicht lange d., bis . . .,** it
won't be long before . . .; **ewig d.,** to last for
ever. **'d ~ nd,** *adj.* (a) lasting, permanent
(peace, effect etc.); **ewig d.,** everlasting, peren-
nial; **d ~ er Wohnsitz,** permanent residence;
Adm: fixed address; (b) continual, constant;
d ~ es Nörgeln, continual grumbling; *adv.* d.
etwas tun, to keep doing sth.; **sie beklagte sich
d.,** she was forever/continually complaining; **er
ist d. unterwegs,** he is always on the move. **'D ~ -
pflanze,** *f* -/-n *Bot:* perennial (plant). **'D ~ -
redner,** *m* -s/- **er ist ein D.,** he never stops
talking. **'D ~ wurst,** *f* -/⸚e hard smoked saus-
age (*e.g.* salami).
Daumen ['dauman]. I. *m* -s/- 1. thumb; *F:* D.
drehen, to twiddle one's thumbs; **j-m den D.
drücken/halten,** to keep one's fingers crossed
for s.o.; **über den D. gepeilt,** at a rough guess.
2. *Mec.E:* cam, finger. II. **'D ~ -,** *comb.fm.*
thumb (nail etc.); **'D ~ abdruck** *m,* thumbprint;
D ~ register *n,* thumb index. **'D ~ schraube,**
f -/-n thumbscrew; *F:* **j-m (die) D ~ n anlegen,**
to put the screws on s.o.
Däum|chen ['dɔymçən], *n* -s/- *F:* D. drehen, to
twiddle one's thumbs. **'D ~ ling,** *m* -s/-e 1. (a)
thumb (of a glove); (b) *Med:* thumbstall. 2.
Pr.n.m -s. Tom Thumb.
Daune ['daunə], *f* -/-n downy feather; *pl* down.
D ~ ndecke, *f* -/-n eiderdown (quilt). **d ~ n-
weich,** *adj.* downy (-soft).
davon [da'fon, *emphatic* 'dɑːfon]. I. *adv.* 1. (*Ent-
fernung*) (away) from it/them; **zwei Kilometer
d. entfernt,** two kilometres away/from there; *Fig:*
wir sind noch weit d. entfernt, we still have a
long way to go (to reach a solution); **er war
nicht weit d., es zu tun,** he was on the point of
doing it. 2. **was habe ich denn d.?** what do I
get out of it? **das kommt d.!** that's what hap-
pens (when you do things like that)! **er ist nicht
d. betroffen,** he is not affected by it; **sie ist d.
krank geworden,** it made her ill; **es hängt d. ab
(, ob . . .),** it depends (on this) (whether . . .). 3.
(a) (*Menge*) of it/them; **ein Teil/die Hälfte d.,**
part/half of it; **das Gegenteil d.,** the opposite
(of this); (b) (to hear, talk etc.) about it; **d.
kann gar keine Rede sein!** that's out of the
question! II. **d ~ -,** *sep. vbl. prefix* (to hurry,
ride, run etc.) off, away; **d ~ fahren,** to drive
off/away; **d ~ gehen,** to walk/go away;
d ~ jagen, (i) to rush/dash off; (ii) to chase (s.o.,
an animal) away; *F:* **sich d ~ schleichen,** to slink
off. **d ~ kommen,** *v.i.sep.irr.53* (*sein*) to get
away/off; **mit dem Leben/dem Schrecken d.,** to
escape with one's life/a fright; **glimpflich/mit**

einer Geldstrafe d., to get off lightly/with a fine.
d ~ **machen**, v.refl.sep. **sich d.**, to escape, to make off (**mit j-m, etwas** dat, with s.o., sth.).
d ~ **tragen**, v.tr.sep.irr.85 to carry (s.o., sth.) away; to receive (injuries etc.); **den Sieg/den ersten Preis d.**, to win a victory/first prize.

davor [da'foːr, emphatic 'daːfoːr], adv. **1.** (a) (Ort) in front of it/them; (b) (Zeit) before it/that; (zunächst) first; (c) **Angst d. haben**, to be afraid of it/them; **j-n d. warnen**, to warn s.o. of it/them; **j-n d. schützen**, to protect s.o. from it/them. **d ~ stehen**, v.i.sep.irr.100 (haben) to stand in front of it/them.

dazu [da'tsuː, emphatic 'daːtsuː]. **I.** adv. (a) to it/them; **er sah die Menge und stellte sich d.**, he saw the crowd and joined them; **ich kann mich nicht d. entschließen**, I can't make up my mind to do it; **ich komme nie d.**, I never get round to (doing) it; F: **wie kommst du d.?** why should you do it? (b) with it/them; **es wurde Salat d. gereicht**, salad was served with it; (c) as well, in addition; **das Zimmer ist klein und teuer (noch) d.**, the room is small and expensive into the bargain; **d. kommt, daß ich kein Geld habe**, and added to which/what's more I haven't any money; (d) for it; **er hat nicht die Zeit d.**, he hasn't the time for it; **d. gehört Mut**, for that you need courage; **er hat das Zeug d.**, he's got what it takes; **sie hat keine Lust d.**, she does not feel like (doing) it; **d. bereit/fähig**, ready to do/capable of it; **j-n d. bringen, etwas zu tun**, to get s.o. to do sth. **II. d ~-**, sep. vbl. prefix in addition; **etwas d~bekommen/d~geben/d~verdienen**, to get/give/earn sth. extra; **etwas d~lernen**, to learn sth. new. **d ~ gehören**, v.i.sep. (haben) (a) to belong to, be part of it/them; **ein Haus mit allem, was dazugehört**, a house and everything that goes with it; **es gehört schon einiges dazu**, that takes quite some doing. **d ~ gehörig**, adj. belonging to it/them. **d ~ gesellen**, v.refl.sep. **sich d.**, to join it/them. **d ~ kommen**, v.i.sep.irr.53 (sein) (a) to come (along), appear (on the scene); **sie ist neu dazugekommen**, she has recently joined (the group); (b) (hinzugefügt werden) to be added. **'d ~ mal**, adv. A: & Hum: in those days. **d ~ setzen**, v.refl.sep. **sich d.**, to sit next to us/you/them. **d ~ rechnen**, v.tr.sep. to add on, include (an amount). **d ~ tun**, v.tr. sep.irr.106 to add (sth.); **ohne mein D.**, without any help from me.

dazwischen, adv. between them; in between; **es lagen viele Jahre d.**, they were many years apart. **d ~ fahren**, v.i.sep.irr.26 (sein) to intervene (in a quarrel, fight etc.); (unterbrechen) to interrupt. **d ~ funken**, v.i.sep. (haben) F: to butt in (during a discussion etc.); (sich einmischen) to interfere. **d ~ kommen**, v.i.sep.irr.53 (sein) (a) to intervene; (Pers.) to interfere, get in the way; **wenn nichts dazwischenkommt**, if nothing goes wrong; all other things being equal; (b) **er ist mit den Fingern dazwischengekommen**, his fingers got caught in it. **d ~ reden**, v.i.sep. (haben) to interrupt. **d ~ rufen**, v.tr.&i.sep.irr.74 (haben) to interrupt (by shouting); to shout interruptions; to interject (remarks). **d ~ treten**, v.i.sep.irr.105 (sein) to intervene. **d ~ werfen**, v.tr.sep.irr.110

(haben) to throw (sth.) between them; to throw in, interject (a remark); **sich d.**, to intervene (in a fight).

Dealer ['diːlər], m -s/- black marketeer; esp. F: (drug) pusher.

Debatt|e [de'batə], f -/-n debate; **das steht nicht zur D.**, that's beside the point. **d ~ ieren** [-'tiːrən], v.tr.&i. (haben) to debate (sth.); **das Für und Wider d.**, to discuss the pros and cons. **D ~ ierklub**, m -s/-s debating society.

Debet ['deːbɛt], n -s/-s Book-k: debit. **'D ~ posten**, m -s/- debit entry.

debil [de'biːl], adj. feeble-minded, mentally deficient. **D ~ ität** [-ili'tɛːt], f -/no pl (a) feeble-mindedness; (b) Med: debility.

debitieren [debi'tiːrən], v.tr. Com: to debit (an amount), charge (sth.) (**j-m**, to s.o.).

Debüt [de'byː], n -s/-s début; **sein D. geben**, to make one's début. **D ~ ant(in)** [-'tant(in)], m -en/-en (f -/-nen) **1.** actor/actress making his/her début **2. D~in**, débutante. **d ~ ieren** [-'tiːrən], v.i. (haben) to make one's début.

Dechant [dɛ'çant], m -en/-en R.C.Ch: (rural) dean.

dechiffrieren [deʃi'friːrən], v.tr. to decipher, decode (a message etc.).

Deck [dɛk], n -s/-s **1.** Nau: deck; **unter D. gehen**, to go below; **alle Mann an D.!** all hands on deck! **2.** top (deck) (of a bus etc.). **'D ~ - adresse**, f -/-n cover address. **'D ~ anstrich**, m -s/-e Paint: top coat. **'D ~ aufbauten**, mpl Nau: superstructure. **'D ~ bett**, n -(e)s/-en duvet, continental quilt, N.Am: comforter. **'D ~ blatt**, n -(e)s/-er **1.** wrapper, outer leaf (of a cigar). **2.** Pub: (a) inset, esp. errata slip; (b) (Einband) cover. **'D ~ e**, f -/-n **1.** cover; (Bettd.) blanket; (Bettüberwurf) bedspread; (Reised.) rug; Poet: mantle (of snow etc.); F: **sich nach der D. strecken**, to cut one's coat according to one's cloth; **mit j-m unter einer D. stecken**, to be in league/hand in glove with s.o. **2.** (Tischtuch) tablecloth. **3.** Constr: ceiling; F: **mir fällt die D. auf den Kopf**, (i) I feel shut in; (ii) I'm sick of seeing the same four walls; **vor Freude an die D. springen**, to jump for joy; **an die D. gehen**, to hit the roof. **4.** Civ.E: (road) surface. **5.** Aut: etc: outer cover (of a tyre). **6.** Bookb: (Einband) cover, binding. **'D ~ el**, m -s/- lid; (zum Aufschrauben) screw-top cap; Bookb: (back/front) cover; F: **eins auf den D. kriegen/bekommen**, to get a good ticking off. **'D ~ elkorb**, m -(e)s/-e hamper. **'D ~ elkrug**, m -(e)s/-e tankard (with a lid). **'d ~ en**, v.tr. to cover (sth.); (a) **ein Tuch über etwas** acc **d.**, to cover sth. with a cloth; **den Tisch d.**, to lay/set the table; Constr: **das Dach d.**, (mit Ziegeln) to tile/(mit Stroh) thatch the roof; Paint: abs. **die Farbe deckt gut**, the paint covers well; (b) (schützen) to shield, protect (s.o., sth.); Fig: to cover up for (s.o., s.o.'s misdemeanours); **sich gegen Verlust d.**, to cover oneself/take precautions against loss; Mil: **den Rückzug d.**, to cover the retreat; Fb: etc: **einen Spieler d.**, to mark a player; (c) **Kosten, seinen Bedarf usw. d.**, to cover meet expenses, one's needs etc.; (d) Z: (männliches Tier) to cover (a female animal); (Pferd) to serve (a mare); (e) **sich d.**,

(*Berichte, Aussagen*) to agree, tally; (*Ansichten usw.*) to coincide; *Geom:* (*Dreiecke*) to be congruent; **sich teilweise d.**, to overlap (one another). ´D ~ en-, *comb.fm.* ceiling (plaster etc.); **D ~ lampe/D ~ beleuchtung** *f.* ceiling light; *Aut:* roof light; **D ~ gemälde** *n*/**D ~ malerei** *f,* ceiling painting; painted ceiling; **D ~ gewölbe** *n,* (ceiling) vault. ´D ~ **farbe**, *f* -/-n *Art: etc:* opaque paint; body colour. ´D ~ **hengst**, *m* -(e)s/-e stallion, stud-horse. ´D ~ **ladung**, *f* -/-en *Nau:* deck cargo. ´D ~ **mantel**, *m* -s/*no pl Fig:* pretence; cover (**für etwas** *acc,* for sth.); **unter dem D. der Religion**, disguised as/pretending to be religion. ´D ~ **name**, *m* -ns/-n assumed name; *Lit:* pseudonym; *Mil:* code name. ´D ~ **platte**, *f* -/-n *Constr: etc:* cover-plate. ´D ~ **schicht**, *f* -/-en protective layer/surface; paper backing (of adhesive tape etc.). ´D ~ **ung**, *f* -/*no pl* **1.** covering; *Constr:* roofing. **2.** (*a*) *Mil: etc:* cover; **D. nehmen/in D. gehen**, to take cover; (*b*) *Sp:* defence; *Box:* guard; *Fb:* marking; (*c*) concealment, covering up (of a crime etc.). **3.** meeting, filling (of a demand, need); **zur D. der Nachfrage**, to meet the demand. **4.** *Fin: & Ins:* cover; security (for a sum); guarantee (for a loan etc.). **5.** *Z:* service (of a mare by a stallion etc.). ´D ~ **ungsfeuer**, *n* -s/*no pl Mil:* covering fire. ´D ~ **ungsloch**, *n* -(e)s/-̈er **1.** *Mil:* foxhole. **2.** *F:* uncovered item (of expenditure). ´D ~ **ungsspieler**, *m* -s/- *Fb:* marker. ´D ~ **ungszusage**, *f* -/-n *Ins:* cover note. ´D ~ **wort**, *n* -(e)s/-̈er code word.

Defät|ismus [defɛ'tismus], *m* -/*no pl* defeatism. **D ~ ist**, *m* -en/-en defeatist.

Defekt [de'fɛkt]. **I.** *m* -(e)s/-e (*a*) defect; fault (in a machine etc.); *Tex:* flaw; **der Motor hatte einen D.**, something was wrong with the engine; (*b*) *Med: etc:* deficiency, handicap. **II. d.**, *adj.* defective, faulty (part etc.); imperfect (goods); flawed (material); (*Maschine*) out of order; *Med:* **geistig d.**, mentally deficient.

defensiv [defɛn'ziːf], *adj./*D ~ -, *comb.fm.* defensive (warfare, measures etc.). **D ~ e** [-'ziːvə], *f* -/-n *Mil: Sp: etc:* defence; *Mil: F:* **in der D.**, on the defensive.

Defil|ee [defi'leː], *n* -s/-s *Mil: etc:* march-past. **d ~ ieren** [-'liːrən], *v.i.* (**haben**/**sein**) *Mil: etc:* to march past.

defin|ierbar [defi'niːrbaːr], *adj.* definable. **d ~ ieren**, *v.tr.* to define (a word etc.). **D ~ ition** [-nitsi'oːn], *f* -/-en definition. **d ~ itiv** [-'tiːf], *adj.* definitive (edition etc.); final (offer, decision etc.).

Defizit [´deːfitsit], *n* -s/-e *Com: Fin:* deficit; (*Mangel*) shortage (**an Waren,** of goods).

Deflation [deflatsi'oːn], *f* -/-en *Econ: Geol:* deflation. **d ~ istisch** [-o'nistiʃ], *adj. Econ:* deflationary.

deform|ieren [defor'miːrən], *v.tr.* to deform (sth.), distort (a shape, facts), disfigure (s.o., a face); **total deformiert**, completely out of shape. **D ~ ierung**, *f* -/-en disfigurement; distortion.

deftig [´dɛftiç], *adj. F:* **1.** filling (food); **d ~ e Mahlzeit**, solid/hearty meal. **2.** coarse (jokes).

Degen [´deːgən], *m* -s/- sword; *Fenc:* épée.

Degener|ation [degeneratsi'oːn], *f* -/-en degeneration. **d ~ ieren** [-'riːrən], *v.i.* (*sein*) to degenerate.

degradier|en [degra'diːrən], *v.tr.* to downgrade, demote (s.o.). **D ~ ung,** *f* -/-en *Mil: etc:* demotion, downgrading.

dehn|bar [´deːnbaːr], *adj.* (material etc.) that stretches; tensile (metal etc.); expansive (solid etc.); elastic (material, *Fig:* concept, rules etc.); expanding (bracelet etc.); *F:* **das ist ein d ~ er Begriff,** that can mean what you want it to mean. ´D ~ **barkeit**, *f* -/*no pl* elasticity. ´d ~ **en**, *v.tr.* to stretch (sth.); *Ling:* to lengthen (a vowel etc.), pronounce (a word etc.) long; **sich d.**, (*Stoff, Pers., occ. Fig: Landschaft usw.*) to stretch; (*Gas usw.*) to expand; (*Gespräch usw.*) to go on and on, drag on. ´D ~ **ung,** *f* -/-en stretching; *Ph:* expansion; *Ling:* lengthening (of vowel).

Deich [daiç], *m* -(e)s/-e (*a*) dike, seawall; (*b*) (*Flußd.*) embankment.

Deichsel [´daiksəl], *f* -/-n (*a*) (*einfach*) pole; (*b*) (*Gabeld.*) shafts of a cart etc.). ´d ~ **n**, *v.tr. F:* to wangle, fix (sth.).

dein [´dain], (*in letters:* **Dein**) *poss. adj.* your; **das Haus deines Vaters,** your father's house; *Corr:* **es grüßt Dich Dein Peter/viele Grüße von Deinem Peter,** with best wishes, Yours, Peter. ´d ~ **e(r, s)**, *poss. pron.* **1.** yours; **ist das ihr Buch oder d ~ s?** is that her book or yours? **sind das d.?** are those yours? **2.** *Lit:* **der/die/das d.,** yours; **das D.,** (i) your property; (ii) (*Anteil*) your share/bit; *also Hum:* **Du und die D ~ n,** you and yours. ´d ~ **er**, *pers. pron.* (*gen of* **du**) of you. ´d ~ **erseits**, *adv.* on your part/side. ´d ~ **esgleichen**, *pron.* (of) your (own) kind; **du und d.,** you and people like you. ´d ~ **etwegen/um d ~ etwillen**, *adv.* for your sake; because of you. ´d ~ **ige**, *poss. pron. decl. as adj. Lit:* **der/die/das d.,** yours.

dekaden|t [deka'dɛnt], *adj.* decadent. **D ~ z**, *f* -/*no pl* decadence.

Dekan [de'kaːn], *m* -s/-e *Univ. & Ecc:* dean. **D ~ at** [deka'naːt], *n* -s/-e *Ecc:* deanery; *Univ:* office of dean.

deklamieren [dekla'miːrən], *v.tr.* to declaim (a poem etc.).

Deklar|ation [deklaratsi'oːn], *f* -/-en *Adm:* declaration. **d ~ ieren** [-'riːrən], *v.tr. Adm: Customs:* to declare (sth.).

deklassieren [dekla'siːrən], *v.tr. Sociol:* to disadvantage (s.o.); *Sp:* to outclass (s.o.)

Deklin|ation [deklinatsi'oːn], *f* -/-en *Gram:* declension. **d ~ ieren** [-'niːrən], *v.tr. Gram:* to decline (a word).

Dekolle|té [dekɔl'teː], *n* -s/-s (low) neckline, décolleté. **d ~ ´tiert**, *adj.* low-necked (dress).

Dekor [de'koːr], *m* -s/-s decoration (on glass etc.); *Th: etc:* décor. **D ~ ateur(in)** [-a'tøːr-(in)], *m* -s/- (*f* -/-nen) (*a*) (house) decorator; (*b*) *Com:* window-dresser; (*c*) *Th:* scene painter. **D ~ ation** [-atsi'oːn], *f* -/-en (*a*) *no pl Paint:* decoration; *Com:* (window) dressing; (*b*) (*Auslage*) display; *Th: Cin: etc:* set; (*c*) (*Orden*) medal, decoration. **D ~ ati´onsmaler**, *m* -s/- painter and decorator; *Th:* scene painter. **d ~ a´tiv**, *adj.* decorative. **d ~ ieren** [-'riːrən], *v.tr.* to decorate (sth., s.o. with a medal); *Com:* to dress (a shop window).

Deleg|ation [delegatsi'oːn], *f* -/-en delegation.

d~ieren [-'gi:rən], *v.tr.* to delegate (s.o., a task etc.) (**an j-n,** to s.o.). **D~ierte(r),** *m & f decl. as adj.* delegate.

delikat [deli'ka:t], *adj.* **1.** delicious (dish, fruit etc.); **d~er Bissen,** tasty morsel. ʼ**2.** (*heikel*) delicate (matter, situation). **3.** (*taktvoll*) tactful. **D~esse** [-'tɛsə], *f -/-n Cu:* delicacy. **D~essengeschäft,** *n -(e)s/-e* delicatessen.

Delikt [de'likt], *n -(e)s/-e Jur:* (indictable) offence.

delir|ieren [deli'ri:rən], *v.i.* (*haben*) to be delirious; (*Irre*) to rave. **D~ium** [de'li:rium], *n -s/-rien* delirium, raving.

Delle [ʼdɛlə], *f -/-n esp. North G:* **1.** hollow, dip (in ground). **2.** (*Beule*) dent.

Delphin [dɛl'fi:n], *m -s/-e Z:* dolphin.

Delta [ʼdɛlta], *n -s/-s & -ten Geog:* delta. ʼ**D~fliegen,** *n -s/no pl* hang-gliding. ʼ**D~flieger,** *m -s/-* hang-glider. ʼ**D~flugzeug,** *n -(e)s/-e* delta-wing aircraft.

dem [de:m], *dat. sing. of der, das see* der.

Demarche [de'marʃ(ə)], *f -/-n* (diplomatic) step; (*Beschwerde*) representation.

Demarkation [demarkatsi'o:n], *f -/-en* demarcation. **D~slinie,** *f -/-n* demarcation line.

demaskieren [demas'ki:rən], *v.tr. Fig:* to unmask (s.o.); **sich d.,** to take off one's mask.

Dementi [de'mɛnti], *n -s/-s* (official) denial. **d~eren** [-'ti:rən], *v.tr.* to deny (rumours etc.).

ʼ**dem|ent'sprechend,** *adj.* corresponding; (*passend*) suitable; *adv.* correspondingly, accordingly. ʼ**d~gegen'über,** *adv.* on the other hand; (*im Vergleich dazu*) in comparison (with this/that). ʼ**d~ge'mäß,** *adv.* accordingly.

Demission [demisi'o:n], *f -/-en Pol:* resignation. ʼ**demnach,** *adv.* according to that/this; (*also*) so, consequently. ʼ**d~'nächst,** *adv.* soon, shortly.

Demo|krat [demo'kra:t], *m -en/-en* democrat. **D~kra'tie** [-a'ti:], *f -/-n* democracy. **d~'kratisch,** *adj.* democratic.

demolieren [demo'li:rən], *v.tr.* to wreck (sth.); *F:* to smash up (a car etc.).

Demonstr|ant(in) [demɔn'strant(in)], *m -/-en (f -/-nen) Pol:* demonstrator. **D~ation** [-atsi'o:n], *f -/-en* demonstration. **d~ativ** [-a'ti:f], *adj.* **1.** revealing, illuminating (example etc.). **2.** ostentatious (action); *adv.* **er verließ d. das Zimmer,** he left the room in protest. **3.** *Gram:* demonstrative. **D~a'tiv(pronomen),** *n -s/-e (-s/-mina) Gram:* demonstrative pronoun. **d~ieren** [-'stri:rən], *v.tr. & i.* (*haben*) to demonstrate (sth.).

Demont|age [demɔn'ta:ʒə], *f -/-n* dismantling. **d~ieren** [-'ti:rən], *v.tr.* to dismantle (a machine, factory etc.).

Demoskopie [demosko'pi:], *f -/no pl* opinion polling/research.

Demut [ʼde:mu:t], *f -/no pl* humility.

demütig [ʼde:my:tiç], *adj.* humble. **d~en** [ʼ-igən], *v.tr.* to humble (s.o., oneself); (*erniedrigen*) to humiliate (s.o.). ʼ**D~ung,** *f -/-en* humiliation.

ʼ**demzu'folge,** *adv.* consequently, therefore.

den [de:n], *acc. of der, q.v.*

denen [ʼde:nən], *dat.pl of der, die, das see* der.

Denier [deni'e:], *n -s/no pl Cl: Meas:* denier.

Denk|art [ʼdɛŋkʔart], *f -/-en (a)* way of thinking; (*b*) (*Gesinnung*) mentality. ʼ**d~bar,** *adj.*

conceivable; **nicht d.,** unthinkable, inconceivable; *adv.* **die d. leichteste Aufgabe,** the simplest task imaginable; **d. schwierig,** extremely difficult. ʼ**d~en. I.** *v.irr.* (*p.* dachte, *p.p.* gedacht) **1.** *v.tr.* (*a*) to think (sth., a thought etc.); **wer hätte das gedacht!** who would have thought it! **ich dachte, j-n klopfen zu hören,** I thought/ imagined I heard s.o. knock; **das läßt sich d.,** one can imagine that; that's understandable; **ich habe sie mir kleiner gedacht,** I thought of her as being/imagined her smaller; **das kann ich mir d.,** I can well believe it; **das habe ich mir (gleich) gedacht!** I thought so/as much! **das hättest du dir doch d. können,** you could have thought of/realized that; **er dachte sich nichts Böses dabei,** he meant no harm by it; **was denkst du dir dabei?** (i) what do you have in mind? (ii) what does it remind you of? (*b*) (*vorsehen*) **das ist für dich gedacht,** this is meant for you. **2.** *v.i.* (*haben*) (*a*) to think (**an** + *acc,* of; **über** + *acc,* about); **es gab mir zu d.,** it made me think/gave me food for thought; **sie d. nicht gut von ihm,** they don't think highly of him; **ist sie da?—ich denke nicht,** is she there?—I don't think so; **er denkt ganz anders darüber,** he has an entirely different view of the matter; *F:* **wo denkst du hin!** what can you be thinking of? **denk mal an!** you don't say! **denk mal, ich habe X gesehen,** guess what, I saw X; **denkste!** that's what you think! (*b*) (*gesinnt sein*) **großzügig/ kleinlich d.,** to be of a liberal/petty turn of mind; **europäisch d.,** to have a European outlook, *F:* think European; (*c*) (*vorhaben*) **ich denke nicht daran, das zu tun,** I have no intention of/wouldn't dream of doing it; (*d*) (*sich erinnern*) **solange ich d. kann,** for as long as I can remember; **denk daran, das Brot zu kaufen,** don't forget to buy the bread; **denkst du an mein Buch?** you won't forget my book, will you? **II. D.,** *n -s/no pl* (way of) thinking; thought; **abstraktes D.,** abstract thought. ʼ**D~er,** *m -s/-* thinker. ʼ**d~fähig,** *adj.* capable of thought; rational (being); thinking (person). ʼ**d~faul,** *adj.* mentally lazy. ʼ**D~fehler,** *m -s/-* error of logic. ʼ**D~mal,** *n -(e)s/-er (a)* memorial; (*Plastik usw.*) monument; **j-m ein D. setzen,** to raise a monument to s.o.; *Fig:* **sich** *dat* **ein D. setzen,** to ensure oneself a place in history; (*b*) (historical) monument; (*Gegenstand*) relic. ʼ**D~malschutz,** *m -es/no pl* protection of monuments; **unter D. stehen,** to be classified as a historical monument/a listed building; **etwas unter D. stellen,** to put a preservation order on sth. ʼ**D~pause,** *f -/-n* pause for thought. ʼ**D~schrift,** *f -/-en* report, memorandum (with recommendations). ʼ**D~sportaufgabe,** *f -/-n* brain teaser. ʼ**D~vermögen,** *n -s/no pl* intellectual capacity; intelligence. ʼ**D~weise,** *f -/-n* way of thinking. ʼ**d~würdig,** *adj.* memorable. ʼ**D~zettel,** *m -s/- F:* (unpleasant) reminder; awful warning; **j-m einen D. geben/verpassen,** to give s.o. what for; (*Rüge*) to haul s.o. over the coals.

denn [dɛn]. **I.** *conj.* **1.** (*weil*) because; *Lit:* for. **2.** **mehr/besser d. je,** more/better than ever. **II.** *adv.* **1.** (*verstärkend*) **nun d.!** right, let's see; well then; **so werden wir's d. machen,** right, let's do it that way (then); **was ist d. eigentlich passiert?** what really did happen? **warum d. nicht?** why not? **2. es sei d. (, daß) . . .,** unless . . .

dennoch ['dɛnɔx], *adv.* nevertheless; however.

dent|al [dɛn'taːl], *adj. & D~-, comb.fm.* dental. **D ~ allaut,** *m* -(e)s/-e *Ling:* dental. **D ~ ist(in),** [-'tist(in)] *m* -en/-en (*f-/-nen*) dentist.

Denunz|iant(in) [denuntsi'ant(in)], *m* -en/-en (*f -/-nen*) informer. **d ~ ieren** [-'tsiːrən], *v.tr.* to denounce (s.o., sth.) **(bei** + *dat,* to); to inform against (s.o.). **D ~ iation** [-atsi'oːn], *f -/-en* (*a*) denunciation; (*b*) *no pl* informing.

Deo|dorant [de'ʔodo'rant], *n* -s/-s deodorant. **D ~ (dorant)spray,** *m & n* -s/-s deodorant spray, spray-on deodorant.

Depesche [de'pɛʃə], *f -/-n A:* telegram; *Mil: etc:* dispatch.

deplaziert [depla'tsiːrt], *adj.* out of place.

deponieren [depo'niːrən], *v.tr.* (*a*) to deposit (valuables) **(bei der Bank usw.,** at the bank etc.); (*b*) *Hum:* to put (sth.) down.

Depositen [depo'ziːtən], *pl Bank:* deposits.

Depot [de'poː], *n* -s/-s depot (*für Möbel, Waren*) warehouse; (*Lager*) store. **2.** *Bank:* (*a*) strongroom, safe deposit; (*b*) (*Aufbewahrung*) safekeeping, custody.

Depp [dɛp], *m* -en & -s/-en *South G: F:* nitwit.

Depress|ion [depresi'oːn], *f -/-en Econ: Meteor: Med:* depression. **d ~ iv** [-'siːf], *adj.* depressed.

deprimieren [depri'miːrən], *v.tr.* to depress (s.o.); **deprimiert,** depressed, dejected.

Deputation [deputatsi'oːn], *f -/-en* deputation.

der [deːr], *m* (*acc* **den,** *gen* **des,** *dat* **dem**), **die** [diː], *f* (*acc* **die,** *gen/dat* **der**), **das** [das], *n* (*acc* **das,** *gen* **des,** *dat* **dem**), **die,** *pl* (*acc* **die,** *gen* **der,** *dat* **den**). **I.** *def. art.* the; (*a*) **der Mantel der Frau,** the woman's coat; **übersetzt aus dem Deutschen,** translated from (the) German; **10 Mark das Dutzend,** 10 marks a/the dozen; (*b*) (*betont*) **meinst du 'den Helmut Schmidt?** do you mean 'the [ð iː] Helmut Schmidt? (*c*) (*nicht übersetzt*) **die Natur/der Frieden,** nature/peace; **der Mensch,** man; **das Tier handelt instinktiv,** animals act instinctively; **er liebt das Schwimmen,** he loves swimming; **die kleine Gabi,** little Gabi; *South G: F:* **der Peter,** Peter; **die Oma kommt,** Grandma is coming; (*d*) **den Kopf schütteln,** to shake one's head; **die Füße tun mir weh,** my feet are hurting; **zieh dir die Schuhe an,** put your shoes on. **II.** *dem. pron.* (*gen m & n* **dessen;** *gen f & pl* **deren,** *if followed by rel. pron.* **derer;** *dat pl* **denen**) (*Pers.*) he, she; the one; *pl* they; those; the ones; (*Sache*) that; the one; *pl* those; the ones; (*a*) *F:* (*betont*) **der/die hat es getan,** 'he/'she did it; **der war es,** it was him; **wer ist denn die?** who's 'she? **die sind längst weg,** they left a long time ago; **der/die mit dem grünen Hut,** the one with the green hat; **die dessen/deren Haus,** in his/their house; **ach der!** oh him! **der und arbeiten!** what, him and work! (*b*) **der,** **den ich kenne,** the one (that) I know; **die, die kein Fahrrad haben,** those who have no bicycle; (*c*) that; **das ist mein Vater,** that is my father; **das ist es eben,** that's just it; **bist du das?** is that you? **das, was ich sah,** what I saw; **er hat sich geweigert, und das mit Recht,** he refused, and

with good reason/rightly so; **das hört nicht auf zu regnen,** it's still raining; **das waren Zeiten,** those were the days; **wie dem auch sei,** however that may be; *F:* **auch das noch!** that's all I/we need! (*d*) **um die und die Zeit,** at such and such time; **er sagte, es sei der und der gewesen,** he said it was such and such a person; (*e*) (*betont*) that, *pl* those; **'der Mann war es,** it was 'that man; **'dessen Frau meinst du?** you mean 'his wife? **'der ist vielleicht ein Idiot,** he's an idiot if ever I met one. **III.** *rel. pron.* (*gen m & n* **dessen,** *f & pl* **deren;** *dat pl* **denen**) (*Pers.*) who; *acc* whom; *gen* whose; *dat* to whom; (*Sachen*) which, that; *gen* of which; (*a*) **der Mann, dem ich es gab,** the man to whom I gave it; **die Frau, deren Sohn ich kenne,** the woman whose son I know; **der Stuhl, auf dem ich sitze,** the chair on which I am sitting; (*b*) (*derjenige, welcher*) **(der,) der das getan hat, ist längst tot,** the man/one who did it died long ago.

derart ['deːrʔaːrt], *adv.* (+ *adj.*) so; (*in solchem Maße*) so much, to such an extent. **'d ~ ig,** *adj.* (*a*) such, like this/that; **d~es Wetter,** such weather; **etwas D~es,** something of the kind; (*b*) *adv.* = **derart.**

derb [dɛrp], *adj.* **1.** (*grob*) uncouth (person, manners etc.); coarse, unrefined (person, features, expression etc.); crude (joke); ribald (laugh, humour); (*ungeschliffen*) plain, blunt (way of speaking etc.); curt (answer); (*unsanft*) rough (treatment etc.). **2.** (*stabil, stark*) strong, tough (person, material etc.); stout (shoes). **'D ~ heit,** *f -/-en* (*a*) *no pl* (*Grobheit*) uncouthness; coarseness, crudeness; bluntness; (*Unsanftheit*) roughness; (*b*) coarse remark; crude joke.

deren ['deːrən], *see* **der, II, III.**

derer ['deːrər], *see* **der, II.**

dergleichen [deːr'glaiçən], *inv.* **I.** *dem. adj.* such; of this/that kind; **d. Dinge,** such things, things like that. **II.** *dem. pron.* such things, things like that; **und d. (mehr),** and that sort of thing; and so on; **nichts d.,** nothing of the kind.

derjenige ['deːrjeːnigə], *m/*diejenige *f/*dasjenige *n dem. pron.* (*Pers.*) he, she; the one; (*Sachen*) that; the one; *pl* those, the ones; **derjenige, der es tat,** the one/the man who did it; **dasjenige, was er zuletzt tat,** the thing he did last; **diejenigen, die bleiben,** those (*Pers.*) who/ (*Sachen*) which are left.

derlei ['deːr'lai], *adj. & pron.* = **dergleichen.**

dermaßen ['deːr'maːsən], *adv.* so; to such an extent.

derselbe [deːr'zɛlbə], *m/*dieselbe *f/*dasselbe *n dem. adj.* the same; **das ist ein und dasselbe,** it is one and the same thing.

derzeit ['deːr'tsait], *adv.* at present, at the moment. **'d ~ ig,** *adj.* present.

des[1] [dɛs], *see* **der I.**

des[2]**, Des,** *n* -/- *Mus:* D flat.

Desert|eur [dezɛr'tøːr], *m* -s/-e *Mil:* deserter. **d ~ ieren** [-'tiːrən], *v.i.* (*sein/haben*) *Mil:* to desert.

desgleichen [dɛs'glaiçən], *adv.* likewise; **er tat d.,** he did the same.

deshalb ['dɛshalp, *emphatic* dɛs'halp], *adv.* because of this/that, for this/that reason; (*also*) therefore; **d. mein Ärger,** hence my irritation;

er kommt (nur) d., that's (the only reason) why he's coming.

desillusionier|en [dezil-, dɛs'iluzio'niːrən], *v.tr.* to disillusion, disenchant (s.o.). **D ~ ung,** *f -/-en* disillusionment, disenchantment.

Desin|fektion [dɛzin-, dɛs'infɛktsi'oːn], *f -/no pl* disinfection. **D ~ fektionsmittel,** *n -s/-* disinfectant. **d ~ fi'zieren,** *v.tr.* to disinfect (sth.).

Desinteress|e ['dɛs'intərɛsə], *n -s/no pl* lack of interest (**an** + *dat*/**für** + *acc,* in); indifference (**an** + *dat*/**für** + *acc,* to). **d ~ iert** [-'siːrt], *adj.* uninterested, indifferent.

desorientieren [dɛs'-, dezorien'tiːrən], *v tr* to disorientate (s.o.).

Despot [dɛs'poːt], *m -en/-en* despot. **d ~ isch,** *adj.* despotic. **D ~ ismus** [-o'tismus], *m -/no pl* despotism.

dessen ['dɛsən], *see* der II, III. **'d ~ 'ungeachtet,** *adv.* nevertheless, all the same.

Dessert [dɛ'seːr, -'sɛrt], *n -s/-s* dessert, *Brit:* sweet. **D ~ löffel,** *m -s/-* dessertspoon.

Destill|ateur [destila'tøːr], *m -s/-e* distiller. **D ~ ation** [-atsi'oːn], *f -/-en* (*a*) *no pl* distilling; (*b*) *Ch:* distillation. **d ~ ieren** [-'liːrən], *v.tr.* to distil (spirits, water). **D ~ ierapparat,** *m -(e)s/-e* still.

desto ['dɛsto], *adv.* (*before comp.*) **je eher, d. lieber,** the sooner, the better; **je höher wir stiegen, d. kälter wurde es,** the higher we climbed the colder it became.

destruktiv [destruk'tiːf], *adj.* destructive.

deswegen ['dɛs-, dɛs've:gən], *adv.* = deshalb.

Detail [de'tai], *n -s/-s* 1. detail. 2. *Com:* **im D.,** retail. **d ~ liert** [deta'jiːrt], *adj.* detailed (description etc.).

détail, *adv. phr.* **en d.** [ɑ̃de'taj], *Com:* retail.

Detekt|ei [detɛk'tai], *f -/-en* detective agency. **D ~ iv** [-'tiːf], *m -s/-e* detective. **D ~ ivroman,** *m -s/-e* detective story.

Deton|ation [detonatsi'oːn], *f -/-en* detonation. **d ~ ieren** [-'niːrən], *v.i.* (*sein*) to detonate.

Deut [dɔyt], *m* **keinen D.,** nothing, not a thing; *adv.* not in the slightest.

deut|bar ['dɔytbaːr], *adj.* interpretable, explicable; **schwer d.,** hard to interpret/explain. **'d ~ en,** *v.* 1. *v.tr.* to interpret (a text, dream etc.) (**als,** as); to read (the stars, s.o.'s hand etc.); to foretell (the future). 2. *v.i.* (**haben**) (**mit dem Finger**) **auf j-n, etwas** *acc* **d.,** to point (one's finger) at s.o., sth.; *Fig:* (*Zeichen usw.*) **auf eine Änderung usw. d.,** to point to/indicate a change etc. **'D ~ er,** *m -s/-* interpreter (of dreams etc.). **'d ~ lich,** *adj.* clear; (*a*) distinct (improvement etc.); **daraus wird d., daß ...,** it is obvious from this that ...; (*b*) (*eindeutig*) explicit; (*grob*) blunt (answer etc.); **muß ich d. werden?** do I have to spell it out! **das war aber d.,** that was pretty plain speaking. **'D ~ lichkeit,** *f -/no pl* 1. (*a*) clarity, clearness; (*b*) plainness, bluntness. 2. plain-speaking. **'D ~ ung,** *f -/-en* interpretation; **falsche D.,** misinterpretation.

deutsch [dɔytʃ]. I. *adj.* 1. German; **die D~e Demokratische Republik** (*abbr.* **DDR**), German Democratic Republic (*abbr.* GDR), East Germany. 2. (*a*) **d. sprechen,** to speak German; **d. geschrieben,** (i) written in German; (ii) written in German handwriting; **auf/in d.,** in German; *F:* **auf gut d.,** in words of one syllable; **mit j-m d. reden/sprechen,** to tell s.o. what's what; (*b*) **das D~e,** the German language; **ins D~e übersetzen,** to translate into German. 3. **ein D~er/eine D~e,** a German (man/woman); **die D~en,** the Germans; **sie ist D~e,** she is (a) German. II. **D.,** *n -(s)/no pl Ling:* German. **'d ~ feindlich,** *adj.* anti-German. **'d ~ freundlich,** *adj.* pro-German. **'D ~ land,** *Pr.n.n -s.* Germany. **'D ~ landlied,** *n -(e)s/no pl* the West German national anthem. **'D ~ lehrer(in),** *m -s/- (f -/-nen)* German teacher. **'d ~ sprachig,** *adj.* German-speaking (population, area etc.); German-language (newspaper); (teaching, writings etc.) in German. **'D ~ stunde,** *f -/-n* German lesson.

Devise [de'viːzə], *f -/-n.* 1. motto. 2. *pl* **D~n** foreign exchange/currency. **D ~ n-,** *comb.fm.* foreign exchange (market, deal etc.); currency (regulations etc.); **D~kurs** *m,* rate of exchange.

Dezember [de'tsɛmbər], *m -(s)/-* December; **im D.,** in December; **am ersten/1. D.,** on the first of December/December 1st.

dezent [de'tsɛnt], *adj.* discreet; (*gedämpft*) soft, subdued (lighting, music); (*geschmackvoll*) tasteful (pattern, furnishings etc.).

Dezentrali|sation [detsɛntralizatsi'oːn], *f -/-en* decentralization. **d ~ 'sieren,** *v.tr.* to decentralize (government etc.).

Dezern|at [detsɛr'naːt], *n -(e)s/-e* (administrative) department. **D ~ ent** [-'nɛnt], *m -en/-en Adm:* head of department.

Dezibel [detsi'bɛl], *n -s/- Meas:* decibel.

dezimal [detsi'maːl], *adj.* decimal (system etc.). **D ~ bruch,** *m -(e)s/¨-e* decimal (fraction). **D ~ e,** *f -(n)/-n/D~ stelle,** *f -/-n* decimal (place), **auf drei D~n genau,** correct to three decimal places. **D ~ zahl,** *f -/-en* decimal.

dezimieren [detsi'miːrən], *v.tr.* to decimate (a population etc.).

Dia ['diːa], *n -s/-s* slide. **'D ~ betrachter,** *m -s/-* slide viewer. **'D ~ projektor,** *m -s/-en* slide projector. **'D ~ rahmen,** *m -s/-* slide frame.

Diabet|iker(in) [dia'beːtikər(in)], *m -s/- (f -/-nen) Med:* diabetic. **D ~ ikerschokolade,** *f -/no pl* diabetic chocolate. **d ~ isch,** *adj. Med:* diabetic.

Diadem [dia'deːm], *n -s/-e* diadem.

Diagnos|e [dia'gnoːzə], *f -/-n Med: etc:* diagnosis. **D ~ tik** [-a'gnɔstik], *f -/no pl* (art of) diagnosis. **D ~ tiker,** *m -s/-* diagnostician. **d ~ tizieren** [-'tsiːrən], *v.tr.* to diagnose (an illness etc.).

diagonal [diago'naːl], *adj.* diagonal; *F:* **ein Buch d. lesen,** to skip through a book. **D ~ e,** *f -/-n Geom:* diagonal. **D ~ reifen,** *m -s/- Aut:* cross-ply tyre.

Diagramm [dia'gram], *n -s/-e* diagram; (statistical) chart; *Mth: etc:* graph. **D ~ papier,** *n -s/no pl* graph paper.

Diako|n [dia'koːn], *m -s & -en/-e(n) Ecc:* 1. deacon. 2. (*Laie*) lay worker. **D ~ nat** [-o'naːt], *n -(e)s/-e* (*Wohnung*) deaconry (*Amt*) deaconship. **D ~ 'nisse,** *f -/-n* (Protestant) nursing sister.

Dialekt [dia'lɛkt], *m -(e)s/-e* dialect. **d ~ frei,** *adj.* standard (language); **er spricht d ~ es/***adv.*

d. Deutsch, he speaks standard German.
d ~ tisch, *adj.* 1. *Ling:* dialectal. 2. *Phil:* dialectical (materialism etc.).

Dialog [dia'lo:k], *m* -(e)s/-e dialogue.

Diamant [dia'mant], *m* -en/-en diamond; *F:* **schwarze D~en,** black diamonds, coal. **d ~ (en)besetzt,** *adj.* diamond-studded. **d ~ en,** *adj.* diamond (bracelet, *Fig:* wedding etc.). **D ~ nadel,** *f* -/-n (*a*) diamond brooch; (*b*) *Rec:* diamond stylus. **D ~ schleifer,** *m* -s/- (*Pers.*) diamond cutter.

Diameter [dia'me:tər], *m* -s/- diameter. **d ~ ral** [diame'trɑ:l], *adj.* opposite; *adv.* **d. entgegengesetzt,** diametrically opposed.

Diapositiv [diapozi'ti:f], *n* -s/-e *Phot:* transparency; (*gerahmt*) slide.

Diät [di'ɛ:t]. I. *f* -/-en 1. diet; (**strenge**) **D. halten,** to follow a (strict) diet. 2. *pl Parl:* daily allowance. II. **d.,** *adv.* **d. leben/essen,** to be on a diet. **D ~ assistent(in)/D ~ ist(in)** [diɛ'tist(in)], *m* -en/-en (*f* -/-nen) dietician. **D ~ - kost,** *f* -/no *pl* dietary foods.

dich [diç], 1. *pron. acc of* **du,** *q.v.* you. 2. *refl. pron.* yourself; **wasch(e) d.,** wash (yourself).

dicht [diçt], *adj.* 1. dense (fog, forest, traffic, population etc.); thick (hedge, hair, crowd etc.), close (weave etc.); *Fig:* tight, packed (programme etc.); *adv.* **d. bevölkert/bewohnt,** densely populated; **d. an d./d. gedrängt,** closely/tightly packed (together); **d. gewebt,** closely woven; **d. wachsen,** to grow thickly. 2. *adv.* (*Lage*) close (**an/bei** + *dat,* to); **d. neben/ bei dem Haus,** right next to the house; **d. über dem Horizont,** just above the horizon; **d. aneinander/beieinander,** close together; **d. hintereinander folgen,** to follow in quick succession; **sie sind d. hinter ihm her/ihm d. auf den Fersen,** they are hard on his heels. 3. leakproof; (*wasserdicht*) waterproof (shoes etc.); watertight (container); **das Dach ist/dieser Schuh hält nicht mehr d.,** the roof/this shoe leaks; **Ritzen d. machen,** to fill/seal cracks; *F:* **er ist nicht ganz d.,** he isn't all there; he's slightly dotty. **d ~ be- 'haart,** *adj.* with thick hair/(*Fell*) a thick coat. **d ~ be'siedelt/d ~ be'völkert,** *adj.* densely populated. **d ~ be'waldet,** *adj.* thickly wooded. **'D ~ e,** *f* -/-n 1. thickness; density (of population etc.); *Tex:* closeness (of weave). 2. *Ph:* density. **'d ~ en[1],** *v.tr.* to make (a roof, tap etc.) watertight; to seal (a joint); *Nau:* to caulk (a ship). **'d ~ halten,** *v.i.sep.irr.45* (*haben*) *F:* to keep one's mouth shut. **'d ~ - machen,** *v.tr.&i. sep.* (*haben*) *F:* to close, shut (sth.); (*endgültig*) **den Laden d.,** to shut up shop. **'D ~ ung[1],** *f* -/-en seal; (*Material*) packing; *Mec.E: etc:* gasket. **'D ~ ungsmaterial,** *n* -s/-ien packing, gasket material. **'D ~ ungs- ring,** *m* -(e)s/-e washer. **'D ~ ungsstreifen,** *m* -s/- sealing strip; (*gegen Zugluft*) draught excluder.

'dicht|en[2] *Lit:* I. *v.* 1. *v.tr.* to write (a poem, novel). 2. *v.i.* (*haben*) to write poetry. II. **D.,** *n* -s/no *pl* poetry, writing. **'D ~ er(in),** *m* -s/- (*f* -/-nen) poet(ess); (*Verfasser*) author(ess); (*Schriftsteller*) writer. **'d ~ erisch,** *adj.* poetic; **d ~ e Freiheit,** poetic licence. **'D ~ kunst,** *f* -/no *pl* (art of) poetry. **'D ~ ung[2],** *f* -/-en (*a*) (*Lyrik*) poetry; (*b*) fiction; *F:* **das ist doch reine**

D.! that's a pack of lies! **'D ~ ungsform,** *f* -/-en literary genre.

dick [dik], *adj.* (*a*) thick (layer, wall, carpet etc.); fat (person, *F:* book, cigar, *Hum:* salary etc.); heavy (drops); large (belly etc.); chubby (cheeks); (*geschwollen*) swollen (lips etc.); *F:* big (car etc.); **zwei Meter d.,** two metres thick; *Bot:* **d ~ e Bohnen,** broad beans; **d. machen,** (*Kleid*) to make one look fat; (*Essen*) to be fattening; *Fig:* **d ~ es Lob,** fulsome praise; *F: adv.* **d. auftragen,** to lay it on thick; (*b*) (*dicht*) thick (fog, soup, hair etc.); syrupy (liquid); **d ~ e Luft,** stuffy/*Fig:* tense atmosphere; *F:* **d ~ e Freunde,** close friends; *Fig:* **mit j-m durch d. und dünn gehen,** to go through thick and thin with s.o.; *Cu:* **d. einkochen,** boil until it forms a syrup; (*c*) *F:* (*schlimm*) bad (mistake etc.); **das d ~ e Ende kommt noch,** the worst is yet to come. **'d ~ bäuchig,** *adj.* pot-bellied. **'D ~ darm,** *m* -(e)s/-̈e *Anat:* colon, large intestine. **'D ~ e. I.** *f* -/-n thickness; (*Pers.*) fatness, corpulence. II. **d.** *adv. F:* **etwas d. haben,** to have plenty/ tons of sth. **'d ~ fellig,** *adj. F:* thick-skinned. **'d ~ flüssig,** *adj.* thick, viscous. **D ~ häuter** ['-hɔytər], *m* -s/- (*a*) *Z:* pachyderm; (*b*) *F:* thick-skinned person. **'d ~ häutig,** *adj.* thick-skinned. **'D ~ icht,** *n* -(e)s/-e thicket. **'D ~ kopf,** *m* -(e)s/-̈e *F:* stubborn/pig-headed person. **'d ~ köpfig,** *adj. F:* pig-headed. **'d ~ leibig,** *adj.* corpulent. **'d ~ lich,** *adj.* stoutish, plump (person); chubby (baby); thickish (liquid). **'D ~ milch,** *f* -/no *pl* curd; (*saure Milch*) curdled/sour milk; (**süße**) **D.,** junket. **'D ~ schädel,** *m* -s/- *F:* = **D~kopf.** **'d ~ tun,** *v.refl.sep.irr.106 F:* **sich d.,** to give oneself airs, throw one's weight around. **'D ~ wanst,** *m* -es/-̈e *P:* fatso.

didaktisch [di'daktiʃ], *adj.* didactic.

die [di:], *see* **der.**

Dieb(in) ['di:p ('di:bin)], *m* -(e)s/-e (*f* -/-nen) thief; (*kleiner D.*) pilferer; (*Einbrecher*) burglar; *Fig:* **wie ein D. in der Nacht,** stealthily; (*unbemerkt*) unnoticed. **'D ~ esbande,** *f* -/-n pack of thieves. **'D ~ esgut,** *n* -(e)s/-̈er stolen goods; *F:* loot. **'d ~ essicher,** *adj.* theftproof; burglar-proof. **'d ~ isch,** *adj.* impish (delight etc.); **sich d.** (**über etwas** *acc*) **freuen,** to be full of glee (over sth.) **'D ~ stahl,** *m* -(e)s/-̈e theft; *Jur:* larceny; **geistiger D.,** plagiarism.

diejenige ['di:je:nigə], *pron. f see* **derjenige.**

Diele ['di:lə], *f* -/-n 1. (floor)board. 2. (*Vorraum*) hall. **'D ~ nbalken,** *m* -s/- *Constr:* (boarding) joist. **'D ~ nbrett,** *n* -(e)s/-er floorboard.

dien|en ['di:nən], *v.i.* (*haben*) to serve (j-m, einem Zweck, einer Sache usw., s.o., a purpose, a cause etc.); (*a*) *Mil:* to serve (one's time) (**bei der Marine usw.,** in the Navy etc.); (*b*) (*Sache*) **als Beispiel usw. d.,** to serve as an example; **der Stift dient als/zur Sicherung,** the pin acts as a safeguard; **es dient zum besseren Verständnis,** it makes for/is conducive to better understanding; **es dient dazu, die Lage erträglicher zu machen,** it helps to make the situation more bearable; **damit ist mir nicht gedient,** that is no use/help to me; **es dient dem Fortschritt,** it is an aid to progress. **'D ~ er(in),** *m* -s/- (*f* -/-nen) 1. servant; (*Dienerin*) maid. 2. (*Verbeugung*) bow. **'D ~ erschaft,** *f* -/no *pl* domestic staff.

'd ~ lich, *adj.* useful; j-m, einer Sache d. sein, to be of use/help to s.o., a cause.

Dienst [di:nst]. I. *m* -(e)s/-e 1. service; etwas in/außer D. stellen, to put sth. into/take sth. out of service; j-m einen guten/schlechten D. leisten, to do s.o. a good/bad turn; D. am Kunden, personal service (to the customer); (*Sache*) gute D ~ e leisten, to do good service; (*Kleider*) to wear well; *Pol:* gute D ~ e, good offices (for negotiations etc.). 2. (*a*) (*Arbeit*) work; (*Stellung*) job; D. ist D., work is work; j-n in D. nehmen, to engage/employ s.o.; in j-s D ~ e treten, to enter s.o.'s service; außer D., retired; (*Polizist usw.*) er ist noch im D., he is still working; *Ind:* D. nach Vorschrift machen, to work to rule; (*b*) (öffentlicher) D., Civil Service; (*c*) *Mil: etc:* duty, D. tun/haben, to be on duty; Offizier vom D., Officer of the Day. II. 'D ~ -, *comb.fm.* official (secret, matter etc.); *esp. Com:* business (trip etc.); D ~ auto n/D ~ wagen *m*, official/*Com:* firm's car; D ~ gespräch *n*, business/*Mil:* service call; D ~ ordnung *f*, official/*Mil:* service regulations; D ~ wohnung *f*, official residence; *Mil:* service quarters; *phr.* auf dem D ~ weg, through official channels. 'D - abteil, *n* -(e)s/-e *Rail:* guard's compartment. 'D ~ alter, *n* -s/no pl length of service; seniority. 'D ~ älteste(r), *m* & *f* decl. as adj. senior member (of staff etc.). 'D ~ antritt, *m* -(e)s/-e commencement (of work); *Mil:* entry (into service). 'D ~ anweisung, *f* -/-en *Adm:* standing regulations. 'd ~ bar, *adj.* willing to serve; (*untertan*) submissive; *Hum:* d ~ er Geist, ministering spirit. 'd ~ bereit, *adj.* (*a*) helpful, obliging; (*b*) (*Apotheke usw.*) on duty. 'D ~ bote, *m* -n/-n (domestic) servant. 'd ~ eifrig, *adj.* zealous; (*übertrieben*) officious. 'D ~ grad, *m* -(e)s/-e *Adm: etc:* grade; *Mil:* rank. 'd ~ habend, *adj.* (doctor, officer etc.); on duty; der/die D ~ e, official/*Med:* doctor, nurse/*Mil:* officer on duty. 'D ~ jahre, *npl* years of service. 'D ~ leistung, *f* -/-en service (rendered). 'D ~ leistungsgewerbe, *n* -s/- service industry. 'd ~ lich, *adj.* official (communication, matter); *adv.* officially; d. verreist, away on business; d. verhindert, prevented (from coming) by official duties; (*b*) impersonal (tone). 'D ~ mädchen, *n* -s/- maid. 'D ~ mann, *m* -(e)s/¨-er & -leute *esp. A:* porter. 'D ~ pflicht, *f* -/-en 1. official duty. 2. liability for compulsory service (*esp.* military service). 'd ~ pflichtig, *adj.* liable for compulsory service. 'D ~ plan, *m* -(e)s/¨-e duty roster. 'D ~ rang, *m* -(e)s/¨-e = D ~ grad. 'D ~ schluß, *m* -sses/no pl end of office hours; nach D., after work. 'D ~ stelle, *f* -/-n (administrative) office; zuständige D., competent authority. 'D ~ stunden, *fpl* office hours. 'd ~ tauglich, *adj.* (person) fit for (*Mil:* active) service; able-bodied. 'd ~ tuend, *adj.* = d ~ habend. 'd ~ unfähig/'d ~ untauglich, *adj.* unfit for service. 'D ~ verhältnis, *n* -ses/-se employer-employee relationship; ein D. eingehen, to accept (a contract of) employment. 'd ~ verpflichtet, *adj.* liable for compulsory service. 'D ~ vertrag, *m* -(e)s/¨-e contract of employment. 'D ~ zeit, *f* -/-en 1. working hours. 2. term of service; seine D.

ableisten/abdienen, to complete one's (military) service.

Dienstag ['di:nsta:k], *m* -(e)s/-e Tuesday; am D., on Tuesday. 'd ~ s, *adv.* on Tuesdays.

dies [di:s]. I. *dem. pron.* this; d. und das, this and that. II. *adj.* = dieses. 'd ~ bezüglich, *adj.* relevant (documents etc.); (statement etc.) regarding this, in this connection. 'd ~ jährig, *adj.* of this year; this year's (programme etc.). 'd ~ mal, *adv.* this time. 'd ~ malig, *adj.* this (present); present (stay etc.). 'd ~ seitig, *adj.* 1. on this side. 2. *Lit:* earthly. 'd ~ seits. I. *prep.* + *gen* & *adv.* on this side (of). II. D., *n* -/no pl *Lit:* das D., this earthly life; this world.

diese(r, s) ['di:zə(r,s)], *dem. adj.* & *pron.* I. *adj.* this, *pl* these; d ~ s eine Mal, just this once; d ~ r Tage/in d ~ n Tagen, in the next/(*letzten*) last few days; d. Nacht, (i) tonight; (ii) (*gestern*) last night. II. *pron.* (*a*) this (one); *pl* these; d ~ r ist der beste, this one is the best; d ~ s und jenes, this and that; *Com:* am 5. d ~ s (Monats), on the 5th instant; (*b*) (*letztere*) Vater und Sohn waren da; d ~ r war groß und schlank, father and son were there; the latter was tall and slim.

Diesel ['di:zəl], *m* -(s)/- diesel (engine/oil). 'D ~ motor, *m* -s/-en diesel engine. 'D ~ öl, *n* -(e)s/-e diesel oil/fuel.

dieselbe [di:'zəlbə], *dem. pron. f.* see **derselbe**.

diesig ['di:ziç], *adj.* hazy, misty.

Dietrich ['di:triç], *m* -s/-e skeleton key.

diffamier|en [difa'mi:rən], *v.tr.* to slander (s.o.), blacken (s.o.'s character); d ~ de Äußerungen, slanderous remarks. D ~ ung, *f* -/-en defamation; *Pol: etc:* smear. D ~ ungskampagne, *f* -/-en smear campaign.

Differen|tial [difərentsi'a:l]. I. *m* -s/-e *Mth:* differential. II. D ~ -, *comb.fm.* differential (equation etc.); *Aut:* D ~ getriebe *n*, differential (gear); *Mth:* D ~ rechnung *f*, differential calculus. D ~ z ['-rɛnts], *f* -/-en 1. *Mth: etc:* difference; (*Rest*) balance; (*Überschuß*) surplus. 2. *pl* differences, disagreements. d ~ 'zieren, *v.tr.* & *i.* (*haben*) to differentiate (etwas von etwas *dat*, sth. from sth.; zwischen zwei Sachen, between two things); sich d., to become different; (*Organismus usw.*) to evolve. d ~ 'ziert, *adj.* varied; discriminating (taste, judgement); sophisticated (method). D ~ 'ziertheit, *f* -/-en variety; varied character (of an area etc.). D ~ 'zierung, *f* -/-en distinction; *Mth: Biol: etc:* differentiation.

differieren [difa'ri:rən], *v.i.* (*haben*) to differ (von + *dat*, from; um + *acc*, by).

diffizil [difi'tsi:l], *adj.* difficult; particular (person).

diffus [di'fu:s], *adj.* (*a*) *Ph:* diffused (light etc.); (*b*) blurred (impression); disparate, diffuse (aims). D ~ ion [-uzi'o:n], *f* -/-en *Ph:* diffusion.

digital [digi'ta:l], *adj.* digital. D ~ rechner, *m* -s/- digital computer. D ~ uhr, *f* -/-en digital watch/clock.

Dikt|at [dik'ta:t], *n* -(e)s/-e 1. dictation; nach D. schreiben, to write from dictation. 2. *Fig:* dem D. der Mode folgen, to follow the dictates of fashion. D ~ ator, *m* -s/-en dictator. d ~ atorisch [-a'to:riʃ], *adj.* dictatorial. D ~ a'tur, *f* -/-en dictatorship. d ~ ieren

[-'ti:rən], *v.tr.* to dictate (letters etc.); **ich lasse mir nicht von dir d., was ich tun soll,** I won't be dictated to by you. **D ~ iergerät,** *n* -(e)s/-e dictating machine, dictaphone *R.t.m.*

Dilemma [di'lɛma], *n* -s/-s dilemma.

Dilett|ant(i|n) [dilɛ'tant(in)], *m* -en/-en (*f* -/-nen) dilettante. **d ~ antisch,** *adj.* amateurish.

Dill [dil], *m* -(e)s/-e *Bot:* dill.

Dimension [dimɛnzi'o:n], *f* -/-en dimension; **gute D ~ en,** good proportions. **d ~ ieren** [-io'ni:rən], *v.tr.* to dimension, plan the size of (sth.); **gut dimensioniert,** well-proportioned.

Diner [di'ne:], *n* -s/-s dinner (party).

Ding ['diŋ], *n* -(e)s/-e & *F:* -er thing. 1. *pl* -e so, **wie die D ~ e liegen,** as things/matters stand; **nach Lage der D ~ e,** according to circumstances; **er steht über den D ~ en,** he does not let things get on top of him/get him down; **es ist ein D. der Unmöglichkeit,** it's a physical impossibility; **das geht nicht mit rechten D ~ en zu,** there is something odd about it; **vor allen D ~ en,** above all. 2. *F: pl* -er (*a*) **was ist denn das für ein D.?** what on earth is that? **das ist ja ein D.!** well, honestly! what next! *P:* (*Verbrecher*) **ein D. drehen,** to do a job; (*b*) (*Mädchen*) **liebes kleines D.,** dear little thing; **die frechen D ~ er,** that cheeky lot. **'d ~ fest,** *adj.* **j-n d. machen,** to arrest s.o. **'D ~ s/'D ~ s- bums/'D ~ sda,** *m, f & n* -/no *pl F:* (*a*) whatd'you-call-it; thingumabob; (*Pers.*) what'shis/her-name, thingummy; (*b*) (*Gerät*) gadget.

Ding(h)i ['diŋgi], *n* -s/-s *Nau:* dinghy.

Dinosaurier [dino'zauriər], *m* -s/- dinosaur.

diöze|san [diøtse:'za:n], *adj.* *Ecc:* diocesan. **D ~ se** [-'tse:zə], *f* -/-n *R.C.Ch:* diocese.

Diphtherie [difte'ri:], *f* -/-n *Med:* diphtheria.

Diphthong [dif'tɔŋ], *m* -s/-e diphthong.

Diplom [di'plo:m]. I. *n* -s/-e diploma; *Univ:* (*akademischer Grad*) degree. II. **D ~ -,** *comb.fm.* holding a diploma, qualified (librarian etc.); **D ~ ingenieur** *m,* (academically) qualified engineer. **D ~ arbeit,** *f* -/-en *Univ:* thesis (submitted for a diploma/degree). **d ~ iert** [-o'mi:rt], *adj.* holding a degree; qualified (interpreter etc.).

Diplomat(in) [diplo'ma:t(in)], *m* -en/-en (*f* -/-nen) diplomat. **D ~ ie** [-a'ti:], *f* -/no *pl* diplomacy; **die D.,** the diplomatic corps. **d ~ isch,** *adj.* diplomatic.

dir [di:r], *pers. pron. dat of* **du** (*a*) to/from/for you; **ich kann es d. geben,** I can give it (to) you; **er nahm es d.,** he took it from you; **das habe ich d. aufbewahrt,** I kept it for you; (*b*) *refl.* **tun d. die Füße weh?** do your feet hurt? **nimm d. ein Stück,** help yourself to a piece; **wünsch d. was!** have a wish! (*c*) (*with prep.*) **nach d.!** after you! **bei d.,** at your home/*F:* place; **ein Freund von d.,** a friend of yours.

direkt [di'rɛkt], *adj.* 1. direct (connection, route, speech, *F:* manner etc.); *adv.* **er kommt d. aus dem Büro,** he is coming straight from the office; **d. vor mir,** right/directly in front of me; *F:* **so d. wollte ich es nicht sagen,** I didn't mean to put it that bluntly. 2. *F:* (*regelrecht*) absolute, sheer (madness etc.); downright, barefaced (lie, deception); *adv.* really; **d. gefährlich,** downright dangerous. **D ~ heit,** *f* -/no *pl* directness; (*Offenheit*) frankness; bluntness (of

speech). **D ~ ion** [-tsi'o:n], *f* -/-en 1. (*Verwaltung*) management; running. 2. (*Vorstand*) (board of) directors. 3. (*Büro*) director's office. **D ~ i'onssekretärin,** *f* -/-nen executive secretary. **D ~ ive** [-'ti:və], *f* -/-n directive; instruction. **D ~ or(in)** ['rɛktɔr(-rɛk'to:rin)], *m* -s/-en (*f* -/-nen) director; *Bank: Th:* manager; *Sch:* head teacher; *esp. N.Am:* principal; (prison) governor, *N.Am:* warden. **D ~ orenstelle,** *f* -/-n *Ind: etc:* directorship; *Sch:* headship. **D ~ über- tragung,** *f* -/-en *Rad: TV:* live transmission.

Dirig|ent [diri'gɛnt], *m* -en/-en *Mus:* conductor. **D ~ enten-,** *comb.fm. Mus:* conductor's (desk etc.); **D ~ stab** *m,* (conductor's) baton. **d ~ ieren** [-'gi:rən], *v.tr.* (*a*) (*also abs.*) *Mus:* to conduct (an orchestra, a work); (*b*) (*lenken*) to direct (the traffic, an operation etc.); to manage (a firm etc.); (*c*) *F:* **j-n zum Eingang d.,** to steer s.o. to the entrance.

Dirn|dl ['dirndl], *n* 1. -s/-n *Bavarian & Aus:* girl. 2. -s/- (*Kleid*) dirndl. '**D ~ e,** *f* -/-n *F:* tart; *N.Am:* tramp.

Dis [dis], *n* -/- *Mus:* D sharp.

Discount|geschäft [dis'kauntgəʃɛft], *n* -(e)s/-e /D ~ laden, *m* -s/- discount store.

Diskant [dis'kant], *m* -s/-e *Mus:* 1. descant. 2. (*hohe Stimme*) soprano; (*Junge*) treble. **D ~ schlüssel,** *m* -s/no *pl* treble clef.

Diskette [dis'kɛtə], *f* -/-n *Data-pr:* floppy disc. **D ~ nlaufwerk,** *n* -(e)s/-e disc drive.

Diskont [dis'kɔnt], *m* -s/-e *Fin:* discount. **d ~ ieren** [-'ti:rən], *v.tr. Fin:* to discount (a bill). **D ~ laden,** *m* -s/- bargain shop. **D ~ satz,** *m* -es/-e 1. *Bank:* bank rate. 2. *Fin:* discount rate.

Diskothek [disko'te:k], *f* -/-en disco(theque).

Diskrepanz [diskre'pants], *f* -/-en discrepancy.

diskret [dis'kre:t], *adj.* discreet. **D ~ ion** [-etsi'o:n], *f* -/no *pl* discretion; **strenge D. wahren,** to treat the matter in strict confidence.

diskriminier|en [diskrimi'ni:rən], *v.* 1. *v.tr.* to discriminate against (s.o.). 2. *v.i.* (*haben*) to discriminate (**zwischen** + *dat,* between). **D ~ ung,** *f* -/-en discrimination (**einer Minderheit,** against a minority).

Diskus ['diskus], *m* - & -ses/-se & -ken *Sp:* discus. '**D ~ werfer(in),** *m* -s/- (*f* -/-nen) *Sp:* discus thrower.

Diskussion [diskusi'o:n], *f* -/-en discussion (**über** + *acc,* about, of); (*Debatte*) debate; **zur D. stehen,** to be on the agenda; **das steht nicht zur D.,** that's irrelevant. **D ~ sbasis,** *f* -/-basen/D ~ sgrundlage, *f* -/-n basis for discussion, common ground. **D ~ sleiter(in),** *m* -s/- (*f* -/-nen) chairperson (of a discussion etc.). **D ~ srunde,** *f* -/-n discussion group. **D ~ steilnehmer(in),** *m* -s/- (*f* -/-nen) *TV: etc:* panellist.

diskut|abel [disku'ta:bəl], *adj.* worth discussing/considering; **nicht d.,** out of the question. **d ~ ieren** [-'ti:rən], *v.tr. & i.* (*haben*) (**über**) etwas *acc* d., to discuss sth.; **darüber läßt sich d.,** that's worth considering.

dispensieren [dispɛn'zi:rən], *v.tr.* (*a*) **j-n von etwas** *dat* d., to exempt/excuse s.o. from (doing) sth.; (*b*) *Pharm:* to dispense (medicine).

Dispersionsfarbe [dispɛrzi'o:nsfarbə], *f* -/-n emulsion paint.

disponier|en [dispo'niːrən], *v.i.* (*haben*) (*a*) to plan (ahead), make arrangements; (*b*) **über j-n, etwas** *acc* **d.**, to have s.o., sth. at one's disposal; **er kann über seine Zeit d.**, his time is his own; **ich kann über mein Geld d.**, I can do what I like with my money. **d ~ t**, *adj.* **gut d.**, in good form; *Med:* **für eine/zu einer Krankheit d. sein**, to have a predisposition to an illness.

Disposition [dispozitsi'oːn], *f* -/-en (*a*) (*Verwendung*) (free) use (**über etwas** *acc*, of sth.); (*b*) disposition, arrangement; **D ~ en für etwas** *acc*/**zu etwas** *dat* **treffen**, to make arrangements for sth.

Disput [dis'puːt], *m* -(e)s/-e dispute. **d ~ ieren** [-u'tiːrən], *v.i.* (*haben*) to quarrel, argue (**über etwas** *acc*, about sth.).

Disqualifi|kation [diskvalifikatsi'oːn], *f* -/-en *Sp: etc:* disqualification. **d ~ zieren** [-'tsiːrən], *v.tr. Sp: etc:* to disqualify (s.o.).

Dissertation [disɛrtatsi'oːn], *f* -/-en *Univ:* dissertation, (doctoral) thesis.

Dissident(in) [disi'dɛnt(in)], *m* -en/-en (*f* -/-nen) dissident; *Rel:* dissenter.

disso|nant [diso'nant], *adj. Mus:* dissonant. **D ~ nanz**, *f* -/-en dissonance. **d ~ 'nieren**, *v.i.* (*haben*) to be dissonant.

Distanz [dis'tants], *f* -/-en distance; *Fig:* (*Abstand*) detachment; **D. wahren/auf D. bleiben**, to keep one's distance, remain aloof. **d ~ ieren** [-'tsiːrən], *v.tr.* (*a*) **sich d.**, to keep one's distance; *Fig:* **sich von j-m, etwas** *dat* **d.**, to dissociate oneself from s.o., sth.; (*b*) *Sp:* to outdistance, outrun (s.o.). **d ~ iert**, *adj.* distant, detached. **D ~ iertheit**, *f* -/*no pl* detachment. **D ~ stück**, *n* -(e)s/-e *Mec.E:* spacer.

Distel ['distəl], *f* -/-n *Bot:* thistle.

Disziplin [distsi'pliːn], *f* -/-en *Sch: Univ: Sp: etc:* discipline. **d ~ arisch** [-i'naːriʃ], *adj* disciplinary. **D ~ arverfahren** [-i'naːr-], *n* -s/- *esp. Jur:* disciplinary action. **d ~ ieren** [-i'niːrən], *v.tr.* to discipline (s.o., oneself). **d ~ los**, *adj.* undisciplined

diverg|ent [diver'gɛnt], *adj. Opt:* divergent (rays etc.). **D ~ enz**, *f* -/-en *Opt: & Lit:* divergence. **d ~ ieren** [-'giːrən], *v.i.* (*haben*) *Opt: etc:* to diverge.

divers [di'vɛrs], *adj.* various; (*einzelne*) miscellaneous; (*unterschiedlich*) diverse (opinions etc.); **aus d ~ en Gründen**, for a variety of reasons.

Divid|ende [divi'dɛndə], *f* -/-n *Fin:* dividend. **D ~ endenausschüttung**, *f* -/-en dividend payment. **D ~ endenschein**, *m* -(e)s/-e dividend warrant. **d ~ ieren** [-'diːrən], *v.tr.* to divide (a number etc.) (**durch** + *acc*, by).

Division [divizi'oːn], *f* -/-en *Mth: Mil:* division.

doch [dɔx], *conj. & adv.* but; (*dennoch*) yet, however; (*trotzdem*) after all; **er ist arm, d. glücklich**, he is poor but/yet happy; **und d.**, and yet; **es geht d. nicht**, it just won't work/do; **kommt er d. noch?** is he coming after all? **wenn er d. käme!** if only he would come! **du weißt d., daß . . .**, but surely you know that . . . ; **du kommst d. (oder)?** you are coming, aren't you? **er hat es d. gesagt**, but he 'did say it; **sei d. ruhig!** do be quiet! **siehst du es nicht?—D.!** can't you see it?—Oh yes, I can; **d. d.**, yes, yes O.K.

Docht ['dɔxt], *m* -(e)s/-e wick.

Dock [dɔk], *n* -s/-s *Nau:* dock; **im D. liegen**, to be in dock. **D ~ arbeiter**, *m* -s/- docker; *N.Am:* longshoreman. **d ~ en**, *v.tr.&i.* (*haben*) *Nau: & Space:* to dock (a ship etc.).

Dogge ['dɔgə], *f* -/-n *Z:* (**englische**) **D.**, mastiff; **dänische/deutsche D.**, Great Dane.

Dogma ['dɔgma], *n* -s/-men *Ecc: etc:* dogma. **d ~ tisch** [-'maːtiʃ], *adj.* dogmatic.

Dohle ['doːlə], *f* -/-n *Orn:* jackdaw.

Doktor ['dɔktɔr], *m* -s/-en **1.** *Univ:* doctor; *F:* **seinen D. machen/bauen**, to do one's doctorate. **2.** *F:* (*Arzt*) doctor. **D ~ and(in)** [-'o'rant (-'randin)], *m* -en/-en (*f* -/-nen) doctoral candidate. **D ~ arbeit**, *f* -/-en doctoral thesis **D ~ in** [dɔk'toːrin], *f* -/-nen *F:* (**Frau**) **D.**, woman doctor. **D ~ titel**, *m* -s/-/ **D ~ würde**, *f* -/-n doctorate.

Doktrin [dɔk'triːn], *f* -/-en doctrine. **d ~ är** [-tri'nɛːr], *adj.* doctrinaire.

Dokument [doku'mɛnt], *n* -(e)s/-e document. **D ~ ar-** [-'taːr-], *comb.fm.* documentary (film, programme); **D ~ bericht** *m*, documentary/on the spot report. **D ~ ation** [-tatsi'oːn], *f* -/-en documentation. **d ~ ieren** [-'tiːrən], *v.tr.* (*a*) to document (sth.); (*belegen*) to prove (sth.) by documents; (*b*) (*zeigen*) to show (sth.) clearly; **sich d.**, to be revealed.

Dolch ['dɔlç], *m* -(e)s/-e dagger. **D ~ stoß**, *m* -(e)s/-e stab (with a dagger); *Fig:* stab in the back.

doll ['dɔl], *adj. P:* **1.** smashing, fantastic. **2.** (*schlimm*) awful (noise etc.).

Dollar ['dɔlar], *m* -s/-s dollar; **5 D.**, five dollars.

Doll|e ['dɔlə], *f* -/-n rowlock. **D ~ bord**, *m* -(e)s/-e gunwale (of a boat).

Dolmetsch ['dɔlmɛtʃ], *m* -(e)s/-e *Lit. & Aus:* interpreter. **d ~ en**, *v.tr.&i.* (*haben*) to interpret (a speech etc.). **D ~ er(in)**, *m* -s/- (*f* -/-nen) interpreter. **D ~ erinstitut**, *n* -(e)s/-e *Univ:* interpreters' institute.

Dom [doːm], *m* -(e)s/-e **1.** cathedral. **2.** *Arch: Tchn:* dome. **D ~ freiheit**, *f* -/-en *Ecc:* cathedral close. **D ~ herr**, *m* -(e)n/-en *Ecc:* canon. **D ~ kapitel**, *n* -s/- *Ecc:* chapter. **D ~ pfaff**, *m* -en/-en *Orn:* bullfinch.

Domäne [do'mɛːnə], *f* -/-n (*also Fig:*) domain.

domin|ant [domi'nant], *adj. Mus: Biol:* dominant. **D ~ ante**, *f* -/-n *Mus:* dominant (chord). **D ~ anz**, *f* -/-en dominance. **d ~ ieren**, *v.tr. & i.* (*haben*) to dominate (s.o., sth.).

Dominikaner [domini'kaːnər], *m* -s/- *Ecc:* Dominican (friar).

Domino ['do:mino]. **1.** *m* -s/-s (*Kostüm, Pers.*) domino. **2.** *n* -s/-s (game of) dominoes. **D ~ stein**, *m* -(e)s/-e domino.

Domizil [domi'tsiːl], *n* -s/-e *esp. Hum:* abode.

Dompteur [dɔmp'tøːr], *m* -s/-e /**Dompteuse** [-'tøːzə], *f* -/-n (animal) tamer.

Donau ['do:nau]. *Pr.n.f* -, **die D.**, the (River) Danube.

Donner ['dɔnər], *m* -s/- thunder; *Fig:* **wie vom D. gerührt**, thunderstruck. **d ~ n**, *v.* **1.** *v.i.* (*haben*) (*a*) (*also Fig:*) to thunder; **es donnert**, it is thundering; *F:* **an die Tür d.**, to hammer at the door; *Fig:* **d ~ der Beifall**, thunderous applause; (*b*) *F:* (*schimpfen*) to raise hell, fume (**gegen etwas** *acc*, about sth.). **2.** *v.tr.* (*schleudern*) to hurl (sth.). **D ~ schlag**, *m*

-(e)s/-̈e clap of thunder. ´D~wetter, n -s/no pl 1. F: (Skandal usw.) rumpus; (Rüge) telling off; ein richtiges D. über sich ergehen lassen, to get a real rocket. 2. int. (zum) D. (nochmal)! (i) good heavens! (ii) (als Fluch) damn! blast!

Donnerstag [´dɔnərstaːk], m -(e)s/-e Thursday; am D., on Thursday. ´d~s, adv. on Thursdays.

doof [doːf], adj. P: (a) silly, daft; (borniert) thick; (b) (langweilig) deadly boring; adv. d. dreinschauen/gucken, to look stupid.

dopen [´doːpən], v.tr. Sp: to dope (a horse etc.).

Doppel [´dɔpəl]. I. n -s/- 1. (Zweitschrift) duplicate. 2. Tennis: doubles. II. ´D~-, comb.fm. (a) double (bed, room, knot, line, window, chin, murder, Mus: choir etc.); D~band m, double volume (book); D~nummer f, double issue (magazine); D~kurve f, double bend; Print: D~seite f, double spread; Sch: D~-stunde f, double period; Tennis: D~fehler m, double fault; Mus: D~griffe mpl, double stopping; Phot: D~belichtung f, double exposure; d~läufig adj. double-barrelled (gun); (b) dual (meaning, I.C.E: ignition; Hist: monarchy, Th: role etc.); D~leben n, dual existence; I.C.E: D~vergaser m, twin-choke carburettor; Rail: d~gleisig adj. twin-track (line); (d) Tennis: doubles (partner etc.). ´D~adler, m -s/- Hist: two-headed eagle. ´D~boden, m -̈/- false bottom. ´D~decker, m -s/- 1. Av: biplane. 2. double-decker (bus). ´d~deutig, adj. ambiguous, equivocal. ´D~ehe, f -/-n bigamy; bigamous marriage; eine D. führen, to live in bigamy]. ´D~gänger, m -s/- (Pers.) double. ´D~haus, n -es/-̈er semi-detached/ N.Am: duplex house. ´D~meister, m -s/- Sp: champion with two titles. ´D~name, m -ns/-n double-barrelled name. ´D~paß, m -sses/-̈sse Fb: one-two. ´D~punkt, m -(e)s/-e Gram: colon. ´D~reiher, m -s/- double-breasted suit. ´d~seitig, adj. (a) double-sided; Med: double (pneumonia); Tex: reversible (material); adv. on both sides; (b) Journ: two-page (advertisement etc.). ´D~sieg, m -(e)s/-e Sp: einen D. haben, to take first and second places. ´d~sinnig, adj. ambiguous, equivocal. ´D~spiel, n -(e)s/-e 1. Fig: double dealing; mit j-m ein D. treiben, to double-cross s.o. 2. Tennis: doubles (match). ´D~stecker, m -s/- El: two-way adapter. ´d~t, adj. 1. double; d~e Fahrbahn, dual carriageway; ein Koffer mit d~em Boden, a case with a false bottom; in d~er Ausführung, in duplicate; Fig: ein d~es Spiel treiben, to play a double game; eine d~e Moral, a double standard; adv. sich d. vorsehen, to be doubly careful; d. sehen, to see double; d. verglast, double-glazed. 2. twice the (length, size etc.); der d~e Betrag, double/twice the amount; das D~e bezahlen, to pay twice as much/twice the amount; um das D~e erhöht werden, to be doubled; er fing mit d~em Eifer wieder an, he started again with redoubled enthusiasm; adv. d. so alt wie ich, twice as old as I am; d. soviel Arbeit, twice as much work; das Buch habe ich d., I've got two copies of that book; F: das ist d. gemoppelt, that's saying the same thing twice

over. ´D~verdiener, m -s/- 1. person with two sources of income. 2. (Ehepaar) sie sind D., they are both earning. ´d~züngig, adj. two-faced.

Dorf [dɔrf], n -(e)s/-̈er village; Fig: die Welt ist ein D., it's a small world. ´D~bewohner(in), m -s/- (f -/-nen) villager. ´D~pfarrer, m -s/- country parson/vicar. ´D~trottel, m -s/ village idiot.

Dörf|chen [´dœrfçən], n -s/- small village; hamlet. ´d~lich, adj. village (life etc.); (bäuerlich) rustic.

Dorn [dɔrn], m 1. -(e)s/-en Bot: thorn; Fig: j-m ein D. im Auge sein, to be a thorn in s.o.'s side. 2. -(e)s/-e (a) Tls: punch, awl; (b) spike (of a running shoe etc.). ´D~busch, m -(e)s/-̈e briar, thornbush. ´d~enreich/´d~ig, adj. (a) thorny (plant etc.); (b) difficult, hard (path, life etc.). D~´röschen. Pr.n.n -s. Sleeping Beauty. D~´röschenschlaf, m -(e)s/no pl (long) blissful sleep; Hum: the sleep of the just; Fig: in einem D. liegen, to be way behind the times/hopelessly old-fashioned; aus seinem D. erwachen, to wake up to reality.

Dörr- [´dœr-], comb.fm. dried (meat, vegetables, fruit). ´D~pflaume, f -/-n prune. ´d~en, v. 1. v.tr. to dry. 2. v.i. (sein) to dry (out).

Dorsch [dɔrʃ], m -(e)s/-e (young) cod(fish).

dort [dɔrt], adv. there; d. oben, up there; d. drüben, over there; d. herum, somewhere round there, thereabouts; d., wo ich ihn gesehen habe, (in the place) where I saw him; Tel: wer ist d.? who's that speaking? ´d~her, adv. (von) d., from there. ´d~´hin, adv. there; to that place; setz dich d., sit there. ´d~hinaus, adv. (a) out there; (b) F: bis d., endlessly, ad nauseam; er ärgerte sich bis d., he was utterly furious. ´d~ig, adj. in/of that place; die d~en Verhältnisse, the local conditions/conditions there.

Dose [´doːzə], f -/-n 1. (für Schmuck usw.) box; (für Tabak usw.) jar; (für Zucker) bowl. 2. (aus Blech) tin; esp. N.Am: can; eine D. Kaffee, a tin of coffee. 3. El: socket. ´D~n-, comb.fm. tinned, esp. N.Am: canned (meat etc.). ´D~n-milch, f -/no pl evaporated/condensed milk. ´D~nöffner, m -s/- tin/N.Am: can opener.

dös|en [´døːzən], v.i. (haben) F: to doze; (träumen) to daydream. ´d~ig, adj. F: drowsy; (stumpfsinnig) dopey.

dos|ieren [do´ziːrən], v.tr. to measure out (medicine etc.). D~ierung, f -/-en dose, dosage. ´D~is [´doːzis], f -/Dosen Med: Pharm: & Fig: dose; Fig: mit einer leichten D. Humor, with a dash of humour.

dotier|en [do´tiːrən], v.tr. to endow (a church, foundation etc.); to fund (an institution, project); eine gut dotierte Stellung, a well-paid post; der Preis ist mit 1000 Mark dotiert, the prize is worth 1,000 marks. D~ierung, f -/-en 1. endowment; funding. 2. (Gehalt) pay, remuneration.

Dotter [´dɔtər], m & n -s/- yolk. ´D~blume, f -/-n Bot: marsh marigold.

doube|ln [´duːbəln], v.tr. Cin: Th: to stand in for (s.o.). D~le [´duːbəl], n -s/-s understudy.

Doz|ent(in) [do´tsɛnt(in)], m -en/-en (f -/-nen) Univ: etc: lecturer; N.Am: assistant professor. D~entur [-´tuːr], f -/-en lectureship.

d~ieren [-'tsiːrən], *v.i.* (*haben*) to lecture (über + *acc*, on); *Fig:* to pontificate.
Drache ['draxə], *m* -n/-n *Myth:* dragon.
Drachen ['draxən], *m* -s/- **1.** kite. **2.** *P:* (*Frau*) shrew. **'D~fliegen,** *n* -s/*no pl* hang-gliding. **'D~flieger,** *m* -s/- hang-glider.
Dragée [dra'ʒeː], *n* -s/-s sugar-coated sweet/ *N.Am:* candy/*Pharm:* pill.
Dragoner [dra'goːnər], *m* -s/- **1.** *Mil: Hist:* dragoon. **2.** *P:* (*Frau*) butch (type).
Draht [drɑːt]. **I.** *m* -(e)s/⸚e wire; *Pol:* **heißer D.,** hot line; *F:* **auf D. sein,** to be in good form/ (*wachsam*) on one's toes; (*wissensmäßig*) to know one's stuff. **II. 'D~-,** *comb.fm.* wire (brush, basket, fence etc.); **D~geflecht** *n,* wire mesh; **D~gitter** *n,* wire fence/screen; **D~netz** *m,* wire netting; **D~schere** *f,* wire-cutters; **D~zange** *f* wire pliers; **D~zieher** *m Metalw:* wire drawer; *Fig:* string-puller; *Mil:* **D~verhau** *m & n,* wire entanglement. **'D~aus-löser,** *m* -s/- *Phot:* cable-release. **'D~fen-ster,** *n* -s/- wire-mesh window. **'D~funk,** *m* -(e)s/*no pl Rad:* line transmission. **'D~glas,** *n* -es/*no pl* reinforced/wired glass. **'D~haar,** *n* -(e)s/*no pl* wire hair. **'D~haar-,** *comb.fm.* wire-haired (terrier etc.). **'d~ig,** *adj.* wiry (hair, person). **'d~los,** *adj.* wireless (telegraphy etc.). **'D~seil,** *n* -(e)s/-e (a) wire rope; cable; (b) (*für Seiltänzer*) tightrope. **'D~seilbahn,** *f* -/-en cable railway; (*Kabine*) cable car. **'D~seilkünstler(in),** *m* -s/- (*f* -/-nen) tightrope walker.
drakonisch [dra'koːniʃ], *adj.* draconian.
drall[1] [dral], *adj.* plump, buxom (girl, woman).
Drall[2], *m* -(e)s/*occ* -e spin (of a ball, bullet); *Sp:* **einem Ball einen D. geben,** to spin a ball.
Dram|a ['drɑːma], *n* -s/-men (a) *Th: & Fig:* drama; (b) *F:* terrible business/headache; **der Umzug war ein einziges D.,** the move was traumatic from beginning to end. **D~atik** [-a'mɑːtik], *f* -/*no pl* (a) dramatic art; (b) drama, dramatic element (in a play etc.). **D~atiker,** *m* -s/- dramatist, playwright. **d~atisch,** *adj.* dramatic. **d~atisieren** [-ati'ziːrən], *v.tr.* to dramatize (a novel, *Fig:* situation etc.); *Fig:* to make much of (one's sufferings etc.). **D~a'turg** [-a'turk], *m* -(e)n/-en *Th: TV: etc:* dramatic adviser. **D~aturgie** [-atur'giː], *f* -/-n dramaturgy.
dran [dran], *F:* = daran, *q.v.;* **an der Geschichte ist was d.,** there's something in the story, **du bist d.,** it's your turn; **wer ist jetzt d.?** whose turn is it? **gut d. sein,** to be well off; **man weiß nie, wie man mit ihm d. ist,** you never know where you are with him. **'d~bleiben,** *v.i.sep.irr.12* (*sein*) *F:* (**an etwas** *dat*) **d.,** to hold on (to sth.); *Tel:* **bleiben Sie (bitte) dran!** hold the line please! **'d~halten,** *v.refl.sep.irr.45 F:* **sich d.,** to hurry (up). **'d~kommen,** *v.i.sep.irr.53* (*sein*) *F:* to have one's turn; **jetzt kommst du dran,** now it's your turn. **'d~neh-men,** *v.tr.sep.irr.69* to give (s.o.) a turn.
Dränage [drɛ'nɑːʒə], *f* -/-n *Med: etc:* drainage.
Drang [draŋ]. **I.** *m* -(e)s/⸚e **1.** (*Druck*) pressure, stress; (*Eile*) hurry; **im D. des Augenblicks,** in the heat of the moment. **2.** (*innerer Trieb*) urge; (*plötzlich*) impulse; **D. nach Freiheit,** yearning for freedom. **II. d.,** *p. of* **dringen,** *q.v.*

drängeln ['drɛŋəln], *v.tr.&i.* (*haben*) (a) (*schie-ben*) to push, jostle (s.o.); **sich nach vorn d.,** to push one's way to the front; (b) (*bedrängen*) to pester (s.o.) (to do sth.).
dräng|en ['drɛŋən], *v.* **1.** *v.tr.* (a) to push, shove (s.o.); **sich zur Tür d.,** to force/push one's way to the door; (b) **j-n zu etwas** *dat* **d./j-n d.,** etwas **zu tun,** to press/urge s.o. to do sth.; **er wollte sie nicht d.,** he didn't want to rush her. **2.** *v.i.* (*haben*) (a) (*Menschenmenge usw.*) to push, shove; (b) **auf Zahlung usw. d.,** to press for payment etc.; *Fig:* **die Zeit drängt,** time is running short, **d~de Fragen,** pressing questions. **D~e'rei,** *f* -/-en *F:* pushing, shoving.
Drangsal ['draŋzɑːl], *f* -/-e *Lit:* tribulation; (*Leiden*) affliction. **d~ieren** [-a'liːrən], *v.tr.* to harass, (*plagen*) plague (s.o.).
dränieren [drɛ'niːrən], *v.tr.* to drain (land etc.).
drapieren [dra'piːrən], *v.tr.* to drape (cloth, a room etc.).
drastisch ['drastiʃ], *adj.* **1.** drastic (measures etc.). **2.** vivid, dramatic (account etc.); (*derb, direkt*) uncompromising; **etwas mit d~en Worten schildern,** to describe sth. vividly.
drauf [drauf], *F:* = **darauf; ein hohes Tempo d. haben,** to be going at quite a pace; **d. und dran sein, etwas zu tun,** to be on the point of doing sth. **'D~gänger,** *m* -s/- go-getter; (*wag-halsig*) daredevil. **'D~gängertum,** *n* -s/*no pl* recklessness. **'d~geben,** *v.tr.sep.irr.35* (a) (*zugeben*) to add (sth.); *F:* to throw (sth.) in; (b) *F:* **j-m eins d.,** (i) to hit/thump s.o. one; (ii) (*zurechtweisen*) to give s.o. a ticking off. **'d~-gehen,** *v.i.sep.irr.36* (*sein*) *F:* (a) to kick the bucket; **ich werde vor Langeweile d.,** I shall be bored to death; (b) (*Zeit, Geld*) to be spent/ used up. **'d~knallen,** *v.tr. F:* to slap on (more money etc.) (**auf den Preis,** onto the price). **'d~legen,** *v.tr. sep. F:* (a) = **darauf-legen;** (b) **ich mußte noch 50 Mark d.,** I had to pay another 50 marks on top. **d~'los,** *int.* **nur d.!** come on! **immer d.!** keep at it! **d~'los-arbeiten,** *v.i. sep.* (*haben*) *F:* to get straight down to work. **d~'losgehen,** *v.i.sep.irr.36* (*sein*) *F:* to make a beeline for it. **d~'los-reden,** *v.i.sep.* (*haben*) *F:* to chatter away. **'d~zahlen,** *v.tr.sep. F:* to pay (sth.) on top.
draus [draus], *F:* = daraus.
draußen ['drausən], *adv.* outside; (*im Freien*) out of doors; **da d.,** out there; **nach d. sehen,** to look outside.
drechs|eln ['drɛksəln], *v.tr.* to turn (wood, a table leg etc.). **'D~ler,** *m* -s/- (wood) turner. **'D~lerbank,** *f* -/⸚e (wood-)turning lathe.
Dreck [drɛk]. **I.** *m* -(e)s/*no pl* **1.** *F:* muck, dirt; (*Schlamm*) mud; *Fig:* **im D. sitzen/stecken,** to be in a (nice) mess; **wir sind aus dem gröbsten D. heraus,** the worst is behind us; **j-n, etwas in den D. ziehen,** to run s.o., sth. down; **D. am Stecken haben,** to have blotted one's copy-book. **2.** *P:* (*Sache*) business; (*Kleinigkeit*) trifle; **sich um jeden D. kümmern müssen,** to have to see to every little thing; **mach deinen D. allein!** you can do it yourself! **3.** *P:* (*gar nichts*) **davon verstehst du einen D.,** you don't know a damn thing about it; **das geht dich einen D. an,** that's none of your damn business; **ein D./der letzte D. sein,** to be utterly worthless/

(*Pers.*) the lowest of the low; **j-n wie den letzten D. behandeln**, to treat s.o. like dirt. II. **'D~-**, *comb.fm.* F: dirty, (*stärker*) filthy (work, thing, *Fig:* hole, paw etc.); (*mies*) lousy (weather etc.); P: **D~(s)kerl** m/**D~sau** f, dirty swine; **D~fink/D~spatz** m, filthy/grubby child; **D~nest** n, lousy dump. **'D~haufen**, m -s/- F: muck heap; mess. **'d~ig**, adj. F: dirty (hands, *Fig:* joke etc.); muddy (path etc.); filthy (weather, *Fig:* book etc.); (*Pers.*) **sich d. machen**, to get dirty; **d~es Lachen**, dirty laugh; adv. **ihm geht es d.**, he's in a bad way/(*finanziell*) hard up. **'d~verkrustet**, adj. plastered with mud. **'D~(s)zeug**, n -(e)s/no pl F: (load of) rubbish.

Dreh [dre:]. I. m -s/-s F: 1. (*Einfall*) idea; (*Trick*) trick, knack; **auf einen guten D. kommen**, to hit on a good gimmick; **jetzt hat er den D. weg/(he)raus**, now he has got the hang of it. 2. (*Drehung*) turn; *Fig:* **einer Geschichte einen D. geben**, to give a story a twist. II. **'D~-**, *comb.fm.* (a) revolving (door etc.); **D~kran** m, revolving crane, derrick; *Th:* **D~bühne** f, revolving stage; (b) rotary (motion etc.); *Mec.E:* **D~kolben(motor)** m, rotary piston (engine); *Mth:* **D~achse** f, axis of rotation; (c) Ph: Mec: torsion (spring, bar etc.); **D~kraft** f, torsion, torsional force; (d) *Tls:* turning, lathe (work etc.); **D~meißel** m, turning/lathe tool; (e) swivel (chair, *Mec.E:* joint etc.); **D~zapfen** m, swivel pin. **'D~arbeiten**, fpl Cin: shooting (of a film). **'D~bank**, f -/⁻e Tls: (turning) lathe. **'d~bar**, adj. rotatable; revolving (chair, *Th:* stage etc.); (*schwenkbar*) swivelling; adv. **d. gelagert**, pivoted. **'D~bleistift**, m -(e)s/-e propelling/N.Am: mechanical pencil. **'D~brücke**, f -/-n swing-bridge. **'D~buch**, n -(e)s/⁻er Cin: (film) script; screenplay. **'D~buchautor**, m -s/-en Cin: scriptwriter. **'d~en**, v. 1. v.tr. (a) to turn (a key, handle, one's head etc.) (**nach links/rechts**, to the left/right; **nach oben**, upwards; (*im Kreis*) to revolve, rotate, (*schnell*) spin (a wheel etc.); **j-m den Rücken d.**, to turn one's back on s.o.; **sich d.**, to turn, (*im Kreis*) rotate, (*schnell*) spin; **sich um etwas** acc **d.**, to revolve around sth., (*Gespräch usw.*) be concerned with sth.; *Fig:* **alles dreht sich um ihn**, (i) he is the centre of everything; (ii) it all depends on him; **es dreht sich darum, ob/daß..**, the question/point is whether...; F: **mir dreht sich alles (im Kopf)**, my head is spinning; (b) (*also Fig: verdrehen*) to twist (sth.); to twine (threads), twirl (hair etc.); **sich d. und winden**, to twist and turn; *Fig:* to make excuses; **wie man es auch dreht und wendet**, whichever way you look at it; (c) to roll (a cigarette); Cin: to shoot (a film), film (a scene); *Metalw: Woodw:* to turn (a part); P: (*Verbrecher*) **ein Ding d.**, to do a job; (d) F: **die Heizung höher/kleiner d.**, to turn the heating up/down. 2. v.i. (*haben*) (a) (*Schiff usw.*) to turn (**nach links/rechts**, to the left/right); **der Fahrer drehte und fuhr zurück**, the driver turned (round) and drove back; (b) (*Wind*) to change; (c) **an etwas** dat **d.**, to turn, *Fig:* twist sth.; F: **es muß jd dran gedreht haben**, s.o. must have been fiddling/messing about with it. **'D~er**, m -s/- *Metalw: Woodw:* turner; lathe operator.

'D~gestell, n -(e)s/-e Rail: bogie. **'D~griff**, m -(e)s/-e Motor Cy: twistgrip (control). **'D~kondensator**, m -s/-en El: variable condenser. **'D~kreuz**, n -es/-e turnstile. **'D~moment**, n -(e)s/-e Mec: torque. **'D~orgel**, f -/-n Mus: barrel organ. **'D~punkt**, m -(e)s/-e pivot; Mec: fulcrum; *Fig:* crucial point. **'D~scheibe**, f -/-n (a) Rail: etc: turntable; (b) (*Töpferei*) potter's wheel. **'D~stuhl**, m -(e)s/⁻e 1. swivel chair. 2. *Tls:* bench lathe. **'D~ung**, f -/-en (a) turn; (*um die Achse*) rotation; (*im Kreis*) gyration; (b) twisting, Mec: torsion. **'D~zahl**, f -/-en Tchn: (number of) revolutions; speed. **'D~zahlmesser**, m -s/- revolution counter.

drei [drai]. I. num. adj. three; *Fig:* **er kann nicht bis d. zählen**, he's a half-wit. II. D., f -/-en (number) three; *Sch:* satisfactory (mark); (*im Examen*) pass. **'D~akter**, m -s/- Th: three-act play. **'D~blatt**, n -(e)s/⁻er Bot: Arch: etc: trefoil. **d~dimensional**, adj. three-dimensional. **'D~eck**, n -(e)s/-e triangle. **'d~eckig**, adj. triangular. **'D~eck(s)tuch**, n -(e)s/⁻er 1. shawl. 2. Med: triangular bandage. **'D~ecksverhältnis**, n -ses/-se ménage à trois. **D~'einigkeit**, f -/no pl Rel: trinity. **'D~er**, m -s/- (a) F: = **Drei** II; (b) Golf: threesome. **'d~erlei**, adj. of three kinds. **'d~fach**, adj. threefold, triple; **in d~er Ausfertigung**, in triplicate; **das D~e**, three times as much; adv. **das Papier d. zusammenlegen**, to fold the paper three times/into three. **D~'faltigkeit**, f -/no pl Rel: trinity. **'d~farbig**, adj. three-coloured. **'D~fuß**, m -es/⁻e tripod. **'D~ganggetriebe**, n -s/- Mec.E: three-speed gear. **'d~jährig**, adj. three-year-old (child etc.); three-year (appointment etc.). **D~'käsehoch**, m -s/-s F: titch; (*vorlaut*) whipper-snapper. **D~'könige**, pl/ **D~'königstag**, m -(e)s/no pl Ecc: Epiphany. **'d~mal**, adv. three times. **'d~malig**, adj. three times (over); **nach d~em Versuch**, after three attempts. **'d~monatig**, adj. three month-old (baby etc.); three-month (period etc.). **'d~monatlich**, adj. three-monthly, quarterly; adv. every three months/quarter. **'D~rad**, n -(e)s/⁻er tricycle; Aut: three-wheeler. **'d~seitig**, adj. 1. three-sided (figure etc.). 2. Pol: tripartite (agreement etc.). **'d~sprachig**, adj. trilingual. **'D~sprung**, m -(e)s/⁻e Sp: triple jump; hop, step and jump. **'d~ßig**. I. num. adj. thirty. II. D., f -/no pl 1. (number) thirty. 2. **er ist Mitte D.**, he is in his middle thirties. **'d~ßiger**. I. adj. **die d. Jahre**, the thirties. II. D., m -s/- person in his/her thirties; **in den D~n**, in one's thirties. **'d~ßigjährig**, adj. thirty-year old (person); thirty years' (war etc.). **'d~ßigste(r,s)**, num. adj. thirtieth. **'D~ßigstel**, n -s/- thirtieth. **'d~stellig**, adj. Mth: three-figure (number). **'d~stimmig**, adj. Mus: in three parts. **'d~tägig**, adj. three-day (trip etc.). **'d~teilig**, adj. in three parts; Cl: three-piece (suit). **'d~viertel**, adj. three quarters; **d. voll**, three-quarters full; **d. zehn**, a quarter to ten. **d~'viertellang**, adj. Cl: three-quarter length. **D~'viertelstunde**, f -/-n three quarters of an hour. **D~'vierteltakt**, m

-(e)s/-e *Mus:* three-four time. ´D ~ zack, *m* -s/-e trident. ´d ~ zehn, *adj.* thirteen; *F:* jetzt's schlägt's aber d.! that's the limit! ´d ~ zehn- te(r,s), *num. adj.* thirteenth.

drein [´drain], *F:* = darein. ´d ~ blicken/ *South G:* ´d ~ schauen, *v.i.sep.* (*haben*) freundlich/traurig d., to have a friendly/sad expression. ´d ~ reden, *v.i.sep.* (*haben*) (*unter- brechen*) to interrupt; (*sich einmischen*) to interfere.

dreist [´draist], *adj.* (*kühn*) audacious; (*frech*) impudent, cheeky; d ~ e Lüge, brazen lie. ´D ~ igkeit, *f* -/-en audacity; impudence; brazenness; sich *dat* D ~ en herausnehmen, to take liberties.

Dresch|e [´drɛʃə], *f* -/no pl *F:* thrashing, hiding. ´d ~ en, *v.irr.* (*p.* drosch, *p.p.* gedroschen). 1. *v.tr.* (*a*) to thresh (corn etc.); *Fig:* Phrasen d., to talk in platitudes; (*b*) to thrash (s.o.); *F:* (*prügeln*) sich d., to have a punch-up/*N.Am:* fist-fight. 2. *v.i.* (*haben*) to thresh. ´D ~ mas- chine, *f* -/-en threshing machine.

Dreß [drɛs], *m* -sses/-sse *esp.Sp:* outfit; *Fb:* strip.

Dress|eur [drɛ´søːr], *m* -s/-e (animal) trainer. d ~ ieren [-´siːrən], *v.tr* to train (an animal); (*Hund*) auf den Mann dressiert, trained to attack people. D ~ ur [-´suːr], *f* -/-en training.

dribbeln [´dribəln], *v.i.* (*haben*) *Fb:* to dribble.

Drill [dril], *m* -(e)s/no pl *Mil: etc:* drill. ´D ~- bohrer, *m* -s/- *Tls:* (spiral) drill. ´d ~ en, *v.tr.* *Mil: etc:* to drill (soldiers, *F:* pupils etc.) (auf etwas *acc,* to do sth.) ´D ~ ich, *m* -s/-e *Tex:* (coarse) canvas, drill; (*für Matratzen*) ticking.

Drilling [´driliŋ], *m* -s/-e triplet.

drin [drin], *F:* 1. — darin; mehr ist nicht d., you can't expect any more. 2. — drinnen.

dring|en [´driŋən], *v.i.irr.* (*p.* drang, *p.p.* gedrun- gen) (*u*) (*sein*) durch etwas *acc* d., to pene- trate sth.; aus etwas *dat* d., to break/(*Flüssig- keit*) leak out of sth.; (*Geräusch*) to come from sth.; in etwas *acc* d., to penetrate (into)/(*Pers.*) force one's way into sth.; die Kugel drang ihm ins Herz, the bullet entered his heart; *Fig:* (*Gerücht usw.*) an die Öffentlichkeit d., to leak out; bis zu j-m d., to reach/get as far as s.o.; (*b*) (*haben*) auf etwas *acc* d., to insist on/press for sth. ´d ~ end. *adj.* urgent (matter, *Tel:* call etc.); imminent (danger); *adv.* d. notwendig, urgently needed; absolutely necessary; d. ver- dächtig, strongly suspected (+ *gen.* of). ´d ~ lich, *adj.* urgent, pressing. ´D ~ lich keit, *f* -/no pl urgency; je nach D., in order of priority. ´D ~ lichkeitsstufe, *f* -/-n (degree of) priority; D ~ 3, top priority.

Drink [driŋk], *m* -s/-s (alcoholic) drink.

drinnen [´drinən], *adv.* inside.

dritt [drit]. I. *adv. phr.* zu d., in a group of three; wir waren zu d., there were three of us. II. ´d ~-, *comb.fm* third (largest, smallest etc.); der d ~ längste Fluß, the third longest river. ´d ~ e(r,s), *adj.* third; aus d ~ r Hand, at third hand; indirectly; *also Jur:* D ~ (r), third party; im Beisein D ~ r, in the presence of others. ´D ~ el, *n* -s/- third. ´d ~ eln, *v.tr.* to divide (sth.) into three. ´d ~ ens, *adv.* thirdly. ´d ~ letzte(r,s), *adj.* last but two; third (page etc.) from the end; third (runner etc.) from last. ´d ~ rangig, *adj.* third-rate. ´D ~ schaden,

m -s/-: *Jur: Ins:* third party's damage.

Drog|e [´droːgə], *f* -/-n *Pharm: Med:* drug. ´D ~ enabhängige(r), *m & f decl. as adj.* drug addict. ´D ~ enhändler, *m* -s/- drug pedlar/ pusher. D ~ erie [droɡə´riː], *f* -/-n (non- dispensing) chemist's shop, *N.Am:* drugstore. D ~ ist(in) [droˈɡist(in)], *m* -en/-en (*f*-/-nen) (non-dispensing) chemist, *N.Am:* druggist.

Droh|brief [´droːbriːf], *m* -(e)s/-e threatening letter. ´d ~ en, *v.i.* (*haben*) to threaten (j-m with etwas *dat,* s.o. with sth.); sein Herz drohte zu versagen, his heart was in danger of failing. ´d ~ end, *adj.* threatening (attitude, *Fig:* sky etc.); menacing (tone, gesture etc.); imminent (danger). ´D ~ ung, *f* -/-en threat.

Drohne [´droːnə], *f* -/-n 1. *Ent:* drone. 2. *Pej:* (*Pers.*) parasite.

dröhnen [´drøːnən], *v.i.* (*haben*) to boom, (*hallen*) resound; (*sehr laut*) to roar; (*Ma- schinen usw.*) to throb, (*in der Ferne*) drone; *Fig:* mir dröhnt der Kopf, my head is ringing.

drollig [´drɔliç], *adj.* funny; (*niedlich*) sweet; (*seltsam*) odd, quaint.

Drops [drɔps], *m & n* -/- (fruit) drop, boiled sweet; *N.Am:* hard candy.

Droschke [´drɔʃkə], *f* -/-n 1. (*Pferdewagen*) hackney/hansom cab. 2. (*Auto*) taxi. ´D ~ n- kutscher, *m* -s/- *A:* cab driver.

Drossel [´drɔsəl], *f* -/-n *Orn:* thrush. ´D ~ klap- pe, *f* -/-n *Mec.E:* throttle; *esp.* butterfly valve. ´d ~ n, *v.tr.* (*a*) *I.C.E:* to throttle (an engine); (*b*) to cut down, reduce (speed, imports etc.). ´D ~ spule, *f* -/-n *El:* choke (coil). ´D ~ ung, *f* -/-en cutback, reduction. ´D ~ vene, *f* -/-n *Med:* jugular (vein).

drüben [´dryːbən], *adv.* 1. over there. 2. *West G:* *F:* in East Germany; von/nach d., from/to East Germany.

drüber [´dryːbər], *adv. F:* = darüber.

Druck¹ [druk], *m* -(e)s/-e pressure; squeeze (of s.o.'s hand); durch einen leichten D. auf den Knopf, by gently pressing the button; *Fig:* j-n unter D. setzen, to put pressure on s.o.; unter D. stehen, to be under pressure/*Fig:* hard pressed; *F:* in/im D. sein, to be pressed for time. ´D ~ ausgleich, *m* -(e)s/no pl *Ph:* pres- sure equalization. ´d ~ empfindlich, *adj.* sensitive to pressure. ´D ~ kabine, *f* -/-n *Av:* pressurized cabin. ´D ~ knopf, *m* -(e)s/-e 1. (*Verschluß*) press-stud; (*klein*) snap fas- tener. 2. *Tchn: El:* push-button. ´D ~ luft, *f* -/no pl *Ph:* compressed air. ´D ~ luftbremse, *f* -/-n air brake. ´D ~ messer, *m* -s/- *Tchn:* pressure gauge. ´D ~ pumpe, *f* -/-n compres- sion pump. ´D ~ säule, *f* -/-n head water. ´D ~ schmierung, *f* -/no pl *Mec.E:* force- feed lubrication. ´D ~ stelle, *f* -/-n bruise (on fruit). ´D ~ taste, *f* -/-n press-key. ´D ~ welle, *f* -/-n shock wave.

Druck² [druk], *m* -(e)s/-e 1. no pl (*a*) printing; etwas in D. geben, to pass sth. for press; in D. gehen, to go to press; im D. erscheinen, to appear (in print), be published; (*b*) kleiner/großer D., small/large print. 2. (*Kunstd.*) print, engraving. II. ´D ~-, *comb.fm.* *Print:* (*a*) printing (costs, process etc.); D ~ maschine *f,* printing press; D ~ platte *f,* printing plate; D ~ vorlage *f,* printing copy; (*b*) (*gedruckt*) printed (pattern, page, *Tex:* material etc.); **D~bogen** *m,* printed sheet; *Post:* **D~sache** *f,* printed matter; *Aus: Adm:* **D~sorten** *fpl,* printed forms. ′**D~bild,** *n* **-(e)s/**no pl typography. ′**D~buchstabe,** *m* **-ns/-n** block letter, capital. ′**d~en,** *v.tr.* to print (a book etc.); **etwas neu d.,** to reprint sth.; *F:* **er lügt wie gedruckt,** he's an incorrigible liar. ′**D~er,** *m* **-s/-** printer. **D~e′rei,** *f* **-/-en** printing works, *F:* printer's. ′**D~erschwärze,** *f* **-/-n** printer's ink. ′**D~fahne,** *f* **-/-n** galley proof. ′**D~fehler,** *m* **-s/-** misprint. ′**d~fertig,** *adj.* ready for the press. ′**D~legung,** *f* **-/-en** printing. ′**D~probe,** *f* **-/-n** specimen. ′**d~reif,** *adj.* ready for press. ′**D~satz,** *m* **-es/**no pl typesetting. ′**D~schrift,** *f* **-/-en** 1. block capitals/letters. 2. *Print:* type. 3. (*Veröffentlichung*) publication.

Drück|eberger [′drykəbergər], *m* **-s/-** *F:* shirker; *Mil:* malingerer. ′**d~en,** *v.* 1. *v.tr.* (*a*) to press (s.o., sth.); **j-n an sich/an die Brust d.,** to embrace/hug s.o.; **j-m die Hand d.,** (i) to squeeze s.o.'s hand; (ii) to shake hands with s.o.; **der Schuh drückt (mich),** this shoe pinches/ is too tight; *F:* **mich drückt der Magen,** I've got indigestion; *Econ:* **den Markt d.,** to depress the market; (*b*) **sich in die Ecke d.,** to huddle/ crouch in the corner; (*c*) *F:* (*verschwinden*) **sich d.,** to make oneself scarce; **sich vor etwas** *dat/* **um etwas** *acc* **d.,** to dodge/evade sth. 2. *v.i.* (*haben*) to press (**auf etwas** *acc,* on sth.); **auf den Knopf d.,** to press the button; **die Hitze drückt,** the heat is oppressive; *Fig:* **auf j-s Stimmung d.,** to get s.o. down. ′**d~end,** *adj.* heavy (burden, debt etc.); oppressive (heat etc.). ′**D~er,** *m* **-s/-** (*a*) door handle; *F:* **auf den letzten D.,** at the last minute; (*b*) pushbutton; *F:* **am D. sein/sitzen,** to be in control.

drucksen [′druksən], *v.i.* (*haben*) *F:* to hum and haw, dither.

drum [′drum]. I. *adv. F:* = **darum; alles, was d. und dran ist,** everything connected with it. II. **D.,** *n* **mit allem D. und Dran,** with all the trimmings.

drunter [′druntər], *adv. F:* = **darunter; d. und drüber,** upside down; **alles geht d. und drüber,** everything is topsy-turvy.

Drüse [′dry:zə], *f* **-/-n** *Med:* gland. ′**D~n-,** *comb.fm.* glandular (fever etc.).

Dschungel [′dʒuŋəl], *m & occ n* **-s/-** jungle.

Dschunke [′dʒuŋkə], *f* **-/-n** *Nau:* junk.

du[du:]. *Corr:* **Du.** I. *pers. pron.* (*2nd pers. sing. nom.*) *F:* you; **mit j-m auf du und du stehen/per du sein,** to be on familiar terms with s.o.; *Prov:* **wie du mir, so ich dir,** do as you would be done by. II. **Du,** *n* **-(s)/-(s)** you; **j-m das Du anbieten,** to suggest to s.o. that he/she use the familiar form of address.

Dualsystem [du′a:lsyste:m], *n* **-s/**no pl *Mth:* binary system.

Dübel [′dy:bəl], *m* **-s/-** (*a*) wallplug; (*b*) *Carp:* dowel (pin). ′**d~n,** *v.tr.* to fix (sth.) with a wallplug.

Dublee [du′ble:], *n* **-s/-s** *Jewel:* rolled gold.

Dublette [du′blɛtə], *f* **-/-n** duplicate; (*zum Tauschen*) swap.

duck|en [′dukən], *v.tr.* (*a*) to humble (s.o.); *F:* to do (s.o.) down; (*b*) **sich d.,** to duck (**vor einem Schlag,** to avoid a blow); *Fig:* **sich (vor j-m) d.,**

to give way (to s.o.); (*vor Angst*) to cower/ cringe (before s.o.) ′**D~mäuser,** *m* **-s/-** servile type, cringer; *F:* yes-man.

Dudel|ei [du:də′lai], *f* **-/-en** *F:* tootling; droning. ′**d~n,** *v.* 1. *v.i.* (*haben*) to tootle, (*Radio usw.*) drone (on). 2. *v.tr.* to drone out (a song, tune). ′**D~sack,** *m* **-(e)s/⸚e** *Mus:* bagpipes. ′**D~sackpfeifer,** *m* **-s/-** bagpiper.

Duell [du′ɛl], *n* **-s/-e** duel. **d~ieren** [-′li:rən], *v.refl.* **sich mit j-m d.,** to fight a duel with s.o.

Duett [du′ɛt], *n* **-(e)s/-e** *Mus:* duet.

Duft [duft], *m* **-(e)s/⸚e** scent, fragrance (of flowers etc.); aroma (of coffee, a cigar etc.); (*unangenehm*) smell, *Pej:* stink (of cheese, etc.). ′**d~e,** *adj. North G: F:* smashing, *N.Am:* swell. ′**d~en,** *v.i.* (*haben*) to smell, be fragrant; **diese Rose duftet nicht,** this rose has no scent; **stark d.,** to have a strong smell/perfume (**nach +** *dat,* of); **es duftet nach Äpfeln,** there is a smell of apples; *F: Iron:* **der Käse duftet,** the cheese stinks. ′**d~end,** *adj.* fragrant. ′**d~ig,** *adj.* fine, gauzy (material); light, dainty (dress etc.); frothy (lace). ′**D~kissen,** *n* **-s/-** (perfumed) sachet. ′**D~wasser,** *n* **-s/⸚** toilet water; *Hum:* perfume.

duld|en [′duldən], *v.tr.* to bear (pain etc.); to tolerate, put up with (injustice etc.); **etwas stillschweigend d.,** to shut one's eyes to sth.; **er wird hier nur geduldet,** he's only here on sufferance; **keinen Widerstand/Aufschub d.,** to brook no contradiction/delay. ′**d~sam,** *adj.* tolerant (**gegen j-n,** towards s.o.). ′**D~samkeit,** *f* **-/**no pl tolerance. ′**D~ung,** *f* **-/-en** toleration.

dumm [dum], *adj.* 1. (*a*) (*unintelligent*) stupid (person, action); *N.Am:* dumb (person); (*töricht*) foolish, silly; **ich lasse mich nicht für d. verkaufen,** I won't be made a fool of; **sich d. stellen,** to pretend not to understand; to look innocent; *Prov:* **die D~en werden nicht alle,** there's one born every minute; **d. geboren und nichts dazugelernt,** born a fool, always a fool; *F:* **da müßte ich schön d. sein,** I wouldn't be such a fool; **d~es Zeug reden,** to talk nonsense; **ein d~es Gesicht machen,** to look stupid; (*überrascht*) to gape; **komm mir nicht so d.!** don't try that with me! (*b*) **er ist immer der D~e dabei,** he always comes off worst. 2. *F:* (*unangenehm*) stupid, awkward (business, time etc.); **zu/wie d.!** what a nuisance! **die Sache wird mir zu d.,** that's too much (of a good thing); **ich habe das d~e Gefühl, daß . . .,** I've got a nasty feeling that . . .; *adv.* **das hätte d. ausgehen können,** that could have ended nastily. 3. *F:* **sich d. und dämlich reden,** to talk until one is blue in the face. ′**d~dreist,** *adj.* impudent. ′**d~erweise,** *adv. F:* stupidly; (*leider*) unfortunately. ′**D~heit,** *f* **-/-en** 1. *no pl* stupidity; (*Leichtsinn*) silliness, foolishness. 2. stupid thing, folly; **mach keine D~en,** don't do anything silly. ′**D~kopf,** *m* **-(e)s/⸚e** *F:* fool; ass.

dumpf [dumpf], *adj.* (*a*) dull (sound, *Fig:* pain etc.); (*gedämpft*) muffled (sound); **d~er Aufprall,** dull thud; *Fig:* **d~e Ahnung,** vague feeling; (*b*) (*muffig*) musty (smell); stale (air etc.); stuffy (atmosphere). ′**D~heit,** *f* **-/-en** (*a*) dullness; (*b*) mustiness. ′**d~ig,** *adj.* musty.

Düne [′dy:nə], *f* **-/-n** dune.

Dung [duŋ], *m* **-(e)s/**no pl *Agr:* dung.

Düng|emittel ['dyŋəmitəl], *n* -s/- *Agr: usu. pl* fertilizer. '**d ~ en**, *v.tr. Agr:* to fertilize, manure (a field etc.). '**D ~ er**, *m* -s/- *Agr:* fertilizer, (*Mist*) manure.

dunkel ['duŋkəl]. **1.** *adj.* dark; (*a*) **dunkles Bier**, *approx.* brown ale; **dunkle Hautfarbe**, swarthy complexion; **d. werden**, to get dark; (*also Fig:*) **im d ~ n**, in the dark; (*b*) *Fig:* (*unbestimmt*) vague (idea, memory, suspicion etc.); (*unklar*) obscure (passage etc.); **in dunkler Vorzeit**, in the mists of antiquity; *adv.* **ich kann mich d. daran erinnern**, I can vaguely remember it; (*c*) (*zweifelhaft*) **dunkle Geschäfte**, shady deals. **II. D.**, *n* -s/*no pl Lit:* darkness. **III. d ~-**, *adj. comb.fm.* dark (green, brown etc.); **d ~ häutig**, dark-skinned, swarthy; **d ~ haarig**, dark-haired. '**D ~ heit**, *f* -/*no pl* darkness; **bei Einbruch der D.**, at dusk/nightfall. '**D ~ kammer**, *f* -/-n *Phot:* darkroom. '**d ~ n**, *v.* **1.** *v.i.* (*haben*) to grow dark. **2.** *v.tr.* to darken (colours etc.). '**D ~ schalter**, *m* -s/- *El:* dimmer switch. '**D ~ werden**, *n* -s/*no pl* dark, dusk; **vor/nach (dem) D.**, before/after dark. '**D ~ ziffer**, *f* -/-n *Adm:* unpublished but suspected figure/ statistic; (*geheimgehalten*) hushed up figure.

Dünkel ['dyŋkəl], *m* -s/*no pl Lit:* conceit. '**d ~ haft**, *adj. Lit:* conceited.

Dünkirchen [dyn'kirçən]. *Pr.n.n* -s. *Geog:* Dunkirk.

dünn [dyn], *adj.* thin; (*a*) slim (figure, volume); spindly (legs); **sich d. machen**, to squeeze up, make room; **d ~ er Faden**, fine/*Fig:* tenuous thread; **d. wie ein Faden**, as thin as a rake/ *N.Am:* rail; (*b*) (*schwach*) weak (coffee etc.); **mit d ~ er Stimme**, in a weak voice; **d ~ e Luft**, rarefied air; (*c*) *adv.* **Farbe usw. d. auftragen**, to apply paint etc. thinly/sparingly; **diese Gegend ist d. besiedelt**, this area is sparsely populated; *Fig:* **d. gesät**, few and far between. '**D ~ darm**, *m* -(e)s/-̈e *Anat:* small intestine. '**D ~ druckpapier**, *n* -s/-e India paper; *N.Am:* onion skin. '**D ~ e/'D ~ heit**, *f* -/*no pl* thinness; weakness. '**d ~ flüssig**, *adj.* thin, watery (liquid). '**d ~ machen**, *v.refl.sep. F:* **sich d.**, to make oneself scarce, clear off.

Dunst ['dunst], *m* -(e)s/-̈e mist; (*in der Ferne, auch Abgase usw.*) haze; (*Dampf*) vapour; **giftige D ~ e**, poisonous fumes/vapours; *F:* **j-m blauen D. vormachen**, to pull the wool over s.o.'s eyes; **keinen (blassen) D. von etwas *dat* haben**, not to have the foggiest idea about sth. '**d ~ en**, *v.i.* (*haben*) to give off a smell/ (*Dämpfe*) fumes; (*dampfen*) to steam. '**D ~ glocke**, *f* -/-n pall of smog (over a city). '**d ~ ig**, *adj.* misty, hazy; (*verräuchert*) smoky.

dünsten ['dynstən], *v.tr. Cu:* to steam (fish, vegetables); (*schmoren*) to braise (meat etc.).

Dünung ['dy:nuŋ] *f* -/-en *Nau:* swell.

Duo ['du:o], *n* -s/-s *Mus:* duo; *F: Iron:* pair (of crooks etc.).

Dupli|kat [dupli'ka:t], *n* -(e)s/-e duplicate; (*Abschrift*) copy. **D ~ kation** [-atsi'o:n]/ **D ~ zi'tät**, *f* -/-en duplication.

Dur [du:r], *n* -/- *Mus:* major (key); **A-D.**, A major.

durch [durç]. **I.** *prep.* + *acc* through; (*a*) **er ging d. den Garten/die Tür**, he went through the garden/the door; (*b*) (*mittels*) **d. die Post**, through the/by post; **d. eigene Schuld**, through one's own fault; **d. Zufall**, by chance; **etwas d. Lautsprecher bekanntgeben**, to announce sth. over loudspeakers; *Mth:* **6 d. 2 dividieren**, to divide six by two; (*c*) (*von*) **d. ein Erdbeben zerstört**, destroyed by an earthquake. **II.** *adv.* **1.** (*zeitlich*) (*a*) **den Sommer d.**, all through/ throughout the summer; (*b*) *F:* (*vorbei*) **es ist schon elf Uhr d.**, it's already past/gone eleven. **2.** *Cu:* **ist das Fleisch schon d.?** is the meat done yet? **3. d. und d.**, thoroughly; **d. und d. naß**, wet through; **er kennt es d. und d.**, he knows it inside out; **der Schrei ging mir d. und d.**, the scream went right through me. **III.** '**d ~-**, *vbl. prefix* (*a*) (to blow, look, rush, jump etc.) through; **d ~ wetzen**, to wear through; **sich d ~ quetschen/d ~ zwängen**, to squeeze one's way through; *Cu:* **etwas d ~ gießen**, to pour sth. through (a sieve); (*b*) (*ohne Pause*) (to fly, dance, celebrate etc.) without stopping; *F:* **d ~ saufen/d ~ zechen** to drink incessantly/all night; (*c*) (*gründlich*) (to brush, knead, rinse) thoroughly; (to organize) to the last detail.

'**durchackern**, *v.tr.sep. F:* to plough through (a book etc.).

'**durch|arbeiten** *v.sep.* **1.** *v.tr.* (*a*) to study (sth.) thoroughly; **sich durch die Menge/ein Buch d.**, to work one's way through the crowd/ a book; (*b*) (*bearbeiten*) to work out, (*zu Ende führen*) complete (an article, essay etc.); **gut durchgearbeitet**, well thought out. **2.** *v.i.* (*haben*) to work without a break; **die ganze Nacht d.**, to work right through the night.

'**durchatmen**, *v.i.sep.*(*haben*) to breathe deeply.

durchaus, *adv.* **1.** ['durç(')?aus] (*unbedingt*) absolutely, at all costs; **sie will d. mitkommen**, she wants to come whatever happens; **wenn du es d. willst**, if you absolutely insist. **2.** ['durç-?aus, durç'?aus] (*völlig*) **d. unerfreulich**, thoroughly unpleasant; **es ist d. möglich/richtig**, it is perfectly possible/correct; **d. nicht**, not at all.

'**durchbeißen**, *v.tr.sep.irr.4* (*a*) (*also* **durch'beißen**, *insep.*) to bite through (sth.); (*b*) *F:* **sich d.**, to struggle through.

'**durchbekommen**, *v.tr.sep.irr.53 F:* to get (s.o., sth.) through.

'**durchbiegen**, *v.tr.sep.irr.7* to bend (sth.) (as far as possible); **sich d.**, to sag.

'**durchblättern**, *v.tr.sep.* to glance/thumb through (a book etc.).

'**Durchblick**, *m* -(e)s/-e **1.** view, (*flüchtig*) glimpse (**auf etwas** *acc*, of sth.). **2.** *F:* overall view; **den D. verlieren**, to lose track (of things). '**d ~ en**, *v.i.sep.* (*haben*) (*a*) to look through (**durch etwas** *acc*, sth.); (*b*) **etwas d. lassen**, to make sth. clear, indicate sth.; **blickst du hier durch?** can you make anything of this?

durch'blut|en, *v.tr.insep.* to supply (an organ etc.) with blood; **gut durchblutet**, with good circulation. **D ~ ung**, *f* -/*no pl* circulation.

durchbohren, *v.tr.* **1.** ['durçbo:rən] *sep.* (*a*) to drill through (sth.); (*b*) to drill (a hole) through. **2.** [durç'bo:rən] *insep.* (*Messer usw.*) to pierce (sth.); *Fig:* **j-n mit seinem Blick d.**, to transfix s.o. with a glance; **d ~ der Blick**, piercing glance.

'**durchbraten**, *v.tr.sep.irr.13* to cook (meat) well; **durchgebraten**, well done.

durchbrechen, *v.irr.14* **1.** ['durçbreçən] *v.tr.sep.* to break (sth.) in two; *Constr:* to break through (a wall etc.); **ein Fenster usw. d.,** to let in a window etc. **2.** ['durçbreçən] *v.i.sep.* (*sein*) (*a*) (*Stock usw.*) to break in two; (*b*) (*Sonne, Mil: Truppen*) to break through; (*Knospen*) to burst; *Med:* (*Blinddarm, Geschwür*) to perforate; **sein erster Zahn ist durchgebrochen,** he has cut his first tooth; (*Pers.*) **durchs Eis usw. d.,** to fall through the ice etc. **3.** [durç-'breçən] *v.tr.insep.* to break/burst (through) (sth., a dam etc.); *Av:* **die Schallmauer d.,** to break the sound barrier.

'**durchbrennen,** *v.i.sep.irr.15* (*a*) (*haben*) (*Ofen usw.*) to keep burning; (*b*) (*sein*) (*Kohlen usw.*) to burn (right) through; *El:* **die Sicherung ist durchgebrannt,** the fuse has blown; (*c*) (*sein*) *F:* to run away; **sie brannte mit ihrem Liebhaber durch,** she eloped with her lover.

'**durchbringen,** *v.tr.sep.irr.16* (*a*) to get (s.o., sth.) through, pull (a patient) through; to manage to provide for (children etc.); **sich d.,** to get by, scrape a living; (*b*) (*vergeuden*) to squander (money).

durch'brochen, *adj.* perforated; *Cl:* openwork (gloves, shoes); *Jewel:* filigree.

'**Durchbruch,** *m* -(e)s/-̈e breakthrough; *Dent:* cutting (of teeth); *Med:* perforation (of appendix); **zum D. kommen,** to achieve a breakthrough; (*Idee*) to become accepted.

durch'denken, *v.tr.insep.irr.17* to think (sth.) over; **gut durchdacht,** well thought out.

'**durchdrehen,** *v.sep.* **1.** *v.tr.* to put (meat etc.) through the mincer. **2.** *v.i.* (*haben*) (*a*) *Aut:* (*Räder*) to spin; (*b*) *F:* (*Pers.*) to panic, go round the bend.

durchdringen, *v.irr.19* **1.** ['durçdriŋən], *v.i.sep.* (*sein*) (*a*) (**durch etwas** *acc*) **d.,** to penetrate, come through (sth.); **d~der Geruch,** penetrating/all-pervading smell; **d~der Schrei,** piercing scream; (*b*) **mit etwas** *dat* **d.,** to win acceptance for sth.; **mit einem Vorschlag bei j-m d.,** to persuade s.o. to accept a proposal. **2.** [durç-'driŋən] *v.tr.insep.* to penetrate (sth.); **j-n d.,** (*Gefühl usw.*) to fill s.o.; (*Idee*) to seize s.o.'s imagination; **von Haß durchdrungen,** filled with hatred.

'**durchdrücken,** *v.tr.sep.* (*a*) to press, force (sth.) (**durch etwas** *acc,* through sth.); *F:* to push through (a plan, *Parl:* bill etc.); **seinen Willen d.,** to get one's way (in face of resistance); (*b*) to straighten (one's knees, back).

durchein'ander. I. *adv.* (*Sachen usw.*) jumbled (up); *Pej:* in a muddle/mess; **ich bin ganz d.,** I'm in a complete muddle/*F:* all mixed up; **alles d. essen,** to eat everything in a haphazard order. **II. D.,** *n* -s/*no pl* disorder, jumble; *Pej:* muddle, mess; (*Verwechslung usw.*) mix-up; **D. von Stimmen,** hubbub; **wüstes/heilloses D.,** utter confusion; **Ordnung in ein D. bringen,** to create order out of chaos. **d~bringen,** *v.tr.sep.irr.16* to confuse (s.o.); to mix/muddle up (papers, words etc.). **d~geraten,** *v.i.sep.* (*sein*) to get mixed up/into a muddle. **d~reden,** *v.i. sep.* (*haben*) **alle redeten durcheinander,** everyone was talking at once. **d~werfen,** *v.tr.sep.irr.110* to throw (sth.) into disorder; *Fig:* to mix up (ideas etc.).

durchfahren, *v. irr.26* **1.** ['durçfa:rən] (*sein*) (*a*) (**durch etwas** *acc*) **d.,** to drive/travel through (sth.); **wir sind durchgefahren,** we drove there without breaking the journey; *Rail:* **der Zug fährt in X/bis X durch,** the train doesn't stop at X/is first stop X; **man kann bis Mainz d.,** you can go to Mainz without changing; **die ganze Nacht d.,** to travel all night. **2.** [durç-'fa:rən] *v.tr.insep.* to travel/*Aut:* drive through (an area, country etc.); *Fig:* (*Schreck, Gedanken usw.*) to pass through (s.o., s.o.'s mind); **es durchfuhr mich plötzlich, daß ...,** I remembered/realized with a start that ...

'**Durchfahrt,** *f* -/-en journey, *Nau:* passage (**durch** + *acc,* through); **sie sind nur auf der D.,** they are just passing through; *P.N:* **D. verboten,** no thoroughfare; **D. nur bis zum Friedhof,** access only as far as the cemetery.

'**Durchfall,** *m* -(e)s/-̈e **1.** *Med:* diarrhoea. **2.** *F:* (*Mißerfolg*) flop. '**d~en,** *v.i.sep.irr.27* (*sein*) (*a*) (**durch etwas** *acc*) **d.,** to fall through (sth.); (*b*) *F: Pol:* (*Kandidat*) to lose; *Th:* (*Stück*) to be a flop; *Sch:* (**bei der Prüfung**) **d.,** to fail (the examination); **j-n d. lassen,** to fail s.o.

'**durchfinden,** *v.i. & refl.sep.irr.9* (*haben*) **(sich) d.,** to find one's way (through); *Fig:* **es ist so kompliziert, ich finde nicht mehr durch,** it's so complicated, I can't make head or tail of it.

durchfliegen, *v.irr.7* **1.** ['durçfli:gən], *v.i.sep.* (*sein*) (*a*) *Av:* to fly non-stop; (**durch etwas** *acc*) **d.,** to fly through (sth.); (*b*) *F:* (**in einer Prüfung**) **d.,** to fail (an exam). **2.** [durç'fli:gən] *v.tr.insep.* (*a*) *Av:* to fly through (a storm etc.); (*zurücklegen*) to fly, cover (a distance); (*b*) to skim through (a book etc.).

durch'fließen, *v.tr.insep.irr.31* to flow through (sth.).

durch'flochten, *p.p.* intertwined (**mit** + *dat,* with); *Fig:* **mit Zitaten d.,** decked out with quotations.

durch'forschen, *v.tr.insep.* (*a*) to investigate, research (a subject); (*b*) to explore (a region), search (an area, face etc.) (**nach** + *dat,* for).

durch'froren, *adj.* frozen stiff.

'**Durchfuhr,** *f* -/-en *Com:* transit.

'**durchführ|bar,** *adj.* practicable, possible; **schwer d.,** difficult to carry out. **D~barkeit,** *f* -/*no pl* practicability, feasibility. '**d~en,** *v.sep.* **1.** *v.i.* (*haben*) **durch etwas** *acc* **d.,** to lead/go through sth. **2.** *v.tr.* (*a*) **j-n (durch etwas** *acc*) **d.,** to take s.o. through, show s.o. round (sth.); (*b*) (*verwirklichen*) to execute, carry out (a plan, task, an order etc.); to complete (work etc.); to hold (a meeting); to make (a count). '**D~ung,** *f* -/-en **1.** execution, carrying out; (*Vollendung*) completion; *Adm:* **zur D. kommen/gelangen,** to be completed. **2.** *Mus:* development.

'**Durchgang,** *m* -(e)s/-̈e **1.** passage (through), way through; (*zwischen Sitzreihen*) gangway, *N.Am:* aisle; *P.N:* **D. verboten,** no thoroughfare. **2.** (*Stadium*) phase; *Sp:* round; *Ski: Motor Rac: etc:* **der erste D.,** the first runs. '**D~s-comb.fm.** (*a*) through (road, station etc.); *esp. Com:* transit (visa, trade etc.); **D~verkehr** *m,* (i) through traffic; (ii) *Com:* goods in transit; **D~lager** *n,* transit camp. '**D~sstadium,** *n* -s/-ien transitional stage.

durchgängig ['-gɛniç], *adj.* general; universal (opinion etc.).

'**durchgeben**, *v.tr.sep.irr.35* Rad: TV· etc· to broadcast (news etc.); **eine Meldung d.**, to make an announcement; Tel: to telephone a message.

'**durchgedreht**, *adj.* F: (*konfus*) mixed-up; (*erschöpft*) flaked out.

durchgehen, *v.irr.36* 1. ['durçge:ən] *v.i.sep.* (*sein*) (*a*) (**durch etwas** *acc*) **d.**, to go/(*Pers.*) walk through (sth.); **das Wasser ging durch seinen Schuh durch**, the water came through his shoe; **der Zug geht bis Köln durch**, the train goes straight through to Cologne; (*in der Straßenbahn usw.*) **bitte (im Wagen) weiter d.!** move right down (the car) please! (*b*) (*Antrag, Gesetz usw.*) to go through, pass; **etwas d. lassen**, to let sth. pass, overlook sth.; **j-m etwas d. lassen**, to let s.o. get away with sth.; (*c*) (*Pferd*) to bolt; F: (*durchbrennen*) to run away, (*Liebhaber*) elope; **mit der Kasse d.**, to make off with the cash. 2. ['durçge:ən] *v.tr.sep.* (*sein*) to go/look through (a list, book etc.). 3. [durç'ge:ən] *v.tr. insep.* to walk through (a street, forest etc.). '**d ~ d**, *adj.* 1. through (train, ticket, carriage etc.). 2. continuous; **d ~ er Dienst**, 24 hour service; *adv.* **d. geöffnet**, open day and night; (*Geschäft*) no lunch-time closing.

'**durchgreifen**, *v.i.sep.irr.43* (*haben*) (*a*) (**durch etwas** *acc*) **d.**, to reach through (sth.); (*b*) to take (decisive/drastic) action; **d ~ de Maßnahmen**, drastic measures; **d ~ de Änderungen**, sweeping changes.

'**durchhaben**, *v.tr.sep.irr.44* F· (*a*) to have got (sth.) through; (*b*) (*fertighaben*) to have got through (sth)

'**durchhalt|en**, *v.sep.irr.45* 1. *v.i.* (*haben*) to hold out, stick it out (**bis zum Äußersten**, to the bitter end); **d.!** keep it up! 2. *v.tr.* to persevere with (sth.), see (sth.) through; **er kann das Tempo nicht d.**, he cannot stand the pace. '**D ~ evermögen**, *n -s/no pl* stamina.

'**durchhängen**, *v.i.sep.irr.46* (*haben*) (*a*) to hang down, sag; (*b*) F: (*Pers.*) to be in bad shape.

'**durchhauen**, *v.tr.sep.irr.47* (*a*) to chop (wood etc.) in two; (*b*) F: to give (s.o.) a good hiding; (*c*) **sich durch einen Dschungel usw. d.**, to hack one's way through a jungle etc.

'**durchhelfen**, *v.i.sep.irr.50* (*haben*) **j-m (durch eine Schwierigkeit) d.**, to help s.o. out (of a difficulty); **sich** *dat* **d.**, to get by, manage.

'**durchkämmen**, *v.tr. sep.* (*a*) to comb (one's hair) through/out; (*b*) (*also insep.* **durch'kämmen**) to comb (an area) (**nach** + *dat*, for).

'**durchkämpfen**, *v.tr.sep.* (*a*) to fight (sth.) out; Fig: to achieve (sth.) (after a struggle); (*b*) **sich (durch etwas** *acc*) **d.**, to fight one's way through (sth.); **man muß sich im Leben d.**, life is always a struggle.

'**durchkauen**, *v.tr.sep.* (*a*) to chew (food) thoroughly; (*b*) Fig: to go/chew over (a subject) (time and again).

'**durchkommen**, *v.i.sep.irr.53* (*sein*) (*a*) to come through, (*Regen usw.*) come in; Tel: etc: to get through; **sie ist durch die Prüfung durchgekommen**, she passed/got through the exam; F: **ich komme mit meiner Arbeit nicht mehr durch**, I can't get through/cope with my work; (*b*)

(*Patient*) to pull through; (*c*) to manage/get by (with sth.); F: **damit wirst du (bei ihm) nicht d.**, that won't get you anywhere (with him).

'**durchkönnen**, *v.i.sep.irr.54* (*haben*) F: **ich kann nicht durch**, I can't get through.

durchkreuzen, *v.tr.* 1. ['durçkrɔytsən] *v.sep.* to cross (sth.) out. 2. [durç'krɔytsən] *v. insep.* to thwart (s.o.'s plans etc.).

'**Durchlaß**, *m -sses/-̈sse* (*a*) Lit: passage; (*b*) (*Öffnung*) gap; (*nach innen*) outlet.

'**durchlassen**, *v.tr.sep.irr.57* to let (s.o., sth.) (pass) through; **Wasser d.**, to leak.

'**durchlässig**, *adj.* (*a*) (*wasserd.*) porous (material, soil etc.); leaky (shoes, roof etc.); (*b*) (*lichtd.*) transparent.

Durchlaucht ['durçlauçt], *f -/-en* Seine/Ihre D., His/Her Highness.

durchlauf|en, *v.irr.58* 1. ['durçlaufən], *v.i.sep.* (*sein*) (**durch etwas** *acc*) **d.**, to run through (sth.); **Kaffee (durch einen Filter) d. lassen**, to filter/percolate coffee. 2. ['durçlaufən] *v.tr.sep.* to wear out (shoes etc.); F: **sich** *dat* **die Füße d.**, to walk one's feet off. 3. [durç'laufən] *v.tr.insep.* (*a*) to pass through (stages, *Fig*: s.o. etc.); (*b*) Sp. to cover (a distance). '**D ~ erhitzer**, *m -s/-* constant flow water heater.

durch'leben, *v.tr.sep.* to live through (a period), experience (sth.).

'**durchlesen**, *v.tr.sep.irr.61* to read (sth.) through (**auf Fehler usw.**, for mistakes etc.).

durchleucht|en, 1. ['durçlɔyçtən] *v.i.sep.* (*haben*) (**durch etwas** *acc*) **d.**, to shine through (sth.). 2. [durç'lɔyçtən] *v.tr.insep.* Med: to X-ray (s.o., sth.), Fig: to examine, investigate (a case, s.o.'s past etc.) (**auf etwas** *acc*, for sth.); F: to screen (s.o.). **D ~ ung** [-'lɔyçtuŋ], *f -/-en* Med: X-ray examination; Fig: investigation.

durch'löchern, *v.tr.insep.* to make/punch holes in (sth.); **von Kugeln durchlöchert**, riddled with bullets.

'**durchlotsen**, *v.tr.sep.* to pilot (a ship); Fig: to guide (s.o.) (through).

'**durchlüften**, *v.tr.sep.* to air (a room etc.) (by opening all windows and doors).

'**durchmachen**, *v.tr.sep.* to go through (school, hard times etc.); to undergo (training, a process, Med: an operation etc.); to serve (an apprenticeship); (*erleiden*) to endure (suffering etc.), suffer (an illness); **etwas bis zum Ende d.**, to see sth. through; **sie hat viel durchgemacht**, she has been through a lot.

'**Durchmesser**, *m -s/-* diameter.

'**durchmüssen**, *v.i.sep.irr.68* (*haben*) F: (**durch etwas** *acc*) **d.**, to have to go through (sth.); **wir müssen durch**, we'll have to go through it/ Fig: (*Plan usw.*) go through with it.

'**Durchnahme**, *f -/no pl* Sch: etc: treatment; going through (material).

durch'nässen, *v.tr.insep.* to drench (s.o., sth.), soak (clothes etc.) (through); **durchnäßt**, (*Pers.*) wet through, soaked (to the skin); (*Kleider*) soaking/sopping wet.

'**durchnehmen**, *v.tr.sep.irr.69* Sch: to go through, F: do (a text, etc.).

'**durchnumerieren**, *v.tr.sep.* to number (pages etc.) consecutively.

'**durchpauken**, *v.tr.sep.* F: Sch: to swot up, N.Am: cram (algebra etc.).

´**durchpausen,** *v.tr.sep.* to trace (a picture etc.).

´**durchpeitschen,** *v.tr.sep.* (*a*) to whip (s.o.) soundly; (*b*) to rush (a law etc.) through.

´**durchpressen,** *v.tr.sep.* (*a*) *Cu:* to press (vegetables etc.) through (a sieve); (*b*) *F:* to push through (a plan etc.).

durchqueren [durç'kveːrən], *v.tr.insep.* to cross (a country, room etc.).

durchrasen, *v.* 1. ['durçraːzən] *v.i.sep.* (*sein*) (**durch etwas** *acc*) **d.,** to tear/race through (sth.). 2. [durç'raːzən] *v.tr.insep.* to tear/race through (an area etc.).

´**durchrechnen,** *v.tr.sep.* to calculate (sth.), work (sth.) out; **rechne es noch einmal durch,** check it again.

´**durchregnen,** *v.sep.impers.* **es regnet hier durch,** the rain is coming through/in here.

´**durchreiben,** *v.tr.sep.irr.12* to wear through (clothes etc.).

´**Durchreiche,** *f -/-n H:* service hatch. ´**d ~ n,** *v.tr.sep.* to hand (sth.) through.

´**Durchreise,** *f -/-n* journey through (**durch ein Land usw.,** a country etc.); **auf der D. sein,** to be passing through; **j-m die D. gestatten,** to allow s.o. to pass through (the country). **d ~ n,** *v.* 1. ['durçraizən] *v.i.sep* (*sein*) (*a*) to travel/ *Aut:* drive through; **wir sind nur durchgereist,** we only passed through; (*b*) (*ohne Halt*) to travel non-stop. 2. [durç'raizən] *v.tr.insep.* to travel through/across (a country etc.). ´**D ~ nde(r),** *m & f decl. as adj.* someone travelling through; *Rail:* through passenger. ´**D ~ visum,** *n -s/-isa & -visen* transit visa.

´**durchreißen,** *v.sep.irr.4* 1. *v.i.* (*sein*) (*Stoff*) to tear, (*Faden usw.*) break. 2. *v.tr.* to tear (sth.) in two/(*in der Mitte*) in half.

´**durchrieseln,** *v.i.sep.* (*sein*) (*Sand usw.*) to run/ (*Wasser*) trickle through.

´**durchringen,** *v.refl.sep.irr.19* **sich zu etwas** *dat* **d.,** to make up one's mind finally to (do) sth. (after a struggle).

´**durchrosten,** *v.i.sep.* (*sein*) to rust through.

´**durchrütteln,** *v.tr.sep.* to shake (s.o., sth.) up.

durchs [durçs], *prep.* = **durch das.**

´**durchsacken,** *v.i.sep.* (*sein*) *Av:* to pancake.

´**Durchsage,** *f -/-n Rad: TV: etc:* announcement; *F:* (news)flash.

´**durchsagen,** *v.tr.sep.* (*a*) *Rad: TV: etc:* to announce (information etc.); (*b*) (*weitersagen*) to pass on (a message etc.).

´**durchschalten,** *v.sep.* 1. *v.tr. El: Tel:* to connect up (a circuit etc.). 2. *v.i.* (*haben*) *Aut:* to go through the gears (quickly).

durch´schau|bar, *adj.* obvious, transparent (motives etc.); **schwer d.,** puzzling. **d ~ en** [-'ʃauən], *v.tr.insep.* to see through (s.o., a trick, motives etc.); **du bist durchschaut!** you've been found out/*Brit: F:* rumbled!

´**durchscheinen,** *v.i.sep.irr.79* (*haben*) (*Licht*) to shine through; (*Muster usw.*) to show through. ´**d ~ d,** *adj.* transparent (material).

´**durchscheuern,** *v.tr.sep.* to wear (clothes etc.) through, chafe (clothes, *El:* a lead etc.).

durchschießen, *v.irr.31* 1. ['durçʃiːsən] *v.tr.sep.* **etwas (durch etwas** *acc*) **d.,** to shoot sth. through (sth.). 2. [durç'ʃiːsən] *v.tr.insep.* (*a*) to shoot (s.o., sth.) through; **sein Körper war durchschossen,** there was a bullet-hole/were

bullet-holes in his body; (*b*) **ein Gedanke durchschoß ihn,** a thought flashed through his mind; (*c*) *Bookb:* to interleave (a book); *Tex:* to interweave (a material) (with threads etc.); *Print:* to space out, lead (lines).

´**durchschlafen,** *v.i.sep.irr.84* (*haben*) to sleep through/(*nachts*) all night.

´**Durchschlag,** *m -(e)s/-̈e* 1. carbon copy. 2. *Cu:* colander; strainer. 3. *Tls:* punch. ´**d ~ en,** *v.sep.irr.85* 1. *v.tr.* (*a*) to break (sth.) through/ in half; **ein Nagel d.,** to knock a nail through (a wall); (*b*) *Cu:* to strain (vegetables etc.); (*c*) **sich d.,** to fight one's way/struggle through; **sich irgendwie d.,** to scrape along somehow; **sich alleine d.,** to fend for oneself. 2. *v.i.* (*haben*) (*Tinte, Farbe usw.*) to come/show through; *Fig:* **bei ihm schlägt der Großvater durch,** he takes after his grandfather; (*b*) *El:* (*Sicherung*) to blow. ´**d ~ end,** *adj.* effective (measures etc.); powerful (effect etc.); convincing, conclusive (argument, evidence); **d ~ er Erfolg,** sensational success. ´**D ~ papier,** *n -s/-e* bank paper, *F:* flimsy, *N.Am:* onion skin. ´**D ~ skraft,** *f -/no pl* (*a*) penetrating power; penetration (of a shell etc.); (*b*) *Fig:* force (of an idea, argument); effectiveness (of proof etc.).

´**durchschleichen,** *v.i.sep.irr.40* (*sein*) to slip through.

´**durchschleusen,** *v.tr.sep.* (*a*) *Nau:* to take (a boat) through a lock; (*b*) to steer, guide (s.o., sth.) (**durch etwas** *acc,* through sth.).

durchschneiden, *v.tr.irr.59* 1. ['durçʃnaidən] *v.sep.* to cut (sth.) through/(*in zwei Teile*) in half/(*quer*) across; **j-m die Kehle d.,** to cut s.o.'s throat. 2. [durç'ʃnaidən] *v.insep.* to cut through (sth.); (*Linien*) **sich/einander d.,** to intersect.

´**Durchschnitt,** *m -(e)s/-e* 1. average; **über/ unter dem D. liegen,** to be above/below average; **im D.,** on (an) average; **der D. der Klasse,** the majority of the class. 2. (*Schnitt*) section (through sth.). ´**d ~ lich,** (*a*) *adj.* average; **von d ~ er Größe,** of average/medium size; (*b*) *adv.* on (an) average; **die Gehälter betragen d. DM 2000 im Monat,** the salaries average 2000 marks a month. ´**D ~ s-,** *comb.fm.* (*a*) average (age, price, speed, temperature etc.); *Mth:* **D ~ wert** *m,* mean/average (value); (*b*) ordinary (education etc.); **D ~ schüler** *m,* average/ordinary pupil; **der D ~ bürger/D ~ mensch,** the man in the street.

´**durchschnüffeln,** *v.tr.sep.* (also **durch´schnüffeln,** *v.insep.*) to nose through (sth.).

´**Durchschreibe|block,** *m -(e)s/-̈e* duplicate pad. ´**d ~ n,** *v.tr.sep.irr.12* to make a carbon copy of (a bill etc.).

durch´schreiten, *v.tr.insep.irr.41* to stride through (a room etc.).

´**Durchschrift,** *f -/-en* carbon copy.

´**durchschütteln,** *v.tr.sep. F:* to shake (s.o., sth.) up; *Med:* **gut d.,** shake well.

´**durchschwingen,** *v.tr.sep.irr.19 Golf: etc:* to follow through (a stroke).

´**durchschwitzen,** *v.tr.sep.* to soak (sth.) with sweat; (*Pers.*) **durchgeschwitzt,** all in a sweat.

´**Durchschwung,** *m -(e)s/no pl Golf:* follow-through.

´**durchsehen,** *v.sep.irr.92* 1. *v.i.* (*haben*) **durch** etwas *acc*) **d.**, to see through (sth.). **2.** *v.tr.* (*a*) to look/go/(*flüchtig*) glance through, (*prüfend*) check (a book, papers etc.); *Sch:* to correct (exercises etc.); (*b*) *F:* (*begreifen*) **siehst du da noch durch?** do you get it?

'**durchsein**, *v.i.sep.irr.93* (*sein*) *F:* (*a*) to be through/(*fertig*) finished; to have got through (**durch eine Prüfung**, the exam); (*b*) (*Zug usw.*) to have come through/past.

durchsetzen *v.tr.* **1.** ['durçzetsən] *v.sep.* (*a*) to get/(*mit Gewalt*) force (a reform, etc.) through; **seinen Willen d.**, to get one's own way; (**es**) **d., daß etwas geschieht**, to manage to get sth. done; (*b*) **sich d.**, to assert oneself, (*seinen Willen d.*) get one's way; (*Produkt*) to catch on (**gegen die Konkurrenz**, in face of competition); **er kann sich nicht d.**, he has no authority; **sich im Leben d.**, to make one's mark, gain recognition; **der Roman setzte sich sofort durch**, the novel was an immediate success. **2.** [durç'zetsən] *v.insep.* to intersperse (sth.) (with sth.); **die Partei mit Spitzeln d.**, to infiltrate the party with informers.

'**Durchsicht**, *f -/no pl* inspection, examination; *Adm:* **zur D.**, for information. '**d~ig**, *adj.* transparent (material); *Fig:* obvious (plan, deception etc.); *Fig:* **nicht ganz d.**, not quite clear. '**D~igkeit**, *f -/no pl* transparency.

'**durchsickern**, *v.i.sep.* (*haben*) (*Blut usw.*) to seep/trickle through; *Fig:* (*Geheimnis*) to leak out.

'**durchsieben**, *v.tr.sep.* to sieve, sift (flour etc.); *Min:* to screen (coal etc.); *Fig:* to sift through, shortlist (candidates etc.).

'**durchspielen**, *v.tr.sep.* (*a*) to play (*Th:* a scene, *Mus:* piece) through to the end; (*b*) *Fb:* **sich (durch die Abwehr) d.**, to penetrate the defence.

durchsprechen, *v.tr.sep.irr.14* to discuss (sth.) (thoroughly), talk (sth.) over.

'**durchstarten**, *v.i.sep.* (*sein*) *Av:* to bring the nose up again (when about to touch down).

durchstechen, *v.irr.14* **1.** ['durçfteçən] *v.i.sep.* (*haben*) **durch etwas** *acc* **d.**, to pierce sth. **2.** [durç'fteçən] *v.tr.insep.* to pierce, prick (sth.).

'**durchstehen**, *v.tr.sep.irr.100* to come through (difficulties, a test etc.); to withstand (pressure); **das Tempo d.**, to stand the pace; **etwas d. müssen**, to have to see sth. through.

'**durchsteigen**, *v.i.sep.irr.89* (*sein*) (*a*) (**durch etwas** *acc*) **d.**, to climb through (sth.); (*b*) *F:* **da steige ich nicht mehr durch**, I don't get it.

'**Durchstich**, *m -(e)s/-e* *Civ.E:* cut, cutting.

'**durchstöbern**, *v.tr.sep.* (*also* **durch'stöbern**, *v.insep.*) to rummage through (drawers, clothes etc.); to ransack (a house, room etc.).

durchstoßen, *v.irr.103* **1.** ['durçfto:sən] *v.tr.sep.* (*a*) (**etwas**) (**durch etwas** *acc*) **d.**, to push/thrust (sth.) through (sth.); (*b*) to wear through (shoes, clothes); (*Schuhe usw.*) **sich d.**, to wear through. **2.** ['durçfto:sən] *v.i.* (*sein*) (*Truppen*) to break through. **3.** [durç'fto:sən] *v.tr.insep.* to break through (sth.).

'**durchstreichen**, *v.tr.sep.irr.40* to cross out, delete (a word etc.).

durch'streifen, *v.tr.sep.* to roam/tramp through (the countryside).

durch'such|en, *v.tr.insep.* to search (s.o., a house etc.) (**nach etwas** *dat*, for sth.); (*Polizei*)

to frisk (s.o.). **D~ung**, *f -/-en* search. **D~ungsbefehl**, *m -(e)s/-e* search warrant.

'**durchtrainiert**, *adj. Sp:* in top condition.

durch'tränken, *v.tr.insep.* to soak, saturate (sth.) (**mit etwas** *dat*, with sth.).

'**durchtreten**, *v.tr.sep.irr.105* (*a*) (*Pers.*) to walk/go through (sth.); (*Flüssigkeit*) to pass through; (*b*) to wear out (shoes); (*c*) *Aut:* to depress fully, *F:* stand on (the accelerator, brake pedal).

durch'trieben, *adj.* cunning, sly; *F:* **d~er Bursche**, slippery customer. **D~heit**, *f -/no pl* cunning, slyness.

durch'wachen, *v.tr.insep.* **die Nacht d.**, to stay awake all night; **durchwachte Nacht**, sleepless night.

durch'wachsen, *adj. Cu:* streaky (bacon).

'**durchwählen**, *v.i.sep.* (*haben*) *Tel:* to dial direct.

durch'wandern, *v.tr.insep.* to walk through (an area etc.); *Hum:* to wander around (the house).

durch'waten, *v.tr.insep.* to wade through, ford (a river).

durch'weben, *v.tr.insep.* (*p.* **durchwebte**/*Lit:* **durchwob**, *p.p.* **durchwebt**/*Lit:* **durchwoben**) to interweave (material).

durchweg ['durçvek, durç'vek], *adv.* without exception.

durch'weichen, *v.tr.insep.* to soak (sth.); **durchweicht**, sodden, soggy.

'**durchwinden**, *v.refl.sep.irr.9* **sich d.**, to worm one's way/(*Fluß*) wind its way through.

durch'wühlen, *v.tr.insep.* (*a*) (*Tier*) to burrow through (earth etc.); (*b*) to rifle, ransack (a drawer, house etc.).

'**durchwursteln**, *v.refl.sep. South G: F:* **sich d.**, to muddle through.

'**durchzählen**, *v.tr.sep.* to count (all the people/ things).

durchziehen, *v.irr.113* **1.** ['durçtsi:ən] *v.tr.sep.* (*a*) **etwas** (**durch etwas** *acc*) **d.**, to pull sth. through (sth.); (*b*) *F:* to see (sth.) through; to complete (sth.); (*c*) (*Idee, Motiv usw.*) **sich durch ein Werk d.**, to run through a work. **2.** ['durçtsi:ən] *v.i.sep.* (*sein*) (*a*) to pass/go through; to march through; (*b*) *Cu:* (*Salat, Marinade usw.*) to be left to stand (allowing flavours to blend). **3.** [durç'tsi:ən] *v.tr.insep.* to pass/go through (an area, *Fig:* s.o.); (*Motiv usw.*) to run through (a work etc.); **mit Silberfäden durchzogenes Haar**, hair streaked with silver.

'**Durchzug**, *m -(e)s/-e* **1.** passage through. **2.** (*Zugluft*) through draught/*N.Am:* draft.

dürfen ['dyrfən], *modal aux. vb.* (*pres.* **darf, darfst, darf**; *pl* **dürfen, dürft, dürfen**; *p.* **durfte**; *p.p.* **gedurft**/ + *infin.* **dürfen**) (*a*) **etwas tun d.**, to be allowed/permitted to do sth.; **darf ich mitkommen?—ja, du darfst**, may I come too?—yes, you may; **nein, ich darf nicht**, no, I'm not allowed to; **er hat nicht kommen d.**, he wasn't allowed to come; **hier darf nicht geraucht werden**, smoking is not permitted here; (*b*) (*p.p.* **gedurft**) **darfst du das?** are you allowed to do that? **er darf nicht hinaus/herein**, he isn't allowed (to go) out/(to come) in; (*c*) (*Höflichkeitsformeln*) **darf ich Sie bitten, mir zu folgen?** would you follow me please? **wenn ich bitten darf**, if you don't mind; please; (*im Geschäft*) **was darf es sein?** can I help you? **darf's**

noch was sein? is there anything else (you want)? (*d*) (*müssen*) **du darfst dich nicht darüber aufregen,** you mustn't worry about it; **sie darf nichts davon wissen,** she must not/is not to know anything about it; (*e*) (*sollen*) **das hätte er nicht tun d.,** he ought not to/should not have done that; **darüber darf man sich nicht wundern,** that shouldn't be any surprise; **das dürfte nicht zu schwer sein,** that shouldn't be too difficult; (*f*) (*können*) **das darf doch nicht wahr sein!** it can't be (true)! (*Wahrscheinlichkeit*) **er dürfte bald kommen,** he will probably come soon; **das dürfte wahr sein,** that could well be true.

dürftig [ˈdyrftiç], *adj.* 1. poor, wretched (dwelling, garment etc.); paltry, meagre (wages etc.); scanty (clothing, meal etc.); shabby (clothes); **in d~en Verhältnissen leben,** to live in needy/straitened circumstances; (*b*) (*unzulänglich*) inadequate; poor (piece of work, excuse, substitute etc.); scanty, sketchy (knowledge). ´**D~keit,** *f* -/*no pl* (*a*) poverty; shabbiness, wretchedness; meagreness; (*b*) inadequacy; poor quality, scantiness, sketchiness.

dürr [dyr], *adj.* 1. dry (branches, leaves etc.); arid (desert); barren (soil, *Fig:* years). 2. (*hager*) gaunt, spare (person); scraggy (limb, neck); *F:* **d~es Gestell,** bag of bones. ´**D~e,** *f* -/-n 1. (*Regenmangel*) drought. 2. *no pl* aridity; dryness.

Durst [ˈdurst], *m* -(e)s/*no pl* thirst (**nach** + *dat/* **auf** + *acc,* for); **D. haben,** to be thirsty; **das macht D.,** that gives you a thirst; *F:* **er hat einen über den D. getrunken,** he has had one too many. ´**d~ig,** *adj.* thirsty (**auf** + *acc,* for).

dürsten [ˈdyrstən], *v. Lit:* 1. *v.tr.impers.* **mich dürstet** (**nach etwas** *dat*), I am thirsty (for sth.). 2. *v.i.* (*haben*) *Fig:* to thirst (**nach** + *dat,* for).

Dusche [ˈduːʃə], *f* -/-n shower; **eine D. nehmen/unter die D. gehen,** to have/take a shower; *Fig:* **wie eine kalte D. auf j-n wirken,** to bring s.o. down to earth. ´**d~n,** *v.* 1. *v.i.* (*haben*) & *refl.*

(**sich**) (**kalt/warm**) **d.,** to have a (cold/warm) shower. 2. *v.tr.* to shower (s.o., one's body).

Düse [ˈdyːzə], *f* -/-n *Tchn:* nozzle; *I.C.E:* jet (of a carburettor). ´**D~n-,** *comb.fm. esp. Av:* jet (bomber etc.); **D~flugzeug** *n/***D~maschine** *f,* jet aircraft; **D~jäger** *m,* jet fighter; **D~motor** *m/***D~triebwerk** *n,* jet engine; **D~antrieb** *m,* jet propulsion; **mit D~antrieb,** jet-propelled.

Dusel [ˈduːzəl], *m* -s/*no pl F:* 1. luck; **D. haben,** to be lucky; **so ein D.!** what a lucky break! 2. (*Benommenheit*) dozy/befuddled state. ´**d~ig,** *adv. F:* dozy.

Dussel [ˈdusəl], *m* -s/- *F:* sucker, goof.

düster [ˈdyːstər], *adj.* gloomy (room, light, *Fig:* mood etc.); sombre (colours, landscape etc.); *Fig:* **ein d~es Bild zeichnen,** to paint a gloomy/dismal picture. ´**D~keit,** *f* -/*no pl* darkness; (*also Fig:*) sombreness, gloom.

Dutzend [ˈdutsənt], *n* -s/-e dozen; **zwei D. Eier,** two dozen eggs. ´**d~mal,** *adv.* a dozen times; *F:* dozens of times. ´**D~mensch,** *m* -en/-en run-of-the-mill type; **ein D. sein,** to be a face in the crowd. ´**D~ware,** *f* -/-n *Pej:* mass-produced junk. ´**d~weise,** *adv.* by the dozen.

duzen [ˈduːtsən], *v.tr.* **j-n d.,** to call s.o. 'du', be on familiar terms with s.o.; **sie d. sich,** they call each other 'du'. ´**D~freund(in),** *m* -(e)s/-e (*f* -/-nen) close friend (whom one calls 'du').

Dweil [ˈdvail], *m* -s/-e *Nau:* deck swab.

Dynamik [dyˈnaːmik], *f* -/*no pl* 1. *Ph: Mec: etc:* dynamics. 2. *Mus: Rec:* dynamic range. 3. *Fig:* dynamism, vitality. **d~isch,** *adj.* dynamic; *Econ:* **d~e Rente,** index-linked pension.

Dynamit [dynaˈmiːt], *n* -s/*no pl* dynamite. **D~stange,** *f* -/-n stick of dynamite.

Dynamo [ˈdyːnamo, dyˈnaːmo], *m* -s/-s/ ´**D~maschine,** *f* -/-n *El:* dynamo, generator.

Dynastie [dynasˈtiː], *f* -/-n dynasty.

D-Zug [ˈdeːtsuːk], *m* -(e)s/⸚e (*abbr. of Durchgangszug*) express train.

E

E, e [eː], *n* -/- 1. (the letter) E, e. 2. *Mus:* **E(-dur)**, E (major); **e(-moll),** E minor.

Ebbe [ˈɛbə], *f* -/-n low tide; **E. und Flut,** the tides; *F:* **in meiner Kasse ist E.,** I'm very hard up.

eben [ˈeːbən]. **I.** *adj.* flat (surface, country etc.); level (ground); (*glatt*) smooth; *Geom:* plane (section etc.); **zu e~er Erde,** on the ground/ *N.Am:* first floor. **II.** *adv.* 1. (*verstärkend*) just; (*a*) (*genau*) precisely, exactly; **e. deswegen,** for that very reason; (*Antwort*) that's just why; **das ist es e./e. das ist es,** that's just it; (*zustimmend*) (**na**) **e.!** exactly! *F:* **dann e. nicht!** in that case don't bother! (*b*) simply; **dann muß er e. hier bleiben,** then he'll just have to stay here. 2.

(*gerade*) **e. noch,** only just; **mit 5 Mark komme ich e. noch aus,** I can just get by on 5 marks; **ich komme, wenn ich e. kann,** I'll come if I possibly can/if at all possible; **e. erst,** (only) just now; **er ist e. (erst) gekommen,** he has (only) just arrived; **ich wollte e. gehen,** I was just about to leave. ´**E~bild,** *n* -(e)s/-er *Lit:* image; **er ist das E. seines Vaters,** he is the very image of his father. ´**e~bürtig,** *adj.* of equal birth/rank; worthy (opponent); **Max war ihm e.,** Max was his equal/*Sp: etc:* a match for him. ´**E~bürtigkeit,** *f* -/*no pl* equality (of birth, rank etc.). ´**e~da,** *adv.* in that very place; (*bei Zitaten*) ibidem (*usu. abbr.* ibid.).

'e ~ 'darum, *adv.* for that very reason. 'e ~ 'der/'e ~ 'die/'e ~ 'das, *dem. pron.* the/ that very one; e ~ das meinte ich, that was just what I meant. 'E ~ e, *f* -/-n 1. *Geog:* plain. 2. *Mth:* (*Fläche*) planc. 3. *Fig:* (*Stufe*) level; auf der gleichen E., on a par; *Pol:* Gespräche auf höchster E., talks at the highest level. 'e ~ erdig, *adj. esp. Aus:* on the ground/ *N.Am:* first floor. 'e ~ falls, *adv.* also; es geht mir gut, den Kindern e., I'm well, and so are the children; ich wünsche Ihnen ein frohes neues Jahr—danke, e.! happy new year to you!—thank you, the same to you! 'E ~ - heit, *f* -/*no pl* evenness, flatness; smoothness. 'E ~ maß, *n* -es/*no pl* harmony; regularity (of features). 'e ~ so, *adv.* just as (wie, as); meines ist e. gut wie deines, mine is just as good as yours; e. schöne Berge, equally beautiful mountains; beobachte ihn und mach es e., watch him and do likewise. 'e ~ sogern, *adv.* ich wäre e. zu Fuß gegangen, I would just as soon have walked. 'e ~ sogut, *adv.* er hätte e. hier bleiben können, he might just as well have stayed here. 'e ~ sosehr, *adv.* just as much. 'e ~ soviel, *adv.* just as much(/*pl*) many; er hat e. gegessen wie ich, he ate just as much as I did. 'e ~ - sowenig, *adv.* just as little/as few; ich weiß darüber e. wie du, I know just as little about it as you do.

Ebenholz ['e:bənhɔlts], *n* -es/*no pl* ebony.
Eber ['e:bər], *m* -s/- boar.
Eberesche ['e:bər'ɛʃə], *f* -/-n mountain ash.
ebnen ['e:bnən], *v.tr.* to level, smooth (ground, a surface etc.), *Fig:* j-m den Weg e., to pave the way for s.o.
Echo ['ɛço], *n* -s/-s echo; *Fig:* seine Vorschläge fanden wenig E./ein lebhaftes E., his suggestions met with little/an enthusiastic response.
echt [ɛçt], *adj.* genuine; (*a*) real (pearls, silk, leather etc.); e ~ es Haar, genuine/natural hair; ein e ~ er Rembrandt, a genuine Rembrandt; (*b*) true (feelings, friendship etc.); real (danger, problem etc.); ein e ~ er Bayer, a true/typical Bavarian; (*c*) *Tex:* fast (colour, dye); (*d*) *adv. F:* (*verstärkend*) really; er hat sich e. angestrengt, he really tried hard; das ist e. Peter! that's typical of Peter! that's Peter all over! 'E ~ heit, *f* -/*no pl* genuineness, sincerity (of feelings etc.); authenticity (of a painting etc.).
Eck [ɛk]. I. *n* -s/-e(n) *esp. South G:* = Ecke; übers E., diagonally. II. 'E ~ -, *comb.fm.* corner (house, cupboard, stone, table, room, *Sp:* throw, hit etc.); E ~ bank *f*, corner seat; *Sp:* E ~ ball/E ~ stoß *m*, corner (kick). 'E ~ e, *f* -/-n (*a*) corner; er wohnt um die E., he lives round the corner; in allen Winkeln und E ~ n, in every nook and cranny; *F:* es fehlt an allen E ~ n und Enden, there is a shortage of everything; j-n um die E. bringen, to bump s.o. off; mit j-m um fünf E ~ n verwandt sein, to be distantly related to s.o.; (*b*) *Sp:* corner (kick, throw); (*c*) (triangular) wedge (of cheese etc.). e ~ ig [ˈɛkiç], *adj.* angular; square (brackets etc.); *Fig:* awkward (movements). 'E ~ platz, *m* -es/-̈/'E ~ sitz, *m* -es/-e end seat. 'E ~ zahn, *m* -(e)s/-̈e canine tooth.
edel ['e:dəl], *adj.* noble; fine (food, wine); pre-

cious (metal, stones); von edler Herkunft, of noble birth; ein edler Tropfen, a noble wine; *F:* das ist e., that's very superior. 'E ~ holz, *n* -es/-̈er fine wood. 'E ~ kastanie, *f* -/-n sweet/ Spanish chestnut. 'E ~ mann, *m* -(e)s/-leute *Hist:* nobleman. 'E ~ metall, *n* -s/-e precious metal. 'E ~ mut, *m* -(e)s/*no pl Lit:* noblemindedness, generosity. 'e ~ mütig, *adj.* nobleminded, generous. 'E ~ stahl, *m* -(e)s/-̈e high-grade steel. 'E ~ stein, *m* -(e)s/-e precious stone, jewel. 'E ~ tanne, *f* -/-n *Bot:* silver fir. 'E ~ weiß, *n* -es/-e *Bot:* edelweiss.
Eden ['e:dən]. *Pr.n.n* -s. (der Garten) E., (the Garden of) Eden.
Edition [editsi'o:n], *f* -/-en (*a*) edition; (*b*) *Mus:* publishing house.
Eduard ['e:duart]. *Pr.n.m* -s. = Edward.
Efeu ['e:fɔy], *m* -s/*no pl Bot:* ivy.
Effeff [ɛf'ɛf], *n* -s/*no pl F:* etwas aus dem E. beherrschen/kennen, to know sth. backwards/ inside out; er kann es aus dem E., he can do it standing on his head.
Effekt [ɛ'fɛkt]. 1. *m* -(e)s/-e effect. 2. E ~ en *pl* (*u*) (persönliche) E ~ en, personal effects; (*b*) *Fin:* securities; stock. E ~ en-, *comb.fm. Fin:* stock (market etc.); E ~ börse *f*, stock exchange; E ~ geschäft *n*, stock transaction. E ~ hascherei, *f* -/*no pl* straining after effect; *Th: etc:* showmanship. e ~ iv [-'ti:f], *adj.* 1. (*wirksam*) effective (method, steps etc.). 2. actual, real (price, weight, value etc.); *adv.* actually, really; *F:* er ist e. verrückt, he is really/definitely mad. E ~ iv-, *comb.fm.* actual, real (value etc.); *Fin:* net (interest etc.); E ~ leistung *f*, net output; E ~ lohn *m*, real earnings; *Mil:* E ~ - stärke *f*, effective/actual strength. e ~ voll, *adj.* effective, striking.
Effet [ɛ'fe:], *m* -s/-s *Sp:* spin.
egal [e'ga:l], *adj.* 1. uniform; *adv.* Teile e. schneiden, to cut pieces to (exactly) the same size. 2. *F:* das ist mir ganz e., it's all the same to me; ihm ist alles e., he doesn't care about anything; er muß es machen, e. wie, he must do it, it doesn't matter how. e ~ isieren [egali'zi:rən], *v.tr. Sp:* to equal (a record). E ~ ität [egali'tɛ:t], *f* -/*no pl Pol:* equality.
Egge ['ɛgə], *f* -/-n *Agr:* harrow. e ~ n, *v.tr.& i.* (haben) *Agr:* to harrow (a field etc.).
Egoismus [ego'ismus], *m* -/*no pl* selfishness. E ~ ist, *m* -en/-en egoist. e ~ istisch, *adj.* selfish. e ~ 'zentrisch, *adj.* self-centred.
eh [e:], *adv.* (*a*) *South G: & Aus: F:* (*sowieso*) anyway; das kann er eh, that's no problem for him; (*b*) wie eh und je, as always; seit eh und je, since time immemorial.
ehe[1] ['e:ə], *conj.* before; e. ich (es) vergesse, before I forget; e. du es mir nicht gibst, kann ich nichts machen, until you give it to me, I can't do anything. e ~ 'dem, *adv. Lit:* formerly. 'e ~ malig, *adj.* former (king, officer, champion etc.); mein e ~ er Lehrer, my old teacher; *F:* meine E ~ e, my ex-girlfriend/-wife. 'e ~ mals, *adv. Lit:* formerly. 'e ~ r, *adv.* 1. (*früher*) earlier, sooner; ich konnte nicht e. kommen, I could not come any earlier. 2. (*wahrscheinlicher*) more likely; das ist schon e. möglich, that is more likely 3 rather; (*a*)

(*lieber*) **er würde sich e. umbringen als nachgeben**, he would rather/sooner kill himself than give in; (*b*) (*mehr*) **ich würde das e. als Nachteil ansehen**, I would regard that rather/more as a disadvantage; (*c*) *F:* (*ziemlich*) somewhat, rather; **e. häßlich**, pretty ugly.

Ehe². **I.** *f -/-n* marriage; *Ecc:* matrimony; **die E. schließen**, to get married (**mit** + *dat*, to); **eine glückliche E. führen**, to lead a happy married life; **die E. brechen**, to commit adultery; **ein Kind aus erster E.**, a child from his/her first marriage. **II.** ´**E~-**, *comb.fm.* (*a*) marriage (partner etc.); **E~berater(in)** *m(f)*, marriage counsellor; **E~beratung** *f*, marriage guidance/*N.Am:* counseling; **E~bett** *n*, marriage bed; (*Doppelbett*) double bed; **E~schließung** *f*, marriage ceremony; **E~vermittlung(sbüro)** *f(n)*, marriage bureau; (*b*) married (life etc.); **E~paar** *n*, married couple; **E~leute** *pl*, married couple(s); **E~stand** *m*, married state, matrimony. ´**E~-brecher(in)**, *m -s/- (f -/-nen)* adulterer; *f* adulteress. ´**e~brecherisch**, *adj.* adulterous. ´**E~bruch**, *m -(e)s/⁻e* adultery. ´**E~frau**, *f -/-en* wife. ´**E~gatte**, *m -/-n A: & Jur:* spouse; **die E~n**, husband and wife. ´**e~lich**, *adj.* **1.** legitimate (child, descent etc.); *adv.* **e. geboren**, born in wedlock. **2.** marital (harmony, duties etc.); conjugal (rights). ´**E~lichkeit**, *f -/no pl* legitimacy (of a child). ´**E~mann**, *m -(e)s/⁻er* husband. ´**E~ring**, *m -(e)s/-e* wedding ring. ´**E~scheidung**, *f -/-en* divorce.

Ehr|e [´e:rə], *f -/-n* honour; (*a*) **ein Mann von E.**, an honourable man; **zu seiner E. muß ich sagen, daß...**, to give him his due, I must say that ...; **j-m E. machen**/*Lit:* **zur E. gereichen**, to be a credit to s.o.; (*b*) **es ist mir eine E., Sie hier begrüßen zu können**, I am honoured/privileged to welcome you here; **etwas in E~n halten**, to treasure sth.; **zu E~n des Präsidenten**, in the president's honour; **wieder zu E~n kommen**, to come back into favour; **j-n in allen E~n empfangen/beisetzen**, to receive/bury s.o. with full honours; **j-m die E. erweisen**, to do s.o. the honour (**, etwas zu tun**, of doing sth.); (*c*) **wir geben uns die E., Sie zu ... einzuladen**, we request the pleasure of your company for ...; *A. & Hum:* **mit wem habe ich die E.?** to whom do I have the honour of speaking? **was verschafft mir die E.?** to what do I owe the honour of your visit? (*d*) *B:* **E. sei Gott in der Höhe!** glory to God in the highest. ´**e~en**, *v.tr.* to honour (s.o., sth.); **Ihr Vertrauen ehrt mich**, I am honoured by your confidence. ´**E~en-**, *comb.fm.* (*a*) honorary (member, title etc.); complimentary (ticket etc.); **E~amt** *n*, honorary post; **E~doktor** *m*, (i) honorary doctor; (ii) (*also* **E~doktorat** *n*) honorary doctorate; (*b*) (guest, man etc.) of honour; **E~garde** *f*/**E~wache** *f*, guard of honour; **E~platz** *m*, place/(*Sitz*) seat of honour; *Sp:* **E~runde** *f*, lap of honour. ´**e~enamtlich**, *adj.* honorary (chairman, post etc.), unpaid (worker, position etc.); *adv.* in an honorary capacity, without payment. ´**E~enbürger**, *m -s/-* freeman. ´**E~enbürgerrecht**, *n -(e)s/-e* freedom (of a town/city). ´**e~enhaft**, *adj.* honourable. ´**e~enhalber**, *adv.* **j-m einen Titel e.**

verleihen, to confer an honorary title upon s.o. ´**e~enrührig**, *adj.* defamatory, slanderous. ´**E~ensache**, *f -/-n* point of honour; **das ist doch E.!** that goes without saying! of course I'll do it! ´**E~entag**, *m -(e)s/-e* red-letter day, great day (for s.o.). ´**E~enurkunde**, *f -/-n esp. Sp:* certificate of merit. ´**e~envoll**, *adj.* honourable. ´**E~enwort**, *n -(e)s/no pl* word of honour; *F:* **E.!** honest(ly)! *Jur:* **auf E. entlassen**, released on parole. ´**e~erbietig**, *adj.* deferential, respectful (**gegen j-n**, towards s.o.). ´**E~erbietung**, *f -/no pl* deference, respect. ´**E~furcht**, *f -/no pl* (*Verehrung*) reverence; (*Scheu*) awe. ´**e~furchtgebietend**, *adj.* awesome, awe-inspiring. ´**e~fürchtig**, *adj.* reverent. ´**e~furchtslos**, *adj.* irreverent. ´**E~gefühl**, *n -(e)s/no pl* sense of honour. ´**E~geiz**, *m -(e)s/no pl* ambition; **er hat den E.**, **alles besser zu machen**, it is his ambition to do everything better. ´**e~geizig**, *adj.* ambitious. ´**e~lich**, *adj.* (*a*) honest (person, feelings, opinion etc.); fair (dealings etc.); genuine (concern); sincere (wish etc.); **mit e~en Mitteln**, by fair means; *Prov:* **e. währt am längsten**, honesty is the best policy; *adv.* **e. gesagt**, quite honestly, to be honest; **ich war e. überrascht**, I was genuinely surprised; **ich habe es immer e. mit dir gemeint**, I've always treated you fairly/had honourable intentions towards you. ´**E~lichkeit**, *f -/no pl* honesty; sincerity (of feelings etc.). ´**e~los**, *adj.* dishonourable, disreputable. ´**E~losigkeit**, *f -/no pl* dishonour(ableness). ´**E~ung**, *f -/-en* **1.** honour. **2.** *no pl* honouring. ´**e~würdig**, *adj.* **1.** venerable (old man etc.). **2.** *Ecc:* Reverend (Father, Mother etc.). ´**E~würdigkeit**, *f -/no pl* venerability.

ei¹ [ai], *int.* (*a*) oh! **ei, ei, was seh ich?** aha, what's this? (*b*) (*Kind*) **mach ei ei**, stroke it.

Ei² *n -(e)s/-er* **1.** egg; *Fig:* **sie gleichen sich wie ein Ei dem anderen**, they are as like as two peas; **sie sah aus wie aus dem Ei gepellt**, she looked as if she had just stepped out of a bandbox; **j-n wie ein rohes Ei behandeln**, to handle s.o. with kid gloves; **wie auf Eiern gehen**, to walk gingerly; *F:* **kümmere dich nicht um ungelegte Eier**, don't cross your bridges before you come to them; *Fig:* **das Ei des Columbus**, the simple solution to the problem. **2.** *Biol:* ovum. **3.** *P:* **100 Eier**, 100 marks. ´**Eidotter**, *n & m -s/-* (egg)yolk. ´**Eier-**, *comb.fm.* egg (spoon etc.); **E~becher** *m*, egg cup; **E~likör** *m*, egg flip; **E~schale** *f*, eggshell; **E~wärmer** *m*, egg cosy. ´**Eierbrikett**, *n -(e)s/-s* (coaldust) ovoid. ´**Eierkopf**, *m -(e)s/⁻e* (*a*) egg-shaped head; (*b*) *F:* egghead. ´**Eierfrucht**, *f -/⁻e* aubergine, *N.Am:* eggplant. ´**Eierkuchen**, *m -s/-* pancake. ´**Eierstich**, *m -(e)s/no pl Cu:* chopped baked egg (added to soup). ´**Eierstock**, *m -(e)s/⁻e Anat:* ovary. (*Note: remaining Ei- compounds are listed alphabetically*)

eiapopeia [´aiapo´paia], *int.* hushaby-baby.

Eibe [´aibə], *f -/-n Bot:* yew (tree).

Eich-¹ [´aiç-], *comb.fm.* oak (apple, tree etc.). ´**E~e**, *f -/-n Bot:* oak (tree); *Fig:* **stark wie eine E.**, as firm as a rock. ´**E~el**, *f -/-n* **1.** *Bot:* acorn. **2.** *Anat:* gland (of the penis). ´**E~elhäher**, *m -s/- Orn:* jay. ´**E~en-**,

comb.fm. oak (leaf, table etc.); **(aus) E~holz** *n*, (made of) oak. ´E~**hörnchen**, *n -s/-* squirrel.
Eich-[2], *comb.fm.* calibrating (instrument etc.); standard (measure etc.); **das E~amt**, the Office of Weights and Measures. ´e~**en**, *v.tr.* (*a*) to standardize, (*prüfen*) check (weights etc.); to calibrate (measuring instruments); (*b*) (*stempeln*) to stamp (weights etc.). ´E~**ung**, *f -/-en* (*a*) standardization; calibration; (*b*) official stamping.
Eid [ait], *m -(e)s/-e* oath; **einen falschen E. schwören**, to commit perjury; *F:* **darauf kann ich tausend E~e schwören**, I can vouch for that, *Jur:* **unter E. stehen**, to be under oath; **Erklärung an E~es Statt**, statutory declaration. ´E~**bruch**, *m -(e)s/¨-e* perjury. ´e~**brüchig**, *adj.* guilty of perjury. ´e~**esstattlich**, *adj.* **e~e Erklärung**, statutory declaration. ´E~**genosse**, *m -n/-n* **1.** confederate. **2.** *esp. Pej:* Swiss (citizen); **die E~n**, the Swiss. ´E~**genossenschaft**, *f -/no pl* Schweizerische E., Swiss Confederation. ´e~**genössisch**, *adj.* Swiss.
Eidechse [´aidɛksə], *f -/-n* lizard.
Eiderdaun [´aidərdaun], *f -/-en* eider feather; *pl* **E~en**, eiderdown.
Eier-, *comb.fm. see* Ei.
eiern [´aiərn], *v.i.* (*haben*) *F:* (*Rad*) to wobble; **die Schallplatte eiert**, the record is warped.
Eif|er [´aifər], *m -s/no pl* zeal; (*Begeisterung*) eagerness, enthusiasm; **brennender/glühender E.**, fervour; *F:* **im E. des Gefechts**, in the heat of the moment. ´E~**erer**, *m -s/-* zealot, fanatic. ´E~**ersucht**, *f -/occ ¨-e* jealousy. ´e~**ersüchtig**, *adj.* jealous (**auf j-n, etwas** *acc*, of s.o., sth.). ´e~**rig**, *adj.* keen; enthusiastic, eager (pupil etc.); **e. bei der Sache sein**, to be absorbed in/intent on sth.; *adv.* **er ist e. bemüht, den Chef zu beeindrucken**, he is trying hard to impress the boss. ´E~**rigkeit**, *f -/no pl* keenness; enthusiasm, eagerness.
eiförmig [´aifœrmiç], *adj.* egg-shaped.
´**Eigelb**, *n -(e)s/-(e)* *Cu:* egg yolk(s).
eigen [´aigən]. **I.** *adj.* **1.** own; (*a*) **er hat ein e~es Fahrrad**, he has a bicycle of his own; **in e~er Person**, in person; **aus e~er Erfahrung sprechen**, to speak from personal experience; **man kann sein e~es Wort nicht verstehen!** you can't hear yourself speak! **sein e~er Herr sein**, to be a free agent; (*b*) *inv.* **etwas sein e. nennen**, to call sth. one's own; **sich** *dat* **eine Meinung/Theorie zu e. machen**, to adopt an opinion/a theory; (*c*) (*gesondert*) **eine Wohnung mit e~em Eingang**, a flat with a separate/its own entrance; (*d*) (+ *dat*) **mit dem ihr e~en Charme**, with her characteristic charm. **2.** (*seltsam*) peculiar, odd (ideas etc.); strange, difficult (person); **er ist in diesen Sachen sehr e.**, he has his own set ideas about these matters. **II.** ´E~-, *comb.fm.* (*a*) own (property, capital, make etc.); intrinsic (value etc.); **E~bedarf** *m*, own personal requirements; **E~heim** *n*, own home; owner-occupied house; **E~leben** *n*, own way of life; (*selbständig*) independent existence; *Fb: etc:* **E~tor** *n*, own goal; (*b*) self-(financing etc.); **E~lob** *n*, self-praise, blowing one's own trumpet. ´E~**art**, *f -/-en* oddity, peculiarity; **persönliche E.**, (personal) idiosyncrasy. ´e~**artig**, *adj.* **von e~er Schönheit**, of sin-

gular/unusual beauty; (*b*) (*seltsam*) odd, strange. ´e~**artiger´weise**, *adv.* oddly, strangely (enough). ´E~**artigkeit**, *f -/-en* peculiarity; strangeness, oddness. ´E~**bau**, *m -(e)s/no pl Hum:* **das ist E.**, that's home-made/ (*Gemüse*) home-grown. ´E~**brötler**, *m -s/-* (*a*) solitary (person), recluse; (*b*) (*Sonderling*) eccentric, crank. ´e~**brötlerisch**, *adj.* (*a*) solitary; (*b*) eccentric, peculiar. ´E~**gewicht**, *n -(e)s/no pl Ph:* specific gravity; *Com:* net weight; *Aut: etc:* weight unladen. ´e~**händig**, *adj.* own (signature); personal (letter etc.); *adv.* with one's own hands, personally. ´E~**heit**, *f -/-en* peculiarity (*esp.* of a person). ´E~**liebe**, *f -/no pl* vanity. ´e~**mächtig**, *adj.* high-handed (person, action etc.); arbitrary (decision); (*unbefugt*) unauthorized (action); *adv.* **e. handeln**, to act on one's own initiative/without authority. ´E~**name**, *m -ns/-n Gram:* proper name. ´E~**nutz**, *m -es/ no pl* self-interest; **aus reinem E.**, for purely selfish reasons. ´e~**nützig**, *adj.* selfish, self-interested. ´e~**s**, *adv.* specially, expressly. ´E~**schaft**, *f -/-en* **1.** quality, (*Merkmal*) characteristic (of a person, material); *Ch:Ph:etc:* property (of a substance); **er hat viele gute E~en**, he has many good qualities. **2.** (*Funktion*) **in seiner E. als Vormund**, in his capacity as guardian. ´E~**schaftswort**, *n -(e)s/¨-er* adjective. ´E~**sinn**, *m -(e)s/no pl* obstinacy, stubbornness. ´e~**sinnig**, *adj.* stubborn, obstinate. ´e~**ständig**, *adj.* independent. ´e~**tlich**, *adj.* real; true (value, meaning etc.); **Meyer ist nicht sein e~er Name**, Meyer is not his real name; **der e~e Zweck ihres Besuchs**, the actual purpose of her visit; *adv.* **e. sollte ich jetzt arbeiten**, strictly speaking/actually I should be working now; **e. ist er schon Mitglied**, in point of fact he is a member already; **wie geht es ihm e.?** how is he, I wonder? ´E~**tum**, *n -s/no pl* **1.** property. **2.** ownership, possession; *Jur:* **bewegliches E.**, goods and chattels. ´E~**tümer**, *m -s/-* owner; proprietor (of a hotel, business etc.). ´e~**tümlich**, *adj.* **1.** + *dat.* **es ist ihm e.**, it is peculiar to/characteristic of him; **mit der ihr e~en Sorgfalt**, with her characteristic care. **2.** (*seltsam*) peculiar; odd; **ein e~er Geruch**, a strange smell. ´e~**tümlicher´weise**, *adv.* oddly, curiously; strangely (enough). ´E~**tumsrecht**, *n -(e)s/-e* right of ownership; *Jur:* title (**an** + *acc*, to). ´E~**tumswohnung**, *f -/-en* freehold flat; *N.Am:* condominium. ´E~**wille**, *m -ns/no pl* wilfulness. ´e~**willig**, *adj.* **1.** (*e~sinnig*) obstinate, wilful (child etc.). **2.** (*Pers.*) of independent mind; original, highly individual (interpretation etc.).
eign|en [´aignən], *v.refl.* **sich e.**, to be suited/ suitable (**zu** + *dat*/**für** + *acc*, for); **sie eignet sich nicht zu diesem Beruf**, she is not cut out for this job. ´E~**ung**, *f -/-en* suitability. ´E~**ungsprüfung**, *f -/-en* aptitude test.
Eil- [´ail-], *comb.fm.* express (messenger, letter etc.); **E~fracht** *f/Rail:* **E~gut** *n*, express goods; *N.Am:* fast freight; *Post:* **E~zustellung** *f*, express/*N.Am:* special delivery; **per/durch E~boten**, express, *N.Am:* by special delivery; **E~brief** *m*, express/*N.Am:* special delivery

letter. ´E ~ e, f -/no pl hurry, haste; **E. haben/in E. sein,** to be in a hurry; **das hat keine E.,** there's no hurry about that; **das habe ich in der E. vergessen,** I forgot all about it in my haste. ´e ~ en, v.i. (a) (sein) to hurry; **j-m zu Hilfe e.,** to rush to s.o.'s aid; Prov: **eile mit Weile,** more haste less speed; (b) (haben) (Sache) to be urgent; **damit eilt es nicht,** there's no hurry about it; Post: etc: **eilt!** urgent! ´e ~ ig, adj. (a) hurried; **es e. haben,** to be in a hurry; **warum so e.?** what's the hurry? adv. **sie zog sich e. an,** she dressed hurriedly; (b) (dringend) urgent (business, letter etc.); Iron: **sie hatte nichts E~eres zu tun, als ihm alles zu erzählen,** she simply had to tell him everything before doing anything else. ´e ~ igst, adv. posthaste. ´E ~ marsch, m -(e)s/⸚e forced march. ´E ~ zug, m -(e)s/⸚e Rail: semi-fast train.

´**Eileiter,** m -s/- Anat: Fallopian tube.

Eimer [´aimər], m -s/- bucket; F: **es gießt wie aus/mit E~n,** it's pouring (with rain); P: **im E.,** (Sachen) up the spout; (Pers.) done for.

ein¹ [ain], I. num.adj. one; (a) **e ~ e Mark achtzig,** one mark eighty; **er redete in e~em fort/** F: **in e~er Tour,** he talked incessantly/non-stop; **e. für allemal,** once and for all; (b) one, the same; **sie waren e~er Meinung,** they were of one mind; **das ist doch e. und dasselbe,** that's one and the same thing; **er ist ihr e. und alles,** he is everything to her; (c) **e~es Tages/Morgens,** one day/morning. II. num.pron. (a) (Pers.) one; someone; **e~er nach dem anderen,** one after another; **da kommt e~er!** someone's coming! **wie soll e~er das wissen?** how could anyone possibly know that? **wenn man das sieht, wird e~em schlecht,** it makes you feel ill when you see that; F: **du bist (mir) vielleicht e~e(r)!** you're a fine one, I must say! (b) (Sache) one; **ich habe keinen Bleistift/kein Glas, hast du e~en/e~(e)s?** I haven't got a pencil/glass, have you got one? III. indef.art. a, an; **e. Mann,** a man; **e. Ei,** an egg; **e. jeder,** each one; F: **war das e~e Hitze!** it wasn't half hot! N.Am: it sure was hot! **ich hatte vielleicht e~e Angst!** I was terribly scared! IV. ´ein-, adj.comb.fm. one- (armed, eyed, legged, dimensional etc.); single; **e~bändig,** single-volume; Av: **e~motorig,** single-engined; Rail: **e~gleisig,** single-track.

ein², adv. **e. und aus,** in and out; **er weiß weder e. noch aus,** he is at his wit's end.

´**Einakter** [´ain?aktər], m -s/- Th: one-act play.

einander [ain´andər], pron.inv. one another; **e. im Wege,** in each other's way; **e. widersprechende Behauptungen,** (mutually) contradictory statements.

´**einarbeit|en,** v.tr.sep. (a) to break (s.o.) in (to a new job); to show (s.o.) the ropes; (b) v.refl. **sich e.,** to settle in (to the work).

´**einäscher|n,** v.tr.sep. (a) to reduce (a town, building etc.) to ashes; (b) to cremate (s.o., a corpse). ´E ~ ung, f -/-en burning down; cremation.

´**einatm|en,** v.tr.&i.sep. (haben) to breathe in, inhale (sth.); **tief e.,** to take a deep breath.

´**Einbahn-,** comb.fm. one-way (traffic etc.); **E~straße** f, one-way street.

´**einbalsamier|en,** v.tr.sep. to embalm (a corpse). ´E ~ ung, f -/-en embalming.

´**Einband,** m -(e)s/⸚e Bookb: binding.

´**Einbau. I.** m -(e)s/-ten **1.** no pl building in; fitting (of a cupboard, Mec.E: engine etc.); installation of central heating, plumbing etc.). **2.** Constr: built-in unit, fitting. **II.** ´E~-, comb.fm. built-in (shelves etc.); **E~schrank** m, built-in/fitted cupboard; **E~küche** f, fitted kitchen; **E~möbel** npl, built-in/unit furniture. ´e ~ en, v.tr.sep. to install (central heating etc.), Fig: incorporate (an episode etc.) (in + acc, in); to fit (a part, an engine) (in + acc, to); **eingebauter Kühlschrank,** built-in fridge. ´e ~ fertig, adj. ready to be fitted.

´**Einbaum,** m -(e)s/⸚e dug-out canoe.

´**einbegriffen,** adj. included; **alles e.,** altogether; **die Bedienung ist im Preis (mit) e.,** the price is inclusive of service.

´**einberuf|en,** v.tr.sep.irr. 74 (a) to summon (a meeting etc.); **das Parlament wieder e.,** to recall parliament; (b) Mil: **j-n (zum Heer) e.,** to call s.o. up/N.Am: draft s.o. (into the army). ´E ~ ung, f -/-en (a) no pl summoning; (b) Mil: call-up, conscription; N.Am: draft.

´**einbett|en,** v.tr.sep. to embed (sth.) (in etwas acc, in sth.); **das Dorf liegt eingebettet im Tal,** the village nestles in the valley.

´**Einbettzimmer,** n -s/- single room.

´**einbeulen,** v.tr.sep. to dent (sth.).

´**einbezieh|en,** v.tr.sep.irr. 113 to include (s.o., sth.), (berücksichtigen) take (sth.) into account (in etwas acc, in sth.); **j-n in die Unterhaltung (mit) e.,** to draw s.o. into the conversation. ´E ~ ung, f -/no pl inclusion; **unter E. von +** dat, including.

´**einbieg|en,** v.i.sep.irr.7 (sein) Aut: to turn (nach links/rechts, to the left/right; **in eine Seitenstraße,** into a side street). ´E ~ ung, f -/-en (inward) bend, curve.

´**einbild|en,** v.refl.sep. (a) **sich** dat **etwas e.,** to imagine sth.; **er bildet sich ein, er sei Napoleon,** he thinks he is Napoleon; **bilde dir ja nicht ein, daß ...,** don't imagine/get the idea that ...; (b) **was bildest du dir eigentlich ein?** who do you think you are? **bilde dir bloß nicht so viel ein!** don't be so full of yourself/conceited? **darauf brauchst du dir nichts einzubilden!** that's nothing to be proud of! ´E ~ ung, f -/-en **1.** (Phantasie) imagination; **es ist reine E.,** it is purely imaginary. **2.** (Hochmut) conceit. ´E ~ ungskraft, f -/no pl imagination.

´**einblend|en,** v.tr.sep. Rad: Cin: etc: to fade in (a scene, music etc.). ´E ~ ung, f -/-en fade-in.

´**einbleuen,** v.tr.sep. F: **j-m etwas e.,** to hammer sth. into s.o.

´**Einblick,** m -(e)s/-e (a) insight (**in ein Problem usw.,** into a problem etc.); (b) Adm: **E. in die Akten haben/nehmen,** to inspect the records.

´**einbrech|en,** v.sep.irr.14 **1.** v.tr. to break in/down (a door etc.); to smash in (a window). **2.** v.i. (a) (sein) (Dach usw.) to cave in; **der Junge brach auf dem Eis ein,** the boy went through the ice; (b) (sein/haben) (Einbrecher usw.) to break in; **bei uns ist gestern eingebrochen worden,** we had burglars/were burgled yesterday; (c) (sein) (Nacht) to fall; (Dämmerung) set in; **bei e~der Nacht,** at nightfall. ´E ~ er, m -s/- burglar; (am Tag) housebreaker.

´**einbrennen** v.tr.sep.irr.15 **etwas in etwas** acc **e.,** to burn sth. into sth.; **einem Tier ein Zeichen e.**, to brand an animal.

ˈ**einbring|en**, *v.tr.sep.irr.16* to bring in (money, the harvest etc.); to earn, gain (money, profit, *Fig:* a reputation etc.); **es bringt nichts ein,** it doesn't yield any profit; **einen guten Preis e.,** to fetch a good price; *Fig:* **j-m viel Anerkennung e.,** to earn/gain s.o. much respect; *Parl:* **ein Gesetz e.,** to introduce a bill. ˈ**e~lich,** *adj.* profitable, lucrative.

ˈ**einbrocken,** *v.tr.sep.* (a) to crumble (bread etc.) (**in etwas** *acc,* into sth.); (b) *F:* **sich** *dat* **etwas e.,** to bring sth. upon oneself; **da hab ich mir ja was Schönes eingebrockt!** that's a nice mess I've got myself into!

ˈ**Einbruch,** *m* -(e)s/ˌe **1.** (*Sturz*) collapse (of structure, support etc.); *Com: Fin:* fall, slump. **2.** (*in ein Haus*) burglary; **E. in eine Bank,** break-in at a bank. **3.** (*plötzlicher Beginn*) **bei E. der Kälte,** when the cold weather sets in; **bei E. der Dunkelheit,** at nightfall.

ˈ**Einbuchtung,** *f* -/-en (a) indentation; (*in der Küste*) bay; (b) (*Delle*) hollow, depression.

ˈ**einbürger|n,** *v.tr.sep.* (a) to naturalize (a foreigner); (b) (*Pers.*) to settle down; (*Brauch*) to become accepted, (*Wort*) become common coinage; **es hat sich eingebürgert, daß ...,** it has become the custom that .... ˈ**E~ung,** *f* -/-en naturalization.

ˈ**Einbuße,** *f* -/-n loss, *Jur:* forfeiture (**an Geld usw.,** of money etc.).

ˈ**einbüßen,** *v.tr.sep.* to lose (money, influence, one's life etc.); to forfeit (one's rights etc.).

ˈ**eincremen,** *v.tr.sep.* to put cream/lotion on (one's face etc.).

ˈ**eindämmen,** *v.tr.sep.* to embank (a river); to dam (floodwater etc.); *Fig:* to check (a fire, inflation, bleeding etc.).

ˈ**eindämmern,** *v.i.sep.* (*sein*) to nod off.

ˈ**eindeck|en,** *v.tr.sep.* (a) to cover (sth.) up/over; *Constr:* to cover, tile (a roof); (b) **sich mit etwas** *dat* **e.,** to lay in a supply of sth., stock up with sth.; *F:* **ich bin mit Arbeit (voll) eingedeckt,** I've got plenty of work (to be going on with).

ˈ**Eindecker,** *m* -s/-*Av:* monoplane.

ˈ**eindeutig,** *adj.* clear (instructions, defeat etc.); unambiguous (reply, meaning etc.); **e~e Geste,** unmistakable gesture; *adv.* **e. geschlagen,** decisively beaten; **er gab mir e. zu verstehen, daß ...,** he made it absolutely clear that ... ˈ**E~keit,** *f* -/-en clearness; unambiguity.

ˈ**eindeutschen,** *v.tr.sep.* to Germanize (a word).

ˈ**eindicken,** *v.tr.sep.* to thicken (a sauce).

ˈ**eindösen,** *v.i.sep.* (*sein*) *F:* to nod off.

ˈ**eindrängen,** *v.sep.* **1.** *v.i.* (*sein*) **auf j-n e.,** (*Menge*) to mob (s.o.); *Fig:* (*Erinnerungen usw.*) to crowd in on s.o. **2.** *v.refl.* **sich e. in** + *acc,* to force one's way into (a building); to intrude on (a conversation), interfere in (s.o.'s affairs).

ˈ**eindrehen,** *v.tr.sep.* to screw in (a light-bulb, screw etc.); **sich** *dat* **die Haare e.,** to put one's hair in rollers.

ˈ**eindrillen,** *v.tr.sep.* **j-m etwas e.,** to drill sth. into s.o.

ˈ**eindring|en. 1.** *v.i.sep.irr.19* (*sein*) (a) **e. in** + *acc,* (*also Fig:*) to penetrate (sth.); to force one's way into (a room etc.); (*Truppen usw.*) to invade, enter (a country, town etc.); to in-

filtrate (enemy lines etc.); *Fig:* to get to the bottom of (a mystery etc.); **das Wasser drang überall ein,** the water came in everywhere; (b) **auf j-n e.,** to close in on s.o.; *Fig:* to press, urge s.o. (**etwas zu tun,** to do sth.); **sie drangen immer wieder mit Fragen auf ihn ein,** again and again they pressed him with questions. **II. E.,** *n* -s/ *no pl* intrusion; penetration (**in** + *acc,* of); *Mil:* invasion (**in** + *acc,* of). ˈ**e~lich,** *adj.* emphatic, urgent (warning etc.); pressing (request etc.); forceful (speech, language etc.); **etwas mit e~en Worten schildern,** to describe sth. in incisive terms; **mit e~er Stimme,** in insistent tones; *adv.* **etwas e. empfehlen,** to urge sth. strongly. ˈ**E~ling,** *m* -(e)s/-e intruder; (*ungeladener Gast*) gatecrasher; *Jur:* trespasser.

ˈ**Eindruck,** *m* -(e)s/ˌe impression; (a) imprint (of a foot etc.); (b) **seine Rede machte (einen) großen E.,** his speech made a great impression; **er machte einen unglücklichen E.,** he seemed unhappy; **sie stand noch ganz unter dem E. des schrecklichen Unfalls,** her mind was still preoccupied with the terrible accident; **den E. erwecken, als ob ...,** to give the impression that ...; *F:* **E. schinden,** to go all out to make an impression. ˈ**e~svoll,** *adj.* impressive.

ˈ**eindrücken,** *v.tr.sep.* (a) to press/push in (a knob etc.); (*zerdrücken*) to crush (a tin, s.o.'s chest etc.); to flatten (sth., s.o.'s nose); **ein eingedrückter Kotflügel,** a dented wing; (b) **etwas/ sich in etwas** *acc* **e.,** to imprint sth./become imprinted on sth.

ˈ**einebnen,** *v.tr.sep.* to level (ground, a site etc.); *Fig:* **Unterschiede e.,** to iron out differences.

ˈ**eincinhalb,** *num.adj.* one and a half.

ˈ**eineng|en,** *v.tr.sep.* (a) **j-n e.,** to confine/restrict s.o.'s movements; **eingeengt,** cramped; restricted (space etc.); (b) to limit, restrict (s.o.'s freedom, rights etc.). ˈ**E~ung,** *f* -/*no pl* limitation, restriction.

Einer[1] [ˈainər], *m* -s/- *Row:* single-scull.

einer[2], *see* **ein. e~lei. I.** *inv.adj. & adv.* (*egal*) immaterial; **das ist mir ganz e.,** that's all the same to me; **e. ob ...,** no matter whether .... **II. E.,** *n* -s/*no pl* monotony, sameness. ˈ**e~seits,** *adv.* **e., ... andererseits ...,** on the one hand ... on the other hand ...

einfach [ˈainfax], *adj.* **1.** single (thread, width etc.); *Med:* simple (fracture); **e~e Fahrt, Fahrkarte usw.,** single/*N.Am:* one-way journey, ticket etc.; **e~e Buchführung,** single entry bookkeeping; *adv.* **e. gefaltet,** folded once. **2.** (a) (*leicht*) simple; **das ist gar nicht so e.,** it is not that simple/easy; **aus dem e~en Grunde, weil ...,** for the simple reason that ...; simply because ...; (b) *adv.* simply, just; **das verstehe ich e. nicht!** I simply don't understand it! **nenne mich e. John!** just call me John! **3.** (*schlicht*) ordinary (people); plain, homely (food); simple (life); *Mil:* **e~er Soldat,** private; *adv.* **sich e. kleiden,** to dress simply. ˈ**E~heit,** *f* -/*no pl* simplicity.

ˈ**einfädeln,** *v.tr.sep.* (a) to thread (cotton, film, tape etc.); (b) *F:* to arrange (sth.); **etwas schlau e.,** to set about sth. the right way.

ˈ**einfahr|en,** *v.sep.irr.26* **1.** *v.i.* (*sein*) (*ankommen*) to arrive; **in den Hafen, Bahnhof usw. e.,** to enter the harbour/station etc. **2.** *v.tr.*

(*a*) to run/*N.Am:* break in (a car, etc.); *Aut:* (*Aufkleber*) **wird eingefahren,** running in; (*b*) to knock down (a door, wall etc.). ´**E ~ t,** *f* -/-**en 1.** entry (**in** + *acc,* into); (*Ankunft*) arrival; *Rail:* **der Zug hat keine E./hat E. auf Gleis 4,** the train has not been cleared to enter the station/is now entering platform 4. **2.** (*a*) entrance, way in; (*Weg*) drive; (*Tor*) gateway; *P.N:* **E. freihalten,** keep (entrance) clear; **keine E.!** no entry; (*b*) (motorway/*N.Am:* freeway) access road.

´**Einfall,** *m* -(e)s/¨e **1.** idea; **verrückter E.,** crazy notion; **einem plötzlichen E. folgend,** on a sudden impulse/whim; **nachträglicher E.,** after-thought. **2.** *Opt:* incidence (of light/rays). **3.** *Mil:* invasion; (*kurz*) raid. ´**e ~ en,** *v.i.sep.irr.27* (*sein*) (*a*) (*einstürzen*) (*Gebäude*) to fall in, collapse; (*b*) (*Licht*) to fall/shine in; *Opt:* **e ~ de Strahlen,** incident rays; (*c*) to join in, *Mus:* (*Instrumente, Stimmen*) come in; (*d*) *Mil:* **in ein Land usw. e.,** to invade/raid a country etc.; (*e*) **es fällt mir ein,** it occurs to me; (*ich erinnere mich*) I remember; **dabei fällt mir ein . . .,** that reminds me . . .; **ihm fiel keine bessere Ausrede ein,** he couldn't think of a better excuse; **was fällt dir ein!** what can you be thinking of? what do you think you're doing? **laß dir das ja nicht e.!** don't you dare contemplate such a thing! **da mußt du dir schon etwas Besseres e. lassen!** you'll have to come up with something better than that! **das fällt mir im Traum nicht ein!** I wouldn't dream of it! ´**e ~ slos,** *adj.* lacking in ideas; unimaginative. ´**e ~ sreich,** *adj.* full of ideas; imaginative; (*klug*) ingenious. ´**E ~ s-reichtum,** *m* -(e)s/*no pl* imaginativeness; ingenuity. ´**E ~ swinkel,** *m* -s/- *Mth: Ph:* angle of incidence.

Einfalt [´ainfalt], *f* -/*no pl Lit:* naivety. ´**E ~ s-pinsel,** *m* -s/- simpleton.

einfältig [´ainfɛltiç], *adj.* simple; (*naiv*) naive.

´**Einfamilienhaus,** *n* -(e)s/¨er (undivided) family house; *N.Am:* one-family house.

´**einfangen,** *v.tr.sep.irr.28* to catch, capture (s.o., an animal etc.); to round up (a gang etc.); *Fig:* to capture (a mood) (in a painting etc.).

´**einfarbig,** *adj.* in one colour; plain (material).

´**einfass|en,** *v.tr.sep.* (*a*) to surround (a lawn, plot of land etc.) (**mit einem Zaun usw.,** with a fence etc.); *Sew:* to edge, border (a garment, tablecloth etc.); (*b*) to set (a jewel). ´**E ~ ung,** *f* -/-en border, edge; *Jewel:* setting.

´**einfetten,** *v.tr.sep. Mec.E:Cu:* to grease (sth.).

´**einfinden,** *v.refl.sep.irr.9* **sich e.,** to turn up, arrive; (*Menge*) to gather; **das wird sich schon wieder e.!** it'll turn up again, you'll see!

´**einflechten,** *v.tr.sep.irr.29* to twist, weave (sth.) (**in etwas** *acc,* into sth.); *Fig:* to work/*F:* throw in (a joke, quotation etc.).

´**einfließen,** *v.i.sep.irr.31* (*sein*) **in etwas** *acc* **e.,** to flow into sth.

´**einflößen,** *v.tr.sep.* (*a*) **j-m Arznei/Wasser e.,** to give s.o. sips of medicine/water; (*b*) *Fig:* to inspire (respect, admiration etc.); **j-m Mut/ Vertrauen e.,** to inspire s.o. with courage/confidence; **j-m Mitleid/Verdacht e.,** to arouse s.o.'s sympathy/suspicion.

´**Einfluß,** *m* -sses/¨sse influence (**auf j-n, etwas** *acc,* on s.o., sth.; **bei j-m,** with s.o.); **unter E. von Alkohol,** under the influence of alcohol.

´**E ~ bereich,** *m* -(e)s/-e sphere of influence. ´**e ~ reich,** *adj.* influential.

´**einflüstern,** *v.tr.sep.* **j-m etwas e.,** to whisper sth. in s.o.'s ear.

´**einförmig,** *adj.* uniform, monotonous. ´**E ~ keit,** *f* -/*no pl* uniformity, monotony.

´**einfressen,** *v.refl.sep.irr.25* **sich in etwas** *acc* **e.,** to eat into sth.

´**einfrieren,** *v.sep.irr.32* **1.** *v.i.* (*sein*) to freeze (up); (*Schiff*) to become icebound. **2.** *v.tr.* (*a*) to (deep-)freeze (food etc.); (*b*) *Econ:* **Löhne e.,** to freeze wages.

´**einfüg|en,** *v.tr.sep.* (*a*) **e. in** + *acc,* to fit (an object) into (sth.), insert (a word etc.) into (a text etc.); to add (a remark); (*b*) (*Pers.*) **sich e.,** to fit in; **er hat sich rasch in die neue Umgebung eingefügt,** he adapted himself quickly to his new surroundings. ´**E ~ ung,** *f* -/-en insertion.

´**einfühl|en,** *v.refl.sep.* **sich in j-n e.,** to feel with s.o., *F:* be on s.o.'s wavelength; **sich in etwas** *acc* **e.,** to get into the spirit of sth. ´**E ~ ungs-vermögen,** *n* -s/*no pl* (power of) empathy.

´**Einfuhr. I.** *f* -/-en (*a*) *no pl* importation (of goods etc.); (*b*) imports (of a country); **E. und Ausfuhr,** imports and exports. **II.** ´**E ~ -,** *comb.fm.* import (regulations, restrictions, licence etc.); **E ~ kontingent** *n,* import quota; **E ~ sperre** *f,* import embargo; **E ~ zoll** *m,* import duty; **E ~ land** *n,* importing country. **E ~ hafen** *m,* -s/¨ port of entry.

´**einführ|en,** *v.tr.sep.* (*a*) to introduce (s.o.) (**bei j-m,** to s.o.; **in die Gesellschaft,** into society; **in ein Fach,** to a subject); to introduce, bring in (sth. new, a law, reform etc.); to initiate (a new colleague etc.); **wer hat diese komische Sitte eingeführt?** who started this curious custom? (*b*) (*einfügen*) *esp. Med:* to insert (sth.) (**in** + *acc,* into); (*c*) *Com:* to import (goods). ´**e ~ end,** *adj.* introductory (words etc.). ´**E ~ er,** *m* -s/- importer. ´**E ~ ung,** *f* -/-en introduction (**in etwas** *acc,* to sth.); initiation; insertion (**in** + *acc,* into); **ein paar Worte zur E.,** a few words by way of introduction; *F:* **das ist eine blöde E.!** that's a stupid practice! ´**E ~ ungs-,** *comb.fm.* introductory (course, price etc.); **E ~ schreiben** *n,* letter of introduction.

´**einfüll|en,** *v.tr.sep.* to bottle (wine etc.); **e. in** + *acc,* to pour (a liquid) into (a bottle etc.). ´**E ~ stutzen,** *m* -s/- *Aut:* filler (pipe). ´**E ~ trichter,** *m* -s/- funnel; *Ind:* hopper.

´**Eingabe** *f* -/-n **1.** (*Gesuch*) petition; application (**an** *acc,* to). **2.** *Data-pr:* input.

´**Eingang,** *m* -(e)s/¨e **1.** entrance; (*Tor*) gate; **am E. des Dorfes,** as you enter the village; **er stand im E.,** he stood in the doorway; *P.N:* **kein E.,** no admittance/entry. **2.** (*Ankunft*) arrival (of mail etc.); **nach E. Ihres Briefes,** on receipt of your letter. **3.** (*Anfang*) beginning; **zu E. seiner Rede,** at the beginning of his speech. **4.** **sich** *dat* **E. verschaffen,** to manage to get in; to gain access; **5.** *pl Com:* (*a*) (*Einkünfte*) income; (*b*) incoming mail/goods; deliveries. **6.** *El: Rec: etc:* input. ´**e ~ s. I.** *adv.* at the beginning. **II.** *prep.* + *gen* at the beginning of. ´**E ~ s-,** *comb.fm.* (*a*) entrance (hall etc.); (*b*) opening (words, speech etc.); (*c*) *Com:* (date etc.) of receipt; **E ~ bestätigung** *f,* acknowledgement of receipt; **E ~ stempel** *m,* receipt/

'received' stamp; (*d*) *El:* input (voltage etc.); E ~ widerstand *m*, input impedance.

'eingeb|en, *v.tr.sep.irr.35* (*a*) j-m eine Medizin usw. e., to administer a medicine etc. to s.o.; (*b*) *Data-pr:* to feed (data) (einem/in einen Computer, into a computer). 'E ~ ung, *f* -/-en inspiration; einer plötzlichen E. folgend, acting on a sudden impulse/inspiration.

'eingebildet, *adj.* (*a*) (*Pers.*) conceited; (*stolz*) proud (auf + *acc*, of); (*b*) imaginary (illness etc.); ein e ~ er Kranker, a hypochondriac.

'eingeboren, *adj.* 1. inborn, innate (qualities etc.). 2. native (population etc.). 'E ~ e(r), *m & f decl. as adj.* native.

'eingedenk, *adv.* + *gen* bearing in mind, remembering; e. der Tatsache, daß ..., in view of the fact that ...

'eingefleischt, *adj.* confirmed (bachelor, pessimist etc.); inveterate (opponent etc.).

'eingehakt, *p.p. as adj.* arm in arm.

'eingeh|en, *v.sep.irr.36* 1. *v.i.* (*sein*) (*a*) *esp. Com:* (*Briefe, Gelder*) to come in, be received; die eingegangenen Spenden, the contributions received; e ~ de Post usw., incoming post etc.; (*b*) in die Geschichte e., to go down in history; (*c*) e. auf + *acc*, to agree to (a demand, request etc.); to go along with (a plan etc.), play along with (a joke); (*d*) auf eine Frage usw. (näher) e., to go into/examine a question (more closely); auf j-n e., to take an interest in s.o.; er ging auf ihre Anschuldigungen nicht weiter ein, he paid no further attention to her accusations; (*e*) (*Tier*) to die; *F:* (*Pers.*) to breathe one's last; (*Firma, Zeitung usw.*) to fold; *F:* ich wäre vor Langeweile fast eingegangen, I almost died of boredom; (*f*) (*schrumpfen*) to shrink. 2. *v.tr.* (*haben*) to enter into (an alliance, obligation); to contract (a marriage), to take on (a bet); to take, run (a risk); darauf gehe ich jede Wette ein, I'll bet you anything on that; einen Handel e., to strike a bargain. 'e ~ d, *adj.* 1. incoming (mail etc.). 2. (*gründlich*) thorough, exhaustive (treatment, research); *adv.* ein Thema e. behandeln, to treat a subject in depth/detail.

'eingeklemmt, *p.p. as adj.* jammed; *Med:* e ~ er Nerv, pinched nerve.

'eingelegt, *adj.* 1. *Furn:* inlaid (work etc.). 2. *Cu:* marinated; e ~ e Eier, eggs in waterglass; *N.Am:* preserved eggs.

'Eingemachtes, *n decl. as adj. Cu:* preserved/bottled fruit, vegetables etc.

'eingemeinden, *v.tr.sep.* to incorporate (a village etc.) (einer Stadt, into a town).

'eingenommen. 1. *p.p. of* einnehmen *q.v.* 2. *adj.* von etwas dat e., enthusiastic about/taken with sth.; von sich e. sein, to have a high opinion of oneself; gegen j-n, etwas *acc* e., prejudiced against s.o., sth.

'eingerostet, *p.p. as adj.* rusted (up), rusty.

'eingeschlafen, *p.p. as adj.* asleep.

'eingeschlossen, *p.p. of* einschließen *q.v.*

'eingeschneit, *adj.* snowbound; (*Dorf usw.*) cut off by snow.

'eingeschrieben, *p.p. as adj. Post:* registered.

'eingesessen, *adj.* (old-)established; (*ansässig*) resident.

'Eingeständnis, *n* -ses/-se confession; admission.

'eingestehen, *v.tr.sep.irr.100* to admit (sth.) (j-m, sich *dat*, to s.o., oneself).

'eingestellt, *p.p. as adj.* er ist fortschrittlich e., he has a progressive attitude; wie ist er politisch e.? what are his political leanings?

'eingewachsen, *p.p. as adj.* ingrowing, *N.Am:* ingrown (toenail).

Eingeweide ['aingəvaidə], *npl Anat:* viscera, *F:* guts; *Z:* entrails; *Cu:* offal.

'eingeweiht, *p.p. as adj.* in the know; well-informed (circles etc.).

'eingewöhnen, *v.tr.sep.* sich e., to settle down, become acclimatized.

'eingießen, *v.tr.sep.irr.31* to pour (a drink).

'eingipsen, *v.tr.sep. Med:* to put (a leg etc.) in plaster.

'eingleisig, *adj. Rail:* single-track (line).

'eingliedern, *v.tr.sep.* to incorporate (sth., a place), insert (details, facts etc.), integrate (s.o.) (in etwas *acc*, into sth.); sich e., to integrate; Flüchtlinge/Versehrte wieder (in die Gesellschaft) e., to rehabilitate refugees/handicapped people. 'E ~ ung, *f* -/-en incorporation, insertion; integration; rehabilitation.

'eingraben, *v.tr.sep.irr.42* (*a*) to bury (valuables etc.); sich e., to dig (one's way)/(*Tier*) burrow (in etwas *acc*, into sth.); *Mil:* to dig in; *Fig:* die Worte gruben sich in sein Gedächtnis ein, the words engraved themselves on his memory.

'eingravieren, *v.tr.sep.* to engrave (sth.) (in etwas *acc*, in sth.).

'eingreifen. I. *v.i.sep.irr.43* (*haben*) (*a*) to intervene (in etwas *acc*, in sth.); (*sich einmischen*) to interfere; (*b*) *Mec.E: etc:* (Zahnräder usw.) (in etwas *acc*) e., to mesh (with sth.)/engage (sth.). II. E., *n* -s/*no pl* 1. intervention, interference. 2. *Mec.E:* engagement, mesh(ing).

'eingrenzen, *v.tr.sep.* to limit, narrow down (a subject etc.).

'Eingriff, *m* -(e)s/-e 1. intervention (in + *acc*, in); E. in die Privatsphäre, intrusion on/disturbance of one's privacy. 2. *Med:* (chirurgischer) E., (minor) operation. 3. *Mec.E:* mesh(ing) (of gears etc.).

'einhaken, *v.tr.sep.* (*a*) to hook (sth.), fasten (sth.) with a hook; to hitch up (a trailer etc.); (*b*) sich bei j-m e., to link arms with s.o.

'Einhalt, *m* etwas *dat* E. gebieten, to call a halt/put a stop to sth. 'e ~ en, *v.sep.irr.45* 1. *v.tr.* (*a*) to keep (a promise, an appointment, one's distance); to keep to (a plan, diet etc.), to follow, hold (a course); to observe (a contract, rule, holiday etc.); to keep up (payments, a speed). 2. *v.i.* (*haben*) to stop (in der Arbeit, working); to pause. 'E ~ ung, *f* -/*no pl* observance; keeping (of a promise etc.); E. des Fahrplans, keeping to the timetable.

'einhämmern, *v.tr.sep.* (*a*) to hammer in (a nail etc.); (*b*) j-m etwas e., to hammer/drum sth. into s.o.

'einhandeln, *v.tr.sep.* to exchange, barter (sth.); *Com:* to trade sth. in (gegen/für + *acc*, for).

'Einhand-, *comb.fm. Sail:* single-handed (yachtsman); E ~ regatta *f*, single-handed race.

'einhändig, *adj.* one-handed; *adv.* with one hand. 'e ~ en, *v.tr.sep.* to hand (sth.) over, (*einreichen*) hand (sth.) in.

´**einhängen**, *v.tr.sep.* (*a*) to hang (sth.) in position; to hang (a door); *Rail:* to couple up (coaches); *Tel:* (**den Hörer**) **e.**, to hang up; (*b*) **sich bei j-m e.**, to link arms with s.o.

´**einheimisch**, *adj.* (*eines Landes*) native, indigenous (population, plants etc.); domestic (product, market); (*einer Stadt usw.*) local (residents, industry etc.); **die E~en**, the locals.

einheimsen [´ainhaimzən], *v.tr.sep. F:* to rake in (money).

´**einheiraten**, *v.i.sep.* (*haben*) **in eine Familie/ Firma e.**, to marry into a family/business.

Einheit [´ainhait], *f* -/-en 1. (*a*) unity (of a nation, party, *Th:* the drama etc.); (*b*) (*Ganzes*) **eine E. bilden**, to form a (homogeneous) whole. 2. *Mth: Meas: Mil: etc:* unit. ´**e~lich**, *adj.* uniform; (*a*) homogeneous (whole, work of art etc.); coherent (argument etc.); (*b*) *Com:* standard (price, tariff etc.). ´**E~lichkeit**, *f* -/- uniformity; homogeneity (of structure); consistency (of measures, plan etc.). ´**E~s-**, *comb.fm.* standard (value etc.); uniform (clothing etc.); **E~preis**, *m,* standard price.

´**einheizen**, *v.sep.* 1. *v.tr.* to light (a fire, stove); to heat (a room). 2. *v.i.* (*haben*) *F:* **j-m e.**, to give s.o. hell.

einhellig [´ainhɛliç], *adj.* unanimous. ´**E~keit**, *f* -/*no pl* unanimity.

ein´her-, *comb.fm. Lit:* (to go, stride etc.) along.

´**einholen**, *v.tr.sep.* (*a*) *North G: F:* **e. gehen**, to go shopping; (*b*) **Auskunft e.**, to seek information/make inquiries; **j-s Rat/Erlaubnis e.**, to get s.o.'s advice/consent; (*c*) to take in (a sail), haul in (a rope), draw in (a fishing net); to strike (a flag); (*d*) **j-n/ein Auto e.**, to catch up with s.o./a car; **verlorene Zeit e.**, to make up for lost time.

´**Einhorn**, *n* -(e)s/*-er Myth:* unicorn.

´**einhüllen**, *v.tr.sep.* to wrap (s.o., sth.) up; *Fig:* **in Nebel/Dunkelheit usw. eingehüllt**, shrouded in mist/darkness etc.

einig [´ainiç], *adj.* 1. (*geeint*) united (nation, people etc.). 2. (*in Übereinstimmung*) **mit j-m e. sein**, to agree/be in agreement with s.o.; (**sich**) **mit j-m e. werden**, to reach an agreement with s.o. (**über etwas** *acc*, on sth.); **er ist mit sich selbst nicht e.** (, **ob er gehen sollte**), he is in two minds (whether to go or not). **e~en** [´-gən], *v.tr.* (*a*) to unite, unify (a country etc.); (*b*) **sich** (**mit j-m**) **e.**, to come to an agreement with s.o.; **sich auf etwas** *acc* **e.**, to agree/settle on sth. ´**E~keit**, *f* -/*no pl* unity; concord, harmony; (*Übereinstimmung*) unanimity, agreement. ´**E~ung**, *f* -/-en (*a*) unification; (*b*) agreement.

einige (**r,s**) [ainigə(r,s)], *indef.pron. & adj.* 1. *sing.* (*etwas*) some; (*ein bißchen*) a little, a bit of; **vor e~r Zeit**, some time ago; **mit e~m Wohlwollen**, with a little good will; **das hat e~s für sich**, there is something to be said for that. 2. *pl* (*a*) (*ein paar*) a few; (*mehrere*) several; **e. Male**, a few/several times; (*b*) *pron.* some, a few; **e. gingen, aber die meisten blieben**, some (people) wer ̇, but most stayed; **e. wenige**, a few. 3. (*ziemlich viel*) **e~s kosten**, to cost quite a bit; **ich könnte dir e~s erzählen**, I could tell you a thing or two. ´**e~ mal**, *adv.* a few/ several times. ´**e~r´maßen**, *adv.* to some extent; **ich war e. überrascht**, I was somewhat

surprised; **es war e. gelungen**, it was quite/fairly successful; *F:* **wie geht es dir?—so e.**, how are you?— not too bad/so-so.

´**einimpfen**, *v.tr.sep.* (**j-m**) **Haß, eine Idee usw. e.**, to implant/instil hatred, an idea etc. (in s.o.).

´**einjagen**, *v.tr.sep.* **j-m Angst/Schrecken e.**, to give s.o. a real fright/scare.

´**einjährig**, *adj.* (*a*) one-year-old (child, animal etc.); (*b*) one year's (service etc.); (*c*) *Bot:* **e~e Pflanzen**, annuals.

´**einkalkulieren**, *v.tr.sep.* to take (sth.) into account, allow for (a possibility, *Fin:* an expense); (*mitberechnen*) to include (costs etc.).

´**einkassieren**, *v.tr.sep.* (*a*) to collect (money, contributions etc.); to recover (a debt etc.); (*b*) *F:* to help oneself to, pocket (sth.).

´**Einkauf**, *m* -(e)s/*-e* (*a*) *no pl* buying; **beim E. von Lebensmitteln**, when buying food; (*b*) purchase; **E~e machen**, to do some shopping. ´**e~en**, *v.tr.sep.* to buy, purchase (sth.); **e. gehen**, to go shopping. ´**E~s-**, *comb.fm.* shopping (street etc.); **E~bummel** *m,* shopping expedition; **E~korb** *m,* shopping basket; (*im Supermarkt*) wire basket; **E~netz** *n,* string shopping bag; **E~tasche** *f,* shopping bag; **E~wagen** *m,* shopping trolley/*N.Am:* cart; **E~zentrum** *n,* shopping centre.

´**Einkäufer(in)**, *m* -s/- (*f* -/-nen) *Com:* buyer.

´**einkehren**, *v.i.sep.* (*sein*) to stop, put up (**in einem Gasthaus usw.**, at an inn etc.).

´**einkeilen**, *v.tr.sep.* to wedge/jam (s.o., sth.) in.

´**einkerb**|**en**, *v.tr.sep.* to cut a notch in (sth.). ´**E~ung**, *f* -/-en nick, notch.

´**einkesseln**, *v.tr.sep. Mil:* to encircle (a town, army etc.).

´**einklammern**, *v.tr.sep.* to bracket (a word, phrase etc.).

´**Einklang**, *m* -(e)s/*-e* 1. *Mus:* unison. 2. harmony (of ideas etc.); **miteinander im E. sein/ stehen**, (*Ideen usw.*) to agree, coincide; (*Sachen*) to be compatible/in keeping; (*Pers.*) to be of the same mind; **nicht im E.**, at variance; (*Sachen*) out of keeping; **etwas** (**mit etwas** *dat*) **in E. bringen**, to reconcile sth. (with sth.).

´**einkleben**, *v.tr.sep.* to stick (sth.) in.

´**einkleiden**, *v.tr.sep.* to clothe (s.o.); to fit out (*Mil:* a recruit etc.).

´**einklemmen**, *v.tr.sep.* **etwas** (**in etwas** *acc*) **e.**, to wedge, jam sth. in(to sth.); *Carp:* to clamp (sth.); (*Pers.*) **zwischen zwei dicken Männern eingeklemmt**, sandwiched between two fat men.

´**einkneifen**, *v.tr.sep.irr.43* **mit eingekniffenem Schwanz**, (*Hund*) with its tail between its legs.

´**einknicken**, *v.tr.&i.sep.* (*haben*) to bend (wire etc.) (at an angle); **seine Knie knickten ein**, his knees gave way.

´**einkochen**, *v.sep.* 1. *v.tr.* to preserve, bottle (fruit, vegetables etc.); **Marmelade e.**, to make jam. 2. *v.i.* (*sein*) (*Flüssigkeit*) to boil away; **eine Soße e. lassen**, to reduce a sauce.

´**einkommen**. I. *v.i.sep.irr.53* (*sein*) *esp.Sp:* to come in. II. **E.**, *n* -s/- income, earnings; revenue (from estates). ´**E~(s)steuer**, *f* -/*no pl* income tax.

´**einkreisen**, *v.tr.sep.* to surround (an army etc.).

´**einkriegen**, *v.tr.sep. F:* to catch (s.o.) up.

Einkünfte [ˈainkynftə], *pl* income, earnings; (*Gewinn*) proceeds, receipts.

'**einkuppeln**, *v.i.sep.* (*haben*) *Aut:* to let in/engage the clutch.

'**einlad|en**[1], *v.tr.sep.irr.56* to load (goods) (**in einen Lastwagen usw.**, onto a lorry etc.). '**E ~ ung**[1], *f -/no pl* loading.

'**einlad|en**[2], *v.tr.sep.irr.* (*pres.* **lädt**/*occ* **ladet ein**, *p.* **lud ein**, *p.p.* **eingeladen**) to invite (s.o.) (**zum Mittagessen usw.**, to lunch etc.; **ins Theater usw.**, to go to the theatre etc.); **morgen sind wir eingeladen**, we've been invited out tomorrow; **komm, ich lade dich ein**, come on, I'll treat you. '**e ~ end**, *adj.* inviting; tempting; **e~e Geste**, welcoming gesture. '**E ~ ung**[2], *f -/-en* invitation.

'**Einlage**, *f -/-n* 1. enclosure (in a letter etc.). 2. *Fin:* investment; *Bank:* deposit; **eine E. machen**, to deposit money. 3. *Dressm:* padding; (collar) stiffener. 4. *Cu:* **Suppe mit E.**, soup with added ingredients (noodles, dumplings etc.). 5. (*in Schuhen*) arch support. 6. *Dent:* temporary filling. 7. *Mus: Th: etc:* interlude.

Einlaß [ˈainlas], *m -sses/⸗sse* 1. admittance, entry; **j-m E. gewähren**, to admit s.o.; *Th:* **E. ab 19 Uhr**, doors open from 7 p.m. 2. *Tchn:* inlet, intake. '**E ~ ventil**, *n -s/-e Mec.E:* inlet valve.

'**einlassen**, *v.tr.sep.irr.57* (*a*) to admit (s.o.), let (s.o., sth.) in; **ein Bad e.**, to run a bath; (*b*) **e. in** + *acc*, to let (sth.) into (concrete, a wall etc.); (*c*) **sich e. auf** + *acc*, to let oneself in for (sth.), get involved in (sth.); to enter into (a conversation); **laß dich ja auf nichts ein!** don't commit yourself! **sich mit j-m e.**, to associate/have dealings with s.o.; (*Liebschaft usw.*) to get involved with s.o.

'**Einlauf**, *m -(e)s/⸗e* 1. *Rac:* finish; **E~e**, final positions. 2. *Med:* enema. '**e ~ en**, *v.sep.irr.58* 1. *v.i.* (*sein*) (*a*) *Rac:* (*Läufer, Pferde usw.*) to come in; (*b*) (*ankommen*) to arrive; (*Zug*) to come/pull in; **bei den Behörden laufen ständig Beschwerden ein**, the authorities receive a steady stream of complaints; (*Schiff*) (**in den Hafen**) **e.**, to enter (the) harbour; (*c*) (*Wasser usw.*) to run/flow in; **das Badewasser e. lassen**, to run the bathwater; (*d*) (*Stoff, Kleidung*) to shrink. 2. *v.tr.* (*a*) **j-m das Haus/die Tür e.**, to pester s.o. with requests/troublesome visits; (*b*) to break/wear in (shoes); (*c*) **sich e.**, *Sp:* (*Läufer usw*) to warm up; *Fig:* (*neues System usw.*) to get into its stride.

'**einleben**, *v.refl.sep.* **sich e.**, to get used to one's new surroundings; **sich in etwas** *acc* **e.**, to get into the spirit of sth.

'**Einleg|earbeit**, *f -/-en* inlaid work, marquetry. '**e ~ en**, *v.tr.sep.* (*a*) **etwas in etwas** *acc* **e.**, to put/insert sth. in sth.; **Geld in einen Brief e.**, to enclose money with a letter; *Aut:* **den zweiten Gang e.**, to engage second gear; (*b*) *Cu:* to pickle (cucumbers etc.), marinate (fish etc.); to preserve (eggs); (*c*) *Carp: Furn:* inlay (ivory, mother-of-pearl etc.); (*d*) *Hairdr:* to set (hair); (*e*) **eine Pause e.**, to have a break; (*f*) **Protest e.**, to lodge a protest; *Jur:* **Berufung e.**, to appeal; (*g*) **für j-n ein gutes Wort (bei j-m) e.**, to put in a good word for s.o. (with s.o.); **mit dieser Arbeit wirst du keine Ehre e.**, this

work won't exactly cover you with glory. '**E ~ esohle**, *f -/-n* inner sole; (loose) insole.

'**einleit|en**, *v.tr.sep.* to begin, start (sth.); to write an introduction to (a book etc.); *Lit:* to usher in (a new era); *esp. Adm: etc:* to open (negotiations etc.), initiate (measures), set up (an inquiry etc.); **die Feier wurde mit Musik eingeleitet**, the ceremony began with music; *Jur:* **ein Verfahren gegen j-n e.**, to start proceedings against s.o.; *Med:* **eine Geburt (künstlich) e.**, to induce a birth. '**e ~ end**, *adj.* introductory (words); preliminary (measures). '**E ~ ung**, *f. -/-en* introduction; initiation; (*Vorspiel*) prelude.

'**einlenken**, *v.i.sep.* (*a*) *Aut:* (*sein*/*occ. haben*) **nach links usw. e.**, to turn to the left etc.; (*b*) (*haben*) to give in, (*nachgeben*) yield; **e~de Äußerung**, conciliatory statement.

'**einleuchten**, *v.i.sep.* (*haben*) **das leuchtet mir ein**, it is clear to me; I can see that. '**e ~ d**, *adj.* convincing, plausible.

'**einliefer|n**, *v.tr.sep.* to deliver (goods etc.); **j-n ins Gefängnis/Krankenhaus e.**, to take s.o. to prison/(the) hospital. '**E ~ ung**, *f -/-en* delivery; admission (**ins Krankenhaus usw.**, to (the) hospital etc.). '**E ~ ungsschein**, *m -(e)s/-e Com:* receipt, advice note.

'**einlös|en**, *v.tr.sep.* to cash (a cheque); to redeem (securities, sth. from pawn etc.); *Lit:* to make good (one's promise); *Rail: etc:* **sein Gepäck e.**, to collect one's luggage. '**E ~ ung**, *f -/-en* redemption; cashing (of a cheque).

'**einlullen**, *v.tr.sep.* to lull (a child) to sleep/*Fig:* (s.o.) into a false sense of security.

'**einmach|en**, *v.tr.sep.* to preserve, bottle (fruit, vegetables). '**E ~ glas**, *n -es/⸗er* preserving jar.

'**einmal**. **I.** *adv.* 1. (*a*) once; **e. im Jahr**, once a year; **e. und nicht wieder**, once and once only; **das gibt's nur e.**, it's unique, there's nothing like it; **noch**/*occ* **wieder e.**, (once) again; **noch e. so lang**, twice as long; *Prov:* **e. ist keinmal**, once won't hurt; (*b*) **e. hier, e. da**, now here, now there; **e. dies, e. das**, one moment it's one thing, the next it's something else; (*c*) (*in Zukunft*) **e. wird die Zeit kommen, wo ...**, one/some day the time will come when ...; **Sie müssen uns e. besuchen**, you must come and see us some time; (*d*) (*zuvor*) (once) before; at one time; **das habe ich schon e. gesehen**, I've seen that (once) before; *Lit:* **es war e. ...**, once upon a time there was ...; (*d*) **auf e.**, at the same time; (*plötzlich*) suddenly, all at once; **man kann nicht alles auf e. machen**, you can't do everything at once. 2. (*verstärkend*) **nicht e.**, not even; **alle e. herhören!** now listen, all of you! **na, sag e.!** now really! **das ist nun e. so**, that's the way it is; **ich bin nun e. so**, that's the way I'm made. **II.** **E~-**, *comb.fm.* disposable (package etc.); **E~handtuch** *n*, paper towel. **E ~ 'eins**, *n -/no pl* 1. *Mth: Sch:* **das (kleine/große) E.**, multiplication tables (up to 10/from 10 to 20). 2. rudiments, basics; **das E. des Sports**, the ABC/rudiments of sport. '**e ~ ig**, *adj.* 1. (*a*) single (reading etc.); non-recurring (payment etc.); **es war ein e~es Versehen**, this mistake won't happen again; (*b*) (*einzig in seiner Art*) unique (opportunity etc.); unrepeatable (offer); (*unerreicht*) matchless (quality etc.); *F:* fantastic (film etc.); *adv.* **das** war e. **schön,** that was absolutely beautiful. ´E ~ **igkeit,** *f -/no pl* uniqueness.

Ein´mann|betrieb, *m* -(e)s/-e one-man operation (of buses etc.); *Com:* one-man business. **E ~ wagen,** *m* -s/- one-man operated bus/ tram.

´**Einmarsch,** *m* -(e)s/-̈e marching in; entry **(in +** *acc,* into). ´e ~ **ieren,** *v.i.sep. (sein)* to march in; **in ein Land e.,** to march into/invade a country.

´**einmisch|en,** *v.refl.sep.* **sich e.,** to interfere **(in etwas** *acc,* in/with sth.); **sich in ein Gespräch e.,** to butt into a conversation; **misch dich nicht in Dinge an, die dich nichts angehen!** don't meddle with things that don't concern you! ´E ~ **ung,** *f -/*-**en** interference.

´**einmotten,** *v.tr.sep.* to put (clothes etc.) in moth balls.

´**einmumme(l)n,** *v.tr.sep. F:* to wrap, muffle (s.o., oneself) up.

´**einmünd|en,** *v.i.sep. (sein)* **e. in** *+ acc,* (*Fluß*) to flow into, enter (the sea); (*Straße*) to lead into, join (another road/street). ´E ~ **ung,** *f -/*-**en** (*a*) (*in einen Fluß*) confluence; (*ins Meer*) mouth, estuary; (*b*) (road) junction.

einmütig [´ainmy:tiç], *adj.* unanimous (decision etc.). ´E ~ **keit,** *f -/no pl* unanimity.

´**einnähen,** *v.tr.sep.* (*a*) to sew in (the lining etc.); (*umhüllen*) to sew (sth.) up **(in etwas** *acc,* in sth.); (*b*) to take in (a dress).

Einnahme [´ainnɑːmə], *f -/*-**n 1.** taking (of a medicine etc.). **2.** *Mil:* seizure, capture. **3.** *usu.pl* **E ~ n,** earnings, income; (*Ertrag*) takings. ´E ~ **quelle,** *f -/*-**n** source of income.

´**einnehmen,** *v.tr.sep.irr.69* (*a*) to take (medicine etc.); *Med:* **nicht e.!** not to be taken; (*b*) *Com: etc:* to take/(*verdienen*) earn, make (money); to receive (taxes); (*c*) *Mil:* to take, seize (a town, fortress etc.); (*d*) to take (one's seat); to take up, assume (a position, *Fig:* standpoint); (*e*) to occupy (space, a position etc.); **der Schrank nimmt die ganze Wand ein,** the cupboard takes up the entire wall; (*f*) **j-n für sich** *acc* **e.,** to win s.o. over; (*Frau*) to disarm, captivate s.o.; **j-n gegen sich e.,** to prejudice s.o. against one, ´e ~ **d,** *adj.* captivating, charming.

´**einnicken,** *v.i.sep. (sein) F:* to nod off.

´**einnisten,** *v.refl.sep. F:* **sich bei j-m e.,** to park oneself on s.o.; **die Schlamperei, die sich hier eingenistet hat,** the slovenly attitude which has taken over here.

Einöde [´ain°ødə], *f -/*-**n** desert, wilderness.

´**einölen,** *v.tr.sep.* to oil, lubricate (a machine etc.); **sich e.,** to rub oil into one's skin.

´**einordnen,** *v.tr.sep.* (*a*) to arrange, place (objects) in proper order; **Karteikarten alphabetisch e.,** to file index cards in alphabetical order; **sich e.,** (i) (*Pers.*) to fit in; (ii) *Aut:* to get into (the right) lane; *P.N:* **E.!** get in lane; (*b*) to categorize (s.o., sth.); **ein Tier unter die Säugetiere e.,** to classify an animal as a mammal.

´**einpacken,** *v.sep.* **1.** *v.tr.* to pack (sth.) **(in eine Kiste usw.,** into a crate etc.); to wrap up (a present etc.); *F:* **sich/j-n (in eine Decke usw.) e.,** to wrap oneself/s.o. up (in a blanket etc.); **mit deinen Witzen kannst du dich e. lassen,** you can get lost with your jokes! **2.** *v.i.* (*haben*) to pack (up), (*also Fig:*) pack one's bags; *F:* **da können**

wir e., we might as well pack it in.

´**einpassen,** *v.tr.sep.* **etwas (in etwas** *acc*) **e.,** to fit sth. in(to sth.).

´**einpauk|en,** *v.tr.sep. Sch:* **j-m etwas e.,** to hammer/drum sth. into s.o.; **sich** *dat* **etwas e.,** to swot sth. up, *N.Am:* cram sth. ´E ~ **er,** *m* -s/-*Sch: F:* crammer, coach.

´**einpendeln,** *v.tr.sep.* (*Produktion usw.*) **sich e.,** to level off **(auf +** *acc/dat,* at).

´**einpferchen,** *v.tr.sep.* to pen (sheep); to pack, cram (people) (into a small space).

´**einpflanzen,** *v.tr.sep.* to implant (an idea, *Med:* an organ etc.) (**j-m,** in s.o.).

´**einplanen,** *v.tr.sep.* to include (sth.) in one's plans; (*berücksichtigen*) to allow for (sth.).

´**einpräg|en,** *v.tr.sep.* (*a*) to stamp, imprint (a mark, design etc.) (**ins Metall,** in the metal); (*b*) *Fig:* **j-m etwas e.,** to imprint (sth.) on s.o.'s mind; (*einschärfen*) to drum sth. into s.o.; **sich** *dat* **ein Gedicht usw. e.,** to memorize a poem etc.; **die Melodie prägt sich leicht ein,** the tune is easy to remember; **es hat sich mir eingeprägt,** it is engraved on my mind. ´e ~ **sam,** *adj.* memorable, easy to remember; catchy (tune).

´**einquartier|en,** *v.tr.sep.* (*a*) *Mil:* to quarter, billet (troops) (**bei j-m,** with s.o.); (*b*) **sich bei j-m/in einem Hotel e.,** to put up at s.o.'s house/in a hotel. ´E ~ **ung,** *f -/*-**en** *Mil:* quartering, billeting.

´**einquetschen,** *v.tr.sep.* to squeeze (sth.) in; **sich** *dat* **den Finger (in etwas** *dat*) **e.,** to pinch one's finger (in sth.).

´**einrahmen,** *v.tr.sep.* to frame (a picture etc.); *F:* **das kannst du dir e. lassen!** you can keep it!

´**einrammen,** *v.tr.sep.* to ram/drive in (a pile).

´**einrasten,** *v.i.sep. (sein)* to snap into position.

´**einräum|en. I.** *v.tr.sep.* (*a*) **das Geschirr (in den Schrank) e.,** to put away the crockery (in the cupboard); (*b*) (*gewähren*) **j-m ein Recht,** *Fin:* **einen Kredit usw. e.,** to grant s.o. a right, credit etc.; (*c*) (*zugeben*) **ich räume ein, daß ich unrecht hatte,** I admit that I was wrong. ´E ~ **ung,** *f -/*-**en 1.** granting (of rights etc.). **2.** admission.

´**einrechnen,** *v.tr.sep.* to include (sth.); **die Kinder (nicht) eingerechnet,** (not) counting the children.

´**einreden,** *v.sep.* **1.** *v.tr.* **j-m, sich** *dat* **etwas e.,** to persuade s.o., oneself of sth.; **j-m e., daß er ein Versager sei,** to talk s.o. into believing that he is a failure; **das redest du dir nur ein!** you're just imagining it! **2.** *v.i.* (*haben*) **auf j-n e.,** to talk earnestly/insistently to s.o.; *F:* to keep on at s.o.; **sie redeten alle auf mich ein,** they were all trying to tell me something/what to do.

´**einregnen,** *v.refl.sep.impers.* **es hat sich eingeregnet,** the rain has settled in.

´**Einreib|emittel,** *n* -s/- *Med:* embrocation. ´e ~ **en,** *v.tr.sep.irr.12* **sich** *dat* **das Gesicht mit Creme e.,** to rub one's face with cream; **j-m den Rücken e.,** to rub oil etc. on s.o.'s back.

´**einreichen,** *v.tr.sep.* to submit (a petition, an application etc.); *Jur:* **die Scheidung e.,** to file a petition for a divorce; **Beschwerde e.,** to lodge a complaint; *Mil: Adm:* **seinen Abschied e.,** to tender one's resignation.

´**einreih|en,** *v.tr.sep.* (*a*) **sich e.,** to take one's place (in a queue etc.); *Fig:* to fall into line, *Pol:* toe the line; *Aut:* **sich nach rechts usw. e.,** to filter to the right etc.; (*b*) (*zuordnen*) **ein Buch unter die Romane e.**, to class a book as a novel. ´E ~ **er**, *m* -s/- *Cl:* single-breasted suit. ´**e ~ ig**, *adj. Cl:* single-breasted.

´**Einreise**, *f* -/-n entry (into a country); **bei der E.**, on entering the country. ´**e ~ n**, *v.i.sep.* (*sein*) (**in ein Land**) **e.**, to enter a country. ´**E ~ visum**, *n* -s/-visa entry visa.

´**einreißen**, *v.sep.irr.4* **1.** *v.tr.* (*a*) to tear (sth.) (at the edge); to split (one's finger nail etc.); (*b*) (*niederreißen*) **to pull down, demolish (a house, wall etc.). 2.** *v.i.* (*sein*) (*a*) to tear, get torn; (*b*) *Fig:* (*Gewohnheit usw.*) to become widespread, gain a hold; **laß das ja nicht e.!** don't let that become a habit!

´**einreiten**, *v.tr.sep.irr.41* to break in (a horse).

´**einrenken**, *v.tr.sep.* (*a*) *Med:* to set (a fracture, dislocated limb); (*b*) *F:* **das werden wir schon wieder e.**, we'll sort/straighten that out.

´**einrennen**, *v.tr.sep.irr.51 F:* **j-m das Haus/die Tür e.**, to pester s.o.

´**einricht|en**, *v.tr.sep.* (*a*) to furnish (a house, room etc.); to equip, fit out (a kitchen, shop etc.); (*Zimmer*) **geschmackvoll eingerichtet**, tastefully decorated/furnished; **man braucht Zeit um sich einzurichten**, it takes time to settle in; *F:* **sich häuslich e.**, make oneself at home; (*b*) (*anordnen*) to arrange (sth.); **ich werde es so e., daß er fort ist, wenn du kommst**, I'll arrange/ organize it so that he's out when you come; **ich kann doch nicht mein ganzes Leben danach e.**, I can't arrange my whole life around that; **sich e.**, to adapt/adjust oneself to circumstances; (*mit wenig auskommen*) to manage (on a little), make ends meet; **sich auf etwas** *acc* **e.**, to prepare/make arrangements for sth.; **wir sind gar nicht auf Besuch eingerichtet**, we are quite unprepared for visitors. ´**E ~ ung**, *f* -/-en **1.** (*a*) *no pl* furnishing; fitting out; equipping; (*b*) equipment; (*Möbel*) furniture. **2.** (*Anordnung*) arrangement; set-up, lay-out (of a workshop etc.). **3.** (*a*) (*Anstalt*) institution, establishment; **öffentliche E ~ en**, public institutions/ services; (*b*) (*Brauch*) practice; **eine feste/ständige E.**, a permanent institution. **4.** *Tchn:* (*Gerät*) device; (*Anlage*) installation; **sanitäre E ~ en**, sanitation. ´**E ~ ungsgegenstand**, *m* -es/-e piece of furniture/equipment; *Constr:* fitting, fixture.

´**Einriß**, *m* -sses/-sse tear, split (in material).

´**einritzen**, *v.tr.sep.* to scratch (a surface, one's name etc.).

´**einrollen**, *v.tr.sep.* to roll (sth.) up; **j-m/sich** *dat* **die Haare e.**, to put s.o.'s/one's hair in rollers.

´**einrosten**, *v.i.sep.* (*sein*) to go rusty, rust (up); *F:* (*Glieder*) to get stiff; (*Kenntnisse*) to get rusty.

´**einrücken**, *v.sep.* **1.** *v.i.* (*sein*) (*a*) (*Truppen*) **in ein Land e.**, to enter a country; (*b*) (*einberufen werden*) to be called up (for military service); (*c*) **in eine höhere Stelle e.**, to take up a higher position. **2.** *v.tr.* (*a*) *Print:* to indent (a line etc.); (*b*) *Journ:* to insert (an advertisement).

eins[1] [ains]. **I.** *num.adj.* one; (*a*) **von e. bis zehn**, from one to ten; **Seite e.**, page one; **um e.**, at one o'clock; (*c*) **mit j-m e. sein**, to be in agreement with s.o.; *F:* **mir ist alles e.**, it is all the same to me; **es kommt auf e. heraus**, it comes to the same thing; *F:* **den Polizisten sehen und**

abhauen war e., the moment they saw the policeman they beat it. **II. E.**, *f* -/-en (*a*) (figure) one; **römische F.**, Roman one; (*b*) *Sch:* (*Note*) excellent (mark), *approx.* A.

eins[2], *indef.pron. see* **ein.**

´**einsacken**, *v.i.sep.* (*sein*); to sink (in); (*Plattform usw.*) to sag, (*Straße usw.*) subside.

´**einsalzen**, *v.tr.sep.* to salt, cure (meat, fish etc.); *Fig: F:* **laß dich e.!** you're a dead loss!

einsam [´ainza:m], *adj.* (*a*) lonely, solitary (person, existence); isolated, lonely (place); **e. und verlassen**, (*Pers.*) on one's lonesome; (*Straßen*) deserted; (*b*) *F:* **e ~ e Spitze**, absolutely great, the tops. ´**E ~ keit**, *f* -/-en (*a*) loneliness, solitude; **er liebt die E.**, he loves being alone; (*b*) (*Ort*) lonely/isolated spot.

´**einsammeln**, *v.tr.sep.* to gather (fruit etc.); to collect (money, tickets, *Sch:* exercise books).

´**Einsatz**, *m* -es/-e **1.** (*Teil*) insert, *Tchn:* element (of a filter etc.); *Dressm:* gusset, inset. **2.** *Gaming: etc:* stake; *Fig:* **unter E. des Lebens**, at the risk of one's life. **3.** (*a*) use, employment (of labour, machines, police etc.); **der E. der Polizei wurde notwendig**, the police had to be brought in; **Maschinen im vollen E.**, machines working to capacity; **unter E. aller Kräfte**, by using all one's strength; *Fig:* **es verlangt den vollen E. (der Person)**, it demands total dedication; *Sp:* **ohne E. spielen**, to play without commitment; (*b*) *Mil:* (*einzelner*) mission; (*allgemein*) action; **einen E. fliegen**, to fly a sortie; **Truppen usw. zum E. bringen**, to bring troops etc. into action; **pausenlos im E. sein**, to be in continuous action. **4.** *Mus:* entry; **der Dirigent gab den E.**, the conductor gave the signal to come in. ´**e ~ bereit**, *adj. Mil:* (*Truppen*) ready for action; **sich e. halten**, to be on standby. ´**e ~ fähig**, *adj.* operational (aircraft etc.); serviceable (machine etc.); *Mil:* (*Truppen usw.*) fit for action; *Sp:* (*Spieler*) fit (to play). ´**E ~ kommando**, *n* -s/-s *Mil: & Police:* task force. ´**E ~ wagen**, *m* -s/- relief bus/tram.

´**einsaugen**, *v.tr.sep.irr.76* to suck in (air etc.), (*Schwamm*) soak up (liquid).

´**einschalt|en**, *v.tr.sep.* (*a*) to switch on (a light, radio etc.); to connect (up) (a circuit, battery); *Aut:* to engage (a gear); **sich e.**, to switch itself on/(*Heizung usw.*) come on; *Rad:* **einen anderen Sender e.**, to switch (over) to a different station; (*b*) (*einfügen*) to insert, put in (a word, sentence etc.); to interpolate (a phrase, remark etc.); **eine Pause e.**, to have a break; (*c*) to bring/call in (the police, experts etc.); **sich e.**, to intervene (**bei etwas** *dat*/**in etwas** *acc*, in sth.); **sich in ein Gespräch e.**, to join in a conversation. ´**E ~ hebel**, *m* -s/- starting lever. ´**E ~ quote**, *f* -/-n *TV:* programme rating. ´**E ~ ung**, *f* -/-en **1.** insertion; interpolation. **2.** switching on; *Aut:* engagement (of a gear).

´**einschärfen**, *v.tr.sep.* to inculcate (a rule etc.); **j-m etwas e.**, to impress sth. on s.o.; **sie schärfte ihm ein, nicht auf die Straße zu gehen**, she gave him strict instructions not to go into the street.

´**einschätz|en**, *v.tr.sep.* to judge, assess (s.o., sth.); (*bewerten*) to estimate the value of (sth.); *Fin:* to assess (s.o.) (provisionally); **j-n, etwas hoch e.**, to have a high opinion of s.o., sth.; to value (s.o.), sth. highly; **j-n zu hoch/niedrig e.**, to overrate/underrate s.o.; **eine Situation richtig/falsch e.**, to judge a situation correctly/ misjudge a situation. ´E ~ **ung,** *f* -/-en assessment, estimation; (*Meinung*) opinion; judgement, appraisal (of a situation etc.).

´**einschenken,** *v.tr.sep.* to pour out (wine, water etc.) (**j-m,** for s.o.); to fill (a glass, cup etc.).

´**einschicken,** *v.tr.sep.* to send in (sth.).

´**einschieb|en,** *v.tr.sep.irr.82* (*a*) **etwas in etwas** *acc* **e.**, to push/*F:* shove sth. into sth.; (*b*) to insert (a quotation etc.); to add (an extra item etc.) (**ins Programm usw.**, to the programme etc.). **E ~ sel** [´ainʃi:psəl], *n* -s/- insertion. ´E ~ **ung,** *f* -/-en insertion (*esp.* of sth.).

´**Einschienenbahn,** *f* -/-en monorail.

´**einschiff|en,** *v.tr.sep.* to embark (passengers); **sich e.**, to embark, board ship (**nach Afrika,** for Africa). ´E ~ **ung,** *f* -/-en embarkation.

´**einschlafen,** *v.i.sep.irr.84* (*sein*) (*a*) (*Pers., Tier, Hum:* Fuß *usw.*) to go to sleep; (*b*) *Lit:* (*sterben*) to pass away (peacefully); (*c*) *Fig:* (*Korrespondenz usw.*) to peter out.

´**einschläfern,** *v.tr.sep.* to lull/send (s.o.) to sleep; *Vet:* to put (an animal) to sleep; *Fig:* **j-n/j-s Wachsamkeit e.**, to lull s.o. into a sense of false security. ´e ~ **d,** *adj.* soporific.

´**Einschlag,** *m* -(e)s/⁼e **1.** impact (of bomb etc.). **2.** *Sew:* fold, tuck; (*Saum*) hem. **3.** *Aut:* (steering) lock. **4.** *Fig:* **der orientalische E.**, the oriental element/ touch. ´e ~ **en,** *v.sep.irr.85* **1.** *v.tr.* (*a*) to knock/hammer in (a nail, post etc.); (*b*) to break (a window), batter/ knock down (a door); **j-m den Schädel e.**, to smash s.o.'s head in; (*c*) (*einpacken*) to wrap up (a present etc.) (in paper, cloth etc.); (*d*) to take (the right/wrong road); **eine andere Richtung e.**, to change direction; **eine Laufbahn e.**, to enter upon a career; (*e*) *Sew: etc:* to turn (sth.) over/down; **einen Rock e.**, to turn up the hem of a skirt. **2.** *v.i.* (*haben*) (*a*) **der Blitz/die Bombe hat hier eingeschlagen,** the lightning/ bomb struck here; *Fig:* **die Nachricht schlug wie eine Bombe ein,** the news was a bombshell; *F:* **der Film schlug (gut) ein,** the film was a hit; (*b*) to shake hands (**auf etwas** *acc,* on sth.); **schlag ein!** let's shake on it! (*c*) **auf j-n/ein Tier e.**, to shower s.o./an animal with blows; (*d*) *Aut:* **nach links e.**, to lock over to the left; **mit voll eingeschlagenen Rädern,** with the wheels on full lock.

einschlägig [´ainʃlɛːgiç], *adj.* relevant (literature, authority etc.); *Com:* of this type; **alle e ~ en Geschäfte,** all shops carrying this line.

´**einschleichen,** *v.refl.sep.irr.86* **sich** (**in etwas** *acc*) **e.**, to creep/steal in(to sth.); *Fig:* **hier hat sich ein Druckfehler eingeschlichen,** a misprint has slipped in here; **sich in j-s Vertrauen e.**, to insinuate oneself into s.o.'s confidence.

´**einschleusen,** *v.tr.sep.* to channel (things, people) (**in** + *acc,* into); to infiltrate (spies).

´**einschließ|en,** *v.tr.sep.irr.31* (*a*) to lock (s.o., sth.) up; **sie schloß sich in ihrem Zimmer ein,** she shut herself up in her room; (*b*) (*umgeben*) to surround, encircle (sth., troops); **Mauern schließen den Hof ein,** walls enclose the courtyard; (*c*) (*aufnehmen*) to include (s.o., sth.); **X eingeschlossen,** including X. ´e ~ **lich. 1.** *adv.*

inclusive; **vom Montag bis e. Freitag,** from Monday to Friday inclusive; *N.Am:* Monday through Friday; **bis Seite 20 e.**, up to and including page 20. **2.** *prep.* + *gen* including; **e. Porto,** including postage. ´E ~ **ung,** *f* -/no *pl* (*a*) *Mil:* encirclement; (*b*) inclusion.

´**einschlummern,** *v.i.sep.* (*sein*) *Lit:* to fall asleep; (*sterben*) to pass away (peacefully).

´**einschmeicheln,** *v.refl.sep.* **sich bei j-m e.**, to ingratiate oneself with s.o., curry favour with s.o. ´e ~ **d,** *adj.* ingratiating, suave (manners, ways); silky (voice).

´**einschmieren,** *v.tr.sep. F:* to rub cream etc. into (one's boots)/oil into (one's skin); **sich e. mit** + *dat,* to rub oneself with (oil etc.), plaster oneself with (make-up).

´**einschnappen,** *v.i.sep.* (*sein*) (*a*) to click shut/ home; (*b*) *F:* (*Pers.*) to take offence.

´**einschneiden,** *v.tr.* & *i.sep.irr.59* (*haben*) (**in**) **etwas** *acc* **e.**, to cut into sth.; **der Fluß hatte sich tief in den Berg eingeschnitten,** the river had cut a deep cleft in the mountain. ´e ~ **d,** *adj.* drastic, radical (change); decisive (event).

´**Einschnitt,** *m* -(e)s/-e **1.** (*a*) cut, *esp. Med:* incision; (*Kerbe*) notch; (*b*) gap (in hills etc.); *Rail:* cutting. **2.** *Fig:* turning point; **ihr Tod war ein tiefer E. in seinem Leben,** her death had a crucial effect on his life.

´**einschnüren,** *v.tr.sep.* (*a*) to tie up (a package etc.); (*b*) to constrict (s.o., s.o.'s waist etc.).

einschränk|en [´ainʃrɛŋkən], *v.tr.sep.* (*a*) to limit, restrict (sth.); **sich e.**, to economize; (*b*) to qualify (a statement, condition etc.). ´E ~ **ung,** *f* -/-en (*a*) limitation, restriction; (*b*) qualification; **ohne E.**, without reservation.

´**einschrauben,** *v.tr.sep.* to screw (sth.) in.

´**Einschreib|ebrief,** *m* -(e)s/-e *Post:* registered letter. ´E ~ (**e**)**gebühr,** *f* -/-en registration fee. ´e ~ **en. I.** *v.sep.irr.12* **1.** *v.tr.* (*a*) to write (sth.) down; to enter (sth.) (**in ein Buch/eine Liste,** in a book/on a list); **sich ins Gästebuch e.**, to sign the visitor's book; (*b*) to register (s.o.); **sich e.**, to enrol (**als Mitglied,** as a member); *Univ: etc:* to register (**als Student usw.**, as a student etc.); (*c*) *Post:* to register (a letter, parcel). **II. E.**, *n* -s/no *pl Post:* registration; **per E.**, by registered post/*N.Am:* mail. ´E ~ **ung,** *f* -/-en enrolment, registration.

´**einschreiten,** *v.i.sep.irr.41* (*sein*) to intervene, take action (**gegen** + *acc,* against); **gerichtlich e.**, to take legal action; **energisch e.**, to take strong measures.

´**einschrumpfen,** *v.i.sep.* (*sein*) to shrivel (up); (*Äpfel, Haut*) to become wrinkled; *Fig:* (*Vorräte usw.*) to shrink.

´**Einschub,** *m* -(e)s/⁼e **1.** insertion (in a book etc.). **2.** *Constr:* insert; *El:* slide-in module. ´E ~ **decke,** *f* -/-n *Constr:* false ceiling.

´**einschüchter|n,** *v.tr.sep.* to intimidate, frighten (s.o.). ´E ~ **ung,** *f* -/-en intimidation.

´**einschul|en,** *v.tr.sep.* to send (a child) to school (for the first time); **eingeschult werden,** to start school. ´E ~ **ung,** *f* -/-en starting school.

´**Einschuß,** *m* -sses/⁼sse (point of) entry (of a bullet, shell); bullet-hole, shell-hole.

´**einschütten,** *v.tr.sep.* to pour in (sth.).

´**einschweißen,** *v.tr.sep.* (*a*) *Metalw:* to weld in

(a part); (*b*) to shrink-wrap (a book, record).

'**einschwenken**, *v.i.sep.* (*sein*) to swing (left, right etc.); **das Auto schwenkte in den Hof ein**, the car swung/swept into the courtyard; *Mil:* **nach links schwenkt ein!** left wheel!

'**einsegn|en**, *v.tr.sep. Ecc:* to confirm (s.o.), consecrate (a new church, marriage etc.). '**E ~ ung**, *f -/-en* confirmation, consecration.

'**einsehen. I.** *v.sep.irr.92* **1.** *v.i.* (*haben*) **bei j-m e.**, to share s.o.'s book. **2.** *v.tr.* (*a*) to inspect, examine (documents, books etc.); **das Buch darf nur im Lesesaal eingesehen werden**, the book may only be consulted in the reading room; (*b*) to see, realize (one's mistake etc., that . . .); **Ich sehe nicht ein, warum ich die ganze Arbeit machen soll**, I don't see why I should do all the work. **II. E.**, *n* **ein E. haben**, (i) (*Verständnis haben*) to show consideration/understanding; (ii) (*vernünftig sein*) to listen to reason.

'**einseifen**, *v.tr.sep.* to soap (oneself, dirty washing etc.).

einseitig ['ainzaitiç], *adj.* (*a*) unilateral (treaty, decision); *Med:* **e. gelähmt**, paralysed on one side; (*b*) *Fig:* one-sided (person, training etc.); prejudiced (attitude, treatment etc.); **e ~ er Mensch**, person with a one-track mind. '**E ~ keit**, *f -/no pl* one-sidedness.

'**einsend|en**, *v.tr.sep.irr.94* to send (sth.) in, submit (an article etc.). '**E ~ er**, *m -s/-* sender. '**E ~ eschluß**, *m -sses/no pl* closing date (for entries). '**E ~ ung**, *f -/-en* entry (for a competition); (*Beitrag*) contribution.

Einser ['ainzər], *m -s/- Sch: F:* A, top marks.

'**einsetz|en**, *v.sep.* **1.** *v.tr.* (*a*) to put (sth.) in; to insert (*Cl:* a patch etc.), fill in (the date etc.); **ein Wort für ein anderes e.**, to substitute one word for another; (*b*) to put on (extra trains, buses etc.); (*c*) (*nennen*) to appoint (s.o., a committee etc.); **j-n in ein Amt e.**, to install s.o. in an office; **j-n wieder in seine Rechte e.**, to reinstate s.o.; (*d*) to call in (troops, police etc.); to call out (snowploughs etc.); (*anwenden*) to (put to) use (a weapon, tactics, all one's strength etc.), *Sp:* bring on (a player); (*e*) to stake, bet (an amount); *Fig:* to risk (one's life); (*f*) **sich e.**, to exert oneself; **sich voll e.**, to do one's utmost; **sich für eine Sache e.**, to champion/campaign for a cause; **sich für j-n e.**, to stand up for s.o. *v.i.* (*haben*) to begin, start; (*Sturm*) to break; (*Regen, kaltes Wetter usw.*) to set in; *Mus:* (*Stimme, Instrument*) to come in, enter. '**E ~ ung**, *f -/-en* appointment.

'**Einsicht**, *f -/-en* **1.** examination, inspection; *Adm:* **E. in die Akten usw. nehmen**, to consult the files etc. **2.** (*a*) (*Verständnis*) understanding, insight; (*Erkenntnis*) realization; **zu der E. kommen, daß . .**, to come to realize that . . .; **neue E ~ en gewinnen**, to gain fresh insight; **verspätete E.**, hindsight; **ein Mann von großer E.**, a man of great vision/discernment; (*b*) (*Vernunft*) **E. zeigen**, to show sense; **hab doch E.!** be sensible/reasonable! '**e ~ ig**, *adj.* (*vernünftig*) sensible; (*verständnisvoll*) understanding. '**E ~ igkeit**, *f -/-en* understanding, discernment; (*Vernunft*) reason, sense. '**F. ~ nahme**, *f -/-n* inspection, examination; *Jur:* search.

'**einsickern**, *v.i.sep.* (*sein*) (**in etwas** *acc*) **e.**, to seep in (to sth.).

Einsied|elei [ainzi:də'lai], *f -/-en* hermitage. '**E ~ ler**, *m -s/-* hermit; recluse.

einsilbig ['ainzilbiç], *adj.* monosyllabic (word, person, reply); (*Mensch*) taciturn.

'**einsinken**, *v.i.sep.irr.96* (*sein*) (**in etwas** *acc*) **e.**, to sink in(to sth.); (*Boden usw.*) to give way, subside; *Fig:* **eingesunkene Wangen**, hollow cheeks.

'**Einsitzer**, *m -s/- Aut: Av: etc:* single-seater.

'**einspannen**, *v.tr.sep.* (*a*) to fix/clamp (sth.) into position; *Typewr:* **ein Blatt Papier e.**, to insert a sheet of paper (into the typewriter); (*b*) **ein Pferd e.**, to harness a horse to a carriage; (*c*) *F:* to rope (s.o.) in (for a job); **eingespannt sein**, to be hard at work.

Einspänner ['ainʃpɛnər], *m -s/-* **1.** one-horse carriage. **2.** *Aus: F:* black coffee with whipped cream.

'**einspar|en**, *v.tr.sep.* to save/economize on (materials, expenses etc.); to cut down (expenditure etc.); to cut, *F:* axe (a job). '**E ~ ungsmaßnahmen**, *fpl* economy measures.

'**einspeichern**, *v.tr.sep. Data-pr:* to feed (data) (**in +** *acc*, into).

'**einsperren**, *v.tr.sep.* to lock up, *F:* jail (s.o.).

'**einspielen**, *v.tr.sep.* (*a*) *Mus:* to warm up (an instrument); (*b*) **sich e.**, (*Musiker*) to practise, tune up; (*Sportler*) to warm up; (*Unternehmen*) to get under way; **es hat sich alles gut eingespielt**, everything is working out/settling down well; **sie sind gut aufeinander eingespielt**, they work together as a good team.

einsprachig ['ainʃpra:xiç], *adj.* monolingual.

'**einspringen**, *v.sep.irr.19* **1.** *v.i.* (*sein*) (*a*) **für j-n e.**, to stand in for s.o., take s.o.'s place/*Th:* part; **mit Geld e.**, to provide money; (*b*) (*einschnappen*) to snap shut.

'**einspritzen**, *v.tr.sep. Med: Tchn:* to inject (sth.); *Med:* **j-m Morphium e.**, to give s.o. an injection of morphine.

'**Einspruch**, *m -(e)s/-̈e* objection, protest; *Jur: Adm:* appeal (against a decision); **E. erheben**, to raise an objection, *Jur:* lodge an appeal.

einspurig ['ainʃpu:riç], *adj. Rail: Aut:* single-track (line, road); *Aut:* single-lane (traffic); (*Autobahn*) **e. befahrbar**, reduced to one lane.

einst ['ainst], *adv. Lit:* **1.** (*früher*) once, in the past; **e. stand hier eine Burg**, once/in the old days a castle stood here; **es war wieder wie e.**, it was like it used to be. **2.** (*in Zukunft*) one day.

'**einstampfen**, *v.tr.sep.* (*a*) to ram (sth.) (**in ein Faß usw.**, into a barrel etc.); to pulp (books).

'**Einstand**, *m -(e)s/-̈e Tennis:* deuce.

'**einstanzen**, *v.tr.sep.* to stamp (a design) (**in Metall, Leder usw.**, on metal, leather etc.).

'**einstecken**, *v.tr.sep.* (*a*) to put/stick (sth.) in (**in etwas** *acc*, into); (*b*) to tuck in (one's shirt); to plug in (the radio etc.); to post (a letter); (*b*) to put (sth.) in one's pocket, *esp. Pej:* to pocket (money, profits etc.); (*c*) (*hinnehmen*) *F:* to suffer (an insult, defeat, criticism etc.), take (blows etc.); **er mußte viel e.**, he had to take a lot of punishment; (*d*) *F:* **die Konkurrenz e.**, to put the competition in the shade.

'**einstehen**, *v.i.sep.irr.100* (*sein*) **für j-n, etwas** *acc* **e.**, to vouch for s.o., sth.; **dafür e., daß . . .**, to guarantee that . . .; **für die Folgen e.**, to answer for the consequences.

´**einsteig|en**, *v.i.sep.irr.89* (*sein*) (*a*) (**in den Zug, Bus usw.**) **e.**, to get on, board (the train, bus etc.); (**in ein Auto**) **e.**, to get in(to a car); *Rail: etc:* **bitte e.!** all aboard! (*b*) *F:* **in ein Geschäft/eine Firma e.**, to join a business/firm (as a partner). ´**E ~ eschacht**, *m* -(e)s/¨e manhole.

´**einstell|bar**, *adj.* adjustable. ´**e ~ en**, *v.tr.sep.* (*a*) to put (away) (a vehicle) (**in eine Garage usw.**, in a garage etc.); (*b*) (*beschäftigen*) to take on, employ (s.o.) (**bei sich** *dat*, in one's firm); to sign on (workers, employees etc.); (*c*) (*aufhören*) to stop (work, smoking etc.); to suspend (payments); (*Busverkehr usw.*) **eingestellt werden**, to stop running, be taken off; (*Firma*) **den Betrieb e.**, to close down; *Mil:* **das Feuer e.**, to cease fire; (*d*) *Tchn:* to adjust (a machine, screws, *Rad:* volume etc.) (**auf** + *acc*, to); *Aut:* to tune (the engine); to time (the ignition); *Rad: TV:* **einen Sender e.**, to tune in to a station; *Fig:* (*Pers.*) **sich auf j-n, etwas** *acc* **e.**, to adapt oneself/adjust to s.o., sth.; **wir haben uns/sind nicht auf Gäste eingestellt**, we are not prepared for guests; **ich mußte mich innerlich darauf e.**, I had to get used to the idea; **ich bin gar nicht auf Weihnachten eingestellt**, I'm not at all in a Christmas mood; (*e*) (*erscheinen*) **sich e.**, (*Pers., Jahreszeit*) to arrive, appear; (*Schmerzen usw.*) to start; (*Zweifel, Schwierigkeiten*) to arise. ´**E ~ ung**, *f* -/-**en 1.** cessation (of hostilities, production etc.); stoppage (of work); suspension (of payments etc.); *Ind:* **E. des Betriebs**, close-down. **2.** *Tchn:* adjustment; *Aut:* tuning; (ignition) timing; **die richtige E.**, the right setting. **3.** *Cin: TV:* (*Aufnahme*) take. **4.** (*Haltung*) attitude (**zur Arbeit usw.**, to work etc.); *F:* **das ist doch keine E.!** that attitude won't get you anywhere! **5.** employment, engagement (of staff, workers).

´**Einstieg**, *m* -(e)s/-e entrance (of a bus etc.); **E. (nur) vorne**, get on at the front.

einstig [´ainstiç], *adj.* former.

´**einstimm|en**, *v.i.sep.* (*haben*) *Mus:* (*Instrument, Stimme*) to enter, come in; **in den Gesang, Jubel usw. e.**, to join in the singing, cheering etc. ´**e ~ ig**, *adj.* **1.** *Mus:* unison (singing etc.). **2.** unanimous (decision etc.). ´**E ~ igkeit**, *f* -/*no pl* unanimity.

einstöckig [´ainstœkiç], *adj.* one-storey.

´**einstöpseln**, *v.tr.sep.* *F: El:* to plug in (sth.).

´**einstoßen**, *v.tr.sep.irr.103* to push in (a window).

´**einstreichen**, *v.tr.sep.irr.86* *F:* to rake in, pocket (money, profits etc.).

´**einstreuen**, *v.tr.sep.* to throw in (quotations etc.) (**in einen Vortrag**, during a lecture).

´**einströmen**, *v.i.sep.* (*sein*) (*Wasser, Luft usw.*) to pour/(*Licht usw.*) stream in.

´**einstudier|en**, *v.tr.sep.* to study, learn (a piece of music, *Th:* part etc.); to rehearse (a play); **neu einstudiert**, revived (production). ´**E ~ ung**, *f* -/-**en** *Th:* production.

´**einstufen**, *v.tr.sep.* to classify (s.o., sth.); to rate (s.o., sth.) (high, low); to grade (goods, *Sch:* material); *Sch:* to stream (students); **j-n (gehaltsmäßig) höher e.**, to put s.o. in a higher income group.

´**einstürmen**, *v.i.sep.* (*sein*) **auf j-n e.**, to rush

at/*Mil:* attack s.o.; *Fig:* (*mit Fragen usw.*) to bombard s.o. (with questions etc.); *Fig:* **Erinnerungen stürmten auf sie ein**, memories crowded in on her.

´**Einsturz**, *m* -es/¨e collapse; caving in (of ground etc.). ´**E ~ gefahr**, *f* -/*no pl* *P.N:* danger falling masonry.

´**einstürzen**, *v.i.sep.* (*sein*) (*Gebäude, Mauer usw.*) to collapse, fall in; (*Dach*) to cave in; *Fig:* **seine Welt stürzte ein**, his world fell about him in ruins.

einstweil|en [ainst´vailən], *adv.* (*vorläufig*) for the time being; (*inzwischen*) meanwhile. **e ~ ig**, *adj.* temporary, provisional.

eintägig [´aintɛgiç], *adj.* one-day (visit etc.); day-old (lamb, chick etc.).

Eintagsfliege [´aintaksfliːgə], *f* -/-**n** (*a*) *Ent:* day-fly; (*b*) *F:* nine-days' wonder.

´**Eintänzer**, *m* -s/- gigolo.

´**eintauchen**, *v.sep.* **1.** *v.tr.* to dip, (*auf längere Zeit*) immerse (sth.). **2.** *v.i.* (*sein*) (**ins Wasser**) **e.**, to dive in(to the water).

´**Eintausch**, *m* -(e)s/*no pl* exchange; barter (of goods); **bei E. des Gutscheins**, when exchanging the coupon. ´**e ~ en**, *v.tr.sep.* to exchange, *F:* swap (sth.) (**gegen etwas** *acc*, for sth.); **ich habe meinen Fiat gegen einen Ford eingetauscht**, I traded my Fiat in for a Ford.

´**einteil|en**, *v.tr.sep.* (*a*) to divide (sth.) (**in Teile, Abschnitte usw.**, into pieces, sections etc.); *Bot: Z:* to classify (animals, plants etc.) (**in Gattungen**, into species); (*b*) to map out, organize (one's time, day etc.); (*verteilen*) to distribute (workload, expenditure etc.); **er hat sich seine Arbeit gut eingeteilt**, he has organized his work well; (*c*) **j-n für ein/zu einer Arbeit e.**, to allot s.o. a task; **j-n zum Nachtdienst e.**, to put s.o. on night duty. ´**e ~ ig**, *adj.* one-piece (swimsuit etc.). ´**E ~ ung**, *f* -/-**en** (*a*) division; *Bot: Z:* classification (**in** + *acc*, into); (*b*) organization, planning.

eintönig [´aintøːniç], *adj.* monotonous. ´**E ~ keit**, *f* -/*no pl* monotony.

´**Eintopf**, *m* -(e)s/¨e *Cu:* hot-pot; stew.

´**Eintracht**, *f* -/*no pl* harmony, (*Frieden*) peace.

´**einträchtig**, *adj.* harmonious; peaceful.

´**Eintrag**, *m* -(e)s/¨e entry (in a diary, list etc.). ´**e ~ en**, *v.tr.sep.irr.85* (*a*) to put/write (sth.) down; to enter (sth.) (**in ein Buch/eine Liste**, in a book/on a list); *Book-k:* **einen Posten auf ein Konto e.**, to enter sth. to an account; (*b*) to enrol (s.o.) (**als Mitglied**, as a member); to register (a birth, trade mark etc.); **eingetragener Verein**, incorporated society; (*Pers.*) **sich e.**, to sign, enter one's name (**in eine Liste usw.**, on a list etc.); (*im Hotel*) to check in; (*c*) (*Geschäft usw.*) to bear, yield (profit); **einiges/viel/wenig e.**, to bring in something/a lot/a little; *Fig:* **j-m Sympathie usw. e.**, to earn s.o. sympathy etc. ´**E ~ ung**, *f* -/-**en 1.** (*Eintrag*) entry. **2.** registration.

einträglich [´aintrɛːkliç], *adj.* lucrative, profitable.

´**eintreffen. I.** *v.i.sep.irr.104* (*sein*) (*a*) (*Pers., Waren, Bus usw.*) to arrive; (*Lieferung*) to come in; (*b*) (*Prophezeiung usw.*) to come true; (*Ereignis*) to happen; **die vorausgesagte Katastrophe traf nicht ein**, the predicted disaster did not occur. **II. E.,** *n* -s/*no pl* arrival.

'eintreib|bar, *adj.* recoverable (debts etc.). **'e ~ en,** *v.tr.sep.irr.12 Com: Jur.* to recover, collect (outstanding debts, money, rent etc.).

'eintreten, *v.sep.irr.105* **1.** *v.i.* (sein) (*a*) (*Pers.*) to enter, come in; **e. in** + *acc,* to enter (the room, a convent, the war etc.); (*Satellit*) **in die Umlaufbahn e.,** to go into orbit; **in einen Verein, eine Partei usw. e.,** to join a club, party etc.; **in Verhandlungen/eine Diskussion usw. e.,** to enter into negotiations/a discussion; (*b*) (*Ereignis*) to occur, take place; (*Schwierigkeit*) to arise; (*Zustand*) to set in; **sein Tod trat um 7 Uhr ein,** his death occurred at 7 o'clock; **plötzlich trat Stille ein,** suddenly there was silence; (*c*) **für eine Sache e.,** to support/champion a cause; **er trat für seinen Freund/seine politischen Überzeugungen ein,** he stood up for his friend/ his political convictions; **2.** *v.tr.* (*a*) to kick (sth.) in; (*b*) **die Krümel (in den Teppich) e.,** to tread the crumbs in(to the carpet).

'eintrichtern, *v.tr.sep. F:* **j-m etwas e.,** to din sth. into s.o.

'Eintritt, *m* -(e)s/-e **1.** (*Eintreten*) entering; entrance; *P.N:* **E. verboten!** no admittance. **2.** (*a*) joining (**in einen Verein usw.,** of an association etc.); *Com:* **wir suchen eine Sekretärin zum baldmöglichsten E. in unsere Firma,** we require a secretary to join our firm as soon as possible; (*b*) entry (**in Verhandlungen,** into negotiations); (*c*) **bei E. der Dunkelheit,** when darkness sets in. **3.** *Th: Sp:* entrance, admission; *P.N:* **E. frei,** admission free. **'E ~ s-,** *comb.fm.* admission (ticket etc.); **E~geld** *n*/**E~preis** *m,* admission fee; *Sp:* *pl* **E~gelder,** gate money.

'eintrocknen, *v.i.sep.* (sein) (*Teich usw.*) to dry up; (*Beeren usw.*) to shrivel up.

'eintrudeln, *v.i.sep.* (sein) *F:* to turn up (eventually); **na, bist du endlich eingetrudelt?** well, so you made it at last, did you?

'einüben, *v.tr.sep.* to practise, learn (a piece of music, dance step etc.).

einverleib|en ['ainfɛrlaibən], *v.tr.sep. & insep.* (*a*) to incorporate (sth.) (**in etwas,** into sth.); **ein Land einem Reich e.,** to annex a country to an empire; (*b*) *Hum:* (*Pers.*) **sich** *dat* **einen Kuchen usw. e.,** to consume a cake etc. **'E ~ ung,** *f* -/-en incorporation; annexation.

'Einvernehmen, *n* -s/- understanding; **mit j-m im besten E. stehen,** to be on the best of terms with s.o.; **im E. mit dem Chef,** with the agreement of the boss.

'einverstanden, *pred.adj.* **e. sein,** to agree/be in agreement (**mit j-m, etwas** *dat,* with s.o., sth.); **e.!** OK! that's a bargain!

'Einverständnis, *n* -ses/-se agreement; (*a*) (*Billigung*) consent, approval; *Jur:* **schriftliches E.,** written consent; **in stillschweigendem E. mit den Eltern,** with the tacit agreement of the parents; (*b*) (*Einigkeit*) understanding, harmony.

'einwachsen, *v.tr.sep.* to wax (a floor, skis).

'Einwand, *m* -(e)s/-e objection (**gegen etwas** *acc,* to sth.). **e ~ 'frei,** *adj.* satisfactory; (*tadellos*) perfect; **es ist vollkommen e.,** it's perfectly all right; there is nothing the matter with it; **in e~em Zustand,** in perfectly sound condition;

sein Verhalten war nicht e., his conduct was not beyond reproach; *adv.* **es steht e. fest/ist e. erwiesen,** it is (proved) beyond question.

'Einwander|er, *m* -s/- immigrant. **'e ~ n,** *v.i.sep.* (sein) to immigrate. **'E ~ ung,** *f* -/-en immigration.

einwärts ['ainverts], *adv.* inward(s).

'einwecken, *v.tr.sep.* to bottle (fruit, vegetables).

'Einweg-, *comb.fm.* non-returnable (bottle etc.); **E~verpackung** *f,* disposable container.

'einweichen, *v.tr.sep.* to soak (washing etc.).

'einweih|en, *v.tr.sep.* (*a*) to open (a building, road etc.), dedicate (a building, monument etc.); *Ecc:* to consecrate (a church etc.); *F:* to use/wear (sth.) for the first time, **die neue Wohnung e.,** to give a housewarming party; (*b*) to initiate (s.o.), *F:* show (s.o.) the ropes; **j-n in seine Pläne, ein Geheimnis usw. e.,** to let s.o. in on one's planes, a secret etc. **'E ~ ung,** *f* -/-en **1.** official opening; dedication; *Ecc:* consecration. **2.** initiation (**in** + *acc,* into).

'einweis|en, *v.tr.sep.irr.70* (*a*) **j-n ins Krankenhaus usw. e.,** to send s.o. to (the) hospital etc.; *Adm:* **j-n in eine Wohnung e.,** to allot s.o. living quarters; (*b*) **j-n in eine Tätigkeit e.,** to introduce s.o. to a job; (*c*) **j-n in eine Parklücke e.,** to guide/direct s.o. into a parking space. **'E ~ ung,** *f* -/-en (*a*) assignment (**in** + *acc,* to); **E. ins Krankenhaus,** hospitalization; (*b*) instruction, introduction (**in** + *acc,* to).

'einwend|en, *v.tr.sep.irr.94* to object (**daß . . . ,** that . . .); **etwas e.,** to raise/make an objection; **dagegen läßt sich nichts e.,** there is no objection to that; *F:* **gegen eine Tasse Kaffee hätte ich nichts einzuwenden,** I wouldn't mind a cup of coffee. **'E ~ ung,** *f* -/-en objection.

'einwerfen, *v.tr.sep.irr.110* (*a*) to throw in (the ball, *Fig:* a remark etc.); to post (a letter); **eine Münze in den Automaten e.,** to put a coin in the slot-machine; (*b*) to break in, smash (a window etc.).

'einwickeln, *v.tr.sep.* to wrap up (s.o., sth.).

'einwiegen, *v.tr.sep.* to rock (a baby) to sleep; *Fig:* **sich von falschen Versprechungen e. lassen,** to let oneself be taken in by false promises.

'einwillig|en, *v.i.sep.* (haben) (**in etwas**) *acc* **e.,** to agree/(*erlauben*) consent (to sth.). **'E ~ ung,** *f* -/-en agreement (**in** + *acc,* to); **seine E. zur Heirat,** his consent to their marriage.

'einwirk|en, *v.i.sep.* (haben) **auf j-n, etwas** *acc* **e.,** to affect/have an effect on s.o., sth.; (*beeinflussen*) to influence s.o., sth. **'E ~ ung,** *f* -/-en effect; (*Einfluß*) influence; **unter E. von Drogen,** under the influence of drugs.

'Einwohner|(in), *m* -s/- (*f* -/-nen) inhabitant; resident (of a village, estate). **'E ~ meldeamt,** *n* -(e)s/-er registration office. **'E ~ schaft,** *f* -/no pl resident population. **'E ~ zahl,** *f* -/-en population.

'Einwurf, *m* -(e)s/-e **1.** (*Einwerfen*) throwing in, *Sp:* throw-in; *Post:* posting, *N.Am:* mailing; **E. DM 2,** put 2 marks in the slot. **2.** (*Öffnung*) slit; slot (of a slot-machine). **3.** (*Bemerkung*) interjection; (*kritisch*) objection.

'Einzahl, *f* -/no pl *Gram:* singular.

'einzahl|en, *v.tr.sep.* to pay in (money) (**auf j-s Konto,** into s.o.'s account). **'E ~ ung,** *f* -/-en payment (into the bank). **'E ~ ungs-,** *comb.fm.*

paying-in (book, counter); **E~schein** *m,* paying-in slip.

ˈ**einzäun|en**, *v.tr.sep.* to fence (in) (a plot etc.). ˈ**E ~ ung,** *f -/-en* (a) *no pl* fencing in; (b) enclosing fence.

ˈ**einzeichnen**, *v.tr.sep.* to draw in (details), (*auf eine Karte*) mark (a road etc.).

Einzel [ˈaintsəl]. **I.** *n -s/-* *Tennis:* singles. **II.** ˈ**E~-,** *comb.fm.* (a) (*gesondert*) separate (question, element, state, edition etc.); *Rail:* **E~abteil** *n,* separate compartment; (b) (*einmal vorkommend, für eine Person usw.*) single (volume, bed, garage etc.); individual (packaging, *Sp:* contest etc.); **E~kampf** *m, Mil:* single combat; *Sp:* individual competition; **E~zimmer** *n,* single room; *Sp:* **E~wertung** *f,* individual results; (c) (*vereinzelt*) isolated (example etc.); **E~erscheinung** *f/*E~**fall** *m,* isolated instance/ case; (d) (*einzig*) sole; only (child etc.); **E~exemplar** *n,* sole (extant) example/(*Buch*) copy. ˈ**E ~ anfertigung,** *f -/-en* eine **E. sein,** to be specially made/*N.Am:* custom-built/*F:* a one-off. **E ~ gänger(in),** *m -s/-* (*f -/-nen*) (a) (*Pers.*) outsider; *F:* lone wolf; (b) *Z:* rogue (elephant, buffalo etc.). ˈ**E ~ haft,** *f -/no pl* solitary detention/confinement. ˈ**E~handel,** *m -s/- Com:* retail trade. ˈ**E~handelspreis,** *m -es/-e* retail price. ˈ**E~händler,** *m -s/-* retailer. ˈ**E~haus,** *n -es/-̈er* detached/*N.Am:* one-family house. ˈ**E ~ heit,** *f -/-en* detail; **bis in alle E~n/in die kleinste E.,** down to the smallest detail; **alle E~en,** full details/ particulars. ˈ**e ~ n,** *adj.* **1.** (a) (*alleinstehend*) individual, (*gesondert*) separate (parts etc.); **der e~e (Mensch),** the individual; **jeder e~e,** every single one; **ein e~er Baum,** one single/solitary tree; *adv.* **e. verpackt,** individually/separately wrapped; **bitte e. aufführen,** please list separately. **2.** (*einige*) some, a few; **e~e Abgeordnete stimmten dagegen,** one or two delegates voted against it; **e~es muß ich noch erklären,** there are still a few things I must explain; **e~e Regenschauer,** scattered showers. **3. das e~e,** the details; **im e~en,** in detail; **vom Allgemeinen zum E~en,** from the general to the particular. ˈ**E ~ person,** *f -/-en* individual (person). ˈ**E ~ radaufhängung,** *f -/-en Aut:* independent suspension. ˈ**E ~ spiel,** *n -(e)s/-e* (a) *Tennis:* singles match; (b) solo play. ˈ**E ~ stück,** *n -(e)s/-e* (a) single/odd piece (of a set etc.); (b) sole (extant) example. ˈ**E ~ teil,** *n -(e)s/-e* component (part); **eine Maschine in ihre E~e zerlegen,** to dismantle a machine.

ˈ**einzieh|bar,** *adj.* retractable (undercarriage etc.). ˈ**e ~ en,** *v.sep.irr.113* **1.** *v.tr.* (a) to pull/ draw in (nets, a rope etc.); to take in (sails, claws etc.); to strike (the flag); to duck (one's head); **den Schwanz e.,** to tuck its tail between its legs; *F:* (*Pers.*) **mit eingezogenem Schwanz,** with his tail between his legs; *Av:* **das Fahrgestell e.,** to retract the undercarriage; (b) *Adm:* to withdraw (a passport, licence etc.); *Bank:* to withdraw (coins etc.) from circulation; *Jur:* to confiscate, seize (s.o.'s property etc.); (c) *Adm:* to collect (debts, taxes etc.); to gather (information etc.); **Erkundigungen über j-n e.,** to make inquiries about s.o.; (d) *Mil:* to call (s.o.) up, *N.Am:* draft (s.o.). **2.** *v.i.* (*sein*) (a) (*Armee usw.*)

in eine Stadt usw. e., to enter a town etc.; (*Pers.*) (**in eine Wohnung, ein Haus usw.) e.,** to move in(to a flat, house etc.); (b) (*Feuchtigkeit usw.*) to be soaked up/absorbed. ˈ**E ~ ung,** *f -/-en* (a) taking in; retraction; (b) *Adm:* withdrawal; *Jur:* seizure; (c) *Adm:* collection (of debts etc.); (d) *Mil:* call-up, *N.Am:* drafting.

einzig [ˈaintsiç], *adj.* (a) only (possibility, child etc.); **der e~e Überlebende,** the sole survivor; **nur ein e~es Mal!** just once! **er konnte keine e~e Frage beantworten,** he couldn't answer a single question; **sein e~ster Gedanke war . . .,** his one and only thought was . . .; **mein Leben ist eine e~e Plage,** my life is one long torment; **der Garten war eine e~e Wildnis,** the garden was nothing but/a complete wilderness; *adv.* **das ist das e. Wahre,** that is the only thing that works; **e. und allein,** entirely, solely; **dieser Vorfall steht e. da,** this incident is unprecedented; (b) **e. (in seiner Art),** unique, one of a kind; *F:* (*also Pej:*) **du bist wirklich e.!** you're in a class by yourself! *adv.* (*verstärkend*) **das Gemälde ist e. schön!** the picture is absolutely beautiful! **2.** *indef.pron.* **ein e~er/eine e~e/ein e~es,** only one; **kein e~er/e~es,** not a single person/one; **das e~e, was wir für Sie tun können,** the only thing we can do for you; **unser E~er,** our only son; *F:* **das e~e ist nur, daß ich pleite bin,** the only trouble is that I'm broke. ˈ**e ~ artig,** *adj.* unique; (*unvergleichlich*) incomparable. ˈ**E ~ artigkeit,** *f -/no pl* uniqueness.

ˈ**einzuckern,** *v.tr.sep.* to cover (sth.) thickly with sugar; to candy (fruit).

ˈ**Einzug,** *m -(e)s/-̈e* **1.** (a) entry, entrance (of s.o., an army, band); (b) moving in; move (**in die neue Wohnung,** into the new flat). ˈ**E ~ sbereich,** *m -(e)s/-e/*ˈ**E ~ sgebiet,** *n -(e)s/-e Geog: & Sch:* catchment area; *N.Am:* school district. ˈ**E ~ sfeier,** *f -/-n* housewarming party. ˈ**e ~ sfertig,** ready for occupation.

ˈ**einzwängen,** *v.tr.sep.* j-n, etwas (in etwas *acc*) e., to jam/squeeze s.o., sth. in(to sth.); *Fig:* **sich eingezwängt fühlen,** to feel straitjacketed (**in** + *acc,* by).

ˈ**Eipulver,** *n -s/no pl* dried egg.

Eis¹, eis [ˈeːʔis], *n -/- Mus:* E sharp.

Eis² [ais]. **I.** *n -es/no pl* **1.** ice; *Fig:* **ein Projekt usw. auf E. legen,** to put a project etc. into cold storage. **2.** *Cu:* ice (cream); **zwei E. essen,** to eat two ices/ice creams; **E. am Stiel,** ice lolly, *N.Am:* popsicle. **II.** ˈ**E~-,** *comb.fm.* (a) ice-(-cap, -hockey, dancing, *Nau:* -breaker etc.); **E~bahn** *f/*E~**stadion** *n,* ice/skating rink; **E~berg** *m,* iceberg; **E~beutel** *m,* ice-pack; **E~fach** *n,* ice/freezer compartment; **E~pickel** *m,* ice-axe; **E~revue** *f,* ice show; **E~scholle** *f,* ice floe; **E~würfel** *m,* ice cube; **E~zeit** *f,* Ice Age; **E~schicht** *f,* layer/sheet of ice; (b) ice cream (seller, wafer etc.); **E~becher** *m,* ice cream sundae; **E~diele** *f,* ice cream parlour; **E~tüte** *f,* ice cream cone. ˈ**E ~ bär,** *m -en/-en* polar bear. ˈ**E ~ bein,** *n -(e)s/-e Cu:* cured knuckle of pork. ˈ**E ~ blume,** *f -/-n* frost-flower (on a window). ˈ**E ~ decke,** *f -/-n* frozen surface; (*Schicht*) (layer of) ice. ˈ**E ~ - fläche,** *f -/-n* frozen surface; stretch of ice. ˈ**e ~ gekühlt,** *adj.* iced (drink etc.). ˈ**e ~ -**

'**glatt**, *adj.* icy (road etc.). **e ~ ig** ['aiziç], *adj.* icy (wind, *Fig:* manner etc.); *adv.* **er wurde e. empfangen**, he got a chilly reception. '**E ~ kaffee**, *m* -s/*no pl Cu:* iced coffee. '**e ~ 'kalt**, *adj.* (*a*) icy, freezing (room, weather etc.); ice-cold (drink); **mir ist e.**, I'm frozen; (*b*) *Fig:* (*Pers.*) cold and calculating; cold-blooded (criminal etc.); **e ~ e Nerven**, nerves of steel. '**E ~ kunstlauf**, *m* -(e)s/*no pl* figure skating. '**E ~ kunstläufer**, *m* -s/- figure skater. '**E ~ lauf**, *m* -(e)s/*no pl* skating. '**e ~ laufen**, *v.i.sep.irr.58* (*sein*) to skate. '**E ~ meer**, *n* -(e)s/-e *Geog:* polar sea; **Nördliches/Südliches E.**, Arctic/ Antarctic Ocean. '**E ~ regen**, *m* -s/*no pl* frozen rain. '**E ~ schießen**, *n* -s/*no pl* approx. = curling. '**E ~ schnellauf**, *m* -(e)s/ˉe (*a*) *no pl* speed skating; (*b*) skating race. '**E ~ schnelläufer**, *m* -s/- speed skater. '**E ~ schrank**, *m* -(e)s/ˉe refrigerator. '**E ~ vogel**, *m* -s/ˉ *Orn:* kingfisher. '**E ~ zapfen**, *m* -s/- icicle.

Eisen ['aizən]. **I.** *n* -s/- **1.** *Metall: Med: Golf: etc:* iron; *Fig:* **zwei/mehrere E. im Feuer haben**, to have two/several irons in the fire; **ein heißes E. anfassen**, (*Gefährliches*) to play with dynamite; (*Heikles*) to grasp a nettle; *Prov:* **man muß das E. schmieden, solange es heiß ist**, strike while the iron is hot. **II.** '**E ~ ~**, *comb.fm.* iron (bar, wire etc.); *Metall:* ferro-(alloy, chrome etc.); ferrous (metals etc.); *Ch:* ferric, ferrous (oxide, compound etc.); **E ~ abfall** *m*, scrap iron; **E ~ blech** *n*, sheet iron; **E ~ guß** *m*, cast iron; **E ~ erz** *n*, iron ore; **E ~ gießerei** *f*, iron foundry; **E ~ hütte** *f*/**E ~ werk** *n*, ironworks; **E ~ träger** *m*, iron girder; **die E ~ zeit** *f*, the Iron Age, **E ~ waren** *fpl*, ironmongery, *N.Am:* hardware; **E ~ warenhändler** *m*, ironmonger, *N.Am:* hardware dealer; **E ~ handlung** *f*, ironmonger's shop, *N.Am:* hardware store; *adj.* **e ~ hart**, (as) hard as iron. '**E ~ bahn**, *f* -/-en railway, *N.Am:* railroad; **mit der E. fahren**, to go by rail/train; *F:* **es wird höchste E.!** it's about time! **E ~ bahn-**, *comb.fm.* railway, *N.Am:* railroad (line, station etc.); rail (journey, network etc.); **E ~ knotenpunkt** *m*, rail(way)/railroad junction; **E ~ unglück** *n*, rail/train crash; **E ~ abteil** *n*, train compartment; **E ~ strecke** *f*, stretch of (railway) line, *N.Am:* railroad section; **E ~ wagen** *m*, railway coach, *N.Am:* railroad car; **E ~ waggon** *m*, railway truck, *N.Am:* (railroad) freight car. '**E ~ bahner**, *m* -s/- *F:* railwayman; *N.Am:* railroader. '**E ~ bahnschiene**, *f* -/-n rail. '**E ~ bahnübergang**, *m* -(e)s/ˉe level crossing; *N.Am:* grade crossing. '**E ~ beton**, *m* -s/*no pl Constr:* reinforced concrete. '**e ~ haltig**, *adj.* containing iron; ferrous (compound).

eisern ['aizərn], *adj.* iron; (*a*) (made of) iron; iron (bar, *Med:* lung, *Fig:* constitution, ration etc.); **e ~ er Vorhang**, (i) *Th:* safety curtain; (ii) *Pol:* Iron Curtain; (*b*) *Fig:* (*unnachgiebig*) iron (will, discipline etc.); relentless (energy etc.); **e ~ e Ruhe**, unshakable calm; **mit e ~ er Faust regieren**, to rule with a rod of iron; *adv.* **seinen Plan e. durchführen**, to pursue one's plan relentlessly; *F:* **darin bin ich e.**, I won't budge on that; **aber e.!** you bet! sure thing!

eitel ['aitəl], *adj.* **1.** vain (person). **2.** *Lit:* vain,

futile (efforts etc.); **eitles Geschwätz**, idle talk. '**E ~ keit**, *f* -/-en **1.** vanity. **2.** *Lit:* futility.

Eiter ['aitər], *m* -s/*no pl* pus. '**e ~ n**, *v.i.* (*haben*) *Med:* to discharge (pus), suppurate. '**E ~ ung**, *f* -/-en *Med:* discharge (of pus), suppuration.

eitrig ['aitriç], *adj. Med:* suppurating.

'**Eiweiß**, *n* -(e)s/- (*a*) white of egg, egg-white; (*b*) *Biol:* protein.

'**Eizelle**, *f* -/-n ovum.

Ejakulation [ejakulatsi'o:n], *f* -/-en *Physiol:* ejaculation. **e ~ ieren** [-'li:rən], *v.i.* (*haben*) to ejaculate.

Ekel ['e:kəl]. **1.** *m* -s/*no pl* (*a*) repulsion, aversion (**vor** + *dat*, to); **E. über etwas** *acc* **empfinden**, to be sickened/disgusted by sth. **2.** *n* -s/- *F:* (*Pers.*) beast; (*Mann*) bastard, (*Frau*) bitch. '**e ~ erregend**, *adj.* nauseating, repellent. '**E ~ gefühl**, *n* -(e)s/*no pl* feeling of disgust/ (*Übelkeit*) nausea. '**e ~ haft**, *adj.* (*a*) nauseating (smell etc.); **e ~ es Zeug**, vile stuff; **e. schmecken**, to taste disgusting; (*b*) (*unangenehm*) beastly (person, job, weather etc.); horrible (sight etc.); *adv.* **das tut e. weh**, it is horribly/dreadfully painful. '**e ~ n**, *v.tr.* (*a*) *v.impers.* **es ekelt mich/mir vor ihm**, I am disgusted/sickened by him; I loathe him; (*b*) *v.refl.* **sich vor j-m, etwas** *dat* **e.**, to detest/loathe s.o., sth. '**e ~ ig**, *adj.* = **e ~ haft**.

Eklat [e'kla:], *m* -s/-s sensation; scandal. **e ~ ant** [ekla'tant], *adj.* striking (example, difference etc.); flagrant (crime etc.); sensational, resounding (success, defeat).

eklig ['e:kliç], *adj.* = **ekelhaft**.

Ekstase [ɛk'sta:zə], *f* -/-n ecstasy; **in E. geraten**, to go into ecstasies (**über** + *acc*, over). **e ~ tisch**, *adj.* ecstatic.

Ekzem [ɛk'tse:m], *n* -s/-e *Med:* eczema.

Elan [e'la:n], *m* -s/*no pl* (*Schwung*) energy, vigour; (*Begeisterung*) enthusiasm.

elastisch [e'lastiʃ], *adj.* (*a*) elastic (material, bandage etc.); flexible (wood, metal etc.); (*b*) springy (steps, walk etc.); supple (movements, limbs etc.); (*c*) *Fig:* flexible (attitude, policy, *Aut:* engine etc.); resilient (person, mind etc.); **das Gesetz e. handhaben**, to bend the law. **E ~ izität** [elastitsi'tɛt], *f* -/-en elasticity; (*also Fig:*) flexibility; suppleness, springiness; **mit jugendlicher E.**, with youthful agility.

Elch [ɛlç], *m* -(e)s/-e (European) elk.

Elefant [ele'fant], *m* -en/-en *Z:* elephant; *F:* **wie ein E. im Porzellanladen**, like a bull in a china shop. **E ~ enhaut**, *f* -/ˉe elephant hide.

elegant [ele'gant], *adj.* (*a*) elegant (person, furniture etc.); smart, (*modisch*) fashionable (clothes etc.); (*b*) *Fig:* neat (solution etc.). **E ~ z** [-'gants], *f* -/*no pl* (*a*) smartness; elegance, gracefulness (of movement etc.); (*b*) neatness.

Elegie [ele'gi:], *f* -/-n *Lit:* elegy. **e ~ isch** [e'le:giʃ], *adj. Lit:* elegiac; *Fig:* melancholy.

elektrifizieren [elɛktrifi'tsi:rən], *v.tr.* to electrify (a railway etc.). **E ~ ierung**, *f* -/-en electrification. **E ~ triker** [e'lɛktrikər], *m* -s/- electrician. **e ~ trisch** [e'lɛktriʃ], *adj.* electric (shock, razor, current, *Fig:* atmosphere etc.); electrical (appliance, industry etc.); **e ~ e Leitungen**, (electric) wiring; *adv.* **e. geladen**, electrically charged; live (wire, fence); **e. betrieben**, driven by electricity; **wir kochen e.**, we

cook by electricity. **E ~ trische,** *f -/-n A: &*
Aus: tram; *N.Am:* streetcar. **e ~ trisieren**
[-'zi:rən], *v.tr.* to charge (sth.) with electricity;
sich e., to get an electric shock. **E ~ trizi'tät**
[-itsi'tɛːt], *f -/no pl* electricity. **E ~ trizi'täts-**
werk, *n -(e)s/-e* power station. **E ~ trizi'täts-**
zähler, *m -s/-* electricity meter.

Elektro- [e'lɛktro-], *comb.fm.* (a) *Ph: Ch: etc:*
electro-(magnet, *Med:* therapy etc.); (b) elec-
trical (industry, engineer etc.); **E~artikel** *mpl,*
electrical goods; **die E~branche,** the electrical
trade; **E~geschäft** *n,* electrical goods shop/
N.Am: store; **E~gerät** *n,* electrical appliance;
E~technik *f,* electrical engineering; *(Wissen-*
schaft) electrotechnology; **E~techniker** *m,*
electrical engineer; *adj.* **e~technisch,** electrical
engineering (industry etc.); electrotechnical
(process etc.); (c) electric (boat, drive, vehicle,
razor etc.); **E~herd** *m,* electric cooker/*N.Am:*
stove; **E~motor** *m,* electric motor; *Med:* **E~-**
schock *m,* electric shock treatment. **E ~ de**
[-'tro:də], *f -/-n* electrode. **E ~ denabstand,**
m -(e)s/-̈e electrode gap; *Aut:* (sparking plug)
points gap. **E ~ installateur,** *m -s/-e* elec-
trician. **E ~ lyse** [-tro'ly:zə], *f -/no pl* elec-
trolysis. **E ~ n** [e'lɛktrɔn], *n -s/-en* [-'tro:nən],
Ph: & Metall: electron. **E ~ nen-,** *comb.fm.* (a)
electronic (organ etc.); *Phot:* **E~blitz(gerät)**
m(n), electronic flash (unit); (b) electron (mic-
roscope, beam); **E~röhre** *f,* thermionic valve/
N.Am: tube. **E ~ nik** [-'tro:nik], *f -/no pl* elec-
tronics. **e ~ nisch,** *adj.* electronic; *adv.* elec-
tronically.

Element [ele'mɛnt], *n -(e)s/-e* element; *El:* cell
(of a battery); *F:* **kriminelle E~e,** criminal ele-
ments. **e ~ ar** [-'ta:r]. **I.** *adj.* **1.** (a) *(wesentlich)*
basic, fundamental (needs, requirements); (b)
(primitiv) elementary, rudimentary (knowledge
etc.); (c) *Ch:* pure, elemental (substance). **2.**
elemental (force, feeling etc.); **e~e Leiden-**
schaft, raw/untamed passion. **II. E~-,** *comb.fm.*
elementary (school, *Ph:* particle etc.). **E ~ ar-**
gewalt, *f -/-en* elemental force.

Elend ['e:lɛnt]. **I.** *n -s/no pl* (a) *(Armut)* poverty,
want; (b) *(Schmutz)* squalor, sordidness (of
slums etc.); (c) misery; distress; *F:* **sie saß da**
wie ein Häufchen E., she sat there looking a
picture of misery; **das heulende E. kriegen,** to
get the blues; **es ist ein E. mit dem Kind,** this
child is a great worry; (d) *F:* **er ist ein langes**
E., he is as tall and thin as a beanpole. **II. e.,**
adj. miserable; (a) *(jämmerlich)* miserable,
wretched, *(ärmlich)* poverty-stricken (existence,
person etc.); **eine e~e Hütte,** a squalid/wretched
hovel; (b) *(krank)* poorly; **ich fühle mich e.,** I
feel wretched; (c) *Pej:* *(gemein)* contemptible
(lies etc.); *(erbärmlich)* miserable, rotten; **du**
e~er Schuft! you miserable wretch! (d) *F:*
(schrecklich) terrible, dreadful (job etc.).
'**E ~ sviertel,** *n -s/-* slum.

elf [ɛlf]. **I.** *num.adj.* eleven. **II. E.,** *f -/-en*
(a) (the figure) eleven; (b) *Fb:* eleven, team.
'**e ~ jährig,** *adj.* eleven-year-old (child etc.);
eleven-year (period). **E ~ 'meter,** *m -s/-* *Fb:*
penalty kick. **E ~ -'meterpunkt,** *m -(e)s/-e*
Fb: penalty spot. '**e ~ te(r, s),** *num.adj.*
eleventh. '**E ~ tel,** *n -s/-* eleventh (part).

Elfe ['ɛlfɛ], *f -/-n* elf.

Elfenbein ['ɛlfənbain], *n -(e)s/-e* ivory. '**E**
'**e ~ ern,** *adj.* (made of) ivory. '**E ~ küste.**
Pr.n. f -. *Geog:* Ivory Coast. '**E ~ turm,** *m*
-(e)s/-̈e *Fig:* ivory tower.

Eliminlation [eliminatsi'o:n], *f -/-en* elimina-
tion. **e ~ ieren** [-'ni:rən], *v.tr.* to eliminate
(s.o., sth.).

elitlär [eli'tɛːr], *adj.* elitist. **E ~ e** [e'li:tə], *f -/-n*
elite. **E ~ etruppe,** *f -/-n* *Mil:* crack regiment;
pl picked troops.

Ellbogen ['ɛlbo:gən], *m -s/-* elbow; **seine E.**
gebrauchen, to use one's elbows; *Fig:* to push
ahead ruthlessly. '**E ~ freiheit,** *f -/no pl*
elbow-room.

Elle ['ɛlə], *f -/-n* *Anat:* ulna. '**e ~ nlang,** *adj. F:*
endless, interminable.

Ellip|se [ɛ'lipsə], *f -/-n* **1.** *Geom:* ellipse. **2.**
Gram: ellipsis. **e ~ tisch,** *adj.* elliptical.

Elsaß ['ɛlzas]. *Pr.n.n - & -sses* *Geog:* Alsace. **El-**
sässer(in) ['ɛlzɛsər(in)], *m -s/-* (*f -/-nen*)
Alsatian. '**elsässisch,** *adj.* Alsatian.

Elster ['ɛlstər], *f -/-n* *Orn:* magpie.

elter|lich ['ɛltərliç], *adj.* parental (home etc.);
Jur: **e~e Gewalt,** parental authority. **E ~ n**
['ɛltərn], *pl* parents; *F:* **das ist nicht von**
schlechten E., this is not bad at all. '**E~n-,**
comb.fm. parent(al) (participation etc.);
parents' (evening etc.); *Sch:* parent-teacher
(committee etc.); **E~haus** *n,* (parental) home;
E~sprecher *m,* parents' representative; *Sch:*
E~beirat *m,* parent-teacher association. '**e ~ n-**
los, *adj.* orphaned. '**E ~ npaar,** *n -(e)s/-e*
mother and father; parents. '**E ~ nschaft,** *f*
-/-en (a) parenthood; (b) *Sch:* (all the) parents
(of pupils in a school). '**E ~ nteil,** *m -(e)s/-e*
parent.

Email [e'ma:j], *n -s/-s/E ~ le** [e'maljə], *f -/-n*
enamel. **E ~ farbe,** *f -/-n* enamel paint.
E ~ geschirr, *n -s/-e* enamelware. **e ~ lieren**
[ema(l)'ji:rən], *v.tr.* to enamel (a vase etc.).

Emanz|e [e'mantsə], *f -/-n* *F:* women's libber.
E ~ ipati'on, *f -/-en* emancipation. **e ~ i'-**
pieren, *v.tr.* to emancipate (women etc.); **sich**
von etwas dat e., to free oneself of sth.

Emblem [ɛm'ble:m], *n -s/-e* emblem; badge;
(Sinnbild) symbol.

Embryo ['ɛmbryo], *m -s/-s & -nen* embryo.
e ~ nal [-'na:l], *adj.* embryonic.

Emigr|ant [emi'grant], *m -en/-en* emigrant.
E ~ ati'on, *f -/-en* emigration; **innere E.,** pas-
sive resistance (to a regime); **in der E. leben,** to
live in exile. **e ~ ieren** [-'gri:rən] *v.i.* *(sein)* to
emigrate.

eminent [emi'nɛnt], *adj.* (a) *Lit:* eminent (person);
outstanding (talent, performance etc.); (b)
(äußerst) extreme (importance etc.).

Emotion [emotsi'o:n], *f -/-en* emotion. **e ~ al,**
[-o'na:l] */e ~ ell* [-o'nɛl], *adj.* emotional.

Empfang [ɛm'pfaŋ], *m -(e)s/-̈e* receipt (of
goods, a letter etc.); reception (of s.o., guests,
Rad: TV: a programme); **zahlbar bei E.,** pay-
able on receipt/delivery; **in E. nehmen,** to re-
ceive (goods, a present etc.), welcome (s.o.);
j-m einen herzlichen E. bereiten, to give s.o. a
warm welcome; **einen E. geben,** to hold a re-
ception; **Schlüssel bitte beim E. abgeben,** please
hand in your key at the reception. **e ~ en,**
v.tr.irr.28 (a) to receive (money, a gift, letter,

an award, orders, *Rad: TV:* a programme, *Ecc:*
the sacrament etc.); (*b*) to welcome, greet (a
guest etc.); **der Chef empfing ihn sofort,** the
boss saw him at once; (*c*) (*Frau*) to conceive (a
child). **E~sbereich,** *m* **-(e)s/-e** *Rad: TV:* re-
ception area (of a transmitter). **E~sbe-
scheinigung/E~sbestätigung,** *f* **-/-en** re-
ceipt. **E~schef,** *m* **-s/-s** reception/*N.Am:*
room clerk. **E~sdame,** *f* **-/-n** receptionist.
E~sgerät, *n* **-(e)s/-e** *Rad: TV:* receiver. **E~s-
halle,** *f* **-/-n** reception area, *N.Am:* lobby (of a
hotel).

Empfäng|er [ɛmˈpfɛŋər], *m* **-s/-** 1. (*Pers.*) re-
cipient; *Post:* addressee; *Com:* consignee. 2.
Rad: TV: receiver. **e~lich,** *adj.* **für etwas** *acc*
e., susceptible/prone to sth.; **für neue Ideen e.,**
receptive to new ideas. **E~lichkeit,** *f* **-/no** *pl*
susceptibility; receptiveness. **E~nis,** *f* **-/-se**
conception. **e~nisverhütend,** *adj.* con-
traceptive; **e~e Mittel,** contraceptives. **E~-
nisverhütung,** *f* **-/no** *pl* contraception. **E~-
nisverhütungsmittel,** *n* **-s/-** contraceptive.

empfehl|en [ɛmˈpfeːlən], *v.tr.irr.2* (*a*) to re-
commend (s.o., sth.) (**j-m,** to s.o.); **dieser
Wagen empfiehlt sich durch seine Zuverlässig-
keit,** this car is to be recommended for its
reliability; **es empfiehlt sich, warme Kleidung
mitzubringen,** it is advisable to bring warm
clothing; (*b*) (*Pers.*) **sich e.,** to take one's leave,
say goodbye; **ich empfehle mich,** I'm going now;
bitte e. Sie mich Ihrer Gattin, please remember
me to your wife. **e~enswert,** *adj.* to be
recommended; (*ratsam*) advisable. **E~ung,** *f*
-/-en (*a*) recommendation; **auf E. eines Arztes,**
on the advice of a doctor; (*b*) (*also* **E~s-
schreiben** *n*) letter of recommendation, testi-
monial; (*c*) *A:* **meine E. an Ihre Frau Mutter,**
my best regards to your mother.

empfind|en [ɛmˈpfɪndən]. I. *v.irr.9* 1. *v.tr.* (*a*)
to feel (pain, joy etc.); to sense (that . . .); **alle
empfanden den Ernst der Lage,** everyone felt/
was conscious of the seriousness of the situ-
ation; (*b*) **ich empfinde das nicht so,** I don't feel
that way about it; **ich empfand seine Abreise
als eine Wohltat,** his departure was a relief to
me. 2. *v.i.* (*haben*) to feel. II. **E.,** *n* **-s/no** *pl*
feeling; **meinem E. nach,** in my opinion; the way
I feel. **e~lich,** *adj.* (*a*) sensitive (skin etc.)
(**gegen** + *acc,* to); *Med:* susceptible (**gegen eine
Krankheit usw.,** to a disease etc.); *Phot:* fast
(film); **e~e Stelle,** sensitive/tender spot; (*b*)
(*reizbar*) touchy, irritable (person); (*c*) delicate
(child, plant, material etc.); **ein e~er Teppich,**
a carpet that marks easily; (*d*) (*spürbar, hart*)
severe (pain, penalty, cold etc.); serious
(losses); *adv.* **das hat ihn e. getroffen,** this was a
painful blow for him. **E~lichkeit,** *f* **-/-en** (*a*)
sensitivity (**gegen** + *acc,* to); tenderness (of a
wound etc.); *Med:* susceptibility; *Phot:* speed
(of a film); (*b*) irritability; touchiness; (*c*) deli-
cacy (of a material etc.). **e~sam** [ɛm-
ˈpfɪntzaːm], *adj.* (*a*) sentimental; (*b*) (*sensibel*)
sensitive. **E~ung,** *f* **-/-en** feeling; sensation (of
cold, pain etc.); (*Gemütsbewegung*) sentiment.

Empha|se [ɛmˈfaːzə], *f* **-/-n** emphasis.
e~tisch, *adj.* emphatic.

empor [ɛmˈpoːr]. I. *adv.* *Lit:* up(wards). II. **e~,**
sep.vbl.prefix esp. Lit: (to shoot, jump, grow

etc.) up; **sich e~arbeiten,** to work one's way
up; **e~blicken,** to look up; **e~heben,** to lift
(sth.) up; **e~kommen,** to come up (*Fig:* in the
world). **E~kömmling,** *m* **-s/-e** parvenue,
upstart. **e~steigen,** *v.tr. & i.sep.irr.89* (*sein*)
to rise (**aus** + *dat,* out of; **zu** + *dat,* to).
e~tauchen, *v.i.sep.* (*sein*) to emerge (**aus** +
dat, from).

Empore [ɛmˈpoːrə], *f* **-/-n** *Arch:* gallery.

empör|en [ɛmˈpøːrən], *v.tr.* (*a*) to infuriate,
anger (s.o.); **seine Worte empörten mich,** his
words made me angry; **sich (über etwas** *acc*) **e.,**
to get into a fury (about sth.); (*b*) **sich e.,** to
rebel, revolt. **e~end,** *adj.* outrageous (state-
ment etc.); (*schändlich*) shocking. **e~erisch,**
adj. rebellious. **e~t,** *adj.* (**über j-n, etwas** *acc*)
e., indignant, up in arms (about s.o., sth.);
outraged (by s.o., sth.). **E~ung,** *f* **-/-en** 1.
indignation; **in E. geraten,** to get into a fury. 2.
(*Aufstand*) revolt, uprising.

emsig [ˈɛmziç], *adj.* busy, (*fleißig*) industrious;
e~er Fleiß, bustling/untiring industry.
ˈ**E~keit,** *f* **-/no** *pl* industry, bustling activity.

Emulsion [emʊlziˈoːn], *f* **-/-en** emulsion.

End- [ˈɛnt-], *comb.fm.* (*a*) final, last (letter, syll-
able, phase etc.); final (decision, state, *Sp:*
round, spurt etc.); ultimate (purpose etc.);
E~ergebnis/E~resultat *n,* final result/*Sp:*
score; **E~kampf** *m,* final struggle, *Sp:* finish;
E~stadium *n,* last/final stage; **E~ziel** *n,* final/
ultimate aim; final destination (of a journey);
esp. Hist: **E~lösung** *f,* final solution; *Ind:* **E~-
produkt** *n,* final/end product; *Ph:* **E~geschwin-
digkeit** *f,* terminal velocity; **E~** (man, woman)
in his/her late (twenties, forties etc.); **E~drei-
ßiger(in)** *m(f),* man/woman in his/her late
thirties. **E~betrag,** *m* **-(e)s/-e** sum total;
total amount. ˈ**E~effekt,** *m* **-(e)s/-e** final/net
result; **im E.,** in the final analysis; when it
comes down to it. ˈ**e~gültig,** *adj.* final (deci-
sion, solution etc.); definitive (answer, result
etc.); conclusive (proof); **ich weiß noch nichts
E~es,** I don't know anything definite yet.
ˈ**e~lich.** 1. *adv.* (*a*) at last; **bist du e. fertig?**
are you ready at last? (*b*) (*schließlich*) **wir muß-
ten e. aufgeben,** finally/in the end we had to
give up. 2. *adj. Mth: etc:* finite. ˈ**e~los,** *adj.*
(*a*) endless, never-ending; (*unaufhörlich*) in-
cessant, perpetual (rain etc.); interminable
(speech etc.); (*b*) (*unbegrenzt*) infinite, bound-
less (patience etc.). ˈ**E~losigkeit,** *f* **-/-en**
endlessness; boundlessness. ˈ**E~punkt,** *m*
-(e)s/-e last point (on a scale); end (of a line
etc.); destination. ˈ**E~spiel,** *n* **-(e)s/-e** *Sp:*
final; *Chess:* end-game. ˈ**E~station,** *f* **-/-en**
Rail: etc: last stop; (*Endbahnhof*) terminus;
N.Am: terminal; *also Fig:* end of the
line. ˈ**E~summe,** *f* **-/-n** sum total; total
amount. ˈ**F~verbraucher,** *m* **-s/-** *Econ:*
consumer.

Ende [ˈɛndə], *n* **-s/-n** end; (*a*) (*räumlich*) **am E.
der Straße,** at the end of the street; *Fig:* **am E.
der Welt,** at the back of beyond; **etwas am
falschen E. anpacken,** to go about sth. the
wrong way; (*b*) (*zeitlich*) **E. April,** at the end of
April; **sie ist E. Vierzig,** she is in her late forties;
zu E., at an end; (*verbraucht*) finished; **etwas zu
E. bringen/führen,** to bring sth. to an end; **zu**

E. gehen, to come to an end; (*Vorräte usw.*) to run out; etwas zu E. lesen/trinken, to finish reading/drinking sth.; einer Sache ein E. bereiten, to put a stop to sth.; es wollte kein E. nehmen, it went on and on; (*c*) *Fig:* am E. war er's vielleicht doch nicht, perhaps it wasn't him after all; (mit den Nerven) am E. sein, to be at the end of one's tether; *Prov:* E. gut, alles gut, all's well that ends well; (*d*) *Lit:* end, death; mit ihm geht es zu E., he is nearing his end; seinem Leben ein E. setzen, to commit suicide; (*e*) (*Ergebnis*) das E. der Verhandlungen ist noch ungewiß, the outcome of the negotiations is still uncertain; (*f*) *F:* (*kurzes Stück*) piece, bit; ein E. Wurst, a scrap of sausage; dann müssen wir eben ein E. laufen, we'll just have to walk a little way. 'e ~ en, *v.i.* (*haben*) (*a*) (*räumlich*) to end; der Zug endet hier, the train does not go any further; (*b*) (*zeitlich*) der Film endet um 10 Uhr, the film finishes/ends at 10 o'clock; (*c*) der Vertrag endet im Mai, the contract expires/runs out in May; (*c*) (*ausgehen*) to result, end (mit + *dat,* in); wie soll das noch e.? how will it (all) end? das Wort endet auf o, the word ends with an o; (*d*) (*landen*) er endete in der Gosse, he ended up in the gutter; (*e*) (*sterben*) to die. E ~ ung, *f -/-en Gram:* ending.

Energl|e [enerˈgiː]. I. *f -/-n* energy. II. E~-, *comb.fm.* energy (requirement etc.); (source etc.) of energy; E~aufwand *m,* expenditure of energy; E~wirtschaft *f,* energy/power-producing industry. e ~ iegeladen, *adj.* full of energy; dynamic. e ~ ielos, *adj.* without energy, listless; e. sein, to have no drive/push. E ~ ielosigkeit, *f -/no pl* lack of energy; listlessness. e ~ isch [eˈnɛrgiʃ], *adj.* (*a*) energetic, forceful (person, character etc.); e~e Maßnahmen, strong/forceful measures; (*b*) (*entschlossen*) resolute, firm (person, tone, step); *adv.* (*nachdrücklich*) er bestritt e., daß ..., he vigorously/emphatically denied that ....

eng [ɛŋ], *adj.* (*a*) narrow (street, valley etc.); e~er werden, to narrow; (*b*) cramped (living conditions, handwriting etc.); auf e~em Raum leben, to live in a confined space; *Fig:* hier ist es mir zu e., I feel shut in here; (*c*) (*nahe*) close (friend etc.); im e~sten Familienkreis, within the immediate family circle; *adv.* e. beisammen, close together; (*d*) die Hose ist e., the trousers are tight/a tight fit; *adv.* e. anliegend, tight-/close-fitting; *Fig:* den Riemen e~er schnallen, to tighten one's belt; (*e*) j-n in die e~ere Wahl ziehen, to shortlist s.o. E ~ e [ˈɛŋə], *f -/-n* narrowness; (*a*) (*Raum*) confined space; die E. des Zimmers war bedrückend, the smallness of the room was oppressive; (*b*) *Lit:* die E. der Provinz, the narrowness/petty restrictions of provincial life; (*c*) (*Bedrängnis*) tight corner; j-n in die E. treiben, to corner s.o. 'e ~ herzig, *adj.* petty, small-minded. 'E ~ herzigkeit, *f -/no pl* pettiness. 'e ~ maschig, *adj.* close-meshed. 'E ~ paß, *m -sses/=sse* (*a*) (narrow) pass, defile (between mountains); (*b*) *Fig:* bottleneck. e ~ stirnig [ˈ-ʃtirniç], *adj.* narrow-minded.

Engagl|ement [ãgaːʒəˈmãː], *n -s/-s* commitment; *esp. Th:* engagement; *Th:* ohne E., without a part, resting. e ~ ieren [-ˈʒiːrən], *v.tr.* (*a*) to take

(s.o.) on, *Th: etc:* engage (s.o.); (*b*) sich (politisch, beruflich usw.) e., to involve oneself heavily (in politics, one's career etc.). e ~ iert, *adj.* committed, involved (person); ein e~er Film, a film with a message.

Engel [ˈɛŋəl], *m -s/-* angel; *F:* du ahnungsloser E., du! oh, you poor little innocent! 'e ~ haft, *adj.* angelic. 'E ~ sgeduld, *f -/no pl* sie hat eine E., she has the patience of a saint. 'E ~ shaar, *n -(e)s/no pl* silver floss (for Christmas trees). 'E ~ szungen *fpl* mit E. auf j-n einreden, to speak honeyed words to s.o.

England [ˈɛŋ(g)lant]. *Pr.n.n -s. Geog:* England. 'e ~ feindlich, *adj.* anglophobic; anti-English/British. 'E ~ freund, *m -(e)s/-e* Anglophile. 'e ~ freundlich, *adj.* anglophile; *Pol:* pro-English/British.

Engländer [ˈɛŋlɛndər], *m -s/-* 1. Englishman; mein Mann ist E., my husband is English. 2. *Tls:* monkey wrench, adjustable spanner. 'E ~ in, *f -/-nen* Englishwoman; sie ist E., she is English.

englisch [ˈɛŋ(g)liʃ]. I. *adj.* English; (*ungenau*) British; e~er Garten, (English) landscape garden; *adv.* e. sprechen, to speak English; etwas (auf) e. sagen, to say sth. in English; etwas e. aussprechen, to pronounce sth. the English way. II. E., *n -(s)/no pl Ling:* English; sie spricht kaum E., she hardly speaks a word of English; in E./im E~en, in English; aus dem E~en/ins E~e übersetzt, translated from/into English. III. 'e~-, 'E~-, *comb.fm.* (*a*) *adj.* Anglo-(American etc.); e~deutsch, Anglo-German (relations etc.); English-German (dictionary etc.); (*b*) English (lesson etc.); E~unterricht *m,* English teaching; E~kenntnisse *pl,* command/knowledge of English; e~sprachig *adj,* English-speaking. E~horn, *n -(e)s/=er Mus:* cor anglais, *N.Am:* English horn.

en gros [ãˈgroː], *adv.phr. Com:* wholesale.

Enkel [ˈɛŋkəl], *m -s/-* grandson; unsere E., our grandchildren. 'E ~ lin, *f -/-nen* granddaughter. 'E ~ kind, *n -(e)s/-er* grandchild.

enorm [eˈnɔrm], *adj.* (*a*) enormous, immense; (*b*) *F:* tremendous; fantastic; *adv.* e. fleißig, tremendously hardworking.

Ensemble [ãˈsãːbl], *n -s/-s Mus: Cl:* ensemble; *Th:* company.

entart|en [ɛntˈʔaːrtən], *v.i.* (*sein*) to degenerate (zu etwas *dat,* into sth.). e ~ et, *adj.* degenerate, decadent. E ~ ung, *f -/-en* degeneration, decadence.

entbehr|en [ɛntˈbeːrən], *v.* 1. *v.tr.* to do/go without s.o., sth. 2. *v.i.* (*haben*) + *gen Lit:* dieses Gerücht entbehrt jeder Grundlage, this rumour is without any foundation. e ~ lich, *adj.* superfluous; expendable (person etc.). E ~ ung, *f -/-en* privation.

ent'bind|en *v.tr.irr.9 Med:* to deliver (a woman) of a child; *abs.* in der Klinik e., to have one's baby in hospital. E ~ ung, *f -/-en Med:* delivery.

ent'blättern, *v.tr.* to strip (a tree, plant).

entblößen [ɛntˈbløːsən], *v.tr.* to expose, bare (part of the body).

ent'deck|en, *v.tr.* (*a*) to discover (s.o., sth.); to detect (a crime, mistakes etc.); (*b*) (*erspähen*) ich konnte ihn in der Ferne e., I could just make him out in the distance. **E ~ er,** *m* -s/- discoverer; (*Forscher*) explorer. **E ~ ung,** *f* -/-en discovery; (*Enthüllung*) detection. **E ~ ungsreise,** *f* -/-n journey/*Nau:* voyage of discovery; expedition; *F:* **auf E ~ n gehen,** to reconnoitre.

Ente ['εntə], *f* -/-n **1.** *Orn:* duck; **junge E.,** duckling; **kalte E.,** (i) *Cu:* cold duck; (ii) white wine cup (with champagne); *F:* **er schwimmt wie eine bleierne E.,** he can't swim for toffee. **2.** *Journ:* hoax, false report. **'E ~ nbraten,** *m* -s/- *Cu:* roast duck. **'E ~ nküken,** *n* -s/- (baby) duckling.

ent'ehr|en, *v.tr.* to dishonour (s.o.), bring disgrace (to s.o.'s name etc.). **e ~ end,** *adj.* degrading. **E ~ ung,** *f* -/-en disgrace, dishonour.

ent'eign|en, *v.tr.* to dispossess (s.o.); *Jur:* to expropriate (property). **E ~ ung,** *f* -/-en dispossession.

ent'eis|en, *v.tr.* to defrost (a refrigerator); to de-ice (*Av:* wings, *Rail:* track etc.). **E ~ ungsmittel,** *n* -s/- de-icer.

ent'erben, *v.tr.* to disinherit (s.o.).

Enterich ['εntəriç], *m* -s/-e *Orn:* drake.

ent'fachen, *v.tr. Lit:* to inflame (desire, passions); to provoke (a quarrel etc.).

ent'fahren, *v.i.irr.26 (sein)* **j-m e.,** to escape s.o.'s lips.

ent'fallen, *v.i.irr.27 (sein)* (*a*) *Lit:* (*Sachen*) **j-m/j-s Händen e.,** to slip from s.o.'s hands; *Fig:* **ihr Name ist mir e.,** her name has slipped my mind; (*b*) *Adm:* (*Posten*) to be dropped/ (*Veranstaltung*) cancelled; (*auf einem Formular*) **entfällt,** not applicable; (*c*) **auf j-n e.,** to fall to s.o.; **auf jeden Erben e. 1000 Mark,** each heir will receive 1000 marks.

ent'falt|en, *v.tr.* (*a*) to unfold (a tablecloth, *Fig:* a plan etc.); to unfurl (a flag); **sich e.,** to unfold, (*Blume usw.*) open; (*b*) (*entwickeln*) (*Pers.*) to develop (one's powers, faculties etc.); **sich voll e.,** to realize one's full potential; (*Talent, j-s Persönlichkeit usw.*) to develop fully; (*Schönheit*) to blossom; (*c*) (*zeigen*) to display, show (courage, taste etc.); **große Pracht e.,** to surround oneself with great splendour; **eine emsige Tätigkeit e.,** to launch into bustling activity. **E ~ ung,** *f* -/no pl (*a*) unfolding; (*b*) display (of pomp, courage etc.); (*c*) development; blossoming (of beauty); **zur E. kommen,** (*Plan usw.*) to be realized, come to fruition; (*Schönheit*) to blossom; **seine Kräfte zur E. bringen,** to realize one's potential. **E ~ ungsmöglichkeit,** *f* -/-ed scope (for one's abilities).

entfern|en [εnt'fεrnən], *v.tr.* (*a*) to remove, (*wegräumen*) take away (sth.) (**von/aus** + *dat,* from); (*herausnehmen*) to take (sth.) out; **ihm wurde der Blinddarm entfernt,** he had his appendix out; **j-n aus dem Amt/Dienst e.,** to remove/dismiss s.o. from office; (*b*) to move, carry (s.o., sth.) away; **sich e.,** to go away, leave. **E ~ er,** *m* -s/- remover (for nail varnish, stains). **e ~ t,** *adj.* (*a*) (*mit Maßangaben*) away; **das nächste Haus liegt 20 km e.,** the nearest house is 20 kms away; **weit vom Zentrum e.,** a long way from the centre; *Fig:* **ich bin weit davon e., dir zu glauben,** I don't believe you for a moment; (*b*) distant, remote (place, relation); *adv.* **er ist e. mit mir verwandt,** he is distantly

related to me; (*c*) (*schwach*) vague, faint (resemblance, recollection); *adv.* **ich kann mich e. daran erinnern,** I remember it vaguely; **ich denke nicht im e ~ esten daran,** I haven't the slightest intention of doing it. **E ~ ung,** *f* -/-en **1.** removal, dismissal (of an official etc.). **2.** (*Weite*) distance; **in einiger E.,** some distance away; **in respektvoller E.,** at a respectful distance; *Artil:* **auf kurze E.,** at close range; *Phot:* **die E. einstellen,** to focus. **E ~ ungsmesser,** *m* -s/- *Phot: Mil:* rangefinder.

ent'fesseln, *v.tr.* to unleash, let loose (feelings etc.); to provoke (a war, argument etc.).

ent'fetten, *v.tr. Ch: Tchn:* to degrease (sth.).

entflamm|bar [εnt'flamba:r], *adj.* **leicht e.,** inflammable; (*Pers.*) enthusiastic; *Hum:* **er ist leicht e.,** he falls in love easily. **e ~ en,** *v.tr.* (*a*) to inflame (passions, feelings); to kindle (enthusiasm); to provoke, arouse (anger etc.); **sich e.,** to catch fire, ignite; (*Pers., Leidenschaft*) to be roused; *Lit:* **j-n für seine Ideen e.,** to fire s.o. with enthusiasm for one's ideas.

ent'fliehen, *v.i.irr. 30 (sein)* **j-m, etwas** *dat* **e.,** to run away/*Lit:* flee from s.o., sth.; **aus dem Gefängnis e.,** to escape from prison.

ent'fremden, *v.tr.* to alienate (s.o.) (**j-m,** from s.o.); (*zwei Pers.*) **sich e.,** to become estranged

ent'frosten, *v.tr.* to defrost (a windscreen, refrigerator etc.).

ent'führ|en, *v.tr.* (*a*) to kidnap, abduct (s.o.); (*Frau, Mädchen*) **sich von j-m e. lassen,** to elope with s.o.; (*b*) to hijack (an aeroplane, ship etc.). **E ~ er,** *m* -s/- (*a*) kidnapper; (*b*) hijacker. **E ~ ung,** *f* -/-en (*a*) kidnapping, abduction; (*b*) hijacking.

entgegen [εnt'ge:gən]. **I.** *adv. & prep.* + *dat* **1.** towards; **der Sonne e.,** towards the sun. **2.** against (the wind etc.); contrary to (s.o.'s wishes, regulations); **e. aller Vernunft,** against/ contrary to all reason. **II.** *sep.vbl. prefix* (*a*) towards; **j-m e ~ eilen/e ~ laufen/e ~ rasen,** to hurry/run/rush towards s.o./to meet s.o.; **j-m die Arme usw. e ~ strecken,** to stretch out one's arms etc. towards s.o.; (*b*) against; **den Vorschriften e ~ handeln,** to act contrary to regulations. **e ~ bringen,** *v.tr.sep.irr.16* **j-m, etwas** *dat* **Wohlwollen, Verständnis usw. e.,** to show/ display sympathy, understanding etc. for s.o., sth. **e ~ gehen,** *v.i.sep.irr.36 (sein)* **j-m e.,** to go/walk to meet s.o.; *Fig:* **seinem Ende e.,** (*Pers.*) to be approaching/nearing one's end; (*Tag usw.*) to draw to a close. **e ~ gesetzt,** *adj.* (*a*) opposite (direction, effect etc.); **das E ~ e,** the contrary/opposite; *adv.* **sich genau e. verhalten,** to do exactly the opposite; (*b*) contrary, opposing (interests etc.); **seine Meinung ist meiner (genau) e.,** his opinion is the exact opposite of mine. **e ~ halten,** *v.tr.sep.irr.45* **j-m etwas e.,** to hold sth. out to s.o.; **dem ist nichts entgegenzuhalten,** there is no objection to that. **e ~ kommen. I.** *v.i.sep.irr.53 (sein)* **j-m, etwas** *dat* **e.,** to come towards/approach s.o., sth.; **ein seltsamer Geruch kam mir entgegen,** I was greeted by a strange smell; **j-m mit Achtung, Mißtrauen usw. e.,** to receive s.o. with respect, suspicion etc.; (*b*) **j-m/j-s Wünschen e.,** to oblige s.o./comply with s.o.'s wishes; **kommen wir uns auf halbem Wege e.!** let's meet

halfway! **j-s Geschmack e.,** to suit s.o.'s taste.
II. E., *n* **-s**/*no pl* obligingness; co-operation;
(*Zugeständnis*) concession; **sie zeigten viel E.,**
they were very co-operative. **e ~ kommend,**
adj. **1.** oncoming (vehicle, traffic); approaching
(person). **2.** obliging, accommodating (person);
helpful (suggestion etc.). **E ~ nahme,** *f* -/*no pl*
acceptance; receipt. **e ~ nehmen,** *v.tr.*
sep.irr.69 to accept (gifts, *Com:* goods, orders
etc.), take (a telephone call, message etc.); to
receive (congratulations, a prize etc.). **e ~ -
sehen,** *v.i.sep.irr.92* (*haben*) **j-m e.,** to look
towards s.o./in s.o.'s direction; **etwas** *dat* **e.,** to
await sth., (*mit Freude*) look forward to sth.;
Com: **wir sehen Ihrer Antwort gerne entgegen,**
looking forward to your reply. **e ~ setzen,**
v.tr.sep. (*a*) **j-m, etwas** *dat* **Widerstand e.,** to
resist/fight against s.o., sth.; **diesem Vorwurf
habe ich nichts entgegenzusetzen,** I have no
reply to this reproach; (*b*) (*gegenüberstellen*) to
contrast (sth.) (**etwas** *dat,* with sth.). **e ~ -
stehen,** *v.i.sep.irr.100* (*haben*) (*a*) **etwas** *dat* **e.,**
to stand in the way of sth./be an obstacle to
sth.; **dem steht nichts entgegen,** there is no
objection to this. **e ~ stellen,** *v.tr.sep.* (*a*) **sich
j-m, etwas** *dat* **e.,** to oppose s.o., sth.; (*b*) =
e ~ setzen (*b*). **e ~ treten,** *v.i.sep.irr.105* (*sein*)
(*a*) **j-m e.,** to approach s.o.; **dem Feind,** *Fig:*
dem Tod usw. e., to face the enemy, *Fig:* death
etc.; (*b*) **Vorurteilen, Unsitten usw. e.,** to oppose
prejudices, malpractices etc. **e ~ wirken,**
v.i.sep. (*haben*) **etwas** *dat* **e.,** to counter/take
steps against sth.; **einem Einfluß e.,** to coun-
teract an influence.
entgegn|en [ɛntˈgeːgnən], *v.tr.* to reply (that
. . .); **darauf wußte ich nichts zu e.,** I could think
of no answer to that. **E ~ ung,** *f* -/*-en* answer,
reply; (*schlagfertig*) retort, rejoinder.
ent´gehen, *v.tr. & i.irr.36* (*sein*) (*a*) **etwas** *dat* **e.,**
to avoid sth.; **er ist dem Tode knapp entgangen,**
he narrowly escaped death; (*b*) (*unbemerkt
bleiben*) **j-m e.,** to escape s.o./s.o.'s notice (**daß
. . .,** that . . .); **ihr entgeht nichts/sie läßt sich
dat nichts e.,** she doesn't miss anything; **ich
ließ mir die Gelegenheit nicht e.,** I seized the
opportunity.
entgeistert [ɛntˈgaistərt], *adj.* astonished,
dumbfounded; (*entsetzt*) aghast.
Entgelt [ɛntˈgɛlt], *n* **-(e)s**/*-e Com: Adm:* pay-
ment; **gegen E.,** for a fee.
entgleis|en [ɛntˈglaizən], *v.i.* (*sein*) (*Zug*) to be
derailed, *Fig:* (*Pers.*) to commit a faux pas.
E ~ ung, *f* -/*-en* **1.** derailment. **2.** *Fig:* faux pas;
embarrassing slip.
ent´gräten, *v.tr.* to bone, fillet (a fish).
enthaar|en, *v.tr.* to remove hair from (legs etc.).
E ~ ungsmittel, *n* **-s**/- depilatory.
ent´halt|en, *v.tr.irr.45* (*a*) to contain (sth.); **im
Preis e.,** included in the price; **in diesem Ge-
tränk ist Alkohol e.,** this drink contains alcohol;
(*b*) *Lit:* **sich etwas gen e.,** to refrain from sth.;
Parl: etc: **sich der Stimme e.,** to abstain (from
voting). **e ~ sam,** *adj.* abstemious; (*sexuell*)
chaste; **e ~ es Leben,** life of abstinence/chastity.
E ~ samkeit, *f* -/*no pl* abstinence; (**sexuelle**)
E., chastity. **E ~ ung,** *f* -/*-en* **1.** = **E ~ -
samkeit. 2.** *Pol: etc:* abstention (from voting).
enthärt|en, *v.tr.* to soften (water etc.).

E ~ ungsmittel, *n* **-s**/- (water) softener.
enthaupt|en [ɛntˈhauptən], *v.tr.* to behead
(s.o.). **E ~ ung,** *f* -/*-en* beheading.
ent´heben, *v.tr.irr.48 A: & Lit:* **j-n einer Pflicht
gen e.,** to release/absolve s.o. from a duty; **j-n
seines Amtes e.,** to relieve s.o. of his post.
ent´hüll|en, *v.tr.* to reveal (sth., *Fig:* a plot
etc.); to unveil (a face, monument etc.); **j-n als
Verbrecher e.,** to expose/unmask s.o. as a crim-
inal; **sich e.,** to be revealed. **E ~ ung,** *f* -/*-en*
(*a*) *no pl* unveiling; (*b*) revelation; exposure.
ent´hülsen, *v.tr.* to shell (peas, beans).
Enthusias|mus [ɛntuziˈasmus], *m* -/*no pl* en-
thusiasm. **E ~ t,** *m* **-en**/*-en* enthusiast, fan.
e ~ tisch, *adj.* enthusiastic.
ent´kernen, *v.tr.* to core (apples); to seed
(grapes, raisins etc.); to stone (cherries etc.).
ent´kleiden, *v.tr.* to undress (s.o.); **sich e.,** to
take one's clothes off.
ent´kommen, *v.i.irr.53* (*sein*) to escape, get
away (**j-m,** from s.o.; **aus dem Gefängnis usw.,**
from prison etc.).
ent´korken, *v.tr.* to uncork (a bottle).
entkräft|en [ɛntˈkrɛftən], *v.tr.* to weaken (s.o.);
Fig: to invalidate (an argument). **E ~ ung,**
f -/*-en* **1.** enfeeblement; (*Erschöpfung*)
exhaustion; *Med:* debility. **2.** invalidation.
ent´lad|en, *v.tr.irr.56* to unload (luggage, a rifle,
lorry etc.); (*abladen*) to dump (waste); *El:* to
discharge (a battery etc.); **sich e.,** (*Gewitter*) to
break, burst; (*Sprengstoff*) to explode; *El:*
(*Akku usw.*) to discharge; *Fig:* **sein Zorn entlud
sich über uns,** his anger exploded/burst on us.
E ~ ung, *f* -/*-en* **1.** *no pl* unloading. **2.** explo-
sion. **3.** *El:* discharge. **4.** *Fig:* outburst.
ent´lang. I. *prep.* + *preceding acc*/*following dat*
along; **die Straße e.,** along the road; **e. der
Mauer,** along the wall. **II.** *adv.* **wir fahren jetzt
an der Küste e.,** we are now driving along the
coast. **III. e ~ -,** *sep.vbl.prefix* (to fly, walk
etc.) along; **e ~ fahren,** to drive along (a street
etc.); **e ~ laufen,** to run/*F:* walk along (sth.).
entlarven [ɛntˈlɑːrfən], *v.tr.* to unmask (s.o.).
ent´lass|en, *v.tr.irr.57* (*a*) (*wegschicken*) to dis-
miss (s.o.), send (s.o.) away; to discharge (a
patient etc.); (*befreien*) to release (a prisoner);
aus der Schule e. werden, to leave school; (*b*)
(*kündigen*) to dismiss, *F:* fire (a worker, em-
ployee); (*abbauen*) to make (s.o.) redundant.
E ~ ung, *f* -/*-en* **1.** (*a*) discharge; release; (*b*)
leaving school. **2.** dismissal, *F:* firing.
E ~ ungsgesuch, *n* **-(e)s**/*-e* (letter of) re-
signation. **E ~ ungszeugnis,** *n* **-ses**/*-se
Sch:* school-leaving certificate/*N.Am:* diploma.
ent´last|en, *v.tr.* (*a*) to relieve (the strain etc.)
on (s.o., sth.); to ease (traffic, *Fig:* s.o.'s con-
science etc.); **j-n (bei der Arbeit) e.,** to give
s.o. a hand (with his/her work); (*b*) *Jur:* to
exonerate (s.o.), clear (s.o.) of suspicion.
E ~ ung, *f* -/*-en* (*a*) relief; easing; (*b*) *Jur:*
exoneration; **zu j-s E.,** in s.o.'s defence.
E ~ ungs-, *comb.fm.* (*a*) relief (road, train
etc.); (*b*) *Jur:* exonerating (evidence etc.); de-
fence (witness etc.).
ent´laufen, *v.i.irr.58* (*sein*) to run away (**j-m,**
from s.o.); to escape (**aus einem Irrenhaus,** from
an asylum); *Advert:* **Hund e.,** dog lost.
ent´leer|en, *v.tr.* to empty (sth.), drain (pipes, a

tank, pond etc.). **E ~ ung**, *f -/-en* (*a*) *no pl* emptying, drainage; (*b*) *Med:* evacuation, secretion.

ent´legen, *adj.* remote; (*einsam*) isolated.

ent´lehnen, *v.tr.* to borrow (a word, idea) (**etwas** *dat*, from sth.).

ent´leih|en, *v.tr.irr.60* to borrow (money, books) (**von j-m**, from s.o.; **aus der Bücherei**, from the library). **E ~ er**, *m -s/-* borrower.

ent´locken, *v.tr.* **j-m, etwas** *dat* **etwas e.**, to elicit, coax sth. from s.o., sth.; **j-m ein Lächeln e.**, to coax a smile out of s.o.

ent´lüft|en, *v.tr.* to air, ventilate (a room etc.); *Aut:* to bleed (brakes etc.). **E ~ er**, *m -s/-* extractor fan, ventilator; *Aut:* bleeder. **E ~ ung**, *f -/-en* ventilation; *Aut:* bleeding.

ent´mann|en, *v.tr.* to castrate (a male). **E ~ ung**, *f -/-en* castration.

entmündigen [ɛntˈmʏndigən], *v.tr. Jur:* to declare (s.o.) incapable of managing his affairs; to certify (s.o.) (insane).

entmutig|en [ɛntˈmuːtigən], *v.tr.* to discourage, dishearten (s.o.); **laß dich nicht e.!** don't lose heart/be discouraged! **E ~ ung** *f -/-en* discouragement.

Entnahme [ɛntˈnaːmə], *f -/-n* taking (**aus +** *dat*, from); *Med:* drawing (of blood); *Lit:* quotation, borrowing.

entnazifizier|en [ɛntnatsifiˈtsiːrən], *v.tr. Pol: Hist:* to denazify (s.o., sth.). **E ~ ung**, *f -/no pl* denazification.

ent´nehmen, *v.tr.irr.69* (*a*) **etwas (aus) etwas** *dat* **e.**, to take sth. from/out of sth.; **der Bibel entnommen**, taken/quoted from the Bible; *Med:* **j-m eine Blutprobe e.**, to take a blood sample from s.o.; (*b*) (*schließen*) to conclude, deduce (sth.) (**aus etwas/etwas** *dat*, from sth.); (**aus**) **seinen Worten entnahm ich, daß . . .**, from what he said I gathered that . . .

ent´nerven, *v.tr.* to wear (s.o.) down; **vom langen Krieg entnervt**, demoralized by the long war; **e ~ der Lärm**, nerve-racking noise.

ent´puppen, *v.refl.* (*Pers., Sache*) **sich als etwas e.**, to be revealed as/turn out to be sth.

ent´rahmen, *v.tr.* to (take the) cream off, skim (milk).

ent´rätseln, *v.tr.* to puzzle out, unravel (a mystery etc.), decipher (handwriting etc.).

ent´reißen, *v.tr.irr.4* to snatch/tear (s.o., sth.) away (**j-m**, from s.o.).

ent´richten, *v.tr.* to pay (taxes, fees etc.) (**j-m, an j-n**, to s.o.); **j-m seinen Dank e.**, to offer one's thanks to s.o.

ent´rinnen, *v.i.irr.73* (*sein*) to escape, get away (**etwas** *dat*, from sth.); **er entrann nur knapp dem Tod**, he narrowly escaped death.

ent´rollen, *v.tr.* to unroll (a map etc.), unfurl (a flag).

ent´rosten, *v.tr.* to derust (sth.).

ent´rückt, *adj.* enraptured, carried away; **der Öffentlichkeit e.**, out of the public eye; **der Wirklichkeit e.**, in a world of one's own.

ent´rüst|en, *v.tr.* to fill (s.o.) with indignation, make (s.o.) indignant; **sich (über etwas) e.**, to get angry/indignant at sth.; **entrüstet**, indignant (person, face). **E ~ ung**, *f -/no pl* indignation.

Ent´safter, *m -s/-* juice extractor.

ent´sag|en, *v.i.* (*haben*) *Lit:* **der Welt usw. e.**, to renounce the world etc. **E ~ ung**, *f -/-en* renunciation; self-denial.

ent´schädig|en, *v.tr.* to compensate, recompense (s.o.), *Jur:* pay (s.o.) compensation/ (*Schadenersatz*) damages. **E ~ ung**, *f -/-en* compensation; *Jur:* (*Schadenersatz*) damages. **E ~ ungssumme**, *f -/-n* (amount of) compensation/damages.

ent´schärfen, *v.tr.* to defuse (a bomb, mine etc.); *Fig:* to take the sting out of (a crisis etc.).

Entscheid [ɛntˈʃait], *m -(e)s/-e Adm: etc:* decision; *Jur:* ruling. **e ~ en** [-ˈʃaidən], *v.irr.65* **1.** *v.tr.* to decide (a problem, matter, question, *Sp:* a match etc.); to settle (a dispute); **das mußt du selbst e.**, you must make up your own mind about that; *Sp:* **er konnte das Spiel für sich e.**, he was able to turn the game his way. **2.** *v.i.* (*haben*) to decide (**über +** *acc*, on); **du mußt hier e.**, it's your decision; **in einem Wettbewerb e.**, to judge/adjudicate a competition; **über Leben und Tod e.**, to make decisions on matters of life and death; **das Los e. lassen**, to draw lots. **3.** *v.refl.* **sich e.**, (i) (*Pers.*) to decide, make up one's mind; (ii) (*Spiel, Sache usw.*) to be decided/determined; **er entschied sich für das Rote**, he decided to have/opted for the red one. **e ~ end**, *adj.* decisive (influence, victory, evidence etc.); critical, crucial (point, moment, question); *Sp:* deciding, winning (goal etc.). **E ~ ung**, *f -/-en* decision; settlement (of a question, problem etc.); *Jur: Adm:* ruling; **eine E. treffen**, to reach a decision. **E ~ ungssatz**, *m -es/-̈e Tennis:* tie-break. **E ~ ungsspiel**, *n -(e)s/-e Sp:* deciding game.

entschieden [ɛntˈʃiːdən], *adj.* (*a*) decisive, firm (manner, tone etc.); firm, emphatic (refusal, denial); confirmed (supporter, opponent); *adv* **ich bin e. dafür/dagegen**, I'm strongly in favour of it/firmly against it; (*b*) decided (advantage etc.); definite, positive (gain, progress etc.); decisive (victory etc.); *adv.* decidedly, definitely; **das geht e. zu weit**, that really is going too far. **E ~ heit**, *f -/no pl* firmness, decisiveness; **mit E.**, firmly, emphatically.

ent´schließ|en, *v.refl.irr.31* **sich (zu etwas** *dat*) **e.**, to decide, make up one's mind (to do sth.); **er kann sich nur schwer e.**, he has difficulty in making up his mind; **sich anders e.**, to change one's mind. **E ~ ung**, *f -/-en* decision; *Pol: Adm:* (*Beschluß*) resolution.

entschlossen [ɛntˈʃlɔsən], *adj.* (*a*) determined, resolute (person, action, attitude etc.); (*b*) **kurz e.**, without a moment's hesitation; **er war zu allem e.**, he was ready to do anything. **E ~ heit**, *f -/no pl* determination (**zu etwas** *dat*, to do sth.); resolution.

ent´schlüpfen, *v.i.* (*sein*) (*Pers.*) to escape, slip away; (*Bemerkung*) to slip out.

Ent´schluß, *m -sses/-̈sse* decision; (**fester**) **E.**, resolution; **es ist mein fester E., zu . . .**, I firmly intend to . . .; **mein E. steht fest**, my mind is made up. **E ~ kraft** *f -/no pl* determination; initiative. **e ~ los**, *adj.* (*Pers.*) irresolute. **E ~ losigkeit** *f -/no pl* irresolution.

entschlüsseln [ɛntˈʃlʏsəln], *v.tr.* to decipher (a code, writing), decode (a message etc.).

entschuld|bar [ɛntˈʃultbaːr], *adj.* excusable, pardonable. **e ~ igen** [-ˈʃuldigən], *v.tr.* to

excuse (s.o., s.o.'s behaviour etc.); (a) e. Sie
bitte! (i) (j-n aufhaltend/unterbrechend) excuse
me! (ii) (nach einer Störung usw.) sorry! e. Sie
bitte die Störung, (I'm) sorry to disturb you;
forgive the interruption; (b) (wegen Abwe-
senheit) j-n e., to make s.o.'s excuses; Sch: ich
habe ihn beim Lehrer entschuldigt, I told the
teacher he was unable to come (to school);
nicht zu e., inexcusable; er entschuldigte den
Unfall mit Unkonzentriertheit, he pleaded lack
of concentration as his excuse for the accident;
(c) v.refl. sich (bei j-m) e., to apologize (to s.o.)
(für etwas acc/wegen etwas gen, for sth.); er
ließ sich e., he sent his apologies. E ~ igung, f
-/-en 1. apology; (Brief) letter of apology; Sch:
note; (j-n/für j-n) um E. bitten, to apologize
(to s.o./for s.o.); (ich bitte um) E.! I beg your
pardon! (I'm) sorry! 2. (Ausrede) excuse; als/
zur E. (seines Verhaltens), as an excuse (for his
behaviour). E ~ igungsbrief, m -(e)s/-e letter
of apology; Sch: note. E ~ igungsgrund, m
-(e)s/-e excuse.

ent´setz|en. I. v.tr. (a) to horrify, appal (s.o.);
sich über j-n, etwas acc e., to be horrified/
appalled at s.o., sth.); (b) Mil: to relieve (a for-
tress etc.). II. E., n -s/no pl horror (vor +
dat, of); voller E., horror-stricken; ich erfuhr
mit E., daß . . ., I heard to my horror that . . . .
e ~ lich, adj. (a) horrible; terrible; appal-
ling (crime); (b) F: dreadful, frightful, ghastly
(weather, person, cold etc.); (c) F: (sehr stark)
terrible; e ~ en Hunger haben, to be terribly
hungry. E ~ lichkeit, f -/no pl horrible
nature, ghastliness. e ~ t, adj. horrified;
appalled; horror-stricken (über etwas acc, at
sth.); sie wandte sich e. ab, she turned away in
horror. E ~ ung, f -/-en Mil: relief.

ent´sichern, v.tr. to release the safety catch of
(a gun), cock (a rifle etc.).

ent´sinn|en, v.refl.irr.3 sich (j-s, etwas gen) e.,
to remember, recollect (s.o., sth.); wenn ich
mich recht entsinne, if I remember rightly.

ent´spann|en, v. 1. v.tr. to relax (one's body,
nerves etc.), loosen (the muscles etc.); Fig: to
take the tension out of (a situation). 2. v.i.
(sein) & v.refl. (sich) e., (Pers. usw.) to relax;
ein Schaumbad entspannt, a bubble bath
reduces tension/makes you feel relaxed; im
Urlaub kann man sich e., you can relax/F:
unwind on holiday; Fig: die Lage hat sich ent-
spannt, the situation has eased. E ~ ung, f
-/no pl relaxation; Fig: easing (of a situation
etc.); Pol: reduction of tension; détente (be-
tween East and West). E ~ ungspolitik, f
-/no pl Pol: policy of détente.

ent´sprech|en, v.i.irr.14 (haben) (a) den Tat-
sachen, einer Beschreibung usw. e., to corres-
pond to/agree with/be in accordance with the
facts, a description etc.; (b) (gleichkommen)
etwas dat e., to be the equivalent of sth.; Av: 1
Mach entspricht einer Geschwindigkeit von etwa
1200 km/h, Mach 1 corresponds to/equals a
speed of approximately 1200 kph; (c) (nach-
kommen) einem Wunsch, einer Bitte usw. e., to
comply with a wish, request etc.; j-s Forder-
ungen, Bedürfnissen, Erwartungen usw. e., to
meet/satisfy s.o.'s demands, needs, expecta-
tions etc.; er entsprach nicht unseren Erwartun-

gen, he did not come/live up to our expecta-
tions. e ~ end. 1. adj. (a) corresponding; es gibt
keinen e ~ en deutschen Ausdruck, there is no
equivalent German expression; (b) (an-
gemessen) appropriate (authority, payment
etc.); suitable (clothes); eine dem Verbrechen
e ~ e Strafe, a punishment appropriate to the
crime; adv. er wurde e. bezahlt, he was paid
accordingly. 2. prep. + dat (je nach) according
to (age, height, size etc.); (gemäß) in accord-
ance/compliance with (orders, wishes etc.);
Ihrem Vorschlag e., following your suggestion;
sie verhält sich nicht ihrem Alter e., she doesn't
act her age. E ~ ung, f -/-en 1. no pl corre-
spondence, agreement (+ dat, with). 2.
(Gegenstück) equivalent; (ähnlicher Fall) par-
allel; (Übersetzung) translation.

ent´spring|en, v.i.irr.19 (sein) (a) (Fluß) to rise,
have its source; (b) Fig: to stem, arise (+ dat,
from); es ist seiner Phantasie entsprungen, it is
a figment of his imagination; (c) (entkommen)
to escape (etwas dat/aus etwas dat, from sth.).

ent´stamm|en, v.i. (sein) (a) (Pers.) einer Familie,
einer Gegend usw. e., to come from a family/
region etc.; dem Adel e., to be of noble descent;
(b) (Ideen, Wörter usw.) to come, be derived
(dat, from); Art: etc: to have its origins (einer
Bewegung/Periode, in a movement/period).

ent´steh|en. I. v.i.irr.100 (sein) to come into
being/existence; (geschaffen werden) to be
created/(Gebäude) be built/Lit: Mus: (Werk) be
written; (Wärme usw.) to be generated; (Brand)
to start, break out; (Ideen, Bewegung usw.) to
emerge, evolve (aus + dat, from); (Freund-
schaft usw.) to arise (aus + dat, as a result of);
(Schaden, Unkosten usw.) aus etwas dat/durch
etwas acc e., to result from sth.; es entstand der
Eindruck, daß . . ., the impression was created
that . . .; daraus entstand große Aufregung, this
gave rise to considerable commotion; wie/
wodurch ist dieser Streit entstanden? how did
this disagreement come about? dadurch sind für
uns hohe Kosten entstanden, this has involved
us in a lot of expense. II. E., n -s/no pl (a) =
Entstehung; (b) im E. begriffen sein, to be in
the process of being made, built, written etc.;
(Projekt) to be in embryo. E ~ ung, f -/no
pl coming into being (of sth.); emergence, evo-
lution (of an idea, a nation etc.); formation,
development (of a language, a plant etc.);
(Schöpfung) creation; Constr: building; E. von
Wärme, generation of heat. E ~ ungsge-
schichte, f -/-n history of the origin(s) (of a
town, idea etc.); B: etc: (story of) creation.
E ~ ungsort, m -(e)s/-e place of origin.

entsteinen [ɛnt´ʃtainən], v.tr. to stone (fruit).

ent´stell|en, v.tr. (a) (verzerren) to distort (an
object, Fig: facts, etc.); (b) (verunstalten) to dis-
figure (s.o.'s face, body), mar (a view etc.). E ~ -
ung, f -/-en (a) distortion; (b) disfigurement.

ent´stör|en, v.tr. Rad: TV: to suppress (inter-
ference from) (electrical apparatus). E ~ ung,
f -/-en Rad: TV: suppression (of interference).

ent´täusch|en, v.tr. to disappoint (s.o.), dash
(s.o.'s hopes), betray (s.o.'s trust); abs. der Film
enttäuschte, the film was disappointing. e ~ t,
adj. disappointed (über j-n, etwas acc, with s.o.,
sth.); Hum: angenehm e., pleasantly surprised.

E ~ ung, *f -/-*en disappointment.

entvölkern [ɛntˈfœlkərn], *v.tr.* to depopulate (an area).

ent'wachsen, *v.i.irr.107 (sein)* etwas *dat* e., to outgrow sth.; *Fig:* er ist den Kinderschuhen e., he is no longer a child.

ent'waffn|en, *v.tr.* to disarm (s.o.); *Fig:* e ~ des Lächeln, disarming smile. E ~ ung, *f -/no pl* disarming, disarmament.

Ent'warnung, *f -/-*en all-clear (signal).

ent'wässer|n, *v.tr.* to drain (soil, fields etc.). E ~ ung, *f -/-*en drainage. E ~ ungsgraben, *m -s/- drainage ditch.

entweder [ɛntˈveːdər], *conj. & adv.* e. ... oder, either ... or; e. kommst ich/e. ich komme, oder ich rufe an, I'll either come or I'll phone; e. (das eine), oder (das andere)! it's either one thing or the other!

ent'weichen, *v.i.irr.40 (sein)* to escape (aus + *dat,* from).

ent'weihen, *v.tr.* to desecrate (a place etc.).

ent'wenden, *v.tr.* to steal, (aus der Kasse) embezzle (money), pilfer (sth.) (j-m, from s.o.).

ent'werf|en *v.tr.irr.110 (a)* to design (a building, dress, machine, poster etc.); to plan (the layout of) (a garden etc.); *Art:* to make a sketch for (a painting, sculpture etc.); *(b)* to draft (a novel, lecture etc.), plan (a programme); to devise (a plan). E ~ er, *m -s/-* designer.

ent'wert|en, *v.tr. (a)* to lower the value of (sth.), *Econ:* devalue (currency); **entwertet werden,** to depreciate; *(b)* to cancel (tickets, postage stamps). E ~ er, *m -s/-* cancelling machine (for tickets). E ~ ung, *f -/-*en *(a) (also Fig:)* devaluation; depreciation (of a car etc.); *(b)* cancelling.

ent'wick|eln, *v.tr.* to develop (sth.), evolve (a plan etc.) (zu + *dat,* into); to produce, generate (heat etc.); *Phot:* to develop, process (a film); *Fig:* to enlarge on (one's ideas); sich zu/aus etwas *dat* e., to develop/(allmählich) evolve into/from sth.; die Stadt entwickelte sich zum wichtigen Zentrum, the town grew into an important centre; sich zufriedenstellend e., to progress satisfactorily; seine Fähigkeiten voll e., to realize one's full potential; eine große Geschwindigkeit e., to reach a high speed; in diesem Werk entwickelt er viel Talent, in this work he gives proof of/displays considerable talent; eine lebhafte Tätigkeit e., to put on a show of great activity. E ~ lung, *f -/-*en development; *esp. Biol:* evolution; in der E. stehen/begriffen sein, to be at the development stage; in der E. zurückgeblieben, retarded (child etc.). E ~ lungsdienst, *m -(e)s/no pl* approx. = Voluntary Service Overseas; *U.S:* Peace Corps. e ~ lungsfähig, *adj.* capable of development. E ~ lungsgeschichte, *f -/no pl Biol:* history of evolution. E ~ lungshilfe, *f -/no pl Pol: Econ:* aid to developing countries. E ~ lungsjahre, *npl* formative years; puberty. E ~ lungsland, *n -(e)s/-er Pol: Econ:* developing country. E ~ lungslehre, *f -/no pl Biol:* theory of evolution. E ~ lungsstufe, *f -/-n* stage (of development). E ~ lungstendenz, *f -/-*en trend. E ~ lungszeit, *f -/-*en 1. period of development, *esp.* puberty. 2. *Phot:* developing time.

entwirren [ɛntˈvirən], *v.tr.* to disentangle, unravel (thread, a knot etc.); *Fig:* to clarify (a situation), solve (a riddle).

ent'wischen, *v.i. (sein) F:* to make off (mit + *dat,* with); j-m e., to give s.o. the slip.

ent'wöhn|en, *v.tr.* to wean (a child, young animal); to cure (s.o., oneself) (des Alkohols, der Drogen usw., of alcoholism, drug-taking etc.). E ~ ung, *f -/-*en *(a)* weaning; *(b)* curing of an addiction. E ~ ungskur, *f -/-*en treatment for an addiction.

ent'würdig|en, *v.tr.* to degrade (s.o., sth.). E ~ ung, *f -/no pl* degradation.

Ent'wurf, *m -(e)s/-e (a) (Konzept)* draft; *(Abriß)* outline (of a plan etc.); *Art:* sketch, study, *(b)* design (of clothes, furniture, machinery); plan (of a building etc.); *Tchn:* blueprint.

ent'wurzeln, *v.tr.* to uproot (trees, people).

ent'zerren, *v.tr. Rad: Rec:* to correct distortion in (reception, reproduction).

ent'zieh|en, *v.tr.irr.113 (a)* to take (sth.) away, withdraw (one's hand, support, favour etc.) (j-m, from s.o.); j-m Nahrung, Alkohol usw. e., to deprive s.o. of food, alcohol etc.; j-m den Führerschein e., to withdraw/suspend s.o.'s driving licence; j-m die Konzession e., to cancel s.o.'s agency; j-m sein Vertrauen e., to withhold one's confidence from s.o.; j-m das Taschengeld e., to stop s.o.'s pocket money; *(Pflanzen)* dem Boden Wasser e., to draw water from the soil; *(b) F:* to cure (an addict), dry out (an alcoholic); *(c)* sich j-m, etwas *dat* e., to evade/escape s.o., sth.; sich j-m/j-s Umarmung e., to free oneself from s.o./s.o.'s embrace; *Fig:* er konnte sich ihrem Charme nicht e., he could not resist her charm; das entzieht sich meiner Kenntnis, I don't know anything about it; sich j-s Blicken e., to disappear/vanish from sight. E ~ ung, *f -/-*en 1. withdrawal. 2. = E ~ ungskur. E ~ ungskur, *f -/-*en (course of) treatment for an addiction.

ent'ziffern, *v.tr.* to decipher (handwriting, a code etc.), decode (a message).

ent'zück|en. I. *v.tr.* to delight (s.o.); *F:* die Aussicht entzückte ihn nicht gerade, he was not exactly thrilled by the prospect. II. E., *n -s/no pl* delight, *(Freude)* joy; über etwas *acc* in E. geraten, to go into raptures over sth. e ~ end, *adj.* delightful, charming; *(Aussehen)* ravishing.

Ent'zug, *m -(e)s/no pl* withdrawal; withholding (of alcohol, drugs, permission etc.); deprivation (of freedom), cancellation, suspension (of a licence etc.). E ~ serscheinung, *f -/-*en withdrawal symptom.

entzünd|bar [ɛntˈtsyntbaːr], *adj.* inflammable (material etc.); *Fig:* excitable (person). e ~ en [-dən], *v.tr. (a)* to light (a fire, cigarette etc.), ignite (a substance), to strike (a match); sich e., *(Brennstoff usw.)* to ignite; *(Feuer)* to light; *(Heu, Gebäude usw.)* to catch fire; *(b) Fig:* to inflame, excite (passions etc.); *(c) Med: (Wunden usw.)* sich e., to become inflamed. e ~ et, *adj. Med:* inflamed. E ~ ung, *f -/-*en *(a)* lighting; ignition; *(b) Med:* inflammation.

ent'zwei. I. *adj.* broken, in pieces. II. e ~, *sep.vbl.prefix* (to tear sth.) apart, (to break sth.) in two; e ~ gehen, to fall apart; e ~ schlagen, to smash (sth.) to pieces.

Enzian [ˈɛntsiaːn], *m -s/-e Bot:* gentian.

Enzyklopäd|ie [ɛntsyklope'diː], *f* -/-n encyclop(a)edia. **e ~ isch** [-'pɛːdiʃ], *adj.* encyclop(a)edic.

Epide|mie [epide'miː], *f* -/-n epidemic. **e ~ misch** [-'deːmiʃ], *adj.* epidemic.

Epigramm [epi'gram], *n* -s/-e epigram.

Epik [e:pik], *f* -/*no pl* narrative literature, *esp.* epic poetry.

Epilep|sie [epilɛ'psiː], *f* -/*occ* -n *Med:* epilepsy. **E ~ tiker(in)** [-'lɛptikər(in)], *m* -s/- (*f* -/-nen) epileptic. **e ~ tisch,** *adj.* epileptic.

Epilog [epi'loːk], *m* -s/-e epilogue.

episch ['eːpiʃ], *adj.* epic (poem, *Fig:* breadth); (*erzählerisch*) narrative (powers etc.).

Episode [epi'zoːdə], *f* -/-n episode. **e ~ nhaft,** *adj.* episodic.

Epistel [e'pistəl], *f* -/-n *B: Ecc:* & *Hum:* epistle.

Epoche [e'pɔxə], *f* -/-n period; *Lit:* epoch. **e ~ machend,** *adj.* epoch-making.

Epos ['eːpɔs], *n* -/Epen *Lit:* & *Hum:* epic.

er [eːr], *pers.pron.* (*Pers.*) he; (*Ding*) it; (*Tier*) he, it; **er ist's!** it's him! *F:* **ist der Hund ein Er?** is the dog a he?

er'achten. I. *v.tr. Lit:* etwas **für/als nötig usw. e.,** to consider sth. necessary etc. II. **E.,** *n* **meines E ~ s,** to my mind, in my opinion.

er'arbeiten, *v.tr.* to earn enough money to buy (a house etc.); to acquire (knowledge etc.) by one's own efforts.

Erb- ['erp-], *comb.fm.* (*a*) hereditary (disease, title, monarchy etc.); inherited (property, characteristic etc.); **E ~ adel** *m,* hereditary nobility; **E ~ anlage** *f,* hereditary disposition (to a disease etc.); **E ~ fehler** *m,* hereditary/inherited defect; (*b*) *Biol:* genetic (research etc.). '**E ~ anspruch,** *m* -(e)s/-e *Jur:* claim to an inheritance. '**e ~ berechtigt,** *adj. Jur:* entitled to inherit. **E ~ e** [¹ ['erbə], *m* -n/-n heir; beneficiary (under a will); **j-n zum/als E ~ n einsetzen,** to appoint s.o. one's heir. **E ~ e** [²], *n* -s/*no pl* inheritance; **kulturelles/geistiges E.,** cultural/spiritual heritage. '**e ~ en,** *v.tr.* to inherit (sth., *Fig:* a characteristic, *F:* old clothes etc.); *F:* **hier ist nichts zu e.,** there's nothing in it for anyone. '**E ~ faktor,** *m* -s/-en *Biol:* heredity factor, gene. '**E ~ feind,** *m* -(e)s/-e sworn enemy; (*Volk*) traditional enemy. '**E ~ folge,** *f* -/-n *Jur:* succession. '**E ~ in** ['erbin], *f* -/-nen heiress. '**E ~ lasser,** *m* -s/- *Jur:* testator; *N.Am:* decedent. '**e ~ lich,** *adj.* hereditary; *adv.* **e. belastet sein,** to have a hereditary taint/(*Krankheit*) disease/*F:* streak; **da ist sie e. belastet,** that runs in her family. '**E ~ schaft,** *f* -/-en inheritance; **eine E. machen/antreten,** to come into an inheritance/a legacy. '**E ~ schaftssteuer,** *f* -/-n death duties, *N.Am:* inheritance tax. '**E ~ stück,** *n* -(e)s/-e heirloom. '**E ~ sünde,** *f* -/*no pl Theol:* original sin. '**E ~ teil,** *n* -(e)s/-e share in an inheritance.

erbarm|en [ɛr'barmən]. I. *v.refl. Lit:* **sich j-s/** *Hum:* des letzten Stück Kuchens usw. **e.,** to take pity on s.o./*Hum:* on the last piece of cake etc.; *Ecc:* **Herr, erbarme dich unser,** Lord, have mercy upon us. II. **E.,** *n* -s/*no pl* mercy, compassion; **er kannte kein E.,** he knew no mercy; **zum E.,** pitiful. **e ~ enswert,** *adj.* pitiful, wretched. **e ~ ungslos,** *adj.* merciless; remorseless (persecution). **E ~ ungslosigkeit,** *f*

-/*no pl* mercilessness; cruelty. **e ~ ungsvoll,** *adj.* merciful, compassionate.

erbärmlich [ɛr'bɛrmliç], *adj.* **1.** wretched, miserable; (*a*) (*mitleiderregend*) pitiful (appearance etc.); **ein e ~ es Leben,** a miserable life; *adv.* **e. weinen,** to cry pitifully; (*b*) (*sehr schlecht*) dreadful, wretched (quality etc.); **e ~ e Leistung,** miserable effort; *adv.* **er spielt e.,** he plays abominably; (*c*) *F:* (*sehr groß, stark*) terrible (thirst, hunger etc.); *adv.* **es tut e. weh,** it hurts terribly/dreadfully. **2.** (*gemein*) despicable, contemptible (coward, behaviour etc.). **E ~ keit,** *f* -/*no pl* pitifulness; wretchedness.

er'bau|en, *v.tr.* (*a*) to build (sth.), erect (a building); (*b*) *Lit:* **sich (an etwas** *dat*) **e.,** to be edified/uplifted (by sth.); *F:* **ich war von seinem Besuch nicht besonders erbaut,** I was not exactly enthusiastic about his visit. **E ~ er,** *m* -s/- builder; (*also Fig:*) architect. **e ~ lich,** *adj.* edifying, uplifting (reading etc.); **ein wenig e ~ er Anblick,** not a very pleasant sight. **E ~ ung,** *f* -/*no pl* edification; (moral) uplift.

erbeuten [ɛr'bɔytən], *v.tr.* (*a*) *Mil:* to seize (sth.) (as booty); (*b*) (*Dieb usw.*) to make off with (money, jewels etc.).

er'bitten, *v.tr.irr.10 Lit:* to request (sth.); (**sich** *dat*) **Hilfe von j-m e.,** to seek s.o.'s aid.

erbitter|n [ɛr'bitərn], *v.tr.* to embitter (s.o.), make (s.o.) feel bitter; (*erzürnen*) to anger (s.o.). **e ~ t,** *adj.* (*a*) (*verbittert*) embittered; (*b*) stubborn (enemy, opponent); furious, fierce (fight, battle). **E ~ ung,** *f* -/*no pl* (*a*) bitterness, rancour; (*b*) (*Groll*) anger, resentment; (*c*) fierceness; **mit E. kämpfen,** to fight fiercely.

er'blicken, *v.tr. Lit:* to catch sight of (s.o., sth.), see (s.o., sth.); *Fig:* **das Licht der Welt e.,** to see the light of day, (*Kind*) be born.

erblinden [ɛr'blindən], *v.i.* (*sein*) to go blind.

erbos|en [ɛr'boːzən], *v.tr.* **sich über j-n, etwas** *acc* **e.,** to get annoyed/angry about s.o., sth. **e ~ t,** *adj.* annoyed, angry.

er'brechen, *v.irr.14* **1.** *v.tr.* to vomit, bring up (blood, food etc.). **2.** *v.i.* (*haben*) & *refl.* (**sich**) **e.,** to vomit.

er'bringen, *v.tr.irr.16* to result in (sth.); *Jur:* **einen Beweis e.,** to produce proof (**für** + *acc,* **of**).

Erbse ['ɛrpsə], *f* -/-n pea. '**e ~ ngroß,** *adj.* the size of a pea. '**E ~ nschote,** *f* -/-n pea pod. '**E ~ nsuppe,** *f* -/-n *Cu:* green pea soup.

Erd-, ['eːrt-], *comb.fm.* (*a*) earth's (surface, curvature etc.); (axis, interior, centre, history etc.) of the earth; **E ~ kruste/E ~ rinde** *f,* earth's crust; **E ~ stoß** *m,* earth tremor; **E ~ umdrehung** *f,* rotation of the earth; **E ~ umkreisung** *f,* orbit of the earth; (*b*) *El:* earth, *N.Am:* ground (lead/ wire etc.); **E ~ anschluß** *m,* earth, *N.Am:* ground connection. '**E ~ apfel,** *m* -s/-e *esp. Aus:* potato. '**E ~ arbeiten,** *fpl Civ.E:* earthworks, excavation (work). '**E ~ beben,** *n* -s/- earthquake. '**E ~ beer-,** *comb.fm.* strawberry (jam, ice, wine etc.). '**E ~ beere,** *f* -/-n strawberry. '**E ~ boden,** *m* -s/*no pl* ground, earth; **eine Stadt dem E. gleichmachen,** to raze a city to the ground; **er war wie vom E. verschluckt,** he seemed to have vanished from the face of the earth; **ich wäre am liebsten im E. versunken,** I wished the earth would open and swallow me up. **E ~ e** ['ɛːrdə], *f* -/-n earth; (*a*) **auf der E./B:** & *Lit:* **auf E ~ n**, on earth; **auf der ganzen E.**, all over the world; (*b*) *no pl* (*Boden*) earth, ground; **zu ebener E.**, on the ground floor; *Fig:* **etwas aus der E. stampfen**, to produce sth. out of thin air; (*c*) *Agr: etc:* soil, earth; **fruchtbare E.**, fertile soil; *Fig:* **auf heimatlicher/fremder E.**, on one's native soil/on foreign soil; (*d*) *El:* earth(-wire); *N.Am:* ground(-wire). **'e ~ en**, *v.tr. El:* to earth, *N.Am:* ground (an appliance etc.). **'E ~ gas**, *n* -es/-e *Geol: Ind:* natural gas. **'E ~ geschoß**, *n* -sses/-sse ground/*N.Am:* first floor. **'E ~ kabel**, *n* -s/- *El:* underground cable. **'E ~ kugel**, *f* -/-n 1. *no pl* terrestrial globe, world. 2. (*Globus*) globe. **'E ~ kunde**, *f* -/*no pl* geography. **'E ~ nuß**, *f* -/-sse peanut. **'E ~ öl**, *n* -s/*no pl* (mineral) oil; petroleum; **rohes E.**, crude oil. **E ~ öl-**, *comb.fm.* oil (refinery, production etc.); petroleum (industry, product). **'E ~ reich**, *n* -(e)s/*no pl* earth, soil. **'E ~ rutsch**, *m* -es/-e(*also Fig:*) landslide. **'E ~ spalte**, *f* -/-n crevice, fissure. **'E ~ teil**, *m* -(e)s/-e *Geog:* continent. **'E ~ ung**, *f* -/-en *El:* earth/*N.Am:* ground (connection).

er'denk|en, *v.tr.irr.17* to think up (a plan, question etc.); to make up (stories etc.). **e ~ lich**, *adj.* imaginable, conceivable; **sich** *dat* **alle e ~ e Mühe geben**, to take the utmost trouble, do all one can; **alles E ~ e**, everything possible.

erdolchen [ɛr'dɔlçən], *v.tr.* to stab (s.o.) to death.

er'drosseln, *v.tr.* to choke (s.o.) to death.

er'drücken, *v.tr.* (*a*) to crush, squeeze (s.o.) to death; (*b*) *Fig:* (*überwältigen*) to overwhelm (s.o.) (with work etc.); **die Berge e. mich**, I find the mountains oppressive.

er'dulden, *v.tr.* to endure, bear (pain, injustice).

er'eifern, *v.refl.* **sich über etwas** *acc* **e.**, to get excited/worked up/(*zornig*) heated about sth.

er'eign|en, *v.refl.* **sich e.**, to occur; (*Veranstaltung*) to take place. **E ~ nis**, *n* -sses/-sse event; **unglückliches E.**, unfortunate incident. **e ~ nislos**, *adj.* uneventful. **e ~ nisreich**, *adj.* eventful.

Erektion [erɛktsi'oːn], *f* -/-en *Physiol:* erection.

ererbt [ɛr'ʔerpt], *adj.* inherited (idea etc.); *Med: etc:* hereditary.

er'fahr|en. I. *v.tr.&i.irr.26* (*haben*) (*a*) to learn, discover (sth.); **ich habe nichts Näheres e.**, I haven't heard any further details; **von etwas** *dat* **e.**, to hear/find out about sth.; **es darf niemand davon e.**, nobody is to know about it; (*b*) (*erleben*) (*Pers.*) to experience (joy, sorrow), meet with (ingratitude, humiliation etc.); to suffer (a defeat, pain etc.); (*Sache*) to undergo (changes etc.); **eine Erweiterung, Steigerung usw. e.**, to be expanded, increased etc. **II.** *adj.* experienced (**in** + *dat*, in); seasoned (soldier etc.); **er ist im Unterrichten wenig e.**, he has not had much experience of teaching; **in der Kochkunst sehr e. sein**, to be an expert cook. **E ~ ung**, *f* -/-en 1. experience (**auf diesem Gebiet usw.**, in this field etc.); **ich weiß es aus eigener E.**, I know from personal experience; **ich habe die E. gemacht, daß . . .**, it has been my experience that . . .; **schlechte E ~ en (mit j-m, etwas** *dat*) **machen**, to be disappointed/let down by s.o., sth. 2. **etwas in E. bringen**, to find sth. out. **E ~ ungsaustausch**,

m -(e)s/*no pl* exchange of experiences. **e ~ ungsgemäß**, *adv.* judging by (previous) experience. **e ~ ungsmäßig**, *adj.* based on experience.

erfaßbar [ɛr'fasbaːr], *adj.* ascertainable; *Adm:* statistical e., susceptible to statistical analysis.

er'fass|en, *v.tr.* (*a*) (*Auto usw.*) to drag/sweep (s.o.) along; *Fig:* (*Gefühle usw.*) to overcome (s.o.); (*b*) (*verstehen*) to grasp, understand (sth.); **sie hat die Situation sofort erfaßt**, she grasped/took in the situation immediately; (*c*) (*einbeziehen*) (*Plan usw.*) to include, cover (s.o., sth.); (*registrieren*) to record, list (sth.); **etwas statistisch e.**, to make a statistical survey of sth. **E ~ ung**, *f* -/*no pl* 1. inclusion. 2. (*Ermittlung*) record, survey.

er'find|en, *v.tr.irr.9* to invent (a machine, *Fig:* stories etc.); **die Personen sind frei erfunden**, the characters are entirely fictitious. **E ~ er**, *m* -s/- inventor; *F:* **das ist nicht im Sinne des E ~ s**, that's not quite what was intended. **E ~ ergeist**, *m* -(e)s/*no pl* inventive mind. **e ~ erisch**, *adj.* inventive; (*findig*) ingenious, resourceful; *Prov:* **Not macht e.**, necessity is the mother of invention. **E ~ ung**, *f* -/-en (*a*) invention, (*b*) (*Unwahrheit*) fabrication, **das ist (eine) reine E.**, that's completely untrue/pure fiction. **E ~ ungsgabe/E ~ ungskraft**, *f* -/*no pl* inventiveness, ingenuity.

Erfolg [ɛr'fɔlk], *m* -(e)s/-e 1. (*Resultat*) result, outcome; (*Wirkung*) effect; **der E. unserer Bemühungen**, the result of our endeavours; *F:* **da hast du nun den E.!** now you see where it's got you! 2. (*positives Ergebnis*) success; **mit E.**, successfully; **E. haben**, to be successful, do well (**bei etwas** *dat*, at sth.); **er hatte keinen E. bei ihr**, he had no luck/did not get anywhere with her; **viel E.!** good luck! every success! **e ~ los**, *adj.* unsuccessful; vain; fruitless (attempt etc.). **E ~ losigkeit**, *f* -/*no pl* lack of success, failure. **e ~ reich**, *adj.* successful (**in/bei etwas** *dat*, at sth.). **E ~ saussichten**, *fpl* prospects of success. **E ~ sautor**, *m* -s/-en best-selling author. **E ~ smensch**, *m* -en/-en successful person. **E ~ sschlager**, *m* -s/- smash hit. **E ~ sserie**, *f* -/-en run of successes. **e ~ versprechend**, *adj.* promising.

erforder|lich [ɛr'fɔrdərlɪç], *adj.* required, (*nötig*) necessary; **nicht unbedingt e.**, not absolutely essential. **e ~ n**, *v.tr.* (*Sache*) to require (money, time etc.), call for (patience, courage, quick action etc.). **E ~ nis**, *n* -ses/-se requirement; **den E ~ sen der Lage genügen**, to meet the demands of the situation.

er'forsch|en, *v.tr.* (*a*) to explore (a country etc.); (*b*) (*studieren*) to study/*Univ:* do research on (animal behaviour etc.); (*ermitteln*) to investigate (a mystery, s.o.'s motives etc.). **E ~ er**, *m* -s/- explorer. **E ~ ung**, *f* -/-en exploration; (*Ermittlung*) investigation, study.

er'freu|en, *v.tr.* (*a*) to please, delight (s.o., the eye, ear etc.); **sein Besuch hat mich sehr erfreut**, his visit gave me great pleasure; (*b*) **sich guter Gesundheit, großer Beliebtheit usw. e.**, to enjoy good health, great popularity etc.; *Hum:* **er erfreut sich eines gesegneten Appetits**, he is blessed with a hearty appetite. **e ~ lich**, *adj.* pleasing (sight, result etc.); gratifying (achievement); welcome (news); **das E ~ e (daran) ist**,

daß ..., the good/encouraging thing (about it) is that .... **e ~ licherweise**, *adv.* fortunately, luckily. **e ~ t**, *adj.* pleased, glad (**über etwas** *acc,* about sth.); **sehr e.!** pleased to meet you!

er'frieren, *v.i.irr.32* (*sein*) (*Pers., Tier*) to freeze to death; (*Pflanzen*) to be killed by (the) frost; (*Finger, Zehen usw.*) to be frostbitten; *F:* **ich bin halb erfroren,** I'm half frozen.

er'frisch|en, *v.* 1. *v.tr.* (*Getränk, Regen usw.*) to refresh, (*neu beleben*) revive (s.o., a garden etc.); (*Dusche usw.*) to freshen (s.o.) up; **sich e.,** to refresh/revive oneself (with a drink etc.). **e ~ end**, *adj.* refreshing. **E ~ ung**, *f -/-en* refreshment. **E ~ ungsraum,** *m* -(e)s/ˉe refreshment room. **E ~ ungstüchlein,** *n* -s/- refresher tissue, (cologne) wipe.

erfüll|bar [ɛr'fylbaːr], *adj.* (wish, promise etc.) that can be fulfilled; **schwer e.,** difficult to fulfil. **e ~ en**, *v.* 1. *v.tr.* (*a*) to fill (a room etc.); *Fig:* **j-n mit Trauer e.,** to fill s.o. with sadness; (*b*) to absorb, satisfy (s.o.); **seine Arbeit erfüllte ihn,** he felt fulfilled by his work; **von einer Idee, Aufgabe usw. erfüllt,** taken up with/absorbed by an idea, task etc.; (*c*) (*nachkommen*) to perform (a task, duty etc.), fulfil (a promise, condition, request etc.); to satisfy, comply with (a condition, request etc.); to implement (a contract); **einen Zweck e.,** to serve a purpose; **sich e./ erfüllt werden,** (*Prophezeiung*) to be fulfilled, (*Traum*) come true, (*Hoffnung*) be realized. **E ~ ung,** *f -/no pl* (*a*) fulfilment; (*Befriedigung*) satisfaction; (*b*) execution, performance; satisfaction; realization (of a wish, dream etc.); **in E. gehen,** (*Prophezeiung*) to be fulfilled, (*Hoffnung*) be realized, (*Traum*) come true.

ergänz|en [ɛr'gɛntsən], *v.tr.* (*a*) to complement (s.o., sth.); **sie e. sich/einander sehr gut,** they complement each other perfectly; (*b*) to supplement (sth.) (**durch etwas** *acc,* with/by sth.); **darf ich noch etwas e./e ~ d hinzufügen?** may I add something to that? (*c*) (*vervollständigen*) to complete (a list, sentence etc.); to fill the gaps in (a collection, library); to fill in (missing words etc.), supply (missing parts). **E ~ ung,** *f -/-en* (*a*) *no pl* complementing; (*Vervollständigung*) completion; supplying (of missing parts, words etc.); supplementation (**durch** + *acc,* with); (*b*) complement; (*Hinzufügung*) addition, additional remark; supplement (to a book etc.). **E ~ ungsband,** *m* -(e)s/ˉe supplementary volume.

ergattern [ɛr'gatərn], *v.tr. F:* to get hold of, bag (sth.); to snap up (a bargain etc.).

er'geb|en. I. *v.tr.irr.35* (*a*) to result in (sth.), (*beweisen*) prove, establish (sth.); to yield, produce (results, proof); (*Sammlung*) to yield, bring in (a sum etc.); (*Rechnung*) to come to (a sum, figure); **das Experiment hat nichts e.,** the experiment did not produce any result; **die Untersuchungen ergaben folgendes: ...,** the inquiries established/demonstrated the following: ...; **der Inhalt ergibt vier Teller Suppe,** the contents will make four plates of soup; **das ergibt 10 Mark,** that comes to 10 Marks; *Mth:* **30 durch 2 ergibt 15,** 30 divided by 2 is 15; (*b*) **sich aus etwas** *dat* **e.,** to be the result/consequence of sth.; **daraus e. sich mehrere Möglichkeiten,** several possibilities emerge from this;

eins ergibt sich aus dem anderen, one thing leads to another; **daraus ergibt sich, daß ...,** it follows (from this)/the result is that ...; **das ergibt sich von selbst,** that's obvious; (*c*) (*Schwierigkeit, Problem usw.*) **sich e.,** to arise, *F:* crop up; **es hat sich so e.,** it just turned out like that; (*d*) (*Pers., Truppen*) **sich e.,** to surrender (**dem Feind,** to the enemy); *Fig:* **sich einer Versuchung/der Sünde e.,** to give way to a temptation/ sin; **sich dem Trunk e.,** to take to drink; *Lit:* **sich in sein Schicksal e.,** to resign oneself to one's fate. **II.** *adj.* 1. (*a*) **j-m e. sein,** to be devoted to s.o.; *Corr: esp. A:* **Ihr sehr e ~ er X,** yours faithfully, X; (*b*) (*verfallen*) **etwas dat e. se'n,** to be addicted/given to sth.; *F:* **dem Suff e.,** hooked on booze. 2. (*resignierend*) resigned (expression etc.). **E ~ enheit,** *f -/no pl* 1. devotion, loyalty. 2. resignation, submissiveness. **E ~ nis** [ɛr'geːpnis], *n* -ses/-se result; *Mth:* (*Lösung*) solution; **das E. des Streits war, daß sie sich trennten,** the consequence of the quarrel was that they separated; (*Schluß*) **zu einem E. kommen,** to come to a conclusion; *Sp:* **das E. war 2:1,** the score was 2:1. **e ~ nislos,** *adj.* without result; inconclusive (negotiations etc.); *Sp:* drawn (game); (*Verhandlungen usw.*) **e. bleiben,** to come to nothing.

er'gehen, *v.irr.36* 1. *v.i.* (*sein*) (*a*) (*Verordnung, Befehl usw.*) to be issued/(*Gesetz*) passed; (*Einladung*) to be sent; **e. lassen,** to issue (an order, invitation), pass (a law); **etwas über sich** *acc* **e. lassen,** to submit to/put up with sth.; **er ließ ihren Redeschwall über sich e.,** he patiently endured her torrent of words; (*b*) *impers.* **es ist ihm/ihr gut, schlecht usw. ergangen,** he/she got on well, badly etc.; **wie ist es dir in der Prüfung ergangen?** how did you get on in the exam? (*c*) *refl.* **sich in Vermutungen usw.** *acc* **e.,** to indulge in speculation(s) etc.

ergiebig [ɛr'giːbiç], *adj.* fertile (soil); rich (source, harvest etc.) (**an** + *dat,* in); lucrative, profitable (business); productive, fruitful (discussion, research etc.); **diese Seife ist sehr e.,** this soap does not go very far. **E ~ keit,** *f -/ no pl* fertility; productiveness; *Com:* profitability.

er'gießen, *v.refl.irr.31 Lit:* **sich e.,** to pour.

ergötz|en [ɛr'gœtsən], *v.tr. A: & Hum:* to amuse, (*entzücken*) delight (s.o.). **e ~ lich,** *adj.* delightful; (*amüsant*) amusing

er'graut, *adj.* grey(ing) (hair), grey-haired (person); **im Dienst e.,** grown old in service.

er'greifen, *v.tr.irr.43* to seize (s.o., sth., *Fig:* power etc.), grasp (s.o.) (**bei der Hand,** by the hand); (*festnehmen*) to seize, capture (a criminal etc.); *Fig:* (*Furcht usw.*) to overcome (s.o.); (*innerlich bewegen*) (*Musik usw.*) to move, touch (s.o.); **eine Gelegenheit e.,** to take/grasp an opportunity; **die Flucht e.,** to take to flight; **Maßnahmen e.,** to adopt measures/take steps; **einen Beruf e.,** to take up a profession; **das Wort e.,** to (begin to) speak.

ergriffen [ɛr'grifən], *p.p. as adj.* moved, touched; **von Begeisterung e.,** carried away by enthusiasm. **E ~ heit,** *f -/no pl* emotion.

er'gründen, *v.tr.* to get to the bottom of (sth., a mystery etc.); to seek out (the cause of sth.).

Er'guß, *m* -sses/ˉsse 1. *Med:* effusion (of blood);

Physiol: ejaculation. **2.** *Fig:* outpouring; outburst (of emotion); flood (of tears, abuse).

er'haben, *adj.* **1.** sublime, lofty (thoughts); exalted (state of mind); grand, magnificent (sight). **2. über jeden Verdacht, alle Kritik usw. e.,** above suspicion, criticism etc. **E ~ heit,** *f -/no pl* sublimity; grandeur, magnificence; *(Überlegenheit)* superiority.

Er'halt, *m -(e)s/no pl Com:* receipt; **nach E. Ihres Briefes,** after receiving your letter. **e ~ en. I.** *v.tr.irr.45* (*a*) *(bekommen)* to receive, get (sth.); to obtain (permission, access, a substance etc.) **(aus** + *dat,* from); **sie erhielt die Nachricht gestern,** she received/got the news yesterday; (*b*) to maintain (a building, roads); to keep (the peace, one's freedom etc.); to conserve (one's energy), preserve (a work of art etc.); *(ernähren)* to support, keep (s.o., a family etc.); **dieser Brauch hat sich e.,** this custom has survived; **sich jung/fit e.,** to keep young/fit; **j-n am Leben e.,** to keep s.o. alive. **II.** *p.p. as adj.* preserved; **gut/schlecht e.,** in good/bad condition; *Hum:* (*Pers.*) **gut e.,** well preserved; **e. bleiben,** to survive, be preserved. **E ~ er,** *m -s/-* supporter (of a family etc.). **E ~ ung,** *f -/no pl* maintenance, upkeep; support (of a family); preservation (of works of art, one's health etc.); conservation (of energy etc.); retention (of a custom, system etc.).

erhältlich [ɛr'hɛltlɪç], *adj.* obtainable; **schwer e.,** difficult to obtain.

er'hängen, *v.refl.* **sich e.,** to hang oneself.

er'härten, *v.tr.* to harden (concrete, steel etc.); *Fig:* to support, confirm (a statement etc.).

er'heb|en, *v tr irr.48* (*a*) to raise (one's head, voice, glass etc.); **sein Glas (auf j-s Wohl) e.,** to drink to s.o.'s health; **ein lautes Geschrei e.,** to make a great clamour; *Jur:* **Klage e.,** to bring an action **(gegen j-n,** against s.o.); **Einspruch e.,** to raise an objection; (*b*) to raise (s.o.) **(in den Adelsstand usw.,** to the nobility etc.); *Mth:* **eine Zahl ins Quadrat e.,** to square a number; (*c*) to levy (a tax, toll); **eine Gebühr e.,** to charge a fee, make a charge; (*d*) (*Pers.*) to rise (to one's feet), get up; (*Turm*) to stand; (*Gebirge*) to rise (up); *Lit:* (*Wind*) to arise, spring up; *Fig:* (*Frage, Problem usw.*) to arise, *F:* crop up; **sich über den Durchschnitt e.,** to be above average; **sich gegen j-n e.,** to rise (up) against s.o. **e ~ end,** *adj.* edifying (sight, book etc.); *(feierlich)* solemn (occasion etc.). **e ~ lich,** *adj* considerable, substantial; *adv.* **e. größer,** considerably larger. **E ~ ung,** *f -/-en* **1.** *(Aufstand)* revolt, uprising. **2.** *Fin:* levy (of taxes); charging (of fees). **3.** *(Anhöhe)* rise (in the ground). **4.** *(Ermittlung)* inquiry; **statistische E.,** statistical survey.

erheiter|n [ɛr'haitərn], *v.tr.* to amuse, entertain (s.o.); **sich e.,** to cheer up. **E ~ ung,** *f -/-en* amusement.

erhellen [ɛr'hɛlən], *v.tr.* (*a*) to light (up), illuminate (a room, street etc.); **sich e.,** to grow lighter, brighten; (*Gesicht*) to light up; (*b*) to throw light upon (a mystery etc.).

erhitz|en [ɛr'hitsən], *v.tr.* (*a*) to heat (a liquid, metal etc.) **(auf** + *acc,* to); to make (s.o.) hot; **sich e.,** to get hot; **vom Laufen erhitzt,** hot from running; (*b*) *(erregen)* to excite (s.o., s.o.'s im-

agination etc.); **die Diskussion erhitzte die Gemüter,** passions were roused by the discussion; **erhitzte Debatte,** heated debate. **E ~ ung,** *f -/no pl* **1.** heating (up). **2.** excitement.

erhöh|en [ɛr'høːən], *v.tr.* (*a*) to raise (sth.) **(um** + *acc,* by; **auf** + *acc,* to); to make (a wall etc.) higher; **j-n im Rang e.,** to promote/elevate s.o. to a higher rank; (*b*) *(steigern)* to increase (prices, speed, *Med:* the dose, *Fig:* s.o.'s pleasure etc.); to put up (wages etc.); to raise (a price, s.o.'s salary etc.); **den Wert um das Doppelte e.,** to double the value; **sich e.,** to rise, increase, go up; *Med:* **erhöhter Blutdruck,** increased/high blood pressure; **erhöhte Temperatur haben,** to have a temperature. **E ~ ung,** *f -/-en* **1.** raising. **2.** increase; **eine E. der Gebühren auf DM 200,** an increase in fees to 200 marks.

er'hol|en, *v.refl.* **sich e.,** (*a*) *(Patient usw.)* to recover **(von einer Krankheit usw.,** from an illness etc.); (*b*) *(sich ausruhen)* to have a rest, relax; *(nach einer Krankheit)* to convalesce; **wir haben uns im Urlaub wirklich gut erholt,** we're feeling really refreshed after our holiday. **e ~ sam,** *adj.* restful, relaxing. **E ~ ung,** *f -/no pl* recovery; *(Periode)* convalescence; *(Entspannung)* relaxation; *(Spiel usw.)* recreation; **zur E. nach X fahren,** to go to X to convalesce/for one's health; **ich brauche dringend E.,** I badly need a rest/a holiday. **e ~ ungsbedürftig,** *adj.* in need of a rest/holiday; run down. **E ~ ungsgebiet,** *n -(e)s/-e* recreational area. **E ~ ungsheim,** *n -(e)s/-e* convalescent/rest home. **E ~ ungskur,** *f -/-en* rest cure. **E ~ ungsort,** *m -(e)s/-e* health resort.

er'hören, *v.tr. Lit:* to answer (a prayer, request etc.); *F:* **sie hat ihn endlich erhört,** she has said yes to him at last.

Erika ['eːrika], *f -/-ken Bot:* heather.

erinner|n [ɛr'ʔinərn], *v.tr.* (*a*) to remind (s.o.) **(an j-n, etwas** *acc,* of s.o., sth.); **darf ich Sie daran e., daß . . .,** may I remind you that . . .; *abs.* **die Landschaft erinnert an England,** the scenery is reminiscent of England; (*b*) **sich an j-n, etwas** *acc* **e.,** to remember/recall s.o., sth.; **wenn ich mich recht erinnere,** if I remember rightly. **E ~ ung,** *f -/-en* memory; (*a*) **ich habe es noch in (bester) E.,** I remember it (very well/clearly); **zur E. an** + *acc,* in remembrance/memory of; **j-n, etwas in guter E. behalten,** to have fond memories of s.o., sth.; (*b*) **E ~ en an die Kindheit,** childhood memories, memories of childhood; (*c*) *(Andenken)* memento (of s.o.); souvenir (of a visit etc.); **nimm dieses Bild als E. an mich,** take this picture to remember me by.

erkält|en [ɛr'kɛltən], *v.tr.* **sich e.,** to catch (a) cold; **er ist schwer erkältet,** he has got a bad cold; **sich** *dat* **den Magen e.,** to catch a chill in the stomach. **E ~ ung,** *f -/-en Med:* cold.

er'kämpfen, *v.tr.* **(sich** *dat)* **etwas e.,** to fight one's way to sth., gain sth. with a struggle; **schwer erkämpfter Erfolg,** hard-won success.

er'kaufen, *v.tr. Fig:* to buy, pay for (a victory, s.o.'s silence etc.).

erkenn|bar [ɛr'kɛnbaːr], *adj.* (*a*) recognizable; **leicht e.,** easy to recognize; (*b*) **(mit dem Auge) e.,** visible; **kein e ~ er Unterschied,** no discernible difference. **e ~ en,** *v.tr.irr.51* (*a*) to recognize (s.o., s.o.'s voice etc.) **(an etwas** *dat,* by sth.); to identify (s.o., sth.); **sich zu e. geben**, to reveal one's identity; (b) (*wahrnehmen*) to distinguish, make out (s.o., sth.); **mit bloßem Auge zu e.**, visible to the naked eye; (c) (*einsehen*) to realize, recognize (a danger, difference, mistake etc.); **er erkannte, daß er im Unrecht war**, he realized/saw that he was in the wrong; *F:* **du bist erkannt!** I've seen through you! I know your little game! **e ~ tlich**, *adj.* **sich (j-m) e. zeigen**, to show one's gratitude (to s.o.). **E ~ tnis**, *f* -/-se 1. (*Wissen*) knowledge. 2. (*Einsicht*) realization, recognition; **er kam zu der E., daß . . .**, he came to realize that . . .; **wissenschaftliche E ~ se**, scientific discoveries. **E ~ ungsdienst**, *m* -es/-e *Adm:* (police) records department. **E ~ ungsmarke**, *f* -/-n *Mil:* identification disc/*N.Am:* tag. **E ~ ungsmelodie**, *f* -/-n *Mus:* signature tune. **E ~ ungsmerkmal**, *n* -(e)s/-e distinguishing mark. **E ~ ungszeichen**, *n* -s/- identification, sign; *Mil: Av:* markings.

Erker ['ɛrkər], *m* -s/- *Arch:* bay(-window); *Hist:* oriel. **'E ~ fenster**, *n* -s/- bay-window; *Hist:* oriel window.

erklär|en [ɛr'klɛːrən], *v.tr.* (a) (*klarmachen*) to explain (sth.) (**j-m**, to s.o.); to expound (a theory, passage etc.); (*deuten*) to interpret (a text, dream, law etc.); **etwas an einem Beispiel e.**, to illustrate sth. by an example; **j-m e., wie man etwas macht**, to show s.o. how to do sth.; **ich kann es mir nicht e.**, I cannot explain it/ account for it; **das erklärt sich von selbst**, that is self-explanatory; (b) (*äußern*) to declare, state (one's intentions etc.); (*bekennen*) to declare, profess (one's love, interests, beliefs etc.); **j-n zum König e.**, to proclaim s.o. king; **den Krieg e.**, to declare war; **er erklärte sich bereit, es zu tun**, he said he was willing to do it; **j-n für bankrott/etwas für ungültig e.**, to declare s.o. bankrupt/sth. null and void. **e ~ end**, *adj.* explanatory; *adv.* **etwas e. hinzufügen**, to add sth. by way of explanation. **e ~ lich**, *adj.* explicable, accountable; (*verständlich*) understandable; **das ist leicht e.**, that is easily explained. **e ~ licherweise**, *adv.* understandably (enough), for obvious reasons. **e ~ t**, *adj.* declared, avowed (enemy etc.); **der e ~ e Liebling des Publikums**, the acknowledged favourite of the public. **E ~ ung**, *f* -/-en 1. explanation; (*Deutung*) interpretation; **begleitende E.**, accompanying commentary. 2. declaration; (*Mitteilung*) announcement, statement; **öffentliche E.**, public statement.

er'klingen, *v.i.irr.19* (*sein*) (*Instrument usw.*) to sound; (*Glocke, Stimme usw.*) to ring out.

erkrank|en [ɛr'kraŋkən], *v.i.* (*sein*) to be taken ill/*N.Am:* sick (**an etwas** *dat*, with sth.); **an Grippe** *dat* **e.**, to go down with flu. **E ~ ung**, *f* -/-en (a) illness; (*Erkranken*) falling ill; **im Falle einer plötzlichen E.**, if someone is suddenly taken ill; (b) (*Störung*) disorder (of an organ).

erkund|en [ɛr'kundən], *v.tr.* to explore, (*investigate* (sth.); *Mil:* to reconnoitre (the terrain, positions). **E ~ ung**, *f* -/-en exploration; *Mil:* reconnaissance.

. **erkundig|en** [ɛr'kundigən], *v.refl.* **sich e.**, to enquire, ask (**nach j-m**, after s.o.; **nach etwas** *dat*, about sth.); **sich bei j-m e., ob . . .**, to ask

s.o. whether . . .; **sich nach dem Weg e.**, to ask the way. **E ~ ung**, *f* -/-en enquiry.

er'lahmen, *v.i.* (*sein*) (*Gespräch usw.*) to flag.

er'langen, *v.tr.* to obtain (sth.), gain (access, popularity etc.).

Erlaß [ɛr'las], *m* -sses/-sse 1. *Adm:* decree. 2. exemption (+ *gen*, from); *Jur:* remission.

er'lass|en, *v.tr.irr.57* (a) *Adm:* to issue (a decree, warrant etc.); *Parl:* to enact (a law); (b) to remit (debts, a punishment etc.); **j-m eine Strafe usw. e.**, to let s.o. off a punishment etc. **E ~ ung**, *f* -/-en = **Erlaß**.

erlaub|en [ɛr'laubən], *v.tr.* (a) (**j-m**) etwas e., to allow (s.o.) sth.; **wenn es das Wetter erlaubt/ die Umstände e.**, weather/circumstances permitting; **wenn Sie e. . . .**, if you don't mind . . .; *F:* **na, e. Sie mal!** how dare you! what's the big idea! (b) **sich** *dat* **etwas e.**, to presume to do sth., take the liberty of doing sth.; **ich kann mir kein Urteil e.**, I cannot presume to judge; **was e. Sie sich?** how dare you! **wir können uns kein neues Auto e.**, we cannot afford a new car. **E ~ nis**, *f* -/no *pl* permission.

er'läuter|n, *v.tr.* to explain, elucidate (a problem etc.); to illustrate (sth.) (**durch Beispiele**, by examples); **etwas näher e.**, to enlarge upon sth. **e ~ nd**, *adj.* explanatory, illustrative. **E ~ ung**, *f* -/-en explanation; **mit E ~ en**, with explanatory notes.

Erle ['ɛrlə], *f* -/-n *Bot:* alder.

er'leb|en, *v.tr.* (a) to experience (sth.); to have (an adventure, a surprise, disappointment etc.); (*durchmachen*) to know, see (good times, changes etc.); to undergo, go through (a change, crisis, hardship etc.); *F:* **hat man so etwas schon erlebt!** did you ever hear of such a thing! **gleich kannst du was e.!** you'll catch it in a minute! (b) to see, witness (sth.); to live to see (sth., a birthday, year etc.); **ich habe meine Mutter noch nie so erlebt**, I have never seen/ known my mother like that before. **E ~ nis**, *n* -ses/-se experience. **e ~ nisreich**, *adj.* eventful.

erledig|en [ɛr'leːdigən], *v.tr.* (a) to deal with (sth.); to get through (one's work, business etc.); to get (a job etc.) done; to settle (a matter, question, problem etc.); **ich habe noch eine Menge zu e.**, I've still got a lot to get through/ see to; **sich von selbst e.**, to take care of itself; **und damit ist die Sache erledigt/erledigt sich die Sache**, and that settles the matter; (b) *F:* (*vernichten*) to finish (s.o.) (off), do for (s.o.); (*finanziell usw.*) to ruin (s.o.); (*erschöpfen*) to wear (s.o.) out; (*töten*) to bump (s.o.) off, do (s.o.) in. **e ~ t**, *adj.* (a) (*Angelegenheit usw.*) settled; (*beendet*) finished; (*Arbeit usw.*) done; **das wäre e.**, that's settled then; (b) (*Pers.*) (*ruiniert*) finished, ruined; **er ist für mich e.**, I'm through with him; (c) *F:* (*Pers.*) worn out, exhausted; **ich bin total e.**, I'm completely worn out. **E ~ ung**, *f* -/-en dealing with (a job etc.); carrying out (of a task etc.); settlement (of a question etc.); **einige E ~ en machen**, to see to a few things.

erleichter|n [ɛr'laiçtərn], *v.* 1. *v.tr.* (a) to lighten (a burden etc.); (b) to relieve (s.o., pain etc.); to ease (s.o.'s conscience, pain, suffering); **die Nachricht erleichterte ihn sehr**, he was very relieved by the news; (c) to facilitate (a task), make (a task, life) easier; **j-m das Verständnis e.**, to make it easier for s.o. to understand. **e ~ t**, *adj.* relieved; **e. aufatmen**, to breathe a sigh of relief. **E ~ ung**, *f -/-en* relief; **j-m, E. schaffen/bringen**, to bring s.o. relief.

er'leiden, *v.tr.irr.59* to suffer (sth.).

er'lernen, *v.tr.* to learn (a trade, language etc.); to train for (a job).

er'lesen, *adj.* selected, choice (food, wine etc.); select (company etc.); discerning (taste).

er'leuchten, *v.tr.* to illuminate (a room etc.). **E ~ ung**, *f -/-en* (sudden) inspiration.

er'liegen, *v.i.irr.62 (sein)* + *dat* to succumb to (a temptation, an illness etc.); **einer Täuschung e.**, to be a victim of a deception; *(Verkehr)* **zum F. kommen**, to be brought to a standstill.

erlogen [ɛr'lo:gən], *adj.* false, trumped-up (story etc.); *F:* **das ist alles (erstunken und) e.**, it's all a pack of lies.

Erlös [ɛr'lø:s], *m -es/-e* proceeds **(der Tombola**, from the tombola; **der Bilder**, from selling the pictures).

er'löschen, *v.i.irr.22 (sein) (a) (Feuer, Licht usw.)* to go out; **erloschener Vulkan**, extinct volcano; *(b) Lit: (Liebe, Haß, j-s Stimme usw.)* to die, fade; *(c) (aussterben) (Familie usw.)* to die out; *(Vertrag usw.)* to expire, lapse.

er'lös|en, *v.tr. (a) Rel:* to redeem (man, the human soul etc.); *(b)* to release, free (s.o.) **(aus/ von** + *dat*, from); to rescue (s.o.) (from danger, *Hum:* from boredom etc.); **das erlösende Wort sprechen**, to say the magic word. **E ~ er**, *m -s/-* deliverer, rescuer; *Rel:* redeemer. **E ~ ung**, *f -/-en (a)* release, deliverance **(aus/von**, + *dat*, from); *(b) (Erleichterung)* relief, *(c) Rel:* redemption, salvation.

er'mächtig|en [ɛr'mɛçtigən], *v.tr.* **j-n zu etwas dat e.**, to authorize s.o. to do sth. **E ~ ung**, *f -/no pl* authorization.

er'mahn|en, *v.tr.* to admonish, exhort (s.o.) **(zur Vorsicht usw.**, to be careful etc.); to caution, *(rügen)* reprimand (s.o.). **E ~ ung**, *f -/-en* admonition; *(Rüge)* reprimand.

Er'mangelung, *f -/no pl* **in E. einer Sache** *gen*, for want/lack of sth.

er'mäßig|en, *v.tr.* to reduce, cut (prices etc.) **(auf** + *acc*, to); **zu stark ermäßigten Preisen**, at much reduced prices. **E ~ ung**, *f -/-en* reduction.

ermatten [ɛr'matən], *v.i. (sein)* to grow weary.

er'messen, I. *v.tr.irr.25* to assess, *(berechnen)* calculate (damage etc.); *(begreifen)* to realize, comprehend (sth.); *(voraussagen)* to tell, know (consequences etc.). II. **E.**, *m -s/no pl* discretion; judgement; **das steht/liegt ganz in Ihrem E.**, that's entirely up to you; **nach menschlichem E.**, as far as it is possible to tell.

ermitt|eln [ɛr'mitəln], *v.* 1. *v.tr.* to ascertain, establish (facts, the truth, details etc.); to determine *(Ch:* properties of sth. etc.); to discover (s.o.'s whereabouts etc.); **wir haben seinen Namen nicht e. können**, we have been unable to find out his name; **den Sieger/das Wahlergebnis e.**, to work out who has won/the election result. 2. *v.i. (haben)* to investigate, make inquiries. **E ~ lung**, *f -/-en* ascertaining; *(Entdeckung)* discovery; *Ch: etc:* determination; *pl* investigations. **E ~ lungsausschuß**, *m -sses/*

-sse fact-finding committee. **E ~ lungsverfahren**, *n -s/- Jur:* preliminary proceedings.

ermöglichen [ɛr'mø:kliçən], *v.tr.* to make (sth.) possible **(j-m**, for s.o.); **wenn es sich e. läßt**, if it can be managed; **sobald es meine Zeit ermöglicht**, as soon as my time allows.

er'mord|en, *v.tr.* to murder (s.o.), assassinate (a king, statesman). **E ~ ung**, *f -/-en* murder; assassination.

ermüd|en [ɛr'my:dən], *v.* 1. *v.tr.* to tire (s.o.). 2. *v.i. (sein)* to tire, get tired. **E ~ ung**, *f -/no pl* tiredness, *(also Metall:)* fatigue. **E ~ ungserscheinung**, *f -/-en* sign of fatigue.

er'munter|n [ɛr'muntərn], *v.tr. (a) (ermutigen)* to encourage (s.o.) **(zu etwas dat/etwas zu tun**, to do sth.); *(b) (aufmuntern)* to cheer (s.o.) up. **E ~ ung**, *f -/-en* encouragement.

er'mutig|en [ɛr'mu:tigən], *v.tr.* to encourage (s.o.) **(zu etwas dat/etwas zu tun**, to do sth.). **E ~ ung**, *f -/-en* encouragement.

er'nähr|en, *v.tr. (a)* to feed (s.o., sth.) **(mit etwas dat**, on sth.); *(gesund halten)* to nourish (s.o., sth.); **sich von etwas e.**, *(Pers.)* to live on sth.; *(Tier, Pflanze)* to feed on sth.; **schlecht ernährt**, underfed, undernourished; *(b) (unterhalten)* to keep, support (a family etc.); **er ernährt sich von den Einkünften seiner Frau**, he lives on his wife's earnings. **E ~ er**, *m -s/-* breadwinner. **E ~ ung**, *f -/no pl (a) (Ernähren)* feeding, nourishment (of s.o.); *esp Med: Physiol:* nutrition; *(b) (Kost)* food, diet; **pflanzliche E.**, vegetarian diet; *(c) (Unterhalt)* maintenance, support (of a family etc.). **E ~ ungs-**, *comb.fm.* nutritional (research, disease etc.); food (crisis, situation etc.). **E ~ ungsberater**, *m -s/-* dietician. **E~ungsweise**, *f -/-n* diet.

er'nenn|en, *v.tr.irr.51* to appoint, nominate (s.o.) **(zum Vorsitzenden usw.**, as chairman etc.). **E ~ ung**, *f -/-en* appointment, nomination **(zu** + *dat*, as).

erneuer|n [ɛr'nɔyərn], *v.tr. (a)* to restore, renovate (a building, furniture); *(b) (ersetzen)* to replace (a battery, part etc.); to change *(Med:* a dressing, *Aut:* the oil etc.); *Fig:* to revive, renew (a friendship, relationship etc.); *Com: Jur: Adm:* to renew (a contract, passport etc.); **sich e.**, to be renewed; **Körperzellen e. ständig**, body cells are constantly being renewed/replaced. **E ~ ung**, *f -/-en (a)* renovation, restoration; *(b)* renewal.

erncut [ɛr'nɔyt], *adj. (a)* renewed, new; **e~e Unruhen**, fresh/further disturbances; *(b) adv. (noch einmal)* again.

erniedrig|en [ɛr'ni:drigən], *v.* 1. *v.tr. (a) (herabsetzen)* to lower, reduce (prices, taxes, temperature etc.); *(b) (herabwürdigen)* to degrade, debase (s.o., oneself); *(demütigen)* to humiliate (s.o.); **wie kannst du dich so weit e.?** how can you stoop so low? *(c) Mus:* to flatten (a note). **e ~ end**, *adj.* degrading; humiliating. **E ~ ung**, *f -/-en* 1. reduction. 2. degradation, abasement; humiliation. **E ~ ungszeichen**, *n -s/- Mus:* flat.

ernst [ɛrnst]. I. *adj.* serious; *(a)* earnest (person, expression); solemn, grave (face, tone etc.); *(b) (aufrichtig)* **e~e Absichten**, serious/honourable intentions; *(c) (schlimm)* serious, grave (illness, condition etc.); *(d) adv.* seriously; *(mit* e~er *Miene*) earnestly; **meinst du das e.?** do you really mean that? **j-n, etwas e. nehmen,** to take s.o., sth. seriously. II. **E.,** *m* -es/*no pl* seriousness, gravity; **der E. des Lebens beginnt,** life begins in earnest; (*nach einem Urlaub usw.*) **jetzt fängt der E. des Lebens wieder an!** back to the grindstone! **es ist mir (völliger) E. damit/es ist mein (bitterer) E.,** I am (quite) serious about it; I (really) mean it; **das ist doch nicht dein E.!** you can't be serious! *F:* you must be joking! **allen E~es,** in all seriousness; **im E.?** really? honestly? '**E~fall,** *m* -(e)s/⁼e (case of) emergency; **für den/im E.,** for/in an emergency. '**e~gemeint,** *adj.* sincerely meant; genuine (offer, advice). '**e~haft,** *adj.* serious; serious(-minded), earnest (person); solemn (face, look etc.); **e~es Angebot,** genuine offer. '**E~haftigkeit,** *f* -/*no pl* (a) seriousness, earnestness; solemnity; (b) genuineness. '**e~lich,** *adj.* serious; grave (fault, warning, doubts etc.); **e~e Absicht,** genuine intention.

Ernte ['ɛrntə], *f* -/-n (*Ertrag*) crop, harvest (**an etwas** *dat,* of sth.). '**E~arbeiter(in),** *m* -s/- (*f* -/-nen) harvester. **E~dankfest,** *n* -(e)s/-e harvest festival. '**e~n,** *v.tr.* to harvest, gather (a crop, corn etc.); to pick (fruit); *Fig:* to reap (glory etc.), earn (applause, gratitude, praise).

er´nüchter|n, *v.tr.* to sober (s.o.) up; *Fig:* to bring (s.o.) down to earth, have a sobering effect on (s.o.); (*enttäuschen*) to disillusion (s.o.). **e~nd,** *adj.* sobering. **E~ung,** *f* -/-en (a) sobering up; (b) *Fig:* disillusionment.

Erober|er [ɛr'ˀoːbərər], *m* -s/- conqueror. **e~n,** *v.tr.* to conquer (a country, city, *Fig:* s.o.'s heart etc.); to capture (a fortress, city); *Hum:* to bag (a good seat etc.); *Com:* (**sich** *dat*) **neue Märkte e.,** to capture new markets; *Fig:* **eine Frau e.,** to make a conquest. **E~ung,** *f* -/-en *Mil: & Fig:* conquest; capture; **er/sie ist immer auf E~en aus,** he/she is always chasing women/men.

er´öffn|en, *v.tr.* (a) to open (an exhibition, shop, *Com:* an account, *Th:* the season etc.); (*beginnen*) to start, open (negotiations/*Mil:* hostilities etc.); *Jur:* to institute (proceedings); *Fin:* **den Konkurs e.,** to institute bankruptcy proceedings; *Mil:* **das Feuer e.,** to open fire; (b) to open up (new prospects, possibilities) (**j-m,** for s.o.); (*Aussicht, Chance usw.*) **sich j-m e.,** to open up/present itself to s.o.; (c) (*mitteilen*) **j-m etwas e.,** to disclose/reveal sth. to s.o. **E~ung,** *f* -/-en **1.** opening; (*feierlich*) inauguration; setting up (of a new business etc.); *Fin: Jur:* institution (of proceedings). **2.** disclosure, revelation; **E~ungs,** *comb.fm.* opening (ceremony, speech, session etc.); **E~ansprache** *f,* inaugural address.

erörter|n [ɛr'ˀœrtərn], *v.tr.* to discuss (a case, problem etc.). **E~ung,** *f* -/-en discussion.

Erosion [erozi´oːn], *f* -/-en *Geol: etc:* erosion.

Eroti|k [ɛ´roːtik], *f* -/*no pl* eroticism. **e~sch,** *adj.* erotic.

Erpel ['ɛrpəl], *m* -s/- *Orn:* drake.

erpicht [ɛr´piçt], *adj.* **auf etwas** *acc* **e. sein,** to be intent/set on (doing) sth.; **ich bin nicht sehr e. darauf,** I am not very keen on it.

er´press|en, *v.tr.* (a) to blackmail (s.o.); (b) to extort (money, a confession etc.) (**von j-m,** from s.o.). **E~er,** *m* -s/- blackmailer. **e~erisch,**

adj. (measure etc.) amounting to blackmail, involving blackmail; **e~e Absicht,** intention to commit blackmail. **E~ung,** *f* -/-en blackmail, extortion. **E~ungsversuch,** *m* -(e)s/-e attempted blackmail.

er´prob|en, *v.tr.* to test, try out (a new machine, remedy etc.); *Fig:* to put (s.o.'s loyalty, honesty etc.) to the test. **e~t,** *adj.* proven, well-tried (remedy, method); (*Pers.*) of proven ability. **E~ung,** *f* -/-en **1.** *no pl* testing. **2.** test, trial.

erquick|en [ɛr´kvikən], *v.tr. Lit:* to refresh, revive (s.o., oneself). **e~lich,** *adj. Lit:* heartwarming; *F:* **nicht gerade e.,** not exactly edifying. **E~ung,** *f* -/-en *Lit:* refreshment; **eine E. für das Auge,** a joy to behold.

er´raten, *v.tr.irr.13* to guess (sth.).

er´rech|nen, *v.tr.* to calculate, work out (sth.). **E~nung,** *f* -/-en calculation.

erreg|bar [ɛr´reːkbaːr], *adj.* excitable; (*reizbar*) irritable. **E~barkeit,** *f* -/*no pl* excitability; irritability. **e~en,** *v.tr.* to excite (s.o., s.o.'s senses); (*anregen*) to stimulate (the imagination, *Physiol:* an organ, a nerve etc.); to stir up (feelings, a crowd, etc.); to arouse (envy, suspicion, sympathy, sexual desire etc.); to cause (anxiety, displeasure, astonishment, offence, amusement etc.); **sich e.,** to get excited/ worked up (**über etwas** *acc,* about/over sth.). **e~end,** *adj.* exciting. **E~er,** *m* -s/- *Med:* cause (of a disease). **e~t,** *adj.* excited; (*unruhig*) agitated; (*zornig*) heated (argument, words etc.); emotional (voice); **freudig e.,** elated, exhilarated. **E~theit,** *f* -/*no pl* excitement; (*Unruhe*) agitation. **E~ung,** *f* -/*no pl* (a) (state of) excitement/(*Unruhe*) agitation; **ihre Stimme zitterte vor E.,** her voice shook with emotion; **freudige E.,** elation, exhilaration; (b) *Physiol:* stimulation; *El:* excitation, energizing.

erreich|bar [ɛr´raiçbaːr], *adj.* (a) within reach; accessible (**von** + *dat,* from); **zu Fuß (leicht) e.,** within (easy) walking distance; accessible on foot; (b) (*Ziel usw.*) attainable; (c) (*Pers.*) available; **ich bin jederzeit telefonisch e.,** you can always get in touch with me by phone. **e~en,** *v.tr.* to reach (s.o., sth., a speed, place etc.); (a) **sie erreichten München gegen 7,** they arrived in/got to Munich at about 7; **wir haben den Zug nicht erreicht,** we missed/didn't catch the train; **leicht zu e.,** within easy reach; **schwer zu e.,** difficult to get to; (b) to get hold of, contact (s.o.); **j-n (telefonisch) e.,** to get through to s.o. (on the telephone); **er war nicht zu e.,** he was not available; (c) to achieve (a purpose, aim); **sie erreichte ein hohes Alter,** she lived to a great age; **wir haben nichts erreicht,** we didn't achieve anything/get anywhere.

er´richt|en, *v.tr.* to erect (a building, barricade etc.), put up (scaffolding etc.). **E~ung,** *f* -/-en erection.

er´ringen, *v.tr.irr.19* to gain, win (sth.) (with a struggle).

erröten [ɛr´røːtən], *v.i.* (*sein*) to blush (**vor Scham usw.,** with shame etc.).

errungen [ɛr´ruŋən], *p.p. of* **erringen. E~schaft,** *f* -/-en achievement; *F:* (*Anschaffung*) acquisition; **die neuesten E~en der Technik,** the latest technical advances.

Er´satz. I. *m* **-es**/*no pl* (*a*) replacement (**für j-n,** **etwas** *acc,* for s.o., sth.); substitute (**für** **Lebensmittel usw.,** for foodstuffs etc.); (*Pers.*) stand-in; *Sp:* substitute; *Mil:* (*Reserve*) reserves; (*b*) (*Entschädigung*) compensation; **für einen Verlust E.** leisten, to make good a loss. **II. E~~,** *comb.fm.* replacement, substitute (driver, material etc.); spare (tyre, battery etc.); **E~kaffee** *m,* coffee substitute; *Ind: Aut: etc:* **E~teil** *n,* spare part; *Med:* **E~teilmedizin** *f,* spare-part surgery. **E~mann,** *m* **-(e)s/̈-er &** **-leute** replacement, stand-in; *Sp:* substitute.

er´saufen, *v.i.irr.75* (*sein*) *F:* (*a*) (*ertrinken*) to drown; (*b*) (*Motor*) to be flooded.

ersäufen [ɛr´zɔyfən], *v.tr. F:* to drown (a cat etc.); **seinen Kummer e.,** to drown one's sorrows.

er´schaffen, *v.tr.irr.77 Lit:* to create (sth.).

er´schallen, *v.i.irr.78* to ring out.

er´schein|en. I. *v.i.irr.79* (*sein*) to appear; (*Sterne usw.*) to come out; (*Buch, Zeitschrift*) to come out, be published; **j-m merkwürdig e.,** to appear/seem strange to s.o.; **das läßt die** **Sache in einem ganz anderen Licht e.,** that throws a completely different light on the matter; (*Buch*) **in Kürze e~d,** forthcoming. **II. E.,** *n* **-s**/*no pl* appearance; *Pub:* publication. **E~ung,** *f* **-/-en** (*a*) (*Aussehen*) appearance; **in E. treten,** to become evident, (*Wirkung*) make itself felt; (*b*) (*Sache, Vorgang*) phenomenon; (*Symptom*) symptom; (*Gespenst*) apparition, ghost; (*Pers.*) **eine elegante E.,** an elegant figure. **E~ungs-,** *comb.fm. Pub:* (date, place, year etc.) of publication.

er´schieß|en, *v.tr.irr.85* to shoot (s.o., oneself, an animal) (dead). **E~ung,** *f* **-/-en** shooting. **E~ungskommando,** *n* **-s/-s** firing squad.

er´schlaffen, *v.i.* (*sein*) (*Muskeln usw.*) to go limp, (*Haut*) become flabby; (*Pers., Arme usw.*) to become tired/weakened.

er´schlagen, *v.tr.irr.85* to kill (s.o.); *F:* **e. sein,** to be worn out.

er´schleichen, *v.tr.irr.86* **sich** *dat* **etwas e.,** to obtain sth. by dubious/underhand methods.

er´schließ|en, *v.tr.irr.31* to open up, develop (an area, country, *Econ:* market etc.); to tap (mineral resources etc.); to exploit (a mine etc.). **E~ung,** *f* **-/-en** opening up, development.

er´schöpf|en, *v.tr.* to exhaust (s.o., sth.), wear (s.o.) out; **seine Kräfte e.,** to use up all one's energy; **ein Thema e~d behandeln,** to treat a subject exhaustively. **e~t,** *adj.* exhausted; (*Vorräte*) finished; (*Geduld*) at an end. **E~ung,** *f* **-/**no *pl* exhaustion.

er´schrecken, *v.* **1.** *v.i.irr.* (*pres.* **erschrickt,** *p.* **erschrak,** *p.p.* **erschrocken**) (*sein*) (*Angst bekommen*) to be frightened, get a scare/shock; **ich erschrak bei dieser Nachricht/über seine** **Worte,** I was alarmed by this news/at his words. **2.** *v.tr.* to alarm (s.o.), give (s.o.) a fright/scare; (*plötzlich*) to startle (s.o.); **du hast mich erschreckt,** you made me jump; *F:* **sich e.,** to get a fright/shock.

erschrocken [ɛr´ʃrɔkən], *p.p.* as *adj.* startled, shocked; **zu Tode e.,** scared to death.

erschütter|n [ɛr´ʃytərn], *v.tr.* (*a*) to shake (a building, *Fig:* s.o.'s faith etc.); *Fig:* (*Nachricht usw.*) to shake/(*tief*) shatter (s.o.); (*tief be-*

wegen) to move, stir (s.o.); **ein e~des Erlebnis,** a deeply upsetting/traumatic experience; *F:* **ihn** **kann so leicht nichts e.,** he's generally unflappable; **das ist nicht gerade e~d,** it's nothing to write home about; (*b*) (*in Frage stellen*) to cast doubt on (evidence etc.)/a slur on (s.o.'s reputation). **E~ung,** *f* **-/-en 1.** *no pl* shaking; vibration. **2.** (*a*) shock; tremor (of an earthquake); (*b*) (*Ergriffenheit*) (state of) shock; **eine seelische E.,** an emotional upset. **e~ungsfest,** *adj.* shock-proof. **e~ungs-** **frei,** *adj.* free from vibration.

er´schwer|en, *v.tr.* to make (sth.) more difficult, complicate (a task etc.) (**j-m,** for s.o.); to hamper, impede (progress etc.); *Jur:* **e~de** **Umstände,** aggravating circumstances. **E ~ nis,** *f* **-/-se** (added) difficulty, complication. **E~ung,** *f* **-/-en** (*a*) *no pl* complicating; impeding; (*b*) complication, *Jur:* aggravation.

er´schwindeln, *v.tr.* to get (sth.) by trickery.

erschwinglich [ɛr´ʃvɪŋlɪç], *adj.* within one's means; **zu e~en Preisen,** at prices one can afford.

ersetz|bar [ɛr´zɛtsbaːr], *adj.* replaceable. **e ~ en,** *v.tr.* (*a*) to replace (s.o., sth.) (**durch j-n,** **etwas** *acc,* with s.o., sth.); **Talent durch Fleiß** **e.,** to make up for lack of talent by hard work; **sie ersetzt ihm die Mutter,** she takes the place of his mother; *Sp:* **einen Spieler e.,** to replace a player, (*während des Spiels*) make a substitution; (*b*) (*erstatten*) to make good (damage), reimburse (expenses); **j-m einen Verlust e.,** to compensate s.o. for a loss. **E~ung,** *f* **-/-en** replacement, substitution.

ersichtlich [ɛr´zɪçtlɪç], *adj.* obvious, clear; **klar** **e.,** quite obvious; **ohne e~en Grund,** for no obvious/apparent reason.

er´sinnen, *v.tr.irr.3* to think up (a story, excuse etc.), devise (a plan).

er´spähen, *v.tr.* to catch sight of, spot (s.o., sth.).

er´spar|en, *v.tr.* **j-m/sich** *dat* **Geld, Zeit, Mühe** **usw. e.,** to save s.o./oneself money, time, trouble etc.; **j-m etwas Unangenehmes e.,** to spare s.o. sth. unpleasant; *F:* **es bleibt uns nichts** **erspart!** *Iron:* we have all the luck! **E ~ nis,** *f* **-/-se** saving (**an/von etwas** *dat,* of sth.); *pl* **E~se,** savings; economies.

erst [eːrst]. **I.** *adv.* (*a*) (*zuerst*) first; (*b*) (*nicht eher* *als*) not . . . until; **er fährt e. morgen los,** he is not going until tomorrow; (*c*) (*nicht mehr als*) only; **er ist e. ein Jahr alt,** he is only a year old; **er ist eben e. angekommen,** he has only just come; (*d*) (*steigernd*) **wenn du e. einmal so alt** **bist wie ich,** just wait until you're as old as I am; **wären wir doch e. da!** if only we were there! **dann wird er e. recht böse sein,** then he really will be angry. **II.** *´E~,* *´e~~,* *comb.fm.* first (ascent, communion etc.); **E~auflage** *f,* first printing; **E~ausgabe** *f,* first edition; **e~gebo-** **ren,** first-born; **e~genannt,** first-mentioned; **e~-** **klassig/e~rangig,** first-class, first-rate. *´e ~ auf-* **führen,** *v.tr.sep.* (*only in infin. and p.p.*) to perform (a play etc.) for the first time (in a new production/in a particular place). *´E ~ auf-* **führung,** *f* **-/-en** *Th:* first performance; **deutsche E.,** German premiere. *´e ~ ´beste,* *adj.* **der/die/das e. =** **der/die/das e~e beste.** *´e~´ens,* *adv.* first(ly), in the first place.

'e ~ e(r, s), *num.adj.* first; (*a*) im e~n Stock, on the first/*N.Am:* second floor; e~r Klasse fahren, to travel first class; als e~s, first (of all), to begin with; er kam als e~r (ans Ziel), he came first (in the race); fürs e., for the time being; in e~r Linie, first and foremost; an e~r Stelle, in the first place; (*bei Versteigerungen*) zum e~n, zum zweiten, zum dritten! going, going, gone! *Med:* E. Hilfe, first aid; *Th:* e~r Rang, dress circle; (*b*) (*beste*) best; der/die E. der Klasse, the top boy/girl (in the class); *Com:* Waren e~r Wahl, top quality goods; (*c*) er nahm das e. beste, he took the first thing he could lay his hands on; bei der e~n besten Gelegenheit, at the first available opportunity. 'e ~ ere, *adj.* der/die/das e., the former. 'E ~ ling, *m* -s/-e (writer's, producer's etc.) first work/*F:* effort. 'E ~ lings-, *comb.fm.* first (novel, attempt etc.). 'e ~ malig, *adj.* first. 'e ~ mals, *adv.* for the first time.

er'starr|en, *v.i.* (*sein*) (*a*) (*Flüssigkeit*) to solidify; (*Gelee*) to set; (*Fett*) to congeal; (*Blut*) to coagulate; (*frieren*) to freeze; *Fig:* das Blut erstarrte ihm in den Adern, his blood ran cold; (*b*) (*Glieder usw.*) to stiffen, (*vor Kälte*) go numb; (*Pers.*) vor Schreck erstarrt, paralysed/petrified with fear; das Lächeln erstarrte auf ihren Lippen, the smile froze on her lips. E ~ ung, *f* -/no *pl* (*a*) (*Vorgang*) solidification, congealing, freezing; stiffening; (*b*) (*Zustand*) stiffness, rigidity, numbness.

er'statten [ɛr'ʃtatən], *v.tr.* (*a*) to refund, reimburse (expenses etc.); (*b*) Bericht e., to report.

er'staun|en. I. *v.tr.* to astonish, amaze (s.o.); das erstaunt mich nicht, it doesn't surprise me. II. E., *n* -s/no *pl* astonishment, amazement. e ~ lich, *adj.* astonishing, amazing; *adv.* e. schnell, extraordinarily/amazingly fast. e ~ -licherweise, *adv.* amazingly, astonishingly. e ~ t, *adj.* astonished, amazed.

er'stechen, *v.tr.irr.14* to stab (s.o.) to death.

er'stehen, *v.tr.irr.100* etwas billig e., to pick sth. up cheap.

er'steigern, *v.tr.* to buy (sth.) at an auction.

er'stick|en, *v.* 1. *v.tr.* to suffocate (s.o.); *Fig:* to stifle (a sound, laugh etc.); to put out, smother (flames); einen Aufstand (im Keim) e., to put down a rebellion. 2. *v.i.* (*sein*) to suffocate; to choke (an einem Bissen usw., on a bite etc.). zum E. heiß, stifling, stiflingly hot; *F:* ich ersticke in Arbeit, I'm up to my neck in work. E ~ ung, *f* -/no *pl* suffocation, choking.

er'streben, *v.tr.* *Lit:* to strive for (sth.). e ~ swert, *adj.* desirable; worthwhile (goal).

er'streck|en, *v.refl.* sich e., (*Gebiet*) to stretch (von X bis Y, from X to Y); sich über eine große Fläche/viele Jahre e., to cover a large area/last for many years; sich auf j-n, etwas *acc* e., to include, (*Gespräch usw.*) cover (s.o., sth.); (*Vorschrift*) to apply to s.o., sth.

erstunken [ɛr'ʃtuŋkən], *F:* das ist e. und erlogen, it's a pack of lies.

er'suchen. I. *v.tr.* j-n um etwas *acc* e., to request sth. from s.o. II. E., *n* -s/- (formal) request.

ertappen [ɛr'tapən], *v.tr.* to catch (s.o.) (bei etwas *dat*, in the act of doing sth.; dabei, at it).

er'teilen, *v.tr.* *Adm: etc:* to give, grant (permis-

sion etc.); *Com:* to place (an order) (j-m, with s.o.); j-m einen Rat usw. e., to give s.o. a piece of advice etc.

ertönen [ɛr'tø:nən], *v.i.* (*sein*) to be heard; (*Sirene usw.*) to sound, (*Schuß, Schrei*) ring out; *Lit:* von Musik e., to resound with music.

Ertrag [ɛr'traːk], *m* -(e)s/ꞏe (*a*) *Agr:* yield; *Min:* output; (*b*) (*Gewinn*) return(s), profit. E ~ s-, *comb.fm.* profit (situation, tax etc.).

er'tragen, *v.tr.irr.85* to stand (s.o., sth.), bear (pain, suffering etc.).

erträglich [ɛr'trɛːkliç], *adj.* (*a*) bearable, tolerable; (*b*) *F:* (*nicht schlecht*) tolerable, passable.

er'tränken, *v.tr.* to drown (an animal etc.); *Fig:* seine Sorgen in/im Alkohol e., to drown one's sorrows.

er'träumen, *v.tr.* sich *dat* etwas e., to dream of/imagine sth.; ein nie erträumtes Glück, undreamt of happiness.

er'trinken, *v.i.irr.96* (*sein*) to drown.

er'übrigen, *v.tr.* (*a*) to spare (money, time); (*b*) sich e., to be unnecessary/superfluous.

er'wachen. I. *v.i.* (*sein*) *Lit:* to awake (aus + *dat*, from), *Fig:* (*Gefühle usw.*) to be awakened/aroused. II. E., *n* -s/no *pl* awakening.

er'wachsen. I. *v.i.irr.107* (*sein*) to develop, arise (aus + *dat*, from); daraus kann uns nur Schaden/Nutzen e., it can only do us harm/good. II. *adj.* grown-up, adult (behaviour etc.). E ~ e(r), *m* & *f decl. as adj.* grown-up, adult.

erwäg|en [ɛr'vɛːgən], *v.tr.irr.* (*p.* erwog, *p.p.* erwogen) to consider (sth., whether . . .), think (sth.) over. E ~ ung, *f* -/-en consideration; etwas in E. ziehen, to take sth. into consideration.

erwähn|en [ɛr'vɛːnən], *v.tr.* to mention (s.o., sth.), refer to (s.o., sth.); er hat es mit keinem Wort erwähnt, he did not say a word about it. e ~ enswert, *adj.* worth mentioning; worthy of mention. E ~ ung, *f* -/-en mention(ing); E. finden, to be mentioned.

er'wärmen, *v.tr.* to warm (up) (a room, liquid etc.); *Fig:* sich für j-n, etwas *acc* e., to warm to s.o., sth.; ich kann mich dafür nicht e., I can't work up any enthusiasm about it.

er'wart|en, *v.tr.* (*a*) (*rechnen mit*) to expect (s.o., sth., a baby); ich erwarte von Ihnen, daß Sie uns helfen, I expect you to help us; wir e. Gäste zum Abendessen, we are having people to supper; wider E., contrary to expectation; (*b*) (*warten auf*) to wait for (s.o., sth.). E ~ ung, *f* -/-en expectation; *Com:* in E. Ihrer Antwort, in anticipation of/looking forward to your reply. e ~ ungsvoll, *adj.* expectant.

er'wecken, *v.tr.* *Lit:* to awaken, arouse (s.o., *Fig:* interest, emotions etc.).

er'weichen, *v.tr. & i.* (*sein*) to soften (wax, *Fig:* s.o.'s heart etc.); *Fig:* sich e. lassen, to relent.

er'weisen, *v.tr.irr.70* (*a*) to prove, establish (s.o.'s innocence etc.); sich als ein Irrtum usw. e., to prove/turn out to be a mistake etc.; (*b*) j-m einen Dienst, ein Gefallen usw. e., to do s.o. a service, favour etc.

er'weiter|n, *v.tr.* to widen (a gap etc.); (*vergrößern*) to extend (a building, collection, *Fig:* one's knowledge etc.), expand (a business etc.); *Anat:* to dilate (blood vessels, pupils); sich e., to widen/get wider; (*Gefäße, Pupillen*) to dilate; *Med:* (*Magen*) to distend, (*Herz*) become enlarged; *Fig:* **im erweiterten Sinn,** in an extended sense. **E ~ ung,** *f* -/-en widening, extension; expansion; *Anat:* dilation.

Erwerb [ɛr'vɛrp], *m* -s/*no pl* (a) (*Gewerbe*) living, livelihood; (b) (*Verdienst*) earnings, earned money; (c) (*Aneignung*) acquisition; (*Kauf*) purchase. **e ~ en** ['-bən], *v.tr.irr.101* to acquire, obtain (sth.), (*durch Kauf*) purchase (sth.); *Fig:* (*gewinnen*) to win (fame, respect etc.); **er erwarb sich ihr Vertrauen,** he gained their confidence. **e ~ sfähig,** *adj.* (*Pers.*) capable of gainful employment. **e ~ slos,** *adj.* unemployed. **e ~ stätig,** *adj.* (gainfully) employed. **E ~ ung,** *f* -/-en acquisition; purchase.

erwider|n [ɛr'viːdərn], *v.tr. & i.* (haben) (a) to answer; to reply (**daß ...,** that ...; **auf eine Frage,** to a question); (*scharf*) to retort; **er wußte nichts zu e.,** he had no answer; (b) to return (a greeting, feeling, visit, *Mil:* fire etc.). **E ~ ung,** *f* -/-en 1. answer, reply; (*scharf*) rejoinder, retort. 2. return (of a feeling etc.).

er'wischen, *v.tr. F:* to catch (s.o., a thief, a bus etc.); **j-n am Ärmel e.,** to catch/get hold of s.o. by the sleeve; **ihn hat die Grippe erwischt,** he's succumbed to the flu; **es hat sie erwischt,** (i) (*krank*) she's got it/the illness; (ii) (*tot*) she's died; (iii) (*verliebt*) she's got it bad.

erwünscht [ɛr'vynʃt], *adj.* desired (effect); **Deutschkenntnisse e.,** knowledge of German desirable.

er'würgen, *v.tr.* to strangle (s.o.).

Erz[1] [eːrts]. I. *n* -es/-e ore. II. **'E ~ -**[1], *comb.fm.* ore (mine, mining, production); (vein etc.) of ore; **E~vorkommen** *n,* ore/mineral deposit.

'Erz-, e ~ -[2], *comb.fm.* (a) (*Rang*) arch(diocese etc.); **E~bischof** *m,* archbishop; **E ~ bistum** *n,* archbishopric; **E~engel** *m,* archangel; **E~herzog** *m.* archduke; (b) (*steigernd*) arch-(conservative etc.); complete, utter (fool etc.); **E~feind** *m,* arch-enemy; **E~gauner** *m,* out-and-out/complete blackguard.

er'zähl|en, *v.* 1. *v.tr.* to tell (a story etc.), give an account of (an event); **sie hat (uns) nichts davon erzählt,** she said/told us nothing about it; **es wird von ihm/über ihn erzählt, daß ...,** it is said of him that ...; *F:* **dem werde ich was e.!** I'll give him a piece of my mind! 2. *v.i.* (haben) **er kann gut e.,** he is good at telling stories; **von etwas** *dat* **e.,** to talk about sth.; **erzähl mal (davon)!** tell me/us about it! **e ~ end,** *adj.* narrative (poem, style etc.). **E ~ er,** *m* -s/- (a) teller, narrator (of a story etc.); story-teller; (b) (*Schriftsteller*) narrative writer. **e ~ erisch,** *adj.* narrative (powers etc.). **E ~ ung,** *f* -/*no pl* art of story-telling. **E ~ ung,** *f* -/-en 1. (*Erzählen*) story-telling; narration; **in seiner E. fortfahren,** to continue with one's story. 2. (*Geschichte*) story, tale.

er'zeug|en, *v.tr.* to generate (warmth, electricity, *Fig:* ideas, feelings); to produce (goods, *Fig:* an effect etc.); *Aus:* to manufacture (goods); *Fig:* to give rise to, engender (interest, hatred etc.); to create (tension etc.). **E ~ er,** *m* -s/- 1. father; *Lit:* progenitor. 2. (*Hersteller*) producer. **E ~ nis,** *n* -ses/-se product. **E ~ ung,** *f* -/-en generation; *esp. Agr:* production; *Ind:* manufacture.

er'zieh|en, *v.tr.irr.113* (*in der Familie*) to bring up, *Sch:* educate (a child); **j-n zur Selbstständigkeit e.,** to bring s.o. up/train s.o. to be independent; **streng erzogen werden,** to have a strict upbringing; **gut/schlecht erzogen,** well/badly brought up, well/badly behaved. **E ~ er,** *m* -s/- educator; (*Hauslehrer*) tutor. **E ~ erin,** *f* -/-nen educator, (*Hauslehrerin*) governess. **e ~ erisch,** *adj.* educational. **E ~ ung,** *f* -/*no pl* upbringing; (*Bildung*) education; (*Schulung*) training (**zu etwas** *dat,* to be sth.). **E ~ ungs-,** *comb.fm.* educational (system, problem etc.); (method etc.) of upbringing. **E ~ ungsberechtigte(r),** *m & f decl. as adj. Jur:* parent or guardian.

er'zielen, *v.tr.* to achieve (success, unanimity, a result etc.); to produce (an effect etc.); to reach, arrive at (an agreement etc.); *Com:* to make, realize (a profit, price); (*Pers.*) to get, (*Sache*) fetch (a good price); *Sp:* to score (a goal).

er'zwingen, *v.tr.irr.19* **Geld/ein Versprechen von j-m e.,** to extort money/exact a promise from s.o. (by force); **sich** *dat* **Zutritt in ein Gebäude e.,** to force one's way into a building; **erzwungenes Geständnis,** forced confession.

es[1] [ɛs], *pron.* it. 1. *subject pron.* (a) (*Sache, Tier*) it; (*Kind, occ. Tier*) he, she; (*Mädchen*) she; **es sind die besten,** they are the best; (b) *impers.* **es regnet,** it's raining; **es friert mich,** I'm cold; **es gibt/ist noch eins übrig,** there is one more left; **es gibt/sind zwei davon,** there are two of them; **es klopft (jemand),** there's someone knocking; **es kam niemand,** nobody came; **es wurde gesungen und getanzt,** there was singing and dancing; **es darf nicht geraucht werden,** smoking is not permitted; **hier läßt es sich gut leben,** this is a good place to live; (c) *imp.* **es lebe die Königin!** long live the queen! 2. *object pron.* (a) it; (*Kind, occ. Tier*) him, her; **ich hoffe/glaube es,** I hope/think so; **ich weiß es,** I know; **kannst du das?** nein, **ich kann es nicht,** can you do that? no, I can't (do it); (b) (*nach sein*) **sie ist müde, aber ich bin es noch nicht,** she's tired, but I'm not yet; **sie sind/ich bin es,** it's them/me; **er war es, der ...,** it was he who ...; (c) **ich habe es satt,** I am tired of it; **er ist es gewohnt,** he is used to it; **sie hat es gut,** she's well off; **er hat es mit dem Magen (zu tun),** he has stomach trouble.

Es, es[2], *n* -/*no pl Mus:* E flat.

Esche ['ɛʃə], *f* -/-n *Bot:* ash (tree)

Esel ['eːzəl], *m* -s/- 1. donkey; *Z:* ass; *Fig:* **störrisch wie ein E.,** as stubborn as a mule. 2. *F:* fool, ass; **du alter E.!** you silly ass! **E ~ ei** [-'lai], *f* -/-en *F:* folly; stupid thing to do. **'E ~ in,** *f* -/-nen she-ass. **'e ~ haft,** *adj.* asinine. **'E ~ sbrücke,** *f* -/-n (*Gedächtnisstütze*) mnemonic; *Sch:* crib. **'E ~ sohr,** *n* -(e)s/-en 1. donkey's ear. 2. *Fig:* **Buch mit E~en,** dog-eared book. **'E ~ srückenbogen,** *m* -s/- *Arch:* ogee arch.

Eska|lation [ɛskalatsi'oːn], *f* -/-en *esp. Mil: Pol:* escalation. **e ~ 'lieren,** *v.tr.&i.* (haben) to escalate (a war etc.).

Eskapade [ɛska'paːdə], *f* -/-en escapade.

Eskimo ['ɛskimo], *m* -(s)/-(s) Eskimo. **'E ~ hund,** *m* -(e)s/-e husky.

Eskor|te [ɛs'kɔrtə], *f* -/-n *esp. Mil:* escort. **e ~ 'tieren,** *v.tr.* to escort (s.o., a ship etc.).

esoterisch [ezo'teːriʃ], *adj.* esoteric.

Espe [ˈɛspə], f -/-n Bot: aspen. ˈE ~ nlaub, n -(e)s/no pl aspen leaves; F: er zitterte wie E., he was shaking like a leaf.

Eß- [ˈɛs-], comb.fm. (a) eating (habits etc.); E ~ apfel m, eating apple; (b) dining (room etc.); E ~ ecke f, dining area (in a corner); E ~ tisch m, dining table. ˈeßbar, adj. edible; noch e., still fit to eat/eatable; etwas E ~ es, something to eat. ˈEßbesteck, n -(e)s/-e (set of) knife, fork and spoon; pl & coll. (also pl E ~ e) cutlery. ˈEßgeschirr, n -(e)s/no pl crockery. ˈEßkastanie, f -/-n sweet chestnut. ˈEßlöffel, m -s/- tablespoon. ˈEßwaren, pl foodstuffs.

Esse [ˈɛsə], f -/-n forge.

essen [ˈɛsən]. I. v.tr. & i.irr. (haben) (pres. ißt, pres.subj. esse, p. aß, p.subj. äße, p.p. gegessen) to eat (sth.); (a) er ißt gern Obst, he likes fruit; seinen Teller leer e., to empty one's plate; wir haben drei Tage an dem Puter gegessen, it took us three days to eat up the turkey; das läßt sich e., that goes down well; (b) zu Mittag/Abend e., to have lunch/supper; wollen wir e. gehen? shall we go out for a meal? II. E., n -s/- 1. no pl eating. 2. (Nahrung) food; wieviel gibst du fürs E. aus? how much do you spend on food? 3. (Mahlzeit) meal; (offizielles E.) dinner; j-n zum E. einladen, to invite s.o. for a meal/(abends) for dinner. ˈE ~ en(s)ausgabe, f -/-n 1. giving out of food. 2. food counter; (Durchreiche) hatch. ˈE ~ en(s)marke, f -/-n meal ticket/coupon. ˈE ~ enszeit, f -/-en mealtime; jetzt ist E., it's time for (i) lunch/(ii) (abends) supper/dinner. ˈE ~ er(in), m -s/- (f -/-nen) schlechter/starker E., poor/heavy eater. E ~ eˈrei, f -/no pl P: stuffing, guzzling; es ist eine ewige E., we do nothing but stuff ourselves.

Essenz [ɛˈsɛnts], f -/-en essence.

Essig [ˈɛsiç], m -s/-e vinegar; F: mit der Reise ist es E., you can forget about the trip. ˈE ~ gurke, f -/-n Cu: (pickled) gherkin. ˈe ~ sauer, adj. Ch: acetic, ... acetate; Pharm: essigsaure Tonerde, aluminium acetate. ˈE ~ säure, f -/no pl Ch: acetic acid.

Estle [ˈeːstə], m -n/-n Estonian. ˈE ~ land. ˈE ~ land -s. Estonia. ˈe ~ nisch, adj. Estonian.

Estragon [ˈɛstragon], m -s/no pl tarragon.

Estrich [ˈɛstriç], m -s/-e 1. (esp. cement) floor. 2. Swiss: loft, attic.

Eszett [ɛsˈtsɛt], n -/- (the German letter) ß.

etabllieren [etaˈbliːrən], v.tr. to establish, set up (a business etc.); sich e., (Pers.) to establish oneself, Com: set up in business; (Pers., Gewohnheit usw.) to become established. E ~ iert, adj. (well-)established (firm etc.). E ~ issement [etablis(ə)ˈmãː], n -s/-s (a) (business) establishment; (b) Pej: (Nachtlokal usw.) (esp. crummy) joint.

Etage [eˈtaːʒə], f -/-n 1. storey; floor; auf der dritten E., on the third/N.Am: fourth floor; auf der E. wohnen, to live in a(n upstairs) flat/N.Am: apartment. 2. (Stufe, Rang) tier. E ~ nbett, n -(e)s/-en bunk bed. E ~ nhaus, n -es/ⁿer block of flats; N.Am: apartment house. E ~ nwohnung, f -/-en (self-contained) flat/N.Am: apartment (in a block).

Etappe [eˈtapə], f -/-n stage (of a journey etc.);

Sp: stage, leg (of a race); Fig: wichtige E., milestone. e ~ nweise, adv. by stages.

Etat [eˈtaː], m -s/-s Fin: Parl: budget; nicht im E. vorgesehen, not budgeted for; Hum: das übersteigt meinen E., that's beyond my means. E ~ defizit, n -s/-e budgetary deficit. E ~ jahr, n -s/-e financial year.

etepetete [eːtəpeˈteːtə], adj. F: (penibel) pernickety; (geziert) ladida.

Ethlik [ˈeːtik], f -/-en Phil: (a) no pl ethics; (b) (Lehre) ethics. ˈe ~ isch, adj. ethical.

Etikett [etiˈkɛt], n -(e)s/-e & -s/Aus: E ~ e¹, f -/-n label; (Preisschild) price tag/ticket. E ~ e², f -/no pl etiquette. E ~ ieren [-ˈtiːrən], v.tr. to label (sth., Fig: s.o.).

etliche(r,s) [ˈɛtliçə(r,s)], indef.pron. some; pl several; e. Male, several/a number of times; e ~ s, a number of things; F: a thing or two; (Geld) quite a bit.

Etüde [eˈtyːdə], f -/-n Mus: study; (Übung) exercise.

Etui [ɛtˈviː], n -s/-s (spectacles/cigarette) case.

etwa [ˈɛtva], adv. 1. (ungefähr) approximately; in e. drei Tagen, in about/approximately three days. 2. (a) (zum Beispiel) eine andere Farbe—blau e./e. blau, another colour—blue, say/blue, for example; Länder wie e. Indien und China, countries such as India and China (for example); (b) (verstärkend) will er e. ein rotes? perhaps he wants a red one? (erstaunt) don't say he wants a red one? er ist doch nicht e. krank? he isn't ill by any chance? nicht e., daß ich Angst hätte, not that I was afraid; glaube nicht e./e. nicht, daß ..., don't think for a moment that .... e ~ ig [ˈɛtva(:)iç], adj. possible; e ~ e Schwierigkeiten, Probleme usw., any difficulties, problems etc. that might arise.

etwas [ˈɛtvas]. I. indef.pron. (a) something; (in Fragen und Verneinungen) anything; ohne e. zu sagen, without saying anything; e., was ..., something that ...; e. Schönes/Neues, something lovely/new; e. anderes, something different; another/a different matter; die Idee hat e. für sich, there is something to be said for the idea; F: die beiden haben e. miteinander, there is something (going on) between the two of them; das wäre e. für dich, you would like that; (b) some; nimm dir e. davon, have some (of it). II. indef.adj. (a) some; sie kann e. Englisch, she knows some/a little English; möchten Sie noch e. Kaffee? would you like some more coffee? (b) adv. a little; ihm geht es e. besser, he is a little better; e. schwierig, rather difficult; F: ich will noch e. arbeiten, I want to do a bit more work. III. E., n -/no pl das gewisse E., that certain something.

Etymologie [etymoloˈgiː], f -/-n etymology.

euch [ɔyç]. 1. pers.pron. (acc & dat of ihr q.v.) you; wie geht es e./(in letter) E.? how are you? 2. refl.pron. wascht e., wash yourselves.

euer [ˈɔyər], poss.adj. your; eu(e)re Wohnung, your flat; E. Gnaden, your grace. eu(e)re(r,s) [ˈɔyrə(r,s)], poss.pron. yours; ist das eu(e)res? is that yours/your one?

Eukalyptus [ɔykaˈlyptus], m -/- & -ten Bot: & Pharm: eucalyptus.

Eule [ˈɔylə], f -/-n Orn: owl; Prov: E ~ n nach Athen tragen, to carry coals to Newcastle.

Euphem|ismus [ɔyfe'mismʊs], *m* -/-men euphemism. **e ~ istisch**, *adj.* euphemistic.

eur|e(r,s) ['ɔyrə(r,s)], *see* **euer, euere(r,s)**. **'e ~ erseits**, *adv.* on your part. **'e ~ esgleichen**, *pron.* (people of) your kind. **'e ~ etwegen/um 'e ~ etwillen**, *adv.* for your sake; because of you. **'e ~ ige**, *poss.pron. decl. as adj. Lit:* **der/die/das e.**, yours.

Europ|a [ɔy'ro:pa]. **I.** *n* -s/*no pl Geog:* Europe. **II. E ~ -**, *comb.fm.* European (*Pol:* Parliament, *Sp:* champion etc.); **der E ~ rat**, the Council of Europe. **E ~ äer** [-ro'pɛːər], *m* -s/- European. **e ~ äisch**, *adj.* European; **die E ~ e Gemeinschaft**, the European Community.

Euter ['ɔytər], *n* -s/- udder.

Eva ['e:fa]. *Pr.n f* -s. *B:* Eve. **'E ~ skostüm**, *n* -s/*no pl Hum:* **im E.**, in her birthday suit.

evakuier|en [evaku'i:rən], *v.tr.* to evacuate (s.o., an area etc.); **Evakuierte(r)**, an evacuee. **E ~ ung**, *f* -/-en evacuation.

evangel|isch [evaŋ'ge:liʃ], *adj.* **1.** *B:* evangelic, gospel (message etc.). **2.** *Ecc:* Protestant (church etc.). **E ~ ist** [-ge'list], *m* -en/-en evangelist. **E ~ ium** [-'ge:lium], *n* -s/-ien *B: & Fig:* gospel; **das E. des Matthäus**, the Gospel according to St. Matthew.

eventuell [eventu'ɛl], *adj.* (*a*) possible; **e ~ e Interessenten**, prospective purchasers; (*b*) *adv.* (*vielleicht*) perhaps; (*notfalls*) if necessary.

Evolution [evolutsi'o:n], *f* -/-en evolution.

ewig ['e:viç], *adj.* **1.** (*a*) eternal (life, truth, love etc.); everlasting (peace, joy etc.); *F:* **ein e ~ er Student**, a perpetual student; (*b*) *adv.* for ever and ever. **2.** *F:* (*ständig*) (*a*) continual; (*endlos*) endless; **ihr e ~ es Jammern**, her continual/constant moaning; (*b*) *adv.* **das dauert ja e. (lange)!** this is taking ages! **ich habe sie e. nicht gesehen**, I haven't seen her for ages. **'E ~ keit**, *f* -/-en eternity; **in alle E.**, for ever and ever; *esp. Jur:* in perpetuity; *F:* **eine E. warten**, to wait an eternity/for ages.

Ex-, *prefix.* ex-(wife, husband etc.).

exakt [ɛ'ksakt], *adj.* exact, accurate (calculation, result etc.); precise (description etc.). **E ~ heit**, *f* -/*no pl* exactness; precision, accuracy.

exaltiert [ɛksal'ti:rt], *adj.* hysterical; (*überschwenglich*) effusive, gushing; (*überspannt*) eccentric.

Exam|en [ɛ'ksɑ:mən], *n* -s/- & -mina examination; *F:* exam; **er ist/steht im E.**, he's taking his exams; *Univ:* (**seine**) **E. machen**, to take one's finals. **E ~ ensangst**, *f* -/*no pl* exam nerves. **E ~ ensarbeit**, *f* -/-en written paper. **e ~ inieren** [-ami'ni:rən], *v.tr. Sch: Univ:* to examine (a candidate).

Exekution [ɛksekutsi'o:n], *f* -/-en execution. **E ~ skommando**, *n* -s/-s firing squad.

Exekutiv- [ɛkseku'ti:f-], *comb.fm.* executive (committee etc.); **E ~ organ** *n*, executive body. **E ~ e** [-'ti:və], *f* -/*no pl Pol:* executive (power).

Exempel [ɛ'ksɛmpəl], *n* -s/- example; **ein E. (an j-m) statuieren**, to make an example (of s.o.); **die Probe aufs E. machen**, to put sth. to the test.

Exemplar [ɛksɛm'plɑ:r], *n* -s/-e (*a*) *Bot: Z: etc:* specimen, example; (*b*) copy (of a paper, book etc.). **e ~ isch**, *adj.* (*beispielhaft*) exemplary; typical, representative (**für** + *acc*, of); *adv.* **j-n e. bestrafen**, to punish s.o. as an example.

exerzier|en [ɛkser'tsi:rən], *v.tr.&i.* (*haben*) to drill (soldiers etc.). **E ~ platz**, *m* -es/-̈e *Mil:* parade ground.

Exhibitionismus [ɛkshibitio'nismʊs], *m* -/*no pl Psy:* exhibitionism; *Jur:* indecent exposure.

exhumieren [ɛkshu'mi:rən], *v.tr.* to exhume (a body).

Exil [ɛ'ksi:l], *n* -s/-e exile; **im E.**, in exile.

Existenz [ɛksis'tɛnts], *f* -/-en **1.** (*Leben, Dasein usw.*) existence; **es geht um die nackte E.**, it's a matter of life and death. **2.** (*Lebensgrundlage*) livelihood; **eine kümmerliche E. fristen**, to eke out a miserable existence. **3.** *Pej:* **dunkle E ~ en**, shady characters; **verkrachte/gescheiterte E.**, failure. **E ~ berechtigung**, *f* -/*no pl* (*Pers.*) right to exist; (*Sache*) justification, raison d'être. **e ~ fähig**, *adj.* able to exist; viable (organism, organization etc.). **E ~ frage**, *f* -/-n matter of life and death. **E ~ grundlage**, *f* -/-n means of subsistence. **E ~ kampf**, *m* -(e)s/*no pl* fight for survival. **E ~ minimum**, *n* -s/*no pl* subsistence level; (*Gehalt*) living wage.

existieren [ɛksis'ti:rən], *v.i.* (*haben*) to exist; (*leben*) to live, subsist (**von** + *dat*, on).

exklusiv [ɛksklu'zi:f], *adj./E ~ -**, *comb.fm.* (*a*) exclusive, sole (rights etc.); *Journ:* **E ~ meldung** *f*, (exclusive) scoop; (*b*) (*vornehm*) exclusive, select (hotel, party etc.). **e ~ e** [-'zi:və], *prep.* + *gen esp. Com:* exclusive (of), excluding.

Exkommuni|kation [ɛkskomunikatsi'o:n], *f* -/-en *R.C.Ch:* excommunication. **e ~ zieren** [-'tsi:rən], *v.tr.* to excommunicate (s.o.).

Exkremente [ɛkskre'mɛntə], *npl Physiol:* excrement.

Exkursion [ɛkskurzi'o:n], *f* -/-en field trip; study trip.

Exmatrikul|ation [ɛksmatrikulatsi'o:n], *f* -/-en *Univ:* removal of one's/s.o.'s name from the (students') register. **e ~ ieren** [-'li:rən], *v.tr. Univ:* **j-n/sich e.**, to remove s.o.'s/one's name from the (students') register.

Exot|(e) [ɛ'kso:t(ə)], *m* -(e)n/-(e)n exotic person/plant/animal. **e ~ isch**, *adj.* exotic.

Expansion [ɛkspanzi'o:n], *f* -/-en *Ph: Pol: Econ: etc:* expansion. **E ~ sbestrebungen**, *fpl Pol: Econ:* efforts to expand. **E ~ spolitik**, *f* -/*no pl* expansionist policy.

Expedition [ɛkspeditsi'o:n], *f* -/-en expedition.

Experiment [ɛksperi'mɛnt], *n* -(e)s/-e experiment·(**an** + *dat*, on). **e ~ ell** [-'tɛl], *adj.* experimental, **E ~ ier-** [-'ti:r-], *comb.fm.* experimental (theatre etc.). **e ~ ieren** [-'ti:rən], *v.i.* (*haben*) to experiment (**mit etwas** *dat*, with sth.; **an Tieren**, on animals).

Experte [ɛks'pɛrtə], *n* -n/-n expert; **ein E. auf diesem Gebiet**, an authority on this subject.

explo|dieren [ɛksplo'di:rən], *v.i.* (*sein*) to explode; (*Kessel usw.*) to burst; *Fig:* **vor Wut e.**, to explode, blow up (with rage). **E ~ sion** [-zi'o:n], *f* -/-en explosion; **zur E. bringen**, to detonate (a bomb etc.). **E ~ si'onsdruck**, *m* -(e)s/*no pl* blast. **e ~ siv** [-'zi:f], *adj.* (*also Fig:*) explosive.

Exponent [ɛkspo'nɛnt], *m* -en/-en **1.** (*Vertreter*) exponent; representative (of a party etc.). **2.** *Mth:* exponent, index.

Export [ɛks'pɔrt]. **I.** *m* -(e)s/-e **1.** *no pl* export-(ing). **2.** exports (**an** + *dat*, of). **II. E ~ -**, *comb.fm.* export (article, licence etc.); E~**ausführung** *f,* export model; E~**kaufmann** *m,* export salesman; E~**leiter** *m,* export manager. E~**eur** [-'tø:r], *m* -s/-e exporter. e~**ieren** [-'ti:rən], *v.tr.* to export (goods etc.). E ~ **land,** *n* -(e)s/-er exporting country.

Expreßgut [ɛks'prɛsguːt], *n* -(e)s/-er *Rail:* express parcel(s); *N.Am:* fast freight.

Expression|ismus [ɛksprɛsio'nismus], *m* -/no *pl Art: Lit:* expressionism. E ~ **ist,** *m* -en/-en expressionist. e ~ **istisch,** *adj.* expressionist.

exquisit [ɛkskvi'zi:t], *adj.* exquisite; *(erlesen)* choice, select.

extern [ɛks'tɛrn], *adj.* external; e~e Schüler/ E~e, day-pupils.

extra ['ɛkstra]. **I.** *adv.* **1.** *(a) (gesondert)* separately; *F:* **etwas e. verdienen,** to earn sth. on the side; *(b) (eigens)* (e)specially; *F:* **das ist e. für dich,** that's (e)specially for you; *(absichtlich)* **das hast du e. gemacht,** you did that on purpose. **2.** *(zusätzlich)* extra; **e. stark,** extra strong. **II.** *inv.adj.* additional; extra. 'E ~ **ausgabe,** *f* -/-n **1.** extra expense. **2.** extra/special number (of a magazine etc.); special edition (of a book). 'E ~ **blatt,** *n* -(e)s/-er *Journ:* extra (edition). 'e ~ **fein,** *adj. (a)* extra fine (mesh etc.); *Cl:* sheer (stockings); *(b) Com:* superfine (quality etc.). 'E ~ **tour,** *f* -/-en *F:* **er leistet sich dauernd E~en,** he always has to be different. 'E ~ **wurst,** *f* 1. -/-e *Aus:* fine veal sausage. **2.** *F:* **er will immer eine E. haben,** he always wants special treatment.

Extrakt [ɛks'trakt], *m* -(e)s/-e extract. E ~ **ion** [-tsi'o:n], *f* -/-en *Dent:* extraction.

extravagan|t [ɛkstrava'gant], *adj.* flamboyant; *(ausgefallen)* outlandish (person, clothes, taste etc.); far-fetched (idea). E ~ **z,** *f* -/-en flamboyance; extravagance.

extrem [ɛks'trɛ:m]. **I.** *adj.* extreme. **II.** E ~, *n* -(e)s/-e extreme; **von einem E. ins andere fallen,** to go from one extreme to the other. E ~ **itäten** [ɛkstremi'tɛ:tən], *fpl Anat:* extremities.

extrovertiert [ɛkstrovɛr'ti:rt], *adj.* extrovert.

Exzellenz [ɛkstsɛ'lɛnts], *f* -/-en Seine/Eure E., His/Your Excellency.

Exzent|er [ɛks'tsɛntər], *m* -s/- *Mec.E:* eccentric. E ~ **riker,** *m* -s/- eccentric (person). e ~ **risch,** *adj.* eccentric. E ~ **rizität** [-tsi'tɛ:t], *f* -/-en eccentricity.

Exzeß [ɛks'tsɛs], *m* -zesses/-zesse excess; **bis zum E.,** to excess, excessively.

F

F, f [ɛf], *n* -/- **1.** (the letter) F, f. **2.** *Mus:* F(-dur), F(major); **f(-moll),** F minor.

Fabel ['fɑ:bəl]. **I.** *f* -/-en fable; *(unglaubliche Geschichte)* yarn, tall story. **II.** 'F ~ -, *comb.fm.* legendary (creature etc.); (world, land) of fable; F ~ **tier** *n,* fabulous/mythical beast. 'f ~ **haft,** *adj. F:* fabulous, fantastic (wealth etc.); *adv.* *(Sache)* **f. funktionieren,** to work splendidly.

Fabrik [fa'bri:k]. **I.** *f* -/-en factory; **chemische F.,** chemical works; **ab F.,** ex works. **II.** F~-, *comb.fm. (a)* factory (worker, owner, *Fish:* ship etc.); F ~ **anlage** *f,* works/factory complex; F ~ **gelände** *n,* factory site; F ~ **halle** *f,* (main) factory building; *(b) (f~eigen)* works (vehicle etc.); *Motor Rac:* F ~ **fahrer** *m,* works driver. F ~ **ant** [fabri'kant], *m* -en/-en *(a)* factory owner; *(b) (Hersteller)* manufacturer. F ~ **at** [-i'kɑ:t], *n* -(e)s/-e make; *(auf dem Etikett)* 'französisches F.', 'made in France'; *F:* **das ist eigenes F.,** I made it myself; it's all my own work. F ~ **ation** [-ikatsi'o:n], *f* -/no *pl* manufacture. F ~ **ati'ons-,** *comb.fm.* production (fault, method, programme etc.). F ~ **ati'onsnummer,** *f* -/-n serial number. f ~ **eigen,** *adj.* works (facilities, vehicles etc.). f ~ **mäßig,** *adj.* factory (production etc.); *adv.* **f. hergestellt,** factory-made, mass-produced. f ~ **neu,** *adj.* brand new. F ~ **preis,** *m* -es/-e price ex works, *N.Am:* factory price.

fabrizieren [fabri'tsi:rən], *v.tr. F:* to concoct (a dish, story etc.).

fabulieren [fabu'li:rən], *v.i. (haben)* to invent/ *(erzählen)* tell stories.

Facette [fa'sɛtə], *f* -/-n *Jewel: etc:* facet.

Fach [fax]. **I.** *n* -(e)s/-er **1.** compartment (of a drawer etc.); pigeonhole (in a desk etc.); *(Regal)* shelf. **2.** *(a) Sch: Univ:* subject; **er hat Deutsch als F.,** his (special) subject is German; *(b) Com: Adm:* field; line (of business etc.); **das gehört nicht in mein F.,** that's not my department/province; **ein Meister seines F~es,** a master of his trade; **ein Mann vom F.,** an expert (on the subject). **II.** 'F ~ -, *comb.fm.* specialist (bookshop, engineer, literature etc.); *(beruflich)* professional (training, colleague etc.); *(technisch)* technical (jargon, vocabulary etc.); F ~ **arzt** *m/F ~ ärztin** *f,* specialist (doctor), consultant; F ~ **geschäft** *n,* specialist shop/ *N.Am:* store; F ~ **handel** *m,* specialist shops/ stores; F ~ **kenntnisse** *fpl,* specialist/specialized knowledge; F ~ **lehrer(in)** *m(f),* specialist (teacher); F ~ **kreise** *mpl,* professional circles; experts; F ~ **verband** *m,* professional/*Com:* trade association; F ~ **zeitschrift** *f,* professional/ *Com:* trade journal; F ~ **ausdruck** *m/F ~ terminus** *m/F ~ wort** *n,* technical term; F ~ **hochschule** *f,* technical/training college; F ~ **sprache** *f,* technical terminology; language of the subject; F~wörterbuch *n,* technical dictionary. 'F~arbeiter, *m* -s/- skilled worker. 'F~bereich, *m* -(e)s/-e subject area. 'F~gebiet, *n* -(e)s/-e (special) field/*Sch:* subject, *N.Am:* specialty. 'f~gemäß, *adj.* professional, expert; f~e Ausführung, professional/workmanlike job. 'f~kundig, *adj.* expert, with expert knowledge. 'f~lich, *adj.* technical; (*beruflich*) professional; *adv.* f. qualifiziert, qualified in one's subject. 'f~mann, *m* -(e)s/¨er & -leute expert (für + *acc,* on; auf diesem Gebiet, in this field). 'f~männisch, *adj.* expert (advice etc.); *adv.* etwas f. ausführen, to make a professional job of sth. 'F~schule, *f* -/-n vocational school. 'f~simpeln, *v.i.* (*haben*) *F:* to talk shop. 'F~welt, *f* -/*no pl* die F., the profession; *Com:* the trade. 'F~werk, *n* -(e)s/-e 1. *no pl Constr:* half-timbering. 2. (*Buch*) specialist work. 'F~werkhaus, *n* -es/¨er half-timbered house.

fäch|eln ['feçəln], *v.tr.* to fan (s.o., sth.). 'F~er, *m* -s/- fan. 'f~erförmig, *adj.* fan-shaped. 'F~ergewölbe, *n* -s/- *Arch:* fan vaulting.

Fackel ['fakəl], *f* -/-n (lighted) torch. 'f~n, *v.i.* (*haben*) *F:* to dither; er hat nicht lange gefackelt, he didn't think twice about it. 'F~träger, *m* -s/- torch bearer. 'F~zug, *m* -(e)s/¨e torchlight procession.

fad(e) [fa:t ('fa:də), *adj.* (*a*) tasteless, insipid (food, drink); einen f~en Geschmack im Mund haben, to have a stale taste in one's mouth; (*b*) *esp. South G:* F: boring; dull. 'F~heit, *f* -/*no pl* (*a*) tastelessness; (*b*) *F:* dullness.

fädeln ['fε:dəln], *v.tr.* to thread (a needle, pearls).

Faden ['fa:dən], *m* -s/¨ thread; string (of beans etc.); *Surg:* suture; *El:* filament (of a bulb); *F:* er hatte keinen trocknen F, mehr am Leibe, he was soaked to the skin; *Surg:* die Fäden ziehen, to take out the stitches; *Fig:* den F. verlieren, to lose the thread (of a conversation etc.); sein Leben hing an einem F., his life hung by a thread; sie ließ keinen guten F. an ihm, she did not have a single good word to say about him. 'F~lauf, *m* -(e)s/*no pl Dressm:* nach dem F. schneiden, to cut on the straight. 'F~nudeln, *fpl Cu:* vermicelli. 'f~scheinig, *adj.* threadbare (garment); *Fig:* flimsy, paltry (excuse). 'F~spiel, *n* -(e)s/*no pl Games:* cat's cradle.

Fagott [fa'gɔt], *n* -(e)s/-e *Mus:* bassoon. F~ist [fagɔ'tist], *m* -en/-en bassoonist.

fähig ['fε:iç], *adj.* (*a*) capable (zu etwas *dat,* of sth.); er ist zu allem f., he could do anything; einer Tat/eines Verbrechens f., capable of a deed/a crime; (*b*) *usu. attrib.* able, competent (teacher etc.); ein f~er Kopf, an able mind. 'F~keit, *f* -/-en ability; geistige F~en, intellectual capacity/powers.

fahl [fa:l], *adj.* pale (light etc.); pallid (complexion etc.); wan (face, smile). 'F~heit, *f* -/*no pl* paleness, pallor.

Fähnchen ['fε:nçən], *n* -s/- (*dim. of* Fahne) 1. (small) flag; *esp. Navy:* pennant. 2. *F:* cheap/ skimpy dress, rag.

fahnd|en ['fa:ndən], *v.i.* (*haben*) (*Polizei usw.*) nach j-m, etwas *dat* f., to search/hunt for s.o., sth. 'F~ung, *f* -/-en search, hunt (nach + *dat,* for). 'F~ungsaktion, *f* -/-en (large-scale)

manhunt. 'F~ungsliste, *f* -/-n *Adm:* wanted persons' file.

Fahne ['fa:nə], *f* -/-n 1. (*a*) flag; *Ecc: Mil: Pol:* (*oft mit Aufschrift*) banner; (*Regimentsf.*) colours; *Fig:* die F. hochhalten, to keep the flag flying; seine F. nach dem Wind hängen, to follow the fashion, *F:* jump on the bandwagon; mit fliegenden F~n zu j-m übergehen, to go over to s.o. in a blaze of publicity; (*b*) (*Rauchf.*) trail (of smoke); *F:* er hat eine F., his breath reeks of drink; (*c*) (*Schwanz*) bushy tail (of a squirrel/dog). 2. *Print:* (*also* F~nabzug *m*) galley proof. 'F~nflucht, *f* -/*no pl Mil:* desertion; F. begehen, to desert. 'f~nflüchtig, *adj. Mil:* f. werden, to desert; ein F~er, a deserter. 'F~nmast, *m* -(e)s/¨e/'F~nstange, *f* -/-n flagpole. 'F~nträger, *m* -s/- *Mil:* standard-bearer.

Fähnrich ['fε:nriç], *m* -s/-e (*a*) *Mil: A:* ensign; (*b*) *Navy:* F. zur See, midshipman.

Fahr|ausweis ['fa:rausvais], *m* -es/-e ticket. 'F~bahn, *f* -/-en carriageway; (*Straße*) roadway; auf der F. liegend, lying in the road; wellige F., bumpy surface. 'f~bar, *adj.* movable, mobile; *F: Hum:* f~er Untersatz, means of transport. 'f~bereit, *adj. Aut:* f./in f~em Zustand, in running order. 'F~bücherei, *f* -/-en mobile library. 'F~dienstleiter, *m* -s/- *Rail: etc:* traffic controller. 'F~eigenschaften, *fpl Aut:* road manners; handling. 'f~en, *v.irr.* (*pres.* fährt, *p.* fuhr, *p.p.* gefahren) 1. *v.i.* (*sein*) (*a*) (*Person, Fahrzeug*) to travel, go; *Aut:* to drive; rechts f., to drive on the right; rückwärts f., to reverse; mit der Bahn/ dem Auto f., to go by train/car; er fährt mit meinem Rad, he's riding my bicycle; er ist mit 100 (Stundenkilometern) gefahren, he was going/driving at 100 kilometres per hour; das Auto fährt gut/schlecht, the car is running well/ badly; *Nau:* zur See f., to go to sea; (*b*) (*abfahren*) wir f. morgen, we're going/leaving tomorrow; wann fährt das Schiff? when does the ship sail? (*c*) in die Kleider f., to slip on one's clothes; in die Höhe f., to jump up, start; ein Gedanke fuhr ihm durch den Kopf, a thought flashed through his mind; der Schrei fuhr mir durch Mark und Bein, the scream went right through me; sich *dat* mit der Hand durch das Haar f., to pass one's fingers through one's hair; *F:* was ist denn in dich gefahren? what's got/*N.Am:* gotten into you? *P:* einen f. lassen, to fart 2. *v.tr.* (*a*) to drive (s.o., a car, luggage etc.); (*liefern*) ich fahre es zu Ihnen, I'll bring it over (to your house); (*b*) to drive (a vehicle); to ride (a bicycle etc.); das Auto fährt sich gut, this car is a pleasure to drive; (*c*) *Aut:* ich fahre diese Strecke jeden Tag, I drive this way every day; eine Kurve f., to take a corner. 'f~end, *adj.* moving (train etc.); mobile (post office etc.); *Hist:* f~er Ritter, knight errant. 'f~lassen, *v.tr. sep.irr.26* to let go of (sth.). 'F~er(in), *m* -s/- (*f* -/-nen) driver, *Motor Cy:* rider. 'F~e'rei, *f* -/-en (tedious) journey. 'F~erflucht, *f* -/*no pl Aut:* (driver's) failure to stop (after an accident); ein Fall von F., a case of hit-and-run driving. 'F~erlaubnis, *f* -/*no pl Aut:* driving licence. 'F~ersitz, *m* -es/-e *Aut: etc:* driver's seat; *Motor Cy:* saddle.

′F ~ **gast,** *m* -es/⁼e passenger. ′F ~ **geld,** *n* -(e)s/*no pl* (money for a) fare. ′F ~ **gelegenheit,** *f* -/-en means of transport. ′F ~ **geschwindigkeit,** *f* -/*no pl* speed (of travel). ′F ~ **gestell,** *n* -(e)s/-e 1. *Aut:* chassis. 2. *Av:* undercarriage. ′f ~ **ig,** *adj.* (*geistig*) dithering; (*physisch*) fidgety. ′F ~ **karte,** *f* -/-n (bus, train etc.) ticket. ′F ~ **karten-,** *comb.fm.* ticket (machine etc.); *Rail:* F ~ **ausgabe** *f*/ F ~ **schalter** *m,* ticket/*Brit:* booking office; F ~ **kontrolleur** *m,* ticket collector/(*im Zug*) inspector. ′F ~ **komfort,** *m* -s/*no pl Aut:* riding comfort. ′f ~ **lässig,** *adj.* careless; *Jur:* negligent; f ~ e **Tötung,** manslaughter. ′F ~ **lässigkeit,** *f* -/*occ* -en carelessness; *Jur:* negligence. ′F ~ **lehrer,** *m* -s/- driving instructor. ′F ~ **plan,** *m* -(e)s/⁼e (railway, bus, boat) timetable. ′f ~ **planmäßig,** *adj.* scheduled (service); (departure) as scheduled; *adv.* **f. abfahren,** to leave on schedule. ′F ~ **preis,** *m* -es/-e (cost of a) fare. ′F ~ **preisanzeiger,** *m* -s/- taximeter (of a taxi). ′F ~ **prüfung,** *f* -/-en driving test. ′F ~ **rad,** *n* -(e)s/⁼er bicycle. ′F ~ **radweg,** *m* -(e)s/-e cycle track. ′F ~ **rinne,** *f* -/-n *Nau:* (navigation) channel; (*im Meer*) shipping lane. ′F ~ **schein,** *m* -(e)s/-e (bus, railway etc.) ticket. ′F ~ **schule,** *f* -/-n driving school. ′F ~ **schüler(in),** *m* -s/- (*f* -/-nen) learner driver. ′F ~ **sicherheit,** *f* -/*no pl* roadworthiness (of a vehicle). ′F ~ **spur,** *f* -/-en traffic lane. ′F ~ **stuhl,** *m* -(e)s/⁼e lift, *N.Am:* elevator. ′F ~ **stuhlführer,** *m* -s/- lift/elevator attendant. ′F ~ **stuhlschacht,** *m* -(e)s/⁼e lift/elevator shaft. ′F ~ **stunde,** *f* -/-n driving lesson. ′F ~ **t,** *f* -/-en journey, trip; (*im Auto*) drive; **eine F. ins Blaue,** a mystery tour; **nach 10 Kilometer F.,** after travelling 10 kilometres; **in voller F.,** (going) at full speed, flat out; **freie F.,** *Aut:* road clear; *Rail:* track clear; **in F. kommen,** (*Schiff*) to get under way; *Fig:* (*Pers.*) to get into one's stride; *F:* (*Pers.*) to get worked up; **in F. sein,** (*Schiff usw.*) to be under way; *Fig:* (*Pers.*) to be in the mood/(*wütend*) in a fury. ′F ~ **tenmesser,** *n* -s/- sheath knife. ′F ~ **tgeschwindigkeit,** *f* -/-en speed (of travel). ′F ~ **trichtung,** *f* -/-en direction of travel. ′F ~ **trichtungsanzeiger,** *m* -s/- direction indicator. ′f ~ **tüchtig,** *adj.* (*a*) (person) fit to drive; (*b*) roadworthy (vehicle). ′F ~ **tüchtigkeit,** *f* -/*no pl* (*a*) fitness to drive; (*b*) roadworthiness. ′F ~ **tunterbrechung,** *f* -/-en break in a journey. F ~ **verbot,** *n* -(e)s/-e driving ban; loss of one's licence. ′F ~ **verhalten,** *n* -s/*no pl Aut:* (*a*) handling, road manners (of a car); (*b*) (driver's) road behaviour; **sein F.,** the way he drives. ′F ~ **wasser,** *n* -s/*no pl Nau:* (navigation) channel, fairway; *Fig:* **in seinem/im richtigen F. sein,** to be in one's element. ′F ~ **weg,** *m* -(e)s/-e driveway. ′F ~ **zeit,** *f* -/-en running time. ′F ~ **zeug,** *n* -(e)s/-e vehicle; *Nau:* craft. ′F ~ **zeugindustrie,** *f* -/-n motor industry. ′F ~ **zeugpapiere,** *npl* (vehicle) registration papers.

Fähr- ['fɛːr-], *comb.fm.* ferry (port etc.); F ~ **betrieb**/F ~ **verkehr** *m,* ferry service/(*allgemein*) traffic; F ~ **mann** *m,* ferryman; F ~ **schiff** *n,* ferry (boat). ′F ~ **e,** *f* -/-n ferry.

Fährte ['fɛːrtə], *f* -/-n (*a*) *Hunt:* trail; (*gewittert*) scent; **frische F.,** fresh tracks; (*b*) *Fig:* **auf der falschen F.,** on the wrong track; (*Polizei*) **eine F. finden/verfolgen,** to follow up a lead.

Faible ['fɛːbəl], *n* -s/-s *F:* soft spot; weakness.

fair [fɛːr], *adj.* fair; *Sp:* sportsmanlike. ′F ~ **neß,** *f* -/*no pl* fairness; *Sp:* sportsmanship.

Faksimile [fak'ziːmile], *n* -s/-s facsimile.

Fakten ['faktən], *pl* facts, data.

Faktor ['faktɔr], *m* -s/-en [-'toːrən] (*also Mth:*) factor.

Faktotum [fak'toːtum], *n* -s/-ten & -s *F:* factotum; *also* F., old retainer.

Faktur [fak'tuːr], *f* -/-en *Com:* invoice. **f ~ ieren** [-u'riːrən], *v.tr. Com:* to invoice (goods). F ~ **ist** [-u'rist], *m* -en/-en invoice clerk.

Fakul|tät [fakul'tɛːt], *f* -/-en *Univ:* faculty; *F:* **von der anderen F. sein,** to be gay/a queer. **f ~ tativ** [-ta'tiːf], *adj.* optional.

Falke ['falkə], *m* -n/-n 1. *Orn:* hawk, *esp.* falcon. 2. *Pol:* **die F ~ n,** the hawks. ′F ~ **njagd,** *f* -/*no pl* hawking.

Fall [fal], *m* -(e)s/⁼e 1. (*a*) fall; (parachute) drop; **im F.,** in falling; (*b*) *Fig:* fall (of a government etc.), downfall (of s.o.); collapse (of an empire); **j-n zu F. bringen,** to bring about s.o.'s downfall; (*c*) *Cl:* fall, hang (of a skirt etc.). 2. *esp. Med: Jur: Gram:* case; **der F. Braun,** the Braun case; **von F. zu F. entscheiden,** to decide each case on its merits; **auf jeden F./alle F ⁼ e,** in any case, whatever happens; **auf keinen F.,** under no circumstances; **im F ~ (e) eines Brandes,** in the event of a fire; **für den F./ im F ~ e, daß er kommt,** in case/if he should come; **im schlimmsten/besten F.,** at (the) worst/ best; *Hum:* **im F ~ e eines F ~ es,** in case of accidents; *F:* **sie ist nicht mein F.,** she's not my type/sort; **das ist nicht mein F.,** it's not my cup of tea; **klarer F.!** sure thing! ′F ~ **apfel,** *m* -s/⁼ windfall. ′F ~ **beil,** *n* -(e)s/-e guillotine (blade). ′F ~ **brücke,** *f* -/-en drawbridge. ′F ~ **e,** *f* -/-n *Hunt:* & *Fig:* trap; (*besondere Schwierigkeit*) pitfall; (**j-m**) **eine F. stellen,** to set a trap (for s.o.); **in die F. gehen,** to fall into the trap. 2. *F:* bed; **sich in die F. hauen,** to hit the hay. ′f ~ **en,** *v.i.irr.* (*sein*) (*pres.* **fällt,** *p.* **fiel,** *p.p.* **gefallen**) to fall; (*a*) **auf den/zu Boden f.,** to fall down/to the ground; **sich aufs Bett f. lassen,** to fall/drop onto the bed; **etwas,** *Knit:* **eine Masche f. lassen,** to drop sth., *Knit:* a stitch; **die Tür fiel ins Schloß,** the door slammed; *Fig:* **er fiel unbewußt in seinen Dialekt,** he unconsciously lapsed into dialect; **nach ihrem Tod fällt das Haus an ihn,** the house goes to him after her death; **das fällt unter diese Rubrik/Kategorie,** that comes under this heading/in this category; (*b*) **er ist im 2. Weltkrieg gefallen,** he was killed in the Second World War; (*c*) **es fällt mir leicht/schwer,** I find it easy/ difficult; (*d*) **die Entscheidung ist gefallen,** the decision has been made; **es ist kein Schuß gefallen,** not a shot was fired. ′f ~ **enlassen,** *v.tr.sep.irr.51* to drop (a subject, plan, friend etc.); to let fall (a remark). ′F ~ **gitter,** *n* -s/- *Hist:* portcullis. ′F ~ **grube,** *f* -/-n *Hunt:* pit; *Fig:* pitfall. ′F ~ **hammer,** *m* -s/⁼ drop hammer; *Constr:* pile driver. ′F ~ **obst,** *n* -(e)s/*no pl* windfalls (*fruit*). ′F ~ **reep,** *n* -(e)s/-e

Nau: gangway; (*Strickleiter*) rope ladder. ′F ~ **rohr,** *n* -(e)s/-e drainpipe. ′F ~ **schirm,** *m* -(e)s/-e parachute. ′F ~ **schirmabsprung,** *m* -(e)s/-̈e parachute jump. ′F ~ **schirmabwurf,** *m* -(e)s/-̈e parachute drop. ′F ~ **schirmjäger,** *m* -s/- *Mil:* paratrooper. ′F ~ **schirmspringer,** *m* -s/- parachutist. ′F ~ **schirmtruppen,** *fpl Mil:* paratroops. ′F ~ **strick,** *m* -(e)s/-e snare; *Fig:* trap, pitfall. ′F ~ **stromvergaser,** *m* -s/- *I.C.E:* downdraught carburettor. ′F ~ **tür,** *f* -/-en trapdoor.

fällen [′fɛlən], *v.tr.* (*a*) to fell, cut down (a tree); (*b*) *Ch:* to precipitate (a substance); (*c*) *Jur: & Fig:* **ein Urteil f.,** to pass judgement.

fällig [′fɛliç], *adj.* due; *Ins: Fin:* mature (policy etc.); **der f ~ e Betrag,** the amount due; **schon längst f.,** long overdue; *F:* **er ist fürs Bett f.,** it's time he went to bed. ′F ~ **keit,** *f* -/no *pl Ins: Fin:* maturity; **bei F.,** at maturity; (*Zahlung*) **when due.** ′F ~ **keitstag,** *m* -(e)s/-e *Com:* due date; (*Schuld*) settlement date.

falsch [falʃ], *adj.* (*a*) (*unecht*) false (teeth, friend, modesty, smile etc.); imitation, *F:* fake (jewellery etc.); forged (banknotes etc.); assumed (name); **f ~ e Anschuldigung,** bogus/trumped up charge; **ein f ~ es Spiel mit j-m treiben,** to double-cross s.o.; (*b*) (*nicht korrekt*) wrong; mis-; **f ~ er Ton,** wrong note; **f ~ e Deutung,** misinterpretation; (*Essen*) **in die f ~ e Kehle kommen,** to go down the wrong way; **bei dem bin ich an den F ~ en geraten,** I didn't get anything out of him; *adv.* **deine Uhr geht f.,** your watch is wrong; **wir sind hier f. (gegangen),** we've gone the wrong way; **etwas f. verstehen,** to misunderstand sth.; *Tel:* **ich bin f. verbunden,** I've got the wrong number; *F:* **wie man's macht, macht man's f.,** whatever you do it's wrong. ′F ~ **geld,** *n* -(e)s/no *pl* counterfeit money. ′F ~ **heit,** *f* -/no *pl* (*a*) falseness; insincerity; (*b*) falsity (of statement etc.). ′F ~ **meldung,** *f* -/-en false report. ′F ~ **münzer,** *m* -s/- forger, counterfeiter (of coins). ′f ~ **spielen,** *v.i. sep.* (*haben*) *Games:* to cheat. ′F ~ **spieler,** *m* -s/- cheat, *esp.* card sharper, *N.Am:* cardsharp.

fälsch|en [′fɛlʃən], *v.tr.* to forge (banknotes, a signature etc.); to fake (documents etc.). ′F ~ **er,** *m* -s/- forger. ′f ~ **lich,** *adj.* wrong (statement, accusation); mistaken (assumption etc.); *adv.* **j-n f. verdächtigen,** to suspect s.o. wrongly. **f ~ licher′weise,** *adv* by mistake, in error. ′F ~ **ung,** *f* -/-en forgery.

Falsett [fal′zɛt], *n* -(e)s/-e *Mus:* falsetto (voice).

falt|bar [′faltba:r], *adj.* folding (stool etc.). ′F ~ **blatt,** *n* -(e)s/-̈er folder, leaflet. ′F ~ **boot,** *n* -(e)s/-e collapsible canoe. ′F ~ **e,** *f* -/-n (*a*) fold (in material, paper etc.); pleat (in a skirt); crease (in trousers etc.); (*b*) line, wrinkle (in a face); **ihre Strümpfe ziehen F ~ n,** her stockings are wrinkled/creased; **die Stirn in F ~ n legen/ziehen,** to pucker/wrinkle one's brow. ′f ~ **en,** *v.tr.* (*a*) to fold (sth., one's hands); to pleat (material); (*b*) **sich f.,** to form wrinkles; **die Stirn f.,** to pucker/wrinkle one's brow. ′f ~ **enlos,** *adj* (*a*) (*Rock*) straight, unpleated; (*b*) (*Gesicht usw.*) unlined, smooth. ′f ~ **enreich,** *adj.* (*a*) (garment) with many folds/pleats; (*b*) wizened (face). ′F ~ **enrock,**

m -(e)s/-̈e pleated skirt. ′F ~ **enwurf,** *m* -(e)s/no *pl* draping; *coll.* drapery. ′f ~ **ig,** *adj.* (*a*) *Cl:* pleated, in pleats; (*b*) (*zerknittert*) creased; (*c*) wrinkled (skin). ′F ~ **stuhl,** *m* -(e)s/-e folding chair; camp chair.

Fält|chen [′fɛltçən], *n* -s/- fine wrinkle. ′f ~ **eln,** *v.tr.* to gather (material) (in fine pleats); to crimp (material).

Falter [′faltər], *m* -s/- moth.

Falz [falts], *m* -es/-e fold (in paper), (metal) joint; *Carp:* rebate. ′f ~ **en,** *v.tr. Bookb:* to fold (a sheet).

familiär [famili′ɛːr], *adj.* (*a*) family (worries etc.); **aus f ~ en Gründen,** for family reasons; (*b*) informal; *Pej:* familiar (tone etc.).

Familiarität [familiari′tɛːt], *f* -/-en (*a*) *Pej:* familiarity; (*b*) informality.

Familie [fa′miːliə], *f* -/-n family; (**die**) **F. Grünschnabel,** the Grünschnabel family; **er hat F.,** he has children; **zur F. gehören,** to be one of the family. **F ~ n-,** *comb.fm.* family (event, planning, welfare, life, grave, resemblance etc.); **F ~ besitz** *m,* family property; **F ~ betrieb** *m,* family business; **F ~ bild** *n,* family portrait; **F ~ feier** *f*/**F ~ fest** *n,* family celebration; **F ~ krach/F ~ streit** *m,* family row/quarrel; **F ~ treffen** *n,* family gathering; **F ~ vater** *m,* family man; *Com:* **F ~ packung** *f,* family size/pack; *Adm:* **F ~ zulage** *f,* family allowance. **F ~ nangehörige(r),** *m & f decl. as adj.* member of a/ the family. **F ~ nanschluß,** *m* **F. haben,** to live as one of the family. **F ~ nforschung,** *f* -/-en genealogical research. **F ~ nkreis,** *m* -es/-e family circle; **im engsten F.,** with one's close relatives/*F:* nearest and dearest. **F ~ nname,** *m* -ns/-n surname. **F ~ noberhaupt,** *n* -(e)s/-̈er head of the family. **F ~ nstand,** *m* -(e)s/no *pl Adm:* marital status. **F ~ nzuwachs,** *m* -es/-*Hum:* addition to the family.

famos [fa′moːs], *adj. F:* marvellous.

Fan [fɛn], *m* -s/-s *Sp: etc:* fan. ′F ~ **post,** *f* -/no *pl* fan mail.

Fanat|iker [fa′naːtikər], *m* -s/- (religious etc.) fanatic; (*b*) *F: Sp: etc:* enthusiast. **f ~ isch** [-′naːtiʃ], *adj.* fanatical. **F ~ ismus** [-na′tis-mus], *m* -/no *pl* fanaticism.

Fanfare [fan′foːrə], *f* -/-n *Mus:* fanfare.

Fang [faŋ], *m* -(e)s/-̈e **1.** no *pl* (*a*) capture (of an animal); catching (of fish); (*b*) (*Beute*) *Fish:* catch; *Hunt:* bag; **auf F. ausgehen,** to go hunting/fishing; *Fish: & Fig:* **ein guter F.,** a good catch. **2.** (*a*) *Z:* canine tooth, fang; (*b*) *Orn:* talon. ′F ~ **arm,** *m* -(e)s/-e tentacle (of a polyp). ′F ~ **ball,** *m* -(e)s/no *pl Games:* catch. ′f ~ **en,** *v.tr.irr.* (*pres.* **fängt,** *p.* **fing,** *p.p.* **gefangen**) to catch (s.o., sth., an animal etc.); to capture (an animal, a prisoner, soldier etc.); *Fig:* (*überlisten*) to catch (s.o.) out, trap (s.o.); **sich f.,** (i) to get caught (**in/an etwas** *dat,* in/on sth.); (ii) (*beim Fallen*) to regain one's balance; *Sp: etc:* to rally; *Fig:* to regain one's composure; *F:* **du wirst gleich eine f.!** you'll catch it in a moment. ′F ~ **frage,** *f* -/-n trick/catch question. ′F ~ **leine,** *f* -/-n *Nau:* painter; (*für Schiffe*) mooring rope. ′F ~ **netz,** *n* -es/-e (*a*) net (for capturing animals, birds); *Fish:* (fishing) net; (*b*) (*im Zirkus*) safety net. ′F ~ **zahn,** *m* -(e)s/-̈e *Z:* fang; tusk (of a boar).

Fänger ['fɛŋər], *m* -s/- catcher; captor (of animals etc.).

Fantasie [fanta'zi:], *f* -/-n [-'zi:ən] *Mus:* fantasia (*see also* **Phantasie**).

fantastisch [fan'tastiʃ], *adj.* fantastic.

Farb- ['farp-], *comb.fm.* (*a*) colour (photograph, photography, film, print, printing etc.); **F~kombination** *f*, colour scheme; **F~fernsehen** *n*, colour television; *Phot:* **F~dia(positiv)** *n*, colour transparency/(*gerahmt*) slide; *adj.* **f~empfindlich**, colour-sensitive; *Cl: Tex:* **f~echt**, colour-fast; (*b*) paint (pot etc.); **F~roller** *m*, paint roller; **F~kasten** *m*, box of paints; **F~schicht** *f*, coat of paint; (*c*) *Print:* **F~walze** *f*, inking roller. 'F ~ **bad**, *n* -(e)s/-er *Dy:* dip, dye-bath. 'F ~ **band**, *n* -(e)s/-er typewriter ribbon. **F ~ e** ['-bə], *f* -/-n **1**. colour; (*Kleid usw.*) **eine modische F. haben**, to be a fashionable colour; **F. verlieren**, to lose colour, fade; **sie bekam wieder F.**, the colour came back to her cheeks; **die F. wechseln**, to change colour/*Fig:* sides. **2**. *Cards:* suit; **F. bekennen**, to follow suit; *Fig:* to put one's cards on the table. **3**. *Paint:* paint; (*Farbstoff*) dye. 'F ~ **en-**, *comb.fm.* (*a*) colour (-blind, -blindness etc.); **f~freudig/f~froh** *adj.* colourful; **F~pracht** *f* *Lit:* **F~meer** *n*, blaze/riot of colour; **f~prächtig** *adj.* dazzlingly colourful; **F~sinn** *m*, sense of/feeling for colour; **F~zusammenstellung** *f*, colour scheme; (*b*) paint (industry, factory etc.). 'F ~ **gebung**, *f* -/*no pl* colouring; *Art:* use of colour. **f ~ ig** ['-biç], *adj.* (*a*) coloured (glass etc.); *adv.* in colour; (*b*) colourful (shirt, scene, *Fig:* description etc.); (*c*) coloured (people) **ein F~er/eine F~e**, a coloured man/woman. 'f ~ **los**, *adj.* colourless. 'F ~ **losigkeit**, *f* -/*no pl* colourlessness. 'F ~ **stift**, *m* -(e)s/-e (coloured) crayon. 'F ~ **stoff**, *m* -(e)s/-e dye; (*in Lebensmitteln*) colouring (matter). 'F ~ **ton**, *m* -(e)s/-e tone, shade (of a colour).

Färb|emittel ['fɛrbəmitəl], *n* -s/- dye, colouring agent. 'f ~ **en**, *v.* **1**. *v.tr.* (*a*) to dye (material, hair etc.); to colour (a picture etc.); *Fig:* to colour, slant (a report); (*b*) **sich f.**, to take on a colour; (*Blätter*) to turn; (*Obst*) to ripen; (*Tier*) to change its coat/colour; **ihre Wangen färbten sich (rot)**, her cheeks flushed (red). **2**. *v.i.* (*haben*) *F:* **dieser Stoff färbt**, the colour in this material runs. 'F ~ **er**, *m* -s/- dyer. **F ~ e'rei**, *f* -/-en **1**. dye works. **2**. (*Gewerbe*) dyeing. 'F ~ **ung**, *f* -/-en colouring; (*Nuance*) tinge; *Fig:* (*Tendenz*) slant.

Farc|e ['farsə], *f* -/-n **1**. *Th:* & *Fig:* farce. **2**. *Cu:* forcemeat. **f~ieren** [-'si:rən], *v.tr.* to stuff (poultry etc.).

Farin(zucker) [fa'ri:n(tsukər)], *m* -s/*no pl* brown sugar.

Farm [farm], *f* -/-en farm. 'F ~ **er**, *m* -s/- farmer.

Farn [farn], *m* -(e)s/-e/'F ~ **kraut**, *n* -(e)s/-er *Bot:* fern; bracken.

Färöer ['fɛ:rø:ər]. **1**. *Pr.n.pl Geog:* **die F.**, the Faroes. **2**. *m* -s/- (*Pers.*) Faroese.

Färse ['fɛrzə], *f* -/-n heifer.

Fasan [fa'za:n], *m* -(e)s/-e(n) *Orn:* pheasant.

faschier|en [fa'ʃi:rən], *v.tr. Aus:* to mince (meat etc.). **F ~ te(s)**, *n decl. as adj. Cu: Aus:* mince.

Fasching ['faʃiŋ], *m* -s/-e *South G:* & *Aus:* carnival (period/celebrations). 'F ~ **s-**, *comb.fm. South G:* & *Aus:* carnival (dance, costume, mask, procession, princess etc.). **F ~ s'dienstag**, *m* -(e)s/-e Shrove Tuesday.

Faschis|mus [fa'ʃismus], *m* -/*no pl Pol:* fascism. **F ~ t**, *m* -en/-en fascist. **f ~ tisch**, *adj.* fascist.

Fasel|ei [fɑ:zə'lai], *f* -/-en *F:* blather; (*Blödsinn*) twaddle. 'f ~ **n**, *v.tr. & i.* (*haben*) (*Pers.*) *F:* to blather; **dummes Zeug f.**, to talk crap.

Faser ['fɑ:zər], *f* -/-n fibre. 'f ~ **ig**, *adj.* fibrous; stringy (meat, celery). 'f ~ **n**, *v.i.* (*haben*) *Tex:* to fray; (*Holz*) to splinter. 'F ~ **platte**, *f* -/-n fibreboard. 'F ~ **ung**, *f* -/*no pl* fraying.

Faß [fas], *n* -sses/-sser barrel, cask; drum (for tar, oil); (water-)butt; (butter) churn; (fermentation) vat; **Bier vom F.**, draught beer; **Wein vom F.**, wine from the wood; **das schlägt dem F. den Boden aus!** that's the (absolute) limit/the last straw! *Fig:* **F. ohne Boden**, constant drain (on one's resources). 'F ~ **bier**, *m* -(e)s/-e draught beer. 'F ~ **binder**, *m* -s/- *South G:* cooper.

Fassade [fa'sa:də], *f* -/-n *Arch:* facade. **F ~ nkletterer**, *m* -s/- cat burglar. **F ~ nreinigung**, *f* -/*no pl* exterior/stone cleaning.

faßbar [fas'bɑ:r], *adj.* (*a*) (*begreiflich*) comprehensible; **schwer/leicht f.**, difficult/easy to grasp; (*b*) tangible (reason, result).

Fäßchen ['fɛsçən], *n* -s/- small cask, keg.

fass|en ['fasən], *v.* **1**. *v.tr.* (*a*) to take hold of, grasp (s.o., sth.); (*mit Gewalt*) to seize (s.o., sth.); (*Polizei*) to catch, capture (s.o.); **j-n am Arm f.**, to grasp s.o. by the arm; *Fig:* **Entsetzen faßte ihn**, horror gripped/seized him; (*b*) **sich f.**, to get a hold of oneself; **er konnte sich kaum f.**, he could hardly control/restrain himself; **Mut f.**, to pluck up courage; **einen Entschluß f.**, to make a decision; (*c*) **er konnte keinen klaren Gedanken f.**, he could not think clearly/order his thoughts; **seine Gedanken in Worte f.**, to express one's thoughts; **sich kurz f.**, to express oneself concisely, *F:* keep it short; (*d*) (*begreifen*) to grasp, comprehend (sth.); **sie kann es noch immer nicht f.**, she still can't take it in/believe it; (*e*) *Mil:* **Essen f.**, to draw rations; (*f*) to set, mount (a jewel); (*g*) to hold (a quantity of sth., people); **der Saal faßt 200**, the hall holds/has a (seating) capacity of 200. **2**. *v.i.* (*haben*) to clutch, grasp (**an etwas** *acc*, at/for sth.); to reach out (**nach etwas** *dat*, for sth.). 'F ~ **ung**, *f* -/-en **1**. (*a*) mount (of a lens etc.); setting (of a jewel); (*b*) frame (for spectacles); (*c*) *El:* socket, *esp.* lamp socket. **2**. (*Form*) version (of a work, book etc.); draft (of a document); (*Formulierung*) wording, phrasing. **3**. (*Ruhe*) composure; **nichts kann ihn aus der F. bringen**, nothing ever ruffles him; **die F. bewahren/verlieren**, to keep/lose one's head. 'f ~ **ungslos**, *adj.* speechless; (*außer sich*) beside oneself (**vor** + *dat*, with); *adv.* **f. schluchzen**, to sob uncontrollably. 'F ~ **ungslosigkeit**, *f* -/*no pl* speechlessness; (total) bewilderment; (*Verzweiflung*) dismay. 'F ~ **ungsvermögen**, *n* -s/- **1**. *Meas:* capacity. **2**. *Fig:* (powers of) comprehension.

Fasson [fa'sõ:, *Aus:* -o:n], *f* -/-s & *Aus:* -en **1**. *Cl: etc:* style, cut; **aus der F. geraten**, to lose its/go out of shape; *F:* (*Pers.*) to lose one's figure. **2.** (*Art*) way, fashion; **etwas nach seiner F. tun,** to do sth. in one's own way. **F ~ schnitt,** *m* **-(e)s/-e** fully-styled (hair)cut.

fast [fast], *adv.* nearly, almost; **f. nirgends/nie,** hardly anywhere/ever; **f. keins,** hardly any. **'F ~ zusammenstoß,** *m* **-es/⁻e** *Av:* near miss.

fast|en ['fastən], *v.i.* (*haben*) to fast; **das F.,** fasting. **'F ~ enzeit,** *f* **-/no** *pl* Lent. **'F ~ nacht,** *f* **-/no** *pl* (*a*) Shrovetide, *esp.* Shrove Tuesday; (*b*) (*Karnevalszeit*) carnival period. **'F ~ nacht(s)-,** *comb.fm.* carnival (costume, mask, princess etc.); **F~(um)zug** *m,* carnival procession, **F~dienstag** *m,* Shrove Tuesday. **'F ~ tag,** *m* **-(e)s/-e** *Rel:* fast, day of fasting.

Faszination [fastsinatsi'o:n], *f* **-/no** *pl* fascination. **f ~ ieren** [-'ni:rən], *v.tr.* to fascinate (s.o.).

fatal [fa'ta:l], *adj.* (extremely) awkward (question, situation); embarrassing (consequences etc.); fatal, disastrous (tendency etc.). **F ~ ismus** [fata'lismus], *m* **-/no** *pl* fatalism. **F ~ ist** [-'list], *m* **-en/-en** fatalist. **f ~ istisch,** *adj.* fatalistic. **F ~ ität** [-i'tɛ:t], *f* **-/-en** (extreme) awkwardness; embarrassing nature.

Fatzke ['fatskə], *m* **-n/-n** *P:* conceited ass.

fauchen ['fauxən], *v.i.* (*haben*) (*Katze usw.*) to spit, hiss.

faul [faul], *adj.* **1.** (*a*) (*schlecht*) bad; rotten (fruit, egg etc.); stale (air); **f. riechen,** to smell rotten/foul; (*b*) *Fig:* **f~er Witz,** (i) weak joke; (ii) joke in bad taste, dirty joke; **f~e Ausrede,** poor/lame excuse; **mach keine f~en Witze!** don't make stupid jokes! *F:* **das ist alles nur f~er Zauber,** that's all a big con; **hier ist etwas f.,** there's something wrong/(*suspekt*) fishy about this; **eine f~e Sache,** a shady business. **2.** (*untätig*) lazy; idle (life etc.); *F:* **auf der f~en Haut liegen,** to laze about; *adv.phr.* **nicht f.,** promptly, without hesitating. **'f ~ en,** *v.i.* (*haben*) (*Gewebe, Fleisch usw.*) to rot; (*Zähne usw.*) to decay; (*Leiche*) to decompose. **f ~ enzen** ['faulɛntsən], *v.i.* (*haben*) to laze about; to idle (around). **'F ~ enzer,** *m* **-s/-** loafer, *F:* lazybones. **'F ~ heit,** *f* **-/no** *pl* laziness, idleness. **'f ~ ig,** *adj.* rotten. **'F ~ pelz,** *m* **-es/-e** *F:* lazybones. **'F ~ schlamm,** *m* **-(e)s/no** *pl* sludge (in drains etc.). **'F ~ tier,** *n* **-(e)s/-e 1.** *Z:* sloth. **2.** *F:* lazybones.

Fäul|e ['fɔylə], *f* **-/no** *pl* decay. **'F ~ nis,** *f* **-/no** *pl* rot, decay; *Med:* putrefaction; **in F. übergehen,** to (begin to) rot.

Fauna ['fauna], *f* **-/no** *pl* fauna.

Faust [faust], *f* **-/⁻e** fist; **ich schlug ihm mit der F. ins Gesicht,** I punched him in the face; *Fig:* **auf eigene F. handeln,** to do sth. on one's own initiative/*F:* off one's own bat; *F:* **das paßt wie die F. aufs Auge,** that's quite out of place; (*Farbe*) that clashes. **'F ~ ball,** *m* **-(e)s/⁻e** *Games:* **1.** *no pl* form of volleyball. **2.** ball used in *Faustball.* **'f ~ dick,** *adj.* *F:* **f~e Lüge,** whopping lie; **er hat es f. hinter den Ohren,** he's a sly customer. **'f ~ en,** *v.tr.* *Games:* to punch (a ball). **'F ~ handschuh,** *m* **-(e)s/-e** mitten. **'F ~ recht,** *n* **-(e)s/no** *pl* jungle law. **'F ~ regel,** *f* **-/-n** rule of thumb. **'F ~ schlag,** *m* **-(e)s/⁻e** punch (of fist). **'F ~ skizze,** *f* **-/-n** *Art:* rough sketch.

Fäust|chen ['fɔystçən], *n* **-s/-** small fist; *Fig:*

sich *dat* (**eins**) **ins F. lachen,** to laugh up one's sleeve. **'F ~ ling,** *n* **-s/-e** mitten.

favor|isieren [favori'zi:rən], *v.tr.* to favour (s.o., *Sp:* a team etc.); **stark favorisiert,** favourite, widely tipped. **F ~ it(in)** [favo'ri:t(in)], *m* **-en/-en** (*f* **-/-nen**) favourite.

Faxen ['faksən] *fpl* silly antics; clowning.

Fayence [fa'jãs], *f* **-/-n** glazed earthenware.

Fazit ['fa:tsit], *n* **-s/-e** & **-s** net result.

Feber ['fe:bər], *m* **-s/-** *Aus:* February.

Februar ['fe:brua:r], *m* **-(s)/-e** February.

fecht|en ['fɛçtən]. **I.** *v.i.irr.* (*haben*) (*pres.* **ficht,** *p.* **focht,** *p.p.* **gefochten**) *Sp:* to fence. **II.** **F.,** *n* **-s/no** *pl* *Sp:* fencing. **'F ~ er(in),** *m* **-s/-** (*f* **-/-nen**) fencer. **'F ~ kunst,** *f* **-/no** *pl* (art of) fencing; swordsmanship. **'F ~ meister,** *m* **-s/-** fencing instructor.

Feder ['fe:dər]. **I.** *f* **-/-n 1.** (*a*) feather; (*als Schmuck*) plume; *Fig:* **sie stritten sich, daß die F~n flogen,** they quarrelled till the fur flew; **F~n lassen müssen,** to suffer in the process; **sich mit fremden F~n schmücken,** to deck oneself in borrowed plumes; (*b*) *F:* **in die F~n gehen,** to hit the hay; **er kann morgens nicht aus den F~n,** he can't get up in the mornings; (*c*) (*Schreibgerät*) pen; **zur F. greifen,** to pick up one's pen; **eine geschliffene/spitze F. führen,** to write in a polished/caustic style. **2.** *Tchn:* spring. **II.** **'F ~-, 'f ~-,** *comb.fm.* (*a*) feather (pillow etc.); plumed (hat etc.); **F~bett** *n/* **F~decke** *f,* feather bed; **F~busch** *m,* plume of feathers; *Orn:* crest; *Sp:* **F~gewicht** *n,* featherweight; *adj.* **F~leicht,** light as a feather; (*b*) pen-(holder etc.); **F~spitze** *f,* pen nib; **F~strich** *m,* stroke of the pen; **F~zeichnung** *f,* pen and ink drawing; *Pej:* **F~fuchser** *m,* (pettyminded) penpusher; (*c*) *Tchn:* spring (tension etc.); **F~waage** *f,* spring balance; **F~werk** *n,* spring mechanism. **'F ~ ball,** *m* **-(e)s/⁻e** *Sp:* (*a*) shuttlecock; (*b*) (*Spiel*) badminton (*usw.*). **'F ~ bein,** *n* **-(e)s/-e** *Aut:* *Av:* telescopic strut/ shock absorber. **'f ~ führend,** *adj.* *Adm:* in charge. **'F ~ führung,** *f* **-/no** *pl* **es steht unter der F. Meyers,** Meyer is responsible for/in charge of it. **'F ~ kiel,** *m* **-(e)s/-e** quill. **'F ~ kraft,** *f* **-/no** *pl* elasticity. **'F ~ lesen,** *n* *F:* **ohne viel F~s,** without further ado; without beating about the bush. **'F ~ messer,** *n* **-s/-** penknife blade. **'f ~ n,** *v.i.* (*haben*) to spring, (*Ball usw.*) bounce; **es federt nicht,** it isn't springy; there's no spring in it. **'f ~ nd,** *adj.* springy; resilient, elastic (material etc.). **'F ~ ung,** *f* **-/-en** springs (of a chair etc.); *Aut: etc:* springing, suspension. **'F ~ vieh,** *n* **-(e)s/** *no pl* *F:* poultry. **'F ~ wolke,** *f* **-/-n** *Meteor:* cirrus (cloud).

Fee [fe:], *f* **-/-n** fairy; **gute F.,** good fairy, Fairy Godmother. **'f ~ nhaft,** *adj.* fairy-like. **'F ~ nreich,** *n* **-(e)s/no** *pl* fairyland.

Fege|feuer ['fe:gəfɔyər], *n* **-s/no** *pl* purgatory. **'f ~ n,** *v.* **1.** *v.tr.* to sweep (the floor, chimney etc.); to sweep (up/away) (snow, leaves etc.). **2.** *v.i.* (*sein*) to sweep, rush (along).

Fehde ['fe:də], *f* **-/-n** feud.

fehl [fe:l]. **I.** *adj.* **f. am Platz(e),** out of place/ inappropriate. **II.** **'F ~-, 'f ~-,** *comb.fm.* wrong (diagnosis, decision etc.); false (*Sp:* start etc.); invalid (*Sp:* jump, throw etc.); mis(calculation

etc.); F~**griff** *m*, wrong choice/decision;
F~**kauf** *m*, wrong/bad buy; F~**konstruktion** *f.*
(i) faulty construction/design; (ii) *F:* botch-up;
F~**schluß** *m*, wrong conclusion; F~**tritt** *m*,
false step; *Fig:* (moral) lapse; *Th:* F~**besetzung**
f, miscasting; *Post:* F~**druck** *m*, misprint (on a
stamp). ′F~**anzeige**, *f* -/-n *F:* (*Antwort*)
negative. ′F~**betrag**, *m* -(e)s/-̈e *Fin:* deficit;
(*gegenüber dem Geplanten*) shortfall. ′f~**en**,
v.i. (*haben*) (*a*) to be missing; **es f. zwei Bücher**,
two books are missing; *Ind: Sch:* **er fehlt seit
einer Woche**, he has been away/absent for a
week; (*b*) **es fehlt uns an Lebensmitteln**, we are
short of food; **es fehlt an Geld, Lehrern, usw.**,
there's a shortage/lack of money, teachers etc.;
sie läßt es (uns) an nichts f., she makes sure we
have everything; **ihm fehlt jedes Feingefühl**, he
has no tact at all/is completely without tact;
(*c*) *F:* **wo fehlt es?** what is the matter? **was fehlt
Ihnen?** what is the matter with you? (*d*) **sein
Auto fehlt ihm sehr**, he badly misses his car; (*e*)
mir fehlt nur noch die eine Briefmarke, I only
need this one stamp; **es fehlte nicht viel, und er
wäre umgekommen**, he was very nearly killed/
came within an ace of being killed; *Iron:* **das
hat mir gerade noch gefehlt!** that's all I needed/
the last straw! ′f~**end**, *adj.* missing; (*Pers.*)
absent. ′F~**er**, *m* -s/- **1.** mistake, error;
Tennis: Show Jumping: fault. **2.** defect, flaw (in
goods, a material etc.); **menschliche F.**, human
failings/weaknesses; **körperliche F.**, physical
defects. ′f~**erfrei**, *adj.* faultless; without
mistake; *Show Jumping:* f~**er Umlauf**, clear
round. ′f~**erhaft**, *adj.* faulty; flawed (dia-
mond etc.). ′F~**erhaftigkeit**, *f* -/no *pl* faul-
tiness. ′f~**erlos**, *adj.* faultless, perfect.
′F~**erlosigkeit**, *f* -/no *pl* faultlessness.
′F~**erquelle**, *f* -/-n source of error. ′F~**ge-
burt**, *f* -/-en miscarriage. ′f~**gehen**, *v.i.
sep.irr.36* (*sein*) to go wrong. ′F~**gewicht**, *n*
-(e)s/-e *Com:* short weight. ′F~**leistung**, *f*
-/-en *Psy:* mistake, failure; **Freudsche F.**, Freu-
dian slip. ′F~**schlag**, *m* -(e)s/-̈e mishit; *Fig:*
failure. ′f~**schlagen**, *v.i.sep.irr.85* (*sein*) to
fail. ′F~**schuß**, *m* -sses/-̈sse shot wide of the
target; miss. ′F~**zündung**, *f* -/-en misfire.

Feier [′faiər], *f* -/-n celebration; (*private*) party;
(*öffentliche*) ceremony; *esp. Hum:* **zur F. des
Tages**, in honour of the occasion. ′F~**abend**,
m -s/-e (*a*) knocking-off time; **F. machen**, to
stop work for the day, *F:* knock off (work);
nach F., after hours; *F:* **nun ist aber F.!** now
that's quite enough of that! (*b*) **den F. genießen**,
to enjoy one's leisure time. ′f~**lich**, *adj.* (*a*)
solemn (promise, occasion etc.); formal (dress
etc.); (*würdevoll*) dignified (manner, occasion);
adv. **etwas f. begehen**, to cclcbrate sth. in due
form; (*b*) *F:* **das ist nicht mehr f.**, that's really
too much. ′F~**lichkeit**, *f* -/-en (*a*) no *pl*
solemnity; (*b*) *pl* F~**en**, celebrations. ′f~**n**, *v.*
1. *v.tr.* to celebrate (an event, victory etc.); to
fête (a victor etc.); to commemorate (a past
event, dead person). **2.** *v.i.* (*haben*) (*a*) to cele-
brate; (*b*) *F:* (*nicht arbeiten*) to be off work/
(*gezwungenermaßen*) laid off. ′F~**schicht**, *f*
-/-en *Min:* shift not worked; F~**en einlegen**, to
drop shifts. ′F~**stunde**, *f* -/-n (*a*) ceremony
(of commemoration); (*b*) (*Andacht*) service (of

meditation). ′F~**tag**, *m* -(e)s/-e holiday; ge-
setzlicher F., public holiday; *Ecc:* (kirchlicher)
F., feast-day. ′f~**tags**, *adv.* **sonntags und f.
geschlossen**, closed on Sundays and public
holidays.

feig(e) [faik (′faigə)], *adj.* cowardly; **f. sein**, to
be a coward. ′F~**heit**, *f* -/no *pl* cowardice.
′F~**ling**, *m* -s/-e coward.

Feige [′faigə], *f* -/-n *Bot:* fig. ′F~**n-**, *comb.fm.*
fig (tree etc.); F~**blatt** *n*, fig leaf. ′F~**nkak-
tus**, *m* -/-teen *Bot:* prickly pear.

feilbieten [′failbiːtən], *v.tr.sep.irr.8 Lit:* to offer
(sth.) for sale.

Feil|e [′failə], *f* -/-n *Tls: etc:* file. ′f~**en**, *v.tr.*
to file (metal, a fingernail etc.); *Fig:* **an einem
Gedicht usw. f.**, to polish away at a poem etc.
′F~**späne**, *mpl Metalw: etc:* filings.

feilschen [′failʃən], *v.i.* (*haben*) to bargain,
haggle (**um den Preis**, over the price).

fein [fain]. **I.** *adj.* (*a*) fine (thread, hair, sieve,
Tchn: adjustment etc.); (*zart*) delicate
(material); *Fig:* sharp (hearing, sight, sense of
smell); f~**er Zucker**, castor sugar; f~**er
Unterschied**, subtle distinction; (*b*) (*vornehm*)
refined, elegant (lady etc.); *F:* f~**er Pinkel**,
swell; **sich f. machen**, to make oneself smart;
(*c*) (*auserlesen*) choice, first class (goods); fine
(soap etc.); f~**es Gebäck**, fancy biscuits/*N.Am:*
cookies; *F:* **das ist f.!** that's great! **da sind wir f.
heraus!** we're well out of it/rid of it! **II.** ′F~**-**,
′f~**-**, *comb.fm.* fine (adjustment etc.); precision
(work etc.); *Rad:* F~**abstimmung** *f*, fine tuning;
Phot: F~**kornfilm** *m*, fine grain film; *Mec.E:*
F~**mechanik** *f*, precision engineering; *adj.*
f~**gemahlen**, finely ground; f~**gesponnen**,
finely spun. ′F~**bäcker**, *m* -s/- baker of
fancy cakes and breads. ′F~**bäckerei**, *f*
-/-en **1.** fancy cakes and breads. **2.** fancy
bakery. ′f~**fühlig**, *adj.* sensitive. ′F~**füh-
ligkeit**, *f* -/no *pl* sensitivity. ′F~**gebäck**,
n -s/no *pl* fancy biscuits (and cakes). ′F~**-
gefühl**, *n* -s/no *pl* sensitivity; sense of
delicacy, tact. ′F~**gehalt**, *m* -(e)s/-e *Metall:*
standard (of purity), fineness (of gold etc.).
′F~**heit**, *f* -/-en (*a*) fineness; (*Zartheit*)
delicacy; (*im Geschmack usw.*) refinement; (*b*)
elegance, smartness; (*c*) *pl* subtleties, finer
points; F~**en der Aussprache**, niceties of
pronunciation. ′F~**kost**, *f* -/no *pl* delicatessen
(food); (*Geschäft*) delicatessen (shop).
′F~**kostgeschäft**, *n* -(e)s/-e delicatessen
(shop). ′F~**schleifen**, *n* -s/no *pl Metalw:*
finish grinding, honing. ′F~**schmecker**,
m -s/- gourmet. ′F~**schmeckerlokal**,
n -s/-e gastronomic restaurant. ′F~**seife**, *f*
-/-n toilet soap. ′f~**sinnig**, *adj.* subtle;
sensitive. ′F~**wäsche**, *f* -/no *pl* delicate gar-
ments, *esp.* lingerie.

Feind|(in) [′faint (-din)], *m* -(e)s/-e (*f* -/-nen)
enemy; (*Gegner*) adversary; opponent (**von
etwas** *dat*, of sth.); **sich** *dat* **j-n zum F. machen**,
to make an enemy of s.o. ′F~**einwirkung**, *f*
-/-en enemy action. ′f~**lich**, *adj.* (*a*) hostile
(attitude etc.); *adv.* **gegen j-n** *acc* **f. gesinnt sein**,
to harbour hostile feelings towards s.o.; (*b*)
Mil: enemy (troops, positions etc.). ′F~**lich-
keit**, *f* -/-en (*a*) no *pl* hostility; (*b*) (*Handlung*)
hostile act. ′F~**schaft**, *f* -/-en hostility,

enmity. 'f ~ selig, adj. hostile (gegen j-n, towards s.o.). 'F ~ seligkeit, f -/-en (a) hostility, animosity; (b) pl hostilities.

feist [faist], adj. podgy, bloated.

feixen ['faiksən], v.i. (haben) F: to smirk.

Feld [fɛlt]. I. n -(e)s/-er (alle Bedeutungen) field; (a) Agr: auf dem F. arbeiten, to work in the fields; (b) Sp: pitch; Tennis: etc: court; das F. beherrschen, to dominate the game; des F ~ es verwiesen werden, to be sent off; (c) Games: (bei Brettspielen) square; Arch: panel (in a ceiling); Adm: (in einem Formular) box; Her: auf blauem F., on a blue ground; (d) Mil: ins F. rücken, to go into action; im F ~ e geblieben, killed in action; Mil: & Fig: das F. räumen, to retreat, admit defeat; das F. behaupten, to hold one's ground; Fig: gegen etwas acc zu F ~ e ziehen, to campaign/crusade against sth. II. 'F ~ -, comb.fm. field (mouse, Mil: exercise, telephone etc.); F ~ geschütz n, field gun; f ~ grau adj, field-grey (uniform etc.); F ~ lazarett n, field hospital; F ~ marschall m, field-marshal. 'F ~ bau, m -(e)s/no pl agriculture; esp. arable farming. 'F ~ bett, n -(e)s/-en camp bed. 'F ~ blume, f -/-n wild flower. 'F ~ flasche, f -/-n Mil: water bottle. 'F ~ geistliche(r), m decl. as adj. (army) chaplain. 'F ~ gepäck, n -s/no pl Mil: (a) kit; (b) kit bag. 'F ~ herr, m -(e)n/-en military commander, general. 'F ~ lager, n -s/- Mil: bivouac, encampment. 'F ~ lerche, f -/-n skylark. 'F ~ mütze, f -/-n forage cap. 'F ~ post, f -/no pl Mil: army postal service. 'F ~ stecher, m -s/- field-glasses. 'F ~ verweis, m -es/-e Sp: sending-off. 'F ~ - Wald-und-'Wiesen-, comb.fm F: common or garden (subject, cold etc.) 'F ~ webel, m -s/- Mil: sergeant. 'F ~ weg, m -(e)s/-e (narrow) track, path 'F ~ zug, m -(e)s/-e Mil: & Com: campaign.

Felge ['fɛlgə], f -/-n Aut: etc: (wheel) rim.

Fell [fɛl], n -(e)s/-e fur (of a cat etc.); coat (of a dog, horse etc.); (zum Gerben) skin hide, (of a dead animal); fleece (of sheep); (Pelz) pelt; Fig: ihm sind alle F ~ e weggeschwommen, all his hopes have been dashed; F: (Pers.) ein dickes F. haben, to be thick-skinned; j-m das F. über die Ohren ziehen, to take s.o. for a ride.

Fels [fɛls]. I. m -en/-en rock. II. 'F ~ -, comb.fm. rock (massif etc.); F ~ klettern n, rock-climbing; F ~ nadel f, rock pinnacle; F ~ spitze/ F ~ zacke f, rocky crag; F ~ vorsprung m, rocky ledge; F ~ wand f, rock face. 'F ~ block, m -(e)s/-e large boulder. F ~ en [fɛlzən], m -s/- rock; (Felswand) cliff, rock face. 'f ~ en'fest, adj. rock-like; unshakable (conviction etc.); adv. firmly, steadfastly. 'F ~ (en)grund, m -(e)s/no pl bedrock. 'f ~ ig, adj. rocky.

feminin [femi'ni:n], adj. feminine (clothes etc.); Pej: effeminate (man). F ~ inum, n -s/-ina Gram: feminine noun. F ~ ismus, m -/no pl feminism. F ~ ist(in), m -en/-en (f -/-nen) feminist. f ~ istisch, adj. feminist.

Fenchel ['fɛnçəl], m -s/no pl Bot: fennel.

Fenster ['fɛnstər]. I. n -s/- window; etwas zum F. hinauswerfen, to throw sth. out of the window; Fig: zum F. hinausgeschmissenes Geld, money down the drain. II. 'F ~ -, comb.fm. window (frame, leather etc.); F ~ bank f, (i) =

F ~ brett; (ii) (Sitz) window seat; F ~ brett n, (internal) window ledge; F ~ flügel m, window casement; F ~ laden m, window shutter; F ~ nische f, window recess, bay; F ~ putzer m, window cleaner; F ~ scheibe f, window pane; F ~ sims m, (outside) window sill; Rail: etc: F ~ platz m, window seat; Ecc: Arch: F ~ rose f, rose window; Com: F ~ brief(umschlag) m, window envelope. 'F ~ kitt, m -s/no pl putty.

Ferien ['fe:riən]. I. pl holiday(s); Jur: Univ: & N.Am: vacation; Adm: leave; Parl: recess; in die F. gehen, to go on holiday/on vacation/ Parl: into recess; F. machen, to take one's holiday/vacation; Fig: F. vom Ich, complete change of scene, F: getting away from it all. II. 'F ~ -, comb.fm. holiday, N.Am: vacation (house, job, camp etc.); F ~ gast m, holiday guest, N.Am: vacationist; F ~ ort m, (holiday) resort; F ~ reise f, (holiday) trip; F ~ wohnung f, holiday home/flat, N.Am: vacation apartment; F ~ zeit f, holiday season, N.Am: vacation period; adj. f ~ reif, in need of a holiday/vacation.

Ferkel ['fɛrkəl], n -s/- piglet; F: (Kind) piggy.

fern [fɛrn]. I. adj. far; (attrib.) distant (friends etc.); der Tag ist nicht mehr f., the day is not far off; der F ~ e Osten, the Far East; adv. von f ~ (e), from a long way off, from a distance; von nah und f., from near and far. II. 'F ~ -, comb.fm. long-distance (train, driver, transport etc.); long-range (bomber etc.); F ~ verkehr m, long-distance traffic; Tel: F ~ gespräch n, long-distance call; F ~ amt n, telephone exchange for long-distance calls; Mil: F ~ geschoß n, long range missile. f ~ 'ab, adv. Lit: far away (von + dat, from). 'F ~ aufnahme, f -/-n Phot: telephoto shot; Cin: longshot. 'F ~ bedienung, f -/-en Tchn. remote control. 'f ~ bleiben. I. v.i.sep.irr.12 (sein) j-m, etwas dat f., to stay away from s.o., sth. II. F., n -s/no pl Sch: etc: absence; Ind: F. von der Arbeit, absenteeism. 'F ~ e, f -/-n distance; aus der F., from a distance; in weiter F., a long way off. 'f ~ er. 1. adj. (a) continued (stay etc.); (b) (zusätzlich) further; additional. 2. adv. f. möchten wir bestätigen, daß ..., we should also/further(more) like to confirm that ...; F: Sp: er gehörte zu den „f. liefen", he was among the also-rans. 'f ~ erhin, adv. (a) (in Zukunft) for the future; (b) moreover, furthermore. 'F ~ gas, n -/no pl gas supplied by pipeline; (vom Netz) grid gas. 'f ~ gelenkt/'f ~ -gesteuert, adj. remote-controlled; guided (missile). 'F ~ glas, n -es/-er binoculars. 'f ~ halten, v.tr.sep.irr.45 to keep (s.o., sth.) away, (schützen) shield (s.o., sth.) (von etwas dat, from sth.); j-n von sich f., to hold/fend s.o. off; sich von j-m, etwas dat f., to keep away from/steer clear of s.o., sth. 'F ~ heizung, f -/no pl piped heating (from a central source). 'F ~ kurs, m -es/-e correspondence course; Rad: TV: broadcast course. 'F ~ lenk-, comb.fm. remote-controlled; guided (missile); F ~ geschoß n, guided missile. 'F ~ lenkung, f -/no pl remote control. 'F ~ licht, n -(e)s/-er Aut: full/N.Am: high beam. 'f ~ liegen, v.i. sep.irr.62 (haben) es liegt mir fern, it would not occur to me; es lag ihm fern, sie zu beleidigen, he had no intention of offending her/never meant to offend her. ′f ~ liegend, adj. distant; (einsam) remote. ′F ~ melde-, comb.fm. telecommunications (satellite, service etc.); Post: F ~ amt n, telecommunications centre; das F ~ wesen, (the world of) telecommunications. ′f ~ mündlich, adj. telephone (contact etc.); adv. by telephone. F ~ ′ost, m inv. in/ aus/nach F., in/to/from the Far East. f ~ ′östlich, adj. Far Eastern. ′F ~ rohr, n -(e)s/-e telescope. ′F ~ ruf, m -(e)s/-e 1. telephone call. 2. F. 2963, telephone no. 2963. ′F ~ - schreiben, n -s/- teleprinter message; telex (message). ′F ~ schreiber, m -s/- 1. (Gerät) teleprinter; telex machine. 2. (Pers.) teleprinter/ telex operator. ′F ~ seh-, comb.fm. television (aerial, announcer, film, play etc.); F ~ apparat m/F ~ gerät n, television set; F ~ schirm m, television screen; F ~ sender m, television station/transmitter; F ~ übertragung f, television broadcast; F ~ teilnehmer/F ~ zuschauer m, viewer. ′f ~ sehen. I. v.i.sep.irr.92 (haben) to watch television. II. F., n -s/- television; im F., on (the) television; etwas im F. übertragen, to televise sth. ′F ~ seher, m -s/- 1. (Gerät) F: telly, TV. 2. (Pers.) viewer. ′F ~ sicht, f -/no pl gute F., good visibility. ′F ~ sprech-, comb.fm. Adm: telephone (network etc.); F ~ amt n/F ~ zentrale f, telephone exchange; F ~ anschluß m, connection to the telephone network; F ~ teilnehmer m, telephone subscriber; F ~ zelle f, telephone box. ′F ~ sprecher, m -s/- Adm: telephone. ′f ~ stehen, v.i. sep.irr.100 (haben) j-m f., to have little in common with s.o.; er steht der Sache fern, (i) he has nothing to do with the matter; (ii) the matter means nothing to him; ein F ~ der, a detached observer. ′F ~ steuerung, f -/no pl remote control. ′F ~ studium, n -s/no pl study by correspondence course. ′F ~ unterricht, m -(e)s/no pl 1. tuition by correspondence. 2. correspondence course. ′F ~ wirkung, f -/-en remote effect; Psy: telepathy. ′F ~ ziel, n -(e)s/-e long-term aim.

Ferse [′fɛrzə], f -/-n heel; j-m auf den F ~ n sein/ bleiben, to be close on s.o.'s heels/dog s.o.'s footsteps. ′F ~ ngeld, n F: F. geben, to take to one's heels.

fertig [′fɛrtiç]. I. adj. (a) (bereit) ready; bist du noch nicht f.? aren't you ready yet? f ~ e Speisen, ready-cooked dishes; f ~ e Kleider, readymade clothes; einen f ~ en Anzug kaufen, to buy a suit off the peg/N.Am: rack; Fig: f ~ er Künstler, mature/consummate artist; (b) (vollendet) (Haus usw.) finished; er ist mit seiner Arbeit f., he's finished his work; F: mit j-m dat f. sein, to be through/finished with s.o.; mit j-m, etwas dat f. werden, to cope/deal with s.o., sth.; ich bin schon mit ganz anderen f. geworden! I've dealt with even more awkward characters (than you/him/her)! ohne j-n f. werden, to get along without s.o.; (c) F: ich bin ganz f., I'm completely worn out/done in. II. ′F ~ -, comb.-fm. ready-made (clothes etc.); Constr: prefabricated (building, house etc.); Ind: finished (product, goods); Constr: F ~ bauweise f, prefabrication. ′f ~ bringen, v.tr.sep.irr.16 (a) to get (sth.) done, complete (a task); (b) (be-

wirken) es f., etwas zu tun, to manage to do sth.; er bringt es nicht fertig, es ihr zu sagen, he can't bring himself to tell her. ′f ~ en, v.tr. Ind: to produce, manufacture (goods); mit der Hand/Maschine gefertigt, handmade/ machine-made. ′F ~ keit, f -/-en skill, proficiency (in + dat, at); pl F ~ en, skills, accomplishments. ′f ~ machen, v.tr.sep. F: (a) to finish, complete (sth.); (b) to get (s.o., sth.) ready (zu etwas dat/für etwas acc, for sth.); sich für einen Spaziergang f., to get ready for a walk; (c) (erschöpfen) to wear (s.o.) out; die Nachricht hat mich ganz fertiggemacht, the news quite shattered me; (d) P: to beat (s.o.) up, (töten) do (s.o.) in; Fig: (im Argument usw.) j-n f., to sort s.o. out, settle s.o.'s hash. ′f ~ - stellen, v.tr.sep. to complete (sth.). ′F ~ stellung, f -/no pl completion. ′F ~ ung, f -/no pl Ind: production.

Fes [fɛs], m -/- see fez.

Fes, fes², n -/- Mus: F flat.

fesch [fɛʃ], adj. esp. Aus: F: 1. smashing (man, girl); chic, smart (clothes). 2. sei f.! be a sport!

Fessel¹ [′fɛsəl], f -/-n bond, fetter; j-m F ~ n anlegen, to fetter s.o. ′f ~ n, v.tr. (a) to fetter, bind (s.o., an animal); Fig: to tie (s.o.) (ans Haus, to the house); ans Bett gefesselt, confined to bed; (b) (faszinieren) to fascinate/enthrall (s.o.); to hold (s.o.'s attention). ′f ~ nd, adj. fascinating; (spannend) gripping, riveting.

Fessel², f -/-n Z: pastern; Anat: ankle.

fest¹ [fɛst]. I. adj. firm; (a) solid (rock, Ph: body etc.); (unbiegsam) rigid; (nicht flüssig) solid; set (jelly); hard (wood); f. werden, to harden, set; f ~ e Nahrung, solids; adv. f. angebracht, firmly fixed; Tchn: rigidly mounted; (b) (stark) strong (material); secure, solid (structure); (unbeweglich) tight (cork, screw etc.); stout (shoes etc.); robust (health); sound (sleep); firm (blow, belief, hope, decision etc.); resolute (resistance); f ~ en Fuß fassen, to gain a firm footing; nicht mehr f. auf den Beinen, unsteady (on one's legs); einen f ~ en Schlaf haben, to be a sound sleeper; adv. eine Tür f. verschließen, to lock a door securely; etwas f ~ er ziehen, to tighten sth.; f. davon überzeugt, firmly convinced (of it); ich bin f. entschlossen, es zu tun, I am absolutely determined to do it; F: j-n f./esp. North G: f ~ en verhauen, to give s.o. a sound thrashing; sich f./esp. North G: f ~ e ärgern, to get really angry; immer f ~ e! keep at it! (c) fixed (price, income etc.); firm, definite (offer); set (habits); permanent (home, address); stable, lasting (relationship); f ~ e Freunde, firm friends; einen f ~ en Freund/eine f ~ e Freundin haben, to be going steady; mit einem f ~ en Blick, with a steady gaze; eine f ~ e Vorstellung von etwas dat, a definite/clear idea of sth.; Adm: ohne f ~ en Wohnsitz, of no fixed abode/ address; F: (Mädchen) in f ~ en Händen sein, to be spoken for; adv. etwas f. abmachen, to settle sth. definitely. II. ′F ~ -, ′f ~ -, comb.fm. (a) firm (offer etc.); fixed (aerial, price etc.); adj. f ~ verzinslich, at a fixed rate of interest; (b) whl. prefix (to pull, screw etc.) tight. ′f ~ angestellt, adj. permanent, established (staff). ′f ~ binden, v.tr.sep.irr.9 to tie (s.o., sth.) up; to lash (s.o., sth.) (an etwas acc, to sth.). ′f ~ -

drehen, *v.tr.sep.* to tighten (nuts, bolts etc.). '**f~fahren**, *v.refl.&i.sep.irr.26* (*sein*) (**sich**) **f.**, *Aut:* to get stuck (in mud etc.); *Fig:* (*Verhandlungen*) to reach deadlock. '**f~fressen**. I. *v.refl.sep.irr.25 Mec.E:* **sich f.**, to seize (up). II. **F.**, *n* **-s**/*no pl* seizure. '**f~frieren**, *v.i. sep.irr.30* (*sein*) to freeze (solid); (*Schiff*) **festgefroren sein**, to be icebound. '**f~genagelt**, *adj.* nailed down. '**f~gewurzelt**, *adj.* firmly rooted (tree, *Fig:* tradition); *Fig:* (*Pers.*) **wie f.**, rooted to the spot. '**f~haken**, *v.tr.sep.* to hook, hitch (sth.) (**an etwas** *dat,* on to sth.). '**f~halten**, *v.sep.irr.45* 1. *v.i.* (*haben*) **an Traditionen usw. f.**, to hold on to/cling to traditions etc.; **an seiner Meinung f.**, to stick to one's opinion. 2. *v.tr.* (*a*) to keep hold of (s.o., sth.); *Jur:* to hold (s.o.), keep (s.o.) in custody; **j-n beim Ärmel f.**, to hold/grip s.o. by the sleeve; (*b*) **sich an etwas** *dat* **f.**, to hold/hang on to sth.; **halt dich fest!** (i) hold on (tight); (ii) *F:* prepare yourself (for a shock); (*c*) to record (events) (**fotografisch**, on film; **schriftlich**, on paper etc.); to capture (a scene) (**im Bilde**, in a picture). '**f~igen**, *v.tr.* to strengthen (an alliance etc.), consolidate (one's position); **sich f.**, to become stronger. '**F~iger**, *m* **-s**/- *Hairdr:* setting lotion. '**F~igkeit**, *f* -/*no pl* firmness, solidity; (*Stärke*) strength, stoutness; (*Haltbarkeit*) durability; (*Härte*) hardness; *Fig:* stability (of a relationship etc.); (*Standhaftigkeit*) steadfastness (of purpose); determination. '**f~klammern**, *v.tr.sep.* to clamp (sth.) (**an etwas** *dat,* to sth.); **sich an j-m, etwas** *dat* **f.**, to cling tightly to s.o., sth. '**f~kleben**, *v.sep.* 1. *v.tr.* to stick, glue, *Ind:* bond (sth.) (**an etwas** *dat,* to sth.). 2. *v.i.* (*sein*) **an etwas** *dat* **f.**, to stick to sth. '**f~klemmen**, *v.sep.* 1. *v.i.* (*sein*) to jam. 2. *v.tr.* to jam, wedge (sth.). '**F~land**, *n* **-(e)s**/**-er** 1. continent. 2. *no pl* mainland. '**f~legen**, *v.tr.sep.* (*a*) (*bestimmen*) to lay down (principles), stipulate (conditions, a limit etc.); to fix, appoint (a date etc.), decide on (a route, plan); **etwas schriftlich f.**, to put sth. down in writing; (*b*) *Fin:* to tie up, immobilize (capital); (*c*) to commit (oneself, s.o.) (**auf etwas** *acc,* to sth.). '**F~legung**, *f* -/-**en** (*a*) determination, stipulation; fixing, appointment; (*b*) *Fin:* tying down (of capital); (*c*) commitment. '**f~liegen**, *v.i. sep.irr.62* (*sein*) (*a*) (*Schiff*) to be aground/stranded, (*b*) (*Termin, Preis usw.*) to be fixed; **es liegt noch nicht fest, ob ...**, it has not yet been settled/decided whether ... '**f~machen**, *v.tr.sep.* (*a*) to fasten (sth.), tie up (a boat, dog etc.); to moor (a boat) (**an etwas** *dat,* to sth.); (*b*) to settle (a date, price etc.). '**f~nageln**, *v.tr.sep.* to nail (sth.) (down); *F:* **j-n f.**, to nail/pin s.o. down (**auf etwas** *acc,* to sth.). '**F~nahme**, *f* -/-**n** arrest, capture (of a criminal). '**f~nehmen**, *v.tr.sep.irr.69* to capture, (*verhaften*) arrest (s.o.). '**f~schnallen**, *v.tr.sep.* to buckle (sth.) (on/up). '**f~setzen**, *v.tr.sep.* (*a*) to settle, appoint (a time, date etc.); to stipulate (conditions); to fix (a price, *Jur:* damages etc.) (**auf eine Summe**, at a sum); (*b*) **sich f.**, (*Staub, Schmutz*) to settle, collect. '**F~setzung**, *f* -/-**en** settlement; stipulation; fixing. '**f~sitzen**, *v.i.sep.irr.97* (*haben*) (*a*) to

be tight; (*haften*) to stick; **der Schmutz sitzt fest**, the dirt is engrained/will not come off; (*b*) (*nicht weiterkönnen*) (*Pers., Sache*) to be stuck/ (*Schiff*) be aground; **auf einer Insel f.**, to be marooned on an island. '**f~stehen**, *v.i. sep.irr.4* (*sein*) (*Termin, Route usw.*) to be fixed/decided; **eines steht fest**, one thing is certain. '**f~stehend**, *adj.* fixed; *Fig:* definite (opinion etc.); established (fact, order etc.). '**f~stellbar**, *adj.* ascertainable. '**f~stellen**, *v.tr.sep.* (*a*) to secure (sth.) in position; (*b*) to ascertain, establish (a fact etc.); (*bemerken*) to notice (a change etc.); to observe (that ...); **wie kann man das f.?** how can you find out (about that) for certain? **es wurde festgestellt, daß ...**, it was discovered/found that ... '**F~steller**, *m* **-s**/- *Typewr:* shift lock. '**F~stellung**, *f* -/-**en** establishment, discovery (of a fact etc.); (*Bemerkung*) observation. '**f~treten**, *v.tr. sep.irr.105* to tread down (the soil). **f~umrissen**, *adj.* clear-cut (ideas etc.). '**F~ung**, *f* -/-**en** *Mil:* fortress. '**F~ungswall**, *m* **-(e)s**/**-e** *Mil:* rampart. '**F~ungswerk**, *n* **-(e)s**/**-e** *Mil:* fortification. '**f~ziehen**, *v.tr.sep.* to pull (a knot) tight, to tighten (a belt, screw etc.).

Fest². I. *n* **-es**/**-e** 1. celebration, festivity; (*Festessen*) banquet; (*private Gesellschaft*) party, (*Feier*) celebration. 2. *esp. Rel:* festival, holiday; *Ecc:* feast(day); **frohes F.!** have a good holiday/(*Weihnachten*) Christmas! *Prov:* **man muß die F~e feiern, wie sie fallen**, you must make hay while the sun shines. II. '**F~-**, *comb.fm.* festive (evening, dress, mood, decorations etc.); gala (concert, performance); festival (programme, *Ecc:* service etc.). '**F~akt**, *m* **-(e)s**/**-e** (grand) ceremony. '**F~essen**, *n* **-s**/- banquet, (*public*) dinner; *F:* feast. '**F~halle**, *f* -/-**n** assembly rooms. **F~ivität** [-ivi'tɛːt], *f* -/-**en** *A: & Hum:* festivity. '**f~lich**, *adj.* festive (occasion etc.), dressy (clothes); grand, ceremonial (opening, dedication); *adv.* **etwas f. begehen**, to celebrate sth. in style. '**F~lichkeit**, *f* -/-**en** festivity. '**F~platz**, *m* **-es**/**-e** fairground. '**F~rede**, *f* -/-**n** speech at a public function/dinner. '**F~saal**, *m* **-(e)s**/**-säle** assembly hall; (*für Bälle*) ballroom; (*für Festessen*) banqueting hall. '**F~spiel**, *n* **-(e)s**/**-e** 1. festival play. 2. *pl* **F~e**, festival (of the arts). '**F~tag**, *m* **-(e)s**/**-e** *esp. Rel:* festival, holiday; *Ecc:* feastday. '**F~wochen**, *fpl* **Wiener F.**, Vienna Festival. '**F~zug**, *m* **-(e)s**/**-e** carnival procession.

Fetisch ['feːtiʃ], *m* **-(e)s**/**-e** fetish.

fett [fɛt]. I. *adj.* (*a*) (*dick*) fat; *Fig:* **davon kann man nicht f. werden**, you can't exactly make a fortune with that; (*b*) greasy, fatty (soup, meal etc.); greasy (hair, skin); fertile, rich (soil); **f~e Speisen**, rich/fatty foods; *F:* **f~e Beute**, rich haul; (*c*) *Print:* bold; *adv.* **f. gedruckt**, in bold type. II. **F.**, *n* **-(e)s**/**-e** *Cu: Anat:* fat; (*Cu: halbflüssig & Mec.E: Schmierfett*) grease; **das F. abschöpfen**, (i) *Cu:* to skim off the fat; (ii) *Fig:* to take the cream of everything for oneself; *F:* **jetzt hat er sein F. weg/gekriegt!** that's taught him a lesson. III. '**F~-**, '**f~-**, *comb.fm.* fat (content etc.); fatty (acid etc.); grease (mark etc.); **F~ansatz** *m*, layer of fat; **F~polster** *n*, wad of fat; F~**auge** *n.* speck of fat (in soup etc.); F~**gewebe** *n.* fatty tissue; *adj.* f~**frei**, fatfree; f~**arm**, low-fat; f~**dicht**, greaseproof. ´F~**creme**, *f* -/-**s** rich skin cream. ´F~**druck**, *m* -(e)s/*no pl* bold print. ´f~**en**, *v.* 1. *v.tr.* to grease (*Cu:* a tin, *Mec.E:* parts etc.). 2. *v.i.* (*haben*) to be greasy. ´f~**ig**, *adj.* fatty (substance); greasy (hair, dish etc.). ´F~**igkeit**, *f* -/*no pl* fattiness. ´f~**leibig**, *adj.* obese, corpulent. ´F~**leibigkeit**, *f* -/*no pl* obesity, corpulence. ´F~**näpfchen**, *n F:* **ins F. treten**, to put one's foot in it. ´F~**wanst**, *m* -es/-¨e *Pej:P:* pot-belly.

Fetzen ['fɛtsən], *m* -s/- (*a*) scrap (of paper etc.); shred (of material); *Aus:* (*Tuch*) cloth, rag; **etwas in F. reißen**, to tear sth. to shreds/ribbons; *Fig:* **...**, **daß die F. fliegen**, **...** like blazes; (quarrel) till the fur flies; (*b*) *F:Pej:* (*Kleid*) cheap dress.

feucht [fɔyçt], *adj.* damp; moist (lips, earth etc.); f~e Augen, eyes moist with tears; *F:* **ein f~er Abend**, a boozy evening; **er hat eine f~e Aussprache**, he sprays you with spit when he speaks. ´f~´**fröhlich**, *adj. F:* full of (alcoholic) cheer. ´f~´**heiß**, *adj.* hot and sticky. ´F~**igkeit**, *f* -/*no pl* damp; moisture (in a substance); *Meteor:* humidity. ´f~**igkeits-beständig**, *adj.* damp-proof. ´F~**igkeits-creme**, *f* -/-**s** moisturizing cream. ´F~**igkeitsgrad**, *m* -(e)s/-**e** degree of humidity. ´f~´**kalt**, *adj.* cold and damp (air etc.); clammy (hands).

feudal [fɔy´dɑːl], *adj.* feudal; *F:* grand (house, party); slap-up (meal); *adv.* **j-n f. bewirten**, to treat s.o. right royally. F~**ismus** [-da´lismus], *m* -/*no pl* feudalism; feudal system.

Feuer ['fɔyər]. I. *n* -s/- fire; (*im Freien*) bonfire; (*Glut*) blaze; *Cu:* flame; *Nau:* (*Leuchtfeuer*) light; *Fig:* passion, fervour; **F. fangen**, to catch fire; **haben Sie F.?** have you got a light? **j-m F. geben**, to give s.o. a light; *Mil:* **das F. eröffnen/einstellen**, to open fire/cease firing; **F.!** fire! *Fig:* **im ersten F. der Begeisterung**, in the first flush of enthusiasm; **sie war gleich F. und Flamme (dafür)**, she was immediately wild with enthusiasm (about it); **F. hinter etwas** *dat* **machen**, to chase sth. up; **zwischen zwei F. geraten**, to be caught between the Devil and the deep blue sea; **mit dem F. spielen**, to play with fire. II. ´F~~, ´f~~, *comb.fm.* fire (alarm, -fighting etc.); (danger etc.) of fire; F~**anzünder**, firelighter; F~**fresser** *m*, fire-eater; F~**leiter** *f*, (i) (*am Haus*) fire escape; (ii) fireman's ladder; F~**löschdienst** *n*, fire tender/boat; F~**löscher** *m*, fire extinguisher; F~**melder** *m*, fire alarm/signal; F~**schein** *m*, light/glow of the fire; F~~**schutz** *m*, fire protection/*Mil:* cover; F~**stelle** *f*, fireplace; hearth; F~**treppe** *f*, fire escape; F~**wache** *f*, fire station; F~**wehr** *f*, fire brigade; F~**wehrauto** *n*, fire engine; F~**wehrmann** *m*, fireman; F~**werk** *n*, fireworks; (*Schau*) firework display; F~**werkskörper** *m*, firework; F~**zange** *f*, fire tongs; *Mil:* F~**kraft** *f*, firepower; F~**waffe** *f*, firearm; *Fig:* F~**taufe** *f*, baptism of fire; *adj.* f~**beständig**, fire-resistant; *Cl:* fireproof; f~**fest**, fireproof; *Cu:* ovenproof; f~**sicher**, fireproof. ´F~**bestattung**, *f* -/-**en** cremation. ´F~**eifer**, *m* -s/*no pl* ardour, zeal.

´f~**flüssig**, *adj.* molten (lava etc.). ´f~~**gefährlich**, *adj.* inflammable. ´F~**haken**, *m* -s/- poker. ´f~**n**, *v.* 1. *v.i.* (*haben*) *Mil: etc:* to fire (**auf** j-n, at s.o.). 2. *v.tr.* (*a*) to feed, stoke (a boiler etc.); **mit Öl gefeuert**, oil-fired; *abs.* **mit Holz f.**, to burn wood (as fuel); (*b*) *F:* to fling (sth.); *Sp:* **den Ball ins Netz f.**, to power the ball into the net; (*c*) *F:* to fire (s.o.) (from a job). ´F~**probe**, *f* -/-**n** *Fig:* (crucial) test; ordeal. ´F~**rad**, *n* -(e)s/-¨er catherine wheel. ´F~**rost**, *n* -(e)s/-**e** grate. ´f~´**rot**, *adj.* fiery (red); **f. werden**, to turn crimson (in the face). ´F~**sbrunst**, *f* -/-¨e *Lit:* conflagration. ´F~~**schiff**, *n* -(e)s/-**e** *Nau:* lightship. ´F~**stein**, *m* -(e)s/-**e** flint. ´F~**stuhl**, *m* -(e)s/-¨e *Motor Cy: P:* ton-up machine. ´F~**ung**, *f* -/-**en** (*a*) furnace, fire; (*b*) (*Beheizung*) heating; **F. mit Öl/Kohlen**, oil-/coal-firing; (*c*) (*Brennmaterial*) fuel. ´F~**zeug**, *n* -(e)s/-**e** (cigarette) lighter.

Feuilleton [fœjə´tõː], *n* -s/-**s** *Journ:* (literary) supplement.

feurig ['fɔyriç], *adj.* fiery (temperament etc.); high-spirited (horse); ardent (lover etc.).

Fiaker [fi´akər], *m* -s/- *Aus:* 1. horse-drawn cab. 2. (*Pers.*) cab driver.

Fiasko [fi´asko], *n* -s/-**s** fiasco.

Fibel ['fiːbəl], *f* -/-**n** *Sch:* primer, ABC.

Fichte ['fiçtə], *f* -/-**n** spruce (tree); *F:* pine (tree). F~**nholz**, *n* -es/*no pl* spruce wood; (*für Möbel*) deal.

ficken ['fikən], *v.tr. & i.* (*haben*) *V:* to fuck, screw (a girl).

fidel [fi´deːl], *adj. F:* jolly, cheerful; **er ist ein f~es Haus!** he's a cheerful soul.

Fidschi ['fidʃi]. Pr.n.n -s. *Geog:* Fiji. F~**aner** [-´ɑːnər], *m* -s/- Fijian. f~´**anisch**, *adj.* Fijian.

Fieber ['fiːbər], *n* -s/- fever; temperature (of over 38°C/100°F); **j-m das F. messen**, to take s.o.'s temperature. ´f~**haft**, *adj.* feverish. ´F~**haftigkeit**, *f* -/*no pl* feverishness. ´f~**n**, *v.i.* (*haben*) to be feverish; *Fig:* **vor Spannung/Erwartung f.**, to be in a fever of excitement/expectation. ´**fiebrig**, *adj. Med:* feverish.

Fiedel ['fiːdəl], *f* -/-**n** *Mus:Pej:* fiddle. ´f~**n**, *v.i.* (*haben*) to fiddle.

fies [fiːs], *adj. F:* horrid; (*abstoßend*) revolting (meal, sight etc.).

Figur [fi´guːr], *f* -/-**en** figure; (*in Buch*) character; *Chess:* piece; **von schlanker F.**, of slender build; **eine klägliche F. abgeben**, to cut a sorry figure; *Skating:* F~**en laufen**, to skate figures.

Fik|tion [fikts´oːn], *f* -/-**en** fiction. f~**tiv** [-´tiːf], *adj.* fictitious.

Filet [fi´leː], *n* -s/-**s** *Cu:* fillet.

Filial|e [fili´ɑːlə], *f* -/-**n** branch (of a chain store etc.). F~**geschäft**, *n* -(e)s/-**e** (*a*) branch office, (*b*) = **Filiale**. F~**leiter**, *m* -s/- branch manager.

Filigran [fili´grɑːn], *n* -s/-**e**/F~**arbeit**, *f* -/-**en** filigree (work).

Film [film]. I. *m* -(e)s/-**e** 1. (*Belag*) film, coating. 2. *Phot: & Cin:* film; *N.Am: Cin:* movie; *F:* **der F.**, films; (*als Gattung*) cinema; **beim F. sein**, to be in films/*N.Am:* the movies; **sie will zum F. gehen**, she wants to get into films/*N.Am:* the movies. II. ´F~~, *comb.fm.* *Cin:* film, *N.Am:* movie (archive, studio, company, music, critic);

screen (actor, actress); F ~ **kulisse** f/F ~ **bauten** mpl film/movie set; F ~ **gelände** n, film studios/ lot; das F ~ **geschäft**, the world of films/movies; F ~ **kritik** f, film/movie review; F ~ **schnitt** m, (film/movie) editing; F ~ **star** m, film/movie star; F ~ **verleih** m, (i) film/movie distribution; (ii) film/movie distributors; F ~ **bearbeitung** f, screen adaptation; F ~ **autor** m, screen writer; F ~ **probe** f, screen test. 'F ~ **aufnahme**, f -/-n filming. 'F ~ **ausschnitt**, m -(e)s/-e Cin: clip. 'F ~ **emacher**, m -s/- Cin: F: film/N.Am: movie maker. 'f ~ **en**, v.tr.&i. (haben) Cin: to film (s.o., sth.). 'f ~ **isch**, adj. filmic; on film; adv. in cinema terms. 'F ~ **kamera**, f -/-s cine camera. 'F ~ **kopie**, f -/-n copy/print (of a film). 'F ~ **kunst**, f -/no pl (art of) cinema. 'F ~ **vorführer**, m -s/- Cin: projectionist.

Filou [fi'lu:], m -s/-s F: rogue.

Filter ['filtər]. I. m & Tchn: n -s/- filter; filter tip (of a cigarette). II. 'F ~ -, comb.fm. filter (paper, bag etc.); F ~ **kaffee** m, filter coffee; F ~ **zigarette** f, filter-tipped cigarette. 'f ~ **n**, v.tr. to filter (liquid, coffee etc.).

filtrier|en [fil'tri:rən], v.tr. esp. Ch: to filter (liquid etc.). F ~ **ung**, f -/-en filtration.

Filz [filts], m -es/-e felt. 'f ~ **en**, v.tr. F: to frisk (s.o.). 'F ~ **schreiber**, m -s/-/'F ~ **stift**, m -(e)s/-e felt(-tip) pen.

Fimmel ['fiməl], m -s/no pl F: mania, craze; er hat einen F., he's not quite right in the head.

Final|e [fi'na:lə], n -s/- 1. Mus: finale. 2. Sp: final. F ~ **satz** m -es/-e Gram: final clause.

Finanz [fi'nants]. I. f -/-en finance. II. F ~ -, comb.fm. (a) financial (situation, policy etc.); F ~ **jahr** n, financial/fiscal year; (b) finance (committee, company, minister). F ~ **amt**, n -(e)s/-er tax office. f ~ **iell** [-tsi'ɛl], adj. financial. f ~ **ieren** [-'tsi:rən], v.tr. to finance (a company etc.). F ~ **ierung**, f -/-en financing. F ~ **mann**, m -(e)s/-er financier. F ~ **wesen**, n -s/no pl public finances; financial matters.

Findelkind ['findəlkint], n -(e)s/-er foundling.

find|en ['findən], v.tr.irr. (pres. findet, p. fand, p.p. gefunden) to find (s.o., sth.); (a) er war nirgends zu f., he was nowhere to be found; eine Ausrede f., to think up an excuse, den Tod f., to meet one's death; Freude an etwas dat f., to take pleasure in sth.; (b) (der Meinung sein) das finde ich ratsam, I consider/find that advisable; wie f. Sie die neuen Vorhänge? what do you think of the new curtains? f. Sie nicht? don't you think (so)? (c) abs. to find the way; er hat nicht zu uns gefunden, he couldn't find the way to our place; (d) sich f., (auftauchen) to turn up; es wird sich (schon) alles f., everything will be all right; es fanden sich nur zwei Blutspender, only two blood donors materialized; (e) Verwendung/Berücksichtigung f., to be used/taken into consideration. F ~ **er(in)**, m -s/- (f -/-nen) finder. 'F ~ **erlohn**, m -(e)s/-e reward (for the finder). 'f ~ **ig**, adj. resourceful; ingenious. 'F ~ **igkeit**, f -/no pl resourcefulness.

Findling ['fintliŋ], m -s/-e 1. (Kind) foundling. 2. Geol: (also F ~ **sblock** m) erratic boulder.

Finesse [fi'nɛsə], f -/-n F: trick; alle F ~ **n** kennen, to know all the ins and outs.

Finger ['fiŋər]. I. m -s/- finger; laß die F. davon!

hands off! don't meddle with it! mit dem F. auf j-n zeigen, to point one's finger at s.o.; Fig: sie rührte keinen F./machte keinen F. krumm, mir zu helfen, she didn't lift a finger to help me; er hat überall seine F. im Spiel, he has a finger in every pie; man muß ihnen dauernd auf die F. sehen, you have to keep an eye on them all the time; sie kann ihn um den kleinen F. wickeln, she can do what she likes with him; mein kleiner F. hat's mir gesagt, a little bird told me; etwas im kleinen F. haben, to know sth. backwards; lange F. machen, to pilfer; ich kann es mir doch nicht aus den F ~ **n** saugen, I can't produce it out of thin air. II. 'F ~ -, comb.fm. finger (bowl, Mus: exercise etc.); F ~ **abdruck** m, fingerprint; F ~ **gelenk** n, finger joint; F ~ **nagel** m, finger-nail; F ~ **spitze** f, fingertip. 'f ~ **breit**, adj. as wide as a finger. 'f ~ **fertig**, adj. deft. 'F ~ **fertigkeit**, f -/no pl deftness. 'F ~ **hut**, m -(e)s/-e 1. thimble. 2. Bot: foxglove. 'F ~ **knöchel**, m -s/- knuckle. 'F ~ **ling**, m -s/-e 1. finger stall. 2. finger (of a glove). 'f ~ **n**, v.i. (haben) an etwas dat f., to finger sth. 'F ~ **satz**, m -es/-e Mus: fingering. 'F ~ **spitzengefühl**, n -(e)s/-e intuition. 'F ~ **sprache**, f -/-n deaf and dumb language. 'F ~ **zeig**, m -(e)s/-e (Hinweis) hint, tip; (Wink) sign.

fingier|en [fiŋ'gi:rən], v.tr. to simulate, (erdichten) invent (sth.). f ~ **t**, adj. fictitious.

Fink [fiŋk], m -en/-en Orn: finch.

Finn|e [1] ['finə], m -n/-n/'F ~ **in**, f -/-nen Finn. 'f ~ **isch**, I. adj. Finnish. II. F., n -/no pl Ling: Finnish. 'F ~ **land**, Pr.n.n -s. Geog: Finland.

Finne [2], f -/-n 1. (Flosse) fin. 2. pimple.

finster ['finstər], adj. (a) dark (night, room etc.); (düster) gloomy; (unheimlich) sinister, forbidding (street, house); es wird f., it's getting dark; im F ~ **n**, in the dark; im F ~ **n**/Fig: f ~ **n** tappen, to be groping in the dark; Fig. es sieht f. aus, things are looking black; (b) Fig: (zwielichtig) shady (business etc.); (c) f ~ **e** Miene/ f ~ **er** Blick, black look, scowl; j-n f. ansehen, to scowl at s.o. 'F ~ **nis**, f -/-se 1. darkness. 2. Astr: eclipse.

Finte ['fintə], f -/-n Box: Fenc: feint; Fig: trick.

Firlefanz ['firləfants], m -es/-e F: (a) (Tand) frippery; trappings; (b) (Unsinn) gobble-degook, (elaborate) nonsense.

Firm|a ['firma], f -/-men 1. firm; company; die F. X, the firm of X, Messrs. X. 2. F:Pej: lot, collection (of people); eine saubere F., a fine lot. 'F ~ **eninhaber**, m -s/- owner of a/the firm. 'f ~ **eneigen**, adj. owned by the firm. 'F ~ **enregister**, n -s/- register of companies. 'F ~ **enschild**, n -(e)s/-er firm's board/sign; facia (over shop-front); (kleines) name-plate. 'F ~ **enverzeichnis**, n -ses/-se trade directory. 'F ~ **enwagen**, m -s/- company car. 'F ~ **enzeichen**, n -s/- trade mark.

firm|en ['firmən], v.tr. Ecc: to confirm (s.o.). 'F ~ **ling**, m -s/-e confirmation candidate. 'F ~ **pate**, m -n/-n R.C.Ch: (candidate's) sponsor. 'F ~ **ung**, f -/-en confirmation.

Firn [firn], m -(e)s/-e eternal snow.

Firnis ['firnis], m -ses/-se varnish. 'f ~ **sen**, v.tr. to varnish (a painting etc.).

First [fɜːst], *m* -(e)s/-e *Constr:* ridge (of a roof).
'F ~ ziegel, *m* -s/- ridge-tile.

Fis, fis [fis], *n* -/- *Mus:* F sharp.

Fisch [fiʃ]. I. *m* -(e)s/-e (a) fish; F~e fangen, to (catch) fish; *F:* die F~e füttern, to feed the fishes, be seasick; sich wohlfühlen wie ein F. im Wasser, to feel as happy as a sandboy/*N.Am:* clam; (b) *Astr:* Pisces; (c) *F:* (*Pers.*) ein großer F., a big fish, a VIP; kleine F~e, small fry; (*Sachen*) minor matters; (d) *pl F:* F~e, bits, foreign bodies (in tea etc.). II. 'F~-, *comb.fm.* (a) fish (dish, -tail etc.); F~auge *n*, (i) (*also Fig:*) fish-eye; (ii) *Phot:* fisheye lens; F~behälter *m*, fish tank; F~besteck *n*, fish knives and forks; F~braterei/F~bratküche *f*, (fried) fish restaurant; F~gräte *f*, fishbone; F~kelle *f*, fish slice; F~mehl *n*, fishmeal; F~rogen *m*, fish roe; F~stäbchen *n*, fish finger, *N.Am:* fishstick; F~teich *m*, fishpond; F~zucht *f*, (i) *no pl* fish farming; (ii) fish hatchery/farm; (b) (*fischig*) fishy (smell etc.); (c) (*zum Fischen*) fishing (net etc.); F~gründe *pl*, fishing grounds; F~kutter *m*, (motor-driven) fishing boat. 'F~adler, *m* -s/- *Orn:* osprey. 'F~bein, *n* -(e)s/*no pl* whalebone. 'f~en, *v.* 1. *v.tr.* to fish for, (*fangen*) catch (salmon etc.); *F:* etwas aus dem Wasser f., to fish sth. out of the water. 2. *v.i.* (*haben*) to fish; f. gehen, to go fishing; nach etwas *dat* f., to fish for sth.; *Fig:* im trüben f., to fish in troubled waters. 'F ~ er, *m* -s/- fisherman. 'F~erboot, *n* -(e)s/-e fishing boat. 'F~erdorf, *n* -(e)s/-er fishing village. F~e'rei, *f* -/-en fishing, fishery. F~e'rei-, *comb.fm.* fishing (fleet, harbour etc.); F~gerät *n*, fishing tackle; F~grenze *f*, fishing limit. 'F~fang, *m* -(e)s/*no pl* fishing. 'F~geschäft, *n* -(e)s/-e fishmonger's (shop), *N.Am:* fish store. 'F~grätenmuster, *n* -s/- herringbone pattern. 'F~händler, *m* -s/- fishmonger, *N.Am:* fish seller. 'F~zug, *m* -(e)s/-e haul, catch (of fish).

Fisimatenten [fizima'tɛntən], *pl F:* hankypanky; (*Ausflüchte*) evasions.

Fisk|us ['fiskus], *m* -/*no pl F:* exchequer. f~alisch [-'kaːliʃ], *adj. Fin:* fiscal.

Fisole [fi'zoːlə], *f* -/-n *Aus:* French/string bean.

Fistelstimme ['fistəlʃtimə], *f* -/-n *Mus: etc:* falsetto (voice).

fit [fit], *adj.* fit. 'F ~ neß, *f* -/*no pl* fitness.

fix [fiks], *adj.* 1. fixed (prices, salary etc.); f~e Idee (von etwas *dat*), fixation (about sth.). 2. (*flink*) quick; sharp-witted (person); *adv.* in a jiffy/in a trice; mach f.! make it snappy! 3. *F:* f. und fertig, (a) (*bereit*) completely finished/ready; (b) (*erschöpft*) completely worn out; (*ruiniert*) ruined, done for; (*drohend*) ich werde ihn aber f. und fertig machen! I'll deal with him/settle his hash! F~ativ [-a'tiːf], *n* -s/-e *Tchn:* fixative. 'f ~ en, *v.refl. P:* sich f., to have a fix. 'F~er, *m* -s/- *P:* (*Drogenabhängiger*) junkie. F~ier- [fi'ksiːr-], *comb.fm. Phot:* fixing (bath etc.); F~mittel *n*, fixing agent. f ~ ieren, *v.tr.* (a) etwas schriftlich f., to put sth. down in black and white; (b) *Phot:* to fix (a film, print); (c) j-n (mit den Augen) f., to hold s.o. with a fixed gaze, stare fixedly at s.o.; (d) *Psy:* auf j-n fixiert sein, to have a fixation about s.o. F~ierung, *f* -/*no pl* 1. *Phot: etc:*

fixing. 2. *Psy:* fixation. F~um ['fiksum], *n* -s/-xa fixed amount, basic salary. 'F~zeit, *f* -/-en *Ind:* core time.

Fjord [fjɔrt], *m* -(e)s/-e *Geog:* fiord.

flach [flax], *adj.* (a) flat; (*eben*) level; smooth (sea); die f~e Hand, the palm of the hand; (b) (*niedrig*) low (building, heel etc.); low-lying (land); (c) (*nicht tief*) shallow (water, dish etc., *Fig:* person); *Fig:* superficial (book, conversation etc.). 'F ~ boot, *n* -(e)s/-e flat-bottomed boat. 'F~dach, *n* -(e)s/-er *Constr:* flat roof. 'f ~ fallen, *v.i.sep.irr.27* (*sein*) *F:* to be off/a non-event. 'F~glas, *n* -es/*no pl* plate glass. 'F~heit, *f* -/*no pl* (a) flatness; (b) (*also Fig:*) shallowness. 'F ~ land, *n* -(e)s/*no pl* lowland(s). 'f ~ liegen, *v.i.sep.irr.62* (*haben*) *F:* to be laid low (with an illness). 'F~rennen, *n* -s/- *Horse Rac:* 1. *no pl* flat-racing. 2. flat race.

Fläch|e ['flɛçə], *f* -/-n (a) (*Oberfläche*) surface; side (of a dice); facet (of a jewel); *Geom:* plane (of a figure); (b) (*Ausdehnung*) area; expanse (of water etc.); (*in einem Gebäude*) floor space; größere F~n werden bebaut, large areas are being developed/built up. 'F ~ enblitz, *m* -es/-e sheet lightning. 'F~eninhalt, *m* -(e)s/-e *Geom:* area. 'F ~ enmaß, *n* -(e)s/-e *Mth:* square measure; (*Einheit*) unit of area. -f~ig, *comb.fm.* -faced, -sided (figure); sechsf., with six faces/sides.

Flachs [flaks], *m* -es/*no pl* flax. 'f ~ blond, *adj.* flaxen (hair); flaxen-haired (girl). 'f ~ en, *v.i.* (*haben*) *North G: F:* to joke; mit j-m f., to tease s.o. 'f ~ farben, *adj.* flaxen.

flackern ['flakərn], *v.i.* (*haben*) to flicker.

Fladen ['flaːdən], *m* -s/- 1. *Cu:* fritter. 2. cowpat.

Flagg|e ['flagə], *f* -/-n flag; *Nau:* (*Nationalf.*) ensign; die F. streichen, (i) to lower the flag; (ii) *Fig:* to admit defeat. 'F ~ en-, *comb.fm.* flag (signal etc.). 'F ~ enschmuck, *m* -s/*no pl* bunting (*as decoration*). 'F ~ entuch, *n* -(e)s/-e bunting (*material*). 'F ~ offizier, *m* -s/-e *Nau:* flag officer. 'F ~ schiff, *n* -(e)s/-e *Navy:* flagship.

Flak [flak], *f* -/-s (a) anti-aircraft gun; (b) *no pl* anti-aircraft artillery; (F~feuer) flak.

Flakon [fla'kõː], *n* -s/-n phial, small bottle.

Flam|e ['flaːmə], *m* -n/-n Fleming.

Fläm|in ['flɛːmin], *f* -/-en Flemish girl/woman. 'f ~ isch, *adj. & F~,* *n* -(s)/*no pl Ling:* Flemish.

Flamingo [fla'miŋgo], *m* -s/-s *Orn:* flamingo.

Flamm|e ['flamə], *f* -/-n (a) flame; the F~n stehen, to be ablaze/in flames; *Cu:* auf kleiner/schwacher F., on a low heat; (b) *F:* (*Frau*) eine alte F., an old flame. 'f ~ end, *adj.* blazing; *Fig:* passionate (speech etc.); f. rot, flaming red. 'f ~ (en)fest, *adj.* flameproof (crockery etc.). 'F ~ enmeer, *n* -(e)s/-e mass of flames. 'f ~ ensicher, *adj. Cl:* flameproof. 'F ~ enwerfer, *m* -s/- flamethrower. 'F ~ punkt, *m* -(e)s/-e flashpoint. 'F ~ rohr, *n* -(e)s/-e boiler flue.

Flandern ['flandərn]. *Pr.n.n* -s. *Geog:* Flanders.

Flanell [fla'nɛl], *m* -s/-e *Tex:* flannel. F~hose, *f* -/-n flannel trousers/*N.Am:* slacks.

Flank|e ['flaŋkə], *f* -/-n 1. side (of an animal etc.); *Mil: etc:* flank. 2. (a) *Gym:* side vault; (b) *Fb:* (*also* 'F~nball, *m*) centre, cross. f ~ ieren [-'kiːrən], *v.tr.* to flank (s.o., sth.).

Flansch [flanʃ], *m* -(e)s/-e *Mec.E:* flange.
Flaps [flaps], *m* -es/-e lout. 'f ~ ig, *adj.* loutish.
Flasche ['flaʃə], *f* -/-n **1.** bottle; cylinder (of gas, oxygen); **eine F. Bier,** a bottle of beer; **Wein in F ~ n füllen,** to bottle wine; (*Kind, Tier*) **mit der F. großgezogen werden,** to be brought up on the bottle; *F:* **zur F. greifen,** to take to the bottle. **2.** *F:* (*Pers.*) dud; useless character. 'F ~ n-, 'f ~ n-, *comb.fm.* (*a*) bottle (brush, opener etc.); **f ~ grün** *adj.* bottle green; **F ~ hals** *m,* (i) neck of a bottle; (ii) *Fig:* bottleneck; **F ~ verschluß** *m,* bottle top; (*b*) bottled (beer, wine etc.). 'F ~ **nfüllung,** *f* -/no pl bottling. 'F ~ **ngas,** *n* -es/no pl cylinder/*esp.* butane gas. 'F ~ **ngestell,** *m* -(e)s/-e wine rack. 'F ~ **nzug,** *m* -(e)s/ꞋꞋe *Mec.E:* block and tackle.
flatterǀhaft ['flatərhaft], *adj.* capricious (mood, person); flighty (girl). 'F ~ **haftigkeit,** *f* -/no pl capriciousness; flightiness. 'f ~ **n,** *v.i.* (*a*) (*haben/occ. sein*) to flutter, flap; (*b*) (*haben*) (*Vogel*) to flap its wings; (*Hunde*) to shake; *Aut:* (*Rad*) to wobble. 'F ~ **heit,** *f* -/no pl faintness; slackness.
flau [flau], *adj.* (*a*) (*schwach*) faint (breeze); **f. vor Hunger usw.,** faint with hunger etc.; (*b*) (*leblos*) slack (holiday season, business); dull, lifeless (conversation, atmosphere); lukewarm (sentiments); *Phot:* flat, lacking in contrast; (*c*) *F:* **mir ist f. (im Magen),** I feel queasy. 'F ~ **heit,** *f* -/no pl faintness; slackness.
Flaum [flaum], *m* -(e)s/no pl down, fluff; (*Pfirsichf.*) bloom. 'F ~ **bart,** *m* -(e)s/ꞋꞋe (first) downy beard. 'f ~ **ig,** *adj.* (*a*) downy, fluffy; (*b*) *Aus: Cu:* **Butter f. rühren,** to cream butter.
Flausch [flauʃ], *m* -(e)s/-e *Tex:* fleece. 'f ~ **ig,** *adj.* fleecy, cuddly (toy etc.).
Flausen ['flauzən], *pl F:* (*a*) nonsense; **er hat nur F. im Kopf,** his head is stuffed with silly ideas; (*b*) **mach keine F.!** don't tell fibs! 'F ~ **macher,** *m* -s/- *F:* fibber.
Flaute ['flautə], *f* -/-n **1.** *Nau:* dead calm. **2.** *Com: etc:* (*a*) slack period; depression; (*b*) (*Flauheit*) dullness, slackness.
fläzen ['flɛːtsən], *v.i.* (*haben*) **sich f.,** to sprawl.
Flechtǀe ['flɛçtə], *f* -/-n **1.** *Bot:* lichen. **2.** *Med:* (scaly) skin disease, *esp.* psoriasis. 'f ~ **en,** *v.tr.irr.* (*pres.* **flicht,** *p.* **flocht,** *p.p.* **geflochten**) to plait, *N.Am:* braid (hair, straw etc.); to weave (a basket etc.); **einen Zopf f.,** to make a plait/*N.Am:* braid. 'F ~ **werk,** *n* -(e)s/no pl wickerwork.
Fleck [flɛk], *m* -(e)s/-e (*a*) (*Schmutz*) mark, spot; (*von Wein usw.*) stain; (*Klecks*) blot; (*andersfarbige Stelle*) speck; (*größer*) patch; **es macht F ~ e(n),** it leaves a mark/stain; *Med: F:* **blauer F.,** bruise; (*b*) (*Stück Boden*) patch (of ground); (*Ort*) spot; **blinder F.,** blind spot (in the eye); **auf demselben F.,** in the same spot/place; **er rührte sich nicht vom F.,** he didn't stir/budge; **er kommt nicht vom F.,** (i) he can't move/get away; (ii) *Fig:* he can't get on (with his work); *F:* **vom F. weg,** on the spot, there and then; *Fig:* **das Herz auf dem rechten F. haben,** to have one's heart in the right place. 'F ~ **en,** *m* -s/- **1.** = **Fleck** (*a*). **2.** (small) market town. 'F ~ **enentferner,** *m* -s/-/'F ~ **enentfernungsmittel,** *n* -s/- spot remover. 'f ~ **enlos,** *adj.* spotless; *Fig:* stainless (character etc.). 'F ~ **enwasser,** *n* -s/- (liquid) stain remover.

'F ~ **erl,** *n* -s/-n *Aus: Cu:* square noodle.
'F ~ **fieber,** *n* -s/no pl *Med:* typhus. 'f ~ **ig,** *adj.* marked, stained (clothes etc.); marked (fruit); blotchy (face). 'F ~ **typhus,** *m* -/no pl *Med:* typhus. 'F ~ **vieh,** *n* -s/no pl cattle with white patches.
Flederǀmaus ['fleːdərmaus], *f* -/ꞋꞋe *Z:* bat. 'F ~ **wisch,** *m* -(e)s/-e feather duster.
Flegel ['fleːgəl], *m* -s/- lout. **F ~ ei** [-'lai], *f* -/-en rudeness, loutish behaviour. 'f ~ **haft,** *adj.* loutish. 'F ~ **haftigkeit,** *f* -/no pl loutishness. 'F ~ **jahre,** *npl* awkward years/age; puberty.
flehen ['fleːən], *v.i.* (*haben*) to beseech, implore; **bei j-m um etwas** *acc* **f.,** to beg s.o. for sth.
Fleisch [flaiʃ]. **I.** *n* -(e)s/no pl (*a*) flesh; *Lit:* **sein eigen(es) F. und Blut,** one's own flesh and blood; (*b*) (*Nahrungsmittel*) meat; (*c*) (*Obstf.*) flesh, pulp. **II.** 'F ~ -, 'f ~ -, *comb.fm.* (*a*) flesh (wound etc.); *adj.* **f ~ farben,** flesh-coloured; (*b*) meat (extract, dish, salad etc.); **F ~ kloß** *m,* meat dumpling; **F ~ klößchen** *n,* meat ball; **F ~ messer** *n,* meat/carving knife; **F ~ pastete** *f,* meat pie; **F ~ saft** *m,* meat juices; *South G:* **F ~ käse** *m,* meat loaf. 'F ~ **beschau,** *f* -/no pl **1.** *Adm:* meat inspection. **2.** *F:* ogling at scantily clad females. 'F ~ **brühe,** *f* -/-n *Cu:* (*a*) (beef) stock; (*b*) (*Suppe*) consommé; (*zum Trinken*) beef tea, *N.Am:* bouillon. 'F ~ **brühwürfel,** *m* -s/- *Cu:* stock cube. 'F ~ **er,** *m* -s/- butcher. 'F ~ **erbeil,** *n* -(e)s/-e meat chopper. **F ~ e'rei,** *f* -/-en butcher's (shop). 'F ~ **erhaken,** *m* -s/- meat hook. 'F ~ **erhund,** *m* -(e)s/-e (fierce) mastiff. 'F ~ **erladen,** *m* -s/ꞋꞋ butcher's shop. 'F ~ **ermeister,** *m* -s/- master butcher. 'F ~ **eslust,** *f* -/ꞋꞋe *Lit:* (carnal) desire. 'f ~ **fressend,** *adj.* carnivorous (animal). 'F ~ **fresser,** *m* -s/- *Z:* carnivore. 'F ~ **hauer,** *m* -s/- *Aus:* butcher. **F ~ haue'rei,** *f* -/-en *Aus:* butcher's shop. 'f ~ **ig,** *adj.* meaty (animal); fleshy (face, soft fruit); plump (face, hands etc.). 'F ~ **konserve,** *f* -/-n tinned/*N.Am:* canned meat. 'f ~ **lich,** *adj.* carnal. 'F ~ **werdung,** *f* -/no pl *B:* Incarnation. 'F ~ **wolf,** *m* -(e)s/ꞋꞋe *Cu:* mincer, *N.Am:* meat grinder.
Fleiß [flais], *m* -es/no pl diligence, industry; **mit F.,** diligently, industriously. 'f ~ **ig,** *adj.* (*a*) hardworking, industrious; **sie war heute sehr f.,** she got through a lot today; *adv.* **f. arbeiten,** to work hard; (*b*) *F: adv.* **das Theater f. besuchen,** to go to the theatre often; *Hum:* **f. ins Wirtshaus gehen,** to be a real regular at the pub/ *N.Am:* bar.
fletschen ['flɛtʃən], *v.tr.* **die Zähne f.,** to bare one's teeth/*Z:* (*Tiere*) its fangs.
flexǀibel [flɛˈksiːbəl], *adj.* flexible; *Bookb:* limp (cover). **F ~ ibilität** [-ibiliˈtɛːt], *f* -/no pl flexibility.
Flickǀarbeit ['flɪkʔarbait], *f* -/-en *Sew:* mending, (*bei Wolle*) darning (job). 'f ~ **en. I.** *v.tr.* (*a*) to mend (clothes, shoes, *Cy:* a tube), darn (wool); (*b*) *F:* to patch up (an engine etc.). **II.** **F.,** *m* -s/- patch (for a repair). 'F ~ **endecke,** *f* -/-n patchwork cover/(*Steppdecke*) quilt. **F ~ e'rei,** *f* -/-en (tedious) mending and patching (job). 'F ~ **korb,** *m* -(e)s/ꞋꞋe (needle-) work basket. 'F ~ **schuster,** *m* -s/- cobbler. 'F ~ **werk,** *n* -(e)s/no pl *Pej:* patched up job,

(*Durcheinander*) hotch-potch. ´F ~ **zeug**, *n* -(e)s/-e (*a*) *Sew:* mending things; (*b*) *Cy:* (puncture) repair kit.

Flieder [ˈfliːdər], *m* -s/- *Bot:* lilac. ´f ~ **farben**, *adj.* lilac(-coloured).

Flieg|e [ˈfliːgə], *f* -/-n 1. *Ent:* fly; mit der F. **angeln**, to fly-fish; *Prov:* zwei F ~ n mit einer **Klappe schlagen**, to kill two birds with one stone; *Fig:* er tut keiner F. etwas zuleide, he wouldn't hurt a fly. 2. *Cl:* bow-tie. 3. (*Schnurrbart*) Hitler moustache. ´f ~ **en**, *v.irr.30* (*sein*) 1. *v.i.* to fly; (*a*) fahren Sie mit dem Schiff oder f. Sie? are you going by sea or by air? nach Berlin fliegt man eine Stunde, it's an hour's flight to Berlin; (*b*) (*eilen*) to rush, hurry; *F:* alle Mädchen f. auf ihn, all the girls find him irresistible; (*c*) (*geworfen werden*) to be thrown/hurled; das Auto flog aus der Kurve, the car left the road on the bend; *F:* aus seiner Stellung f., to be fired/get the sack; aus der Schule f., to be expelled from school; durch die Prüfung f., to plough/flunk the exam; (*d*) *F:* in die Luft f., to explode, blow up; (*e*) seine Haare f., his hair won't stay in position. 2. *v.tr.* to fly (an aircraft, passengers, cargo). ´F ~ **en**-, *comb.fm.* fly (fishing etc.); F ~ **fänger** *m*, flytrap; F ~ **fenster** *n*, flyscreen; F ~ **klappe**/F ~ **klatsche** *f*, flyswat; *Orn:* F ~ **schnäpper** *m*, flycatcher; *Box: etc:* F ~ **gewicht** *n*, flyweight. ´f ~ **end**, *adj.* flying; f ~ **er Händler**, itinerant trader, pedlar; f ~ **es Blatt**, loose leaf (of paper); (*gedruckt*) pamphlet, handbill. ´F ~ **enschrank**, *m* -(e)s/ᵉe meat safe. ´F ~ **er**, *m* -s/- pilot. ´F ~ **eralarm**, *m* -(e)s/-e air raid warning. ´F ~ **erangriff**, *m* -(e)s/-e air attack/raid. ´F ~ **erhorst**, *m* -(e)s/-e air station, airfield. ´F ~ **erjacke**, *f* -/-n flying jacket. ´F ~ **erkorps**, *n* -/- air corps. ´F ~ **erschule**, *f* -/-n flying school.

flieh|en [ˈfliːən], *v.irr.* (*p.* **floh**, *p.p.* **geflohen**) 1. *v.i.* (*sein*) to run away, *Lit:* flee (vor j-m, etwas dat, from s.o., sth.); (*entkommen*) to escape; zu j-m f., to take refuge with s.o. 2. *v.tr.* to shun, avoid (s.o., sth.). ´f ~ **end**, *adj.* 1. fleeing (troops etc.). 2. receding (chin, forehead). ´F ~ **kraft**, *f* -/ᵉe *Ph:* centrifugal force.

Fliese [ˈfliːzə], *f* -/-n tile. ´f ~ **n**, *v.tr.* to tile (a floor, wall). ´F ~ **nboden**, *m* -s/- tile floor. ´F ~ **nkleber**, *m* -s/- tile adhesive/cement.

Fließ|arbeit [ˈfliːsarbait], *f* -/no *pl Ind:* flow production; production line work. ´F ~ **band**, *n* -(e)s/ᵉer *Ind:* conveyor belt; vom F. kommen, to come off the assembly/production line. ´f ~ **en**, *v.i.irr.* (*sein*) (*p.* **floß**, *p.p.* **geflossen**) to flow; (*Hahn, Nase usw.*) to run; die Tränen flossen ihm übers Gesicht, (the) tears ran/poured down his face; es ist viel Blut geflossen, much blood has been shed. ´f ~ **end**, *adj.* (*a*) flowing (water, river); Zimmer mit f ~ em Wasser, room with running water; (*b*) *Fig:* (*ungenau*) hazy (distinction, borderline); (*c*) ein f ~ es Deutsch/ *adv.* f. deutsch sprechen, to speak fluent German/speak German fluently.

Flimmer [ˈflimər], *m* -s/- shimmer; (*Licht*) glimmer. ´f ~ **n**, *v.i.* (*haben*) (*Sterne*) to twinkle; (*Wasser*) to sparkle; (*Luft, Hitze*) to shimmer; (*Fernsehen*) to flicker; es flimmert mir vor den Augen, I see stars before my eyes. ´F ~ **kiste**, *f* -/no *pl F:* the telly.

flink [flink], *adj.* agile, quick (movements, person); nimble (fingers); *F:* jetzt aber f.! get a move on! ein f ~ es Mundwerk, a quick tongue. ´F ~ **heit**, *f* -/no *pl* agility.

Flinte [ˈflintə], *f* -/-n sporting gun, *esp.* shotgun; *Fig:* die F. ins Korn werfen, to chuck it in.

Flipper [ˈflipər], *m* -s/- *F:* one-armed bandit.

Flirt [flœrt], *m* -s/-s flirtation. ´f ~ **en**, *v.i.* (*haben*) to flirt.

Flittchen [ˈflitçən], *n* -s/- *F:Pej:* tart, pick-up.

Flitter [ˈflitər], *m* -s/- (*a*) *pl* (*auf einem Kleid*) sequins; (*b*) (*Glitzerschmuck*) tinsel. ´F ~ **wochen**, *fpl* honeymoon (period).

flitz|en [ˈflitsən], *v.i.* (*sein*) (*a*) to whizz (along), (*Pers.*) dash; geschwind um die Ecke f., to nip round the corner; (*b*) *F:* (*nackt laufen*) to streak. ´F ~ **er**, *m* -s/- 1. (*Auto*) nippy little car. 2. *F:* (*Pers.*) streaker.

Flock|e [ˈfləkə], *f* -/-n flake (of snow etc.); (*Wolle*) flock. ´f ~ **ig**, *adj.* flaky.

Floh [floː]. I. *m* -(e)s/ᵉe *Ent:* flea; *Fig:* j-m dat einen F. ins Ohr setzen, to put an idea in s.o.'s head. II. ´F ~, *comb.fm.* flea (bite, circus etc.); *Pej: F:* F ~ **kino** *n*, fleapit; F ~ **markt** *m*, flea market; (*Wohltätigkeitsbasar*) jumble sale. ´F ~ **beißen**, *n F:* angenehmes F.! sleep tight!

Flor[1] [floːr], *m* -s/-e 1. *Lit:* im F. stehen, (*Pflanze*) to be in bloom/(*Obstbaum usw.*) in blossom. 2. mass of flowers; *Fig:* bevy (of girls). f ~ **ieren** [floˈriːrən], *v.i.* (*haben*) (*Geschäft*) to flourish, thrive.

Flor[2], *m* -s/-e 1. *Tex:* gauze; (*Trauerf.*) crêpe. 2. (*Teppichf.*) pile (of a carpet etc.).

Flora [ˈfloːra], *f* -/-ren flora.

Florentiner [florenˈtiːnər], *m* -s/- 1. (*Pers.*) Florentine. 2. *Cu:* florentine. 3. picture hat.

Florett [floˈret], *n* -(e)s/-e *Fenc:* foil.

Floskel [ˈfləskəl], *f* -/-n (empty) set phrase; flowery phrase. ´f ~ **haft**, *adj.* flowery.

Floß [floːs], *n* -sses/ᵉsse raft.

Flosse [ˈfləsə], *f* -/-n 1. (*a*) fin (of a fish etc.); (*b*) *Swim:* flipper. 2. *Av: etc:* tailfin. 3. *F:* (*Hand*) mitt, paw.

Flöt|e [ˈfløːtə], *f* -/-n 1. *Mus:* flute; (*einfache Pfeife*) whistle. 2. (*slender*) champagne glass, flute. 3. *Cards:* flush. ´F ~ **en**-, *comb.fm.* flute (concerto, music, player etc.) ´f ~ **en**, *v.* 1. *v.i.* (*haben*) (*Vögel*) to trill; (*Wind usw.*) to whistle gently. 2. *v.tr. & i.* (*haben*) *F:* to say (sth.) in honeyed tones. ´f ~ **engehen**, *v.i.sep.irr.36* (*sein*) *F:* to go for a burton/(*Geld*) down the drain. ´F ~ **enton**, *m* -(e)s/ᵉe note/sound of a flute; *F:* j-m die F ~ e beibringen, to teach s.o. what's what. F ~ **ist(in)** [fløˈtist(in)], *m* -en/-en (*f* -/-nen) flautist.

flott [flət], *adj.* *F:* 1. (*a*) (*schnell*) quick, *F:* speedy (service etc.); in einem f ~ en Tempo, a brisk pace/a good speed; *P:* den f ~ en Otto haben, to have a runny tummy; *adv.* mach f.! make it snappy! (*b*) (*schick*) smart (dress, coat etc.); (*rasant*) sporty, racy (car); (*lebendig*) lively, jazzy (music etc.); flamboyant (style); fast (girl); dashing, dishy (man); *P:* eine f ~ e Biene, a real smasher. 2. (*unbekümmert*) happy-go-lucky (person); ein f ~ es Leben führen/*adv.* f. leben, to have a good time; *adv.* f. mit dem Geld umgehen, to throw one's money about. 3. (*Schiff usw.*) afloat; **ein Schiff f. machen,** to refloat a ship; (*Pers., Geschäft*) **wieder f.,** back on one's/its feet. **′f ~ machen,** *v.tr.sep.* to make (a ship, boat) seaworthy/*F:* (a car) roadworthy; *F:* **ein Unternehmen wieder f.,** to put a business back on its feet. **′f ~ ′weg,** *adv. F:* without stopping, in one fell swoop.

Flotte [′flɔtə], *f -/-n* fleet. **′F ~ nbasis,** *f -/-basen/* **′F ~ nstützpunkt,** *m -(e)s/-e Navy:* naval base.

Flottille [flɔ′tiljə], *f -/-n* small fleet (of boats); *Navy:* flotilla. **F ~ nadmiral,** *m -s/-e Navy:* commodore.

Flöz [fløːts], *n -es/-e Min:* (coal etc.) seam.

Fluch [fluːx], *m -(e)s/ˉ̈e* curse; **ein F. liegt auf/ über diesem Haus,** there is a curse on this house; **F ~ e gegen j-n ausstoßen,** to curse s.o. **′f ~ en,** *v.i.* (*haben*) to curse (**auf/über** + *acc,* at, about). **′F ~ wort,** *n -(e)s/ˉ̈er* swear-word.

Flucht[1] [fluxt]. **I.** *f -/occ -en* escape; *Lit:* flight; **er starb auf der F.,** he died while trying to escape/(*Sträfling*) on the run; **in wilder F. davonjagen,** to rush away in a panic; **die F. ergreifen,** to take flight; **den Feind in die F. schlagen,** to put the enemy to flight; *Fig:* **die F. vor der Wirklichkeit,** escapism. **II.** **′F ~ ,** *comb.fm.* escape (car, vehicle etc.); **F ~ versuch** *m,* escape attempt; **F ~ weg** *m,* escape route. **′f ~ artig,** *adj.* hurried, hasty.

Flucht[2], *f -/-en* (*a*) *Constr:* alignment (of buildings etc.); **in einer F.,** in line; (*Flächen*) flush; (*b*) suite (of rooms). **′F ~ punkt,** *m -(e)s/-e Opt: etc:* vanishing point.

flücht|en [′flyçtən], *v.* **1.** *v.i.* (*sein*) to take flight, run away; (*sich retten*) to escape (**vor** + *dat,* from). **2.** *v.refl.* **sich irgendwohin f.,** to run somewhere (for shelter), take refuge somewhere (**vor** + *dat,* from). **′f ~ ig,** *adj.* **1.** (*flüchtend*) fleeing; escaped (prisoner etc.); **f. sein,** to be on the run/at large. **2.** (*a*) (*kurz*) cursory (acquaintance); fleeting (glance etc.); **einen f ~ en Besuch machen,** to pay a brief call; (*b*) (*oberflächlich*) superficial; slapdash, shoddy (work); careless (mistake); *adv.* **j-n f. kennen,** to know s.o. slightly. **3.** *Ch:* volatile (liquid, oil etc.). **′F ~ igkeit,** *f -/no pl* (*a*) fleetingness, briefness; (*b*) carelessness, superficiality. **′F ~ igkeitsfehler,** *m -s/-* careless mistake. **′F ~ ling,** *m -s/-e* refugee. **′F ~ lingslager,** *n -s/-* refugee camp.

Flug [fluːk]. **I.** *m -(e)s/ˉ̈e* flight; (*a*) (*Fliegen*) flying; **im F.,** in flight, while flying; (*b*) flock (of birds etc.); (*c*) *Fig:* **F. der Gedanken,** flight of fancy; **die Zeit verging (wie) im F ~ e,** the time flew past. **II.** **′F ~ -,** *comb.fm.* (*a*) flight (deck, captain etc.); flying (boat, weather etc.); **F ~ bahn** *f,* flight path; *Artil:* trajectory; **F ~ (daten)schreiber** *m,* flight recorder; **F ~ dauer/F ~ zeit** *f,* flight/flying time; **F ~ kanzel** *f,* flight deck (of an aircraft); **F ~ leitung** *f,* flight/ground control; **F ~ plan** *m,* flight schedule; **F ~ stunden** *fpl,* flying lessons; (*b*) air-(speed, traffic etc.); **F ~ dienst** *m/* **F ~ sicherung** *f,* air traffic control; **F ~ lotse** *m,* air traffic controller; **F ~ gast** *m/* **F ~ reisende(r)** *m & f,* air passenger; **F ~ personal** *n,* aircrew; **F ~ gesellschaft** *f,* airline; **F ~ linie** *f,* (i) air route; (ii)

airline; **F ~ netz** *n,* airline network; **F ~ schneise** *f,* air lane; **F ~ verbindung** *f,* air service; **F ~ hafen** *m,* airport; **F ~ platz** *m,* airfield; **F ~ schau** *f,* air show; **F ~ schein** *m,* (i) air ticket; (ii) (*Pilotenschein*) pilot's licence. **′F ~ abwehr,** *f -/no pl Mil:* anti-aircraft defence. **′F ~ - abwehrkanone,** *f -/-n* anti-aircraft gun. **′F ~ ball,** *m -(e)s/ˉ̈e Tennis:etc:* volley. **′F ~ begleiter(in),** *m -s/- (f -/-nen)* steward-(ess); *pl* **die F.,** cabin crew. **′F ~ benzin,** *-s/no pl* aviation fuel. **′F ~ bereich,** *m -s/no pl* range (of an aircraft). **′f ~ bereit,** *adj.* ready for take-off. **′F ~ blatt,** *n -(e)s/ˉ̈er* (*esp.* political) leaflet, pamphlet. **′F ~ höhe,** *f -/-n* altitude; **maximale F.,** ceiling. **′F ~ objekt,** *n -(c)s/-e* **unbekanntes F.,** unidentified flying object, *usu. abbr.* UFO. **′F ~ regler,** *m -s/-* **automatischer F.,** automatic pilot. **′F ~ reise,** *f -/-n* flight. **f ~ s** [fluks], *adv.* quickly; at once. **′F ~ sand,** *m -(e)s/no pl* drift-sand. **′F ~ - schanze,** *f -/-n Ski:* 90 metre (jumping) hill. **′F ~ sport,** *m -(e)s/no pl* aviation sport. **′F ~ steig,** *m -(e)s/-e* gate (at an airport). **′F ~ verbot,** *n -(e)s/-e* grounding. **′F ~ wesen,** *n -s/-* aviation. **′F ~ zeug,** *n -(e)s/-e* aircraft, *N.Am:* airplane. **′F ~ zeugabsturz,** *m -es/ˉ̈e* air crash. **′F ~ zeugentführer,** *m -s/-* hijacker. **′F ~ zeugentführung,** *f -/-en* hijacking. **′F ~ zeughalle,** *f -/-n* hangar. **′F ~ zeugkatastrophe,** *f -/-n* air disaster. **′F ~ zeugträger,** *m -s/-* aircraft carrier. **′F ~ zeugunglück,** *n -s/-* air crash.

Flügel [′flyːgəl], *m -s/-* **1.** *Orn: Av: Arch: Pol: Fb:* wing; *Fig:* **j-m die F. beschneiden,** to clip s.o.'s wings; *F:* **die F. hängenlassen,** to be down in the mouth. **2.** (*a*) (window) casement; half (of a double door); leaf (of shutters); (*b*) *Anat:* lobe (of the lung). **3.** sail (of a windmill); blade (of a propeller/fan). **4.** *Mus:* grand piano; **am F. begleitet von X,** accompanied (at the piano) by X. **′F ~ altar,** *m -(e)s/ˉ̈e Ecc.Art:* altarpiece with sidepieces. **′F ~ fenster,** *n -s/-* casement window. **′f ~ los,** *adj.* wingless. **′F ~ mutter,** *f -/-n* wing nut. **′F ~ schlag,** *m -(e)s/ˉ̈e* wing beat. **′F ~ schraube,** *f -/-n* thumbscrew, winged screw. **′F ~ spannweite,** *f -/-n* wingspan. **′F ~ stürmer,** *m -s/- Fb:* winger. **′F ~ tür,** *f -/-en* double door.

flügge [′flyːgə], *adj.* fully-fledged (bird); (*Vögel, Hum: Kinder*) **f. werden,** to leave the nest.

Fluidum [′fluːidum], *n -s/-da Fig:* aura; atmosphere.

fluktuieren [fluktu′iːrən], *v.i.* (*haben*) to fluctuate.

Flunder [′flundər], *f -/-n Fish:* flounder.

Flunker|ei [fluŋkə′rai], *f -/-en F:* **1.** *no pl* telling (tall) stories. **2.** tall story, yarn. **′f ~ n,** *v.i.* (*haben*) *F:* to tell yarns/tall stories; **er flunkert nur,** he's just making it up.

Flunsch [flunʃ], *m -(e)s/-e F:* sulky face; **einen F. ziehen,** to pout, sulk.

Fluor [′fluːɔr], *n -s/no pl Ch:* fluorine; *F:* (*als Wasserzusatz usw.*) fluoride. **F ~ eszenz** [fluores′tsɛns], *f -/no pl* fluorescence. **f ~ es- ′zierend,** *adj.* fluorescent.

Flur[1] [fluːr], *m -(e)s/-e* (entrance) hall; hallway (of flats, office block); (*Gang*) corridor; (*im oberen Geschoß*) landing.

Flur², *f* -/-en (*a*) *Lit:* open fields/country; *Fig:* **allein auf weiter F. sein,** to be all alone; (*b*) *Agr:* farmland (belonging to a community). ´**F ~ bereinigung,** *f* -/-en *Agr:* redistribution of plots of land (to form larger units); land rationalization.

Fluse [ˈfluːzə], *f* -/-n *North G:* (piece of) fluff.

Fluß [flus]. **I.** *m* -sses/ˉsse **1.** river. **2.** (*Fließen*) flow (of water, traffic etc.); *Ph: etc:* flux; **in F. kommen,** to get going; **ein Gespräch usw. in F. bringen,** to get a conversation etc. going; **im F. sein,** (*Sache*) to be in a state of flux. **II.** ´**F ~ -,** *comb.fm.* river (bed, port, valley, bank etc.); **F ~ gebiet** *n,* river basin; **F ~ lauf** *m,* course of a river; **F ~ mündung** *f,* river mouth; estuary. **f ~ ´abwärts,** *adv.* downstream. ´**F ~ arm,** *m* -(e)s/-e tributary. **f ~ ´aufwärts,** *adv.* upstream. ´**F ~ diagramm,** *n* -s/-e flow chart. ´**F ~ mittel,** *n* -s/- *Metalw:* flux. ´**F ~ pferd,** *n* -(e)s/-e *Z:* hippopotamus. ´**F ~ stahl,** *m* -(e)s/ˉe mild steel.

flüssig [ˈflysiç], *adj.* **1.** liquid; molten (metal, lava etc.). **2.** (*fließend*) flowing; fluent (speaker, style etc.); **es herrscht f ~ er Verkehr,** the traffic is flowing freely. **3.** *Fin:* liquid (capital, assets); ready (money); *F:* **jetzt bin ich wieder f.,** I'm in funds again now. ´**F ~ keit,** *f* -/-en **1.** liquid; *esp. Anat: etc:* fluid. **2.** (*Eigenschaft*) fluency (of speech etc.). **3.** (*Zustand*) *esp. Fin:* liquidity. ´**F ~ keitsmaß,** *n* -es/-e liquid measure. ´**f ~ machen,** *v.tr.sep.* to make (money) available.

flüster|n [ˈflystərn]. **I.** *v.tr. & i.* (*haben*) to whisper (sth.) (**j-m,** to s.o.); *F:* **dem werd' ich was f.!** I'll tell him a thing or two! **das kann ich dir f.!** take it from me! **II. F.,** *n* -s/*no pl* whispering; whisper. ´**F ~ galerie,** *f* -/-n whispering gallery. ´**F ~ propaganda,** *f* -/*no pl* whispering campaign. ´**F ~ stimme,** *f* -/-n whisper. ´**F ~ ton,** *m* im **F.,** in a whisper.

Flut [fluːt], *f* -/-en **1.** *no pl* high tide; **bei F.,** at high tide; **die F. steigt/fällt,** the tide is coming in/going out. **2.** *Lit:* **F ~ en,** waters; (*Wellen*) waves; (*Hochwasser*) floodwater; *Fig:* **eine F. von Tränen, Briefen usw.,** a flood of tears, letters etc. ´**F ~ licht,** *n* -(e)s/*no pl* floodlight. ´**F ~ welle,** *f* -/-n tidal wave.

flutschen [ˈflutʃən], *v.i.* (*a*) (*sein*) *F:* to slip (**aus der Hand,** out of one's hand); (*b*) (*haben*) *F:* to go smoothly.

Fock [fɔk], *f* -/-en *Nau:* foresail, *esp.* jib. ´**F ~ mast,** *m* -(e)s/-en foremast.

Föder|alismus [føːdəraˈlismus], *m* -/*no pl* federalism. **f ~ ativ** [-aˈtiːf], *adj.* federal. **F ~ ation** [-atsiˈoːn], *f* -/-en federation.

Fohlen [ˈfoːlən]. **I.** *n* -s/- (*neugeboren*) foal; (*männlich*) colt, (*weiblich*) filly. **II. f.,** *v.i.* (*haben*) to foal.

Föhn [føːn], *m* -(e)s/-e *Geog:* warm Alpine wind; föhn (wind).

Föhre [ˈføːrə], *f* -/-n *South G: & Aus:* pine tree.

Folg|e [ˈfɔlgə], *f* -/-n **1.** consequence, result; **etwas zur F. haben,** to result in sth.; **die F ~ n tragen,** to take the consequences; **in der F./für die F.,** in future; subsequently. **2.** (*a*) (*Reihe*) series; sequence; **in rascher F.,** in quick succession; (*b*) *Rad: TV:* instalment (of a serial);

Journ: edition (of a magazine etc.). **3.** *esp. Adm:* **einem Befehl usw. F. leisten,** to obey an order etc.; **einer Einladung F. leisten,** to accept an invitation. ´**F ~ eerscheinung,** *f* -/-en consequence, after-effect. ´**f ~ en,** *v.i.* (*a*) (*sein*) **j-m/etwas** *dat* **f.,** to follow/(*verfolgen*) pursue s.o., sth.; **j-m auf Schritt und Tritt f.,** to dog s.o.'s footsteps; (*b*) (*sein*) (*zeitlich*) **j-m, etwas** *dat/***auf j-n, etwas** *acc* **f.,** to succeed s.o., sth.; to follow on from s.o., sth.; **auf den Winter folgt der Frühling,** after the winter comes the spring; **weiteres folgt morgen,** to be continued tomorrow; **wie folgt,** as follows; **daraus folgt, daß ...,** it follows/ensues from this that ...; (*c*) (*haben*) (**j-m**) **f.,** to obey (s.o.), be obedient (to s.o.); **er folgt nicht,** he is disobedient. ´**f ~ end,** *adj.* following; **am f ~ en Tag,** the next day; **f ~ es,** the following; **im f ~ en wird erklärt...,** it is explained below... ´**f ~ ender ´maßen/´f ~ ender´weise,** *adv.* like this, as follows. ´**f ~ enschwer,** *adj.* (action etc.) with far-reaching consequences. ´**f ~ erichtig,** *adj.* logical; sound (thinking etc.). ´**F ~ erichtigkeit,** *f* -/*no pl* (logical) consistency. ´**f ~ ern,** *v.tr.* to conclude (sth.) (**aus** + *dat,* from); **ich folgerte daraus, daß ...,** I concluded (from this)/came to the conclusion that ... ´**F ~ erung,** *f* -/-en conclusion, deduction. ´**F ~ etonhorn,** *n* -/ˉer *Aus:* (police etc.) siren. ´**f ~ ewidrig,** *adj.* illogical. ´**F ~ ewidrigkeit,** *f* -/-en inconsistency. ´**f ~ lich,** *adv. & conj.* consequently. ´**f ~ sam,** *adj.* obedient. ´**F ~ samkeit,** *f* -/*no pl* obedience.

Folie [ˈfoːliə], *f* -/-n **1.** (*a*) (metal) foil; (*b*) (plastic) film; (*Überzug*) lamination. **2.** *Fig:* **F. dienen,** to serve as a foil. ´**F ~ neinband,** *m* -(e)s/ˉe *Bookb:* laminated cover.

Folklor|e [fɔlkˈloːrə], *f* -/*no pl* **1.** folklore. **2.** folk music. **F ~ ekleid,** *n* -(e)s/-er ethnic dress. **f ~ istisch** [-oˈristiʃ], *adj.* folk, *F:* folksy; **f ~ es Interesse,** interest in folklore.

Folter [ˈfɔltər], *f* -/-n (*a*) torture; (*b*) *Hist:* (*also* **F ~ bank** *f*) rack; *Fig:* **j-n auf die F. spannen,** to keep s.o. on tenterhooks. ´**F ~ er,** *m* -s/- torturer. ´**f ~ n,** *v.tr.* to torture, *Fig:* torment (s.o.).

Fön [føːn], *m* -(e)s/-e *R.t.m.* hairdryer. ´**f ~ en,** *v.tr.* **sich** *dat* **die Haare f.,** to dry one's hair (with a hairdryer).

Fond [fõ:], *m* -s/-s back (of a car, *Th:* the stage).

Fonds [fõ:], *m* -/- **1.** fund. **2.** *pl Fin:* government stocks/securities.

foppe|n [ˈfɔpən], *v.tr.* **j-n f.,** to pull s.o.'s leg; *F:* to rag/kid s.o. **F ~ ´rei,** *f* -/-en teasing; kidding; **eine F.,** a legpull.

forcier|en [fɔrˈsiːrən], *v.tr.* (*a*) to force (a matter etc.); **das Tempo/Rennen f.,** to force the pace; (*b*) to step up (production, work etc.). **f ~ t,** *adj.* forced, unnatural.

forder|n [ˈfɔrdərn], *v.tr.* (*a*) to demand (rights, money etc.); to claim (*Jur:* damages, *Fig:* lives, victims etc.); **einen hohen Preis f.,** to charge a high price; **es fordert Geduld, Nerven usw.,** it requires/takes patience, nerves etc.; (*b*) (*herausf.*) to challenge (s.o.) (**zu einem Kampf usw.,** to a fight etc.); *Jur:* **j-n vor Gericht f.,** to summon s.o. before a court; (*c*) to push, stretch (an opponent etc.), *Sp:* put (a team, horse etc.) under pressure. ´**F ~ ung,** *f* -/-en **1.** demand,

Adm: requirement (**nach** + *dat,* for); *Com: Jur:* claim (**an j-n,** against s.o.). **2.** *A:* challenge (to a duel)

Förder|anlage ['fœrdərɑnlɑːgə], *f* -/-n *Ind:* conveyor. '**F ~ band,** *n* -(e)s/⁻er *Ind:* conveyor belt. '**F ~ er(in),** *m* -s/- (*f* -/-nen) patron (of the arts etc.); sponsor. '**F ~ korb,** *m* -(e)s/⁻e *Min:* cage. '**F ~ leistung,** *f* -/-en *Ind:* output; *Mec.E:* throughput (of a pump). '**f ~ lich,** *adj.* profitable, favourable; **etwas** *dat* **f. sein,** to be conducive/beneficial to sth. '**f ~ n,** *v.tr.* (*a*) to promote, foster (trade, art, understanding etc.); (*finanziell*) to sponsor, support (a project etc.); to advance, further (development, science etc.); to encourage (a tendency etc.); (*b*) *Min:* to extract (coal, gold etc.). '**F ~ turm,** *m* -(e)s/⁻e *Min:* pithead winding tower. '**F ~ ung,** *f* -/-en **1.** patronage, sponsorship (of art etc.); promotion, advancement; encouragement. **2.** *Min:* extraction, production. '**F ~ ungsmaßnahme,** *f* -/-n support/promotional measure.

Forelle [fo'rɛlə], *f* -/-n *Fish:* trout; *Cu:* **F. blau,** poached trout. **F ~ nzucht,** *f* -/no *pl* trout-breeding.

forensisch [fo'rɛnziʃ], *adj.* forensic.

Form [fɔrm], *f* -/-en form; (*a*) (*äußere Gestalt*) shape; (*Umrisse*) contours; *Tchn:* (*Profil*) profile, section; **elegante F.,** smart shape/*Cl:* style; **schnittige F.,** sleek lines (of a car etc.); **die weiblichen F ~ en,** the curves of the female figure; **die F. verlieren/aus der F. geraten,** to lose its shape; *Hum:* **aus der F. gehen,** to lose one's figure; *Fig:* (*Plan usw.*) **feste F. annehmen,** to take shape; (*b*) (*auf den Inhalt bezogen*) form; (*Fassung*) version; (*Art*) variety (of a plant etc.); mode (of expression); **in F. von/in der F.** + *gen,* in the form of; **der Roman als F.,** the novel as a form; (*c*) (*Sitte usw.*) propriety, **in aller F.,** in due form; with due ceremony; **der F. wegen,** for the sake of form/appearances; **die F. wahren,** to keep up appearances; **gesellschaftliche F ~ en,** social conventions/formalities; **Mensch ohne F ~ en,** person without any manners; (*d*) *Sp:* fitness; **gut/groß in F.,** in good/great form; **nicht in F.,** off form; *N.Am:* out of shape; **sich in F. bringen,** to get oneself into form/shape; (*e*) *Metalw: etc:* (*Gießf.*) mould; *Cu:* (*Backf.*) baking) tin; *Shoem:* last; (*für Hüte*) block. **f ~ al** [fɔr'maːl], *adj.* **1.** formal (structure etc.); *adv.* **sich f. unterscheiden,** to differ in form. **2.** technical (objections, grounds etc.); *adv.* **f. Widerstand leisten,** to offer token resistance. **f ~ alisieren** [-ali'ziːrən], *v.tr.* to formalize (sth.). **F ~ alität** [-i'tɛːt], *f* -/-en formality. **F ~ at** [-'mɑːt], *n* -(e)s/-e **1.** size, format (of paper, books etc.). **2.** *no pl* stature, calibre; **Mann von F.,** distinguished man; man of stature/distinction. **F ~ ation** [-atsi'oːn], *f* -/-en *Geol: Mil: Av: etc:* formation; *Geol:* (*System*) system. **f ~ ativ** [-a'tiːf], *adj.* formative. '**f ~ bar,** *adj.* malleable. '**F ~ blatt,** *n* -(e)s/⁻er *Adm:* form, *N.Am:* blank. '**F ~ el,** *f* -/-n formula. '**f ~ elhaft,** *adj.* set (form, phrase etc.); *adv.* **sich f. ausdrücken,** to talk in set phrases. **f ~ ell** [-'mɛl], *adj.* formal (agreement etc.). **f ~ elwagen,** *m* -s/- *Motor Rac:* formula racing car. '**f ~ en,** *v.tr.* to form (a concept, sounds etc.); to shape,

mould (a material, *Fig:* s.o.'s character etc.) (**zu etwas** *dat,* into sth.); (*Gedanken, Stoff usw.*) **sich f.,** to take shape. '**F ~ enlehre,** *f* -/no *pl* *Gram: Biol:* morphology; *Mus:* theory of forms. '**F ~ fehler,** *m* -s/- breach of etiquette; *Adm:* irregularity; *Jur:* formal defect. '**F ~ frage,** *f* -/-n question of form; technically. '**F ~ gebung,** *f* -/no *pl* shaping; *Art: etc:* design. **f ~ ieren** [-'miːrən], *v.tr.* to form (a team, lines, ideas); *Mil:* to draw up (troops); **sich in Linie f.,** to fall into line. '**F ~ krise,** *f* -/-n *Sp:* **eine F. haben,** to go through a bad patch. '**f ~ los,** *adj.* **1.** shapeless. **2.** (*zwanglos*) informal (leave-taking etc.); casual (behaviour). '**F ~ losigkeit,** *f* -/no *pl* informality. '**F ~ sache,** *f* -/-n (**reine) F.,** pure formality/matter of form; *Jur: Adm:* technically. '**f ~ schön,** *adj.* attractively designed; beautifully shaped. **F ~ ular** [-u'laːr], *n* -s/-e *Adm:* form, *N.Am:* blank. **f ~ u'lieren,** *v.tr.* to formulate (an idea etc.), phrase (a question etc.). **F ~ u'lierung,** *f* -/-en formulation; (*Wortlaut*) wording; turn of phrase. '**F ~ ung,** *f* -/no *pl* **1.** formation. **2.** shaping, moulding (of materials).

förmlich ['fœrmliç], *adj.* **1.** (*offiziell*) official, formal (invitation, protest etc.). **2.** (*unpersönlich*) formal (greeting). **3.** (*regelrecht*) genuine, real (fear etc.); proper (battle etc.); *adv.* **er wurde f. hinausgeworfen,** he was literally thrown out. '**F ~ keit,** *f* -/-en formality.

forsch [fɔrʃ], *adj.* dynamic, vigorous (person, manner); (*resolut*) crisp, brisk, (*schneidig*) dashing (manner etc.). '**F ~ heit,** *f* -/no *pl* dynamism, vigour; dashing manner.

forsch|en ['fɔrʃən], *v.i.* (*haben*) (*a*) **nach j-m, etwas** *dat* **f.,** to search for/ (*fragen nach*) inquire after s.o., sth.; **f ~ der Blick,** searching glance; (*b*) to (do) research (**auf einem Gebiet,** in an area/into a subject). '**F ~ er(in),** *m* -s/- (*f* -/-nen) **1.** research worker, researcher. **2.** (*F ~ ungsreisender*) explorer. '**F ~ ung,** *f* -/-en research; (*Untersuchung*) inquiry. '**F ~ ungs-,** *comb.fm.* research (work, institute, laboratory etc.); **F ~ stipendium** *n,* research fellowship; **F ~ bereich** *m*/**F ~ gebiet** *n,* field of research. '**F ~ ungsreise,** *f* -/-n voyage of exploration. '**F ~ ungsreisende(r),** *m & f decl. as adj.* explorer.

Forst [fɔrst]. **I.** *m* -(e)s/-e(n) forest. **II.** '**F ~ -,** *comb.fm.* forestry (officer, administration etc.); **F ~ schutz** *m,* forest conservation; **F ~ wirtschaft**/**F ~ wissenschaft** *f,* forestry.

Förster ['fœrstər], *m* -s/- forester, *N.Am:* forest ranger. '**F ~ ei** [-'rai], *f* -/-en forester's house.

Forsythie [fɔr'zyːt(s)iə], *f* -/-n forsythia.

Fort¹ [foːr], *n* -s/-s *Mil:* fort.

fort² [fɔrt]. **I.** *adv.* **1.** away; **f. damit!** take it away! **weit f.,** far away; **das Buch ist f.,** the book has gone/is lost; **sie sind schon f.,** they have already gone/left; *F:* **wann ist er von zu Hause f.?** when did he leave home? **2. und so f.,** and so on; **in einem f.,** forever/ continuously. **II.** *comb.fm.* **1.** '**f ~ -,** *sep.vbl. prefix* (*a*) (*weg*) (to hurry, fly etc.) away; **f ~ rennen,** to run away; **f ~ schicken,** to send (sth.) off; **f ~ tragen,** to carry (s.o., sth.) off/away; (*b*) (*weiterhin*) to continue to (exist etc.); **f ~ tönen,** to continue to sound. **2.** '**F ~ -,**

continued (existence etc.). ´f ~ ´ an, adv. Lit:
from now/(Vergangenheit) then on. ´F ~ bestand, m -(e)s/no pl continued survival (of a
race etc.). ´f ~ bestehen, v.i.sep.irr.100 (haben)
to continue to exist, survive. ´f ~ bewegen,
v.tr.sep. to move (sth.) (away); sich f., to move/
walk (along); F: ich muß mich langsam f., I
shall have to be on my way. ´F ~ bewegung,
f -/-en motion, progress; Z: Biol: locomotion.
´f ~ bilden, v.tr.sep. to give (s.o.) further
training; sich f., to continue one's education/
training. ´F ~ bildung, f -/no pl further educa-
tion/training. ´f ~ bleiben, v.i.sep.irr.12 (sein)
to stay away, fail to return. ´f ~ bringen,
v.ır.sep.irr.16 (a) to take (s.o., sth.) away; ein
Paket f., to take a parcel to the post; seine
Schuhe f., to take one's shoes (to be mended);
j-n f., to see s.o. off; (b) (von der Stelle) to
shift, move (sth.); Fb: den Ball f., to get the
ball away. ´f ~ dauern, v.i.sep. (haben) to
continue, persist. ´f ~ dauernd, adj. continu-
ous; persistent, lasting (effect etc.). ´f ~ dür-
fen, v.i.sep.irr.20 (haben) Sie dürfen fort, you
may go/leave. ´f ~ entwickeln, v.refl. & i.
(haben) (sich) f., to continue to develop,
develop further. ´F ~ entwicklung, f -/-en
further/continued development. ´f ~ erben,
v.refl.sep. sich f., to be passed on (from gener-
ation to generation). ´f ~ fahren, v.sep.irr.26
1. v.i. (a) (sein) to drive away/off; (b) (haben/
sein) to continue (in seiner Rede usw., speaking
etc.). 2. v.tr. to drive (s.o., sth. away). ´f ~ fal-
len, v.i.sep.irr.27 (sein) to be omitted/(Schwier-
igkeit) resolved. ´f ~ führen, v.tr. sep. to lead/
take (s.o., sth.) away; to carry on, continue
(sth. begun by s.o. else). ´F ~ führung, f -/no
pl continuation. ´F ~ gang, m -(e)s/no pl 1.
(Verlauf) course. 2. Lit: departure. ´f ~ gehen,
v.i.sep.irr.36 (sein) to go away, leave.
´f ~ geschritten, adj. advanced; Sch: F~e
mpl, advanced students. ´f ~ haben, v.tr.
sep.irr.44 F: j-n, etwas f. wollen, to want to get
rid of s.o., sth. ´f ~ helfen, v.i.sep.irr.50
(haben) j-m über eine Schwierigkeit usw. f., to
help s.o. over a difficulty etc. ´f ~ jagen, v.sep.
1. v.tr. (a) to chase away (animals, people) (von
+ dat, from); (b) to turn/F: kick (s.o.) out (of
a job, a house etc.). 2. v.i. (sein) F: to tear off
(in a car etc.). ´f ~ kommen. I. v.i.sep.irr.53
(sein) (a) to get away; F: sieh/mach, daß du
fortkommst! make yourself scarce! push off! (b)
to be lost; mir ist das Geld fortgekommen, my
money has disappeared; (c) to get on (mit
seiner Arbeit, with one's work; Fig: im Leben,
in life). II. F., n -s/no pl 1. progress (in
a car, Fig: profession etc.). 2. (Lebensunterhalt)
living. ´f ~ können, v.i.sep.irr.54 (haben) er
konnte nicht fort, he could not get away.
´f ~ lassen, v.tr.sep.irr.57 (sein) (a) to let (s.o.)
go; (b) (auslassen) to omit (sth.). ´f ~ laufen,
v.i.sep.irr.58 (sein) (a) to run away; (b) to
continue (in time/space); ´f ~ d, continuous;
adv. f~d numeriert, consecutively numbered.
´f ~ leben, v.i.sep. (haben) to live on; das F.,
survival; life after death. ´f ~ machen, v.sep.
1. v.refl. F: sich f., to make off; mach dich fort!
push off! 2. v.i. (a) (sein) P: er ist nach London
fortgemacht, he has pushed off to London; (b)

(haben) F: wenn du so fortmachst, if you go on
like this. ´f ~ müssen, v.i.sep.irr.68 (haben) to
have to leave. ´f ~ nehmen, v.tr.sep.irr.69 to
take (s.o., sth.) away (j-m/von j-m, from s.o.).
´f ~ pflanzen, v.tr.sep. sich f., (i) Biol:
to reproduce; (ii) (Ruf, Gerücht usw.) to
spread; (Ton, Licht) to travel. ´F ~ -
pflanzung, f -/no pl 1. Biol: reproduction;
propagation. 2. transmission (of light). ´F ~ -
pflanzungs-, comb.fm. reproductive (organ,
process etc.). ´f ~ reisen, v.i.sep. (sein) to go
away, leave. ´f ~ reißen, v.tr.sep.irr.4 (a) j-m
etwas f., to snatch/tear s.o., sth. away from
s.o.; Fig: (Emotion, Musik usw.) to carry
(s.o.) away. ´F ~ satz, m -es/¨-e Anat: Biol:
process. ´f ~ schaffen, v.tr.sep. to remove
(s.o., sth.). ´f ~ scheren, v.refl.sep. scher dich
fort! buzz off! scram! ´f ~ schleichen,
v.i.sep.irr.86 (sein) to steal away. ´f ~ schlep-
pen, v.tr.sep. F: to lug (s.o., sth.) away; sich f.,
to drag oneself along; (Gespräch) to drag on.
´f ~ schreiten, v.i.sep.irr.59 (sein) to pro-
gress, advance; die Zeit schreitet fort, time
marches on; f~d, progressive. ´F ~ schritt,
m -(e)s/-e advance, progress; große F~e
machen, to make considerable progress, forge
ahead. ´f ~ schrittlich, adj. advanced
(science, student etc.); progressive, forward-
looking (person, ideas etc.). ´f ~ setzen,
v.tr.sep. to continue (sth.), (nach einer Pause)
resume (sth.); sich f., to continue, extend (in
time/space). ´F ~ setzung, f -/-en 1. con-
tinuation; resumption. 2. (a) (Folge) instal-
ment; (b) (anschließender Teil) sequel. ´F ~ set-
zungsroman, m -(e)s/-e serialized novel. ´f ~ -
stehlen, v.refl.sep.irr.2 sich f., to steal/slip
away. ´f ~ während, adj. continuous; inces-
sant; adv. er ist f. krank, he is forever/always
ill. ´f ~ werfen, v.tr.sep.irr.110 to throw (sth.)
away. ´f ~ wollen, v.i.sep.irr.112 (haben) to
want to go/get away. ´f ~ ziehen, v.sep.irr.113
1. v.tr. to pull, drag (s.o., sth.) away. 2. v.i.
(sein) to move away (von einem Ort, from a
place); (Vögel) to migrate.

Fortepedal [´fɔrtəpedaːl], n -s/-e Mus: loud/
sustaining pedal.

Fossil [fɔˈsiːl]. I. n -s/-ien fossil. II. f., adj.
fossilized.

Foto [´foːto]. I. 1. n -s/-s photo(graph). 2. m -s/-s
F: camera. II. ´F~-, comb.fm. photographic
(studio, industry, model, paper etc.); F ~ album
n, photograph album. ´F ~ apparat, m
-(e)s/-e camera. f ~ gen [-´geːn], adj. photo-
genic. F ~ graf [-´graːf], m -en/-en photo-
grapher. F ~ grafie [-aˈfiː], f -/-n 1. (Bild)
photograph. 2. no pl photography. f ~ gra-
´fieren, v.tr. & i. (haben) to take a photo-
graph (of s.o., sth.); sich f. lassen, to have one's
photograph taken. f ~ grafisch [-´graːfiʃ],
adj. photographic. F ~ koˈpie, f -/-n photo-
copy. f ~ koˈpieren, v.tr. to photocopy
(documents etc.). F ~ koˈpierautomat, m
-en/-en photocopier. F ~ thek [-´teːk], f -/-en
photographic library.

Foyer [foaˈjeː], n -s/-s foyer.

Fox [fɔks], m -(e)s/-e 1. fox terrier. 2. Danc:
(also Foxtrott m -s/-s & -e) foxtrot.

Fracht [fraxt], f -/-en 1. freight; Rail: goods;

(*Ladung*) load, *Av: Nau:* cargo. **2.** (*Trans- portpreis*) carriage, freight. ´F ~ **brief,** *m* -(e)s/-e advice/consignment note. ´F ~ **er,** *m* -s/- freighter, cargo ship. ´f ~ **frei,** *adj.* carriage paid. ´F ~ **gut,** *n* -(e)s/¨-er freight; *Av: Nau:* cargo. ´F ~ **kosten,** *pl* (cost of) carriage, freight cost. ´F ~ **schiff,** *n* -(e)s/-e freighter, cargo ship. ´F ~ **verkehr,** *m* -s/*no pl* goods/freight traffic.

Frack [frak], *m* -(e)s/¨-e tailcoat, tails; **im F.,** in tails. ´F ~ **hemd,** *n* -(e)s/-en dress shirt.

Frag|e [´fra:gə], *f* -/-n **1.** question, query; (**j-m**) **eine F. stellen,** to ask (s.o.) a question; **das ist doch gar keine F.,** that goes without saying; **außer F. sein/stehen,** to be beyond any doubt; **etwas in F. stellen,** (i) (*Pers.*) to question sth; (ii) (*Sache*) to make sth. doubtful; **der Urlaub ist durch den Streik in F. gestellt,** the holiday is threatened/jeopardized by the strike; **in F. kommen,** to come into consideration; (*Pers.*) to be eligible (**für einen Posten,** for a post); **das kommt nicht in F.,** that is out of the question; **ohne F.,** undoubtedly; **wie die F., so die Antwort,** ask a silly question, get a silly answer. **2.** (*Problem, Sache*) question, issue; **nur eine F. der Zeit,** only a question/matter of time; **das ist eben die F.,** that's the point. ´F ~ **ebogen,** *m* -s/- questionnaire. ´f ~ **en,** *v.tr.* & *i.* (*haben*) **j-n etwas f.,** to ask s.o. sth.; **nach j-m, etwas** *dat/F:* **wegen j-m, etwas** *dat* **f.,** to ask/ enquire after s.o., about sth.; **j-n nach dem Weg/seinem Namen f.,** to ask s.o. the way/his name; **niemand fragt danach,** no one worries about that/(*im Geschäft*) asks for that; **er fragt nicht danach, ob's mir paßt,** he doesn't care whether it's all right for me; **um Rat, Erlaubnis usw. f.,** to ask for advice, permission etc.; **sich f.,** (**ob/warum . . .**), to wonder (whether/why . . .); **es fragt sich, ob . . .,** the question is whether . . .; *F:* **frag nicht so dumm!** don't ask stupid questions! ´f ~ **end,** *adj.* enquiring (look etc.); **der F ~ e,** the questioner. **F ~ e´rei,** *f* -/-en irritating questions. ´F ~ **esatz,** *m* -es/¨-e interrogative clause. ´F ~ **esteller(in),** *m* -s/- (*f* -/-nen) interrogator; interviewer. ´F ~ **estellung,** *f* -/-en formulation of a question. ´F ~ **estunde,** *f* -/-n *Parl:* question time. ´F ~ **ezeichen,** *n* -s/- question mark; *Fig:* (*Unklarheit*) query; *F:* **wie ein F. dasitzen/ dastehen,** to slouch. ´f ~ **lich,** *adj.* **1.** questionable; **es ist f., ob . . .,** it is doubtful/debatable whether . . . **2.** **die f ~ en Personen,** the people in question. ´F ~ **lichkeit,** *f* -/*no pl* uncertainty. ´f ~ **los,** *adv.* unquestionably. ´f ~ **würdig,** *adj.* questionable; dubious. ´F ~ **würdigkeit,** *f* -/*no pl* dubiousness.

fragil [fra´gi:l], *adj.* fragile; (*Pers.*) frail. **F ~ ität** [-ili´tɛːt], *f* -/*no pl* fragility, frailty.

Fragmen|t [frag´mɛnt], *n* -(e)s/-e fragment. **f ~ tarisch** [-´taːrɪʃ], *adj.* fragmentary.

Fraktion [fraktsi´oːn], *f* -/-en **1.** *Pol:* parliamentary party/alliance; (*innerhalb einer Partei usw.*) faction. **2.** *Ch:* fraction. **F ~ schef,** *m* -s/-s/**F ~ sführer,** *m* -s/- *Pol:* parliamentary leader. **f ~ slos,** *adj. Parl:* independent. **F ~ s- zwang,** *m* -(e)s/*no pl Parl:* obligation to obey the party whip.

Fraktur [frak´tuːr], *f* -/-en **1.** *Med:* fracture. **2.**

Gothic print/(*Schreibschrift*) script; *Fig:* **mit j-m F. reden,** to tell s.o. what's what.

Frank|e [´fraŋkə], *m* -n/-n **1.** Franconian. **2.** *Hist:* Frank. ´F ~ **en¹.** *Pr.n.n* -s. *Geog:* Franconia. ´F ~ **furter. 1.** *m* -s/- inhabitant of Frankfurt. **2.** *f* -/- *Cu:* frankfurter (sausage). ´F ~ **reich.** *Pr.n.n* -s. *Geog:* France.

´**Franken²,** *m* -s/- (Swiss) franc.

frankieren [fraŋ´kiːrən], *v.tr.* to stamp, *Adm:* frank (a letter etc.); **es ist nicht genügend frankiert,** there are not enough stamps on it.

Frans|e [´franzən]. **I.** *fpl* fringe. **II.** **f.,** *v.i.* (*haben*) to fray.

Franz [frants]. **1.** *Pr.n.m* -**ens** = Frank, Francis. **2.** *n* -/*no pl Sch: P:* French. ´F ~ **brannt- wein,** *m* -(e)s/*no pl* surgical spirit. **F ~ is- kaner(in)** [-´kaːnər(in)], *m* -s/- (*f* -/-nen) *Rel:* Franciscan friar (nun). **F ~ ose** [-´tsoːzə], *m* -n/-n Frenchman. **F ~ ösin** [-´tsøːzin], *f* -/-nen Frenchwoman. **f ~ ösisch.** **I.** *adj.* French; **f ~ es Bett,** double bed; *adv. F:* **sich (auf) f. emp- fehlen/f. Abschied nehmen,** to take French leave. **II.** **F.,** *n* -(s)/*no pl Ling:* French.

frapp|ant [fra´pant], *adj.* striking, remarkable. **f ~ ieren,** *v.tr.* (*a*) to strike (s.o.), **f ~ de Ähnlichkeit,** striking similarity; (*b*) to dip (a wine/champagne bottle) in ice.

Fräs|e [´frɛːsə], *f* -/-n **1.** *Carp:* moulding/ *Metalw:* milling machine. **2.** *Agr:* rotary cultivator. ´f ~ **en,** *v.tr.* to mould, shape (wood); to mill (metal). ´F ~ **er,** *m* -s/- **1.** *Carp:* moulding/*Metalw:* milling cutter. **2.** (*Pers.*) moulding/milling machine operator.

Fraß [fraːs], *m* -es/*no pl* **1.** feed (for animals). **2.** *F: Pej:* (*schlechtes Essen*) swill, muck.

fraternisieren [fratɛrni´ziːrən], *v.i.* (*haben*) to fraternize (**mit j-m,** with s.o.).

Fratz [frats], *m* -es/-e *F:* rascal; **süßer F.,** little poppet; *Pej:* **verdammter F.,** wretched brat. ´F ~ **e,** *f* -/-n **1.** grotesque face; *F:* grimace; **F ~ n schneiden/ziehen,** to make faces. **2.** *P:* (*Gesicht*) mug. ´f ~ **enhaft,** *adj.* grotesque.

Frau [frau], *f* -/-en woman; (*a*) (*Ehef.*) wife; **eine Italienerin zur F. haben,** to have an Italian wife; (*b*) (*Dame*) lady; **Ihre F. Gemahlin,** your lady wife; **gnädige F.,** (*Anrede*) madam; (*Herrin*) mistress; *Rel:* **Unsere Liebe F.,** Our Lady; (*c*) **F. Schmidt,** (i) (*verheiratet*) Mrs. Schmidt; (ii) (*unverheiratet*) Miss Schmidt; **F. Präsident,** Madam President; **F. Professor Braun,** (i) Professor Braun; (ii) Professor Braun's wife; (*als Anrede*) Mrs. Braun. ´F ~ **chen,** *n* -s/- **1.** little old lady. **2.** (*Ehefrau*) **mein F.,** my old girl. **3.** mistress (of a dog etc.). ´F ~ **en-,** *comb.fm.* women's (team, camp, clothes, rights, sport etc.); (prison, hospital etc.) for women; (emancipation etc.) of women; **F ~ beruf** *m,* profession for women, women's profession; **F ~ chor** *m,* ladies' choir; **F ~ verband** *m,* women's organization; **F ~ wahlrecht** *n,* women's suffrage; vote for women; **F ~ zeitschrift** *f,* women's magazine; *Tennis:* **F ~ doppel/F ~ einzel** *n,* women's doubles/singles. ´F ~ **enarzt** (-**ärztin**), *m* -es/¨-e (*f* -/-nen) gynaecologist. ´F ~ **enbewegung,** *f* -/-en feminist movement. ´F ~ **enfeind,** *m* -(e)s/-e misogynist. ´F ~ **engeschichten,** *fpl* amorous adventures/affairs. ´f ~ **enhaft,** *adj.* womanly.

'F ~ enheld, m -en/-en lady-killer. 'F ~ en-
kloster, n -s/- convent, nunnery. 'F ~ enlieb-
ling, m -s/-e heartthrob. 'F ~ enschuh, 'm
-(e)s/-e Bot: lady's slipper. 'F ~ entausch, m
-(e)s/no pl wife-swapping. 'F ~ enzimmer, n
-s/- Pej: female; liederliches F., slut; ekelhaf-
tes F., bitch. 'f ~ lich, adj. womanly.

Fräulein ['frɔʏlain], n -s/- 1. young lady; altes
F., old maid. 2. F. Schmidt, Miss Schmidt.
3. F: (a) (Verkäuferin) shop assistant/F: girl;
(b) (Kellnerin) waitress; (c) Tel: das F. vom Amt,
(telephone) operator.

frech [frɛç], adj. cheeky, N.Am: fresh; barefaced
(lie etc.); F: saucy (clothes, remark etc.); (un-
gezogen) naughty (children); komm mir nicht
so f.! don't be so cheeky/N.Am: fresh! etwas
mit f ~ er Stirn behaupten, to have the nerve to
say sth.; f. wie Oskar/ein Rohrspatz sein, to be
as bold as brass. 'F ~ dachs, m -es/-e F:
cheeky monkey. 'F ~ heit, f -/-en (a) no pl
cheek; er besaß die F. zu . . ., he had the nerve
to . . .; so eine F.! what a nerve! (b) F ~ en pl,
liberties; (Bemerkungen) cheeky remarks.

Fregatte [fre'gatə], f -/-n 1. Nau: frigate. 2. F:
(Frau) tarted up woman. F ~ nkapitän, m
-s/-e Nau: commander.

frei [frai]. I. adj. free; (a) free (love, translation
etc.); liberal (views etc.); die f ~ en Berufe, the
professions; f ~ er Mitarbeiter/Journalist, free-
lance worker/journalist; aus f ~ er Hand zeich-
nen, to draw freehand; die Werke Rilkes sind f.
geworden, Rilke's works are out of copyright;
seiner Phantasie f ~ en Lauf lassen, to give free
rein to one's imagination; f. nach Schiller,
freely adapted from Schiller; adv. f. erfunden,
entirely fictitious; f. sprechen, to speak without
notes; f. stehendes Haus, detached/N.Am:
single-family house; (b) (ohne Scheu) frank,
bold, outspoken (person, book, play etc.); F:
ich bin so f.! I'll take the liberty; (sich bedienen)
I'll help myself; adv. f. heraus, without beating
about the bush; straight from the shoulder; (c)
(offen, unbehindert) open, clear; (bloß) bare
(torso etc.); unter f ~ em Himmel, in the open
air; ins F ~ e gehen, to go outdoors/into the
open (air); auf f ~ er Strecke, on an open
stretch; ein f ~ er Blick, a clear/unobstructed
view; den Oberkörper f. machen, to strip to the
waist; einen Platz f. machen, to clear a space;
P.N: Straße f., road clear; Cl: mit f ~ em
Rücken, backless; (d) (unbesetzt) empty (chair
etc.); vacant (post); ist hier noch f.? is this seat
taken? ist das Bad f.? is the bathroom free?
f ~ e Stelle, vacancy; P.N: Zimmer f., room(s)
to let; vacancy/vacancies; Fin: wir haben keine
Mittel f., we have no funds available; Cin: f.
für Jugendliche ab 16 Jahren, authorized for
young people over 16; (e) (kostenlos) free (en-
trance etc.); Com: f. Haus, free delivery, car-
riage paid; (f) (nicht gefangen) free; (Sträfling)
at large; j-n auf f ~ en Fuß setzen, to set s.o.
free; sie ist noch f., she is still unattached; sich
dat einen Tag f. nehmen, to have a day off; adv.
f. ausgehen, to get away scotfree; (g) f. von +
dat, free of/from; f. von Steuern, exempt from
tax; f. von chemischen Zusätzen, without any
chemical additives. II. 'F ~ -, comb.fm. (a) free
(beer, trip, flight, Phil: thinker, Ecc: church,

Econ: trade etc.); complimentary (ticket etc.);
F ~ exemplar n, free/complimentary copy;
F ~ gepäck n, (free) baggage allowance;
F ~ handelszone f, free trade area; F ~ los n, (i)
free lottery ticket; (ii) Sp: bye; F ~ platz m, (i)
Sch: free place; (ii) Th: free/complimentary
seat; Customs: F ~ hafen m, (duty-) free port;
Fb: F ~ stoß m/Rugby: F ~ tritt m, free kick;
Sch: F ~ stunde f, free period; (b) (im Freien)
open-air (site etc.); F ~ bad n, open-air swim-
ming pool; F ~ gehege n, open-air (zoo) en-
closure. 'f ~ bekommen, v.tr.sep.irr.53 (a) F:
to get (a day etc.) off; (b) to secure the release
of (s.o., sth.). 'F ~ berufler, m -s/- free-
lance(r); self-employed (professional) person.
'f ~ beruflich, adj. freelance; self-employed.
'F ~ betrag, m -(e)s/-̈e Fin: tax allowance.
'F ~ beuter, m -s/- 1. Hist: pirate, buccaneer.
2. Com: Pej: shark. 'f ~ bleibend, adj. Com:
(price etc.) subject to alteration (without
notice). 'F ~ brief, m -(e)s/-e 1. Hist: (free-
dom) charter. 2. Fig: excuse; justification; das
ist kein F. für enorme Preiserhöhungen, this
does not give one carte blanche to make enor-
mous price increases. 'F ~ frau, f -/-en
baroness. 'F ~ gabe, f -/no pl release; Fin: F.
des Kurses, floating the exchange rate.
'f ~ geben, v.tr.sep.irr.35 (a) to release (s.o., a
film, Fb: the ball; Adm: files, records etc.); to
open (a road); (Film) für Jugendliche nicht frei-
gegeben, young people under 17 not admitted;
den Blick auf etwas acc f., to give/afford a view
over sth.; (b) j-n f., to give s.o. time off; er
gab mir eine Stunde frei, he gave me an hour
off. 'f ~ gebig, adj. generous. 'F ~ ge-
bigkeit, f -/no pl generosity. 'f ~ haben, v.tr.
&i.sep.irr.44 (haben) F: to have (time, a day,
lesson) off; wir haben heute frei, we've got the
day off. 'f ~ halten, v.tr.sep.irr.45 (a) to pay
for (s.o.), treat (s.o.); (b) to keep (a road, en-
trance etc.) clear (von Schnee usw., of snow
etc.); (c) to keep, reserve (a place, seat); sich
für j-n, etwas acc f., to keep oneself free for
s.o., sth. 'F ~ handbibliothek/'F ~ hand-
bücherei, f -/-en open access library. 'f ~ hän-
dig, adj. 1. freehand (drawing etc.); adv. f. rad-
fahren, to cycle with no hands (on the handle-
bars). 2. Adm: (sale) by private treaty.
'F ~ handzeichnen, n -s/no pl freehand
drawing. 'F ~ heit, f -/-en 1. no pl (Un-
gebundenheit) freedom (von etwas dat, from
sth.); F. von der Steuer, exemption from tax;
j-n/ein Tier in F. setzen, to set s.o./an animal
free; in F. sein, to be free/(Sträfling) at large.
2. (bestimmtes Recht) besondere F ~ en genie-
ßen, to enjoy certain liberties; dichterische F.,
poetic licence; sich dat die F. nehmen, etwas zu
tun, to take the liberty of doing sth. 'f ~ heit-
lich, adj. liberal. 'F ~ heitsentzug, m -(e)s/
no pl detention; (im Gefängnis) imprisonment.
'F ~ heitskampf, m -(e)s/-̈e struggle for
freedom. 'F ~ heitskämpfer, m -s/- freedom
fighter. 'F ~ heitskrieg, m -(e)s/-e war of
independence. 'F ~ heitsrechte, pl civil
rights/liberties. 'F ~ heitsstrafe, f -/-n Jur:
imprisonment, prison sentence. 'f ~ he'raus,
adv. frankly, bluntly; etwas f. sagen, to say sth.
in so many words. 'F ~ herr, m -(e)n/-en

baron. 'f~herrlich, *adj.* baronial. 'f~-kaufen, *v.tr.sep.* to ransom (s.o.); *Fig:* sich f., to buy one's freedom. 'f~kommen, *v.i.t.sep.irr.53 (sein)* to be released (from prison etc.). 'F~körperkultur, *f -/no pl* nudism. 'F~land. I. *n -(e)s/no pl Hort:* open ground. II. F~-, *comb.fm.* outdoor (plant etc.). 'f~lassen, *v.tr.sep.irr.57* to release, set free (a person, animal), discharge (a prisoner). 'F~lassung, *f -/-en* release; discharge. 'F~lauf, *m -(e)s/ no pl Aut: Cy: Mch:* freewheel; im F. fahren, to freewheel. 'f~lebend, *adj. Z:* living in the wild. 'f~legen, *v.tr.sep.* to expose, uncover (sth.) (by digging etc.). 'F~leitung, *f -/-en El: Tel:* overhead cable. 'f~lich, *udv.* 1. *(allerdings)* admittedly, it is true. 2. *esp. South G:* certainly; ja, f.! yes, of course! 'F~licht-, *comb.fm.* open-air (performance, concert etc.); F~bühne *f/*F~theater *n,* open-air theatre; F~kino *n,* drive-in cinema; F~museum *n,* open-air/outdoor museum. 'F~luft-, *comb.fm.* open-air (school, *Med:* treatment etc.). 'f~machen, *v.tr.sep. (a)* to stamp, put a stamp on (a letter, parcel etc.); *(b)* to clear (a road, entrance etc.); to vacate (a seat, building); *(c)* to bare (one's shoulders etc.); (sich *dat)* den Oberkörper f., to strip to the waist; *Fig:* sich von etwas *dat* f., to rid oneself of sth.; *(d) F:* (sich) f., to take time off. 'F~-machung, *f -/-en* 1. *(Frankieren)* stamping, postage. 2. *(Räumung)* clearing, evacuation, vacating (of a building). 'F~maurer, *m -s/-* freemason. F~maure´rei, *f -/no pl* freemasonry. 'f~maurerisch, *adj.* masonic. 'F~maurerloge, *f -/-n* masonic lodge. 'f~mütig, *adj.* frank, candid (views, statement etc.). 'F~mütigkeit, *f -/no pl* frankness. 'f~schaffend, *adj.* freelance, self-employed. 'f~schwimmen, *v.refl. sep.irr.90* sich f., to pass one's (15 minute) swimming test. 'f~setzen, *v.tr.sep.* to release (workers, *Ch:* gas, energy etc.). 'f~-sprechen, *v.tr.sep.irr.14 (a)* to clear (s.o.) (von einem Verdacht usw., from a suspicion etc.); *Jur:* to acquit (s.o.) (des Mordes usw., of murder etc.). 'F~sprechung, *f -/-en/*'F~-spruch, *m -(e)s/-e Jur:* acquittal. 'f~-stehen, *v.i.sep.irr.100 (haben) (a)* es steht dir frei, it is up to you; *(b) (Gebäude)* to be unoccupied/vacant. 'f~stellen, *v.tr.sep. (a)* j-m etwas f., to leave sth. to s.o.'s discretion; es wird freigestellt, it is optional; *(b)* to give (s.o.) leave (from work etc.); j-n vom Wehrdienst f., to exempt s.o. from military service. 'f~stempeln, *v.tr.sep. Post:* to frank (a stamp, letter). 'F~stil, *m -(e)s/no pl Swim: Wrestling:* freestyle. 'F~stilringen, *n -s/no pl* all-in wrestling. 'F~tod, *m -(e)s/-e* suicide. 'f~-tragend, *adj. Constr:* self-supporting; f~e Brücke, cantilever bridge. 'F~treppe, *f -/-n Arch:* outside staircase. 'F~umschlag, *m -(e)s/-e* stamped envelope. 'f~weg, *adv. F:* openly, blatantly; er leugnete es f., he flatly denied it. 'F~wild, *n -(e)s/no pl (Pers.)* easy game. 'f~willig, *adj. (a)* voluntary; *Mil:* ein F~er, a volunteer; *(b) adv.* voluntarily; of one's one free will; sich f. melden, to volunteer. 'F~zeichen, *n -s/no pl Tel:* ringing tone.

'F~zeit, *f -/-en* 1. *no pl* spare/free/leisure time. 2. holiday course. 'Fzeit-, *comb.fm.* casual, leisure (clothes etc.); leisured (society); F~beschäftigung *f,* leisure pursuit; hobby; F~gestaltung *f,* planning of one's leisure; F~hemd *n,* casual/sports shirt; F~zentrum *n,* leisure/community centre (for sports etc.). 'f~zügig, *adj.* 1. *(nicht ortsgebunden) (Pers.)* free to move; moving from place to place; wandering, nomadic (life). 2. *(a) (großzügig)* generous; adv. f. mit dem Geld umgehen, to be generous/lavish with one's money; *(b) (liberal)* free, liberal; permissive (film, relationship etc.); *adv.* Kinder f. erziehen, to give children a free and easy upbringing. 'F~zügigkeit, *f -/no pl* 1. free movement (for workers etc.). 2. *(a)* generosity; *(b)* permissiveness.

Freier ['fraiər], *m -s/-* 1. *A:* suitor. 2. *F:* (prostitute's) john.

Freitag ['fraita:k], *m -(e)s/-e* Friday; am F., on Friday. 'f~s, *adv.* on Fridays.

fremd [frɛmt], *adj.* 1. *(ausländisch)* foreign (country, people, language); *(nicht vertraut)* strange, alien (people, surroundings etc.); ein F~er/eine F~e, a stranger/*(Ausländer)* foreigner/*(Besucher)* visitor, tourist; ich bin hier f., I am a stranger here; Lügen ist ihr f., lying is alien to her nature; dieses Wort kommt mir f. vor, I don't think I know this word; *adv.* f. tun/sich f. stellen, to act coolly. 2. *(andern gehörig)* f~es Eigentum/Gut, other people's property; misch dich nicht in f~e Angelegenheiten, mind your own business; das ist nicht für f~e Ohren bestimmt, this is just between ourselves; f~e Hilfe/*Fin:* Mittel, outside help/*Fin:* money; unter f~em Namen, (written) under an assumed name. 'f~artig, *adj* strange, unusual. 'F~e, *f -/no pl Lit:* foreign parts; in die F. gehen, to leave home. 'f~eln, *v.i. (haben) (Kind)* to be shy. 'F~enbett, *n -(e)s/-en* hotel bed. 'F~enbuch, *n -(e)s/-er* visitors' book. 'F~enführer, *m -s/-* 1. *(Pers.)* guide. 2. *(Buch)* guidebook. 'F~en-heim, *n -(e)s/-e* guesthouse, boarding house. 'F~enlegion, *f -/no pl* foreign legion. 'F~enliste, *f -/-n* list of guests (in hotel). 'F~enverkehr, *m -s/no pl* tourism, tourist trade. 'F~enzimmer, *n -s/-* 1. (hotel) room. 2. guest/spare room (in a house). 'f~gehen, *v.i.sep.irr.36 (sein) F:* to be unfaithful. 'F~heit, *f -/no pl Lit:* unfamiliarity, remoteness. 'F~körper, *m -s/-* 1. *Med: Biol:* foreign body. 2. *Fig: (Gebäude usw.)* eyesore, blot on the landscape; ich fühle mich wie ein F., I feel like an intruder. 'f~ländisch, *adj.* exotic (plants etc.). 'F~sprache, *f -/-n* foreign language. 'F~sprachen-korrespondentin, *f -/-nen* bi-lingual secretary. 'F~sprachenunterricht, *m -(e)s/no pl Sch:* language lessons/teaching. 'f~spra-chig, *adj.* (person) speaking a foreign language; (lessons, literature etc.) in a foreign language. 'f~sprachlich, *adj.* foreign (words); f~er Unterricht, (foreign) language lessons/teaching. 'F~wort, *n -(e)s/-er* word of foreign origin; imported/foreign word; *F:* Arbeit ist für ihn ein F., he doesn't want to know about work. 'F~wörterbuch, *n*

-(e)s/¨er dictionary of words of foreign origin.
frenetisch [fre'ne:tiʃ], *adj.* frenzied, wild.
frequen|tieren [frekvɛn'ti:rən], *v.tr. Lit:* to
frequent (a place); **stark frequentiert,** much
frequented, popular. **F ~ z** [fre'kvɛnts], *f -/-en*
1. (*Besucherzahl*) attendance; (*auf den Straßen
usw.*) traffic (density); **Straße mit starker F.,**
very busy road. **2.** *Rad: Ph: Ling:* frequency.
F ~ zbereich, *m -(e)s/-e Rad:* frequency
range.
Fresko ['frɛsko], *n -s/-ken Art:* fresco.
Fress|alien [frɛ'sa:liən], *pl F: Hum:* eats, grub.
′**F ~ e,** *f -/-n P:* **1.** (*Mund*) gob, kisser; **eine
große F. haben,** to be a loudmouth; **halt die F.!**
shut your trap! *V:* **j-m die F. polieren,** to give
s.o. a sock in the kisser. **2.** (*Gesicht*) mug.
′**f ~ en. I.** *v.tr. & i. irr.25* (*haben*) (*a*) (*Tier*) to
eat (sth.), feed (on sth.); *F:* (*Pers.*) to gobble,
wolf (sth.); *Fig:* to eat up (money, petrol, a
distance etc.), take up (all one's time); **sich dick
(und rund) f.,** to stuff oneself; *F:* **ich werd' dich
(schon) nicht f.!** I won't eat you! **friß mich nicht
gleich!** don't bite my head off! **j-n zum F. gern
haben,** to be mad about s.o.; (*kleines Mädchen*)
sie ist zum F.! she's just gorgeous; **den hab ich
(vielleicht) gefressen!** I can't stand him! (*b*)
(*Rost usw.*) to corrode, eat away (metal); **in das
Fleisch, Metall usw. f.,** to eat/cut into the flesh,
metal etc. **II. F.,** *n -s/no pl* food (for animals);
F: **das war ein gefundenes F. für ihn,** that was
just what the doctor ordered (for him).
′**F ~ er,** *m -s/-* (*a*) (*Tier*) (quick, slow etc.)
eater; (*b*) *P:* (*Mensch*) glutton, greedy pig.
F ~ e′rei, *f -/-en P:* **1.** (*Gelage*) nosh-up. **2.** *no
pl* gobbling, guzzling.
Freß|beutel ['frɛsbɔytəl], *m -s/-* (horse's) nose-
bag. ′**F ~ gier,** *f -/no pl* greed, gluttony.
′**F ~ korb,** *m -(e)s/¨e F:* hamper. ′**F ~ napf,**
m -(e)s/¨e (cat's/dog's) dish, bowl. ′**F ~ sack,**
m -(e)s/¨e P: greedy-guts. ′**F ~ sucht,** *f -/no
pl* = **F ~ gier.** ′**F ~ trog,** *m -(e)s/¨e* (feeding)
trough. ′**F ~ wanst,** *m -es/¨e P:* (*Pers.*) hog.
Frettchen ['frɛtçən], *n -s/- Z:* ferret.
Freud|e ['frɔydə], *f -/-n* joy, delight; (*Vergnü-
gen*) pleasure; **diebische F.,** malicious glee;
F. an etwas *dat* **haben,** to get pleasure out
of/enjoy sth.; **es wird mir eine F. sein,** I shall be
delighted; **j-m (eine) F. machen,** to please s.o.,
make s.o. happy; **du hast ihr mit dem Geschenk
eine F. gemacht,** she was very pleased with your
present; **sein Beruf macht ihm keine (richtige)
F.,** he does not (really) enjoy his work; **aus F.
an der Sache,** for the love of it; *A: & Hum:* **mit
F ~ n!** with pleasure! gladly! ′**F ~ en-,** *comb.fm.*
(shout, tears etc.) of joy; **joyous** (outburst,
shout etc.); *A: & Hum:* **F ~ botschaft** *f,* glad
tidings. ′**F ~ enhaus,** *m -es/¨er Lit:* brothel.
′**F ~ entanz,** *m -es/¨e* **einen F. aufführen,** to
dance for joy. ′**f ~ estrahlend,** *adj.* beaming
(with delight); radiant (with joy). ′**f ~ ig,** *adj.*
joyful, happy (feeling etc.); **f ~ es Ereignis,**
happy event; *adv.* **f. überrascht sein,** to be
pleasantly surprised. ′**F ~ igkeit,** *f -/no pl*
joyfulness, happiness. ′**f ~ los,** *adj.* miserable
(person); joyless (existence etc.). ′**f ~ voll,** *adj.*
joyful, happy.
freuen ['frɔyən], *v.tr.* (*a*) to please, delight (s.o.);
es freut mich, daß . . ., I am pleased/glad that

. . .; *F: Iron:* **das freut einen denn auch!** that's
charming! (*b*) **sich f.,** to be pleased/glad (**über
etwas** *acc.* about sth.); **sich wie ein Kind/wie
ein Schneekönig f.,** to be as pleased as punch;
er freut sich des Lebens, he enjoys life; **sich an
Blumen f.,** to take pleasure in flowers; **sich auf
etwas** *acc* **f.,** to look forward to sth.
Freund [frɔynt], *m -(e)s/-e* (*a*) friend; *F:* **was
kostet das unter F ~ en?** how much is that to a
friend? (*Anrede*) **alter F.,** old thing, *N.Am:*
buddy; *Hum:* (*warnend*) **mein lieber F.!** you'd
better watch it! (*b*) (*Verehrer*) boy friend; (*c*)
lover (of art, music etc.); **F. der Tiere,** animal
lover; **ich bin kein F. davon,** I'm not at all keen
on it. ′**F ~ chen,** *n -s/- usu. Pej:* **seine F. in der
Partei,** his (precious) friends in the party; **mein
(liebes) F.!** just you watch it! ′**F ~ eskreis,** *m
-es/-e* circle of friends. ′**F ~ in,** *f -/-nen* girl
friend. ′**f ~ lich. I.** *adj.* **1.** (*a*) kind (person,
invitation etc.); **würden Sie so f. sein, mir zu
helfen?** would you mind helping me? (*b*)
friendly (manner etc.); **ein f ~ es Gesicht
machen,** to look cheerful; (*Fotograf*) **bitte recht
f.!** smile please! (*Briefschluß*) **mit f ~ en Grü-
ßen,** yours sincerely; *adv.* **f. lächeln,** to give a
friendly smile; **j-n f. empfangen,** to welcome s.o.
warmly; **j-m f. gesinnt sein,** to be well disposed
towards s.o. **2.** pleasant (area, room etc.); fine
(weather); bright, cheerful (colours); **f ~ es
Klima,** pleasant/equable climate. **II.** *suffix*
pro-; **deutschf./regierungsf.,** pro-German/pro-
government. ′**f ~ licherweise,** *adv.* kindly.
′**F ~ lichkeit,** *f -/-en* **1.** (*a*) *no pl* kindness;
die F. haben, etwas zu tun, to be so kind as to do
sth.; (*b*) (*freundliche Handlung*) favour; **j-m eine
F. erweisen,** to do s.o. a favour; (*c*) **j-m F ~ en
sagen,** to say nice things to s.o. **2.** pleasantness,
brightness; cheerfulness. ′**F ~ schaft,** *f -/-en*
friendship; **mit j-m F. schließen,** to make friends
with s.o.; **in aller F.,** in all friendliness. ′**f ~ -
schaftlich,** *adj.* friendly, amicable. ′**F ~ -
schaftsbesuch,** *m -(e)s/-e Pol:* goodwill visit.
′**F ~ schaftsdienst,** *m -(e)s/-e* favour, good
turn. ′**F ~ schaftsspiel,** *n -(e)s/-e Sp:*
friendly match. ′**F ~ schaftsvertrag,** *m*
-(e)s/¨e *Pol:* friendship treaty.
Frevel ['fre:fəl], *m -s/- Lit:* iniquity, outrage;
Ecc: sacrilege. ′**f ~ elhaft,** *adj. Lit:* iniquitous;
Ecc: sacrilegious. ′**F ~ ler(in),** *m -s/-* (*f
-/-nen*) *Lit:* villain; *Ecc:* blasphemer.
Fried|e ['fri:də], *m -ns/no pl A: & Lit:* = **F ~ en.**
′**F ~ en,** *m -s/no pl* peace; (*a*) *Pol:* **F. stiften,**
to bring about peace; **F. schließen,** to conclude
a peace treaty; (*b*) (*Zeit*) **im F.,** in peacetime;
ein langer F., a long period of peace; (*c*) (*Har-
monie*) **seinen F. mit j-m machen,** to make it up
with s.o.; **laß mich in F.!** leave me alone! **F. vor
j-m, etwas** *dat* **haben,** to be safe from s.o., sth.;
dem F. nicht trauen, to smell a rat. ′**F ~ ens-,**
comb.fm. peace (movement, prize, initiative,
plan etc.); **F ~ bedingungen** *fpl,* peace terms;
F ~ fest *n,* peace celebrations; **F ~ gespräch** *n/*
F ~ verhandlungen *fpl,* peace talks; **F ~ be-
strebungen** *fpl,* efforts to achieve peace;
F ~ schluß *m,* conclusion of a peace treaty; **F ~ -
stifter** *m,* peacemaker; **F ~ vertrag** *m,* peace
treaty; **F ~ zeiten** *pl,* peacetime; **F ~ bruch** *m,* (i)
Jur: breach of the peace; (ii) *Pol:* infringe-

ment of a peace treaty; *Jur:* F~**störer** *m*, disturber of the peace. 'F~**ensrichter**, *m* -s/- *Jur:* magistrate. 'f~**fertig**, *adj.* peaceable, peace-loving. 'F~**fertigkeit**,*f* -/*no pl* peaceable nature/behaviour. 'F~**hof**, *m* -(e)s/̈-e cemetery. 'f~**lich**, *adj.* 1. peaceful (times, demonstrations, purposes etc.); peaceable, calm (person, nature); placid (child); orderly (crowd); **auf f~em Wege**, by peaceful means; **seid f.!** don't squabble! *adv.* **sie lebten f. zusammen**, they lived peaceably together. 2. *Lit:* (*ruhig*) peaceful, tranquil (countryside etc.). 'F~**lichkeit**, *f* peacefulness; peaceable nature. 'f~**liebend**, *adj.* peace-loving.

frieren ['fri:rən], *v.i.irr.* (*p.* **fror**, *p.p.* **gefroren**) (*a*) (*haben*) to be/feel (very) cold; **ich friere/** *impers.* **mich friert es**, I am very cold/*F:* freezing; **ich friere/mich friert an den Füßen**, my feet are cold; **sie friert leicht**, she feels the cold; (*b*) (*haben*) **draußen friert es**, it is freezing outside; **es hat in der Nacht gefroren**, there was a frost last night; (*c*) (*sein*) (*Wasser usw.*) to freeze.

Fries [fri:s], *m* -es/-e *Arch: Tex:* frieze.

Fries|e ['fri:zə], *m* -n/-n/'F~**in**, *f* -/-**nen** Frisian. 'f~**isch**. I. *adj.* Frisian. II. F., *n* -(s)/*no pl Ling:* Frisian. 'F~**land**. *Pr.n.n* -s. Friesland.

frigid(e) [fri'gi:t(-də)], *adj.* frigid (woman). F~**i'tät**, *f* -/*no pl* frigidity.

Frikadelle [frika'dɛlə], *f* -/-**n** *Cu:* rissole.

Frikass|ee [frika'se:], *n* -s/-s *Cu:* fricassee. **f~ieren**, *v.tr. Cu:* to fricassee (meat).

Friktion [friktsi'o:n], *f* -/-**en** friction. F~s**antrieb**, *m* -(e)s/-e *Tchn:* friction drive.

frisch [friʃ]. I. *adj.* (*a*) fresh (food, air etc.); **nicht mehr f.**, (*Brot*) stale; (*Milch usw.*) turned; (*b*) (*neu*) fresh (courage etc.); renewed (strength); recent (wound etc.); (*sauber*) clean (clothes etc.); **f~es Blatt Papier**, new/clean piece of paper; *adv.* **f. gebacken**, freshly/newly baked (bread etc.); *F: Hum:* newly qualified (doctor etc.); **f. gebackene Eheleute**, a newly married couple; *P.N:* **f. gestrichen!** wet paint! **sich f. machen**, to freshen up, have a wash; *adv.* **das Bett f. beziehen**, to change the bedclothes; (*c*) (*lebhaft*) bright (colours); lively (girl); (*gesund*) fit; **f~e Gesichtsfarbe**, rosy complexion; *F:* **f. und munter**, fit and well, full of life; (*alter Mensch*) alive and kicking; (*d*) (*kühl*) chilly, nippy (weather etc.). II. 'F~-, *comb.fm.* fresh (fish, meat, vegetables, air etc.); F~**kost** *f.* fresh/uncooked food; *Hum:* F~**luftfanatiker** *m*, fresh air fiend. 'F~**e**, *f* -/*no pl* (*a*) freshness; (*b*) chilliness; (*c*) fitness, liveliness; alertness (of mind); brightness; *F:* **in alter F.**, as fresh as ever. 'F~**haltepackung**, *f* -/-**en** vacuum pack. 'F~**käse**, *m* -s/*no pl* curd cheese. 'f~'**weg**, *adv.* in a free and easy manner.

Frischling ['friʃliŋ], *m* -s/-e *Z:* baby boar.

Fris|eur [fri'zø:r], *m* -s/-e hairdresser. F~**eurladen**, *m* -s/̈- hairdressing salon. F~**euse**, *f* -/-**n** (female) hairdresser, hair-stylist. **f~ieren**, *v.tr.* (*a*) to do (s.o.'s) hair; **sich f.**, to do one's hair; **modisch frisiert**, with a fashionable hairstyle; (*b*) *F:* to dress up (a report); to fiddle, *N.Am:* pad (accounts etc.); *Aut:* to hot/soup up (an engine, a car). F~**ierhaube**,*f* -/-**n** 1.

hairnet. 2. (*Apparat*) hair-dryer. F~**iermantel**, *m* -s/̈- 1. (*Umhang*) (hairdresser's) cape. 2. (*Morgenmantel*) peignoir. F~**ierspiegel**, *m* -s/- dressing-table mirror. F~**iertisch**, *m* -(e)s/-e dressing table.

Frist [frist], *f* -/-**en** (*a*) (*Zeitspanne*) period; *Fin: etc:* (fixed) term; **eine Woche F. erhalten**, to receive a week's grace; **innerhalb kürzester F.**, at very short notice; *Fin:* **Anleihe auf kurze F.**, short-term loan; (*b*) (*Termin*) time-limit; (**äußerste/letzte**) F., deadline; **bis zu dieser F.**, by this date. 'f~**en**, *v.tr.* **sein Leben/seine Existenz f.**, to scrape a living. 'f~**gerecht**, *adj.* punctual. 'f~**los**, *adj.* immediate, summary; *adv.* **f. entlassen**, dismissed without notice.

Frisur [fri'zu:r], *f* -/-**en** hairstyle, *F:* hairdo.

Fritz [frits]. *Pr.n.m* -**ens** = Fred; *F:* **für den alten F~en**, in vain, for nothing.

frivol [fri'vo:l], *adj.* frivolous, flippant; risqué (joke, story). F~**ität** [-oli'tɛ:t], *f* -/-**en** 1. frivolity, flippancy. 2. flippant/risqué remark.

froh [fro:], *adj.* 1. happy, cheerful (person, face etc.); **f~e Weihnachten!** happy/merry Christmas! **eine f~e Nachricht**, good news. 2. *F:* (*Pers.*) glad, pleased (**über etwas** *acc*, about sth.); **ich bin f., daß . . .**, I am glad/(*erleichtert*) relieved that . . .; **ich bin über/***Aus:* **um meinen warmen Mantel f.**, I am thankful for my warm coat. 'f~**gestimmt**, *adj.* cheerful, in a cheerful mood. **f~'locken**, *v.i.* (*haben*) *Lit:* to rejoice, exult, (*hämisch*) gloat (**über etwas** *acc*, over sth.). **f~'lockend**, *adj.* gleeful. 'F~**sinn**, *m* -(e)s/*no pl* cheerfulness, gaiety.

fröhlich ['frø:liç], *adj.* (*a*) cheerful (person, mood etc.); merry, jolly (party, games etc.); **f~e Weihnachten!** happy Christmas! (*b*) *adv. F:* (*unbekümmert*) gaily, blithely. 'F~**keit**, *f* -/*no pl* gaiety, joyfulness; jollity.

fromm [from], *adj.* 1. (*a*) devout, pious (person, life etc.); **f~e Lüge**, white lie; (*b*) (*scheinheilig*) sanctimonious. 2. docile, obedient (horse etc.).

Frömm|elei [frœmə'lai], *f* -/-**en** 1. *no pl* bigotry. 2. sanctimonious manner/remark. 'f~**eln**, *v.i.* (*haben*) to affect piety. 'f~**elnd**, *adj.* sanctimonious. 'F~**igkeit**, *f* -/*no pl* piety. 'F~**ler**, *m* -s/- bigot.

frönen ['frø:nən], *v.i.* (*haben*) *Lit:* **einem Laster usw. f.**, to indulge in a vice etc.; **dem Alkohol f.**, to be addicted to alcohol.

Fronleichnam [fro:n'laiçna:m], *m* -s/*no pl R.C.Ch:* Corpus Christi.

Front [front]. I. *f* -/-**en** 1. *Arch:* facade, front. 2. *Meteor:* front. 3. *Mil:* (*a*) front, front line; **an die F. gehen**, to go up to the front (line); (*b*) front rank (of a parade); *Fig:* **F. gegen j-n/ etwas** *acc* **machen**, to resist/struggle against s.o., sth. 4. *Sp:* **in F. gehen/liegen**, to take/be in the lead. II. 'F~-, *comb.fm.* (*a*) front (engine etc.); *Aut:* F~**antrieb** *m*, front-wheel drive; (*b*) *Mil:* front line (service, experience, troops etc.); F~**einsatz** *m*, (spell of) front line duty; F~**urlaub** *m*, leave from the front; F~**abschnitt** *m*, section of the front; (*also Fig:*) F~**wechsel** *m*, change of front. **f~al** [-'ta:l] *adj.* & F~**al**-, *comb.fm.* frontal (attack, view etc.); *Aut:* f~**er Zusammenstoß**, head-on collision; *adv.* **f. zusammenprallen**, to collide head-on.

Frosch [frɔʃ]. I. *m* -es/̈-e 1. frog; *F:* **sei kein F.!**

don't get cold feet! **einen F. in der Kehle/im Hals haben,** to have a frog in one's throat. **2.** (*Knallf.*) jumping cracker. **3.** *Mus:* nut (on a violin etc. bow). **II.** ´**F~-,** *comb.fm.* frog's (eyes etc.); **F~laich** *m,* frog spawn; **F~mann** *m,* frogman; *Cu:* **F~schenkel** *m,* frog's leg. ´**F ~ hand,** *f -/ˉe F:* (cold and) clammy hand. ´**F ~ perspektive,** *f -/-n* worm's-eye view.

Frost [frɔst]. **I.** *m -(e)s/ˉe* frost; **es herrscht starker/strenger F.,** there is a hard/severe frost. **II.** ´**F~-,** *comb.fm.* frost (damage etc.); frosty (night, weather etc.); frozen (ground etc.). ´**F ~ beule,** *f -/-n Med:* chilblain. ´**F ~ er(fach),** *m -s/- (n -(e)s/ˉer)* freezing compartment. ´**f ~ ig,** *adj.* frosty (weather, *Fig:* look etc.); *Fig:* icy (remark etc.). ´**f ~ klar,** *adj.* clear and frosty. ´**F ~ schutzmittel,** *n -s/-Aut:* antifreeze.

frösteln [´frœstəln], *v.i.* (*haben*) **ich fröstele/mich fröstelt (es),** I feel chilly/shivery.

Frott|ee [frɔ´te:], *n -s/-s Tex:* (terry) towelling. **F~eehandtuch,** *n -(e)s/ˉer* terry towel. **f~ieren** [-´ti:rən], *v.tr.* to rub/towel (s.o., oneself) down. **F~ierstoff,** *m -(e)s/-e Tex:* = **Frottee.**

Frotz|elei [frɔtsə´lai], *f -/-en F:* **1.** *no pl* teasing. **2.** teasing remark. ´**f ~ eln,** *v. F:* **1.** *v.tr.* **j-n f.,** to tease s.o., pull s.o.'s leg. **2.** *v.i.* (*haben*) to make teasing remarks.

Frucht [fruxt]. **I.** *f -/ˉe* fruit; (*a*) *Bot: & Fig:* **F~e tragen,** to bear fruit; *Fig:* (*Ergebnis*) **die F~e langjähriger Arbeit,** the fruit/result of many years' work; (*b*) *Anat:* (*Leibesf.*) foetus. **II.** ´**F~-,** *comb.fm.* fruit (yoghurt, salad etc.); fruit-flavoured (ice cream etc.); **F~becher** *m,* fruit sundae; **F~fleisch** *n,* fruit pulp/flesh; **F~saft** *m,* fruit juice; **F~schale** *f,* (i) fruit mousse/cup; (ii) (fruit) peel. ´**f ~ bar,** *adj.* fertile (soil, plant, *Fig:* imagination etc.); *Fig:* fruitful, productive (period, talks etc.); prolific (writer, period); **die f~en Tage,** the days of fertility (of a woman); *Fig:* (*Ideen*) **auf f~en Boden fallen,** to find ready acceptance. ´**F ~ barkeit,** *f -/no pl* fertility. ´**F ~ barkeitskult,** *m -(e)s/-e* fertility rite. ´**F ~ folge,** *f -/no pl Agr:* rotation of crops. ´**f ~ ig,** *adj.* fruity. ´**f ~ los,** *adj.* fruitless, unsuccessful. ´**F ~ losigkeit,** *f -/no pl* fruitlessness. ´**F ~ wechsel,** *m -s/-* = **F~folge.**

Früchtchen [´fryçtçən], *n -s/- F:* young good-for-nothing; (*Mädchen*) flibbertigibbet. ´**F ~ ebrot,** *n -(e)s/-e* rich fruit loaf (containing figs, dates and currants).

früh [fry:]. **I.** *adj.* (*a*) early; **am f~en Morgen,** early in the morning; **die f~esten Kulturen,** the earliest civilizations; **f~er Tod,** premature/untimely death; *adv.* **er ist f. gestorben,** he died young/at an early age; **er kam zu f.,** he came too early/too soon; **f~er oder später,** sooner or later; *F:* **da mußt du f~er aufstehen!** you need to be quicker on the uptake! (*b*) **f~er,** former (time, enemies); previous (owner, *Aut:* model etc.); **in f~eren Zeiten,** in times gone by/past; *adv.* **f~er als X bekannt,** previously known as X; **alles sieht noch aus wie f~er,** everything looks just as it used to be; **er war f~er Journalist,** he used to be a journalist; **sie kennen sich von f~er,** they know one another

already; (*c*) (*morgens*) **morgen/heute f.,** tomorrow/this morning; **von f. bis spät,** from dawn till dusk. **II.** ´**F~-,** ´**f ~-,** *comb.fm.* (*a*) early (period, vegetables etc.); **F~aufsteher** *m,* early riser; **F~dienst** *m/F~schicht** *f,* early shift; **F~geschichte** *f,* early history; (*Antike*) ancient history; (*b*) (early) morning (prayer, mist etc.); **F~gymnastik** *f/F~sport** *m,* early morning exercises; (*c*) (*zu früh*) **F~geburt** *f,* (i) premature birth; (ii) prematurely born baby. ´**F ~ beet,** *n -(e)s/-e Hort:* cold frame. ´**F ~ e,** *f -/no pl* in **aller F.,** bright and early. ´**f ~ estens,** *adv.* at the earliest. ´**F ~ jahr,** *n -(e)s/-e* spring. ´**F ~ jahrsmüdigkeit,** *f -/no pl* winter-weariness. ´**F ~ jahrsputz,** *m -es/no pl* spring clean(ing). ´**F ~ ling,** *m -s/-e* spring; *Iron:* **der Alte erlebt seinen zweiten F.,** the old man has fallen for a young girl. ´**f ~ lingshaft,** *adj.* spring-like. ´**F ~ lingssuppe,** *f -/-n Cu:* (spring) vegetable and noodle soup. **f ~ ´morgens,** *adv.* early in the morning. ´**f ~ reif,** *adj.* precocious (child); early, forward (plant, crop etc.). ´**F ~ reife,** *f -/no pl* precociousness; *Bot: Agr:* earliness, forwardness. ´**F ~ schoppen,** *m -s/-* morning drink (of wine etc.). ´**F ~ stück,** *n -(e)s/-e* breakfast; **das zweite F.,** mid-morning snack. ´**f ~ stücken,** *v.* **1.** *v.i.* (*haben*) to have breakfast. **2.** *v.tr.* to have (an egg etc.) for breakfast. ´**F ~ stücksfleisch,** *n -(e)s/no pl* approx. spam. ´**F ~ stückspause,** *f -/-n* break for elevenses. ´**F ~ stücksspeck,** *m -(e)s/no pl* streaky bacon (*usu.* eaten raw). ´**f ~ zeitig,** *adj.* early; (*vorzeitig*) premature. ´**F ~ zündung,** *f -/-en I.C.E:* pre-ignition.

Frust [frust], *m -(e)s/no pl F:* (sense of) frustration. **F ~ ration** [-ratsi´o:n], *f -/-en* frustration. **f ~ rieren** [-´tri:rən], *v.tr.* to frustrate (s.o.).

Fuchs [fuks]. **I.** *m -es/ˉe* **1.** (*Tier, Fell, Fig: Pers.*) fox; *Hum:* **wo sich die F~e/F. und Hase gute Nacht sagen,** at the back of beyond. **2.** (*Pferd*) chestnut, sorrel; *F:* (*Pers.*) redhead. **3.** *Ent:* (**Großer) F.,** tortoiseshell butterfly. **4.** *Univ:* novice (in a fraternity); freshman. **II.** ´**F~-,** *comb.fm.* fox's (fur etc.); **F~bau** *m,* fox's earth; **F~jagd** *f,* fox-hunt(ing); **F~schwanz** *m,* (i) fox's brush; (ii) (*Säge*) handsaw. ´**f ~ en,** *v.tr. F:* to nark (s.o.), *N.Am:* make (s.o.) mad; **sich f.,** to get narked/*N.Am:* mad. ´**f ~ ig,** *adj.* **1.** red, *F:* carroty (hair). **2.** *F:* furious, mad. ´**f ~ rot,** *adj.* (*Haare*) red, ginger; (*Pferd*) sorrel, chestnut. ´**f ~ teufels´wild,** *adj. F:* hopping mad.

Fuchsie [´fuksiə], *f -/-n Bot:* fuchsia.

Füchsin [´fyksin], *f -/-nen* vixen.

Fucht|el [´fuxtəl], *f -/no pl F:* **unter der F. sein/stehen,** to be sat on/(*Ehemann*) hen-pecked. ´**f ~ eln,** *v.i.* (*haben*) *F:* **mit den Händen/einem Stock f.,** to wave one's hands/a stick. ´**f ~ ig,** *adj.* mad, furious.

Fuge [´fu:gə], *f -/-n* **1.** *Carp: etc:* join, joint; (*Spalte*) crack, gap; *Constr:* **die F~n (einer Mauer) verschmieren,** to point a wall; *Fig:* **aus den F~n geraten,** to go to pieces. **2.** *Mus:* fugue. ´**f ~ n,** *v.tr.* to joint (wood); to point (walls etc.).

füg|en [´fy:gən], *v.tr.* (*a*) to join (sth.) (**an etwas** *acc,* to sth.), fit (sth.) (**in etwas** *acc,* into sth.); (*hinzuf.*) to add (sth.); **Haus fügte sich an Haus,** there was one house after another; **sich in eine**

Lücke f., to fit into a space; (b) **sich j-m, etwas** *dat* f., to give in/yield to s.o., sth.; **sich j-s Wünschen** f., to bow to s.o.'s wishes; **er fügte sich nicht dieser Anordnung,** he failed to comply with this regulation; *Lit:* **sich in sein Schicksal** f., to submit/resign oneself to one's fate; (c) *Lit:* **es fügte sich, daß . . .,** it so happened that . . . **'f~sam,** *adj.* compliant, aquiescent (person); docile (child). **'F~samkeit,** f -/no pl docility; compliant nature. **'F~ung,** f -/-en F. **(des Schicksals),** act of providence; **durch eine glückliche F.,** by a stroke of fortune.

fühl|bar ['fy:lbɑ:r], *adj.* palpable (loss, relief etc.); tangible, noticeable (difference etc.). **'f~en,** v tr (a) to feel (sth., pain, heat, emotion, a lump etc.); **er fühlte sein Herz schlagen,** he felt his heart beating; **nach dem Schalter** f., to feel (around) for the switch; **sie ließ ihn ihre Verachtung** f., she made him aware of her contempt; **ein f~des Herz,** a compassionate person; (b) v.refl. **sich krank, betrogen usw.** f., to feel ill, deceived etc.; **sich zum Priester usw. berufen** f., to feel a vocation as a priest etc.; **F: er fühlt sich in seiner Haut nicht wohl,** he feels out of place/ill at ease/(kränklich) under the weather; **der fühlt sich (aber) jetzt!** now he feels several inches taller! **'F~er,** m -s/- feeler, antenna; horn (of a snail); **F: die F. ausstrecken,** to put out feelers. **'F~ung,** f -/no pl contact; **mit j-m F. aufnehmen,** to get in touch with s.o.

Fuhr|e ['fu:rə], f -/-n cartload. **'F~mann,** m -(e)s/-leute cart driver. **'F~park,** m -s/-s fleet (of vehicles). **'F~unternehmen,** n -s/- haulage firm. **'F~unternehmer,** m -s/- haulage contractor. **'F~werk,** n -(e)s/-e (horse-drawn) waggon, cart. **'f~werken,** v.i. (haben) **(mit etwas dat)** f., to wave (sth.) about wildly.

führ|en ['fy:rən], v. 1. v.tr. (a) to lead (s.o.) **(an der Hand,** by the hand); to guide (a blind person etc.); to take (s.o.) **(ins Theater, über die Straße usw.,** to the theatre, across the road etc.); **einem Kind die Hand** f., to guide a child's hand; **Besucher durch ein Schloß usw.** f., to show visitors around a castle etc.; *abs.* **er führt im Museum,** he does guided tours in the museum; **eine Klasse zum Abitur** f., to take a class through to the final exam; **die neue Autobahn wird um die Stadt geführt,** the new motorway will be taken/routed round the town; *P.N:* **Hunde müssen an der Leine geführt werden,** dogs must be kept on a lead/*N.Am:* leash; *Fig:* **j-n auf die falsche Spur** f., to put s.o. on the wrong track; (b) (leiten) to command (a regiment etc.); to captain (a team); to run, manage (a business, hotel etc.); **Krieg** f., to wage war; **ein gut geführtes Hotel,** a well-run hotel; (c) (handhaben) to wield (a pen, sword etc.); to raise (one's hand, a glass etc.); **das Glas zum Mund** f., to raise the glass to one's lips; **die Kamera ruhig** f., to handle/operate the camera with a steady hand; (d) to carry (water, oil etc.); to bear (a title); *Com:* to stock (goods); **er führt kein Geld bei sich,** he doesn't have any money on him; **der Zug führt einen Speisewagen,** the train has a buffet car; (Fluß) **Hochwasser** f., to be in full spate; *El:* **Strom** f., to be live; (e) (betreiben) to hold,

conduct (a correspondence, conversation, talks etc.); to keep (a diary, list etc.); **eine glückliche Ehe** f., to be happily married; **bei einem Film Regie** f., to direct a film; **ein elendes Leben** f., to lead a miserable life; **über etwas** *acc* **Buch** f., to keep a record of sth.; (f) *Adm:* to drive (a vehicle), pilot (an aircraft); (g) v.refl. **sich (gut/schlecht)** f., to behave (well/badly). 2. v.i. (haben) to lead; (a) (voranstehen) *Sp:* **die Mannschaft führt 3:2,** the team is leading by 3 to 2; (b) (Straße, Weg usw.) **nach X** f., to lead/go to X; **durch etwas** *acc* f., to pass through sth.; **die Straße führt an der Küste entlang,** the road runs along the coast; **die Brücke führt über den Fluß,** the bridge crosses the river; *Fig:* **das führt zu weit,** that is going too far; **unsere Bemühungen führten zu nichts,** our efforts got us nowhere. **'f~end,** *adj.* leading (newspaper, firm etc.); prominent (personality); **eine f~e Stellung einnehmen/f. sein,** to occupy a prominent position, play a leading role; **in der Entwicklung** f. **sein,** to be in the forefront of development. **'F~er(in),** m -s/- (f -/-nen) 1. (Pers.) (a) leader; *Hist:* (Hitler) Führer; *Mil:* commander; (b) (im Museum usw.) guide; (c) (Fahrer) driver (of a train/tram). 2. (Buch) guidebook. **'F~erhaus,** n -es/-er driver's cab (of a lorry/crane). **'f~erlos,** *adj.* leaderless. **'F~ernatur,** f -/-en 1. (Pers.) born leader. 2. no pl natural leadership qualities. **'F~erschein,** m -(e)s/-e driving licence; **den F. machen,** to take one's driving test; (fahren lernen) to learn to drive. **'F~ersitz,** m -es/-e driver's seat. **'F~erstand,** m -(e)s/-e driver's cab (of a train/tram). **'F~ring,** m -(e)s/-e *Horse Rac:* paddock. **'F~ung,** f -/-en 1. no pl Pol: etc: leadership; *Com:* management; *Mil:* command; **dem Kind fehlt eine feste F.,** the child lacks firm guidance. 2. no pl lead; **auf einem Gebiet die F. haben,** to be leading in a field; *Sp: etc:* **in F. liegen/gehen,** to be in/take the lead. 3. no pl (Betragen) conduct, behaviour. 4. no pl (Handhaben) operating, handling. 5. *Tchn:* guide. 6. no pl (das Tragen) use, bearing (of a title). 7. no pl keeping (of records etc.). 8. no pl *Adm:* (Fahren) driving. 9. (Besichtigung) guided tour (durch ein Museum, of a museum). **'F~ungskraft,** f -/-e *Com:* manager, (top) executive; pl **F~e,** managerial staff. **'F~ungsschicht,** f -/ en leading/F: boss class. **'F~ungsscheine,** f -/-n *Mec.E:* guide rail. **'F~ungszeugnis,** n -ses/-se certificate of good conduct.

Füll|e ['fylə], f -/no pl 1. (große Menge) abundance, wealth, profusion (von Einfällen, der Erfahrung usw., of ideas, experience etc.); *F:* **das war eine F.!** there was a terrible crush! 2. (Stärke) richness (of sounds etc.); fullness (of life, heart etc.); body (of wine). 3. (Körperf.) plumpness; **zur F. neigen,** to incline to stoutness. 4. South G: Cu: stuffing, filling. **'f~en¹,** v.tr. (a) to fill (sth.); to fill in (time); (einnehmen) to take up (a space); *Cu:* to stuff (meat, tomatoes etc.); (b) (schütten) to put (sth.) (in Säcke, Flaschen usw., into sacks, bottles etc.); (c) (Ort, Behälter) **sich** f., to fill (up). **'F~federhalter/F:** **'F~er,** m -s/- fountain pen. **'F~gewicht,** n -(e)s/-e net weight. **'f~ig,** *adj.*

plump (person); well-rounded (figure). 'F ~ -
masse, *f* -/-n **1.** *Cu:* filling. **2.** *Paint:* filler.
'F ~ **sel,** *n* -s/- *Pej:* padding (in a book, speech
etc.). 'F ~ **spachtel,** *f* -/-n *Paint:* filler.
'F ~ **ung,** *f* -/-en **1.** filling, stuffing (in meat,
of a mattress etc.); centre (of a chocolate). **2.**
(*Türf.*) (door) panel. 'F ~ **wort,** *n* -(e)s/
ᵉer (meaningless) expletive.
'**Füllen**², *n* -s/- *Lit:* foal.
fulminant [fulmi'nant], *adj.* brilliant.
Fummel ['fuməl], *m* -s/- *North G:* F: cheap dress;
old rag. F ~ **ei** [-'lai], *f* -/no *pl* (*a*) F: fiddling,
fumbling about; (*b*) *P:* petting. 'f ~ **ig,** *adj.* F:
finicky (job etc.). 'f ~ **n,** *v.i.* (*haben*) F: (*a*) to
fumble (**an etwas** *dat,* with sth.); (*b*) *P:* (*lieb-
kosen*) to pet.
Fund [funt], *m* -(e)s/-e **1.** (*Finden*) finding; (*durch
Forschung usw.*) discovery. **2.** (*Gefundenes*) *esp.
Archeol: Min:* find. 'F ~ **büro,** *n* -s/-s lost pro-
perty/*N.Am:* lost and found office. 'F ~ **grube,** *f*
-/-n *Fig:* (*Geschäft usw.*) goldmine; (*Buch usw.*)
storehouse, mine of information; **eine F. für den
Sammler,** a happy hunting ground/*N.Am:*
goldmine for the collector. 'F ~ **ort,** *m* -(e)s/-e
place where it was/they were found. 'F ~ **sache,** *f*
-/-n object found; *pl* lost property. 'F ~ **stätte/**
'F ~ **stelle,** *f* -/-n *Archeol:* site of a find.
Fund|ament [funda'mɛnt], *n* -(e)s/-e *Constr:
& Fig:* foundation(s); *Ind:* base, bed-plate (of a
machine); *Fig:* basis (of a theory etc.); **auf einem
starken F. stehen,** to have firm foundations/*Fig:*
a firm basis. f ~ **amen'tal,** *adj.* fundamental,
basic.
fündig ['fyndiç], *adj. Min:* rich in deposits;
(*Pers.*) **f. werden,** to make a find.
fünf [fynf]. **I.** *num. adj.* five; *F:* **f. gerade sein
lassen,** to turn a blind eye; **er hat seine f. Sinne
(nicht richtig) beisammen,** he is (not) all there;
**das hättest du dir an den f. Fingern abzählen
können,** you might have guessed that. **II. F.,** *f*
-/-en (number) five; *Sch:* unsatisfactory
(mark); (*im Examen*) fail mark. 'F ~ **eck,** *n*
-(e)s/-e pentagon. 'f ~ **eckig,** *adj.* pentagonal,
five-sided. 'F ~ **er,** *m* -s/- *F:* (*a*) = **Fünf II;**
(*b*) five-pfennig piece. 'f ~ **erlei,** *adj.* of five
kinds. 'f ~ **fach,** *adj.* quintuple; *adv.* five
times. 'f ~ **jährig,** *adj.* five-year-old (child,
animal); five-year (period). 'F ~ **kampf,** *m*
-(e)s/ᵉe *Sp:* pentathlon. 'F ~ **ling,** *m* -s/-e
quintuplet; *F:* quin, *N.Am:* quint. 'f ~ **mal,**
adv. five times. 'f ~ **stellig,** *adj.* five-figure
(number). 'f ~ **t,** *adv.* **zu f.,** in a group of five;
wir waren zu f., there were five of us. F ~ 'ta-
gewoche, *f* -/-n five-day week. 'f ~ **te(r, s),**
num. adj. fifth; *F:* **das f. Rad am Wagen sein,** to
be the odd man out/de trop. 'f ~ **tel. I.** *inv. adj.*
fifth (part) of ... **II. F.,** *n* -s/- fifth. 'f ~ **tens,**
adv. fifthly. 'f ~ **zehn. I.** *num. adj.* fifteen. **II. F.,**
f -/-en (number) fifteen. 'f ~ **zehnte(r, s),**
num. adj. fifteenth. 'f ~ **zig. I.** *num. adj.* fifty.
II. F., *f* -/no *pl* **1.** (number) fifty. **2. er ist Mitte
F.,** he is in his middle fifties. 'f ~ **ziger. I.** *adj.*
die f. Jahre, the fifties. **II. F.,** *m* -s/- **1.** *F:* fifty-
pfennig piece. **2.** man in his fifties; **in den F** ~ **n
sein,** to be in one's fifties. 'f ~ **zigste(r, s),** *adj.*
fiftieth.
fungieren [fuŋ'giːrən], *v.i.* (*haben*) to officiate;
(*Gegenstand*) **f. als,** to function/serve as.

Funk [fuŋk]. **I.** *m* -s/no *pl* radio; (*Übertragung*)
(radio) broadcasting; **etwas durch F. über-
tragen,** to broadcast sth.; **über F.,** by radio. **II.**
'F ~ **-,** *comb.fm.* radio (equipment, service, ex-
hibition, station, contact, telegram, tower etc.);
F ~ **amateur** *m,* radio ham; F ~ **bake** *f*/F ~ **feuer**
n, radio beacon; F ~ **bild** *n,* picture by radio;
F ~ **haus** *n,* radio station (building); F ~ **mel-
dung** *f*/F ~ **spruch** *m,* radio message; F ~ -
sprechgerät *n,* radio telephone; (*tragbar*) walkie-
talkie; F ~ **steuerung** *f,* radio control; F ~ **streife**
f, (police) radio patrol; F ~ **(streifen)wagen** *m,*
radio patrol car; F ~ **wesen** *n,* radiocommuni-
cations, broadcasting. 'F ~ **e,** *m* -n/-n **1.**
spark; *Fig:* **ihre Augen sprühten F** ~ **n,** her eyes
flashed. **2.** *F:* spark (of enthusiasm etc.); glim-
mer (of hope etc.); **kein F. Interesse/Anstand,**
not a flicker of interest/scrap of decency.
'f ~ **eln,** *v.i.* (*haben*) to sparkle, (*Licht, Sterne*)
twinkle; (*Edelstein usw.*) to glitter, (*Politur,
Näße usw.*) glisten. 'f ~ **el'nagel'neu,** *adj.* F:
brand spanking new. 'f ~ **en. I.** *v.* **1.** *v.tr.* to
radio (a message etc.). **2.** *v.i.* (*haben*) (*a*) to give
off sparks; *F:* **es hat ordentlich gefunkt,** the
sparks were really flying; (*b*) *F:* (*funktionieren*)
to work; (*Geschäft*) to run smoothly, go well;
hat es endlich gefunkt? have you got it at last?
bei den beiden hat es gefunkt! those two seem to
have hit it off! (*c*) *F:* (*Geschütz*) to bang away;
P: (*Mutter an ein Kind*) **wenn du nicht aufhörst,
funkt es!** if you don't stop you'll get it! **II. F.,**
m -s/- = **Funke.** 'F ~ **enbildung,** *f* -/-en *El:*
sparking. 'F ~ **enstrecke,** *f* -/-n *El: Aut:*
spark/plug gap. 'F ~ **er,** *m* -s/- radio operator.
Funktion [fuŋktsi'oːn], *f* -/-en (*a*) (*also Mth:*)
function; **eine leitende F. innehaben,** to hold a
prominent post; (*b*) *no pl* working, functioning;
außer F., out of action; **in F. treten,** to come
into operation. F ~ **är** [-o'nɛːr], *m* -s/-e *Adm:*
functionary, official. f ~ **ieren** [-'niːrən], *v.i.*
(*haben*) to work, function; (*System usw.*) to
operate. F ~ **sstörung,** *f* -/-en malfunction.
Funzel ['funtsəl], *f* -/-n *F:* dim/dismal light.
für [fyːr]. **I.** *prep.* + *acc* for; (*a*) **wir sind f.
Neuerungen,** we are all for/in favour of
changes; **das hat viel f. sich,** there is much to be
said for it; (*b*) **f. j-n sprechen,** to speak on s.o.'s
behalf; **sich f. j-n ausgeben,** to pretend to be
s.o.; **er ißt f. drei,** he eats enough for three; **f.
nichts und wieder nichts,** all for nothing,
completely in vain; (*c*) **f** ~ **s erste,** for now; for the
time being; **f. immer,** for ever; **f. gewöhnlich,**
usually; **Tag f. Tag,** day by day; **Wort f. Wort,**
word for word; **Schritt f. Schritt,** step by step;
Mann f. Mann, one after the other; (*d*) **f. sich,**
alone, on one's own; *Th:* aside; **ein Fall f. sich,**
a unique/special case; **ein Volk f. sich,** a race
apart; **an und f. sich,** actually; (*im Grunde*)
basically. **II. F.,** *n* **das F. und Wider,** the pros
and cons. 'F ~ **bitte,** *f* -/-n intercession.
f ~ **ei'nander,** *adv.* for each/one another.
'F ~ **sorge,** *f* -/no *pl* **1.** care (**für** j-n, for s.o.);
(*Nachbehandlung*) aftercare. **2.** (*Sozialhilfe*)
welfare work; (*Einrichtungen*) social services;
(*Sozialamt*) social security office; *F:* **er lebt von
der F.,** he is living on social security.
'F ~ **sorgeerziehung,** *f* -/no *pl* (*a*) child care;
in F. kommen, to be taken into care; (*b*) cor-

rective training (of young offenders). 'f ~ sor-
gend, *adj.* caring. 'F ~ sorger(in), *m* -s/- (*f*
-/-nen) social/welfare worker. 'f ~ sorgerisch,
adj. welfare (tasks, measures etc.). 'F ~ sor-
genunterstützung, *f* -/-en social security bene-
fit. 'f ~ sorglich, *adj.* considerate, thought-
ful. 'F ~ sprache, *f* -/*no pl* plea, advocacy;
(bei j-m) für j-n F. einlegen, to plead (with s.o.)
on s.o.'s behalf. 'F ~ sprecher, *m* -s/- ad-
vocate. 'F ~ wort, *n* -(e)s/¨er *Gram:* pronoun.
Furche [furçə], *f* -/-n *Agr; & Fig:* furrow;
(*Wagenspur*) rut; *Tchn:* groove.
Furcht ['furçt], *f* -/*no pl* fear; **vor etwas** *dat* F.
haben, to be afraid of sth.; aus F. vor Strafe,
for fear of punishment; j-m F. einjagen, to scare
s.o. 'f ~ bar, *adj.* terrible, dreadful; *F:* ein
f ~ er Mensch, an awful person; (*verstärkend*)
f ~ en Hunger haben, to be terribly hungry; *adv.*
f. teuer, frightfully expensive; wir haben f.
gelacht, we laughed our heads off. 'f ~ er-
regend, *adj.* frightening, terrifying. 'f ~ los,
adj. fearless. 'F ~ losigkeit, *f* -/*no pl* fear-
lessness. 'f ~ sam, *adj.* timid (person, animal);
fearful, apprehensive (looks etc.). 'F ~ sam-
keit, *f* -/*no pl* timidity.
fürchten ['fyrçtən]. I. *v.* 1. *v.tr.* (*a*) to fear (s.o.,
sth.), be afraid of (s.o., sth); die Begegnung
mit j-m f., to be scared of meeting s.o.; er
fürchtet immer zu versagen, he always fears he'll
fail; (*b*) sich f., to be afraid/frightened (vor j-m,
etwas *dat*, of s.o., sth.); sich vor der Prüfung f.,
to dread the examination. 2. *v.i.* (haben) to be
afraid; um/für j-n, etwas *acc* f., to fear for s.o.,
sth. II. F., *n* -s/*no pl* das F., fear; *esp. Hum:*
hier ist es zum F., this place gives you the wil-
lies. 'f ~ erlich, *adj.* terrifying, fearsome (sight
etc.); *F:* terrible, frightful.
Furie ['fu:riə], *f* -/-n *Myth:* Fury; *Fig:* (*Frau*)
hellcat.
Furnier [fur'ni:r], *n* -s/-e veneer. f ~ en, *v.tr.* to
veneer (furniture).
Furore [fu'ro:rə], *f & n* F. machen, to cause a
sensation, (*Erfolg haben*) to be a big hit.
Fürst [fyrst], *m* -en/-en prince; die F ~ en Euro-
pas, the crowned heads of Europe.
'F ~ entum, *n* -s/¨er principality. 'F ~ in, *f*
-/-nen princess. 'f ~ lich, *adj.* royal (family,
home etc.); princely (bearing, *Fig:* sum etc.);
magnificent, sumptuous (meal etc.); *adv.* f.
leben/essen, to live/eat like a prince.
Furt [furt], *f* -/-en ford.
Furunkel [fu'ruŋkəl], *n & m* -s/- *Med:* boil.
Furz [furts], *m* -es/¨e *V:* fart. 'f ~ en, *v.i.*
(haben) *V:* to fart.
Fusel ['fu:zəl], *m* -s/*no pl F:* rotgut, *N.Am:* hooch.
Fusion [fuzi'o:n], *f* -/-en amalgamation, *Com:*
merger (of firms etc.); *Pol:* coalition; *Ph: Biol:*
fusion. f ~ ieren, [-o'ni:rən], *v.* 1. *v.i.* (haben)
Com: to form a merger (mit + *dat,* with). 2.
v.tr. to merge (firms).
Fuß [fu:s], *m* -es/¨e 1. (*a*) foot; mit bloßen
F ~ en, barefoot; zu F., on foot; zu F. gehen, to
walk; gut zu F. sein, to be a good walker; j-m
zu F ~ en fallen/sitzen, to fall/sit at s.o.'s feet;
sich *dat* die F ~ e vertreten, to stretch one's legs;
lauf so schnell dich die F ~ e tragen, run as fast as
your legs will carry you; ich habe mir den F.
gebrochen, I have broken a bone/bones in my

foot; *South G: & Aus:* I have broken my leg;
seine F ~ e versagten ihm, his legs gave way; j-m
auf den F. treten, to step on s.o.'s toes; j-m auf
dem F ~ e folgen, to follow hard on s.o.'s heels;
[*zu einem Hund*) (bei) F.! heel! (*also Fig:*) j-n,
etwas mit F ~ en treten, to trample s.o., sth.
underfoot; (*b*) *Fig:* (festen) F. fassen, (i) (*Pers.*)
to find one's feet; (ii) (*Ideen usw.*) to become
established; auf großem F. leben, to live like a
lord; mit j-m auf gutem/freundschaftlichem F.
stehen, to be on good/friendly terms with s.o.;
er fällt immer auf die F ~ e, he always falls on his
feet; mit einem F. im Grabe stehen, to have one
foot in the grave; *Fig:* kalte F ~ e bekommen/krie-
gen, to get cold feet; das Buch hat F ~ e be-
kommen, the book has disappeared; die F ~ e
unter j-s Tisch stecken, to sponge on s.o. 2.
foot, bottom (of a mountain, stairs etc.); base
(of a lamp, pillar etc.); stem (of a glass); leg (of
a table); foot (of a sock etc.). 3. *Meas:* foot.
'F ~ abdruck, *m* -(e)s/¨e footprint. 'F ~ ab-
streifer, *m* -s/- doormat; (*Rost*) shoe-scraper.
'F ~ angel, *f* -/-n mantrap. 'F ~ bad, *n* -(e)s/
¨er 1. footbath. 2. *F: Hum:* coffee/tea spilled in
the saucer. 'F ~ ball, *m* -(e)s/¨e football.
'F ~ ball-, *comb.fm.* football (team, champion-
ship, stadium etc.); F ~ anhänger/F ~ freund *m,*
football fan; F ~ fanatiker *m,* football fiend;
F ~ feld *n,* football pitch; F ~ platz *m,* football
ground; F ~ klub/F ~ verein *m,* football club;
F ~ meister *m,* (i) football league champions; (ii)
(*Pokalsieger*) Cup Holders; F ~ schuh *m,*
football boot; F ~ spiel *n,* football match/game;
F ~ spieler *m,* football player, footballer; F ~
toto *n & m,* football pools. 'F ~ ballen, *m* -s/-
ball of the foot. 'F ~ bank, *f* -/¨e footstool.
'F ~ boden, *m* -s/¨ floor. 'F ~ boden-
belag, *m* -(e)s/¨e floor covering, flooring.
'F ~ bodenheizung, *f* -/-en underfloor
heating. 'F ~ breit, *m* -(e)s/*no pl Meas:* width
of a foot; *Fig:* keinen F. breit. 'F ~ bremse, *f* -/-n foot-
brake. 'F ~ brett, *n* -(e)s/-er footboard, *Row:*
stretcher. 'f ~ en, *v.i.* (haben) (*Argument,
Theorien usw.*) to be based (auf + *dat,* on). 'F ~ -
ende, *n* -s/-n foot (of the bed). 'F ~ fehler,
m -s/- *Tennis:* foot fault. 'F ~ gänger, *m* -s/-
pedestrian. 'F ~ gänger-, *comb.fm.* pedestrian
(crossing etc.). 'F ~ unterführung *f,* pedestrian
subway; F ~ zone *f,* pedestrian precinct; F ~ -
brücke *f,* footbridge; F ~ weg *m,* footpath. 'F ~ -
gelenk, *n* -(e)s/-e ankle (joint). 'F ~ gewölbe,
n -s/- *Anat:* arch (of the foot). 'F ~ hebel,
m -s/- pedal. 'f ~ hoch, *adj.* ankle-deep. 'F ~ -
knöchel, *m* -s/- ankle(-bone). 'f ~ krank,
adj. footsore. 'F ~ leiste, *f* -/-n skirting
board. 'F ~ marsch, *m* -(e)s/¨e (long)
march, tramp. 'F ~ matte, *f* -/-n doormat.
'F ~ nagel, *m* -s/¨ toenail. 'F ~ note, *f* -/-n
footnote. 'F ~ pflege, *f* -/*no pl* chiropody;
pedicure. 'F ~ pfleger(in), *m* -s/- (*f* -/-nen)
chiropodist. 'F ~ pilz, *m* -es/-e *Med:* ath-
lete's foot. 'F ~ platte, *f* -/-n base; *Ind:* bed-
plate (of a machine). 'F ~ raste, *f* -/-n *Motor
Cy:* footrest. 'F ~ rücken, *m* -s/- instep.
'F ~ sohle, *f* -/-n sole of the foot. 'F ~ -
spitze, *f* -/-n point of the foot; auf den F ~ n,
on tiptoe. 'F ~ stapfen, *m* -s/- footprint; *Fig:*
in j-s F. treten, to follow in s.o.'s footsteps.
'F ~ tritt, *m* -(e)s/-e kick. 'F ~ volk, *n* -(e)s/

no pl (*a*) *Mil.Hist:* infantry, foot(soldiers); (*b*) *Pol: etc:* rank and file; *Fig:* **unters F. geraten,** to come down in the world. **´F ~ weg,** *m* **-(e)s/-e** footpath.

Fussel [´fusəl], *f* **-/-n** (bit of) fluff. **´f ~ ig,** *adj.* (*Stoff usw.*) covered in fluff; *P:* **sich** *dat* **den Mund f. reden,** to talk until one is blue in the face. **´f ~ n,** *v.i.* (*haben*) to shed fluff.

füßeln [´fy:səln], *v.i.* (*haben*) *F:* to play footsie.

Füßling [´fy:sliŋ], *m* **-s/-e** foot (of a sock, etc.).

futsch [futʃ], *adj. P:* all gone, vanished; (*kaputt*) bust.

Futter[1] [´futər], *n* **-s/-** (*a*) *Cl: etc:* lining; (*b*) casing (of a door/window); (*c*) *Tls:* chuck. **´F ~ stoff,** *m* **-(e)s/-e** lining material.

Futter[2], *n* **-s/no pl** (animal) feed; (cattle) fodder; *F:* (*Essen*) grub; **den Hühnern F. geben,** to feed the hens; **gut im F.,** (i) (*Tiere*) well fattened; (ii) *Hum:* (*Pers.*) on the plump side. **´F ~ beutel,** *m* **-s/-** (horse's) nosebag. **´F ~ häuschen,** *n* **-s/-** (covered) bird-table. **´F ~ krippe,** *f* **-/-n** crib, manger; *P:* **an der F. sitzen,** to have a cushy job. **´f ~ n,** *v.* **1.** *v.i.* (*haben*) (*Tier*) to feed. **2.** *v.tr. F:* (*Pers.*) to tuck/*N.Am:* dig into (food); **wir haben nichts zu f.,** we haven't a bite to eat. **´F ~ neid,** *m* **-(e)s/no pl** professional jealousy. **´F ~ rübe,** *f* **-/-n** fodder beet; mangel-wurzel. **´F ~ sack,** *m* **-(e)s/¨-e** nosebag. **´F ~ trog,** *m* **-(e)s/¨-e** feeding trough.

Futteral [futə´ra:l], *n* **-s/-e** case; (knife) sheath.

füttern[1] [´fytərn], *v.tr.* to line (clothes, envelopes, *Constr:* a shaft etc.).

füttern[2]. **I.** *v.tr.* to feed (an animal, a baby, patient, computer, *F:* machine). **II. F.,** *n* **-s/no pl** (*also* **F ~ ung** *f*) feeding; *P.N:* **F. verboten!** do not feed the animals!

Futur(um) [fu´tu:r(um)], *n* **-s/no pl** *Gram:* (**erstes**) **F.,** future (tense); **zweites F.,** future perfect. **f ~ istisch** [-tu´risti,ʃ], *adj.* futuristic.

F-Zug [´ɛftsu:k], *m* **-(e)s/¨-e** *Rail:* long-distance express.

G

G,g [ge:], *n* **-/-** **1.** (the letter) G, g. **2.** *Mus:* **G(-Dur),** G (major); **g(-Moll),** G minor.

gab [gɑ:p], *p. of* **geben,** *q.v.*

Gabardine [´gabardi:n], *m* **-s/no pl** & *f* **-/no pl** *Tex:* gaberdine.

Gabe [´gɑ:bə], *f* **-/-n 1.** *Lit:* gift; (*Spende*) donation; **milde G.,** alms. **2.** (*Fähigkeit*) gift, talent (**des Erzählens usw.,** for storytelling etc.); **die G. haben, etwas zu tun,** to have a gift for/the knack of doing sth. **3.** *Med:* dose. **´G ~ ntisch,** *m* **-(e)s/-e** gift table.

Gabel [´gɑ:bəl], *f* **-/-n 1.** (*a*) (*Eßgerät*) fork; (*b*) *Agr:* pitchfork; *Hort:* garden fork. **2.** (*a*) fork (of a tree, road, bicycle etc.); (*b*) *Tel:* cradle. **´G ~ bissen,** *m* **-s/-** (cocktail) titbit; canapé. **´g ~ förmig,** *adj.* forked. **´G ~ frühstück,** *n* **-(e)s/-e** early buffet lunch. **´g ~ n,** *v.refl.* **sich g.,** (*Straße, Ast*) to fork. **´G ~ stapler,** *m* **-s/-** fork lift truck. **´G ~ ung,** *f* **-/-en** fork (*in a road, tree etc.*).

gackern [´gakərn], *v.i.* (*haben*) to cackle, cluck.

Gaffel [´gafəl], *f* **-/-n** *Nau:* gaff.

gaff|en [´gafən], *v.i.* (*haben*) to gape, (*starren*) stare. **´G ~ er,** *m* **-s/-** *Pej:* curious onlooker; *F:* rubberneck; **die G. an der Unfallstelle,** the crowd standing and staring at the accident.

Gag [gɛg], *m* **-s/-s** *Th:* gag; (*Finesse*) gimmick.

Gagat [ga´gɑ:t], *m* **-(e)s/-e** *Miner:* jet.

Gage [´gɑ:ʒə], *f* **-/-n** *Th: Cin:* fee.

gähnen [´gɛ:nən]. **I.** *v.i.* (*haben*) to yawn; *Fig:* **g ~ der Abgrund,** gaping chasm. **II. G.,** *n* **-s/ no pl** yawn(ing).

Gala [´gɑ:la], *f* **-/no pl** ceremonial/evening dress; *Mil:* full dress (uniform); *F:* **sich in G. werfen,** to dress up, put on one's best bib and tucker. **´G ~ anzug,** *m* **-(e)s/¨-e** ceremonial dress. **´G ~ vorstellung,** *f* **-/-en** gala performance.

galaktisch [ga´laktiʃ], *adj.* galactic.

galant [ga´lant], *adj.* gallant; **g ~ es Abenteuer,** amorous adventure. **G ~ erie** [galantə´ri:], *f* **-/-n** gallantry (*to ladies*).

Galeere [ga´le:rə], *f* **-/-n** *Nau: Hist:* galley.

Galeone [gale´o:nə], *f* **-/-n** *Nau: Hist:* galleon.

Galerie [galə´ri:], *f* **-/-n** *Art:Th:Min:* gallery.

Galgen [´galgən], *m* **-s/- 1.** gallows. **2.** *TV:Cin:* (microphone etc.) boom. **´G ~ frist,** *f* **-/-en** (brief) respite. **´G ~ humor,** *m* **-s/no pl** grim humour. **´G ~ strick,** *m* **-(e)s/-e/´G ~ vogel,** *m* **-s/¨-** cunning rascal, rogue.

Galiläa [gali´lɛ:a]. *Pr.n.n* **-s.** *B: Geog:* Galilee.

Galionsfigur [gali´o:nsfigu:r], *f* **-/-en** *Nau:* figurehead.

gälisch [´gɛ:liʃ]. **I.** *adj.* Gaelic. **II. G.,** *n* **-(s)/no pl** *Ling:* Gaelic.

Galizien [ga´li:tsiən]. *Pr.n.n* **-s.** *Geog:* Galicia.

Gall|e [´galə], *f* **-/-n** (*a*) bile; *Z: & Fig:* gall; *Fig:* **da lief ihm die G. über,** that made his blood boil; (*b*) = **Gallenblase. ´G ~ enblase,** *f* **-/-n** gall bladder. **´G ~ engang,** *m* **-(e)s/¨-e** bile duct. **´G ~ enkolik,** *f* **-/-en** biliary colic. **´G ~ enstein,** *m* **-(e)s/-e** gall-stone. **´g ~ ig,** *adj.* **1.** very bitter (taste etc.). **2.** venomous, caustic (remark, person).

Gallert [´galərt, *esp. South G:* ga´lɛrt], *n* **-(e)s/-e/ G ~ e** [ga´lɛrtə], *f* **-/-n** *Cu:* (*esp.* meat/fish) jelly.

gall|isch [´galiʃ], *adj.* Gallic. **G ~ i´zismus,** *m* **-/-men** *Ling:* gallicism.

Galopp [ga'lɔp], *m* -s/-s & -e gallop; **im G.,** at a gallop; *F:* at the double; **leichter G.,** canter; *F:* **er ist im G. durch die Kinderstube geritten,** he's got no manners at all. **g ~ ieren** [-'piːrən], *v.i.* (haben/sein) to gallop.

galt [galt], *p. of* **gelten,** *q.v.*

galvan|isch [gal'vaːnɪʃ], *adj.* galvanic. **g ~ i´- sieren,** *v.tr.* to galvanize, electroplate (sth.). **G ~ i´sierung,** *f -/no pl* galvanization; electroplating. **G ~ o** [-'vaːno], *n* -s/-s *Print:* electrotype.

Gamasche [ga'maʃə], *f -/-n* gaiter, spat; (*Wickelg.*) puttee.

Gamm|elei [gamə'lai], *f -/no pl F:* loafing (about). **´g ~ elig,** *adj. F:* 1. (*Essen*) gone bad. 2. untidy, slovenly (clothing, appearance etc.). **´g ~ eln,** *v.i.* (haben) *F:* to idle, loaf about. **´G ~ ler(in),** *m -s/- (f -/-nen) F:* drop-out.

Gams [gams], *m f & n -/-en South G:* chamois. **´G ~ bart,** *m* -(e)s/-̈e (tuft of) chamois hair.

gang¹ [gaŋ], *pred.adj.* **g. und gäbe sein,** to be the usual thing/practice.

Gang², *m* -(e)s/-̈e 1. (*a*) (*Art zu gehen*) gait (of person); action (of horse); **schwerer G.,** heavy tread; **seinen G. beschleunigen,** to quicken one's step; (*b*) (*Funktionieren*) running, functioning (of a machine etc.); **in G. sein,** to be running; *Fig:* **etwas in G. bringen/halten,** to get/keep sth. going; **in G. kommen,** to get under way; **im G ~ e sein,** to be in progress. 2. (*Lauf*) course (of duties, business etc.); **die Sache muß ihren normalen G. gehen,** the matter must take its course. 3. (*Spazierg.*) walk, stroll; (*Boteng.*) errand; **auf seinem G. zum Bahnhof,** on his way to the station; **j-n auf seinem letzten G. begleiten,** to accompany s.o. on his last journey; *Fig:* **einen schweren G. gehen/tun müssen,** to be faced with a difficult task. 4. (*a*) *Cu:* course (of a meal); **Essen mit drei G ~ en,** three-course meal; (*b*) *Sp:* (*Durchg.*) round; (*Rennen*) heat. 5. *Aut:* gear; **den zweiten G. einschalten/auf den zweiten G. schalten,** to change into second (gear); **im dritten G.,** in third (gear). 6. (*Weg*) path; (*überdacht*) (*a*) passage; (*im Gebäude*) corridor; (*Flur*) hallway; (*zwischen Sitzreihen*) gangway, *N.Am:* aisle; **unterirdischer G.,** subterranean passage, tunnel; *Min:* gallery; (*b*) *Anat: Bot:* canal, duct. 8. *Min:* (*Ader*) vein. **´G ~ art,** *f -/-en* gait (of person); action (of a horse). **´G ~ schaltung,** *f -/-en Aut:* gearchange, *N.Am:* gearshift. **G ~ wähler,** *m -s/- Aut:* (gear) selector. **G ~ way** [´gɛŋwei], *f -/-s Nau: Av:* gangway.

Gang³ [gɛŋ], *f -/-s* gang. **´G ~ ster,** *m -s/-* gangster. **G ~ sterbraut,** *f -/-̈e F:* gangster's moll. **´G ~ stermethoden,** *fpl* strong-arm methods.

Gängel|band [´gɛŋəlbant], *n* -(e)s/-̈er **j-n am G. führen,** to keep s.o. on a close rein/(*Mutter usw.*) tied to one's apron strings. **´g ~ n,** *v.tr.* to treat (s.o.) like a child.

gängig [´gɛŋɪç], *adj.* (*a*) common, prevalent (opinion, expression); (*b*) *Com:* readily marketable (goods), popular (line); (*c*) current (coin).

Ganove [ga'noːvə], *m -n/-n P:* crook, swindler.

Gans [gans], *f -/-̈e* [´gɛnzə] goose; *F:* **dumme G.!** silly goose!

Gäns|chen [´gɛnsçən], *n -s/-* gosling; *F:* **dummes G.,** little goose. **´G ~ eblümchen,** *n -s/- Bot:* daisy. **´G ~ ebraten,** *m -s/-* roast goose. **´G ~ efüßchen,** *n -s/- F:* quotation marks. **´G ~ ehaut,** *f -/no pl F:* (*vor Kälte*) goosepimples; (*vor Angst*) gooseflesh; **mich überlief eine G.,** my flesh began to creep. **´G ~ eleberpastete,** *f -/-n* pâté de foie gras. **´G ~ emarsch,** *m -*(e)s*/no pl* **im G.,** in single/Indian file. **´G ~ erich,** *m -s/-e* gander. **´G ~ eschmalz,** *n -es/no pl* goose grease. **´G ~ ewein,** *m -*(e)s*/no pl F: Hum:* Adam's ale (*water*).

ganz [gants]. **I.** *adj.* 1. (*a*) whole; **die g ~ e Zeit (über),** the whole/all the time; **j-m seine g ~ e Aufmerksamkeit schenken,** to give s.o. one's undivided attention; **von g ~ em Herzen,** with all one's heart; **g ~ e Arbeit leisten,** to do a thorough job; *Mth:* **g ~ e Zahl,** whole number; *Mus:* **g ~ e Note,** semibreve; *N.Am:* whole note; *F:* **ein g ~ er Kerl,** a great guy/good chap; **auf der g ~ en Linie,** from start to finish; all along the line; **sie ist die g ~ e Mutter,** she is the image of her mother; (*b*) *inv.* (*with place names*) **g. Deutschland,** all/the whole of Germany; (*c*) *pl. F:* all; **die g ~ en Kinder,** all the children; **meine g ~ en Sachen,** all my things; (*d*) (*Zeit, Summe*) **es hat g ~ e zwei Stunden gedauert,** it took two whole hours/*F:* (*nur*) only two hours; **ich habe g ~ e 20 Mark dafür bezahlt,** I paid all of/(*nur*) a mere 20 marks for it. 2. quite; **eine g ~ e Weile,** quite a while; **eine g ~ e Menge,** quite a lot. 3. *F:* (*heil*) intact, undamaged; **es ist keine Fensterscheibe g. geblieben,** not a single window-pane was left intact; **etwas wieder g. machen,** to mend sth. **II.** *adv.* 1. (*völlig*) completely; quite; **g. begeistert,** absolutely delighted; **das ist etwas g. anderes/*F:* g. was anderes,** that is something quite different/quite another matter; **er weiß es g. genau,** he knows it perfectly well; **das ist g. meine Meinung,** that's exactly what I think; **du hast g. recht,** you are quite right; **ich bin g. Ohr,** I am all ears; **wie du denkst,** just as you think; **sie ist mir g. fremd,** she is a complete stranger to me; **er ist g. der Vater,** he is the very image of his father; **(tu es) entweder g. oder gar nicht!** either do it properly or not at all! **g. und gar,** utterly, completely; **g. und gar nicht,** not by any means. 2. (*ziemlich*) quite; **es war g. schön,** it was quite nice. **´G ~ aufnahme,** *f -/-n/´G ~ bild,** *n* -(e)s/-er *Phot:* full-length portrait. **´G ~ e(s),** *n decl. as adj.* (*a*) **im G ~ s,** a whole, *Lit:* an entity; **das G.,** the whole (thing); (*Summe*) the total; **ein Werk als G ~ s betrachten,** to look at a work in its entirety/as a whole; *Fig:* **aufs G. gehen,** to force the issue; **es geht ums G.,** it's all or nothing; (*b*) **im g ~ n,** in all, altogether; **im g ~ n gesehen,** all things considered. **´G ~ heit,** *f -/no pl* completeness; **in seiner G.,** in its entirety. **´g ~ heitlich,** *adj. Sch:* integrated (teaching method, approach etc.). **´G ~ heitsmethode,** *f -/-n Sch:* 'look and say' method. **´g ~ jährig,** *adj.* all year (round). **´G ~ leder,** *n -s/no pl* whole-leather (binding). **´G ~ leinen,** *n -s/no pl* 1. *Tex:* pure linen. 2. *Bookb:* cloth binding. **´G ~ leinen-,** *comb.fm.* cloth-bound (book). **´G ~ metall-,** *comb.fm.* all-metal (construction etc.). **´g ~ seitig,** *adj.* full-page. **´g ~ tägig,** *adj.* whole day's (journey etc.); full-time (employment etc.). **´g ~ tags,** *adv.* **g.**

arbeiten, to work full-time. ´G ~ **tagsschule,**
f -/-n whole-day school. ´G ~ **ton,** *m* -(e)s/⸗e
Mus: whole tone.

Gänze|e [ˈgɛntsə], *f* -/no *pl* entirety. ´g ~ **lich,**
adj. complete, utter (ruin, lack etc.); *usu.adv.*
completely, entirely.

gar [gɑːr]. **I.** *adj.* **1.** *Cu:* *usu.pred.* **g.** (gekocht),
(well) cooked, done; **nicht ganz g.,** not quite
cooked; (*Fleisch*) slightly underdone. **2.** *South G:*
& Aus: F: (*Lebensmittel*) finished, used up. **II.**
adv. (*a*) **g. nicht,** not at all, by no means; **g.
nicht schlecht,** not at all bad; **g. nichts,** nothing
at all; **g. keiner,** nobody at all; **er hat g. kein
Geld,** he has absolutely no money; **es fällt mir
g. nicht ein,** I have no intention of doing any
such thing; (*b*) (*sogar*) **oder g. . . .,** or (perhaps)
even . . .; (*c*) (*verstärkend*) **g. zu hoch/zu viel,**
far too high/too much; **ich wäre g. zu gerne
gekommen,** I would have loved to come; **er ist
g. so jung,** he is so very young. ´G ~ **aus,** *m*
-/no *pl F:* **j-m den G. machen,** to finish s.o. off.
´g ~ **en,** *v.tr. Cu:* to cook (sth.) (until well
done). ´G ~ **zeit,** *f* -/-en (exact) cooking time.

Garag|e [gaˈrɑːʒə], *f* -/-n garage. **g ~ ieren**
[-raˈʒiːrən], *v.tr. Aus: & Swiss:* to garage (a car).

Garant [gaˈrant], *m* -en/-en guarantor, surety.
G ~ ie [-ˈtiː], *f* -/-n guarantee (**auf/für etwas**
acc, on sth.); **das Radio hat ein Jahr G.,** the
radio is guaranteed for a year; **die Reparatur
geht noch auf G./fällt noch unter die G.,** the
repair can still be done under guarantee; **die G.
für etwas** *acc* **übernehmen,** to vouch for/gua-
rantee sth. **g ~ ieren** [-ˈtiːrən], *v.tr. & i.*
(*haben*) **etwas/für etwas** *acc* **g.,** to guarantee
sth.; *F:* **er kommt garantiert nicht,** he definitely
won't come. **G ~ ieschein,** *m* -(e)s/-e *Com:*
guarantee (certificate). **G ~ iezeit,** *f* -/-en
(period of) guarantee.

Garbe [ˈgarbə], *f* -/-n **1.** sheaf (of corn). **2.** (*a*)
Opt: pencil of light rays; (*b*) *Mil:* cone of fire.

Garconniere [garsɔniˈɛːrə], *f* -/-n *Aus:* flatlet,
N.Am: studio apartment.

Gard|e [ˈgardə], *f* -/-n **1.** *Mil:* **die G.,** the
Guards. **2.** team (of helpers etc.); *F:* **die alte
G.,** the old faithfuls. ´G ~ **e-,** *comb.fm.* Guards
(officer, regiment etc.).

Garderob|e [gardəˈroːbə], *f* -/-n **1.** (*Kleider*)
clothes; *Th: etc:* **die G. der Gäste,** patrons' hats
and coats. **2.** (*Kleiderablage*) cloakroom,
N.Am: checkroom. **3.** *Th:* dressing room.
G ~ enfrau, *f* -/-en (female) cloakroom/
N.Am: checkroom attendant. **G ~ enmarke,** *f*
-/-n cloakroom ticket, *N.Am:* hat/coat check.
G ~ enständer, *m* -s/- (*a*) *H:* hallstand; (*b*)
(*im Restaurant usw.*) coatrack. **G ~ iere**
[-robiˈɛːrə], *f* -/-n *Th:* wardrobe mistress.

Gardine [garˈdiːnə], *f* -/-n curtain, *esp.* nct-
curtain; *F:* **hinter schwedischen G ~ n sitzen,** to
be behind (prison) bars. **G ~ npredigt,** *f*
-/-en *F:* dressing-down. **G ~ nstange,** *f* -/-n
curtain rod.

Gardist [gar ˈdist], *m* -en/-en guardsman.

gär|en [ˈgɛːrən]. **I.** *v.i.* (*haben*) (*p.p.* **gegärt/
gegoren**) to ferment; *Fig:* **es gärte im Volk,** the
population was in a state of ferment/unrest. **II.
G.,** *n* -s/no *pl* fermentation; *Fig:* agitation,
unrest. ´G ~ **mittel,** *n* -s/-/´G ~ **stoff,** *m*
-(e)s/-e fermenting agent.

Garn [garn], *n* -(e)s/-e **1.** (*zum Weben*) yarn;
(*zum Nähen/Stopfen*) cotton, *esp.N.Am:* thread;
Nau: (*für Segel*) twine. **2.** *Fig:* **j-m ins G. gehen,**
to fall into s.o.'s trap; **j-n ins G. locken,** to en-
snare s.o. ´G ~ **rolle,** *f* -/-n cotton reel, *N.Am:*
spool (for thread).

Garnele [garˈneːlə], *f* -/-n *Crust:* shrimp; (**rote**)
G., prawn.

garnier|en [garˈniːrən], *v.tr. Cu:* to garnish (a
dish; *Hum:* to deck out, titivate (a hat etc.).
G ~ ung, *f* -/-en *Cu:* garnish.

Garnison [garniˈzoːn], *f* -/-en *Mil:* garrison.
G ~ stadt, *f* -/⸗e garrison town.

Garnitur [garniˈtuːr], *f* -/-en (*a*) set (of under-
wear, cutlery etc.); (*b*) *F:* **erste/zweite G. sein,**
to be top-notch/second best. **2.** *Cl:* (*Besatz*)
trimming(s); *Mec.E:* (*Beschläge*) fittings.

garstig [ˈgarstiç], *adj.* unkind, nasty; *F:* horrid.
´G ~ **keit,** *f* -/-en nastiness, unkindness.

Garten [ˈgartən]. **I.** *m* -s/⸗ garden; **botanischer/
zoologischer G.,** botanical/zoological gardens.
II. ´G ~ -, *comb.fm.* garden (plant, wall, chair,
path etc.); **G ~ fest** *n*, garden party; **G ~ stadt** *f*,
garden city. ´G ~ **arbeit,** *f* -/-en (*a*) garden-
ing; (*b*) gardening job. ´G ~ **architekt,** *m*
-en/-en landscape gardener. ´G ~ **bau,** *m*
-(e)s/no *pl* horticulture. ´G ~ **baubetrieb,** *m*
-(e)s/-e nursery. ´G ~ **gerät,** *n* -(e)s/-e garden-
ing tool. ´G ~ **haus,** *n* -es/⸗er summerhouse.
´G ~ **laube,** *f* -/-n summerhouse; (*offen*)
arbour. ´G ~ **lokal,** *n* -s/-e open-air res-
taurant/café; (*Bierg.*) beer garden. ´G ~ **mes-
ser,** *n* -s/- pruning knife. ´G ~ **schau,** *f* -/-en
horticultural show; flower show. ´G ~ **schere,**
f -/-n secateurs. ´G ~ **wicke,** *f* -/-n *Bot:* sweet
pea. ´G ~ **wirtschaft,** *f* -/-en = G ~ **lokal.**
´G ~ **zwerg,** *m* -(e)s/-e (*a*) (garden) gnome; (*b*)
Pej: (*Pers:*) nasty little squirt.

Gärt|**lein** [ˈgertlain], *n* -s/- little garden.
´G ~ **ner(in),** *m* -s/- (*f* -/-nen) gardener.
G ~ ne´rei, *f* -/-en **1.** no *pl F:* gardening. **2.**
garden centre, nursery; (*für Gemüse*) market
garden. ´g ~ **nerisch,** *adj.* garden; horticult-
ural. ´g ~ **nern,** *v.i.* (*haben*) to do gardening.

Gärung [ˈgeːruŋ], *f* -/-en (*a*) fermentation; (*b*)
Fig: agitation; unrest.

Gas [gɑːs]. **I.** *n* -es/-e (*a*) gas; **mit G. heizen/
kochen,** to have gas heating/cook by gas; (*b*)
Aut: throttle; **vom G. weggehen,** to take one's
foot off the throttle; **G. geben,** to accelerate; *F:*
aufs G. steigen, to step on it/the gas; *F:* **gib G.!**
get a move on! **II.** ´G ~ -, *comb.fm.* gas (pres-
sure, chamber, engine, supply etc.); **G ~ -
ableser/***F:* **G ~ mann** *m,* gas man; **G ~ anzünder**
m, gas lighter (for stove etc.); **G ~ badeofen**
m, gas water heater; **G ~ behälter** *m,* gas-
holder, gasometer; **G ~ brenner** *m,* gas burner;
g ~ dicht *adj,* gas-tight; **G ~ flasche** *f,* gas cylin-
der; **G ~ feuerzeug** *n,* gas (cigarette) lighter;
G ~ hahn *m,* gas tap; **G ~ heizung** *f,* gas(-fired)
central heating; **G ~ herd** *m,* gas cooker/*N.Am:*
range; **G ~ kocher** *m,* (small) gas stove; **G ~ lei-
tung** *f*/**G ~ rohr** *n,* gas pipe; **G ~ maske** *f,* gas-
mask; **G ~ messer/G ~ zähler** *m,* gas meter;
G ~ ofen *m,* gas heater/(*Backofen*) oven;
G ~ werk *n,* gasworks. ´G ~ **hebel,** *m* -s/- *Aut:*
(*a*) accelerator (pedal); (*b*) (hand) throttle-
lever. **g ~ ig** [ˈgɑːziç], *adj.* gaseous. **G ~ olin**

[gazo'li:n], *n* -(e)s/*no pl* gasoline. **G ~ ometer** [gazo'me:tər], *m* -s/- gas-holder, gasometer. **'G ~ pedal**, *n* -s/-e *Aut:* accelerator pedal.

Gäßchen ['gɛsçən], *n* -s/- alley.

Gass|e ['gasə], *f* -/-n (*a*) back street, alley; (*b*) *Aus:* street; **Bier/Wein über die G.** verkaufen, to sell beer/wine for consumption off the premises; (*c*) (*durch die Menge*) lane, passage. **'G ~ enbube/'G ~ enjunge**, *m* -n/-n street urchin. **'G ~ enhauer**, *m* -s/- popular song. **'G ~ i**, *n F:* (*Hund*) **G.** gehen, to go walkies.

Gast [gast]. **I.** *m* -(e)s/-̈e (*a*) guest; **du bist aber ein seltener G.**! we don't see you here very often! **wir haben heute abend G ~ e**, we have people coming this evening; **bei j-m zu G.** sein, to be s.o.'s guest; (*sich aufhalten*) to be staying with s.o.; (*b*) (*im Lokal usw.*) patron, customer; (*im Hotel*) visitor; (*in einer Pension*) boarder; **zahlender G.**, paying guest; (*c*) *Th:* guest (actor/performer); (*Sänger/Tänzer*) guest artist. **II.** **'G ~ -**, *comb.fm.* (*a*) guest (speaker, *Mus:* conductor, *Th:* performance etc.); visiting (professor, *Sp:* team etc.); *Univ:* **G ~ hörer(in)** *m(f)* visiting student; (*b*) spare (bed etc.); **G ~ zimmer** *n*, spare/guest room. **'G ~ arbeiter**, *m* -s/- foreign/migrant worker. **'g ~ frei/'g ~ freundlich**, *adj.* hospitable. **'G ~ freiheit/ 'G ~ freundlichkeit/'G ~ freundschaft**, *f* -/*no pl* hospitality. **'G ~ geber**, *m* -s/- host. **'G ~ geberin**, *f* -/-nen hostess. **'G ~ gewerbe**, *n* -s/*no pl* hotel trade. **'G ~ haus**, *n* -es/-̈er (modest) hotel (with restaurant); *A:* inn; **im G. essen**, to eat out. **'G ~ hof**, *m* -(e)s/-̈e (*esp.* country) hotel; *A:* inn. **g ~ ieren** [gas'ti:rən], *v.i.* (*haben*) (*a*) *Th:* to make a guest appearance; **sie g. in Deutschland**, they are on tour in Germany; (*b*) *Fb:* to play away. **'G ~ land**, *n* -(e)s/-̈er host country **'g ~ lich**, *adj.* hospitable. **'G ~ lichkeit**, *f* -/*no pl* hospitality. **'G ~ recht**, *n* -(e)s/-e right to hospitality; (*Schutz*) protection. **'G ~ rolle**, *f* -/-n *Th:* part taken by guest artist; *F:* **er spielt nur eine G.**, he's just a bird of passage. **'G ~ spiel**, *n* -(e)s/-e *Th:* guest performance; visit (of a company); *F:* **das war ein kurzes G. (bei uns)**, you didn't stay long (with us). **'G ~ spielreise**, *f* -/-n *Th:* tour. **'G ~ spieltruppe**, *f* -/-n *Th:* touring company. **'G ~ stätte**, *f* -/-n restaurant. **'G ~ stättengewerbe**, *n* -s/*no pl* catering trade. **'G ~ stube**, *f* -/-n (*a*) (*Ausschank*) (saloon) bar; (*b*) (hotel) dining room. **'G ~ vorstellung**, *f* -/-en *Th: etc:* guest performance. **'G ~ wirt**, *m* -(e)s/-e landlord, publican; *A:* innkeeper. **'G ~ wirtin**, *f* -/-nen landlady (of a *Gasthaus*); proprietress (of a small hotel etc.). **'G ~ wirtschaft**, *f* -/-en **1.** restaurant. **2.** (*Schenke*) *approx.* public house.

Gäste|buch ['gɛstəbu:x], *n* -(e)s/-̈er visitors' book. **'G ~ haus**, *n* -es/-̈er guesthouse. **'G ~ zimmer**, *n* -s/- **1.** spare/guest room. **2.** (*im Hotel usw.*) residents' lounge.

gastr|isch ['gastriʃ], *adj. Physiol: Med:* gastric. **G ~ itis** [-'tri:tis], *f* -/*occ.* -tiden [-'ti:dən] gastritis. **G ~ onomie** [-no'mi:], *f* -/*no pl* gastronomy. **g ~ o'nomisch**, *adj.* gastronomic(al).

Gatt|e ['gatə], *m* -n/-n (*a*) husband; *Jur:* spouse; (*b*) **die G ~ en**, the married couple/husband and wife. **G ~ in**, *f* -/-nen wife; *Jur:* spouse.

'G ~ ung, *f* -/-en **1.** (*a*) *Z: Bot:* genus; (*b*) (*Art*) kind, sort; **Leute dieser G.**, this sort of people. **2.** *Art: Lit:* genre. **'G ~ ungsbegriff**, *m* -(e)s/-e generic concept. **'G ~ ungsname**, *m* -ns/-en generic term.

Gatter ['gatər], *n* -s/- (*a*) lattice fence, trellis; *Show Jumping:* horizontal bars; (*b*) (*Eisen*) grating; (*c*) (*Tor*) (farm etc.) gate.

Gaudi ['gaudi], *n* -s/*no pl* & *Aus: f* -/*no pl F:* bit of fun, lark; **viel G.**, a lot of fun. **'G ~ um**, *n* -s/*no pl F:* fun; **zum G. aller**, to everyone's amusement.

gaufrieren [go'fri:rən], *v.tr.* to emboss (paper, fabric).

Gauk|elei [gauko'lai], *f* -/-en *Lit:* trickery. **'G ~ ler**, *m* -s/- *Lit:* trickster.

Gaul ['gaul], *m* -(e)s/-̈e *Pej:* (old) nag; *Prov:* **einem geschenkten G. schaut man nicht ins Maul**, don't look a gift horse in the mouth.

Gauleiter ['gaulaitər], *m* -s/- *Hist:* (Nazi) district officer, gauleiter.

Gaumen ['gaumən], *m* -s/- palate. **'G ~ kitzel**, *m* -s/*no pl* delicacy, gastronomical delight. **'G ~ platte**, *f* -/-n upper denture, plate. **'G ~ segel**, *n* -s/- *Anat:* velum. **'G ~ spalte**, *f* -/-n cleft palate.

Gauner ['gaunər], *m* -s/- *Pej:* (*a*) (*Verbrecher*) crook; (*Betrüger*) swindler, *F:* twister; (*b*) *F:* cunning devil. **'G ~ bande**, *f* -/-n gang of crooks. **G ~ ei** [-'rai], *f* -/-en (*a*) *no pl coll.* crooked dealings; (*b*) swindle. **'g ~ haft**, *adj.* crooked. **'g ~ n**, *v.i.* (*haben*) to cheat, swindle. **'G ~ sprache**, *f* -/-n thieves' slang.

Gaze ['ga:zə], *f* -/-n gauze.

Gazelle [ga'tsɛlə], *f* -/-n gazelle.

Geächtete(r) [gə'ʔɛçtətə(r)], *m & f decl. as adj.* outlaw, outcast.

Geächze [gə'ʔɛçtsə], *n* -s/*no pl* (continual) groaning, moaning.

geädert [gə'ʔɛ:dərt], *adj.* veined (marble etc.); grained (wood).

geartet [gə'ʔa:rtət], *adj.* of a ... kind; **anders g.**, (*Dinge*) of different kinds; (*Menschen*) of different dispositions; **ein gut g ~ es Kind**, a good-natured child.

Gebäck [gə'bɛk], *n* -(e)s/*no pl* (small) cakes; pastries; (*Kekse*) biscuits, *N.Am:* cookies.

Gebälk [gə'bɛlk], *n* -(e)s/*no pl* timbers; (*im Dach*) joists, beams.

geballt [gə'balt], *p.p. as adj.* massed (clouds etc.); clenched (fist); *Fig:* concentrated (power, fury).

gebannt [gə'bant], *adj.* fascinated, spellbound.

Gebärde [gə'bɛ:rdə], *f* -/-n gesture. **g ~ n**, *v.refl. Lit:* **sich ... g.**, to behave ... **G ~ nspiel**, *n* -(e)s/*no pl* gesticulation, gestures. **G ~ nsprache**, *f* -/-n sign language.

Gebaren [gə'ba:rən], *n* -s/*no pl* conduct.

gebär|en [gə'bɛ:rən], *v.tr.irr.34* (*a*) to bear/give birth to (a child); (*b*) **geboren werden**, to be born; **ich bin/wurde in Bonn geboren**, I was born in Bonn. **G ~ ende**, *f decl. as adj.* woman in labour. **G ~ mutter**, *f* -/-̈ *Anat:* womb. **G ~ mutterhals**, *m* -es/-̈e *Anat:* cervix.

gebauch|kitzelt/g ~ pinselt [gə'bauxkitsəlt, -pinzəlt], *adj. F:* **sich g. fühlen**, to feel flattered.

Gebäude [gə'bɔydə], *n* -s/- building; (*also Fig:*) (*Gefüge*) structure. **G ~ komplex**, *m* -es/-e complex (of buildings).

gebefreudig ['ge:bəfrɔydiç], *adj.* generous.
Gebeine [gə'bainə], *npl* (mortal) remains, bones.
Gebell [gə'bɛl], *n* -(e)s/*no pl* (continual) barking.
geb|en [ge:bən], *v.tr. & i.irr.* (*haben*) (*pres.* **gibt,** *p.* **gab,** *p.subj.* **gäbe,** *p.p.* **gegeben**) to give (sth.); (*a*) **j-m etwas g.,** to give/(*reichen*) pass sth. to s.o.; to give/pass s.o. sth.; **j-m die Hand g.,** to shake hands with s.o.; **was hast du für das Kleid gegeben?** how much did you pay for the dress? **sich** *dat* **die Rechnung g. lassen,** to ask for the bill; **ich gäbe viel darum, wenn ich das wüßte,** I would give a lot to know that; **es gibt einem zu denken,** it makes you think; *F:* **es j-m g.,** (i) (*die Meinung sagen*) to give s.o. a piece of one's mind; (ii) (*verprügeln*) to let s.o. have it; (*b*) to hold, give (a party, ball etc.); **er gibt Englisch und Geschichte,** he teaches English and history; *Th:* **ein Stück g.,** to perform a play; (*c*) to produce, give (light, heat etc.); (*Kuh*) to yield (milk); *Fig:* to pose (a problem); **zwei Hälften g. ein Ganzes,** two halves make a whole; **das gibt keinen Sinn,** that doesn't make sense; (*d*) **ein Auto zur Reparatur/in die Werkstatt g.,** to take a car to be repaired; **einen Brief zur Post/auf die Post g.,** to post a letter; (*e*) *esp. South G:* to put (sth. somewhere); **Salz in die Suppe g.,** to put salt in the soup; (*f*) **j-m recht g.,** to admit/concede that s.o. is right; **j-n, etwas verloren g.,** to give s.o., sth. up (as lost); (*g*) *Tennis:* to serve; *Cards:* **(die Karten) g.,** to deal (the cards); (*h*) **viel/wenig auf etwas** *acc* **g.,** to set great/little store by sth.; **ich gebe nichts auf sein Urteil,** I don't consider him to be any judge; (*i*) **einen Laut/Schrei von sich** *dat* **g.,** to utter a sound/cry; **Unsinn von sich** *dat* **g.,** to talk nonsense; *F:* (*erbrechen*) **alles wieder von sich** *dat* **g.,** to bring it all up again; (*j*) **sich natürlich/freundlich g.,** to behave naturally/in a friendly way; **er gab sich als Experte,** he passed himself off as/pretended to be an expert; (*k*) **sich g.,** (*Schmerz usw.*) to wear off/get better. **2.** *v.impers.* **es gibt . . .** *acc,* there is . . ./are . . .; **was gibt's?** what is it? what's the matter? **was gibt's Neues?** what's the news? **es gibt heute Regen,** it's going to rain today; **das gibt's nicht,** (i) there's no such thing/it doesn't exist; (ii) it's out of the question; *F:* **das gibt's doch nicht!** I don't believe it! **sei ruhig, sonst gibt's was,** be quiet or you'll be in for it; **da gibt's nichts,** (i) there's nothing else for it; (ii) (*drohend*) no arguing! just do what you're told!
Gebet [gə'be:t], *n* -(e)s/-e prayer; **sein G. sprechen,** to say one's prayers; *F:* **j-n ins G. nehmen,** to take s.o. to task. **G ~ buch,** *n* -(e)s/-̈er prayer book. **G ~ smühle,** *f* -/-n prayer wheel.
gebeten [gə'be:tən], *p.p. of* **bitten** *q.v.*
Gebiet [gə'bi:t], *n* -(e)s/-e **1.** (*a*) (*Gegend*) area; (*Landesteil*) region; *Mil: etc:* zone; *Mil:* **besetztes G.,** occupied area/zone; (*b*) (*Staatsg.*) territory; **auf französischem G.,** on French soil. **2.** *Fig:* field (of knowledge etc.); (personal) sphere, area (of competence); **auf wirtschaftlichem G.,** in the economic field; **das fällt nicht in mein G.,** it does not come within my sphere. **g ~ en** [gə'bi:tən], *v.irr.* (*p.* **gebot,** *p.p.* **geboten**) *Lit:* **1.** *v.tr.* (*a*) (*befehlen*) **j-m g., etwas zu tun,**

to order/command s.o. to do sth.; *Fig:* **er gebietet Ehrfurcht,** he compels respect; (*b*) (*erfordern*) (*Situation usw.*) to call for, demand (action, caution etc.); **Hilfe ist dringend geboten,** help is urgently needed. **2.** *v.i.* (*haben*) **über ein Land usw. g.,** to rule over a nation etc. **G ~ er,** *m* -s/- lord; (*Herr*) master; (*Herrscher*) ruler; *Hum:* **mein G.,** my lord and master. **g ~ isch,** *adj.* imperious (manner etc.); **in g ~ em Ton,** in a peremptory tone. **G ~ s-,** *comb.fm.* territorial (claim etc.); **G ~ hoheit** *f,* territorial sovereignty. **g ~ sweise,** *adv.* regionally; *Meteor:* **g. Regen,** rain in places.
Gebilde [gə'bildə], *n* -s/- structure; *pl* **seltsame G.,** strange shapes/*Geol:* formations.
gebildet [gə'bildət], *p.p. as adj.* (well-)educated; (*kultiviert*) cultured.
Gebimmel [gə'biməl], *n* -s/*no pl F:* ding-dong.
Gebirg|e [gə'birgə], *n* -s/- mountains; (*Bergkette*) mountain range. **g ~ ig,** *adj.* mountainous (region etc.). **G ~ ler,** *m* -s/- mountain dweller. **G ~ s-,** *comb.fm.* mountain (dweller, pass etc.); **G ~ bahn** *f,* mountain railway; **G ~ landschaft** *f,* mountain scenery; **G ~ rücken** *m,* mountain ridge; **G ~ zug** *m,* mountain range.
Gebiß [gə'bis], *n* -sses/-sse **1.** (*a*) (set of) teeth; (*b*) (*künstliches*) **G.,** denture. **2.** *Equit:* bit.
gebissen [gə'bisən], *p.p. of* **beißen** *q.v.*
Gebläse [gə'blɛːzə], *n* -s/- **1.** bellows (of a forge, organ). **2.** *Tchn:* blower; *I.C.E:* supercharger.
geblichen [gə'bliçən], *p.p. of* **bleichen** *q.v.*
geblieben [gə'bliːbən], *p.p. of* **bleiben** *q.v.*
geblümt [gə'blyːmt], *adj.* floral, flowery.
ge'bogen, *p.p. of* **biegen** *q.v.*
geboren [gə'boːrən]. **1.** *p.p. of* **gebären** *q.v.* **2.** *adj.* born; **g ~ er Deutscher,** German by birth; **Frau Schmidt, g ~ e** (*abbr.* **geb.**) **Mayer,** Mrs. Schmidt, née Meyer; **sie ist eine g ~ e Eder,** her maiden name is Eder.
ge'borgen. 1. *p.p. of* **bergen** *q.v.* **2.** *adj.* safe, sheltered; **hier fühle ich mich g.,** I feel safe/secure here. **G ~ heit,** *f* -/*no pl* safety, security.
geborsten [gə'bɔrstən], *p.p. of* **bersten** *q.v.*
Gebot [gə'boːt], *n* -(e)s/-e **1.** (*a*) (*Grundsatz*) principle, (moral) precept; *B:* **die zehn G ~ e,** the Ten Commandments; *Fig:* **im Krankenhaus ist Keimfreiheit oberstes G.,** in a hospital sterility is top priority; (*b*) *Adm:* rule, regulation; **gesetzliches G.,** legal requirement. **2.** order, command; **j-m zu G ~ e stehen,** to be at s.o.'s disposal; *Fig:* **das G. der Vernunft,** the dictates of common sense. **3.** bid (at an auction). **g ~ en,** *p.p. of* (i) **bieten,** (ii) **gebieten** *q.v.* **G ~ s-zeichen,** *n* -s/- mandatory (traffic) sign.
gebracht [gə'braxt], *p.p. of* **bringen** *q.v.*
gebrannt [gə'brant], *p.p. of* **brennen** *q.v.*
Gebrauch [gə'braux], *m* -(e)s/-̈e **1.** *no pl* (*a*) use; **von etwas** *dat* **G. machen,** to make use of sth.; **im G.,** in use; **zum persönlichen G.,** for personal use; *Med:* **vor G. gut schütteln,** shake well before use; (*b*) usage (of a word etc.). **2.** (*Brauch*) custom. **g ~ en,** *v.tr.* (*a*) to use, make use of (s.o., sth., force etc.); (*anwenden*) to employ (a method etc.); **ein Wort falsch g.,** to misuse a word; **das kann ich gut g.,** I can make good use of that; **die Waschmaschine ist noch gut zu g.,** the washing machine is still perfectly serviceable; **er ist zu nichts zu g.,** he is no use

at all; *Med:* **äußerlich zu g.,** for external use; (b) *F:* **ich könnte einen neuen Anzug g.,** I could do with/*N.Am:* use a new suit. **G~s-,** *comb.fm.* utility (furniture, vehicle, value etc.); **G~artikel/G~gegenstand** *m,* utility article, basic commodity. **G~sanweisung,** *f -/-en* directions for use. **g~sfähig,** *adj.* usable, serviceable. **g~sfertig,** *adj.* ready for use. **G~s-graphik,** *f -/no pl* commercial art. **G~sgra-phiker(in),** *m -s/- (f -/-nen)* commercial artist. **G~sgut,** *n -(e)s/̈-er* commodity; *pl* **G̈̈er,** consumer durables. **G~smuster,** *n -s/-* registered design.

gebräuchlich [gəˈbrɔʏçliç], *adj.* usual, customary (practice, method etc.); common (expression etc.); **g~es Wort,** word in current use; **nicht mehr g.,** obsolete, no longer used.

gebraucht [gəˈbraʊxt]. **I.** *p.p. as adj.* used, secondhand; *(abgenutzt)* worn; *adv.* **etwas g. kaufen,** to buy sth. secondhand. **II. G~-,** *comb.fm.* secondhand (goods etc.); **G~wagen** *m,* secondhand car.

Gebrech|en [gəˈbrɛçən], *n -s/-* infirmity. **g~lich,** *adj.* frail (person); infirm (old man etc.). **G~lichkeit,** *f -/no pl* infirmity; frailty.

gebrochen [gəˈbrɔxən], *p.p. of* **brechen** *q.v.*

Gebrüder [gəˈbryːdər], *mpl* brothers; *Com:* **G. Schmidt,** Schmidt Brothers.

Gebrüll [gəˈbryl], *n -(e)s/no pl* roaring (of a lion etc.); bellowing (of a bull etc.); bawling.

Gebrumm [gəˈbrum], *n -(e)s/no pl* growling; *(Summen)* buzzing, humming; *(Motor)* drone.

Gebühr [gəˈbyːr], *f -/-en* **1.** charge, fee; (road etc.) toll; (doctor's, examination etc.) fees; (harbour etc.) dues; *Post: Tel: etc:* charges; *Post:* **zu ermäßigter G.,** at a reduced rate. **2. nach G.,** appropriately, suitably; **über G.,** excessively, unduly. **g~en,** *v. Lit:* **1.** *v.i. (haben)* **ihm gebührt Bewunderung,** he deserves admiration. **2.** *v.refl.impers.* **wie es sich gebührt,** as is fit and proper. **G~enansage,** *f -/-en Tel:* **Gespräch mit G.,** 'advise duration and charge' call. **g~end,** *adj.* due, befitting (respect, treatment etc.); seemly (behaviour etc.). **G~enerlaß,** *n -sses/-sse* remission of fees. **g~enfrei,** *adj.* free of charge. **G~enordnung,** *f -/-en* scale of charges. **g~enpflichtig,** *adj.* subject to a charge/fee.

gebunden [gəˈbundən]. **1.** *p.p. of* **binden** *q.v.* **2.** *adj.* (a) bound (book); **g~e Ausgabe,** hardcover edition; (b) controlled, fixed (prices). **G~heit,** *f -/no pl* constraint, lack of freedom/independence.

Geburt [gəˈbuːrt], *f -/-en (also Fig:)* birth; **von hoher G.,** of noble birth; **von G. Deutscher sein,** to be German by birth; *F:* **das war eine schwere G.!** that took some doing! **G~en-,** *comb.fm.* birth (rate, statistics etc.); **G~kontrolle/ G~regelung** *f,* birth control; **G~rate/G~zif-fer** *f,* birth rate; **G~rückgang** *m,* decline in the birth rate; **G~schwach/g~stark** *adj.* with a low/high birth rate. **G~s-,** *comb.fm.* birth . . .; (date, year, place etc.) of birth; native (town etc.); **G~anzeige** *f,* announcement/*Adm:* registration of birth; **G~haus** *n,* birthplace; **G~mal** *n,* birthmark; **G~schein** *m*/**G~ur-kunde** *f,* birth certificate; **G~land** *n,* native country. **G~sadel,** *m -s/no pl* hereditary

nobility. **G~sfehler,** *m -s/-* congenital defect. **G~shilfe,** *f -/no pl* obstetrics. **G~stag,** *m -(e)s/-e* birthday; **er hat heute G.,** it's his birthday (today); **j-m zum G. gratulie-ren,** to wish s.o. many happy returns of the day. **G~stagsfeier,** *f -/-n* birthday party. **G~stagsgeschenk,** *n -(e)s/-e* birthday present. **G~stagskind,** *n -(e)s/-er F:* person whose birthday it is; *Hum:* birthday boy/girl. **G~swehen,** *fpl* labour pains. **G~szange,** *f -/-n* forceps.

gebürtig [gəˈbyrtiç], *adj.* **er ist g~er Engländer,** he is English-born/English by birth.

Gebüsch [gəˈbyʃ], *n -(e)s/-e* bushes.

Geck [gɛk], *n -en/-en* dandy, *N.Am:* dude.

gedacht [gəˈdaxt], *p.p. of* **denken** & **gedenken** *q.v.*

Gedächtnis [gəˈdɛçtnis]. **I.** *n -ses/-se* memory; **wenn mich mein G. nicht täuscht,** if I remember rightly; **etwas im G. behalten,** to member/retain sth.; **j-m etwas ins G. zu-rückrufen,** to remind s.o. of sth.; **etwas aus dem G. vorsagen,** to recite sth. from memory; **zum G. der Gefallenen/an die Gefallenen,** in memory/remembrance of the fallen. **II. G~-,** *comb.fm.* (a) memory (training etc.), (weakness etc.) of memory; **G~hilfe/G~stütze** *f,* memory aid, mnemonic; **G~künstler** *m,* memory man; **G~fehler** *m,* lapse of memory; **G~lücke** *f,* gap in one's memory; blank; **G~schwund/G~verlust** *m,* loss of memory; (b) *(Gedenk-)* memorial (service, church etc.); commemorative (exhibition, coin, speech etc.); **G~feier** *f,* commemoration; *Ecc:* memorial service.

Gedank|e [gəˈdaŋkə], *m -ns/-n/occ* **G~en,** *m -s/-* **1.** thought (**an** + *acc,* of); **j-n auf andere G~n bringen,** to divert s.o.'s thoughts, *(ablen-ken)* distract s.o.; **er hatte seine G~n nicht bei-sammen,** he was not concentrating; **er war mit seinen G~n woanders/nicht bei der Sache,** his mind was elsewhere; **in G~n verloren/versun-ken/vertieft,** lost in thought; **ich bin in G~n bei dir,** my thoughts are with you; **das habe ich ganz in G~n getan,** I did it automatically/ without thinking; **der bloße G. macht mich wütend,** it makes me furious just to think about it; *F:* **wird er gewinnen?—kein G.!** will he win?— not a hope! **2.** *(Sorgen)* **sich** *dat* **G~n über j-n, etwas** *acc*/**wegen j-s, einer Sache machen,** to worry about s.o., sth. **3.** idea; (a) *(Meinung)* **seine eigenen G~n über etwas** *acc* **haben,** to have one's own ideas about sth.; **G~n aus-tauschen,** to exchange ideas; (b) *(Einfall)* **ein glänzender G.,** a brilliant idea; **das bringt mich auf einen G~n,** that gives me an idea; **ich kam auf den G~n, daß . . .,** it occurred to me that . . .; *F:* **auf dumme G~n kommen,** to get silly ideas; (c) *(Absicht)* **sich mit dem G~n tragen, etwas zu tun,** to have thoughts of/entertain the idea of doing sth.; **mit einem G~n spielen,** to toy with an idea; (d) *(Begriff)* concept (**der Freiheit usw.,** of freedom etc.). **4.** *F:* **der Mantel könnte (um) einen G~n länger sein,** the coat could be just a suspicion longer. **G~en-,** *comb.fm.* (a) thought (content, reader etc.); (freedom, chain etc.) of thought; **G~gang** *m,* train of thought; **G~übertragung** *f,* thought transference; (b) (exchange etc.) of ideas;

G~**armut** *f,* lack of ideas; G~**fülle** *f/*G~**reichtum** *m,* wealth of ideas; G~**gut** *n,* (stock of) ideas; G~**verbindung** *f,* association of ideas; G~**welt** *f,* world of ideas; intellectual world; *(c)* mental (reservation etc.); G~**sprung** *m,* mental leap. G ~ **enblitz**, *m* -es/-e F: brainwave. G ~ **enflug**, *m* -(e)s/¨e flight of fancy. g ~ **enlos**, *adj.* 1. unthinking; *adv.* etwas g. tun, to do sth. without thinking. 2. (*zerstreut*) absent-minded. G ~ **enlosigkeit**, *f* -/-en thoughtlessness; absent-mindedness. G ~ **enstrich**, *m* -(e)s/-e *Gram:* dash. g ~ **enverloren**/g ~ **enversunken**, *adj.* lost/deep in thought. g ~ **envoll**, *adj.* pensive, thoughtful. g ~ **lich**, *adj.* mental (effort, process etc.); intellectual (achievement etc.); g~**er Inhalt**, thought content.

Gedärm [gə'dɛrm], *n* -(e)s/-e *Anat:* intestines; *Z:* entrails.

Gedeck [gə'dɛk], *n* -(e)s/-e 1. place (setting). 2. (*im Restaurant*) table d'hôte (meal), set menu.

Gedeih [gə'dai], *m* **auf G. und Verderb**, for better or (for) worse. g ~ **en. I.** *v.i.irr.60 (sein)* to thrive, (*finanziell*) prosper; (*Pers., Pflanze*) to flourish, do well; **die Sache ist soweit gediehen, daß. . .**, things have reached a stage where . . . . **II. G.,** *n* -s/*no pl* prosperity, success; (*Fortschritt*) good progress.

Gedenk- [gə'dɛŋk-], *comb.fm.* commemorative (exhibition, concert etc.); memorial (stone, service etc.); G~**tafel** *f,* commemorative plaque; G ~ **tag** *m,* commemoration day. g ~ **en. I.** *v.i.irr.17 (haben)* *Lit:* (*a*) j-s, **einer Sache** *gen* g., to think of/remember s.o., sth.; (*erwähnen*) to mention s.o., sth.; (*b*) (*beabsichtigen*) to intend (to do sth.). **II. G.,** *n* -s/*no pl* memory, remembrance. G~**feier**, *f* -/-n commemoration; *Ecc:* memorial service. G ~ **minute**, *f* -/-n minute's silence (for war dead etc.). G ~ -**stätte**, *f* -/-n memorial.

Gedicht [gə'diçt], *n* -(e)s/-e poem; *F:* **das Kleid ist ein G.,** the dress is just heavenly. G ~ **form**, *f* **in G.,** in verse. G ~ **sammlung**, *f* -/-en collection of poems; verse anthology.

gediegen [gə'di:gən], *adj.* 1. (*rein*) pure; unalloyed, solid (gold, silver etc.). 2. solidly made (furniture etc.); competent (piece of work); thorough (knowledge); g~**er Charakter**, sterling character. 3. *F:* very funny (joke etc.); g~**er Humor**, delicious sense of humour. G ~ **heit**, *f* -/*no pl* (*a*) solidness; purity (of gold, silver); (*b*) solid quality; (*c*) sterling character; thoroughness.

Gedräng|e [gə'drɛŋə], *n* -s/*no pl* 1. (*Drängen*) pushing, shoving. 2. crush; (*Menge*) crowd, throng. 3. *Rugby:* scrum. 4. *F:* (**mit etwas** *dat*) **ins G. kommen,** to get into difficulties (with sth.), (*zeitlich*) start running out of time (for sth.). g ~ **t**, *p.p. as adj.* terse, succinct (style); g~**e Übersicht**, summary. G ~ **theit**, *f* -/*no pl* compactness; conciseness, terseness.

Gedröhn [gə'drø:n], *n* -(e)s/*no pl* booming; roaring (of engines etc.).

gedroschen [gə'drɔʃən], *p.p. of* **dreschen** *q.v.*

gedrückt [gə'drykt], *p.p. as adj.* depressed, dejected; **in g~er Stimmung,** in low spirits. G ~ **heit**, *f* -/*no pl* depression, dejection.

gedrungen [gə'druŋən]. 1. *p.p. of* **dringen** *q.v.*

2. *adj.* stocky. G ~ **heit**, *f* -/*no pl* stockiness.

Geduld [gə'dult], *f* -/*no pl* patience (**zu etwas** *dat,* for sth.); G. **haben** (**mit j-m**), to be patient (with s.o.); **etwas in/mit G. ertragen,** to bear sth. patiently; **ihm riß die G./ihm ging die G. aus,** he lost all patience; **nur G.!** just be patient! g ~ **en** [-dən], *v.refl.* **sich g.,** to be patient. g ~ **ig** [-diç], *adj.* patient. G ~ **sfaden,** *m* F: **mir riß der G.,** I lost all patience. G ~ **sprobe,** *f* -/-n trial of patience. G ~ (**s**)**spiel,** *n* -(e)s/-e puzzle.

gedunsen [gə'dunzən], *adj.* swollen, bloated.

geeignet [gə'ʔaignət], *adj.* (**für etwas** *acc*/**zu etwas** *dat*) g. **sein,** to be suited (to sth.)/suitable (for sth.); **der g~e Moment,** the right moment; **die g~en Mittel** (**zu einem Zweck**), the appropriate means (to an end); **er ist zum Arzt g.,** he would make a good doctor.

Geest [ge:st], *f* -/-en *North G:* sandy heathland.

Gefahr [gə'fa:r], *f* -/-en danger; (*Risiko*) risk, hazard; **in G. geraten,** to run into danger; **außer G.,** safe; (*nicht mehr in G.*) out of danger; **j-n in G. bringen,** to endanger s.o./s.o.'s life; G. **laufen, zu . . .,** to run the risk of . . .; **unter G. seines Lebens,** at the risk of one's life; **auf eigene G.,** at one's own risk; **auf die G. hin, den Zug zu versäumen,** at the risk of missing the train. g ~ **bringend,** *adj.* dangerous. G ~ **en-,** *comb.fm.* danger (signal, point, zone etc.); G~**bereich** *m,* danger area; G~**herd** *m,* source of danger; G~**zulage** *f,* danger money. g ~ **los,** *adj.* safe. G ~ **losigkeit,** *f* -/*no pl* safeness. g ~ **voll,** *adj.* dangerous, perilous.

gefähr|den [gə'fɛːrdən], *v.tr.* to endanger, imperil (s.o., s.o.'s life, sth.); to expose (oneself etc.) to danger; to jeopardize (the success of sth. etc.). G ~ **dung,** *f* -/-en endangering; exposure (of s.o., sth.) to danger. g ~ **lich,** *adj.* dangerous; risky, hazardous (plan etc.); *F:* **das ist nicht so g.!** that's nothing to worry about! G ~ **lichkeit,** *f* -/*no pl* dangerous nature.

Gefährt|e [gə'fɛːrtə], *m* -n/-n/G ~ **in,** *f* -/-nen companion.

Gefälle [gə'fɛlə], *n* -s/- (downward) slope (of ground); gradient, *N.Am:* grade; pitch (of a roof); **das Gelände hat ein starkes G.,** the land drops/falls away steeply; **ein G. von 10%,** a gradient of 1 in 10.

gefallen[1] [gə'falən]. **I.** *v.i.irr.27 (haben)* (*a*) **j-m g.,** to please s.o.; **das Bild gefällt mir,** I like the picture; **ich werde tun, was mir gefällt,** I shall do whatever I like/please; **das Buch hat allgemein g.,** the book was generally well received; *F:* **er/diese Sache gefällt mir gar nicht,** I don't like the look of him/this business at all; (*b*) *F:* **sich** *dat* **etwas g. lassen,** to put up with/tolerate sth.; **er läßt sich nichts g.,** he won't stand (for) any nonsense; **das laß ich mir g.!** that's marvellous! great! (*c*) **er gefällt sich als Frauenheld,** he fancies himself as a lady's man. **II. G.** 1. *n* -s/*no pl* pleasure, delight; (**sein**) **G. an etwas** *dat* **finden/haben,** to take pleasure in/enjoy sth.; **nach G.,** at one's pleasure. 2. *m* -s/- favour; **j-m einen G. tun/erweisen,** to do s.o. a favour/a good turn; **tun Sie mir den G. und kommen Sie jetzt,** please be so good as to come now.

ge'fallen[2], *p.p. of* (i) **fallen,** (ii) **gefallen** *q.v.* G~**e**(**r**), *m decl. as adj.* soldier killed in action; **die G~en**, the dead/fallen. **G~en-denkmal**, n -s/=er war memorial.

gefällig [gə'fɛliç], adj. 1. (angenehm) pleasant (manner etc.); attractive (dress, music etc.); **g~es Äußeres**, prepossessing appearance. 2. (hilfsbereit) obliging. 3. **sonst noch etwas g.?** do you require anything else? usu. Hum: **Kaffee g.?** anyone for coffee? 4. superl.adv. **g~st**, (if you) please; **hör g~st zu!** will you please listen! **G~keit**, f -/-en 1. favour, good turn. 2. no pl (a) pleasantness; (b) helpfulness; kindness; **er hat es aus reiner G. getan**, he just did it to oblige.

gefangen [gə'faŋən], p.p. of **fangen** q.v. **G~e(r)**, m & f decl. as adj. prisoner. **G~en-,** comb.fm. prison (welfare, camp etc.); **G~auto** n/**G~wagen** m, prison van; Aus: **G~haus** n, prison. **g~halten**, v.tr.sep.irr.45 to hold (s.o.) prisoner; to keep (an animal) in captivity; Fig: (Schauspiel usw.) to hold (s.o.) enthralled. **G~nahme**, f -/no pl esp. Mil: capture. **g~nehmen**, v.tr.sep.irr.69 (a) esp. Mil: to capture (s.o.), take (s.o.) prisoner; (b) Fig: to captivate, enthral (s.o.). **G~schaft**, f -/no pl captivity; **in G. geraten**, to be taken prisoner.

Gefängnis [gə'fɛŋnis]. I. n -ses/-se 1. prison, jail; **ins G. kommen**, to go/be sent to prison; **im G. sitzen**, to be in prison. 2. (G~strafe) imprisonment; **fünf Jahre G. bekommen**, to be sentenced to five years' imprisonment. II. **G~-**, comb.fm. prison (doctor, building etc.); **G~direktor** m, prison governor; **G~strafe** f, prison sentence; (Frist) (term of) imprisonment; **G~wärter** m, prison warder. **G~haft**, f -/no pl imprisonment.

Gefasel [gə'fɑːzəl], n -s/no pl F: twaddle, drivel.

Gefäß [gə'fɛːs]. I. n -es/-e 1. (Behälter) receptacle, container; (für Flüssigkeit) vessel. 2. Anat: vessel. II. **G~-**, comb.fm. Anat: Med: vascular (dilation, wall, membrane etc.).

gefaßt [gə'fast], adj. 1. composed; (ruhig) calm; (beherrscht) self-possessed; adv. **er nahm die Nachricht g. auf**, he received the news calmly. 2. **auf etwas** acc **g. sein**, to be prepared for sth.; F: **der kann sich auf was g. machen!** he's got it coming to him! **G~heit**, f -/no pl composure.

Gefecht [gə'fɛçt], n -(e)s/-e 1. fight; Mil: engagement; Mil: **einen Panzer usw./Sp: & Fig: den Gegner außer G. setzen**, to put a tank etc./one's opponent out of action; **in der Hitze des G~s**, in the heat of the battle/Fig: of the moment. 2. (Wettkampf) struggle, contest. 3. Fenc: bout. **G~s-**, comb.fm. combat (training, unit etc.); fighting (strength etc.); battle (line etc.); **G~bereich** m, battle zone; **G~stand** m, battle headquarters, command post. **g~s-bereit/**Navy: **g~sklar**, adj. ready for action. **G~skopf**, m -(e)s/=e warhead.

gefeit [gə'fait], adj. **gegen etwas** acc **g. sein**, to be immune to/Fig: proof against sth.

Gefieder [gə'fiːdər], n -s/- Orn: plumage, feathers. **g~t**, adj. Orn: feathered.

Geflatter [gə'flatər], n -s/no pl fluttering, flapping.

Geflecht [gə'flɛçt], n -(e)s/-e network; tangle (of branches etc.); **G. aus Stroh**, plaited/N.Am: braided straw.

gefleckt [gə'flɛkt], adj. spotted, speckled.

geflochten [gə'flɔxtən], p.p. of **flechten** q.v.

geflogen [gə'floːgən], p.p. of **fliegen** q.v.

geflohen [gə'floːən], p.p. of **fliehen** q.v.

geflossen [gə'flɔsən], p.p. of **fließen** q.v.

Geflügel [gə'flyːgəl], n -s/no pl poultry. **G~händler**, m -s/- poulterer. **G~klein**, n -s/no pl Cu: giblets. **G~schere**, f -/-n poultry shears. **g~t**, adj. winged (insect, seed etc.); Fig: **g~e Worte**, familiar sayings. **G~zucht**, f -/no pl poultry breeding/farming. **G~züchter**, m -s/- poultry farmer.

Geflüster [gə'flystər], n -s/- whispering.

gefochten [gə'fɔxtən], p.p. of **fechten** q.v.

Gefolg|e [gə'fɔlgə], n -s/- 1. retainers; retinue (of a monarch); (bei einem Begräbnis) mourners. 2. Fig: **im G~e + gen**, in the wake of. **G~schaft**, f -/-en 1. no pl allegiance. 2. Hist: vassals; Pol: etc: followers, following. **G~smann**, m -(e)s/-leute Hist: vassal.

gefragt [gə'fraːkt], p.p. as adj. (sehr) g., (much) in demand, (very) popular.

gefräßig [gə'frɛːsiç], adj. Pej: greedy, gluttonous (person); ravenous (animal). **G~keit**, f -/no pl Pej: greediness, gluttony.

Gefreite(r) [gə'fraitə(r)], m decl. as adj. Mil: lance-corporal; N.Am: private first class.

Gefrier- [gə'friːr-], comb.fm. (a) frozen (meat, vegetables etc.); (b) freezing, refrigerating (plant, chamber etc.); **G~fach** n, freezer compartment; **G~punkt** m, freezing-point. **g~en**, v.i.irr.32 (sein) to freeze. **G~schrank**, m -(e)s/=e (upright) freezer. **G~trocknen**, v.tr.sep. to freeze-dry (food, blood etc.). **G~truhe**, f -/-n (chest) freezer.

gefroren [gə'froːrən], p.p. of (i) frieren; (ii) gefrieren q.v.

Gefüg|e [gə'fyːgə], n -s/- structure; Fig: fabric, framework (of society, a state etc.). **g~ig**, adj. pliant (person, character etc.); **j-n g. machen**, to bend s.o. to one's will. **G~igkeit**, f -/no pl pliancy.

Gefühl [gə'fyːl], n -(e)s/-e feeling; (a) (Tastsinn) feel; **dem G. nach ist es Holz**, judging by the feel it is wood; **kein G. in den Fingern haben**, to have no feeling in one's fingers; (b) (besonderes G., Eindruck) G. **der Erleichterung**, feeling/sense of relief; **ein G. haben, als ob . . .**, to have a feeling that . . .; **ich habe kein gutes G. dabei**, I feel uneasy/unhappy about it; (c) (Emotion) **widerstrebende G~e**, conflicting emotions; **mit gemischten G~en**, with mixed feelings; **seinen G~n freien Lauf lassen**, to give way/(in Worten) give vent to one's emotions; F: **wenn du 100 Mark bekommst, so ist das das höchste der G~e**, 100 marks is the utmost you could expect to get; (d) (Sinn für etwas) sense (für Rhythmus, of rhythm); **ein sicheres G. für etwas** acc, a sure feeling for sth.; **etwas im G. haben**, to know sth. instinctively. **g~los**, adj. 1. numb (fingers etc.). 2. unfeeling; heartless (person); callous (action); (gleichgültig) indifferent, apathetic (person). **G~losigkeit**, f -/-en 1. no pl (a) numbness; (b) insensitivity; heartlessness; (c) apathy, indifference. 2. heartless/callous act. **G~s-**, comb.fm. emotional (content, life, world etc.); **G~ausbruch** m, emotional outburst; **G~mensch** m, emotional person. **g~sarm**, adj. unemotional; lacking in feeling. **G~sduse'lei**, f -/no pl (mawkish) sentimentality. **g ~ sduselig**, *adj.* sentimental, mawkish. **g ~ skalt**, *adj.* (*a*) frigid; (*b*) (*herzlos*) unfeeling. **g ~ sbetont**, *adj.* emotional (person, behaviour etc.). **g ~ smäßig**, *adj.* emotional (reaction, attitude etc.). **G ~ snerv**, *m* -s/-en *Anat:* sensory nerve. **G ~ ssache**, *f* -/-n **es ist (reine) G.**, you (just) have to have a feeling for it. **g ~ sselig**, *adj.* sentimental. **G ~ sseligkeit**, *f* -/no pl sentimentality. **G ~ ssinn**, *m* -(e)s/no pl sense of feeling/(*Tastsinn*) touch. **G ~ sskala**, *f* -/no pl *Psy:* range of emotions. **g ~ voll**, *adj.* sensitive (person); (*Musik usw.*) emotional; *Pej:* sentimental; *adv.* **g. vortragen**, to recite with much feeling.

gefüllt [gə'fylt], *p.p. as adj.* filled; (cake, chocolate) with a filling; *Bot:* **g~e Blüte**, double flower.

gefunden [gə'fundən], *p.p. of* **finden** *q.v.*

gegangen [gə'gaŋən], *p.p. of* **gehen** *q.v.*

gegeben [gə'ge:bən]. **1.** *p.p. of* **geben** *q.v.* **2.** *adj.* (*a*) (*vorhanden*) present (circumstances etc.); *Mth:* given (quantity etc.); **im g~en Fall**, (i) in this present case; (ii) = **g~enfalls; etwas als g. voraussetzen**, to take sth. for granted; to assume sth. (as a fact); (*b*) (*passend*) right, appropriate; **das g~e**, the proper/right thing to do; **zur g~en Zeit**, at the proper time. **g ~ enfalls**, *adv.* (*abbr.* **ggf.**) if the need arises, if necessary; *Adm:* where appropriate. **G ~ heit**, *f* -/-en *usu.pl.* **G~en**, (existing) conditions.

gegen ['ge:gən]. **I.** *prep.* + *acc* **1.** (*wider*) against; (*im Widerspruch mit*) contrary to; *Sp:* versus; **drei g. einen**, three against one; **10 g. 1 wetten**, to bet 10 to 1; **ein Mittel g. Husten**, a remedy for coughs; **g. alle Erwartungen**, contrary to all expectations; *Jur:* **in Sachen Schulze g. Meyer**, in the case of Schulze versus Meyer; *Sp:* **FC Köln g. Schalke 4 zu 1 (eins)**, FC Köln 4, Schalke 1. **2.** (*in Richtung auf*) (*a*) towards; **g. Osten**, towards the east, eastwards; **etwas g. die Wand lehnen**, to lean sth. against the wall; **er fuhr g. einen Baum**, he ran into a tree; (*zeitlich*) **g. Abend/Morgen**, towards evening/morning; (*b*) (*ungefähr*) about; **g. drei Uhr**, getting on for/about three o'clock; **g. Weihnachten**, around Christmas; (*c*) (*gegenüber*) to, towards (s.o.); **grausam/höflich g. j-n sein**, to be cruel/polite to s.o.; **er ist sehr freundlich g. mich**, he is very friendly towards me. **3.** (*verglichen mit*) **das ist nichts g. seine Party**, this is nothing compared with his party. **4.** (*im Austausch für*) in exchange for; **g. Quittung**, against receipt; **g. Zahlung von 10 Mark**, on payment of 10 marks. **II.** '**G~-**, '**g~-**, *comb.fm.* **1.** (*a*) (*entgegengesetzt*) opposite (side, *Geom:* angle etc.); contrary (opinion etc.); (example etc.) of the contrary; (order etc.) to the contrary; opposing (candidate etc.); **G~fahrbahn** *f*, opposite traffic lane; **G~pol** *m*, opposite pole; **G~beweis** *m*, proof/evidence of the contrary; **im G~sinn**, in the opposite direction; **G~zeuge** *m*, witness to the contrary; **G~partei** *f*, opposing party/*Sp:* team; *Jur: Sp:* other side; (*b*) (*entgegenwirkend*) counter-(argument, demonstration, pressure, Reformation, resolution etc.); **G~angriff** *m*, counter-attack; **G~beschuldigung**/*Jur:* **G~klage** *f*,

counter-accusation; **G~gewicht** *n*, counter-weight; *Fig:* counterbalance; **G~grund** *m*, counter-argument; **G~spionage** *f*, counter-espionage; **G~strömung** *f*, counter-current; *Pol: etc:* counter-movement; **G~vorschlag** *m*, counter-proposal; **G~zug** *m*, (i) *Games: & Fig:* countermove; (ii) *Rail:* oncoming train. **2.** (*Erwiderung*) (gift etc.) in return; return (visit etc.); **G~dienst** *m*/**G~leistung** *f*, service/favour in return. '**G ~ darstellung**, *f* -/-en *esp. Journ:* **1.** reply (to an article etc.). **2.** conflicting version (of an event etc.). **g ~ ei'nander**, *adv.* against one another/each other; **freundlich g.**, friendly towards one another. **g ~ ei'nanderhalten**, *v.tr.sep.irr.45* to compare (things, facts etc.). '**G ~ frage**, *f* -/-n counter-question; **eine Frage mit einer G. beantworten**, to answer one question by asking another. '**G ~ gift**, *n* -(e)s/-e antidote. '**G ~ licht**, *n* -(e)s/no pl **im G.**, against the light. '**G ~ liebe**, *f* -/no pl requited love; **er fand bei ihr keine G.**, she did not return his love. '**G ~ mittel**, *n* -s/- remedy (**gegen** + *acc*, for); (*gegen Gift*) antidote. '**G ~ mutter**, *f* -/n *Mec:* locknut. '**G ~ probe**, *f* -/-n cross-check; *Mth:* reverse check. '**G ~ reaktion**, *f* -/-en backlash. '**G ~ rede**, *f* -/-n **1.** reply, rejoinder; **Rede und G.**, dialogue. **2.** (*Widerspruch*) contradiction; (*Einspruch*) objection. '**G ~ satz**, *m* -es/-e **1.** contrast (**zu etwas** *dat*, with sth.); (*Widerspruch*) contradiction; **in scharfem/schroffem G. zueinander stehen**, to be sharply contrasted/(*sich widersprechend*) contradictory; **im G. zu ihm**, unlike him. **2.** (*Gegenteil*) opposite; **G~e ziehen sich an**, opposites attract one another. **3.** *usu.pl.* **unversöhnliche G~e**, irreconcilable differences. '**g ~ sätzlich**, *adj.* opposing (opinions, forces etc.); opposite, contrary (views, terms etc.); completely different (characters, ideas etc.); *adv.* **das wird sehr g. eingeschätzt**, opinions on this differ widely. '**G ~ sätzlichkeit**, *f* -/no pl opposite, contrary nature (of two things). '**G ~ schlag**, *m* -(e)s/-e counter-blow; (*Vergeltungsmaßnahme*) retaliation. '**g ~ seitig**, *adj.* mutual; **g~e Abhängigkeit**, mutual dependence, interdependence; *adv.* **sich g. helfen**, to help each other. '**G ~ seitigkeit**, *f* -/no pl reciprocity; (*Zuneigung usw.*) **auf G. beruhen**, to be mutual. '**G ~ spieler**, *m* -s/- opponent; (*also Th:*) antagonist. '**G ~ stand**, *m* -(e)s/-e (*a*) (*Ding, Objekt*) object; **der G. seiner Liebe**, the object of his love; (*b*) (*Thema*) subject, (*Stoff*) subject matter (of a speech, book etc.); matter, topic (under discussion); (*Frage*) issue; (*Buch usw.*) **etwas zum G. haben**, to deal with sth. '**g ~ ständlich**, *adj.* objective (thinking etc.); concrete (term); representational (picture etc.); *adv.* **eine Idee g. darstellen**, to express an idea in concrete terms. '**g ~ standslos**, *adj.* **1.** *pred.* groundless (accusation etc.); meaningless (statement); baseless (fears etc.); **die Frage ist g. geworden**, the question is now pointless/irrelevant. **2.** abstract (art etc.) '**G ~ stimme**, *f* -/-n protesting voice; *Pol: etc:* vote against; **ohne G~n angenommen**, carried unanimously. '**G ~ stück**, *n* -(e)s/-e **1.** (*Gegenstand*) counterpart (**zu etwas** *dat*, of sth.); companion (piece); **mein G. in Paris,** my opposite number in Paris; **die beiden Bilder sind G~e,** the two pictures form a matching pair. **2.** (*G~teil*) opposite. '**G ~ teil,** *n* -(e)s/-e **das G.,** the opposite/contrary; **genau das G.,** the exact opposite; **im G.,** on the contrary; *F:* **ganz im G.!** quite the reverse! anything but! '**g ~ teilig,** *adj.* contrary, opposite (opinion etc.); (statement etc.) to the contrary; **er ist g~er Ansicht,** he is of the opposite opinion. **g ~ 'über. I.** *prep.* + *dat* (*a*) opposite, facing; **g. der Schule/der Schule,** opposite the school; (*b*) **er ist mir g. sehr freundlich,** he is very friendly towards/to me; (*c*) (*vergleichen mit*) in relation to, compared with. **II.** *adv.* **das Haus g.,** the house opposite/across the street; **Mannheim liegt g. von Ludwigshafen,** Mannheim lies opposite Ludwigshafen. **III. G.,** *n* -(s)/- person (sitting) opposite (at table etc.); person/people living opposite. **g ~ 'überliegen,** *v.i.sep.irr.62* (*haben*) **etwas** *dat* **g.,** to be opposite/face sth.; **das g~de Haus,** the house opposite. **g ~ 'übersetzen,** *v.tr.sep.* **j-n j-m g.,** to seat s.o. opposite s.o.; **setz dich mir gegenüber,** sit opposite me. **g ~ 'überstehen,** *v.i.sep.irr.100* (*haben*) (*a*) **j-m, etwas** *dat* **g.,** to be opposite/facing s.o., sth.; to face s.o., *Fig:* sth.; **Problemen usw. g.,** to be faced with problems etc.; *Sp: etc:* (*von Gegnern*) **sich** *dat* **g.,** to confront each other; (*b*) **j-m feindlich/freundlich g.,** to have a friendly/hostile attitude to s.o.; **einem Plan skeptisch g.,** to be sceptical about a plan. **g ~ 'überstellen,** *v.tr.sep.* **j-n einem Zeugen usw. g.,** to confront s.o. with a witness etc.; **zwei Sachen (einander) g.,** to juxtapose/(*ver gleichen*) compare two things. **G ~ 'überstellung,** *f* -/-en juxtaposition; (*Vergleich*) comparison; (*Pers*) confrontation. **g ~ 'übertreten,** *v.i.sep.irr.105* (*sein*) **j-m (mutig/entschlossen usw.) g.,** to face s.o. (with courage/resolution etc.). '**G ~ verkehr,** *m* -s/no pl oncoming traffic. '**G ~ wart,** *f* -/no pl **1.** (*a*) **die G.,** the present (time); **Musik der G.,** contemporary music; (*b*) *Gram:* present (tense). **2.** (*Anwesenheit*) presence; **in G. von Zeugen,** in the presence of witnesses. '**g ~ wärtig,** *adj.* **1.** (*jetzig*) (*a*) current (problems etc.); (*b*) *adv.* at present. **2.** (*anwesend*) present (**bei etwas** *dat*, at sth.); **die g~en Personen/die G~en,** those present; *Fig:* **das ist mir nicht mehr g.,** I no longer remember it clearly. '**G ~ warts-,** *comb.fm.* (novel etc.) of present-day life; current, topical (question, problem); contemporary, modern (German, play etc.). '**g ~ wartsbezogen,** *adj.* (literature etc.) concerning the present day, of contemporary interest. '**g ~ wartsfremd,** *adj.* out of touch (with the present). '**g ~ wartsnah(e),** *adj.* modern, up-to-date. '**G ~ wehr,** *f* -/no pl resistance. '**G ~ wert,** *m* -(e)s/no pl equivalent (value). '**G ~ wind,** *m* -(e)s/-e head wind. '**g ~ zeichnen,** *v.tr.sep.* to countersign (a cheque etc.).

Gegend ['ge:gənt], *f* -/-en **1.** (*Gebiet*) area; region (of a country); (*kleiner*) district (of a town); **was macht er in dieser G.?** what is he doing in these parts? **in einer vornehmen G.,** in a fashionable area/district; **die ganze G. spricht davon,** the whole neighbourhood is talking

about it; *F:* **die G. unsicher machen,** to infest the place. **2.** (*Nähe*) neighbourhood; **in der G. von Köln,** in the neighbourhood/vicinity of Cologne; *F:* **500 Mark oder in der G.,** 500 marks or thereabouts. **3.** (*Richtung*) direction; **aus allen G~en,** from all quarters. **4.** *F:* **durch die G. fahren/sausen,** to drive/tear along; **in der G. herumlungern,** to loaf about.

geglichen [gə'gliçən], *p.p. of* **gleichen** *q.v.*

geglitten [gə'glitən], *p.p. of* **gleiten** *q.v.*

geglommen [gə'gləmən], *p.p. of* **glimmen** *q.v.*

geglückt [gə'glykt], *p.p. as adj.* successful.

Gegner|(in) ['ge:gnər(in)], *m* -s/- (*f* -/-nen) opponent; (*Rivale*) rival; *Mil:* enemy. '**g ~ isch,** *adj.* opposing (team, interests etc.); (*feindlich*) hostile, *Mil:* enemy (forces etc.); **die g~e Taktik,** the opposition's tactics. '**G ~ schaft,** *f* -/-en opposition, hostility (**gegen** + *acc*, towards).

gegolten [gə'gəltən], *p.p. of* **gelten** *q.v.*

gegoren [gə'go:rən], *p.p. of* **gären** *q.v.*

gegossen [gə'gəsən], *p.p. of* **gießen** *q.v.*

gegriffen [gə'grifən], *p.p. of* **greifen** *q.v.*

Gehabe [gə'ha:bə], *n* -s/no pl affected behaviour; (*Getue*) fuss.

Gehackte(s) [gə'haktə(s)], *n decl. as adj.* mince, minced/*N.Am:* ground meat.

Gehalt [1] [gə'halt], *m* -(e)s/-e content; proportion (**an Metall usw.,** of metal etc.); **G. an Feuchtigkeit,** moisture content. **g ~ los,** *adj.* insubstantial; empty, shallow (book etc.). **g ~ voll,** *adj.* substantial (food etc.); (book etc.) rich in content.

Gehalt [2], *n* (*Aus: also m*) -(e)s/-er salary; *Ecc:* stipend. **G ~ s-,** *comb.fm.* salary (claim etc.); (increase, cut etc.) in salary; **G~abzug** *m*, deduction from salary; **G~empfänger** *m*, salary earner, salaried employee; **G~stufe** *f*, salary bracket; **G~tarif** *m*, salary scale; **G~zulage** *f*, salary supplement; bonus.

Gehänge [gə'hɛŋə], *n* -s/- hanging ornament(s), pendant; festoon(s) (of flowers etc.); *Jewel:* ear drop(s).

geharnischt [gə'harniʃt], *adj.* **1.** *Hist:* (knight etc.) in armour. **2.** *Fig:* sharp, strongly worded.

gehässig [gə'hɛsiç], *adj.* spiteful, malicious; *adv.* **g. von j-m reden,** to make spiteful/catty remarks about s.o. **G ~ keit,** *f* -/-en **1.** *no pl* spitefulness. **2.** spiteful remark.

Gehäuse [gə'hɔyzə], *n* -s/- (*a*) (clock, watch etc.) case; *Rad: TV:* cabinet; *Tchn:* (compass, gearbox etc.) housing; *Phot:* (camera) body; (*b*) (snail etc.) shell; (*c*) (*Kerng.*) (apple etc.) core.

gehbehindert ['ge:bəhindərt], *adj.* unable to walk properly.

Gehege [gə'he:gə], *n* -s/- **1.** *Hunt:* game preserve; *Fig:* **j-m ins G. kommen,** (i) (*sich einmischen*) to poach on s.o.'s preserves; (ii) (*in seinem Handeln stören*) to queer s.o.'s pitch, *N.Am:* mess up s.o.'s act. **2.** enclosure (in zoo etc.).

geheim [gə'haim]. **I.** *adj.* secret; **streng g./g~e Kommandosache,** top secret; **in g~em Einverständnis handeln,** to act in collusion; **seine g~sten Gedanken,** his innermost thoughts; **im g~en,** in secret, secretly; **g~er Vorbehalt,** mental reservation. **II. G~-,** *comb.fm.* secret (agreement, agent, organization, police, weapon etc.); G~**bericht** m, secret/confidential report; G~**bund** m, secret society; G~**dienst** m, secret service; G~**fach** n, secret compartment; G~**polizist** m, member of the secret police; G~**mittel** n, secret/private remedy; G~**nummer** f, secret/*Tel:* ex-directory/*N.Am:* unlisted number; G~**rezept** n, secret/private recipe; G~**schrift** f, secret code. g ~ **halten**, v.tr.sep.irr.45 to keep (sth.) secret, conceal (sth.) (**vor** j-m, from s.o.). G ~ **haltung**, f -/no pl concealment; secrecy. G ~ **nis**, n -ses/-se **1.** secret (**vor** j-m, from s.o.); **das ist das ganze G.**, that's all there is to it. **2.** (*Rätsel*) mystery. G~**niskrämer**, m -s/- F: mystery-monger. G~**niskräme′rei**/G~**nistue′rei**, f -/no pl F: secretive behaviour. g~**nisvoll**, adj. mysterious; (*rätselhaft*) enigmatic (expression); adv. **g. tun**, to act mysteriously; to be secretive (**mit etwas** dat, about sth.). G ~ **rat**, m -(e)s/̈-e Privy Councillor. G~**ratsecken**, fpl F: **er hat G.**, his hair is receding at the temples. G ~ **tinte**, f -/-n invisible ink. G ~ **tue′rei**, f -/no pl F: secretiveness. g ~ **tuerisch**, adj. F: secretive. g ~ **tun**, v.i.sep.irr.106 (haben) F: **mit etwas** dat **g.**, to be secretive about sth. G ~ **wissenschaft**, f -/-en occult science.

gehemmt [gə′hɛmt], p.p. as adj. inhibited, self-conscious.

geh|en [′ge:ən]. **I.** v.irr. (pres.ind. **geht**, p.ind. **ging**, p.subj. **ginge**, p.p. **gegangen**) **1.** v.i. (sein) to go; (a) (zu Fuß) to walk; **g. lernen**, to learn to walk; **über die Straße g.**, to cross the road; **wo er geht und steht**, wherever he goes; (b) (sich begeben) **ins Ausland/in die Stadt g.**, to go abroad/into town; **einkaufen g.**, to go shopping; F: **ich will eben nach Milch g.**, I'm just going to get some milk; Fig: **in sich** acc **g.**, (i) to take stock of oneself, (ii) to decide to mend one's ways; (c) **in die Politik g.**, to enter/go into politics; **zum Film g.**, to go into films; (d) (weggehen) to leave; go; **wollen wir g.?** shall we go? F: **etwas mit sich g. heißen/lassen**, to make off with sth.; Lit: **er ist von uns gegangen**, he has departed this life; (e) (funktionieren, sich bewegen) (Maschine usw.) to be going/working; **die Uhr geht nicht richtig**, the clock is wrong; **ich hörte die Tür g.**, I heard the door open; **es ging ein kalter Wind**, there was a cold wind blowing; Com: **gut g.**, (Geschäfte) to be good; (Produkt) to be selling well; (f) (passen) **wieviel geht in den Koffer?** how much will go/fit into the suitcase? **es g. acht Tomaten auf ein Pfund**, there are eight tomatoes to the pound; (g) **wohin geht die Reise?** what is your destination? **das Fenster geht auf den Garten**, the window looks out onto the garden; Fig: **die Bemerkung ging gegen mich**, the remark was directed at me; **die Farbe geht ins Rötliche**, the colour has a reddish tinge; (h) (sich richten nach) **er geht nach dem Äußeren**, he goes by appearances; **wenn es nach mir ginge**, if I had things my way/had anything to do with it; (i) **vor sich g.**, to happen; **was geht hier vor sich?** what is going on here? (j) F: **geh nicht (mit den Fingern) daran!** don't touch it! **wer ist an die Pralinen gegangen?** who's been at the chocolates? (k) F: **mit j-m g.**, to be going out with s.o.; N.Am: to date s.o.; (l) F: (sich kleiden) **gut/schlecht ge-**

kleidet **g.**, to dress well/badly; **in Trauer/in Zivil g.**, to wear mourning/civilian dress; (m) (reichen, sich erstrecken) **das Wasser ging ihm bis zum Knie**, the water came up to his knees; **der Wald geht bis an das Meer**, the wood goes/stretches right down to the sea; Fig: **seine Sparsamkeit geht bis zum Geiz**, he is economical to the point of meanness; **meine Arbeit geht mir über alles**, my work is of supreme importance to me; **es geht nichts über ... acc**, you can't beat ...; **es geht ihm nichts über einen guten Kognak**, there is nothing he likes better than a good cognac; (n) (sich nähern) **es geht auf/gegen Mitternacht**, it is nearly midnight; **er geht auf die 60**, he is coming up for 60; (o) **an die Arbeit g.**, to set to work; **mit der Zeit g.**, to move with the times; **das geht zu weit**, that's going too far; **die Dinge g. lassen**, to let things take their course; **sich g. lassen**, to lose one's self-control; int. F: **ach, geh!** go on! come off it! (p) (möglich sein) **das geht nicht**, that is impossible/won't work; (nicht akzeptabel) that won't do; **es geht nicht anders**, there is no other way (of doing it); **geht es so?** is it all right like that? can you manage like that? **es wird schon g.**, it will be all right; we'll manage (it) somehow; **er fuhr weiter, bis es nicht mehr ging**, he drove on until he could go no further; (erträglich sein) **zuerst ging es noch**, it was all right/not too bad to begin with; (q) **es geht ihm gut/schlecht**, (i) he is well/ill; (ii) (finanziell usw.) he is doing well/badly; **wie geht es Ihnen?** how are you? **es geht (mir) jetzt viel besser**, I am (feeling) much better now; (r) **es geht um ... acc**, it is a question of ...; **worum geht es?** what's it about? **es geht ihm nur um das Geld**, he is only interested in the money; **es geht mir darum, das Kind zu retten**, my aim is to save the child. **2.** v.tr. (a) (sein) to walk (a kilometre etc.); Fig: **seine eigenen Wege g.**, to go one's own way; (b) P: **er ist gegangen worden**, he has been sacked; (c) (haben) **sich müde g.**, to tire oneself out by/with walking; (d) (sein) **es geht sich hier gut/schlecht**, walking is easy/difficult here. **II. G.**, n -s/no pl **1.** walking. **2.** (Abfahrt) going; departure. ′g~**enlassen**, v.tr. sep.irr.57 (haben) (p.p. **gehenlassen**) (a) F: (in Ruhe lassen) to leave (s.o., sth.) alone; (b) (loslassen) to let go of (sth.); (c) **sich g.**, to lose one's self-control. ′G~**er**, m -s/- Sp: etc: walker. ′g~**fähig**, adj. able to walk. ′G~**falte**, f -/-n Tail: kick-pleat. ′G~**steig**, m -(e)s/-e pavement, N.Am: sidewalk. ′G~**versuch**, m -(e)s/-e (child's) attempt to walk. ′G~**weg**, m -(e)s/-e **1.** = G~**steig**. **2.** footpath. ′G~**werk**, n -(e)s/-e **1.** (clock) movement. **2.** F: Hum: (Beine) pins. ′G~**wettbewerb**, m -(e)s/-e Sp: walking race.

geheuer [gə′hɔyər], adj. **nicht (ganz) g.**, uncanny, eerie; disturbing (idea); suspicious (business); **mir ist bei diesem Gedanken nicht ganz g.**, I find the idea disquieting.

Geheul [gə′hɔyl], n -(e)s/no pl (continual) howling.

Gehilf|e [gə′hilfə], m -n/-n/G~**in**, f -/-nen (esp. commercial) trainee who has successfully completed an apprenticeship. G ~ **enbrief**, m -(e)s/-e certificate of apprenticeship.

Gehirn [gə'hirn]. **I.** n -(e)s/-e brain; F: (Verstand) brains; F: streng dein G. an! use your brains! **II.** G~-, comb.fm. brain (surgeon, tumour etc.); cerebral (haemorrhage etc.). **G~erschütterung**, f -/-en concussion. **G~hautentzündung**, f -/no pl meningitis. **G~schlag**, m -(e)s/no pl stroke. **G~wäsche**, f -/no pl F: brainwashing.

gehoben [gə'ho:bən]. **1.** p.p. of heben q.v. **2.** adj. superior (position); elevated (language, style etc.); in g~er Stimmung, in high spirits; (beschwipst) inebriated; Adm: g~er Dienst, executive class; Com: Artikel des g~en Bedarfs, luxury/upmarket articles.

geholfen [gə'hɔlfən], p.p. of helfen q.v.

Gehölz [gə'hœlts], n -es/-e coppice, copse.

Gehör [gə'hø:r]. **I.** n -(e)s/no pl **1.** (sense of) hearing; ein feines/empfindliches G., a delicate/sensitive ear; Mus: nach dem G. singen/spielen, to sing/play by ear; absolutes G., perfect pitch. **2.** sich dat G. verschaffen, to gain a hearing/(beim Lärm) make oneself heard; meine Bitten fanden bei ihm kein G., he refused to listen to my requests; es ist mir zu G. gekommen, daß ..., it has come to my ears that .... **II.** G~-, comb.fm. hearing (defect etc.); auditory (nerve etc.); G~sinn m, sense of hearing; G~gang m, auditory canal. g~los, adj. deaf; die G~en, the deaf.

gehorchen [gə'hɔrçən], v.i. (haben) (+ dat) j-m, etwas dat g., to obey s.o., sth.; Aut: etc: der Lenkung g., to respond to the steering.

gehören [gə'hø:rən], v. **1.** v.i. (haben) (a) j-m g., to belong to s.o.; das Buch gehört mir, the book belongs to me/is mine; (b) (zählen zu) er gehört (mit) zur Familie/zu unseren besten Schauspielern, he is one of the family/one of the best actors; (c) (Teil sein von) es gehört zu meiner Arbeit, it's part of my job; das gehört nicht zur Sache, it is beside the point; es gehört dazu, it's all part of it; it's the done thing; (d) (am Platze sein) to belong, go (somewhere); wohin g. die Tassen? where do the cups go/belong; du gehörst ins Bett, you should be in bed; South G: er gehört erschossen, he ought to be shot; (e) (nötig sein) dazu gehört viel Mut, that takes/requires a lot of courage. **2.** v.refl. sich g., to be right (and proper); es gehört sich nicht, it isn't done/(passend) fitting; benimm dich, wie es sich gehört! behave properly! g~ig, adj. **1.** proper (respect, distance etc.). **2.** F: (tüchtig) thorough, proper (telling-off etc.); real (fright); good (helping etc.); adv. j-m g. die Meinung sagen, to give s.o. a piece of one's mind; es hat g. geregnet, there was a regular downpour. **3.** Adm: etc: nicht zur Sache g., irrelevant.

Gehörn [gə'hœrn], n -(e)s/-e (pair of) horns.

gehorsam [gə'ho:rza:m]. **I.** adj. obedient; j-m g. sein, to obey s.o. **II.** G., m -s/no pl obedience (gegen etwas acc, to sth.; j-m gegenüber, to s.o.); j-m den G. verweigern, to refuse to obey s.o. G~keit, f -/no pl obedience. G~sverweigerung, f -/no pl disobedience; Mil: insubordination.

Geier ['gaiər], m -s/- Orn: & Fig: vulture.

Geifer ['gaifər], m -s/no pl slaver; Fig: venom, spite. 'g~n, v.i. (haben) Fig: to slaver; Fig: gegen

j-n, etwas acc g., to vituperate against s.o., sth.

Geige ['gaigə], f -/-n violin, F: fiddle; (die) erste G. spielen, to play first violin; Fig: to be top dog; F: die zweite G. spielen, to play second fiddle. 'g~n, v.tr.&i. (haben) F: to play (a tune etc.) on the violin; F: es j-m/j-m die Meinung g., to give s.o. a piece of one's mind. 'G~n-, comb.fm. violin (bow etc.); G~bauer m, violin maker; G~kasten m, violin case; G~spiel n, violin playing. G~nharz n, -es/-e rosin. 'G~r(in), m -s/- (f -/nen) violinist.

Geigerzähler ['gaigərtsɛːlər], m -s/- Meas: Geiger counter.

geil [gail], adj. **1.** lewd, lecherous (person, smile etc.). **2.** (a) rank, (growth, plant); (b) over-rich (food, soil). 'G~heit, f -/no pl **1.** lewdness, lechery. **2.** rankness; over-richness.

Geisel ['gaizəl], f -/-n hostage; j-n als/zur G. nehmen, to take s.o. hostage. 'G~nahme, f -/-n taking of hostages.

Geiß [gais], f -/-en **1.** (nanny-)goat. **2.** (Reh) doe. 'G~blatt, n -(e)s/-er Bot: honeysuckle. 'G~bock, m -(e)s/-e South G: Aus: Swiss: billy-goat. 'G~lein, n -s/- kid.

Geißel ['gaisəl], f -/-n A: & Fig: scourge. 'g~n, v.tr. (a) to denounce, castigate (abuses etc.); (b) (Seuche usw.) to plague, scourge (people etc.); (c) to flog, Rel: flagellate (s.o.). 'G~ung, f -/-en (a) denouncement, castigation; (b) flogging, Rel: flagellation.

Geist [gaist], m -(e)s/-er **1.** mind; (a) no pl G. und Körper, mind and body; (b) (Pers.) ein erfinderischer/großer G., an inventive/great mind; die führenden G~er unserer Zeit, the leading intellects of our time; hier scheiden sich die G~er, opinions differ on this point; F: von allen guten G~ern verlassen sein, to have taken leave of one's senses; (c) (Witz) wit. **2.** spirit; (a) (nichtkörperlicher Teil) im G~e sind wir bei Ihnen, we are with you in spirit; Hum: der G. ist willig, aber das Fleisch ist schwach, the spirit is willing, but the flesh is weak; esp. Hum: den/seinen G. aufgeben, to give up the ghost; (b) Rel: etc: (überirdisches Wesen) der Heilige G., the Holy Ghost/Spirit; gute/böse G~er, good/evil spirits; F: sie ist ein guter G., she's our guardian angel; ein unruhiger G., a fidgety soul; (c) (Gespenst) ghost; in der Burg gehen G~er um, the castle is haunted; (d) (Gesinnung) no pl G. der Zeit, spirit of the age. **3.** (Flüssigkeit) Med: etc: clear spirit (made from raspberries etc.). 'G~er-, comb.fm. ghost (story, town etc.); ghostly (hand, voice etc); G~bahn f, ghost train; G~glaube m, belief in ghosts; G~erscheinung f, ghostly apparition. G~erbeschwörer, m -s/- (a) necromancer; (b) (Banner) exorcist. 'G~erbeschwörung, f -/no pl (a) necromancy; (b) (Bannen) exorcism. 'G~erfahrer, m -s/- Aut: F: driver going the wrong way on a dual carriageway. 'g~erhaft, adj. ghostly. 'g~ern, v.i. (haben/sein) to wander about like a ghost. 'G~erstunde, f -/no pl Hum: witching hour. 'G~erwelt, f -/no pl spirit world. 'G~es-, g~es-, comb. fm. intellectual (work, freedom, history, life etc.); mental (effort, attitude, illness, confusion etc.); G~armut f, intellectual poverty; G~produkt *n,* intellectual product, brainchild; G ~ **riese** *m,* intellectual giant; G ~ **kräfte** *fpl,* mental powers; g ~ **gestört** *adj,* mentally deranged; G ~ - **gestörtheit** *f,* mental derangement; g ~ **krank** *adj,* mentally ill; **ein** G ~ **kranker/eine** G ~ - **kranke,** a mental patient; G ~ **schärfe** *f,* mental acuity; G ~ **verfassung** *f*/G ~ **zustand** *m,* mental state; state of mind. ´g ~ **esabwesend,** *adj.* absent-minded. ´G ~ **esabwesenheit,** *f -/no pl* absent-mindedness. ´G ~ **esart,** *f -/-en* cast of mind. ´G ~ **esblitz,** *m -es/-e F:* flash of inspiration; brainwave. ´G ~ **esgegenwart,** *f -/no pl* presence of mind. ´g ~ **esgegenwärtig,** *adj.* alert, quick-witted; *adv.* g. **trat er auf die Bremse,** he had the presence of mind to step on the brake. ´G ~ **esgröße,** *f -/-n* **1.** *no pl* intellectual greatness. **2.** (*Pers.*) great mind; *Hum:* **er ist keine G.,** he's no genius. ´g ~ **esverwandt,** *adj.* spiritually akin (**mit** + *dat,* to). ´G ~ **esverwandtschaft,** *f -/-en* spiritual affinity. ´G ~ **eswissenschaften,** *fpl* **die G.,** the humanities, the arts. ´g ~ **eswissenschaftlich,** *adj.* concerned with the humanities/arts; g ~ e **Fächer,** arts subjects. ´g ~ **ig,** *adj.* **1.** mental (effort, activity, faculty etc.); intellectual (capacity, powers, property etc.); **es stand vor meinem** g ~ **en Auge,** I saw it in my mind's eye; g ~ **en Diebstahl begehen,** to be guilty of plagiarism; *adv.* g. **zurückgeblieben,** mentally retarded; g. **arbeiten,** to do brainwork. **2.** (*nicht körperlich*) spiritual (beings etc.); g ~ e **Dinge,** things of the spirit. **3.** spirituous (liquor); g ~ e **Getränke,** spirits. ´G ~ **igkeit,** *f -/no pl* (*a*) intellectuality; (*b*) spirituality. ´g ~ **lich,** *adj.* religious; (*kirchlich*) (of the) church, ecclesiastical; g ~ e **Lieder,** hymns; g ~ e **Musik,** church music; **der** g ~ e **Stand,** the clergy. ´G ~ **liche(r),** *m decl. as adj.* clergyman; *R.C.Ch:* priest. ´G ~ **lichkeit,** *f -/no pl* **die G.,** the clergy. ´g ~ **los,** *adj.* stupid (remark, joke); (*Pers.*) empty-headed. ´G ~ **losigkeit,** *f -/-en* **1.** *no pl* stupidity. **2.** G ~ **en,** empty remarks, platitudes. ´g ~ **reich,** *adj.* (*a*) clever, brilliant; (*b*) (*witzig*) witty. ´g ~ **sprühend,** *adj.* sparkling, scintillating (conversation etc.); brilliantly witty (person). ´g ~ **tötend,** *adj.* soul-destroying.

Geiz [gaits], *m -es/-e* **1.** *no pl* miserliness. **2.** *Bot:* (*also* G ~ **trieb** *m*) sucker. ´g ~ **en,** *v.i.* (*haben*) **mit etwas** *dat* g., to be mean/stingy with sth. ´G ~ **hals,** *m -es/-̈e/´* G ~ **kragen,** *m -s/- F:* skinflint. ´g ~ **ig,** *adj.* mean, miserly.

Gejammer [gə'jamər], *n -s/no pl* (continual) wailing; *F:* moaning, bellyaching.

gekannt [gə'kant], *p.p. of* **kennen** *q.v.*

Gekeif(e) [gə'kaif(ə)], *n -(e)s/no pl* (continual) scolding, nagging.

Gekicher [gə'kiçər], *n -s/no pl* giggling, tittering.

Gekläff [gə'klɛf], *n -(e)s/no pl* yapping.

Geklapper [gə'klapər], *n -s/no pl* clatter(ing).

Geklatsch(e) [gə'klatʃ(ə)], *n -(e)s/no pl* **1.** clapping (of hands). **2.** *F:* gossiping.

Geklimper [gə'klimpər], *n -s/no pl Pej:* strumming (on a piano, guitar etc.).

Geklingel [gə'kliŋəl], *n -s/no pl* jingling.

Geklirr [gə'klir], *n -(e)s/no pl* rattling, jangling (of chains etc.); clinking (of glasses etc.).

geklommen [gə'klɔmən], *p.p. of* **klimmen** *q.v.*

geklungen [gə'kluŋən], *p.p. of* **klingen** *q.v.*

geknickt [gə'knikt], *p.p. as adj. F:* crestfallen, downhearted.

gekniffen [gə'knifən], *p.p. of* **kneifen** *q.v.*

gekonnt [gə'kɔnt], **1.** *p.p. of* **können** *q.v.* **2.** *adj.* skilful, accomplished; *adv.* g. **geschrieben,** competently written.

Gekrächze [gə'krɛçtsə], *n -s/no pl* croaking.

gekränkt [gə'krɛŋkt], *p.p. as adj.* offended, hurt. G ~ **heit,** *f -/no pl* pique.

Gekreisch(e) [gə'kraiʃ(ə)], *n -(e)s/no pl* shrieking, screeching.

Gekritzel [gə'kritsəl], *n -s/no pl* scribble, scrawl.

gekrochen [gə'krɔxən], *p.p. of* **kriechen** *q.v.*

gekünstelt [gə'kynstəlt], *adj.* affected (person, behaviour); artificial (smile, laugh).

Gelächter [gə'lɛçtər], *n -s/no pl* laughter; **in G. ausbrechen,** to burst out laughing; **schallendes G.,** roars of laughter.

gelackmeiert [gə'lakmaiərt], *adj. P:* conned; **der** G ~ e **sein,** to have been taken for a ride.

geladen [gə'la:dən] *p.p. as adj. F:* (*a*) (*Atmosphäre*) charged with tension; (*b*) (*Pers.*) furious (**auf j-n,** with s.o.); **sehr g.,** in a filthy mood.

Gelage [gə'la:gə], *n -s/-* banquet; *F:* blow-out.

Gelände [gə'lɛndə]. **I.** *n -s/-* **1.** (*a*) (*Landschaft*) terrain, country; **felsiges G.,** rocky terrain; **sumpfiges/ansteigendes G.,** marshy/rising ground; (*b*) *Mil:* G. **gewinnen/verlieren,** to gain/ lose ground. **2.** (*Grundstück*) plot, lot; (exhibition, factory) site. **II.** G ~ -, *comb.fm.* cross-country (drive, run, ride etc.); *Aut:* G ~ **fahrzeug** *n*/G ~ **wagen** *m,* cross-country vehicle; G ~ **gang** *m,* low gear (for cross-country work). g ~ **gängig,** *adj. Aut:* suitable for cross-country work; g ~ es **Motorrad,** trail bike. G ~ **spiel,** *n -(e)s/-e* orienteering. G ~ **übung,** *f -/-en Mil:* field exercise.

Geländer [gə'lɛndər], *n -s/-* railing; (*Treppeng.*) banisters.

gelang [gə'laŋ], *p. of* **gelingen** *q.v.*

gelangen [gə'laŋən], *v.i.* (*sein*) **an etwas** *acc*/**zu etwas** *dat* g., to reach/*Fig:* attain sth.; **es ist mir zu Ohren gelangt, daß ...,** it has come to my ears that ...; **in j-s Besitz/Hände g.,** to come into s.o.'s possession; *Fig:* **zur Erkenntnis g., daß ...,** to come to the realization that ...; *Th: Mus:* **zur Aufführung g.,** to be performed.

gelassen [gə'lasən], *p.p. as adj.* composed; (*ruhig*) calm (and collected); *adv.* **etwas g. hinnehmen,** to accept sth. calmly/with equanimity. G ~ **heit,** *f -/no pl* composure; (*Gleichmut*) equanimity.

Gelatine [ʒela'ti:nə], *f -/no pl* gelatine; *N.Am:* gelatin.

geläufig [gə'lɔyfiç], *adj.* **1.** (*häufig*) common (word, name etc.); **nicht mehr g.,** no longer current/in use; **das Wort ist mir nicht g.,** I am not familiar with this word. **2.** (*fließend*) fluent (French, English etc.); **er ist im Deutschen g.,** he can get along all right in German. G ~ **keit,** *f -/no pl* **1.** commonness. **2.** fluency; facility.

gelaunt [gə'launt], *adj.* **gut/schlecht g.,** in a good mood/bad temper; **wie ist er g.?** what sort of mood is he in?

Geläut [gə'lɔyt], *n* -(e)s/-e **1.** *no pl* ringing, pealing. **2.** (set of) bells; peal.

gelb [gɛlp]. **I.** *adj.* yellow; **das G~e vom Ei,** the yolk of the egg; *South G:* **g~e Rüben,** carrots, *Aut:* **das g~e Licht,** the amber/*N.Am:* yellow light; *Fig:* **g. vor Neid,** green with envy. **II.**´**G.,** *n* -s/- (*a*) (the colour) yellow; (*b*) *Aut:* **bei G.,** on the amber/*N.Am:* yellow (light). ´**g ~ grün,** *adj.* yellowish-green. ´**g ~ lich,** *adj.* yellowish; sallow (complexion). ´**G ~ sucht,** *f* -/*no pl Med:* jaundice. ´**g ~ süchtig,** *adj. Med:* jaundiced.

Geld [gɛlt]. **I.** *n* -(e)s/-er **1.** *no pl* money; (*Bargeld*) cash; **er hat G. und Gut verloren,** he has lost everything he possessed; **wenn ich wieder zu G. komme,** when I am in funds again; **etwas zu G. machen,** to convert sth. into cash; **es läuft/geht ins G.,** it adds up/gets expensive; *Fig:* **nicht für G. und gute Worte,** not (to be had) for love or money. **2.** *pl* **G~er,** *Com: Fin:* funds; *Jur:* moneys; **öffentliche G~er,** public funds/ money. **II.** ´**G~-,** *comb.fm.* (*a*) (*finanziell*) financial (reasons, institutions, worries, loss etc.); **G~sachen/G~angelegenheiten,** *fpl* financial affairs, money matters; **G~not** *f*/ **G~schwierigkeiten** *fpl,* financial difficulties; **G~geber** *m,* financial backer; **G~geschäft** *n,* financial transaction; **in G~verlegenheit/in einer G~klemme,** in financial straits; (*b*) *Fin: Econ:* monetary (policy, system etc.); money (market etc.); **G~umlauf** *m,* money supply; **G~wert** *m,* monetary value; (*c*) (*von/an Geld*) (waste etc.) of money; **G~betrag** *m*/**G~~ summe** *f,* sum of money; **G~heirat** *f,* marriage for money; **G~knappheit** *f,* shortage of money; **G~mangel** *m,* lack of money; **G~wechsel** *m,* exchange (of money); **G~wechsler** *m,* money-changer; (*d*) (*für Geld*) money (bag etc.); **G~briefträger** *m,* money postman (*making actual payments to addressee*). ´**G ~ abwertung,** *f* -/*no pl* devaluation. ´**G~anlage,** *f* -/-n investment. ´**G ~ auslagen,** *fpl* (capital) outlay. ´**G ~ beutel,** *m* -s/- *esp. South G:* purse; *F:* **einen dicken G. haben,** to have a well-lined wallet. ´**G ~ börse,** *f* -/-n purse. ´**G ~ buße,** *f* -/-n *Jur:* fine. ´**G ~ einwurf,** *m* -(e)s/=e (coin) slot. ´**G ~ entwertung,** *f* -/-en currency depreciation. ´**G ~ gier,** *f* -/*no pl* greed for money; (*Geiz*) avarice. ´**g ~ gierig,** *adj.* grasping; avaricious. ´**G ~ leistung,** *f* -/-en payment. ´**g ~ lich,** *adj.* financial. ´**G ~ mann,** *m* -(e)s/-leute financier. ´**G ~ mittel,** *npl* funds, (*Reserven*) (financial) resources. ´**G ~ preis,** *m* -es/-e cash prize. ´**G ~ raffer,** *m* -s/- *F:* extortionist; moneygrubber. ´**G ~ schein,** *m* -(e)s/-e (bank) note, *N.Am:* bill. ´**G ~ schrank,** *m* -(e)s/=e safe. ´**G ~ sendung,** *f* -/-en (*a*) (*Zahlung*) cash remittance; (*b*) *Post:* packet containing money. ´**G ~ sorte,** *f* -/-n (type of) currency. ´**G ~ spende,** *f* -/-n donation. ´**G ~ strafe,** *f* -/-n fine; **j-n mit einer G. belegen,** to fine s.o. ´**G ~ stück,** *n* -(e)s/-e coin. ´**G ~ tasche,** *f* -/-n purse; (*für Geldscheine*) wallet.

geleckt [gə'lɛkt], *p.p. as adj. F:* **wie g.,** spick and span.

Gelee [ʒe'le:], *n & m* -s/-s *Cu:* jelly.

Gelege [gə'le:gə], *n* -s/- clutch (of eggs). **g ~ n. 1.** *p.p. of* **liegen** *q.v.* **2.** *adj.* (*a*) **schön/ungünstig**

g., pleasantly/awkwardly situated; **ruhig g.,** quiet; (*abseits*) secluded; (*b*) (*Zeit usw.*) convenient, suitable; **das kommt mir sehr g.,** that suits me very well/comes just at the right moment; (*c*) **mir ist viel/nichts daran g.,** it matters a great deal/little to me. **G ~ nheit,** *f* -/-en **1.** opportunity, chance (**etwas zu tun,** to do sth.); **bei der nächsten G.,** at the first opportunity; **bei G.,** some time, when there is a chance. **2.** (*Anlaß*) occasion; **zu besonderen G ~ en,** on special occasions. **3.** *Com:* (*günstiges Angebot*) bargain. **G ~ nheitsarbeit,** *f* -/*no pl* casual work. **G ~ nheitsarbeiter,** *m* -s/- casual worker. **G ~ nheitsdichtung,** *f* -/-en occasional poetry. **G ~ nheitskauf,** *m* -(e)s/=e (good) bargain. **G ~ ntlich. I.** *adj.* occasional (visit, shower etc.); casual (work, conversation etc.). **II.** *adv.* (*manchmal*) occasionally, from time to time. **III.** *prep.* + *gen Adm:* **g. seines Besuches,** on the occasion of his visit.

gelehr|ig [gə'le:riç], *adj.* quick (to learn). **g ~ t,** *adj.* (*a*) learned, erudite (person), scholarly (work etc.); *F:* **g ~ es Haus,** egghead; (*b*) *Pej:* recondite (language). **G ~ te(r),** *m & f decl. as adj.* scholar. **G ~ theit,** *f* -/*no pl* learning; scholarship.

Geleier [gə'laiər], *n* -s/*no pl* monotonous droning; expressionless reciting.

Geleise [gə'laizə], *n* -s/- *Aus: & Lit:* = **Gleis.**

Geleit [gə'lait], *n* -(e)s/-e *esp. Mil:* escort; *Hist:* retinue (of a king etc.); **j-m/einem Schiff das G. geben,** to escort s.o./a ship; **freies/sicheres G.,** safe conduct. **g ~ en,** *v.tr. Lit:* to escort (s.o.). **G ~ schiff,** *n* -(e)s/-e escort vessel. **G ~ schutz,** *m* -es/*no pl Mil: etc:* escort; *Navy:* convoy (protection). **G ~ wort,** *n* -(e)s/-e prefatory note; foreword. **G ~ zug,** *m* -(e)s/=e *Navy:* convoy.

Gelenk [gə'lɛŋk], *n* -(e)s/-e joint; (*Scharnier*) hinge. **G ~ autobus,** *m* -ses/-se articulated bus. **G ~ entzündung,** *f* -/*no pl Med:* arthritis. **G ~ fahrzeug,** *n* -(e)s/-e articulated vehicle. **g ~ ig,** *adj.* supple (limbs etc.); agile, lithe(person; *Tchn:* flexible, articulated (connection etc.). **G ~ igkeit,** *f* -/*no pl* suppleness; agility. **G ~ kupplung,** *f* -/-en *Mec.E:* flexible coupling. **G ~ rheumatismus,** *m* -/*no pl* rheumatoid arthritis. **G ~ welle,** *f* -/-n *Mec.E:* cardan shaft.

gelernt [gə'lɛrnt], *p.p. as adj.* trained; skilled.

Geliebte(r) [gə'li:ptə(r)], *m & f decl. as adj.* lover (of a married man/woman).

geliefert [gə'li:fərt], *p.p. as adj. F:* done for, ruined; **jetzt bist du g.!** you've had it now!

geliehen [gə'li:ən], *p.p. of* **leihen** *q.v.*

gelieren [ʒe'li:rən], *v.i.* (*haben*) *Cu:* to gel, set.

gelinde [gə'lində], *adj.* (*a*) mild; *adv.* **g. gesagt,** to put it mildly, to say the least; (*b*) *F:* **g. Wut,** quite a rage.

gelingen [gə'liŋən]. **I.** *v.i.irr.* (*sein*) (*p.* **gelang,** *p.p.* **gelungen**) to succeed, be successful; **es gelang mir/ihm, etwas zu tun,** I/he succeeded in doing sth.; **die Zeichnung ist dir gut gelungen,** your drawing turned out well. **II.** **G.,** *n* -s/*no pl* success.

gelitten [gə'litən], *p.p. of* **leiden** *q.v.*

gell [gɛl], *int. South G: & Aus: F:* = **gelt.**

gellen [´gɛlən], *v.i.* (*haben*) to sound shrill;

(*Schrei usw.*) to ring (out); (*Haus usw.*) to ring, resound. **g ~ d,** *adj.* shrill, piercing (scream etc.).

geloben [gə'lo:bən], *v.tr. Lit:* to vow (sth.); **sich** *dat* (**feierlich**) **g., etwas zu tun,** to make a (solemn) vow to do sth.

Gelöbnis [gə'lø:pnis], *n* -ses/-se vow.

gelogen [gə'lo:gən], *p.p. of* **lügen** *q.v.*

gelöst [gə'lø:st], *p.p. as adj.* relaxed. **G ~ heit,** *f* -/*no pl* (feeling of) relaxation.

gelt [gɛlt], *int. South G: & Aus: F:* **schön, g.?** nice, isn't it? **sei brav, g.?** be good, won't you? **das war gut, g.?** that was good, wasn't it?

gelt|en ['gɛltən], *v.i.irr.* (*haben*) (*pres.* **gilt,** *p.* **galt,** *p.p.* **gegolten**) (*a*) (*Gültigkeit haben*) (*Fahrkarte, Paß usw.*) to be valid/(*Gesetz*) in force/ (*Münze*) legal tender; (*Regel usw.*) to apply (**für** + *acc*, to); **das gilt für die ganze Klasse,** that applies to the whole class; **das gleiche gilt für ihn/von ihm,** the same goes for him; **etwas g. lassen,** to accept sth. (as valid), acknowledge (the truth of) sth.; *F:* **das lasse ich g.,** I approve of that; *Sp: Games: etc:* **das gilt nicht!** that doesn't count! (*b*) **viel/wenig g.,** to be worth a lot/a little; **seine Meinung gilt (mir) viel,** his opinion carries a lot of weight (with me); (*c*) **als etwas** *nom*/**für etwas** *acc* **g.,** to be considered/reputed to be sth.; **sie gilt als (eine) Schönheit,** she is considered/supposed to be a beauty; (*d*) **j-m, etwas** *dat* **g.,** (*Beifall, Kompliment usw.*) to be meant/intended for s.o., sth.; (*Kritik, Schuß usw.*) to be aimed at s.o., sth.; **diese Bemerkung galt dir,** this remark was meant for/aimed at you; (*e*) *impers.* **jetzt gilt es, ruhig zu bleiben,** the essential thing now is to remain calm. **g ~ end,** *adj.* prevailing (opinion, custom etc.); current (prices etc.); (law) in force; **Rechte, Forderungen usw. g. machen,** to assert rights, demands etc.; **seinen Einfluß g. machen,** to bring one's influence to bear. **G ~ endmachung,** *f* -/*no pl* assertion, enforcement. **G ~ ung,** *f* -/*no pl* (*a*) (*Gültigkeit*) validity; **G. haben,** to be valid; **in G.,** in force; (*b*) *Fig:* **etwas zur G. bringen,** to show sth. in its best light; **zur G. kommen,** to have its proper effect; **das Kleid bringt ihre Figur zur G./läßt ihre Figur zur G. kommen,** the dress shows/sets off her figure to best advantage; (*c*) prominence, importance; **j-m, etwas** *dat* **G. verschaffen,** to bring s.o., sth. to prominence; **sich** *dat* **G. verschaffen,** to gain recognition. **G ~ ungsbedürfnis,** *n* -ses/*no pl* need for recognition (and admiration). **G ~ ungsdauer,** *f* -/*no pl* period of validity.

Gelübde [gə'lypdə], *n* -s/- vow.

Gelump [gə'lump], *n* -(e)s/*no pl F:* junk, clobber; (*Pers.*) rabble, riff-raff.

gelungen [gə'luŋən]. **1.** *p.p. of* **gelingen** *q.v.* **2.** *adj.* (*a*) successful; **die Aufführung war nicht sehr g.,** the performance was not a great success; (*b*) *F:* (*drollig*) funny, quaint; **du siehst g. aus!** you look too funny for words!

Gelüst [gə'lyst], *n* -(e)s/-e *Lit:* craving (**nach** + *dat*/**auf** + *acc*, for).

gemächlich [gə'mɛ(:)çliç], *adj.* leisurely, gentle (pace, walk etc.); *adv.* at a gentle pace; **ein g ~ es Leben,** an easy life, a life of ease. **G ~ keit,** *f* -/*no pl* leisureliness; comfort.

Gemahl [gə'ma:l], *m* -s/-e (*formal*) spouse; (*Prinzg.*) consort; **Ihr Herr G.,** your husband. **G ~ in,** *f* -/-nen (*formal*) spouse; (*Königin usw.*) consort; **wie geht es Ihrer Frau G.?** how is your (lady) wife?

Gemälde [gə'mɛ:ldə], *n* -s/- painting; *esp. Fig:* picture. **G ~ galerie,** *f* -/-n picture gallery.

gemäß [gə'mɛ:s]. **I.** *prep.* + *dat* in accordance with (regulations, customs etc.); (*je nach*) according to (size etc.); **seinem Wunsch g./g. seinem Wunsch,** in accordance with his wish. **II.** *adj.* **j-m, etwas** *dat* **g. sein,** to be right for s.o., sth.; **dem baulichen Charakter des Viertels nicht g.,** not in keeping with the architectural character of the district; **seinen Fähigkeiten g.,** suited to his capabilities.

gemäßigt [gə'mɛ:sikt], *p.p. as adj.* moderate (views etc.); restrained (style); qualified (optimism etc.); *Geog:* temperate (zone etc.).

Gemecker [gə'mɛkər], *n* -s/*no pl* (*a*) bleating (of sheep/goats); (*b*) *F:* moaning, grumbling.

gemein [gə'main]. **I.** *adj.* **1.** (*a*) (*grob*) vulgar, common (person, speech etc.); (*b*) (*niederträchtig*) mean, base (person, action, behaviour); dirty (lie, trick); **ein g ~ er Kerl,** a nasty type; **das ist wirklich g.!** that's really mean/*F:* a rotten trick! (*c*) *F: adv.* **g. kalt,** terribly/horribly cold; **das tut g. weh,** that hurts like mad. **2.** (*a*) (*häufig*) *Bot: Z: etc:* common (housefly, sparrow etc.); *Mil:* **g ~ er Soldat/ G ~ e(r),** private (soldier); (*b*) (*allgemein*) common, general; **das g ~ e Wohl,** the common good; *Jur:* **das g ~ e Recht,** common law; (*c*) (*gemeinsam*) **etwas mit j-m, einer Sache g. haben,** to have sth. in common with s.o., sth. **II. G ~ -,** *comb.fm.* common, public (will etc.); **G ~ besitz** *m*/*G ~ eigentum n*/*esp. Fig:* **G ~ gut** *n,* public property; **G ~ nutz** *m,* common good; **G ~ sinn** *m,* public spirit; **G ~ wohl** *n,* public welfare. **g ~ gefährlich,** *adj.* dangerous (to the public); **er ist g.,** he is a public menace. **g ~ gültig,** *adj.* generally applicable. **G ~ heit,** *f* -/-en **1.** *no pl* (*a*) (*Roheit*) vulgarity; commonness; (*b*) (*Niedertracht*) meanness, baseness. **2.** mean thing (to do/say); *F:* **so eine G.!** what a rotten trick! **g ~ hin,** *adv.* generally. **G ~ kosten,** *pl* overhead costs, overheads. **g ~ nützig,** *adj.* for the benefit of the community; non-profitmaking (organization etc.). **G ~ platz,** *m* -es/-̈e platitude. **g ~ sam,** *adj.* (*a*) common (property, interests); shared (garden, interests etc.); corporate (responsibility etc.); joint (account, ownership, efforts etc.); mutual (friend etc.); **in g ~ em Besitz,** jointly owned; **g ~ e Kasse machen,** to share the expenses; **etwas (mit j-m, etwas** *dat*) **g. haben,** to have sth. in common (with s.o., sth.); **es ist ihnen g.,** it is common to them all; (**mit j-m**) **g ~ e Sache machen,** to make common cause (with s.o.); *Mth:* **kleinster g ~ er Nenner,** lowest common denominator; (*b*) *adv.* (*zusammen*) together; **es gehört ihnen g.,** they own it jointly; **g. handeln,** to take joint/concerted action. **G ~ samkeit,** *f* -/-en **1.** common feature. **2.** *no pl* mutuality (of interests); harmony. **G ~ schaft,** *f* -/-en **1.** *no pl* community (of interests etc.); (*Zusammensein*) close association. **2.** (*Gruppe*) community; (business, politi-

cal etc.) association; (family etc.) group; *Econ:*
die Europäische G., the European Economic
Community. **g~schaftlich,** *adj.* communal,
common (aim, interest etc.); joint (ownership,
account, effort etc.). **G~schafts-,** *comb.fm.*
(*a*) communal, shared (kitchen, aerial etc.); co-
(production, education etc.); joint (task etc.);
G~anschluß *m,* shared party line; **G~arbeit** *f,*
joint effort, teamwork; (*b*) community (spirit,
life etc.); social (education etc.); **G~gefühl** *n,*
sense of community; **G~kunde** *f,* social
studies. **G~schaftsraum,** *m* -(e)s/-̈e recrea-
tion room; *Sch: etc:* common room. **G~-
schaftssendung,** *f* -/-en *TV: Rad:* simul-
taneous broadcast. **G~sprache,** *f* -/no *pl*
Ling: (accepted) standard language. **g~ver-
ständlich,** *adj.* (in terms) intelligible to the
layman. **G~wesen,** *n* -s/- community (struc-
ture).
Gemeinde [gə'maində]. **I.** *f* -/-n **1.** (*a*) (local)
community; (*b*) *Adm:* (*Behörde*) local
authority; (local) council; (*Gebiet*) (*Landg.*)
rural district; (*Stadtg.*) municipality; *F:* **auf die
G. gehen,** to go to the town hall. **2.** *Ecc:* (*a*)
parish; (*b*) *coll.* parishioners; (*in der Kirche*)
congregation. **II. G~-,** *comb.fm.* (*a*) *Adm:* local
(election etc.); council (property etc.); **G~ab-
gaben** *fpl,* local rates/*N.Am:* taxes; **G~verwal-
tung** *f,* local government/(*Behörde*) authority;
G~amt *n,* council offices; **G~beamte(r)** *m,*
local government/council officer; **G~rat** *m,* (i)
local council; (ii) (*Pers.*) councillor; **G~vor-
stand** *m,* (i) council steering committee; (ii)
(*Pers.*) council chairman; (*b*) *Ecc:* parish
(centre etc.); **G~haus** *n,* parish administrative
and social building; **G~saal** *m,* parish/church
hall; **G~mitglied** *n,* parishioner.
Gemenge [gə'mɛŋə], *n* -s/ mixture (**aus** | *dat,*
of); (*Durcheinander*) jumble.
gemessen [gə'mɛsən], *p.p. as adj.* (*a*) measured,
deliberate (steps, tone); **in/mit g~en Worten,**
in carefully weighed words; (*b*) (*geeignet*) suit-
able, appropriate (style etc.); **in g~em Abstand,**
at a respectful distance. **G~heit,** *f* -/no *pl*
deliberateness.
Gemetzel [gə'mɛtsəl], *n* -s/- carnage; **ein G.,** a
bloodbath.
gemieden [gə'mi:dən], *p.p. of* **meiden** *q.v.*
Gemisch [gə'miʃ], *n* -(e)s/-e mixture (**aus** + *dat,*
of); *Aut:* (*für Zweitaktmotoren*) petroil/*N.Am:*
gas and oil mixture. **g~e,** *i, p.p. as adj.* mixed;
g~e Gesellschaft, (i) mixed company; (ii) *F:* a
dubious lot; **g~e Schule,** co-educational
school. **G~tbauweise,** *f* -/no *pl Aut: Av: etc:*
composite construction. **g~tsprachig,** *adj.*
multilingual (area). **G~twarenhandlung,** *f*
-/-en general store.
gemocht [gə'mɔxt], *p.p. of* **mögen** *q.v.*
gemolken [gə'mɔlkən], *p.p. of* **melken** *q.v.*
Gemse ['gɛmzə], *f* -/-n *Z:* chamois.
Gemunkel [gə'muŋkəl], *n* -s/no *pl* rumours;
(*Klatsch*) gossip.
Gemurmel [gə'murməl], *n* -s/no *pl* (continual)
murmuring, muttering.
Gemüse [gə'my:zə]. **I.** *n* -s/- (*a*) vegetable;
usu.coll. vegetables; (**grünes**) **G.,** greens; (*b*)
F: junges G., young whippersnappers. **II. G~-,**
comb.fm. vegetable (garden etc.); **G~beet** *n,*

vegetable patch; **G~art/G~sorte** *f,* variety of
vegetable. **G~händler,** *m* -s/- greengrocer.
G~handlung, *f* -/-en/**G~laden,** *m* -s/-̈
greengrocer's shop. **G~zwiebel,** *f* -/-n
Spanish onion.
Gemüt [gə'my:t], *n* -(e)s/-er **1.** (*Natur*) disposi-
tion; (*Gefühle*) feeling(s), emotion(s); **sonniges
G.,** sunny disposition; **kindliches G.,** childlike
nature; **ein weiches G.,** a soft heart; **sie hat viel
G.,** she is a woman of feeling; **ein Film fürs G.,**
a sentimental film; **der Vorfall erregte die
G~er,** feelings ran high over the incident; **die
erhitzte G~er,** frayed tempers; **die G~er be-
ruhigen,** to calm people's feelings; **das schlägt
mir aufs G.,** it's getting me down; **sich** *dat* **etwas
zu G~e führen,** to take sth. to heart; *F:* **ich
werde mir ein Bier zu G~e führen,** I'm going
to indulge in a beer. **2.** (*Mensch*) **ein einfaches/
heiteres G.,** a simple/cheerful soul; **ängstliche
G~er,** people who are timid by disposition.
g~lich, *adj.* (*a*) snug, cosy (room, flat);
(*zwanglos*) informal, relaxed (atmosphere etc.);
easy-going, (*freundlich*) friendly, genial
(person); **endlich wurde es g.,** at last people
began to relax and enjoy themselves; **es sich**
dat **g. machen,** (i) to make oneself comfortable;
(ii) to take things easy; (*b*) (*gemächlich*) leis-
urely (meal, chat, pace etc.); *adv.* **g. dahinfah-
ren,** to drive along at a leisurely/comfortable
pace. **G~lichkeit,** *f* -/no *pl* (*a*) snugness,
cosiness; (*Stimmung*) pleasant/relaxed atmo-
sphere; *F:* **da hört (sich) doch die G. auf!** that's
going too far! I draw the line at that! (*b*) leisure-
liness; **in aller G.,** at one's leisure. **G~sart,**
f -/-en disposition, nature. **G~sbewegung,**
f -/-en emotion. **g~skrank,** *adj.* emotionally
disturbed, depressed. **G~skrankheit,** *f* -/-en
emotional disorder. **G~smensch,** *m* -en/-en
F: unflappable person. **G~sruhe,** *f* -/no
pl placidity; equanimity; **in aller G.,** as calmly
as you please; (*gemächlich*) at one's leisure.
G~sverfassung, *f* -/-en/**G~szustand,** *m*
-(e)s/-̈e frame/state of mind. **g~voll,** *adj.*
warm-hearted, sympathetic.
Gen [ge:n], *n* -s/-e gene.
genannt [gə'nant], *p.p. of* **nennen** *q.v.*
genas [gə'na:s], *p. of* **genesen** *q.v.*
genau [gə'nau], *adj.* exact, precise; (*a*) accurate
(clock, scales, measurement etc.); faithful
(copy, translation etc.); **g~e Untersuchung,**
thorough/meticulous examination; *adv.* **das
Kleid paßt g.,** the dress fits perfectly; **etwas g.
schildern,** to describe sth. accurately; **die Uhr
geht g.,** the clock keeps perfect time; **er kam g.
um 4 Uhr,** he came at exactly 4 o'clock; **ich
kenne ihn g.,** I know exactly what he's like; **das
weiß ich ganz g.,** I know that for certain; (*zu-
stimmend*) **g.!** exactly! (*b*) detailed (description,
information etc.); **ich weiß nichts G~es,** I don't
know any (of the) details; **G~eres siehe unten,**
for further details see below; *adv.* **etwas g. aus-
arbeiten,** to work sth. out in detail; (*c*) (*Pers.*)
meticulous, thorough (**in** + *dat,* in); (*pünktlich*)
punctual; (*sorgfältig*) careful; **er ist in Geldsa-
chen sehr g.,** he is very particular about money;
adv. **es mit etwas** *dat* **nicht so g. nehmen,** not to
be too particular/fussy about sth.; **man darf
nicht alles so g. nehmen,** you mustn't take

everything so seriously/so much to heart; **j-n g. beobachten,** to watch s.o. closely; **g. arbeiten,** to be painstaking/meticulous in one's work; (d) adv. (gerade) just; **g. der Mann,** just the man; the very man; **g. das wollte ich sagen,** that's just/exactly what I was going to say; **er ist g. der Vater,** he is just like his father. **g ~ genommen,** adv. strictly speaking, to be exact. **G ~ igkeit,** f -/no pl (a) exactness, exactitude; accuracy; precision (of scales, work etc.); faithfulness; (b) meticulousness, punctiliousness; (Sorgfältigkeit) carefulness, thoroughness. **G ~ igkeitsgrad,** m -(e)s/-e degree of accuracy. **g ~ so. I.** adv. (a) (+ adj./adv.) just as; **g. gut,** just as good/well; (b) just/exactly the same; **mir ging es g.,** I had just the same experience; **ich hätte es g. gemacht,** I would have done exactly the same. **II. g ~ -,** comb.fm. just as (often, far etc.).

Gendarm [ʒanˈdarm], m -en/-en Aus: gendarme. **G ~ eˈrie,** f -/-n Aus: (a) gendarmerie; (b) (Wache) police station (of a gendarmerie).

Genealogie [geneaˈloːgə], m -n/-n genealogist. **G ~ ie** [-ˈloːgiː], f -/-n genealogy. **g ~ isch** [-ˈloːgiʃ], adj. genealogical.

genehmigen [gəˈneːmɪgən], v.tr. (a) to grant (an ɔpplication, request etc.); (billigen) to approve (a plan, budget etc.); **j-m etwas g.,** to allow s.o. sth., give s.o. permission for sth.; (Aktennotiz) **genehmigt,** approved; (im Paß) **zur Ausreise genehmigt,** authorized to leave the country; (b) F: (sich dat) **einen g.,** to have a quick one. **G ~ ung,** f -/-en (a) no pl approval; authorization; (Erlaubnis) permission (**zur Ausreise,** to leave the country); (b) (Schriftstück) permit, licence.

geneigt [gəˈnaigt], p.p. as adj. (a) (abfallend) sloping (ground etc.); Geom: Tchn: inclined (surface); (b) (Pers.) **g. sein, etwas zu tun/zu etwas dat g. sein,** to be inclined to do sth.; Lit: **j-m g. sein,** to be well disposed towards s.o. **G ~ heit,** f -/no pl 1. inclination. 2. (Wohlwollen) goodwill (**j-m gegenüber,** towards s.o.).

General [genəˈraːl]. I. m -s/-e & ̶e Mil: general. II. **G ~ -,** comb.fm. general (amnesty, strike etc.); (großangelegt) full-scale (attack, inspection etc.); Mil: **G ~ stab** m, general staff; Pol: **G ~ versammlung** f, General Assembly. **G ~ baß,** m -sses/-sse Mus: figured bass, continuo. **G ~ direktor,** m -s/-en (chairman and) managing director. **G ~ intendant,** m -en/-en Rad: TV: Th: (artistic) director. **g ~ isieren** [-aliˈziːrən], v.tr. & i. (haben) to generalize (sth.). **G ~ iˈsierung,** f -/-en generalization. **G ~ leutnant,** m -s/-s Mil: lieutenant general; Av: air marshal. **G ~ major,** m -s/-e Mil: major-general; Av: air vice-marshal. **G ~ probe,** f -/-n Th: dress rehearsal; Mus: final rehearsal. **G ~ sekretär,** m -s/-e secretary-general. **G ~ stabskarte,** f -/-n Mil: Map: ordnance survey map. **g ~ überholen,** v.tr.insep. to give (sth.) a thorough overhaul; **generalüberholter Motor,** reconditioned engine.

Generation [genəratsiˈoːn], f -/-en generation. **G ~ sunterschied,** m -(e)s/-e generation gap.

Generator [genəˈraːtɔr], m -s/-en [-ˈtoːrən], El: etc: generator. **G ~ gas,** n -es/-e producer gas.

generell [genəˈrɛl], adj. general; adv. **etwas g. regeln,** to give a general ruling.

genesen [gəˈneːzən], v.i.irr. (sein) (pres. **genest,** p. **genas,** p.p. **genesen**) Lit: to convalesce; **jetzt ist er ganz g.,** he is fully recovered now. **G ~ ende(r),** m & f decl. as adj. convalescent. **G ~ ung,** f -/no pl convalescence; recovery.

Genetik [geˈneːtik], f -/no pl genetics.

Genf [gɛnf]. Pr.n.n -s. Geog: Geneva. ʹG ~ er, adj. (of) Geneva; **G. See,** Lake Geneva.

genial [geniˈaːl], adj. (man, artist etc.) of genius; brilliant (idea, mind etc.); adv. **g. konstruiert,** brilliantly designed. **G ~ ität** [-ialiˈtɛːt], f -/no pl genius; brilliance.

Genick [gəˈnik], n -(e)s/-e (nape of the) neck; **j-n am G. packen,** to seize s.o. by the scruff of the neck; **du wirst dir das G. brechen!** you'll break your neck!

Genie [ʒeˈniː], n -s/-s genius.

genieren [ʒeˈniːrən], v.tr. to bother (s.o.); **sich g.,** to be/feel embarrassed (**wegen etwas gen,** about sth; **etwas zu tun,** about doing sth.); **sich vor j-m g.,** to be shy of s.o.; **er genierte sich nicht, das Geld zu nehmen,** he had no qualms about taking the money.

genießbar [gəˈniːsbaːr], adj. edible; (trinkbar) drinkable; **nicht mehr g.,** gone off, spoiled; F: **er ist heute nicht g.,** he is in a filthy mood today. **G ~ barkeit,** f -/no pl fitness for consumption. **g ~ en,** v.tr.irr. (p. **genoß,** p.p. **genossen**) (a) to enjoy (life, a holiday, rights, s.o.'s respect etc.); **sie genießt es, gelobt zu werden,** she likes being praised; (b) to eat, (trinken) drink (sth.); **das Fleisch ist nicht mehr zu g.,** the meat is no longer edible; F: **sie ist heute nicht zu g.,** she is in a filthy mood today. **G ~ er,** m -s/- pleasure lover; (im Essen und Trinken) gourmet; **er ist ein stiller G.,** he enjoys life in his own quiet way. **g ~ erisch,** adj. appreciative (expression etc.); adv. with great relish; **sich g. strecken,** to stretch luxuriously.

Genitalien [geniˈtaːliən], pl genitals.

Genitiv [ˈgeːnitiːf], m -s/-e Gram: genitive (case).

genommen [gəˈnɔmən], p.p. of **nehmen** q.v.

genoß [gəˈnɔs], **genossen,** p. & p.p. of **genießen.**

Genosse [gəˈnɔsə], m -n/-n Pol: & East G: etc: comrade. **G ~ enschaft,** f -/-en co-operative. **g ~ enschaftlich,** adj. co-operative. **G ~ enschaftsbauer,** m -s/- East G: member of a (farming) co-operative. **G ~ in,** f -/-nen Pol: & East G: (female) comrade.

Genre [ˈʒɑ̃ːrə], n -s/-s Art: Lit: genre.

genug [gəˈnuːk], adj. enough; **g. Geld/Geld g.,** enough/sufficient money; **nicht g. damit, daß sie ihm schrieb, sie rief ihn auch an,** not content with writing to him, she also phoned him; **er kann nie g. bekommen,** he's never satisfied; **ich habe g. von seiner Nörgelei,** I've had enough of his moaning; **er ist sich dat selbst g.,** he can do without the company of others; adv. **groß/lang g.,** big/long enough. **G ~ tuung** [-tuːuŋ], f -/no pl satisfaction.

Genüge [gəˈnyːgə], f **zur G.,** sufficiently; Pej: only too well; **j-s Anforderungen G. tun/leisten,** to satisfy/meet s.o.'s requirements. **g ~ en,** v.i. (haben) (a) to be enough/sufficient (**j-m,** for s.o.); (b) **Wünschen, Anforderungen usw. g.,** to meet, comply with wishes, requirements etc.;

seiner Pflicht g., to fulfil one's duty. **g ~ end**, *adj.* enough, sufficient; *Sch: (als Zeugnisnote)* fair; *adv.* sufficiently; **nicht g. vorbereitet**, inadequately prepared. **g ~ sam**, *adj.* frugal, *(sparsam)* economical (person, *Hum:* car). **G ~ samkeit**, *f -/no pl* modesty (in one's requirements); frugality.

Genuß [gə'nus], *m -sses/-̈sse* **1.** consumption; eating; *(Trinken)* drinking; taking (of drugs). **2.** (*a*) *(Vergnügen)* pleasure; enjoyment; *(Hochg.)* delight, treat; **etwas mit G. essen/lesen**, to enjoy (reading/eating) sth.; **die Genüsse des Lebens**, the good things of life; (*b*) **in den G. einer Rente kommen**, to receive a pension. **G ~ mensch**, *m -en/-en* bon viveur. **G ~ mittel**, *n -s/-* luxury food; *(Tabak usw.)* stimulant. **g ~ reich**, *adj.* delightful, thoroughly enjoyable. **G ~ sucht**, *f -/no pl* craving for pleasure; self-indulgence. **g ~ süchtig**, *adj.* pleasure-seeking; self-indulgent.

genüßlich [gə'nyslic], *adj.* enjoyable, pleasurable; *adv.* with great relish.

Geo|- [geo-], *prefix* geo-; **G ~ chemie** *f*, geochemistry; **G ~ physik** *f*, geophysics. **G ~ graph** [-'grɑːf], *m -en/-en* geographer. **G ~ graphie** [-grɑ'fiː], *f -/no pl* geography. **g ~ graphisch** [-'grɑːfiʃ], *adj.* geographical. **G ~ loge** [-'loːgə], *m -n/-n* geologist. **G ~ logie** [-lo'giː], *f -/no pl* geology. **g ~ logisch** [-'loːgiʃ], *adj.* geological. **G ~ meter** [-'meːtər], *m -s/-* surveyor. **G ~ metrie** [-me'triː], *f -/no pl* geometry. **g ~ metrisch** [-'meːtriʃ], *adj.* geometrical.

geöffnet [gə'ʔœfnət], *p.p. as adj.* open.

geordnet [gə'ɔrdnət], *p.p. as adj.* well-ordered (life, household etc.); systematic (thought); **in g ~ en Verhältnissen leben**, to live a well-ordered life.

Georg ['geːork]. *Pr.n.m -s.* = George.

Gepäck [gə'pɛk]. I. *n -(e)s/no pl* luggage, *esp. N.Am:* baggage; *Mil:* pack. II. **G ~ -**, *comb.fm.* luggage, *esp. N.Am:* baggage (trolley, check, locker etc.); **G ~ abfertigung** *f*, luggage/baggage office; *Av:* baggage check-in; **G ~ anhänger** *m*, luggage/baggage label; **G ~ annahme** *f* **G ~ aufgabe** *f* **G ~ schalter** *m*, luggage/baggage counter; *Av:* baggage check-in; **G ~ aufbewahrung** *f*, left-luggage office; *N.Am:* baggage room; **G ~ ausgabe** *f*, baggage checkout; **G ~ netz** *n*, luggage/baggage rack; **G ~ schein** *m*, luggage receipt; *N.Am:* baggage check; **G ~ stück** *n*, piece of luggage/baggage; *Rail:* **G ~ wagen** *m*, luggage van, *N.Am:* baggage car. **G ~ träger**, *m -s/-* **1.** (*Pers.*) porter. **2.** *Cy:* carrier; *Aut:* luggage rack; *(auf dem Dach)* roof rack.

Gepard ['geːpart], *m -s/-e* Z: cheetah.

gepfeffert [gə'pfɛfərt], *p.p. as adj. F: (a)* steep (prices etc.); **g ~ e Kritik**, stinging review; *Sch:* **g ~ e Fragen**, stiff questions; (*b*) crude (joke).

gepfiffen [gə'pfifən], *p.p. of* **pfeifen** *q.v.*

gepflegt [gə'pfleːkt], *p.p. as adj. (a)* neat, well-groomed (appearance, person etc.); well cared for (lawn, skin etc.); (*b*) civilized (atmosphere etc.); **g ~ e Sprache**, cultivated/refined language; (*c*) high-class (wine, restaurant etc.). **G ~ heit**, *f -/no pl (a)* neatness; good grooming; well-kept appearance; (*b*) refinement; civilized character; (*c*) high quality.

gepflogen [gə'pfloːgən], *p.p. of* **pflegen** *q.v.* **G ~ heit**, *f -/-en* habit; *(Brauch)* custom.

Geplänkel [gə'plɛŋkəl], *n -s/-* **1.** *Mil:* skirmish. **2.** *F: (Neckerei)* teasing.

Geplapper [gə'plapər], *n -s/no pl* chatter; *(Kinderg.)* babble.

Geplätscher [gə'plɛtʃər], *n -s/no pl* splashing; babbling (of a stream etc.).

Geplauder [gə'plaudər], *n -s/no pl* chatting.

Gepolter [gə'pɔltər], *n -s/no pl* banging; *(sehr laut)* din.

Gepräge [gə'prɛːgə], *n -s/-* impression (on a coin); *Fig:* (particular) character; **es trägt sein G.**, it bears his stamp/imprint.

gepriesen [gə'priːzən], *p.p. of* **preisen** *q.v.*

gepunktet [gə'puŋktət], *p.p. as adj.* spotted (fabric); dotted (line).

gequält [gə'kvɛːlt], *p.p. as adj.* pained (expression); forced (smile etc.).

Gequassel [gə'kvasəl], *n -s/no pl F:* blather; *(Unsinn)* claptrap.

Gequatsche [gə'kvatʃə], *n -/no pl F:* chatter; *(Unsinn)* rubbish.

gequollen [gə'kvɔlən], *p.p. of* **quellen** *q.v.*

gerade [gə'rɑːdə]. I. *adj.* **1.** *Mth:* even (number). **2.** straight (line etc.); direct (route etc.); **g. Haltung**, erect/upright posture; **in g ~ er Linie von j-m abstammen**, to be a direct descendant of s.o. **3.** *(ehrlich)* straightforward, candid. **4.** *(genau)* **das g. Gegenteil**, the exact opposite. II. *adv.* **1.** straight; **g. gegenüber**, straight/directly opposite. **2.** *(zeitlich)* just; **ich bin g. dabei**, I am just (in the process of) doing it; **er telefoniert g.**, he is on the phone just at the moment; **g. erst**, only just; **er war g. hier**, he was here just a moment ago; **er konnte sie g. noch erreichen**, he was just able to reach her in time. **3.** *(verstärkend) (a) (genau)* exactly; **es kam g. recht**, it came in just/exactly the right moment; **g. dich wollte ich sehen**, you are the very person I wanted to see; **nicht g. groß/schön**, not exactly large/beautiful; (*b*) *(direkt)* **es traf ihn g. ins Auge**, it hit him right in the eye; (*c*) *(zufällig)* **er ist g. hier**, he just happens to be here; (*d*) *(ausgerechnet)* **warum sollte er g. dich wählen?** why should he choose you of all people? **g. heute**, today of all days; (*e*) *(besonders)* **g. auf diesem Gebiet**, particularly in this field; (*f*) **soviel ich g. kann**, as much as I possibly can. III. *G.*, *f -n/-n (a) Geom:* straight line; (*b*) *Rac:* **die G.**, the straight/*N.Am:* straightaway; (*c*) *Box:* **linke/rechte G.**, straight left/right. IV. **g ~ -**, *sep.vbl. prefix* (to sit, hold oneself etc.) straight; **etwas g ~ biegen**, to bend sth. straight, straighten sth. **g ~ 'aus**, *adv. (Lage)* straight ahead; *(Richtung)* straight on; **(gehen Sie) nur g.!** just keep straight on. **g ~ he'raus**, *adv. F:* frankly, openly. **g ~ so**, *adv.* (*+ adj.*) just as (long etc.); (*+ verb*) in (just) the same way **(wie**, as); **ich denke darüber g. wie du**, I feel just the same way about it as you (do); **es sieht g. aus, als . . .**, it really looks as if . . . **g ~ sogut**, *adv.* just as well. **g ~ so'viel**, *adv.* just as much. **g ~ stehen**, *v.i.sep.irr.100 (haben) (a)* to stand straight; (*b*) **für etwas** *acc* **g.**, to take the responsibility for sth. **g ~ wegs**, *adv.* directly; *(sofort)* immediately. **g ~ zu**, *adv.* very nearly, virtually; **g. unerträglich**, almost unbearable.

geradlinig [gə'rɑ:tliniç], *adj.* straight; direct (descendant); *adv.* in a straight line.

gerammelt [gə'raməlt], *p.p. as adv. F:* g. **voll**, crammed (full), chock-a-block.

Geranie [ge'rɑ:niə], *f -/-n Bot:* geranium.

gerannt [gə'rant], *p.p. of* **rennen** *q.v.*

Gerassel [gə'rasəl], *n -s/no pl* clank(ing), rattle.

Gerät [gə'rɛːt], *n -(e)s/-e* **1.** piece of equipment; *(a)* *(Werkzeug)* tool; *Agr:* implement; *Cu:* utensil; *(b)* *(Vorrichtung)* device, gadget; *esp. El:* appliance; *Rad: TV:* set; *Opt: etc:* instrument; *Gym:* piece of apparatus; *(c) pl* apparatus, *E:* gear; *Nau: etc:* tackle. **2.** *no pl coll.* equipment; *Gym:* apparatus. **G~e-schuppen**, *m -s/-* toolshed. **G~eturnen**, *n -s/no pl* gymnastics on the apparatus. **G~-schaften,** *fpl* tools; implements, utensils.

geraten[1] [gə'rɑ:tən], *v.i.irr.13* (*pres.* **gerät**, *p.* **geriet**, *p.p.* **geraten**) *(sein)* *(a)* *(irgendwohin)* **in eine Gegend** *acc/***an einen Ort** *acc* g., to end up/find oneself in a place; **in ein Gewitter g.**, to get caught in a storm; *(b)* **g. in** + *acc*, to get into (difficulties, debt, a situation, a rage etc.); to fall into (a trap, s.o.'s hands etc.); **in Streit, Bewegung usw. g.**, to start quarrelling, moving etc.; **in Vergessenheit, Gefangenschaft usw. g.**, to be forgotten, captured etc.; **in Verlegenheit g.**, to become embarrassed; **unter j-s Einfluß** *acc* g., to come under s.o.'s influence; *(c)* *(zufällig)* **an j-n g.**, to come across s.o.; *F:* **da bist du an den Falschen g.**, you've come to the wrong person; *(d)* *(gelingen)* **gut/schlecht g.**, to turn out well/badly; **ihm gerät alles, was er anfängt**, he succeeds in everything he turns his hand to; *(e)* **nach j-m g.**, to take after s.o.

Geratewohl [gərɑtə'voːl], *n* **aufs G.**, on the off chance; *(wahllos)* at random.

geraume [gə'raumə], *adj.* considerable (time).

geräumig [gə'rɔymiç], *adj.* spacious, roomy. **G~keit,** *f -/no pl* spaciousness, roominess.

Geräusch [gə'rɔyʃ], *n -(e)s/-e* noise; **dumpfes G.,** dull/muffled sound. **g~arm,** *adj.* quiet (machine etc.). **G~kulisse,** *f -/-n (a)* background noise; *(b) Th: Cin: etc:* sound effects. **g~los,** *adj.* noiseless, silent. **G~losigkeit,** *f -/no pl* noiselessness, silence. **G~pegel,** *m -s/-* noise level. **g~voll,** *adj.* noisy.

gerb|en ['gɛrbən], *v.tr.* to tan (hides); *F:* **j-m das Fell g.**, to give s.o. a thrashing. ´**G~er,** *m -s/-* tanner. **G~e´rei,** *f -/-en* **1.** tannery. **2.** *no pl (Gerben)* tanning. **G~ung,** *f -/no pl* tanning.

gerecht [gə'rɛçt], *adj.* **1.** just **(gegen** + *acc*, to); *(unparteiisch)* fair (teacher, distribution, treatment etc.); **eine allen g~e Lösung,** an equitable solution; **j-m, etwas** *dat* **g. werden,** to do s.o., sth. justice; **einer Aufgabe/(allen) Anforderungen g. werden,** to cope with a job/meet (all) requirements; *F:* **den Schlaf der G~en schlafen,** to sleep the sleep of the just. **2.** *(berechtigt)* justified; legitimate (claim etc.); righteous (anger); **eine g~e Sache,** a just/good cause. **g~fertigt,** *p.p. as adj.* justified. **G~igkeit,** *f -/no pl* **1.** justice; fairness; **wir müssen G. walten lassen,** we must be fair. **2.** legitimacy.

Gerede [gə'reːdə], *n -s/no pl* talk; *(Klatsch)* gossip; *(Geschwätz)* chatter; **(leeres) G.,** idle/ empty talk; **ins G. kommen,** to get oneself talked about.

ge´regelt [gə're:gəlt], *p.p. as adj.* regular, *(geordnet)* orderly (life etc.).

ge´reichen, *v.i. (haben) Lit:* **j-m zur Ehre g.,** to do s.o. credit.

ge´reift, *p.p. as adj.* mature (person, character); mellow (fruit, wine). **G~heit,** *f -/no pl* maturity; mellowness.

ge´reimt, *p.p. as adj.* in rhyme.

ge´reizt, *p.p. as adj.* irritated, irritable; *(nervös)* on edge; **g~e Atmosphäre,** explosive atmosphere; *adv.* **g. antworten,** to answer crossly/ testily. **G~heit,** *f -/no pl* irritation.

Geriatri|e [geria'tri:], *f -/no pl Med:* *(a)* geriatric ward; *(b) occ.* geriatrics. **g~sch** [-´ɑ:triʃ], *adj.* geriatric.

Gericht[1] [gə'riçt], *n -(e)s/-e Cu: (Speise)* dish.

Gericht[2], *n -(e)s/-e Jur:* **1.** court (of law); *(Gebäude)* law court(s); *N.Am:* esp. *Mil: Ind: etc:* tribunal; **vor G.,** in court; **vor G. kommen,** *(Fall)* to come/*(Pers.)* to appear before the court; **j-n, etwas vor G. bringen,** to take s.o., sth. to court; *(Anrede)* **Hohes G.,** approx. = your Worship(s). **2.** *no pl (Richten)* judgement; **über j-n G. halten/zu G. sitzen,** to sit in judgement on s.o. **g~lich,** *adj.* court (order, decision etc.); (authority, verdict etc.) of the court; judicial, legal (proceedings etc.); forensic (medicine, science etc.); **ein g~es Nachspiel haben,** to end up in court; *adv.* **j-n g. verfolgen/ gegen j-n g. vorgehen,** to take legal proceedings against s.o. **G~s-,** *comb.fm.* court (records, costs etc.); legal (correspondent, costs etc.); forensic (medicine); **G~arzt/G~mediziner** *m,* forensic medical expert; **G~diener** *m,* court usher; **G~entscheid** *m*/**G~entscheidung** *f,* court decision/ruling; **G~saal** *m,* courtroom; **G~schreiber** *m,* clerk of the court; **G~verfahren** *n,* legal/court proceedings; **G~verhandlung** *f,* court hearing; trial; **G~wesen** *n,* legal/judicial system. **G~sassessor,** *m -s/-en approx.* = junior barrister. **G~sbarkeit,** *f -/no pl* jurisdiction; judicial authority. **G~sgebäude,** *n -s/-* law court(s); *N.Am:* courthouse. **G~shof,** *m -(e)s/*∸**e** court (of justice); **der Oberste G.,** the Supreme Court. **G~sreferendar,** *m -s/-e* law student who has passed the First State Examination. **G~svollzieher,** *m -s/-* bailiff.

gerieben [gə'ri:bən]. **1.** *p.p. of* **reiben** *q.v.* **2.** *adj. F:* smart, *(schlau)* crafty.

Geriesel [gə'ri:zəl], *n -s/no pl* (constant) trickle.

gering [gə'rin], *adj.* **1.** *(a)* small (number, amount etc.); *(unbedeutend)* slight (difference, importance etc.); *(niedrig)* low (price, temperature, *Fig:* opinion etc.); modest, low (wage); slim, slender (chance, hope); short (distance, duration etc.); meagre, scanty (supply, amount etc.); **gegen ein g~es Entgelt,** for a small consideration; **von g~em Wert,** of little value/ importance; **g~e Anforderungen an j-n stellen,** to demand little of s.o.; **in nicht g~er Verlegenheit,** more than a little embarrassed; **die Chancen sind g. (, daß . . .),** there is little chance (that . . .); *adv.* **g. gerechnet,** at a conservative estimate; *(b) comp.* less; *superl.* least; **meine g~ste Sorge,** the least of my worries; **nicht die g~ste Lust/Ahnung,** not the slightest desire/ idea; **nicht im g~sten,** not in the least/slightest;

er wußte nicht das g~ste davon, he didn't know the first thing about it. **2.** *Lit:* lowly, humble (person, birth); **kein G~erer als X**, no less a person than X. **g~fügig**, *adj.* slight, negligible (difference, damage etc.); marginal (improvement); minor (offence, injury etc.); insignificant (loss etc.). **G~fügigkeit**, *f*-/-**en 1.** *no pl* slightness; insignificance; minor nature. **2.** trivial matter/trifle. **g~schätzen**, *v.tr.sep.* to think little of, have a low opinion of (s.o., sth.). **g~schätzig**, *adj.* contemptuous, disdainful (look); disparaging (remark etc.). **G~schätzung**, *f*-/-*no pl* contempt, disdain.

geringelt [gə'riŋəlt], *p.p. as adj.* **1.** hooped, (horizontally) striped (socks etc.). **2.** (*Haare*) curly, in ringlets.

Gerinn|e [gə'rinə], *n*-s/- channel, gutter. **g~en**, *v.i.irr.73* (sein) (*Blut usw.*) to coagulate, (*im Blutgefäß usw.*) clot; (*Milch*) to curdle; *Fig:* **mir gerann das Blut in den Adern**, my blood ran cold. **G~sel**, *n*-s/- *Med:* (blood) clot. **G~ung**, *f*-/*no pl* coagulation.

Geripp|e [gə'ripə], *n*-s/- skeleton; *Constr:* framework, shell; *Bot:* ribs (of a leaf); *Fig:* structure. **g~t**, *adj. Tex:* ribbed.

gerissen [gə'risən]. **1.** *p.p. of* **reißen** *q.v.* **2.** *adj. F:* crafty, wily. **G~heit**, *f*-/*no pl* craftiness.

geritten [gə'ritən], *p.p. of* **reiten** *q.v.*

Germ ['gɛrm], *m*-(e)s/*no pl & f*-/*no pl South G. & Aus:* yeast.

German|e [gɛr'maːnə], *m*-n/-n *Hist:* (ancient) German. **G~in**, *f*-/-**nen** *Hist:* Germanic woman. **g~isch** *adj.* (a) Germanic; (b) *Pej:* Teutonic. **g~isieren** [-mani'ziːrən], *v.tr.* to Germanize (sth.). **G~ismus** [-ma'nismus], *m*-/-**men** *Ling:* Germanism. **G~ist(in)**, *m*-en/-en (*f*-/-**nen**) German scholar, Germanist. **G~istik**, *f*-/*no pl Univ:* (study of) German language and literature. **g~istisch**, *adj. Univ:* German (seminar, studies etc.).

gern(e) ['gɛrn(ə)], *adj.* **1.** (a) **j-n, etwas g. haben**, to like/be fond of s.o., sth.; **er spielt g. Tennis**, he likes playing tennis; **ich bin g. dort**, I like it there; **ich möchte g. wissen/wüßte g.**, I should like to know; **ich hätte/möchte g. ein Pfund Äpfel**, I'd like a pound of apples; **ein g. gesehener Gast**, a welcome guest; **das wird nicht g. gesehen**, people/we don't approve of that; *F:* that isn't done; **danke schön!—g. geschehen!** thank you very much—don't mention it; *F:* **du kannst mich g. haben!** (you can) get lost! (b) (*bereitwillig*) **ich käme g.**, I would gladly come; **das glaube ich dir g.**, I can well/easily believe that; **kommst du mit?—ja, g.!** are you coming too?—yes, I'd love to; (c) *South G: Aus:* **ich habe es nicht g. getan**, I didn't do it on purpose. **'G~egroß**, *m*-/-*e F:* show-off.

gerochen [gə'rɔxən], *p.p. of* **riechen** *q.v.*

Geröll [gə'rœl], *n*-(e)s/*occ*-e (loose) pebbles; *Geol:* scree (stones).

geronnen [gə'rɔnən], *p.p. of* **rinnen** *q.v.*

Geröstete [gə'rœːstətə], *pl decl. as adj. South G: Aus:* sauté potatoes.

gerötet [gə'rœːtət], *p.p. as adj.* flushed, florid (face); reddened (skin).

Gerste ['gɛrstə], *f*-/-n barley. **'G~nkorn**, *n*-(e)s/-**er 1.** barleycorn. **2.** *Med:* sty(e). **'G~nsaft**, *m*-(e)s/*no pl Hum:* beer.

Gerte ['gɛrtə], *f*-/-n switch; *Equit:* (riding) crop. **'g~n schlank**, *adj.* willowy, slender.

Geruch [gə'rux], *m*-(e)s/-**e 1.** smell (**nach/von** + *dat,* of); (*Duft*) fragrance, aroma. **2.** *no pl* (*Sinn*) sense of smell. **3.** *Lit:* (*Ruf*) *no pl* reputation; **im G. eines Radikalen stehen**, to have the reputation of being a radical. **g~los**, *adj.* odourless. **G~losigkeit**, *f*-/*no pl* odourlessness. **G~s-**, *comb.fm. Anat:* olfactory (nerve, organ etc.). **G~ssinn**, *m*-(e)s/*no pl* sense of smell; scent (of a dog). **G~sverschluß**, *m*-sses/-sse trap (under a sink/basin). **g~tilgend**, *adj.* deodorant.

Gerücht [gə'ryçt], *n*-(e)s/-e rumour; **es geht das G., daß...,** it is rumoured that ... **G~emacher**, *m*-s/- rumour-monger. **g~weise**, *adv.* **ich habe es nur g. gehört (, daß...),** I just heard a rumour (that ...).

geruhsam [gə'ruːzaːm], *adj.* peaceful, quiet; (*erholsam*) relaxing (evening, holiday etc.); *adv.* in peace. **G~samkeit**, *f*-/*no pl* peacefulness, quietness.

gerührt [gə'ryːrt], *p.p. as adj.* moved, touched.

Gerumpel [gə'rumpəl], *n*-s/*no pl* rumbling; (*Holpern*) jolting.

Gerümpel [gə'rympəl], *n*-s/*no pl* lumber, junk.

Gerundium [gə'rundium], *n*-s/-**ien** *Gram:* gerund.

gerungen [gə'ruŋən], *p.p. of* **ringen** *q.v.*

Gerüst [gə'ryst], *n*-(e)s/-e *Constr:* scaffold(ing); *Fig:* framework, structure. **G~stange**, *f*-/-n scaffolding pole.

Ges, ges [gɛs], *n*-/- *Mus:* G flat.

ge'salzen, *p.p. as adj. F:* steep (prices etc.); *Sch:* stiff (examination etc.); spicy (jokes etc.); sharp, strongly worded (letter etc.).

ge'sammelt, *p.p. as adj.* **1.** collected (works etc.). **2.** (*gefaßt*) composed, calm (person); concentrated (attention).

gesamt [gə'zamt]. **I.** *adj.* whole, entire; *pl F:* **die g~en Räume**, all the rooms. **II. G~-**, *comb.fm.* (a) total (number, amount, imports etc.); *Journ:* **G~auflage** *f*, total circulation; **G~ertrag** *m*, aggregate/total yield; (b) overall (height, length, *Fig:* impression, effect etc.); **G~ansicht** *f*, general view; *esp. Fig:* **G~bild** *n*, overall picture; (c) joint (*Mil:* forces, *Jur:* debtors, liability etc.); *Jur:* **G~gut** *n*, joint property (of marriage partners); (d) (*vollständig*) complete (list etc.); **G~ausgabe** *f*, complete/omnibus edition; **das G~werk**, the complete works (of a composer etc.); (e) collective (interests etc.). **g~deutsch**, *adj.* all-German. **G~heit**, *f*-/*no pl* **1.** entirety; (the) whole; **die G. der Arbeiter**, all the workers. **2.** (*Allgemeinheit*) whole community. **G~hochschule**, *f*-/-n approx. polytechnic. **G~kunstwerk**, *n*-(e)s/-e synthesis of the arts. **G~schule**, *f*-/-n comprehensive school.

gesandt [gə'zant], *p.p. of* **senden** *q.v.* **G~e(r)**, *m decl. as adj.* envoy. **G~in**, *f*-/-**nen** (female) envoy. **G~schaft**, *f*-/-en legation.

Gesang [gə'zaŋ], *m*-(e)s/-**e 1.** *no pl* singing. **2.** (*Lied*) song; *Ecc:* hymn; **Gregorianischer G.**, Gregorian chant. **3.** *Lit:* canto (of a poem). **G~buch**, *n*-(e)s/-**er** *Ecc:* hymn book. **G~lehrer(in)**, *m*-s/- (*f*-/-**nen**) singing teacher. **g~lich**, *adj.* vocal (talent etc.).

G~s-, *comb.fm.* singing (lesson etc.); G~kunst *f,* art of singing. G~verein, *m* -(e)s/-e choral society.

Gesäß [gə'zɛːs], *n* -es/-e 1. *Anat:* buttocks, *F:* bottom. 2. *Cl:* seat (of trousers). G~tasche, *f* -/-n hip-pocket.

Geschädigte(r) [gə'ʃɛːdiçtə(r)], *m & f decl. as adj. Jur:* injured party.

ge'schafft, *p.p. as adj. F:* exhausted, worn out.

Geschäft [gə'ʃɛft], *n* -(e)s/-e 1. (a) *(Laden)* shop; *esp. N.Am:* store; (b) *(Firma)* business, firm. 2. *(Handel)* business; (a) *sing.* das G. blüht/ist rege, business is brisk; mit j-m ins G. kommen, to (start to) do business with s.o.; (b) *pl* wie gehen die G~e? how's business? mit j-m G~e machen, to do business with s.o. 3. *(Transaktion)* (business) deal, transaction; dunkle G~e, shady dealings. 4. *no pl (Gewinn)* profit; ein (glänzendes) G. mit etwas *dat* machen, to make a lot of money/do very well out of sth.; er machte ein G. daraus, he made a profit out of it; ein gutes/schlechtes G. machen, to get a good/bad deal; die Unternehmung war kein G., the enterprise was not a (financial) success. 5. (a) *(Aufgabe)* job, task; er versteht sein G., he knows his job; (b) *F:* work; *(Büro)* office; ins G. gehen, to go to work/to the office; (c) *F: (Notdurft)* sein G. verrichten, to do one's business; *(nursery language)* ein kleines/großes G., little/big jobs. g~ehalber, *adv.* on business. G~emacher, *m* -s/- profiteer. G~emache'rei, *f* -/no pl profiteering. g~ig, *adj.* bustling (activity etc.); busy (person). G~igkeit, *f* -/no pl bustle, (bustling) activity. g~lich, *adj.* (a) business (matters, connections etc.); die Sache ist rein g~er Natur, it's a strictly business matter; *adv.* g. hier/verreist, here/away on business; g. geht es ihm gut, he's doing well on the business side; (b) businesslike (person, manner etc.). G~s-, *comb.fm.* 1. (a) business (letter, woman, friend, secret, life, methods, trip, quarter, world etc.); G~abschluß *m,* business deal; G~angelegenheit/G~sache *f,* business matter; G~bedingungen *fpl,* terms of business/trade; G~geist/G~sinn *m,* business sense; head for business; G~haus *n,* business premises; *(Firma)* business house; G~lage *f,* business/trading situation; G~leute *pl,* business people; G~mann *m,* businessman; G~partner *m,* business associate; G~verbindung *f,* business connections; G~verkehr *m,* business dealings; G~ablauf/G~gang *m,* course/trend of business; G~sitz *m,* place of business; G~stunden *fpl*/G~zeit *f,* hours of business; G~zweig *m,* line of business; (b) (value etc.) of a/the business; G~anteil *m,* share in a/the business; G~aufgabe *f,* closure of a/the business; G~inhaber(in) *m(f),* proprietor of a/the business; G~leitung *f,* management (of the business). 2. shopping (street etc.); G~viertel/G~zentrum *n,* shopping area/centre. G~sbereich, *m* -(e)s/-e 1. *Com:* sphere of business. 2. (a) *Adm:* portfolio; Minister ohne G., minister without portfolio; (b) *Jur:* jurisdiction. G~sbetrieb, *m* -(e)s/-e 1. firm, business. 2. *no pl* business (activity). g~sfähig, *adj. Jur:* competent to make contracts. g~sführend, *adj.* managing (director

etc.); executive (committee, body etc.); g~e Regierung, caretaker government. G~führer(in), *m* -s/- (*f* -/-nen) 1. *Com:* manager(ess). 2. secretary (of a society etc.). G~sführung, *f* -/no pl management. G~sjahr, *n* -(e)s/-e financial year. G~skosten, *pl* auf G. (gehen), (to be) on expenses/on the firm. g~skundig, *adj.* with business experience. g~smäßig, *adj.* businesslike. G~sordnung, *f* -/-en rules of procedure; *Parl:* standing orders. G~sschluß, *m* -sses/no pl closing time (of a shop); nach G., after (business) hours. G~sstelle, *f* -/-en 1. (a) office (of a firm etc.); headquarters (of a society etc.); (b) *(Filiale)* branch. 2. *Jur:* registered office. G~sträger, *m* -s/- chargé d'affaires. g~stüchtig, *adj.* 1. businesslike; capable, efficient (businessman etc.). 2. *(gewieft)* clever, smart.

G(e)schaftlhuber [g(ə)'ʃaftlhuːbər], *m* -s/- *Aus: F:* (officious) busybody.

geschah [gə'ʃaː], *p.* of geschehen *q.v.*

gescheckt [gə'ʃɛkt], *adj. (schwarzweiß)* piebald, *(braunweiß)* skewbald (horse etc.).

geschehen [gə'ʃeːən]. I. *v.i.irr.* (*pres.* geschieht, *p.* geschah, *p.p.* geschehen) *(sein)* (a) to happen (j-m, to s.o.); *(stattfinden)* to take place; es geschehe, was da wolle, whatever happens; come what may; es kann dir nichts g., nothing can happen to you; es ist ihm ein Unrecht g., he has been wronged; das geschieht ihm recht, that serves him right; sie wußte nicht, wie ihr geschah, she didn't know what was happening to her; (b) *(getan werden)* es muß etwas g.! something must be done! es geschah nicht mit Absicht, it wasn't done deliberately; g. ist g., what's done can't be undone; (c) es ist um ihn g., he's had it; he's done for. II. G., *n* -s/- (a) happening; (b) *coll.* events. III. *p.p. as adj.* die g~en Greueltaten, the atrocities that have occurred; das ihm g~e Unrecht, the wrong done to him. G~nis, *n* -ses/-se occurrence, event.

gescheit [gə'ʃait], *adj.* 1. intelligent; *(klug)* clever; bright (pupil, idea etc.); aus seinen Aussagen werde ich nicht g., I can't make head or tail of what he says. 2. *F: (vernünftig)* sei doch g.! do be sensible! du bist wohl nicht ganz/nicht recht g.! you must be out of your mind/*F:* off your rocker!

Geschenk [gə'ʃɛŋk], *n* -(e)s/-e present, gift; j-m ein G. machen, to give s.o. a present; j-m etwas zum G. machen, to give s.o. sth. as a present/gift. G~artikel, *m* -s/- *usu.pl* gifts, fancy goods. G~korb, *m* -(e)s/-e hamper. G~papier, *n* -s/no pl gift wrapping (paper). g~verpackt, *adj.* gift-wrapped.

geschert [gə'ʃeːrt], *adj. South G: & Aus: Pej:* loutish; G~er, lout; *(Provinzler)* country bumpkin; *adv.* g. reden, to talk broad dialect.

Geschicht|chen [gə'ʃiçtçən], *n* -s/- little story; anecdote. G~e, *f* -/-n 1. *no pl* history; in die G. eingehen, to go down in history (als, as); G. machen, to make history. 2. *(Erzählung)* story, tale; *F:* erzähl mir keine G~n! none of your (cock and bull) stories! 3. *F:* (a) *(Sache)* eine dumme/üble G., a stupid/nasty business; er hat eine böse G. mit den Nieren, he has bad kidney trouble; mach keine G~n! don't do anything silly! mach keine langen G~n! don't carry on so! *Iron:* **das ist eine schöne G.!** that's a fine state of affairs! (b) **die ganze G. kostet 100 Mark,** the whole lot costs 100 marks. **G ~ enbuch,** *n* -(e)s/ˉer story book. **G ~ enerzähler,** *m* -s/- storyteller. **g ~ lich,** *adj.* historical (event, fact etc.); *adv.* **g. interessant/bedeutend,** of historical interest/importance. **G ~ s-,** *comb.fm.* history (book, teacher, teaching etc.); historical (research, work etc.); **G ~ auffassung** *f,* conception of history; **G ~ stunde** *f,* history lesson. **G ~ sforscher,** *m* -s/- research historian. **G ~ sschreiber,** *m* -s/- historian.

Geschick [gəˈʃik], *n* -(e)s/-e 1. *Lit:* (*Schicksal*) fate. 2. *no pl* skill; **G. zu etwas** *dat*/**für etwas** *acc* **haben,** to be skilled at sth. **G ~ lichkeit,** *f* -/*no pl* skilfulness, skill (**bei** + *dat,* at, in); (*Fingerfertigkeit*) dexterity, deftness. **G ~ lichkeitsspiel,** *n* -(e)s/-e game of skill. **g ~ t,** *adj.* skilful (**in** + *dat,* at); (*fingerfertig*) dexterous, deft; nimble (hands, fingers); ingenious, clever (solution); **sie ist g. im Umgang mit Kindern,** she is good with/knows how to get on with children. **G ~ theit,** *f* -/*no pl* = **G ~ lichkeit.**

Geschiebe [gəˈʃiːbə], *n* -s/*no pl* pushing.

geschieden [gəˈʃiːdən]. 1. *p.p. of* **scheiden** *q.v.* 2. *adj.* divorced (man, woman); **der/die G ~ e,** divorcee; **meine G ~ e,** my ex-wife; *F:* **wenn du das tust, sind wir g ~ e Leute,** if you do that I won't speak to you again.

geschienen [gəˈʃiːnən], *p.p. of* **scheinen** *q.v.*

Geschirr [gəˈʃir], *n* -(e)s/-e 1. (a) *no pl* crockery; (*Porzellan*) china; *Com:* tableware; (b) *no pl* (dirty) dishes; **das G. spülen/abwaschen,** to do the dishes/*Brit:* washing up; (c) (tea/dinner) service. 2. *Equit:* harness; **sich (tüchtig) ins G. legen,** (i) (*Pferd usw.*) to pull hard; (ii) *Fig:* (*Pers.*) to buckle down to work. **G ~ spülen,** *n* -s/*no pl* washing up, *N.Am:* dish washing. **G ~ spülmaschine,** *f* -/-n dishwasher. **G ~ tuch,** *n* -(e)s/ˉer tea towel, *N.Am:* dish towel.

geschissen [gəˈʃisən], *p.p. of* **scheißen** *q.v.*

Geschlecht [gəˈʃlɛçt], *n* -(e)s/-er 1. sex; *Gram:* gender; **männlichen G ~ s,** of the male sex. 2. generation; (*Rasse*) race; (*Sippe*) family; *Hist:* dynasty; **er war der letzte seines G ~ s,** he was the last of his line. **g ~ lich,** *adj.* sexual; **g ~ e Aufklärung,** sex education; *adv.* **mit j-m g. verkehren,** to have sexual intercourse with s.o. **G ~ lichkeit,** *f* -/*no pl* sexuality. **G ~ s-,** *comb.fm.* sexual (act, characteristic etc.); sex (determination, life, organ etc.); genital (gland etc.); **G ~ trieb** *m,* sexual instinct; **G ~ verkehr** *m,* sexual intercourse; **G ~ umwandlung** *f,* sex change; *adj.* **g ~ reif,** sexually mature. **g ~ skrank,** *adj.* (person) suffering from a venereal disease. **G ~ skrankheit,** *f* -/-en venereal disease. **g ~ slos,** *adj.* sexless (organism etc.). **G ~ sorgane/G ~ steile,** *pl* genitals.

geschlichen [gəˈʃliçən], *p.p. of* **schleichen** *q.v.*

geschliffen [gəˈʃlifən]. 1. *p.p. of* **schleifen** *q.v.* 2. *adj.* polished (style etc.). **G ~ heit,** *f* -/*no pl* refinement, polish.

geschlissen [gəˈʃlisən], *p.p. of* **schleißen** *q.v.*

geschlossen [gəˈʃlosən]. 1. *p.p. of* **schließen** *q.v.* 2. *adj.* (a) closed (session etc.); **das Geschäft hat/ist g.,** the shop is shut; **g ~ e Gesellschaft/** *Th:* **Vorstellung,** private party/*Th:* performance;

g ~ e Ortschaft, built-up area; (b) (*abgerundet*) integrated (personality etc.); **in sich g.,** self-contained; **ein g ~ es Ganzes,** a rounded whole; (c) *adv.* (*einstimmig*) unanimously; (*gemeinsam*) together, in a body; **g. hinter j-m stehen,** to be solidly behind s.o. **G ~ heit,** *f* -/*no pl* unity, consistency; (*Einstimmigkeit*) unanimity.

geschlungen [gəˈʃluŋən], *p.p. of* **schlingen** *q.v.*

Geschmack [gəˈʃmak], *m* -(e)s/ˉe & *Hum:* ˉer taste; (a) **G. nach Erdbeeren,** taste of strawberries; **einen guten G. haben,** to have a pleasant taste/taste good; **keinen G. haben,** (i) (*Essen*) to be tasteless; (ii) (*Pers.*) to be unable to taste anything; **Sprudel ohne G.,** plain/natural mineral water; (b) (*Sinn für Schönes*) **einen guten G. haben,** to have good taste; **mit viel G. eingerichtet,** furnished with much taste/very tastefully; (c) **das ist nicht mein/nach meinem G.,** it is not (to) my taste; **damit hast du genau meinen G. getroffen,** you've hit on just the sort of thing I like; **er findet G. an dem Spiel,** the game appeals to him; **langsam kam er auf den G.,** gradually he came to like it/acquired a taste for it; **dieser Musik gewinnt man G. ab,** this music grows on you; *Prov:* **über G. läßt sich nicht streiten,** *approx.* there's no accounting for tastes; *Hum:* **die G ~ er sind verschieden,** tastes differ. **g ~ lich,** *adj. & adv.* as regards taste. **g ~ los,** *adj.* tasteless (food, drink, *Fig:* person etc.); (joke etc.) in bad taste. **G ~ losigkeit,** *f* -/-en (a) *no pl* tastelessness; *Fig:* bad taste; (b) (*Bemerkung*) tasteless/vulgar remark; (*Handlung*) lapse into vulgarity. **G ~ s-,** *comb.fm.* (question, sense etc.) of taste; **G ~ knospe** *f,* taste bud; **G ~ sache** *f,* matter of taste; **G ~ verirrung** *f,* lapse of taste. **G ~ srichtung,** *f* -/-en (a) flavour (of ice cream etc.); (b) taste (of a period etc.); **das ist genau meine G.,** it is exactly my taste. **g ~ voll,** *adj.* tasteful.

geschmeidig [gəˈʃmaidiç], *adj.* (a) supple (leather, hair, movements); lithe (body, movements); (*biegsam*) pliant, flexible (branch etc.); workable (wax, dough); (b) *Fig:* adaptable (character etc.) **G ~ keit,** *f* -/*no pl* (a) suppleness; pliability; litheness; (b) *Fig:* adaptability.

Geschmier(e) [gəˈʃmiːr(ə)], *n* -s/*no pl* 1. smear. 2. (*Geschriebenes*) scribble, scrawl; (*Malerei*) daub. **g ~ t,** *p.p. as adj.* **wie g. gehen,** to go without a hitch.

geschmissen [gəˈʃmisən], *p.p. of* **schmeißen** *q.v.*

geschmolzen [gəˈʃmoltsən], *p.p. of* **schmelzen** *q.v.*

Geschmorte(s) [gəˈʃmoːrtə(s)], *n decl. as adj. Cu:* braised meat.

Geschnatter [gəˈʃnatər], *n* -s/*no pl F:* cackling; *Fig:* gabbling.

Geschnetzelte(s) [gəˈʃnɛtsəltə(s)], *n decl. as adj. Cu:* meat cut in thin strips.

geschniegelt [gəˈʃniːgəlt], *p.p. as adj.* **g. (und gebügelt),** spruced up.

geschnitten [gəˈʃnitən], *p.p. of* **schneiden** *q.v.*

gescholten [gəˈʃoltən], *p.p. of* **schelten** *q.v.*

Geschöpf [gəˈʃœpf], *n* -(e)s/-e creature; *Fig:* figment (of one's imagination).

geschoren [gəˈʃoːrən], *p.p. of* **scheren** *q.v.*

Geschoß [gəˈʃos], *n* -sses/-sse 1. *Mil: etc:* mis-

sile; (*Kugel*) bullet; (*Granate*) shell. **2.** (*Stock*)
floor, storey. **G ~ bahn,** *f -/-en* trajectory.

geschoss|en [gə'ʃɔsən], *p.p. of* **schießen** *q.v.*
-g ~ ig, *comb.fm.* (two-, ten- etc.) -storey(ed).

geschraubt [gə'ʃraupt], *p.p. as adj.* affected
(speech etc.); contrived (style, phrase etc.).

Ge'schrei, *n -s/no pl* (*a*) shouting, yelling; (*grell*)
screaming; (*b*) **viel G. um etwas** *acc* **machen,** to
make a lot of fuss about sth.

Geschreibsel [gə'ʃraipsəl], *n -s/no pl* scribble.

geschrieben [gə'ʃriːbən], *p.p. of* **schreiben** *q.v.*

geschrie(e)n [gə'ʃriː(ə)n], *p.p. of* **schreien** *q.v.*

geschritten [gə'ʃritən], *p.p. of* **schreiten** *q.v.*

geschunden [gə'ʃundən], *p.p. of* **schinden** *q.v.*

Geschütz [gə'ʃyts]. **1.** *n -es/-e* (heavy) gun; *pl.*
artillery; *Fig:* **grobes/schweres G. auffahren,** to
bring up one's big guns. **II. G~-,** *comb.fm.* gun
(-fire etc.); **G~rohr** *n,* gun barrel; **G~turm** *m,*
gun turret.

Geschwader [gə'ʃvaːdər], *n -s/- Navy:Mil:Av:*
squadron; *N.Am:* group.

Geschwafel [gə'ʃvaːfəl], *n -s/no pl F:* twaddle.

Geschwätz [gə'ʃvɛts], *n -es/no pl* chatter;
(*Klatsch*) tittle-tattle. **g ~ ig,** *adj.* chattering,
garrulous. **G ~ igkeit,** *f -/no pl* garrulity.

geschweift [gə'ʃvaift], *p.p. as adj.* (*a*) (*gebogen*)
curved; (*b*) *Astr:* tailed (comet etc.).

geschweige [gə'ʃvaigə], *conj.* **g.** (**denn**), let
alone; much less.

geschwiegen [gə'ʃviːgən], *p.p. of* **schweigen** *q.v.*

geschwind [gə'ʃvint], *adj. esp. South G: & Aus:*
quick, fast; *adv.* **mach g.!** be quick! **G ~ ig-
keit,** *f -/-en* speed; (*Schnelligkeit*) quickness
(of action etc.); *Ph:* velocity (of light etc.); **mit
einer G. von 80 km/h,** at (a speed of) 50 m.p.h.;
an G. zunehmen, to pick up/gather speed; **die
G. verlangsamen,** to slow down, decelerate.
G ~ igkeits-, *comb.fm.* speed (check etc.);
G~begrenzung/G~beschränkung *f,* speed
limit; **G~messer** *m,* speedometer; **G~über-
schreitung** *f,* exceeding the speed limit.

Geschwister [gə'ʃvistər], *n -s/-* **1.** *pl* brother(s)
and sister(s). **2.** *sing Psy: Biol: etc:* sibling.
G ~ paar, *n -(e)s/-e* brother and sister.

geschwollen [gə'ʃvɔlən]. **1.** *p.p. of* **schwellen** *q.v.*
2. *adj.* pretentious, pompous (language).

geschwommen [gə'ʃvɔmən], *p.p. of* **schwimmen** *q.v.*

geschworen [gə'ʃvoːrən], *p.p. of* **schwören** *q.v.*
G~e(r), *m & f decl. as adj. Jur:* juror; **die
G~n,** the jury.

Geschwulst [gə'ʃvulst], *f -/-̈e* **1.** *Med:* tumour.
2. (*Schwellung*) swelling.

geschwunden [gə'ʃvundən], *p.p. of* **schwinden** *q.v.*

geschwungen [gə'ʃvuŋən]. **1.** *p.p. of* **schwingen**
q.v. **2.** *adj.* curved.

Geschwür [gə'ʃvyːr], *n -s/-e Med:* ulcer. **g ~ ig,**
adj. ulcerous.

Geselchte(s) [gə'zɛlçtə(s)], *n decl. as adj. South
G: & Aus:* smoked meat.

Gesell|e [gə'zɛlə], *m -n/-n* **1.** skilled workman
(who has passed the apprentice's examination);
A: journeyman. **2.** *F:* fellow, bloke. **g ~ en,**
v.refl. **sich zu j-m g.,** to join s.o.; **dazu gesellte
sich ein weiteres Problem,** a further problem
was added to this. **G~enbrief,** *m -(e)s/-e*
certificate of completed apprenticeship. **G ~ en-
prüfung,** *f -/-en* apprentice's final examina-
tion. **g ~ ig,** *adj.* **1.** sociable (person, nature

etc.); gregarious (animal etc.); **der Mensch ist
ein g~es Wesen,** man is a social animal. **2.**
social, convivial (evening, gathering etc.); **g~es
Beisammensein,** get-together, social. **G ~ ig-
keit,** *f -/-en* **1.** *no pl* sociability; gregariousness;
die G. lieben, to love company. **2.** (*Treffen*)
social gathering. **G ~ schaft,** *f -/-en* **1.** *Sociol:*
society; (*Oberschicht*) **Damen der G.,** society
ladies; (*b*) (*Vereinigung*) **literarische G.,** literary
society. **2.** company; (*a*) (*Begleitung, Umgang*)
in schlechte G. geraten, to get into bad com-
pany; **j-m G. leisten,** to keep s.o. company; **zur
G. mittrinken,** to drink to keep s.o. company;
(*b*) (*geselliger Kreis*) **eine lustige G.,** merry
company/crowd; **er teilte der G. mit, daß ...,**
he informed the assembled company that ...;
(*c*) *Com:* (*Firma*) company, *N.Am:* corpora-
tion; **G. mit beschränkter Haftung,** limited lia-
bility company. **3.** (*Veranstaltung*) party; **auf
einer G.,** at a party. **G ~ schafter(in),** *m -s/-
(f -/-nen)* **1.** companion; **er ist ein guter/amü-
santer G.,** he is good/amusing company. **2.**
Com: (*Teilhaber*) partner; (*Aktionär*) share-
holder, *N.Am:* stockholder. **g ~ schaftlich,**
adj. social; **g~e Formen,** social conventions/
graces. **G ~ schafts-,** *comb.fm.* social (class,
order, novel, criticism etc.); **G~form** *f,* social
system; **G~wissenschaften** *pl,* social sciences;
adj. **g~kritisch,** critical of society; **g~fähig,**
socially acceptable. **G ~ schaftsanzug,** *m
-(e)s/-̈e* dress suit; **G. ist vorgeschrieben,** even-
ing dress will be worn. **G ~ schaftsraum,** *m
-(e)s/-̈e* (*a*) room for functions; (*b*) *Nau:*
saloon. **G ~ schaftsreise,** *f -/-n* party tour.
G ~ schaftsspiel, *n -(e)s/-e* party game. **G ~ -
schaftssteuer,** *f -/-n* corporation tax. **G ~ -
schaftsstück,** *n -(e)s/-e Th:* comedy of man-
ners. **G ~ schaftstanz,** *m -es/no pl* ballroom
dancing. **G ~ schaftsvertrag,** *m -(e)s/-̈e
Com:* articles of association.

Gesenk [gə'zɛŋk], *n -(e)s/-e Metalw:* die. **G ~ -
schmieden,** *n -s/no pl Metalw:* drop-forging.

gesessen [gə'zɛsən], *p.p. of* **sitzen** *q.v.*

Gesetz [gə'zɛts], *n -es/-e* law (**über** + *acc,* on);
(*geschriebenes G.*) statute; (*verabschiedetes G.*)
act (of parliament); **die G~e über Ehe-
scheidung,** the divorce laws; **auf Grund des
G~es,** under the law; **vor dem G.,** in the eyes
of the law; **im G. nachschlagen,** to consult the
statute book; **ein G. entwerfen,** to draft a bill;
Fig: **sich** *dat* **etwas zum (obersten) G. machen,**
to make sth. a (cardinal) rule. **G ~ blatt,** *n
-(e)s/-̈er* legal gazette. **G ~ buch,** *n -(e)s/-̈er*
legal code; statute book. **G ~ entwurf,** *m
-(e)s/-̈e Parl:* (draft) bill. **G ~ eshüter,** *m -s/-
usu. Iron:* (*Polizist*) guardian of the law.
G ~ eskraft, *f -/no pl* legal force. **g ~ estreu,**
adj. law-abiding. **G ~ esübertretung,** *f -/-en*
offence; infringement of the law. **G ~ es-
vorlage,** *f -/-n Parl:* bill. **g ~ gebend,** *adj.*
legislative (authority etc.); **g~e Gewalt,** (i)
legislative power; (ii) (*Organ*) legislature.
G ~ geber, *m -s/-* (i) (*Pers.*) legislator; (ii)
(*Organ*) legislature. **G ~ gebung,** *f -/no pl*
legislation. **g ~ lich,** *adj.* legal; (*g. festgelegt*)
statutory (requirement, provision); **das g~e
Alter erreichen,** to come of age; **g~es
Zahlungsmittel,** legal tender; *adv.* **g. geschützt,**

legally protected; *Patents:* patented (invention); registered (trade mark); **g. verboten/verpflichtet,** prohibited/required by law. **G ~ lichkeit,** *f -/no pl* legality. **g ~ los,** *adj.* lawless (person, act etc.); anarchic (conditions etc.). **G ~ losigkeit,** *f -/no pl* lawlessness; (*Zustand*) anarchy. **g ~ mäßig,** *adj.* (*a*) *Jur: etc:* legal (title, power etc.); legitimate (claim etc.); lawful (right, procedure etc.); (*b*) ordered (system, structure etc.); (process etc.) that follows a natural law. **G ~ mäßigkeit,** *f -/no pl* (*a*) *Jur: etc:* legality; lawfulness; legitimacy (of a claim etc.); (*b*) conformity with a (natural) law; regularity. **g ~ widrig,** *adj.* illegal, unlawful. **G ~ widrigkeit,** *f -/no pl* illegality, unlawfulness.

gesetzt [gə'zɛtst]. **1.** *p.p. as adj.* sedate; sober, dignified (behaviour). **2.** *conj.* **g. den Fall, (daß) er käme/er kommt,** assuming/supposing (that) he were to come/(that) he comes. **G ~ heit,** *f -/no pl* sedateness; sobriety.

gesichert [gə'ziçərt], *p.p. as adj.* secure (building, *Fig:* position etc.).

Gesicht [gə'ziçt], *n -(e)s/-er* **1.** face; (*a*) **er strahlte über das ganze G.,** he beamed all over his face; **j-m etwas ins G. sagen,** to say sth. to s.o.'s face; **ich konnte ihm nicht ins G. sehen/blicken,** I couldn't look him in the eye; *Fig:* **j-m wie aus dem G. geschnitten sein,** to be the spitting image of s.o.; **j-m (gut) zu G. stehen,** to suit s.o.; **ich könnte ihm ins G. springen!** I could murder him! **der Wahrheit ins G. sehen/blicken,** to face (up to) the truth; **das G. wahren/retten,** to save face; (*b*) (*Mensch*) **ein bekanntes/fremdes G.,** a familiar/strange face; (*c*) (*Gesichtsausdruck*) expression; **er machte ein langes G.,** he pulled a long face; **ein beleidigtes/dummes G. machen,** to look stupid/offended; **G ~ er schneiden,** to pull faces; **es stand ihm im G. geschrieben,** it was written all over his face; (*d*) (*Aussehen*) look, appearance; *Fig:* character (of an age, country etc.); **dadurch hat die Sache ein ganz anderes G. bekommen,** that puts an entirely new complexion on the matter. **2.** *no pl* (*a*) *A: & Lit:* (eye)sight; (*b*) **etwas zu G. bekommen,** to set eyes on sth.; **etwas aus dem G. verlieren,** to lose sight of sth.; **das zweite G. haben,** to have second sight. **G ~ s-,** *comb.fm.* (*a*) face (powder, cream); facial (massage etc.); **G ~ ausdruck** *m,* (facial) expression; **G ~ züge** *pl/***G ~ schnitt** *m,* (facial) features; **G ~ maske** *f,* (i) *Th: etc:* (face) mask; (ii) *Cosm:* (*also* **G ~ packung**) face pack; *Cosm:* **G ~ straffung** *f,* face-lift; (*b*) (field, line etc.) of vision; **G ~ sinn** *m,* (sense of) sight, vision; **G ~ winkel** *m,* angle of vision. **G ~ sfarbe,** *f -/-n* complexion. **G ~ skreis,** *m -es/-e* outlook, (mental) horizon; **er ist aus meinem G. verschwunden,** I have lost contact with him. **G ~ spunkt,** *m -(e)s/-e* point of view. **G ~ swasser,** *n -s/- Cosm:* skin freshener/tonic.

Gesindel [gə'zindəl], *n -s/no pl* rabble; riffraff.

gesinn|t [gə'zint], *adj.* **demokratisch g.,** democratically minded; **christlich g.,** with a Christian outlook; **er ist anders g. als ich,** his (political) views are different from mine; **j-m freundlich/übel g. sein,** to be well/ill disposed towards s.o. **G ~ ung,** *f -/-en* cast of mind;

nature; (*Denkart*) way of thinking; (*Einstellung*) outlook, attitude; (*Überzeugungen*) convictions; **seine G. wechseln,** to change one's outlook/*esp. Pol:* change direction; **er zeigte seine wahre G.,** he revealed his true character/(*Meinung*) sentiments. **G ~ ungsgenosse,** *m -n/-n* like-minded person. **g ~ ungslos,** *adj.* unprincipled. **G ~ ungslosigkeit,** *f -/no pl* lack of principles. **G ~ ungsschnüffelei,** *f -/no pl F:* prying into people's political beliefs. **g ~ ungstreu,** *adj.* true to one's convictions; staunch (supporter etc.). **G ~ ungswandel,** *m -s/no pl* change of heart/*Pol:* direction.

gesittet [gə'zitət], *adj.* well-mannered, well-behaved (person); civilized (times etc.).

Gesöff [gə'zœf], *n -(e)s/-e P:* evil brew, swill.

gesoffen [gə'zɔfən], *p.p. of* **saufen** *q.v.*

gesogen [gə'zo:gən], *p.p. of* **saugen** *q.v.*

gesondert [gə'zɔndərt], *p.p. as adj.* separate.

gesonnen [gə'zɔnən]. **1.** *p.p. of* **sinnen** *q.v.* **2.** *adj.* **zu etwas** *dat* **g. sein,** to have a mind to do sth.

gesotten [gə'zɔtən], *p.p. of* **sieden** *q.v.*

Gespann [gə'ʃpan], *n -(e)s/-e* (*a*) team (of horses, *Fig:* people etc.); (*b*) (*mit Wagen*) cart/coach and horse. **g ~ t,** *p.p. as adj.* **1.** taut, tight (rope etc.). **2.** *Fig:* (*a*) tense (atmosphere, situation etc.); strained (relationship); (*b*) expectant, eager (audience); keen (attention, anticipation), intent (curiosity); *F:* **ich bin g. auf deinen Bruder/dein neues Auto,** I am dying to meet your brother/to see your new car; **ich bin g., was er tun wird,** I am curious to know what he will do; **da bin ich aber g.!** I can't wait (for that)! *Hum:* **g. wie ein Regenschirm/Flitz(e)bogen,** all agog; *adv.* **g. zuhören/zuschauen,** to listen/watch intently; **g. auf etwas** *acc* **warten,** to wait eagerly/(*besorgt*) anxiously for sth. **G ~ heit,** *f -/no pl* **1.** tightness. **2.** *Fig:* (*a*) tension, tenseness, strained nature; (*b*) eager/intent interest; (*Erwartung*) (eager) expectancy.

Gespenst [gə'ʃpɛnst], *n -(e)s/-er* **1.** ghost; *Lit: & Fig:* spectre; (*Trugbild*) apparition, phantom; *F:* **G ~ er sehen,** to imagine things. **G ~ ergeschichte,** *f -/-n* ghost story. **g ~ erhaft,** *adj.* ghostly; (*unheimlich*) uncanny, eerie. **G ~ erstunde,** *f -/no pl* **die G.,** the witching hour. **g ~ isch,** *adj.* = **gespensterhaft.**

gespie(e)n [gə'ʃpi:ən], *p.p. of* **speien** *q.v.*

Gespinst [gə'ʃpinst], *n -(e)s/-e.*

gesponnen [gə'ʃpɔnən], *p.p. of* **spinnen** *q.v.*

Gespött [gə'ʃpœt], *n -(e)s/no pl* (*a*) mockery; **sein G. mit j-m treiben,** to make fun of s.o.; (*b*) (*Pers.*) laughing-stock.

Gespräch [gə'ʃprɛ:ç], *n -(e)s/-e* **1.** conversation, talk; *Pol:* **G ~ e,** talks; **mit j-m ins G. kommen,** to get into conversation (with s.o.); **im G. sein,** to be under discussion. **2.** **sie war das G. der ganzen Stadt,** she was the talk of the town. **3.** *Tel:* (telephone) call (**mit/nach London,** to London; **aus Bonn,** from Bonn). **g ~ ig,** *adj.* talkative. **G ~ igkeit,** *f -/no pl* talkativeness; communicativeness. **G ~ sform,** *f -/no pl* **in G.,** in dialogue. **G ~ sgegenstand,** *m -(e)s/-e* topic of conversation. **G ~ spartner,** *m -s/mein G.,** the person I am/was talking to; **er sucht einen G.,** he is looking for s.o. to talk to; **die G. sind ...,** those taking part in the conversation are ... . **G ~ spause,** *f -/-n* lull in the conversation. G ~ **stoff,** *m* -(e)s/-e topic(s) of conversation; **wir hatten genügend G.,** we had plenty to talk about. g ~ **sweise,** *adv.* in the course of conversation.

gespreizt [gə'ʃpraitst], *p.p. as adj.* stilted, affected. G ~ **heit,** *f* -/no *pl* affectation.

gesprenkelt [gə'ʃprɛŋkəlt], *p.p.as adj.* speckled.

Gespritzte(r) [gə'ʃpritstə(r)], *m decl. as adj. South G: & Aus:* wine with soda water.

gesprochen [gə'ʃprɔxən], *p.p. of* **sprechen** *q.v.*

gesprossen [gə'ʃprɔsən], *p.p. of* **sprießen** *q.v.*

gesprungen [gə'ʃpruŋən], *p.p. of* **springen** *q.v.*

Gespür [gə'ʃpy:r], *n* -s/no *pl* feeling (**für etwas** *acc,* for sth.).

Gestalt [gə'ʃtalt], *f* -/-en **1.** *(a) (Pers.)* figure; **sie ist eine stattliche G.,** she is a fine figure of a woman; **die G~en eines Romans,** the characters/figures in a novel; *F:* **eine zwielichtige G.,** a shady character; *(b) no pl (Wuchs)* build; **zierlich von G./von zierlicher G. sein,** to be slightly built. **2.** *(Form)* shape, form; **G. annehmen/gewinnen,** to take shape; **Hilfe in G. eines Darlehens,** help in the form of a loan; **sich in seiner wahren G. zeigen,** to show oneself in one's true colours. g ~ **en,** *v.tr. (a)* to form, shape (sth., s.o.'s personality etc.); to create (a work of art, *Th:* a part); *(entwerfen)* to design, plan (a stage set, layout etc.); *(einrichten)* to furnish, arrange (a room etc.); *(anordnen)* to arrange (a programme etc.), organize (one's time, activities); **einen Stoff dramatisch g.,** to give a subject dramatic form; **er versuchte den Unterricht möglichst interessant zu g.,** he tried to make the lessons as interesting as possible; *(b) v.refl.* **sich anders/günstig/ungünstig g.,** to turn out differently/well/badly; **sich zu einem Erfolg g.,** to turn out a success. G ~ **er(in),** *m* -s/- *(f* -/-nen) creator; organizer (of an event). g ~ **erisch,** *adj.* creative; *(künstlerisch)* artistic. g ~ **los,** *adj.* shapeless; amorphous. G ~ **ung,** *f* -/-en **1.** *no pl (Gestalten)* forming, shaping; arrangement, organization; creation (of a work of art, *Th:* a part); **die G. des Unterrichts,** the form the lessons take. **2.** *(Anordnung)* design; layout, arrangement; *(Einrichtung)* furnishing, decorating.

Gestampfe [gə'ʃtampfə], *n* -s/no *pl* (persistent) pounding, stamping.

gestand [gə'ʃtant], *p. of* **gestehen.** g ~ **en** [-'dən]. **1.** *p.p. of* **stehen** *q.v.* **2.** *adj.* experienced, mature. **geständ|ig** [gə'ʃtɛndiç], *adj.* confessed (criminal); **g. sein,** to have confessed. G ~ **nis** [-tnis], *n* -ses/-se confession; **ein G. machen/ablegen,** to confess/make a confession.

Gestänge [gə'ʃtɛŋə], *n* -s/- *Constr: etc:* poles, rods; *Tchn:* linkage.

Gestank [gə'ʃtaŋk], *m* -(e)s/no *pl* stench, stink.

gestatten [gə'ʃtatən], *v.tr.* to allow, permit (sth.); **j-m g., etwas zu tun,** to allow/permit s.o. to do sth.; **g. Sie?** may I? *(darf ich vorbei?)* excuse me; **g. Sie, daß ich rauche?** do you mind if I smoke? *P.N:* **Rauchen nicht gestattet,** smoking prohibited.

Geste ['gɛstə], *f* -/-n gesture.

ge'steh|en, *v.tr. & i.irr.100 (haben) (a)* to confess, admit (one's guilt, the truth); to own up/confess to (a crime); **offen gestanden . . .,** to tell the truth, . . .; to be honest, ...

Ge'stein, *n* -(e)s/-e rock. G ~ **sprobe,** *f* -/-n rock sample.

Gestell [gə'ʃtɛl], *n* -(e)s/-e **1.** *(Stütze)* stand, *(für Flaschen usw.)* rack; *(Regal)* shelves. **2.** *(Rahmen)* frame (of spectacles etc.); *(Unterbau)* base (of a machine etc.). **3.** *F: Hum:* **zieh dein G. ein!** shift your legs out of the way! g ~ **t,** *p.p. as adj. (a)* posed (photograph etc.); *(b)* **gut g.,** well off; **auf sich selbst g.,** thrown on one's own resources; self-reliant. G ~ **ung,** *f* -/no *pl* **1.** *Mil:* reporting for service. **2.** *Adm:* provision. G ~ **ungsbefehl,** *m* -(e)s/-e *Mil:* call-up order.

gestern ['gɛstərn], *adv.* yesterday; **g. abend,** yesterday evening; *(spät)* last night; **g. vor acht Tagen,** a week (ago) yesterday; **die Zeitung von g.,** yesterday's paper; *F:* **er ist nicht von g.,** he wasn't born yesterday.

gestiefelt [gə'ʃti:fəlt], *adj.* wearing boots; **der g~e Kater,** Puss in Boots.

gestiegen [gə'ʃti:gən], *p.p. of* **steigen** *q.v.*

Gestik ['gɛstik], *f* -/no *pl* gestures. g ~ **ulieren** [-u'li:rən], *v.i. (haben)* to gesticulate.

gestimmt [gə'ʃtimt], *p.p. as adj.* **froh g.,** in a cheerful mood.

Gestirn [gə'ʃtirn], *n* -(e)s/-e *Lit:* star. g ~ **t,** *adj. Lit:* starry (sky, night).

gestoben [gə'ʃto:bən], *p.p. of* **stieben** *q.v.*

gestochen [gə'ʃtɔxən]. **1.** *p.p. of* **stechen** *q.v.* **2.** *adj.* meticulous; copperplate (handwriting); *adv. Phot:* **g. scharf,** needle-sharp.

gestohlen [gə'ʃto:lən], *p.p. of* **stehlen** *q.v.*

gestorben [gə'ʃtɔrbən], *p.p. of* **sterben** *q.v.*

gestört [gə'ʃtø:rt], *p.p. as adj.* disrupted (family), disturbed (night etc.); **geistig g.,** mentally disturbed, unbalanced; *Tel:* **die Leitung ist g.,** there is interference on the line.

Gestotter [gə'ʃtɔtər], *n* -s/no *pl* stuttering, stammering.

Gesträuch [gə'ʃtrɔyç], *n* -(e)s/-e bushes, shrubs.

gestreckt [gə'ʃtrɛkt], *p.p. as adj.* **in g~em Galopp,** at full gallop.

gestreift [gə'ʃtraift], *adj.* striped (material etc.).

gestrichen [gə'ʃtriçən]. **1.** *p.p. of* **streichen** *q.v.* **2.** *adj. Cu:* **ein g~er Teelöffel,** a level teaspoonful; **g. voll,** full to the brim.

gestrig ['gɛstriç], *adj.* **1.** yesterday's (paper etc.); **unser g~es Gespräch,** our conversation yesterday; **am g~en Abend,** yesterday evening; *(spät)* last night. **2.** *(altmodisch)* behind the times.

gestritten [gə'ʃtritən], *p.p. of* **streiten** *q.v.*

gestromt [gə'ʃtro:mt], *adj.* tabby (cat etc.); brindled (dog etc.).

Gestrüpp [gə'ʃtryp], *n* -(e)s/-e (dense) undergrowth; *(Buschwerk)* scrub; *Fig:* maze.

Gestühl [gə'ʃty:l], *n* -(e)s/-e (set of) chairs, seats; *(in der Kirche)* pews.

Gestümper [gə'ʃtympər], *n* -s/no *pl F:* bungling, botching.

gestunken [gə'ʃtuŋkən], *p.p. of* **stinken** *q.v.*

Gestüt [gə'ʃty:t], *n* -(e)s/-e stud (farm/horses).

Gesuch [gə'zu:x], *n* -(e)s/-e petition, *(Antrag)* application (**um/auf** + *acc,* for). g ~ **t. 1.** *p.p. of* **suchen** *q.v.* **2.** *adj. (a)* sought after (items); **sehr g.,** much in demand; *Advert:* **Mechaniker g.,** mechanic wanted; *(b) (gekünstelt)* contrived, laboured.

Gesumm(e) [gə'zum(ə)], *n* -(e)s/no *pl* humming, buzzing.

gesund [gə'zunt], *adj.* healthy; sound (heart, sleep, *Fig:* principle, *Com:* firm etc.); wholesome (food); (*heilsam*) salutary (lesson); **sie ist wieder ganz g.**, she is quite well/fit again; **j-n und munter**, hale and hearty; **j-n g. pflegen**, to nurse s.o. back to health; **j-n g. schreiben**, to sign s.o. off/give s.o. a final certificate (of fitness); **bleib schön g.**, look after yourself; **trink das, es ist g.**, drink that, it's good for you; *adv.* **g. leben**, to lead a healthy life; *Fig:* **der g~e Menschenverstand**, common sense; **ein g~es Urteil haben**, to have sound judgement; *F:* **du bist wohl nicht ganz g.?** are you out of your mind? **g~beten. I.** *v.tr.sep.* to cure (s.o.) by prayer/faith-healing. **II. G.**, *n -s/no pl* faith-healing. **G~beter(in)**, *m -s/- (f -/-nen)* faith-healer. **G~heit**, *f -/no pl* health; fitness; healthiness (of the climate); (*also Fin:*) soundness; **geistige G.**, soundness of mind, sanity; **bei guter/bester G. sein**, to be in good/the best of health; **auf Ihre G.!** your health! here's to you! (*einem Niesenden*) **G.!** bless you! (*am Geburtstag*) **G. und ein langes Leben**, many happy returns (of the day). **g~heitlich**, *adj.* (relating to) health; (state, reasons etc.) of health; sanitary (measures, arrangements, conditions etc.); **g~e Gefährdung**, danger to health; *adv.* **g. ist er nicht auf der Höhe**, he is not in the best of health. **G~heits-**, *comb.fm.* health (service etc.); (state etc.) of health; **G~attest** *n*/**G~paß** *m*/**G~zeugnis** *n*, health certificate; *F:* **G~apostel** *m*, health fanatic; *Adm:* **G~amt** *n*, Public Health Department; **G~behörden** *fpl*, (public) health authorities. **g~heitsfördernd**, *adj.* healthy (exercise, air etc.); wholesome (food etc.). **G~heitspflege**, *f -/no pl* hygiene. **g~heitsschädlich**, *adj.* injurious to health; unhealthy, insanitary (conditions, place etc.); unwholesome (food). **g~machen**, *v.refl.sep.*/ **g~stoßen**, *v.refl. sep.irr.103 F:* **sich g.**, to make a packet (of money).

gesungen [gə'zuŋən], *p.p. of* **singen** *q.v.*

gesunken [gə'zuŋkən], *p.p. of* **sinken** *q.v.*

getan [gə'taːn], *p.p. of* **tun** *q.v.*

Getier [gə'tiːr], *n -(e)s/no pl* animals.

getigert [gə'tiːgərt], *adj.* striped (animal, fur); **g~e Katze**, tabby cat.

Getöse [gə'tøːzə], *n -s/ no pl* din, racket; roar (of waves etc.).

Getrampel [gə'trampəl], *n -s/ no pl* tramping.

ge'tragen, *p.p. as adj.* stately, solemn and dignified.

Getränk [gə'trɛŋk], *n -(e)s/-e* drink. **G~eautomat**, *m -en/-en* drinks machine. **G~ekarte**, *f -/n* list of beverages, *usu.* wine list. **G~esteuer**, *f -/-n* tax on alcoholic drinks.

Getrappel [gə'trapəl], *n -s/ no pl* clatter (of hooves etc.); patter (of feet).

Getreide [gə'traidə]. **I.** *n -s/-* grain. **II. G~-**, *comb.fm.* grain (harvest, silo etc.); cereal (product); **G~art/G~sorte** *f*, type of grain, cereal. **G~börse**, *f -/-n Com:* corn exchange. **G~mühle** *f -/-n* flour mill. **G~speicher**, *m -s/-* granary.

getrennt [gə'trɛnt], *p.p. as adj.* separate; *adv.* **g. leben**, to live apart. **g~schreiben**, *v.tr. sep.irr.12* to write (a compound) as two words.

getreu [gə'trɔy], *adj.* (*a*) faithful, exact (reproduction etc.); (*b*) *Lit:* loyal (friend etc.).

Getriebe [gə'triːbə]. **I.** *n -s/- 1. Mec.E:* gearing; (*Kraftübertragung*) transmission; *Aut:* (*Gangschaltung*) gearbox; **automatisches G.**, automatic transmission; *Fig:* **es ist Sand im G.**, something is jamming up the works. **2.** (*Betriebsamkeit*) hustle and bustle. **II. G~-**, *comb.fm.* gear (oil, ratio etc.); transmission (brake, shaft etc.); gearbox (trouble etc.); **G~gehäuse** *n*, gearbox (casing). **g~n**, *p.p. of* **treiben** *q.v.*

getroffen [gə'trɔfən], *p.p. of* **treffen** *q.v.*

getrogen [gə'troːgən], *p.p. of* **trügen** *q.v.*

getrost [gə'troːst], *adj.* confident; *esp. adv.* confidently, with confidence.

getrunken [gə'truŋkən], *p.p. of* **trinken** *q.v.*

Getto ['gɛto], *n -s/-s* ghetto.

Getue [gə'tuːə], *n -s/ no pl F:* fuss.

Getümmel [gə'tyməl], *n -s/ no pl* tumult; (*lebhafter Betrieb*) hurly-burly.

getupft [gə'tupft], *adj.* spotted; **g~er Stoff**, polka-dot material.

geübt [gə'yːpt], *p.p. as adj.* (*Pers.*) skilled; proficient (**in** + *dat,* at); trained, experienced (eye, ear).

Geviert [gə'fiːrt], *n -(e)s/-e* rectangle; (*Quadrat*) square.

Gewächs [gə'vɛks], *n -es/-e* **1.** (*a*) (*Pflanze*) plant; (*b*) **es ist eigenes G.**, it is our own produce/homegrown. **2.** *Med:* growth. **3.** *F:* (*Pers.*) specimen, type. **G~haus**, *n -es/-er* greenhouse, hothouse.

gewachsen [gə'vaksən], *p.p. as adj.* **einer Sache g. sein**, to be equal/up to sth.; **j-m g. sein**, to be a match for s.o.

gewagt [gə'voːkt], *p.p. as adj.* daring; risqué. **G~heit**, *f -/-en* boldness; risqué character.

gewählt [gə'vɛːlt], *p.p. as adj.* elegant, refined; *adv.* **sich g. ausdrücken**, to use refined language.

Gewähr [gə'vɛːr], *f -/no pl* guarantee; (*Verantwortung*) responsibility; **ohne G.**, without guarantee; (*Angaben*) subject to confirmation. **g~en**, *v.tr.* (*a*) to grant (a request, credit etc.) (**j-m**, to s.o.); **j-m Unterkunft, Einblick in etwas** *acc,* **einen Rabatt usw. g.**, to give s.o. shelter, insight into sth., a discount etc.; (*b*) **j-n g. lassen**, to let s.o. have his way. **g~leisten**, *v.tr.insep.* to guarantee (freedom, rights etc.); to ensure (success, peace etc.). **G~leistung**, *f -/-en* guarantee(ing). **G~smann**, *m -(e)s/-er & -leute* informant. **G~ung**, *f -/ no pl* granting.

Gewahrsam [gə'voːrzaːm], *m -s/no pl* (*Obhut*) safekeeping; (*Haft*) custody; **j-n in G. nehmen/ bringen**, to take s.o. into custody.

Gewalt [gə'valt]. **I.** *f -/-en* **1.** (*a*) (*Macht*) power; authority (of the state etc.); **die elterliche G. ausüben**, to exercise parental authority; **die G. an sich** *acc* **reißen**, to seize power; **Naturkatastrophen sind höhere G.**, natural disasters are acts of God; *Adm:* **gesetzgebende/vollziehende G.**, legislative/executive (power); (*b*) (*Beherrschung*) control (**über ein Fahrzeug usw.**, of a vehicle etc.); **etwas/sich in der G. haben**, to be in control of sth./oneself; (*c*) (*bezwingende Kraft*) force, violence; **er öffnete die Tür mit G.**, he forced the door open; **er wurde mit G. entfernt**, he was forcibly removed; **G. anwenden**, to use force; *Fig:* **mit aller G.**, with

all one's might; (*was auch geschieht*) at all
costs; **sich** *dat* **G. antun,** to force oneself; **der
Wahrheit/den Tatsachen G. antun,** to distort
the truth/facts; *Lit:* **einer Frau G. antun,** to rape
a woman; *Prov:* **G. geht vor Recht,** might is
right. **II. G ~ -,** *comb.fm.* (crime etc.) of vio-
lence; violent, drastic (measure etc.); **G ~ akt**
m/**G ~ tat** *f,* act of violence; **G ~ anwendung** *f,*
use of violence/force; **G ~ streich** *m,* violent
coup; **G ~ verbrecher** *m,* violent criminal; *F:*
G ~ kur *f,* drastic remedy. **G ~ enteilung/
G ~ entrennung,** *f -/no pl Jur:* separation of
powers. **G ~ herrschaft,** *f -/no pl* despotism,
tyranny. **G ~ herrscher,** *m -s/-* tyrant,
despot. **g ~ ig,** *adj.* colossal, gigantic (building
etc.); mighty (oak etc.); massive (wall etc.);
formidable (opponent etc.); tremendous (task,
difference etc.); *F:* terrific (quantity, blow,
pain, progress etc.); terrible (mistake); *adv. F:*
terribly; **da irrst du dich g.!** there you are very
much mistaken! **g. steigen,** to go up enor-
mously. **g ~ los,** *adj.* non-violent. **G ~ lo-
sigkeit,** *f -/no pl* non-violence. **G ~ marsch,**
m -(e)s/-̈e Mil: forced march. **g ~ sam,** *adj. (a)*
violent (death, deed etc.); forcible (entry etc.);
adv. **g. eindringen,** to enter by force; *(b)* drastic
(solution, measures etc.). **G ~ samkeit,** *f
-/-en* **1.** *no pl* violence, force. **2.** *pl* (*Handlun-
gen*) acts of violence. **g ~ tätig,** *adj.* violent.
G ~ tätigkeit, *f -/-en* **1.** *no pl* violence, vio-
lent/brutal nature. **2.** *esp.pl* act of violence.
G ~ verzicht, *m -(e)s/no pl* non-aggression.
Gewand [gə'vant], *n -(e)s/-̈er* robe; *Ecc:*
vestment; *A: & Hum: (Kleidung)* garb, attire.
gewandt [gə'vant]. **1.** *p.p. of* **wenden** *q.v.* **2.** *adj.*
skilful; deft, adroit (businessman etc.); (*flink*)
nimble; easy, confident (manner, style); **sie ist
im Umgang mit Menschen g.,** she is skilful/good
at handling people. **G ~ heit,** *f -/no pl* skill;
deftness; nimbleness; fluency (of style etc.).
gewann [gə'van], *p. of* **gewinnen** *q.v.*
Gewäsch [gə'vɛʃ], *n -(e)s/no pl F:* eyewash.
Gewässer [gə'vɛsər], *n -s/-* stretch of water; *pl.
esp. Nau:* waters; (*Binneng.*) inshore waters;
lakes and rivers.
Gewebe [gə've:bə], *n -s/-* **1.** *Tex:* (woven)
fabric. **2.** *Anat: & Fig:* tissue.
geweckt [gə'vɛkt], *p.p. as adj.* bright, smart.
Gewehr [gə've:r], *n -(e)s/-e* rifle; *Mil:* **das G.
über!** slope arms! **präsentiert das G.!** present
arms! *F:* **ran an die G ~ e!** let's get on with it!
G ~ kolben, *m -s/-* rifle butt. **G ~ lauf,** *m
-(e)s/-̈e* (rifle) barrel.
Geweih [gə'vai], *n -(e)s/-e* antlers. **G ~ -
sprosse,** *f -/-n* antler.
Gewerbe| [gə'vɛrbə]. **I.** *n -s/-* trade; (*Be-
schäftigung*) occupation; (*Beruf*) calling; **ein G.
ausüben/betreiben,** to carry on a trade/business;
Handel und G., trade and industry; **das graphische
G.,** the printing trade. **II. G ~ -,** **g ~ -,** *comb.fm.*
trade (tax, school etc.); trading (firm etc.); in-
dustrial (hygiene etc.); factory (inspector);
G ~ ordnung *f,* trade regulations; industrial
code; **G ~ schein** *m,* trading licence. **G ~ e-
freiheit,** *f -/no pl* right to engage in a trade
or occupation. **g ~ etreibend,** *adj.* trading;
G ~ (e), trader. **g ~ lich,** *adj.* commercial (use,
enterprise etc.); business (activities, interests

etc.); *adv.* **g. tätig sein,** to be in business.
g ~ smäßig, *adj.* professional; for profit,
on a commercial basis; *Jur:* **g ~ e Unzucht,**
prostitution.
Gewerkschaft [gə'vɛrkʃaft], *f -/-en* trade/
N.Am: labor union. **G ~ (l)er(in),** *m -s/- (f
-/-nen)* trade/*N.Am:* trade unionist. **g ~ lich,**
adj. trade/*N.Am:* labor union (policy, congress
etc.); *adv.* **g. organisierte Arbeiter,** unionized
workers. **G ~ s-,** *comb.fm.* (trade/*N.Am:* labor)
union (leader etc.); **G ~ bund** *m,* (German)
Trade Union Federation; **G ~ funktionär** *m,*
(trade) union official; **G ~ wesen** *n,* trade
unionism. **G ~ szwang,** *m -(e)s/no pl* closed
shop.
gewesen [gə've:zən]. **1.** *p.p. of* **sein** *q.v.* **2.** *adj.*
former, one-time (actress etc.); **das G ~ e,** the
past; past events.
gewichen [gə'viçən], *p.p. of* **weichen** *q.v.*
Gewicht [gə'viçt], *n -(e)s/-e (a)* weight; **Ware
nach G. verkaufen,** to sell goods by weight; **ein
G. von 5 Kilo haben,** to weigh 5 kilograms; *F:*
die Tasche hat ihr G., the bag is pretty heavy;
Ph:Ch: **spezifisches G.,** specific gravity; *(b)
(Wichtigkeit)* importance; **von G.,** important;
seine Stimme hat großes G., his voice carries a
lot of weight; **die Tatsache fällt nicht ins G.,**
the fact is of no consequence; **auf etwas** *acc* **G.
legen/etwas** *dat* **G. beilegen,** to lay great stress
on sth., attach importance to sth. **G ~ heben,**
n -s/no pl Sp: weight-lifting. **G ~ heber,** *m -s/-
Sp:* weight-lifter. **g ~ ig,** *adj.* important;
weighty (reason, question etc.); momentous
(decision); *adv.* with an air of importance.
G ~ igkeit, *f -/no pl* importance; weightiness.
G ~ s-, *comb.fm.* (loss, *Meas:* unit etc.) of
weight; **G ~ angabe** *f,* indication of weight;
G ~ verlagerung *f,* shift of weight/*Fig:* em-
phasis; **G ~ zunahme** *f,* increase in weight; *Sp:*
G ~ klasse *f,* weight(-class).
gewieft [gə'vi:ft], *adj. F:* crafty; (*schlau*) smart;
Pej: slick.
gewiegt [gə'vi:kt], *adj. F:* experienced,
seasoned; (*klug*) astute.
Gewieher [gə'vi:ər], *n -s/no pl* whinnying; *F:*
braying laughter, horse laugh.
gewiesen [gə'vi:zən], *p.p. of* **weisen** *q.v.*
gewillt [gə'vilt], *adj.* willing; (*bereit*) prepared;
(*entschlossen*) determined.
Gewimmel [gə'viməl], *n -s/no pl* milling
crowd; swarming mass (of ants etc.).
Gewimmer [gə'vimər], *n -s/no pl* whimpering.
Gewinde [gə'vində], *n -s/- Mec.E:* (screw)
thread. **G ~ bohrer,** *m -s/- Tls:* tap. **G ~ bol-
zen,** *m -s/no pl* threaded bolt. **G ~ stift,** *m
-(e)s/-e* grub screw.
Gewinn [gə'vin]. **I.** *m -(e)s/-e* **1.** *(a)* (*Ertrag*)
profit; **G. einbringen/abwerfen,** to be profitable;
am G. beteiligt sein, to receive a share of the
profits; **er hat es mit G. verkauft,** he sold it at a
profit; **auf G. aus sein,** to be on the make; *(b)
(Vorteil, Bereicherung)* benefit, gain; **er be-
suchte den Kurs mit G.,** he gained/benefited
from the course; **es wäre ein G. für uns,** we
would profit/benefit from it. **2.** (lottery etc.)
prize; **im Toto einen G. haben/***F:* **machen,** to
have a win on the football pools; **jedes Los ist
ein G.,** every ticket is a winner. **II. G ~ -,**

comb.fm. (a) profits (tax etc.); **G~anteil** *m,* share (of the profits); *Fin:* dividend; **G~ausschüttung** *f,* distribution of profits/prizes; **G~beteiligung** *f,* profit-sharing; **G~spanne** *f,* profit margin; (b) winning (number etc.); (list) of winners; **G~los** *n,* winning ticket. **g~bringend,** *adj.* profitable, lucrative. **G~chance,** *f* -/-n chance of winning; *Rac:* **(hohe/geringe) G~n,** (long/short) odds. **g~en,** *v.irr.73* 1. *v.tr.* (a) to win (a battle, match, bet, prize etc.); *Fig:* **gewonnenes Spiel haben,** to be as good as there; (b) to make (money); **am/beim Verkauf viel Geld g.,** to make a lot of money on the sale; (c) to gain (respect, time, control, an advantage etc.); to acquire (knowledge, an interest, taste etc.); to win (s.o.'s love, confidence etc.); *Rac:* **einen Vorsprung/Boden g.,** to gain a lead/ground **(gegenüber j-m,** on s.o.); *Fig:* **den Eindruck g., daß...,** to get the impression that ...; **Klarheit über etwas** *acc/* **Abstand von etwas** *dat* **g.,** to get sth. clear/into perspective; *(Sache)* **dadurch gewinnt die Sache ein ganz neues Aussehen,** that puts a completely different complexion on the matter; (d) **j-n als Kunden/zum Freund g.,** to gain s.o.'s custom/friendship; **j-n für sich/für einen Plan g.,** to win s.o. over (to one's side)/to a plan; (e) to mine (coal etc.); **Metall aus Erz/Saft aus Obst g.,** to extract metal from ore/juice from fruit. **2.** *v.i.* *(haben)* (a) to win; **jedes vierte Los gewinnt,** every fourth ticket is a winner; (b) **beim Verkauf eines Wagens g.,** to make money on the sale of a car; (c) **an Bedeutung g.,** to gain in importance; **an Klarheit g.,** to become clearer; *Av: etc:* **an Höhe/an Geschwindigkeit g.,** to gain height/speed; (d) **er gewinnt bei näherer Bekanntschaft,** he improves on closer acquaintance; **er hat dadurch gewonnen,** he is the better for it. **g~end,** *adj.* winning, engaging. **G~er,** *m* -s/- winner. **G~ler,** *m* -s/-profiteer. **g~los,** *adj.* profitless. **G~sucht,** *f* -/no *pl* greed for gain. **g~süchtig,** *adj.* mercenary, grasping. **G~ung,** *f* -/no *pl* mining; extraction (of juice etc.).

Gewinsel [gə'vinzəl], *n* -s/no *pl* whining.

Gewirr [gə'vir], *n* -(e)s/-e tangle; maze (of streets etc.); (confused) jumble (of sounds etc.).

gewiß [gə'vis], *adj.* certain; (a) sicher; **man weiß noch nichts Gewisses,** nothing is known yet for certain/for sure; **seines Sieges/Erfolges g.,** certain/confident of victory/success; *adv.* **ich werde g. kommen,** I shall certainly/definitely come; **ich weiß es ganz g.,** I know it for certain; **er kommt g.,** he is certain to come; **aber g. (doch)!** (but) of course! (b) *(nicht genau bestimmbar)* **bis zu einem gewissen Grade,** to a certain extent; **in gewisser Hinsicht,** in a (certain) sense; **sie hat das gewisse Etwas,** she has that certain something; *F:* **das gewisse Örtchen,** the loo/ *N.Am:* john. **gewisser'maßen,** *adv.* to some/a certain extent; *(ziemlich)* rather; **er hat sich g. entschuldigt,** he apologized after a fashion. **Ge'wißheit,** *f* -/no *pl* certainty; **G. (über etwas** *acc)* **erlangen,** to find out for certain (about sth.); **das kann ich nicht mit G. sagen,** I cannot say for certain.

Gewissen [gə'visən], *n* -s/- conscience; **etwas mit gutem G. tun,** to do sth. with a clear con-

science; **j-n, etwas auf dem G. haben,** to have s.o., sth. on one's conscience; **j-m ins G. reden,** to appeal to s.o.'s conscience; **sich** *dat* **kein G. aus etwas** *dat* **machen,** to have no scruples/qualms about sth. **g~haft,** *adj.* conscientious; *(genau)* exact, scrupulous; *(gründlich)* thorough. **G~haftigkeit,** *f* -/no *pl* conscientiousness; *(Genauigkeit)* exactness; scrupulousness; *(Gründlichkeit)* thoroughness. **g~los,** *adj.* unscrupulous; (person) with no conscience. **G~losigkeit,** *f* -/no *pl* unscrupulousness. **G~s-,** *comb.fm.* (question, conflict, matter etc.) of conscience; **G~angst** *f,* qualms of conscience. **G~sbisse,** *mpl* pangs of conscience; remorse; **mach dir deswegen keine G.,** don't let it worry you.

Gewitter [gə'vitər]. **I.** *n* -s/- thunderstorm; *Fig:* **ein häusliches G.,** a domestic storm. **II.** **G~-,** *comb.fm.* thundery (sky, rain, shower etc.); storm (front, cloud); **G~luft/G~stimmung** *f,* thundery atmosphere; **G~front** *f,* storm front; **G~neigung** *f,* likelihood of thunderstorms. **g~n,** *v.impers.* *(haben)* **es gewittert,** it is thundering; **seit Stunden will es g.,** there has been thunder in the air for hours. **g~schwül,** *adj* thundery, sultry.

gewittrig [gə'vitriç], *adj.* thundery.

gewitzigt [gə'vitsiçt], *adj.* sadder and wiser; **(durch Erfahrung) g. werden,** to learn from bitter experience. **g~t,** *adj.* crafty; shrewd.

gewogen [gə'vo:gən], *p.p.* of **wiegen** *q.v.*

gewöhn|en [gə'vø:nən], *v.tr.* **j-n an etwas** *acc* **g.,** to get s.o. used to sth.; **sich an j-n, etwas** *acc* **g.,** to get used/become accustomed to s.o., sth.; **sich an das Klima g.,** to acclimatize; **man gewöhnt sich an alles,** you can learn to live with anything. **g~lich,** *adj.* **1.** (a) *(normal)* normal, ordinary; everyday (life etc.), *Hum:* **g~e Sterbliche,** mere/ordinary mortals; *(üblich)* usual (time etc.); *adv.* usually; **wie g.,** as usual. **2.** *(ordinär)* common; vulgar; *adv.* in a common/vulgar manner. **g~lichkeit,** *f* -/no *pl* commonness; vulgarity. **g~t,** *p.p.* **an etwas** *acc* **g. sein,** to be used/accustomed to sth.; **ich bin nicht daran g.,** I am not used to it. **G~ung,** *f* -/no *pl* **G. an etwas** *acc,* becoming accustomed to sth.; accustoming (animals etc.) to sth.; *(Süchtigwerden)* addiction to sth.; **zur G. führen,** to be habit-forming.

Gewohn|heit [gə'vo:nhait], *f* -/-en habit; **aus G.,** from (force of) habit; **die G. haben, etwas zu tun,** to be in the habit of doing sth.; **es ist ihm zur G. geworden,** it has become a habit with him. **G~heits-,** *comb.fm.* (a) (matter etc.) of habit; **G~mensch** *m/F:* **G~tier** *n,* creature of habit; (b) habitual (drinker, criminal etc.). **g~heitsmäßig,** *adj.* habitual; *(üblich)* customary; *adv.* habitually; *(ohne nachzudenken)* automatically, from force of habit. **G~heitsrecht,** *n* -(e)s/no *pl* common law. **g~t,** *adj.* usual; **etwas** *acc* **g. sein,** to be used/accustomed to sth.; **er war (es) g., früh aufzustehen,** he was used to/in the habit of getting up early. **g~ter'maßen,** *adv.* as usual.

Gewölb|e [gə'vœlbə], *n* -s/- **1.** *Arch:* vault; *coll.* vaulting. **2.** *(Keller)* vaults, cellar. **g~t,** *p.p. as adj.* curved, domed (surface); cambered (road); *Arch:* arched, vaulted (ceiling etc.).

gewollt [gə'vɔlt], *p.p. as adj.* self-conscious, studied; *adv.* deliberately.

gewonnen [gə'vɔnən], *p.p. of* **gewinnen** *q.v.*

geworben [gə'vɔrbən], *p.p. of* **werben** *q.v.*

geworden [gə'vɔrdən], *p.p. of* **werden** *q.v.*

geworfen [gə'vɔrfən], *p.p. of* **werfen** *q.v.*

gewrungen [gə'vruŋən], *p.p. of* **wringen** *q.v.*

Gewühl [gə'vy:l], *n* -(e)s/*no pl* 1. (*Wühlen*) rummaging. 2. (*Gewimmel*) milling crowd, hurlyburly; (*Kampf*) mêlée.

gewunden [gə'vundən]. 1. *p.p. of* **winden** *q.v.* 2. *adj.* sinuous, twisting.

gewunken [gə'vuŋkən], *Hum: p.p. of* **winken** *q.v.*

gewürfelt [gə'vyrfəlt], *p.p. as adj.* check (pattern etc.).

Gewürz [gə'vyrts], *n* -es/-e *Cu:* spice; (*aromatische Zutat*) seasoning. **G ~ gurke,** *f* -/-n pickled gherkin. **G ~ inseln.** *Pr.n.fpl Geog:* die G., the Moluccas. **G ~ kräuter,** *npl Bot:* potherbs. **G ~ nelke,** *f* -/-n clove. **G ~ ständer,** *m* -s/- spice rack.

gewußt [gə'vust], *p.p. of* **wissen** *q.v.*

Geysir ['gaizir], *m* -s/-e *Geol:* geyser.

gezackt [gə'tsakt], *p.p. as adj.* jagged; (*gezahnt*) serrated (leaf etc.).

gezähmt [gə'tsɛ:mt], *p.p. as adj.* tame, domesticated (animal).

gezahnt [gə'tsa:nt]/**gezähnt** [-'tsɛ:nt], *adj.* toothed (saw, wheel), serrated (blade, leaf etc.); perforated (stamp).

Gezänk [gə'tsɛŋk], *n* -(e)s/*no pl* squabbling.

Gezeiten [gə'tsaitən]. I. *fpl* tides. II. **G ~,** *comb.fm.* tide (table etc.); tidal (power station etc.); **G ~ strom** *m*, tidal current; **G ~ wechsel** *m*, turn of the tide.

gezielt [gə'tsi:lt], *p.p. as adj.* (measure etc.) with a specific purpose; pointed, specific (questions etc.); **g ~ e** Werbung, well-aimed advertising; *adv.* g. gegen etwas *acc* vorgehen, to take appropriate/specific measures against sth.

geziert [gə'tsi:rt], *adj.* affected. **G ~ heit,** *f* -/*no pl* affectedness.

gezogen [gə'tso:gən], *p.p. of* **ziehen** *q.v.*

Gezwitscher [gə'tsvitʃər], *n* -s/*no pl* twittering, chirping.

gezwungen [gə'tsvuŋən]. 1. *p.p. of* **zwingen** *q.v.* 2. *adj.* forced (laugh, merriment etc.); unnatural, stiff (behaviour, manner etc.). *adv.* g. lachen, to give a forced laugh. **g ~ er'maßen,** *adv.* of necessity; etwas g. machen, to be forced to do sth. **G ~ heit,** *f* -/*no pl* constraint; unnaturalness, stiffness.

Ghana ['ga:na]. *Pr.n.n* -s. *Geog:* Ghana. **G ~ er(in)** [ga'na:ər(in)], *m* -s/- (*f* -/-nen) Ghanaian. **g ~ isch,** *adj.* Ghanaian.

gib [gi:p], **gibst, gibt** *see* **geben.**

Gicht [giçt], *f* -/-en *no pl Med:* gout.

Giebel ['gi:bəl]. 1. *m* -s/- 1. *Constr:* gable. 2. *Arch:* (*über Fenstern usw.*) pediment. II. **G ~,** *comb.fm.* gable (window etc.); gabled (roof, house); **G ~ wand** *f*, gable end.

Gier [gi:r], *f* -/*no pl* (*Habg.*) greed; (*nach Genuß*) craving (**nach etwas** *dat*, for sth.); G. nach Macht/Geld, lust for power/money. **'g ~ ig,** *adj.* greedy (**nach** + *dat*, for); voracious (animal, reader etc.); avid (desire etc.); sie war g. nach Fleisch, she had a craving for meat; *adv.* g. essen, to eat greedily.

Gieß|bach ['gi:sbax], *m* -(e)s/-̈e (mountain) torrent. **'g ~ en,** *v.irr.* (*p.* goß, *p.p.* gegossen) 1. *v.tr.* (*a*) to pour, (*verschütten*) spill (liquid) (**in/auf/über etwas** *acc*, into/onto/over sth.); (*b*) to water (plants, the garden etc.); (*c*) *Ind:* to cast (metal, a bell etc.); to mould (candles). 2. *v.i.impers.* (*haben*) *F:* es gießt (in Strömen), it's pouring (with rain). **'G ~ er,** *m* -s/- *Metalw:* caster, founder. **G ~ e'rei,** *f* -/-en 1. (*Gießen*) casting, founding. 2. (*Betrieb*) foundry. **'G ~ kanne,** *f* -/-n watering can. **'G ~ kannenprinzip,** *n* -s/*no pl* principle of giving everyone the same amount.

Gift [gift]. I. *n* -(e)s/-e poison; (*Schlangeng. & Fig:*) venom; *F:* Kaffee ist das reinste G. für mich, coffee is very bad/the last thing for me; darauf kannst du G. nehmen! you can bet your life on that! G. und Galle speien/spucken, to rant and rave; *Hum:* ein blondes G., a blonde bombshell. II. **'G ~ -,** *comb.fm.* poisonous (plant, mushroom etc.); poisoned (arrow etc.); poison (gas, cupboard etc.); **G ~ schlange** *f*, poisonous/venomous snake; **G ~ stoff** *m*, poisonous/toxic substance; **G ~ müll** *m*, toxic waste; *Z: Ent:* **G ~ stachel** *m*, poison-sting; **G ~ zahn** *m*, poison fang. **'g ~ en,** *v.* 1. *F: v.i.* (*haben*) to rage (**gegen/über** + *acc*, against/about). 2. *v.tr.* es giftet ihn, daß . . ., it makes him livid that . . .; sich über etwas *acc* g., to be furious about sth. **'g ~ frei,** *adj.* non-toxic. **'g ~ grün,** *adj.* vivid/bilious green. **'G ~ hauch,** *m* -(e)s/*occ* -e *Fig:* blight. **'g ~ ig,** *adj.* (*a*) poisonous; venomous (snake, *Fig:* remark etc.); *Ch:* toxic (fumes etc.); *Fig:* vicious, spiteful (person, remark etc.); *adv.* viciously, spitefully; (*b*) vivid, bilious (green, yellow). **'G ~ igkeit,** *f* -/*no pl* poisonous/*Z:* venomous nature; *Fig:* venomousness, viciousness. **'G ~ mischer(in),** *m* -s/- (*f* -/-nen) *Hum:* mixer of devilish potions. **'G ~ mord,** *m* -(e)s/-e (murder by) poisoning. **'G ~ mörder(in),** *m* -s/- (*f* -/-nen) poisoner. **'G ~ nudel,** *f* -/-n *F: Hum:* 1. (*Zigarette*) poisonous weed. 2. (*Frau*) (old) cat.

Gigant [gi'gant], *m* -en/-en giant. **g ~ isch,** *adj.* gigantic, colossal.

Gigue [ʒi:k], *f* -/-n [-gan] *Mus:* jig.

Gilde ['gildə], *f* -/-n *Hist: & Hum:* guild.

Gimpel ['gimpəl], *m* -s/- 1. *Orn:* bullfinch. 2. *F:* (*Pers.*) mug, *esp. N.Am:* sucker.

Gin [dʒin], *m* -s/-s gin.

ging [giŋ], *p. of* **gehen** *q.v.*

Ginster ['ginstər], *m* -s/- *Bot:* broom.

Gipfel ['gipfəl], *m* -s/- (*Bergg.*) summit, top (of a mountain); (*also Fig:*) peak; *Fig:* zenith (of one's career, fortunes); acme (of perfection); *esp. Pej:* height (of stupidity etc.); auf dem G. seines Ruhmes/seiner Macht, at the height of his fame/power; seinen G. erreichen, to reach its peak/height; *F:* das ist (doch) der G.! that's the limit! **'G ~ konferenz,** *f* -/-en *Pol:* summit conference. **'G ~ leistung,** *f* -/-en supreme achievement. **'g ~ n,** *v.i.* (*haben*) in etwas *dat* g., to culminate in sth. **'G ~ punkt,** *m* -(e)s/-e zenith, apex; *Fig:* culmination. **'G ~ treffen,** *n* -s/- *Pol:* summit meeting.

Gips [gips], *m* -es/-e (*a*) plaster of Paris; *Med:* plaster; (*b*) *Miner:* gypsum. **'G ~ abdruck,** *m*

-(e)s/̃-e/'G ~ abguß, m -sses/̃-sse plastercast. 'G ~ bein, n -(e)s/-e F: leg in plaster/N.Am: a cast. 'G ~ diele, f -/no pl plasterboard. 'g ~ en, v.tr. (a) to plaster (a wall etc.); (b) Med: to put (a broken arm etc.) in plaster/ N.Am: a cast. 'G ~ er, m -s/- plasterer. 'G ~ verband, m -(e)s/̃-e Med: plastercast.

Giraffe [gi'rafə, Aus: ʒi-], f -/-n Z: giraffe.

Girlande [gir'landə], f -/-n garland.

Giro ['ʒi:ro]. I. n -s/-s & Aus: **Giri** Bank: (a) giro (system); (Überweisung) giro transfer; (b) (Indossament) endorsement. II. 'G ~ -, comb.fm. giro (transaction, account etc.); clearing bank, G ~ verkehr m, giro transfer business.

girren ['girən], v.i. (haben) to coo.

Gis [gis], n -/- Mus: G sharp.

Gischt [giʃt], m -(e)s/occ -e & f -/occ -en spray.

Gitarre [gi'tarə], f -/-n guitar. G ~ enspieler, m -s/-/G ~ ist [-'rist], m -en/-en guitarist.

Gitter ['gitər]. I. n -s/- 1. (Stäbe) (esp. iron) bars; (Zaun, Geländer) railings; (vom Fenster usw.) grille; (Abdeckung von Schächten usw.) grid, grating; Hort: (aus gekreuzten Stäben) lattice, (Drahtg.) wire mesh; trellis; F: hinter G ~ n sitzen, to be behind bars. 2. El: grid. II. 'G ~ -, comb.fm. (a) barred (gate etc.); Constr: lattice (bridge, girder etc.); G ~ fenster n, barred window; G ~ werk n, lattice-work; G ~ zaun m, lattice-work fence; (b) El: grid (circuit, current etc.); G ~ spannung f, grid voltage. 'G ~ mast, m -(e)s/-e(n) pylon. 'G ~ netz, n -es/-e Mapт: grid. 'G ~ rost, m -(e)s/-e grating. 'G ~ stab, m -(e)s/̃-e bar (of a grating etc.).

Glacéhandschuh [gla'se:hantʃu:], m -(e)s/-e kid glove; F: j-n mit G ~ en anfassen, to handle s.o. with kid gloves. G ~ leder, n -s/- kid (leather).

Gladiator [gladi'a:tɔr], m -s/-en [-a'to:rən] gladiator.

Gladiole [gladi'o:lə], f -/-n Bot: gladiolus.

Glanz [glants]. I. m -es/no pl 1. (a) shine; (halbmatt) sheen, lustre; (Politur) polish; Paint: etc: gloss; (b) (Helligkeit) brightness, brilliance, (blendend) glare (of the sun etc.); (Funkeln) glitter. 2. Fig: radiance (of s.o.'s beauty etc.); (Pracht) splendour; verblichener G., faded glory; sich im G. seines Ruhmes sonnen, to bask in one's fame; im alten G. erstrahlen, to be restored to its former glory; mit G., brilliantly; eine Prüfung mit G. bestehen, to pass an examination with flying colours; Hum: mit G. und Gloria durchfallen, to fail resoundingly (in an exam). II. 'G ~ -, comb.fm. (a) glossy, shiny (paper); Phot: G ~ abzug m, glossy print; Tex: G ~ appretur f, lustre finish; Paint: G ~ lack m, gloss paint; (b) Fig: brilliant (idea, form etc.); G ~ leistung f, brilliant achievement; Sp: etc: outstanding performance. 'G ~ licht, n -(e)s/ -er Art: & Fig: highlight; er setzte der Erzählung ein paar G ~ er auf, he gave the story some extra twists for good effect. 'g ~ los, adj. lustreless, dull; matt (finish etc.); Fig: lacklustre. 'G ~ nummer, f -/-n F: star turn; das ist seine G., that's his party piece. 'G ~ periode, f -/-n = G ~ zeit. 'G ~ punkt, m -(e)s/-e highlight, high spot. 'G ~ stück, n -(e)s/-e supreme achievement, pièce de résistance. 'g ~ voll, adj. splendid, magnificent (occasion,

performance); brilliant (career etc.); illustrious (name). 'G ~ zeit, f -/-en heyday.

glänzen ['glɛntsən], v.i. (haben) to shine, gleam; (Sterne, Lichter) to twinkle, glitter; (Hose, Nase) to be shiny; Fig: (Pers.) to shine, be brilliant (in/bei etwas dat, at sth.); Hum: glänzte durch seine Abwesenheit, he was conspicuous by his absence. g ~ d, adj. 1. shining, gleaming, bright (eyes etc.); shiny, glossy (hair, surface etc.); radiant (looks etc.); glittering, sparkling (decorations, lights etc.). 2. Fig: brilliant (speaker, career, idea etc.); gorgeous (display); adv. sie verstehen sich g., they get along splendidly; F: es geht ihm g., he is in fine form.

Glas [gla:s]. I. n -es/̃-er ['glɛːzər]. 1. glass; unter G., behind/Hort: under glass; F: du bist nicht aus G.! you're not transparent! 2. (a) (Trinkgefäß) glass; (ohne Stiel) tumbler; zwei G. Bier, two glasses of beer; F: er hat zu tief ins G. geschaut, he's had a few too many; (b) (Einmachg.) ein G. Marmelade, a jar/pot of jam. 3. (a) (spectacle) lens; esp. A: pl. G̃-er, (Brille) spectacles; (b) (Ferng.) binoculars, fieldglasses; (Operng.) opera glasses. 4. Nau: pl acht G ~ en, eight bells. II. 'G ~ -, comb.fm. glass (eye, roof, -paper, cutter, wool etc.); G ~ faser f, glass fibre, fibreglass; G ~ geschirr n/G ~ waren fpl, glassware; G ~ glocke f/South G: G ~ sturz m, (domed) glass cover; 'G ~ kasten m, glass case; G ~ kugel f, glass ball/ (Murmel) marble; G ~ perle f, glass bead; G ~ platte f, plate of glass; G ~ scheibe f, pane of glass; G ~ scherbe f, piece of (broken) glass; G ~ scherben fpl, broken glass; Ind: G ~ bläser m, glass blower; G ~ fabrik/G ~ hütte f, glassworks; G ~ schleifer m, glass engraver/Opt: grinder; Constr: G ~ tür f, glass/(mit Scheiben) glazed door; G ~ wand f, glass wall/partition; G ~ ziegel m, glass tile/(in der Mauer) brick; Furn: G ~ schrank m, glass-fronted cabinet; G ~ tisch m, glass-topped table. 'g ~ artig, adj. glass-like; vitreous (rock, state etc.). 'G ~ er, m -s/- glazier; Hum: dein Vater ist kein G.! you're not transparent! G ~ e'rei, f -/-en 1. glazing. 2. glazier's workshop. 'G ~ erkitt, m -(e)s/no pl (glazing) putty. 'G ~ fluß, m -sses/no pl paste (for imitation jewellery). g ~ hart, adj. 1. ['gla:s-] rockhard. 2. ['gla:s'hart] Sp: hefty (kick, punch). 'G ~ haus, n -es/̃-er greenhouse, glasshouse; Prov: wer (selbst) im G. sitzt, soll nicht mit Steinen werfen, people who live in glass houses shouldn't throw stones. 'g ~ klar, adj. crystal clear. 'G ~ maler, m -s/- stained glass artist. G ~ male'rei, f -/-en 1. stained glass painting. 2. G ~ en, stained glass windows. 'G ~ masse, f -/-n molten glass. 'G ~ veranda, f -/-den glassed-in veranda, sun porch. 'g ~ weise, adv. by the glass.

Gläschen ['glɛːsçən], n -s/- (a) small glass; (b) F: drink; ein G. zu viel, a drop too much.

gläsern ['glɛːzərn], adj. glass (container etc.). 'G ~ tuch, n -(e)s/̃-er glasscloth.

glasieren [gla'zi:rən], v.tr. (a) to glaze (tiles etc.); (b) Cu: to ice, N.Am: frost (cakes); to candy (fruit). g ~ ig ['gla:ziç], adj. glassy, glazed (eyes, etc.); waxy (potatoes); Cu: transparent (onions etc.). G ~ ur [gla'zu:r], f -/-en

1. *Cer:* glaze. 2. *Cu:* icing, *N.Am:* frosting.

glatt [glat], *adj.* 1. smooth; (*a*) (*eben*) even; level (surface, ground etc.); calm (sea); g~e Haare, straight hair; *adv.* g. rasiert, cleanshaven; (*b*) (*glitschig*) slippery (road etc.); (*c*) (*ohne Komplikationen*) straightforward; smooth (landing etc.); *Med: etc:* g~er Bruch, clean fracture/ break; *adv.* alles ging g. vonstatten, everything went off smoothly/without a hitch; die Rechnung ging g. auf, the calculation worked out exactly; *Knit:* g. gestrickt, knitted in stocking stitch; (*d*) (*allzu gewandt*) smooth, suave; glib (words); *adv.* er verlangt g. 5000 Mark, he's asking a cool 5000 marks. 2. (*eindeutig*) clear (victory etc.); downright, outright (lie, deception etc.); flat (refusal); utter (nonsense); *adv.* completely; das war g. gelogen, that was nothing but a pack of lies; sie ging g. darüber hinweg, she completely ignored it; das hatte ich g. vergessen, I had forgotten all about it; er sagte es ihm g. ins Gesicht, he said it straight to his face. **II.** ´g~-, *sep.vbl.prefix* (to iron etc.) smooth; (to comb, lay out, pull) flat, straight; g~hobeln, to plane (wood) smooth; g~schleifen, to rub (sth.) smooth, polish (metal); g~machen/g~streichen, to smooth (hair, a pillow etc.). ´G~eis, *n* -es/*no pl* (black) ice; bei G., when it is icy; *Fig:* j-n aufs G. führen, to take s.o. for a ride; aufs G. geraten, to get into deep water. ´g~gehen, *v.i.sep.irr.36* (*sein*) to go off well/ without a hitch. ´G~heit, *f* -/*no pl* = Glätte. ´g~rasiert, *adj.* cleanshaven. ´g~weg, *adv.* g. ablehnen, to refuse pointblank; das ist g. erlogen, that is a downright lie.

Glätte [´glɛtə], *f* -/-n (*a*) smoothness; (*b*) slipperiness; bei G., when slippery; (*c*) suavity; glibness. ´g~n, *v.tr.* to smooth (a blanket, one's hair etc.); to smooth out (creases etc.); *Swiss:* to iron (clothes); *Fig:* to calm (s.o.'s anger); sich g., (*Meer usw.*) to become smoσ h/ calm; (*Wellen, Fig: Erregung usw.*) to subside.

Glatze [´glatsə], *f* -/-n bald head; (*kahle Stelle*) bald patch; er hat/bekommt eine G., he is/is going bald. ´G~kopf, *m* -(e)s/ˈ-e 1. bald head. 2. *F:* bald person. ´g~köpfig, *adj.* bald(-headed).

Glaube [´glaubə], *m* -ns/*no pl*/*occ* G~n, *m* -s/*no pl* belief (an + *acc*, in); *esp. Rel:* faith; G. an Gott, belief/faith in God; er war des festen G~ns, daß . . ., he was firmly convinced that . . .; den G~n an j-n/etwas verlieren, to lose faith in s.o./sth.; j-m G~n schenken, to believe s.o.; G~n finden, to be believed; etwas in gutem/im guten G~n tun, to so sth. in good faith; *Fig:* der G. kann Berge versetzen, faith can move mountains. ´g~en, *v.* 1. *v.tr.* (*a*) (*für wahr halten*) to believe (a statement etc.); j-m g., to believe s.o.; das glaube ich dir (gern), I believe you/what you say; sie glaubte ihm seine Geschichte nicht, she did not believe his story; das kann ich von ihr nicht g., I can't believe it of her; das ist doch kaum zu g.! it is scarcely credible/believable; *F:* das glaubst du doch selber nicht! you can't be serious! wer's glaubt, wird selig, that's a likely story; du glaubst nicht, wie ich mich freue, you've no idea how pleased I am; ich glaube gar, er kommt, I do believe he's coming; (*b*) (*der Meinung sein*)

to think, believe; ich glaubte, sie sei in Paris, I thought she was in Paris; ich glaube (es) schon/ glaube ja, I think/*N.Am:* guess so; ich glaube nein, I don't think so; sich allein/unbeobachtet g., to think one is alone/unobserved. 2. *v.i.* (*haben*) to believe (an Gott, Wunder usw., in God, miracles etc.); (*vertrauen*) an j-n, etwas *acc* g., to have faith in s.o., sth.; *P:* er hat dran g. müssen, he's kicked the bucket. ´G~ens-, *comb.fm.* (article, question, change, matter etc.) of faith; religious (movement, zeal, freedom, war, doctrine etc.); G~bekenntnis *n*, profession of faith; creed; G~gemeinschaft *f*, religious community/sect; G~streit *m*, religious controversy. g~haft [´glauphaft], *adj.* credible; convincing, plausible (reason etc.); etwas g. nachweisen, to prove sth. convincingly; *Jur:* ein Alibi g. machen, to substantiate an alibi. ´G~haftigkeit, *f* -/*no pl* credibility; plausibility. ´g~lich, *adj.* kaum g., scarcely credible. ´g~würdig, *adj.* credible; plausible (excuse etc.); (*zuverlässig*) reliable (sources). ´G~würdigkeit, *f* -/*no pl* credibility, plausibility; reliability.

gläubig [´glɔybiç], *adj.* 1. (*a*) believing (Christian etc.), faithful (believer); (*b*) (*fromm*) religious. 2. (*vertrauensselig*) trusting. ´G~e(r), *m & f decl. as adj.* believer; die G~en, the faithful. ´G~er, *m* -s/- creditor.

gleich [glaiç], *adj. & adv.* 1. (*dasselbe*) (*a*) same; zur g~en Zeit, at the same time; er ist immer der g~e, he's always the same; he never changes; immer g~e Güte, constant/unchanging quality; das kommt auf das g~e hinaus, it comes/amounts to the same thing; G~es mit G~em vergelten, to give tit for tat; *Prov:* g. und g. gesellt sich gern, birds of a feather flock together; (*b*) (*ähnlich*) *pred.* ihr seid alle g., you are all the same/alike; sie sehen ziemlich g. aus, they look fairly alike; (*c*) (*g~wertig*) equal; g~er Lohn für g~e Arbeit, equal pay for equal work; X ist ihm g., X is his equal; zu g~en Teilen, in equal parts; in g~em Abstand von + *dat*, equidistant from; *adv.* g. schwer/groß, equally heavy/large; *Mth:* zweimal zwei (ist) g. vier, twice two equals four; (*d*) (*gleichgültig*) ihm ist alles g., nothing matters to him; es ist mir g., was er denkt, I don't care what he thinks; ganz g. wer kommt, no matter who comes. 2. *adv.* (*a*) (*sofort*) immediately, at once; g. nach dem Essen, straight after dinner; ich komme g., I'm just coming; ich bin g. wieder da, I'll be back in a minute; bis g.! see you in a moment! das habe ich mir doch g. gedacht, I thought as much (from the start); (*verstärkend*) du brauchst dich nicht g. aufzuregen, you really don't have to fly straight into a rage; in dem Fall kannst du g. fliegen, in that case you might just as well fly; (*b*) (*direkt*) g. daneben, right next to/just beside it; g. gegenüber, directly opposite; (*c*) (*fast*) es ist g. 9 Uhr, it is almost/ nearly 9 o'clock; (*d*) (*zugleich*) at the same time, at once; ich habe mir g. zwei Paar Schuhe gekauft, I bought two pairs of shoes while I was at it; (*e*) *F:* wie hieß er g.? what was his name again? ´g~alt(e)rig [-alt(ə)riç], *adj.* (of) the same age. ´g~artig, *adj.* of the same kind; similar. ´g~bedeutend, *adj.*

synonymous (words etc.); **g. mit + *dat*, (*Handlung*)** tantamount to; (*Begriff*) synonymous with. **'g ~ berechtigt,** *adj.* having/enjoying equal rights; equal (rights); **'G ~ berechtigung,** *f -/no pl* equality; **die G. der Frau,** equal rights for women. **'g ~ bleiben,** *v.i. sep.irr.12* (*sein*) (**sich** *dat*) **g.,** to remain unchanged/the same; *F:* **das bleibt sich gleich,** it makes no difference. **'g ~ bleibend,** *adj.* constant; (*konsequent*) consistent (attitude, behaviour etc.); **Verkürzung der Arbeitszeit bei g ~ em Lohn,** shorter working hours for the same pay. **'g ~ denkend,** *adj.* of the same opinion, like-minded. **'g ~ en,** *v.i.irr.* (*haben*) (*p.* **glich,** *p.p.* **geglichen**) **j-m/etwas** *dat* **g.,** to be like/resemble s.o., sth.; **sie g. sich** *dat* **wie ein Ei dem anderen,** they are as alike as two peas. **g ~ er'maßen,** *adv.* equally. **'g ~ falls,** *adv.* also, likewise; **danke g.!** thank you, the same to you! **'g ~ farbig,** *adj.* (of) the same colour (**mit + *dat*,** as). **'g ~ förmig,** *adj.* uniform; (*eintönig*) monotonous. **'G ~ förmigkeit,** *f -/no pl* uniformity; monotony. **'g ~ geschlechtig,** *adj.* (twins etc.) of the same sex. **'g ~ geschlechtlich,** *adj.* homosexual. **'g ~ gesinnt,** *adj.* like-minded. **'g ~ gestellt,** *adj.* **j-m/mit j-m g.,** on a par with/ equal to s.o.; **seine G ~ en,** his equals. **'g ~ gestimmt,** *adj.* congenial, kindred (spirits etc.). **'G ~ gewicht,** *n -(e)s/no pl* balance; *Ph: & Fig:* equilibrium; **im G.,** balanced; **das G. verlieren/aus dem G. kommen,** to lose one's balance/*Fig:* equilibrium; **inneres seelisches G.,** equilibrium, emotional balance. **'G ~ gewichts-,** *comb.fm.* (sense etc.) of balance; **G ~ störung** *f,* disturbance of the sense of balance. **'g ~ gültig,** *adj.* (*a*) (*Pers.*) indifferent (**gegen etwas** *acc,* to sth.; **gegen j-n,** towards s.o.); (*apathisch*) apathetic; **g ~ es Gesicht,** expression of indifference; *adv.* **g. zusehen,** to look on unconcerned; (*b*) (*unwichtig*) trivial, unimportant (matter etc.); superficial (remarks); **es ist mir g.,** it is all the same to me; **I** don't care; **er ist mir g.,** he means nothing to me. **'G ~ gültigkeit,** *f -/no pl* (*a*) indifference (**gegen + *acc,*** to/towards); (*Zustand*) apathy; lack of concern (**gegen + *acc,*** for); (*b*) triviality. **'G ~ heit,** *f -/-en* 1. (*Ähnlichkeit*) similarity; identity (of interests etc.). 2. *no pl* (*gleiche Stellung*) equality; parity (of rank etc.). **'G ~ heitszeichen,** *n -s/- Mth: etc:* equals sign. **'G ~ klang,** *m -(e)s/-̈e* (*also Fig:*) harmony. **'g ~ kommen,** *v.i.sep.irr.53* (*sein*) (*a*) **etwas** *dat* **g.,** to amount to/be tantamount to sth.; (*b*) **er kommt seinem Bruder (an Kraft usw.) nicht g.,** he cannot equal his brother (in strength etc.). **'G ~ lauf,** *m -(e)s/no pl* constant speed; *Mec.E:* synchronization. **'g ~ laufend,** *adj.* parallel (**mit + *dat,*** to); *Tchn:* synchronized (gears etc.). **'G ~ laufschwankung,** *f -/-en Rec:* wow and flutter. **'g ~ lautend,** *adj.* identical (names, statements etc.); identically worded (documents etc.). **'g ~ machen,** *v.tr.sep.* (*a*) to make (people etc.) equal; (*b*) **eine Stadt dem Erdboden g.,** to raze a city (to the ground). **'G ~ macher,** *m -s/- Pej:* (obsessive) egalitarian. **G ~ mache'rei,** *f -/pl Pej:* (excessive) egalitarianism, levelling

down. **'G ~ maß,** *n -es/no pl* (*a*) symmetry, harmony (**der Züge** usw., of features etc.); (*b*) (*Einheitlichkeit*) uniformity; (*Gleichmut*) equanimity; *Pej:* monotony. **'g ~ mäßig,** *adj.* even; regular (breathing, intervals, features etc.); constant, steady (pressure, speed etc.); *adv.* evenly; **etwas g. warm halten,** to maintain sth. at an even temperature; **etwas g. verteilen,** to share sth. out equally/(*streichen*) spread sth. evenly. **'G ~ mäßigkeit,** *f -/no pl* evenness; regularity; steadiness. **'G ~ mut,** *m -(e)s/no pl* equanimity; serenity. **'g ~ mütig,** *adj.* unruffled, calm; serene. **'g ~ namig,** *adj.* with the same name/(*Buch usw.*) title; *Mth:* (fractions) with a common denominator. **'G ~ nis,** *n -ses/-se B: etc:* parable. **'g ~ nishaft,** *adj.* in the form of a parable. **'g ~ rangig,** *adj.* of equal rank/(*Sache usw.*) importance; equal (treatment). **'g ~ richten,** *v.tr.sep. El.E:* to rectify (current). **'G ~ richter,** *m -s/- El.E:* rectifier. **'g ~ sam,** *adv. Lit:* as it were, so to speak; **g. als (ob),** for all the world as though. **'g ~ schalten,** *v.tr.sep.* to bring (organizations) into line; *Pol:* to force (s.o., a party, people etc.) to conform; **sich g.,** to conform (to official policy), *F:* toe the line. **'G ~ schaltung,** *f -/no pl* forcing people to conform. **'G ~ schritt,** *m -(e)s/no pl Mil:* marching in step; **G. halten,** to keep in step; **im G. marsch!** forward, march! **'g ~ sehen,** *v.i.sep.irr.92* (*haben*) **j-m, etwas** *dat* **g.,** to resemble/look like s.o., sth.; *F:* **das sieht ihm gleich,** that's just like him. **'g ~ seitig,** *adj. Geom:* equilateral (triangle etc.). **'g ~ setzen,** *v.tr.sep.* to equate (two things, sth. with sth.); **X (mit) Y** *dat* **g.,** to place X on a par with Y. **'G ~ setzung,** *f -/no pl* equation (of sth. with sth.); placing (people) on a par. **'G ~ stand,** *m -(e)s/no pl Sp:* draw, tie; **es war G.,** the scores were level. **'g ~ stehen,** *v.i. sep.irr.100* (*haben*) (*a*) **j-m, etwas** *dat* **g.,** to be equal to/on a par with s.o., sth.; (*b*) *Sp:* to be level. **'g ~ stellen,** *v.tr.sep.* (*a*) = **g ~ setzen;** (*b*) **Arbeiter usw. rechtlich/gehaltlich g.,** to give workers etc. equal rights/pay. **'G ~ stellung,** *f -/no pl* (*a*) = **G ~ setzung; soziale G.,** social levelling; (*b*) equal status. **'G ~ strom,** *m -(e)s/no pl El.* direct current; *abbr.* D.C. **'g ~ tun,** *v.i.sep.irr.106* (*haben*) **es j-m g.,** to emulate s.o.; to do the same as s.o.; **es j-m an/in etwas** *dat* **g.,** to equal/ match s.o. in sth. **'G ~ ung,** *f -/-en Mth:* equation. **'g ~ viel,** *adv.* no matter (where, whether … etc.). **'g ~ wertig,** *adj.* of the same/equal value; (*gleich gut*) equally good; *Sp: etc:* evenly matched (opponents etc.). **'G ~ wertigkeit,** *f -/no pl* equal value; equal standard/quality; *Sp: etc:* equal ability. **'g ~ wohl,** *adv.* nevertheless. **'g ~ zeitig,** *adj.* simultaneous; *adv.* at the same time; simultaneously. **'G ~ zeitigkeit,** *f -/no pl* simultaneousness; *Hist:* contemporaneity (of events). **'g ~ ziehen,** *v.i.sep.irr.113* (*haben*) *Sp: etc:* to draw level (**mit j-m,** with s.o.).

Gleis [glaıs], *n -es/-e* 1. *Rail: etc:* line, track; **der Zug läuft auf G. 3 ein,** the train is arriving at Platform 3/*N.Am:* on Track 3; **aus dem G. springen,** to jump the rails/*N.Am:* tracks. 2. *Fig:* **aus dem G. kommen/geworfen werden,** to be

put off one's stroke; **etwas wieder ins (rechte)
G. bringen,** to set sth. to rights. ´G ~ **arbeiten,**
fpl (a) (also G ~ **bau** *m)* tracklaying; *(b) (Ausbes-
serung)* track repairs. ´G ~ **kettenfahrzeug,**
n -(e)s/-e tracked vehicle.
gleißen ['glaisən], *v.i. (haben) Lit:* to gleam.
Gleit|boot ['glaitboːt], *n -(e)s/-e Nau:* hydro-
plane. ´g ~ **en,** *v.i.irr. (sein) (p.* **glitt,** *p.p.* ge-
glitten) *(a)* to glide; *(Schlange)* to slither; **das
Boot glitt über das Wasser,** the boat glided/
skimmed over the water; **ein Lächeln glitt über
sein Gesicht,** a smile flitted across his face; *(b)
(rutschen)* to slip, slide **(ins Wasser,** into the
water; **aus dem Sattel,** out of the saddle).
´g ~ **end,** *adj.* sliding (scale, wage etc.); **g ~ e
Arbeitszeit,** flexitime. ´G ~ **flug,** *m -(e)s/ÆÆ*
glide, gliding (flight). ´G ~ **klausel,** *f -/-n
Com: etc:* escalator clause. ´G ~ **kufe,** *f -/-n
Av:* skid. ´G ~ **lager,** *n -s/- Mec.E:* plain
bearing. ´g ~ **sicher,** *adj.* non-skid (surface,
tyres etc.). ´G ~ **sitz,** *m -es/-e* **1.** *Row:* slid-
ing seat. **2.** *Mec.E:* sliding fit. ´G ~ **wachs,** *n
-es/-e Ski:* running wax. ´G ~ **zeit,** *f -/no pl
F:* flexitime.
Gletscher ['glɛtʃər]. **I.** *m -s/-* glacier. **II.** ´G ~ -,
comb.fm. glacial (field, period, stream); glacier
(milk, water); glaciated (valley, landscape).
´G ~ **spalte,** *f -/-n* crevasse.
glich [gliç], *p. of* **gleichen** *q.v.*
Glied [gliːt], *n -(e)s/-er* **1.** *Anat: (a) (Körperteil)*
limb; **alle G ~ er von sich** *dat* **strecken,** to stretch
out (one's limbs); **der Schreck fuhr ihm in die/
durch alle G ~ er,** the shock went right through
him; *(b) (Gliedteil)* joint; *(c)* **(männliches) G.,**
penis. **2.** *(Ketteng.) (also Fig:)* link. **3.** *(Teil) (a)
(Mitglied)* member; *(b) Gram:* clause; *(c) Mth:
Logic:* term. **4.** *Mil: (Reihe)* rank; **aus dem/ins
G. treten,** to step out of/into line. ´g ~ **ern**
[-dərn], *v.tr. (a)* to order, arrange (thoughts,
ideas etc.); to plan (an essay, a speech etc.); *(b)*
etwas in Teile g., to divide sth. into parts; **sich
in mehrere Teile g.,** to be divided into/break
down into several parts. ´G ~ **erpuppe,** *f -/-n*
jointed doll. ´G ~ **erschmerzen,** *mpl/F:*
´G ~ **erreißen,** *n -s/no pl* rheumatic pains.
´G ~ **erung,** *f -/-en* **1.** order, arrangement;
plan; *(Aufbau)* structure, organization. **2.**
(Aufteilung) division, breakdown (into parts);
Mil: organization. **3.** *Bot:Z:* articulation.
´G ~ **maßen,** *fpl Z:* limbs. ´G ~ **satz,** *m
-es/Æe Gram:* subordinate clause. ´G ~ **staat,**
m -(e)s/-en member state.
glimm|en ['glimən], *v.i.irr. (haben) (p.* **glimmte/**
Lit: **glomm;** *p.p.* **geglimmt/***Lit:* **geglommen)** to
glow; *Fig: (Augen usw.)* to glint. ´G ~ **er,** *m
-s/- Miner:* mica. ´g ~ **ern,** *v.i. (haben)* to glim-
mer, shine faintly. ´G ~ **lampe,** *f -/-n El:* glow
lamp. ´G ~ **stengel,** *m -s/- P:* fag.
glimpflich ['glimpfliç], *adj.* lenient (treatment
etc.); *Jur:* light (sentence); **g ~ er Ausgang,** for-
tunate outcome; *adv.* **g. davonkommen,** to get
off lightly.
glitsch|en ['glitʃən], *v.i. (sein) F:* to slip, slither.
´g ~ **ig,** *adj.* slippery.
glitt [glit], *p. of* **gleiten** *q.v.*
glitzer|n ['glitsərn], *v.i. (haben)* to glitter,
(Sterne usw.) twinkle. ´G ~ **sachen,** *fpl F:
(Schmuck)* sparklers.

global [glo'baːl]. **I.** *adj.* **1.** global (conflict,
problems etc.). **2.** *(umfassend)* general, overall
(idea etc.). **II. G ~ -,** *comb.fm.* overall (agree-
ment, control, strategy etc.). **G ~ summe,** *f
-/-n* total amount, global sum. **G ~ urteil,**
m -s/-e sweeping statement, generalization.
Globus ['gloːbus], *m - & -busses/-ben & -busse
Geog:* globe.
Glöckchen ['glœkçən], *n -s/-* small bell.
Glock|e ['glɔkə], *f -/-n* **1.** bell; *F:* **das brauchst
du nicht an die große G. zu hängen,** you needn't
tell the whole world about it; **er weiß, was die
G. geschlagen hat,** he knows what's in store for
him. **2.** *(Damenhut)* cloche. **3.** *(Käseg.)* (domed)
glass cover (for cheese). ´G ~ **en-,** *comb.fm.*
bell (founder etc.); (sound etc.) of a bell/bells;
G ~ strang *m,* bell-rope; **G ~ turm** *m,* bell tower;
belfry; **G ~ zug** *m,* (i) = **G ~ strang** *m;* (ii) bell-
pull; **G ~ geläut** *n,* (i) ringing/pealing of bells;
(ii) *(Satz)* peal of bells; **G ~ schlag** *m,* chime (of
a bell). ´G ~ **enblume,** *f -/-n Bot:* campanula.
´G ~ **enspiel,** *n -(e)s/-e* **1.** *(in Türmen usw.)*
carillon. **2.** *Mus:* glockenspiel. ´g ~ **ig,** *adj.*
bell-shaped.
Glöckner ['glœknər], *m -s/-* bell-ringer.
glomm [glɔm], *p. of* **glimmen** *q.v.*
Glor|ia ['gloːria]. **1.** *f -/no pl & n -s/no pl* glory,
splendour. **2.** *n -s/-s R.C.Ch: Mus:* Gloria.
g ~ ifizieren [glorifi'tsiːrən], *v.tr.* to glorify
(s.o., sth.). **g ~ reich** ['gloːr-], *adj.* glorious,
illustrious.
Gloss|ar [glɔ'saːr], *n -s/-e* glossary. ´G ~ **e,**
f -/-n **1.** (marginal) gloss. **2.** *Journ: Rad:*
(satirical) commentary; *F:* (snide) comment.
g ~ ieren [glɔ'siːrən], *v.tr. (a)* to gloss (a text
etc.); *(b) Journ:* to write satirically/make snide
remarks about (sth.).
Glotz|augen ['glɔts?augən], *npl F:* staring/
bulging eyes; **G. machen,** to goggle. ´g ~ **äugig,**
adj. F: goggle-eyed. ´G ~ **e,** *f -/-n P:* goggle-
box. ´g ~ **en,** *v.i. (haben) F:* to stare, goggle.
gluck [gluk], *int.* **1.** *(Henne)* cluck. **2.** *(Flüssig-
keiten usw.)* **g.! g.!** glug, glug! ´G ~ **e,** *f
-/-n* broody hen. ´g ~ **en,** *v.i. (haben) (a)
(Henne)* to cluck; *(b) (brüten) (also F: Pers.)* to
brood. ´g ~ **ern,** *v.i. (haben/occ. sein)* to glug,
gurgle. ´g ~ **sen,** *v.i. (haben) (a) (Wasser
usw.)* to gurgle; *(b) (Pers.)* to chuckle, *(Baby)*
gurgle.
Glück [glyk], *n -(e)s/no pl* **1.** *(a) (gutes Ge-
schick)* luck; **(es ist) ein G., daß du gekommen
bist,** it's lucky that/thank goodness you've
come; **welch ein G.!** what (a piece of) luck! **G.
haben,** to be lucky; **ich hatte das G., dabei zu
sein,** I was lucky enough to be there; **du kannst
von G. reden, daß . . .,** you can count yourself
lucky/thank your lucky stars that . . .; **wir
hatten G. im Unglück,** we were lucky that it
wasn't much worse; **du wirst bei ihm kein G.
haben,** you won't have any luck/get anywhere
with him; **zum G.,** luckily, fortunately; **zu
meinem G.,** luckily/fortunately for me; **der
Stein soll G. bringen,** this stone is supposed to
be lucky; **G. auf!** good luck! **auf gut G.,** on the
off chance; *(aufs Geratewohl)* at random; *(b)
(personifiziert)* fortune; **ihm lächelte/lachte das
G.,** fortune smiled on him. **2.** *(Zustand) (a)*
happiness; **das häusliche G.,** domestic bliss; **ihr**

Kind ist ihr ganzes G., her whole happiness is centred on her child; **viel G. zum Geburtstag,** many happy returns of the day; (b) **sein G. machen,** to make one's fortune; **manche Leute muß man zu ihrem G. zwingen,** some people don't know what's good for them. 'g~**bringend,** adj. lucky (charm etc.). 'g~**en,** v.i. (sein) to succeed; to turn out well (j-m, for s.o.); **nicht g.,** to fail; **nichts wollte g.,** nothing went right; **ihm glückt alles,** he is successful in everything he does. 'g~**lich,** adj. happy; (a) (vom Glück begünstigt) lucky, fortunate (person, coincidence etc.); **in einer g~en Lage,** in a happy/fortunate position; (b) (erfreulich, froh) happy (choice, thought, person, time etc.); felicitous (expression etc.); g~**er Einfall,** good idea; adv. **g. gewählt,** well chosen; (c) (sicher) safe (return, landing etc.); g~**e Reise!** bon voyage! have a good trip! adv. **g. ankommen,** to arrive safely; **g. enden,** to end happily, have a happy end, (d) adv. F: (endlich) finally, at last. g~**licher** 'weise, adv. fortunately, luckily. 'G~**s-,** comb.fm. lucky (penny, pig, star, number etc.); (bringer etc.) of luck; **G~fall** m, lucky chance; stroke of luck; **G~kind** n/F: **G~pilz** m, lucky devil; **G~strähne** f, lucky streak; run of (good) luck; **G~topf** m, lucky dip, N.Am: grabbag; (Trommel) lottery/tombola drum; **G~treffer** m, lucky find/guess; piece of luck; **G~spiel** n, game of chance; Fig: gamble; **G~rad** n, wheel of fortune; **die G~göttin,** Fortune, Lady Luck. 'G~(s)**sache,** f -/-n matter of luck; F: Hum: **Denken ist G!** that's what you think! 'g~**selig,** adj. blissful, blissfully happy. 'G~**seligkeit,** f -/-en bliss, blissful happiness. 'G~**sgefühl,** n -(e)s/-e feeling of happiness. 'g~**strahlend,** adj. radiantly happy, radiant. 'g~**verheißend/**'g~**versprechend,** adj. auspicious. 'G~**wunsch,** m -(e)s/-e best wishes (**zum neuen Jahr usw.,** for the New Year etc.); (Gratulation) congratulations (**zu etwas** dat, on sth.); **herzlichen G. zum Geburtstag!** happy birthday! many happy returns of the day)! 'G~**wunsch-,** comb.fm. greetings (card, telegram etc.).

Glüh|birne ['gly:birnə], f / n El: light bulb. 'G~**draht,** m -(e)s/-e El: filament. 'g~**en,** v. 1. v.i. (haben) to glow; **zum G. bringen,** to make (metal) red-hot/(a filament etc.) incandescent; Fig: **vor Scham g.,** to blush/burn with shame. 2. v.tr. to make (metal etc.) red hot. 'g~**end,** adj. 1. glowing, live (coals, cheeks etc.); red-hot (iron, needle etc.); incandescent (filament); **g. heiß,** blazing, scorching (sun etc.); Fig: **auf g~en Kohlen sitzen,** to be on tenterhooks/F: like a cat on hot bricks. 2. Fig: fervent; g~**er Verehrer,** ardent admirer; **etwas in g~en Farben/mit g~en Worten schildern,** to describe sth. in glowing colours/terms. 'g~**end**'heiß, adj. red-hot (metal); blazing hot (sun, day). 'G~**faden,** m -s/- El: filament (of a bulb). 'G~**kerze,** f -/-n I.C.E: glow plug (for diesel engine). 'G~**lampe,** f -/-n incandescent lamp. 'G~**wein,** m -(e)s/no pl mulled wine. 'G~**würmchen,** n -s/-Ent: firefly; (Weibchen) glow-worm.

Glukose [glu'ko:zə], f -/no pl glucose.

Glut [glu:t], f -/-en 1. (Kohlen) red fire, live coals; (Hitze) (red) heat; (blazing) heat (of the sun etc.); (Glühen) glow. 2. Fig: fervour, ardour. 'g~**äugig,** adj. fiery-eyed. 'G~**hitze,** f -/no pl blazing heat. 'g~**rot,** adj. fiery red.

Glyzerin [glytse'ri:n], n -s/no pl glycerine.

Glyzinie [gly'tsi:niə], f -/-n Bot: wisteria.

Gnade ['gna:də], f -/-n 1. favour; Rel: grace (of God); **bei j-m in (hohen) G~n stehen,** to stand high in s.o.'s favour; **die G. haben, etwas zu tun,** to have the grace to do sth.; (Anrede) **Euer G~n,** Your Grace. 2. (Barmherzigkeit) mercy, charity; **um G. bitten,** to beg for mercy/Jur: clemency; **j-m auf G. und Ungnade ausgeliefert sein,** to be at s.o.'s mercy; **sich auf G. oder Ungnade ergeben,** to surrender unconditionally; **G. vor Recht ergehen lassen,** to be lenient. 'G~**nakt,** m -(e)s/-e act of mercy/ clemency. 'G~**nbrot,** n -(e)s/no pl **bei j-m das G. essen,** to live on s.o.'s charity. 'G~**nfrist,** f -/-en reprieve; **eine G. von einer Woche,** a week's grace. 'G~**ngesuch,** n -(e)s/-e Jur: petition for mercy/clemency. 'g~**nlos,** adj. merciless. 'G~**nschuß,** m -sses/no pl **einem Tier den G. geben,** to shoot an (injured) animal to put it out of its misery. 'G~**nstoß,** m -es/-e (also Fig:) coup de grâce. 'G~**ntod,** m -(e)s/-e mercy killing; euthanasia.

gnädig ['gne:diç], adj. (a) gracious, kind (person, permission etc.); merciful (God); Jur: lenient (judge, sentence etc.); **Gott sei ihm g.!** God have mercy on him! **er war so g., mir zu helfen,** Iron: he actually helped me; Hum: **sei g. mit mir,** don't be too hard on me; adv. **er lächelte g.,** he smiled graciously/(herablassend) condescendingly; (b) (Anrede) g~**e Frau/**g~**es Fräulein,** Madam.

Gnom [gno:m], m -en/-en gnome.

Gnu [gnu:], n -s/-s Z: gnu.

Gobelin [gob(ə)'lɛ̃:], m -s/-s (Gobelin) tapestry.

Gockel(hahn) ['gɔkəl(ha:n)], m -s/- (-(e)s/-e) South G: F: cock, rooster.

Gold [gɔlt]. I. n -(e)s/no pl gold; Fig: **Gesundheit ist G~es wert,** health is worth its weight in gold; **das ist nicht mit G. zu bezahlen/aufzuwiegen,** that is something money cannot buy; **sie hat G. in der Kehle,** she has a golden voice. II. 'G~-, comb.fm. gold (braid, thread, medal, reserves, dust, Dent: filling etc.); **G~ader** f, vein of gold; **G~barren** m, gold ingot/bar; **G~geschirr** n, gold plate; **G~gräber/G~sucher** m, gold-digger/prospector; **G~klumpen** m, gold nugget; **G~kurs** m, price of gold; **G~mine/**esp. F: **G~grube** f, goldmine; **G~münze** f/**G~stück** n, gold coin; **G~rahmen** m, gold/gilt frame; **G~rausch** m, goldrush; **G~schmied** m, goldsmith; **G~währung** f, gold standard; **G~zahn** m, gold-capped tooth; adj. g~**führend/**g~**haltig,** gold-bearing; Geog: **die G~küste,** the Gold Coast; (b) esp. adj. golden (brown, yellow etc.); g~**farbig,** gold (-coloured), golden; g~**blond,** golden (hair), golden-haired (person). 'G~**ammer,** f -/-n Orn: yellowhammer. 'G~**barsch,** m -(e)s/-e Fish: ruff. g~**en** ['-dən], adj. (a) gold (coin, watch etc.); Fig: **ein g~es Herz,** a heart of gold; (b) (g~farbig) golden (hair, corn, Fig: age, rule, wedding etc.); **die g~e Mitte,** the

happy medium; g~e Worte, words of wisdom.
'G~gewicht, n -(e)s/-e troy weight. 'g~ig,
adj. F: sweet, lovely, N.Am: cute. 'G~junge,
m -n/-n F: 1. darling (boy). 2. Sp: golden boy.
'G~kind, n -(e)s/-er F: darling. 'G~lack,
m -(e)s/-e Bot: wallflower. 'G~regen, m -s/-
1. Bot: laburnum. 2. (Feuerwerkskörper)
golden rain. 3. F: (unexpected) wealth, wind-
fall. 'g~'richtig, adj. F: absolutely right.
'G~waage, f -/-n gold scales; F: jedes Wort
auf die G. legen, to weigh/(vorsichtig) watch
every word (one says); (beim Zuhören) to look
for hidden innuendos in every word.

Golf¹ [gɔlf], m -(e)s/-e Geog: gulf. 'G~strom.
Pr.n.m -s. Geog: Gulf Stream.

Golf². I. n -s/no pl Sp: golf. II. 'G~-, comb.fm.
golf (ball etc.); G~platz m, golf course;
G~schläger m, golf club. 'G~junge, m -n/-n
caddie. 'G~spieler, m -s/- golfer.

Gondel ['gɔndəl], f -/-n 1. (Boot) gondola. 2.
cabin (of a cable-car); basket (of a balloon).
'g~n, v.i. (sein) F: to cruise along.

Gong [gɔŋ], m -s/-s gong. 'G~schlag, m
-(e)s/-e stroke of a/the gong.

gönn|en ['gœnən], v.tr. (a) j-m etwas nicht g., to
begrudge s.o. sth.; ich gönne ihm seinen Erfolg,
I don't begrudge him his success; ich gönne es
ihr von Herzen, daß..., I am delighted for her
that ...; Iron: die Niederlage gönne ich ihm,
I'm not sorry he was beaten; (b) (gewähren)
sich dat/j-m eine Ruhepause usw. g., to allow
oneself/s.o. a rest etc. 'G~er(in), m -s/-
(f-/-nen) benefactor, f benefactress; Art: etc:
patron, f patroness. 'g~erhaft, adj. pat-
ronizing. 'G~ermiene, f -/no pl patronizing
air.

Gör [gøːr], n -(e)s/-en/'G~e, f -/-n North G:
F: 1. kid; Pej: brat. 2. (Mädchen) (cheeky) minx.

Gorilla [go'rila], m -s/-s Z: gorilla.

Gosche ['gɔʃə], f -/-n P: esp. South G: gob;
halt die G.! shut your trap!

goß [gɔs], p. of gießen q.v.

Gosse ['gɔsə], f -/-n gutter; Fig: j-n durch die G.
ziehen, to drag s.o.'s name through the mud.

Got|e ['goːtə], m -n/-n Hist: Goth; die G~n,
the Goths. 'G~ik, f -/no pl Gothic (style/
period). 'g~isch, adj. Gothic.

Gott [gɔt], m -es/-er 1. god; F: du bist wohl von
allen guten G~ern verlassen, you must have
taken leave of your senses; wann ich wieder-
komme, das wissen die G~er, heaven knows
when I shall come back. 2. no pl God; (a) G.
der Herr, the Lord God; (b) F: int. ach (du lieber)
G.! oh dear! oh heavens! um G~es willen! for
heaven's/goodness' sake! G. sei Dank! thank
goodness! (c) das habe ich weiß G. nicht so
gemeint, I really didn't mean it like that; so G.
will, God willing; G. und die Welt, anybody
and everybody; über G. und die Welt reden, to
talk about everybody and everything under the
sun; er stand da, wie G. ihn geschaffen hatte, he
was standing there as naked as the day he was
born; F: den lieben G. einen guten Mann sein
lassen, to take things easy; dem lieben G. den
Tag stehlen, to laze away the day; wie G. in
Frankreich leben, to live in the lap of luxury.
'G~erbarmen, n zum G., pitiful(ly); (sehr
schlecht) atrocious(ly). 'G~esanbeterin, f

-/-nen Ent: praying mantis. 'G~esdienst, m
-(e)s/-e (church) service. 'G~esfurcht, f
-/no pl fear of God; (Frömmigkeit) piety.
'G~eshaus, n -es/-er house of God, church.
'G~eslästerer, m -s/- blasphemer. 'g~es-
lästerlich, adj. blasphemous. 'G~esläste-
rung, f -/no pl blasphemy. 'G~eslohn, m
-(e)s/no pl etwas um (einen) G. tun, to do
sth. for nothing. 'g~gewollt, adj. es ist g.,
it is God's will. 'G~heit, f -/-en 1. (Gott)
deity. 2. no pl (Göttlichkeit) divinity. g~-
'lob, int. thank goodness. 'g~los, adj.
godless; atheistic (philosophy etc.); (verwerf-
lich) ungodly, impious. 'G~losigkeit,
f -/no pl godlessness; atheism; impiety.
G~'vater, m -s/no pl God the Father.
'g~verdammt, adj. damned, blasted.
'g~vergessen/'g~verlassen, adj. F:
godforsaken.

Gött|er- ['gœtər-], comb.fm. (messenger etc.)
of the gods; divine (image etc.); Myth: G~däm-
merung f, twilight of the gods. 'g~ergleich,
adj. godlike. 'G~erspeise, f -/-n 1. Myth:
ambrosia. 2. Cu: jelly. 'G~in, f -/-nen god-
dess. 'g~lich, adj. (also Fig:) divine; F: g~er
Humor, delightful sense of humor. 'G~lich-
keit, f -/no pl divinity.

Götze ['gœtsə], m -n/-n/'G~nbild, n -(e)s/-er
idol.

Gouvern|ante [guvɛr'nantə], f -/-n governess.
G~eur [-'nøːr], m -s/-e governor.

Grab [graːp]. I. n -(e)s/-er grave; (Grabmal)
tomb; j-n/Fig: seine Hoffnungen zu G~e
tragen, to bury s.o./Fig: one's hopes; bis ans
G., till/unto death; Fig: er hat das Geheimnis
mit ins G. genommen, the secret died with him;
du bringst/das bringt mich noch ins G., you/
that will be the death of me; F: sich im G~(e)
umdrehen, to turn in one's grave. II. 'G~-,
comb.fm. funeral (urn etc.); burial (vault etc.);
G~gesang m, funeral hymn, dirge; G~rede f,
funeral oration; G~hügel m, burial mound;
G~stätte f, burial place, grave. 'g~en [-bən].
I. v.irr. (pres. gräbt, p. grub, p.p. gegraben) 1.
v.tr. (a) to dig (a hole, ditch etc.); (Tiere) to
burrow (holes etc.); (Fluß) sich dat ein neues
Bett g., to hollow out a new bed; Fig: das Alter
hat tiefe Furchen in sein Gesicht gegraben, age
has lined his face with deep furrows. 2. v.i.
(haben) to dig (nach etwas dat, for sth.). II.
G., m -s/- 1. (für Wasser) ditch; (trocken)
trench; Hist: (Burgg.) moat. 2. Geol: rift valley.
'G~enkrieg, m -(e)s/-e trench warfare.
'G~esstille, f -/no pl deathly hush/silence.
'G~esstimme, f -/no pl F: mit G., in a
sepulchral voice. 'G~inschrift, f -/-en
inscription on a tomb; epitaph. 'G~legung,
f -/-en entombment. 'G~mal, n -(e)s/-er 1.
monument; (G~stein) tombstone, gravestone.
2. (G~stätte) tomb. 'G~platte, f -/-n 1.
grave slab. 2. (an Kirchenwänden) memorial
tablet. 'G~stein, m -(e)s/-e tombstone,
gravestone.

Gräberfeld ['grɛːbərfɛlt], n -(e)s/-er esp.
Archeol: burial ground.

Grad¹ [graːt], m -(e)s/-e degree; (a) bis zu einem
gewissen G., to a certain extent; das ist in
hohem/im höchsten G~e ärgerlich, that is ex-

tremely annoying; **Vetter ersten G~es,** first cousin; *Med:* **Verbrennungen dritten G~es,** third-degree burns; (*b*) *Mil:* rank; (*c*) (*pl* **Grad**) **bei 10 G. Kälte,** at 10 degrees below zero; *Geom:* **sich um 180 G. drehen,** to turn through 180 degrees; *Geog:* **30 G. nördlicher Breite,** latitude 30 degrees north. **'G~einteilung,** *f* -/-en calibration. **'G~messer,** *m* -s/- yardstick (**für den Erfolg/des Erfolges usw.,** of success etc.).

grad²/g~e [-də], *adj. & adv.* = **gerade.** **'g~linig,** *adj.* = **geradlinig.**

grad|ieren [gra'di:rən], *v.tr.* to calibrate (a thermometer etc.). **g~u'ell,** *adj.* **1.** (*allmählich*) gradual (transition etc.). **2.** (difference etc.) of degree. **g~u'ieren,** *v.tr.* (*a*) *Univ:* to confer a degree upon (s.o.); (*b*) to graduate, calibrate (a measuring instrument). **G~u'ierte(r),** *m & f decl. as adj. Univ:* graduate.

Graf [gra:f], *m* -en/-en count; *Brit:* earl. **'G~schaft,** *f* -/-en *Brit:* county.

Grafik ['gra:fik], *f* -/-en = **Graphik.**

Gräf|in ['grɛ:fin], *f* -/-nen countess. **'g~lich,** *adj.* of a count; *adv.* like a count.

Grahambrot ['gra:hambro:t], *n* -(e)s/-e (wheat bran) wholemeal bread.

Gram [gra:m], *m* -(e)s/*no pl Lit:* grief. **grämen** ['grɛ:mən], *v.tr. Lit:* to grieve (s.o.); **sich g.,** to grieve.

Gramm [gram], *n* -s/-e & (+ *no.*)- *Meas:* gram.

Grammat|ik [gra'matik], *f* -/-en grammar. **g~isch/g~ikalisch** [-i'ka:liʃ], *adj.* grammatical. **G~iker,** *m* -s/- grammarian.

Grammophon [gramo'fo:n], *n* -s/-e *A:* gramophone, *N.Am:* phonograph.

Granat¹ [gra'na:t], *m* -(e)s/-e (*Garnele*) shrimp.

Granat², *m* -(e)s/-e & *Aus:* -en/-en *Miner:* garnet. **G~apfel,** *m* -s/⁼ *Bot:* pomegranate.

Granat-³, *comb.fm. Artil:* shell(-fire etc.); **G~hülse** *f,* shell-case; **G~trichter** *m,* shellhole, crater. **G~e** [-'na:tə], *f* -/-n *Artil:* shell.

grandios [grandi'o:s], *adj.* superb, magnificent.

Granit [gra'ni:t], *m* -s/-e granite; *F:* **auf G. beißen,** to come up against a brick wall.

grantig ['grantiç], *adj. South G:* cross, irritable.

granulieren [granu'li:rən], *v.tr.* to granulate (grain etc.).

Grapefruit ['gre:pfru:t], *f* -/-s grapefruit.

Graph|ik ['gra:fik], *f* -/-en **1.** *no pl* graphic art(s). **2.** (*Druck*) print; (*Stich*) engraving; (*Holzstich*) woodcut. **'G~iker,** *m* -s/- graphic artist. **'g~isch,** *adj.* graphic (art, design etc.); **g~e Darstellung,** diagram; *adv.* **etwas g. darstellen,** to represent sth. diagrammatically.

Graphit [gra'fi:t], *m* -s/-e *Miner:* graphite.

grapschen ['grapʃən], *v.tr.&i.* (*haben*) *F:* **etwas/nach etwas** *dat* **g.,** to snatch/grab (at) sth.

Gras [gra:s], *n* -es/⁼er grass; *F:* **er hört das G. wachsen,** (he thinks) he has a crystal ball; **ins G. beißen,** to bite the dust; **G. über etwas** *acc* **wachsen lassen,** to let the dust settle on sth. **'G~affe,** *m* -n/-n (young) whippersnapper. **'g~bedeckt/g~bewachsen,** *adj.* grasscovered; grassy. **g~en** ['gra:zən], *v.i.* (*haben*) to graze. **'G~fläche,** *f* -/-n stretch of grass; (*Rasen*) lawn. **'g~'grün,** *adj.* grass-green. **'G~halm,** *m* -(e)s/-e blade of grass.

'G~hüpfer, *m* -s/- *F:* grasshopper. **g~ig** ['gra:ziç], *adj.* grassy. **'G~land,** *n* -(e)s/*no pl* grassland. **'G~mücke,** *f* -/-n *Orn:* warbler. **'G~narbe,** *f* -/-n turf.

grassieren [gra'si:rən], *v.i.* (*haben*) to be rife/rampant. **g~d,** *adj.* rampant.

gräßlich ['grɛsliç], *adj.* ghastly, dreadful; *F:* *adv.* **g. kalt,** dreadfully cold. **'G~keit,** *f* -/-en **1.** *no pl* ghastliness. **2.** (*Tat*) atrocity.

Grat [gra:t], *m* -(e)s/-e (*Bergg.*) ridge, crest; *Arch:* hip (of a roof).

Grät|e ['grɛ:tə], *f* -/-n (fish)bone. **'g~enlos,** *adj.* boneless (fish). **'G~enmuster,** *n* -s/- *Tex:* herringbone pattern. **'g~ig,** *adj.* **1.** bony (fish). **2.** *F:* irritable (person).

Gratifikation [gratifikatsi'o:n], *f* -/-en gratuity; (Christmas/special) bonus.

gratis ['gra:tis], *adv.* gratis, free (of charge); **etwas g. bekommen,** to get sth. free/for nothing. **'G~exemplar,** *n* -s/-e free/complimentary copy. **'G~probe,** *f* -/-n free sample.

Grätsch|e ['grɛ:tʃə], *f* -/-n *Gym:* straddle (vault); **in der G.,** with (one's) legs apart.

Gratul|ant [gratu'lant], *m* -en/-en well-wisher. **G~ation,** *f* -/-en congratulation(s); (*zum Geburtstag*) good wishes. **g~ieren** [-'li:rən], *v.i.* (*haben*) to offer one's congratulations; **j-m (zu etwas** *dat*) **g.,** to congratulate s.o. (on sth.); **j-m zum Geburtstag g.,** to wish s.o. many happy returns of the day; **ich gratuliere!** congratulations! *F:* **du kannst dir g., daß du nicht da warst,** you can be thankful you weren't there.

grau [grau]. **I.** *adj.* (*a*) grey, *N.Am:* gray; **darüber brauchst du dir keine g~en Haare wachsen zu lassen,** don't lose any sleep over it; *Anat:* **g~e Substanz,** grey matter; *Med:* **g~er Star,** cataract; (*b*) (*trostlos*) gloomy, dismal (future etc.); **der g~e Alltag,** the drab monotony of everyday life; *adv.* **alles g. in g. malen,** to take a gloomy/dismal view of things; (*c*) (*unbestimmt*) **in g~er Vorzeit,** in the dim and distant past. **II. G.,** *n* -s/- & *F:* -s grey, *N.Am:* gray. **III.** **'G~-,** **'g~-,** *comb.fm.* grey, *N.Am:* gray (blue, -green, -eyed etc.); greyish, *N.Am:* grayish (brown etc.); *adj.* **g~haarig,** grey-haired; **g~meliert,** flecked with grey, greying. **'G~schimmel,** *m* -s/- grey (horse). **'G~brot,** *n* -(e)s/-e rye-bread. **'G~en¹,** *v.i.* (*haben*) & *impers. Lit:* **der Morgen/der Tag/es graut,** the day is dawning/breaking. **'G~gans,** *f* -/-e *Orn:* greylag (goose).

grauen² ['grauən]. **I.** *v.impers.* **es graut mir/mir graut vor etwas** *dat,* I dread (the thought of) sth.; **ihr graut vor ihm,** she is terrified of him. **II. G.,** *n* -s/- **1.** *no pl* dread, horror (**vor dem Tode,** of death). **2. die G. des Krieges,** the horrors of war. **'g~erregend,** *adj.* horrifying, gruesome. **'g~haft/'g~voll,** *adj.* horrifying; *F:* dreadful, ghastly.

gräulich ['grɔyliç], *adj.* greyish, *N.A. m:* grayish.

Graupeln ['graupəln], *fpl* small (soft) hail.

Graupen ['graupən], *fpl* pearl barley.

Graus [graus], *m* -es/*no pl Hum:* **O G.!** horrors! *F:* **es ist ein G. mit diesem Wetter,** this weather is dreadful. **g~lich,** *adj. esp. Aus: F:* horrible, beastly.

graus|am ['grauza:m], *adj.* cruel (**gegen j-n/zu j-m,** to s.o.). **'G~amkeit,** *f* -/-en **1.** *no pl*

cruelty. 2. (act of) cruelty; atrocity. 'g ~ en. I.
v.impers. = grauen². II. G., n -s/no pl
horror; F: da kann man das kalte G. kriegen,
it's enough to give you the creeps. 'g ~ ig, adj.
1. horrible (sight, crime etc.); gruesome (dis-
covery). 2. F: dreadful, awful.

Grav|eur [gra'vø:r], m -s/-e engraver. G ~ ier-,
comb.fm. engraving (needle etc.). g ~ ieren
[-'vi:rən], v.tr. to engrave (sth.) (in einen Ring
usw., on a ring etc.). g ~ ierend, adj. serious
(mistake, loss etc.); significant (difference etc.);
Jur: aggravating (circumstances). G ~ ierung,
f -/-en engraving.

Gravi|tation [gravitatsi'o:n], f -/no pl Ph:
gravity. g ~ tätisch [-'tɛ:tiʃ], adj. grave, dig-
nified.

Gravur [gra'vu:r], f -/-en engraving.

Graz|ie ['gra:tsiə], f -/-n grace; mit G., grace-
fully. g ~ il [gra'tsi:l], adj. slender, willowy;
(graziös) graceful; lithe (movements). g ~ iös
[gratsi'ø:s], adj. graceful.

Greif¹ [graif], m -(e)s & -en/-e(n) griffon.

Greif-², comb.fm. (a) Z: prehensile (foot etc.);
(b) grasping, gripping (reflex etc.); Civ.E:
G ~ bagger m, grab excavator. 'g ~ bar, adj.
1. ready to hand; (verfügbar) available; in g ~ er
Nähe, within (easy) reach; close at hand. 2.
(konkret) tangible (results etc.); g ~ e Gestalt
annehmen, to take on a concrete shape.
'g ~ en, v.irr. (p. griff, p.p. gegriffen) 1. v.tr.
(a) (ergreifen) to take, catch hold of (sth.),
(fest) grasp (sth.), (schnell) grab (sth.);
(aufheben) to pick (sth.) up; er griff sich dat
einen Keks, he snatched a biscuit; zum G. nah,
(Berge usw.) (seemingly) near enough to touch;
Fig: (Erfolg usw.) within reach/one's grasp; (b)
Mus: to strike (a chord), span (an octave); (c)
(fangen) to catch (a thief etc.); (d) (schätzen)
eine Zahl zu hoch/niedrig g., to over/under-
estimate a figure. 2. v.i. (haben) (a) nach etwas
dat g., to reach out for/(schnell) grab (at) sth.;
in die Tasche g., to reach/dig into one's pocket;
um sich acc g., (i) to feel around; (ii) (Feuer,
Epidemie usw.) to spread; Fb: F: hinter sich dat
g. müssen, to let in a goal; (b) (berühren) an
etwas acc g., to touch sth.; sich dat an die Stirn
g., to clutch one's forehead; (c) zu etwas
dat g., to reach out for sth.; er greift immer
wieder zur Zigarette, he is always smoking; zu
einem Buch/zur Feder g., to take up a book/
one's pen; zu einer List g., to resort to a trick;
(d) Tchn: (Räder, Schrauben usw.) to grip,
(Zahnräder) engage; (e) F: Mus: in die Saiten
g., to pluck the strings. 'G ~ er, m -s/- Civ.E:
etc: (mechanical) grab. 'G ~ haken, m -s/- E:
claw. 'G ~ vogel, m -s/= bird of prey.
'G ~ zange, f -/-n tongs. 'G ~ zirkel, m
-s/- Tls: outside calipers.

Greis [grais]. I. m -es/-e old man. II. g., adj. A:
& Hum: g ~ es Haupt, venerable head.
'G ~ enalter, n -s/no pl (extreme) old age.

grell [grɛl], adj. (a) glaring (light, sun, Fig: con-
trast etc.); garish, (festlich) gaudy (colour); (b)
(Klang) shrill, strident.

Gremium ['gre:mium], n -s/-ien committee;
panel (of experts etc.).

Grenz- ['grɛnts-], comb.fm. (a) (an der Grenze)
border, frontier (station, official, area, town,

crossing, traffic etc.); G ~ bewohner m, inhabi-
tant of a border area; G ~ gänger m, (i) frontier
commuter; (ii) (illegal) border crosser; G ~ -
posten m/G ~ wache f, border/frontier guard;
G ~ schutz m, (i) frontier protection; (ii)
(Polizei) border police; G ~ sperre f, frontier
barrier/(Schließung) closure; G ~ streitigkeit f,
frontier/border dispute; G ~ zwischenfall m,
border incident; (b) (eine Grenze markierend)
boundary (stone etc.); G ~ linie f, boundary
(line); G ~ fluß m, river forming the
boundary/frontier; (c) (Höchst-) maximum
(load, speed, price, value); Fig: borderline,
extreme (situation etc.); G ~ fall m, border-
line case. 'G ~ e, f -/-n 1. border; (Lan-
desg.) frontier; (Stadtg. usw.) boundary; Fig:
dividing line, borderline (between right and
wrong etc.); an der G., at/on/near the border;
F: über die grüne G. gehen, to cross the
border illegally; Fig: das rührt an die G. des
Lächerlichen, that verges/borders on the
ridiculous. 2. (Maximum) usu. pl limit; Fig:
bounds (of decency etc.); zeitliche G., time
limit; seiner Macht sind G ~ n gesetzt, there is a
limit to his power; meine Geduld hat auch ihre
G ~ n, there is a limit to my patience; seine
Begeisterung kannte keine G ~ n, his enthusi-
asm knew no bounds; seine G ~ n kennen, to
know one's limitations; sich in G ~ n halten, to
be limited/(Schäden usw.) not excessive; die
G ~ n des Erlaubten überschreiten, to overstep
the mark; ohne G ~ n, boundless, limitless.
'g ~ en, v.i. (haben) an etwas acc g., (Staat,
Garten usw.) to border (on), (Raum usw.) be
next/adjacent to sth.; Fig: das grenzt an
Erpressung usw., that verges on/is little short
of blackmail etc. 'g ~ enlos, adj. boundless,
limitless; extreme (fear, foolishness); adv. g.
dumm, utterly stupid; g. glücklich, happy
beyond measure. 'G ~ enlosigkeit, f -/no pl
boundlessness, limitlessness. 'G ~ er, m -s/-
F: border guard.

Gretchenfrage ['gre:tçənfra:gə], f -/no pl die
G., the crucial/F: 64,000 dollar question.

Greuel ['grɔyəl], m -s/- Lit: 1. (feeling of)
horror; (Ekel) loathing; es ist mir ein G., I
loathe/detest it; G. vor etwas dat haben, to have
a horror of/abhor sth. 2. (also G ~ tat f)
atrocity. 'G ~ märchen, npl horror stories.

greulich ['grɔyliç], adj. horrible, gruesome
(sight, story); atrocious (deed, F: weather, pain
etc.); F: awful (person, etc.).

Grieben ['gri:bən], fpl Cu: greaves.

Griech|e ['gri:çə], m -n/-n Greek. 'G ~ en-
land, Pr.n.n -s. Greece. 'G ~ in, f -/-nen
Greek (woman/girl). 'g ~ isch, adj. Greek;
(altgriechisch) Grecian.

Gries|gram ['gri:sgra:m], m -(e)s/-e F:
grumbleguts, N.Am: grouch. 'g ~ grämig, adj.
F: grumpy.

Grieß [gri:s], m -es/no pl Cu: semolina.
'G ~ brei, m -(e)s/-e semolina pudding.
'G ~ zucker, m -s/no pl Aus: granulated
sugar.

griff [grif]. I. p. of greifen q.v. II. G., m
-(e)s/-e 1. (a) grasp, hold; Gym: Wrestling: etc:
grip; sich j-s G ~ en entwinden, to wrest oneself
from s.o.'s grasp/clutches; einen G. in die Kasse

tun, to put one's hand in the till; **der G. zur Tablette wird zur Gewohnheit,** reaching for the pills becomes a habit; **mit ihm haben wir einen guten G. getan,** we made a good choice with him; *F:* **etwas im G. haben,** to have sth. at one's fingertips/(*unter Kontrolle*) under control; **ein Problem usw. in den G. bekommen,** to come to grips with a problem; (*b*) (*Handgriff*) movement, motion (of the hand); *Mus:* (i) finger position; (*auf der Geige*) stopping; (ii) (*Akkord*) chord; **das ist mit einem G. getan,** that can be done in a jiffy; *Mil:* **G~e üben**/*P:* **kloppen,** to practise rifle drill. **2.** handle (of a tool, door etc.); (*Schwertg.*) hilt; (*Pistoleng.*) butt. **3.** *pl Orn:* **G~e,** claws, talons. **´g~bereit,** *adj.* ready to hand, *F:* handy. **´G~brett,** *n* -(e)s/ -er *Mus:* finger board. **´g~ig,** *adj.* **1.** (*handlich*) handy (tool, *Fig:* word etc.). **2.** (*Reifen usw.*) with a good grip. **3.** *Aus:* coarse (flour). **´G~loch,** *n* -(e)s/¨-er *Mus:* finger-hole.

Grill [gril], *m* -s/-s grill; (*im Freien*) barbecue; **Hähnchen vom G.,** chicken roasted on a spit. **´g~en,** *v.* **1.** *v.tr.* to grill, barbecue (meat etc.). **2.** *v.i.* (*haben*) to have a barbecue.

Grille [´grilə], *f* -/-n **1.** *Ent:* cricket. **2.** (*Laune*) whim; **G~n im Kopf haben,** to be full of strange ideas. **´g~nhaft,** *adj.* capricious; (*launisch*) moody.

Grimasse [gri´masə], *f* -/-n grimace.

grimmig [´grimiç], *adj.* (*a*) (*wütend*) furious; fierce (enemy, animal); grim (humour); (*b*) severe (cold, pain); *adv.* **g. kalt,** bitterly cold.

Grind [grint], *m* -(e)s/-e *Med:* scab.

grinsen [´grinzən]. **I.** *v.i.* (*haben*) to grin, (*selbstgefällig*) smirk. **II.** **G.,** *n* -s/*no pl* grin; smirk.

Grippe [´gripə], *f* -/-n *Med:* influenza; *F:* flu.

Grips [grips], *m* -es/-e *F:* brains, gumption.

Grislybär [´grislibair], *m* -en/-en grizzly bear

grob [gro:p], *adj.* (*comp.* **gröber,** *superl.* **gröbste**) **1.** coarse (linen, *Mec.E:* thread, *Fig:* features, *Pej:* language etc.); rough (treatment); *Pej:* uncouth (person, behaviour etc.); (*unhöflich*) rude (person, answer); **g~e Hände,** large, clumsy hands; **g~e Arbeit,** rough/dirty work; **g. zu j-m sein/**F: j-m g. kommen, to speak roughly to s.o.; *adv.* **j-n g. anfahren,** to snap at s.o. **2.** (*ungefähr*) rough (estimate etc.); **in g~en Umrissen,** in rough outline; *adv.* **g. geschätzt/geschätznet,** roughly, at a rough estimate. **3.** (*schlimm*) gross, grave (violation, injustice, error); flagrant (lie); grievous (insult); *Jur:* **g~er Unfug, grobs misdemeanour;** *F:* **wir sind aus dem Gröbsten heraus,** we are over the worst. **II.** **´G~-,** **´g~-,** *comb.fm.* coarse (structure, cut etc.); *adj.* coarsely (woven, ground etc.); *adj.* **g~faserig,** coarse-grained (wood etc.); **g~körnig,** coarse-grained (sand, film etc.); **g~maschig,** coarse-meshed. **´G~einstellung,** *f* -/-en approximate setting. **´G~feile,** *f* -/-n *Tls:* rasp, rough file. **´G~futter,** *n* -s/ *no pl Agr:* roughage. **´G~heit,** *f* -/-en **1.** *no pl* coarseness, roughness; rudeness. **2.** piece of rudeness; rude/coarse remark. **G~ian** [´gro:bia:n], *m* -(e)s/-e boor, brute. **´g~klotzig,** *adj.* uncouth. **´g~knochig,** *adj.* largeboned (hands etc.); raw-boned (person).

Grog [grok], *m* -s/-s grog. **g~gy** [´grɔgi:], *adj.* **1.** *Box:* punch-drunk. **2.** *F:* (*erschöpft*) shattered.

grölen [´grø:lən], *v.tr.&i.* (*haben*) *F:* to bawl (out) (a song etc.).

Groll [grɔl], *m* -(e)s/*no pl* rancour, resentment; (*Zorn*) wrath; **einen G. gegen j-n hegen,** to bear a grudge against s.o. **´g~en,** *adj.* (*a*) (*Pers.*) resentful; (*b*) rumbling (thunder).

Grönland [´grø:nlant] *Pr.n.n* -s. Greenland.

Gros [gro:], *n* -/- bulk, majority.

Groschen [´grɔʃən], *m* -s/- **1.** *Aus:* groschen (coin). **2.** *F:* (*a*) ten pfennig (piece); *Fig:* **endlich ist der G. (bei ihm) gefallen,** he's got it at last; *Brit:* at last the penny's dropped; (*b*) (*kleine Summe*) **ein paar G.,** a few pennies. **´G~heft,** *n* -(e)s/-e cheap novelette; (*horror* etc.) comic. **´G~roman,** *m* -s/-e cheap/ *N.Am:* dime novel.

groß [gro:s]. **I.** *adj.* (*comp.* **größer,** *superl.* **größte**) **1.** (*a*) (*nicht klein*) big (room, town, toe, feet, family etc.); large (number, sum, size etc.); **der g~e Zeiger,** the big/minute hand (of a clock); **der größte Teil des Geldes,** the greater part of/most of the money; **ein 900 Quadratmeter g~er Garten,** a garden with an area of 900 square metres; **ein g~er Buchstabe,** a capital letter; **ich habe nur g~es Geld,** I haven't any change; **im g~en kaufen,** to buy in bulk; **g~e Augen machen,** to stare wide-eyed; **j-n g. ansehen,** to stare at s.o. (in astonishment); (*Kindersprache*) **g. machen,** to do big jobs; (*b*) (*hochgewachsen*) tall; **zwei Meter g.,** 6 feet 6 inches tall; (*c*) (*zeitlich*) long (delay etc.); **die g~e Pause,** the long interval/*Sch:* break; *Sch:* **die g~en Ferien,** the summer holidays/*Univ:* vacation; (*d*) (*älter*) elder; (*erwachsen*) grownup; **meine g~e Schwester,** my big/elder sister; **unser Größter,** our eldest; **wenn du mal g. bist,** when you grow up/*F:* you're big; **hier hin ich g geworden,** I grow up here; **die G~en,** the grownups; **g. und klein,** young and old, everybody; (*e*) (*nicht gering, bedeutend*) great (heat, difficulty etc.; man, nation etc.); loud, tremendous (noise, applause etc.), **g~en Hunger/g~e Angst haben,** to be very hungry/frightened; **g~e Schmerzen haben,** to be in great pain; **mit dem größten Vergnügen,** with the greatest of pleasure; **sie ist keine g~e Köchin,** she's not much of a cook; **die G~en dieser Welt,** the world's great men; **Alexander der G~e,** Alexander the Great; **die g~e Nummer/Attraktion,** the star turn. **3.** (*grandios*) grand (style, banquet etc.); **in g~em Rahmen,** on a grand scale; **in g·er Aufmachung/Garderobe,** in full (evening) dress; **ein g~es Haus führen,** to do a lot of entertaining; **den g~en Herrn/die g~e Dame spielen,** to put on airs; *adv.* **g. feiern/ausgehen,** to celebrate/go out in style; **ein Produkt g. herausbringen,** to make a splash with a product. **4.** (*wesentlich*) general (line, outlines etc.); **der g~e Zusammenhang,** the wider implications; **im g~en und ganzen,** on the whole; by and large. **5.** *F:* (*a*) (*großartig*) great, terrific; **sie ist ganz g. im Reiten,** she's a pretty good rider; **g~e Mode/**adv. **g. in Mode sein,** to be all the rage; *adv.* **er steht jetzt ganz g. da,** he's really made it (to the top); (*b*) (g~tuerisch) **g~e Reden schwingen/g~e Worte reden,** to talk big; (*c*) *adv.* (*besonders*) much, particularly; **was ist da schon g. vorzubereiten?** what is there that needs much preparation? II. 'G~-, 'g~-, comb.fm. (a) large (firm), big (fire, Z: cat); Com: bulk (order, purchase etc.); (g~angelegt) large-scale (attack, industry, enterprise etc.); G~format n, large size; G~grundbesitzer m, big landowner; G~unternehmer m, big businessman; G~wild n, big game; G~abnehmer m, bulk purchaser; adj. g~blättrig, large-leaved; g~formatig, large-size(d); G~einsatz m, large-scale operation; G~veranstaltung f, large-scale/F: big event; F: G~reinemachen n, big/(im Frühjahr) spring clean; (b) Geog: Great; (den G~raum bezeichnend) Greater (Munich etc.); G~berlin n, Greater Berlin; G~britannien n, Great Britain; (c) (in Titeln) Grand (Duke, Master etc.); (bei Verwandten) great-(aunt, uncle, nephew, niece etc.); G~enkel m, great-grandson; G~enkelin f, great-granddaughter; (d) Nau: main(mast, - sheet, -stay); G~segel n, mainsail. 'G~admiral, m -s/-e Navy: Admiral of the Fleet. 'G~aktionär, m -s/-e Fin: principal shareholder/ N.Am: stockholder. 'G~alarm, m -(e)s/-e red alert. 'g~ange'legt, adj. large-scale (project etc.). 'g~artig, adj. marvellous, splendid; adv. er kann g. erzählen, he's marvellous at telling stories; sich g. amüsieren, to have a great time. 'G~artigkeit, f -/no pl brilliance (of a plan etc.); (Pracht) splendour. 'G~aufnahme, f -/-n Phot: Cin: close-up. 'G~buchstabe, m -ns/-n capital (letter). 'G~bürgertum, n -s/no pl upper middle class. 'g~deutsch, adj. Pol: Hist: Pan-German. 'G~einkauf, m -(e)s/-e bulk buying; F: einen G. machen, to do a big shop. 'G~eltern, pl grandparents. 'g~enteils, adv. largely, to a large extent. 'g~flächig, adj. large, extensive (grounds etc.). 'G~handel, m -s/no pl wholesale trade. 'G~handelspreis, m -es/-e wholesale price. 'G~händler, m -s/- wholesale dealer, wholesaler. 'G~handlung, f -/-en wholesale business/(Laden) shop. 'g~herzig, adj. magnanimous, generous. 'G~herzigkeit, f -/no pl magnanimity, generosity. 'G~hirn, n -(e)s/-e Anat: cerebrum. 'G~industrielle(r), m decl. as adj. industrial magnate, tycoon. 'g~jährig, adj. of age; g. werden, to come of age. 'G~kapital, n -s/no pl high finance; big business. 'G~kapitalist, m -en/-en plutocrat. 'G~kaufmann, m -(e)s/-leute 1. (Grossist) wholesaler. 2. big businessman. 'G~kopferte(r) [-kɔpfətə(r)], m & f decl. as adj. esp. Aus: F: bighead. 'g~machen, v.refl. F: sich g., to boast, brag. 'G~macht, f -/-e Pol: great power, superpower. 'g~mächtig, adj. Hum: enormous, huge. 'G~mama, f -/-s F: grandma, granny. 'G~markt, m -(e)s/-e (für Händler) central market; (für Privatpersonen) hypermarket, cash and carry. 'g~maschig, adj. wide-meshed. 'G~maul, n -(e)s/-er F: loudmouth. 'g~mäulig [-mɔyliç], adj. F: loud-mouthed. 'G~mut, f -/no pl magnanimity. 'g~mütig, adj. magnanimous. 'G~mutter, f -/- grandmother. 'g~mütterlich, adj. (a) im g~en Haus, in one's grandmother's house; (b) of/ esp. adv. like a grandmother. 'G~papa, m

-s/-s F: grandpa; grandad. 'G~raum, m -(e)s/-e large/extended area; im G. München, in the Greater Munich area. 'G~raumbüro, n -s/-s open-plan office. 'g~räumig [-rɔymiç], adj. 1. spacious, roomy (flat, car etc.). 2. extensive (area etc.). 'g~schreiben, v.tr.sep.irr.12 (a) to capitalize (a word), write (a word) with a capital; (b) F: bei ihm wird Pünktlichkeit großgeschrieben, he is very hot/ N.Am: big on punctuality. 'G~schreibung, f -/-en capitalization. 'G~sprecher, m -s/- braggart, boaster. 'g~spurig, adj. self-important; high-sounding (words etc.). 'G~stadt, f -/-e (large) city. 'G~städter, m -s/- city-dweller. 'g~städtisch, adj. city (life etc.). 'G~tat, f -/-en great/remarkable feat. 'G~teil, m -(e)s/no pl major/greater part; zum G., mainly. 'G~tuer, m -s/- boaster, show-off. 'g~tuerisch, adj. boastful, self-important. 'g~tun, v.i.sep.irr.106 (haben) to boast, brag (mit etwas dat, about sth.). 'G~vater, m -s/- grandfather. 'g~väterlich, adj. (a) one's grandfather's (chair, house, etc.); (b) of/esp. adv. like a grandfather. 'G~vatersessel, m -s/- F: (old-fashioned) fireside armchair. 'G~vieh, n -(e)s/no pl Agr: cattle and horses. 'g~ziehen, v.tr.sep.irr.113 to bring up (a child), rear (a child, animal). 'g~zügig, adj. generous (person etc.); broadminded, tolerant (views etc.); spacious (layout); large-scale (planning etc.). 'G~zügigkeit, f -/no pl generosity; broad-mindedness, tolerance; spaciousness.

Größ|e ['grɔ:sə], f -/-n 1. size; (Höhe) height; (Fläche) area; Astr: magnitude; welche G. haben/tragen Sie? what size do you take? ein Mann mittlerer G., a man of medium height; ihre kleine G., her small stature; sich zu seiner vollen G. aufrichten, to draw oneself up to one's full height. 2. Mth: Ph: etc: quantity; eine bekannte/also Fig: unbekannte G., a known/an unknown quantity. 3. (a) (Bedeutung) greatness; zu wahrer G. gelangen, to achieve true greatness; (b) (Pers.) great name; important figure; Th: Cin: etc: celebrity. 'G~enklasse, f -/-n 1. size (of fruit etc.). 2. Astr: magnitude. 'G~enordnung, f -/-en order (of magnitude); von dieser G., of this size/magnitude; in der G. von 2000 Mark, in the order of 2000 marks. 'G~enunterschied, m -(e)s/-e difference in size. 'G~enverhältnis, n -ses/-se proportion; im G. 1 zu 100, in a ratio/Mapm: on a scale of 1 to 100; Fig: im richtigen G., in its true perspective. 'G~enwahn(sinn), m -(e)s/no pl megalomania; Hum: delusions of grandeur. 'g~enwahnsinnig, adj. megalomaniac. 'g~er, 'g~ste(r,s), adj. comp. & superl. of groß q.v. 'g~ten'teils, adv. mainly, for the most part. 'G~tmaß, n -es/-e maximum (amount). 'g~t'möglich, adj. greatest/ biggest possible; utmost (care etc.).

Grossist [grɔ'sist], m -en/-en Com: wholesaler.

grotesk [gro'tɛsk], adj. grotesque.

Grotte ['grɔtə], f -/-n grotto.

grub [gru:p], p. of graben q.v.

Grübchen ['gry:pçən], n -s/- dimple; Metall: pit.

Grube ['gru:bə], f -/-n (also Min:) pit; Prov: wer andern eine G. gräbt, fällt selbst hinein, people often fall into their own traps. '**G~n-**, *comb.fm. Min:* pit (fire, water etc.); mine (-shaft etc.); *Com:* mining (share, concern etc.); **G~arbeiter** *m,* miner, mineworker; **G~unglück** *n,* mining disaster. '**G~ngas,** *n* -es/no *pl* firedamp.

Grüb|elei [gry:bə'lai], *f* -/-en rumination; (*Brüten*) brooding. '**g~eln,** *v.i.* (*haben*) to ruminate, (*brüten*) brood (**über** + *acc,* over). '**G~ler,** *m* -s/- brooder. '**g~lerisch,** *adj.* introspective; brooding.

Gruft [gruft], *f* -/-̈e burial vault; (*Krypta*) crypt.

grün [gry:n]. **I.** *adj.* green; (*a*) **g~er Salat,** lettuce; **g~e Bohnen,** French/*N.Am:* green beans; **ins G~e fahren,** to go for a drive in the country; **g~e Weihnachten,** Christmas without snow; *Med:* **g~er Star,** glaucoma; *F:* **g~e Minna,** (German) police van; **ein G~er,** a rozzer; *Aut:* **g~e Welle,** linked/*N.Am:* synchronized traffic lights; *F:* **g~es Licht für etwas acc geben,** to give sth. the green light/the go-ahead; *Fig:* **Entscheidung vom g~en Tisch,** bureaucratic decision; *G. Pol:* **die G~e Partei,** the Ecology Party; (*b*) *F:* **er kommt auf keinen g~en Zweig,** he won't get anywhere in life; **er ist mir nicht g.,** he doesn't like me; **j-n g. und blau/gelb schlagen,** to beat s.o. black and blue; **sich g. und gelb ärgern,** to be livid/furious (with oneself); **mir wurde es g. und blau/gelb vor den Augen,** I came over all queer; *int.* **ach, du g~e Neune!** good heavens above! (*entrüstet*) oh no! (*c*) (*roh*) green (bacon); fresh, unsalted (herrings); (*d*) (*unerfahren*) green, inexperienced. **II.** **G.,** *n* -s/- *F:* -s **I.** (*a*) green; *Aut:* **bei G.,** when the lights are green; *N.Am:* on green; *F:* **das ist dasselbe in G.,** that comes to (exactly) the same thing; (*b*) greenness (of trees etc.); (*im Strauß*) greenery. **2.** *Golf:* green. **III.** '**G~-,** '**g~-,** *comb.fm.* green (woodpecker etc.); *adj.* greenish (blue, yellow); **G~flächen** *fpl,* green/open spaces; **G~gürtel** *m,* green belt; *F:* **G~zeug** *n,* (i) (raw) green vegetables; (ii) (*für die Suppe*) greenery, herbs; *Orn:* **G~fink** *m,* greenfinch; *Med:* **G~holzfraktur** *f,* greenstick fracture; *Fig:* (*Pers.*) **G~schnabel** *m,* greenhorn; (*Besserwisser*) little whippersnapper. **G~-** '**donnerstag,** *m* -(e)s/-e Maundy Thursday. '**g~en,** *v.i.* (*haben*) *Lit:* to become/turn green. '**G~land,** *n* -(e)s/-̈er *Agr:* grassland, meadowland. '**g~lich,** *adj.* greenish. '**G~span,** *m* -(e)s/no *pl* verdigris. '**G~streifen,** *m* -s/- (*a*) grass verge; (*b*) (*Mittelstreifen*) central reservation, *N.Am:* median strip.

Grund [grunt]. **I.** *m* -(e)s/-̈e **1.** (*Erdboden*) ground; *Fig:* **in G. und Boden,** completely; utterly; **j-n in G. und Boden reden,** to make mincemeat of s.o.'s arguments; **von G. auf/aus geändert,** completely/radically altered. **2.** *esp. Aus:* (*Grundstück*) property; (*Landbesitz*) land. **3.** bottom (of a river, container etc.); (sea/ river) bed; **ein Glas bis auf den G. leeren,** to drain a glass (to the dregs); **er fand/hatte keinen G.,** he was out of his depth; *Nau:* **auf G. laufen,** to run aground; *Fig:* **im G~e seines Herzens,** in his heart of hearts; **einer Sache auf den G. gehen/kommen,** to get to the bottom of sth.; **den G. zu etwas** *dat* **legen,** to lay the found-

ation for sth.; **im G~e (genommen),** actually, strictly speaking. **4.** (*Hintergrund*) background; **ein gelbes Kreuz auf blauem G.,** a yellow cross on a blue ground. **5.** (*a*) (*Ursache, Motiv*) reason (**für etwas** *acc,* for sth.); **aus taktischen/ persönlichen G~en,** for tactical/personal reasons; **der G., warum . . ./weshalb . . ./dafür, daß. . .,** the reason why . . .; **aus dem (einfachen) G., daß. . .,** (simply) because . . ., for the simple reason that . . .; **aus gutem G.,** with good reason; **ich habe (allen) G., zu glauben . . .,** I have (every) reason to believe . . .; **auf G. dieser Tatsache,** because of this fact; (*b*) (*Anlaß*) cause (**zum Klagen usw.,** for complaint etc.); **das ist ein G. zum Feiern,** this calls for a celebration. **II.** '**G~-,** '**g~-,** *comb.fm.* **1.** (*a*) (*grundlegend*) basic (equipment, training, form, right, rule, vocabulary, wage, *Sch:* course etc.); fundamental (truth, characteristic); **G~begriff** *m,* fundamental concept/principle; **G~gedanke** *m,* basic/underlying idea; **G~gebühr** *f,* basic rate/charge; *Tel:* rental; **G~gehalt** *n,* basic salary; **ich habe (allen) G.,** zu glauben ...; *West G. Pol:* constitution; **G~kenntnis(se)** *f(pl)/* **G~wissen** *n,* basic knowledge, basics; **G~stoff** *m,* basic/raw material; *Ch:* basic element; **G~züge** *mpl,* basic/essential features; (*b*) *adj.* (*durch und durch*) thoroughly (decent, honest, bad etc.); completely (different etc.); (*sehr*) extremely (ugly etc.); **g~falsch,** completely/ absolutely wrong; **g~gescheit,** extremely bright/intelligent. **2.** land (purchase, tax etc.); **G~besitz** *m,* (i) *no pl* land ownership; (ii) landed property; *Jur:* real estate; **G~besitzer** *m,* landowner; **G~buch** *n,* land register; **G~buchamt** *n,* land registry. '**G~anstrich,** *m* -(e)s/-e *Paint:* undercoat. '**G~bau,** *m* -(e)s/-ten *Constr:* foundation. '**G~dünung,** *f* -/-en *Nau:* ground swell. '**G~farbe,** *f* -/-n primary/*Art:* background colour. '**G~festen,** *fpl* etwas in seinen G./bis in seine G. erschüttern,** to shake sth. to its foundations. '**G~fläche,** *f* -/-n area (of premises etc.); *Geom:* base. **g~ieren** [-'di:rən], *v.tr. Paint: Art:* to prime (a surface etc.). '**G~ierfarbe,** *f* -/-n primer. **G~ierung,** *f* -/-en **1.** *no pl* priming. **2.** (*G~anstrich*) undercoat. **3.** *Cosm:* foundation. '**G~kapital,** *n* -s/no *pl Fin:* (share) capital. '**G~lage,** *f* -/-n (*a*) basis, foundation; (*G~wissen*) grounding; **die G. für etwas** *acc* **schaffen,** to lay the foundations for sth.; (*Gerücht usw.*) **jeder G. entbehren,** to be entirely without foundation; (*b*) *pl* rudiments, fundamental principles. '**G~lagenforschung,** *f* -/-en pure research. '**g~legend,** *adj.* fundamental, basic (**für** + *acc,* to); **ein g~er Beitrag,** a contribution of fundamental importance. '**G~linie,** *f* -/-n *Geom: & Tennis:* base line. '**g~los,** *adj.* groundless (fear etc.); unfounded (suspicion); *adv.* without (any) reason. '**G~losigkeit,** *f* -/no *pl* groundlessness. '**G~mauer,** *f* -/-n *Constr:* foundation(-wall). '**G~pfeiler,** *m* -s/- *Constr:* supporting pier; *Fig:* foundation, cornerstone. '**G~riß,** *m* -sses/-sse (*a*) *Constr:* ground plan; (*b*) (*Abriß*) outline; **im G.,** in outline. '**G~satz,** *m* -es/-̈e principle; **ein Mann mit/von G~en,** a man of principle.

'g ~ sätzlich, *adj.* fundamental; **g~e Ablehnung,** categorical rejection; *adv.* **ich bin g. dagegen,** I am fundamentally opposed to it/(*im Prinzip*) opposed to it in principle; **ich esse g. keine Schokolade,** I never eat chocolate on principle. 'G ~ schulbildung, *f* -/*no pl* primary education. 'G ~ schule, *f* -/-n primary school; *N.Am:* grade school. 'G ~ stein, *m* -(e)s/-e *Constr:* foundation stone; *Fig:* cornerstone (**zu etwas** *dat,* of sth.). 'G ~ stellung, *f* -/-en initial/*Gym: etc:* starting position. 'G ~ stock, *m* -(e)s/*no pl* basis (**für eine Bibliothek usw.,** of a library etc.). 'G ~ stück, *n* -(e)s/-e piece/plot of land. 'G ~ stücksmakler, *m* -s/- estate agent, *N.Am:* realtor. 'G ~ stufe, *f* -/-n *Sch:* junior stage (of primary school). 'G ~ ton, *m* -(e)s/-e 1. *Mus:* keynote, tonic; root (of a chord). 2. (*Farbe*) background/main colour. 3. (*also* G~stimmung *f*) prevailing/general mood. 'G ~ wasser, *n* -s/- *Geol:* ground water. 'G ~ wasserspiegel, *m* -s/- water table. 'G ~ zahl, *f* -/-en 1. cardinal number. 2. *Mth:* base (number).

gründ|en ['gryndən], *v.* 1. *v.tr.* (*a*) to found (a university, firm etc.), set up (an organization etc.), form (a company, *Pol:* party etc.); to start (a newspaper, family etc.); **ein Heim g.,** to set up house; (*b*) to base (a verdict etc.) (**auf etwas** *acc,* on sth.). 2. *v.refl. & i.* (*haben*) (**sich**) **auf etwas** *acc* **g.,** to be based/founded on sth. 'G ~ er, *m* -s/- founder. 'G ~ erjahre, *npl G.Hist:* period of great economic expansion (1871–73). 'g ~ lich, *adj.* thorough; (*sorgfältig*) careful, painstaking; (*durchgreifend*) thoroughgoing (reform etc.); radical (change etc.); detailed, in-depth (report, study); (*umfassend*) comprehensive (knowledge etc.); *adv.* thoroughly; in depth; *F:* **sich g. irren/täuschen,** to make a big mistake; **j-m g. seine Meinung sagen,** to give s.o. a good piece of one's mind; **sich g. blamieren,** to make an awful fool of oneself. 'G ~ lichkeit, *f* -/*no pl* thoroughness; exhaustiveness (of a search etc.). 'G ~ ung, *f* -/-en foundation; establishment; formation.

grunzen ['gruntsən], *v.i.* (*haben*) to grunt.

Grupp|e ['grupə], *f* -/-n group; (*Team*) team (of experts etc.); *Mil:* squad; *Scouting:* patrol; **eine G. Skifahrer** *gen/von* **Skifahrern,** a party of skiers. 'G ~ en-, *comb.fm.* (*a*) group (therapy, teaching, sex, pictures etc.); **G~aufnahme** *f,* group photograph; **G~führer** *m,* group/ *Mil:* section/squad/*Scouting:* patrol leader; (*b*) *Rail: etc:* party (ticket etc.); **G~reise** *f,* (organized) party tour. 'g ~ enweise, *adv.* in groups. **g ~ ieren** [gru'pi:rən], *v.tr.* to group (people etc.); **sich g.,** to form a group/groups. G ~ ierung, *f* -/-en grouping.

Grus [gru:s], *m* -es/-e 1. *Geol:* debris. 2. *Min:* (coal) slack.

Grusel- ['gru:zəl-], *comb.fm.* horror (film, story etc.); **G~kabinett** *n,* chamber of horrors. 'g ~ ig, *adj.* spine-chilling, *F:* scary. 'g ~ n. I. *v.impers. & refl.* **es gruselte mir/mich gruselte,** I had a creepy/*F:* scary feeling; **ihm gruselte/er gruselte sich,** it gave him the creeps. II. **G.,** *n* -s/*no pl* creepy feeling; *F:* the creeps.

Gruß [gru:s], *m* -es/-e greeting; *Mil:* salute; **zum G.,** in greeting; **ohne G. weggehen/vorbeigehen,** to leave without saying goodbye/pass without saying hello; **j-m herzliche G~e senden/ausrichten,** to send/give s.o. one's kind(est) regards; **einen G. an Ihre Frau!** (kind) regards to your wife! **er schickte einen G. aus England,** he sent a postcard from England; (**einen**) **schönen G. von deiner Frau, du sollst zu Hause anrufen,** your wife sends a message that you're to ring home; *Hum: Aut:* **schönen G. vom Getriebe!** ow! those poor gears! *Corr:* (*Briefschluß*) **mit freundlichen G~en/freundlichem G. Ihr . . .,** yours sincerely . . .; **viele/herzliche/liebe G~e Dein . . .,** yours . . .; love from . . .; *F:* **G. und Kuß,** love and kisses. 'G ~ bekanntschaft, *f* -/-en nodding acquaintance. 'G ~ formel, *f* -/-n form of greeting.

grüßen ['gry:sən], *v.tr. & i.* (*haben*) (*a*) to greet (s.o.), say hello to (s.o.); *Mil:* to salute (an officer); **nach allen Seiten g.,** to wave to everyone; **j-n nicht g.,** to cut s.o.; *F: esp. South G:* **grüß dich!** hello! *esp. N.Am:* hi! *South G: & Aus:* **grüß Gott!** good morning/afternoon/evening; (*b*) **g. Sie ihn (herzlich) von mir,** give him my regards; remember me to him; **mein Onkel läßt (Sie) g.,** my uncle sends (you) his best wishes/kindest regards.

Grütz|e ['grytsə], *f* -/-n 1. *Cu:* groats; (*Brei*) gruel; **rote G.,** red jelly. 2. *F:* brains.

'Gschaftlhuber, *m see* **Geschaftlhuber.**

Gspusi [k'ʃpu:zi], *n* -s/-s *South G: & Aus:* 1. sweetheart. 2. (*Verhältnis*) affair.

guck|en ['gukən], *v.i.* (*haben*) *F:* (*a*) to look; **laß mich mal g.!** let me (have a) look/peep! (*b*) (*hervorg.*) to stick out; (*c*) **freundlich/dumm g.,** to look friendly/blank. 'G ~ er, *m* -s/- *F:* opera glass. 'G ~ fenster, *n* -s/- judas window. 'G ~ kasten, *m* -s/- (*a*) peep-show; (*b*) *F:* telly. 'G ~ loch, *n* -(e)s/-er peep-hole.

Guerilla [ge'rilja]. 1. *f* -/-s (*a*) (*G~krieg*) guerilla warfare; (*b*) (*Einheit*) guerilla unit. 2. *m* -(s)/-s (*also* G~kämpfer *m*) guerilla.

Gugelhupf ['gu:gəlhupf], *m* -(e)s/-e *South G: & Aus:* gugelhupf (cake), ring cake.

Guillotine [gijo'ti:nə], *f* -/-n guillotine.

Gulasch ['gulaʃ], *n* -(e)s/-e & -s *Cu:* goulash. 'G ~ fleisch, *n* -(e)s/*no pl* stewing steak.

gültig ['gyltiç], *adj.* valid; (*Gesetz*) operative, in force; **ist diese Münze noch g.?** is this coin still legal tender? **der Paß ist nicht mehr g.,** the passport has expired; **der Fahrplan ist ab 1. Mai g.,** the timetable comes into force/effect on 1st May. 'G ~ keit, *f* -/*no pl* validity; **G. haben,** to be valid/(*Münzen*) legal tender/(*Gesetz usw.*) operative, in force/(*Regel*) applicable.

Gummi ['gumi]. I. 1. *m & n* -s/-s (*Kautschuk*) rubber. 2. *n & m* -s/-(s) (*Harz, Klebstoff*) gum. 3. *m* -s/-s (*Radierg.*) rubber. 4. *n* -s/-s = **G~band.** 5. *m* -s/-s *P:* condom. II. 'G~-, *comb.fm.* (*a*) rubber (glove, tyre etc.); elastic (motor, stocking etc.); **G~dichtung** *f,* rubber seal/(*Ring*) washer; **G~knüppel** *m,* rubber truncheon; **G~band** *n,* rubber/elastic band; *Cl:* elastic; **G~ring** *m,* (i) rubber/elastic band; (ii) (*Dichtung*) rubber washer/*Cu:* (sealing) ring; (iii) *Games:* rubber quoit; **G~schlauch** *m,* rubber tube/hose; **G~(über)schuhe** *mpl,* rubber overshoes, galoshes; *N.Am:* rubbers; *F:* **G~paragraph** *m,* elastic clause. 'G ~ bär-

chen, *npl approx.* = jelly babies, *N.Am:* jujubes. ´G ~ **baum,** *m* -(e)s/ꞏe *Bot:* 1. gum tree. 2. (*Zimmerpflanze*) rubber plant. ´G ~ **bonbon,** *m & n* -s/-s (fruit-/wine-) gum. **g ~ eren** [gu'mi:rən], *v.tr.* (*a*) to gum (paper etc.); (*b*) rubberize (fabric etc.). **G ~ erung,** *f* -/-en 1. (*a*) gumming; (*b*) rubberizing. 2. (*a*) gum (on envelopes etc.); (*b*) rubber coating. ´G ~ **harz,** *m* -es/-e *Bot:* gum resin. ´G ~ **knochen,** *m* -s/- *F:* **G. haben,** to be double-jointed. ´G ~ **linse,** *f* -/-n *Phot: Cin:* zoom lens. ´G ~ **stiefel,** *m* -s/- gumboot; *Brit:* wellington. ´G ~ **zelle,** *f* -/-n padded cell. ´G ~ **zug,** *m* -(e)s/ꞏe elastic; **mit G.,** elasticated, *N.Am:* elasticized.

Gunst [gunst], *f* -/no *pl* favour; **in** J-s **G./bei** j-m **in G. stehen,** to be in s.o.'s good books; **zu** j-s **G ~ en,** in s.o.'s favour; to s.o.'s advantage; **zu seinen G ~ en muß gesagt werden, daß . . .,** to his credit, it must be said that . . .

günstig ['gynstiç], *adj.* (*vorteilhaft*) favourable; (*passend*) convenient (time, position etc.); **bei g ~ er Witterung,** weather permitting; **g ~ es Zeichen,** auspicious sign; **g ~ er Zufall,** happy coincidence, **im g ~ sten Falle,** at best; *adv.* **etwas g. kaufen,** to buy sth. at a favourable price/(*billig*) cheaply; **j-m g. gesinnt,** favourably disposed towards s.o.; **g. abschneiden,** to come off well; **g. liegen,** to be conveniently situated. ´G ~ **ling,** *m* -s/-e favourite (*person*). ´G ~ **lingswirtschaft,** *f* -/no *pl* favouritism.

Gurgel ['gurgəl], *f* -/-n throat; *F:* **sich** *dat* **die G. schmieren,** to wet one's whistle; **sein Geld durch die G. jagen,** to drink one's money away; *Fig:* **j-m die G. zuschnüren,** to ruin s.o., bleed s.o. white. ´g ~ **n,** *v.i.* (*haben*) (*a*) to gargle; (*b*) (*glucksen*) to gurgle. ´G ~ **wasser,** *n* -s/- gargle, mouthwash.

Gurke ['gurkə], *f* -/-n 1. (*Salatg.*) cucumber; **saure/eingelegte G ~ n,** pickled gherkins. 2. *F: Hum:* (*Nase*) conk, *N.Am:* schnoz. ´G ~ **nhobel,** *m* -s/- *Cu:* cucumber slicer.

gurren ['gurən], *v.i.* (*haben*) to coo.

Gurt [gurt], *m* -(e)s/-e (*Gürtel*) belt; *esp. Mil:* cartridge belt; *Aut: Av:* safety belt; *Equit:* (*Sattelg.*) girth. ´G ~ **band,** *n* -(e)s/ꞏer *Cl:* waistband. ´g ~ **en,** *v.tr. Aut:* to put on one's safety belt, *F:* belt up. ´G ~ **werk,** *n* -(e)s/-e *Av:* (parachute) harness.

Gürtel ['gyrtəl], *m* -s/- belt; (*Strumpfg.*) girdle; (*also Fig:*) **den G. enger schnallen,** to tighten one's belt. ´G ~ **linie,** *f* -/-n *Cl:* waistline; *Box: & Fig:* **Schlag unter die G.,** blow below the belt. ´G ~ **reifen,** *m* -s/- *Aut:* radial(-ply) tyre. **G ~ rose,** *f* -/no *pl Med:* shingles. ´G ~ **tier,** *n* -(e)s/-e *Z:* armadillo.

Guß [gus]. I. *m* -sses/ꞏsse 1. *Metalw:* (*a*) (*Gießen*) founding, casting; *Fig:* **das Stück ist aus einem G.,** the play is a homogeneous whole; (*b*) (*Erzeugnis*) casting. 2. gush, stream (of water etc.); *F:* (*Regeng.*) downpour, shower. 3. *Cu:* icing, *N.Am:* frosting. II. ´G ~ -, *comb.fm.* cast (concrete, iron etc.); moulded (glass); **g ~ eisern** *adj.* cast-iron; **G ~ form,** *f* casting mould. ´G ~ **stück,** *n* -(e)s/-e *Ind:* casting.

Gusto ['gusto], *m* -s/-s *Aus: F:* **nach (seinem)**

G., to one's taste/liking; ich habe einen G. darauf, I have a hankering for it.

gut¹ [gu:t]. I. *adj.* good. 1. (*Pers.*) (*a*) **sie ist g. im Turnen,** she is good at gymnastics; **dafür bin ich mir zu gut,** that's beneath my dignity; (*b*) (*gütig*) kind; **g. zu j-m sein,** to be good/kind to s.o.; **ein g ~ er Mensch,** a kind soul; **sei so gut und mach die Tür zu,** would you mind shutting the door; **j-m g. sein,** to like/be fond of s.o.; **seid ihr wieder g. miteinander?** have you made it up with one another (again)? *adv. phr.* **im g ~ en,** amicably, in a friendly way; **sich im g ~ en einigen,** to come to an amicable agreement; (*c*) **ihm ist nicht g.,** he is not feeling well; *F:* **g. beisammen sein,** to be in good shape. 2. (*Sachen*) (*a*) **diese Tabletten sind g. gegen/für Grippe,** these pills are good for/against flu; **wozu ist das g.?** (i) what's the good/use of that? (ii) what's that for? **das ist alles g. und schön aber . . .,** that's all very well but . . .; **Ende g., alles g.,** all's well that ends well; (*b*) **g ~ en Morgen,** good morning; **g ~ e Nacht,** good night; **g ~ e Reise/Fahrt!** have a good journey! **g ~ en Appetit!** enjoy your meal! **g ~ es Neues Jahr,** happy New Year; **alles G ~ e (zum Geburtstag usw.),** every good wish/*F:* all the best (on your birthday etc.); (*c*) **so g. wie sicher,** as good as/virtually certain; **so g. wie gar nichts,** hardly anything; (*d*) *Iron:* **das ist g.!** that's a laugh! **das ist rich!** **du bist g.!** you must be joking! you've got a hope! (*e*) *int.* **also/nun g.!** all right/OK then; **wir wollen es g. sein lassen,** let's leave it at that; **schon g.!** that's enough! (*auf eine Entschuldigung usw.*) that's all right; (*f*) (*reichlich bemessen*) **eine g ~ e Stunde/ein g ~ es Pfund,** a good hour/pound; **zu g ~ er Letzt,** at long last; **es sind g. (und gern) zehn Pfund,** it's easily ten pounds; (*g*) (*nicht für jeden Tag*) best (room, dress etc.); **ich trage den Anzug nur für g.,** I only wear this suit for best. 3. **das G ~ e,** (the) good; **das G ~ e daran ist, daß . . .,** the good thing about it is that . . .; **das war des G ~ en zuviel,** that was too much of a good thing; **sich zum G ~ en wenden,** to take a turn for the better. II. *adv.* well; (*a*) **eine g. angezogene Frau,** a well-dressed woman; **g. gelaunt sein,** to be in a good mood; **sie hört/sieht g.,** her hearing/eyesight is good; **sie sieht g. aus,** (i) (*schön*) she is good-looking; (ii) (*gesund*) she looks well; **ich fühle mich nicht g.,** I don't feel well; **es geht mir schr g.,** I am very well; **der heiße Tee tat g.,** the hot tea did me good/made me feel better; **komm g. nach Hause!** have a safe journey home! (*b*) (*leicht*) **das kann ich g. verstehen,** I can well/easily understand that; **g. zu hören,** easy to hear; quite audible; **g. zu sehen,** clearly visible; **damit komme ich g. aus,** that will be enough and to spare; **du bist g. dran,** you're lucky, *F:* you've got it made; **er tat g. daran, nicht zu kommen,** he did well/was well advised not to come; **er hat es g. bei seiner Mutter,** he is well off living with his mother; **ihr habt es g., ihr braucht morgen nicht zu arbeiten,** you're lucky, you don't have to work tomorrow; **mit dem Urlaub hat er es g. getroffen,** he struck/*N.Am:* got lucky with his holiday; **das ist g. möglich/kann gut sein,** that is quite possible/could well be;

ich kann sie nicht g. im Stich lassen, I can't very well let her down; **du hast g. lachen/reden,** it's all very well for you to laugh/talk; *F:* **mach's g.!** cheerio! *N.Am:* so long! *Iron:* **das fängt ja g. an!** that's a good start (I must say)! (*c*) **das riecht/schmeckt g.,** that smells/tastes good. **III.** '*g~-, adj. comb.fm.* well-(dressed etc.); **g~bezahlt/g~dotiert,** well-paid; **g~erzogen,** well brought up; **g~gemeint,** well-meant; **g~gesinnt,** well disposed (**j-m,** to s.o.); **g~sitzend,** well-fitting (clothes); *F:* well-aimed (punch etc.); **g~unterrichtet,** well informed. '**G~achten,** *n -s/-* (expert) opinion, report; *Jur: etc:* expert's evidence. '**G~achter,** *m -s/-* expert, consultant. '*g~artig, adj.* good-natured; *Med:* benign (tumour). '*g~aussehend, attrib.adj.* good-looking. '*g~bürgerlich, adj.* solidly middle-class (family etc.); homely, plain (food, accommodation). '**G~dünken,** *n -s/no pl* judgement, discretion; **nach (eigenem) G.,** as one thinks fit. **G~e'nachtkuß,** *m -sses/-sse* good-night kiss. '*g~gehen, v.i.sep.irr.36* (*haben*) (*Sache*) to go well; **es geht mir gut,** (i) I am getting along nicely; (ii) (*gesundheitlich*) I am well. '*g~gehend, adj.* flourishing, thriving. '*g~gelaunt, attrib.adj.* good-humoured. '*g~gläubig, adj. Jur:* trusting; acting/(*Sache*) done in good faith.' **G~gläubigkeit,** *f -/no pl* trustfulness; *Jur:* good faith. '**g~haben. I.** *v.tr.sep.irr.44 Bank: Com:* **eine Summe (bei j-m) g.,** to be owed a sum (by s.o.), have a sum to one's credit (with s.o.). **II. G.,** *n -s/- Bank: Com:* credit; balance. '*g~heißen, v.tr. sep.irr.49* to approve (sth.). '*g~herzig, adj.* kind(-hearted). '**G~herzigkeit,** *f -/no pl* kind-heartedness. '*g~machen, v.tr.sep.* (*a*) to make up for (a mistake, wrong etc.) (**an j-m,** to s.o.); to make good, repair (damage); (*b*) **er hat (dabei) 50 Mark gutgemacht,** he made 50 marks (out of it/on the deal). '*g~mütig, adj.* good-natured. '**G~mütigkeit,** *f -/no pl* good nature. '**G~schein,** *m -(e)s/-e* coupon, voucher; (*für zurückgegebene Ware*) credit note; (*Geschenkg.*) gift token. '*g~schreiben, v.tr.sep.irr.12 Fin:* to credit (a sum) (**j-m/einem Konto,** to s.o./an account). '**G~schrift,** *f -/-en Fin: Com:* credit; (*Bescheinigung*) credit voucher. '*g~situiert, adj.* well-to-do, well off. '*g~tun, v.i.sep.irr.106* **j-m, etwas** *dat* **g.,** to do s.o., sth. good; **es tut gut, zu . . .,** it does you good to . . .; **der Kaffee tut gut,** this coffee is just what I needed. '*g~verdienend, attrib. adj.* on a good salary, with a good income.

'*g~willig, adj.* willing; (*wohlgesinnt*) well-disposed.
Gut², *n -(e)s/-er* **1.** (*Besitz*) property; **irdische Güter,** worldly goods/wealth; **Gesundheit ist das höchste G.,** good health is our most precious possession. **2.** (*Landgut*) estate. **3.** *Com:* (*Frachtgut*) *esp. pl.* goods. '**G~s-,** *comb.fm.* estate (owner etc.); **G~besitzer/G~herr** *m,* estate owner, landowner; **G~verwalter** *m,* estate manager, steward. '**G~shaus,** *n -es/-er* manor (house). '**G~shof,** *m -(e)s/-e* estate.
Güte ['gy:tə], *f -/no pl* **1.** (*Herzensg.*) kindness, goodness; **in (aller) G.** amicably/in a friendly way; **ein Vorschlag zur G.,** a conciliatory proposal; *F:* **(ach) du meine/liebe G.!** oh my goodness! **2.** (*Qualität*) quality; **Waren erster G.,** top quality goods. '**G~grad,** *m -(e)s/-e/* '**G~klasse,** *f -/-n Com:* grade (of product). '**G~zeichen,** *n -s/-* mark/seal of quality.
Güter ['gy:tər]. **I.** *pl of Gut².* **II.** '**G~-,** *comb.fm.* goods, *esp. N.Am:* freight (train, traffic, transport etc.); **G~fernverkehr/G~nahverkehr** *m,* long-haul/short-haul (goods/freight) transport; **G~umschlag** *m,* turn-round of goods/freight; *Rail:* **G~abfertigung** *f,* (i) dispatch of goods/ freight; (ii) (*Stelle*) goods/freight office; **G~bahnhof** *m,* goods/freight depot; (*Gleisanlage*) goods/freight yard; **G~schuppen** *m,* goods shed, *N.Am:* freight house; **G~wagen** *m,* goods wagon/truck; *N.Am:* freight car. '**G~gemeinschaft,** *f -/-en Jur:* joint ownership of property (in marriage).' **G~trennung,** *f -/no pl Jur:* separation of property.
güt|ig ['gy:tiç], *adj.* kind, kind-hearted; *Iron:* **zu g.!** how very gracious of you! *adv.* **g. lächeln,** to smile benevolently/graciously. '*g~lich, adj.* amicable; *adv.* **sich g. einigen,** to come to an amicable agreement; **sich** *dat* **an etwas** *dat* **g. tun,** to feast on sth.
Gymnas|ial- [gymnazi'a:l-], *comb.fm. Sch:* (headmaster etc.) of a *Gymnasium.* **G~iast(in)** [-zi'ast(in)], *m -en/-en* (*f -/-nen*) *Sch:* pupil/(*älter*) student at a *Gymnasium.* **G~ium** [-'na:zium], *n -s/-ien* selective senior secondary school, *approx.* = grammar/*N.Am:* high school.
Gymnast|ik [gym'nastik], *f -/no pl* (*Trimmübungen*) keep-fit exercises, *Sch:* P.E; (*Turnen*) gymnastics. '**G~iker(in),** *m -s/-* (*f -/-nen*) gymnast. **g~isch,** *adj.* gymnastic.
Gynäkolog|e [gynɛko'lo:gə], *m -n/-n Med:* gynaecologist. **G~ie** [-lo'gi:], *f -/no pl Med:* gynaecology. **g~isch** [-'lo:giʃ], *adj. Med:* gynaecological.

H

H,h [haː], *n* -/- **1.** (the letter) H, h. **2.** *Mus:* B; **H(-dur)**, B(major); **h(-moll)**, B minor.
Haag [haːk]. *Pr.n.m. Geog:* den H., the Hague.
Haar [haːr]. I. *n* -(e)s/-e hair; *pl* H~e, (i) *coll.* hair; (ii) (*einzelne*) hairs; **sich** *dat* **das H./die H~e waschen,** to wash one's hair; *F:* **um ein H. größer,** fractionally larger; **um ein H. wäre ich gestürzt,** I very nearly fell; **j-m kein H. krümmen,** not to touch a hair on s.o.'s head; **sie ließ kein gutes H. an ihm,** she did not have a single good word to say about him; **H~e auf den Zähnen haben,** to have a sharp tongue; **seine Ausrede war an den H~en herbeigezogen,** his excuse was very far-fetched; **j-m aufs H. gleichen,** to be the spitting image of s.o.; **sie liegen sich dauernd in den H~en,** they are always at one another; **ich könnte mir die H~e ausraufen!** I could kick myself! II. ´H~-, *comb.fm.* hair (ribbon, dryer etc.); **H~ansatz** *m,* hairline; **H~ausfall** *m,* loss of hair; **H~bürste** *f,* hairbrush; **H~klammer** *f,* hairgrip, *N.Am:* barrette; **H~nadel** *f,* hairpin; **H~nadelkurve** *f,* hairpin (bend); **H~netz** *n,* hairnet; **H~schnitt** *m,* haircut; (*Frisur*) hairstyle; **H~spange** *f,* hairslide; **H~teil** *n,* hairpiece; **H~waschmittel** *n,* hair shampoo; **H~wasser** *n,* hair lotion; **H~wuchsmittel** *n,* hair restorer; **H~schopf** *m,* tuft/(*Wuschelkopf*) mop of hair; **H~strähne** *f,* wisp/strand of hair. ´**h~en,** *v.i.* (*haben*) **sich h.,** to lose/shed hairs. ´H~**entferner,** *m* -s/- depilatory. ´H~**esbreite,** *f* **um H.,** by a hair's breadth; **er wich nicht um H.,** he did not budge an inch. ´H~**festiger,** *m* -s/- setting lotion. ´H~**garnteppich,** *m* -s/-e cord carpet. ´**h~ge-** ´**nau,** *adj.* exact, precise; *adv.* exactly; (*detailliert*) in minute detail; *F:* **das weißt du h.,** you know that perfectly well. ´**h~ig,** *adj.* **1.** hairy. **2.** *F:* tricky, nasty (business etc.). ´**h~-** ´**klein,** *adv.* in minute detail. ´**h~los,** *adj.* hairless, bald. ´H~**losigkeit,** *f -/no pl* hairlessness, baldness. ´H~**riß,** *m* -sses/-sse *Metall: etc:* hairline crack. ´**h~scharf,** *adv.* **das Auto fuhr h. an ihm vorbei,** the car missed him by a hair's breadth. H~**spalte´rei,** *f-/-* en hairsplitting; **H. treiben,** to split hairs. ´**h~-** **sträubend,** *adj.* (*a*) hair-raising; (*b*) *Pej:* appalling, (*unglaublich*) incredible. ´H~**wuchs,** *m* -es/*no pl* growth of hair; **starker/spärlicher H.,** thick/thin hair.
Hab [haːp], *n sein* (*ganzes*) H. **und Gut,** all one's possessions. H~**e** [´haːbə], *f -/no pl* belongings, possessions; **meine ganze H.,** all my worldly goods. ´**h~en. I.** *v.irr.* (*pres.* **hat,** *pres.*

subj. **habe,** *p.* **hatte,** *p. subj.* **hätte,** *p.p.* **gehabt**) **1.** *v.tr.* to have (sth.); (*a*) (*besitzen*) to have, *F:* have got (children, friends, patience, blue eyes etc.); **da hast du Geld,** there's some money for you; **etwas h. wollen,** to want sth.; **Eile/es eilig h.,** to be in a hurry; **es hat Zeit,** there's no hurry; **er hat es mit dem Magen,** he has stomach trouble; **sie hat's am Knie,** there is something wrong with her knee; **was hast du?** what is the matter (with you)? what's wrong? **ich habe Hunger/Durst,** I am hungry/thirsty; *P:* **hab dich nicht so!** don't carry on so! (*b*) (*enthalten*) **ein Meter hat tausend Millimeter,** there are a thousand millimetres in a metre; (*c*) (*erhalten*) to get (sth.); **hier ist kein Bier zu h.,** there's no beer to be had here; **nicht mehr zu h.,** no longer available/obtainable; (*erben*) **den Geiz hat er von seinem Vater,** he gets his meanness from his father; *F:* **dafür bin ich zu h.,** I'm on/game; (*d*) **gestern hatten wir 25°,** the temperature yesterday was 25°; **den wievielten h. wir heute?** what is the date today? (*e*) **es bequem/gemütlich h.,** to have an easy life; **bei euch hatten wir es gut,** we were well off with you; **er hat es nicht leicht,** it's not easy for him; (*f*) **das werden wir gleich h.,** we'll soon put that right; **und damit hat sich's/hat sich die Sache!** that's that! that's all there is to it; (*g*) (+ *prep.*) **er hat etwas Unheimliches (an sich),** there is something sinister about him; **es hat nichts auf sich,** there is nothing in it; **der Plan hat viel für sich,** there is much to be said for the project; **er hat etwas mit ihr,** he is carrying on with her; **es hat nichts damit zu tun,** it has nothing to do with it; there is no connection; *F:* **es in sich h.,** to have (got) what it takes; **er hat nichts davon,** he doesn't get anything out of it; **das hat man davon,** that's what comes of it; (*h*) (*müssen*) **ich habe noch zu arbeiten,** I've still got to do some work; **du hast zu schweigen!** you can (just) be quiet! (*i*) **das hat nichts zu bedeuten/zu sagen,** it doesn't mean anything. **2.** *v.aux.* (*a*) **ich habe es gegessen,** I have eaten it; I ate it; **es hatte geregnet,** it had rained/been raining; (*b*) *cond.* **hätte er es gewußt,** if he had known it; **ich hätte geschrieben,** I would have written; **sie hätte kommen können,** she could have come. II. H., *n* -s/*no pl Book-k:* credit (side). H~**gier** [´haːpgiːr], *f -/no pl* greed; (*für den Besitz anderer*) covetousness. ´**h~gierig,** *adj.* greedy. ´**h~haft,** *adj.* **einer Sache h. werden,** to get hold of sth. ´H~**selig-keiten,** *fpl* belongings, *Hum:* goods and chattels. ´H~**sucht,** *f -/no pl Pej:* (obsessive)

acquisitiveness; greed. ´h ~ süchtig, *adj.*
Pej: (obsessively) acquisitive; greedy.
Habicht [´haːbiçt], *m* -s/-e hawk.
Habilitation [habilitatsi´oːn], *f* -/-en *Univ:*
qualification as university teacher.
Habitat [habi´taːt], *n* -s/-e *Z: Bot:* habitat.
Hachse [´haksə], *f* -/-n (*a*) *Z:* hock; *Cu:*
knuckle (of veal/pork); (*b*) *F:* leg.
Hack|beil [´hakbail], *n* -(e)s/-e chopper, cleaver.
´H ~ **braten**, *m* -s/- meat loaf. ´H ~ **brett,** *n*
-(e)s/-er chopping board. ´H ~ e [1], *f* -/-n **1.** *Hort:*
Agr: hoe, mattock. **2.** pickaxe. ´h ~ en, *v.* **1.** *v.tr.*
(*a*) to chop (meat, vegetables, wood etc.); to hack
(sth., a hole) (in + *acc,* in); (*b*) to hoe (the
ground). **2.** *v.i.* (*haben*) (*Vogel*) to peck (**nach** j-m,
at s.o.). ´H ~ **fleisch**, *n* -(e)s/*no pl Cu:* mince,
minced/*N.Am:* ground meat; *F:* **aus** j-m H.
machen, to make mincemeat of s.o.
´**Hacke** [2], *f* -/-n/´H ~ n, *m* -s/- heel.
Häcksel [´hɛks(ə)l], *m* & *n* -s/*no pl* chaff.
Hafen [´haːfən]. **I.** *m* -s/͞- *Nau:* harbour;
(*H ~ stadt*) port; *Fig:* haven (of rest etc.). **II.**
H ~ -, *comb.fm.* harbour (basin etc.); port
(authority etc.); dock (area etc.); **H ~ anlagen**
fpl, harbour installations, docks; **H ~ arbeiter**
m, docker, dockworker; **H ~ damm** *m/H ~ mole**
f, harbour mole; **H ~ gebühren** *fpl/H ~ geld** *n*,
harbour dues; **H ~ kapitän/H ~ meister** *m*, har-
bourmaster. ´H ~ **stadt,** *f* -/͞-e port.
Hafer [´haːfər], *m* -s/*no pl* oats; *F:* **ihn sticht**
der H., (*Kind*) he is getting really wild/
(*Erwachsener*) letting his hair ↄ own. ´H ~ -
brei, *m* -(e)s/*no pl* porridge. ´H ~ **flocken**,
fpl porridge/rolled oats. ´H ~ **mehl,** *n* -(e)s/*no*
pl oatmeal.
Haft [haft], *f* -/*no pl Jur:* custody, detention; j-n
in H. nehmen, to take s.o. into custody, (*verhaf-*
ten) arrest (s.o.). ´h ~ **bar,** *adj. Jur:* liable, re-
sponsible. ´h ~ **en**, *v.i.* (*haben*) (*a*) **an etwas** *dat*
h., to stick/(*Staub, Geruch*) cling to sth.; *Aut:*
diese Reifen h. schlecht, these tyres do not give
good grip; (*b*) **für** j-n, **etwas h.**, to be liable/
responsible for s.o., sth.; (*garantieren*) to vouch
for s.o., sth.; **für die Folgen h.**, to answer for
the consequences. ´h ~ **enbleiben,** *v.i.sep.*
irr.12 (*sein*) **an etwas** *dat* **h.**, to stick/cling
to sth.; *Fig:* (**im Gedächtnis**) **h.**, to stick in the
mind. ´h ~ **end,** *adj.* clinging (dirt, smell); last-
ing (impression). ´H ~ **pflicht,** *f* -/-en
liability. ´H ~ **pflichtversicherung,** *f* -/-en
third party insurance. ´h ~ **pflichtig,** *adj.*
liable, responsible (**für** + *acc,* for). ´H ~ **ung,**
f -/-en **1.** liability. **2.** *Tchn:* adhesion.
Häftling [´hɛftliŋ], *m* -s/-e detainee, prisoner.
Hagebutte [´haːgəbutə], *f* -/-n *Bot:* rosehip.
Hagedorn [´haːgədɔrn], *m* -(e)s/-e hawthorn
Hagel [´haːgəl], *m* -s/*no pl* hail. ´H ~ **korn,** *n*
-(e)s/͞-er hailstone. ´h ~ **n,** *v.i.impers.* (*haben*)
to hail. ´H ~ **sturm,** *m* -(e)s/͞-e/´H ~ **wetter,**
n -s/*no pl* hailstorm.
hager [´haːgər], *adj.* gaunt, haggard; scraggy
(neck). ´H ~ **keit,** *f* -/*no pl* gauntness.
Hahn [haːn], *m* -(e)s/͞-e **1.** (*Vogel*) cock; **junger H.,**
cockerel; *Fig:* **H. im Korb,** cock of the walk; *F:*
danach kräht kein H., nobody cares about that.
2. (*Wasserh. usw.*) tap; *N.Am:* faucet; (*an der*
Hauptleitung) stopcock. **3.** *Sm.a:* **den H.**

spannen, to cock a gun. ´H ~ **enfuß,** *m* -es/͞-e
Bot: crowfoot. ´H ~ **enkamm,** *m* -(e)s/͞-e
cock's comb.
Hähnchen [´hɛːnçən], *n* -s/- cockerel.
Hai(fisch) [´hai(fiʃ)], *m* -(e)s/-e shark.
Häk|chen [´hɛːkçən], *n* -s/- (*a*) little hook;
(*b*) (*Zeichen*) tick, *N.Am:* check. **h ~ eln**
[´hɛːkəln], *v.tr.* to crochet (a shawl etc.).
´H ~ **elnadel,** *f* -/-n crochet hook.
Haken [´haːkən]. **I.** *m* -s/- (*a*) hook; peg (for a
hat etc.); *Fig:* **einen H. schlagen**, to double back;
Box: **ein linker/rechter H.,** a left/right hook;
(*b*) *Fig:* (*Nachteil*) snag, hitch; **es ist ein H. dabei,**
there's a catch in it. **II. h.,** *v.tr.* & *i.* (*haben*) to
hook (sth.); **an etwas** *dat* **h.,** to catch on sth.; **es**
hakt, it's stuck. ´H ~ **kreuz,** *n* -es/-e swastika.
´H ~ **nase,** *f* -/-n hooked nose.
halb [halp]. **I.** *adj.* & *adv.* half; (*a*) **die h ~ e Nacht,**
half the night; **eine h ~ e Stunde,** half an hour;
h. eins, half-past twelve; **fünf nach h. sechs,**
twenty-five to six; **zum h ~ en Preis,** at half
price; **auf h ~ er Höhe,** halfway up; (*also Fig:*)
j-m **auf h ~ em Wege entgegenkommen,** to meet
s.o. halfway; *Mus:* **h ~ e Note,** minim; (*b*) **der**
ist ja noch ein h ~ es Kind, he's just a big baby;
mit h ~ er Stimme, in a low voice; **das ist nichts**
H ~ es und nichts Ganzes, that's neither one
thing nor the other; (*c*) *adv.* **h. und h.,** half and
half; **mit** j-m **h. und h. machen,** to go halves
with s.o.; **h. soviel,** half as much; **das ist ja nur**
h. so schlimm, it's not as bad as all that. **II.**
´H ~ -, ´h ~ -, *comb.fm.* **1.** (*a*) half-(brother,
sister, moon, truth etc.); **H ~ blut** *n/H ~ blüter**
m, half-breed; **H ~ jahr** *n*, half-year; *Aut:*
H ~ welle *f*, half-shaft; *Sp:* **H ~ zeit** *f*, (i) half-
time; (ii) (*Spielhälfte*) half; (*b*) semi-(darkness
etc.); **H ~ edelstein** *m*, semi-precious stone;
H ~ fabrikat *n*, semi-finished product; **H ~ -**
finale *n*, semi-final; **H ~ kreis** *m*, semicircle;
El: **H ~ leiter** *m*, semi-conductor; (*c*) demi-;
H ~ gott *m*, demigod. **2.** *adj.comb.fm.* (*a*)
half-(blind, frozen, naked etc.); **h ~ fertig,**
half-finished; **h ~ jährlich,** half-yearly; six-
monthly; **h ~ rund/h ~ kreisförmig,** half-round,
semicircular; **h ~ stündig,** lasting half an hour;
h ~ stündlich, half-hourly, every half-hour;
h ~ tägig, half-day; *Nau: etc:* (**auf**) **h ~ mast,** at
halfmast; *Cl:* **h ~ lang,** half-length (skirt etc.);
(*b*) *esp. Tchn:* semi-(automatic, official etc.);
Phot: **h ~ matt,** semi-matt (finish, print). **III.** *f*
der/die/das H ~ e, half; *F:* **noch ein H ~ es/**
einen H ~ en bitte, another half(-litre) please.
´H ~ **heit,** *f* -/-en (*a*) half-heartedness; (*b*) *esp.*
pl. **H ~ en,** half-measures. **h ~ ieren** [-´biːrən],
v.tr. to halve (sth.); (*schneiden*) to cut (sth.) in
half; *Mth:* to bisect (a line etc.). ´H ~ **insel,** *f*
-/-n peninsula. ´H ~ **kugel,** *f* -/-n *Geom:*
Geog: hemisphere. ´h ~ **laut,** *adj.* low (voice);
adv. **h. sprechen,** to speak quietly/in an under-
tone. ´H ~ **schlaf,** *m* -(e)s/*no pl* doze; **im H.,**
dozing; between sleeping and waking.
´H ~ **schuh,** *m* -(e)s/-e shoe. ´H ~ **schwerge-**
wicht(ler), *n* -(e)s/-e (*m* -s/-) *Box: etc:* light-
heavyweight. ´H ~ **starke(r),** *m decl. as adj.*
teddy boy, hooligan; *N.Am:* hood. ´H ~ -
stiefel, *m* -s/- ankle boot. ´h ~ **tags,** *adv.* **h.**
arbeiten, to work part-time. ´H ~ **tags-**
arbeit/´H ~ **tagsbeschäftigung,** *f* -/-en

part-time work. 'H~ton, _m_ -(e)s/⁼e 1. _Mus:_
semitone. 2. _Art: Phot:_ half-tone. 'h~-
trocken, _adj._ medium dry (wine etc.).
'H~waise, _f_ -/-n person with only one
parent living. 'h~wegs, _adv._ fairly, reason-
ably; _N.Am:_ halfway; h. akzeptabel, more or
less acceptable; wenn er sich h. bemüht, if he
makes a bit of an effort. 'h~wüchsig, _adj._
adolescent; ein H~er/eine H~e, an adolescent.
Halde ['haldə], _f_ -/-n 1. _Min:_ tip, slag heap. 2.
(_Berghang_) mountain side.
Hälfte ['hɛlftə], _f_ -/-n half; die H. des Personals,
half the staff; es kostet die H., it costs half as
much; um die H. mehr, half as much again;
(bis) zur H. gefüllt, half-full; _F:_ meine bessere
H., my better half.
Halfter¹ ['halftər], _m_ -s/- _Equit:_ halter.
Halfter², _f_ -/-n (_für eine Pistole_) holster.
Halle ['halə], _f_ -/-n (_a_) hall, vestibule; (hotel)
lobby; _Rail:_ (station) concourse; (_b_) _Sp:_ indoor
arena; _Tennis:_ covered court; (_c_) _Av:_ hangar.
'H~n-, _comb.fm. Sp:_ indoor (hockey, tennis
etc.); H~bad _n,_ indoor swimming pool. 'H~n-
kirche, _f_ -/-n _Arch:_ church with aisles and
nave of equal height.
hallen ['halən], _v.i._ (_haben_) to resound, ring out;
(_widerhallen_) to echo.
Hallig ['haliç], _f_ -/-en _North G:_ small, low-lying
offshore island.
hallo ['halo]. I. _int._ (_a_) hey! (_b_) _Tel: etc:_ hello.
II. h., _n_ -s/-s (noisy) welcome.
Halluzination [halutsinatsi'oːn], _f_ -/-en hal-
lucination.
Halm [halm], _m_ -(e)s/-e blade (of grass); (_Ge-
treideh._) stalk.
Halogen [halo'geːn], _n_ -s/-e halogen. H~-
scheinwerfer, _m_ -s/- _Aut:_ quartz-halogen
headlight.
Hals [hals], _m_ -es/⁼e (_a_) neck; j-m um den H.
fallen, to fling one's arms around s.o.'s neck;
Fig: H. über Kopf verliebt sein, to be head
over heels in love; H. über Kopf laufen, to run
flat out/headlong; j-n auf dem H. haben, to be
saddled with s.o.; man hat ihm die Polizei auf
den H. gehetzt, they set the police on him; sich
dat j-n, etwas vom H. schaffen, to get rid of
s.o., sth.; bleib mir vom H., el leave me in
peace! get off my back! (_b_) (_Kehle_) throat; mein
H. tut mir weh, I've got a sore throat; aus
vollem H. schreien, to shout at the top of one's
voice; _F:_ es hängt/wächst mir zum H. heraus,
I'm sick of it. 'H~abschneider, _m_ -s/-
_F:_ profiteer, bloodsucker. 'h~abschneide-
risch, _adj._ cut-throat (competition etc.); ex-
tortionate (prices etc.). 'H~ausschnitt, _m_
-(e)s/-e _Dressm:_ neckline. 'H~band, _n_
-(e)s/⁼er 1. (dog etc.) collar. 2. _Jewel: A:_
necklace; (_breites_) choker. 'H~brecherisch,
adj. breakneck (speed etc.). 'H~entzündung,
_f_ -/-en sore/inflamed throat. 'H~kette, _f_ -/-n
necklace. 'H~krause, _f_ -/-n _Cl:_ ruff. 'H~-
'Nasen-'Ohren-Arzt, _m_ -es/⁼e _Med:_ ear
nose and throat specialist. 'H~schlagader, _f_
-/-n carotid artery. 'H~schmerzen, _mpl_ H.
haben, to have a sore throat. 'h~starrig, _adj._
obstinate, stubborn, _F:_ pigheaded. 'H~tuch, _n_
-(e)s/⁼er scarf. 'H~- und'Beinbruch, _int._
_F:_ good luck! 'H~weh, _n_ -s/_no pl_ sore throat.

'H~wirbel, _m_ -s/- _Anat:_ cervical vertebra.
Halt¹ [halt], _m_ -(e)s/-e 1. hold (für die Hände/
Füße, for one's hands/feet); _Fig:_ keinen (in-
neren) H. haben, to be unstable. 2. stop, halt;
etwas _dat_ H. gebieten, to call a halt to sth.; H.
machen, to stop, (_kurz_) pause. 'h~bar, _adj._
1. (_a_) durable (goods), hard-wearing (clothing
etc.); fast (colours); (_b_) (_Essen_) non-perishable;
etwas h. machen, to preserve sth.; _Com:_ nur
begrenzt h., with a short shelf life. 2. tenable,
valid (argument etc.). 'H~barkeit, _f_ -/_no pl_
durability; (service) life; keeping quality (of
food); (colour) fastness. 'h~en. I. _v. irr._ (_pres._
hält, _p._ hielt, _p.p._ gehalten) 1. _v.tr._ (_a_) to hold
(s.o., sth.); (_zurückh._) to retain (sth.), hold
(sth.) back; (_aufh._) to stop (s.o.); (_fassen_) to
hold, contain (a quantity of sth.); er war nicht
zu h., there was no holding/stopping him; es
hält Sie hier nichts mehr, there is nothing to
keep you here (any longer); haltet den Dieb!
stop thief! der Ofen hält die Wärme, the stove
retains the heat; das Wasser h., to hold one's
urine; (_b_) (_beibehalten_) to keep, maintain
(order, a distance, course etc.); to hold (prices,
Mus: a note), to maintain, keep up (a speed);
(_einh._) to keep (a promise, one's word); to
honour (a contract); (_unterh._) to keep (a car,
an animal etc.); Takt/Schritt h., to keep time/
in step; etwas warm, frisch, vorrätig, in Gang
usw. h., to keep sth. warm, fresh, in stock,
going etc.; j-n auf dem laufenden h., to keep
s.o. informed; bei euch wird alles so gut gehal-
ten, you look after everything so well; alles im
gleichen Ton h., to have everything to match;
das Zimmer war ganz in weiß gehalten, the
room was decorated entirely in white; (_c_) (_abh._)
to hold (a meeting); to give (a lecture, talk),
make (a speech), preach (a sermon); Hochzeit
h., to celebrate a wedding; ein Schläfchen h., to
take a nap; Wache h., to keep watch; (_d_) (_Mei-
nung_) j-n für ehrlich, seinen Freund usw. h., to
think s.o. is honest, one's friend etc.; ich halte
es für angebracht, ratsam usw., I consider it
appropriate, advisable etc.; wofür h. Sie mich?
what do you take me for? ich halte nicht viel
davon, I don't think much of it; ich weiß nicht,
was ich davon h. soll, I don't know what to
make of it; (_e_) (_behandeln_) to handle, treat
(sth.); bei uns wird es immer so gehalten, this is
how we have always done it; das können Sie h.,
wie Sie wollen, you can deal with this as you
like; (_f_) sich h., (i) (_Pers._) to stay upright/on
one's feet; _Fig:_ to keep one's position; (_sich
bewähren_) to prove oneself, perform credit-
ably; (ii) (_Essen_) to keep (fresh); (_Blumen_) to
last; sich im Gleichgewicht h., to keep one's
balance; er konnte sich nicht h., he lost his foot-
ing; das Geschäft wird sich nicht h., the firm
will not survive; sich gut/schlecht h., to have a
good/bad posture; sie hat sich (für ihr Alter)
gut gehalten, she is well preserved (for her
age); _Fig:_ sich an j-n h., to turn to s.o.; halte
dich an die Tatsachen! keep to the facts; sich an
die Vorschriften h., to stick to the rules. 2. _v.i._
(_haben_) (_a_) (_Seil, Klebstoff usw._) to hold, stay
(in position); der Nagel hat nicht gehalten, the
nail gave way; _Fig:_ zu j-m halten, to keep faith
with/remain loyal to s.o.; (_b_) (_Fleisch_) to keep;

(*Blumen*) to last; (*Wetter*) to hold, stay fine; (*c*) (*haltmachen*) to stop; **ein Fahrzeug zum H. bringen,** to bring a vehicle to a halt; **da gab es kein H. mehr,** there was no turning back; *Mil:* **halt! wer da?** halt! who goes there? (*d*) **auf sich acc h.,** to be particular about one's appearance; **auf gute Manieren usw. h.,** to attach great importance to good manners etc.; (*e*) (*also refl.*) **(sich) links/rechts h.,** to keep left/right. **´H ~ eplatz,** *m* **-es/⁼e** place to stop; *esp.* taxi rank. **´H ~ epunkt,** *m* **-(e)s/-e** *Rail:* halt, *N.Am:* way station. **´H ~ er,** *m* **-s/-** 1. (*Besitzer*) holder, legal owner. 2. (*Gerät*) holder, fixture. **´H ~ eriemen,** *m* **-s/-** hanging strap (for passengers). **´H ~ erung** *f* **-/-e** *Tchn:* mounting; clamp, bracket (*for sth. not in use*). **´H ~ (e)schild,** *n* **-(e)s/-er** *Aut:* stop sign. **´H ~ esignal,** *n* **-s/-e** stop signal. **´H ~ estelle,** *f* **-/-n** (bus etc.) stop. **´H ~ everbot,** *n* **-(e)s/-e** parking ban; **hier ist H.,** there is no parking here; *P.N:* **H.,** no waiting. **´h ~ los,** *adj.* 1. (*Pers.*) unstable. 2. groundless, unfounded (accusation etc.). **´H ~ losigkeit,** *f* **-/no pl** 1. lack of moral fibre. 2. groundlessness. **´h ~ machen,** *v.i.* (*haben*) (to make a) halt, stop; **vor nichts (und niemandem) h.,** to stop at nothing. **´H ~ ung,** *f* **-/-en** 1. (*des Körpers*) posture; *Sp:* stance; **anmutige H.,** graceful carriage/bearing; **unterwürfige H.,** servile manner; *Mil:* **(stramme) H. annehmen,** to stand to attention. 2. (*Einstellung*) attitude (**in der/zur Politik, Religion usw.,** towards politics, religion etc.). 3. (*Fassung*) composure, poise; **die H. verlieren/bewahren,** to lose/keep one's composure.

halt², *adv. South G:* just, simply; **da kann man h. nichts machen,** it just can't be helped.

Halunke [ha'luŋkə], *m* **-n/-n** rogue, scoundrel.

Hameln ['ha:məln]. *Pr.n.n* **-s.** *Geog:* Hamelin.

hämisch ['hɛ:miʃ], *adj.* malicious, spiteful; malevolent (look); **h ~ es Gesicht,** sneer; *adv.* **h. grinsen,** to sneer; **sich h. freuen,** to gloat (**über** + *acc,* over).

Hammel ['haməl], *m* **-s/-** (*a*) (male) sheep, ram; (*b*) *Cu:* (*also* **H ~ fleisch,** *n*) mutton. **´H ~ keule,** *f* **-/-n** leg of mutton. **´H ~ herde,** *f* **-/-n** *esp. Fig:* flock of sheep. **´H ~ sprung,** *m* **-(e)s/⁼e** *Fig: Parl:* division.

Hammer ['hamər], *m* **-s/⁼** hammer; (*Holzh.*) mallet; *Fig:* **unter den H. kommen,** to come under the (auctioneer's) hammer. **´H ~ werfen,** *n* **-s/no pl** *Sp:* throwing the hammer.

hämmer|bar ['hɛmərbɑ:r], *adj.* malleable. **´h ~ n,** *v.* 1. *v.tr.* to hammer (metals, a nail); *F:* **j-m etwas in den Schädel h.,** to hammer sth. into s.o. 2. *v.i.* (*haben*) (*a*) to hammer; **auf dem Klavier h.,** to pound away at the piano; (*b*) (*Herz usw.*) to pound, throb.

Hämo|globin [hɛmoglo'bi:n], *n* **-s/no pl** haemoglobin. **H ~ rrhoiden** [-ɔro'i:dən], *fpl Med:* piles, haemorrhoids.

Hampelmann ['hampəlman], *m* **-(e)s/⁼er** (*a*) jumping jack; (*b*) *Fig:* (*Pers.*) puppet.

Hamster ['hamstər], *m* **-s/-** *Z:* hamster. **´H ~ er,** *m* **-s/-** hoarder. **´h ~ n,** *v.tr.* to hoard (food etc.).

Hand [hant], *f* **-/⁼e** hand; (*a*) **die flache/hohle H.,** the palm/hollow of the hand; **j-m die H.**

geben/schütteln, to shake hands with s.o.; **H ~ e hoch!** hands up! **H ~ e weg!** hands off! **H. aufs Herz,** cross my heart; **mit der H. nähen,** schreiben usw., to sew, write etc. by hand; **mit leeren H ~ en,** empty-handed; **alle/beide H ~ e voll (zu tun) haben,** to have one's hands full; **etwas in die H ~ e bekommen,** to get hold of sth.; **der Brief ist mir in die H ~ e gefallen,** I came across the letter by chance; **er hat selbst beim Bau mit H. angelegt,** he helped/lent a hand himself with the building work; *Lit:* **H. an sich** *acc* **legen,** to commit suicide; *Com:* **zu H ~ en von Herrn X,** for the attention of Mr. X; *Jur:* **zu treuen H ~ en,** in trust; (*b*) (*Handschrift*) hand(writing); **eine unleserliche H.,** an illegible scrawl; (*c*) **er bat sie um ihre H./hielt um ihre H. an,** he asked her to marry him/for her hand in marriage; (*d*) *Adm:* **die öffentliche H.,** the state; (*in Geldsachen*) the public purse; (*e*) *Fig:* **unter der H.,** in secret, privately; **bei etwas** *dat* **seine H. im Spiel haben,** to be involved/have a hand in sth.; **sich mit H ~ en und Füßen wehren,** to fight tooth and nail; **mit beiden H ~ en zugreifen,** to jump at the chance; **die Arbeit geht ihm leicht von der H.,** he finds the work easy/has no difficulty with the work; **eine Arbeit in die H. nehmen/unter den H ~ en haben,** to put/have a job in hand; **er hat die Lage fest in der H.,** he has the situation (firmly) under control; **j-n in der H. haben,** to have s.o. in one's power/at one's mercy; **die Entscheidung liegt/steht in Ihrer H.,** it is for you to decide; **etwas bei der H./zur H. haben,** to have sth. on hand/*F:* handy; **er hat immer eine Antwort bei der H.,** he is never at a loss for an answer; **das liegt auf der H.,** that is perfectly obvious; **es ist nicht von der H. zu weisen,** there is no getting away from it; **er lebt von der H. in den Mund,** he lives from hand to mouth; **er trug sie auf H ~ en,** he indulged her every whim; **ich wasche meine H ~ e in Unschuld,** I wash my hands of it; *Prov:* **eine H. wäscht die andere,** one good turn deserves another; (*f*) (*Quelle*) **Waren aus zweiter H.,** second-hand goods; **Informationen aus erster H. bekommen,** to get information first hand; **etwas von langer H. vorbereiten,** to prepare sth. well in advance; (*g*) **zur rechten/linken H.,** on the right/left(hand side); (*h*) **an H. von** + *dat,* with the aid of, by means of (examples etc.); (*i*) **das ist ohne H. und Fuß,** it doesn't make sense; (*Theorie usw.*) **H. und Fuß haben,** to hold water. II. **´H ~ -,** **´h ~ -,** *comb.fm.* (*a*) hand (drill, luggage, grenade, -cart, -saw, -stand etc.); **H ~ buch** *n,* handbook, *esp. Tchn:* manual; **H ~ schelle** *f,* handcuff; **H ~ tasche** *f,* handbag; **H ~ zettel** *m,* handbill; *Sp:* **H ~ ball** *m,* handball; *Aut:* **H ~ bremse** *f,* handbrake; *adj.* **h ~ gearbeitet/h ~ gefertigt/h ~ gemacht,** handmade; **h ~ geschrieben/h ~ schriftlich,** handwritten; (*b*) manual (worker, control etc.); **H ~ bedienung** *f/***H ~ betrieb** *m,* manual operation; *Print:* **H ~ satz** *m,* manual setting. **´H ~ arbeit,** *f* **-/-en** 1. (*a*) manual work; (*b*) **eine H.,** a handmade article. 2. handicraft, *esp.* needlework. **´H ~ arbeitskorb,** *m* **-(e)s/⁼e** workbasket. **´H ~ atlas,** *m* **-ses/-se** & **-anten** concise atlas. **´H ~ ausgabe,** *f* **-/-n** shorter edition. **´H ~ ballen,** *m* **-s/-** ball of the thumb.

'H~bewegung, f -/-en movement of the hand; gesture; etwas mit einer H. abtun, to dismiss sth. with a wave of the hand. 'H~bibliothek, f -/-en reference library. 'H~bohrer, m -s/- Tls: gimlet. 'H~brause, f -/-n (hand-held) shower attachment. 'H~breit, f -/- hand's breadth, approx. six inches; Fig: inch. 'H~exemplar, n -s/-e personal/ working copy. 'h~fest, adj. 1. sturdy, robust (person). 2. (a) substantial (meal); solid (proof); sound (argument); tangible (result); adv. j-n h. verdreschen, to give s.o. a sound thrashing; (b) F: whopping (lie etc.). 'H~fläche, f -/-n flat of the hand, palm. 'H~galopp, m -s/-e approx. canter. 'H~gelenk, n -(e)s/-e wrist; F: aus dem H. (heraus), (i) off the cuff, impromptu; (ii) (leicht) with ease. 'H~gemenge, n -s/no pl brawl, scuffle. 'h~gerecht, adj. handy. 'h~greiflich, adj. 1. manifest, obvious (lie), palpable (proof, success etc.). 2. (Pers.) h. werden, to become violent. 'H~griff, m -(e)s/-e 1. operation; Metalw: etc: pass; die nötigen H~e lernen, to learn the necessary skills; F: sie tut keinen H., she doesn't do a stroke of work; ich habe es mit einem H. erledigt, it was a simple job for me. 2. grip, handle (of a tool etc.). 'h~haben, v.tr.insep.irr.44 to handle (sth.), manipulate (a tool, instrument etc.); to wield (a sword, pen etc.); to administer (justice). 'H~habung, f -/-en handling; manipulation, operation; administration. 'H~koffer, m -s/- small suitcase. 'H~kuß, m -sses/-sse j-m einen H. geben, to kiss s.o.'s hand; Hum: etwas mit H. annehmen, to accept sth. with alacrity. 'H~langer, m -s/- (a) labourer, odd-job man; (b) Pej: henchman, F: stooge. 'H~langerdienste, mpl H. leisten/für j-n tun, to do the/ s.o.'s donkey work. 'H~lesekunst, f -/no pl palmistry. 'H~leserin, f -/-nen palmist. 'H~lexikon, n -s/-ka concise dictionary. 'h~lich, adj. handy, easy to manage. 'H~lichkeit, f -/no pl handiness. 'H~pflege, f -/no pl manicure. 'H~reichung, f -/-en odd job (to help out). 'H~rücken, m -s/- back of the hand. 'H~schlag, m -(e)s/-e handshake; einen Vertrag durch H. besiegeln, to shake hands on an agreement. 'H~schrift, f -/-en 1. handwriting. 2. Hist: (Text) manuscript. 'h~schriftlich, adj. handwritten (letter etc.); Hist: manuscript (sources etc.); adv. in (one's own) writing. 'H~schuh, m -(e)s/-e glove. 'H~schuhfach, m -(e)s/-er Aut: glove compartment. 'H~streich, m -(e)s/-e Mil: surprise attack/raid; im H., by surprise. 'H~tasche, f -/-n handbag. 'H~teller, m -s/- palm. 'H~tuch, n -(e)s/-er towel; Fig: das H. werfen, to throw in the towel. 'H~tuchautomat, m -en/-en towel dispenser. 'H~tuchhalter, m -s/- towel rail/N.Am: rack. 'H~umdrehen, n im H., in next to no time; in a flash. 'H~voll, f -/no pl handful. 'h~warm, adj. lukewarm. 'H~wäsche, f -/no pl 1. washing by hand. 2. hand-laundry. 'H~werk, n -s/no pl craft; (Gewerbe) trade; sein H. verstehen, to know one's job; j-m das H. legen, to put a stop to s.o.'s (undesirable) activities; j-m ins H. pfuschen, to interfere with s.o. else's

work. 'H~werker, m -s/- 1. craftsman. 2. (Arbeiter) workman. 'h~werklich, adj. (skill etc.) of the craftsman. 'H~werksbetrieb, m -(e)s/-e craftsman's business; craft workshop. 'h~werksmäßig, adj. competent, workmanlike. 'H~werksmeister, m -s/- master craftsman. 'H~werkszeug, n -(e)s/no pl toolkit; esp. Fig: tools (of the trade). 'H~wurzel, f -/-n wrist (joint). 'H~zeichen, n -s/- (hand-)signal; Abstimmung durch H., vote by a show of hands. 'H~zettel, m -s/- handbill.

Händchen ['hɛntçən], n -s/- little hand. 'H~halten, n -s/no pl holding hands.
Hände|druck ['hɛndədruk], m -(e)s/-e handshake. 'H~klatschen, n -s/no pl clapping, applause. 'h~ringend, adj. wringing one's hands (in despair); adv. imploringly.
Handel ['handəl], m -s/occ - 1. no pl (a) trade, commerce; mit j-m H. treiben, to do business with s.o.; H. mit Waffen, Drogen usw., trade/ traffic in arms, drugs etc; im H. erhältlich, available (in the shops); on the market; ein Produkt aus dem H. ziehen/in den H. bringen, to withdraw/launch a product; (b) (Unternehmen) business; (Laden) shop; (c) (business) deal; guter H., good bargain; einen H. mit j-m (ab)schließen/eingehen, to do a deal with s.o.; Fig: ein fauler H., a bad/nasty business. 2. pl H~ stiften/suchen, to pick a quarrel. 'h~n, v.i. (haben) (a) mit etwas dat h., to deal/trade in sth.; mit j-m h., to do business with s.o.; um etwas acc h., to bargain for/haggle over sth.; (b) to act, take action; wie würden Sie in einem solchen Fall h.? what would you do in a case like this? (c) (zum Inhalt haben) von etwas dat/ über etwas acc h., to deal with/treat a subject; wovon handelt dieses Buch? what is this book about? es handelt sich um + acc, it is a question/ a matter of . . .; um was/worum handelt es sich? what's it all about? 'H~s-, comb.fm. (a) trade (agreement, restrictions, deficit, register, delegation, policy etc.); trading (relations, capital, partner); H~bezeichnung f, tradename; H~blatt n, trade journal; H~brauch m, trade practice; H~marke f, trade mark; H~messe f, trade fair; H~schranken fpl, trade barriers; H~sperre f, trade embargo; H~vertretung f, trade mission; H~straße f, trade route; H~hafen m, trading port; H~niederlassung f, trading station; (aktive/passive) H~bilanz f, (favourable/adverse) balance of trade; H~minister m/H~ministerium n, Minister/Ministry of Trade; (b) commercial (attaché, court, law, weight, correspondence, centre etc.); H~betrieb m/H~firma f/H~unternehmen n, commercial concern/undertaking; H~reisende(r) m, commercial traveller, N.Am: travelling salesman; H~güter pl, commercial goods, merchandise; H~schule f, commercial/esp. N.Am: business school; H~vertrag m, commercial treaty; H~vertreter m, commercial agent; (c) merchant (bank, fleet, ship etc.); H~marine f, merchant navy. 'h~seinig, occ. 'h~seins, adj. mit j-m h. werden/sein, to agree on terms/strike a bargain with s.o. 'H~sgesellschaft, f -/-en Jur: commercial partnership; offene H. (abbr. OHG) general partnership. 'H~skammer, f -/-n Chamber

of Commerce. 'H~sklasse, f-/-n grade (of eggs, tomatoes etc.). 'H~sspanne, f -/-n profit margin. 'h~süblich, adj. customary in the trade; commercial (size); h~e Bezeichnung, trade name. 'H ~ sware, f -/-n commodity; pl & coll goods, merchandise. 'H~swert, m -(e)s/-e market value; ohne H., of no commercial value. 'H~szweig, m -(e)s/-e trade, line of business. 'h~treibend, adj. trading (nation etc.). 'H~treibende(r), m decl. as adj. trader.

Handikap ['hɛndikɛp], n -s/-s handicap. 'h~pen, v.tr. to handicap (s.o., a horse etc.).

Händler ['hɛndlər], m -s/- dealer; fliegender H., hawker.

Handlung ['handluŋ], f -/-en 1. (Tat) action; eine gute H., a good deed; strafbare H., criminal act. 2. plot (of a play, novel etc.); storyline; der Film hat wenig H., not much happens in the film; Ort der H., scene of the action. 'H~sablauf, m -(e)s/-e action (of play etc.). 'H~sbevollmächtigte(r), m & f decl. as adj. authorized agent. 'H~-sfreiheit, f -/no pl freedom of action. 'H~-sweise, f -/-n course of action; (Benehmen) conduct.

Hanf [hanf], m -(e)s/no pl hemp.

Hänfling ['hɛnfliŋ], m -s/-e Orn: linnet.

Hang [haŋ], m -(e)s/-e 1. slope; (Bergh.) hillside, mountainside. 2. no pl (Neigung) inclination, tendency (zu + dat, to); er hat einen H. zum Nichtstun, he is inclined to take things easy. 'H~en, n mit H. und Bangen, in fear and trembling.

Hangar ['haŋɡaːr], m -s/-s Av: hangar.

Hänge- ['hɛŋə-], comb.fm. hanging (lamp, cupboard etc.); Constr: suspension (bridge etc.); Anat: pendulous, drooping (breast etc.); H~bauch m, drooping belly, pot-belly. 'H~matte, f -/-n hammock. 'h~n, v. 1. v.i.irr. (haben) (pres. hängt, p. hing, p.p. gehangen) (a) to hang; an der Wand/der Decke dat h., to hang on the wall/from the ceiling; der Baum hing voller Früchte, the tree was laden with fruit; Fig: an j-s Lippen h., to hang on s.o.'s every word; F: das hängt mir zu hoch, that's beyond me; (b) (gern haben) an j-m, etwas dat h., to be attached to s.o., sth.; sie hängt sehr an ihren Kindern, she dotes on her children; er hängt am Geld, he doesn't like parting with his money; F: alles was drum und dran hängt, all that goes with it; (c) F: (Pers.) to hang around; sie hängt stundenlang am Telefon, she spends hours on the phone; (d) F: woran hängt es denn? what's the matter/(Verzögerung) hold-up? 2. v.tr. (pres. hängt, p. hängte, p.p. gehängt) (a) to hang (sth.) (an/in etwas acc, on/ in sth.); über die Schulter gehängt, hanging from/slung over one's shoulder; (b) sie hängte sich an seinen Arm, she clung to his arm; der Polizist hängte sich an den Dieb, the policeman followed close on the heels of the thief; F: sich an die Strippe h., to get on the phone; (c) Fig: sein Herz an etwas dat h., to set one's heart on sth.; seinen Beruf an den Nagel h., to give up one's job; Prov: den Mantel/das Mäntelchen nach dem Wind h., to trim one's sails to the wind; Fig: mit H. und Würgen, by the skin of

one's teeth; (d) (erhängen) to hang (a murderer, oneself etc.). 'h~nbleiben, v.i.sep.irr.12 (sein) (Kleid usw.) to catch, get caught (an etwas dat, on sth.); (Pers., Bemühungen usw.) to get stuck; im Gedächtnis h., to stick (in one's mind); der Verdacht wird an ihm h., he cannot clear himself of suspicion; F: wir sind in der Kneipe hängengeblieben, we didn't get any further than the pub; (b) Sch: F: (Schüler) to be kept down. 'h~nlassen, v.tr.sep.irr.57 (a) (vergessen) to leave (a coat etc.) hanging (somewhere); (b) den Kopf h., to hang one's head, Fig: to be dispirited; (c) F: (im Stich lassen) to let (s.o.) down. 'H~ohren, npl lop-ears, F: floppy ears. 'H~r(kleid), m -s/- (n -(e)s/-er) smock. 'H~schloß, n -(e)s/-er padlock.

Hannover [ha'noːfər]. Pr.n.n -s. Hanover. H~aner [-ovə'raːnər], m -s/- Hanoverian.

Hans [hans]. Pr.n.m -ens = John. 'H~'wurst, m -(e)s/-e & Hum: -e F: buffoon, clown.

Hanse ['hanzə], f -/no pl Hist: Hanseatic League. 'H~stadt, f -/-e Hanseatic town.

Hänsel|ei [hɛnzə'lai], f -/-en teasing remark(s). 'h~n, v.tr. to tease (s.o.).

Hantel ['hantəl], f -/-n Gym: dumb-bell.

hantieren [han'tiːrən], v.i. (haben) to busy oneself; sie hantierte in der Küche, she was busy/F: pottering about in the kitchen; mit einem Messer h., to handle a knife.

hapern ['haːpərn], v.i.impers. (haben) es hapert an etwas dat, there is a shortage/lack of sth.; in/mit der Mathematik hapert es bei ihm, mathematics are his weak point; da hapert's! that's the trouble!

Häppchen ['hɛpçən], n -s/- (a) (Bissen) morsel; (b) appetizer, cocktail snack.

Happen ['hapən], m -s/- morsel, mouthful; (großer) chunk; (Imbiß) snack; ich habe keinen H. gegessen, I haven't had a bite to eat; Fig: ein fetter H., a good catch/haul.

happig ['hapiç], adj. F: steep, stiff (prices etc.).

Härchen ['hɛːrçən], n -s/- little hair.

Harem ['haːrɛm], m -s/-s harem.

Harfe ['harfə], f -/-n harp. H~'nist(in), m -en/-en (f -/-nen) harpist.

Harke ['harkə], f -/-n rake; F: j-m zeigen, was eine H. ist, to tell s.o. what's what. 'h~n, v.tr. to rake (the soil etc.).

Harlekin ['harlekiːn], m -s/-e harlequin.

harmlos ['harmloːs], adj. harmless, innocuous (person, remark etc.); innocent (pleasure, question etc.); slight (cold etc.). 'H~igkeit, f -/no pl harmlessness; innocence.

Harmon|ie [harmo'niː], f -/-n Mus: & Fig: harmony. h~ieren [-'niːrən], v.i. (haben) (Klänge) to be harmonious; (Farben) to match; mit etwas dat h., to go with/(Farben) match sth.; mit j-m h., to get on (well) with s.o. H~ika [-'moːnika], f -/-s (Mundh.) mouth-organ, harmonica; (Ziehh.) accordion; (Handh.) concertina. h~isch [-'moːniʃ], adj. 1. harmonious (music, colours, Fig: atmosphere etc.); adv. h. zusammenleben, to live together in harmony. 2. harmonic (Mus: minor, Mth: progression etc.). h~isieren, v.tr. (a) Mus: to harmonize (a melody); (b) Fig: to make (sth.) go smoothly. H~ium [-'moːnium], n -s/-ien harmonium.

Harn [harn], *m* -(e)s/-e urine. ´H ~ blase, *f* -/-n bladder.

Harnisch [´harniʃ], *m* -(e)s/-e 1. *Hist:* (suit of) armour. 2. in H. sein/geraten, to be in/fly into a rage; **j-n in H. bringen,** to infuriate s.o.

Harpune [har´pu:nə], *f* -/-n harpoon. **h ~ ie- ren** [harpu´ni:rən], *v.tr.* to harpoon (a fish).

harsch [harʃ]. **I.** *adj.* harsh. **II. H.,** *m* -s/*no pl* (*also* H ~ schnee *m*) frozen/crusted snow.

hart [hart]. **I.** *adj.* (*a*) hard (crust, water, *Econ:* currency); **h ~ e** Eier, hard-boiled eggs; *Fig:* **einen h ~ en Schädel haben,** to be obstinate/*F:* pigheaded; (*b*) (*Pers.*) tough; **er ist h. im Nehmen,** he can take it/(*Boxer*) take a lot of punishment; (*c*) (*schwer*) hard (life, work, winter etc.); heavy (blow); severe (punishment, loss); harsh (law, conditions etc.); *Sp:* rough (play); **eine h ~ e Nuß,** a hard nut to crack; **das ist ein h ~ er Bissen für mich,** I find it hard to take; **sie ist sehr h. mit ihm,** she is very strict with him; (*d*) (*stark*) hard (drinks, drugs etc.); harsh (colours, words etc.); **h ~ er Aufprall,** violent impact; *adv. usu. Fig:* **h. aneinander ge- raten,** to come to blows; **es geht h. auf h.,** it is a fight in bitter earnest/with no quarter given. **II.** *adv.* **h. an** + *dat,* close to. **III.** ´H ~ -, ´h ~ -, *comb.fm.* hard (rubber, cheese, sausage etc.); **H ~ faserplatte** *f,* hardboard; **H ~ holz** *n,* hardwood; *adj.* **h ~ gekocht,** hard-boiled; **h ~ - gesotten,** hard-headed; (*unbelehrbar*) hardened; **h ~ herzig,** hard-hearted. ´H ~ geld, *n* -(e)s/*no pl coll.* coin(s). ´h ~ näckig, *adj.* obstinate, stubborn (person, cold, resistance etc.); dogged (perseverance); persistent (attempts); tenacious (effort). ´H ~ näckigkeit, *f* -/*no pl* obstinacy, stubbornness; persistence.

Härte [´hɛrtə], *f* -/-n 1. *no pl* (*a*) hardness; toughness; *Sp:* roughness; (*b*) harshness; severity; (*Wucht*) force, violence. 2. hardship; privation. ´H ~ fall, *m* -(e)s/ɛe *Jur: etc:* case of hardship. ´H ~ grad, *m* -(e)s/-e degree of hardness; temper (of steel). ´H ~ mittel, *n* -s/- hardening agent; hardener. ´h ~ n, *v.tr.* to harden (a metal, etc.), temper (steel).

Harz [harts], *n* -es/-e resin; *Mus:* rosin. ´h ~ ig, *adj.* resinous.

Hasardspiel [ha´zartʃpi:l], *n* -(e)s/-e game of chance; *Fig:* gamble.

Haschisch [haʃiʃ]/*F:* **Hasch,** *n* -s/*no pl* hashish, *F:* hash.

Haschee [ha´ʃe:], *n* -s/-s *Cu:* hash. **h ~ ieren,** *v.tr.* to chop up (meat) finely.

haschen [haʃən], *v.* 1. *v.tr.* to snatch, seize (sth.); *Games:* **sich h.,** to play tag. 2. *v.i.* (*haben*) **nach etwas** *dat* **h.,** to grab/snatch at sth; **nach Effekt h.,** to strive after effect.

Häschen [´hɛːsçən], *n* -s/- (*a*) young hare; (*b*) *F:* bunny(-rabbit).

Hase [´ha:zə], *m* -n/-n (*a*) hare; *Fig:* **da liegt der H. im Pfeffer,** that's the cause of the trouble; **sehen, wie der H. läuft,** to see which way the cat jumps; *Cu:* **falscher H.,** meat loaf; (*b*) *F:* **er ist ein alter H.,** he's an old hand; (*c*) *F:* (*Kanin- chen*) rabbit. ´H ~ nbraten, *m* -s/- roast hare. ´H ~ nfuß, *m* -es/ɛe/ H ~ nherz, *n* -ens/-en *F:* coward. ´h ~ nherzig, *adj.* chicken- hearted. ´H ~ npfeffer, *m* -s/- jugged hare. ´H ~ nscharte, *f* -/-n harelip.

Hasel [´ha:zəl], *f* -/-n hazel. ´H ~ maus, *f* -/ɛe dormouse. ´H ~ nuß, *f* -/ɛe hazelnut.

Häsin [´hɛːzin], *f* -/-nen female hare; doe.

Haspe [´haspə], *f* -/-n hasp, hook.

Haß [has], *m* -sses/*no pl* hate, hatred (**auf/gegen j-n, etwas** *acc,* of/towards s.o., sth.). ´h ~ er- füllt, *adj.* filled with hatred. ´H ~ liebe, *f* -/*no pl* love-hate relationship.

hassen [´hasən], *v.tr.* to hate (s.o., sth.); **ich hasse ihn wie die Pest,** I loathe him. ´h ~ swert, *adj.* hateful, odious.

häßlich [´hɛsliç], *adj.* 1. (*unschön*) ugly; (*un- angenehm*) unpleasant, nasty. 2. (*gemein*) mean, nasty; **h ~ e Ausdrücke,** vulgar language; *adv.* **sich h. gegen j-n benehmen,** to be mean to s.o. ´H ~ keit, *f* -/-en ugliness, nastiness.

Hast [hast], *f* -/*no pl* haste, hurry; **in/mit rasender H.,** in a great rush/a tearing hurry. ´h ~ ig, *adj.* hasty; hurried (steps, meal etc.); *adv.* hurriedly, hastily; **h. arbeiten,** to hurry over one's work. ´H ~ igkeit, *f* -/*no pl* (ner- vous) haste; hastiness.

Haube [´haubə], *f* -/-n 1. *Cl:* bonnet; (nurse's) cap; *F:* **unter die H. kommen,** to be married off. 2. (*a*) *Aut:* bonnet; *N Am:* hood; *Av: etc:* cowling; (*b*) (*Schornsteinh.*) (chimney) cowl; (*c*) *Hairdr:* (*Trockenh.*) hairdryer; (*d*) (*Bedeckung*) cover; (*Kaffeewärmer*) cosy. 3. *Orn:* crest.

Hauch [haux], *m* -(e)s/-e 1. (*a*) (*Atem*) breath; (*Lufth.*) (gentle) breeze; **kein H. war zu spüren,** there was not a breath of wind; (*b*) (*Duft*) whiff (of perfume). 2. (*Anflug*) tinge, touch; **der H. eines Lächelns,** the ghost of a smile. ´h ~ ´dünn, *adj.* wafer-thin; very fine (thread etc.); sheer (stockings); *adv.* **etwas h. auftragen,** to apply sth. very sparingly. ´h ~ en, *v.* 1. *v.i.* (*haben*) to breathe (**auf seine Brille,** on one's glasses). 2. *v.tr.* to breathe, (*flüstern*) whisper (sth.). ´h ~ ´fein/´h ~ ´zart, *adj.* extremely delicate/fine.

Haudegen [´haude:gən], *m* -s/- (*Pers.*) alter H., old campaigner/*F:* warhorse.

Haue [´hauə], *f* -/-n 1. *South G:* (*a*) pick-axe; (*b*) *Hort:* hoe. 2. *no pl F:* **H. bekommen/ kriegen,** to get a hiding. ´h ~ n, *v.* (*p.* **haute/ hieb;** *p.p.* **gehauen/**F: **gehaut**) 1. *v.tr.* (*a*) *F:* (*schlagen*) to clobber, bash (s.o., sth.); (*prügeln*) to spank (a child etc.); **ein Loch/einen Nagel in die Wand h.,** to bash a hole in/a nail into the wall; **j-m auf die Schulter h.,** to slap s.o. on the back; **sich h.,** to have a dust up; *P:* **ich werde dir eine h.!** I'll slosh/sock you one! *Fig:* **j-n übers Ohr h.,** to swindle/cheat s.o.; (*b*) *F:* (*werfen*) **er haute die Mappe in eine Ecke,** he hurled/slung his briefcase into a corner; (*c*) (*schneiden*) to cut/hew (rock, steps etc.); **eine Statue in/aus Marmor h.,** to carve a statue in/out of marble; (*d*) *Holz* **h.,** to fell trees; **einen Ast in Stücke h.,** to chop up a branch into pieces. 2. *v.i.* (*haben*) (*a*) (**mit etwas** *dat*) **auf einen Angreifer h.,** to hit/strike out at an attacker (with sth.); **er hieb mit dem Schwert um sich,** he laid about him with his sword; *Fig:* **das ist gehauen wie gesto- chen,** it's all the same; it makes no odds; (*b*) *F:* **mit der Faust auf den Tisch h.,** to bang on the table with one's fist. ´H ~ er, *m* -s/- 1. (*a*) *Min:* face-worker; (*b*) *Aus:* vintner. 2. *Z:* tusk, fang. **H ~ e´rei,** *f* -/-en *F:* dust-up.

Häufchen ['hɔyfçən], n -s/- small heap; **ein H. Elend/Unglück,** a bundle of misery.

Haufen ['haufən], m -s/- 1. pile, (unordentlich) heap (Steine, Müll usw. acc, of stones, rubbish etc.); **es liegt alles auf einem H.,** everything is lying (about) in a heap; F: (Hund) **einen H. machen,** to do its business, leave its visiting card; **j-n, etwas über den H. rennen/fahren,** to knock/ run s.o., sth. down; Fig: **Pläne usw. über den H. werfen,** to upset plans etc. **2.** F: (a) **ein H. Geld,** a lot/stacks/heaps of money; **einen H. Freunde usw. haben,** to have masses of friends etc.; (b) (Menschen) crowd; **der ganze H.,** the whole caboodle. **'h ~ weise,** adv. F: in heaps; (Menschen) in droves; **er hat h. Geld,** he's got loads of money. **'H ~ wolke,** f -/-n cumulus cloud.

häuf|en ['hɔyfən], v.tr. to heap up, pile up (sth.); **gehäufter Eßlöffel,** heaped/N.Am: heaping tablespoon; **sich h.,** (Briefe usw.) to pile up; (Abfälle) to accumulate; **die Verbrechen h. sich,** crime is on the increase. **'h ~ ig,** adj. frequent; **h~er Fehler,** common mistake. **'H ~ igkeit,** f -/occ -en frequency; commonness (of a plant etc.). **'H ~ ung,** f -/-en 1. accumulation; piling up; Econ: stockpiling. **2.** (Zunahme) increase; (greater) frequency (of events).

Haupt [haupt]. I. n -(e)s/-er Lit: (Kopf, Pers.) head. **II. 'H~-,** comb.fm. (a) main (attraction, entrance, question, reason, worry, strength, gate, door, interest, building, meal, problem, difficulty, part, theme, difference etc.); principal (meaning, aim, purpose, value, effect, heir, credit etc.); chief (source, characteristic etc.); **H~akzent** m/**H~gewicht** n, main stress/ emphasis; **H~anliegen** n, main/chief concern; **H~bestandteil** m, main/chief component; Cu: main ingredient; **H~fach** n, (student's) main/ N.Am: major subject; **H~fehler** m/**H~mangel** m, main fault/defect; **H~film** m, main/feature film; **H~gang** m, (i) main/central corridor; (ii) Cu: main course; **H~post(amt)** f (n), main/central post office; **H~schuld** f, main burden of guilt; **H~ursache** f, principal/main cause; **H~schuldige(r)** m, principal offender, F: chief culprit; **H~beruf** m/**H~beschäftigung** f/**H~tätigkeit** f, chief occupation; main job; **H~buchhalter** m, chief accountant; Gram: **H~satz** m, main clause; (b) (größere) major (share, part etc.); **H~verkehrsstraße** f, major/main road; Art: Lit: etc: **H~werk** n, major work; (c) central (committee, administration etc.); **H~bahnhof** m, central/main station; **H~figur** f, central/leading figure; **H~person** f, (i) central/principal character (in a play etc.); (ii) most important person; (d) leading (figure, Journ: article etc.); Th: **H~darsteller(in)** m(f), leading man/lady; **H~rolle** f, leading role; main part. **'H ~ buch,** n -(e)s/-er Com: ledger. **'H ~ geschäftszeit,** f -/-en peak (business) hours. **'H ~ gewinn,** m -(e)s/-e first prize (in a lottery etc.). **'H ~ hahn,** m -(e)s/-e mains tap, N.Am: water valve. N.Am: **'H ~ leitung,** f -/-en Gas: El: mains, (gas/electric) line. **'H ~ mann,** m -(e)s/-leute Mil: captain. **'H ~ preis,** m -es/-e first prize. **'H ~ quartier,** n -s/-e Mil: & Fig: headquarters. **'H ~ sache,** f -/-n main/most important thing; (Frage) main issue/point; **in der H.,** in the main/for the most part; F: **H.,**

du bist gesund, the main thing/what matters is that you are well. **'h ~ sächlich,** adj. main, chief (question, consideration etc.); adv. mainly, chiefly. **'H ~ saison,** f -/-s high/full season. **'H ~ schlagader,** f -/-n Anat: aorta. **'H ~ schlüssel,** m -s/- master key. **'H ~ schule,** f -/-n general secondary school (for all pupils not going to the Gymnasium). **'H ~ sitz,** m -es/-e head/Jur: registered office (of a firm). **'H ~ stadt,** f -/-e capital (city). **'h ~ städtisch,** adj. metropolitan. **'H ~ straße,** f -/-n (a) main road; (b) (in einer Stadt) main street; (als Name) High Street. **'H ~ treffer,** m -s/- first prize (in a lottery); **den H. machen,** to hit the jackpot. **'H ~ verkehrszeit,** f -/no pl rush hour. **'H ~ versammlung,** f -/-en Fin: (annual) general meeting (of shareholders). **'H ~ wache,** f -/-n police headquarters. **'H ~ wasserleitung,** f -/-en (water) main. **'H ~ wort,** n -(e)s/-er noun.

Häuptling ['hɔyptliŋ], m -s/-e chief (of a tribe). **hauruck!** [hau'ruk], int. heave!

Haus [haus]. I. n -es/-er 1. (a) (Wohnh.) house; (Gebäude) building; **von H. zu H.,** from door to door; Com: **Lieferung ins H.,** delivery to the door; Fig: **H. und Hof/Herd,** house and home; (b) (Heim) home; **nach H~e gehen/kommen/ schreiben,** to go/come/write home; **zu H~e bleiben,** to stay at home; **tu, als ob du zu H~e wärst,** make yourself at home; **bei uns zu H~e tut man das nicht,** this isn't done where I come from; **er ist in Berlin zu H~e,** his home is Berlin; **außer H. essen,** to eat out; Fig: **auf einem Gebiet zu H~e sein,** to be at home/well up in a subject; (c) (Familie) **aus gutem/anständigem H~e,** from a good/respectable family; **das H. Habsburg,** the House of Hapsburg; **von H~(e) aus,** by birth; (ursprünglich) originally; **er ist von H~(e) aus gutmütig,** he's always been good-natured; (d) (Haushalt) **ein großes H. führen,** to entertain lavishly; **ein gastfreies/offenes H. haben,** to keep open house. **2.** Com: (a) firm; **Freunde des H~es,** business associates; (b) (Büroh.) (office) building; **er ist nicht im H~e,** he is not on the premises. **3.** Th: auditorium; **vor leeren H~ern spielen,** to play to empty houses. **4.** (Pers.) F: fellow; **gelehrtes H.,** scholarly type, egghead; **wie geht's, altes H.?** how are you, old chap? **5. H. einer Schnecke,** snail's shell. **II. 'H~-,** comb.fm. (a) house (arrest, number, search etc.); **H~arbeit** f, (i) housework; (ii) Sch: (also **H~aufgaben** fpl) homework; **H~besitzer(in)/H~eigentümer(in)** m(f), house owner; (Wirt) landlord, (Wirtin) landlady; **H~boot** n, houseboat; **H~mädchen** n, housemaid; Med: **H~besuch** m, house call; Com: **H~ordnung** f, house rules; **H~telefon** n, house/internal telephone; (b) (häuslich) domestic (cat, rabbit, pig, tyrant etc.); **H~angestellte(r)** m & f, domestic servant; **H~bedarf** m, domestic requirements/ use; **H~frieden** m, domestic peace; **H~gebrauch** m, domestic use; **H~gehilfin** f, domestic/home help; **H~huhn** n, domestic fowl; **H~tier** n, domestic animal; (aus Tierliebe gehalten) pet; adj: **h~gemacht,** home-made; (c) private (library, concert etc.); **H~kapelle** f, (i) private/family chapel; (ii) Mus: resident band; **H~lehrer** m, private tutor; **H~unterricht** m, private tuition;

H~arzt m, (i) family doctor; (ii) (im Hotel usw.) resident doctor; H~musik f, family/private music-making. 'H~anschluß, m -sses/=sse 1. El: etc: mains connection. 2. Tel: extension. 'H~apotheke, f -/-c medicine chest. 'h~backen, adj. homely, plain (woman); adv. h. aussehen, to look dowdy. 'H~besetzer, m -s/- squatter. 'H~besetzung, f -/-en squatting. 'H~bewohner, m -s/- occupier. 'H~detektiv, m -s/-e store detective. h~en ['-zən], v.i. (haben) (a) to live, F: hang out (bei j-m, with s.o.); (b) (Sturm usw.) schlimm h., to wreak havoc. 'H~flur, m -(e)s/-e (entrance) hall; hallway (of flats etc.); (im Obergeschoß) landing; (Gang) corridor. 'H~frau, f -/-en (a) housewife; (b) South G: (Wirtin) landlady. 'h~fraulich, adj. domestic, housewifely. 'H~freund, m -(e)s/-e (a) friend of the family; (b) Hum: wife's lover. 'H~gast, m -(e)s/=e (house hotel) guest; P.N: Parkplatz für H~e, residents' parking only. 'H~geistliche(r), m decl. as adj. (hospital, school etc.) chaplain. 'H~genosse (-genossin), m -n/-n (f -/-nen) fellow lodger. 'H~halt, m -(e)s/-e 1. household; den H. für j-n besorgen/führen, to keep house for s.o.; im H. helfen, to help in the house. 2. Parl: budget. 'h~halten, v.i. sep.irr.45 (haben) to be careful (mit dem Geld usw., with one's money etc.); mit seinen Kräften h., to conserve one's energies. 'H~hälterin, f -/-nen housekeeper. 'h~hälterisch, adj. economical; thrifty. 'H~halts-, comb.fm. 1. (a) household (article, goods, budget etc.); domestic (help etc.); H~führung f, household management; H~gerät n, domestic appliance; H~geld n, housekeeping money; (b) family (pack, portion, washing etc.). 2. Parl: budget (committee, debate, deficit etc.); budgetary (policy etc.); H~jahr n, budget/financial year; H~plan m, budget. 'H~haltung, f -/-en 1. household. 2. no pl (Führung) housekeeping; household management. 'H~haltungskosten, pl household expenses. 'H~haltungsschule, f -/-e domestic science/N.Am: home economics college. 'H~herr, m -(e)n/-en (a) householder; master of the house; (b) South G: (Wirt) landlord. 'h~hoch, adj. (a) towering, huge (flames etc.); mountainous (seas); (b) Fig: haushoher Sieg, overwhelming victory; adv. j-m h. überlegen sein, to be head and shoulders above s.o., h. siegen/gewinnen, to win hands down. h~ieren [-'zi:rən]. I. v.i. (haben) mit etwas dat h., to hawk sth.; to sell sth. from door to door. II. H., n -s/no pl hawking; P.N: H. verboten, no hawkers/N.Am: soliciting. H~ierer [-'zi:rər], m -s/- door-to-door salesman. 'H~kleid, n -(e)s/-er casual/home dress. 'H~macher-, comb.fm. home-made (sausage etc.); (sausage etc.) made on the premises; nach H~art, made in accordance with a traditional home recipe. 'H~mannskost, f -/no pl plain, simple fare. 'H~marke, f -/-n (a) firm's own brand; (b) (Warenzeichen) trade mark; (c) F: speciality of the house; (Wein) house wine. 'H~meister, m -s/- caretaker; N.Am: janitor. 'H~mittel, n -s/- household remedy. 'H~mutter, f -/= matron (of a children's home etc.). 'H~putz, m -es/no pl spring cleaning. 'H~rat, m -s/no pl household contents. 'H~schlüssel, m -s/- front-door key. 'H~schuh, m -(e)s/-e slipper. 'H~schwamm, m -(e)s/=e dry rot. 'H~stand, m -(e)s/=e einen H. gründen, to set up house. 'H~suchungsbefehl, m -(e)s/-e search warrant. 'H~tochter, f -/= mother's help. 'H~tor, n -(e)s/-e (entrance) gate. 'H~treppe, f -/-n front steps. 'H~tür, f -/-en front door. 'H~vater, m -s/= warden (of hostel etc.). 'H~verbot, n -(e)s/-e Jur: order restraining a person from entering (a house etc.). 'H~verwalter, m -s/- house agent; property manager. 'H~verwaltung, f -/-en property management. 'H~wirt, m -(e)s/-e landlord. 'H~wirtin, f -/-nen landlady. 'H~wirtschaft, f -/no pl (a) (privat) housekeeping; (b) Sch: (Fach) home economics; (Haushaltsführung) household management. 'h~wirtschaftlich, adj. domestic (affairs etc.); household (utensils etc.). 'H~zentrale, f -/-n Tel: (office etc.) switchboard.

Häus|chen ['hɔysçən], n -s/- small house, (auf dem Lande) cottage; Fig: ganz aus dem H. sein, to be beside oneself/jumping up and down (with excitement); aus dem H. geraten, to go wild (with excitement). 'H~er- [-zər], comb.fm. (block, row etc.) of houses; H~zeile, f terrace (of houses). 'H~ermakler, m -s/- estate agent, N.Am: realtor. 'h~lich, adj. (a) domestic; h~es Glück, domestic bliss; h~e Pflege, home care; am h~en Herd, in one's own home; adv. Hum: sich (bei j-m) h. niederlassen, to make oneself at home (in s.o.'s house); (b) (Pers.) domesticated. 'H~lichkeit, f -/no pl domesticity.

Hausse ['ho:s(ə)], f -/-n St.Exch: boom, rise.

Haut [haut], f -/=e skin; etwas auf der bloßen H. tragen, to wear sth. next to the skin; nur/bloß noch H. und Knochen sein, to be nothing but skin and bones; usu. Fig: mit H. und Haar, Fig: completely, totally; F: auf der faulen H. liegen, to take it easy; seine H. zu Markte tragen, to risk one's neck; sich seiner H. wehren, to put up a stubborn resistance; keiner kann aus seiner H. heraus, a leopard cannot change his spots; sich in seiner H. wohlfühlen, to feel comfortable, (zufrieden sein) be content with one's lot; ich möchte nicht in deiner H. stecken, I shouldn't like to be in your shoes; F: aus der H. fahren, to be hopping mad; (b) hide (of a horse, cow, elephant etc.); eine H. gerben, to tan a hide; (c) skin (of grape, peach, on milk etc.); Biol: (Häutchen) membrane; (Nagelhaut) cuticle; (d) ehrliche alte H., honest old soul. II. 'H~-, 'h~-, comb.fm. skin (abrasion, cream, tissue etc.); H~arzt m, skin specialist; dermatologist; H~ausschlag m, skin rash; H~farbe f, colour of the skin; (Teint) complexion; H~krankheit f, skin disease; H~pflege f, skin care; H~transplantation/H~übertragung f, skin transplant/graft; adj. h~eng, skin-tight. 'H~entzündung, f -/no pl dermatitis. 'H~falte, f -/-n fold (in the skin); wrinkle. 'h~nah, adj. 1. Sp: close (marking etc.). 2. F: graphic, sensational (description etc.). 'H~schere, f -/-n cuticle scissors. 'H~wunde, f -/-n superficial wound.

Häut|chen ['hɔytçən], *n* -s/- (a) thin skin; (*Membran*) membrane; (b) (*auf dem Wasser usw.*) film. **'h ~ en,** *v.tr.* (a) to skin, flay (an animal); (b) **sich h.,** (*Tier*) to shed its skin; *Hum:* (*Pers.*) to peel. **'H ~ ung,** *f* -/-en shedding the skin.

Havarie [hava'ri:], *f* -/-n *Ins:* (a) (*Unfall*) accident, *esp. Nau:* collision; (b) (*Schaden*) damage (to a ship/*Aus:* car).

Hawai|i [ha'vaii:]. *Pr.n.n* -s. *Geog:* Hawaii. **H ~ ier(in),** *m* -s/- (*f* -/-nen) Hawaiian. **h ~ isch** [-'vaiiʃ], *adj.* Hawaiian.

Haxe ['haksə], *f* -/-n *South G:* & *Aus:* = **Hachse.**

Hebamme ['he:p'amə], *f* -/-n midwife.

Heb|e- ['he:bə-], *comb.fm.* lifting (gear etc.); **H ~ bock** *m,* lifting jack. **'H ~ ebühne,** *f* -/-n (hydraulic) ramp. **'H ~ eeisen,** *n* -s/- crowbar. **'H ~ el,** *m* -s/- lever; *Fig:* **hier muß der H. angesetzt werden,** this is how the matter must be tackled; **alle H. in Bewegung setzen,** to do everything one can/in one's power. **'H ~ elkraft,** *f* -/no pl/**'H ~ elwirkung,** *f* -/no pl leverage; purchase. **h ~ en** ['he:bən], *v.tr.irr.* (*haben*) (*p.* **hob,** *p.p.* **gehoben**) to lift (s.o., one's hand, a weight etc.), lift up (a child etc.), raise (one's arm, a glass, *Th:* the curtain, *Fig:* one's voice, standards etc.); *Nau:* to hoist, salvage (a wreck); *Fig:* (*erhöhen*) to increase (value, turnover etc.); **sich h.,** to rise; (*Nebel usw.*) to lift; *F:* **einen h.,** to knock back/*N.Am:* toss down a drink; *Fig:* **die Wirkung einer Sache h.,** to enhance the effect of sth. **'H ~ ung,** *f* -/no pl lifting, raising; *Fig:* improvement; increase.

Hebräer(in) [he'brε:ər(in)], *m* -s/- (*f* -/-nen) Hebrew. **h ~ isch.** I. *adj.* Hebrew. II. **H.,** *n* -(s)/no pl *Ling:* Hebrew.

Hecht [hεçt], *m* -(e)s/-e 1. *Fish:* pike. 2. *F:* **ein H. im Karpfenteich sein,** to be a live wire; to ginger things up. **'h ~ en,** *v.i.* (*haben/occ sein*) *Swim:* to dive headlong, do a racing dive. **'H ~ rolle,** *f* -/-n *Gym:* long fly and roll. **'H ~ sprung,** *m* -(e)s/-̈e *Gym:* long fly; *Swim:* racing dive.

Heck [hεk]. I. *n* -(e)s/-e & -s *Nau:* stern; *Av:* tail; *Aut:* rear. II. **'H ~-,** *comb.fm. Aut: etc:* rear (drive, engine etc.); tail (light etc.); **H ~ fenster** *n*/**H ~ scheibe** *f,* rear window; **H ~ klappe/H ~ tür** *f,* tailgate. **'H ~ flosse,** *f* -/-n *Aut:* spoiler. **'H ~ flügel,** *m* -s/- *Motor Rac:* aerofoil.

Hecke ['hεkə], *f* -/-n hedge. **'H ~ nrose,** *f* -/-n briar/dog rose. **'H ~ nschere,** *f* -/-n garden shears, *esp.* hedge-clippers; *El:* hedge trimmer.

Heer [he:r], *n* -(e)s/-e (a) *Mil:* army; (b) *Fig:* host, multitude, *Pej:* horde (of people, insects etc.). **'H ~ es-,** *comb.fm.* army (report, service, group etc.); **H ~ leitung** *f,* army command. **'H ~ straße,** *f* -/-n *Hist:* military road.

Hefe ['he:fə], *f* -/-n yeast. **'H ~ teig,** *m* -(e)s/ no pl leavened dough.

Heft [hεft], *n* -(e)s/-e (a) *Sch:* exercise book; (b) (*Nummer einer Zeitschrift*) copy, issue; **es erscheint in H. 2,** it appears in (issue) no. 2; (c) (paper-covered) booklet; (*Prospekt*) brochure. **'H ~ chen,** *n* -s/- 1. booklet (of tickets etc.); (small) notebook. 2. *F: Pej:* trashy comic; (*Roman*) rubbishy/*N.Am:* dime novel. **'h ~ en,** *v.tr.* (a) *Dressm:* to tack (a hem etc.); *Bookb:*

to stitch, (*mit Klammern*) staple (a book); (b) to fasten, (*mit einer Klammer*) clip, (*maschinell*) staple, (*mit einer Nadel*) pin (sheets of paper etc.) together; (c) **etwas an etwas** *acc* **h.,** to fasten/clip/pin sth. to sth.; *Fig:* **den Blick auf j-n h.,** to fix/rivet one's gaze on s.o.; **sich an j-s Fersen h.,** to dog s.o.'s footsteps. **'H ~ er,** *m* -s/- folder. **h ~ klammer,** *f* -/-n 1. staple. 2. (*Büroklammer*) paper clip. **'H ~ maschine,** *f* -/-n stapler. **'H ~ pflaster,** *n* -s/- sticking plaster. **'H ~ stich,** *m* -(e)s/-e *Sew:* tacking stitch, tack. **'H ~ zwecke,** *f* -/-n drawing pin; *N.Am:* thumbtack.

heftig ['hεftiç], *adj.* violent; (a) fierce (argument, blow, storm etc.); heavy (rain, snow); furious, vehement (attack); passionate (outburst, speech etc.); intense (emotion, pleasure etc.); heated, vehement (words); **ein h ~ er Schmerz,** an acute pain; *adv.* **h. atmen,** to breathe rapidly; (b) (*Pers.*) (*aufbrausend*) irascible, hot-tempered; **h. werden,** to fly into a rage, become violent. **'H ~ keit,** *f* -/-en violence, fierceness; fury, ferocity (of a storm, an attack); vehemence, passion; intensity.

hegen ['he:gən], *v.tr.* (a) *Hunt:* to conserve, protect (young game etc.); to nurse, tend (plants etc.); *Lit:* **j-n, etwas h. und pflegen,** to lavish care on/cherish s.o., sth.; (b) *Lit:* to harbour (a grudge, suspicion etc.); to nurture (feelings, a hope), cherish (a desire); **eine Abneigung gegen j-n h.,** to have an aversion towards s.o.

Hehl [he:l], *m* & *n* **kein(en) H. aus etwas** *dat* **machen,** to make no secret of sth. **'H ~ er(in),** *m* -s/- (*f* -/-nen) *Jur:* receiver (of stolen goods), *F:* fence. **H ~ e'rei,** *f* -/-en *Jur:* receiving (stolen goods).

Heia ['haija:]. I. *f* -/no pl (*child's language*) beddy-byes. II. *adv.* **h. machen,** to go bye-byes.

Heide[1] ['haidə], *f* -/-n 1. heath; (*große Fläche*) moor. 2. = **H ~ kraut.** **'H ~ kraut,** *n* -s/no pl heather. **'H ~ land,** *n* -(e)s/no pl heathland, moorland. **'H ~ lbeere,** *f* -/-n bilberry. **'H ~ (n)röschen,** *n* -s/- briar/wild rose.

Heid|e[2], *m* -n/-n/**'Heidin,** *f* -/-nen heathen, pagan. **'H ~ en-,** *comb.fm. F:* terrific (noise, respect, fright etc.). **'H ~ en'angst,** *f* -/-̈e *F:* mortal fear; **eine H. haben,** to be scared to death. **'H ~ en'geld,** *n* -(e)s/no pl *F:* mint (of money); **ein H. kosten/verdienen,** to cost/earn a fortune. **'H ~ entum,** *n* -s/no pl paganism; heathendom. **'h ~ nisch,** *adj.* heathen, pagan.

heikel ['haikəl], *adj.* 1. awkward, tricky (problem, situation etc.); delicate, difficult (matter); **heikles Thema,** sensitive point. 2. (*Pers.*) fussy, particular (**in diesen Sachen,** about these things).

heil [hail]. I. *adj.* (a) unhurt; (*sicher*) safe; **mit h ~ er Haut davonkommen,** to escape unhurt/ unscathed; *adv.* **h. zurückkommen,** to return safe and sound; (b) **wieder h.,** (*Pers.*) cured; (*Wunde*) healed; (c) (*Sache*) intact, undamaged (house etc.); unbroken (cup etc.); *Fig:* **eine h ~ e Welt,** a perfect world. II. **H.,** *n* -s/no pl *Lit:* welfare, well-being; *Rel:* salvation; **im Jahre des H ~ s . . .,** in the year of grace . . .; *int.* **H.!** hail! III. **'H ~-,** *comb.fm.* healing, *Med:* therapeutic (power, process etc.); salubrious (climate etc.); medicinal (herbs, plants etc.); medical (skill etc.); (method etc.) of treatment; H~**kunde** *f*, medical science; H~**quelle** *f*, medicinal spring; H~**wirkung** *f*, healing/therapeutic effect. 'H ~ **and**, *m* -(e)s/*no pl Rel:* Saviour, Redeemer. 'H~**anstalt**, *f* -/-en (*a*) sanatorium; (*b*) (*für Geisteskranke*) (psychiatric) clinic; (*Irrenanstalt*) mental home. 'H ~ **bad**, *n* -(e)s/-er 1. medicinal bath. 2. (*Ort*) spa. 'h ~ **bar**, *adj.* curable. 'H ~ **barkeit**, *f* -/*no pl* curability. 'h ~ **bringend**, *adj.* (*a*) beneficial, *Med:* therapeutic (effect, treatment etc.); h~e **Kräfte**, healing powers; (*b*) *Rel:* h~e **Botschaft**, message of salvation. 'h ~ **en**, *v.* 1. *v.tr.* to cure (s.o.) (**von einer Krankheit usw.,** of an illness etc.); to cure (a disease), heal (a wound, fracture etc.), *F:* mend (damage). 2. *v.i.* (*sein*) (*Wunde usw.*) to heal. 'h ~ '**froh**, *adj. F:* **h. sein,** to be mightily relieved. 'H ~ **gymnastik**, *f* -/*no pl* physiotherapy; (*Übungen*) remedial exercises. 'H ~ **gymnastiker(in)**, *m* -s/- (*f* -/-nen) physiotherapist. 'h ~ **ig**, *adj.* (*a*) holy (baptism, church, land etc.); sacred (songs, rite etc.); **der h~e Joseph,** Saint/*abbr.* St. Joseph; H~**er Abend,** Christmas Eve; (*b*) *Fig:* sacred (duty, oath etc.); h~**er Zorn,** righteous anger; **j-m etwas hoch und h. versprechen,** to give s.o. a solemn promise to do sth.; **es ist mein h~er Ernst,** I am in deadly earnest; (*c*) *F:* (*äußerst*) considerable; **davor habe ich einen h~en Respekt,** I wouldn't touch it. 'H ~ **ig'abend,** *m* -s/-e Christmas Eve. 'h ~ **ige(r),** *m & f decl. as adj.* Saint. 'h ~ **igen**, *v.tr.* to hallow, sanctify, (s.o., sth.); *Fig:* **der Zweck heiligt die Mittel,** the end justifies the means. 'H ~ **igen-,** *comb.fm.* (picture etc.) of a Saint; H~**figur** *f*, statue of a Saint; H~**schein** *m*, (saint's) halo; H~**schrein** *m*, (saint's) shrine. 'h ~ **ighalten,** *v.tr.sep.irr.45* to hold (s.o.'s memory etc.) sacred; to keep (the sabbath) holy. 'H ~ **igkeit,** *f* -/*no pl* sanctity; *Rel:* holiness; (*Papst*) **Seine H., His Holiness.** 'h ~ **igsprechen,** *v.tr.sep.irr.14 Ecc:* to canonize (s.o.). 'H ~ **igsprechung,** *f* -/-en canonization. 'H ~ **igtum,** *n* -s/-er (*a*) holy place; *esp. Fig:* shrine; *Hum:* (*Zimmer*) **mein H.,** my holy of holies; (*b*) (*Gegenstand*) (sacred) relic; *Hum:* **seine H~er,** his most treasured possessions. 'H ~ **igung,** *f* -/*no pl* sanctification. 'h ~ **kräftig,** *adj.* healing (effect, spring etc.); medicinal (plants etc.). 'h ~ **los,** *adj.* unholy (din, muddle, terror); h~**er Schreck,** terrible fright; *adv.* **h. verschuldet,** hopelessly in debt. 'H ~ **mittel,** *n* -s/- remedy, cure (**gegen** + *acc,* for); (*Medikament*) medicament. 'H ~ **pädagogik,** *f* -/*no pl* remedial education (for maladjusted children). 'H ~ **praktiker,** *m* -s/- (non-professional) practitioner of medicine; healer. 'h ~ **sam,** *adj.* salutary. 'H ~ **samkeit,** *f* -/*no pl* salutary nature. 'H ~ **sarmee,** *f* -/*no pl* Salvation Army. 'H ~ **ung,** *f* -/-en cure; healing.

Heilbutt ['hailbut], *m* -(e)s/-s halibut.

Heim [haim]. I. *n* -(e)s/-e home; (*a*) **in ein neues H. einziehen,** to move into a new home; (*b*) (*Anstalt*) institution; (*für Geisteskranke*) asylum; (*für Studenten*) hostel; **in ein H. kommen,** to be put into a home. II. 'H~-, 'h~-, *comb.fm.* (*a*) *sep.vbl prefix* (to go, come etc.) home; **sich h~begeben,** to make/set off

for home; **h~begleiten/h~bringen,** to see (s.o.) home; **h~fahren,** to go/travel/*Aut:* drive home; **h~finden,** to find one's way home; h~**kehren,** to return home; (*b*) H~**fahrt**/H~**reise** *f*, journey home; homeward journey; H~**kehr**/H~**kunft** *f*, return home, homecoming; H~**kehrer** *m*, homecomer; *Mil:* soldier returning from the war; H~**weg** *m*, way home; *Sp:* H~**sieg** *m*, home win; H~**spiel** *n*, home game. 'H ~ **arbeit,** *f* -/-en cottage industry; **in H. hergestellt,** produced on a cottage industry basis. 'H ~ **arbeiter(in),** *m* -s/- (*f* -/-nen) cottage industry worker. 'H ~ **at,** *f* -/*no pl* home; (*Land*) homeland; native country; (*Geburtsort*) birthplace; **in meiner H.,** where I come from. 'H ~ **at-,** *comb.fm.* home (country, town etc.); local, regional (poet, newspaper etc.); (place, country) of origin/birth; H~**hafen** *m*, home port, port of registration; H~**kunde** *f*, local history and geography; H~**museum** *n*, local history museum. 'H ~ **atfilm,** *m* -(e)s/-e (*usu.* sentimental) film about country folk. 'h ~ **atlich,** *adj.* native (customs etc.); *adv.* **alles mutet mich hier h. an,** everything here reminds me of home. 'h ~ **atlos,** *adj.* homeless (person etc.); stateless (alien). 'H ~ **atvertriebene(r),** *m & f decl. as adj.* displaced person; expellee. 'H ~ **chen,** *n* -s/- *Ent:* cricket. 'h ~ **elig,** *adj.* homely; (*behaglich*) cosy. 'H ~ **industrie,** *f* -/-n cottage industry. 'h ~ **isch,** *adj.* (*a*) native (population), indigenous (plants etc.); (*b*) local, regional (customs, industry etc.); h~e **Erzeugnisse,** domestic/(*von der Gegend*) local products; *Agr:* home produce; (*b*) home (surroundings etc.); **der h~e Herd,** one's own fireside/home; **h. werden,** to become acclimatized; *adv.* **sich h. fühlen,** to feel at home. 'H ~ **leiter(in),** *m* -s/- (*f* -/-nen) director (of a home); warden (of a hostel). 'h ~ **leuchten,** *v.i.sep.* (*haben*) *F:* **j-m h.,** to tell s.o. off. 'h ~ **lich,** *adj.* secret; clandestine (love affair, meeting etc.); furtive, surreptitious (glance, smile etc.); stealthy (movement etc.); *adv.* **etwas h. tun,** to do sth. secretly/in secret. 'H ~ **lichkeit,** *f* -/-en 1. *no pl* secrecy; **in aller H.,** in complete secrecy. 2. *usu. pl.* H~**en mit j-m haben,** to share secrets with s.o. 'H ~ **lichtuer,** *m* s/ secretive person. H ~ **lichtue'rei,** *f* -/-en secretiveness. 'h ~ **lichtun,** *v.i.sep.irr.106* (*haben*) to behave mysteriously/secretively. 'H ~ **mutter,** *f* -/- matron. 'h ~ **suchen,** *v.tr.* (*u*) *F:* **j-n h.,** to inflict oneself/descend on s.o.; (*b*) (*Krankheit usw.*) to afflict, plague (s.o., a country etc.); **von Ratten heimgesucht,** infested with rats; **von Schmerzen heimgesucht,** racked with pain; **von Träumen usw. heimgesucht,** haunted by dreams etc. 'H ~ **suchung,** *f* -/-en 1. (*a*) affliction; infestation; (*b*) blow of fate; *Ecc:* visitation. 2. *South G:* house search. 'H ~ **tücke,** *f* -/-n malice; insidiousness (of an illness). 'h ~ **tückisch,** *adj.* malicious; (*verräterisch*) treacherous, dastardly; *Fig:* insidious (illness). 'h ~ **wärts,** *adv.* homewards; **h. eilen,** to hurry home. 'H ~ **weh,** *n* -s/*no pl* (*a*) homesickness; **sie hat H.,** she is homesick; (*b*) nostalgia (**nach** + *dat,* for). 'H ~ **werker,** *m* -s/- *F:* do-it-yourselfer, handyman. 'h ~ **zahlen,** *v.tr.sep.* **j-m (etwas) h.,** to pay s.o. back (for sth.). (*Fig:*

in/mit gleicher Münze, in the same coin).
Hein|i ['haini], *m* **-s/- *F:*** twit; **ein lahmer H.,** a
wet/drip. **H ~ rich** ['hainriç]. *Pr.n.m* **-s.** =
Henry. **´H ~ zelmännchen,** *npl* **die H.,** the
fairies/little people.
Heirat ['hairɑːt], *f* **-/-en** marriage; **H. aus Liebe,**
lovematch. **´h ~ en,** *v.tr. & i.* (*haben*) to marry
(s.o.), get married (to s.o.); **sie hat nach Berlin
geheiratet,** she got married and went to live in
Berlin. **´H ~ s-,** *comb.fm.* marriage (plans
etc.); **H ~ urkunde** *f,* marriage certificate;
H ~ (vermittlungs)büro *n,* marriage bureau;
H ~ vermittler *m,* marriage broker; **H ~ anzeige,**
f, (i) marriage announcement; (ii) (*in der Zei-
tung*) advertisement for a marriage partner.
´H ~ santrag, *m* **-(e)s/⁼e** proposal (of mar-
riage); **j-m einen H. machen,** to propose to s.o.
´h ~ sfähig, *adj.* marriageable. **´H ~ skan-
didat,** *m* **-en/-en** (*a*) eligible bachelor; (pos-
sible) suitor; (*b*) (*Bräutigam*) bridegroom-to-be.
heiser ['haizər], *adj.* hoarse. **´H ~ keit,** *f* **-/no
pl** hoarseness.
heiß [hais], *adj.* **1.** hot (weather, drink etc.);
Geog: torrid (zone); *Fig:* **es überlief mich h. und
kalt/lief mir h. und kalt über den Rücken,** I went
hot and cold all over; **nicht h. und nicht kalt/
weder h. noch kalt sein,** to be neither one thing
nor the other; *adv. F:* **dich haben sie wohl (als
Kind) zu h. gebadet!** you must have a screw
loose! **2.** (*a*) (*heftig*) fierce (battle, competition,
debate etc.); heated (argument); hot, burning
(tears, kisses); ardent (desire, love); fervent
(prayer); *adv.* **h. umstritten/umkämpft,** hotly
contested; **etwas h. ersehnen,** to long fervently
for sth.; **j-n, etwas h. (und innig) lieben,** to adore
s.o., sth.; (*b*) *Sp:* hot (favourite, tip); (*c*) *F:*
h ~ er Draht, hot line; (*d*) *F:* **die Hündin ist h.,**
the bitch is on/*N.Am:* in heat. **´h ~ blütig,** *adj.*
hot-blooded, hot-tempered. **´h ~ ersehnt,** *adj.*
longed-for; eagerly awaited (moment, letter
etc.). **´h ~ geliebt,** *adj.* ardently loved, adored;
beloved (home, toy etc.). **´H ~ hunger,** *m* **-s/**
no pl voracious appetite; **einen H. nach etwas**
dat **haben,** to have a craving for sth. **´h ~ hung-
rig,** *adj.* ravenous. **´h ~ laufen,** *v.i.sep.irr.58*
(*sein*) (*Motor usw.*) to run hot; (*übermäßig*) to
overheat. **´H ~ luft,** *f* **-/no pl** hot air. **´H ~ -
mangel,** *f* **-/-n** rotary iron. **´H ~ ´wasserap-
parat,** *m* **-(e)s/-e/´H ~ ´wasserbereiter,**
m **-s/-** water-heater.
heißen [¹ ['haisən], *v.irr.* (*p.* **hieß,** *p.p.* **geheißen**)
1. *v.i.* (*haben*) (*a*) **wie heißt du?** —**ich heiße Paul,**
what's your name?—my name is Paul; **er heißt
Peter nach seinem Großvater,** he is called Peter
after his grandfather; *F:* **wenn das stimmt, heiße
ich Meier,** if that's true I'm a Dutchman; (*b*)
(*lauten*) **der Titel des Romans heißt . . .,** the title
of the novel is . . .; **wie heißt es im Text?** how
does the text go? **in dem Artikel hieß es, daß
. . .,** it said in the article that . . .; **bei Shake-
speare heißt es . . .,** as Shakespeare puts it . . .;
es heißt, er sei krank, I am told/they say (that)
he is ill; (*c*) (*bedeuten*) to mean; **wie heißt es auf
Englisch?** what is it (called) in English? **was soll
das h.!** what is the meaning of this! *F:* what's
this in aid of! **das heißt nicht viel/will nicht viel
h.,** that doesn't mean much; **so ein Talent will
schon etwas h.,** such a talent is quite some-

thing; **jetzt heißt es warten,** now it is a case
of waiting; **wir, das heißt meine Frau und ich,**
we, that is my wife and I. **2.** *v.tr.* (*a*) (*nennen*)
to call (s.o. one's friend, a liar etc.); **j-n will-
kommen h.,** to welcome s.o.; (*b*) *Lit:* (*auf-
fordern*) **wer hat dich kommen h.?** who asked/
told you to come?
heiter ['haitər], *adj.* (*a*) gay, bright; (*froh*)
cheerful (mood, face etc.); (*lustig*) funny,
humorous; *Meteor:* fine, bright (day, weather);
clear (sky); *Iron:* **das kann ja h. werden!** now
we'll see some fun! now we're in for it!
Meteor: **h. bis wolkig,** cloudy bright; (*b*) *Lit:*
(*gelassen*) serene (disposition); sanguine
(temperament). **´H ~ keit,** *f* **-/no pl** (*a*) cheer-
fulness; (*Lachen*) mirth, merriment; **unan-
gebrachte H.,** unseemly mirth, levity; **sie
hörten mit wachsender H. zu,** they listened with
growing amusement; (*b*) (*Gelassenheit*) serenity.
Heiz- [ʹhaits-], *comb.fm.* heating (costs, element,
gas, oil, current etc.); **H ~ anlage** *f,* heating
system; **H ~ kraft** *f,* heating efficiency. **´H ~ ap-
parat,** *m* **-(e)s/-e** heater. **´h ~ bar,** *adj.* heatable;
Aut: **h ~ e Heckscheibe,** heated rear window.
´H ~ decke, *f* **-/-n** electric blanket. **´h ~ en,**
v. **1.** *v.tr.* to heat (a room, stove etc.). **2.** *v.i.*
(*haben*) to turn on the heating; (*Feuer machen*)
to light a fire; **mit Öl/Kohle h.,** to have oil-
fired/solid fuel heating; **in der Küche ist nicht
geheizt,** there is no heating in the kitchen; **der
Ofen heizt gut,** the stove gives plenty of heat.
´H ~ er, *m* **-s/-** *Nau: Ind:* stoker; *Rail:* fire-
man. **´H ~ gerät,** *n* **-(e)s/-e** heater. **´H ~ kel-
ler,** *m* **-s/-** (basement) boiler room. **´H ~ kes-
sel,** *m* **-s/-** (domestic) boiler. **´H ~ körper,**
m **-s/-** (*a*) (central heating) radiator; (*b*) heating
element. **´H ~ lüfter,** *m* **-s/-** fan heater.
´H ~ material, *n* **-s/-ien** fuel. **´H ~ ofen,** *m*
-s/⁼ stove, heater. **´H ~ platte,** *f* **-/-n** *Cu:*
hotplate (of a cooker). **´H ~ sonne,** *f* **-/-n**
(circular) radiant electric fire. **´H ~ stoff,** *m*
-(e)s/-e fuel. **´H ~ ung,** *f* **-/-en** heating.
´H ~ ungs-, *comb.fm.* heating (system, engineer
etc.). **´H ~ wert,** *m* **-(e)s/-e** calorific/heat value.
Hektar ['hɛktaːr], *n & m* **-s/-(e)** *Meas:* hectare.
hektisch ['hɛktiʃ], *adj.* hectic.
Hektoliter ['hɛktolitər], *m* **-s/-** *Meas:* hecto-
litre (= 22 gallons).
Held [hɛlt], *m* **-en/-en** hero; **den H ~ en spielen,**
to indulge in heroics; *F:* **er ist kein H. im
Rechnen,** arithmetic isn't his strong point.
´H ~ en- [-dən-], *comb.fm.* heroic (saga, epic,
Mus: tenor etc.); **H ~ dichtung** *f,* heroic litera-
ture; **H ~ stück,** *n/H ~ tat** *f,* heroic deed.
´H ~ enbrust, *f* **-/⁼e** *Hum:* manly chest.
´h ~ enhaft, *adj.* heroic. **´H ~ enmut,** *m*
-(e)s/*no pl* heroism, valour. **´h ~ enmütig,
adj. heroic, valiant. **´H ~ enrolle,** *f* **-/-n** *Th:*
part of the hero. **´H ~ entum,** *n* **-s/*no pl*
heroism. **´H ~ in,** *f* **-/-nen** heroine.
helf|en ['hɛlfən], *v.i.irr.* (*haben*) (*pres.* **hilft,**
pres. subj. **helfe,** *p.* **half,** *p.subj.occ.* **hülfe,** *p.p.*
geholfen) (*a*) **j-m h.,** to help/assist s.o.; **im
Haushalt, beim Tapezieren usw. h.,** to help/lend
a hand with the housework, the wallpapering
etc.; **j-m in den/aus dem Mantel h.,** to help s.o
on/off with his coat; **ich kann mir nicht h., aber
. . .,** I can't help it but . . .; **sich zu h. wissen,** to

know what to do/how to cope; **er weiß sich nicht (mehr) zu h.,** he is at a loss (what to do); **ihm ist nicht (mehr) zu h.,** there is nothing (more) one can do for him; *F:* he's a hopeless case; *F: Iron:* **ich werde dir h., wenn du nicht aufhörst!** I'll give you something to think about if you don't stop it! (*b*) (*nützen*) to be good/useful; **die Kur wird dir h.,** the treatment will do you good; (*Heilmittel*) **gegen Husten, Kopfschmerzen usw. h.,** to be good for a cough, headache etc.; **es hilft nichts,** it's no use; **da hilft kein Weinen,** it's no use crying; crying doesn't help; **damit ist uns nicht geholfen,** that doesn't get us anywhere. ′H ~ er(in), *m -s/-* (*f -/-nen*) helper, assistant. ′H ~ ershelfer, *m -s/-* accomplice; henchman.

Helgoland [ˈhɛlgolant]. *Pr.n.n -s.* Heligoland.

Helium [ˈheːlium], *n -s/no pl Ch:* helium.

hell [hɛl]. **I.** *adj.* **1.** light; (*a*) (*blaß*) pale (colour, hair, skin etc.); fair (complexion, hair); **ein h ~es Bier/H ~es,** approx. a light ale/a lager; (*b*) (*strahlend*) bright (colour, light etc.); **h ~e Räume,** light, airy rooms; **der Mond scheint h.,** the moon shines bright; *adv.* **h. erleuchtet,** brightly lit; (*c*) **es bleibt länger h.,** it stays light longer; **es wird schon h.,** it is getting light; dawn is breaking. **2.** clear (sound, voice etc.); ringing (laughter, voice etc.). **3.** clear, lucid (mind); **er ist ein h ~er Kopf,** he has a clever mind; (*Geisteskranker*) **h ~e Augenblicke haben,** to have lucid moments. **4.** *F:* sheer (joy, madness etc.); utter (despair etc.); **in h ~e Wut/Begeisterung geraten,** to go wild with rage/enthusiasm; *adv.* **h. begeistert sein,** to be utterly delighted. **II.** ′h ~-, *comb.fm.* light (blue, yellow etc.). ′h ~ ′auf, *adv.* **h. lachen,** to laugh out loud. ′h ~ blond, *adj.* very fair (hair). ′H ~ e, *f -/no pl* light, brightness. ′h ~ hörig, *adj.* **1. h. sein,** to have sharp ears; *F:* **h. werden,** to prick up one's ears. **2.** *Arch:* poorly soundproofed (walls etc.). ′h ~ icht, *adj.* **am h ~ en Tag(e),** in broad daylight. ′H ~ igkeit, *f -/no pl* brightness; intensity (of light); *Astr:* luminosity. ′H ~ sehen, *n -s/no pl*/H ~ sehe′rei, *f -/no pl* clairvoyance. ′H ~ seher(in), *m -s/-* (*f -/-nen*) clairvoyant. ′h ~ seherisch, *adj.* clairvoyant. ′h ~ sichtig, *adj.* clearsighted. ′H ~ sichtigkeit, *f -/no pl* clear-sightedness. ′h ~ ′wach, *adj.* wide awake.

Heller [ˈhɛlər], *m -s/-* (*a*) *A:* (*Münze*) heller; (*b*) *Fig: approx.* penny; **es ist keinen (roten) H. wert,** it's not worth a thing; **er hat keinen (roten) H.,** he hasn't a bean/a penny.

Helling [ˈhɛliŋ], *f -/-en & Helligen Nau.* slipway, (building) slip.

Helm [hɛlm], *m -(e)s/-e* **1.** *Mil: Motor Cy: etc:* helmet. **2.** *Arch:* (*also* H ~ dach) conical roof, cap (of a tower).

Hemd [hɛmt], *n -(e)s/-en* shirt; (*Unterh.*) vest; *N.Am:* undershirt; **im H.,** in one's shirtsleeves; *Fig:* **j-n bis aufs H. ausziehen,** to have the shirt off s.o.'s back. ′H ~ bluse, *f -/-n* shirt blouse. ′H ~ blusenkleid, *n -(e)s/-er* shirtwaister. ′H ~ brust, *f -/-e* shirt front. ′H ~ särmel, *m -s/-* shirtsleeve. ′h ~ särmelig, *adj.* (*a*) (*Pers.*) in shirtsleeves; (*b*) *Fig:* casual (behaviour etc.).

Hemisphär|e [hemiˈsfɛːrə], *f -/-n* hemisphere. **h ~ isch,** *adj.* hemispherical.

hemm|en [ˈhɛmən], *v.tr.* (*a*) (*Einhalt gebieten*) to halt, stop, (*vorübergehend*) check (a course of events, *Mil:* advance etc.); to stem (the flow), staunch (blood); **sein Redefluß war nicht zu h.,** there was no stopping his flow of words; (*b*) (*einschränken*) to impede, obstruct (progress); to inhibit (s.o., development, growth etc.); to curb (an activity); to hamper (movements etc.); **deine Gegenwart hemmt mich,** your presence makes me feel self-conscious/*F:* cramps my style. ′H ~ schuh, *m -(e)s/-e* brake shoe/block. ′H ~ ung, *f -/-en* **1.** (*Einschränkung*) obstruction; restriction (of action, movement etc.); check, retardation (of growth etc.). **2.** *Psy: etc:* inhibition, (*Bedenken*) scruple; **ohne H ~ en sprechen,** to speak freely; *Hum:* **du leidest doch sonst nicht unter H ~ en,** you are not usually so backward about coming forward. ′h ~ ungslos, *adj.* unrestrained (behaviour etc.); uninhibited (person); *adv.* **sich dem Vergnügen h. hingeben,** to abandon oneself totally to the pursuit of pleasure; **h. lachen/weinen,** to laugh/cry uncontrollably. ′H ~ ungslosigkeit, *f -/no pl* lack of self-control/restraint.

Hengst [hɛŋst], *m -(e)s/-e* **1.** (*Pferd*) stallion **2.** (*Esel*) jackass. ′H ~ fohlen, *n -s/-* colt.

Henkel [ˈhɛŋkəl]. **I.** *m -s/-* handle (of a cup/jug). **II.** ′H ~-, *comb.fm.* (basket, jug, pot etc.) with a handle. ′H ~ mann, *m -(e)s/-er F:* dinnerpail.

Henker [ˈhɛŋkər], *m -s/-* executioner; hangman; *P:* **geh/scher dich zum H.!** go to blazes/hell; **(was) zum H.! hol's der H.!** devil take it!

Henne [ˈhɛnə], *f -/-n* hen.

her [heːr], *adv.* **1.** (*a*) (*Richtung*) here; **er soll sofort h. (zu mir)!** he is to come here/to me at once! **h. damit!** give it to me! **Bier h.!** how about some beer (for us)! **von oben/unten h.,** from above/below; **von weit h.,** from a long way off; (*b*) (*Zeitspanne*) ago, since; **es ist lange h.,** it was long ago; **es ist schon ein Jahr h., daß wir uns nicht gesehen haben/seit wir uns gesehen haben,** we have not seen one another for a year; *see also* **hersein. 2.** (*Standpunkt*) **von der Psychologie h. überzeugt es,** it is convincing from the point of view of the psychology.

herab [hɛˈrap]. **I.** *adv.* down, downwards; **die Treppe h.,** down the stairs, downstairs; **von oben h.,** from above; *Fig:* **j-n, etwas von oben h. ansehen,** to look down on s.o., sth. **II. h ~-,** *sep.vbl prefix usu. Lit:* down; **h ~ beugen,** to bend down; **h ~ klettern/h ~ steigen,** to climb down; **h ~ sehen,** to look down; **von etwas** *dat* **h ~ springen,** to jump off sth.; **j-n von etwas** *dat* **h ~ stoßen,** to push s.o. off sth. **h ~ hängen,** *v.i.sep.irr.46* (*haben*) (*a*) to hang down, (*Wolken usw.*) hang low; (*b*) (*Beine*) to dangle; (*Kopf*) to droop. **h ~ lassen,** *v.tr.sep.irr.57* (*a*) to lower, let down (blinds, a boat etc.); **sich an einem Seil h.,** to let oneself down on a rope; (*b*) **sich zu etwas** *dat* **h./sich h., etwas zu tun,** to condescend to do sth.; **du hättest dich nicht so weit h. sollen,** you shouldn't have stooped so low. **h ~ lassend,** *adj.* condescending; patronizing (**gegen +** *acc*) **zu +** *dat*, towards). **H ~ lassung,** *f -/no pl* condescension. **h ~ setzen,** *v.tr.sep.* (*a*) to decrease, reduce (cost, price, speed etc.); **Waren (im Preis) h.,** to mark down goods; (*b*) (*schmälern*) to belittle, run down (s.o., sth.); **h~de Worte,** disparaging remarks. **H~setzung,** *f* -/-en (*a*) reduction (**des Preises usw.,** in price etc.); (*b*) disparagement. **h~sinken,** *v.i.sep.irr.96* (*sein*) to sink down, *esp. Fig:* descend (**zu etwas** *dat,* to sth.). **h~stürzen,** *v.i.sep.* (*sein*) to come crashing/(*Pers.*) tumbling down; (*Wasserfall*) to cascade. **h~würdigen,** *v.tr.sep.* (*a*) to speak disparagingly of (s.o.); (*b*) to treat (s.o.) degradingly; **h~de Behandlung,** degrading treatment. **H~würdigung,** *f* -/-en (*a*) *no pl* degradation; (*b*) degrading treatment; disparaging remark.

Herald|ik [he'raldik], *f* -/*no pl* heraldry. **h~isch,** *adj.* heraldic.

heran [hɛ'ran]. **I.** *adv.* close; **nur h.!** come closer/ right up to me! **bis an den Rand h.,** right up to the edge/rim. **II. h~-,** *sep.vbl prefix* (to hurry, roll etc.) up; **sich an j-n h~schleichen/h~pirschen,** to steal up to s.o. **h~bilden,** *v.tr.sep.* to train, educate (s.o.); (*Talent usw.*) **sich h.,** to develop. **h~bringen,** *v.tr.sep.irr.16* to bring (s.o., sth.) close (**an** + *acc,* to); to introduce (s.o.) (**an Probleme usw.,** to problems etc.). **h~drängen,** *v.i.sep.* (*haben*) to press forward; **h. an** + *acc,* to push up to (s.o., sth.). **h~führen,** *v.* **1.** *v.tr.sep.* (*a*) to lead/take (s.o., sth.) up (**an** + *acc,* to); (*b*) (*einführen*) to introduce (s.o.) (**an ein Thema,** to a subject). **2.** *v.i.* (*haben*) (*Straße usw.*) **h. an** + *acc,* to lead up to/go almost as far as (sth.). **h~gehen,** *v.i.sep.irr.36* (*sein*) (*a*) (*sich nähern*) **h. an** + *acc,* to go to/approach (s.o., sth.); (*b*) (*beginnen*) **an die Arbeit usw. h.,** to get down to work etc.; **an ein Problem h.,** to tackle a problem. **h~kommen,** *v.i.sep.irr.53* (*sein*) (*a*) (*Pers., Ereignis*) to approach; to come up (**an** + *acc,* to); **bis auf eine Zehntelsekunde an den Rekord h.,** to come within a tenth of a second of the record; **die Dinge an sich** *acc* **h. lassen,** to bide one's time, wait and see; **niemand kann an ihn heran,** no one can match him; (*b*) (*ergreifen*) **an etwas** *acc* **h.,** to get hold of, (*mit Mühe*) get at sth.; *Fig:* **man kommt an ihn nicht heran,** he is in an unassailable position. **h~lassen,** *v.tr.sep.irr.57* **j-n (nahe) h.,** to let s.o. come close (**an** + *acc* to); **er läßt mich nie an seine Sammlung heran,** he never lets me anywhere near his collection. **h~machen,** *v.refl.sep.* (*a*) **sich an eine Arbeit h.,** to get down to a job; (*b*) *F:* **sich an j-n h.,** to make up to s.o.; **sich an ein Mädchen h.,** to make a pass at/try to get off with a girl. **h~nahen,** *v.i.sep.* (*sein*) to approach, draw near; (*Gefahr usw.*) to be imminent. **h~reichen,** *v.i.sep.* (*haben*) **h. an** + *acc,* to reach (sth.), *Fig:* (*gleichkommen*) to be tantamount to (sth.); *Fig:* **du reichst noch längst nicht an ihn heran,** you're not in the same class as he is. **h~rücken,** *v.sep.* **1.** *v.tr.* to move (sth.) closer; to draw up (a chair). **2.** *v.i.* (*sein*) to draw near (**an** + *acc,* to); **dicht an j-n h.,** to move close up to s.o. **h~tragen,** *v.tr.sep.irr.42* (*a*) to bring (sth.) along; (*b*) (*vorbringen*) to bring up (a subject); to put (a question etc.) (**an j-n,** to s.o.). **h~trauen,** *v.refl.sep.* **sich an** + *acc,* to dare to approach (s.o., sth.)/to tackle (a job). **h~treten,** *v.i.sep.irr.105* (*sein*) **h. an** + *acc,* to come up to, approach (s.o., sth.); (*Probleme, Zweifel*) to beset (s.o.). **h~wachsen,**

v.i.sep.irr.107 (*sein*) to grow up (**zu etwas** *dat,* into sth.). **h~wachsend,** *adj.* adolescent; rising (generation); **ein H~er/eine H~e,** an adolescent. **h~wagen,** *v.refl.sep.* **sich h. an** + *acc,* to dare to go near/to approach (s.o., sth.)/*Fig:* to tackle (a problem). **h~winken,** *v.tr.sep.* to beckon (s.o.) to approach. **h~ziehen,** *v.sep.irr.113* **1.** *v.tr.* (*a*) to draw/pull (s.o., sth.) up (close) (**an** + *acc,* to); (*b*) to call in (a specialist etc.); to bring in (foreign workers etc.); to consult (a dictionary etc.); **einen Text zum Vergleich h.,** to mention/quote a text for the sake of comparison. **2.** *v.i.* (*sein*) (*Sturm usw.*) to come up, draw near.

herauf [hɛ'rauf]. **I.** *adv.* up, upwards; **von unten h.,** up from below; **den Berg/Fluß h.,** up the mountain/river. **II. h~-,** *comb.fm.* (to look, crawl, shoot, climb, hurry etc.) up; **j-n h~bringen/h~führen,** to bring s.o. up(stairs); **j-n h~bitten,** to ask s.o. (to come) up; **sich h~arbeiten,** to work one's way up; *Aut:* **h~schalten,** to change up. **h~beschwören,** *v.tr.sep.* (*a*) to conjure up, evoke (memories, a picture etc.); (*b*) to cause (a disaster, quarrel etc.). **h~kommen,** *v.i.sep.irr.53* (*sein*) (*a*) to come up/ upstairs; (*b*) (*Klang, Rauch, Nebel*) to rise (up) (from below); (*Sturm*) to arise. **h~rufen,** *v.tr.sep.irr.74* (*a*) to call (s.o.) to come up; (*b*) *Fig:* to recall (the past etc.). **h~setzen,** *v.tr. sep.* to increase (prices etc.); *Com:* **etwas im Preis h.,** to mark sth. up. **h~steigen,** *v.tr. & i.sep.irr.74* (*sein*) (*a*) to climb up (the stairs, a mountain); (*Klänge, Wolken usw.*) to rise (up); (*b*) *Lit:* (*Tag, Epoche usw.*) to begin, dawn. **h~ziehen,** *v.sep.irr.113* **1.** *v.tr.* to pull up (sth.). **2.** *v.i.* (*sein*) (*Tag, Nacht*) to approach; (*Gefahr usw.*) to threaten; **ein Gewitter zieht herauf,** a storm is brewing.

heraus [hɛ'raus]. **I.** *adv.* out; (*a*) **h. aus dem Bett!** get out of the bed! **h. mit ihm!** get him out! **h. mit der Sprache!** out with it! *F:* spit it out! (*b*) **das Fenster geht nach vorne h.,** the window looks out at the front; **aus einer Notlage h. handeln,** to act from necessity; **aus sich h.,** of one's own accord, on one's own initiative. **II. h~-,** *comb.fm.* (to break, flow, shoot, stream etc.) out; **h~lassen,** to let (s.o.) out, leave (sth.) out; **h~rutschen,** to slip out; **h~schneiden,** to cut (sth.) out; **h~halten,** to keep (s.o.) out (**aus etwas** *dat,* of sth.); **h~stehen/h~stecken,** to stick out. **h~bekommen,** *v.tr.sep.irr.53* (*a*) to get (sth.) out (**aus etwas** *dat,* of sth.); (*b*) (*entdecken*) to find (sth.) out; to elicit (information), extract (a secret etc.) (**aus j-m,** from s.o.); to figure out (the meaning, an answer etc.); to solve (a problem etc.); (*c*) **zwei Mark h.,** to get two marks change; **zu wenig (Geld) h.,** to be given short change. **h~bilden,** *v.refl.sep.* **sich h.,** to emerge; (*entwickeln*) to develop (**aus** + *dat,* from). **h~bringen,** *v.tr.sep.irr.16* (*a*) to bring/ take (s.o., sth.) out(side); (*b*) to get out (a nail, spot, *F:* words etc.); to get (an answer, information) (**aus j-m,** out of s.o.); (*c*) to bring out, issue (an edition, stamps etc.); to publish (an article etc.); *Th:* to stage (a new play etc.); *Com:* to launch (a product, new model); *F:* **etwas groß h.,** to make a splash with sth. **h~drücken,** *v.tr.* to squeeze out (water, toothpaste etc.); **die Brust h.,** to throw out one's chest. **h ~ fahren,** *v.sep.irr.26* 1. *v.i.* *(sein)* (*a*) to come out, *(Zug)* pull out, *(Auto)* drive out **(aus etwas** *dat,* of sth.); (*b*) *(Bemerkung)* to slip out. 2. *v.tr.* to drive (s.o., a car) out **(aus etwas** *dat,* of sth.). **h ~ finden,** *v.sep.irr.19* 1. *v.tr.* (*a*) to pick (s.o., sth.) out **(aus + dat,** from); (*b*) to find, discover (a mistake etc.); to find out (information), establish (a cause). 2. *v.i.* *(haben)* & *refl.* (sich) **h.,** to find the/a way out **(aus etwas** *dat,* of sth.); *Fig:* to extricate oneself **(aus einer heiklen Lage usw.,** from a tricky situation etc.). **H ~ forderer,** *m* -s/- challenger. **h ~ fordern,** *v.tr.sep.* (*a*) to challenge (s.o.) **(zu einem Duell usw.,** to a duel etc.); **sie forderte ihn förmlich heraus, es zu beweisen,** she literally defied him to prove it; (*b*) *Fig:* to court (danger, disaster); to invite, provoke (criticism etc.); (*c*) *(Frau)* to lead (a man) on. **h ~ fordernd,** *adj.* challenging; provocative (attitude, behaviour); defiant (gesture, look); *adv.* **sie sah ihn h. an,** she looked at him challengingly/ *(sexuell)* provocatively. **H ~ forderung,** *f* -/-en challenge; provocation. **h ~ fühlen,** *v.tr.sep.* to sense (sth.). **H ~ gabe,** *f* -/-n 1. surrender (of prisoners); handing over, *(Rückgabe)* return (of property etc.). 2. *(Veröffentlichung)* publication, issue. **h ~ geben,** *v.tr.sep.irr.35* (*a*) to hand (sth.) over, give (sth.) up; to surrender (prisoners etc.); *(zurückgeben)* to return (sth.); (*b*) **j-m h.,** to give s.o. change; **können Sie auf 10 Mark h.?** can you change 10 marks? (*c*) *(veröffentlichen)* to publish, *(redigieren)* edit (a book, periodical etc.); to issue (banknotes, stamps, *Adm:* instructions etc.). **H ~ geber,** *m* -s/- editor. **h ~ gehen,** *v.i.sep.irr.36* *(sein)* (*a*) to go out **(aus dem Haus,** of the house); *Fig:* **aus sich** *dat* **h.,** to come out of one's shell; (*b*) *(Nagel, Fleck usw.)* to come out. **h ~ greifen,** *v.tr.sep.irr.43* to pick/single (s.o., sth.) out; **um ein Beispiel herauszugreifen,** (just) to pick an example at random. **h ~ haben,** *v.tr.sep.irr.44 F:* (*a*) to have got (a cork, spot etc.) out; **er wollte den Mieter aus der Wohnung h.,** he wanted to get the tenant out of the flat; (*b*) to have grasped (a difficulty etc.)/discovered (a secret)/ solved (a riddle); **jetzt hab ich's heraus!** now I've got it! **den Trick/***P:* **Dreh h.,** to have got the knack/hang of it. **h ~ heben,** *v.tr.sep.irr.48* (*a*) to lift (s.o., sth.) out; (*b*) *(hervorheben)* to make (sth.) stand out, *Fig:* to single out (a detail etc.); **sich h.,** to stand out. **h ~ holen,** *v.tr.sep.* (*a*) to bring/fetch/*(mit Mühe)* get (s.o., sth.) out; **etwas aus seiner Tasche h.,** to produce sth. from one's pocket; (*b*) *Fig:* to extract (money, information etc.) **(aus j-m,** from s.o.); **das Beste aus j-m, etwas** *dat* **h.,** to get the best out of s.o., sth.; **das Letzte aus sich** *dat* **h.,** to make an all-out effort; *Sp:* **ein gutes Ergebnis h.,** to achieve a good result. **h ~ hören,** *v.tr.sep.* to distinguish, make out (a voice etc.); to detect (unspoken criticism etc.). **h ~ kehren,** *v.tr.sep.* to act, play (the moralist etc.); to make a show of (severity etc.). **h ~ kommen,** *v.i.sep.irr.53* *(sein)* (*a*) to come out **(aus + dat,** of); to emerge **(aus einer Höhle,** *Fig:* **einer Lage usw.,** from a cave, *Fig:* a situation etc.); **sie ist nie aus ihrer Heimatstadt herausgekommen,** she

has never been away from her home town; *Fig:* **er kam aus dem Staunen nicht heraus,** he couldn't get over his astonishment; (*b*) *(Buch usw.)* to come out, appear; *(Briefmarken, Münzen)* to be issued; *Com:* **mit einem neuen Modell h.,** to bring out/launch a new model; *F:* **(mit etwas** *dat)* **ganz groß h.,** to make a real splash (with sth.); (*c*) *(Farben, Merkmale)* to stand out/*(betont werden)* be stressed; (*d*) **aus dem Takt/dem Rhythmus h.,** to get out of time/*(beim Tanzen)* out of step; (*e*) *(Geheimnis, Tatsache)* to come out/to light; *(Plan usw.)* to become known, *(unbeabsichtigt)* leak out; (*f*) *(sich ergeben)* **bei der Addition kommt eine große Summe heraus,** it comes out/adds up to a large total; **es kommt alles auf eins heraus,** it all comes to the same thing; **es wird nichts Gutes dabei h.,** no good will come of it; (*g*) to come out **(mit einem Ausdruck usw.,** with an expression etc.). **h ~ kriegen,** *v.tr.sep. F:* = **h ~ bekommen. h ~ lesen,** *v.tr.sep.irr.61* (*a*) *(entnehmen)* to deduce, gather (sth.) **(aus einem Brief usw.,** from a letter etc.); *Fig:* to read (s.o.'s thoughts); (*b*) *F:* to pick out (people, things) **(aus** + *dat,* from). **h ~ locken,** *v.tr.sep.* to entice (s.o.)/lure (s.o., an animal) out; to wheedle (money, a secret etc.) **(aus j-m,** out of s.o.). **h ~ machen,** *v.tr.sep.* (*a*) to remove (a stain etc.); (*b*) **sich gut h.,** to come on well, make good progress. **h ~ müssen,** *v.i.sep.irr.68* *(haben)* **ich muß heraus,** I have to go out/ *(aufstehen)* get up; **das mußte heraus,** it had to be said. **h ~ nehmbar,** *adj.* removable. **h ~ nehmen,** *v.tr.sep.irr.69* (*a*) to take (sth.) out **(aus etwas** *dat,* of sth.); *Sp:* to withdraw (a player); **ein Kind aus der Schule h.,** to take a child away from school; *F:* **sich** *dat* **den Blinddarm h. lassen,** to have one's appendix out; *Aut:* **den Gang h.,** to go into neutral; (*b*) **sich** *dat* **zuviel/ Freiheiten h.,** to be over-presumptuous/take liberties. **h ~ platzen,** *v.i.sep. (sein) F:* (*a*) to burst out laughing; (*b*) **mit etwas h.,** to blurt sth. out. **h ~ putzen,** *v.tr.sep. F:* to doll (s.o., oneself) up; to do (sth.) up; **sonntäglich herausgeputzt,** in one's Sunday best. **h ~ quellen,** *v.i.sep.irr.71 (sein)* (*a*) *(Wasser usw.)* to gush out **(aus etwas** *dat,* of sth.); (*b*) *(Augen, Sachen)* to bulge (out). **h ~ ragen,** *v.i.sep. (haben)* (*a*) to project, jut out; (*b*) *Fig:* to stand out. **h ~ reden,** *v.refl.sep. F:* **sich h.,** to make excuses, talk one's way out **(aus etwas** *dat* **h.,** to talk oneself out of sth. **h ~ reißen,** *v.tr.sep.irr.4* (*a*) to tear (sth.) out **(aus etwas** *dat,* of sth.); to pull up (a plant etc.), wrench out (a nail etc.); *Fig:* to jolt, startle (s.o.) **(aus seiner Lethargie usw.,** out of his lethargy etc.); **j-n aus der vertrauten Umgebung h.,** to wrench/uproot s.o. from his familiar environment; (*b*) *F: (retten)* **j-n h.,** to come to s.o.'s rescue. **h ~ rücken,** *v.tr. & i.sep. (sein)* (*a*) to move (sth.) out; (*b*) *F:* to hand over, part with (sth., money) (reluctantly); **er wollte das Geld/mit dem Geld nicht h.,** he didn't want to cough up (the money); **mit der Sprache h.,** (i) to speak out/up; (ii) *(etwas gestehen)* to own up. **h ~ schauen,** *v.i.sep. (haben) esp. South G:* (*a*) to look out; **zum Fenster h.,** to look out of the window; (*b*) *F:* **dein Unterrock schaut heraus,** your slip is showing; (c) *F:* **dabei schaut nichts heraus,** there's nothing to be got out of it. **h~schlagen,** *v.tr.sep.irr.85* (a) to knock out (a tooth, partition etc.); (b) *F:* **Geld/Vorteile aus j-m, etwas** *dat* **h.,** to make money out of/gain an advantage from s.o., sth. **h~schmecken,** *v.sep.* **1.** *v.tr.* to detect (the taste of) (sth.). **2.** *v.i.* (haben) **der Knoblauch schmeckt zu stark heraus,** there is too strong a taste of garlic. **h~sein,** *v.i.sep.irr.93* (*Splitter, Buch, Blume usw.*) to be out; **es ist noch nicht heraus, wer gewonnen hat,** it is not yet known who won; *Fig:* **aus dem Schlimmsten h.,** to have got over the worst. **h~springen,** *v.i.sep.irr.96* (sein) (a) to jump out (**aus etwas** *dat,* of sth.); (b) *F:* **bei der Sache springt nichts/viel Geld für mich heraus,** I'll get nothing/make a lot of money out of this affair. **h~stellen,** *v.tr.sep.* (a) to put (sth.) out; *Sp:* to send (a player) off the field; (b) (*hervorheben*) to highlight (the special features of) (s.o., sth.); (*betonen*) to stress (the importance of) sth.; to present/set out (principles, results etc.) clearly; **bei den Festspielen werden wir seine Werke besonders h.,** we will be featuring his works at the festival; (c) **sich h.,** to be established; to prove, turn out (**als falsch, ungenügend usw.,** to be wrong, inadequate etc.); **es wird sich h., ob du recht hast,** we shall see whether you are right. **h~strecken,** *v.tr.sep.* to stretch out (a hand etc.), stick out (one's tongue). **h~streichen,** *v.tr.sep.irr.59* (a) to cross out (a word etc.); (b) to draw attention to (sth., oneself); (*loben*) to extol (s.o.'s virtues etc.), praise (s.o.) to the skies. **h~suchen,** *v.tr.sep.* to pick out, select (sth.). **h~treten,** *v.i.sep.irr.105* (a) (sein) to step/come out; (*sichtbar werden*) to emerge, become visible; **aus seiner Zurückhaltung h.,** to abandon one's reserve; (b) (*Augen, Ader*) to bulge. **h~wachsen,** *v.i.sep.irr.107* (sein) to grow out (**aus etwas** *dat,* of sth.); (*Pers.*) **aus den Kleidern h.,** to outgrow one's clothes. **h~winden,** *v.refl.sep.irr.9* **sich** (**aus einer Schwierigkeit**) **h.,** to wriggle out (of a difficulty). **h~wirtschaften,** *v.tr.sep.* to gain (profit etc.) by good management (**aus etwas** *dat,* from sth.).

herb [hɛrp], *adj.* bitter (taste, *Fig:* loss etc.); tangy, *Pej:* acrid (smell); dry (wine); (*streng*) harsh (words etc.); austere (beauty etc.).

herbei [hɛr'bai]. **I.** *adv.* here; **h. zu mir!** come here to me! **II. h~-,** *comb.fm.* (to come etc.) up/along; **h~eilen,** to hasten/hurry up to the spot; **h~laufen,** to come running up; **h~strömen,** to flock to the spot. **h~führen,** *v.tr.sep.* to bring about (a decision, result etc.); to lead to/cause (an accident, death etc.); to give rise to (a misunderstanding etc.). **h~lassen,** *v.refl.sep.irr.57* **sich zu etwas** *dat* **h.,** to condescend to do sth. (at last). **h~rufen,** *v.tr.sep.irr.74* to summon (s.o., help etc.). **h~schaffen,** *v.tr.sep.* to get (s.o., sth.) to the spot, *F:* produce (s.o., sth.). **h~sehnen,** *v.tr.sep.* to long for (the day etc.) to come; **j-n h.,** to long for s.o.'s presence. **h~ziehen,** *v.tr.sep.irr.113* to draw/pull (s.o., sth.) near.

ˈherbekommen *v.tr.sep.irr.63* to get (s.o., sth.) here; to get (s.o.) to come; **wo soll ich das denn h.?** where am I supposed to get that from?

ˈherbemühen, *v.tr.sep.* to ask s.o. to come; **sich h.,** to (be so good as to) come.

Herberg|e [ˈhɛrbɛrgə], *f* -/-n (a) lodging; (b) (*Jugendh.*) (youth) hostel. **'H~svater,** *m* -s/¨ warden (of a youth hostel).

ˈherbestellen, *v.tr.sep.* to send for, summon (s.o.); to order (a taxi); **ich habe ihn für 3 Uhr herbestellt,** I have asked him to come at 3 o'clock.

ˈherbitten, *v.tr.sep.irr.10* to ask (s.o.) to come.

ˈherbringen, *v.tr.sep.irr.16* to bring (s.o., sth.) (here).

Herbst [hɛrpst]. **I.** *m* -(e)s/*occ* -e autumn; *N.Am:* fall. **II. 'H~-,** *comb.fm.* autumn (evening, day, holidays, colours etc.); autumnal (mood, air, weather etc.); **H~laub** *n,* autumn leaves/foliage. **'H~fäden,** *mpl* gossamer. **'h~lich,** *adj.* autumnal.

Herd [he:rt], *m* -(e)s/-e **1.** (a) (cooking) stove, *Brit:* cooker; (*Kohlenh.*) kitchen range; (b) (*Feuerstelle*) hearth; **am häuslichen H.,** by one's own fireside; *Prov:* **eigener H. ist Goldes wert,** there's no place like home. **2.** centre (of an earthquake, of unrest etc.); *Med:* seat (of an infection), focus (of a disease). **'H~platte,** *f* -/-n (a) top of the stove; (b) *El:* hotplate.

Herd|e [ˈheːrdə], *f* -/-n (a) herd (of cattle etc.); flock (of sheep etc.); (b) *Fig:* (*Menschen*) **die H.,** the masses; *Pej:* the common herd; **mit der H. laufen/der H. folgen,** to go with the crowd. **'H~en-,** *comb.fm.* herd (instinct etc.); gregarious (animal etc.). **'H~enmensch,** *m* -en/-en *Pej:* follower of the common herd.

herein [hɛ'rain]. **I.** *adv.* (in) here; **h.!** come in! **hier h.!** in here! this way! **II. h~-,** *sep.vbl prefix* (to take, look, climb, creep, jump) in; **h~laufen/h~rennen,** to run in; **h~dringen/sich h~drängen,** to force one's way in; **etwas h~holen,** to bring sth. in; **h~strömen,** to pour/stream in; **in etwas** *acc* **h~strömen,** to pour into sth.; **j-n ins Zimmer h~führen,** to lead/show s.o. into the room. **h~brechen,** *v.i.sep.irr.14* (sein) (a) (**in etwas** *acc*) **h.,** to break/(*Wassermasse*) burst in(to sth.); *Fig:* **über j-n h., (*Beschimpfungen usw.*) to rain down on s.o.; *Lit:* (*Katastrophe usw.*) to overtake s.o.; (b) (*Abend, Winter usw.*) to close in; (*Nacht*) to fall. **h~bringen,** *v.tr.sep.irr.16* (a) to bring (s.o., sth.) in; (b) *F:* to make up for (lost time etc.). **h~fallen,** *v.i.sep.irr.27* (sein) (a) (**in etwas** *acc*) **h.,** to fall in(to sth.); (*Licht*) to come in; (b) *F:* to be cheated/taken in (**auf j-n,** by s.o.); **auf einen Trick usw. h.,** to fall for a trick etc. **h~kommen,** *v.i.sep.irr.53* (sein) to come in; **in ein Zimmer h.,** to come into/enter a room; **wie bist du hier hereingekommen?** how did you get in? **h~lassen,** *v.tr.sep.irr.57* **j-n (ins Haus) h.,** to let s.o. in(to the house). **h~legen,** *v.tr.sep. F:* to take (s.o.) in, take (s.o.) for a ride. **h~platzen,** *v.i.sep.* (sein) *F:* (**in etwas** *acc*) **h.,** to barge/burst in(to) sth. **h~regnen,** *v.i.sep.* (haben) **es hat hereingeregnet,** the rain has come in. **h~schauen,** *v.i.sep.* (haben) *esp. South G:* to look in; *F:* **bei j-m h.,** to drop in on s.o. **h~schneien,** *v.i.sep.* (haben) (a) **es schneit herein,** the snow is coming in; (b) *F:* (*Pers.*) **bei j-m h.,** to blow/drop in (unexpectedly) on s.o. **h~spazieren,** *v.i.sep.* (sein) to walk in; **herein-**

spaziert! walk up! **h ~ stürmen/h ~ stürzen**, *v.i.sep.* (*sein*) (**in etwas** *acc*) h., to burst/rush in (to sth.). **h ~ ziehen**, *v.sep.irr.113* **1.** *v.tr.* to pull (s.o., sth.) in. **2.** *v.i.* (*sein*) (*a*) **in eine Stadt usw. h.**, to enter/*Mil: etc:* march into a town etc.; (*b*) *v.impers.* **es zieht herein**, there's a draught/ *N.Am:* draft blowing in.

'**herfahr|en**, *v.sep.irr.26* **1.** *v.tr.* to drive (s.o., sth.) here. **2.** *v.i.* (*sein*) to come/*Aut:* drive here. '**H ~ t**, *f -/-en* journey/*Aut:* drive here.

'**herfallen**, *v.i.sep.irr.27* (*sein*) **über j-n/**F: **sein Essen h.**, to pitch into s.o./F: one's food; **über ein Land h.**, to overrun a country.

'**herfinden**, *v.i.sep.irr.9* (*haben*) to find the way (here).

'**herführen**, *v.tr.sep.* **was führt dich her?** what brings you here?

'**Hergang**, *m -(e)s/occ -e* course of events; **j-m den H. erzählen**, to tell s.o. what happened.

'**hergeben**, *v.tr.sep.irr.35* (*a*) to surrender (sth.); to give up/part with (money etc.); (*überreichen*) to hand (sth.) over; (*zurückgeben*) to give (sth.) back; to return (sth.); **sein letztes h.**, (i) to give away all one has; (ii) *Sp:* to do one's utmost; (*b*) *Fig:* **er lief, was seine Beine hergaben**, he ran for all he was worth.

hergebracht ['heːrgəbraxt], *adj.* traditional; (*üblich*) customary.

'**hergehen**, *v.i.sep.irr.32* (*sein*) (*a*) **neben/hinter j-m h.**, to walk next to/behind s.o.; (*b*) *impers.* **es ging laut/lustig her**, there were noisy/gay goings-on; **auf der Party ging es hoch her**, they were having a high old time at the party.

hergelaufen ['heːrgəlaufən], *adj.* F: *Pej:* from goodness knows where; (*nichtsnutzig*) good-for-nothing; **das ist nicht für jeden H ~ en**, that's not for any Tom, Dick or Harry.

'**herhaben**, *v.i.sep.irr.44* (*haben*) **etwas von j m/ irgendwo h.**, to have got sth. from s.o./somewhere; **wo hast du das her?** where did you get that from?

'**herhalten**, *v.sep.irr.45* **1.** *v.tr.* to hold out (one's hand etc.). **2.** *v.i.* (*haben*) **h. müssen**, to be the one to suffer; **für j-n h.** (**müssen**), to have to take the blame for s.o.; **es muß als Vorwand h.**, it will have to do as an excuse.

'**herholen**, *v.tr.sep.* to fetch (s.o., sth.); **weit hergeholt**, far-fetched.

Hering ['heːrɪŋ], *m -s/-e* **1.** herring; *F:* **sie saßen/standen wie die H ~ e**, they were packed (together) like sardines. **2.** *F:* (*Pers.*) beanpole. **3.** (*Zeltpflock*) tent-peg.

'**her|kommen**. **I.** *v.i.sep.irr.53* (*sein*) (*a*) to come here; to arrive (here); (*b*) **wo kommst du her?** where do you come from? **wo soll das Geld h.?** where is the money to come from? **II. H.**, *n -s/no pl* (*Bräuche*) traditions; (*Herkunft*) origin. '**h ~ kömmlich**, *adj.* conventional, orthodox; (*üblich*) customary, established; traditional (belief etc.). **h ~ kömmlicher'weise**, *adv.* traditionally; according to custom.

Herkunft ['heːrkunft], *f -/-e* origin; derivation (of a word); **deutscher H.**, of German origin/ (*Pers.*) extraction; **seine H. verleugnen**, to deny one's origins. '**H ~ sland**, *n -(e)s/-er* country of origin.

'**herleiten**, *v.tr.sep.* to derive (one's name, a word, theory etc.), (*entnehmen*) deduce, infer

(sth.) (**aus etwas** *dat*, from sth.).

'**hermachen**, *v.tr.sep.* **sich h. über** + *acc*, to fall (up)on, attack (s.o., sth.); *F:* to pitch into (s.o., one's food etc.); to set about, tackle (a job, task etc.); (*kritisieren*) **sich über einen Artikel h.**, to pull an article to pieces.

Hermaphrodit [hɛrmafroˈdiːt], *m -en/-en Biol:* hermaphrodite.

Hermelin [hɛrmɔˈliːn]. **1.** *n -s/-e Z:* stoat. **2.** *m -s/-e* (*Pelz*) ermine.

hermetisch [hɛrˈmeːtiʃ], *adj.* hermetic; *adv.* **h. verschlossen**, hermetically sealed.

her'nach, *adv.* after(wards); subsequently.

'**hernehmen**, *v.tr.sep.irr.69* to take (sth.) (**von j-m, etwas** *dat*, from s.o., sth.); **wo soll ich das h.?** where am I supposed to get that from?

her'nieder, *adv.* & *prefix Lit:* down.

Heroin [heroˈiːn], *n -s/no pl* heroin.

hero|isch [heˈroːiʃ], *adj.* heroic. **H ~ ismus** [hero'ismus], *m -/no pl* heroism.

Herold ['heːrɔlt], *m -(e)s/-e* herald.

'**herplappern**, *v.tr.sep.* to rattle off (a text).

Herr [hɛr], *m -(e)n/-en* **1.** man; (*formell, unterwürfig*) gentleman; (*a*) **ein vornehmer H.**, a distinguished gentleman; *F:* (*Vater*) **mein alter H.**, my/the old man; *Sp:* **200 Meter der H ~ en**, men's 200 metres; *P.N:* (*an einer Toilette*) **H ~ en**, gentlemen; (*b*) (*Anrede*) **meine (Damen und) H ~ en!** (ladies and) gentlemen! **was wünschen Sie, mein H.?** what can I do for you, sir? **H. Müller**, Mr Müller; **H. Präsident**, Mr Chairman; **H. Doktor/Professor Müller**, Dr/ Professor Müller; **H. Ober!** waiter! **Ihr H. Vater**, your father; *Corr:* **Sehr geehrter H.**, Dear Sir; *Com:* **die H ~ en Schmidt**, Messrs. Schmidt. **2.** master (of a servant, dog etc.); (*Gott*) **der H.**, the Lord (God); **mein H. und Meister**, my lord and master; **sein eigener H. sein**, to be one's own master; **er spielt gern den großen H ~ n**, he likes to give himself airs; *Fig:* **einer Sache H. werden**, to master sth.; **H. der Lage sein**, to have the situation under control; **er ist nicht H. über sich selbst/H. seiner Gefühle**, he can't control himself/his feelings; **H. über Leben und Tod sein**, to have power over life and death; **aus aller H ~ en Ländern**, from every corner of the globe. '**H ~ chen**, *n -s/- F:* master (of a dog). '**H ~ en-**, *comb.fm.* (*a*) men's (clothing, fashion, shirts, *Sp:* event etc.); man's (suit, shirt); **H ~ ausstatter** *m*, men's outfitter; **H ~ artikel** *mpl*, men's/*F:* gents' haberdashery; **H ~ friseur** *m*, men's/*F:* gents' hairdresser; **H ~ rad** *n*, man's/*F:* gents' bicycle; **H ~ toilette** *f*, men's lavatory, *F:* gents; **H ~ bekanntschaft** *f*, man friend; *pl* men friends; (*b*) master (race etc.). '**H ~ enabend**, *m -s/-e* stag party. '**H ~ enbesuch**, *m -(e)s/-e* male visitor. '**H ~ enfahrer**, *m -s/- Motor Rac:* owner driver. '**H ~ enhaus**, *n -es/-er* manor (house); mansion. '**h ~ enlos**, *adj.* (dog etc.) without a master; ownerless (object). '**H ~ ensitz**, *m -es/ no pl* **1. im H.**, astride (a horse). **2.** manor (house). '**H ~ gott**, *m -s/no pl Rel:* **der (liebe) H.**, the (good) Lord; *int. P:* **H. nochmal!** devil take it! '**H ~ gottsfrühe**, *f -/no pl* **in aller H.**, at the crack of dawn. '**H ~ in**, *f -/-nen* lady; mistress (of a dog, servant). '**h ~ isch**, *adj.* domineering; (*gebieterisch*) imperious;

(*hochnäsig*) haughty, lordly; *adv.* **etwas h. fordern,** to demand sth. peremptorily. **'h ~ - 'je!** *int.* dear me! good gracious! **'h ~ lich,** *adj.* magnificent, glorious (spectacle, view etc.); splendid (food, idea etc.); marvellous, wonderful (holiday, weather etc.); lovely (weather, time etc.); *adv.* **sich h.** **amüsieren,** to have a great time. **'H ~ lichkeit,** *f -/-en* (*a*) *no pl* magnificence, splendour; majesty, grandeur (of the Alps etc.); glory (of God); (*b*) **H ~ en der Natur usw.,** glories/splendours of nature etc.; *Iron:* **ist das die ganze H.?** is that all it is? **'H ~ - schaft,** *f -/-en* **1.** (*a*) (*Regierung*) rule; (*Macht*) power; sovereignty (of the State); **demokratische H.,** democratic rule; **absolute H.,** absolute power/supremacy; (*b*) (*Beherrschung*) control (**über etwas** *acc,* of sth.); **die H. über j-n, etwas** *acc* **haben,** to have s.o., sth., under one's control; **die H. über sich/ein Auto usw. verlieren,** to lose one's self-control/control of a car etc. **2.** *pl* **H ~ en,** people; **die H ~ en werden gebeten ...,** you are requested to ...; **meine H ~ en!** ladies and gentlemen! **'h ~ schaftlich,** *adj.* (*a*) belonging to a lord/master; (*b*) (*vornehm*) elegant; superior; **h ~ es Haus,** stately home. **'H ~ schaftsgebiet,** *n -(e)s/-e* **sein H.,** area under his rule; his dominion/*Fig:* domain. **'h ~ schen,** *v.i.* (*haben*) (*a*) to rule, (*Fürst*) reign, *Pol:* (*Partei*) be in power; **über ein Land usw. h.,** to rule (over)/govern a country etc.; **allein/uneingeschränkt h.,** to have absolute power; (*b*) (*Zustände, Meinung usw.*) to prevail; **überall herrschte Freude/Trauer,** there was joy/sadness everywhere; **bei uns herrscht große Aufregung,** we are all in a great state of excitement. **'h ~ schend,** *adj.* **1.** reigning (monarch); ruling (class etc.); **die h ~ e Partei,** the party in power. **2.** (*gegenwärtig*) current, prevailing. **'H ~ scher,** *m -s/-* ruler; (*Fürst*) monarch, sovereign; **unumschränkter H.,** autocrat. **'H ~ schergeschlecht,** *n -(e)s/-er/* **'H ~ scherhaus,** *n -es/-̈er* ruling house; dynasty. **'H ~ schertum,** *n -s/no pl* position of/as (a) ruler. **'H ~ schsucht,** *f -/no pl* desire to give orders; domineering/*F:* bossy nature. **'h ~ schsüchtig,** *adj.* domineering, *F:* bossy.

'herreichen, *v.tr.sep.* **j-m etwas h.,** to pass/hand s.o. sth.

'Herreise, *f -/-n* journey/*Nau:* voyage here.

'herrichten, *v.tr.sep.* (*a*) to prepare, get ready (a meal, room); (*b*) (*reparieren*) to repair, mend (a machine etc.); (*aufmöbeln*) to do up (a house etc.); **sich h.,** to smarten/spruce oneself up.

'herrufen, *v.tr.sep.irr.74* to call (s.o.) over.

'herrühren, *v.i.sep.* (*haben*) to derive, originate (**von etwas** *dat,* from sth.); **von j-s Unsicherheit usw. h.** to be due to s.o.'s uncertainty etc.

'hersagen, *v.tr.sep.* (*a*) to recite, *Pej:* reel off (a poem); (*b*) **das sagst du nur so her,** you are just saying that; you don't really mean that.

'herschauen, *v.i.sep.* (*haben*) *esp. South G:* to look (over) here; *F:* **(da) schau her!** well I never! fancy that!

'herschenken, *v.tr.sep.* to give (sth.) away.

'herschleppen, *v.tr.sep.* **etwas hinter sich** *dat* **h.,** to trail/drag sth. along.

'hersehen, *v.i.sep.irr.92* (*haben*) to look (over) here; **sieh mal her!** look at this!

'hersein, *v.i.sep.irr.93* (*sein*) (*a*) **das dürfte schon Jahre h.,** it must have been years ago; (*b*) **dort bin ich her,** that's where I come from; (*c*) *F:* **mit ihm/damit ist es nicht weit her,** he/it isn't up to much; (*d*) **hinter j-m, etwas** *dat* **h.,** to be after s.o., sth.

'herstammen, *v.i.sep.* (*haben*) **von j-m h.,** to be descended from s.o.; **wo stammen Sie/stammt das Geld her?** where do you/does the money come from?

'herstell|en, *v.tr.sep.* (*a*) to put (sth.) here; **stell dich her zu mir,** come and stand by me; (*b*) *Ind:* to produce, manufacture (goods etc.); **von Hand/maschinell hergestellt,** hand-/machinemade; (*c*) to establish (contact, law and order etc.); to create (good relations etc.); to bring about (peace etc.); **eine telefonische Verbindung h.,** to make a telephone connection; (*d*) *F:* **er war soweit hergestellt, daß er das Haus verlassen konnte,** he was sufficiently recovered to be able to go out. **'H ~ er,** *m -s/-* maker; *Ind:* manufacturer; **'H ~ erbetrieb,** *m -(e)s/-e/* **'H ~ erfirma,** *f -/-men* manufacturing firm; manufacturers *pl.* **'H ~ ung,** *f -/no pl* (*a*) *Ind:* manufacture, production; (*b*) establishment, creation. **'H ~ ungs-,** *comb.fm.* production (fault, costs etc.); manufacturing (process etc.); **H ~ land** *n,* country of manufacture.

'hertreiben, *v.tr.sep.irr.12* to drive (sth.) here; **j-n, etwas vor sich h.,** to drive s.o., sth. along (in front of one).

herüber [hɛˈryːbər]. **I.** *adv.* across; over here (to me). **II. h ~ -,** *sep.vbl prefix* (to hurry, come) across, over; **h ~ fahren,** to drive (s.o.) over; **h ~ reichen,** to pass (sth.) across/over. **h ~ retten,** *v.tr.sep.* to bring (s.o.) (across) to safety; *Fig:* to rescue (sth.) (**aus** + *dat,* from).

herum [hɛˈrum]. **I.** *adv.* (*a*) **um ... acc h.,** (i) round ...; (ii) *Fig:* (*etwa*) round about; **um die Ecke h.,** round the corner; **was um mich h. geschieht,** what is going on around me; **alle um ihn h.,** all those around/close to him; *F:* **so um 100 Mark h.,** round about/in the region of 100 marks; (*b*) **nach links/rechts h.,** (round) to the left/right; (*im Kreis*) anti-clockwise/clockwise; *F:* **verkehrt h.,** the wrong way round. **II. h ~ -,** *sep.vbl prefix usu. F:* (*a*) (to sit, lie, play, stand, wander etc.) about, around; **h ~ albern,** to fool about/around; **h ~ schleichen/h ~ schnüffeln,** to prowl/snoop about; **h ~ faulenzen/h ~ lungern,** to laze/loaf about; **h ~ hantieren,** to potter about; **h ~ hocken,** to sit around; **h ~ tasten,** to grope about; **j-n h ~ kommandieren,** to order s.o. around; **an etwas** *dat* **h ~ murksen/h ~ pfuschen,** to mess about with sth.; **nach etwas** *dat* **h ~ suchen,** to look around for sth.; (*b*) (*um ... h.*) round; **um etwas** *acc* **h ~ laufen,** to run round sth.; **etwas h ~ reichen,** to pass sth. round. **h ~ ärgern,** *v.refl.sep. F:* **sich mit j-m, etwas** *dat* **h.,** to be constantly irritated by s.o., sth. **h ~ basteln,** *v.i.sep.* (*haben*) *F:* **h. an** + *dat,* to fiddle/tinker with (sth.). **h ~ doktern,** *v.i.sep.* (*haben*) *F:* **h. an** + *dat,* to try to patch (s.o., sth.) up. **h ~ - drehen,** *v.tr.sep.* to turn (s.o., sth.) round; to turn (a key etc.); **sich h.,** to turn round; **sich auf die andere Seite h.,** to turn over (onto the other side). **h ~ drücken,** *v.refl.sep. F:* (*a*) **sich h.,** to loaf/loiter about; (*b*) **sich um etwas** *acc*

h., to avoid/get out of sth. **h~fahren,**
v.sep.irr.26 **1.** *v.i.* (sein) to travel/*Aut:* drive
around; **um etwas** *acc* **h.,** to travel/drive round
sth.; (b) (*Pers.*) to turn/spin round suddenly. **2.**
v.tr. to drive (s.o.) around. **h~fingern,** *v.i.sep.*
(haben) *F:* to fumble (**an/nach etwas** *dat,* with/
for sth.). **h~fragen,** *v.i.sep.* (haben) to ask
around, make enquiries. **h~fuchteln,** *v.i.sep.*
(haben) *F:* **mit etwas** *dat* **h.,** to wave sth. about.
h~führen, *v.sep.* **1.** *v.tr.* (a) **j-n (im Haus usw.)**
h., to take/show s.o. round (the house etc.);
j-n um ein Hindernis h., to lead s.o. round an
obstacle; (b) **etwas mit sich** *dat* **h.,** to take/carry
sth. about with one. **2.** *v.i.* (haben) (**Straße**
usw.) **um etwas** *acc* **h.,** to lead round sth. **h~-**
fummeln, *v.i.sep.* (haben) *F:* **h. an** + *dat,* to
fumble (around) with (sth.), tinker with (a car,
etc.); to keep manhandling (s.o.)/*P:* petting (a
girl). **h~gehen,** *v.i.sep.irr.36* (sein) (a) (*Pers.*)
to go/walk round (**im Garten/Haus,** the
garden/house; **im Kreis,** in circles); **um etwas**
acc **h.,** to walk round sth.; (b) (*Sache*) to be
passed round; *F:* (*Nachricht, Krankheit usw.*)
to go the rounds; **der Gedanke geht mir im Kopf**
herum, the idea is going round and round in my
head; (c) (*Zeit, Urlaub usw.*) (schnell) **h.,** to pass
(quickly). **h~hacken,** *v.i.sep.* (haben) *F:* **auf**
j-m h., to be constantly picking on s.o. **h~-**
hämmern, *v.i.sep.* (haben) *F:* to hammer/
pound away (**auf dem Klavier usw.,** on the
piano etc.). **h~horchen,** *v.i.sep.* (haben) *F:* to
keep an ear open (for what people are saying).
h~kommen, *v.i.sep.irr.53* (sein) (a) **h. um** +
acc, to come round (sth.); to get round (an ob-
stacle, *Fig:* a difficulty etc.), get out of (a duty
etc.); **um die Ecke h.,** to come round/turn the
corner; *Fig:* **man kommt um diese Tatsache nicht**
herum, there is no getting away from this fact; (b)
er kommt viel herum, he gets around (a lot); (*Ge-*
rüchte) (**durch Gerede**) **h.,** to get about, spread.
h~kriegen, *v.tr.sep.* *F:* (a) to bring/win (s.o.)
round, (b) **die Zeit h.,** to pass away the time.
h~reden, *v.i.sep.* (haben) *F:* **um die Sache h.,**
to evade the issue. **h~reißen,** *v.tr.sep.irr.59*
to swing (the car etc.) round, pull (a horse etc.)
round; **das Steuer h.,** (i) *Aut:* to lock hard over;
(ii) *Fig:* to change the policy completely.
h~schlagen, *v.refl.sep.irr.85* *F:* **sich**
(**dauernd**) **mit j-m h.,** to be forever scrapping/
(*streiten*) squabbling with s.o.; **sich mit einem**
Problem h., to struggle/grapple with a problem.
h~schleppen, *v.tr.sep.* *F:* to drag (sth.)
around; **j-n in der Stadt h.,** to drag s.o. round
the town; **eine Krankheit usw. mit sich** *dat* **h.,**
to be dogged by an illness etc. **h~stochern,**
v.i.sep. (haben) to poke about; **im Essen h.,**
to pick at one's food. **h~streiten,**
v.refl.sep.irr.59 **sich mit j-m h.,** to squabble with
s.o. **h~tragen,** *v.tr.sep.irr.56* (a) to carry
(s.o., sth.) about/around; *Fig:* **ein Problem mit**
sich *dat* **h.,** to have a problem on one's mind;
(b) *F:* to spread (a rumour etc.). **h~treiben,**
v.refl.sep.irr.12 *F:* (a) **sich (auf den Straßen**
usw.) h., to knock about/roam the streets; **sie**
treibt sich immer mit Männern herum, she is
always carrying on with men; **sich in der Welt**
h., to gad about; (b) (**an einem Ort**) to hang
out. **H~treiber,** *m* -s/- *F:* (a) loafer; (b)

tramp, vagabond. **h~vagabundieren,** *v.i.sep.*
(sein) *Pej:* to tramp (about) from place to
place. **h~wälzen,** *v.tr.sep.* to roll/turn (s.o.,
sth.) over; **sich (schlaflos) h.,** to toss and turn.
h~ziehen, *v.sep.irr.113* **1.** *v.tr.* (a) to pull/drag
(s.o., sth.) about; (b) **einen Kreis um etwas** *acc*
h., to draw a circle round sth. **2.** *v.i.* (haben) to
wander about; **in der Welt h.,** to roam the
world.

herunter [hɛˈrʊntər]. **I.** *adv.* (a) down; (**hier**) **h.,**
down here; this way; **h. mit ihm/damit!** down
with him/it! **h. mit dir!** down you come! (*vom*
Stuhl usw.) off you get! **die Treppe/Straße h.,**
down the stairs/the street; *see also* **h~sein.** **II.**
h~-, *sep.vbl prefix* (to burn, look, climb etc.)
down; **h~fahren,** to go/travel/*Aut:* drive
down; **h~heben/h~reichen,** to lift/hand (sth.)
down; **h~bringen,** (i) to bring (s.o., sth.)
down/(*die Treppe herunter*) downstairs; (ii)
(*schlucken*) to swallow (sth.); **h~holen,** to get/
fetch (sth.) down; *Aut:* **h~schalten,** to change,
N.Am: shift down; *Com:* **h~wirtschaften,** to run
down (a firm). **h~drücken,** *v.tr.sep.* (a) to
press/push down (a handle etc.); (b) to force
down (prices, wages etc.). **h~fallen,**
v.i.sep.irr.27 (sein) to fall down/downstairs;
vom Pferd usw. h., to fall off a horse etc. **h~-**
gehen, *v.i.sep.irr.36* (sein) to go down/
downstairs; (*Temperatur, Preise*) to drop (**auf** +
acc, to), *F:* **geh mit den Sachen vom Tisch**
herunter! get those things off the table! **h~ge-**
kommen, *p.p. as adj.* (*Pers.*) (*materiell*) in red-
uced circumstances; (*im Aussehen*) down at heel;
(*Gebäude*) dilapidated; (*Gesundheit, Firma*) run
down; **sittlich h.,** depraved. **h~hauen,** *v.tr.sep.*
F: (a) **j-m eine h.,** to slap s.o. in the face; (b) to
knock off (a job). **h~kommen,** *v.i.sep.irr.53*
(sein) (a) to come down/downstairs; (b) *Fig:*
(*Pers.*) (*materiell*) to come down in the world;
(*moralisch*) to go into decline; (*gesundheitlich,*
auch Firma) to get run down. **h~lassen,** *v.tr.*
sep.irr.57 to let (s.o., sth.) down, lower (a
blind, car window etc.). **h~leiern,** *v.tr.sep.* *F:*
to drone through (a speech etc.), recite (a
poem etc.) mechanically/in a monotone. **h~-**
machen, *v.tr.sep.* *F:* to give (s.o.) a dressing-
down, tear a strip off (s.o.); to pull (a per-
formance etc.) to pieces. **h~putzen,** *v.tr.sep.* *F:*
to tear a strip off (s.o.). **h~reißen,** *v.tr.sep.irr.4*
to tear down, (*umstoßen*) knock down (sth.);
to tear off (a bandage, clothes etc.). **h~-**
schlucken, *v.tr.sep.* to swallow (food, *Fig:*
an insult etc.), gulp down (a drink); to choke
back (tears). **h~sein,** *v.i.sep.irr.93* (sein) *F:* (a)
(*Jalousien, Med: Fieber usw.*) to be down; (b)
(*Pers., Firma*) to be run down. **h~setzen,**
v.tr.sep. to reduce (prices etc.). **h~stürzen,**
v.sep. **1.** *v.i.* (sein) to come hurtling/(*Wasser*)
cascading down; **die Treppe h.,** (i) to fall
(headlong) downstairs; (ii) *F:* to tear/hurtle
downstairs. **2.** *v.tr.* to hurl (sth.) down; to gulp
down (a drink etc.); **sich h.,** to fling oneself
down.

hervor [hɛrˈfoːr]. **I.** *adv.* out; forward; **hinter/**
unter/zwischen etwas *dat* **h.,** from behind/
under/between sth.; **aus dem Inneren h.,** from
inside/within. **II.** **h~-,** *sep.vbl prefix* (to jump,
look, shoot etc.) out (**hinter etwas** *dat,* from

behind sth.); **h~brechen,** to break/burst out **(aus + ** *dat,* from); **h~quellen,** to gush/(*Rauch*) billow/(*Augen*) bulge out. **h ~ bringen,** *v.tr. sep.irr.16* (*a*) to bring (sth.) out; to produce (sth., *Bot:* flowers, fruit, *Fig:* painters etc.); to create, produce (works of art etc.); to get out, utter (a sound, word etc.). **h ~ gehen,** *v.i. sep.irr.36* (*sein*) (*a*) **aus etwas dat h.,** to result from sth.; to be the product of sth.; (*b*) **als Sieger/siegreich h.,** to emerge victorious; (*c*) **aus dem Brief geht hervor, daß. . .,** it appears/is clear from the letter that . . . . **h ~ heben,** *v.tr. sep.irr.48* to emphasize, stress (sth.); *Art: etc:* to highlight, throw into relief (colours, features etc.); (*Farbe usw.*) **sich h.,** to stand out. **h ~ ragen,** *v.i.sep.* (*sein*) to project, jut out **(aus etwas** *dat,* from sth.); **unter/zwischen etwas** *dat* **h.,** to stick out from under/between sth. **h ~ ragend,** *adj.* outstanding (achievement etc.); first-rate (quality etc.); excellent, superb (meal, wine etc.); eminent, distinguished (actor, artist, scientist etc.); **h. auf seinem Gebiet,** pre-eminent in his field; *adv.* **h. funktionieren,** to work extremely well. **h ~ rufen,** *v.tr.sep.irr.74* (*a*) to call (s.o.) out, *Th: etc:* make (s.o.) take a bow; (*b*) (*bewirken*) to cause (sth.); to give rise to (a feeling, misunderstanding etc.), provoke (excitement, laughter etc.); to arouse (curiosity, admiration, suspicion etc.); to create (an impression etc.). **h ~ sehen,** *v.i.sep.irr.92(haben)* to be visible, show. **h ~ stechen,** *v.i.sep.irr.101* (*haben*) to project, stick out; **h ~ de Backenknochen,** protruding/prominent cheekbones. **h ~ treten,** *v.i.sep.irr.105* (*sein*) (*a*) (*Pers.*) to come/step forward; **die Sonne trat hinter/aus den Wolken hervor,** the sun emerged from the clouds; (*b*) (*Merkmal*) to show up; (*sich abheben*) to stand out; **ihre Ähnlichkeit trat immer mehr hervor,** their resemblance became more and more pronounced; **als Sänger usw. h.,** to make one's name as a singer. **h ~ tun,** *v.refl. sep.irr.106* **sich h.,** (*a*) to distinguish oneself **(als Schauspieler usw.,** as an actor etc.); (*b*) *Pej:* to show off. **h ~ zaubern,** *v.tr.sep.* to conjure (sth.) up.

'Herweg, *m* **-(e)s/***no pl* the way here.
Herz [hɛrts]. I. *n* **-ens/-en** heart; (*a*) **sie hat es am/mit dem H~en,** she has heart trouble; **j-n an sein H. drücken,** to clasp/press s.o. to one's breast; **ihr schlug (vor Angst) das H. bis zum Hals,** her heart was in her mouth; *Fig:* **leichten/schweren H~ens,** with a light/heavy heart; **sie sind ein H. und eine Seele,** they are inseparable/boon companions; **ein Mann nach meinem H~en,** a man after my own heart; **ich bringe es nicht übers H./habe nicht das H., es zu tun,** I haven't the heart/cannot bring myself to do it; **sich** *dat* **ein H. fassen,** to pluck up courage; **das H. in die Hand/Hände nehmen,** to take one's courage in both hands; **ihm rutschte/fiel das H. in die Hose,** his heart was in his boots; **sein H. an j-n, etwas** *acc* **hängen,** to set one's heart on s.o., sth.; **aus tiefstem H~en,** from the bottom of one's heart; **sich** *dat* **etwas vom H~en reden,** to get sth. off one's chest; **dein Wohlergehen liegt mir am H~en,** I have your welfare at heart; **er ist mir ans H. gewachsen,** I have taken him to my heart;

etwas auf dem H~en haben, to have sth. on one's mind; **das ist mir aus dem H~en gesprochen!** you have taken the words out of my mouth! **j-n ins sein H. schließen,** to become fond of s.o.; **die Antwort traf ihn ins H./gab ihm einen Stich ins H.,** the reply cut him to the quick; **von ganzem H~en,** (i) sincerely; with all one's heart; (ii) wholeheartedly; **von H~en gern,** most willingly; with the greatest pleasure; **sich** *dat* **etwas zu H~en nehmen,** to take sth. to heart; (*b*) (*Pers.*) **mein H.,** my darling; (*c*) *Bot:* heart (of a lettuce, cabbage etc.); (*d*) **im H~en der Stadt,** in the heart of the town; (*e*) *Cards:* (*Farbe*) hearts; (*Karte*) heart; **H. ist Trumpf,** hearts are trumps. II. **'H~-,** *comb.fm.* 1. heart (attack, trouble, surgery, specialist etc.); *Med:* cardiac (region, infarction, insufficiency, muscle etc.); **H ~ fehler** *m,* heart/cardiac defect; **H ~ klappe** *f,* heart valve; **H ~ krankheit** *f,* heart disease; **H ~ mittel** *n,* heart drug; **H ~ schlag** *m,* (i) heartbeat; (ii) (*H ~ versagen*) heart failure; **H ~ transplantation** *f/***H ~ verpflanzung** *f,* heart transplant; **H ~ versagen** *n,* heart failure; **H ~ schwäche** *f,* cardiac insufficiency, *F:* weak heart; **H ~ stillstand** *m,* cardiac arrest. 2. *Cards:* (king etc.) of hearts; **H ~ as** *n/***H ~ bube** *m/***H ~ dame** *f,* ace/jack/queen of hearts. **'H ~ chen,** *n* **-s/-** darling, sweetheart. **'h ~ en,** *v.tr.* to cuddle, hug (a child etc.). **'H ~ ensangelegenheit,** *f* **-/-en** matter close to one's heart. **'H ~ ensbrecher,** *m* **-s/-** *Hum:* breaker of hearts; ladykiller. **'h ~ ensgut,** *adj.* good-hearted; kindhearted. **'H ~ ensgüte,** *f* **-/***no pl* great kindness. **'H ~ enslust,** *f* **-/***no pl* **nach H.,** to one's heart's content. **'H ~ enswunsch,** *m* **-(e)s/ꞋꞋe** dearest wish. **'h ~ erquickend,** *adj.* refreshing. **'h ~ ergreifend/'h ~ erschütternd,** *adj.* heartrending. **'h ~ förmig,** *adj.* heartshaped. **'h ~ haft,** *adj.* hearty. **'h ~ ig,** *adj.* sweet, adorable, *N.Am:* cute. **'H ~ kammer,** *f* **-/-n** ventricle. **'H ~ klopfen,** *n* **-s/***no pl* pounding heart; *Med:* palpitations; *Fig:* **mit H.,** with one's heart in one's mouth. **'h ~ krank/'h ~ leidend,** *adj.* suffering from heart trouble. **'h ~ lich,** *adj.* cordial, warm (friendship, smile, welcome etc.); heartfelt (thanks etc.); hearty (laugh etc.); **h ~ es Beileid,** sincere condolences; **h ~ e Grüße an X,** best wishes to X; *F:* give my love to X; (*Briefschluß*) **mit h ~ en Grüßen,** Yours sincerely, *F:* love from . . .; *adv.* **h. gern,** with the greatest pleasure; **h. schlecht,** pretty bad; **h. wenig,** precious little; **etwas h. satt haben,** to be heartily sick of sth. **'H ~ lichkeit,** *f* **-/***no pl* (*a*) cordiality, geniality; (*b*) (*Echtheit*) sincerity. **'h ~ los,** *adj.* heartless (action etc.); unfeeling (remark etc.). **'H ~ losigkeit,** *f* **-/-en 1.** *no pl* heartlessness. 2. heartless act. **'h ~ zerreißend,** *adj.* heartrending.

'herziehen, *v.sep.irr.113* **1.** *v.tr.* to draw/pull up (a chair etc.); **hinter sich** *dat* **h.,** to pull/(*schleppen*) drag (s.o., sth.) along. **2.** *v.i.* (*sein*) (*a*) **mit/neben/hinter/vor etwas** *dat* **h.,** to march along with/beside/behind/in front of sth.; (*b*) (*umziehen*) to move/come to live here; (*c*) *F:* **über j-n, etwas** *acc* **h.,** to pull s.o., sth. to pieces.
Herzog ['hɛrtsoːk], *m* **-s/ꞋꞋe** duke. **'H ~ in,** *f* **-/-nen** duchess. **'h ~ lich,** *adj.* ducal.

'H ~ **tum**, *n* -*s*/-̈er duchy.

herzu- [her'tsu:-], *sep.vbl prefix* here; **h ~ eilen/ h ~ kommen**, to rush/come up.

Hess|en ['hɛsən]. *Pr.n.m* -**s**. *Geog:* Hesse. 'h ~ **isch**, *adj.* Hessian, from Hesse.

hetero ['hetero], *adj. F:* heterosexual. **h ~ 'gen**, *adj.* heterogeneous. **h ~ sexu'ell**, *adj.* hetero sexual.

Hetz[1] [hɛts], *f* -/-en *Aus: F:* lark; *coll.* good fun. 'Hetz-[2], *comb.fm.* inflammatory (article, speech); smear (campaign, propaganda); gutter (press); **H ~ parole** *f,* inflammatory slogan. 'H ~ **e**, *f* -/-n 1. (*Eile*) rush, scramble. 2. *no pl Pej:* hounding; *Pol:* witch-hunt; (*durch Verleumdung*) smear campaign. 'h ~ **en**, *v.* 1. *v.tr.* (*a*) to pursue (s.o., sth.) (relentlessly); to hunt (s.o., an animal); *Fig:* to hound/harrass (s.o.); (*b*) (*zur Eile antreiben*) to rush (s.o.); **sich h.,** to rush/hurry; (*c*) **die Hunde auf j-n/ein Tier h.,** to set the dogs on s.o./an animal. 2. *v.i.* (*haben*) (*a*) to rush, race; **niemand braucht zu h.,** there is no rush/plenty of time; (*b*) to stir up trouble/hatred (**gegen j-n,** against s.o.); **zum Krieg h.,** to incite to war. 'H ~ **er**, *m* -*s*/- agitator, *F:* rabble-rouser. **H ~ e'rei**, *f* -/-en 1. (mad) rush. 2. *F: Pol:* agitation; (*Rede*) (inflammatory) diatribe. 'h ~ **erisch**, *adj.* inflammatory, rabble-rousing. 'H ~ **jagd**, *f* -/-en (*a*) *Hunt:* chase; (*auf Hasen*) coursing; (*b*) *Pol:* witch-hunt; **H. auf die Juden,** persecution of the Jews; (*c*) (*Eile*) rush.

Heu [hɔy], *n* -(*e*)*s*/*no pl* 1. hay; *F:* **Geld wie H. haben,** to be stinking rich. 2. *F:* (*Marihuana*) grass. 'H ~ **boden**, *m* -*s*/-̈ hay loft. 'H ~ **ernte**, *f* -/-n (*a*) haymaking; (*b*) crop of hay. 'H ~ **gabel**, *f* -/-n pitchfork. 'H ~ - **haufen**/*South G:* 'H ~ **schober**, *m* -*s*/- haystack. 'H ~ **schnupfen**, *m* -*s*/*no pl* hayfever. 'H ~ **schrecke**, *f* -/-n grasshopper; (*Wanderh.*) locust.

Heuch|elei [hɔyçə'lai], *f* -/-en 1. *no pl* hypocrisy. 2. hypocritical remark. 'h ~ **eln**, *v.* 1. *v.i.* (*haben*) to dissemble, sham. 2. *v.tr.* to simulate, *Lit:* feign (astonishment etc.). 'H ~ **ler(in)**, *m* -*s*/- (*f* -/-nen) hypocrite; double-dealer. 'h ~ **lerisch**, *adj.* hypocritical.

heuer[1] ['hɔyər], *adv. South G: & Aus:* this year.

Heuer[2], *f* -/-n *Nau:* (seaman's) pay. 'H ~ **n**, *v.tr.* to sign on (seamen); to hire (a boat).

Heul|boje ['hɔylbo:jə], *f* -/-n 1. *Nau:* whistling buoy. 2. *F: Pej:* wailing crooner. 'h ~ **en**, *v.i.* (*haben*) (*a*) (*Hund, Wind usw.*) to howl; (*Eule*) to hoot; (*Sirene*) to wail, (*Bombe usw.*) scream; (*Pers.*) to howl, (*Kind*) bawl (*vor Wut,* with rage); **das ist ja zum H.,** it's enough to make one weep. **H ~ e'rei**, *f* -/*no pl F: Pej:* constant howling/wailing. 'H ~ **peter**, *m* -*s*/-/ 'H ~ **suse**, *f* -/-n cry-baby. 'H ~ **ton**, *m* -(*e*)*s*/-̈e wail.

heurig ['hɔyriç], *adj. South G: & Aus:* this year's; *Aus:* **der H ~ e,** the new wine.

heut|e ['hɔytə], *adv.* today; (*a*) **h. früh/morgen,** this morning; **h. abend,** this evening, tonight; **h. in acht Tagen,** a week from today; today week; **h. vor 14 Tagen,** two weeks ago today; **die Zeitung von h.,** today's paper; **von h. auf morgen,** from one day to the next; overnight; *Fig:* in next to no time; (*b*) (*heutzutage*) nowa-

days; **eine Frau von h.,** a woman of today; **das Deutschland von h.,** modern/present-day Germany. 'h ~ **ig**, *adj.* (*a*) today's (paper, post etc.); **bis zum h ~ en Tag,** to this day; (*b*) present-day, modern (fashion, generation etc.); current (situation etc.); **die h ~ e Jugend,** young people of today; **der h ~ e Stand der Technik,** the present state of technology. 'h ~ **zutage**, *adv.* nowadays.

Hex|e ['hɛksə], *f* -/-n witch; *F:* **alte H.,** old hag; **du kleine H.,** you little minx. 'h ~ **en**, *v.i.* (*haben*) to do magic; *F:* **ich kann doch nicht h.,** I can't work miracles. 'H ~ **enjagd**, *f* -/-en *Fig:* witch-hunt. 'H ~ **enkessel**, *m* -*s*/- *Fig:* pandemonium; **es war wie in einem H.,** all hell was let loose. 'H ~ **enmeister**, *m* -*s*/- sorcerer, wizard; (*Zauberer*) magician. 'H ~ **enschuß**, *m* -*sses*/*no pl Med:* lumbago. 'H ~ **enverfolgung**, *f* -/-en *Hist:* witch-hunt. **H ~ e'rei**, *f* -/-en witchcraft; sorcery.

hieb[1] [hi:p], *p. of* **hauen** *q.v.*

Hieb[2], *m* -(*e*)*s*/-*e* 1. (*a*) (*Schlag*) blow; (sword) thrust; (*Peitschenh.*) (whip)lash; *Fig:* **der H. hat gesessen,** the remark went home; **auf einen H.,** at a stroke; at one go; **beim ersten H.,** at the first attempt; (*b*) **H ~ e bekommen,** to get a hiding/thrashing. 2. (*also* **H ~ wunde** *f*) cut, gash; *P:* **der hat einen H.,** he's got a screw loose. '**h.- und stichfest,** *adj.* watertight (argument, proof etc.).

hielt [hi:lt], *p. of* **halten** *q.v.*

hier [hi:r], *adv.* here; (*a*) **h. oben/unten/entlang,** up/down/along here; **ich bin nicht von h.,** I am a stranger here; **h. und da/dort,** (i) here and there; (ii) now and then; *Tel:* **h. spricht Karl,** this is Karl speaking; (*b*) (*jetzt*) now; **h. muß gesagt werden ...,** at this point it must be said ... 'h ~ **an**, *adv.* on/onto this; **h. kann man es erkennen,** it can be recognized by this. 'h ~ **auf**, *adv.* (*a*) onto this; (*b*) **h. verließ er das Zimmer,** hereupon he left the room. 'h ~ **aus,** *adv.* from/out of this. 'h ~ **bei**, *adv.* (*während-dessen*) (while) doing this; **h. ist zu beachten, daß ...,** in this connection it must be noted' that ... 'h ~ **durch**, *adv.* (*a*) through this/ here; (*b*) *Fig:* as a result of this; by this means. 'h ~ **für**, *adv.* for this. 'h ~ **gegen**, *adv.* (*a*) against this; (*b*) (*im Vergleich*) in comparison with this. 'h ~ **her**, *adv.* here; **komm h.,** come (over) here; **bis h.,** as far as this; (up) to here; *F:* **mir steht es bis h.,** I am fed up with it. 'h ~ **hergehören**, *v.i.sep.* (*haben*) to belong here; **das gehört nicht hierher,** that is beside the point. 'h ~ **herum**, *adv.* (*a*) this way (round); (*b*) *F:* somewhere around here. 'h ~ **hin**, *adv.* **setzen wir uns h.,** let's sit down here; **bis h.,** up to this point; this far. 'h ~ **in**, *adv.* in this; *Fig:* in this connection. 'h ~ **mit**, *adv.* (*a*) with this; *Com:* herewith; (*b*) (*hierdurch*) by this means; **h. ist die Sache erledigt,** that settles the matter; *Jur:* **h. erkläre ich, daß ...,** I hereby declare that ...; **h. wird bestätigt ...,** this is to confirm ...; (*c*) **h. verließ er das Zimmer,** hereupon/with these words he left the room. 'h ~ **nach**, *adv.* (*a*) after this; (*b*) according to this. 'H ~ **sein**, *n* -*s*/*no pl* presence. 'h ~ **über**, *adv.* above/over here; **h. ist nichts bekannt,** nothing is known about this. 'h ~ **unter**, *adv.* (*a*) under(neath)

this; **h. versteht man . . .,** by this is meant . . .;
(b) among these; **h. fallen die folgenden . . .,** the
following belong in this category . . . **´h ~ von,**
adv. (a) from here; (b) of/from this; **abgesehen
h.,** apart from this; **h. kommt es, daß . . .,** it is
because of this that . . .. **´h ~ zu,** adv. (a) to
this; **h. gehört Bier,** beer goes with this; (b)
(hierüber) about/concerning this (matter); on
this point. **´h ~ zulande,** adv. in this country.
´h ~ zwischen, adv. between these.

Hierarchie [hi:erar´çi:], f -/-n hierarchy.

hiesig [´hi:ziç], adj. local (customs, paper etc.);
meine h~en Freunde, my friends here; **die
H~en,** the local inhabitants/F: locals; **er ist
kein H~er,** he isn't from here.

hieß [hi:s], p. of **heißen** q.v.

Hi-Fi [´hai´f(a)i], f F: Rec: hi-fi. **´H ~ -
Anlage,** f -/-n hi-fi (system).

Hilf|e [´hilfə], f -/-n (a) help; assistance; **j-m H.
leisten,** to help/assist s.o.; **j-m zu H. kommen,**
to come to s.o.'s aid; **bei j-m H. suchen,** to seek
s.o.'s aid; **etwas zu H. nehmen,** to make use of/
resort to sth.; **(zu) H.!** help! help! **mit H. +
gen/von
+ dat,** with the help/assistance of . . .; Med:
Erste H., first aid; (b) (Sache) aid; (Pers.) help.
´H ~ eleistung, f -/-en (technical etc.) aid,
assis´ance. **´H ~ eruf,** m -(e)s/-e call for help.
´H ~ estellung, f -/-en Gym: support posi-
tion. **´h ~ los,** adj. helpless; (ratlos) at a loss.
´H ~ losigkeit, f -/no pl helplessness. **´h ~ -
reich,** adj. helpful; **eine h~e Hand,** a helping
hand; adv. **j-m h. zur Seite stehen,** to back s.o.
up. **´H ~ s-,** comb.fm. (a) auxiliary (fire
brigade, Gram: verb etc.); **H ~ motor** m, auxiliary
engine/El: motor; **H~ truppen** pl, auxiliary
troops, auxi´liaries; (b) assistant (nurse etc.); (c)
(für Notleidende) relief (fund, committee,
organization etc.); **H~ maßnahmen** fpl, relief
action; **H~ aktion** f, relief campaign/scheme.
´H ~ sarbeiter(in), m -s/- (f -/-nen) tem-
porary/(ungelernt) unskilled worker. **´H ~ sas-
sistent(in),** m -en/-en (f -/-nen) Univ: (stu-
dent as) lecturer's assistant. **´h ~ sbedürftig,**
adj. (a) in need of help; (b) (notleidend) des-
titute, needy. **H~ sbedürftigkeit,** f -/no pl
need of help. **´H ~ sbereit,** adj. ready to
help; helpful. **´H ~ sbereitschaft,** f -/no pl
readiness to help; helpfulness. **´H ~ sdienst,** m
-(e)s/-e (a) relief scheme/organization; (b)
(Pannendienst)emergency service. **´H ~ skraft,**
f -/-̈e assistant; **H~̈e** pl, assistant/temporary
staff. **´H ~ slehrer,** m -s/- supply teacher.
´H ~ smittel, n -s/- (a) Mec.E:Sch:etc: aid;
orthopädische H., orthopaedic appliances; (b)
pl funds, resources (for relief work); (financial
etc.) aid. **´H ~ spolizist,** m -en/-en special
constable/N.Am: patrolman. **´H ~ spersonal,**
n -s/no pl temporary staff; **ärztliches H.,** medi-
cal auxiliaries. **H~ sprogramm,** n -s/-e aid
programme. **´H ~ sschule,** f -/-n special
school (for educationally subnormal children).
´H ~ sschüler, m -s/- pupil at a special
school. **´H ~ swerk,** n -(e)s/-e welfare insti-
tution; social aid (scheme).

Himalaja [hi´malaja]. Pr.n.m -(s). Geog: **der H.,**
the Himalayas.

Himbeer- [´himbe:r-], comb.fm. raspberry (ice,
jam, juice etc.); **H~ rute** f, raspberry cane; **H~ -

strauch** m, raspberry bush. **´H ~ e,** f -/-n
raspberry.

Himmel [´himəl], m -s/- (a) sky; **hoch am H.,**
high in the sky; **unter freiem H.,** in the open;
unter südlichem H., under southern skies;
soweit der H. reicht, as far as the eye can see;
Hum: **der H. öffnete seine Schleusen,** the
heavens opened; Fig: **ihr hängt der H. voller
Geigen,** everything in the garden's lovely for
her; **j-n, etwas in den H. heben,** to praise s.o.,
sth. to the skies; **es kam (wie ein Blitz) aus hei-
terem H.,** it came out of/like a bolt from the
blue; **j-m den H. versprechen,** to promise s.o.
the earth; **H. und Hölle/Erde in Bewegung
setzen,** to move heaven and earth; **das schreit/
stinkt zum H.,** that is an absolute scandal; (b)
Rel: heaven; **in den H. kommen,** to go to
heaven; Lit: **es war eine Fügung des H~s,** it was
the hand of providence; Fig: **im sieb(en)ten H.
sein,** to be in (one's) seventh heaven; int. **(ach)
du lieber H.!** good heavens! **um H~s willen!** for
goodness' sake! P: **H. Arsch und Zwirn,** damn
and blast! (c) (Baldachin) canopy. **´H ~ bett,** n
-(e)s/-en four-poster bed. **´h ~ blau,** adj. sky-
blue. **´H ~ fahrt,** f -/no pl Ecc: **Mariä H.,** the
Assumption of the Virgin Mary; **Christi H.,**
the Ascension. **´H ~ fahrtskommando,** n
-s/-s F: Mil: suicide mission/(Verband) squad.
´H ~ fahrtstag, m -(e)s/-e Ecc: Ascension
Day. **´h ~ hoch,** adj. skyhigh; towering (peaks
etc.). **´h ~ n,** v.i. (haben) F: to gaze rapturously;
h~ der Blick, adoring glance. **´H ~ reich,** n
-(e)s/no pl Kingdom of Heaven. **´H ~ s-,**
comb.fm. (a) Astr: celestial (map, body, phenom-
enon etc.); (b) Rel: heavenly (gates etc.);
(Prince, Queen) of Heaven. **´h ~ schreiend,**
adj. outrageous, scandalous. **´H ~ srichtung,**
f -/-en point of the compass; **in alle H~ en zer-
streut,** scattered to the four points of the com-
pass. **´H ~ sschlüssel(chen),** m (n) -s/- Bot:
cowslip; primrose. **´h ~ weit,** adj. F: **ein h~ er
Unterschied,** a world of difference; adv. **h.
voneinander entfernt/verschieden,** poles apart.

himmlisch [´himliʃ], adj. (a) Rel: heavenly
(Father etc.); divine (justice, providence etc.);
Fig: **eine h~e Geduld,** the patience of a saint;
(b) F: heavenly, gorgeous; adv. **du siehst ein-
fach h. aus,** you look simply divine/gorgeous.

hin [hin], adv. **1.** (Richtung) (a) to, towards; **zur
Straße h.,** towards the street; **nach rechts h.,**
to the right; **nach außen h.,** outwardly; (b) **an
Ufer h.,** along the bank; (zeitlich) **durch viele
Jahre h.,** for many years; (c) there; **ich will
nicht h.,** I don't want to go there; **wo will er
h.?** where is he off to? **wo ist er h.?** where has
he gone? **h. und zurück,** there and back; Rail:
Fahrkarte h. und zurück, return ticket; (d) **h.
und her,** to and fro; back and forth; **h. und
her überlegen,** to consider the pros and cons
of sth.; **das Hin und Her,** the comings and
goings/toing and froing; **Regen h. Regen her,
ich muß doch hinaus,** rain or no rain, I must
go out. **2.** F: (verloren, kaputt) done for; see
also **hinsein.**

hinab [hi´nap]. **I.** adv. down, downward(s). **II.
h~-,** sep.vbl prefix (to look, go, climb etc.)
down; **j-n, etwas h~ ziehen,** to pull s.o., sth.
down.

hinauf [hiˈnauf]. I. *adv.* upward(s); **den Berg/ Fluß h.**, up the mountain/the river; **hier/dort h.**, up here/there. II. **h~-**, *sep. vbl prefix* (to climb, run etc.) up, upwards, (*die Treppe h.*) upstairs; **sich h~arbeiten**, to work one's way up; **j-n h~führen**, to lead/show s.o. up; **etwas h~tragen**, to carry sth. up(stairs); *Aut:* **h~-schalten**, to change/*N.Am:* shift up. **h~-fahren**, *v.i.sep.irr.26* (*sein*) to go/*Aut:* drive/ *Cy:* ride up; **den Fluß h.**, to sail upstream. **h~gebogen**, *p.p. as adj.* upturned. **h~gehen**, *v.i.sep.irr.36* (*sein*) (*a*) to go up/ upstairs; **einen Berg usw. h.**, to ascend a mountain etc.; **hinter der Biegung geht es steil hinauf**, after the bend there is a steep rise; (*b*) (*Preise usw.*) to go up, rise; **mit dem Preis h.**, to raise/ increase the price. **h~klettern**, *v.tr.sep.* to climb (a ladder etc.); to clamber/scramble up (a rock etc.). **h~kommen**, *v.i.sep.irr.53* (*sein*) to come up; **wie bist du hinaufgekommen?** how did you get up? **h~schrauben**, *v.tr.sep.* to push up (prices, production etc.). **h~setzen**, *v.tr.sep.* to increase/raise (prices etc.). **h~zie-hen**, *v.tr.sep.irr.113* (*a*) to draw/pull (sth.) up; (*b*) **sich h.**, to stretch up(wards).

hinaus [hiˈnaus]. I. *adv.* out; **h. mit dir!** out with you! get out! **h. in die Ferne**, away into the distance; **h. aufs Meer**, out to sea; **zum Fenster h.**, out of the window; **nach der Straße h.**, looking onto/facing the street; **über etwas** *acc* **h.**, beyond/in addition to sth.; **auf Monate/Jahre h.**, for months/years to come. II. **h~..**, *sep.vbl prefix* (to jump, move, flow, look, shoot, stream) out; **h~blicken/h~sehen**, to look out; **j-n h~begleiten**, to see s.o. out; **etwas h~rei-chen**, to pass sth. out; **die Wäsche h~hängen**, to hang out the washing; **sich h~lehnen/ h~beugen**, to lean out. **h~fahren**, *v.sep. irr.26* 1. *v.i.* (*sein*) to go/*Aut:* drive/*Cy:* ride out; (*Zug*) to pull out; (*Schiff*) to leave harbour/put out to sea; **über ein Signal usw. h.**, to overshoot a signal etc. 2. *v.tr.* to drive/take the car out (**aus der Garage**, of the garage). **h~fin-den**, *v.i.sep.irr.9* (*haben*) to find one's way out (**aus etwas** *dat*, of sth.). **h~fliegen**, *v.i. sep.irr.30* (*sein*) (*a*) to fly out; (*b*) *F:* to be thrown out; (**aus seiner Stellung**) **h.**, to get the sack. **h~gehen**, *v.i.sep.irr.36* (*sein*) (*a*) to go/ walk out (**aus dem Haus usw.**, of the house etc.); **hier geht es hinaus**, this is the way out; **das Zimmer geht auf den/nach dem Garten hinaus**, the room looks out on/overlooks the garden; (*b*) **über etwas** *acc* **h.**, to go beyond/ exceed sth.; **das geht über meine Kräfte hinaus**, this is too much for me. **h~jagen**, *v.sep.* 1. *v.tr.* to chase/drive (s.o., sth.) out. 2. *v.i.* (*sein*) to rush out. **h~kommen**, *v.i.sep.irr.53* (*sein*) (*a*) to come out; **über etwas** *acc* **nicht h.**, not to get beyond sth.; (*b*) **auf eins/dasselbe h.**, to come to/amount to the same thing; **es kam auf eine Absage hinaus**, it was tantamount to a refusal. **h~komplimentieren**, *v.tr.sep.* (*a*) to usher (s.o.) out; (*b*) *F:* = **h~schmeißen**. **h~laufen**, *v.i.sep.irr.58* (*sein*) (*a*) to run out (-side); (*b*) **auf etwas** *acc* **h.**, to amount to sth.; **es läuft auf eins/das gleiche hinaus**, it comes to the same thing; **es wird darauf h., daß ...**, the upshot will be that ... **h~nehmen**, *v.tr*

sep.irr.69 to take (s.o., sth.) out (**mit**, with one). **h~ragen**, *v.i.sep.* (*haben*) (*a*) to project/stick out (**über etwas** *acc*, beyond sth.); (*b*) *Fig:* to stand out (**über** + *acc*, from). **h~schieben**, *v.tr.sep.irr.82* (*a*) to push sth. (out)side; **er schob sich unbemerkt zur Tür hinaus**, he slipped unnoticed out of the door; (*b*) to put off, postpone (an appointment, decision etc.). **h~schmei-ßen**, *v.tr.sep.irr.4* *F:* to chuck (s.o., sth.) out. **h~sein**, *v.i.sep.irr.93* (*sein*) (*a*) to have gone/ driven out; **kaum war er aus dem Zimmer hinaus ...**, hardly had he left the room ...; (*b*) **über ein Stadium usw. h.**, to be past/have got over a stage etc.; **über die Siebzig h.**, to be over seventy. **h~stürzen**, *v.i.sep.* (*sein*) (*a*) to fall out; (*b*) to rush out. **h~tragen**, *v.tr.sep.irr.85* (*a*) to carry (s.o., sth.) out; (*b*) (*verbreiten*) to make (sth.) known, spread (news). **h~wachsen**, *v.i. sep.irr.107* (*sein*) **über etwas** *acc* **h.**, to grow higher than sth.; *Fig:* to outgrow sth. **h~-werfen**, *v.tr.sep.irr.110* (*a*) to throw (s.o., sth.) out; *F:* to chuck out (old clothes etc.); (*b*) *F:* to turn/kick (s.o.) out (**aus dem Haus/einem Ver-ein**, of a house/a club); to sack, fire (an employee). **h~wollen**, *v.i.sep.irr.112* (*haben*) (*a*) to want to go out; (*b*) **auf etwas** *acc* **h.**, to have sth. in mind, *F:* be up to sth.; **ich weiß nicht, worauf er hinauswill**, I don't know what he is after/(*mit seinen Worten*) getting at; (**zu**) **hoch h.**, to aim (too) high, be (too) ambitious. **h~zie-hen**, *v.tr.sep.irr.113* 1. *v.tr.* (*a*) to pull (s.o., sth.) out(side); (*b*) to drag out (negotiations etc.); (*verzögern*) to delay, put off (sth.); **sich h.**, to drag on; (*Abfahrt usw.*) to be delayed. 2. *v.i.* (*sein*) to move out (**aufs Land usw.**, into the country etc.). **h~zögern**, *v.tr.sep.* to delay, put off (sth.); **sich h.**, to be delayed.

Hinblick [ˈhɪnblɪk], *m -s/no pl* **im H. auf** + *acc*, in view of ...; considering ...; **im H. auf den Bericht sagte er ...**, with reference to/re-garding the report he said ... **'h~en**, *v.i.sep.* (*haben*) to look (**zu/nach** + *dat*, towards).

'hinbringen, *v.tr.sep.irr.16* (*haben*) (*a*) to take (s.o., sth.) there; (*b*) (*verbringen*) to spend (the day, time etc.).

'hindenken, *v.i.sep.irr.17* (*haben*) **wo denkst du hin?** what can you be thinking of?

hinder|lich [ˈhɪndərlɪç], *adj.* **j-m, etwas** *dat* **h. sein**, to be in s.o.'s way/in the way of sth.; **der Bewegung/dem Fortschritt h. sein**, to obstruct/ hamper freedom of movement/progress; **es war mir/meiner Karriere** *dat* **h.**, it was a handicap to me/in my career. **'h~n**, *v.tr.* (*a*) (*stören*) to hinder (s.o., sth.); to hamper, handicap (s.o.); **der Verband hinderte ihn bei der Arbeit**, the bandage got in the way while he was working; (*b*) (*abhalten*) **j-n an etwas** *dat* **h.**, to prevent/ stop s.o. from doing sth.; **j-n an seinem Vor-haben h.**, to thwart/foil s.o.'s plan. **'H~nis**, *n -ses/-se* (*a*) obstacle (**für etwas** *acc*, to sth.); (*Schwierigkeit*) difficulty; *esp. Golf:* hazard; **ein natürliches H.**, a natural barrier; **auf H~se stoßen**, to run into difficulties/*F:* snags; **ein H. für die Schiffahrt**, a hazard for shipping; **ein H. in meiner Laufbahn**, a handicap in my career; **eine Reise mit H~sen**, a journey fraught with mishaps; (*b*) *Sp:* obstacle, (*Hürde*) hurdle; *Equit:* jump, fence. **'H~nislauf**, *m -(e)s/-ë/**

´H ~ nisrennen, n -s/- Sp: steeplechase; Fig:
obstacle race. ´H ~ ung, f -/-en hindrance,
obstruction; ohne H., unhindered.

´hindeuten, v.i.sep. (haben) auf j-n, etwas acc
h., to point to s.o., sth.; (in der Menge usw.) to
point s.o., sth. out; (Beweise, Symptome usw.)
to suggest, indicate sth.

hin´durch. I. adv. (a) durch den Wald h.,
through the wood; (b) das ganze Jahr h.,
throughout the year; das Leben h.,
all one's life. II. h ~ -, sep.vbl prefix (durch
etwas acc) h ~ gehen, to go through (sth.); j-n
h ~ lassen, to let s.o. through.

hinein [hi´nain]. I. adv. in, into; (a) h. mit dir! in
you go! h. ins Bett! into bed with you! nur h.!
go right in! oben/unten h., in at the top/bottom;
zur Tür h., in through the door; bis in die Stadt
h., right into the town; (b) (bis) tief in die Nacht
h., late into the night; in den Tag h. leben, to
live from day to day. II. h ~ -, sep.vbl prefix
(to blow, fall, look, jump, climb etc.) in; in
etwas acc h ~ beißen, h ~ fliegen, h ~ blicken/
h ~ sehen/F: h ~ gucken/h ~ schauen usw., to
bite, fly, look etc. into sth.; j-n (ins Zimmer)
h ~ lassen, to let s.o. in(to the room); etwas (in
etwas acc) h ~ setzen/F: h ~ tun/h ~ geben, to
put sth. in(to sth.); etwas (in etwas acc)
h ~ werfen, to throw sth. in(to sth.); j-m in etwas
acc h ~ helfen, to help s.o. into sth.; F: etwas
(in etwas acc) h ~ bekommen, to get sth. in(to
sth.). h ~ bringen, v.tr.sep.irr.16 (a) etwas (ins
Zimmer) h., to bring sth. in(to the room); Fig:
Ordnung usw. (in etwas acc) h., to introduce
order etc. (into sth.); (b) (mit Mühe) etwas in
eine Tasche/Fig: j-s Kopf usw. h., to get sth.
into a bag/Fig: s.o.'s head etc. h ~ denken,
v.refl.sep.irr.17 sich in j-n/j-s Lage h., to put
oneself in s.o.'s position. h ~ drängen,
v.tr.sep. j-n in etwas acc h., to force/push s.o.,
into sth.; sie drängten sich in den Saal hinein,
they were crowding into the hall. h ~ fahren,
v.sep.irr.26 1. v.i. (sein) (in die Stadt usw.) h., to
go/travel/Aut: drive/Cy: ride in(to the town
etc.); (Zug) in den Bahnhof h., to pull into the
station; in j-n/j-s Auto h., to run into s.o./s.o.'s
car. 2. v.tr. ein Auto (in die Garage) h., to drive
a car in(to the garage). h ~ finden, v.sep.irr.9
1. v.i. (haben) to find one's way in. 2. v.refl.
sich in eine neue Stellung usw. h., to get used
to/get into the swing of a new job. h ~ fres-
sen, v.tr.sep.irr.25 (a) F: in sich h., to gobble
up, wolf down (food); Fig: to swallow (one's
anger/grief); (b) (Rost, Würmer usw.) sich in
etwas acc h., to eat into sth. h ~ gehen, v.i.
sep.irr.36 (sein) (a) to go in; ins Zimmer usw. h.,
to go into/enter the room etc.; (b) in die Kanne
gehen zwei Liter hinein, the jug takes/holds two
litres. h ~ geraten, v.i.sep.irr.57 (sein) in etwas
acc h., to find oneself/Fig: get involved in sth.;
in Schwierigkeiten h., to get into difficulties.
h ~ knien, v.refl.sep. sich in eine Arbeit h., to
put one's back into a job. h ~ kommen,
v.i.sep.irr.53 (sein) wir konnten nicht (ins Thea-
ter) h., we couldn't get in(to the theatre);
kommen die Schuhe in den Schrank hinein? do
the shoes belong in the cupboard? h ~ lachen,
v.i.sep. (haben) in sich h., to chuckle to oneself.
h ~ laufen, v.i.sep.irr.58 (sein) (in etwas acc)

h., to run in(to sth.). h ~ legen, v.tr.sep. (a)
etwas (in etwas acc) h., to put/place sth. inside
(sth.); (b) sich ins Bett h., to get into bed.
h ~ lesen, v.tr.sep.irr.61 (a) etwas in etwas acc
h., to read sth. into sth.; (b) sich in ein Buch h.,
to get into a book. h ~ mischen, v.refl.sep.
(Sache) sich in etwas acc h., to mingle/get
mixed up with sth.; (Pers.) to interfere in sth.,
F: poke one's nose into sth. h ~ nehmen, v.tr.
sep.irr.69 to take (sth.) in; to include (s.o.)
(in + acc, in). h ~ passen, v.i.sep. (haben) (in
etwas acc) h., to fit in(to sth.). h ~ pferchen,
v.tr.sep. F: Menschen (in etwas acc) h., to
pack people in(to sth.). h ~ pfuschen, v.i.sep.
(haben) F: to meddle (in etwas acc, with sth.).
h ~ platzen, v.i.sep. (sein) (ins Zimmer usw.) h.,
to burst in(to the room etc.). h ~ quetschen,
v.tr.sep. etwas /sich (in etwas acc) h., to squeeze
sth./oneself in(to sth.). h ~ ragen, v.i.sep.
(haben) in etwas acc h., to project into sth.
h ~ reden, v.sep. 1. v.i. (haben) (a) (in ein Ge-
spräch) h., to interrupt (a conversation); ins
Leere h., to talk to a blank wall. 2. v.tr. sich in
Wut h., to work oneself up into a rage (as one
speaks). h ~ schlagen, v.tr.sep.irr.85 einen
Nagel usw. (in die Mauer) h., to knock a nail
etc. in(to the wall). h ~ schlittern, v.i.sep.
(sein) h. in + acc, to gravitate into (a situation
etc.). h ~ spielen, v.i.sep. (haben) to play
one's/its part (in etwas acc, in sth.). h ~ steck-
en, v.tr.sep. to stick/put sth. (in etwas acc, in
sth.); seine Nase in alles h., to poke one's nose
into everything. h ~ steigern, v.refl.sep. sich
in Wut usw. h., to work oneself up into a rage
etc. h ~ stopfen, v.tr.sep. etwas (in einen
Koffer/den Mund) h., to stuff/cram sth. in(to a
suitcase/one's mouth); Bonbons in sich h., to
stuff oneself with sweets. h ~ stürzen, v.sep.
1. v.i. (sein) (in etwas acc) h., to fall in(to sth.).
2. v.tr. to shove (s.o.) in; sich ins Wasser/Fig:
in seine Arbeit h., to plunge into the water/Fig:
one's work. h ~ treten, v.i.sep.irr.105 (sein)
(ins Zimmer usw.) h., to go/walk in(to the room
etc.). h ~ ziehen, v.tr.sep.irr.113 in etwas acc
h., to pull/drag (s.o., sth.) into sth.; Fig: (ver-
wickeln) to involve, implicate (s.o.) in sth.; j-n
in ein Gespräch h., to draw s.o. into/involve
s.o. in a conversation etc. h ~ zwängen,
v.tr.sep. etwas (in etwas acc) h., to cram sth.
in(to sth.); sich in eine enge Hose h., to squeeze
into a tight pair of trousers.

´hinfahr|en, v.sep.irr.26 1. v.i. (sein) (a) to go/
travel/Aut: drive there; am Ufer/über die Ebene
usw. h., to go along the shore/across the plain
etc.; (b) mit der Hand über den Stoff h., to run
one's hand over the material. ´H ~ t, f -/-en
outward journey/Nau: voyage; auf/bei der H.,
on the way there; Hin- und Rückfahrt, round
trip; (Karte) return.

´hinfallen, v.i.sep.irr.27 (sein) to fall (down).

´hinfällig, adj. (a) (Pers.) infirm; (gebrechlich)
frail; (b) (ungültig) invalid; etwas h. machen, to
invalidate sth.

´hinfinden, v.i.sep.irr.9 (haben) to find the way
there.

´hin|fliegen, v.i.sep.irr.7 (sein) to fly (there).
´H ~ flug, m -(e)s/=e outward flight.

´Hin|gabe, f -/no pl devotion (an Gott usw., to

God etc.); dedication (**an .eine Aufgabe**, to a task); **j-n mit H. pflegen**, to nurse s.o. devotedly/with dedication; **sich einer Arbeit mit H. widmen**, to give oneself up completely/dedicate oneself heart and soul to a task. '**h ~ geben**, *v.tr.sep.irr.35* (*a*) to give up, sacrifice (one's life etc.); to give away (one's possessions); (*b*) **sich einer Aufgabe h.**, to devote oneself to a task; **sich der Verzweiflung h.**, to abandon oneself to despair; **sich einem Wahn h.**, to cherish an illusion; **sie gab sich ihm hin**, she gave herself up to him. '**H ~ gebung**, *f -/no pl* dedication, devotion. '**h ~ gebungsvoll**, *adj.* devoted. '**h ~ gegeben**, *p.p. as adj.* devoted; *adv.* (**ganz**) **h. zuhören**, to listen with rapt attention.

hin'gegen, *adv.* on the other hand.

'**hingehen**, *v.i.sep.irr.36* (*sein*) to go (there); (*Zeit*) to pass; **da geht er hin**, there he goes.

'**hingeraten**, *v.i.sep.irr.57* (*sein*) **wo ist es h.?** where has it got to? what has become of it?

'**hingerissen**. **I.** *p.p.* of **hinreißen** *q.v.* **II.** *adj.* (quite) carried away; in raptures; *adv.* with rapt attention.

'**hinhalt|en**, *v.tr.sep.irr.45* (*a*) to hold (sth.) out; (*bieten*) to offer (sth.) (**j-m**, to s.o.); *Fig:* **den Kopf h. müssen**, to have to take the blame; (*b*) (*warten lassen*) to put (s.o.) off.

'**hinhauen**, *v.sep.irr.47* **1.** *v.tr.* *F:* to hurl (sth.) down, hurl (s.o., oneself) to the ground; **sich h.**, (*zu Bett gehen*) to hit the hay; (*b*) *P:* to dash off (a job, an article). **2.** *v.i.* (*haben*) (*a*) *F:* to strike out, aim a blow; (*b*) (*gelingen*) to come off; **das wird schon h.**, it's sure to do the trick/(*genügen*) be enough.

'**hinhören**, *v.i.sep.* (*haben*) to listen (intently).

hinken ['hiŋkən]. **I.** *v.i.* (*haben*) to limp; *Fig:* **der Vergleich hinkt**, that's a poor comparison. **II. H.**, *n -s/no pl* limp.

'**hinknien**, *v.i.* (*haben*) to kneel down.

'**hinkommen**, *v.i.sep.irr.53* (*sein*) to arrive; **wie kommt man hin?** how does one get there? **wo ist es hingekommen?** where has it got to? *Fig:* **wo kämen wir denn hin, wenn . . .,** where would we be, if . . .; (*b*) (*hingehören*) to belong, go; **wo kommt das Buch hin?** where does the book go? (*c*) (*auskommen*) to make do, manage (**mit dem Geld usw.**, with the money etc.); **es wird schon alles irgendwie h.**, things will sort themselves out somehow.

'**hinkriegen**, *v.tr.sep.* *F:* (*a*) **das hast du prima hingekriegt**, you've made a first-rate job of that; (*b*) to put (sth.) right; **j-n wieder h.**, to put s.o. back on his feet.

'**hinlangen**, *v.i.sep.* (*haben*) **nach etwas** *dat* **h.**, to reach (out) for sth.; to make a grab at sth.

'**hinlänglich**, *adj.* adequate, sufficient.

'**hinlaufen**, *v.i.sep.irr.58* (*sein*) to run there; **zu j-m, etwas** *dat* **h.**, to run to s.o., sth.

'**hinlegen**, *v.tr.sep.* to lay, put (sth.) down (**j-m**, for s.o.); to put (a child) to sleep; **sich h.**, to lie down; (*sich ausruhen*) to have a rest.

'**hinneig|en**, *v.sep.* **1.** *v.tr.* to bend, bow (one's head); **sich zu j-m, etwas** *dat* **h.**, to lean/bend towards s.o., sth. **2.** *v.i.* (*haben*) **h. zu +** *dat*, to tend to (sth.); **zu der Auffassung h., daß . . .,** to incline to the opinion that . . . '**H ~ ung**, *f -/no pl* inclination, tendency (**zu +** *dat*, to).

'**hinpassen**, *v.i.sep.* (*haben*) to fit in (there); to be in the right place.

'**hinpflanzen**, *v.tr.sep.* to plant (a flower etc.), *F:* plonk (sth.) (there); **sich vor j-m h.**, to plant oneself (firmly) in front of s.o.

'**hinraffen**, *v.tr.sep.* (*Tod*) to snatch (s.o.) away.

'**hinreichen**, *v.sep.* **1.** *v.tr.* **j-m etwas h.**, to hand/pass sth. to s.o. **2.** *v.i.* (*haben*) (*a*) **bis zu etwas** *dat* **h.**, to extend as far as sth.; (*b*) (*genügen*) to be enough/adequate. '**h ~ d**, *adj.* adequate, sufficient; *adv.* **h. informiert**, adequately informed.

'**Hinreise**, *f -/-n* outward journey/*Nau:* voyage; **bei/auf der H.**, on the way there.

'**hinreißen**, *v.tr.sep.irr.43* (*a*) (*begeistern*) to enthral (s.o.), send (s.o.) into raptures, **die Musik riß das Publikum hin**, the music held the audience spellbound; **j-n zur Bewunderung usw. h.**, to arouse/provoke s.o.'s admiration etc.; **sich von seiner Wut usw. h. lassen**, to allow one's anger etc. to get the better of one; *see also* **hingerissen**. '**h ~ d**, *adj.* bewitching, enchanting (person, smile), gorgeous (view etc.); enthralling, riveting (performance etc.); **h.** */adv.* **h. schön**, ravishing, ravishingly beautiful.

'**hinricht|en**, *v.tr.sep.* to execute (s.o.). '**H ~ ung**, *f -/-en* execution. '**H ~ ungsbefehl**, *m -(e)s/-e* death warrant.

'**hinschleppen**, *v.tr.sep.* (*a*) to drag (s.o., sth., oneself) (there); (*b*) to drag out (an affair); (*Verhandlungen usw.*) **sich h.**, to drag on.

'**hinschleudern**, *v.tr.sep.* to send (s.o., sth.) flying.

'**hinschmeißen**, *v.tr.sep.irr.43* *F:* (*a*) to chuck/fling (sth.) down; (*b*) (*aufgeben*) to chuck up, *N.Am:* quit (one's job etc.).

'**hinschwinden**, *v.i.sep.irr.86* (*sein*) to dwindle.

'**hinsehen**, *v.i.sep.irr.92* (*haben*) to look (that way, in that direction); **zu j-m h.**, to look towards s.o.; **ich kann gar nicht h.**, I can't bear to look; **bei genauerem H.**, on closer examination.

'**hinsein**, *v.i.sep.irr.93* *F:* (*a*) (*weg sein*) to be gone; **das ganze Geld ist hin**, the money has all gone; (*b*) (*kaputt sein*) **die Vase/Firma ist hin**, the vase/firm has had it; (*c*) (*Pers.*) **ganz h.**, to be all in/(*hingerissen*) in raptures.

'**hinsetzen**, *v.tr.sep.* (*a*) to put (sth.) down; (*b*) **sich h.**, to sit down.

'**Hinsicht**, *f -/-en* respect; **in dieser/jeder H.**, in this/every respect; **in gewisser/mancher/vieler H.**, in certain/some/many respects; **in finanzieller H.**, from a financial point of view; **in H. auf + *acc***, with regard to; concerning. '**h ~ lich**, *prep. + gen* with regard to; concerning.

'**hinstellen**, *v.tr.sep.* (*a*) to put (sth.) down; (*b*) **sich h.**, to stand (there), take up one's position (somewhere); **sich vor j-n h.**, to plant oneself in front of s.o.; (*c*) (*bezeichnen*) to describe (s.o., sth.) (**als**, as); **etwas als wertvoller h., als es tatsächlich ist**, to make sth. out to be more valuable than it really is; **j-n als Beispiel h.**, to hold s.o. up as an example; **sich als etwas** *nom* **h.**, to pretend/make oneself out to be sth.

'**hinstrecken**, *v.tr.sep.* (*a*) **j-m die Hand h.**, to hold out one's hand to s.o.; (*b*) **sich h.**, to stretch oneself out, lie down full length; (*c*) **der Wald streckt sich am Ufer hin**, the wood stretches along/lines the bank.

'**hinstürzen**, *v.i.sep.* (*sein*) (*a*) to fall down (heavily), take a tumble; (*b*) (*eilen*) to rush (somewhere).

hintan|setzen [hin'tanzɛtsən]/h ~ **stellen**, *v.tr. sep.* to disregard, put on one side (personal feelings, interests); to neglect (one's duty). H ~ **setzung**/H ~ **stellung**, *f* -/*no pl Adm:* unter H. + *gen.* disregarding. h ~ **stehen**, *v.i. sep.irr.100* (*haben*) to take second place.

hinten ['hintən], *adv.* behind; at the rear/the back; (*a*) **sich h. anstellen**, to join the end of the queue/*N.Am:* line; **wir wohnen h. (im Haus)/nach h.**, we live at the rear/back (of the house); **h. im Garten**, at the bottom/end of the garden; **h. im Buch**, at the back/end of the book; **das wird weiter h. erklärt**, it will be explained further on; (*b*) *F:* **ich habe doch h. keine Augen!** I haven't got eyes in the back of my head! **ein paar h. draufkriegen**, to have one's bottom spanked; (*c*) **sie sind noch weit h.**, they are still a long way behind; (*d*) **nach h.**, backwards; **mit einem Blick nach h.**, with a backward glance; (*e*) **von h.**, from the rear/behind; **das dritte Haus von h.**, the third house from last/the end; (*f*) *F:* **h. und vorn(e)**, in every respect; **j-n h. und vorn bedienen**, to wait on s.o. hand and foot; **nicht wissen, wo h. und vorn(e) ist**, not to know whether one is coming or going. '**h ~ dran**, *adv. F:* at the end (of it). '**h ~ 'drauf**, *adv. F:* on the back (of it); **einem Kind eins h. geben**, to spank a child's bottom. '**h ~ heraus**, *adv.* at the back (of the house). '**h ~ herum**, *adv. F:* (*a*) round the back, the back way; (*b*) *Fig:* by devious means; **etwas h. bekommen**, to get hold of sth. on the black market/under the counter.

hinter ['hintər]. **I.** *prep.* behind; (*a*) + *dat* **h. dem Haus**, behind/*N.Am:* in back of the house; **die Tür h. sich schließen**, to close the door after/behind one; **h. j-m herlaufen**, to run after s.o.; **die Polizei ist h. ihm her**, the police are after him; **die erste Station h. Köln**, the first stop after Cologne; **fünf Kilometer h. der Grenze**, five kilometres beyond/the other side of the border; **h. diesem Satz steht ein Fragezeichen**, at the end of this sentence is a question mark; *Fig:* **etwas h. sich** *dat* **haben**, to have got sth. over/behind one; **h. j-m, etwas** *dat* **stehen**, to support/back s.o., sth.; **h. etwas** *dat* **stecken**, to be behind/at the bottom of sth.; **h. j-m, etwas zurücktreten**, not to measure up to s.o./come up to sth.; (*b*) + *acc* **sich h. j-n setzen**, to sit down behind s.o.; **eine große Strecke h. sich acc bringen**, to cover a great distance; *Fig:* **h. eine Verschwörung kommen**, to get to the bottom of a plot; **sich h. die Arbeit machen**, to get down to work. **II.** '**H ~**, *comb.fm.* (*a*) back, rear (axle, tyre, wheel, seat, exit, entrance, view etc.); H ~ **gebäude** *n*/H ~ **haus** *n*, back premises; back of the building; H ~ **zimmer** *n*, back room; H ~ **hof** *m*, backyard; *Aut:* H ~ **radantrieb** *m*, rear (wheel) drive; (*b*) *Z:* hind (leg, foot, paw etc.); H ~ **hand** *f*, hind quarters. '**H ~ asien**, *Pr.n.n* -**s.** *Geog:* the Far East. '**H ~ bein**, *n* -(e)s/-e hind leg; **sich auf die H ~ e setzen**/**stellen**, (i) to get up on one's hind legs; (ii) *Fig:* to resist. H ~ '**bliebene(r)**, *m & f decl. as adj.* bereaved (person); (surviving) dependent.

h ~ '**bringen**, *v.tr.insep.irr.16* **j-m eine Information h.**, to pass on (confidential) information to s.o. H ~ '**bringer**, *m* -s/- informer. h ~ '**drein**, *adv.* (*a*) behind; (*b*) (*nachher*) afterwards. '**h ~ e(r,s)**, *adj.* back, rear; **die h. Seite**, the back; **am h ~ n Ende**, at the far end; *Sp:* **einen h ~ n Platz belegen**, to be one of the last. h ~ **ei'nander**, *adv.* one after the other; (*in der Zeit*) consecutively; **sich h. aufsteilen**, to form up in single file; **dicht h. gehen**, to walk one close behind the other; **an drei Tagen h.**, three days in succession; on three consecutive days; **zweimal h. gewinnen**, to win twice running; **acht Stunden h. arbeiten**, to work eight hours non-stop/at a stretch. '**H ~ gedanke**, *m* -n/-n ulterior motive; idea at the back of one's mind; **ohne H ~ n**, openly, guilelessly. h ~ '**gehen**, *v.tr.insep.irr.36* to deceive, *F:* doublecross (s.o.). H ~ '**glasmalerei**, *f* -/-en *Art:* painting behind glass. '**H ~ grund**, *m* -(e)s/-e (*a*) background; back (of the room etc.); *Th:* backcloth, backdrop; **im H. der Bühne**, upstage; *Fig:* **j-n, etwas in den H. drängen**, to push s.o., sth. into the background; **sich im H. halten**, to keep a low profile; (*b*) *pl* background details (of an affair). '**h ~ gründig**, *adj.* cryptic (question etc.); enigmatic (smile etc.). '**H ~ halt**, *m* -(e)s/*no pl* ambush; **j-n aus dem H. überfallen**, to ambush s.o. '**h ~ hältig**, *adj.* deceitful, underhand (behaviour, person etc.); two-faced (person). h ~ '**her**, *adv.* (*nachher*) afterwards, subsequently. h ~ '**hergehen**, *v.i.sep.irr.36* (*sein*) to walk (behind), follow. h ~ '**herkommen**, *v.i. sep.irr.53* (*sein*) to follow (behind) bring up the rear. h ~ '**herlaufen**, *v.i.sep.irr.58* (*sein*) (j-m) h., to run behind, follow (s.o.); **einem Mädchen usw. h.**, to run after a girl etc. h ~ '**hersein**, *v.i.sep.irr.93* *F:* (*a*) **j-m h.**, to be after s.o.; (*b*) **scharf h., daß ...**, to make every effort to ensure that ... '**H ~ kopf**, *m* -(e)s/-e back of the head. '**H ~ lader**, *m* -s/- *Artil:* breech loader. '**H ~ land**, *n* -(e)s/*no pl* hinterland; interior. h ~ '**lassen**, *v.tr.insep.irr.57* (*a*) to leave (a widow, a fortune, etc.); **j-m etwas h.**, to bequeath/leave sth. to s.o.; (*b*) to leave (behind) (a message, mess etc.); **er hat h., daß ...**, he left word that ... H ~ '**lassenschaft**, *f* -/-en estate; *Fig:* legacy; **j-s H. antreten**, to inherit s.o.'s estate; *Fig:* to step into s.o.'s shoes. '**h ~ lastig**, *adj. Av:* tail-heavy; *Nau:* stern-heavy. h ~ '**legen**, *v.tr.insep.* to deposit (documents, money etc.) (**bei j-m**, with s.o.; **als Sicherheit**, as a security). H ~ '**legung**, *f* -/*no pl* deposit. '**H ~ leib**, *m* -(e)s/-e *Ent:* abdomen. '**H ~ list**, *f* -/*no pl* cunning; (*betrügerische Art*) deceitfulness; **ohne H.**, without guile. '**h ~ listig**, *adj.* cunning, crafty; deceitful. '**H ~ listigkeit**, *f* -/-en (*a*) deceitfulness; treachery; (*b*) (*Handlung*) act of cunning; underhand action. H ~ '**mann**, *m* -(e)s/-er (*a*) **der H.**, the man behind; (*b*) *Fig: usu. pl* **die H ~ er eines Verbrechens usw.**, the brains behind a crime etc. '**H ~ n**, *m* -s/- *F:* backside, bottom; *P:* **sich auf den H. setzen**, (i) to fall/sit down (on one's bottom); (ii) *Sch:* to swot hard; **ich könnte mich in den H. beißen!** I could kick myself! **j-m in den H. kriechen**, to suck up to s.o. **'h ~ rücks,** *adv.* from behind; *Fig:* treacherously. **'H ~ seite,** *f -/-n* back, rear (of a building). **'h ~ ste(r,s),** *adj.* rearmost; last (row etc.); hindmost (person); **die H ~ n,** those right at the back. **'H ~ teil** *n -(e)s/-e* (*a*) *Z:* hind quarters; (*b*) *Hum:* (*Hintern*) backside. **'H ~ treffen,** *n F:* **ins H. geraten/kommen,** to fall/get behind; (*Wirtschaft usw.*) to deteriorate, go downhill. **h ~ 'treiben,** *v.tr. insep.irr.12* to foil, frustrate (s.o.'s plans etc.); to put a stop to (a marriage etc.). **H ~ 'treibung,** *f -/no/pl* frustration; prevention. **'H ~ tür,** *f -/-en* back door; **durch die H.,** by the back door; *Fig:* by devious means; *Fig:* **sich** *dat* **eine H. offenlassen,** to leave oneself a way out. **'H ~ türchen,** *n -s/- F:* loophole. **'H ~ wäldler,** *m -s/-* backwoodsman, *N.Am:* hick. **h ~ 'ziehen,** *v.tr.insep.irr.113* to evade (taxes etc.). **H ~ 'ziehung,** *f -/-en* (tax etc.) evasion; (*Unterschlagung*) embezzlement.

'hintragen, *v.tr.sep.irr.77* to carry (sth.) there; **etwas zu j-m h.,** to take sth. to s.o.

'hinträumen, *v.i.sep.* (*haben*) **vor sich h.,** to be daydreaming.

'hintreten, *v.i.sep.irr.105* (*sein*) **vor j-n h.,** to step up to s.o.; to approach s.o. (**mit einer Frage,** with a question).

'hintun, *v.tr.sep.irr.106* (*haben*) *F:* to put (sth.) (somewhere).

hinüber [hi'ny:bər]. **I.** *adv.* across; **zur anderen Seite h.,** over/across to the other side; **bis h.,** right across (to the other side). **II. h ~ -,** *sep.vbl prefix* (to fly, run) across; (to hang, climb etc.) over; **h ~ blicken/h ~ sehen,** to look across; **h ~ ellen,** to hurry over/across; **sich (über etwas** *acc*) **h ~ beugen/h ~ lehnen,** to lean over (sth.); (**über den Fluß**) **h ~ schwimmen,** to swim across (the river); **über den Bach/die Mauer h ~ springen,** to jump across the stream/over the wall. **h ~ fahren,** *v.sep.irr.26* **1.** *v.i.* (*sein*) to go/ travel/*Aut:* drive across (**über die Brücke usw.,** the bridge etc.); **nach England h.,** to cross over to England. **2.** *v.tr.* to drive/run (s.o., sth.) across (**zu j-m,** to s.o.). **h ~ führen,** *v.sep.* **1.** *v.tr.* to take (s.o.) across (**über die Straße usw.,** the road etc.). **2.** *v.i.* (*haben*) (*Straße usw.*) to go across/over, cross (**über etwas** *acc,* sth.). **h ~ gehen,** *v.i.sep.irr.36* (*sein*) to go over/ across (**über den Platz usw.,** the square etc.); **auf die andere Seite h.,** to cross (over) to the other side. **h ~ kommen,** *v.i.sep.irr.53* (*sein*) (*a*) to get across (**über etwas** *acc,* sth.); (*b*) *F:* to come over (**zu j-m,** to see s.o.). **h ~ reichen,** *v.sep.* **1.** *v.tr.* **j-m etwas h.,** to hand sth. over/ pass sth. across to s.o. **2.** *v.i.* (*haben*) **bis zu etwas** *dat* **h.,** to reach across sth. **h ~ retten,** *v.tr.sep.* to bring (s.o., sth.) across to safety; *Fig:* to save (sth.) (**in die Gegenwart,** for our own time). **h ~ sein,** *v.i.sep.irr.93* (*sein*) (*a*) *F:* (*tot sein*) to be a goner; (*b*) *F:* (*Firma, Politiker usw.*) to be done for/(*Schauspieler*) past it; **die Vase ist hinüber,** the vase has had it. **h ~ wechseln,** *v.i.sep.* (*haben*) to move over; to change over (**zu etwas anderem,** to sth. else).

hinunter [hi'nuntər]. **I.** *adv.* down; (**die Treppe**) **h.,** downstairs; **den Berg/Fluß h.,** down the mountain/river; **h. mit der Medizin!** down with the medicine! **II. h ~ -,** *sep.vbl prefix* (to fall,

climb etc.) down; **h ~ blicken/h ~ sehen**/*South G:* **h ~ schauen,** to look down; **etwas h ~ drücken,** to press sth. down; **die Straße h ~ laufen,** to run down the street; *Aut:* **h ~ schalten,** to change/ *N.Am:* shift down. **h ~ fahren,** *v.i.sep.irr.26* (*sein*) to go/*Aut:* drive/*Cy:* ride down; **von der Straße h.,** to pull off the road; **den Fluß h.,** to travel downstream. **h ~ gehen,** *v.i.sep.irr.36* (*sein*) to go/walk down; *Av:* to descend; (**die Treppe**) **h.,** to go downstairs; **die Straße h.,** to walk down the street. **h ~ gießen,** *v.tr. sep.irr.31* to pour (sth.) down, gulp down (a drink). **h ~ lassen,** *v.tr.sep.irr.57* to let (sth.) down; to lower (a boat etc.). **h ~ reichen,** *v.sep.* **1.** *v.tr.* to pass (sth.) down. **2.** *v.i.* (*haben*) **bis zu etwas** *dat* **h.,** to stretch down to sth. **h ~ schlingen,** *v.tr.sep.irr.96* to gulp/wolf down (one's food). **h ~ schlucken,** *v.tr.sep.* to swallow (food, *Fig:* anger, an insult etc.). **h ~ spülen,** *v.tr.sep.* to wash/swill (sth.) down. **h ~ stürzen,** *v.sep.* **1.** *v.i.* (*sein*) to tumble/ crash down; **die Treppe h.,** to tumble/(*eilen*) hurtle downstairs. **2.** *v.tr.* (*a*) to gulp down (food, drink); (*b*) **sich (von etwas** *dat*) **h.,** to hurl oneself off (sth.). **h ~ würgen,** *v.tr.sep.* to choke down (food), choke back (tears etc.). **h ~ ziehen,** *v.sep. irr.113* **1.** *v.tr.* to pull (s.o., sth.) down. **2.** *v.i.* (*sein*) to move/*Mil:* march down.

'Hinweg¹, *m -(e)s/-e* **auf dem H.,** on the way there.

hin'weg². **I.** *adv.* (*a*) *Lit:* away; off; (*b*) **über etwas** *acc* **h.,** over (the top of) sth.; *Fig:* **über alle Hindernisse h.,** surmounting all obstacles; **über lange Zeit h.,** over a long period. **II. h ~ -,** *sep.vbl prefix* (*a*) *Lit:* (to move etc.) away; (*b*) **j-m über etwas** *acc* **h ~ helfen,** to help s.o. to get over sth. **h ~ gehen,** *v.i.sep.irr.36* (*sein*) **über etwas** *acc* **h.,** to pass over/(*ignorieren*) overlook sth. **h ~ hören,** *v.i.sep.* (*haben*) **über einen Einwurf h.,** to ignore an interruption. **h ~ kommen,** *v.i.sep.irr.53* (*sein*) **über eine Krankheit usw. h.,** to get over an illness etc.; **ich komme nicht darüber h., daß . . .,** I can't get used to the idea that . . .; (*staune*) I'm still amazed that . . . **h ~ sehen,** *v.i.sep.irr.92* (*haben*) **über j-n, etwas** *acc* **h.,** (i) to see over s.o., sth.; (ii) to pretend not to see s.o., sth.; *Fig:* to overlook s.o., shut one's eyes to sth.; **man kann nicht darüber h., daß . . .,** one cannot ignore the fact that . . . **h ~ sein,** *v.i.sep.irr.93* (*sein*) **über etwas** *acc* **h.,** to have got over sth. **h ~ setzen,** *v.refl. sep.* **sich über j-n, etwas** *acc* **h.,** to disregard, turn a blind eye to (s.o., sth.); (*bagatellisieren*) to make light of sth. **h ~ täuschen,** *v.tr.sep.* to mislead (s.o.) (**über etwas** *acc,* about sth.); **das darf nicht darüber h., daß . . .,** this must not blind us to the fact that . . . **h ~ trösten,** *v.tr.sep.* **j-n über etwas** *acc* **h.,** to make s.o. feel better about sth.

Hinweis ['hinvais], *m -es/-e* (*a*) (*Wink*) hint; **praktische H ~ e,** useful hints/tips; **H ~ e für die Benutzung,** instructions/directions for use; (*b*) (*Bemerkung*) comment; (*Andeutung*) indication; **H. (auf etwas** *acc*), reference (to sth.); *A: & Hum:* **darf ich mir den H. erlauben, daß. . .?** may I make so bold as to point out that . . .? *Com:* **unter H. auf . . .,** with reference to . . .

'h ~ en, *v.sep.irr.88* 1. *v.tr.* j-n auf etwas *acc* h., to draw s.o.'s attention to sth. 2. *v.i.* (*haben*) auf j-n, etwas *acc* h., to point out, indicate s.o., sth.; (*erwähnen*) to refer to sth.; **ich muß darauf h., daß ...**, I must emphasize/point out that ...; **alle Umstände weisen darauf hin, daß ...**, all the circumstances indicate that ...

'**hinwenden**, *v.tr.sep.irr.94* to turn (one's head, gaze etc.) (**nach/zu** + *dat*, towards); (*also Fig:*) **sich zu j-m h.**, to turn to s.o.

'**hinwerfen**, *v.tr.sep.irr.110* (*a*) to throw (s.o., sth.) down; (*fallenlassen*) to drop (sth.); **dem Hund einen Knochen h.**, to throw a dog a bone; **sich h.**, to fling oneself to the ground, prostrate oneself (**vor** j-m, at s.o.'s feet); (*b*) *F:* (*aufgeben*) to chuck in, *N.Am:* quit (one's job etc.); (*c*) (*beiläufig äußern*) to let fall (a remark etc.) (**flüchtig**) **hingeworfene Bemerkung**, casual remark.

Hinz [hints], *m F:* H. und Kunz, Tom, Dick and Harry.

'**hinziehen**, *v.sep.irr.113* 1. *v.tr.* (*a*) to pull (s.o., sth.) (**zu** j-m, etwas *dat*, towards s.o., sth.); **sich zu j-m, etwas** *dat* **hingezogen fühlen**, to feel drawn/attracted to s.o., sth.; (*b*) to draw out, prolong (negotiations etc.); **sich h.**, to drag on; (*sich verzögern*) to be delayed; (*c*) (*erstrecken*) **sich h.**, to stretch, run (**bis zu** + *dat*, as far as; **an** + *dat*, alongside). 2. *v.i.* (*sein*) to move, (**zu** + *dat*, to; **über** + *acc*, across); (*Vögel*) to migrate (**nach dem Süden**, southwards).

'**hinzielen**, *v.i.sep.* (*haben*) **auf etwas** *acc* **h.**, to aim at sth.; (*mit seinen Worten*) to be getting/driving at sth.

hinzu [hin'tsu:]. I. *adv.* in addition. II. **h ~ ~**, *sep.vbl prefix* (to give, earn, pay sth.) extra; **etwas h~nehmen**, to take/include sth. extra. **h ~ fügen**, *v.tr.sep.* to add (sth.) (**etwas** *dat*, to sth.); **etwas einem Brief h.**, to enclose sth. with a letter. **H ~ fügung**, *f -/-en* addition. **h ~ gesellen**, *v.refl.sep.* **sich zu j-m h.**, to join s.o. **h ~ kommen**, *v.i.sep.irr.53* (*sein*) (*a*) (*Pers.*) (**zur Gruppe**) **h.**, to join the group; **er ist hinzugekommen**, he turned up/joined us; (*b*) (*Sache*) to be added; **es kamen noch andere Umstände hinzu**, there were additional factors; **hinzu kommt** (**noch**), **daß ...**, added to which ...; (and) what is more ... **h ~ rechnen**, *v.tr.sep.* to add (sth.) (**zu** + *dat*, to); to include (s.o.) as well. **h ~ setzen**, *v.tr.sep.* (*a*) to add (sth.); (*b*) **sich zu j-m h.**, to sit down next to s.o., join s.o. (at table). **h ~ treten**, *v.i.sep.irr.105* (*sein*) = **h~kommen**. **h ~ ziehen**, *v.tr.sep.irr.113* to call in (a specialist etc.).

Hiob ['hiop]. *Pr.n.m* -s. *B:* Job. '**H ~ sbotschaft**, *f -/-en Fig:* bad news.

Hirn [hirn]. I. *n* -(*e*)*s/-e* brain; *Cu:* brains. II. '**H~~**, *comb.fm.* brain, cerebral (tumour etc.); **H ~ verletzung** *f*, brain damage; **H~rinde** *f*, cerebral cortex; *see also* **Gehirn-**. '**H ~ gespinst**, *n* -(*e*)*s/-e* fanciful idea; (*eingebildet*) figment of the imagination. '**H ~ hautentzündung**, *f -/-en Med:* meningitis. '**h ~ verbrannt**, *adj.* crack-brained; crazy (idea etc.).

Hirsch [hirʃ]. I. *m* -(*e*)*s/-e* (*a*) *Z:* stag; (red) deer; (*b*) *Cu:* venison. II. '**H~~**, *comb.fm.* (*a*) stag (hunt etc.), deer (park etc.); *Ent:* **H~käfer** *m*, stag beetle; (*b*) *Cu:* venison (stew etc.);

H~keule *f*, haunch of venison; **H~rücken** *m*, saddle of venison. '**H ~ horn**, *n* -(*e*)*s/no pl* (harts)horn. '**H ~ kalb**, *n* -(*e*)*s/-er* male fawn. '**H ~ kuh**, *f -/-e* hind. '**H ~ leder**, *n* -*s/no pl* buckskin; deerskin.

Hirse ['hirzə], *f -/no pl* millet.

Hirte ['hirtə], *m* -*n/-n* shepherd. '**H ~ n-**, *comb.fm.* shepherd's (song etc.); *Ecc: & Lit:* pastoral (letter, poem, play etc.); **H~stab** *m*, shepherd's crook; *Ecc:* crozier.

his, **His** [his], *n -/- Mus:* B sharp.

hissen ['hisən], *v.tr.* to hoist (a flag, sail etc.).

Histor|iker [his'to:rikər], *m* -*s/-* historian. **h ~ isch**, *adj.* (*a*) historical (event, novel etc.); (*b*) (*denkwürdig*) historic (event, moment etc.).

Hit [hit], *m* -*s/-s F:* hit (song etc.). '**H ~ liste**, *f -/-n Mus:* the charts/*N.Am:* hit parade.

Hitze ['hitsə]. I. *f -/occ Tchn:* -**n** heat; (*a*) hot weather; **während der großen H.**, during the heat wave; *Cu:* **bei niedriger/mäßiger/starker H.**, to bake in a slow/moderate/hot oven; (*b*) *Fig:* (*Wut*) fury, rage; **in der H. des Gefechts**, in the heat of the moment; **in H. geraten**, to become heated. II. '**H~~**, '**h~~**, *comb.fm.* heat (rash etc.); hot (spell); **H~welle** *f* heat wave; *adj.* **h~beständig**, heat-resistant; **h ~ empfindlich**, heat-sensitive.

hitz|ig ['hitsiç], *adj.* 1. (*jähzornig*) hot-tempered (person); heated (argument etc.); (*leidenschaftlich*) hot-blooded, fiery (person, temperament); **ein h~er Kopf**, a hothead; (*Pers., Streit usw.*) **h. werden**, to become heated, flare up; **nicht so h.!** take it easy! 2. (*Hündin, Katze*) on / *N.Am:* in heat. '**H ~ kopf**, *m* -(*e*)*s/-e* hothead. '**h ~ köpfig**, *adj.* hot-headed; (*jähzornig*) hot-tempered. '**H ~ schlag**, *m* -(*e*)*s/-e* heat stroke.

hob [ho:p], *p. of* **heben** *q.v.*

Hobby ['hɔbi], *n* -*s/-s* hobby. '**H ~ raum**, *m* -(*e*)*s/-e* hobbies/*N.Am:* recreation room.

Hobel ['ho:bəl], *m* -*s/- Carp:* plane; *Cu:* slicer. '**H ~ bank**, *f -/-e* carpenter's bench. '**H ~ maschine**, *f -/-n* planing machine; planer. '**h ~ n**, *v.tr.* (*a*) to plane (wood etc.); to polish, smooth (a surface etc.); (*b*) to slice (vegetables etc.). '**H ~ späne** *mpl* wood/metal shavings.

hoch [ho:x]. I. *adj.* (*attrib.* **hohe** ['ho:ə] etc.; *comp.* **höher**, *superl.* **höchste** *q.v.*) high; (*a*) tall (grass, tree etc.); **hohes Gebäude**, high/tall building; **von hoher Gestalt**, of tall stature; **hohe Schuhe**, ankle boots; **Schuhe mit hohen Absätzen**, high-heeled shoes; **zwei Meter h.**, two metres high/(**Schnee**) deep; (*Pers.*) 6 foot 6 inches tall; (*b*) **die hohe See**, the open sea/high seas; **der hohe Norden**, the far north; (*c*) (high-ranking (officer); **von hoher Geburt**, of high/noble birth; **hoher Adel**, higher nobility; **hoher Besuch/Gast**, important guest; **hoher Beamter**, senior official/civil servant; **hohe Ehre**, great honour; *Equit:* **hohe Schule**, haute école; (*d*) heavy (penalty, fine); **hohe Ansprüche stellen**, to make great/heavy demands; **eine hohe Begabung**, a great talent; (*e*) *Mus:* **zu h. singen**, to sing sharp; (*f*) *Fig:* **das ist zu h.** **für mich**, that is above my head/beyond me; (*g*) **hohe Summe/Schulden**, large sum/debts; (*h*) **hohes Alter**, great age; **ein hoher Achtziger**, a man in his late eighties. II.

adv. (a) **h. oben,** high up; **h. aufragen,** to tower up; **die Treppe h.,** up the stairs; **zwei Treppen h.,** up two flights of stairs; **Hände h.!** hands up! **Kopf h.!** chin up! *(b)* **highly** (gifted, respected etc.); **j-m etwas h. anrechnen,** to appreciate greatly sth. that s.o. has done; **etwas h. und heilig versprechen,** to promise sth. solemnly; *(c)* **zu h. geschätzt,** overestimated; **h. spielen,** to play for high stakes; *F:* **wenn es h. kommt,** at a pinch; *(d)* **drei Mann h.,** three of them; *Mth:* **zwei h. drei,** two to the power of three. III. **H.,** *n -s/-s* **1.** cheer; **ein dreifaches H. auf den Sieger!** three cheers for the winner! **2.** *Meteor:* high(-pressure area). IV. **h~-,** *comb.fm.* **1.** *sep. vbl prefix esp. F:* (to look, fly, climb, jump etc.) up **(in die Höhe,** into the air); **h~schießen,** to shoot up/(die Treppe hinauf) upstairs; **etwas h~werfen,** to throw sth. up in the air; **h~klettern,** to clamber up (to the top); **sich h~arbeiten,** to work one's way up; **ein Fenster h~drehen/h~kurbeln,** to wind up a window; **die Ärmel h~krempeln,** to roll up one's sleeves; **eine Last h~winden,** to hoist/winch up a load; *Aut:* **h~schalten,** to change/*N.Am:* shift up. **2.** *(before p.p. & adj.) (a)* **highly** (respected, paid, developed, intelligent, concentrated, qualified); greatly (honoured etc.); extremely (interesting, effective etc.); **h~aktuell,** highly topical; **h~anständig,** very proper; **h~beansprucht,** highly stressed; **h~begabt,** highly/extremely gifted; **h~elegant,** extremely smart/elegant; **h~empfindlich,** highly sensitive; *Phot:* high speed; **h~gelehrt,** very learned/erudite; **h~erfreut,** highly delighted; extremely pleased; **h~verschuldet,** heavily in debt; *(b)* high-, **h~gelegen,** high-lying; **h~gesinnt,** high-minded; **h~gestellt/h~rangig,** high-ranking. **'h~achten,** *v.tr.sep.* to have a high regard for (s.o., sth.). **'H~achtung,** *f -/no pl* (high) esteem; *Com:* **mit vorzüglicher H.,** yours faithfully. **'h~achtungsvoll,** *adv. Com: esp. A:* yours faithfully. **'H~adel,** *m -s/no pl* higher nobility. **'H~altar,** *m -(e)s/-e Ecc:* high altar. **'H~amt,** *n -(e)s/-er R.C.Ch:* High Mass. **'H~bahn,** *f -/-en* overhead railway; *N.Am:* elevated railroad. **'H~bau,** *m -(e)s/-ten Civ.E:* structural engineering. **h~be-'jahrt/h~be'tagt,** *adj.* advanced in years; aged; **h. sterben,** to die at a great age. **'H~betrieb,** *m -(e)s/-e F:* frantic activity; **in den Geschäften herrscht H.,** the shops are frantically busy/at their busiest; **um 5 Uhr ist bei uns/haben wir H.,** our peak period is around 5 o'clock. **'H~blüte,** *f -/-n* peak, high spot; flowering (of the arts etc.). **'h~bringen,** *v.tr.sep.irr.16 (a)* to bring (s.o., sth.) up/upstairs; *(b)* to get/put (a convalescent, *Fig:* a business etc.) back on his/its feet; *(c) F:* (ärgern) to infuriate (s.o.). **'H~burg,** *f -/-en Fig:* stronghold. **'h~deutsch. I.** *adj.* High German. **II. H.,** *n -(s)/no pl* High German; *F:* proper German. **'H~druck,** *m -(e)s/no pl* high pressure; *F:* **unter H. arbeiten,** to work flat out; **zur Zeit herrscht H.,** at the moment it's all systems go. **'H~druckgebiet,** *n -(e)s/-e Meteor:* high pressure area. **'H~ebene,** *f -/-n Geog:* (high) plateau. **'h~fahren,** *v.i.sep.irr.26 (sein) (a)* to go up

(in a lift etc.); *(b)* to jump up, *(ängstlich)* start up, *(zornig)* flare up. **'h~fahrend,** *adj.* high-handed; overbearing. **'h~fein,** *adj. esp. Com:* choice, exquisite (material etc.); first-class (quality); superfine (chocolate etc.). **'h~fliegend,** *adj.* ambitious (plan etc.); lofty (aims etc.); *F:* fancy (ideas etc.). **'H~form,** *f -/no pl esp. Sp:* **in H.,** in top form. **'H~format,** *n -(e)s/-e Print: etc:* portrait format. **'H~frequenz,** *f -/no pl El: Rad:* high frequency. **'H~garage,** *f -/-n* multi-storey car park. **'H~gebirge,** *n -s/-* high mountains. **'H~gefühl,** *n -(e)s/no pl* elation; exultation. **'h~gehen,** *v.i.sep.irr.36 (sein) (a) (Vorhang, Preis usw.)* to go up, rise; *F: (Pers.)* **die Treppe h.,** to go up(stairs); *(b) (also Fig:) (explodieren)* to blow up, explode; *F: (Pers.)* to blow one's top; *(c) F: (Verschwörung usw.)* to come to light; *(verraten)* **j-n h. lassen,** to split on s.o. **'H~genuß,** *m -sses/no pl* **ein H.,** a great delight/pleasure; a real treat. **'h~geschätzt,** *adj.* held in high esteem. **'h~geschlossen,** *adj.* (shirt etc.) buttoned to the neck; high-necked (dress etc.). **'h~gestochen,** *adj. F:* high falutin; pretentious (style etc.); *F:* jumped-up (intellectual). **'h~gewachsen,** *adj.* tall. **'H~glanz,** *m -es/no pl* high gloss; polish; **etwas auf H. bringen,** to polish sth. until it gleams. **'H~glanzpolitur,** *f -/-en Metalw:* mirror finish. **'h~gradig,** *adj.* intense, extreme (anxiety etc.); *adv.* **h. erregt,** in a highly excited state. **'h~halten,** *v.tr.sep.irr.45 (a)* to hold up (sth., one's arms, head etc.); *(b) Fig:* to uphold (a custom etc.). **'H~haus,** *n -es/-er Constr:* high-rise building; *Brit:* tower block. **'h~heben,** *v.tr. sep.irr.48* to lift (s.o., sth.) up (high); to raise (one's arms, hand etc.). **'h~intellektu'ell,** *adj.* highbrow. **'h~jagen,** *v.tr.sep. Aut: F:* to race (the engine). **'h~kant,** *adv.* **1. etwas h. stellen,** to put sth. on end. **2.** *P:* **j-n h. hinausschmeißen,** to kick s.o. out on his ear. **'h~klappen,** *v.tr.sep.* to raise (a flap etc.), tip up (a seat etc.); to turn up (a collar etc.). **'h~kommen,** *v.i.sep.irr.53 (sein) F: (a)* to come up/(im Wasser) to the surface; *F:* **das Essen kam ihm hoch,** he brought up the food; *Fig:* **die Galle kommt mir hoch,** my gorge rises; *(b) (Pers.)* to get up/to one's feet; *Fig:* to get on, come up in the world. **'H~konjunktur,** *f -/no pl Fin:* boom. **'H~kultur,** *f -/-en* advanced civilization. **'H~land,** *n -(e)s/-er* uplands *pl;* Highlands. **'H~länder,** *m -s/-* highlander. **'h~leben,** *v.i.sep. (haben)* X **lebe hoch!** three cheers for X! **j-n, etwas h. lassen,** to give s.o., sth. three cheers. **'H~leistung,** *f -/-en (a) no pl Mec.E: Ind:* high output; *Aut: Sp:* high performance; *(b)* great achievement/*Sp:* performance. **'H~leistungs-,** *comb.fm.* high output (engine/motor, *Rec:* amplifier etc.); high performance, heavy duty (oil, battery, tyre etc.); *Sp:* **H~training** *n,* performance training. **'h~mo'dern,** *adj.* up to the minute, ultra-modern. **'H~mut,** *m -(e)s/no pl* pride; arrogance. **'h~mütig,** *adj.* proud; *(herablassend)* arrogant, haughty. **'h~näsig,** *adj. F:* stuck-up, snooty; *adv.* **j-n h. behandeln,** to look down one's nose at s.o. **'h~nehmen,** *v.tr.sep.irr.69 (a)* to lift/pick (s.o., sth.) up; *(b) F:* **j-n h.,** (i) to pull s.o.'s leg; (ii) (*übervorteilen*) to take s.o. for a ride; (*viel Geld nehmen*) to fleece s.o. ´H ~ **ofen**, *m -s/-̈ Ind:* blast furnace. ´h ~ **päppeln**, *v.tr.sep.* to feed up (s.o., an animal). ´H ~ - **parterre**, *n -s/-s* raised ground floor. ´h ~ **prozentig**, *adj.* containing a high percentage (of alcohol etc.) ´H ~ **rad**, *n -(e)s/-̈er Hist:* penny-farthing (bicycle). ´h ~ **ragen**, *v.i.sep.* (*sein*) to tower up; (*Kirchtürme usw.*) to soar; **h ~ de Tannen**, lofty pines. ´h ~ **ranken**, *v.refl.sep.* **sich (an der Mauer) h.**, (*Kletterpflanze*) to climb up (the wall). ´h ~ **reißen**, *v.tr.sep.irr.4* to jerk/wrench (sth.) up. ´h ~ ´**rot**, *adj.* crimson, scarlet; **h. im Gesicht**, blushing crimson. ´H ~ **ruf**, *m -(e)s/-e* cheer. ´H ~ **saison**, *f -/-s* high season; **die Geschäfte haben H.**, shops are at their busiest. ´h ~ **schätzen**, *v.tr.sep.* to value (s.o., sth.) highly; to have a high regard for (s.o., sth.). ´h ~ **schlagen**, *v.sep.irr.42* **1.** *v.tr.* (*a*) to hit (sth.) high in the air, loft (a ball); (*b*) to turn up (one's collar). **2.** *v.i.* (*haben/sein*) (*Flammen usw.*) to leap up. ´h ~ **schnellen**, *v.i.sep.* (*sein*) (*Pers.*) to leap up; (*Preise*) to jump, rocket. ´h ~ **schrauben**, *v.tr. sep.* (*a*) to screw (sth.) upwards; (*b*) *Fig:* to push up (prices). ´H ~ **schul-**, *comb.fm.* university (education etc.); H ~ **absolvent** *m*, university graduate; H ~ **lehrer(in)** *m(f)*, university teacher/ lecturer; H ~ **reife** *f*, eligibility for university entrance. ´H ~ **schule**, *f -/-n* university; college (conferring degrees); academy (of drama/ music); **technische H.**, technical university. ´H ~ **seefischerei**, *f -/no pl* deep sea fishing. ´H ~ **seeschiff**, *n -(e)s/-e* ocean-going vessel. ´h ~ **seetüchtig**, *adj.* ocean-going. ´H ~ **seil**, *n -(e)s/-e* high wire, tightrope. ´H ~ **sitz**, *m -es/-e Hunt:* (elevated) hide, shooting box. ´H ~ **sommer**, *m -s/-* midsummer; high summer. ´h ~ **sommerlich**, *adj.* very summery. ´H ~ **spannung**, *f -/no pl* (*a*) *El:* high tension; **Vorsicht H.!** danger! high voltage! (*b*) *Fig:* (state of) considerable tension. ´H ~ **spannungsleitung**, *f -/-en* high tension cable; power line. ´H ~ **spannungsmast**, *m -(e)s/-e* electricity pylon. ´h ~ **spielen**, *v.tr. sep. Journ: etc:* to make great play of (sth.), blow up (an affair); to give (a play etc.) a big build-up. ´H ~ **sprache**, *f -/-n* standard language. ´H ~ **sprung**, *m -(e)s/-̈e Sp:* high jump. H ~ **stapelei**, *f -/-en* imposture; confidence trick. ´h ~ **stapeln**, *v.i.* (*haben*) (*a*) to practise a fraudulent imposture; (*b*) to show off, make a pretence of great knowledge etc. ´H ~ **stapler**, *m -s/-* impostor; confidence trickster, *F:* con man. ´h ~ **stehend**, *adj.* of superior intellect/rank. ´h ~ **steigen**, *v.i. sep.irr.65* (*sein*) to climb (up); (*Rakete usw.*) to climb/rise into the air; **die Treppe h.**, to climb the stairs; *Fig:* (*Emotionen*) **in j-m h.**, to well up (within one). ´h ~ **stielig**, *adj.* long-stemmed (glasses). ´H ~ **stimmung**, *f -/no pl* elated/ (*festlich*) festive mood. ´H ~ **straße**, *f -/-n* flyover; overpass. ´H ~ **töne**, *mpl Mus: Rec:* treble. ´H ~ **töner**/´H ~ **tonlautsprecher**, *m -s/- Rec:* treble loudspeaker, tweeter. ´H ~ **tour**, *f -/-en* **1.** (*Gebirgstour*) high-altitude hike/climbing tour. **2. auf H ~ en arbeiten/laufen**, (*Fabrik*) to work at high pressure, (*Motor*) to

run at full speed; **j-n/einen Motor auf H ~ en bringen**, to make s.o./an engine go flat out. ´h ~ **tourig**, *adj.* high-speed (engine etc.). ´h ~ - **trabend**, *adj.* high-sounding, pompous. ´h ~ - **treiben**, *v.tr.sep.irr.12* (*a*) to drive up (cattle etc.); (*b*) to push up, inflate (prices etc.). ´H ~ **verrat**, *m -(e)s/no pl* high treason. ´H ~ **verräter**, *m -s/-* person guilty of high treason; traitor to one's country. ´h ~ **verräterisch**, *adj.* treasonable. ´h ~ **verzinslich**, *adj.* bearing a high rate of interest. ´H ~ **wald**, *m -(e)s/-̈er* high timber forest. ´H ~ **wasser**, *n -s/-* **1.** (*Flut*) high tide/(*Fluß*) water. **2.** (*Überschwemmung*) flood; (*Fluß*) **H. führen**, to be in full spate. H ~ **wasser-**, *comb.fm.* flood (danger, damage etc.); **H ~ katastrophe** *f*, flood disaster. ´h ~ **wertig**, *adj.* high-grade (goods, materials); high quality (product); (food) of high nutritional value. ´H ~ **wild**, *n -(e)s/no pl Hunt:* nobler game animals. ´H ~ **würden**, *m -s/- Ecc:* (*Anrede*) approx. Father; (**seine**) **H. X**, the Reverend X. ´h ~ **ziehen**, *v.tr.sep.irr.113* to raise (sth.); to hoist (a flag), pull up (one's trousers etc.); **sich an etwas** *dat* **h.**, to pull oneself up sth.

höchst [hø:çst]. **I.** *adv.* most, extremely, grossly (exaggerated, unfair). **II.** ´H ~ -, *comb.fm.* maximum (age, amount, weight, price, penalty, value, number etc.); peak (level, consumption, etc.); highest (offer, figure, bid etc.); H ~ **belastung** *f*, maximum/*El:* peak load; H ~ **satz** *m*, maximum rate; H ~ **maß** *n/Fin:* H ~ **betrag** *m*, maximum amount; H ~ **geschwindigkeit** *f*, maximum/top speed; H ~ **leistung** *f, Ind: Mec.E:* maximum output; *El:* peak output; *Sp:* best performance. ´h ~ **e(r, s)**, *adj.* highest; (*a*) tallest (building, spire, tree etc.); topmost (branch etc.); *Fig:* **auf h ~ r Ebene**, at top level; (*b*) (*h ~ möglich*) maximum, top (price, speed etc.); greatest (danger, satisfaction etc.); utmost (degree, importance); **es ist h. Zeit**, it is high time; **aufs H./im h ~ n Maße**, in the highest degree, to the utmost. ´h ~ **ens**, *adv.* at most; at the outside; **er geht nicht aus, h. ab und zu ins Kino**, he doesn't go out, except perhaps occasionally to the cinema. ´H ~ **fall**, *m -(e)s/-̈e* **im H.**, at the most. ´H ~ **grenze**, *f -/-n* absolute/upper limit; ceiling. ´h ~ ´**möglich**, *adj.* highest/greatest possible. ´h ~ **per-** ´**sönlich**, *adj. Hum:* in person; **ich habe es h. gekocht**, I cooked it with my own fair hands. ´h ~ **wahr** ´**scheinlich**, *adv.* most probably; **h. hat er es getan**, it is most likely that he did it. ´h ~ **zulässig**, *adj.* maximum permissible.

Hochzeit [´hɔxtsait], *f -/-en* wedding; **H. halten**, to get married; *F:* **man kann nicht auf zwei H ~ en tanzen**, you can't be in two places at once. ´h ~ **lich**, *adj.* bridal. ´H ~ **s-**, *comb.fm.* wedding (guest, present, night etc.); bridal (pair, procession etc.); H ~ **kleid** *n*, wedding dress; H ~ **tag** *m*, (i) wedding day; (ii) (*Jubiläum*) wedding anniversary; H ~ **anzeige** *f*, marriage announcement. ´H ~ **sreise**, *f -/-n* honeymoon (trip).

Hocke [´hɔkə], *f -/-n* (*a*) squatting position; *Ski:* crouch; **in die H. gehen**, to squat down, *Gym:* do a kneesbend; (*b*) *Gym:* squat-vault.

'h ~ n, v. 1. v.i. (haben) (a) to crouch, (auf dem Boden) squat; (b) F: to sit (around); **vor dem Fernseher h.**, to sit glued to the television; **über seinen Büchern h.**, to pore over one's books. 2. v.refl. **sich h.**, to squat (down). 'H ~ r, m -s/- stool.

Höcker ['hœkər], m -s/- hump.

Hockey ['hɔki, 'hɔke], n -s/no pl hockey. 'H ~ **schläger**, m -s/- hockey stick.

Hoden ['ho:dən], pl Anat: testicles. 'H ~ **sack**, m -(e)s/ᵉe scrotum.

Hof [ho:f]. I. m -(e)s/ᵉe 1. yard; courtyard (of a castle etc.); (Hinterh.) backyard; Arch: (**viereckiger) H.**, quadrangle. 2. (Bauernh.) farm. 3. (Fürstenh.) (royal etc.) court; **einer Frau den H. machen**, to court a woman. 4. halo (round the sun); **der Mond hat einen H.**, there's a ring round the moon. II. 'H ~ -, comb.fm. court (ball, chapel, theatre etc.); palace (garden etc.); H ~ **narr** m, court jester; H ~ **lieferant** m, purveyor to the court. 'H ~ **dame**, f -/-n lady in waiting 'h ~ **fähig**, adj. presentable. 'h ~ **halten**, v.i. sep.irr.45 (haben) to hold court. 'H ~ **hund**, m -(e)s/-e watchdog. 'H ~ **leute**, pl courtiers.

hoff|en ['hɔfən], v.tr.&i. (haben) to hope (**auf etwas** acc, for sth.); **ich hoffe auf Erfolg**, I am hopeful of success; **das will ich h.!** I should hope so! **h. wir das Beste!** let's hope for the best! **ich hoffe sehr, daß . . .**, I very much hope that . . .; Prov: **der Mensch hofft, solange er lebt**, while there's life there's hope. 'h ~ **entlich**, adv. it is to be hoped; esp. N.Am: hopefully; **h. hast du recht**, I hope/let's hope you are right; **kannst du das?**-h., can you do it?—I hope so. 'H ~ **nung**, f -/-en hope; **seine H. auf j-n, etwas** acc **setzen**, to pin one's hopes on s.o., sth.; **j-m H ~ en machen**, to raise s.o.'s hopes; **er macht sich H ~ en**, he fancies his chances; **du darfst dir keine H ~ en machen**, you mustn't expect anything; **er wurde in seinen H ~ en enttäuscht**, his hopes were dashed. 'h ~ **nungslos**, adj. hopeless. 'H ~ **nungslosigkeit**, f -/no pl hopelessness. 'H ~ **nungsschimmer**, m -s/- 'H ~ **nungsstrahl**, m -(e)s/-e glimmer/ray of hope. 'h ~ **nungsvoll**, adj. (a) hopeful; confident; (b) (vielversprechend) promising.

höf|isch ['hø:fiʃ], adj. courtly. 'h ~ **lich**, adj. polite; **in h ~ em Ton**, in a polite/courteous voice; Adm: etc: **wir bitten h ~ st, das Versehen zu entschuldigen**, we respectfully beg you to overlook the mistake. 'H ~ **lichkeit**, f -/-en (a) no pl politeness; courtesy; (b) polite remark; compliment; H ~ **en austauschen**, to make polite conversation. 'H ~ **lichkeitsbesuch**, m -(e)s/-e courtesy call. 'H ~ **lichkeitsfloskel**, f -/-n polite formula/phrase.

Höhe ['hø:ə], f -/-n 1. (a) height (of sth.); esp. Av: altitude; Astr: elevation; **in großen H ~ n**, at high altitudes; F: **das ist ja die H.!** that's the limit! (b) **in die H.**, up; upwards; **etwas in die H. werfen**, to throw sth. up in the air; (Pers.) **in die H. fahren**, (i) to start up; (ii) Fig: to flare up (angrily); **in die H. gehen**, (i) (Preis usw.) to go up, rise; (ii) F: (Pers.) to blow up; **er hat das Geschäft wieder in die H. gebracht**, he has put the business back on its feet; F: (Pers.) **auf der H. sein**, to be in good form; **nicht ganz auf der H.**, a bit off colour/under the weather. 2. (a)

(Hügel) hill; (b) esp. Fig: (Gipfel) peak (of one's career, fame etc.); (c) Mus: Rec: **die H ~ n**, the treble. 3. (a) (Größe) level (of income, prices etc.); (Betrag) amount (of damages etc.); (Satz) rate (of interest etc.); **bei dieser H. der Geschwindigkeit/der Temperatur**, at such a high speed/temperature; **die H. des Preises festsetzen**, to fix the price; **ein Beitrag/Jur: Schaden in H. von DM 2000**, a contribution/ Jur: damages to the amount of 2000 marks; (b) Mus: pitch (of a note); (c) Geog: latitude; Nau: **auf der H. der Bucht**, level with the bay. 'H ~ **n-**, comb.fm. (a) altitude (sickness, Sp: training etc.); H ~ **flug** m, high-altitude flight; H ~ **unterschied** m, difference in altitude/height; (b) mountain (air, climate etc.); H ~ **kurort** m, mountain (health) resort; H ~ **sonne** f, mountain sun; Med: sun-lamp; H ~ **zug** m, mountain range. 'H ~ **nflosse**, f -/-n Av: tailplane, stabilizer (fin). 'H ~ **nlage**, f -/-n altitude; **in (größeren) H ~ n**, at high(er) altitudes. 'H ~ **nlinie**, f -/-n Geog: contour line. 'H ~ **nmesser**, m -s/- Av: altimeter. 'H ~ **nstrahlung**, f -/no pl Ph: cosmic radiation. 'H ~ **npunkt**, m -(e)s/-e highlight, high spot; (einmalig) climax; (Gipfel) peak (of one's career etc.); **seinen H. erreichen**, to reach its climax.

Hoheit ['ho:hait], f -/-en 1. (a) (Titel) Highness; (Anrede) Your Highness; (b) Fig: majesty, dignity. 2. no pl sovereignty (of a state). 'H ~ **s-**, comb.fm. sovereign (territory, rights etc.); H ~ **gewässer** npl, territorial waters. 'h ~ **svoll**, adj. dignified, majestic. 'H ~ **szeichen**, n -s/- national emblem/insignia.

höher ['hø:ər], adj. (comp. of **hoch**) higher; upper (branches, window etc.); superior (intelligence, rank etc.); **h ~ e Schule**, secondary school; **h ~ e Gewalt**, a higher power, Ins: Act of God; adv. **immer h.**, higher and higher, up and up; Fig: **j-s Herz h. schlagen lassen**, to make s.o.'s heart beat faster.

hohl [ho:l]. I. adj. hollow; Fig: dull (sound); Pej: empty (phrase etc.); **h ~ e Augen**, sunken/deepset eyes; **die h ~ e Hand**, the hollow of one's hand; **die Hände h. machen**, to cup one's hands. II. 'H ~ -, comb.fm. (a) hollow (body etc.); H ~ **raum** m, hollow space, cavity; (b) (konkav) concave (surface, mirror etc.). 'H ~ **heit**, f -/ no pl hollowness; Fig: emptiness. 'H ~ **kopf**, m -es/ᵉe numbskull. 'H ~ **maß**, n -es/-e measure of capacity; dry measure. 'h ~ **wangig**, adj. hollow-cheeked. 'H ~ **weg**, m -(e)s/-e narrow defile; sunken lane.

Höhl|e ['hø:lə], f -/-n (a) cave; (Schacht) pothole; (für Tiere) burrow, lair; (also Fig: (Unterschlupf) den; Pej: **in einer elenden H. wohnen**, to live in a wretched hovel; (b) Anat: cavity. 'H ~ **en-**, comb.fm. cave (painting etc.); H ~ **bewohner** m, cavedweller; H ~ **mensch** m, caveman. 'H ~ **enforscher**, m -s/- speleologist. 'H ~ **enforschung**, f -/no pl speleology. 'H ~ **ung**, f -/-en cavity, hollow.

Hohn [ho:n], m -(e)s/no pl scorn, disdain; (Spott) mockery, derision; **das ist (ja) der rein(st)e H.**, it's utterly derisory. 'H ~ **gelächter**, n -s/no pl derisive/scornful laughter. 'H ~ **lächeln**, n -s/ no pl sneer; smile of derision. 'H ~ **ruf**, m -(e)s/-e jeer.

höhnisch ['høːniʃ], *adj.* scornful; (*spöttisch*) derisive.

Hokuspokus [hoːkusˈpoːkus], *m* -/no pl hocus-pocus; *int. F:* hey presto!

hold [hɔlt], *adj.* (*a*) *Poet:* charming, demure; (*b*) *usu. Hum:* das Glück war ihnen h./nicht h., fortune smiled/did not smile on them.

holen ['hoːlən], *v.tr.* (*a*) to fetch (s.o., sth.); to go for (bread, potatoes etc.); (*abholen*) to collect (s.o., rubbish etc.); (*rufen*) to call (the doctor, police, plumber etc.); j-n h. kommen, to come for s.o.; j-n h. lassen, to send for s.o.; bei ihm ist nichts/nicht viel zu h., you'll get nothing/you won't get much out of him; sich *dat* Anregungen, Erlaubnis, Hilfe, Rat usw. (bei j-m) h., to get ideas, permission, help, advice etc. (from s.o.); *F:* hol's der Teufel! blast it! (*b*) (*gewinnen*) sich *dat* den ersten Preis/Platz h., to come away with the first prize/place; (*zuziehen*) sich *dat* eine Erkältung, die Grippe usw. h., to catch a cold, the flu etc.

Holl|and ['hɔlant]. *Pr.n.n* -s. *Geog:* Holland; the Netherlands. 'H ~ änder [-lɛndər], *m* -s/- 1. Dutchman; die H., the Dutch (people). 2. (*H ~ käse*) Dutch cheese. 'H ~ änderin, *f* -/-nen Dutchwoman. 'h ~ ändisch. I. *adj.* Dutch. II. H., *n* -(s)/no pl Ling: Dutch.

Höll|e ['hœlə], *f* -/occ -n hell; *F:* j-m die H. heiß machen, to give s.o. hell; da ist die H. los, all hell is let loose. 'H ~ en-, *comb.fm. F:* infernal (heat, noise etc.); hellish (thirst etc.); H ~ qual *f,* hellish torment; H ~ lärm *m,* infernal din; eine H ~ angst haben, to be scared to death. 'h ~ isch, *adj.* infernal (region, *F:* noise etc.); *F:* hellish (job, row etc.); devilish, fiendish (cunning, task etc.); *adv. F:* ich muß h. aufpassen, I have to be hellishly careful.

holp|ern ['hɔlpərn], *v.i.* (*haben/sein*) (*Fahrzeug*) to jolt, bump. 'h ~ (e)rig, *adj.* bumpy.

holterdiepolter ['hɔltərdiˈpɔltər], *adv.* helter-skelter.

Holunder [hɔˈlundər], *m* -s/- *Bot:* elder. H ~ beere, *f* -/-n elderberry.

Holz [hɔlts]. I. *n* -es/⁻er wood; (*Bauh.*) timber; aus H., wooden; H. fällen, to fell trees/timber; *Fig:* aus anderem/härterem H. geschnitzt sein, to be made of different/of sterner stuff; *F:* auf H. klopfen, to touch wood; *Mus:* das H., the woodwind. II. 'H ~ -, *comb.fm.* (*a*) (*aus H. bestehend*) of wood; (*vom H.*) wood (fibre, wool etc.); (*für H.*) wood (drill, screw etc.); H ~ block/H ~ klotz *m,* block of wood; H ~ stapel/H ~ stoß *m,* pile of wood, wood pile; H ~ bearbeitung *f,* woodworking; H ~ maserung *f,* wood grain; H ~ fäller *m,* wood-cutter, *N.Am:* lumberjack; H ~ schliff *m,* wood pulp; H ~ späne *mpl,* wood shavings; H ~ schnitt *m,* woodcut; H ~ schnitzer *m,* woodcarver; H ~ schnitzerei *f,* woodcarving; H ~ wurm *m,* woodworm; (*b*) (*aus H. gemacht*) wooden (bridge, house, spoon etc.); H ~ brett *n,* wooden plank, plank of wood; H ~ gerüst *n,* wooden scaffolding; H ~ kiste *f,* wooden crate; H ~ nagel/H ~ pflock/H ~ stift *m,* wooden peg; H ~ perle *f,* wooden bead; H ~ schuh *m,* wooden shoe, clog; H ~ schuppen *m,* wooden shed; (*für Holz*) woodshed; H ~ tafel *f,* wooden panel; H ~ täfelung *f,* wood(en) panelling;

H ~ waren *fpl,* wooden articles; (*c*) *Com: Constr:* timber (trade etc.); H ~ bau *m,* timber/wooden structure; H ~ lieferant *m,* timber merchant; H ~ lager *n*/H ~ platz *m,* wood/timber yard. 'H ~ apfel, *m* -s/⁻ *Bot:* crab apple. 'H ~ bläser, *m* -s/- *Mus:* woodwind player; *pl* woodwind. 'H ~ blasinstrument, *n* -(e)s/-e *Mus:* woodwind instrument. H ~ e'rei, *f* -/-n *F: Fb:* rough play. 'H ~ faserplatte, *f* -/-n *Constr:* fibreboard. 'H ~ feuer, *n* -s/- log fire. 'H ~ hammer *m* -s/- mallet. H ~ hammer-methode, *f* -/no pl sledgehammer tactics. 'h ~ ig, *adj.* woody. 'H ~ kohle, *f* -/-n charcoal. 'H ~ kohlengrill, *m* -s/-s charcoal grill. 'H ~ kopf, *m* -(e)s/⁻e *F:* blockhead; clot. 'H ~ scheit, *m* -(e)s/-e log. 'H ~ schlag, *m* -(e)s/⁻e (*a*) *no pl* tree-felling; (*b*) clearing. 'H ~ spanplatte, *f* -/-n chipboard. 'H ~ weg, *m F:* auf dem H. sein, to be on the wrong track/barking up the wrong tree.

hölzern ['hœltsərn], *adj.* wooden.

Homo ['hoːmo], *m* -s/-s *F:* (*Homosexueller*) queer. **h ~ gen** [-ˈgeːn], *adj.* homogeneous. **h ~ geni'sieren,** *v.tr.* to homogenize (milk etc.). **H ~ sexuali'tät,** *f* -/no pl homosexuality. **h ~ sexu'ell,** *adj.* homosexual; ein H ~ er, a homosexual.

Homöopath [homœoˈpaːt], *m* -en/-en *Med:* homœopath.

Honig ['hoːniç], *m* s/-e honey. 'H ~ kuchen, *m* -s/- honeycake; (*mit Ingwer*) gingerbread. 'H ~ lecken, *n F:* das ist kein H., it's no picnic. 'H ~ wabe, *f* -/-n honeycomb.

Honor|ar [honoˈraːr], *n* -s/-e fee (for professional services); *Pub:* royalty. H ~ atioren [honoratsiˈoːrən], *pl* (local) dignitaries, notables. h ~ ieren [-ˈriːrən], *v.tr.* (*a*) to pay (s.o.) a fee; to pay a fee for (sth.); *Fig:* (*belohnen*) to reward (an achievement etc.); (*b*) *Fin:* to honour (a bill, debt etc.).

Hopfen ['hɔpfən], *m* -s/- *Bot:* hop, *Agr:* coll. hops; *Fig:* bei ihm ist H. und Malz verloren, he is a hopeless case.

hopp [hɔp], *int. F:* quick! look sharp! 'h ~ la, *int.* mind! careful!

hops|a(sa) ['hɔpsa(sa)], *int.* ups-a-daisy! 'h ~ en, *v.i.* (*sein*) *F:* to hop, skip. 'H ~ er, *m* -s/- *F:* hop. 'h ~ gehen, *v.i.sep.irr.36* (*sein*) *P:* to go west; (*Pers.*) to kick the bucket. 'h ~ nehmen, *v.tr.sep.irr.69 F:* to nab (a criminal).

hör|bar ['høːrbaːr], *adj.* audible; (*in Hörweite*) within earshot. 'H ~ barkeit, *f* -/no pl audibility. 'H ~ bereich, *m* -(e)s/-e audible range. 'h ~ en, *v.tr.&i.* (*haben*) (*a*) to hear (s.o., sth., well, badly etc.); schlecht h., to be hard of hearing; man hört an der Stimme, daß . . ., you can hear/tell from his voice that . . .; hör mal, du mußt vorsichtiger sein, look here, you really must be more careful; *int.* hört! hört! hear! hear! (*b*) (*anhören*) to listen to (a concert, lecture, *Rad:* programme etc.); Radio h., to listen to the radio; auf j-n/j-s Rat h., to listen to s.o.'s advice; sie hört auf den Namen Anna, she answers to the name of Anna; er will absolut nicht h., (i) he refuses to listen; (ii) he is very disobedient; *F:* das läßt sich h.! now you're talking! (*c*) wie ich höre, ist er verreist, I gather/

understand that he is away; **er wollte nichts davon gehört haben,** he denied all knowledge of it; **er läßt nichts von sich h.,** he hasn't written/ got in touch; (*d*) *F:* **etwas von j-m zu h. bekommen,** to be told off by s.o.; **Sie werden noch von mir h.!** you'll be hearing further from me on the subject. 'H ~ **ensagen,** *n* vom H., by hearsay. 'H ~ **er,** *m -s/-* 1. (*a*) listener; **die H.,** the audience; (*b*) *Univ:* student (at a lecture). 2. *Tel:* receiver. 'H ~ **erkreis,** *m -es/-e/*'H ~ - **erschaft,** *f -/-en* audience; *Rad:* listeners. 'H ~ **fehler,** *m -s/-* (*a*) mistake due to mishearing; (*b*) *Med: F.* hearing defect. 'H ~ **folge,** *f -/-n* radio serial. 'H ~ **funk,** *m -s/no pl* sound broadcasting. 'H ~ **gerät,** *n -(e)s/-e* hearing aid. '**h ~ ig,** *adj.* j-m, etwas dat **h. sein,** to be enslaved by s.o., sth.; *Fig:* **er ist ihr h.,** he is in her thrall. 'H ~ **ige(r),** *m decl. as adj. Hist:* bondsman, serf. 'H ~ **igkeit,** *f -/no pl Hist:* & *Fig:* bondage. 'H ~ **muschel,** *f -/-n Tel:* earpiece. 'H ~ **rohr,** *n -(e)s/-e* ear trumpet. 'H ~ **saal,** *m -(e)s/-säle Univ:* lecture hall. 'H ~ - **schärfe,** *f -/no pl* acuteness/keenness of hearing. 'H ~ **spiel,** *n -(e)s/-e* radio play. 'H ~ - **weite,** *f -/-n* range of audibility; **in/außer H.,** within/out of earshot.

horch|en ['hɔrçən], *v.i.* (**haben**) to listen (**auf j-n,** etwas *acc,* for s.o., sth.); **angespannt h.,** to strain one's ears; **heimlich h.,** to eavesdrop. 'H ~ **er(in),** *m -s/- (f -/-nen)* eavesdropper.

Horde ['hɔrdə], *f -/-n* horde; *Pej:* mob.

Horizont [hori'tsɔnt], *m -(e)s/-e* (*a*) horizon; skyline; (*b*) *Fig:* **einen beschränkten H. haben,** to have a narrow outlook; **das geht über meinen H.,** that's beyond me. **h ~ al** ['-'ta:l], *adj.* horizontal. H ~ **ale,** *f -/-n* horizontal (line/plane).

Hormon [hɔr'mo:n], *n -s/-e* hormone.

Horn [hɔrn], *n -(e)s/-er* (*a*) horn; (*Stier usw.*) j-m **auf die H̃ er nehmen,** to toss s.o.; *Fig:* **sich** *dat* **die H̃ er abstoßen,** to sow one's wild oats; (*b*) *Mus: Aut:* horn; (*Jagdh.*) hunting horn; *Mil:* bugle. 'H ~ **brille,** *f -/-n* horn-rimmed spectacles. 'H ~ **haut,** *f -/-e Anat:* cornea. H ~ **ist** [hɔr'nist], *m -en/-en* (*a*) horn-player; (*b*) *Mil:* bugler. 'H ~ **ochse,** *m -n/-n P:* clot, dolt; *N.Am:* clod. 'H ~ **vieh,** *n -s/no pl* horned cattle.

Hörn|chen ['hœrnçən], *n -s/-* small horn; *Cu:* croissant.

Hornisse [hɔr'nisə], *f -/-n Ent:* hornet.

Horoskop [horo'sko:p], *n -s/-e* horoscope.

horrend [hɔ'rɛnt], *adj.* outrageous, horrendous.

Horror ['hɔrɔr], *m -s/no pl* dread (**vor** + *dat,* of).

Horst ['hɔrst], *m -(e)s/-e* eagle's nest; eyrie.

Hort ['hɔrt], *m -(e)s/-e* (*a*) *Poet:* hoard; (*Schatz*) treasure; (*b*) *Lit:* (*Zuflucht*) refuge; (*c*) (*Kinderh.*) children's home. '**h ~ en,** *v.tr.* to hoard (sth.); to stockpile (arms etc.).

Hortensie [hɔr'tɛnziə], *f -/-n Bot:* hydrangea.

Hose ['ho:zə], *f -/-n Cl:* (pair of) trousers, *N.Am:* pants; (*Reith.*) (riding) breeches; (*Unterh.*) pants, *N.Am:* underpants; (*für Frauen*) knickers; **ein Paar neue 'H ~ n/eine neue H.,** a new pair of trousers; *F:* **in die H./ H ~ n machen,** to dirty one's pants; *Fig:* **sie hat die H ~ n an,** she wears the trousers; *F:* **j-m die H ~ n stramm ziehen,** to give s.o. a good hiding; **die H ~ n vollkriegen,** to get a good hiding; *P:* **die H ~ n voll haben,** to be in a blue funk. 'H ~ **n-,**

comb.fm. trouser (leg, button, seam, pocket, etc.); H ~ **anzug** *m,* trouser suit; H ~ **aufschlag** *m,* trouser turnup/*N.Am:* cuff; H ~ **boden** *m* (trouser) seat; *Cy:* H ~ **klammer** *f,* trouser clip; H ~ **schlitz** *m,* (trouser) fly; H ~ **spanner** *m,* trouser press. 'H ~ **nbund,** *m -(e)s/-e* waistband. 'H ~ **nlatz,** *m -es/-e* bib. 'H ~ **nrock,** *m -(e)s/-e* divided skirt; culotte. 'H ~ **nträger,** *mpl* braces; *N.Am:* suspenders.

Hospital [hɔspi'ta:l], *n -s/-s &* '-er (small) hospital; infirmary. **h ~ isieren** [-tali'si:rən], *v.tr.* to hospitalize (s.o.). H ~ **i'sierung,** *f -/no pl* hospitalization

Hospiz [hɔs'pi:ts], *n -es/-e* hospice.

Hostess/Hosteß [hɔs'tɛs], *f -/-ssen* hostess; *Av:* air hostess; *esp. N.Am:* stewardess.

Hostie ['hɔstiə], *f -/-n Ecc:* host; (consecrated) wafer.

Hotel [ho'tɛl], **I.** *n -s/-s* hotel. **II.** H ~ -, *comb.fm.* hotel (guest, porter etc.); H ~ **direktor** *m,* hotel manager, H ~ **fach/H ~ gewerbe** *n,* hotel trade. H ~ **fachschule,** *f -/-n* college of hotel management. H ~ **schiff,** *n -(e)s/-e* floating hotel.

Hub [hu:p], *m -(e)s/-e* **1.** *no pl* lifting. **2.** *I.C.E:* travel (of a piston); stroke (of an engine). 'H ~ **kraft,** *f -/no pl* lifting capacity. 'H ~ **raum,** *m -(e)s/-e I.C.E:* (cylinder) capacity. 'H ~ **schrauber,** *m -s/- Av:* helicopter. 'H ~ **stapler,** *m -s/- Ind:* fork-lift truck.

hübsch [hypʃ], *adj.* **1.** pretty, (*anziehend*) attractive (girl, tune etc.); handsome, good-looking (boy, man, etc.); *F:* nice (evening, house etc.); **sich h. machen,** to smarten oneself up; *Hum: F:* **na, ihr H ~ en!** well, my lovelies! *adv.* **sie spielt ganz h.,** she plays quite nicely. **2.** *Iron: F:* **eine h ~ e Geschichte,** a fine mess; **das kann ja h. werden!** this may turn pretty nasty. **3.** *F:* (*a*) (*betrachtlich*) tidy (sum etc.); **eine h ~ e Strecke,** *adv.* **h. weit,** quite a distance; **ein h ~ es Stück Geld,** a pretty penny; *adv.* **h. kalt,** jolly cold; (*b*) *adv.* **immer h. langsam!** take it nice and slowly! **das wollen wir h. bleiben lassen,** we'll leave that well alone; **sei h. brav!** be a really good boy/girl!

Hucke ['hukə], *f -/-n F:* **j-m die H. vollhauen,** to give s.o. a sound thrashing; **j-m die H. vollügen,** to tell s.o. a pack of lies; '**h ~ pack,** *adv. F:* **j-n h. tragen/nehmen,** to give s.o. a piggyback, ride. 'H ~ **packverkehr,** *m -s/no pl Rail:* roll-on roll-off service; (*für Pkws*) motorail service.

hudeln ['hu:dəln], *v.i.* (**haben**) *South G: F:* to rush sth; (*bei der Arbeit*) to skimp one's work.

Huf [hu:f], *m -(e)s/-e* hoof. 'H ~ **eisen,** *n -s/-* horseshoe. 'H ~ **schlag,** *m -(e)s/-e* hoof-beat. 'H ~ **tier,** *n -(e)s/-e* hoofed animal.

Hüft- ['hyft-], *comb.fm.* hip (joint etc.); *Anat:* H ~ **bein** *n*/H ~ **knochen** *m,* hip-bone; *Cl:* H ~ **umfang** *m*/H ~ **weite** *f,* hip measurement. 'H ~ **e,** *f -/-n* hip. 'H ~ **gürtel/**'H ~ **halter,** *m -s/-* girdle. 'H ~ **hose,** *f -/-n Cl:* hipster trousers, *N.Am:* hip huggers 'H ~ **nerv,** *m -s/-en Anat:* sciatic nerve.

Hügel ['hy:gəl], *m -s/-* hill; (*Grabh. usw.*) mound. 'H ~ **grab,** *n -(e)s/-er Archeol:* tumulus. 'h ~ **ig,** *adj.* hilly. 'H ~ **kette,** *f -/-n* line/range of hills. 'H ~ **land,** *n -(e)s/-er* hill country. 'H ~ **landschaft,** *f -/-en* hilly landscape.

Huhn [hu:n], *n -(e)s/-er* chicken; (*weiblich*) hen;

H~er, *coll.* poultry; *F:* da lachen ja die H~er! it's enough to make a cat laugh! (*Pers.*) ver-rücktes H., crazy coot, *N.Am:* screwball.

Hühn|chen ['hy:nçən], *n* -s/- pullet; (*Küken*) chick; *F:* mit j-m ein H. zu rupfen haben, to have a bone to pick with s.o. 'H~er-, *comb.fm.* (a) chicken (broth, fricassée, liver etc.); hen (house etc.); H~futter *n*, chicken feed; H~klein *n*, chicken giblets; H~schlegel *m*, chicken leg; H~ei *n*, hen's egg; H~stall *m*, hencoop; H~stange *f*, hen roost; (b) (*Geflügel*) poultry (farm etc.); H~zucht *f*, poultry breeding/farming. 'H~erauge, *n* -s/-n *Med:* corn. 'H~erbrust, *f* -/-ᵉe (a) *Cu:* chicken breast; (b) *Med:* & *Pej:* pigeon-chest.

hui [huj], *int.* whoosh!

huldig|en ['huldigən], *v.i.* (*haben*) *Lit:* j-m, etwas *dat* h., to pay homage/tribute to s.o., sth.; *esp. Iron:* einer Mode h., to embrace a fashion. 'H~ung, *f* -/-en *Lit:* tribute, homage.

Hülle ['hylə], *f* -/-n (a) cover; (*Verpackung*) wrapping(s); (sweet etc.) wrapper; (*Umschlag*) folder (for documents etc.); case (for a ticket, identity card); sheath (of a blade); (record) sleeve; schützende H., protective covering/ (*Schicht*) layer; *Hum:* die H~n abstreifen, to strip off (one's clothes); (b) *Lit:* sterbliche H., mortal remains; (c) *F:* in H. und Fülle, in abundance. 'h~n, *v.tr.* to wrap (s.o., sth.) (in etwas *acc*, in sth.); in Dunkel/Nebel gehüllt, shrouded in darkness/mist; *Fig:* sich in Schwei-gen h., to withdraw into silence.

Hülse ['hylzə], *f* -/-n (a) *Bot:* (pea, seed etc.) pod; (rice etc.) husk; (b) (*Behälter*) case, tube. 'H~nfrüchte, *fpl* pulse.

human [hu'ma:n], *adj.* humane. H~ist(in) [-ma'nist(in)], *m* -en/-en (*f* -/-nen) 1. *Phil:* humanist. 2. *Sch:* classicist; classical scholar. h~istisch [-ma'nistiʃ], *adj.* 1. *Phil:* humanist. 2. *Sch:* classical (education etc.). h~itär [-ni'tɛ:r], *adj.* humanitarian. H~ität [-ni'tɛ:t], *f* -/no pl humanity; humaneness.

Hummel ['huməl], *f* -/-n *Ent:* bumble-bee.

Hummer ['humər], *m* -s/- lobster. 'H~-schere, *f* -/-n lobster's claw.

Humor [hu'mo:r], *m* -s/no pl humour; (Sinn für) H. haben, to have a sense of humour; *Iron:* der hat ja (vielleicht) H.! he must be joking! H~eske [-mo'rɛskə], *f* -/-n 1. *Mus:* hum-oresque. 2. (*Erzählung*) humorous sketch. H~ist [-'rist], *m* -en/-en 1. humorist. 2. *Th:* entertainer; (*Komiker*) comedian. h~istisch [-'ristiʃ], *adj.* humorous (writings etc.). h~los, *adj.* humourless. h~voll, *adj.* humorous.

humpeln ['humpəln], *v.i.* (a) (*haben*) to limp; (b) (*sein*) to hobble (somewhere).

Humpen ['humpən], *m* -s/- tankard (with a lid).

Humus ['hu:mus], *m* -/no pl *Hort:* humus. 'H~boden, *m* -s/no pl topsoil.

Hund [hunt], *m* -(e)s/-e 1. (a) dog; (*Jagdh.*) hound; junger H., puppy; *F:* er ist bekannt wie ein bunter H., he is known all over the place; sie leben wie H. und Katze, they are constantly going at one another; auf den H. kommen, to go to pot/the dogs; er ist gesundheitlich auf dem H., his health is ruined; vor die H~e gehen, to die a miserable death; (*verkommen*) to go to

the dogs; da liegt der H. begraben, there you have it. 2. *P:* (*Pers.*) chap, type; du armer H., you poor bastard; *Pej:* fauler H., lazy dog. 'H~e-[-də-], *comb.fm.* (a) dog's (tail, *F:* life etc.); dog (bite, breeding etc.); *Z:* canine (feature); H~schnauze *f*, dog's nose/muzzle; H~marke *f*; dog's identity tag; H~art/H~rasse *f*, breed of dog; (b) (*für Hunde*) dog (food, whip, racing etc.); H~ausstellung *f*, dog show; H~hals-band *n*, dog collar; H~kuchen *m*, dog biscuit; H~leine *f*, (dog) lead, *N.Am:* leash; H~steuer *f*, dog licence (fee); (c) *F:* dreadful, miserable (job, weather etc.); H~kälte *f*, miserably cold spell; H~lohn *m*, miserable pittance; *P:* H~fraß, *m*, terrible food. 'h~eelend, *adj.* mir ist h., I feel rotten. 'H~ehütte, *f* -/-n kennel, *N.Am:* doghouse. 'h~emüde, *adj. F:* dog-tired. 'H~enarr, *m* -en/-en er ist ein H., he's mad about dogs. 'H~ezwinger, *m* -s/- kennel (for hounds). 'h~serbärmlich, *adj. F:* lousy. 'h~sgemein, *adj. P:* filthy, low-down. 'h~smiserabel, *adj. P:* lousy. 'H~stage, *mpl* dog-days, high summer.

hundert ['hundərt]. I. *num.adj.* a/one hundred; einige h. Mark, several hundred marks; eins zu h., a hundred to one. II. H. I. *n* -s/-(e) hundred; mehrere H. Bücher, several hundred books; H~e von Menschen, hundreds of people; sie kamen zu H~en, they came in their hundreds. 2. *f* -/-en (figure) hundred. 'H~er, *m* -s/- *F:* (a) (*Zahl*) hundred; (b) (*Schein*) hundred mark note. h~erlei, *adv. F:* (of) a hundred dif-ferent kinds; ich habe h. zu tun, I've got a hundred and one things to do. 'h~fach, *adj.* a hundredfold; *adv.* a hundred times over. H~'jahrfeier, *f* -/-n centenary (celebration). 'h~jährig, *adj.* a hundred years old; ein H~er, a centenarian; h~es Bestehen, centenary. 'h~mal, *adv.* a hundred times. H~'me-terlauf, *m* -(e)s/-ᵉe *Sp:* hundred metres. 'h~-prozentig, *adj.* a hundred per cent (alcohol, *F:* profit, certainty, success etc.); complete, total (support); out-and-out (victory, intellectual); dead reliable (party member etc.). 'h~ste(r,s), *num.adj.* hundredth; bei unserem Gespräch kamen wir vom H~n ins Tausendste, in our con-versation one thing led to another. 'H~stel, *n* -s/-hundredth (part). 'h~'tausend, *adj.* a/one hundred thousand.

Hünd|in ['hyndin], *f* -/-nen bitch. 'h~isch, *adj.* dog-like (devotion etc.); adoring (look).

Hüne ['hy:nə], *m* -n/-n giant. H~ngrab, *n* -(e)s/-ᵉer megalithic tomb. 'h~nhaft, *adj.* gigantic.

Hunger ['huŋər], *m* -s/no pl hunger (auf etwas *acc*, for sth.); H. haben, to be hungry; an/vor H. sterben, to die of starvation; *F:* ich sterbe vor H., I'm starving. 'H~künstler, *m* -s/- (*also Hum:*) professional starver. H~lohn, *m* -(e)s/-ᵉe starvation wage; miserable pittance. 'h~n, *v.tr. & i.* (*haben*) to suffer from hunger, starve; (*fasten*) to fast; sich zu Tode h., to starve to death; *Fig:* nach etwas *dat* h., to have a craving for sth. 'H~snot, *f* -/-ᵉe famine. 'H~tod, *m* -(e)s/-ᵉe (death from) starvation. 'H~tuch, *n Hum:* am H. nagen, to be on the breadline.

hungrig ['huŋriç], *adj.* hungry (nach + *dat* for).

Hup|e ['hu:pə], *f* -/-n *Aut:* horn. ´**h ~ en**, *v.i.* (*haben*) to hoot, *N.Am* honk. ´**H ~ konzert**, *n* -(e)s/-e *Aut: Hum:* (chorus of) furious hooting/*N.Am:* honking. ´**H ~ signal**, *n* -s/-e *Aut:* hoot/*N.Am:* honk.

hüpf|en ['hypfən], (*also South G:* **hupfen** ['hupfən]). **I.** *v.i.* (*sein*) to hop; (*Ball*) to bounce; *Fig:* **das Herz hüpfte ihr vor Freude**, her heart jumped for joy; **das ist gehüpft/gehupft wie gesprungen**, it comes to exactly the same thing. **II. H ~ ,** *n* -s/*no pl* hopping; **H. spielen**, to play hopscotch. ´**H ~ er**, *m* -s/- hop. ´**H ~ seil**, *n* -(e)s/-e skipping/*N.Am:* jump rope. ´**H ~ spiel**, *n* -(e)s/-e hopscotch.

Hürde ['hyrdə], *f* -/-n **1.** *Sp: etc:* hurdle; (*also Fig:*) **eine H. nehmen**, to clear a hurdle. **2.** fold, pen (for sheep etc.). ´**H ~ nlauf**, *m* -(e)s/=e *Sp:* hurdlerace; **H. über 200 Meter**, 200 metres hurdles. **H ~ nläufer**, *m* -s/- *Sp:* hurdler.

Hure ['hu:rə], *f* -/-n *Pej:* whore, *F:* tart. ´**h ~ n**, *v.i.* (*haben*) (*Mann*) to sleep around/with prostitutes; (*Frau*) to whore. ´**H ~ nviertel**, *n* -s/- red-light district.

hurra [hu'ra:]. **I.** *int.* hurra(h), hurray. **II. H.**, *n* -s/-s cheer, (cheer of) hurray; **ein dreifaches H.**, three cheers. **H ~ patriotismus**, *m* -/*no pl Pej:* flagwaving, chauvinism. **H ~ rufe**, *mpl* cheers.

Husar [hu'za:r], *m* -en/-en *Mil.Hist:* hussar. **H ~ enstreich**, *m* -(e)s/-e *Mil:* (daring) surprise attack.

husch [huʃ], *int. F:* quick! **h., weg war er**, he was gone in a flash. ´**h ~ en**, *v.i.* (*sein*) to dart; (*kleine Tiere*) scamper, scurry; (*Schatten, Lächeln*) to flit (**über** + *acc*, across).

hüsteln ['hy:stəln], *v.i.* (*haben*) to give a slight cough, clear one's throat.

husten ['hu:stən]. **I.** *v.* **1.** *v.i.* (*haben*) to cough. **2.** *v.tr.* to cough (up) (blood etc.); *F:* **dem werde ich was h.!** he can get lost! **II. H.**, *m* -s/*no pl* cough. ´**H ~ anfall**, *m* -(e)s/=e fit of coughing. ´**H ~ bonbon**, *n* -s/-s cough sweet/*N.Am:* drop. ´**H ~ mittel**, *n* -s/- cough remedy/(*flüssig*) syrup. ´**H ~ reiz**, *m* -es/-e irritation in the throat. ´**H ~ saft**, *m* -(e)s/=e cough syrup.

Hut¹ [hu:t]. **I.** *m* -(e)s/=e (*a*) hat; *also Fig:* **vor j-m den H. ziehen**, to take off one's hat to s.o.; *F:* **H. ab!** well done! (*b*) *Fig:* **verschiedene Interessen usw. unter einen H. bringen**, to reconcile different interests etc.; *F:* **das kannst du dir an den H. stecken**, you can keep it; **da geht einem der H. hoch**, it makes your blood boil; (*b*) *Bot:* cap (of a mushroom). **II.** ´**H ~ -**, *comb.fm.* hat (-band, shop etc.); **H ~ krempe** *f*, brim of a hat; **H ~ ständer** *m*, hat stand. ´**H ~ macher**, *m* -s/- hatter. ´**H ~ macherin**, *f* -/-nen milliner.

Hut², *f* -/*no pl* **1.** *Lit:* care, (*Schutz*) protection. **2. auf der H. sein**, to be on one's guard.

hüt|en ['hy:tən], *v.tr.* (*a*) to guard, watch over (s.o., sth.); (*schützen*) to protect (sth.) (**vor** + *dat*, from); to keep (a secret); (*aufpassen auf*) to look after, mind (a child, animals, the shop etc.); to tend (the fire); (*b*) **das Bett/Haus h. müssen**, to have to stay in bed/indoors; (*c*) **sich vor j-m, etwas** *dat* **h.**, to be on one's guard against s.o., sth.; to beware of s.o., sth.; **sich h., etwas zu tun**, to take care not to do sth.; **hüte dich, es ihm zu sagen**, mind you don't tell him (whatever you do); *F:* **gehst du hin?—ich werde mich h.**, are you going?—not on your life! ´**H ~ er**, *m* -s/- guardian, protector; *Hum:* **H. des Gesetzes**, custodian/*F:* arm of the law.

Hütte ['hytə], *f* -/-n **1.** hut; *N.Am:* (*Blockh.*) log cabin; *Pej:* shack, shanty; *Hunt:* (*Jagdh.*) hunting lodge; *Constr: Agr: etc:* (*für Geräte*) shed. **2.** *Ind: Metalw:* foundry; (*ganze Anlage*) iron and steel works. ´**H ~ n-**, *comb.fm.* foundry (worker etc.); iron and steel (plant, industry, works). ´**H ~ nkäse**, *m* -s/- cottage cheese.

Hyäne [hy'ɛ:nə], *f* -/-n *Z:* hyena.

Hyazinthe [hya'tsintə], *f* -/-n *Bot:* hyacinth.

hybrid [hy'bri:t], *adj.* hybrid. **H ~ e** [-'bri:də], *f* -/-n *Bot:* hybrid.

Hydrant [hy'drant], *m* -en/-en hydrant.

Hydraul|ik [hy'draulik], *f* -/*no pl Ph:* hydraulics. **h ~ isch**, *adj.* hydraulic (brake etc.).

hydroelektrisch [hydroe'lɛktriʃ], *adj.* hydroelectric.

Hygien|e [hygi'e:nə], *f* -/*no pl* hygiene. **h ~ isch**, *adj.* hygienic.

Hymne ['hymnə], *f* -/-n *Ecc: & Lit:* hymn; (*Nationalh.*) national anthem.

hypermodern [hypərmo'dɛrn], *adj.* ultramodern.

Hypno|se [hyp'no:zə], *f* -/-n hypnosis. **h ~ tisch**, *adj.* hypnotic. **H ~ tiseur** [-noti'zø:r], *m* -s/-e hypnotist. **h ~ tis'ieren**, *v.tr.* to hypnotize (s.o., an animal). **H ~ 'tismus**, *m* -/*no pl* hypnotism.

Hypochond|er [hypo'xondər], *m* -s/- hypochondriac. **H ~ rie** [-'dri:], *f* -/*occ* -n hypochondria. **h ~ risch** [-'xondriʃ], *adj.* hypochondriac.

Hypotenuse [hypote'nu:zə], *f* -/-n *Mth:* hypotenuse.

Hypothek [hypo'te:k], *f* -/-en mortgage. **h ~ arisch** [-e'ka:riʃ], *adv.* **h. belastet**, mortgaged. **H ~ enbrief**, *m* -(e)s/-e mortgage deed.

Hypoth|ese [hypo'te:zə], *f* -/-n hypothesis. **h ~ etisch**, *adj.* hypothetical.

Hyster|ie [hystɛ'ri:], *f* -/-n hysteria. **h ~ isch** [hys'te:riʃ], *adj.* hysterical; **h ~ er Anfall**, (fit of) hysterics.

I

I, i [i:]. **I.** *n* -/- (the letter) I, i. **II.** *int.* **i. bewahre!** heavens! goodness! **i wo!** not likely!

Iber|ien [i'be:riən]. *Pr.n.n* -s. *Geog:* Iberia. **i ~ isch,** *adj.* Iberian.

ich [iç]. **I.** *pers. pron.* I; **i. selbst,** I myself; **i. bin's,** it's me; **Menschen wie du und i.,** people like you and me; **i. Esel/Idiot!** fool that I am! **II. Ich,** *n* -s/*no pl* self; *esp. Psy:* ego; **mein anderes I.,** my other self/*Psy:* alter ego. **'ichbezogen,** *adj.* egocentric, self-centred. **'Ich-Erzählung,** *f* -/-en first-person narrative. **'Ichform,** *f* -/-en *Gram:* first person (singular).

IC-Zug [i:'tse:tsu:k], *m* -(e)s/*̈-e Rail:* inter-city train.

ideal [ide'a:l]. **I.** *adj.* ideal; **i~er Gesichtspunkt,** idealistic/theoretical viewpoint. **II. I.,** *n* -s/-e ideal; **das I. eines Gatten,** an ideal husband. **I ~ fall/I ~ zustand,** *m* -(e)s/*̈-e* ideal case; **im I.,** ideally. **i ~ isieren** [-ali'zi:rən], *v.tr.* to idealize (s.o., sth.). **I ~ ismus** [-'lismus], *m* -/*no pl* idealism. **I ~ ist(in)** [-'list(in)], *m* -en/-en (*f* -/-nen) idealist. **i ~ istisch** [-'listiʃ], *adj.* idealistic.

Idee [i'de:]. *f* -/-n (*a*) idea; **fixe I.,** obsession; **die I. der Freiheit,** the concept of freedom; **wie kamst du auf diese I.?** what made you think of that? (*b*) *F:* **eine I. heller, lauter usw.,** a shade lighter, louder etc.; **eine I. zuviel/zu kurz,** slightly too much/too short. **i ~ ll** [ide'ɛl], *adj.* theoretical (viewpoint etc.); notional (value, need etc.). **I ~ n-** [i'de:ən-], *comb.fm.* (association, exchange etc.) of ideas; **I~fülle** *f*/ **I~reichtum** *m,* wealth of ideas; **i~arm/ i~reich,** lack'ng/rich in ideas. **I ~ ngehalt,** *m* -(e)s/ *no pl* thought content.

ident|ifizieren [idɛntifi'tsi:rən], *v.tr.* to identify (s.o., sth.); **sich i. mit** + *dat,* to identify with (a cause, *Th:* a part etc.). **I~ifi'zierung,** *f* -/-en identification. **i ~ isch** [i'dɛntiʃ], *adj.* identical (**mit** + *dat,* with). **I ~ i'tät,** *f* -/-en identity. **I~i'tätsnachweis,** *m* -es/-e proof of identity.

Ideolog|ie [ideolo'gi:], *f* -/-n ideology. **i ~ isch** [-'lo:giʃ], *adj.* ideological.

Idiom [idi'o:m], *n* -s/-e idiom; (*Sprache einer Region*) vernacular. **i~atisch** [-o'ma:tiʃ], *adj.* idiomatic.

Idiosynkrasie [idiozynkra'zi:], *f* -/-n *Med: Psy:* allergy; **eine I. gegen etwas** *acc* **haben,** to be allergic to sth.

Idiot|(in) [idi'o:t(in)], *m* -en/-en (*f* -/-nen) idiot. **I ~ ie** [-'ti:], *f* -/-n *Med: & F:* idiocy. **i~isch** [-'o:tiʃ], *adj.* idiotic. **I ~ ismus** [-'tismus], *m* -/-men *Ling:* idiom.

Idol [i'do:l], *n* -s/-e idol.

Idyll [i'dyl], *n* -s/-e/-l ~ e, *f* -/-n idyll. **i ~ isch,** *adj.* idyllic.

Igel ['i:gəl], *m* -s/- *Z:* hedgehog.

Iglu ['i:glu:], *m & n* -s/-s igloo.

Ignor|ant [igno'rant], *m* -en/-en ignoramus. **I ~ anz,** *f* -/*no pl* ignorance. **i ~ ieren,** *v.tr.* to ignore, take no notice of (s.o., sth.); **wir dürfen nicht i., daß . . .,** we must not overlook the fact that . . .

ihm [i:m], *pers. pron. dat. of* **er**/**es** (*a*) (+ *verb*) (to) him; (*Sache*) (to) it; **gib's i.,** give it to him; **wie geht es i.?** how is he? (*b*) (+ *prep.*) him, it; **von i.,** from him/it; (*sein Besitz*) his, its; **ein Freund von i.,** a friend of his.

ihn [i:n], *pers. pron. acc. of* **er,** him; (*Sache*) it. **ihnen** ['i:nən], *pers.pron. dat.pl. of* **er, sie & es** **1.** (to) them; **ich sagte es i.,** I told them; **zu/mit i.,** to/with them. **2. I.,** (*polite address*) (to) you; **wie geht es I.?** how are you?

ihr [i:r]. **I.** *pers.pron.* **1.** *dat. sing. f* (*a*) (+ *verb*) (to) her; (*Sache*) (to) it; **ich sagte es i.,** I told her; (*b*) (*with prep.*) her; (*Tier*) it; **von i.,** from her/it; (*ihr Besitz*) her, its; **ein Freund von i.,** a friend of hers. **2.** *nom.pl of* **du,** (*familiar*) you. **II.** *poss.pron.* **1.** her; (*Tier/Sache*) its; (*von mehreren*) their; **i~e(r, s)**/*Lit:* **der/die/das i~e,** her one, hers; (*Tier*) its one; (*von mehreren*) their one, theirs; **die i~en,** her/their nearest and dearest; **sie wird/sie werden das i ~ e tun,** she'll do her/they'll do their bit. **2. I.,** your; **I~e(r, s)**/*Lit:* **der/die das I~e,** your one, yours; *Corr:* **I. ergebener/I~e ergebene X,** yours sincerely X; **wie geht es den I~en?** how are your people? **'i ~ er,** *pers.pron.gen. Lit:* of her/them. **'i ~ erseits,** *adv.* on her/their/(I.) your part. **'i ~ esgleichen,** *pron.* **1.** her/(*Tier/Sache*) its/*pl* their kind; (*solche Leute*) people like that; **sie verkehrt nur mit i.,** she only mixes with her own kind; **eine Sache, die i. sucht,** something unparallelled/unequalled. **2. I.,** people like you, your sort. **'i ~ ethalben/'i ~ etwegen/** (**um**) **'i ~ etwillen,** *adv.* **1.** because of her/ (*Sache*) it/*pl* them; for her/its/their sake. **2. I.,** for your sake, because of you. **'i ~ ige,** *poss.pron.Lit:* **1. der/die/das i.,** hers, its; *pl* theirs. **2. der/die/das I.,** yours.

Ikone [i'ko:nə], *f* -/-n icon.

illeg|al ['ilega:l], *adj.* illegal; *Pol:* **i. werden,** to go underground. **I ~ ali'tät,** *f* -/-en illegality. **i ~ itim** [-i'ti:m], *adj.* illegitimate.

Illumin|ation [iluminatsi'o:n], *f* -/-en illumination. **i ~ ieren** [-'ni:rən], *v.tr.* to illuminate (a building, *Hist:* a manuscript).

Illus|ion [iluzi'o:n], *f* -/-en illusion; **sich einer I. hingeben**, to be under an illusion; **sich** *dat* **keine I~en machen**, to have no illusions (**über** + *acc,* about). **i ~ orisch** [-'zo:riʃ], *adj.* (*a*) illusory, deceptive; (*b*) (*sinnlos*) pointless.

Illustr|ation [ilustratsi'o:n], *f* -/-en illustration. **i ~ ieren** [-'stri:rən], *v.tr.* to illustrate (a book etc.). **I ~ ierte** [-'stri:rtə], *f decl. as adj.* illustrated magazine.

Iltis ['iltis], *m* -ses/-se *Z:* polecat.

im [im], *prep.* = **in dem. 1.** in the; **im ersten Stock**, on the first/*N.Am:* second floor; **im Stück**, in one piece. **2.** (*zeitlich*) in; **im Oktober**, in October. **3. im Gehen/Stehen**, while standing/walking.

imaginär [imaqi'nɛːr], *adj.* imaginary

Imbiß ['imbis], *m* -sses/-sse snack, light meal. **'I ~ halle/'I ~ stube**, *f* -/-n snack bar.

Imitat|ion [imitatsi'o:n], *f* -/-en imitation; (*Fälschung*) counterfeit, fake. **I ~ tator** [-'ta:tor], *m* -s/-en mimic. **i ~ 'tieren**, *v.tr.* to imitate (s o , sth.); to mimic (s.o., s.o.'s gestures, voice etc.) **i ~ 'tiert**, *adj.* imitation (jewellery etc.).

Imker ['imkər], *m* -s/- beekeeper.

immanent [ima'nɛnt], *adj.* inherent (+ *dat,* in).

immateriell [imateri'el], *adj.* intangible (assets etc.); (*geistig*) spiritual.

Immatriku|lation [imatrikulatsi'o:n], *f* -/-en *Univ.* matriculation, enrolment. **i ~ 'lieren**, *v.tr. & i.* (*haben*) *Univ:* to enrol (s.o.); **sich i.**, to matriculate, enrol.

immens [i'mɛns], *adj.* immense; tremendous (achievement etc.).

immer ['imər], *adv.* **1.** always; (*a*) (*stets*) **ich wollte es schon i.**, I've always wanted it, **auf/für i.**, for ever, for good; **i. und ewig/und i.**, for ever and ever; (*b*) (*jedesmal*) every time; **i. wenn**, whenever; **i. wieder**, again and again time and again; **etwas i. wieder tun**, to keep on doing sth.; **es sind i. nur zwei**, there are only two at a time; (*c*) (*zunehmend*) **i. mehr**, more and more; **i. besser**, better and better; **es wird i. schlimmer**, it's going from bad to worse; **i. weiter!** go on! keep at it! **i. weiterarbeiten**, to keep on working; (*d*) **noch i.**, still. **2.** was/wer/wie/wo **i.**, whatever/whoever/however/wherever; **zu welchem Zweck auch i. er das tat**, for whatever purpose he did it. **3.** (*nur*) (*a*) **er lief so schnell er i. konnte**, he ran as fast as ever he could; (*b*) *F:* **i. herein**, do come in; **geh schon i. voraus**, go on ahead. **'i ~ 'fort**, *adv.* constantly, continually. **'i ~ grün. I.** *adj.* evergreen (plant). **II. I.,** *n* -s/-e *Bot:* evergreen, *esp.* periwinkle, *N.Am:* myrtle. **'i ~ 'hin**, *adv.* (*wenigstens*) at any rate, at least; (*trotzdem*) all the same; **er ist i. dein Vater**, after all he is your father. **'i ~ - 'während**, *adj.* everlasting, perpetual; *adv.* for ever; **i. reden**, to talk incessantly. **'i ~ 'zu**, *adv. F:* constantly.

Immigr|ant(in) [imi'grant(in)], *m* -en/-en (*f* -/-nen) immigrant. **I ~ ati'on**, *f* -/no pl immigration. **i ~ ieren** [-'gri:rən], *v.i.* (*sein*) to immigrate.

Immobili|ar [imobili'a:r-], *comb.fm.* (insurance etc.) on property. **I ~ en** [-'bi:liən], *pl* property; *Jur:* real estate.

Immortelle [imor'tɛlə], *f* -/-n *Bot:* everlasting flower.

immun [i'mu:n], *adj. Med: Jur:* immune (**gegen** + *acc,* from); *Fig:* impervious (**gegen Kritik usw.**, to criticism etc.). **i ~ i'sieren**, *v.tr.* to immunize (s.o., an animal) (**gegen** + *acc,* against). **I ~ i'sierung**, *f* -/-en immunization. **I ~ i'tät**, *f* -/-en immunity.

Impedanz [impe'dants], *f* -/-en *El:* impedance.

Imperativ [impera'ti:f], *m* -s/-e *Gram:* imperative (mood).

Imperfekt ['impɛrfɛkt], *n* -s/-e *Gram:* imperfect (tense).

Imperial|ismus [imperia'lismus], *m* -/no pl imperialism. **I ~ ist** [-'list], *m* -en/-en *Pej:* imperialist.

Impf|arzt ['impf ʔa:rtst], *m* -es/-e vaccinating/inoculating doctor. **'I ~ en**, *v.tr. Med:* to inoculate (s.o.) (**gegen** + *acc,* against); to vaccinate (s.o.) (**gegen Pocken**, against smallpox). **'I ~ schein**, *m* -(e)s/-e vaccination certificate. **'I ~ schutz**, *m* -es/no pl immunity (by inoculation). **'I ~ stoff**, *m* -(e)s/-e serum; vaccine. **'I ~ ung**, *f* -/-en inoculation; vaccination.

imponieren [impo'ni:rən], *v.i.* (*haben*) **j-m i.**, to impress s.o. (**durch etwas** *acc,* with sth.); **was an ihm am meisten imponiert**, the most impressive thing about him; **i ~ d**, impressive.

Impor|t [im'pɔrt]. **I.** *m* -(e)s/-e **1.** *no pl* import (**von** + *dat,* of). **2.** (*pl. also* **I~en**) import, imported article. **II. I ~ -**, *comb.fm.* import (licence, duty, trade etc.); **I~beschränkungen** *fpl*, import controls; **I~firma** *f*/**I~geschäft** *n,* importing firm, importers; **I~sperre** *f*/**I~verbot** *n,* ban on (certain) imports. **I ~ teur** [-'tøːr], *m* -s/-e importer. **i ~ 'tieren**, *v.tr.* to import (goods etc.) (**aus** + *dat,* from; **nach** + *dat,* into).

imposant [impo'zant], *adj.* imposing.

impoten|t ['impotɛnt], *adj.* impotent. **'I ~ z**, *f* -/-en impotence.

imprägnier|en [imprɛː'gni:rən], *v.tr.* to impregnate, proof, (**gegen** *Wasser*) waterproof (a material etc.) (**mit** + *dat,* with). **I ~ ung**, *f* -/-en impregnation; proofing.

Impress|ionismus [impresio'nismus], *m* -/no pl *Art:* impressionism. **I ~ io'nist**, *m* -en/-en *Art:* impressionist. **i ~ io'nistisch**, *adj.* impressionistic (effect etc.); impressionist (painter, painting etc.). **I ~ um** [im'prɛsum], *n* -s/-ssen *Pub:* imprint.

Improvi|sation [improvizatsi'o:n], *f* -/-en improvisation. **i ~ 'sieren**, *v.tr. & i.* (*haben*) to improvise (a meal, music etc.); to extemporize (a speech). **i ~ 'siert**, *adj.* impromptu (recital etc.); *F:* scratch (meal).

Impul|s [im'puls], *m* -es/-e impulse; (*treibende Kraft*) impetus; *Ph:* momentum; *Med: & Fig:* (*Anregung*) stimulus; *El:* pulse; **einem I. folgen**, to act on an impulse. **i ~ siv** [-'zi:f], *adj.* impulsive; impetuous.

imstande [im'ʃtandə], *adv.* **i. sein**, etwas zu tun, to be able to do sth./capable of doing sth.; **er ist nicht i. zu gehen**, he cannot walk; **zu nichts mehr i.**, no longer fit for anything; *F:* **sie ist (noch) i. und plaudert alles aus**, she is quite capable of giving the game away.

in [in], *prep.* **1.** (*Ort*) (*a*) (+ *dat*) in; **in der Stadt**, in town; **in der Schule**, at school; **ich war**

noch nie in Paris, I've never been to Paris; (*b*) (*+acc*) into, to; **in die Stadt,** (in)to town; **ins Kino/Theater,** to the cinema/theatre. **2.** (*Zeit*) (*a*) (*+ dat*) (*innerhalb, während*) **in der Nacht,** in/during the night; **in einer Woche,** in a week; **in letzter Zeit,** lately, recently; **heute in einer Woche,** a week today; **in diesem Alter,** at this age; (*b*) **bis in** *+ acc,* until; **bis spät in die Nacht arbeiten,** to work late into the night; **seine Erinnerungen reichen (bis) in die Kindheit zurück,** his memories go back to his childhood. **3.** (*+ dat*) **sie geht in Stiefeln/in Weiß,** she wears boots/white; **gut in seinem Beruf/in Mathematik,** good at his job/at mathematics; **in Geschäften reisen,** to travel on business; **in Konserven handeln,** to deal in canned foods. **4.** *F:* **in sein,** to be all the rage.

inaktiv [in'ʔakti:f], *adj.* inactive (person); nonactive (member etc.); *Ch: Ph:* inert (body, substance etc.); *Med:* dormant (disease).

Inangriffnahme [in'ʔangrifnɑ:mə], *f* -/-n taking (sth.) in hand; tackling (of a job).

Inanspruchnahme [in'ʔanʃpruçnɑ:mə], *f* -/-n utilization (of a right, resources etc.); **(starke) I. von Zeit, Mitteln, der Arbeitskräfte usw.,** (heavy) demands made on time, funds, the workforce etc.

inartikuliert ['in'ʔartikuli:rt], *adj.* inarticulate.

'Inbegriff, *m* -(e)s/*no pl* perfect example (of sth.); incarnation, embodiment (of evil, kindness etc.); quintessence (of good manners etc.); **der I. der Behaglichkeit,** the last word in comfort. **'i ~ en,** *adj.* included; **die Nebenkosten sind im Preis i.,** the price is inclusive (of extras).

Inbe'sitznahme, *f* -/-n appropriation; occupation (of territory etc.).

Inbe'trieb|nahme, *f* -/-n putting into operation/service; opening (of a motorway etc.). **I ~ setzung,** *f* -/-en starting up (of a machine).

indem [in'de:m], *conj.* **1.** (*während*) while; **i. er sprach, öffnete er die Tür,** as he spoke he opened the door. **2.** (*Zweck*) **er spart Geld, i. er zu Fuß geht,** he saves money by walking.

Inder(in) ['indər(in)], *m* -s/- (*f* -/-nen) Indian.

indessen [in'dɛsən], *adv.* meanwhile.

Index ['indɛks]. **I.** *m* -(es)/-e & *Econ: Mth: Ph: Print:* -dizes [-ditse:s] index; *Print:* superior number. **II.** **'I ~ -,** *comb.fm.* index (number etc.); *Econ:* index-linked (wage, pension etc.); **I ~ klausel** *f,* cost-of-living clause.

Indian|er(in) [indi'ɑ:nər(in)], *m* -s/- (*f* -/-nen) American/*F:* Red Indian. **I ~ erfrau,** *f* -/-en squaw. **I ~ erkrapfen,** *m* -s/- *Aus: Cu:* chocolate-coated spongecake. **I ~ ertanz,** *m* -es/-e *Hum:* dance of joy. **I ~ erzelt,** *n* -(e)s/-e wigwam. **i ~ isch,** *adj.* (Red) Indian.

Indien ['indiən]. *Pr.n.n* -s. *Geog:* India.

Indienststellung [in'di:nstʃtɛluŋ], *f* -/-en *Nau:* commissioning (of a ship).

indifferen|t ['indifərɛnt], *adj.* indifferent; *Pol:* non-aligned; *Ch: Med: Ph:* neutral. **'I ~ z,** *f* -/-en indifference; *Pol:* non-alignment; *Ch: Med: Ph:* neutrality.

indigniert [indi'gni:rt], *adj.* indignant.

Indikation [indikatsi'o:n], *f* -/-en *Med:* indication; *Jur:* **(medizinische) I.,** medical grounds.

Indikat|iv ['indikati:f], *m* -s/-e **1.** *Gram:* indi-

cative (mood). **2.** *Rad:* signature tune; *TV:* theme music. **I ~ or** [-'kɑ:tɔr], *m* -s/-en *Adm: & Ch:* indicator; *Atom.Ph:* tracer.

'indirekt, *adj.* indirect; **i ~ e Frage,** oblique/*esp. Gram:* indirect question; **auf i ~ em Wege,** in a roundabout way.

indisch ['indiʃ], *adj.* Indian.

'indiskret ['indiskre:t], *adj.* indiscreet. **I ~ ion** [-tsi'o:n], *f* -/-en indiscretion.

indiskutabel ['indiskutɑ:bəl], *adj.* out of the question.

indisponiert ['indisponi:rt], *adj.* indisposed. **'I ~ heit,** *f* -/*no pl* indisposition.

Individu|alist [individua'list], *m* -en/-en individualist. **i ~ a'listisch,** *adj.* individualistic. **I ~ ali'tät,** *f* -/*no pl* individuality. **i ~ 'ell,** *adj.* (*a*) (*einzeln*) individual (treatment etc.); separate (upbringing etc.); (*b*) (*eigen*) individual, personal (style, taste etc.); **es hat eine i ~ e Note,** it has its own special character; *adv.* **das ist i. verschieden,** it varies from person to person/from case to case. **I ~ um** [-'vi:duum], *n* -s/-duen individual.

Indiz [in'di:ts], *n* -es/-ien (*a*) *Jur:* relevant circumstances; **belastende I ~ ien,** incriminating evidence; (*b*) (*Anzeichen*) indication, sign (**für** *+ acc,* of). **I ~ ienbeweis,** *m* -es/*no pl Jur:* circumstantial evidence.

Indones|ien [indo'ne:ziən]. *Pr.n.n* -s. *Geog:* Indonesia. **I ~ ier(in),** *m* -s/- (*f* -/-nen) Indonesian. **i ~ isch,** *adj.* Indonesian.

Indoss|ament [indɔsa'mɛnt], *n* -s/-e *Bank:* endorsement. **i ~ ieren** [-'si:rən], *v.tr.* to endorse (a cheque).

industrial|isieren [industriali'zi:rən], *v.tr.* to industrialize (an area). **I ~ i'sierung,** *f* -/*pl* industrialization.

Industrie [indus'tri:]. **I.** *f* -/-n industry; **in der I.,** in industry. **II.** **I ~ -,** *comb.fm.* industrial (worker, building, product, country, town, economy, centre etc.); **I ~ anlage** *f,* industrial/factory complex; **I ~ betrieb** *m*/**I ~ unternehmen** *n,* industrial plant/concern; **I ~ gebiet** *n,* industrial area; **I ~ gelände** *n,* industrial estate; **I ~ gewerkschaft** *f,* industrial (trade) union; **I ~ müll** *m,* industrial waste; **I ~ kapitän** *m,* industrial tycoon; captain of industry; **I ~ staat** *m,* industrial nation. **I ~ bahn,** *f* -/-en works railway. **i ~ blond,** *adj. Hum:* (hair) dyed blond. **i ~ 'ell,** *adj.* industrial; **ein I ~ er,** an industrialist. **I ~ verband,** *m* -(e)s/-e federation of industries. **I ~ zweig,** *m* -(e)s/-e branch of industry.

inei'nander, *adv.* in/into one another; **i. verwoben,** intertwined; **sie gingen ganz i. auf,** they were completely taken up with one another. **i ~ fließen,** *v.i.sep.irr.31* (*sein*) to merge, (*Flüsse*) join; (*Farben*) to run (into one other). **i ~ fügen,** *v.tr.sep.* to fit (pieces etc.) into one another; **sich i.,** to fit together. **i ~ geschachtelt,** *adj.* encapsulated (sentences etc.). **i ~ greifen,** *v.i.sep.irr.43* (*haben*) (*Zahnräder usw.*) to engage, mesh. **i ~ laufen,** *v.i.sep. irr.58* (*sein*) (*Farben*) to run. **i ~ passen,** *v.i.sep.* (*haben*) to fit (into one another).

Inempfangnahme [inɛmp'faŋnɑ:mə], *f* -/-n receipt, taking delivery (of sth.).

infam [in'fɑ:m], *adj.* infamous. **I ~ ie** [-fa'mi:], *f* -/-n infamy.

Infant|erie [infantə′riː, -′triː], *f* -/-n infantry.
I ~ e′ rist, *m* -en/-en infantryman.
infantil [infan′tiːl], *adj.* infantile.
Infektion [infɛktsi′oːn], *f* -/-en infection. **I ~ s-**, *comb.fm.* (a) (danger, source etc.) of infection; **I~herd** *m,* focus/centre of infection; (b) infectious (disease etc.). **I ~ sabteilung**, *f* -/-en *Med:* isolation ward.
infiltrieren [infil′triːrən], *v.tr. & i.* (haben) to infiltrate (the enemy lines etc.).
Infinitiv [′infinitiːf], *m* -s/-e *Gram:* infinitive.
infizieren [infi′tsiːrən], *v.tr.* to infect (s.o., a wound etc.), **sich I.,** to become infected.
Inflation [inflatsi′oːn], *f* -/-en *Econ:* inflation. **i ~ är** [-tsio′nɛːr]/**i ~ istisch** [-tsio′nistiʃ], *adj.* inflationary. **I ~ s-**, *comb.fm.* (a) (danger, rate etc.) of inflation; **I ~ zeit** *f,* period of inflation; (b) inflationary (policy etc.). **i ~ shemmend,** *adj.* counter-inflationary.
in′folge, *prep.* + *gen* because of; as a result of. **i ~ ′dessen,** *adv.* consequently; as a result.
Inform|ant [infor′mant], *m* -en/-en informant. **I ~ ation** [-matsi′oːn], *f* -/-en **1.** (a) (piece/ item of) information; **I~en,** (items of) information; *Data-pr:* data; (b) **erkundigen Sie sich bei der I.,** ask at the information desk. *Com: Jur:* (*Instruktionen*) instructions. **I ~ ati′ons-,** *comb.fm.* (a) information (bureau, centre, service etc.); (source, flow etc.) of information; **I~gehalt** *m,* information content; (b) informative; *esp. Pol:* fact-finding (visit etc.); **I~material** *n,* informative material; **I~reise** *f,* fact-finding mission. **i ~ a′tiv,** *adj.* informative. **i ~ a′tor** [-′maːtor], *m* -s/-en informer. **i~a′torisch** [-ma′toːriʃ], *adj.* informatory. **i ~ ieren** [-′miːrən], *v.tr.* to inform (s.o.) (**über etwas** *acc,* about sth.); **j-n eingehend i.,** to give s.o. detailed information/instructions; **sich über etwas** *acc* **i.,** to gather information/find out about sth.
infrarot [′infraroːt], *adj.* infra-red (lamp, rays etc.). **′I ~ strahler,** *m* -s/- infrared (radiant) heater.
Infrastruktur [infraʃtruk′tuːr], *f* -/-en infrastructure.
Infusion [infuzi′oːn], *f* -/-en *Med:* infusion, drip.
Ingangsetzung [in′gaŋzɛtsuŋ], *f* -/no pl setting (sth.) in motion; starting (of a machine).
Ingenieur [inʒeni′øːr]. **I.** *m* -s/-e engineer. **II.** **I~-,** *comb.fm.* (a) engineer's (profession etc.); (b) engineering (career etc.); (science etc.) of engineering; **I~akademie** *f*/**I~schule** *f,* college of engineering; **I~büro** *n,* engineering consultancy.
Ingredienzien [in′greːdiɛntsiən], *npl Pharm: Cu:* ingredients.
Ingwer [′iŋvər], *m* -s/no pl ginger.
Inhaber(in) [′inhaːbər(in)], *m* -s/- (*f* -/-nen) holder (of a document, office, *Sp:* record etc.); occupant (of a house, post etc.); (*Besitzer*) owner (of a business etc.); *Bank:* **auf den I. lautender Scheck,** cheque payable to bearer. **′I ~ scheck,** *m* -s/-s bearer cheque/*N.Am:* check.
inhaft|ieren [inhaf′tiːrən], *v.tr. Jur:* to take (s.o.) into custody, (*verhaften*) place (s.o.) under arrest.
inhalieren [inha′liːrən], *v.tr.* to inhale (sth.).

Inhalt [′inhalt], *m* -(e)s/-e **1.** contents (of a bottle etc.); (*Fassungsvermögen*) capacity; *Mth:* volume; *Geom:* (*Flächeni.*) area. **2.** (*Stoff*) content, subject matter of a book etc.); (*I~sverzeichnis*) contents (list); **der wesentliche I.,** the essence/substance; **Form und I.,** form and content; **mit dem folgenden I.**/**des folgenden I~s,** containing the following; **was hat das Buch zum I.?** what is the book about? **den I. erzählen,** to tell what happens; **ohne I.,** empty; without substance. **′i ~ lich,** *adv.* as far as the content is concerned. **′I ~ sangabe,** *f* -/-n synopsis. **′I ~ serklärung,** *f* -/-en *Post: Customs:* declaration of contents. **′i ~ slos,** *adj.* empty (life, speech etc.). **′I ~ sschwer,** *adj.* momentous, weighty (pronouncement); (words) pregnant with meaning. **′I ~ sverzeichnis,** *n* -ses/-se contents list. **′i ~ sreich**/**′i ~ svoll,** *adj.* full (life); meaty (book etc.).
Initiale [initsi′aːlə], *f* -/-n initial (letter).
Initiat|ive [initsia′tiːvə], *f* -/-n initiative; **aus eigener I.,** on one's own initiative. **I ~ or** [-′aːtor], *m* -s/-en initiator.
Injektion [injɛktsi′oːn], *f* -/-en injection. **I ~ snadel,** *f* -/-n *Med:* hypodermic needle. **I ~ sspritze,** *f* -/-n *Med:* hypodermic syringe.
injizieren [inji′tsiːrən], *v.tr. Med:* **j-m etwas i.,** to inject s.o. with sth.
Inkaufnahme [in′kaufnaːmə], *f* -/no pl (resigned) acceptance (of losses etc.).
Inklusiv- [inklu′ziːf-], *comb.fm.* inclusive (price etc.). **i ~ e** [-′ziːvə], *adv.* **i. Porto,** including postage; **bis zum 20. März i.,** until March 20th inclusive.
Inkognito [in′kɔgnito], *n* -s/-s/**i.,** *adv.* incognito.
′inkonsequ|ent, *adj.* inconsistent; *adv.* **i. handeln,** to act inconsistently/illogically. **′I ~ enz,** *f* -/-en inconsistency.
Inkrafttreten [in′krafttreːtən], *n* -s/no pl coming into force, taking effect.
Inkubationszeit [inkubatsi′oːnstsait], *f* -/-en *Med:* incubation period.
′Inland, *n* -(e)s/no pl **1.** home country; **Gebühren im I.,** inland/domestic rates; **im In- und Ausland,** at home and abroad. **2.** interior (of a country); **im I.,** inland. **′I ~ s-,** *comb.fm.* inland (letter etc.); domestic (flight, *Com:* trade etc.); home (market etc.); *Post:* **I~porto** *n,* inland postage rates; *Tel:* **I~gespräch** *n,* inland/domestic call; *Com:* **I~absatz** *m,* home/ domestic sales.
inländisch [′inlɛndiʃ], *adj.* indigenous (goods); home (product etc.); domestic, internal (affairs, flight etc.); inland (mail etc.); **in- und ausländisch,** domestic and foreign (press etc.); home and overseas (mail etc.).
Inlett [′inlɛt], *n* -(e)s/-e *Tex:* (bed) ticking.
in′mitten, *prep. & adv. Lit:* **i.** + *gen*/**i. von** + *dat,* amidst.
inne|haben [′inəhaːbən], *v.tr.sep.irr.44* to hold (an office, a title etc.), occupy (a position etc.); *Lit:* (*besitzen*) to own (property); **die Leitung i.,** to be in charge. **′i ~ halten,** *v.sep.irr.45* **1.** *v.i.* (haben) to pause; **in der Arbeit i.,** to stop working for a moment. **2.** *v.tr. Lit:* to observe (a custom etc.). **′i ~ werden,** *v.i.sep.irr.109* (sein) **etwas** *gen* **i.,** to become aware of sth. **′i ~ wohnen,** *v.i.sep.* (haben) **etwas** *dat* **i.,** to

be inherent in sth.; **die ihm i~de Kraft,** his/its inherent strength.

innen ['inən]. **I.** *adv.* inside; **nach i.,** inwards; **von i.,** from inside/within. **II.** '**I ~ -,** *comb.fm.* (*a*) inner (harbour, courtyard, *Fig:* life etc.); **I~bezirk** *m,* inner city area; **I~fläche** *f,* inner surface; *Fig:* **I~welt** *f,* inner/private world; (*b*) inside (pocket etc.); **I~kante** *f,* inside edge; *Sp:* **I~bahn** *f,* inside lane; (*c*) interior (lighting, wall, *Aut:* mirror etc.); internal (dimensions, pressure etc.); (*im Hause*) indoor (aerial, temperature etc.); **I~architekt** *m,* interior designer/decorator; **I~ausstattung** *f,* interior decoration (and furnishing); *Aut:* interior trim; **I~einrichtung** *f,* house furnishings; *Mec:* **I~gewinde** *n,* internal thread. '**I ~ minister,** *m* -s/- Minister for the Interior/Home Affairs. '**I ~ ministerium,** *n* -s/*no pl* Ministry of the Interior. '**I ~ politik,** *f -/no pl* domestic policy. '**i ~ politisch,** *adj.* concerning domestic policy; **i~ e Fragen,** domestic/internal questions. '**I ~ raum,** *m* -(e)s/=e (*a*) interior; *Sp:* central area (inside the track); (*b*) (*Zimmer*) inner room; (*c*) (*Platz*) space inside. '**I ~ seite,** *f -/-*en inside. '**I ~ stadt,** *f -/=e* town/city centre.

inner|e(r,s) ['inərə(r,s)], *adj.* **1.** inner (edge, circle, room etc.); inside (pockets, *Sp:* lane etc.); internal (organization, *Pol:* affairs, *Med:* injury, organs etc.); *Fig:* inner, inward (calm, eye, urge, voice etc.); **i~r Wert,** intrinsic value; **das i. Ohr,** *Anat:* the inner/*Psy:* the inward ear; **er hat keinen i~n Halt,** he has no moral fibre; **das i. Auge,** the mind's eye; *Med:* **i. Abteilung,** medical ward. **2. das I.,** the interior; the inner being (of s.o.); the heart (of a matter); **sein ganzes I~s,** his whole heart; **im tiefsten I~n,** deep down (inside). **I ~ eien** [-'raiən], *fpl Cu:* offal; *F: Hum:* innards (of a machine). '**i ~ halb. I.** *prep.* + *gen* inside (the house etc.); within (an area, a time, the family etc.); **i. der Arbeitszeit,** during/in working hours. **II.** *adv.* within. '**i ~ lich,** *adj.* (*a*) internal (bleeding etc.); *Pharm:* **zur i~en Anwendung,** to be taken internally; (*b*) inner, inward (feelings, thoughts etc.); *Psy:* introspective (person); *adv.* **i. unbeteiligt,** emotionally/inwardly detached; **i. lachen,** to laugh inwardly. '**I ~ lichkeit,** *f -/no pl* (*a*) inwardness; introspective nature; (*b*) (*Tiefe des Gemüts*) emotional depth. '**i ~ örtlich,** *adj.* within a built-up area. '**i ~ parteilich,** *adj. Pol:* internal, within the party. '**i ~ städtisch,** *adj.* central, inner city (area etc.). '**i ~ - ste(r,s),** *adj.* (*a*) inner, innermost (circle etc.); (most) central (area etc.); **im i~n Teil des Landes,** in the heart of the country; (*b*) *Fig:* inmost (being etc.); deepest (conviction etc.); **sein I~s,** his inmost soul/heart of hearts; **im I~n/bis ins I. getroffen,** cut to the quick.

innig ['iniç], *adj.* deep, warm; (*echt*) sincere (affection, feelings etc.); close, intimate (friendship, ties etc.); heartfelt, sincere (sympathy, thanks etc.); *adv.* **j-n i. lieben,** to love s.o. with all one's heart. '**I ~ keit,** *f -/no pl* closeness, intimacy; warmth, depth (of feeling). '**i ~ lich,** *adv. Lit:* deeply, warmly; with all one's heart.

Innung ['inuŋ], *f -/-*en guild, corporation; *F:* **die ganze I. blamieren,** to let the side down.

'**inoffiziell,** *adj.* unofficial; informal (discussions, meeting etc.); *adv.* **ich sage das i.,** this is off the record.

Inquisition [inkvizitsi'o:n], *f -/no pl Ecc.Hist:* inquisition.

ins [ins], *prep.* = **in das; ins Einzelne/Detail gehen,** to go into detail; **i. Theater gehen,** to go to the theatre.

Insass|e ['inzasə], *m* -n/-n/'**I ~ in,** *f -/-*nen inmate; (*in einem Fahrzeug*) occupant, passenger.

insbe'sond(e)re, *adv.* especially, particularly.

'**Inschrift,** *f -/-*en inscription.

Insekt [in'zɛkt], *n* -s/-en insect. **I ~ en-,** *comb.fm.* insect (powder etc.); **I~stich** *m,* insect bite/sting. **I ~ vertilgungsmittel,** *n* -s/- insecticide. **I ~ enforscher,** *m* -s/- entomologist. **I ~ enkunde,** *f -/no pl* entomology.

Insel ['inzəl], *f -/-*n island; *Fig:* (*Zuflucht*) refuge. '**I ~ bewohner(in),** *m* -s/- (*f -/-*nen) islander. '**I ~ gruppe,** *f -/-*n group of islands. '**I ~ volk,** *n* -(e)s/=er island race.

insensibel [inzɛn'zi:bəl], *adj.* insensitive.

Inser|at [inze'ra:t], *n* -(e)s/-e (small) advertisement, *F:* (small) ad; **ein I. aufgeben,** to put an advertisement in the paper. **I ~ atenteil,** *m* -(e)s/-e *Journ:* advertisement section. **I ~ ent,** *m* -en/-en advertiser. **i ~ ieren,** *v.* **1.** *v.tr.* to advertise (a flat, car etc.). **2.** *v.i.* (*haben*) to advertise (*wegen* + *gen,* for).

insge'heim, *adv.* in secret, secretly; *F:* on the quiet/*N.Am:* sly.

insge'samt, *adv.* in all; all told.

Insignien [in'zignjən], *npl.* insignia; regalia.

inso|fern. I. [in'zo:fɛrn], *adv.* to this extent, in this respect; **i. hat er recht,** he is right as far as that goes; **i. als . . .,** inasmuch as . . .; in so far as . . . **II.** [inzo'fɛrn], *conj.* so long as; **i. als man die Kosten beschränken kann,** provided that the costs can be kept down. **i ~ weit. I.** [in'zo:vait] *adv.* = **insofern I. II.** [inzo'vait] *conj.* as far as; (*solange*) as long as.

Inspekt|ion [inspɛktsi'o:n], *f -/-*en (*a*) inspection; *Arch:* survey; *Aut:* (*Wartung*) service; (*b*) (*Amt*) inspectorate. **I ~ i'onsreise,** *f -/-*n tour of inspection. **I ~ i'onsgang,** *m* -(e)s/=e round of inspection. **I ~ or(in)** [in'spɛktɔr (-'to:rin)], *m* -s/-en (*f -/-*nen) inspector.

Inspir|ation [inspiratsi'o:n], *f -/-*en inspiration. **i ~ ieren** [-'ri:rən], *v.tr.* to inspire (s.o.) (**zu etwas** *dat,* to do sth.); **sich von j-m, etwas i. lassen,** to get one's inspiration from s.o., sth.

Inspiz|ient [inspitsi'ɛnt], *m* -en/-en *Th:* stage manager; *Rad: TV:* production manager. **i ~ ieren** [-'tsi:rən], *v.tr.* to inspect (troops, a school etc.); to survey (a building).

Install|ateur [instala'tø:r], *m* -s/-e (gas etc.) fitter; (*Elektriker*) electrician; (*Klempner*) plumber. **I ~ ati'on,** *f -/-*en installation. **i ~ ieren** [-'li:rən], *v.tr.* (*a*) to install, put in (central heating, gas, a bath etc.); (*b*) to appoint, install (s.o.) (in a job); **sich i.,** to settle in (in a new home/job). **I ~ ierung** [-'li:ruŋ], *f -/-*en installation.

instand [in'ʃtant], *adv.* **i. halten,** to keep up (a house, garden etc.), maintain (a car, machine etc.); **i. setzen,** to put (a machine etc.) into working order; to restore (furniture etc.).

I ~ **halten**, n -s/no pl/I ~ **haltung**, f -/-en maintenance, upkeep. I ~ **setzen**, n -s/no pl/ I ~ **setzung**, f -/-en repair; restoration.

'**inständig**, adj. urgent (request etc.); fervent (prayer); adv. **j-n i. bitten/anflehen**, to implore s.o. '**I ~ keit**, f -/no pl fervour; urgency.

Instanz [in'stants], f -/-en authority; Jur: court; **durch alle I ~ en gehen**, to go through all the usual stages; Jur: **erste/zweite/dritte I.**, first/ second/third instance; **höchste I.**, court of final appeal; Fig: **die letzte I.**, the last resort. I ~ **enweg**, m -(e)s/-e Adm: Parl: etc: proper sequence/stages.

Instinkt [in'stiŋkt], m -(e)s/-e instinct. **i ~ iv** [-'ti:f], adj. instinctive.

Institut [insti'tu:t], n -(e)s/-e (a) Univ. etc: institute; (b) (Anstalt, Einrichtung) institution; (Internat) boarding school. I ~ **ion** [-tut-si'o:n], f -/-en institution. **i ~ ionell** [-o'nɛl], adj. institutional.

instru|ieren [instru'i:rən], v.tr. to instruct, brief (s.o.). I ~ **ktion** [ktsi'o:n], f -/-en instruction; Adm: directive; Jur: Mil: briefing. **i ~ k'tiv**, adj. instructive; educational (materials, toys).

Instrument [instru'mɛnt], n -(e)s/-e Mus: Opt: etc: instrument; (Werkzeug) tool, implement. **i ~ al** [-'ta:l], adj./I ~ **al-**, comb.fm. instrumental (music etc.). I ~ **alist** [-ta'list], m -en/-en/I ~ **almusiker** [-'ta:l-], m -s/- instrumentalist. I ~ **arium** [-'ta:rium], n -s/-ien Med: Mus: etc: set/collection of instruments. I ~ **ati'on**, f -/-en Mus: instrumentation, (für Orchester) orchestration. I ~ **en-**, comb.fm. instrument (maker, Av: flight etc.); I ~ **bau** m instrument-making; Aut: Av: I ~ **brett** n, instrument panel; Med: I ~ **tasche** f, (doctor's) instrument bag. **i ~ ieren** [-'ti:rən], v.tr. (a) Mus: to orchestrate, score (a piece of music); (b) Av: Aut: to provide (an aircraft, a car) with instruments.

Insul|aner(in) [inzu'la:nər(in)], m -s/- (f -/-nen) Hum: islander.

Insulin [inzu'li:n], n -s/no pl Med: insulin.

inszenier|en [instse'ni:rən], v.tr. to stage, put on (a play, Fig: a demonstration etc.); to produce (a play, film etc.); Fig: to engineer (a scandal etc.). I ~ **ung**, f -/-en Th: production.

intakt [in'takt], adj. intact.

Intarsien [in'tarziən], fpl marquetry.

integ|ral [inte'gra:l]. **I.** adj. integral. **II. I.**, n -s/-e Mth: integral. I ~ **ration** [-gratsi'o:n], f -/-en integration **i ~ rieren** [-'gri:rən], v.tr. to integrate (s.o., sth.) (**in** + acc, into); **sich in etwas** acc **i.**, to become an integral part of sth. I ~ **rität** [-gri'tɛ:t], f -/no pl integrity.

Intellekt [inte'lɛkt], m -(e)s/no pl intellect. **i ~ ektu'ell**, adj. intellectual; **ein I ~ er/eine I ~ e**, an intellectual. I ~ **igenz** [-i'gɛnts], f -/-en **1.** intelligence. **2.** coll. intelligentsia. I ~ **i'genzalter**, n -s/no pl Psy: mental age. I ~ **i'genztest**, m -(e)s/-e intelligence test. I ~ **i'genzquotient**, m -en/-en Psy: IQ.

Intend|ant [intɛn'dant], m -en/-en artistic (and administrative) director; Th: theatre manager. I ~ **an'tur**, f -/-en **1.** artistic directorship; (theatre) management. **2.** Mil: commissariat. I ~ **anz** [-'dants], f -/-en = **Intendantur 1.**

Intens|ität [intenzi'tɛ:t], f -/occ -en intensity;

strength. **i ~ iv** [-'zi:f], adj. intensive (talks, Agr: cultivation etc.); intense (colours, feelings etc.). **i ~ ivieren** [-zi'vi:rən], v.tr. to intensify (sth.). I ~ **ivstation** [-'zi:f-], f -/-en Med: intensive care unit.

inter- [intər-], adj.prefix inter-(continental etc.); **i ~ konfessio'nell**, interdenominational; **i ~ natio'nal**, international; **i ~ plane'tar(isch)**, interplanetary.

interess|ant [intərɛ'sant], adj. interesting; **er will sich i. machen**, he wants to attract attention; **das ist für mich nicht i.**, that is of no interest to me/Com: not worth my while; **ein i ~ es Angebot**, an attractive offer. **i ~ anter'weise**, adv. interestingly enough. I ~ **e** [-'rɛsə], n -s/-n interest; I. **für j-n, etwas** acc **haben**, to be interested in s.o., sth.; I. **an j-m, etwas** dat **haben/zeigen**, to take/show an interest in s.o., sth.; **hätten Sie I. daran?** would you be interested (in it)? **im öffentlichen I. liegen/ stehen**, to be of public concern; **das ist in deinem I.**, it's in your interest. **i ~ elos**, adj. uninterested; indifferent. I ~ **engebiet**, n -(e)s/-e field of interest. I ~ **engemeinschaft**, f -/-en community of interests; Com: syndicate. I ~ **engruppe**, f -/-n pressure group; Parl: lobby. I ~ **envertreter**, m -s/- spokesman; representative. I ~ **ent** [-'sɛnt], m -en/-en interested party; prospective buyer/ (Kunde) customer. **i ~ ieren** [-'si:rən], v.tr. to interest (s.o.), arouse (s.o.'s) interest (**für etwas** acc, in sth.); **das interessiert mich nicht,** I am not interested in that/concerned about that; **sich für j-n, etwas** acc **i./an j-m, etwas** dat **interessiert sein**, to be interested in/take an interest in s.o., sth. **i ~ iert**, adj. interested (**an** + dat, in); **politisch i.**, interested in politics; **i. zuhören**, to listen with interest.

Interims- ['interims-], comb.fm. interim (agreement etc.); temporary (solution); I ~ **regelung** f, interim/provisional settlement; I ~ **regierung** f, caretaker government.

Inter'mezzo [intər'mɛtso], n -s/-s intermezzo.

intern [in'tɛrn], adj. internal. I ~ **at** [-'na:t], n -(e)s/-e boarding school. I ~ **atsschüler**, m -s/- boarder. **i ~ ieren** [-'ni:rən], v.tr. to intern (prisoners of war); Med: to isolate (a patient). I ~ **ierung**, f -/-en internment. I ~ **ist** [-'nist], m -en/-en Med: specialist in internal diseases, internist.

Interpret(in) ['intərprɛ:t(in)], m -en/-en (f -/-nen) Lit: Mus: Th: interpreter. I ~ **ation** [-pretatsi'o:n], f -/-en Lit:Mus:Th: interpretation. **i ~ ieren**, [-'ti:rən], v.tr. to interpret (a text, Th: part, Fig: actions etc.); (aufführen) to perform (a sonata etc.).

interpunk|tieren [intərpuŋk'ti:rən], v.tr. to punctuate (a text etc.). I ~ **tion** [-tsi'o:n], f -/-en punctuation. I ~ **ti'onszeichen** n -s/- punctuation mark.

Interrogativ [intəroga'ti:f], n -s/-e (also I ~ **pronomen** n) interrogative pronoun. I ~ **satz**, m -es/-e Gram: interrogative clause.

Intervall [intər'val], n -s/-e interval.

interven|ieren [intərve'ni:rən], v.i. (haben) to intervene (**in** + dat, in); **für j-n i.**, to intercede on s.o.'s behalf. I ~ **tion** [-vɛntsi'o:n], f -/-en Pol: Mil: intervention.

Interview [intər'vju:], *n* -s/-s interview. i~en, *v.tr.* to interview (s.o.).

intim [in'ti:m], *adj.* intimate; private (thoughts, feelings etc.); **mit j-m i. sein,** to have intimate/ sexual relations with s.o. **I~ität** [intimi'tɛ:t], *f* -/-en intimacy. **I~hygiene/I~pflege,** *f* -/no pl personal hygiene. **I~leben,** *n* -s/no pl sex life. **I~sphäre,** *f* -/-n privacy.

intoler|ant ['intolerant], *adj.* intolerant. **I~anz,** *f* -/-en intolerance.

Inton|ation [intonatsi'o:n], *f* -/-en *Mus: Ling:* intonation. **i~ieren** [-'ni:rən], *v.tr.* to intone (a song, note).

intransitiv ['intranziti:f], *adj. Gram:* intransitive.

intri|gant [intri'gant]. **I.** *adj.* intriguing, scheming (person). **II.** **I~(in),** *m* -en/-en (*f*-/ -nen) intriguer; schemer. **I~ge** [-'tri:gə], *f* -/-n intrigue; **I~n spinnen,** to hatch plots, to scheme. **i~'gieren,** *v.i.* (*haben*) to plot (**gegen** + *acc,* against).

Introduktion [introduktsi'o:n], *f* -/-en introduction.

introvertiert [introver'ti:rt], *adj.* introverted; **i~er Mensch,** introvert.

Intui|tion [intuitsi'o:n], *f* -/-en intuition. **i~tiv** [-'ti:f], *adj.* intuitive.

intus ['intus], *adj. F:* **i. haben,** (i) to have downed (food, drinks); (ii) to have got (a rule) into one's head; **einen i. haben,** to have had one too many.

invalid [inva'li:t], *adj.* disabled (person), invalid (chair, diet etc.); **er ist i.,** he is an invalid. **I~e** [-'li:də], *m* -n/-n invalid, disabled worker/*Mil:* serviceman. **I~enrente,** *f* -/-n disablement/ disability pension. **I~ität** [-lidi'tɛ:t], *f* -/no pl disability; (*Zustand*) disablement.

Invasion [invazi'o:n], *f* -/-en invasion.

Invent|ar [inven'ta:r], *n* -s/-e (*a*) goods and chattels; assets; (*Lagerbestand*) stock; **totes I.,** furniture and equipment; **lebendes I.,** livestock; (*b*) (*Verzeichnis*) inventory. **I~araufnahme,** *f* -/-n making an inventory; *Com:* stock-taking. **i~ari'sieren** [-tari'zi:rən], *v.tr. & i.* (*haben*) to make an inventory of (a collection etc.). **I~arverzeichnis,** *n* -ses/-se stock book. **I~ur** [-'tu:r], *f* -/-en stocktaking; **I. machen,** to take stock.

Inver|sion [inverzi'o:n], *f* -/-en inversion.

invest|ieren [inves'ti:rən], *v.tr.* to invest (money, *Fig:* time etc.) (**in etwas** *acc,* in sth.). **I~ierung,** *f* -/-en investment. **I~ition** [-titsi'o:n], *f* -/-en capital investment. **I~iti'ons-,** *comb.fm.* investment (bank, capital etc.); **I~güter** *npl,* capital goods. **I~i'tur,** *f* -/-en *Ecc:* investiture.

inwendig ['invɛndiç], *adj.* inside (pocket etc.); inner (man, nature etc.); inward (strength etc.); *adv.* **i. gefüttert,** lined (on the) inside; **j-n, etwas in- und auswendig kennen,** to know s.o., sth. inside out.

inwiefern [invi:'fɛrn], *adv.* in what way.

inwieweit [invi:'vait], *adv.* how far; to what extent.

Inzahlungnahme [in'tsa:luŋna:mə], *f* -/no pl part-exchange; **ein neues Auto bei I. des alten kaufen,** to trade in one's old car for a new one.

'Inzucht, *f* -/no pl inbreeding.

in'zwischen, *adv.* in the meantime; meanwhile.

Ion [i'o:n], *n* -s/-en *Ph:* ion.

Irak [i'ra:k]. *Pr.n.m* -s. *Geog:* Iraq. **I~er(in),** *m* -s/- (*f* -/-nen) Iraqi. **i~isch,** *adj.* Iraqi.

Iran [i'ra:n]. *Pr.n.m* -s. *Geog:* Iran. **I~er(in),** *m* -s/- (*f* -/-nen) Iranian. **i~isch,** *adj.* Iranian.

ird|en ['irdən], *adj.* earthenware. **'i~isch,** *adj.* earthly (goods etc.); worldly (pleasures etc.); **das i~e Leben,** life on earth.

Ire ['i:rə], *m* -n/-n Irishman; **die I~n,** the Irish (people). **'Irin,** *f* -/-nen Irishwoman. **'irisch.** **I.** *adj.* Irish. **II. I.,** *n* -(s)/no pl *Ling:* Irish. **'Irland.** *Pr.n.n* -s. *Geog:* Ireland; (*Republik*) Eire. **'Irländer(in),** *m* -s/- (*f* -/-nen) Irishman; *f* Irishwoman; **die I.,** the Irish.

irgend ['irgənt], *adv.* **1.** (*a*) **i. jemand,** someone; **i. etwas,** something; **i. so ein Mensch,** some such person; (*b*) (*esp.* + *interrog., neg.*) any; **hat er i. etwas gesagt?** did he say anything? **nicht i.** jemand, not (just) anybody; **ohne i. Rücksicht zu nehmen,** without showing any consideration. **2. wenn es i. möglich ist,** if it is at all possible; **wenn/wann du i. kannst,** if/whenever you possibly can. **'i~'ein,** *indef. pron.* **1.** some; (+ *neg./interrog.*) any; **i. sonderbares Gefühl,** some strange feeling; **er wäre nicht mit i~er Stellung zufrieden,** he wouldn't be satisfied with just any (old) job. **2. i~er,** someone; **besser als i. anderer,** better than anyone else. **'i~ein'mal,** *adv.* (at) some/any time; **i. könnte es zu spät sein,** one day it might be too late. **'i~'wann,** *adv.* sometime (or other). **'i~'was,** *indef.pron. F:* something; **kannst du i. tun?** can you do anything? **'i~'welche(r, s),** *indef.pron.* any (kind of). **'i~'wer,** *indef.pron.* F: someone, somebody; **mit irgendwem,** with somebody or other; **er ist doch nicht i.,** he isn't just anybody. **'i~'wie,** *adv.* somehow. **'i~'wo,** *adv.* somewhere; **er geht nie i. anders hin,** he never goes anywhere else. **'i~wo'her,** *adv.* from somewhere (or other). **'i~wo'hin,** *adv.* **i. fahren,** to drive somewhere/anywhere.

Iris ['i:ris], *f* -/no pl *Anat: Bot:* iris. **'I~blende,** *f* -/-n *Phot:* iris (diaphragm).

Iron|ie [iro'ni:], *f* -/-n irony. **i~isch** [i'ro:niʃ], *adj.* ironic.

irr(e) ['ir(ə)], *adj.* (*a*) (*Pers.*) insane, crazy; **i. vor Angst/Schmerz,** crazy with fear/pain; (*b*) wild (look, speech etc.); confused, disturbed (gesture, smile, voice etc.); insane (jealousy, terror etc.); *F:* **du machst mich ganz i.,** you are getting me all confused/mixed up; (*c*) *F:* crazy (price, speed etc.); *adv.* **es war i. spannend,** it was madly exciting. **'I~e¹,** *m & f decl. as adj.* lunatic, madman, madwoman; *F:* **wie ein I~r,** like mad/blazes. **'I~e²,** *f* **j-n in die I. führen** = **i~eführen. 'i~eführen,** *v.tr.* to mislead (s.o.); (*täuschen*) to deceive (the public etc.); **i~d,** misleading; **sich i. lassen,** (to allow oneself) to be taken in/hoodwinked. **'I~eführung,** *f* -/-en deception. **'i~egehen,** *v.i. sep.irr.36* (*sein*) to go wrong, lose one's way; *Fig:* **er ist mit seinem Verdacht irregegangen,** he was mistaken in his suspicion. **'i~eleiten,** *v.tr.sep.* (*a*) to misdirect (s.o., mail); (*b*) = **irreführen. 'i~emachen,** *v.tr.* to confuse (s.o.); **j-n in seinem Glauben usw. i.,** to shake s.o.'s faith etc. **'i~en,** *v.i.* (*haben*) & *refl.* (*a*) sich in j-m, etwas *dat* i., to be mistaken/wrong about s.o., sth.; **wenn ich (mich) nicht irre,** if I am not mistaken; **ich habe mich in der Zeit geirrt,** I got the time wrong; **sie hat sich um 50 Pfennige geirrt,** she was 50 pfennig out; (*b*) to wander, stray; **durch die Straßen i.,** to roam the streets. ´**I ~ enanstalt,** *f* -/-en/*esp. Fig:* ´**I ~ enhaus,** *n* -es/-̈er lunatic asylum; mental home, *F:* madhouse. ´**i ~ enhausreif,** *adj. P:* fit for the madhouse. ´**I ~ enpfleger,** *m* -s/- mental nurse. ´**i ~ ereden,** *v.i.sep.* (*haben*) to wander in one's speech, talk incoherently. ´**I ~ esein,** *n* -s/*no pl* insanity. ´**I ~ fahrt,** *f* -/-en journey full of wrong turnings; round-about journey; *pl* wanderings. ´**I ~ gang,** *m* -(e)s/-̈e (*a*) twisting path; (*b*) = **irrgarten.** ´**I ~ garten,** *m* -s/-̈ maze; *Fig:* labyrinth. ´**I ~ glaube,** *m* -ns/-n fallacy; *Ecc:* heresy. ´**i ~ gläubig,** *adj. Ecc:* heretical; **der/die I ~ e,** heretic. ´**i ~ ig,** *adj.* wrong, mistaken; fallacious, false (supposition etc.). ´**i ~ iger´weise,** *adv.* mistakenly. ´**I ~ licht,** *n* -(e)s/-er will-o'-the-wisp. ´**I ~ sinn,** *m* -(e)s/*no pl* insanity; madness; **der reinste I.,** sheer lunacy. ´**i ~ sinnig,** *adj.* **1.** insane; crazy; **ein I ~ er,** a lunatic; **vor Schmerz i. werden,** to go crazy with pain. **2.** *F:* terrible (pain, noise); terrific, tremendous (storm, heat etc.); *adv.* **i. kalt,** terribly cold; **sich i. freuen,** to be tremendously pleased; **i. komisch,** screamingly funny. ´**I ~ tum,** *m* -s/-̈er error; mistake; **einem I. unterliegen,** to labour under a delusion; **auf einem I. beruhen,** to be based on a fallacy; **ihm ist ein I. unterlaufen,** he made a mistake/slip; **im I. sein,** to be mistaken; *Com:* **I ~ er vorbehalten,** errors excepted. ´**i ~ tümlich,** *adj.* erroneous (assertion etc.), mistaken (opinion etc.), wrong (decision etc.); *adv.* by mistake. ´**i ~ tümlicher´weise,** *adv.* mistakenly, by mistake. ´**I ~ weg,** *m* -(e)s/-e wrong track; **auf I ~ e geraten,** to go astray.

irritieren [iri'ti:rən], *v.tr.* (*a*) to irritate, vex (s.o.); (*b*) (*beirren*) to put (s.o.) off; (*starkes Licht usw.*) to bother s.o.

Ischias ['iʃias], *m & n* -/*no pl Med:* sciatica. ´**I ~ nerv,** *m* -s/-en sciatic nerve.

Islam [is'la:m], *m* -s/*no pl* Islam. **i ~ isch,** *adj.* Islamic.

Island ['i:slant]. *Pr.n.n* -s. *Geog:* Iceland. ´**Isländer(in),** *m* -s/- (*f* -/-nen) Icelander. ´**isländisch. I.** *adj.* Icelandic. **II.** **I ~,** *n* -(s)/*no pl Ling:* Icelandic.

Isobare [izo'ba:rə], *f* -/-n *Meteor:* isobar.

Isol|ation [izolatsi'o:n], *f* -/-en isolation; *El:* insulation. **I ~ ationismus** [-o'nismus], *m* -/*no pl Pol:* isolationism. **I ~ ati´onshaft,** *f* -/-en solitary confinement. **I ~ ator** [-'la:tɔr], *m* -s/-en *El: etc:* (*a*) insulator; (*b*) insulating material. **I ~ ier-** [-'li:r-], *comb.fm.* insulating (layer, material etc.); *El:* **I ~ band** *n,* insulating tape. **i ~ ieren,** *v.tr.* (*a*) to isolate (a person, animal, *Ch:* substance); *Med:* to quarantine (a patient); (*b*) to insulate (*El:* wires etc., *Constr:* a pipe, wall etc.). **I ~ ierrohr,** *n* -(e)s/-e *El:* conduit. **I ~ ierstation,** *f* -/-en *Med:* isolation ward. **I ~ ierung,** *f* -/-en *Med: & Fig:* isolation; *El: etc:* insulation.

Isotop [izo'to:p], *n* -s/-e isotope.

Israel ['israe:l]. *Pr.n.n* -s. *Geog:* Israel. **I ~ i** [-'e:li], *m* -s/-s Israeli. **i ~ isch,** *adj.* Israeli.

Ist- ['ist-], *comb.fm.* actual, true (value, yield etc.); *Com:* **I ~ bestand** *m,* cash/stock in hand; *Mil:* **I ~ stärke** *f,* effective strength.

Isthmus ['istmus], *m* -/-men *Geog:* isthmus.

Italien [i'ta:liən]. *Pr.n.n* -s. *Geog:* Italy. **I ~ er(in)** [itali'e:nər(in)], *m* -s/- (*f* -/-nen) Italian. **i ~ isch. I.** *adj.* Italian. **II.** **I.,** *n* -s/ *no pl Ling:* Italian.

I-Tüpfelchen ['i:typfəlçən], *n* -s/- finishing touch; **bis aufs I.,** down to the last detail.

J

J, j [jot, *Aus:* je:], *n* -/- (the letter) J, j.

ja [ja:]. **I.** *adv.* **1.** (*Antwort*) yes; **wenn ja,** if so; **ich glaube ja,** I think so. **2.** *F:* (*bestärkend*) (*a*) (*betont*) **sag ja nichts,** don't you dare say anything; **daß mir ja niemand verloren geht,** don't anybody get lost whatever you do; (*b*) (*unbetont*) **ich hab's ja gewußt,** I *knew* it; **du kennst ihn ja,** you know what he's like; **das ist es ja,** that's just it; **ich geh ja schon,** don't worry, I'm going; **ich hab's ja (gleich) gesagt,** I told you so (in the first place); **ich kann es ja versuchen, aber . . . ,** I can always try, but . . . ; **er ist ja mein Freund,** after all, he is my friend; (*c*) (*nachgestellt*) **du bleibst doch, ja?** you will stay, won't you? (*d*) (*vorgestellt*) **ja also! ja, so** ist das! so that's it! so that's how things stand! **ja, dann . . . !** of course, in that case . . . ! (*e*) (*Steigerung*) **ich bin traurig, ja (sogar) deprimiert,** I feel sad, even depressed. **II. Ja,** *n* -(s)/-(s) yes; **mit Ja antworten,** to answer 'yes'/ (*formell*) in the affirmative. ´**Jasager,** *m* -s/- yes-man. ´**Jastimme,** *f* -/-n vote in favour; *Parl:* aye. **ja´wohl,** *adv.* (*bejahend*) yes, indeed; (*natürlich*) certainly. ´**Jawort,** *n* -(e)s/*no pl* agreement, consent (to marry s.o.); **sein J. geben,** to say yes/(*bei der Trauung*) I do.

Jacht [jaxt], *f* -/-en yacht. ´**J ~ klub,** *m* -s/-s yacht club.

Jacke ['jakə], *f* -/-n *Cl:* jacket; (*aus Wolle*) cardigan; *Fig:* **das ist J. wie Hose,** that's six

of one and half a dozen of the other. ´J ~ n-
kleid, n -(e)s/-er Cl: (lady's) two-piece. J ~ tt
[ʒa´kɛt], n -s/-s Cl: (man's) jacket.
Jade [´ja:də], m & f -/no pl Miner: jade.
Jagd [ja:kt]. I. f -/-en 1. (nach Wild) (a) hunting,
(Schießen) shooting (auf + acc, of); auf die J.
gehen, to go hunting/shooting; (b) (einzelne
Partie) hunt; (Gesellschaft) hunting party; (c)
(Gebiet) hunt; shoot; hunting reserve. 2. (Ver-
folgung) chase, pursuit; hunt (auf einen Ver-
brecher, for a criminal); die J. aufnehmen, to
take up the chase; Fig: die J. nach Glück, Geld
usw., the pursuit of happiness, fortune etc. II.
´J ~ d-, comb.fm. 1. hunting (permit, rights,
horn, song etc.); game (bag etc.); J ~ anzug m,
huntsman's (dark green) suit; J ~ frevel m,
hunting offence; J ~ gebiet n, hunting ground;
J ~ hütte f, hunting lodge; shooting box;
J ~ büchse f/J ~ gewehr n, hunting/sporting
gun; J ~ hund m, sporting/gun dog; J ~ aufseher
m, gamekeeper; das J ~ recht, game laws. 2. Av:
fighter (aircraft, squadron, wing etc.); J ~ flie-
ger m, fighter pilot; J ~ bomber m, fighter-
bomber; J ~ schutz m, fighter cover. ´j ~ bar,
adj. (animal) that can be hunted; j ~ es Wild,
fair game. ´J ~ beute, f -/no pl Hunt: bag;
(noch nicht erlegt) quarry. ´J ~ pferd, n
-(e)s/-e hunter (horse). ´J ~ revier, n -s/-e
hunt; shoot; esp. Fig: hunting ground. ´J ~ -
schein, m -(e)s/-e 1. hunting licence. 2. Hum:
er hat einen/den J., he's certified. ´J ~ -
springen, n -s/- Equit: (show) jumping. ´J ~ -
treffen, n -s/- Hunt: meet. ´J ~ wurst, f -/´-e
Cu: spicy smoked sausage.
jagen [´ja:gən], v. 1. v.tr. (a) to hunt (game),
(schießen) shoot (game, wildfowl); (b) (verfol-
gen) to pursue, chase (s.o., an animal etc.); to
drive (s.o.) (aus dem Hause usw., out of the
house etc.); (hetzen) to hound (s.o.); Fig: vom
bösen Gewissen gejagt, hounded by one's
(guilty) conscience; ein Gedanke jagt den ande-
ren, one thought swiftly follows the other; F:
damit kannst du mich j.! you can keep it! (c) to
drive (a knife, ball etc.) (in etwas acc, into sth.);
sich dat eine Kugel in/durch den Kopf j., to blow
one's brains out. 2. v.i. (haben) (a) to hunt (auf
Wild, game); to go hunting/shooting; (b)
(rasen) (Pers.) to dash, rush; (Pferd) to gallop;
(Motor) to race; (Fahrer) er jagt durch die
Gegend, he's tearing along; (c) Fig: nach Ruhm,
Geld usw. j., to pursue fame, fortune etc.
Jäger [´jɛ:gər], m -s/- 1. (a) hunter, huntsman;
(b) (Verfolger) pursuer. 2. For: (Aufseher)
gamekeeper, ranger. 3. Mil: rifleman; die J.,
the rifle corps. 4. Av: F: fighter (plane).
´J ~ art, f -/no pl Cu: Schnitzel nach J., esca-
lope chasseur.
Jaguar [´ja:gua:r], m -s/-e Z: jaguar.
jäh [jɛ:], adj. (a) (plötzlich) sudden, unexpected
(action etc.); abrupt (movement, ending etc.);
er fand ein j ~ es Ende, he met a sudden death;
(b) sheer, precipitous (slope, drop). j ~ lings
[´jɛ:liŋs], adv. suddenly, abruptly.
Jahr [ja:r], n -(e)s/-e 1. (Zeitraum) year; im J ~ e
1800, in 1800; in den fünfziger J ~ en, in the
fifties; 1000 Mark im J., 1000 marks a year;
nach J ~ en/Lit: nach J. und Tag, after many
years; many years later; ich habe ihn seit J ~ en

nicht mehr gesehen, I haven't seen him for
years; J. für J./ein J. ums andere, year after
year; year in, year out. 2. (Alter) year (of age);
8 J ~ e alt, eight years old; bei seinen J ~ en, at
his age; in die J ~ e kommen, to be getting on
in years; in den besten J ~ en, in the prime of
life; in jungen J ~ en, at an early age; in his
young days. j ~ ´aus, adv. j., jahrein, year in,
year out. ´J ~ buch, n -(e)s/´-er yearbook,
almanac; (children's etc.) annual. ´j ~ elang,
adj. (lasting) for years; in j ~ em Studium, in
years of study; adv. ich kenne ihn schon j., I
have known him for years; j. dauern, to take
years/last for years. ´J ~ es-, comb.fm. (a)
year's (output, turnover, salary etc.); (begin-
ning, end etc.) of the year; J ~ abonnement n,
year's subscription/Rail: etc: season ticket;
J ~ pensum n, year's work/Sch: curriculum;
J ~ wechsel m/J ~ wende f, turn of the year; (b)
(wiederholt) annual (report, holiday, meeting
etc.); J ~ einkommen n, yearly/annual income;
J ~ abschluß m, annual statement of accounts;
J ~ inventur f, annual stocktaking. ´J ~ es-
frist, f -/no pl in/innerhalb J., within a year;
nach J., after one year; a year later. ´J ~ es-
rente, f -/-n annuity. ´J ~ estag, m -(e)s/-e
anniversary. ´J ~ eszeit, f -/-en season; time
of year. ´j ~ eszeitlich, adj. seasonal.
´J ~ gang, m -(e)s/´-e 1. age group; der J.
1970, those born in 1970; er ist mein J., he was
born the same year as I was. 2. (a) (Wein usw.)
ein guter J., a good vintage; der 79er J., the
1979 vintage; (b) (Auto usw.) model. 3.
(Zeitschrift) year's issues (of a magazine).
J ~ ´hundert, n -s/-e century. J ~ ´hundert-
feier, f -/-n centenary. J ~ ´hundertwende,
f -/-n turn of the century. ´J ~ markt, m
-(e)s/´-e fair. ´J ~ marktsbude, f -/-n fair-
ground stall/booth. J ~ ´tausend, n -s/-e
millenium. J ~ ´zehnt, -(e)s/-e decade.
j ~ ´zehntelang, adj. lasting for decades; adv.
for decades.
-jährig [-jɛ:riç], adj. comb.fm. (a) (Alter) mein
vierj ~ er Sohn, my four-year-old son; (b)
(Dauer) zweij ~ er Vertrag, two-year contract.
j ~ lich [´jɛ:rliç], adj. yearly; annual (outing
etc.); adv. einmal j., once a year. ´J ~ ling, m
-s/-e Z: yearling.
Jähzorn [´jɛ:tsɔrn], m -(e)s/no pl violent/sudden
temper. ´j ~ ig, adj. irascible; quick-tempered.
Jak [jak], m -s/-e Z: yak.
Jakob [´ja:kɔp]. Pr.n.m -s. Jacob; der Heilige J.,
St James; F: billiger J., street trader.
Jalousie [ʒalu´zi:], f -/-n (innen) Venetian
blind; (außen) louvre shutter.
Jamaik|a [ja´maika]. Pr.n.n -s. Geog: Jamaica.
J ~ aner(in) [-´ka:nor(in)], m -s/- (f -/-nen)
Jamaican. j ~ (an)isch, adj. Jamaican.
Jammer [´jamər], m -s/no pl 1. (Wehklagen)
lamentation; (Geschrei) wailing; moaning. 2.
(Elend) misery; wretchedness; (seelisch) dis-
tress; F: es ist ein J., it's a crying shame.
´J ~ bild, n -(e)s/-er pitiful sight. ´J ~ ge-
schrei, n -s/no pl lamentation. J ~ gestalt,
f -/-en usu. Pej: wretched(-looking) creature;
picture of misery. ´J ~ lappen, m -s/- F: gut-
less/spineless character. ´J ~ miene, f -/-n F:
miserable/gloomy face. ´j ~ n, v.i. (haben) to

lament, (*klagen*) complain, *F:* moan (**über** + *acc.* about); **die Kinder j. nach der Mutter**, the children are crying for their mother. **j~ schade,** *pred. adj.* **es ist j.,** it's a crying shame. **'j~voll,** *adj.* = **jämmerlich 1.**
jämmerlich ['jɛmərlix], *adj.* **1.** miserable (state, existence, hovel etc.); pitiful (cry etc.); wretched (conditions, room etc.); **er sieht j. aus,** he is a wretched/pitiful sight; *adv.* **j. umkommen,** to die a miserable death. **2.** *F:* (*a*) miserable, useless (work, effort); *adv.* **j. versagen,** to fail miserably; (*b*) terrible (fear, pain). **'J~keit,** *f -/-en* wretchedness; misery.
Janker ['jankər], *m -s/-* *South G:* (*usu.* collarless) traditional jacket.
Januar ['januːɐr], *m -(s)/-e/* *Aus:* **Jänner** ['jɛnər], *m -s/occ-* January; **im J.,** in January; **am zweiten/2. J.,** on the second of January/ January 2nd.
Japan ['jaːpan]. *Pr.n.n -s.* *Geog:* Japan. **J~er(in)** [ja'paːnər(in)], *m -s/-* (*f -/-nen*) Japanese. **j~isch** [ja'paːniʃ]. **I.** *adj.* Japanese. **II. J.,** *n -s/no pl* *Ling:* Japanese.
japsen ['japsən], *v.i.* (*haben*) *F:* to gasp (**nach Luft,** for air).
Jargon [ʒar'gõː], *m -s/-s* (*a*) jargon (of a particular profession, class etc.); (*b*) *F:* **ordinärer J.,** vulgar, sloppy speech.
Jasmin [jas'miːn], *m -s/-e* *Bot:* jasmine.
jäten ['jɛːtən], *v.tr.* to weed (the garden); **das Unkraut j.,** to pull up the weeds.
Jauche ['jauxə], *f -/-n* *Agr:* liquid manure. **'J~grube,** *f -/-n* cesspit, cesspool. **'j~n,** *v.tr.* to manure (a field) (with liquid manure).
jauchzen ['jauxtsən], *v.i.* (*haben*) to rejoice (**über etwas** *acc.* over sth.); (**vor Wonne**) **j.,** to exult, (*schreien*) shout for joy; **j~d,** jubilant. **'J~er,** *m -s/-* shout of joy.
jaulen ['jaulən], *v.i.* (*haben*) to howl.
Jause ['jauzə], *f -/-n* *Aus:* (mid-morning/afternoon) snack. **'J~nstation,** *f -/-en* *Aus:* country restaurant.
je[1] [jeː]. **I.** *adv.* (*a*) (*jemals*) ever; **wird es ihm je gelingen?** will he ever succeed? **schlimmer denn je,** worse than ever; (*b*) (*jeweils*) at a time; each; **sie halten je 5 Personen,** they each hold 5 people/hold five people at a time; (*c*) **je nach** + *dat,* according to; **je nach Geschmack, Laune usw.,** according to/depending on (your) taste, mood etc.; **je nach Belieben,** just as/however you like (it); **je nachdem,** as the case may be; (*Antwort*) it all depends; **je nachdem, ob er Zeit hat,** depending on whether he has time or not; (*d*) **das hat er seit (eh und) je gehabt,** he's always had that. **II.** *prep.* + *acc;* **je zwei Meter Stoff,** (for) every two metres of material; **die Kosten je Teilnehmer,** the cost for each/per participant. **III.** *conj.* **je . . .**, **desto . . .**, the **. . .**; **je mehr sie weint, desto/umso lauter schimpft er,** the more she cries, the louder he curses; **je länger, je lieber,** the longer the better.
je[2], *int.* **oh/ach je!** oh dear! oh my goodness!
Jeans [dʒiːnz], *pl Cl:* jeans. **J~stoff,** *m -(e)s/-e* denim.
jede(r, s) ['jeːdə(r,z)], *indef.pron.* **1.** *adj.* (*a*) every, (*j~s einzelne*) each; **wir fahren j~n Sommer nach Frankreich,** every summer we go to France; **j. Wohnung hat einen eigenen Eingang,**

each flat has its own entrance; (*b*) **j-n zweiten Tag,** every other day; **j~r zweite Haushalt,** every second household; (*c*) (*j~s beliebige*) any; **zu j~r Tages- und Nachtzeit,** at any time of the day or night; **ohne j~n Zweifel,** without any doubt. **2.** *s.* (*a*) **j~(r),** everybody, everyone; (*Sache*) each (one); **j~r (einzelne) von uns,** each (and every) one of us; **j~r von den beiden,** each/ both of them; (*b*) **j~(r) (beliebige),** anybody, anyone; (*Sache*) anything; **j~r kann teilnehmen,** anyone can take part. **j~nfalls** ['jedənfals], *adv.* (*was auch geschieht*) in any case; (*wenigstens*) at least; **ich j. werde jetzt gehen,** I at any rate am going now. **'j~rmann,** *indef.pron.* everybody, everyone, **es ist nicht j~s Geschmack,** it's not everyone's taste. **'j~rzeit,** *adv.* (at) any time; **Sie können es sich j. anders überlegen,** you can always change your mind. **'j~smal,** *adv.* each/every time; **j. wenn er kommt, gibt's Krach,** every time/whenever he comes there's a row.
jedoch [je'dɔx], *conj. & adv.* however; **er sah den Unfall, rief j. nicht die Polizei,** he saw the accident but (even so) did not call the police.
jegliche(r, s) ['jeːkliçə(r,z)], *indef.pron.* *Lit:* = **jede(r, s).**
jeher ['jeː'heːr], *adv.* **von/seit j.,** always; all along.
jemals ['jeːmaːls], *adv.* ever.
jemand ['jeːmant], *indef.pron.* (*acc* **j./j~en,** *gen* **j~s,** *dat* **j./j~em**) (*a*) someone, somebody; **j. anders,** somebody else; (*b*) (*fragend/unbestimmt*) anybody; anyone; **ist hier j.?** is (there) anybody here? **kaum j.,** hardly anyone.
jemine ['jeːminəː], *int.* (**oh**) **j.!** oh my god!
jen|e(r,s) ['jeːnə(r,s)], *dem.pron.* (*a*) that; *pl* those; **zu j~r Zeit,** at that time; **in j~n Tagen,** in those days; (*b*) **j~s ist besser,** that one is better; **j. sind länger,** those (ones) are longer; **dieses und j~s,** this and that; one thing and another. **'j~seitig,** *adj.* far, opposite (bank etc.); *Fig:* after death, beyond the grave. **'j~seits. I.** *prep.* + *gen* beyond; **j. des Flusses,** on the other side of the river. **II. J.,** *n -/no pl* *Rel:* **das J.,** the life hereafter; (*Todesanzeige*) **X wurde ins J. abberufen,** X has gone to eternal rest; *F:* **j-n ins J. befördern,** to bump s.o. off.
Jesuit [jezu'iːt], *m -en/-en* Jesuit. **J~enorden,** *m -s/no pl* Jesuit Order; Society of Jesus.
Jesus ['jeːzus]. *Pr.n.m -. & A:* Jesu Jesus. **'J~kind,** *n -(e)s/no pl* **das J.,** the Infant Jesus.
jetzig ['jetsiç], *adj.* present; current (price etc.).
jetzt [jetst], *adv.* now; (*a*) (*in diesem Augenblick*) **er kommt j. gleich,** he'll be coming in a moment; **bis j.,** up till now; so far; **gerade j./j. erst,** only/just now; (*b*) (*heutzutage*) nowadays.
jeweilig ['jeːvailiç], *adj.* (*a*) (circumstances etc.) (obtaining) at the time; particular, existing (situation etc.); *Pol: etc:* **der j~e Präsident usw.,** the president etc. in office/power at the time; (*b*) (*in Frage kommend*) relevant (authority etc.); **sie wurden an die j~en Besitzer zurückerstattet,** they were returned to their respective owners. **'j~s,** *adv.* in each case; **Sie erhalten j. 50 Mark,** you each receive 50 marks.
jiddisch ['jidiʃ], *adj. & J.,* *n -/no pl* *Ling:* Yiddish.

Job [dʒɔp], *m* -s/-s *F:* (*esp.* part-time) job.
'**j ~ ben** [-bən], *v.i.* (*haben*) *F:* to take a (temporary) job; **als Sekretärin j.**, to work as a temp.
Joch [jɔx], *n* -(e)s/-e **1.** *Agr:* & *Fig:* yoke. **2.** *Geog:* (*Berg*) col. '**J ~ bein**, *n* -(e)s/no pl *Anat:* cheekbone.
Jockei ['dʒɔki, -ke], *m* -s/-s jockey.
Jod [jo:t], *n* -(e)s/no pl *Pharm:* Ch: iodine.
jod|eln ['jo:dəln], *v.i.* (*haben*) to yodel. '**J ~ ler**, *m* -s/- (*a*) (*Schrei*) yodel; (*b*) (*Pers.*) yodeller.
Joga ['jo:ga:], *n* -s/no pl yoga.
Joghurt ['jo:gurt], *m* & *n* -s/-s yoghurt.
Johann [jo'han, *Aus:* 'jo:han]. *Pr.n.m* -s. = John. **J ~ is** [jo'hanis]. *Pr.n.m* -. (**der Heilige**) **J.,** St. John. **J ~ isbeere,** *f* -/-n *Hort:* **schwarze/rote J.,** blackcurrant/redcurrant. **J ~ isbeerstrauch,** *m* -(e)s/-̈er *Hort:* currant bush. **J ~ isnacht,** *f* -/-̈e Midsummer's Eve. **J ~ istag,** *m* -(e)s/-e Midsummer Day.
johlen ['jo:lən], *v.i.* (*haben*) to bawl, yell.
Jolle ['jɔlə], *f* -/-n *Nau:* dinghy, *F:* jolly-boat.
Jong|leur [dʒɔŋ'glø:r], *m* -s/-e juggler. **j ~ lieren,** *v.i.* (*haben*) (*also Fig:*) to juggle; **mit einem Tablett j.**, to balance a tray.
Joppe ['jɔpə], *f* -/-n *Cl:* short collarless loden jacket.
Jordan ['jɔrdan]. *Pr.n.m* -s. *Geog:* **der J.,** the (river) Jordan. **J ~ ier** [-'dɑ:njər], *m* -s/- Jordanian.
Jot [jɔt], *n* -(s)/-(s) (the letter) J. **J ~ a** ['jo:ta], *n* -(s)/-s iota; *F:* **er wich (um) kein J.**, he wouldn't budge an inch.
Journal [ʒur'na:l], *n* -s/-e (*Reisej., Zeitschrift*) journal; (*Tagebuch*) diary; *Nau:* log(book). **J ~ ismus** [-a'lismus], *m* -/no pl journalism. **J ~ ist(in)**, *m* -en/-en (*f* -/-nen) journalist. **J ~ istik**, *f* -/no pl *Univ:* journalism.
jovial [jovi'a:l], *adj.* jovial; (*patronizingly*) genial; **sein j~es Getue**, his hail-fellow-well-met manner. **J ~ ität** [-ali'tɛ:t], *f* -/no pl (forced) joviality.
Jubel ['ju:bəl], *m* -s/no pl jubilation, rejoicing; (*J~rufe*) cheering; **zum J. aller wurde das Konzert verlängert**, to everyone's delight the concert was extended; **J., Trubel, Heiterkeit**, noisy jollifications/*Pej:* goings-on. '**J ~ hochzeit**, *f* -/-en silver/golden/diamond wedding. '**J ~ jahr**, *n* -(e)s/-e **1.** *R.C.Ch:* jubilee year. **2.** *F:* **alle J~e (ein)mal**, once in a blue moon. '**j ~ n**, *v.i.* (*haben*) to rejoice, exult (**über etwas** *acc*, at sth.); (*rufen*) to cheer, shout with joy; **vor Freude, Glück usw. j.**, to be brimming over with joy, happiness etc.; **nicht zu früh j.!** don't rejoice too soon! '**j ~ nd**, *adj.* jubilant, exultant. '**J ~ paar**, *n* -(e)s/-e couple celebrating their silver/golden/diamond wedding.
Jubi|lar(in) [jubi'lɑ:r(in)], *m* -s/-e (*f* -/-nen) man/woman celebrating an anniversary. **J ~ läum** [-'lɛ:um], *n* -s/-läen jubilee; **150-jähriges J.**, 150th anniversary. **J ~ 'läumsausgabe**, *f* -/-n *Pub:* commemorative edition. **j ~ 'lieren**, *v.i.* (*haben*) = **jubeln.**
juchhe(i) [jux'he:(-hai)]. **I.** *int.* yippee! hurray! **II. J.**, *n* -s/-s (*a*) *Th: F:* **auf dem J.**, in the gods, *N.Am:* in penny heaven; (*b*) *Aus: F:* **im J.**, in his/her hideyhole.
juck|en ['jukən], *v.tr.* & *i.* (*haben*) (*a*) to irritate (s.o., s.o.'s skin); **es juckt (mich) am ganzen**

Körper, my whole body is itching; I'm itching all over; *Fig:* **es juckt mich, das zu erfahren**, I'm itching/dying to know; **das juckt mich nicht**, it doesn't tempt me; (*b*) *F:* **sich j.**, to scratch oneself. '**J ~ pulver**, *n* -s/- *F:* itching powder. '**J ~ reiz**, *m* -es/no pl itching.
Judas ['ju:das]. *Pr.n.m* -/-se *esp. B. Hist:* Judas.
Jude ['ju:də], *m* -n/-n Jew. '**J ~ nfeind**, *m* -(e)s/-e anti-semite. '**j ~ nfeindlich**, *adj.* anti-semitic. '**J ~ nstern**, *m* -(e)s/-e *Hist:* Star of David (*worn by Jews in Nazi Germany*). '**J ~ n-tum**, *n* -s/no pl **1.** (*Volk*) Jewry. **2.** (*Kultur*) Judaism. '**J ~ nverfolgung**, *f* -/-en persecution of the Jews.
Jüd|in ['jy:din], *f* -/-en Jewess. '**j ~ isch**, *adj.* Jewish.
Jugend ['ju:gənt]. **I.** *f* -/no pl **1.** (*Alter*) youth; (*13–18*) adolescence; **von J. an**, from an early age; **er ist über die erste J. hinaus**, he is no longer in the first flush of youth. **2.** (*junge Leute*) young people; **es war viel J. auf den Straßen**, there were a lot of young people in the streets; **die J. von heute**, young people today; today's younger generation; **die deutsche/studentische J.**, young Germans/students. **II.** '**J ~ -**, *comb.fm.* (*a*) youth (movement, club, orchestra, centre etc.); juvenile (court etc.); *Sp:* junior (14–18) (team, champion, championship etc.); **J~heim** *n*, (residential) youth club; **J~herberge** *f*, youth hostel; **J~-pflege** *f*, youth welfare; *East G:* **J~weihe** *f*, dedication of youth; *Jur:* **J~kriminalität** *f*, juvenile delinquency; **J~recht** *n*, law relating to juveniles; **J~richter** *m*, judge trying juvenile offenders; (*b*) (*von seiner J.*) youthful (memory, writings, works etc.); (memory, friend etc.) of one's youth; **J~jahre** *pl*, days of one's youth; **J~sünde** *f*, folly of one's youth. '**J ~ alter**, *n* -s/no pl **das J.**, youth; adolescence. '**J ~ bild**, *n* -(e)s/-er/'**J ~ bildnis**, *n* -ses/-se portrait (of s.o.) as a young man/girl. '**J ~ blüte**, *f* -/no pl *Lit:* **in voller/erster J.**, in the full/the first flush of youth. '**J ~ buch**, *n* -(e)s/-̈er book/*pl* literature for young people. '**j ~ frei**, *adj.* (book etc.) suitable for young people; *Cin:* = (film) carrying a 'U' certificate; *N.Am:* G/PG-rated; **dieser Film ist nicht j.**, no person under the age of 16 is admitted to this film. '**j ~ gefährdend**, *adj.* (literature) tending to corrupt youth; *Cin:* = (film) carrying an X certificate, *N.Am:* R-rated. '**j ~ lich**, *adj.* (*a*) youthful (looks, person etc.); *adv.* **j. aussehen**, to look young/youthful; (*b*) (*jung*) young; *Jur: etc:* **j~e Täter**, juvenile offenders. '**J ~ liche(r)**, *m* & *f decl.* *as adj.* young person; young boy/girl; *Jur: Adm: etc:* juvenile (under the age of 17). '**J ~ lichkeit**, *f* -/no pl youthfulness; (*Aussehen*) youthful looks. '**J ~ stil**, *m* -(e)s/no pl *Art: Hist:* art nouveau. '**J ~ verbot**, *n* -(e)s/-e *Cin: Th: etc:* ban on admission of young people; *P.N:* adults only. '**J ~ zeit**, *f* -/no pl youth.
Jugoslaw|e [ju:gos'lɑ:və], *m* -n/-n Yugoslav. **J ~ ien**. *Pr.n.n* -s. *Geog:* Yugoslavia. **J ~ in**, *f* -/-nen Yugoslav (woman). **j ~ isch**, *adj.* Yugoslavian.
Juli ['ju:li], *m* -s/*occ* -s July; **im J.**, in July; **am fünften/5. Juli**, on the fifth of July/July 5th.

Jumelage [ʒymə'lɑːʒ], *f* -/-n twinning (of two towns).

jung [juŋ]. **I.** *adj.* **1.** (*im Alter*) young; (*a*) **von j. an**, from an early age; **in seinen j~en Jahren**, in his young days; *adv.* **j. sterben**, to die young/ at an early age; (*b*) **j~es Gemüse**, (i) fresh vegetables; (ii) *Hum: F:* young fry; youngsters who are still a bit green; **the young couple; ein j~es Unternehmen**, a young/newly established company. **2.** youthful (appearance etc.); **er ist j. geblieben**, he has kept his youthfulness/ youthful exuberance; **die Enkelkinder halten sie j.**, the grandchildren keep her young. **II.** 'J ~ -, *comb.fm.* young (farmer, animal etc.); **J ~ akademiker** *m*, young/fresh graduate; **J ~ - wähler/***Aus:* **J ~ bürger** *m*, young/*esp.* first-time voter. **J ~ e¹**, *m* -n/-n & *F:* -ns/**Jungs**. **1.** boy; **wir haben einen J~n**, we have one boy/son. **2.** *F:* (*junger Mann*) lad, young chap; **unsere J~ns**, (*Soldaten usw.*) our boys; *P:* **schwerer J.**, thug; *N.Am:* tough guy; (*Verbrecher*) hard case. **3.** *Int. F:* **J., J.!** I'll be blowed! wow! **4.** *Cards: F:* jack. 'J ~ e(s), *n decl. as adj.* (*Tier*) young one; (wolf, bear etc.) cub; (*Kätzchen*) kitten; (*Hündchen*) puppy; **ein Elefantenj ~ es**, a baby elephant; **Löwin mit ihren J~n**, lioness with her young. 'J ~ en-, *comb.fm.* boy's (voice etc.); *pl* boys' (school etc.); **J~gesicht** *n*, boy's/boyish face. 'j ~ en- haft, *adj.* boyish. 'J ~ fer, *f* -/-n **1.** *Pej:* (alte) **J.**, spinster; old maid. **2.** *Bot:* **J. im Grünen**, nigella. 'J ~ fern-, *comb.fm.* maiden (flight, speech etc.); **J~fahrt** *f*, maiden trip/*Nau:* voyage. 'J ~ frau, *f* -/-en **1.** virgin; *Ecc:* die (Heilige) J. Maria, the (Holy) Virgin Mary; *Fig:* **er ist dazu gekommen wie die J. zum Kind**, it just fell into his lap. **2.** *Astr:* Virgo. 'j ~ fräulich, *adj.* (*a*) (*Pers.*) virginal, chaste; **j~es Mädchen**, virgin; (*b*) *Lit:* virgin (snow, forest etc.); (*rein*) pure (air, atmosphere etc.). 'J ~ fräulichkeit, *f* -/*no pl* virginity; chasteness. 'J ~ geselle, *m* -n/-n bachelor; unmarried/single man. 'J ~ gesellenbude, *f* -/-n bachelor pad. 'J ~ gesellenstand, *m* -(e)s/*no pl*/'J ~ gesellenzeit, *f* -/*no pl* bachelorhood. 'J ~ gesellin, *f* -/-nen un- married/single girl. 'J ~ lehrer(in), *m* -s/- (*f* -/-nen) student teacher. 'J ~ steinzeit, *f* -/*no pl* neolithic period. 'j ~ vermählt, *adj.* newly-wed; **die J~en**, the newly-weds.

jünger ['jyŋər]. **I.** *adj.* (*a*) younger; (*b*) (*ziemlich jung*) fairly young, youngish (person); **ein j~er Mann**, quite a young man; (*c*) recent (occur- ence, history etc.); **ein Ereignis j~en Datums**, a recent event. **II.** **J.**, *m* -s/- *Rel: etc:* disciple.

Jüngling ['jyŋliŋ], *m* -s/-e *Lit: & Pej:* youth.

jüngste(r,s) ['jyŋstə(r,s)], *adj.* (*a*) youngest (child etc.); *F:* **sie ist nicht mehr die J.**, she's no chicken/*N.Am:* spring chicken; (*b*) latest

(events etc.); **in j~r Vergangenheit**, in the recent past; *B:* **der J. Tag**, Doomsday; **das J. Gericht**, the Last Judgement.

Juni ['juːni], *m* -s/*occ* -s June; **im J.**, in June; **am sechsten/6. J.**, on the sixth of June/June 6th.

junior ['juːniɔr]. **I.** *adj.* **Robert Schmidt j.**, Robert Schmidt junior. **II.** **J.**, *m* -s/-en (*a*) (*Sohn*) offspring; (*b*) *no pl Com:* junior director/part- ner; (*c*) *Sp:* junior, *esp.* under 21; (*d*) *Cl:* **J~en**, young people. 'J ~ chef, *m* -s/-s *Com:* boss's/ owner's son. 'J ~ en- [juni'oːrən-], *comb.fm.* *Sp:* junior (team etc.); **J~meister** *m*, junior champion.

Junker ['juŋkər], *m* -s/- *Hist:* young (Prussian) nobleman, junker.

Junktim ['juŋktim], *n* -s/-s *Pol:* combination (of laws etc.); package (deal).

Jura¹ ['juːra], *s.inv. Univ:* law studies; **J. studie- ren**, to study law. 'J ~ student(in), *m* -en/-en (*f* -/-nen) law student.

Jura², *m* -s/*no pl* **1.** *Pr.n. Geog:* der **J.**, the Jura. **2.** *Geol: Hist:* Jurassic (system/formation).

Jur|ist(in) [ju'rist(in)], *m* -en/-en (*f* -/-nen) (*a*) (practising) lawyer; (*b*) *Univ:* law student. **J ~ istendeutsch**, *n* -(s)/*no pl usu. Pej:* German legal jargon. **j ~ istisch**, *adj.* legal (studies, training etc.); **j~e Fakultät**, law faculty.

Jur|or ['juːrɔr], *m* -s/-en *Art: Sp: etc:* judge, adjudicator. **J ~ y** ['ʒyːri], *f* -/-s *Sp: Rad: TV: etc:* panel of judges/adjudicators; jury; *Art: etc:* selection committee.

Jus [jus], *n* -/*no pl esp. Aus:* = Jura'.

justier|en [jus'tiːrən], *v.tr.* (*a*) *Mec.E: etc:* to adjust, regulate (a part, device); (*b*) *Print:* to justify (a line). **J ~ schraube**, *f* -/-n adjusting/ regulating screw. **J ~ ung**, *f* -/-en *Mec.E; etc:* adjustment, regulation; *Print:* justification.

Justiz [jus'tiːts], *f* -/*no pl* **1.** (administration of) justice. **2.** (*Behörden*) judicial authorities, judi- ciary. **J ~ beamte(r)**, *m decl. as adj.* officer of the law. **J ~ gebäude**, *n* -s/- courthouse; law courts. **J ~ irrtum**, *m* -s/-̈er miscarriage of justice. **J ~ minister**, *m* -s/- Minister of Jus- tice; *approx.* Attorney General. **J ~ ministe- rium**, *n* -s/-ien Ministry/*N.Am:* Department of Justice. **J ~ mord**, *m* -(e)s/-e judicial murder.

Jute ['juːtə], *f* -/*no pl Bot: Tex:* jute.

Juwel [ju'veːl], *n & m* -s/-en **1.** *n & m* jewel, pre- cious stone; **mit J~en behängt**, laden with jewels/jewellery. **2.** *n* (*pl* J~e) *Fig:* gem (of a collection etc.); (*Pers.*) gem, treasure. **J ~ ier** [juve'liːr], *m* -s/-e jeweller. **J ~ 'lierge- schäft**, *n* -(e)s/-e jeweller's (shop).

Jux [juks], *m* -es/*occ* -e (practical) joke; lark; **man hat sich einen J. mit uns gemacht/erlaubt**, somebody has been playing a practical joke on us; **aus J.**, for fun/*F:* kicks.

K

K, k [ka:], *n* -/- (the letter) K, k.
Kabarett [kabaˈrɛt], *n* -s/-s cabaret, satirical revue. **K~ist(in)** [-ˈtist(in)], *m* -en/-en (*f* -/-nen) cabaret/revue artist.
Kabbel|ei [kabaˈlai], *f* -/-en *North G: F:* squabble. **ˈk~ig,** *adj. Nau:* choppy. **ˈk~n,** *v.i.* (*haben*) *F:* (*Kinder usw.*) to squabble.
Kabel [ˈka:bəl]. **I.** *n* -s/- **1.** *El:* (*größeres*) cable; (*Leitung*) lead. **2.** *Nau: etc:* cable, steel rope. **3.** *A: Tel:* cable(gram). **II.** **ˈK~-,** *comb.fm.* cable (television etc.); **K~ader** *f,* cable core; **K~führung** *f,* cable duct; **K~leger** *m,* cable-laying ship. **ˈK~schuh,** *m* -(e)s/-e *El:* terminal (lug).
Kabeljau [ˈka:bəljau], *m* -s/- & -s *Fish:* cod.
Kabine [kaˈbi:nə], *f* -/-n (*Schiffsk.*) cabin; (*im Schwimmbad, beim Friseur usw.*) cubicle; (*lift/ N.Am:* elevator; telephone) booth. **K~nhaube,** *f* -/-n *Av:* cockpit canopy. **K~nkoffer,** *m* -s/- cabin trunk. **K~nroller,** *m* -s/-*Aut:* bubble-car.
Kabinett [kabiˈnɛt], *n* -s/-e **1.** *Pol:* & *Furn:* cabinet. **2.** (small) room (in a museum, *A:* & *Aus:* flat etc.). **K~s-,** *comb.fm. Pol:* cabinet (crisis, minister, member etc.); **K~sitzung** *f,* cabinet meeting. **K~stück,** *n* -(e)s/-e *Pol: etc:* brilliant move. **K~wein,** *m* -(e)s/-e cabinet wine (from selected choice grapes).
Kabriolett [kabrioˈlɛt], *F:* **Kabrio** [ˈka:brio], *n* -s/-s *Aut:* convertible.
Kabuff [kaˈbuf], *n* -s/-s *North G:* tiny room, *F:* cubby-hole.
Kachel [ˈkaxəl], *f* -/-n *Cer:* tile. **ˈk~n,** *v.tr.* to tile (a bathroom, kitchen etc.). **ˈK~ofen,** *m* -s/- tiled stove.
Kacke [ˈkakə], *f* -/-n *P:* shit. **ˈk~n,** *v.i.* (*haben*) *P:* to shit.
Kadaver [kaˈda:vər], *m* -s/- carcass. **K~gehorsam,** *m* -s/*no pl F:* blind obedience.
Kadenz [kaˈdɛnts], *f* -/-en *Mus:* (*a*) (*Akkordfolge*) cadence; (*b*) (*Solovariation*) cadenza.
Kader [ˈka:dər], *m* -s/- **1.** cadre (of an army etc.); *Pol:* hard core, nucleus (of a party); *Sp:* squad. **2.** *esp. East G: usu.pl* **die K.,** trained personnel; *Pol:* trained élite.
Kadett [kaˈdɛt], *m* -en/-en *Mil: etc:* cadet.
Kadi [ˈka:di], *m F:* **zum K. gehen,** to go to court.
Kadmium [ˈkatmium], *n* -s/*no pl Ch:* cadmium.
Käfer [ˈkɛːfər], *m* -s/- *Ent:* beetle; *F:* **ein netter/ süßer K.,** a nice/sweet girl.
Kaff [kaf], *m* -s/-s *F:* (deadly) hole, dump.
Kaffee [ˈkafe, *Aus:* kaˈfeː]. **I.** *m* -s/*occ* -s coffee; **K. mit Milch,** white coffee, *N.Am:* coffee with milk; **K. ohne Milch,** black coffee; **zwei K.,** two coffees/cups of coffee; **zwei K~s,** two types of coffee; *F:* **das ist kalter K.,** that's old hat. **II.** **ˈK~-,** *comb.fm.* coffee (bean, cup etc.); **K~geschirr** *n,* coffee service/*F:* things; **K~haus** *n,* (i) *Hist:* coffee house; (ii) *Aus:* café; **K~kanne** *f,* coffee pot; **K~löffel** *m,* (i) (large) coffee spoon; (ii) *Meas:* teaspoonful; **K~maschine** *f,* coffee-maker; **K~mühle** *f,* coffeegrinder; **K~mütze** *f*/**K~wärmer** *m,* coffee-pot cosy; **K~pause** *f,* coffee break; **K~satz** *m,* coffee grounds; **K~service** *n,* coffee set; **K~tisch** *m,* table laid for afternoon coffee; *F:* **K~klatsch** *m,* (women's) afternoon coffee party; **K~tante** *f,* coffee addict.
Käfig [ˈkɛːfiç], *m* -s/-e cage.
kahl [ka:l], *adj.* (*a*) (*haarlos*) bald (head etc.); (*Pers.*) **k. werden,** to go bald; **k~e Stelle,** bare patch; (*b*) (*schmucklos*) bare (room, tree, rock etc.); bleak (landscape etc.). **ˈk~geschoren,** *adj.* shorn, shaven. **ˈk~fressen,** *v.tr.sep.irr.25* (*Tiere*) to strip (a tree etc.). **ˈK~heit,** *f* -/*no pl* baldness; bareness; bleakness. **ˈK~kopf,** *m* -(e)s/-̈e (*a*) bald head; (*b*) bald-headed person. **ˈk~köpfig,** *adj.* baldheaded. **ˈK~köpfigkeit,** *f* -/*no pl* baldness. **ˈK~schlag,** *m* -(e)s/-̈e clearing (in a forest).
Kahn [ka:n], *m* -(e)s/-̈e (*a*) (*Ruderboot*) rowing boat, *N.Am:* rowboat; **K. fahren,** to go rowing; (*b*) (*Lastk.*) barge. **ˈK~fahrt,** *f* -/-en boat trip, row. **ˈK~führer,** *m* -s/- bargee.
Kai [kai, *Aus:* kei], *m* -s/-s quay. **ˈK~anlage,** *f* -/-n wharf. **ˈK~mauer,** *f* -/-n quay(side).
Kairo [ˈkairo]. *Pr.n.n* -s. Cairo.
Kaiser [ˈkaizər]. **I.** *m* -s/- emperor. **II.** **K~-,** *comb.fm.* imperial (crown, palace etc.); **K~adler** *m,* imperial eagle. **ˈK~fleisch,** *n* -(e)s/*no pl Aus: Cu:* (smoked) belly of pork. **ˈK~in,** *f* -/-nen empress. **ˈk~lich,** *adj.* imperial. **ˈK~mantel,** *m* -s/-̈ *Ent:* fritillary. **ˈK~reich,** *n* -(e)s/-e empire. **ˈK~schmarren,** *m* -s/- *Aus: Cu:* fried pancake containing currants. **ˈK~schnitt,** *m* -(e)s/-e *Med:* Caesarean (section).
Kajak [ˈka:jak], *m* -s/-s kayak.
Kajüt|e [kaˈjy:tə], *f* -/-n *Nau:* cabin. **K~(s)-boot,** *n* -(e)s/-e cabin cruiser.
Kakadu [ˈka:kadu:], *m* -s/-s *Orn:* cockatoo.
Kakao [kaˈkau], *m* -s/-s cocoa; *F:* **j-n durch den K. ziehen,** (i) (*necken*) to pull s.o.'s leg; (ii) (*verreißen*) to pull s.o. to pieces.
Kakerlak [ˈka:kərlak], *m* -s & -en/-en *Ent:* cockroach.
Kaktee [kakˈte:ə], *f* -/-n/**Kaktus** [ˈkaktus], *m* -/-teen & -tusse *Bot:* cactus.

Kalamität [kalami'tɛːt], *f* -/-**en** terrible predicament.

Kalauer ['kɑːlauər], *m* -s/- stale joke, *esp.* bad pun.

Kalb [kalp], *n* -(e)s/̃er (*a*) calf; **ein K. werfen**, to calve; (*b*) *F:* (*Pers.*) silly goose; **ihr albernen K ̃er**, you sillies; (*c*) *Cu:* veal. 'k ~ **en** [-bən], *v.i.* (**haben**) (*Kuh usw.*) to calve. 'K ~ **fleisch**, *n* -(e)s/*no pl Cu:* veal. 'K ~ s-, *comb.fm. Cu:* (*a*) calf's (head, liver etc.); K~**bries(chen)** *n*, (calf's) sweetbreads; (*b*) veal (goulash, steak etc.); (breast, fricassée etc.) of veal; K~**kotelett** *n*, veal chop; K~**schnitzel** *n*, veal escalope; K~**hachse**/*South G:* K~**haxe** *f*, knuckle of veal; K~**keule** *f*, leg of veal; K~**nierenbraten** *m*, loin of veal; K~**braten** *m*, roast veal. 'K ~ s- **leder**, *n* -s/*no pl* calf (leather); calfskin.

Kaldaunen [kal'daunən], *f pl Cu:* tripe.

Kaleidoskop [kalaido'skoːp], *n* -s/-e kaleidoscope.

Kalender [ka'lɛndər], *m* -s/- 1. calendar. 2. (*Taschenk.*) diary (for appointments etc.). K ~ **jahr**, *n* -(e)s/-e calendar year.

kalfatern [kal'fɑːtərn], *v.tr. Nau:* to caulk (seams).

Kali ['kɑːli]. I. *n* -s/-s potash; *Ch:* potassium. II. 'K ~ -, *comb.fm.* potash (industry, manure etc.); *Ch:* potassium (salt, compound etc.).

Kaliber [ka'liːbər], *n* -s/- calibre (of a gun, *Fig:* of a person etc.); *Tchn:* gauge (of a tube).

Kaliko ['kaliko], *n* -s/-s *Tex:* calico.

Kalium ['kɑːliʊm], *n* -s/*no pl Ch:* potassium.

Kalk [kalk], *m* -(e)s/-e (*a*) *Ch: Ind:* lime; **ungelöschter K.**, quicklime; (*b*) *Geol:* (*K~stein*) limestone; (*c*) (*Knochensubstanz*) calcium; (*2nd P:* **bei ihm rieselt der K.**, he's completely gaga. 'K ~ **brenner**, *m* -s/- lime-burner. 'k ~ **en**, *v tr* to whitewash (a wall etc.); *Agr:* to lime (a field). 'K ~ **grube**, *f* -/-n lime-pit. 'K ~ **mangel**, *m* -s/̃ *Med:* calcium deficiency. 'K ~ **ofen**, *m* -s/̃ *Ind:* lime-kiln. 'K ~ **stein**, *m* -(e)s/*no pl* limestone.

Kalkül [kal'kyːl]. 1. *n & m* -s/-e (rough) calculation; *Fig:* **etwas ins K. ziehen**, to take sth. into account. 2. *m* -s/-e *Mth:* calculus.

Kalkulation [kalkulatsi'oːn], *f* -/-en *Mth:* calculation; *Com:* estimate. K ~ **ati'ons- aufschlag**, *m* -(e)s/̃e *Com:* markup. K ~ **ati'onsfehler**, *m* -s/- miscalculation. k ~ **ieren** [-'liːrən], *v.tr.* to calculate (sth.).

Kalorie [kalo'riː], *f* -/-n [-ən] calorie. k ~ **narm**, *adj.* low-calorie (food). K ~ n- **gehalt**, *m* -(e)s/*no pl* calorie content.

kalt [kalt], *adj.* cold; (*a*) **mir ist (es) k.**, I am cold; **etwas k. stellen**, to put sth. to cool; *Cu:* k~e **Platte**, plate of cold meats; *Pol:* k~er **Krieg**, cold war; *Fig: adv:* **es überlief mich k./lief mir k. über den Rücken**, a cold shiver ran down my spine; (*b*) (*gefühlsarm*) cold, frigid; chilly (manner, reception etc.); **ein k~er Rechner**, a cold, calculating person; *F:* **das läßt mich k.**, (i) it doesn't do anything for me/turn me on; (ii) (*unbeeindruckt*) I don't care. 'k ~ **bleiben**, *v.i.sep.irr.12* (*sein*) *F:* to keep one's cool. 'K ~ - **blüter**, *m* -s/- *Z:* cold-blooded animal. 'k ~ - **blütig**, *adj.* cold-blooded; *adv.* in cold blood. 'K ~ **blütigkeit**, *f* -/*no pl* coolness; *Pej:* cold- bloodedness (of a murder etc.). 'K ~ **front**, *f*

-/-**en** *Meteor:* cold front. 'k ~ **herzig**, *adj.* cold-hearted. 'k ~ **lächelnd**, *adv. Iron: F:* cheerfully, without turning a hair. 'K ~ **lage- rung**, *f* -/*no pl* cold storage. 'k ~ **lassen**, *v.tr.sep.irr.57 F:* to leave (s.o.) cold. 'K ~ **luft**, *f* -/*no pl Meteor:* cold air. 'k ~ **machen**, *v.tr.sep. P:* to bump (s.o.) off. 'K ~ **miete**, *f* -/-n basic rent (without heating). 'K ~ **schale**, *f* -/-n *Cu:* fruit purée/whip; (*Vorspeise*) sweet soup. 'k ~ **schnäuzig**, *adj. F:* cold; (*grausam*) callous. 'K ~ **start**, *m* -s/-s *Aut:* starting from cold. 'k ~ **stellen**, *v.tr.sep. F:* to reduce (s.o.) to impotence; **die Konkurrenz k.**, to spike the guns of the competition. 'K ~ **welle**, *f* -/-n *Hairdr:* cold perm.

Kälte ['kɛltə], *f* -/*no pl* 1. (*a*) cold; (*unter Null*) frost; (*Grad der K.*) coldness; **10 Grad K.**, 10 degrees below freezing; (*b*) (*Periode*) cold spell; **plötzlich einsetzende K.**, sudden onset of cold weather. 2. *Fig:* coldness, coolness. 'K ~ **erzeu- gung**, *f* -/*no pl* refrigeration (process). 'K ~ - **grad**, *m* -(e)s/-e *Meteor:* (*a*) (degree of) cold- ness; (*b*) *F:* degree below freezing. 'K ~ **ma- schine**, *f* -/-n *Ind: etc:* refrigerator. 'K ~ **technik**, *f* / **en** *Ind:* refrigeration (technology). 'K ~ **welle**, *f* -/-n *Meteor:* cold spell.

Kalzium ['kaltsium], *n* -s/*no pl Ch:* calcium.

kam [kɑːm], *p. of* **kommen** *q.v.*

Kambodscha [kam'bɔdʒa], *Pr.n.n* -s. *Geog:* Cambodia.

Kamee [ka'meː(ə)], *f* -/-n cameo.

Kamel [ka'meːl], *n* -s/-e 1. *Z:* camel. 2. (*Pers.*) ass, idiot. K ~ **haar**, *n* -(e)s/*no pl Tex:* camel- hair. K ~ **treiber**, *m* -s/- 1. camel driver. 2. *P: Pej:* wog.

Kamelie [ka'meːliə], *f* -/-n *Bot:* camellia.

Kamellen [ka'mɛlən], *fpl F:* **olle K.**, stale stories/jokes.

Kamera ['kaməra], *f* -/-s camera, *esp.* cine/TV camera. 'K ~ **mann**, *m* -(e)s/-leute *Cin: TV:* cameraman. 'K ~ **wagen**, *m* -s/- *Cin:* dolly.

Kamerad(in) [kamə'rɑːt (-'rɑːdin)], *m* -en/-en (*f* -/-nen) comrade, companion; *F:* mate; *N.Am:* buddy. K ~ **schaft**, *f* -/*no pl* comradeship; companionship. k ~ **schaftlich**, *adj.* comradely; friendly (relationship). K ~ - **schaftsgeist**, *m* -(e)s/*no pl* comradely/*Sp:* team spirit.

Kamerun [kamə'ruːn]. *Pr.n.n* -s. Cameroon.

Kamille [ka'milə], *f* -/-n *Bot:* camomile. K ~ **ntee**, *m* -s/*no pl* camomile tea.

Kamin [ka'miːn], *m* -(e)s/-e 1. fireplace; *esp. South G:* (*Schornstein*) chimney. 2. *Mount:* chimney. K ~ **feuer**, *n* -s/- open fire. K ~ **git- ter**, *n* -s/- fireguard. K ~ **kehrer**, *m* -s/- *esp. South. G:* chimney-sweep. K ~ **rost**, *m* -(e)s/-e grate. K ~ **sims**, *m* -es/-e mantelpiece. K ~ **vorleger**, *m* -s/- hearth-rug.

Kamm [kam], *m* -(e)s/̃e 1. *Toil: Tex:* comb; *F:* **alles über einen K. scheren**, to treat everything alike. 2. crest (of a wave); ridge (of a moun- tain). 3. *Cu:* chuck (of beef); scrag end (of veal). 4. *Z:* crest (of a bird); comb (of a cock); *F:* **ihm schwillt der K.**, he's getting cocky/above himself. 'K ~ **garn**, *n* -(e)s/-e *Tex:* worsted (yarn/fabric).

Kämmchen ['kɛmçən], *n* -s/- small comb.

'k ~ en, v.tr. to comb (hair, wool etc.); sich dat die Haare/sich k., to comb one's hair.
Kammer ['kamɔr]. **I.** f -/-n **1.** (Abstellraum) boxroom; (für Haushaltsgeräte) broom cupboard. **2.** Pol: Com: chamber (of parliament, trade); Jur: division (of a court). **3.** (Hohlraum) Tchn: chamber; Anat: ventricle. **II.** K ~ -, comb.fm. Mus: chamber (music, orchestra etc.); K ~ konzert n concert of chamber music. 'K ~ sänger(in), m -s/- (f -/-nen) Aus: singer awarded the title of Kammersänger. 'K ~ spiele, npl intimate theatre. 'K ~ ton, m -(e)s/no pl Mus: concert pitch.
Kämmerer ['kɛmɔrɔr], m -s/- Adm: treasurer.
Kampagne [kam'panjɔ], f -/-n campaign.
Kampf [kampf]. **I.** m -(e)s/-̈e fight; (a) Mil: etc: (Gefecht). **I.** fight, combat; **schwere K ~ e**, heavy fighting; **den K. eröffnen/einstellen**, to open/ cease hostilities; (b) Sp: (Wettkampf) contest; Box: etc: bout; (c) Fig: struggle, (Aktion) campaign (**um/gegen etwas** acc, for/against sth.); **etwas** dat **den K. ansagen**, to declare war on sth.; **K. zwischen gegenteiligen Interessen**, conflict between opposing interests; **K. mit sich selbst**, inner conflict. **II.** 'K ~ -, comb.fm. fighting (line, strength, troops etc.); battle (song etc.); Mil: combat (zone, sector, troops etc.); tactical (aircraft etc.); **K ~ geist** m, fighting spirit; Mil: **K ~ kraft/K ~ stärke** f, fighting strength; **K ~ verband** m, fighting/combat force; **K ~ gruppe** f, tactical/task force; **K ~ anzug** m, battledress; adj. **k ~ müde**, adj. battle-weary; **K ~ platz**, m battlefield; Sp: & Fig: arena. 'k ~ **bereit**, adj. Mil: ready for action; esp. Fig: ready for the fray. 'k ~ **erprobt**, adj. seasoned (troops). 'k ~ **fähig**, adj. Mil: fit for action. 'K ~ **flieger**, m -s/- Mil: bomber/(Jagdflieger) fighter pilot. 'K ~ **gericht**, n -(e)s/-e Sp: (panel of) judges. 'K ~ **geschehen**, n -s/no pl/ K ~ **handlungen** fpl, fighting, (military) action. 'K ~ **hahn**, m -(e)s/-̈e gamecock. 'k ~ **los**, adj. without a fight. 'k ~ **lustig**, adj. belligerent. 'K ~ **richter**, m -s/- Sp: judge. 'K ~ **stätte**, f -/-n = K ~ **platz**. 'K ~ **stoff**, m -(e)s/e Mil: (chemical) weapon. 'k ~ - **unfähig**, adj. (Soldat) unfit for active service; (Panzer, Schiff usw.) out of action. 'K ~ **wagen**, m -s/- Hist: chariot.
kämpf|en ['kɛmpfɔn], v. **1.** v.i. (haben) to fight; Mil: Box: & Fig: **gegen j-n, etwas** acc/ **mit j-m, etwas** dat **k.**, to fight (against/with) s.o., sth.; **um etwas** acc **k.**, to fight/esp. Fig: struggle for sth.; Sp: etc: **um einen Titel usw. k.**, to contest a title etc.; **gegen eine starke Mannschaft k.**, to play against a strong team; Pol: etc: **für/gegen etwas** acc **k.**, to campaign for/against sth.; Fig: **mit sich k.**, to struggle with oneself; **mit den Tränen k.**, to fight back the tears. **2.** v.refl. **sich durch etwas** acc **k.**, to fight one's way through sth. 'K ~ **er**, m -s/- **1.** fighter; Fig: crusader. **2.** Arch: impost. 'k ~ **erisch**, adj. fighting (spirit, mood etc.).
Kampfer ['kampfɔr], m -s/no pl camphor.
kampieren [kam'pi:rɔn], v.i. (haben) (a) to camp; (b) F: to kip down (on a sofa etc.).
Kanad|a ['kanada]. Pr.n.n -s. Geog: Canada.
K ~ **ier(in)** [ka'na:diɔr(in)], m -s/- (f -/-nen)

Canadian. **k ~ isch** [ka'na:diʃ], adj. Canadian; **die K ~ en Seen**, the Great Lakes.
Kanal [ka'na:l], m -s/-̈e **1.** (für Schiffe) canal; Geog: **der K.**, the (English) Channel. **2.** (für Abwässer) drain, sewer; (offen) drainage ditch. **3.** Anat: canal; F: **den K. voll haben**, (i) (besoffen) to be paralytic (with drink); (ii) (es satt haben) to be fed up to the back teeth. **4.** Rad: TV: channel; Fig: **geheime/diplomatische K ~ e**, secret/diplomatic channels. **K ~ gas**, n -es/-e sewer gas. **K ~ inseln**. Pr.n.fpl Geog: **die K.**, the Channel Islands. **K ~ isation** [kanalizatsi'o:n], f -/-en **1.** canalization (of a river). **2.** (für Abwässer) sewerage (system); main drainage. **k ~ i'sieren**, v.tr. (a) to canalize (a river); (b) to provide (a town etc.) with sewers/drains. **K ~ rohr**, n -(e)s/-e drain(pipe).
Kanapee ['kanape:], n -s/-s Cu: canapé.
kanar|iengelb [ka'na:riɔngɛlp], adj. canary yellow. **K ~ ienvogel**, m -s/-̈ Orn: canary. **k ~ isch**, adj. Geog: **die K ~ en Inseln**, the Canary Islands.
Kandare [kan'da:rɔ], f -/-n Equit: curb bit; **j-n an die K. nehmen**, to keep s.o. on a tight rein.
Kandelaber [kande'la:bɔr], m -s/- candelabra.
Kandi|dat [kandi'da:t], m -en/-en candidate; (Bewerber) applicant; (aufgestellter) K., nominee. **K ~ datur** [-da'tu:r], f -/-eh Pol: etc: candidature. **k ~ 'dieren**, v.i. (haben) to be a candidate; Pol: etc: to stand, N.Am: run (**für ein Amt**, for an office).
kand|ieren [kan'di:rɔn], v.tr. Cu: to candy (fruit). **K ~ iszucker**, m -s/no pl candy sugar.
Känguruh ['kɛnguru], n -s/-s Z: kangaroo.
Kaninchen [ka'ni:nçɔn], n -s/- Z: rabbit. **K ~ bau**, m -(e)s/-ten rabbit burrow. **K ~ stall**, m -(e)s/-̈e rabbit hutch.
Kanister [ka'nistɔr], m -s/- canister; (aus Blech) tin; (für Wasser) water carrier.
kann [kan], pres. of können q.v.
Kännchen ['kɛnçɔn], n -s/- (dim. of Kanne) small jug/(coffee) pot.
Kanne ['kanɔ], f -/-n (a) (Krug) jug; (b) (mit Deckel) (milk) churn, (klein) can; (coffee, tea) pot; (c) Hort: (watering-)can; F: **es gießt wie aus/mit K ~ n**, it is pouring/Brit: bucketing down.
kannelie|rt [kanɔ'li:rt], adj. Arch: fluted. **K ~ rung**, f -/-en Arch: fluting.
Kannibal|e [kani'ba:lɔ], m -n/-n (a) cannibal; (b) F: brute. **k ~ isch**, adj. (a) cannibal (tribe etc.); (b) F: brutish, bestial (behaviour etc.). **K ~ ismus** [-a'lismus], m -/no pl cannibalism.
Kanon ['ka:nɔn], m -s/-s Mus: canon; (Lied) round, catch.
Kanone [ka'no:nɔ], f -/-n **1.** Mil: (field etc.) gun; Hist: cannon; pl **K ~ n**, artillery. **2.** F: (Pers.) esp. Sp: ace, champ. **3.** F: **unter aller K.**, absolutely awful, indescribably bad. **K ~ n-boot**, n -(e)s/-e gunboat. **K ~ nfutter**, n -s/no pl F: cannon fodder. **K ~ nkugel**, f -/-n Hist: cannon ball. **K ~ nofen**, m -s/-̈ cylindrical stove. **K ~ nrohr**, n -(e)s/-e gun barrel. **K ~ nschuß**, m -sses/-̈sse gunshot.
Kantate [kan'ta:tɔ], f -/-n Mus: cantata.
Kant|e ['kantɔ], f -/-n edge; F: **Geld auf die**

hohe K. legen, to put money by (for a rainy day). ´**K ~ en**, *m -s/-* *North G:* crust (of a loaf). ´**k ~ ig**, *adj.* angular (stone etc.); squared (timber etc.); square (chin etc.).

Kanter [´kantər], *m -s/- Equit:* canter.

Kantine [kan´ti:nə], *f -/-n* canteen.

Kanton [kan´to:n], *m -s/-e Swiss Adm:* canton. **K ~ ist** [-o´nist], *m -en/-en F:* **unsicherer K.**, unreliable fellow. **K ~ s-**, *comb.fm. Swiss:* cantonal (government etc.).

Kantor [´kantɔr], *m -s/-en Ecc:* cantor. **K ~ ei** [-to´rai], *f -/-en* (Protestant) church choir.

Kanu [´ka:nu, ka´nu:], *n -s/-s* canoe; **K. fahren**, to canoe.

Kanz|el [´kantsəl], *f -/-n 1. Ecc:* pulpit. 2. *Av:* cockpit. **K ~ lei** [-´lai], *f -/-en A: & Aus:* office (of a lawyer etc.). **K ~ leideutsch**, *n -(s)/no pl* (German) official language, *F:* officialese. **K ~ leiformat**, *n -(e)s/-e* approx. foolscap. **K ~ leipapier**, *n -s/-e* approx. foolscap (paper). **K ~ ler**, *m -s/- Pol:* chancellor. ´**K ~ leramt**, *n -(e)s/no pl Pol:* chancellorship.

Kaolin [kao´li:n], *n -s/no pl Cer:* kaolin, china clay.

Kap [kap], *n -s/-s Geog:* cape, headland.

Kapaun [ka´paun], *m -s/-e Cu:* capon.

Kapazität [kapatsi´tɛ:t], *f -/-en 1.* capacity; *El:* capacitance (of a condenser). 2. *(Pers.)* **eine K. auf diesem Gebiet**, an authority in this field.

Kapell|e [ka´pɛlə], *f -/-n 1. Ecc:* chapel. 2. *Mus:* band. **K ~ meister**, *m -s/- Mus:* bandmaster.

Kaper [´ka:pər], *f -/-n Bot: Cu:* caper.

kapern [´ka:pərn], *v.tr. Hist:* to seize (a ship etc.) (as a prize); *F:* **sie hat ihn gekapert**, she has hooked him.

kapieren [ka´pi:rən], *v.tr. F:* to understand, get (sth.); *abs.* **kapierst du?** do you get it?

Kapital [kapi´ta:l]. I. *n -s/-e & -ien Econ:* capital; *Fig:* asset; *Fin:* **K. und Zinsen**, principal and interest; *Fig:* **aus etwas dat K. schlagen**, to make capital out of sth.; *F:* to cash in on sth. II. *k-, adj.* excellent, first-rate (idea etc.); **k ~ er Fehler**, major blunder. III. **K ~ -**, *comb.fm.* capital *(Fin:* investment, market etc.; *Jur:* crime etc.); **K ~ abwanderung** */*/**K ~ flucht** *f,* flight of capital; *F:* **K ~ spritze** *f,* injection of capital. **K ~ anteil**, *m -(e)s/-e*/**K ~ beteiligung,** *f -/-en Fin:* shareholding, financial interest. **K ~ gesellschaft**, *f -/-en Com:* joint stock company. **K ~ isierung** [-tali´zi:run], *f -/-en Fin:* capitalization. **K ~ ismus** [-ta´lismus], *m -/no pl* capitalism. **K ~ ist** [-ta´list], *m -en/-en* capitalist. **k ~ istisch**, *adj.* capitalist (society etc.). **k ~ kräftig**, *adj* financially strong (firm etc.); *F: (Pers.)* affluent.

Kapitän [kapi´tɛ:n], *m -s/-e (a) Nau: Av:* captain; master (of a merchant vessel); *Navy:* **K. zur See,** (naval) captain; *(b) Sp: etc:* team leader. **K ~ leutnant**, *m -s/-s Navy:* (senior) lieutenant. **K ~ spatent**, *n -(e)s/-e Nau:* master's certificate.

Kapitel [ka´pitəl], *n -s/-* chapter; *Fig:* **das ist ein K. für sich**, that's another story; **ein trauriges K.**, a sad episode/story. **K ~ saal**, *m -(e)s/-säle Ecc:* chapter house.

Kapitell [kapi´tɛl], *n -s/-e Arch:* capital.

Kapitul|ation [kapitulatsi´o:n], *f -/-en* capitulation, surrender. **k ~ ieren** [-´li:rən], *v.i. (haben)* to capitulate **(vor** + *dat,* to); *Mil:* **bedingunglos k.,** to surrender unconditionally.

Kaplan [kap´la:n], *m -s/-e Ecc:* chaplain; *(Hilfsgeistlicher)* curate.

Kapok [´kapɔk], *m -s/no pl* kapok.

Kappe [´kapə], *f -/-n* cap; *(Schuhk.)* toecap; *F:* **etwas auf seine (eigene) K. nehmen**, to take the rap for sth. ´**k ~ n**, *v.tr.* to chop (sth.); to top (a tree), trim (a hedge).

Käppi [´kɛpi], *n -s/-s Mil:* forage cap.

Kappes [´kapəs], *m -/no pl North G:* 1. cabbage. 2. *F:* nonsense, rubbish.

Kapriole [kapri´o:lə], *f -/-n 1. usu.pl* **K ~ n,** capers, antics; **K ~ n machen**, to caper. 2. *Equit:* capriole.

kapriziös [kapritsi´ø:s], *adj.* capricious.

Kapsel [´kapsəl], *f -/-n 1. (Behälter)* capsule; (watch etc.) case. 2. cap (of a bottle).

kaputt [ka´put], *adj. (a) (Sache)* bust; broken (cup, *Hum:* leg etc.); *F: (Auto)* smashed up; *(nicht funktionierend)* on the blink; *Fig:* ruined (firm, marriage etc.); *F:* **der Motor ist k.**, the engine has had it; **die Birne ist k.**, the bulb has gone; *(b) F: (Pers.)* dead beat. **k ~ fahren,** *v.tr.sep.irr.26 F:* to drive (a car) into the ground, *(durch Unfall)* wreck (a car). **k ~ gehen,** *v.i.sep.irr.36 (sein) F:* to bust, *(Teller usw.)* break; *(Uhr usw.)* to go on the blink; *(Birne usw.)* to go; *(Kleider, Schuhe usw.)* to fall to pieces. **k ~ lachen,** *v.refl.sep. F:* **sich k.**, to laugh one's head off. **k ~ machen,** *v.tr.sep. F:* to bust (sth.); *Fig:* to ruin (s.o., a firm etc.); *(erschöpfen)* to wear (s.o.) out.

Kapuze [ka´pu:tsə], *f -/-n Cl:* hood; *Ecc:* cowl.

Kapuziner [kapu´tsi:nər], *m -s/- 1. Ecc:* Capuchin (friar). 2. *F:* capuccino (coffee), **K ~ kresse,** *f -/no pl Bot:* nasturtium.

Karabiner [kara´bi:nər], *m -s/-* carbine.

Karacho [ka´raxo], *n F:* **mit K.**, flat out, hell for leather.

Karaffe [ka´rafə], *f -/-n* decanter, *(im Restaurant)* carafe.

Karambolage [karambo´la:ʒə], *f -/-n 1. F: Aut:* smash; *(Massenk.)* pile-up. 2. *Billiards:* cannon, *N.Am:* carom.

Karamel [kara´mɛl], *m -s/no pl Cu: etc:* caramel. **K ~ creme,** *f -/no pl Cu:* creme caramel.

Kar|at [ka´ra:t], *n -(e)s/-e Meas:* carat. **-k ~ ätig** [-ka´rɛ:tiç], *adj. comb.fm.* -carat.

Karawane [kara´va:nə], *f -/-n* caravan (of camels etc.).

Karbol [kar´bo:l]. I. *n -s/no pl Ch: Pharm: (a)* carbol; *(b) F:* carbolic acid. II. **K ~ -**, *comb.fm.* carbolic (soap, acid etc.).

Karbunkel [kar´bunkəl], *m -s/- Med:* carbuncle.

Kardan|gelenk [kar´da:ngəlɛnk], *n -(e)s/-e Mec.E:* universal joint. **K ~ welle,** *f -/-n Aut:* propeller shaft.

Kardinal [kardi´na:l]. I. *m -(e)s/-e 1. Ecc:* cardinal. 2. *Orn:* cardinal bird. II. **K ~ -**, *comb.fm.* cardinal (fault, virtue, point etc.); main (question, problem etc.); *Mth:* **K ~ zahl** *f,* cardinal number.

Kardiogramm [kardio´gram], *n -s/-e Med:* cardiogram.

Karenzzeit [ka´rɛntstsait], *f -/-en* waiting period *(before a benefit can be received).*

Karfiol [karfi'o:l], *m* -s/*no pl South G: & Aus:* cauliflower.

Karfreitag [kar'fraitɑ:k], *m* -(e)s/-e *Ecc:* Good Friday.

Karfunkel [kar'fuŋkəl], *m* -s/- *Min:* carbuncle (stone).

karg [kark], *adj.* (*a*) scanty (vegetation etc.); frugal (meal); **k~er Lohn**, meagre/niggardly wage; **mit etwas** *dat* **k. sein**, to be sparing with sth.; (*b*) poor (soil etc.). ′**K~heit**, *f* -/*no pl* scantiness, meagreness; frugality; poorness.

kärglich ['kɛrkliç], *adj.* scanty (vegetation etc.); frugal (meal); niggardly (sum).

Kargo ['kargo], *m* -s/-s *Nau:* cargo.

Karib|ik [ka'ri:bik]. *Pr.n.f.* -. *Geog:* **die K.**, the Caribbean. **k ~ isch**, *adj. Geog:* Caribbean.

kariert [ka'ri:rt], *adj.* check (pattern etc.); *Sp:* chequered (flag).

Karies ['ka:ries], *f* -/*no pl Dent:* caries.

Karik|atur [karika'tu:r], *f* -/-en caricature; (political etc.) cartoon. **K~aturist** [-tu'rist], *m* -en/-en caricaturist, cartoonist. **k~ieren** [-'ki:rən], *v.tr.* to caricature (s.o., sth.)

karitativ [karita'ti:f], *adj.* charitable (institution etc.); *adv.* **sich k. betätigen**, to work for charity.

Karl [karl]. *Pr.n.m* -s. Carl; (*Engländer, Franzose usw.*) Charles; **K. der Große**, Charlemagne.

Karmeliter [karmə'li:tər], *m* -s/- *Ecc:* Carmelite (friar). **K ~ in**, *f* -/-nen Carmelite nun.

Karmin [kar'mi:n], *n* -s/*no pl* carmine. **k ~ rot**, *adj.* carmine (red).

Karneval ['karnəval], *m* -s/-s carnival. ′**K ~ s-**, *comb.fm.* carnival (costume, prince, princess, period etc.); **K~(um)zug** *m*, carnival procession.

Karnickel [kar'nikəl], *n* -s/- *North G: F:* (*a*) rabbit; (*b*) (*Pers.*) pest, rotter; (*Sündenbock*) scapegoat.

Kärnt|en ['kɛrntən]. *Pr.n.n* -s. *Geog:* Carinthia. ′**K ~ ner(in)**, *m* -s/- (*f* -/-nen) Carinthian.

Karo ['ka:ro]. **I.** *n* -s/-s (*a*) (*Viereck*) square, (*Raute*) diamond; (*b*) *Tex:* check; (*c*) *Cards:* (*Karte*) diamond; (*Farbe*) diamonds. **II.** ′**K~-**, *comb.fm.* (*a*) *Tex:* check (pattern etc.); (*b*) *Cards:* (ace, king, queen etc.) of diamonds.

Karoling|er ['ka:roliŋər], *m* -s/- *Hist:* Carolingian. ′**k ~ isch**, *adj. Hist:* Carolingian.

Karosse [ka'rɔsə], *f* -/-n (state) coach. **K ~ rie** [-'ri:], *f* -/-n *Aut:* body(work). **K ~ ′riebauer**, *m* -s/- *Aut:* coachbuilder.

Karotte [ka'rɔtə], *f* -/-n carrot.

Karpaten [kar'pɑ:tən]. *Pr.n.pl Geog:* **die K.**, the Carpathians.

Karpfen ['karpfən], *m* -s/- *Fish:* carp.

Karre [karə], *f* -/-n = **Karren**.

Karree [ka're:], *n* -s/-s **1.** square. **2.** *Aus: Cu:* loin.

Karren ['karən], *m* -s/- **1.** cart; (*Handk.*) barrow; *Rail:* **elektrischer K.**, electric trolley; *Fig:* **den K. laufen lassen**, to let things take their course. **2.** *Pej: F:* (*Auto*) jalopy; **alter K.**, old rattletrap.

Karriere [kari'e:rə], *f* -/-n **1.** (*Aufstieg*) career; **K. machen**, to get to the top (of one's profession). **2.** *Equit:* (full) gallop. **K~macher**, *m* -s/- *Pej:* careerist; (*Sozialer*) social climber.

Kartäuser [kar'tɔyzər], *m* -s/- *Ecc:* Carthusian (monk).

Karte ['kartə], *f* -/-n **1.** card; *esp.* (*a*) postcard; (*b*) (visiting) card; (*c*) (*Speisek.*) menu; (*Weink.*) wine list; **nach der K. essen**, to eat à la carte. **2.** (*Fahrk., Eintrittsk.*) ticket. **3.** *Cards:* (playing) card; **K~n geben**, to deal; **K~n legen**, to tell fortunes from the cards; *Fig:* **sich** *dat* **nicht in die K~n sehen/schauen/F: gucken lassen**, to keep one's plans to oneself; **alles auf eine K. setzen**, to put all one's eggs in one basket; **seine K~n aufdecken**, to put one's cards on the table. **4.** (*Landk.*) map; (*Seek.*) chart. ′**K ~ n-geber**, *m* -s/- *Cards:* dealer. ′**K ~ n-**, *comb. fm.* (*a*) card (player, table etc.); **K~kunststück** *n*, card trick; **K~spiel** *n*, (i) pack of cards; (ii) game of cards; (*b*) map (-reading etc.); **K~blatt** *m*, map sheet. ′**K ~ nlegen**, *n* -s/*no pl* fortune telling from cards. ′**K~nlegerin**, *f* -/-nen (woman) fortune teller. ′**K ~ nverkauf**, *m* -(e)s/-e sale of tickets. ′**K ~ nvorverkauf**, *m* -(e)s/-e *Th: etc:* advance booking. ′**K ~ n-zeichner**, *m* -s/- cartographer.

Kartei [kar'tai], *f* -/-en card index. **K ~ karte**, *f* -/-n index/file card. **K ~ kasten**, *m* -s/‥ **K ~ schrank**, *m* -(e)s/-e card index cabinet.

Kartell [kar'tɛl], *n* -s/-e *Pol: Econ:* cartel.

kartieren [kar'ti:rən], *v.tr.* to map (an area).

Kartoffel [kar'tɔfəl]. **I.** *f* -/-n potato; *F:* **rin in die K~n, raus aus den K~n**, first it's one thing, then it's another. **II.** **K~-**, *comb.fm.* potato (salad etc.); **K~chips** *mpl*, potato crisps/*N.Am:* chips; **K~kloß** *m*/**K~knödel** *m*, potato dumpling; **K~puffer** *m*, potato pancake/fritter; **K~schalen** *fpl* potato peel; **K~schäler** *m*, potato peeler; ′**K~brei** *m*/**K~puree** *n*, mashed potatoes; *Agr:* **K~fäule** *f*, potato blight. **K~käfer**, *m* -s/- *Ent:* Colorado beetle, *N.Am:* potato bug. **K ~ nase**, *f* -/-n *F:* conk; *N.Am:* schnozzle.

Kartograph [karto'gra:f], *m* -en/-en cartographer. **K ~ ie** [-gra'fi:], *f* -/*no pl* cartography.

Karton [kar'tɔŋ], *m* -s/-s **1.** (*Material*) card, cardboard. **2.** (*Schachtel*) cardboard box, carton. **3.** *Art:* cartoon. **k ~ iert** [-o'ni:rt], *adj.* hardback, cased (book).

Kartothek [karto'te:k], *f* -/-en card index.

Kartusche [kar'tuʃə], *f* -/-n *Sm.a:* cartridge (case).

Karussell [karu'sɛl], *n* -s/-s roundabout, merry-go-round.

Karwoche ['ka:rvɔxə], *f* -/*no pl Ecc:* Holy Week.

kaschieren [ka'ʃi:rən], *v.tr.* to conceal (a blemish etc.).

Kaschmir ['kaʃmi:r]. **1.** *Pr.n.n* -s. *Geog:* Kashmir. **2.** *m* -s/-e *Tex:* cashmere (fabric, wool).

Käs|e ['kɛ:zə]. **I.** *m* -s/- **1.** *Cu:* cheese. **2.** *F:* (*Unsinn*) rubbish. **II.** **K~-**, *comb.fm.* cheese (board etc.); **K ~ gebäck** *n*, cheese biscuits; **K ~ glocke** *f*, cheese cover; **K ~ hobel** *m*, cheese slicer; **K ~ kuchen** *m*, cheesecake; **K ~ sorte** *f*, (type of) cheese; **K ~ stange** *f*, cheese straw. ′**K ~ eblatt**, *n* -(e)s/‥er *F: Pej:* rag. **K ~ e′rei**, *f* -/-en cheese dairy. ′**k ~ ig**, *adj.* **1.** cheesy (taste etc.). **2.** (*bleich*) pale.

Kasern|e [ka'zɛrnə], *f* -/-n *Mil:* barracks. **K ~ nhof**, *m* -(e)s/‥e barrack square. **k ~ ieren** [-'ni:rən], *v.tr.* to barrack (troops).

Kasino [ka'zi:no], *n* -s/-s **1.** casino. **2.** *Mil:* officer's mess.

Kaskade [kas'ka:də], *f* -/-n cascade.

Kasperl|(e) ['kaspərl(ə)], *m* -s/*no pl approx.* = Punch. '**K ~ (e)theater**, *n* -s/- puppet show, *approx.* = Punch and Judy show. '**k ~ n**, *v.i.* (*haben*) to play the clown.

Kaspisch ['kaspiʃ], *adj. Geog:* Caspian (Sea).

Kassa ['kasa]. I. *f* -/*no pl Aus:* = **Kasse.** II. **K~-**, *comb.fm. Aus:* = **Kassen-.**

Kasse ['kasə], *f* -/-n 1. (*a*) (*Behälter*) cash register, till; (*Zahlstelle*) cash desk; (*im Supermarkt*) check-out; *F:* **in die K. greifen**, to put one's hand in the till; **K. geschlossen**, till closed; (*b*) *Th: Cin: etc:* box office. **2.** (*Bargeld*) (*a*) *Com:* cash; **gegen K.**, for cash; **die K. führen**/*F:* **haben**, to be in charge of the cash/*F:* kitty; **gemeinsame K. machen**, to share expenses; *F:* **gut/knapp bei K. sein**, to be flush (with money)/ short of cash; (*b*) *Games: Cards: etc:* pool, *F:* kitty. **3.** *F:* (*a*) (*Spark.*) savings bank; (*b*) (*Krankenk.*) health insurance (scheme); **das zahlt die K.**, the insurance (scheme) will pay for that. '**K ~ n-**, *comb.fm.* (*a*) *Com: Bank:* cash (book, receipts etc.); **K ~ -bestand** *m*, cash balance; (*b*) *Th:* box-office (success etc.); *F:* **K ~ reißer/K ~ schlager** *m*, box-office hit; (*c*) *Med: Adm: approx.* = *Brit:* National Health, *N.Am:* panel (doctor, patient etc.). '**K~nbeleg**, *m* -(e)s/-e *Com:* sales slip. '**K ~ nstunden**, *fpl Bank: etc:* hours of business. '**K ~ nsturz**, *m F:* **K. machen**, to count one's worldly wealth. '**K ~ nzettel**, *m* -s/- receipt, sales slip.

Kasseler ['kaslər], *n* -s/- *Cu:* **K. (Rippchen)**, lightly cured spare ribs of pork.

Kasserolle [kasə'rɔlə], *f* -/-n *H:* cast-iron frying pan.

Kassette [ka'sɛtə], *f* -/-n 1. (*a*) (*Kästchen*) small box; *Jewel:* case, casket; *Jur:* deed box; (*b*) (*Buchk.*) slipcase. **2.** *Phot: Rec:* cassette. **K ~ endecke**, *f* -/-n *Arch:* coffered ceiling **K ~ nrecorder**, *m* -s/- cassette recorder.

kassier|en [ka'si:rən], *v.tr.* (*a*) (*annehmen*) to take (in) (money from customers etc.); to collect (rent, contributions etc.); *abs.* (*Kellner usw.*) **darf ich bitte k.?** can I have your payment? (*b*) *F:* (*einstecken*) to pocket (money, profits etc.); (*wegnehmen*) to bag (sth.); **j-n k.**, to seize, collar (s.o.); (*c*) *F:* to get (a blow, black eye etc.), notch up (a defeat). **K ~ er(in)**, *m* -s/- (*f* -/-nen) *Com: Bank:* cashier; *Th: etc:* box-office clerk.

Kastagnetten [kastan'jetən], *fpl* castanets.

Kastanie [kas'ta:niə], *f* -/-n *Bot:* chestnut; *Fig:* **für j-n die K ~ n aus dem Feuer holen**, to do s.o.'s dirty work. **K ~ nbaum**, *m* -(e)s/-e *Bot:* chestnut tree. **k ~ nbraun**, *adj.* chestnut.

Kästchen ['kɛstçən], *n* -s/- small box; casket.

Kaste ['kastə], *f* -/-n caste.

Kastell [kas'tɛl], *n* -s/-e (Roman) fort.

Kasten ['kastən], *m* -s/- 1. box; (*Briefk.*) letter/ *N.Am:* mail box; (*Schauk.*) showcase; (*für Brot*) bin; **ein K. Bier**, a crate of beer; (*b*) *South G: & Aus:* cupboard; (*für Kleider*) wardrobe, *N.Am:* clothes closet. **2.** *F:* (*Pers.*) **etwas auf dem K. haben**, to be brainy. **3.** *Pej:* (*a*) (*Gebäude*) **ein häßlicher K.**, a great ugly box of a building; (*b*) (*Auto*) crate; (*Schiff*) tub; (*c*) *TV:* **der K.**, the box. **4.** *Mil: P:* (*Arrest*) **vier Tage K.**, four days in the clink. '**K ~ brot**, *n* -(e)s/-e tin loaf. '**K ~ form**, *f* -/-en *Cu:* rect-

angular baking tin. '**K ~ kuchen**, *m* -s/- *Cu:* loaf-cake. '**K ~ wagen**, *m* -s/- box cart/*Rail:* car/*Aut:* van.

Kastilien [kas'ti:liən]. *Pr.n.n* -s. *Geog:* Castile.

Kastration [kastratsi'o:n], *f* -/-en castration; *Vet:* gelding; neutering. **k ~ ieren** [kas'tri:rən], *v.tr.* to castrate (a man); *Vet:* to geld (a horse), neuter, *F:* doctor (a pet).

Katakombe [kata'kɔmbə], *f* -/-n catacomb.

Katalog [kata'lo:k], *m* -(e)s/-e catalogue. **k ~ isieren** [-logi'zi:rən], *v.tr.* to catalogue (sth.).

Kataly|sator [kataly'za:tɔr], *m* -s/-en *Ch:* catalyst.

Katamaran [katama'ra:n], *m* -s/-e *Nau:* catamaran.

Katapult [kata'pult], *n* -(e)s/-e catapult. **k ~ ieren** [-'ti:rən], *v.tr.* to catapult (sth.).

Katarrh [ka'tar], *m* -s/-e *Med:* catarrh.

Kataster [ka'tastər], *m & n* -s/- *Adm:* land register.

katastroph|al [katastro'fa:l], *adj.* catastrophic, disastrous. **K ~ e** [katas'tro:fə], *f* -/-n catastrophe, disaster. **K ~ enalarm**, *m* -(e)s/*no pl* red emergency alert. **K ~ engebiet**, *n* -(e)s/-e disaster area.

Katech|et [kate'çe:t], *m* -en/-en *Ecc:* catechist; *Sch:* R.E. teacher. **K ~ ismus**, *m* -/-en *Theol:* catechism.

Kategor|ie [katego'ri:], *f* -/-n category. **k ~ isch** [-'go:riʃ], *adj.* categorical (denial etc.); flat (refusal).

Kater ['ka:tər], *m* -s/- 1. *Z:* tom cat. **2.** *F:* **einen K. haben**, to have a hangover.

Katharina [kata'ri:na]. *Pr.n.f* -s. = Catherine.

Käthchen ['kɛ:tçən]. *Pr.n.n* -s. = Kate.

Katheder [ka'te:dəɪ], *m* -s/- *Univ:* (lecturer's) reading desk; *Sch:* teacher's desk.

Kathedrale [kate'dra:lə], *f* -/-n cathedral.

Kathode [ka'to:də], *f* -/-n *El:* cathode. **K ~ nstrahl**, *m* -(e)s/-en *El:* cathode ray.

Kathol|ik(in) [kato'li:k(in)], *m* -en/-en (*f* -/-nen) (Roman) Catholic. **k ~ isch** [-'to:liʃ], *adj.* (Roman) Catholic. **K ~ i´zismus**, *m* -/*no pl* catholicism.

Kattun [ka'tu:n], *m* -s/-e *Tex:* calico, cotton fabric; **bedruckter K.**, print.

katzbuckeln ['katsbukəln], *v.i.* (*haben*) to bow and scrape (**vor j-m**, to s.o.).

Kätzchen ['kɛtsçən], *n* -s/- 1. kitten. **2.** *Bot:* catkin.

Katze ['katsə], *f* -/-n 1. *Z:* cat, *esp.* she-cat; **zah wie eine K. sein**, to have as many lives as a cat; *Fig:* **die K. im Sack kaufen**, to buy a pig in a poke; **die K. aus dem Sack lassen**, to let the cat out of the bag; *Prov:* **wenn die K. aus dem Haus ist, tanzen die Mäuse**, when the cat's away the mice will play; **bei Nacht sind alle K ~ n grau**, everything looks the same in the dark; *F:* **das ist alles für die Katz**, that's a waste of effort. **2.** *F:* (*Frau*) **eine falsche K.**, a false friend; *Aus:* **eine fesche Katz**, a super bird. '**K ~ lmacher**, *m* -s/- *Aus: Pej:* dago, wop. '**k ~ nartig**, *adj.* catlike, feline. '**K ~ nauge**, *n* -s/-n 1. cat's eye. **2.** *Aut: Cy: etc:* reflector. '**K ~ nbuckel**, *m* -s/- **einen K. machen**, (*Katze*) to arch its back; *Fig:* (*Pers.*) to bow and scrape. '**K ~ nfreund(in)**, *m* -(e)s/-e (*f* -/-nen) cat lover. '**k ~ nfreundlich**, *adj.* (*a*) cat-loving; (*b*) *F:*

over-friendly; honeyed (tone); sugary (smile). 'K ~ nhai, *m* -(e)s/-e dogfish. 'k ~ nhaft, *adj.* catlike, feline (movements etc.). 'K ~ njammer, *m* -s/no *pl* hangover. 'K ~ nkonzert, *n* -(e)s/-e *F:* caterwauling. 'K ~ nkopf, *m* -(e)s/ͤe 1. cat's head. 2. *F:* cobblestone. 'K ~ nsprung, *m F:* es ist nur ein K. (von hier), it's only a stone's throw (from here). 'K ~ ntisch, *m* -(e)s/-e *F:* side table (*esp.* for children). 'K ~ nwäsche, *f* -/no *pl F:* lick and a promise. 'K ~ nwels, *m* -es/-e catfish. 'K ~ nzungen, *fpl* (chocolate) cat's tongues.

Kauderwelsch ['kaudərvɛlʃ], *n* -(e)s/no *pl F:* gibberish, double Dutch.

kau|en ['kauən], *v.tr. & i.* (*haben*) (*a*) to chew (food); (*b*) **die Nägel/an den Nägeln k.,** to bite one's fingernails. 'K ~ gummi, *n* -s/-s chewing gum.

kauern ['kauərn], *v.i.* (*haben/South G: sein*) & *v.refl.* (**sich**) **k.,** (*Pers.*) to squat, (*Pers., Tier*) crouch (down).

Kauf [kauf]. I. *m* -(e)s/ͤe purchase; (*a*) **etwas zum K. anbieten,** to offer sth. for sale; *Fig:* **etwas (mit) in K. nehmen,** to put up with sth.; (*b*) (*Sache*) **ein guter/günstiger K.,** a good buy/ bargain. II. 'K ~ -, *comb.fm.* (*a*) purchase (price etc.); (conditions etc.) of purchase; **K ~ vertrag** *m,* contract of purchase; *Jur:* deed of sale; **K ~ zwang** *m,* obligation to purchase; (*b*) spending (boom, orgy etc.); **K ~ kraft** *f,* spending power (of a person); purchasing power (of money). 'k ~ en, *v.tr.* (*a*) to buy (sth.); **j-m, sich** *dat* **etwas k.,** to buy s.o., oneself sth.; **es wird viel gekauft,** it sells well; (*b*) *abs.* **regelmäßig bei X k.,** to shop regularly at X's; (*c*) (*bestechen*) to bribe, buy (a witness etc.); (*d*) *F:* **dafür kann ich mir nichts k.,** that's no use to me. 'K ~ haus, *n* -es/ͤer department store. 'K ~ interessent, *m* -en/-en prospective buyer. 'k ~ lustig, *adj.* eager to buy; **k ~ e Menge,** crowd of eager shoppers. 'K ~ mann, *m* -(e)s/-leute (*a*) business man; (*Händler*) dealer; *esp. Jur:* trader; *Hist:* merchant; **selbständiger K. sein,** to trade on one's own account; (*b*) *A: & Dial:* shopkeeper; **zum K. gehen,** to go to the grocer's. 'k ~ männisch, *adj.* commercial (arithmetic, training, firm etc.); trading (firm etc.); **k ~ er Angestellter,** (clerical) employee in a business firm; **k ~ e Erfahrung,** business experience. 'K ~ mannsdeutsch, *n* -(s)/no *pl* commercial German.

Käuf|er(in) ['kɔyfər(in)], *m* -s/- (*f* -/-nen) buyer, purchaser; (*Eink.*) shopper. 'k ~ lich, *adj.* (*a*) (available) for sale; **k ~ es Mädchen,** prostitute; *adv.* **etwas k. erwerben,** to purchase sth.; (*b*) (*bestechlich*) venal (judges etc.).

Kaukas|ier(in) [kau'kɑːziər(in)], *m* -s/- (*f* -/-nen) Caucasian. **k ~ isch,** *adj.* Caucasian.

Kaulquappe ['kaulkvapə], *f* -/-n *Z:* tadpole.

kaum [kaum], *adv.* hardly; **k. zu glauben,** hardly/ scarcely believable; (*mit Zahlen*) **sie ist k. acht,** she is scarcely/barely eight.

Kausal- [kau'zɑː1-], *comb.fm.* causal (clause etc.). **K ~ zusammenhang** *m,* causal relationship, cause and effect. **K ~ ität** [-zali'tɛːt], *f* -/-en causality.

Kaution [kautsi'oːn], *f* -/-en *Jur:* security, guarantee; (*für einen Gefangenen*) bail; **j-n gegen**

K. freilassen/freibekommen, to release s.o. on bail/bail s.o. out.

Kautschuk ['kautʃuk], *n* -s/-e (india) rubber.

Kauz [kauts], *m* -es/ͤe 1. (small) owl. 2. *F:* **alter K.,** old codger; **komischer K.,** odd bird, *N.Am:* screwball.

Käuzchen ['kɔytsçən], *n* -s/- owlet.

Kavalier [kava'liːr], *m* -s/-e (*a*) gentleman; **K. am Steuer,** knight of the road; (*b*) *A: & Hum:* cavalier, (girl's) escort. **K ~ sdelikt,** *n* -(e)s/-e trivial offence.

Kavaller|ie [kavalɔ'riː], *f* -/-n cavalry. **K ~ ist,** *m* -en/-en *Mil:* cavalryman, trooper.

Kaviar ['kɑːviar], *m* -s/-e caviar.

keck [kɛk], *adj.* saucy, (*frech*) cheeky; (*vorlaut*) forward; (*forsch*) bold. 'K ~ heit, *f* -/-en sauciness, cheek; boldness.

Kegel ['keːgəl]. I. *m* -s/- 1. *Geom:* cone. 2. *Games:* skittle; (bowling) pin; **K. spielen,** to play skittles. 3. *Tchn:* taper (of a shaft etc.). 4. *Print:* body (of type). II. 'K ~ -, *comb.fm.* 1. conical (roof etc.); *Tchn:* tapered (seat etc.). 2. *Games:* skittles, *N.Am:* bowling (player etc.); **K ~ kugel** *f,* skittles/*N.Am:* bowling ball; **K ~ bahn** *f,* skittle/ *N.Am:* bowling alley. 'k ~ förmig, *adj.* conical; *Tchn:* tapered. 'k ~ n, *v.i.* (*haben*)/'k ~ - schieben, *v.i.sep.irr.82* (*haben*) to play skittles, *N.Am:* to bowl. 'K ~ rad, *n* -(e)s/ͤer *Mec.E:* bevel gear. 'K ~ spiel, *n* -(e)s/-e skittles, *N.Am:* bowling.

Kehl|e ['keːlə], *f* -/-n 1. throat; **er hat es in die falsche/unrechte K. bekommen,** it went down/ *Fig:* he took it the wrong way; **aus voller K. singen,** to sing at the top of one's voice; *F: sich dat* **die K. schmieren,** to wet one's whistle. 2. *Constr:* valley (of a roof). 'k ~ ig, *adj.* guttural, throaty. 'K ~ kopf, *m* -(e)s/ͤe *Anat:* larynx. 'K ~ kopfentzündung, *f* -/-en *Med:* laryngitis. 'K ~ laut, *m* -(e)s/-e *Ling:* guttural.

Kehr|aus ['keːr'aus], *m* -/no *pl* final dance; (*also Fig:*) finale. 'K ~ e, *f* -/-n 1. *Gym:* rear vault. 2. (*Kurve*) sharp bend, *esp.* hairpin. 'k ~ en¹, *v.tr.* **etwas nach außen, oben usw. k.,** to turn sth. outwards, upwards etc.; **j-m den Rücken k.,** to turn one's back on s.o.; *Mil:* **kehrt!** about turn! *N.Am:* about face! *Fig:* (*Pers.*) **in sich gekehrt,** withdrawn, lost in thought. 'k ~ en², *v.tr. & i.* (*haben*) *esp. South G:* to sweep (a chimney, street etc.); to sweep out (a room etc.); *Prov:* **jeder kehre vor seiner Tür,** everyone should put his own house in order. 'K ~ icht, *m & n* -s/no *pl* sweepings. 'K ~ maschine, *f* -/-n (carpet, street) sweeper. 'K ~ reim, *m* -(e)s/-e refrain. 'K ~ schaufel, *f* -/-n *H:* dustpan. 'K ~ seite, *f* -/-n (*Rückseite*) reverse (of a coin etc.); *Fig:* **die K. der Medaille,** the other/ seamy side of the picture. 'k ~ tmachen, *v.i.sep.* (*haben*) to turn on one's heel.

keife|n ['kaifən], *v.i.* (*haben*) to scold, bicker; **mit j-m k.,** to nag at s.o. **K ~ 'rei,** *f* -/-en nagging, bickering.

Keil [kail], *m* -(e)s/-e 1. wedge; (*für Räder*) chock. 2. *Mec.E:* (*Stift*) cotter. 3. *Dressm:* dart. 'K ~ absatz, *m* -es/ͤe wedge heel. 'k ~ en, *v.tr.* (*a*) to split (sth.) with a wedge; (*b*) *F: sich* **k.,** to have a scrap. 'k ~ förmig, *adj.* wedge-shaped (piece). 'K ~ kissen, *n* -s/- (wedge-

shaped) bolster. ´K ~ rahmen, m -s/- Art:
(painter's) stretcher. ´K ~ riemen, m -s/-
Mec.E: V-belt. ´K ~ schrift, f -/-en Archeol:
cuneiform writing.

Keiler [´kailər], m -s/- wild boar.

Keim [kaim], m -(e)s/-e Bot: & Fig: germ; Biol:
embryo; Fig: etwas im K. ersticken, to nip sth.
in the bud. ´k ~ en, v.i. (haben) Biol: Bot: to
germinate. ´k ~ frei, adj. Med: sterile. ´k ~ tö-
tend, adj. germicidal, antiseptic; k ~ es Mittel,
germicide. ´K ~ ung, f -/-en germination.

kein [kain]. I. indef.art. no, not any; ich habe k.
Geld/k ~ e Zeit, I've no money/time, I haven't
any money/time; k ~ e Ahnung! no idea! F: not
a clue! k. Mensch, nobody, no one; hab k ~ e
Angst! don't be afraid! k. Wort mehr, not an-
other word; auf k ~ en Fall, on no account. II.
indef.pron. 1. k ~ e(r), nobody, no one; k ~ er
von beiden, neither (of them); k ~ er von uns,
none/not one of us; ich kenne k ~ en, I do not
know anyone/anybody 2. (Sache) k ~ er/k ~ e/
k ~ es, none, not one; ich habe k ~ (e)s (mehr),
I haven't got any (more). ´k ~ erlei, inv.adj.
no . . . of any kind/sort; k. Schwierigkeiten, no
difficulties at all. ´k ~ es´falls, adv. on no
account. ´k ~ es´wegs, adv. by no means;
(überhaupt nicht) not in the least.

Keks [ke:ks], m & Aus: n -es/-e biscuit, N.Am:
cookie; (zum Käse) cracker. ´K ~ dose, f -/-n
biscuit tin, N.Am: cookie jar.

Kelch [kɛlç], m -(e)s/-e 1. goblet; Ecc: chalice.
2. Bot: calyx. ´K ~ glas, n -es/¨er goblet.

Kelle [´kɛlə], f -/-n 1. H: ladle (for soup etc.). 2.
Hort: Constr: trowel. 3. Rail: signalling disc.

Keller [´kɛlər], m -s/- cellar, (bewohnbar) base-
ment. ´K ~ assel, f -/-n woodlouse. ´K ~ bar,
f -/-s F: dive bar. K ~ ei [´rai], f -/-en (wine)
cellars. ´K ~ geschoß, n -sses/-sse basement.
´K ~ gewölbe, n -s/- (underground) vault.
´K ~ meister, m -s/- cellarman. ´K ~ raum,
m -(e)s/¨e basement room. ´K ~ wohnung, f
-/-en basement (flat/N.Am: apartment).

Kellner [´kɛlnər], n -s/- waiter, Nau: Rail:
steward. ´K ~ in, f -/-nen waitress.

Kelt|e [´kɛltə], m -n/-n Celt. ´K ~ in, f -/-nen
Celt. ´k ~ isch, adj. Celtic.

Kelter [´kɛltər], f -/-n press (for grapes, fruit
etc.). ´k ~ n, v.tr. to press (grapes, fruit etc.).

Kenn- [´kɛn-], comb.fm. identification (letter
etc.); reference (number etc.); Av: K ~ feuer n,
identification beacon; Adm: K ~ karte f, identity
card. k ~ en [´kɛnən], v.tr.irr. (p. kannte, p.p.
gekannt) (a) to know (s.o., sth.) (vom Sehen/
dem Namen nach, by sight/by name); wie ich
ihn kenne, wird er es vergessen, knowing him,
he's bound to forget; Sie k. mich aber schlecht,
you misjudge me; Iron: das k. wir schon! we
know all about that! (zu einer Ausrede) we've
heard that one before! (b) (erfahren) einen
harten Winter kennt man hier nicht, we never
have a cold winter here; die Begeisterung
kannte keine Grenzen, the enthusiasm knew no
bounds; er kennt keine Rücksicht, he has no
idea of consideration (for others); diese Bosheit
kennt man sonst nicht an ihr, one is not used to
such spitefulness from her; F: da kenn' ich
nichts! nothing will stop me! (c) sich k., to
know oneself/one's limitations; (mehrere Per-

sonen) to know one another; wir k. uns schon,
we have already met; wenn er in Wut gerät,
kennt er sich nicht, when he gets into a temper
he loses his self-control; (d) (erkennen) to
know, recognize (s.o.) (an der Stimme, by his/
her voice); j-n nicht k. wollen, to refuse to re-
cognize s.o. ´k ~ enlernen, v.tr.sep. to get to
know (s.o., sth.); (treffen) to meet (s.o.); wir
haben uns in Rom kennengelernt, we met in
Rome; sich richtig k., to come to know one
another properly; F: du wirst mich noch k.! I'll
teach you! ´K ~ er, m -s/- expert, authority
(+ gen/von + dat, on); (in Geschmackssachen)
connoisseur. ´K ~ erblick, m -(e)s/-e expert
eye. ´K ~ ermiene, f -/-n air of an expert,
authoritative air. ´K ~ melodie, f -/-n sig-
nature tune. ´k ~ tlich, adj. recognizable (an
etwas dat, by sth.); etwas k. machen, to mark/
identify sth. ´K ~ tnis, f -/-se knowledge; (a)
etwas zur K. nehmen, to note/take note of sth.;
j-n von etwas in K. setzen, to inform/notify s.o.
of sth.; (b) pl K ~ se, knowledge; sie hat nur
oberflächliche K ~ se in Englisch, she has only a
superficial knowledge/a smattering of English.
´K ~ tnisnahme, f -/-n Adm: etc: zur K., for
information. ´K ~ wort, n -(e)s/¨er Mil: etc:
password; Com: Journ: reference; Zuschriften
unter dem K. X an . . ., replies marked X to
. . . ´K ~ zahl, f -/-en Ph: characteristic
number; Com: code number; Tel: dialling code.
´K ~ zeichen, n -s/- (a) (Merkmal) (dis-
tinguishing) feature; Med: symptom; Fig:
characteristic, hallmark (of genius etc.); (im
Paß) besondere K ~, special features; (b) (Zei-
chen) mark, (Abzeichen) badge; Aut: (polizei-
liches) K., registration number; N.Am: licence
number. ´k ~ zeichnen, v.tr.sep. (a) (markieren)
to mark (goods, parts etc.); (b) (charakteri-
sieren) to characterize, distinguish (sth.) (durch
+ acc, by). ´k ~ zeichnend, adj. character-
istic, typical (für + acc, of). ´K ~ zeichnung,
f -/-en characterization; identification. ´K ~ zif-
fer, f -/-n 1. code number; Com: reference
number; Advert: box number. 2. Mth: charac-
teristic.

kentern [´kɛntərn], v.tr. & i. (sein) to capsize,
overturn (a boat etc.).

Kerami|k [ke´ra:mik], f -/-en 1. no pl ceramics,
pottery. 2. eine K., a piece of pottery. k ~ sch,
adj. ceramic.

Kerb|e [´kɛrbə], f -/-n notch, nick, slot (for a
peg etc.); Fig: in die gleiche K. hauen, to press
home the argument. ´K ~ holz, n -es/no pl F: et-
was auf dem K. haben, to have blotted one's copy-
book; er hat viel auf dem K., he has a bad record.

Kerker [´kɛrkər], m -s/- Hist: dungeon;
A: & Aus: prison.

Kerl [kɛrl], m -s/-e F: (a) (Mann) chap, fellow;
P: bloke; esp. N.Am: guy; ganzer K., splendid
fellow, real man; übler/schlechter K., bad lot;
blöder K., silly idiot; (b) (Mann, Frau usw.)
guter K., good sort; lieber K., a dear.
´K ~ chen, n -s/- F: little chap.

Kern [kɛrn], m -(e)s/-e 1. (nut) kernel; pip (of
an orange, apple, grape); stone, N.Am: pit of
a cherry etc.). 2. Ph: Biol: nucleus; Ph: den K.
spalten, to split the atom. 3. El: Geol: etc: &
Fig: core; heart (of a city etc.); nucleus (of a

party etc.); **der K. der Sache/eines Problems,** the crux/heart of a matter/problem; **im K. verdorben,** rotten to the core; **in ihm steckt ein guter K.,** he is good at heart. **II.** ´**K ~ -,** *comb.fm.* (*a*) *Ph:* nuclear (fuel, energy, explosion etc.); **K ~ forschung** *f,* nuclear research; **K ~ kraftwerk** *n,* nuclear power station: **K ~ physik** *f,* nuclear physics; **K ~ spaltung** *f,* nuclear fission; **K ~ strahlung** *f,* nuclear radiation; **K ~ waffe** *f,* nuclear weapon; (*b*) *Fig:* central (problem, idea etc.); crucial (question, point); **K ~ stück** *n,* central part, core; *Sch:* **K ~ fächer** *npl,* core subjects/curriculum. ´**K ~ gehäuse,** *n* -s/- core (of an apple etc.). ´**k ~ ge´sund,** *adj.* healthy, as sound as a bell. ´**K ~ holz,** *n* -es/no pl heartwood. ´**k ~ ig,** *adj.* meaty (expression etc.); earthy (words etc.); robust (person, style etc.). ´**K ~ obst,** *n* -es/no pl apple-like fruit(s); pomes.

Kerze [ˈkɛrtsə], *f* -/-n **1.** candle. **2.** *Aut:* (sparking) plug. **3.** (*a*) *Gym:* (freestanding) shoulder stand; (*b*) *Fb:* skyer. ´**k ~ nge´rade,** *adj.* bolt upright. ´**K ~ nhalter,** *m* -s/- candleholder. ´**K ~ nleuchter/**´**K ~ nständer,** *m* -s/- candlestick. ´**K ~ nschlüssel,** *m* -s/- *Aut:* plug spanner.

keß [kɛs], *adj.* jaunty (hat); pert (girl, answer).

Kessel [ˈkɛsəl], *m* -s/- **1.** (*a*) (*Teek.*) kettle; (*b*) (*großer Topf*) cauldron; (*Waschk.*) copper; *Dy: Brew: etc:* vat; (*c*) (*Heizk., Dampfk.*) boiler. **2.** (*Talk.*) basin-shaped valley, hollow. **3.** *Hunt:* ring of hunters (encircling the quarry); *Mil:* pocket (of encircled troops). ´**K ~ pauke,** *f* -/-n *Mus:* kettle-drum. ´**K ~ schmied,** *m* -(e)s/-e boilermaker. ´**K ~ stein,** *m* -(e)s/no pl (boiler) scale, fur. ´**K ~ treiben,** *n* -s/- *Hunt:* circular beat; *Fig:* round-up (of a gang); *Pol:* witchhunt.

Kett|e [ˈkɛtə], *f* -/-n **1.** chain; (*a*) **einen Hund/** *Fig:* **j-n an die K. legen,** to chain up a dog/*Fig:* tie s.o. down; (*b*) *Jewel:* necklace; string (of pearls); (gold, silver etc.) chain; (*c*) (*Gebirgsk.*) chain, range (of mountains etc.); (*d*) chain (of people); cordon (of police); (*e*) *Fig:* series, succession (of events etc.). **2.** *Tex:* warp. ´**k ~ en¹,** *v.tr.* **an j-n, etwas** *acc* **gekettet sein,** to be bound/tied to s.o., sth. ´**K ~ en-²,** *comb.fm.* (*a*) chain (drive, stitch, reaction, smoker etc.); **K ~ armband** *n,* chain bracelet; **K ~ glied** *n,* chain link; *Cy: etc:* **K ~ schutz** *m,* chain guard; *Hist:* **K ~ panzer** *m,* chain mail; *Com:* **K ~ laden** *m,* chain store; (*b*) tracked (vehicle). ´**K ~ enkarussell,** *n* -s/-s chairoplane. ´**K ~ enrad,** *n* -(e)s/ˉer *Mec.E:* sprocket. ´**K ~ faden,** *m* -s/- *Tex:* warp thread.

Ketzer [ˈkɛtsər], *m* -s/- heretic. **K ~ ei** [-ˈrai], *f* -/-en heresy. ´**k ~ isch,** *adj.* heretical.

keuch|en [ˈkɔyçən], *v.i.* (*haben*) to pant; (*Dampflok, F: Pers.*) to puff; **mit k ~ dem Atem,** panting, puffing. ´**K ~ husten,** *m* -s/no pl *Med:* whooping cough.

Keule [ˈkɔylə], *f* -/-n **1.** club. **2.** *Cu:* leg.

keusch [kɔyʃ], *adj.* chaste. ´**K ~ heit,** *f* -/no pl chastity.

Khaki [ˈkaːki]. **1.** *n* -/no pl (*Farbe*) khaki. **2.** *m* -s/no pl *Tex:* khaki. ´**k ~ farben,** *adj.* khaki.

kichern [ˈkiçərn], *v.i.* (*haben*) to giggle, titter.

Kick [kik], *m* -s/-s *Fb:* kick. ´**k ~ en,** *v.tr. Fb:* to

kick (the ball). ´**K ~ er,** *m* -s/- *Fb: F:* football player.

kidnapp|en [ˈkitnɛpən], *v.tr.* to kidnap (s.o.). ´**K ~ er,** *m* -s/- kidnapper. ´**K ~ ing,** *n* -s/no pl kidnapping.

Kiebitz [ˈkiːbits], *m* -es/-e **1.** *Orn:* lapwing. **2.** *Cards: F:* (*Pers.*) nosy parker.

Kiefer¹ [ˈkiːfər], *f* -/-n pine (tree). ´**K ~ nholz,** *n* -es/ˉer pinewood. ´**K ~ nnadel,** *f* -/-n pine needle. ´**K ~ nwald,** *m* -(e)s/ˉer pine forest.

Kiefer², *m* -s/- *Anat:* jaw. ´**K ~ höhle,** *f* -/-n *Anat:* maxillary sinus. ´**K ~ knochen,** *m* -s/- jawbone. ´**K ~ sperre,** *f* -/no pl *Med:* lockjaw.

Kieker [ˈkiːkər], *m* -s/- *F:* **sie hat ihn auf dem K.,** she's got it in for him/her knife into him.

Kiel [kiːl], *m* -(e)s/-e **1.** shaft (of a feather). **2.** *Nau:* keel. ´**K ~ linie,** *f* -/-n *Nau:* (**in**) **K. fahren,** to sail in line astern. ´**K ~ schwert,** *n* -(e)s/-e *Nau:* centreboard. ´**K ~ wasser,** *n* -s/- *Nau:* wake; *Fig:* **in j-s K. segeln,** to follow in s.o.'s wake.

Kieme [ˈkiːmə], *f* -/-n *Fish:* gill.

Kien [kiːn], *m* -(e)s/no pl (resinous) pinewood. ´**K ~ apfel,** *m* -s/ˉ pine cone. ´**K ~ span,** *m* -(e)s/ˉe pine chip (*for lighting fires*).

Kies [kiːs], *m* -es/-e gravel. ´**K ~ grube,** *f* -/-n gravel pit. **k ~ ig** [ˈkiːziç], *adj.* gravelly (soil etc.); pebbly (beach etc.). ´**K ~ weg,** *m* -(e)s/-e gravel path.

Kiesel [ˈkiːzəl], *m* -s/- pebble. ´**K ~ säure,** *f* -/-n *Ch:* silicic acid. ´**K ~ stein,** *m* -(e)s/-e pebble. ´**K ~ strand,** *m* -(e)s/ˉe shingle beach.

kiffen [ˈkifən], *v.i.* (*haben*) *P:* to get stoned (on hash etc.).

kikeriki [kikəriˈkiː], *int.* cock-a-doodle-doo.

kill|en [ˈkilən], *v.tr. F:* to bump (s.o.) off. ´**K ~ er,** *m* -s/- *F:* killer.

Kilo [ˈkiːlo], *n* -s/-(s) *Meas:* kilo. ´**K ~ gramm,** *n* -(e)s/-(e) *Meas:* kilogram. ´**K ~ hertz,** *n* -/- *Rec: El:* kilohertz; *Rad:* kilocycle. **K ~ meter** [kiloˈmeːtər], *m* -s/- *Meas:* kilometre; *F:* **er fuhr 80 K.,** he was doing 50 (miles an hour); *Pej: F:* **K. fressen,** to cover an enormous distance, eat up the miles. **K ~ ´meterfresser,** *m* -s/- *F:* speed merchant. **K ~ ´metergeld,** *n* -(e)s/-er mileage allowance. **K ~ ´meterleistung,** *f* -/-en **unbegrenzte K.,** unlimited mileage (on hire car). **K ~ ´meterstand,** *m* -(e)s/ˉe mileage (of a car). **K ~ ´meterzähler,** *m* -s/- *Aut:* mileometer. ´**K ~ watt,** *n* -s/- *Meas:* kilowatt.

Kimm [kim], *f* -/no pl *Nau:* **1.** horizon. **2.** bilge (of a ship).

Kimme [ˈkimə], *f* -/-n notch (in a rifle sight).

Kind [kint], *n* -(e)s/-er (*a*) child; **von K. auf,** from childhood; **er wird immer ein K. bleiben,** he will never grow up; **wie das K. im Haus sein,** to be one of the family; *F:* **mit K. und Kegel auftauchen,** to turn up with all the tribe; *Jur:* **j-n an K ~ es statt annehmen,** to adopt s.o.; *Fig:* **das K. beim rechten Namen nennen,** to call a spade a spade; *F:* **wir werden das K. schon schaukeln,** we'll manage somehow; (*b*) (*Kleink.*) baby; **sie bekommt/***F:* **kriegt ein K.,** she's having a baby; *P:* **er hat ihr ein K. gemacht,** he put a bun in her oven; *Fig:* **das K. mit dem Bade ausschütten,** to throw out the baby with the bathwater. ´**K ~ chen,** *n* -s/- little child; baby. ´**K ~ er-** [ˈkindər-], *comb.fm.* children's (book, shoes, clothes, voices, department, choir, village, home etc.); (love etc.) of children; child's (shoe, voice, toy, *Aut:* seat etc.); child (psychology, murder etc.); **K~fest** *n*, children's party; **K~gottesdienst** *m*, children's/ family service; **K~schwester** *f*, children's nurse; **K~spiel** *n*, (i) children's game; (ii) *F:* pushover, cinch; **K~sprache** *f*, children's/nursery language; **K~ermäßigung** *f*, reduction (in fare etc.) for children; **K~teller** *m*, dish for children; **K~trompete** *f*, child's/toy trumpet; **K~fahrkarte** *f*, child's ticket; *Adm:* **K~beihilfe** *f*/**K~geld** *n*, child allowance; **K~fürsorge** *f*, child welfare. ′**K~erarzt**, *m* -es/-̈e/′**K~erärztin**, *f* -/-nen paediatrician. ′**K~erbett**, *n* -(e)s/-en junior bed. **K~e′rei**, *f* -/-en (*a*) childish behaviour; (*b*) trivial matter, triviality. ′**k~erfreundlich**, *adj.* (*Pers.*) fond of children; (*Umgebung*) suitable for children; child-oriented. ′**K~ergarten**, *m* -s/-̈ kindergarten, nursery school. ′**K~ergärtnerin**, *f* -/-nen kindergarten/nursery school teacher. ′**K~erheilkunde**, *f* -/no pl paediatrics. ′**K~erhort**, *m* -(e)s/-e day nursery. ′**K~erjahre**, *npl* (years of) childhood. ′**K~erkrankheit**, *f* -/-en (*a*) *Med:* children's illness; (*b*) *Fig:* **K~en**, growing pains; *esp. Tchn:* teething troubles. ′**K~erkrippe**, *f* -/-n crèche, *N.Am:* day care (nursery). ′**K~erlähmung**, *f* -/-en *Med:* infantile paralysis, *F:* polio. ′**k~erleicht**, *adj. F:* dead easy. ′**k~erlos**, *adj.* childless. ′**K~erlosigkeit**, *f* -/no pl childlessness. ′**K~ermädchen**, *n* -s/- nursemaid. ′**K~erpflegerin**, *f* -/-nen (*a*) children's nurse; (*b*) nursemaid. ′**k~erreich**, *adj.* large (family). ′**K~erreim**, *m* -(e)s/-e nursery rhyme. ′**K~erschreck**, *m* -s/no pl bogeyman. ′**K~erschuhe**, *mpl* children's shoes; *Fig:* noch in den **K~n** stecken, to be in its infancy. ′**K~erstube**, *f* -/-n nursery; *Fig:* er hat eine gute K. gehabt, he has been well brought up; er hat keine K., he has no manners. ′**K~erwagen**, *m* -s/- pram, *N.Am:* baby carriage. ′**K~erzimmer**, *n* -s/- nursery. ′**K~esalter**, *n* -s/no pl infancy, childhood; im K., in childhood. ′**K~esraub**, *m* -es/no pl kidnapping. **K~heit** [′kinthait], *f* -/no pl childhood. ′**k~isch** [-diʃ], *adj.* childish (person, behaviour). **k~lich** [′kintliç], *adj.* childlike (appearance, behaviour etc.); **k~e** Neugier, the curiosity of a child; *adv.* sich k. benehmen, to behave like a child. **K~skopf** [′kints-], *m* -(e)s/-̈e *F:* childish person. **K~slage**, *f* -/-n *Med:* presentation (of the foetus).

Kinkerlitzchen [′kiŋkərlitzçən], *npl F:* (*a*) trinkets, knick-knacks; (*b*) trivia, trifling matters; **mach keine K.!** stop messing about!

Kinn [kin], *n* -(e)s/-e chin. ′**K~backe**, *f* -/-n (lower) jaw. ′**K~haken**, *m* -s/- *Box:* hook (to the chin). ′**K~riemen**, *m* -s/- chinstrap.

Kino [′ki:no], *n* -s/-s cinema, *N.Am:* movie theatre; ins **K. gehen**, to go to the cinema/ *N.Am:* movies. ′**K~besucher**, *m* -s/- cinemagoer, *N.Am:* moviegoer. ′**K~reklame**, *f* -/-n **1.** no pl screen publicity. **2.** advertisement for a film.

Kintopp [′ki:ntɔp], *m & n* -s/-s *usu. Pej: F:* der/ das **K.**, the flicks/*N.Am:* movies.

Kiosk [ki′ɔsk], *m* -(e)s/-e kiosk.

Kipfel [′kipfəl], *n* -s/- *Aus:* crescent-shaped roll.

Kippe [′kipə], *f* -/-n **1.** (*Müllk.*) dump, tip. **2.** *F:* es steht auf der K., (*Gegenstand*) it's balanced precariously; *Fig:* (*Erfolg usw.*) it's touch and go. **3.** *F:* (*Stummel*) fag-end, *N.Am:* cigarette-butt. ′**k~en**, *v.* **1.** *v.i.* (*sein*) (*Schrank, Stoß Bücher usw.*) to tilt, (*umfallen*) topple (over); (*Boot, Auto*) to lean/roll (over) onto its side; (*Pers.*) vom Stuhl k., to fall off one's chair. **2.** *v.tr.* (*a*) to tilt (sth.); (*b*) to tip (rubbish, gravel, water etc.) (in etwas *acc*, into sth.; von etwas *dat*, out of sth.); *F:* einen k., to knock back/ *N.Am:* toss off a drink. ′**K~er**, *m* -s/- *Aut:* tipper, *N.Am:* dump truck. ′**K~fenster**, *n* -s/- tilting window. ′**K~hebel**, *m* -s/- rocking lever; *I.C.E:* rocker (arm). ′**K~schalter**, *m* -s/- *El:* tumbler switch. ′**K~vorrichtung**, *f* -/-en tipping/tilting mechanism. ′**K~wagen**, *m* -s/- *Rail:* dumping wagon/*N.Am:* car.

Kirche [′kirçə], *f* -/-n church; in die K. gehen, to go to church; die K. ist zu Ende, church/the service is over. ′**K~en-**, *comb.fm.* church (building, choir, music, bells, tax etc.); ecclesiastical (history, office, year, law, language etc.); **K~älteste(r)** *m*, churchwarden; **K~besuch** *m*, church attendance; **K~besucher(in)** *m(f)*, churchgoer; **K~rat** *m*, church council/ (*Pers.*) councillor; **K~vorstand** *m*, (parochial) church council; **K~lehre** *f*, ecclesiastical doctrine. ′**K~enbank**, *f* -/-̈e pew. ′**K~enbann**, *m* -(e)s/no pl excommunication. ′**K~enbuch**, *n* -(e)s/-̈er parish register. ′**K~endiener**, *m* -s/- sacristan, verger. ′**k~enfeindlich**, *adj.* anti-clerical. ′**K~engesang**, *m* -(e)s/-̈e **1.** hymn. **2.** no pl congregational singing. ′**K~enlicht**, *n* -(e)s/-er *F:* er ist kein (großes) K., he's not very bright/a bit dim. ′**K~enlied**, *n* -(e)s/-er hymn. ′**K~enmaus**, *f* -/-̈e *F:* arm wie eine K., as poor as a church mouse. ′**K~entonart**, *f* -/-en *Mus:* mode. ′**K~engänger(in)**, *m* -s/- (*f* -/-nen) churchgoer. ′**K~hof**, *m* -(e)s/-̈e churchyard. ′**k~lich**, *adj.* church (holiday, wedding etc.); ecclesiastical (office, dignitary etc.); *adv.* sich k. trauen lassen, to have a church wedding. ′**K~turm**, *m* -(e)s/-̈e church tower, steeple. ′**K~turmspitze**, *f* -/-en church spire. ′**K~weih**, *f* -/-en annual (village) fair.

Kirmes [′kirməs], *f* -/-sen = Kirchweih.

Kirsch- [′kirʃ], *comb.fm.* cherry (tree, wood, cake, jam etc.); **K~garten** *m*, cherry orchard; **K~kern** *m*, cherry-stone/*N.Am:* pit; **K~likör** *m*, cherry-brandy; *adj.* **k~rot**, cherry (red). ′**K~e**, *f* -/-n cherry; *F:* mit ihm ist nicht gut **K~en essen**, you have to keep on the right side of him. ′**K~wasser**, *n* -s/no pl kirsch.

Kissen [′kisən], *n* -s/- cushion; (*Kopfk.*) pillow. ′**K~bezug**, *m* -(e)s/-̈e cushion cover; (*Kopfk.*) pillow case. ′**K~schlacht**, *f* -/-en pillow fight.

Kiste [′kistə], *f* -/-n **1.** crate; box (of cigars etc.). **2.** (*a*) *Pej:* alte K., (*Flugzeug usw.*) old crate; *Aut:* old crock; (*b*) (*Angelegenheit*) schwierige K., tricky business/job. **2.** *Fb:* goal.

Kitsch [kitʃ], *m* -(e)s/no pl kitsch. ′**k~ig**, *adj.* kitschy.

Kitt [kit], *m* -(e)s/-e (adhesive) cement; (*für Fenster, Risse*) putty. ′**k~en**, *v.tr.* to cement, glue (broken china etc.); to fix (a pane etc.) with putty, (a tile etc.) with cement.

Kittchen ['kɪtçən], *n* -s/- *F:* clink, jug; **im K. sitzen,** to be in the cooler.

Kittel ['kɪtəl], *m* -s/- (a) (workman's) overall; (b) housecoat; *Med:* (doctor's etc.) (white) coat; (c) (children's) smock. ′**K ~ schürze,** *f* -/-n overall.

Kitz [kɪts], *n* -es/-e *Z:* kid (of a deer, goat).

Kitz|el ['kɪtsəl], *m* -s/*no pl* tickle; (*Sinnesk.*) (sensual) titillation. ′**k ~ (e)lig,** *adj.* ticklish; *Fig:* tricky (situation). ′**k ~ eln,** *v.tr.* to tickle (s.o., s.o.'s foot, *Fig:* the palate); *Fig:* **j-s Eitelkeit k.,** to appeal to s.o.'s vanity.

Klabautermann [kla'bautərman], *m* -(e)s/=er ship's evil spirit.

Klacks ['klaks], *m* -es/-e *F:* dollop.

Kladde ['kladə], *f* -/-n **1.** (*Heft*) (rough) notebook; scribbling pad. **2.** (*Entwurf*) rough draft.

klaffen ['klafən], *v.i.* (haben) (*Riß, Loch, Wunde usw.*) to gape; (*Abgrund usw.*) to yawn.

kläffen ['klɛfən], *v.i.* (haben) (*Hund*) to yap, yelp; *F:* (*Pers.*) to yak.

Klage ['klɑːgə], *f* -/-n (a) (*Beschwerde*) complaint; **einen Grund/Anlaß zur K. haben,** to have cause for complaint; (b) *Jur:* action, suit; **K. gegen j-n erheben,** to bring an action against s.o.; (c) *Lit:* (*Jammern*) lament, wailing. ′**K ~ lied,** *n* -(e)s/-er (a) *Lit:* lament; (b) *F:* complaint, moan; **ein K. über etwas** *acc* **anstimmen,** to start moaning about sth. ′**K ~ mauer,** *f* -/*no pl* Wailing Wall (*esp. in Jerusalem*). ′**k ~ n,** *v.* **1.** *v.i.* (haben) (a) to complain (über etwas *acc,* about sth.); *F:* **ich kann nicht k.!** I can't complain/mustn't grumble; **über Kopfschmerzen k.,** to complain of a headache; (b) *Jur:* to take legal action (**gegen j-n,** against s.o.); **auf Schadenersatz usw. k.,** to sue for damages etc.; (c) *Lit:* **über j-s Tod k.,** to lament/mourn s.o.'s death. **2.** *v.tr. Lit:* **j-m sein Leid/seine Not k.,** to pour out one's sorrows/troubles to s.o. ′**k ~ nd,** *adj.* plaintive (voice, cry etc.); querulous (tone etc.); *Jur:* **die k~e Partei,** the plaintiff.

Kläg|er(in) ['klɛgər(in)], *m* -s/- (*f* -/-nen) *Jur:* (*Privatrecht*) plaintiff; (*Scheidungsfall*) petitioner. ′**k ~ lich,** *adj.* (a) (*mitleiderregend*) pitiful, piteous (sight, crying, weeping etc.); **in einem k~en Zustand,** in a sorry/pitiful state; (b) (*erbärmlich*) wretched; miserable (performance, result etc.); **er hat ein k~es Ende gefunden,** he came to a wretched end; *adv.* **k. versagen,** to fail miserably.

Klamauk [kla'mauk], *m* -s/*no pl F:* row, shindy; *Fig:* **um den Film wird viel K. gemacht,** there's a lot of fuss/ballyhoo about the film.

klamm [klam], *adj.* (a) numb, stiff (hands etc.); (b) cold and damp, clammy (clothes etc.).

Klammer ['klamər], *f* -/-n **1.** (paper etc.) clip; (*Heftk.*) (wire) staple; *Constr: Surg:* clamp; *H:* (*Wäschek.*) (clothes) peg, *N.Am:* clothespin. **2.** (*Schriftzeichen*) bracket; **K. auf, K. zu,** open brackets, close brackets. ′**k ~ n,** *v.tr.* (a) to clip (things) together; **etwas an etwas** *acc* **k.,** to clip/ *Constr: etc:* clamp sth. to sth.; (b) **sich an j-n, etwas** *acc* **k.,** to cling to s.o., sth.

Klamotten [kla'mɔtən], *fpl F:* (a) (*Kleider*) rig, gear; **olle K~n,** old clothes, rags; (b) (*Kram*) junk, clobber. **K ~ nkiste,** *f* -/-n *F:* chest for old clothes; **Film aus der K.,** ancient film.

Klampfe ['klampfə], *f* -/-n *F:* (primitive) guitar.

klamüsern [kla'myːzərn], *v.i.* (haben) *esp. North G: F:* **an etwas** *dat* **k.,** to try to puzzle sth. out.

Klang [klaŋ], *m* -(e)s/=e sound; (*Klangfarbe*) tone; **einen guten K. haben,** (*Radio usw.*) to have a good tone; *Fig:* (*Name*) to sound good; **zu den K ~ en eines Walzers tanzen,** to dance to the strains of a waltz. ′**K ~ farbe,** *f* -/*no pl* tone; timbre. ′**K ~ fülle,** *f* -/*no pl* sonority; richness of tone. ′**k ~ getreu,** *adj.* faithful, high-fidelity (reproduction). ′**k ~ lich,** *adj.* tonal, sound (effect, quality etc.); (beauty etc.) of sound; *adv.* **k. gut,** of good sound quality. ′**k ~ los,** *adj.* toneless (voice etc.). ′**K ~ regler,** *m* -s/- *Rad: etc:* tone control. ′**k ~ voll,** *adj.* sonorous (voice, language etc.); *Fig:* **k~er Name,** illustrious name.

Klapp- ['klap-], *comb.fm.* folding (bed, seat etc.); hinged (lid); **K~leiter** *f,* folding steps; **K~rad** *n,* folding bicycle; **K~stuhl** *m,* folding chair/ stool; **K~tisch** *m,* (i) folding table; (ii) (*mit Klappen*) drop-leaf table. **K ~ e** ['klapə], *f* -/-n (a) flap; drop-leaf (of a table); drop-front (of a desk etc.); *Anat: Mus: Moll:* valve; (b) *P:* (*Mund*) trap; **halt die K.!** shut your trap! **die K. aufreißen,** to shoot one's mouth. ′**k ~ en,** *v.* **1.** *v.i.* (haben) (a) (*Tür usw.*) to bang; (b) *F:* (*Termin usw.*) to be OK; (*Plan, Versuch usw.*) to work, come off; (*Unternehmen usw.*) to go well; **nicht k.,** to go wrong; **es/F: der Laden hat geklappt,** it was (all) OK; things worked out fine; **es klappt nicht mit der Anmeldung,** it's no go with the application; **mit ihnen klappt es irgendwie nicht,** they just don't seem to hit it off. **2.** *v.tr.* **nach oben k.,** to turn up (a collar etc.); to lift up (a flap etc.), tip up (a cinema seat etc.). ′**K ~ entext,** *m* -(e)s/-e *Pub:* blurb (*on flap of book jacket*). ′**K ~ messer,** *n* -s/- jack-knife. **K ~ verdeck,** *n* -s/-e *Aut:* hood, soft top.

Klapp|er ['klapər], *f* -/-n (child's) rattle. ′**K ~ erkasten,** *m* -s/- *F:* rattletrap. ′**k ~ ern,** *v.i.* (haben) to rattle, (*lose Gegenstände usw.*) rattle, (*Stricknadeln, Absätze usw.*) click; **ihm k. die Zähne,** his teeth are chattering; *F:* **mit den Augendeckeln k.,** to flutter one's eyelids. ′**K ~ erschlange,** *f* -/-n rattlesnake. ′**k ~ (e)rig,** *adj. F:* (*Pers.*) wonky, shaky; rickety, ramshackle (vehicle etc.); (*Pers.*) **alt und k.,** old and doddery.

Klaps [klaps], *m* -es/=e (a) smack, slap; (b) *P:* (*Pers.*) **einen K. haben,** to be barmy. ′**k ~ en,** *v.tr.* to smack, slap (a child etc.). ′**K ~ mühle,** *f* -/-n *P:* loony bin.

klar [klɑːr], *adj.* clear; (a) **k ~ er Kopf,** clear head; (*Verstand*) lucid mind; **er hat noch k~e Momente,** he still has lucid moments; **k~e Antwort, Definition usw.,** clear-cut answer, definition etc.; **ich bin mir darüber (völlig) im k~en, daß . . .,** I am (perfectly) aware/(fully) realize that . . .; **bist du dir über die Folgen im k~en?** do you realize what will happen? *adv.* **etwas k. zum Ausdruck bringen,** to make sth. clear; (b) **ja k.!** yes, of course! *N.Am:* sure thing! **das ist doch k./ein k~er Fall!** that's perfectly obvious! *F:* **k. wie Kloßbrühe/dicke Tinte,** as clear as daylight; (c) *Nau:* **k. zum Auslaufen/**

zum Gefecht, ready to sail/for action; *Av:* k. zum Start, ready for take-off. ´k ~ gehen, *v.i.sep.irr.36 (sein) F:* to come off, go smoothly. ´K ~ heit, *f -/no pl* clarity; lucidity (of thought, style etc.); K. in eine Sache bringen, to throw light on a matter. ´k ~ kommen, *v.i.sep.irr.53 (sein) F:* to get by, manage. ´k ~ machen, *v.tr.sep.* (a) j-m etwas k., to explain sth./make sth. clear to s.o.; j-m die Folgen einer Handlung k., to bring home to s.o. the consequences of an action; (b) *Nau:* to clear (moorings etc.); das Schiff k., to get ready to sail.´k ~ sehen, *v.i.sep.irr.92 (haben) F:* to see daylight; endlich sah ich klar, at last the truth dawned on me. ´K ~ sichtfolie, *f -/-n* transparent foil. ´k ~ - stellen, *v.tr.sep.* to clear up (a misunderstanding); to clarify (a situation etc.); k., daß ..., to make it clear that ... ´k ~ werden, *v.i.sep.irr.109 (sein) (Tatsache usw.)* to become clear (to s.o.); es wurde mir klar/ich wurde mir klar darüber, daß ..., I realized that ...

Klär|anlage [´klɛːranlaːgə], *f -/-n* sewage works. ´k ~ en, *v.tr.* to clarify (a liquid, *Fig:* problem); to treat (sewage); sich k., to become clear. ´K ~ ung, *f -/no pl* clarification.

Klarinette [klarl´nɛtə], *f -/-n Mus:* clarinet.

Klasse [´klasə]. I. *f -/-n* class; (a) *Sch:* class, form, *N.Am:* grade; (Raum) classroom; (b) *Sociol:* die oberen/unteren K ~ n, the upper/lower classes; (c) *(Qualität)* ein Hotel/*Rail:* eine Fahrkarte erster K., a first-class hotel/*Rail:* ticket; *Com:* Erzeugnisse zweiter K., second-grade products; *Med:* (im Krankenhaus) erster K. liegen, to have a private room; zweiter K. liegen, to share a room; dritter K. liegen, to be in a ward; *F:* (Spieler) er ist große K.! he's great stuff! (d) *Biol:* Tiere/Pflanzen in K ~ n ein-teilen, to classify animals/plants. II. k., adj. *F:* smashing, *N.Am:* swell. ´K ~ n-, ´k ~ n-, *comb.fm.* class (hatred, distinctions, *Sch:* teacher etc.); (a) K ~ kampf *m,* class struggle; adj. k ~ bewußt, class-conscious; k ~ los, class-less; (b) *Sch:* K ~ arbeit *f,* (written) class test; K ~ kamerad(in) *m(f),* classmate; K ~ lektüre *f,* class textbook; K ~ raum *m*/K ~ zimmer *n,* classroom; K ~ sprecher(in) *m(f),* class captain; K ~ treffen *n,* class reunion; (c) *Sp:* K ~ sieger *m,* class winner. ´K ~ nbeste(r)/´K ~ nerste(r), *f (m) decl. as adj. Sch:* top boy/girl; sie ist K., she is top of the class. ´K ~ nbuch, *n -(e)s/-̈er Sch:* class register; ins K. eingetragen werden, to get a black mark. ´K ~ nziel, *n -(e)s/-e Sch:* das K. erreichen, to reach the required level at the end of the year.

Klassif|ikation [klasifikatsi´oːn]/K ~ izier-ung [-i´tsiːruŋ], *f -/-en* classification. k ~ i´zie-ren, *v.tr.* to classify (plants, animals etc.).

Klass|ik [´klasik], *f -/no pl* classicism; (Zeit) classical period. ´K ~ iker, *m -s/-* classical author/artist/*Mus:* composer; K. der Moderne, modern classic. ´k ~ isch, *adj.* (a) classical; (b) (vorbildlich) classic (example). K ~ izismus [-i´tsismus], *m -/no pl Art:* classicism.

Klatsch [klatʃ], *m -es/-e* 1. (Geräusch) smack; (aufs Wasser) splash; (Schlag) slap. 2. *no pl F:* gossip. ´K ~ base, *f -/-n F:* (Pers.) gossip. ´K ~ e, *f -/-n* (a) (fly) swatter; (b) (Pers.) gossip. ´k ~ en, *v.tr. & i.* (haben) (a) to slap

(sth.) (auf/gegen etwas *acc,* on/against sth.); der Regen klatschte gegen die Fensterscheiben, the rain splashed against the window panes; (b) to clap; in die Hände/mit den Händen k., to clap one's hands; j-m Beifall k., to applaud s.o.; (c) *F:* to gossip. ´K ~ mohn, *m -(e)s/no pl Bot:* field/corn poppy. ´k ~ ´naß, *adj. F:* soaking wet (clothes etc.); (Pers.) soaked to the skin. ´K ~ spalte, *f -/-n Journ:* gossip column. ´k ~ süchtig, *adj.* gossipmongering, scandal-mongering (person).

Klaue [´klauə], *f -/-n* 1. *Orn: Z:* claw; talon (of bird of prey). 2. *F:* (Hand) paw; *Fig:* j-n in seinen K ~ n haben, to have s.o. in one's clutches. 3. *F:* (Schrift) scrawl, scribble. 4. *Tls:* claw (of a hammer etc.); *Mec.E:* (clutch) dog. ´k ~ n, *v.tr. F:* to pinch, swipe (sth.) (j-m/von j-m, from s.o.); to crib, lift (an idea etc.). ´K ~ n-hammer, *m -s/-̈ Tls:* claw hammer. ´K ~ n-kupplung, *f -/-en Mec.E:* dog clutch.

Klausel [´klauzəl], *f -/-n Jur: etc:* clause.

Klaustrophobie [klaustrofo´biː], *f -/no pl Psy:* claustrophobia.

Klausur [klau´zuːr]/K ~ arbeit, *f -/-en Univ:* written examination/test.

Klaviatur [klavia´tuːr], *f -/-en Mus:* keyboard.

Klavier [kla´viːr], *n -s/-e Mus:* piano. K ~ abend, *m -s/-e* piano recital. K ~ kon-zert, *n -(e)s/-e* 1. piano recital. 2. (Stück) piano concerto. K ~ stuhl, *m -(e)s/-̈e* piano stool. K ~ stunde, *f -/-n* piano lesson.

kleb|en [´kleːbən], *v.* 1. *v.tr.* (a) to stick, (mit Klebstoff) glue (sth.) (an/auf etwas *acc,* to/on sth.); to stick on, (in ein Album) stick in (stamps etc.); *Cin. Rec:* to splice (a film, tape); (b) *F:* j-m eine k., to give s.o. one in the kisser/a clip on the ear. 2. *v.i.* (haben) to stick, adhere, (Klei-der usw.) cling (an/auf etwas *dat,* to sth.); *Fig:* (Pers.) am Geld k., to be tight-fisted. ´k ~ en-bleiben, *v.i.sep.irr.12 (sein)* (a) an etwas *dat* k., to stick to sth.; (b) *Sch: F:* to repeat a class/*N.Am:* a grade. ´K ~ epflaster, *n -s/-Med:* adhesive plaster. ´K ~ estreifen, *m -s/-* adhesive/*F:* sticky tape. ´K ~ ezettel, *m -s/-* stick-on label, sticker. ´k ~ rig, *adj.* sticky. ´K ~ - rigkeit, *f -/no pl* stickiness. ´K ~ stoff, *m -(e)s/-e* adhesive, *esp.* glue.

kleck|ern [´klɛkərn], *v.tr. & i.* (haben) to spill, drop (soup etc.); kleckere nicht so! don't make such a mess! ´k ~ erweise, *adv. F:* in dribs and drabs. ´K ~ s, *m -es/-e* (ink) blot; blob, dab (of paint); splodge (of dirt etc.). ´k ~ sen, *v.* 1. *v.i.* (haben) to make blots. 2. *v.tr.* to daub (paint etc.) (auf etwas *acc,* on sth.).

Klee [kleː], *m -s/no pl Bot:* clover; *Fig:* j-n über den grünen K. loben, to praise s.o. to the skies. ´K ~ blatt, *n -(e)s/-̈er* clover-leaf.

Kleid [klait], *m -(e)s/-er* (a) dress; (sommerlich) frock; (b) *pl* K ~ er, clothes; ich bin zwei Tage nicht aus den K ~ ern gekommen, I haven't had my clothes off/been to bed for two days. ´K ~ chen, *n -s/-* small dress. ´k ~ en [-dən], *v.tr.* (a) to dress, clothe (s.o.); sie läßt sich vom besten Modeschöpfer k., she has her clothes made by the best fashion designer; sich gut/schlecht k., to dress well/badly; sich modern, sportlich usw. k., to wear modern, sporting etc. clothes; der Hut/Mantel kleidet dich gut, the

hat/coat suits you; *Fig:* **seine Gedanken/Ge-
fühle in Worte k.**, to put one's thoughts/feel-
ings into words. ´K ~ **erablage**, *f* -/-**n** cloak-
room, *N.Am:* checkroom. ´K ~ **erbügel**, *m*
-*s*/- coat hanger. ´K ~ **erbürste**, *f* -/-**n** clothes
brush. ´K ~ **erhaken**, *m* -*s*/- coat hook.
´K ~ **errock**, *m* -(e)*s*/-̈e *Cl:* pinafore dress,
N.Am: jumper. ´K ~ **erschrank**, *m* -(e)*s*/-̈e
Furn: wardrobe, *N.Am:* clothes closet. ´K ~ **er-
ständer**, *m* -*s*/- hat stand, *N.Am:* clothes tree.
´K ~ **erstoff**, *m* -(e)*s*/-e dress material.
´k ~ **sam**, *adj.* becoming. ´K ~ **ung**, *f* -/*no pl*
clothes, clothing.
Kleie [´klaiə], *f* -/-**n** bran.
klein [klain]. **I.** *adj.* small; (*a*) *esp. F:* little; (*lieb-
kosend*) **armes K ~ es!** poor little thing! **mein
k ~ er Finger**, my little finger; **ein k. wenig**, a
little bit; *F:* **k ~ e Geschäfte**, (child's) small jobs;
(*b*) (*Pers.*) small, short; (*jung*) young; **unser
K ~ er/unsere K ~ e**, our youngest son/daugh-
ter; **die K ~ en**, the (small) children; **als ich noch
k. war**, when I was small/*F:* little; **von k. an/
auf**, from childhood; (*c*) (*kurz*) short (distance,
trip, time etc.); **k ~ er Grenzverkehr**, local fron-
tier traffic; *also Sch:* **k ~ e Pause**, short break/
N.Am: recess; (*d*) low (number, figure, cost
etc.); small (letter); **haben Sie es nicht k./k ~ er?**
haven't you any change/got it any smaller? *Mth:*
k ~ es Einmaleins, multiplication table up to
ten; *Cu:* **auf k ~ er Flamme**, on a low gas; *adv.*
ein Wort k. schreiben, to write a word with a
small (initial) letter; **das Gas usw. auf k. stellen**,
to turn down the gas etc.; (*e*) (*unbedeutend*)
minor (problem etc.); slight (misfortune, illness
etc.); **k ~ e Ausgaben**, minor expenses; **das
k ~ ere Übel**, the lesser evil; **meine k ~ ste Sorge**,
the least of my worries; **beim k ~ sten Geräusch**,
at the slightest sound; *Prov:* **k ~ e Ursachen,
große Wirkung**, great oaks from little acorns
grow; (*f*) (*einfach*) **k ~ er Geschäftsmann**, small
business man; **k ~ e Leute**, ordinary/simple
people; **aus k ~ en Verhältnissen stammen**, to
have a humble background; *adv.* **k. anfangen**,
to start in a small/modest way; *F:* **k. beigeben**,
to climb down; (*g*) *adv.phr.* **im K ~ en**, (*ver-
kleinert*) in miniature; (*in allen Einzelheiten*) in
detail; **etwas bis ins K ~ ste ausarbeiten**, to work
sth. out in the utmost detail. **II.** ´K ~ -,
comb.fm. small (shareholder, letter, car etc.);
K ~ anzeige *f*, small ad; **K ~ bauer** *m*, smallhol-
der; **K ~ betrieb** *m*, small business; **K ~ gewerbe**
n, small businesses; **K ~ kaliber** *n*, small bore;
K ~ kind *n*, small child, *Adm:* infant; **K ~ sparer**
m, small investor; **K ~ stadt** *f*, small town;
adj. **k ~ städtisch**, small-town, provincial.
´K ~ **arbeit**, *f* -/*no pl* detail/painstaking
work. **die K ~ ´asien.** *Pr.n.n* -**s.** *Geog.* Asia
Minor. ´K ~ **bahn**, *f* -/-**en** light railway.
´K ~ **bildkamera**, *f* -/-**s** *Phot:* miniature
camera. ´k ~ **bürgerlich**, *adj. Pej:* petty
bourgeois. ´K ~ **bus**, *m* -*ses*/-*se* minibus.
´K ~ **chen**, *n* -*s*/- *F:* (*Kind*) little thing/
chap. ´K ~ **format**, *n* -(e)*s*/-e small size; **im
K.**, in a small size; *F:* in miniature, pocket-size.
´K ~ **garten**, *m* -*s*/-̈ allotment. ´K ~ **gärt-
ner**, *m* -*s*/- allotment holder. ´k ~ **gedruckt**,
attrib.adj. in small print; **das K ~ e**, the small
print. ´K ~ **geld**, *n* -(e)*s*/*no pl* (small/loose)

change. ´K ~ **handel**, *m* -*s*/*no pl Com:* retail
trade. ´K ~ **heit**, *f* -/*no pl* smallness.
´K ~ **holz**, *n* -*es*/*no pl* (chopped) firewood; *F:*
K. aus etwas *dat* **machen**, to smash sth. to
pieces; **aus j-m K. machen**, to make mincemeat
of s.o. ´K ~ **igkeit**, *f* -/-**en** trifle; minor
matter/detail; *F: esp. Iron:* (*Summe*) mere
nothing, trifling sum; *F:* (*zum Verschenken/
Essen*) a little something; **er regt sich wegen
jeder K. auf**, he gets worked up about the
slightest thing; **er gibt sich nicht mit K ~ en ab**,
he does not bother about (minor) details; *F:*
das ist für dich eine K., it's easy for you.
´K ~ **igkeitskrämer**, *m* -*s*/- niggler, *F:* fuss-
pot. ´k ~ **kariert**, *adj.* (*a*) (material etc.) in a
small check; (*b*) *F: Pej:* narrow-minded (views
etc.). ´K ~ **kram**, *m* -(e)*s*/*no pl F:* (*a*) bits and
pieces; (*b*) *Pej:* trivia. ´K ~ **krieg**, *m* -(e)*s*/*no
pl* guerilla warfare. ´k ~ **kriegen**, *v.tr.sep.
F:* to smash (sth.) up; **j-n k.**, to squash s.o.; **er ist
nicht kleinzukriegen**, nothing seems to get him
down. ´K ~ **kunst**, *f* -/*no pl* **1.** objets d'art,
miniatures. **2.** *Th:* cabaret numbers. ´k ~ **laut**,
adj. subdued, meek; **k. werden**, to change one's
tune. ´k ~ **lich**, *adj.* petty; (*engstirnig*) small-
minded. ´K ~ **lichkeit**, *f* -/*no pl* pettiness.
´k ~ **machen**, *v.tr.sep.* (*a*) to chop up
(wood etc.); (*b*) *F:* (*wechseln*) to change (a
note); (*c*) *F:* **laß dich nicht k.!** don't let yourself
be squashed! ´k ~ **mütig**, *adj.* faint-hearted,
pusillanimous. **K ~ od** [´klainoːt], *n* -(e)*s*/-e
& -**ien** *Lit:* jewel, gem. ´k ~ **schneiden**,
v.tr.sep.irr.59 to chop (onions, parsley etc.).
´k ~ **schreiben**, *v.tr.sep.irr.12* to play down
(the importance of) sth. ´K ~ **schreibung**, *f*
-/-**en** *Gram:* use of small (initial) letters.
´K ~ **st-**, *comb.fm.* smallest possible (amount
etc.); midget (submarine); minimum-size, *F:*
mini- (garage etc.); *Phot:* sub-miniature
(camera, format); **K ~ wagen** *m*, minicar. ´K ~ **st-
wohnung**, *f* -/-**en** flatlet, *N.Am:* efficiency
apartment. ´K ~ **verdiener**, *m* -*s*/- person on
a low income.
Kleister [´klaistər], *m* -*s*/- (wallpaper etc.)
paste. ´k ~ **n**, *v.tr.* to paste, *F:* plaster (sth.) (**auf
etwas** *acc*, on sth.).
Klematis [kleˈmaːtis], *f* -/- *Bot:* clematis.
Klemm|e [´klɛmə], *f* -/-**n 1.** clamp, clip; *El:* ter-
minal. **2.** *F:* tight spot; **in der K. sitzen**, to be in
. a fix. ´k ~ **en**, *v.* **1.** *v.tr.* (*a*) (*zwängen*) to wedge,
jam (sth.) (**in, unter usw.** + *acc*, into, under
etc.); **sich** *dat* **den Finger in der Tür k.**, to get
one's finger jammed/pinch one's finger in the
door; (*b*) to clip (sth.) (**an/auf** + *acc*, on/to);
(*c*) *F:* **sich hinter etwas** *acc* **k.**, (i) to get down
to sth.; (ii) (*weitermachen*) to get on with sth.
2. *v.i.* (*haben*) (*Tür, Schublade usw.*) to jam,
stick. ´K ~ **schraube**, *f* -/-**n** pinchbolt. ´K ~ -
spannung, *f* -/-**en** *El:* terminal voltage.
Klempner [´klɛmpnər], *m* -*s*/- plumber. ´K ~ **ei**
[-ˈrai], *f* -/-**en** plumber's workshop.
Kler|iker [´kleːrikər], *m* -*s*/- *R.C.Ch:* priest,
cleric. ´K ~ **us**, *m* -/*no pl R.C.Ch:* clergy.
Klette [´klɛtə], *f* -/-**n** (*a*) *Bot:* burr; (*b*) *F:* (*Pers.*)
wie eine K., like a limpet/*N.Am:* burr.
Kletter- [´klɛtər-], *comb.fm.* climbing (plant,
Gym: pole, *Mount:* shoes etc.); **K ~ partie/
K ~ tour** *f*, climbing trip; **K ~ gerüst** *n*, climbing

frame; **K~rose** *f,* rambler rose. **'K~er,** *m* **-s/-** climber. **'k~n. I.** *v.i. (sein)* to climb; (*Pers.*) (*mit Mühe*) to clamber, scramble. **II. K.,** *n* **-s/no** *pl* climbing; *esp. Mount:* rock climbing.

klicken ['klikən], *v.i. (haben)* to click.

Klient(in) [kli'ɛnt(in)], *m* **-en/-en** (*f* **-/-nen**) *Jur:* client.

Klima ['kli:ma], *n* **-s/-s & -te** climate. **'K~anlage,** *f* **-/-n** air-conditioning (system). **'K~gerät,** *n* **-(e)s/-e** air-conditioner. **k~tisch** [kli'ma:tiʃ], *adj.* climatic. **'K~wechsel,** *m* **-s/-** change of climate/air.

Klimbim [klim'bim], *m* **-s/no** *pl F:* **der ganze K.,** the whole caboodle.

Klimperjel [klimpə'rai], *f* **-/-en** *Mus: Pej:* (continual) strumming. **'k~n,** *v.i. (haben)* (*a*) *Pej:* (*Pers.*) to strum; (*b*) (*Münzen usw.*) to chink.

Klinge ['kliŋə], *f* **-/-n** blade; *Fig:* **(mit j-m) die K~n kreuzen,** to cross swords (with s.o.).

Klingel ['kliŋəl], *f* **-/-n** (bicycle, door etc.) bell. **'K~elknopf,** *m* **-(e)s/-e** bellpush. **'k~eln,** *v.* **1.** *v.i. (haben)* (*Klingel, Telefon usw.*) to ring; (*Pers.*) to ring the bell (**nach j-m,** for s.o.); *impers.* **es klingelt,** s.o./the doorbell is ringing; *Sch: Th: etc:* there's the bell. **2.** *v.tr.* **j-n aus dem Schlaf k.,** to wake s.o. up by ringing the doorbell. **'k~en,** *v.i.irr.* (*pres.* **klingt,** *p.* **klang,** *p.p.* **geklungen**) (*haben*) (*a*) (*Glocke, Gläser usw.*) to ring; (*Stimme, Musikinstrument*) to sound; *F:* **mir k. die Ohren,** my ears are ringing; (*b*) (+ *adj.*) to sound (gay, sad, incredible etc.); **es klingt nach Mozart,** it sounds like Mozart. **'K~klang,** *m* **-s/no** *pl* jangle, ding-dong.

Klinjik ['kli:nik], *f* **-/-en** clinic; *Univ:* teaching hospital. **'k~isch.** *adj.* clinical; **k~er Fall,** hospital case; *adv.* **k. tot,** clinically dead.

Klinke ['kliŋkə], *f* **-/-n** (*a*) (*Türj*) (door)handle; latch; (*b*) *Tchn:* catch, ratchet lever.

Klipp¹ [klip], *m* **-s/-s** *esp. Jewel:* clip.

klipp², *adj.* **k. und klar,** clear as daylight; *adv.* **ich habe es ihm k. und klar gesagt,** I told him straight out/point blank.

Klippe ['klipə], *f* **-/-n** rock (in the sea); *Fig:* **K~n umschiffen,** to steer clear of traps/pitfalls. **'K~r,** *m* **-s/-** *Nau:* clipper.

klirren ['klirən], *v.i. (haben)* (*Gläser, Tassen usw.*) to clink, chink; (*Klingen usw.*) to clash, clang; (*Explosion*) **Scheiben zum K. bringen,** to make windows rattle; **die Gläser k. lassen,** to clink glasses; **k~de Kälte,** crisp/tingling cold.

Klischee [kli'ʃe:], *n* **-s/-s 1.** *Print:* block. **2.** (*Wendung*) cliché. **K~vorstellung,** *f* **-/-en** stereotyped/hackneyed idea.

klitschjig ['klitʃiç], *adj.* soggy (cake etc.). **'k~'naß,** *adj.* soaking wet.

klitzeklein ['klitsə'klain], *adj. F:* teeny-weeny.

Klo [klo:], *n* **-s/-s** *F:* loo, *N.Am:* john; **aufs K. gehen,** to go to the loo/john. **'K~papier,** *n* **-s/-e** *F:* toilet/*Brit: F:* loo paper.

Kloake [klo'a:kə], *f* **-/-en** sewer; (*Senkgrube*) cesspool.

klobig ['klo:biç], *adj.* bulky, clumsy-looking (furniture etc.); clumsy, heavy (shoes etc.); chunky (piece of wood etc.).

klönen ['klø:nən], *v.i. (haben) North G:* to natter.

klopf|en ['klɔpfən], *v.* **1.** *v.i. (haben)* (*a*) to

knock (**an der Tür usw.,** on the door etc.); **es hat geklopft,** somebody knocked; there was a knock; (*b*) **j-m auf die Schulter k.,** to tap s.o. on the shoulder; **einem Pferd auf den Hals k.,** to pat a horse on the neck; (*c*) (*Herz*) (**heftig**) **k.,** to pound (**vor** + *dat.* with); **mit k~dem Herzen,** with a beating heart; (*d*) *I.C.E:* (*Motor*) to knock, *F:* pink, *N.Am:* ping. **2.** *v.tr.* (*a*) (*schlagen*) to knock, drive (a nail etc.) (**in** + *acc,* into); to beat (a carpet etc.). **Steine k.,** to break stones; *Cu:* **Fleisch k.,** to tenderize meat; (*b*) *F:* **Karten k.,** to play cards; (*c*) **j-n aus dem Bett k.,** to wake s.o. (by knocking). **'K~er,** *m* **-s/-** (*a*) (door) knocker; (*b*) *H:* carpet-beater. **'k~fest,** *adj. I.C.E:* anti-knock. **'K~käfer,** *m* **-s/-** *Ent:* death-watch beetle. **'K~zeichen,** *n* **-s/-** tap, knock.

Klöppel ['klœpəl], *m* **-s/-** clapper (of a bell).

Klops [klɔps], *m* **-es/-e** *North G: Cu:* meatball.

Klosett [klo'zɛt]. **I.** *n* **-s/-s & -e** lavatory, toilet. **II. K~-,** *comb.fm.* lavatory (brush etc.); toilet (paper etc.); **K~becken,** *n,* lavatory pan; **K~brille** *f*/**K~sitz** *m,* lavatory seat.

Kloß [klo:s], *m* **-es/-e 1.** (*also* **Klößchen** *n* **-s/-**) *Cu:* dumpling. **2.** *F:* **einen K. im Hals haben,** to have a lump in one's throat.

Kloster ['klo:stər], *n* **-s/-** (*a*) (*für Mönche*) monastery; (*b*) (*für Nonnen*) convent. **'K~-bruder,** *m* **-s/-** lay brother. **'K~schule,** *f* **-/-n** convent school.

Klotz [klɔts], *m* **-es/-e** block (of wood); (*zum Brennen*) log; *F:* **einen K. am Bein haben,** to have a millstone round one's neck. **'k~ig,** *adj.* clumsy (furniture etc.).

Klötzchen ['klœtsçən], *n* **-s/-** (child's) building block.

Klub [klup], *m* **-s/-s** club. **'K~haus,** *n* **-es/-er** clubhouse. **'K~sessel,** *m* **-s/-** big armchair.

Kluft¹ [kluft], *f* **-/-e 1.** (*Felsspalte*) cleft (in rock). **2.** *Fig:* gulf (between parties etc.).

Kluft², *f* **-/-en** *F: Cl:* outfit, gear; **sich in K. werfen,** to put on one's glad rags.

klug [klu:k], *adj.* (*a*) (*gescheit*) clever, bright; *N.Am:* smart (child, idea etc.); intelligent (person, animal etc.); **k~er Kopf,** bright/smart fellow; *F:* **der ist wohl nicht recht k.!** he must be out of his mind! (*b*) **so k. wie zuvor,** none the wiser; **daraus/aus ihm werd ich nicht k.,** I can't make it/him out; (*c*) (*einsichtig*) wise; **k~er Geschäftsmann,** shrewd/astute businessman; **k~er Rat,** good advice; **es wäre klüger, nachzugeben,** it would be wiser/more prudent to give in; *adv.* **daran hast du k. getan,** you acted wisely/sensibly. **'k~er'weise,** *adv.* wisely, sensibly. **'K~heit,** *f* **-/no** *pl* (*a*) cleverness, intelligence; astuteness, shrewdness; (*b*) wisdom, prudence. **'K~scheißer,** *m* **-s/-** *P:* know-all, *N.Am:* wise guy.

Klump|en ['klumpən], *m* **-s/-** lump; *Min:* nugget (of gold etc.). **'K~fuß,** *m* **-es/-e** *Med:* clubfoot. **'k~ig,** *adj.* (*a*) lumpy (sauce etc.); (*b*) (*unförmig*) chunky, unwieldy.

Klüngel ['klyŋəl], *m* **-s/no** *pl Pej:* clique.

Klüver ['kly:vər], *m* **-s/-** *Nau:* jib.

knabbern ['knabərn], *v.tr. & i. (haben)* to nibble (**an** + *dat,* at); *F:* **er hat nichts zu k.,** he doesn't know where the next meal is coming from.

Knabe ['kna:bə], *m* -n/-n **1.** *A:* & *Lit:* boy. **2.** *F:* **alter K.**, old boy/chap. 'K ~ nalter, *n* -s/*no pl* boyhood. 'K ~ nchor, *m* -(e)s/ǟe boys' choir. 'k ~ nhaft, *adj.* boyish.

Knack [knak], *m* -(e)s/-e crack. 'k ~ en, *v.* **1.** *v.i.* (*haben*) (*a*) (*Zweige usw.*) to crack; (*b*) *Tel:* *F:* **in der Leitung knackt's**, there's a click/(*wiederholt*) crackle on the line. **2.** *v.tr.* (*a*) to crack (a nut etc.); (*b*) *F:* to pick (a lock), crack (a safe). 'K ~ er, *m* -s/- *F:* **1.** = **K ~ wurst. 2. alter K.**, old fogey. 'k ~ ig, *adj.* *F:* (*a*) crisp (salad), crunchy (roll etc.); (*b*) dishy (girl). 'K ~ s, *m* -es/-e *F:* (*a*) (*Geräusch, Sprung*) crack; (*b*) defect; **einen K. haben**, (*Herz*) to be a bit dicky/*Fig:* (*Ehe*) shaky. 'K ~ laut, *m* -(e)s/-e *Ling:* glottal stop. 'K ~ wurst, *f* -/ǟe short fat smooth pork sausage.

Knäckebrot ['knɛkəbro:t], *n* -(e)s/-e crispbread.

Knall [knal], *m* -(e)s/-e (*a*) bang; crack (of a shot, whip etc.); report (of a gun); pop (of a cork); (*b*) *F:* **K. und Fall**, at once; (*auf der Stelle*) on the spot; (*c*) *F:* (*Pers.*) **einen K. haben**, to be crackers. 'K ~ bonbon, *n* -s/-s (party) cracker, *N.Am:* favor. 'K ~ effekt, *m* -(e)s/-e sensation; sensational part (**von/bei etwas** *dat*, of sth.). 'k ~ en, *v.* **1.** *v.i.* (*a*) (*haben*) to (go) bang; (*Peitsche*) to crack; (*Sektkorken*) to pop; *F:* (*Pers.*) to shoot; **auf Krähen k.**, to take potshots at crows; (*b*) *F:* (*Farben*) to glare, dazzle; (*c*) (*sein*) *F:* to crash (**in/gegen etwas** *acc*, into/ against sth.); (*Tür*) **ins Schloß k.**, to slam, (close with a) bang. **2.** *v.tr.* to slam (sth.) (**in/auf etwas** *acc*, into/on sth.); *F:* **j-m eine k.**, to clout s.o. K ~ e'rei, *f* -/-en *F:* (*a*) (*Schießerei*) shooting, shoot-out; (*b*) constant banging (of fireworks etc.). 'K ~ erbse, *f* -/-n toy bomb. 'K ~ frosch, *m* -(e)s/ǟe jumping cracker, *N.Am:* firecracker. 'k ~ hart, *adj.* *F:* tough (business etc.); (*Pers.*) hard as nails; *Sp:* (shot etc.) like a bullet. 'k ~ ig, *adj.* *F:* glaring (colour); flashy (dress etc.); sensational (film etc.); blaring (music). 'K ~ kapsel, *f* -/-n *Rail:* detonator. 'K ~ kopf, *m* -(e)s/ǟe *F:* fathead. 'k ~ 'rot, *adj.* *F:* bright scarlet.

knapp [knap], *adj.* **1.** *Cl:* tight, closefitting; **k ~ er Sitz**, tight fit. **2.** (*a*) (*nicht genug*) (*Waren*) scarce, *Com:* in short supply; scanty, meagre (portion, pay etc.); **k. werden**, to be running short/(*Proviant usw.*) low; *F:* **k. bei Kasse sein**, to be short of money; *adv.* **das ist reichlich k. gemessen**, that's very short measure; **unsere Zeit ist k. bemessen**, our time is short/limited; (*b*) (*etwas weniger*) just under; **eine k ~ e Stunde**, barely an hour; *adv.* **k. vor der Grenze**, just before the frontier; **k. nach seiner Abfahrt**, shortly after he left; (*c*) *Sp: etc:* **k ~ er Sieg**, narrow/close win; **er siegte mit einem k ~ en Vorsprung**/*adv.* **k.**, he won by a narrow margin; **er kam mit k ~ er Not**/*adv.* **k. davon**, he only just escaped/had a narrow escape; *adv.* **es reicht nur ganz k.**, it's only just enough. **3.** (*kurz*) brief (summary etc.); concise, terse (style etc.); (*Antwort usw.*) **kurz und k.**, short and to the point; (*schroff*) curt; *adv.* **k. zusammengefaßt**, in a nutshell. 'k ~ halten, *v.tr.sep.irr.45* to keep (s.o.) short (**mit Geld, Essen usw.**, of money, food etc.). 'K ~ heit, *f* -/*no pl* (*a*) scan-

tiness; shortage, scarcity (**an Nahrungsmitteln usw.**, of provisions etc.); (*b*) conciseness, terseness; curtness.

Knapp|e ['knapə], *m* -n/-n miner, mineworker. 'K ~ schaft, *f* -/-en miner's insurance (fund).

knarren ['knarən], *v.i.* (*haben*) to creak.

Knast [knast], *m* -(e)s/ǟe *P:* clink; **im K.**, in the cooler.

knattern ['knatərn], *v.i.* (*haben*) (*Gewehr, Motorrad*) to bang away, (*MG*) crackle.

Knäuel ['knɔyəl], *n* -s/- ball (of wool etc.).

Knauf [knauf], *m* -(e)s/ǟe knob (of a door etc.).

Knauser|ei [knauzə'rai], *f* -/-en stinginess. 'k ~ ig, *adj.* stingy, tight-fisted. 'k ~ n, *v.i.* (*haben*) to skimp; **mit etwas** *dat* **k.**, to be stingy/ sparing with sth.

knautsch|en ['knautʃən], *v.tr.* & *i.* (*haben*) to crumple (material, paper etc.). 'k ~ ig, *adj.* *F:* crumpled, creased (skirt etc.). 'K ~ lack, *m* -(e)s/*no pl* crinkle (patent) leather. 'K ~ zone, *f* -/-n *Aut:* crumple zone.

Knebel ['kne:bəl], *m* -s/- **1.** gag. **2.** *Cl:* (*also* K ~ knopf *m*) toggle. 'k ~ n, *v.tr.* to gag (s.o.).

Knecht [knɛçt], *m* -(e)s/-e **1.** *A:* farmhand. **2.** *Pej: Fig:* slave. 'K ~ schaft, *f* -/*no pl* *Lit:* servitude, slavery.

kneif|en ['knaifən], *v.irr.* (*p.* kniff, *p.p.* gekniffen) **1.** *v.tr.* to pinch (s.o.). **2.** *v.i.* (*haben*) *F:* **vor etwas** *dat* **k.**, to back out of sth. 'K ~ zange, *f* -/-n *Tls:* (pair of) pincers.

Kneip|e ['knaipə], *f* -/-n *F: esp. Pej:* (small) pub; *N.Am:* bar. 'K ~ enbummel, *m* -s/-/K ~ tour, *f* -/-en *F:* pub crawl.

knet|bar ['kne:tba:r], *adj.* workable (dough, clay). 'k ~ en, *v.tr.* to knead (dough etc.); **Figuren k.**, to mould/model figures. 'K ~ masse, *f* -/*no pl* modelling clay; (*Plastilin*) *R.t.m.* plasticine.

Knick [knik], *m* -(e)s/-e kink, sharp bend; (*Falte*) fold, crease. 'K ~ ei, *n* -(e)s/-er cracked egg. 'k ~ en, *v.* **1.** *v.tr.* (*a*) to bend, put a kink in (wire etc.); to fold, crease (paper etc.); to buckle (metal); (*b*) (*brechen*) to break, snap (a twig etc.); (*c*) *Fig:* to crush (s.o., s.o.'s hopes etc.); to hurt (s.o.'s pride); **einen geknickten Eindruck machen**, to look dejected. **2.** *v.i.* (*sein*) to bend (at an angle); (*brechen*) to break, snap; (*Metall*) to buckle, (*Papier*) crease. 'K ~ festigkeit, *f* -/*no pl* buckling strength.

knickerig ['knikəriç], *adj.* = **knauserig.**

Knicks [kniks], *m* -es/-e curtsey; **einen K. machen**, to curtsey.

Knie [kni:], *n* -s/- ['kni:ə] **1.** knee; **auf den K ~ n**, on one's knees; **in die K. gehen**, to sink to one's knees; **ein Kind übers K. legen**, to give a child a spanking. **2.** sharp bend; elbow (in a pipe, flue etc.). 'K ~ beuge, *f* -/-n (*a*) *Gym:* knees-bend, *N.Am:* knee-bend; (*b*) *Ecc:* genuflection. 'K ~ fall, *m* -(e)s/ǟe **einen K. tun**, to go down on one's knees (**vor j-m**, to s.o.). 'K ~ gelenk, *n* -(e)s/-e *Anat:* knee joint. 'K ~ gelenkerguß, *m* -sses/ǟsse *Med:* water on the knee. 'k ~ hoch, *adj.* knee-high. 'K ~ hose, *f* -/-n *Cl:* breeches. 'k ~ kehle, *f* -/-n *Anat:* hollow of the knee. 'K ~ kissen, *n* -s/- *Ecc:* kneeler, hassock. 'k ~ lang, *adj.* *Cl:* knee-length. **k ~ n** ['kni:ən], *v.refl.* & *i.* (*haben*/*South G: sein*) to kneel; **sich k.**, to kneel (down), go down on one's knees; *F:* **sich in die Arbeit k.**, to buckle down to it. ´K ~ **raum**, *m* -(e)s/*no pl Aut:* legroom. ´K ~ **rohr**, *n* -(e)s/-e *Plumb: etc:* elbow. ´K ~ **scheibe**, *f* -/-n *Anat:* knee-cap. ´K ~ **schützer**, *m* -s/- *Sp: etc:* knee-pad. ´K ~ **strumpf**, *m* -(e)s/-̈e long/knee-length sock. ´k ~ **weich**, *adj.* weak-kneed; *(durch Angst)* weak at the knees.

Kniff [knif], *m* -(e)s/-e **1.** crease, fold (in paper, material etc.). **2.** *F:* trick, knack (of doing sth.). ´k ~ **lig**, *adj.* fiddly, finicky (task etc.); *(heikel)* tricky (question etc.).

knipsen [´knipsən], *v.tr.* (a) to punch, clip (a ticket etc.); (b) to flick (a switch etc.); (c) *Phot: F:* to snap (s.o., sth.).

Knirps [knirps], *m* -es/-e **1.** *F:* little chap, *Brit:* titch. **2.** *R.t.m.* folding umbrella.

knirschen [´knirʃən], *v.i.* (haben) to grate, grind; *(Sand, Schnee usw.)* to crunch; **mit den Zähnen k.**, to grind/gnash one's teeth.

knistern [´knistərn], *v.i.* (haben) *(Feuer usw.)* to crackle; *(Papier, Seide usw.)* to rustle; *Fig:* **es knistert im Gebälk**, there are signs of impending disaster.

knitter|frei [´knitərfrai], *adj. Tex:* crease-resistant. ´k ~ **n**, *v.i.* (haben) *Tex:* to crease; *(Papier)* to crinkle.

knobeln [´kno:bəln], *v.i.* (haben) (a) to throw dice; (b) **um etwas** *acc* **k.**, to toss for sth.; (c) *F:* **an einem Problem k.**, to puzzle over a problem.

Knoblauch [´kno:plaux], *m* -(e)s/*no pl* garlic. ´K ~ **zehe**, *f* -/-n *Cu:* clove of garlic.

Knöchel [´knœçəl], *m* -s/- (a) *(Fußk.)* ankle; (b) *(Fingerk.)* knuckle. ´k ~ **lang**, *adj. Cl:* ankle-length.

Knoch|en [´knɔxən], *m* -s/- **1.** *Anat:* bone; *Cu:* **ohne K.**, boneless; *F:* **du kannst dir die K. numerieren lassen!** I'll break every bone in your body! *Fig:* **sich bis auf die K. blamieren**, to make a complete and utter fool of oneself. ´K ~ **enbau**, *m* -(e)s/*no pl* bone structure. ´K ~ **enbruch**, *m* -(e)s/-̈e (bone) fracture. ´K ~ **enbrühe**, *f* -/*no pl Cu:* stock. ´K ~ **enmark**, *n* -(e)s/*no pl* (bone) marrow. ´K ~ **enmehl**, *n* -(e)s/*no pl Agr:* bonemeal. ´K ~ **enschinken**, *m* -s/- *Cu:* ham on the bone. ´k ~ **en´trocken**, *adj.* bone-dry. ´k ~ **ig**, *adj.* bony.

knöchern [´knœçərn], *adj.* (made of) bone.

Knödel [´knø:dəl], *m* -s/- *South G: Cu:* dumpling.

Knoll|e [´knɔlə], *f* -/-n *Bot:* tuber. ´K ~ **ennase**, *f* -/-n bulbous nose, *F:* conk. ´K ~ **ensellerie**, *m* -s/*no pl Hort:* celeriac. ´k ~ **ig**, *adj.* tuberous (root etc.); *F:* bulbous (nose etc.).

Knopf [knɔpf], *m* -(e)s/-̈e (a) *Cl: (also Druckk.)* button; (b) knob (on radio etc.). ´K ~ **leiste**, *f* -/-n *Dressm:* buttonband. ´K ~ **loch**, *m* -(e)s/-̈er buttonhole. ´K ~ **lochstich**, *m* -(e)s/-e buttonhole stitch.

knöpfen [´knœpfən], *v.tr.* to button (up) (a jacket etc.); **das Kleid wird hinten geknöpft**, the dress buttons at the back.

Knorp|el [´knɔrpəl], *m* -s/- **1.** *Anat:* cartilage. **2.** *Cu:* gristle. ´k ~ **(e)lig**, *adj.* (a) cartilaginous (tissue etc.); (b) gristly (meat etc.).

knorrig [´knɔriç], *adj.* gnarled (tree etc.).

Knospe [´knɔspə], *f* -/-n *Bot:* bud. ´k ~ **n**, *v.i.* (haben) *(Baum usw.)* to bud.

Knot|en [´kno:tən]. **I.** *m* -s/- *(also Nau:)* knot; *Hairdr:* chignon, bun; *Bot:* node (on a stem); *Med:* lump (in the breast etc.). **II. k.**, *v.tr.* to make/tie a knot (in sth.); to knot (string etc.). ´K ~ **enpunkt**, *m* -(e)s/-e junction, intersection (of roads, railway lines etc.). ´K ~ **enstock**, *m* -(e)s/-̈e knobbly (walking-)stick. ´k ~ **ig**, *adj.* knotty, gnarled (hands etc.).

Knöt|chen [´knø:tçən], *n* -s/- *Med:* tubercle. ´K ~ **erich**, *m* -s/-e *Bot:* knot-grass.

Knubbel [´knubəl], *m* -s/- *North G:* (a) lump; (b) *F:* tubby little fellow. ´k ~ **ig**, *adj. North G:* (a) lumpy (surface etc.); (b) *F:* tubby.

Knuff [knuf], *m* -(e)s/-̈e *F:* poke, jab. ´k ~ **en**, *v.tr. F:* to poke, jab (s.o.).

Knüich [knyIç], *m* -(e)s/-e *F:* (a) *Pej:* creep; (b) *North G:* daft fellow, chump.

knüllen [´knylən], *v.tr.* to crease, crumple (material etc.). ´K ~ **er**, *m* -s/- *F:* (a) (smash) hit; *Journ:* sensation; (b) fantastic idea.

knüpfen [´knypfən], *v.tr.* (a) to knot (a tie, carpet etc.); to tie (shoelaces); (b) *Fig:* to attach (hopes, condition etc.) **(an** + *dat,* to); **sich an etwas** *acc* **k.**, to be connected with sth.

Knüppel [´knypəl], *m* -s/- **1.** club, cudgel; (criminal's) cosh; (policeman's) truncheon; *Fig:* **j-m einen K. zwischen die Beine werfen**, to put a spoke in s.o.'s wheel. **2.** *Av:* joystick; *Aut:* gear lever. ´k ~ ´**dick**, *adv. F:* good and thick; **k. voll**, jampacked; **es kommt k.**, it's coming thick and fast. ´k ~ **n**, *v.tr.* to beat (s.o.) with a club/truncheon. ´K ~ **schaltung**, *f* -/-en *Aut:* floor-mounted gearchange/*N.Am:* gearshift.

knurr|en [´knurən], *v.i.* (haben) (a) *(Hund usw.)* to growl, snarl; *(Magen)* to rumble; (b) to grumble. ´k ~ **ig**, *adj.* bad-tempered, grumpy.

knusprig [´knuspriç], *adj.* (a) crisp, crunchy (biscuit etc.); crusty (bread etc.); (b) *F: (Pers.)* fresh as a daisy; dishy (girl). ´K ~ **keit**, *f* -/*no pl* crispness, crustiness.

Knute [´knu:tə], *f* -/-n tyranny; **unter j-s K. stehen**, to be kept under s.o.'s thumb.

knutsch|en [´knu:tʃən], *v.tr. & i.* (haben) *F:* to pet (s.o.); **sich k.**, to neck. **K ~ e´rei**, *f* -/-en *F:* necking.

k.o. [ka:´o:]. **I.** *pred.adj.* (a) *Box:* knocked out; **j-n k.o. schlagen**, to knock s.o. out; (b) *F:* **ich bin völlig k.o.**, I'm completely whacked. **II. K.o.**, *m* -s/-s *Box:* knock-out.

Koala [ko´a:la], *m* -s/-s *Z:* koala (bear).

koali|eren [koa´li:rən], *v.i.* (haben) **sich k.**, *Pol:* to form a coalition/*Com:* merger. **K ~ tion** [-litsi´o:n], *f* -/-en *Pol: etc:* coalition. **K ~ tionsfreiheit**, *f* -/-en *Pol: & Com:* freedom of association.

Koaxialkabel [koaksi´a:lka:bəl], *n* -s/- *Rad: TV:* coaxial cable/lead.

Kobalt [´ko:balt], *n* -(e)s/*no pl* cobalt. ´k ~ **blau**, *adj.* cobalt (blue).

Kobold [´ko:bɔlt], *m* -(e)s/-e goblin, imp.

Kobra [´ko:bra], *f* -/-s *Rept:* cobra.

Koch [kɔx]. **I.** *m* -(e)s/-̈e cook; *Prov:* **viele K~e verderben den Brei**, too many cooks spoil the broth. **II.** ´K ~ -, *comb.fm.* cooking (butter, fat chocolate etc.); **K ~ apfel** *m*, cooking apple, *F:* cooker; **K ~ gelegenheit** *f*, cooking facilities. ´K ~ **buch**, *n* -(e)s/-̈er cookery book,

N.Am: cookbook. ´K~ecke, *f* -/-n = K~nische. ´k~en. I. *v.* 1. *v.tr.* (*a*) to cook (meat, vegetables, a meal etc.); (*b*) (*sieden lassen*) to boil (water etc.); to make (tea, coffee etc.); ein Ei hart/weich k., to hard-boil/soft-boil an egg; etwas auf kleiner Flamme/bei schwacher Hitze k., to let sth. simmer. 2. *v.i.* (*haben*) (*a*) to cook, do the cooking; gut/schlecht k., to be a good/bad cook; (*b*) (*Wasser usw.*) to boil; (*c*) (*Pers.*) vor Wut k., to be boiling with rage; *impers.* es kochte in ihm, his blood was boiling. II. K., *n* -s/*no pl* 1. cookery, cooking; K. lernen, to learn to cook. 2. Wasser zum K. bringen, to bring water to the boil. ´k~end, *adj.* boiling; *adv.* k. heiß, boiling hot. ´k~fertig, *adj.* ready to cook. ´k~fest, *adj.* (fabric etc.) that can be boiled. ´K~geschirr, *n* -(e)s/-e 1. *no pl* cooking utensils. 2. *Mil:* mess tin. ´K~herd, *m* -(e)s/-e cooker, *N.Am:* stove. ´K~kunst, *f* -/-e art of cooking, cooking; französische K., French cuisine. ´K~kurs, *m* -es/-e cookery/*N.Am:* cooking course. ´K~löffel, *m* -s/- wooden (mixing) spoon. ´K~mulde, *f* -/-n (cooker) hob, *N.Am:* cooking top. ´K~mütze, *f* -/-n chef's hat. ´K~nische, *f* -/-n kitchenette. ´K~platte, *f* -/-n *Cu: El:* ring, *esp. N.Am:* hot plate. ´K~salz, *n* -es/*no pl Ch:* (common) salt. ´K~salzlösung, *f* -/-en *Ch:* saline solution. ´K~topf, *m* -(e)s/-e saucepan. ´K~wasser, *n* -s/*no pl* water in which vegetables etc. have been boiled.

Köchin [´kœçin], *f* -/-nen (woman) cook.

kodderig [´kɔdəriç], *adj. North G:* mir ist k., I feel queasy.

Kode [ko:t], *m* -s/-s code.

Köder [´kø:dər], *m* -s/- *Fish: Hunt:* bait. ´k~n, *v.tr.* to lure, entice (fish, animals, *Fig:* s.o.).

Koeffizient [koɛfitsi´ɛnt], *m* -en/-en *Mth: Ph: etc:* coefficient.

Koexist|enz [´ko:ɛksis´tɛnts], *f* -/-en co-existence. ´k~ieren, *v.i.* (*haben*) to co-exist.

Koffein [kɔfe´i:n], *n* -s/*no pl* caffeine. k~frei, *adj.* decaffeinated.

Koffer [´kɔfər], *m* -s/- suitcase, case; *also Fig:* seine K. packen, to pack one's bags. ´K~kuli, *m* -s/-s *Rail: Av:* baggage trolley. ´K~radio, *n* -s/-s portable radio. ´K~raum, *m* -(e)s/-e *Aut:* boot, *N.Am:* trunk.

Kognak [´kɔnjak], *m* -s/-s brandy, cognac. ´K~schwenker, *m* -s/- brandy glass.

Kohl [ko:l], *m* -(e)s/-e 1. cabbage; *F:* das macht den K. auch nicht fett, that won't do any good. 2. *no pl F:* rubbish; rede keinen K.! don't talk such rubbish! ´K~dampf, *m* -(e)s/*no pl P:* ravenous hunger; K. schieben, to be dying of hunger. ´K~kopf, *m* -(e)s/-e cabbage (head). K~´rabi, *m* -(s)/-(s) kohlrabi. ´K~rübe, *f* -/-n swede, *N.Am:* rutabaga. ´K~weißling, *m* -s/-e cabbage white (butterfly).

Kohl|e [´ko:lə], *f* -/-n 1. (*a*) *Min:* coal: glühende K~n, live coals; red embers; *Fig:* wie auf glühenden K~n sitzen, to be on tenterhooks; (*b*) (*Zeichenk.*) charcoal. 2. *P:* (*Geld*) K~n, cash, dough. ´k~eführend, *adj. Geol:* carboniferous. ´K~ehydrat, *n* -(e)s/-e *Ch:* carbohydrate. ´K~en-, *comb.fm.* (*a*) coal (bunker,

-box; gas, heating, industry, *Rail:* truck etc.); K~bergbau *m*, coalmining; K~bergwerk *n*/ K~grube *f*, coalmine; K~flöz *n*, coal seam; K~händler *m*, coal merchant; K~handlung *f*, coalyard; K~revier *n*, coalfield; K~schütte *f*, coal scuttle; (*b*) *Ch:* carbon (dioxide, monoxide etc.). ´K~endampfer, *m* -s/- *Nau:* collier. ´k~ensauer, *adj. Ch:* carbonic; (calcium etc.) carbonate. ´K~ensäure, *f* -/-n (*a*) *Ch:* carbonic acid; (*b*) (*in Getränken*) fizz, gas. ´K~enstoff, *m* -(e)s/*no pl Ch:* carbon. ´K~enwasserstoff, *m* -(e)s/-e *Ch:* hydrocarbon. ´K~epapier, *n* -s/-e carbon paper. ´K~ezeichnung, *f* -/-en *Art:* charcoal drawing. ´K~meise, *f* -/-n *Orn:* great tit. ´k~rabenschwarz, *adj.* jet-black.

Köhler [´kø:lər], *m* -s/- charcoal-burner.

koi|tieren [koi´ti:rən], *v.i.* (*haben*) to copulate, have sexual intercourse. K~tus [´ko:itus], *m* -/*no pl* coitus, sexual intercourse.

Koje [´ko:jə], *f* -/-n 1. *Nau:* bunk, berth. 2. (exhibition) booth.

Kokain [koka´i:n], *n* -s/*no pl Pharm:* cocaine.

Kokarde [ko´kardə], *f* -/-n *Mil: etc:* cockade.

kokett [ko´kɛt], *adj.* coquettish, flirtatious. k~ieren [-´ti:rən], *v.i.* (*haben*) to flirt (mit + *dat,* with).

Kokon [ko´kɔn], *m* -s/-s *Ent:* cocoon.

Kokos- [´ko:kɔs-], *comb.fm.* coconut (fibre, mat, palm etc.); K~teppich *m*, coconut matting. ´K~nuß, *f* -/-sse coconut.

Koks [ko:ks], *m* -es/-e coke.

Kolben [´kɔlbən]. I. *m* -s/- 1. *Mec.E:* piston. 2. (*Gewehrk.*) rifle butt. 3. *Ch:* (laboratory) flask. 4. *Bot:* (corn) cob. II. ´K~-, *comb.fm. Mec.E:* piston (engine, ring etc.); K~hub *m*, (i) *no pl* piston travel; (ii) stroke of the piston; K~bolzen *m*, gudgeon pin.

Kolchose [kɔl´çoːzə], *f* -/-n collective farm.

Kolibri [´ko:libri], *m* -s/-s *Orn:* humming bird.

Kolik [ko:lik], *f* -/-en *Med:* colic.

Kolkrabe [´kɔlkra:bə], *m* -n/-n *Orn:* raven.

Kollabor|ateur [kɔlabora´tø:r], *m* -s/-e *Pol:* collaborator. K~ati´on, *f* -/-en *Pol:* collaboration. k~ieren [-´ri:rən], *v.i.* (*haben*) to collaborate (with the enemy).

Kollaps [´kɔlaps], *m* -es/-e *Med:* collapse.

Kollar [kɔ´la:r], *m* -s/-e *Ecc:* clerical/*F:* dog collar.

Kolleg [kɔ´le:k], *n* -s/-s *Univ:* course of lectures. K~mappe, *f* -/-n *Univ:* slim briefcase.

Kolleg|e [kɔ´le:gə], *m* -n/-n colleague. K~enrabatt, *m* -(e)s/-e *Pub:* trade discount. k~ial [-legi´a:l], *adj.* helpful, friendly (attitude etc.). K~in [-´le:gin], *f* -/-nen (female) colleague.

Kollekt|e [kɔ´lɛktə], *f* -/-n *Ecc:* collection. K~i´on, *f* -/-en collection (*esp.* of dresses, shoes etc.); *Com:* range; selection. k~iv [-´ti:f], *adj.* collective. K~ivwirtschaft, *f* -/*no pl Agr:* collective farm.

Koller [´kɔlər], *m* -s/- 1. *Vet:* staggers (in a horse). 2. *F:* outburst of rage.

kolli|dieren [kɔli´di:rən], *v.i.* (*a*) (*sein*) to collide; (*b*) (*haben*) (*Termine usw.*) to clash. K~sion [-zi´o:n], *f* -/-en collision; *Fig:* clash.

Kollusion [kɔluzi´o:n], *f* -/-en collusion.

Köln [kœln]. *Pr.n.n* -s. *Geog:* Cologne. ´K~er. I. *m* -s/- inhabitant of Cologne. II. *attrib.* (of)

Cologne. 'k~isch, *adj.* (of) Cologne; K. Wasser, eau de Cologne.

kolon|ial [koloni'a:l], *adj.* colonial. K~ialismus [-a'lismus], *m* -/*no pl Pol:* colonialism. K~i'alwaren, *fpl* (*esp.* imported) groceries. K~ie [-'ni:], *f* -/-*n* colony. K~isation [-izatsi'o:n], *f* -/-*en* colonization. k~i'sieren, *v.tr.* to colonize (a country etc.). K~ist [-'nist], *m* -en/-en colonist.

Kolonnade [kɔlɔ'na:də], *f* -/-*n* colonnade.

Kolonne [ko'lɔnə], *f* -/-*n* column (of vehicles, troops, *Mth:* figures); *Aut:* string (of vehicles); line (of traffic); *Mil:* convoy; *Ind:* gang (of workers); *Pol:* die **fünfte** K., the fifth column.

Kolophonium [kolo'fo:nium], *n* -s/*no pl* rosin.

Kolor|atur [kolora'tu:r], *f* -/-*en Mus:* coloratura. k~ieren [-'ri:rən], *v.tr. Art:* to colour (a drawing etc.). K~it [-'rit], *n* -s/*no pl* (*a*) *Art:* colouring, colour effect; (*b*) *Mus:* tone, colour.

Kol|oß [ko'lɔs], *m* -sses/-sse giant. k~ossal [-'sa:l], *adj.* colossal, gigantic (building etc.); *F:* terrific (luck etc.).

Kolportage [kɔlpɔr'ta:ʒə], *f* -/-*n Pej:* trashy literature.

Kolum|ne [ko'lumnə], *f* -/-*n* 1. *Journ: Mth:* column. 2. *Print:* page of type. K~'nist(in), *m* -en/-en (*f* -/-nen) *Journ:* columnist.

Koma ['ko:ma], *n* -s/-s & -ta *Med:* coma. k~tös [koma'tø:s], *adj. Med:* comatose.

Kombi ['kɔmbi], *m* -s/-s *F:* = Kombiwagen. K~nat [-'na:t], *n* -(e)s/-e *East G: Ind:* combine. K~nation [-natsi'o:n], *f* -/-*en* 1. combination; *Fb:* der (concerted) move; *Cl:* overalls; *Av:* flying suit. 2. (*Folgerung*) conclusion, deduction; (*Vermutung*) conjecture. K~nati'onsfähigkeit, *f* -/-*en* powers of deduction. K~nati'onsmöbel, *npl* unit furniture. K~nati'onsschloß, *n* -sses/-sser combination lock. k~'nieren, *v.* 1. *v.tr.* to combine (qualities etc.). 2. *v.i.* (haben) (*Pers.*) to reason, deduce, *F:* to put two and two together; to guess right. 'K~wagen, *m* -s/- *Aut:* estate car; *N.Am:* station wagon. 'K~zange, *f* -/-*n Tls:* combination pliers.

Kombüse [kɔm'by:zə], *f* -/-*n Nau:* galley.

Komet [ko'me:t], *m* -en/-en *Astr:* comet.

Komfort [kɔm'fo:r], *m* -s/*no pl* comfort; (*Luxus*) luxury; (*Einrichtungen*) conveniences; Haus mit allem K., house with all mod. cons. k~abel [-fɔr'tu:bəl], *adj.* comfortable. K~wohnung, *f* -/-*en* luxury flat/*N.Am:* apartment.

Kom|ik [ko:mik], *f* -/*no pl* comedy, comic effect. 'K~iker, *m* -s/- comedian. 'k~isch, *adj.* funny; (*a*) comic (opera, character etc.); funny (joke etc.); irrsinnig k., absolutely hilarious; (*b*) (*seltsam*) *F:* funny, queer (person, behaviour etc.); das K~e daran war ..., the funny thing about it was ...; ein k~er Heiliger/Kauz, an odd bird/queer customer; mir ist k. zumute, I feel funny/queer. 'k~i'scher'weise, *adv. F:* funnily (enough).

Komitee [komi'te:], *n* -s/-s committee.

Komma ['kɔma], *n* -s/-s comma; *Mth:* (comma used as) decimal point; vier K. fünf (4,5), four point five (4.5).

Kommand|ant [kɔman'dant], *m* -en/-en *Mil:*

etc: commanding officer; commandant (of a fort etc.). K~an'tur, *f* -/-*en Mil: etc:* 1. command. 2. (*Gebäude*) headquarters. K~eur [-'dø:r], *m* -s/-s *Mil: etc:* commander (of a large unit). k~ieren [-'di:rən], *v.tr. Mil: etc:* to command (an army etc.); *Nau:* to captain (a ship); *F:* to order (s.o.) about. K~o [-'mando], *n* -s/-s 1. *Mil: etc:* (word of) command, order; *F:* auf K. lächeln, weinen usw., to smile, cry etc. to order. 2. *Mil:* command; das K. haben/führen, to be in command (über + *acc,* of). 3. (*Verband*) squad, detachment. K~obrücke, *f* -/-*n Nau:* bridge. K~otruppe, *f* -/-*n Mil:* commando unit. K~itgesellschaft [-'di:t], *f* -/-*en Com:* limited partnership.

kommen ['kɔmən]. I. *v.i.irr.53* (*sein*) (*p. ind.* kam, *p.subj.* käme, *p.p.* gekommen) to come; (*a*) (*ankommen*) to arrive; ist die Post schon gekommen? has the post come/arrived yet? dort k. sie! there they are! wann k. wir nach Graz? when do we get to Graz? k. Sie gut nach Hause, I hope you get home all right; sie kamen nur bis München, they only got as far as Munich; ans Ziel k., to reach one's destination; *Fig:* goal; wie komme ich am schnellsten zum Bahnhof? what's the quickest way to the station? der Bus kam und kam nicht, the bus just wouldn't come; sie kommt immer zu spät, she is always late; zu einer Tagung k., to attend a conference; ich komme um zu helfen, I've come to help; angekrochen/angebraust k., to come crawling/tearing along; (*b*) (*aufgenommen werden*) ins Gefängnis/in den Himmel k., to go to prison/heaven; in die Schule k., to start school; er kam ins Krankenhaus, he was admitted to (the) hospital; jetzt k. Sie an die Reihe, now it's your turn; (*c*) (*hereinkommen*) der Regen kommt durch diesen Riß, the rain comes/gets (in) through this crack; die Kisten k. in den Keller, the crates go in the cellar; ihr kamen die Tränen, tears came into her eyes; *Fig:* mir kam ein Gedanke, I had an idea; an idea occurred to me; (*d*) (*herstammen*) das Wort kommt aus dem Lateinischen, the word comes from Latin/is of Latin origin; das kommt von deiner Faulheit, that's what you get for being lazy; woher kommt es, daß ...? how is it that ...? *F:* das kommt davon! that's what happens! it serves you/him/her/them right! (*e*) den Arzt, einen Installateur usw. k. lassen, to send for the doctor, a plumber etc.; etwas k. lassen, to have sth. sent; (*bestellen*) to order sth.; *Fig:* sie läßt nichts auf ihn k., she won't have a bad word said about him; (*f*) (*impers.*) (*geschehen*) to happen; (*sich ergeben*) to result; was auch immer k. mag, whatever happens; es kam zu einer Vereinbarung, agreement was reached; es kommt noch zum Krieg, there will probably be a war; es ist wieder zu Entlassungen gekommen, there have been further dismissals; es kam ganz anders (als erwartet), it turned out quite differently (from what we had expected); *F:* wie's kommt, so kommt's, whatever will be, will be; *Iron:* so weit kommt das noch! that would be the last straw! (*g*) (*es schaffen*) über etwas *acc* k., to get past/over sth.; ich komme nicht mehr in dieses Kleid, I can't get into this dress any more; nicht vom Fleck/von der Stelle k., to be stuck; **mit 100 Mark kommt man heute nicht weit,** 100 marks doesn't get you very far these days; **er kommt einfach nicht dazu,** he just doesn't get round to it; **ich komme zu nichts mehr,** I haven't time for anything any more; **wir k. selten ins Theater,** we hardly ever get to the theatre; *(h) (kosten)* **wie teuer kommt diese Vase?** how much is this vase? **wenn es hoch kommt,** at the most; *(i)* F: **j-m mit Schmeicheleien, Drohungen usw. k.,** to try flattery, threats etc. on s.o.; **komm mir nicht immer mit diesen Ausreden!** don't keep on making these excuses! **j-m grob/frech k.,** to be rude/cheeky to s.o.; **so darfst du ihm nicht k.,** it's no use trying that on him; *(j)* **j-m gelegen/ungelegen k.,** to come at the right/wrong moment for s.o.; **überraschend/unerwartet k.,** to come as a surprise; **das kommt mir gerade recht!** that's just what I needed! *(k)* **an etwas** *acc/***zu etwas** *dat* **k.,** to come by/get hold of sth.; **wie soll ich jemals zu einem Auto k.?** how shall I ever manage to get a car? **zu Geld k.,** to come into money; **wieder zu Kräften k.,** to regain one's strength; **zu sich** *dat* **k.,** to regain consciousness, F: come round; *(l) (geraten)* **in Schwierigkeiten usw. k.,** to get into difficulties etc.; *(Auto usw.)* **ins Schleudern k.,** to get into a skid; *(Kleidung usw.)* **aus der Mode k.,** to go out of fashion; *(m)* **hinter etwas** *acc* **k.,** to find out about sth.; **auf etwas** *acc* **k.,** to think of sth.; **ich komme nicht auf seinen Namen,** I can't think of/remember his name; **wie bist du darauf gekommen?** what made you think of that? **auf j-n zu sprechen k.,** to happen to mention s.o.; *(n) (verlieren)* **um etwas** *acc* **k.,** to lose/be deprived of sth.; **ums Leben k.,** to lose one's life; *(o) (entfallen)* **auf jeden vierten Arbeiter kommt hier ein Arbeitsloser,** there is one unemployed here for every four workers. **II. K.,** *n -s/no pl* coming, arrival; **im K. sein,** *(Pers., Firma)* to be on the way up; *(modisch werden)* to become fashionable; **K. und Gehen,** (continual) coming and going; to and fro. ´**K ~ d,** *adj.* coming; **k ~ e Generationen,** future generations.

Kommentar [komɛn'taːr], *m -s/-e Lit: Pol: etc:* commentary **(zu +** *dat,* on); *(Bemerkung)* comment; **K. überflüssig,** no comment. **K ~ ator** [-'taːtɔr], *m -s/-en Lit: Pol: etc:* commentator. **k ~ ieren** [-'tiːrən], *v.tr.* to comment on (sth.).

Kommers [ko'mɛrs], *m -es/-e Univ:* (students') beery get-together.

kommerzi|alisieren [komɛrtsiali'ziːrən], *v.tr.* to commercialize (sth.). **k ~ ell** [-'ɛl], *adj.* commercial.

Kommilitone [komili'toːnə], *m -n/-n Univ:* fellow student.

Kommiß [ko'mis], *m -sses/no pl F:* army (life); **beim K.,** in the army. **K ~ brot,** *n -(e)s/-e* (square loaf of) dark coarse bread.

Kommissar [komi'saːr], *m -s/-e* **1.** *(a)* (government) commissioner; *(in der UdSSR)* commissar; *(b)* (police) superintendent. **2.** *Sp:* official; *Motor Rac:* steward. **K ~ iat** [-ari'aːt], *n -s/-e* commissioner's/superintendent's office.

Kommission [komisi'oːn], *f -/-en* **1.** *(Ausschuß)* commission; board (of examiners etc.). **2.** *Com:* *(Auftrag)* commission, order; **(Waren) in K.,**

(goods) on sale or return. **K ~ är** [-io'nɛːr], *m -s/-e Com:* commission agent; factor.

Kommode [ko'moːdə], *f -/-n Furn:* chest of drawers, *N.Am:* dresser.

kommun|al [komu'naːl]. **I.** *adj.* local (authorities, election etc.). **II. K ~ -,** *comb.fm.* local (politics, election etc.); local government (loan, worker, official etc.); **K ~ abgaben** *fpl,* local taxes, rates; **K ~ verwaltung** *f,* local government. **K ~ i´kant(in),** *m -en/-en (f -/-nen) Ecc:* communicant. **K ~ ikation** [-ikatsi'oːn], *f -/-en* communication. **K ~ ion** [-ni'oːn], *f -/-en R.C.Ch:* Communion. **K ~ iqué** [-yni'keː], *n -s/-s* communiqué. **K ~ ismus** [-u'nismus], *m -/no pl* communism. **K ~ ist(in),** *m -en/-en (f -/-nen)* Communist. **k ~ istisch,** *adj.* Communist. **k ~ i´zieren,** *v.i. (haben) R.C.Ch:* to receive Holy Communion.

Kommutator [komu'taːtɔr], *m -s/-en El.E:* commutator.

Komödie [ko'møːdiə], *f -/-n* comedy; *F:* **K. spielen,** to put on an act.

kompakt [kom'pakt], *adj.* compact. **K ~ heit,** *f -/no pl* compactness. **K ~ schaumrücken,** *m -s/no pl* foam-back (of a carpet).

Kompanie [kompa'niː], *f -/-en Mil:* company.

komparativ ['komparatiːf]. **I.** *adj. Gram:* comparative. **II. K.,** *m -s/-e Gram:* comparative.

Komparse [kom'parzə], *m -n/-n Th: Cin:* extra.

Kompaß ['kompas], *m -sses/-sse* compass. ´**K ~ rose,** *f -/-n* compass card.

kompatibel [kompa'tiːbəl], *adj. Rec: TV:etc:* compatible.

Kompendium [kom'pɛndium], *n -s/-ien* handbook, outline.

Kompens|ation [kompɛnzatsi'oːn], *f -/-en* compensation. **k ~ ieren** [-'ziːrən], *v.tr.* to compensate (for), offset (sth.).

kompet|ent [kompe'tɛnt], *adj. (a)* competent (authority, court etc.); *(b)* authoritative (judgment etc.). **K ~ enz,** *f -/-en* authority; competence; **seine K ~ en überschreiten,** to exceed one's powers. **K ~ enzkonflikt/ K ~ enzstreit,** *m -(e)s/-e Jur:* conflict of authority; *Ind:* demarcation dispute.

komplett [kom'plɛt], *adj.* complete; *Aus: (Hotel usw.)* full up; *F:* **ich bin k.,** I've got everything (I need); *adv.* **k. verrückt,** completely mad.

komplex [kom'plɛks]. **I.** *adj.* complex. **II. K.,** *m -es/-e also Psy:* complex.

Kompli|kation [komplikatsi'oːn], *f -/-en* complication. **k ~ ´zieren,** *v.tr.* to complicate (matters etc.). **k ~ ´ziert,** *adj.* complicated (case, problem etc.); intricate (pattern etc.); involved (style etc.); *(knifflig)* tricky (job etc.); *Med:* **k ~ er Bruch,** compound fracture. **K ~ ´ziertheit,** *f -/no pl* complexity; intricacy; trickiness.

Kompliment [kompli'mɛnt], *n -(e)s/-e* compliment. **k ~ ieren** [-'tiːrən], *v.tr.* **j-n ins Zimmer usw. k.,** to usher s.o. into a room.

Komplize [kom'pliːtsə], *m -n/-n* accomplice.

Komplott [kom'plɔt], *n -(e)s/-e* plot, *(Verschwörung)* conspiracy.

Komponente [kompo'nɛntə], *f -/-n* **1.** *Ph: Mth: etc:* component. **2.** *(Faktor)* factor, element.

kompo|nieren [kompo'niːrən], *v.tr. Mus:* to

compose (a piece); to write (a song). K ~ 'nist, *m* -en/-en *Mus:* composer. K ~ siti'on, *f* -/-en *Mus: Art: etc:* composition. K ~ situm [kɔm'poːzitum], *n* -s/-ta *Ling:* compound.

Kompost [kɔm'pɔst], *m* -(e)s/-e *Agr: Hort:* compost. K ~ haufen, *m* -s/- compost heap.

Kompott [kɔm'pɔt], *n* -(e)s/-e *Cu:* stewed fruit.

Kompress|e [kɔm'prɛsə], *f* -/-n *Med:* compress. K ~ i'on, *f* -/-en *Ph: etc:* compression. K ~ or [-'prɛsɔr], *m* -s/-en *Mec.E:* compressor; *I.C.E:* supercharger. K ~ ormotor, *m* -s/-en supercharged engine.

Komprom|iß [kɔmpro'mis], *m* -sses/-sse compromise. k ~ ißlos, *adj.* uncompromising; intransigent (fighter). k ~ i'ttieren, *v.tr.* to compromise (s.o.).

Konden|sation [kɔndɛnzatsi'oːn], *f* -/-en *Ph:* condensation. K ~ sator [-'zaːtɔr], *m* -s/-en *El: Mch:* condenser. k ~ 'sieren, *v.tr.* to condense (vapour etc.); **sich k.**, to condense. K ~ s-milch [-'dɛns-], *f* -/no *pl* condensed/evaporated milk. K ~ sor [-'dɛnzɔr], *m* -s/-en *Opt:* condenser (lens). K ~ sstreifen [-'dɛns-], *m* -s/- *Av:* vapour trail.

Kondition [kɔnditsi'oːn], *f* -/-en 1. *Com: usu.pl* K ~ en, terms, conditions. 2. *no pl esp. Sp:* (physical) fitness; **keine/eine gute K. haben**, to be out of/in good shape; **eine Mannschaft in K. bringen**, to get a team into shape/training. k ~ al [-io'naːl]. I. *adj.* conditional (agreement etc.). II. K., *m* -s/-e *Gram:* conditional (mood). k ~ ell [-io'nɛl], *adj. Sp:* with regard to fitness. k ~ ieren [-'niːrən], *v.tr.* to condition (*Psy:* s.o., a reflex, *Tex:* silk etc.). K ~ sschwäche, *f* -/no *pl Sp:* lack of fitness. k ~ sstark, *adj. Sp:* extremely fit. K ~ straining, *n* -s/no *pl Sp:* fitness training.

Konditor [kɔn'diːtɔr], *m* -s/-en confectioner; (*Tortenbäcker*) pastrycook. K ~ ei [-dito'rai], *f* -/-en (confectionery and) cake/*N.Am:* pastry shop.

kondolieren [kɔndo'liːrən], *v.i.* (*haben*) to express one's condolences.

Kondom [kɔn'doːm], *n* -s/-s condom, contraceptive sheath.

Konfekt [kɔn'fɛkt], *n* -(e)s/-e *coll.* confectionery, *N.Am:* candy; **eine Schachtel K.**, a box of chocolates.

Konfektion [kɔnfɛktsi'oːn], *f* -/occ -en 1. ready-to-wear clothes. 2. (ready-to-wear) clothing industry. K ~ s-, *comb.fm.* ready-to-wear (suit etc.).

Konfer|enz [kɔnfe'rɛnts], *f* -/-en 1. (*Sitzung*) (business) meeting; **er hat K.**, he's in a meeting. 2. (*Tagung*) conference. k ~ ieren [-e'riːrən], *v.* 1. *v.i.* (*haben*) to confer (**über** + *acc.* on/about). 2. *v.tr. & i.* (*haben*) *TV: etc:* to present (a programme etc.).

Konfession [kɔnfesi'oːn], *f* -/-en (religious) denomination. k ~ ell [-io'nɛl], *adj. Ecc:* denominational. k ~ slos, *adj.* belonging to no religious denomination. K ~ sschule, *f* -/-n denominational school.

Konfetti [kɔn'fɛti], *n* -s/no *pl* confetti.

Konfirm|and(in) [kɔnfir'mant(-din)], *m* -en/-en (*f* -/-nen) *Ecc:* confirmation candidate. K ~ ation [-atsi'oːn], *f* -/-en *Ecc:* confirmation. k ~ ieren [-'miːrən], *v.tr. Ecc:* to confirm (s.o.).

konfiszieren [kɔnfis'tsiːrən], *v.tr. Jur:* to confiscate (property).

Konfitüre [kɔnfi'tyːrə], *f* -/-n *Cu:* (whole-fruit) jam.

Konflikt [kɔn'flikt], *m* -(e)s/-e conflict; *Ind:* dispute.

konform [kɔn'fɔrm], *adj.* concurring (views etc.); **mit j-m k. gehen**, to agree/concur with s.o. K ~ ismus [-'mismus], *m* -/no *pl Ecc: Pol:* conformity. K ~ ist [-'mist], *m* -en/-en *Ecc: Pol:* conformist.

Konfront|ation [kɔnfrɔntatsi'oːn], *f* -/-en *esp. Jur:* confrontation. k ~ ieren [-'tiːrən], *v.tr.* to confront (s.o.) (**mit** + *dat.* with).

konfus [kɔn'fuːs], *adj.* confused, muddled, k ~ es **Zeug reden**, to talk gibberish.

Konglomerat [kɔnglome'raːt], *n* -(e)s/-e 1. *Geol:* conglomerate. 2. *Fig:* conglomeration.

Kongreß [kɔn'grɛs], *m* -sses/-sse congress.

König ['køːniç], *m* -s/-e king. 'K ~ in [-gin], *f* -/-nen queen. 'K ~ inmutter, *f* -/- queen mother. 'K ~ inpastetchen, *n* -s/-/'K ~ inpastete, *f* -/-n *Cu:* chicken vol-au-vent. 'k ~ lich [-ikliç], *adj.* 1. royal (family, academy etc.); regal (bearing etc.). 2. (*a*) (*großzügig*) handsome (reward, present etc.); sumptuous (meal etc.); *adv.* **wir wurden k. bewirtet**, we were right royally entertained; (*b*) *F:* tremendous (fun etc.); *adv.* **sich k. amüsieren**, to have a whale of a time. 'K ~ reich, *n* -(e)s/-e kingdom. 'K ~ s-, *comb.fm.* royal (crown, palace etc.); king's (son, daughter etc.); *adj.* **k ~ blau**, royal blue. 'K ~ skuchen, *m* -s/- *Cu:* loaf-shaped madeira cake (with currants). 'k ~ streu, *adj.* royalist. 'K ~ s-würde, *f* -/no *pl* royalty.

konisch ['koːniʃ], *adj.* conical.

Konjug|ation [kɔnjugatsi'oːn], *f* -/-en *Gram:* conjugation. k ~ ieren [-'giːrən], *v.tr. Gram:* to conjugate (a verb).

Konjunktion [kɔnjuŋktsi'oːn], *f* -/-en *Gram:* conjunction.

Konjunktiv ['kɔnjuŋktif], *m* -s/-e *Gram:* subjunctive (mood).

Konjunktur [kɔnjuŋk'tuːr]. I. *f* -/-en 1. *Econ:* economic situation; *Com:* (level of) business activity; **steigende/rückläufige K.**, business revival/recession. 2. (*Hochk.*) boom. II. 'K ~ -, *comb.fm.* business (report etc.); economic (policy etc.); K ~ rückgang *m*, economic recession; K ~ schwankungen *fpl*, trade fluctuations. 'K ~ ritter, *m* -s/- *F: Pej:* opportunist.

konkav [kɔn'kaːf], *adj.* concave.

konkret [kɔn'kreːt, kɔŋ-], *adj.* concrete (proposal, example etc.); tangible (reality etc.); actual (situation etc.); *adv.* **k. vorhanden**, actually in existence; **sich k. ausdrücken**, to express oneself explicitly/in concrete terms.

Konkurr|ent(in) [kɔnku'rɛnt(in)], *m* -en/-en (*f* -/-nen) competitor; **sein größter K.**, his greatest rival. K ~ enz [-'rɛnts], *f* -/-en 1. *no pl Com: Sp: etc:* competition; (*a*) **die K. mit dem Ausland**, competing with foreign firms; **j-m/sich dat K. machen**, to compete with s.o./one another; (*b*) **unsere K.**, our competitors; **die K. ausschalten**, to stifle the competition. 2. *Sp:* (*Wettbewerb*) event; **außer K.**, hors concours. k ~ enzfähig, *adj. Com:* competitive.

K~enzkampf, *m* **-(e)s/ːe** competition, rivalry. **k~enzlos,** *adj.* (*a*) without any competition; (*b*) (*unschlagbar*) unrivalled, unbeatable. **K~enzneid,** *m* **-(e)s/no** *pl* professional jealousy. **K~enzunternehmen,** *n* **-s/-** competing firm; competitor. **k~ieren** [-'riːrən], *v.i.* (*haben*) to compete (**mit j-m/einer Firma,** with s.o./a firm).

Konkurs [kɔn'kurs, kɔŋ-], *m* **-es/-e** (*a*) bankruptcy; **K. machen/in K.** geraten, to go bankrupt/(*Firma*) into liquidation; (*b*) (*K~verfahren*) bankruptcy proceedings. **K~verwalter,** *m* **-s/-** *Jur:* receiver.

könn|en ['kœnən]. **I.** *v.irr.* (*pres.ind.* **kann,** *pres.subj.* **könne,** *p.ind.* **konnte,** *p.subj.* **könnte,** *p.p.* **gekonnt/können**) **1.** *v.tr.* (*p.p.* **gekonnt**) to know (how to do) (sth.), be able to do (sth.); **etwas auswendig k.,** to know sth. by heart; **k. Sie Deutsch?** can/do you speak German? **er kann nichts,** he can't do a thing; he is quite useless; **lesen k.,** to know how to/be able to read; **er kann gut rechnen,** he is good at arithmetic; **k. Sie Auto fahren?** can you drive? **ich kann nichts dafür,** I can't help it; *F:* **er kann nichts für den Unfall,** the accident was not his fault. **2.** *modal aux.* (*p.p.* **können**) (*a*) to be able to; **ich kann (nicht) kommen,** I can(not) come; **er konnte nicht schlafen,** he could not/ was unable to sleep; **ich könnte ein Auto gebrauchen,** I could do with a car; **das hätte ich dir gleich sagen k.,** I could have told you that straight away; (*b*) (*möglich sein*) **es könnte verloren gegangen sein,** it could/might have got lost; **du kannst das Geld verloren haben,** you may have lost the money; **man kann nie wissen,** you never know; **kann sein!** maybe! possibly! (*c*) (*elliptical use*) **er lief, was er konnte,** he ran as fast as he could; **er kann nicht anders,** he cannot do anything else; **kannst du noch?** (i) can you go on any longer? (ii) (*beim Essen*) can you manage a bit more? *F:* **erst mal k. vor lauter lachen!** don't make me laugh! *P:* **du kannst mich (mal)!** get stuffed! (*d*) (*dürfen*) **kann ich jetzt gehen?** can/may I go now? **II. K.,** *n* **-s/no** *pl* (*a*) ability; (*b*) (*Wissen*) knowledge. **'K~er,** *m* **-s/-** person of ability; expert.

Konnossement [kɔnɔsə'mɛnt], *n* **-(e)s/-e** *Com: Nau:* bill of lading.

konsekutiv [kɔnzeku'tiːf], *adj.* & **K~-,** *comb.fm.* consecutive (interpreting, clause etc.).

konsequ|ent [kɔnze'kvɛnt], *adj.* (*a*) (*folgerichtig*) consistent (behaviour etc.); logical (argument, conclusion etc.); (*b*) (*unbeirrbar*) persistent, single-minded (person, efforts etc.). **K~enz,** *f* **-/-en** (*a*) consistency; logic; (*b*) persistence; **aus K.,** as a matter of principle; (*c*) (*Folge*) consequence; **die K~en ziehen,** to draw the logical conclusions (**aus** + *dat,* from).

konserv|ativ [kɔnzerva'tiːf], *adj.* conservative. **K~ator** [-'vaːtɔr], *m* **-s/-en** curator, keeper (of a museum etc.). **K~atorium** [-va-'toːrium], *m* **-s/-ien** *Mus:* conservatoire, *N.Am:* conservatory. **K~e** [-'zɛrvə], *f* **-/-n 1.** (*Büchse*) tin, *esp. N.Am:* can; *F:* **Musik aus der K.,** canned music. **2.** *pl* **K~n,** tinned/canned food. **K~endose/K~enbüchse,** *f* **-/-n** tin, *esp. N.Am:* can. **k~ieren** [-'viːrən], *v.tr.* (*a*) to can, (*im Glas*) preserve (meat, fruit etc.); (*b*) to

preserve (a building etc.). **K~ierung,** *f* **-/-en** canning; preservation. **K~ierungsmittel,** *n* **-s/-** preservative.

Konsistenz [kɔnzis'tɛnts], *f* **-/no** *pl* consistency.

Konsole [kɔn'zoːlə], *f* **-/-n** *Arch:* (wall) bracket, console.

konsolidier|en [kɔnzoli'diːrən], *v.tr.* to consolidate (sth.). **K~ung,** *f* **-/-en** consolidation.

Konsonant [kɔnzo'nant], *m* **-en/-en** *Ling:* consonant.

Konsortium [kɔn'zɔrtsium], *n* **-s/-ien** *Fin:* consortium.

konspirieren [kɔnspi'riːrən], *v.i.* (*haben*) to conspire, plot.

konstant [kɔn'stant], *adj.* constant (velocity, number etc.); consistent (treatment, *Sp:* form etc.); persistent (refusal etc.); *F:* **mit k~er Bosheit,** from sheer cussedness. **K~e,** *f* **-/-n** *Ph: Mth: etc:* constant.

konstatieren [kɔnsta'tiːrən], *v.tr.* to ascertain, find out (facts etc.).

Konstellation [kɔnstɛlatsi'oːn], *f* **-/-en** (*a*) *Astr:* constellation; (*b*) *Fig:* combination of circumstances.

konsterniert [kɔnstɛr'niːrt], *adj.* dismayed, taken aback.

Konstitution [kɔnstitutsi'oːn], *f* **-/-en** *Pol: Ch: Physiol:* constitution. **k~ell** [-o'nɛl], *adj.* constitutional.

konstru|ieren [kɔnstru'iːrən], *v.tr.* to construct, *Tchn:* (*entwerfen*) design (sth.); *Pej:* to fabricate (a story etc.); **es klingt sehr konstruiert,** it sounds very contrived. **K~kteur** [-ruk'tøːr], *m* **-s/-e** (engineering) designer; (*b*) (engineetc.) builder. **K~kti'on** [-ruktsi'oːn], *f* **-/-en** *Gram: Mth: Constr: etc:* construction; (*Bauweise*) design (of an engine, car etc.). **k~ktiv** ['-tiːf], *adj.* constructive.

Konsul ['kɔnzul], *m* **-s/-n** consul. **k~arisch** [-'laːriʃ], *adj.* consular. **K~at** [-'laːt], *n* **-(e)s/-e** consulate.

Konsul|tation [kɔnzultatsi'oːn], *f* **-/-en** consultation. **k~'tieren,** *v.tr.* to consult (a doctor, dictionary etc.).

Konsum [kɔn'zuːm]. **I.** *m* **-s/no** *pl* **1.** *Econ: etc:* consumption (**an/von etwas** *dat,* of sth.). **2.** ['kɔnzuːm] co-operative store, *F:* co-op. **II. K~-,** *comb.fm.* (*a*) *Econ:* consumer (research, goods etc.); **K~gesellschaft** *f,* consumer society; (*b*) *Com:* co-operative (store etc.); **K~genossenschaft** *f*/**K~verein** *m,* co-operative society.

Kontakt [kɔn'takt], *m* **-(e)s/-e** (*also El:*) contact; **mit j-m K. aufnehmen/haben,** to get/be in touch with s.o.; **er hat keinen K. zu seinem Vater,** he cannot communicate with his father. **K~abzug,** *m* **-(e)s/ːe** *Phot:* contact print. **k~arm,** *adj.* unable to make friends easily. **k~freudig,** *adj.* sociable. **K~linse/K~schale,** *f* **-/-n** *Opt:* contact lens. **K~person,** *f* **-/-en** contact. **K~pflege,** *f* **-/no** *pl* maintenance of relations; *F:* keeping in touch.

Konter- ['kɔntar-], *comb.fm.* counter-(revolution etc.); *Fb:* **K~angriff** *m,* counter-move, break. **'K~admiral,** *m* **-s/-e** *Navy:* rear admiral. **'k~n,** *v.* **1.** *v.tr.* to counter (an attack, move etc.). **2.** *v.i.* (*haben*) *Sp: Com:* to counter, *F:* hit back.

Kontinent [kɔnti'nɛnt], *m* -(e)s/-e *Geog:* continent. **k ~ al** [-'taːl], *adj. Geog:* continental. **K ~ alverschiebung**, *f* -/-en *Geog:* continental drift.

Kontingent [kɔntiŋ'gɛnt], *n* -(e)s/-e quota (of goods); *Mil:* contingent.

kontinuierlich [kɔntinu'iːrliç], *adj.* continuous.

Konto ['kɔnto]. **I.** *n* -s/-s & -ten *Com: Bank:* account; **das geht auf mein K.**, (i) that is to be charged to my account; *F:* that's on me; (ii) *F:* that's my fault. **II.** '**K ~ -**, *comb.fm.* account (number etc.); **K ~ auszug** *m*, statement of account; **K ~ inhaber(in)** *m(f)*, accountholder; **K ~ stand** *m*, balance of an account. **K ~ ko′rrent(konto)**, *n* -s/-e (*n* -s/-s & -ten) *Bank:* current account.

kontra ['kɔntra]. **I.** *prep.* + *acc Jur: Sp: etc:* versus; **pro und k.**, for and against. **II.** *adv. F:* **er ist immer k.**, he's always anti. **III. K.**, *n* -s/-s *Cards:* double; **K. geben**, to double, *F:* **dem habe ich aber K. gegeben!** I told him where to get off! '**K ~ baß**, *n* -sses/-sse *Mus:* doublebass. **K ~ ′hent**, *m* -en/-en **1.** opponent. **2.** *Jur: etc:* party to a contract. '**K ~ punkt**, *m* -(e)s/-e *Mus:* counterpoint. '**k ~ punktisch**, *adj. Mus:* contrapuntal (theme etc.).

Kontrakt [kɔn'trakt], *m* -(e)s/-e *Com: Jur:* contract.

Kontrast [kɔn'trast]. **I.** *m* -(e)s/-e contrast. **II. K ~ -**, *comb.fm.* contrasting (colour, figure etc.). **k ~ arm**, *adj.* lacking in contrast. **k ~ ieren** [-'tiːrən], *v.i.* (*haben*) to contrast (**mit** + *dat*, with). **k ~ reich**, *adj.* full of contrast; *Phot:* contrasty.

Kontroll- [kɔn'trɔl-], *comb.fm.* control (room, *Av:* tower etc.); check (list etc.); **K ~ organ** *n*, controlling body; **K ~ punkt** *m*, checkpoint; *Aut:* (rally) control; *Med:* **K ~ untersuchung** *f*, checkup. **K ~ abschnitt**, *m* -(e)s/-e counterfoil, stub (of a ticket etc.). **Kontrollampe** *f* -/-n warning light. **K ~ e**, *f* -/-n **1.** check; (*Überprüfung*) inspection (of goods, machinery etc.); checking (of tickets etc.); (*Zollk.*) customs check/control; **unter ständiger/strenger K. stehen**, to be under constant/strict supervision. **2.** *no pl* (*Beherrschung*) control (**über j-n, etwas** *acc*, of s.o., sth.); **außer K. geraten**, to get out of control/out of hand. **K ~ eur** [-'løːr], *m* -s/-e supervisor, inspector; *Rail: etc:* ticket inspector. **k ~ ieren** [-'liːrən], *v.tr.* (*a*) to check (baggage, weight, quality etc., **ob . . .,** whether . . .); to keep a check on (results, developments etc.); to supervise, keep an eye on (s.o., s.o.'s work); to inspect (tickets, papers); *abs.* to carry out a check/an inspection; (*b*) to control (a company, the market etc.). **K ~ gang**, *m* -(e)s/-e tour of inspection.

Kontroverse [kɔntro'vɛrzə], *f* -/-n dispute.

Kontur [kɔn'tuːr], *f* -/-en contour, outline.

Konus ['koːnus], *m* -/-se *Mth: Tchn:* cone.

Konvektor [kɔn'vɛktɔr], *m* -s/-en convector (heater).

Konvention [kɔnvɛntsi'oːn], *f* -/-en (social) convention. **k ~ ell** [-o'nɛl], *adj.* conventional.

Konversation [kɔnvɛrzatsi'oːn], *f* -/-en conversation. **K ~ slexikon**, *n* -s/-ka popular encyclopedia.

Konver|sion [kɔnvɛrzi'oːn], *f* -/-en *Rel: Ph: etc:*

conversion. **K ~ ter** [-'vɛrtər], *m* -s/- *El.E: Rad: Atom Ph:* converter. **k ~ ′tibel/ k ~ ′tierbar**, *adj. Fin:* convertible. **k ~ ′tieren**, *v.tr. Fin:* to convert (a debt, loan etc.). **K ~ ′tierung**, *f* -/-en *Fin:* conversion.

konvex [kɔn'vɛks], *adj.* convex.

Konvoi ['kɔnvɔy], *m* -s/-s convoy.

Konzentr|at [kɔntsɛn'traːt], *n* -(e)s/-e *Ch: etc:* concentrate. **K ~ ation** [-atsi'oːn], *f* -/-en concentration. **K ~ ati′onsfähigkeit**, *f* -/*no pl* powers of concentration. **K ~ ati′onslager**, *n* -s/- *Pol:* concentration camp. **K ~ ati-′onsschwäche**, *f* -/*no pl Psy:* lack of concentration. **k ~ ieren** [-'triːrən], *v.tr.* to concentrate (attention, *Ch:* a solution etc.); **sich k.**, (i) (*Pers.*) to concentrate (**auf** + *acc*, on); (ii) (*Truppen*) to mass. **k ~ iert**, *adj.* concentrated; *adv.* **k. arbeiten**, to work with (real) concentration.

konzentrisch [kɔn'tsɛntriʃ], *adj.* concentric.

Konzept [kɔn'tsɛpt], *n* -(e)s/-e (*a*) (*Entwurf*) rough copy, draft (of an essay etc.); (*b*) (*Begriff*) concept, idea; **das paßt ihm nicht ins K.**, it doesn't fit in with his plans/ideas; **aus dem K. kommen**, to lose the thread; **j-n aus dem K. bringen**, to put s.o. off his stride. **K ~ ion** [-tsi'oːn], *f* -/-en conception.

Konzern [kɔn'tsɛrn], *m* -s/-e *Ind:* combine, *N.Am:* conglomerate; group (of companies etc.).

Konzert [kɔn'tsɛrt], *n* -(e)s/-e *Mus:* **1.** concert; **ins K. gehen**, to go to a/the concert. **2.** (*Stück*) concerto. **K ~ besucher**, *m* -s/- concertgoer. **K ~ flügel**, *m* -s/- *Mus:* concert grand. **k ~ ieren** [-'tiːrən], *v.i.* (*haben*) *Mus:* to give a concert. **K ~ ina** [-'tiːna], *f* -/-s *Mus:* concertina. **K ~ meister**, *m* -s/- *Mus:* (orchestral) leader, *N.Am:* concert master. **K ~ saal**, *m* -(e)s/-säle concert hall.

Konzession [kɔntsɛsi'oːn], *f* / -en **1.** *Min: etc:* concession; *Com:* (trading, publican's etc.) licence. **2.** (*Zugeständnis*) concession; (**j-m**) **K ~ en machen**, to make concessions (to s.o.). **K ~ är** [-o'nɛːr], *m* -s/-e concessionaire, licensee (of a restaurant). **k ~ ieren** [-o'niːrən], *v.tr. Adm:* to license (a restaurant, trader etc.).

Konzil [kɔn'tsiːl], *n* -s/-e *Ecc: Univ:* council.

konzipieren [kɔntsi'piːrən], *v.tr.* to draw up, draft (a document etc.).

Kooperat|ion [ko:'ʔoperatsi'oːn], *f* -/-en cooperation. **k ~ iv** [-'tiːf], *adj.* co-operative.

Koordin|ation [ko:ʔɔrdinatsi'oːn], *f* -/-en coordination. **k ~ ieren** [-'niːrən], *v.tr.* to coordinate (measures etc.).

Kopenhagen [kopən'haːgən], *Pr.n.n* -s. *Geog:* Copenhagen.

Kopf [kɔpf], *m* -(e)s/-e head; (*a*) **von K. bis Fuß**, from head to foot; **sich** *dat* **den K. waschen**, to wash one's hair; **auf dem K. stehen**, (i) (*Pers.*) to stand on one's head; (ii) (*Sachen*) to be upside down/*Fig:* topsy turvy; **alles auf den K. stellen**, to turn everything upside down; **sie standen K. an K.**, they were standing shoulder to shoulder/crowded together; **K. an K. rennen**, to be neck and neck; **er ist einen K. größer als seine Schwester**, he is taller than his sister by a head; **K. hoch!** chin up! **die beiden stecken schon wieder die K ~ e zusammen**, those two have got their heads together again; *F:* **sie werden dir nicht gleich den K. abreißen**, they won't eat you;

Hum: j-n einen K. kürzer **machen**, to behead s.o.; *Fig:* to take s.o. down a peg or two; *Fig:* **er war wie vor den K. geschlagen**, he was quite stunned; **die Arbeit ist mir über den K. gewachsen**, I can no longer cope with the work; *F:* j-n **vor den K. stoßen**, to offend/hurt s.o. j-m den K. **verdrehen**, to turn s.o.'s head; **sie ist mir auf dem K. herumgetanzt**, she just took advantage of my kindness; **den K. in den Sand stecken**, to bury one's head in the sand; **der Erfolg stieg ihr zu K.**, the success went to her head; **es geht um K. und Kragen**, it's a matter of life and death; **den k. riskieren**, to risk one's neck; (*b*) (*Gesicht*) face; **einen roten K. bekommen**, to go red in the face; **er sagte es mir auf den K. zu**, he said it to my face; (*c*) (*Gedächtnis*) **aus dem K.**, from memory, by heart; **viel im K. haben/behalten müssen**, to have a lot to remember; *Prov:* **was man nicht im K. hat, hat man in den Beinen**, a short memory makes hard work for your legs; (*d*) (*Verstand*) mind, brains; **sich** *dat* **über etwas** *acc* **den K. zerbrechen**, to rack one's brains/ worry over sth.; **er hat nur Autos im K.**, he thinks about nothing but cars; **es geht mir im K. herum/will mir nicht aus dem K.**, I can't stop thinking about it; **ich muß es mir durch den K. gehen lassen**, I'll have to think it over; **er ist nicht auf den K. gefallen**, he is pretty bright/ no fool; **wirr im K.**, confused, muddled; **ich weiß nicht, wo mir der K. steht**, I don't know whether I'm coming or going; **den K. verlieren**, to lose one's head; **(sich** *dat*) **einen kühlen K. bewahren**, to keep a clear head; **den K. voll haben**, to have a lot on one's mind; (*e*) (*Willen*) **seinen eigenen K. haben**, to have a will of one's own; **mir steht der K. nicht danach**, I don't feel like it; **sich** *dat* **etwas** *acc* **in den K. setzen**, to take sth. into one's head; **das mußt du dir aus dem K. schlagen**, you must put it right out of your head; **über meinen K. hinweg**, over my head; without consulting me; **j-m den K. zurechtsetzen**, to make s.o. see sense; (*f*) (*Pers.*) **pro K.**, per head; **er ist ein heller/schlauer K.**, he is a bright/shrewd fellow; **die besten K~e des Landes**, the country's best minds/brains; (*g*) (*Gegenstand*) head (of a flower, cabbage, hammer, pin, nail, tennis racket, golf club etc.); bowl (of a pipe); crown (of a hat); (letter) head; (page) heading; top (of a table); **K. oder Wappen?** heads or tails? ′**K~arbeit**, *f* -/*no pl* mental work, brainwork. ′**K~bahnhof**, *m* -(e)s/⁻e *Rail:* terminus. ′**K~ball**, *m* -(e)s/⁻e *Fb:* header. ′**K~bedeckung**, *f* -/-en headgear. ′**K~ende**, *n* -s/-n head (of a bed); top (of a table). ′**K~geld**, *n* -es/*no pl* reward (for s.o.'s capture). ′**K~haut**, *f* -/⁻e *Anat:* scalp. ′**K~hörer**, *m* -s/- *Rad: Rec: etc:* (pair of) headphones; *Tel:* headset. ′**K~jäger**, *n* -s/- headhunter. ′**K~kissen**, *n* -s/- pillow. ′**K~kissenbezug**, *m* -(e)s/⁻e pillow-case. ′**K~länge**, *f* -/-n *Rac:* **mit einer K. (Vorsprung) gewinnen**, to win by a head. ′**K~lastig**, *adj.* nose-heavy (aircraft, ship); *Fig:* top-heavy (administration etc.). ′**k~los**, *adj.* headless; (*Pers.*) **k. (vor Angst)**, panic-stricken; *adv.* in a state of panic. ′**K~nicken**, *n* -s/

no pl nod. ′**K~rechnen**, *n* -s/*no pl* mental arithmetic. ′**K~salat**, *m* -(e)s/-e *Hort:* cabbage lettuce. ′**k~scheu**, *adj. F:* j-n **k. machen**, to put the wind up s.o. ′**K~schmerzen**, *mpl* headache; *F:* **das hat mir schöne K. bereitet**, that caused me quite a headache. ′**K~schmuck**, *m* -(e)s/*no pl* headdress. ′**K~schütteln**, *n* -s/*no pl* shake of the head. ′**K~sprung**, *m* -(e)s/⁻e header, (straight) dive; **einen K. machen**, to take a header. ′**K~stand**, *m* -(e)s/⁻e *Gym:* head stand. ′**k~stehen**, *v.i.sep.irr.100* (*haben*) *F:* to be at sixes and sevens/in a state of turmoil. ′**K~steinpflaster**, *n* -s/- cobbled surface, cobbles. ′**K~steuer**, *f* -/-n capitation tax. ′**K~stimme**, *f* -/-n *Mus:* head voice. ′**K~stoß**, *m* -es/⁻e *Fb:* header. ′**K~stütze**, *f* -/-n *esp. Aut:* headrest. ′**K~teil**, *n* -(e)s/-e headboard (of a bed). ′**K~tuch**, *n* -(e)s/⁻er headscarf. **k~über**, *adj.* head first, headlong. ′**K~wäsche**, *f* -/-n hair wash; (*Rüge*) ticking off. ′**K~weh**, *n* -s/*no pl* headache. ′**K~zerbrechen**, *n* -s/*no pl* puzzling, racking one's brains; **sich** *dat* **K. machen**, to rack one's brains; **mach dir kein K. darüber!** don't worry your head over that!

Köpf|chen [′kœpfçən], *n* -s/- (*dim. of* **Kopf**) 1. small head. 2. *F:* **da muß man K. haben**, you have to be pretty bright to do that; **K. K.!** use a bit of grey matter! ′**k~en**, *v.tr.* (*a*) to behead (s.o.); to cut off the head of (an animal); (*b*) *Fb:* to head (the ball).

Kopie [ko′pi:], *f* -/-n (-ən] copy; (*Doppel*) duplicate; (*Durchschlag*) carbon (copy); (*Nachbildung*) replica (of a trophy, medal, key etc.); *Phot:* (*Abzug*) print. **k~ren** [-′pi:rən], *v.tr.* to copy (s.o., sth.), to duplicate (a document); *Phot:* to print (a negative). **K~rgerät**, *n* -(e)s/-e (photo)copier. **K~rpapier**, *n* -s/*no pl* 1. *Phot:* printing paper. 2. (typist's) copy paper, *F:* flimsy. **K~rstift**, *m* -(e)s/-e indelible pencil.

Kopilot [′ko:pilo:t], *m* -en/-en *Av:* co-pilot.

Koppe|el¹ [′kɔpəl], *f* -/-n 1. (enclosed) pasture; (*für Pferde*) paddock. 2. *Hunt:* leash (for several hounds). **K~²**, *n* -s/- *Mil:* leather belt. ′**k~eln**, *v.tr.* to couple (*Rail:* carriages, *El:* circuits etc.) (**an** + *acc,* to); to connect (two pieces of apparatus). ′**K~lung**, *f* -/-en coupling.

Kopul|ation [kopulatsi′o:n], *f* -/-en copulation. **k~ieren** [-′li:rən], *v.i.* (*haben*) to copulate.

Koralle [ko′ralə], *f* -/-n coral. **k~n**, *adj.* coral. **K~nriff**, *n* -(e)s/-e coral reef. **k~nrot**, *adj.* coral pink.

Korb [kɔrp], *m* -(e)s/⁻e (*a*) basket; *F:* (*Mädchen*) j-m **einen K. geben**, to give s.o. the brush-off, turn s.o. down; (*b*) *Fenc:* face mask. ′**K~ball**, *m* -(e)s/*no pl* *Games:* basketball. ′**K~flasche**, *f* -/-n wicker bottle. ′**K~flechter**, *m* -s/- basket weaver. ′**K~geflecht**, *n* -(e)s/*no pl* basketwork, wickerwork. ′**K~sessel**, *m* -s/- wicker chair. ′**K~waren**, *fpl* basketry, wickerwork (articles).

Körbchen [′kœrpçən], *n* -s/- 1. small basket. 2. *Cl:* cup (of a bra).

Kord [kɔrt], *m* -(e)s/-e corduroy (*see also* **Cord**).

Kordel [′kɔrdəl], *f* -/-n cord (of a dressing gown etc.); *esp. South G:* string.

Kordon [kɔr'dõ], *m* -s/-s (police etc.) cordon.
Korea [ko're:a]. *Pr.n.n* -s. *Geog:* Korea.
K ~ ner(in) [-re'a:nər(in)], *m* -s/- (*f* -/-nen)
Korean. **k ~ nisch** [-re'a:niʃ], *adj.* Korean.
Koriander [kori'andər], *m* -s/- *Cu:* coriander.
Korinthe [ko'rintə], *f* -/-n currant.
Kork [kɔrk], *m* -(e)s/no pl cork. **'K ~ en**, *m* -s/-
cork (stopper). **'K ~ enzieher**, *m* -s/-
corkscrew.
Korn¹ [kɔrn], *n* -(e)s/ˈ-er & -e 1. (*a*) (*pl* K ˜ er)
(*Samenk.*) grain (of sand, salt etc.); (*b*) *no pl*
(*Getreidek.*) grain, corn; **das K. steht gut, the**
grain harvest looks promising. 2. *no pl* (*Struk-*
tur) grain. 3. (*pl* -e) (front) sight (of
a rifle etc.); *Fig:* **j-n, etwas aufs K. nehmen,** to
hit out at s.o., sth. **K.²**, *m* -(e)s/-e grain spirit.
'K ~ blume, *f* -/-n *Bot:* cornflower. **'K ~ -**
blumenblau, *adj.* cornflower blue; *F:* (*Pers.*)
k. sein, to be as drunk as a lord. **'K ~ brannt-**
wein, *m* -(e)s/-e = **Korn².** **'K ~ feld**, *n*
-(e)s/-er cornfield.
Körn|chen ['kœrnçən], *n* -s/- small grain; gran-
ule; *Fig:* **ein K. Wahrheit,** a grain of truth.
'k ~ ig, *adj.* granular; *Phot:* grainy.
Kornett [kɔr'nɛt], *n* -(e)s/-e & -s *Mus:* cornet.
Korona [ko'ro:na], *f* -/-en 1. *Astr:* corona. 2. *F:*
band, *Pej:* gang (of young people).
Koronar- [koro'na:r-], *comb.fm. Med:* coronary
(thrombosis etc.).
Körper ['kœrpər]. I. *m* -s/- body; head (of an
axe); **am ganzen K.,** all over (one's body); *Ph:*
fester K., solid. II. **'K ~-,** *comb.fm.* (*a*) body
(hair, weight, massage, language, temperature,
warmth etc.); **K ~ geruch** *m*, body odour;
K ~ funktion *f*, bodily function; **K ~ hälfte** *f*,
side (of the body); **K ~ teil** *m*, part of the body;
(*b*) physical (strength, weakness etc.); **K ~ ver-**
letzung *f*, physical injury; *Jur:* bodily harm;
K ~ behinderte(r) *m* & *f*, (physically) disabled/
handicapped person. **'K ~ bau**, *m* -(e)s/no pl
build, physique. **'K ~ beschaffenheit**, *f*
-/-en constitution. **'K ~ chen**, *n* -s/- small
body; (*Blutk.*) corpuscle. **'K ~ fülle**, *f* -/no pl
corpulence. **'K ~ haltung**, *f* -/-en posture.
'k ~ lich, *adj.* physical; **in guter k ~ er Ver-**
fassung, in good shape physically; *Jur: etc:*
k ~ e Züchtigung, corporal punishment.
'K ~ pflege, *f* -/no pl personal hygiene.
'K ~ puder, *m* & *n* -s/- talcum powder. **'K ~ -**
schaft, *f* -/-en *Jur: etc:* corporation; **ge-**
setzgebende K., legislative body. **'K ~ -**
schaftssteuer, *f* -/-n corporation tax.
'K ~ spray, *m* & *n* -s/-s deodorant spray.
Korp|oration [kɔrporatsi'o:n], *f* -/-en (*a*) body
(of people); (*b*) *Univ:* student fraternity.
k ~ u'lent, *adj.* corpulent. **K ~ u'lenz**, *f* -/no
pl corpulence. **'K ~ us**, *m* -/-se *Hum:* body.
Korps [ko:r], *n* -/- 1. *Mil: etc:* corps. 2. *Univ:*
(*esp.* fighting) fraternity.
Korral [kɔ'ra:l], *m* -s/-e corral.
korrekt [kɔ'rɛkt], *adj.* correct; (*Pers.*) **sehr k.,**
very proper. **K ~ heit**, *f* -/-en correctness.
K ~ ion [-tsi'o:n], *f* -/-en correction. **K ~ or**,
m -s/-en *Pub: Print:* proof-reader. **K ~ ur**
[-'tu:r], *f* -/-en 1. correction. 2. *Print:*
(*Fahne*) proof; **zweite K.,** revise. **K ~ urbogen**,
m -s/ˈ- *Print:* page proof. **K ~ urfahne**, *f* -/-n
Print: galley proof. **K ~ urlesen**, *n* -s/no pl

proof-reading. **K ~ urzeichen**, *n* -s/- *Print:*
proof-correcting symbol.
Korrespond|ent(in) [kɔrɛspɔn'dɛnt(in)], *m*
-en/-en (*f* -/-nen) *Journ: & Com:* correspond-
ent. **K ~ enz** [-'dɛnts], *f* -/-en correspondence.
k ~ ieren [-'di:rən], *v.i.* (*haben*) to correspond.
Korridor ['kɔrido:r], *m* -s/-e corridor, passage.
korrigieren [kɔri'gi:rən], *v.tr.* to correct (s.o.,
sth.).
korro|dieren [kɔro'di:rən], *v.tr. & i.* (*sein*) to
corrode (metal etc.). **K ~ sion** [-zi'o:n], *f* -/-en
corrosion.
korrupt [kɔ'rupt], *adj.* corrupt. **K ~ tion**
[-tsi'o:n], *f* -/-en corruption.
Korsage [kɔr'za:ʒə], *f* -/-n *Cl:* strapless bodice.
Kors|e ['kɔrzə], *m* -n/-n/**'K ~ in**, *f* -/-nen *Geog:*
Corsican. **'K ~ ika** [-zika]. *Pr.n.n* -s. *Geog:*
Corsica. **'k ~ isch**, *adj. Geog:* Corsican.
Korsett [kɔr'zɛt], *n* -s/-e *Cl: & Med:* corset.
Korvette [kɔr'vɛtə], *f* -/-n *Navy:* corvette. **K ~ n-**
kapitän, *m* -s/-e lieutenant commander.
koscher ['ko:ʃər], *adj.* kosher.
Kose|name ['ko:zəna:mə], *m* -ns/-n pet name.
'K ~ wort, *n* -(e)s/ˈ-er term of endearment.
Kosmet|ik [kɔs'me:tik], *f* -/no pl beauty culture,
cosmetics. **K ~ ika**, *fpl* cosmetics. **K ~ ikerin**,
f -/-nen beautician. **K ~ iktasche**, *f* -/-n
vanity bag. **k ~ isch**, *adj.* cosmetic.
kosm|isch ['kɔsmiʃ], *adj.* cosmic. **K ~ onaut**
[-o'naut], *m* -en/-en cosmonaut. **K ~ opolit**
[-opo'li:t], *m* -en/-en cosmopolitan (person).
k ~ opo'litisch, *adj.* cosmopolitan. **'K ~ os**,
m -/no pl cosmos.
Kost [kɔst], *f* -/no pl food; (*Verpflegung*) board;
j-n in K. nehmen, to provide s.o. with meals;
leichte K., light food/*Fig:* entertainment.
'k ~ en¹, *v.tr.* to taste, sample (food, wine
etc.). **'K ~ probe**, *f* -/-n sample, taste. **'K ~ -**
verächter, *m* -s/- **er ist kein K.,** (i) he likes
his food; (ii) *Hum:* he's one for the girls.
kost|bar ['kɔstba:r], *adj.* precious, valuable.
'K ~ barkeit, *f* -/-en 1. *no pl* preciousness;
high value. 2. treasure, valuable item.
'k ~ en². I. *v.tr.* to cost; **was/wieviel kostet das**
Buch? how much is the book? *F:* **er hat sich** *dat*
die Party etwas k. lassen, he spent a packet on
the party; *Fig:* **es kostet ihn viel Zeit,** it is taking
up a lot of his time; **Fragen kostet nichts,**
there's no harm in asking. II. **K.,** *pl* cost,
expense; (*Auslagen*) expenses (of a firm,
person); *Jur: etc:* costs; **für die K. kommt die**
Stadt auf, the town will meet the cost; **es geht**
auf meine K., it is at my expense/*F:* on me;
Fig: **sich auf j-s K. lustig machen,** to make jokes
at s.o.'s expense; *F:* **auf seine K. kommen,** to
get one's money's worth. **'K ~ enanschlag**,
m -(e)s/ˈ-e estimate (of cost), *Brit:* costing.
'K ~ enaufwand, *m* -(e)s/no pl expenditure.
'k ~ enlos, *adj.* free (sample etc.); *adv.* free
of charge. **'k ~ enpflichtig**, *adj. esp. Jur:*
liable for costs; *adv.* with costs; *P.N:* **wird k.**
abgeschleppt, will be towed away at the
owner's expense. **'K ~ enpunkt**, *m* -(e)s/-e
approximate cost; *F:* **K. DM 400,** round about
400 marks. **'K ~ envoranschlag**, *m* -(e)s/ˈ-e
preliminary estimate/*Brit:* costing. **'k ~ -**
spielig, *adj.* expensive, costly. **'K ~ spielig-**
keit, *f* -/no pl costliness.

köstlich ['kœstliç], *adj.* (*a*) delicious, luscious (food, wine etc.); (*b*) delightful (humour etc.); (*urkomisch*) hilarious (story); *adv.* **sich k. amüsieren**, to enjoy oneself immensely.

Kostüm [kɔs'tyːm], *n* -s/-e (*a*) *Cl:* (woman's) suit; (*b*) *Th: & Hist:* costume; (*c*) (*Maske*) fancy dress costume. **K~ball**, *m* -(e)s/ˉe/K~fest, *n* -(e)s/-e fancy dress ball. **k~ieren** [-y'miːrən], *v.tr. & refl.* to dress (s.o., oneself) up (in a costume); **kostümiert**, in costume.

Kot [koːt], *m* -(e)s/*no pl* excrement; droppings (of animals, birds etc.). **'K~flügel**, *m* -s/- *Aut:* wing, *A:* mudguard, *N.Am:* fender.

Kotelett [kɔt'lɛt], *n* -s/-s *Cu:* chop; (*vom Hals*) cutlet. **K~en**, *fpl* sideburns.

Köter ['køːtər], *m* -s/- *F: Pej:* wretched hound; (*Mischung*) mongrel, *N.Am:* mutt.

Kotze ['kɔtsə], *f* -/*no pl P:* vomit. **'k~n**, *v.i.* (*haben*) *P:* to vomit; *Fig:* **ich kotze darauf!** you can stuff it! **es ist zum K.**, it makes you puke.

Krabbe ['krabə], *f* -/-n **1.** *Z:* (*a*) crab; (*b*) (*Garnele*) shrimp. **2.** *F:* (*Kind*) little pet. **'K~n-mayonnaise**, *f* -/-n prawn cocktail.

Krabbel|alter ['krabəlʔaltər], *n* -s/*no pl* (baby's) crawling stage. **'k~n**, *v.* **1.** *v.i.* (*sein*) (*Insekten*) to scuttle; (*Baby*) to crawl. **2.** *v.tr. F:* **j-n am Rücken k.**, to scratch s.o.'s back; *abs.* **der Pullover krabbelt**, the jumper tickles/is prickly.

krach [krax]. **I.** *int.* crash! bang! **II. K.**, *m* -(e)s/-s & *Hum:* ˉe **1.** (*Lärm*) row, racket; **die Autos prallten mit einem großen K. zusammen**, the cars collided with a loud crash. **2.** *F:* (*Streit*) row; **wegen jeder Kleinigkeit schlug er K.**, he made a rumpus over every little thing; **K. miteinander haben**, to quarrel/have a row (with one another). **3.** *Fin:* crash. **'k~en**, *v.i.* (*a*) (*haben*) (*Donner usw.*) to crash; (*b*) (*sein*) to crash, smash (**in/gegen etwas** *acc*, into sth.).

krächz|en ['krɛçtsən], *v.i.* (*haben*) (*Rabe*) to caw, *F:* (*Pers.*) to croak; **k~de Stimme**, hoarse/croaky voice. **'K~er**, *m* -s/- croak.

krack|en ['krakən], *v.tr.* to crack (heavy oils). **'K~verfahren**, *n* -s/- *Ch:* cracking (process).

Krad [kraːt], *n* -(e)s/ˉer *Mil: etc:* motorcycle.

Kraft [kraft]. **I.** *f* -/ˉe **1.** (*Stärke*) *A:* *esp.pl* strength; **überschüssige K.**, surplus energy; **mit neuen Kˉen zurückkehren**, to return with renewed energy; **alle Kˉe anspannen**, to summon up all one's strength; **mit aller K.**, with all one's might; **am Ende seiner Kˉe**, completely exhausted; **bei Kˉen sein**, to be well/in good health; (*b*) force (of a blow, wind, *Fig:* an argument etc.); power (of an engine etc.); **die Sonne hat viel K.**, the sun is very strong; **die Kˉe der Natur**, the forces of nature; *Nau:* **volle K. voraus**, full speed ahead; *Fig:* (*Pers.*) **die treibende K. bei etwas** *dat* **sein**, to be the driving/motive force behind sth.; *Pol:* **reaktionäre Kˉe**, reactionary forces; (*c*) (*Vorschrift usw.*) **in K.**, in force; **in K. treten**, to come into effect/force; **außer K.**, no longer in force; (*abgelaufen*) expired; (*Vertrag*) cancelled; **einen Befehl usw. außer K. setzen**, to cancel an order etc. **2.** (*Fähigkeit*) power(s); ability; **heilende Kˉe**, medicinal powers; **nach besten Kˉen**, to the best of one's ability; **alles, was in meinen Kˉen steht**, everything in my power. **3.** (*Arbeiter*) *Ind:* worker; *Com:* employee; **weitere Kˉe ge-**

sucht, additional staff required. **II. k.**, *prep + gen* by virtue of (one's authority etc.). **'K~akt**, *m* -(e)s/-e strong-man act. **'K~an-strengung**, *f* -/-en strenuous effort. **'K~an-trieb**, *m* -(e)s/-e *esp. Tls:* power drive; **mit K.**, power-driven. **'K~ausdruck**, *m* -(e)s/ˉe swearword. **'K~brühe**, *f* -/-n *Cu:* beef tea. **'K~ersparnis**, *f* -/*no pl* economy of effort. **'K~fahrer**, *m* -s/- driver. **'K~fahrtech-nik**, *f* -/*no pl* motor vehicle technology, *N.Am:* automotive engineering. **'K~fahrzeug**, *n* -(e)s/-e motor vehicle. **'K~leistung**, *f* -/-en feat (of strength). **'k~los**, *adj.* weak, feeble; powerless (hand, arm etc.); limp (handshake). **'K~losigkeit**, *f* -/*no pl* weakness; power-lessness. **'K~meier**, *m* -s/-/'K~protz**, *m* -es/-e *F:* muscle man. **'K~mensch**, *m* -en/-en strong man. **'K~paket**, *n* -(e)s/-e *F:* (*Auto*) powerhouse. **'K~probe**, *f* -/-n trial of strength; showdown. **'K~rad**, *n* -(e)s/ˉer *Adm:* motorcycle. **'K~sport**, *m* -(e)s/*no pl* 'strong-man' sport. **'K~stoff**, *m* -(e)s/-e fuel (for an engine). **'K~strom**, *m* -(e)s/*no pl* power current. **'k~strotzend**, *adj.* bursting with energy. **'K~übertragung**, *f* -/-en *Mec.E:* transmission. **'K~vergeudung**, *f* -/-en waste of effort. **'k~voll**, *adj.* powerful. **'K~wagen**, *m* -s/- motor car, *N.Am:* auto-mobile. **'K~werk**, *n* -(e)s/-e power station. **'K~wort**, *n* -(e)s/ˉer swearword.

Kräft|e- ['krɛftə-], *comb.fm.* **1.** *Ph: etc:* (tri-angle etc.) of forces; **K~spiel** *n*, interplay of forces. **2.** *Ind: etc:* manpower (requirements, shortage etc.). **'K~everfall**, *m* -(e)s/*no pl* loss of strength; (*geistig*) decline in powers. **'K~everhältnis**, *n* -ses/*no pl Pol:* balance of power. **'K~everschleiß**, *m* -es/*no pl* drain on one's strength. **'k~ig**, *adj.* (*a*) strong (person, arms, voice, wind, colour etc.); sturdy (child, plant etc.); vigorous (growth etc.); powerful, hefty (blow, throw etc.); big (gulp); heavy (rain); nutritious (food, soup); **k~er Verweis**, severe rebuke; **k~en Hunger haben**, to be very hungry; (*b*) *adv.* really, thoroughly, *F:* good and proper; **k. schlagen/ziehen/sto-ßen**, to hit/pull/push hard; **für etwas** *acc* **k. ein-treten**, to champion sth. vigorously; **ich sagte ihm k. meine Meinung**, I really told him where to get off. **'k~igen**, *v.tr.* to strengthen (s.o., the body etc.); **du mußt dich k.**, you need to get your strength back. **'K~igung**, *f* -/*no pl* strengthening; improvement (in one's health).

Kragen ['kraːgən], *m* -s/- *Cl: occ. Z:* collar; *F:* **da ist mir der K. geplatzt**, at that point I blew my top; **es geht ihm an den K.**, he's in for it. **'K~nummer**, *f* -/-n collar size. **'K~weite**, *f* -/-n collar size; *F:* **sie/es ist genau meine K.**, she/it is just my cup of tea.

Krähe ['krɛːə], *f* -/-n *Orn:* crow. **'K~n**, *v.i.* (*haben*) (*Hahn*) to crow; (*Baby*) to coo. **'K~nfüße**, *mpl* (*a*) crow's feet (round the eyes); (*b*) (*Gekritzel*) scrawl. **'K~nnest**, *n* -(e)s/-er *Orn. & Nau:* crow's nest.

Krakau ['kraːkau]. *Pr.n.n* -s. *Geog:* Krakow.

Krake ['kraːkə], *m* -n/-n octopus.

krakeele|n [kra'keːlən], *v.i.* (*haben*) *F:* to brawl. **K~r**, *m* -s/- *F:* brawler.

Krakel|ei [krakə'lai], *f* -/-en *F:* (spidery)

scrawl. **k ~ ig** ['krɑːkəliç], *adj. F:* spidery.
k ~ n ['krɑːkəln], *v.tr. F:* to scrawl (words).
Kralle ['kralə], *f -/-n* claw; (*Raubvogel*) talon;
F: (*Pers.*) **j-m die K~n zeigen,** to show s.o.
one's claws. '**k ~ n,** *v.tr.* (*a*) **sich an etwas** *dat*
k., to cling to sth. (*Z:* with its claws); **seine**
Nägel in etwas *acc* **k.,** to dig one's nails into
sth.; (*b*) *P:* to nab (s.o., sth.).
Kram [krɑːm], *m -(e)s/no pl F:* junk: clobber;
Fig: **der ganze K.,** the whole business; **das paßt**
mir nicht in den K., that doesn't fit in with my
plans. '**k ~ en,** *v.i.* (*haben*) *F:* **nach etwas** *dat*
k., to rummage about for sth. '**K ~ laden,** *m*
-s/-- F: small shop (selling cheap odds and
ends); (*Diskontladen*) bargain store.
Krampe ['krampə], *f -/-n* (U-shaped) staple.
'**k ~ n,** *v.tr.* to staple (a cable etc.).
Krampf [krampf], *m -(e)s/--e* **1.** *Med:* (*a*) cramp;
einen K. im Bein haben, to have cramp in one's
leg; (*b*) convulsion; spasm; **K ~ e bekommen,** to
go into convulsions; *F:* **so ein K.!** what a load
of hot air! '**K ~ ader,** *f -/-n Med:* varicose
vein. '**k - artig,** *adj. Med:* cramp-like (sci-
zure, pain etc.); convulsive, spasmodic (attack
etc.). '**k ~ haft,** *adj.* convulsive (twitch etc.);
forced, desperate (laugh); *Fig:* frantic (effort
etc.); *adv.* **sich k. an etwas** *dat* **festhalten,** to
hang onto sth. desperately/*F:* like grim death.
Kran [krɑːn], *m -(e)s/--e* **1.** *Mec.E:* crane. **2.**
South G: tap. '**K ~ führer,** *m -s/-* crane driver.
Kranich ['krɑːniç], *m -s/-e Orn:* crane.
krank [kraŋk], *adj.* (*a*) ill, *esp. N.Am:* sick; **ein**
K ~ er, an invalid; (*unter Behandlung*) a patient;
die K ~ en, the sick; **k. werden,** to fall ill/sick;
sich k. melden, to report sick; **j-n k. schreiben,**
to give s.o. a medical certificate; *Fig:* **vor Liebe,**
Sorge usw. k., sick with love, worry etc.; (*b*)
diseased (organ, plant); weak, ailing (heart);
Hum: **mein k ~ er Zahn/Fuß,** my bad tooth/
foot; *Fig:* **k ~ e Wirtschaft,** ailing economy; (*c*)
F: **du machst mich k.!** you get on my nerves/
drive me round the bend! **du bist wohl k.!** you
must be mad! '**k ~ en,** *v.i.* (*haben*) (*Firma,*
Auto usw.) **an einem Defekt etc. k.,** to suffer
from a defect etc. '**K ~ enbericht,** *m -(e)s/-e*
medical report/bulletin. '**K ~ enbesuch,** *m*
-(e)s/-e visit to a sick person; (doctor's) call
on a patient. '**K ~ enbett,** *n -(e)s/-en*
sickbed; **ans K. gefesselt,** bedridden. '**K ~ en-**
geld, *n -(e)s/-er* sickness benefit. '**K ~ en-**
geschichte, *f -/-n Med:* case history.
'**K ~ engymnast(in),** *m -en/-en* (*f -/-nen*)
physiotherapist. '**K ~ engymnastik,** *f -/-en*
physiotherapy. '**K ~ enhaus,** *n -es/--er* hos-
pital. '**K ~ enhausaufenthalt,** *m -(e)s/-e*
stay in hospital, hospitalization. '**K ~ en-**
kasse, *f -/-n* (national/private) health in-
surance scheme. '**K ~ enkost,** *f -/no pl* in-
valid's diet. '**K ~ enpflege,** *f -/no pl* nursing.
'**K ~ enpfleger(in),** *m -s/-* (*f -/-nen*) male
(female) nurse. '**K ~ ensaal,** *m -(e)s/-säle*
(hospital) ward. '**K ~ enschein,** *m -(e)s/-e*
Ins: treatment form; certificate entitling a
patient to treatment. '**K ~ enschwester,** *f*
-/-n nurse. '**K ~ enträger,** *m -s/- Mil: etc:*
stretcher-bearer. '**K ~ enurlaub,** *m -(e)s/-e*
sick-leave. '**K ~ enversicherung,** *f -/-en*
health insurance. '**K ~ enwagen,** *m -s/-*

ambulance. '**K ~ enwärter,** *m -s/-* medical
orderly. '**K ~ enzimmer,** *n -s/-* sickroom,
Mil: Sch: sickbay. '**k ~ feiern,** *v.i.sep.* (*haben*)
F: to malinger, take time off (without a good
reason). '**k ~ haft,** *adj.* pathological (growth,
state etc.); *Fig:* obsessive, insane (jealousy,
ambition etc.); diseased (imagination). '**K ~ -**
haftigkeit, *f -/no pl* pathological nature.
'**K ~ heit,** *f -/-en* (*a*) illness, disease; **während**
meiner K., while I was ill; (*b*) *Fig:* (*Übel*) (social
etc.) malady; **K. unserer Zeit,** contemporary
disease. '**K ~ heitserreger,** *m -s/- Med:*
germ. '**K ~ heitsüberträger,** *m -s/- Med:*
carrier. '**k ~ lachen,** *v.refl.sep. F:* **sich k.,** to
laugh oneself sick. '**K ~ meldung,** *f -/-en*
notification of illness, sick note.
kränk|eln ['krɛŋkəln], *v.i.* (*haben*) (*Pers.*) to be
sickly/in poor health. '**k ~ en,** *v.tr.* to hurt,
offend (s.o.). '**k ~ lich,** *adj.* sickly; **alt und k.,**
old and infirm. '**K ~ ung,** *f -/-en* slight,
absichtliche K., deliberate insult.
Kranz [krants], *m -es/--e* wreath; *Sp:* **in die K ~ e**
kommen, to be placed. '**K ~ gesims,** *n -es/-e*
Arch: cornice. '**K ~ kuchen,** *m -s/- Cu:* ring-
shaped cake.
Kränzchen ['krɛntsçən], *n -s/-* **1.** small wreath.
2. ladies' (coffee etc.) circle.
Krapfen ['krapfən], *m -s/- Cu:* (*a*) (meat etc.)
fritter, (*b*) *esp. South G:* doughnut.
kraß [kras], *adj.* gross (exaggeration etc.); glar-
ing (example, mistake, contrast); blatant (lie,
injustice); **k ~ er Außenseiter,** rank outsider.
Krater ['krɑːtər], *m -s/-* crater.
Kratz|bürste ['kratsbyrstə], *f -/-n F:* little
shrew/vixen. '**k ~ bürstig,** *adj.* waspish.
'**K ~ eisen,** *n -s/-* shoe-scraper. '**k ~ en,** *v.* **1.**
v.tr. (*a*) to scratch (s.o., sth.); **sich** *dat* **den Kopf**
k., to scratch one's head; (*b*) (*entfernen*) **das**
Eis vom Fenster k., to scrape the ice off/from
the window; (*c*) (*Pullover usw.*) to prickle, tickle
(the skin etc.); *impers.* **es kratzt mir/mich im**
Hals, I have a prickly/scratchy feeling in my
throat; *F:* **das kratzt mich nicht,** that doesn't
bother me. **2.** *v.i.* (*haben*) (*a*) to scratch;
F: **auf der Geige k.,** to scrape away on the
fiddle; (*b*) (*Pullover usw.*) to prickle. '**K ~ er,**
m -s/- **1.** *Tls:* scraper. **2.** *F:* scratch. '**K ~ ge-**
räusch, *n -(e)s/-e* scratching/scraping noise.
'**k ~ ig,** *adj.* prickly, scratchy (wool etc.); *Fig:*
grating, rasping (voice). '**K ~ wunde,** *f -/-n*
scratch.
kraulen[1] ['kraulən], *v.i.* (*haben*) *Swim:* to (do
the) crawl.
'**kraulen**[2], *v.tr.* to fondle (a cat, dog etc.) (with
one's fingertips), ruffle (a cat's fur etc.).
kraus [kraus], *adj.* (*a*) fuzzy, crinkly (hair);
creased, wrinkled (dress, brow); (*b*) *Fig:*
muddled (thoughts etc.). **K ~ e** ['krauzə], *f -/-n*
F: (*a*) fuzziness; (*b*) tight perm. '**K ~ haar,** *n*
-(e)s/-e fuzzy/crinkly hair. '**k ~ haarig,** *adj.*
fuzzy/crinkly-haired. '**K ~ kohl,** *m -(e)s/no pl*
Hort: curly kale. '**K ~ kopf,** *m -(e)s/--e* fuzzy-
headed person.
Kräusel|krepp ['krɔyzəlkrɛp], *m -s/-s Tex:*
(cotton) seersucker. '**k ~ n,** *v.tr.* (*a*) to
curl, crimp (hair); *Sew:* to gather (a skirt
etc.); *Fig:* (*Wind*) to ruffle, ripple (water etc.);
(*b*) **sich k.,** (*Haare usw.*) to curl; (*Wasser*) to

ripple; (*Stoff*) to crumple.

Kraut [kraut], *n* -(e)s/-er **1.** *Bot:* herb; *F:* **dagegen ist kein K. gewachsen,** there is no cure for that. **2.** *no pl* (*Blätter*) leaves; tops (of turnips etc.); **ins K. schießen,** (i) (*Pflanze*) to run to leaf; (ii) *Fig:* (*Phantasie usw.*) to run riot; *F:* **wie K. und Rüben,** in a muddle/mess. **2.** *no pl* (*Kohl*) *South G:* cabbage. ´K~**roulade,** *f* -/-n/´K~**wickel,** *m* -s/- *South G: Cu:* stuffed cabbage leaf.

Kräuter- [´krɔytər-], *comb.fm.* herb (vinegar, tea etc.); herbal (liqueur etc.); (butter, cheese etc.) containing herbs; **K~kunde** *f,* herbal lore; **K~kur** *f,* herbal remedy. ´K~**sammler,** *m* -s/- herbalist.

Krawall [kra´val], *m* -(e)s/-e (*a*) (*Tumult*) riot; (*b*) *F:* (*Lärm*) racket, row; (**wegen etwas** *gen*) **K. schlagen,** to create, make a rumpus (about sth.). **K~macher,** *m* -s/- *F:* hooligan.

Krawatte [kra´vatə], *f* -/-n tie. **K~nnadel,** *f* -/-n tiepin.

Kraxel|ei [kraksə´lai], *f* -/-en *South G: F:* climbing, clambering (*esp.* in mountains). ´k~**n,** *v.i.* (*sein*) *South G: F:* to clamber, go climbing (**auf einen Berg,** up a mountain).

Krea|tion [kreatsi´o:n], *f* -/-en *Art: Cl: etc:* creation. **k~tiv** [-a´ti:f], *adj.* creative. **K~tur** [a´tu:r], *f* -/-en creature.

Krebs [kre:ps], *m* -es/-e **1.** *Z:* crab; (*Flußk.*) crayfish; *Row:* **einen K. fangen,** to catch a crab. **2.** *Astr:* Cancer. **3.** *Med:* cancer. ´k~**artig,** *adj. Med:* cancerous. ´K~**bekämpfung,** *f* -/no pl Med: fight against cancer; (*Behandlung*) cancer control. ´k~**krank,** *adj.* suffering from cancer. ´K~**kranke(r),** *m&f decl. as adj.* cancer patient. ´k~´**rot,** *adj.* (*Pers.*) as red as a lobster. ´K~**schere,** *f* -/-n crayfish claw. ´K~**tier,** *n* -(e)s/-e *Z:* crustacean.

Kredenz [kre´dɛnts], *f* -/-en *A: & Aus:* dresser, sideboard.

Kredit [kre´di:t]. **I.** *m* -(e)s/-e *Fin: Com: etc:* credit; **auf K.,** on credit; **j-m einen K. gewähren,** to grant s.o. a loan. **II.** K~-, *comb.fm.* credit (card etc.). **K~drosselung** *f,* credit squeeze; **K~geschäft** *n,* credit transaction; **K~kauf** *m,* purchase on credit; **K~verkehr** *m,* credit transactions; *adj.* **k~würdig,** credit-worthy.

Kredo [´kre:do], *n* -s/-s *Ecc:* creed.

Kreid|e [´kraidə]. **I.** *f* -/-n chalk; *F:* **in der K. sitzen/stehen,** to be in debt. **II.** ´K~-, *comb.fm.* chalk (drawing etc.); **K~felsen** *m,* chalk cliff; **K~stift** *m,* chalk crayon. ´k~e´**bleich,** *adj.* as white as a sheet. ´k~**ehaltig,** *adj.* chalky. ´k~**ig,** *adj.* chalky.

kreieren [kre´i:rən], *v.tr.* to create (a fashion, *Th:* a part etc.).

Kreis [krais]. **I.** *m* -es/-e circle; (*a*) **im K. sitzen,** to sit in a circle/ring; **sich im K. bewegen,** to revolve; (*also Fig: Gespräch usw.*) to go round and round (in circles); **ihr drehte sich alles im K.,** everything was going round and round in her head; **einen K. um j-n, etwas** *acc* **schließen,** to encircle s.o., sth.; **der K. schließt sich,** the thread (of evidence) is complete; (*Vogel*) (**seine**) **K~e ziehen,** to circle; *Fig:* (*Affäre*) **K~e ziehen,** to have repercussions; (*b*) circle, group (of people); **in politischen K~en,** in political circles; **weite K~e der Bevölkerung,** large sec-

tions of the population; **im engsten K~e der Familie,** in the bosom of the family; (*c*) *El:* circuit; (*d*) *Adm:* administrative district. **II.** ´K~-, *comb.fm.* **1.** (*a*) circular (motion, line etc.); **K~bahn** *f,* circular path/orbit; **K~säge** *f,* circular saw; (*b*) *Geom:* (area, arc etc.) of a circle; **K~abschnitt** *m,* segment of a circle; **K~ausschnitt** *m,* sector of a circle; **K~umfang** *m,* circumference of a circle. **2.** *Adm:* district (committee, authority, administration etc.); **K~arzt** *m,* district medical officer; **K~stadt** *f,* chief town of a district; **K~tag** *m,* district council. **k~en** [´kraizən], *v.i.* (*haben*) (*a*) (*Vogel, Flugzeug usw.*) to circle; (*Planeten, Fig: Gedanken usw.*) **um etwas** *acc* **k.,** to revolve around sth.; **um die Erde k.,** to orbit the earth; *Gym:* **mit dem Arm/Bein k.,** to describe circles with one's arm/leg; (*b*) (*Blut, Geld*) to circulate; **die Whiskyflasche k. lassen,** to pass the whisky bottle round. ´k~**förmig,** *adj.* circular (movement etc.). ´K~**lauf,** *m* -(e)s/-e circulation (of blood, money etc.); *Fig:* cycle (of life, seasons etc.). ´K~**lauf-,** *comb.fm. Med:* circulatory (collapse etc.); **K~störung** *f,* circulatory disorder. ´K~**verkehr,** *m* -s/no pl (traffic) roundabout, *N.Am:* traffic circle.

kreischen [´kraiʃən], *v.i.* (*haben*) to screech; to shriek (**vor Angst usw.,** with fear etc.). ´k~**d,** *adj.* shrill, strident.

Kreisel [´kraizəl], *m* -s/- **1.** *Ph: etc:* gyroscope. **2.** (*Spielzeug*) top. ´K~**kompaß,** *m* -sses/-sse *Nau:* gyrocompass.

Krem [kre:m], *f* -/-s = **Creme.** ´k~**ig,** *adj.* = cremig.

Krematorium [krema´to:rium], *n* -s/-ien crematorium, *N.Am:* crematory.

Krempe [´krɛmpə], *f* -/-n brim (of a hat).

Krempel[1] [´krɛmpəl], *f* -/-n *Tex:* card. ´k~**n,** *v.tr.* to card (wool etc.).

Krempel[2], *m* -s/no pl *F:* stuff, junk.

Kren [kre:n], *m* -(e)s/no pl *South G:* horseradish.

Kreole [kre´o:lə], *m* -n/-n creole.

Kreosot [kreo´zo:t], *n* -(e)s/no pl *Ch:* creosote.

krepieren [kre´pi:rən], *v.i.* (*sein*) (*a*) (*Bombe, Granate*) to burst; (*b*) *F:* (*Tier, P: Pers.*) to die a miserable death; **soll er doch k.!** he can drop dead for all I care!

Krepp [krɛp], *m* -s/-s *Tex:* crêpe. ´K~**gummi,** *m* -s/no pl crêpe rubber. ´K~**papier,** *n* -s/-e crêpe paper. ´K~**sohle,** *f* -/-n crêpe(-rubber) sole.

Kresse [´krɛsə], *f* -/-n *Bot:* cress.

Kret|a [´kre:ta]. *Pr.n.n* -s. *Geog:* Crete. ´k~**isch,** *adj.* Cretan.

Kreuz [krɔyts]. **I.** *n* -es/-e (*a*) cross; *Ecc:* **das K. schlagen,** to make the sign of the cross; *F:* **hinter j-m drei K~e machen,** to wish s.o. good riddance; *Fig:* **zu K. kriechen,** to eat humble pie; **sein K. tragen,** to bear one's cross; **es ist ein K. mit ihm,** he is a terrible burden; (*K. mit ihm,* lines, *Aut:* motorways etc.). **2.** (*a*) *Mus:* sharp; (*b*) *Print:* dagger. **3.** *Anat:* small of the back; *F:* **ich hab's im K.,** my back aches. **4.** *Cards:* (*Karte*) club; (*Farbe*) clubs; **K. ist Trumpf,** clubs are trumps. **II.** **k.,** *adv.* **k. und quer,** criss-cross, higgledy-piggledy; (*hin und her*) this way and that, hither and thither. **III.** ´K~-, *comb.fm.* (*a*) cross-(stitch etc.); *Rel:*

(sign etc.) of the cross; **K~feuer** *n*, crossfire; *Arch:* **K~gewölbe** *n*, cross-vault; *Orn:* **K~schnabel** *m*, crossbill; *Art:* **K~schraffur** *f*, cross-hatching; *Jur:* **K~verhör** *n*, cross-examination; (b) *Cards:* (ace, king etc.) of clubs; **K~bube** *m*, jack of clubs; **K~dame** *f*, queen of clubs. ′**K~arm**, *m* -(e)s/-e *Ecc.Arch:* transept. ′**k~brav**, *adj. F: esp. Iron:* **k~er Kerl**, upright citizen. ′**K~chen**, *n* -s/- small cross. ′**K~dorn**, *m* -(e)s/-e *Bot:* buckthorn. ′**k~en**, *v.* 1. *v.tr.* (a) (*Linie, Straße usw.*) to cross, intersect (another line, road etc.); (*Pers.*) **die Arme/Beine k.**, to fold one's arms/ cross one's legs; **sich k.**, (*Straßen, Linien*) to cross; (*Briefe*) to cross in the post; (*Interessen, Meinungen usw.*) to clash; **ihre Blicke kreuzten sich**, their eyes met; (b) to cross (animals, plants etc.) (**mit** + *dat*, with). 2. *v.i.* (*haben*) *Nau:* (a) to cruise; (b) *Sail:* (im Zickzackkurs) to tack. ′**K~er**, *m* -s/- *Nau: & Navy:* cruiser. ′**K~fahrer**, *m* -s/- *Hist:* crusader. ′**K~fahrt**, *f* -/-en 1. *Nau:* cruise. 2. *Hist:* crusade. ′**k~fi′del**, *adj. F:* extremely jolly. ′**K~förmig**, *adj.* cross-shaped; cruciform (church etc.). ′**K~gang**, *m* -(e)s/ˈe *Arch:* cloister. ′**K~hacke**, *f* -/-n pickaxe. ′**k~igen**, *v.tr. Hist:* to crucify (s.o.). ′**K~igung**, *f* -/-en crucifixion. ′**K~otter**, *f* -/-n *Z:* adder, common viper. ′**K~ritter**, *m* -s/- *Hist:* crusader. ′**K~tonart**, *f* -/-en *Mus:* sharp key. ′**K~ung**, *f* -/-en 1. (a) intersection (of roads, railways); (*Straßenk.*) (road) junction, cross-roads; **planfreie K.**, traffic interchange; (b) (*Übergang*) crossing. 2. *Bot: Z:* (a) crossing (of animals, plants); (b) (*Tier, Pflanze*) cross. ′**k~′unglücklich**, *adj. F:* desperately unhappy. ′**k~weise**, *adv.* (a) crosswise; (b) *P:* **du kannst mich k.!** go to hell! ′**K~worträtsel**, *n* -s/- crossword puzzle. ′**K~zug**, *m* -(e)s/ˈe *Hist:* crusade.

Krevette [kre′vetə], *f* -/-n *Cu:* shrimp.

kribbel|ig [′kribəliç], *adj. F:* edgy; (*unruhig*) fidgety (child etc.). ′**k~n.** I. *v.i.* (*haben*) (*esp. impers.*) *F:* **es kribbelt mir in der Nase**, my nose is tickling; **es kribbelt mir in den Fingern**, (i) I've got pins and needles in my fingers; (ii) *Fig:* I'm itching to get on with it. II. **K.**, *n* -s/no pl tingling; pins and needles.

Krickente [′krik′entə], *f* -/-n *Orn:* teal.

kriech|en [′kri:çən], *v.i.irr.55* (*sein*) (a) to crawl, (*sehr langsam*) creep; **vor j-m k.**, to grovel/ toady to s.o.; *P:* **j-m in den Arsch k.**, to lick s.o.'s boots; (b) *Tchn:* (*Stoff*) to creep; *El:* (*Strom*) to leak. ′**k~er**, *m* -s/- *Pej:* crawler, creep. ′**k~erisch**, *adj. Pej:* obsequious, grovelling. ′**K~pflanze**, *f* -/-n *Bot:* creeper. ′**K~spur**, *f* -/-en *Aut:* crawler lane. ′**k~tempo**, *n* -s/no pl **im K.**, at a crawl. ′**K~tier**, *n* -(e)s/-e *Z:* reptile.

Krieg [kri:k], *m* -(e)s/-e war; **totaler/biologischer K.**, total/biological warfare; **sich im K. befinden**, to be at war; **mit einem Land K. führen**, to wage war on a country; **einem Land den K. erklären**, to declare war on a country; *Fig:* **der Armut usw. den K. ansagen**, to declare war on poverty etc. **K~er** [′kri:gər], *m* -s/- *Hist:* warrior. ′**K~erdenkmal**, *n* -s/ˈer war memorial. ′**k~erisch**, *adj.* warlike (attitude,

people etc.); martial (bearing etc.). ′**K~erwitwe**, *f* -/-n war widow. ′**k~führend**, *adj.* belligerent. ′**K~führung**, *f* -/-en warfare. ′**K~s-**, *comb.fm.* war (bride, service, grave, damage, dance, crime, criminal, wound etc.); wartime (experience etc.); (outbreak, costs, state etc.) of war; **K~bemalung** *f*, warpaint; **K~berichterstatter** *m*, war correspondent; **K~entschädigung** *f*, war reparations; **K~gebiet** *n*, war zone; **K~geschrei** *n*, war cry; **K~hetzer** *m*, warmonger; *adj.* **k~müde**, war-weary; **K~opfer** *n*, war victim; **K~schiff** *n*, warship; **K~wirtschaft** *f*, wartime economy; **K~stärke** *f*, wartime strength; **K~zeit** *f*, wartime, time of war; **K~beute** *f*, spoils of war; **K~erklärung** *f*, declaration of war; **K~gefangene(r)** *f(m)*, prisoner of war; **K~schauplatz** *m*, theatre of war. ′**K~sbeil**, *n* -(e)s/-e tomahawk; *Fig:* **das K. begraben**, to bury the hatchet. ′**k~sbeschädigt**, *adj.* (war) disabled. ′**K~sdienstverweigerer**, *m* -s/- conscientious objector. ′**K~seinwirkung**, *f* -/-en enemy action. ′**K~sfall**, *m* **im K.**, in the event of war. ′**K~sfuß**, *m F:* **mit j-m auf K. stehen/leben**, to be at loggerheads with s.o. ′**K~sgefangenschaft**, *f* -/no pl captivity. ′**K~sgericht**, *n* -(e)s/-e *Jur:* court martial. ′**K~shafen**, *m* -s/ˈ naval base. ′**K~shandlung**, *f* -/-en military action. ′**K~smarine**, *f* -/-n navy. ′**K~smaterial**, *n* -s/-ien munitions. ′**K~srat**, *m* **K. abhalten**, to hold a council of war. ′**K~srecht**, *n* -(e)s/no pl martial law. ′**k~stauglich**, *adj.* fit for active service. ′**K~steilnehmer**, *m* -s/- combatant. ′**k~sversehrt**, *adj.* (war) disabled. ′**k~swichtig**, *adj.* of strategic importance.

kriegen [′kri:gən], *v.tr. F:* to get (sth.); to catch (a train, criminal, cold etc.), **den Zug nicht mehr k.**, to miss a train; **graue Haare k.**, to go grey; **ich kriege 20 Mark von dir**, you owe me 20 marks; **am Ende kriegten sie sich doch**, they got hitched in the end; **sie kriegt ein Kind**, she is having a baby; **j-n dazu k., etwas zu tun**, to get s.o. to do sth.; **Wut, Angst usw. k.**, to become angry, afraid etc.; **das k. wir gleich!** we'll soon fix that! **dich werde ich gleich k.!** I'll get you in a minute!

Krim [krim]. I. *Pr.n.f -. Geog:* **die K.**, the Crimea. II. ′**K~-**, *comb.fm.* Crimean (War etc.).

Krimi [′krimi], *m* -s/-s *F:* detective story, whodunnit

Kriminal|beamte(r) [krimi′na:lbeamtə(r)], *m decl. as adj.* criminal investigator. **K~film**, *m* -(e)s/-e crime/detective film. **K~istik** [-na′listik], *f* -/no pl criminal science. **K~ität** [-nali′te:t], *f* -/no pl crime (rate). **K~kommissar**, *m* -s/-e approx. detective superintendent. **K~polizei**, *f* -/no pl criminal investigation department; plain-clothes police. **K~roman**, *m* -s/-e crime/detective novel.

kriminell [krimi′nɛl], *adj.* criminal; *adv.* **k. veranlagt**, with criminal tendencies. **K~e(r)**, *m & f decl. as adj.* criminal.

Krimskrams [′krimskrams], *m* -(es)/no pl *F:* junk; (*dieses und jenes*) odds and ends.

Kringel [′kriŋəl], *m* -s/- 1. curl (of smoke etc.). 2. (*Keks*) ring-shaped biscuits. ′**k~n**, *v.tr.* to coil, curl (sth.); (*Rauch usw.*) **sich k.**, to curl; *F:*

sich vor Lachen k., to double up with laughter.
Kripo ['kri:po], *f* -/no *pl F:* = **Kriminalpolizei**.
Krippe ['kripə], *f* -/-n 1. *Agr: & Ecc:* crib, manger. 2. (*Kinderk.*) day nursery. 'K ~ n- spiel, *n* -(e)s/-e nativity play.
Kris|e ['kri:zə], *f* -/-n crisis. 'k ~ eln, *v.impers.* es kriselt, there is trouble brewing/a crisis in the offing. 'k ~ enfest, *adj. esp. Econ:* stable. 'k ~ nhaft, *adj.* crisis (conditions etc.); (reces- sion) of crisis proportions. 'K ~ enherd, *m* -(e)s/-e storm centre, trouble spot. 'K ~ is, *f* -/-en *Med: etc:* crisis.
Kristall [kris'tal]. I. *m* -s/-e *Miner: Ch: etc:* crystal. II. *n* -s/*no pl* crystal (glass). k ~ en, *adj.* crystalline. K ~ isati'on, *f* -/-en *Ch: etc:* crystallization. k ~ i'sieren, *v.tr. & i.* (*haben*) to crystallize (a substance). K ~ kugel, *f* -/-n crystal ball. K ~ ogra'phie, *f* -/*no pl* cry- stallography. K ~ zucker, *m* -s/*no pl* granu- lated sugar.
Kriterium [kri'te:rium], *n* -s/-ien 1. criterion. 2. *Sp:* skiing/cycle race.
Kritik [kri'ti:k], *f* -/-en 1. *Th: Mus: Art: etc:* (*a*) (*Rezension*) notice, review (**über** + *acc,* of); (*b*) *no pl* (*allgemein*) criticism; **die K. war sich darüber einig,** the critics agreed on this. 2. *no pl* (*Tadel*) criticism; **K. an j-m, etwas** *dat* **üben,** to criticize s.o., sth.; *F:* **unter aller/jeder K.,** beneath contempt. K ~ iker ['kri:tikər], *m* -s/- critic. k ~ iklos [kri'ti:klo:s], *adj.* uncritical. k ~ isch ['kri:tiʃ], *adj.* critical; **die k ~ en Jahre (einer Frau),** the change of life. k ~ isieren [kriti'zi:rən], *v.tr.* to criticize (s.o., sth.).
Krittel|ei [kritə'lai], *f* -/-en faultfinding. 'K ~ er, *m* -s/- faultfinder. 'k ~ n, *v.tr. & i.* (*haben*) to find fault (**an** + *dat,* with); **daran ist nichts zu k.,** you can't pick holes in that.
Kritzel|ei [kritsə'lai], *f* -/-en scrawl, scribble. 'k ~ ig, *adj.* scratchy, scrawled. 'k ~ n, *v.tr.&i.* (*haben*) to scribble, scrawl (sth.).
Krokodil [kroko'di:l], *n* -s/-e *Z:* crocodile. K ~ leder, *n* -s/*no pl* crocodile (skin). K ~ s- tränen, *pl Fig:* crocodile tears.
Krokus ['kro:kus], *m* -/- & -se *Bot:* crocus.
Kron|e ['kro:nə], *f* -/-n (*a*) crown; *F:* **das setzt der Sache die K. auf!** that puts the lid on it! (*b*) (*oberster Teil*) crown (of a tree, tooth etc.); crest (of a wave); (*c*) *F:* (*Kopf*) **was ist ihm in die K. gefahren?** what's bitten him? (*d*) *Fig:* (*Höhepunkt*) crowning achievement. 'K ~ en- korken, *m* -s/- crown cap. 'K ~ enmutter, *f* -/-n *Mec.E:* castellated nut. 'K ~ juwelen, *npl* crown jewels. 'K ~ leuchter, *m* -s/- chan- delier. 'K ~ prinz, *m* -en/-en crown prince. 'K ~ prinzessin, *f* -/-nen crown princess. 'K ~ rad, *n* -(e)s/̈-er *Mec.E:* crown wheel.
krön|en ['krø:nən], *v.tr.* to crown (s.o., *Fig:* sth.); **j-n zum König, Kaiser usw. k.,** to crown s.o. king, emperor etc.; *Fig:* **von Erfolg gekrönt,** crowned with success. 'K ~ ung, *f* -/-en (*a*) coronation; (*b*) *Fig:* consummation, crowning achievement; **als K. der Festspiele fand ein Feuerwerk statt,** the climax of the festival was a firework display.
Kropf [krɔpf], *m* -(e)s/̈-e 1. *Med:* goitre. 2. *Orn:* crop.
kroß [krɔs], *adj. North G:* **k. gebacken,** crusty.
Kröte ['krø:tə], *f* -/-n 1. *Z:* toad. 2. *F:* (*Kind*)

kleine K., little scamp. 3. *F:* **eine Menge K ~ n,** a packet of money; **die letzten K ~ n,** one's last few marks.
Krück|e ['krykə], *f* -/-n 1. (*Stock*) crutch; **mit/ an K ~ n gehen,** to walk on crutches. 2. (*Griff*) crook, curved handle. 'K ~ stock, *m* -(e)s/̈-e walking-stick, cane (with a curved handle).
Krug [kru:k], *m* -(e)s/̈-e jug (**mit Wasser, Milch** usw., of water, milk etc.).
Krume ['kru:mə], *f* -/-n 1. crumb. 2. soft part (of a loaf). 3. *Agr:* topsoil.
Krümel ['kry:məl], *m* -s/- crumb. 'k ~ ig, *adj.* crumbly. 'k ~ n, *v.tr.* to crumble (bread, cake etc.); *abs.* k., to make crumbs.
krumm [krum], *adj.* 1. (*a*) (*verformt*) twisted, out of shape; warped (wood); bent (nail etc.); curved (line, spine etc.); crooked (stick, nose, etc.); (*Pers.*) bent, stooping; **k ~ e Beine haben,** to be bow-legged; **ein k ~ er Rücken,** a round back, stoop; *F:* **k ~ e Finger machen,** to be light- fingered; (*b*) (*sich schlängelnd*) winding (path, river). 2. *F:* (*unehrlich*) **eine k ~ e Sache drehen,** to do sth. crooked; **k ~ er Hund,** dirty dog. 'k ~ beinig, *adj.* bow-legged, bandy-legged; (*Dackel usw.*) with bent/bandy legs. 'k ~ neh- men, *v.tr.sep.irr.69* to take (sth.) amiss, take offence at (sth.); **du nimmst es mir doch nicht k., wenn ich jetzt gehe?** I hope you don't mind me leaving now?
krümm|en ['krymən], *v.tr.* to bend (a wire, one's back etc.), crook (one's finger); (*Katze*) to arch (its back); **sich k.,** to bend, twist; (*Fluß, Pfad*) to wind; (*Pers.*) **sich vor Schmerzen/Lachen k.,** to double up with pain/laughter. 'K ~ er, *m* -s/- bend, elbow (in a pipe); *I.C.E:* manifold. 'K ~ ung, *f* -/-en bend; curve (of an arch, road etc.); curvature (of the spine etc.); camber (of a road surface etc.).
Krüppel ['krypəl], *m* -s/- cripple; **j-n zum K. machen,** to cripple s.o.
Krustazee [krusta'tse:ə], *f* -/-n crustacean.
Krust|e ['krustə], *f* -/-n crust; *Med:* scab. 'K ~ entier, *n* -(e)s/-e crustacean. 'k ~ ig, *adj.* crusty.
Kruzifix [krutsi'fiks], *n* -es/-e *Ecc:* crucifix.
Krypta ['krypta], *f* -/-ten *Ecc.Arch:* crypt.
Kuba ['ku:ba]. *Pr.n.n* -s. *Geog:* Cuba. K ~ ner- (in) [ku'ba:nər(in)], *m* -s/- (*f* -/-nen) Cuban. k ~ nisch [ku'ba:niʃ], *adj.* Cuban.
Kübel ['ky:bəl], *m* -s/- bucket; (*für Pflanzen*) tub; (*für Abfälle*) bin; *Ind: etc:* skip. 'K ~ wagen, *m* -s/- *Mil:* approx. = jeep.
kub|ieren [ku'bi:rən], *v.tr. Mth:* to cube (a number etc.). K ~ ik [ku'bi:k]. I. *Aut: F:* **1500 K., 1500 c.c.; wieviel K. hat der Wagen?** what's the capacity of the engine? II. K ~ -, *comb.fm.* (*a*) *Meas:* cubic (metre, centimetre etc.); K ~ inhalt *m,* cubic capacity; (*b*) *Mth:* cube (number, root). k ~ isch ['ku:biʃ], *adj.* cubic. K ~ ismus [ku'bismus], *m* -/*no pl Art:* cubism.
Kubus ['ku:bus], *m* -/-ben *Geom: Mth: etc:* cube.
Küche ['kyçə], *f* -/-n 1. kitchen; (*Einrichtung*) kitchen units. 2. (*Kochen*) cooking; **die K. führen/besorgen,** to do the cooking; **warme/ kalte K.,** hot/cold food. 'K ~ n-, *comb.fm.* kit- chen (garden, towel, furniture, chair, knife etc.); K ~ abfälle *mpl,* kitchen waste; K ~ büfett *n,* kitchen dresser; K ~ element *n,* kitchen unit;

K~gerät n, kitchen utensil/*coll.* utensils; **K~herd** m, kitchen range; **K~krepp** m, kitchen paper; **K~wecker** m, kitchen timer; *Mil:* **K~dienst** m, kitchen duty. '**K~nbulle,** m -n/-n *Mil: P:* cookhouse wallah, *N.Am:* KP. '**K~nchef,** m -s/-s chef. '**K~nmaschine,** f -/-n *H:* (electric) mixer. '**K~nschabe,** f -/-n *Ent:* cockroach. '**K~nzettel,** m -s/- menu. **Kuchen** ['ku:xən], m -s/- cake. '**K~blech,** n -(e)s/-e baking sheet. '**K~form,**f-/-en cake tin/ *N.Am:* pan. '**K~gabel,** f -/-n cake/pastry fork. '**K~teig,** m -(e)s/-e *Cu:* cake mixture.
Kuckuck ['kukuk], m -s/-e 1. (a) *Orn:* cuckoo; (b) *P:* **hol dich der K.!** get lost! **zum K.!** damn it! **das weiß der K.!** goodness knows! 2. *Hum:* bailiff's stamp. '**K~suhr,**f-/-en cuckoo clock.
Kuddelmuddel ['kudəlmudəl], m & n -s/*no pl North G: F:* muddle; (*Mischmasch*) hotchpotch.
Kufe ['ku:fə], f -/-n (a) runner (of a sledge etc.); *Av:* skid; (b) rocker (of a rocking chair).
Kugel ['ku:gəl], f -/-n 1. ball; *Geom:* sphere; *Geog:* globe; *Sp:* shot; **die K. stoßen,** to put the shot; *F:* **eine ruhige K. schieben,** to lead a cushy life. 2. (*Geschoß*) bullet; **sich** dat **eine K. durch den Kopf jagen,** to blow out one's brains. '**K~blitz,** m -es/-e ball lightning. '**k~fest,** adj. bullet-proof. '**k~förmig,** adj. spherical. '**K~gelenk,** n -(e)s/-e *Anat. & Mec.E.* ball-and-socket joint. '**K~kopf,** m -(e)s/-e *Typewr:* golfball. '**K~lager,** n -s/- *Mec.E:* ball bearing. '**k~n,** v.refl. *F:* **sich k.,** (*Pers., Tier*) to roll about. '**k~'rund,** adj. *F:* round as a ball, tubby. '**K~schreiber,** m -s/- ballpoint pen. '**k~sicher,** adj. bullet-proof.
Kügelchen ['ky:gəlçən], n -s/- pellet.
Kuh [ku:], f -/-e (a) cow; (b) *Pej:* **blöde K.!** stupid cow! '**K~dorf,** n -(e)s/-er *or Pej:* village at the back of beyond; dead-end village. '**K~fladen,** m -s/- cowpat. '**K~handel,** m -s/-e *F:* (piece of) horse-trading. '**K~haut,** f -/-e cowhide; *F:* **das geht auf keine K.!** it's absolutely staggering! '**K~hirt,** m -en/-en cowherd, cowhand. '**K~milch,** f -/*no pl* cow's milk. '**K~mist,** m -(e)s/-e cow-dung. '**K~stall,** m -(e)s/-e cowshed.
kühl [ky:l], adj. 1. (*frisch*) cool; (*unangenehm*) chilly; adv. **etwas k. lagern,** to keep sth. in a cool place. 2. *Fig:* cool (reception, glance, head, etc.); adv. **j-n k. behandeln,** to treat s.o. coolly. '**K~anlage,** f -/-n cold-storage plant. '**K~e,** f -/*no pl* coolness; cool (of the evening etc.); chilliness (of night etc.). '**k~en,** v.tr. to cool (sth.); *Ind:* to refrigerate (foodstuffs etc.). '**K~er,** m -s/- 1. cooler (for wine etc.). 2. *Aut:* (a) radiator; (b) *F:* = **K~haube.** '**K~erhaube,** f -/-n *Aut:* bonnet, *N.Am:* hood. '**K~ergrill,** m -s/-s *Aut:* radiator grille. '**K~erverschluß,** m -sses/-sse *Aut:* radiator cap. '**K~mittel,** n -s/- *Ind: etc:* coolant. '**K~raum,** m -(e)s/-e cold store. '**K~rippe,** f -/-n *Mec.E:* cooling fin. '**K~schiff,** n -(e)s/-e refrigerator ship. '**K~schlitz,** m -es/-e *Aut: etc:* louvre. '**K~schrank,** m -(e)s/-e refrigerator. '**K~tasche,** f -/-n cooler bag. '**K~truhe,** f -/-n (chest) freezer. '**K~turm,** m -(e)s/-e *Ind:* cooling tower. '**K~ung,** f -/-en (a) (refreshing) coolness; (b) *Tchn:* cooling.

'**K~wagen,** m -s/- *Rail & Aut:* refrigerator van/*N.Am:* car.
kühn [ky:n], adj. bold; (*gewagt*) daring (escape etc.); **es übertraf meine k~sten Träume/Erwartungen,** it exceeded my wildest dreams/expectations. '**K~heit,** f -/*no pl* boldness, daring.
Küken ['ky:kən], n -s/- *Orn:* chick.
Kukuruz ['kukuruts], m -es/*no pl South G:* maize, *N.Am:* corn.
kulant [ku'lant], adj. *Com:* obliging, reasonable.
Kuli[1] ['ku:li], m -s/-s coolie.
Kuli[2], m -s/-s *F:* ballpoint (pen).
kulinarisch [kuli'na:riʃ], adj. culinary; **k~er Ruf,** reputation for cooking.
Kulisse [ku'lisə], f -/-n (a) *Th:* piece of scenery; flat; pl **K~n,** (*Seite der Bühne*) wings; (b) *Fig:* background; **hinter den K~n,** behind the scenes; **das ist nur K.!** that's just a facade! **K~nreißer,** m -s/- *F:* ham actor. **K~nschieber,** m -s/- scene shifter.
Kulleraugen ['kulər?augən], npl *F:* eyes as big as saucers; **K. machen,** to make big eyes.
Kulmi|nation [kulminatsi'o:n], f -/-en culmination. **k~nieren,** v.i. (*haben*) to culminate (**in** + dat, in).
Kult [kult], m -(e)s/-e (a) *Rel:* (form of) worship, rite; (b) *Fig:* idolization; **einen K. mit j-m/**dat **etwas treiben,** to make an idol of s.o./a cult of sth. '**k~isch,** adj. ritual (object etc.). **K~ivator** [-'va:tor], m -s/-en *Agr:* cultivator. **k~ivieren** [-'vi:rən], v.tr. (a) to cultivate (land, plants, *Fig:* taste etc.). **k~i'viert,** adj. refined, cultivated (taste etc.); cultured (person, mind etc.). **K~i'vierung,** f -/*no pl* cultivation; refinement. '**K~stätte,** f -/-n place of worship.
Kultur [kul'tu:r]. I. f -/-en 1. (a) culture, civilization; **die abendländische K.,** Western civilization; **primitive K~en,** primitive cultures; (b) *no pl* culture; **ohne K.,** uncultured (person). 2. (a) *Agr: etc:* cultivation; **in K.,** cultivated; (b) plantation (of trees etc.), (c) *Med. Ch. etc.* **bakteriologische K~en,** bacterial cultures. II. **K~-,** comb.fm. 1. (a) cultural (exchange, agreement, policy, shock, centre etc.); **K~erbe** n, cultural heritage; **K~gut** n, cultural assets; (b) civilized (man etc.); **K~volk** n, civilized race. 2. *Agr:* cultivated (plants, land, area etc.). **K~banause,** m -n/-n/**K~bremse,** f -/-n *F:* philistine. **K~beutel,** m -s/- toilet bag. **k~ell** [-tu'rel], adj. cultural. **K~film,** m -(e)s/-e documentary film. **K~geschichte,** f -/*no pl* cultural history; history of civilization. **K~referat,** n -(e)s/-e *Adm:* cultural (and educational) department. **K~schande,** f -/-n crime against civilization/*Hum:* good taste. **K~sprache,** f -/-n language of a civilized race. **K~stufe,**f -/-n stage of civilization.
Kultus ['kultus], m -/Kulte 1. cult. 2. *Adm:* cultural affairs. '**K~minister,** m -s/- *West G:* minister of education and cultural affairs. '**K~ministerium,** n -s/-ien *West G:* ministry of education and cultural affairs.
Kümmel ['kyməl], m -s/- 1. *Cu:* caraway. 2. kümmel (liqueur).
Kummer ['kumər], m -s/*no pl* grief, sorrow (**um/ über** + acc, over); (*Sorge*) worry, distress; **es macht mir K.,** it worries/concerns me; **ich habe**

viel K. mit ihm, I have a lot of trouble/worry with him; *F:* **seinen K. herunterspülen,** to drown one's sorrows; **ich bin K. gewöhnt,** (it doesn't bother me,) I've seen it all. ´K ~ **kasten,** *m* -s/ﬞ *Ecc: F:* box for parishioners' problems. ´K ~ **speck,** *m* -s/*no pl F:* pounds added by worry. ´k ~ **voll,** *adj.* distressed, grief-stricken.

kümmer|lich [´kymərliç], *adj.* miserable, wretched (life, conditions, quarters etc.); puny (plant, efforts etc.); paltry, meagre (salary, result etc.); *adv.* **sich k. ernähren,** to live on a meagre/scanty diet. ´k ~ **n,** *v.tr.* (*a*) to bother, concern (s.o.); **was kümmert dich das?** what concern is that of yours? **wen soll das k.?** who is going to worry about that? (*b*) **sich um j-n, etwas** *acc* **k.,** to look after/take care of s.o., sth.; **kümmere dich einen Moment um das Gepäck,** keep an eye on the luggage for a moment; **sich um einen Kunden, eine Reparatur usw. k.,** to attend to a customer, a repair etc.; **ich werde mich schon um den k.!** I'll deal with him! **ich kümmere mich nicht um diesen Klatsch,** I don't take any notice of this gossip; **k. Sie sich um Ihre eigenen Angelegenheiten,** mind your own business.

Kump|an [kum'pɑːn], *m* -s/-e *F:* mate, chum, *N.Am:* buddy; *Pej:* crony.

Kumpel [´kumpəl], *m* -s/- & *F:* -s *Min:* & *F:* mate, *N.Am:* buddy.

Kumulat|ion [kumulatsi'oːn], *f* -/-en accumulation. **K ~ i´onswirkung,** *f* -/-en cumulative effect. **k ~ iv** [-'tiːf], *adj.* cumulative.

Kund|e¹ [´kundə], *m* -n/-n (*a*) (*Käufer im Geschäft usw.*) customer; (*zu Beratender*) client; **hier ist der K. König,** the customer comes first; (*b*) *F:* **schlauer K.,** slippery customer; **übler K.,** nasty piece of work. ´K ~ **enberatung,** *f* -/-en advisory service to customers. ´K ~ **endienst,** *m* -(e)s/-e (*a*) customer service; (*für Käufer*) after-sales service; (*b*) (*Stelle*) service department. ´K ~ **enfang,** *m* -(e)s/*no pl Pej:* touting for custom. ´K ~ **enkreis,** *m* -es/-e clientele. ´K ~ **enwerbung,** *f* -/-en *Com:* canvassing for customers. ´K ~ **in,** *f* -/-nen woman customer/client. ´K ~ **schaft,** *f* -/*no pl* 1. (*Kundenkreis*) clientele. 2. custom.

Kund|e², *f* -/-n *A:* & *Lit:* tidings. **k ~ geben** [´kunt-], *v.tr.sep.irr.35 Lit:* to announce, make known (one's views etc.). ´K ~ **gebung,** *f* -/-en demonstration, rally. ´k ~ **ig** [-diç]. I. *adj.* knowledgeable; expert (advice, mechanic etc.). II. *comb.fm.* with a good knowledge of . . .; **ortsk.,** familiar with a place. ´K ~ **machung,** *f* -/-en *South G: Aus:* & *Swiss:* (**amtliche**) **K.,** official announcement. ´K ~ **schafter,** *m* -s/ *Mil:* etc: scout. ´k ~ **tun,** *v.tr.sep.irr.106 Lit:* to make known, announce (an opinion etc.).

künd|bar [´kyntbaːr], *adj. Jur: Ins:* etc: terminable. **k ~ igen** [´kyndigən], *v.tr.* (*a*) to terminate, cancel (an agreement, contract etc.); *Fin:* to foreclose (a mortgage etc.); (*b*) *v.tr.* & *i.* (*haben*) (*Firma usw.*) **j-m k.,** to give s.o. notice; (*Angestellter*) (**die Stellung**) **k.,** to hand in one's notice; **die Wirtin hat mir zum 1. gekündigt,** my landlady has given me notice to quit on the 1st; **ich habe die Wohnung gekündigt,** I have given notice that I am leaving the flat/*N.Am:* apartment. ´K ~ **igung,** *f* -/-en (*a*) termina-

tion, cancellation; (*b*) (employer's/employee's) notice; (landlord's) notice to quit. ´K ~ **igungsfrist,** *f* -/-en period of notice. ´K ~ **igungsschreiben,** *n* -s/- written notice.

künftig [´kynftiç], *adj.* (*a*) future; prospective (candidate); coming (event etc.); **in k ~ en Jahren,** in years to come; (*b*) *adv.* in future, from now on.

Kunst [kunst]. I. *f* -/ﬞe 1. art; **K. sammeln,** to collect works of art; **die Schwarze K.,** necromancy; *F:* **was macht die K.?** how are things going with you? 2. (*Fähigkeit*) skill; **die K. des Lesens,** the ability to read (with understanding); **all seine K ~ e aufwenden,** to use all one's skill; **seine K ~ e zeigen,** to show what one can do; *F:* **das ist keine K.,** there is nothing to it; **mit seiner K. am Ende sein,** to be at one's wits end. II. ´K ~ -, *comb.fm.* 1. artificial (manure, limb etc.); synthetic (resin etc.); **K ~ seide** *f,* artificial silk, rayon; **K ~ faser** *f,* synthetic fibre; **K ~ honig** *m,* honey substitute; **K ~ leder** *n,* imitation leather. 2. art (gallery, calendar, lover, expert, collector etc.); **K ~ akademie** *f,* art college/school; **K ~ ausstellung** *f,* art exhibition; **K ~ druck** *m,* (art) print; **K ~ druckpapier** *n,* art paper; **K ~ gattung** *f,* art form; **K ~ geschichte** *f,* art history; **K ~ historiker(in)** *m* (*f*), art historian; **K ~ handel** *m,* art trade; **K ~ händler** *m,* art dealer; **K ~ galerie/K ~ halle** *f,* art gallery; **K ~ kenner** *m,* art connoisseur; **K ~ lied** *n,* art song; **K ~ unterricht** *m,* art lessons/teaching. ´K ~ **erzeugnis,** *n* -ses/-se objet d'art. ´K ~ **fahrer,** *m* -s/- trick cyclist. ´K ~ **fehler,** *m* -s/- *Med:* professional blunder. ´k ~ **fertig,** *adj.* skilful. ´K ~ **fertigkeit,** *f* -/-en skilfulness, craftsmanship. ´K ~ **flieger,** *m* -s/- *Av:* stunt pilot. ´K ~ **flug,** *m* -(e)s/ﬞe stunt flying, aerobatics. ´K ~ **genuß,** *m* -sses/ﬞsse aesthetic enjoyment. ´k ~ **gerecht,** *adj.* workmanlike, correct (method etc.); *adv.* in the approved manner. ´K ~ **gewerbe,** *n* -s/*no pl* arts and crafts. ´K ~ **gewerbler,** *m* -s/- artistcraftsman. ´k ~ **gewerblich,** *adj.* craftsmanmade. ´K ~ **griff,** *m* -(e)s/-e trick, dodge. ´K ~ **handwerk,** *n* -s/*no pl* arts and crafts. ´K ~ **karte,** *f* -/-n postcard reproduction. ´k ~ **los,** *adj.* simple, artless. ´K ~ **maler,** *m* -s/- painter, artist. ´K ~ **pause,** *f* -/-n pause for effect. ´K ~ **reiter,** *m* -s/- circus rider. ´K ~ **springen,** *n* -s/*no pl* highboard diving. ´K ~ **springer,** *m* -s/- highboard diver. ´K ~ **stoff,** *m* -(e)s/-e plastic. ´K ~ **stoff-,** *comb.fm.* plastic (flower, bag, bucket etc.); fibreglass (boat, *Aut:* body etc.); plastics (industry). ´K ~ **stopfen,** *n* -s/*no pl* invisible mending. ´K ~ **stück,** *n* -(e)s/-e trick, stunt; (*Glanzleistung*) feat; *F:* **das ist kein K.,** there's nothing remarkable about that; **K.!** no wonder! ´K ~ **turnen,** *n* -s/*no pl* (competitive) gymnastics. ´K ~ **verein,** *m* -(e)s/-e society for the furtherance of the arts. ´K ~ **verstand,** *m* -(e)s/*no pl* artistic sense/ judgment. ´k ~ **verständig,** *adj.* artistic. ´k ~ **voll,** *adj.* highly artistic; elaborate (carving etc.); ingenious (machine etc.); *adv.* with great art/skill. ´K ~ **werk,** *n* -(e)s/-e work of art. ´K ~ **wert,** *m* -(e)s/-e artistic/aesthetic value.

Künst|ler(in) ['kynstlər(in)]. **I.** *m* -s/- (*f*
-/-nen) **1.** artist. **2.** *Fig:* master (**der Improvisa-
tion,** of the art of improvisation). **II.** 'K~-,
comb.fm. artist's (life, studio etc.); (hands etc.)
of an artist; (group etc.) of artists. 'k~le-
risch, *adj.* artistic (achievement, creation etc.);
k~e Freiheit, artistic licence. 'K~lername,
m -ns/-n *Th:* stage name. 'K~lerpech, *n*
-s/*no pl F:* little mishap. 'K~lerzimmer, *n*
-s/- *Th:* greenroom. 'k~lich, *adj.* artificial;
Fig: forced (laugh, cheerfulness); k~e Zähne/
Haare, false teeth/hair; *adv.* sich k. aufregen,
to work oneself up exaggeratedly.

kunterbunt ['kuntərbunt], *adj.* very varied,
mixed; k~es Durcheinander, complete mix-up,
utter chaos.

Kupfer ['kupfər], *n* -s/*no pl* copper. 'k~far-
ben, *adj.* copper(-coloured). 'k~n, *adj.* (made
of) copper. 'K~stecher, *m* -s/- copperplate
engraver; *F:* paß nur auf, mein lieber Freund
und K.! just you watch out, my good friend!
'K~stich, *m* -(e)s/-e copper(-plate) engrav-
ing. 'K~stichkabinett, *n* -s/-e *Art:* print-
room.

kupieren [ku'pi:rən], *v.tr.* to crop (an animal's
tail etc.), clip (wings, a dog, hedge etc.).

Kupon [ku'põ], *m* -s/-s = **Coupon.**

Kuppe ['kupə], *f* -/-n **1.** brow (of a hill). **2.** (*a*)
finger end; (*b*) rounded head (of a nail etc.).

Kuppel ['kupəl], *f* -/-n *Arch:* dome. 'K~för-
mig, *adj.* domed.

Kupp|elei [kupə'lai], *f* -/-en (*a*) matchmaking;
(*b*) *Jur:* procuring. 'k~eln, *v.* **1.** *v.tr.* to
couple (sth.) (an etwas *acc,* to sth.). **2.** *v.i.*
(*haben*) (*a*) *Jur:* to procure; (*b*) *Aut:* to declutch.
'K~ler(in), *m* -s/- (*f* -/-nen) (*a*) match-
maker; (*b*) procurer. 'K~lung, *f* -/-en *Rail:
Mec.E: etc:* coupling; *Aut:* clutch.

Kur [ku:r], *f* -/-en cure, treatment (*esp.* at a spa).
'K~gast, *m* -(e)s/-e patient at/visitor to a spa.
'K~haus, *n* -es/-er main spa building.
k~ieren [ku'ri:rən], *v.tr.* to cure, heal (s.o.,
a disease etc.). 'K~ort, *m* -(e)s/-e health
resort, spa. 'K~pfuscher, *m* -s/- *Pej:* quack.
'K~saal, *m* -(e)s/-säle spa assembly hall.

Kür [ky:r], *f* -/-en **1.** election. **2.** *Sp:* free skating/
(*Tauchen*) diving; *Gym:* voluntary exercise.
'k~en, *v.tr.* to elect (a king, beauty queen
etc.). 'K~lauf, *m* -(e)s/-e *Sp:* free skating.

Kurat|or [ku'ra:tor], *m* -s/-en (*a*) (*Kustos*)
keeper, curator; (*b*) *Jur:* trustee.

Kurbel ['kurbəl], *f* -/-n *Mec.E:* crank. 'K~ge-
häuse, *n* -s/- *Mec.E:* crankcase. 'k~n, *v.tr.*
(*a*) in die Höhe k., to winch up (a load), wind
up (a car window etc.); (*b*) *F:* to shoot (a film).
'K~welle, *f* -/-n *Mec.E:* crankshaft.

Kürbis ['kyrbis], *m* -ses/-se **1.** pumpkin; (*Flas-
chenk.*) (vegetable) marrow; *esp. N.Am:*
squash. **2.** *F:* (*Kopf*) nut.

Kurfürst ['ku:rfyrst], *m* -en/-en *Hist:* Elector.
'K~entum, *n* -s/-er *Hist:* Electorate.

Kurier [ku'ri:r], *m* -s/-e (diplomatic) courier.

kurios [kuri'o:s], *adj.* queer (story, idea etc.);
curious, quaint (person, object etc.). K~ität
[-ozi'tɛ:t], *f* -/-en (*a*) queerness, quaintness; (*b*)
(*Sache*) curiosity, curio.

Kurs [kurs], *m* -es/-e **1.** (*a*) *Av: Nau: etc:* course;
vom K. abkommen, to get off course; K. auf

etwas *acc* halten, to head for sth.; (*b*) *Fig:*
policy, line; vom K. abweichen, to deviate from
a policy; (*c*) *Sp:* (*Strecke*) schwieriger K., diffi-
cult course. **2.** *St.Exch:* price; *Fin:* rate of ex-
change; *Fig:* er stand hoch im K. bei seinem
Chef, his boss thought very highly of him.
3. *Sch:* course, syllabus; *N.Am:* program.
'K~bericht, *m* -(e)s/-e *St.Exch:* market
report. 'K~buch, *n* -(e)s/-er railway time-
table. 'K~sturz, *m* -es/-e *St.Exch:* slump.
'K~wagen, *m* -s/- *Rail:* through coach.
'K~wert, *m* -(e)s/-e *St.Exch:* market value.

Kürschner ['kyr[nər], *m* -s/- furrier.

kurs|ieren [kur'zi:rən], *v.i.* (*haben*) to circulate.
k~iv [-'zi:f], *adj. Print:* italic. K~ivschrift,
f -/-en *Print.* italic (type), italics. K~us
['kurzus], *m* -/*Kurse Sch:* course.

Kurve ['kurvə], *f* -/-n (*also Mth:*) curve; bend
(of a road, river etc.); (schärfere) K., corner (in
a road); *F:* (*Pers.*) die K. kratzen, to beat it; er
hat die K. gekriegt, he's managed it/made it.
'k~n, *v.i.* (*sein*) (*Flugzeug*) to circle; (*hin und
her*) to twist and turn; *F:* (*Pers.*) durch die
Landschaft k., to drive around aimlessly. 'K~n-
fahren, *n* -s/*no pl Aut:* cornering. 'k~n-
reich, *adj.* (*a*) (*Straße*) winding, twisting; *P.N:*
k. auf 3 km, bends for 3 kilometres; (*b*) *Hum:*
(*Frau*) curvaceous.

kurz [kurts], *adj.* (*comp.* kürzer, *superl.* kür-
zeste) short; (*a*) er ging auf dem kürzesten Weg
nach Hause, he went straight home; *adv.* k.
dahinter, just behind it; *Mil:* sie schießen zu k.,
their shots are falling short; (*b*) *Fig:* alles k. and
klein schlagen, to smash everything to pieces;
den kürzeren ziehen, to come off worst; *adv.* zu
k. kommen, to lose out; (*c*) (*zeitlich*) vor kurzer
Zeit, a short time/while ago; vor k~em,
recently; not long ago; er ist erst seit k~em
hier, he has only been here for a short time;
binnen k~em, in a short while, shortly; k~en
Prozeß mit etwas *dat* machen, not to waste any
time over sth.; von k~er Dauer sein, to be
short-lived; *Hum:* k. und schmerzlos, short and
sweet; (*Behandlung*) quick and painless; *adv.* k.
anhalten, to stop briefly; über k. oder lang,
sooner or later; k. danach, shortly after; k. und
gut, in short; etwas k. zusammenfassen, to
summarize sth.; *esp. Tel:* fasse dich k.! be brief!
(*d*) (*schroff*) curt; *adv.* curtly, abruptly; k. und
bündig, short and to the point; *adv.* ich habe
ihm k. und bündig gesagt, daß ..., I told him
straight out/in no uncertain terms that...;
gegen j-n k. angebunden sein/j-n k. abfertigen,
to be brusque/curt with s.o.; k. entschlossen
handeln, to act swiftly/without hesitation.
'K~arbeit, *f* -/*no pl Ind:* short-time work.
'k~arbeiten, *v.i.sep.* (*haben*) to be on short
time. 'k~ärmelig, *adj. Cl:* short-sleeved.
'k~atmig, *adj.* (*Pers.*) short of breath, short-
winded. 'K~atmigkeit, *f* -/*no pl* puffiness.
'k~beinig, *adj.* short-legged. 'k~er'hand,
adv. without hesitation/delay. 'K~fassung,
f -/-en shortened/abridged version (of a book
etc.). 'k~fristig, *adj.* short-term (credit etc.);
adv. k. entlassen werden, to be dismissed at
short notice. 'K~geschichte, *f* -/-n short
story. 'K~haar, *n* -(e)s/*no pl* short hair (of a
dog, cat). 'K~haar-, *comb.fm.* short-haired

(cat, dog etc.). ´k ~ haarig, *adj.* short-haired. ´k ~ halten, *v.tr.sep.irr.45* to keep (s.o.) short (of money, food etc.); *Fig:* to keep (s.o.) on a tight rein. ´k ~ lebig, *adj.* short-lived; ephemeral (insect, plant etc.). ´K ~ lehrgang, *m* -(e)s/¨e (intensiver) K., crash course. ´K ~ meldung/K ~ nachricht, *f* -/-en *Journ: Rad: TV:* news flash. ´K ~ parkzone, *f* -/-n short-term parking zone. ´k ~ schließ-en, *v.tr.sep.irr.31* El: *etc:* to short-circuit, *F:* short (terminals etc.). ´K ~ schluß, *m* -sses/ ¨sse El: short-circuit, *F:* short; *Fig:* misconception. ´K ~ schlußhandlung, *f* -/-en action committed under extreme strain. ´K ~ schrift, *f* -/-en shorthand. ´k ~ sichtig, *adj.* also *Fig:* short-sighted, *N.Am:* near-sighted. ´K ~ sichtigkeit, *f* -/no *pl* short-sightedness, *N.Am:* near-sightedness. ´K ~ -strecke, *f* -/-n Rail: *Sp: etc:* short distance. ´K ~ streckenflugzeug, *n* -(e)s/-e *Av:* short-haul aircraft. ´K ~ streckenjäger, *m* -s/- *Av:* short-range fighter. ´K ~ streckenlauf, *m* -(e)s/¨e *Sp:* (a) sprinting; (b) sprint, *N.Am:* dash. ´K ~ streckenläufer, *m* -s/- *Sp:* sprinter. ´k ~ treten, *v.i.sep.irr.105* (haben) to ease up, take things easy. ´k ~ ´um, *adv.* in short. ´K ~ waren, *fpl* haberdashery, *N.Am:* notions. ´k ~ weg, *adv.* without hesitation; k. ablehnen, to refuse flatly/ bluntly. ´K ~ welle, *f* -/-n Rad: *etc:* short wave. K ~ wort, *n* -(e)s/¨er acronym. Kürz|e [´kyrtsə], *f* -/no *pl* (a) shortness; brevity (of a description etc.); briefness (of a visit etc.); in K., shortly; (b) (Knappheit) conciseness. ´k ~ en, *v.tr.* (a) (kürzer machen) to shorten (sth.); to take up (a dress); gekürzte Ausgabe, abridged edition; (b) (verringern) to cut, reduce (taxes, expenses etc.); to dock (s.o.'s wages); (c) Mth: einen Bruch k., to reduce a fraction. ´k ~ lich, *adj.* recently, a short time ago. ´K ~ ung, *f* -/-en (a) abridgement; (b) reduction, cut (des Einkommens, der Spesen usw., in

income, expenses etc.); K. der Ausgaben, cut-back in expenditure.
kusch! [kuʃ] *int.* (a) (zum Hund) lie! down! (b) P: (zum Kind usw.) shut up! ´k ~ elig, *adj.* cuddly. ´k ~ eln, *v.refl.* sich an j-n k., to cuddle/snuggle up to s.o. ´K ~ eltier, *n* -(e)s/-e cuddly toy. ´k ~ en, *v.i.* (haben) (Hund) to lie down; (Pers.) vor j-m k., to cringe before s.o.
Kusine [ku´zi:nə], *f* -/-n (female) cousin.
Kuß [kus], *m* -sses/¨sse kiss; Hum: (Briefschluß) Gruß und K., love and kisses. ´k ~ echt, *adj.* kiss-proof (lipstick). ´K ~ hand, *f* -/¨e j-m eine K. zuwerfen, to blow s.o. a kiss; *F:* das nehme ich mit K.! I'll accept that with pleasure!
Kü|βchen [´kysçən], *n* -s/- little kiss.
küssen [´kysən], *v.tr.* to kiss (s.o., sth.); sie küßten sich, they kissed (each other).
Küste [´kystə], *f* -/-n coast; nahe (an) der K., close inshore. ´K ~ n-, *comb.fm.* coastal (area, defence etc.); K ~ fischerei *f*, coastal/inshore fishing; K ~ gewässer *n*, coastal/inshore waters; K ~ schiffahrt *f*, coastal navigation; K ~ streifen /K ~ strich *m*, coastal strip; strip of coast. ´K ~ nfahrer, *m* -s/- Nau: coaster. ´K ~ -nlinie, *f* -/-n coastline. ´K ~ nwache, *f* -/no *pl* coastguard service.
Küster [´kystər], *m* -s/- Ecc: sacristan.
Kustos [´kustɔs], *m* -/-oden keeper, custodian.
Kutsch|e [´kutʃə], *f* -/-n (a) (horsedrawn) coach, carriage; (b) F: (Auto) jalopy. ´K ~ er, *m* -s/- coach-driver, coachman. k ~ ieren [ku´tʃi:rən], *v.tr.&i.* (sein) to drive (s.o.) in a coach/F: car.
Kutte [´kutə], *f* -/-n monk's habit.
Kutteln [´kutəln], *pl* Cu: tripe.
Kutter [´kutər], *m* -s/- Nau: cutter; (Fischk.) fishing boat.
Kuvert [ku´vɛːr], *n* -s/-s 1. A: & Aus: envelope. 2. (Gedeck) cover (at table). K ~ üre [kuvɛr´ty:rə], *f* -/-n Cu: chocolate coating.
KZ(lager)[kɑː´tset(lɑːgər)],*n*-(s)/-(s)(n-s/-)concentration camp.

L

L,l [ɛl], *n* -/- (the letter) L, l.
Lab [lɑːp], *n* -(e)s/-e Physiol: & Cu: rennet.
labb(e)rig [´lab(ə)riç], *adj.* F: tasteless, wishy-washy.
laben [´lɑːbən], *v.tr.* Lit: & Hum: to refresh (s.o.), sich an einem kühlen Biere l., to slake one's thirst with a cool beer.
labil [la´biːl], *adj.* unstable (situation, character etc.); delicate (health etc.). L ~ ität [-ili´tɛːt], *f* -/no *pl* instability.
Labor [la´boːr], *n* -s/-s & -e laboratory, F: lab. L ~ ant(in) [-o´rant(in)], *m* -en/-en (*f* -/-nen) laboratory assistant. L ~ atorium [-a´toːrium]

n -s/-rien laboratory. l ~ ieren [-o´riːrən], *v.i.* (haben) an einer Krankheit/Verletzung l., to have a persistent illness/a nagging injury; er laboriert seit Wochen an einer Erkältung, he's been trying to get rid of a cold for weeks.
Labyrinth [laby´rint], *n* -(e)s/-e maze; *Fig:* & Anat: labyrinth.
Lache¹ [´laxə, ´la:xə], *f* -/-n puddle.
Lach|anfall [´laxanfal], *m* -(e)s/¨e fit of laughter. L ~ e² [´laxə], *f* -/-n F: laugh. ´l ~ en. I. *v.tr.* & *i.* (haben) to laugh (über + acc, at); (stumm) to smile, grin; sie lachte über das ganze Gesicht, she grinned from ear to ear;

Iron: **daß ich nicht lache!** don't make me laugh! *F:* **er hat nichts zu l.,** he has a hard time (of it); **das wäre ja gelacht, wenn . . .,** it'd be a disgrace/ridiculous if . . .; *Fig:* **der Himmel/die Sonne lacht,** the sun is shining brightly; *Prov:* **wer zuletzt lacht, lacht am besten,** he who laughs last laughs longest. **II. L.,** *n* -s/*no pl* laugh; *coll* laughter; **ihm verging das L.,** he (soon) stopped laughing; his face fell; **es ist zum L.,** it's ridiculous; **es ist nicht zum L.,** it's not funny/no laughing matter; **mir ist nicht zum L.,** I'm not in a laughing mood. ′**L ~ er,** *m* -s/- 1. laughing person; **die L. auf seiner Seite haben,** to get a laugh. 2. *F:* laugh; *Th:* laugh-line. ′**L ~ falten,** *fpl* laughter lines. ′**L ~ gas,** *n* -es/-e laughing gas. ′**l ~ haft,** *adj.* ludicrous. ′**L ~ krampf,** *m* -(e)s/ˉe fit of laughter; **einen L. kriegen,** to go into fits of laughter. ′**L ~ salve,** *f* -/-n peal of laughter.

läch|eln [′leçəln]. **I.** *v.i.* (*haben*) to smile (**über etwas** *acc,* at sth.; **über j-n,** about s.o.); **darüber kann man nur l.,** you can't take that seriously. **II. L.,** *n* -s/- smile. ′**l ~ erlich,** *adj.* ridiculous; **j-n l. machen,** to make s.o. look a fool; **sich l. machen,** to make a fool of oneself; **etwas ins L ~ e ziehen,** to ridicule/poke fun at sth. ′**L ~ erlichkeit,** *f* -/-en (*a*) absurdity; **j-n der L. preisgeben,** to make s.o. a laughing stock; (*b*) *pl* **L ~ en,** ridiculous trifles.

Lachs [laks], *m* -es/-e *Fish:* salmon. ′**l ~ farben/l ~ farbig,** *adj.* salmon pink. ′**L ~ forelle,** *f* -/-n salmon trout. ′**L ~ schinken,** *m* -s/*no pl* smoked loin of pork.

Lack [lak], *m* -(e)s/-e 1. (*a*) (*farblos*) varnish; *F:* **der L. ist ab,** he/she/it has seen better days; (*b*) *Art: etc:* lacquer. 2. *Aut:* paintwork, finish. ′**L ~ affe,** *m* -n/-n *F:* conceited ass. ′**L ~ arbeit,** *f* -/-en (piece of) lacquerware. **l ~ ieren** [-′ki:rən], *v.tr.* (*a*) to varnish (wood, fingernails etc.); (*b*) *F:* to take (s.o.) for a ride. **L ~ iere′rei,** *f* -/-en *Ind: Aut: etc:* paintshop. ′**L ~ leder,** *n* -s/- patent leather. ′**L ~ schuh,** *m* -(e)s/-e patent leather shoe.

Lack(e)l [′lakəl], *m* -s/- *South G: F:* clumsy oaf.

Lackmuspapier [′lakmuspapi:r], *n* -s/*no pl Ch:* litmus paper.

Lade [′la:də], *f* -/-n *esp. South G:* drawer.

Lad|e-, *comb.fm.* (*a*) loading (crane etc.); load (line etc.); **L ~ bühne/L ~ rampe** *f,* loading platform; **L ~ fähigkeit** *f,* load capacity; maximum load; **L ~ fläche** *f,* load(-carrying) surface; **L ~ raum** *m,* load/cargo space; *Nau:* hold; (*b*) *El:* charging (voltage, current etc.); **L ~ gerät** *n,* (battery) charger. ′**L ~ ebaum,** *m* -(e)s/ˉe *Nau:* derrick. ′**L ~ edruck,** *m* -(e)s/ˉe *I.C.E:* (supercharger) boost. ′**L ~ ehemmung,** *f* -/-en (*a*) *Artil:* jamming; (*b*) *F:* **L. haben,** (*Gerät*) to play up; *Hum:* (*Pers.*) (i) to have a (momentary) blank; (ii) to be unable to do anything right. ′**L ~ eklappe,** *f* -/-n *Aut:* tailboard. ′**L ~ eluke,** *f* -/-n *Nau:* cargo hatch. ′**l ~ en′,** *v.tr.irr.* (*pres.* **lädt**/*occ* **ladet,** *p.* **lud,** *p.p.* **geladen**) (*a*) to load (goods, cargo etc.) (**auf** + *acc,* onto); **der Verwundete wurde auf eine Bahre geladen,** the injured man was put on a stretcher; **das Schiff hat Erz geladen,** the ship has taken on a load/cargo of ore; *abs.* **der Wagen hat zu schwer geladen,** the car is overloaded; *F:*

er hat schwer geladen, he's had a drop too much; (*b*) to load (a revolver, gun etc.); *El:* to charge (a battery etc.); (*c*) **Schuld, Haß usw. auf sich l.,** to incur guilt, hatred etc.; **Verantwortung usw. auf sich l.,** to burden oneself with responsibility; (*d*) **nur für geladene Gäste,** by invitation only; *Jur:* **einen Zeugen (vor Gericht) l.,** to summon a witness. ′**L ~ er,** *m* -s/- 1. (*Pers., Maschine*) loader. 2. *I.C.E:* supercharger. ′**L ~ etätigkeit,** *f* -/-n loading (and unloading). ′**L ~ ung,** *f* -/-en 1. load; *Nau:* cargo; *F:* **eine ganze L. Kirschen,** masses/loads of cherries. 2. *El: Sm.a:* charge. 3. *Jur:* **L. (vor Gericht),** summons.

Laden² [′la:dən], *m* -s/ˉ 1. shop, *N.Am:* store. 2. *F:* business; **den L. schmeißen,** to run the show; **wir werden den L. schon schmeißen,** we'll manage all right; **den L. dichtmachen,** to call it a day. 3. (*Fensterl.*) shutter. ′**L ~ besitzer(in),** *m* -s/- (*f* -/-nen) shopkeeper. ′**L ~ dieb(in),** *m* -(e)s/-e (*f* -/-nen) shoplifter. ′**L ~ diebstahl,** *m* -(e)s/ˉe (case of) shoplifting. ′**L ~ hüter,** *m* -s/- slow-moving article, *F:* drug on the market. ′**L ~ preis,** *m* -es/-e retail price; *Pub:* published price. ′**L ~ schluß** *m* -sses/*no pl* (shop-)closing time; **kurz vor L.,** just before the shops close. ′**L ~ tisch,** *m* -(e)s/-e (shop) counter; *F:* **unterm L.,** under the counter.

lädier|en [le′di:rən], *v.tr.* to damage (sth.); *Fig:* to tarnish (one's reputation etc.); (*Pers.*) **leicht lädiert sein,** to be a bit the worse for wear. **L ~ ung,** *f* -/-en damage.

Lafette [la′fetə], *f* -/-n gun carriage.

Lage [′la:gə], *f* -/-n 1. position, situation; (*a*) site (of a new building etc.); *Golf:* lie (of a ball); **horizontale/vertikale L.,** horizontal/vertical position; **ein Zimmer mit L. nach Norden,** a room facing north; **L. (eines Weins),** vineyard of origin; (*b*) **politische/wirtschaftliche L.,** political/economic situation; **mißliche L.,** predicament; **versetze dich mal in meine L.,** just put yourself in my position/*F:* in my shoes; **L. der Dinge,** (present) state of affairs; **je nach L. der Dinge,** depending on the situation (at the time); *F:* **die L. peilen/auskundschaften,** to find out how the land lies; (*c*) **in der L. sein, etwas zu tun,** to be in a position/able to do sth.; (*d*) *Mus: etc:* (*Tonhöhe*) register (of voice); position (on the violin etc.); (*e*) *Swim:* **400 Meter L ~ n,** 400 metres medley. 2. (*Schicht*) layer (of sand etc.); *Bookb:* **eine L. Papier,** quire. 3. *F:* (*Runde*) **eine L. Bier ausgeben,** to pay for a round of beer. ′**L ~ bericht,** *m* -(e)s/-e *Mil: etc:* report on the situation. ′**L ~ nstaffel,** *f* -/-n *Swim:* medley relay. ′**l ~ nweise,** *adv.* in layers. ′**L ~ plan,** *m* -(e)s/ˉe plan (of a town etc.); *Constr:* site plan.

Lager [′la:gər]. **I.** *n* -s/- 1. *Mil: etc:* camp; **an einem L. teilnehmen,** to go to a (holiday etc.) camp; *Fig:* **ins gegnerische L. überwechseln,** to change sides. 2. (*a*) *A: & Hum:* bed; (*b*) *Hunt:* lair (of a wolf etc.). 3. (*a*) *Com:* store; (*L ~ haus*) warehouse; **ab/frei L.,** ex/*N.Am:* from warehouse; (*b*) (*Vorrat*) stock; **einen Artikel auf L. haben,** to have sth. in stock; *F:* **er hat immer einen Witz auf L.,** he is always ready with a joke. 4. *Mec.E:* bearing. 5. *Geol: Min:*

bed (of ore, mineral etc.). **II. L~-,** *comb.fm.*
(a) camp (fire, leader etc.); **L~platz** *m,* camp
site; (b) *(für Lagerung)* storage (container,
charge, costs etc.); **L~fläche** *f,* storage (area);
L~halter *m/***L~verwalter** *m,* storekeeper;
L~raum *m,* (i) storage space; (ii) store; stock-
room (of a shop); (c) *Mec.E:* bearing (metal
etc.); **L~buchse/L~büchse** *f,* bearing bush;
L~zapfen *m,* (bearing) journal. **'L~ar-
beiter,** *m* **-s/-** warehouseman. **'L~bestand,**
m **-(e)s/¨e** stock. **'L~bier,** *n* **-(e)s/-e** lager
(beer). **'L~haus,** *n* **-es/¨er** warehouse.
'l~n, *v.* 1. *v.tr.* (a) to place, lay (s.o., sth.)
(somewhere); **einen Kranken bequem l.,** to make
a patient comfortable; **sich l.,** to settle oneself;
(b) to store (goods, provisions etc.); **kühl l.,**
keep in a cool place. 2. *v.i.* (haben) (a) *Mil: etc:*
to camp; (b) *(Waren usw.)* to be in store; (c)
(Wein) to age; (d) *Mec.E: Civ.E:* **auf etwas** *dat*
l., to be mounted on sth.; **dreifach gelagert,**
running in three bearings. **'L~statt,** *f* **-/¨en**
A: & *Hum:* bed. **'L~stätte,** *f* **-/-n** *Geol:*
(mineral) deposit. **'L~ung,** *f* **-/-en 1.** storing,
storage (of goods). 2. *Mec.E:* mounting in a
bearing/bearings. **'L~ungsmöglichkeit,** *f*
-/-en storage facility.

Lagune [la'gu:nə], *f* **-/-n** *Geog:* lagoon.

lahm [lɑ:m], *adj.* (a) *A:* (*Pers.*) lame; **l~es Bein,**
game/*(gelähmt)* paralysed leg; (b) *F:* feeble,
limp (handshake); *(steif)* stiff (arm etc.); *Fig:*
lame, feeble (joke, excuse etc.); dull (person).
'l~en, *v.i.* (haben) *(Tier)* to be lame.
'l~legen, *v.tr.* to bring (production, traffic
etc.) to a standstill.

lähm|en ['lɛ:mən], *v.tr.* (a) *(Gift)* to paralyse (a
muscle), numb (a nerve); *Fig:* to cripple (indus-
try etc.); **an beiden Beinen gelähmt,** paralysed
in both legs; (b) *(Angst usw.)* to petrify, paral-
yse (s.o.); *(Schock usw.)* to numb (s.o.); **sie
waren vor Entsetzen gelähmt,** they were horror-
stricken. **'L~ung,** *f* **-/-en** *Med:* & *Fig:* paral-
ysis; *Fig:* immobilization (of industry etc.).

Laib [laip], *m* **-(e)s/-e ein L. Brot,** a loaf of
bread; **ein L. Käse,** a whole cheese.

Laich [laiç], *m* **-(e)s/-e** *Biol:* spawn. **'l~en,** *v.i.*
(haben) to spawn.

Laie ['laiə], *m* **-n/-n** *also Ecc:* layman; *Th: Mus:
etc:* amateur; *F:* **ein blutiger L.,** a complete
amateur. **'l~nhaft,** *adj.* lay (opinion); *Pej:*
amateurish (performance etc.). **'L~n-,**
comb.fm. (a) *Th: Mus: etc:* amateur (actor,
choir, painter etc.); **L~bühne** *f/***L~theater** *n,*
amateur theatre; (b) *esp. Ecc:* lay (brother,
preacher etc.).

Lakai [la'kai], *m* **-en/-en** (a) *Hist:* lackey, foot-
man; (b) *Fig: Pej:* bootlicker.

Lake ['lɑ:kə], *f* **-/-n** *Cu:* brine (for pickling).

Laken ['lɑ:kən], *n* **-s/-** *esp. North & East G:*
sheet.

lakonisch [la'ko:niʃ], *adj.* laconic.

Lakritze [la'kritsə], *f* **-/-n** liquorice.

lala [la'la], *adv.* *F:* **so l.,** fair to middling, so-so.

lallen ['lalən], *v.tr.* & *i.* (haben) *(Betrunkene
usw.)* to babble (incoherently).

Lama¹ ['lɑ:ma], *n* **-s/-s** *Z:* llama.

Lama², *m* **-s/-s** *Rel:* lama.

Lamelle [la'mɛlə], *f* **-/-n 1.** thin plate/*(Scheibe)*
disc; *(Jalousienl.)* slat; *(Kühlerl.)* gill; *Phot:*

(iris) leaf. 2. *Fung: etc:* gill, lamella. **L~en-
kupplung,** *f* **-/-en** *Aut:* multiple-disc clutch.
L~entür, *f* **-/-en** louvre door. **l~ieren**
[-'li:rən], *v.tr.* to laminate (plastic, metal
etc.).

lament|ieren [lamɛn'ti:rən], *v.i.* (haben) *F:* to
moan. **L~o** [-'mɛnto], *n* **-s/-s** *F:* moaning and
groaning.

Lametta [la'mɛta], *n* **-s/no pl** tinsel.

Lamm [lam], *n* **-(e)s/¨er** lamb. **'L~braten,** *m*
-s/- *Cu:* roast lamb. **'l~en,** *v.i.* (haben) to
lamb. **'L~fell,** *n* **-(e)s/-e** lambskin. **'L~fell-
mantel,** *m* **-s/¨** sheepskin coat. **'L~fleisch,**
n **-(e)s/no pl** *Cu:* lamb. **'l~fromm,** *adj.* *F:* as
meek as a lamb. **'L~sgeduld,** *f* **-/no pl** *F:*
eine L. haben, to have the patience of a saint.
'L~wolle, *f* **-/no pl** lambswool.

Lämm|chen ['lɛmçən], *n* **-s/-** lambkin, little
lamb. **'L~ergeier,** *m* **-s/-** lammergeyer.

Lämpchen ['lɛmpçən], *n* **-s/-** small lamp.

Lampe ['lampə], *f* **-/-n** (a) lamp; *(Deckenl.)* light;
(b) *(Birne)* lightbulb. **'L~nfaden,** *m* **-s/¨** *El:*
(bulb) filament. **'L~nfassung,** *f* **-/-en** *El:*
bulbholder, lampholder. **'L~nfieber,** *n* **-s/**
no pl stage fright. **'L~nlicht,** *n* **-(e)s/no pl/**
'L~nschein, *m* **-(e)s/no pl** lamplight. **'L~n-
schirm,** *m* **-(e)s/-e** lampshade.

Lampion [lampi'oŋ], *m* & *n* **-s/-s** Chinese lan-
tern.

lancieren [lã'si:rən], *v.tr.* (a) to launch (s.o., a
product etc.); (b) to put out (a rumour etc.).

Land [lant]. **I.** *n* **-(e)s/¨er 1.** (nicht Meer usw.)
land; **über L. reisen,** to travel overland; *Nau:*
an L. gehen, to go ashore; **an L. gespült werden,**
to be washed ashore; **dicht am L~e,** close
inshore; *F:* **(wieder) L. sehen,** to see daylight/
(einen Ausweg) a way out. 2. *(Boden)* land; **ein
Stück L.,** a piece/plot of land. 3. *(nicht Stadt)*
country; **auf dem L./L~e,** in the country; **aufs
L. ziehen,** to move into the country. 4. (a) *Pol:*
country; *Lit:* land; *F:* **ach, du bist wieder im
L~e!** so you're back (from foreign parts)!
Prov: **andere L~er, andere Sitten,** other people
have other ways of doing things; (b) *Adm: West
G:* Land, state; *Aus:* province; **das L. Bayern,**
the State of Bavaria; *Aus:* **das L. Tirol,** the
Province of Tirol. **II. 'L~-,** *comb.fm.* (a) *(vom
Lande)* country (doctor, house, life, people, air
etc.); *(ländlich)* rural (population etc.); **L~be-
wohner** *m,* country dweller; **L~bezirk** *m/Adm:*
L~kreis *m,* country/rural district; **L~frau**
f, countrywoman; **L~gut** *n,* country estate;
L~sitz *m,* country seat; **L~straße** *f,* country
road; *(kleinere)* minor road; **L~strich** *m,* tract
of country; (b) land (warfare, forces etc.);
L~besitzer *m,* landowner; **L~gewinnung** *f,*
land reclamation; *Nau:* **L~marke** *f,* landmark;
F: **L~ratte** *f,* landlubber; *Surv:* **L~(ver)messer**
m, land surveyor. **'L~adel,** *m* **-s/no pl** landed
gentry. **'L~arbeiter,** *m* **-s/-** farmhand.
l~aus, *adv.* **l., landein,** far and wide. **'L~be-
sitz,** *m* **-es/no pl** landed property, real estate.
'L~butter, *f* **-/no pl** farm butter; *Adm:*
Grade C butter. **L~e-** ['landə-], *comb.fm.*
landing *(Av:* light, flap, *Nau:* place etc.);
Av: **L~bahn/L~piste** *f,* (landing) runway;
L~streifen *m,* landing strip; *Nau: Mil:*
L~trupp *m,* landing party; *Nau:* & *Av:* **L~er-**

laubnis *f*, permission to land. l ~ ′einwärts, *adv.* (further) inland. ′l ~ en, *v.* 1. *v.i.* (sein) (*a*) *Av:* (*Pers., Flugzeug*) to land; *Nau:* (*Schiff*) to come alongside, dock; (*Pers.*) to go ashore; (*b*) *F:* (*ankommen*) wir sind hier glücklich/wohlbehalten gelandet, we got here safe and sound/in good shape; nach dem Unfall landeten sie beide im Krankenhaus, after the accident they both ended up in hospital. 2. *v.tr.* to land (cargo, passengers, a fish *Box:* a punch etc.). ′L ~ enge, *f* -/-n *Geog:* isthmus. L ~ es-[′landəs-], *comb.fm.* 1. national (custom, frontier, colours, flag etc.); state (police etc.); (language etc.) of a/the country; L~tracht *f*, national costume; L~trauer *f*, national mourning; L~erzeugnis *n*, domestic/home product; *Sch:* L~kunde *f*, study/knowledge of the country; *Fin:* L~währung *f*, currency of the country; *Geog:* das L~innere, the interior of the country. 2. *West G:* Land/state, *Aus:* provincial (boundary, government etc.); L~hauptstadt *f*, Land/state/*Aus:* provincial capital. ′l ~ eseigen, *adj.* state-owned. ′L ~ esflucht, *f* -/no pl L. begehen, to flee the country. ′L ~ esfürst, *m* -en/-en/′l. ~ esherr, *m* -(e)n/-en sovereign. ′l ~ esüblich, *adj.* customary in a/the country. ′L ~ esvermessung, *f* -/no pl ordnance surveying. ′L ~ esverrat, *m* -(e)s/no pl high treason. ′L ~ esverräter, *m* -s/- traitor (to one's country). ′L ~ flucht, *f* -/no pl drift from the country to the town. ′L ~ friedensbruch, *m* -(e)s/-̈e *Jur:* breach of the peace. ′L ~ funk, *m* -s/no pl *Rad:* farming programme. ′L ~ gericht, *n* -(e)s/-e *Jur:* higher district court. ′L ~ jäger, *m* -s/- *Cu:* hard flat smoked sausage. ′L ~ karte, *f* -/-n map. ′l ~ läufig, *adj.* popular, widespread (opinion, view etc.). ′L ~ plage, *f* -/-n plague (of insects); *F:* diese Feuerstühle sind eine wahre L., these ton-up machines are a menace. ′L ~ regen, *n* -s/no pl steady rain. ′L ~ schaft *f* -/-en landscape; *coll:* scenery; eine bezaubernde L., a delightful landscape; die L. um Bonn, the countryside round Bonn; *Art:* eine L. malen, to paint a landscape; *F:* durch die L. fahren, to drive along. ′l ~ schaftlich, *adj.* (*a*) regional (custom, culture etc.); es ist l. verschieden, it varies from one part of the country to another; (*b*) das Dorf liegt l. sehr schön, the village is beautifully situated. ′l. ~ smann, *m* -(e)s/-leute fellow-countryman, compatriot. ′L ~ smännin, *f* -/-nen fellow-countrywoman, compatriot; was für eine L. ist sie? where does she come from? ′L ~ spitze, *f* -/-n *Geog:* headland, point. ′L ~ streicher(in), *m* -s/- (*f* -/-nen) tramp, *N.Am:* hobo. ′L ~ tag, *m* -(e)s/-e *West G. Pol:* Land/State parliament. ′L ~ ung, *f* -/-en *Av: Nau:* landing; *Av:* touchdown; zur L. ansetzen, to come in to land. ′L ~ ungsboot, *n* -(e)s/-e landing craft. ′L ~ ungsbrücke, *f* -/-n *Nau:* jetty, pier. ′L ~ ungssteg, *m* -(e)s/-e *Nau:* landing stage. ′L ~ ungsversuch, *m* -(e)s/-e attempted landing. ′L ~ urlaub, *m* -(e)s/no pl *Nau:* shore leave. ′L ~ weg, *m* -(e)s/-e 1. country lane/track. 2. overland route; auf dem L., overland. ′L ~ wein, *m* -(e)s/-e local wine. ′L ~ wind,

m -(e)s/-e offshore wind. ′L ~ wirt(in), *m* -(e)s/-e (*f* -/-nen) farmer; *Adm:* agriculturist. ′L ~ wirtschaft, *f* -/-en (*a*) farming, agriculture; (*b*) sie haben eine L., they have a farm. ′l ~ wirtschaftlich *adj.*/′L ~ wirtschafts-, *comb.fm.* agricultural. ′L ~ zunge, *f* -/-n *Geog:* spit/tongue of land.

Länd|ereien [lɛndə′raiən], *fpl* estates, landed properties. ′L ~ erkampf, *m* -(e)s/-̈e/′L ~ erspiel, *n* -(e)s/-e *Sp:* international match. ′L ~ erkunde, *f* -/no pl *Geog:* regional/area studies. ′L ~ ler, *m* -s/- *Mus:* ländler. ′l ~ lich, *adj.* rural.

lang [laŋ], *adj.* (*comp.* länger, *superl.* längste) long; (*a*) zwölf Meter l., twelve metres long; *F: esp. North G:* die Straße l., along the street; (*b*) *F:* ein l ~ er Kerl, a tall fellow; *Hum:* sie ist fast so breit wie l., she's almost as broad as she's tall; (*c*) (*zeitlich*) auf l ~ e Sicht, in/for the long term; er war l ~ e Zeit krank, he was ill for a long time; vor l ~ er Zeit, a long time ago; vor nicht zu l ~ er Zeit, not (so) long ago; *adv.* der l. erschnte Tag, the long-awaited day; er wartete drei Jahre l., he waited for three years; sein Leben l., all his life; (*d*) *F:* einen l ~ en Hals machen, to crane one's neck; er hat eine l ~ e Leitung, he is slow on the uptake; *adv.* er hat sich l. und breit darüber ausgelassen, he went into the subject at great length. ′l ~ atmig, *adj.* long-winded (speech etc.); lengthy (explanation etc.). ′l ~ beinig, *adj.* long-legged. ′l ~ e, *adv.* (*a*) a long time; das ist schon l. her, that was a long time ago/long ago; er ist seit l ~ m hier, he has been here for a long time; wie l. (dauert es) noch? how much longer (does it take)? bleib nicht l. (fort)! don't be long! sie braucht dreimal so l. wie er, she takes three times as long as he does; er ließ sich l. bitten, he needed a lot of asking; da fragt man nicht erst l., there's no need to ask (just go ahead); (*b*) (noch) l. nicht fertig, far from/not nearly ready; das ist noch l. nicht das Schlimmste, the worst is still to come. L ~ e′weile, *f* -/no pl boredom. ′L ~ finger, *m* -s/- *F:* pilferer; (*Taschendieb*) pickpocket. ′l ~ fingerig, *adj.* light-fingered. ′l ~ fristig, *adj.* long-term (loan etc.); *adv.* l. sparen, to save over a long period. ′l ~ gezogen, *adj.* long drawn out. ′L ~ haar-, *comb.fm.* long-haired (cat, dog etc.); L~frisur *f*, long hair/style). ′l ~ haarig, *adj.* long haired. ′L ~ haus, *n* -es/-̈er *Ecc.Arch:* nave (with aisles). ′l ~ jährig, *adj.* long (experience etc.); long-standing (friendship etc.); l ~ er Mitarbeiter, colleague of many years standing. ′L ~ lauf, *m* -(e)s/no pl *Ski:* cross-country skiing. ′L ~ läufer, *m* -s/- *Ski:* cross-country skier. ′l ~ lebig, *adj.* long-lived (person etc.); durable (material). ′L ~ lebigkeit, *f* -/no pl longevity. ′l ~ legen, *v.refl. F:* sich l., to have a little rest. ′l ~ mütig, *adj. Lit:* patient, long-suffering. ′l ~ sam, *adj.* slow; (*allmählich*) gradual (development, change etc.); *adv.* l. aber sicher, slowly but surely; es wird l. Zeit zu gehen, it is about time to go; es wird mir l. zuviel, I have just about had enough. ′L ~ samkeit, *f* -/no pl slowness. ′L ~ schläfer(in), *m* -s/- (*f* -/-nen) late riser. ′L ~ spielplatte, *f* -/-n *Mus:* long-playing record.

'L ~ strecke, *f* -/-n long distance. 'L ~ - strecken-, *comb.fm.* long-distance (flight, running, runner etc.); long-range (rocket, aircraft etc.). 'l ~ weilen, *v.tr.* to bore (s.o.); sich l., to be bored; wir haben uns schrecklich gelangweilt, we were bored stiff. 'l ~ weilig, *adj.* (a) boring, tedious; dull, uninteresting (landscape, person); (b) F: (langsam) slow (person, business etc.). 'L ~ weiligkeit, *f* -/no pl tediousness; dullness. 'L ~ welle, *f* -/-n Rad: etc: long wave. 'l ~ wierig, *adj.* lengthy, protracted. 'L ~ wierigkeit, *f* -/no pl lengthiness. 'L ~ zeit-, *comb.fm.* long-term (memory, effect etc.); long-lasting (effect etc.). 'l ~ ziehen, *v.tr.sep.irr.* 113 F: j-m die Ohren l., to pull s.o.'s ears.

Läng|e ['lɛŋə], *f* -/-n (a) length; F: height (of a person; von 3 Meter L., 3 metres long/in length; er fiel der L. nach hin, he fell flat on the ground; Sp: sie gewann mit einer halben L. (Vorsprung), she won by half a length; Fig: die Sitzung zog sich (sehr) in die L., the meeting was (very) long drawn out/F: went on and on; F: auf die L., in the long run; (b) Geog: longitude. 'L ~ eneinheit, *f* -/-en Meas: unit of length. 'L ~ engrad, *m* -(e)s/-e Geog: degree of longitude. 'L ~ enmaß, *n* -es/-e Mth: longitudinal measure. 'l ~ er, *adj.* (comp. of lang) longer; F: taller (person); je l., je lieber, the longer the better; es wird l ~ e Zeit dauern, it will take quite some time; adv. ich kann es nicht l. aushalten, I can't stand it any longer. 'l ~ lich, *adj.* oblong. 'l ~ s, *adv. & prep.* + gen/dat alongside. 'L ~ s-, *comb.fm.* longitudinal (stripe, axis etc.); L ~ schnitt *m,* longitudinal section. 'l ~ sseits, *adv. Nau:* alongside. 'l ~ st, *adv.* (superl. of lange) (schon) l., a long time ago; F: ages ago; (noch) l. nicht so viel, nothing like as much; F: das reicht l., that is more than enough. 'l ~ ste(r, s), *adj. superl. of* lang longest.

langen ['laŋən], *v.* 1. *v.i.* (haben) (a) to reach; er kann bis an die Decke l., he can reach the ceiling; nach der Zuckerdose l., to reach for the sugar; in die Tasche l., to put one's hand in one's pocket; (b) F: (Geld, Stoff, Nahrung usw.) to be enough; es langt nicht hinten und nicht vorn, that's nothing like enough; jetzt langt's mir aber! now I've had enough! 2. *v.tr.* j-m ein Buch usw. l., to hand/pass s.o. a book etc.; P: j-m eine l., to sock/wallop s.o.

Languste [laŋ'gustə], *f* -/-n Z: spiny lobster.

Lanz|e ['lantsə], *f* -/-n lance. L ~ ette [-'tsɛtə], *f* -/-n Surg: lancet.

lapidar [lapi'daːr], *adj. Lit:* pithy, terse.

Lappalie [la'paːliə], *f* -/-n trifle.

Lapp|e ['lapə], *m* -n/-n/'L ~ in, *f* -/-nen Lapp.

Lapp|en ['lapən], *m* -s/- 1. H: rag, cloth; F: j-m durch die L. gehen, to give s.o. the slip. 2. Z: Bot: lobe. 'l ~ ig, *adj.* F: limp (material etc.); F: l ~ e zehn Mark, ten lousy marks.

läppisch ['lɛpiʃ], *adj.* silly; (kindisch) childish.

Lapp|land ['laplant]. Pr.n.n -s. Geog: Lapland. 'L ~ länder(in), *m* -s/- (f -/-nen) Lapp, Laplander. 'l ~ ländisch, *adj.* Lapp.

Lapsus ['lapsus], *m* -/- slip.

Lärche ['lɛrçə], *f* -/-n (common) larch.

Larifari [lari'faːri], *n* -s/-s (pretentious) nonsense.

Lärm [lɛrm], *m* -s/no pl (loud) noise; ein entsetzlicher L., an awful din/row; er machte viel L. um nichts, he made a lot of fuss about nothing. 'L ~ bekämpfung, *f* -/no pl noise abatement. 'L ~ belästigung, *f* -/no pl noise pollution. 'l ~ empfindlich, *adj.* sensitive to noise. 'l ~ en, *v.i.* (haben) to make a noise; (Radio usw.) to blare. 'l ~ end, *adj.* noisy. 'L ~ pegel, *m* -s/- noise level. 'L ~ - (schutz)wand, *f* -/̈-e sound screen (by a motorway).

Larve ['larfə], *f* -/-n Z: larva.

lasch [laʃ], *adj.* F: (a) listless (person); limp (handshake etc.); (b) (fade) tasteless (food).

Lasche ['laʃə], *f* -/-n 1. tongue (of a shoe); Cl: flap. 2. Tchn: joint; Rail: fishplate.

Laser ['leizər], *m* -s/- Ph: laser. 'L ~ strahl, *m* -(e)s/-en Ph: laser beam.

lasieren [la'ziːrən], *v.tr. Art: Paint:* to glaze (a surface, painting etc.).

lassen ['lasən], *v.tr.irr.* (pres. läßt, p. ließ, p.p. gelassen/+ infin. lassen) (a) j-n etwas tun l., (i) (erlauben) to let s.o. do sth.; (ii) (heißen) to get s.o. to do sth.; er hat mich gewinnen lassen, he let me win; sie ließ ihn das Stück wiederholen, she got him to/made him repeat the piece; j-n warten l., to keep s.o. waiting; ich ließ es mir schicken, I had it sent; das Licht brennen l., to leave the light on; er ließ sich nicht einschüchtern, he did not allow himself to/refused to be intimidated; laß dich nicht stören, don't let me disturb you; laß ihn das gesagt sein! just you mark my words! (b) das läßt sich machen, that can be done/is perfectly possible; es läßt sich nicht leugnen, it is undeniable/cannot be denied; Hum: hier läßt es sich aushalten! this is the place to live! (c) j-n, etwas aus etwas dat/in etwas acc l., to let s.o., sth. out of/into sth.; Wasser in die Wanne l., to run water into the bath; laß mich mal an die Kiste, let me get to the box; Med: etc: Wasser l., to pass water; (d) (gewähren) j-m freie Hand l., to allow s.o. a free hand; sich dat Zeit l., to take one's time; ich lasse dir das Auto bis morgen, you can have the car until tomorrow; er läßt es dir zum halben Preis, he's letting you have it at half price; (e) (zurücklassen) to leave (s.o., sth.) (bei j-m, zu Hause usw., with s.o., at home etc.); wo hast du die Schlüssel gelassen? where did you leave the keys? er hat Haare l. müssen, (Kater) he lost some fur; F: (Pers.) he didn't get away unscathed; laß mich in Ruhe/Frieden! leave me alone/in peace! (f) (unterlassen) to stop (doing sth.); laß das (sein/bleiben)! stop it! er kann das Blödeln nicht l., he can't stop fooling about; l. wir es dabei/gut sein, let's leave it at that; sie können tun und l. was sie wollen, they can do what they like; F: tu, was du nicht l. kannst, do as you please.

lässig ['lɛsiç], *adj.* casual; (unbekümmert) nonchalant. 'L ~ keit, *f* -/no pl casualness; nonchalance.

läßlich ['lɛsliç], *adj. Ecc:* venial (sin).

Lasso ['laso], *m & n* -s/-s lasso.

Last [last], *f* -/-en load; esp. Fig: burden; unter der L. des Schnees, under the weight of the snow; Fig: j-m zur L. fallen, to be a burden to s.o.; **j-m etwas zur L. legen**, to accuse s.o. of sth.; *Com:* **die Auslagen gehen zu L~en der Firma**, the expenses are chargeable to the company. ′L ~ **auto**, *n* -s/-s lorry, *N.Am:* truck. ′l ~ **en**, *v.i.* (*haben*) (*Sorge, Verantwortung usw.*) **auf j-m l.**, to weigh on s.o.; **l~de Hitze**, oppressive heat. ′L ~ **enaufzug**, *m* -(e)s/-̈e goods lift, *N.Am:* freight elevator. ′L ~ **enausgleich**, *m* -(e)s/-e *Adm:* compensation for war losses. ′L ~ **er**[1], *m* -s/- *F:* = **Lastwagen.** ′L ~ **kahn**, *m* -(e)s/-̈e barge. ′L ~ **kraftwagen**, *m* -s/- = **Lastwagen.** ′L ~ **tier**, *n* -(e)s/-e beast of burden. ′L ~ **wagen**, *m* -s/- lorry, *N.Am:* truck. ′L ~ **zug**, *m* -(e)s/-̈e lorry/truck with trailer.

Laster[2], *n* -s/- 1. vice. 2. *F:* **er ist ein langes L.**, he is tall and spindly. ′l ~ **haft**, *adj.* wicked. ′L ~ **höhle**, *f* -/-n den of vice. ′L ~ **leben**, *n* -s/- life of vice, wicked life.

läster|lich [ˈlɛstərliç], *adj* blasphemous (words etc.). ′L ~ **maul**, *n* -(e)s/-̈er/′L ~ **zunge**, *f* -/-n *F:* mocker; (*Nörgler*) faultfinder. ′l ~ **n**, *v.i.* (*haben*) (*a*) *F:* **über j-n l.**, to run s.o. down (behind his back); (*b*) **Gott l.**, to blaspheme.

lästig [ˈlɛstiç], *adj.* troublesome (cough etc.); irksome (task); tiresome (child, visitor etc.); **l. werden**, to become a nuisance; **j-m l. fallen**, to be a nuisance to s.o. ′L ~ **keit**, *f* -/*no pl* troublesomeness, irksomeness, tiresomeness.

Lasur [laˈzuːr], *f* -/-en *Art:* glaze.

Latein [laˈtain], *n* -(s)/*no pl* Latin; *F:* **mit seinem L. am Ende sein**, to be at one's wit's end. **L ~ amerika.** *Pr.n.n* -s. *Geog:* Latin America. **l. ~ amerikaner(in)**, *m* -s/- (*f* -/-nen) Latin American. **l ~ amerikanisch**, *adj.* Latin American. **l ~ isch**, *adj.* Latin.

latent [laˈtɛnt], *adj.* latent (talent, ability); potential (danger, energy); dormant (disease).

Laterne [laˈtɛrnə], *f* -/-n (*a*) lantern; (*Lampion*) Chinese lantern; (*b*) (*Straßenl.*) streetlamp. **L ~ npfahl**, *m* -(e)s/-̈e lamppost.

Latrine [laˈtriːnə], *f* -/-n *Mil: etc:* latrine. **L ~ ngerücht**, *n* -(e)s/-e *Pej:* empty rumour.

Latsche [ˈlatʃə], *f* -/-n/′L ~ **nkiefer**, *f* -/-n dwarf pine.

latschen [ˈlaːtʃən]. I. *v.i.* (*sein*) *F:* (*a*) (*schlürfen*) to shuffle (along); (*b*) **wir latschten durch die ganze Stadt**, we trailed/traipsed through the whole town. II. **L.**, *m* -s/- *F:* (worn-out) old shoe; *F:* **aus den L. kippen**, (i) (*ohnmächtig werden*) to pass out; (ii) to be flabbergasted.

Latte [latə], *f* -/-n (*a*) (wooden) slat; *Carp: Constr: etc:* batten, pale; rail (of a fence); (*b*) *Sp:* bar; *Fb:* crossbar; (*c*) *F:* **er ist eine lange L.**, he is very tall and spindly. ′L ~ **nkiste**, *f* -/-n crate. ′L ~ **nschuß**, *m* -sses/-̈sse *Fb:* shot against the crossbar. ′L ~ **nzaun**, *m* -(e)s/-̈e paling (fence).

Latz [lats], *m* -es/-̈e bib (of an apron/overall). ′L ~ **hose**, *f* -/-n *Cl:* dungarees, *N.Am:* overalls.

Lätzchen [ˈlɛtsçən], *n* -s/- (child's) bib, feeder.

lau [lau], *adj.* (*a*) mild (breeze, weather); balmy (air, evening etc.); (*b*) lukewarm (water, *Fig:* friendship); half-hearted (interest).

Laub [laup], *n* -(e)s/*no pl* leaves, foliage. ′L ~ **baum**, *m* -(e)s/-̈e deciduous tree. ′L ~ -

frosch, *m* -es/-̈e treefrog. ′L ~ **säge**, *f* -/-n *Carp:* fretsaw. ′L ~ **sägearbeit**, *f* -/-en fretwork. ′L ~ **wald**, *m* -(e)s/-̈er deciduous forest.

Laube [ˈlaubə], *f* -/-n 1. summerhouse 2. (*also* **L ~ ngang**, *m*) pergola; (*Bogengang*) arcade. ′L ~ **nkolonie**, *f* -/-n allotment gardens with summerhouses.

Lauch [laux], *m* -(e)s/-e *Cu:* leek.

Lauer [lauər], *f* -/*no pl* **auf der L. liegen/sein**, (*Tier*) to lie in wait; *F:* (*Pers.*) to be on the lookout. ′l ~ **n**, *v.i.* (*haben*) (*Pers., Fig: Gefahren usw.*) to lurk (somewhere); **auf j-n, etwas** *acc* **l.**, to lie in wait for s.o., sth.; *F:* to look out/(*horchen*) listen for s.o., sth.; *adv* **er sah sich l~d um**, he looked around warily.

Lauf [lauf], *m* -(e)s/-̈e 1. (*a*) *no pl* (*das Laufen*) running; **im L. anhalten/innehalten**, to stop running; **sich in L. setzen**, to break into a run; **in vollem L.**, at full tilt; (*b*) *Sp:* race; **der 200 Meter-L.**, the 200 metres; **zweiter L.**, second heat. 2. *no pl* (*Verlauf*) course (of a river, road; *Fig:* events etc.); **der L. der Dinge/der Welt**, the way things go; **die Krankheit nahm ihren L.**, the illness took its course; **im L~e des Tages**, during the day; **im L~e der Jahre**, over the years; **im L~e von wenigen Stunden**, within a few hours; **seiner Phantasie freien L. lassen**, to give free rein to one's imagination; **den Tränen freien L. lassen**, to weep openly. 3. *no pl* running (of a machine, an engine etc.). 4. *Mus:* run. 5. (*Gewehrl.*) barrel (of a rifle etc.). 6. *Hunt:* leg (of a rabbit etc.). ′L ~ **bahn**, *f* -/-en 1. career. 2. *Sp:* (running) track. ′L ~ **bursche**, *m* -n/-n messenger boy. ′L ~ **disziplin**, *f* -/-en *Sp.* track event. ′l ~ **en**, *v.irr.* (*pres.* **läuft**, *p.* **lief**, *p.p.* **gelaufen**) 1. *v.i.* (*sein/Sp: occ. haben*) to run; (*a*) (*rennen*) **gelaufen kommen**, to come running (along); **er lief, was er konnte**, he ran for all he was worth; **j-m über den Weg l.**, to run/*F:* bump into s.o.; *Sp:* **er ist/hat eine neue Bestzeit gelaufen**, he ran/set up a new record; (*b*) (*gehen*) to walk; **von hier (aus) sind es nur zehn Minuten zu l.**, it's only ten minutes' walk from here; (*c*) (*Maschine usw.*) to run; **den Motor l. lassen**, to run the engine; **ihr Radio läuft schon stundenlang**, their radio has been on for hours; **der Film läuft im Fernsehen/in allen Kinos**, the film is being shown on television/in all the cinemas; (*d*) (*Verfahren, Jur: Prozeß usw.*) to be in progress/under way; (*Antrag, Bewerbung*) to be under consideration; **die Ermittlungen/Verhandlungen l. noch**, the investigations/negotiations are still going on; *F:* **es läuft gut**, (i) it's going well; (ii) *Com:* (*Artikel*) it's selling well; **er läßt alles l.**, he just lets things go; (*e*) (*Paß, Garantie usw.*) to be valid; **der Vertrag läuft noch zwei Jahre**, the contract still has two years to run; **das Konto läuft auf ihren Namen**, the account is in her name; (*f*) (*fließen*) **das Wasser/den Hahn l. lassen**, to run the water/ the tap; **ihm läuft die Nase**, his nose is running; **der Käse läuft**, the cheese has gone runny; (*g*) *F:* **bei dir läuft eine Masche**, your tights have/ (*Strumpf*) stocking has a ladder/*N.Am:* run; (*h*) (*verlaufen*) **die Straße läuft neben der Bahn**, the road runs alongside the railway. 2. *v.tr.* (*a*) to run (a distance, race, record etc.); (*b*) **sich müde**

l., to tire oneself out walking; *F:* **die ganze Sache hat sich tot gelaufen,** the whole affair (eventually) petered out; (*c*) *Fig:* **sie lief Gefahr, erkannt zu werden,** she ran the risk of being recognized. '**l ~ end,** *adj.* (*a*) running (commentary); current (account, expenses, prices, tax year etc.); present (month); (*regelmäßig*) regular (payments); day-to-day, routine (work, business); **l ~ e Nummer,** serial number; *adv.* **l. steigen,** to increase continually; *F:* **er macht am l ~ en Band Fehler,** he is continually/forever making mistakes; (*b*) **auf dem l ~ en sein/ bleiben,** to be well-informed/up-to-date; **sich auf dem l ~ en halten,** to keep abreast of developments; **j-n auf dem l ~ en halten,** to keep s.o. posted/informed (**über etwas** *acc,* about sth.). '**l ~ enlassen,** *v.tr.sep.irr.57* to let (s.o., an animal) go; to set (a prisoner, an animal) free. **L ~ e′rei,** *f -/-en F: esp. pl* **L ~ en,** chasing about; zwecklose L., wild goose chase. '**L ~ feuer,** *n -s/- Fig:* (*Nachricht, Gerücht*) **sich wie ein L. verbreiten,** to spread like wildfire. '**L ~ fläche,** *f -/-n* tread (of a tyre); *Mec.E:* bearing surface. '**L ~ gitter,** *n -s/-* playpen. '**L ~ gurt,** *m -(e)s/-e* child's reins. '**L ~ kran,** *m -(e)s/-̈e* travelling crane. '**L ~ kundschaft,** *f -/no pl* casual customers. '**L ~ masche,** *f -/-n* ladder, *esp. N.Am:* run (in a stocking/tights). '**l ~ maschenfrei,** *adj.* ladderproof, *N.Am:* runproof. '**L ~ paß,** *m F:* **dem Freund/Liebhaber den L. geben,** to give one's boyfriend/lover the push. '**L ~ planke,** *f -/-n esp. Nau:* gangplank. '**L ~ rad,** *n -(e)s/-̈er* running/*Rail:* trailing wheel; *Mec.E:* (turbine) runner. '**L ~ ring,** *m -(e)s/-e Mec.E:* (ball) race. '**L ~ rolle,** *f -/-n Furn:* castor. '**L ~ ruhe,** *f -/no pl Tchn:* quiet/smooth running. '**L ~ schiene,** *f -/-n* runner (rail). '**L ~ schritt,** *m -(e)s/no pl* **im L.,** at the double. '**L ~ schuh,** *m -(e)s/-e* walking shoe. '**L ~ steg,** *m -(e)s/-e Nau: Ind: etc:* catwalk; walkway. '**L ~ stall,** *m -(e)s/-̈e* playpen. '**L ~ stuhl,** *m -(e)s/-̈e* baby walker. '**L ~ werk,** *n -(e)s/-e* (*a*) *Mec.E:* running gear (of a vehicle etc.); (*b*) clockwork (mechanism); (*c*) *Rec:* turntable unit. '**L ~ zeit,** *f -/-en* **l.** *Th: Cin:* (*a*) run; (*b*) (*Dauer*) running time. **2.** *Sp:* (runner's) time. *Fin:* term. '**L ~ zettel,** *m -s/- Adm: etc:* circular; distribution sheet.

Läufer ['lɔyfər], *m -s/-.* **1.** (*a*) *Sp:* runner; (*b*) *Fb:* half-back; **linker/rechter L.,** left/right half. **2.** *H:* (strip of) carpet, runner; (*Treppenl.*) staircarpet. **3.** *Mec.E:* rotor (of a turbine etc.); impeller (of a supercharger). **4.** *Chess:* bishop.

läufig ['lɔyfiç], *adj.* (*Hündin, Katze*) on heat.

Lauge ['lauɡə], *f -/-n* **1.** (*Waschl.*) soapy water. **2.** *Ch:* lye, alkaline solution. '**L ~ n-,** *comb.fm.* alkaline (bath etc.).

Laune ['launə], *f -/-n* (*a*) mood; **bei guter/ schlechter L.,** in a good mood/a bad temper; **glänzender L.,** in high spirits; **j-n bei L. halten,** to keep s.o. happy; **seine L ~ n haben,** to be moody/have one's moods; *Fig:* **eine L. der Natur,** a freak of nature; (*b*) (*Einfall*) **das war nur so eine L. von ihm,** that was just one of his whims. '**l ~ enhaft,** *adj.* capricious, temperamental; changeable (weather). '**L ~ enhaftigkeit,** *f -/no pl* capriciousness. '**l ~ ig,** *adj.*

humorous. '**l ~ isch,** *adj.* moody, petulant.

Laus [laus], *f -/-̈e* louse; *F:* **ihm ist eine L. über die Leber gelaufen,** something's bugging him. '**L ~ bub,** *m -en/-en Hum:* little rascal. '**l ~ bübisch,** *adj. F:* impish.

laus|en ['lauzən], *v.tr.* to delouse (an animal). '**L ~ eharke,** *f -/-n esp. North G:/L ~ (e)rechen,** *m -s/- South G: P:* bug-rake. '**l ~ ig,** *adj. F:* lousy, rotten (weather, food etc.); beastly (cold); **l ~ e Zeiten,** hard times; **ein paar l ~ e Groschen,** a few miserable pence/*N.Am:* cents; *adv.* **l. kalt,** dreadfully cold.

lausch|en ['lauʃən], *v.i.* (*haben*) to listen; (*heimlich*) to eavesdrop; **angestrengt l.,** to strain one's ears. '**L ~ er,** *m -s/-* eavesdropper. '**l ~ ig,** *adj.* (*gemütlich*) snug, cosy; (*ruhig*) quiet (spot etc.).

laut[1] [laut], *prep.* + *gen/dat* (*a*) *Adm: etc:* in accordance with; **l. Vertrag,** in compliance with/as per contract; *Jur:* **l. Paragraph 18,** pursuant to section 18; (*b*) (*leicht anzweifelnd*) **l. Bericht,** according to reports.

laut[2]. **I.** *adj.* **1.** (*a*) loud (voice, shout etc.); noisy (area, children etc.); *adv.* **etwas l. und deutlich sagen,** to say sth. loud and clear; **sprich etwas l ~ er!** speak up a little! (*b*) **Klagen, Zweifel usw. wurden l.,** complaints, doubts etc. were voiced; *adv.* **etwas l. sagen/aussprechen,** to say sth. out loud; **l. denken,** to think aloud. **2.** (*grell*) loud, garish (colours); gaudy (advertisement etc.). **II.** **L.,** *m -(e)s/-e* sound; **sie hat keinen L. von sich gegeben,** she didn't utter a sound. '**L ~ bildung,** *f -/no pl Ling:* articulation. '**l ~ en,** *v.i.* (*haben*) (*a*) **genau lautet der Befehl . . . ,** the exact wording of the order is . . . ; **das Schreiben lautet wie folgt: . . . ,** the letter reads as follows: . . . ; **anders l ~ de Meldungen,** reports giving a different version; (*b*) **die Anklage lautet auf Mord,** the charge is murder; **die Papiere l. auf seinen Namen,** the documents are in his name. '**l ~ hals,** *adv.* at the top of one's voice. '**L ~ lehre,** *f -/no pl* phonetics. '**l ~ los,** *adj.* silent (mechanism, footsteps); deep (silence). '**L ~ losigkeit,** *f -/no pl* silence. '**l ~ malend,** *adj.* onomatopoeic. '**L ~ schrift,** *f -/-en Ling:* phonetic transcription. '**L ~ sprecher,** *m -s/-* loudspeaker. '**L ~ sprecheranlage,** *f -/-n* public address system. '**L ~ sprecherbox,** *f -/-en Rec:* loudspeaker enclosure. '**l ~ stark,** *adj.* vociferous, noisy; *adv.* **sie unterhielten sich ziemlich l.,** they were talking rather loudly. '**L ~ stärke,** *f -/-n* loudness; volume; **mit/bei voller L.,** at full volume. '**L ~ stärkeregler,** *m -s/- Rad: Rec: TV:* volume control.

Laute ['lautə], *f -/-n Mus:* lute.

läuten ['lɔytən], *v.* **1.** *v.i.* (*haben*) (*Glocke, Klingel, Telefon*) to ring; (*Wecker*) to go off; **es hat geläutet,** there was a ring at the door; *F:* **ich habe davon l. hören,** I've heard a rumour to that effect. **2.** *v.tr.* to ring (the bell).

lauter ['lautər], *adj.* **1.** pure (gold, wine); (*ehrlich*) honest, sincere (character); **die l ~ e Wahrheit,** the plain truth. **2.** *inv.* sheer, utter (despair, greed); pure (joy, pleasure); **l. Steine,** nothing but stones; **er brachte l. Mädchen mit,** he brought only girls with him.

läuter|n ['lɔytərn], *v.tr.* (*a*) to purify (liquids); to refine (metals, glass); (*b*) *Lit:* to reform (s.o.'s character). 'L~ung, f -/no pl purification; refinement.

lauwarm ['lauvarm], adj. also Fig: lukewarm.

Lava ['laːvaː], f -/**Laven** Geol: lava.

Lavendel [la'vɛndəl], m -s/- Bot: lavender. l ~ **blau,** adj. lavender (blue).

lavieren [la'viːrən], v.i. (haben) (a) Nau: A: to tack; (b) Fig: (Pers.) to manoeuvre.

Lawine [la'viːnə], f -/-n avalanche. l ~ **nartig,** adj. like an avalanche; adv. Fig: l. **ansteigen,** to increase by leaps and bounds. L ~ **ngefahr,** f -/no pl danger of avalanches.

lax [laks], adj. lax (morals, principles etc.); slack (leadership, attitude); adv. **eine Sache l. handhaben,** to handle sth. carelessly/casually.

Laxativ [laksa'tiːf], n -s/-e Med: laxative.

Layout [lei'aut], n -s/-s Print: design, layout. L ~ **er,** m -s/- Print: designer.

Lazarett [latsa'rɛt], n -(e)s/-e military hospital. L ~ **schiff,** n -(e)s/-e hospital ship.

Lebedame ['leːbədaːmə], f -/-n Pej: good-time girl. 'L ~ **emann,** m -(e)s/-er playboy.

'l ~ **en.** I. v. 1. v.i. (haben) to live; (a) **seine Mutter lebt noch,** his mother is still alive; (**es stimmt,) so wahr ich lebe!** as true as I stand here! **l. und l. lassen,** to live and let live; **es lebe der Präsident!** long live the president! **er lebt nur für die Wissenschaft,** his life is dedicated to science; F: **alles an ihm lebt,** he is full of life; (b) **von Wasser und Brot, einer Rente usw. l.,** to live on bread and water, a pension etc. 2. v.tr. **er lebt sein eigenes Leben,** he lives his own life; **hier lebt es sich gut,** it's a good life here. II. **L.,** n -s/- 1. life; (a) (Lebendigsein) **am l.,** alive; **am l. bleiben,** to survive; **ums l. kommen,** to lose one's life; **sich** dat **das L. nehmen,** to take one's life/commit suicide; **sich des L ~ s frouen,** to enjoy life; F: **sie tanzt für ihr L. gern,** she adores dancing (more than anything else); **wie das blühende L. aussehen,** to look the picture of health; Fig: **etwas ins L. rufen,** to bring sth. into being, (b) (Lebensform) **mein L. lang/zeit meines L ~ s,** all my life; F: **nie im L.!** not on your life! **l. nach dem Tode,** afterlife; (c) (Treiben) bustle, activity; **auf dem Markt herrschte reges L.,** the market was bustling with activity; F: **L. in die Bude bringen,** to liven the place up. 2. quick (of a fingernail).

'l ~ **end,** adj. living (person, organism); live (fish, animals); l ~ e **Sprachen,** modern languages. 'L ~ **endgeburt,** f -/-en live birth l ~ **endig** [le'bɛndiç], adj. (a) (am Leben) living; pred. alive; Fig: (**wieder) l. werden,** to come to life (again); (b) (lebhaft) lively (child, story); vivid (colours, descriptions); F: **der nimmt's vom L ~ en,** he really makes you pay through the nose. L ~ **endigkeit,** f liveliness. l ~ **ens-,** l ~ **ens-,** comb.fm. (necessities, experience, form etc.) of life; life (story etc.); living (conditions etc.); L ~ **anschauung** f, philosophy of life; L ~ **erwartung** f, expectation of life; L ~ **art** f/L ~ **wandel** m/L ~ **weise** f, way of life, lifestyle; L ~ **dauer** f, lifespan; Tchn: working life; L ~ **retter** m, lifesaver, Swim: lifeguard; L ~ **versicherung** f, life insurance/assurance; Econ: L ~ **haltungskosten** pl, cost of living; L ~ **haltungsindex** m, cost of living index; L ~ **standard** m, standard of living; adj. l ~ **müde,**

weary of life; (Hum: Fußgänger usw.) suicidal; l ~ **lang,** lifelong; l ~ **rettend,** life-saving. 'L ~ **ensabend,** m -s/no pl old age; **sein L.,** his declining years. 'L ~ **ensader,** f -/-n (vital) line of communication; Fig: lifeline. 'L ~ **ensalter,** n -s/- age. 'L ~ **ensaufgabe,** f -/-n mission in life. 'l ~ **ensbejahend,** adj. optimistic. 'L ~ **ensbeschreibung,** f -/-en biography. 'L ~ **ensende,** n -s/no pl **bis an sein L.,** until the end of one's life. 'L ~ **enserinnerungen,** fpl memoirs. 'l ~ **ensfähig,** adj. (baby etc.) capable of survival; Biol: & Fig: viable (life-form etc.). 'L ~ **ensfrage,** f -/-n matter of life and death. 'L ~ **ensfreude,** f -/no pl zest; **voller L.,** full of the joys of life. 'L ~ **ensgefahr,** f -/-en danger to life; **unter L.,** at the risk of one's life; **er schwebt in L.,** his life is in danger. 'l ~ **ensgefährlich,** adj. extremely dangerous (undertaking); critical (illness, injury). 'L ~ **ensgefährte,** m -n/-n/'L ~ **ensgefährtin,** f -/-nen partner for life. 'L ~ **ensgeister,** mpl Hum: **seine L. wecken,** to revive one's spirits. 'L ~ **ensgemeinschaft,** f -/-en (a) partnership for life; (b) Biol: symbiosis. 'L ~ **ensgröße,** f -/no pl actual size; **in L.,** lifesize; **in voller L.,** (Bildnis) full-length; Hum: (Pers.) as large as life. 'L ~ **ensjahr,** n -(e)s/-e year of one's life; **mit Vollendung des 18. L ~ es,** on becoming 18 years of age. 'L ~ **enslage,** f -/-n situation. 'l ~ **enslänglich,** adj. life (imprisonment, membership); adv. **l. inhaftiert,** imprisoned for life. 'L ~ **enslauf,** m -(e)s/-e curriculum vitae. 'L ~ **ensmittel,** npl food; (Vorräte) provisions. 'L ~ **ensmittelgeschäft,** n -(e)s/-e food shop/esp. N.Am: store. 'L ~ **ensmittelhändler,** m -s/- grocer. 'L ~ **ensmittelvorräte,** mpl (stocks of) provisions, food supplies. 'l ~ **ensnah,** adj. realistic, true to life. 'l ~ **ensnotwendig,** adj. essential, vital. 'L ~ **ensraum,** m -(e)s/no pl Pol: Fig: space to live and develop. 'L ~ **ensregel,** f -/-n principle, (Spruch) maxim. 'l ~ **ensunfähig,** adj. unable to survive; Med: Biol: non-viable. 'L ~ **ensunterhalt,** m -(e)s/ no pl livelihood; **seinen L. verdienen,** to earn one's living. 'l ~ **ensuntüchtig,** adj. shiftless. 'l ~ **enswahr,** adj. true to life. 'L ~ **enswerk,** n -(e)s/-e **sein L.,** his life's work. 'l ~ **enswichtig,** adj. vitally important, essential. 'L ~ **enszeichen,** n -s/-sign of life; F: **ein L. von sich** dat **geben,** to get in touch. 'L ~ **enszeit,** f -/no pl lifetime; **auf L.,** for life. 'L ~ **enszweck,** m -(e)s/-e purpose in life. 'L ~ **ewesen,** n -s/- (living) being, creature. 'L ~ e' **wohl,** n -(e)s/-e goodbye, A: & Hum: farewell. l ~ **haft** ['leːphaft], adj. lively (person, child, imagination); vivacious (girl); animated (discussion etc.); vivid (colours, imagination, description); bright (colours); keen (interest); enthusiastic (applause); brisk (business etc.); busy (traffic) l ~ **es Treiben,** bustling activity; adv. **das kann ich mir l. vorstellen,** I can just imagine it; **er hat es l. begrüßt,** he warmly welcomed it. 'L ~ **haftigkeit,** f -/no pl liveliness; vivacity; vividness; keenness (of interest); briskness (of business). 'l ~ **los,** adj. lifeless; inanimate (object); adv. (Pers.) (**wie) l. daliegen,** to lie there as if dead. 'L ~ **losigkeit,** f -/no pl lifelessness.

'L ~ **tag**, *m* **(all) mein L.**, all my life; **mein L. nicht**, never in my life/(*Zukunft*) as long as I live. 'L ~ **zeiten**, *fpl* lifetime; **zu seinen L.**, in/ during his lifetime.

Leber ['le:bər], *f* -/-n liver; *F:* **frisch/frei von der L. weg reden**, to speak quite openly. 'L ~ **egel**, *m* -s/- *Med:* **Vet:** liver fluke. 'L ~ **entzün- dung**, *f* -/-en *Med:* hepatitis. 'L ~ **fleck**, *m* -(e)s/-e(n) *F:* mole. 'L ~ **käse**, *m* -s/*no pl Cu:* (spiced) meat loaf. 'L ~ **knödel**, *m* -s/- *South G: Cu:* liver dumpling. 'L ~ **pastete**, *f* -/-n *Cu:* liver pâté. 'L ~ **tran**, *m* -(e)s/*no pl Pharm:* cod-liver oil. 'L ~ **wurst**, *f* -/-̈e (continental) liver sausage.

Lebkuchen ['le:pku:xən], *m* -s/- (kind of) ginger- bread.

leck [lɛk]. **I.** *adj.* leaky, leaking. **II. L.**, *n* -(e)s/-s leak; **ein L. haben**, to have a leak/be leaking. 'l ~ **en¹**, *v.i.* (*haben*) to leak.

lecken² ['lɛkən], *v.* **1.** *v.tr.* to lick (sth.); **sich** *dat* **die Lippen l.**, to lick one's lips. **2.** *v.i.* (*haben*) **an etwas** *dat* **l.**, to lick at sth.

lecker ['lɛkər], *adj.* delicious, tasty. 'L ~ **bis- sen**, *m* -s/- tasty morsel, titbit; (*Delikatesse*) delicacy. L ~ **eien** [-ʹraiən], *fpl* good things (to eat), *esp.* sweets/*N.Am:* candy. 'L ~ **maul**, *n* -(e)s/-̈er *F:* **ein L. sein**, to have a sweet tooth.

Leder ['le:dər], *n* -s/- **1.** leather; *zäh wie L.*, (*Fleisch*) like leather, as tough as old boots. **2.** *Fb: F:* ball. 'L ~ **hose**, *f* -/-n *esp.pl* leather shorts, lederhosen. 'L ~ **jacke**, *f* -/-n leather jacket. 'L ~ **lappen**, *m* -s/- leather (for clean- ing). 'l ~ **n**, *adj.* **1.** leather (gloves etc.). **2.** (*zäh*) leathery (meat etc.). 'L ~ **waren**, *fpl* leather goods.

ledig ['le:diç], *adj.* unmarried, single. l ~ **lich** ['le:dikliç], *adv.* merely, solely.

Lee [le:], *f* -/*no pl Nau:* **in/nach L.**, to leeward. 'L ~ **seite**, *f* -/-n *Nau:* lee(side).

leer [le:r], *adj.* (*a*) (*ohne Inhalt*) empty; flat (battery); (*menschenleer*) deserted, empty (streets); l ~ **es Blatt**, blank sheet; l ~ **es Zimmer** (i) empty/vacant room; (ii) (*unmöbliert*) un- furnished room; **mit l ~ en Händen**, empty- handed; *adv.* **l. ausgehen**, to come away empty- handed; (*Motor*) **l. laufen**, to idle, *Brit:* tick over; (*b*) *Fig:* empty, idle (talk, threats etc.); l ~ **er Blick**, blank look; (*Miene*) vacant expres- sion; (*c*) **ins L ~ e starren**, to stare into space; **ins L ~ e greifen**, to clutch the air. 'L ~ **e**, *f* -/*no pl* **1.** emptiness (of a house, *Fig:* life etc.); **im Saal herrschte gähnende L.**, the hall was completely deserted. **2.** (*Raum*) empty space, void. 'l ~ **en**, *v.tr.* to empty (a glass etc.), clear (a letter box, dustbin); (*Saal usw.*) **sich l.**, to empty. 'L ~ **gewicht**, *n* -(e)s/-e weight un- laden. 'L ~ **lauf**, *m* -(e)s/-̈e *I.C.E:* idling; *Brit:* tickover; *Aut:* **in den L. schalten**, to engage/*N.Am:* shift into neutral. 'L ~ **lauf- düse**, *f* -/-n *I.C.E:* slow-running jet. 'l ~ - **stehend**, *adj.* empty, vacant (room, flat etc.). 'L ~ **taste**, *f* -/-n *Typewr:* space-bar. 'L ~ **ung**, *f* -/-en *Post:* collection. 'L ~ **zim- mer**, *n* -s/- unfurnished room.

legal [leʹgɑ:l], *adj.* legal; legitimate (government, means etc.). L ~ **isation** [-alizatsiʹo:n], *f* -/-en *Jur:* legalization; authentication. l ~ **iʹsieren**, *v.tr.* (*haben*) to legalize (a practice etc.), auth-

enticate (a document, signature). L ~ **iʹtät**, *f* -/*no pl* legality.

Legasthen|ie [legasteʹni:], *f* -/-n dyslexia. l ~ **isch** [-ʹte:niʃ], *adj.* dyslexic.

Leg|ehenne ['le:gəhɛnə], *f* -/-n laying hen, layer. 'l ~ **en**, *v.tr.* (*a*) (*hinlegen*) to put/lay (s.o., sth.) down; (*verlegen*) to lay (a carpet, pipes, *Mil:* mines etc.); *Sp:* to bring down (a player); (*Pers.*) **sich (auf das Bett usw.) l.**, to lie down (on the bed etc.); **sich schlafen l.**, to go to bed; (*Henne*) **Eier l.**, to lay (eggs); **Fliesen im Bad l. lassen**, to have the bathroom floor tiled; (*b*) **etwas auf/in/unter etwas** *acc* **l.**, to put sth. on/ in/under sth.; **das Baby ins Bett l.**, to put the baby to bed; **die Leiter an die Wand l.**, to lean the ladder against the wall; (*c*) **Stoff in Falten l.**, to pleat material; **Wäsche l.**, to fold the washing; **j-m die Haare l.**, to set s.o.'s hair; (*d*) **sich l.**, (*Wind, Fig: Aufregung usw.*) to die down; (*Lärm, Schmerz*) to subside; (*Staub usw.*) to settle (**auf etwas** *acc*, upon sth.). 'L ~ **er**, *m* -s/- guter L., good layer.

legend|är [legenʹdɛ:r], *adj.* legendary. L ~ **e** [leʹgɛndə], *f* -/-n legend; (*Bildtext*) caption.

leger [leʹʒe:r], *adj.* casual, relaxed.

legier|en [leʹgi:rən], *v.tr.* (*a*) to alloy (metals); (*b*) *Cu:* to thicken (a soup, sauce). L ~ **ung**, *f* -/-en alloy.

Legion [legiʹo:n], *f* -/-en *Mil:* legion. L ~ **är** [-oʹnɛ:r], *m* -s/-e *Mil:* legionary.

legitim [legiʹti:m], *adj.* legitimate. L ~ **ation** [-timatsiʹo:n], *f* -/-en **1.** (*Ausweis*) proof of identity. **2.** *Jur:* legitimation (of a child). l ~ **ieren** [-tiʹmi:rən], *v.tr.* (*a*) *Jur:* to declare (a child) legitimate; to authorize (s.o. to do sth.); (*b*) **sich l.**, to show proof of one's iden- tity. L ~ **ität** [-timiʹtɛ:t], *f* -/*no pl* legitimacy.

Lehm [le:m], *m* -(e)s/-e (*also* L ~ **boden** *m*) clay (soil); *Agr:* loam. 'L ~ **bewurf**, *m* -(e)s/*no pl Constr:* daub. 'L ~ **grube**, *f* -/-n clay pit. 'L ~ **hütte**, *f* -/-n mud hut.

Lehn|e ['le:nə], *f* -/-n **1.** (*Rückenl.*) back, (*Arml.*) arm (of a chair). **2.** *South G:* (*Hang*) slope. 'l ~ **en**, *v.tr. & i.* (*haben*) to lean (sth.) (**gegen/an** + *acc*, against); **er lehnte am Zaun**, he was leaning against the fence. 'L ~ **sessel**, *m* -s/-/'L ~ **stuhl**, *m* -(e)s/-̈e armchair. 'L ~ **wort**, *n* -(e)s/-̈er *Ling:* loan word.

Lehr- ['le:r-], *comb.fm.* teaching (staff, method, *Ecc:* order etc.); L ~ **anstalt** *f*, teaching/educa- tional establishment; L ~ **amt** *n*, (i) (*Posten*) teaching post; (ii) (*Beruf*) teaching; L ~ **körper** *m*, teaching staff, *N.Am:* faculty; L ~ **mittel** *n*, teaching aid; *pl* teaching materials. L ~ **auf- trag**, *m* -(e)s/-̈e *Univ:* lectureship. 'L ~ **beauf- tragte(r)**, *m & f decl. as adj. Univ:* lecturer. 'L ~ **beruf**, *m* -(e)s/-e **1.** *Ind: etc:* trade re- quiring an apprenticeship. **2.** teaching (as a career). 'L ~ **buch**, *n* -(e)s/-̈er *Sch:* textbook. 'L ~ **e¹**, *f* -/-n **1.** *Ind: etc:* apprenticeship; **kaufmännische L.**, commercial training; **bei X in die Lehre gehen**, to be apprenticed to X; *Fig:* (*Künstler usw.*), to learn one's art from X. **2.** (*a*) (*Gelehrtes*) **die L. Christi/Hegels**, the teach- ings of Christ/Hegel; **christliche/marxistische L.**, Christian/Marxist doctrine; (*b*) (*Wissen- schaft*) **die L. vom Schall**, the science of sound; **er stellte eine L. auf**, he developed a theory; (*c*)

Fig: (*Lektion*) lesson; moral (of a story); **aus etwas** *dat* **eine L. ziehen,** to draw a moral/learn a lesson from sth.; **das soll dir eine L. sein!** let that be a lesson to you! **die L~n der Eltern befolgen,** to take one's parents' advice. **'l ~ en,** *v.tr.* to teach, *Univ:* lecture in (a subject); **sie lehrt ihn lesen,** she is teaching him to read; *F:* **ich werde dich l., unhöflich zu sein!** I'll teach you to be rude! *Fig:* **das muß die Zeit l.,** time alone will tell. **'L ~ er,** *m* -s/- *Sch:* teacher; *N.Am: & Sp: etc:* instructor; (*Hausl.*) tutor; **L. für Englisch,** English teacher. **'L ~ er- (aus)bildung,** *f* -/*no pl* teacher training. **'L ~ erin,** *f* -/-nen *Sch:* (woman) teacher; (school)mistress; *Sp: etc:* instructress. **'L ~ er- kollegium,** *n* -s/-gien *Sch:* teaching staff, *N.Am:* faculty. **'L ~ erkonferenz,** *f* -/-en *Sch:* staff/*N.Am:* faculty meeting. **'L ~ erzimmer,** *n* -s/- *Sch:* staff room. **'L ~ fach,** *n* -(e)s/-er (*a*) (teacher's) subject; **mein L. ist Deutsch,** I teach German; (*b*) teaching profession; **er ist im L.,** he's a teacher. **'L ~ film,** *m* -(e)s/-e educational film. **'L ~ gang,** *m* -(e)s/-ͤe course (of instruction); *N.Am:* program. **'L ~ geld,** *n* -(e)s/*no pl F:* **du kannst dir dein L. zurückgeben lassen!** you aren't much good at that are you! **L. zahlen (müssen),** to learn the hard way. **'L ~ jahr,** *n* -(e)s/-e year of apprenticeship. **'L ~ junge,** *m* -n/-n (boy) apprentice. **'L ~ kanzel,** *f* -/-n *Aus:* = **L~- stuhl.** **'L ~ kraft,** *f* -/ͤe teacher. **'L ~ ling,** *m* -s/-e apprentice; (*Auszubildender*) trainee. **'L ~ mittelfreiheit,** *f* -/*no pl Sch:* free provision of books and materials (for pupils). **'l ~ plan,** *m* -(e)s/ͤe syllabus. **'l ~ reich,** *adj* instructive, informative. **'L ~ satz,** *m* -(e)s/ͤe *Mth:* theorem; *Ecc:* dogma. **'L ~ stelle,** *f* -/ place for an apprentice. **'L ~ stoff,** *m* -(e)s/*no pl Sch:* material, syllabus (to be taught). **'L ~ stuhl,** *m* -(e)s/ͤe *Univ:* chair, professorship (**für Germanistik,** of German). **'L ~ vertrag,** *m* -(e)s/ͤe *Com: Ind:* articles of apprenticeship, indenture. **'L ~ zeit,** *f* -/*no pl* (term of) apprenticeship.

Lehre² ['le:rə], *f* -/-n *Mec.E:* gauge.

Leib [laip], *m* -(e)s/-er (*a*) *esp. Lit:* body; **etwas am eigenen L~e erfahren,** to get first-hand experience of sth.; **mit L. und Seele dabei sein,** to put one's (whole) heart into it; **die Krankheit steckt ihm schon lange im L~e,** he has been feeling ill for a long time; **ich hielt ihn mir vom L~e,** I kept him at arm's length; *Fig:* **einer Aufgabe zu L~e gehen,** to grapple with a task; **j-m auf den L. rücken,** to press s.o. hard; **die Rolle war ihm (wie) auf den L. geschrieben,** the part was tailor-made for him; (*b*) (*Bauch*) belly; **ohne einen Bissen im L.,** with an empty stomach. **'L ~ arzt,** *m* -es/ͤe personal physician (of a monarch etc.). **'L ~ binde,** *f* -/-n (woollen) body belt. **'L ~ chen,** *n* -s/- *Aus:* (*a*) vest, *N.Am:* undershirt; (*b*) *Sp:* (football) shirt. **'L ~ eigene(r),** *m & f decl. as adj. Hist:* serf. **l ~ en** ['laibən], *v.i.* (*haben*) (**das ist er/sie) wie er/sie leibt und lebt,** it's him/her to the life. **'L ~ eserziehung,** *f* -/*no pl Sch:* physical education. **'L ~ esfrucht,** *f* -/*no pl Med: Jur:* foetus. **'L ~ eskräfte,** *f aus L~en,** for all one's worth; with all one's might. **'L ~ es-**

übungen, *fpl* physical exercises/training. **'L ~ esvisitation,** *f* -/-en body search, *F:* frisking. **'L ~ gericht,** *n* -(e)s/-e favourite dish. **l ~ 'haftig,** *adj.* personified; (devil etc.) incarnate; *adv.* in person, as large as life. **'l ~ lich,** *adj.* (*a*) physical (pleasure, needs etc.); (*b*) **l ~ er Bruder,** real/full brother. **'L ~ wächter,** *m* -s/- bodyguard. **'L ~ - wäsche,** *f* -/*no pl Cl:* underwear.

Leich|e ['laiçə], *f* -/-n (dead) body, corpse; **er konnte nur noch als L. geborgen werden,** he was dead by the time they got him out; *Fig:* **über L~n gehen,** to stop at nothing; *F:* **nur über meine L.!** only over my dead body! **er sah aus wie eine L. auf Urlaub/eine wandelnde L.,** he looked like death warmed up/*N.Am:* over. **'L ~ enbestatter,** *m* -s/- undertaker, *N.Am: also:* mortician. **'L ~ enbittermiene,** *f* -/-n *Iron: F:* doleful expression. **'L ~ en- blässe,** *f* -/*no pl Fig:* (deathly) pallor. **'l ~ en- haft,** *adj.* cadaverous (appearance), deathly (pallor). **'L ~ enhalle,** *f* -/-n mortuary. **'L ~ enhaus,** *n* -es/ͤer morgue. **'L ~ enöffnung,** *f* -/-en autopsy. **'L ~ enrede,** *f* -/-n funeral oration. **'L ~ enraub,** *m* -(e)s/*no pl* body snatching. **'L ~ enschau,** *f* -/-en post mortem (examination). **'L ~ enstarre,** *f* -/*no pl* rigor mortis. **'L ~ entuch,** *n* -(e)s/ͤer shroud. **'L ~ enwagen,** *m* -s/- hearse. **'L ~ enzug,** *m* -(e)s/ͤe funeral procession. **'L ~ nam,** *m* -s/-e *Lit:* (dead) body, corpse.

leicht [laiçt] **I.** *adj.* **1.** light (load, touch, *Mil:* artillery, *Av:* bomber etc.); lightweight (material, construction, *Cl:* suit etc.); thin (clothes, partition), **ich ziehe mir etwas L~eres an,** I'll put on something cooler/thinner; *F:* **j-n um 100 Mark l~er machen,** to relieve s.o. of 100 marks; *adv.* **l. wiegen,** to be light; **l. gebaut,** lightly built. **2.** (*einfach*) easy (job, decision, life etc.); light (duties, reading, music etc.); **sie hatte bei ihm l~es Spiel,** she got round him without any difficulty; **er hat es nicht l.,** it isn't/ things aren't easy for him; he's having a hard time; **du hast l. reden!** it's all very well for you to talk! **es wäre Ihnen ein l~es,** it would be a simple matter for you; **es wurde mir l~er,** I felt easier in my mind; *F:* **etwas auf die l~e Schulter nehmen,** to make light of sth.; *adv.* **das ist l. möglich,** that's perfectly possible; **l. zerbrechlich,** very fragile; **das ist l. gesagt,** it's easy enough to say that; **er ist l. der Beste,** he is easily the best; **l. hundert Meter hoch,** at least/a good hundred metres high; **so l. werde ich sie nicht wieder aufsuchen,** I won't go and see her again in a hurry. **3.** (*gering*) slight (accent, error, wound, exaggeration etc.); light (food, rain, sleep etc.); (*im Geschmack*) mild (cigar etc.); **l~e Grippe,** mild attack of flu; *adv.* **l. irritiert,** slightly irritated; **l. nicken,** to give a slight nod. **4.** *F:* **ein l~es Mädchen,** a fast girl; *P:* **a bit of fluff. II.** *comb.fm.* **1.** **'l~-,** *adj.* (*a*) lightly (dressed, *Mil:* armed etc.); *Hum:* **l~geschürzt,** scantily clad; (*b*) easily (movable etc.); **l~löslich,** easily soluble; **l~verdaulich/ l~verständlich,** easy to digest/understand; **l~entzündlich,** highly inflammable; (*c*) slightly (damaged etc.). **2.** **'L~-,** light (metal, oil, aircraft, industry etc.); lightweight (concrete etc.);

L~bauweise f, lightweight construction. 'L~athlet(in), m -en/-en (f -/-nen) (track/field) athlete. 'L~athletik, f -/no pl (track and field) athletics. 'L~er, m -s/- Nau: lighter. 'l~fallen, v.i.sep.irr.27 (sein) Sprachen fallen ihr leicht, languages come easily to her; es ist ihm nicht leichtgefallen, he didn't find it easy. 'l~fertig, adj. rash (promise, decision etc.); thoughtless, careless (action, talk); frivolous, (scherzend) flippant (remark); adv. sein Leben l. aufs Spiel setzen, to risk one's life recklessly; sein Geld l. verschwenden, to squander one's money irresponsibly. 'L~-fertigkeit, f -/no pl rashness; carelessness; thoughtlessness. 'L~gewicht, n -(e)s/-e Box: lightweight. 'L~gewichtler, m -s/- Box: lightweight boxer. 'l~gläubig, adj. gullible (person); adv. l. gab sie ihm Geld, trustingly she gave him money. 'L~gläubigkeit, f -/no pl gullibility. 'L~heit, f -/no pl lightness. 'l~'hin, adv. casually. 'L~igkeit, f -/no pl 1. lightness. 2. easiness (of a task etc.); ease, facility (of a person); mit (größter/spielender) L., (very) easily, with (the greatest of) ease. 'l~lebig, adj. happy-go-lucky. 'l~machen, v.tr.sep. to make (sth.) easy; er macht es sich dat leicht, he's making things easy for himself. 'L~matrose, m -n/-n Nau: ordinary seaman. 'L~metall, n -s/-e light metal, esp. alloy. 'l~nehmen, v.tr.sep.irr.69 to take (sth.) lightly; not to take (work, life etc.) seriously. 'L~sinn, m -(e)s/no pl carelessness; rashness; (Gefahr gegenüber) recklessness; es war ein grober/sträflicher L., die Kinder allein zu lassen, it was gross negligence to leave the children on their own; es ist ein L., so viel Geld im Haus zu haben, it is asking for trouble to keep so much money in the house; jugendlicher L., youthful folly. 'l~sinnig, adj. (a) careless (person, mistake etc.); (zu gewagt) reckless (behaviour etc.); foolhardy (action, person etc.); rash (remark etc.); adv. sein Leben l. aufs Spiel setzen, to risk one's life unnecessarily/recklessly; geh nicht so l. mit deiner Gesundheit um, don't take such risks with your health; (b) fast, flighty (girl). 'L~sinnigkeit, f -/no pl (a) carelessness, recklessness; (b) flightiness. 'L~sinnsfehler, m -s/- careless mistake. 'l~tun, v.tr. & i. sep.irr.106 (haben) F: sich dat/occ acc mit etwas dat l., to find sth. easy.

leid [lait]. I. adj. (a) (es) tut mir l., I'm sorry; es tut mir l., daß ich Sie gestört habe, I am sorry to have disturbed you/that I disturbed you; er tut mir l., I feel sorry for him; so l. es mir tut, much though I regret it; meine Entscheidung hat mir nicht im geringsten l. getan, I have not regretted my decision in the least; (b) j-n, etwas acc l. sein, to be tired of s.o., sth.; F: die ganze Sache ist mir l., I am fed up with/sick of the whole business. II. L., n -(e)s/no pl esp. Lit: (a) grief, sorrow; (Leiden) suffering; j-m sein L. klagen, to recite one's woes to s.o.; (b) (Schaden) harm; dir wird kein L. geschehen, no harm will come to you. 'L~eform ['laidə-], f -/occ -en Gram: passive (voice). 'l~en. I. v.irr.59 1. v.i. (haben) to suffer (an einer Krankheit, from an illness; unter Kopfschmerzen usw., from headaches etc.); die Rosen haben durch den Frost (stark) gelitten, the roses were (badly) damaged by the frost; sein Stolz hat (dadurch) gelitten, it was a blow to his pride; Hum: er leidet unter der Zwangsvorstellung, daß..., he labours under the delusion that... 2. v.tr. (a) to suffer (thirst, pain etc.); (b) j-n, etwas (nicht) l. können/mögen, to (dis)like s.o., sth.; ich kann ihn (absolut) nicht l., I can't stand him/bear the sight of him; er kann es nicht l., wenn man ihn stört, he hates being disturbed; (c) Lit: er leidet keinen Widerspruch, he does not allow anyone to contradict; die Entscheidung leidet keinen Aufschub, the decision cannot be delayed/postponed; wir werden hier nur geliten, we are only here on sufferance. II. L., n -s/- (a) suffering; nach langem L., after a long illness; Freuden und L., joys and sorrows; Rel: das L. Christi, Christ's Passion; (b) Med: (Gebrechen) complaint; unheilbares L., incurable disease; nervöses L., nervous disorder. 'l~end, adj. (Pers.) ill, in poor health; suffering (look etc.); sie sah l. aus, she looked ill/sickly; ein L~er/eine L~e, a sufferer; mit l~er Stimme, in a strained voice. 'L~enschaft, f -/-en passion; (Begeisterung) fervour, enthusiasm; L~en entfesseln, to arouse passionate feelings/strong emotions; in L. geraten, to become heated/passionate; für etwas acc mit L. kämpfen, to fight enthusiastically/ardently for sth.; F: alte Autos sind seine L., old cars are his great love. 'l~enschaftlich, adj. (a) passionate (person, love, nature, interest etc.); ardent, fervent (admirer etc.); impassioned, fervent (speech etc.); violent (hate); heated (discussion); adv. j-m l. widersprechen, to contradict s.o. vehemently; (b) F: adv. er geht l. gern in die Oper, he adores going to the opera; Pfirsiche ißt sie l. gern, she has a passion for peaches. 'L~enschaftlichkeit, f -/no pl ardour; fervour; violence, vehemence. 'l~enschaftslos, adj. dispassionate. 'L~ensgefährte, m -n/-n/'L~ensgefährtin, f -/-nen/'L~ensgenosse, m -n/-n/'L~ensgenossin, f -/-nen fellow-sufferer. 'L~ensgeschichte, f -/no pl B: (Christ's) Passion; Fig: tale of woe. 'L~ensmiene, f -/-n F: woeful expression. 'L~ensweg, m -(e)s/-e Rel: Way of the Cross; Fig: life of suffering. l~er ['laidər], adv. unfortunately; er ist l. krank, I'm afraid he's ill; int. l.! worse luck! A: & Hum: alas! l~ig ['laidiç], adj. nasty (problem, smell etc.); tiresome (business); dieser l~e Husten! this wretched/confounded cough! 'l~lich, adj. reasonable (number, weather, knowledge etc.); passable (food etc.); adv. l. gut, reasonably good, F: not too bad; das Geschäft geht l., business is so-so. 'l~tragend, adj. suffering; die L~en, (i) those who suffer; (ii) (nach einem Todesfall) the bereaved/(Trauernde) mourners. 'l~voll, adj. sorrowful. 'L~wesen, n -s/no pl zu meinem, seinem usw. L., to my, his etc. regret.

Leier ['laiər], f -/-n 1. Mus: (a) lyre; (b) (Drehl.) hurdy-gurdy. 2. F: immer die alte L., always the same old story. 'L~kasten, m -s/= (a) barrel-organ; (b) Pej: mach doch den L. aus! switch off that blasted radio! 'L~kastenmann, m -(e)s/=er organ-grinder. 'l~n, v.tr. &

i. (*haben*) *F:* (*a*) to wind (a handle etc.); (*b*) to drone through (a poem, song etc.); l~**de Stimme,** singsong voice. '**L ~ schwanz,** *m* -es/-̈e *Orn:* lyre bird. '**L ~ ton,** *m* -s/*no pl F:* monotonous voice, singsong.

Leih- ['lai-], *comb.fm.* (*a*) lending (fee etc.); **L~bibliothek/L~bücherei** *f,* lending library; **L~frist** *f,* period of loan; (*b*) hire, *N.Am:* rental (charge etc.); **L~wagen** *m,* hire/*N.Am:* rental car. 'l ~ **en,** *v.tr.irr.60* (*a*) to lend (money, books etc.); to loan (an exhibit etc.); (*b*) **ich habe (mir) bei/von ihm Geld geliehen,** I borrowed money from him; **sich** *dat* **Bücher aus der Bibliothek l.,** to take books out of the library. '**L ~ er,** *m* -s/- (*a*) lender; (*b*) borrower. '**L ~ gabe,** *f* -/-n *esp. Art:* loan. '**L ~ haus,** *n* -es/-̈er pawnshop. 'l ~ **weise,** *adv.* on loan.

Leim [laim], *m* -(e)s/-e (*a*) glue; *Tex: Bookb:* size; *F:* **aus dem L. gehen,** (*Gegenstand*) to come to pieces; (*Ehe usw.*) to break up; (*Pers.*) to put on weight; (*b*) *F:* **j-m auf den L. gehen,** to fall for s.o.'s tricks; **j-n auf den L. führen,** to take s.o. in, dupe s.o. 'l ~ **en,** *v.tr.* (*a*) to glue (sth.) (**an etwas** *acc,* to sth.); (*b*) *F:* to take (s.o.) in. '**L ~ farbe,** *f* -/-n *Paint:* distemper. '**L~sieder,** *m* -s/- *F:* slowcoach, *N.Am:* slowpoke.

Lein|e ['lainə], *f* -/-n (*a*) (*Seil*) *Nau: etc:* line; *esp.* mooring (line); (*Tau*) rope; *F:* **L. ziehen,** to clear off; (*b*) (*Wäschel.*) (washing) line; (*c*) (*Hundel.*) leash, lead; *P.N:* **Hunde sind an der L. zu führen!** dogs must be kept on a lead/*N.Am:* leash; *F:* **j-n an die L. legen,** to keep s.o. on a tight rein. 'l ~ **en. I.** *adj.* linen (sheets etc.). **II. L.,** *n* -s/-*Tex:* linen; *Bookb:* cloth. **L ~ en-,** *comb.fm.* linen (dress, paper etc.); *Bookb:* cloth (binding etc.); **L~schuh** *m,* canvas shoe; *Ind:* **L~weberei** *f,* linen weaving/(*Fabrik*) factory. '**L ~ enwäsche,** *f* -/*no pl coll.* (table/bed) linen. '**L ~ öl,** *n* -s/*no pl* linseed oil. '**L ~ pfad,** *m* -(e)s/-e towpath. '**L ~ samen,** *m* -s/- linseed. '**L ~ tuch,** *n* -(e)s/-̈er (*esp.* linen) sheet. '**L ~ wand,** *f* -/-̈e (*a*) *Tex:* linen; (*b*) *Art:* canvas; (*c*) *Cin: Phot:* screen; **einen Bestseller auf die L. bringen,** to make a film of a bestseller; (*Film*) **über die L. gehen,** to be shown. '**L ~ wandheld,** *m* -en/-en *Hum:* screen hero.

leise ['laizə], *adj.* (*a*) faint (steps, noise etc.); quiet (voice etc.); soft (music); **einen l ~ n Schlaf haben,** to be a light sleeper; **seid l.!** be quiet! **don't make a noise!** *F:* **auf l ~ n Sohlen,** on tiptoe; *adv.* **l. sprechen,** to talk quietly/in a low voice; **l. singen,** to sing softly; **das Radio l ~ r stellen,** to turn the radio down; (*b*) light, gentle (rain, breeze, touch etc.); slight (mist, *Fig:* hope, doubt etc.); vague, faint (suspicion etc.); l ~ s **Bedauern,** tinge of regret; **er hat nicht die l ~ ste Ahnung,** he hasn't the faintest idea; **nicht im** l ~ **sten,** not in the slightest; *adv* **l. überkamen ihn Zweifel,** gradually he began to have doubts. 'l ~ **treten,** *v.i.sep.irr.105* (*haben*) *F:* to pussyfoot. '**L ~ treter,** *m* -s/- *F:* (*a*) (*Pers.*) pussyfooter; (*b*) (*Schuhe*) sneakers.

Leiste ['laistə], *f* -/-n **1.** (*a*) (edging) strip; border (of wallpaper etc.); (*Zierl.*) moulding; *Aut: etc:* trim; *Furn:* beading; (*Fußl.*) skirting board; (*b*) *Tex:* (*Webkante*) selvedge; *Cl:* (*Knopfl.*) fly front. **2.** *Anat:* groin.

Leisten¹ ['laistən], *m* -s/- (*a*) *Shoem:* last; *F:* **alles über einen L. schlagen,** to lump everything together; (*b*) (*Schuhspanner*) shoe tree.

'**leist|en²,** *v.tr.* (*a*) (*vollbringen*) to achieve, accomplish (sth.); to perform (a task etc.); **Großes l.,** to achieve great things; **er hat nicht viel geleistet,** he did not get much done; **gute Arbeit/viele Überstunden l.,** to do good work/a lot of overtime; (*b*) to render (a service, help etc.); **Widerstand l.,** to offer resistance; **eine Anzahlung l.,** to pay a deposit; *Mec.E:* **dieser Motor leistet 100 PS,** this engine develops 100 b.h.p.; (*c*) *F:* **sich** *dat* **etwas l.,** to treat oneself to sth.; **sie haben sich einen Mercedes geleistet,** they have lashed out on a Mercedes; **sich** *dat* **etwas l. können,** to be able to afford sth.; **er kann sich keine Fehler mehr l.,** he can't afford to make any more mistakes; **stell dir vor, was die sich jetzt wieder geleistet hat!** guess what she's been up to this time! '**L ~ ung,** *f* -/-en (*a*) (*Errungenschaft*) achievement; **eine große technische L.,** a brilliant technical feat; *Th: Sp:* **eine hervorragende L.,** an outstanding performance; (*b*) (*Niveau*) **ihre L. in Deutsch ließ nach,** the standard of her work in German dropped; **das fordert eine überdurchschnittliche L.,** this demands an exceptional level of achievement/performance; **nach L. bezahlen,** to pay by results/*Ind:* productivity; (*c*) (*Ausstoß*) output (of a machine, factory, *El:* motor); power (of an engine, transmitter, lens etc.); performance (of an oil, a part, car etc.); yield (of milk etc.); *Mec.E:* **(abgegebene) L.,** power output; (*d*) performance (of a duty), fulfilment (of an obligation); **eine Entschädigung für erwiesene L~en,** a remuneration for services rendered; *Jur:* **j-n auf L. verklagen,** to bring an action for satisfaction against s.o.; *Mil:* **bei der L. des Wehrdienstes,** while doing one's military service; (*e*) (*Zahlung*) payment (of a sum, damages etc.); *Adm:* (health insurance) benefit; **die L~en des Bundes,** the contributions of the Federal Government; *Ind:* **soziale L~en,** fringe benefits. '**L ~ ungs-,** *comb.fm.* (*a*) *Sp:* performance (test etc.); proficiency (badge etc.); competitive (gymnastics etc.); **L~klasse** *f,* performance category; **L~sport** *m,* competitive sport (*dependent on individual performance*); (*b*) *Tchn:* power (output, reactor etc.); *Aut:* **L~gewicht** *n,* power-to-weight ratio; *Mec.E:* **L~kurve** *f,* power curve; (*c*) *Ind:* productivity (check etc.); **L~prämie/L~zulage** *f,* productivity bonus. 'l ~ **ungsberechtigt,** *adj. Ins:* entitled to benefits. '**L ~ ungsdruck,** *m* -(e)s/*no pl Sch:* pressure (on a pupil/student) to reach a high standard. 'l ~ **ungsfähig,** *adj.* (*a*) efficient (worker, machine); powerful, high performance (car, engine); **eine l ~ e Versicherung,** an insurance with good cover; (*b*) (*Pers.*) fit; **nicht voll l.,** not quite fit/*Sp:* on peak form. '**L ~ ungsfähigkeit,** *f* -/*no pl* efficiency; productivity; *Ind:* output; *Aut:* performance; *Mec.E:* power. '**L ~ ungsgrenze,** *f* -/-n maximum performance/*Ind:* productivity/*Mec.E:* power (output). '**L ~ ungsgruppe,** *f* -/-n *Sch:* stream, *N.Am:* track. '**L ~ ungsniveau,** *n* -s/-s *Sch: Sp:* standard. '**L ~ ungsprüfung,** *f* -/-en

Sch: achievement test; (*laufend*) assessment 'l~ungsstark, *adj.* powerful (engine, lens etc.). 'L~ungsvermögen, *n* -s/*no pl* = L~ungsfähigkeit. 'L~ungsverschlechterung, *f* -/-en *Sch:* decline in standards.

Leit- ['lait-], *comb.fm.* (a) leading (currency, *Mus:* note etc.); guiding (star etc.); L~artikel *m,* leading article, leader; L~linie *f,* guideline; *Aut:* white line; L~satz *m,* guiding principle; *Phot:* L~zahl *f,* guide number (of a flash unit); (b) main, central (idea, concept etc.); L~motiv *n,* main theme; *Mus:* leitmotif. 'L~bild, *n* -(e)s/-er ideal; *Psy:* father figure. 'l~en, *v.tr.* (a) (*führen*) to lead (an expedition, discussion etc.); to manage (a firm etc.); to run (a hotel, shop etc.); to direct (investigations etc.); to chair (a meeting); to control (traffic etc.); *Mus:* to conduct (an orchestra, choir etc.); *Sp:* to referee (a game); eine Schule l., to be head of a school; er leitet das Projekt, he is in charge of the project; (b) to lead, guide (s.o.); (*richten*) to divert (sth.) (an eine Stelle usw., to a place etc.); ein Gesuch an die Behörden l., to send/forward an application to the authorities; j-n auf die richtige Spur l., to put s.o. on the right track; (*Pers.*) sich l. lassen, to accept guidance (von j-m, from s.o.), be guided (von einem Prinzip usw., by a principle etc.); etwas in die Wege l., to pave the way for sth.; (c) (*lenken*) to divert (traffic etc.); to convey (electricity etc.); Erdöl/ Gas durch Rohre l., to pipe oil/gas; Gas in ein Haus l., to supply a house with gas; den Bach in ein anderes Bett l., to alter the course of the stream; (d) *Ph: etc:* to conduct (electricity, heat etc.); *abs.* Kupfer leitet gut, copper is a good conductor. 'l~end, *adj.* (a) guiding (principle etc.); managerial (position, function); leading (personality, part); top-ranking (official etc.); eminent (scholar); l~e Angestellte, senior staff; l~er Ingenieur, chief engineer; (b) *Ph:* conductive (materials). 'L~er¹, *m* -s/- 1. (*Pers.*) (*also* L~in *f*) leader (of a group etc.); director (of a firm); manager, *f* manageress (of a shop etc.); head (of a department etc.); warden (of a youth hostel); *Sch:* head teacher, *f* headmistress; *N.Am:* principal; *Mus:* conductor; technischer/ künstlerischer L., technical/artistic director. 2. *Ph:* conductor. 'L~faden, *m* -s/no *pl* (a) (*Buch*) manual, guide; (b) (*Gedanke*) main idea/ theme. 'l~fähig, *adj.* conductive (material etc.); Kupfer ist l., copper is a good conductor. 'L~fähigkeit, *f* -/no *pl Ph:* conductivity. 'L~hammel, *m* -s/- *Hum:* boss (of a group). 'L~kegel, *m* -s/- (traffic) cone, *Brit:* bollard. 'L~planke, *f* -/-n crash barrier, *N.Am:* guardrail. 'L~schiene, -/-n (a) *Aus:* = Leitplanke; (b) *Rail:* check rail. 'L~spruch, *m* -(e)s/-̈e motto. 'L~stelle, *f* -/-n control point. 'L~ung, *f* -/-en 1. (*Leiten*) *no pl* (a) leadership; *Com:* management; direction (of a project etc.); administration, control (of finances etc.); control (of traffic etc.); chairmanship (of a committee, discussion); *Mus:* conductorship; er hat die L. (der Abteilung), he is in charge of the department); unter staatlicher L., under government control; eine Delegation unter L. des Ministers, a delegation led by the minister; *Mus:* unter (der) L. von X/des

Komponisten, conducted by X/the composer; *N.Am:* X/the composer conducting; (b) (*Beratung usw.*) guidance; er braucht eine feste L., he needs a firm hand; (c) *Ph:* conduction. 2. *Com:* (*Leitende*) management; sich bei der L. beschweren, to complain to the management. 3. (a) *El:* cable; (*für Geräte*) wire, lead; die L~en, the wiring (of a house); (b) *Tel:* line; es ist jemand in der L., I've got a crossed line; *F:* er hat eine lange L., he's slow on the uptake; du stehst auf der L.! come on, you *are* slow! (c) (*Rohr*) (water, gas etc.) pipe; (*Hauptl.*) main, *N.Am:* line. 'L~ungsgas, *n* -es/no *pl* mains gas. 'L~ungsmast, *m* -(e)s/-en (a) *Tel:* telegraph pole; (b) mast/pylon (for electric cables). 'L~ungsrohr, *n* -(e)s/-e (water, gas etc.) pipe. 'L~ungswasser, *n* -s/no *pl* tap water. 'L~werk, *n* -(e)s/-e *Av:* tailplane, tailunit.

Leite ['laitə], *f* -/-n *South G:* slope; hillside.

Leiter² ['laitər], *f* -/-n ladder; auf die L. steigen, to climb a ladder. 'L~sprosse, *f* -/-n rung. 'L~wagen, *m* -s/- open-framed handcart.

Lektion [lɛktsi'o:n], *f* -/-en *Sch:* lesson, unit (in a book); *Fig:* j-m eine L. erteilen, to lecture s.o., tell s.o. off. L~tor(in) ['lɛktɔr(-'to:rin)], *m* -s/-en (*f* -/-nen) 1. *Univ:* approx. lecturer; lector. 2. publisher's reader/adviser. L~torat [-to'ra:t], *n* -(e)s/-e 1. *Univ:* approx. assistant lectureship. 2. *Pub:* reader's department. L~türe [-'ty:rə], -/-n 1. (*Lesen*) *no pl* reading. 2. reading matter; (*passende*) L. für den Urlaub, (suitable) holiday reading; eine spannende L., a gripping story.

Lende ['lɛndə], *f* -/-n *Anat: & Cu:* loin. 'L~n-, *comb.fm. Anat:* lumbar (pain, region, vertebra). 'L~nbraten, *m* -s/- *Cu:* loin; (*Rind*) sirloin. 'L~nschurz, *m* -es/-e loincloth. 'L~nstück, *n* -(e)s/-e = L~nbraten.

lenkbar ['lɛŋkba:r], *adj.* steerable; (*steuerbar*) controllable; manageable (child). 'l~en, *v.* I. *v.tr.* (a) to steer (a vehicle), turn (a horse etc.); to guide (s.o., a missile etc.); to direct, (*in eine andere Richtung*) divert (traffic, a conversation etc.); to turn (one's thoughts etc.) (auf etwas *acc,* to sth.); seine Schritte nach Hause l., to wend one's way homewards; Aufmerksamkeit auf j-n, etwas *acc* l., to call/draw attention to s.o., sth.; Blicke/den Verdacht usw. auf sich *acc* l., to attract glances/suspicion; (b) (*regeln*) to control (the press, economy etc.); to rule (a state); das Kind läßt sich schwer l., the child is difficult to manage. 2. *v.i.* (*haben*) *Aut:* to steer. 'L~er, *m* -s/- 1. (*Pers.*) driver. 2. (a) *Aut:* steering wheel; *Cy:* handlebars; (b) *Mec.E:* linkage. 'L~rad, *n* -(e)s/-̈er *Aut:* steering wheel. 'L~säule, *f* -/-n *Aut:* steering column. 'L~stange, *f* -/-n *Cy:* handlebars. 'L~ung, *f* -/-en 1. *Aut:* steering. 2. control (of the economy etc.). 'L~ungsausschuß, *m* -sses/-̈sse *Adm:* steering committee.

Lenz [lɛnts], *m* -es/-e *Poet:* spring.

Leopard [leo'part], *m* -en/-en leopard.

Lepra ['le:pra], *f* -/no *pl* leprosy. 'L~kranke(r), *m & f decl. as adj.* leper.

Lerche ['lɛrçə], *f* -/-n lark.

Lern- ['lɛrn-], *comb.fm.* (a) learning (method, process etc.); educational (game, aim etc.); L~mittel *pl,* educational materials; (b) teach-

ing (machine, programme etc.). 'l ~ **bar**, *adj.*
learnable; **leicht/schwer l.**, easy/difficult to
learn. 'l ~ **begierig**, *adj.* eager to learn.
'l ~ **en**, *v.* 1. *v.tr.* to learn (sth., to do sth.)
(**bei/von** j-m, from s.o.; **aus der Erfahrung usw.**,
from experience etc.; **an einem Beispiel**, from
an example); **Klavier spielen l.**, to learn to play
the piano; **es lernt sich leicht**, it's easy to learn;
es will gelernt sein, you have to learn to do it
properly; **einen Beruf/Bäcker usw. l.**, to train
for a career/to be a baker etc.; **er lernt es nie**,
he'll never learn. 2. *v.i.* (*haben*) to learn, study;
(*a*) *Sch:* **er lernt gut/schlecht**, he's a good/poor
pupil; he works well/doesn't try; **tüchtig l.**, to
work hard; (*b*) (*sich ausbilden*) to train;
(*als Lehrling*) to serve one's apprenticeship.
'L ~ **ende(r)**, *m & f decl. as adj.* learner. 'L ~ -
schwester, *f -/-n* student nurse.
Les|**art** ['lɛ:s'ɑ:rt], *f -/-en* reading; (*Deutung*)
interpretation. 'l ~ **bar**, *adj.* legible (writing
etc.); readable (book, style). 'L ~ **barkeit**, *f
-/no pl* legibility; readability. L ~ e-[¹] ['le:zə-],
comb.fm. reading (age, copy, lamp, circle,
public, desk etc.); L ~ **brille** *f*, reading glasses;
L ~ **saal** *m.* reading room (of a library);
L ~ **stoff** *m.* reading matter; L ~ **wut** *f*, reading
craze, passion for reading; *Data Pr:* L ~ **gerät**
n reading machine, reader. 'L ~ **ehelft**, *n*-(e)s/-e
slim paperback; *Sch:* reader. 'l ~ **en**[¹], *v.irr.*
(*pres.* **liest**, *pres.subj.* **lese**, *p.* **las**, *p.subj.*
läse, *p.p.* **gelesen**) 1. *v.tr.* to read (a book, *Mus:*
a score, *Parl:* a bill, *Fig:* s.o.'s thoughts etc.);
es liest sich gut/wie ein Märchen, it reads well/
like a fairy tale; **hier ist zu l., daß ...**, it says
here that ...; **wie l. Sie das?** what do you take
this to mean? **Karten l.**, to tell fortunes/the
future from the cards; *Print:* **Korrekturen l.**, to
read/correct proofs; *R.C.Ch.* **die Messe l.**, to
say mass; *Fig:* **aus seinem Blick/in seiner Miene
war die Verzweiflung zu l.**, despair was written
all over his face; **in ihren Augen war zu l., daß
...**, you could tell from her eyes that ... 2.
v.i. (*haben*) (*a*) to read (**über etwas acc/von
etwas** *dat*, about sth.); **er hat lange an dem Buch
gelesen**, it took him a long time to read the
book; (*b*) *Univ:* to lecture (**über etwas** *acc*, on
sth.). 'l ~ **enswert**, *adj.* worth reading. 'L ~ e-
probe, *f -/-n* 1. extract from a book. 2. *Th:*
read-through. 'L ~ **er(in)**, *m -s/- (f -/-nen)*
reader. 'L ~ **eratte**, *f -/-n* *F:* bookworm.
'L ~ **erbrief**, *m -(e)s/-e* *Journ:* reader's letter.
'L ~ **erkreis**, *m -es/-e* *Journ:* readership.
'l ~ **erlich**, *adj.* legible. 'L ~ **erlichkeit**, *f
-/no pl* legibility. 'L ~ **erschaft**, *f -/-en*
Journ: readership. 'L ~ **erzahl**, *f -/-en* *Journ:*
circulation. 'L ~ **ezeichen**, *n -s/-* bookmark.
'L ~ **ung**, *f -/-en* esp. *Ecc: Parl:* reading.
Lesb|**ierin** ['lɛsbiərin], *f -/-nen* Lesbian.
'l ~ **isch**, *adj.* Lesbian.
Lese² ['le:zə], *f -/-n* harvest, esp. (*Weinl.*) grape
harvest. 'l ~ **n²**, *v.tr.* to pick, gather (grapes,
berries etc.).
Lethargie [letar'gi:], *f -/no pl* lethargy.
Lett|e ['lɛtə], *m -n/-n/* L ~ **in**, *f -/-nen* Latvian.
'l ~ **isch**, *adj.* Lettish (language); Latvian
(Republic, people etc.). 'L ~ **land**. *Pr.n.n -s.
Geog:* Latvia.
Letter ['lɛtər], *f -/-n* *Print:* character.

Lettner ['lɛtnər], *m -s/-* *Ecc.Arch:* choir screen.
Letzt [lɛtst]. I. *f* **zu guter L.**, at long last. II.
'l ~ -, *adj.comb.fm.* last(-born, possible etc.);
l ~ **genannt**, last-mentioned (thing); last-named
(person); l ~ **jährig**, last year's. 'l ~ **e(r, s)**, *adj.*
(*a*) last; (*neueste*) latest (news etc.); l ~ **n
Montag**, last Monday; **der l. Schliff**, the final/
finishing touches; **Änderungen im l ~ n Augen-
blick**, last-minute changes; **in l ~ r Zeit**, of late,
recently; **in den l ~ n Jahren**, in the last few/in
recent years; **als L ~ s möchte ich noch sagen
...**, lastly/to end I would like to say ...; **er
wurde als l ~ t bedient**, he was served last; *Ecc:*
l ~ e **Ölung**, extreme unction; (*b*) (*schlechteste*)
er wurde l ~ r/ging als l ~ r durchs Ziel, he came
last (in the race); **sie ist die L. in der Klasse**, she
is bottom of the class; **von der l ~ n Sorte**, of
the worst sort; **das ist meine l. Sorge**, that's the
least of my worries; *F:* **der Film ist das L.**, the
film is hopeless/the end; (*c*) (*äußerste*) utmost
(effort, perfection etc.); ultimate (truth,
weapon etc.); **die l ~ n Geheimnisse**, the last/
deepest mysteries; **das L. an Technik**, the last
word in technology; **sein L ~ s hergeben**, to
do one's utmost; **bis ins l.**, to the last detail;
es wurde bis aufs l. zerstört, it was completely/
utterly destroyed; **bis zum l ~ n**, as much as
possible; **for all one's worth; bis zum L ~ n
gehen**, to use extreme measures/the ultimate
sanctions. 'l ~ **emal**, *adv.* **das l.**, the last time;
zum letztenmal, for the last time. 'l ~ **ens**, *adj.*
(*a*) lastly; (*b*) (*neulich*) recently. 'l ~ **ere(r, s)**,
adj. **der/die/das l.**, the latter; l ~ **s** ist hier **der
Fall**, the latter is the case here. 'l ~ **lich**, *adv.*
(*a*) after all, when it comes to the point; (*b*)
(*zum Schluß*) finally.
Leucht- ['lɔʏçt-], *comb.fm.* (*a*) luminous (dial,
Biol. organism etc.), fluorescent (screen etc.);
(*mit L ~ stoffröhren*) neon (writing etc.);
L ~ **farbe** *f*, luminous paint; L ~ **stoff** *m.* lumin-
ous/fluorescent material; *El:* L ~ **(stoff)röhre** *f*,
fluorescent/neon tube; L ~ **reklame** *f*, neon
(advertising) sign; (*b*) esp. *Nau:* light (buoy,
signal etc.); L ~ **bake** *f/*L ~ **feuer** *n*, light
beacon; L ~ **schiff** *n*, lightship; L ~ **turm** *m*,
lighthouse; L ~ **turmwärter** *m*, lighthouse
keeper. 'L ~ **e**, *f -/-n* 1. light. 2. *F:* **er ist keine
L.**, he's not exactly a genius. 'l ~ **en**, *v.i.*
(*haben*) (*a*) (*Mond, Licht usw.*) to shine;
(*Farben, Himmel usw.*) to glow; (*Meer usw.*) in
der Sonne l., to gleam in the sun; **ihre Augen
leuchteten vor Freude**, her eyes shone/lit up
with joy; (*b*) (*Pers.*) **j-m l.**, to light the way for
s.o.; **mit einer Taschenlampe auf etwas** *acc* **l.**, to
shine a torch/*N.Am:* flashlight on sth.
'l ~ **end**, *adj.* luminous, glowing (colours etc.);
vivid (green etc.); shining (eyes etc.). 'L ~ **er**,
m -s/- chandelier; (*Kerzenständer*) candlestick.
'L ~ **käfer**, *m -s/-* lampyris, *esp.* firefly.
'L ~ **kraft**, *f -/no pl* luminosity. 'L ~ **kugel**,
f -/-n flare. 'L ~ **pistole**, *f -/-n* flare/Very
pistol. 'L ~ **rakete**, *f -/-n* signal rocket. 'L ~ -
spurgeschoß, *n -sses/-sse* tracer bullet.
leugnen ['lɔʏgnən]. I. *v.tr.* to deny (sth.); **nicht
zu l.**, undeniable. II. **L.**, *n -s/no pl* denial.
Leukämie [lɔʏkɛ'mi:], *f -/no pl* *Med:* leukaemia.
Leukoplast [lɔʏko'plast], *n -(e)s/-e* *R.t.m.* (plain)
sticking plaster.

Leumund [' lɔymunt], *m* -(e)s/*no pl* (personal) reputation; **j-m einen guten L. geben,** to vouch for s.o.'s good character. ´**L ~ szeuge,** *m* -n/-n *Jur:* character witness.

Leut|chen ['lɔytçən], *pl F:* folk; **nette L.,** a nice crowd; **meine L.,** my folks. ´**L ~ e,** *pl* people; (*a*) **was werden die L. dazu sagen?** what will people say? **er tut das nur wegen der L.,** he only does it for the sake of appearances; **vor allen L~n,** in front of everybody; **unter (die) L. gehen,** to (get out and) meet people; *F:* **wenn das unter die L. kommt!** if this gets out/becomes known! (*b*) *F:* **meine L.,** my people; (i) my staff; (ii) (*Familie*) my folks; (iii) *Mil:* my men; (*c*) *int. F:* **los, ihr L.!** come on you lot!/*N.Am:* c'mon gang! **L., L.!** oh dear! oh lord!

Leutnant ['lɔytnant], *m* -s/-s *Mil:* second lieutenant; *Nau:* **L. zur See,** sub-lieutenant, *N.Am:* lieutenant junior grade.

leutselig ['lɔytzə:lik], *adj.* affable; (*Fürst usw.*) gracious. ´**L ~ keit,** *f* -/*no pl* affability; graciousness.

Leviten [le'vi:tən], *pl F:* **j-m die L. lesen,** to tear a strip off s.o., *Hum:* read s.o. the riot act.

Levkoje [lɛf'ko:jə], *f* -/-n *Bot:* stock.

Lexiko|graph [lɛksiko'gra:f], *m* -en/-en lexicographer. **L ~ graphie** [-gra'fi:], *f* -/*no pl* lexicography. **L~n** ['lɛksikɔn], *n* -s/-ka (*a*) encyclopedia (**für Musik/der Musik,** of music); (*b*) (*Wörterbuch*) dictionary.

Liban|ese [liba'ne:zə], *m* -n/-n Lebanese. **L ~ esin,** *f* -/-nen Lebanese (woman). **l ~ e-sisch,** *adj.* Lebanese. **L ~ on** ['li:banon]. *Pr.n.m* -s. *Geog:* Lebanon.

Libelle [li'bɛlə], *f* -/-n 1. dragonfly. 2. *Tls:* spirit level

liberal [libe'ra:l], *adj.* liberal. **l~isieren** [-rali'zi:rən], *v.tr.* to liberalize (a law, trade etc.). **L ~ ismus** [-ra'lismus], *m* -/*no pl* liberalism.

Liber|ia [li'be:ria]. *Pr.n.n* -s. *Geog:* Liberia. **L ~ ianer(in)** [-beri'a:nər(in)], *m* -s/- (*f* -/-nen) Liberian. **l ~ isch** [li'be:riʃ], *adj.* Liberian.

Libretto [li'brɛto], *n* -s/-s & -tti libretto.

Lib|yen ['li:bjən]. *Pr.n.n* -s. *Geog:* Libya. ´**L ~ yer(in),** *m* -s/- (*f* -/-nen) Libyan. **l ~ ysch** ['li:byʃ], *adj.* Libyan.

Licht¹ [liçt]. I. *n* -(e)s/-er (*a*) light; **L. machen,** to turn the light(s) on; *Fig:* **ans L. kommen,** to come to light; **L. in eine Sache bringen,** to throw light on a matter; **j-n, etwas ins rechte L. setzen,** to show s.o., sth. in a favourable light; *F:* **j-n hinters L. führen,** to pull the wool over s.o.'s eyes; **mir ging ein L. auf,** it dawned on me; **er ist kein großes L.,** he's no genius; (*b*) (*Kerze*) candle; (*c*) (*Glanzl.*) highlight (in hair etc.). II. ´**L~-,** ´**l ~** *comb.fm.* light (year, source, conditions, *Phot:* value etc.); (patch, speed, strip etc.) of light; **L~bündel/L~strahl** *m,* beam of light; **L~büschel** *n & m,* pencil (beam) of light; **L~kegel** *m,* (conical) beam of light; **L~schalter** *m,* light switch; **L~stärke** *f,* light intensity; *Phot:* speed (of a lens); *adj.* **l~echt,** light-fast; **l~empfindlich,** light-sensitive. ´**L ~ -bild,** *n* -(e)s/-er (passport-size) photograph. ´**L ~ blick,** *m* -(e)s/-e *Fig:* bright spot. ´**L ~ -bogen,** *m* -s/-*El:* arc. ´**l ~ durchlässig,** *adj.* translucent. ´**L ~ durchlässigkeit,** *f* -/*no pl* translucence ´**L ~ empfindlichkeit,** *f* -/*no pl*

sensitivity to light; *Phot:* speed (of a film). ´**l ~ er'loh,** *adj.* blazing; *adv.* **l. brennen,** to be blazing fiercely. ´**L ~ hof,** *m* -(e)s/-̈e **1.** light well (of a building). **2.** *Phot:* halo. ´**L ~ hupe,** *f* -/-n *Aut:* flasher; **die L. betätigen,** to flash one's lights. ´**L ~ maschine,** *f* -/-n *Aut: Cy: etc:* dynamo. ´**L ~ mast,** *m* -(e)s/-en lamp standard. ´**L ~ meß,** *f* -/*no pl R.C.Ch:* Candlemas. ´**L ~ pause,** *f* -/-n (plan-copying) print, *esp.* blueprint. ´**l ~ scheu,** *adj. Fig:* shady (character etc.). ´**l ~ schwach,** *adj. Phot:* slow (lens). ´**L ~ spielhaus,** *n* -es/-̈er *esp. A:* cinema. ´**l ~ stark,** *adj. Phot:* fast (lens). ´**l ~ undurchlässig,** *adj.* opaque. ´**L ~ undurchlässigkeit,** *f* -/*no pl* opacity.

licht², *adj.* **1.** (*hell*) light (room, sky, colour etc.); **am l~en Tag,** in broad daylight; *Fig:* **l~e Augenblicke,** lucid moments. **2.** thin, sparse (hair, vegetation); *adv.* (*Bäume usw.*) **l. stehen,** to be widely spaced; *Tchn:* **l~e Höhe,** headroom (of a bridge etc.). ´**l ~ en¹,** *v.tr.* to thin (out) (trees, undergrowth etc.); **sich l.,** (*Wald usw.*) to thin out; (*Haare*) to (get) thin; (*Nebel*) to clear. ´**L ~ ung,** *f* -/-en *For:* clearing.

lichten², *v.tr.* **den Anker l.,** to weigh anchor.

Lid [li:t], *n* -(e)s/-er (eye)lid. ´**L ~ schatten,** *m* -s/- *Cosm:* eye shadow.

lieb [li:p], *adj.* **1.** (*a*) dear; **meine L~en,** my family/*F:* nearest and dearest; **du l~er Himmel/l~e Zeit!** good heavens! **mein L~er/ l~er Freund,** (now look here) my dear fellow; *Corr:* **L~er Herr X!** Dear Mr. X; **vielen Dank für Deinen l~en Brief,** thank you very much for your kind letter; **l~e Grüße, Dein X,** kind regards, X; *F:* with love from X; *F:* **sich bei j-m l. Kind machen,** to get well in with s.o.; (*b*) (*oft nicht übersetzt*) **das l~e Geld,** this (precious) money; **der l~e Gott,** God; **den l~en langen Tag,** all day long. **2.** (*a*) (*nett*) kind, *F:* nice (**zu j-m,** to s.o.); **das ist aber l. (von dir)!** how kind/ sweet of you! **ein l~er Kerl,** a dear; **sei so l. und hol mir die Zeitung,** be a dear and fetch me the paper; **l. aussehen,** to look sweet/charming; (*b*) (*brav*) good; **sei l.!** be a good boy/girl! **3.** welcome (guest etc.); **es ist mir l., daß . . ,** I am pleased/glad that . . .; (*passen*) **es wäre mir l., wenn er morgen käme,** it would suit me if he came tomorrow; **mehr als mir l. war,** more than I wanted. ´**l ~ äugeln,** *v.i.insep.* (*haben*) **l. mit** + *dat,* to fancy (sth.), have one's eye on (sth.); to toy/flirt with (an idea). ´**L ~ chen,** *n* -s/- *esp. Pej:* lady love. **L ~ e** ['li:bə], *f* -/-n love (**zu etwas** *dat,* of sth.; **zu j-m,** of/for s.o.); **aus L. heiraten,** to marry for love; **aus L. zur Sache,** for the love of it; **etwas mit L. tun,** to do sth. with loving care; *F:* (*Pers.*) **meine erste L.,** my first love; **eine alte L.,** an old flame; *F:* **tu mir die L.!** do me a favour! ´**l ~ ebedürftig,** *adj.* in need of love. **L ~ e'lei,** *f* -/-en flirtation. ´**l ~ en,** *v.tr.* (*a*) to love (s.o., sth.); **sie l. sich,** they are in love; *F:* **er liebt es, bewundert zu werden,** he likes/loves to be admired; **ich liebe es nicht, wenn du allein gehst,** I don't like you going alone. ´**l ~ end,** *adj.* loving, affectionate; *adv.* **etwas l. gern tun,** to love doing sth. ´**l ~ enswert,** *adj.* lovable (person); endearing, engaging (manner, smile etc.). ´**l ~ enswürdig,** *adj.* kind (**zu j-m,** to s.o.); **seien Sie so l. und**

..., would you be so good as to ....'L~ens-
würdigkeit, f -/-en 1. kindness. 2. kind/*Iron:*
choice remark. 'l~er, *adv.* 1. *(a) (comp. of
gern)* ich esse l. zu Hause, I prefer to eat at
home; er möchte l. gehen, he would prefer to/
would rather go; ich mag ihn l. als seine Frau, I
prefer him to his wife; er fährt l. als ich, he
likes driving more than I do; *(b) (comp. of* lieb)
es wäre mir l., wenn ..., I would prefer it if
.... 2. *(besser)* wir wollen l. gehen, we had
better go; it would be better if we went.
'L~es-, *comb.fm.* love (letter, story, life, scene
etc.); (need, proof, declaration etc.) of love;
amorous (glance, etc.); L~abenteuer *n/*L~-
affäre *f/*L~verhältnis *n,* love affair; L~ehe/
L~heirat *f,* love match; *adj.* i~krank, lovesick;
l~toll, crazed with love. 'L~esdienst, *m* -es/-e
(act of) kindness, good turn. 'L~esgabe, *f -/*
-n charitable gift. 'L~eskummer, *m* -s/*no pl*
heartache; sie hat L., she is unhappily in love.
'L~esmühe, *f* das ist verlorene/vergebliche
L., it's a waste of effort. 'L~espaar, *n* -(e)s/-e
courting couple; (pair of) lovers. 'l~evoll,
adj. loving, affectionate (embrace, look etc.);
(fürsorglich) devoted (care etc.); *adv.* j-n l.
pflegen, to look after s.o. devotedly/with loving
care. 'l~gewinnen [li:p-], *v.tr.sep.irr.3* to
grow fond of (s.o., sth.). 'l~haben, *v.tr.sep.
irr.44* to love (s.o., sth.), *(mögen)* be fond of (s.o.,
sth.). 'L~haber, *m* -s/- 1. *(Geliebter)* lover.
2. *(also* L~in *f)* lover (of art etc.); *(Sammler)*
collector; *Sp:* enthusiast. 'L~haber-
ausgabe, *f -/-n Pub:* collector's edition. L~-
habe'rei, *f -/-en* hobby. 'L~haberwert, *m*
-(e)s/*no pl* collector's value. l~kosen [li:p'
ko:zən], *v.tr.insep. Lit:* to caress (s.o.), fondle
(s.o.'s hand etc.). 'L~kosung, *f -/-en Lit:*
caress. l~lich ['li:bliç], *adj. (a)* sweet; *(b)
(sanft)* gentle (landscape etc.); mellow (wine).
'L~lichkeit, *f -/no pl* sweetness; *(b)* gentle-
ness; mellowness. 'L~ling, *m* -s/-e *(a)*
darling; *(Kind)* pet; *(b) (Bevorzugte)* favourite;
(Schüler) (teacher's) pet. 'L~lings-, *comb.fm.*
favourite (occupation, food, colour etc.); L~-
aufenthalt *m,* favourite haunt. 'l~los, *adj. (a)*
loveless (childhood etc.); cold, unloving (person,
nature etc.); heartless (treatment); unkind
(words etc.); *(b) adv.* l. zubereitet, prepared
without proper care, thrown together. 'L~-
losigkeit, *f -/no pl* coldness, unkindness; lack
of care. 'L~schaft, *f -/-en* (casual) love
affair, flirtation. 'l~ste(r,s), *adj.* dearest
(friend etc.); favourite (toy etc.); meine L~e,
my love.
Lied [li:t], *n* -(e)s/-er song; *(Kunstl.)* lied; *Ecc:*
hymn; *F:* es ist immer das alte L., it's always the
same old story; das Ende vom L. war, daß..., the
upshot of it (all) was that ...; davon kann ich ein
L. singen! I know all about that! 'L~chen, *n*
-s/-little song, ditty. 'L~erabend, *m* -s/-e
song/lieder recital. 'L~erkomponist, *m*
-en/-en songwriter; composer of lieder. 'L~er-
macher(in), *m* -s/- *(f -/-nen)* writer (and per-
former) of topical songs. 'L~erzyklus, *m*
-/-zyklen song cycle.
liederlich ['li:dərliç], *adj.* slovenly; slipshod,
careless (piece of work etc.); *(ausschweifend)*
dissolute, debauched; l~es Weib, slut.

'L~keit, *f -/no pl* untidiness, slovenliness;
carelessness; debauchery, dissipation.
lief [li:f], *p. of* laufen.
Liefer- ['li:fər-], *comb.fm. Com:* delivery (con-
tract, service etc.); (terms etc.) of delivery;
L~schein *m,* delivery/advice note; L~termin
m, delivery date; L~frist/L~zeit *f,* period for
delivery. L~ant [-ə'rant], *m* -en/-en supplier;
Constr: contractor. L~anteneingang, *m*
-s/-e tradesmen's entrance; *Com:* goods en-
trance. 'l~bar, *adj. Com:* available. 'L~-
bote, *m* -n/-n *A:* delivery man. 'l~n, *v.tr. (a)
(Firma) (verkaufen)* to supply (goods, spare parts
etc.) (j-m, to s.o.); *(zustellen)* to deliver (goods);
abs. wir l. sofort, we deliver immediately; *(b)* to
provide (food, *Fig:* evidence etc.); *(Gebiet)* to
produce (raw materials etc.); *(Tier)* to yield
(milk etc.); j-m genug Beweise l., to provide/
supply s.o. with sufficient proof; j-n der Polizei
in die Hände l., to deliver s.o. into the hands of
the police; *F:* jetzt bin ich geliefert, I've had it
now; *(c)* j-m eine Schlacht l., to do battle with s.o.
'L~ung, *f -/-en* 1. *Com: (a)* supply; *(Zustel-
lung)* delivery; *(b) (Warensendung)* consignment,
shipment. 2. *Pub:* instalment (of a partwork).
'L~wagen, *m* -s/-van; *(offen)* pick-up truck.
Liege ['li:gə], *f -/-n* day-bed, divan. 'L~ekur,
f -/-en rest cure. 'l~en, *v.i.irr. (haben/South
G: sein) (pres.* liegt, *p.* lag, *p.subj.* läge, *p.p.*
gelegen) *(a)* to lie; *(sich hinlegen)* to lie down;
er liegt gerne hart, he likes a hard bed; hast du
es irgendwo l. sehen? have you seen it (lying
around) anywhere? *Fig: (Essen)* schwer im
Magen l., to lie heavy on the stomach; *(b)
(Stadt, Haus usw.)* to be (situated); das Haus
liegt schön/ist schön gelegen, the house is
beautifully situated; das Zimmer liegt nach
Süden/der Straße zu, the room faces south/
onto the road; die Stadt links l. lassen, to leave
the town on one's left; *Sp:* an der Spitze/auf
dem dritten Platz l., to be in the lead/in third
place; *Fig:* so wie die Dinge l., as things are; in
the present situation; *(c) (sich befinden)* to be;
auf dem Tisch lag Staub, there was dust on the
table; viel Arbeit l. haben, to have a lot of work
waiting to be done; *(d) Aut:* der Wagen liegt gut
auf der Straße/in der Kurve, the car holds the
road/corners well; *(e)* er/es liegt mir, I like him/it;
he/it appeals to me; *(f)* es liegt mir viel/nichts
daran, it is very important/of no importance to
me; was liegt daran? what does it matter? es
liegt an ihm, (i) it depends on him/*(Ent-
scheidung)* is up to him; (ii) *(ist seine Schuld)* it
is his fault; an mir soll es nicht l., don't let me
stop you; woran liegt es, daß er hinkt? what makes
him limp? 'l~enbleiben, *v.i.sep.irr.12 (sein)
(a)* to stay in bed; *(b) (Schnee)* to settle; *(c)
(übrigbleiben)* to be left/*(liegenlassen)* left
behind; *(Arbeit)* to be left undone; *Com:
(Waren)* to be (left) unsold. 'l~end, *adj.*
lying, recumbent (figure, posture etc.); prone
(position); horizontal (figure of eight, *Aut:*
engine); sloping (handwriting); *(auf Flaschen)*
l. aufbewahren! store flat/on its side. 'l~-
enlassen, *v.tr.sep.irr.57 (p.p.* liegenlassen) *(a)*
to leave (s.o., sth.) (lying somewhere); *(b) (ver-
gessen)* to leave (sth.) behind; *(c) (nicht erledi-
gen)* to leave (work etc.) undone, leave (a

letter) unposted. ´L ~ **eplatz**, m -es/¨e Nau: mooring, berth. ´L ~ **esitz**, m -es/-e reclining seat. ´L ~ **estuhl**, m -(e)s/¨e deckchair. ´L ~ **estütz**, m -es/-e Gym: press-up, N.Am: push-up. ´L ~ **ewagen**, m -s/- Rail: couchette car. ´L ~ **ewiese**, f -/-n lawn for sunbathing.

lieh [li:], p. of **leihen**.

lies [li:s], imperf. sing. of **lesen**.

ließ [li:s], p. of **lassen**.

Lift [lift], m -(e)s/-e & -s lift.

Liga ['li:ga], f -/**Ligen** Pol: Sp: league.

Ligatur [liga'tu:r], f -/-en Mus: tie; Print: Surg: ligature.

Liguster [li'gustər], m -s/- Bot: privet.

liieren [li'i:rən], v.tr. (Firmen) sich l., to form links, join forces; **mit j-m liiert sein,** (i) to have joined forces with s.o.; (ii) (ein Verhältnis haben) to be having an affair with s.o.

Likör [li'kø:r], m -s/-e liqueur.

lila ['li:la]. **I.** inv.adj. (also l ~ **farben**) lilac; (tief) mauve. **II.** L., n -s/- & F: -s lilac, mauve.

Lilie ['li:liə], f -/-n Bot: lily.

Liliput|aner [lilipu'ta:nər], m -s/- dwarf. ´L ~ **bahn,** f -/-en miniature railway.

Limo|nade [limo'na:də], f -/-n/F: **Limo** ['limo], f n -s/-(s) fizzy drink, mineral; (Zitronenl.) lemonade. **L ~ ne** [li'mo:nə], f -/-n lime.

Limousine [limu'zi:nə], f -/-n Aut: (large) saloon, N.Am: sedan; (mit Trennwand) limousine.

Linde ['lində], f -/-n lime tree.

linder|n ['lindərn], v.tr. to ease, relieve (pain, suffering etc.); to soothe (pain etc.). ´l ~ **nd,** adj. soothing. ´L ~ **ung,** f -/no pl relief.

Line|al [line'a:l], n -s/-e Geom: etc: ruler. l ~ **ar,** adj. linear.

Linguist [liŋgu'ist], m -en/-en linguist. L ~ **ik,** f -/no pl linguistics. l ~ **isch,** adj. linguistic.

Linie ['li:niə], f -/-n line; (a) **in L. antreten,** to line up; Mil: to form ranks; **in gerader L. von j-m abstammen,** to be a direct descendant of s.o.; (b) Mil: **feindliche L ~ n,** enemy lines; **die vorderste L.,** the front line; Fig: **in vorderster L. stehen,** to be in the forefront of events/in the thick of things; **auf der ganzen L.,** totally, all along the line; (c) **in erster L.,** first of all, primarily; **in zweiter L.,** secondarily; **j-n in zweiter L. interessieren,** to be of secondary interest to s.o.; (d) Pol: etc: policy; **eine radikale L. verfolgen/einschlagen,** to pursue a radical policy/ course; **keine klare L. erkennen lassen,** to show no clear direction; (e) (bus/tram) line; Av: route; **die L. 3,** the number 3; (f) (Umriß) contour; **in scharfen L ~ n hervortreten,** to stand out in sharp relief;Cl: **modische L.,** fashionable shape/line; F: **auf die (schlanke) L. achten,** to watch one's figure; (g) (Ebene) **es bewegt sich auf der gleichen L.,** it operates at the same level; **er stellt X auf die gleiche L. mit Y,** he puts X on a level with Y. ´l ~ **nbewußt,** adj. F: figure-conscious; **eine L ~ e,** a weight-watcher. ´L ~ **nblitz,** m -es/-e forked lightning. ´L ~ **nbus,** -ses/-se public service bus. ´L ~ **nflug,** m -(e)s/¨e Av: scheduled flight. ´L ~ **nführung,** f -/-en esp. Tchn: & Cl: design, lines. ´L ~ **nrichter,** m -s/- Sp: linesman. ´L ~ **nschiff,** n -(e)s/-e Nau: liner. ´l ~ **ntreu,** adj. Pol: faithful to the party line.

linieren [li'ni:rən], v.tr. to rule lines on (paper etc.); **liniertes Papier,** lined paper.

link|e (r,s) ['liŋkə(r,s)], adj. **1.** (a) left (arm, side etc.); **auf der l ~ n Seite/zur L ~ en,** on the lefthand side/the left; **zu meiner L ~ n,** on my left; l. **obere Ecke,** top lefthand corner; (b) Pol: leftwing (politician, views etc.); left (wing); **ein L ~ r,** a leftwinger; **die L.,** the left; (c) Tex: l. **Seite,** wrong side; Knit: l. **Masche,** purl stitch. **2.** P: shady, doubtful (dealings, character etc.). ´l ~ **isch,** adj. clumsy; (gehemmt) awkward, gauche. ´l ~ **s,** adv. (a) on the left; **die zweite Straße l.,** the second on the left; l. **von mir/der Tür,** to my left/the left of the door; **von/nach l.,** from/to the left; l. **abbiegen,** to turn left; **weder l. noch rechts schauen,** to look neither left nor right; Fig: to keep one's eye on one's goal; Fig: **ich wußte nicht mehr was l. und (was) rechts war,** I didn't know whether I was coming or going; **j-n l. liegenlassen,** to cold-shoulder s.o.; (b) F: l. **essen,** to eat with one's left hand; (c) Pol: l. **stehen/**F: **sein,** to be leftwing; (d) (verkehrt) the wrong way up; **etwas (von) l. bügeln,** to iron sth. on/from the wrong side; **seine Socken l. anziehen,** to put one's socks on inside out;(e)Knit: l. **stricken,**to(knit)purl. ´l ~ **s-,** ´l ~ -, comb.fm. (a) lefthand (bend, Mec.E: thread etc.); Aut: l ~ **steuerung** f, lefthand drive; **L ~ verkehr** m, lefthand rule of the road; adv. l ~ **seitig,** on the lefthand side; Fb: **L ~ außen/ L ~ innen** m, outside/inside left; (b) to the left; **L ~ abbieger** m, vehicle turning left; (Spur) left filter; adj. l ~ **drehend,** turning to the left/anticlockwise; lefthand (thread); adv. l ~ **herum,** to the left, anticlockwise; leave (sth.) (c) Pol: leftwing (extremist, radical, party, coalition, government etc.); adj. l ~ **gerichtet/l ~ orientiert/** l ~ **stehend,** with leftwing tendencies; leftist; l ~ **radikal/l ~ extremistisch,** with radical/extreme leftwing views.

Linoleum [li'no:leum], n -s/no pl linoleum.

Linse ['linzə], f -/-n **1.** Bot: lentil. **2.** Opt: Anat: lens. ´l ~ **n,** v.i. (haben) F: to peep. ´L ~ **n-,** comb.fm. **1.** lentil (soup etc.). **2.** Opt: lens (system etc.).

Lippe ['lipə], f -/-n lip; **ich brachte es nicht über die L ~ n,** I could not bring myself to say it; **an j-s L ~ n hängen,** to hang on s.o.'s words; **kein Wort soll über meine L ~ n kommen,** my lips are sealed; F: **eine (dicke/große) L. riskieren,** to dare to speak out. ´L ~ **n-,** comb.fm. lip (reading etc.); **L ~ bekenntnis** n, lip-service; **L ~ stift** m, lipstick.

Liquid|ation [likvidatsi'o:n], f -/-en liquidation. l ~ **ieren** [-'di:rən], v. **1.** v.tr. to liquidate (a firm, opponent etc.); to wind up (a firm). **2.** v.i. (haben) Com: (Firma) to go into liquidation. **L ~ ität** [-i'tɛ:t], f -/no pl Fin: liquidity.

lispeln ['lispəln], v.tr.&i. (haben) to lisp (sth.).

Lissabon ['lisabon]. Pr.n.n -s. Geog: Lisbon.

List ['list], f -/-en **1.** no pl cunning, craft(iness); guile; F: **mit L. und Tücke,** using all the tricks of the trade. **2.** trick, ruse; subterfuge. ´l ~ **ig,** adj. cunning, crafty; (schlau) sly. ´L ~ **igkeit,** f -/no pl cunning, craft(iness); slyness.

Liste ['listə], f -/-n list.

Litanei [lita'nai], f -/-en **1.** Ecc: litany. **2.** F: rigmarole; **eine lange L. von Klagen,** an endless catalogue of complaints.

Litau|en ['li(:)tauən]. *Pr.n.n* **-s.** *Geog:* Lithuania. ´L ~ **er(in),** *m* **-s/-** (*f* **-/-nen**) Lithuanian. ´l ~ **isch. I.** *adj.* Lithuanian. **II. L.,** *n* **-/no** *pl* Ling: Lithuanian.

Liter ['li(:)tər], *m & n* **-s/-** litre. ´l ~ **weise,** *adv.* by the litre.

liter|arisch [litə'rɑːriʃ], *adj.* literary. **L ~ at** [-'rɑːt], *m* **-en/-en** literary man, man of letters. **L ~ atur** [-a'tuːr]. **I.** *f* **-/-en** literature; *Mus:* repertoire. **II. L ~-,** *comb.fm.* (*a*) literary (criticism, language, prize etc.); (history etc.) of literature; (*b*) bibliographical (reference etc.); **L ~ verzeichnis** *n,* bibliography.

Litfaßsäule ['litfaszɔylə], *f* **-/-n** advertisement pillar.

Lithograph [lito'grɑːf], *m* **-en/-en** lithographer. **L ~ ie** [-a'fiː], **-/-en** (*a*) *no pl* lithography; (*b*) (*Bild usw.*) lithograph. **l ~ isch** [-'grɑːfiʃ], *adj.* lithographic.

litt [lit], *p. of* **leiden.**

L|turg|ie [litur'giː], *f* **-/-n** liturgy. **l ~ isch** [-'turgiʃ], *adj.* liturgical.

Litze ['litsə], *f* **-/-n** (*gedreht*) cord; (*geflochten*) braid.

live [laif]. **I.** *inv.adj. & adv.* live. **II.** ´L ~-, *comb.fm.* live (broadcast etc.); **L ~ auftritt** *m,* live performance.

Livree [li'vreː], *f* **-/-n** [-ə:ən] livery.

Lizenz [li'tsɛnts], *f* **-/-en** licence; **in L. hergestellt,** made under licence. **L ~ geber,** *m* **-s/-** licensor. **L ~ inhaber/L ~ nehmer,** *m* **-s/-** licensee.

Lob [loːp], *n* **-(e)s/***occ-***e** praise; **zu ihrem L.,** to her credit; *F:* **j-s L. singen,** to sing s.o.'s praises. **l ~ en** ['loːbən], *v.tr.* to praise (s.o., God) (**für etwas** *acc/***wegen etwas** *gen,* for sth.); **j-n, etwas l ~ d erwähnen,** to commend s.o., sth.; **ich will mich nicht selbst l., aber . . .,** I don't want to blow my own trumpet, but . . .; **das lobe ich mir,** that's what I like to see. ´l ~ **enswert,** *adj.* praiseworthy, laudable. ´**L ~ gesang,** *m* **-(e)s/***⁀***e** song/hymn of praise. ´**L ~ lied,** *n* **-(e)s/-er** song of praise; *Fig:* **ein L. auf j-n anstimmen,** to sing s.o.'s praises. ´**L ~ rede,** *f* **-/-n** eulogy; **eine L. auf j-n halten,** to praise s.o. to the skies.

lobben ['lɔbən], *v.tr. Tennis:* to lob (the ball).

löblich ['løːpliç], *adj. esp. Iron:* praiseworthy, laudable.

Loch [lɔx], *n* **-(e)s/⁀er** (*a*) hole; gap (in a hedge etc.), puncture (in a tyre etc.), *Dent:* cavity, *F:* **saufen wie ein L.,** to drink like a fish; **ein L./L ⁀ er in die Luft gucken,** to stare into space; **j-m ein L. in den Bauch fragen,** to plague s.o. with questions; **er pfeift auf/aus dem letzten L.,** he's on his last legs; (*b*) *Billiards:* pocket; (*c*) *F:* (*Zimmer usw.*) **schmutziges L.,** dirty hole; (*d*) *F:* (*Gefängnis*) **im L.,** in (the) clink. ´l ~ **en,** *v.tr.* to punch a hole/holes in (paper etc.); to punch (a ticket, *Data-pr:* card etc.). ´**L ~ er,** *m* **-s/-** punch, hole-puncher (for paper etc.). ´**L ~ karte,** *f* **-/-n** *Data-pr:* punched card. ´**L ~ scheibe,** *f* **-/-n** *Tchn:* perforated disc. ´**L ~ streifen,** *m* **-s/-** *Data-pr:* punched tape.

löcherig ['lœçəriç], *adj.* full of holes.

Lock|e ['lɔkə], *f* **-/-n** curl; **L ~ n haben,** to have curly hair. ´l ~ **en**[1], *v.tr.* to curl (s.o.'s hair);

(*Haare*) **sich l.,** to curl. ´**L ~ enschere,** *f* **-/-n** curling tongs. ´**L ~ enwickler,** *m* **-s/-** curler; (*dicker*) roller. ´**l ~ ig,** *adj.* curly.

lock|en[2], *v.tr.* (*a*) to attract (a bird etc.); to lure (s.o., an animal) (**in eine Falle usw.,** into a trap etc.); (*b*) (*reizen*) to tempt, attract (s.o.); **es lockt mich sehr, mitzufahren,** I am very tempted to go; *abs.* **das Meer lockte so sehr,** the sea looked so inviting; **ein l ~ des Angebot,** a tempting offer; **die l ~ de Ferne,** the lure of distant places. ´**L ~ ente,** *f* **-/-n** decoy duck. ´**L ~ mittel,** *n* **-s/-** bait, lure. ´**L ~ ruf,** *m* **-(e)s/-e** *esp. Orn:* mating call. ´**L ~ ung,** *f* **-/-en** lure, attraction; (*Versuchung*) temptation. ´**L ~ vogel,** *m* **-s/⁀** (*Vogel, Pers.*) decoy.

locker ['lɔkər], *adj.* loose; (*a*) light (soil, cake, mixture); loosely woven (fabric); (*nicht straff*) slack (rope, muscles etc.); relaxed (posture); *Fig:* casual, free and easy (relationship etc.); *adv.* **l. gebunden,** loosely tied; *F:* **ihm sitzt das Geld l.,** his money soon goes, (*b*) *Pej.* lax (morals, discipline); *F:* **l ~ er Vogel,** loose liver; **l ~ e Dame,** lady of easy virtue. ´**L ~ heit,** *f* **-/no** *pl* looseness; lightness; slackness; *Pej:* laxity. ´l ~ **lassen,** *v.i.sep.irr.57* (*haben*) *F:* **nicht l.,** to keep at it. ´l ~ **machen,** *v.tr.sep. F:* to fork out, part with (money). ´l ~ **n,** *v.tr.* to loosen (a screw, one's belt, collar etc.); to slacken (a rope, the reins etc.); to break up (soil); to relax (one's muscles, grip, discipline etc.); **das Gesetz l.,** to make the law less stringent; **in gelockerter Stimmung,** in a relaxed mood; **sich l.,** (*Zahn, Schraube usw.*) to work/come loose; (*Nebel*) to lift, thin; (*Seil usw.*) to slacken; (*Muskeln, Griff, Disziplin usw.*) to relax; (*Spannung usw.*) to ease; (*Verhaltnis, Sitten*) to become freer/more casual. ´**L ~ ung,** *f* **-/no** *pl* loosening; slackening, relaxation; easing (of tension). ´**L ~ ungsübungen,** *fpl Sp:* limbering-up exercises.

Loden ['loːdən], *m* **-s/-** *Tex:* loden.

lodern ['loːdərn], *v.i.* (*haben*) (*Flamme*) to flare/leap (up); (*Feuer, Fig: Augen usw.*) to blaze.

Löffel ['lœfəl], *m* **-s/-** **1.** spoon; **zwei L. (voll) Zucker,** two spoonfuls of sugar. **2.** (*Ohr*) ear (of a rabbit/hare/*P:* person). ´**L ~ bagger,** *m* **-s/-** *Civ.E:* (shovel) excavator. ´**L ~ biskuit,** *n & m* s/ e & e sponge finger. ´**L ~ chen,** *n* **-s/-** small spoon, *esp.* coffee spoon. ´l ~ **n,** *v.tr.* to spoon (sth.) (up). ´l ~ **weise,** *adv.* by the spoonful.

log [loːk], *p. of* **lügen.**

Logarith|mentafel [loga'ritməntaːfəl], *f* **-/-n** logarithm/*F:* log tables. **L ~ mus,** *m* **-/-men** logarithm.

Logbuch ['lɔkbuːx], *n* **-(e)s/⁀er** *Nau:* log(book).

Loge ['loːʒə], *f* **-/-n** **1.** *Th:* box. **2.** (porter's/masonic) lodge.

log|ieren [lo'ʒiːrən], *v.i.* (*haben*) *esp. A:* to stay, (*als Untermieter*) lodge, *N.Am:* room (**bei j-m,** with s.o.). **L ~ is** [lo'ʒiː], *n* **-/-** **1.** lodging, accommodation. **2.** *Nau:* seamen's mess.

Log|ik ['loːgik], *f* **-/no** *pl* logic. ´l ~ **isch,** *adj.* logical.

Lohn [loːn]. **I.** *m* **-(e)s/⁀e** (*a*) wage; *coll.* pay; (*b*) (*Belohnung*) reward; **das ist der ganze L. dafür!** that's all the thanks you get! **II.** ´L ~-, *comb.fm.* wage (increase etc.); wages (office, book); pay (increase, policy, pause, round etc.); **L ~ buch-**

halter *m,* wages clerk; L~**empfänger** *m,* wage earner; L~**kampf** *m,* wage dispute; L~**kürzung** *f,* wage reduction; L~**stopp** *m,* wage freeze; L~**tarif** *m,* wage rate/scale; L~**tarifverhandlungen** *fpl,* wage negotiations; L~**tüte** *f,* wage/pay packet; L~**streifen/** L~**zettel** *m,* payslip; L~**liste** *f,* payroll. ′L~-**steuer,** *f -/no pl* income tax (on earned income).

lohnen [′lo:nən], *v.* **1.** *v. refl. & occ.i. (haben)* **(sich)** l., to be worth while/worth it; **es lohnt sich nicht, zu fragen,** it is not worth asking; **die Mühe hat sich gelohnt,** it was worth the trouble; **der Film lohnt sich,** the film is worth seeing. **2.** *v.tr. Lit:* **j-m etwas l.,** to reward s.o. for sth. *(Iron:* **mit Undank,** with ingratitude). ′l~d, *adj.* worthwhile; rewarding (job, experience etc.); *Com:* profitable (deal etc.).

Lok [lɔk], *f -/-s Rail: F:* engine. ′L~**führer,** *m -s/-* engine driver, *N.Am:* engineer.

lokal [lo′ka:l]. **I.** *adj.* local. **II. L.,** *n -(e)s/-e (a)* premises, *F:* place, *N.Am:* joint; *(Kneipe) Brit:* pub, *N.Am:* bar; *(Speisel.)* restaurant; **verlassen Sie das L.!** leave the premises! *(b) (Versammlungsraum)* meeting room. **III.** L~-, *comb.fm.* local (newspaper, traffic, *Med:* anaesthetic etc.); L~**kolorit** *n,* local colour; *Sp: F:* L~**matador** *m,* local hero. L~**bahn,** *f -/-en Rail:* branch line. L~**termin,** *m -s/-e Jur:* visit to the scene of the crime.

Lokomotiv|e [lokomo′ti:və], *f -/-n Rail:* locomotive, engine. L~**führer** [-′ti:f°fyrər], *m -s/-* engine driver, *N.Am:* engineer. L~-**schuppen,** *m -s/-* engine shed.

Lokus [′lo:kus], *m -/-se F:* loo, *N.Am:* john.

London [′london]. *Pr.n.n* -s. *Geog:* London. ′L~**er.** **I.** *m -s/-* Londoner. **II.** *inv. adj.* London (area etc.).

Looping [′lu:piŋ], *n & m -s/-s Av:* **einen L. drehen/machen,** to loop the loop.

Lorbeer [′lɔrbe:r], *m -s/-en Bot:* laurel, bay; *(L~kranz)* laurel wreath; laurels; *Fig:* L~**en ernten,** to cover oneself in glory. ′L~**baum,** *m -(e)s/⁼e* bay (tree). ′L~**blatt,** *n -(e)s/⁼er (a) esp. Cu:* bay leaf; *(b)* laurel leaf.

Lore [′lo:rə]. **I.** *f -/-n Min: etc:* truck. **II.** *Pr.n.f* -s. = Laura.

Los¹ [lo:s], *n -es/-e* **1.** *(a)* **das L. über etwas** *acc* **werfen/etwas durch das L. bestimmen,** to decide sth. by drawing lots; *(b) (Schein)* lottery/raffle ticket; **ein L. ziehen,** to draw a ticket; **das Große L. ziehen,** the jackpot/first prize; *also Fig:* **das Große L. ziehen,** to hit the jackpot. **2.** *(Schicksal)* lot, fate.

los². **I.** *pred.adj. (a) (Hund usw.)* free, loose; **der Knopf ist l.,** the button has come off; *F:* **ich bin ihn/es l.,** I have got rid of him/it; **ich bin mein Geld l.,** my money is all gone; *(b)* **es ist etwas l.,** there is something on; *(etwas stimmt nicht)* something is the matter; **was ist hier l.?** what is going on here? **was ist (mit dir) l.?** what's the matter (with you)? **in dieser Stadt ist nichts l.,** nothing ever happens/there is nothing to do in this town; **damit/mit ihm ist nicht viel l.,** it/he isn't up to much. **II.** *adv.* **1.** *int.* come on! hurry up! **also l.!** right, off we/ you go! **2. ich muß (schon) l.,** I must go. **II.** ′l~-, *sep.vbl prefix (a) (anfangen zu)* to start

(working, barking, shooting etc.); to burst out (laughing etc.); *F:* l~**ballern/**l~**knallen,** to start banging away; l~**brüllen/**l~**schreien,** to start screaming; l~**donnern,** (to begin) to thunder out; l~**platzen,** to burst out *(esp.* laughing); *(b) (weg-)* (to fly, march, run etc.) off, away; l~**rasen,** to tear/dash off; l~**stürmen/**l~**stürzen,** to rush off/away; **j-n** l~-**schicken,** to send s.o. off/out; *F:* l~**schieben,** to push off; *(c) (entgegen)* towards; **auf j-n l~rennen,** to run towards s.o.; **auf etwas** *acc* l~-**steuern,** to head for sth.; *(d) (ab-)* (to knock etc.) off; *(ent-)* un-; **etwas** l~**bekommen,** to get sth. off; **etwas l~drehen,** to twist sth. off; **etwas** l~**binden,** to untie sth.; **etwas** l~**haken,** to unhook sth.; **etwas** l~**koppeln/kuppeln,** to uncouple sth.; **etwas/sich** l~**schnallen,** to unstrap sth./oneself. ′l~**brechen,** *v.tr. & i. sep.irr.14 (sein)* to break (sth.) off; *(b) (Sturm usw.)* to break; *(Tumult, Gelächter usw.)* to break out. ′l~**eisen,** *v.tr.sep. F:* to tear/drag (s.o., oneself) away. ′l~**fahren,** *v.i.sep.irr.26 (sein) (a) (abfahren)* to start; *(Fahrzeug)* to move/*Aut:* drive off; **auf etwas** *acc* l., to head for sth.; *(b) (wütend)* **auf j-n l.,** to fly at s.o. (in a fury). ′l~**gehen,** *v.i.sep.irr.36 (sein) (a) (aufbrechen)* to set off (on foot); **auf etwas** *acc* l., to make for/*Fig:* aim for sth.; *(b) (angreifen)* **auf j-n l.,** to go for s.o.; *(c) F: (anfangen)* to start; **jetzt geht's los!** here goes! this is it! *(d) F: (sich lösen)* to come off/*(Bindfaden usw.)* undone; *(e) (Gewehr, Mine usw.)* to go off. ′l~**haben,** *v.tr.sep.irr.44 F:* **etwas/viel/nichts l.,** to be good/very good/no good (in etwas *dat,* at sth.). ′l~**kaufen,** *v.tr.sep.* to buy the release of (a prisoner), ransom (s.o.). ′l~-**kommen,** *v.i.sep.irr.53 (sein)* to get away (von j-m, etwas *dat,* from s.o., sth.); *(Flugzeug)* **vom Boden l.,** to get off the ground; *Rac:* **beim Start gut l.,** to get off to a good start. ′l~**kriegen,** *v.tr.sep. F: (a)* to get (a lid etc.) off; *(b)* to get rid of (s.o., sth.). ′l~**lassen,** *v.tr.sep.irr.57 (a)* to let go of (sth.); **laß mich los!** let me go! take your hands off me! *Fig:* **das Problem ließ sie nicht los,** she could not stop thinking about the problem; *(b)* to release (a prisoner, one's hold, *Aut:* the brake etc.); *F:* to let loose (s.o. inexperienced) *(auf die Leute,* on people); **einen Hund (von der Leine) l.,** to let a dog off the lead; **die Hunde auf j-n l.,** to set the dogs on s.o.; *(c) F:* to deliver oneself of (a speech, joke etc.). ′l~**legen,** *v.i.sep. (haben) F: (a) (mit der Arbeit)* l., to get cracking/*Brit:* stuck in; *(b) (redend)* to fire away; *(schimpfend)* to let fly; **mit etwas** *dat* l., to start (going) on about sth. ′l~**lösen,** *v.tr.sep.* to remove, detach (sth.) *(von + dat,* from); **sich l.,** *(Sache)* to come off/ undone; *(Pers., Land)* to break away *(von + dat,* from). ′L~**lösung,** *f -/no pl* detachment; breaking away; *Pol:* secession. ′l~**machen,** *v.tr.sep. F:* to undo (a string etc.), untie (a rope, dog's lead etc.), unhitch (a trailer etc.); to free (sth., oneself *(von/aus + dat,* from); *Nau:* to cast off (a boat). ′l~**reißen,** *v.tr.sep.irr.4* to tear/pull (sth.) off; **sich l.,** *(Tier)* to break free/ loose; *Fig:* **er konnte sich nicht von dem Buch nicht l.,** he couldn't tear himself away from the book. ′l~**sagen,** *v.refl.sep.* **sich von j-m, einer Partei**

usw. l., to break with/part company with s.o., a party etc.; **sich von einem Verhältnis l.**, to break off a relationship. '**l ~ schießen**, *v.i.sep.irr.31 F:* (*a*) (*sein*) (*wegrasen*) to shoot off; (*b*) (*haben*) to start shooting; *Fig:* (*reden*) to fire away. '**l ~ schlagen**, *v.sep.irr.85* **1.** *v.i.* (*haben*) (*a*) **auf j-n l.**, to strike out at s.o.; (*b*) *Mil:* to make a surprise attack. **2.** *v.tr.* to knock (sth.) off/out. '**l ~ sprechen**, *v.tr.sep.irr.14* to absolve (s.o.) (**von einer Schuld usw.**, from blame etc.); to free, release (s.o.) (**von einer Verantwortung usw.**, from a responsibility etc.). '**L ~ sprechung**, *f -/-en* release; *esp. Ecc:* absolution. '**l ~ werden**, *v.tr.sep.irr.109* (*sein*) to get rid of (s.o., sth.); *Com:* to dispose of (goods); *F:* (*verlieren*) to lose (sth.), part with (one's money); **ich wurde das Gefühl nicht los, daß . . .**, I couldn't get away from the feeling that . . . . '**l ~ ziehen**, *v.i.sep.irr.113* (*sein*) *F:* (*a*) to set out; (*b*) (*kritisieren*) **gegen j-n l.**, to attack s.o., pull s.o. to pieces.

lösbar ['lø:sba:r], *adj.* soluble (problem, *Ch:* substance). '**L ~ keit**, *f -/no pl* solubility.

Lösch|blatt ['lœʃblat], *n -(e)s/-er* (sheet of) blotting paper. '**L ~ eimer**, *m -s/-* fire bucket. '**l ~ en**[1]. **I.** *v.tr.* (*a*) to extinguish, put out (a fire, candle etc.); *abs.* to put out a/the fire; (*b*) to quench, slake (one's thirst); (*c*) (*beseitigen*) to delete, cancel (an entry, a name etc.); to wipe out (a debt, *Fig:* memory); *Rec:* to erase (a tape recording); *Bank:* to close (an account); (*d*) to blot (ink). **II. L.**, *n -s/no pl* deletion; *Rec:* erasure. '**L ~ gerät**, *n -(e)s/-e* (fire) extinguisher. '**L ~ kopf**, *m -(e)s/-e Rec:* erase head. '**L ~ papier**, *n -s/no pl* blotting paper.

lösch|en[2], *v.tr. Nau:* to unload, discharge (a ship, cargo etc.). '**L ~ ung**, *f -/-en* unloading.

lose ['lo:zə]. **I.** *adj.* **1.** (*locker*) loose; slack (rope etc.); casual (acquaintance etc.); *Com:* loose, unpacked (goods); *adv.* **l. gebunden**, loosely tied; **l. hängen**, to hang loose. **2.** (*a*) (*un-moralisch*) loose (morals etc.), dissipated (life, woman etc.); (*b*) (*leichtsinnig*) idle, loose (talk); **einen l ~ n Mund haben**, to have a loose tongue. **II. L.**, *f -/-n Nau:* slack (of a rope). '**L ~ blattbinder**, *m -s/-* loose-leaf binder.

lös|egeld ['lø:zəgɛlt], *n -(e)s/-er* ransom. '**l ~ en**, *v.tr.* (*a*) (*entfernen*) to remove, get off (dirt etc.), peel off (wallpaper, a stamp); **sich l.**, (*Tapete, Schmutz usw.*) to come off; (*Ziegel usw.*) to become dislodged; (*Pers.*) to detach/free oneself (**aus einer Umarmung usw.**, from an embrace etc.); (*entkommen*) to get away (**aus/von + dat**, from); **sich von seinen Freunden l.**, to part company with one's friends; *Fig:* **er konnte seinen Blick von ihr nicht l.**, he could not take his eyes off her; (*b*) (*lockern*) to loosen (a screw, one's belt, grip, *Fig:* s.o.'s tongue etc.); to undo (a knot etc.), let down (one's hair); to relieve (tension etc.); *Aut:* to take off (the handbrake), **sich l.**, (*Schraube usw.*) to work loose, (*loskommen*) come undone; (*Haare*) to come loose/down; (*Spannung, Verkrampfung*) to be relieved; (*c*) to cancel, terminate (a contract etc.); to break (ties, connections etc.); **seine Verlobung l.**, to break off one's engagement; (*d*) to solve (a problem, puzzle etc.); **das Problem löst sich von selbst**,

the problem solves itself; (*e*) to dissolve (salt, sugar etc.); (*Salz usw.*) **sich l.**, to dissolve; (*f*) to buy (a ticket). '**l ~ lich**, *adj.* soluble. '**L ~ lichkeit**, *f -/no pl* solubility. '**L ~ ung**, *f -/-en* **1.** (*also Ch:*) solution; *Ch:* **in L. gehen**, to be dissolved. **2.** (*Annullierung*) cancellation; breaking off (of an engagement), break-up (of a marriage). '**L ~ ungsmittel**, *n -s/-* solvent.

losen ['lo:zən], *v.i.* (*haben*) to draw lots (**um etwas** *acc*, for sth.); **wir losten, wer gehen sollte**, we drew lots to see who should go.

Losung[1] ['lo:zuŋ], *f -/-en* **1.** *Mil: etc:* password. **2.** *Pol: etc:* (*Parole*) slogan, watchword.

Losung[2], *f -/-en Com:* daily takings.

Lot [lo:t], *n -(e)s/-e* **1.** *Geom:* perpendicular. **2.** (*a*) *Constr:* plumb line; **aus dem L./nicht im L.**, out of plumb/true; *F:* **etwas wieder ins L. bringen**, to put sth. right; (*b*) *Nau:* (sounding) lead. **3.** *Metalw:* solder. '**l ~ en**, *v.tr.* (*a*) *Constr:* to plumb (a wall etc.); (*b*) *Nau:* to sound (depth of water), take soundings of (a channel etc.). '**L ~ blei**, *n -(e)s/-e* **1.** *Nau:* sounding lead. **2.** *Constr:* plumb. '**L ~ leine**, *f -/-n* **1.** *Constr:* plumb line. **2.** *Nau:* sounding/lead line. '**l ~ recht**, *adj.* vertical, perpendicular.

löt|en ['lø:tən], *v.tr.* to solder (sth.). '**L ~ kolben**, *m -s/-* soldering iron. '**L ~ lampe**, *f -/-n* blowlamp.

Lothringen ['lo:triŋən]. *Pr.n.n -s.* Lorraine.

Lotion [lotsi'o:n], *f -/-en* lotion.

Lotse ['lo:tsə], *m -n/-n Nau: etc:* pilot. '**l ~ n**, *v.tr.* to pilot (a ship etc.); to guide (an aircraft, s.o.); (*b*) *F:* **j-n ins Kino usw. l.**, to drag s.o. (along) to the cinema etc.

Lotterie [lɔtə'ri:], *f -/-n* lottery. **L ~ los**, *n -es/-e* lottery ticket.

lotterig ['lɔtəriç], *adj.* slovenly; (*ausschweifend*) dissolute (behaviour etc.); scruffy (appearance).

Lotto ['lɔto], *n -s/-s* **1.** (*esp. state*) lottery. **2.** *Games:* lotto.

Löw|e ['lø:və], *m -n/-n* **1.** *Z:* lion. **2.** *Astr:* Leo. '**L ~ enanteil**, *m -(e)s/-e* **der L.**, the lion's share. '**L ~ enbändiger**, *m -s/-* lion tamer. '**L ~ enmaul**, *n -(e)s/no pl/* '**L ~ enmäulchen**, *n -s/- Bot:* antirrhinum, snapdragon. '**L ~ enzahn**, *m -(e)s/no pl Bot:* dandelion. '**L ~ in**, *f -/-nen Z:* lioness.

loyal [loa'ja:l], *adj.* loyal. **L ~ ität** [-jali'tɛ:t], *f -/-en* loyalty.

Luchs [luks], *m -es/-e Z:* lynx, **Augen wie ein L.**, eyes like a hawk.

Lücke ['lykə], *f -/-n* gap; (*im Formular usw.*) blank (space); (*Parkl.*) (parking) space; **L. im Gesetz**, loophole in the law; **L. in der Versorgung**, hiatus/hitch in supplies. '**L ~ nbüßer**, *m -s/-* (*Pers., Sache*) stopgap. '**l ~ nhaft**, *adj.* (*a*) with gaps; **ein l ~ es Gebiß haben**, to have gaps in one's teeth; (*b*) incomplete, patchy, fragmentary (knowledge etc.). '**l ~ nlos**, *adj.* complete (set etc.); comprehensive (knowledge).

lud [lu:t], *p. of* **laden**.

Luder ['lu:dər], *n -s/- P:* (*a*) **armes L.**, poor devil/(*Frau*) soul; (*b*) (*Mädchen*) **ein kleines/faules L.**, a little/lazy so-and-so; **du L. du!** you rotter! (*c*) *Pej:* (*gemeines*) **L.**, (*Mann*) bastard; (*Frau*) bitch.

Ludwig ['lu:tviç]. *Pr.n.m -s.* = Louis.

Luft [luft]. **I.** f -/⁼e (a) air; **an die (frische) L.
gehen,** to go out into the fresh air/the open
(air); **eine Aufnahme aus der L. machen,** to take
an aerial photograph; **etwas in die L. sprengen/
jagen,** to blow sth. up; **in die L. gehen,** to blow
up, explode; F: (Pers.) to blow one's top; Fig:
etwas liegt in der L., there is sth. in the air; **die
Geschichte ist völlig aus der L. gegriffen,** the
story is pure invention; F: **j-n an die L. setzen,**
to throw s.o. out, (entlassen) fire s.o.; **sich in L.
auflösen,** (Gegenstand) to vanish into thin air,
(Pläne usw.) come to nothing; **er behandelte
mich wie L.,** he behaved as if I wasn't there;
die ganze Sache hängt noch in der L., the whole
thing is still undecided; **die L. ist rein,** the coast
is clear; **sich dat/seinem Zorn L. machen,** to
give vent to one's feelings/wrath; Hum: **sie lebt
von L. und Liebe,** she hardly eats a thing/lives
on air; (b) (Atem) breath; **tief L. holen,** to
breathe deeply, take a deep breath; **L. schnap-
pen,** to get a breath of fresh air; **er bekam keine
L.,** he could not breathe; F: **mir blieb die L.
weg,** it took my breath away; (c) F: (freier
Raum) space (between objects etc.); Fig: **sich
dat L. verschaffen,** to give oneself room for
manoeuvre. **II.** ´L~-, comb.fm. **1.** (a) air
(brake, freight, -hole, cooling, offensive, pistol,
rifle, battle, base, traffic, resistance etc.);
(change etc.) of air; **L~blase** f, air bubble/Min:
pocket; **L~hauch** m, breath of air; Av: **L~ab-
wehr** f, air defence; **L~angriff** m, air attack/
raid; **L~herrschaft** f, air supremacy; **L~-
brücke** f, airlift; **L~raum** m, air space (of a
country); **L~schiff** n, airship; **L~stewardeß** f,
air hostess; Meteor: **L~strom** m/**L~strömung**
f, airstream, air current; **L~verschmutzung/
L~verunreinigung** f, air pollution; Anat:
L~zufuhr f, air supply; adj. Mec.E. **l~gekühlt,**
air-cooled; (b) Av: aerial (combat, warfare etc.);
airborne (landing etc.); **L~aufklärung** f, aerial
reconnaissance; **L~aufnahme** f/**L~bild** n,
aerial photograph; **L~streitkräfte** fpl, aerial/
airborne forces; **L~landetruppen** fpl, airborne
troops; (c) Ph: atmospheric (density, oxygen
etc.); **L~druck** m, (i) atmospheric pressure; (ii)
(Druckwelle) blast. **2.** pneumatic (cushion etc.);
L~reifen m, pneumatic tyre; **L~matratze** f,
airbed; Aut: **L~federung** f, pneumatic/air
suspension. ´L~**ballon,** m -s/-s & -e balloon.
´L~**befeuchter,** m -s/- humidifier.
´l~**dicht,** adj. airtight; adv. **l. verschlossen,**
hermetically sealed. ´L~**fahrt,** f -/no pl
aviation. ´L~**feuchtigkeit,** f -/no pl hum-
idity. ´L~**hauch,** m -(e)s/-e breath of air.
´L~**heizung,** f -/-en warm-air heating.
´l~**ig,** adj. (a) airy (room etc.); (b) cool, light
(dress etc.). ´L~**kissenfahrzeug,** n -(e)s/-e
hovercraft. ´L~**kurort,** m -(e)s/-e climatic
health resort. ´l~**leer,** adj. containing no air;
Ph: **l~er Raum,** vacuum. ´L~**linie,** f -/no pl
100 km L., 100 km as the crow flies.
´L~**pirat,** m -en/-en hijacker (of aircraft).
´L~**post,** f -/no pl airmail; **per/mit L.,** by
airmail. ´L~**röhre,** f -/-n Anat: windpipe,
trachea. ´L~**schlange,** f -/-n streamer.
´L~**schlauch,** m -(e)s/-e Aut: **1.** inner tube.
2. (zum Aufpumpen der Reifen) airline. ´L~-
schlitz, m -(e)s/-e vent. ´L~**schloß,** n

-sses/-sser Fig: pipe dream, castle in the air.
´L~**schraube,** f -/-n Av: propeller, screw.
´L~**schutz,** m -es/no pl air-raid protection.
L~schutz-, comb.fm. air-raid (shelter, siren
etc.). ´L~**spiegelung,** f -/-en mirage. ´L~-
sprung, m -(e)s/-e leap, jump (in the air).
´L~**tanken,** n -s/no pl Av: in-flight refuel-
ling. ´l~**tüchtig,** adj. (Pers.) fit to fly; (Flug-
zeug) airworthy. ´L~**waffe,** f -/-n air force;
Hist: (deutsche) Luftwaffe. ´L~**weg,** m -(e)s/
-e **1.** Av: air route; **auf dem L.,** by air. **2.** Anat:
pl **die L~e,** the respiratory passages. ´L~**zug,**
m -(e)s/-e draught, N.Am: draft (of air).
lüft|en [´lyftən], v. **1.** v.tr. (a) to air (a room,
bed, clothes), ventilate (a room); (b) **den Hut
l.,** to raise one's hat; (c) Fig: to reveal (a secret
etc.). **2.** v.i. (haben) to let in some air.
´L~**ung,** f -/-en **1.** no pl airing; ventilation. **2.**
ventilation (system). ´L~**ungs-,** comb.fm.
ventilation (shaft etc.).
Lüg|e [´ly:gə], f -/-n lie; **j-n L~n strafen,** (i) to
prove s.o. a liar; (ii) Fig: to prove s.o. wrong,
give the lie to s.o.'s words. ´l~**en,** v.i.irr.
(haben) (p. **log,** p.subj. **löge,** p.p. **gelogen**) to lie.
´L~**engeschichte,** f -/-n pack of lies, F:
cock and bull story. ´l~**enhaft,** adj. untrue.
´L~**ner(in),** m -s/- (f -/-nen) liar. ´l~**ne-
risch,** adj. untrue; (lügend) lying, untruthful.
Lukas [´lu:kas]. Pr.n.m -. = Luke.
Luke [´lu:kə], f -/-n (a) (im Dach) skylight; (b)
Nau: etc: hatch.
Lumbal- [lum´ba:l-], comb.fm. Anat: lumbar
(region etc.); **L~punktion** f, lumbar puncture.
Lümmel [´lyməl], m -s/- Pej: lout, P: slob.
L~ei [-´lai], f -/-en **1.** no pl loutishness. **2.**
piece of loutish behaviour. ´l~**haft,** adj. lout-
ish. ´l~**n,** v.refl. F: to loll, sprawl.
Lump [lump], m -en/-en F: Pej: scoundrel, P:
swine. ´l~**en. I.** v.i. (haben) F: (a) to celebrate,
(saufen) booze; (b) **sich nicht l. lassen,** to be
generous/open-handed. **II. L.,** m -s/- rag; **in
L. gehen,** to go around in rags. ´L~**engesin-
del,** n -s/no pl riffraff, rabble. ´L~**ensamm-
ler,** m -s/- **1.** A: rag and bone man. **2.** Hum:
last train/bus. **L~e´rei,** f -/-en **1.** mean/dirty
trick. **2.** F: (Kleinigkeit) trifle. ´l~**ig,** adj. **1.**
mean, rotten (trick, behaviour etc.). **2.** F:
measly, paltry (salary, sum etc.); **l~e zwanzig
Mark,** a miserable twenty marks; **die l~en
paar Kilometer,** those few kilometres.
Lunchpaket [´lantʃpakε:t], n -(e)s/-e packed
lunch.
Lunge [´luŋə], f -/-n (pair of) lungs; Cu: lights;
Anat: (also **L~nflügel** m) lung; **aus voller L.
schreien,** to yell at the top of one's voice.
´L~**n-,** comb.fm. lung (disease, cancer etc.);
Med: Anat: pulmonary (respiration, tuber-
culosis etc.). ´L~**nbraten,** m -s/- Aus:Cu:
sirloin; fillet of pork. ´L~**nentzündung,** f
-/no pl Med: pneumonia. ´l~**nkrank,** adj.
suffering from tuberculosis.
Lunte [´luntə], f F: **L. riechen,** to sense danger/
trouble.
Lupe [´lu:pə], f -/-n magnifying glass; F: **j-n,
etwas unter die L. nehmen,** to investigate s.o.,
sth. closely. ´l~**nrein,** adj. flawless (diamond
etc.); Fig: thoroughgoing, out and out (profes-
sional, etc.); perfect (forgery etc.).

Lupine [lu′pi:nə], *f -/-n Bot:* lupin.

Lurch [lurç], *m -(e)s/-e Z:* amphibian.

Lust [lust], *f -/-̈e (a) no pl* desire (**etwas zu tun,** to do sth.); **hast du L., ins Kino zu gehen?** would you like to go to the cinema? **ich hatte keine L. (dazu),** I didn't feel like/fancy it; **ich hätte L. auf ein Eis,** I'd like an ice cream; (**je) nach L. und Laune,** (just) as the mood takes one; (*b*) *no pl* (*Freude*) pleasure; **L. an etwas** *dat* **haben/ bei etwas** *dat* **empfinden,** to take pleasure in sth.; **etwas mit L. und Liebe tun,** to love doing sth.; **da vergeht einem die L.,** it puts you off; (*c*) *Lit:* (*Begierde*) lust, (carnal) desire; (*Wollust*) (sensual) pleasure. ′**l~ig,** *adj.* (*a*) (*munter*) jolly, gay (person, colour, pattern etc.); **der Abend war sehr l.,** the evening was very jolly/great fun; *Iron:* **das kann ja l. werden!** we're in for some fun! *adv.* **das Feuer brannte l.,** the fire burned merrily; (*unbekümmert*) **er fuhr l. weiter in der falschen Richtung,** he drove gaily on in the wrong direction; (*b*) (*komisch*) funny, amusing (person, story etc.); **sich über j-n, etwas** *acc* **l. machen,** to make fun of s.o., sth.; (*c*) *South G: F:* **solange es dir l. ist,** for as long as you like. ′**L~lgkeit,** *f -/no pl* gaiety, merriment; (*Spaß*) fun. ′**l~los,** *adj.* (*a*) (*Pers. usw.*) apathetic, listless; *adv.* half-heartedly, without interest/enthusiasm; (*b*) *Fin:* dull, slack (market etc.). ′**L~losigkeit,** *f -/no pl* (*a*) listlessness, half-heartedness, apathy; (*b*) *Fin:* dullness, slackness. ′**L~molch,** *m -(e)s/-e F:* lecher, dirty old man. ′**L~mord,** *m -(e)s/-e*

sex murder. ′**L~objekt,** *n -(e)s/-e* sex object. ′**L~spiel,** *n -(e)s/-e Th:* comedy.

Lüster [′lystər], *m -s/-* **1.** chandelier. **2.** *Cer: etc:* lustre.

lüstern [′lystərn], *adj.* (*a*) lascivious, lecherous; **l~er Blick,** leer; (*b*) (*gierig*) greedy (**nach +** *dat*/**auf +** *acc,* for). ′**L~heit,** *f -/no pl* lasciviousness.

Luth|eraner [lutə′ra:nər], *m -s/-* Lutheran. ′**l~erisch,** *adj.* Lutheran.

Lutsch|bonbon [′lutʃbõbõ], *m n -s/-s* boiled sweet, *N.Am:* hard candy. ′**l~en,** *v.tr. & i.* (*haben*) **etwas/an etwas** *dat* **l.,** to suck sth. ′**L~er,** *m -s/-* lollipop.

Lüttich [′lytiç]. *Pr.n.n -s. Geog:* Liège.

Luv [lu:f], *f -/no pl Nau:* **nach L.,** to windward.

lux|uriös [luksuri′ø:s], *adj.* luxurious. **L~us** [′luksus], *m -/no pl* luxury; **L. treiben/im L. leben,** to live a life of luxury. ′**L~us-,** *comb.fm.* luxury (article, flat, hotel etc.); de luxe (model, edition etc.); **L~ausführung** *f,* de luxe/luxury version; **L~dampfer** *m,* luxury liner; *F:* **L~weibchen** *n,* pampered/luxury-loving female.

Luzern [lu′tsɛrn]. *Pr.n.n -s. Geog:* Lucerne.

lymph|atisch [lym′fa:tiʃ], *adj. Anat:* lymphatic. ′**L~drüse,** *f -/-n/* **L~knoten,** *m -s/- Anat:* lymph gland.

lynch|en [′lynçən], *v.tr.* to lynch (s.o.). ′**L~justiz,** *f -/no pl* lynch law.

Lyr|ik [′ly:rik], *f -/no pl* lyric poetry. ′**L~iker,** *m -s/-* lyric poet. ′**l~isch,** *adj.* **l.** lyric (verse, *Mus:* tenor). **2.** (*gefühlvoll*) lyrical (mood etc.).

M

M, m [ɛm], *n -/-* (the letter) M, m.

Maat [ma:t], *m -(e)s/-e(n)* (ship's) mate.

Mach|art [′maxʔa:rt], *f -/-en Cl: etc:* style. ′**m~bar,** *adj.* feasible. ′**M~e,** *f -/no pl* **das ist alles nur M.,** that's all just show/put on. **2.** *F:* **in der M.,** still being worked on; **in the pipeline.** ′**m~en,** *v.* **1.** *v.tr.* (*a*) (*schaffen, herstellen*) to make (sth.); **aus Holz gemacht,** made of wood; **ein Examen/Foto m.,** to take an exam/a photo; **das Essen m.,** to get the meal; **Licht m.,** to switch on the light; **einen Spaziergang m.,** to go for a walk; **j-m ein Kompliment m.,** to pay s.o. a compliment; *F:* **eine Party m.,** to throw a party; (*b*) **j-n zum General/zu seiner Frau m.,** to make s.o. a general/one's wife; **er hat aus dem Haus ein Museum gemacht,** he has turned the house into a museum; **etwas zur Bedingung machen,** to make sth. a condition; (*c*) (*tun, ausführen*) to do (sth., nothing, one's homework etc.); **j-m/sich** *dat* **die Haare m.,** to do s.o.'s/one's hair; **was macht er?** (i) what is he doing? (ii) (*beruflich*) what does he do (for a living)? **so etwas macht man nicht,** that isn't

done; **sie läßt alles mit sich m.,** she is very long-suffering; **was macht deine Mutter/deine Arbeit?** how is your mother/your work getting on? *F:* (*Abschiedsgruß*) **mach's gut!** cheerio! good luck! **ist wir!** agreed! will be done! (**da ist) nichts zu m.!** (it) can't be helped! **there is** nothing you can do about it; (*d*) (*ergeben*) to come to (an amount); **das macht zusammen drei Mark,** that comes to three marks (altogether); *Mth:* **acht mal zehn macht achtzig,** eight times ten equals eighty; (*e*) (*verursachen*) to cause (sth.); **salzige Speisen m. Durst,** salty food makes you thirsty; **Flecken m.,** to cause stains; **er macht mir viele Sorgen,** he causes me a lot of worry; **das macht mir Freude/viel Arbeit,** it gives me pleasure/a lot of work; **das macht Spaß,** that's fun; **j-m das Leben schwer m.,** to make life difficult for s.o.; (*f*) (**+** *adj.*) **das macht sich bezahlt,** it's worth it; **sich bemerkbar m.,** (*Sache*) to become noticeable; (*Pers.*) to make one's presence felt; **sie macht sich besser, als sie ist,** she pretends to be better than she is; (*g*) *F:* **das macht nichts!** that doesn't matter!

never mind! **was macht das schon?** so what? what does it matter? **das macht mir nichts,** that doesn't worry me; I don't care; **mach dir nichts daraus,** don't worry about it/take it to heart; **er macht sich nicht viel aus Spargel,** he doesn't care for asparagus; (*h*) *F:* to play (a rôle), act as (referee etc.); (*i*) *F:* **sich m.,** (*Pers.*) to do well, (*Kranker*) get well; (*Sache*) to turn out well; (*Wetter*) to improve; **das Baby macht sich,** the baby is thriving; **das macht sich von selbst,** that will take care of itself; **der Hut macht sich gut zu Ihrem Kleid,** the hat looks good/goes well with your dress; (*j*) **sich an die Arbeit m.,** to get down to work; **sich auf den Weg/***F:* **auf die Beine m.,** to set off, *F:* get going. **2.** *v.i.* (*haben*) (*a*) **laß ihn nur m.!** let him do as he pleases; **laß mich m.!** let me (do it)! (*b*) *F:* **mach' schon/schnell!** hurry up! **macht, daß ihr bald zurück seid!** see that you are back soon; **mach, daß du fortkommst!** scram! get lost! (*c*) *F:* **in die Hosen m.,** to wet/dirty one's pants; (*Kind*) **klein/groß m.,** to do little/big jobs. ′M ~ en- schaften, *pl* machinations, intrigues. ′M ~ er, *m* -s/- *F:* (*a*) doer (of a deed); (*b*) (*Manager- typ*) dynamic type. ′M ~ erlohn, *m* -(e)s/-̃e *Cl:* cost of making-up.

Macht [maxt], *f* -/-̃e **1.** *no pl* power; (*a*) (*Stärke*) strength; force (of a blow etc.); power (of love, words etc.); **mit aller M.,** with all one's might; **ich will alles tun, was in meiner M. steht,** I shall do everything in my power; **die M. der Ge- wohnheit,** the force of habit; *Fig:* **der Winter kam mit M.,** winter came with a vengeance; *P:* **das ist eine M.!** that's fantastic! (*b*) *Pol:* power; **an die M. kommen/an der M. sein,** to come to/ be in power; *Fig:* **M. über j-n haben,** to have a hold on/over s.o. **2.** (*Staat*) power; **die verbün- deten M ~ e,** the allied powers; **die M ~ e der Reaktion,** the forces of reaction. **II.** ′M ~ -, *comb.fm.* power (politics etc.); (position etc.) of strength; **M ~ ergreifung** *f,* seizure of power; **M ~ kampf** *m,* power struggle; **M ~ übernahme** *f,* takeover of power; **M ~ verhältnisse** *npl,* power structure; **M ~ probe** *f,* trial of strength. ′M ~ - befugnis, *f* -/-se authority; *pl* powers. ′M ~ - bereich, *m* -(e)s/-e sphere of influence; ′M ~ haber, *m* -s/- ruler; *pl. Pej:* **die M.,** the powers that be. ′m ~ los, *adj.* powerless; **gegen diese Argumente war er m.,** he was helpless in the face of these arguments. ′M ~ losigkeit, *f* -/*no pl* powerlessness; helplessness. ′m ~ voll, *adj.* powerful (ruler etc.). ′M ~ wort, *n* -(e)s/-̃e word of command/authority; **ein M. sprechen,** to put one's foot down.

mächtig [′mɛçtiç], *adj.* **1.** powerful (ruler, enemy etc.); mighty (nation, fleet etc.); strong, power- ful (blow, build, voice, will). **2.** (*sehr groß*) (*a*) mighty (waves, river etc.); immense (forest etc.); massive (building etc.); *F:* **ein m ~ er Bursche,** a hefty fellow; (*b*) *F:* terrific (luck etc.); *adv.* **sich m. freuen,** to be terribly pleased; **m. wachsen,** to shoot up. **3. einer Sprache m. sein,** to be able to speak a language. ′M ~ keit, *f* -/*no pl* powerfulness.

Machwerk [′maxvɛrk], *n* -(e)s/-e *Pej:* concoc- tion; **elendes M.,** miserable effort.

Macke [′makə], *f* -/-n *esp. Paint:* defect, flaw; *F:* (*Tick*) quirk; **eine M. haben,** to be nutty.

′M ~ r, *m* -s/- *P:* (*a*) bloke; (*b*) *North G:* (work)mate.

Mädchen [′mɛːtçən]. **I.** *n* -s/- **1.** girl; *F:* **sein M.,** his girlfriend. **2.** (*Hausangestellte*) maid; (*Zimmerm.*) chambermaid; *F:* **M. für alles,** maid of all work; *Hum:* girl Friday. **II.** ′M ~ -, *comb.fm.* girl's (voice etc.); girls' (voices, school, sport etc.); **M ~ gymnasium** *n, approx.* girls' grammar school; **M ~ name** *m,* (i) girl's name; (ii) (*vor der Ehe*) maiden name; **M ~ zimmer** *n,* girl's room. ′M ~ alter, *n* -s/*no pl* girlhood; **schon im M.,** when she was still a girl. ′m ~ haft, *adj.* (*a*) girlish; (*b*) (*schüchtern*) bashful. ′M ~ handel, *m* -s/*no pl* white slave traffic. ′M ~ händler, *m* -s/- white slave trader. ′M ~ jahre, *npl* girl- hood.

Madle [′maːdə], *f* -/-n maggot; *F:* **wie die M. im Speck leben,** to be in clover. ′m ~ ig, *adj.* maggoty (cheese, meat etc.); worm-eaten (fruit etc.); *F:* **j-n m. machen,** to run s.o. down.

Mädel [′mɛːdəl], *n* -s/- *esp. South G: F:* = **Mäd- chen.**

Magazin [maga′tsiːn], *n* -s/-e **1.** (*a*) (*Lager*) warehouse; storeroom; *Mil:* (storage) depot; (*b*) (*Behälter*) magazine (of a gun etc.). **2.** (*Zeitschrift*) magazine.

Magen [′maːgən]. **I.** *m* -s/-̃ & - stomach; **einen guten M. haben,** to have a sound digestion; *F:* **er hat es mit dem M.,** he's got something wrong with his stomach; **mir dreht sich der M. um,** I feel quite sick. **II.** ′M ~ -, *comb.fm.* stomach (complaint, acid etc.); (cancer etc.) of the sto- mach; gastric (region, juice, acid etc.); **M ~ beschwerden** *fpl/F:* **M ~ geschichte** *f,* sto- mach trouble; **M ~ geschwür** *n,* gastric ulcer; **M ~ grube** *f,* pit of the stomach; **M ~ schmerzen** *mpl,* stomach ache; **M ~ verstimmung** *f,* stomach upset. ′M ~ bitter, *m* -s/- bitters. ′M ~ bren- nen, *n* -s/*no pl* acid indigestion.

mager [′maːgər], *adj.* **1.** (*dünn*) thin, lean (person, face etc.). **2.** (*ohne Fett*) (*a*) lean (meat); low-fat (food); *F:* **m. essen,** to go on a low-fat diet; (*b*) *I.C.E:* weak (mixture); *Agr:* poor (soil, harvest); *Fig:* meagre (profit); thin (programme etc.). ′M ~ keit, *f* -/*no pl* **1.** thin- ness. **2.** (*a*) leanness; low-fat content; (*b*) *Agr:* poorness (of soil etc.); *I.C.E:* weakness; *Fig:*

Maglie [ma′giː], *f* -/*no pl* magic. **M ~ ier** [′maːgiər], *m* -s/*no pl* magician. ′m ~ isch, *adj.* magic (spell etc.); (*zauberhaft*) magical.

Magister [ma′gistər], *m* -s/- *Univ:* (*Titel*) Master; (*Grad*) *approx.* M.A.

Magistrat [magis′traːt], *m* -(e)s/-e *Adm:* city council.

Magnat [ma′gnaːt], *m* -en/-en (business) mag- nate.

Magnesium [ma′gneːzium], *n* -s/*no pl Ch:* magnesium.

Magnet [ma′gneːt]. **I.** *m* -en & -s/-en & -e *Ph: Fig:* magnet. **II.** **M ~ -,** *comb.fm.* magnetic (field, compass, needle, *Rec:* head etc.); **M ~ band** *n,* magnetic tape. **m ~ isch,** *adj.* magnetic. **m ~ isieren** [-eti′ziːrən], *v.tr.* to magnetize (iron etc.); *Psy:* to mesmerise (s.o.). **M ~ ismus** [-′tismus], *m* -/*no pl* **1.** magnetism.

2. *Psy:* mesmerism. **M ~ ophon** [-ɔ'foːn], *n* -s/- tape recorder. **M ~ zünder**, *m* -s/- *I.C.E:* magneto.

Magnolie [ma'gnoːliə], *f* -/-n *Bot:* magnolia.

mäh [mɛː], *int.* (*vom Schaf*) baa. 'm ~ en¹, *v.i.* (*haben*), *F:* to bleat.

Mahagoni [maha'goːni], *n* -s/*no pl* mahogany (wood).

Mäh|drescher ['mɛːdrɛʃər], *m* -s/- *Agr:* combine harvester. 'm ~ en², *v.tr.* to mow (a lawn); to cut (grass etc.), (*ernten*) reap (corn etc.). 'M ~ er, *m* -s/-/'M ~ maschine, *f* -/-n (*für Gras*) mower; (*für Getreide*) reaper.

Mahl [maːl], *n* -(e)s/-e & ¨er *Lit:* meal; **festliches M.**, banquet. 'M ~ zeit, *f* -/-en meal; feed (of baby); (*Arznei*) **vor/nach der M.** **einzunehmen**, to be taken before/after meals; *int.* **M.!** (i) I hope you enjoy your meal; (ii) (*Gruß am Mittag*) hello! *F:* **na M.!** (no) thank you very much! **Prost M.!** that's a fine mess! 'M ~ zeitendienst, *m* -(e)s/-e meals on wheels.

mahl|en ['maːlən], *v.irr.* (*p.* **mahlte**, *p.p.* **gemahlen**) **1.** *v.tr.&i.* (*haben*) to grind (coffee, corn etc.). **2.** *v.i.* (*haben*) (*Räder*) to spin. 'M ~ zahn, *m* -(e)s/¨e molar.

Mahn|brief ['maːnbriːf], *m* -(e)s/-e *Com:* reminder; demand (for payment). 'm ~ en, *v.tr.* (*erinnern*) to remind (s.o.) (**wegen etwas** *gen.* about sth.; **an seine Pflicht, usw.,** of his duty etc.); (*warnen*) to warn (s.o.); (*auffordern*) to urge (s.o.) (**zu etwas** *dat.,* to do sth.); **zur Vorsicht, Geduld usw.,** to be careful, patient etc.); **ein m ~ der Blick,** a warning glance. 'M ~ mal, *n* -(e)s/-e memorial. 'M ~ ung, *f* -/-en (*a*) (*Aufforderung*) exhortation, reminder; (*b*) warning, admonition. 'M ~ wort, *n* -(e)s/-e *Lit.* word of warning.

Mähne ['mɛːnə], *f* -/-n mane.

Mähr|e(r) ['mɛːrə(r)], *m & f decl. as adj.* Moravian. 'M ~ en. *Pr.n.n* -s. *Geog:* Moravia. 'm ~ isch, *adj.* Moravian.

Mai [mai], *m* -(e)s/*occ* -e May; **im M.,** in May; **am ersten/1. M.,** on the first of May/ May 1st. 'M ~ baum, *m* -(e)s/¨e maypole. 'M ~ feier, *f* -/-n May Day celebration. 'M ~ glöckchen, *n* -s/- *Bot:* lily of the valley 'M ~ käfer, *m* -s/- cockchafer, maybug. 'M ~ königin, *f* -/-nen May queen.

Mai|land ['mailant], *Pr.n.n* -s. *Geog:* Milan. 'M ~ länder(in), *m* -s/- (*f* -/-nen) Milanese.

Mais [mais], *m* -es/*no pl* (*a*) maize; *N.Am:* corn; (*b*) *Cu:* (*als Gemüse*) sweet corn. 'M ~ brot, *n* -(e)s/-e corn bread. 'M ~ kolben, *m* -s/- corn-cob; *Cu:* corn on the cob. 'M ~ mehl, *n* -(e)s/*no pl* maize/*N.Am:* corn meal. 'M ~ stärke, *f* -/*no pl* cornflour, *N.Am:* cornstarch.

Maische ['maiʃə], *f* -/-n (brewer's etc.) mash.

Majestät [majɛs'tɛːt], *f* -/-en **1.** majesty. **2.** **Seine/Ihre M.,** His/Her Majesty. **m ~ isch,** *adj.* majestic. **M ~ sbeleidigung,** *f* -/-en lèse-majesté.

Major [ma'joːr], *m* -s/-e **1.** *Mil:* major. **2.** *Av:* squadron leader. **M ~ ität** [-jori'tɛːt], *f* -/en majority (of votes).

Majoran [majo'raːn], *m* -s/-e *Bot: Cu:* marjoram.

makaber [ma'kaːbər], *adj.* macabre.

Makel ['maːkəl], *m* -s/- (*Fehler*) blemish (on

fruit/*Fig:* s.o.); *Lit:* (*Schmach*) stain, taint; **j-m einen M. anhängen,** to cast a slur on s.o.'s character. 'm ~ los, *adj.* flawless, unblemished (skin, articles etc.); spotless, immaculate (appearance, condition); perfect (figure etc.); *Fig:* spotless, untarnished (reputation); *adv.* **m. sauber,** spotlessly clean. 'M ~ losigkeit, *f* -/*no pl* flawlessness, spotlessness.

Mäkel|ei [mɛːkə'lai], *f* -/-en *F:* carping; (petty) faultfinding; (*beim Essen*) fussiness, finickiness. 'm ~ ig, *adj. F:* carping, faultfinding; (*beim Essen*) fussy, finicky. 'm ~ n, *v.i.* (*haben*) *F:* **an etwas** *dat* **m.,** to find fault with sth.; **über das Essen m.,** to be fussy about food; **er hat immer etwas zu m.,** he's always grumbling about sth.

Make-up [meːkᵗⁿ'ap], *n* -s/-s make-up.

Makkaroni [maka'roːni], *pl Cu:* macaroni.

Makler ['maːklər], *m* -s/- **1.** *St.Exch:* broker. **2.** (*Grundstücksm.*) estate agent. 'M ~ gebühr, *f* -/-en brokerage; broker's commission.

Makrele [ma'kreːlə], *f* -/-n mackerel.

Makro- ['makro-], *comb.fm.* macro-; **M ~ kosmos** *m,* macrocosm, universe.

Makrone [ma'kroːnə], *f* -/-n *Cu:* macaroon.

Mal¹ [maːl]. **I.** *n* -(e)s/-e time; **zum ersten/letzten M.,** for the first/last time; **das einzige M., das ich dort war,** the only time I was there; **mit einem M ~ (e),** all at once; **kein einziges M.,** not once; **dieses eine M.,** this once; **ein für alle M ~ e,** once and for all; **dort gefällt es mir von M. zu M. besser,** I like it better there each time I go. **II. m.,** *adv.* **1.** *Mth: Meas:* **acht m. zwei ist sechzehn,** eight times two equals sixteen; **das Zimmer ist acht m. fünf Meter (groß),** the room is eight metres by five. **2.** *F:* (*a*) (= *einmal*) once; **warst du schon m. dort?** have you ever been there? **er wollte mich nicht m. sehen,** he didn't even want to see me; **wenn du ihn m. triffst,** if you meet him some time; **m. hier, m. dort,** sometimes here, sometimes there; (*b*) (*oft nicht übersetzt*) **das ist nun m. so,** that's just the way it is; **stell dir das m. vor,** just imagine that; **hör m.!** (just) listen! **schau m.!** look (there)! **sag m.!** tell me.

Mal², *n* -(e)s/-e & ¨er **1.** mark; (*Mutterm.*) birthmark; (*braun*) mole. **2.** (*a*) *Sp:* marker; base; (*b*) *Rugby:* goal; (*also* **M ~ feld** *n*) touch.

Malai|e [ma'laiə], *m* -n/-n/M ~ in, *f* -/-nen Malay. **m ~ isch,** *adj.* Malay(an).

Malaria [ma'laːria], *f* -/*no pl Med:* malaria.

Mal|buch ['maːlbuːx], *n* (e)s/¨er colouring book. 'm ~ en. **I.** *v.tr.* (*a*) to paint (sth.); (*Kind*) to draw (sth.), colour (a picture); **er will sich m. lassen,** he wants to have his portrait painted; **zum M. schön,** as pretty as a picture; (*b*) *Fig:* (*schildern*) to portray (sth.); **die Lage schwarz m.,** to paint a black picture (of the situation). **II. M.,** *n* -s/*no pl* painting; 'M ~ er(in), *m* -s/- (*f* -/-nen) *Art: & Paint:* painter; (*Kunstm.*) artist. **M ~ er-,** *comb.fm.* (*a*) *Art:* artist's (studio, canvas etc.); **M ~ pinsel** *m,* (artist's) paintbrush; (*b*) *Paint:* painting and decorating (business, trade, work etc.); painter's (apprentice, overalls etc.). **M ~ e'rei,** *f* -/-en (*Kunst u. Bild*) painting. 'm ~ erisch, *adj.* **1.** picturesque (area, place); quaint (house etc.). **2.** artistic (talent); painterly, pictorial (style). 'M ~ ermeister, *m* -s/- *Paint:* master

painter. '**M ~ kasten,** *m* -s/= paintbox.
'**M ~ stift,** *m* -(e)s/-e crayon.

Malheur [ma'løːr], *n* -s/-e & -s *F:* mishap; **mir ist ein kleines M. passiert,** I've had a little mishap; **das ist doch kein M.!** that's not the end of the world!

Mallorca [ma'jɔrka]. *Pr.n.n* -s. *Geog:* Majorca.

Malt|a ['malta]. *Pr.n.n* -s. *Geog:* Malta. **M ~ e-ser(in)** [-'tɛːzɔr(in)], *m* -s/- (*f* -/-nen) Maltese. **m ~ esisch** [-'tɛːziʃ], *adj.* Maltese.

malträtieren [maltrɛ'tiːrən], *v.tr.* to maltreat (s.o., sth.).

Malve ['malvə], *f* -/-n *Bot:* mallow. '**m ~ nfarben,** *adj.* mauve.

Malz [malts], *n* -es/*no pl* malt. '**M ~ bier,** *n* -(e)s/-e (non-alcoholic) malt beer.

Malzeichen ['maːltsaiçən], *n* -s/- *Mth:* multi-plication sign.

Mama ['mama], *f* -/-s Mummy. '**M ~ kind,** *n* -(e)s/-er *F:* mummy's/*N.Am:* mama's boy/girl.

Mammut ['mamut]. **I.** *n* -s/-e & -s *Z:* mam-moth. **II.** '**M ~-,** *comb.fm.* mammoth (pro-gramme, enterprise etc.); gigantic (building etc.); **M ~ anlage** *f,* vast complex; *Cin:* **M ~ film** *m,* giant screen epic.

man [man]. **I.** *indef.pron.* (*a*) one; you; **das sagt m. nicht,** one doesn't/you don't say that; **das tut m. nicht,** that isn't done; **wenn m. ihn hört, würde man meinen . . .,** to hear him you'd think . . .; **das trägt m. wieder,** that is being worn again; *esp. Cu:* **m. nehme zwei Eier,** take two eggs; (*b*) people; somebody; **m. sagt, daß . . .,** people/they say that . . .; it is said that . . .; **m. hat mich verraten,** I have been betrayed. **II.** *adv. North G:* **na, dann versuch's m.!** just try it! **denn m. los!** let's go then.

managen ['mɛnidʒən], *v.tr. F:* to manage (a firm, club, sth.). '**M ~ er,** *m* -s/- *Com: Th: etc:* manager; *Com:* executive. '**M ~ erkrank-heit,** *f* -/-en stress disease.

manch [manç], *indef.pron. & adj.* (*a*) *sing.* many (a), several; **in m~em hat er recht,** he is right about quite a few things; *Lit:* **so m~es Mal,** many a time; (*b*) *pl* (*mehrere*) **m~e (der) Kan-didaten,** some/several of the candidates; **m~e haben Geld,** quite a few/a number have money; **m~em kommt es zu teuer,** it's too expensive for a lot of people; (*e*) *inv. Lit:* **m. einer,** many a person. '**m ~ erlei,** *adj.* various (kinds of); **m. Dinge,** various things; **ich habe noch m. zu tun,** I still have various things to do. '**m ~ mal,** *adv.* sometimes.

Manchester ['mɛntʃɛstər], *m* -s/*no pl Tex:* cor-duroy.

Mandant(in) [man'dant(in)], *m* -en/-en (*f* -/-nen) *Jur:* client.

Mandarine [manda'riːnɔ], *f* -/-n mandarin (orange); (*flach*) tangerine.

Mandat [man'daːt], *n* -(e)s/-e **1.** *Jur:* power of attorney. **2.** *Parl:* (member's) mandate, seat.

Mandel ['mandəl], *f* -/-n **1.** almond. **2.** *Med:* tonsil. '**M ~ baum,** *m* -(e)s/=e *Bot:* almond (tree). '**M ~ entzündung,** *f* -/-en tonsillitis.

Mandoline [mando'liːnɔ], *f* -/-n *Mus:* man-dolin(e).

Manege [ma'neːʒə], *f* -/-n circus ring.

Mangan [maŋ'gɑːn], *n* -s/*no pl Ch:* manganese.

Mangel[1] ['maŋəl]. **I.** *m* -s/= **1.** *no pl* (*Fehlen*)

lack (**an** + *dat,* of); (*nicht genug*) shortage (**an Öl, Lebensmitteln usw.,** of oil, food etc.); **aus M. an Erfahrung/Beweisen,** due to lack of ex-perience/evidence; **M. am Notwendigsten leiden,** to lack the bare necessities/essentials; **M. an Vitaminen,** vitamin deficiency. **2.** *usu.pl* (*Fehler*) fault, shortcoming; *Com: Jur:* für M ~ haften, to be liable for defects. **II.** '**M~-,** *comb. fm. Med:* deficiency (disease, symptom etc.). '**M ~ beruf,** *m* -(e)s/-e understaffed profes-sion. '**m ~ haft,** *adj.* (*a*) (*fehlerheft*) defective, faulty (goods etc.); (*b*) (*ungenügend*) in-adequate (work, information etc.); (*schlecht*) poor, bad (light, memory etc.); *Sch:* (*als Zeug-nisnote*) unsatisfactory; **m~es Englisch,** faulty English. '**M ~ haftigkeit,** *f* -/*no pl* (*a*) de-fectiveness, faultiness; (*b*) poorness (of quality); inadequacy. '**m ~ n[1],** *v.i.* (*haben*) *esp. Lit:* **es mangelt an etwas** *dat,* there is a lack/shortage of sth.; **es mangelt ihm an Mut,** he lacks cour-age; **er läßt es an gutem Willen m.,** he shows a lack of good will; **m~des Selbstvertrauen,** lack of self-confidence. '**M ~ ware,** *f* -/-n scarce commodity; **M. sein,** to be in short supply.

Mangel[2], *f* -/-n mangle; *F:* **j-n durch die M. drehen,** to give s.o. a grilling. '**m ~ n[2],** *v.tr.* to mangle (washing etc.). '**M ~ wäsche,** *f* -/*no pl* washing to be mangled.

Mängelrüge ['mɛŋəlryːgə], *f* -/-n *Com:* com-plaint, notification of defects.

Mangold ['maŋgɔlt], *m* -(e)s/-e *Bot:* (Swiss) chard.

Manie [ma'niː], *f* -/-n mania; obsession.

Manier [ma'niːr], *f* -/-en **1.** *no pl* (*a*) (*Art*) manner; *Art:* style; (*b*) *Pej:* affectation; man-nerism. **2.** *usu.pl* (**gute/schlechte**) **M~en,** (good/bad) manners; *F:* **das ist keine M.,** that's no way to behave. **m ~ iert** [mani'riːrt], *adj.* mannered, affected (style etc.). **M ~ ismus** [mani'rismus], *m* -/*no pl Art:* mannerism. **m ~ lich,** *adj.* (*a*) well-behaved (child); proper (appearance etc.); *adv.* **sich m. betragen/be-nehmen,** to behave properly; (*b*) *F:* reasonable, decent (quality etc.).

Manifest [mani'fɛst], *n* -es/-e *Pol:* manifesto.

Maniküre [mani'kyːrə], *f* -/-n **1.** *no pl* manicure. **2.** (*Pers.*) manicurist. **M ~ etui,** *n* -s/-s mani-cure set. **m ~ n,** *v.tr.* to manicure (s.o.); **sich m.,** to do one's nails.

Manipulation [manipulatsi'oːn], *f* -/-en manipulation. **m ~ ieren** [-'liːrən], *v.tr.* to manipulate (s.o., a situation etc.); *F:* to rig (an election etc.).

Manko ['maŋko], *n* -s/-s **1.** disadvantage, drawback. **2.** *Fin:* deficit; *Meas:* shortage.

Mann [man], *m* -(e)s/=er man; (*a*) **er ist dadurch zum M. geworden,** this made a man of him; **er war nicht M~s genug, es zu tun,** he did not have the guts to do it; *Pej: F:* **typisch M.!** just like a man! (*b*) **der M. des Tages,** the man in the news/limelight; (*c*) **M. an M. stehen,** to stand packed together; **M. für M.,** one by one; **Gespräch von M. zu M.,** man-to-man/frank talk; **fünf Mark pro M.,** five marks per person; **seinen M. stehen/stellen,** to hold one's own; (*voll beitragen*) to do one's full share; *Sp:* **M. decken,** to mark (a player); **an den M. gehen,** to tackle; *F:* **an den M. bringen,** to find a taker for (sth.); to marry off (a daughter); (*erzählen*) to get (sth.) off one's chest; (*d*) *inv.pl Mil: Ind:* **hundert M.**, a hundred men; *Nau:* **alle M. an Deck!** all hands on deck! **mit M. und Maus untergehen,** to go down with all hands (on board); *F:* **wir fuhren drei/alle M. hoch,** three of us/we all went; (*e*) *int. F:* **M., das ist vielleicht ein Auto!** gosh/oh boy, that's some car! **beeil dich, M.!** do hurry up! (*f*) (*Ehemann*) husband; **j-n zum M. nehmen,** to marry s.o. **´m ~ bar,** *adj.* sexually mature (man); marriageable (girl). **´M ~ deckung,** *f -/no pl Fb: etc:* man-to-man marking. **´M ~ esalter,** *n -s/no pl* **das M.,** manhood; **im besten M.,** in the prime of life. **´M ~ eskraft,** *f -/no pl* virility. **´M ~ esstamm,** *m -(e)s/-̈e* male line. **´m ~ haft,** *adj.* manly (deed etc.); courageous (deed, decision etc.); stout (resistance); *adv.* **etwas m. ertragen,** to bear sth. like a man. **´M ~ haftigkeit,** *f -/no pl* manliness; (*Mut*) courage. **´M ~ sbild,** *n -(e)s/-er South G. F. Pej.* male. **´M ~ - schaft,** *f -/-en* 1. *Sp:* & *Fig:* team; *Row: Navy: occ.Av:* crew; *F:* **ich ging mit der ganzen M. schwimmen,** I went swimming with the whole gang. 2. *Mil:* **M ~ en,** other ranks. **´M ~ - schafts-,** *comb.fm.* team (game, sport, race, captain etc.); **M ~ aufstellung** *f,* team line-up; **M ~ geist** *m,* team spirit; **M ~ kamerad** *m,* team-mate; **M ~ kampf** *m,* team event. **´M ~ - schaftsraum,** *m -(e)s/-̈e* 1. *Sp:* team room. 2. *esp.pl Nau:* crew's quarters. **´m ~ shoch,** *adj.* as tall/high as a man. **´M ~ shöhe,** *f -/no pl* **in M.,** at eye-level. **´m ~ stoll,** *adj. F:* nymphomaniac. **´M ~ stollheit,** *f -/no pl* nymphomania. **´M ~ welb,** *n -(e)s/-er* amazon.

Männ|chen [´mɛnçən], *n -s/-* 1. (*a*) little man, dwarf; (*b*) *F:* (*Ehemann*) hubby ? *Z:* male; *Orn:* cock. 3. (*Hund*) **M. machen,** to sit up (and beg). **´M ~ e,** *m -s/-* *North G: F:* hubby. **´M ~ er-,** *comb.fm.* man's (trousers; voice etc.); men's (clothing, ward, club etc.); male (voice, *Ecc:* order etc.); **M ~ arbeit/M ~ sache** *f,* a man's work/business; **M ~ feind** *m,* man-hater; **M ~ revier** *n,* male preserve; **M ~ chor** *m,* male voice choir; *F:* **M ~ klo** *n,* gents. **´M ~ erfang,** *m -s/no pl Hum:* **auf M. ausgehen,** to be after the men. **´M ~ ergeschichte,** *f -/-n F:* affair (with a man). **´M ~ erwelt,** *f -/no pl Hum:* **die M.,** the menfolk (present). **´M ~ lein,** *n -s/- = M ~ chen* 1. (*a*). **´m ~ lich,** *adj.* (*a*) male (sex, animal etc.); *Ling:* masculine (noun etc.); **m ~ e Stimme,** male/man's voice; *Hum:* **m ~ e Wesen,** (mere) males; (*b*) masculine (behaviour, features, appearance etc.). **´M ~ lichkeit,** *f -/no pl* manliness, masculinity; (*Potenz*) virility.

Mannequin [´manəkɛ̃], *n -s/-s* (fashion) model.

mannig|fach [´maniçfax], *adj. esp. Lit:* numerous, manifold. **´m ~ faltig,** *adj. Lit:* diverse. **´M ~ faltigkeit,** *f -/no pl Lit:* diversity.

Manometer [mano´me:tər], *n -s/-* 1. *Tchn:* pressure gauge. 2. *int. F:* good heavens!

Manöv|er [ma´nø:vər], *n -s/-* 1. *Mil:* & *Aut: etc:* manoeuvre. 2. *Pej: F:* gambit; trick. **m ~ rieren** [-ø´vri:rən], *v.tr.* & *i.* (*haben*) *Aut: Nau:* & *Fig:* to manoeuvre (a car, ship etc.); *Fig:* to steer (s.o.); **er manövrierte die Schraube ins Loch,** he fiddled the screw into the hole.

m ~ rierfähig, *adj.* manoeuvrable. **M ~ rierfähigkeit,** *f -/no pl* manoeuvrability.

Mansarde [man´zardə], *f -/-n* attic room. **M ~ nwohnung,** *f -/-en* attic flat/*N.Am:* apartment.

Manschette [man´ʃɛtə], *f -/-n* 1. (*a*) *Cl:* cuff; (*b*) paper wrapper (around flowers etc.); (*c*) *Mec.E:* collar. 2. *F:* **M ~ n kriegen,** to get the wind up. **M ~ nknopf,** *m -(e)s/-̈e* cuff-link.

Mantel [´mantəl], *m -s/-̈* 1. *Cl:* coat; (*Winterm.*) overcoat; *Fig:* mantle, cloak (of secrecy etc.); *Fig:* **seinen/den M. nach dem Winde hängen,** to trim one's sails to the wind. 2. *Tchn:* outer covering, *esp.* jacket (of a tank, *Mec.E:* cylinder etc.); outer cover (of a tyre); sheath (of a cable). **´M ~ kleid,** *n -(e)s/-er Cl:* coat dress. **´M ~ stoff,** *m -(e)s/-e Tex:* coating. **´M ~ tarif,** *m -s/-e Ind:* collective agreement.

Mäntelchen [´mɛntəlçən], *n -s/-* 1. small coat. 2. *Fig:* **einer Sache ein M. umhängen,** to cover up/gloss over sth.

Manual [manu´a:l], *n -s/-e Mus:* (organ) manual.

manuell [manu´ɛl], *adj.* manual.

Manuskript [manu´skript], *n -(e)s/-e* script; manuscript (of a book); **ohne M. sprechen,** to speak without notes; *Pub:* **als M. gedruckt,** printed for private circulation.

Mappe [´mapə], *f -/-n* 1. (*Aktenm.*) briefcase; (*Schulm.*) satchel; (*Schreibm.*) writing case. 2. (*Sammelm.*) folder; (*Ordner*) file, (loose-leaf) binder.

Marathon [´ma:raton], I. *n -s/-s = M ~ lauf.* II. **´M ~ -,** *comb.fm.* marathon (*Sp:* runner, course, *F:* sitting, film etc.). **´M ~ lauf,** *m -(e)s/-̈e Sp:* marathon

Märchen [´mɛ:rçən], I. *n -s/-* 1. fairy tale. 2. *F:* tall story; (*Lüge*) fib; **erzähl mir doch keine M.!** don't give me that story! II. **´M ~ -,** *comb.fm.* fairy-tale (opera, castle, world etc.); **M ~ figur/M ~ gestalt** *f,* fairy-tale character; **M ~ land** *n,* fairyland; wonderland. **´m ~ haft,** *adj.* (*a*) fairy-tale (world, play etc.); (*b*) *F:* fabulous (job, journey etc.); *adv.* **er spielt m.,** he plays like a dream; **m. (schön),** incredibly beautiful. **´M ~ prinz,** *m -en/-en esp Hum:* Prince Charming.

Marder [´mardər], *m -s/-* *Z:* marten.

Margarine [marga´ri:nə], *f -/-n* margarine.

Margerite [margə´ri:tə], *f -/-n Bot:* daisy, marguerite.

Mari|a [ma´ri:a]. *Pr.n.f -s. Hist:* & *B:* Mary; *Ecc:* **Mariä Himmelfahrt,** Assumption of the Virgin Mary. **M ~ en-,** *comb.fm. R.C.Ch:* Lady (altar, chapel etc.); (statue, feast etc.) of the Virgin Mary. **M ~ enkäfer,** *m -s/-* *Z:* ladybird, *N.Am:* ladybug.

Marihuana [marihu´a:na], *n -s/no pl* marijuana, *P:* grass.

Marin|ade [mari´na:də], *f -/-n Cu:* (*a*) marinade; (*b*) (*Salatsoße*) salad dressing. **m ~ ieren** [-´ni:rən], *v.tr.* to marinate (meat, fish etc.).

Marine [ma´ri:nə]. I. *f -/no pl* navy; **bei der M.,** in the navy. II. **M ~ -,** *comb.fm.* naval (attaché, officer, forces, base, uniform etc.); **M ~ schule** *f,* naval college. **m ~ blau,** *adj.* navy blue.

M ~ infanterie, *f* -/*no pl* marines. **M ~ soldat**, *m* -en/-en marine.

Marionette [mario'nɛtə], *f* -/-n marionette; puppet. **M ~ n-**, *comb.fm.* puppet (theatre, *Pol:* government); **M ~ spiel** *n*, puppet play/show.

Mark¹ [mark], *n* -(e)s/*no pl* 1. (*Knochenm.*) marrow; *Fig:* **j-n bis ins M. treffen**, to cut s.o. to the quick; *F:* **kein M. in den Knochen haben**, to have no go/spunk; **der Lärm geht mir durch M. und Bein**, the noise sets my teeth on edge. 2. (*a*) *Bot:* pith (of a plant); (*Fruchtm.*) pulp; (*b*) *Cu:* (*Tomatenm. usw.*) purée. '**m ~ erschütternd**, *adj.* blood-curdling. '**M ~ knochen**, *m* -s/- marrowbone.

Mark², *f* -/- (*Geld*) mark; **sechs M.**, six marks. '**M ~ stück**, *n* -(e)s/-e one-mark piece.

Mark³, *f* -/-en *Geog:* **die M. Brandenburg**, the Mark of Brandenburg. '**M ~ graf**, *m* -en/-en *Hist:* margrave.

markant [mar'kant], *adj.* striking, distinctive.

Marke ['markə], *f* -/-n 1. *Post: etc:* **eine M. zu 80 (Pfennig)**, an 80 pfennig stamp. 2. *Com:* (*a*) brand (of cigarettes, coffee etc.); make (of car, radio etc.); *F:* (*Pers.*) **eine komische M.**, an odd character; (*b*) (*Warenzeichen*) trade mark. 3. (*a*) (*Bon*) voucher; (*Lebensmittelm.*) coupon; **etwas auf M ~ n bekommen**, to get sth. with coupons; (*b*) *Games:* counter, chip; (*c*) (*Hundem. usw.*) identity disc; (cloakroom etc.) tag. 4. (*Zeichen*) mark (showing level etc.). '**M ~ n-**, *comb.fm.* 1. *Com:* branded (article, goods etc.); **M ~ fabrikat** *n*, proprietary brand; **M ~ bezeichnung** *f*/**M ~ name** *m*, brand/trade name; **M ~ schutz** *m*, trade mark protection. 2. stamp (album, collector, collection). '**M ~ n-butter**, *f* -/*no pl* first-quality butter.

Marketerie [marketə'riː], *f* -/-n marquetry.

Marketing ['marketiŋ], *n* -(s)/*no pl* marketing.

markier|en [mar'kiːrən], *v.tr.* (*a*) (*also Fig:*) to mark (sth.); *Fb:* to score (a goal); **einen Weg mit Stangen m.**, to mark (out) a route with posts; (*b*) (*betonen*) to accentuate (s.o.'s figure etc.); (*c*) *F:* (*vortäuschen*) to sham, fake (sth.); **den Dummen m.**, to pretend to be stupid; (*d*) *Th:* to walk through (one's part); *abs.* **er markiert nur**, he is only going through the motions. **M ~ ung**, *f* -/-en (*a*) *no pl* marking; **die M. des Weges war schlecht**, the route was poorly marked/signposted; (*b*) (*Kennzeichen*) marking; (identification) mark. **M ~ ungs-**, *comb.fm.* marker (*Nau:* buoy, flag etc.).

Markise [mar'kiːzə], *f* -/-n 1. sun (blind); awning (of a shop). 2. *Jewel:* marquise.

Markstein ['markʃtain], *m* -(e)s/-e *Fig:* landmark, milestone (in history etc.).

Markt [markt]. I. *m* -(e)s/-e 1. (*a*) market; **auf den/zum M. gehen**, to go to market; **heute ist M.**, it is market day today; (*b*) (*M ~ platz*) market place; **am M. wohnen**, to live on the market square. 2. *Com:* market; **ein Produkt auf den M. bringen**, to market/launch a product. II. '**M ~-**, *comb.fm.* market (report, price, value, town, day etc.); **M ~ bude** *f*/**M ~ stand** *m*, market stall; **M ~ platz** *m*, market place/ square; *Econ:* **M ~ entwicklung** *f*, market trend; **M ~ forschung** *f*, market research; **M ~ lage** *f*, state of the market; **M ~ lücke** *f*, gap in the market. '**m ~ fähig**, *adj.* market-

able. '**M ~ halle**, *f* -/-n covered market. '**M ~ schreier**, *m* -s/- person crying his wares; *Pej:* puffer. '**M ~ wirtschaft**, *f* -/*no pl Econ:* (**freie**) **M.**, free market economy.

Markus ['markus]. *Pr.n.m* -. *B:* Mark.

Marmelade [marmə'laːdə], *f* -/-n jam. **M ~ nglas**, *n* -es/-er jam jar.

Marmor ['marmɔr]. I. *m* -s/-e marble. II. '**M ~-**, *comb.fm.* marble (bust, pillar, *Cu:* cake etc.); (block etc.) of marble; **M ~ platte** *f*, marble slab/(*Tischplatte*) table top. **m ~ ieren** [-mo-'riːrən], *v.tr.* to marble (paper, soap etc.).

Marokk|aner(in) [maro'kaːnər(in)], *m* -s/- (*f* -/-nen) Moroccan. **m ~ anisch**, *adj.* Moroccan. **M ~ o** [ma'rɔko]. *Pr.n.n.* -s. *Geog:* Morocco.

Maron|e [ma'roːnə], *f* -/-n/*South G:* **M ~ i**, *f* -/- sweet chestnut.

Marotte [ma'rɔtə], *f* -/-n whim; fad.

Mars [mars]. *Pr.n.m.* -. *Astr:* & *Myth:* Mars. '**M ~ bewohner**, *m* -s/-/'**M ~ mensch**, *m* -en/-en Martian.

Marsch¹ [marʃ]. I. *m* -(e)s/-e (*a*) *Mil:* march; (*Wanderung*) hike, walk; **sich in M. setzen**, to set off/*Mil:* march off; (*b*) *Mus:* march; *F:* **j-m den M. blasen**, to give s.o. a piece of one's mind. II. *int.* **m.!** *Mil:* & *F:* quick march! *F:* **m. ins Bett!** off to bed with you! III. '**M ~-**, *comb.fm. Mil:* marching (column, song, step etc.); **M ~ befehl** *m*, marching orders; **M ~ ordnung** *f*, marching order; **M ~ route** *f*, line/route of march; *adj.* **m ~ bereit**, ready to march. '**M ~ gepäck**, *n* -(e)s/*no pl Mil:* field kit. **m ~ ieren** [mar'ʃiːrən], *v.i.* (*sein*) (*a*) *Mil: etc:* to march; (*wandern*) to walk, hike; (*b*) *Fig:* (*Sportler, Unternehmen usw.*) to make inexorable progress.

Marsch², *f* -/-en *Geog:* rich marshland (behind the dikes).

Marter ['martər], *f* -/-n *Lit:* torment, agony. '**m ~ n**, *v.tr. Lit:* to torment (s.o.).

Martin|(s)horn ['martiːn(s)hɔrn], *n* -(e)s/-er (police/ambulance/fire engine) siren. '**M ~ s-tag**, *m* -(e)s/-e Martinmas.

Märtyrer(in) ['mɛrtyrər(in)], *m* -s/- (*f* -/-nen) martyr; **j-n zum M. machen**, to make a martyr of s.o.

Martyrium [mar'tyːrium], *n* -s/-rien *Rel:* & *Fig:* martyrdom.

Marx|ismus [mar'ksismus], *m* -/*no pl Pol:* Marxism. **M ~ ist(in)**, *m* -en/-en (*f* -/-nen) Marxist. **m ~ istisch**, *adj.* Marxist.

März [mɛrts], *m* -(es)/*occ* -e March; **im M.**, in March; **am dritten/3. M.**, on the third of March/March 3rd.

Marzipan [martsi'paːn], *n* -s/*no pl* marzipan.

Masche ['maʃə], *f* -/-u 1. (*a*) *Knit:* stitch; **eine M. rechts, eine M. links**, knit one, purl one; (*b*) (*Laufm.*) ladder, *N.Am:* run. 2. mesh (of a net); *Fig:* **durch die M ~ n schlüpfen**, to slip through the net. 3. *F:* (*Trick*) ploy; gimmick; **er hat die M. raus**, he's got the knack! **das ist eine neue M. von ihm**, that's a new gimmick of his. '**M ~ ndraht**, *m* -(e)s/*no pl* wire netting. '**m ~ nfest**, *adj.* ladderproof, *esp. N.Am:* run-resist (tights etc.).

Maschin|e [ma'ʃiːnə], *f* -/-n 1. (*a*) machine; *pl* **M ~ n**, machines, *coll* machinery; **das Zeitalter**

der M., the machine age; (b) F: Aut: (Motor) engine; Nau: M~n, engines. 2. (a) (Flugzeug) plane; (b) F: (Motorrad) machine, mount; (c) (Schreibm.) typewriter; mit/auf der M. geschrieben, typed, typewritten; (d) (Nähm.) (sewing) machine; eine Naht mit der M. nähen, to machine a seam; (e) (Waschm.) (washing) machine. m~egeschrieben, adj. typed, typewritten (letter etc.). m~ell [maʃiˈnɛl], adj. 1. (production etc.) by machine; adv. m. hergestellt, machine-made. 2. mechanical (process etc.); m~e Anlagen, machinery. M~en-, comb.fm. (a) machine (part etc.); M~arbeit f, work done by machine; M~arbeiter m, machine operative/minder; adj. m~gestrickt, machine-knitted; M~schlosser m, machine fitter; M~halle f, machine shop; (b) engineering (industry); M~fabrik f, engineering works; (c) Tls: power (saw, hammer etc.). M~enbau, m -(e)s/no pl 1. Univ: (Fach) mechanical engineering. 2. Ind: machine building. M~enbauingenieur, m -s/-e mechanical engineer. M~enbauschule, f -/-n college of engineering. M~engewehr, n -(e)s/-e Mil: machine gun. M~ennäherin, f -/-nen Dressm: machinist. M~enpistole, f -/-n sub-machine gun; tommy gun. M~enraum, m -(e)s/⁼e Nau: engine room. M~enschaden, m -s/⁼ mechanical breakdown; Av: Aut: etc: engine trouble. M~enschreiben, n -s/no pl typewriting. M~enschrift, f -/-en typescript; in M., typewritten. M~e'rie, f -/-n (a) no pl machinery; (b) (Apparat) mechanism. m~eschreiben, v.i.irr.sep.12 (haben) to type. M~ist [-iˈnist], m -en/-en 1. Ind: machinist, machine operative. 2. Nau: (ship's) engineer.

Maser [ˈmaːzər], f -/-n vein (in wood); pl M~n, grain. 'm~ig, adj. grained. 'M~ung, f -/-en texture, grain.

Masern [ˈmaːzərn], pl Med: measles.

Maske [ˈmaskə], f -/-n (a) mask; (Verkleidung) disguise; Fig: unter der M. der Freundschaft, under the guise of friendship; die M. fallen lassen, to show one's true face; (b) person in fancy dress. 'M~enball, m -(e)s/⁼e masked/fancy-dress ball. 'M~enbildner(in), m -s/- (f -/-nen) Th: etc: make-up artist. 'M~enkostüm, n -s/-e fancy dress. M~erade [-ɔˈraːdə], f -/-n dressing up; occ: fancy-dress ball; Fig: masquerade, pretence. m~ieren [-ˈkiːrən], v.tr. to mask, (verkleiden) disguise (s.o., oneself); (verbergen) to conceal (water-pipes, Fig: feelings etc.); Mil: to camouflage, mask (vehicles etc.); sich als Clown m., to dress up as a clown.

Maskottchen [masˈkɔtçən], n -s/- mascot.

maskulin [maskuˈliːn], adj. masculine. M~um, n -s/-ina Gram: masculine (noun).

Masoch|ismus [mazoˈxismus], m -/no pl masochism. M~ist, m -en/-en masochist. m~istisch, adj. masochistic.

Maß[1] [maːs]. I. n -es/-e 1. (a) (Einheit, System) measure; M~e und Gewichte, weights and measures; Fig: Lit: mit zweierlei M. messen, to apply different/double standards; (b) Cu: measure; jug, cup (for measuring); Fig: jetzt ist das M. voll, that's the limit/last straw. 2. (Größe) measurement, dimension; sie hat

ideale M~e, she has a perfect figure; Tail: Dressm: j-m M. nehmen, to take s.o.'s measurements; ein Anzug usw. nach M., a tailor-made/made-to-measure suit. 3. (Grad) (a) extent, degree; ein hohes M. an Vertrauen, a high degree of trust; in beschränktem/gewissem/hohem M~e, to a limited/certain/large extent; in besonderem M~e, especially; in gleichem M~e, equally; in vollem M~e zufrieden, entirely/fully satisfied; für Getränke war im reichen M. gesorgt, there was a generous supply of drinks; (b) (Grad) degree; (Grenze) bounds, limits; es geht über das übliche M. hinaus, it is above average; alles mit M.! everything in moderation! er kennt kein M., he has no self-restraint; über alle M~e glücklich sein, to be happy beyond measure/expression; ohne M. und Ziel, without moderation, to excess. II. 'M~-, comb.fm. Cl: made-to-measure (suit, shirt, shoes etc.). 'M~arbeit, f -/-en Cl: making clothes to measure; A: & P.N: bespoke/N.Am: custom tailoring; das ist M. (i) Cl: it's made to measure; (ii) F: that's cutting it fine. 'M~band, n -(e)s/⁼er tape measure. 'M~einheit, f / en unit of measure. 'm~gebend, adj. (a) authoritative (book, statement etc.); das m~e Buch darüber, the standard book on the subject; (b) leading (authority etc.); (einflußreich) influential (personality etc.); (ausschlaggebend) decisive (factor, influence etc.); adv. er ist an diesem Unternehmen m. beteiligt, he plays a decisive rôle in this undertaking. 'm~geblich, adj. = m~gebend (b). 'm~geschneidert, adj. made-to-measure, tailor-made. 'm~halten. I. v.i.sep. irr.45 (haben) to be moderate (in etwas dat, in sth.); im Trinken m., to drink in moderation. II. M., n -s/no pl moderation. 'M~liebchen, n -s/- Bot: common daisy. 'm~los, adj. uncontrolled, unrestrained (anger, emotions etc.); immoderate (habits); excessive (demands, claims etc.); boundless (zeal, curiosity etc.); extreme (disappointment etc.), outrageous (insult, behaviour etc.); adv. m. übertrieben, grossly exaggerated; m. eifersüchtig, extremely jealous; ich habe mich m. geärgert, I was absolutely furious. 'M~losigkeit, f -/no pl lack of restraint; immoderation, excessiveness; boundlessness 'M~nahme, f -/-n measure; M~n ergreifen/treffen, to take steps/action. 'm~regeln, v.tr. to reprimand (s.o.), Mil: discipline (a soldier etc.). 'M~reg(e)lung, f -/-en reprimand; disciplinary measure. 'M~schneider, m -s/- bespoke/N.Am: custom tailor. 'M~stab, m -(e)s/⁼e 1. scale (of map, plan etc.); ein Modell im M. 1:100, a 1/100th scale model; in vergrößertem/verkleinertem M., on an enlarged/reduced scale; etwas nach M. zeichnen, to draw sth. to scale. 2. (Norm) standard; criterion; das ist kein M., that's no criterion; den M. für j-n, etwas abgeben, to set the standard for s.o., sth.; j-n, etwas zum M. nehmen, to take s.o., sth. as one's criterion/yardstick. 'm~stab(s)gerecht/'m~stab(s)getreu, adj. (map etc.) (drawn) to scale; m~es Modell, scale model. 'M~-system, n -s/-e Meas: system of units. 'm~voll, adj. restrained (behaviour etc.);

moderate, reasonable (demand, claim etc.).
'M ~ werk, n -(e)s/no pl Arch: (window)
tracery.

Maß², f -/-e South G: litre (of beer). 'M ~ krug,
m -(e)s/-̈e one litre beer mug.

Massage [ma'sɑːʒə], f -/-n massage.

Massak|er [ma'sɑːkər], n -s/- massacre.
m ~ rieren [-a'kriːrən], v.tr. to massacre
(people).

Masse ['masə], f -/-n 1. mass; Cu: mixture. 2. (a)
(Menge) crowd; (Mehrheit) majority; sie kamen
in M ~ n, they came in droves/en masse; die
breite M., the masses; sie fühlen sich nur in der
M. stark, they only feel strong in numbers; (b)
F: eine M. Leute/Geld, masses of people/
money; er erhielt eine M. Briefe, he got loads
of letters; die M. muß es bringen, only a quick
turnover will make it pay. 3. Jur: (Vermögen)
assets; estate. 'M ~ n-, comb.fm. mass (un-
employment, demonstration, grave, meeting,
hysteria, murder, murderer etc.); massive
(strike etc.); wholesale (murder, destruction
etc.); M ~ abfertigung f, wholesale treatment;
M ~ artikel m, mass-produced article; M ~ be-
darfsartikel m, mass market commodity; M ~ fa-
brikation/M ~ produktion f, mass production;
M ~ kundgebung f, mass demonstration/meet-
ing; die M ~ medien, the mass media; M ~ flucht
f, mass exodus. 'M ~ nandrang, m -(e)s/no
pl tremendous crush/rush (of people). 'M ~ n-
güter, npl Com: bulk goods. 'm ~ nhaft, adj.
a vast number/F: masses of; m ~ es Auftreten,
appearance in vast numbers; adv. F: wir haben
m. Zeit, we've got masses/heaps of time.
'M ~ nkarambolage, f -/-n Aut: big pile-up.
'M ~ nszene, f -/-n Cin: crowd scene.
'm ~ nweise, adv. = m ~ nhaft.

Massel ['masəl], f -/-n Metall: pig iron.

Mass|eur [ma'søːr], m -s/-e masseur.
M ~ euse [-'søːzə], f -/-n masseuse.
m ~ ieren¹ [-'siːrən], v.tr. to massage (s.o.,
s.o.'s back etc.)

massieren², v.tr. to concentrate, mass (troops).

massig ['masiç], adj. (a) massive, huge; (b) adv.
F: m. Arbeit, masses/loads of work.

mäßig ['mɛːsiç], adj. (a) moderate (speed,
income, ability, demands etc.); abstemious,
temperate (person, habits); adv. m. leben, to
lead a life of moderation; (b) mediocre (work,
pupil etc.); limited (intelligence, ability etc.); F:
(Wetter usw.) fair to middling, so-so. 'm ~ en
[-gən], v.tr. esp. Lit: to moderate (one's lan-
guage, views etc.); to slacken (speed, one's
steps); to curb, temper (one's impatience, zeal
etc.); sich m., to restrain/(beherrschen) control
oneself; er muß sich im Trinken m., he has to
cut down on his drinking. 'M ~ keit, f -/no pl
1. moderation; (im Alkoholgenuß) temperance.
2. (Mittelmäßigkeit) mediocrity. 'M ~ ung, f
-/no pl moderation; reduction (of speed).

massiv [ma'siːf]. I. adj. 1. (a) solid (gold etc.);
m. Eiche, solid oak; (b) massive, solidly built
(statue etc.); m ~ er Bau, solid building. 2.
heavy, massive (attack, demands etc.); severe,
grave (threat, accusation etc.). 3. (grob) gross,
coarse; F: m. werden, to cut up rough. II.
M., n -s/-e Geog: massif.

Mast¹ [mast], m -(e)s/-e & -en Nau: Rad: mast;

Tel: etc: (telegraph, flag etc.) pole; El: pylon.

Mast². I. f -/-en Agr: fattening (of animals). II.
'M ~ -, comb.fm. fattened (duck, ox etc.).
'M ~ darm, m -(e)s/-̈e Anat: rectum.

mästen ['mɛstən], v.tr. to fatten (an animal).

Matador [mata'doːr], m -s/-e 1. matador. 2. F:
Sp: etc: hero.

Match [matʃ], n & m -(e)s/-s & -e Sp: match.
'M ~ ball, m -(e)s/-̈e Tennis: match point.
'M ~ sack, m -(e)s/-̈e duffle bag.

Material [materi'aːl], n -s/-ien material; (a)
(Baum.) (building) materials; Mil: (Aus-
rüstung) equipment; Rail: rollendes M., rolling
stock; (b) statistisches M., statistical data; Jur:
belastendes M., damaging evidence. M ~ is-
mus [-a'lismus], m -/no pl materialism.
M ~ ist [-a'list], m -en/-en materialist. m ~ is-
tisch [-a'listiʃ], adj. materialistic. M ~ kos-
ten, pl Com: cost of materials.

Materie [ma'teːriə], f -/-n 1. no pl Ph: & Phil:
matter. 2. (Thema) subject matter. m ~ ll
[materi'ɛl], adj. (a) material, (finanziell) finan-
cial; (b) Pej: materialistic (person etc.).

Mathe ['matə], f -/no pl Sch: F: maths, N.Am:
math. M ~ matik [-ma'tiːk], f -/no pl math-
ematics. M ~ matiker [-'matikər], m -s/-
mathematician. m ~ 'matisch, adj. math-
ematical; adv. er ist m. begabt, he has a talent
for mathematics.

Matinee [mati'neː], f -/-n Th: morning perfor-
mance.

Matjeshering ['matjəsheːriŋ], m -s/-e Cu:
salted/matjes herring.

Matratze [ma'tratsə], f -/-n 1. mattress;
(Luftm.) airbed. 2. F: (Bart) face fungus.

Matri|x ['maːtriks], f -/-trizes & -trizen Biol:
Mth: TV: matrix. M ~ ze [ma'tritsə], f -/-n
(a) Typewr: stencil; (b) Print: Rec: etc: matrix.

Matrone [ma'troːnə], f -/-n matronly woman.

Matrose [ma'troːzə], m -n/-n sailor; Navy: ein-
facher M., ordinary seaman. M ~ nlied, n
-(e)s/-er (sea) shanty.

Matsch [matʃ], m -(e)s/no pl 1. (a) (Schneem.)
slush; (b) (Schlamm) mud, sludge. 2. (Brei)
mush. 'm ~ ig, adj. F: (a) slushy (snow); soggy
(ground etc.); (b) mushy, squashy (fruit).

matt [mat]. I. adj. 1. (a) (Pers.) exhausted, worn
out; drained of energy; weary (limbs); (b) weak,
feeble (smile, voice, excuse etc.); lifeless (perfor-
mance); lukewarm (response, reaction etc.);
Com: slack (business); F: boring (speech etc.);
adv. sie lächelte m., she gave a weak smile. 2.
(glanzlos) dull (colour, shine, eyes); matt (paint
etc.); pearl (bulb); clouded (glass); m ~ es Blau,
dull blue; m ~ e Politur, matt finish; m ~ es
Gold, tarnished gold; im m ~ en Schein der
Lampe, in the dim light of the lamp. 3. Chess:
(also Fig:) j-n m. setzen, to checkmate s.o. II.
M., n -s/occ -s, Chess: checkmate. 'M ~ glas,
n -es/no pl frosted/ground glass. 'M ~ ig-
keit, f -/no pl exhaustion; weariness; lassitude;
(Schwäche) feebleness, weakness. 'M ~ -
scheibe, f -/-n 1. Phot: etc: ground-glass
screen; F: TV: screen. 2. P: M. haben, to be
not quite with it; to have a (momentary)
blank.

Matte ['matə], f -/-n mat; coll matting; (Türm.)
doormat.

Matthäus [ma'tɛːus]. *Pr.n.m -.* *B:* Matthew.

Matura [ma'tuːra], *f -/no pl Aus:* & *Swiss:* school-leaving examination.

Mätzchen ['mɛtsçən], *n -s/- F:* **1.** silliness, nonsense; **laß doch endlich diese M.!** stop messing about! **2.** *pl* (*Schliche*) tricks, pranks.

mau [mau], *adj. F:* lousy; **mir ist m.,** I feel rotten.

Mauer ['mauər], *f -/-n* wall; *Fig:* **gegen eine M. anrennen,** to bang one's head against a brick wall. **'M ~ blümchen,** *n -s/- Bot:* & *Fig:* (*Pers.*) wallflower. **'m ~ n,** *v.i.* (*haben*) *Fb:* to play defensively. **'M ~ schwalbe,** *f -/-n/* **'M ~ segler,** *m -s/- Orn:* swift. **'M ~ werk,** *m -(e)s/no pl* masonry, brickwork.

Maul [maul], *n -(e)s/̈-er* **1.** *Z:* mouth. **2.** *P:* (*Mund*) gob; **halt's M.!** shut up! shut your trap! **das M. aufsperren,** to gape; **ein böses M. haben,** to have a malicious tongue; **er hat ein grobes M.,** he uses foul language; **er hat/reißt das M. weit auf,** he's always shooting off his mouth; **j-m das M. stopfen,** to shut s.o. up; **j-m übers M. fahren,** to jump down s.o.'s throat; **sich dat das M. über j-n zerreißen,** to take s.o. to pieces. **'M ~ affen,** *pl F:* **M. feilhalten,** to (stand and) gape. **'M ~ beerbaum,** *m -(e)s/̈-e Bot:* mulberry tree. **'M ~ beere,** *f -/-n Bot:* mulberry. **'m ~ en,** *v.i.* (*haben*) *F:* to grumble, moan (**über** & *acc*/**wegen** + *gen,* about). **'M ~ esel,** *m -s/- Z:* mule. **'m ~ faul,** *adj. F:* **er ist m.,** he can't be bothered to open his mouth. **'M ~ korb,** *m -(e)s/̈-e* muzzle; **einem Hund/F: j-m einen M. anlegen,** to muzzle a dog/*F:* s.o. **'M ~ tier,** *n -(e)s/-e Z:* mule. **'M ~ - und Klauenseuche,** *f -/-n Vet:* foot-and-mouth disease. **'M ~ wurf,** *m -(e)s/̈-e Z:* mole. **'M ~ wurfshaufen/'M ~ wurfshügel,** *m -s/-* molehill.

Maurer ['maurər], *m -s/-* bricklayer; mason. **'M ~ arbeit,** *f -/no pl* bricklaying. **'M ~ meister,** *m -s/-* master mason.

Maus [maus], *f -/̈-e* ['mɔyzə], **1.** mouse; **flink wie eine M.,** very quick in one's movements; (*Kind*) **süße kleine M.,** little darling. **2.** *F: pl* **M ~ e,** (*Geld*) cash, *Brit:* lolly. **M ~ efalle** ['mauzə-], *f -/-n* mousetrap. **'M ~ eloch,** *n* (*o*)*s/̈er* mousehole; *F:* **ich wäre am liebsten in ein M. gekrochen,** I wished the earth would open and swallow me up. **'m ~ en,** *v.tr.&i.* (*haben*) *F:* (*Kind usw.*) to pilfer, pinch (sweets etc.). **'m ~ c'tot,** *adj. F:* dead as a doornail. **'m ~ grau,** *adj.* mousy (grey).

Mäus|chen ['mɔysçən], *n -s/- F:* little mouse; *F:* (*Kind usw.*) darling, pet. **'m ~ chen'still,** *adj.* (*Pers.*) as quiet as a mouse; **es war m.,** one could have heard a pin drop. **M ~ efang** ['mɔyzə-], *m -(e)s/no pl* mousing. **'M ~ efänger,** *m -s/-* mouser. **'M ~ emelken,** *n F:* **es ist zum M.,** it's enough to drive you up the wall. **'M ~ erich** [-əriç], *m -s/-e F:* male mouse. **M ~ lein** ['mɔyslain], *n -s/- =* **Mäuschen.**

mauser|n ['mauzərn], *v.refl.* (*a*) (*also v.i.*) *Orn:* (**sich**) **m.,** to moult; (*b*) *F:* (*Pers.*) **sich** (**zu etwas** *dat*) **m.,** to blossom (into sth.).

mausig ['mauziç], *adj. P:* **sich m. machen,** to get bolshy/stroppy.

Maut [maut], *f -/-en esp. Aus:* (*also* **M ~ gebühr** *f*) toll. **'M ~ stelle,** *f -/-n Aus:* tollgate.

'M ~ straße, *f -/-n Aus:* toll road.

Maxi ['maksi]. **I.** *n -s/-s Cl:* maxi (length, dress, etc.). **II.** **'M ~ -,** *comb.fm.* maxi (dress, coat etc.). **m ~ mal** [maksi'maːl], *adj.* maximum; *adv.* **der Bus faßt m. 30 Personen,** the bus has a maximum capacity of 30 passengers. **M ~ mal-,** *comb.fm.* maximum (dose, speed etc.). **M ~ mum** ['maksimum], *n -s/-ima* maximum; **M. an Arbeit,** maximum amount of work.

Maxime [ma'ksiːmə], *f -/-n* maxim.

Mayonnaise [majɔ'nɛːzə], *f -/-n Cu:* mayonnaise.

Mechan|ik [me'çaːnik], *f -/-en* **1.** *no pl Ph:* (science of) mechanics. **2.** *Tchn:* (*Mechanismus*) mechanism. **M ~ iker,** *m -s/-* mechanic. **m ~ isch,** *adj.* mechanical; *Fig:* automatic (action, movement); *adv.* **m. hergestellt,** machine-made. **m ~ isieren** [-ani'ziːrən], *v.tr.* to mechanize (industry etc.). **M ~ i'sierung,** *f -/no pl* mechanization. **M ~ ismus** [-a'nismus], *m -/-men* mechanism; *F:* works, innards (of a watch etc.).

Meckerjei [mɛkə'rai], *f -/-en F:* grousing, grumbling. **'M ~ er,** *m -s/- F:* grouser, grumbler. **'m ~ n,** *v.i.* (*haben*) (*a*) (*Ziege*) to bleat; (*b*) *F:* (*nörgeln*) to grumble, grouse; (*Frau*) to nag; **er hat immer etwas zu m.,** he's always moaning about something.

Medaill|e [me'daljə], *f -/-n* (*esp.* sports/commemorative) medal. **M ~ engewinner(in),** *m -s/- (f -/-nen) Sp:* medallist. **M ~ on** [-dal'jõ], *n -s/-s* (*also Cu:*) medallion; *Jewel:* locket.

Medien ['meːdiən], *npl of* **Medium** *q.v.*

Medik|ament [medika'mɛnt], *n -(e)s/-e* medicine; (*Droge*) drug. **M ~ a'mentenschrank,** *m -(e)s/̈-e* medicine cupboard. **M ~ ation** [-katsi'oːn], *f -/-en* medication. **M ~ us** ['meːdikus], *m -/-dizi* [-itsi] *Hum:* medico.

Medit|ation [meditatsi'oːn], *f -/-en* meditation. **m ~ ativ** [-ta'tiːf], *adj.* meditative. **m ~ ieren** [-'tiːrən], *v.i.* (*haben*) to meditate (**über** + *acc,* on).

Medium ['meːdium], *n -s/-ien* **1.** *Ph: Ch: Advert: etc:* medium; **die M ~ ien,** the media. **2.** (*Pers.*) medium; **M ~ ien,** mediums; (*für Tests*) guinea pigs.

Medizin [medi'tsiːn]. **I.** *f -/-en* medicine. **II.** **M ~ -,** *comb.fm.* medicine (ball etc.); medical (student etc.); **M ~ mann** *m,* medicine man; **M ~ studium** *n,* study of medicine, medical studies. **M ~ alrat** [-tsi'naːl-], *m -(e)s/̈-e Adm:* senior medical officer. **M ~ er,** *m -s/- (a)* medical man, doctor; **die M.,** the medical profession; (*b*) *Univ:* medical student. **m ~ isch,** *adj.* **1.** medical (research, knowledge etc.); **m.-technische Assistentin,** medical laboratory technician; *Univ:* **m ~ e Fakultät,** faculty of medicine. **2.** (*mit Heilwirkung*) medicinal (preparation etc.); tonic (wine); medicated (soap etc.).

Meer [meːr], *n -(e)s/-e* sea; (*a*) **auf dem M.,** at sea; **auf das M. hinausfahren,** to go (out) to sea; **am M.,** at the seaside; **1000 Meter über dem M.,** 1,000 metres above sea level; (*b*) *Fig:* sea, mass (of houses etc.); flood (of light). **'M ~ aal,** *m -(e)s/-e Z:* conger (eel). **'M ~ äsche,** *f -/-n Fish:* grey mullet. **'M ~ barbe,** *f -/-n Fish:* red mullet.

'M~busen, m -s/- Geog: A: gulf.
'M~enge, f -/-n Geog: strait, sound.
'M~es-, comb.fm. sea (coast, air etc.); marine (biology, climate, plants, animals etc.); M~früchte fpl, seafood; M~algen fpl, seaweed; M~boden/M~grund m, sea bed; ocean floor; M~tiefen fpl, depths of the sea; ocean depths; M~strömung f, ocean current; Lit: M~stille f, (sea) calm; M~strand m, seashore. 'M~eshöhe, f -/-n in M., at sea level; (in) 1000 Meter M., 1,000 metres above sea level. 'M~eskunde, f -/no pl oceanography. 'M~esspiegel, m -s/- über dem M., above sea level. 'M~esstraße, f -/-n Geog: straits. 'm~grün, adj. sea-green. 'M~jungfrau, f -/-en Myth: mermaid. 'M~rettich, m -(e)s/no pl horseradish. 'M~schweinchen, n -s/- guinea pig. 'M~wasser, n -s/no pl sea water.

Mega- [mega-], comb.fm. mega-; M~'volt n, megavolt. M~phon [-'fo:n], n -s/-e megaphone; (mit Verstärker) loudhailer.

Mehl [me:l], n -(e)s/-e 1. Cu: flour; (grobes) meal. 2. (Pulver) powder. 'm~ig, adj. mealy. 'M~sack, m -(e)s/-e flour sack; F: wie ein M. hinfallen, to flop like a sack of potatoes. 'M~schwalbe, f -/-n Orn: house martin. 'M~schwitze, f -/-n Cu: roux. 'M~sieb, n -(e)s/-e (flour) sieve. 'M~speise, f -/-n (a) dessert; (b) Aus: (Kuchen) cake. 'M~tau, m -(e)s/no pl Bot: mildew.

mehr [me:r]. I. pron. & adv. more; (a) m. als, more than; m. denn je, more than ever; was willst du m.? what more do you want? um so m., all the more; das ist ein Grund m., that is yet another reason; F: das schmeckt nach m., that is moreish; (b) (eher) er ist m. Gelehrter als Künstler, he is more of a scholar than an artist; (c) (with neg.) nicht m., no more/longer; es dauert nicht m. lange, it won't be much longer; ich kann nicht m., (i) I can't go on; (ii) I can't eat any more; du bist kein Kind m., you are not a child any more/longer; es ist nichts m. da, there is nothing left; nie m., never again; kein Wort m.! not another word! esp. South G: ich habe nur m. fünf Mark, I have only five marks left. II. M., n -(s)/no pl (a) ein M. an Kosten, additional costs; (b) Swiss: majority. III. 'M~-, 'm~-, comb.fm. (a) (zusätzlich) additional, extra (expenditure, costs, amount, income, cargo etc.); (überschüssig) excess (weight, profit etc.); M~belastung f, extra/increased load; M~gebot n, higher bid; M~arbeit f, extra work; (Überstunden) overtime; M~leistung f, increased performance/output; Com: gegen M~preis m, (for an) extra charge; Ind: M~wert m, added value; (b) adj. multi-(layered, coloured, engined etc.); in several (volumes, parts); m~geschossig/m~stöckig, multi-storey; m~seitig, multilateral; m~silbig, polysyllabic; m~sprachig, multilingual; (Pers.) polyglot; m~stufig, multi-stage (rocket etc.); m~stündig/m~tägig, lasting several hours/ days; Mus: m~stimmig, in several parts; I.C.E: M~zylindermotor m, multi-cylinder engine. 'm~deutig, adj. ambiguous, Ling: polysemous. 'M~deutigkeit, f -/no pl ambiguity; polysemy. 'm~en, v.tr. Lit: to increase (one's possessions, income etc.); sich m., to grow,

increase (in number). 'm~ere, adj. several; aus m~n Gründen, for various reasons; m~s, several things. 'm~fach, adj. multiple; (wiederholt) repeated (attempts etc.); m~er Millionär, multimillionaire; m~er Weltmeister, world champion several times over; in m~er Hinsicht, in more than one respect; adv. m. vergrößert, magnified several times. 'M~familienhaus, n -es/-er detached house divided into flats. 'M~heit, f -/-en majority; in der M. der Fälle, in most/the majority of cases; mit großer M. gewählt, elected by a large majority. 'M~heitsprinzip, n -s/no pl principle of majority rule. 'm~jährig, adj. 1. several years' (experience etc.); (stay etc.) of/ lasting several years. 2. Bot: perennial. 'M~ladegewehr, n -(e)s/-e/'M~lader, m -s/- repeater (gun). 'm~malig, adj. repeated; m~es Läuten, ringing the bell several times. 'm~mals, adv. several times, on several occasions. 'M~wertsteuer, f -/no pl value-added tax. 'M~zahl, f -/no pl 1. majority; die M. der Schüler, most of the/the majority of pupils. 2. Gram: plural. 'M~zweck-, comb.fm. multi-purpose (vehicle, furniture etc.).

meiden ['maidən]. I. v.tr.irr.65 to avoid (s.o., sth.), shun (s.o.); to keep off (alcohol etc.). II. M., n -s/no pl avoidance; abstinence.

Meile ['mailə], f -/-n Meas: mile. 'M~nstein, m -(e)s/-e Fig: milestone. 'm~n'weit, adv. miles; m. war kein Haus zu sehen, there was not a house to be seen for miles; m. von hier entfernt, miles away.

mein [main], poss.adj. my; m~e Damen und Herren, ladies and gentlemen; F: ach du m~e Güte! good heavens! 'm~e(r,s), poss.pron. 1. mine; sein Haus ist größer als m~s, his house is bigger than mine. 2. Lit: der/die/das M., mine; das M., my property; what is mine; ich habe das M. getan, I have done my share; die M~n, my people. 'm~er, pers.pron. (gen of ich) of me; er erinnerte sich m., he remembered me. 'm~er'seits, adv. as far as I am concerned; for my part; (Antwort) ganz m., the pleasure is all mine. 'm~es'gleichen, pron. people like me; unter m., among my own kind. 'm~et'wegen, adv. 1. (mir zuliebe) because of me; for my sake. 2. F: for all I care; m. kannst du gehen, it's all right with me/I don't mind if you go. 'm~et'willen, adv. um m., for my sake; because of me. 'm~ige, poss. pron. decl. as adj. Lit: der/die/das m., mine.

Meineid ['main?ait], m -(e)s/-e Jur: perjury; einen M. leisten, to perjure oneself. M~ige(r) ['main?aidigə(r)], m & f decl. as adj. perjurer.

meinen ['mainən], v.tr. (a) to think (sth., that ...); was meinst du dazu? how do you feel about it? das will ich (aber) m.! I should think so too! abs. wenn du meinst, if you think so; ich meine ja nur, it was just a thought/suggestion; (b) to mean (s.o., sth.); du warst nicht gemeint, the remark was not aimed at you; ich meine das große Haus, I mean the big house; was meinst du damit? wie meinst du das? what do you mean by that? gut gemeint, well meant/ intended; es ehrlich/böse m., to have honest/ evil intentions; er meint es gut mit uns, he has our interests at heart/is on our side; esp. Iron:

(*großzügig*) he is very generous/kind to us; (*c*) (*sagen*) to say (sth.); **was m. Sie?** what did you say? **er meinte, wir sollten gleich losfahren,** he suggested we should leave right away. **'M ~ ung,** *f* -/-en opinion (**über** + *acc*/**von** + *dat,* of/about); **die öffentliche M.,** public opinion/feeling; **eine vorgefaßte M.,** a preconceived idea; **ich glaube, die M. aller zu vertreten,** I think I am speaking for everyone; **meiner M. nach,** in my opinion; **ich bin ganz Ihrer M.,** I quite agree with you; **ich bin der M., daß ...,** it's my opinion that ...; **in der M., daß ...,** thinking that ...; *F:* **ich habe ihm gehörig meine M. gesagt,** I really gave him a piece of my mind. **'M ~ ungs-,** *comb.fm.* opinion (research etc.); (exchange etc.) of views; **M ~ äußerung** *f,* expression of one's opinion; **M ~ umfrage** *f,* opinion poll; **M ~ verschiedenheit** *f,* difference of opinion. **'M ~ ungsstreit,** *m* -(e)s/-e controversy.

Meise ['maizə], *f* -/-n *Orn:* tit.

Meißel ['maisəl], *m* -s/- *Tls:* chisel. **'m ~ n,** *v.tr.* to chisel (stone etc.).

Meißner ['maisnər], *inv. adj.* (of) Meissen; **M. Porzellan,** Dresden china

meist [maist]. **I.** *adj.* most (of); **die m ~ en (Leute),** most people; **er hat das m ~ e Geld,** he has (the) most money; **die m ~ e Zeit,** most of the time; **das m ~ e davon,** most of it. **II.** *adv.* (*a*) = **m ~ ens;** (*b*) **am m ~ en,** the most; **er hat am m ~ en geleistet,** he has achieved (the) most; **die am m ~ en gefragte Platte,** the most (often) requested record. **III.** **'m ~ -,** *adj. comb.fm.* most (loved etc.); most often (read, bought etc.); *Econ:* **m ~ begünstigt,** most-favoured (nation etc.); *Com:* **m ~ beteiligt,** (partner etc.) with the biggest share/interest. **'m ~ ens,** *adv.* mostly; **er ist m. pünktlich,** he is usually on time; **wir hatten m. schönes Wetter,** we had fine weather most of the time. **'m ~ en'teils,** *adv.* mostly.

Meister ['maistər], *m* -s/- **1.** *Ind: etc:* master (craftsman); *F:* **er hat seinen M. gemacht,** he has taken his master's certificate. **2.** *Sp: etc:* champion. **3.** *Lit: Art: etc:* master (**seines Fachs,** of his art etc.); *Iron:* **er ist ein M. in ...** *dat,* he is a past master at ...; *Fig:* (in j-m) **seinen M. finden,** to meet one's match (in s.o.). **'M ~ brief,** *m* -(e)s/-e master craftsman's certificate. **'m ~ haft,** *adj.* masterly; *adv.* **m. spielen,** to play brilliantly; **er versteht es m ,** zu **lügen,** he is an accomplished/expert liar. **'M ~ hand,** *f* **von M.,** from/by the hand of a master. **'M ~ in,** *f* -/-nen **1.** *Ind: etc:* master craftswoman. **2.** *Sp: etc:* (woman) champion. **'M ~ leistung,** *f* -/-en masterly feat/achievement. **'m ~ n,** *v.tr.* to master (a subject, situation etc.); to control, restrain (feelings, oneself etc.). **'M ~ schaft,** *f* -/-en **1.** *no pl* mastery. **2.** *Sp: etc:* championship; **die deutsche M. verteidigen,** to defend the German title. **'M ~ -schaftstitel,** *m* -s/- (championship) title. **'M ~ schütze,** *m* -n/-n crack shot. **'M ~ stück,** *n* -(e)s/-e masterpiece; *Iron:* masterstroke. **'M ~ werk,** *n* -(e)s/-e *Art: Lit: etc:* masterpiece.

Mekka ['mɛka]. *Pr.n.n* -s. *Geog:* Mecca.

Melancholie [melaŋko'li:], *f* -/*no pl* melancholy. **m ~ isch** [-'ko:liʃ], *adj.* melancholy.

Melange [me'lɑ̃:ʒə], *f* -/-n **1.** blend, mixture. **2.** *Aus:* [-'lɑ̃:ʒ], milky coffee.

Melasse [me'lasə], *f* -/-n *Cu:* molasses.

Melde- ['mɛldə-], *comb.fm. Adm:* registration (office, fee etc.); **M ~ pflicht** *f,* obligation to register/report (a disease etc.); **M ~ bogen/ M ~ zettel** *m,* registration form. **'M ~ efahrer,** *m* -s/- *Mil:* dispatch rider. **'m ~ en,** *v.tr.* (*a*) to report (sth.) (**j-m,** to s.o.; **bei der Polizei usw.,** to the police etc.); to register (a birth); **sich m.,** to report (**zum Dienst,** for duty; **krank,** sick); to register (**im Hotel,** in a hotel; **bei der Polizei,** with the police); *Mil:* to enlist/(*freiwillig*) volunteer; **sich (freiwillig) zu einer Arbeit m.,** volunteer for a job; **sich zur Prüfung usw. m.,** to enter for the examination etc.; **sich (zu Wort) m.,** to indicate that one wants to speak; *Sch:* **sie m. sich eifrig,** they put up their hands eagerly; (*b*) (*ankündigen*) to announce (s.o., a train etc.); *Meteor:* to forecast (rain, snow etc.); **wen darf ich m.?** who shall I say is here? **sich m.,** (*Baby*) to remind one of its presence; *Fig:* (*Alter usw.*) to make itself felt; *F:* **mein Magen meldet sich,** my tummy's rumbling; *Lit:* **der Herbst meldet sich,** there are signs of autumn; (*c*) **er hat sich (bei mir) lange nicht gemeldet,** he hasn't been in touch (with me) for a long time; **wenn du Geld brauchst, mußt du dich m.,** if you need money you must let me know/*F:* make noises; *Rad: TV:* **wir m. uns wieder um 6 Uhr,** we will be back on the air again at 6 o'clock; *Tel:* **es hat sich niemand gemeldet,** there was no reply/nobody there; **eine fremde Stimme meldete sich,** a strange voice answered; *Advert:* **sich auf eine Anzeige (hin) m.,** to reply to an advertisement. **'m ~ epflichtig,** *adj.* (*a*) (*Pers.*) obliged to register; (*b*) notifiable (disease etc.). **'M ~ eschluß,** *m* -sses/-sse closing date for entries (to a competition etc.). **'M ~ ung,** *f* -/-en **1.** *TV: Rad:* (*a*) report/ (*Nachricht*) news (item); **nach den letzten M ~ en,** according to the latest reports; **die M ~ en im einzelnen,** the news in detail; (*b*) **eine M. im Rundfunk durchgeben,** to make an announcement on the radio. **2.** report; *Adm:* notification; registration (of a birth, death etc.). **3.** *Mil:* enlistment. **4.** entry, application (**zu** + *dat,* for).

meliert [me'li:rt], *adj.* mottled, speckled (material etc.); (**grau**) **m ~ es Haar,** hair streaked with grey.

melken ['mɛlkən], *v.tr.irr.* (*p.p.* **gemolken**) (*a*) to milk (a cow, goat etc.); (*b*) *F:* (*schröpfen*) to fleece s.o. **'M ~ er,** *m* -s/- dairyman. **'M ~ erin,** *f* -/-nen dairymaid, milkmaid. **'M ~ maschine,** *f* -/-n milking machine.

Melodie [melo'di:], *f* -/-n melody; tune (of a song etc.). **m ~ iös** [-di'ø:s], *adj.* melodious. **m ~ isch** [me'lo:diʃ], *adj.* tuneful (music etc.); melodious (voice etc.); melodic (line etc.).

Melodrama [melo'drɑ:ma], *n* -s/-men melodrama. **m ~ tisch** [-dra'mɑ:tiʃ], *adj.* melodramatic.

Melone [me'lo:nə], *f* -/-n **1.** *Bot:* melon. **2.** *F:* bowler (hat).

Membran [mɛm'brɑ:n], *f* -/-en *Anat: etc:* membrane; *Tchn:* diaphragm.

Memme ['mɛmə], *f* -/-n *F:* (feige) M., coward, chicken.

Memoiren [memo'a:rən], *pl* memoirs.

Memor|andum [memo'randum], *n* -s/-den & -da memorandum. **m ~ ieren** [-'ri:rən], *v.tr.* to memorize (sth.).

Menage [me'na:ʒə], *f* -/-n cruet (stand).

Menagerie [menaʒə'ri:], *f* -/-n menagerie.

Menge ['mɛŋə], *f* -/-n 1. (a) quantity, amount; **eine kleine M. Zucker**, a small amount/quantity of sugar; (b) **eine (ganze) M.**, a great deal, *F:* a lot; *F:* **eine M. Leute**, a lot/lots of people; **eine M. Geld**, loads/piles of money; **jede M. Äpfel**, any amount/heaps of apples. 2. (*Menschenm.*) crowd; *Fig:* **die große M. will den Frieden**, the vast majority wants peace. '**M ~ nlehre**, *f* -/no pl Mth: theory of sets. '**m ~ nmäßig**, *adj.* quantitative; (turnover etc.) in numbers/units. '**M ~ npreis**, *m* -es/-e Com: bulk price. '**M ~ nrabatt**, *m* -(e)s/-e bulk discount. '**M ~ nrechnung**, *f* -/no pl quantity surveying.

mengen ['mɛŋən], *v.tr.* to mix (liquids, foods etc.) (**mit** + *dat*, with).

Mennige ['mɛnigə], *f* -/no pl Ch: red lead.

Menopause [meno'pauzə], *f* -/-n Physiol: menopause.

Mensa ['mɛnza], *f* -/-s & -sen Univ: student's refectory/N.Am: cafeteria.

Mensch[1] [mɛnʃ], *n* -en/-en 1. man; human being; **der M.**, man; **Anatomie des M~en**, human anatomy; **er ist auch nur ein M.**, he is only human; *Fig:* **mit j-m von M. zu M. reden**, to talk to s.o. man to man; **eine Seele von M. sein**, to have a heart of gold; *F:* **nur noch ein halber M. sein**, to be run down/not oneself; **du stellst dich an wie der erste M.**, you behave as though you hadn't a clue. 2. person; **junge M~en**, young people; **fremde M~en**, strangers; **unter die M~en kommen**, to mix with other people; **jeder M.**, everybody, everyone; **es erschien kein M.**, not a soul turned up. 3. *int. F:* **M., war das eine Hitze!** gosh, it was hot! **ach M., laß mich doch in Ruhe**, for goodness sake leave me alone; *Games:* **M. ärgere dich nicht**, ludo. **Mensch**[2], *n* -(e)s/-er *P:* wench; (liederliches) **M.**, slut. '**M ~ en-**, *comb.fm.* human (life, sacrifice, dignity etc.); **M~rechte** *pl*, human rights; **in M~gestalt**, in human shape; *Lit:* **das M~geschlecht**, the human race, mankind; **M~seele** *f*, (human) soul. '**M ~ enaffe**, *m* -n/-n Z: ape. '**M ~ enalter**, *n* -s/- lifetime; **vor einem M.**, a generation ago. '**M ~ enfeind**, *m* -(e)s/-e misanthropist. '**m ~ enfeindlich**, *adj.* misanthropic; antisocial. '**m ~ enfressend**, *adj.* (a) man-eating (animal); (b) cannibalistic (tribe etc.). '**M ~ enfresser**, *m* -s/- cannibal. '**M ~ enfresse'rei**, *f* -/no pl cannibalism. '**M ~ enfreund**, *m* -(e)s/-e philanthropist; humanitarian. '**m ~ enfreundlich**, *adj.* humanitarian. '**M ~ engedenken**, *n* seit M., as long as anyone can remember. '**M ~ engewühl**, *n* -(e)s/no pl throng; seething crowd (of people). '**M ~ enhandel**, *m* -s/no pl slave trade/traffic. '**M ~ enhändler**, *m* -s/- slave trader. '**M ~ enkenner**, *m* -s/- (good) judge of character. '**M ~ enkenntnis**, *f* -/no pl knowledge of human nature; (viel) **M. haben**, to be a good judge of character. '**M ~ enknäuel**, *n* -s/- knot of people. '**M ~ enkunde**, *f* -/no pl anthropology. '**m ~ enleer**, *adj.* deserted, empty. '**M ~ enliebe**, *f* -/no pl philanthropy; love of one's fellow men. '**M ~ enmenge**, *f* -/-n crowd. '**m ~ en'möglich**, *adj.* humanly possible; **das ist doch nicht m.!** that's just not possible! '**M ~ enrasse**, *f* -/-n race (of men). '**M ~ enraub**, *m* -(e)s/no pl Jur: abduction; kidnapping. '**M ~ enräuber**, *m* -s/- kidnapper. '**m ~ enscheu**, *adj.* shy, unsociable. '**M ~ enschinder**, *m* -s/- Fig: slave-driver. '**M ~ enschinde'rei**, *f* -/-en Fig: slave-driving. '**M ~ enschlag**, *m* -(e)s/no pl breed (of people). '**M ~ ens'kind!** *int. F:* good heavens! golly! '**m ~ enunwürdig**, *adj.* (a) degrading (behaviour etc.); (b) inhumane (treatment etc.). '**M ~ enverstand**, *m* -(e)s/no pl human understanding; **gesunder M.**, common sense. '**m ~ enwürdig**, *adj.* (a) (behaviour etc.) worthy of a human being; (b) hümane (treatment etc.). '**M ~ heit**, *f* -/no pl (alle Menschen) humanity; mankind; **im Namen der M.**, in the name of humanity. '**m ~ lich**, *adj.* 1. human (nature, society, body etc.); **nach m~em Ermessen**, as far as one can possibly judge; *Hum:* **ein m~es Rühren fühlen**, to feel the call of nature; *adv.* **m. ist sie sehr nett**, as a person she is very nice; **sie stehen sich m. nahe**, they are on the same wavelength; (b) *F:* **jetzt sieht es wieder einigermaßen m. aus**, now it looks more or less decent again. 2. (human) humane; **er half den Gefangenen aus rein m~en Gründen**, he helped the prisoners for purely humanitarian reasons; *adv.* **m. urteilen**, to be lenient; **sich m. zeigen**, to show sympathy. '**M ~ lichkeit**, *f* -/no pl humanity; human qualities; **M. zeigen**, to show compassion; **aus reiner M.**, for purely humanitarian reasons. '**M ~ werdung**, *f* -/no pl B: incarnation.

Menstru|ation [menstruatsi'o:n], *f* -/-en Physiol: menstruation. **m ~ 'ieren**, *v.i.* (haben) to menstruate.

Mensur [mɛn'zu:r], *f* -/-en G. Univ: students' duel.

Mentalität [mɛntali'tɛːt], *f* -/-en mentality.

Menthol [mɛn'to:l], *n* -s/no pl Pharm: menthol.

Menü [me'ny:], *n* -s/-s menu; (*also* M~essen *n*) set meal.

Menuett [menu'ɛt], *n* -(e)s/-e Mus: minuet.

Meridian [meridi'a:n], *m* -s/-e Geog: meridian.

merk|bar ['mɛrkba:r], *adj.* 1. noticeable. 2. (*leicht zu merken*) easy to remember. '**M ~ blatt**, *n* -(e)s/⁻er Adm: (explanatory) leaflet. '**m ~ en**, *v.tr.* (a) to notice (sth.); **kaum zu m.**, hardly noticeable; **j-s Absicht m.**, to realize s.o.'s intentions; **sie ließ ihn nie m.**, **wie sehr sie litt**, she never let him see how much she suffered; *F:* **ich habe nichts m. lassen**, I didn't let on; *Iron:* **du merkst (aber) auch alles!** you *are* observant! (b) to tell, see (sth.) (**an** + *dat*, from); **man merkt es an seiner Aussprache (, daß . . .)**, one can tell from his accent (that . . .); **von seiner Krankheit ist nichts zu m.**, there are no visible signs of his illness; (c) **sich** *dat* **etwas m.**, to make a (mental) note of sth.; **das kann ich mir nie m.**, I can never remember that;

merk dir meine Worte, you mark my words;
'm~lich, adj. noticeable, marked; adv. **m.
kühler,** noticeably cooler; **sein Zustand hat sich
m. gebessert,** his condition has improved
markedly. **'M~mal,** n -(e)s/-e feature; (Zug)
characteristic, trait; **'M~spruch,** m -(e)s/⁻e
1. wise saying. 2. (Gedächtnishilfe) mnemonic
(verse). **'m~würdig,** adj. remarkable; (seltsam) strange; **ein m~er Mensch,** an odd
character; adv. **er verhielt sich recht m.,** he was
behaving very strangely. **'m~würdiger
'weise,** adv. curiously; oddly enough. **'M~-
würdigkcit,** f -/-en 1. no pl oddness, strangeness. 2. strange/remarkable event.
Merkur [mɛr'ku:r]. Pr.n.m **-s.** Myth: Mercury.
Merian [mɛr'la:n], m -s/-e Fish: whiting.
meschugge [me'ʃugə], adj. F: dotty, nuts.
Meß- ['mɛs-], comb.fm. measuring (instrument
etc.); **M~becher** m, measuring jug; **M~band**
n, (metal) measuring tape; **M~gerät/M~instrument** n, measuring instrument/gauge; El:
Ph: meter. **'m~bar,** adj. measurable.
'M~buch, n -(e)s/⁻er R.C.Ch: missal.
'M~diener, m -s/- R.C.Ch: server. **'M~gewand,** n -(e)s/⁻er R.C.Ch: (Mass) vestment,
esp. chasuble. **'M~schraube,** f -/-n Mec.E:
micrometer. **'M~stab,** m -(e)s/⁻e Aut: etc:
dipstick. **'M~tischblatt,** n -(e)s/⁻er large
(1:25000) scale map. **'M~wein,** m -(e)s/-e
R.C.Ch: altar wine.
Messe¹ ['mɛsə], f -/-n R.C.Ch: mass; **M.
halten,** to say mass.
Messe², f -/-n (trade) fair. **'M~gelände,** n
-s/- exhibition site. **'M~stand,** m -(e)s/⁻e
stand, stall (at a fair).
Messe³, f -/-n Mil: mess.
messe|n ['mɛsən], v.irr. (pres. mißt, p. maß, p.p.
gemessen) 1. v.tr. (a) to measure (sth.); **j-n m.,**
to take s.o.'s measurements; **(bei j-m) Fieber
m.,** to take s.o.'s temperature; **die Entfernung
mit den Augen m.,** to judge a distance with
one's eyes; Fig: **j-n mit den Augen m.,** to size
s.o. up; **er maß sie von oben bis unten,** he eyed
her up and down; (b) to compare (s.o., sth.)
(**an** + dat. with); **gemessen an seinen früheren
Werken,** in comparison with his earlier works;
sich mit j-m m., to match oneself against s.o.,
take s.o. on; **sie konnte sich mit jeder anderen
an Schönheit m.,** she was the equal of any
woman in beauty. 2. v.i. (haben) to measure;
der Tisch mißt zwei Meter in der Länge, the
table is two metres long; **er mißt 1,80 m,** he is 6
feet tall. **'M~ung,** f -/-en measurement.
Messer ['mɛsər]. I. n -s/- (a) knife; Med: **unters
M. kommen,** to be operated on; Fig: **auf des
M~s Schneide stehen,** to hang in the balance;
F: **j-m das M. an die Kehle setzen,** to hold a
pistol to s.o.'s head; **j-n ans M. liefern,** to hand
s.o. over (**seinen Feinden,** to his enemies); **ein
Kampf bis aufs M.,** a fight to the finish; (b)
blade (of a mower etc.); cutter (of a mincer
etc.); (c) (Rasiermr.) (cut-throat) razor. II.
M~-, comb.fm. knife (blade etc.); **M~griff** m,
knife-handle; **M~schneide** f, knife-edge;
'M~stich m, stab (with a knife); (Wunde) knife
wound. **'m~scharf,** adj. razor-sharp (edge
etc.); Fig: piercing (voice etc.); trenchant
(criticism); Fig: **m~er Verstand,** keen/acute

mind. **'M~schmied,** m -(e)s/-e cutler.
'M~schnitt, m -(e)s/-e Hairdr: razor cut.
'M~spitze, f -/-n point of a knife; Cu: **eine
M. Salz,** a pinch of salt.
Messias [mɛ'si:as]. Pr.n.m -. B: Messiah.
Messing ['mɛsiŋ], n -s/no pl brass.
Metabolismus [metabo'lismus], m -/no pl
metabolism.
Metall [me'tal]. I. n -s/-e metal. II. **M~-,**
comb.fm. metal (fatigue, El: filament etc.);
metallic (paint etc.); metalworking (industry
etc.); **M~arbeiter** m, metalworker; **M~bearbeitung** f, metalworking; **M~waren** fpl, metal
goods, Com: hardware; adj. **M~verarbeitend,**
metalworking. **m~en,** adj. metal; **m~er Klang,**
metallic sound. **M~geid,** n -(e)s/no pl coin(s).
m~isch, adj. metallic. **M~kunde,** f -/no pl
metallurgy; science of metals. **M~säge,** f
-/-n hacksaw. **M~ur'gie,** f -/no pl (industrial) metallurgy.
Metamorphose [metamɔr'fo:zə], f -/-n Geol:
Biol: metamorphosis.
Metaph|er [me'tafər], f -/-n Ling: metaphor.
m~orisch [-'fo:riʃ], adj. metaphorical.
Metaphys|ik [metafy'zi:k], f -/no pl metaphysics. **m~isch** [-'fy:ziʃ], adj. metaphysical.
Meteor [mete'o:r], m -s/-e Astr: meteor. **M~it**
[-o'ri:t], m -s/-e meteorite. **M~ologe** [-o'lo:gə], m -n/-n meteorologist; TV: Rad: etc:
weatherman. **M~ologie** [-olo'gi:], f -/no pl
meteorology. **m~ologisch** [-o'lo:giʃ], adj.
meteorological.
Meter ['me:tər], m & n -s/- Meas: metre.
'm~lang, adj. a metre long. **'M~maß,** n
-es/-e metric tape measure/(Stab) measuring
rod. **'M~ware,** f -/-n goods (sold) by the
metre, Com: piece-goods.
Methan [me'ta:n], n -s/no pl Ch: methane.
Method|e [me'to:də], f -/-n method; F: **es hat
M.,** there's method in it; **er hat so seine M.,** he
has his own way of doing things. **M~enlehre/M~ik,** f -/no pl methodology.
m~isch, adj. 1. methodical, systematic 2.
(difficulties etc.) of method; adv. from the point
of view of method. **M~ist** [-o'dist], m
-en/-en Ecc: Methodist. **M~istenkirche,** f
-/no pl Methodist Church.
Metier [meti'e:], n -s/-s profession; F: speciality.
Metri|k ['me:trik], f -/-en Lit: Mus: metre.
'm~sch, adj. 1. Lit: Mus: metrical. 2. Meas:
metric (system etc.).
Metro|nom [metro'no:m], n -s/-e Mus: metronome. **M~'pole,** f -/-n metropolis.
Mett [mɛt], n -(e)s/no pl raw minced/N.Am:
ground pork. **'M~wurst,** f -/⁻e smoked
(pork/beef) sausage (South G: for spreading).
Mette ['mɛtə], f -/-n Ecc: (a) matins; (b) midnight mass.
Metzger ['mɛtsgər], m -s/- butcher. **M~ei**
[-'rai], f -/-en butcher's (shop).
Meuchel|mord ['mɔyçəlmɔrt], m -(e)s/-e foul
murder. **'M~mörder(in),** m -s/- (f
-/-nen) foul murderer.
Meute ['mɔytə], f -/-n pack (of hounds); Hunt:
hounds; Fig: mob (of people). **M~'rei,** f
-/-en mutiny; (im Gefängnis usw.) revolt, riot.
'M~rer, m -s/- mutineer. **'m~rn,** v.i.
(haben) (a) to mutiny, (Gefangene usw.) riot;

m~de Truppen, mutinous troops; (*b*) *F:* to object (**gegen** + *acc*, to), *Hum:* go on strike.

Mexik|aner(in) [mɛksiˈkɑːnər(in)], *m* -s/- (*f* -/-nen) Mexican. **m~anisch**, *adj.* Mexican. ʹM ~ o. *Pr.n.n* -s. *Geog:* Mexico.

Mezzanin [mɛtsaˈnin], *n* -s/-e mezzanine.

Miau [miˈau], *n* -s/-s/m~, *int.* miaow. **m~en**, *v.i.* (*haben*) to miaow.

mich [miç]. **I.** *pers.pron.* (*acc. of* **ich**) me; **er hörte m.**, he heard me. **II.** *refl.pron.* myself; **ich wusch m.**, I washed (myself).

Michaelis(tag) [miçaˈeːlis(tɑːk)], *n* -/no *pl* (*m* -(e)s/-e) Michaelmas (Day).

mickerig [ˈmikəriç], *adj. F:* (*Pers.*) puny, weak; measly (present, helping etc.).

Mieder [ˈmiːdər], *n* -s/- **1.** corset. **2.** *Cl:* bodice. ʹM ~ **waren,** *fpl* foundation garments.

Mief [miːf], *m* -(e)s/no *pl P:* fug. ʹm ~ en, *v.i.* (*haben*) *P:* to stink; **hier mieft es,** there's a stink/(*schlechte Luft*) fug in here. ʹm ~ ig, *adj.* stuffy.

Miene [ˈmiːnə], *f* -/-n (facial) expression; **eine saure/finstere M. machen,** to look sour/grim; **eine ernste M. bewahren,** to keep a straight face; **er verzog keine M.,** he did not bat an eyelid; *Fig:* **gute M. zum bösen Spiel machen,** to put on a brave face; **M. machen, etwas zu tun,** to make as if to do sth. ʹM ~ **nspiel,** *n* -(e)s/no *pl* (range of) facial expressions; **ein lebhaftes M. haben,** to have an expressive face.

mies [miːs], *adj. P:* rotten, lousy; **m~er Laden/ m~e Bude,** lousy/*Brit:* grotty hole; **m~e Laune haben,** to be in a foul mood; **mir ist m.,** I feel rotten. **M ~ epeter** [ˈmiːzəpeːtər], *m* -s/- *P:* (old) misery; sourpuss. ʹm ~ **epetrig,** *adj. P:* grumpy, sour. ʹm ~ **machen,** *v.tr.sep. F:* to run s.o., sth. down; **j-m etwas m.,** to spoil sth. for s.o. ʹM ~ **macher,** *m* -s/- *F:* killjoy. **M ~ macheʹrei,** *f* -/no *pl* carping criticism.

Miet- [ˈmiːt-], *comb.fm.* (*a*) (*zu mieten*) (house etc.) to rent; (boat etc.) for hire; (*gemietet*) rented (house etc.); hired (boat etc.); **M~wohnung** *f*, rented flat/*N.Am:* apartment; **M~auto** *n*/**M~wagen** *m*, hire(d) car; (*b*) rent (increase, allowance etc.); (loss, payment etc.) of rent; **M~schulden** *fpl*, arrears of rent. ʹM ~ **betrag,** *m* -(e)s/-e (amount of) rent; rental. ʹM ~ **dauer,** *f* -/no *pl* (period of) tenancy, lease. ʹM ~ **e,** *f* -/-n **1.** renting (of a house etc.); hire (of a boat etc.); **zur M. wohnen,** to live in rented accommodation. **2.** (*Betrag*) rent. ʹm ~ **en,** *v.tr.* to rent (a flat, room etc.); to hire (a car, boat etc.). ʹM ~ **er(in),** *m* -s/- (*f* -/-nen) (*a*) tenant; (*Untermieter*) lodger; (*b*) hirer (of a car etc.). ʹM ~ **erschutz,** *m* -es/no *pl* protection of tenants. ʹM ~ **partei,** *f* -/-en tenant. ʹM ~ **pferd,** *n* -(e)s/-e hack. ʹM ~ **shaus,** *n* -es/-er block of (rented) flats/*N.Am:* apartments. ʹM ~ **skaserne,** *f* -/-n *Pej:* featureless block of flats/*N.Am:* apartments. ʹM ~ **vertrag,** *m* -(e)s/-e lease; rental agreement.

Mieze [ˈmiːtsə], *f* -/-n **1.** *F:* (*also* **M~katze** *f*) pussy(-cat). **2.** *P:* (*Mädchen*) bird.

Migräne [miˈgrɛːnə], *f* -/-n *Med:* migraine.

Mikro [ˈmiːkro]. **I.** *n* -s/-s *F: Rad: etc:* mike. **II.** ʹM~-, *comb.fm.* micro-; **M~film** *m*, microfilm; **M~kosmos** *n*, microcosm; *Data Pr:* **M~prozessor** *m*, microprocessor; *El:* **M~welle** *f*,

microwave; **M~wellenherd** *m*, microwave oven. **M ~ ʹmeter,** *m & n* -s/- *Meas:* micron. **M ~ ʹphon,** *n* -s/-e microphone. **M ~ skop** [-ˈskoːp], *n* -s/-e microscope. **m ~ ʹskopisch,** *adj.* (*a*) microscopic; (*b*) *adv.* **etwas m. untersuchen,** to examine sth. under the microscope.

Milan [ˈmiːlan], *m* -s/-e *Orn:* kite.

Milbe [ˈmilbə], *f* -/-n *Ent:* mite.

Milch [milç]. **I.** *f* -/no *pl* **1.** milk; **Kaffee mit M.,** white coffee, *N.Am:* coffee with milk. **2.** *Fish:* soft roe. **II.** ʹM~-, *comb.fm.* (*a*) milk (bar, tooth etc.); **M~auto** *n*, milk lorry/*N.Am:* truck; **M~wagen** *m*, milk van/float; **M~kanne** *f*, milk churn; (*kleiner*) milk can; **M~kännchen** *n*, cream jug; **M~tüte** *f*, milk carton; **M~mixgetränk** *n*, milk shake; *F:* **M~mann** *m*, milkman; (*b*) dairy (products, cow etc.); **M~vieh** *n*, dairy cattle; **M~wirtschaft** *f*, dairy farming. ʹM ~ **brötchen,** *n* -s/- *approx.* bun. ʹM ~ **flasche,** *f* -/-n (*a*) milk bottle; (*b*) baby's (feeding) bottle. ʹM ~ **geschäft,** *n* -(e)s/-e dairy (shop). ʹM ~ **gesicht,** *n* -(e)s/-er *F:* babyface. ʹM ~ **glas,** *n* -(e)s/-er opaque glass. ʹm ~ **ig,** *adj.* milky (fluid etc.). ʹM ~ **kaffee,** *m* -s/no *pl* white coffee, *N.Am:* coffee with milk. ʹM ~ **mädchenrechnung,** *f* -/-en *F:* simple-minded reasoning. ʹM ~ **pulver,** *n* -s/- dried milk. ʹM ~ **reis,** *m* -es/no *pl* rice pudding. ʹM ~ **straße,** *f* -/no *pl Astr:* galaxy; **die M.,** the Milky Way.

mild [milt], *adj.* mild (weather, taste, cigar, criticism etc.); temperate (climate etc.); (*lau*) balmy (air etc.); (*sanft*) gentle, soft (smile, expression etc.); lenient (sentence, judge etc.); **m~er Kognak,** smooth/mild brandy; *adv.* **m. gewürztes Essen,** lightly seasoned food; *A: & Hum:* **m~e Gabe,** charitable gift; (*Almosen*) alms. **M ~ e** [ˈmildə]. **I.** *f* -/no *pl* (*a*) leniency; clemency (**gegen j-n,** towards s.o.); (*b*) mellowness, gentleness (of character). **II. m.,** *adj.* = **mild;** *adv.* **m. gesagt/ausgedrückt,** to put it mildly. ʹm ~ **ern,** *v.tr.* to alleviate, relieve (pain, tension etc.); to calm (anger etc.); to tone down (extreme views, contrasts etc.); to reduce (intensity etc.), mitigate (cruelty etc.); to mellow (s.o.); *Jur:* to reduce, commute (a sentence etc.); **sich m.,** (*Schmerzen*) to ease (off); (*radikale Ansichten usw.*) to moderate; (*Wetter*) to become milder; *Jur:* **m~de Umstände,** mitigating/extenuating circumstances. ʹM ~ **erung,** *f* -/no *pl* alleviation; calming; moderation; mitigation; mellowing. ʹm ~ **tätig,** *adj.* charitable.

Milieu [miˈljøː]. **I.** *n* -s/-s environment; **sie stammt aus einem bürgerlichen M.,** she has a middle-class background. **II. M~-,** *comb.fm. esp. Psy:* environmental (research, theory etc.).

militant [miliˈtant], *adj.* militant.

Militär [miliˈtɛːr]. **I.** *n* -s/no *pl* (*Heer*) army; (*Streitkräfte*) armed forces; (*Truppen*) troops; **zum M. gehen,** to join the army; **beim M. sein,** to be in the army/forces. **II. M~-,** *comb.fm.* military (academy, airport, parade, dictatorship, police etc.); **M~dienst** *m*, military service; **M~putsch** *m*, military/army coup; **M~geistliche(r)** *m*, army chaplain. **M ~ arzt,** *m* -es/-e (army) medical officer. **M ~ gericht,** *n* -(e)s/-e court-martial. **m ~ isch,** *adj.* military.

Militar|ismus [militaˈrismus], *m* -/no *pl* mili-

tarism. **M ~ ist**, *m* -en/-en militarist.
Miliz [mi'li:ts], *f* -/-en militia. **M ~ soldat**, *m* -en/-en militiaman.
Milli|arde [mili'ardə], *f* -/-n thousand million; *N.Am:* billion. **'M ~ bar**, *n* -s/-(s) *Meteor:* millibar. **'M ~ gramm**, *n* -s/- *Meas:* milligram.
M ~ 'meter, *m* & *n* -s/- millimetre. **M ~ 'me-terarbeit**, *f* -/no *pl F:* fiddly job. **M ~ 'me-terpapier**, *n* -s/no *pl* graph paper.
Million [mili'o:n], *f* -/-en million; **zwei M ~ en Einwohner**, two million inhabitants; **M ~ en von Menschen**, millions of people. **M ~ är(in)** [-o'nɛ:r(in)], *m* -s/-e (*f* -/-nen) millionaire, *f* millionairess. **M ~ en-**, *comb.fm.* (business, profit, sum) running into millions; **M ~ auf-trag** *m*, order worth millions. **M ~ enstadt**, *f* -/-e city of (over) a million people. **M ~ stel** [-'jo:nstəl], *n* -s/- millionth (part).
Milz [milts], *f* -/-en *Anat:* spleen.
Mime [mi:mə], *m* -n/-n *esp. Hum:* actor. **'m ~ en**, *v.tr. F:* to act (the hero etc.); **den Kranken, Bewunderung usw. m.**, to pretend to be ill, full of admiration etc. **'M ~ ik**, *f* -/no *pl* mimicry. **'M ~ iker**, *m* -s/- mimic.
Mimose [mi'mo:zə], *f* -/-n *Bot:* mimosa. **m ~ nhaft**, *adj.* hypersensitive.
Minarett [mina'ret], *n* -s/-e minaret.
minder ['mindər], *adv. & comb.fm.* less; **m ~ be-gabt**, less gifted/*Sch:* able. **'m ~ bemittelt**, *adj.* (*a*) of limited means; (*b*) *F:* geistig m., not very bright. **'M ~ heit**, *f* -/-en minority. **'M ~ heitsregierung**, *f* -/-en *Pol:* minority government. **'m ~ jährig**, *adj. Jur:* under age; **ein M ~ er/eine M ~ e**, a minor. **'M ~ jäh-rigkeit**, *f* -/no *pl* minority. **'m ~ n**, *v.tr. Lit:* to decrease, diminish (pain, strength etc.); **sich m.**, to decrease, diminish. **'M ~ ung**, *f* -/-en decrease; casing (of pain). **'m ~ wertig**, *adj* inferior; low-grade (food, metal etc.); third-rate (literature etc.). **'M ~ wertigkeit**, *f* -/no *pl* inferiority; *Com:* inferior quality. **'M ~ wertig-keitskomplex**, *m* -es/-e inferiority complex. **'M ~ zahl**, *f* -/no *pl* = **M ~ heit**.
Mindest- ['mindəst-], *comb.fm.* (*a*) minimum (distance, age, weight, wage etc.); **M ~ gebot** *n*, minimum bid; (*b*) lowest (number etc.); **M ~ satz** *m*, lowest rate. **'m ~ e**, *adj.* least, slightest; **das m., was man tun kann**, the least one can do; **nicht im m ~ n**, not in the least/ slightest. **'m ~ ens**, *adv.* at least. **'M ~ maß**, *n* -es/-e minimum (amount/extent).
Mine ['mi:nə], *f* -/-n **1.** *Mil: Navy:* mine. **2.** refill (for a ballpoint etc.); (pencil) lead. **'M ~ n-feld**, *n* -(e)s/-er minefield. **'M ~ nlegen**, *n* -s/no *pl* minelaying. **'M ~ nleger**, *m* -s/- minelayer. **'M ~ nsuchboot**, *n* -(e)s/-e mine-sweeper.
Mineral [minə'ra:l], *n* -s/-e & -ien mineral. **m ~ isch**, *adj.* mineral. **M ~ oge** [-a'lo:gə], *m* -n/-n mineralogist. **M ~ ogie** [-lo'gi:], *f* -/no *pl* mineralogy. **M ~ quelle**, *f* -/-n mineral spring. **M ~ wasser**, *n* -s/- mineral water.
Mini- ['mini-], *comb.fm.* mini- (car, dress etc.); **M ~ rock** *m*, miniskirt.
Miniatur [minia'tu:r], *f* -/-en *Art:* miniature. **M ~ ausgabe**, *f* -/-n *Pub:* miniature edition; *F: & Hum:* miniature version. **M ~ eisen-bahn**, *f* -/-en model railway.

mini|mal [mini'ma:l]. **I.** *adj.* minimal; tiny (pension etc.). **II. M ~ -**, *comb.fm.* minimum (demands, price, weight etc.); **M ~ betrag** *m*, tiny amount. **M ~ um** ['mi:nimum], *n* -s/-ma minimum (**an** + *dat*, of); **ein M. an Geld**, a minimal amount of money.
Minister [mi'nistər]. **I.** *m* -s/- *Pol:* minister (**für Handel usw.**, of trade etc.). **II. M ~ -**, *comb.fm.* ministerial (office, conference); **auf M ~ ebene**, at ministerial level. **M ~ ialbeamte(r)** [-eri'a:l-], *m decl. as adj.* ministry official. **M ~ i'alrat**, *m* -(e)s/-e head of a section in a ministry. **m ~ i'ell**, *adj.* ministerial. **M ~ ium** [-'te:rium], *n* -s/-rien ministry; *N.Am:* department. **M ~ präsident**, *m* -en/-en prime minister.
Minister|ant [minis'trant], *m* -en/-en *R.C.Ch:* server. **m ~ ieren** [-'tri:rən], *v.i.* (*haben*) *R.C.Ch:* to serve.
Minna ['mina], *f* -/-s *F:* **grüne M.**, (German) police van.
Minorität [minori'tɛ:t], *f* -/-en minority.
minus ['mi:nus]. **I.** *adv. & Com: prep.* + *gen* minus; (*Temperatur*) **m. 4 Grad**, 4 degrees below zero; *El:* **von plus nach m.**, from positive to negative. **II. M.**, *n* -/- **1.** *Mth:* minus (sign). **2.** *Com:* (**also M ~ betrag** *m*) deficit. **3.** *F:* (*Nachteil*) drawback; shortcoming; **das ist ein M. für mich**, that's a point against as far as I am concerned. **'M ~ pol**, *m* -s/-e *El:* negative pole/terminal. **'M ~ punkt**, *m* -(e)s/-e *Sch: Sp: etc:* minus point; *Games:* point against (a player/team); *F:* drawback, disadvantage. **'M ~ zeichen**, *n* -s/- *Mth:* minus sign.
Minute [mi'nu:tə], *f* -/-n minute; **in letzter M.**, at the last minute; **er kam auf die M. (genau)**, he came on the dot; **es klappte alles auf die M.**, everything went exactly according to schedule. **m ~ nlang**, *adj.* lasting for several minutes. **M ~ nzeiger**, *m* -s/- minute hand.
minuziös [minutsi'ø:s], *adj.* scrupulously exact; (*also adv.*) in minute detail.
Minze ['mintsə], *f* -/-n *Bot:* mint.
mir [mi:r], *pers.pron. dat of* **ich**. **1.** (*a*) (to) me; **gib's m.**, give it to me; **er half m.**, he helped me; **sie hat es m. gekauft**, she bought it for me; **man nahm es m. weg**, it was taken away from me; **m. nichts, dir nichts**, without saying a word; just like that; (*b*) (*with prep.*) **mit m.**, with me; **bei m.**, at my home/*F:* place; **ein Freund von m.**, a friend of mine. **2.** *refl.* (*a*) myself; **ich war außer m.**, I was beside myself; (*b*) **m. läuft die Nase**, my nose is running; (*c*) *F:* **bleib m. nur gesund**, see you look after yourself.
Mirabelle [mira'bɛlə], *f* -/-n small yellow plum; mirabelle.
Mirakelspiel [mi'ra:kəlʃpi:l], *n* -(e)s/-e *Th: Hist:* miracle play.
Misch- [miʃ-], *comb.fm.* (*a*) mixing (drum, vessel etc.); **M ~ maschine** *f*, mixing machine, mixer; *Rec: etc:* **M ~ pult** *n*, mixing desk; (*b*) mixed (vegetables, fruit etc.); **M ~ ehe** *f*, mixed marriage; **M ~ wald** *m*, mixed forest. **'M ~ bat-terie**, *f* -/-n mixer tap. **'m ~ en**, *v.tr.* (*a*) to mix (drinks, colours etc.); to blend (coffee, tea, tobacco etc.); to shuffle (cards); **etwas in/unter etwas** *acc* **m.**, to mix sth. (in) with sth.; **sich m.**,

to mix, become mixed; (*Pers.*) **sich unter das Publikum usw. m.**, to mingle with the audience etc.; (*b*) (*Pers.*) **sich in etwas** *acc* **m.**, to interfere/ meddle in sth.; **misch dich nicht in meine Angelegenheiten,** mind your own business. 'M ~ er, *m* -s/- (*Pers., Maschine*) mixer. 'M ~ ling, *m* -s/-e 1. (*Pers.*) half-caste, half-breed. 2. *Biol:* hybrid. 'M ~ masch, *m* -(e)s/-e *F:* hotchpotch. 'M ~ ung, *f* -/-en mixture, *F:* mix (of substances, colours etc.); blend (of coffee, tea etc.); *Metall: Ch:* amalgam; **eine M. Pralinen,** an assortment of chocolates.

miser|abel [mizə'rɑːbəl], *adj. F:* lousy, awful; wretched (life); *adv.* **sie fühlt sich m.,** she feels rotten/dreadful. M ~ e [mi'zeːrə], *f* -/-n (*Lage*) miserable position/state of affairs; (*Sache*) wretched business; **wirtschaftliche M.,** economic plight/*F:* mess.

mißacht|en [mis'axtən], *v.tr.* to disregard, ignore (s.o., sth.). M ~ ung, *f* -/*no pl* disregard; (*Geringschätzung*) disrespect (of s.o.); *Jur:* M. des Gerichts, contempt of court.

Missale [mi'saːlə], *n* -s/-n & -lien *R.C.Ch:* missal.

'Mißbehagen, *n* -s/*no pl* uneasiness; uncomfortable feeling.

'Mißbildung, *f* -/-en deformity, abnormality.

miß'billig|en, *v.tr.* to disapprove of (sth.); **er schüttelte m ~ d den Kopf,** he shook his head disapprovingly. M ~ ung, *f* -/*no pl* disapproval.

'Mißbrauch, *m* -(e)s/-e abuse; (*falscher Gebrauch*) misuse; improper use (of a tool etc.); **M. mit etwas** *dat* **treiben,** to abuse sth. m ~ en [mis'brauxən], *v.tr.* to abuse (power, s.o. etc.); to misuse drugs etc.); to indulge in (alcohol etc.) to excess; **j-s Güte m.,** to take advantage of s.o.'s kindness.

miß'deut|en, *v.tr.* to misinterpret, misconstrue (s.o.'s intentions etc.). M ~ ung, *f* -/-en misinterpretation.

'Mißerfolg, *m* -(e)s/-e failure.

'Mißernte, *f* -/-n bad harvest.

Misse|tat ['misətaːt], *f* -/-en *A: & Hum:* misdeed. 'M ~ täter, *m* -s/- *Jur:* offender; *A: & Hum:* miscreant.

miß'fallen. I. *v.i.irr.27* (*haben*) **es mißfällt mir,** it displeases me. II. M. ['mis-], *n* -s/*no pl* displeasure (**über** + *acc,* at, with); disapproval (**über** + *acc,* of); M. erregen, to meet with disapproval. 'm ~ fällig, *adj.* disparaging.

'mißgebildet, *adj.* = mißgestaltet.

'Mißgeburt, *f* -/-en 1. (*Pers., Tier*) freak; *Pej:* (*Sache*) monstrosity. 2. *F:* (*Mißerfolg*) failure.

'Mißgeschick, *n* -(e)s/-e (*Pers.*) misfortune; (*Malheur*) mishap.

'mißgestaltet, *adj.* deformed, misshapen.

miß'glücken, *v.i.* (*sein*) (*Versuch, Plan usw.*) to fail, be unsuccessful; **der Kuchen ist mir mißglückt,** my cake was a failure; **mißglückter Versuch,** unsuccessful/ill-fated attempt.

miß'gönnen, *v.tr.* j-m etwas m., to begrudge s.o. sth.

'Mißgriff, *m* -(e)s/-e false move, mistake.

'Miß|gunst, *f* -/*no pl* envy; resentment (at s.o.'s success). 'm ~ günstig, *adj.* resentful.

miß'hand|eln, *v.tr.* to ill-treat, maltreat (s.o., sth.). M ~ lung, *f* -/-en ill-treatment, mal-treatment; *Jur:* körperliche M., assault (and battery).

Mission [misi'oːn], *f* -/-en *Pol: Ecc: etc:* mission; **in geheimer M.,** on a secret mission; *Ecc:* M. treiben, to do missionary work. M ~ ar [-o'naːr]/*Aus:* M ~ är [-o'neːr], *m* -s/-e missionary. M ~ sarbeit, *f* -/*no pl* missionary work. M ~ sstation, *f* -/-en mission (station).

'Mißklang, *m* -(e)s/-e *Mus:* discord; *Fig:* discordant/jarring note.

'Mißkredit, *m* -(e)s/-e j-n, etwas *acc* in M. bringen, to discredit s.o., sth.; **in M. geraten,** to fall into disrepute.

mißlich ['misliç], *adj.* awkward, difficult; *adv.* **es steht m. um ihn/die Firma,** things look bad for him/the firm. 'M ~ keit, *f* -/*no pl* awkwardness; difficulty.

mißliebig ['misliːbiç], *adj.* unpopular.

mißlingen [mis'liŋən]. I. *v.i.irr.19* (*sein*) to fail, (*Plan*) miscarry; (*Überraschung*) to fall flat; **mißlungener Versuch,** unsuccessful/abortive attempt. II. M., *n* -s/*no pl* failure.

'Mißmut, *m* -(e)s/*no pl* bad mood/temper. 'm ~ ig, *adj.* sullen.

miß'raten, *v.i.irr.13* (*sein*) (*a*) (*Ernte*) to fail; (*Kleid, Kuchen usw.*) to go wrong, be a failure; (*b*) (*Kind*) to turn out badly; **m ~ er Sohn,** black sheep of the family.

'Mißstand, *m* -(e)s/-e anomaly; (*Schande*) disgrace; (*Zustand*) deplorable state of affairs.

'Mißstimmung, *f* -/-en ill-feeling; discord; (*schlechte Laune*) bad mood.

'Miß|ton, *m* -(e)s/-e *Mus:* dissonance; *Fig:* discordant note; M ~ e, dissonance(s); *Fig:* disharmony.

miß'trau|en. I. *v.i.* (*haben*) j-m, etwas *dat* m., to mistrust s.o., sth., be suspicious of /about s.o., sth.; (*nicht vertrauen*) to have no confidence in s.o., sth. II. M. ['mis-], *n* -s/*no pl* (*a*) mistrust (**gegen** + *acc,* of); (*Zustand*) distrust; (*b*) (*Verdacht*) suspicion; (*Zustand*) suspiciousness; **j-s M. erregen,** to arouse s.o.'s suspicions. 'M ~ ensvotum, *n* -s/-ten *Pol:* vote of no confidence/censure. 'm ~ isch, *adj.* suspicious (**gegen** + *acc,* of); mistrustful.

'Mißverhältnis, *n* -ses/-se disproportion; (*Diskrepanz*) discrepancy.

'miß|verständlich, *adj.* ambiguous, misleading. 'M ~ verständnis, *n* -ses/-se misunderstanding. 'm ~ verstehen, *v.tr.irr.100* to misunderstand (s.o., sth.); to mistake (s.o.'s intentions etc.).

'Mißwirtschaft, *f* -/*no pl* mismanagement.

Mist [mist], *m* -(e)s/*no pl* 1. (*a*) dung; (*Vogelm.*) droppings; (*b*) *Agr:* (farmyard) manure; (*M ~ haufen*) dung/manure heap; *F:* **etwas auf den M. werfen,** to chuck sth. out; *Fig:* **das ist nicht auf seinem M. gewachsen,** he can't have thought of that himself. 2. *F:* rubbish; (*a*) (*Unsinn*) rot; **er verzapfte ganz großen M.,** he talked a load of rubbish/trash; (*b*) (*Sachen*) junk, trash; **der ganze M.,** the whole load of junk; (*c*) **mach keinen M.!** don't do anything stupid; (*d*) **so ein M.! verdammter M.!** damn it all! 'M ~ beet, *n* -(e)s/-e *Hort:* hotbed. 'M ~ fink, *m* -en/-en *F:* (*a*) filthy fellow;

Hum: mucky pup; (*b*) filthy-minded person.
'M ~ **haufen,** *m* -s/- manure heap, dungheap.
'm ~ **ig,** *adj. P:* lousy, rotten (weather, film etc.); wretched (thing). 'M ~ **kerl,** *m* -s/-e *P:* bastard; *South G:* rotter. 'M ~ **stück,** *n* -(e)s/-e/'M ~ **vieh,** *n* -(e)s/-viecher *P:* (*Mann*) bastard; (*Frau*) bitch. 'M ~ **wetter,** *n* -s/*no pl F:* lousy/rotten weather.
Mistel ['mistəl], *f* -/-**n** *Bot:* mistletoe.
'M ~ **zweig,** *m* -(e)s/-e (branch of) mistletoe.
mit [mit]. **I.** *prep.* + *dat* **1.** with; (*a*) **ein Haus m. Garten,** a house with a garden; **ein Topf m. Milch,** a jug of milk; **eine Scheibe Brot m. Butter,** a slice of bread and butter; *F:* **raus m. euch!** out with you! out you go! (*b*) (*im Hinblick auf*) **wie weit bist du m. deiner Arbeit?** how far have you got with your work? **m. der Bezahlung hat es noch Zeit,** there's no hurry about paying; **wie wäre es m. einer Tasse Kaffee?** how about a cup of coffee? **du m. deinem verstauchten Fuß,** you and your sprained ankle! *F:* **m. mir ist's aus!** I've had it! I'm done for! **die Sache m. dem Brief,** that business about the letter; **er hat es m. dem Magen,** he has stomach trouble; (*c*) (*einschließlich*) **das Essen kostet m. Bedienung 6 Mark,** the meal costs 6 marks including/with service. **2.** (*mittels*) (*a*) by; **m. dem Zug fahren,** to go by train; **m. der Post,** by post; **j-n m. Namen nennen,** to mention s.o. by name, name s.o.; **m. Scheck bezahlen,** to pay by cheque; **m. 10 gegen 5 Stimmen,** by 10 votes to 5; (*b*) in; **m. lauter Stimme,** in a loud voice; **m. Bleistift schreiben,** to write in pencil; **m. anderen Worten,** in other words; (*c*) (*Art*) **m. Absicht,** intentionally; **m. Nachdruck,** emphatically. **3.** (*mit Zeitangabe*) **m. jedem Tag wird er dicker,** he gets fatter every day; **m. 20 (Jahren), mit 20;** m. **seinen 70 Jahren ist er noch sehr rüstig,** for all his 70 years he is still very active; **m. Tagesanbruch,** at daybreak; **m. der Zeit,** in (the course of) time; **m. 100 Stundenkilometern,** at 100 kilometres per hour. **II.** *adv.* **1.** also, as well; **das ist alles m. einbegriffen,** that's all included (as well); **m. abwaschen,** to help with the washing-up; **das gehört m. dazu,** that belongs to it; *F:* **er rannte weg und wir m.,** he ran away and we followed. **2.** *F:* **er ist m. der beste Schüler seiner Klasse,** he is one of the best pupils in his class. **III.** 'M ~ -, *comb.fm.* **1.** (*a*) (*Pers.*) fellow (citizen, prisoner, sufferer, conspirator etc.); co-(editor, author etc.); joint (heir etc.); **M ~ besitzer/M ~ eigentümer** *m,* co-/joint owner; **M ~ reisende(r)** *f(m),* fellow traveller; (*b*) joint (use, responsibility, signature etc.); **M ~ besitz** *m,* co-/joint ownership. **2.** **mit-,** *sep.vbl.prefix* (*a*) (to come, go etc.) too, as well); to join in (singing etc.); **m ~ mögen/ m ~ wollen,** to want to go too; **darf ich m.?** may I come too/with you? **m ~ spielen,** to join in playing (a game, an instrument etc.); **m ~ schwingen,** to vibrate in sympathy; (*b*) (*bei sich*) (to carry, have sth.) with one.
'**Mitarbeit,** *f* -/*no pl* collaboration, co-operation (**an** + *dat,* on); (*Hilfe*) assistance; (*Beteiligung*) participation; **unter M. von X** *dat,* with the collaboration/assistance of X; **freiwillige M.,** voluntary work. 'm ~ **en,** *v.i.sep.* (*haben*) (*a*) **an/bei etwas** *dat* **m.,** to collaborate

on sth.; **seine Frau arbeitet im Geschäft mit,** his wife helps/lends a hand with the business; *Sch:* **er muß besser m.,** he must take a more active part (in lessons). 'M ~ **er(in),** *m* -s/- (*f* -/-nen) (*a*) collaborator (**an einem Projekt usw.,** on a project etc.); *Journ:* contributor (**an/bei einer Zeitung,** to a newspaper etc.); *Com: Ind:* (technical, managerial etc.) assistant; **freier M.,** freelance worker/ journalist; (*b*) (*Arbeitskollege*) colleague; fellow worker; (*Betriebsangehöriger*) member of staff, employee.
'**mitbekommen,** *v.tr.sep.irr.53* (*a*) to get/be given (sth.) (**für die Reise,** for the journey; **als Mitgift,** as a dowry); (*b*) to catch, (*aufnehmen*) take in (a remark etc.); (*c*) **von etwas** *dat* **nichts m.,** to miss out on sth.
'**mitbestimm|en,** *v.i.sep.* (*haben*) to have a say (**in etwas** *dat,* in sth.); *Ind:* to participate in decision-making. 'M ~ **ung,** *f* -/*no pl Ind:* co-determination; participation in decision-making.
'**Mitbewerber,** *m* -s/- rival candidate; *Sp:* rival, other competitor.
'**mitbring|en,** *v.tr.sep.irr.16* to bring (s.o., sth.) (with one); **sie hat in die Ehe nichts mitgebracht,** she had nothing to contribute when she married her; *Fig:* **er bringt für diese Stellung gar nichts mit,** he does not have any ability/aptitude for this job. **M ~ sel** ['mitbriŋzəl], *n* -s/- little present (brought back from holiday etc.).
miteinander [mitai'nandər], *adv.* with each other/one another; (*zusammen*) together; **wir kommen gut m. aus,** we get on well together; **m. bekannt werden,** to get to know one another; **alle m.,** all together.
'**mitempfinden,** *v.tr.sep.irr.9* to share (s.o.'s feelings etc.).
'**miterleben,** *v.tr.sep.* to witness (sth.); *F:* **werde ich das noch m.?** will I live to see that?
'**mitess|en,** *v.sep.irr.25* **1.** *v.tr.* to eat (skin etc.) as well. **2.** *v.i.* (*haben*) **bei j-m m.,** to have a meal/eat with s.o. 'M ~ **er,** *m* -s/- blackhead.
'**mitfahr|en,** *v.i.sep.irr.26* (*sein*) to go/come too (by car etc.). 'M ~ **er,** *m* -s/- passenger. 'M ~ **gelegenheit,** *f* -/-en lift (in a car etc.).
'**mitfühlen,** *v.tr. & i. sep.* (*haben*) to share (s.o.'s sorrow etc.); **mit j-m m.,** to sympathize with s.o.; **ich kann das m.,** I know how you feel. 'm ~ **d,** *adj.* sympathetic.
'**mitführen,** *v.tr.sep.* (*a*) to carry (documents etc.) with one; (*im Auto usw.*) to take (sth.) along; (*b*) (*Fluß*) to carry (sand etc.) with it.
'**mitgeben,** *v.tr.sep.irr.35* **j-m etwas m.,** to give s.o. sth. (to take with him); **j-m einen Führer usw. m.,** to give s.o. a guide etc. (to go with him/her).
'**Mitgefühl,** *n* -s/*no pl* sympathy; **ohne M.,** unfeeling; **(j-m) sein M. ausdrücken,** (i) to express one's concern (to s.o.); (ii) (*im Trauerfall*) to offer (s.o.) one's sympathy/condolences.
'**mitgehen,** *v.i.sep.irr.36* (*sein*) (*a*) to go/come (along) too; (*b*) *Fig:* (*Zuhörer usw.*) to be carried along; (*c*) *Hum:* (*stehlen*) **etwas m. lassen,** to help oneself to sth.
mitgenommen ['mitɡənɔmən], *p.p. & adj.* battered; dog-eared (book); (*Pers.*) run down, worn out; **arg m.,** badly knocked about.
'**Mitgift,** *f* -/-en dowry.

'**Mitglied**, *n* -(e)s/-er member; **einem Verein als M. beitreten,** to become a member of a society. '**M ~ erzahl,** *f* -/*no pl* membership, number of members. '**M ~ s-,** *comb.fm.* membership (number etc.); **M ~ ausweis** *m*, membership card; **M ~ beitrag** *m*, membership fee; subscription. '**M ~ schaft,** *f* -/*no pl* membership. '**M ~ staat,** *m* -(e)s/-en member state.

'**mithaben,** *v.tr.sep.irr.55 F:* to have (sth.) with one; **hast du Geld mit?** have you got any money on you?

'**mithalten,** *v.sep.irr.45* **1.** *v.i.* (*haben*) to hold one's own; (*schritthalten*) to keep up (**mit +** *dat,* with). **2.** *v.tr.* **das Tempo m.,** to keep up the pace.

'**mit|helfen,** *v.i.sep.irr.50* (*haben*) to help, lend a hand; **sie hilft im Haushalt mit,** she helps with the housework. '**M ~ hilfe,** *f* -/*no pl* assistance; co-operation.

'**mithören,** *v.tr.sep.* to listen (in) to (sth.) (**am Radio,** on the radio); (*heimlich*) to eavesdrop on (a conversation etc.); (*durch Zufall*) to overhear (a remark etc.); *Hum:* **Feind hört mit!** walls have ears!

'**mitkämpfen,** *v.i.sep.* (*haben*) to fight (**mit j-m,** alongside s.o.).

'**mitk|ingen,** *v.i.sep.irr.19* (*sein*) (*Töne usw.*) to resonate; *Fig:* **in ihren Worten klang der Neid mit,** there was a note of envy in her words.

'**mitkommen,** *v.i.sep.irr.53* (*sein*) (*a*) to come (along) too; **er ist mit dem Zug nicht mitgekommen,** he didn't (manage to) get on the train; (*b*) (*schritthalten*) to keep up; *F:* (*verstehen*) **da komme ich nicht ganz mit,** I'm not quite with you; *Sch:* **gut/schlecht m.,** to get on well/badly.

'**mitkönnen,** *v.i.sep.irr.54* (*haben*) *F:* to be able to come/go too; *Fig:* **da kann ich nicht mit,** I can't afford/(*verstehen*) follow that.

'**mitkriegen,** *v.tr.sep.* *F:* to understand, catch (sth.); **kriegst du's mit?** do you get it?

'**mit|laufen,** *v.i.sep.irr.58* (*sein*) (*a*) to run, walk (along) (**mit j-m,** with s.o.); (*b*) (*Arbeit*) to be dealt with at the same time. '**M ~ läufer,** *m* -s/- *Pol: etc:* sympathizer, hanger-on; (*Kommunist usw.*) fellow traveller.

'**Mitleid,** *n* -(e)s/*no pl* pity; (*Mitgefühl*) sympathy, compassion; **ohne M.,** pitiless; **M. mit j-m haben,** to feel sorry for s.o., take pity on s.o.; **M. mit sich selbst,** self-pity. '**M ~ enschaft,** *f* -/*no pl* **j-n, etwas in M. ziehen,** to affect s.o., sth. (as well). '**m ~ erregend,** *adj.* pitiful, pathetic. '**m ~ ig** [-diç], *adj.* sympathetic; pitying, *Pej:* contemptuous (smile etc.). '**m ~ (s)los,** *adj.* unpitying (look), unfeeling, pitiless (person); ruthless (action).

'**mitlesen,** *v.tr.sep.irr.61* (*a*) to read (sth.) too/ at the same time; (*b*) to follow (the text) (during a performance).

'**mitmachen,** *v.sep.* **1.** *v.tr.* (*a*) to join in (a dance etc.); to take part in (a course, war etc.); **die Mode m.,** to follow the fashion; **er macht alles mit,** he's a good sport; (*b*) to go through (difficult times, experiences etc.); **viel m. müssen,** to suffer a lot. **2.** *v.i.* (*haben*) (*a*) to join in, take part (**bei +** *dat,* in); **bei der Ernte m.,** to lend a hand with the harvest; **da mache ich nicht mit,** you can count me out; (*b*) *F:* **nicht mehr m.,**

(*Herz usw.*) to give out; **er wird's wohl nicht mehr lange m.,** he won't last much longer.

'**Mitmensch,** *m* -en/-en fellow man.

'**mitnehm|en,** *v.tr.sep.irr.69* (*a*) to take (s.o., sth.) with one; **j-n (im Auto) m.,** to give s.o. a lift; (*b*) to take (books etc.) away; (*stehlen*) to make off with (sth.); *Aut: F:* **er nahm eine Straßenlaterne mit,** he removed/flattened a lamppost; (*c*) **j-n schwer/sehr m.,** (*Erlebnis usw.*) to hit s.o. hard; (*Reise, Krankheit usw.*) to take it out of one. '**M ~ er,** *m* -s/- *Tchn:* driver; (*Nocken*) cam.

'**mitrechnen,** *v.tr.sep.* to include, (*berücksichtigen*) count (s.o., sth.) (as well).

'**mitreden,** *v.sep.* **1.** *v.i.* (*haben*) to join in (the conversation); **da kannst du überhaupt nicht m.,** you don't know the first thing about it; **sie will überall m.,** she wants a say in everything. **2.** *v.tr.* **etwas/nichts mitzureden haben,** to have a say/no say in sth.

'**mitreisen,** *v.i.sep.* (*sein*) to come/go too; **mit j-m m.,** to travel with s.o. '**M ~ de(r),** *m & f decl. as adj.* fellow traveller/passenger.

'**mitreiß|en,** *v.tr.sep.irr.4* (*a*) (*Strömung usw.*) to sweep, carry (s.o., sth.) away; (*b*) *Fig:* to carry (s.o.) away; **er riß die Zuhörer mit,** he fired the audience with enthusiasm. **m ~ end,** *adj.* thrilling (game etc.); stirring, rousing (speech etc.).

mit'samt, *prep.* **+** *dat* together with.

'**mitschicken,** *v.tr.sep.* (*a*) **ein Foto im Brief m.,** to send a photo with the letter; (*b*) **j-m einen Führer m.,** to send a guide along with s.o.

'**mitschleifen/F:** '**mitschleppen,** *v.tr.sep.* to drag (s.o., sth.) along; *F:* (*tragen*) to lug (sth.) around with one.

'**mit|schneiden,** *v.tr.sep.irr.59* *TV: Rad:* to record (a concert etc.).

'**mitschreiben,** *v.tr.sep.irr.12* (*a*) to write/take (a speech etc.) down; *abs.* to take notes; (*b*) *Sch:* **eine Prüfungsarbeit m.,** to do a written paper.

'**Mitschuld,** *f* -/*no pl* complicity. '**m ~ ig,** *adj.* **an etwas** *dat* **m. sein,** to be partly responsible for sth.; **ein M ~ er,** (*f* -/-nen) an accomplice.

'**Mitschüler(in),** *m* -s/- (*f* -/-nen) schoolmate.

'**mitsein,** *v.i.sep.irr.93* (*sein*) *F:* **schade, daß du nicht mitwarst!** what a pity that you weren't there too.

'**mitsingen,** *v.sep.irr.19* **1.** *v.tr.* to join in (a song). **2.** *v.i.* (*haben*) to join in the singing; **in einem Chor m.,** to sing in a choir.

'**mitspiel|en,** *v.i.sep.* (*haben*) (*a*) to join in a game; **darf ich m.?** can I play too/with you? *Fig:* **das Wetter hat nicht mitgespielt,** the weather was not co-operative/*F:* didn't do its bit; (*b*) to play (in a team, orchestra etc.); to act (in a play, film etc.); (*c*) (*Gefühle, Gründe usw.*) to play a part, be a factor; **der Zufall hat hier mitgespielt,** chance had a hand in this; **j-m übel/böse m.,** to give s.o. a rough time. '**M ~ er(in),** *m* -s/- (*f* -/-nen) (*a*) participant (in a game); *Sp:* (team) member; (*b*) *Th:* **die M.,** the supporting cast.

'**Mit|spracherecht,** *n* -(e)s/*no pl* right to have a say. '**m ~ sprechen,** *v.sep.irr.14* **1.** *v.tr.* to join in (a prayer, oath etc.). **2.** *v.i.* (*haben*) (*a*) (*Pers.*) to have a say (**bei etwas** *dat,* in sth.); (*b*) (*Faktor usw.*) to play a part.

'**mitstenographieren**, *v.tr.sep.* to take down (a speech etc.) in shorthand.

Mitt- [mit-], *comb.fm.* M~'dreißiger(in) *m(f)*, M~'vierziger(in) *m(f)* usw., man (woman) in his (her) mid-thirties, mid-forties etc.

Mittag ['mitɑːk]. I. 1. *m* -s/-e (*a*) noon; midday; zu M., at noon/lunchtime; über M., over the lunch hour; zu M. essen, to have lunch; (*b*) *F:* (M~spause) lunch hour. 2. *n* -s/no pl *F:* lunch; M. essen, to have lunch. II. m., *adv.* heute/morgen m., at midday today/tomorrow; was soll ich heute m. kochen? what shall I cook for lunch today? '**M ~ essen**, *n* -s/- lunch, midday meal. '**m ~ s**, *adv.* at midday/noon; bis m., until noon; m. um eins, at one o'clock in the afternoon. '**M ~ smahlzeit**, *f* -/-en midday meal. '**M ~ spause**, *f* -/-n lunch hour. '**M ~ sruhe**, *f* -/no pl (*a*) = M~ sschlaf; (*b*) (time of) quiet after lunch. '**M ~ sschlaf**, *m* -(e)s/no pl/*F:* '**M ~ sschläfchen**, *n* -s/- siesta, afternoon nap. '**M ~ stisch**, *m* -(e)s/-e (*a*) lunch table; (*b*) = M~essen. '**M ~ szeit**, *f* -/-en (*a*) no pl lunchtime; midday; (*b*) = M~spause.

mittägig/mittäglich, ['mitɛːɡiç, -tɛːkliç], *adj.* midday.

'**Mittäter(in)**, *m* -s/- (*f* -/-nen) accomplice.

Mitte ['mitə], *f* -/no pl (*a*) middle (of a room, road, week etc.); centre (of a town, circle etc.); M. Mai, in the middle of May; wir nehmen ihn in die M., we'll take him between us; in der M. zwischen Bremen und Hamburg, halfway between Bremen and Hamburg; er ist M. Fünfzig, he is in his mid-fifties; *Th:* Rang M., centre circle; *F:* ab durch die M.! clear off! (*b*) *Fig:* mean, medium; die goldene M., the happy medium; eine Politik der M., a policy of moderation/*Pol:* the centre; (*c*) in ihrer/unserer M., in their/our midst; amongst them/us.

'**mitteilen**, *v.tr.sep.* j-m etwas m., to inform s.o. of sth., tell s.o. sth.; *Adm:* to notify s.o. of sth.; j-m seine Bedenken m., to communicate one's doubts/misgivings to s.o.; es wurde amtlich mitgeteilt, daß ..., it was officially announced that ...; *Fig:* die Begeisterung teilte sich den anderen mit, the enthusiasm communicated itself to the others. '**m ~ sam**, *adj.* communicative, forthcoming. '**M ~ ung**, *f* -/-en communication (an j-n, to s.o.); (*Bericht*) report; (*Eröffnung*) disclosure; M. an die Presse, statement to the press; *Adm:* j-m eine M. von etwas *dat* machen, to notify s.o. of sth.; amtliche M., official announcement. '**M ~ ungsbedürfnis**, *n* -ses/no pl need to communicate.

Mittel ['mitəl]. I. *n* -s/- 1. means, way; M. zum Zweck, means to an end; M. und Wege, ways and means; mit drastischen M~n vorgehen, to use drastic methods; kein M. unversucht lassen, to try everything; als letztes M., as a last resort; ihm ist jedes M. recht, um sich durchzusetzen, he will use fair means or foul to get what he wants. 2. (*Präparat*) (*a*) preparation, *F:* stuff (zu + *dat*, for); (*Putzm.*) cleaner, cleaning agent; (chemisches) M., chemical; (*b*) *Med:* preparation; (*Heilm.*) cure; (*zum Einnehmen*) medicine; M. gegen Schnupfen/Husten, cure for a cold/cough; wirksames M., effective remedy; kaustisches M., caustic agent; M. zur Empfängnisverhütung, contraceptive. 3. *pl*

(*Geldm.*) means, funds; flüssige M., ready cash; öffentliche M., public money; ohne M., destitute; etwas aus eigenen M~n bezahlen, to pay for sth. out of one's own pocket. 4. (*Durchschnitt*) average (aus + *dat*, of). II. 'M~-, 'm~-, *comb.fm.* (*a*) central (part, piece etc.); Central (America, Europe, European etc.); middle (ear, finger etc.); centre (parting, *Fb:* circle etc.); M~gang *m*, central gangway/aisle; M~lage *f*, central position; *Mus:* middle register; M~streifen *m*, central reservation; M~schicht *f*/M~stand *m*, middle class; M~weg *m*, middle path/*Fig:* course; *Box:* M~gewicht *n*, middleweight; *Art:* M~grund *m*, middle distance; *Sch:* M~stufe *f*, middle school, intermediate level; *Geog:* M~deutschland *n*, Central Germany; m~deutsch *adj*, Central German; *Fb:* M~läufer *m*, centre half; M~stürmer *m*, centre forward; *Sp: Aut:* M~linie *f*, centre line; *Fb:* halfway line; (*b*) medium (size etc.); medium-sized (firm, town etc.); *Rad:* M~welle *f*, medium wave; *adj.* m~fein, medium-fine; (*Kaffee*) medium-ground; m~fristig, medium-term; m~groß, medium-sized; (*Pers.*) of medium height; m~schwer, of medium weight, moderately heavy/(*schwierig*) difficult. 'M~ alter, *n* -s/no pl 1. *Hist:* das M., the Middle Ages. 2. *F: Hum:* er ist M., he's getting on a bit. 'm~alterlich, *adj.* 1. (*also Fig:*) medieval. 2. middle-aged. 'M~ding, *n* -(e)s/occ -er cross (zwischen A und B, between A and B). 'M~feld, *n* -s/no pl *Fb: etc:* midfield. 'M~gebirge, *n* -s/- highlands (under 1000 metres). 'm~gut, *adj. F:* fair to middling. 'm~hochdeutsch, *adj.* & 'M., *n* -(s)/no pl Middle High German. 'M~klasse, *f* -/-n 1. (*M~stand*) middle-class. 2. *Sch:* middle-school class 3. *Com:* medium price range; Wagen der M., medium-sized car. 'm~los, *adj.* penniless, destitute. 'M~losigkeit, *f* -/no pl poverty; destitution. 'M~maß, *n* -es/-e average (standard). 'm~mäßig, *adj.* (*a*) (*durchschnittlich*) middling, average; das Wetter war m., the weather was so-so; (*b*) *Pej:* (*minderwertig*) mediocre, indifferent. 'M~mäßigkeit, *f* -/no pl mediocrity. 'M~meer. *Pr.n.n* -(e)s. *Geog:* das M., the Mediterranean (Sea). 'm~prächtig, *adj. F: Hum:* fair to middling, so-so. 'M~punkt, *m* -(e)s/-e 1. *Geom: etc:* centre, central point; *Fig:* hub; kultureller M., cultural centre. 2. (*Pers. usw.*) centre/focus of attention; im M. stehen, to be in the limelight; etwas in den M. stellen, to highlight sth. 'M~punktschule, *f* -/-n large central school; *N.Am:* consolidated school. 'm~s, *prep.* + *gen* by means of. 'M~schiff, *n* -(e)s/-e *Ecc.Arch:* (central) nave. M~schule, *f* -/-n = Realschule. 'M~smann, *m* -(e)s/-er & -leute mediator, go-between; *Com:* middleman. 'M~strecke, *f* -/-n *Sp:* middle distance; *Av: etc:* medium distance. 'M~strecken-, *comb.fm.* (*a*) *Sp:* middle-distance (race, runner); (*b*) *Av:etc:* medium-range (aircraft, rocket etc.). 'M~wert, *m* -(e)s/-e (*a*) *Mth:* average, mean; (*b*) *Com: etc:* mean value.

mitten ['mitən], *adv.* m. auf der Straße/in der Nacht, in the middle of the road/night; m. in der Luft, in mid-air; m. zwischen/unter Fremden, among/amidst strangers; m. durch die

Stadt, right through the centre of the town; **er ging m. hinein,** he went right in. '**m ~ 'drin/** *North G:* '**m ~ 'mang,** *adv. F:* (right) in the middle (of it/them); **er ist m., ein Buch zu schreiben,** he's in the middle of writing a book. '**m ~ 'durch,** *adv. F:* (right) through the middle (of it/them).

Mitter|nacht ['mitərnaxt], *f -/¨e* midnight. '**m ~ nächtlich,** *adj.* midnight. '**m ~ nachts,** *adv.* at midnight.

mittler|e(r,s) ['mitlərə(r,s)], *adj.* (a) middle (house, window etc.); central (part, area etc.); **der M. Osten,** the Middle East; (b) medium (size, quality etc.); moderate (speed, temperature etc.); medium-sized (town etc.); **ein Mann m~n Alters,** a middle-aged man; **ein m~r Beamter,** a middle-grade civil servant; *Sch:* **m. Reife,** lower school-leaving certificate (for those leaving at 16); (c) **die m. Jahrestemperatur,** the mean temperature for the year. '**m ~ 'weile,** *adv.* meanwhile, in the meantime.

'**mittrinken,** *v.tr.&i.sep.irr.102* (haben) to drink (sth.) too/as well.

Mittwoch ['mitvɔx], *m -(e)s/-e* Wednesday. '**m ~ s,** *adv.* on Wednesdays.

mit'unter, *adv.* occasionally; from time to time.

'**mitverantwortlich,** *adj.* jointly responsible.

'**mitverdienen,** *v.i.sep.* (haben) (Frau) to be earning as well.

'**Mitverfasser,** *m -s/-* co-author.

'**Mitverschulden,** *n -s/no pl Jur:* contributory negligence.

'**Mitwelt,** *f -/no pl* **die M.,** one's fellow men/ (Zeitgenossen) contemporaries.

'**mitwirk|en. I.** *v.i.sep.* (haben) (a) **an/bei etwas dat m.,** (Pers.) to help with sth.; (Faktoren, Ereignisse usw.) to play a part in/contribute to sth.; (b) *Mus:* to play; *Th: etc:* to take part (**in/ bei einem Stück usw.,** in a play etc.); *Rad: TV:* **es wirkten mit . . .,** those taking part were . . . **II. M.,** *n -s/no pl* help; co-operation. '**m ~ end,** *adj.* (a) contributory (factor etc.); (b) participating (actor etc.); *Th: TV: etc:* **ein M~er/eine M~e,** a performer/*Mus:* player; **die M~en,** the performers/*Th:* cast/*Mus:* players. '**M ~ ung,** *f -/no pl* co-operation; **unter M. von . . .,** with the participation of . . . .

'**mitzählen,** *v.sep.* **1.** *v.tr.* to count, include (s.o., sth.) (as well). **2.** *v.i.* (haben) to count, be of importance.

Mix|becher ['miksbɛçər], *m -s/-* (a) (cocktail) shaker; (b) *Cu:* liquidizer flask. '**m ~ en,** *v.tr.* to mix (drinks, *Rec:* sounds). '**M ~ er,** *m -s/-* **1.** *Cu:* liquidizer. **2.** (Barm.) barman. **3.** *Rec:* mixer. '**M ~ getränk,** *n -(e)s/-e* mixed drink; cocktail. **M ~ 'tur,** *f -/-en* **1.** *Pharm:* mixture. **2.** *Mus:* mixture (stop).

Möbel ['mø:bəl], *n -s/-* **1.** piece of furniture; *usu.pl* **die M.,** the furniture. **2.** *F:* (Pers.) **altes M.,** permanent fixture. **II.** '**M~-,** *comb.fm.* furniture (shop, industry, polish etc.); **M~lager** *n,* furniture repository/warehouse; **M~spediteur** *m,* furniture remover/*N.Am:* mover; **M~-wagen** *m,* furniture/removal/*N.Am:* moving van; **M~stoff** *m,* furnishing fabric. '**M ~ stück,** *n -(e)s/-e* piece of furniture. '**M ~ tischler,** *m -s/-* cabinet-maker.

mobil [mo'bi:l], *adj.* **1.** (a) mobile (shop etc.); (b) *Mil:* mobilized (troops etc.). **2.** *F:* lively (person, child); sprightly (old person); **wieder m. sein,** to be fighting fit. **M ~ e** ['mo:bilə], *n -s/-s* mobile. **M ~ iar** [mobili'ɑ:r], *n -s/no pl* furniture and fittings. **m ~ i'sieren,** *v.tr.* (a) to mobilize (troops, *Econ:* capital etc.); (b) *F:* to summon up (energy etc.); **Kaffee mobilisiert die Lebensgeister,** coffee gets you going. **M ~ i'sierung,** *f -/-en* (also **M~machung** *f*) mobilization. **M ~ i'tät,** *f -/no pl* mobility.

möblier|en [mø'bli:rən], *v.tr.* to furnish (a room, flat etc.). **m ~ t,** *adj.* furnished; *adv.* **m. wohnen,** to live in furnished accommodation. **M ~ ung,** *f -/-en* furnishing(s).

mochte ['mɔxtə], **möchte** ['mœçtə], *p. & p.subj. of* **mögen** *q.v.* '**Möchtegern-,** *comb.fm. F:* would-be (artist etc.).

modal [mo'dɑ:l], *adj. Gram: Mus:* modal. **M ~ itäten** [-ali'tɛ:tən], *f* terms (of an agreement etc.); (Art und Weise) procedure.

Mode ['mo:də]. **I.** *f -/-n* fashion; (die) **große M. sein,** to be all the rage; *esp. Cl:* **nach der neuesten M.,** in the latest style; (**in**) **M. sein/aus der M. (gekommen) sein,** to be fashionable/out of fashion; **mit der M. gehen,** to follow the fashion. **II.** '**M~-,** '**m~-,** *comb.fm.* (a) fashion (photographer, drawing etc.); **m~bewußt** *adj,* fashion-conscious; **die M~branche,** the fashion/ *F:* rag trade; **M~haus** *n,* (i) fashion house; (ii) dress shop; **M~heft/M~journal** *n,* fashion magazine; **M~(n)schau** *f,* fashion show/parade; **M~schöpfer(in),** *m(f),* fashion/dress designer; (b) (modisch) fashionable (profession, colour, illness etc.); **M~artikel** *m,* fashionable novelty/ *Cl:* accessory; **M~wort** *n,* fashionable/vogue word. '**M ~ geschäft,** *n -(e)s/-e* dress shop. '**M ~ schmuck,** *m -(e)s/no pl* costume jewellery. '**M ~ schöpfung,** *f -/-en* dress design.

Modell [mo'dɛl]. **I.** *n -s/-e* (alle Bedeutungen) model; *Tchn:* (Vorlage) pattern; *Art:* **j-m M. sitzen/stehen,** to sit/pose for s.o.; *Parl:* **M. eines Gesetzes,** draft of a bill. **II. M~-,** *comb.fm.* model (aeroplane, railway, *Cl:* dress, *Fig:* athlete etc.); **M~baukasten** *m,* modelling kit. **m ~ ieren** [-'li:rən], *v.tr.* to model (a statue, vase etc.); to mould (clay, wax etc.). **M ~ puppe,** *f -/-n* (tailor's) dummy. **M ~ versuch,** *m -(e)s/-e Sch: etc:* pilot scheme; *Tchn:* test on a model/prototype.

Moder ['mo:dər], *m -s/no pl* mould. '**M ~ geruch,** *m -(e)s/-¨e* musty smell. '**m ~ ig,** *adj.* musty, mouldy. '**m ~ n,** *v.i.* (haben) to rot; (Bücher usw.) to go mouldy/mildewy.

Moder|ation [moderatsi'o:n], *f -/-en TV: etc:* presentation. **M ~ ator(in)** [-'rɑ:tɔr (-ra'to:-rin)], *m -s/-en (f -/-nen) TV: etc:* presenter; *Brit:* compère. **m ~ ieren** [-'ri:rən], *v.tr. TV: etc:* to present (a programme etc.).

modern [mo'dɛrn], *adj.* modern; (modisch) fashionable; (fortschrittlich) progressive (ideas etc.); up-to-date (methods etc.); *adv.* **m. denken,** to have progressive ideas. **m ~ i'sieren,** *v.tr.* to modernize (sth.). **M ~ i'sierung,** *f -/-en* modernization. **M ~ i'tät,** *f -/no pl* modernity.

Modif|ikation [modifikatsi'o:n], *f -/-en* modification. **m ~ i'zieren,** *v.tr.* to modify (sth.). **M ~ i'zierung,** *f -/-en* modification.

modisch ['moːdiʃ], *adj.* fashionable, *F:* trendy.

Modistin [moˈdistin], *f* -/-nen milliner.

Modul I. [moˈduːl]. **1.** *n* -s/-e *El.E:* etc: module. **2.** ['moːdul], *m* -s/-n *Ph:* *Meas:* module. **II.** M~-, *comb.fm.* modular (construction, system etc.). **M ~ ation** [-ulatsiˈoːn], *f* -/-en modulation. **m ~ ieren** [-uˈliːrən], *v.tr.* & *i.* (*haben*) to modulate (one's voice, *Mus:* a tune etc.).

Modus ['moːdus], *m* -/-di **1.** mode; means. **2.** *Gram:* mood.

Mofa ['moːfa], *n* -s/-s (low-powered) moped.

Mog|elei [moːgəˈlai], *f* -/-en *F:* cheating. 'm ~ eln, *v. F:* **1.** *v.i.* (*haben*) to cheat. **2.** *v.tr.* to smuggle (s.o., sth.) (**ins Haus usw.**, into the house etc.). 'M ~ ler, *m* -s/- *F:* cheat.

mögen ['møːgən], *v.irr.* (*pres.* **mag,** *pres.subj.* **möge,** *p.ind.* **mochte,** *p.subj.* **möchte**) **1.** *v.tr.* (*p.p.* **gemocht**) to like (s.o., sth.); **ich mag ihn sehr (gern),** I like him very much; (*liebe ihn*) I'm very fond of him; **j-n, etwas lieber m.,** to prefer s.o., sth.; **was möchten Sie?** what would you like? (*im Geschäft*) what can I do for you? **2.** *modal. aux.* (*p.p.* **mögen**) (*a*) (*wollen*) to like, want (etwas zu tun, to do sth.); **ich mag nicht warten,** I don't want to wait; **er hat es nicht tun m.,** he didn't like to do it/doing it; **ich möchte kommen,** I would like to come; **man möchte meinen, daß . . .,** one would think that . . .; (*b*) **es mag sein, daß. . .,** it may well be/is quite possible that . . .; **was mag das bedeuten?** what can that mean? **er mag etwa 40 Jahre alt sein,** he is probably about 40; **und wie sie alle heißen m.,** and whatever their names might be; (*c*) **mag kommen, was will,** come what may, **mag er tun, was er will,** (i) let him do what he wants, (ii) whatever he does; (*d*) (*sollen*) **das mag genügen,** that should be enough.

möglich ['møːkliç], *adj.* possible; **es war ihm nicht m. zu kommen,** it was not possible for him to come; **sobald es Ihnen m. ist,** as soon as you can; **er machte es uns m.,** he made it possible for us/enabled us to do it; **das wäre eher m.,** that would be more likely; **das ist doch nicht m.!** it can't be! **alles M ~ e bedenken,** to consider every possibility; *F:* **er sprach über alles m ~ e,** he talked about all sorts of things; **in allen m ~ en Farben,** in every conceivable colour. 'm ~ er'weise, *adv.* possibly, perhaps. 'M ~ keit, *f* -/-en (*a*) possibility; **es besteht die M., daß . . .,** it is possible that . . .; **there is a chance that . . .;** **nach M.,** if possible; (*möglichst*) as much/far as possible; *F:* **ist es die M.!** **ist denn das die M.!** that's incredible! (*b*) (*Chance*) chance, opportunity; *pl* **M ~ en,** (*Aufstiegsm.*) prospects (in a job); (*Einrichtungen*) facilities; **hier hat man weniger M ~ en,** there are fewer openings/opportunities here; **die wirtschaftlichen M ~ en eines Landes,** the economic potential of a country; (*c*) (*Weg, Methode*) possibility, (possible) way; **es gibt keine andere M., das Problem zu lösen,** there is no other way of solving the problem; (*d*) *pl* (**finanzielle) M~en,** (financial) means/resources. 'M ~ keitsform, *f* -/-en *Gram:* subjunctive (mood). 'm ~ st, *adv.* **1.** (*a*) as . . . as possible; **m. viel/schnell,** as much/quickly as possible; **sich m. beeilen,** to hurry as much as

one can; (*b*) (*wenn möglich*) if possible. **2. sein m ~ es tun,** to do one's utmost.

Mohammedan|er(in) [mohameˈdaːnər(in)], *m* -s/- (*f* -/-nen) & **m ~ isch,** *adj.* Mohammedan, Moslem.

Mohn [moːn], *m* -(e)s/*occ* -e (*a*) *Bot:* poppy; (*b*) *Cu:* (*Samen*) poppy-seed. 'M ~ blume, *f* -/-n *Bot:* poppy. 'M ~ brötchen, *m* -s/- poppy-seed roll.

Mohr [moːr], *m* -en/-en *Hist:* Moor. 'M ~ enkopf, *m* -(e)s/ˈ-e *Cu:* othello (cake).

Möhre ['møːrə], *North G:* **Mohrrübe** ['moːrryːbə], *f* -/-n carrot.

Mokka ['mɔka], *m* -s/-s (*a*) mocha (coffee); (*b*) strong black coffee. 'M ~ tasse, *f* -/-n small coffee cup.

Molch [mɔlç], *m* -(e)s/-e *Z:* newt.

Mole ['moːlə], *f* -/-n mole, breakwater.

Molek|ül [moleˈkyːl], *n* -s/-e molecule. **m ~ ular** [-kuˈlaːr]. **I.** *adj.* molecular. **II.** M~-, *comb.fm.* molecular (weight etc.).

Molk|e ['mɔlkə], *f* -/*no pl* whey. M ~ e'rei, *f* -/-en dairy. M ~ e'reibutter, *f* -/*no pl* dairy/*Adm:* medium-quality butter. M ~ e-'reiprodukte, *npl* dairy products.

Moll [mɔl], *n* -s/*no pl* *Mus:* minor (key); **a-M.,** A minor.

mollig ['mɔliç], *adj.* **1.** (*dick*) plump, chubby. **2.** (*bequem*) cosy, snug; **m. warm,** warm and cosy.

Moment¹ [moˈmɛnt], *m* -(e)s/-e moment; **jeden M.,** at any moment; **im M.,** at the moment; **M. mal!** hang on a minute! (*halt!*) hold it! **m ~ an** [-ˈtaːn], *adj.* (*a*) present (situation etc.); *adv.* **er ist m. arbeitslos,** he is out of work at the moment; (*b*) (*flüchtig*) momentary, fleeting; *adv.* **er war m. überrascht,** just for a moment he was surprised.

Moment², *n* -(e)s/-e **1.** factor, element; **das entscheidende M.,** the decisive factor. **2.** *Ph:* moment, momentum.

Monarch(in) [moˈnarç(in)], *m* -en/-en (*f* -/-nen) monarch. M ~ ie [-ˈçiː], *f* -/-n monarchy. M ~ ist(in) [-ˈçist(in)], *m* -en/-en (*f* -/-nen) & **m ~ istisch,** *adj.* monarchist.

Monat ['moːnat], *m* -(e)s/-e month; **M. für M.,** month by month; **im M. Juli,** in the month of July; **wieviel verdienst du im M.?** how much do you earn a month? *F:* **sie ist im vierten M.,** she's four months pregnant. 'm ~ elang, *adj.* lasting several months; *adv.* **m. warten,** to wait for (several) months. 'm ~ lich, *adj.* monthly; **er verdient 1000 Mark m.,** he earns 1000 marks a month; **m. einmal,** once a month. 'M ~ s-, *comb.fm.* (*a*) monthly (rent, salary etc.); M~rate *f,* monthly instalment; M~heft *n,* monthly (magazine); M~karte *f,* monthly season (ticket); (*b*) (beginning, end etc.) of the month; **der M~erste,** the first of the month; **M - frist** *f,* term of one month.

Mönch [mœnç], *m* -(e)s/-e monk. 'm ~ isch, *adj.* monastic. 'M ~ sorden, *m* -s/- monastic order. 'M ~ (s)tum, *n* -s/*no pl* monasticism.

Mond [moːnt]. **I.** *m* -(e)s/-e moon; *Fig:* **auf/ hinter dem M. leben,** to have no idea what is going on in the world; **in den M. gucken,** to be left empty-handed; **meine Uhr geht nach dem M.,** my watch is hopelessly wrong; **j-n auf den M. schießen können/mögen,** to want to wring s.o.'s neck. **II.** ′**M~-**, *comb.fm.* lunar (landscape etc.); moon (rock, landing etc.); **M~bahn** *f*, lunar orbit; **M~fähre** *f*, lunar module; **M~finsternis** *f*, lunar eclipse; eclipse of the moon. ′**m ~ förmig**, *adj*. moon-shaped. ′**M~gesicht**, *n* -(e)s/-er moon-face. ′**m ~ ′hell**, *adj*. *Lit:* moonlit. ′**M~kalb**, *n* -(e)s/-̈er *F:* silly fool. ′**M ~ licht**, *n* -(e)s/*no pl* moonlight. ′**M ~ nacht**, *f* -/-̈e moonlit night. ′**M ~ schein**, *m* -(e)s/*no pl* moonlight; *P:* **du kannst mir im M. begegnen!** go and jump in the lake! ′**M ~ sichel**, *f* -/-n crescent moon. ′**M~stein**, *m* -(e)s/-e *Miner:* moonstone. ′**m ~ süchtig**, *adj*. somnambulant; **ein M~er/eine M~e**, a somnambulist.

mondän [mɔn′dɛːn], *adj*. highly fashionable, modish.

mon|etär [mone′tɛːr], *adj*. *Econ:* monetary. **M ~ eten** [mo′neːtən], *pl F:* cash; *N.Am:* dough.

Mongol|e [mɔŋ′goːlə], *m* -n/-n Mongol, Mongolian. **M ~ ei** [-goˈlai]. *Pr.n.f -.* *Geog:* Mongolia. **m ~ isch** [-′goːliʃ], *adj*. Mongol, Mongolian. **M ~ ismus** [-goˈlismus], *m* -/*no pl* *Med:* mongolism. **m ~ oid** [-loˈiːt], *adj*. *(a)* Mongoloid; *(b) Med:* **m~es Kind**, mongol.

Monitor [′moːnitɔr], *m* -s/-en *Atom.Ph: Tchn: TV: Rad: etc:* monitor.

mono [′moːno, ′mɔno]. **I.** *adj*. *Rec:* mono; *adv*. **m. abspielbar**, can be played in mono. **II.** ′**M~-**, *comb.fm.* *Rec:* mono (recording etc.).

monochrom [mono′kroːm], *adj*. *Art: Phot: etc:* monochrome.

Mono|gramm [mono′gram], *n* -s/-e monogram. **M ~ graphie** [monogra′fiː], *f* -/-n monograph.

Monolog [mono′loːk], *m* -(e)s/-e monologue.

Monopol [mono′poːl], *n* -s/-e monopoly (**auf** + *acc*, of). **m ~ isieren** [-oliˈziːrən], *v.tr.* to monopolize (trade etc.). **M ~ i′sierung**, *f* -/-en monopolization.

monoton [mono′toːn], *adj*. monotonous. **M ~ ie** [-oˈniː], *f* -/-n monotony.

Monst|er- [′mɔnstər-], *comb.fm.* monster, giant (building etc.); **M~film** *m*, mammoth screen epic. **m ~ rös** [-′strøːs], *adj*. monstrous. **M ~ rosität** [-oziˈtɛːt], *f* -/-en monstrosity. ′**M ~ rum**, *n* -s/-ren *(a) Pej:* monster; *(b) F:* **ein M. von einem Schrank**, a hulking great cupboard.

Monstranz [mɔn′strants], *f* -/-en *R.C.Ch:* monstrance.

Monsun [mɔn′zuːn], *m* -s/-e monsoon.

Montag [′moːntaːk], *m* -(e)s/-e Monday; **am M.**, on Monday; *F:* **blauen M. machen**, to take Monday off (unofficially). ′**m ~ s**, *adv.* on Mondays.

Mont|age [mɔn′taːʒə], *f* -/-n *(a)* assembly; fitting, mounting (of a part) (**an/auf** + *acc*, to/ on); *(b) Cin: (Schnitt usw.)* editing; *(c) Art:* montage. **M ~ agehalle**, *f* -/-n assembly shop. **M ~ eur** [-′tøːr], *m* -s/-e fitter, mechanic. **m ~ ieren** [-′tiːrən], *v.tr. (a)* to assemble, set up (a machine, prefabricated house etc.); *(b)* to put together (a collage etc.), edit (a film); *(b) (anbringen)* to fit (tyres, a handle etc.) (**an/auf** + *acc*, to/on), mount (a gun, light etc.) (**auf** + *acc*, on); to install (sth.) (**in etwas** *acc*, in sth.). **M ~ ierung**, *f* -/-en = **Montage** *(a)*.

Montanindustrie [mɔn′taːnindustriː], *f* -/-n coal and steel industry.

Monument [monu′mɛnt], *n* -(e)s/-e monument. **m ~ al** [-′taːl], *adj*. monumental.

Moor [moːr], *n* -(e)s/-e fen; *(Sumpf)* bog. ′**M ~ bad**, *n* -(e)s/-̈er mud-bath. ′**M ~ boden**, *m* -s/-̈ bog soil. ′**m ~ ig**, *adj*. marshy, boggy. ′**M ~ packung**, *f* -/-en mud pack.

Moos [moːs], *n* -es/-e **1.** *Bot:* moss; **M. ansetzen**, to gather moss/*Fig:* cobwebs. **2.** *South G:* bog. **3.** *no pl F: (Geld)* cash, lolly; *N.Am:* dough. ′**m ~ bedeckt**/′**m ~ bewachsen**, *adj*. moss-covered, mossy. ′**M ~ beere**, *f* -/-n *Bot:* cranberry. ′**m ~ grün**, *adj*. moss green. **m ~ ig** [′moːzɪç], *adj*. mossy, moss-covered.

Mop [mɔp], *m* -s/-s mop. ′**m ~ pen**, *v.tr.* to mop (the floor etc.).

Moped [′moːpɛt], *n* -s/-s moped.

Mops [mɔps], *m* -es/-̈e **1.** *Z:* pug (dog). **2.** *P:* tubby person. **3.** *P:* **M~e**, pennies; dough. ′**m ~ en**, *v.tr. F: (a)* to pinch, swipe (sth.); *(b)* **sich m.**, to be bored stiff. ′**m ~ fi′del**, *adj*. *F:* very jolly. ′**m ~ ig**, *adj*. *F:* **1.** tubby. **2.** *(langweilig)* boring.

Moral [mo′raːl], *f* -/*no pl* **1.** morals; morality; **M. predigen**, to moralize. **2.** moral (of a story etc.). **3.** morale (of troops etc.); **er hat keine M.**, he has no moral fibre. **m ~ isch**, *adj*. moral; **ihre Antwort war eine m~e Ohrfeige**, her answer put him to shame; *F:* **einen M~en haben**, to have pangs of conscience/remorse. **M ~ ist** [-a′list], *m* -en/-en moralist. **M ~ - prediger**, *m* -s/- moralizer. **M ~ predigt**, *f* -/-en *Pej:* lecture, homily.

Moräne [mo′rɛːnə], *f* -/-n moraine.

Morast [mo′rast], *m* -(e)s/-e & -̈e *(a)* bog; quagmire; *(b) (Schlamm)* mire, mud. **m ~ ig**, *adj*. boggy, muddy (ground etc.).

morbid [mɔr′biːt], *adj*. **1.** sickly. **2.** *Fig:* corrupt.

Mord [mɔrt]. **I.** *m* -(e)s/-e murder, *esp. N.Am:* homicide (**an j-m**, of s.o.); **(politischer) M.**, assassination; *F:* **es gibt M. und Totschlag**, all hell will be let loose; **das war reiner M.!** that was sheer murder! **II.** ′**M~-**, *comb.fm.* murder (case etc.); **M~instrument** *n*/**M~waffe** *f*, murder weapon; **M~kommission** *f*, murder/ *N.Am:* homicide squad; **M~verdacht** *m*, suspicion of murder; **M~versuch/M~anschlag** *m*, attempted murder. **m ~ en** [′mɔrdən], *v.i. (haben)* to (commit) murder. ′**M ~ s-**, ′**m ~ s-**, *comb.fm. F: (a) (schrecklich)* terrible, awful (noise, heat etc.); **M~schreck** *m*, awful shock; *adj*. **m ~ wenig**, terribly little; *(b) (enorm)* terrific (fun, hunger etc.); **M~kerl** *m*, super chap; *N.Am:* great guy; *(Riese)* gigantic fellow. ′**m ~ smäßig**, *adj*. *F:* terrible (noise etc.); terrific (fun etc.); *adv*. **wir haben uns m. gefreut**, we were terribly pleased.

Mörder|(in) [′mœrdər(in)], *m* -s/- *(f* -/-nen*)* murderer, *f* murderess; *(politischer M.)* assassin. ′**m ~ isch**, *adj*. **1.** murderous (weapon, plan etc.) **2.** *F:* murderous, gruelling (task, pace, heat etc.); breakneck (speed); **ich habe m~en Hunger**, I'm absolutely starving; **m. heiß/kalt**, frightfully hot/cold.

Mores [′moːrɛs], *pl F:* **j-n M. lehren**, to tell s.o. what's what, give s.o. a ticking off.

morgen [′mɔrgən]. **I.** *adv*. **1.** tomorrow; **m. früh**, tomorrow morning; **m. in acht Tagen,** a week tomorrow; **von heute auf m.,** at very short notice; *Fig:* **der Stil von m.,** the style of the future. **2. heute/gestern m.,** this/yesterday morning. **II. M.,** *m* **-s/- 1.** morning; **guten M.,** good morning; **am M.,** in the morning; **am M. der Hochzeit,** on the morning of the wedding; **am nächsten M.,** next morning. **2.** *Meas:* acre. **III.** ′**M ~-,** *comb.fm.* morning (star, newspaper etc.); **M ~ gymnastik** *f,* morning exercises; *Ecc:* **M ~ andacht** *f,* morning prayer. ′**M ~ dämmerung,** *f -/no pl* dawn, daybreak. ′**m ~ dlich,** *adj.* morning (stillness, walk etc.). ′**M ~ grauen,** *n -s/no pl* dawn, daybreak. ′**M ~ land,** *n -(e)s/no pl A:* & *Poet:* **das M.,** the Orient. ′**M ~ mantel,** *m -s/-* ′**M ~ rock,** *m -(e)s/-̈e* housecoat; *(Schlafrock)* dressing gown. ′**M ~ muffel, m** *-s/- F:* **er ist ein M.,** he's very grumpy in the mornings. ′**M ~ rot,** *n -(e)s/no pl* red (morning) sky. ′**m ~ s,** *adv.* in the morning; every morning; **von m. bis abends,** from morning to night. ′**M ~ - stunde,** *f / n* **die (frühen) M ~ n,** the early hours (of the morning); *Prov:* **M. hat Gold im Munde,** the early bird catches the worm.

morgig [′mɔrgiç], *adj.* tomorrow's (weather etc.).

Morph|ium [′mɔrfium] *(occ* ′**M ~ in** [-fi:n]*),* *n -s/no pl* morphine.

morsch [mɔrʃ], *adj.* rotten (wood etc.). ′**M ~ heit,** *f -/no pl* rottenness.

Morse|alphabet [′mɔrzə'alfabe:t], *n -(e)s/no pl* Morse (code). ′**m ~ en,** *v.tr.* to send (a message etc.) in Morse.

Mörser [′mœrzər], *m -s/- Pharm: Cu:* & *Mil:* mortar.

Mortalität [mɔrtali'tɛ:t], *f -/no pl Med:* mortality.

Mörtel [′mœrtəl], *m -s/- Constr:* mortar; *(Putz)* plaster. ′**m ~ n,** *v.tr.* to mortar (bricks etc.); *(verputzen)* to plaster (a wall etc.).

Mosaik [moza'i:k], *n -s/-en* & *-e* mosaic.

Moschee [mɔ'ʃe:], *f -/-n* mosque.

Moschus [′mɔʃus], *m -/no pl* musk. ′**M ~ tier,** *n -(e)s/-e Z:* musk deer.

Mosel [′mo:zəl]. *Pr.n.f -. Geog:* Moselle. ′**M ~ wein,** *m -(e)s/-e* Moselle (wine).

Moskau [′mɔskau]. *Pr.n.n -s. Geog:* Moscow.

Moskito [mɔs'ki:to], *m -s/-s* mosquito.

Moslem [′mɔslɛm], *m -s/-s Rel:* Moslem. **m ~ inisch** [-le′mi:niʃ], *adj.* Moslem.

Most [mɔst], *m -(e)s/-e* **1.** *Winem:* must. **2.** *South G: (Apfelm.)* (rough) cider; *(Birnenm.)* perry. ′**M ~ apfel,** *m -s/-̈ South G:* cider apple. ′**M ~ kelter/**′**M ~ presse,** *f -/-n South G:* cider press.

Mostrich [′mɔstriç], *m -s/no pl North G:* mustard.

Motel [′mo:təl, mo′tɛl], *n -s/-s* motel.

Motette [mo′tɛtə], *f -/-n Mus:* motet.

Motiv [mo′ti:f], *n -s/-e* **1.** *Winem:* must. **2.** *(a) Mus: Lit:* motif, theme; *(b) Art: Phot:* subject; **das ist ein schönes M.,** that would make a nice picture. **M ~ ation** [-ivatsi'o:n], *f -/-en* motivation. **m ~ ieren** [-′vi:rən], *v.tr. (a)* to explain (one's reasons for) (sth.); *(b)* to motivate (a pupil etc.); **sehr motiviert,** highly motivated. **M ~ ierung** [-′vi:ruŋ], *f -/-en* motivation.

Motor [′mo:tɔr]. **I.** *m -s/-en Aut: Av: Nau: etc:*

engine; *El:* motor. **II.** ′**M ~-,** *comb.fm. (a) (eines M ~ s)* engine (oil, noise etc.); **M ~ aufhängung** *f,* engine mounting; **M ~ schaden** *m,* engine trouble; **M ~ block** *m,* engine/cylinder block; *(b) (mit einem M.)* motor (mower, scooter, vessel etc.); power (pump, saw etc.); **M ~ boot** *n,* motorboat; *esp. Rac:* power boat. ′**M ~ haube,** *f -/-n Aut: etc:* bonnet, *N.Am:* hood. **m ~ isch** [-′to:riʃ], *adj.* **1.** *Med:* motor (reflex etc.). **2.** *Mec.E:* with regard to/of the engine. **m ~ isieren** [-ori'zi:rən], *v.tr.* to motorize (troops etc.); to fit an engine to (a boat etc.); *F: (Pers.)* **sich m.,** to get oneself some transport. **M ~ i′siert,** *adj.* motorized (troops etc.); motor (traffic); (visitors etc.) in cars; *F:* **sind Sie m.?** have you got any transport/*esp.* a car? **M ~ i′sierung,** *f -/-en* motorization. **M ~ rad** [mo′to:r′ra:t], *n -s/-̈er* motorcycle. **M ~ radfahrer,** *m -s/-* motorcyclist. ′**M ~ sport,** *m -(e)s/no pl* motor sport.

Motte [′mɔtə], *f -/-n* **1.** moth; *F:* **ach, du kriegst die M ~ n!** well, I'll be blowed! **2.** *(Mädchen)* fast piece, flighty bird. ′**m ~ necht/**′**m ~ fest,** *adj.* mothproof. ′**M ~ nfraß,** *m -es/no pl* moth damage/holes. ′**M ~ nkiste,** *f* **Kleider, Filme usw. aus der M.,** ancient clothes, films etc. ′**M ~ nkugel,** *f -/-n* mothball. ′**m ~ nzerfressen,** *adj.* motheaten.

Motto [′mɔto], *n -s/-s* motto.

moussieren [mu′si:rən], *v.i. (haben) (Wein usw.)* to sparkle.

Möwe [′mø:və], *f -/-n Orn:* gull.

Mücke [′mykə], *f -/-n* mosquito; *(kleine M.)* midge; *F:* **aus einer M. einen Elefanten machen,** to make a mountain out of a molehill. ′**M ~ nnetz,** *n -es/-e* mosquito net. ′**M ~ n- stich,** *m -(e)s/-e* mosquito bite.

Muckefuck [′mukəfuk], *m -s/no pl F: (a)* coffee substitute; *(b) Pej:* wishy-washy coffee.

Mucken [′mukən], *fpl F:* whims; **seine M. haben,** *(Pers.)* to be moody/ *(Auto usw.)* temperamental; *(Sache)* to have its snags.

Mucks [muks], *m -es/-e F: (a)* slight(est) sound; **ich will keinen M. mehr hören!** I don't want another squeak out of you! *(b) (Bewegung)* **keinen M. tun/machen,** not to stir/budge. ′**m ~ en,** *v.i. (haben)* & *refl. usu.neg. F: (sich)* **m.,** to make a sound; *(sich rühren)* to budge. ′**M ~ er,** *m -s/- F:* = **Mucks.** ′**m ~ mäus- chen′still,** *adj. F:* as quiet as a mouse.

müd|e [′my:də], *adj.* tired, weary (smile, movement etc.); **er wird leicht m.,** he tires easily; **ich bin es m.,** I am tired of it; **er wird nicht m., sie zu loben,** he never tires of singing her praises. ′**M ~ lgkelt,** *f -/no pl* tiredness, weariness; *F:* **nur keine M. vorschützen!** don't be so feeble!

Muff [muf], *m -(e)s/-e* muff.

Muffe [′mufə], *f -/-n Mec.E:* sleeve.

Muff|el [′mufəl], *m -s/- F: (Pers.)* sourpuss, crosspatch. ′**m ~ (el)ig**[1], *adj. F:* sulky, grumpy. ′**m ~ eln**[1], *v.i. (haben) F:* to sulk, be grumpy.

muff(el)ig[2] [′muf(əl)iç], *adj. F: (moderig)* musty, stale. ′**m ~ eln**[2], *v.i. (haben) (Zimmer usw.)* to smell musty/stale.

muhen [′mu:ən], *v.i. (haben)* to moo.

Mühle [′my:lə], *f -/-n* trouble; *(Anstrengung)* effort; **verlorene M.,** a waste of effort/time; **er**

scheut keine M., he spares no effort; **sich** *dat* M.
geben/machen, to take trouble/try hard; **der M.
wert sein,** to be worth it/the trouble; **mit M.
und Not,** with great difficulty; (*gerade noch*)
only just. ′**m ~ elos,** *adj.* effortless (action
etc.); easy (victory etc.); *adv.* **etwas m. schaffen,**
to manage sth. with ease. ′**M ~ elosigkeit,** *f
-/no pl* effortlessness; (*Leichtigkeit*) effortless
ease. ′**m ~ evoll,** *adj.* laborious; (*schwierig*)
difficult (task, work etc.); arduous (journey
etc.). ′**M ~ sal,** *f -/-e Lit:* tribulation; (*Elend*)
misery. ′**m ~ sam,** *adj.* arduous (life etc.); lab-
orious, (*schwierig*) uphill (task etc.); *adv.* **sich
m. fortbewegen,** to move with great difficulty.
′**m ~ selig,** *adj. Lit:* arduous.

Mühl- [′my:l-], *comb.fm.* mill(-stone, -wheel etc.);
M~bach *m,* millstream; **M~gerinne** *n,* mill-
race. ′**M ~ e,** *f -/-n* **1.** mill; (*für Kaffee usw.*)
grinder; *Fig:* **in die M. der Verwaltung geraten,**
to get caught up in the machinery of admin-
istration; *F:* **j-n durch die M. drehen,** to put s.o.
through the mill. **2.** *Pej:* (*altes Auto* usw.) heap.

Mulde [′muldə], *f -/-n* hollow; dip (in the road).

Mull [mul], *m -(e)s/-e* muslin; *Med:* gauze.

Müll [myl]. **I.** *m -s/no pl* rubbish, refuse; *N.Am:*
garbage. **II.** ′**M~-,** *comb.fm.* refuse, rubbish,
N.Am: garbage (heap etc.); **M~abfuhr** *f,* refuse
collection (service); **M~ablageplatz** *m/*
M~halde *f/***M~kippe** *f,* rubbish/refuse tip;
M~deponie *f,* refuse dump; **M~schacht/**
M~schlucker *m,* rubbish chute; **M~ver-
brennungsanlage** *f,* refuse incinerator. ′**M ~ -
beutel,** *m -s/-* dustbin liner. ′**M ~ eimer,** *m
-s/-* dustbin; *N.Am:* garbage can; (*im Haus*)
waste bin. ′**M ~ mann,** *m -(e)s/-er F:* dust-
man, *N.Am:* garbage man. ′**M ~ schippe,** *f
-/-n* dustpan. ′**M ~ tonne,** *f -/-n* dustbin,
N.Am: garbage can. ′**M ~ wagen,** *m -s/-*
dustcart, *N.Am:* garbage truck. ′**M ~ zer-
kleinerer,** *m -s/-* waste disposal unit.

Müller [′mylər], *m -s/-* miller.

mulmig [′mulmiç], *adj. F:* (*a*) tricky, precarious
(situation etc.); (*b*) **mir ist m. zumute,** I feel
uneasy/(*schlecht*) queasy.

multi- [′multi-], *comb.fm.* multi- (millionaire
etc.). **m ~ pel** [-′ti:pəl], *adj.* multiple. **M ~ pli-
kation** [-katsi′o:n], *f -/-en Mth:* multiplica-
tion. **M ~ plikator** [-′ka:tor], *m -s/-en Mth:*
etc: multiplier. **m ~ pli′zieren,** to multiply
(figures etc.); **vier mit fünf m.,** to multiply four
by five; (*Kosten usw.*) **sich m.,** to multiply.

Mumie [′mu:miə], *f -/-n* mummy. **m ~ fi′zie-
ren,** *v.tr.* to mummify (a corpse etc.).

Mumm [mum], *m -s/no pl P:* spunk; (**viel**) **M. in
den Knochen haben,** to have (plenty of) guts.

Mummelgreis [′muməlgrais], *m -es/-e F:*
doddery old man. ′**m ~ n,** *v.tr. & i.* (*haben*) to
mumble (sth.).

Mumpitz [′mumpits], *m -es/no pl F:* nonsense.

Mumps [mumps], *m -/no pl Med:* mumps.

Mund [munt]. **I.** *m -(e)s/-er* mouth; **von M. zu
M. beatmet werden,** to be given mouth-to-
mouth resuscitation; **aus dem M. riechen,** to
have bad breath; **nie würde ich so ein Wort in
den M. nehmen,** I would never use a word like
that; **etwas (ständig) in M~e führen,** to keep
on talking about/mentioning sth.; **wie aus
einem M~e,** with one voice; **in aller M~e sein,**

to be on everyone's lips; *F:* **den M. voll
nehmen,** to brag; **M. und Nase aufreißen/auf-
sperren,** to be flabbergasted; **halt den M.!** shut
up! pipe down! **j-m den M. stopfen,** to muzzle/
gag s.o.; **sich** *dat* **den M. verbrennen,** to put
one's foot in it; **nicht auf den M. gefallen sein,**
to have an answer for everything; **j-m über den
M. fahren,** to cut s.o. short. **II.** ′**M~-,** *comb.fm.
Med: Anat: etc:* oral (cavity etc.); **M~pflege** *f,*
oral hygiene; *Dent:* **M~dusche** *f,* oral spray.
′**M ~ art,** *f -/-e* dialect. ′**m ~ artlich,** *adj.*
dialect (word etc.). ′**m ~ faul,** *adj. F:* **er ist m.,**
he can't be bothered to open his mouth.
′**m ~ gerecht,** *adj.* (*a*) bite-sized (snacks,
pieces etc.); (*b*) *Fig:* easily digestible (informa-
tion etc.). ′**M ~ geruch,** *m -(e)s/no pl* bad
breath. ′**M ~ harmonika,** *f -/-s* harmonica;
F: mouth organ. ′**M ~ schutz,** *m -es/no pl
Med:* face mask. ′**M ~ stück,** *n -(e)s/-e*
mouthpiece; tip (of a cigarette). ′**m ~ tot,** *adj.*
j-n m. machen, to silence (s.o.)/reduce (s.o.) to
silence. ′**M ~ voll,** *m -/no pl* mouthful. ′**M ~
wasser,** *n -s/-* mouthwash. ′**M ~ werk,**
n -(e)s/no pl F: mouth; **ein flottes/gutes M.
haben,** to have the gift of the gab; **ihr M. steht
nicht still,** she never stops talking. ′**M ~ win-
kel,** *m -s/-* corner of the mouth. ′**M ~ -zu-
′M ~ -Beatmung,** *f -/no pl* mouth-to-mouth
resuscitation; *F:* kiss of life.

Mündel [′myndəl], *m & n -s/- Jur:* ward.
′**m ~ sicher,** *adj. Fin:* trustee (investment);
approx. gilt-edged (securities, stocks etc.).

münden [′myndən], *v.i.* (*sein*) (*Fluß*) to flow (**ins
Meer** usw., into the sea etc.); (*Straße*) to lead
(**in +** *acc,* into; **auf einen Platz,** into a square).
′**M ~ ung,** *f -/-en* **1.** (*Flußm.*) mouth, estuary;
(*Straßenm.*) (T-)junction, end (of a street). **2.**
Tchn: orifice; *Artil:* muzzle.

mündig [′myndiç], *adj.* of age; **m. werden,** to
come of age. ′**M ~ keit,** *f -/no pl* majority.

mündlich [′myntliç], *adj.* oral; *adv.* **m. über-
liefert werden,** to be passed on by word of
mouth; **alles andere m.!** I'll tell you all the rest
when I see you.

Mungo [′muŋgo], *m -s/-s Z:* mongoose.

Munition [munitsi′o:n], *f -/no pl* ammunition.
M ~ slager, *n -s/-* ammunition depot.

Munkelei [muŋkə′lai], *f -/-en F:* whisperings,
rumours. ′**m ~ n,** *v.tr. & i.* (*haben*) to whisper
furtively; **man munkelt, (daß ...),** it is
rumoured that ...

Münster [′mynstər], *n -s/-* minster; cathedral.

munter [′muntər], *adj.* (*a*) (*lebhaft*) lively
(person, eyes, game etc.); **gesund und m.,** hale
and hearty; (*b*) (*heiter*) gay, cheerful; *Iron:* **er
hat alles m. ausgeplaudert,** he gaily blabbed out
everything; (*c*) (*wach*) awake; **früh m. werden,**
to wake/(*aufstehen*) get up early; **frisch und m.,**
as fresh as a daisy. ′**M ~ keit,** *f -/no pl* liveli-
ness, perkiness; cheerfulness.

Münzautomat [′mynts?automa:t], *m -en/-en*
slot machine. ′**M ~ e,** *f -/-n* **1.** coin; **in/mit
klingender M. bezahlen,** to pay in hard cash;
Fig: **ich habe es ihm in/mit gleicher M. heim-
gezahlt,** I paid him back in his own coin. **2.**
(*M~stätte*) mint. ′**m ~ en,** *v.tr.* (*a*) to mint,
coin (silver, gold etc.); (*b*) **auf j-n/etwas** *acc*
gemünzt sein, to be aimed/directed at s.o., sth.

'M ~ **fernsprecher**, *m* -s/- coinbox telephone; *N.Am:* pay-station. 'M ~ **kunde**, *f* -/*no pl* numismatics. 'M ~ **stätte**, *f* -/-**n** mint. 'M ~ **tankstelle**, *f* -/-**n** coin-in-the-slot petrol/*N.Am:* gas station. 'M ~ **wechsler**, *m* -s/- change machine. 'M ~ **zähler**, *m* -s/- (gas/electricity) meter.

mürbe ['myrbə], *adj.* (*a*) tender (meat etc.); crumbly (cake, pastry etc.); crunchy (apple); mellow (fruit etc.); (*b*) (*morsch*) rotten (wood, rope etc.); (*c*) *Fig:* **j-n m. machen**, to wear s.o. down. **M ~ heit** ['myrbhait], *f* -/*no pl* (*a*) tenderness; crumbly quality; mellowness; (*b*) rottenness. 'M ~ **teig**, *m* -(e)s/*no pl* short (crust) pastry.

Murks [murks], *m* -es/*no pl* *P:* botchup; **M. machen**, to make a right hash of things. ' **m ~ en**, *v.i.* (*haben*) *P:* (*a*) to mess about; **bei einer Arbeit m.**, to bungle a job; (*b*) *Aus:* to dawdle.

Murmel ['murməl], *f* -/-**n** *Games:* marble.

murmeln ['murməln]. **I.** *v.tr. & i.* (*haben*) to murmur (sth.). **II. M.**, *n* -s/*no pl* murmur.

Murmeltier ['murməltiːr], *n* -(e)s/-**e** *Z:* marmot; **wie ein M. schlafen**, to sleep like a log.

murren ['murən], *v.i.* (*haben*) to grumble, moan (**über** + *acc.* about); **etwas ohne M. tun**, to do sth. without a murmur.

mürrisch ['myriʃ], *adj.* sullen, grumpy; sulky.

Mus [muːs], *n* -es/-**e** *Cu:* purée; *F:* **j-n zu M. machen/schlagen**, to beat s.o. to a pulp.

Muschel ['muʃəl], *f* -/-**n** **1.** (*a*) (*Schale*) (sea) shell; (*b*) (*Miesm.*) mussel. **2.** *Tel:* (*Sprechm.*) mouthpiece; (*Hörm.*) earpiece. ' **m ~ förmig/ 'm ~ ig**, *adj.* shell-shaped. 'M ~ **schale**, *f* -/-**n** seashell, *esp.* scallop shell.

Muse ['muːzə], *f* -/-**n** *Myth:* Muse; *Hum:* **ihn hat die M. geküßt**, he has been inspired

Museum [muˈzeːum], *n* -s/-**seen** museum. **M ~ s-führer**, *m* -s/- museum guide. **m ~ sreif**, *adj. Hum:* antediluvian (machine etc.); **das ist m.!** that's a museum piece! **M ~ sstück**, *n* -(e)s/-**e** (*a*) (museum) exhibit; (*b*) *F: Pej:* museum piece.

Musical ['mjuːzikəl], *n* -s/-**s** *Th: Cin:* musical.

Musik [muˈziːk]. **I.** *f* -/*no pl* **1.** music; *F:* **das ist M. in meinen Ohren!** that is music to my ears. **2.** *F.* (*M ~ kapelle*) band. **II. M ~**, *comb.fm.* (*a*) musical (instrument, life, public, scene, theory etc.); **M ~ erziehung** *f*, musical education; **M ~ zentrum** *n*, musical centre; (*b*) music (library, lesson, room, teacher, critic, theatre etc.); (school, history, love etc.) of music; **M ~ freund** *m*, music lover; **M ~ verlag** *m*, music publishers; **M ~ festspiele** *pl*, music festival; **M ~ stück** *n*, piece of music. **M ~ alienhandlung** [-ˈkaːliən-], *f* -/-**en** music shop. **m ~ alisch** [-ˈkaːliʃ], *adj.* musical. **M ~ ali-'tät**, *f* -/*no pl* musicality. **M ~ ant** [-ˈkant], *m* -en/-**en** (street etc.) musician. **M ~ antenknochen**, *m* -s/- funny bone. **M ~ automat** [muˈziːk-], *m* -en/-**en** (*a*) mechanical instrument; (*b*) = **M ~ box. M ~ box**, *f* -/-**en** jukebox. **M ~ er(in)** [muˈzikər(in)], *m* -s/- (*f* -/-**nen**) musician; *Mil: etc:* bandsman. **M ~ kapelle**, *f* -/-**n** band. **M ~ truhe**, *f* -/-**n** hi-fi cabinet; *A:* radiogram. **M ~ us** ['muːzikus], *m* -/**Musizi**, *Hum:* musician.

musisch ['muːziʃ], *adj.* artistic; *Sch:* **m ~ es Gymnasium**, secondary school specializing in the fine arts; *adv.* **er ist m. veranlagt**, he has an artistic disposition.

musizieren [muziˈtsiːrən], *v.i.* (*haben*) to make music.

Muskat [musˈkaːt], *m* -(e)s/-**e** (*also* M ~ **nuß** *f*) nutmeg. **M ~ blüte**, *f* -/-**n** *Cu:* mace. **M ~ eller** [-kaˈtɛlər], *m* -s/- muscatel (grape/wine). **M ~ reibe**, *f* -/-**n** nutmeg grater.

Muskel ['muskəl]. **I.** *m* -s/-**n** muscle. **II. M ~** -, *comb.fm.* muscular (pain etc.); muscle (fibre etc.); **M ~ gewebe** *n*, muscular tissue; **M ~ schwund** *m*, muscular atrophy; **M ~ kraft** *f*, muscle power; brawn; *F.* **M ~ mann** *m/* **M ~ paket** *n*/**M ~ protz** *m*, muscle-man, heman. 'M ~ **kater**, *m* -s/*no pl* (einen) **M. haben**, to be stiff (as a result of physical effort). 'M ~ **riß**, *m* -sses/-**sse** torn muscle. 'M ~ **zerrung**, *f* -/-**en** pulled muscle.

muskulös [muskuˈløːs], *adj.* muscular.

Muß [mus], *n* -/*no pl* necessity; *F:* must. 'M ~ **ehe**, *f* -/-**n**/'M ~ **heirat**, *f* -/-**en** *F:* shotgun marriage/wedding.

Muße ['muːsə], *f* -/*no pl* *Lit:* leisure; **mit M.**, at leisure. 'M ~ **stunde**, *f* -/-**n** leisure/spare time.

Musselin [musəˈliːn], *m* -s/-**e** *Tex:* muslin.

müssen ['mysən], *v.irr.* (*pres.* **muß**, *pres.subj.* **müsse**, *p.* **mußte**, *p.subj.* **müßte**) **1.** *modal aux.* (*p.p.* **müssen**) (*a*) (*gezwungen sein*) to have to; **ich muß jetzt gehen**, I must/have to/*F:* I've got to go now; **ich habe es tun m.**, I had to do it; **wenn es sein muß**, if it's really necessary; *F:* **ich muß mal**, I have to spend a penny; (*b*) (*sollen*) **das mußt du doch verstehen**, surely you understand that; **du mußt es ja wissen**, you should know; **er müßte jeden Moment kommen**, he ought to be here any minute; **Geld müßte man haben!** it would be nice to be rich. **2.** *v.i.* (*haben*) (*p.p.* **gemußt**) **ich muß in die Stadt**, I must go into town; **er mußte zum Arzt**, he had to go to the doctor.

müßig ['myːsiç], *adj. Lit:* **1.** idle; **m ~ e Stunden**, hours of leisure. **2.** (*sinnlos*) futile.

Muster ['mustər]. **I.** *n* -s/- **1.** (*a*) (*Vorlage*) pattern; **als M. dienen**, to serve as a model/pattern; **nach sowjetischem M. geplant**, planned on Soviet lines; (*b*) (*Vorbild*) model; **sie ist ein M. an Geduld**, she is a model of patience/patience itself; **j-n zum M. nehmen**, to take s.o. as an example. **2.** (*Dessin*) pattern, design **3.** (*Warenprobe*) sample, specimen; *Tex:* swatch. **II.** 'M ~ -, *comb.fm.* **1.** model (firm, letter, household, pupil etc.); perfect (marriage etc.); **M ~ beispiel** *n*, perfect/textbook example (**für etwas** *acc.* of sth.); *Hum:* **M ~ gatte** *m*, model/perfect husband; *Iron:* **M ~ kind** *n*/(boy) **M ~ knabe** *m*, model child, *F:* goody. **2.** *Com:* pattern, sample (book etc.); **M ~ kollektion** *f*, collection/swatch of samples. 'M ~ **bild**, *n* -(e)s/-**er** paragon, ideal. 'M ~ **exemplar**, *n* -s/-**e** **1.** *Pub:* specimen copy. **2.** *esp. Iron:* perfect example. 'm ~ **gültig**/'m ~ **haft**, *adj.* exemplary, model (behaviour, pupil etc.); perfect (example etc.); *adv.* in an exemplary fashion. 'M ~ **gültigkeit**/'M ~ **haftigkeit**, *f* -/*no pl* exemplariness; perfect/exemplary behaviour. ' **m ~ n**, *v.tr.* (*a*) to eye, study (s.o.); **er musterte**

sie von oben bis unten, he looked her up and down; (b) *Mil:* to inspect (troops etc.); (*auf Tauglichkeit*) to give (a recruit etc.) a medical examination; **gemustert werden,** to have a medical. ′M ~ **stück,** *n* -(e)s/-e = M~**exemplar.** ′M ~ **ung,** *f* -/-en **1.** inspection, scrutiny (of s.o.). **2.** *Mil:* medical examination. **3.** *Tex: etc:* pattern, design.

Mut [mu:t], *m* -(e)s/*no pl* courage; (*Tapferkeit*) bravery; (*Kühnheit*) boldness; **ihm fehlte der M. dazu/zum Springen,** he did not have the courage to do it/to jump; **M. fassen,** to pluck up courage; **den M. verlieren,** to lose heart; **j-m M. machen/den M. nehmen,** to encourage/discourage s.o. ′**m ~ ig,** *adj.* courageous, brave. ′**m ~ los,** *adj.* faint-hearted; (*entmutigt*) disheartened, despondent. ′M ~ **losigkeit,** *f* -/*no pl* faint-heartedness; despondency.

Mut|ation [mutatsi′o:n], *f* -/-en **1.** *Biol:* mutation. **2.** breaking of the voice. **m ~ ieren** [-′ti:rən], *v.i.* (*haben*) (a) *Biol:* to mutate; (b) (*Stimme*) to break.

Mütchen [′my:tçən], *n* -s/*no pl* **sein M. an j-m kühlen,** to take it out on s.o.

mutmaßlich [′mu:tma:sliç], *adj. Lit:* conjectural (opinion, explanation etc.); probable (result, verdict etc.); supposed (terrorist); suspected (murderer etc.). ′M ~ **ung,** *f* -/-en *Lit:* conjecture, speculation (**über** + *acc.* about).

Mutter¹ [′mutər]. **I.** *f* -/- mother; **sie wird M.,** she is expecting a baby; *F:* **sie ist ganz die M.,** she looks just like her mother; **ich fühle mich hier wie bei M~n,** I feel at home here. **II.** ′M~-, *comb.fm.* (a) maternal, motherly (love, instinct etc.); mother's (milk, Day etc.); *F:* **M~söhnchen** *n,* mother's boy; (b) mother (church, country, ship etc.); **M~sprache** *f,* mother tongue, native language. ′M ~ **boden,** *m* -s/-/′M ~ **erde,** *f* -/*no pl Agr:* topsoil. ′M ~ **gesellschaft,** *f* -/-en *Com:* parent company. ′M ~ ′**gottes,** *f* -/*no pl Rel:* Virgin Mary; *Art:* Madonna. ′M ~ **kuchen,** *m* -s/- *Anat:* placenta. ′M ~ **leib,** *m* -(e)s/-er

womb. ′**m ~ los,** *adj.* motherless. ′M ~ **mal,** *n* -(e)s/-e birthmark; (*braun*) mole. ′M ~ -**schaf,** *n* -(e)s/-e *Z:* ewe. ′M ~ **schaft,** *f* -/*no pl* motherhood; maternity. ′M ~ **schaftsgeld,** *n* -(e)s/-er/′M ~ **schaftshilfe,** *f* -/*no pl* maternity benefits. ′**m ~ seelena′llein,** *adj.* all alone. ′M ~ **stelle,** *f* **bei/an j-m M. vertreten,** to be like a mother to s.o. ′M ~ **tier,** *n* -(e)s/-e *Z:* dam. ′M ~ **witz,** *m* -es/*no pl* native wit.

Mutter², *f* -/-n *Mec.E:* nut. ′M ~ **gewinde,** *n* -s/- female thread.

Mütter|chen [′mytərçən], *n* -s/- (a) mother, mummy; (b) (*altes*) M., little old lady. ′M ~ **heim,** *n* -(e)s/-e home for (unmarried) mothers. ′**m ~ lich,** *adj.* motherly (love, woman, type etc.); maternal (instincts, care etc.); one's mother's (warnings, love etc.). ′**m ~ licherseits,** *adv.* on one's mother's side. ′M ~ **lichkeit,** *f* -/*no pl* motherliness.

Mutti [′muti], *f* -/-s *F:* mummy, mum.

Mutung [′mu:tuŋ], *f* -/-en *Min:* claim.

Mutwill|e [′mu:tvilə], *m* -ns/*no pl* wilfulness; (*Bosheit*) wilful malice; **aus reinem M~n,** out of sheer cussedness. ′**m ~ ig,** *adj.* wilful (behaviour etc.); wanton (damage).

Mütze [′mytsə], *f* -/-n cap; (*Wollm.*) woolly hat. ′M ~ **nschirm,** *m* -(e)s/-e peak (of a cap).

Myrte [′myrtə], *f* -/-n *Bot:* myrtle.

Myster|ienspiel [mys′te:riənʃpi:l], *n* -(e)s/-e *Hist: Th:* mystery play. **m ~ iös** [-eri′ø:s], *adj.* mysterious. **M ~ ium,** *n* -s/-rien *Rel:* mystery.

Mystifi|kation [mystifikatsi′o:n], *f* -/-en mystification. **m ~ ′zieren,** *v.tr.* to make a mystery of (sth.).

Mystik [′mystik], *f* -/*no pl* mysticism. ′M ~ **iker,** *m* -s/- mystic. ′**m ~ isch,** *adj.* (a) mystic (symbol, ceremony); mystical (contemplation); (b) *F:* (*geheimnisvoll*) mysterious.

myth|isch [′my:tiʃ], *adj.* mythical. **M ~ ologie** [mytolo′gi:], *f* -/-n mythology. **m ~ ologisch** [-o′lo:giʃ], *adj.* mythological. **M ~ os** [′my:tɔs], *m* -/**Mythen** myth.

N

N, n [ɛn], *n* -/- (the letter) N, n.

na [na], *int. F:* well; (*also*) so; **na, wie geht's?** well, how are you? **na so was!** well I never! I say! **na, na!** come on; (*beruhigend*) there, there; **na und?** so what? **na, also!** there you are! what did I tell you? **na ja!** oh well! **na gut!** all right then! **na klar!** but of course!

Nabe [′na:bə], *f* -/-n hub.

Nabel [′na:bəl], *m* -s/- *Anat:* navel. ′N ~ -**schnur,** *f* -/-e umbilical cord.

nach [na:x]. **I.** *prep.* + *dat* **1.** (*räumlich*) (a) to; **n. London fliegen,** to fly to London; **n. Bonn**

abreisen, to leave for Bonn; **n. Hause gehen,** to go home; **er sah n. oben/unten,** he looked up(wards)/down(wards); **er ging n. oben/unten,** he went upstairs/downstairs; **n. oben/unten hin,** towards the top/bottom; **sie drängten n. vorn,** they pressed forward; **n. hinten,** to(wards) the back; backwards; **n. außen/innen,** (towards the) outside/inside; **n. Norden, Osten usw.,** (*Lage*) to the north, east etc.; (*Richtung*) northwards, eastwards etc.; **n. links/rechts,** to the left/right; **n. allen Richtungen,** in all directions; **das Zimmer geht n. der Straße,** the room faces the road; (b) n. etwas greifen, streben, schicken usw., to reach out, strive, send etc. for sth. 2. (zeitlich) after; n. der Schule, after school; fünf (Minuten) n. drei, five (minutes) past three. 3. (Reihenfolge) after; eins n. dem anderen, one after the other; bitte n. Ihnen! after you! 4. (gemäß) according to; n. dem, was Sie sagen, going by/ from what you say; wenn es n. mir ginge, if I had my way; meiner Meinung/Ansicht n., in my opinion; n. Wunsch/Bedarf, as desired/ required; das ist nicht n. meinem Geschmack, that is not to my taste; n. Litern gemessen, measured in litres; etwas n. Gewicht verkaufen, to sell sth. by weight; j-n nur dem Namen n. kennen, to know s.o. only by name; seinem Akzent n. ist er kein Deutscher, judging by his accent, he is not German; eine Geschichte n. dem Leben, a story based on real life; Text frei n. Goethe, text freely adapted from Goethe; n. französischer Art, in the French manner/style; Cu: à la française. II. adv. (a) n. wie vor, as was always the case; n. und n., gradually; by degrees; (b) mir n.! follow me! ich muß ihm n., I must go after him. III. 'n~-, sep.vbl. prefix (a) j-m n~-blicken/n~eilen/n~reiten, to gaze/hurry/ride after s.o.; j-m etwas n~rufen, to call sth. after s.o.; (b) (to bring, deliver sth.) later; etwas n~salzen, to salt sth. afterwards; to add more salt to sth.; (c) (von neuem) (to grow etc.) again; etwas n~wiegen, to reweigh sth.; (prüfend) to check the weight of sth.; (d) (wiederholen) j-m etwas n~reden, to repeat s.o.'s words.

'nachäff|en, v.tr.sep. usu. Pej: to ape, mimic (s.o., sth.). 'N~er, m -s/- mimic; F: copycat.

'nachahm|en, v.tr.sep. to imitate, copy, (nachäffen) mimic (s.o., sth.). 'n~enswert, adj. worth imitating. 'N~er, m -s/- imitator; mimic 'N~ung, f -/-en imitation.

'nacharbeiten, v.tr. & i. sep. (haben) (a) to make up for (lost time); zwei Stunden n., to do two extra hours' work; (b) (überarbeiten) to finish (sth.) off; (retuschieren) to touch (sth.) up; (c) j-m n., to take s.o. as one's model.

Nachbar|(in) ['naxbaːr(in)]. I. m -s/-n (f -/-nen) neighbour; N~s Garten, the nextdoor garden; F: bei N~s, at the neighbours'. II. N~-, comb.fm. neighbouring (country etc.); adjoining (building, room etc.); nextdoor (house, garden); next (table, village, town etc.). 'n~lich, adj. (a) neighbourly (relations etc.); (b) nextdoor (house, garden etc.). 'N~s-, comb.fm. (the family, children etc.) nextdoor. 'N~schaft, f -/no pl neighbourhood; unsere N~, our neighbourhood/(Nachbarn) neighbours; gute N. mit j-m halten, to be on neighbourly terms with s.o.

'nachbehandel|n, v.tr.sep. to give (s.o., sth.) follow-up treatment/Med: (a patient) aftercare. 'N~lung, f -/-en follow-up treatment; Med: aftercare.

'nachbesser|n, v.tr.sep. to touch (sth.) up. 'N~ung, f -/-en touching up.

'nachbestell|en, v.tr.sep. to order some more of (sth.). 'N~ung, f -/-en Com: repeat order.

'nachbild|en, v.tr.sep. to reproduce, copy (sth.). 'N~ung, f -/-en reproduction, copy.

'nachdatieren, v.tr.sep. to backdate (a form, cheque etc.).

nach'dem, conj. (a) (zeitlich) after, when; n. er das gesagt hatte, after/when he had said that; having said that; (b) (kausal) n. die Preise gestiegen sind, since prices have risen.

'nachdenk|en. I. v.i.sep.irr.17 (haben) to think (carefully) (über + acc, about); (grübeln) to reflect, meditate (über + acc, on); denk mal nach, try and think; er dachte (darüber) nach, ob ..., he wondered whether .... II. N., n -s/no pl thought, reflection, meditation. 'n~lich, adj. thoughtful, pensive; diese Vorfälle stimmten/machten ihn n., these events set him thinking; adv. n. gestimmt, deep in thought; in a thoughtful mood. 'N~lichkeit, f -/no pl thoughtfulness.

'Nachdichtung, f -/-en Lit: free adaptation.

'Nachdruck, m -(e)s/-e 1. no pl emphasis, stress; N. auf etwas acc legen, to stress/emphasize sth.; mit N., emphatically, forcefully. 2. Pub: (a) (Bild) reproduction; (Text) reprinting; N. verboten, copying prohibited; (b) (Neudruck) reprint. 'n~en, v.tr.sep. to reprint (a book etc.); to reproduce (an illustration).

nachdrücklich ['naːxdryklɪç], adj. emphatic (warning, tone etc.); forceful (demand, action etc.); adv. emphatically; etwas n. verlangen, to demand sth. forcefully. 'N~keit, f -/no pl emphatic nature; urgency.

'nachelfern, v.i.sep. (haben) j-m n., to emulate s.o.

nachei'nander. I. adv. one after the other; kurz n., in quick succession; drei Tage n., three days running. II. N., n -s/no pl succession, sequence.

'nachempfinden, v.tr.sep.irr.9 (a) j-s Leid, Freude usw. n., to share s.o.'s sorrow, joy etc.; das kann ich dir n., I understand how you feel; (b) diese Dichtung ist Goethe nachempfunden, this poem is modelled on/inspired by Goethe.

'nacherzähl|en, v.tr.sep. to retell (a story etc.). 'N~ung, f -/-en retelling; Sch: reproduction.

'Nachfahre, m -n/-n Lit: descendant. 'n~n, v.i.sep.irr.26 (sein) j-m, etwas dat n., to follow s.o., sth. (by car etc.); Linien n., to trace lines.

'nachfassen, v.i.sep. (haben) to follow up (with further questions etc.).

'Nachfolge, f -/no pl succession (in einem Amt, to an office); j-s N. antreten, to succeed s.o. 'n~n, v.i.sep. (sein) j-m n., to follow s.o., (im Amt) succeed s.o. 'n~nd, adj. following. 'N~r(in), m -s/- (f -/-nen) successor.

'nachforsch|en, v.i.sep. (haben) to make enquiries; Lit: einem Vorfall usw. n., to investigate an occurrence etc. 'N~ungen, fpl enquiries, investigations.

'Nachfrage, f -/-n 1. Com: demand (nach + dat, for). 2. Iron: danke der gütigen/für die gütige N.! how kind of you to ask! 'n~n, v.sep. 1. v.i. (haben) (a) to inquire, make inquiries (um + acc, about); bei j-m n., to ask s.o.; (b) (erbitten) um etwas acc n., to ask for sth. 2. v.tr. Com: to demand (sth.).

'nachfühlen, v.tr.sep. to understand (s.o.'s disappointment etc.); ich fühle Ihnen das nach, I understand how you feel.

'nachfüll|en, v.tr.sep. (a) to refill (a glass etc.); to top up (a radiator etc.); (b) to top up with (petrol etc.). 'N~ung, f -/-en refill, replenishment.

ˈnachgeben, *v.sep.irr.35* 1. *v.tr.* (*a*) j-m Kartoffeln n., to give s.o. another helping of potatoes; (*b*) j-m in/an etwas *dat* nichts n., to be in no way inferior to s.o. 2. *v.i.* (*haben*) (*a*) (*Pers.*) to give in, yield (etwas *dat*, to sth.); j-s Wünschen n., to bow to s.o.'s wishes; (*b*) (*Material, Seil*) to give, yield; (*Boden usw.*) to give way; *Fin:* (*Preise, Kurse*) to weaken.

ˈNachgebühr, *f -/-en Post:* postage due (payment); surcharge.

ˈNachgeburt, *f -/occ -en Med:* afterbirth.

ˈnachgehen, *v.i.sep.irr.36* (*sein*) (*a*) j-m, etwas *dat* n., to follow s.o., sth.; einem Problem n., to look into a problem; einem Gerücht n., to follow up a rumour; seiner Arbeit n., to go about one's work; einem Studium, dem Vergnügen usw. n., to pursue a course of study, pleasure etc.; (*b*) (*Bemerkungen usw.*) j-m n., to stick in s.o.'s mind, haunt s.o.; (*c*) (*Uhr*) (fünf Minuten usw.) n., to be (five minutes etc.) slow.

ˈnachgelassen, *p.p. as adj.* posthumous (work, writings).

ˈnachgemacht, *p.p. as adj.* imitation (jewellery etc.); counterfeit (money, signature).

ˈnachgeraten, *v.i.sep.irr.13* (*sein*) j-m n., to take after s.o.

ˈNachgeschmack, *m -(e)s/no pl* aftertaste.

nachgiebig [ˈnɑːxgiːbiç], *adj.* (*a*) flexible, pliant (material etc.); (*b*) yielding, complaint (person); den Kindern gegenüber zu n. sein, to be too indulgent/*F:* soft with the children. ˈN ~ keit, *f -/no pl* (*a*) flexibility, *F:* give (of a material etc.); (*b*) compliance, yielding nature; indulgence (of parents etc.).

ˈnachgießen, *v.tr.sep.irr.31* to top up with (sth.).

ˈnachgrübeln, *v.i.sep.* (*haben*) über etwas *acc* n., to ponder/brood over sth.

ˈnachgucken, *v.tr.&i. sep.* (*haben*) *F:* = nachsehen.

ˈNachhall, *m -(e)s/-e* echo; reverberation. ˈn ~ en, *v.i.sep.* (*haben, occ. sein*) to echo, reverberate.

ˈnachhalt|en, *v.i.sep.irr.45* (*haben*) (*Wirkung usw.*) to last. ˈn ~ ig, *adj.* lasting; *adv.* n. wirken, to have a lasting effect/influence. ˈN ~ igkeit, *f -/no pl* lasting nature/effect.

ˈnachhängen, *v.i.sep.irr.46* (*haben*) (*a*) einem Problem usw. n., to dwell on a problem etc.; seiner Kindheit usw. n., to dream (longingly) of one's childhood; (*b*) *Sch: F:* to lag behind (in Chemie usw., in chemistry etc.).

Nachhauseweg [nɑːˈxhauzəveːk], *m -(e)s/-e* way home.

ˈnachhelfen, *v.i.sep.irr.50* (*haben*) (j-m) n., to lend (s.o.) a hand, help (s.o.); etwas *dat* n., to help sth. along; (*antreiben*) bei j-m n., to chivvy s.o. along; *Hum:* dem Glück n., to give fate a helping hand.

nachher [naxˈhɛːr, *stressed* ˈnɑːxhɛːr], *adv.* afterwards; (*später*) later; bis n.! see you later. ˈn ~ ig, *adj.* later, subsequent.

ˈNachhilfe, *f -/-n* (*also* N ~ unterricht *m*) *Sch:* coaching; N. bekommen, to be coached. ˈN ~ lehrer(in), *m -s/- (f -/-nen)* coach. ˈN ~ schüler(in), *m -s/- (f -/-nen)* private pupil (for coaching). ˈN ~ stunde, *f -/-n* extra (private) lesson; *pl* N ~ n, coaching.

ˈnachhinein, *adv.* im n., afterwards; (*nachträg-*

lich) after the event.

ˈnachhinken, *v.i.sep.* (*sein*) (j-m) n., to lag behind (s.o.).

ˈnachholen, *v.tr.sep.* (*a*) to make up for (lost time etc.); to catch up on (sleep, work etc.); (*b*) to do (an examination etc.) later; (*c*) to fetch (s.o., sth.) later.

ˈNachhut, *f -/-en Mil:* rearguard.

ˈnachimpf|en, *v.tr.sep. Med:* to give (s.o.) a booster, (*nach einiger Zeit*) revaccinate (s.o.). ˈN ~ ung, *f -/-en* booster; re-vaccination.

ˈnachjagen, *v.i.sep.* (*sein*) j-m, etwas *dat* n., to chase after/pursue s.o., sth.

ˈnachkaufen, *v.tr.sep.* to buy more of (sth.).

ˈNachklang, *m -(e)s/¨-e* reverberation; lingering sound; *Fig:* echo, reminiscence.

ˈnachklingen, *v.i.sep.irr.19* (*haben*) to reverberate, linger (on) (*Fig:* in j-m, in the mind).

ˈNachkomm|e, *m -n/-n* descendant. ˈn ~ en, *v.i.sep.irr.53* (*sein*) (*a*) to come, follow (on) later; da kann noch etwas n., that might lead to complications; j-m, etwas *dat* n., to follow s.o., sth.; (*b*) (*Schritt halten*) to keep up (mit + *dat*, with); (*c*) (*erfüllen*) einem Versprechen usw. n., to keep/fulfil a promise etc.; einer Pflicht n., to discharge a duty; einer Bitte n., to comply with a request; seinen Verpflichtungen n., to meet one's obligations. ˈN ~ enschaft, *f -/no pl* descendants; posterity.

ˈNachkriegs-, *comb.fm.* post-war (generation etc.); N ~ zeit *f*, post-war period.

Nachlaß [ˈnɑːxlas], *n -lasses/-lässe* 1. (*Erbschaft*) estate (of a dead person); *Lit: Mus:* unpublished works. 2. *Com:* (*Preisn.*) discount; reduction. ˈN ~ verwalter, *m -s/-* executor. ˈN ~ verwaltung, *f -/-en* administration of the estate.

ˈnachlassen, *v.sep.irr.57* 1. *v.i.* (*haben*) (*a*) to lessen; (*Wind*) to drop; (*Sturm, Schmerz, Druck usw.*) to ease, let up; (*Fieber*) to go down; (*Gehör, Augen usw.*) to (begin to) fail; (*Interesse usw.*) to wane, fall off; (*Wirkung*) to wear off; (*Geschäft usw.*) to become slack; die Schüler lassen in den Leistungen nach, the pupils' standard is dropping; n ~ de Kräfte, waning powers; (*b*) (*aufgeben*) to give up; nicht n.! keep it up! 2. *v.tr.* (*a*) *Com:* etwas vom Preis n., to deduct sth. from the price; (*b*) j-m eine Strafe/Rückzahlung n., to let s.o. off a punishment/repayment; (*c*) to slacken (a rope, reins etc.).

ˈnachlässig, *adj.* careless; slipshod (person, work etc.); lax, casual (behaviour etc.); n. in seiner Erscheinung, neglectful of one's appearance; *adv.* n. gekleidet, carelessly/*F:* sloppily dressed. ˈN ~ keit, *f -/-en* carelessness, negligence; *F:* sloppiness.

ˈNachlauf, *m -s/no pl Aut:* castor angle. ˈn ~ en, *v.i.sep.irr.58* (*sein*) (*a*) j-m, etwas *dat* n., to run after s.o., sth.; *Fig:* einer Idee n., to pursue an idea; *F:* einem Mädchen n., to chase a girl; (*b*) (*Uhr, Tacho*) to be slow.

ˈnachleben, *v.i.sep* (*haben*) j-m n., to live in s.o.'s image.

ˈnachlegen, *v.tr.sep.* to put more (wood etc.) on (the fire).

Nachlese [ˈnɑːxleːzə], *f -/-n* (*also Fig:*) gleanings. ˈn ~ n, *v.tr.sep.irr.61* (*a*) *Agr:* to glean (corn etc.); (*b*) (*nachschlagen*) to look/read (sth.) up.

'**nachlös|en**, *v.tr.sep. Rail:* to buy (a ticket) on the train/on arrival. '**N ~ eschalter**, *m -s/-* excess fares counter.

'**nachmachen**, *v.tr.sep. F:* (a) to copy, (*nachäffen*) mimic (s.o., sth.); to reproduce, copy (period furniture etc.); (*unerlaubt*) to forge (a signature etc.), counterfeit (money etc.); **das Kind macht ihr alles nach**, the child copies everything she does; (b) (*nachholen*) to catch up on (sth.) later.

'**nachmessen**, *v.tr.sep.irr.25* to check the measurements of (sth.).

'**Nachmittag. I.** *m -s/-e* afternoon; **am N.**, in the afternoon. **II. n.**, *adv.* **heute/gestern n.**, this/yesterday afternoon; **Montag n.**, on Monday afternoon. '**n ~ s**, *adv.* in the afternoon/(*jeden N.*) afternoons; **um vier Uhr n.**, at 4 p.m. '**N ~ s-**, *comb.fm.* afternoon (coffee etc.); **N ~ schläfchen** *n*, afternoon nap; **N ~ unterricht** *m*, afternoon school.

nachmittäglich ['naːxmitεːkliç], *adj.* afternoon (walk etc.).

'**Nachnahme**, *f -/-n Post:* (a) **etwas per/mit N. schicken**, to send sth. cash on delivery/*abbr.* C.O.D.; (b) (*also* N ~ **sendung** *f*) C.O.D. parcel.

'**Nachname**, *m -ns/-n* surname.

'**nachplappern**, *v.tr.sep.* to repeat (sth.) parrot-fashion.

'**Nachporto**, *n -s/-s occ -ti Post:* postage due.

'**nachprüf|en**, *v.tr.sep.* to check, verify (a fact, statement etc.). '**N ~ ung**, *f -/-en* check(ing); verification.

'**nachrechnen**, *v.tr.sep.* to check (a sum etc.).

'**Nachrede**, *f -/-n* **böse N.**, malicious gossip; *Jur:* **üble N.**, defamation, slander. '**n ~ n**, *v.tr.sep.* (a) **j-m etwas n.**, to repeat s.o.'s words (*esp. Pej:* parrot-fashion); (b) = **nachsagen** (*a*).

'**nachreisen**, *v.i.sep.* (*sein*) **j-m n.**, to follow/go after s.o.

Nachricht ['naːxriçt], *f -/-en* news; **eine N.**, a piece of news/information; **von j-m N. bekommen/erhalten**, to hear from s.o.; **eine N. hinterlassen**, to leave a message; **j-m N. geben**, to inform s.o.; *Rad: TV:* **die N.**, the news. '**N ~ en-**, *comb.fm.* news (magazine etc.); **N ~ agentur** *f*/**N ~ büro** *n*, news agency; **N ~ sperre** *f*, news blackout; *Rad: TV:* **N ~ sendung** *f*, news bulletin; *N.Am:* newscast; **N ~ sprecher(in)** *m(f)*, newsreader, *N.Am:* newscaster. '**N ~ endienst**, *m -(e)s/-e* 1. *esp. Mil:* intelligence (service). 2. news agency. '**N ~ ensystem**, *n -s/-e* communications system. '**N ~ entechnik**, *f -/no pl/*'**N ~ enwesen**, *n -s/no pl* (tele)communications.

'**nachrücken**, *v.i.sep.* (*sein*) (a) (*Pers., Mil: Truppen*) to move up; (b) to be promoted (**auf einen Posten usw.**, to a position etc.).

'**Nachruf**, *m -(e)s/-e* obituary.

'**Nachruhm**, *m -(e)s/no pl* posthumous reputation.

'**nachsagen**, *v.tr.sep.* (a) **j-m etwas n.**, to say sth. of s.o.; **j-m Gutes/Böses n.**, to speak well/badly of s.o.; **man kann ihm nichts n.**, it is impossible to say anything bad about him; (b) (*wiederholen*) to repeat (sth.).

'**Nachsaison**, *f -/-s* off/low season.

'**Nachsatz**, *m -es/-e* 1. *Corr:* postscript. 2. *Gram:* added clause.

'**nachschauen**, *v.tr.&i.sep.*(haben) *esp. South G:* = **nachsehen** 1. & 2. (a),(b).

'**nachschicken**, *v.tr.sep.* to forward, send on (a letter etc.) (j-m, to s.o.).

'**nachschlag|en**, *v.sep.irr.85* 1. *v.tr.* to look (sth.) up (**im Wörterbuch, usw.**, in the dictionary etc.). 2. *v.i* (a) (*haben*) **in einem Wörterbuch usw. n.**, to refer to/consult a dictionary etc.; (b) (*sein*) *Lit:* **j-m n.**, to take after s.o. '**N ~ ewerk**, *n -(e)s/-e* reference work.

'**nachschleifen**/'**nachschleppen**, *v.tr.sep.* to drag/trail (sth.) along.

'**Nachschlüssel**, *m -s/-* duplicate key.

'**nachschmecken**, *v.i.sep.* (*haben*) (*Essen*) to leave an aftertaste.

'**nachschmeißen**, *v.tr.sep.irr.4 F:* = **nachwerfen**.

'**nachschreiben**, *v.tr.sep.irr.12* to copy (texts).

'**Nachschrift**, *f -/-en* 1. transcription, notes (of a lecture). 2. *Corr:* postscript.

'**Nachschub. I.** *m -(e)s/no pl Mil:* supply (**an Proviant usw.**, of food etc.); *coll.* **der N.**, supplies. **II.** '**N ~ -**, *comb.fm.* supply (column etc.); **N ~ linie** *f*/**N ~ weg** *m*, supply line.

'**nachsehen. I.** *v.sep.irr.92* 1. *v.i.* (*haben*) (a) **j-m, etwas** *dat* **n.**, to look/gaze after s.o., sth.; (b) (*kontrollieren*) to have a look, check up; (*sehen*) to look; **sieh mal nach, wer an der Tür ist**, go and see who is at the door; (c) (*nachschlagen*) **in einem Buch n.**, to consult a book. 2. *v.tr.* (a) to look (sth.) up (in a book etc.); (b) (*kontrollieren*) to check (homework etc.); (c) **j-m seine Fehler usw. n.**, to overlook s.o.'s mistakes etc. **II. N.**, *n -s/no pl* **das N. haben**, to come off badly; **ihm bleibt das N.**, he is the loser.

'**nachsend|en**, *v.tr.sep.irr.94* to forward, send on (a letter etc.) (j-m, to s.o.). '**N ~ ung**, *f -/-en* 1. *no pl* forwarding. 2. forwarded item.

'**Nachsicht**, *f /no pl* leniency; **N. üben**, to be lenient, show forbearance; **j-n mit N. behandeln/mit j-m N. haben**, to treat s.o. leniently, make allowances for s.o. '**n ~ ig**, *adj.* lenient (**gegen j-n**, towards s.o.); forbearing, charitable (attitude etc.).

'**Nachsilbe**, *f -/-n Gram:* suffix.

'**nachsinnen**, *v.i.sep.irr.3* (*haben*) *Lit:* **über etwas** *acc* **n.**, to ponder over sth.

'**nachsitzen. I.** *v.i.sep.irr.97* (*haben*) **n. müssen**, to be kept in, get a detention; **einen Schüler n. lassen**, to keep a pupil in. **II. N.**, *n -s/no pl* detention.

'**Nachsommer**, *m -s/-* Indian summer.

'**Nachsorge**, *f -/no pl Med:* aftercare.

'**Nachspann**, *m -(e)s/-e TV: Cin:* credits (after a film).

'**Nachspeise**, *f -/-n* dessert, *Brit:* sweet.

'**Nachspiel**, *n -(e)s/-e* 1. (a) *Th:* epilogue; (b) *Mus:* postlude. 2. (*Folgen*) consequences; **es wird noch ein N. geben**, there will be repercussions. '**n ~ en**, *v.tr.sep.* (a) to play (a tune etc.); (b) *Cards:* **eine Farbe n.**, to play the same suit again; (c) *Fb: etc:* **fünf Minuten n. lassen**, to allow five minutes injury time.

'**nachspionieren**, *v.i.sep.* (*haben*) **j-m n.**, to spy on s.o.

'**nachsprechen**, *v.tr.sep.irr.14* to repeat (s.o.'s words etc.); **j-m etwas n.**, to say sth. after s.o.

'**nachspülen**, *v.tr.sep.* to rinse (plates, washing etc.), rinse out (one's mouth etc.); (b) *F:* **er** spülte ein Bier nach, he washed it down with a beer.

nächst [nɛːçst]. **I.** *prep.* + *dat Lit:* next to. **II.** **n~~,** *adj. comb.fm.* next (largest, highest, smallest, possible etc.); **das 'n~'größte Kleid,** the next largest dress; the dress a size smaller; **das n~'größere Kleid,** the dress a size larger. **'n~e(r, s),** *adj.* (*a*) (*räumlich*) next; (*nächstgelegen*) nearest; **die n. Straße links,** the next road on the left; **das n. Geschäft,** the nearest shop; **wir werden ins n. beste Hotel gehen,** we shall go to the first hotel we come to; **die n~n Verwandten,** the closest relatives; (*b*) (*zeitlich*) next (week, year, time etc.); **in den n~n Tagen,** in the next few days; **wer kommt als n~r?** whose turn is it next? **fürs n.,** for the time being; (*c*) *adv.phr.* **am n~n,** closest, nearest; **er ist mir im Alter am n~n,** he is closest to me in age. **'n~beste,** *adj.* (*a*) next best; (*b*) the first (hotel etc.) one comes across; *F:* any old (restaurant etc.); **den n~n heiraten,** to marry the first man who comes along. **'n~emal,** *adv.* das n./beim nächstenmal, (the) next time. **'N~enliebe,** *f* -/*no pl* charity. **'n~ens,** *adv.* shortly, soon; *F:* **n. fängt er auch noch an zu singen!** before you know where you are he'll start singing too! **'n~folgende,** *attrib. adj.* following, next (day, page etc.). **'n~gelegene,** *attrib. adj.* nearest (town, house etc.). **'n~jährige(r, s),** *adj.* next year's. **'n~liegende(r, s),** *adj.* most obvious, first (question, etc.); **das N.,** the most obvious thing.

'nachstehen, *v.i.sep.irr.100* (haben) **j-m an etwas** *dat* **n.,** to be inferior to s.o. in sth.; **sie steht ihm in nichts nach,** she is his equal in every respect. **'n~d,** *adj.* following; **im n~en/***adv.* **n.,** below.

'nachsteigen, *v.i.sep.irr.89* (sein) *F:* **einem Mädchen/Mann n.,** to chase (after) a girl/man.

'nachstell|en, *v.sep.* **1.** *v.tr.* (*a*) to adjust (brakes etc.); (*b*) **die Uhr n.,** to put back the clock; (*c*) *Gram:* to postpone (a verb etc.); **dem Substantiv nachgestellt,** placed after the noun. **2.** *v.i.* (haben) **dem Wild/***F:* **einem Mädchen n.,** to pursue game/*F:* a girl. **'N~ung,** *f* -/-en **1.** *Gram:* postposition. **2.** *usu.pl* N~en, pursuit; *F:* advances (to a girl).

'nachstreben, *v.i.sep.* (haben) *Lit:* **einem Ideal usw. n.,** to aspire to an ideal etc.

'nachstürzen, *v.i.sep.* (sein) *F:* **j-m n.,** to dash after s.o.

'nachsuchen, *v.i.sep.* (haben) to search.

Nacht [naxt]. **I.** *f* -/"e night; **diese N.,** (i) tonight; (ii) last night; **in der/bei N.,** at night; **in der N. zum Sonntag (morgen),** on Saturday night; **es wird schon N.,** it is already getting dark; **bis spät in die N.,** far into the night; **N. für N.,** night after night; **die N. zum Tage machen,** to turn night into day; **bei N. und Nebel,** under cover of darkness, (*heimlich*) furtively; (*also Fig:*) **über N.,** overnight; *F:* **sich** *dat* **die N. um die Ohren schlagen,** to stay up all night, make a night of it. **II. n.,** *adv.* **heute n.,** (i) last night; (ii) tonight; **Dienstag n.,** on Tuesday night. **III. 'N~~,** *comb.fm.* (*a*) night (attack, work, blindness, sky, club, flight, life, tariff, train etc.); nocturnal (bird, animal etc.); *Cin: TV:* late-night (programme, performance etc.);

N~**bar** *f*/N~**lokal** *n*, nightspot; N~**dienst** *m*, night duty; N~**pförtner**/N~**portier** *m*, night porter; N~**schicht** *f*, night shift; N~**schwester** *f*, night nurse; N~**wache** *f*, night watch; N~**wächter** *m*, night watchman; N~**mensch** *m/F:* N~**eule** *f*, night owl, *Hum:* nocturnal animal; *Cl:* N~**hemd** *n*, nightshirt; (*Frauenn.*) nightdress, *F:* nightie; *F:* N~**zeug** *n*, night things; *Bot:* N~**schatten** *m*, nightshade; *Orn:* N~**schwalbe** *f*, nightjar; *El:* N~**speicherofen** *m*, night storage heater; (*b*) N~**asyl**/N~**quartier** *n*, shelter/accommodation for the night; *A:&Hum:* N~**lager** *n*, shake-down for the night. **'N~falter,** *m* -s/- **1.** *Ent:* moth. **2.** *Hum:* (*Pers.*) night reveller. **'N~mahl,** *n* -(e)s/"er *Aus:* evening meal, supper. **'N~ruhe,** *f* -/*no pl* night's sleep; **angenehme N.!** sleep well! **'n~s,** *adv.* at night; **n. um 3 (Uhr),** at 3 (o'clock) in the morning; **n. arbeiten,** to work nights; **Samstag n.,** on Saturday nights. **'N~~schwärmer,** *m* -s/- = N~**falter.** **'N~strom,** *m* -(e)s/*no pl* off-peak electricity. **'N~stuhl,** *m* -(e)s/"e commode. **'N~tisch,** *m* -(e)s/-e bedside table. **'N~topf,** *m* -(e)s/"e chamber pot. **'N~-und-'Nebel-Aktion,** *f* -/-en cloak and dagger operation. **'n~wandeln,** *v.i.insep.* (haben, *occ. sein*) to walk in one's sleep, sleepwalk. **'N~wandler(in),** *m* -s/- (*f* -/-nen) sleepwalker. **'N~zeit,** *f* -/-en night-time; **zur N.,** at night.

'Nachteil, *m* -(e)s/-e disadvantage, drawback; (*körperlicher Fehler usw.*) handicap; **sich im N. befinden/im N. sein,** to be at a disadvantage; **zum N. seiner Gesundheit,** to the detriment of his health. **'n~ig,** *adj.* disadvantageous; (*schädlich*) detrimental, damaging; *adv.* **es wirkte sich n. für ihn aus,** it turned out to his disadvantage.

nächt|elang ['nɛçtəlaŋ], *adj.* lasting several nights; *adv.* night after night. **'n~igen,** *v.i.* (haben) *Lit: & Aus:* to spend the night. **'N~igung,** *f* -/-en *Aus:* overnight stay. **'n~lich,** *adj.* nocturnal (habits, visit etc.); night (sky etc.); (darkness, stillness) of the night; night-time (theft etc.).

Nachtigall ['naxtigal], *f* -/-en *Orn:* nightingale.

'Nachtisch, *m* -(e)s/-e dessert, *Brit:* sweet; **zum N.,** as dessert, *Brit: F:* for afters.

'Nachtrag, *m* -(e)s/"e supplement; postscript (to a report etc.). **'n~en,** *v.tr.sep.irr.85* (*a*) **j-m etwas n.,** (i) to walk behind s.o. carrying sth.; (ii) *F:* to hold sth. against s.o., refuse to forgive s.o. for sth.; (*b*) (*hinzufügen*) to add (sth.). **nachträglich** ['naːxtrɛːkliç], *adj.* subsequent (remark, apology etc.); belated (greetings etc.); *adv.* later; subsequently.

'nachtrauern, *v.i.sep.* (haben) **j-m, etwas** *dat* **n.,** to bemoan the loss of s.o., sth.

'nachtun, *v.tr.sep.irr.106* *F:* **es j-m n.,** to copy, imitate s.o.

'Nachuntersuchung, *f* -/-en *Med:* (post-operative etc.) checkup.

'nachvollziehen, *v.tr.sep.irr.113* to reconstruct, try to imagine (s.o.'s thoughts etc.).

'Nachwahl, *f* -/-en by-election.

'Nachwehen, *pl Med:* afterpains.

'nachweinen, *v.i.sep.* (haben) = **nachtrauern;** *F:*

ich weine ihm keine Träne nach, I shan't be sorry to see the back of him.
'Nachweis, m -es/-e proof, evidence; Ch: Med: etc: detection; den N. für etwas acc erbringen/führen, to produce evidence of sth. 'n ~ bar, adj. demonstrable; Med: detectable (disease etc.); es ist nicht n., it cannot be proved. 'n ~ en, v.tr.sep.irr.70 to prove (a fact, one's identity etc.); Ch: Med: etc: to detect (an element, bacillus etc.); j-m einen Fehler n., to show that s.o. has made a mistake; man konnte ihm nichts n., it was impossible to pin anything on him. 'n ~ lich, adj. demonstrable; adv. es ist n. falsch, it can be shown to be false.
'Nachwelt, f -/no pl die N., posterity.
'nachwerfen, v.tr.sep.irr.110 j-m etwas n., to throw sth. after s.o.
'nachwirk|en, v.i.sep. (haben) to continue to have an effect. 'N ~ ung, f -/-en after-effect.
'Nachwort, n -(e)s/-e postscript (to a book).
'Nachwuchs. I. m -es/no pl 1. F: (Kinder) offspring. 2. (a) musikalischer/wissenschaftlicher N., rising generation of musicians/scientists; es fehlt am N., there is a lack of new blood; (b) Mil: etc: recruits; Com: trainees (in a firm etc.). II. 'N ~-, comb.fm. (a) young, up and coming (player, actor, author etc.); die N ~ schauspieler pl, the new generation of actors; (b) Com: trainee (salesman etc.); N ~ kraft f, trainee. 'N ~ problem, n -s/-e problem of recruitment.
'nachzahl|en, v.tr.sep. to pay (sth.) later/(zusätzlich) extra. 'N ~ ung, f -/-en 1. subsequent payment. 2. back-payment.
'nachzählen, v.tr.sep. to re-count (money, votes etc.); to check (change etc.).
'nachzeichnen, v.tr.sep. (a) to copy (a drawing etc.); (b) (schildern) to describe (events etc.).
'nachziehen, v.sep.irr.113 1. v tr (a) to drag (sth.) behind/after one; ein Bein n., to drag a leg; (b) to go over, trace (a line etc.); sich dat die Lippen n., to put on lipstick; nachgezogene Augenbrauen, pencilled eyebrows; (c) to (re-)tighten (screws etc.); (d) Pflanzen usw. n., to grow more/new plants. 2. v.i. (a) (sein) j-m, etwas dat n., to follow s.o. etc.; (umziehen) j-m n., to move to the same place as s.o.; (b) (haben) F: to follow suit.
'Nachzug, m -(e)s/-e relief train.
'Nachzügler ['na:xtsy:klər], m -s/- latecomer; straggler (on a hike etc.); F: (Kind) late addition, Hum: afterthought.
Nackedei ['nakədai], m -s/-s F: Hum: nude, esp. naked child.
Nacken ['nakən], m -s/- (nape of the) neck; den Kopf in den N. werfen, to throw one's head back; Fig: j-m im N. sitzen, to breathe down s.o.'s neck; er hatte die Polizei im N., the police were hard on his heels. 'N ~ haar, n -(e)s/-e hair on the back of the neck. 'N ~ schlag, m -(e)s/-e (schwerer) N., (heavy) blow; (severe) setback. 'N ~ wirbel, m -s/- cervical vertebra.
nackt [nakt]. I. adj. (a) naked (person, body etc.); bare (arms, fists, wall, branch etc.); Art: etc: nude (model, body etc.); mit n ~ em Oberkörper, stripped to the waist; sich n. ausziehen, to strip (naked); (b) bare (facts, existence etc.); stark (poverty etc.); undisguised (hatred); die n ~ e Wahrheit, the plain truth; das n ~ e Leben

retten, to escape with one's bare life. II. 'N ~, comb.fm. nude (bathing, photograph, model, dancer etc.); Hum: N ~ frosch m, naked child. 'N ~ heit, f -/no pl nakedness, nudity. 'N ~ kultur, f -/no pl nudism.
Nadel ['na:dəl]. I. f -/-n needle; (Steckn., Hutn., Haarn.) pin; (Brosche) brooch; (Häkeln.) hook; Rec: stylus; Bot: needle; Fig: (wie) auf N ~ n sitzen, to be on tenterhooks. II. 'N ~-, comb.fm. (a) needle (size, Mec.E: bearing etc.); pin-(head etc.); N ~ arbeit f, needlework; N ~ einfädler m, needle threader; N ~ kissen n, pincushion; N ~ stich m, (i) pinprick; (ii) Sew: (Nähstich) stitch; N ~ streifen mpl, pin-stripe; (b) Bot: coniferous (forest etc.); N ~ baum m, coniferous tree, conifer. 'N ~ holz, n -es/-er 1. deal, softwood. 2. pl N ~ er, conifers.
Nadir [na'di:r], m -s/no pl Astr: nadir.
Nagel ['na:gəl]. I. m -s/- 1. nail; stud (on road surface); Med: pin; F: den N. auf den Kopf treffen, to hit the nail on the head; seine Stellung usw. an den N. hängen, to chuck in one's job etc. 2. (finger/toe) nail; F: es brennt mir unter den N ~ n, it's desperately urgent; (Geld) it's burning my fingers; sich dat etwas unter den N. reißen, to bag/make off with sth. II. 'N ~-, comb.fm. nail(-brush, -file etc.); N ~ lack m, nail varnish; N ~ lackentferner m, nail varnish remover; N ~ schere f, nail scissors; N ~ zange f, nail clippers. 'N ~ haut, f -/-e cuticle. 'n ~ n, v tr. to nail (sth.) (an etwas acc, to sth.); abs. to knock in nails; (b) Med: to pin (a bone etc.). 'n ~ 'neu, adj. F: brand-new. 'N ~ schuh, m -(e)s/-e (a) hobnailed boot/shoe; (b) Sp: spiked (running) shoe.
'Nägelkauen, n -s/no pl nail-biting.
nag|en ['na:gən], v. 1. v.i. (haben) (a) (Tier) to gnaw, (Pers.) nibble (an etwas dat, at sth.); F: wir haben nichts zu n. und zu beißen, we haven't a bite to eat; Fig: (Kummer, Zweifel usw.) an j-m n., to prey on s.o.; es nagt an seiner Gesundheit, it's undermining his health; n ~ de Zweifel, nagging doubt. 2. v.tr. to gnaw (sth.); (Maus usw.) sich durch etwas n., to gnaw its way through sth. 'N ~ er, m -s/-/'N ~ etier, n -(e)s/-e Z: rodent.
nah|(e) ['na:(ə)], adj. (comp. näher q.v., superl. nächste q.v.) 1. (örtlich) near; j-m, etwas da/n ~ (e), close to s.o., sth.; n ~ e (gelegen), nearby (town, house etc.); der N ~ e Osten, the Near East; n ~ e am Strand, close to/near the beach, n ~ (e) bei der Kirche, near the church; aus n. und fern, from far and near; adv. j-m n ~ e bleiben, to stay close to s.o.; komm mir nicht zu n ~ e! keep your distance! Fig: j-m zu n ~ e treten, to step on s.o.'s toes, offend s.o. 2. (a) (zeitlich) close, impending (event etc.); near (future); imminent (danger, departure etc.); er ist n. an 70, he is close to 70; adv. n ~ e bevorstehen, to be imminent; (b) n ~ e daran sein, etwas zu tun, to be on the point/verge of doing sth.; den Tränen, dem Wahnsinn n ~ e, on the verge of tears/madness. 3. (eng, vertraut) close (relative, friendship, contact etc.); adv. n ~ e verwandt, closely related. 'N ~ aufnahme, f -/-n Phot: close-up. 'n ~ e' bei, adv. near/close by. 'n ~ ebringen, v.tr.sep.irr.166 (a) j-m etwas n., to make s.o. appreciate sth., bring sth. home to s.o.;

(b) to bring (people) together. 'n ~ e**gehen**, v.i.sep.irr.36 (sein) to affect s.o. deeply. 'n ~ e**kommen**, v.i.sep.irr.53 (sein) (a) etwas dat n., to come close to sth.; (Zahl, Summe) to approximate sth.; **das kommt der Bestechung nahe,** that is tantamount to bribery; (b) j-m/ sich dat n., to get to know s.o./one another well. 'n ~ e**legen**, v.tr.sep. (a) j-m etwas n., to recommend sth. (strongly) to s.o.; j-m n., etwas zu tun, to urge s.o. to do sth.; (b) to lead to (a supposition), give grounds for (a suspicion etc.). 'n ~ e**liegen**, v.i.sep.irr.62 (haben) to seem likely; (Gedanke, Idee usw.) to suggest itself; **die Vermutung liegt nahe, daß. . .,** it seems reasonable to suppose that . . . 'n ~ e**liegend**, adj. likely; fair (assumption etc.); **aus n ~ en Gründen,** for obvious reasons. 'n ~ e**n**, v.i. (sein) Lit: to draw near, approach. 'n ~ e**stehen**, v.i.sep.irr.100 (haben) j-m n., to be close to s.o./(sympathisieren) in sympathy with 's.o.; **dem Sozialismus n ~ d,** with socialist leanings/sympathies. 'n ~ e**treten**, v.i.sep. irr.105 (sein) j-m n., to approach s.o.; (kennenlernen) to become acqainted with s.o. 'n ~ e'**zun**, adv. almost, nearly; **n. unmöglich,** practically impossible. 'N ~ **kampf**, m -(e)s/-e (a) Mil: close combat; hand-to-hand fighting; (b) Box: infighting. 'N ~ '**ost**, inv. Geog: the Near East. 'N ~ **transport**, m -(e)s/no pl short-haul transport. 'N ~ **verkehr**, m -s/no pl Rail: Aut: local traffic. 'n ~ **verwandt**, adj. closely related. 'N ~ **ziel**, n -(e)s/-e short-term aim.

Näh- ['nɛː-], comb.fm. sewing (needle, silk, lesson, table etc.); N~**faden** m/N~**garn** n, sewing thread/cotton; N~**korb** m, sewing basket, workbasket; N~**maschine** f, sewing machine; N~**zeug** n, sewing things; N~**arbeit** f, sewing; needlework. 'n ~ e**n** ¹, v.tr. (a) to sew, (auf der Maschine) machine (a seam etc.); to make (a dress, curtains etc.); **Knöpfe an etwas** acc **n.,** to sew buttons on(to) sth.; (b) to stitch up (a wound etc.); F: **der Patient mußte genäht werden,** the patient had to have stitches. **2.** v.i. (haben) to sew. 'N ~ e**rin**, f -/-nen needlewoman.

Nähe ['nɛːə], f -/no pl nearness, proximity; **etwas aus der N. betrachten,** to have a close look at sth.; **in der N.,** nearby; **in nächster/ unmittelbarer N.,** in the immediate vicinity; right next to it; **in greifbarer N.,** within (easy) reach; **in der N. der Stadt,** near/close to the town; **in meiner N.,** near/where I live; **j-s N. suchen,** to seek s.o.'s company. 'n ~ **r**, adj. (a) nearer, closer; shorter (route etc.); **dieser Weg ist n.,** this way is shorter; **in der n ~ en Umgebung,** in the immediate vicinity; **seine n ~ e Umgebung,** his intimate circle; **n ~ e Verwandtschaft,** close relatives; adv. **j-n n. kenncnlernen,** to get to know s.o. better; (l) (genauer) more detailed (examination etc.); **die n ~ en Umstände,** the exact circumstances; N~**es/n ~ e Auskünfte,** further details/information; **nichts N ~ es,** no details; **alles N ~ e,** all the details; adv. **n. auf etwas eingehen,** to look into sth. more closely/in more detail. 'n ~ **rbringen**, v.tr.sep.irr.16 j-m etwas n., to make sth. more real/(verständlich) accessible to s.o. 'n ~ **rkommen**, v.i.sep.irr.53 (sein) j-m n., to get to know s.o. better; **sich** dat **n.,** to become closer (friends). 'n ~ **rliegen**, v.i.sep.irr.62

(haben) to seem more likely/(Vorschlag usw.) better. 'n ~ **rn**, v.tr. (a) to move/bring sth. closer (etwas dat, to sth.); (b) **sich n.,** to come up (j-m, etwas dat, to s.o., sth.); **das Schiff näherte sich der Küste,** the ship was approaching the coast. 'n ~ **rstehen**, v.i.sep.irr.100 (haben) j-m, etwas dat n., to be closer to s.o., sth. 'N ~ **rung**, f -/-en Mth: approximation.

Nähr|boden ['nɛːrboːdən], m -s/- (a) culture medium (for bacteria); (b) Fig: breeding ground. 'N ~ **creme**, f -/-s Cosm: skin food. 'n ~ e**n**, v. 1. v.tr. (a) to feed (s.o., a baby etc.); **sie nährt ihr Kind selbst,** she is breast-feeding her baby; **gut/schlecht genährt,** well-fed/undernourished; Lit: **sich von etwas** dat **n.,** to feed/ live on sth.; (b) Lit: to nurture (resentment, suspicion etc.). **2.** v.i. (haben) (Essen usw.) to be nourishing. 'N ~ **mittel**, npl cereal products. 'N ~ **stoff**, m -(e)s/-e nutrient. 'N ~ **wert**, m -(e)s/-e food value.

nahr|haft ['naːrhaft], adj. nourishing, nutritious. 'N ~ **ung**, f -/no pl food; (N~haftes) nourishment; **feste N.,** solids; Fig: **geistige N.,** spiritual nourishment; **einem Gefühl usw. N. geben,** to nurture/strengthen a feeling etc. 'N ~ **ungsaufnahme**, f -/no pl food intake. 'N ~ **ungsmittel. I.** n -s/- food item; pl foodstuffs. **II.** N~-, comb.fm. food (industry etc.); N~**vergiftung** f, food poisoning.

Naht [naːt], f -/-̈e Sew: Tchn: seam; Surg: Anat: suture; **aus allen N̈ ~ en platzen,** to burst at the seams. 'n ~ **los**, adj. seamless; Fig: smooth (transition etc.). 'N ~ **stelle**, f -/-n join; Tchn: weld.

naiv [na'iːf], adj. naive; **den** N~**en/die** N~**e spielen,** to act the innocent; Th: **eine** N~**e,** an ingénue. N ~ **ität** [naivi'tɛːt], f -/no pl naiveté, ingenuousness. N ~ **ling**, m -s/-e F: Pej: naive type.

Nam|e ['naːmə], m -ns/-n name; title (of a magazine etc.); **wie ist Ihr N.?** what is your name? **den** N~**n X tragen/unter dem** N~**n X laufen,** to be called/go by the name of X; **auf einen** N~**n hören,** to answer to a name; **das Konto lautet auf den** N~**n seiner Frau,** the account is ¡n his wife's name; **nur dem** N~**n nach,** only by name; (nicht wirklich) nominally, in name only; **ein Mann mit** N~**n Maier,** a man by the name of Maier; **sich** dat **einen** N~**n machen,** to make a name for oneself; F: **mein N. ist Hase,** I don't know a thing about it. 'N ~ **en-**, comb.fm. (list, register etc.) of names. 'N ~ **engebung,** f -/no pl naming. 'n ~ **enlos,** adj. 1. unnamed, nameless (person, thing); unknown (hero etc.). **2.** Lit: inexpressible, indescribable. 'n ~ **ens,** adv. by the name of, called. 'N ~ **ensänderung,** f -/-en change of name. 'N ~ **ensschild,** n -(e)s/-er (a) nameplate; (b) identity badge, N.Am: name tag (of a delegate etc.). 'N ~ **enstag,** m -(e)s/-e R.C.Ch: name-day. 'N ~ **ensvetter,** m -s/-n namesake. 'N ~ **enszug,** m -(e)s/-e signature. 'n ~ **entlich,** adv. 1. j-n n. **nennen,** to mention s.o. by name. **2.** (besonders) especially, particularly. 'n ~ **haft,** adj. (a) renowned, celebrated (artist etc.); (b) (ansehnlich) considerable (sum, part etc.); (c) Jur: **den Täter n. machen,** to name the offender.

nämlich ['nɛːmlɪç], adv. (a) namely; **nächste**

Woche, n. am Dienstag, next week, on Tuesday to be precise; **es ist n. so,** the facts are as follows; (b) (*kausal*) for, as; **er konnte nicht kommen, er ist n. krank,** he couldn't come as he is ill.

nanu [na'nu:], *int.* well! well I never!

Napf [napf], *m* -(e)s/-̈e dish, bowl (for a dog etc.). ´N ~ **kuchen,** *m* -s/- *Cu:* gugelhupf (cake). ´N ~ **schnecke,** *f* -/-n *Moll:* limpet.

Naphtha ['nafta], *n* -s/*no pl Ch:* naphtha.

Narb|e ['narbə], *f* -/-n **1.** *Med:* scar. **2.** (*Grasn.*) turf. **3.** *Bot:* stigma. **n ~ ig,** *adj.* scarred; (*pockenn.*) pitted (skin etc.).

Narko|se [nar'ko:zə], *f* -/-n narcosis; (*N ~ mittel*) anaesthetic; **in N.,** under anaesthetic. **N ~ searzt,** *m* -es/-̈e anaesthetist. N ~ **semittel,** *n* -s/- anaesthetic. N ~ **tikum** [-tikum], *n* -s/-ka narcotic. **n ~ tisch,** *adj.* narcotic. **n ~ ti´sieren,** *v.tr.* to anaesthetize (s.o.)

Narr [nar], *m* -en/-en (a) fool; **j-n zum N ~ en halten,** to make a fool of s.o.; *F:* **einen N ~ en an j-m gefressen haben,** to be dotty about s.o.; (b) *Hist:* jester. ´N ~ **enfreiheit,** *f* -/-en **1.** fool's privilege. **2.** freedom of the carnival. ´n ~ **ensicher,** *adj. F:* foolproof. ´N ~ **heit,** *f* -/-en (a) *no pl* foolishness; (b) foolish prank.

Närr|in ['nɛrin], *f* -/-nen fool (of a woman). ´n ~ **isch,** *adj.* (a) (*verrückt*) mad, crazy (person, idea etc.); **sie war halb n. vor Freude,** she was beside herself with joy; **auf j-n, etwas** *acc* **n. sein,** to be dotty/crazy about s.o., sth.; *adv.* **n. verliebt,** madly in love; *F:* **n. kalt,** terribly cold; (b) (crazy) carnival (time, goings-on etc.).

Narzisse [nar'tsisə], *f* -/-n *Bot:* narcissus; **gelbe N.,** daffodil.

nas|al [na'za:l], *adj. Anat: Ling:* nasal.

nasch|en ['naʃən], *v.tr. & i.* (*haben*) to nibble (a cake etc.); **an etwas** *dat* **n.,** to nibble at sth.; **gerne n.,** to have a sweet tooth. ´N ~ **er,** *m* -s/- nibbler; sweet-tooth. N ~ **e´rei,** *f* -/*no pl* nibbling. ´n ~ **haft,** *adj.* fond of nibbling; sweet-toothed. ´N ~ **katze,** *f* -/-n *F:* nibbler.

Nase ['na:zə], *f* -/-n nose; **j-m eine lange N. machen,** to thumb one's nose at s.o.; **immer der N. nach,** just follow your nose; **(direkt) vor der N.,** (right) under one's nose; **j-m die Tür vor der N. zuschlagen,** to shut the door in s.o.'s face; **der Zug fuhr mir vor der N. weg,** I just arrived in time to see the train go out; *Fig:* **eine gute/feine N. für etwas** *acc* **haben,** to have a good nose for sth.; **die N. hoch tragen,** to be stuck up; *F:* **auf die N. fallen,** to fall flat on one's face; *also Fig:* **to come a cropper; von j-m, etwas** *dat* **die N. voll haben,** to be fed up with s.o., sth.; **j-m etwas unter die N. reiben,** to ram sth. down s.o.'s throat; **den muß man mit der N. darauf stoßen,** he has to have it pointed out to him in no uncertain terms; **j-n an der N. herumführen,** to pull the wool over s.o.'s eyes; **j-m auf der N. herumtanzen,** to play s.o. up; **auf der N. liegen,** to be laid up; **das werde ich dir nicht auf die N. binden!** I'm not letting on/going to tell you! **laß deine N. aus der N. ziehen,** to worm sth. out of s.o.; **das sticht mir schon lange in die N.,** I've had my eye on that for a long time; **es ging nicht nach meiner N.,** things didn't go the way I wanted. ´N ~ **en–,** *comb.fm.* nose (drops etc.); (tip etc.) of the nose; nasal (spray etc.); N ~ **bluten** *n,* nose-bleed; N ~ **flügel** *m,* side of the nose; N ~ **rücken** *m,* bridge of the nose;

N ~ **bein** *n,* nasal bone; N ~ **schleim** *m,* nasal mucus; N ~ **höhle** *f,* nasal cavity. ´n ~ **enlang,** *adv. F:* **alle n.,** forever, constantly. ´N ~ **en–länge,** *f* -/-n *Rac: & Fig:* **um eine/mit einer N.,** by a head. ´N ~ **enloch,** *n* -(e)s/-̈er nostril. ´N ~ **enstüber,** *m* -s/- (a) swat on the nose; (b) *F:* telling-off. ´N ~ **erümpfen,** *n* -s/*no pl* sneering. ´n ~ **erümpfend,** *adv.* sneeringly, turning up one's nose. ´n ~ **eweis. I.** *adj.* precocious. **II. N.,** *m* -es/-e know-all. ´N ~ **horn,** *n* -(e)s/-̈er *Z:* rhinoceros.

näseln ['nɛ:zəln], *v.i.* (*haben*) to speak through one's nose.

naß [nas], *adj.* wet; **das Bett n. machen,** to wet one's bed; **mit n ~ en Augen,** with tears in one's eyes. ´N ~ **fäule,** *f* -/*no pl Agr:* soft rot. ´n ~ **kalt,** *adj.* cold and damp. ´N ~ **schnee,** *m* -s/*no pl* wet snow.

Nässe ['nɛsə], *f* -/*no pl* wetness; **bei N.,** in the wet; when wet; **vor N. schützen!** keep dry! ´n ~ **n,** *v.* **1.** *v.tr.* to wet (one's bed etc.). **2.** *v.i.* (*haben*) (*Wunde usw.*) to weep.

Nation [natsi'o:n], *f* -/-en nation. **n ~ al** [-o'na:l]. **I.** *adj.* national; *adv.* **n. denken,** to think in national terms. **II. N ~ –,** *comb.fm.* national (character, flag, church, park, sport, pride etc.); N ~ **mannschaft**/*F:* N ~ **elf** *f,* national team; N ~ **hymne** *f,* national anthem; N ~ **feiertag** *m,* national holiday; N ~ **tracht** *f,* national costume; N ~ **bewußtsein** *n,* feeling of national identity; *Hist:* N ~ **sozialismus** *m,* National Socialism, Nazism; N ~ **sozialist** *m,* National Socialist, Nazi; *adj.* **n ~ sozialistisch,** National Socialist, Nazi. **n ~ alisieren** [-ali'zi:rən], *v.tr.* to nationalize (an industry etc.). N ~ **alisierung,** *f* -/-en nationalization. N ~ **a´lismus,** *m* -/*no pl* nationalism. N ~ **a´list,** *m* -en/-en nationalist. **n ~ a´listisch,** *adj.* nationalistic. N ~ **ali´tät,** *f* -/-en nationality. N ~ **alspieler,** *m* -s/- *Sp:* international. N ~ **alstaat,** *m* -(e)s/-en nation-state.

Natrium ['na:trium], *n* -s/*no pl Ch:* sodium. ´N ~ **bikarbonat,** *n* -(e)s/-e *Ch:* sodium bicarbonate; *Cu:* baking soda. ´N ~ **chlorid,** *n* -s/-e *Ch:* sodium chloride. ´N ~ **karbonat,** *n* -(e)s/-e *Ch:* sodium carbonate; *H:* washing/baking soda.

Natter ['natər], *f* -/-n (*esp.* non-poisonous) snake, *Z:* colubrid; (*Ringeln.*) grass snake.

Natur [na'tu:r]. **I.** *f* -/-en **1.** *no pl* nature; (*Landschaft*) countryside, **in die N. gehen,** to go out into the country(side); **Tiere in der freien N.,** animals in their natural habitat; **nach der N. malen,** to paint from nature/life; **ihre Haare sind N.,** her hair is natural. **2.** (a) (*Wesen*) nature; disposition; **die menschliche N.,** human nature; **das geht mir gegen die N.,** that goes against the grain; **sie ist von N. aus schüchtern,** she is shy by nature/disposition; **j-m zur zweiten N. werden,** to become second nature to s.o.; (b) (*Art*) nature, character; **Fragen allgemeiner N.,** questions of a general nature; (c) (*Mensch*) character; **eine ernste N.,** a serious type; **gesunde N.,** strong constitution. **II. N ~ –,** *comb.fm.* (a) natural (colour, beauty, law, talent, landscape, fibre, product etc.); N ~ **erscheinung** *f,* natural phenomenon; N ~ **geschichte**/*A:* N ~ **kunde** *f,* natural history; N ~ **katastrophe** *f,* natural diaster; N~**schätze** *mpl*, natural resources; N~**zustand** *m*, natural state; *adj.* **n~blond/n~kraus**, naturally blond/curly; **n~farben**, in its natural colour(s); (*b*) nature (description etc.); N~**freund** *m*, nature lover; N~**lehrpfad** *m*, nature trail; N~**park** *m*/N~**schutzgebiet** *n*, nature reserve. N ~ **albezüge** [-'ɾɑːl-], *mpl* payment in kind. N~**alien** [-'ɾɑːliən], *pl* (*a*) natural produce; (*b*) in N. **bezahlen**, to pay in kind. N~**alisation** [-alizatsi'oːn], *f* -*/-en* naturalization. **n~ali'sieren**, *v.tr.* to naturalize (s.o., a plant, animal). N ~ **a'lismus**, *m* -*/no pl Lit: Art: Mus: etc:* naturalism. N ~ **a'list**, *m* -**en/-en** Naturalist. **n ~ a'listisch**, *adj.* naturalistic. **n~belassen**, *adj.* unadulterated (wine, oil etc.). N ~ **bursche**, *m* -*n/-n F: Hum:* caveman. N~**ell** [-u'ɾɛl], *n* -*s/-e* temperament, deposition. N ~ **forscher**, *m* -*s/-* naturalist. **n ~ gegeben**, *adj.* natural (talent, condition etc.); virgin, unaltered (state etc.). **n ~ gemäß**, *adj.* 1. natural (way of life etc.); *adv.* according to natural laws. 2. *adv.* (*von sich aus*) by its very nature. **n~getreu**, *adj.* lifelike, faithful. N~**heilkunde**, *f* -*/no pl Med:* (treatment by) nature cures. N~**kind**, *n* -**(e)s/-er/** N~**mensch**, *m* -**en/-en** child of nature. **n~rein**, *adj.* pure, unadulterated (honey, fruit-juice etc.). N~**schutz**, *m* -**es/no pl** nature conservation; *Bot: Z:* **unter N. stehen**, to be a protected species. N ~ **wissenschaft**, *f* -*/-en* (natural) science. N~**wissenschaftler(in)**, *m* -*s/-(f -/-nen)* scientist. **n~wissenschaftlich**, *adj.* scientific.

natürlich [na'tyːrliç], *adj.* (*a*) natural; (*ungekünstelt*) unaffected; **n~e Größe**, full/actual size; **das geht nicht mit n~en Dingen zu**, there is something odd about it; *adv.* **sich n. benehmen**, to behave naturally; (*b*) *adv.* of course, naturally; **aber n.!** but of course! by all means! **n~er'weise**, *adv.* naturally. N~**keit**, *f* -*/no pl* naturalness.

Naut|ik ['nautik], *f* -*/no pl* navigation, nautical science. 'N~**iker**, *m* -*s/-* navigator. 'n~**isch**, *adj.* nautical.

Navig|ation [navigatsi'oːn], *f* -*/no pl Nau: Av:* navigation. N~**ati'onsraum**, *m* -**(e)s/⁻e** *Nau:* chart room. N~**ator** [-'gɑːtɔr], *m* -*s/-en* [-ga'toːrən] *Nau: Av:* navigator. **n~ieren** [-'giːrən], *v.tr. & i.* (*haben*) to navigate (a ship, aircraft).

Naz|i ['nɑːtsi], *m* -*s/-s Hist: Pej:* Nazi. N~**ismus** [-'tsismus], *m* -*/no pl* Nazism. **n~istisch**, *adj.* Nazi.

Neandertaler [ne'andərtɑːlər], *m* -*s/-* 1. Neanderthal man. 2. *Pej:* caveman.

Nea|pel [ne'ɑːpəl]. *Pr.n.n -s. Geog:* Naples. N ~ **politaner(in)** [neapoli'tɑːnər(in)], *m* -*s/- (f -/-nen)/n ~ poli'tanisch, adj.* Neapolitan.

Nebel ['neːbəl]. I. *m* -*s/-* 1. fog; (**leichter) N.**, mist; **bei N.**, in fog; N. **von Zigarettenrauch**, haze of cigarette smoke; *Mil: Navy:* **künstlicher N.**, smoke screen; *Hum:* **es fällt wegen N. aus**, it is cancelled/off. 2. *Astr:* nebula. II. 'N~-, 'n~-, *comb.fm.* (*a*) fog (bell, lamp etc.); N~**horn** *n*, foghorn; N~**feld** *n*, patch of fog; (*b*) foggy (day, weather); *adj.* **n~grau**, grey and foggy. 'N ~ **düse**, *f* -*/-n* fine spray attachment. 'n ~ **haft**, *adj.* nebulous, hazy (idea etc.); **in n~er Ferne**, in the distant future.

neben ['neːbən]. I. *prep.* 1. next to, beside; (*a*) (+ *dat*) **er saß n. mir**, he sat next to/beside me; **n. dem Hotel ist ein Café**, next(door) to the hotel is a café; (*b*) (+ *acc*) **er setzte sich n. mich**, he sat down next to/beside me. 2. '(+ *dat*) (*zusätzlich zu*) apart from, in addition to; **n. anderen Dingen**, amongst other things. 3. (+ *dat*) (*verglichen mit*) compared to/with. II. N~-, *comb.fm.* (*a*) (*zusätzlich*) extra, additional (penalty, work etc.); N~**einkünfte** *fpl/* N~**verdienst** *m*, additional income/earnings; N~**ausgaben/**N~**kosten** *pl* additional expenditure/costs; N~**amt** *n/*N~**beruf** *m/*N~**beschäftigung** *f*, second job; (*in der Freizeit*) spare-time job; (*b*) (*untergeordnet*) subsidiary, secondary (meaning, form, function, rights, cause); minor (figure etc.); (*beiläufig*) incidental, passing (remark, thought etc.); N~**fach** *n*, subsidiary/*N.Am:* minor subject; N~**ursache** *f*, secondary cause; N~**sache** *f*, minor matter; N~**straße** *f*, secondary/minor road; (*in der Stadt*) side street; *Gram:* N~**satz** *m*, subordinate clause; *Th:* N~**rolle** *f*, minor/supporting part; *Lit:* N~**handlung** *f*, subsidiary plot; subplot; (*c*) (*benachbart*) next (table, room etc.); nextdoor (house); (*d*) (*seitlich*) side (door, staircase etc.); N~**ausgang/**N~**eingang** *m*, side exit/entrance; *Rail:* N~**gleis** *n*, side/passing line. 'n ~ **amtlich**, *adj.* second, additional (employment etc.); *adv.* **er macht das n.**, he does that as a spare-time job/*F:* sideline. 'n ~ '**an**, *adv.* next door; **im Zimmer n.**, in the next room. 'n ~ '**bei**, *adv.* 1. (*zusätzlich*) in addition; as well; **er arbeitet n. als Kellner**, he works as a waiter in his spare time. 2. **n. bemerkt**, incidentally; by the way; **etwas n. erwähnen**, to mention sth. in passing. 'n ~ **beruflich**, *adj.* spare-time (work); second (job); *adv.* **er arbeitet n. als Übersetzer**, he does translations as a sideline. 'N ~ **buhler(in)**, *m* -*s/- (f -/-nen)* rival. 'n ~ **ei'nander**. I. *adv.* next to each other; side by side; **friedlich n. wohnen**, to live together in harmony. II. N., *n* -*s/no pl* juxtaposition. 'n ~ **einander'her**, *adv.* side by side; alongside one another. 'n ~ **ei'nanderstellen**, *v.tr.sep.* to put (people) next to each other; to stand (things) side by side; to juxtapose (two things). 'N ~ **fluß**, *m* -**sses/⁻sse** *Geog:* tributary. 'N ~ **gebäude**, *n* -*s/-* (*a*) annexe (of a hotel etc.); (*b*) outbuilding (of a farm etc.). 'N ~ **geräusch**, *n* -**(e)s/-e** *Rad: Tel:* background noise. 'n ~ '**her**, *adv.* in addition; as well. 'n ~ '**hergehen**, *v.i.sep.irr.36* (*sein*) to walk alongside/side by side. 'n ~ '**herlaufen**, *v.i.sep.irr.58* (*sein*) (*a*) to run/walk alongside; (*b*) (*Arbeit*) to be done at the same time. 'n ~ -'**hin**, *adv.* casually. 'N ~ **höhle**, *f* -*/-n Med:* sinus. 'N ~ **mann**, *m* -**(e)s/⁻er** neighbour (at table etc.). 'N ~ **produkt**, *n* -**(e)s/-e** *Ind: etc:* by-product. 'N ~ **räume**, *mpl* die N., the usual offices. 'n ~ **sächlich**, *adj.* unimportant, minor; of secondary importance. 'N ~ **sächlichkeit**, *f* -*/-en* 1. *no pl* unimportance. 2. minor/trivial matter. 'n ~ **stehend**, *adj.* accompanying. 'N ~ **stelle**, *f* -*/-n* 1. (*Filiale*) branch. 2. *Tel:* extension. 'N ~ **vertrag**, *m* -**(e)s/⁻e** *Jur:* subcontract. 'N ~ **winkel**, *m* -*s/-*

Geom: adjacent angle. ′N~**wirkung,** *f* -/-en *esp. Med:* side effect; *Fig:* spin-off.

neblig [′ne:bliç], *adj.* foggy, misty; *Fig:* **in n~er Ferne,** in the distant future.

Necessaire [nesɛ′sɛːr], *n* -s/-s **1.** (*Reisen.*) toilet bag. **2.** (*Nähn.*) sewing kit.

neck|en [′nɛkən], *v.tr.* to tease (s.o.). **N~e′rei,** *f* -/-en **1.** teasing. **2.** teasing remark. ′n~**isch,** *adj.* teasing (remark, manner etc.); saucy, tantalizing (dress etc.).

Neffe [′nɛfə], *m* -n/-n nephew.

Negat|ion [negatsi′oːn], *f* -/-en **1.** negation. **2.** *Gram:* negative. **n~iv** [′neːgatiːf]. **I.** *adj.* negative. **II. N.,** *n* -s/-e *Phot:* negative.

Neger [′neːgər], *m* -s/- negro; *F:* **braun/schwarz wie ein N.,** (as) brown as a berry. ′N~**in,** *f* -/-nen negress. ′N~**kuß,** *m* -sses/-̈sse *Cu:* chocolate-covered marshmallow.

negieren [ne′giːrən], *v.tr.* to negate (a fact etc.).

Negligé [negli′ʒeː], *n* -s/-s negligée.

nehmen [′neːmən], *v.tr.irr.* (*pres.* **nimmt,** *p.* **nahm,** *p.subj.* **nähme,** *p.p.* **genommen**) to take s.o., sth.); (*a*) to take (tablets, a bus, aircraft, lessons etc.); to accept (a tip, responsibility etc.); *Mil:* to take, capture (a town etc.); **ich nehme ein Omelett,** I'll have an omelette; **j-n zu n. wissen,** to know how to handle s.o.; **Verantwortung auf sich n.,** to take on/accept responsibility; **etwas an sich n.,** to take care of sth.; **etwas zu sich n.,** to eat sth.; **j-n zu sich n.,** to take s.o. in; **sich** *dat* **die Zeit für etwas n.,** to make time for sth.; **j-n zum Mann/zur Frau n.,** to marry s.o.; *F:* **wie man's nimmt,** it depends how you look at it; **j-n nicht für voll n.,** not to take s.o. seriously; *Prov:* **man muß die Menschen n., wie sic sind,** one must take people as they come; (*b*) **j-m etwas n.,** to take sth. away from s.o.; **j-m den Glauben, die Illusionen usw. n.,** to destroy s.o.'s faith, illusions etc.; **j-m die Freiheit n.** to deprive s.o. of his freedom; **das lasse ich mir nicht n.,** I'm not going to be deprived of/done out of this; **er nahm ihr die Sorgen,** he freed her of her worries; **sich** *dat* **etwas n.,** to help oneself to sth.; **nehmt euch bitte,** please help yourselves; (*c*) *esp. Cu:* (*verwenden*) **sie nimmt nur Öl zum Braten,** she only uses oil for frying; (*d*) (*anstellen*) to take on, engage (s.o.); (*e*) **was n. Sie für eine Stunde?** how much do you charge for a lesson/per hour? (*f*) (*überspringen*) to clear (a hurdle, etc.)

Nehrung [′neːruŋ], *f* -/-en *Geog:* spit (of land).

Neid [nait], *m* -(e)s/*no pl* envy, jealousy; **blaß/ gelb/grün vor N.,** green with envy; *F:* **das muß ihm der N. lassen,** you have to hand it to him. **N~er** [′naidər], *m* -s/- **er hat viele N.,** there are many who envy him. ′N~**hammel,** *m* -s/- *F:* dog in the manger. ′**n~isch** [-diʃ], *adj.* envious, jealous (**auf j-n, etwas** *acc,* of s.o., sth.). ′**n~los,** *adj.* without envy.

neig|en [′naigən], *v.* **1.** *v.tr.* to slant, incline (a surface etc.); to tilt (a glass, bottle etc.); (*beugen*) to bow, bend (one's head, body etc.); **sich n.,** to slant; (*Boden usw.*) to slope; (*Pers.*) to bow/bend down; **sich zur Seite n.,** to lean sideways. **2.** *v.i.* (*haben*) **zu etwas** *dat* **n.,** to have a tendency/(*anfällig sein*) be prone to (sth.); **er neigt zur Übertreibung,** he tends/is inclined to exaggerate; **zu der Ansicht n., daß ...,** to be

inclined to believe that ... ′N~**ung,** *f* -/-en **1.** *no pl* inclination, slant; (*zur Seite*) lean, tilt; (*Hang*) (downward) slope; **starke N.,** (i) steep slope/gradient; (ii) pronounced lean. **2.** (*a*) tendency, inclination (**zu** + *dat,* to); (*Anfälligsein*) susceptibility, (pre)disposition (**zur Trunksucht usw.,** to alcoholism etc.); **künstlerische N~en,** artistic leanings; **er zeigte wenig N. dazu,** he showed little desire/inclination to do it; (*b*) liking, (*Vorliebe*) predilection (**zu** + *dat,* for); **N. zu j-m spüren/fühlen,** to feel attracted to s.o. ′N~**ungswinkel,** *m* -s/- angle of inclination; rake.

nein [nain]. **I.** *adv.* (*a*) no; **regnet es?—ich glaube n.,** is it raining?—I don't think so; **aber n.!** certainly not! **n., sowas!** well I never! (*b*) **es regnete, n. goß,** it was raining, or rather pouring; **ich glaube es, n. ich bin sogar sicher,** I think so, in fact I'm sure. **II. N.,** *n* -s/*no pl* no; **mit (einem) N. antworten,** to answer in the negative. ′N~**stimme,** *f* -/-n *Pol:* no (vote).

Nektar [′nektar], *m* -s/*no pl Myth: Bot:* nectar. **N~ine** [-′riːnə], *f* -/-n nectarine.

Nelke [′nelkə], *f* -/-n **1.** *Bot:* carnation. **2.** *Cu:* (*Gewürzn.*) clove.

nenn|en [′nenən], *v.tr.irr.* (*p.* **nannte,** *p.p.* **genannt**) (*a*) to name (a child, town etc.); to call (s.o. sth.); **sie nannten ihn einen Lügner,** they called him a liar; **das nenne ich eine Überraschung!** that's what I call a surprise! **sich ... n.,** (*Pers.*) to call oneself . . ., (*Sache*) be called . . .; **wie nennt sich dieser Ort?** what's the name of this place? *Pej:* **und sowas nennt sich Sportwagen!** and this calls itself a sports car! (*b*) to give, state, (*erwähnen*) mention (one's name, a reason, price etc.); to name (*Pol:* a candidate, *Sp.* a team etc.); *Pol:* to nominate (a candidate); *Sp:* to enter (a competitor etc.); **ein Beispiel n.,** to give/quote an example; **kannst du mir ein gutes Hotel in X n.?** can you tell/give me the name of a good hotel in X? ′**n~enswert,** *adj.* significant, appreciable; **nichts N~es,** nothing worthy of mention. ′N~**er,** *m* -s/- (*a*) *Mth:* denominator; (*b*) **etwas auf einen (gemeinsamen) N. bringen,** to reduce sth. to a common denominator. ′N~**geld,** *n* -(e)s/-er entry fee. ′N~**leistung,** *f* -/-en *El:Mec.E:* rating, rated output. ′N~**ung,** *f* -/-en (*a*) naming; mention; (*b*) *Pol:* nomination; *Sp:* entry. ′N~**ungsschluß,** *m* -sses/-̈sse *Sp:* closing date (for entries). ′N~**wert,** *m* -(e)s/-e *Fin:* nominal/face value.

Neo-, neo- [neo-], *comb.fm.* neo- (fascism, classicism etc.); *adj.* **n~klassi′zistisch,** neo-classical.

Neon- [′neːɔn-], *comb.fm.* neon- (light, tube etc.); **N~reklame** *f,* neon sign. ′N~**beleuchtung,** *f* -/*no pl* fluorescent lighting.

Nepp [nɛp], *m* -s/*no pl F:* daylight robbery. ′**n~en,** *v.tr. F:* to fleece (s.o.), rook (s.o.).

Nerv [nɛrf], *m* -s/-en *Anat:* nerve; *Fig:* nervecentre (of an organization etc.); **N~en wie Drahtseile/Stricke haben,** to have nerves of steel; **die N~en verlieren,** to lose one's nerve; *F:* **du hast vielleicht N~en!** you've got a nerve! **j-m den N. töten,** to drive s.o. mad; **das kostet N~en,** it really takes it out of you; **es geht ihm auf die N~en,** it gets on his nerves. ′N~**en-,** ′**n~en-,** *comb.fm.* (*a*) (*nervlich*) nervous (illness, disorder, system etc.); N~belastung/ N~probe f, nervous strain; N~zusammenbruch m, nervous breakdown; (b) Anat: nerve (centre, fibre, cell etc.). 'n~aufreibend, adj. nerve-racking. 'N~enarzt, m -es/-̈e neurologist. 'N~enbündel, n -s/- Anat: & F: (Pers.) bundle of nerves. 'N~enkitzel, m -s/no pl F: thrill. 'N~enklinik, f -/-en (a) neurological clinic; (b) F: psychiatric unit. 'n~enkrank, adj. (Pers.) suffering from a nervous disorder. 'N~ensäge, f -/-n F: pain in the neck; trial. 'N~enschmerz, m -es/-en neuralgia. 'n~ig, adj. sinewy (person, arm etc.). 'n~lich, adj. nervous (strain etc.); adv. n. völlig am Ende sein, to be a nervous wreck. n~ös [nɛr'vøːs], adj. 1. restless, fidgety (person); highly-strung (person, horse etc.); sie ist heute n., she is on edge/(reizbar) irritable today; dieser Lärm macht mich n., this noise gets on my nerves; adv. n. auf und ab gehen, to pace restlessly up and down. 2. Med: nervous (reflex, headache).

Nervosität [nɛrvozi'tɛːt], f -/no pl state of nerves; restlessness; irritability.

Nerz [nɛrts], m -es/-e (a) Z: mink; (b) (N~-mantel) mink coat.

Nessel[1] ['nɛsəl], f -/-n Bot: nettle; F: sich in die N~n setzen, to land oneself in a mess. 'N~ausschlag, m -(e)s/-̈e/'N~sucht, f -/no pl Med: nettle rash.

'**Nessel**[2], m -s/- Tex: calico.

Nest [nɛst], n -(e)s/-er 1. Orn: Z: etc: nest; F: sie hat sich ins warme/gemachte N. gesetzt, she's got it made. 2. F: (cosy) bed. 3. F: Pej: (kleiner Ort) armseliges/gottverlassenes N., miserable/ godforsaken hole. 4. den, nest of thieves etc.). 'N~häkchen, n -s/- F: baby of the family; pet. 'N~ling, m -s/-e Orn: nestling. 'N~wärme, f -/no pl Fig: love and security (of a home).

nesteln ['nɛstəln], v.i. (haben) to fumble (an etwas dat, with sth.).

nett [nɛt], adj. nice; (a) n., daß du anrufst, it's nice of you to call; seien Sie bitte so n., would you please be so kind; adv. sich n. unterhalten, to have a nice chat; (b) F: ein n~es Sümmchen, a nice/tidy (little) sum; (c) Iron: das ist eine n~e Geschichte, that's a nice mess; das kann ja n. werden, what a charming prospect. 'N~ig-keit, f -/-en 1. no pl niceness, pleasantness. 2. pl N~en, kind/flattering words.

netto ['nɛto]. I. adv. Com: net. II. 'N~-, comb. fm. net (weight, income, profit, loss etc.); N~lohn m, net wages; take-home pay.

Netz [nɛts]. I. n -es/-e 1. Fish: Tennis: Hairdr: etc: net; (Spinnenn.) (spider's) web; Fig: web (of lies etc.); j-m ins N. gehen, to fall into s.o.'s trap; j-m durchs N. gehen, to give s.o. the slip. 2. system, network (of roads, railways etc.), Geog: grid (on a map); Rad: TV: Tel: network; El: etc: mains; ans N. angeschlossen sein, El: to be connected to the mains/Tel: on the telephone; N.Am: to have electricity/a telephone. II. 'N~-, comb.fm. El: mains (connection, voltage, frequency etc.); N~gerät n, mains appliance; N~-stecker m, mains plug. 'N~haut, f -/-̈e Anat: retina. 'N~hemd, n -(e)s/-en string vest. 'N~karte, f -/-n Rail: etc: area season ticket. 'N~spiel, n -(e)s/no pl Tennis: play at

the net, net game. 'N~werk, n -(e)s/-e net-work.

neu [nɔʏ]. I. adj. new; (a) das n~e Jahr, the new year; wie n., as good as/like new; F: auf n. her-gerichtet, done up/made to look like new; ich bin hier n., I'm new here; das ist mir n., that's news to me; was gibt es N~es? what's the news? (b) (anders) das einzige N~e daran, the only new thing about it; er ist ein n~er Mensch geworden, he is a different person/a changed man; (c) (erneut) fresh (start, hope etc.); (noch ein) another; eine n~e Flasche holen, to fetch another bottle; aufs n~e/von n~em, afresh; (von vorn) from scratch; adv. n. anfangen, to start (all over) again; es muß n. gestrichen werden, it will have to be repainted; (d) n~ere Literatur, recent/modern literature; n~eren Datums, of recent date; die n~esten Nachrich-ten/Moden, the latest news/fashions; weißt du das N~este? do you know the latest? seit n~estem, just lately/recently; adv. sie sind n. eingezogen, they have just (recently) moved in; n. verheiratet, newly married. II. 'N~-, 'n~-, comb.fm. (a) new (meaning, start, snow, creation etc.); N~ankömmling m, newcomer; N~an-schaffung f, (i) acquisition of sth. new; (ii) (Sache) new acquisition; N~einstellung f, (i) appointment of s.o. new; (ii) (Pers.) new ap-pointee; N~ausgabe f, new edition; N~er-scheinung f, new publication/(Platte) release; N~bearbeitung/N~fassung f, new/revised version; N~konstruktion f, new design; N~mond m, new moon; Ling: N~prägung f, new coinage, neologism; Th: N~aufführung/ N~einstudierung/N~inszenierung f, new pro-duction; adj. n~eröffnet, newly opened; n~ver-mählt/F: n~gebacken, newly wed; (b) (erneut) re-(orientation etc.); N~auflage f, reprint; (völlig durchgesehen) new edition; N~druck m, reprint; N~eröffnung f, reopening; N~ge-staltung f, reshaping; Adm: replanning, re-organization; N~gliederung/N~ordnung f, reorganization; N~regelung f, revision; Jur: etc: reform; (c) Art: etc: neo-(Gothic, Roman-ticism); N~klassik f, neo-Classicism; adj. n~-klassisch, neo-classical. 'n~artig, adj. novel, of a new kind; F: newfangled (ideas etc.). 'N~bau, m -(e)s/-ten 1. no pl rebuilding, re-construction. 2. (a) new building/house; (b) (nicht fertig) building under construction. 'N~bildung, f -/-en 1. formation (of sth. new); (Umgestaltung) reshaping; N. von Gewebe, Wörtern usw., formation of new tissue, words etc. 2. (Wort) neologism. 'n~er-'dings, adv. lately; recently; n. geht er allein zur Schule, he recently started going to school by himself. 'N~erer, m -s/- innovator. 'n~erlich, adj. (a) fresh, renewed (success etc.); n~es Auftreten, reappearance; (b) adv. again, once more. 'N~erung, f -/-en inno-vation; N~en einführen, to make changes. N~'fundland. Pr.n.n -s. Geog: Newfound-land. N~'fundländer, m -s/- (a) inhabitant of Newfoundland; (b) Z: Newfoundland (dog). 'n~geboren, adj. N~es/n~es Kind, new-born baby; Fig: sich wie n. fühlen, to feel a new/different person. 'N~griechisch, n -/no pl Ling: Modern Greek. 'N~heit, f -/-en

1. no pl newness; novelty (of an idea, design etc.). **2.** innovation, novelty; *Tchn:* new development; **die N~en der Frühjahrsmode,** the latest in spring fashion. ´N~**igkeit,** f -/-en (piece of) news. ´N~**jahr,** n -(e)s/-e New Year's Day; **zu N.,** at/for the New Year; **pros(i)t N.!** happy New Year! ´N~**land,** n -(e)s/no pl (a) *Agr:* reclaimed land; (b) *Fig:* new ground. ´N~**landgewinnung,** f -/-en land reclamation. ´n~**lich,** adv. recently; the other day; **n. morgens,** the other morning. ´N~**ling,** m -s/-e (a) novice, tyro; (b) newcomer; **ich bin hier noch ein N.,** I am new here. ´n~**modisch,** adj. highly fashionable (clothes etc.); ultramodern (design etc.); *Pej:* newfangled (idea, machine etc.) ´N~**philologe,** m -n/-n modern linguist. ´N~**philologie,** f -/-n modern languages. ´n~**reich,** adj. *Pej:* nouveau riche. N~´**schottland.** *Pr.n.n -s. Geog:* Nova Scotia. N~´**seeland.** *Pr.n.n -s. Geog:* New Zealand. N~´**seeländer,** m -s/- New Zealander. **n~´seeländisch,** adj. New Zealand. ´N~**silber,** n -s/no pl German silver. ´N~**sprachler,** m -s/- modern linguist. ´n~**sprachlich,** adj. modern language (teaching, study etc.); (school) specializing in modern languages. ´N~**wert,** m -(e)s/no pl value when new; *Ins:* replacement value. ´n~-**wertig,** adj. (as good) as new. ´N~**zeit,** f -/no pl modern times. ´n~**zeitlich,** adj. up-to-date, modern (building, thinking etc.).

Neugier(de) [´nɔygiːr(də)], f -/no pl curiosity (**auf etwas** acc, about/to know sth.). ´n~**ig,** adj. curious, *F:* nosey (person) (**auf j-n, etwas** acc, about s.o., sth.); inquisitive (glance etc.); **ich bin n., ob er morgen kommt,** I wonder whether he will come tomorrow; adv. **n. fragen,** to ask inquisitively.

neun [nɔyn]. **I.** num.adj. nine; **alle n~e!** (i) *Skittles:* strike! (ii) *Iron:* butterfingers! **II. N.,** f -/-en (number) nine; *F:* **ach du grüne N~e!** good heavens! ´n~**fach,** f. ninefold; adv. nine times. ´n~**jährig,** adj. (a) nine-year-old (child etc.); (b) nine-year (period). ´n~**mal,** adv. nine times. ´n~**malklug,** adj. *F:* too clever by half; N~**er,** smart aleck, *N.Am:* smarty-pants. ´n~**te(r, s),** num.adj. ninth. ´n~**tel. I.** inv.adj. ninth (part) of . . . **II. N.,** n -s/- ninth. ´n~**tens,** adv. ninthly. ´n~**zehn. I.** num.adj. nineteen. **II. N.,** f -/-en (number) nineteen. ´n~**zehnte(r, s),** num.adj. nineteenth. ´n~**zig. I.** num.adj. ninety. **II. N.,** f -/-en (number) ninety. ´n~**ziger. I.** inv.adj. **die n. Jahre,** the nineties. **II. N.,** m -s/- ninety-year old; **in den N~n sein,** to be in one's nineties. ´n~**zigste(r, s),** num.adj. ninetieth.

Neuralgie [nɔyral´giː], f -/-n *Med:* neuralgia. N~o**loge** [-olo´gə], m -n/-n neurologist. N~o**logie** [-olo´giː], f -/no pl neurology. N~o**se** [-´roːzə], f -/-n neurosis. **n~otisch** [-´roːtiʃ], adj. neurotic.

neutral [nɔy´traːl], adj. **1.** neutral. **2.** *Gram:* neuter. **n~isieren** [-ali´ziːrən], v.tr. (a) to neutralize (a country, acid etc.); (b) *Sp:* to stop (a race etc.). N~i´**tät,** f -/no pl neutrality.

Neutrum [´nɔytrum], n -s/-tra & -tren *Gram:* neuter noun.

nicht [niçt]. **I.** adv. not; (a) **sie raucht n.,** she does not/*F:* doesn't smoke; (*momentan*) she is not/*F:* isn't smoking; (**bitte**) **n. füttern!** (please) do not feed! **Geld hatte er n.,** he had no/hadn't any money; **alle lachten, nur sie n.,** everyone laughed except her; **ich auch n.,** nor I; (b) (*vor Komparativ*) no; **n. besser als,** no better than; **n. mehr und n. weniger,** neither more nor less; (c) **n. doch!** don't! **bitte n.!** please don't! **bloß n.!** on no account! **n. zu glauben!** it's unbelievable! **n. möglich!** never! (d) (*als Bekräftigung*) **es ist schön hier, n. (wahr)?** it's nice here, isn't it? **II.** ´N~-, ´n~-, comb.fm. non-(swimmer, member, recognition etc.); N~**bezahlung** f, non-payment, failure to pay; N~**einhaltung** f, non-compliance, failure to comply; N~**erscheinen** n, non-appearance, failure to appear; N~**anerkennung** f, non-recognition; *Pol:* N~**angriffspakt** m, non-aggression treaty; N~**eisenmetall** n, non-ferrous metal; N~**raucher** n, non-smoker; N~**christ** m, non-Christian; adj. **n~alkoholisch,** non-alcoholic; **n~erblich,** non-hereditary; *El:* **n~leitend,** non-conducting. ´N~**achtung,** f -/no pl (a) disregard (of sth.); ignoring (of s.o.); (b) lack of respect, disrespect. ´n~**amtlich,** adj. unofficial. ´N~**beachtung,** f -/no pl disregard, ignoring. ´N~**gefallen,** n -s/no pl *Com:* **bei N. Geld zurück,** money back if not satisfied. ´n~**ig,** adj. **1.** *Jur:* void, invalid; **etwas n. machen,** to invalidate sth. **2.** *Lit:* trivial, insignificant. ´N~**igkeit,** f -/-en **1.** no pl *Jur:* invalidity. **2.** *Lit:* triviality. ´n~**öffentlich,** adj. closed (meeting etc.); private (performance etc.). ´n~**rostend,** adj. rust-proof. ´n~**zu-treffend,** adj. N~**es bitte streichen,** delete whichever is not applicable.

Nichte [´niçtə], f -/-n niece.

nichts [niçts]. **I.** indef.pron. nothing; **ich weiß n. darüber,** I don't know anything about it; **das macht n.,** that doesn't matter; **ich habe n. dagegen,** I don't mind; **n. als Ärger,** nothing but trouble; **er ist n. weniger als ein Lügner,** he is anything but a liar; *F:* **wie n.,** like nothing on earth; (*blitzschnell*) in next to no time; **das ist n. für dich,** it is not your cup of tea/all wrong for you; **für n. und wieder n.,** to no purpose whatsoever; **das führt zu n.,** it doesn't get you anywhere; *F:* **n. zu machen!** it can't be helped! **mir n., dir n.,** without so much as a by your leave; **da gibt's n.!** it's no use arguing; there are no two ways about it; **jetzt aber n. wie ins Bett!** now off to bed with you and no arguing! **n. da!** nothing doing! **II.** indef.adj. nothing; **n. Besonderes,** nothing special; **er spricht von n. anderem,** he talks of nothing else. **III. N.,** n -/no pl **1.** nothingness; (*Leere*) void; **wie aus dem N. auftauchen,** to appear from nowhere; **vor dem N. stehen,** to be faced with ruin. **2.** (*Betrag, Zahl*) **ein N.,** a mere nothing; (*Pers.*) a nonentity; **ein N. von einem Bikini,** a virtually non-existent bikini. ´n~**ahnend,** adj. unsuspecting. **n~desto´weniger,** adv. nevertheless. ´N~**könner,** m -s/- good-for-nothing, washout. ´n~**nutzig,** adj. useless. ´n~**sagend,** adj. meaningless (remark etc.); blank (expression). ´N~**tuer,** m -s/- idler. ´N~**tun,** n -s/no pl idleness.

Nickel [´nikəl], n -s/no pl *Ch:* nickel.

nick|en [´nikən]. **I.** v. **1.** v.i. (*haben*) (a) to nod, mit dem Kopf n., to nod one's head; (*b*) *F:* (*schlummern*) to doze. **2.** *v.tr.* to nod (*Fb:* the ball etc.). **II. N.,** *n* -s/- nod, nodding. ´N ∼ **er,** *m* -s/- *F:* nod. ´N ∼ **erchen,** *n* -s/- *F:* snooze, nap; **ein N. machen,** to have forty winks.

nie [ni:], *adv.* never; **noch n.,** never before; **es kommt n. jemand,** nobody ever comes; **fast n.,** hardly ever; **n. mehr,** never again; **n. und nimmer,** never in a thousand years; *int.* (*ablehnend*) not on your life!

nieder [´ni:dər]. **I.** *adj.* low (wall, price, rank etc.); **von n ∼ er Geburt,** of humble birth; **n ∼ e Beamte,** minor officials; low-grade civil servants; *Biol:* **n ∼ e Lebensformen,** lower forms of life. **II. N ∼ -,** *comb.fm.* low (pressure, frequency etc.); *El:* **N ∼ spannung** *f,* low voltage. **III.** (*a*) *adv.* **auf und n.,** up and down; **n. mit der Diktatur!** down with dictatorship! (*b*) *sep.vbl.prefix* (to duck, kneel, rain, sink etc.) down; **n ∼ prasseln,** to pelt/*Fig:* rain down; **n ∼ sehen,** to look down; **n ∼ stürzen,** to fall/crash down; **sich n ∼ beugen,** to bend/bow down; **n ∼ brennen,** to burn down (a house etc.); **n ∼ mähen,** to mow down (soldiers etc.); **n ∼ reißen,** to tear/pull down (a house), break down (a barrier); **n ∼ schießen,** to shoot/gun (s.o.) down; **n ∼ schreiben,** to write (sth.) down; **n ∼ stoßen,** to push/ *Aus: Aut:* knock (s.o.) down; **n ∼ treten,** to read/trample down (grass etc.); *F:* **j-n n ∼ brüllen,** to shout (s.o.) down. ´**n ∼ deutsch,** *adj.* & **N.,** *n* -s/*no pl Ling:* Low German. ´**n ∼ drücken,** *v.tr.sep.* (*a*) to press (sth.) down; (*b*) *Lit:* (*deprimieren*) to depress (s.o.). ´N ∼ **gang,** *m* -(e)s/¨-e *no pl Lit:* decline. **2.** *Nau:* companion way. ´**n ∼ gehen,** *v.i.sep.irr.36* (*sein*) (*a*) (*Flugzeug usw.*) to land, touch down; (*b*) (*Boxer*) to go down, be floored; (*c*) (*Regen usw.*) to come down; (*Gewitter*) to burst. ´**n ∼ geschlagen,** *adj.* dispirited, depressed. ´N ∼ **geschlagenheit,** *f* -/*no pl* depression, dejection. ´**n ∼ halten,** *v.tr.sep.irr.45* to hold (s.o., sth.) down; to repress (a revolt etc.). ´**n ∼ holen,** *v.tr.sep.* to haul down, lower (a flag, sail). ´**n ∼ kämpfen,** *v.tr.sep.* to fight back (tears, anger etc.); to overcome (tiredness), subjugate (emotions). ´N ∼ **kunft,** *f* -/¨-e *A:* & *Lit:* confinement, childbirth. ´N ∼ **lage,** *f* -/-n **1.** *Mil: Sp: Pol: etc:* defeat; **totale N.,** complete rout. **2.** (*Lager*) depot, warehouse (*esp.* for beer). ´N ∼ **lande.** *Pr.n.pl Geog:* **die N.,** the Netherlands. ´**n ∼ ländisch,** *adj.* (*a*) (*holländisch*) Dutch; Netherlands (government etc.); (*b*) *Hist:* (art etc.) of the Netherlands. ´**n ∼ lassen,** *v.refl. sep.irr.57* (*a*) **sich (in einem Ort) n.,** to settle (in a place); **sich in X als Arzt n.,** to set up as a doctor in X; (*b*) *Lit:* **sich (in einem Stuhl) n.,** to sit down (in a chair); (*Vogel*) **sich auf einem Ast n.,** to alight on a branch. ´N ∼ **lassung,** *f* -/-en **1.** *no pl* settlement (of s.o., a tribe etc.); *Com:* establishment (of a firm etc.). **2.** *Com:* (*Zweign.*) branch. ´**n ∼ legen,** *v.sep.* **1.** *v.tr.* (*a*) to lay down (one's arms etc.); **die Arbeit n.,** to down tools; **das Amt n.,** to resign; **die Krone n.,** to abdicate; (*b*) to put (s.o.) to bed; **sich n.,** to lie down; (*c*) **etwas (schriftlich) n.,** to put sth. down (in writing). ´N ∼ **legung,** *f* -/-en laying down (of arms etc.); **N. des Amtes,** resignation; **N. der Krone,** abdica-

tion. ´**n ∼ machen/´n ∼ metzeln,** *v.tr.sep. F:* to slaughter (people etc.). ´N ∼ **sachsen.** *Pr.n.n* -s. *Geog:* Lower Saxony. ´N ∼ **schlag,** *m* -(e)s/¨-e (*a*) *Meteor:* precipitation; (*Regen*) rainfall; *Atom.Ph:* **radioaktiver N.,** (radioactive) fallout; (*b*) *Ch:* precipitate. ´**n ∼ schlagen,** *v.tr. sep.irr.85* (*a*) to knock (s.o.) down; (*Regen usw.*) to flatten (corn etc.); (*senken*) to lower (one's eyes); (*b*) **sich n.,** *Ch:* to precipitate, form a deposit; *Fig:* (*Erlebnisse, Gefühle usw.*) to find expression, be reflected (**in etwas** *dat,* in sth.); (*c*) to put down, suppress (a revolt, strike etc.); (*d*) *Jur:* to dismiss (a case etc.); **Kosten/eine Strafe n.,** to waive payment of costs/a penalty. ´**n ∼ schlagsarm,** *adj.* with low rainfall. ´N ∼ **schlagsmenge,** *f* -/-n *Meteor:* (amount of) rainfall. ´**n ∼ schlagsreich,** *adj.* with high rainfall. ´N ∼ **schlagung,** *f* -/-en (*a*) suppression; (*b*) *Jur:* dismissal (of a case); exemption (from costs). ´**n ∼ schmettern,** *v.tr.sep.* (*a*) to beat, batter (s.o.) (to the ground); (*b*) (*Nachricht usw.*) to shatter (s.o.). ´N ∼ **schrift,** *f* -/-en (*a*) writing down, recording; (*b*) written record; (*Protokoll*) minutes. ´**n ∼ setzen,***v.tr.sep.*to put (sth.) down; **sich n.,** to sit down. ´**n ∼ stimmen,** *v.tr.sep.* to vote (a proposal etc.) down; to outvote (s.o.). ´**n ∼ strecken,** *v.tr.sep.* to fell (s.o.); **sich n.,** to lie down. ´**n ∼ tourig,** *adj. Mec.E:* low-revving (engine). ´**n ∼ trächtig,** *adj.* base, vile; (*gemein*) mean, low (trick, lie etc.); *adv.* **j-n n. hintergehen,** to deceive s.o. in the most despicable way. ´N ∼ **trächtigkeit,** *f* -/-en (*a*) *no pl* vileness, baseness; (*b*) mean/low-down trick. ´N ∼ **ung,** *f* -/-en (piece of) low ground; (*Mulde*) hollow; **in den N ∼ en,** on lower ground. ´**n ∼ werfen,** *v.tr.sep.irr.110* (*a*) **sich n.,** to throw oneself down, prostrate oneself (**vor j-m,** before s.o.); (*b*) *Lit:* (*Krankheit*) to lay s.o. low; (*c*) (*Nachricht usw.*) to shatter (s.o.).

niedlich [´ni:tliç], *adj.* sweet, dear (little); *N.Am:* cute. ´N ∼ **keit,** *f* -/*no pl* sweetness, cuteness.

niedrig [´ni:driç], *adj.* low; (*a*) short (grass etc.); *adv.* **zu n. fliegen/hängen,** to fly/hang too low; (*b*) **von n ∼ er Geburt/Herkunft,** of low birth/ humble origins; **n ∼ e Stellung/Arbeit,** menial position/work; (*c*) *Pej:* **n ∼ e Triebe,** base instincts. ´N ∼ **haltung,** *f* -/*no pl* keeping down (of prices etc.). ´N ∼ **wasser,** *n* -s/*no pl* low water.

niemals [´ni:mɑːls], *adv.* never.

niemand [´ni:mant]. **I.** *indef.pron.* nobody, no one; **ich habe n ∼ en gesehen und mit n ∼ em gesprochen,** I have not seen or spoken to anybody; **von uns spricht n. Französisch,** none of us speaks French; **n. anders als,** none other than; **sonst n.,** nobody else. **II. N.,** *m* -s/*no pl* **ein N.,** a nobody/nonentity. ´N ∼ **sland,** *n* -(e)s/*no pl Mil:* no man's land.

Niere [´ni:rə], *f* -/-n *Anat: Cu:* kidney; **künstliche N.,** kidney machine; *F:* **j-m an die N ∼ n gehen,** to shake s.o. ´N ∼ **n-,** *comb.fm. Anat: Med:* kidney (stone, transplant etc.); renal (disease etc.). ´**n ∼ nförmig,** *adj.* kidney-shaped.

nieseln [´ni:zəln], *v.impers.* **es nieselt,** it is drizzling. ´N ∼ **regen,** *m* -s/*no pl* drizzle.

niesen [´ni:zən], *v.i.* (*haben*) to sneeze. ´N ∼ **er,** *m* -s/- *F:* sneeze. N ∼ **pulver** [´ni:s-], *n* -s/-

sneezing-powder.

Niet [ni:t], *m & n* -(e)s/-e/'N ~ e¹, *f* -/-n *Tchn:* rivet; *Cl:* stud (on jeans etc.). 'n ~ en, *v.tr.* to rivet (metal sheets etc.). 'N ~ enhose, *f* -/-n jeans (with studs). 'N ~ -und-'nagelfest, *adj. F:* sie stehlen alles, was nicht n. ist, they steal everything that isn't actually nailed down.

Niet e² ['ni:tə], *f* -/-n 1. (*Los*) blank. 2. *F:* (*Miß- erfolg*) flop, washout; (*Pers.*) dead loss.

Nihilis|mus [nihi'lismus], *m* -/no pl nihilism. N ~ t, *m* -en/-en nihilist. **n ~ tisch**, *adj.* nihi- listic.

Nikolaus ['nikolaus]. *Pr.n.m* -. = Nicholas; der N., Santa Claus. 'N ~ tag, *m* -(e)s/-e St. Nicholas' Day (December 6th).

Nikotin [niko'ti:n], *n* -s/no pl nicotine. **n ~ arm**, *adj.* with a low nicotine content.

Nil [ni:l]. *Pr.n.m* -s. *Geog:* the (river) Nile. 'N ~ pferd, *n* -(e)s/-e *Z:* hippopotamus.

Nimbus ['nimbus], *m* -/-sse 1. *Ecc.Art:* nimbus, halo. 2. *no pl Lit:* aura.

nimmer ['nimər], *adv.* 1. *A:* & *Lit:* never. 2. *South G:* no longer; (*nicht wieder*) not again. 'n ~ satt. I. *adj. F:* insatiable. II. N., *m - & -*(e)s/-e *F:* greedy-guts. N ~ 'wieder- sehen, *n F:* auf N., for good and all.

Nippel ['nipəl], *m* -s/- *Mec.E: etc:* nipple.

nippen ['nipən], *v.i.* (haben) to (take a) sip (an einem Glas, from a glass).

Nipp|es ['nip(ə)s], *pl*/'N ~ sachen, *fpl* knick- knacks. 'N ~ figur, *f* -/-en knick-knack, china ornament.

nirgend|s ['nirgənts]/'n ~ wo, *adv.* nowhere, not anywhere; **n. sonst**, nowhere else. 'n ~ wohin, *adv.* nowhere, not (to) anywhere.

Nische ['ni:ʃə], *f* -/-n recess, alcove.

Nisse ['nisə], *f* -/-n *Ent:* nit.

nist|en ['nistən], *v.i.* (haben) to nest. 'N ~ ka- sten, *m* -s/- nesting box. 'N ~ zeit, *f* -/-en nesting season.

Nit|rat ['ni'tra:t], *n* -(e)s/-e *Ch:* nitrate.

Niveau [ni'vo:], *n* -s/-s level; (*a*) auf dem glei- chen N. sein/das gleiche N. haben, to be on the same level; (*b*) (*Wertstufe*) die Schüler haben ein hohes/niedriges N., the students' standard is high/low; ein hohes geistiges N., a high level of intelligence; von/mit N., of quality/merit; N. haben, to have class/high standards. **n ~ gleich**, *adj. Rail:* single-level (crossing etc.).

nivellier|en [nive'li:rən], *v.tr.* to level (ground etc.); *Fig:* to iron out (differences etc.). N - ung, *f* -/-en levelling.

Nixe ['niksə], *f* -/-n *Myth:* water nymph.

Nizza ['nitsa], *Pr.n.n* -s. *Geog:* Nice.

nobel ['no:bəl]. I. *adj.* 1. (*edel*) noble, high- minded. 2. (*a*) *esp. Iron:* grand, posh (car, hotel etc.); (*b*) *F:* (*großzügig*) generous (tip etc.). II. N ~ -, *comb.fm. F:* grand (hotel etc.); posh (clothes, area etc.).

noch [nɔx]. I. *adv.* (*a*) still; **n. nicht**, not yet; **er ist immer n. krank**, he is still ill; **es regnet kaum n.**, it is hardly raining any more; **hast du n. Geld?** do you have any money left? **n. im elften Jahr- hundert**, as late as the eleventh century; **n. ges- tern habe ich ihn gesehen**, I saw him only yes- terday; **er schaffte es (gerade) n.**, he just managed it; **der Brief muß n. Montag fort**, the letter must be sent no later than Monday;

---

gegen sie bist du n. schlank, compared with her you are positively slim; *F:* **er hat Geld n. und noch**/*Hum:* **nöcher**, he has pots of money; (*b*) even; **n. wärmer als gestern**, even/still warmer than yesterday; **das kostet n. keine fünf Mark**, that doesn't even cost (as much as) five marks; (*c*) (*zusätzlich*) as well; (*mit Zahlen*) another; **schön und n. intelligent dazu**, beautiful and intelligent as well/what is more; **wer war n. da?** who else was there? **es dauert n. fünf Minuten**, it will take another five minutes; **n. ein Bier bitte**, another beer please; **n. einmal**/*F:* **mal**, once more; again; **n. einmal**/*F:* **mal so hoch**, twice as high; **wie hieß er n.?** what was his name again? **sonst n. Fragen?** (are there) any more questions? **n. etwas**, something else, another thing; (*d*) **sei es n. so klein**, however small it may be. II. *conj.* **weder heute n. gestern**, neither today nor yesterday. 'n ~ malig, *adj.* repeat, fresh (attempt etc.); (*zusätzlich*) further, additional. 'n ~ mals, *adv.* (once) again; **etwas n. schreiben**, to rewrite sth.

Nockerl ['nɔkərl], *n* -s/-n *Aus: Cu:* dumpling.

Nocken ['nɔkən], *m* -s/- *Tchn:* cam. 'N ~ welle, *f* -/-n *Mec.E:* camshaft.

Nomad|e [no'ma:də], *m* -n/-n nomad. **n ~ en- haft/n ~ isch**, *adj.* nomadic. N ~ enleben, *n* -s/- nomadic life.

nomin|al [nomi'na:l], *adj. Gram: & Econ:* nomi- nal. 'N ~ ativ [-ati:f], *m* -s/-e *Gram:* nomi- native (case). **n ~ ell** [-'nɛl], *adj.* nominal. **n ~ ieren** [-'ni:rən], *v.tr.* to nominate (a can- didate etc.); *Sp:* to name (a team etc.). N ~ ie- rung, *f* -/-en nomination; *Sp:* naming.

Nonne ['nɔnə], *f* -/-n *Rel:* nun. 'N ~ nkloster, *n* -s/- nunnery; convent.

Nonsens ['nɔnzɛns], *m* - & -es/no pl nonsense.

Nord [nɔrt]. I. *m not decl* north; aus/von N., from the north. II. 'N ~ -, 'n ~ -, *comb.fm.* (*a*) north (coast, side, bank, wind etc.); *Geog:* North (America, Germany, Pole etc.); die N ~ see, the North Sea; *adj.* **n ~ deutsch**, North German; (*b*) (*nördlich*) northern (frontier, edge, shore etc.); *Geog:* Northern (Ireland, England etc.); **das N ~ licht**, the northern lights. N ~ en ['nɔrdən], *m* -s/no pl north; **aus dem/vom N.**, from the north; **nach N.**, northwards. 'n ~ isch, *adj.* Nordic (type, landscape, *Pol:* Council etc.); *Hist:* Norse (legend, art etc.); die **n ~ en Sprachen**, the Scandinavian languages. 'N ~ länder, *m* -s/- (*Pers.*) Scandinavian. 'N ~ 'ost, *m not decl*/N ~ 'osten, *m* -s/no pl north-east. **n ~ 'östlich**. I. *adj.* north east(ern) (district etc.); north-easterly (wind, direction etc.); **n. von Berlin**, (to) the north-east of Berlin. II. *prep. + gen* **n. der Stadt**, (to the) north-east of the town. N ~ -'Ostsee-Kanal, *m* -s/no pl Kiel Canal. N ~ po'largebiet, *n* -(e)s/-e Arctic region. 'N ~ stern, *m* -(e)s/-e pole star. 'n ~ wärts, *adv.* northwards. N ~ 'west, *m not decl*/N ~ 'westen, *m* -s/no pl north-west. **n ~ 'westlich**. I. *adj.* north-west(ern) (district etc.); north westerly (wind, direction etc.); *Geog:* N ~ e Durchfahrt, North-West Passage; **n. von Berlin**, (to) the north-west of Berlin. II. *prep. + gen* **n. der Stadt**, (to the) north-west of the town.

nördlich ['nœrtliç]. I. *adj.* (*a*) northern (border,

hemisphere etc.); northerly (wind, direction etc.); **der n~ste Punkt**, the northernmost point; (b) adv. **n. von Berlin**, (to the) north of Berlin; **weiter n.**, further north. **II.** prep. + gen **n. der Stadt**, (to the) north of the town.

Nörgel|ei [nœrgə'lai], f -/-**en** (a) grumbling, grousing; (b) (Bemerkung) grumble, (kleinlich) niggle. '**n ~ e l n**, v.i. (haben) to grumble, grouse, (kleinlich) niggle (**an j-m, etwas** dat, about s.o., sth.). '**N ~ l er**, m -s/- grumbler. '**n ~ l e r i s c h**, adj. grumbling, niggling.

Norm [nɔrm], f -/-**en** (a) norm; standard (of behaviour, Ind: for a product etc.); **moralische N~en**, moral standards; Ind: **der N. nicht entsprechen**, to be substandard; (b) Ind: (Arbeitsn.) (work) quota. **n ~ a l** [-'mɑ:l]. **I.** adj. normal; (genormt) standard (size, measurement etc.); F: **du bist wohl nicht n.!** you must be mad! **II. N~-**, comb.fm. (a) (genormt) standard (weight, size, format etc.); **N~spur** f, standard gauge; (b) normal (state, temperature etc.); **N~verbraucher** m, normal/average consumer; **im N~fall**, normally. **III. N.**, n -s/no pl (also **N~benzin** n) regular/two-star petrol; N.Am: low-octane gas. **n ~ a l i s i e r e n** [-ali'zi:rən], v.tr. to normalize (a situation etc.); (Lage usw.) **sich n.**, to return to normal. **N ~ a l i ' t ä t**, f -/no pl normality. **n ~ a t i v** [-a'ti:f], adj. normative. '**n ~ e n / n ~ i e r e n** [-'mi:rən], v.tr. to standardize (a product etc.). '**N ~ u n g**, f -/-**en** standardization.

Normandie [nɔrman'di:]. Pr.n.f. -. Geog: **die N.**, Normandy.

Normann|e [nɔr'manə], m -n/-n Hist: (a) Norman; (b) (Wikinger) Viking. **n ~ i s c h**, adj. Hist: (a) Norman; (b) Viking.

Norweg|en ['nɔrve:gən]. Pr.n.n -s. Norway. '**N ~ e r (i n)**, m -s/- (f -/-nen) Norwegian. '**n ~ i s c h**, adj./N., n -/no pl Ling: Norwegian.

Nostalg|ie [nɔstal'gi:], f -/occ -n nostalgia. **n ~ i s c h** [-'talgiʃ], adj. nostalgic.

Not [no:t]. **I.** f -/-**e** 1. no pl (a) need; (N~lage) predicament, plight; (N~fall) emergency; (Notwendigkeit) necessity; **in (der Stunde) der N.**, in one's hour of need; **zur N.**, in a case of necessity /an emergency; **aus der N. eine Tugend machen**, to make a virtue of necessity; (b) (Elend) hardship; (Armut) poverty; **bittere N.**, extreme poverty, destitution; **N. leiden**, to suffer want/ hardship; (c) (Bedrängnis) distress; **seelische N.**, mental anguish; **j-m seine N. klagen**, to pour out one's heart to s.o. 2. (Schwierigkeit) difficulty; **in N~en**, in difficulties/trouble; **mit j-m, etwas** dat **seine liebe N. haben**, to have no end of trouble with s.o., sth.; **mit knapper N.**, only just; by the skin of one's teeth. **II. n.**, adj. **es tut (nicht) n.**, it is (not) necessary. **III.** '**N ~ -**, comb.fm. emergency (lighting, service, measure, operation, switch etc.); (behelfsmäßig) makeshift, temporary (solution, quarters etc.); **N~ausgang** m, emergency exit; **N~bremse** f, emergency brake; Rail: communication cord; **N~landung** f, emergency/forced landing; **N~ruf** m, emergency/Nau: Av: mayday call; (Nummer) emergency services number; **N~rufsäule** f, emergency telephone; **N~sitz** m, emergency/occasional seat; **N~verband** m, temporary bandage; **N~wohnung** f,

temporary/makeshift home; **N~behelf** m, temporary measure; makeshift. '**N ~ d u r f t**, f -/no pl A: & Hum: **seine N. verrichten**, to relieve oneself. '**n ~ d ü r f t i g**, adj. scanty (clothing etc.); makeshift (repair, shelter etc.); adv. **etwas n. reparieren**, to do a makeshift/rough-and-ready repair on sth. '**N ~ f a l l**, m -(e)s/-̈e emergency; **für den N.**, in case of need; **im N.**, in an emergency; if the worst comes to the worst. '**n ~ f a l l s**, adv. if need be, if necessary. '**n ~ g e d r u n g e n**, adv. out of necessity. '**N ~ g r o s c h e n**, m -s/- nest-egg. '**N ~ j a h r e**, npl years of hardship. '**N ~ l a g e**, f -/-n plight; predicament; **j-n in eine N. bringen**, to cause s.o. hardship/(geldlich) financial embarrassment. '**N ~ l a g e r**, n -s/- shakedown. '**n ~ l a n d e n**, v.tr. & i. insep. (sein) (p.p. **notgelandet**) Av: to make a forced landing. '**n ~ l e i d e n d**, adj. needy, destitute. '**N ~ l ü g e**, f -/-n white lie. '**n ~ s c h l a c h t e n**, v.tr.insep. (p.p. **notgeschlachtet**) to have to slaughter (a sick animal). '**N ~ s c h l a c h t u n g**, f -/-en enforced slaughter. '**N ~ s i g n a l**, n -s/-e distress signal. '**N ~ s t a n d**, m -(e)s/no pl emergency; desperate situation; Pol: Jur: state of emergency. '**N ~ s t a n d s g e b i e t**, n -(e)s/-e Econ: distressed area. '**n ~ w a s s e r n**, v.i. insep. (sein) (p.p. **notgewassert**) Av: to ditch one's aircraft. '**N ~ w e h r**, f -/no pl Jur: self-defence. '**n ~ w e n d i g** [also -'vendiç], adj. **1.** necessary (operation, qualities, evil etc.); essential (equipment etc.); **er hat es nicht n.**, he doesn't need it/ need to do it; **dringend n.**, urgently needed; **das N~ste**, the bare essentials; adv. **etwas n. brauchen**, to need sth. urgently/badly. **2.** (unvermeidlich) inevitable (consequence etc.). **n ~ w e n d i g e r ' w e i s e**, adv. necessarily. '**N ~ w e n d i g k e i t** [also 'vendiçkait], f -/-en necessity. '**N ~ z e i t e n**, fpl hard times.

Notar [no'tɑ:r], m -s/-e Jur: notary (public). **N ~ i a t** [-tari'ɑ:t], n -(e)s/-e notary's office. **n ~ i ' e l l**, adj. notarial; adv. by a notary.

Notation [notatsi'o:n], f -/-en Mus: notation.

Note ['no:tə], f -/-n **1.** Mus: (a) note; **ganze N.**, semibreve; **halbe N.**, minim; (b) pl **N~n**, (printed/sheet) music; **N~n lesen**, to read music; **nach N~n spielen**, to play from music; F: **es ging wie nach N~n**, it went without a hitch; **j-n nach N~n verprügeln**, to give s.o. a good beating. **2.** Sch: mark; N.Am: grade; **schlechte N~n geben**, to mark low/N.Am: give low grades. **3.** (bank)note. **4.** Pol: (diplomatic) note. **5.** (Merkmal) character, aura; (Stimmung) atmosphere; **persönliche N.**, personal touch; **eine betont weibliche N.**, a pronounced feminine character. '**N ~ n b a n k**, f -/-en bank of issue. '**N ~ n b l a t t**, n -(e)s/-̈er sheet of music; pl **N~er**, sheet music. '**N ~ n l i n i e**, f -/-n Mus: stave line. '**N ~ n p a p i e r**, n -s/-e Mus: manuscript paper. '**N ~ n s c h l ü s s e l**, m -s/- Mus: clef. '**N ~ n s c h r i f t**, f -/-en Mus: notation. '**N ~ n s t ä n d e r**, m -s/- music stand.

notier|en [no'ti:rən], v. **1.** v.tr. (a) to make a note of (sth.), jot (sth.) down; Fb: etc: **den Namen eines Spielers n.**, to book a player; (b) Mus: to write down (a tune); (c) St.Exch: to quote (a share, price etc.) (**mit** + dat, at). **2.** v.i. (haben) St.Exch: to be quoted (**mit/zu** +

dat, at).N ~ **ung**,*f*-/-en(a)jotting down;(b)*Mus:* notation; (c) *St.Exch:* quotation.

nötig ['nøːtiç], *adj.* necessary (**zu** + *dat*, for); **die n~en Voraussetzungen**, the qualifications required/necessary; **es ist nicht n., daß er kommt**, it isn't necessary for him to come; *adv.* **j-n, etwas n. haben**, to need s.o., sth.; **er hat es nicht n. zu arbeiten**, he does not need to work; **hast du das n.?** do you have to? ´**n ~ en**, *v.tr.* (a) to force, compel (s.o.) (**zu etwas** *dat*/**etwas zu tun**, to do sth.); **ich sah mich genötigt, einzugreifen**, I felt compelled to intervene; (b) to press, urge (s.o.) (**zu etwas** *dat*, to do sth.); **j-n zum Trinken n.**, to ply s.o. with drink; **laß dich nicht n.!** don't wait to be asked! ´**N ~ ung**, *f* -/-en (a) pressing, urging; (b) *Jur:* intimidation (**zu etwas** *dat*, to commit sth.).

Notiz [no'tiːts], *f* -/-en **1.** (a) note, memo (**über** + *acc*, on); **sich** *dat* **N~en machen**, to take notes; (b) *Journ:* (short) article, item. **2. von j-m, etwas** *dat* **(keine) N. nehmen**, to take (no) notice of s.o., sth. N ~ **block**, *m* -(e)s/ˉe memo pad, jotter. N ~ **buch**, *n* -(e)s/ˉer notebook.

notorisch [no'toːriʃ], *adj.* notorious.

Nougat ['nuːgat], *m & n* -s/-s nougat.

Novelle [no'vɛlə], *f* -/-n **1.** novella, long short story. **2.** *Parl:* amendment (to a law).

November [no'vɛmbər], *m* -(s)/- November; **im N.**, in November; **am ersten/1. N.**, on the first of November/November 1st.

Novität [novi'tɛːt], *f* -/-en novelty; (a) *Cl:* latest fashion; (b) *Th: Cin:* new production; (c) *Pub:* new publication.

Novize [no'viːtsə], *m* -n/-n *Ecc:* (male) novice. N ~ **in**, *f* -/-nen *Ecc:* (female) novice.

Nu [nuː], *n* *F:* **im N.**, in a jiffy/flash.

Nuance [ny'ãsə], *f* -/-n nuance; (um) **eine N. schneller**, a shade/suspicion faster.

nüchtern ['nyçtərn], *adj.* (a) (*nicht betrunken*) sober; (*sachlich*) matter-of-fact, down-to-earth; (*vernünftig*) level-headed (person, appraisal etc.); hard-headed (business man); *adv.* **n. betrachtet**, viewed dispassionately; (b) **etwas auf n~en Magen trinken**, to drink sth. on an empty stomach; (c) (*ohne Schmuck*) bare (walls, *Fig:* facts etc.); austere (room, style etc.); (d) bland, tasteless (food etc.). ´N ~ **heit**, *f* -/ *no pl* (a) sobriety, soberness; level-headedness; (b) bareness, austerity; (c) tastelessness.

nuckeln ['nukəln], *v.i.* (*haben*) *F:* to suck (**am Daumen usw.**, one's thumb etc.).

Nudel ['nuːdəl], *f* -/-n **1.** *Cu:* noodle; *pl* N~n, pasta. **2.** *F:* (*Pers.*) **eine (komische) N.**, a funny creature. ´N ~ **holz**, *n* -es/ˉer rolling pin. ´**n ~ n**, *v.tr.* to cram, fatten (geese etc.). ´N ~ **suppe**, *f* -/-n noodle soup. ´N ~ **teig**, *m* -s/ *no pl* pasta dough.

Nud|ismus [nu'dismus], *m* -/ *no pl* nudism. N ~ **ist**, *m* -en/-en nudist. n ~ **istisch**, *adj.* nudist. N ~ **i´tät**, *f* -/-en nudity.

nuklear [nukle'aːr], *adj.* nuclear.

null [nul]. **I.** *num.adj.* (a) nought, *esp. N.Am:* zero; **n. Fehler**, no/zero mistakes; **n. Uhr**, midnight; **n. Komma fünf (0,5)**, nought point five (0·5); **sieben n. n. sechs**, seven 0 0 six; **n. Grad**, zero (degrees); *Sp:* **zwei zu n.**, two-nil; *Tennis:* **dreißig-n.**, thirty-love; (b) *Jur:* **n. und nichtig**, null and

void. **II.** **N.**, *f* -/-en (a) (*Ziffer*) nought, *N.Am:* zero; **zwei N~en anhängen**, to add on two noughts/*N.Am:* zeros; (b) *no pl* (*Zahl*) zero; **fünf Grad unter N.**, five degrees below zero; **seine Chancen sind gleich N.**, his chances are nil; *F:* **N. Komma nichts**, nothing/no time at all; **Nummer N.**, the loo/*N.Am:* john; (c) *Pej:* (*Pers.*) **eine N.**, a nobody/nonentity. **n ~ acht-´fünfzehn**, *pred.adj.* & N ~ -, *comb.fm.* *F:* nondescript, run-of-the-mill. ´N ~ **diät**, *f* -/ *no pl* starvation diet. ´N ~ **er**, *m* -s/-/´N ~ **fehlerritt**, *m* -(e)s/-e *Equit:* clear round. ´N ~ - ´**Null**, *n* -/-(s) *F:* loo, *N.Am:* john. ´N ~ **punkt**, *m* -(e)s/-e zero (point); *Fig:* **den N. erreichen**, to reach rock bottom.

numer|ieren [numə'riːrən], *v.tr.* to number (pages, tickets etc.); *Pub:* **numerierte Ausgabe**, limited edition. N ~ **ierung**, *f* -/-en numbering. n ~ **isch** [nu'meːriʃ], *adj.* numerical.

Nummer ['numər], *f* -/-n **1.** (a) number; *Tel:* **unter der N. . . .**, on/*N.Am:* at . . .; *Aut:* **eine Bonner N.**, a Bonn registration/*N.Am:* plate; *F:* **bei j-m eine große/gute N. haben**, to be in s.o.'s good books; **auf N. Sicher gehen**, to play safe; (b) issue, copy (of a magazine etc.); (c) size (of shoes, gloves etc.); (um) **eine N. größer**, a size larger; (d) (*Darbietung*) number, item; (*im Zirkus usw.*) act. **2.** *F:* (Pers.) **komische N.**, odd character; **er ist eine große N. im Betrieb**, he's a big noise/*N.Am:* wheel in the firm. ´N ~ **nschild**, *n* -(e)s/-er *Aut:* number/*N.Am:* license plate.

nun [nuːn], *adv.* now; (a) **was n.?** what now/next? **n. gerade!** now more than ever! (b) **wenn er n. käme!** what if he did come? **das ist n. mal so**, that's just the way it is; (c) well; **n., wie geht's?** well now, how are you? **n. gut/schön**, all right then; (d) **kommst du n. heute abend oder nicht?** so are you coming this evening or not?

nur [nuːr], *adv.* (a) only; **ich habe n. noch fünf Minuten**, I only have five minutes left; **warum hat er das n. getan?** why ever did he do that? **ohne auch n. ein Wort zu sagen**, without saying one single word; **n. keine Angst!** just don't you worry! **wenn sie n. käme!** if only she would come! **kommen Sie n. herein!** do come in! (b) just; **ich bin nicht krank, n. müde**, I'm not ill, only/just tired; **ich meine ja n.**, it was just a thought; (c) but; **sie ist hübsch, n. müßte sie intelligenter sein**, she is pretty, but she could be more intelligent.

Nürnberg ['nyrnbɛrk]. *Pr.n.n* -s. *Geog:* Nuremberg.

nuscheln ['nuʃəln], *v.i.* (*haben*) *F:* to mumble.

Nuß [nus], *f* -/Nüsse (a) nut; *Fig:* F: **eine harte N.**, a teaser; (b) *F:* (*Kopf*) nut; (c) *F:* (*Pers.*) twit, nutcase. ´N ~ **baum**, *m* -(e)s/ˉe walnut tree. ´N ~ **baumholz**, *n* -es/ˉer walnut (wood). ´**n ~ braun**, *adj.* nut-brown (hair etc.). ´N ~ **knacker**, *m* -s/- nut-cracker. ´N ~ **schale**, *f* -/-n (a) nutshell; (b) *Fig:* (*Boot*) tiny little tub. ´N ~ **torte**, *f* -/-n nut gâteau.

Nüster ['nystər], *f* -/-n *esp. Z:* *usu.pl* N~n, nostrils.

Nut [nuːt], *f* -/-en/´N ~ **e**, *f* -/-n *Tchn:* groove, slot. ´**n ~ en**, *v.tr.* to groove (wood).

Nutte ['nutə], *f* -/-n *P:* moll, tart; *N.Am:* broad.

nutz [nuts], *adj.* = **nütze**. ´**n ~ bar**, *adj.* usable, exploitable (resources etc.); practical (suggestion etc.); **den Boden n. machen,** to cultivate the soil. ´N ~ **barkeit,** f -/no pl usability. ´N ~ **barmachung,** f -/-en utilization; Agr: cultivation. ´N ~ **effekt,** m -(e)s/-e Tchn: efficiency. ´n ~ **en. I.** v.tr. & i. (haben) = **nützen. II. N.,** m -s/no pl use; **wenig N. haben,** to be of little use/benefit; **(j-m) von N. sein,** to be useful/of use (to s.o.); **mit N.,** profitably; **aus etwas** dat **(einen) N. ziehen,** to profit by/capitalize on sth. ´N ~ **fahrzeug,** n -(e)s/-e commercial/utility vehicle. ´N ~ **garten,** m -s/⁻ kitchen garden. ´N ~ **holz,** n -es/⁻er timber. ´N ~ **last,** f -/-en Av: Nau: Aut: payload. ´n ~ **los,** adj. useless; futile, pointless (conversation etc.); vain, futile (attempts, efforts etc.); adv. **sich n. abquälen,** to slave away to no avail. ´N ~ **losigkeit,** f -/no pl uselessness; pointlessness; futility. ´N ~ **nießer,** m -s/- exploiter. ´N ~ **pflanze,** f -/-n useful plant. ´N ~ **ung,** f -/-en exploitation (of land, resources).

nütz|e [´nytsə], adj. **(zu) etwas/nichts n. sein,** to be some/no use. ´n ~ **en,** v. **1.** v.i. (haben) to be of use/useful (j-m, to s.o.); **das nützt nichts,** that's no use; **es wird ihm nichts n.,** it won't get him anywhere; **seine Sprachkenntnisse haben ihm sehr genützt,** his knowledge of the language came in very handy/stood him in good stead; **wozu nützt das?** what's the point of that? F: **es nützt alles nichts, ich muß gehen,** there's nothing/N.Am: no help for it, I have to go. **2.** v.tr. to make use of (sth.); to take advantage of (an opportunity etc.); to exploit (land, water power etc.). ´n ~ **lich,** adj. useful (j-m, to s.o.); helpful (person, advice etc.); **sich n. machen,** to make oneself useful. ´N ~ **lichkeit,** f -/no pl usefulness.

Nylon [´nailɔn], n -s/no pl Tex: nylon.

Nymph|e [´nymfə], f -/-n nymph. **n ~ oman** [-o´maːn], adj./**N ~ in,** f -/-nen nymphomaniac.

O

O, o[1] [oː], n -/- (the letter) O, o.
o[!2] int. oh!

Oase [o´aːzə], f -/-n oasis; Fig: **eine O. des Friedens,** a haven of peace.

ob [ɔp], conj. whether; (a) **ich weiß nicht, ob er kommt,** I don't know whether/if he will come; **ob er wohl kommt?** I wonder if he will come? **ob reich, ob arm, wir müssen alle sterben,** rich or poor, we all must die; (b) **als ob,** as if/though; (vormachen) **er tat, als ob er sie nicht gesehen hätte,** he pretended not to have seen her; (c) F: **(na) und ob!** and how! sure thing! **und ob ich's gelesen habe!** you bet I've read it!

Obacht [´oːbaxt], f -/no pl South G: attention; **auf etwas** acc **O. geben,** to pay attention to sth.; **gib O.!** look out!

Obdach [´ɔpdax], n -(e)s/no pl A: & Adm: shelter; **j-m O. gewähren,** to give s.o. shelter, take s.o. in; **kein O. haben,** to have no roof over one's head. ´o ~ **los,** adj. homeless. ´O ~ **losenasyl,** n -s/-e hostel for the homeless. ´O ~ **losigkeit,** f -/no pl homelessness.

Obdu|ktion [ɔpduktsi´oːn], f -/-en post mortem.

O-Beine [´oːbainə], npl bow-legs. ´o ~ **beinig,** adj. bow-legged.

oben [´oːbən], adv. (a) at the top; (o ~ drauf) on top; (an der Oberfläche) on the surface; **(ganz) o. im Schrank/auf dem Schrank,** (right) at the top/on top of the cupboard; **das dritte von o.,** the third from the top; **links/rechts o. (im Bilde),** in the top lefthand/righthand corner (of the picture); **bis o. hin voll,** full to the top/(Glas usw.) brim; **von o. bis unten,** from top to bottom; (Pers.) from head to foot; Cl: Hum: **(mit) o. ohne,** topless; F: **ich weiß nicht, was o.**

und was unten ist, I don't know whether I'm coming or going; **mir steht es bis hier o.,** I am sick and tired of it; Fig: **der Weg nach o.,** the way to the top; (b) (über dem Sprecher) above, overhead; **hier/dort o.,** up here/there; **weit/weiter o.,** a long way/further up; **hoch o.,** high up/above; Hum: **alles Gute kommt von o.,** all good things come from above; Fig: **von o. herab,** condescendingly; (c) (Richtung) (nach) **o.,** upwards; **Tendenz nach o.,** upward tendency; **mit dem Gesicht nach o.,** face up; F: **der Taucher mußte nach o.,** the diver had to come to the surface; (d) (im Haus) upstairs; **komm nach o.!** come up(stairs)! (e) (im Buch) **siehe o.,** see above; (f) F: **die da o.,** the powers that be; **er ist o. beliebt,** his bosses like him. ´o ~ ´**an,** adv. at the top **(auf meiner Liste,** of my list). ´o ~ ´**auf,** adv. (a) (more correctly **o ~ drauf**), on (the) top; (b) Fig: (Pers.) **o. sein,** to be in good form. ´o ~ ´**drein,** adv. besides; what is more; **und dann bekam er o. noch die Masern,** and then he got measles on top of it/into the bargain. ´o ~ **erwähnt**/´o ~ **genannt,** adj. above-mentioned. ´o ~ **gesteuert,** adj. I.C.E: overhead (valves); overhead valve (engine). ´o ~ ´**hin,** adv. superficially; (beiläufig) casually. ´o ~ **hi´naus,** adv. Fig: F: **er will o.,** he wants to get to the top. ´o ~ **stehend,** adj. mentioned/given above.

Ober[1] [´oːbər], m -s/- waiter; **Herr O.!** approx. = excuse me! waiter!

´**Ober**-[2], comb.fm. (a) upper (arm, deck, jaw, lip etc.); **O ~ geschoß** n, upper storey; **O ~ lauf** m, upper reaches (of a river); Parl: **das O ~ haus,** the Upper House; Sociol: **die O ~ schicht,** the upper classes; (b) (*Rang*) senior (*Sch:* classes etc.); (*leitend*) chief (inspector etc.); O~**arzt** *m*, senior registrar; O~**studienrat** *m*, senior teacher (at a Gymnasium); O~**stufe** *f*, senior/ upper classes; O~**kellner** *m*, head waiter. 'O~**armknochen**, *m -s/-* *Anat:* humerus. 'O~**bau**, *m -(e)s/-ten* (a) *Constr:* superstructure; (b) *Rail:* permanent way. 'O~**befehlshaber**, *m -s/-* *Mil:* commander-in-chief, supreme commander. 'O~**begriff**, *m -(e)s/-e* generic term. 'O~**bekleidung**, *f -/no pl* outer garments. 'O~**bett**, *n -(e)s/-en* duvet. 'O~**bürgermeister**, *m -s/-* first mayor (of a city). 'o~**deutsch**, *adj.* *Ling:* Upper German. 'o~e(r, s), *adj.* upper; (*höchste*) top; der o. Flußlauf, the upper reaches of the river; der o. Rand, the top edge. 'O~**fläche**, *f -/-n* surface; an der O., on the surface; an die O. kommen, to come to the surface. 'o~**flächlich**, *adj.* superficial (wound, relationship, knowledge etc.); sketchy (outline etc.); shallow, glib (person, talk etc.); facile (remark etc.); *adv.* ich kenne ihn nur o., I don't know him very well. 'O~**flächlichkeit**, *f -/no pl* superficiality. 'o~**gärig**, *adj.* top-fermented (beer). 'o~**halb**, *prep.* + *gen* above; o. der Tür, above/over the door; die Donau o. von Linz, the Danube above/upstream from Linz. 'O~**hand**, *f -/no pl Fig:* upper hand; die O. (über j-n) gewinnen, to gain the upper hand, (*Vernunft usw.*) prevail (over s.o.). 'O~**haupt**, *n -(e)s/=er* head of state, (family etc.). 'O~**haut**, *f -/no pl Anat:* epidermis. 'O~**hemd**, *n -(e)s/-en* (man's) shirt. 'O~**in**, *f -/-nen* (a) *Ecc:* mother superior; (b) *Med:* matron. 'o~**irdisch**, *adj.* above ground. 'O~**körper**, *m -s/-* (upper) torso; mit nacktem O., stripped to the waist. 'O~**leder**, *n -s/-* (shoe) upper. 'O~**leitung**, *f -/-en* 1. overall control (of a project etc.). 2. *El:* overhead wires. 'O~**leitungsbus**, *m -ses/-se* trolley bus. 'O~**leutnant**, *m -s/-s Mil:* lieutenant. 'O~**licht**, *n -(e)s/-er* 1. *no pl* overhead light. 2. (*Fenster*) skylight. 'O~**prima**, *f -/-men Sch:* top form (of a Gymnasium); *approx.* = *Brit:* upper sixth (form). 'O~**schenkel**, *m -s/-* thigh. 'Ω~**schenkelknochen**, *m -s/-Anat:* femur. 'O~**schule**, *f -/-n* secondary school. 'O~**schwester**, *f -/-n Med:* ward sister. 'O~**seite**, *f-/-n* upper side; right side (of cloth, wallpaper etc.). 'O~**st**, *m -en & -s/-en* colonel. 'o~**ste(r,s)**, *adj.* (a) top, uppermost; die o. Treppenstufe, the top step; *Fig:* das O. zu unterst kehren, to turn everything upside down; (b) supreme, highest (rank); o~s Gebot/o~r Grundsatz, ruling principle. 'O~**stimme**, *f -/-n Mus:* treble part. 'O~**st'leutnant**, *m -s/-s Mil:* lieutenant-colonel. 'O~**teil**, *n -(e)s/-e Cl: etc:* top (part). 'O~**titel**, *m -s/-* overall title. 'O~**ton**, *m -(e)s/=e Mus:* overtone, harmonic. 'O~**wasser**, *n -s/no pl Fig:* O. haben/bekommen, to be in/get into a strong position.

obgleich [ɔp'glaiç], *conj.* although.

Obhut ['ɔphu:t], *f -/no pl Lit:* care; *Jur:* custody (of a child etc.); sie gab den Schmuck in seine O., she gave him the jewellery for safe keeping; er ist in guter O., he is well looked after.

Objekt [ɔp'jɛkt], *n -(e)s/-e* object; (*Gebäude*) unit; *Com:* (*Verkaufso.*) item. O~**tisch**, *m -(e)s/-e* stage (of a microscope). O~**träger**, *m -s/-*(microscope) mount, slide.

Objektiv[1] [ɔpjɛk'ti:f], *n -s/-e Phot:* lens. O~**deckel**, *m -s/-* lens cap.

objektiv[2], *adj.* objective; actual (conditions, facts etc.); o~e Möglichkeit, real possibility. O~**ität** [-tivi'tɛ:t], *f -/no pl* objectivity.

Oblate [o'bla:tə], *f -/-n* (a) *Ecc:* wafer; (b) *Cu:* (circle of) rice paper.

obliegen ['ɔpli:gən], *v.i. sep. & Aus: insep.irr. 62 (haben)* j-m o., to be s.o.'s task.

obligat [obli'ga:t], *adj.* 1. *esp. Iron:* obligatory. 2. *Mus:* obbligato. O~**ion** [-gatsi'o:n], *f -/-en Fin:* bond. o~**orisch** [-ga'to:riʃ], *adj.* compulsory.

Oboe [o'bo:ə], *f -/-n Mus:* oboe.

Obrigkeit ['o:briçkait], *f -/-en A: & Hum:* die O., the powers that be.

ob'schon, *conj.* although.

obskur [ɔps'ku:r], *adj.* obscure; (*zwielichtig*) dubious, shady (figure, *F:* hotel etc.).

Obst [o:pst]. 1. *n -(e)s/no pl coll.* fruit. II. 'O~-, *comb.fm.* fruit (juice, knife, salad, tree etc.); O~**bauer** *m*, fruit grower; O~**kuchen** *m*/ O~**torte** *f*, fruit flan/N.Am: pie. 'O~**garten**, *m -s/=*orchard. 'O~**händler**, *m -s/-* fruiterer. 'O~**kern**, *m -(e)s/-e* pip. 'O~**konserven**, *fpl* tinned/*esp. N.Am:* canned fruit.

Obstruktion [ɔpstruktsi'o:n], *f -/-en Parl:* (policy of) obstruction.

obszön [ɔps'tsø:n], *adj.* obscene. O~**ität** [-tsøni'tɛ:t], *f -/-en* obscenity.

Obus ['o:bus], *m -ses/-se* trolley bus.

ob'wohl, *conj.* although.

Ochse ['ɔksə], *m -n/-n* 1. ox; junger O., bullock. 2. *F:* (*Pers.*) fool, oaf; ich stand (da) wie der O. vorm Berg, I was completely nonplussed/at a loss. 'o~**en**, *v.i.* (*haben*) *F:* to slog, *Sch:* swot. 'O~**enfrosch**, *m -es/=e* bullfrog. 'O~**enschwanz**, *m -es/=e* oxtail. 'O~**enzunge**, *f -/-n* ox tongue.

Ocker ['ɔkər], *m -s/no pl* ochre. 'O~**gelb**, *n -s/no pl* yellow ochre. 'O~**rot**, *m -s/no pl* red ochre.

Ode ['o:də], *f -/-n* ode.

Öde ['ø:də]. I. *f -/no pl* (a) desert, wasteland; (b) *Fig:* desolation, solitude. II. ö., *adj.* barren (landscape); desolate (place, *Fig:* existence etc.); (*leer*) deserted (place etc.).

oder ['o:dər], *conj.* or; o. so, or something like that; wir bleiben zu Hause, o. (aber) wir gehen spazieren, either we'll stay at home or else we'll go for a walk; *F:* das magst du doch, o.? you like that, don't you?

Ofen ['o:fən], *m -s/=* (a) (*zum Heizen*) stove; (elektrischer) O., electric fire; *Fig:* jetzt ist der O. aber aus! that's the last straw! (b) *Ind:* furnace, kiln; (c) *Cu:* (*Backo.*) oven. 'O~**rohr**, *n -(e)s/-e* stovepipe. 'O~**schirm**, *m -(e)s/-e* firescreen.

offen ['ɔfən], *adj.* open; (a) (*Tür usw.*) open; (*nicht abgeschlossen*) unlocked; (*Haare*) loose, untied; (*Zucker usw.*) loose, unpacked; o~e Weine, wines by the glass; o~e Schuhe, (i) open shoes; (ii) *F:* untied shoes; das Geschäft hat/ist o., the shop is open; **Tag der o~en Tür,** (police/fire brigade) open day; (*also Fig.*) **mit o~en Augen,** with one's eyes open; (*Wettbewerb*) **für alle o.,** open to all; (*Pers.*) **für Probleme usw. o. sein,** to have an open mind about problems etc.; (*b*) **auf o~er Strecke,** on an open stretch (of road/rail); *Mil:* **o~e Flanke,** exposed flank; (*c*) (*leer*) blank (space, line etc.); **o~e Stellen,** vacant posts, vacancies; *Com: Fin:* **o~e Rechnung,** outstanding account; (*d*) (*Pers.*) frank, candid; **sei o. zu mir,** be frank/open with me; *adv.* **etwas o. zugeben,** to admit sth. openly; **o. gesagt/gestanden,** frankly; to be frank; **ich habe es ihm o. gesagt,** I told him straight out. **'o ~ bar,** *adj.* obvious. **o ~ 'baren,** *v.tr. insep.* to reveal (a secret, oneself etc.). **(j-m,** to s.o.). **O ~ 'barung,** *f -/-en Rel:* revelation. **'o ~ halten,** *v.tr.sep.irr.45* to hold (a door etc.) open (**j-m,** for s.o.); to keep (one's eyes, a shop etc.) open; *Fig:* **sich** *dat* **einen Ausweg o.,** to leave oneself a way out. **'O ~ heit,** *f -/no pl* openness, frankness. **'o ~ herzig,** *adj.* **1.** open-hearted, unreserved. **2.** *Hum:* (dress) with a plunging neckline. **'O ~ herzigkeit,** *f -/no pl* open-heartedness; frankness. **'o ~ kundig,** *adj.* obvious. **'o ~ lassen,** *v.tr.sep.irr.57* (*a*) to leave (sth.) open; (*b*) to leave (a space etc.) blank/(a job) unfilled; (*c*) to leave (a question) undecided. **'o ~ sichtlich,** *adj.* obvious, evident. **'o ~ stehen,** *v.i.irr.sep.100* (*haben*) (*a*) (*Tür usw.*) to be open; **ihm stand der Mund offen,** he gasped; (*b*) (*Rechnung usw.*) to be outstanding/unpaid; (*Stelle*) to be vacant; (*c*) **es steht dir offen zu wählen,** it is up to you/you are free to choose.

offensiv [ɔfɛn'ziːf], *adj. Mil:* offensive (weapons etc.); *Sp:* attacking (game, role). **O ~ e** ['-'ziːvə], *f -/-n Mil:* offensive; *Sp:* attack; (*Spielweise*) attacking game; **zur O. übergehen,** to go onto the attack.

öffentlich ['œfəntliç], *adj.* public; *Pol: etc:* open (session, vote); **ö~es Ärgernis,** public nuisance; **ö~es Geheimnis,** open secret; *Adm:* **die ö~e Hand,** the state/(*in Geldsachen*) public purse; *adv.* **ö. auftreten,** to appear in public; **etwas ö. erklären,** to state sth. publicly; *Parl:* **ö. abstimmen,** to have an open vote. **'Ö ~ keit,** *f -/no pl* (*a*) **die** (*breite*) **Ö.,** the (general) public; **unter Ausschluß der Ö.,** behind closed doors; **etwas an die Ö. bringen,** to publicize sth.; **in aller Ö.,** in public, in front of everybody; (*b*) public nature (of a debate etc.). **'Ö ~ keitsarbeit,** *f -/-en Adm: Com:* public relations.

Offerte [ɔ'fɛrtə], *f -/-n* offer; *Com:* (*für einen Auftrag*) tender.

Offertorium [ɔfɛr'toːrium], *n -s/-ien R.C.Ch:* offertory.

offiziell [ɔfitsi'ɛl], *adj.* official.

Offizier [ɔfi'tsiːr], *m -s/-e Mil:* officer; **zum O. ernannt werden,** to be commissioned. **O ~ sanwärter,** *m -s/-* officer cadet. **O ~ sbursche,** *m -n/-n Mil:* batman.

öffn|en ['œfnən], *v.tr.* (*a*) to open (sth.); to undo (a zip), unbutton (a coat etc.); **mit geöffnetem Mund,** with one's mouth open; *Hum:* **der Himmel öffnete seine Schleusen,** the heavens opened; (*b*) *abs.* **wir ö. um neun,** we open at nine; **j-m ö.,** to open the door to s.o.; (*c*) (*Tür*

usw.) **sich ö.,** to open; **vor uns öffnete sich das Tal,** the valley opened up/out in front of us; **neue Märkte/Wege ö. sich uns,** new markets/possibilities become available to us. **'Ö ~ ung,** *f -/-en* opening; (*a*) mouth (of a bottle etc.); *Anat: Tchn:* orifice; (*b*) hole, gap (in a wall etc.); (*c*) *Phot:* aperture; (*d*) *Med:* **Ö. einer Leiche,** autopsy. **'Ö ~ nungszeiten,** *fpl* hours of opening/*Com:* business.

Offset(druck) ['ɔfsɛt(druk)], *n -s/no pl* (*m -(e)s/no pl*) offset (printing).

oft [ɔft], *adv.* (*comp.* **öfter,** *superl.* **am öftesten**) often, frequently; **ich bin schon öfter dort gewesen,** I have been there several times; **des öfteren,** repeatedly.

ohne ['oːnə]. **I.** *prep.* + *acc* (*a*) without; **o. Schlips,** without a tie; **o. Schuld,** guiltless; **o. Zweifel,** without any doubt, undoubtedly; **o. mich!** count me out! (*b*) excluding; **o. den Fahrer waren wir sechs Personen,** there were six of us, excluding/not counting the driver; **o. Bedienung,** not including service; (*c*) *F:* **nicht o.,** not bad; (*schwierig*) pretty tough; (*stark*) with plenty of punch; **der Mann ist nicht o.!** he is a man to be reckoned with! (*d*) *F:* (*Pers.*) (*ganz*) **o.,** in the nude, with nothing on. **II.** *conj.* **sie tat es, o. ihn erst zu fragen,** she did it without asking him first; **sie tat es, o. daß er es merkte,** she did it without him noticing. **'o ~ 'dies,** *adv.* anyway. **'o ~ 'gleichen,** *pred.adj.* matchless, incomparable; **Freude o.,** boundless joy. **'o ~ 'hin,** *adv.* anyway, in any case.

Ohnmacht ['oːnmaxt], *f -/-en* (*a*) powerlessness, impotence; (*b*) *Med:* faint; (*Zustand*) unconsciousness; **in O. fallen,** to faint. **'O ~ sgefühl,** *n -(e)s/-e Med:* (feeling of) faintness.

ohnmächtig ['oːnmɛçtiç], *adj.* (*a*) powerless; **o~e Wut,** helpless rage; (*b*) *Med:* unconscious; **o. werden,** to faint/pass out.

Öhr [øːr], *n -(e)s/-e* eye (of a needle etc.).

Ohr [oːr], *n -(e)s/-en* (*a*) ear; **auf dem rechten O. taub,** deaf in the right ear; **die Melodie geht (leicht) ins O.,** it's a catchy tune; **das habe ich nicht mehr im O.,** I can't remember how it goes; **ganz O. sein/***F:* **lange O~en machen,** to be all ears; **es ist mir zu O~en gekommen, daß . . .,** it has come to my attention that . . .; **mit halbem O. zuhören,** to listen with half an ear; *F:* **sitzt du auf deinen O~en?!** are you deaf?! **das ist nichts für zarte O~en,** this is not suitable for tender ears; **auf dem O. hört er schlecht,** he doesn't want to hear that; **j-m eins hinter die O~en hauen,** to box s.o.'s ears; **sich aufs O. legen,** to take a nap; **j-m wegen etwas** *gen* **in den O~en liegen,** to pester s.o. about sth.; (*b*) *Fig:* **bis über beide O~en in Arbeit stecken,** to be up to one's ears in work; **bis über beide O~en verliebt sein,** to be head over heels in love; **er ist noch nicht trocken hinter den O~en,** he is still wet behind the ears; **j-n übers O. hauen,** to rip s.o. off; **die O~en anlegen,** to brace oneself; **die O~en steifhalten,** to keep one's chin up; **die O~en hängenlassen,** to be down in the mouth. **'O ~ en-,** *comb.fm.* ear (flap, complaint etc.); **O ~ arzt** *m,* ear (nose and throat) specialist; *F:* **schmalz** *m,* ear wax; **O ~ schmerzen** *mpl,* earache; **O~sausen** *n,* noises/singing in the ears; *F:* **O~schmaus** *m,* feast for the ears; *adj.* **o~betäu-**

bend, ear-splitting. '**O ~ ensessel,** _m_ -s/- wing armchair. '**O ~ feige,** _f_ -/-n slap in the face. '**o ~ feigen,** _v.tr._ to slap (s.o.) (in the face); _F:_ **ich hätte mich o. können,** I could have kicked myself. '**O ~ läppchen,** _n_ -s/- earlobe. '**O ~ muschel,** _f_ -/-n outer ear; _Anat:_ auricle. '**O ~ ring,** _m_ -(e)s/-e earring. '**O ~ wurm,** _m_ -(e)s/̈er **1.** earwig. **2.** _F:_ (catchy) hit tune.

oje! [o'je:]. _int._ oh dear!

okkult [ɔ'kult], _adj._ occult. **O ~ ismus** [-'tismus], _m_ -/no _pl_ occultism.

Ökolog|ie [økolo'gi:], _f_ -/no _pl_ ecology. **ö ~ isch** [-'lo:giʃ], _adj._ ecological.

Ökonom [øko'no:m], _m_ -en/-en _esp. East G:_ economist. **Ö ~ ie** [-'no:mi:], _f_ -/-n **1.** _A:_ economics. **2.** (_Sparsamkeit_) economy. **ö ~ isch** [-'no:miʃ], _adj._ **1.** economic. **2.** (_sparsam_) economical.

Oktanzahl [ɔk'ta:ntsa:l], _f_ -/-en octane number/rating.

Oktave [ɔk'ta:və], _f_ -/-n _Mus:_ octave.

Oktett [ɔk'tet], _n_ -(e)s/-e _Mus:_ octet.

Oktober [ɔk'to:bər], _m_ -(s)/- October; **im O.,** in October; **am zehnten/10. O.,** on the tenth of October/October 10th.

Okular [oku'la:r], _n_ -s/-e _Opt:_ eyepiece.

ökumenisch [øku'me:niʃ], _adj._ ecumenical.

Öl [ø:l]. **I.** _n_ -(e)s/-e oil; _Fig:_ **Öl ins Feuer gießen,** to make things worse; **Öl auf die Wogen gießen,** to pour oil on troubled waters. **II.** '**Öl-,** _comb.fm._ **1.** oil(-field, -firing, -can, _Aut:_ change etc.); **Ölbild/Ölgemälde** _n,_ oil painting; **Ölfarbe** _f,_ oil paint; _pl_ oils; **Ölfleck** _m,_ oil stain; patch of oil; **Ölhafen** _m,_ oil tanker terminal; **Ölheizung** _f,_ oil-fired (central) heating; **Ölquelle** _f,_ oilwell; **Ölschicht** _f,_ film of oil; **Ölteppich** _m,_ oil slick; **Öltonne** _f,_ oil drum; **Öltuch** _n,_ oilcloth; **Ölzeug** _n,_ oilskins, _Mec.E:_ **Öldruckmesser** _m,_ oil (pressure) gauge; **Ölleitung** _f,_ oil pipe; **Ölstand** _m,_ oil level; **Ölwanne** _f,_ (oil) sump. **2.** olive (tree etc.); **Ölzweig** _m,_ olive branch; _Geog: & B:_ **der Ölberg,** the Mount of Olives. '**Ölgötze,** _m_ -n/-n _F:_ **wie ein Ö. dasitzen,** to sit there like a lemon. '**ölig,** _adj._ oily. '**Ölmeßstab,** _f_ -/̈e _Aut:_ dipstick. '**Ölsardine,** _f_ -/-n tinned sardine (in oil). '**Ölung,** _f_ -/-en anointment; _R.C.Ch:_ **die letzte Ö.,** extreme unction.

Oldtimer ['ouldtaimər], _m_ -s/- _F:_ **1.** vintage/ (_vor 1904_) veteran car. **2.** (_Pers._) old hand.

Oliv|e [o'li:və], _f_ -/-n olive. **O ~ en-,** _comb.fm._ olive (tree, oil etc.). **o ~ grün,** _adj._ olive-green.

Olymp [o'lymp], _m_ -s/no _pl_ **1.** Mount Olympus. **2.** _Th:_ the gods. **O ~ iade** [-pi'a:də], _f_ -/-n (_a_) Olympiad; (_b_) _Sp:_ Olympic Games. **o ~ isch,** _adj._ Olympic.

Oma ['o:ma], _f_ -/-s _F:_ granny.

Omelett [ɔm(ə)'let], _n_ -(e)s/-e & -s _Cu:_ omelette.

Omen ['o:mən], _n_ -s/- omen.

ominös [omi'nø:s], _adj._ ominous; (_verdächtig_) suspicious, odd (taste etc.).

Omnibus ['ɔmnibus], _m_ -ses/-se bus; _Brit:_ (_für lange Strecken_) coach. '**O ~ bahnhof,** _m_ -(e)s/̈e bus/coach station.

Onanie [ona'ni:], _f_ -/no _pl_ masturbation. **o ~ ren** [-'ni:rən], _v.i._ (_haben_) to masturbate.

Onkel ['ɔŋkəl], _m_ -s/- uncle.

Onyx ['o:nyks], _m_ - & -es/-e _Miner:_ onyx.

Opa ['o:pa], _m_ -s/-s _F:_ grandpa.

Opal [o'pa:l], _m_ -s/-e _Miner:_ opal.

Oper ['o:pər], _f_ -/-n **1.** opera. **2.** (_Gebäude_) opera house. '**O ~ n-,** _comb.fm._ operatic (aria, music, composer etc.); opera (guide, singer, house etc.); **O ~ freund** _m,_ opera buff; **O ~ glas** _n,_ opera glasses; **O ~ text** _m,_ opera libretto. '**o ~ nhaft,** _adj._ operatic.

Operation [operatsi'o:n], _f_ -/-en _Med: Mil: Min: etc:_ operation. **O ~ s-,** _comb.fm._ (_a_) _Mil:_ (area, plan etc.) of operations; (_b_) _Med:_ operating (team, table etc.); theatre (sister, lamp); **O ~ saal** _m,_ operating theatre/_N.Am:_ room. **O ~ snarbe,** _f_ -/-n post-operative scar.

Operette [opə'retə], _f_ -/-n operetta.

operieren [opə'ri:rən], _v._ **1.** _v.i._ (_haben_) _Med: Mil: etc:_ to operate. **2.** _v.tr._ _Med:_ to operate on (s.o.); **j-n an der Hand o.,** to operate on s.o.'s hand; **er wurde gestern operiert,** he had an operation yesterday.

Opfer ['ɔpfər], _n_ -s/- **1.** (_a_) sacrifice; _Rel:_ offering (**an Geld usw.,** of money etc.); **ein O. bringen,** to make a sacrifice; **j-m etwas zum O. bringen,** to give up/sacrifice sth. for s.o.; (_b_) victim (of an accident etc.); **einer Täuschung usw. zum O. fallen,** to fall victim to/be the victim of a deception etc.; **das Buch fiel den Flammen zum O./ wurde ein O. der Flammen,** the book perished in the flames; **er war ein O. seiner Überzeugung/seines Berufes,** he was a martyr to his belief/his job. '**o ~ bereit/'o ~ freudig,** _adj._ self-sacrificing. '**O ~ gabe,** _f_ -/-n sacrificial offering. '**O ~ lamm,** _n_ -(e)s/̈er (_also Fig:_) sacrificial lamb; _Fig:_ **wie ein O.,** like a lamb to the slaughter. '**o ~ n,** _v.tr._ to sacrifice (_Fig:_ one's health etc., _Rel:_ an animal); give up (one's free time etc.) (**etwas** _dat_/**für etwas** _acc,_ for sth.); **sein Leben o.,** to lay down one's life; **sie opfert sich für die Familie,** she makes sacrifices for the family; _F:_ **wer opfert sich und spült?** any volunteers for washing up? '**O ~ stock,** _m_ -(e)s/̈e _Ecc:_ offertory box. '**o ~ willig,** _adj._ self-sacrificial.

Opium ['o:pium], _n_ -s/no _pl_ opium.

opportun [ɔpɔr'tu:n], _adj._ opportune. **O ~ ismus** [-tu'nismus], _m_ -/no _pl_ opportunism **O ~ ist** [-'nist], _m_ -en/ en opportunist.

Opposition [ɔpozitsi'o:n], _f_ -/-en opposition (**gegen** + _acc,_ to); **in O. zu j-m, etwas** _dat_ **stehen,** to be opposed to s.o., sth.; **sie tut das aus reiner O.,** she does it out of sheer contrariness/cussedness; _Pol:_ **in die O. gehen,** to go into opposition. **O ~ sgeist,** _m_ -(e)s/no _pl_ spirit of contradiction; contrariness.

Optik ['ɔptik], _f_ -/-en **1.** _no pl_ optics. **2.** lens system. '**O ~ er,** _m_ -s/- optician.

optim|al [ɔpti'ma:l], _adj._ optimum. **O ~ ismus** [-'mismus], _m_ -/no _pl_ optimism. **O ~ ist(in),** _m_ -en/-en (_f_ -/-nen) optimist. **o ~ istisch,** _adj._ optimistic. '**O ~ um,** _n_ -s/-ma optimum.

Option [ɔptsi'o:n], _f_ -/-en _Com:_ option.

optisch ['ɔptiʃ], _adj._ **1.** optical (system, illusion etc.). **2.** visual (impression, signal etc.); _adv._ **o. nicht wahrnehmbar,** not visible to the eye; **o. weniger gelungen,** less successful visually/in visual terms.

Orakel [o'ra:kəl], _n_ -s/- oracle.

Orange [o'raṇʒə], *f* -/-n orange. **o ~ (farben),** *adj.* orange(-coloured). **O ~ ade** [-'ʒɑ:də], *f* -/-n orangeade. **O ~ at** [-'ʒa:t], *n* -s/*occ* -e *Cu:* candied orange peel. **O ~ nblüte,** *f* -/-n orange blossom. **O ~ nmarmelade,** *f* -/-n **(bittere) O.,** marmalade. **O ~ nschale,** *f* -/-n orange peel. **O ~ 'rie,** *f* -/-n orangery.
Oratorium [ora'to:rium], *n* -s/-rien **1.** *Mus:* oratorio. **2.** *Ecc:* oratory.
Orchest|er [ɔr'kɛstər]. **I.** *n* -s/- orchestra. **II. O ~-,** *comb.fm.* orchestral (accompaniment, concert, music etc.); **O ~ stimmen** *fpl,* orchestral parts. **O ~ ergraben,** *m* -s/- orchestra pit. **o ~ rieren** [-'tri:rən], *v.tr.* to orchestrate, score (a work).
Orchidee [ɔrçi'de:(ə)], *f* -/-n orchid.
Orden ['ordən], *m* -s/- **1.** *Rel.Hist:* order. **2.** *Mil: etc:* decoration, medal. **'O ~ sritter,** *m* -s/- *Hist:* member of an order of knights.
ordentlich ['ordəntliç], *adj.* **1.** *(a)* neat, tidy (person, room etc.); *(b)* (*anständig*) respectable (family etc.); **er stammt aus o ~ en Verhältnissen,** he comes from a respectable home; *(c)* **o ~ es Mitglied,** ordinary/full member (of an association etc.); *Univ:* **o ~ er Professor,** (full) professor. **2.** *F:* (*richtig*) proper (meal etc.); **eine o ~ e Tracht Prügel,** a thorough/sound thrashing; **eine o ~ e Leistung,** quite a respectable/reasonable effort; *adv.* **er hat's ihm o. gegeben,** he let him have it good and proper; **ich habe mich o. geärgert,** I was really annoyed. **'O ~ keit,** *f* -/*no pl* tidiness, orderliness.
Order ['ordər], *f* -/-s & -n *Mil:* & *Com:* order.
ordinär [ordi'nɛ:r], *adj.* common, vulgar (person etc.); **o ~ er Witz,** dirty joke.
Ordinarius [ordi'na:rius], *m* -/-ien professor.
Ordination [ordinatsi'o:n], *f* -/-en **1.** *Ecc:* ordination. **2.** *Aus:* (*Zeit, Zimmer*) surgery, *N.Am:* doctor's/dentist's office.
ordnen ['ordnən], *v.tr.* to put (sth.) into (chronological, alphabetical etc.) order; to order, arrange (sth.); to tidy up (clothes, hair etc.); **Schriftstücke o.,** to file/sort papers; **Tiere, Pflanzen usw. nach Klassen o.,** to classify animals, plants etc.; **Schuhe der Größe nach o.,** to arrange shoes according to size; **seine Angelegenheiten o.,** to put one's affairs into order.
Ordner ['ordnər], *m* -s/- **1.** file, *esp.* ring binder. **2.** (*Pers.*) steward.
Ordnung ['ordnuŋ], *f* -/-en order; *(a)* **j-n zur O. rufen,** to call s.o. to order; **die öffentliche O.,** public order; **das verstößt gegen die O.,** that is against the regulations; *(b)* orderliness, tidiness; **es herrscht vorbildliche O.,** everything is in meticulous order; **O. schaffen,** to tidy up; **O. muß sein!** you must keep things in order/*Fig:* set about things in the proper way; *(c)* **in O.,** all right; (*Papiere usw.*) in order; **es ist etwas nicht in O.,** there's something wrong; *F:* **(geht) in O.!** O.K.! **j-n, etwas in O. bringen,** to sort s.o., sth. out; **der ist ganz in O.,** he's a good sort; *(d)* **das ist eine Dummheit erster O.,** that is stupidity of the first order. **'O ~ samt,** *n* -(e)s/-er Public Order Office (issuing passports, permits etc.). **'o ~ sgemäß,** *adj.* correct, according to the regulations; *adv.* **ein Formular o. ausfüllen,** to fill in a form correctly. **'o ~ shalber,** *adv.* for the sake of appearances. **'O ~ shüter,** *m* -s/-

guardian of the peace. **'O ~ sliebe,** *f* -/*no pl* (passion for) tidiness. **'o ~ sliebend,** *adj.* very tidy. **'o ~ swidrig,** *adj.* contrary to the regulations; **o ~ es Verhalten,** irregular behaviour. **'O ~ szahl,** *f* -/-en ordinal number.
Ordonnanz [ordo'nants], *f* -/-en *Mil:* orderly.
Organ [or'ga:n], *n* -s/-e **1.** *Anat:* organ; *F:* **ein lautes O. haben,** to have a penetrating voice; *Fig:* **für Musik habe ich kein O.,** I have no ear/feeling for music. **2.** *(a)* publication; **das O. der liberalen Partei,** the mouthpiece/organ of the liberal party; *(b)* *Pol:* **das ausführende O.,** the executive body. **o ~ isch,** *adj.* organic (disease etc.). **O ~ ismus** [-ga'nismus], *m* -/-men organism; *Anat:* system.
Organis|ation [organizatsi'o:n], *f* -/-en organization. **O ~ ati'onstalent,** *n* -(e)s/-e organizing ability. **O ~ ator** [-'za:tor], *m* -s/-en organizer. **o ~ ieren** [-'zi:rən], *v.tr. (a)* to organize (a conference etc.); **sich o.,** to form an organization/*Ind:* a union; *F:* to get together; *(b)* *F:* to scrounge (cigarettes etc.).
Organist(in) [orga'nist(in)], *m* -en/-en (*f* -/-nen) organist.
Orgel ['orgəl]. **I.** *f* -/-n *Mus:* organ. **II. 'O ~ -,** *comb.fm.* organ (pipe etc.); **O ~ empore** *f,* organ loft; **O ~ konzert** *n,* organ recital; **O ~ prospekt** *m,* organ case; **O ~ tisch** *m,* organ console.
Orgie ['orgiə], *f* -/-n orgy.
Orient ['o:rient], *m* -s/*no pl* **der O.,** the Orient. **O ~ ale** [orien'ta:lə], *m* -n/-n (*Pers.*) Oriental. **o ~ alisch,** *adj.* oriental.
orientier|en [orien'ti:rən], *v.tr. (a)* **j-n/sich über etwas** *acc* **o.,** to inform s.o./oneself about sth.; **gut orientiert,** well-informed, in the picture; *(b)* **sich o.,** to orientate oneself/get one's bearings; **sich an den Bäumen o.,** to use the trees to get one's bearings/as a guide; *Fig:* **sie orientiert sich nach der Mutter,** she takes her mother as a model. **-o ~ t,** *suffix* -orientated; **linkso.,** with leftwing tendencies. **O ~ ung,** *f* -/-en *(a)* orientation; (*O ~ ssinn*) sense of direction; **dieser Stadtplan ist zu Ihrer O.,** this town plan will help you find your way around; *Adm: Com:* **zu Ihrer O.,** for your information/guidance; *(b)* *Pol: etc:* alignment (**auf etwas** *acc,* with regard to sth.). **O ~ ungspunkt,** *m* -(e)s/-e landmark.
Original [origi'na:l]. **I.** *n* -s/-e *(a) Art: etc:* original; *Rec:* master; *(b) Fig:* **er ist ein O.,** he is quite a character. **II. o.,** *adj. (a)* original, unaltered; *(b) esp. adv.* (*echt*) **o. indischer Tee,** genuine Indian tea. **III. O ~ -,** *comb.fm.* original (text etc.); **O ~ fassung** *f,* original version. **O ~ ausgabe,** *f* -/-n *Pub:* first edition. **O ~ ität** [-nali'tɛ:t], *f* -/*no pl* originality; (*Echtheit*) authenticity. **O ~ packung,** *f* -/-en factory wrapping/packing. **O ~ übertragung,** *f* -/-en *Rad: TV:* live transmission.
originell [origi'nɛl], *adj. (a)* original; (*neuartig*) novel; *(b) F:* (*sonderbar*) eccentric, quaint.
Orkan [or'ka:n], *m* -(e)s/-e *Meteor:* hurricane.
Ornament [orna'mɛnt], *n* -(e)s/-e ornament. **O ~ ik,** *f* -/*no pl* ornamentation, decoration.
Ornat [or'na:t], *n* -(e)s/-e *Ecc: etc:* vestments.
Ornitholog|e [ornito'lo:gə], *m* -n/-n ornithologist. **O ~ ie** [-o'gi:], *f* -/*no pl* ornithology. **o ~ isch** [-'lo:giʃ], *adj.* ornithological.
Ort [ort], *m* -(e)s/-e **1.** place; *(a)* (*Stelle*) **es blieb**

an seinem O., it remained in its place/in position; **an O. und Stelle,** (i) in the proper place; (ii) (*sogleich*) on the spot; **am O. des Verbrechens,** at the scene of the crime; **ein sonniger O.,** a sunny spot; *Pub:* **am angegebenen O.,** loc. cit.; *Fig:* **fehl am O./am falschen O.,** out of place, inappropriate; **höheren O~es besprochen werden,** to be discussed at a higher level; (*b*) (*Ortschaft*) locality; (*Dorf*) village; (*Stadt*) small town; **sie wohnen am O./(mitten) im O.,** they live locally/in the centre. **2.** *Min:* **vor O. arbeiten,** to work at the face. **'o~en,** *v.tr. Av: Nau:* to locate, pinpoint the position of (a ship, aircraft etc.). **'O~s-,** *comb.fm.* local (authority, knowledge, traffic, police, time etc.); **O~ansässige(r)** *m & f,* local resident; **O~statut** *n,* local law; by-law; *Tel:* **O~gespräch** *n,* local call; **O~netz** *n,* local telephone system. **'O~schaft,** *f -/-en* large village; (*Stadt*) small town. **'o~sfest,** *adj.* stationary (machine); fixed (appliance). **'o~sfremd,** *adj.* **ich bin hier o.,** I am a stranger here. **'O~sname,** *m -n/-n* place name. **'O~s-schild,** *n -(e)s/-er* place-name sign. **'O~ung,** *f -/no pl Nau: Av:* position-finding, location.

Ört|chen ['œrtçən], *n -s/- F:* loo, *N.Am:* john. **'ö~lich,** *adj.* local. **'Ö~lichkeit,** *f -/-en* locality.

orthodox [ɔrto'dɔks], *adj. esp. Rel: Pol:* orthodox. **O~ie** [-'ksi:], *f -/no pl* orthodoxy.

orthograph|isch [ɔrto'gra:fiʃ], *adj.* orthographical; **o~er Fehler,** spelling mistake. **O~ie** [-gra'fi:], *f -/no pl* orthography, spelling.

Orthopäd|e [ɔrto'pɛ:də], *m -n/-n* orthopaedic surgeon. **o~isch,** *adj* orthopaedic.

Öse ['ø:zə], *f -/-n Dressm:* **Haken und Ö.,** hook and eye.

Oskar ['ɔskar] *Pr.n.m -s.* — *Oscar; F:* **stolz wie O.,** proud as Punch; **er ist frech wie O.,** he is a cheeky devil.

Ost [ɔst]. **I.** *m not decl.* east; **aus/von O.,** from the east. **II. 'O~-, 'o~-,** *comb.fm.* (*a*) east (coast, side, bank, wind etc.); *Geog:* East (Germany, Indies etc.); *adj.* **o~deutsch,** East German; (*b*) (*östlich*) eastern (frontier, edge, shore etc.); Eastern (France, Church, *Hist:* front etc.); *Pol:* **der O~block,** the Eastern Bloc; *G.Hist:* **die O~zone,** the Eastern Zone; (*c*) *F:* East German (money etc.). **'O~en,** *m -s/no pl* east; **aus dem/vom O.,** from the east; **nach O.,** eastwards; (*Lage*) to the east. **'O~flüchtling,** *m -s/-e* refugee from Eastern Europe. **'O~politik,** *f -/no pl* policy towards Eastern Europe. **'O~see.** *Pr.n.f -.* **die O.,** the Baltic. **'o~wärts,** *adv.* eastwards.

Oster- ['o:stər-], *comb.fm.* Easter (Sunday, Monday, week, rabbit, custom etc.); **O~ei** *n,* Easter egg. **'O~glocke,** *f -/-n Bot:* daffodil. **'O~n,** *n -/-* Easter; **zu O.,** at Easter.

Österreich ['ø:stərraiç]. *Pr.n.n -s.* Austria. **'ö~isch,** *adj.* Austrian.

östlich ['œstliç]. **I.** *adj.* eastern (border, France etc.); easterly (wind, direction etc.); **der ö~ste Punkt,** the easternmost point; **ö. von Bonn,** (to the) east of Bonn; **weiter ö.,** further (to the) east. **II.** *prep. + gen* **ö. der Stadt,** to the east of the town.

oszillieren [ɔstsi'li:rən], *v.i.* (*haben*) to oscillate.

Otter[1] [ɔtər], *m -s/-n Z:* otter.

Otter[2], *f -/-n Z: & Fig:* viper. **'O~ngezücht,** *n -(e)s/-e Fig:* nest of vipers.

Ouvertüre [uvɛr'ty:rə], *f -/-n Mus:* overture.

Oval [o'va:l]. **I.** *n -s/-e* oval. **II. o.,** *adj.* oval.

Ovation [ovatsi'o:n], *f -/-en* ovation.

Oxyd [ɔk'sy:t], *n -(e)s/-e Ch:* oxide. **o~ieren** [-y'di:rən], *v.tr. & i.* (*haben*) to oxidize (sth.).

Ozean ['o:tsea:n], *m -s/-e* ocean. **o~isch** [oise'a:niʃ], *adj.* oceanic.

Ozelot ['o:tselɔt], *m -s/-e & -s Z:* ocelot.

Ozon [o'tso:n], *n -s/no pl Ch:* ozone.

P

P, p [pe:], *n -/-* (the letter) P, p.

Paar [pa:r]. **I.** *n -(e)s/-e* pair; (*Mann und Frau*) couple; **zwei P. Schuhe,** two pairs of shoes; **tanzende P~e,** dancing couples; **ein P. werden,** to get married. **II. p.,** *inv. adj.* **ein p.,** a few; **alle p. Tage/Wochen,** every few days/weeks; **vor ein p. Tagen,** a few/couple of days ago. **'p~en,** *v.tr.* (*a*) to mate (animals, birds); **die Vögel p. sich,** the birds are mating; (*b*) *Sp:* to match (players, teams etc.); (*c*) to combine (qualities etc.); **Strenge mit Güte gepaart,** strictness combined/coupled with kindness. **'P~hufer,** *m -s/- Z:* cloven-footed/-hoofed animal. **'p~ig,** *adj.* in pairs. **'P~lauf,** *m -(e)s/-e* pairs skating. **'p~mal,** *adv.* **ein p.,** a few times.

'P~reim, *m -(e)s/-e* rhyming couplet. **'P~ung,** *f -/-en* (*a*) *Z: Orn:* mating; (*Kreuzung*) crossing; (*b*) *Sp:* matching; (*c*) coupling. **'P~ungszeit,** *f -/-en Z: Orn:* mating season. **'p~weise,** *adv.* in pairs; two by two.

Pacht [paxt], *f -/-en* (*a*) lease; **ein Geschäft usw. in P. haben,** to have the lease of a shop etc. **'p~en,** *v.tr.* to lease, to rent (a farm etc.); *F:* **tun, als ob man j-n/die Klugheit gepachtet hätte,** to act as though one has a monopoly of s.o./all the brains. **'P~geld,** *n -(e)s/-er* rent. **'P~gut,** *n -(e)s/-er* (leased) holding, estate. **'P~ung,** *f -/-en* leasing, tenancy. **'P~vertrag,** *m -(e)s/-e* lease, tenancy agreement.

Pächter ['pɛçtər], *m -s/-* leaseholder, tenant

Pack¹ [pak], *m* -(e)s/-e package, bundle (of papers); (*Haufen*) pile. **Pack²**, *n* -(e)s/no *pl* P: rabble, riffraff. ´P ~ eis, *n* -es/no *pl* pack-ice. ´p ~ en. I. *v.tr.* (*a*) to pack (one's clothes, goods, a suitcase etc.); to wrap up (a parcel etc.); **ich muß noch (meine Sachen) p.**, I've still got to pack (my things); (*b*) to grab, seize (s.o.) (**am Kragen, an der Kehle usw.**, by the collar, the throat etc.), grasp (s.o.'s hand etc.); *Fig:* to thrill (an audience etc.); *Fig:* **von Angst, Entsetzen usw.** gepackt, gripped/seized with fear, horror etc.; **das Stück hat mich gepackt**, the play held me enthralled/spellbound; *F:* **es hat ihn ganz schön gepackt**, he's got it badly; (*c*) *F:* **pack dich!** beat it! scram! (*d*) *F:* **p. wir's noch?** will we make it? II. **P.**, *m* -s/- (large) pack, bundle (of washing etc.); (*Haufen*) pile, stack. ´p ~ end, *adj.* gripping, riveting; thrilling (spectacle). ´P ~ er(in), *m* -s/- (*f* -/-nen) packer. P ~ e´rei, *f* -/-en packing department. ´P ~ esel, *m* -s/- *F:* (*Pers.*) beast of burden; drudge. ´P ~ papier, *n* -s/no *pl* (brown) wrapping paper. ´P ~ tasche, *f* -/-n *Cy:* pannier bag. ´P ~ ung, *f* -/-en packet, *esp. N.Am:* pack (of cigarettes etc.); 2er-P., double pack; (*b*) (*Äußeres*) package; (*Aufmachung*) **eine hübsche P.**, attractive packaging. 2. *Med: Cosm:* pack. 3. *Mec.E:* packing. 4. *F: & Sp:* **eine P. bekommen**, to get a thrashing. ´P ~ zettel, *m* -s/- packing slip.

Päckchen [´pɛkçən], *n* -s/- packet, *esp. N.Am:* pack (*Com:* of cigarettes etc.); (*Paket*) small parcel; *Post:* small packet; *F:* **jeder hat sein P. zu tragen**, everyone has his load to bear.

Pädagog|e [pɛda´goːgə], *m* -n/-n 1. (*Wissenschaftler*) educationalist. 2. (*Lehrer*) educator, *N.Am:* instructor. **P ~ ik**, *f* -/no *pl* educational theory; pedagogy. **p ~ isch**, *adj.* educational, teaching (methods etc.); **p~e Ausbildung/ Fähigkeiten**, training/ability as a teacher; **p~e Hochschule**, teacher training college.

Paddel [´padəl], *n* -s/- paddle. ´P ~ boot, *n* -(e)s/-e canoe. ´p ~ n, *v.i.* (*haben/sein*) to paddle, canoe. ´P ~ sport, *m* -(e)s/no *pl* canoeing.

p´aff [paf], *int.* bang! ´p ~ en, *v.tr. & i.* (*haben*) to puff (smoke, steam); **eine Zigarette p.**, to puff (away) at a cigarette.

Page [´paːʒə], *m* -n/-n page boy; *Hist:* page. ´P ~ nfrisur, *f* -/-en/´P ~ nkopf, *m* -(e)s/-e *Hairdr:* page-boy hairstyle.

paginieren [pagi´niːrən], *v.tr.* to paginate (a book etc.).

Pak [pak], *f* -/-(s) *Mil:* anti-tank gun.

Paket [pa´keːt]. I. *n* -(e)s/-e 1. parcel; *N.Am:* package; *Com:* **ein P. Zündhölzer**, a multiple pack of matches. 2. *Pol: etc:* package (offer/ deal). 3. *Rugby:* pack. II. **P~**, *comb.fm.* parcel (post etc.); parcels (counter etc.); **P~adresse** *f*, (gummed) parcels label; **P~annahme** *f*, *Rail:* parcels office; *Post:* parcels counter.

Pakistan [´paːkistaːn]. *Pr.n.n* -s. *Geog:* Pakistan. **P ~ er(in)** [-´staːnər(in)], *m* -s/- (*f* -/-nen) & **p ~ isch** [-´staːniʃ], *adj.* Pakistani.

Pakt [pakt], *m* -(e)s/-e *Pol: Mil: etc:* pact, (*Vertrag*) treaty.

Palais [pa´lɛː], *n* -/- [-´lɛːs] (aristocrat's) town mansion. **Palast** [pa´last], *m* -(e)s/⁻e palace. **p ~ artig**, *adj.* palatial.

Palästin|a [palɛs´tiːna]. *Pr.n.n* -s. *Geog:* Palestine. **P ~ enser** [-´nɛnzər], *m* -s/- & **p ~ ensisch/p ~ isch** [-´tiːniʃ], *adj.* Palestinian.

Palatschinke [pala´tʃiŋkə], *f* -/-n *Aus: Cu:* pancake.

Palaver [pa´laːvər], *n* -s/- endless discussion, palaver. **p ~ n**, *v.i.* (*haben*) to discuss endlessly.

Palette [pa´lɛtə], *f* -/-n 1. *Art:* palette. 2. *Ind: Rail:* pallet.

Palisade [pali´zaːdə], *f* -/-n (*a*) pale, stake; (*b*) (*also* P~nzaun *m*) palisade.

Palm|e [´palmə], *f* -/-n palm (tree); *F:* **j-n auf die P. bringen**, to drive s.o. up the wall. ´P ~ kätzchen, *n* -s/- pussy willow, catkin. **P ~ ´sonntag**, *m* -(e)s/-e *Ecc:* Palm Sunday. ´P ~ wedel, *m* -s/- palm (branch).

Pampelmuse [´pampəl´muːzə], *f* -/-n grapefruit.

Pamphlet [pam´fleːt], *n* -(e)s/-e *Pol:* pamphlet; lampoon.

pampig [´pampiç], *adj.* 1. *esp. North & East G:* soggy. 2. *F:* (*frech*) rude, stroppy.

pan- [´pan-], *comb.fm.* pan-(American etc.); *adj.* **p~afrikanisch**, pan-African. **p ~ chro-´matisch**, *adj. Phot:* panchromatic.

Paneel [pa´neːl], *n* -s/-e (*a*) (single) panel; (*b*) (*Täfelung*) (wooden) panelling.

panieren [pa´niːrən], *v.tr. Cu:* to coat (an escalope etc.) with breadcrumbs; **paniert**, in breadcrumbs.

Pani|k [´paːnik], *f* -/no *pl* panic; **nur keine P.!** keep calm! ´p ~ sch, *adj.* panic-stricken, frantic; **eine p~e Angst haben**/*adv.* sich p. fürchten, to be terrified.

Pankreas [´pankreas], *n* -/-ten [-e´aːtən] *Anat:* pancreas.

Panne [´panə], *f* -/-n (*a*) *Aut: Tchn: & Fig:* breakdown; *Aut:* (*Reifenp.*) puncture; *El:* power failure; (*b*) *F:* (*Fehler*) cock-up. ´P ~ ndienst, *m* -(e)s/-e *Aut:* breakdown service.

Panoram|a [pano´raːma]. I. *n* -s/-men panorama. II. **P~**, *comb.fm.* panoramic (picture, views, *Aut:* mirror etc.). **P ~ afenster**, *n* -s/- picture window. **p ~ ieren** [-a´miːrən], *v.tr. & i.* (*haben*) *Phot:* to pan (a shot).

pan(t)sch|en [´pan(t)ʃən], *v.* 1. *v.tr.* to adulterate, *F:* doctor (wine, milk etc.). 2. *v.i. F:* (*Kind*) to splash about.

Panther [´pantər], *m* -s/- *Z:* panther.

Pantoffel [pan´tɔfəl], *m* -s/-n (bedroom) slipper; *F:* **unter dem P. stehen**, to be henpecked. **P ~ held**, *m* -en/-en *F:* henpecked husband.

Pantomime [panto´miːmə]. 1. *f* -/-n mime (show). 2. *m* -n/-n (*Pers.*) mime.

Panzer [´pantsər]. I. *m* -s/- 1. *Hist:* armour; **ein P.**, a suit of armour. 2. *Mil:* (*a*) tank; (*b*) (*Panzerung*) armour-plating. 3. *Z:* shell (of a crab etc.). II. **P~**, *comb.fm.* 1. (*gepanzert*) armoured (*Nau:* cruiser, *El:* cable, *Mil:* brigade, division, corps, regiment etc.); **P~wagen** *m*, armoured car. 2. *Mil:* (*a*) tank (battle etc.); **P~turm** *m*, tank turret; (*b*) (*gegen Panzer*) anti-tank (defence, ditch, obstacle etc.); **P~abwehrkanone** *f*, anti-tank gun. ´P ~ faust, *f* -/-e *Mil:* bazooka. ´P ~ glas, *n* -es/no *pl* bullet-proof glass. ´p ~ n, *v.tr.* to armour-plate (a ship, vehicle). ´P ~ ung, *f* -/-en armour(-plating).

Papa [pa'pɑ:], *m* -s/-s *F:* papa, daddy; **der Herr P.**, your daddy.

Papagei [papa'gai], *m* -en & -s/-en *Orn:* parrot. **P ~ entaucher**, *m* -s/- *Orn:* puffin.

Papier [pa'pi:r]. **I.** *n* -s/-e **1.** *no pl* paper; **etwas zu P. bringen**, to get sth. down on paper. **2.** *pl (a)* papers, documents; **ich habe keine P ~ e bei mir**, I've no means of identification on me; *(Entlassener)* **seine P ~ e bekommen**, to get one's cards; *(b) St.Exch:* (*Wertp ~ e*) securities, shares. **II. P ~ -**, *comb.fm.* paper (money etc.); **P ~ bogen** *m*, sheet of paper; **P ~ fabrik** *f*, papermill; **P ~ - schlangen** *fpl* paper streamers; **P ~ schnitzel** *n*, scrap of paper; *pl* shredded paper; **P ~ taschen- tuch** *n*, paper handkerchief; tissue. **P ~ abfälle**, *mpl* waste paper. **P ~ deutsch**, *n* -(s)/*no pl* (German) officialese. **P ~ geschäft**, *n* -(e)s/-e stationer's (shop). **P ~ korb**, *m* -(e)s/-̈e waste paper basket. **P ~ kram**, *m* -s/*no pl F: Adm:* bumf. **P ~ krieg**, *m* -(e)s/-e *F:* (yards of) red tape. I've **P ~ waren**, *fpl* stationery.

Papp|band ['papbant], *m* -(e)s/-̈e *Pub:* boards; *(Buch)* hardback. **'P ~ (en)deckel**, *m* -s/*no pl* cardboard. **'P ~ e**, *f* -/-n cardboard; *F:* **nicht von P. sein**, to be quite something. **'p ~ en**, *v.tr. & i.* *(haben) F:* to stick, *(mit Klebstoff)* glue (sth.) **(an/auf** + *acc*, to). **'P ~ enstiel**, *m F:* **das ist keinen P. wert!** I wouldn't give twopence for it! **für einen P.**, for a song. **p ~ erla- 'papp**, *int.* nonsense! **'p ~ ig**, *adj. (klebrig)* sticky; *(breiig)* mushy. **'P ~ schachtel**, *f* -/-n cardboard box; carton.

Pappel ['papəl], *f* -/-n poplar.

Paprika ['paprika], *m* -s/-(s) *(a)* (sweet) pepper; **gefüllte P.**, stuffed peppers; *(b)* *(Gewürz)* pap- rika. **'P ~ schote**, *f* -/-n (single) pepper.

Papst ['pɑ:pst], *m* -(e)s/-̈e pope. **'P ~ tum**, *n* -s/ *no pl* papacy.

päpstlich ['pɛ:pstliç], *adj.* papal; *F:* **p ~ er als der Papst**, more Catholic than the pope; one thousand per cent.

Par [pɑ:r], *n* -s/-s *Golf:* par.

Parade [pa'rɑ:də], *f* -/-n **1.** *Mil:* parade, march- past; *Navy:* review; **die P. abnehmen**, to take the salute. **2.** *Fenc:* parry; *Fb:* save. **P ~ an- zug**, *m* -(e)s/-̈e *(a) Mil:* (*also* **P ~ uniform** *f*) dress uniform; *(b) F:* Sunday best. **P ~ platz**, *m* -es/-̈e parade ground. **P ~ stück**, *n* -(e)s/-e showpiece.

Paradeiser [para'daizər], *m* -s/- *Aus:* tomato.

paradieren [para'di:rən], *v.i. (haben) Mil: etc:* to parade; *Fig:* **mit etwas dat p.**, to display sth., show sth. off.

Paradies [para'di:s], *n* -es/-e paradise. **p ~ isch** [-'di:ziʃ], *adj.* heavenly; delightful; *adv.* **sich p. wohl fühlen**, to feel blissfully happy. **P ~ vogel**, *m* -s/-̈ *Orn:* bird of paradise.

paradox [para'dɔks]. **I.** *adj.* paradoxical. **II. P.**, *n* -es/-e *(also* **Pa'radoxon**, *n* -/-xa) par- adox. **p ~ er'weise**, *adv.* paradoxically.

Paraffin [para'fi:n], *n* -s/-e *(a)* (*P ~ öl*) (liquid) paraffin; *(b)* (*P ~ wachs*) paraffin wax.

Paragraph [para'grɑ:f], *m* -en/-en *Jur:* section, article (of a law); clause (of a contract). **P ~ en- reiter**, *m* -s/- *Pej:* pedant; stickler for the letter of the law.

parallel [para'le:l]. **I.** *adj. & adv.* parallel **(mit/ zu etwas** *dat*, with/to sth.). **II. P ~ -**, *comb.fm.*

parallel (development, case, *Sch:* class etc.); **P ~ straße** *f*, street running parallel; *El:* **P ~ - schaltung** *f*, parallel connection, connection in parallel. **P ~ e**, *f* -/-n parallel (line); *Fig:* parallel. **P ~ ogramm** [-elo'gram], *n* -s/-e parallelogram. **p ~ schalten**, *v.tr.sep. El:* to connect (circuits) in parallel. **P ~ tonart**, *f* -/-en *Mus:* related (major/minor) key.

Paranuß ['pɑ:ranus], *f* -/-sse brazil nut.

Paraphrase [para'frɑ:zə], *f* -/-n paraphrase.

Parasit [para'zi:t], *m* -en/-en parasite. **p ~ är** [-zi'tɛ:r]/**p ~ isch** [-'zi:tiʃ], *adj.* parasitic.

parat [pa'rɑ:t], *udj. & adv.* ready; *(Rede, Thema)* prepared; **er hat immer einen Scherz p.**, he is always ready (to come out) with a joke.

Pärchen ['pɛrçən], *n* -s/- *(esp.* young) couple.

Parcours [par'ku:r], *m* - [-'ku:r(s)]/- [-'ku:rs] *Show Jumping:* course.

Pardon [par'dõ:], *m* -s/-s *P.!* sorry! excuse me! *F:* **da gibt's kein P.!** there'll be no mercy shown.

Parenthese [parɛn'te:zə], *f* -/-n parenthesis.

Parfüm [par'fy:m], *n* -s/-e *(also* **Parfum**, [par'fœ:], *n* -s/-s) perfume; scent. **P ~ erie** [-fyma'ri:], *f* -/-n perfumery. **p ~ ieren** [-fy- 'mi:rən], *v.tr.* to perfume (sth.); **sich p.**, to put on perfume. **P ~ zerstäuber**, *m* -s/- perfume spray.

parieren [pa'ri:rən], *v.* **1.** *v.tr.* to ward off (a blow, an attack etc.), parry (a blow, *Fenc:* thrust); *Fb:* to deflect (a shot). **2.** *v.i. (haben) F:* to toe the line; **j-m, einem Befehl usw. p.**, to obey s.o., an order etc.

Paris [pa'ri:s]. *Pr.n.n* -. *Geog:* Paris. **P ~ er** [-zər], *m* -s/- & *inv. adj.* Parisian. **P ~ erin**, *f* -/-nen Parisian woman/girl.

Parität [pari'tɛ:t], *f* -/-en parity. **p ~ isch**, *adj.* with equal rights.

Park [park]. **I.** *m* -(e)s/-s **1.** park. **2.** *Com:* (*Fuhrp.*) fleet (of vehicles). **II. 'P ~ -**, *comb.fm. Aut:* parking (light, fee, disc, regulations etc.); **P ~ lücke** *f*, parking space; **P ~ uhr** *f*, parking meter. **'p ~ en**, *v.tr. & i. (haben) Aut:* (*Pers.*) to park (a car); *(Auto)* to be parked; **P. ver- boten!** no parking! **'P ~ haus**, *n* -es/-̈er multi- storey car park. **'P ~ landschaft**, *f* -/-en parkland. **'P ~ platz**, *m* -es/-̈e *(a)* car park, *N.Am:* parking lot; *(b)* (*P ~ lücke*) parking space. **'P ~ verbot**, *n* -(e)s/-e parking ban; **hier ist P.**, there's no parking here.

Parkett [par'kɛt], *n* -(e)s/-e **1.** (*P ~ boden*) parquet floor; *(Tanzp.)* dance floor; *Fig:* **auf dem inter- nationalen P.**, in the international arena. **2.** *Th: Cin:* stalls. **p ~ ieren** [-'ti:rən], *v.tr.* to parquet (a floor). **P ~ platz**, *m* -es/-̈e/**P ~ sitz**, *m* -es/-e *Th:* stalls/*N.Am:* orchestra seat.

Parlament [parla'mɛnt], *n* -(e)s/-e parliament. **P ~ arier** [-'tɑ:riər], *m* -s/- member of Parlia- ment; parliamentarian. **p ~ arisch** [-'tɑ:riʃ], *adj.* parliamentary. **P ~ a'rismus**, *m* -/no pl parliamentary system. **P ~ s-**, *comb.fm.* parlia- mentary (committee, reform, elections etc.); parliament (building etc.); **P ~ ferien** *pl*, par- liamentary recess; **P ~ abgeordnete(r)** *m & f|* **P ~ mitglied** *n*, member of parliament.

Paro|die [paro'di:], *f* -/-n parody **(auf etwas** *acc*, of sth.; **von j-m**, of s.o.); **nur noch eine P. seiner selbst**, only a shadow/caricature of his former self. **p ~ ´dieren,** *v.tr.* to parody (s.o., sth.). **p ~ ´distisch,** *adj.* burlesque.

Parole [pa´ro:lǝ], *f* -/-n (*a*) *Mil: etc:* password; (*b*) *Pol: etc:* slogan.

Partei [par´tai], *f* -/-en **1.** side; *Pol: Jur: Com:* party; **gegnerische P.,** opponent; *Sp:* opposing team/side; **die P. wechseln,** to change sides/*Pol:* parties; **für/gegen j-n P. ergreifen,** to side with/ against s.o.; **über den P~en stehen,** to be neutral. **2.** (*Mieter*) tenant. **II. P~-, p~-,** *comb.fm.* party (leadership etc.); **P~apparat** *m,* party machine; **P~gänger** *m,* (loyal) party supporter; **P~programm** *n,* party manifesto; **P~tag** *m,* party conference/*N.Am:* convention; **P~vorstand** *m,* party executive; **P~wesen** *n,* party system; *F:* **P~bonze** *m,* party boss; *adj.* **p~politisch,** party political; **p~intern,** within the party. **P ~ enverkehr,** *m* -s/*no pl Aus: Adm:* **P. 8–12,** open to the public 8 a.m. to 12 p.m. **p ~ isch,** *adj.* biased, prejudiced. **p ~ lich,** *adj.* party (interests, principles etc.); *East G:* (actions etc.) in the interest of the party. **P~lichkeit,** *f* -/*no pl* support of the party; partisanship. **p~los,** *adj.* independent. **P ~ losigkeit,** *f* -/*no pl* (political) independence.

Parterre [par´ter]. **I.** *n* -s/-s **1.** ground/*N.Am:* first floor. **2.** *Th:* stalls. **II. p.,** *adv.* on the ground/*N.Am:* first floor.

Partie [par´ti:], *f* -/-n **1.** (*a*) (*Teil*) part, portion; (*b*) *Th: Mus:* part. **2.** (*a*) (*Spiel*) game (of chess, tennis etc.); round (of golf etc.); **eine gute/ schlechte P. liefern,** to play a good/bad game; (*b*) *Com:* batch (of goods); (*c*) **eine gute/schlechte P.,** a good/bad match; **eine gute P. machen,** to marry money; (*d*) *F:* **mit von der P. sein,** to be in on it. **p ~ ll** [partsi´ɛl], *adj.* partial.

Partikel [par´ti:kǝl]. **1.** *n* -s/- *Ph:* particle. **2.** *f* -/-n *Gram:* particle.

Partisan [parti´za:n], *m* -s & -en/-en partisan, guer(r)illa. **P~enkrieg,** *m* -(e)s/-e guerrilla warfare.

Partitur [parti´tu:r], *f* -/-en *Mus:* score.

Partizip [parti´tsi:p], *n* -s/-ien *Gram:* participle.

Partner|(in) [´partnǝr(in)], *m* -s/- (*f* -/-nen) *Th: Cin:* co-star; partner; (*Gesprächsp.*) opposite number; **die P. am Gespräch/Austausch,** those taking part in the talk/exchange; *Tennis: etc:* **j-n zum P. haben,** to be partnered by s.o. **´P ~ schaft,** *f* -/-en partnership. **´p ~ schaftlich,** *adj.* **p~es Verhältnis,** partnership; *adv.* **p. zusammenleben,** to live together as (equal) partners. **´P ~ stadt,** *f* -/-e twin town. **´P ~ tausch,** *m* -(e)s/-e exchange of partners; *F:* wife-swapping.

Party [´pɑ:rti], *f* -/-s party; **auf/bei einer P.,** at a party.

Parzell|e [par´tsɛlǝ], *f* -/-n plot (of land), *N.Am:* lot. **p ~ ieren** [-´li:rǝn], *v.tr.* to divide (land) into lots.

Pascha [´paʃa], *m* -s/-s **1.** *Hist:* pasha. **2.** *F:* male chauvinist; his lordship.

Paspel [´paspǝl], *f* -/-n *Dressm:* piping.

Paß [pas]. **I.** *m* -sses/-sse **1.** passport. **2.** (mountain etc.) pass. **3.** *Fb: etc:* pass. **II. P~-,** *comb.fm.* **1.** passport (office, control etc.); **P~bild** *n,* passport photograph. **2.** (top etc.) of a pass; **P~straße** *f,* (road leading over a) pass. **´P ~ gang,** *m* -(e)s/*no pl Equit:* amble.

passabel [pa´sa:bǝl], *adj.* reasonable, tolerable; *adv.* reasonably well; **es geht mir ganz p.,** I don't feel too bad.

Passag|e [pa´sa:ʒǝ], *f* -/-n *Nau: Mus: Lit: etc:* passage; (*Einkaufsp.*) (shopping) arcade. **P ~ ier** [-a´ʒi:r], *m* -s/-e passenger. **P ~ ierschiff,** *n* -(e)s/-e passenger liner.

Passah [´pasa], *n* -s/*no pl Jew: Rel:* Passover.

Passant [pa´sant], *m* -en/-en passer-by.

Passat(wind) [pa´sa:t(vint)], *m* -(e)s/-e trade wind.

Passe [´pasǝ], *f* -/-n *Dressm:* yoke.

passen [´pasǝn], *v.* **1.** *v.i.* (*haben*) (*a*) (*die richtige Größe haben*) to fit (**auf etwas** *acc,* on sth.; **j-m,** s.o.); **das Kleid paßt (dir) gut,** the dress fits (you)/is a good fit (on you); **es paßt nicht ins Loch/unter das Bett,** it won't go in the hole/ under the bed; (*b*) (*geeignet sein*) to be suitable (**zu j-m, etwas** *dat,* for s.o., sth.); **der Hut paßt zum Kleid,** the hat matches/goes with the dress; **das Kleid paßt dir (gut),** the dress suits you; **helle Vorhänge p. in dieses Zimmer,** light curtains look right in this room; **er paßt nicht in diese Gruppe,** he doesn't fit in with this crowd; **das paßt nicht hierher,** it is out of place here; **sie p./p. nicht zueinander,** (*Pers.*) they are well-/ill-matched; (*Farben usw.*) they go well/do not go together; **er paßt nicht für diese Arbeit,** he is not cut out for the job; (*c*) (*gelegen sein*) to be convenient (**j-m,** for s.o.); **diese Zeit paßt mir nicht,** this time doesn't suit me; I can't manage this time; **heute paßt (es) mir besser,** today is better for me; **würde es Ihnen p., wenn . . .,** is it all right (by you) if . . .; **dein Benehmen paßt ihm nicht,** he doesn't like your behaviour; **das könnte dir so p.!** you'd like that, wouldn't you! (*d*) *Cards:* (**ich) passe,** (I) pass; no bid; *F:* **da muß ich p.,** there you have me. **2.** *v.tr.* (*a*) (*einfügen*) to insert (sth.); **ein Teil in ein anderes p.,** to fit one part into another; (*b*) *F:* **sich p.,** to be fitting/proper; **es paßt sich nicht,** it isn't done. **´p ~ d,** *adj.* (*a*) (*geeignet*) suitable; appropriate (behaviour, gift etc.); opportune (moment etc.); apt, fitting (gesture, remark etc.); right, proper (place, time, words etc.); *F:* **haben Sie's p.?** have you got the right change? (*b*) matching (colour, hat, tie etc.); **. . . und dazu p~e Handschuhe,** . . . with gloves to match; **nicht zueinander p.,** incompatible.

Passepartout [paspar´tu:], *n* -s/-s passepartout; (picture) mount.

passier|bar [pa´si:rba:r], *adj.* passable. **p ~ en,** *v.* **1.** *v.tr.* (*a*) to pass (a house, s.o.); to pass through (a town etc.); to pass over, cross (a bridge, frontier etc.); (*Film usw.*) **die Zensur p.,** to get past the censor; (*b*) *Cu:* to strain (soup etc.); to sift (flour). **2.** *v.i.* (*sein*) to happen; **er tut (so), als ob nichts passiert sei,** he behaves as though nothing had happened; **falls mir etwas passiert,** if anything should happen to me; **ihm ist nichts passiert,** he's all right/unhurt; **mir ist eine Panne passiert,** I have had a breakdown; *F:* **hör auf, sonst passiert was!** if you don't stop there'll be trouble! **P ~ schein,** *m* -(e)s/-e pass; permit.

Passion [pasi´o:n], *f* -/-en (*a*) passion; (*b*) *Ecc:* Passion. **p ~ iert** [-o´ni:rt], *adj.* enthusiastic, keen. **P ~ ssonntag,** *m* -(e)s/-e Passion Sunday.

P ~ **szeit,** *f -/no pl Ecc:* Lent.
passiv ['pasif]. **I.** *adj.* passive; non-active (member etc.); *Econ:* adverse (balance of trade); *Pol:* **p ~ es Wahlrecht,** eligibility (of a candidate). **II. P.,** (*also* **P ~ um** [-'si:vum], *n -s/-s*) *Gram:* passive (voice). **III. P ~ -,** *comb.fm. Book-k:* debit (side etc.); **P ~ posten** *m,* debit item. **P ~ a** [pa'si:va], *npl Book-k:* liabilities. **P ~ ität** [-ivi'tɛ:t], *f -/no pl* passivity.
Passung ['pasuŋ], *f -/-en Mec.E:* fit.
Pasta ['pasta], **Paste** ['pasta], *f -/-l Cu: Pharm:* paste.
Pastell [pas'tɛl]. **I.** *n -(e)s/-e Art:* pastel (drawing). **II. P ~ -,** *comb.fm.* pastel (colour, painting etc.); **P ~ töne** *mpl,* pastel shades.
Pastete [pas'te:ta], *f -/-l Cu:* 1. (meat etc.) pie, (*Königinp.*) vol-au-vent. 2. (*Leberp.*) pâté.
pasteurisieren [pastøri'zi:rən], *v.tr.* to pasteurize (milk etc.).
Pastille [pas'tilə], *f -/-n Pharm:* pastille, lozenge.
Pastor ['pastɔr], *m -s/-en Ecc: esp. North G:* pastor, minister. **p ~ al** [-o'ra:l], *adj.* pastoral.
Pat|e ['pɑ:tə], *m -n/-n* 1. godfather; *pl* **P ~ n,** godparents; *Fig:* **bei etwas** *dat* **P. gestanden haben,** to have had a decisive influence on sth. 2. (*P ~ nkind*) godchild. **'P ~ enkind,** *n -(e)s/-er* godchild. **'P ~ enonkel,** *m -s/-* godfather. **'P ~ enschaft,** *f -/-en Ecc:* duties as a godparent; *R.C.Ch:* sponsorship. **'P ~ ensohn,** *m -(e)s/-̈e* godson. **'P ~ entochter,** *f -/-̈* goddaughter. **'P ~ in,** *f -/-nen* godmother.
Patent [pa'tɛnt]. **I.** *n -(e)s/-e* 1. patent; **P. angemeldet,** patent pending. 2. *Mil:* commission; *Nau:* (master's) certificate. **II. p.,** *adj. F:* neat, ingenious; **p ~ er Kerl,** great guy; (*Mädchen*) good sort. **III. P ~ -,** *comb.fm.* patent (law etc.); **P ~ amt** *n,* Patent Office; **P ~ anmeldung** *f,* patent application; **P ~ anwalt** *m,* patent agent; **P ~ schrift** *f,* patent specification; **P ~ verletzung** *f,* infringement of a patent. **p ~ ieren** [-'ti:rən], *v.tr.* to patent (an invention).
Pater ['pɑ:tər], *m -s/- & Patres R.C.Ch:* father.
path|etisch [pa'te:tiʃ], *adj.* emotional, passionate (plea, speech etc.); extravagant, histrionic (style, behaviour etc.). **P ~ os** ['pɑ:tɔs], *n -/no pl* emotionalism; *esp. Th:* histrionics; *Th:* **mit (zu)viel P. gespielt,** overacted, *F:* hammed.
Patholog|e [pato'lo:gə], *m -n/-n* pathologist. **P ~ ie** [-lo'gi:], *f -/-l* pathology. **p ~ isch** [-'lo:giʃ], *adj.* pathological.
Patience [pasi'ɑ̃s], *f -/-n Cards:* patience; **P ~ n legen,** to play patience.
Patient(in) [patsi'ɛnt(in)], *m -en/-en* (*f -/-nen*) patient.
Patriot|(in) [patri'o:t(in)], *m -en/-en* (*f -/-nen*) patriot. **p ~ isch,** *adj.* patriotic. **P ~ ismus** [-o'tismus], *m -/no pl* patriotism.
Patron|(in) [pa'tro:n(in)], *m -s/-e* (*f -/-nen*) 1. *Ecc:* patron saint. 2. *F: Pej:* blighter; **übler P.,** nasty piece of work. **P ~ at** [-tro'nɑ:t], *n -(e)s/-e* patronage.
Patrone [pa'tro:nə], *f -/-n* cartridge; *Phot:* cassette. **P ~ nhülse,** *f -/-n* cartridge case. **P ~ nkammer,** *f -/-n* (rifle etc.) magazine.
Patrouill|e [pa'truljə], *f -/-n Mil: etc:* patrol. **p ~ ieren** [-ul'ji:rən], *v.i.* (*haben*) to (go on) patrol.

patsch [patʃ], *int.* splash! (*Schlag*) slap! **'P ~ e,** *f -/-n F:* 1. mess; **in der P. sitzen/stecken,** to be in a jam; **j-m aus der P. helfen/j-n aus der P. ziehen,** to help s.o. out of a tight spot. 2. (*Hand*) little hand. **'p ~ en.** **I.** *v.i.* (*haben/occ. sein*) *F:* (a) (*im Wasser*) to splash; (b) (*klatschen*) to smack; **in die Hände p.,** to clap hands. **II. P.,** *mpl Aus:* slippers. **'p ~ 'naß,** *adj. F:* soaking wet.
patz|en ['patsən], *v.i.* (*haben*) *F:* to make a slip, boob. **'P ~ er,** *m -s/- F:* 1. slip. 2. (*Pers.*) bungler. **'p ~ ig,** *adj. F:* impudent.
Pauk|e ['paukə], *f -/-n Mus:* kettledrum; *pl* **P ~ n,** timpani; *Fig:* **mit P ~ n und Trompeten,** in style; *Iron:* resoundingly; *F:* **auf die P. hauen,** (i) to paint the town red; (ii) (*prahlen*) to blow one's own trumpet. **'p ~ en,** *v.* 1. *v.i.* (*haben*) (a) to beat the drum; (b) *Sch: F:* to cram, swot. 2. *v.tr. Sch: F:* to swot (sth.) up. **'P ~ enschlag,** *m -(e)s/-̈e* drumbeat. **'P ~ er,** *m -s/-* 1. *Mus:* drummer; (*im Orchester*) timpanist. 2. *Sch: F:* (*Lehrer*) teacher; *Pej:* crammer. **P ~ e'rei,** *f -/-en F:* cramming, swotting.
Paus|backen ['pausbakən], *fpl* chubby (red) cheeks. **p ~ bäckig** [-'bɛkiç], *adj.* chubby-faced.
pauschal [pau'ʃa:l], *adj. & P ~ -,* *comb.fm.* (*einheitlich*) flat-rate (fee, increase etc.); (*inklusiv*) lump (sum, payment etc.); all-in (price); *Fig:* general, *Pej:* sweeping (judgment etc.); *adv.* **p. berechnet,** charged at a flat rate; *Fig:* taken all-in-all. **P ~ e,** *f -/-n* lump sum. **P ~ reise,** *f -/-n* package tour.
Paus|e¹ ['pauzə], *f -/-n* pause; *Sch:* break; *Th:* interval; *Cin: N.Am.* intermission; *Mus:* rest; **kleine/große P.,** *Sch.* short/long break, *Th:* short/main interval; *Fig:* **eine P. machen,** to take a break/(*Ruhe*) rest, (*in einer Rede usw.*) to pause; **eine peinliche P. im Gespräch,** an awkward silence/lull in the conversation; **ohne P. arbeiten,** to work non-stop. **'P ~ enbrot,** *n -(e)s/-e Sch:* sandwich eaten during break. **P ~ enhof,** *m -(e)s/-̈e* school yard. **'p ~ enlos,** *adj.* ceaseless, incessant; *adv.* **p. arbeiten,** to work non-stop. **'P ~ enzeichen,** *n -s/-* (a) *Mus:* rest (sign); (b) *Rad: TV:* interval bleeper. **p ~ ieren** [-'zi:rən], *v.i.* (*haben*) to take a break/rest.
Paus|e², *f -/-n* tracing. **'p ~ en,** *v.tr.* to trace (a design etc.). **'P ~ papier,** *n -s/no pl* tracing paper.
Pavian ['pa:viɑ:n], *m -s/-e Z:* baboon.
Pavillon [pavil'jɔŋ], *m -s/-s Arch:* pavilion, annexe (of a school, hospital).
Pazifi|k [pa'tsi:fik]. *Pr.n.m* **-s. der P.,** the Pacific. **p ~ sch,** *adj.* **der P ~ e Ozean,** the Pacific (Ocean). **P ~ smus** [-i'fismus], *m -/no pl* pacifism. **P ~ st(in),** *m -en/-en* (*f -/-nen*) & **p ~ stisch,** *adj.* pacifist.
Pech [peç], *n -s/no pl* 1. pitch; *F:* **wie P. und Schwefel zusammenhalten,** to stick together (through thick and thin). 2. bad luck; **P. haben,** to be unlucky; *F:* **so ein P.!** what rotten luck! **P. gehabt!** that's just too bad! **'p ~ 'schwarz,** *adj.* pitch-black (darkness etc.); jet-black (hair etc.). **'P ~ strähne,** *f -/-n* run of bad luck. **'P ~ vogel,** *m -s/-̈* unlucky person.
Pedal [pe'dɑ:l], *n -s/-e* pedal; *Cy:* **in die P ~ e**

treten, to pedal hard; *Mus:* mit P. spielen, to use the pedal.

Pedant [pe'dant], *m* -en/-en pedant. P~e'rie, *f* -/-n pedantry. p~isch, *adj.* pedantic.

Pediküre [pedi'ky:rə], *f* -/-n 1. *no pl* chiropody; pedicure. 2. (*Pers.*) chiropodist.

Pegel ['pe:gəl], *m* -s/- 1. water level indicator. 2. (*also* P~höhe *f*/P~stand *m*) water level.

Peil- ['pail-], *comb.fm.* (a) *Rad: Nau:* direction-finding (aerial, receiver, station etc.); P~anlage *f*/P~gerät *n*, direction finder; (b) *Nau:* sounding (device, pole). 'p~en, *v.tr. & i.* (*haben*) *Nau: Av:* to take a bearing on a point etc.; *Rad:* to detect (the direction of) (sth.); *F:* die Lage p., to see how the land lies; (b) *Nau:* (die Wassertiefe) p., to take a sounding. 'P~ung, *f* -/*no pl* 1. *Nau: Av:* (a) taking a bearing; *Rad:* direction finding; (b) bearing (für etwas *acc*, on sth.). 2. *Nau:* sounding.

Pein [pain], *f* -/*no pl Lit:* anguish; (mental) agony. 'p~igen, *v.tr.* to torment (s.o.). 'P~iger, *m* -s/- tormentor. 'P~igung, *f* -/*no pl* torment; torture. 'p~lich, *adj.* 1. embarrassing, awkward (moment, silence etc.); painful (scene etc.); es ist mir sehr p., I feel very embarrassed about it; *adv.* p. überrascht sein, to have a nasty surprise; p. berührt sein, to feel pained/distressed. 2. (*genau*) scrupulous (attention etc.); meticulous (order etc.); *adv.* p. genau, scrupulously exact; painstaking; p. sauber, meticulously clean. 'P~lichkeit, *f* -/-en awkwardness, embarrassment.

Peitsch|e ['pait∫ə], *f* -/-n whip; (*also Fig:*) mit der P. knallen, to crack the whip. 'p~en, *v.tr. & i.* (*haben*) to whip (s.o., an animal); (*als Strafe*) to flog (s.o.); *Fig:* (*Regen usw.*) to lash (gegen + *acc.*, against); (*Tier*) mit dem Schwanz p., to lash its tail. 'P~enhieb, *m* -(e)s/-e (whip) lash. 'P~enknall, *m* -(e)s/-e crack of the whip.

Pekinese [peki'ne:zə], *m* -n/-n pekinese.

Pelerine [pelə'ri:nə], *f* -/-n cape.

Pelikan ['pe:lika:n], *m* -s/-e *Orn:* pelican.

Pell|e [pɛlə], *f* -/-n peel (of potatoes, fruit); (sausage) skin; *F:* j-m auf die P. rücken, to get too close to s.o.; *Fig:* (*bedrängen*) to pester s.o. 'p~en, *v.tr. esp. North G:* to peel (potatoes etc.); to shell (an egg); (*Haut*) sich p., to peel. 'P~kartoffeln, *fpl Cu:* potatoes boiled in their skins.

Pelz [pɛlts]. I. *m* -es/-e *Z: & Cl:* fur; (*P~mantel*) fur coat. II. 'P~-, *comb.fm.* (a) fur (jacket, collar, coat, glove etc.); P~besatz *m*, fur trimming; P~mütze *f*, fur hat; P~stoff *m*, fur fabric; (b) (*p~gefüttert*) fur-lined (boots, waistcoat etc.). 'p~en, *v.tr.* to skin (an animal). 'P~händler, *m* -s/- furrier. 'p~ig, *adj.* furry. 'P~jäger, *m* -s/- trapper. 'P~tier, *n* -(e)s/-e animal with a valuable fur. 'P~werk, *n* -(e)s/*no pl* furs.

Pendel ['pɛndəl], *n* -s/- pendulum. 'p~n, *v.i.* (a) (*haben*) to swing (to and fro); (*Beine*) to dangle; *Fig:* to vacillate (zwischen Extremen, between extremes); (b) (*sein*) (*Zug usw.*) to do a shuttle service; (*Pers.*) to commute. 'P~schlag, *m* -(e)s/-e swing of the pendulum. 'P~tür, *f* -/-en swing door. 'P~uhr, *f* -/-en pendulum clock. 'P~verkehr, *m* -s/*no pl*

Rail: etc: shuttle service; (*für Pendler*) commuter service.

Pendler ['pɛndlər], *m* -s/- *Rail: etc:* commuter.

penetr|ant [pene'trant], *adj.* penetrating; (*also Fig: Pers:*) overpowering. p~ieren [-'tri:rən], *v.tr.* to penetrate (sth.).

peng! [pɛŋ], *int.* bang!

penibel [pe'ni:bəl], *adj.* (*übergenau*) pedantic; (*heikel*) pernickety.

Penis ['pe:nis], *m* -/-se & Penes *Anat:* penis.

Penizillin [penitsi'li:n], *n* -s/-e penicillin.

Penn|bruder ['pɛnbru:dər], *m* -s/- *P:* tramp, *N.Am:* hobo. 'P~e, *f* -/-n *P:* 1. doss-house. 2. *Sch:* (secondary) school. 'p~en, *v.i.* (*haben*) *P:* to kip, have a kip.

Pension [pɑ̃zi'o:n], *f* -/-en 1. (a) (*Rente*) (civil service) pension; (b) (*Ruhestand*) in P., retired; in P. gehen, to retire. 2. (a) (*Hotel*) boardinghouse, guesthouse; (b) (*Kost*) volle/halbe P., full/half board. P~är(in) [-io'nɛ:r(in)], *m* -s/-e (*f* -/-nen) pensioner, *esp.* retired civil servant. P~at [-o'na:t], *n* -(e)s/-e (*esp.* girls') boarding-school. p~ieren [-o'ni:rən], *v.tr.* to retire (s.o.); sich vorzeitig p. lassen, to take an early retirement. P~ierung, *f* -/*no pl* retirement. P~ist(in) [-io'nist(in)], *m* -en/-en (*f* -/-nen) *South G:* pensioner. P~s-, *comb.fm.* retirement (age etc.); (entitlement etc.) to a pension; P~kasse *f*, pension/superannuation fund; *adj.* p~reif, due for retirement. P~s-preis, *m* -es/-e charge for board and lodging.

Pensum ['pɛnzu:m], *n* -s/-sen & -sa (allotted) material, (*Aufgabe*) task; sein P. absolvieren, to do one's stint.

per [pɛr], *prep.* + *acc* (a) by; p. Post, Zug usw., by post, train etc.; *F:* p. du sein, to be on Christian name terms; *Com:* p. Adresse, care of, c/o; (b) *Com:* (*ab*) as from; p. sofort, (starting) immediately.

perennierend [pere'ni:rənt], *adj.* perennial.

perfekt [pɛr'fɛkt]. I. *adj.* (a) perfect; faultless (French etc.); p. in Stenographie sein, to have first-rate shorthand; p~e Köchin, accomplished cook; (b) (*abgemacht*) settled; ein Geschäft p. machen, to clinch a deal. II. P., *n* -s/-e/P~um *n*, -s/-ta *Gram:* perfect (tense). P~ion [-tsi'o:n], *f* -/*no pl* perfection. p~ionieren [-io'ni:rən], *v.tr.* to perfect (sth.). P~ionist(in), *m* -en/-en (*f* -/-nen) perfectionist.

Perfor|ation [pɛrforatsi'o:n], *f* -/-en perforation. p~ieren [-'ri:rən], *v.tr.* to perforate (sth.).

Pergament [pɛrga'mɛnt], *n* -(e)s/-e parchment. P~papier, *n* -s/*no pl* greaseproof paper.

Period|e [peri'o:də], *f* -/-n period; *Ph:* P~n pro Sekunde, cycles per second. p~isch, *adj.* periodical; *Mth:* recurring (decimal); *adv.* p. erscheinen, to appear at regular intervals.

Peripherie [perife'ri:], *f* -/-n periphery; (*Stadtrand*) outskirts; *Geom:* circumference.

Periskop [peri'sko:p], *n* -s/-e periscope.

Perl|e ['pɛrlə], *f* -/-n (a) pearl; (*Glasp., Holzp. usw.*) bead; *Fig:* P~n vor die Säue werfen, to cast pearls before swine; (b) (*Schweiß*) bead; (*Tau*) (dew)drop; (*Bläschen*) bubble; (*F:*) *Hum:* (*Putzfrau*) unsere P., our treasure. 'p~en, *v.i.* (*haben*) (*Sekt usw.*) to bubble; (*Tropfen*) to run down; (*Wasser*) to pearl, form drops; *Fig:* p~des Lachen, rippling laughter. 'P ~ **en-**, *comb.fm.* pearl (fisher, diver etc.); P ~ **kette/**P ~ **schnur** *f,* pearl/bead necklace. 'P ~ **graupen,** *fpl* pearl barley. 'P ~ **huhn,** *n* -(e)s/-er guinea fowl. 'p ~ **ig,** *adj.* pearly. 'P ~ **muschel,** *f* -/-n pearl oyster. P ~ **mutt** [pɛrl'mut, 'pɛrl-], *n* -s/*no pl*/P ~ **mutter** [pɛrl'mutər, 'pɛrl-], *f* -/*no pl* mother of pearl. 'P ~ **mutt(er)knopf,** *m* -(e)s/-̈e pearl button. 'P ~ **wein,** *m* -(e)s/-e sparkling wine.

Perlon ['pɛrlɔn], *n* -s/*no pl* R.t.m. *Tex:* approx. = nylon.

Permutation [pɛrmutatsi'oːn], *f* -/-en permutation.

perplex [pɛr'plɛks], *adj.* perplexed, puzzled.

Persenning [pɛr'zɛniŋ], *f* -/-e(n) & -s *Nau: Tex.* tarpaulin.

Pers|er ['pɛrzər], *m* -s/- (a) (*Pers.*) Persian; (b) (*Teppich*) Persian carpet. 'P ~ **erbrücke,** *f* -/-n Persian rug. 'P ~ **erin,** *f* -/-nen Persian woman. 'P ~ **erteppich,** *m* -s/-e Persian carpet. 'P ~ **ianer** [-zi'aːnər], *m* -(e)s/- Persian lamb (skin/coat). 'P ~ **ien.** *Pr.n.n* -s. *Geog: Hist:* Persia. 'p ~ **isch,** *adj.* Persian.

Person [pɛr'zoːn], *f* -/-en (a) person; **die eigene P.,** oneself; **in P.,** in person, personally; **die Geduld in P.,** patience personified; **sich in der P. irren,** to mistake s.o.'s identity; **ich für meine P.,** as for me; I for my part; (b) *pl* **zehn P ~ en,** ten people; **wir sind sechs P ~ en,** there are six of us; **P ~ en sind nicht umgekommen,** there was no loss of life; (c) *Th: Lit:* character; (d) (**weibliche**) **P.,** woman, *usu. Pej:* female; **hübsche P.,** pretty girl. P ~ **al** [-zo'naːl], *n* -s/*no pl* staff; personnel; *Av:* (*Flugp.*) (air)crew. P ~ **al-,** *comb.fm.* 1. personnel (department etc.); staff (costs), representation etc.); P ~ **chef(in)/** P ~ **leiter(in)** *m* (*f*), personnel manager; P ~ **bestand** *m,* number of staff. 2. personal (description, credit, *Gram:* pronoun etc.); P ~ **akte** *f,* personal file; P ~ **ausweis** *m,* identity card. P ~ **alien** [-o'naːliən], *fpl* personal data. P ~ **en-,** *comb.fm.* (a) passenger (vehicle etc.); P ~ **aufzug** *m,* passenger lift/*N.Am:* elevator; P ~ **beförderung** *f*/P ~ **verkehr** *m,* passenger transport; P ~ (**kraft**)**wagen** *m,* passenger/private car; *Rail:* P ~ **wagen** *m,* passenger coach; (b) personal (account, insurance etc.); P ~ **kult** *m,* personality cult. P ~ **enstand,** *m* -(e)s/*no pl Adm:* (civil) status. P ~ **enstandsregister,** *n* -s/- *Adm:* register of births, marriages and deaths. P ~ **enzug,** *m* -(e)s/-̈e stopping train; *N.Am:* local train. P ~ **ifikation** [-onifikatsi'oːn], *f* -/-en personification. p ~ **ifizieren,** *v.tr.* to personify (beauty etc.).

persönlich [pɛr'zøːnliç], *adj.* personal; *adv.* p. erscheinen, to appear in person; *F:* **p. werden,** to get personal. P ~ **keit,** *f* -/-en (*Pers., Charakter*) personality; **eigenwillige P.,** individualist.

Perspektiv|e [pɛrspɛk'tiːvə], *f* -/-en *Art: etc:* perspective; (*Blickpunkt*) viewpoint; *Fig:* **aus seiner/der richtigen P. betrachten,** seen from his/the right point of view; **neue P ~ n,** new prospects. p ~ **isch,** *adj.* of perspective; **p ~ e Verkürzung,** foreshortening.

Peru [pe'ruː]. *Pr.n.n* -s. *Geog:* Peru. P ~ **aner(in)** [-u'aːnər(in)], *m* -s/- (*f* -/-nen) p ~ **anisch,** *adj.* Peruvian.

Perücke [pe'rykə], *f* -/-n wig.

pervers [pɛr'vɛrs], *adj.* perverse. P ~ **sion** [-zi'oːn], *f* -/-en perversion. P ~ **sität** [-zi'tɛːt], *f* -/-en perversity. p ~ **tieren,** *v.* 1. *v.tr.* to pervert (s.o.), twist (meaning etc.). 2. *v.i.* (*sein*) to become perverted; to degenerate (**zu** + *dat,* into).

Pessimis|mus [pɛsi'mismus], *m* -/*no pl* pessimism. P ~ **t(in),** *m* -en/-en (*f* -/-nen) pessimist. p ~ **tisch,** *adj.* pessimistic.

Pest [pɛst], *f* -/*no pl Med:* plague; *F:* *adv.phr.* **wie die P.,** (*sehr*) terribly; (to avoid s.o.) like **the plague;** (to drive/work) like blazes; **er haßt sie wie die P.,** he hates her guts. 'p ~ **artig,** *adj.* pestilential. 'P ~ **hauch,** *m* -(e)s/*no pl Fig:* blight, noxious influence.

Petersilie [petər'ziːliə], *f* -/-n *Bot:* parsley; *F:* **ihm ist die P. verhagelt,** he's down in the dumps.

Petroleum [pe'troːleum], *n* -s/*no pl* paraffin, *N.Am:* kerosene. P ~ **lampe,** *f* -/-n oil lamp. P ~ **ofen,** *m* -s/-̈ paraffin/kerosene stove.

petschiert [pet'ʃiːrt], *adj. Aus: F:* in the soup.

Petunie [pe'tuːniə], *f* -/-n *Bot:* petunia.

Petz|e ['pɛtsə], *f* -/-n = Petzer. 'p ~ **en,** *v.tr.* & *i.* (*haben*) *Sch: F:* to tell tales. 'P ~ **er,** *m* -s/- *Sch: F:* telltale, sneak.

Pfad [pfaːt], *m* -(e)s/-e path. 'P ~ **finder,** *m* -s/- boy scout.

Pfaffe ['pfafə], *m* -n/-n *Pej:* cleric, *F:* Holy Joe.

Pfahl [pfaːl], *m* -(e)s/-̈e post; (*Marterp.*) stake; *Constr:* pile. 'P ~ **bau,** *m* -(e)s/-ten pile dwelling.

Pfalz [pfalts], *f* -/-en 1. *Hist:* palace. 2. *Geog:* **die P.,** the Palatinate. 'P ~ **graf,** *m* -en/-en Count Palatine.

Pfälzer ['pfɛltsər]. I. *m* -s/- inhabitant/(*Wein*) wine of the Palatinate. II. *inv.adj.* Palatinate.

Pfand [pfant], *n* -(e)s/-̈er (*Bürgschaft*) security; (*Flaschenp. usw.*) deposit; *Fig:* token (of one's love etc.); *Games:* **ein P. geben,** to pay a forfeit. 'P ~ **haus,** *n* -es/-̈er/'P ~ **leihe,** *f* -/-en pawnshop. 'P ~ **leiher,** *m* -s/- pawnbroker. 'P ~ **schein,** *m* -(e)s/-e pawnticket.

pfänd|en ['pfɛndən], *v.tr.* to seize (property etc.) as security. 'P ~ **erspiel,** *n* -(e)s/-e (game of) forfeits. 'P ~ **ung,** *f* -/-en *Jur:* seizure.

Pfann|e ['pfanə], *f* -/-n 1. *Cu:* (frying) pan; *F:* **j-n in die P. hauen,** to make mincemeat of s.o. 2. *Anat:* socket. 3. *Constr:* pantile. 'P ~ **kuchen,** *m* -s/- pancake; **Berliner P.,** doughnut.

Pfarr- ['pfar-], *comb.fm. Ecc:* parish (district, church etc.); P ~ **amt** *n,* parish office. 'P ~ **er,** *m* -s/- vicar; parson; *R.C.Ch:* (parish) priest. 'P ~ **haus,** *n* -es/-̈er vicarage, rectory. 'P ~ **stelle,** *f* -/-n living, parish. 'P ~ **vikar,** *m* -s/e curate.

Pfau [pfau], *m* -(e)s/-en *Orn:* peacock. 'P ~ **enauge,** *n* -s/-n *Ent:* peacock butterfly. 'P ~ (**en**)**henne,** *f* -/-n peahen.

Pfeffer ['pfefər], *m* -s/- 1. *Cu:* pepper; *F:* **bleib, wo der P. wächst!** get lost! *P:* go to hell! 2. *F:* (*Schwung*) pep. 'P ~ **fresser,** *m* -s/- *Orn:* toucan. 'P ~ **gurke,** *f* -/-n pickled gherkin. 'p ~ **ig,** *adj.* peppery. 'P ~ **korn,** *m* -(e)s/-̈er peppercorn. 'P ~ **kuchen,** *m* -s/- approx. = gingerbread. 'P ~ **minz(bonbon),** *n* -es/-e (*m* & *n* -s/-s) peppermint (sweet). 'P ~ **minze,**

f -/-n *Bot:* peppermint. ´P~mühle, *f* -/-n
peppermill. ´p~n, *v.tr. (a) Cu:* to pepper
(food); *Fig:* to spice (a speech etc.) (with jokes
etc.); zu stark gepfeffert, too peppery; *(b) F:
(schmeißen)* to chuck, fling (sth.).
Pfeif|e [´pfaifə], *f* -/-n 1. whistle; pipe (of an
organ); *Mil:* fife; *Fig:* nach j-s P. tanzen, to be
at s.o.'s beck and call. 2. *(Tabaksp.)* pipe. 3.
Pej: F: (Pers.) dead loss. ´p~en, *v.irr. (p.
pfiff, p.p. gepfiffen)* 1. *v.tr.* to whistle (a tune
etc.); to play (a tune) on a (penny) whistle; sich
dat eins p., to whistle to oneself; *Fig:* to pretend
not to care; *Sp:* Abseits p., to blow the whistle
for offside. 2. *v.i. (haben) (a)* to whistle; *(auf
einer Pfeife)* to blow one's whistle; p~der Atem,
wheezing breath; *(b) P:* ich pfeife auf dein Geld!
you can keep your money! ich pfeife ihm was,
he can get lost; *(c) P: (gestehen)* to squeal.
´P~en-, *comb.fm.* pipe (smoker, cleaner, to-
bacco etc.); P~ständer *m,* pipe rack; P~werk *n,*
pipework (of an organ). ´P~er, *m* -s/-
whistler; *Mus:* piper. ´P~konzert, *n* -(e)s/-e
chorus of whistles/catcalls. ´P~ton, *m* -(e)s/-̈e
whistle.
Pfeil [pfail], *m* -(e)s/-e arrow; *Games:* dart; schnell
wie ein P., as quick as lightning; *Fig:* vergiftete
P~e, barbed remarks; alle seine P~e ver-
schossen haben, to have shot one's (last) bolt.
´P~flügel, *m* -s/- *Av:* swept-back wing.
´p~förmig, *adj.* arrow-shaped. ´p~ge´ra-
de, *adj.* straight as an arrow. ´p~´schnell,
adj. as quick as lightning. ´P~spitze, *f* -/-n
arrowhead.
Pfeiler [´pfailər], *m* -s/- pillar; *(Brückenp.)* pier.
Pfennig [´pfeniç], *m* -s/-e pfennig; *Fig:* penny;
F: auf den P. sehen/jeden P. dreimal umdrehen,
to be as mean as they come; mit dem P. rechnen
müssen, to have to watch every penny. ´P~ab-
satz, *m* -es/-̈e stiletto heel.
Pferch [pferç], *m* -(e)s/-e (sheep)fold, pen.
´p~en, *v.tr.* to cram, stuff (people, animals)
(in + *acc,* into).
Pferd [pfe:rt], *n* -(e)s/-e *(a)* horse; zu P~e, on
horseback; *F:* mit ihm kann man P~e stehlen,
he is a good sport; das P. beim Schwanz auf-
zäumen, to put the cart before the horse; keine
zehn P~e bringen mich dahin, wild horses
wouldn't drag me there; *(b) Gym:* (vaulting)
horse; *(c) Chess:* knight. P~e- [´pfe:rdə-],
comb.fm. (a) horse (thief, dealer, breeding etc.);
P~äpfel *mpl,* horse droppings; P~decke *f,*
horse blanket; P~fleisch *n,* horsemeat; P~-
rennen *n,* (i) horse racing; (ii) *(einzelnes)*
horse race; P~schwemme *f,* horse pond;
P~transporter *m,* horse box; *Mec.E:*
P~stärke *f (usu.abbr.* PS), horsepower; *(b)*
horse's (head etc.); P~fuß *m,* (i) horse's hoof;
Myth: (devil's) cloven hoof; (ii) *F: (Haken)*
snag; P~futter *n,* (horse's) forage; P~geschirr
n, (horse's) harness; P~schwanz *m,* horse's
tail; *Hairdr:* ponytail. ´P~earbeit, *f* -/-en *F:*
donkey work. ´p~ebespannt, *adj.* horse-
drawn. ´P~bohne, *f* -/-n broad bean.
´P~ebox, *f* -/-en loose box. ´P~e-
gespann, *n* -(e)s/-e *(a)* team of horses; *(b)
(Wagen)* horse-drawn carriage. ´P~eknecht,
m -(e)s/-e groom. ´P~elänge, *f* -/-n *Rac:*
length. ´P~enarr, *m* -en/-en horsy person.

´P~esport, *m* -(e)s/*no pl* equestrian sport.
´P~estall, *m* -(e)s/-̈e stable. ´P~ewagen, *m*
-s/- *(a)* horse-drawn carriage; *(b) (für Lasten)*
horse and cart.
Pfiff [pfif], *m* -(e)s/-e *(a)* whistle; *(b) F:* trick; er
hat den P. raus, he's got the knack; *(c) F:* das
ist ein Hut mit P., that hat has got style; der
letzte P., the final touch.
Pfifferling [´pfifərliŋ], *m* -s/-e 1. *Fung:* chan-
terelle. 2. keinen P., not in the slightest; *F:* das
ist keinen P. wert, it isn't worth a bean.
pfiffig [´pfifiç], *adj.* smart (child etc.); knowing
(face). ´P~keit, *f* -/*no pl* smartness.
Pfingst- [´pfiŋst-], *comb.fm.* Whit (Sunday,
Monday); Whitsun (holiday, week). ´P~en,
n -s/- Whitsun; *pl* fröhliche P., happy
Whitsun. ´P~ochse, *m* -n/-n *F:* heraus-
geputzt wie ein P., dressed to the nines.
´P~rose, *f* -/-n *Bot:* peony.
Pfirsich [´pfirziç], *m* -s/-e peach.
Pflanz|e [´pflantsə], *f* -/-n plant; *F:* komische
P., odd bird; eine echte Berliner P., a true Ber-
liner. ´p~en, *v.tr. (a)* to plant (a flower etc.);
F: sich (in einen Sessel usw.) p., to plant oneself
(in a chair etc.); *(b) Aus: F:* j-n p., to pull s.o.'s
leg. ´P~en-, *comb.fm.* plant (milk, protection
etc.); vegetable (fibre, fat, oil, protein, matter
etc.); P~reich *n,* vegetable kingdom; P~-
schädling *m,* plant pest; P~welt *f,* plant life.
´p~enfressend, *adj.* herbivorous. ´P~en-
fresser, *m* -s/- *Z:* herbivore. ´P~enkunde,
f -/*no pl* botany. ´P~er, *m* -s/- planter.
´P~garten, *m* -s/-̈ *For:* nursery. ´p~lich,
adj. vegetable (fat etc.). ´P~ung, *f* -/-en
1. *no pl* planting. 2. plantation.
Pflaster [´pflastər], *n* -s/- 1. *Med:* (sticking)
plaster. 2. *(a) (Fahrbahnbelag)* road surface; *(aus
Steinen)* pavement, paving; *F:* P. treten, to
walk the streets; *(b) F: (Ort)* place; ein gefähr-
liches P., a dangerous spot. ´P~maler, *m* -s/-
pavement artist/*N.Am:* sidewalk. ´p~n, *v.tr.*
to surface, pave (the road etc.). ´P~ung, *f*
-/*no pl* surfacing, paving. ´P~stein, *m* -(e)s/-e
paving stone; *(runder P.)* cobble(stone).
Pflaume [´pflaumə], *f* -/-n plum; (getrocknete)
P., prune. ´P~n-, *comb.fm.* plum (tree etc.);
P~kuchen *m,* plumtart; P~mus *n,* plum puree.
Pfleg|e [´pfle:gə], I. *f* -/-n care (of s.o., sth.);
maintenance (of parks, buildings, machinery
etc.); cultivation (of the arts, good relations
etc.); (ärztliche) P., medical care, nursing; (eine)
gute P. haben, to be well cared for/looked after;
j-n, etwas bei j-m in P. geben, to leave/put s.o.,
sth. in s.o.'s care; ein Kind in P. geben/nehmen,
to put/take a child into care; die P. des Körpers,
personal hygiene. II. ´P~-, *comb.fm.* foster-
(child, son, daughter, mother, father); P~
eltern *pl,* foster parents. ´p~ebedürftig, *adj.*
in need of care/*Med:* nursing. ´P~efall, *m*
-(e)s/-̈e person in need of nursing. ´P~eheim,
n -(e)s/-e nursing home. ´P~emittel, *n* -s/-
(Politur) polish; *Cosm:* preparation. ´p~en,
v. 1. *v.tr. (a)* to care for, look after (s.o., sth.);
to tend (plants etc.); to nurse (a sick person);
sich p., to look after oneself; *(sich schonen)* to
take it easy; *(b)* to cultivate (the arts, friendship
etc.); to observe (a custom etc.); to go in for
(reading, socializing etc.); den Kontakt mit j-m

p., to keep in touch with s.o. **2.** *v.i.* *(haben)* **montags pflegt er ins Kino zu gehen,** he usually goes to the cinema on Mondays; **er pflegte zu sagen ...,** he used to say/was in the habit of saying .... ´**P ~ er(in),** *m -s/-* (*f -/-nen*) **1.** (*Krankenp.*) nurse. **2.** fosterparent; (*Vormund*) guardian. ´**P ~ ling,** *m -s/-e* foster child; *Jur:* charge, ward.

Pflicht [pfliçt]. **I.** *f -/-en* duty; **aus P.,** from a sense of duty; **die täglichen P ~ en,** the daily tasks/chores; **ich habe es mir zur P. gemacht,** I have made it my business; **etwas zur P. machen,** to make sth. compulsory; **es ist P.,** it is compulsory/obligatory; **es ist deine** (*F:* **verdammte**) **P. und Schuldigkeit,** hinzugehen, you are in duty bound to go there. **II.** ´**P ~-,** *comb.fm.* compulsory (contribution, *Sp:* exercise, *Sch:* reading etc.); **P ~ arbeit** *f,* compulsory task/ *Sch:* essay; *Sch:* **P ~ fach** *n,* compulsory subject; *Skating:* **P ~ lauf** *m,* compulsory figures. ´**p ~ bewußt,** *adj.* dutiful; conscientious. ´**P ~ bewußtsein,** *n -s/no pl* conscientiousness; sense of duty. ´**P ~ eifer,** *m -s/no pl* zeal. ´**P ~ exemplar,** *n -s/-e Pub:* deposit copy. ´**P ~ gefühl,** *n -(e)s/no pl* sense of duty. ´**p ~ gemäß,** *adj.* dutiful; due (care, respect etc.); *adv.* **ich teile Ihnen p. mit, daß ...,** it is my duty to inform you that .... ´**p ~ getreu,** *adj.* dutiful. ´**P ~ treue,** *f -/no pl* devotion to duty. ´**p ~ vergessen,** *adj.* neglectful of one's duty. ´**P ~ versäumnis,** *n -ses/-se* dereliction of duty.

Pflock [pflɔk], *m -(e)s/ˉe* (tent etc.) peg; (*für Tiere*) post, stake.

pflück|en [´pflykən], *v.tr.* to pick (flowers, fruit). ´**P ~ er(in),** *m -s/-* (*f -/-nen*) picker.

Pflug [pflu:k], *m -(e)s/ˉe* plough, *N.Am:* plow.

pflüg|en [´pfly:gən], *v.tr. & i.* (*haben*) to plough (a field). ´**P ~ er,** *m -s/-* ploughman.

Pforte [´pfɔrtə], *f -/-n* (*a*) (*Tor*) gate; (*Tür*) door; *Fig:* gateway (**zu** + *dat,* to); (*b*) *Geog:* gap.

Pförtner [´pfœrtnər], *m -s/-* gatekeeper; *Sch: etc:* porter; doorman. ´**P ~ haus,** *n -es/ˉer/* ´**P ~ loge,** *f -/-n* gatehouse; (*Dienstraum*) porter's lodge.

Pfosten [´pfɔstən], *m -s/-* post; (wall) stud; *Fb:* goalpost, upright.

Pfote [´pfo:tə], *f -/-n* paw; *F:* (*Hand*) mitt; *F:* (*Schrift*) **eine fürchterliche P.,** a ghastly scrawl.

Pfropf|en [´pfrɔpfən]. **I.** *m -s/-* stopper, (*Korken*) cork; bung (of a barrel etc.). **II. p.,** *v.tr.* (*a*) to cork, stopper (a bottle), bung (a barrel etc.); (*b*) to cram, stuff (sth.) (**in etwas** *acc,* into sth.); (*c*) *Hort:* to graft (a tree etc.). ´**P ~ ung,** *f -/-en Hort:* grafting.

Pfründe [´pfryndə], *f -/-n Ecc:* living.

Pfuhl [pfu:l], *m -(e)s/-e* boggy pool.

pfui [pfui], *int.* **p. (Teufel)!** ugh, how disgusting! **p. rufen,** to boo. ´**P ~ ruf,** *m -(e)s/-e* boo, catcall.

Pfund [pfunt], *n -(e)s/-e* pound; **zwei P. Zucker,** two pounds of sugar. ´**p ~ ig** [-diç], *adj. F:* great, super. ´**P ~ skerl,** *m -s/-e F:* great bloke/guy. ´**p ~ weise,** *adv.* by the pound.

pfusch|en [´pfuʃən], *v.i.* (*haben*) to bungle (it). ´**P ~ er,** *m -s/-* bungler. **P ~ e´rei,** *f -/-en* (*a*) *no pl* bungling; (*b*) **eine P.,** a botched job.

Pfütze [´pfytsə], *f -/-n* puddle; *Hum:* **über die große P.,** across the pond (= the Atlantic).

Phänomen [fɛno´me:n], *n -s/-e* phenomenon. **p ~ al** [-me´na:l], *adj.* phenomenal; stupendous.

Phant|asie [fanta´zi:]. **I.** *f -/-n* **1.** (*a*) imagination; **eine schmutzige P.,** a dirty mind; **seiner P. freien Lauf lassen,** to indulge in flights of fancy; (*b*) **seine Erlebnisse waren alles P ~ n,** his adventures were nothing but fantasies. **2.** *Mus:* fantasia. **II. P ~-,** *comb.fm.* imaginary (flower etc.); fantastic (dress, *F:* price etc.). **P ~ a-** ´**siebild,** *n -(e)s/-er/P ~ a´siegebilde,** *n -s/-* fantasy; figment of the imagination. **p ~ a-** ´**sielos,** *adj.* unimaginative. **p ~ a´siereich,** *adj.* imaginative. **p ~ a´sieren,** *v.i.* (*haben*) (*a*) to fantasize; to dream (**von Erfolg usw.,** of success etc.); **phantasierst du bloß, oder ist es wahr?** are you making it up, or is it true? (*b*) *Med:* (**im Fieber**) **p.,** to be delirious; (*c*) *Mus:* to improvise. **p ~ a´sievoll,** *adj.* imaginative. **P ~ ast(in)** [-´tast(in)], *m -en/-en* (*f -/-nen*) dreamer. **P ~ aste´rie,** *f -/-n* wild fancy/fantasy. **p ~ astisch,** *adj.* fantastic. **P ~ om** [-´to:m], *n -s/-e* phantom. **P ~ ombild,** *n -(e)s/-er* identikit picture.

Pharma|zeut [farma´tsɔyt], *m -en/-en* pharmacist. **p ~ ´zeutisch,** *adj.* pharmaceutical. **P ~ ´zie,** *f -/no pl* pharmacy.

Phase [´fa:zə], *f -/-n* phase. ´**P ~ n-,** ´**p ~ n-,** *comb.fm. El:* phase (meter, voltage etc.); *adj.* **p ~ gleich/p ~ verschoben,** in/out of phase.

Phenol [fe´no:l], *n -s/-e Ch: Com:* carbolic acid.

Philanthrop [filan´tro:p], *m -en/-en* philanthropist. **P ~ ie** [-tro´pi:], *f -/no pl* philanthropy. **p ~ isch** [-´tro:piʃ], *adj.* philanthropic.

Philatel|ie [filate´li:], *f -/no pl* philately. **P ~ ist,** *m -en/-en* philatelist.

Philharmoni|e [filharmo´ni:], *f -/-n Mus:* philharmonic society. **P ~ iker** [-´mo:nikər], *m -s/-* member of a philharmonic orchestra; *pl* **die Wiener P.,** the Vienna Philharmonic Orchestra. **p ~ isch,** *adj.* philharmonic.

Philolog|e [filo´lo:gə], *m -n/-n* student of language and literature. **P ~ ie** [-o´gi:], *f -/no pl* study of language and literature. **p ~ isch** [´lo:giʃ], *adj.* linguistic and literary (studies etc.).

Philosoph [filo´zo:f], *m -en/en* philosopher. **P ~ ie** [-o´fi:], *f -/-n* philosophy. **p ~ isch** [-´zo:fiʃ], *adj.* philosophical.

Phlegma [´flɛgma], *n -s/no pl* lethargy. **P ~ tiker** [-´ma:tikər], *m -s/-* lethargic person. **p ~ tisch** [-´ma:tiʃ], *adj.* lethargic, stolid.

Phobie [fo´bi:], *f -/-n Psy:* phobia.

Phonetik [fo´ne:tik], *f -/no pl Ling:* phonetics. **p ~ sch,** *adj. Ling:* phonetic.

Phonokoffer [´fo:nokɔfər], *m -s/-* portable record player.

Phosph|at [fɔs´fa:t], *n -(e)s/-e Ch:* phosphate. **P ~ or** [´fɔsfɔr], *m -s/-e Ch:* phosphorus. **P ~ ores´zenz,** *f -/no pl Ph: Biol:* phosphorescence. **p ~ ores´zieren,** *v.i.* (*haben*) to phosphoresce; **p ~ d,** phosphorescent.

Photo [´fo:to]. **I.** *n & m -s/-s* = **Foto. II. P ~-,** *comb.fm. usu. spelt* **Foto-,** *q.v.* **p ~ e´lektrisch,** *adj. Ph:* photoelectric. **P ~ ´graph** *m,* **P ~ gra´phie** *f,* **p ~ gra´phieren** *v.tr. see* **Fotograf, Fotografie, fotografieren.** ´**P ~ zelle,** *f -/-n El:* photoelectric cell.

Phras|e [´fra:zə], *f -/-n* (*a*) *Gram: Mus:* phrase;

(b) Pej: (Gemeinplatz) platitude; trite remark; **das sind nur leere P~n,** that's just empty talk/ so many words; **P~n dreschen,** to blather, Brit: waffle. **'P~endrescher,** m -s/- Pej: windbag, speechifier. **'P~endresche'rei,** f -/-en Pej: speechifying; blather. **'p~enhaft,** adj. Pej: empty, trite; adv. **p. daherreden,** to blather on. **p~ieren** [fra'zi:rən], v.tr. Mus: to phrase (a melody).

Physik [fy'zi:k], f -/no pl physics. **p~alisch** [-i'kɑ:liʃ], adj. physical (laws, chemistry etc.); physics (institute, experiment etc.). **'P~er,** m -s/- physicist.

Physio|gnomie [fyziogno'mi:], f -/-n physiognomy. **P~loge** [-'lo:gə], m -n/-n physiologist. **P~logie** [-lo'gi:], f -/no pl physiology. **p~logisch** [-'lo:giʃ], adj. physiological.

physisch ['fy:ziʃ], adj. physical.

Pian|ino [pia'ni:no], n -s/-s small piano. **P~ist(in)** [-'nist(in)], m -en/-en (f -/-nen) pianist. **P~opedal** [pi'a:nopeda:l], n -s/-e Mus: soft pedal.

Pickel ['pikəl], m -s/- 1. (Spitzhacke) pickaxe; (Eisp.) ice-pick. 2. pimple, spot. **'P~haube,** f -/-n Mil.Hist: spiked helmet. **'p~ig,** adj. spotty (face etc.).

picken ['pikən], v.tr. & i. (haben) (a) to peck (corn etc.); **nach etwas** dat **p.,** to peck at sth.; (b) Aus: F: to stick (sth.).

Picknick ['piknik], n -s/-s picnic. **'p~en,** v.i. (haben) to picnic.

Piefke ['pi:fkə], m -s/-s Pej: (a) North G: pompous ass; (b) Aus: (stupid) kraut.

piekfein ['pi:k'fain], adj. classy; posh.

Piep [pi:p], m -s/no pl F: = **Pieps. 'p~e/ 'p~e'gal,** adj. F: **das ist mir p.,** I couldn't care less (about it). **'p~en,** v.i. (haben) (a) (Vögel) to peep, chirp; Rad: to bleep; F: **das ist (ja) zum P.!** it's a scream! (b) **bei dir piept's wohl?** you must be off your rocker! **'P~matz,** m -es/-e F: (child's language) dicky-bird. **'P~s,** m -es/-e F: tweet, chirp; (Maus) squeak; (Pers.) **keinen P. von sich geben,** not to say a word. **'p~sen,** v.i. (haben) to peep, squeak; Rad: bleep. **'P~ser,** m -s/- Rad: F: bleeper. **'p~sig,** adj. high-pitched, squeaky.

piesacken ['pi:zakən], v.tr. F: to plague, torment (s.o.).

Pietät [pie'tɛ:t], f -/no pl reverence; (reverential) respect. **p~los,** adj. irreverent.

piff paff! ['pif'paf], int. bang! bang!

Pigment [pig'mɛnt], n -(e)s/-e pigment.

Pik¹ [pi:k], **m einen P. auf j-n haben,** to bear s.o. a grudge.

Pik². I. n -s/-s Cards: (Farbe) spades; (Karte) spade. II. **'P~-,** comb.fm. (ace, king etc.) of spades; **P~bube** m, jack of spades; **P~dame** f, queen of spades.

pikant [pi'kant], adj. spicy (food, Fig: story etc.); Fig: piquant (charm etc.); (schlüpfrig) suggestive (joke etc.); **p~es Abenteuer,** amorous exploit. **P~e'rie,** f -/-n 1. no pl piquancy; suggestiveness. 2. suggestive remark.

Pike ['pi:kə], f -/-n Mil.Hist: pike; F: **von der P. auf dienen,** to work one's way up; Mil: to rise from the ranks.

pikier|en [pi'ki:rən], v.tr. Hort: to prick out

(seedlings etc.). **p~t,** adj. (Pers), put out, needled; N.Am: miffed; (gekränkt) injured.

Pikkolo ['pikolo], m -s/-s 1. (Pers.) apprentice waiter. 2. Mus: (also **P~flöte** f) piccolo.

Pilger ['pilgər], m -s/- pilgrim. **'P~fahrt,** f -/-en pilgrimage. **'p~n,** v.i. (sein) (a) to go on a pilgrimage; (b) F: to trek (somewhere). **'P~schaft,** f -/-en pilgrimage.

Pille ['pilə], f -/-n pill. **'P~nknick,** m -(e)s/no pl F: drop in the birth rate due to the pill. **'P~nschachtel,** f -/-n pillbox.

Pilot(in) [pi'lo:t(in)], m -en/-en (f -/-nen) Av: pilot; Motor Rac: driver.

Pilz [pilts], m -es/-e fungus; (a) (eßbarer) P., (edible) mushroom; **giftiger P.,** toadstool; F: **in die P~e gehen,** to go mushrooming. **'p~förmig,** adj. mushroom-shaped. **'P~krankheit,** f -/-en mycosis. **'p~tötend,** adj. fungicidal.

Piment [pi'mɛnt], m & n -(e)s/-e pimento.

pimpelig ['pimpəliç], adj. F: namby-pamby.

pingelig ['piŋəliç], adj. F: pernickety, fussy.

Pinguin ['piŋgui:n], m -s/-e Orn: penguin.

Pinie ['pi:niə], f -/-n Bot: (stone) pine.

Pinke(pinke) ['piŋkə('piŋkə)], f -/no pl P: dough, Brit: lolly.

Pinkel ['piŋkəl], m -s/- P: (feiner) P., toff, swell; N.Am: dude. **'p~n,** v.i. (haben) P: to (have a) pee. **'P~pause,** f -/-n (a) esp. Mil: F: stop for a pee; (b) Hum: much needed break.

Pinscher ['pinʃər], m -s/- 1. (Hund) pinscher. 2. F: (Pers.) little squirt.

Pinsel ['pinzəl], m -s/- 1. (a) brush, esp. paintbrush; (b) Orn: Z: tuft of hair. 2. F: (Pers.) twit, ass. **'P~führung,** f -/no pl Art: brushwork. **'p~n,** v.tr. & i. (haben) F: to paint (sth.). **'P~strich,** m -(e)s/-e brushstroke.

Pinzette [pin'tsɛtə], f -/-n tweezers.

Pionier [pio'ni:r], m -s/-e 1. (Bahnbrecher) pioneer. 2. Mil: engineer, sapper. 3. East G: **Junge P~e,** Young Pioneers (youth organization). **P~geist,** m -(e)s/no pl pioneering spirit. **P~truppe,** f -/-n Mil: engineer corps.

Pipi [pi'pi:], n -s/no pl (child's language) weewees.

Pirat [pi'rɑ:t], m -en/-en pirate. **P~en-,** comb.fm. pirate (ship, Pub: edition etc.); Rad: **P~sender** m, pirate station. **P~erie** [-ratə'ri:], f -/no pl piracy.

Pirsch [pirʃ], f -/no pl Hunt: (deer-)stalking. **'p~en,** v.i. (haben) to stalk.

Piß [pis], m **Pisses**/no pl/**Pisse,** f -/no pl V: piss. **'p~en,** v.i. (haben) V: to piss.

Pistazie [pis'tɑ:tsiə], f -/-n pistachio (nut).

Piste ['pistə], f -/-n Rac: track; Ski: run, piste; Av: runway.

Pistole [pis'to:lə], f -/-n pistol; Fig: **j-m die P. auf die Brust setzen,** to hold a pistol to s.o.'s head. **P~ngriff,** m -(e)s/-e pistol butt. **P~ntasche,** f -/-n holster.

pittoresk [pito'rɛsk], adj. picturesque.

placieren, v.tr. = **plazieren.**

plädi|eren [plɛ'di:rən], v.i. (haben) to plead, put the case (**für etwas** acc, for sth.); Jur: **auf/für schuldig usw. p.,** to plead guilty etc. **P~oyer** [-doa'je:], n -s/-s Jur: (counsel's) summing up; Fig: plea.

Plage ['plɑːgə], *f* -/-n nuisance; (*Schwierig-keiten*) trouble; **sie hat ihre P. mit den Kindern**, she finds the children a real handful/trial; **es macht ihm das Leben zur P.**, it makes his life a misery; *F:* **eine schreckliche P.**, an awful fag/drag. '**p ~ n**, *v.tr. (a)* (*quälen*) to plague, torment (s.o.); (*Gedanke, Leiden usw.*) to trouble, worry (s.o.); **j-n mit Fragen/Bitten p.**, to pester s.o. with questions/requests; *(b)* **sich p.**, to slave away (**mit etwas** *dat.* at sth.); to struggle (**mit einem Problem**, with a problem); **sich mit einer Krankheit p.**, to be plagued by an illness.

Plag|iat [plagi'aːt], *n* -(e)s/-e (case of) plagiarism, *F:* crib; **ein P. begehen**, to be guilty of plagiarism. **P ~ i'ator**, *m* -s/-en plagiarist. **p ~ i'ieren**, *v.tr.* to plagiarize (sth.).

Plakat [pla'kaːt], *n* -(e)s/-e poster; (*auf Pappe*) placard; *P.N:* **P~e ankleben verboten!** post no bills! **P ~ farbe**, *f* -/-n poster colour/*N.Am:* paint. **P ~ säule**, *f* -/-n advertising pillar. **P ~ schrift**, *f* -/-en block lettering.

Plakette [pla'kɛtə], *f* -/-n *(a)* (*Gedenktafel*) plaque; *(b)* (*Abzeichen*) badge.

Plan¹ [plaːn]. **I.** *m* -(e)s/ʒe plan; *(a)* (*Vorhaben*) **P ʒe schmieden**, to make plans; **einen P. fassen**, to decide upon a plan of action; *(b)* (*Entwurf*) design; **die P ʒe des Gebäudes**, the plans of the building; *(c)* (*Karte*) (town etc.) map, plan. **II.** '**P~-**, *comb.fm.* planned (economy etc.); *Com:* budgeted (costs etc.); *East G:* **P~soll** *n*/**P~ziel** *n*, planned (output) target. '**p ~ en**, *v.tr.* to plan (sth.); to map out (a course, the future etc.). '**P ~ er**, *m* -s/- planner. **P ~ ifikation** [planifikatsi'oːn], *f* -/-en *Econ:* government planning regulating the national economy. '**p ~ los**, *adj.* haphazard, unsystematic (procedure etc.); aimless (search etc.); *adv.* **p. arbeiten**, to work unsystematically/aimlessly. '**p ~ mäßig**, *adj. (a)* planned (development etc.); *Rail: Av: etc:* scheduled (arrival, flight etc.); *adv.* as planned; according to plan/schedule; *(b)* systematic (search etc.); *adv.* **p. arbeiten**, to work methodically. '**P ~ stelle**, *f* -/-n *Adm:* established post. '**P ~ ung**, *f* -/no *pl* planning; **in der P.**, the planning stage.

plan², *adj.* flat. '**P ~ spiegel**, *m* -s/- flat/plane mirror.

Plane ['plaːnə], *f* -/-n tarpaulin; (*über einem Stand*) awning.

Planet [pla'neːt], *m* -en/-en *Astr:* planet. **p ~ a-risch** [-e'taːriʃ], *adj.* planetary. **P ~ arium** [-e'taːrium], *n* -s/-ien planetarium. **P ~ en-**, *comb.fm.* planetary (orbit, system, *Mec.E:* gear).

planier|en [pla'niːrən], *v.tr.* to level, *Civ.E:* grade (ground). **P ~ raupe**, *f* -/-n bulldozer.

Planke ['plaŋkə], *f* -/-n plank.

plänkeln ['plɛŋkəln], *v.i.* (*haben*) to banter.

Plansch|becken ['planʃbɛkən], *n* -s/- paddling pool. '**p ~ en**, *v.i.* (*haben*) to splash about.

Plantage [plan'taːʒə], *f* -/-n plantation.

Plapper|maul ['plapərmaul], *n* -(e)s/ʒer *F:* chatterbox. '**p ~ n**, *v.i.* (*haben*) *F:* to chatter.

plärren ['plɛrən], *v.i.* (*haben*) to wail, (*laut*) bawl.

Plast|ik ['plastik]. **I.** *f* -/-en **1.** *Art:* (*Werk, Kunst*) sculpture. **2.** (*Eigenschaft*) plasticity. **3.** *Surg:* plastic surgery. **II.** *n* -s/no *pl* plastic.

III. P~-, *comb.fm.* plastic (cup, bomb etc.); **P~beutel/P~sack** *m*, plastic/polythene bag; **P~folie** *f*, plastic film; polythene sheet. **P ~ ilin** [-i'liːn], *n* -s/no *pl* plasticine. '**p ~ isch**, *adj.* **1.** three-dimensional; *Fig:* graphic, vivid (description, style etc.); **p~e Kunst**, plastic art. **2.** (*formbar*) pliable, malleable. **P ~ izi'tät**, *f* -/no *pl* plasticity.

Platane [pla'taːnə], *f* -/-n *Bot:* plane tree.

Plateau [pla'toː], *n* -s/-s *Geog:* plateau.

Platin ['plaːtin, *South G:* pla'tiːn], *n* -s/no *pl* platinum. '**p ~ blond**, *adj.* platinum blonde.

platschen ['platʃən], *v.i.* (*haben, occ sein*) *F:* to splash.

plätschern ['plɛtʃərn], *v.i.* (*haben*) to splash; (*Bach*) to babble; (*Wellen*) to lap (**an** + *acc*, against).

platt [plat]. **I.** *adj. (a)* flat (roof, nose, *Med:* feet etc.); **etwas p. drücken**, to flatten sth.; *Aut: F:* **einen P~en haben**, to have a flat (tyre); *(b)* *Fig:* dull (book etc.); trite (conversation etc.); *(c) F:* **ich war einfach p.!** you could have knocked me down with a feather! **II. P.**, *n* -(s)/no *pl* = **P ~ deutsch**. '**P ~ deutsch**, *n* -(s)/no *pl Ling:* Low German. '**P ~ e**, *f* -/-n *(a)* plate, sheet (of metal, glass etc.); (*Holzp.*) panel, board; (*Steinp.*) slab; (*Fliese*) tile; (*Kochp.*) (rock) ledge; (*Tischp.*) (table) top; (*Gedenktafel*) plaque, tablet; *Phot: Print:* plate; *(b)* (*Kochp.*) ring (of a cooker); *(c) Rec:* (gramophone) record; **auf P. aufgenommen**, recorded on disc; *(d)* (*großer Teller*) (large) plate, dish; *Cu:* **eine kalte P.**, a plate of cold meats; *(e) F:* (*Glatze*) bald pate. '**P ~ en-**, *comb.fm. (a)* record (album, archive, collection etc.); **P~hülle** *f*, record sleeve; **P~spieler** *m*, record player; **P~teller** *m*, (record) turntable; **P~wechsler** *m*, record changer; *(b) El:* plate (electrode, condenser etc.). '**P ~ enleger**, *m* -s/- floor tiler. '**P ~ ensee**. Pr.n.m -s. *Geog:* **der P.**, Lake Balaton. '**P ~ fisch**, *m* -(e)s/-e flatfish. '**P ~ form**, *f* -/-en *(a)* platform; *(b) Fig:* basis (for discussion); **gemeinsame P.**, common ground. '**P ~ fuß**, *m* -es/ʒe flat foot. '**p ~ füßig**, *adj.* flatfooted. '**P ~ heit**, *f* -/-en *(a) no pl* triteness; *(b)* (*Bemerkung*) platitude. **p ~ ieren** [-'tiːrən], *v.tr.* to plate (metal etc.) '**p ~ nasig**, *adj.* flat-nosed. '**p ~ schlagen**, *v.tr.sep.irr.85* to swat (a fly etc.).

Plätt- ['plɛt-], *comb.fm. North G:* ironing (board, machine etc.). '**P ~ eisen**, *n* -s/- iron. '**p ~ en**, *v.tr.* to iron (clothes etc.).

Platz [plats], *m* -es/ʒe **1.** *(a)* (*Stelle*) place; **sonniger P.**, sunny spot; **etwas an seinen P. stellen**, to put sth. in its place; **fehl am P~e**, in the wrong place/(*Pers.*) job; *F:* out of place; **er wich nicht vom P.**, he did not budge; *Sp:* **auf die P~e, fertig, los!** on your marks, get set, go! *Com:* **vom P. weg verkaufen**, to sell direct; *(b)* (*Rang*) position; *Sp:* *Sp:* **den zweiten P. belegen**, to take second place, come in second; **auf P. drei**, in third place; *Rac:* **auf P. wetten**, to make a place bet; *(c)* (*Sitzp.*) seat; (*am Tisch*) place; **P. nehmen**, to sit down. **2.** *(a)* (*Marktp. usw.*) square; (*Gebäude*) site; **offener P.**, open space/site; *(b) Sp:* (sports/football) ground; (golf) course; (tennis) court; **einen Spieler vom P. stellen**, to send a player off (the field); (c) (*Stadt*) place; **der beste Friseur am P~e**, the best hairdresser in the place. **3.** *no pl* (*Raum*) space; **P. da!** stand aside! out of the way! (*also Fig:*) **j-m P. machen**, to make way for s.o. '**P~angst**, *f -/no pl* **1.** *F:* claustrophobia. **2.** *Med:* agoraphobia. '**P~anweiser(in)**, *m -s/- (f -/-nen)* usher, *f* usherette. '**P~ersparnis**, *f -/no pl* space-saving. '**P~karte**, *f -/-n* *Rail:* seat ticket/reservation. '**P~konzert**, *n -(e)s/-e* open-air concert. '**P~mangel**, *m -s/no pl* lack of space. '**P~-miete**, *f -/-n* *Th:* (cost of a) season ticket. '**P~vertreter**, *m -s/-* *Com:* local representative. '**P~verweis**, *m -es/-e* *Sp:* sending off. '**P~wahl**, *f -/-en* *Sp:* choice of end. '**P~wart**, *m -(e)s/-e* *Sp:* groundsman. '**P~wechsel**, *m -s/no pl* change of position. '**P~wette**, *f -/-n* *Rac:* place bet.

Plätzchen ['plɛtsçən], *n -s/-* **1.** (little) place, spot. **2.** (round) biscuit; *N.Am:* cookie.

platzen ['platsən], *v.i.* (*haben*) (*a*) to burst (**vor** + *dat*, with); (*Bombe*) to explode; (*Naht*) to split; **er platzt aus allen Nähten**, he is bursting at the seams; **vor Lachen p.**, to split one's sides with laughter; **vor Wut p.**, to be seething with rage; **zum P. voll**, chock-full; *F:* **j-m ins Haus p.**, to burst in on s.o.; (*b*) *F:* (*scheitern*) (*Unternehmen*) to go bust; (*Vorhaben*) to fall through. '**P~patrone**, *f -/-n* blank cartridge. '**P~regen**, *m -s/no pl* cloudburst; downpour.

Plauder|ei [plaudə'rai], *f -/-en* chat. '**P~er**, *m -s/-* **1.** gossip. **2.** (*Erzähler*) raconteur. '**p~n**, *v.i.* (*haben*) (*a*) to have a chat; (*b*) **er muß geplaudert haben**, he must have talked. '**P~ton**, *m -(e)s/no pl* conversational tone.

Plausch [plauʃ], *m -(e)s/no pl* *South G:* *F:* chat. '**p~en**, *v.i.* (*haben*) *South G:* *F:* to (have a) chat.

plausibel [plau'zi:bəl], *adj.* comprehensible; plausible (explanation).

plazier|en [pla'tsi:rən], *v.tr.* to place (s.o., an advertisement, *Sp:* the ball etc.); to position (guards, players etc.); **sich p.**, to place oneself; *Sp:* to be placed. **P~ung**, *f -/no pl* *Sp:* place; (*Gesamtp.*) finishing order.

Pleb|ejer [ple'be:jər], *m -s/-* *Hist:* plebeian; *Pej:* common lout. **P~iszit** [-is'tsi:t], *n -(e)s/-e* *Pol:* plebiscite. **P~s** [plɛps], *m -es/no pl* *Pej:* the common herd.

pleite ['plaitə]. **I.** *adj.* *F:* broke, *Brit:* skint; (*Firma*) **p. gehen**, to go bust. **II. P.**, *f -/no pl* *F:* (*a*) bankruptcy; **P. machen**, to go bust; (*b*) (*Mißerfolg*) flop, washout.

plempern ['plɛmpərn], *v.i.* (*haben*) to mess about.

plempem [plɛm'plɛm], *adj.* *F:* nuts.

Plenar- [ple'na:r-], *comb.fm.* plenary (session, assembly).

Pleuel|fuß ['plɔyəlfu:s], *m -es/¨e* *I.C.E:* big end. '**P~kopf**, *m -(e)s/¨e* *I.C.E:* little end. '**P~stange**, *f -/-n* *I.C.E:* connecting rod.

Plexiglas ['plɛksiglɑ:s], *n -es/no pl* *R.t.m.* = perspex, *N.Am:* plexiglass.

Plinthe ['plintə], *f -/-n* *Arch:* plinth.

Pliss|ee [pli'se:], *n -s/no pl* *Cl:* (concertina) pleats. **P~eerock**, *m -(e)s/¨e* (concertina-) pleated skirt. **p~ieren** [-'si:rən], *v.tr.* to (knife-)pleat (a skirt etc.).

Plomb|e ['plɔmbə], *f -/-n* **1.** *Dent:* filling. **2.** lead

---

seal. **p~ieren** [-'bi:rən], *v.tr.* (*a*) to fill (a tooth); (*b*) to seal (a crate etc.).

plötzlich ['plœtsliç], *adj.* sudden; abrupt (change, stop etc.); *adv.* **ganz p.**, all of a sudden; **bitte, etwas p.!** get a move on! *F:* make it snappy! '**P~keit**, *f -/no pl* suddenness.

Pluderhose ['plu:dərho:zə], *f -/-n* *Cl:* Turkish trousers.

Plumeau [ply'mo:], *n -s/-s* featherbed.

plump [plump], *adj.* (*a*) (*dick*) plump, tubby; podgy (fingers etc.); (*massig*) bulky (shape etc.); (*b*) (*ungeschickt*) awkward, clumsy; (*c*) *Pej:* blatant (lie, trick etc.); crude (joke etc.); clumsy (excuse etc.). '**P~heit**, *f -/no pl* clumsiness. '**P~s**, *m -es/-e* bump, thud. '**p~sen**, *v.i.* (*haben/sein*) to (fall/land with a) thump. '**P~sklo**, *n -s/-s* *F:* earth closet, *N.Am:* privy.

Plunder ['plundər], *m -s/no pl* junk.

Plünder|er ['plyndərər], *m -s/-* plunderer, looter. '**p~n**, *v.tr. & i.* (*haben*) to loot (a shop, house etc.); to plunder, *Hist:* pillage (a town); *Hum:* to raid, rifle (the larder etc.), strip (a tree). '**P~ung**, *f -/no pl* looting; plundering; *Hist:* pillaging.

Plural ['plu:rɑ:l], *m -s/-e* plural.

Plus [plus]. **I.** *n -/-* **1.** (*Vorteil*) plus, asset. **2.** *Fin:* surplus; (*Gewinn*) profit. **II. p.**, *adv. & prep. + dat* plus. '**P~pol**, *m -s/-e* *El:* positive pole/terminal. '**P~punkt**, *m -(e)s/-e* plus *Sp:* point; *Fig:* advantage. '**P~quamperfekt** [-kvam-], *n -s/-e* *Gram:* pluperfect (tense).

Plüsch [ply:ʃ], *m -(e)s/-e* *Tex:* plush. '**P~tier**, *n -(e)s/-e* soft/*F:* cuddly toy, *N.Am:* stuffed animal.

Plutokrat [pluto'krɑ:t], *m -en/-en* plutocrat.

Pneu [pnɔy], *m -s/-e* *Aus:* *Swiss:* tyre. **p~matisch** [-'mɑ:tiʃ], *adj.* pneumatic.

Po [po:], *m -s/-s* *F:* bottom, behind. '**P~backe**, *f -/-n* *F:* buttock.

Pöbel ['pø:bəl], *m -s/no pl* *Pej:* mob; rabble. '**p~haft**, *adj.* loutish; (*randalierend*) rowdy. '**P~herrschaft**, *f -/no pl* mob rule.

pochen ['pɔxən], *v.i.* (*haben*) to knock (**an die Tür usw.** *acc*, on the door etc.); (*Herz*) to pound, thump; (*Blut*) to throb.

pochieren [po'ʃi:rən], *v.tr.* *Cu:* to poach (an egg).

Pocken ['pɔkən], *pl* *Med:* smallpox. '**P~n-(schutz)impfung**, *f -/-en* smallpox vaccination. '**P~nnarbe**, *f -/-n* pock mark.

Podest [po'dɛst], *n & m -(e)s/-e* (low) rostrum, platform; *Fig:* **j-n aufs P. stellen**, to put s.o. on a pedestal.

Podex ['po:dɛks], *m -(es)/-e* *F:* (*esp.* child's) bottom.

Podium ['po:dium], *n -s/-dien* (speaker's) rostrum, platform; (*für einen Thron usw.*) dais. '**P~sgespräch**, *n -(e)s/-e* panel/platform discussion.

Poesie [poe'zi:], *f -/-ien* poetry.

Poet [po'e:t], *m -en/-en* poet. **p~isch**, *adj.* poetic.

Point|e [po'ɛ̃:tə], *f -/-n* point (of a joke etc.). **p~iert** [-ɛ̃'ti:rt], *adj.* pointed; *adv.* **p. antworten**, to give a trenchant reply.

Pokal [po'kɑ:l], *m -s/-e* goblet; *Sp:* cup. **P~endspiel**, *n -(e)s/-e* *Sp:* cup final. **P~sieger**, *m -s/-* cup winner. **P~spiel**, *n -(e)s/-e* *Sp:* cup tie.

Pökel|fleisch ['pøːkəlflaiʃ], *n* -(e)s/*no pl Cu:* salt meat. **'p ~ n,** *v.tr.* to cure, pickle, (*mit Salz*) salt (fish, meat).

Pol [poːl], *m* -s/-e *Geog:* & *El:* pole; *El:* (*Anschluß*) terminal (of a battery etc.); *Fig:* **der ruhende P.**, the constant factor. **p ~ ar** [po'laːr], *adj.* polar (region etc.); (cold air etc.) from the Arctic; *Fig: adv.* **p. entgegengesetzt,** poles apart. **P ~ ar-,** *comb.fm.* polar (expeditions, ice, region etc.); arctic (cold, fox etc.); **P ~ forscher** *m,* Arctic/antarctic explorer; **der P ~ kreis,** the Arctic Circle; **das nördliche/südliche P ~ meer,** the Arctic/Antarctic Ocean; **der P ~ stern,** the polestar. **P ~ arhund,** *m* -(e)s/-e Eskimo dog, husky. **p ~ arisieren** [-ari'ziː-rən], *v.tr.* to polarize (light etc.). **P ~ arität** [-ari'tɛːt], *f* -/-en polarity. **P ~ arlicht,** *n* -(e)s/ -er **nördliches/südliches P.**, northern/southern lights.

Pol|e ['poːlə], *m* -n/-n Pole. **'P ~ en.** *Pr.n.n* -s. *Geog:* Poland. **'P ~ in,** *f* -/-nen Polish woman. **Polemi|k** [po'leːmik], *f* -/-en polemics. **p ~ sch,** *adj.* polemical (attack etc.); provocative, controversial (statement etc.).

Polente [po'lɛntə], *f* -/*no pl P:* **die P.**, the fuzz/ cops.

Police [po'liːsə], *f* -/-n *Ins:* policy.

Polier¹ [po'liːr], *m* -s/-e *Constr:* foreman.

Polier-², *comb.fm.* polishing (brush, cloth); **P ~ maschine** *f,* polishing machine, polisher. **p ~ en,** *v.tr.* to polish (sth.). **P ~ mittel,** *n* -s/- polish.

Poliklinik ['poːlikliːnik], *f* -/-en outpatients' department.

Politesse [poli'tɛsə], *f* -/-n (female) traffic warden.

Polit|ik [poli'tiːk], *f* -/-en (*a*) *no pl* (*Bereich*) politics; **in die P.** eintreten, to go into politics; (*b*) (*bestimmte P.*) policy; **auswärtige P.,** foreign policy. **P ~ iker(in)** [-'liːtikər(in)], *m* -s/ (*f* -/-nen) politician. **p ~ isch** [-'liːtiʃ], *adj.* political; *adv.* **p. tätig;** active in politics. **p ~ i'sieren,** *v.* 1. *v.i.* (*haben*) to talk politics. 2. *v.tr.* to involve (s.o.) in politics; to give (sth.) a political bias. **P ~ i'sierung,** *f* -/*no pl* politicization.

Politur [poli'tuːr], *f* -/-en (*also Fig:*) polish; **fehlerhafte P.,** poor finish.

Polizei [poli'tsai]. I. *f* -/-en (*a*) *no pl* police; *F:* **dümmer als die P. erlaubt,** too stupid for words; (*b*) police force. II. *P ~ -,* *comb.fm.* police (operation, dog, state etc.); (chief etc.) of police; **P ~ beamte(r)** *m,* police officer; **P ~ direktion** *f/***P ~ präsidium** *n,* police headquarters; **P ~ gewahrsam** *n/***P ~ haft** *f,* police custody; **P ~ griff** *m,* (police) wrist-hold; **P ~ kommissar** *m,* police inspector; **P ~ posten** *m,* (i) (*Polizist*) police guard; (ii) (*Dienststelle*) police post; **P ~ präsident** *m,* chief of police; *Brit:* Chief Constable; **P ~ revier** *n,* (i) (*Bezirk*) police district/ *N.Am:* precinct; (ii) (*also* **P ~ wache** *f*) police station; **P ~ spitzel** *m,* (police) informer; **P ~ streife** *f,* police patrol. **p ~ lich,** *adj.* police (procedure etc.); *adv.* **p. verboten,** prohibited by order of the police; **sich p. anmelden,** to register with the police. **P ~ stunde,** *f* -/-n closing time (for bars etc.).

Polizist [poli'tsist], *m* -en/-en policeman.

P ~ **in,** *f* -/-nen policewoman.

polnisch ['polniʃ], *adj.* & **P.,** *n* -(s)/*no pl Ling:* Polish.

Polo ['poːlo], *n* -s/*no pl Sp:* polo. **'P ~ hemd,** *n* -(e)s/-en T-shirt with collar.

Polster ['polstər]. I. *n* -s/- & *Aus:* *m* -s/= (*a*) (*auf Stühlen usw.*) upholstery; *Cl:* pad, padding; (*b*) *Fig:* (*Geldreserve*) & *Aus:* (*Kissen*) cushion. II. **'P ~ -,** *comb.fm.* upholstered (furniture, chair etc.); **P ~ garnitur** *f,* (upholstered) three-piece suite. **'P ~ er,** *m* -s/- upholsterer. **'p ~ n,** *v.tr.* to upholster (furniture); *Cl:* to pad (shoulders etc.); *F:* (*Pers.*) **gut gepolstert,** well-padded. **'P ~ ung,** *f* -/*no pl* upholstery; (*Watte usw.*) stuffing.

Polter|abend ['poltər'aːbənt], *m* -s/-e wedding-eve party (with breaking of crockery). **'P ~ geist,** *m* -(e)s/-er poltergeist. **'p ~ n,** *v.i.* (*haben, occ. sein*) (*a*) (*Pers.*) to make a racket; to bang/thump about; **es polterte,** there was a crash/(*Lärm*) a racket; (*b*) (*sein*) (*im Fallen*) to crash, clatter (down); (*Karren*) to clatter (along); (*c*) (*schelten*) to rant, bluster; (*d*) *F:* to celebrate the wedding eve (breaking plates etc.).

Poly|äthylen [polyety'leːn], *n* -s/-e polyethylene; *Ch:* polythene. **p ~ gam** [-'gaːm], *adj.* polygamous. **P ~ gamie** [-ga'miː], *f* -/*no pl* polygamy. **p ~ 'glott,** *adj.* multilingual.

Polyp [po'lyːp], *m* -en/-en 1. *Z:* (*a*) polyp; (*b*) *F:* (*Krake*) octopus. 2. *Med: usu. pl* **P ~ en,** adenoids. 3. *P:* cop, rozzer.

Polystyrol [polysty'roːl], *n* -s/-e polystyrene.

Polytechni|kum [poly'tɛçnikum], *n* -s/-ka & -ken polytechnic; technical college. **p ~ sch,** *adj.* polytechnical, general (studies etc.); (school, education etc.) covering a wide range of subjects; *Sch:* **p ~ es Jahr,** practical (final) year.

Pomade [po'maːdə], *f* -/-n hair cream. **p ~ ig,** *adj.* 1. (*Haare*) slicked down. 2. *F:* (*Pers.*) lethargic.

Pomeranze [pomə'rantsə], *f* -/-n bitter/seville orange.

Pommer|(in) ['pomər(in)], *m* -s/- (*f* -/-nen) *Geog:* Pomeranian. **'P ~ n.** *Pr.n.n* -s. *Geog:* Pomerania. **'p ~ sch,** *adj.* Pomeranian.

Pommes frites [pom'frit], *pl Cu:* (potato) chips; *esp. N.Am:* French fries.

Pomp [pomp], *m* -(e)s/*no pl* pomp; splendour; *Pej:* ostentation. **'p ~ haft/p ~ ös** [-'pøːs], *adj.* lavish, ostentatious.

Pontius ['pontsius]. *Pr.n.m* **von P. zu Pilatus laufen,** to run from pillar to post.

Ponton [pon'tõ], *m* -s/-s pontoon. **P ~ brücke,** *f* -/-n pontoon bridge.

Pony ['poni]. I. *n* -s/-s pony. II. *m* -s/-s *Hairdr:* (*also* **P ~ fransen** *fpl/***P ~ frisur** *f*) fringe, *N.Am:* bangs.

Pop- ['pop-], *comb.fm.* pop (group, music etc.).

Popanz ['poːpants], *m* -es/-e *Pej:* stooge.

Pope ['poːpə], *m* -n/-n 1. *Ecc:* orthodox priest. 2. *Pej:* cleric. *F:* Holy Joe.

Popelin [popə'liːn], *m* -s/-e *Tex:* poplin.

Popo [po'poː], *m* -s/-s *P:* bottom.

poppig ['popiç], *adj. F:* jazzy.

populär [popu'lɛːr], *adj.* popular. **p ~ wissenschaftlich,** *adj.* **p ~ e Literatur,** popularized scientific literature.

populari|sieren [populari'ziːrən], *v.tr.* to

popularize (a subject). **P ~ 'sierung,** *f -/no pl* popularization.

Por|e ['po:rə], *f -/-n* pore. **p ~ ös** [po'rø:s], *adj.* porous. **P ~ osität** [-ozi'tɛ:t], *f -/no pl* porosity.

Porno ['pɔrno]. **I.** *m -s/-s F:* porn. **II. 'P ~-,** *comb.fm.* pornographic (film etc.). **p ~ 'graphisch,** *adj.* pornographic.

Porree ['pɔre], *m -s/-s* leek *esp. Cu:* coll. leeks.

Porta Westfalica ['pɔrta vɛst'fɑ:lika]. *Pr.n.f -. Geog:* Minden Gap.

Portal [pɔr'tɑ:l], *n -s/-e* **1.** *Arch:* porch. **2.** *Civ.E:* (crane) gantry.

Porte|feuille [pɔrt(ə)'fø:j], *n -s/-s Fin: Pol:* portfolio. **P ~ monnaie** [-mɔ'ne:], *n -s/-s* purse.

Portier [pɔr'tje:], *m -s/-s* (hall) porter; doorman.

Portion [pɔrtsi'o:n], *f -/-en* helping, portion; *F:* (*Pers.*) **eine halbe P.,** a midget/*Brit:* titch. **p ~ sweise,** *adv.* in (individual) portions.

Porto ['pɔrto], *n -s/-s* postage. **'p ~ frei,** *adj.* post free, *N.Am:* post paid.

Porträt [pɔr'trɛ:], *n -s/-s* portrait; *Journ:* profile. **p ~ ieren** [-ɛ'ti:rən], *v.tr.* **j-n p.,** to paint s.o.'s portrait; *Fig:* to portray s.o. **P ~ ist** [-ɛ'tist], *m -en/-en/P ~ maler,* *m -s/-* portrait painter.

Portu|gal ['pɔrtugal]. *Pr.n.n -s. Geog:* Portugal. **P ~ 'giese,** *m -n/-n/P ~ 'giesin,* *f -/-nen* Portuguese (man/woman). **p ~ 'giesisch,** *adj.* & **P.,** *n -(s)/no pl Ling:* Portuguese.

Portwein ['pɔrtvain], *m -(e)s/-e* port.

Porzellan [pɔrtsə'lɑ:n]. **I.** *n -s/-e* (*a*) (*Werkstoff*) porcelain; (*b*) (*Geschirr*) china. **II. P ~-,** *comb.fm.* china (figure, cup etc.); **P~erde** *f,* china clay; **P~laden** *m,* china shop; **P~manufaktur** *f,* china factory.

Posaun|e [po'zaunə], *f -/-n* (*a*) *Mus:* trombone; (*b*) *Lit:* trumpet. **p ~ en,** *v. F:* **1.** *v.i.* (*haben*) to play the trombone. **2.** *v.tr.* **etwas in alle Welt p.,** to proclaim sth. to the world. **P ~ enbläser,** *m -s/-/P ~ ist* [-'nist], *m -en/-en* trombonist.

Pos|e ['po:zə], *f -/-n* pose; **es ist alles P.,** it's all sham. **p ~ ieren** [po'zi:rən], *v.i.* (*haben*) to pose.

Position [pozitsi'o:n], *f -/-en* position; (*a*) (*Stellung*) post; **in gesicherter P.,** in a safe job; (*b*) **in/auf P. gehen,** to take up one's position; *Sp:* **in führender/dritter P. liegen,** to be in the lead/third place; (*c*) *Com: etc:* (*Posten*) item. **P ~ s-lampe/P ~ slaterne,** *f -/-n Nau:* navigation light. **P ~ slicht,** *n -(e)s/-er Nau: Av:* navigation light; *Aut:* **P~er,** parking lights.

positiv ['po:ziti:f]. **I.** *adj.* positive; (*günstig*) favourable; **eine p~e Antwort geben,** to answer in the affirmative; *adv.* **zu etwas** *dat* **p. stehen,** to have a positive attitude to sth.; *F:* **ich weiß es p.,** I know it for certain. **II. P.,** *m -s/-e Gram:* positive. **III. P.,** *n -s/-e* **1.** *Phot:* positive. **2.** (*Orgel*) positive organ.

Positur [pozi'tu:r], *f -/-en* posture; **sich in P. setzen/stellen,** to strike an attitude; (*Modell*) to pose.

Poss|e ['pɔsə], *f -/-n Th:* (*also* **P~nspiel** *n*) burlesque, farce. **'P ~ en,** *m -s/-* (*a*) *pl* **P. reißen,** to fool around; (*b*) **j-m einen P. spielen,** to play a trick on s.o. **p ~ ierlich** [-'si:rliç], *adj.* (delightfully) comical.

possessiv ['pɔsəsi:f], *adj. Gram:* possessive. **'P ~-pronomen,** *n -s/- Gram:* possessive pronoun.

Post [pɔst]. **I.** *f -/no pl* (*a*) (*Briefe usw.*) post, *N.Am:* mail; **heute kommt keine P.,** there is no delivery today; **mit der P.,** by post/mail; **mit getrennter P.,** under separate cover; (*b*) (*P~amt*) **auf die P. gehen,** to go to the post office; **einen Brief zur P. bringen,** to post/*N.Am:* mail a letter. **II. 'P ~-,** *comb.fm.* (*a*) postal (address, district, service, union etc.); **P~anweisung** *f,* postal/money order; **P~gebühren** *fpl,* postal charges/rates; **P~leitzahl** *f,* postal/*N.Am:* zip code; **P~-scheck** *m,* postal (giro) cheque; **P~scheckkonto** *n,* postal cheque/giro account; **P~sendung** *f,* postal packet; **P~verkehr** *m/P~wesen* *n,* postal services; (*b*) post office (employee, administration etc.); **P~beamte(r)** *m,* post office clerk; **P~fach** *n,* post office box, *usu. abbr.* P.O. Box; **P~sparkasse** *f,* post office savings bank; (*c*) mail (steamer, coach, train etc.); **P~sack** *m,* mailbag; **P~schiff** *n,* mailboat; **P~zustellung** *f,* delivery of mail; *Rail:* **P~wagen** *m,* mail van/*N.Am:* car. **'P ~ amt,** *n -(e)s/-̈er* post office. **'P ~ auto,** *n -s/-s* (*a*) post office van, *esp. N.Am:* mail van; (*b*) = **P~bus.** **'P ~ bote,** *m -n/-n* postman, *N.Am:* mailman. **'P ~ bus,** *m -ses/-se* post bus. **'p ~ frisch,** *adj.* mint (stamp). **'P ~ horn,** *n -(e)s/-̈er* posthorn. **'P ~ karte,** *f -/-n* postcard. **'P ~ kasten,** *m -s/-̈* posting box; *N.Am:* mailbox. **'p ~ lagernd,** *adj.* poste restante. **'P ~ meister(in),** *m -s/- (f -/-nen)* postmaster, postmistress. **'P ~ stelle,** *f -/-n* subpost-office. **'P ~ stempel,** *m -s/-* postmark. **'P ~ versand,** *m -(e)s/no pl* mailing. **'p ~ wendend,** *adj.* by return (of post), *N.Am:* by return mail. **'P ~ wertzeichen,** *n -s/- Adm:* postage stamp.

Posten ['pɔstən], *m -s/-* **1.** *Mil:* (*a*) (*Stelle*) post; **P. beziehen,** to take up one's post; *Fig:* **auf verlorenem P. stehen/kämpfen,** to be fighting a losing battle; *F:* **auf dem P. sein,** (i) to feel fit; (ii) (*wachsam*) to be on the alert; (*b*) (*Wachtp.*) sentry; (**auf**) **P. stehen,** to be on guard/sentry duty. **2.** (*Stellung*) post, job. **3.** (*a*) *Book-k:* item, entry; (*b*) *Com:* (*Waren*) lot, batch. **'P ~ jäger,** *m -s/- Pej:* competitor in the rat-race. **'P ~ stand,** *m -(e)s/-̈er* sentry box.

postum [pɔs'tu:m], *adj.* posthumous.

poten|t [po'tɛnt], *adj. Physiol:* potent; *Fin: Pol:* powerful. **P ~ tial** [-tsi'ɑ:l], *n -s/-e esp. Ph: Econ: Mil:* potential. **p ~ tiell** [-tsi'ɛl], *adj.* potential. **P ~ z** [po'tɛnts], *f -/-en* **1.** *no pl Physiol:* (sexual) potency; *Fig:* strength. **2.** *Mth:* power; **zweite/dritte P.,** square/cube; **die fünfte P.,** the power of five.

Potpourri ['pɔtpuri], *n -s/-s Mus:* medley.

Pottasche ['pɔtaʃə], *f -/no pl Ch:* potash.

Pottwal ['pɔtvɑ:l], *m -(e)s/-e Z:* sperm whale.

Poulard [pu'lɑ:r], *n -s/-s/P~e* [-'lɑ:rdə], *f -/-n* pullet.

Poule [pu:l], *f -/-n Cards: etc:* pool; kitty.

Pracht [praxt]. **I.** *f -/no pl* magnificence, splendour; **leere/kalte P.,** empty/cold grandeur; **verschwenderische P.,** lavish display; rich array (of colours etc.); (*Baum usw.*) **in seiner vollen P.,** in its full glory; *F:* **sie sang, daß es eine wahre P. war,** she sang marvellously/gloriously.

II. 'P~-, *comb.fm.* magnificent, splendid (building, dress etc.); *F:* super (girl etc.); **P~exemplar/P~stück** *n,* magnificent example/specimen, *F:* beauty; *F:* **P~kerl** *m,* super chap, *N.Am:* great guy; (*Mädchen*) girl in a million. 'P~**ausgabe,** *f -/-n* de luxe edition. 'p~**voll,** *adj.* magnificent, splendid; gorgeous (colours etc.).

prächtig ['prɛçtiç], *adj.* magnificent, splendid; gorgeous (colours etc.); sumptuous (feast etc.); (*großartig*) marvellous, glorious (weather etc.); *adv.* **sich p. verstehen,** get on splendidly.

Prädestin|ation [prɛdɛstinatsi'oːn], *f -/no pl* predestination. **p~ieren** [-'niːrən], *v.tr.* to predestine (s.o., sth.) (**zu** + *dat,* for).

Prädikat [prɛdi'kaːt], *n -(e)s/-e* **1.** rating, assessment; **Wein mit P.,** high-quality wine. **2.** *Gram:* predicate.

prädisponieren [prɛdispo'niːrən], *v.tr.* (*a*) to predispose (s.o., sth.) (**für** + *acc,* to); (*b*) to arrange (sth.) in advance.

Präferenz [prɛfe'rɛnts]. **I.** *f -/-en Econ: Jur: etc:* preference. **II.** **P~-,** *comb.fm. Econ:* preferential (position, system, tariff).

Präfix [prɛ'fiks], *n -es/-e Gram:* prefix.

prägen ['prɛːɡən], *v.tr.* (*a*) to mint (money, coins); to stamp (metal); to emboss (leather, metal, paper etc.); to imprint (a pattern etc.); (*b*) (*schöpfen*) to coin (a new phrase, word etc.), devise (a new concept, motto); (*c*) to form, determine (s.o.'s character etc.); to mark (s.o.'s features etc.); to characterize (a period, style etc.); **diese Erlebnisse prägten sein Werk,** these experiences had a formative influence on his work. 'P~**estempel,** *m -s/- Print: Metalw:* (embossing) die. 'P~**ung,** *f -/-en* **1.** *no pl* coining, minting; stamping, embossing. **2.** (*Charakter*) stamp, character; **von besonderer P.,** of a particular cast. **3.** (*Ausdruck*) coinage; **neue P~en,** neologisms.

Pragmati|ker [praɡ'maːtikər], *m -s/-* pragmatist. **p~sch,** *adj.* pragmatic.

prägnan|t [prɛɡ'nant], *adj.* concise, succinct; (*kernig*) pithy. **P~z,** *f -/no pl* conciseness; incisiveness.

prahl|en ['praːlən], *v.i.* (*haben*) to boast, brag (**mit** + *dat,* about). 'P~**er,** *m -s/-* boaster, braggart. **P~e'rei,** *f -/-en* (constant) boasting. 'p~**erisch,** *adj.* boastful. 'P~**hans,** *m -es/-e F:* show-off. 'P~**sucht,** *f -/no pl* boastfulness.

Prakt|ik ['praktik], *f -/-en* practice. **P~i-'kant(in),** *m -en/-en* (*f -/-nen*) student trainee. 'P~**iker,** *m -s/-* practician, practical expert. 'P~**ikum,** *n -s/-ka* practical training. 'P~**ikus,** *m -/-se F:* alter P., old hand/ campaigner. 'p~**isch,** *adj.* practical; (*zweckmäßig*) convenient; (*handlich*) handy (tool etc.); **p~e Durchführung,** putting into practice; **p~es Jahr,** year's practical training; **p~er Arzt,** general practitioner; *adv.* **p. unmöglich,** virtually/practically impossible. **p~i'zieren,** *v.* **1.** *v.tr.* (*a*) to put (an idea, policy etc.) into practice; (*b*) *F:* to fiddle (sth.) (**in** + *acc,* into). **2.** *v.i.* (*haben*) to practise (**als Arzt,** as a doctor).

Praline [pra'liːnə], *f -/-n* (soft/hard) chocolate;

Schachtel P~n, box of chocolates. **Praliné** [prali'neː], *n -s/-s Aus:* chocolate cream.

prall [pral]. **I.** *adj.* **1.** bulging (muscles, briefcase etc.); well-rounded (breasts etc.); puffed out (cheeks); full, billowing (sails etc.); *adv.* **p. gefüllt,** filled to bursting. **2.** blazing (sun); glaring (light). **II.** **P.,** *m -(e)s/occ -e* impact. 'p~**en,** *v.i.* (*haben*) **auf/gegen j-n, etwas** *acc* **p.,** to bump/(*mit Wucht*) crash into s.o., sth.; (*Ball*) to bounce against s.o., sth.

Präludium [prɛ'luːdium], *n -s/-ien Mus:* prelude.

Präm|ie ['prɛːmiə], *f -/-n* (*bei Lotterien usw.*) prize; *Ins: etc:* premium; *Ind: Fin:* bonus; *Com:* (*Geschenk*) free gift. 'P~**iensparen,** *n -s/ no pl* bonus savings scheme. **p~i(i)eren** [prɛ'miːrən, premi'iːrən], *v.tr.* to give (s.o.) an award/a prize; to award (a film etc.) a prize. **P~i(i)erung,** *f -/-en* award (of a prize) (**eines Films,** to a film).

prang|en ['praŋən], *v.i.* (*haben*) to stand out, to be prominently displayed (**an** + *dat,* on).

Pranke ['praŋkə], *f -/-n* (lion's etc.) paw.

Präpar|at [prɛpa'raːt], *n -(e)s/-e* **1.** *Pharm: Ch:* preparation. **2.** *Med: Biol:* (prepared) specimen. **p~ieren,** *v.tr.* (*a*) *Lit:* to prepare (a material, work, oneself etc.); (*b*) *Med: Biol:* to preserve (a body, plant etc.); (*sezieren*) to dissect (a body etc.).

Präposition [prɛpozitsi'oːn], *f -/-en Gram:* preposition.

Prärie [prɛ'riː], *f -/-n* prairie.

Präsen|s ['prɛːzɛns], *n -/-'sentia Gram:* present (tense). **p~t** [prɛ'zɛnt], *adj.* present; **etwas p. haben,** to have sth. handy/at one's fingertips. **p~tabel** [-'taːbl], *adj.* presentable. **p~'tieren,** *v.tr.* to present (a bill etc.); **sich p.,** to present oneself; *Mil:* **präsentiert das Gewehr!** present arms! **P~z** [-'zɛnts], *f -/no pl Lit:* presence. **P~zbibliothek,** *f -/-en* reference library.

Präservativ [prɛzɛrva'tiːf], *n -s/-e* condom.

Präsid|ent [prɛzi'dɛnt], *m -en/-en* president. **P~entenwahl,** *f -/-en* presidential election. **P~entschaft,** *f -/no pl* presidency. **P~entschaftskandidat,** *m -en/-en* presidential candidate. **p~ieren** [-'diːrən], *v.i.* (*haben*) to preside over, chair (a meeting etc.). **P~ium** [-'ziːdium], *n -s/-ien* **1.** (*a*) (*Amt*) chairmanship; (*b*) (*Gremium*) management committee. **2.** (*Polizeip.*) (police) headquarters.

prasseln ['prasəln], *v.i.* (*haben*) (*a*) (*Feuer*) to crackle; (*b*) (*Regen, Hagel*) to drum, patter (**auf/gegen** + *acc,* on/against).

prass|en ['prasən], *v.i.* (*haben*) to indulge oneself, *F:* live it up. 'P~**er,** *m -s/-* glutton, *F:* guzzler.

Präteritum [prɛ'teːritum], *n -s/-ta Gram:* preterite, past tense.

Präventi|on [prɛvɛntsi'oːn], *f -/-en esp. Med:* prevention. **P~iv-** [-ɛn'tiːf-], *comb.fm.* preventive (measure etc.).

Praxis ['praksis], *f -/occ -xen* **1.** *no pl* practice; (*Erfahrung*) experience; **in der P.,** in (actual) practice; **eine Idee in die P. umsetzen,** to put an idea into practice; **das wird die P. lehren,** time alone will show. **2.** (*a*) (doctor's/lawyer's) practice; (*b*) (*Raum*) (doctor's) surgery, consulting room, *N.Am:* doctor's office; (lawyer's) office; *Med:* **P. 10–12 Uhr,** surgery (hours) 10 a.m.–12 p.m.

Präzedenzfall [prɛtse'dɛntsfal], *m* **-(e)s/-e** precedent.

präzis|(e) [prɛ'tsi:s (-i:zə)], *adj.* precise. **P ~ ion** [-izi'o:n], *f* **-/no pl** precision. **P ~ i'ons-,** *comb.fm.* precision (work, instrument etc.).

predig|en ['pre:digən], *v.* **1.** *v.i. (haben) Ecc:* to preach (a sermon). **2.** *v.tr.* to preach (the gospel, patience etc.); *F:* **j-m etwas p.,** to go on at s.o. about sth. **'P ~ er,** *m* **-s/-** preacher. **'P ~ t,** *f* **-/-en** (*a*) *Ecc:* sermon; **eine P. halten,** to preach a sermon; (*b*) *F:* lecture; **j-m eine P. halten,** to lecture s.o.

Preis [prais]. **I.** *m* **-es/-e 1.** price; **zum halben P.,** at half-price; **unter dem P.,** at a discount; **im P. steigen/sinken,** to go up/come down in price; **um jeden/keinen P.,** at any/not at any price. **2.** (*bei einem Wettbewerb usw.*) prize; *F:* **wer hat den P. gemacht?** who got the prize? *Motor Rac:* **der Große P. von Deutschland,** the German Grand Prix; *Prov:* **ohne Fleiß kein P.,** no reward without effort. **II. 'P ~ -, 'p ~ -,** *comb.fm.* **1.** price (rise, increase, fixing, limit, list etc.); **P ~ angabe** *f,* (i) statement of price; (ii) (*also* **P ~ schild**) price tag; **P ~ bindung** *f,* (*esp.* retail) price maintenance; **P ~ disziplin** *f,* price restraint; **P ~ entwicklung** *f,* price trend; **P ~ ermäßigung/P ~ senkung** *f,* price concession/reduction; **P ~ lage** *f,* price range; **P ~ rückgang** *m,* fall in price(s); **P ~ sturz** *m,* slump in prices; **P ~ tafel** *f,* (displayed) price list. **2.** prize, competition (question etc.); **P ~ aufgabe** *f,* competition assignment; **P ~ ausschreiben** *n,* (prize) competition; **P ~ gericht** *n,* competition jury; **P ~ richter** *m,* competition judge; adjudicator; **P ~ träger** *m,* prizewinner; **P ~ verleihung** *f,* prize ceremony; *adj.* **p ~ gekrönt,** prizewinning. **'P ~ frage,** *f* **-/-n** (*a*) competition question; *F: (heikle Frage)* sixty-four thousand dollar question; (*b*) question of price. **'P ~ gabe,** *f* **-/no pl** abandonment, betrayal. **'p ~ geben,** *v.tr.sep.irr.35* to abandon, give up (s.o., sth.), *Mil:* surrender (ground); (*verraten*) to betray (s.o., a secret). **'p ~ günstig,** *adj.* attractively priced; reasonable; *adv.* at a low price. **'p ~ lich,** *adj.* in price; *adv.* with regard to price. **'P ~ nachlaß,** *m* **-sses/no pl** discount. **'P ~ schießen,** *n* **-s/-** rifle shooting competition. **'P ~ schlager,** *m* **-s/-** *F:* bargain offer. **'p ~ wert,** *adj.* reasonably priced; **das ist p.,** that is good value.

Preiselbeere ['praizəlbe:rə], *f* **-/-n** *F:* cranberry.

preis|en ['praizən], *v.tr. Lit:* to praise, extol (s.o., sth.); **sich glücklich p.,** to count oneself lucky.

prekär [pre'kɛ:r], *adj.* awkward; precarious.

Prell|bock ['prɛlbɔk], *m* **-(e)s/-e** *Rail:* buffer. **'p ~ en,** *v.* **1.** *v.tr.* to hit (sth.) hard; **sich** *dat* **das Knie usw. p.,** to bruise/hurt one's knees etc.; *F:* **die Zeche p.,** to leave without paying (the bill). **2.** *v.i. (sein)* **gegen etwas** *acc* **p.,** to bounce against sth. **'P ~ schuß,** *m* **-sses/-sse** ricochet. **'P ~ ung,** *f* **-/-en** *Med:* contusion; bruise.

Premier|e [premi'ɛ:rə], *f* **-/-n** first performance; *Th:* first night. **P ~ minister** [prəmi'e:-], *m* **-s/-** *Pol:* Prime Minister.

Press|e ['prɛsə]. **I.** *f* **-/-n 1.** *Journ: Print: Cu:*

etc: press; **es stand in der P.,** it was in the papers. **2.** *Sch: Pej:* crammer. **II. 'P ~ -,** *comb.fm.* press (report, ticket, conference etc.); (freedom etc.) of the press; **P ~ agentur** *f,* press/news agency; **P ~ amt** *n,* (government) press office; **P ~ erklärung** *f* press release; **P ~ stelle** *f,* press/public relations office. **'p ~ en,** *v.tr.* (*a*) to press (s.o., sth., flowers, oneself, paper etc.); to squeeze (s.o.'s hand, a lemon etc.); (*stopfen*) to cram (sth.) (**in etwas** *acc,* into sth.); (*b*) (*zwingen*) to force (s.o. to do sth.). **p ~ ieren** [-'si:rən], *v.i. (haben) South G: etc:* to be urgent; **es pressiert nicht,** there's no hurry.

Preß|form ['prɛsform], *f* **-/-en** matrix, mould (for plastics etc.). **'P ~ glas,** *n* **-es/-e** pressed/moulded glass. **'P ~ kopf,** *m* **-(e)s/no pl//P ~ wurst,** *f* **-/no pl** jellied pork. **'P ~ luft,** *f* **-/no pl** compressed air. **'P ~ luftbohrer,** *m* **-s/-** pneumatic drill. **'P ~ schichtholz,** *n* **-es/no pl** laminated wood. **'P ~ stoff,** *m* **-(e)s/-e** plastic material.

Prestige [prɛs'ti:ʒə], *n* **-s/no pl** prestige.

Preuß|e ['prɔysə], *m* **-n/-n** Prussian. **'P ~ en.** *Pr.n.n* **-s.** *Geog:* Prussia. **'P ~ in,** *f* **-/-nen** Prussian (woman). **'p ~ isch,** *adj.* Prussian. **'P ~ ischblau,** *n* **-s/no pl** Prussian blue.

prickeln ['prikəln], *v.i. (haben)* (*a*) to tingle; **es prickelt mir in der Nase,** my nose tickles; *Fig:* **p ~ de Spannung/Atmosphäre,** electric tension/atmosphere; **p ~ der Reiz,** titillation; thrill; (*b*) (*Sekt*) to bubble.

Priel [pri:l], *m* **-(e)s/-e** *North G:* narrow channel (in mudflats).

Priester ['pri:stər], *m* **-s/-** priest. **'P ~ amt,** *n* **-(e)s/no pl** priesthood. **'P ~ in,** *f* **-/-nen** priestess. **'P ~ schaft,** *f* **-/no pl** clergy. **'P ~ tum,** *n* **-s/no pl** priesthood. **'P ~ weihe,** *f* **-/-en** ordination.

prima ['pri:ma]. **I.** *adj.* (*a*) *Com:* prime (quality); first-class (goods etc.); choice (fruit, tomatoes etc.); (*b*) *F:* first-rate; tip-top (condition); **p. Kerl,** super chap/girl, *N.Am:* great guy/girl; **das ist p.!** that's great! **mir geht's p.,** I'm fine. **II. P.,** *f* **-/Primen** *Sch:* top form (in a *Gymnasium*). **P ~ ner(in)** [pri'ma:nər(in)], *m* **-s/-** (*f* **-/-nen**) *Sch: approx. Brit:* sixth-former, *N.Am:* high school senior. **P ~ s** ['pri:mas], *m* **-/se &** **-aten** [-'ma:tən] *Ecc:* primate. **P ~ t** [pri'ma:t]. **1.** *m &* *n* **-(e)s/-e** primacy (**vor/über** + *dat,* over). **2.** *m* **-en/-en** *Z:* primate.

primär [pri'mɛ:r]. **I.** *adj.* primary (stage etc.); prime (importance). **II. P ~ -,** *comb.fm.* primary (energy, *El:* circuit etc.).

Primel ['pri:məl], *f* **-/-n** *Bot:* primrose; (*Gartenp.*) primula.

primitiv [primi'ti:f], *adj.* (*a*) primitive (conditions, culture, art etc.); (*b*) (*sehr einfach*) simple, basic, *Pej:* crude (structure etc.); rough and ready (method etc.); **p ~ er Mensch,** boorish/uncivilized fellow; *Pej:* **p ~ e Ansichten,** primitive ideas.

Primzahl ['pri:mtsa:l], *f* **-/-en** *Mth:* prime number.

Prinz [prints], *m* **-en/-en** prince. **P ~ essin** [-'tsesin], *f* **-/-nen** princess. **'P ~ gemahl,** *m* **-(e)s/-e** prince consort.

Prinzip [prin'tsi:p], *n* **-s/-ien** principle; **aus P.,** on principle; **im P.,** in principle; **ein Mann mit P ~ ien,** a man of principles; **nach dem P. ist man**

bald pleite, if you go on like that you will soon be broke. **p ~ iell** [-ipi'ɛl], *adj.* fundamental (difference, importance etc.); (question etc.) of principle; *adv.* (to agree etc.) in principle; (*grundsätzlich*) on principle.

Priorität [priori'tɛːt], *f* -/-en priority; *Fin:* **P ~ en,** preference shares.

Prise ['priːzə], *f* -/-n **1.** *Cu:* pinch (of salt, tobacco etc.). **2.** *Nau:* prize.

Prisma ['prisma], *n* -s/-men prism.

Pritsche ['pritʃə], *f* -/-n **1.** plank bed. **2.** *Aut:* (load) platform (of a lorry). '**P ~ nwagen,** *m* -s/- pickup truck.

prlvat [pri'vaːt]. **I.** *adj.* private (entrance, life, thoughts etc.); personal (opinion, reasons etc.); confidential (information, report etc.); **im p ~ en Bereich,** in private life; *Ind:* in the private sector; *adv.* **das sage ich dir ganz p.,** I am telling you this in confidence; **ich bin p. hier,** I am here on private business; **j-n p. sprechen,** to speak to s.o. privately/in private. **II. P ~-,** *comb.fm.* private (matter, detective, property, life, patient, lessons etc.); personal (matter, use, interests etc.); **P ~ adresse/P ~ anschrift** *f,* private/home address; **in P ~ besitz,** in private hands; **P ~ klinik** *f,* private nursing home; **P ~ lehrer** *m,* private tutor; **P ~ vermögen** *n,* private means; **P ~ weg** *m,* private road; **die P ~ wirtschaft,** private enterprise; the private sector (of the economy); *Tel:* **P ~ gespräch** *n,* personal/private call. **P ~ dozent,** *m* -en/-en *Univ:* (unsalaried) lecturer. **p ~ isieren** [-ati-'ziːrən], *v.* **1.** *v.i.* (*haben*) to live on private means. **2.** *v.tr.* to transfer (a business etc.) to private ownership. **P ~ recht,** *n* -(e)s/*no pl* civil law. **p ~ rechtlich,** *adj.* civil law (case etc.).

Privileg [privi'leːk], *n* -s/-ien privilege. **p ~ iert** [-le'giːrt], *adj.* privileged.

pro [proː]. **i.** *prep.* + *acc* per; **p. Jahr,** per annum; **einmal p. Tag,** once a day; **5 Mark p. Stück,** 5 marks each. **II.** *adv.* **p. sein,** to be in favour. **III.** *n* **das P. und Kontra,** the pros and cons.

Probe ['proːbə]. **I.** *f* -/-n **1.** (*a*) (*prüfender Versuch*) test; **schwere P.,** ordeal; **auf/zur P.,** on trial; (*Angestellter*) on probation; (*Waren*) on approval; (*Schauspieler*) **(auf) P. spielen,** to audition; **j-n, etwas auf die P. stellen,** to put s.o., sth. to the test; **auf eine harte P. gestellt,** subjected to a severe strain; (*Geduld usw.*) sorely tried; **die P. machen/auf eine Rechnung machen,** to check a calculation; (*b*) *Th: Mus:* rehearsal. **2.** (*Muster*) sample; *Med:* specimen (of blood etc.). **II. P ~-,** *comb.fm.* test (recording, drilling, flight, *Phot:* print etc.); trial (offer, order, shot, lesson etc.); probationary (year etc.); *esp. Sp:* practice (game, jump, throw etc.); *Print: etc:* specimen (page etc.); *Aut:* **P ~ fahrt** *f,* test/trial run; *Journ:* road test; *Tchn: Sp:* **P ~ lauf** *m,* trial/practice run; *Com: Ind:* **P ~ zeit** *f,* trial/probationary period; *Pub:* **P ~ exemplar** *n/Journ:* **P ~ nummer** *f,* specimen copy. '**P ~ druck,** *m* -(e)s/-e *Pub:* proof. '**p ~ fahren,** *v.irr.26 Aut:* **1.** *v.i.* (*sein*) to have a trial run. **2.** *v.tr.* to test drive/*Journ:* road test (a car). '**p ~ n,** *v.tr. & i.* (*haben*) to rehearse (a concert, play etc.). '**P ~ sendung,** *f* -/-en sample (sent) on approval. '**P ~ stück,** *n* -(e)s/-e pattern, sample. '**p ~ weise,** *adv.* as a

test; **j-n p. anstellen,** to employ s.o. on a trial basis.

probier|en [pro'biːrən], *v.tr.* (*a*) to try, sample (a dish, drink etc.); *Prov:* **P. geht über Studieren,** the proof of the pudding is in the eating; (*b*) (*ausprobieren*) to try (out) (sth.); *abs.* **laß mich mal p.,** let me have a try; **p., ob . . .,** to try and see whether . . .; (*c*) *Th: F:* to rehearse. **P ~ stube,** *f* -/-n (wine-)tasting room.

Problem [pro'bleːm], *n* -s/-e problem. **P ~ atik** [-e'maːtik], *f* -/*no pl* (range of) problems. **p ~ atisch,** *adj.* problematic; (*zweifelhaft*) doubtful. **P ~ kind,** *n* -(e)s/-er problem child. **p ~ los,** *adj.* problem-free; *adv.* without any problems. **P ~ stück,** *n* -(e)s/-e *Th:* problem play.

Produkt [pro'dukt], *n* -(e)s/-e (*also Fig:*) product; **landwirtschaftliche P ~ e,** farm produce. **P ~ ion** [-duktsi'oːn], *f* -/-en production; (*Menge*) output. **P ~ i'ons-,** *comb.fm.* production (costs, manager, process etc.); (volume etc.) of production; **P ~ zahlen/P ~ ziffern** *fpl,* production figures; **P ~ ausfall** *m,* loss of production. **P ~ i'onsgenossenschaft,** *f* -/-en *East G:* (industrial/agricultural) cooperative. **p ~ iv** [-'tiːf], *adj.* productive; prolific (writer). **P ~ ivität** [-tivi'tɛːt], *f* -/*no pl* productivity.

Produ|zent [produ'tsɛnt], *m* -en/-en *Cin: Agr: etc:* producer; *Ind:* manufacturer. **p ~ 'zieren,** *v.tr.* (*a*) to produce (goods, food etc.); *F:* to create (a mess, noise etc.), trot out (an excuse); (*b*) *F:* **sich p.,** to show off (what one can do).

profan [pro'faːn], *adj.* (*a*) *Art: Mus:* secular; (*b*) (*alltäglich*) mundane.

professionell [profesio'nɛl], *adj.* professional.

Profess|or [pro'fɛsɔr], *m* -s/-en **1.** *Univ:* professor (**für Biologie,** of biology). **2.** *Aus: Gym nasium* teacher. **P ~ ur** [-'suːr], *f* -/-en professorship.

Profi ['proːfi]. **I.** *m* -s/-s *Sp: F:* pro. **II.** '**P ~-,** *comb.fm.* professional (boxer etc.).

Profil [pro'fiːl], *n* -s/-e (*a*) profile; (*Umriß*) outline; (*b*) *Tchn:* (*Schnitt*) section; (*c*) *Aut:* tread (of a tyre); (*d*) *Fig:* (distinctive) character; **an P. gewinnen/verlieren,** to improve/ damage one's image; **ein Mann mit P.,** a man of distinction. **p ~ ieren** [-i'liːrən], *v.tr.* (*a*) *Tchn:* to profile (a moulding etc.); to cut a tread in (a tyre, shoe sole); (*b*) (*Pers.*) **sich p.,** to make one's mark, create an image for oneself. **p ~ iert,** *adj.* distinguished (personality etc.). **P ~ stahl,** *m* -(e)s/*no pl* section steel. **P ~ tiefe,** *f* -/-n depth of (tyre) tread.

Profit [pro'fiːt], *m* -(e)s/-e profit. **p ~ gierig,** *adj.* profit-seeking. **p ~ ieren** [-i'tiːrən], *v.i.* (*haben*) to (make a) profit, benefit (**bei/von** + *dat.* from). **P ~ jäger/P ~ macher,** *m* -s/- *Pej:* profiteer.

Prognose [pro'gnoːzə], *f* -/-n forecast; *Med: etc:* prognosis.

Programm [pro'gram]. **I.** *n* -s/-e programme; *N.Am:* program; (*a*) plan, schedule; agenda (of a conference); *Th:* (*Spielplan*) repertoire; **auf dem P. stehen,** to be on the agenda/planned; **nach P. verlaufen,** to go according to plan/ schedule; (*b*) (*Sender*) *Rad:* station; *TV:* channel; (*c*) (*gedrucktes P.*) programme, *N.Am:* playbill; (*d*) *Com:* (*Angebot*) range (of furniture etc.); *Pub:* list (of books). **II. P ~-,** *comb.fm.*

programme (control etc.); (change etc.) of programme; *Rad: TV:* **P~gestaltung** *f,* programme planning; **P~hinweis** *m,* programme announcement; **P~vorschau** *f,* programme preview. **p~gemäß,** *adj.* according to plan/schedule. **p~ieren** [-a'mi:rən], *v.tr.* to set up a schedule for (a visitor etc.), programme (a computer etc.); *Fig:* **j-n auf etwas** *acc* **p.,** to condition s.o. to sth. **P~ierer,** *m -s/- Data Pr:* programmer.

progressiv [progrɛ'si:f], *adj.* progressive.

Projekt [pro'jɛkt], *n -(e)s/-e* project. **P~ion** [-ɛktsi'o:n], *f -/-en Phot: Mth: Geog:* projection. **P~i'onsapparat/P~or** [-'jɛktɔr], *m -s/-en* projector.

projizieren [proji'tsi:rən], *v.tr.* to project (slides).

Prokla|mation [proklamatsi'o:n]/**P~'mierung,** *f -/-en* proclamation. **p~'mieren,** *v.tr.* to proclaim (sth.).

Prokur|a [pro'ku:ra], *f -/-en Com: Jur:* power of attorney (for a firm). **P~ist** [-u'rist], *m -en/-en Jur:* attorney; *Com: approx.* company secretary.

Prolet [pro'le:t], *m -en/-en Pej: F:* prole, peasant. **P~ariat** [-letari'a:t], *n -(e)s/no pl* proletariat. **P~arier** [-'ta:riər], *m -s/-* proletarian. **p~arisch** [-'ta:riʃ], *adj.* proletarian.

Prolog [pro'lo:k], *m -(e)s/-e* prologue.

Promen|ade [promə'na:də], *f -/-n* promenade. **P~adenmischung,** *f -/-en Hum:* mongrel. **p~ieren** [-'ni:rən], *v.i. (sein)* to take a stroll.

Promille [pro'milə], *n -(s)/-* thousandth part (*esp.* of alcohol in the blood); *F:* **er fährt ohne P.,** he doesn't drink and drive. **P~grenze,** *f -/-n* maximum (permissible) alcohol level.

prominen|t [promi'nɛnt], *adj.* prominent; **ein P~er,** a celebrity. **P~z,** *f -/-en* **die P.**/*occ* **P~en,** the top people.

Promiskuität [promiskui'tɛ:t], *f -/no pl* promiscuity.

Promo|tion [promotsi'o:n], *f -/-en Univ:* (conferment of a) doctorate. **p~'vieren,** *v.* 1. *v.i. (haben)* to receive one's doctor's degree. 2. *v.tr.* to confer a doctor's degree on (s.o.).

prompt [prɔmpt], *adj.* prompt; *F: adv. (sogleich)* promptly, immediately. **'P~heit,** *f -/no pl* promptness.

Pronomen [pro'no:mən], *n -s/- & -mina Gram:* pronoun.

Propag|anda [propa'ganda], *f -/no pl Pol: etc:* propaganda; *Com:* publicity; **P. für etwas** *acc* **machen,** to agitate for sth.; *Com:* to put on publicity for sth.; *Pej:* **sie müssen immer P. machen,** they're always touting their wares. **P~an'dist(in),** *m -en/-en (f -/-nen)* propagandist. **p~ieren** [-'gi:rən], *v.tr.* to propagate (an idea).

Propan [pro'pa:n], *n -s/no pl* propane.

Propeller [pro'pɛlər], *m -s/-* propeller. **P~blatt,** *n -(e)s/-̈er* propeller blade.

proper ['prɔpər], *adj.* neat, tidy.

Prophe|t [pro'fe:t], *m -en/-en* prophet. **p~etisch,** *adj.* prophetic. **p~ezeien** [-fe'tsaiən], *v.tr.* to prophesy, predict (sth.). **P~e'zeiung,** *f -/-en* prophecy, prediction.

Proportion [proportsi'o:n], *f -/-en* proportion. **p~al** [-io'na:l], *adj.* proportional; propor-

tionate (**zu** + *dat,* to); **direkt p. zueinander,** in direct proportion (to one another). **p~iert** [-io'ni:rt], *adj.* **gut/schlecht p.,** well/badly proportioned; **sie ist gut p.,** she has a good/shapely figure.

Proporz [pro'pɔrts], *m -es/-e Aus: Pol:* awarding of offices to party supporters (*in proportion to the strength of the parties in parliament*).

Propst [pro:pst], *m -(e)s/-̈e Ecc:* provost.

Prosa ['pro:za], *f -/no pl* prose. **p~isch** [-'za:iʃ], *adj.* prosaic; matter-of-fact.

prosit ['pro:zit]. **I.** *int.* (*a*) cheers! your health! *Iron:* **na dann p.!** thank you very much! that's a fine lookout! (*b*) **p. Neujahr!** happy New Year! **II. P.,** *n -s/-s* toast; **ein P. der Gastgeberin!** here's to our hostess.

Prospekt [pro'spɛkt], *m -(e)s/-e* **1.** (*Broschüre*) leaflet; brochure. **2.** *Th:* backdrop; *Mus:* organ case. **p~ieren** [-'ti:rən], *v.i. (haben)* to prospect (**nach Öl usw.,** for oil etc.). **P~material,** *n -s/no pl* leaflets, literature. **P~or** [-'spɛktɔr], *m -en/-en Min:* prospector.

prost [pro:st], *int.* = **prosit I.** 'p~en, *v.i. (haben)* **p. auf** + *acc,* to drink to (s.o., sth.).

Prostata ['prɔstata], *f -/-ae Anat:* prostate (gland).

prostitu|ieren [prostitu'i:rən], *v.tr.* (*a*) to prostitute (one's talents etc.); (*b*) **sich p.,** to go as a prostitute. **P~ierte,** *f decl. as adj.* prostitute. **P~tion** [-tutsi'o:n], *f -/no pl* prostitution.

Proszenium [pros'tse:nium], *n -s/-ien Th:* proscenium. **P~sloge,** *f -/-n Th:* stage box.

prote|gieren [prote'ʒi:rən], *v.tr.* to sponsor (s.o.). **P~ktion** [-ɛktsi'o:n], *f -/no pl* patronage. **P~ktorat** [-o'ra:t], *n -(e)s/-e* protectorate.

Protest [pro'tɛst], *m -(e)s/-e* protest; **P. erheben,** to make/lodge a protest. **P~ant(in)** [-ɛs'tant(in)], *m -en/-en (f -/-nen) Ecc:* Protestant. **p~antisch,** *adj.* Protestant. **p~ieren** [-'ti:rən], *v.i. (haben)* to protest (**gegen** + *acc,* against). **P~kundgebung,** *f -/-en* (protest) demonstration.

Prothese [pro'te:zə], *f -/-n* artificial limb; (*Zahnp.*) denture.

Protokoll [proto'kɔl], *n -s/-e* **1.** *Adm: etc:* written record; minutes (of a meeting etc.); (**das) P. führen,** to take the minutes; **polizeiliches P.,** police report; **etwas zu P. geben/nehmen,** to make/take down a statement. **2.** (*Zeremoniell*) (diplomatic) protocol. **P~führer,** *m -s/-* person taking the minutes; *Jur:* clerk of the court. **p~ieren** [-'li:rən], *v.* 1. *v.i. (haben)* to keep the minutes. **2.** *v.tr.* to enter (sth.) in the minutes/records; to record (a statement etc.).

Prototyp ['pro:toty:p], *m -s/-en* **1.** (*Pers.*) (*Inbegriff*) archetype. **2.** *Tchn:* prototype.

Protz [prɔts], *m -en & -es/-e(n) F:* showoff, *Brit:* swank. **p~en,** *v.i. (haben) F:* to show off; *Brit:* to swank (**mit** + *dat,* about). 'p~ig, *adj. F:* ostentatious; flashy (car etc.).

Proviant [provi'ant], *m -s/no pl* provisions; (food) supplies.

Provinz [pro'vints], *f -/-en* province; **in der P.,** in the provinces; *Pej:* **die tiefste/hinterste P.,** the back of beyond. **p~i'ell,** *adj.* (*a*) *usu. Pej:* provincial; (*b*) *Ling:* regional. **P~ler,** *m -s/-*

F: Pej: provincial; *Hum:* country bumpkin. **p ~ lerisch,** *adj. F: Pej:* provincial (dress etc.); parochial (outlook etc.). **P ~ stadt,** *f -/-̈e* provincial town.

Provision [provizi'o:n], *f -/-en Com:* commission.

provisor|isch [provi'zo:rıʃ], *adj.* provisional, temporary; **p ~ e Unterkunft,** temporary/ *notdürftig)* makeshift accommodation. **P ~ ium,** *n -s/-ien* temporary arrangement.

provozieren [provo'tsi:rən], *v.tr.* to provoke (s.o., an attack). **p ~ d,** *adj.* provocative.

Prozedur [protse'du:r], *f -/-en* (lengthy/complicated) procedure.

Prozent [pro'tsɛnt], *n -(e)s/-e* per cent; **sie sind zu 50 P. katholisch,** 50 per cent of them are Catholic; **in P ~ en ausgedrückt,** expressed as a percentage; *F:* **er kriegt seine P ~ e,** he gets his share/cut/*(Rabatt)* discount. **- p ~ ig,** *adj.suffix* . . . per cent; **ein fünfzigp ~ er Erfolg,** a fifty per cent success. **P ~ satz,** *m -es/-̈e* percentage **(an + dat,** of). **p ~ u'al,** *adj.* percentage (share etc.); *adv.* in percentage terms.

Prozeß [pro'tsɛs], *m -sses/-sse (a) (Vorgang)* process; *(b) Jur: (Verfahren)* trial; *(Fall)* lawsuit; **j-m den P. machen,** to bring an action against s.o.; **den P. gewinnen/verlieren,** to win/ lose a case; *F:* **mit j-m/etwas dat kurzen P. machen,** to give s.o. short shrift/make short work of sth. **p ~ führend,** *adj. Jur:* litigating. **P ~ kosten,** *pl Jur:* legal costs.

prozessieren [protse'si:rən], *v.i. (haben)* to be engaged in litigation **(mit j-m,** with s.o.).

Prozession [protsesi'o:n], *f -/-en esp. Ecc:* procession.

prüde ['pry:də], *adj. (in der Moral usw.)* straitlaced. **P ~ 'rie,** *f -/no pl* prudishness; prudery.

Prüf [pry:f-], *comb.fm. Tchn:* test (report, load, voltage, procedure etc.); testing (apparatus, process etc.); **P ~ stand** *m,* test bed/bench; **P ~ stelle** *f,* testing station. **'p ~ en,** *v.tr. (a) (auf die Probe stellen)* to put (s.o., sth.) to the test; to test (s.o., s.o.'s knowledge, skill etc.) **(auf etwas** *acc,* for sth.); *Sch: Univ:* to examine (a candidate **(in etwas** *dat,* in/on sth.); *Tchn:* to inspect, *(durch Laufenlassen usw.)* test, *N.Am:* check out (equipment, machinery etc.); **geprüfter Lehrer,** qualified teacher; *Sch: Univ:* **schriftlich/mündlich geprüft werden,** to take a written/ an oral examination; *(weniger formell)* to have a written/an oral test; *Lit:* **er ist vom Leben schwer geprüft,** he has had a hard life; *(b) (auf seine Richtigkeit hin)* to check (the accuracy of) (a bill, statement etc.), verify (a statement, figures etc.); *Book-k:* **die Bilanz p.,** to audit the account; *(c) (untersuchen)* to examine, study (a document etc.); to investigate, look into (a case etc.); to search, scan (s.o.'s face etc.); **ich werde p., ob es noch geht,** I will see if it's still possible; **p ~ er Blick,** searching glance. **'P ~ er,** *m -s/- Sch: etc:* examiner; *Tchn:* tester; *Ind:* inspector; *Book-k:* auditor; *Motor Rac:* scrutineer. **'P ~ ling,** *m -s/-e* 1. examinee; examination candidate. 2. *Tchn:* test piece/sample. **'P ~ stein,** *m -(e)s/-e Fig:* touchstone. **'P ~ ung,** *f -/-en (a) Sch: Tchn: etc:* test; *Sch: Univ: (formell)* examination, *F:* exam; *Tchn:* inspection, testing; *Sch: Univ:* **eine P. ablegen/**

machen, to take an examination/exam; *(b)* checking; **P. der Qualität usw.,** check on quality etc.; *(c)* investigation; examination, scrutiny; *Book-k:* audit; *Med:* examination, checkup. **'P ~ ungs-,** *comb.fm. Sch: Univ:* examination (result, question, candidate etc.); **P ~ arbeit** *f,* examination paper; **P ~ ausschuß** *m/* **P ~ kommission** *f,* board of examiners.

Prügel ['pry:gəl], *m -s/-* 1. *(Knüppel)* club, cudgel. 2. *pl* beating; **eine gehörige Tracht P.,** a sound thrashing. **P ~ ei** [-'lai], *f -/-en* brawl(ing); fight(ing), *F:* rough stuff. **'P ~ knabe,** *m -n/-n Fig:* whipping boy; scapegoat. **'p ~ n,** *v.tr.* to beat, thrash (s.o.); **sich p.,** to (have a) fight **(mit j-m,** with s.o.); **um etwas** *acc,* for sth.). **'P ~ strafe,** *f -/-n* corporal punishment.

Prünelle [pry'nɛlə], *f -/-n* (stoned) prune.

Prunk [pruŋk]. **I.** *m -(e)s/no pl* (great) splendour; sumptuousness; *(beim Zeremoniell)* pomp, spectacle; **großen P. entfalten,** to put on a lavish/sumptuous display. **II. 'P ~ -,** *comb.fm.* magnificent (building, staircase etc.); sumptuous (robes etc.). **'p ~ en,** *v.i. (haben)* **mit etwas** *dat* **p.,** to parade, show off sth. **'P ~ gemach,** *n -(e)s/-e Hist:* state apartment. **'P ~ liebe,** *f -/no pl* love of ostentation. **'p ~ los,** *adj.* unostentatious; unadorned. **'P ~ stück,** *n -(e)s/-e* showpiece. **'p ~ voll,** *adj.* splendid, sumptuous; grandiose, flamboyant (style etc.).

prusten ['pru:stən], *v.i. (haben)* to puff, snort, *(Schwimmer)* splutter.

Psalm [psalm], *m -s/-en* psalm.

Pseudonym [psɔydo'ny:m], *n -s/-e* pseudonym.

Psych|iater [psyçi'a:tɔr], *m -s/-* psychiatrist. **P ~ iatrie** [-a'tri:], *f -/no pl* psychiatry. **p ~ i'atrisch,** *adj.* psychiatric. **'p ~ isch,** *adj.* psychological (illness, effect, reasons etc.); emotional (reaction, tension etc.); **unter p ~ em Druck,** under emotional stress; *adv.* **p. bedingt,** of a psychological nature.

Psycho- ['psyço-], *comb.fm.* psycho(therapy etc.); *F:* psychological (thriller, test etc.). **P ~ ana'lyse,** *f -/-n* psychoanalysis. **P ~ ana'lytiker,** *m -s/-* psychoanalyst. **P ~ loge** [-'lo:gə], *m -n/-n* psychologist. **P ~ logie** [-lo'gi:], *f -/no pl* psychology. **p ~ logisch** [-'lo:gıʃ], *adj.* psychological.

Pubertät [puber'tɛ:t], *f -/no pl* puberty.

publ|ik [pu'bli:k], *adj.* public; **etwas p. machen,** to announce (sth.) (publicly). **P ~ ikum** ['pu:blikum], *n -s/no pl (a) (Zuhörer)* audience; *(Zuschauer)* spectators; *Sp:* crowd; *(Leser)* readers, readership; *(Gäste)* clientele (of a restaurant, spa). **'P ~ ikumserfolg,** *m -(e)s/-e* popular success. **'P ~ ikumsliebling,** *m -s/-e* favourite with the public. **'P ~ ikumsverkehr,** *m -s/no pl Adm:* public business; *P.N:* **heute kein P.,** not open to the public today. **p ~ izieren** [-bli'tsi:rən], *v.tr.* to publish (an article etc.). **P ~ i'zist,** *m -en/-en* commentator on current affairs. **P ~ i'zistik,** *f -/no pl* work in/study of the mass media.

Pudding ['pudıŋ], *m -s/-e & -s Cu:* approx. blancmange. **'P ~ pulver,** *n -s/-* (blancmange-type) pudding mix.

Pudel ['pu:dəl], *m -s/-* poodle; *Fig:* **des P ~ s Kern,** the crux of the matter; *F:* **wie ein begossener P. dastehen,** to look very sheepish/

completely squashed. 'P~mütze, f -/-n woolly hat. 'p~'naß, adj. F: drenched. 'p~'wohl, adv. F: sich p. fühlen, to feel on top of the world.

Puder ['pu:dər], m & F: n -s/- Cosm: Med: powder. 'P~dose, f -/-n powder compact. 'p~n, v.tr. to powder (a baby, oneself etc.). 'P~quaste, f -/-n powder puff. 'P~zucker, m -s/no pl icing/N.Am: powdered sugar.

pueril [pue'ri:l], adj. Psy: puerile.

puff [puf]. I. int. bang. II. P. 1. m -s/ғe & occ -e F: (Schlag) punch; jab, poke (in die Rippen usw., in the ribs etc.). 2. m -s/-s pouffe, N.Am: hassock; (Wäschep.) padded linen-basket. 3. n -s/no pl Games: backgammon. 4. m & n -s/-s P: brothel. 'P~ärmel, m -s/- puffed sleeve. 'p~en, v. 1. v.i. (a) to give (s.o.) a (friendly) poke/nudge; (b) to puff up (rice etc.). 2. v.i. (haben) F: (Dampflok usw.) to chug, puff; (knallen) to pop. 'P~er, m -s/- 1. Rail: buffer. 2. Cu: (Kartoffelp.) potato pancake. 'P~er-zone, f -/-n Pol: buffer-zone. 'P~reis, m -es/no pl puffed rice.

Pulk [pulk], m -(e)s/-s bunch, group; Sp: pack (of riders etc.).

Pulle ['pulə], f -/-n P: bottle; volle P., flat out.

pullen. ['pulən], v.i. (haben) (a) Nau: to row; (b) (Pferd) to pull.

Pullover [pu'lo:vər], m -s/-/F: Pulli ['puli], m -s/-s pullover, sweater. P~under [-'lundər], m -s/- sleeveless sweater, Brit: slipover.

Puls [puls], m -es/-e pulse; j-m den P. fühlen, to take s.o.'s pulse; F: to try to find out what makes s.o. tick. 'P~ader, f -/-n artery. p~ieren [-'zi:rən], v.i. (haben) to pulsate, throb. 'P~schlag, m -(e)s/ғe pulse (beat). 'P~zahl, f -/-en pulse rate.

Pult [pult], n -(e)s/-e desk.

Pulver ['pulfər, -vər], n -s/- 1. powder; (Schießp.) gunpowder; F: er hat das P. nicht erfunden, he's no genius; sein P. verschossen haben, to have shot one's bolt. 2. F: (Geld) dough. 'P~faß, n -sses/ғsser powder keg; Fig: auf einem P. sitzen, to be sitting on a volcano. 'p~ig, adj. powdery. p~isieren [-i'zi:rən], v.tr. to grind (sth.) to powder. 'P~kaffee, m -s/no pl instant coffee. 'P~magazin, n -s/-e powder magazine. 'P~schnee, m -s/no pl powdery snow.

Pummel|chen ['puməlçən], n -s/- F: roly-poly (child). 'p~ig, adj. F: chubby, tubby (person).

Pump [pump], m -(e)s/-e F: credit; auf P., on credit/Brit: tick. 'P~e, f -/-n 1. pump. 2. F: (Herz) ticker. 'p~en, v.tr.&i. (haben) (a) to pump (air, water etc.); (b) F: sich dat Geld usw. bei j-m p., to borrow money etc. from s.o.; kannst du mir was p.? can you lend me some money? 'P~station, f -/-en/'P~werk, n -(e)s/-e pumping station.

Pumpernickel ['pumpərnikəl], n -s/- pumpernickel (Westphalian black bread).

Pumps ['pœmps], m -/- court shoe.

Punkt [puŋkt]. I. m -(e)s/-e 1. (Fleck, Tupfen) spot; (in der Ferne) speck; Mus: dot (after a note); Gram: full stop, N.Am: period; P. auf dem i, dot on the i; F: nun mach mal einen P.! all right, that's enough! ohne P. und Komma reden, to talk endlessly. 2. (a) (Ort) point, spot;

Fig: dunkler P., skeleton in the cupboard; bis zu einem P., up to a point; (b) P. drei Uhr, on the stroke of three. 3. (Thema) subject, topic; point (in a debate etc.); P. auf der Tagesordnung, item on the agenda; in diesem P. sind wir uns einig, we are agreed about this; P. für P., point by point; item by item. 4. Sp: 200 P~e erzielen, to score 200 points; Box: nach P~en gewinnen, to win on points. II. 'P~-, comb.fm. 1. dotted (line etc.). 2. Sp: etc: points (system, judge etc.); (defeat, win etc.) on points; P~sieger m, winner on points; P~spiel n, game in a points/league competition; P~zahl f, number of points. 'p~en, v.i. (haben) (a) to score points; (b) (Richter) to award points. p~ieren [-'ti:rən], v.tr. (a) to dot (sth.), mark (sth.) with dots; Art: to stipple (a drawing etc.); punktierte Linie/Mus: Note, dotted line/Mus: note; (b) Med: to puncture (a cyst etc.). P~ion [-tsi'o:n], f -/-en Med: tapping of body fluid. 'P~schrift, f -/no pl braille. 'p~schweißen, v.tr.sep. (only infin. & p.p.) to spotweld (parts). 'P~schweißung, f -/no pl spot-welding. 'P~um, int. und damit P.! and that's (the end of) that!

Pünktchen ['pyŋktçən], n -s/- (small) spot, dot.

pünktlich ['pyŋktliç], adj. punctual; prompt (payment etc.); adv. p. ankommen, to arrive on time. 'P~keit, f -/no pl punctuality.

Punsch [punʃ], m -(e)s/-e (hot) punch.

Punze ['puntsə], f -/-n 1. Tls: punch. 2. esp. Aus: Swiss: hallmark. 'p~n, v.tr. to chase (metal etc.); to tool (leather).

Pupille [pu'pilə], f -/-n pupil (of the eye).

Püppchen ['pypçən], n -s/- 1. little doll. 2. P: (Mädchen) bird, N.Am: doll; süßes P., poppet, honey.

Puppe ['pupə], f -/-n 1. (a) doll; (Marionette) puppet, marionette; F: bis in die P~n, until the cows come home; (b) (Kleiderp.) (tailor's) dummy; (c) P: (Mädchen) = Püppchen 2. 2. Agr: sheaf. 3. Ent: chrysalis; cocoon (of a silkworm). 'P~n-, comb.fm. (a) doll's (house, face, furniture etc.); P~wagen m, doll's pram; P~klinik f, doll's hospital; (b) puppet (theatre, play etc.); P~spieler m, puppet handler, puppeteer. 'p~nhaft, adj. doll-like (face etc.).

pur [pu:r], adj. pure (gold, Fig: chance etc.); sheer (nonsense, etc.); Whisky p., neat whiskey.

Püree [py're:], n -s/-s Cu: purée, mash; (Kartoffelp.) mashed potatoes.

Puritan|er(in) [puri'ta:nər(in)], m -s/- (f -/-nen) Puritan. p~isch, adj. Puritan (ideals etc.); Pej: puritanical (upbringing etc.).

Purpur ['purpur], m -s/no pl (royal) purple; (sattes P~rot) crimson. 'p~n/'p~rot, adj. purple; (sattrot) crimson.

Purzel|baum ['purtsəlbaum], m -(e)s/ғe somersault; P~e schlagen, to turn somersaults. 'p~n, v.i. (sein) to (take a) tumble.

Puste ['pu:stə], f -/no pl P: puff; aus der/außer P., puffed, out of breath; ihm geht die P. aus, he's running out of steam/Fig: cash. 'P~blume, f -/-n F: dandelion-clock. 'P~kuchen, m F: Iron: ja P.! what a hope! 'p~n, v.i. (haben) (a) F: to blow (in + acc, into); Aut: er mußte p., he was breathalysed; P: ich puste dir was, get lost; (b) (schnaufend) to puff, pant.

Put|e ['puːtə], *f* -/-n *Orn:* turkey (hen); *F:* (*Mädchen*) **dumme P.**, silly goose. **'P ~ er**, *m* -s/- turkey (cock). **'p ~ er'rot**, *adj.* crimson, scarlet.

putten ['putən], *v.tr. & i.* (*haben*) *Golf:* to putt (the ball).

Putz [puts], *m* -es/*no pl* **1.** *Constr:* plaster(work); **mit P. beworfen**, plastered; (*Mauer*) rendered, roughcast. **2. in vollem P.**, all dressed/*F:* dolled up. **'p ~ en**, *v.tr.* (*a*) (*saubermachen*) to clean, (*polieren*) polish (sth.); to groom (a horse); to trim (a lamp, wick etc.); **sich p.**, (*Pers., Katze*) to wash; (*Vogel*) **sich** *dat* **das Gefieder p.**, to preen its feathers; **sich** *dat* **die Zähne p.**, to brush one's teeth; *esp. South G: abs.* **ich muß p.**, I must do the housework; (*b*) *Constr:* to plaster (a ceiling etc.); to render, (*mit Rauhp.*) roughcast (an outside wall). **'P ~ er**, *m* -s/- cleaner. **'P ~ fimmel**, *m* -s/*no pl*

F: craze for cleanliness. **'P ~ frau**, *f* -/-en cleaner, *Brit:* charwoman. **'p ~ ig**, *adj.* cute. **'P ~ lappen**, *m* -s/- cleaning rag; floorcloth. **'P ~ leder**, *n* -s/- (chamois) leather. **'P ~ macherin**, *f* -/-nen milliner. **'P ~ mittel**, *n* -s/- cleanser; (*zum Polieren*) polish. **'P ~ tuch**, *n* -(e)s/-er duster, polishing cloth. **'P ~ waren**, *fpl* millinery. **'P ~ wolle**, *f* -/*no pl* cotton waste. **'P ~ zeug**, *n* -(e)s/*no pl F:* cleaning things.

Puzzlespiel ['pazəlʃpiːl], *n* -(e)s/-e jigsaw puzzle.

Pygmäe [pyg'mɛːə], *m* -n/-n pygmy.

Pyjama [py'dʒɑːma], *m* -s/-s (pair of) pyjamas.

Pyramide [pyra'miːdə], *f* -/-n pyramid.

Pyrenäen [pyrə'nɛːən]. *Pr.n.pl Geog:* **die P.**, the Pyrenees.

Python ['pyːtɔn], *m* -s/-s & -en/**P ~ schlange**, *f* -/-n python.

Q

Q, q [kuː, *Aus:* kvɛː], *n* -/- (the letter) Q, q.

quabb(e)l|ig ['kvab(ə)liç], *adj. North G:* jellylike; flabby (flesh). **'q ~ n**, *v.i.* (*haben*) to wobble (like a jelly).

quack! [kvak], *int. F:* rubbish! **'Q ~ salber**, *m* -s/- quack (doctor).

Quader ['kvaːdər], *m* -s/- **1.** *Arch:* stone block, ashlar. **2.** *Geom:* rectangular solid.

Quadrant [kva'drant], *m* -en/-en quadrant.

Quad|rat [kva'drɑːt]. **I.** *n* -(e)s/-e (*a*) *Geom: Mth: etc:* square; **5 Meter im Q.**, 5 metres square; *Mth:* (**eine Zahl**) **ins Q. erheben**, to square a number; **4 im Q.**, 4 squared; (*b*) (*in der Stadt*) **ums Q. gehen**, to walk round the block. **II. Q ~ -**, *comb.fm.* square (metre, kilometre, number etc.); *Mth:* **Q ~ wurzel** *f*, square root. **Q ~ ratlatschen**, *mpl F: Hum:* (giant) clodhoppers. **q ~ rieren** [-'driːrən], *v.tr. Mth:* to square (a number).

Quadro ['kvadro]. *Rec: F:* **I.** *n* -s/*no pl* quad. **II. q.**, *adj.* in quad. **III. Q ~ -**, *comb.fm.* quadrophonic. **Q ~ phonie** [-fo'niː], *f* -/*no pl Rec:* quadrophony. **q ~ phonisch** [-'foːniʃ], *adj. Rec:* quadrophonic.

quak! [kvaːk], *int.* (*Frosch*) croak; (*Ente*) quack. **'q ~ en**, *v.i.* (*haben*) (*Frosch*) to croak; (*Ente*) to quack.

quäken ['kvɛːkən], *v.i.* (*haben*) to screech, (*Baby usw.*) squawk; **q ~ de Stimme**, shrill voice.

Quäker ['kvɛːkər], *m* -s/- *Ecc:* Quaker.

Qual [kvaːl], *f* -/-en agony; (*seelisch*) torment; **Q ~ en**, sufferings; (*seelisch*) anguish; **sie machte ihm das Leben zur Q.**, she made his life a misery; **diese Warterei ist eine Q.**, all this waiting is agony/agonizing. **'q ~ voll**, *adj.* agonizing; excruciating (pain); *adv.* **q. sterben**, to die in great pain.

quäl|en ['kvɛːlən], *v.tr.* (*a*) to torment, (*foltern*) torture (s.o., an animal) (**zu Tode**, to death); (*plagen*) to plague, pester (s.o.) (**mit Fragen usw.**, with questions etc.); **Tiere q.**, to be cruel to animals; **der Gedanke quält mich**, I am tormented/plagued by this thought; **sich q.**, to suffer (**mit einem Leiden**, from a complaint); to torment oneself (**mit einem Gedanken**, with a thought); (*sich abmühen*) to struggle (**mit einer Aufgabe**, with a task); **durch ein Buch usw.**, through a book etc.); (*b*) *F:* (*zwingen*) to force (sth.) (**in ein Loch usw.**, into a hole etc.); (*Pers.*) **sich durch ein Fenster q.**, to squeeze through a window. **'q ~ end**, *adj.* agonizing; excruciating (pain, thirst etc.); nagging (thought, doubt). **'Q ~ er**, *m* -s/- tormenter. **Q ~ e'rei**, *f* -/-en (*Schmerz*) agony; torment; (*Folter*) torture; (*Grausamkeit*) cruelty. **'Q ~ geist**, *m* -(e)s/-er *F:* (*Kind usw.*) pest; perfect nuisance.

Qualifi|kation [kvalifikatsi'oːn], *f* -/-en qualification; (*Fähigkeit*) ability. **Q ~ kati'ons-**, *comb.fm. Sp:* qualifying (round, game etc.). **q ~ 'zieren**, *v.tr.* to qualify (s.o.) (**für** + *acc*/**zu** + *dat*, for); **sich q.**, (i) to obtain qualifications, become qualified (**zum/als Arzt**, as a doctor); (ii) *Sp:* to qualify (**für die nächste Runde**, for the next round); **qualifizierter Posten**, post requiring special qualifications.

Quali|tät [kvali'tɛːt], *f* -/-en quality; (**von**) **schlechter Q.**, of poor quality; **er hat seine Q ~ en**, he has his good points. **q ~ tativ** [-ta'tiːf], *adj.* with regard to quality. **Q ~ 'täts-**, *comb.fm.* (*a*) quality (control etc.); **Q ~ (ver)minderung** *f*, loss of quality; (*b*) high-quality (wine etc.); **Q ~ erzeugnis** *n*/**Q ~ ware** *f*, (high-) quality product.

Qualle ['kvalə], *f* -/-n jellyfish.

Qualm ['kvalm], m -(e)s/no pl (clouds of) dense smoke; F: (viel) Q. machen, to kick up a fuss. 'q ~ en, v. 1. v.i. (haben) (a) (Feuer usw.) to give off clouds of smoke; q ~ der Schornstein, smoky chimney; (b) F: (Pers.) (wie ein Schlot) q., to smoke like a chimney. 2. v.tr. to puff away at (a cigarette etc.). 'q ~ ig, adj. smoky; (room etc.) full of smoke.

Quanten ['kvantən], npl 1. Hum: (Füße) (great big) hooves. 2. pl. of **Quantum** q.v. 'Q ~ theo- rie, f -/-n Ph: quantum theory.

Quant|ität [kvanti'tɛːt], f -/-en quantity; eine kleine Q. Rum, a small quantity of rum. q ~ itativ [-ta'tiːf] adj. quantitative; adv. in quantity/numbers. 'Q ~ um, n -s/Quanten amount; (Anteil) share (an + dat, of); täg- liches Q., daily quota/Med: & Hum: dose; P: ein tüchtiges Q. intus haben, to be well oiled.

Quarantäne [karan'tɛːnə], f -/-n quarantine; unter Q., in quarantine. Q ~ flagge, f -/-n Nau: yellow flag. Q ~ station, f -/-en Med: isolation ward.

Quark [kvark], m -s/no pl 1. Cu: curd cheese. 2. F: red keinen Q.! don't talk rot! das geht dich einen Q. an, that's none of your busi- ness. 'Q ~ speise, f -/-n Cu: curd cheese dessert.

Quart. 1. [kvart], n -s/no pl (also Q ~ format n) Print: quarto. 2. [kwɔːt], n -s/-s Meas: quart. 3. [kvart], f -/-en Mus: fourth. 'Q ~ a, f -/-ten Sch: approx. third form/year; Aus: fourth form/year.

Quartal [kvar'taːl], n -s/-e quarter (of a year). Q ~ s-, comb.fm. quarterly (balance, statement etc.); (end etc.) of the quarter. Q ~ säufer, m -s/- F: habitual drinker, dipso.

Quarte ['kvartə], f -/-n Mus: fourth.

Quartett [kvar'tɛt], n -(e)s/-e 1. Mus: quartet. 2. Games: Happy Families.

Quartier [kvar'tiːr], n -s/-e (also Mil:) quarters; accommodation; Kost und Q., food and lodging; haben Sie schon (ein) Q.? have you got some- where to stay? j-m Q. geben, to put s.o. up.

Quarz ['kvaːrts], m -es/-e quartz. 'q ~ haltig, adj. containing quartz.

quasi ['kvaːzi]. I. adv. more or less, as good as; so q. jede Woche, about once a week. II. 'Q ~ -, 'q ~ -, comb.fm. quasi-(religious etc.); semi-(offi- cial etc.); Q ~ experte m, quasi-expert, so-called expert.

Quassel|ei [kvasə'lai], f -/-en F: (endless) jab- bering, chatter. 'q ~ n, v.i. (haben) F: to jabber (away), chatter (mit j-m, with s.o.).

Quaste ['kvastə], f -/-n 1. Furn: Cl: etc: tassel. 2. Cosm: (Puderq.) (powder) puff.

Quäst|or ['kvɛstɔr], m -s/-en Univ: bursar. Q ~ ur [-'tuːr], f -/-en Univ: bursary.

Quatsch ['kvatʃ], m -(e)s/no pl F: (a) (dummes Gerede) rubbish, nonsense; nichts als Q., a load of tripe/N.Am: crap; red (doch) keinen Q.! don't talk rubbish! (b) (dumme Späße) tomfoolery; (in der Schule usw.) Q. machen, to fool around (at school etc.); (c) (Torheit) mach keinen Q.! don't do anything stupid! 'q ~ en¹, v.tr. & i. (haben) F: (a) (Unsinn) q., to talk rubbish/nonsense, blather away; (b) (schwatzen) to chat, (abfällig) gossip, (dauernd) chatter (away); es wird viel über sie

gequatscht, there's a lot of gossip about her; hör mit dem Q. auf! stop that chatter! (c) (Geheimnisse verraten) to blab, (der Polizei) squeal; er hat gequatscht, he let the cat out of the bag. Q ~ e'rei, f -/-en F: (endless) blather, chatter. 'Q ~ kopf, m -(e)s/=e F: windbag.

quatsch|en², v.i. (haben/occ. sein) esp. South G: to squelch. 'q ~ 'naß, adj. F: soaking wet.

Quecksilber ['kvɛksilbər]. I. n -s/no pl mercury; quicksilver; F: Q. im Leib haben, to have ants in the pants. II. Q ~ -, comb.fm. mercury (barometer, vapour, poisoning etc.).

Quell|e ['kvɛlə], f -/-n (a) source (of a river); (aus der Erde tretend) spring; heiße Q ~ n, hot springs; (b) Fig: source (Pers., Buch usw.) eine ergiebige Q., a mine of information; ich weiß es aus sicherer/zuverlässiger Q., I have it from a reliable source/on good authority; F: an der Q. sitzen, to be on the spot; to have direct access (to information, goods etc.). 'q ~ en, v.i.irr. (sein) (pres. quillt, pres.subj. quelle, p. quoll, p.p. gequollen) (a) (Wasser usw.) to well up (aus der Erde, out of the earth); (Rauch) to billow (out); (Tränen, Fig: Menschen usw.) to stream, pour; Blut quoll aus der Wunde, blood gushed/poured from the wound; (b) (Holz, Cu: Reis usw.) to swell; (Augen, Magen usw.) to bulge. 'Q ~ enangabe, f -/-n Pub: list of acknowledgements. 'Q ~ enforschung, f -/-en study of sources. 'Q ~ fluß, m -sses/=sse Geog: head water. 'Q ~ ung, f -/-en swelling. 'Q ~ wasser, n -s/- spring water. 'Q ~ wolke, f -/-n cumulus (cloud).

quengelig ['kvɛŋəliç], adj. F: whining. 'q ~ eln, v.i. (haben) to whine; (Baby) to grizzle; über etwas acc q., to moan about sth.

quer [kveːr]. I. adv. (a) crosswise; (rechtwinklig) at right angles (zu + dat, to sth.); die Stangen verlaufen q., the poles run crosswise/at right angles; das Kleid ist q. gestreift, the dress has horizontal stripes; q. auf dem Bett liegen, to lie across the bed; sich q. setzen, to sit sideways; die Grenze verläuft q. durch den See, the border runs straight across/through the lake; (b) (schräg) q. gegenüber ist ein Lebensmittel- geschäft, diagonally opposite is a grocer's; der Anhänger stand q. (auf der Straße), the trailer was at an angle (across the road). II. 'Q ~ -, 'q ~ -, comb.fm. transverse (axis, motion, flute, Cl: pleat etc.); horizontal (stripe etc.); Pub: Phot: Q ~ format n, horizontal/landscape format; adj. q ~ gestreift, with transverse/horizontal stripes. 'Q ~ balken, m -s/- Constr: crossbeam; (door, window) transom; Fb: etc: crossbar. 'q ~ - durch, adv. straight across/through. 'Q ~ e, f -/no pl F: j-m in die Q. kommen, to get in s.o.'s way, (Auto usw.) block s.o.'s path; (hindern) to thwart s.o.; wenn er mir zufällig in die Q. kommt, if I happen to meet him. q ~ feld'ein, adv. across country. Q ~ feld- 'ein-, comb.fm. cross-country (race, course etc.). 'Q ~ gang, m -(e)s/=e Mount: traverse. 'q ~ gehen, v.i.sep.irr.36 (sein) F: to go wrong (j-m, for s.o.). 'Q ~ holz, n -(e)s/=er Constr: crossbeam; (door, window) transom. 'Q ~ kopf, m -(e)s/=e F: awkward customer. 'q ~ köpfig, adj. F: perverse. 'Q ~ köpfig-

keit, f -/no pl F: perversity. '**Q ~ latte,** f -/-n rail (of a fence etc.); Fb: crossbar. '**q ~ laufend,** adj. transverse. '**Q ~ leiste,** f -/-n crosspiece; rail (of a chairback). '**Q ~ nelgung,** f -/-en Av: bank. '**Q ~ pfeife,** f -/-n Mus: fife. '**Q ~ ruder,** n -s/-Av: aileron. '**Q ~ schiff,** n -(e)s/-e Ecc.Arch: transept. '**Q ~ schnitt,** m -(e)s/-e **1.** Mth: Geom: etc: (cross-)section; Tchn: transverse/cross section. **2.** (Auswahl) cross-section (of the population etc.); selection (**aus einem Musical usw.,** from a musical etc.). '**q ~ schnittsgelähmt,** adj. Med: paraplegic. '**Q ~ straße,** f -/-n road/ street crossing another; (Abzweigung) turning; **zweite Q. (nach) links,** second turning on the left. '**Q ~ strich,** m -(e)s/-e horizontal line; cross-stroke (of a t etc.). '**Q ~ verbindung,** f -/-en direct link/connection (between two places/Fig: two facts). '**Q ~ verweis,** m -es/-e cross-reference.

Querulant [kveru'lant], m -en/-en (eternal) moaner.

Quetsch|e ['kvɛtʃə], f -/-n F: Cu: (für Kartoffeln) masher; (für Zitronen) (lemon) squeezer. '**q ~ en,** v. F: **1.** v.tr. (a) to squeeze (s.o., sth., Cu: lemons etc.); **sich, ein Kleid usw. in etwas** acc **q.,** to squeeze/cram oneself, a dress etc. into sth.; (b) (verletzen) to bruise (sth.), (zerquetschen) crush (a foot etc.); **sich** dat **den Finger in der Tür q.,** to pinch one's finger in the door. '**Q ~ falte,** f -/-n Cl: box pleat. '**Q ~ kommode,** f -/-n Mus: P: (Akkordeon) squeezebox. '**Q ~ ung/'Q ~ wunde,** f -/-en Med: bruise.

Queue [kø:], n & Aus: m -s/-s (billiard) cue.

quicklebendig [kvikle'bendiç], adj. sprightly; F: full of beans.

quieken ['kvi:kən], v.i. (haben) to squeal, (Maus) squeak.

quietsch|en ['kvi:tʃən], v.i. (haben) (Schuhe, Tür, usw.) to squeak; (Reifen usw.) to squeal, screech; (Kind) **vor Vergnügen q.,** to squeal with delight. '**q ~ ver'gnügt,** adj. F: cheery, chirpy; (sehr zufrieden) as pleased as Punch.

Quinta ['kvinta], f -/-ten Sch: approx. second form/year, Aus: fifth form/year. **Q ~ ner(in)** [-'ta:nər(in)], m -s/- (f -/-nen) Sch: second form/Aus: fifth-form pupil.

Quint|(e) [kvint(ə)], f -/-en (-/-n) Mus: fifth. '**Q ~ essenz,** f -/-en quintessence. **Q ~ ett** [kvin'tɛt], n -(e)s/-e Mus: quintet.

Quirl [kvirl], m -(e)s/-e **1.** Cu: (star-shaped) beater. **2.** Fig: (Kind) live wire. '**q ~ en,** v.tr. Cu: to whisk, beat (eggs etc.).

quitt [kvit], pred.adj. F: **mit j-m q. sein,** to be quits/even/(entfremdet) finished with s.o.

Quitte ['kvitə, Aus: 'kitə], f -/-n Bot: quince.

quitt|ieren [kvi'ti:rən], v.tr. (a) Com: to receipt, give a receipt for (a bill etc.); to acknowledge (receipt of a delivery etc.); abs. **bitte q. Sie,** please sign for it; (b) to answer, (abtun) dismiss (sth.); **eine Bemerkung mit einem Lächeln q.,** to greet/answer a remark with a smile; (c) A: **den Dienst q.,** to resign. '**Q ~ ung,** f -/-en **1.** Com: etc: receipt (über eine Summe, for a sum); **gegen Q.,** against a receipt. **2.** Fig: (Strafe) penalty; **das ist die Q. für dein schlechtes Benehmen,** that's what you get for your bad behaviour.

Quiz [kvis], n -/- quiz. '**Q ~ teilnehmer,** m -s/- Rad: TV: etc: quiz panellist.

quoll [kvɔl], p. of **quellen** q.v.

Quote ['kvo:tə], f -/-n quota.

Quotient [kvotsi'ɛnt], m -en/-en Mth: quotient.

R

R, r [ɛr], n -/- (the letter) R, r.

Rabatt [ra'bat], m -(e)s/-e Com: discount; **15% R. bekommen,** to get (a) 15% discount. **R ~ marke,** f -/-n Com: trading stamp.

Rabatte [ra'batə], f -/-n Hort: (flower) border.

Rabbi ['rabi], m -(s)/-nen [-'bi:nən] & -s (title) Rabbi. **R ~ ner** [-'bi:nər], m -s/- rabbi.

Rabe ['rɑ:bə], m -n/-n Orn: raven; Fig: **ein weißer R.,** a great rarity; **sie stehlen wie die R ~ n,** they steal everything they can lay their hands on. '**R ~ nkrähe,** f -/-n carrion crow. '**R ~ nmutter,** f -/- cruel mother. '**r ~ n-'schwarz,** adj. jet-black.

rabiat [rabi'ɑ:t], adj. (wütend) raving (mad); (aggressiv) violent; (roh) brutal; (rücksichtslos) ruthless; **r. werden,** to become violent.

Rach|e ['raxə], f -/no pl revenge, Lit: vengeance

(**an j-m für etwas** acc, on s.o. for sth.), (Vergeltung) retaliation; F: **die R. des kleinen Mannes,** getting one's own back (on s.o. more powerful). '**R ~ eakt,** m -(e)s/-e act of revenge. '**R ~ eengel,** m -s/- avenging angel. '**R ~ gier/'R ~ sucht,** f -/no pl Lit: lust for revenge; (Zustand) vengefulness. '**r ~ gierig/ 'r ~ süchtig,** adj. Lit: vengeful.

Rachen ['raxən], m -s/- **1.** Anat: (Kehle) throat; Med: pharynx. **2.** Z: (Mund) mouth; jaws; (lion's) maw; Fig: (Abgrund) yawning abyss; F: **j-m den R. stopfen,** to shut s.o. up; **er kann den R. nicht voll genug kriegen,** he is absolutely insatiable. '**R ~ höhle,** f -/-n (cavity of the) pharynx. '**R ~ katarrh,** m -s/-e Med: pharyngitis.

räch|en ['rɛçən], v.tr. (a) (Pers.) to avenge (s.o.,

sth.); **sich r.**, to take one's revenge, *F:* get one's own back **(an j-m,** on s.o.); **sich an j-m für eine Beleidigung r./eine Beleidigung an j-m r.**, to take revenge on s.o. for an insult; *(b) (Sache)* **sich r.**, to take its toll; **dein Leichtsinn wird sich noch r.**, you will have to pay (the penalty) for your recklessness. ´**R ~ er(in),** *m* -s/- *(f* -/-nen) avenger.

Rachit|is [ra'xi:tis], *f* -/no *pl Med:* rickets. **r ~ isch,** *adj. Med:* rickety (child).

Racker ['rakər], *m* -s/- *F:* *(Kind)* little rascal, monkey; *(Mädchen)* minx. **R ~ ei** [-'rai], *f* -/no *pl F:* hard grind. ´**r ~ n,** *v.i.* *(haben) F:* to slave away.

Rad [ra:t]. **I.** *n* -(e)s/̈-er **1.** wheel; *(Zahnrad)* gear; **ein R. schlagen,** (i) *(Pfau)* to fan/ spread (out) its tail; (ii) *Gym:* to turn a cartwheel; **unter die R ̃ er kommen,** (i) to be run over; (ii) *F: (herunterkommen)* to go to the dogs; *Fig:* **alle R ̃ er stehen still,** everything has come to a standstill; *F:* **das fünfte R. am Wagen sein,** to be the odd man out/(*überflüssig)* superfluous/ *F: (bei Liebespaaren)* the gooseberry. **2.** *F: (Fahrrad)* bike. **II.** ´**R ~-,** *comb.fm.* **1.** wheel (rim etc.); *Aut:* **R ~ flattern** *n,* wheel wobble; **R ~ kasten** *m,* wheel arch; **R ~ stand** *m,* wheel-base; **R ~ sturz** *m,* (wheel) camber. **2.** cycle (race etc.); cycling (tour etc.); **R ~ rennbahn** *f,* cycle racing track; **R ~ weg** *m,* cycle track; **R ~ sport** *m,* cycling (sport). ´**R ~ aufhängung,** *f* -/no *pl Aut:* suspension. ´**R ~ dampfer,** *m* -s/-*Nau:* paddle steamer, *N.Am:* side-wheeler. ´**r ~ eln,** *v.i. (sein) F:* to ride a bike, *(irgendwohin)* go by bike. ´**r ~ fahren.** **I.** *v.i.sep.irr. (sein)* *(pres.* **fährt Rad,** *p.* **fuhr Rad,** *p.p.* **radgefahren)** to cycle; **er kann r.,** he can ride a bicyle. **II. R.,** *n* -s/no *pl* cycling. ´**R ~ fahrer,** *m* -s/- cyclist. ´**R ~ kappe,** *f* -/-n *Aut:* hub cap. ´**R ~ ler,** *m* -s/- cyclist. ´**r ~ schlagen,** *v.i.sep.irr. (haben)* *(pres.* **schlägt Rad,** *p.* **schlug Rad,** *p.p.* **radge-schlagen)** to turn a cartwheel/cartwheels. ´**R ~ spur,** *f* -/-en **1.** wheel/*Aut:* tyre mark. **2.** *Aut: (Spurweite)* track.

Radar ['ra:dar, ra'da:r]. **I.** *m & n* -s/no *pl* radar. **II. R ~-,** *comb.fm.* radar (screen etc.); **R ~ an-lage** *f,* radar installation.

Radau [ra'dau], *m* -s/no *pl F:* row, racket.

Rädchen ['rɛːtçən], *n* -s/- small wheel, *esp. Cu:* (pastry) cutting wheel; *Dressm:* tracing wheel.

radebrechen ['ra:dəbrɛçən], *v.tr.irr.* *(pres.* **radebrecht,** *p.* **radebrechte,** *p.p.* **geradebrecht)** to mangle (a language); **Englisch/Deutsch r.,** to speak broken English/German.

Rädelsführer ['rɛːdəlsfyr:ər], *m* -s/- ringleader.

Räd|er- ['rɛːdər-], *comb.fm.* wheeled (vehicle, *Mec.E:* gearing). ´**r ~ ern,** *v.tr. Hist:* to break (s.o.) on the wheel; *F:* **ich fühle mich/bin wie gerädert,** I feel/am absolutely whacked. ´**R ~ er-werk,** *n* -(e)s/-e mechanism, *F:* works (of a clock etc.); *Mec.E:* gear train; *Fig:* machinery (of justice etc.).

Radi ['ra:di], *m* -s/- *South G:* (large white) radish.

radial [radi'a:l]. **I.** *adj.* radial; *adv.* **r. verlaufend,** radiating from the centre. **II. R ~-,** *comb.fm.* radial (motion, velocity etc.).

radier|en [ra'di:rən], *v.tr.&i. (haben)* *(a)* to erase, rub (sth.) out; *(b) Art:* to etch (a landscape etc.). **R ~ er,** *m* -s/- *Art:* etcher.

R ~ gummi, *m & n* -s/-s (india-) rubber, eraser. **R ~ ung,** *f* -/-en etching.

Radieschen [ra'di:sçən], *n* -s/- *Bot:* (red) radish; *F:* **sich dat die R. von unten ansehen,** to be pushing up the daisies.

radikal [radi'ka:l], *adj.* radical (change, *Pol:* idea, etc.); extreme, drastic (action, measures etc.); ruthless (pursuit of aims etc.); absolute (rejection etc.); *Pol:* **ein R ~ er,** a radical; *adv.* **etwas r. ausrotten,** to eradicate sth. completely. **R ~ kur,** *f* -/-en *Med: F:* drastic cure.

Radio ['ra:dio], *n* -s/-s radio; **R. hören,** to listen to the radio; **im R.,** on the radio. **r ~ aktiv** [-ak'ti:f], *adj. Atom.Ph:* radioactive. **R ~ aktivität** [-tivi'tɛːt], *f* -/-en radioactivity. ´**R ~ apparat,** *m* -(e)s/-e radio (set). ´**R ~ sendung,** *f* -/-en radio broadcast.

Radium ['ra:dium], *n* -s/no *pl Ch:* radium.

Radius ['ra:dius], *m* -/-ien radius.

Radscha ['radʃa], *m* -s/-s rajah.

raffen ['rafən], *v.tr.* *(a)* to snatch, grab (sth.) (up); to amass (money); *(b) Dressm:* to gather (material etc.).

Raffin|ade [rafi'na:də], *f* -/-n refined sugar. **R ~ ement** [-ə'mã:], *n* -s/-s refinement, subtlety. **R ~ erie** [-ə'ri:], *f* -/-n *Ind:* refinery. **R ~ esse** [-fi'nesə], *f* -/-n **1.** *(Schlauheit)* cunning; ingenuity (of a plan etc.). **2.** refinement; **ein Auto mit allen R ~ n,** a car with every possible extra/gadget. **r ~ ieren** [-fi'ni:rən], *v.tr. Ind:* to refine (sugar, oil etc.). **r ~ iert,** *adj.* **1.** refined (sugar etc.). **2.** *(a) (schlau)* crafty, cunning; *(b) (klug)* ingenious (person, design etc.); *(fein)* subtle (flavour, reasoning etc.); sophisticated (system etc.); refined (taste). **R ~ iertheit,** *f* -/no *pl* cunning; ingenuity.

Rage ['ra:ʒə], *f* -/no *pl F:* rage, fury; **j-m in R. bringen,** to make s.o. furious; **in R. kommen,** to fly into a rage.

ragen ['ra:gən], *v.i. (haben)* to rise, tower (up); **aus etwas** *dat* **r.,** to project from sth.

Rah(e) ['ra:(ə)], *f* -/-n *Nau:* yard.

Rahm [ra:m], *m* -(e)s/no *pl South G:* cream. ´**R ~ käse,** *m* -s/no *pl* cream cheese.

rahmen ['ra:mən]. **I.** *v.tr.* to frame (a picture etc.). **II. R.,** *m* -s/- *(a)* frame; *Aut:* chassis (frame); *(Regal)* rack; *(b) Fig:* framework (of a story etc.); *(Kulisse)* setting, surroundings; *(Textzusammenhang)* context; *(Bereich)* scope, bounds; **im R. bleiben,** to keep within bounds; **den R. sprengen,** to be out of proportion/ beyond the scope of the project etc.); **aus dem R. fallen,** to be out of place/(*nicht normal)* out of the ordinary; **in kleinerem R.,** on a small scale; **es ist nur im R. seiner Entwicklung zu verstehen,** it can only be understood in the context of his development; *(c) (Verlauf)* **im R. der Unterhaltung,** in the course of the conversation; **im R. der Festspiele,** as part of the festival. ´**R ~ erzählung,** *f* -/-en framework story; story within a story. ´**R ~ gesetz,** *n* -es/-e *Jur:* law providing framework for more specific legislation.

räkeln ['rɛːkəln], *v.refl.* = **rekeln.**

Rakete [ra'ke:tə], *f* -/-n rocket; *Mil: (Geschoß)* missile. **R ~ n -,** *comb.fm.* rocket (fuel, engine etc.); **R ~ antrieb** *m,* rocket propulsion;

R~**start** m, (i) *Space:* lift-off (of a rocket); (ii) *Av:* rocket-assisted take-off; *Mil:* R~**werfer** m, rocket launcher.

Rallye [′rali], f -/-s *Sp:* (car) rally.

Ramm|bär [′rambɛːr], m -en/-en *Constr:* ram (of a pile-driver). ′r~**dösig**, adj. F: dazed; (*unkonzentriert*) wool-gathering. ′R~**e**, f -/-n *Constr:* pile-driver, mechanical ram. ′r~**eln**, v.i. (haben) (*Menge usw.*) to push, shove. ′r~**en**, v.tr. to ram (a car, ship etc.); *Constr:* **Pfähle usw. in den Boden r.**, to drive piles etc. into the ground. ′R~**ler**, m -s/- buck rabbit.

Rampe [′rampə], f -/-n **1.** ramp; *Rail: etc:* loading ramp/(*flach*) platform. **2.** (*Startr.*) launching pad. **3.** *Th:* apron (on the stage). ′R~**n-licht**, n -(e)s/-er *Th:* footlights; *Fig:* **im R. stehen**, to be in the limelight.

ramponier|en [rampo′niːrən], v.tr. F: to knock about (furniture etc.). **r~t**, adj. F: battered; (*ruiniert*) ruined; adv. **r. aussehen**, to look the worse for wear.

Ramsch [ramʃ], m -(e)s/occ -e F: (a) *Pej:* junk; (b) *Com:* = R~**ware**. ′R~**händler**, m -s/- junk dealer. ′R~**laden**, m -s/- *Pej:* junk shop. ′R~**ware**, f -/-n *Com:* rejects, remnants.

ran [ran], adv. & comb.fm. F: = **heran**; int. **r. an die Arbeit!** let's get down to work! ′r~**gehen**, v.i.sep.irr.36 (sein) F: = **herangehen**; **er ging ran wie Blücher**, he went hard at it. ′r~**halten**, v.refl.sep.irr.45 F: **sich r.**, to get stuck into one's work, (*sich beeilen*) get a move on. ′r~**lassen**, v.tr.sep.irr.57 F: = **heranlassen**; **die Jugend r.**, to give the young ones a chance.

Rand [rant]. **I.** m -(e)s/-er edge; (a) rim (of a plate etc.); lip (of a cup etc.); brim (of a hat, glass etc.); **bis zum R. voll**, full to the brim; (b) **am R~(e) der Stadt**, on the outskirts/fringe of the town; (c) brink, verge (of a precipice, *Fig:* of ruin etc.); (d) margin (of a page); *Fig:* **am R~e**, incidental; **etwas am R~e erwähnen**, to mention sth. in passing; (e) (*Streifen*) border (of a field, handkerchief etc.); **dunkle R~ um die Augen**, dark rings round the eyes; (*Glas*) **auf dem Tisch einen R. zurücklassen**, to leave a mark/ring on the table; (f) F: **ich komme damit nicht zu R~e**, I cannot cope with it; **außer R. und Band**, (i) (*Kinder*) completely wild, out of hand; (ii) beside oneself (**vor Freude, Wut** usw., with rage, joy etc.). **II.** ′R~-, comb.fm. (a) peripheral (zone, *Fig:* problem, figure etc.); R~**erscheinung** f, item/aspect of peripheral importance; (b) (*in Büchern*) marginal (gloss etc.); R~**bemerkung** f, marginal note; (*nebenbei*) incidental remark; (c) *Typewr:* margin (adjustment etc.); R~**auslöser** m, margin release; R~**steller** m, margin stop; R~**ausgleich** m, justification (of the righthand margin). ′R~**gebiet**, n -(e)s/-e outskirts (of a town); (*Grenzzone*) frontier area (of a country); *Fig:* peripheral field (of study). ′r~**los**, adj. rimless. ′R~**siedlung**, f -/-en suburban housing estate. ′R~**stein**, m -(e)s/-e kerb(stone). ′R~**streifen**, m -s/- verge (of a road); (*auf Autobahnen*) hard shoulder. ′r~**voll**, adj. full (to the brim).

randalieren [randa′liːrən], v.i. (haben) to rampage, (*lärmen*) make a racket.

rändeln [′rɛndəln], v.tr. *Metalw:* to knurl (a nut etc.), mill (a coin).

rang[1] [raŋ], p. of **ringen** q.v.

Rang[2], m -(e)s/-e **1.** (a) rank; **gesellschaftlicher R.**, social status/standing; **ein Gelehrter von R.**, an eminent scholar; **ohne R. und Namen**, of no consequence; **alles, was R. und Namen hat**, everybody who is anybody; (b) *Mil:* rank; *Adm:* grade; **im R. eines Majors stehen**, to hold the rank of a major. **2.** (*Qualität*) quality; **ein Lokal ersten R~es**, a first-rate restaurant. **3.** (a) *Sp:* place; **den zweiten R./R. 2 belegen**, to take second place; (b) (*Lotto*) prize category. **4.** *Th:* **erster/zweiter R.**, dress/upper circle, N.Am: first/second balcony. ′R~**älteste(r)**, m & f decl. as adj. senior officer. ′R~**liste**, f -/-n **1.** *Mil:* (army/navy/civil service) list. **2.** *Sp:* ranking list. ′r~**mäßig**, adj. in rank. ′R~**ordnung**, f -/-en order of precedence. ′R~**stufe**, f -/-n rank, position (in a hierarchy). ′R~**unterschied**, m -(e)s/-e difference in rank.

Range [′raŋə], f -/-n, occ. m -n/-n F: (a) *Pej:* brat; (*Mädchen*) minx; (b) (**wilde**) R., wild boy/ girl; (*Mädchen*) tomboy.

Rangier|bahnhof [ran′ʒiːrbaːnhoːf], m -(e)s/-e *Rail:* marshalling yard, N.Am: switchyard. **r~en** [-′ʒiːrən], v. **1.** v.i. (haben) to rank, be classed (**vor/hinter** j-m, above/below s.o.); **auf Platz 3 r.**, to take third place. **2.** v.tr. *Rail:* to shunt, N.Am: switch (a train etc.). R~**er**, m -s/- *Rail:* shunter, N.Am: switchman. R~**gleis**, n -es/-e *Rail:* siding. R~**lok(omotive)**, f -/-s (-/-n) *Rail:* shunting/N.Am: switching engine.

Rank|e [′raŋkə], f -/-n *Bot:* tendril. ′r~**en**, v.refl. & i. (haben) (*Pflanze*) to shoot, send out tendrils; (**sich**) **r.**, to climb (**an etwas** dat, up sth.). ′R~**engewächs**, n -es/-e creeper.

Ränke [′rɛŋkə], pl. R~**schmieden**, to scheme, hatch plots.

rann [ran], p. of **rinnen** q.v.

rannte [′rantə], p. of **rennen** q.v.

Ranzen [′rantsən], m -s/- **1.** *Sch:* satchel. **2.** P: (*Bauch*) paunch, belly.

ranzig [′rantsiç], adj. rancid.

Raphiabast [′rafiabast], m -(e)s/-e raffia.

rapid(e) [ra′piːt (-iːdə)], adj. rapid.

Rapier [ra′piːr], n -s/-e *Fenc:* rapier.

Rappel [′rapəl], m -s/- F: craze, crazy mood. ′r~**n**, v.i. (haben) (a) to rattle; (b) F: **bei dir rappelt's wohl**, you must be off your rocker.

Rappen [′rapən], m -s/- (Swiss) centime, rappen.

Raps [raps], m -es/-e *Bot: Agr:* rape.

rar [raːr], adj. scarce (commodity etc.); rare (stamp); F: **er macht sich r.**, he rarely puts in an appearance. R~**ität** [rari′tɛːt], f -/-en rarity.

rasan|t [ra′zant], adj. F: (a) (*schnell*) meteoric (development, career etc.); *Aut:* very fast, hairy (car, driving); (*im Aussehen*) racy (car, styling); **r~es Tempo**, breakneck speed; adv. **r. fahren**, to tear along; (b) (*großartig*) terrific (performance, dress). R~**z**, f -/no pl F: terrific speed.

rasch [raʃ], adj. quick (movement etc.); swift (decisions, action etc.); prompt (answer); **r~es Tempo**, high speed; **in r~er Folge**, in rapid succession; adv. **r. handeln**, to act fast/quickly; (*voreilig*) **zu r. urteilen**, to judge too hastily. ′R~**heit**, f -/no pl quickness.

rascheln [′raʃəln], v.i. (haben) to rustle.

rase|n[1] ['ra:zən], *v.i.* (*a*) (*haben*) (*Pers., Fig:
Sturm usw.*) to rage; (*Verrückter*) to rave; (*im
Fieber*) to be delirious; **die Menge raste vor
Begeisterung,** the crowd was wild with enthusi-
asm; (*b*) (*sein*) (*Auto, Fahrer*) to tear/(*Pers.*)
dash along; *Aut:* **gegen einen Baum r.,** to crash
into a tree. **'r ~ nd,** *adj.* (*a*) (*schnell*) very fast;
mit r ~ er Geschwindigkeit, at breakneck speed;
(*b*) raging (fury etc.); raving (madman etc.); *F:*
(*verrückt*) mad; **ein R ~ er,** a maniac; **r. werden,**
to go mad; (*c*) (*heftig*) violent (jealousy, pain
etc.); **r ~ e Kopfschmerzen,** a splitting headache;
r ~ er Beifall, tumultuous applause; (*d*) *adv. F:*
terribly; **r. verliebt,** madly in love. **R ~ 'rei,** *f
-/no pl* (*a*) raving; (*Wahnsinn*) madness;
(*Wut*) rage, fury; (*b*) mad rush/*Aut:* speed.

Rasen ['ra:zən]. **I.** *m -s/- coll.* grass, (*Grasdecke*)
turf; (*also* **R ~ fläche** *f*) lawn. **II.** **'R ~ -,**
comb.fm. lawn (fertilizer etc.); (piece etc.)
of grass; **R ~ mäher** *m,* lawn mower; **R ~ mäh-
maschine** *f,* power-driven lawn mower; **R ~ -
sprenger** *m,* lawn sprinkler.

Rasier- [ra'zi:r-], *comb.fm.* shaving (mirror,
cream, soap etc.); **R ~ pinsel** *m,* shaving brush;
R ~ zeug *n,* shaving things. **R ~ apparat,** *m
-(e)s/-e* razor; **elektrischer R.,** electric shaver.
r ~ en [ra'zi:rən], *v.tr.* to shave (s.o., one's chin
etc.); **sich r.,** to shave. **R ~ klinge,** *f -/-n* razor
blade. **R ~ messer,** *n -s/-* cut-throat razor.
R ~ wasser, *n -s/- & ⁻* after-shave (lotion).

Raspel ['raspəl], *f -/-n* **1.** *Tls:* rasp. **2.** *Cu:* grater.
'r ~ n, *v.tr.* to rasp (wood etc.); *Cu:* to shred
(cabbage etc.).

Rass|e ['rasə], *f -/-n* (*a*) (*Menschenr.*) (human)
race; (*b*) *Z:* breed; **eine neue R. züchten,**
to breed a new strain; (*c*) *Fig:* **er hat R.,** he
has plenty of temperament. **'R ~ ehund,** *m
-(e)s/-e* pedigree dog. **'R ~ en-,** *comb.fm.*
racial (discrimination, characteristic, pride
etc.); **R ~ bewußtsein** *n,* racial consciousness;
(*übertrieben*) racialism; **R ~ haß** *m,* racial/race
hatred; **R ~ trennung** *f,* racial segregation.
'R ~ enkreuzung, *f -/-en Z:* cross-breeding.
'R ~ enkunde, *f -/no pl* ethnology. **'R ~ e-
pferd,** *n -(e)s/-e* thoroughbred (horse). **'r ~ e-
rein,** *adj.* pure-bred, thoroughbred (horse
etc.). **'R ~ evieh,** *n -(e)s/no pl* pedigree cattle.
'r ~ ig, *adj.* vivacious, spirited (woman etc.);
fiery (wine, temperament etc.); **r ~ es Aussehen,**
striking appearance; *Aut:* **r ~ e Form,** racy lines.
'r ~ isch, *adj.* racial. **R ~ ismus** ['sismus], *m
-/no pl* racism, racialism. **R ~ ist** [-'sist], *m
-en/-en* racist. **r ~ istisch,** *adj.* racist.

Rassel ['rasəl], *f -/-n* rattle. **'r ~ n,** *v.i.* (*a*)
(*haben*) to rattle (**mit etwas** *dat.* sth.); (*Ketten*)
to clank; (*b*) (*sein*) to rattle along; (*c*) (*sein*) *F:*
durchs Examen r., to flunk one's exam.

Rast [rast], *f -/-en* rest; **R. machen,** to stop for a
rest/(*zum Essen*) for a meal. **'R ~ e,** *f -/-n
Tchn:* catch. **'r ~ en,** *v.i.* (*haben*) to (take a) rest,
have a break (on a journey). **'R ~ haus,** *n
-es/⁻er* roadhouse; *esp.* motorway restaurant.
'R ~ hof, *m -(e)s/⁻e* (motorway) motel.
'r ~ los, *adj.* ceaseless; (*unermüdlich*) tireless;
(*unruhig*) restless. **'R ~ losigkeit,** *f -/no pl*
ceaselessness; restlessness. **'R ~ platz,** *m
-es/⁻e* resting place, *esp.* layby, pull-in (on a
motorway). **'R ~ stätte,** *f -/-n* service area.

Raster ['rastər]. **1.** *m -s/-* *Print: Phot:* screen;
Arch: grid. **2.** *n -s/-* *TV:* frame, raster. **'r ~ n,**
v.tr. Print: to screen, *TV:* scan (a picture).

Rasur [ra'zu:r], *f -/-en* **1.** shave. **2.** (*Radieren*)
erasure.

Rat [ra:t], *m -(e)s/⁻e* **1.** (*pl* **R ~ schläge**) (piece
of) advice; (*Vorschlag*) suggestion; **ich weiß
mir keinen R.** (**mehr**), I am at my wit's end; **da
ist guter R. teuer,** what on earth is one to do
(now)? **j-n/ein Buch zu R ~ e ziehen,** to consult
s.o./a book. **2.** (*pl.* **R ~ e**) *Adm:* (*a*) (*Gremium*)
council; **im R. sitzen,** to be on the council; (*b*)
(*R ~ smitglied*) councillor. **'r ~ en,** *v.tr. & i.irr.*
(*haben*) (*pres.* **rät,** *p.* **riet,** *p.p.* **geraten**) (*a*) **j-m**
(**etwas**) **r.,** to advise s.o. (to do sth.); **was/wozu
rätst du mir?** what do you advise/recommend
me to do? **ihm ist nicht zu r.,** he won't listen to
advice; **laß dir das geraten sein! das würde ich
dir auch r.!** you better had (do that)! (*b*) (*er-
raten*) to guess (an answer etc.); **rate mal, wie
alt ich bin,** guess how old I am; **dreimal darfst
du r.!** I'll give you three guesses. **'R ~ espiel,** *n
-(e)s/-e* guessing game. **'R ~ geber,** *m -s/-*
adviser. **'R ~ haus,** *n -es/⁻er* town hall.
'r ~ los, *adj.* helpless (look etc.); **ich bin r.,** I
don't know what to do. **'R ~ losigkeit,** *f -/
no pl* helplessness, perplexity. **'r ~ sam,** *pred.
adj.* advisable; (*weise*) prudent. **'R ~ schlag,**
m -(e)s/⁻e piece of advice. **'R ~ sherr,** *m -n
& -en/-en* councillor. **'R ~ skeller,** *m -s/-* town-
hall cellar (restaurant). **'R ~ ssitzung/'R ~ s-
versammlung,** *f -/-en* council meeting.

Rate ['ra:tə], *f -/-n* **1.** *Com:* instalment, part
payment; **etwas auf R ~ n kaufen,** to buy sth.
on hire purchase/*N.Am:* the instalment plan.
'R ~ nkauf, *m -(e)s/⁻e* purchase by instalments.
'r ~ nweise, *adv.* in/by instalments. **'R ~ n-
zahlung,** *f -/-en* payment by instalments.

ratifizier|en [ratifi'tsi:rən], *v.tr.* to ratify (a
treaty etc.). **R ~ ung,** *f -/-en* ratification.

Ration [ratsi'o:n], *f -/-en* ration. **r ~ ieren**
[-o'ni:rən], *v.tr.* to ration (sth.). **R ~ ierung,** *f
-/-en* rationing.

rational [ratsio'na:l], *adj.* rational. **r ~ isieren**
[-nali'zi:rən], *v.tr.* to rationalize (a firm, *Psy:*
one's actions etc.). **R ~ i'sierung,** *f -/-en*
rationalization.

rationell [ratsio'nɛl], *adj.* efficient; (*wirt-
schaftlich*) economical; *adv.* **r. arbeiten,** to
work efficiently.

Rätsel ['rɛ:tsəl], *n -s/-* (*a*) (*Wortr.*) riddle; (*b*)
(*Geheimnis*) mystery, enigma; **ich stehe vor
einem R.,** I am completely baffled; **das ist des
R ~ s Lösung!** that explains it! that's the
answer! **es ist mir ein R., wie . . .,** it is a mystery
to me how . . .; **er spricht in R ~ n,** he talks in
riddles. **'r ~ haft,** *adj.* baffling (problem);
enigmatic (person), mysterious (circumstances
etc.); **das ist mir völlig r.,** it is a complete mys-
tery to me. **'r ~ n,** *v.i.* (*haben*) to puzzle, rack
one's brains (**über etwas** *acc,* over sth.).
'R ~ raten, *n -s/no pl* **1.** puzzle solving;
guessing of riddles. **2.** (*Rätseln*) speculation.
'r ~ voll, *adj.* mysterious.

Ratte ['ratə], *f -/-n* rat. **'R ~ nfänger,** *m -s/-
1. rat-catcher; *Myth:* **der R. von Hameln,** the
Pied Piper of Hamelin. **2.** (*Hund*) ratter.
'R ~ ngift, *n -(e)s/-e* rat poison.

rattern ['ratərn], *v.i.* (a) (*haben*) (*Maschinengewehr usw.*) to chatter; (b) (*sein*) (*Auto usw.*) to rattle, clatter (along).

ratzekahl [ratsə'ka:l], *adv.* F: completely; **alles r. aufessen,** to gobble up the lot.

Raub [raup], *m* -(e)s/*no pl* 1. robbery; (*Entführung*) kidnapping, abduction. 2. (*Beute*) loot, booty; (*im Krieg*) spoils; *Lit:* **ein R. der Flammen werden,** to be destroyed by (the) fire. '**R ~ bau,** *m* -(e)s/*no pl* over-exploitation (of natural resources); **mit seiner Gesundheit R. treiben,** to abuse one's health. '**R ~ druck,** *m* -(e)s/-e *Pub:* pirate edition. **r ~ en** ['raubən], *v.tr.* (a) **j-m etwas r.,** to rob/deprive s.o. of sth., steal sth. from s.o.; **j-m viel Zeit r.,** to take up a lot of s.o.'s time; **j-m die letzte Hoffnung r.,** to take away s.o.'s last hope; (b) (*entführen*) to abduct, kidnap (a child etc.). '**R ~ fisch,** *m* -(e)s/-e predatory fish. '**R ~ gier,** *f* -/*no pl* rapacity. '**r ~ gierig,** *adj.* rapacious. '**R ~ mord,** *m* -(e)s/-e robbery with murder. '**R ~ mörder,** *m* -s/- robber and murderer. '**R ~ ritter,** *m* -s/- *Hist:* robber baron. '**R ~ - schiff,** *n* -(e)s/-e pirate ship. '**R ~ tier,** *n* -(e)s/-e beast of prey. '**R ~ überfall,** *m* -(e)s/-e (bank etc.) raid; holdup. '**R ~ vogel,** *m* -s/- *Orn:* bird of prey.

Räuber ['rɔybər], *m* -s/- robber; (*Tier*) predator; **R. und Gendarm spielen,** to play cops and robbers. '**R ~ bande,** *f* -/-n gang of thieves/robbers. '**R ~ geschichte,** *f* -/-n (a) story of robbers; (b) (*Lügengeschichte*) tall story. '**r ~ n,** *v.i.* (*haben*) F: to plunder, thieve.

Rauch [raux]. I. *m* -(e)s/*no pl* smoke; (*Dämpfe*) fumes; **in R. aufgehen,** to go up in smoke; *Fig:* to come to nothing. II. '**R ~,** *comb.fm.* (a) smoke (bomb, cartridge, ring, signal etc.); (cloud etc.) of smoke; **R ~ gase** *npl,* smoke fumes; **R ~ maske** *f,* (fireman's) smoke mask; **R ~ schleier/R ~ vorhang** *m,* smokescreen; **R ~ fahne** *f,* trail/plume of smoke; **R ~ säule** *f,* column of smoke; **R ~ schwaden** *m*/**R ~ wolke** *f,* cloud of smoke; (b) (*geräuchert*) smoked (meat, glass etc.); (c) (*für Raucher*) smoking (room, tobacco etc.); smoker's (table etc.); **R ~ verbot** *n,* smoking ban; **R ~ utensilien** *pl,* smoker's requisites. '**R ~ abzug,** *m* -(e)s/-e chimney flue. '**r ~ en.** I. *v.* 1. *v.i.* (*haben*) to smoke; *Ch:* (*Säure*) to fume; F: **paß auf, sonst raucht's,** watch out, or there'll be trouble. 2. *v.tr.* to smoke (a pipe, cigarette etc.). II. **R.,** *n* -s/*no pl* smoking; *P.N:* **R. verboten!** no smoking. '**R ~ er,** *m* -s/- 1. (*Pers.*) smoker. 2. F: *Rail:* (*also* R ~ **abteil** *n*) smoking compartment, F: smoker. '**R ~ fang,** *m* -(e)s/-e. 1. hood, canopy (over a hearth). 2. *Aus:* chimney '**R ~ fangkehrer,** *m* -s/- *Aus:* chimney sweep. '**R ~ faß,** *n* -sses/-sser *Ecc:* censer. '**r ~ ig,** *adj.* smoky '**r ~ los,** *adj.* smokeless. '**R ~ waren** *fpl,* tobacco products.

Räucher- ['rɔyçər], *comb.fm.* smoked (eel, ham etc.); **R ~ hering** *m,* smoked herring; kipper; **R ~ waren** *fpl,* smoked (fish and meat) products. '**R ~ kerze,** *f* -/-n aromatic candle. '**r ~ n,** *v.* 1. *v.tr.* to smoke (fish, meat etc.). 2. *v.i.* (*haben*) to fumigate. '**R ~ ung,** *f* -/-en fumigation.

Räud|e ['rɔydə], *f* -/-n *Vet:* mange. '**r ~ ig,** *adj.* mangy.

rauf [rauf], *adv. & comb.fm.* F: = **herauf/hinauf.**

Rauf|bold ['raufbolt], *m* -(e)s/-e *Pej:* ruffian. '**r ~ en,** *v.* 1. *v.tr.* to pull out (weeds etc.); *Fig:* **sich** *dat* **die Haare r.,** to be tearing one's hair. 2. *v.refl. & i.* (*haben*) (**sich**) **r.,** to fight, scrap (**mit j-m um etwas** *acc,* with s.o. for sth.). **R ~ e'rei,** *f* -/-en fight, scrap; (*Handgemenge*) brawl. '**R ~ lust,** *f* -/*no pl* pugnacity. '**r ~ lustig,** *adj.* pugnacious.

rauh [rau]. I. *adj.* 1. (a) rough (surface, hands etc.); coarse (cloth etc.); harsh (texture, sound); (b) (*heiser*) hoarse (voice); **einen r ~ en Hals haben,** to have a sore throat. 2. (*unwirtlich*) (a) rough, stormy (sea); rugged (landscape etc.); (b) raw, bleak (climate); biting (wind); harsh, severe (winter, weather etc.); *Fig:* **die r ~ e Wirklichkeit,** harsh reality. 3. (*grob*) uncouth (manners, person, etc.); *Sp:* physical (play); **r. aber herzlich,** bluff; *adv.* **j-n r. anfassen,** to treat s.o. roughly/harshly. 4. **in r ~ en Mengen,** in vast quantities. '**R ~ eit,** *f* -/*no pl* 1. (a) roughness, coarseness; hoarseness; soreness; (b) ruggedness. 2. rawness, bleakness; harshness, severity. 3. rough/uncouth behaviour. **r ~ en** ['rauən], *v.tr.* to roughen (a surface etc.). '**R ~ fasertapete,** *f* -/-n rough-textured wallpaper. '**R ~ haardackel,** *m* -s/- wirehaired dachshund. '**r ~ haarig,** *adj.* wirehaired (dog). '**R ~ putz,** *m* -es/*no pl Constr:* roughcast. '**R ~ reif,** *m* -(e)s/*no pl* hoar frost.

Raum [raum]. I. *m* -(e)s/-e space; (a) **auf engem R. leben,** to live in a confined space; **der unendliche R. der Wüste,** the infinite expanse of the desert; *Ph:* **ein luftleerer R.,** a vacuum; (b) (*Gebiet*) *Geog:* area; *Fig:* (scientific etc.) field; **der Hamburger R.,** the Hamburg area; **im politischen R.,** in the political sphere; (c) (*Rauminhalt*) capacity, volume; (d) (*Weltr.*) **eine Rakete in den R. schießen,** to launch a rocket into space; (e) (*Platz*) **dieses Sofa nimmt viel/wenig R. ein,** this sofa takes up a lot of/very little room/space; *Fig:* **keinen R. zu geistiger Entfaltung lassen,** to leave no scope for intellectual development; (f) (*Zimmer*) room; **die Wohnung hat drei R ~ e,** the flat has three rooms. II. '**R ~,** *comb.fm.* 1. space (suit, flight, research, station etc.); **R ~ fahrer** *m,* spaceman, astronaut; **R ~ fahrt** *f,* space travel; **R ~ fahrzeug** *n,* space craft; **R ~ kapsel** *f,* space capsule; **R ~ schiff** *n,* spaceship; **R ~ sonde** *f,* space probe; **R ~ transporter** *m,* space shuttle. 2. room, interior (acoustics etc.); **R ~ teiler** *m,* room divider; **R ~ ausstatter(in)** *m(f),* interior decorator; **R ~ gestaltung** *f,* interior design. '**R ~ inhalt,** *m* -(e)s/-e volume, cubic capacity. '**R ~ maß,** *n* -es/-e cubic measure. '**R ~ pflegerin,** *f* -/-nen (woman) cleaner. '**r ~ sparend,** *adj.* space-saving. '**R ~ verteilung,** *f* -/-en allocation of space/rooms.

Räum|boot ['rɔymbo:t], *n* -(e)s/-e *Navy:* minesweeper. '**r ~ en,** *v.tr.* (a) to vacate (a house, one's seat etc.); to evacuate (a building, *Mil:* position etc.); to leave (the battlefield etc.); to give up (one's seat, job etc.) (j-m, to s.o.); (b) (*wegr.*) to remove, clear away (snow, rubble, dishes etc.); *Navy:* to sweep (mines);

j-n, etwas aus dem Weg r., to get rid of s.o., sth.; (c) (*leeren*) to clear (a space, road, table etc.); *Com:* **das Lager r.,** to clear/sell off one's stock. '**R ~ fahrzeug,** *n* -(e)s/-e (a) bulldozer; (b) (*Schneepflug*) snow plough. '**r ~ lich,** *adj.* spatial; three-dimensional (effect etc.); *adv.* with regard to space; **r. beschränkt sein,** to be short of space. '**R ~ lichkeit,** *f* -/-en **1.** *pl* **R ~ en,** premises. **2.** *Art:* three-dimensional character. '**R ~ ung,** *f* -/-en (a) (*also Com:*) clearance; (b) vacating; evacuation. '**R ~ ungsbefehl,** *m* -(e)s/-e eviction order. '**R ~ ungsfrist,** *f* -/-en period of notice to quit. '**R ~ ungsverkauf,** *m* -(e)s/-e *Com:* clearance sale.

raunen ['raunǝn], *v.tr. & i.* (*haben*) *Lit:* to murmur (sth.).

raunzen ['rauntsǝn], *v.i.* (*haben*) *South G: F:* to whine.

Raupe ['raupǝ], *f* -/-n **1.** *Ent:* caterpillar. **2.** (a) tracked vehicle, *esp.* bulldozer; (b) = **R ~ nkette.** '**R ~ nfahrzeug,** *n* -(e)s/-e tracked vehicle. '**R ~ nkette,** *f* -/-n (caterpillar) track. '**R ~ nschlepper,** *m* -s/- caterpillar tractor.

raus [raus], *adv. & comb.fm. F:* = **heraus/hinaus.** '**r ~ fliegen,** *v.i.sep.irr.7* (*sein*) (a) = **herausfliegen/hinausfliegen;** (b) *F:* to be kicked out; (*entlassen werden*) to be fired. '**r ~ schmeißen,** *v.tr.sep.irr.4* (a) to chuck (s.o., sth.) out; (b) (*entlassen*) to fire (s.o.). '**R ~ schmeißer,** *m* -s/- *F:* **1.** (*Pers.*) bouncer (at a dance etc.). **2.** last dance. '**R ~ schmiß,** *m* -sses/-sse *F:* (a) chucking (out); (b) firing, sack(ing).

Rausch [rauʃ], *m* -(e)s/-e intoxication; (a) **sich** *dat* **einen R. antrinken,** to get drunk; **einen R. haben,** to be drunk; **seinen R. ausschlafen,** to sleep it off; (b) *Lit:* exhilaration, intoxication (of success etc.). '**r ~ en. I.** *v.* **1.** *v.i.* (a) (*haben*) to make a rushing sound; (*leise*) to rustle, (*Bach*) murmur, (*Seide usw.*) swish; *Rad: etc:* to hiss; **der Wind rauschte in den Bäumen,** the wind sighed/(*laut*) roared in the trees; **r ~ der Beifall,** enthusiastic applause; *Fig:* **r ~ de Feste,** brilliant/exhilarating parties; (b) (*sein*) to rush (along); **sie rauschte aus dem Saal,** she swept out of the room. **II. R.,** *n* -s/*no pl* rushing (sound); (*leise*) rustle, murmur; *Rad: etc:* hiss; *Tchn:* white noise; **R. des Wassers/des Regens,** sound of running water/falling rain. '**R ~ faktor,** *m* -s/-en *Rad: Rec:* noise factor. '**R ~ gift,** *n* -(e)s/-e (narcotic) drug, *F:* dope. '**R ~ gifthandel,** *m* -s/*no pl* drug traffic. '**R ~ gifthändler,** *m* -s/- drug pedlar/pusher. '**R ~ giftsucht,** *f* -/*no pl* drug addiction. '**r ~ giftsüchtig,** *adj.* drug-addicted; **ein R ~ er/eine R ~ e,** a drug addict.

räuspern ['rɔyspǝrn], *v.refl.* **sich r.,** to clear one's throat.

Raute ['rautǝ], *f* -/-n diamond (shape); *Geom:* rhombus. '**r ~ nförmig,** *adj.* diamond-shaped.

Razzia ['ratsia], *f* -/-ien & -s (police) raid, swoop.

Reag|enzglas [rea'gɛntsglaːs], *n* -es/-er *Ch:* test tube. **r ~ ieren** [-'giːrǝn], *v.i.* (*haben*) to react, (*Pers.*) respond (**auf etwas** *acc,* to sth.); *F:* **er reagierte sauer,** he took it in bad part.

Reaktion [reaktsi'oːn], *f* -/-en **1.** reaction, response (**auf etwas** *acc,* to sth.). **2.** *Pol:* **die R.,** (the forces of) reaction. **r ~ är** [-o'nɛːr]. **I.** *adj.*

reactionary. **II. R.,** *m* -s/-e reactionary. **R ~ sfähigkeit,** *f* -/-en ability to react (quickly); reactions. **r ~ sschnell,** *adj.* quick to react.

reakt|ivieren [reakti'viːrǝn], *v.tr.* (a) *Med: Ch:* to reactivate (sth.); (b) *Mil: Adm:* to recall (a retired person). **R ~ or** [re'ⁿaktor], *m* -s/-en *Ph:* reactor.

real [re'aːl]. **I.** *adj.* **1.** real, actual (value etc.); **r ~ e Werte,** tangible assets. **2.** (*realistisch*) realistic (ideas etc.), **II. R ~ -,** *comb.fm.* real (income, wages, value etc.). **R ~ gymnasium,** *n* -s/-ien *Sch: A: approx.* modern grammar school (*with emphasis on sciences and modern languages*); (*Sachkenntnisse*) expert knowledge. **r ~ isierbar** [-ali'ziːrbaːr], *adj.* realizable (hopes etc.); feasible (plan etc.); *Com:* liquid (assets). **r ~ isieren,** *v.tr.* (a) to realize (hopes), put (a plan, ideas etc.) into practice; *Fin:* to realize (profits etc.), convert (assets etc.) into cash; (b) (*einsehen*) to recognize, realize (one's mistakes etc.). **R ~ isierung,** *f* -/*no pl* realization. **R ~ ismus** [-a'lismus], *m* -/*no pl* realism. **R ~ ist,** *m* -en/-en realist. **r ~ istisch,** *adj.* realistic. **R ~ ität,** *f* -/-en **1.** reality. **2.** *Aus: pl* **R ~ en,** real estate. **R ~ katalog,** *m* -(e)s/-e (library) subject catalogue. **R ~ lexikon,** *n* -s/-ka & -ken specialist dictionary. **R ~ politik,** *f* -/*no pl* realistic policy, realpolitik. **R ~ schule,** *f* -/-n *Sch:* modern secondary school (*with emphasis on sciences and modern languages*).

Rebe ['reːbǝ], *f* -/-n **1.** vine-shoot. **2.** (*Weinstock*) vine.

Rebhuhn ['reːphuːn], *n* -(e)s/-er partridge.

Rebell|(in) [re'bɛl(in)], *m* -en/-en (*f* -/-nen) rebel. **r ~ ieren** [-'liːrǝn], *v.i.* (*haben*) to rebel. **R ~ ion** [-li'oːn], *f* -/-en rebellion. **r ~ isch** [-'bɛliʃ], *adj.* rebellious.

Rechaud [re'ʃoː], *m & n* -s/-s **1.** warming plate; food warmer. **2.** *South G:* gas cooker.

rechen ['rɛçǝn], *esp. South G:* **I.** *v.tr.* to rake (soil etc.). **II. R.,** *m* -s/- rake.

Rechen|anlage ['rɛçǝnⁿanlaːgǝ], *f* -/-n computer (system). '**R ~ aufgabe,** *f* -/-n arithmetical problem. '**R ~ automat,** *m* -en/-en calculator. '**R ~ buch,** *n* -(e)s/-er arithmetic book. '**R ~ fehler,** *m* -s/- error in calculation, miscalculation. '**R ~ maschine,** *f* -/-n calculator. '**R ~ schaft,** *f* -/*no pl* account; **j-m R. geben/ablegen,** to account to s.o. (**über etwas** *acc,* for sth.); **von j-m R. fordern,** to demand an explanation from s.o.; **j-n zur R. ziehen,** to call s.o. to account. '**R ~ schieber,** *m* -s/- slide-rule '**R ~ tafel,** *f* -/-n mathematical table. '**R ~ zentrum,** *n* -s/-tren computer centre.

Recherche [re'ʃɛrʃǝ], *f* -/-n *Journ: etc:* enquiry, investigation.

rechn|en ['rɛçnǝn]. **I.** *v.* **1.** *v.i.* (*haben*) (a) to calculate; **falsch r.,** to miscalculate; **gut r. können,** to be good at figures; **im Kopf r.,** to do mental arithmetic; **vom 1. April an gerechnet,** taking April 1st as a starting point; (b) (*haushalten*) **sie versteht zu r.,** she's good at making the money go a long way; **mit jedem Pfennig r.,** to count every penny; (c) (*erwarten*) **r. mit** + *dat,* to be prepared for, reckon with (sth.); **damit**

hatte ich nicht gerechnet, I hadn't expected that; **wir müssen damit r., daß er stirbt,** we must be prepared for him to die; (*d*) (*sich verlassen*) **sie können mit seiner/auf seine Diskretion r.,** you can count on his discretion; **auf ihn kann man nicht r.,** one cannot rely on him; (*e*) **Affen r. zu den Primaten,** monkeys count/are considered as primates. **2.** *v.tr.* (*a*) to calculate, work out (an account, distance etc.); **eine Aufgabe r.,** to work out a problem; (*b*) (*schätzen*) to estimate, allow (sth.); **nach Bonn muß man zwei Stunden r.,** you must allow two hours to get to Bonn; **zuviel/zu hoch r.,** to overestimate; **alles in allem gerechnet,** (taken) all in all; **grob gerechnet,** at a rough estimate; (*c*) (*zählen*) to count, include (s.o., sth.) (**zu** + *dat,* among); **das Trinkgeld nicht gerechnet,** not counting the tip; **er rechnet sich zur Elite,** he considers/ reckons himself one of the elite. **II. R., -s/** *no pl Sch:* arithmetic. **'R ~ er,** *m* **-s/- 1.** (*Gerät*) calculator. **2.** (*Pers.*) **er ist ein guter/schlechter R.,** he is good/bad at figures. **'r ~ erisch,** *adj.* arithmetical (method, problem etc.); (value etc.) based on calculation. **'R ~ ung,** *f* **-/-en 1.** calculation; **die R. ging nicht auf,** the problem/ sum did not work out (exactly); *Fig:* **things didn't work out as I/we had hoped. 2.** (*a*) bill; *Com:* invoice; **laut R.,** as per invoice; **die R. bitte,** can I have the bill/*N.Am:* check please; (*b*) (*Konto*) account; **das geht auf meine R.,** this is on me; **Kauf auf R.,** purchase on account; credit purchase; **j-m etwas in R. stellen,** to charge sth. to s.o.'s account; *Fig:* **j-m, einer Sache R. tragen,** to take s.o., sth. into account. **'R ~ ungsbetrag,** *m* **-(e)s/-e** amount of invoice. **'R ~ ungsbuch,** *n* **-(e)s/-er** accounts ledger. **'R ~ ungsführer,** *m* **-s/-** accountant. **'R ~ ungsführung,** *f* **-/no pl** accountancy. **'R ~ ungsjahr,** *n* **(e)s/-e** financial year. **'R ~ ungsprüfer,** *m* **-s/-** auditor. **'R ~ ungsprüfung,** *f* **-/-en** audit. **'R ~ ungswesen,** *n* **-s/no pl** accountancy.

recht¹ [reçt], *adj.* right; (*a*) (*richtig*) **der/die R ~ e,** the right person; **nach dem R ~ en sehen,** to see that all is well; **hier geht es nicht mit r ~ en Dingen zu,** there is something fishy going on here; **bin ich hier r.?** am I going the right way? **(durchaus/völlig) r. haben,** to be (absolutely/perfectly) right; **r. behalten,** to turn out to be right; **ich muß dir r. geben,** I am forced to admit you are right; **so ist es r.! so!** that's the ideal/that's right! **das ist mir r.,** that's all right with me; **ist es Ihnen r.?** do you mind? **mir ist alles r.,** I'm not fussy; *adv.* **man kann es nicht allen r. machen,** you cannot please everybody; **du kommst (mir) gerade r.,** you've come at just the right moment; *esp. Iron:* your timing is fantastic; **wenn ich Sie r. verstehe,** if I understand you right/correctly; (*b*) (*gerecht*) fair; just; **es ist nicht r. von dir,** it's wrong/unfair of you; **es wäre nur r. und billig,** it would only be right and proper; *F:* **alles was r. ist, aber . . .,** fair enough, but . . .; *adv.* **es geschieht dir r.,** it serves you right; (*c*) (*echt*) real (pity etc.); **ich habe keine r ~ e Lust,** I don't really feel like it; **daraus ist nichts R ~ es geworden,** nothing much came of it; *adv.* **es heilt nicht r.,** it's not healing properly; **er wußte nicht r., wer,** he didn't quite

know who; **r. traurig,** really sad; **r. gut,** pretty good; **r. herzlichen Dank!** thank you very much! *F:* **r. und schlecht,** after a fashion. **Recht²,** *n* **-(e)s/-e 1.** *np pl* law; **R. und Ordnung,** law and order; **R. sprechen,** to administer justice; **Gnade vor/für R. ergehen lassen,** to temper justice with mercy; *Fig:* **im R. sein,** to be in the right; **mit R.,** rightly, justifiably. **2.** (*Anspruch usw.*) right (**auf** + *acc,* to); **angestammtes R.,** birthright; **alle R ~ e vorbehalten,** all rights reserved. **'r ~ fertigen,** *v.tr.* to justify (s.o., oneself, sth.) (**vor j-m,** to s.o.); **durch nichts zu r.,** quite unjustifiable/inexcusable. **'R ~ fertigung,** *f* **-/-en** justification; **zu seiner R.,** in self-justification. **'r ~ gläubig,** *adj. Rel:* orthodox. **'R ~ gläubigkeit,** *f* **-/no pl** orthodoxy. **'r ~ haberisch,** *adj.* opinionated (person); **er ist sehr r.,** he thinks he is infallible. **'r ~ lich,** *adj.* legal (question, success etc.); legitimate (claim etc.) **'r ~ los,** *adj.* without rights. **'R ~ losigkeit,** *f* **-/no pl** lack of rights. **'r ~ mäßig,** *adj.* legal, lawful (practice etc.); legitimate (claim etc.); rightful (owner). **'R ~ mäßigkeit,** *f* **-/no pl** legitimacy, legality. **'R ~ s-¹, 'r ~ s-,** *comb.fm.* (*a*) legal (matter, question, claim, situation, protection, language, title etc.); (principle etc.) of law; **R ~ geschäft** *n,* legal transaction; **R ~ grund** *m*/**R ~ grundlage** *f,* legal grounds; **R ~ kraft** *f,* legal force/validity; **R ~ kundige(r)** *m* & *f,* legal expert; **R ~ nachfolger** *m,* legal successor; **R ~ stellung** *f,* legal status; **R ~ streit** *m,* legal action, lawsuit; **R ~ bruch** *m*/**R ~ verletzung** *f,* infringement of the law; **R ~ brecher** *m,* law-breaker; *adj* **r ~ gültig** legally valid; **r ~ verbindlich,** legally binding; (*b*) (sense etc.) of justice; **R ~ pflege** *f,* administration of justice. **'R ~ sanwalt,** *m* **(e)s/-e** lawyer; *Brit:* solicitor; *N.Am:* attorney; (**plädierender) R.,** *Brit:* barrister, *N.Am:* attorney-at-law. **'R ~ sanwaltschaft,** *f* **-/no pl die R.,** the legal profession. **'r ~ schaffen,** *adj.* (*a*) upright, decent; (*ehrlich*) honest; (*b*) real (hunger etc.); *adv.* **r. müde,** really tired. **'R ~ schaffenheit,** *f* **-/no pl** decency, honesty. **'R ~ schreib-,** *comb.fm.* spelling (reform, mistake etc.). **'r ~ schreiben,** *v.i.* (*only in infin.*) to spell correctly. **'R ~ schreibung,** *f* **-/no pl** orthography, (correct) spelling. **'r ~ skräftig,** *adj.* (decision etc.) with the force of law; **r. werden,** to become absolute. **'R ~ sprechung,** *f* **-/-en** jurisdiction, administration of justice. **'R ~ sspruch,** *m* **-(e)s/-e** *Jur:* judgement. **'R ~ sweg,** *m* **-(e)s/-e der R.,** the legal process, litigation; **auf dem R.,** in the courts; **through legal action; den R. gehen/beschreiten,** to take legal action. **'r ~ swidrig,** *adj.* illegal, against the law. **'R ~ swissenschaft,** *f* **-/no pl** jurisprudence. **'r ~ zeitig,** *adj.* in time; timely (intervention etc.); **bei r ~ er Behandlung,** if treated early enough; *adv.* **r. ankommen/abfahren,** to arrive/leave on time.

recht|e(r, s) [reçtə(r,s)], *adj.* (*a*) right (arm, shoe etc.); **auf der r ~ n Seite/zur R ~ n,** on the righthand side/the right; **zu meiner R ~ n,** on my right; **r. obere Ecke,** top righthand corner; *Fig:* **meine r. Hand,** my righthand man; (*b*) *Pol:* rightwing (politician, views etc.); right (wing);

die R., the right; (c) Tex: r. Seite, right side; (d) Geom: r~r Winkel, right angle. 'R ~ eck, n -(e)s/-e rectangle. 'r ~ eckig, adj. rectangular. r ~ s, adv. (a) on the right; von/nach r., from/ to the right; r. von mir/der Tür, to my right/the right of the door; die erste Straße r., the first on the right; r. abbiegen, to turn right; (b) Pol: r. stehen/F: sein, to be right-wing; (c) Knit: r. stricken, to do plain knitting. R~s-², comb.fm. (a) righthand (bend, Mec.E: thread etc.); adv. r~seitig, on the righthand side; Aut: R~steuerung f, righthand drive; R~verkehr m, righthand rule of the road; Fb: R~außen/ R~innen m, outside/inside right; (b) (turning etc.) to the right; clockwise (rotation etc.); R~abbieger m, vehicle turning right; (Spur) right filter; (c) Pol: rightwing (extremist, radical, party, government etc.); adj. r~gerichtet/ r~orientiert/r~stehend, with rightwing tendencies; r~radikal/r~extremistisch, with radical/extreme rightwing views. 'R ~ sdrall, m -(e)s/-e Sp: Sm.a: clockwise spin; Aut: einen R. haben, to pull to the right. 'R ~ shänder, m -s/-right-handed person. 'r ~ shändig, adj. right-handed; adv. with the right hand. 'r ~ sherum, adv. (round) to the right, clockwise. 'r ~ s'um! int. Mil: right turn! 'r ~ wink(e)lig, adj. right-angled.

Reck [rɛk], n -(e)s/-e Gym: horizontal bar. 'r ~ en, v.tr. to crane (one's neck); sich r., to stretch oneself.

Redakt|eur(in) [redakt'ø:r(in)], m -s/-e (f -/-nen) editor. R ~ tion [-tsi'o:n], f -/-en 1. no pl editing. 2. (a) editorial staff; (b) (Abteilung) editorial department. r ~ tionell [-tsio'nɛl], adj. editorial. R ~ ti'onsschluß, m -sses/no pl copy deadline; Meldungen nach R., stop-press news.

Rede ['re:də], f -/-n (a) speech; eine R. halten, to make a speech; Fig: der langen R. kurzer Sinn, the long and short of it; (b) usu. pl. words, remarks; er gibt nichts auf die R~n der Leute, he doesn't care what people say; F: große R~n schwingen, to talk big; (c) (Gespräch) talk, conversation; wovon ist die R.? what are you talking about? what is it all about? es ist nicht/ kaum der R. wert, it is not/hardly worth mentioning; es war von . . . die R., there was (some) talk/mention of . . .; davon kann keine R. sein, that is out of the question; j-m in die R. fallen, to interrupt s.o., cut s.o. short; es verschlug mir die R., it took my breath away; (d) Ling: Gram: direkte/indirekte R., direct/indirect speech; (e) j-n zur R. stellen, to demand an explanation from s.o.; j-m R. und Antwort stehen, to explain oneself to s.o. 'R ~ fluß, m -sses/no pl stream of words. 'R ~ freiheit, f -/no pl freedom of speech. 'r ~ gewandt, adj. eloquent. 'R ~ gewandtheit, f -/no pl eloquence. 'R ~ kunst, f -/no pl oratory. r ~ n ['re:dən], v. 1. v.i. (haben) (a) to talk, speak (von + dat/ über + acc, about; mit j-m, to s.o.); (eine Rede halten) to make a speech; nicht zu r. von . . ./ von . . . nicht zu r., not to mention . . .; to say nothing of . . .; du hast gut r., it's easy for you to talk; laß doch die Leute r., let people say what they like; von sich dat r. machen, to be in the news, make a stir; j-n zum R. bringen, to

get s.o. to talk; (b) (untereinander) darüber läßt sich r., this is something that we can discuss; this idea has possibilities; er läßt mit sich r., he is open to persuasion/amenable to argument; sie r. nicht miteinander, they are not on speaking terms; r. wir nicht mehr davon, don't let's say any more about it; (c) j-m ins Gewissen r., to appeal to s.o.'s conscience. 2. v.tr. to talk (nonsense etc.), speak (the truth etc.); sich dat etwas von der Seele r., to make a clean breast of sth.; er redete kein Wort, he didn't say a word; sich heiser r., to talk until one is hoarse. 'R ~ nsart, f -/-en saying; (abgedroschene) R., cliché, hackneyed phrase; das sind nur R~en, those are just empty words. R ~ 'rei, f -/-en 1. empty talk, (endless) chatter. 2. (Klatsch) gossip. 'R ~ schwall, m -(e)s/-e torrent of words. 'R ~ weise, f -/-n manner of speaking. 'R ~ wendung, f -/-en phrase; (idiomatische) R., idiom; feste/stehende R., set phrase; (Floskel) cliché.

redigieren [redi'gi:rən], v.tr. to edit (a text).

redlich ['re:tliç], adj. honest, sincere; (rechtschaffen) upright; r~e Absichten, honourable intentions; adv. sich r. bemühen, to try very hard, make genuine efforts. 'R ~ keit, f -/no pl honesty, sincerity; uprightness.

Redner ['re:dnər], m -s/- speaker. 'R ~ bühne, f -/-n speaker's platform. 'r ~ isch, adj. oratorical; adv. r. begabt, gifted as a speaker. 'R ~ pult, n -(e)s/-e lectern.

redselig ['re:tze:liç], adj. talkative. 'R ~ keit, f -/no pl talkativeness.

reduzier|en [redu'tsi:rən], v.tr. to reduce (prices, staff etc.) (auf + acc, to); sich r., to decrease. R ~ ung, f -/-en reduction.

Reede ['re:də], f -/-n Nau: roads. R ~ r, m -s/- shipowner. R ~ 'rei, f -/-en shipping company.

reell [re'ɛl], adj. 1. honest, straight (business man, deal etc.); reliable, trustworthy (firm etc.); r~e Preise, reasonable/realistic prices. 2. (wirklich) real, genuine (chance etc.); F: decent (portion etc.).

Reep [re:p], n -(e)s/-e Nau: rope.

Refer|at [refe'ra:t], n -(e)s/-e 1. esp. Univ: paper; (Bericht) report; ein R. halten, to read a paper. 2. Adm: (Abteilung) department. R~endar(in) [-ɛn'da:r(in)], m -s/-e (f -/-nen) Adm: (graduate) trainee, esp. Sch: student teacher; Jur: approx. articled clerk. R ~ -ent(in) [-'rɛnt(in)], m -en/-en (f -/-nen) 1. esp. Univ: author of a paper; (Redner) speaker. 2. (Berater) consultant. r ~ ieren [-'ri:rən], v.i. (haben) to report, read a paper (über + acc, on).

reflektieren [reflɛk'ti:rən], v. 1. v.tr. Ph: to reflect (sth.). 2. v.i. (haben) (a) to meditate (über + acc, on); (b) F: auf etwas acc r., to have one's eye on sth.

Reflex [re'flɛks], m -es/-e 1. Opt: & Fig: reflection. 2. Physiol: etc: reflex. R ~ i'on, f -/-en reflection. r ~ iv [-ɛ'ksi:f], adj. Gram: reflexive.

Reform [re'fɔrm], f -/-en reform. R ~ ati'on, f -/-en Ecc: Hist: Reformation. R ~ ator [-'ma:tor], m -s/-en reformer. R ~ bestrebung, f -/-en (planned) reform. R ~ haus, n -es/-̈er health-food shop. r ~ ieren [-'mi:rən], v.tr. to reform (sth.).

Refrain [rə'frɛ:], m -s/-s refrain.

Regal [re'gɑ:l], *n* -s/-e (set of) shelves; (*Bücherr.*) bookcase.

Regatta [re'gata], *f* -/-ten regatta.

rege ['re:gə], *adj.* (*a*) active (person etc.), bustling (activity etc.); busy (traffic, trade etc.); brisk (business, demand etc.); r~s **Treiben**, hustle and bustle; (*b*) (*lebhaft*) lively (person, imagination etc.); animated (discussion); **geistig r.**, mentally alert; r. **werden**, to come alive.

Regel ['re:gəl], *f* -/-n 1. rule; (scientific) law; (*Vorschrift*) regulation; **die R~n des guten Geschmacks**, the canons of good taste; **es sich** *dat* **zur R. machen**, to make it a rule; **in der R.**, as a rule; **nach allen R~n der Kunst**, (i) in textbook fashion; (ii) *F:* (*gründlich*) well and truly. 2. *Physiol:* period (of a woman). 'r~**bar**, *adj.* controllable; (*einstellbar*) adjustable. 'r~**los**, *adj.* disorderly. 'r~**mäßig**, *adj.* regular; symmetrical (features); r~e **Lebensweise**, orderly/well regulated life; **in r~en Abständen**/*adv.* r. **verkehren**, to run at regular intervals. 'R~**mäßigkeit**, *f* -/*no pl* regularity; symmetry, orderliness. r~n ['re:gəln], *v.tr.* (*a*) to regulate (speed, temperature etc.), control (volume, prices etc.); (*Ampel*) to regulate, (*Polizist*) direct (the traffic); (*b*) to settle (a question, debt etc.); to put (affairs etc.) in order; (*erledigen*) to deal with, sort out (a matter); (*im voraus*) to lay down, fix (procedure, rules etc.); to organize (things); **das Problem wird sich r.**, the problem will resolve itself. 'r~**recht**, *adj.* downright, *F:* regular, out-and-out: sheer (impudence etc.); r~**er Reinfall**, complete/utter flop; *adv.* r. **unverschämt**, downright insolent. 'R~**ung**, *f* -/-en 1. regulation, control; (*Einstellung*) adjustment. 2. settlement; (*Lösung*) solution. 3. (*Beschluß*) ruling. 'R~**ventil**, *n* -s/-e *Tchn:* control valve. 'r~**widrig**, *adj.* against the rules/regulations; irregular (conduct, procedure etc.). 'R~**widrigkeit**, *f* -/-en 1. *no pl* irregularity. 2. *esp. Sp:* contravention, infringement.

regen[1] ['re:gən], *v.tr.* (*a*) to move (one's arm etc.); **sie regte keinen Finger**, she didn't lift a finger; (*b*) **sich r.**, to move, (*Gefühle*) stir; **nichts regte sich**, nothing stirred.

Regen[2], *m* -s/*no pl* 1. rain; *Fig:* **vom R. in die Traufe (kommen)**, (to fall) out of the frying pan into the fire. 2. shower (of flowers, confetti etc.). **II.** 'R~~, 'r~~, *comb.fm.* (*a*) rain (water etc.); *adj.* r~**dicht**, rainproof; R~**fälle** *mpl,* rainfall; R~**haut** *f,* (thin) raincoat; R~**kleidung** *f,* rainwear; R~**mantel** *m,* raincoat; R~**menge** *f,* (amount of) rainfall; R~**tropfen** *m,* raindrop; (*b*) R~**bö** *f,* squall of rain; R~**schauer** *m,* shower of rain; (*c*) (r~**reich**) rainy, wet (day, month etc.); R~**zeit** *f,* rainy season; monsoon. 'r~**arm**, *adj.* dry, with little rainfall. 'R~**bogen**, *m* -s/- & *-* rainbow. 'R~**bogenhaut**, *f* -/-e iris (of the eye). 'R~**bogenpresse**, *f* -/*no pl Pej:* trashy (women's) magazines. 'R~**guß**, *m* -sses/-sse heavy shower, downpour. 'R~**pfeifer**, *m* -s/- *Orn:* plover. 'r~**reich**, *adj.* wet, rainy. 'R~**schirm**, *m* -(e)s/-e umbrella. 'R~**tonne**, *f* -/-n waterbutt. 'R~**wetter**, *n* -s/*no pl* rainy/wet weather; *F:* **ein Gesicht machen wie sieben Tage R.**, to look like a dying duck in a thunderstorm.

'R~**wurm**, *m* -(e)s/-er earthworm.

Regeneration [regeneratsi'o:n], *f* -/-en *Biol:* & *Fig:* regeneration. r~'**rieren**, *v.tr.* to regenerate (tissue, *Fig:* society etc.); *Ch:* to reclaim (rubber etc.); **sich r.**, to be regenerated/*Fig:* revitalized. R~'**rierung**, *f* -/*no pl* regeneration.

Regent [re'gɛnt], *m* -en/-en (*a*) ruler, sovereign; (*b*) (*Vertreter*) regent. R~**schaft**, *f* -/-en (*a*) reign; (*b*) regency.

Regie [re'ʒi:], *f* -/-n [-'ʒi:ən]. 1. *Cin: TV:* direction; *Th: Rad:* production; **R. führen**, to direct/produce; **unter der R. von X**, directed/produced by X. 2. *Com: etc:* management; (*Verwaltung*) administration; **unter staatlicher R.**, under state control; *F:* **etwas in eigener R. machen**, to do sth. oneself/independently. R~**assistent**, *m* -en/-en assistant producer/director. R~**fehler**, *m* -s/-*F:* bungle, mess-up (in arrangements). R~**pult**, *n* -(e)s/-e *TV: Rad:* control desk.

regieren [re'gi:rən], *v.* 1. *v.tr.* to rule (a country etc.), govern (a country, *Gram:* case). 2. *v.i.* (*haben*) to rule (**über** + *acc*, over); *Fig:* (*Angst usw.*) to hold sway. R~**ung**, *f* -/-en government; (*Tätigkeit*) rule; reign (of a king etc.); **an die R. kommen**, to come into power. R~**ungs-**, r~**ungs-**, *comb.fm.* government (official, circles, spokesman etc.); (change etc.) of government; R~**partei** *f,* government/ruling party; R~**chef** *m,* head of government; R~**sitz** *m,* seat of government; *adj.* r~**feindlich**/r~**freundlich**, anti-/pro-government. R~**ungsantritt**, *m* -(e)s/-e coming to power. R~**ungsbezirk**, *m* -(e)s/-e administrative district. R~**ungsrat**, *m* -(e)s/-e *Adm:* approx. senior executive officer.

Regime [re'ʒi:m], *n* -s/- [-mə] regime.

Regiment [regi'mɛnt],. *n* 1. -(e)s/-er *Mil:* regiment *?* -(e)s/-e (*Herrschaft*) rule, *Fig:* **sie führt das R. (im Haus)**, she rules the roost. R~s-, *comb.fm.* regimental (commander, march etc.).

Region [regi'o:n], *f* -/-en region; *Fig:* part (of the house); *Lit:* sphere; *Hum:* **in höheren R~en schweben**, to have one's head in the clouds.

Regisseur [reʒi'sø:r], *m* -s/-e *Cin: TV:* director; *Th: Rad:* producer.

Register [re'gistər], *n* -s/- 1. (*alphabetisch*) index; (*Buchstaben am Rand*) thumb-index *?* *Adm:* register (of births etc.). 3. *Mus:* (*a*) (*Bereich*) register, (*b*) (organ) stop; *F:* **alle R. ziehen**, to pull out all the stops; **andere R. ziehen**, to change one's tune R~**ratur** [-tra'tu:r], *f* -/-en 1. *no pl Adm: etc:* registration. 2. *Com:* filing room; *Adm:* registry. r~**rieren** [-'tri:rən], *v.* 1. *v.tr.* (*a*) to register (a birth etc.); (*eintragen*) to enter (sth.) (in + *dat*, in); **sich r.**, to register; **es wurden viele Unfälle registriert**, many accidents were recorded; (*b*) *Tchn:* (*Meßgerät*) to record (temperature etc.); (*c*) (*zur Kenntnis nehmen*) to note, make a (mental) note of (sth.); (*erwähnen*) to mention (sth.). 2. *v.i.* (*haben*) (*Meßgerät usw.*) to register. R~**rierkasse**, *f* -/-n cash register. R~**rierung**, *f* -/-en 1. registration; entering (of data). 2. *Tchn:* recording.

Reglement [reglə'mã:], *n* -s/-s regulations, rules. r~**ieren** [-ɛn'ti:rən], *v.tr.* to subject (s.o., sth.) to strict control. R~**ierung**, *f* -/-en (strict) control; regimentation (of life etc.).

Regler ['re:glər], *m* -s/- regulator; *Mec.E:* governor (of an engine); (*Hebel*) lever.

reglos ['re:klo:s], *adj. Lit:* motionless.

reg|nen ['re:gnən], *v.impers.* to rain; *F:* **es regnete wie aus Eimern**, it was coming down in buckets; *Fig:* **es regnete Anfragen/Glückwünsche**, there was a flood of enquiries/congratulations. **'R ~ ner**, *m* -s/- *Hort:* sprinkler. **'r ~ nerisch**, *adj.* rainy.

regsam ['re:kza:m], *adj.* active, lively; **geistig r. sein**, to have a lively mind. **'R ~ keit**, *f* -/no *pl* liveliness.

regul|är [regu'lɛ:r], *adj.* (*a*) (*vorschriftsmäßig*) according to the regulations, regular (troops etc.); proper (time, price etc.); *adv.* **etwas r. erwerben**, to acquire sth. legitimately; (*b*) *F:* (*regelrecht*) real, utter; *adv.* good and proper. **R ~ ator** [-'la:tɔr], *m* -s/-en [-'to:rən] regulator. **r ~ ierbar** [-'li:rba:r], *adj.* adjustable. **r ~ ieren** [-'li:rən], *v.tr.* to regulate (temperature, a watch, river etc.), control (speed, prices etc.); (*einstellen*) to adjust (volume, mixture etc.); **sich r.**, to be self-regulating. **R ~ ierung**, *f* -/-en 1. regulation, control; (*Einstellung*) adjustment. 2. *Dent:* brace.

Regung ['re:guŋ], *f* -/-en *Lit:* 1. (*Bewegung*) movement; stirring (of leaves, air etc.). 2. (*Gefühl*) feeling; (*Anwandlung*) impulse; **die R~en des Herzens**, the promptings of one's heart. **'r ~ slos**, *adj.* motionless. **'R ~ slosigkeit**, *f* -/no *pl* motionlessness.

Reh [re:], *n* -(e)s/-e 1. *Z:* roe (deer); (**männliches**) **R.**, roebuck; (**weibliches**) **R.**, doe. 2. *Cu:* (roe) venison. **'R ~ bock**, *m* -(e)s/-̈e roebuck. **'R ~ braten**, *m* -s/- *Cu:* roast (roe) venison. **'r ~ braun**, *adj.* fawn. **'R ~ keule**, *f* -/-n *Cu:* haunch of venison. **'R ~ kitz**, *n* -es/-e fawn. **'R ~ leder**, *n* -s/- doeskin. **'R ~ rücken**, *m* -s/- *Cu:* saddle of venison.

Rehabilit|ation [rehabilitatsi'o:n], *f* -/-en *Med: etc:* rehabilitation. **r ~ ieren** [-'ti:rən], *v.tr.* to rehabilitate (s.o.); **sich r.**, to clear one's name. **R ~ ierung**, *f* -/-en rehabilitation.

Reib|ahle ['raip'?a:lə], *f* -/-n *Tls:* reamer. **R ~ e** ['raibə], *f* -/-n *Cu:* grater. **'r ~ en**, *v. irr.* (*p. rieb*, *p.p.* **gerieben**) 1. *v.tr.* (*a*) to rub (sth.); **sich an etwas** *dat* **r.**, to rub against sth.; *Fig:* to be irritated by sth.; (*b*) *Cu:* to grate (nuts, cheese etc.); *Aus:* to grind (coffee); (*c*) *Metalw:* to reamer (a hole). 2. *v.i.* (**haben**) (*Riemen usw.*) to rub, chafe. **R ~ e'rei**, *f* -/-en *usu. pl.* **R~en**, friction, altercations. **'R ~ fläche**, *f* -/-en striking surface (of a matchbox). **'R ~ ung**, *f* -/-en rubbing; *Ph: Tchn: Fig:* friction. **'R ~ ungs-**, *comb.fm.* frictional (electricity, heat etc.); (coefficient etc.) of friction. **R ~ fläche** *f*, friction surface; *Fig:* source of friction. **'r ~ ungslos**, *adj.* smooth (flow etc.); *Tchn:* frictionless; *adv.* **r. verlaufen**, to go off without a hitch.

reich¹ [raiç], *adj.* rich; (*a*) **die R~en/r~en Leute**, the rich/wealthy; *adv.* **r. heiraten**, to marry money; (*b*) **r~e Ausstattung**, lavish/opulent furnishings (of a house); *adv.* **r. geschmückt**, richly decorated; (*c*) „(*r~haltig*) copious, extensive (selection, knowledge etc.); lavish, substantial (meal); plentiful, abundant (harvest etc.); **r. an Bodenschätzen**, rich in mineral deposits; **in r~em Maße**, copiously,

abundantly; *adv.* **r. belohnt**, handsomely rewarded; **r. beschenkt**, laden with gifts. **'r ~ haltig**, *adj.* large, extensive, (*umfassend*) comprehensive; substantial (meal etc.); rich (fauna etc.); well-stocked (library etc.). **'R ~ haltigkeit**, *f* -/no *pl* extensiveness, comprehensiveness; lavishness. **'r ~ lich**, *adj.* (*a*) ample (means, meal etc.); abundant, plentiful (supply etc.); substantial (amount); copious (meal etc.); liberal, generous (helping, tip etc.); **das ist etwas r.**, that's a bit too much/(*Mantel usw.*) on the large side; *adv.* **wir haben r. Zeit/Gelegenheit**, we have plenty of time/opportunity; **r. gerechnet**, at the outside; erring on the generous side; (*b*) (*mehr als*) **r. eine Stunde**, a good hour; **r. genug**, enough and to spare; (*c*) *adv. F:* terribly, *N.Am:* mighty (boring etc.); **r. spät**, jolly late. **'R ~ tum**, *m* -s/-̈er wealth, *esp. Fig:* richness (**an** + *dat*, in); affluence (of s.o., society etc.); **R. an Vögeln**, abundance of birdlife; *pl* **R~er**, wealth, riches; *Fig:* (*Schätze*) treasures; *F:* **damit kannst du keine R~er erwerben**, you'll never get rich that way.

Reich², *n* -(e)s/-e (*a*) *Hist:* empire; **das Dritte R.**, the Third Reich; (*b*) *Rel:* **das Himmlische R.**, the Kingdom of God; (*c*) *Fig:* realm (of the arts etc.); the world (of dreams etc.); **das R. der Tiere**, the animal kingdom. **'R ~ s-**, *comb.fm.* (*a*) imperial (colours, flag etc.); **R~adler** *m*, Imperial Eagle; **R~apfel** *m*, (imperial) orb; (*b*) (1933–45) (President, Chancellor etc.) of the Reich; state (autobahn etc.); **R~deutsche(r)**, *m & f* citizen of the Reich; *Hist: & East G:* **R~bahn** *f*, German State Railways. **'R ~ shauptstadt**, *f* -/no *pl Hist:* capital of Germany. **'R ~ stag**, *m* -(e)s/no *pl Hist:* Reichstag.

reich|en ['raiçən], *v.* 1. *v.tr.* **j-m etwas r.**, to hand/pass s.o. sth.; **sie reichten sich** *dat*/*Lit:* **einander die Hand**, they shook hands (with one other); **den Gästen Erfrischungen r.**, to serve refreshments to the guests. 2. *v.i.* (**haben**) (*a*) to reach, extend (**bis an** + *acc*/**bis zu** + *dat*, up to, as far as); **das Wasser reichte ihm bis zu den Knien**, the water came up to his knees; **so weit das Auge reicht**, as far as the eye can see; (*b*) **nach etwas** *dat* **r.**, to reach (out) for sth.; (*c*) (*genügen*) to be enough/sufficient/(*Seil usw.*) long enough; (*Vorrat usw.*) to last; **das muß für uns beide r.**, that will have to do for both of us; *F:* **jetzt reicht es mir aber!** I've had enough! that's the end! **'R ~ weite**, *f* -/-n reach (of s.o.); range (of vision, *Mil:* a gun, *Av:* an aircraft etc.); **in/außer R.**, within/out of reach/range; *Fig:* attainable/unattainable.

reif [raif], *adj.* ripe (fruit, cheese etc.); mature (wine, *Fig:* personage, views etc.); **für etwas** *acc* **r. sein**, to be ripe/ready for sth.; **r. fürs Bett/für den Urlaub**, in need of one's bed/a holiday. **'R ~ e**, *f* -/no *pl* ripeness; *esp. Fig:* maturity; **zur R. kommen**, to ripen. **'r ~ en¹**, *v.* 1. *v.i.* (*sein*) to ripen; (*Wein, Fig: Pers. usw.*) to mature; *Fig:* **in ihm reifte der Gedanke**, the notion gradually crystallized/took shape in his mind. 2. *v.tr.* to ripen (corn, fruit etc.); *Fig:* (*Erfahrung usw.*) to make (s.o.) more mature. **'R ~ eprüfung**, *f* -/-en school-leaving examination. **'R ~ ezeit**, *f* -/-en *Bot:* (ripening) season; *Fig:* maturity; (*Pubertät*) adolescence. '**R ~ ezeugnis,** *n* -ses/-se school-leaving certificate. '**r ~ lich,** *adj.* very careful, *Lit:* mature (consideration etc.); *adv.* sich *dat* etwas **r. überlegen,** to consider sth. very carefully. '**R ~ ung,** *f* -/-en ripening; maturing.

Reif², *m* -(e)s/*no pl* hoarfrost.

Reifen² ['raifən]. **I.** *m* -s/- **1.** (barrel, circus etc.) hoop. **2.** *Aut: Cy:* tyre, *N.Am:* tire; **einen R. wechseln,** to change a tyre/*F:* (*Rad*) wheel. **3.** (*Schmuck*) bangle. **II.** '**R ~ ,** *comb.fm.* tyre, *N.Am:* tire (pressure, change etc.); **R ~ panne** *f,* flat tyre, puncture. '**R ~ schlauch,** *m* -(e)s/-e inner tube.

Reigen ['raigən], *m* -s/- round dance; *Fig:* medley (of tunes etc.).

Reihe ['raiə], *f* -/-n **1.** row; *Mil: & Fig:* rank; *Mec.E:* bank (of cylinders); **eine R. (hoher) Bäume/von (hohen) Bäumen,** a row/line of (tall) trees; **in einer R. mit j-m, etwas** *dat,* in line with/ abreast of s.o., sth.; **in R ~ n**/*Mil:* **in Reih und Glied antreten,** to line up (in formation); *Th: etc:* **die R ~ n lichteten sich,** the audience thinned out; *Fig:* **ein Verräter in den eigenen R ~ n,** a traitor in one's own ranks; *F:* **aus der R. tanzen,** to step out of line; **nicht in der R. sein,** to be off colour. **2.** (*a*) **ich bin an der R./ komme an die R.,** it is my turn; **außer der R., out of turn; der R. nach,** one after another, in turn; (*b*) (*Folge*) (*also Mth:*) series; **seit einer R. von Jahren,** for a number of years; **eine ganze R. von Werken,** a whole series/quite a number of works; **er öffnete/schloß die R. der Ansprachen,** he made the opening/final speech; *Mth:* **arithmetische/geometrische R.,** arithmetic/geometric progression. '**r ~ n,** *v.tr.* (*a*) to string (beads etc.); (*b*) *Dressm:* to tack (a scam etc.); (*c*) **ein Fest reihte sich ans andere, one** celebration followed another. '**R ~ nfabrikation,** *f* -/*no pl Ind:* series production. '**R ~ nfolge,** *f* -/-n order; sequence; **in alphabetischer R.,** in alphabetical order; **in schneller R.,** in quick succession. '**R ~ nhaus,** *n* -es/-er terraced house, *N.Am:* row house. '**R ~ nmotor,** *m* -s/-en *I.C.E:* in-line engine. '**R ~ nschaltung,** *f* -/-en *El.E:* series connection. '**r ~ nweise,** *adv.* in rows; *F:* in great numbers. **reihum** [rai'ʔum], *adv.* in turn, one after the other; **r. gehen,** to be passed from person to person.

Reiher ['raiər], *m* -s/- *Orn:* heron.

Reim [raim], *m* -(e)s/-e rhyme. '**r ~ en,** *v.* **1.** *v.tr. & i.* (*haben*) to rhyme (words etc.). **2.** *v.refl.* **'klein' reimt sich auf 'fein',** 'klein' rhymes with 'fein'; *Fig:* **das reimt sich nicht,** it makes no sense. '**R ~ lexikon,** *n* -s/-ka & -ken rhyming dictionary. '**r ~ los,** *adj.* unrhymed.

rein¹ [rain], *adv. & prefix. F:* (i) = **herein;** (ii) **hinein.** '**r ~ beißen,** *v.i.sep.irr.4* (*haben*) *F:* = **hineinbeißen; zum R.,** luscious(-looking). '**R ~ fall,** *m* -(e)s/-e *F:* (*Pleite*) washout, flop; (*Enttäuschung*) let-down. '**r ~ fallen,** *v.i.sep.irr.27* (*sein*) *F:* (*a*) = **hereinfallen;** (*b*) to be tricked; **auf etwas** *acc* **r.,** to fall for sth. '**r ~ hauen,** *v.i.sep.irr.47*(*haben*) *P:* (*a*) **auf etwas** *acc* **r.,** to bash sth.; **j-m eine r.,** to sock s.o., one; (*b*) (*viel essen*) to tuck in. '**r ~ legen,** *v.tr.sep. F:* to take (s.o.) for a ride. '**r ~ reißen,** *v.tr.sep.irr.4 F:* to cost (s.o.) a packet.

'**r ~ riechen,** *v.i.sep.irr.72* (*haben*) *F:* **in etwas** *acc* **r.,** to take a look at sth., look into sth.

rein². **I.** *adj.* **1.** (*a*) pure (gold, silk, race etc.); unalloyed (metal, *Fig:* pleasure); unadulterated (wine etc.); **kein r ~ er Segen,** not an unmixed blessing; *Com:* **r ~ er Gewinn,** net/clear profit: *Fig:* **ein Demokrat r ~ sten Wassers/von r ~ stem Wasser,** a democrat through and through; *F:* **j-m r ~ en Wein einschenken,** to tell s.o. the plain truth; (*b*) (*nichts als*) sheer (imagination, coincidence etc.); (*bloß*) mere (thought etc.); *F:* (*völlig*) utter (madness etc.); **r ~ es Glück,** pure luck; **der r ~ ste Betrug,** barefaced trickery; **das r ~ ste Durcheinander,** an absolute muddle; **r ~ e Arbeitergegend,** purely working-class area; *adv.* **r. private Angelegenheit,** purely/strictly personal matter; **r. zeitlich geht es nicht,** it can't be done simply because of the time; *F:* **r. unmöglich,** utterly impossible; **er wußte auch r. gar nichts,** he didn't know a thing. **2.** (*a*) (*sauber*) clean (clothes, air etc.); blank (sheet of paper etc.); *Fig:* clear (conscience etc.); chaste (girl); pure (voice etc.); *adv.* **r. singen,** to sing in tune; *F:* **eine r ~ e Weste haben,** to have a clean record; **r ~ en Tisch machen,** to make a clean sweep; **die Luft ist r.,** the coast is clear; (*b*) **etwas ins r ~ e schreiben,** to make a fair copy of sth.; **ein Mißverständnis usw. ins r ~ e bringen,** to clear up a misunderstanding etc.; **mit j-m/sich** *dat* **ins r ~ e kommen,** to sort things out with s.o./in one's own mind. **II.** '**R ~ ,** '**r ~ ,** *comb.fm.* (*a*) *Com: etc:* net (amount, weight, profit etc.); **R ~ erlös** *m,* net proceeds; (*b*) *adj.* pure (silk, wool, silver etc.); **r ~ golden,** pure gold. '**r ~ eweg,** *adv. F:* absolutely. '**R ~ haltung,** *f* -/*no pl* keeping (a room etc.) clean. '**R ~ heit,** *f* /*no pl* **1.** purity, chastity. **2.** (*Sauberkeit*) cleanness. '**r ~ igen,** *v.tr.* (*a*) to clean (sth.); to cleanse (skin, blood etc.); **ein Kleid (chemisch) r. lassen,** to have a dress (dry-)cleaned; **ein r ~ des Gewitter,** a thunderstorm/*Fig:* row that clears the air; *Fig:* **sich von jedem Verdacht r.,** to clear oneself of all suspicion; (*b*) to purge (a text, *Pol: Adm:* an organization etc.). '**R ~ igung,** *f* -/-en **1.** cleaning; purification; *Fig:* purge. **2.** (**chemische**) **R.,** (dry) cleaner's; **in der R.,** at the cleaner's. '**R ~ igungscreme,** *f* -/-s *Cosm:* cleansing cream. '**R ~ igungsmittel,** *n* -s/- cleaner, cleansing agent. '**R ~ kultur,** *f* -/-en *Biol: etc:* pure culture; *Hum:* **Kitsch in R.,** pure unadulterated trash. '**r ~ lich,** *adj.* (*a*) (immaculately) clean; spotless, immaculate (clothes, house etc.); (*b*) precise, clear-cut (distinction etc.). '**R ~ lichkeit,** *f* -/*no pl* cleanness, cleanliness. '**R ~ (e)machefrau,** *f* -/-en cleaner, *Brit:* charwoman. '**R ~ (e)machen,** *n* -s/-cleaning; **großes R.,** spring-clean. '**r ~ rassig,** *adj.* **1.** pedigree, purebred (dog etc.); thoroughbred (horse etc.). **2.** pure-blooded (person). '**R ~ rassigkeit,** *f* -/*no pl* purity of breeding. '**R ~ schrift,** *f* -/-en fair copy. '**r ~ waschen,** *v.tr.sep.irr.108 F:* to whitewash (s.o.). '**R ~ zucht,** *f* -/*no pl* pure breeding.

Reis¹ [rais], *m* -es/-e rice. '**R ~ auflauf,** *m* -(e)s/-e *Cu:* (kind of) baked rice pudding. '**R ~ bauer,** *m* -s/- rice grower. '**R ~ korn,** *n* -(e)s/-er grain of rice.

Reis², n -es/-er twig.

Reise ['raizə]. I. f -/-n (a) journey; (auch hin und zurück) trip; **R. durch Schottland**, tour of Scotland; **R. zur See**, sea voyage; **auf R~n gehen**, to go away, be off on one's travels; **auf R~n sein**, to be away (on a trip); **j-m etwas auf die R. mitgeben**, to give s.o. sth. for the journey; **wohin geht die R.?** where are you travelling to?; **gute R.!** have a good journey! (b) P: (Nehmen von Rauschgift) trip. II. 'R~-, comb.fm. (a) travelling (companion, expenses, etc.); travel (sickness, brochure etc.); **R~decke** f, (travelling) rug; **R~tasche** f, travelling bag; **R~büro** n, travel agency/agent's; **R~verbot** n, ban on travel; **R~scheck** m, traveller's cheque; (b) (Urlaubs-) holiday (traffic, weather etc.). 'R~andenken, n -s/- souvenir. 'R~apotheke, f -/-n esp. Aut: first aid kit. 'R~bericht, m -(e)s/-e/'R~beschreibung, f -/-en travelogue. 'r~fähig, adj. fit to travel. 'R~führer, m -s/- (a) (Buch) guide book; (b) (Pers.) (travel) guide. 'R~gefährte, m -n/-n/'R~gefährtin, f -/-nen fellow-traveller. 'R~gepäck, n -s/no pl (hand) luggage, esp. N.Am: baggage. 'R~geschwindigkeit, -/-en Aut: Av: cruising speed. 'R~gesellschaft, f -/-en party of tourists. 'R~koffer, m -s/- suitcase. 'R~land, n -(e)s/-er country popular with tourists. 'R~leiter(in), m -s/- (f -/-nen) tour leader. 'R~lektüre, f -/-n reading for a journey. 'R~lust, f -/no pl wanderlust. 'R~mobil, n -s/-e mobile home. 'r~n, v.i. (sein) to travel (Com: in etwas dat, in sth.); **nach Italien, in den Urlaub, zu Verwandten usw. r.**, to go to Italy, on holiday, to visit relations etc. 'R~nde(r), m & f decl. as adj. traveller (Com: in etwas dat, in sth.). 'R~omnibus, m -ses/-se (esp. tour) bus, Brit: coach. 'R~paß, m -sses/-sse passport. 'R~route, f -/-n itinerary. 'R~rufe, mpl Rad: emergency messages for motorists. 'R~schreibmaschine, f -/-n portable typewriter. 'R~tag, m -(e)s/-e 1. day of departure. 2. **zweiter/dritter R.**, second/third day of the journey. 'R~ziel, n -(e)s/-e destination.

Reisig ['raiziç], n -s/no pl brushwood. 'R~besen, m -s/- birch-broom.

Reiß|aus [rais''aus], m F: **R. nehmen**, to scram, hop it. 'R~brett, n -(e)s/-er drawing board. **r~en** ['raisən]. I. v.irr. (p. riß, p. subj. risse, p.p. gerissen) 1. v.tr. (a) to tear (sth.) (**in Stücke**, into pieces); Med: to rupture (a ligament etc.); F: **ich könnte mich in Stücke r.**, I could kick myself; Fig: **eine Lücke r.**, to leave a gap; (b) (wegr.) **einen Ast vom Baum r.**, to tear/pull a branch off a tree; **j-m etwas aus den Händen r.**, to snatch sth. from s.o.; **das Hochwasser riß alles mit**, the flood swept everything away; Fig: **die Macht usw. an sich r.**, to seize power etc.; **das Gespräch an sich r.**, to monopolize the conversation; **aus dem Schlaf gerissen**, rudely awoken; (c) **j-n zu Boden r.**, to pull/drag s.o. to the ground; Sp: **eine Hürde/die Latte r.**, to knock down a hurdle/the bar; Fig: **ins Verderben gerissen werden**, to meet one's fate, (sterben) perish; (d) F: **sich um etwas** acc **r.**, to be dead keen on (doing) sth.; **ich reiß mich nicht drum**, you can keep it; **sie rissen sich um die**

Eintrittskarten, they scrambled/fought for the tickets; (e) **Witze r.**, to crack jokes; **Possen r.**, to play pranks/tricks. 2. v.i. (a) (sein) (Papier, Stoff) to tear, rip; (Seil usw.) to break, snap; Fig: **jetzt reißt mir die Geduld**, my patience is exhausted; (b) (haben) **an etwas** dat **r.**, to pull on/at sth.; **der Hund riß an der Leine**, the dog strained at the leash. II. R., n -s/no pl 1. tearing; breaking. 2. F: rheumatism. 'r~end, adj. raging, torrential (stream, river etc.); searing (pain); Com: **r~en Absatz finden**, to sell like hot cakes. 'R~er, m -s/- F: 1. Com: bestseller. 2. Pej: (Roman, Film usw.) cheap thriller. 'r~erisch, adj. sensational (advertising etc.). 'r~fest, adj. tear-resistant. 'R~festigkeit, f -/-en tensile strength. 'R~leine, f -/-n (parachute) ripcord. 'R~schiene, f -/-n T-square. 'R~verschluß, m -sses/-sse zip(-fastener), N.Am: zipper. 'R~zahn, m -(e)s/-e Z: fang. 'R~zeug, n -(e)s/-e set of geometrical instruments. 'R~zwecke, f -/-n drawing pin, N.Am: thumb tack.

Reit- ['rait-], comb.fm. riding (instructor, whip, school, boot etc.); **R~anzug** m/**R~dreß** m/**R~kleidung** f, riding habit; **R~bahn** f, (riding) arena; **R~gerte** f, riding switch; **R~hose** f, riding breeches; **R~stock** m, riding crop. 'r~en, v.irr. (p. ritt, p.p. geritten) 1. v.i. (sein, occ. haben) to ride (**auf einem Pferd/Esel**, on a horse/donkey; (im) **Galopp/Trab/Schritt**, at a gallop/trot/walk). 2. v.tr. to ride (a horse etc.). 'r~end, adj. on horseback, mounted (artillery etc.). 'R~er, m -s/- 1. (Pers.) rider, horseman; Mil: Hist: cavalryman. 2. Mil: **spanischer R.**, barbed-wire entanglement. 3. marker tab (on an index card). **R~e'rei**, f -/-en 1. Mil: cavalry. 2. F: riding. 'R~erin, f -/-nen horsewoman. 'R~erstandbild, n -(e)s/-er equestrian statue. 'R~kunst, f -/no pl horsemanship. 'R~pferd, n -(e)s/-e saddle-horse. 'R~turnier, n -s/-e horse show. 'R~weg, m -(e)s/-e bridlepath.

Reiz [raits], m -es/-e 1. Physiol: Psy: etc: stimulus. 2. (a) attraction, appeal; lure (**des Unbekannten**, of the unknown); **einen unwiderstehlichen R. ausüben**, to have an irresistible attraction (**auf j-n**, for s.o.); **das hat keinen R. für mich**, that doesn't appeal to me; **eine Landschaft von großem R.**, a very attractive region; **der R. des Fremdartigen**, the charm/fascination of the exotic; F: **das hat wenig R.**, it's hardly worth it; (b) usu.pl **R~e**, charms; **er ist ihren R~n verfallen**, he succumbed to her charms. 'r~bar, adj. irritable, touchy; (schlechtgelaunt) peevish; **leicht r.**, easily irritated. 'R~barkeit, f -/no pl irritability; sensitiveness. 'r~en, v.tr. (a) to excite, rouse (s.o.), arouse (curiosity, desire etc.); to stimulate (feelings); **j-n (zum Zorn) r.**, to provoke s.o.; **einen Hund r.**, to tease a dog; **er reizt mich zum Lachen**, he makes me want to laugh; **der Duft der Speisen reizt den Gaumen**, the aroma of the dishes tickles one's palate; (b) **der Rauch reizt die Augen**, smoke irritates the eyes; (c) (anziehen) to attract, appeal to (s.o.); **es reizt mich, ihn zu necken**, I am tempted to tease him; **das reizt mich nicht**, that doesn't appeal to me; (d) also v.i. (haben) Cards: (im Skat) to bid (sth.).

'r ~ **end**, *adj.* charming; enchanting (girl etc.); delightful (view, experience etc.); **das ist r. von dir**, that is terribly kind of you; *Iron:* **das kann ja r. werden!** that's a fine/nice lookout! 'R ~ **husten**, *m* -s/- dry (tickling) cough. 'r ~ **los**, *adj.* unattractive. 'R ~ **mittel**, *n* -s/- *Med:* stimulant. 'R ~ **stoff**, *m* -(e)s/-e irritant. 'R ~ **ung**, *f* -/-en 1. *Med:* irritation. 2. provocation (of s.o.). 'r ~ **voll**, *adj.* delightful, charming; r ~ e **Aufgabe**, attractive/fascinating task. 'R ~ **wäsche**, *f* -/no *pl* F: sexy underwear.

rekapitulieren [rekapitu'li:rən], *v.tr.* to recapitulate (points).

rekeln ['re:kəln], *v.refl.* F: **sich r.**, to stretch; (*im Stuhl usw.*) to sprawl.

Reklam|ation [reklamatsi'o:n], *f* -/-en complaint. R ~ e [re'kla:mə]. I. *f* -/-n 1. (*Werbung*) advertising, publicity; **R. für etwas** *acc* **machen**, to advertise/promote/*F:* push sth.; **eine schlechte R.**, adverse publicity; *F:* **er macht mit seinem neuen Auto R.**, he is showing off his new car. 2. *F:* (*Anzeige*) advertisement, (*Plakat*) poster; *Rad: TV:* commercial. II. R~-, *comb.fm.* publicity (film, purpose etc.); advertising (costs, sign etc.); R ~ **chef** *m*, publicity/advertising manager; R ~ **feldzug** *m*, publicity/advertising campaign; R ~ **prospekt**/R ~ **zettel** *m*, publicity leaflet; R ~ **schild** *n*, advertisement sign; R ~ **wand** *f*, advertisement hoarding, *N.Am:* billboard. R ~ **eartikel**, *m* -s/- *Com:* free gift. R ~ **eläufer**, *m* -s/- sandwich man. R ~ **esendung**, *f* -/-en *Rad: TV:* commercial. r ~ **ieren** [-a'mi:rən], *v.* 1. *v.tr.* (*a*) *Com: etc:* to complain about (a lost parcel, damaged goods etc.); (*b*) to reclaim, claim back (money etc.). 2. *v.i.* (*haben*) to complain: to protest (**gegen** + *acc.* at/about); *Post:* **wegen einer Sendung r.**, to make enquiries about a package.

rekommandiert [rekoman'di:rt], *adj. Aus: Post:* registered.

rekonstru|ieren [rekɔnstru'i:rən], *v.tr.* to reconstruct (sth.). R ~ **ktion** [-struktsi'o:n], *f* -/-en reconstruction.

Rekord [re'kɔrt]. I. *m* -(e)s/-e *Sp: etc:* record. II. R ~ -, *comb.fm.* record (attendance, attempt, time etc.); R ~ **halter**/R ~ **inhaber** *m*, record holder; R ~ **lauf** *m*, record-breaking run. R ~ **ler(in)**, *m* -s/- (*f* -/-nen) record breaker.

Rekrut [re'kru:t], *m* -en/-en *Mil:* recruit. r ~ **ieren** [-u'ti:rən], *v.tr.* (*a*) to recruit (staff, *A:* soldiers); (*b*) **sich aus bestimmten Kreisen r.**, to be made up of/drawn from certain circles. R ~ **ierung**, *f* -/-en recruitment.

Rektor ['rɛktɔr], *m* -s/-en [-'to:rən] (*a*) *Univ:* rector; *Brit:* vice-chancellor, *N.Am:* president; (*b*) *Sch:* headmaster, *N.Am:* principal.

Relais [rə'lɛ:], *n* -/- [-'lɛ:(s)] relay. R ~ - **schaltung**, *f* -/-en *El.E:* relay circuit.

Relation [relatsi'o:n], *f* -/-en (*a*) relation, relationship; (*b*) (*Verhältnis*) proportion.

relativ [rela'ti:f]. I. *adj.* relative; *adv.* **r. hoch**, relatively/comparatively high; **es geht mir r. gut**, I am fairly/reasonably well. II. R ~ -, *comb.fm.* relative (speed, *Gram:* pronoun etc.); R ~ **satz** *m*, relative clause. R ~ **ität** [-ivi'tɛ:t], *f* -/-en relativity.

Relief [reli'ɛf], *n* -s/-e & -s *Geog: Art: etc:* relief; **im R. gearbeitet**, embossed.

Religi|on [religi'o:n], *f* -/-en religion; (*Konfession*) denomination; (*Schulfach*) religious education, R.E. R ~ '**ons-**, *comb.fm.* religious (freedom, war etc.); (history etc.) of religion; R ~ **bekenntnis** *n*, religious creed. r ~ '**onslos**, *adj.* agnostic; belonging to no denomination. R ~ '**onsstunde**, *f* -/-n R.E./scripture lesson. r ~ **ös** [-gi'ø:s], *adj.* religious; *adv.* **j-n r. erziehen**, to give s.o. a religious upbringing. R ~ **osität** [-ozi'tɛ:t], *f* -/no *pl* religiousness.

Reling ['re:lin], *f* -/-s & -e *Nau:* (deck) rail.

Reliqu|iar [relikvi'a:r], *n* -s/-e *R.C.Ch:* reliquary. R ~ **ie** [-'li:kviə], *f* -/-n *Rel:* relic.

Reminiszenz [reminis'tsɛnts], *f* -/-en reminiscence; (*Sache*) reminder (**an** + *acc.* of).

remis [re'mi:]. 1. *pred. adj. esp. Chess:* to be drawn/a draw. II. R., *n* -/- & -en *esp. Chess:* drawn game, draw.

Remise [re'mi:zə], *f* -/-n shed (for vehicles/tools).

Remitt|enden [remi'tɛndən], *fpl Pub:* returns. r ~ **ieren** [-'ti:rən], *v.* 1. *v.tr.* to return (a book). 2. *v.i.* (*haben*) *Med:* (*Fieber usw.*) to subside.

Remmidemmi [rɛmi'dɛmi], *n* -s/no *pl* F: riot, romp; (*buntes Treiben*) fun and games; (*Lärm*) hullabaloo.

Rempel|ei [rɛmpə'lai], *f* -/-en F: jostling; *Fb:* pushing. 'r ~ **n**, *v.tr.* to jostle, *Fb:* push (s.o.).

Ren [rɛn, re:n], *n* -s/-s [rɛns] & -e ['re:nə] reindeer.

Renaissance [rənɛ'sã:s], *f* -/-n renaissance; *Hist:* Renaissance.

Rendezvous [rãde'vu:], *n* -/- [-'vu:(s)] rendezvous; *F:* (*mit einem Mädchen*) date.

Reneklode [renə'klo:də], *f* -/-n greengage.

renitent [reni'tɛnt], *adj.* refractory (pupil etc.).

Renn- ['rɛn-], *comb.fm.* racing (boat, yacht, season, *Aut:* formula, tyres, *Motor Cy:* machine etc.); race(-day etc.); R ~ **auto** *n*/R ~ **wagen** *m*, racing car; R ~ **fahrer** *m*, racing driver/*Cy:* cyclist/*Motor Cy:* motorcyclist; R ~ **rad** *n*, racing cycle; R ~ **stall** *m*, racing stable; R ~ **strecke** *f*, (i) racing circuit; race course; (ii) (*Entfernung*) race distance; R ~ **bahn** *f*, race course/*Cy: Athletics:* track; R ~ **leitung** *f*, race organization/*Motor Rac:* control; R ~ **pferd** *n*, racehorse; R ~ **platz** *m*, (horse) racecourse, R ~ - **veranstaltung** *f*, race meeting. 'r ~ **en**. I. *v.tr.* (*p. rannte, p.p. gerannt*) 1. *v.i.* (*sein*) to run, (*eilen*) rush (**gegen etwas** *acc.* into sth.); *F:* (*Uhr*) to race, **um die Wette r.**, to run a race; *F:* **sie rennt dauernd zum Arzt**, she keeps running to the doctor; *Fig:* **j-m in die Arme r.**, to run/bump into s.o.; **ins Unglück r.**, to rush headlong into disaster. 2. *v.tr.* **j-m ein Messer in den Leib r.**, to run a knife into s.o.; **j-n über den Haufen r.**, to knock s.o. down. II. R., *n* -s/- 1. no *pl* running, racing. 2. *Sp:* (*Wettbewerb*) race; **ein R. fahren/laufen/reiten**, to drive/run/ride in a race; *Sp: & Fig:* **gut im R. liegen**, to be well placed; *F:* **das R. machen**, to win the race; *Fig:* to come out on top. 'R ~ **er**, *m* -s/- 1. (*Pferd*) flier. 2. *Com: F:* (*Schlager*) winner. R ~ e'**rei**, *f* -/-en *F:* running from pillar to post; (*Hetze*) mad rush. 'R ~ **schuhe**, *mpl* running shoes. 'R ~ **sport**, *m* -s/no *pl* racing.

renomm|ieren [reno'mi:rən], *v.i.* (*haben*) to boast, brag (**mit** + *dat.* about). r ~ **iert**, *adj.*

renowned, noted (scientist etc.); (hotel etc.) of repute.

renovier|en [reno'vi:rən], *v.tr.* (a) to renovate (a building etc.); (b) to redecorate (a room etc.). **R ~ ung**, *f -/-en* (a) renovation; (b) redecoration.

rent|abel [rɛn'ta:bəl], *adj.* profitable; *adv.* **r. arbeiten**, to run at a profit, pay its way. **R ~ abilität** [-tabili'tɛ:t], *f -/no pl* profitability. **'R ~ e**, *f -/-n* pension; *Ins:* (life etc.) annuity; *F:* **auf/in R. gehen/sein**, to become/be a pensioner. **'R ~ en-**, *comb.fm.* pension (increase etc.); **R ~ versicherung** *f*, pension (insurance) scheme. **'R ~ enpapier**, *n -s/-e/'R ~ enwert*, *m -(e)s/-e Fin:* fixed-interest security. **r ~ ieren** [-'ti:rən], *v.refl.* **sich r.**, to be profitable/ (sich lohnen) worth while; **es/die Mühe rentiert sich nicht**, it isn't worth it/the trouble. **'R ~ - ner(in)**, *m -s/- (f -/-nen)* (old-age) pensioner.

Rentier ['rɛnti:r], *n -(e)s/-e* reindeer.

reorganisier|en [re'ɔrgani'zi:rən], *v.tr.* to reorganize (sth.). **R ~ ung**, *f -/-en* reorganization.

reparabel [repa'ra:bəl], *adj.* repairable.

Reparationen [reparatsi'o:nən], *fpl* reparations.

Repar|atur [repara'tu:r], *f -/-en* repair (an etwas *dat*, to sth.); **in R.**, being repaired; **etwas in R. geben**, to take/send sth. to be repaired. **r ~ a'turbedürftig**, *adj.* in need of repair. **R ~ a'turwerkstatt**, *f -/-en* (repair) workshop. **r ~ ieren** [-'ri:rən], *v.tr.* to repair (sth.), mend (shoes etc.); (noch) **zu r.**, repairable.

repatriier|en [repatri'i:rən], *v.tr.* to repatriate (s.o.). **R ~ ung**, *f -/-en* repatriation.

Repertoire [reper'toa:r], *n -s/-s Mus: etc:* repertoire; *Th:* repertory. **R ~ bühne**, *f -/-n/R ~ - theater*, *n -s/-* repertory/N.Am: stock theatre.

Report [re'pɔrt], *m -(e)s/-e* report. **R ~ age** [-'ta:ʒə], *f -/-n* (a) (esp. eye-witness) report; *TV:* documentary (**über etwas** *acc*, on sth.); (b) *Rad: etc:* (running) commentary. **R ~ er** [re-'pɔrtər], *m -s/- (a) Journ: Rad: TV:* reporter; (b) *Rad: etc:* commentator.

Repräsent|ant [reprɛzɛn'tant], *m -en/-en Pol: etc:* representative. **R ~ ation** [-tatsi'o:n], *f -/-en* **1.** representation. **2.** social duties; (Lebensstil) grand lifestyle (of a diplomat etc.); **dieses Auto dient der R.**, this car is used for prestige purposes. **r ~ ativ** [-ta'ti:f], *adj.* **1.** (lifestyle etc.) in keeping with one's social position; prestige (car, address, building etc.); (vornehm) distinguished (appearance etc.); **r ~ e Figur**, figurehead. **2.** (typisch) representative (**für** + *acc*, of). **r ~ ieren** [-'ti:rən], *v.* **1.** *v.tr.* to represent (sth.). **2.** *v.i. (haben) (Diplomat usw.)*, to perform official/social duties; **er versteht zu r.**, he knows how to create a good image.

Repress|alie [reprɛ'sa:liə], *f -/-n* reprisal. **R ~ ion** [-'si'o:n], *f -/-en Pol: etc:* repression. **r ~ iv** [-'si:f], *adj. Pol: etc:* repressive.

Reprise [re'pri:zə], *f -/-n* **1.** *Mus:* recapitulation. **2.** *Th:* revival.

Reprodu|ktion [reproduktsi'o:n], *f -/-en* reproduction. **r ~ k'tiv**, *adj.* reproductive (organs etc.). **r ~ 'zieren**, *v.tr.* to reproduce (a painting etc.).

Reptil [rɛp'ti:l], *n -s/-ien* reptile.

Republik [repu'bli:k], *f -/-en Pol:* republic. **R ~ aner** [-i'ka:nər], *m -s/-* republican. **r ~ a-**

nisch [-i'ka:niʃ], *adj.* republican. **R ~ flucht**, *f -/-en* illegal emigration (from the GDR).

Requiem ['re:kviɛm], *n -s/-s* requiem.

requi|rieren [rekvi'ri:rən], *v.tr. Mil: A:* to requisition (provisions etc.). **R ~ siten** [-'zi:tən], *npl Th:* (stage) properties, *F:* props. **R ~ sition** [-tsi'o:n], *f -/-en Mil:* requisition.

resch [rɛʃ], *adj. South G: & Aus:* crisp (bread etc.); *F:* vivacious (girl).

Reserv|at [rezɛr'va:t], *n -(e)s/-e/R ~ ation** [-atsi'o:n], *f -/-en* reservation (for an ethnic group etc.). **R ~ e** [re'zɛrvə]. **I.** *f -/-n* reserve; (a) *(Vorrat)* reserve (supply); **ich habe/halte eins in R.**, I keep one in reserve/as a spare; **körperliche R ~ n**, reserves of strength; (b) *coll. Mil:* **die R.**, the reserves; (c) *no pl* (Zurückhaltung) reserve; **j-n aus seiner R. herauslocken**, to make s.o. come out of his shell. **II. R ~ -**, *comb.fm.* spare (battery etc.); reserve (Fin: funds, Mil: officer, Aut: tank etc.); *Aut:* **R ~ rad** *n*, spare wheel. **R ~ etruppen** *pl, Mil:* reserves. **r ~ ieren** [-'vi:rən], *v.tr.* to reserve (a table etc.) (**j-m/für j-n**, for s.o.). **r ~ iert**, *adj.* reserved. **R ~ iertheit**, *f -/no pl* reserve, reticence. **R ~ ierung**, *f -/-en* reservation. **R ~ ist**, *m -en/-en Mil:* reservist. **R ~ oir** [-'voa:r], *n -s/-e* reservoir; *Fig:* pool (of talent, labour).

Resid|enz [rezi'dɛnts], *f -/-en (a)* (prince's) residence; *(Gebäude)* palace; (b) (also **R ~ stadt** *f*) royal seat. **r ~ ieren** [-'di:rən], *v.i. (haben)* in **X r.**, to have one's court/palace in X.

Resign|ation [rezignatsi'o:n], *f -/-en* resignation. **r ~ ieren** [-'gni:rən], *v.i. (haben)* to resign oneself, give up. **r ~ iert**, *adj.* resigned.

resolut [rezo'lu:t], *adj.* resolute, determined. **R ~ ion** [-tsi'o:n], *f -/-en Pol: etc:* resolution.

Resonanz [rezo'nants], *f -/-en* **1.** *Ph: etc:* resonance. **2.** *Fig:* response (**auf etwas** *acc*, to sth.); **keine R. finden**, to get no reaction.

Resopal [rezo'pa:l], *n -s/no pl R.t.m. approx.* Formica.

Respekt [re'spɛkt], *m -(e)s/no pl* respect (**vor j-m, etwas** *dat* for s.o., sth.); **sich** *dat* **R. verschaffen**, to make oneself respected; **bei allem R.**, with all (due) respect. **r ~ abel** [-'ta:bəl], *adj.* **1.** respectable (size etc.). **2.** reasonable (decision, grounds etc.). **r ~ ieren** [-'ti:rən], *v.tr.* to respect (s.o., sth.); *Fin:* to honour (a bill). **r ~ ive** [-'ti:və], *conj.* or . . . as the case may be. **r ~ los**, *adj.* disrespectful. **R ~ losigkeit**, *f -/-en* **1.** *no pl* disrespect. **2.** disrespectful remark/(Verhalten) behaviour. **R ~ s-person**, *f -/-en* person commanding respect. **r ~ voll**, *adj.* respectful.

Ressentiment [rɛsãti'mã:], *n -s/-s* resentment (**gegen** + *acc*, towards).

Ressort [rɛ'so:r], *n -s/-s Adm:* (government etc.) department; **das fällt nicht in mein R.**, that is not my province; **Minister ohne R.**, minister without portfolio.

Rest [rɛst], *m -(e)s/-e* rest; *esp. Mth:* remainder; *Ch:* residue; *Fin:* balance (of a sum); *Tex:* remnant; *Com:* end-of-line item, oddment; *pl* **R ~ e**, leftovers, scraps (of food etc.); remains (of a castle etc.); *Archeol:* relics; **sterbliche R ~ e**, mortal remains; **letzter R.**, last scrap/remnant; **mit dem letzten R. seiner Kraft**, with his last remaining strength; *F:* **einem Tier/Fig: j-m den**

R. geben, to finish an animal/*Fig:* s.o. off. **'R ~ auflage,** *f -/-n Pub:* remaindered stock. **'R ~ bestand,** *m -(e)s/-̈e Com: etc:* remaining stock. **'R ~ betrag,** *m -(e)s/-̈e Com: etc:* balance. **'R ~ everkauf,** *m -(e)s/-̈e* remnant sale. **'r ~ lich,** *attrib. adj.* remaining; **das r ~ e Geld,** the rest of the money. **'r ~ los,** *adj.* complete (confidence, satisfaction etc.); total, utter (exhaustion etc.); *adv.* **r. zufrieden,** entirely satisfied; **r. glücklich,** blissfully happy. **'R ~ posten,** *m -s/-* Com: oddment, *Tex:* remnant.

Restaur|ant [rɛsto'rãː], *n -s/-s/A: & Aus:* **R ~ ation** [-ratsi'oːn], *f -/-en* restaurant.

Restauration[2] [rɛstauratsi'oːn], *f -/-en* restoration. **r ~ ieren** [-'riːrən], *v.tr.* to restore (a building, *Hist:* a monarchy etc.). **R ~ ierung,** *f -/-en* restoration.

Result|at [rezul'taːt], *n -(e)s/-e* result. **r ~ atlos,** *adj.* fruitless; *adv.* without result. **r ~ ieren** [-'tiːrən], *v.i.* (*haben*) to result (**aus** + *dat,* from); **daraus resultiert, daß ...,** from this it is clear that ...

Resüm|ee [rezy'meː], *n -s/-s* 1. summary; *Jur:* summing up. 2. (*Folgerung*) conclusion. **r ~ ieren** [-'miːrən], *v.tr.* to summarize, sum up (sth.).

Retorte [re'tɔrtə], *f -/-n Ch:* retort; *F:* **Lebensmittel aus der R.,** synthetic foods. **R ~ nbaby,** *n -s/-s F:* test-tube baby.

retour [re'tuːr]. I. *adv. Aus: & Swiss:* back; *Rail:* **hin und r.,** return. II. **R ~ -,** *comb.fm.* return (ticket, *Sp:* match etc.).

rett|en ['rɛtən], *v.tr.* (*a*) to save, rescue (s.o., an animal etc.) (**aus der Gefahr,** from danger; **vor dem Ertrinken usw.,** from drowning etc.); to salvage (a ship etc.); to retrieve (one's honour); **j-m das Leben r.,** to save s.o.'s life; **r ~ der Gedanke,** solution, way out; *F:* **bist du noch zu r.?** are you out of your mind? **nicht mehr zu r.,** completely barmy; (*b*) **sich r.,** to get away, escape; **rette sich, wer kann!** every man for himself! **sich vor dem Regen r.,** to take shelter from the rain; **sich vor Anfragen nicht r. können,** to be swamped with enquiries. **'R ~ er(in),** *m -s/- (f -/-nen)* rescuer). **'R ~ ung,** *f -/-en* (*a*) rescue (**aus der Gefahr/vor dem Tod usw.,** from danger/death etc.); **für ihn ist keine R. mehr möglich,** he is beyond help; *F:* **du bist meine letzte R.,** you are my only hope; **das war seine R.,** that was his salvation; (*b*) *Nau:* salvage; *Art:* saving, preservation (of a work). 2. *Aus. & South G:* emergency/*esp.* ambulance service. **'R ~ ungs-,** *comb.fm.* rescue (operation, service etc.); life-saving (equipment etc.); life(-line etc.); **R ~ mannschaft** *f*/**R ~ trupp** *m,* rescue party; **R ~ boje** *f,* lifebuoy; **R ~ boot** *n,* lifeboat; **R ~ floß** *n,* life-raft; **R ~ ring** *m,* lifebelt; **R ~ schwimmen** *n,* life-saving; **R ~ schwimmer** *m,* lifeguard; *Fig:* **R - anker** *m,* lifeline. **'r ~ slos,** *adj.usu.adv.* beyond all hope; **er ist r. verloren,** there is no hope for him.

Retusch|e [re'tuʃə], *f -/-n* (*a*) *Phot: etc:* retouching, touching up; (*b*) (detail) improvement. **r ~ ieren** [-'ʃiːrən], *v.tr. Phot: etc:* to retouch, touch up (a picture etc.).

Reu|e ['rɔyə], *f -/no pl* remorse; (*also Rel:*) repentance; **R. empfinden,** to repent, feel remorse. **'r ~ elos,** *adj.* unrepentant. **'r ~ en,** *v.tr. Lit:* (*Tat usw.*) to fill (s.o.) with remorse; **das Geld reut mich,** I very much regret spending/losing the money; *impers.* **es reut mich, daß ...,** I regret that ... **'r ~ evoll,** *adj.* = **reumütig.** **'r ~ ig,** *adj. Lit:* penitent, repentant. **'r ~ mütig,** *adj. esp. Hum:* remorseful, rueful.

Reuse ['rɔyzə], *f -/-n Fish:* fish trap/basket.

Revanch|e [re'vãːʃ(ə)], *f -/-n [-ʃən]* (*a*) revenge; (*b*) *Sp: etc:* (*also* **R ~ spiel** *n*) return match/game; (*c*) *Adm:* (*Gegenleistung*) **als R. für diesen Dienst,** in return for this service. **r ~ ieren** [-ʃiːrən], *v.refl.* **sich r.,** to take one's revenge, *F:* get one's own back (**an j-m,** on s.o.); **sich bei j-m (für seine Güte usw.) r.,** to reciprocate (s.o.'s kindness etc.).

Revers[1] [re'veːr], *n -/- Cl:* lapel.

Revers[2] [re'vɛrs], *m -es/-e* reverse (of a coin). **r ~ ieren** [-'ziːrən], *v.i.* (*haben*) *Aus: Aut:* to reverse.

revidieren [revi'diːrən], *v.tr.* (*a*) (*prüfen*) to check, (*korrigieren*) correct (sth.); *Fin:* to audit (accounts etc.); (*b*) (*ändern*) to revise (one's opinion etc.).

Revier [re'viːr], *n -s/-e* 1. (*Bereich*) territory (of an animal, gang etc.), (policeman's etc.) beat, *F:* patch; (*Polizei:*) (police) district, *N.Am:* precinct; (*Kohlenr.*) mining district; (*Jagdr.*) shoot; hunt; **die Küche ist ihr R.,** the kitchen is her domain. 2. (*Polizeiwache*) police station.

Revis|ion [revizi'oːn], *f -/-en* 1. (*Prüfung*) checking; *Book-k:* audit. 2. revision, changing (of opinion etc.). 3. *Jur:* appeal. **R ~ or** [-'viːzɔr], *m -s/-en* (*a*) *Book-k:* auditor; (*b*) *Pub:* press reader.

Revolt|e [re'vɔltə], *f -/-n* revolt. **r ~ 'tieren,** *v.i.* (*haben*) to revolt, (*also Fig:*) rebel. **R ~ ution** [-olutsi'oːn], *f -/-en* revolution. **r ~ u'tionär** [-o'nɛːr], *adj. & R.,* *m -s/-e Pol:* revolutionary. **r ~ utio'nieren,** *v.tr.* to revolutionize (a country, ideas etc.). **R ~ uzzer** [-'lutsər], *m -s/- Pej:* would-be revolutionary.

Revolver [re'vɔlvər], *m -s/-* revolver. **R ~ blatt,** *n -(e)s/-̈er Pej: F:* sensational tabloid. **R ~ drehbank,** *f -/-̈e Tls:* turret/capstan lathe. **R ~ held,** *m -en/-en F:* gunslinger.

Revue [re'vyː, -rə-], *f -/-n* 1. *Mus: Th:* revue. 2. (*Zeitschrift, Mil. Parade*) review, *Fig:* **etwas R. passieren lassen,** to pass sth. in review. **R ~ girl,** *n -s/-s* chorus girl.

Rezens|ent [retsɛn'zɛnt], *m -en/-en* (book etc.) reviewer; *Th: Mus:* critic. **r ~ ieren** [-'ziːrən], *v.tr.* to review (a book, play etc.). **R ~ ion** [-zi'oːn], *f -/-en* review. **R ~ i'onsexemplar,** *n -s/-e Pub:* review copy.

Rezept [re'tsɛpt], *n -(e)s/-e* 1. *Pharm:* prescription; *Fig:* cure, remedy. 2. *Cu: & Fig:* recipe. **r ~ frei,** *adj.* obtainable without a prescription. **r ~ ieren** [-'tiːrən], *v.tr. & i.* (*haben*) *Pharm:* to prescribe (sth.) (**j-m,** for s.o.) **R ~ ion** [-tsi'oːn], *f -/-en* reception (desk). **r ~ pflichtig,** *adj. Pharm:* obtainable only on prescription.

Rezession [retsɛsi'oːn], *f -/-en Econ:* recession.

Rezi|tation [retsitatsi'oːn], *f -/-en* recitation. **R ~ tativ** [-'tiːf], *n -s/-e Mus:* recitative. **R ~ tator** [-'taːtɔr], *m -s/-en* [-ta'toːrən] reciter. **r ~ 'tieren,** *v.tr.* to recite (a poem etc.).

R-Gespräch ['ɛrgəʃprɛːç], *n -(e)s/-e Tel:* reversed-charges/*N.Am:* collect call.

Rhabarber [ra'baːrbər], *m* -s/*no pl* rhubarb.

Rhapsodie [rapzo'diː, raps-], *f* -/-n rhapsody.

Rhein [rain]. Pr.n.m -s. *Geog:* der R., the Rhine.
'r ~ **isch**, *adj.* Rhenish. 'R ~ **land.** *Pr.n.n* -s.
Geog: das R., the Rhineland; R.-Pfalz, Rhine-
land-Palatinate. 'R ~ **länder(in)**, *m* -s/- (*f*
-/-nen) Rhinelander. 'r ~ **ländisch**, *adj.* Rhen-
ish, of the Rhineland. 'R ~ **wein**, *m* -(e)s/-e
Rhine wine, hock.

Rhetori|k [re'toːrik], *f* -/*no pl* rhetoric. **r ~ sch,**
adj. rhetorical.

Rheuma ['rɔyma], *n* -s/*no pl F:* rheumatism.
R ~ tiker [-'maːtikər], *m* -s/- rheumatic
(person). **r ~ tisch** [-'maːtiʃ], *adj.* rheumatic.
R ~ 'tismus, *m* -/-men rheumatism; *pl* attacks
of rheumatism.

Rhinozeros [ri'noːtserɔs], *n* -ses/-se *Z:* rhino-
ceros.

Rhodesien [ro'deːziən]. *Pr.n.n* -s. *Geog: A:*
Rhodesia.

rhythm|isch ['rytmiʃ], *adj.* rhythmical.
'R ~ **us**, *m* -/-men rhythm.

Ribisel ['riːbiːzəl], *f* -/-n *Aus:* **schwarze/rote R.,**
blackcurrant/redcurrant.

Richt- ['riçt-], *comb.fm.* 1. guide, guiding (value,
figure etc.); (*empfohlen*) recommended (price
etc.); *Rad:* directional (radio, microphone etc.);
R ~ geschwindigkeit *f,* recommended (maxi-
mum) speed; *Rad:* **R ~ antenne** *f*/**R ~ strahler**
m, directional antenna. 2. (*zur Hinrichtung*)
executioner's (sword, block etc.); (place etc.)
of execution; **R ~ beil** *n,* executioner's axe.
'R ~ **blei**, *n* -(e)s/-e *Constr:* plumbline.
'r ~ **en**, *v.* 1. *v.tr.* (*a*) to aim, point (a gun,
telescope etc.) (**auf** + *acc,* at); to direct (an
aerial, *Fig:* efforts etc.), turn (one's eyes etc.)
(**auf** + *acc,* towards); to focus (one's attention)
(**auf** + *acc,* on); **eine Frage an j-n r.,** to put/
address a question to s.o.; **Kritik gegen etwas**
acc r., to criticize sth.; **sich auf/gegen etwas** *acc*
r., to be aimed/directed at sth.; **alle Augen**
richteten sich auf ihn, all eyes turned in his
direction; **gegen wen richtet sich sein Verdacht?**
whom does he suspect? (*b*) (*zurechtmachen*) to
straighten (teeth, wire etc.); *esp. South G:* to
adjust (one's tie etc.); to tidy up (a room); to
prepare (a meal etc.), get (a meal, bed etc.)
ready (**j-m,** for s.o.); *F:* (*reparieren*) to fix (a
radio etc.); **sich** *dat* **die Haare r.,** to do one's
hair; **seine Uhr r. lassen,** to have one's watch
mended; (*c*) (*Urteil fällen*) to judge, pass sen-
tence on (s.o.); (*d*) **sich nach etwas** *dat* **r.,** to
comply/adhere to sth.; (*auf etwas ankommen*)
to depend on sth.; **ich richte mich nach Ihnen,**
I'll fit in with your plans/be guided by you;
danach kann man sich nicht r., you cannot go
by that; *Gram:* **sich nach dem Subjekt r.,** to
agree with the subject. 2. *v.i.* (*haben*) *Lit:* **über**
j-n r., to sit in judgement over s.o. 'R ~ **er(in),**
m -s/- (*f* -/-nen) judge. 'r ~ **erlich,** *adj.*
judge's (office etc.). 'R ~ **erstand,** *m* -(e)s/-e
judiciary. 'R ~ **erstuhl,** *m* -(e)s/-e judge's
seat; *Fig:* judgement seat. 'R ~ **fest,** *n* -(e)s/-e
Constr: topping-out ceremony. 'R ~ **kranz,** *m*
-es/-e topping-out wreath. 'R ~ **linie,** *f* -/-n
guideline, guiding principle; **R ~ n,** directions,
instructions; *Adm:* terms of reference. 'R ~ -

schnur, *f* -/-en 1. *Constr:Hort:* plumbline. 2.
guiding principle. 'R ~ **ung,** *f* -/-en (*a*) direc-
tion; *Nau: Av: etc:* course; **in nördlicher R.,** in a
northerly direction, northwards; **in R. (auf)**
Berlin, in the direction of Berlin; **nach allen**
R ~ en, in all directions; **die R. einhalten,** to keep
going in the same direction; (*Schiff*) to stay on
course; **die R. verlieren,** to lose one's bearings/
way; (*b*) *Fig:* direction, line (of thought, re-
search etc.); course, drift (of a conversation);
Art: Pol: movement, trend. 'R ~ **ungs-**
gebend, *adj.* pointing the way; trend-setting
(fashion); seminal (idea). 'R ~ **ungsan-**
zeiger, *m* -s/- *Aut:* direction indicator.

richtig ['riçtiç], *adj.* 1. (*nicht falsch*) right; (*a*)
correct, right (answer, assumption etc.); **der**
r ~ e Mann am r ~ en Ort, the right man for the
job; **das ist genau das R ~ e!** that's just the job!
Sie müssen es am r ~ en Ende/*adv.* **r. anpacken,**
you must go about it in the right way; **ich halte**
es für das r ~ ste, I think it would be the best
thing; *F:* **er ist nicht ganz r. im Kopf,** he is not
quite right in the head; *Iron:* **du bist mir der**
R ~ e! you're a fine one! *adv.* **etwas r. machen,**
to do sth. correctly; **er kam gerade r.,** he came
at just the right moment; **meine Uhr geht r.,**
my watch is right/accurate; **r. singen,** to sing in
tune; (*b*) *int.* (**sehr**) **r.!** quite right! **ja r.!** yes of
course! **und r., da kam er,** and sure enough he
came that moment. 2. (*echt*) proper (meal, job
etc.); real (name, mother, *F:* coward etc.); **ein**
r ~ er Sommer, a proper/decent summer; **r ~ er**
Engländer, true Englishman; **er hat nichts**
R ~ es gelernt, he didn't learn anything much;
adv. **er kann das r.,** he can do it properly; *F:* **r.**
dumm, really stupid. 'r ~ **gehend,** *attrib.adj.*
1. (*Uhr*) accurate. 2. (*echt*) genuine, real; *adv.*
r. böse, really/thoroughly angry. 'R ~ **keit,** *f*
-/*no pl* correctness; accuracy (of a statement
etc.); rightness (of a decision etc.); validity (of
a claim); seine **R. haben,** to be in order/done
properly. 'r ~ **machen,** *v.tr.sep. F:* to settle (a
bill etc.). 'r ~ **stellen,** *v.tr.sep.* to correct (a
statement etc.), rectify (a mistake etc.). 'R ~ -
stellung, *f* -/-en correction.

Ricke ['rikə], *f* -/-n *Z:* doe.

rieb [riːp], *p. of* **reiben** *q.v.*

riech|en ['riːçən], *v.irr.* (*pres.* **riecht,** *p.* **roch,**
p.subj. **röche,** *p.p.* **gerochen**) 1. *v.i.* (*haben*) to
smell (**nach etwas** *dat,* of sth.; **gut/schlecht/**
angebrannt, good/bad/burnt); **an einer Blume**
r., to smell/sniff at a flower; **es riecht ihm/**
er riecht aus dem Mund, he has bad breath. 2.
v.tr. (*a*) to smell (a perfume etc.); *F:* (*spüren*)
to sense (sth.); **das konnte ich wirklich nicht r.,**
how was I to know? (*b*) *F:* **ich kann ihn nicht**
r., I can't stand him. 'R ~ **er,** *m* -s/- *F:* **er hat**
einen guten R. dafür, he has a nose for it.
'R ~ **salz,** *n* -es/-e *A:* smelling salt.

Ried [riːt], *n* -(e)s/-e reeds.

rief [riːf], *p. of* **rufen** *q.v.*

Riege ['riːgə], *f* -/-n *Gym:* squad.

Riegel ['riːgəl], *m* -s/- 1. (*a*) bolt (of a door etc.);
Fig: **etwas** *dat* **einen R. vorschieben,** to put a
stop to sth.; (*b*) *Mil:* barrier, defensive line. 2.
bar (of soap, chocolate). 'r ~ **n,** *v.tr.* to bolt (a
door etc.).

Riemen ['riːmən], *m* -s/- 1. strap; (*Gürtel*) belt;

F: den R. enger schnallen, to tighten one's belt; reiß dich am R.! pull yourself together! **2.** *Mec.E:* (driving) belt. **3.** *Nau:* (*Ruder*) oar. ´R~antrieb, *m* -(e)s/-e *Mec.E:* belt drive. ´R~scheibe, *f* -/-n belt pulley.

Ries|e ['ri:zə], *m* -n/-n giant. ´R~en-, *comb.fm.* (*a*) giant (wheel, firm, *Ski:* slalom, *Z:* salamander, tortoise etc.); enormous, gigantic (building, portion etc.); massive (form etc.); R~schlange *f*, (giant) boa constrictor; R~arbeit *f*, enormous task; R~laster *m*, giant truck, juggernaut; R~schritt *m*, giant/gigantic stride; (*b*) *F:* tremendous (strength, success, fun etc.); R~anstrengung *f*, almighty/tremendous effort; (*c*) *F: Pej:* terrible (mistake, stupidity etc.). ´r~en´groß, *adj. F:* gigantic, enormous; colossal (stupidity). ´r~enhaft, *adj.* gigantic, colossal; tremendous (strength etc.). ´r~ig, *adj.* enormous, gigantic; tremendous (strength etc.); *adv. F:* tremendously; sich r. freuen, to be absolutely delighted. ´R~in, *f* -/-nen female giant, giantess.

Riesel|felder ['ri:zəlfɛldər], *npl* sewage farm. ´r~n, *v.i.* (*a*) (*sein*) (*Wasser, Sand usw.*) to trickle; ein Schauder rieselte ihm über den Rücken, a shiver ran down his spine; (*b*) (*haben*) (*Regen*) to drizzle, (*Schnee*) fall lightly.

riet [ri:t], *p. of* raten *q.v.*

Riff [rif], *n* -(e)s/-e reef.

riffel|n ['rifəln], *v.tr.* to groove (a surface), flute (a column), ´R~ung, *f* -/-en corrugation, fluting.

rigoros [rigo´ro:s], *adj.* rigorous, severe.

Rille ['rilə], *f* -/-n groove. ´r~en, *v.tr.* to groove (metal, wood etc.).

Rind [rint], *n* -(e)s/-er **1.** (*Stier*) bull; (*Kuh*) cow; R~er, cattle. **2.** *Cu:* beef. R~er- (*rind-*), *comb.fm.* **1.** *Cu:* beef (goulash etc.); R~braten *m*, roast beef; R~filet *n*, fillet of beef. **2.** *Agr:* (herd etc.) of cattle; R~zucht *f*, cattle breeding. ´R~fleisch, *n* -(e)s/*no pl Cu:* beef. ´R~s-, *comb.fm. South G: Cu:* = Rinder-. ´R~s-leder, *n* -s/- cowhide. ´R~vieh, *n* -(e)s/*no pl* **1.** *coll.* cattle. **2.** *F:* (*pl* R~viecher) ass, twit.

Rinde ['rində], *f* -/-n **1.** (*Baumr.*) bark. **2.** *Anat:* cortex. **3.** (*Brotr.*) crust; (*Käser. usw.*) rind. ´r~nlos, *adj.* **1.** barkless. **2.** crustless (bread); rindless (cheese etc.).

Ring [rin], *m* -(e)s/-e ring; circle (of people etc.); *Tchn:* (*Dichtungsr.*) washer; *Meteor:* halo (around the sun etc.); *Fig:* der R. der Beweise schließt sich, the circle of evidence is complete; *Box:* R. frei zur dritten Runde, seconds out for the third round. **II.** ´R~-, *comb.fm.* ring (finger, road etc.); circular (railway etc.); R~mauer *f*, circular/encircling wall. ´r~förmig, *adj.* ring-shaped, annular. ´R~richter, *m* -s/- *Box:* referee. ´R~scheibe, *f* -/-n target (marked with concentric rings). ´R~sendung, *f* -/-en *Rad. TV:* link-up transmission. ´R~tennis, *n* -s/*no pl* deck tennis.

Ringel ['rinəl], *m* -s/-/´R~chen, *n* -s/- small ring; (*Locke*) ringlet. ´R~blume, *f* -/-n *Bot:* calendula, marigold. ´r~ig, *adj.* curly, in ringlets. ´R~locke, *f* -/-n ringlet. ´r~n, *v.tr.* to curl (hair), coil (a tail etc.); sich r., to curl, form curls; (*Schlange*) to coil (itself) up. ´R~natter, *f* -/-n grass snake. ´R~reihen,

m -s/- ring-a-ring-o'-roses. ´R~spiel, *n* -(e)s/-e *Aus:* merry-go-round. ´R~taube, *f* -/-n *Orn:* wood pigeon.

ring|en ['rinən]. **I.** *v.irr.* (*p.* rang, *p.subj.* ränge, *p.p.* gerungen) **1.** *v.i.* (*haben*) to wrestle; *esp. Fig:* to struggle (mit j-m, etwas *dat*, with/against s.o., sth.; um etwas *acc*, for sth.); *Fig:* er rang mit dem Tode, he was fighting for his life; mit sich *dat* r., to wrestle with one's conscience; nach Atem/Luft r., to gasp/struggle for breath. **2.** *v.tr. Lit:* to wring (one's hands); er rang ihr das Messer aus der Hand, he wrested the knife from her hand. **II.** R., *n* -s/*no pl Sp:* wrestling; *Fig:* struggle. ´R~er/´R~kämpfer, *m* -s/- *Sp:* wrestler. ´R~kampf, *m* -(e)s/-e *Sp:* wrestling bout.

rings [rins], *adv.* round about, all around; r. von Bergen umgeben, surrounded by mountains on all sides. r~he´rum/r~´um/r~um´her, *adv.* all around, all the way round.

Rinn|e ['rinə], *f* -/-n (*also Nau:*) channel; (*Rinnstein, Dachr.*) gutter. ´r~en, *v.i.irr.* (*sein*) (*p.* rann, *p. subj.* ränne, *p.p.* geronnen) (*a*) (*Regen, Blut, Tränen usw.*) to flow, run; (*Sand*) to trickle; (*b*) das Faß rinnt, the barrel is leaking. ´R~sal, *n* -(e)s/-e trickle; (*Bächlein*) rivulet. ´R~stein, *m* -(e)s/-e gutter.

Ripp|chen ['ripçən], *n* -s/- *Cu:* (*esp.* spare) rib (of pork). ´R~e, *f* -/-n **1.** *Anat: Arch: Bot: etc:* rib; j-m ein Messer in/zwischen die R~n stoßen, to stab s.o. in the ribs; *F:* man kann bei ihm alle R~n zählen, he is nothing but skin and bones; ich kann's mir doch nicht aus den R~n schneiden, I can't produce it out of thin air. **2.** segment (of a chocolate bar etc.). **3.** (*Kühlr.*) (cooling) fin. ´R~enbruch, *m* -(e)s/-e broken rib. ´R~enfellentzündung, *f* -/-en *Med:* pleurisy. ´R~enspeer, *m & n* -(e)s/*no pl Cu:* (Kasseler) R., lightly cured spare ribs of pork. ´R~enstoß, *m* -es/-e nudge/dig in the ribs.

Rips [rips], *m* -es/-e *Tex:* repp, rep.

Risiko ['ri:ziko], *n* -s/-s & -ken risk; das R. eingehen/laufen, to take/run the risk. ´r~frei/´r~los, *adj.* safe, without any risk.

risk|ant [ris´kant], *adj.* risky, hazardous. r~ieren [-´ki:rən], *v.tr.* to risk (sth.); nichts r., to take no risks/chances; kein Wort r., not to dare to say anything; einen verstohlenen Blick r., to steal a furtive glance; ich riskiere, daß sie mich vergißt, I run the risk that she will forget me.

riß[1] [ris], *p. of* reißen *q.v.*

Riß[2], *m* -sses/-sse **1.** (*im Stoff, Papier usw.*) tear; (*im Felsen*) fissure, cleft; (*Sprung*) crack; (*in den Lippen*) chap; *Fig:* (*zwischen Freunden*) rift; *Pol:* split; einen R. bekommen, to tear/crack/ (*Freundschaft*) begin to break up. **2.** *Tchn:* (*Zeichnung*) draft. ´R~wunde, *f* -/-n laceration.

rissig ['risiç], *adj.* cracked; chapped (skin); r. werden, to crack.

Rist [rist], *m* -(e)s/-e (*am Fuß*) instep; (*an der Hand*) back of the hand.

ritt[1] [rit], *p. of* reiten *q.v.*

Ritt[2], *m* -(e)s/-e ride (on a horse etc.); einen R. machen, to go for a ride; *F: Hum:* in einem R., in one go. ´R~er, *m* -s/- **1.** *Hist: & Fig:*

knight; *Fig:* R. **ohne Furcht und Tadel,** knight in shining armour. **2.** *Cu: pl* **arme R.,** bread fritters. ´R ~ er-, *comb.fm.* (*a*) knight's (castle etc.); *Mil:* R~**kreuz** *n,* Knight's Cross; (*b*) (*r~lich*) (romance, age etc.) of chivalry. ´r ~ **erlich,** *adj.* chivalrous; *Hist:* knightly. ´R ~ **erlichkeit,** *f -/no pl* chivalry. ´R ~ **ersporn,** *m* -(e)s/- *Bot:* larkspur, delphinium, ´R ~ **erstand,** *m* -(e)s/no pl knighthood. ´R ~ **ertum,** *n* -s/no pl *Hist:* **1.** (system of) chivalry. **2. das R.,** the knights. ´r ~ **lings,** *adv.* r. **auf einem Stuhl sitzen,** to sit astride a chair. ´R ~ **meister,** *m* -s/- *Hist:* captain of horse.

Rit|ual [ritu´aːl], *n* -s/-e & -ien ritual. r ~ u´**ell,** *adj.* ritual. R ~ us [´riːtus], *m* -/-ten rite.

Ritz [rits], *m* -es/-e scratch. ´R ~ e, *f -/-n* crack; (*im Vorhang usw.*) gap, chink. ´R ~ **el,** *n* -s/- *Mec. E:* pinion. ´r ~ **en,** *v.tr.* to scratch (sth.), (*schneiden*) cut (glass etc.); to carve (one's name etc.).

Rival|e [ri´vaːlə], *m* -n/-n/R ~ **in,** *f -/-nen* rival; *esp. Sp:* competitor. r ~ **isieren** [-ali´ziːrən], *v.i.* (*haben*) to be rivals (**um** + *acc,* for); **mit j-m r.,** to compete with s.o.; r ~ **de Gruppen,** rival groups. R ~ i´**tät,** *f -/-en* rivalry.

Rizinusöl [´riːtsinusˀøːl], *n* -(e)s/-e castor oil.

Robbe [´rɔbə], *f -/-n Z:* seal. ´r ~ n, *v.i.* (*sein/ haben*) to crawl (using one's elbows). ´R ~ n**fang,** *m* -(e)s/no pl sealing. ´R ~ **nfänger,** *m* -s/- sealer. ´R ~ **nschlag,** *m* -(e)s/-e seal cull.

Robber [´rɔbər], *m* -s/- *Cards:* rubber.

Robe [´roːbə], *f -/-n* (**große) R.,** (full) evening dress.

robot|en [´rɔbɔtən], *v.i.* (*haben*) *F:* to slave away. ´R ~ **er,** *m* -s/- robot.

robust [ro´bust], *adj.* robust (material, health etc.); strong, sturdy (person, table etc.). R ~ **heit,** *f -/no pl* robustness; sturdiness.

roch [rɔx], *p. of* **riechen** *q.v.*

röcheln [´rœçəln], *v.i.* (*haben*) to breathe stertorously; (*Sterbende*) to give the death rattle; **das R.,** the death rattle.

Rochen [´rɔxən], *m* -s/- *Fish:* ray.

Rock[1] [rɔk], *m* -(e)s/-e **1.** *Cl:* skirt; *F:* **hinter jedem R. hersein,** to be always after the girls. **2.** *esp. South G:* (*Jacke*) jacket. ´R ~ **bund,** *m* -(e)s/-e waistband. ´R ~ **falte,** *f -/-n* skirt pleat. ´R ~ **schoß,** *m* -es/-e *Fig:* **an Mutters R~en hängen,** to cling to mother's skirts.

Rock[2], *m* -(s)/no pl *Mus:* rock (music).

Röckchen [´rœkçən], *n* -s/- little/short skirt.

Rodel [´roːdəl], *f -/-n Aus:* (child's) sledge, *N.Am:* sled. ´R ~ **bahn,** *f -/-en* toboggan run. ´r ~ n, *v.i.* (*sein/occ. haben*) to toboggan. ´R ~ **schlitten,** *m* -s/- toboggan.

rod|en [´roːdən], *v.tr.* (*a*) to clear (woodland); (*b*) to grub up (tree stumps); *Agr:* to lift (root vegetables).

Rogen [´roːgən], *m* -s/- (hard) roe.

Roggen [´rɔgən], *m* -s/- rye. ´R ~ **brot,** *n* -(e)s/-e rye bread.

roh [roː]. **I.** *adj.* **1.** (*a*) raw (hide, silk etc.); raw, uncooked (food); *Fig:* **j-n wie ein r~es Ei behandeln,** to handle s.o. with kid gloves; (*b*) crude (oil); unrefined (sugar); (*c*) rough, uncut (diamond); undressed (stone), rough, unshaped (wood etc.); r~es **Eisen,** pig-iron. **2.** (*ungenau*) rough (sketch, shaping estimate); **der Aufsatz**

ist im r~en fertig, a rough draft of the essay is finished; *adv.* **ein r. gezimmerter Tisch,** a crudely made table. **3.** (*grob*) coarse, uncouth (person, manners etc.); r~**er Mensch,** a callous/ brutal person; **mit r~er Gewalt,** with brute force. **II.** ´R ~, *comb.fm.* (*a*) raw (vegetables, silk etc.); uncut (diamond); untanned (leather); unedited (manuscript); unrefined (metal, sugar); crude (ore, oil); R~**kost** *f,* raw (vegetarian) food; R~**material** *n*/R~**stoff** *m,* raw material; (*b*) rough (translation etc.); R~**fassung** *f,* rough/first draft; (*c*) *Com: etc:* gross (income, weight, profit etc.); R~**ertrag** *m,* gross yield. ´R ~ **bau,** *m* -(e)s/-ten *Constr:* shell; **im R. fertig,** structurally complete. ´R ~ **eisen,** *n* -s/no pl pig-iron. R ~ **eit** [´roːhait], *f -/-en* **1.** *no pl* raw state (of meat etc.). **2.** *no pl* (*Grobheit*) coarseness, callousness; (*körperlich*) roughness, brutality. **3.** (*Handlung*) act of brutality; (*Äußerung*) coarse remark. ´R ~ **ling,** *m* -s/-e **1.** (*Pers.*) brute. **2.** *Metalw:* blank. ´R ~ **produkt,** *n* -(e)s/-e semi-finished product. ´R ~ **stahl,** *m* -(e)s/-e ingot steel. ´R ~ **zustand,** *m* -(e)s/no pl natural/*Ind:* crude state; **Entwurf im R.,** rough draft.

Rohr [roːr]. **I.** *n* -(e)s/-e **1.** (*Schilfr.*) reed; *coll.* reeds; (*Zuckerr., Bambusr.*) cane; **Körbe aus R.,** cane/wicker baskets. **2.** (*a*) tube; (*R~leitung*) (water etc.) pipe; R~**e legen,** to lay pipes; (*b*) (*Geschütz*.) (gun) barrel; (*c*) *V:* penis. **3.** *South G: & Aus: Cu:* oven. **II.** ´R ~-, *comb.fm.* (*a*) reed (mat etc.); cane (furniture, sugar etc.); R~**stock** *m,* cane (stick); *Bot:* R~**kolben** *m,* reed mace; *Orn:* R~**sänger** *m,* reed warbler; *Mus:* R~**flöte** *f,* reed pipe; (*b*) pipe (layer, system etc.); tubular (frame etc.); R~**krümmer** *m,* pipe bend/elbow; R~**bruch** *m,* burst pipe. ´R ~ **blatt,** *n* -(e)s/-er *Mus:* reed. ´r ~ **förmig,** *adj.* tubular. ´R ~ **geflecht,** *n* -(e)s/-e wickerwork. ´R ~ **leitung,** *f -/-en* (water/gas) pipe, main; **die R~en** (*eines Hauses*), the plumbing (in a house). ´R ~ **post,** *f -/no pl* pneumatic tube post. ´R ~ **spatz,** *m* -en/-en **1.** *Orn:* reed bunting. **2.** *F:* **er schimpfte wie ein R.,** he moaned and cursed.

Röhr|chen [´røːrçən], *n* -s/- small tube; *F:* **ins R. blasen,** to be breathalysed. R ~ e [´røːrə], *f -/-n* **1.** (*a*) *Tchn:* tube; (*für Wasser usw.*) pipe; (*b*) *Rad:* valve, *N.Am:* tube; *F:* (*Fernseher*) telly, box; **in die R. gucken,** (i) to watch the box ; (ii) *Fig:* to be left out in the cold. **2.** *Cu:* oven. **3.** *Anat:* duct, canal. ´R ~ **en-,** *comb.fm.* (*a*) tube (rolling mill etc.); (*b*) *El: Rad:* valve, *N.Am:* tube (amplifier etc.). ´r ~ **enförmig,** *adj.* tubular. ´R ~ **enlampe,** *f -/-n* tubular lamp; strip light. ´R ~ **enpilz,** *m* -es/-e *Fung:* boletus.

Rokoko [´rɔkoko], *n* -s/no pl rococo; (*Zeit*) rococo period.

Roll|bahn [´rɔlbaːn], *f -/-en Av:* runway. ´R ~ **e,** *f -/-n* **1.** roll (of paper, film, money, dough etc.); (*Garnr.*) reel, *N.Am:* spool (of thread); coil (of wire, rope etc.); (*Pergamentr.*) scroll. **2.** *Tchn:* (*Walze*) roller; (*Scheibe*) pulley; (*kleines Rad*) small wheel, *Furn:* castor. **3.** *Gym: Av:* roll. **4.** *Th: Cin: etc:* part; *esp. Fig:* role; **die R. der Frau,** the role of women; *Fig:* (**bei etwas** *dat*) **eine große R. spielen,** to play an important part/figure prominently (in sth.); **es**

spielt keine/schon eine R., it is of no/some importance; **Geld spielt bei ihm keine R.**, money is no object with him; **aus der R. fallen,** to forget oneself, (*sich blamieren*) put one's foot in it; **seine R. ausgespielt haben,** to be finished/ done for; **sich in j-s R. versetzen,** to put oneself in s.o. else's shoes. ´r ~ en, *v.* **1.** *v.i.* (*a*) (*sein*) to roll; (*Fahrzeug*) to move, *Av:* taxi; **ins R. kommen,** to start to move, (*also F: Sache*) get under way; *Fig:* **Köpfe r.,** heads are rolling; *Rail:* **r~des Material,** rolling stock; *Mil:* **r~der Angriff,** attack in waves; (*b*) (*haben*) (*Schiff*) to roll, pitch; (*Pers.*) **mit den Augen r.,** to roll one's eyes. **2.** *v.tr.* (*a*) to roll (a ball, barrel etc.); **sich am Boden r.,** to roll on the ground; **er rollt das R,** he rolls his r's; *F:* **er rollte sich vor Lachen,** he was falling about with laughter; (*b*) (*zusammenr.*) to roll up (a map, carpet etc.), coil up (a rope etc.); **sich r.,** (*Papier, Blätter*) to curl up; (*c*) to roll out (dough). ´R ~ enbesetzung, *f -/-en Th: etc:* casting. ´r ~ engelagert, *adj. Mec.E:* mounted in roller bearings. ´R ~ enlager, *n -s/- Mec.E: etc:* roller bearing. ´R ~ enspiel, *n -(e)s/no pl Psy: Sch:* role-playing. ´R ~ entausch, *m -(e)s/-e* exchange/*Sociol:* reversal of roles. ´R ~ enverteilung, *f -/-en Th: etc:* casting. ´R ~ er, *m -s/-* **1.** (child's) scooter. **2.** (*Welle*) (heavy) roller. ´R ~ feld, *n -(e)s/-er Av:* airfield. ´R ~ film, *m -(e)s/-e Phot:* roll film. ´R ~ kragen, *m -s/- Cl:* polo neck/*N.Am:* collar. ´R ~ mops, *m -es/-e Cu:* pickled herring, rollmops. ´R ~ schuh, *m -(e)s/-e* roller skate; **R. laufen,** to roller-skate. ´R ~ schuhbahn, *f -/-en* roller-skating rink. ´R ~ schuhläufer, *m -s/-* roller-skater. ´R ~ sitz, *m -es/-e Row:* sliding seat. ´R ~ splitt, *m -(e)s/no pl* (rolled) loose chippings. ´R ~ stuhl, *m -(e)s/ -e* wheelchair. ´R ~ treppe, *f -/-n* escalator.

Rom [ro:m]. *Pr.n.n -s. Geog:* Rome.

Roman [ro´mɑːn], *m -s/-e* novel; *F:* **erzähl mir keine R~e!** I don't want to hear any long rigmaroles! **R~cier** [romãsi´eː], *m -s/-s/- R ~ schriftsteller,** *m -s/-* novelist. **r ~ haft,** *adj.* like a novel.

Roman|e [ro´mɑːnə], *m -n/-n* speaker of a Romance language; Latin. **R ~ ik,** *f -/no pl Arch:* Romanesque (style/period). **r ~ isch,** *adj.* **1.** Romance (language etc.); **r~e Völker,** Latin peoples. **2.** *Arch:* Romanesque. **R ~ ist** [-a´nist], *m -en/-en* student/teacher of Romance languages (and literature). **R ~ istik** [-a´nistik], *f -/no pl Univ:* study of Romance languages and literature.

Roman|tik [ro´mantik], *f -/no pl* romanticism. **R ~ tiker,** *m -s/-* romantic. **r ~ tisch,** *adj.* romantic. **R ~ ti´sieren,** *v.tr* to romanticize (sth.). **R ~ ze,** *f -/-n* romance.

Röm|er [´røːmər], *m -s/-* **1.** (*Pers.*) Roman. **2.** (*Weinglas*) large goblet (with green/brown stem). ´R ~ erbrief, *m -(e)s/no pl B:* Epistle to the Romans. ´R ~ erin, *f -/-nen* Roman (woman/girl). ´r ~ isch, *adj.* Roman, of Rome. ´r ~ isch-ka´tholisch, *adj.* Roman Catholic.

Rommé [´rɔme], *n -s/-s Cards:* rummy.

röntgen [´rœntgən]. **I.** *v.tr.* to X-ray (s.o., sth.); **sich r. lassen,** to have an X-ray. **II. R.,** *n -s/ no pl* X-ray examination. **III.** ´R~-, *comb.fm.*

X-ray (treatment, examination etc.); **R~aufnahme** *f*/**R~bild** *n,* X-ray (picture); **R~strahlen** *mpl,* X-rays. ´R ~ assistent(in), *m -en/-en* (*f -/-nen*) radiographer. **R ~ ologe** [-o´loːgə], *m -n/-n* radiologist. **R ~ olo´gie,** *f -/no pl* (X-ray) radiology. **r ~ o´logisch,** *adj.* radiological, X-ray (examination etc.). ´R ~ - therapie, *f -/-n* radiotherapy.

rosa [´roːza], *inv.adj. & R.,* *n -s/-s* pink. ´r ~ farben/´r ~ farbig, *adj.* pink. ´r ~ rot, *adj.* (*esp.* deep) pink; *F:* **alles durch die r ~ e Brille sehen,** to see everything through rose-tinted spectacles.

Rös|chen [´røːsçən]/´R ~ lein, *n -s/-* small rose.

Rose [´roːzə], *f -/-n* **1.** *Bot:* rose; *Fig:* **er ist nicht auf R ~ n gebettet,** his life is not a bed of roses. **2.** *Arch:* rose window. ´R ~ n-, ´r ~ n-, *comb.fm.* rose (bed, garden, hedge, oil, water etc.); (scent, bunch etc.) of roses; **R~blatt** *n,* rose petal/(*Laubblatt*) leaf; **R~holz** *n,* rosewood; **R~knospe** *f,* rosebud; **R~stock** *m,* rose tree; **R~strauch** *m,* rose bush; **R~zucht** *f,* rose-growing; *adj.* **r ~ farben/r ~ farbig,** rose-coloured. ´R ~ nkohl, *m -(e)s/no pl coll.* (Brussels) sprouts. ´R ~ nkranz, *m es/-e* **1.** garland/wreath of roses. **2.** *R.C.Ch:* rosary; **den R. beten,** to say the rosary. ´R ~ n´montag, *m -(e)s/-e Ecc:* Shrove Monday. ´r ~ nrot, *adj.* rose-red, rosy (lips etc.). ´R ~ nschere, *f -/-n* secateurs, *N.Am:* pruning shears.

Rosette [ro´zetə], *f -/-n Arch: Bot: etc:* rosette.

rosig [´roːziç], *adj.* rosy (cheeks, *Fig:* prospects etc.); *Fig:* **etwas in den r~sten Farben schildern,** to paint sth. in the most glowing colours.

Rosine [ro´ziːnə], *f -/-n* raisin; *F:* **große R~n im Kopf haben,** to have big ideas; **sich** *dat* **die besten R~n aus dem Kuchen klauben,** to take the pick of the bunch.

Rosmarin [´roːsmariːn], *m -s/no pl Bot:* rosemary.

Roß [rɔs], *n -sses/-sse & ¨-sser* **1.** *Lit:* steed; *F:* **sich aufs hohe R. setzen,** to get on one's high horse. **2.** *F:* (*Dummkopf*) ass. ´R ~ haar, *n -(e)s/-e* horsehair. ´R ~ haarmatratze, *f -/-n* hair mattress. ´R ~ händler, *m -s/- esp. South G:* horse-dealer. ´R ~ kastanie, *f -/-n Bot:* horse-chestnut. ´R ~ kur, *f -/-en F:* drastic/ kill-or-cure treatment.

Rost¹ [rɔst], *m -(e)s/-e* grid (iron), grating; (*Feuerstelle*) grate; *Cu:* grill. ´R ~ braten, *m -s/- Cu:* grilled steak.

Rost², *m -(e)s/no pl* **1.** rust; **R. ansetzen,** to get/ go rusty. **2.** *Bot:* rust, mildew. ´r ~ beständig, *adj.* rust-resistant. ´R ~ bildung, *f -/-en* rusting, corrosion. ´r ~ braun, *adj.* russet (brown). ´r ~ en, *v.i.* (*haben/sein*) to rust; *F:* (*Pers.*) to get rusty. ´R ~ fleck, *m -(e)s/-e* rust patch. ´r ~ frei, *adj.* rustproof; stainless (steel). ´r ~ ig, *adj.* rusty. ´r ~ rot, *adj.* rust-red. ´R ~ schutz, *m -es/no pl* protection against rust. ´R ~ schutzmittel, *n -s/-* anti-rust preparation.

Röst- [´røːst-], *comb.fm.* roasted (coffee); roast (potatoes, chestnuts etc.); **R~brot** *n,* toasted bread, toast. ´r ~ en, *v.tr.* (*a*) *Cu:* to grill (meat), roast (coffee), fry (potatoes), toast (bread etc.); (*b*) *Metall:* to roast, calcine (ore). ´R ~ er, *m -s/- (für Brot)* toaster; (*für Kaffee*)

roaster. ′r ~ frisch, *adj.* freshly roasted.
′R ~ i, *pl Swiss:* finely sliced roast potatoes.
rot [ro:t]. I. *adj.* (*a*) red; etwas r. anstreichen, to
paint sth. red; *Fig:* to make a careful note
of sth.; sie wurde rot/bekam einen r ~ en Kopf,
she went red (in the face)/blushed; r. vor Wut,
flushed with anger; *F:* es wirkt wie ein r ~ es
Tuch auf ihn, (with him) it's like a red rag to a
bull; die Firma ist in die r ~ en Zahlen gekom-
men, the firm is in the red; *Fig:* es zieht sich
wie ein r ~ er Faden durch sein Werk, it is a
constant theme running through his work;
Prov: heute r., morgen tot, here today, gone
tomorrow; (*b*) das R ~ e Meer, the Red Sea;
das R ~ e Kreuz, the Red Cross; (*c*) r ~ e Beete/
Rübe, beetroot; (*d*) *Pol: F:* leftwing (govern-
ment, literature etc.); ziemlich r., pretty far to
the left; ein R ~ er[1], a red; *adv.* r. angehaucht,
with leftwing tendencies; (*e*) (r ~ haarig) ein
R ~ r²/eine R ~ e, a redhead; (*f*) ein R ~ er³, a
red wine. II. R., *n* -s/- (*a*) red; (*b*) *Cosm:* R.
auflegen, to put on some rouge; (*c*) *Aut:*
(*Ampel*) bei R., when the lights are red; auf R.
stehen/R. zeigen, to be red. III. ′R ~ -, ′r ~ -,
comb.fm. (*a*) red (light,wine etc.); R ~ glut *f,* red
heat; R ~ stift *f,* red pencil; R ~ kohl *m*/*South
G:* R ~ kraut *n,* red cabbage; R ~ kopf *m,* red-
head; R ~ bart *m,* red-bearded man; *F:* R ~ haut
f, redskin; *Z:* R ~ hirsch *m*/*coll.* R ~ wild *n,* red
deer; *adj.* r ~ glühend, red-hot; r ~ haarig, red-
haired; r ~ braun, reddish brown; (*b*) *Pol:* Red
(China etc.); R ~ armist *m,* Red Army soldier;
(*c*) *Myth:* R ~ käppchen *n,* Little Red Riding
Hood. ′r ~ backig/′r ~ bäckig, *adj.* rosy-
cheeked. ′R ~ barsch, *m* -(e)s/-e rosefish;
N.Am: ocean perch. ′r ~ blond, *adj.* ginger
(hair); ginger-haired (person). ′R ~ buche, *f*
-/-n *Bot:* copper beech. ′R ~ dorn, *m* -(e)s/-e
pink hawthorn. ′R ~ fuchs, *m* -es/-e 1. *Z:*
(*a*) (red) fox; (*b*) (*Pferd*) chestnut. 2. *F:* (*Mann*)
redhead. ′R ~ kehlchen, *n* -s/- *Orn:* robin
(redbreast). ′R ~ kiefer, *f* -/-n Scots pine.
′r ~ sehen, *v.i.sep.irr.* 92 (*haben*) *F:* to see red,
go into a rage. ′R ~ tanne, *f* -/-n common
spruce. ′r ~ wangig, *adj.* rosy-cheeked.
′R ~ welsch, *n* -(s)/*no pl* thieves' slang.
Rotation [rotatsi′o:n], *f* -/-en *Ph:* rotation.
R ~ s-, *comb.fm. Ph:* (speed, axis etc.) of rota-
tion; *Tchn:* rotary (printing etc.); R ~ (druck)-
maschine *f,* rotary press.
rotieren [ro′ti:rən], *v.i.* (*haben*) to rotate.
Röt|e [′rø:tə], *f* -/*no pl* redness; (*im Gesicht*)
blush; flush (of anger). ′R ~ eln, *pl Med:*
German measles. ′r ~ en, *v.tr.* to redden (sth.);
sich r., to grow red, redden. ′r ~ lich, *adj.* red-
dish; ruddy (cheeks etc.). ′R ~ ung, *f* -/-en
redness.
Rotor [′ro:tɔr], *m* -s/-en [-′to:rən] *Av: etc:* rotor;
Mec.E: (supercharger) impeller. R ~ blatt, *n*
-(e)s/-er rotor blade.
Rotte [′rɔtə], *f* -/-n 1. *Pej:* gang, mob. 2. *Av:
Navy:* pair (of aircraft, ships). 3. *Hunt:* pack
(of wolves); herd (of wild boar). ′r ~ nweise,
adv. in gangs.
Rotunde [ro′tundə], *f* -/-n *Arch:* rotunda.
Rotz [rɔts], *m* -es/-e *P:* (*a*) snot; sie heulte R.
und Wasser, she cried her eyes out; (*b*) der
ganze R., the whole bang shoot. ′r ~ ig, *adj.*

(*a*) *P:* snotty (nose, child etc.); (*b*) *F:* (*frech*)
cheeky. ′R ~ nase, *f* -/-n *F:* (*a*) snotty nose;
(*b*) (*Kind*) cheeky brat. ′r ~ näsig [-nɛːziç],
adj. F: (*a*) snotty-nosed (*b*) (*frech*) cheeky.
Roulade [ru′la:də], *f* -/-n *Cu:* beef olive.
Rouleau [ru′lo:], *n* -s/-s roller blind.
Route [′ru:tə], *f* -/-n route.
Routin|e [ru′ti:nə], *f* -/*no pl* (*a*) routine; zur R.
werden, to become mechanical; (*b*) (*Erfahrung*)
experience. r ~ emäßig, *adj.* routine (examina-
tion etc.); *adv.* as a matter of routine. r ~ iert
[-ti′ni:rt], *adj.* experienced (driver, lecturer
etc.); expert (card player etc.); *Pej:* slick, glib
(salesman etc.).
Rowdy [′raudi], *m* -s/-s & -dies rowdy, hooligan.
′R ~ tum, *n* -s/*no pl* hooliganism.
Rübe [′ry:bə], *f* -/-n 1. *Agr:* beet; weiße R.,
turnip; gelbe R., carrot; rote R., beetroot. 2. *P:*
(*a*) (*Kopf*) nut; (*b*) *F:* so eine freche R.! what a
cheeky lout! ′R ~ nzucker, *m* -s/- beet sugar.
Rubel [′ru:bəl], *m* -s/- rouble.
rüber [′ry:bər], *adv. F:* = (i) herüber; (ii) hi-
nüber; komm r.! come over (to us)!
Rubin [ru′bi:n], *m* -s/-e ruby. r ~ rot, *adj.*
ruby(-red).
Rubrik [ru′bri:k], *f* -/-en heading; (*Kategorie*)
category; (*Spalte*) column.
ruchlos [′ru:xlo:s], *adj. Lit:* dastardly.
Ruck [ruk], *m* -(e)s/-e jerk; (*Stoß*) jolt; (*Zug*)
tug, yank; er stand mit einem R. auf, he got up
suddenly; einen R. geben, to jerk, (*Fahrzeug*)
lurch; *Fig:* der Anblick gab ihm einen R., the
sight gave him a shock; gib dir einen R., pull
yourself together; *F:* in einem R., in one go;
Pol: R. nach rechts, swing to the right.
′r ~ artig, *adj.* jerky (movement etc.); sudden
(braking etc.); *adv.* suddenly, with a jerk.
′R ~ sack, *m* -(e)s/-e rucksack. ′r ~ weise,
adv. in fits and starts.
Rück-, rück- [′ryk-], *comb.fm.* 1. (*hintere, nach
hinten*) rear, back (wall etc.); rear (light etc.);
R ~ ansicht *f,* rear view; R ~ bildung *f,* (i)
Ling: back-formation; (ii) *Biol:* degeneration;
R ~ übersetzung *f,* back-translation; r ~ da-
tieren, to backdate (a cheque); *Phot: Rec:* r ~ -
spulen, to wind back, rewind; *Tennis:*
R ~ hand(schlag) *m,* backhand (stroke); *Sp:*
R ~ paß *m,* back pass; *Aut:* R ~ sitz *m,* back
seat; R ~ spiegel *m,* rear view mirror; *Typewr:*
R ~ taste *f,* back spacer; *Cy:* R ~ trittbremse
f, backpedal/*N.Am:* coaster brake. 2. return
(flight, flow, march, *Com:* freight, *Tel:* call
etc.); R ~ fahrt *f*/R ~ reise *f,* return journey;
Rail: etc: R ~ fahrkarte *f*/R ~ fahrschein *m,*
return ticket; *Post:* R ~ porto *n,* return postage;
Sp: R ~ spiel *n,* return match. ′R ~ antwort/
′R ~ äußerung, *f* -/-en reply. ′r ~ bezüg-
lich, *adj. Gram:* reflexive. ′R ~ blende, *f*
-/-n *Cin:* flashback. ′R ~ blick, *m* -(e)s/-e re-
view (of past events); im R., in retrospect; R. auf
etwas *acc* halten/werfen, to look back to sth.
′r ~ blickend, *adj.* retrospective; *adv.* looking
back, in retrospect. ′r ~ erstatten, *v.tr.insep.*
to repay, refund (expenses, taxes etc.) (j-m,
s.o.); to return (property). ′R ~ erstattung,
f -/-en refund, repayment; return (of property).
′R ~ fahrscheinwerfer, *m* -s/- *Aut:* revers-
ing light. ′R ~ fall, *m* -(e)s/-e *Med: etc:* re-

lapse; *F:* (*in alte Gewohnheiten*) backsliding; **R. in die Barbarei,** return to barbarism. `'r ~ fäl- lig,` *adj. Med:* recurring (symptoms etc.); **r. werden,** to have a relapse; *Fig:* to go back to one's old ways/*Jur:* a life of crime. `'R ~ forde- rung,` *f* -/-en reclaiming. `'R ~ frage,` *f* -/-en (further) question, query; **nach R. beim Verlag,** after checking with the publisher. `'r ~ fragen,` *v.i. sep.* (*haben*) (*only in infin. & p.p.*) **bei j-m r.,** to check with s.o. `'R ~ führung,` *f* -/-en return, repatriation (of prisoners etc.). `'R ~ gabe,` *f* -/-n return (of money etc.). `'R ~ gang,` *m* -(e)s/-e decrease, decline (**der Bevölkerung usw.,** in population etc.); drop, fall (**der Preise usw.,** in prices etc.); **R. an Besuchern/Geburten,** drop in the number of visitors/births; **wirtschaftlicher R.,** economic recession. `'r ~ gängig,` *adj.* 1. decreasing, declining (tendency etc.). 2. **etwas r. machen,** to cancel sth. `'R ~ gängigma- chung,` *f* -/-en cancellation. `'R ~ gewinnung,` *f* -/*no pl* recovery; reclamation (of land etc.); recycling (of waste material). `'R ~ grat,` *n* -(e)s/-e *Anat:* spine; *Fig:* backbone (of a country etc.); **ein Mensch ohne R.,** a spineless individual; *F:* **j-m das R. stärken,** to give s.o. one's full support; **j-m das R. brechen,** to break s.o.'s will/resistance; **R. zeigen,** to show fight. `'r ~ gratos,` *adj. F:* spineless. `'R ~ gratver- krümmung,` *f* -/-en spinal curvature. `'R ~ griff,` *m* -(e)s/-e recourse (**auf** + *acc,* to). `'R ~ halt,` *m* -(e)s/-e 1. (*Unterstützung*) sup- port, backing; **an j-m einen R. haben,** to get support from s.o. 2. **ohne R.,** without reserva- tion, `'r ~ haltlos,` *adj.* unreserved (admira- tion etc.); complete (support etc.); *adv.* without reservation, unreservedly. `'R ~ kauf,` *m* -(e)s/-e *Com:* repurchase. `'R ~ kehr,` *f* -/*no pl* return (**in** + *acc/*zu + *dat,* to); **bei seiner R.,** on his return. `'R ~ kopp(e)lung,` *f* -/-en *El: Rec: etc:* feedback. `'R ~ lage,` *f* -/-n *Fin: esp.pl* **R ~ n,** reserves. `'R ~ lauf,` *m* -(e)s/-e retrograde/reverse motion; *Rec: etc:* rewind; *Artil:* recoil. `'r ~ läufig,` *adj.* declining (number, production etc.); *Com:* downward (tendency etc.). `'r ~ lings,` *adv.* 1. (*von hinten*) from behind/the rear. 2. on one's/its back; **er fiel r. hin,** he fell (over) backwards. `'R ~ nahme,` *f* -/*no pl Com:* taking back; withdrawal (of a statement etc.). `'R ~ prall,` *m* -(e)s/-e rebound. `'R ~ schau,` *f* -/-en review (**auf** + *acc,* of) `'R ~ schlag,` *m* -(e)s/-e 1. *Tennis: etc:* return (of the ball). 2. *Artil: etc:* (*Rückstoß*) recoil. 3. *Fig:* (*Verschlechterung*) setback; *Med:* relapse; *Biol:* atavism, throw- back. `'R ~ schluß,` *m* -sses/-sse conclusion; **R ~ sse auf etwas** *acc* **ziehen,** to draw con- clusions as to sth. `'R ~ schreiben,` *n* -s/- (written) reply. `'R ~ schritt,` *m* -(e)s/-e retro- grade step. `'R ~ schrittler,` *m* -s/- reac- tionary, *F:* stick-in-the-mud. `'r ~ schritt- lich,` *adj.* reactionary. `'R ~ seite,` *f* -/-n back; reverse (of a coin); **siehe R.,** see over. `'r ~ sei- tig,` *adj. & adv.* on the back; back (entrance etc.). `'R ~ sendung,` *f* -/-en return (of a letter etc.). `'R ~ sicht,` *f* -/-en 1. (*a*) *no pl* consideration (**gegenüber** + *dat,* towards; **auf** + *acc,* for); **auf j-n R. nehmen,** to show consideration for s.o.; **auf etwas** *acc* **R. nehmen,** to take sth.

into consideration, make allowances for sth.; **ohne R. auf etwas** *acc/F:* **Verluste,** regardless of sth./*F:* the consequences; **mit R. auf ihre schwierige Lage,** in view of her difficult position; **keine R. kennen,** to be ruthless; (*b*) **finanzielle R ~ en,** financial considerations. 2. *Aut: etc:* rear view. `'R ~ sichtnahme,` *f* -/*no pl* (showing) consideration (**auf** + *acc,* for). `'r ~ sichtslos,` *adj.* (*a*) inconsiderate; (*gefährlich*) reckless; (*b*) (*schonungslos*) ruth- less; **r ~ er Kampf,** bitter struggle. `'R ~ - sichtslosigkeit,` *f* -/*occ* -en (*a*) lack of consideration; recklessness; (*b*) ruthlessness. `'r ~ sichtsvoll,` *adj.* considerate (**gegen** + *acc/*gegenüber + *dat,* towards); *adv.* with consideration. `'R ~ sprache,` *f* -/-en consulta- tion; **mit j-m R. halten/nehmen,** to consult/ confer with s.o. (**wegen** + *gen,* about). `'R ~ stand,` *m* -(e)s/-e 1. (*Rest*) remains; *Ch:* residue; **R ~ e von Chlor im Wasser,** traces of chlorine in the water. 2. (*a*) backlog (of work etc.); *Fin:* arrears; **im R. sein,** to be behind; **in R. geraten,** to fall/get behind; **den R. aufholen,** to catch up; *Fin:* **R ~ e eintreiben,** to collect out- standing debts; (*b*) deficit; *Sp:* **mit 2:4 (zwei zu vier) im R. sein,** to be trailing by two goals to four; **mit zwei Sekunden R.,** two seconds behind. `'r ~ ständig,` *adj.* 1. backward (country etc.); old-fashioned, outdated (equip- ment etc.); **r ~ e Ansichten,** outdated/reac- tionary views. 2. *Com: etc:* (*Zahlung*) overdue, outstanding; (*Pers.*) in arrears. `'R ~ ständig- keit,` *f* -/*no pl* backwardness. `'R ~ stau,` *m* -(e)s/-e & -s (*a*) *Aut:* tailback; (*b*) backing up (of water, sewage). `'R ~ stoß,` *m* -es/-e 1. *Rockets: etc:* reaction, thrust. 2. *Artil: etc:* recoil. `'R ~ strahler,` *m* -s/- *Aut: Cy:* (rear) reflector, (*Katzenauge*) cat's eye. `'R ~ - strahlung,` *f* -/-en reflection. `'R ~ strom,` *m* -(e)s/-e *Fig:* R. der Urlauber, stream of return- ing holidaymakers. `'R ~ tritt,` *m* -(e)s/-e (*a*) resignation (**von einem Amt,** from an office); (*Abdankung*) abdication; (*b*) withdrawal (**von einem Vertrag,** from a contract). `'r ~ ver- güten,` *v.tr.* (*only infin. & p.p.*) **j-m seine Spesen r.,** to refund/reimburse s.o.'s expenses. `'R ~ vergütung,` *f* -/-en (partial) refund; *Tax:* rebate. `'r ~ wärtig,` *adj.* back (door, room etc.); rear (part, section etc.); *Aut:* **der r ~ e Verkehr,** the traffic behind; *Mil:* **r ~ e Verbindungen,** lines of communication. `'r ~ wärts,` *adv.* 1. (*a*) backwards; **das Auto r. in die Garage fahren,** to reverse the car into the garage; (*b*) *F:* (*auf dem Rückweg*) on the way back. 2. *South G: Aus:* (*hinten*) at the back; **von r.,** from behind. `'R ~ wärtsbewegung,` *f* -/-en backward movement/motion. `'R ~ - wärtsgang,` *m* -(e)s/-e *Aut:* reverse gear. `'R ~ - weg,` *m* -(e)s/-e way back; (*nach Hause*) way home; **sich auf den R. machen,** to head for home, start on one's way home; **j-m den R. abschnei- den,** to cut off s.o.'s line of retreat. `'r ~ wir- kend,` *adj. Jur: etc:* retrospective; *adv.* **die Lohnerhöhung gilt r. vom 1. Januar,** the pay increase is backdated to January 1st. `'R ~ wir- kung,` *f* -/-en 1. repercussion (**auf** + *acc,* on). 2. *Jur: etc:* **mit R. vom ... gelten,** to take effect retrospectively from ... `'r ~ zahlbar,` *adj.*

repayable. 'R ~ zahlung, f -/-en repayment.
'R ~ zieher, m -s/- 1. F: einen R. machen, to
climb down, back out. 2. Fb: overhead kick.
'R ~ zug, m -(e)s/ꞏe Mil: retreat. 'R ~ zugsge-
fecht, n -(e)s/-e Mil: rearguard action.
rücken¹ ['rykən], v. 1. v.tr. to move, shift (a
table etc.) (an die Wand usw., against the wall
etc.); Fig: es rückte ihn in den Blickpunkt des
Interesses, it made him the centre of attention.
2. v.i. (sein) (a) to move, (stückweise) edge
(näher, zur Seite, nach vorn usw., closer, to one
side, forwards etc.); mit dem Stuhl näher r., to
pull up one's chair; die Truppen sind an die
Front gerückt, the troops have moved up to
the front; der Zeiger rückt auf zwölf, the hand
(of the clock) is just coming up to twelve; an
j-s Stelle r., to take over from s.o.; Fig: in weite
Ferne r., to recede, become a remote possi-
bility; (b) (ziehen) nervös rückte er an seiner
Krawatte, he was nervously pulling at/adjust-
ing his tie.
Rücken². I. m -s/- (a) back (of s.o., sth.); bridge
(of the nose); (Fußr.) instep; Cu: saddle (of
mutton/venison); Bookb: spine (of a book); ein
Schauder/es lief mir kalt über den R., a cold
shiver ran down my spine; sie banden ihm die
Hände auf dem R., they tied his hands behind
his back; j-n, etwas im R. haben, (also Fig:) to
have s.o., sth. behind one; den Wind im R.
haben, to have a following wind/F: everything
going one's way; Fig: er stärkte mir den R., he
gave me moral support/backed me up; mit
dem R. an der/zur Wand stehen, to have one's
back to the wall; F: ich fiel beinahe auf den R.!
I was dumbfounded! sie hat viele Jahre auf
dem R., she is getting on (in years); Swim: 100
Meter R., 100 metres backstroke; (b) (Bergr.)
(mountain) ridge. II. 'R ~-, comb.fm. back, Anat:
dorsal (muscle etc.); R ~ schmerzen mpl, back-
ache; R ~ schwimmen n, backstroke; Cl: r ~ frei
adj, backless; Fish: R ~ flosse f, dorsal fin;
Anat: R ~ wirbel m, dorsal vertebra. 'R ~ -
deckung, f -/no pl 1. Mil: etc: rear cover.
2. Fig: backing, support. 'R ~ lage, f -/-en
supine position; in R., (flat) on one's back.
'R ~ lehne, f -/-n back (of a chair).
'R ~ wind, m -(e)s/-e tail/following wind.
rüde¹ ['ryːdə], adj. uncouth.
Rüde², m -n/-n 1. dog; male (fox/wolf). 2. Hunt:
hound.
Rudel ['ruːdəl], n -s/- herd (of deer etc.); pack
(of wolves); pride (of lions); Fig: swarm (of
children etc.). 'r ~ weise, adv. in herds/packs.
Ruder ['ruːdər]. I. n -s/- 1. Row: oar; sich in die
R. legen, (i) to row hard; (ii) F: to put one's
back into it. 2. Nau: (Steuerr.) rudder; esp. Fig:
helm; (also Fig:) das R. führen, to be at the
helm; Pol: etc: ans R. kommen, to come to
power. II. 'R ~-, comb.fm. rowing (club, regatta
etc.); R ~ boot n, rowing boat, N.Am: rowboat.
'R ~ bank, f -/ꞏe Row: thwart. 'R ~ blatt,
n -(e)s/ꞏer oar blade. 'R ~ er, m -s/- Row:
oarsman, rower. 'r ~ n. I. v. 1. v.i. (a) (sein,
occ. haben) to row; (b) (haben) mit den Armen
r., to swing one's arms. 2. v.tr. to row (s.o., a
boat etc.). II. R., n -s/no pl rowing.
'R ~ pinne, f -/-n Nau: tiller. 'R ~ schlag,
m -(e)s/ꞏe (oar) stroke. 'R ~ sport, m -(e)s/

no pl Sp: rowing.
Rudiment [rudi'mɛnt], n -(e)s/-e 1. remnant. 2.
Biol: vestigial organ. r ~ är [-'tɛːr], adj. Biol:
rudimentary; vestigial (organ etc.).
Ruf [ruːf], m -(e)s/-e 1. (a) call (of s.o., a bird);
(Schrei) cry, shout; Fig: R. nach Freiheit, call/
demand for freedom; dem R. des Gewissens
folgen, to obey the promptings of one's/the
voice of conscience; (b) Univ: einen R. nach
München erhalten, to be offered a chair in
Munich; (c) Tel: R. 2206, Tel. no. 2206. 2. re-
putation; von internationalem R., with an
international reputation; von R., of renown/
repute; j-n in schlechten R. bringen, to give s.o.
a bad name. 'r ~ en, v.irr. (p. rief, p.p. gerufen)
1. v.i. (haben) (Pers., Vogel) to call (nach etwas
dat, for sth.); (schreien) to cry, shout (um Hilfe,
for help); Fig: der Gong ruft zum Essen, the
gong sounds for dinner; die Pflicht ruft, duty
calls. 2. v.tr. (a) to call (s.o., an animal etc.);
den Arzt usw. r. lassen, to send for the doctor
etc.; Geschäfte riefen ihn nach X, he had to go
to X on business; F: du kommst wie gerufen!
you've come at just the right moment; (b)
(nennen) j-n Kasperl r., to call s.o. Kasperl.
'R ~ mord, m -(e)s/-e character assassination.
'R ~ name, m -ns/-n Christian name (by
which one is generally known). 'R ~ nummer,
f -/-n telephone number. 'R ~ säule, f -/-n
emergency telephone. 'R ~ weite, f in R.,
within hailing distance. 'R ~ zeichen, n -s/- 1.
Rad: call sign. 2. Aus: exclamation mark.
Rüffel ['ryfəl], m -s/- F: ticking-off. 'r ~ n, v.tr.
F: to tell/tick (s.o.) off.
Rugby ['rakbi], n -(s)/no pl Sp: rugby (football); F:
rugger.
Rüge ['ryːgə], f -/-n reprimand, rebuke; (Kritik)
criticism; j-m eine R. erteilen, to rebuke s.o.
'r ~ n, v.tr. to reprimand, rebuke (s.o.); to cri-
ticize, censure (an attitude etc.); Com: to com-
plain about (a defect etc.).
Ruhe ['ruːə], f -/no pl (a) (Stille) quiet, silence;
R. bitte! quiet please! wollt ihr mal R. geben!
will you be quiet! die nächtliche R., the peace
of the night; R. und Frieden, peace and quiet;
die R. vor dem Sturm, the lull/calm before the
storm; (b) (Gelassenheit) calmness, composure;
die R. bewahren/verlieren, to maintain/lose
one's composure; in aller R., as calmly as pos-
sible; (ohne Eile) as if one had all the time in
the world; er läßt sich nicht aus der R. bringen/
F: er hat die R. weg, he is imperturbable/F:
unflappable; immer mit der R.! take it easy! (c)
(Ungestörtheit) peace; R. und Ordnung, law and
order; die (öffentliche) R. wiederherstellen, to
restore order; j-n nicht zur R. kommen lassen,
to give s.o. no peace; F: laß mich in R.! leave
me alone/in peace! (d) rest; (Schlaf) sleep; er
gönnt sich keine R., he will not rest; angenehme
R.! sleep well! (e) (R ~ stand) retirement; in R.,
retired. 'r ~ bedürftig, adj. in need of rest.
'R ~ gehalt, n -(e)s/ꞏer pension. 'R ~ lage,
f -/-n position of (complete) rest/relaxation;
Med: immobilized position (of a broken limb);
Tchn: stopped/off position. 'r ~ los, adj. rest-
less; unsettled (times etc.). 'R ~ losigkeit, f
-/no pl restlessness. 'r ~ n, v.i. (haben) to rest;
(a) seine Arbeit läßt ihn nicht r., his work allows

him no respite; **ich ruhe nicht eher/werde nicht r. und rasten, bis . . .,** I shall not rest until . . .; *Art:* r~de Venus, reclining Venus; (*b*) *Lit:* (*liegen*) to lie, (*schlafen*) sleep; (*auf dem Grabstein*) **ruhe sanft/in Frieden,** rest in peace; **hier ruht X.,** here lies X; (*c*) (*zum Stillstand kommen*) (*Maschine, Produktion, Verkehr usw.*) to have stopped, be at a standstill; (*Geschütze*) to be silent; (*Acker*) to lie fallow; r~der Vulkan, dormant volcano; *Lit:* **die Waffen r.,** the fighting has ceased; (*d*) **das Gewölbe ruht auf mächtigen Pfeilern,** the vault rests/is supported on huge pillars. r ~ n l a s s e n, *v.tr.sep.irr.* 57 to let (a matter etc.) rest, leave (a problem etc.). ′R ~ p a u s e, *f* -/-n break (from work). ′R ~ p l a t z, *m* -es/-e resting place. ′R ~ p o s t e n, *m* -s/- sinecure, *F:* soft job. ′R ~ s t a n d, *m* -(e)s/*no pl* retirement; **Beamter im R.,** retired civil servant; **in den R. treten/versetzt werden,** to retire/be retired. ′R ~ s t ä t t e, *f* -/-n *Lit:* (letzte) R., last resting place. ′R ~ s t e l l u n g, *f* -/-en = Ruhelage. ′R ~ s t ö r u n g, *f* -/-en disturbance of the peace. ′R ~ t a g, *m* -(e)s/-e rest day; *Com:* day off; *P.N:* **Montag R.,** closed on Mondays. ′r ~ v o l l, *adj.* calm, peaceful. ′R ~ z u s t a n d, *m* -(e)s/-e standstill, (state of) immobility.

ruhig [′ru:iç], *adj.* **1.** (*still*) (*a*) (*ohne Bewegung*) calm, still (water, air etc.); calm (weather, sea); smooth (crossing, flight); steady (flame); *adv.* **r. sitzen/liegen,** to sit/lie still; (*b*) (*ohne Lärm*) quiet; *Fig:* subdued (colours); **seid r.!** be quiet! stop talking! (*c*) (*friedlich*) peaceful (life etc.); **keine r~e Minute haben,** not to have a moment's peace; **alles geht seinen r~en Gang,** things are proceeding at their usual easy pace; **das Geschäft ist r.,** business is quiet; (*d*) (*gelassen*) calm, unruffled; **calm** (voice etc.); steady (hand, voice); **bei r~er Überlegung,** on careful reflection; **etwas mit r~em Gewissen tun,** to do sth. with a clear conscience; *F:* **nur r. Blut!** (just) keep calm! keep your hair on! **sei r., es wird dir schon nichts geschehen,** don't worry, nothing will happen to you; *adv.* **man kann das Kind r. allein lassen,** it's quite all right to leave the child alone; **das kannst du ihm r. sagen,** you're welcome to tell him that; **du könntest r. auch mal den Tisch abräumen,** it wouldn't hurt you to clear the table for a change. **2.** (*leicht*) easy; *F:* **er schiebt eine r~e Kugel,** he isn't exactly killing himself with work.

Ruhm [ru:m], *m* -(e)s/*no pl* fame; **R. erwerben,** to win fame/(*im Kampf usw.*) glory; *F: Iron:* **er hat sich nicht (gerade) mit R. bekleckert,** he did not exactly cover himself with glory. ′r ~ b e d e c k t, *adj.* covered with glory. ′R ~ e s b l a t t, *n* -(e)s/-er *usu. neg.* **kein R.,** a disgraceful episode. ′r ~ l o s, *adj.* inglorious. ′r ~ r e i c h/ ′r ~ v o l l, *adj. esp. Mil:* glorious (campaign, history etc.); famous (regiment etc.).

rühm|en [′ry:mən], *v.tr. Lit:* to praise, extol (s.o., sth.) (**wegen etwas gen,** for sth.); **sich einer Sache r.,** to pride oneself on sth.

Ruhr [ru:r], *f* -/*no pl Med:* dysentery.

Rühr|ei [′ry:r?ai], *n* -(e)s/*occ* -er *Cu:* scrambled eggs. ′r ~ e n. I. *v.* **1.** *v.tr.* (*a*) to stir (soup, paint etc.); (*b*) (*bewegen*) to move (an arm, leg etc.); *F:* **sie rührte keinen Finger,** she didn't lift a

finger (to help); **sich r.,** to move; (*Luft usw.*) to stir; *Fig:* (*Pers.*) (*aktiv sein*) to stir one's stumps, be up and doing; **er rührte sich nicht vom Fleck/von der Stelle,** he did not budge; **nichts rührte sich,** nothing stirred; *F:* **er hat sich seit langem nicht (mehr) gerührt,** there has been no sign of life from him for a long time; **rührt euch!** (i) *Mil:* (stand) at ease! (ii) *F:* (*beeilt euch*) get a move on! (*c*) **ihn hat der Schlag gerührt,** he has had a stroke; *Fig:* **wie vom Donner gerührt,** dumbfounded, thunderstruck; (*d*) (*innerlich bewegen*) to move, touch (s.o.); **zu Tränen gerührt,** moved to tears (**über etwas** *acc,* by sth.); **es rührte ihn gar nicht,** it left him quite unmoved. **2.** *v.i.* (*haben*) (*a*) **im Kaffee r.,** to stir one's coffee; (*b*) *Lit:* **r. an** + *acc,* to touch (sth.), *Fig:* touch on (a subject). **II. R., n** -s/*no pl* stirring (*esp. Fig:* of emotion); **ein menschliches R.,** (i) human pity; (ii) *F: Hum:* the call of nature. ′r ~ e n d, *adj.* touching; **das ist ja r. von Ihnen!** that is terribly kind of you! *adv.* **er sorgt r. für sie,** it is touching how he looks after her. ′r ~ i g, *adj.* active; enterprising, go-ahead (businessman etc.). ′R ~ l ö f f e l, *m* -s/- mixing spoon. ′r ~ s e l i g, *adj.* (sickeningly) sentimental, mawkish; maudlin, *F:* tear-jerking (play etc.). ′R ~ s e l i g k e i t, *f* -/*no pl* sickly sentimentality. ′R ~ s t ü c k, *n* -(e)s/-e mawkish melodrama, *F:* tear-jerker. ′R ~ u n g, *f* -/*no pl* emotion; **er konnte vor R. kaum sprechen,** he was so moved he could hardly speak.

Ruhrgebiet [′ru:rgəbi:t]. *Pr.n.n* -s. *Geog:* **das R.,** the Ruhr.

Ruin [ru′i:n], *m* -s/*no pl* ruin; *F:* **du bist noch mein R.!** you'll be the end of me! **R ~ e** [ru′i:nə], *f* -/-n 1 ruin(s). **2.** (*Pers.*) physical wreck. r ~ i e r e n [-i′ni:rən], *v.tr.* to ruin (s.o., sth.); to wreck (s.o.'s nerve, hopes etc.). r ~ ös [-i′nø:s], *adj.* ruinous (policy etc.).

rülps|en [′rylpsən], *v.i.* (*haben*) *F:* to belch. ′R ~ e r, *m* -s/- *F:* belch, burp.

rum [rum], *adv. & comb.fm. F:* = **herum.** ′r ~ h a b e n, *v.tr.sep.irr.* 44 *F:* to have got (sth.) over. ′r ~ h ä n g e n, *v.i. sep.irr.* 46 (*haben*) *F:* to hang around. ′r ~ k r i e g e n, *v.tr.sep. F:* = **herumkriegen.** ′r ~ m a c h e n, *v.tr.sep. F:* (*a*) to pull (sth.) round; (*b*) to fiddle around (**an etwas** *dat,* with sth.).

Rum [rum, *South G:* ru:m], *m* -s/-s rum.

Rumän|e [ru′mɛ:nə], *m* -n/-n *Geog:* Romanian, R(o)umanian. **R ~ i e n.** *Pr.n.n* -s. *Geog:* Romania, R(o)umania. r ~ i s c h, *adj. & R., n* -(s)/*no pl Ling:* Romanian, R(o)umanian.

Rummel [′rumǝl], *m* -s/*no pl F:* **1.** (*a*) (*Trubel*) hustle and bustle; (*mit Lärm*) commotion; (*viel Aufsehen*) fuss, to-do (**um j-n, etwas,** about s.o., sth.); (*b*) *North G:* (*Jahrmarkt*) fair. **2. der ganze R.,** the whole bag of tricks; (*die Feinheiten*) all the ins and outs. ′R ~ p l a t z, *m* -es/-e fairground.

rumoren [ru′mo:rən], *v.i.* (*haben*) *F:* to bang about, make a noise; *Fig:* to protest; **es rumort in meinem Bauch,** my stomach is rumbling; **der Gedanke rumort in meinem Kopf,** the thought is going round and round in my head.

Rumpel- [′rumpǝl-], *comb.fm. Rec:* rumble (filter etc.); **R ~ geräusch** *n,* rumble. ′R ~ k a m m e r, *f* -/-n *F:* lumber room, boxroom.

'R~kasten, *m* -s/- rattletrap. 'r~n, *v.i.*
(*haben/sein*) to rumble; (*Pers.*) to bang about.
Rumpf [rumpf], *m* -(e)s/-e 1. *Anat:* trunk; torso.
2. *Av:* fuselage; *Nau:* hull.
rümpfen ['rympfən], *v.tr.* die Nase r., to turn up
one's nose (über etwas *acc,* at sth.).
rund [runt]. I. *adj.* (*a*) round (column, face etc.);
circular (flower bed, area etc.); **Konferenz
am r~en Tisch,** round-table conference; *F:*
(*Kind*) (mit r~en Augen machen, to gaze wide-
eyed (with astonishment); (*b*) (*dicklich*) plump
(arms etc.); chubby (cheeks); (*c*) round
(number, sum); **ein r~es Dutzend,** a good
dozen; (*d*) full, rounded (sound, tone); *F: adv.*
r. laufen, to go/(*Motor*) run smoothly. II. *adv.*
1. **r. um** + *acc,* (*a*) round; **r. um die Welt,** all
(a)round the world; **er arbeitet r. um die Uhr,**
he works round the clock; *F:* **ein Buch r. um
das Auto,** a book covering every aspect of the
car. 2. **r. 50 Mark,** about/approximately 50
marks. III. 'R~-, *comb.fm.* circular (building,
tent etc.); round (arch, file, pillar, etc.);
R~brief *m*/**R~schreiben** *n,* circular letter;
R~fahrt/R~reise *f,* circular tour; *Rac:* **R~-
strecke** *f,* (circular) course, circuit. 'R~-
blick, *m* -(e)s/-e panorama, view all round.
'R~brief, *m* -(e)s/-e circular letter. R~e
['rundə], *f* -/-n round; (*a*) circle (of friends
etc.); (*Gerücht, Flasche*) **die R. machen,** to
circulate; (*b*) (*Umkreis*) **in der R.,** round about;
er blickte in die R., he looked all round (him);
(*c*) **eine R. Bier usw.,** a round of beer etc.; (*d*)
(*Rundgang*) round; beat (of a policeman); (*Spa-
ziergang*) walk; **seine R~n machen,** to do/go on
one's rounds; **R. durch die Stadt,** walk through/
tour of the town; **eine R. machen,** to go on a
tour of inspection/(*spazieren*) round the block;
(*d*) *Sp:* (*Durchgang*) round (of a competition
etc.); *Rac:* lap; *F:* **er ist über die R~n gekommen,**
he (just) made it; **etwas über die R~n bringen,** to
pull sth. off. 'r~en, *v.tr.* to round (sth., one's
lips, back etc.); *Fig:* to fill out (a picture etc.);
sich r., to become round, fill out. 'R~en-,
comb.fm. Rac: lap (record, time etc.); **R~zahl** *f,*
number of laps/*Box:* rounds. 'r~ erneuern,
v.tr. (*only in infin. & p.p.*) to retread (a tyre);
runderneuerter Reifen, retread. 'R~frage, *f*
-/-n survey, questionnaire. 'R~funk, *m* -(e)s/
no pl (*a*) radio; **im R.,** on the radio; **vom R.
übertragen werden,** to be (broadcast) on the
radio; (*b*) (*R~gesellschaft*) broadcasting cor-
poration; (*Sender*) radio station; **er arbeitet
beim R.,** he works in broadcasting. 'R~funk-,
comb.fm. radio (programme, announcer,
technology etc.); **R~gebühr** *f,* radio licence fee;
R~sender *m*/**R~station** *f,* radio station;
R~sendung/R~übertragung *f,* radio broad-
cast; **R~werbung** *f,* radio advertising.
'R~gang, *m* -(e)s/-e 1. round (of a postman,
night-watchman etc.); tour of inspection. 2. (*in
einer Burg usw.*) circular gallery/walk.
'r~gehen, *v.i. sep.irr.36* (*sein*) (*a*) to do one's
rounds; (*b*) (*Flasche usw.*) to be passed round;
(*c*) *F:* **es geht heute rund,** it's all go today.
'R~heit, *f* -/*no pl* roundness. **r~he'raus,**
adv. straight out, bluntly; (*offen*) frankly.
r~he'rum, *adv.* all round; *F:* (*völlig*) com-
pletely, thoroughly. 'r~lich, *adj.* plump,

chubby. 'R~lichkeit, *f* -/*no pl* plumpness.
'R~schau, *f* -/-en (*a*) *Lit:* = Rundblick; (*b*)
Journ: Rad: TV: review. 'R~spruch, *m*
-(e)s/*no pl Swiss:* = Rundfunk. 'R~stück, *n*
-(e)s/-e *North G:* (oval) roll. **r~'um. I.** *adv.* =
rundherum. II. *comb.fm.* all-round (vision etc.).
'r~'weg, *adv.* totally; **r. ablehnen,** to refuse
point-blank.
Runkelrübe ['runkəlry:bə], *f* -/-n *Agr:* mangel-
wurzel.
runter ['runtər], *adv. & comb.fm. F:* = (i) her-
unter; (ii) hinunter. 'r~kippen, *v.tr.sep. F:*
to knock back, *N.Am:* toss off (a drink).
'r~rutschen, *v.tr. & i. sep.* (*sein*) *F:* to slide
down; *P:* **rutsch mir den Buckel runter!** get lost!
Runzel ['runtsəl], *f* -/-n wrinkle. 'r~(e)lig,
adj. wrinkled. 'r~eln, *v.tr.* die Stirn r., to knit
one's brows, frown; **sich r.,** to wrinkle.
Rüpel ['ry:pəl], *m* -s/- lout. 'r~haft, *adj.* lou-
tish, uncouth.
rupfen ['rupfən], *v.tr.* to pluck (a chicken etc.);
to pull up (grass, weeds etc.); *F:* (*schröpfen*) to
fleece (s.o.).
ruppig ['rupiç], *adj.* (*a*) (*grob*) uncouth; gruff
(answer); (*b*) (*zerrupft*) scruffy, unkempt.
Ruprecht ['ru:preçt]. *Pr.n.m* -s. = Rupert.
Rüsche ['ry:ʃə], *f* -/-n *Dressm:* frill.
Ruß [ru:s], *m* -es/*no pl* soot. 'r~en, *v.i.* (*haben*)
to form soot. 'R~flocke, *f* -/-n smut.
'r~ig, *adj.* sooty.
Russe ['rusə], *m* -n/-n Russian. 'R~in, *f*
-/-nen Russian woman. 'r~isch. I. *adj.*
Russian; *Cu:* **r~e Eier,** egg mayonnaise;
Games: **r~es Roulett,** Russian roulette. II.
R., *n* -(s)/*no pl Ling:* Russian.
Rüssel ['rysəl], *m* -s/- 1. (elephant's) trunk;
(pig's) snout; *Ent:* proboscis. 2. *P:* (*Nase*)
snout. 'R~käfer, *m* -s/- *Ent:* weevil.
Rußland ['ruslant]. *Pr.n.n* -s. *Geog:* Russia.
Rüstbaum ['rystbaum], *m* -(e)s/-e *Constr:*
scaffolding. 'r~en, *v.* 1. *v.i.* (*haben*) to arm
(**zum Krieg,** for war). 2. *v.refl.* **sich zu etwas** *dat*
r., to prepare for sth. 'r~ig, *adj.* active,
sprightly (elderly person). 'R~igkeit, *f* -/*no
pl* sprightliness. 'R~kammer, *f* -/-n *Hist:*
armoury. 'R~stange, *f* -/-n *Constr:* scaf-
folding pole. 'R~ung, *f* -/-en 1. *no pl* arma-
ment; (*Waffen*) arms, armaments. 2. *Hist:* (suit
of) armour. 'R~ungs-, *comb.fm.* arms (con-
trol, factory etc.); armaments (industry etc.);
R~beschränkung *f,* arms limitation.
'R~zeug, *n* -(e)s/-e (*a*) (right) tools/equip-
ment for the job; (*b*) (*Wissen*) know-how.
Rüster ['ry:stər], *f* -/-n *Bot:* elm.
rustikal [rusti'ka:l], *adj.* rustic.
Rute ['ru:tə], *f* -/-n 1. (*esp.* birch) rod; (*Gerte*)
switch; (*Angelr.*) fishing rod; (*Wünschelr.*)
divining rod; *Fig:* **mit eiserner R. regieren,** to
rule with a rod of iron. 2. *Hunt:* (*Schwanz*)
tail; (fox's) brush. 'R~ngänger, *m* -s/-
(water etc.) diviner.
Rutsch [rutʃ], *m* -(e)s/-e (*a*) slip, slide; (*Erdr.*)
landslide; *F:* **auf einen R.,** in one go; (*b*) *F:*
(*Spritztour*) jaunt; **guten R. (ins neue Jahr)!**
Happy New Year! 'R~bahn, *f* -/-en slide;
(*am Rummelplatz*) helter-skelter. 'R~e, *f* -/-n
Ind: chute. 'r~en, *v.i.* (*sein*) (*a*) to slide; (*Pers.,
Tchn: Kupplung usw.*) to slip; (*Auto*) to skid;

aus dem Sattel r., to slip out of the saddle; (b) F: (aufrücken) rutsch mal ein wenig! move up a bit please! (c) F: übers Wochenende nach München r., to slip off to Munich for the weekend. 'r ~ fest, adj. non-slip (mat etc.); Aut: skidproof (tyre). 'r ~ ig, adj. slippery. 'r ~ sicher, adj. = r ~ fest.

rütt|eln ['rytəln], v. 1. v.tr. to shake (s.o., sth.);

Tchn: to agitate, vibrate (concrete etc.); j-n aus dem Schlaf r., to shake s.o. (to wake him/her up). 2. v.i. (haben/occ. sein) (a) to shake, (Fahrzeug) jolt, (vibrieren) vibrate; an der Tür r., to rattle at the door, (Wind) make the door rattle; (b) Fig: daran ist nicht zu r., that is irrefutable/ (Entschluß) irrevocable; (c) Orn: (Habicht, Falke) to hover. 'R ~ ler, m -s/- Constr: vibrator.

S

S, s [ɛs], n -/- 1. (the letter) S, s. 2. S-Kurve f, S-bend.

Saal [za:l], m -(e)s/Säle hall; Th: auditorium. 'S ~ ordner, m -s/- steward (at a meeting). 'S ~ schlacht, f -/-en Pol: brawl (between rival factions). 'S ~ tochter, f -/- Swiss: waitress.

Saat [za:t]. I. f -/-en 1. no pl (Säen) sowing. 2. coll. (Samen) seed. 3. coll. (Pflanzen) seedlings, Agr: young crops. II. S ~ -, comb.fm. seed (potato etc.); sowing (season etc.); S ~ furche f, seed drill; S ~ getreide n, seed corn. 'S ~ gut, n -(e)s/no pl coll. seed(s). 'S ~ korn, n -(e)s/-er (a) (single) seed; (b) (S ~ getreide) seed corn.

Sabbat ['zabat], m -s/-e Jew: sabbath.

sabbern ['zabərn], v.i. (haben) F: to slobber, (Baby) dribble.

Säbel ['zɛ:bəl], m -s/- sabre. 'S ~ beine, pl Hum: bandy/bow legs. 's ~ n, v.tr. & i. (haben) F: an etwas dat s., to hack away at sth.

Sabot|age [zabo'ta:ʒə], f -/-n sabotage. S ~ eur [-'tø:r], m -s/-e saboteur. s ~ ieren [-'ti:rən], v.tr. to sabotage (sth.).

Saccharin [zaxa'ri:n], n -s/no pl saccharin.

Sach|bearbeiter ['zaxbəʔarbaitər], m -s/-person/Adm: official responsible. 'S ~ beschädigung, f -/-en Jur: damage to property. 'S ~ buch, n -(e)s/-er (esp. popularly written) non-fiction book. 's ~ dienlich, adj. relevant, helpful (information etc.). 'S ~ e, f -/-n 1. usu. pl S ~ n, things; seine S ~ n aufräumen, to clear up one's things/belongings; F: scharfe S ~ n trinken, to drink hard stuff; Jur: bewegliche/ unbewegliche S ~ n, movable/fixed assets. 2. (Angelegenheit) (a) matter, affair; eine böse/ schlimme S., a bad business; eine große S., an important matter; (Veranstaltung) a big affair; er hat die ganze S. erfunden, he made up the whole thing; jede S. hat zwei Seiten, there are two sides to everything; die S. geht schief, things are going wrong; der S. auf den Grund gehen, to get to the bottom of the affair; F: eine abgekartete S., a put-up job; Skifahren ist eine tolle S., skiing is great stuff; die S. schmeißen, to fix things; (b) das ist ihre S., that's her business/affair; das ist (die) S. des

Ministers, it is a matter/question for the minister; seine S. gut machen, to do a good job; seine S. verstehen, to know one's job/F: stuff; sich seiner S. sicher sein, to know what one is doing; das ist nicht jedermanns S., that doesn't appeal to everyone; (c) point; zur S. (gehörig), relevant; das gehört nicht/tut nichts zur S., that is beside the point; bei der S. bleiben, to keep to the point; zur S. kommen, to come to the point; die S. ist die, daß ..., the point/trouble is that ...; (d) (wofür man sich einsetzt) cause; die Person von der S. trennen, to distinguish the person from the cause he represents; (e) Jur: (Fall) case; in der S./in S ~ n X gegen Y, in the case/matter X versus Y. 3. F: (Stundenkilometer) er fuhr mit 100 S ~ n/hatte 100 S ~ n drauf, he was doing a hundred (kilometres an hour). 'S ~ gebiet, n -(e)s/-e (subject) area, field. 's ~ gemäß, adj. proper, appropriate. 'S ~ katalog, m -(e)s/-e subject catalogue. 'S ~ kenntnis, f -/-se expertise; F: know-how. 's ~ kundig, adj. expert (advice etc.); knowledgeable (person). 'S ~ lage, f -/no pl state of affairs; (current) situation. 's ~ lich, adj. (a) (faktisch) factual (details etc.); actual (difference); practical (reasons etc.); adv. from a factual point of view; (b) (nüchtern) matter-of-fact (person, attitude, tone etc.); businesslike (person, manner etc.); (parteilos) objective, impartial (report etc.); s ~ e Kritik an etwas dat üben, to criticize sth. objectively; (c) functional (style). 'S ~ lichkeit, f -/no pl (a) objectivity, impartiality; (b) Art: etc: functionalism. 'S ~ literatur, f -/no pl non-fiction. 'S ~ register, n -s/- (subject) index. 'S ~ schaden, m -s/- material damage. 'S ~ verhalt, m -(e)s/-e facts (of the matter). 'S ~ verständige(r), m & f decl. as adj. expert.

sächlich ['zɛçlɪç], adj. Gram: neuter (noun etc.).

Sachse ['zaksə], m -n/-n Saxon. 'S ~ n. Pr.n.n -s. Geog: Saxony.

Sächs|in ['zɛksɪn], f -/-nen Saxon girl/woman. 's ~ isch, adj. Saxon.

sacht [zaxt], adj. gentle; (leise) soft; (langsam) gradual, (vorsichtig) cautious (movement etc.); F: s ~ e, s ~ e! easy does it!

Sack [zak], m -(e)s/-e 1. (a) sack; (zum Zu-

schnüren) (large) bag; **drei S./S~e Mehl**, three sacks of flour; *Fig:* **ein S. voll Neuigkeiten**, a whole lot of news; *F:* **mit S. und Pack**, with bag and baggage; **j-n in den S. stecken**, (i) to put s.o. in the shade; (ii) (*betrügen*) to take s.o. in; (*b*) *South G:* trouser pocket. **2.** *P: Pej:* (*Pers.*) **blöder S.**, dimwit; **ihr faulen S~e!** you lazy louts! **'S~bahnhof**, *m* -**(e)s/~e** *Rail:* terminus. **'s~en**, *v.* **1.** *v.tr.* to sack (corn etc.). **2.** *v.i.* (*sein*) (*Boden, Gebäude etc.*) to subside, sink; (*Pers.*) to slump (**in einen Stuhl usw.**, into a chair etc.). **'S~gasse**, *f* -/-**n** cul-de-sac; *Fig:* dead end; **in eine S. geraten**, to come up against an impasse. **'S~hüpfen/'S~laufen**, *n* -**s**/*no pl Sp:* sack race. **'S~leinen**, *n* -**s**/*no pl*/**'S~leinwand**, *f* -/*no pl Tex:* sackcloth. **'s~weise**, *adv.* in sacks.

Sadis|mus [za'dismus], *m* -/*no pl Psy:* sadism. **S~t**, *m* -**en**/-**en** *Psy:* sadist. **s~tisch**, *adj. Psy:* sadistic.

säen ['zɛːən], *v.tr.* to sow (seeds, corn, *Fig:* discord); *Fig:* **dünn gesät**, few and far between.

Safari [za'faːri], *f* -/-**s** safari.

Safe [seːf], *m & f* -**s**/-**s** safe (in a bank etc.).

Safran ['zafran], *m* -**s**/-**e** *Bot: Cu:* saffron. **'s~gelb**, *adj.* saffron (yellow).

Saft [zaft], *m* -**(e)s/~e** juice (of fruit, *Cu:* meat); *Aus: Cu:* gravy; *Bot:* sap (of a tree etc.); *Fig:* **j-n im eigenen S. schmoren lassen**, to let s.o. stew in his own juice; **ohne S. und Kraft**, feeble; (*Rede, Suppe*) wishy-washy. **'s~ig**, *adj.* (*a*) juicy (fruit, meat etc.); (*b*) lush (plant, grass etc.); (*c*) *F:* spicy (story, joke etc.); stinging (blow); vitriolic (letter etc.); **s~e Rechnung**, huge bill. **'S~igkeit**, *f* -/*no pl* juiciness; lushness. **'S~laden**, *m* -**s**/**~** *F:* useless outfit. **'s~los**, *adj.* juiceless; *F:* **ein saft- und kraftloser Mensch**, a spineless person. **'S~presse**, *f* -/-**n** juice extractor.

Sage ['zaːgə], *f* -/-**n** saga; (*klassische*) legend; *Fig:* (*Gerücht*) rumour. **'s~n**, *v.tr.* to say (sth.); (*a*) (*aussprechen*) **die Wahrheit s.**, to speak the truth; **so etwas sagt man nicht**, it's not done to say things like that; **offen gesagt**, quite frankly; **unter uns gesagt**, between you and me; **wie sagt man das auf Englisch?** what is the English for that? **wann treffen wir uns? – s. wir um drei**, when shall we meet? – let's say at three; *F:* **das kann man wohl s.!** that's very true! **was Sie nicht!** you don't say! **er hatte sage und schreibe 300 Frauen**, believe it or not he had 300 wives; **gesagt—getan!** no sooner said than done; **das ist nicht gesagt**, you can't bank on it; (*b*) (*mitteilen*) **j-m etwas s.**, to tell s.o. sth.; **das läßt er sich nicht von mir s.**, he won't take that from me; **er läßt sich *dat* nichts s.**, you can't tell him anything; he won't listen; **das laß dir gesagt sein**, let this be a warning to you; **j-m seine Meinung s.**, to give s.o. a piece of one's mind; *F:* **wem sagst du das!** you're telling me! **das ließ ich mir nicht zweimal s.**, I jumped at it; (*c*) (*meinen, bedeuten*) to mean (sth.); **was s. Sie dazu?** what do you say to that/(*Meinung*) think about that? **was wollen Sie damit s.?** what do you mean by that? **das will ich nicht s.**, I don't mean that; **das sagt er nur so**, he doesn't mean it; he's only saying it; **sagt dir das etwas?** does it mean anything to

you? **dieses Bild sagt mir absolut nichts**, this painting doesn't mean anything to me/*F:* do anything for me; *F:* **das will viel s.!** that is saying a lot! **das hat nichts zu s.**, that doesn't matter; it's of no consequence; (*d*) (*befehlen*) **s. Sie ihm, er soll kommen**, tell him to come; *F:* **er hat nichts zu s.**, he has no say (in the matter); it's none of his business; (*e*) (*nennen*) **er sagt du zu mir**, he calls me 'du'. **'s~nhaft**, *adj.* (*a*) legendary; (*b*) *F:* fabulous, fantastic; *adv.* **s. billig**, amazingly/fantastically cheap; **s. teuer**, terribly expensive. **'S~nkreis**, *m* -**es**/-**e** *Lit:* cycle of sagas/legends.

Säge ['zɛːgə]. **I.** *f* -/-**n** saw. **II.** **'S~-**, *comb.fm.* saw(tooth etc.); **S~blatt** *n*, saw blade; **S~mehl** *n*, sawdust; **S~mühle** *f*/**S~werk** *n*, sawmill. **'s~n**, *v.* **1.** *v.tr.* to saw (wood, metal etc.). **2.** *v.i.* (*haben*) to snore.

Sago ['zaːgo], *m & Aus: n* -**s**/*no pl* sago.

sah [zaː], *p. of* **sehen** *q.v.*

Sahn|e ['zaːnə]. **I.** *f* -/*no pl* cream; (*Schlags.*) whipped cream. **II.** **'S~-**, *comb.fm.* cream (ice, cheese etc.); **S~creme** *f*, cream filling; **S~kännchen** *n*, cream jug; **S~schnitte** *f*, cream slice; **S~torte** *f*, cream cake. **'S~ebonbon**, *m & n* -**s**/-**s** toffee. **'s~ig**, *adj.* creamy.

Saison [zɛ'zɔŋ]. **I.** *f* -/-**s** *Th: Sp:* etc: season; *Fig:* **S. haben**, to be popular/in vogue. **II.** **S~-**, *comb.fm.* seasonal (work, worker, business etc.); **S~beschäftigung** *f*, seasonal job. **S~ausverkauf**, *m* -**(e)s/~e** *Com:* end of season sale. **s~bedingt**, *adj.* seasonal.

Saite ['zaitə], *f* -/-**n** *Mus: Tennis:* string; *Fig:* **andere S~n aufziehen**, to take a firmer line. **'S~nhalter**, *m* -**s**/- *Mus:* tailpiece (of a violin etc.). **'S~ninstrument**, *n* -**(e)s/-e** *Mus:* string instrument.

Sakko ['zako], *m & Aus:* [za'koː], *n* -**s**/-**s** *Cl:* sports jacket.

sakral [za'kraːl], *adj. & **S~-**, *comb.fm.* religious (art, music etc.); **S~bau** *m*, sacred building.

Sakrament [zakra'mɛnt], *n* -**(e)s/-e** *Ecc:* sacrament.

Sakri|leg [zakri'leːk], *n* -**s**/-**e** *Ecc:* sacrilege. **S~s'tan**, *m* -**s**/-**e** *R.C.Ch:* verger, sacristan. **S~s'tei**, *f* -/-**en** vestry, sacristy.

sakrosankt [zakro'zaŋkt], *adj.* sacrosanct.

Salami [za'laːmi], *f* -/-**s** *Cu:* salami.

Salat [za'laːt], *m* -**(e)s/-e** **1.** *Hort:* lettuce. **2.** *Cu:* salad. **3.** *F:* (*Unordnung*) mess; **der ganze S.**, the whole caboodle/(*Sache*) business. **S~besteck**, *n* -**(e)s/-e** (pair of) salad servers. **S~blatt**, *n* -**(e)s/~er** lettuce leaf. **S~soße**, *f* -/-**n** salad dressing.

Salb|e ['zalbə], *f* -/-**n** ointment. **'s~en**, *v.tr.* to anoint (a king, priest etc.). **'S~ung**, *f* -/-**en** anointing. **'s~ungsvoll**, *adj.* unctuous.

Salbei ['zalbai], *m* -**s**/*no pl & f* -/*no pl Bot:* sage.

Saldo ['zaldo], *m* -**s**/-**s**, -**den** & -**di** *Book-k:* balance.

Salmiak [zalmi'ak], *m & n* -**s**/*no pl Ch:* ammonium chloride.

Salomon ['zaːlomɔn]. *Pr.n.m* -**s**. *B:* Solomon.

Salon [za'lɔŋ], *m* -**s**/-**s** **1.** drawing-room. **2.** (*Geschäft*) hairdresser's/beauty salon. **s~fähig**, *adj.* socially acceptable (behaviour); respectable (clothes etc.). **S~löwe**, *m* -**n**/-**n** *Pej:* lounge lizard.

salopp [za'lɔp], *adj.* casual; (*schlampig*) slipshod (dress, manner); easy-going (behaviour etc.); slangy (speech); *adv.* **s. gekleidet,** casually/*Pej:* sloppily dressed.

Salpeter [zal'pe:tər], *m* -s/*no pl Ch: etc:* saltpetre. S ~ **säure,** *f* -/-n *Ch:* nitric acid.

Salto ['zalto], *m* -s/-s & -ti somersault.

Salut [za'lu:t], *m* -(e)s/-e *Mil: etc:* (gun) salute. **s ~ ieren** [-u'ti:rən], *v.i.* (*haben*) *Mil: etc:* (vor j-m) **s.,** to salute (s.o.).

Salve ['zalvə], *f* -/-n *Artil:* salvo; *Sm.a:* volley.

Salz [zalts]. **I.** *n* -es/-e *Cu:* salt. **II.** 'S ~ -, *comb.fm.* salt (mine, content, lake etc.); saline (spring etc.); *Cu:* salted (meat, herring); S ~ **faß** *n,* salt cellar; S ~ **korn** *n,* grain of salt; S ~ **stange** *f,* (long) salt roll, S ~ **streuer** *m,* salt shaker; S ~ **wasser** *n,* salt/*Cu:* salted water; S ~ **lösung** *f,* saline solution. 's ~ **arm,** *adj.* with a low salt content. 's ~ **en,** *v.tr.* to salt (food); **die Suppe ist nicht genug/zu stark gesalzen,** the soup hasn't got enough/has too much salt in it. 'S ~ **gurke,** *f* -/-n *Cu:* (brine-) pickled gherkin. 's ~ **haltig,** *adj.* containing salt; saline (spring etc.). 's ~ **ig,** *adj.* salty. 'S ~ **kartoffeln,** *fpl* boiled potatoes. 's ~ **los,** *adj.* salt-free. 'S ~ **säure,** *f* -/-n *Ch:* hydrochloric acid.

Sämann ['zɛ:man], *m* -(e)s/-er sower.

Samariter [zama'ri:tər], *m* -s/- Samaritan.

Sambesi [zam'be:zi]. *Pr.n.m* -s. *Geog:* Zambesi.

Sambia ['zambia]. *Pr.n.n.* -s. *Geog:* Zambia. 'S ~ **ier(in),** *m* -s/- (*f* -/-nen) Zambian. 's ~ **isch,** *adj.* Zambian.

Samen ['za:mən]. **I.** *m* -s/- *Bot: Agr:* seed. **2.** *Physiol:* sperm. **II.** 'S ~ -, *comb.fm.* (*a*) seed (shop, capsule etc.); S ~ **händler** *m,* seedsman; (*b*) *Physiol:* sperm (bank, cell etc.); seminal (fluid etc.); S ~ **leiter** *m,* sperm duct

Sämling ['zɛ:mliŋ], *m* -s/-e *Hort:* seedling.

Sammelaktion ['zaməl?aktsio:n], *f* -/-en fundraising campaign. 'S ~ **elanschluß,** *m* -sses/ -sse *Tel:* switchboard (with extensions). 'S ~ **elband,** *m* -(e)s/-er omnibus (volume). 'S ~ **elbecken,** *n* -s/- reservoir. 'S ~ **elbegriff,** *m* -(e)s/-e collective term. 'S ~ **elbehälter,** *m* -s/- collector, container (for waste etc.). 'S ~ **elbestellung,** *f* -/-en joint order. 'S ~ **elbüchse,** *f* -/-n collecting box. 'S ~ **elfahrschein,** *m* -(e)s/-e *Rail: etc:* group ticket; (*für mehrere Fahrten*) multiple ticket. 'S ~ **ellager,** *n* -s/- assembly camp. 's ~ **eln,** *v.tr.* to collect (money, stamps, wood, facts, *Fig:* one's thoughts etc.); to gather (berries etc.); to assemble (people), gather (people) together; *abs.* **fürs Rote Kreuz s.,** to collect for the Red Cross; **neue Kräfte s.,** to build up one's strength; **sich s.,** (*Menschen, Truppen usw.*) to gather, assemble; (*Staub, Wasser usw.*) to collect, accumulate; *Ph:* (*Lichtstrahlen*) to converge; *Fig:* (*Pers.*) to collect oneself/one's thoughts. 'S ~ **elname,** *m* -ns/-n *Ling:* collective term. 'S ~ **elnummer,** *f* -/-n *Tel:* switchboard number. 'S ~ **elplatz,** *m* -es/-e/ 'S ~ **elpunkt,** *m* -(e)s/-e assembly point; (*für Sachen*) collecting point. 'S ~ **elstelle,** *f* -/-n collecting point; centre (for collecting information etc.). S ~ **el'surium,** *n* -s/*no pl F:* conglomeration. 'S ~ **eltransport,** *m*

-(e)s/-e mass transport (of refugees etc.). 'S ~ **elwut,** *f* -/*no pl* collecting mania. 'S ~ **ler. I.** *m* -s/- **1.** (*Pers.*) collector. **2.** *El:* accumulator. **3.** (*Kanalisation*) main drain. **II.** 'S ~ -, *comb.fm.* collector's (passion etc.); S ~ **stück** *n,* collector's item; S ~ **wert** *m,* value to collectors. 'S ~ **lung,** *f* -/-en collection; *Fig:* (*Konzentration*) composure.

Samstag ['zamsta:k], *m* -(e)s/-e Saturday.

Samt[1] [zamt]. **I.** *m* -(e)s/-e velvet. **II.** 'S ~ -, *comb.fm.* (*aus S.*) velvet (ribbon, suit, glove etc.); (*samtig*) velvety (green, skin, paw etc.). 's ~ **ig,** *adj.* velvety (skin etc.).

samt[2]. **I.** *prep.* + *dat* together/*F:* complete with. **II.** *adv.* **s. und sonders,** all (without exception).

sämtlich ['zɛmtliç], *adj.* all; **s ~ es vorhandene Material,** all the material available; **Goethes s ~ e Werke,** the complete works of Goethe; *adv.* **sie sind s. erschienen,** they all turned up.

Sanatorium [zana'to:rium], *n* -s/-ien sanatorium

Sand [zant]. **I.** *m* -(e)s/-e **1.** sand; (*für Straßen usw.*) grit; *Fig:* **den Kopf in den S. stecken,** to bury one's head in the sand; **seine Pläne sind im S. verlaufen,** his plans came to nothing, j-m **S. in die Augen streuen,** to throw dust in s.o.'s eyes. **2.** *Nau:* sandbank, sands; (*Schiff*) **auf S. laufen,** to run aground. **II.** 'S ~ -, *comb.fm.* sand (-dune, -storm etc.); (*sandig*) sandy (beach, soil etc.); S ~ **bank** *f,* sandbank; S ~ **kasten** *m,* (i) (*für Kinder*) sandpit, *N.Am:* sandbox; (ii) *Mil:* sand table; S ~ **mann** *m*/S ~ **männchen** *n,* sandman; S ~ **papier** *n,* sandpaper; S ~ **stein** *n,* sandstone; *adj.* S ~ **farben**/s ~ **farbig,** sand-coloured. 's ~ **ig,** *adj.* sandy. 'S ~ **küchen,** *m* -s/- *Cu:* Madeira cake. 'S ~ **sack,** *m* -(e)s/-e sandbag; *Box:* punching bag. 's ~ **strahlen,** *v.tr.* (*only infin. & p.p.*) to sandblast (sth.). 'S ~ **uhr,** *f* -/-en hour-glass; (*für Eier*) egg-timer.

Sandale [zan'da:lə], *f* -/-n *Cl:* sandal.

Sandelholz ['zandəlhɔlts], *n* -es/*no pl* sandalwood.

Sandwich ['sɛntvitʃ], *m* & *n* -(e)s/-(e)s sandwich.

sanft [zanft], *adj.* gentle; (*leise*) soft (sound, murmur, voice etc.); (*friedlich*) peaceful (sleep etc.); s ~ **e Farben,** soft/mellow colours; s ~ **er Schimmer,** soft light; *adv.* **s. schlummern,** to sleep peacefully; (*auf Grabstein*) **ruhe s.!** rest in peace! 'S ~ **heit,** *f* -/*no pl* gentleness; softness. 'S ~ **mut,** *f* -s/*no pl* gentleness, meekness. 's ~ **mütig,** *adj.* gentle, meek.

sang [zaŋ], *p. of* **singen** *q.v.*

Sänger(in) ['zɛŋər(in)], *m* -s/-s (*f* -/-nen) singer. 'S ~ **bund,** *m* -(e)s/-e choral union. 'S ~ **fest,** *n* -(e)s/-e choral festival.

sang- und klanglos ['zaŋ?unt'klaŋlo:s], *adv. phr. F:* unnoticed; without a trace.

sanieren [za'ni:rən], *v.tr.* (*a*) to rehabilitate, renovate (bad housing area etc.); to develop (a district etc.), clear (slums); to clean up (a river etc.); (*b*) *Com:* to put (a firm) back on its feet. S ~ **ung,** *f* -/-en rehabilitation, redevelopment; slum clearance.

sanitär [zani'tɛ:r], *adj.* sanitary; s ~ **e Anlagen,** sanitation; (*Toiletten*) lavatories. S ~ **'täter,** *m* -s/- first-aid man; (*im Krankenwagen*) ambulance man; *Mil:* medical orderly. S ~ **'täts-,**

comb.fm. esp. Mil: medical (corps, officer, authorities etc.); first-aid (box etc.); S ~ **dienst** *m/* S ~ **wesen** *n,* (army) medical service; S ~ **wache** *f,* first-aid post. S ~ **'tätsauto,** *n -s/-s/*S ~ - **'tätswagen,** *m -s/- Mil: etc:* ambulance.
sank [zaŋk], *p. of* **sinken** *q.v.*
Sankt [zaŋkt], *inv. adj.* S. Peter, Saint/*usu. abbr.* St. Peter.
Sanktion [zaŋktsi'oːn], *f -/-en Pol: etc:* sanction. s ~ **ieren** [-o'niːrən], *v.tr. (a)* to sanction (a law, plan etc.); *(b) Sociol:* to criticize (a form of behaviour).
sann [zan], *p. of* **sinnen** *q.v.*
Saphir ['zaːfir], *m -s/-e (a) Miner:* sapphire; *(b) Rec: (S ~ nadel)* sapphire stylus.
Sardelle [zar'dɛlə], *f -/-n* anchovy.
Sardine [zar'diːnə], *f -/-n Fish:* sardine.
Sardin|ien [zar'diːniən]. *Pr.n.n* **-s.** *Geog:* Sardinia. **S ~ ier,** *m -s/-* & **s ~ isch,** *adj.* Sardinian.
sardonisch [zar'doːniʃ], *adj.* sardonic.
Sarg [zark], *m -(e)s/ːe* coffin. **'S ~ nagel,** *m -s/ː (a)* coffin nail; *(b) Hum:* (*Zigarette*) (noxious) weed.
Sarkas|mus [zar'kasmus], *m -/-men* sarcasm. **s ~ tisch,** *adj.* sarcastic.
saß [zaːs], *p. of* **sitzen** *q.v.*
Satan ['zaːtan], *m -s/-e* Satan. **s ~ isch** [za'taːniʃ], *adj.* satanic.
Satellit [zatɛ'liːt], *m -en/-en Space: Ph: Pol: etc:* satellite. **S ~ en-,** *comb.fm.* satellite (state, town etc.); *Rad: TV:* **S ~ übertragung** *f,* transmission by satellite.
Satin [za'tɛŋ], *m -s/-s Tex:* satin.
Satir|e [za'tiːrə], *f -/-n Lit:* satire (**auf** + *acc,* on). **S ~ iker,** *m -s/-* satirist. **s ~ isch,** *adj.* satirical.
satt [zat], *adj.* **1.** *(a)* (*Pers.*) well-fed, satisfied; *F:* full; **sich s. essen,** to eat one's fill; **bist du s.?** have you had enough (to eat)? **davon werde ich nicht s.,** that won't fill me up; **das macht s.,** that's filling; *(b)* **sich an etwas** *dat* **nicht s. sehen können,** to be unable to take one's eyes off sth.; *(c) F:* j-n, **etwas s. sein/haben,** to be fed up with/ · sick of s.o., sth.; **er wird es bald s. kriegen,** he'll soon get fed up with it. **2.** rich, deep (colour, blue etc.). **'S ~ heit,** *f -/no pl* **1.** feeling of fullness, satisfaction. **2.** richness (of colour).
Satt|el ['zatəl], *m -s/ː* **1.** saddle; **ohne S. reiten,** to ride bareback; *Fig:* **fest im S. sitzen,** to be secure in one's position. **2.** *Cl:* yoke. **3.** *Mus:* nut (on a violin). **'S ~ eldach,** *n -(e)s/ːer Arch:* saddleback roof. **'S ~ eldecke,** *f -/-n* saddlecloth. **'s ~ elfest,** *adj.* **s. sein,** to know one's job. **'s ~ eln,** *v.tr.* to saddle (a horse etc.); *Fig:* **für etwas** *acc* **gesattelt sein,** to be well prepared for sth. **'S ~ elschlepper,** *m -s/-* tractor (of an articulated lorry/*N.Am:* truck). **'S ~ eltasche,** *f -/-n* saddlebag. **'S ~ ler,** *m -s/-* saddler. **S ~ le'rei,** *f -/-en* saddlery.
sättig|en ['zɛtigən], *v.tr. (a)* to satisfy (s.o., *Fig:* s.o.'s curiosity etc.); *(Essen)* **sehr s ~ d,** very filling; *(Pers.)* **sich s.,** to satisfy one's appetite, eat one's fill; *(b)* to saturate *(Ch:* an acid, *Com:* the market etc.); **gesättigte Farben,** saturated colours. **'S ~ ung,** *f -/-en (a)* satisfaction (of hunger); *Lit:* repleteness; *(b) Ch: etc:* saturation.

Satz [zats], *m -es/ːe* **1.** *(a) Gram:* sentence; **abhängiger S.,** subordinate clause; *(b)* (*These*) thesis; *Geom:* theorem. **2.** *Mus:* movement (of a symphony etc.). **3.** (*Gruppe*) set (of stamps, glasses etc.); kit (of tools etc.); *(Porzellan)* service; **S. von Tischen,** nest of tables. **4.** *Tennis: etc:* set. **5.** (*Setzen*) *Print: Mus:* setting (of a text etc.). **6.** (*Tarif*) rate (**der Steuer,** of taxation); **der übliche S. beträgt 6%,** the usual rate is 6%. **7.** (*Rückstand*) sediment; *(Kaffees:)* (coffee) grounds. **8.** (*Sprung*) leap; **mit einem S.,** with one bound; **er machte einen S. zur Seite,** he sprang/leapt to one side. **'S ~ ball,** *m -(e)s/ːe Tennis: etc:* set point. **'S ~ bau,** *m -(e)s/no pl Gram:* sentence construction. **'S ~ fehler,** *m -s/-* printing mistake. **S ~ 'gegenstand,** *m -(e)s/ːe Gram:* subject (of a sentence). **'S ~ glied,** *n -(e)s/-er* structural element (of a sentence). **'S ~ lehre,** *f -/no pl* **1.** *Gram:* syntax. **2.** *Mus:* harmonic theory. **'s ~ reif,** *adj. Print:* ready for press. **'S ~ spiegel,** *m -s/- Print:* type area. **'S ~ teil,** *m -(e)s/-e Gram:* clause. **'S ~ ung,** *f -/-en usu. pl* S ~ **en,** *Jur:* articles (of association): regulations. **'S ~ zeichen,** *n -s/- Gram:* punctuation mark.
Sau [zau]. **I.** *f* **1.** *-/ːe (a) Z:* sow; *P:* **unter aller S.,** bloody awful, lousy; **wie eine gesengte S.,** like a shot/a scalded cat; **j-n zur S. machen,** to take s.o. to pieces; *(b) P:* (*Pers.*) (dirty) swine, *(Frau)* bitch. **2.** *-/-en* female (wild) boar. **II.** *'S ~ -,* **'s ~ -,** *comb.fm. P: (a)* filthy (weather etc.), bloody awful (job etc.); **S ~ fraß** *m,* foul food; **S ~ haufen** *m,* scruffy bunch; **S ~ kerl** *m,* filthy swine; **S ~ wirtschaft** *f,* bloody awful mess; *(b) adj.* damn, bloody (stupid, rude, cold etc.); **s ~ schlecht,** bloody awful; **s ~ gut,** damn good. **'S ~ bohne,** *f -/-n Bot:* broad bean. **S ~ e'rei,** *f -/-en F: (a)* (*Ärgernis*) absolute scandal; *(b)* (*Unordnung, Schmutz*) awful mess; *(c)* (*Anstößiges*) smut. **'s ~ mäßig,** *adj. P:* filthy (weather etc.); lousy (pay etc.); frightful (bad luck); **s ~ e Arbeit,** a foul job; *adv.* **s. kalt,** frightfully cold. **'S ~ stall,** *m -(e)s/ːe* pigsty. **'s ~ 'wohl,** *adj. F:* **sich s. fühlen,** to be on top of the world.
sauber ['zaubər], *adj. (a)* (*schmutzfrei*) clean; **das Kind ist s.,** the child is toilet-trained; *(b)* (*ordentlich*) neat (handwriting, appearance, *Fig:* solution etc.); *(fehlerlos)* faultless (accent etc.); *adv.* **s. ausgeführt,** neatly done; *(c)* (*anständig*) decent (person etc.); upright, honest (conduct, character etc.); **nicht ganz s.,** a bit fishy; *Iron:* **ihr seid mir eine saubere Gesellschaft!** you're a fine lot! **'s ~ halten,** *v.tr.sep.irr.45* to keep (sth.) clean. **'S ~ keit,** *f -/no pl (a)* cleanness; neatness; *(b)* decency, uprightness, honesty. **'s ~ machen,** *v.tr.sep.* to clean (a room etc.).
säuber|lich ['zɔybərliç], *adj.* accurate (copying etc.); *adv.* **(fein) s. verpackt,** neatly/carefully packed. **'s ~ n,** *v.tr. (a)* to clean (a room, shoes, wound etc.); *(b) Pol:* to purge (a party); *(c)* (*räumen*) to clear (an area) (**von Truppen, Kriminellen usw.,** of troops, criminals etc.). **'S ~ ung,** *f -/-en* cleaning; *Pol:* purge; *Mil:* mopping-up. **'S ~ ungsaktion,** *f -/-n Pol:* purge; *Mil:* mopping-up operation.
Sauciere [zosi'ɛːrə], *f -/-n* sauceboat.
Saudi-Arabien [zaudiʔa'raːbiən]. *Pr.n.n.* **-s.**

Geog: Saudi Arabia.

sauer ['zauər], *adj.* sour (fruit, taste etc.); *Ch: etc:* acid (solution, soil etc.); *Cu:* (*in Essig usw.*) pickled (cucumber, herrings etc.); **saure Drops,** acid drops; *F:* **das wird dir noch s. aufstoßen,** that will come back at you one of these days; **in den sauren Apfel beißen,** to grasp the nettle; **gib ihm Saures!** let him have it! **2.** unpleasant (duty); trying (task etc.); (*schwer*) hard (work etc.); **es wurde ihm s.,** it became a wearisome chore/(*Bewegung usw.*) a great effort for him; *adv.* **s. verdientes Geld,** hard earned money. **3.** sour (look, face etc.); *F:* **er ist s. auf mich,** he's cross with/mad at me; *adv.* **er reagierte s. auf meinen Vorschlag,** he was annoyed at my suggestion. **4.** *F:* **s. sein/werden,** *Aut:* (*Motor*) to be/get out of tune; *Sp:* (*Läufer usw.*) to be/go off form. **'S ~ ampfer,** *m* -s/- *Bot:* common sorrel. **'S ~ braten,** *m* -s/- *Cu:* roast marinated beef. **'S ~ kirsche,** *f* -/-n *Bot:* sour cherry. **'S ~ klee,** *m* -s/no pl *Bot:* sorrel. **'S ~ kraut,** *n* -(e)s/no pl *Cu:* sauerkraut. **'S ~ stoff,** *m* -(e)s/no pl *Ch:* oxygen. **'S ~ stofflasche,** *f* -/-n oxygen cylinder. **'s ~ süß,** *adj. Cu:* sweet and sour; *Fig:* bitter-sweet. **'S ~ teig,** *m* -(e)s/-e leaven.

säuerlich ['zɔyərliç], *adj.* (slightly) sour. **'s ~ n,** *v.tr. & i.* (*haben*) to sour (milk, cream etc.); (*gären*) to ferment (cabbage) (for sauerkraut).

saufen ['zaufən], *v.tr. & i. irr.* (*haben*) (*pres.* **säuft,** *p.* **soff,** *p.p.* **gesoffen**) (*Tier*) to drink (water etc.); *F:* (*Pers.*) to knock back (beer etc.); **wir haben die ganze Nacht gesoffen,** we were boozing all night. **S ~ e'rei,** *f* -/-en *F:* (*a*) *no pl* boozing; (*b*) (*also* **Saufgelage** *n*) booze-up. **'S ~ kumpan,** *m* -(e)s/-e *F:* drinking companion.

Säufer ['zɔyfər], *m* -s/- *F:* boozer. **'S ~ leber,** *f* -/-n *F:* cirrhosis of the liver.

Saug- ['zaug-], *comb.fm.* suction (pump etc.); **S ~ leitung** *f,* suction pipe; *I.C.E:* inlet manifold. **'s ~ en,** *v.tr. & i. irr.* (*haben*) (*pres.* **saugt,** *p.* **sog/saugte,** *p.p.* **gesogen/gesaugt**) (*a*) to suck (sth.) (**aus etwas** *dat,* out of/from sth.); *Fig:* **sich** *dat* **etwas aus den Fingern s.,** to make sth. up; (*b*) (*staubsaugen*) to hoover, *N.Am:* vacuum (a room etc.); **sie hat oben gesaugt,** she hoovered/*N.Am:* vacuumed upstairs. **'S ~ er,** *m* -s/- **1.** teat, *N.Am:* nipple (on baby's bottle). **2.** *F:* (*Staubs.*) vacuum cleaner. **'s ~ fähig,** *adj.* absorbent (paper etc.). **'S ~ flasche,** *f* -/-n feeding bottle. **'S ~ napf,** *m* -(e)s/-e *Z: Ent:* sucker. **'S ~ wirkung,** *f* -/no pl suction.

säugen ['zɔygən], *v.tr.* to suckle (a baby, *Z:* young). **'S ~ etier,** *n* -(e)s/-e *Z:* mammal. **'S ~ ling,** *m* -s/-e baby. **'S ~ lingsalter,** *n* -s/no pl babyhood; **im S.,** when a baby. **'S ~ lingspflege,** *f* -/no pl babycare. **'S ~ lingsschwester,** *f* -/-n child nurse. **'S ~ lingssterblichkeit,** *f* -/no pl infant mortality.

Säule ['zɔylə], *f* -/-n *Arch:* column, (round) pillar; *Fig:* **S. der Gesellschaft,** pillar of society; *F:* **er stand da wie eine S.,** he stood there like a statue. **'S ~ ngang,** *m* -(e)s/-e colonnade.

Saum [zaum], *m* -(e)s/-e *Sew:* hem; *Fig:* edge, *Lit:* margin. **'s ~ selig,** *adj. Lit:* dilatory.

säumen[1] ['zɔymən], *v.tr.* (*a*) *Sew:* to hem (a garment); (*b*) *Fig:* to line (a road, path, etc.); **von/mit Menschen gesäumt,** lined with people.

säumen[2], *v.tr. Lit:* to hesitate. **'s ~ ig,** *adj. Lit:* tardy; *Com: Jur:* **s ~ er Zahler,** defaulter.

Sauna ['zauna], *f* -/-s sauna (bath).

Säure ['zɔyrə], *f* -/-n **1.** *Ch:* acid. **2.** *no pl* acidity (of wine etc.); sourness (of unripe fruit etc.). **'s ~ fest,** *adj.* acid-proof, acid-resistant. **'S ~ gehalt,** *m* -(e)s/-e acidity.

Sauregurkenzeit [zaurə'gurkəntsait], *f* -/no pl *F:* dead season.

Saus [zaus], *m F:* **in S. und Braus leben,** to live in a gay social whirl.

säuseln ['zɔyzəln], *v.* **1.** *v.i.* (*haben*) (*Wind usw.*) to whisper; (*Blätter*) to rustle. **2.** *v.tr.* (*Pers.*) to purr (sth.).

sausen ['zauzən], *v.i.* (*a*) (*haben*) (*Wind usw.*) to rush, roar; (*Gerte usw.*) to swish; (*Ohren, Kopf usw.*) to buzz; (*b*) *F:* (*eilen*) (*sein*) (*Pers., Wagen usw.*) to dash, rush (somewhere); **Kugeln sausten ihnen um die Ohren,** bullets whistled around their ears; *Aut:* **in einen Baum usw. s.,** to hurtle into a tree etc.; (*c*) (*sein*) *P:* **durchs Examen s.,** to plough/flunk the exam; (*d*) *F:* **etwas s. lassen,** to give sth. a miss.

Saxophon [zakso'foːn], *n* -s/-e *Mus:* saxophone. **S ~ ist(in)** [-fo'nist(in)], *m* -en/-en (*f* -/-nen) saxophonist.

S-Bahn ['ɛsbaːn], *f* -/-en urban railway.

Schabe ['ʃaːbə], *f* -/-n *Ent:* cockroach.

schaben ['ʃaːbən], *v.tr.* to scrape (sth.); *Cu:* to grate (carrots etc.). **'S ~ er,** *m* -s/- *Tls:* scraper.

Schabernack ['ʃaːbərnak], *m* -(e)s/-e practical joke, prank; **j-m einen S. spielen,** to play a joke on s.o.

schäbig ['ʃɛːbiç], *adj.* (*a*) shabby (clothes, room etc.); dilapidated (house etc.); tatty (clothes, car etc.); seedy (hotel etc.); (*b*) (*kleinlich*) mean, *F:* stingy (person, treatment etc.); measly (present, salary etc.). **'S ~ keit,** *f* -/no pl (*a*) shabbiness; (*b*) stinginess.

Schablone [ʃa'bloːnə], *f* -/-n (*a*) *Tchn:* template; (*für eine Zeichnung*) stencil; (*b*) *Fig:* fixed pattern; **in S ~ n denken/reden,** to think/speak in clichés; **nach S. arbeiten,** to follow a set routine. **s ~ enhaft,** *adj.* stereotyped. **s ~ ieren** [-o'niːrən], *v.tr.* to template (a shape etc.), stencil (a design etc.).

Schabracke [ʃa'brakə], *f* -/-n **1.** (*a*) *Equit:* (decorated) saddlecloth; (*b*) *H:* pelmet. **2.** *F:* (*Frau*) **alte S.,** old hag.

Schach [ʃax], *n* -s/no pl *Games:* chess; **S. (dem König)!** check (to the king)! *Fig:* **j-n in S. halten,** to keep s.o. under control/(*mit der Pistole*) covered. **'S ~ brett,** *n* -(e)s/-er chessboard. **'S ~ figur,** *f* -/-en chessman. **'s ~ 'matt.** **I.** *int.* checkmate. **II.** *adj.* **1.** *Games:* **j-n s. setzen,** to checkmate s.o. **2.** *F:* (*erschöpft*) dead tired, dead beat. **'S ~ partie,** *f* -/-n chess game. **'S ~ zug,** *m* -(e)s/-e *Games: & Fig:* move; *Fig:* (**kluger**) **S.,** adroit move.

Schacher ['ʃaxər], *m* -s/no pl haggling; *also Fig:* horsetrading. **'s ~ n,** *v.i.* (*haben*) to haggle (**um den Preis usw.,** over the price etc.).

Schacht [ʃaxt], *m* -(e)s/-e (mine, lift etc.) shaft; (*Brunnens.*) well; (*für Kohlen usw.*) chute.

Schachtel ['ʃaxtəl], *f* -/-n **1.** box; **S. Zigaretten,** packet/*N.Am:* pack of cigarettes. **2.** *F:* (*Frau*) **alte S.,** old bag. **'S ~ satz,** *m* -es/-e complicated sentence (with encapsulated clauses).

schade ['ʃɑːdə], *adj.* (*a*) (*bedauerlich*) **es ist (sehr) s.**, it's a (great) pity/shame (**um** + *acc,* about); **wie s.!** what a pity/shame! (*b*) (*wertvoll*) **es ist zu s. zum Wegwerfen,** it is too good to throw away; **für diese Arbeit ist er sich zu s.,** he considers this kind of work beneath him.

Schädel ['ʃɛːdəl], *m -s/-* (*a*) *Anat:* skull; (*b*) *F:* (*Kopf*) head; **streng mal deinen S. an!** use your loaf! **einen dicken S. haben,** to be pig-headed; **j-m eins auf den S. geben,** to bash s.o. on the head; **mir brummt der S.,** (i) my head is throbbing; (ii) (*schwindlig*) I'm quite dizzy. 'S ~ - **bruch,** *m -(e)s/̈-e Med:* fracture of the skull.

schaden ['ʃɑːdən]. **I.** *v.i.* (*haben*) to do harm/ damage; **j-m, etwas** *dat* **s.,** to harm s.o., sth.; **das schadet der Gesundheit sehr,** that is very bad for/does a lot of harm to one's health; *F:* **das schadet ihm nichts,** that won't do him any harm/(*geschieht ihm recht*) serves him right. **II. S.,** *m -s/̈-* **1.** damage; (*Verlust*) loss; *Com:* **mit S. verkaufen,** to sell at a loss; *Prov:* **durch S. wird man klug,** one learns by one's mistakes; (*b*) (*Nachteil*) harm, detriment; **j-m S. zufügen,** to do s.o. harm; **davon hat er mehr S. als Nutzen,** it's done him more harm than good; **es soll dein S. nicht sein,** you won't lose by it; **es ist dein eigener S., wenn . . .,** you'll be the loser/*F:* it'll be your funeral if . . . **2.** (*Beschädigung*) damage (**am Auto usw.,** to the car etc.); (*Fehler*) **einige Schäden,** several instances of damage. **3.** (*Verletzung*) injury (**am Bein usw.,** to one's leg etc.); (*Mangel*) defect; **zu S. kommen,** to be injured. 'S ~ **en(s)ersatz,** *m -es/no pl Jur:* compensation (for damage/ injury). 'S ~ **en(s)ersatzanspruch,** *m -(e)s/ ̈-e Jur:* claim for compensation/damages. 'S ~ **enfreiheitsrabatt,** *m -(e)s/-e Ins:* no-claim bonus. 'S ~ **enfreude,** *f -/no pl* malicious pleasure (over s.o.'s misfortune); **mit S.,** gloatingly. 's ~ **enfroh,** *adj.* gloating, (maliciously) gleeful. 'S ~ **enversicherung,** *f -/-en Ins:* insurance against damage. 's ~ **haft,** *adj.* defective, faulty (part etc.); (*beschädigt*) damaged (goods etc.); *Tex:* flawed (fabric etc.); **s~e Stelle,** damaged spot; flaw. 'S ~ **haftigkeit,** *f -/no pl* defectiveness, faultiness; damaged state. 's ~ **los,** *adj.* **sich an j-m s. halten,** to take advantage of s.o. (**für etwas** *acc,* to make up for sth.).

schädigen ['ʃɛːdigən], *v.tr.* to do harm to, harm (one's health, eyes, reputation etc.); to damage (s.o., s.o.'s interests etc.). 'S ~ **igung,** *f -/-en* harm, damage (**der Gesundheit usw.,** to health etc.). 's ~ **lich,** *adj.* harmful, damaging (effect, influence etc.); unhealthy (climate etc.); noxious (chemicals); **s~e Tiere,** animals which cause damage; pests; **s. für die Gesundheit,** detrimental to/bad for one's health; *adv.* **sich s. auswirken,** to have a harmful effect/(*Folgen*) harmful consequences. 'S ~ **ling,** *m -s/-e Agr: etc:* pest. 'S ~ **lingsbekämpfung,** *f -/-en Agr:* pest control. 'S ~ **lingsbekämpfungsmittel,** *n -s/- Agr:* pesticide.

Schaf [ʃɑːf], *n -(e)s/-e* (*a*) sheep; *Fig:* **die S~e von den Böcken trennen,** to separate the sheep from the goats; (*b*) *F:* **du S.!** you dope/twit! 'S ~ **bock,** *m -(e)s/̈-e Z:* ram. 'S ~ **fell,** *n -(e)s/-e* sheepskin. 'S ~ **garbe,** *f -/-n Bot:*

yarrow. 'S ~ **herde,** *f -/-n* flock of sheep. 'S ~ **hirt,** *m -en/-en* shepherd. 'S ~ **hürde,** *f -/-n* sheep pen, sheepfold. 'S ~ **schur,** *f -/-en* sheep-shearing. 'S ~ **skäse,** *m -s/- Cu:* sheep's milk cheese. 'S ~ **skopf,** *m -es/̈-e* **1.** sheep's head. **2.** *F:* blockhead. 'S ~ **zucht,** *f -/-en* sheeprearing.

Schäf|chen ['ʃɛːfçən], *n -s/-* **1.** little sheep, lamb; *F:* **seine S. ins Trockene bringen,** to feather one's own nest. **2.** *F:* (*Kind*) little silly. **3.** *Hum:* **der Pastor und seine S.,** the pastor and his flock. 'S ~ **chenwolken,** *fpl* fleecy clouds. 'S ~ **er,** *m -s/-* shepherd. 'S ~ **erdichtung,** *f -/-en* pastoral literature. 'S ~ **erhund,** *m -(e)s/-e* sheepdog; (**Deutscher**) **S.,** Alsatian. 'S ~ **erin,** *f -/-nen* shepherdess. 'S ~ **erstündchen,** *n -s/- Hum:* amorous tête-à-tête.

schaffen¹ ['ʃafən]. **I.** *v.tr.irr.* (*p.* **schuf,** *p.p.* **geschaffen**) to create (sth.); to establish (connections, relationships, order etc.); **Gott schuf den Menschen,** God created man; **s~der Künstler,** creative artist; **sie sind für einander geschaffen,** they were made for each other; **er ist zum Lehrer wie geschaffen,** he is a born teacher; **Platz für etwas** *acc* **s.,** to make room for sth. **II. S.,** *n -s/no pl* (*a*) (*Vorgang*) (*also* **Schaffung** *f*) creation; (*Tätigkeit*) activity; (*b*) (*Gesamtwerk*) **Proben aus seinem S.,** samples from his works. 'S ~ **sdrang,** *m -(e)s/no pl* creative urge. 'S ~ **skraft,** *f -/no pl* creativity.

schaffen², *v.* **1.** *v.tr.* (*a*) to manage(sth.), get (sth.) done; to manage to catch (a train etc.); to pass (an exam); **schaffst du's noch?** can you manage? **das schaffe ich nie,** I can never (manage to) do that; (*zeitlich*) I'll never make it; **schaffst du es bis heute abend?** can you get it done by tonight? *F:* (*bei der Ankunft*) **wir haben's geschafft!** we've made it! **sie hat es geschafft, mich zu überreden,** she succeeded in persuading me; **den schaff ich schon!** I can deal with him! (*b*) (*bringen*) to take, get (s.o., sth.) (somewhere); **die Pakete auf die Post s.,** to take the parcels to the post; **etwas beiseite s.,** to put sth. on one side (for one's own use); **ein Mißverständnis aus der Welt s.,** to get rid of/clear up a misunderstanding; (*c*) *F:* (*erschöpfen*) **j-n s.,** to wear s.o. out, finish s.o. off, (*nervlich*) get on s.o.'s nerves. **2.** *v.i.* (*haben*) (*a*) *South G:* (*arbeiten*) to work (**bei der Eisenbahn usw.,** for the railways etc.); (*b*) (*Sorge machen*) **j-m zu s. machen,** to cause s.o. difficulty/trouble; **die Augen machen ihm zu s.,** he has a lot of trouble with his eyes; (*c*) **sich** *dat* **zu s. machen,** to busy oneself; **was machst du dir an meinem Schreibtisch zu s.?** what are you doing at my desk?

Schaffner ['ʃafnər], *m -s/-* (bus/tram) conductor; *Rail:* ticket inspector. S ~ **in,** *f -/-nen* (bus/ tram) conductress.

Schafott [ʃa'fɔt], *n -(e)s/-e Hist:* scaffold (for executions).

Schaft [ʃaft], *m -(e)s/̈-e* shaft (of a column, axe etc.); shank (of a bolt, tool); leg (of a boot). 'S ~ **stiefel,** *m -s/-* jackboot.

Schakal [ʃa'kaːl], *m -s/-e Z:* jackal.

schäkern ['ʃɛːkərn], *v.i.* (*haben*) *A:* & *Hum:* to tease, flirt; (*scherzen*) to joke.

Schal¹ [ʃaːl], *m -s/-s & -e* scarf; (*für die Schulter*)

shawl. 'S ~ **kragen,** *m -s/- Cl:* shawl collar.
schal[2], *adj.* flat (beer etc.); *Fig:* stale (joke etc.).
Schal|**e** [ˈʃɑːlə], *f -/-n* **1.** (*Hülle*) (*a*) (*hart*) shell
(of an egg etc.); *Fig:* **er hat eine rauhe S.,** he
has a rough exterior/manner; (*b*) (*des Obstes*)
skin; (*abgeschält*) peel (of an apple, potato
etc.); (*Rinde*) rind (of a lemon etc.); husk (of
rice etc.); **Kartoffeln in der S.,** jacket potatoes;
(*c*) *F:* **sich in S. schmeißen,** to put on one's glad
rags; (*d*) *Tchn:* shell; *Av: etc:* monocoque. **2.**
(*a*) (*Schüssel*) bowl; (shallow) dish; pan (of
scales); (*b*) *Aus:* (*Tasse*) (shallow) cup. 'S ~ **en-
bauweise,** *f -/-n Constr:* shell construction;
Av: Aut: monocoque construction. 'S ~ **en-
obst,** *n -es/no pl Bot:* hard fruit, *esp.* nuts.
'S ~ **ensitz,** *m -es/-e Aut:* bucket seat. 'S ~ **en-
tiere,** *npl* molluscs. 'S ~ **enwild,** *n -(e)s/no pl*
hoofed animals. 'S ~ **ung,** *f -/-en Constr:*
shuttering.
schäl|**en** [ˈʃɛːlən], *v.tr.* (*a*) to peel (potatoes,
apples etc.), skin (tomatoes, almonds); **ge-
schälte Nüsse,** shelled nuts; **geschälter Reis,**
husked rice; (*b*) **sich s.,** to peel; **sich aus den
Kleidern s.,** to peel off one's clothes. 'S ~ **ma-
schine,** *f -/-n H:* (potato etc.) peeler.
Schalk [ʃalk], *m -(e)s/-e* wag; **ihm sitzt der S. im
Nacken,** he is full of mischief. 's ~ **haft,** *adj.*
mischievous.
Schall [ʃal]. **I.** *m -(e)s/-e Ph: & Lit:* sound; *Fig:*
das ist nur S. und Rauch/leerer S., those are
just empty words. **II.** 'S ~ -, 's ~ -, *comb.fm.*
sound (insulation, source etc.); S ~ **mauer** *f,*
sound barrier; S ~ **welle** *f,* sound wave;
S ~ **geschwindigkeit** *f,* speed of sound; *adj.*
s ~ **dicht,** soundproof; s ~ **schluckend,** sound-
absorbent. 'S ~ **becher,** *m -s/- Mus:* bell (of
a horn etc.). 'S ~ **dämpfer,** *m -s/-* (*a*) *Sm.a:
Aut:* silencer; *N.Am:* muffler; (*b*) *Mus:* mute;
damper (of a piano etc.). 'S ~ **deckel,** *m -s/-*
sounding board (over a pulpit). 's ~ **en,** *v.i.
(haben) occ.irr/(p. schallte/occ. scholl)* to re-
sound, (*Trompeten usw.*) ring out; **es schallt mir
noch in den Ohren,** the sound still rings in my
ears. 's ~ **end,** *adj.* resounding (applause,
blow), ringing (laughter); *adv.* **s. lachen,** to roar
with laughter. 'S ~ **lehre,** *f -/no pl* acoustics.
'S ~ **platte,** *f -/-n* (gramophone) record.
'S ~ **platten-,** *comb.fm.* record (album,
archive, shop etc.); S ~ **hülle** *f,* record sleeve.
'S ~ **wand,** *f -/-e* (loudspeaker) baffle.
Schalotte [ʃaˈlɔtə], *f -/-n Cu:* shallot.
schalt [ʃalt], *p. of* **schelten** *q.v.*
Schalt|**anlage** [ˈʃaltʔanlaːɡə], *f -/-n* switchgear.
'S ~ **bild,** *n -(e)s/-er* wiring/circuit diagram.
'S ~ **brett,** *n -(e)s/-er* switchboard. 's ~ **en,** *v.*
1. *v.i.* (*haben*) (*a*) *Aut:* to change gear; **in den 3.
Gang s.,** to change into 3rd; (*b*) *El: etc:* to
switch (**auf** + *acc,* to); (*c*) *F:* (*begreifen*) to
catch on, click; (*reagieren*) to react; **langsam/
nicht gleich s.,** to be slow on the uptake; (*d*)
(*frei*) **s. und walten,** to do as one pleases. **2.**
v.tr. (*a*) *El:* to switch (an oven etc.), turn (a
switch) (**auf heiß, 3 usw.,** to hot, 3 etc.); (*ein-
schalten*) to switch (sth.) on, (*anschließen*)
connect (sth.) (up); (*b*) (*einfügen*) to fit in (sth.
extra). 'S ~ **er,** *m -s/-* **1.** *El:* switch. **2.** *Rail: Th:*
ticket-window; *Bank: Post:* (counter) position.
'S ~ **erbeamte(r),** *m decl. as adj. Rail:*

booking clerk; *Post:* post office clerk. 'S ~ **er-
dienst,** *m -(e)s/-e Bank: Post: etc:* counter
duty. 'S ~ **erhalle,** *f -/-n Rail:* booking hall.
'S ~ **erstunden,** *fpl Bank: Post: etc:* counter
hours; *P.N:* **S. von 9 bis 12,** open to the public
from 9 to 12. 'S ~ **hebel,** *m -s/- Aut:* gear
lever. 'S ~ **jahr,** *n -(e)s/-e* leap year. 'S ~ -
knüppel, *m -s/- Aut:* gear lever; *Av:* joystick.
'S ~ **plan,** *m -(e)s/-e El:* circuit/wiring dia-
gram. 'S ~ **pult,** *n -(e)s/-e Rad: TV:* control
desk. 'S ~ **tafel,** *f -/-n* switchboard, control
panel; *Ind:* console. 'S ~ **ung,** *f -/-en* **1.** *El:* (*a*)
connection; (*b*) (*alle Bauteile*) circuit. **2.** *Aut:*
gearchange, *N.Am:* gearshift.
Scham [ʃɑːm]. **I.** *f -/no pl* shame; **vor S. erröten,**
to blush with embarrassment; **nur keine falsche
S.!** no need to feel embarrassed! **ohne S.,** un-
ashamed. **II.** 'S ~ -, *comb.fm. Anat:* pubic (hair,
region etc.); S ~ **bein** *n,* pubic bone. 'S ~ **ge-
fühl,** *n -(e)s/no pl* sense of shame. 'S ~ **lippe,**
f -/-n labium. 's ~ **los,** *adj.* shameless; (*un-
anständig*) indecent; unscrupulous (trick etc.);
s ~ **e Lüge/Frechheit,** barefaced lie/effrontery.
'S ~ **losigkeit,** *f -/-en* shamelessness; inde-
cency. 'S ~ **röte,** *f -/no pl* blush (of shame/
embarrassment). 'S ~ **teile,** *mpl* genitals.
schämen [ˈʃɛːmən], *v.tr.* **sich** (*wegen*) **etwas** *gen*
s., to be ashamed of sth.; **du solltest dich s.,**
you ought to be ashamed (of yourself); **s. Sie
sich!** shame on you!
Schamott [ʃaˈmɔt], *m -s/no pl F:* old junk.
Schampon [ˈʃampɔn]/**Schampun** [ʃamˈpuːn],
n -s/-s shampoo. s ~ **ieren** [-ˈniːrən], *v.tr.* to
shampoo (one's hair).
Schand|**e** [ˈʃandə], *f -/no pl* disgrace; **j-m S.
machen,** to bring shame on/be a disgrace to
s.o.; **er hat mir diese S. erspart,** he spared me
this ignominy; *Hum:* **mach mir keine S.!** don't
let me down! 'S ~ **fleck,** *m -(e)s/-e* blot (**in der
Landschaft usw.,** on the landscape etc.); (*häß-
liches Gebäude*) eyesore; *Fig:* **S. der Familie,**
black sheep of the family. 'S ~ **maul,** *n -(e)s/*
-*er F:* scandalmonger. 'S ~ **tat,** *f -/-en* vil-
lainous deed; *Hum:* **er ist zu jeder S. bereit,**
he's game for anything.
Schandeckel [ˈʃandɛkəl], *m -s/- Nau:* gun-
wale.
schänd|**en** [ˈʃɛndən], *v.tr.* (*a*) to disgrace (a
family's name etc.); (*entweihen*) to desecrate (a
church, grave etc.); (*b*) to rape (a woman).
's ~ **lich,** *adj.* disgraceful (behaviour etc.);
shameful (deed etc.); dishonourable (intentions).
'S ~ **ung,** *f -/-en* (*a*) desecration; (*b*) *Jur:* rape.
Schani [ˈʃaːni], *m -s/- Aus: F:* (*a*) buddy; (*b*)
ich bin nicht dein S.! I'm not your slave!
Schank|**erlaubnis** [ˈʃaŋkɛrlaupnɪs], *f -/-se/*
'S ~ **konzession,** *f -/-en* (publican's) licence,
N.Am: excise license. 'S ~ **tisch,** *m -(e)s/-e* bar
(counter). 'S ~ **raum,** *m -(e)s/-e/*'S ~ **stube,** *f
-/-n* public bar, *A:* taproom, *N.Am:* saloon.
'S ~ **wirt,** *m -(e)s/-e* publican, *N.Am:* bar-
keeper. 'S ~ **wirtschaft,** *f -/-en* public house,
N.Am: saloon.
Schanze [ˈʃantsə], *f -/-n* **1.** *Mil.Hist:* redoubt,
earthworks. **2.** *Ski:* ski jump, hill. **3.** *Nau:*
quarterdeck. 'S ~ **nrekord,** *m -(e)s/-e Ski:* hill
record. 'S ~ **ntisch,** *m -(e)s/-e Ski:* take-off
platform.

Schar [ʃɑːr], f -/-en crowd (of people); troop (of children etc.); flock (of birds); swarm (of insects); **kleine S.**, small band; **in (hellen) S~en**, in droves/hordes. ′s~en, *v.refl.* **sich um j-n, etwas** *acc* **s.**, to flock/cluster round s.o., sth. ′s~enweise, *adv.* in droves/hordes.

Scharade [ʃaˈrɑːdə], f -/-n *Games:* charade.

scharf [ʃarf], *adj.* (*comp.* **schärfer**, *superl.* **schärfste**) 1. (*a*) sharp (knife, frost, *Fig:* eyes etc.); keen (edge, wind, *Fig:* observation etc.); *Fig:* **ein s~er Verstand**, a keen/incisive mind; **s~er Blick**, penetrating glance; *adv.* **s. nachdenken/hinsehen**, to think/look hard; **etwas schärfer ansehen**, to look at sth. more closely; (*b*) (*deutlich*) clear-cut (outlines etc.); sharp (photograph etc.); **nicht s.**, unclear, (*verschwommen*) blurred; *adv.* **sich s. abheben**, to stand out clearly/in sharp relief; *Phot:* **die Kamera usw. s. einstellen**, to focus the camera etc. (correctly); (*c*) (*hart, streng*) harsh (criticism, measures etc.); caustic (remark); **s~e Zurechtweisung**, severe/sharp reprimand; *adv.* **s. durchgreifen/vorgehen**, to take strong/severe measures; **du solltest das Kind nicht so s. anfassen**, you shouldn't be so hard on the child; **er verurteilte es aufs schärfste**, he utterly condemned it. 2. (*stark*) (*a*) *Cu:* spicy (food); hot (curry etc.); strong (mustard, cheese); pungent (smell); *adv.* **s. gewürzt**, highly seasoned; (*b*) strong (drink); *F:* **s~e Sachen**, the hard stuff; (*c*) *Ch:* strong (acid), caustic (solution); **s~e Dämpfe**, acrid fumes; (*d*) *Aut:* highly tuned, *F:* hairy (car etc.). 3. (*a*) (*heftig*) fierce (resistance, protest); **s~er Wettbewerb**, stiff competition; **s~er Hund**, fierce dog (trained to bite); **s~er Ritt**, hard ride; *adv.* **s. fahren/bremsen**, to drive/brake hard; (*b*) *Artil: Sm.a:* live (ammunition); *adv.* **s. geladen**, loaded with live ammunition. 4. *F:* **auf j-n, etwas** *acc* **s. sein**, to be keen on s.o., sth.; **er ist s. auf sie**, he fancies her; **ich bin sehr s. darauf, daß . . .**, I am very keen that . . . 5. *Aus:* **s~es s.**, German double s, ß. ′S~blick, m -(e)s/no pl perspicacity. ′S~einstellung, f -/-en *Phot: etc:* focusing. ′s~kantig, *adj.* sharp-edged. ′s~machen, *v.tr. F:* to incite, rouse (s.o.) (**gegen j-n**, against s.o.), set (a dog) (**gegen j-n**, on s.o.). ′S~richter, m -s/- executioner. ′S~schütze, m -n/-n *Mil:* sharpshooter, marksman. ′s~sichtig, *adj.* sharp-sighted; eagle-eyed; *Fig:* perspicacious. ′S~sinn, m -(e)s/no pl shrewdness, astuteness. ′s~sinnig, *adj.* shrewd, astute.

Schärfe [ˈʃɛrfə], f -/-n 1. sharpness; (*a*) keenness (of the wind etc.); *Fig:* acuteness (of mind etc.); quickness (of hearing); (*b*) clarity, *Phot: etc:* definition; (*c*) harshness, severity; stridency; **einer Bemerkung usw. die S. nehmen**, to tone down a remark. 2. (*Stärke*) strength; pungency; *Cu:* spiciness, hotness. 3. (*Heftigkeit*) fierceness. ′s~n, *v.tr.* to sharpen (a knife etc.).

Scharlach [ˈʃarlax], m -s/no pl 1. (*Farbe*) scarlet. 2. *Med:* scarlet fever. ′s~rot, *adj.* scarlet.

Scharlatan [ˈʃarlatan], m -s/-e charlatan, quack.

Scharm [ʃarm], m -s/no pl charm.

Scharnier [ʃarˈniːr], n -s/-e hinge.

Schärpe [ˈʃɛrpə], f -/-n *Cl:* sash.

scharren [ˈʃarən], *v.i.* (**haben**) to scrape, scratch;

(*Pferd*) to paw (the ground; (*Pers.*) **mit den Füßen s.**, to shuffle one's feet.

Scharte [ˈʃartə], f -/-n 1. notch (on a blade etc.); *Fig:* **eine S. auswetzen**, to make amends for sth. 2. = Schießscharte.

Schaschlik [ˈʃaʃlik], n -s/- *Cu:* kebab.

schassen [ˈʃasən], *v.tr. F: Ind:* to fire (s.o.), *Sch:* expel (s.o.).

Schatt|en [ˈʃatən]. I. m -s/- (*a*) shadow (of s.o., sth.); *also Fig:* **einen S. auf etwas** *acc* **werfen**, to cast a shadow on sth.; *Fig:* **seine S. vorauswerfen**, to be foreshadowed; **er ist nur noch ein S. seiner selbst**, he is only a shadow of his former self; (*b*) *no pl* (*schattiger Raum*) shade (of a tree etc.); **30° im S.**, 30° C in the shade; *Fig:* **j-n, etwas in den S. stellen**, to overshadow s.o., sth. II. ′S~-, *comb.fm.* (*a*) shadow (boxing, *Pol:* cabinet etc.); (*b*) (*s~haft*) shadowy, obscure (existence etc.). ′s~enhaft, *adj.* shadowy (figures etc.). ′s~enlos, *adj.* shadeless (garden etc.). ′S~enreich, n -(e)s/-e *Myth:* underworld. ′S~enriß, m -sses/-sse *Art:* silhouette. ′S~enseite, f -/-n 1. shady side (of a house etc.). 2. (*Nachteil*) drawback, negative aspect; dark side (of life). **s~ieren** [ʃaˈtiːrən], *v.tr. Art:* to shade (background etc.). ′S~ierung, f -/-en *a) no pl Art:* shading; (*b*) *also Fig:* nuance. ′s~ig, *adj.* shady.

Schatulle [ʃaˈtulə], f -/-n casket.

Schatz [ʃats]. I. m -es/-e 1. treasure; **sein kostbarster S.**, his most treasured possession; **S~e**, (art etc.) treasures; (*Bodens.*) natural resources. 2. *F:* (*Kind, netter Mensch*) darling; **mein S.**, my love; **sei ein S. und . . .**, be a dear and . . . II. ′S~-, *comb.fm.* treasure . . .; **S~gräber/S~sucher** ′*m*, treasure hunter; **S~kammer** *f*, treasure house/chamber; *Jur:* **S~fund** *m*, treasure trove. ′S~amt, *n* -(e)s/-er *Pol: Econ:* treasury. ′S~meister, *m* -s/- treasurer.

Schätzchen [ˈʃɛtsçən], *n* -s/- darling, *F:* sweetie.

schätz|en [ˈʃɛtsən], *v.* 1. *v.tr.* (*a*) to estimate (sth.); to judge (a distance etc.); (*taxieren*) to assess the value of (sth.), value (a house etc.) (**auf** + *acc*, at); **grob geschätzt**, at a rough estimate; **ich schätze den Wert auf etwa 20 Mark**, I estimate the value to be about 20 marks; **wie alt s. Sie ihn?** how old would you say he is? **ich schätze, daß er bald kommt**, I reckon/*N.Am:* guess he'll come soon; **sich glücklich s.**, to think oneself lucky; (*b*) (*achten*) to think highly of (s.o.), (*würdigen*) appreciate (s.o., wine etc.), value (s.o.'s advice etc.); **ein geschätzter Mitarbeiter**, a highly regarded colleague; **er weiß sie nicht zu s.**, he doesn't appreciate her qualities. ′S~ung, f -/-en estimate, (*Vorgang*) estimation; valuation (of a house etc.); *esp. Tax.* assessment. ′s~ungsweise, *adv.* at a rough estimate. ′S~wert, *m* -(e)s/-e assessment value, valuation.

Schau [ʃau]. I. f -/-en (fashion, theatre etc.) show; **es war eine reine S.**, it was pure spectacle; **j-m die S. stehlen**, to steal the show from s.o.; **etwas zur S. stellen/tragen**, to display sth.; *F:* **eine S. abziehen**, to put on a show, (*angeben*) show off; **sie ist eine S./große S.**, she's the cat's whiskers. II. ′S~-, *comb.fm.* (*a*) show (business,

Pol: trial etc.); *Com:* display (pack etc.); S~kasten *m*, showcase; S~stück *n*, showpiece; S~steller *m*, (travelling) showman; (*b*) *Sp: etc:* (flying, gymnastics etc.) display; exhibition (*Box:* fight/bout etc.); S~laufen *n*, exhibition skating; S~schwimmen *n*, swimming display/ gala. 'S ~ bild, *n* -(e)s/-er diagram. 'S ~ bude, *f* -/-n (showman's) booth. 's ~ en, *v.i.* (*haben*) *esp. South G: & Aus:* (*a*) to look; **ich werde s., wer kommt**, I'll go and see who is coming; *F:* **du wirst s., wenn du sie siehst**, you'll be amazed when you see her; **schau, schau!** imagine that! (*b*) **nach j-m, etwas** *dat* **s.**, to look after s.o., sth.; **er schaut nicht aufs Geld**, money doesn't matter to him; *F:* **schau, daß du's nicht vergißt**, mind you don't forget. 'S ~ fenster, *n* -s/- shop/*N.Am:* store window. 'S ~ fensterbummel, *m* -s/no pl **einen S. machen**, to go window-shopping. 'S ~ fensterdekoration, *f* -/-en window dressing. 'S ~ fenstereinbruch, *m* -(e)s/-e smash-and-grab raid. 'S ~ fensterpuppe, *f* -/-n window dummy. 's ~ lustig, *adj.* curious, inquisitive; **eine Menge S~e**, a crowd of curious/sensation-seeking onlookers. 'S ~ platz, *m* -es/-e setting (of a novel etc.); scene (of an accident, crime etc.); *Sp:* venue. 'S ~ seite, *f* -/-n *Arch:* façade, front; *Tex:* right side. 'S ~ spiel, *n* -(e)s/-e *Th:* play, drama; *Fig: Lit:* spectacle. 'S ~ spieldichter, *m* -s/- playwright. 'S ~ spieler, *m* -s/- actor. 'S ~ spielerin, *f* -/-nen actress. 's ~ spielerisch, *adj.* acting (ability etc.). 'S ~ spielhaus, *n* -es/-er theatre. 'S ~ spielkunst, *f* -/no pl acting; dramatic art. 'S ~ spielschule, *f* -/-n drama school. 'S ~ spieltruppe, *f* -/-n theatrical company. 'S ~ tafel, *f* -/-n wall chart.

Schauder ['ʃaudər], *m* -s/- shiver; (*vor Angst usw.*) shudder. 's ~ haft, *adj. F:* dreadful, appalling. 's ~ n. **I.** *v.tr. & i.* (*haben*) (*frösteln*) to shiver; (*vor Angst usw.*) to shudder, tremble; **mir/mich schaudert bei dem Gedanken**, the thought makes me shudder. **II. S.,** *n* -s/ *no pl* shiver; (*Grauen*) (feeling of) horror.

Schau|er ['ʃauər]. **I.** *m* -s/- **1.** shower (of rain etc.). **2.** = **Schauder. II.** 'S~-, *comb.fm.* horror (play etc.); S~geschichte *f*/S~märchen *n*, horror story, spine-chiller. 's ~ erlich, *adj.* **1.** ghastly, gruesome (crime, sight etc.); spine-chilling (story). **2.** *F:* dreadful, appalling. 's ~ ern, *v.tr. & i.* (*haben*) = **schaudern.** 's ~ rig, *adj.* = 's ~ erlich; **s. schön**, eerily beautiful.

Schauermann ['ʃauərman], *m* -(e)s/-leute *Nau:* stevedore.

Schaufel ['ʃaufəl], *f* -/-n **1.** shovel; *H: etc:* (*kleine*) scoop. **2.** *Tchn:* (wheel) paddle; blade, vane (of a turbine etc.). 's ~ n, *v.tr.* to shovel (coal, snow etc.); *F:* **sich** *dat* **sein eigenes Grab s.**, to dig one's own grave. 'S ~ rad, *n* -(e)s/ -er paddle-wheel.

Schaukel ['ʃaukəl], *f* -/-n *Games:* (child's) swing. S ~ ei [-'lai], *f* -/-en (continual) rocking. 's ~ n, *v.* **1.** *v.i.* (*haben*) (*auf einer Schaukel usw.*) to (have a) swing; (*im Schaukelstuhl usw.*) to rock; (*Schiff, Zug usw.*) to rock, sway. **2.** *v.tr.* to rock (a baby, cradle, boat etc.); *F:* **wir werden die Sache schon s.**, we'll fix it somehow. 'S ~ pferd, *n* -(e)s/-e rocking horse. 'S ~ poli-

tik, *f* -/no pl seesaw policy. 'S ~ stuhl, *m* -(e)s/-e rocking chair.

Schaum [ʃaum], *m* -(e)s/-e foam; froth (on beer etc.); (*Seifens.*) lather; **S. vor dem Mund haben**, to be foaming at the mouth; *Cu:* **Eier zu S. schlagen**, to beat eggs until frothy; *F:* **S. schlagen**, to talk a load of hot air. 'S ~ gebäck, *n* -(e)s/no pl *Cu:* meringues. 'S ~ gummi, *n* -s/no pl *Ind:* foam rubber, latex. 's ~ ig, *adj.* frothy (liquid); foamy (sea etc.); *adv. Cu:* **Eier s. schlagen**, to beat eggs (until frothy); **Butter s. schlagen**, to cream butter. 'S ~ krone, *f* -/-n **1.** white horse (on a wave). **2.** head (on beer). 'S ~ löscher, *m* -s/- foam (fire) extinguisher. 'S ~ polystyrol, *n* -s/no pl expanded polystyrene, *N.Am:* styrofoam *R.t.m.* 'S ~ schläger, *m* -s/- *F:* (*Pers.*) boaster, show-off. 'S ~ schlägerei, *f* -/-en *F:* hot air; (*Angeberei*) showing off. 'S ~ stoff, *m* -(e)s/-e *Ind:* plastic foam. 'S ~ wein, *m* -(e)s/-e sparkling wine.

schäumen ['ʃɔymən], *v.i.* (*haben*) to foam; (*Bier usw.*) to froth; (*Seife*) to lather; (*Sekt usw.*) to bubble, sparkle; *F:* (*Pers.*) **vor Wut s.**, to seethe with rage.

Scheck [ʃɛk]. **I.** *m* -s/-s & *occ* -e *Bank:* cheque, *N.Am:* check (**auf/über 100 Mark**, for 100 marks); **mit S. bezahlen**, to pay by cheque. **II.** 'S~-, *comb.fm.* cheque, *N.Am:* check (card etc.); S~buch/S~heft *n*, cheque/*N.Am:* check book.

scheckig ['ʃɛkiç], *adj.* dappled (horse, cow); piebald (horse); blotchy (skin etc.); *adv. F:* **sich s. lachen**, to laugh oneself silly.

scheel [ʃe:l], *adj. F:* disapproving, mistrustful (look etc.); **j-n mit s~en Augen/adv. s. ansehen**, to give s.o. an old-fashioned look.

scheffeln ['ʃɛfəln], *v.tr. F:* **Geld s.**, to rake in money.

Scheibe ['ʃaibə], *f* -/-n **1.** (*rund*) disc; (*Töpfers.*) (potter's) wheel; *Tchn:* (*Riemens.*) pulley; (*Dichtungss.*) washer; *Sp:* (*Schießs.*) target; *F:* (*Schallplatte*) disc. **2.** (*Schnitte*) slice; **eine S. Brot/Wurst**, a slice of bread/sausage; *F:* **sich** *dat* **von j-m eine S. abschneiden**, to take a leaf out of s.o.'s book. **3.** (*Glas*) window etc.) pane; *Aut:* windscreen, *N.Am:* windshield. 'S ~ n-bremse, *f* -/-n *Aut:* disc brake. 'S ~ nbrot, *n* -(e)s/no pl sliced bread. 's ~ nförmig, *adj.* disc-shaped (object). 'S ~ ngardine, *f* -/-n casement/*usu.* net curtain. 'S ~ nhonig! 'S ~ nkleister! *int. approx.* oh sugar! 'S ~ n-kupplung, *f* -/-en *Aut:* plate clutch. 'S ~ n-schießen, *n* -s/no pl target shooting. 'S ~ nwaschanlage, *f* -/-n *Aut:* windscreen/ *N.Am:* windshield washer. 'S ~ nwischer, *m* -s/-*Aut:* windscreen/*N.Am:* windshield wiper.

Scheich [ʃaiç], *m* -s/-s sheikh, sheik.

Scheide ['ʃaidə], *f* -/-n **1.** sheath (for a sword etc.). **2.** *Anat:* vagina. 's ~ en, *v.irr.* (*pres.* **scheidet**, *p.* **schied**, *p.p.* **geschieden**) **1.** *v.tr.* (*a*) *Lit:* (*trennen*) to separate, divide (two things/ people); **sich s.**, to diverge; **hier s. sich die Meinungen**/*F:* **Geister**, opinions differ on this; (*b*) *Jur:* to dissolve (a marriage), divorce (a married couple); **sich s. lassen**, to get a divorce; **sich von j-m s. lassen**, to divorce s.o.; *see also* **geschieden. 2.** *v.i.* (*sein*) *Lit:* to part; **aus dem Amt/Dienst s.**, to resign from office. 'S ~ en-, *comb.fm. Med:* vaginal (smear, discharge etc.).

'S ~ ewand, f -/-e partition. 'S ~ eweg, m
Fig: am S. stehen, to be at the parting of the
ways. 'S ~ ung, f -/-en (a) separation; (b) *Jur:*
divorce; die S. einreichen, to file a petition for
divorce. 'S ~ ungs-, *comb.fm.* divorce (lawyer,
law etc.); S~grund m, grounds for divorce;
S~klage f, petition for divorce; S~prozeß m,
divorce proceedings.

Schein [ʃain]. I. m -(e)s/-e 1. no pl (*Licht*) light;
S. der sinkenden Sonne, glow of the setting sun;
fahler S. des Mondes, pale gleam of the moon.
2. no pl (*Anschein*) appearance, pretence (der
Legalität usw., of the legality etc.); der S. trügt,
appearances are deceptive; er tut es nur zum
S., he only pretends to do it. 3. (a) (*Be-
scheinigung*) certificate; (*Zettel*) chit; (*Führers.
usw.*) licence; (b) (*Gelds.*) (bank)note, *N.Am:*
bill. II. 'S~-, *comb.fm.* sham, mock (attack
etc.); specious (argument, reason); spurious
(occupation, firm etc.); phoney (peace, firm
etc.); apparent (solution, problem, profit, loss
etc.); S~ehe f, mock marriage; S~gefecht n,
sham fight; S~geschäft n, phoney deal.
's ~ bar, *adj.* apparent (contradiction etc.);
ostensible (reasons etc.); seeming (friendship
etc.); *adv.* seemingly; er gab nur s. nach, he only
pretended to give in. 's ~ en, *v.i.irr.* (haben)
(p. schien, p.p. geschienen) (a) (*leuchten*) to
shine; (b) (*Eindruck erwecken*) to seem,
appear; er scheint krank zu sein, he seems/ap-
pears to be ill; mir scheint, daß . . ., it seems to
me that . . .; er hat, wie es scheint, kein Geld, it
would seem he has no money. 's ~ heilig, *adj.*
F: hypocritical; tongue-in-cheek. 'S ~ heilig-
keit, f -/no pl hypocrisy; feigned innocence.
'S ~ tod, m -(e)s/no pl *Med:* suspended anima-
tion. 'S ~ werfer, m -s/- *Aut:* headlight; *Th:
etc:* spotlight; *Mil: etc:* (*Suchs.*) searchlight.
'S ~ widerstand, m -(e)s/-e 1. sham resist-
ance. 2. *El:* impedance.

Scheiß- ['ʃais-], *comb.fm.* *P:* bloody, blasted
(work etc.); dieses S~auto! this flaming car!
'S ~ e, f -/no pl & int. *V:* shit. 's ~ e´gal, *adj.*
P: das ist mir s.! I don't give a damn! 's ~ en,
v.i.irr.4 (haben) *V:* to shit; *P:* ich scheiße drauf!
you can stuff it! 'S ~ er, m -s/- *V:* bastard.
's ~ 'freundlich, *adj.* *P:* smarmy. 'S ~ kerl,
m -s/-e *V:* bastard.

Scheitel ['ʃaitəl], m -s/- 1. (a) crown, top (of
the head); vom S. bis zur Sohle, from top to
toe; (b) (*Haars.*) parting; einen S. ziehen, to
part one's hair. 2. *Geom: etc:* (*oberster Punkt*)
apex. 's ~ n, *v.tr.* das Haar s., to part one's
hair. 'S ~ punkt, m -(e)s/-e *Geom: etc:* apex.

Scheiter|haufen ['ʃaitərhaufən], m -s/- 1.
Hist: (funeral) pyre; auf dem S. verbrannt,
burnt at the stake. 2. *South G: Cu:* bread
pudding. 's ~ n. I. *v.i.* (sein) to fail (utterly);
(*Verhandlungen usw.*) to break down (an etwas
dat, due to sth.); (*Ehe*) to break up. II. S., n
-s/no pl failure; breakdown.

Schelle ['ʃɛlə], f -/-n (small) bell. 's ~ n, *v.i.*
(haben) *South G:* to ring; es hat geschellt, the
doorbell rang.

Schellfisch ['ʃɛlfiʃ], m -(e)s/-e haddock.

Schelm [ʃɛlm], m -(e)s/-e scallywag, rogue.
's ~ isch, *adj.* roguish, mischievous.

Schelte ['ʃɛltə], f -/-n scolding. 's ~ n, *v.tr.* &

i. irr. (haben) to scold, chide (s.o.).

Schema ['ʃeːma], n -s/-s & -ta (a) (*Entwurf*)
outline, draft; (*Zeichnung*) diagram; (b)
(*Muster*) pattern, framework; (*Norm*) set pat-
tern, routine; *Pej:* nach S. F arbeiten, to work
mechanically/according to a fixed routine.
s ~ tisch [ʃeˈmaːtiʃ], *adj.* (a) diagrammatic;
adv. s. abgebildet, illustrated in a diagram; (b)
Pej: routine, mechanical (work etc.).

Schemel ['ʃeːməl], m -s/- stool; *South G:* (*Fuß-
bank*) footstool.

schemenhaft ['ʃeːmənhaft], *adj.* shadowy (out-
line etc.); *adv.* in (shadowy) outline.

Schenke ['ʃɛŋkə], f -/-n tavern.

Schenkel ['ʃɛŋkəl], m -s/- 1. *Anat:* thigh. 2.
Geom: side (of an angle).

schenk|en ['ʃɛŋkən], v. 1. *v.tr.* (a) j-m etwas s.,
to give s.o. sth. (as a present); etwas geschenkt
bekommen, to get sth. as a present; *F:* das ist
geschenkt! that's dirt cheap! das wäre mir ge-
schenkt zu teuer, I wouldn't even take it as a
gift; (b) *Lit:* j-m Aufmerksamkeit s., to pay at-
tention to s.o.; j-m Vertrauen s., to trust s.o.;
j-m das Leben s., to spare s.o.'s life; (c) *F:* (*er-
sparen*) das können wir uns s., we can do without
that/give that a miss; das kannst du dir s.! you
can keep it! forget it! 'S ~ er, m -s/- giver;
Jur: donor. 'S ~ ung, f -/-en *Jur:* donation.

scheppern ['ʃɛpərn], *v.i.* (haben) to rattle.

Scherbe ['ʃɛrbə], f -/-n broken piece/fragment
(of china, glass etc.); etwas in S~n schlagen, to
smash sth.; *Prov:* S~n bringen Glück, broken
dishes bring luck.

Scher|e ['ʃeːrə], f -/-n (a) pair of scissors/*Hort:*
shears; wo ist die S.? where are the scissors/
shears? (b) *usu.* pl S~n, claws, pincers (of a
crab etc.); (c) *Gym:* scissors. 's ~ en¹, *v.tr.irr.*
(p. schor, p.p. geschoren) to shear, clip (sheep
etc.); to crop (s.o.'s hair etc.); to clip (a hedge
etc.); *Tex:* to shear (cloth etc.). 's ~ en², v. 1.
v.i. (haben) *Gym:* to do the scissors. 2. *v.refl.*
(a) er schert sich nicht/*F:* keinen Dreck darum,
he doesn't care/*F:* give a damn about it; (b) *F:*
(*Pers.*) s. dich ins Bett! off to bed with you! s.
dich zum Teufel! hop it! get lost! 'S ~ er, m -s/-
(sheep) shearer. 'S ~ e´rei, f -/-n *usu.* pl S~en,
F: bother, trouble. 'S ~ festigkeit, f -/no pl
Metall: shearing strength.

Scherflein ['ʃɛrflain], n sein S. beitragen, to
make one's little contribution.

Scherz [ʃɛrts], m -es/-e 1. joke; etwas im S.
sagen, to say sth. jokingly/in fun; seinen S. mit
j-m treiben, to make fun of/play jokes on s.o.;
es war ein schlechter S., the joke misfired/went
sour; *F:* und solche S~e, and all that jazz; mach
keine S~e! it can't be! you must be joking!
South G: & Aus: thick slice, (*Endstück*) crust.
'S ~ artikel, m -s/- *Com:* novelty (article).
's ~ en, *v.i.* (haben) to joke; damit ist nicht zu
s., that's no laughing matter. 'S ~ frage, f
-/-n (comic) catch question. 's ~ haft, *adj.*
jocular; (*leichtfertig*) flippant (remark etc.);
comic (poem); humorous (speech etc.); *adv.*
jokingly.

scheu [ʃɔy]. I. *adj.* shy; (*Pferd*) s. werden, to shy,
take fright. II. S., f -/no pl shyness; (*Hem-
mung*) inhibition; (*ängstlich*) fear, awe (vor j-m,
of s.o.). 's ~ en, v. 1. *v.tr.* (a) to shun (publicity

etc.), avoid (risks etc.); **keine Mühe/Kosten s.,** to spare no pains/expense; (*b*) **sich vor etwas** *dat* **s.,** to be afraid of sth./to do sth.; **er scheut sich vor keiner Arbeit,** he is prepared to tackle any kind of work. **2.** *v.i.* (*haben*) (*Pferd*) to shy. 'S ~ **klappen,** *fpl* (horse's) blinkers.

Scheuer ['ʃɔyər], *f* -/-n *Agr:* barn.

Scheuer|bürste ['ʃɔyərbyrstə], *f* -/-n scrubbing brush. 'S ~ **lappen,** *m* -s/- floorcloth. 's ~ **n,** *v.tr.* (*a*) to scour (pots etc.), scrub (a floor etc.); (*b*) (*Schuh, Riemen usw.*) to chafe; (*Tier usw.*) **sich s.,** to rub itself (**an etwas** *dat,* against sth.); (*c*) *F:* **j-m eine s.,** to slap s.o. in the face. 'S ~ **tuch,** *n* -(e)s/⁻er floorcloth.

Scheune ['ʃɔynə], *f* -/-n *Agr:* barn. 'S ~ **ndrescher,** *m F:* **fressen wie ein S.,** to eat like a horse. 'S ~ **ntor,** *n* -(e)s/⁻e barn door.

Scheusal ['ʃɔyzɑːl], *n* -s/-e *Pej:* (*Pers.*) **du S.!** you beast! **kleines S.,** little horror.

scheußlich ['ʃɔysliç], *adj.* (*häßlich*) hideous (sight, building etc.); (*gräßlich*) monstrous (crime etc.); *F:* (*sauschlecht*) horrid, frightful (weather etc.); *adv.* **s. kalt,** frightfully/terribly cold; **sie hat sich s. erkältet,** she's got an awful cold. 'S ~ **keit,** *f* -/-en ugliness, hideous appearance; monstrousness.

Schi [ʃiː], *m* -s/-er = **Ski.**

Schicht [ʃiçt]. **I.** *f* -/-en **1.** layer; coat (of paint); (*Schutzs.*) (protective) film; *Geol:* stratum; (*Flöz*) (coal etc.) seam. **2.** *Ind:* shift; **S. arbeiten,** to do shift work. **3.** (social) class; **alle S ~ en der Bevölkerung,** all sections of the population. **II.** 'S ~ -, *comb.fm. Ind:* shift (work, worker etc.); **S ~ wechsel** *m,* shift changeover. 's ~ **en,** *v.tr.* to stack (wood, bricks etc.). 'S ~ **holz,** *n* -es/⁻er laminated wood. 'S - **preßstoff,** *m* -(e)s/-e (plastic) laminate. 'S ~ **torte,** *f* -/-n *Cu:* layer cake. 'S ~ **ung,** *f* /-en formation of layers; lamination (of wood, plastic etc.); *Geol:* stratification. 's ~ **weise,** *adv.* **1.** in layers. **2.** *Ind:* in shifts.

schick [ʃik]. **I.** *adj.* (*a*) (*elegant*) smart, stylish; (*b*) *F:* (*großartig*) great. **II. S.,** *m* -s/*no pl Cl:* chic, stylishness; **sie hat S.,** she has chic.

schick|en ['ʃikən], *v.tr.* (*a*) to send (sth.) (**j-m/an j-n,** to s.o.); **nach dem Arzt usw. s.,** to send for the doctor etc.; *Com:* **Waren ins Haus s.,** to deliver goods (to the door); (*b*) **sich** *dat* **in etwas** *acc* **s.,** to resign oneself to sth.; (*c*) *impers.* **es schickt sich nicht,** it is not done/proper. 's ~ **lich,** *adj. Lit:* proper; seemly. 'S ~ **lichkeit,** *f* -/*no pl Lit:* propriety.

Schicksal ['ʃikzɑːl], *n* -s/-e fate; **ein schweres S.,** a hard fate/lot; **die Macht des S ~ s,** the force of destiny. 's ~ **haft,** *adj.* fateful. 'S ~ **sgefährte,** *m* -n/-n fellow-sufferer. 'S ~ **sschlag,** *m* -(e)s/⁻e blow of fate.

Schieb- ['ʃiːp-], *comb.fm.* = **Schub-. S ~ e-** ['ʃiːbə-], *comb.fm.* sliding (window, door etc.); *Aut:* **S ~ dach** *n,* sliding roof, sunroof. 's ~ **en,** *v.irr.* (*p.* **schob,** *p.p.* **geschoben**) **1.** *v.tr.* (*a*) to push, (*mühevoll*) shove (s.o., sth.); to wheel (a bicycle etc.); (*gleitend*) to slide (a window etc.); **den Riegel vor die Tür s.,** to bolt the door; (*b*) **sich s.,** to move, (*gleiten*) slide; (*Pers.*) **sich durch die Menge/Sp:** **an die Spitze s.,** to thrust one's way through the crowd/*Sp:* to the front; *Fig:* **er schiebt sich immer in den**

Vordergrund, he always manages to attract attention; (*c*) **die Schuld/Verantwortung auf j-n s.,** to lay the blame/responsibility on s.o.; **etwas auf j-n, etwas** *acc* **s.,** to blame s.o., sth. for sth.; **einen Verdacht von sich s.,** to shrug off suspicion; (*d*) *F:* to push (drugs etc.); **Devisen s.,** to do shady currency deals. **2.** *v.i.* (*haben*) (*a*) to push; (*b*) *F:* (*schwarzhandeln*) to do a fiddle/racket; **mit Rauschgift usw. s.,** to push drugs etc. 'S ~ **er,** *m* -s/- **1.** (baby's) pusher. **2.** (*zum Absperren usw.*) slide. **3.** *F:* (*Pers.*) racketeer. 'S ~ **ergeschäft,** *n* -(e)s/-e *F:* racket, fiddle. 'S ~ **ung,** *f* -/-en *F:* **1.** (*S ~ ergeschäft*) racket, fiddle. **2.** *no pl* sharp practices; **einen Posten durch S. bekommen,** to get a job by string-pulling; **das ist alles S.!** the whole thing's a fiddle!

Schieds|gericht ['ʃiːtsgəriçt], *n* -(e)s/-e court of arbitration. 'S ~ **gerichtsverfahren,** *n* -s/- arbitration. 'S ~ **richter,** *m* -s/- **1.** arbitrator. **2.** *Sp:* umpire; *Fb: Box: etc:* referee. 's ~ **richtern,** *v.i.* (*haben*) *Sp:* to referee, umpire. 'S ~ **spruch,** *m* -(e)s/⁻e arbitration award.

schief [ʃiːf], *adj.* (*a*) (*nicht gerade*) not straight; crooked; (*geneigt*) slanting (wall etc.); (*zur Seite geneigt*) leaning, *F:* lop-sided (post etc.); out of true (door, beam etc.); *Geom:* oblique (angle); inclined (plane); **ein s ~ es Gesicht,** a lopsided/*F:* wry face; **s ~ e Absätze,** (unevenly) worn heels; *adv.* **das Bild hängt s.,** the picture is crooked/at an angle/askew; **s. gewachsen,** growing at an angle/a slant; **s. geladen,** loaded at an angle/unevenly; *F:* (*betrunken*) sloshed; **j-n s. ansehen,** to look askance at s.o.; (*b*) (*falsch*) false, distorted (picture, view); **ins s ~ e Licht geraten,** to be misjudged; *adv.* **etwas s. ansehen,** to look at sth. the wrong way. 's ~ **gehen,** *v.i.sep.irr.36* (*sein*) *F:* (*Sache, Unternehmen usw.*) to go wrong; *F:* **keine Angst, es wird schon s.!** cheer up, it'll be all right in the end! 's ~ **gewickelt,** *adj. F:* **du bist s.,** you've got it wrong. 's ~ **lachen,** *v.sep.refl. F:* **sich s.,** to laugh oneself silly. 's ~ **liegen,** *v.i. sep.irr.62* (*haben*) *F:* to be mistaken. 's ~ **treten,** *v.tr.sep.irr.105* to wear down (one's heels etc.). 's ~ **winklig,** *adj.* oblique-angled; **s ~ e alte Häuser,** crooked old houses.

Schiefer ['ʃiːfər], *m* -s/- **1.** slate. **2.** *esp. Aus:* splinter. 'S ~ **bruch,** *m* -(e)s/⁻e slate quarry. 'S ~ **tafel,** *f* -/-n *A: Sch:* slate.

schielen ['ʃiːlən], *v.i.* (*haben*) (*a*) *Med:* to squint; (*b*) *F:* to peep (**durch/über** + *acc,* through/over); **auf etwas** *acc* **s.,** to cast a beady eye on sth.

Schienbein ['ʃiːnbain], *n* -(e)s/-e *Anat:* shin(bone).

Schiene ['ʃiːnə], *f* -/-n (*a*) *Rail: etc:* rail; (*b*) track (for curtains etc.); (*c*) *Med:* splint. 's ~ **n,** *v.tr. Med:* to splint (a limb). 'S ~ **nbus,** *m* -ses/-se railcar. 'S ~ **nräumer,** *m* -s/- *Rail: esp. N.Am:* cowcatcher. 'S ~ **nstrang,** *m* -(e)s/⁻e (stretch of) railway/*N.Am:* railroad track.

schier [ʃiːr], *adj.* **1.** sheer, pure (stupidity etc.). **2.** *adv.* almost; **s. unmöglich,** all but impossible.

Schieß|baumwolle [ʃiːsbaumvɔlə], *f* -/*no pl* guncotton. 'S ~ **bude,** *f* -/-n shooting gallery. 's ~ **en. I.** *v.irr.* (*p.* **schoß,** *p.p.* **geschossen**) **1.** *v.i.* to shoot/fire at s.o., sth.; **mit einer Pistole s.,** to fire a pistol; *Fig:* **die Antwort kam wie aus der Pistole geschossen,** the answer came like a shot; *F:* **schieß los!** fire away! (*b*) (*sein*) (*Wasser, Blut, Öl usw.*) to gush (**aus** + *dat,* from/out of); (*Kind usw.*) **in die Höhe/**(*Pflanze*) **aus der Erde s.**, to shoot up; **Tränen schossen ihr in die Augen,** tears rushed to her eyes; **ein Gedanke schoß mir durch den Kopf,** an idea flashed through my mind. **2.** *v.tr.* (*a*) to shoot (sth.); **eine Stadt in Grund und Boden s.**, to shoot a town to pieces; *Fig:* **einen Bock s.**, to make a blunder; *F:* **ein Bild s.**, to snap a picture; (*b*) *Fb:* **ein Tor s.**, to score a goal. **II. S.**, *n* -s/*no pl* **1.** shooting. **2.** *F:* **das ist zum S.!** that's a scream! **S ~ e′rei,** *f* -/-en (*a*) shoot-out; (*b*) *no pl* (continual) shooting. ′**S ~ - gewehr,** *n* -(e)s/-e (*child's language*) gun. ′**S ~ platz,** *m* -es/*e Mil:* firing range. ′**S ~ pul- ver,** *n* -s/- gunpowder. ′**S ~ scharte,** *f* -/-n *Hist:* embrasure; arrow slit. ′**S ~ scheibe,** *f* -/-n (archery/rifle-shooting) target. ′**S ~ - stand,** *m* -(e)s/*e Mil:* & *Sp:* rifle/shooting range. ′**s ~ wütig,** *adj. F:* trigger-happy.

Schiet [ʃiːt], *m* -s/*no pl North G: P:* = **Scheiße.**

Schiff [ʃif], *n* -(e)s/-e **1.** ship. **2.** *Ecc.Arch:* (*Mittels.*) nave; (*Seitens.*) aisle. ′**Schiffahrt,** *f* -/ *no pl* (*a*) (*Schiffe*) shipping; (*b*) (*Fahren*) navigation. ′**Schiffahrts-,** *comb.fm.* shipping (company etc.); **S ~ linie** *f,* shipping route/(*Gesellschaft*) line; **S ~ straße** *f/*S **~ weg** *m,* shipping lane. ′**s ~ bar,** *adj.* navigable (river etc.). ′**S ~ barkeit,** *f* -/*no pl* navigability. ′**S ~ bau,** *m* -(e)s/*no pl* shipbuilding. ′**S ~ bruch,** *m* -(e)s/*e* shipwreck; **S. erleiden,** to be shipwrecked; *Fig:* (*Pläne usw.*) to fail. ′**s ~ brüchig,** *adj.* shipwrecked; **ein S ~ er/eine S ~ e,** a shipwrecked person. ′**S ~ chen,** *n* -s/- **1.** small ship/ boat. **2.** *Sew: Tex:* shuttle. **3.** *Mil:* forage cap. ′**s ~ en,** *v.i.* (*haben*) *P:* (*a*) to piss; (*b*) **es schifft,** it's pissing down. ′**S ~ er,** *m* -s/- boatman; (*Kapitän*) skipper. ′**S ~ erklavier,** *n* -(e)s/-e *Mus: F:* piano accordion. ′**S ~ erknoten,** *m* -s/- reef knot. ′**S ~ ermütze,** *f* -/-n *Cl:* blue yachtsman's cap. ′**S ~ s-,** *comb.fm.* ship's (doctor, boy, captain, papers etc.); shipping (agent etc.); **S ~ ausrüster** *m,* ship's chandler; **S ~ besatzung/S ~ mannschaft** *f,* ship's company; **S ~ fracht** *f,* ship's cargo; **S ~ journal** *n,* ship's log; **S ~ küche** *f,* ship's galley; **S ~ laterne** *f,* (ship's) navigation light; **S ~ maschine** *f,* ship's engine; **S ~ schraube** *f,* ship's propeller/screw; **S ~ - zwieback** *m,* ship's biscuits; **S ~ ladung** *f,* shipload; **S ~ werft** *f,* shipyard. ′**S ~ schaukel,** *f* -/-n swing-boat.

Schikan|e [ʃiˈkaːnə], *f* -/-n **1.** (*usu.* petty) victimization; (bloody-minded) harassment. **2.** *F: Aut: etc:* **mit allen S ~ n,** with all the extras/ trimmings. **3.** *Motor Rac:* chicane. **s ~ ieren** [-aˈniːrən], *v.tr.* to victimize (s.o.). **s ~ ös** [-aˈnøːs], *adj.* spiteful, bloody-minded.

Schild[1] [ʃilt], *m* -(e)s/-e *Mil.Hist: Tchn: etc:* shield; *F:* **was führt er im S ~ e?** what's he after? ′**S ~ drüse,** *f* -/-n thyroid gland. ′**S ~ kröte,** *f* -/-n *Z:* (*Wassers.*) turtle; (*Lands.*) tortoise. ′**S ~ patt,** *n* -(e)s/*no pl* tortoiseshell.

Schild[2], *n* -(e)s/-er sign; (*Wegweiser*) signpost; (*große Tafel*) signboard (of a firm etc.); (*mit Preis usw.*) tag; (*Namens.*) plate; (*Etikett*) label; *Aut:* number plate. ′**S ~ chen,** *n* -s/- label, tag. ′**S ~ erhaus** [-dər-], *n* -es/*er Mil:* sentry

box. ′**S ~ ermaler,** *m* -s/- sign-painter. ′**s ~ ern,** *v.tr.* to describe (an occurrence, one's impressions etc.); (*bildhaft*) to portray, depict (s.o., a scene). ′**S ~ erung,** *f* -/-en description, portrayal.

Schilf(rohr) [ʃilf(roːr)], *n* -(e)s/-e *Bot:* reed.

Schillerlocke [ˈʃilərlɔkə], *f* -/-n *Cu:* **1.** puff-pastry cornet (*usu.* filled with whipped cream). **2.** (*Fisch*) strip of smoked dogfish.

schillern [ˈʃilərn], *v.i.* (*haben*) to shimmer, (*Diamant usw.*) sparkle; **s ~ de Farben,** iridescent colours.

Schilling [ˈʃiliŋ], *m* -s/-e *Aus:* schilling; **30 S.,** 30 schillings.

Schimmel [ˈʃiməl], *m* -s/- **1.** white horse; (*Graus.*) grey. **2.** *no pl* (*Fäulnis*) mould (on food etc.). ′**s ~ ig,** *adj.* mouldy. ′**s ~ n,** *v.i.* (*sein*) to go mouldy.

Schimmer [ˈʃimər], *m* -s/*no pl* **1.** gleam, glint. **2.** (*Anflug*) hint, suspicion; *F:* **ich habe keinen S.,** I haven't a clue. ′**s ~ n,** *v.i.* (*haben*) to gleam, glint; (*Perlen, Seide usw.*) to shimmer.

Schimpanse [ʃimˈpanzə], *m* -n/-n chimpanzee.

schimpf|en [ˈʃimpfən], *v.* **1.** *v.i.* (*haben*) (*a*) to curse, *F:* carry on, *Brit:* create (**auf/über** j-n, **etwas** *acc,* about s.o., sth.); *F:* **er schimpfte wie ein Rohrspatz,** he kept on creating/ranting and raving; (*b*) (*zurechtweisend*) to scold; **mit j-m s.,** to tell s.o. off. **2.** *v.tr. Lit:* j-n einen Lügner usw. **s.,** to call s.o. a liar etc. **S ~ e′rei,** *f* -/-en *F:* (*a*) cursing; (*b*) scolding. ′**S ~ kanonade/ ′S ~ tirade,** *f* -/-n *F:* tirade of abuse. ′**S ~ wort,** *n* -(e)s/*er* swearword; *pl* **S ~ er,** invective, abuse; (*derb*) bad language.

Schindel [ˈʃindəl], *f* -/-n *Constr:* shingle.

schind|en [ˈʃindən], *v.irr.* (*p.* **schindete,** *occ.* **schund,** *p.p.* **geschunden**) **1.** *v.tr.* (*a*) to drive (s.o.) hard, *F:* slave-drive (s.o.); (*grausam*) to ill-treat (animals, prisoners etc.); **sich s.,** to slave away, wear oneself out; *F: Aut:* **den Motor s.,** to flog the engine; (*b*) *F:* to cadge (cigarettes etc.); **Zeit s.,** to play for time; **Eindruck s.,** to show off, try to impress. ′**S ~ er,** *m* -s/- slave-driver. **S ~ e′rei,** *f* -/-en *F:* back-breaking work, *F:* hard slog, grind. ′**S ~ luder,** *n F:* **mit j-m, etwas** *dat* **S. treiben,** to abuse s.o., sth.

Schinken [ˈʃiŋkən]. **I.** *m* -s/- **1.** *Cu:* ham. **2.** *F: Pej:* (*Buch*) fat tome; (*Film usw.*) epic. **II.** ′**S ~ -,** *comb.fm.* ham (roll, sausage etc.); **S ~ brot** *n,* ham sandwich.

Schippe [ˈʃipə], *f* -/-n shovel; *F:* **j-n auf die S. nehmen,** to pull s.o.'s leg. ′**s ~ n,** *v.tr. North G:* to shovel (sth.).

Schirm [ʃirm], *m* -(e)s/-e **1.** (*a*) (*Regens.*) umbrella; (*Sonnens.*) sunshade; (*b*) (*Falls.*) parachute. **2.** (*gegen Hitze usw.*) screen; (*gegen Licht*) shade; (*Augens.*) eyeshade; *Cl:* peak (of a cap). ′**S ~ fichte,** *f* -/-n *Bot:* umbrella pine. ′**S ~ herr,** *m* -(e)n/-en patron. ′**S ~ herr- schaft,** *f* -/-en patronage; **unter der S. von . . . ,** under the auspices of . . . ′**S ~ mütze,** *f* -/-n *Cl:* peaked cap. ′**S ~ ständer,** *m* -s/- umbrella stand.

Schiß [ʃis], *m F:* **S. haben,** to be in a funk.

schizophren [ʃitsoˈfreːn], *adj.* (*a*) *Psy:* schizophrenic; (*b*) (*widersprüchlich*) contradictory. **S ~ ie** [-eˈniː], *f* -/-n *Psy:* schizophrenia.

Schlacht [ʃlaxt], *f* -/-en battle (**um** + *acc,* for);

in die S. ziehen, to go into battle. 's ~ en, *v.tr.* to slaughter (animals); *F:* to break into (a bottle etc.). 'S ~ er, *m* -s/- slaughterer; *North G:* butcher. S ~ e'rei, *f* -/-n *North G:* butcher's shop. 'S ~ feld, *n* -(e)s/-er battlefield. 'S ~ fest, *n* -(e)s/-e celebration with fresh sausage and freshly slaughtered meat. 'S ~ hof, *m* -(e)s/⁻e slaughterhouse. 'S ~ ordnung, *f* -/-en *Mil.Hist:* battle order. 'S ~ plan, *m* -(e)s/⁻e plan of battle/*Fig:* campaign. 's ~ reif, *adj.* s~es Vieh, animals ready for slaughter. 'S ~ roß, *n* -sses/-sser *Mil.Hist:* warhorse. 'S ~ schiff, *n* -(e)s/-e battleship. 'S ~ ung, *f* -/*no pl* slaughter(ing).

Schlächter ['ʃlɛçtər], *m* -s/- — **Schlachter.** S ~ ei [-'rai], *f* -/-en = Schlachterei.

Schlack|e ['ʃlakə], *f* -/-n clinker; *Metalw:* slag. 'S ~ enhalde, *f* -/-n slag heap. 's ~ ern, *v.i.* (haben) *North G:* to hang loosely; (*Hund*) mit den Ohren s., to flap its ears. 'S ~ wurst, *f* -/⁻e *Cu:* cervelat sausage.

Schlaf [ʃlaːf]. I. *m* -(e)s/*no pl* sleep; einen leichten S. haben, to be a light sleeper; in tiefem S., in a deep sleep; fast asleep; *F:* das kann/tue ich im S., I could do it standing on my head. II. 'S~-, *comb.fm.* sleeping (tablet, pill, powder, sickness etc.); S ~ mittel *n*, sleeping tablet/drug; S ~ gelegenheit *f*, sleeping accommodation; S ~ sack *m*, sleeping bag; *Rail:* S ~ wagen *m*, sleeping car, sleeper. 'S ~ anzug, *m* -(e)s/⁻e pyjamas, *N.Am:* pajamas. 'S ~ couch, *f* -/-(e)s studio couch. 's ~ en, *v.i.irr.* (haben) (*pres.* schläft, *p.* schlief, *p.p.* geschlafen) to sleep (gut/ schlecht, well/badly); (*Zustand*) to be asleep; fest s., to be fast asleep; s. gehen, to go to bed; (*übernachten*) im Hotel s., to stay in a hotel; (*also Fig:*) es läßt ihn nicht s., it keeps him awake at nights. 'S ~ engehen, *n* -s/*no pl* going to bed. 'S ~ enszeit, *f* -/*no pl* bedtime. 's ~ los, *adj.* sleepless. 'S ~ losigkeit, *f* -/*no pl* sleeplessness, insomnia. 'S ~ mütze, *f* -/-n *F:* sleepyhead. 'S ~ raum, *m* -(e)s/⁻e bedroom, (*in Heimen usw.*) dormitory. 'S ~ rock, *m* -(e)s/⁻e dressing gown, *N.Am:* bathrobe; *Cu:* Äpfel im S., apples in pastry. 'S ~ saal, *m* -(e)s/-säle dormitory. 'S ~ stadt, *f* -/⁻e *F:* dormitory town. 'S ~ trunk, *m* -(e)s/-e nightcap. 's ~ trunken, *adj.* (still) half asleep, drowsy. 's ~ wandeln. I. *v.insep.* (haben) to walk in one's sleep. II. S., *n* -s/*no pl Med:* somnambulism, sleepwalking. 'S ~ wandler(in), *m* -s/- (*f* -/-nen) sleepwalker, *Med:* somnambulist. 'S ~ zimmer, *n* -s/- bedroom. 'S ~ zimmerblick, *m* -(e)s/-e *F:* bedroom eyes.

Schläf|chen ['ʃlɛːfçən], *n* -s/- *F:* nap, (bit of) shut-eye. 'S ~ er(in), *m* -s/- (*f* -/-nen) sleeper. 's ~ rig, *adj.* sleepy, drowsy. 'S ~ rigkeit, *f* -/*no pl* sleepiness.

Schläfe ['ʃlɛːfə], *f* -/-n *Anat:* temple.

schlaff [ʃlaf], *adj.* (a) (*locker*) slack (rope etc.); flabby (skin, muscles); (*kraftlos*) weak (limbs); (*Pers.*) listless; *Fig:* lax (discipline, morals); s ~ er Händedruck, limp handshake; (b) *Pej: F:* feeble, tame; ein s ~ er Typ, a drip. 'S ~ heit, *f* -/*no pl* (a) slackness, flabbiness; limpness, listlessness; *Fig:* laxity; (b) *Pej: F:* feebleness.

Schlafittchen [ʃla'fitçən], *n F:* j-n beim S. nehmen, to grab s.o. (by the collar); (*zurecht-*

weisen) to give s.o. a dressing-down.

Schlag [ʃlaːk], *m* -(e)s/⁻e 1. blow; (a) (*Treffer*) hit; (*Fausts.*) punch; (*Fußtritt*) kick; S. auf den Kopf, clout, crack on the head; S. ins Gesicht, punch/(*mit der flachen Hand*) slap in the face; S. auf die Schulter, slap on the back; S~e bekommen, to get a hiding/thrashing; mit einem S., with one blow; *Fig:* at one fell swoop; *Fig:* ein schwerer S., a hard blow; zum entscheidenden S. ausholen, to prepare to deliver the final blow; S. auf S., in quick succession; *F:* S. ins Kontor, nasty shock; (b) (*mit einem Stock usw.*) stroke; *Tennis:* shot; (*mit der Axt*) chop; (c) (*Geräusch*) chime (of a clock, bell etc.); (*Schlagen*) striking (of a clock); beat (of a drum, heart, waves etc.); (*Klopfen*) knock; (*Donners.*) clap (of thunder); dumpfer S., dull thud; S. vier Uhr, at four o'clock on the dot; S. der Nachtigall, song of the nightingale; (d) (*Stroms.*) (electric) shock; *Med: F:* (*Anfall*) stroke; *F:* einen S. weg(haben), to be a bit cracked/barmy; mich trifft/rührt der S.! I'm flabbergasted! well I'll be blowed! 2. *F:* (*Portion*) ein S. Suppe, a helping of soup. 3. (*Menschens.*) type; ein anderer S. (von Menschen), another breed; vom alten S., of the old school. 4. (*Tür*) door (of a carriage). 5. *Aus:* (S~sahne) whipped cream. 'S ~ ader, *f* -/-n *Anat:* artery. 'S ~ anfall, *m* -(e)s/⁻e *Med:* apoplexy, *F:* stroke. 's ~ artig, *adj.* sudden; *adv.* all of a sudden. 'S ~ ball, *m* -(e)s/⁻e *Sp:* (a) (*Spiel*) rounders; (b) (*Ball*) rounders ball. 's ~ bar, *adj. Sp:* beatable. 'S ~ baum, *m* -(e)s/⁻e barrier, pole (across the road). 'S ~ bohrer, *m* -s/- percussion drill. 's ~ en, *v.irr.* (*pres.* schlägt, *p.* schlug, *p.p.* geschlagen) 1. *v.tr.* (a) to hit, strike (s.o., sth.); (*dreschen*) to beat, thrash (s.o., an animal); j-n mit der Faust s., to punch s.o.; j-n zum Krüppel s., to cripple s.o.; (b) sich (mit j-m) s., to fight (s.o.), scrap, *A:* (*duellieren*) duel (with s.o.) (um etwas *acc*, for sth.); (c) (*klopfen*) to knock, (*hämmern*) hammer (a nail etc.) (in etwas *acc*, into sth.); to beat (gold, sheet-metal etc.); to chop (wood); to strike, mint (coins); to beat (the drum); j-m den Hut vom Kopf s., to knock s.o.'s hat off; ein Loch in etwas *acc* s., to make/knock a hole in sth.; ein Kreuz s., to cross oneself; ein Rad s., to turn a cartwheel; *Cl:* Falten s., to crease; (h) (*wickeln*) to wrap (sth.) (um etwas *acc*, round sth.); (i) *F:* sich in die Büsche s., to slink off into the bushes. 2. *v.i.* (a) (haben) (*Pers.*) to strike (a blow); mit der Faust auf den Tisch s., to hit/bang the table (with one's fist); j-m ins Gesicht s., (*mit der Faust*) to punch s.o. in/(*mit der flachen Hand*) to slap s.o. in the face; j-m auf die Schulter s., to slap s.o. on the back; er schlug um sich, he lashed out; nach j-m s., to lash/hit out at s.o.; (*Vogel*) mit den Flügeln s., to beat/flap its wings; (b) (haben, occ. sein) (*Regen usw.*) to beat, (*Wellen usw.*) pound,

(*Tür, Fensterladen*) bang (**an/gegen etwas** *acc,* against sth.); **er ist mit dem Kopf gegen die Tür geschlagen,** he knocked his head on the door; (*c*) (*sein*) (*Flammen*) to shoot, leap; (*Rauch*) to pour (**aus etwas** *dat,* out of sth.); (*Blitz*) **in etwas** *acc* **s.,** to strike sth.; *Fig:* **das schlägt nicht in mein Fach,** that's not my pigeon; (*d*) (*haben*) (*Uhr*) to strike, chime; (*Glocke*) to toll; (*Herz usw.*) to beat; (*Nachtigall*) to sing; (*e*) (*sein*) **es schlug mir auf den Magen,** it affected/ upset my stomach; **nach j-m s.,** to take after s.o.; **aus der Art s.,** to be untypical/*F:* the cuckoo in the nest. ′**s ~ end,** *adj.* **1.** (*überzeugend*) convincing (proof, argument etc.). **2.** *Min:* **s ~ e Wetter,** firedamp. **3.** *Univ: A:* **s ~ e Verbindung,** duelling fraternity. ′**S ~ er,** *m -s/- F:* (*Lied*) pop song; (*Erfolg*) hit; (*Ware*) best-selling line. ′**S ~ ersänger,** *m -s/-* pop singer. ′**s ~ fertig,** *adj.* quick-witted. ′**S ~ fertigkeit,** *f -/no pl* quick-wittedness; (*Witz*) ready wit. ′**S ~ instrument,** *n -(e)s/-e Mus:* percussion instrument. ′**S ~ kraft,** *f -/no pl* power, *F:* punch; *Mil:* strike power. ′**s ~ kräftig,** *adj.* powerful. ′**S ~ loch,** *n -(e)s/-̈er* pot-hole. ′**S ~ mann,** *m -(e)s/-̈er Row:* stroke. ′**S ~ sahne,** *f/Aus:* ′**S ~ obers,** *n -/no pl* whipped cream. ′**S ~ schatten,** *m -s/- Art: Phot:* (heavy) shadow. ′**S ~ seite,** *f -/no pl Nau:* list; **S. haben,** (*Schiff*) to list; *F:* (*Pers.*) to be sloshed. ′**S ~ stock,** *m -(e)s/-̈e* truncheon. ′**S ~ wort,** *n -(e)s/-̈e Mus:* slogan, catchword. ′**S ~ wortkatalog,** *m -(e)s/-e* (library's) subject catalogue. ′**S ~ zeile,** *f -/-n Journ:* headline; **S ~ n machen,** to make the headlines. ′**S ~ zeug,** *n -(e)s/-e Mus:* percussion. ′**S ~ zeuger,** *m -s/-* (*esp.* pop group's) drummer.

Schläger [′ʃlɛːgər], *m -s/-* **1.** *Sp:* (*a*) (*Gerät*) (golf) club; (hockey) stick; (tennis) racket; (cricket, baseball, ping pong) bat; (polo) mallet; (*b*) *Baseball: Cricket:* (*Pers.*) batsman. **2.** (*Waffe*) sabre. **3.** *Pej:* ruffian, rowdy. **S ~ ei** [-′rai], *f -/-en* brawl, *F:* punch-up, *N.Am:* fistfight. ′**S ~ typ,** *m -s/-en F:* thug.

schlaksig [′ʃlaksiç], *adj.* lanky, gangling.

Schlamassel [ʃla′masəl], *m & n -s/- F:* mess; **da haben wir den S.,** now we're in a fine mess.

Schlamm [ʃlam], *m -(e)s/-e* mud; (*Ablagerung*) sludge. ′**S ~ bad,** *n -(e)s/-̈er Med:* mud bath. ′**s ~ ig,** *adj.* muddy.

Schlampe [′ʃlampə], *f -/-n F:* slut. **S ~ e′rei,** *f -/-en F:* (*a*) slovenly work/behaviour; (*b*) *no pl* slovenliness. ′**s ~ ig,** *adj.* slovenly; slipshod (work etc.); sluttish (woman etc.); *adv.* **s. angezogen,** in sloppy/dowdy clothes.

Schlange [′ʃlaŋə], *f -/-n* **1.** *Z:* snake. **2.** *Pej:* (*Frau*) **eine (falsche) S.,** a snake in the grass. **3.** (*lange Reihe*) queue, *N.Am:* line (of people, cars); **S. stehen,** to queue up, *N.Am:* stand in line. ′**S ~ nbeschwörer,** *m -s/-* snake-charmer. ′**S ~ nbiß,** *m -sses/-sse* snakebite. ′**S ~ ngift,** *n -(e)s/no pl* (snake's) venom. ′**S ~ nlinie,** *f -/-n* wavy line. ′**S ~ nmensch,** *m -en/-en* contortionist.

schlängeln [′ʃlɛŋəln], *v.refl.* **sich s.,** (*Fluß, Weg usw.*) to wind, meander; (*Pers.*) to worm one's way (**durch eine Menge,** through a crowd).

schlank [ʃlaŋk], *adj.* slim, slender; **die s ~ e Linie,** one's figure/waistline. ′**S ~ heit,** *f -/no pl* slimness, slenderness. ′**S ~ heitskur,** *f -/-en* slimming diet.

schlapp [ʃlap], *adj.* limp, weak. ′**S ~ e,** *f -/-n* setback. ′**S ~ hut,** *m -(e)s/-̈e Cl:* squash hat. ′**S ~ en,** *m -s/- F:* slipper. ′**s ~ machen,** *v.i. sep.* (*haben*) *F:* (*Sportler usw.*) to fall by the wayside. ′**S ~ schwanz,** *m -es/-̈e F:* drip, wet.

Schlaraffenland [ʃla′rafənlant], *n -(e)s/no pl Myth:* land of milk and honey.

schlau [ʃlau], *adj.* (*a*) (*listig*) cunning, crafty; **ein s ~ er Fuchs,** a sly old fox; (*b*) *usu. F:* (*klug*) clever (person, plan etc.); **ein s ~ er Kopf,** a smart fellow; *Iron:* **das war besonders s.,** that was really brilliant; *F:* **ich kann daraus nicht s. werden,** I can't make head or tail of it. ′**s ~ er′weise,** *adv.* cunningly; *esp. Iron:* cleverly. ′**S ~ heit,** *f -/no pl* = **Schläue.**

Schlauch [ʃlaux], *m -(e)s/-̈e* **1.** (*a*) hose(pipe); (*b*) *F:* (*Zimmer*) long, narrow room; tunnel. **2.** *Aut: Cy:* (inner) tube. **3.** *F:* **es ist ein S.,** it's an awful drag. ′**S ~ boot,** *n -(e)s/-e* rubber dinghy. ′**s ~ en,** *v.tr. F:* to wear (s.o.) out. **S ~ e′rei,** *f -/-en F:* drag. ′**s ~ los,** *adj. Aut:* tubeless.

Schläue [′ʃlɔyə], *f -/no pl* cunning; cleverness.

Schlaufe [′ʃlaufə], *f -/-n* loop; *Cl:* (*Aufhänger*) hanger.

schlecht [ʃlɛçt], *adj.* bad; (*a*) **s ~ e Qualität,** bad/ poor/inferior quality; **s ~ es Gedächtnis,** bad/ poor memory; **s ~ er Tausch,** poor exchange; **s ~ es Gehalt,** low salary; **das ist ein s ~ er Trost,** that's cold comfort; (**eine**) **s ~ e Verdauung haben,** to suffer from constipation; *Sch:* **sie ist s. in Englisch,** she is bad at English; (*b*) (*böse*) **S ~ es/** *adv.* **s. über j-n reden,** to speak ill of s.o.; (*c*) *comp. & superl.* **er ist s ~ er/am s ~ esten dran,** he is worse/worst off; **ich habe schon S ~ eres gesehen,** I've seen worse; **s ~ er werden,** to get worse, worsen; (*d*) *adv.* badly, not well; (*mit Mühe*) with difficulty; **s. informiert,** badly/ ill-informed; **s. beraten,** ill-advised; **die Geschäfte gehen s.,** business is bad; **er sieht s.,** he has bad eyesight; **sie kann nur s. schwimmen,** she cannot swim well; **er lernt s.,** he finds learning difficult/has difficulty in learning; **die Wunde heilt s.,** the wound is not healing properly; **er hat es immer s. gehabt,** he has always had a hard time of it; **sich s. und recht durchschlagen,** to manage as best one can; **mehr s. als recht,** after a fashion; (*e*) *adv.* (*kaum, nicht*) **jetzt kann ich s. absagen,** I can't very well/can hardly call it off now; **das geht s.,** that's not really on; **es paßt mir heute s.,** it isn't very convenient for me today; **das Essen ist mir s. bekommen,** the food didn't agree with me; (*f*) *F:* **die Idee ist (gar) nicht s./das ist keine s ~ e Idee,** that's not at all a bad idea; **sie ist nicht von s ~ en Eltern,** she's quite hot stuff; *adv.* **er staunte nicht s.,** he was most surprised; (*g*) (*gesundheitlich*) **mir ist s.,** I feel ill/(*Brechreiz*) sick; **es wurde ihr s.,** she was taken ill/ began to feel sick; *adv.* **s. aussehen,** to look ill; **es steht s. um ihn,** he is in a bad way; (*h*) *Milch, Fleisch usw.*) **s. werden,** to go off, *N.Am:* spoil. ′**s ~ be′raten,** *attrib.adj.* ill-advised. ′**s ~ er′dings,** *adv.* utterly, completely. ′**s ~ gehen,** *v.i.sep.irr.36* (*sein*) **es geht ihm**

schlecht, (i) he is up against it/having a hard time; (ii)(*gesundheitlich*)he is ill/unwell. ´s ∼ **ge´- launt,** *attrib. adj.* bad-tempered. ´s ∼ ´**hin,** *adv.* (*a*) (*als solches*) as such; **der Romantiker s.,** the epitome/perfect example of a Romantic; (*b*) (*völlig*) **der Lärm ist s. unerträglich,** the noise is absolutely/simply unbearable. ´S ∼ **ig- keit,** *f -/-en* 1. *no pl* badness. 2. bad/evil deed. ´s ∼ **machen,** *v.tr.sep.* to run (s.o., sth.) down. ´S ∼ ´**wetter,** *n -s/no pl* bad weather.

schlecken [´ʃlɛkən], *v.tr. & i.* (*haben*) (*a*) **an etwas** *dat* **s.,** to lick sth.; (*b*) *esp. South G:* (*naschen*) to nibble (at sth.).

Schlegel [´ʃleːgəl], *m -s/-* (*a*) *Mus:* drumstick; (*b*) *Tls:* mallet; (*c*) *South G: Cu:* leg (of pork, veal etc.).

Schlehe [´ʃleːə], *f -/-n Bot:* sloe.

schleich|en [´ʃlaiçən], *v.irr.* (*p.* **schlich,** *p.p.* **geschlichen**) 1. *v.i.* (*sein*) to creep, steal; (*langsam*) to crawl. 2. *v.refl.* **sich in etwas** *acc*/**aus etwas** *dat* **s.,** to steal into/out of sth.; *South G:* **schleich dich!** hop it! ´s ∼ **end,** *adj.* creeping (inflation etc.); *Med:* insidious (disease). ´S ∼ **handel,** *m -s/no pl* illicit traffic (**mit etwas** *dat*, in sth.); **im S.,** on the black market. ´S ∼ **tempo,** *n -s/no pl* crawl. ´S ∼ **weg,** *m* -(e)s/-e secret path; *Fig:* **auf s∼en,** by surreptitious means. ´S ∼ **werbung,** *f -/-en Journ: Rad: TV:* plug (for a product etc.).

Schleie [´ʃlaiə], *f -/-n Fish:* tench.

Schleier [´ʃlaiər], *m -s/-* 1. (*also Fig:*) veil. 2. (*Dunst*) haze; *Phot:* fog. ´S ∼ **eule,** *f -/-n Orn:* barn owl. ´s ∼ **haft,** *adj. F:* **es ist mir s.,** it's a mystery to me.

Schleif|e [´ʃlaifə], *f -/-n* 1. (*Knoten*) bow (in hair etc.); (*Fliege*) bow-tie. 2. (*Biegung*) U-turn; **der Fluß macht eine S.,** the river turns back on itself. ´s ∼ **en**[1], *v.tr.irr.* (*p.* **schliff,** *p.p.* **geschliffen**) (*a*) to grind, sharpen (a knife etc.); to grind, (*polieren*) polish (metal, glass etc.); *I.C.E:* to rebore (an engine); (*b*) *Mil: F:* to make (s.o.) sweat. ´s ∼ **en**[2], *v.tr.* (*a*) to drag (s.o., sth.) (**in/über etwas** *acc*, into/across sth.); (*b*) (*reiben*) to rub (sth.); (*Rock usw.*) **den Boden s.,** to trail on the floor; *Aut:* **die Kupplung s. lassen,** to slip the clutch; (*c*) *Mus:* to slur (a note); (*d*) *Mil:* **eine Festung usw. s.,** to raze a fortress etc. to the ground. ´S ∼ **er,** *m -s/-* 1. grinder. 2. *Mil: F:* slave-driver. ´S ∼ **knoten,** *m -s/-* slip knot. ´S ∼ **maschine,** *f -/-n* grinding machine. ´S ∼ **mittel,** *n -s/-* abrasive. ´S ∼ **stein,** *m* -(e)s/-e grindstone.

Schleim [´ʃlaim], *m* -(e)s/-e slime; *Physiol:* mucus. ´S ∼ **haut,** *f -/-̈e* mucous membrane. ´s ∼ **ig,** *adj.* slimy; mucous (membrane etc.). ´S ∼ **scheißer,** *m -s/- V: Pej:* toady. ´S ∼ **suppe,** *f -/-n* gruel.

Schlemm [´ʃlɛm], *m -s/-s Cards:* slam.

schlemmen [´ʃlɛmən], *v.tr. & i.* (*haben*) to feast (on sth.), *F:* stuff (sth.).

schlendern [´ʃlɛndərn], *v.i.* (*sein*) to saunter, stroll (along).

Schlenker [´ʃlɛŋkər], *m -s/- F:* swerve. ´s ∼ **n,** *v.tr. & i.* (*haben*) to swing, dangle (one's legs etc.).

Schlepp [´ʃlɛp]. I. *m* **einen Wagen usw. in S. nehmen,** to take a car etc. in tow; *F:* **er hatte zwei Mädchen in S.,** he had two girls in tow.

II. ´S ∼-, *comb.fm.* towing (vehicle etc.). ´S ∼ **e,** *f* -/-n *Cl:* train. ´s ∼ **en,** *v.tr.* (*a*) (*hinter sich herziehen*) to tow (a car, ship etc.); (*schleifend*) to drag (sth., *F:* s.o.) along; **er konnte sich gerade noch nach Hause s.,** he just managed to drag himself/crawl home; *Fig:* (*Prozeß usw.*) **sich über viele Jahre s.,** to drag on for many years; *F:* **j-n vor den Richter s.,** to haul s.o. up in front of the judge; (*b*) (*tragen*) to lug, cart (sth. heavy). ´s ∼ **end,** *adj.* slow (service, sales etc.); long drawn out (process); sluggish (tempo etc.); **s∼e Redeweise,** halting speech; **s∼er Gang,** shuffling gait. ´S ∼ **er,** *m -s/-* 1. *Aut:* tractor. 2. *Nau:* towboat, tug (boat). ´S ∼ **kahn,** *m* -(e)s/-̈e (towed) barge, lighter. ´S ∼ **lift,** *m* -(e)s/-e *Ski:* T-bar lift. ´S ∼ **netz,** *n -es/-e* dragnet. ´S ∼ **seil,** *n* -(e)s/-e *Aut: etc:* tow-rope; *Nau:* towline. ´S ∼ **tau,** *n* -(e)s/-e = S∼**seil; ein Schiff/F:** **j-n ins S. nehmen,** to take a ship/F: s.o. in tow. ´S ∼ **trosse,** *f -/-n Nau:* towline.

Schles|ien [´ʃleːziən]. *Pr.n.n -s. Geog:* Silesia. ´S ∼ **ier(in),** *m -s/- (f -/-nen)* Silesian. ´s ∼ **isch,** *adj.* Silesian.

Schleuder [´ʃlɔydər], *f -/-n* 1. catapult, *N.Am:* slingshot; *Hist:* (*Waffe*) sling. 2. *H:* (*Wäsches.*) spin-drier. ´S ∼ **maschine,** *f -/-n* centrifuge. ´s ∼ **n,** *v.* 1. *v.tr.* (*a*) to fling, hurl (sth.); **der Wagen wurde aus der Kurve geschleudert,** the car left the road in the corner; (*b*) to spin-dry (clothes etc.). 2. *v.i.* (*sein*) (*Auto usw.*) to skid; **ins S. kommen/geraten,** (i) to get into a skid; (ii) *F:* to let things get out of hand. ´S ∼ **preis,** *m -es/-e* giveaway price. ´S ∼ **sitz,** *m -es/-e Av:* ejector seat. ´S ∼ **spur,** *f -/-en* skid mark. ´S ∼ **ware,** *f -/no pl F:* dirt-cheap goods.

schleunigst [´ʃlɔynikst], *adv.* with all possible haste; (*sofort*) instantly

Schleuse [´ʃlɔyzə], *f -/-n* 1. (*in Flüssen usw.*) (*a*) (*zum Regulieren*) sluice; (*b*) (*für Schiffe*) lock. 2. *Space:* decompression chamber. ´s ∼ **n,** *v.tr.* (*a*) to lock (a boat etc.); (*b*) to guide, steer (s.o.) (**durch etwas** *acc*, through sth.); (*heimlich*) **j-n über die Grenze s.,** to smuggle s.o. across the border. ´S ∼ **ntor,** *n* -(e)s/-e lock-gate. ´S ∼ **n- wärter,** *m -s/-* lock-keeper.

Schliche [´ʃliçə], *mpl* **er kennt alle S.,** he knows all the ins and outs; **j-m auf die S./hinter j-s S. kommen,** to get wise to s.o.'s tricks.

schlicht [ʃliçt], *adj.* simple (dress, style etc.); plain (food, *Fig:* truth); (*bescheiden*) modest, unpretentious (house etc.); *adv.* **s. und einfach/ Hum:* **und ergreifend,** plainly and simply. ´s ∼ **en,** *v. 1. v.tr.* to settle (a dispute etc.). 2. *v.i.* (*haben*) to arbitrate. ´S ∼ **er,** *m -s/-* arbitrator. ´S ∼ **heit,** *f -/no pl* simplicity, plainness. ´S ∼ **ung,** *f -/no pl* arbitration, conciliation.

Schlick [ʃlik], *m* -(e)s/-e silt.

Schließ|e [´ʃliːsə], *f -/-n* clasp. ´s ∼ **en,** *v.irr.* (*p.* **schloß,** *p.subj.* **schlösse,** *p.p.* **geschlossen**) 1. *v.tr.* (*a*) (*zumachen*) to close, shut (a door, one's eyes etc.); to do up (a dress etc.); to turn off (a tap); to shut up (a shop etc.); to block (an entrance); to complete (a circuit); **sich s.,** to close; *Mil:* **die Reihen s.,** to close ranks; *Fig:* **das Buch schließt eine Lücke,** the book fills a gap; (*b*) (*abschließen*) to conclude (an agreement etc.); **mit j-m die Ehe s.,** to get married to s.o.;

Freundschaft s., to become friends (mit j-m, with s.o.); **ein Bündnis** s., to form an alliance; (c) (*einschließen*) j-n, etwas in etwas acc s., to shut/(*einsperren*) lock s.o., sth. in sth.; j-n in die Arme s., to embrace s.o.; **es schließt einen Widerspruch in sich,** it contains a contradiction; (d) (*anschließen*) **ein Fahrrad usw. an etwas** acc s., to fasten/(*mit Kette*) chain a bicycle to sth.; **sich an etwas** acc s., to be connected to sth.; **daran schloß sich ein Vortrag,** this was followed by a lecture; (e) (*beenden*) to end, conclude (a letter, article etc.); **er schloß die Rede mit einem Zitat,** he wound up his speech with a quotation; (f) (*folgern*) to conclude (that . . .) (**aus etwas** dat, from sth.); **ich schließe aus Ihrem Brief, daß . . .,** I gather from your letter that . . .; **was kann man daraus s.?** what conclusions can be drawn from this? 2. v.i. (haben) (a) to close, shut; (*Geschäft usw.*) (*endgültig*) to close down; **die Tür schließt nicht,** the door won't shut; **die Tür schließt von selbst,** the door closes automatically; (b) (*enden*) to end; (c) **sein Benehmen läßt auf ein hitziges Temperament** s., his behaviour suggests a fiery temperament; **von sich** dat **auf andere** s., to judge others by oneself. ′S ~ **fach,** n -(e)s/¨-er Rail: (luggage) locker; Bank: safe-deposit box; Post: post office/abbr. P.O. box. ′S ~ **korb,** m -(e)s/¨-e hamper. ′s ~ **lich,** adv. (a) finally; (*endlich*) at last; F: s. **und endlich,** at long last; (b) (*verteidigend*) **er ist** s. **mein Bruder,** after all, he is my brother. ′S ~ **ung,** f -/-en (a) closing down (of a shop etc.); closure (of a pit, factory, school etc.); (b) conclusion (of an agreement).

Schliff[1] [ʃlif], m -(e)s/-e cut (of a gem, glass etc.); (*Vorgang*) cutting; (*Schärfen*) sharpening; (*Politur*) polish; Fig: **etwas dat den letzten S. geben,** to put the finishing touch to sth.; F: **er hat keinen S.,** he lacks refinement. ′**Schliffläche,** f -/-n Jewel: facet.

schliff[2], p. of **schleifen** q.v.

schlimm [ʃlim], adj. (a) bad (mistake, news, cold etc.); serious (accident etc.); nasty (illness, wound); s ~ **e Zeiten,** bad/hard times; **ein** s ~ **es Ende nehmen,** to come to a bad/F: sticky end; **eine** s ~ **e Wendung nehmen,** to take a turn for the worse; **es ist nur halb so** s., it's not as bad as all that; **wenn es nichts S ~ eres ist,** if it's nothing more serious than that; **im** s ~ **sten Fall,** at the worst; **es könnte** s ~ **er kommen,** things could get worse; (b) (*böse*) wicked, (*unartig*) naughty (person, child); (c) F: (*krank*) **mein** s ~ **es Bein,** my bad leg. ′s ~ **sten′falls,** adv. if the worst comes to the worst; (*höchstens*) at the worst.

Schlinge [ˈʃliŋə], f -/-n loop; (*zum Zuziehen*) noose; (*Binde*) sling; Hunt: (*Falle*) snare. ′s ~ **n,** v.irr.19 1. v.tr. to wind, wrap (sth.) (**um** j-n, etwas acc, round s.o., sth.); **sie schlang ihre Arme um ihn,** she hugged him; (*Pflanze*) **sich um etwas** acc s., to twine round sth. 2. v.tr. & i. (haben) F: to gobble, bolt (one's food).

Schlingel [ˈʃliŋəl], m -s/- rascal.

schlingern [ˈʃliŋərn], v.i. (haben) (Schiff, Auto) to roll.

Schlips [ʃlips], m -es/-e Cl: F: tie; Fig: **j-m auf den S. treten,** to tread on s.o.'s toes.

Schlitt|en [ˈʃlitən], m -s/- (a) sledge, N.Am: sled;

(*Pferdes.*) sleigh; S. **fahren,** to toboggan; (b) P: (*Auto*) motor, bus. ′S ~ **enfahrt,** f -/-en sleighride. ′S ~ **erbahn,** f -/-en slide. ′s ~ **ern,** v.i. (haben) to slide (on the ice). ′S ~ **schuh,** m -(e)s/-e skate; S. **laufen,** to skate. ′S ~ **schuhläufer(in),** m -s/- (f -/-nen) skater.

Schlitz [ʃlits], m -es/-e slit; (*Einwurf*) slot (for coins etc.); Cl: vent (of a jacket etc.); (*Hosens.*) fly.′S ~ **auge,** n -s/-n (*also Pej: Chinese usw.*) slit-eye. ′s ~ **äugig,** adj. slit-eyed. ′S ~ **ohr,** n -(e)s/-en F: sly devil. ′S ~ **verschluß,** m -sses/¨-sse Phot: focal plane shutter.

schlohweiß [ˈʃloːˈvais], adj. snow-white (hair).

schloß[1] [ʃlɔs], p. of **schließen** q.v.

Schloß[2], n -sses/¨-sser 1. (a) (*Türs.*) lock; (*Vorhänges.*) padlock; (*Gewehrs.*) bolt (of a rifle); F: (*Pers.*) **hinter S. und Riegel,** behind bars; (b) (*Schließe*) clasp. 2. (*Herrenhaus*) mansion, stately home; (*Palast*) palace; (*Burg*) castle. ′S ~ **herr,** m -n/-en lord of the manor/castle. ′S ~ **park,** m -s/-s palace/castle grounds.

Schlosser [ˈʃlɔsər], m -s/- (a) locksmith; (b) Metalw: metalworker.

Schlot [ʃloːt], m -(e)s/-e (a) (*Fabriks.*) (factory) chimney; F: **er raucht wie ein S.,** he smokes like a chimney; (b) vent (of a volcano).

schlottern [ˈʃlɔtərn], v.i. (haben) (*Pers.*) to shake, shiver (**vor** + dat, with).

Schlucht [ʃluxt], f -/-en gully, ravine.

schluchz|en [ˈʃluxtsən], v.i. (haben) to sob. ′S ~ **er,** m -s/- sob.

Schluck [ʃluk], m -(e)s/-e gulp; **tüchtiger/kräftiger S.,** good swig; **in kleinen S ~ en,** in small mouthfuls/sips; **magst du einen S.?** would you like a drop? ′S ~ **auf,** m -s/no pl hiccups. ′S ~ **beschwerden,** fpl **haben Sie S.?** does it hurt when you swallow? ′s ~ **en.** I. v.tr. to swallow (water, a pill etc.; Fig: an insult etc.); Fig: to swallow up (savings etc.). II. S., m -s/no pl = s ~ **auf.** ′S ~ **er,** m -s/- F: **armer S.,** poor devil. ′S ~ **impfung,** f -/-en Med: oral vaccination. ′s ~ **weise,** adv. in sips.

Schlückchen [ˈʃlykçən], n -s/- sip; drop (of wine etc.).

schluder|n [ˈʃluːdərn], v.i. (haben) F: to botch, do slipshod work. ′s ~ **ig,** adj. F: slipshod, sloppy.

schlug [ʃluːk], p. of **schlagen** q.v.

Schlummer [ˈʃlumər], m -s/no pl Lit: slumber. ′S ~ **lied,** n -(e)s/-er lullaby. ′s ~ **n,** v.i. (haben) Lit: to slumber. ′S ~ **rolle,** f -/-n bolster. ′S ~ **trunk,** m -(e)s/-e (alcoholic) nightcap.

Schlund [ʃlunt], m -(e)s/¨-e 1. back of the throat, Anat: pharynx. 2. Fig: (*Abgrund*) abyss.

schlüpf|en [ˈʃlypfən], v.i. (sein) to slip (**in ein/ aus einem Zimmer usw.,** into/out of a room; **in seinen Mantel usw.,** into one's coat etc.); (*Vogel*) (**aus dem Ei**) s., to hatch. ′S ~ **er,** m -s/- Cl: knickers. ′s ~ **rig,** adj. (a) slippery (road, floor etc.); (b) (*anstößig*) lewd (joke etc.); blue (language etc.). ′S ~ **rigkeit,** f -/-en (a) slipperiness; (b) obscenity, lewdness.

schlupf|en [ˈʃlupfən], v.i. (sein) South G: = schlüpfen. ′S ~ **loch,** n -(e)s/¨-er/′S ~ **winkel,** m -s/- hideout, hiding-place.

schlurfen [ˈʃlurfən], v.i. (sein) to shuffle, shamble (along).

schlürfen ['ʃlyrfən], *v.tr.* to slurp, (*vorsichtig*) sip (soup etc.).

Schluß [ʃlus]. **I.** *m* -sses/¨sse **1.** (*Ende*) (*a*) end; ending (of a play, piece of music etc.); **zum/am S.**, at the end; (*schließlich*) in the end; **zum S. sagte er...**, finally/in conclusion he said...; **S. folgt (in der nächsten Nummer)**, to be concluded (in the next issue); *F:* **S. machen,** (i) (*mit der Arbeit*) to knock off, call it a day; (ii) (*bei einer Firma*) to leave, leave; (iii) (*mit dem Leben*) to do oneself in; **mit dem Rauchen usw. S. machen,** to give up/stop smoking etc.; (*Freunde*) **sie haben (miteinander) S. gemacht,** they have broken up/parted company; **mit ihm/mit dem Urlaub ist S.,** it's all up with him/the holiday; he/the holiday has had it; **S. damit! S. jetzt!** stop it! **du kommst mit, S.!** you're coming too and that's that! (*b*) (*Ladens.*) closing time; (*Diensts.*) knocking-off time; *St.Exch:* close; (*c*) rear, back (of a train, procession); **den S. bilden,** to bring up the rear. **2.** (*Folgerung*) conclusion; **zu welchem S. sind Sie gekommen?** what conclusion have you reached? **S¨e ziehen,** to draw conclusions (**aus etwas** *dat,* from sth.). **II.** **'S~-,** *comb.fm.* final (result, round, scene etc.); last (minute, *Th:* act; *Sp:* runner etc.); closing (remark, ceremony, speech etc.); **S~prüfung** *f,* final examination; **S~satz** *m,* last sentence/*Mus:* movement; **S~wort** *n,* closing remarks; *Sp:* **S~pfiff** *m,* final whistle; **S~stand** *m,* final score; *Com:* **S~zahlung** *f,* final payment/instalment; *Fin:* **S~kurs** *m,* closing price. **'S~folgerung,** *f* -/-en logical conclusion. **'S~licht,** *n* -(e)s/-er (*a*) *Aut: etc:* tail light; (*b*) *F: Sp:* tailender; **das S. bilden,** to bring up the rear. **'S~spieler,** *m* -s/- *Rugby:* full back. **'S~stein,** *m* -(e)s/-e *Constr:* keystone. **'S~strich,** *m* -(e)s/-e **unter etwas** *dat* **einen S. ziehen,** to put an end to sth. **'S~verkauf,** *m* -(e)s/¨e *Com:* (end of season) sale.

Schlüssel ['ʃlysəl]. **I.** *m* -s/- (*also Fig:*) key; *Tls:* spanner; *Mus:* clef. **II.** **'S~-,** *comb.fm.* key (ring, *Fig:* figure, industry, position etc.); **S~brett** *n,* key-board; **S~bund** *m* & *n* bunch of keys; **S~anhänger** *m,* key fob; **S~loch** *n,* keyhole; *Fig:* **S~frage** *f,* key/crucial question. **'S~bein,** *n* -(e)s/-e *Anat:* collarbone. **'S~blume,** *f* -/-n *Bot:* primrose, cowslip. **'s~fertig,** *adj.* ready for occupation. **'S~kind,** *n* -(e)s/-er latchkey child.

schlüssig ['ʃlʏsiç], *adj.* conclusive (evidence, proof); **ich bin mir nicht darüber s.,** I can't make up my mind about it.

Schmach [ʃmaːx], *f* -/*no pl Lit:* shame, ignominy.

schmacht|en ['ʃmaxtən], *v.i.* (*haben*) to languish (**nach** + *dat,* for sth.). **'S~locke,** *f* -/-n *F:* kiss curl.

schmächtig ['ʃmeçtiç], *adj.* slight; *Pej:* weedy.

Schmack [ʃmak], *f* -/-n *Nau:* smack.

schmackhaft ['ʃmakhaft], *adj.* tasty (food); *Fig:* **j-m etwas s. machen,** to make sth. palatable to s.o.

Schmäh- ['ʃmɛː-], *comb.fm.* defamatory (letter, speech); **S~schrift** *f,* defamatory article/pamphlet.

schmäh|en ['ʃmɛːən], *v.tr.* to abuse, revile

(s.o.). **'s~lich,** *adj.* disgraceful (treatment etc.); ignominious (defeat etc.).

schmal [ʃmaːl], *adj.* (*comp.* **s~er/s¨er,** *superl.* **s~ste/***occ.* **s¨ste**) (*a*) narrow (street, bridge, hips etc.); slender (figure, hands etc.); thin (lips, face); **sie ist s~er/s¨er geworden,** she has grown thinner; (*b*) (*gering*) meagre (income, diet etc.). **'s~brüstig,** *adj.* narrow-chested. **'S~film,** *m* -(e)s/-e *Phot:* 8 mm *or* 16 mm cine film. **'s~lippig,** *adj.* thin-lipped. **'S~seite,** *f* -/-n short side. **'S~spur,** *f* -/-en narrow gauge. **'S~spur-,** *comb.fm.* **1.** narrow-gauge (railway, track). **2.** *F:* small-time (academic etc.). **'s~spurig,** *adj. Rail:* narrow-gauge.

schmälern ['ʃmɛːlərn], *v.tr.* to diminish (values etc.); (*Pers.*) to belittle (s.o.'s achievements etc.).

Schmalz¹ [ʃmalts], *n* -es/-e lard.

Schmalz², *m* -es/*no pl F:* schmaltz. **'s~ig,** *adj. F:* schmaltzy, sentimental.

schmarotz|en [ʃmaˈrɔtsən], *v.i.* (*haben*) *F:* **bei j-m s.,** to sponge on s.o. **S~er,** *m* -s/- *Z:Bot: & Fig:* parasite; *F:* (*Pers.*) sponger.

Schmarren ['ʃmarən], *m* -s/- **1.** *Aus: Cu:* fried strips of pancake. **2.** *F: Pej:* (*a*) (*Unsinn*) trash; (*b*) **einen S.,** not a thing, **das geht dich einen S. an!** that's nothing whatsoever to do with you!

Schmatz [ʃmats], *m* -es/¨e *F:* smack. **'s~en,** *v.i.* (*haben*) **beim Essen s.,** to eat noisily; (**mit den Lippen**) **s.,** to smack one's lips.

Schmaus [ʃmaus], *m* -es/¨e *Hum:* good spread. **s~en** ['ʃmauzən], *v.i.* (*haben*) *Hum:* to dig in.

schmecken ['ʃmɛkən], *v.* **1.** *v.tr.* to taste (sth.). **2.** *v.i.* (*haben*) (*Essen*) to taste (**gut, angebrannt** usw., good, burnt etc.; **nach etwas** *dat,* of sth.); **es schmeckt nach nichts,** it has no taste; it's tasteless; **das Brot schmeckt mir nicht,** I don't like (the taste of) this bread; **schmeckt's Ihnen?** are you enjoying it? is it to your liking? **es sich** *dat* **s. lassen,** to dig/*Brit:* tuck in; **es hat geschmeckt!** it was delicious!

Schmeich|elei [ʃmaiçə'lai], *f* -/-en flattery; *pl* **S~en,** blandishments, flattering remarks. **'s~elhaft,** *adj.* flattering. **'s~eln,** *v.i.* (*haben*) (*a*) to flatter (**j-m, sich** *dat,* s.o., oneself); **es schmeichelt ihm/ihr fühlt sich geschmeichelt, daß...,** he feels flattered that...; (*b*) (*Kind usw.*) to have a cuddle. **'S~ler,** *m* -s/- flatterer. **'s~lerisch,** *adj.* flattering, *Pej:* honeyed (words etc.).

schmeiß|en ['ʃmaisən], *v.tr.* & *i.irr.4* (*haben*) *F:* (*a*) to chuck (sth.) (**gegen, in etwas** *acc* usw., at, into sth. etc.); **mit Steinen s.,** to throw stones; **aus der Schule geschmissen werden,** to be kicked out of school; *P:* **einen Job usw. s.,** to chuck a job etc.; **sich in Gala s.,** to put on one's glad rags; (*b*) **er wird die Sache/den Laden schon s.,** he'll cope all right; he'll bring it off; (*c*) to throw (a party); **eine Runde s.,** to stand a round of drinks. **'S~fliege,** *f* -/-n bluebottle.

Schmelz [ʃmɛlts], *m* -es/*no pl* (*esp.* dental) enamel. **'s~en,** *v.irr.* (*pres.* **schmilzt,** *p.* **schmolz,** *p.p.* **geschmolzen**). **1.** *v.i.* (*sein*) (*Schnee, Eis usw.*) to melt; *Fig:* (*Vermögen*) to shrink; **s~der Klang,** mellow/melting sound. **2.** *v.tr. Metalw:* to smelt (ore). **'S~hütte,** *f* -/-n *Ind:* smelting works. **'S~käse,** *m* -s/- *Cu:* (soft) processed cheese. ´S ~ **punkt**, *m* -(e)s/-e melting point. ´S ~ **tiegel**, *m* -s/- *Fig:* melting pot. ´S ~ **wasser**, *n* -s/- melted snow/ice.

Schmerbauch [´ʃmeːrbaux], *m* -(e)s/-̈e *F:* paunch, potbelly.

Schmerz [ʃmɛrts], *m* -es/-en **1.** pain; (*dumpf, anhaltend*) ache; **S ~ en haben**, to be in pain; to have a pain/ache (**im Rücken usw.**, in one's back etc.); **wo haben Sie S ~ en?** where does it hurt? **sich in S ~ en winden**, to writhe in agony; **unter (großen) S ~ en**, in (great) pain, (very) painfully. **2.** (*Kummer*) grief (**um** + *acc*, for); sorrow; **mit S ~ en**, sadly; *F:* (*ungeduldig*) impatiently; *F: Iron:* **hast du sonst noch S ~ en?** is there anything else you want? ´s ~ **empfindlich**, *adj.* sensitive (to pain). ´s ~ en, *v.tr. & i.* (*haben*) to hurt (s.o.); **mir/mich schmerzt der Kopf**, my head aches. ´s ~ **end**, *adj.* painful, aching (head, back etc.). ´S ~ **ensgeld**, *n* -(e)s/-er *Jur:* compensation for personal suffering. ´S ~ **ensschrei**, *m* -(e)s/-e cry of pain. ´s ~ **frei**, *adj.* (*Pers.*) free of pain; painless (treatment etc.); painfree (night etc.). ´s ~ **haft**, *adj.* painful. ´s ~ **lich**, *adj.* painful (memories, disappointment etc.); *adv.* **von etwas** *dat* **s. berührt sein**, to be saddened by sth. ´s ~ **lindernd**, *adj.* painrelieving (drug etc.); s~**es Mittel**, analgesic. ´s ~ **los**, *adj.* painless. ´S ~ **losigkeit**, *f* -/*no pl* freedom from pain. ´s ~ **stillend**, *adj.* s~**es Mittel**, painkiller.

Schmetter|ball [´ʃmɛtərbal], *m* -(e)s/-̈e *Tennis:* smash. ´S ~ **ling**, *m* -s/-e *Ent: & Swim:* butterfly. ´S ~ **lingsschwimmen**, *n/* ´S ~ **lingsstil**, *m* -s/*no pl Swim:* butterfly (stroke). ´s ~ **n**, *v.* **1.** *v.tr.* (*a*) to hurl (sth.); *Tennis:* to smash (the ball); **ein Buch an die Wand s.**, to hurl/fling a book at the wall; (*b*) (*Trompete, Horn usw.*) to blare out (a signal etc.); (*Vogel*) to warble (its song); *Hum:* (*Pers.*) to bawl out (a song). **2.** *v.i.* (*haben*) (*Trompete usw.*) to blare (out); (*Tür*) to slam.

Schmied [ʃmiːt], *m* -(e)s/-e smith, *esp.* blacksmith. ´s ~ **bar**, *adj.* malleable. S ~ e [´ʃmiːdə], *f* -/-n (smith's) forge, smithy. ´S ~ **eeisen**, *n* -s/*no pl* wrought iron. ´s ~ **eeisern**, *adj.* wrought-iron (gate etc.). ´S ~ **ekunst**, *f* -/*no pl* decorative (wrought) ironwork. ´s ~ **en**, *v.tr.* to forge (steel etc., *Fig:* plans); **geschmiedetes Eisen**, wrought iron; *Prov:* **man muß das Eisen s., solange es heiß ist**, strike while the iron is hot; *Fig:* **Ränke s.**, to scheme, intrigue.

schmieg|en [´ʃmiːɡən], *v.refl.* (*Pers., Tier usw.*) **sich an j-n, etwas** *acc* **s.**, to snuggle close up to s.o., sth.; **das Kleid schmiegt sich an den Körper**, the dress hugs the figure. ´s ~ **sam**, *adj.* supple (leather, *Fig:* body etc.). ´S ~ **samkeit**, *f* -/*no pl* suppleness.

Schmier- [´ʃmiːr-], *comb.fm.* (*a*) *Mec.E: etc:* lubricating (oil etc.); lubrication (service etc.); (*für Fett*) grease (nipple etc.); S~**fett** *n*, lubricating grease; S~**stelle** *f*, lubricating/grease point; S~**pistole** *f*, grease gun; S~**plan** *m*, lubrication chart; S~**mittel** *n*/S~**stoff** *m*, lubricant; (*b*) *F:* scribbling (book etc.); S~**papier** *n*, rough/scribbling paper. ´S ~ e, *f* -/-n **1.** (*a*) *Mec.E: etc:* lubricant; (*Fett*) grease; (*b*) slippery/smeary mess; (*c*) *F:* **in der S. sitzen**, to be

in a jam. **2.** *Pej: Th:* travesty (of a performance). **3.** *F:* (*Pers.*) **S. stehen**, to act as a lookout. ´s ~ **en**, *v.* **1.** *v.tr.* (*a*) *Mec.E: etc:* to lubricate, (*mit Fett*) grease (moving parts); *F:* **es ging wie geschmiert**, it went without a hitch; (*b*) (*streichen*) to apply (ointment, grease etc.), spread (butter, jam etc.) (**auf etwas** *acc*, on sth.); **Brote/Schnitten s.**, to spread slices of bread and butter; **sich** *dat* **Marmelade usw. ins Gesicht s.**, to smear jam etc. over one's face; (*c*) *F:* to scribble (a note etc.). scrawl (a word etc.) (**auf/in etwas** *acc*, on/in sth.); (*d*) *P:* (*bestechen*) **j-n s.**, to grease s.o.'s palm; (*e*) *P:* **j-m eine s.**, to clout/swipe s.o. **2.** *v.i.* (*haben*) (*Feder usw.*) to smudge; (*Pers.*) to scrawl, scribble. S ~ e´rei, *f* -/-en **1.** *no pl* (messy) scribbling. **2.** scribble; (*Parolen*) graffiti; (*Gemälde*) daub. ´S ~ **fink**, *m* -en & -s/-en *F:* (*a*) scrawler; (*Parolenschreiber*) graffiti writer; (*b*) (*schmutziges Kind*) filthy brat. ´S ~ **geld**, *n* -(e)s/-er *F: usu. pl* S~er, bribe. ´s ~ **ig**, *adj.* **1.** greasy, (*schmutzig*) grubby (hand, book); (*schlüpfrig*) slippery (road etc.). **2.** *F: Pej:* oily, smarmy (person, manner etc.); (*unanständig*) dirty (joke etc.). ´S ~ **seife**, *f* -/-n soft soap. ´S ~ **ung**, *f* -/-en lubrication.

Schmink|e [´ʃmɪŋkə], *f* -/-n make-up; *Th:* greasepaint. ´s ~ **en**, *v.tr.* to make up (one's face, eyes etc.), make (s.o.) up; **sich s.**, to put on make-up; **sich** *dat* **die Lippen s.**, to put on lipstick. ´S ~ **stift**, *m* -(e)s/-e *Th:* stick of make-up. ´S ~ **tisch**, *m* -(e)s/-e *Th: etc:* make-up table.

Schmirgel [´ʃmɪrɡəl], *m* -s/*no pl Tchn:* emery. ´s ~ **n**, *v.tr.* to rub down, sand (a surface). ´S ~ **papier**, *n* -s/*no pl* emery paper; (*Sandpapier*) sandpaper.

Schmiß [ʃmɪs], *m* -sses/-sse **1.** *G. Univ:* (*Narbe*) duelling scar. **2.** *F: no pl* pep, verve; **S. haben**, (*Pers.*) to have plenty of go/pep; (*Musik*) to go with a swing. **schmissig** [´ʃmɪsɪç], *adj.* *F:* spirited, rousing (music etc.); *adv.* **s. gespielt**, played with plenty of verve.

Schmock [ʃmɔk], *m* -(e)s/-e *Pej:* hack (journalist).

Schmöker [´ʃmøːkər], *m* -s/- *F:* tome. ´s ~ **n**, *v.tr. & i.* (*haben*) *F:* to read (a book) quietly to oneself; (*blättern*) to browse.

schmoll|en [´ʃmɔlən], *v.i.* (*haben*) to sulk. ´S ~ **mund**, *m* -(e)s/-̈er pout.

Schmor|braten [´ʃmoːrbraːtən], *m* -s/- *Cu:* braised beef, pot roast. ´s ~ **en**, *v.tr. & i.* (*haben*) *Cu:* to braise (meat, vegetables etc.); *F:* (*Pers.*) **in der Sonne s.**, to roast in the sun; *Fig:* **j-n s. lassen**, to leave s.o. to stew in his own juice. ´S ~ **topf**, *m* -(e)s/-̈e *H:* casserole, stewpot.

Schmu [ʃmuː], *m* -s/*no pl F:* **S. machen**, to cheat.

schmuck¹ [ʃmʊk], *adj.* smart, spruce (dress, appearance etc.); neat, trim (garden, house etc.); (*hübsch*) pretty (girl); **ein s~es Paar**, a handsome couple.

Schmuck², *m* -(e)s/*no pl* **1.** (S~*stücke*) jewellery. **2.** (*Verzierung*) decoration; *Arch: etc:* ornamentation; **weihnachtlicher S.**, Christmas decorations; **zum S. dienen**, to serve as decoration. ´S ~ (**blat**)**telegramm**, *n* -s/-e *Post:* greetings telegram. ´S ~ **feder**, *f* -/-n decorative plume. 'S~**kästchen**, *n* -s/- jewel case; *Hum:* ihre Wohnung ist ein wahres S., her flat is as neat and bright as a new pin. 's~**los**, *adj.* plain, unadorned; (*kahl*) bare. 'S~**losigkeit**, *f* -/*no pl* plainness; bareness. 'S~-**sachen**, *fpl* jewellery. 'S~**stück**, *n* -(e)s/-e piece of jewellery; *Fig:* gem (of a collection etc.). 'S~**waren**, *fpl Com:* jewellery.

schmücken ['ʃmykən], *v.tr.* to decorate (sth.), *Lit:* adorn (s.o., sth.); *Fig:* to embellish (a speech etc.); sie schmückt sich gerne, she likes to deck herself out in finery; *Fig:* sich mit fremden Federn s., to deck oneself with borrowed plumes.

schmuddelig ['ʃmudəliç], *adj. F:* mucky.

Schmugg|el ['ʃmugəl], *m* -s/*no pl* smuggling. 's~**eln**, *v.tr.* to smuggle (s.o., sth.) (**ins Gefängnis usw.**, into prison etc.; **nach Deutschland usw.**, into Germany etc.). 'S~**ler**, *m* -s/- smuggler.

schmunzeln ['ʃmuntsəln], *v.i.* (*haben*) to smile to oneself.

schmusen ['ʃmuːzən], *v.i.* (*haben*) *F:* (*Mutter und Kind*) to have a cuddle; (*Liebespaar*) to kiss and cuddle

Schmutz [ʃmuts]. I. *m* -es/*no pl* (*a*) dirt; **vor S. starren**, to be absolutely filthy; *Fig:* **j-n mit S. bewerfen**, to sling mud at s.o.; **j-n/j-s Namen in den S. ziehen**, to drag s.o./s.o.'s name in the mud; (*b*) *Pej:* (*Buch, Film usw.*) smut, filth. II. 'S~~, *comb.fm.* dirty (work, water etc.); S~**fleck** *m*, dirty mark; S~**wäsche** *f*, dirty washing/clothes. 's~**en**, *v.i.* (*haben*) to soil, get dirty. 'S~**fänger**, *m* -s/- *Aut: Cy:* mudflap. 'S~**fink**, *m* -en & -s/-en *F:* filthy brat. 's~**ig**, *adj.* dirty; (*a*) s~e **Straße**, dirty/muddy road; **sich s. machen**, to get dirty; (*Baby*) to dirty its nappy/*N.Am.* diaper; (*b*) *Pej:* (*unanständig*) dirty, smutty (joke, story etc.); obscene (book etc.); **eine s~e Phantasie**, a dirty mind; (*c*) (*unlauter*) **ein s~es Geschäft**, a shady/crooked deal. 'S~**igkeit**, *f* -/*no pl* dirtiness; *Pej:* obscenity. 's~**igweiß**, *adj.* off-white. 'S~**literatur**, *f* -/*no pl* pornographic literature. 'S~**titel**, *m* -s/- *Pub:* half-title.

Schnabel ['ʃnaːbəl], *m* -s/⁻ 1. *Orn:* beak. 2. *F:* (*Mund*) trap; **den S. halten**, to keep quiet; **er redet, wie ihm der S. gewachsen ist**, he says just what he thinks. 'S~**tasse**, *f* -/-n *Med:* feeding cup. 'S~**tier**, *n* -(e)s/-e *Z:* platypus, duckbill.

Schnack [ʃnak], *m* -(e)s/-s & ⁻e *North G:* 1. chat. 2. *Pej:* idle talk; **dummer/alberner S.**, foolish talk. 's~**en**, *v.i.* (*haben*) *North G:* to chat.

Schnake ['ʃnaːkə], *f* -/-n 1. *Ent:* crane-fly, *F:* daddy-long-legs. 2. *South G: F:* (*Mücke*) gnat.

Schnalle ['ʃnalə], *f* -/-n 1. buckle. 2. *Aus:* (*Klinke*) doorhandle. 's~**n**, *v.tr.* (*a*) **den Gürtel (ein Loch) enger/weiter s.**, to tighten/loosen one's belt (by one hole); (*b*) **Gepäck aufs Dach usw. s.**, to strap luggage to the roof. 'S~**nschuh**, *m* -(e)s/-e buckled shoe.

schnalzen ['ʃnaltsən], *v.i.* (*haben*) (*Pers.*) **mit der Zunge s.**, to click one's tongue; **mit den Fingern s.**, to snap one's fingers; **mit der Peitsche s.**, to crack the whip.

schnapp|en ['ʃnapən], *v.* 1. *v.tr.* (*a*) (**sich dat**) **etwas s.**, to snatch/grab sth.; *Fig:* **frische Luft etwas s.**, to go out for a breath of fresh air; (*b*) (*gefangennehmen*) to catch, nab (a thief etc.). 2. *v.i.* (*haben*) (*a*) **nach etwas dat s.**, (*Pers.*) to grab at/(*Hund usw.*) snap at sth.; **er schnappte nach Luft**, he was gasping for breath; (*b*) (*Geräusch*) to snap; (*Schere*) to snip; **ich hörte die Tür ins Schloß s.**, I heard the door shut with a click. 'S~**er**, *m* -s/- snap. 'S~**schloß**, *n* -sses/⁻sser spring lock, latch. 'S~**schuß**, *m* -sses/⁻sse *Phot:* snapshot.

Schnaps [ʃnaps], *m* -es/⁻e schnaps; *F:* (*Spirituosen*) hard stuff/*N.Am:* liquor. 'S~**brennerei**, *f* -/-en (spirits) distillery. 'S~**bruder**, *m* -s/⁻ *F:* confirmed tippler. 'S~**glas**, *n* -es/⁻er spirits glass. 'S~**idee**, *f* -/-n *F:* harebrained scheme. 'S~**nase**, *f* -/-n *F:* drinker's nose.

Schnäps|chen ['ʃnɛpsçən], *n* -s/- *F:* snifter. 's~**eln**, *v.i.* (*haben*) *F:* to booze.

schnarchen ['ʃnarçən], *v.i.* (*haben*) to snore.

schnarren ['ʃnarən], *v.i.* (*haben*) (*Maschine*) to rattle, clatter; (*Klingel usw.*) to buzz; (*Stimme*) to rasp.

Schnatter|liese ['ʃnatərliːzə], *f* -/-n *F:* chatterbox. 's~**n**, *v.i.* (*haben*) (*Gans, Ente usw.*) to gabble; *F:* (*Frau, Kind*) to chatter away.

schnauben ['ʃnaubən], *v.i.* (*haben*) (*Pferd, Pers. usw.*) to snort.

schnauf|en ['ʃnaufən], *v.i.* (*haben*) (*Pers., Lok usw.*) to puff. 'S~**er**, *n* -s/- *Aut: F:* oldie.

Schnauz|bart ['ʃnautsbaːrt], *m* -(e)s/⁻e large/ *esp.* walrus moustache. 'S~**e**, *f* -/-n 1. (*a*) snout (of a bear, fox, fish etc.); muzzle (of a dog); (*Maul*) mouth; (*b*) (*Schnabel*) spout (of a jug). 2. *P:* (*Mund*) gob; **eine große S. haben**, to be a loudmouth; (**halt die**) S.! shut your trap! **ich hab die S. voll!** I'm fed up! 3. *F:* nose (of a car etc.) 'S~**er**, *m* -s/- 1. (*Hund*) Schnauzer. 2. *F:* = s~**bart**.

Schnecke ['ʃnɛkə], *f* -/-n 1. snail; (*ohne Gehäuse*) slug; *F:* **j-n zur S. machen**, to make s.o. feel small. 2. *Cu:* (coiled) Danish pastry. 3. *Hairdr:* *pl* S~**n**, plaits coiled over the ears; *F:* earphones. 4. *Mec.E:* worm. 's~**nförmig**, *adj.* spiral. 'S~**ngewinde**, *n* -s/- *Mec.E:* worm. 'S~**nhaus**, *n* -es/⁻er snail-shell. 'S~**ntempo**, *n* -s/*no pl F:* **im S.**, at a snail's pace.

Schnee [ʃneː]. I. *m* -s/*no pl* snow; *Cu:* **Eiweiß zu S. schlagen**, to beat egg-whites until stiff; *Aus: F:* **aus dem Jahre S.**, from the year dot/*N.Am:* one. II. 'S~~, *comb.fm.* snow (chain, shoes etc.); S~**ball** *m*, snowball; S~**decke** *f*, covering of snow; S~**fall** *m*, snowfall; fall of snow; S~**fang** *m*, snow rail (on a roof); S~**flocke** *f*, snowflake; S~**fräse** *f*, snowblower; S~**gestöber** *n*, snow flurry; S~**grenze** *f*, snowline; S~-**mann** *m*, snowman; S~**mobil** *n*, snowmobile; S~**pflug** *m*, snowplough; S~**sturm** *m*, snowstorm; S~**wehe** *f*, snowdrift; *Bot:* S~**glöckchen** *n*, snowdrop; *adj.* s~**bedeckt**, snow-covered; s~**frei**, clear of snow; s~**weiß**, snow-white. 'S~**besen**, *m* -s/ *H:* whisk. 's~**ig**, *adj.* snowy. 'S~**regen**, *m* -s/*no pl* sleet.

Schneid¹ [ʃnait], *m* -(e)s/*no pl F:* guts.

Schneid-², *comb.fm.* cutting (tool etc.); S~-**brenner** *m*, cutting torch; S~**eisen** *n*, thread-cutting die. 'S~e **-** ['ʃnaidə], *f* -/-n (cutting) edge, blade. 'S~e **-**, *comb.fm.* cutting (diamond, *Cin:* room, table etc.); *H:* S~**brett** *n*, chopping board; S~**maschine** *f*, cutter, slicer. ′s~**en**, *v.irr.* (*p.* **schnitt**, *p.p.* **geschnitten**) **1.** *v.tr.* (*a*) to cut (sth.); (*in Scheiben*) to slice (bread, sausage etc.); to carve (meat etc.); *Agr:* to reap (corn etc.); *Hort:* to prune, cut (roses, hedges etc.); *Dressm:* to cut out (a dress etc.); *Cin: Rec:* to edit, cut (a film, tape etc.); *Med:* to lance (a boil etc.); *Surg:* to operate on (a patient); **sich** *dat* **die Haare s. lassen**, to have one's hair cut; *Cl:* **eng/weit geschnitten**, tight-/loose-fitting; *Fig:* **die Luft in diesem Zimmer ist zum S.**, it's terribly stuffy in this room; (*b*) (*Pers.*) **sich s.**, to cut oneself (**an etwas** *dat*, on sth.); **sich** *dat* **in den Finger s.**, to cut one's finger; *Fig:* **sich** *dat* **ins eigene Fleisch s.**, to cut one's own throat; (*c*) (*schnitzen*) to cut, carve (sth.) (**in etwas** *acc*, in sth.); **einen Kopf in Holz s.**, to carve a head out of wood; *Fig:* **er ist seinem Vater wie aus dem Gesicht geschnitten**, he is the spitting image of his father; (*d*) to make (a face); **Fratzen/Grimassen s.**, to grimace/ make faces; (*e*) **j-n s.**, (i) (*ignorieren*) to cut s.o. dead; (ii) *Aut:* to cut in on s.o.; *Aut:* **die Kurve s.**, to cut the corner; (*f*) (*Straßen, Linien usw.*) to cut across, *Geom:* bisect (sth.); **sich s.**, to intersect; (*g*) *Tennis: etc:* to slice, put spin on (the ball). **2.** *v.i.* (*haben*) to cut (**in etwas** *acc*, into sth.). ′s~**end**, *adj.* cutting (edge, *Fig:* tone etc.); biting (wind, cold etc.); sharp (pain); *Fig:* trenchant (tone etc.); s~**er Hohn**, caustic/ biting sarcasm. ′S~**er**, *m* -s/- **1.** tailor; *F:* **frieren wie ein S.**, to feel the cold, be a very cold person. **2.** *Ent:* *F:* daddy-long-legs. **3.** *F:* **aus dem S. sein**, (i) to be out of the woods; (ii) (*Frau*) to be no spring chicken. **4.** *H:* (*Gerät*) slicer, cutter. ′S~**e′rei**, *f* -/-**en** **1.** tailor's workshop. **2.** *no pl* tailoring. ′S~**erin**, *f* -/-**nen** dressmaker. ′S~**erkreide**, *f* -/-**n** French chalk. ′S~**ermeister**, *m* -s/- master tailor. ′s~**ern**, *v.tr.* to make (a dress, coat etc.) to tailor (a suit etc.). ′S~**erpuppe**, *f* -/-**n** tailor's dummy. ′S~**ezahn**, *m* -(e)s/ⁿe incisor. ′s~**ig**, *adj.* (*Pers.*) dashing; rousing (music).

schneien ′[ʃnaiən], *v.i.* (*haben*) to snow; *F:* (*Pers.*) **j-m ins Haus geschneit kommen**, to drop in on s.o.

Schneise [′ʃnaizə], *f* -/-**n** *For:* firebreak; *Av:* flight path/lane.

schnell [ʃnɛl]. **I.** *adj.* (*a*) quick (movement, worker, service, recipe etc.); fast (car, train, road, journey, runner etc.); rapid (pulse, worker etc.); s~**e Antwort**, quick/prompt reply; s~**e Fortschritte**, quick/rapid progress; **in s~em Tempo**, at high speed; fast; s~**er Aufbruch**, hasty departure; *adv.* **s. laufen**, to run fast/quickly; **das ging aber s.!** that was quick! **s. eingreifen/handeln**, to act swiftly; **zu s. urteilen**, to judge too hastily; **so s. macht ihm das keiner nach**, nobody is going to equal that in a hurry; *F:* **mach s.!** hurry up! **nicht so s.!** not so fast! (*b*) *adv.* (*bald*) soon; **das wird s. fertig**, that won't take long/will soon be ready; **er kam s~er, als ich dachte**, he came sooner than expected; (*c*) *F:* **etwas auf die S~e machen**, to rush/skimp sth. **II.** ′S~-, ′s~-, *comb.fm.* express (service, *Post:* parcel etc.); high-speed (drill, railway, bus, *Aut:* traffic etc.); fast(-growing etc.); S~**reini-**

gung *f*, express cleaning service; S~**straße** *f*] S~**weg** *m*, expressway; S~**zug** *m*, fast/(*Fernschnellzug*) express train; *Cu: El:* S~**kochplatte** *f*, high-speed ring/*N.Am:* hot-plate; *Av: Rail: etc:* S~**verbindung** *f*, high-speed/fast service; *adj.* s~**wirkend**, fast-/quick-acting. ′S~**boot**, *n* -(e)s/-**e** speedboat; *Navy:* motor torpedo boat. ′S~**e**, *f* -/-**n** *esp.* d/b/n, rapids. ′s~**en**, *v.i.* (*sein*) **in die Höhe s.**, to leap up; (*Preise*) to shoot up. ′S~**feuer**, *n* -s/*no pl Mil:* rapid fire. ′S~**gaststätte**, *f* -/-**n** cafeteria; (*Imbiß*) snack bar. ′S~**gericht**, *n* -(e)s/-**e** **1.** instant food. **2.** *Jur:* summary court. ′S~**hefter**, *m* -s/- loose-leaf binder. ′S~**igkeit**, *f* -/*no pl* (*a*) quickness; rapidity (of progress etc.); (*b*) (*Geschwindigkeit*) speed. ′S~**imbiß**, *m* -sses/-**sse** snack bar. ′S~**kaffee**, *m* -s/-s instant coffee. ′S~**kochtopf**, *m* -(e)s/ⁿe *Cu:* pressure cooker. ′S~**kurs**, *m* -es/-**e** crash course. ′s~**stens**/′s~**st-′möglich**, *adv.* as quickly as possible.

Schnepfe [′ʃnɛpfə], *f* -/-**n** *Orn:* snipe.

schneuzen [′ʃnɔytsən], *v.refl.* **sich s.**, to blow one's nose.

Schnipp|chen [′ʃnɪpçən], *n* **j-m ein S. schlagen**, to outwit s.o. ′s~**eln**, *v.tr.* *F:* to snip (**an etwas** *dat*, at sth.). ′s~**en**, *v.* **1.** *v.tr.* to flick (sth.) with one's finger etc. **2.** *v.i.* (*haben*) **mit dem Finger s.**, to snap one's finger. ′s~**isch**, *adj.* pert, cheeky.

Schnipsel [′ʃnɪpsəl], *m* -s/- *F:* snippet.

Schnitt [ʃnɪt]. **I.** *m* -(e)s/-**e** **1.** cut (in one's hand, in cloth etc.); *Surg:* **einen S. machen**, to make an incision; *Tail:* **modischer S.**, fashionable cut. **2.** *no pl* cutting; *Agr:* reaping, harvest; *Hort:* pruning; *Cin:* editing. **3.** *Sew:* (S~*muster*) pattern. **4.** *Geom:* section; **Darstellung im S.**, sectional/sectioned illustration. **5.** *F:* (*Durchs.*) average; **im S.**, on average. **II.** ′S~-, *comb.fm. Geom: etc:* sectional (drawing etc.); cutaway (model etc.), sectional/cutaway view. **III. s.**, *p.* of **schneiden** *q.v.* ′S~**blumen**, *fpl* cut flowers. ′S~**bohne**, *f* -/-**n** *Hort:* French bean. ′S~**chen**, *n* -s/- ′S~**e** *f*]′S~**e**, *f* -/-**n** (*a*) open sandwich; (*b*) (*Scheibe*) slice. ′s~**fest**, *adj.* firm (tomatoes etc.). ′S~**fläche**, *f* -/-**n** (*a*) cut surface; (*b*) *Geom: etc:* section. ′s~**ig**, *adj.* (car, boat) with racy/sleek lines. ′S~**lauch**, *m* -(e)s/*no pl Bot: Cu:* chives. ′S~**muster**, *n* -s/- *Sew:* pattern. ′S~**punkt**, *m* -(e)s/-**e** (point of) intersection. ′S~**wunde**, *f* -/-**n** cut; **tiefe S.**, gash.

Schnitz- [′ʃnɪts-], *comb.fm.* (*a*) carved (altar, figure etc.); (*b*) (wood, knife etc.) for carving. ′S~**el**, *n* -s/- **1.** *Cu:* escalope. **2.** scrap, shred (of paper etc.). ′S~**eljagd**, *f* -/-**en** *Games:* paper-chase. ′s~**en**, *v.tr. Art:* to carve (wood, a figure etc.). ′S~**er**, *m* -s/- **1.** carver. **2.** *F:* **einen (groben) S. machen**, to make a (bad) blunder. ′S~**e′rei**, *f* -/-**en** *Art:* carving.

schnodderig [′ʃnɔdəriç], *adj.* brash.

schnöde [′ʃnøːdə], *adj.* (*a*) base, despicable; *Hum:* **der s. Mammon/das s. Geld**, filthy lucre; (*b*) contemptuous (reply etc.); *adv.* **j-n s. behandeln**, to treat s.o. with contempt.

Schnorchel [′ʃnɔrçəl], *m* -s/- *Swim:* snorkel.

Schnörkel [′ʃnœrkəl], *m* -s/- curlicue; (*schriftlich*) flourish; *F:* squiggle. ′s~**ig**, *adj.* ornate;

flowery (style); *F:* squiggly (handwriting etc.).

schnorr|en [ˈʃnɔrən], *v.tr. & i. (haben) F:* to scrounge, cadge (sth.). ′S ~ **er(in)**, *m -s/- (f -/-nen)* scrounger, cadger.

Schnösel [ˈʃnøːzəl], *m -s/- F:* young whipper-snapper.

schnuck(e)lig [ˈʃnuk(ə)liç], *adj. F:* cute.

schnüff|eln [ˈʃnyfəln], *v.i. (haben) (a) (Hund)* to sniff (**an** + *dat,* at); *(b) F: (Pers.)* to snoop. **S ~ e′lei,** *f -/-en F:* snooping. ′S ~ **ler,** *m -s/- F:* snooper; *Pej:* nosy parker.

Schnuller [ˈʃnulər], *m -s/-* (baby's) dummy, *N.Am:* pacifier.

Schnulze [ˈʃnultsə], *f -/-n F: Mus: Th:* tear-jerker. ′S ~ **nsänger,** *m -s/- F:* crooner.

Schnupf|en [ˈʃnupfən]. **I.** *m -s/no pl Med:* head cold. **II. s.,** *v.i. (haben)* to take snuff. ′S ~ **tabak,** *m -s/-e* snuff.

schnuppe [ˈʃnupə], *adj. F:* **das ist mir s.,** I couldn't care less (about it).

schnuppern [ˈʃnupərn], *v.tr. & i. (haben)* to sniff (sth.); *(Hund)* **an etwas** *dat* s., to sniff at sth.

Schnur [ʃnuːr], *f -/-e* **1.** string. **2.** *El:* flex. **3.** *Cl:* braid. ′**s ~ ge′rade,** *adj.* dead straight. ′**s ~ ′stracks,** *adv.* straight.

Schnür|chen [ˈʃnyːrçən], *n -s/-* piece of string; *F:* **es geht wie am S.,** it is going like clockwork. ′**s ~ en,** *v.tr.* to lace (sth.) (**um etwas** *acc,* round sth.); to tie, lace (up) (shoes etc.); *F:* **sein Bündel s.,** to pack one's belongings. ′**S ~ schuh,** *m -(e)s/-e* lace-up shoe. ′**S ~ senkel,** *m -s/- esp. North G:* shoelace. ′**S ~ lregen,** *m -s/no pl Aus:* torrential rain. ′**S ~ lsamt,** *m -(e)s/-e Aus:* corduroy.

Schnurr|bart [ˈʃnurbaːrt], *m -(e)s/-e* moustache. ′**s ~ en,** *v.i. (haben) (Katze)* to purr; *(Maschine usw.)* to hum, whirr. ′**S ~ haare,** *npl* whiskers (of a cat etc.)

Schober [ˈʃoːbər], *m -s/-* stack, rick (of hay etc.).

Schock [ʃɔk], *m -(e)s/-s & occ -e* shock; **unter S. stehen,** to be in a state of shock. ′**s ~ en,** *v.tr. (a) Med:* to give (a patient) shock treatment; *(b) F:* to shock (s.o.). ′**S ~ er,** *m -s/- F:* sensational book/film; shocker. **s ~ ieren** [-ˈkiːrən], *v.tr.* to shock, scandalize (s.o.). **s ~ ierend,** *adj.* shocking, scandalous. ′**S ~ wirkung,** *f -/-en Med:* state of shock.

Schöff|e [ˈʃœfə], *m -n/-n G.Jur:* lay judge (in a *S~ngericht*). ′**S ~ engericht,** *n -(e)s/-e G.Jur:* district court composed of two lay judges and a professional judge.

Schoko [ˈʃoko], *f -/-s F:* chocolate. **S ~ lade** [-ˈlaːdə], *f -/-n* chocolate. **S ~ ′laden,** *adj.* chocolate. **S ~ ′laden-,** *comb.fm.* chocolate (ice, cake etc.); **S ~ creme** *f,* chocolate cream dessert; **S ~ guß** *m,* chocolate icing; **S ~ torte** *f,* chocolate gateau; **S ~ überzug** *m,* chocolate coating; *adj.* **s ~ farbig,** chocolate-coloured.

Scholle [ˈʃɔlə], *f -/-n* **1.** *(a) Agr:* clod (of earth); *(b) (Eiss.)* ice floe. **2.** *Fish:* plaice. ′**S ~ nfilet,** *n -s/-s Cu:* fillet of plaice.

schon [ʃoːn], *adv. (a) (bereits)* already; **bist du s. zurück?** are you back already? **s. im Jahre 1900,** as early as 1900; **s. damals,** even at that time; **die Reise ist auch so s. teuer genug,** the journey is expensive enough as it is; **er ist s. lange hier,** he's been here for a long time; *(b) (endlich)* **nun rede doch s.!** come on—say something! **komm**

s.! come on! wenn er doch s. da wäre! I do wish he'd come; *(c) (allein)* just; *(sogar)* even; **s. der Gedanke daran ist schrecklich,** the mere thought/just the thought of it is terrible; **der Paß genügt s.,** just the passport is enough; **s. deshalb/aus diesem Grund,** for this reason alone; just because of this; **man bekommt sie s. für 100 DM,** you can get them for as little as 100 marks/even for 100 marks; *(d) (gewiß)* certainly; really; *(wohl)* probably; **das ist s. möglich,** that is certainly/quite possible; **das will s. was bedeuten,** that's really something; **das wird s. stimmen,** that is most probably true; **ja s., aber . . .,** yes of course, but . . .; *(e) (in Fragen) (Nachdruck)* **was nutzt das s.?** what on earth is the use of that? **was kann sie s. wollen?** what *can* she want? *(f) (beruhigend)* **es wird s. gehen,** it will work out all right/ in the end; **es wird s. besser werden,** it will get better, don't worry; **s. recht!** OK! **ich glaube s.,** I think so; *(g)* **wenn s., denn s.!** if you do it, do it properly! no half measures! **na, wenn s.!** so what!

Schon|bezug [ˈʃoːnbətsuːk], *m -(e)s/-e H:* loose cover *N.Am:* slipcover; *Aut:* seat cover. ′**s ~ en,** *v.tr.* to spare, save (one's strength, s.o.'s feelings etc.); *(Pers.)* **to go/(Sache)** be easy on (the brakes, eyes etc.); *(sorgen für)* to look after (clothes etc.), treat (sth.) with care; *(schützen)* to protect (one's hands, clothes); **sich s.,** to take things gently. ′**s ~ end,** *adj.* gentle (**für** + *acc,* to); mild (detergent etc.); *adv.* **j-m etwas s. beibringen,** to break sth. to s.o. gently. ′**S ~ er¹,** *m -s/-* (protective) cover; *esp.* antimacassar. ′**S ~ gang,** *m -(e)s/-e Aut:* high gear, overdrive. ′**S ~ kost,** *f -/no pl* light food. ′**S ~ programm,** *n -(e)s/-e* (washing machine) programme for delicate fabrics. ′**S ~ ung,** *f -/-en* **1.** *no pl* sparing; saving; *(Schutz)* protection, care; **etwas mit S. behandeln,** to treat sth. carefully; **er braucht noch S.,** he still needs to take things gently. **2.** *For:* young plantation. ′**s ~ ungsbedürftig,** *adj.* **er ist s.,** he needs to take things gently. ′**s ~ ungslos,** *adj.* ruthless, merciless; *(unbeirrt)* relentless. ′**S ~ ungslosigkeit,** *f -/no pl* ruthlessness; relentlessness. ′**S ~ zeit,** *f -/-en Hunt:* close season.

schön [ʃøːn], *adj.* **1.** beautiful; **ein s ~ er Mann,** a handsome man; **eine s ~ e Gestalt,** a fine figure; **das s ~ e Geschlecht,** the fair sex; **die s ~ en Künste,** the fine arts; **s ~ es Wetter,** fine weather; *F:* **j-m s ~ e Augen machen,** to make eyes at s.o.; *adv.* **sich s. anziehen,** to dress up, put on something smart. **2.** *(a) (angenehm)* pleasant; *F:* nice (surprise, holiday etc.); **ein s ~ es Erlebnis,** a wonderful experience; **war es s. in London?** did you have a good time in London? **sie lebten in s ~ ster Harmonie,** they lived in perfect harmony; **das S ~ e daran,** the good/ nice thing about it; *adv. F:* **es schmeckt/riecht s.,** it tastes/smells good; *(b) (Wunschformel)* **s ~ e Feiertage/ein s ~ es Wochenende!** have a good holiday/a nice weekend! **s ~ en Dank!** many thanks! *adv.* **er läßt s. grüßen,** he sends his best wishes; *(c) (gut)* **wie s., daß Sie gekommen sind,** how nice of you to come; **das ist ja alles s. und gut, aber . . .,** that's all very well, but . . .; **zu s., um wahr zu sein,** too good to be true; *adv.* **das habt ihr s. gemacht!** you've done that very well! (*d*) (*nett*) **das ist ein s~er Zug an/von ihm,** that's one nice thing about him; *F:* **das war nicht sehr s. von ihr,** that wasn't very nice of her. **3.** *F:* (*beträchtlich*) handsome (sum, profit); great (success etc.); **es ist noch ein s~es Stück,** it's still quite a distance; **ein s~es Alter erreichen,** to live to a fine old age; **einen s~en Schrecken davontragen,** to get quite a scare; **wir mußten ganz s. arbeiten,** we had to work pretty/jolly hard; **ganz s. teuer,** damned expensive; **paß s. auf!** take jolly good care! **s. langsam,** nice and slowly; (*zum Kind*) **sei s. brav,** be a good boy/girl. **4.** *Iron:* fine (friend etc.); **das ist ja eine s~e Bescherung!** here's a fine kettle of fish! **das kann ja s. werden/das sind ja s~e Aussichten!** what a delightful prospect! 's~**färben,** *v.tr.sep.* to gloss over (a fault etc.). **S~färbe'rei,** *f* -/-en whitewashing. 's~**geistig,** *adj.* **s~e Literatur,** belletristic literature. 'S~**heit,** *f* -/-en beauty; **die S~en der Gegend,** the attractions of the area. 'S~**heits-,** *comb.fm.* beauty (farm, queen, contest etc.); cosmetic (surgery etc.); S~**salon** *m,* beauty parlour; S~**pflege** *f,* beauty care. 'S~**heitsfehler,** *m* -s/- blemish, *Fig:* minor/*F:* cosmetic defect. 's~**machen,** *v.sep.* **1.** *v.tr.* **sich s.,** to smarten oneself up. **2.** *v.i.* (*haben*) (*Hund*) to sit up and beg. 'S~**schreiben,** *n* -s/*no pl Sch:* (*also* S~**schrift** *f*) best writing. 'S~**schreibheft,** *n* -(e)s/-e *Sch:* copybook. 'S~**schreibkunst,** *f* -/*no pl* calligraphy. 's~**tun,** *v.i.sep.irr. 106* (*haben*) *F:* **j-m s.,** to suck up to s.o. 'S~'**wetterlage**/'S~-'**wetterperiode,** *f* -/-n period of fine weather.

Schoner² ['ʃoːnər], *m* -s/- *Nau:* schooner.
Schopf [ʃɔpf], *m* -es/̈-e shock/mop of hair; forelock (of a horse); *Orn:* tuft, crest; *F:* **die Gelegenheit beim S~e fassen,** to grasp the opportunity with both hands.
schöpf|en ['ʃœpfən], *v.tr.* (*a*) **Wasser aus einem Brunnen usw. s.,** to draw water from a well etc.; **Suppe s.,** to ladle out soup; (*b*) *Lit:* **frische Luft s.,** to get some fresh air; *Fig:* **neue Hoffnung s.,** to gain fresh hope. 'S~**er,** *m* -s/- **1.** creator; *Rel:* Creator; **unser S.,** our Maker. **2.** *H:* ladle. 's~**erisch,** *adj.* creative. 'S~**kelle,** *f* -/-n/ 'S~**löffel,** *m* -s/- *H:* ladle. 'S~**ung,** *f* -/-en creation. 'S~**ungsgeschichte,** *f* -/*no pl Bi:* story of the Creation, Genesis.
Schoppen ['ʃɔpən], *m* -s/- (*approx.* half pint) glass (of wine, *occ* beer). 'S~**wein,** *m* -(e)s/-e wine by the glass.
Schorf [ʃɔrf], *m* -(e)s/-e scab (on a wound).
Schornstein ['ʃɔrnʃtain], *m* -s/-e chimney; *Nau:* funnel; *F:* **etwas in den S. schreiben,** to write sth. off (as a dead loss). 'S~**aufsatz,** *m* -(e)s/̈-e chimney-pot. 'S~**feger,** *m* -s/- chimney sweep.
Schoß [ʃoːs], *m* -es/̈-e **1.** (*a*) lap; *Fig:* **es fiel ihm in den S.,** it was handed to him on a plate; **die Hände in den S. legen,** to sit and twiddle one's thumbs; (*b*) (*Mutterleib*) womb. **2.** *Cl:* (*Rocks.*) (coat) tail. 'S~**hund,** *m* -(e)s/-e lapdog.
Schößling ['ʃœslin], *m* -s/-e *Bot:* shoot.
Schote ['ʃoːtə], *f* -/-n *Bot:* pod.
Schott [ʃɔt], *n* -(e)s/-en *Nau:* bulkhead.

Schott|e ['ʃɔtə], *m* -n/-n Scot, Scotsman. 'S~**enrock,** *m* -(e)s/̈-e *Cl:* kilt. 'S~**enstoff,** *m* -(e)s/-e tartan. 'S~**in,** *f* -/-nen Scotswoman. 's~**isch,** *adj.* Scots, Scottish; **s~er Whiskey,** Scotch whisky. 'S~**land.** *Pr.n.n* -s. *Geog:* Scotland.
Schotter ['ʃɔtər], *m* -s/- gravel; *Rail:* ballast. 'S~**straße,** *f* -/-n (loose) gravel road.
schraff|ieren [ʃra'fiːrən], *v.tr.* to hatch (a drawing etc.). S~**ierung**/S~**ur** [ʃra'fuːr], *f* -/-en cross-hatching.
schräg [ʃrɛːk], *adj.* sloping (ground, surface etc.); slanting (eyes, writing etc.); *Geom:* inclined (plane, surface etc.); diagonal (line); **s~er Blick,** sideways glance; *adv.* diagonally, at an angle; **s. gegenüber,** diagonally opposite; **den Kopf s. halten,** to hold one's head to one side; **j-n s. ansehen,** to look sideways/*Fig:* disapprovingly at s.o.; *Dressm:* **s. geschnitten,** cut on the bias; (*b*) *F:* offbeat (ideas etc.); **s~e Musik,** hot music. 'S~**e** [-gə], *f* -/-n slant; (*Fläche*) slope; pitch (of a roof). 'S~**lage,** *f* -/-n slant, tilt; *Av:* bank(ing); *Nau:* list. 'S~**schrift,** *f* -/*no pl Print:* italics. 'S~**streifen,** *m* -s/- *Tex:* bias binding.
Schramme ['ʃramə], *f* -/-n scratch. 's~**n,** *v.tr.* to scratch (sth., oneself).
Schrank [ʃraŋk]. **I.** *m* -(e)s/̈-e cupboard; (*Kleiders.*) wardrobe, *N.Am:* closet; (*Büros.*) filing cabinet; *F:* **er ist (wie) ein S.,** he's a hulking great fellow. **II.** 'S~-, *comb.fm.* cupboard (door etc.); wardrobe, *N.Am:* closet (mirror etc.); S~**fach** *n,* cupboard shelf; S~**wand** *f,* cupboard (wall) unit; S~**koffer** *m,* clothes trunk.
Schrank|e ['ʃraŋkə], *f* -/-n (*a*) (*Sperre*) barrier; (*Bahns.*) level-crossing gates; (*Gerichtss.*) bar; S~**en einer Rennbahn,** rails of a race course; (*b*) *Fig: usu.pl* S~**n,** limits; **keine S~n kennen,** to be unrestrained; **sich in S~n halten,** to restrain oneself; **j-n in die S~n weisen,** to put s.o. in his place. 's~**enlos,** *adj.* unlimited (freedom etc.); boundless (confidence etc.). 'S~**enwärter,** *m* -s/- *Rail:* crossing keeper.
Schrapnell [ʃrap'nɛl], *n* -s/-e *Mil:* shrapnel.
Schraub|e ['ʃraubə], *f* -/-n **1.** *Mec.E: Constr: etc:* screw; (*mit eckigem Kopf*) bolt; *Fig:* **eine S. ohne Ende,** a vicious/an endless spiral; **bei dir ist wohl eine S. locker,** you must have a screw loose. **2.** *Pej: F:* (*Frau*) **alte S.,** old bag. **3.** *Nau: Av:* propeller. 's~**en,** *v.tr.* (*a*) to screw (a part etc.) (**an/in/auf etwas** *acc,* to/into/onto sth.); **eine Mutter fester s.,** to tighten a nut; (*b*) (*Flugzeug, Vogel*) **sich in die Höhe s.,** to spiral up(wards); *Fig:* **Preise usw. in die Höhe s.,** to push/force up prices etc. 'S~**en-,** *comb.fm.* (*a*) screw (thread etc.); helical (spring, gear etc.); S~**kopf** *m,* screw/bolt head; S~**zieher** *m,* screwdriver; S~**bolzen** *m,* set screw, bolt; *adj.* **s~förmig,** screw-shaped; spiral; (*b*) *Nau:* propeller (shaft etc.). 'S~**enmutter,** *f* -/-n *Mec.E:* nut. 'S~**enschlüssel,** *m* -s/- *Tls:* spanner, *N.Am:* wrench. 'S~**stock,** *m* -(e)s/̈-e *Tls:* vice, *N.Am:* vise. 'S~**stollen,** *m* -s/- *Fb: etc:* screw-in stud. 'S~**verschluß,** *m* -sses/̈-sse screw top. 'S~**zwinge,** *f* -/-n *Tls:* screw clamp.

Schrebergarten ['ʃre:bərgartən], *m* -s/ⁱ allotment (*usu.* with summerhouse).

Schreck [ʃrek], *m* -(e)s/*no pl* fright, shock; **der S. sitzt mir noch in den Gliedern,** I am still trembling all over with fright; **ich habe einen richtigen S. bekommen**/*F:* **gekriegt,** I had a real scare; *F:* **krieg bloß keinen S.,** don't be alarmed/get worried; *int.* **ach du S.!** oh my god! **S. laß nach!** God help us! 'S ~ **en. I.** *m* -s/- (*a*) *no pl* (*Schreck*) fright, shock; **j-m einen S. einjagen,** to give s.o. a fright; **die Nachricht erfüllte ihn mit S.,** the news filled him with horror; **mit dem S. davonkommen,** to escape with a fright; **S. verbreiten,** to cause widespread alarm/terror; (*b*) **die S. des Krieges,** the horrors of war. **II. s.,** *v.tr.* to give (s.o.) a fright; **j-n mit Drohungen s.,** to scare s.o. with threats. 's ~ **energregend,** *adj.* terrifying. 'S ~ **ens-,** *comb.fm.* terrifying (sight, news etc.); (night, cry etc.) of terror; *Hist:* S~**herrschaft** *f,* reign of terror. 's ~ **erfüllt,** *adj.* terror-stricken. 'S ~ **gespenst,** *n* -(e)s/-e (*a*) (*Pers.*) bogeyman; (*b*) (*Sache*) nightmare. 's ~ **haft,** *adj.* easily frightened/scared. 's ~ **lich,** *adj.* terrible; **ein s~er Mensch,** a dreadful person; *adv.* **es ist s. kalt,** it is terribly/dreadfully cold; *F:* **ich würde s. gern hingehen,** I'd absolutely love to go there. 'S ~ **lichkeit,** *f* -/*no pl* terribleness. 'S ~ **schraube,** *f* -/-n *F: Pej:* old hag. 'S ~ **schuß,** *m* -sses/ⁱsse warning shot. 'S ~ **sekunde,** *f* -/-n moment of terror.

Schrei [ʃrai], *m* -(e)s/-e cry (of a person, bird); (*durchdringender*) yell; (*gellender*) scream; (*schriller*) shriek; **die S~e der Zuschauer,** the shouts of the spectators; *Lit:* **S. nach Rache,** clamour for vengeance; *F:* **es ist der letzte S.,** it's all the rage. 's ~ **en,** *v.tr.&i.irr.* (*haben*) (*p.* **schrie,** *p.p.* **geschrie(e)n**) (*a*) (*Pers*) to shout, (*laut*) yell (abuse, curses, one's name etc.); **nach/um Hilfe usw. s.,** to shout for help etc.; **vor Angst/Lachen s.,** to scream with fright/laughter; **sie schrie(e)n vor Begeisterung,** they yelled with enthusiasm; *F:* **das ist zum S~en,** it's a scream; (*b*) (*Eule, Affe usw.*) to screech; (*Möwe*) to cry; (*Baby*) to cry, (*laut*) howl; (*c*) (*Säge*) to screech; (*d*) *F:* **diese Ungerechtigkeit schreit zum Himmel,** this is a flagrant injustice. 's ~ **end,** *adj.* glaring, garish (colour); *Fig:* flagrant, glaring (injustice etc.). 'S ~ **hals,** *m* -es/ⁱe *F:* noisy, loud, rowdy; (*Kind*) yelling child. 'S ~ **krampf,** *m* -(e)s/ⁱe screaming fit.

Schreib- ['ʃraip-], *comb.fm.* writing (block, paper etc.); written (style etc.); S~**gerät** *n,* writing implement; S~**bedarf** *m*/S~**material** *n,* writing materials; S~**mappe** *f,* writing case; S~**verbot** *n,* writing ban; S~**arbeit** *f, Sch:* written/*Adm:* etc: clerical work. **s ~ en** ['ʃraibən]. **I.** *v.tr.&i.irr.* (*haben*) (*p.* **schrieb,** *p.p.* **geschrieben**) (*a*) to write (sth.); **mit Bleistift s.,** to write in pencil; (**etwas**) **mit/auf der Maschine s.,** to type (sth.); **j-m/an j-n s.,** to write (a letter) to s.o.; **sie s. sich regelmäßig,** they correspond regularly; (*b*) (*buchstabieren*) **wie schreibt man dieses Wort?** how does one spell this word? **etwas falsch s.,** to misspell sth.; *F:* **s. Sie sich mit 'd' oder 't'?** do you spell your name with a 'd' or a 't'? (*c*) (*Arzt*) **j-n krank s.,** to give s.o. a medical certificate; **j-n gesund s.,**

to give s.o. a certificate of fitness (to return to work). **II. S.,** *n* -s/- (*a*) *no pl* writing (of a book etc.); (*b*) *esp. Com:* (*Brief*) letter. 'S ~ **er(in),** *m* -s/- (*f* -/-nen) writer. S ~ **e´rei,** *f* -/-en (endless) writing. 's ~ **faul,** *adj.* lazy about writing letters; **ein S~er,** a bad/reluctant correspondent. 'S ~ **fehler,** *m* -s/- slip of the pen; *Adm:* clerical error. 'S ~ **heft,** *n* -(e)s/-e *Sch:* exercise book. 'S ~ **kraft,** *f* -/ⁱe clerical assistant; *usu.* shorthand typist. 'S ~ **maschine,** *f* -/-n typewriter. 'S ~ **maschinenschrift,** *f* -/*no pl* typescript. 'S ~ **maschinenpapier,** *n* -s/*no pl* typing paper. 'S ~ **saal,** *m* -es/-ⁱsale typing pool. 'S ~ **stube,** *f* -/-n *Mil:* orderly room. 'S ~ **tisch,** *m* -(e)s/-e (writing) desk. 'S ~ **tischboy,** *m* -s/-s desk tidy. 'S ~ **tischgarnitur,** *f* -/-en desk set. 'S ~ **waren,** *fpl* stationery. 'S ~ **warenhändler,** *m* -s/- stationer. 'S ~ **weise,** *f* -/-n **1.** spelling. **2.** (*Stil*) written style.

Schrein [ʃrain], *m* -(e)s/-e *Ecc:* shrine.

Schreiner ['ʃrainər], *m* -s/- *esp. South G:* joiner.

schreiten ['ʃraitən], *v.i.irr.* (*sein*) (*p.* **schritt,** *p.p.* **geschritten**) (*a*) to stride (along); **auf und ab s.,** to pace up and down; (*a*) *Lit:* **zu etwas** *dat* **s.,** to proceed with sth.

Schrieb [ʃri:p], *m* -(e)s/-e *F:* missive **II. s.,** *p. of* **schreiben** *q.v.*

Schrift [ʃrift], *f* -/-en **1.** (*a*) (*Alphabet*) script; **griechische S.,** Greek alphabet; (*b*) *Print:* typeface; (*c*) (*Geschriebenes*) writing; (*Handschrift*) (hand)writing; **eine unleserliche S.,** an illegible hand. **2.** (*Abhandlung*) report, paper (**über** etwas *acc,* on sth.); *pl* S~**en,** writings, *Lit:* works; *B:* **die Heilige S.,** Holy Scripture. 'S ~ **art,** *f* -/-en *Print:* fount, type. 'S ~ **deutsch,** *n* -(s)/*no pl* written German. 'S ~ **führer(in),** *m* -s/- (*f* -/-nen) secretary; **S. sein,** to take the minutes. 'S ~ **grad,** *n* -(e)s/-e *Print:* typesize. 's ~ **lich,** *adj.* written; *adv.* **j-m etwas s. mitteilen,** to inform s.o. of sth. in writing; *F:* **das kann ich dir s. geben,** you can be sure of that. 'S ~ **setzer,** *m* -s/- *Print:* typesetter. 'S ~ **sprache,** *f* -/-en written language. 'S ~ **steller(in),** *m* -s/- (*f* -/-nen) writer. 's ~ **stellerisch,** *adj.* as a writer. 'S ~ **stück,** *n* -(e)s/-e document, *Jur:* deed. 'S ~ **tum,** *n* -s/*no pl* literature. 'S ~ **verkehr,** *m* -s/*no pl*/'S ~ **wechsel,** *m* -s/*no pl* *Adm:* correspondence. 'S ~ **zeichen,** *n* -s/- *Print:* letter, character.

schrill [ʃril], *adj.* shrill, strident.

Schritt [ʃrit]. **I.** *m* -(e)s/-e **1.** step; (*a*) **schwerer S.,** heavy tread; **langer S.,** long stride; **S~e hören,** to hear footsteps; **einen S. machen/tun,** to take a step (**zur Seite,** sideways; **vorwärts,** forwards; **rückwärts,** backwards); **S. vor S. setzen,** to take one step at a time; **ein paar S~e gehen,** to go for a little walk; **im (gleichen) S.,** in step; **auf S. und Tritt,** at every turn; wherever one goes; *Fig:* **mit j-m, etwas** *dat* **S. halten,** to keep up with s.o., sth.; **mit der Zeit S. halten,** to keep abreast of the times; (*b*) (*Gangart*) gait; **einen wiegenden S. haben,** to have a swaying gait/walk; *Equit:* **im S. gehen/reiten,** to go/ride at a walk; (**im**) **S. fahren,** to drive at walking pace; *P.N:* dead slow! (*c*) (*Entfernung*) pace; **ein paar S~e von hier,** a few yards from here; (*d*)

(*Handlung*) **den ersten S. tun,** to take the first step, make the first move; **weitere S~e (gegen j-n) unternehmen,** to take further steps/ measures (against s.o.); **S. für S.,** step by step, gradually; **S. um S.,** more and more. **2.** *Cl:* (*Hosens.*) crotch. **II. s.,** *p. of* **schreiten** *q.v.* 'S ~ **macher,** *m* -s/- *Sp:* & *Med: etc:* pacemaker. 'S **chrittempo,** *n* -s/*no pl* **im S.,** at a walking pace. 's ~ **weise,** *adv.* step by step, gradually.

schroff [ʃrɔf], *adj.* (*a*) sheer, precipitous (rock face etc.); (*b*) abrupt (manner, change etc.); **in s~em Gegensatz,** in sharp/stark contrast. 'S ~ **heit,** *f* -/*no pl* abruptness, brusqueness.

schröpfen ['ʃrœpfən], *v.tr.* *F:* to fleece (s.o.), bleed (s.o.) white.

Schrot [ʃroːt], *m* -(e)s/-e **1.** *Hunt:* (small) shot. **2.** *no pl* whole-corn meal, wholemeal. **3.** *Fig:* **ein Bayer von echtem S. und Korn,** a true/dyed in the wool Bavarian. 'S ~ **brot,** *n* -(e)s/-e wholemeal bread. 'S ~ **büchse,** *f* -/-n shotgun. 'S ~ **kugel,** *f* -/-n pellet.

Schrott [ʃrɔt], *m* -(e)s/-e scrap (metal); *F:* **ein Auto zu S. fahren,** to write off a car. 'S ~ **händler,** *m* -s/- scrap dealer. 'S ~ **haufen,** *m* -s/- scrapheap. 's ~ **reif,** *adj.* fit for the scrapheap.

schrubbe|n ['ʃrubən], *v.tr.* to scrub (a floor etc.). 'S ~ **r,** *m* -s/- *H:* scrubbing brush (with a long handle).

Schrull|e ['ʃrulə], *f* -/-n **1.** (*Einfall*) cranky/ crackpot idea; (*Laune*) odd whim. **2.** (*Frau*) old crone. 's ~ **ig,** *adj.* dotty, cranky.

schrumpf|en ['ʃrumpfən], *v.i.* (*sein*) (*Gewebe, Pullover, Fig: Kapital usw.*) to shrink; (*Äpfel usw.*) to shrivel. 'S ~ **kopf,** *m* -(e)s/-e shrunken head. 'S ~ **ung,** *f* -/-en (*a*) shrinking; (*Grad des Schrumpfens*) shrinkage; (*b*) shrivelling.

Schub [ʃuːp], *m* -(e)s/-e ['ʃyːbə]. **1.** (*Stoß*) push, shove; *Tchn:* thrust (of a jet engine etc.); *F:* **per S.,** by force. **2.** (*a*) (*Anzahl, Gruppe*) batch (of bread, people etc.); **der letzte S. Flüchtlinge/von Flüchtlingen,** the last batch/contingent of refugees; (*b*) *Med:* bout (of illness), fit. **S ~ er** ['ʃuːbər], *m* -s/- slipcase (for a book). 'S ~ **fach,** *n* -(e)s/-er = **S~ lade.** 'S ~ **karre,** *f* -/-n/'S ~ **karren,** *m* -s/- wheelbarrow. 'S ~ **kasten,** *m* -s/- = **S~lade.** 'S ~ **kraft,** *f* -/-e **1.** *Ph:* thrust. **2.** *Ph: Mec:* (*Scherkraft*) shearing force. 'S ~ **lade,** *f* -/-n drawer. 'S ~ **leistung,** *f* -/-en *Mec.E:* thrust (of a jet engine). **S ~ s** [ʃups], *m* -es/-e *F:* push, shove. 'S ~ **schiff,** *n* -(e)s/-e pusher (barge). **s ~ sen** ['ʃupsən], *v.tr.* *F:* to shove (s.o., sth.); **etwas zur Seite s.,** to push sth. to one side. 's ~ **weise,** *adv.* in batches, a few at a time.

schüchtern ['ʃyçtərn], *adj.* shy (person, smile, manner etc.); bashful (lover); (*zaghaft*) diffident (request, attempt); *adv.* **j-n s. ansehen,** to look at s.o. shyly/timidly. 'S ~ **heit,** *f* -/*no pl* shyness.

Schuft [ʃuft], *m* -(e)s/-e *F:* scoundrel; **du S.!** you rotter! 's ~ **en,** *v.i.* (*haben*) *F:* to slave away. **S ~ e'rei,** *f* -/*no pl* *F:* donkey work; (*Schuften*) slaving away. 's ~ **ig,** *adj.* mean, despicable.

Schuh [ʃuː]. **I.** *m* -(e)s/-e shoe; *F:* **ich weiß, wo ihn der S. drückt,** I know what's bothering/ bugging him; **j-m etwas in die S~e schieben,** to pin the blame for sth. on s.o. **II.** 'S ~-, *comb.fm.*

shoe (brush, nail etc.); (heel, sole) of a shoe; **S ~ creme** *f*, shoe polish; **S ~ wichse** *f*, (*esp.* black) shoe polish; **S ~ größe/S~ nummer** *f*, shoe size; **S ~ löffel** *m*, shoehorn; **S ~ macher** *m*, shoemaker; (*für Reparaturen*) shoe repairer; **S ~ schachtel** *f*/**S~ karton** *m*, shoe box; **S~ spanner** *m*, shoe tree. 'S ~ **spitze,** *f* -/-n toecap. 'S ~ **waren,** *fpl* footwear. 'S ~ **werk,** *n* -(e)s/*no pl* shoes.

Schukostecker ['ʃuːkoʃtɛkər], *m* -s/- *El:* earthed/*N.Am:* grounded two-pin plug.

Schul- ['ʃuːl-], *comb.fm.* school (age, doctor, bus, friend, use, class, year, teacher, music, sport etc.); **S ~ abgänger(in)** *m(f)*/**S~ entlassene(r)** *f(m)*, school leaver; **S ~ anfänger(in)** *m(f)*, (school) beginner; child starting school; **S~ ausflug** *m*, school outing; **S ~ besuch** *m*, school attendance; **S ~ bildung** *f*, schooling; **S ~ buch** *n*, schoolbook; **S ~ fach** *n*, school subject; **S ~ ferien** *pl*, school holidays/*N.Am:* vacation; **S ~ funk** *m*, school broadcasting; **S ~ geld** *n*, school fees; **S ~ hof** *m*, school yard/(*Spielplatz*) playground; **S ~ junge** *m*, schoolboy; **S ~ kamerad(in)** *m(f)*, schoolmate; **S ~ kind** *n*, schoolchild; **S ~ mädchen** *n*, schoolgirl; **S ~ mappe** *f*, school briefcase; **S ~ ordnung** *f*, school regulations; **S ~ ranzen** *m*, school satchel; **S ~ stunde** *f*, (school) lesson; **S ~ tag** *m*, schoolday, day at school; **S ~ wesen** *n*, school system; **S ~ zeit** *f*, schooldays; **S ~ unterricht** *m*, (*Stunden*) school lessons; (*Unterrichten*) school teaching; **S ~ zeugnis** *n*, school report. 'S ~ **amt,** *n* -(e)s/-er education authority. 'S ~ **anfang,** *m* -(e)s/-e **1.** beginning of term. **2.** (*erster Schultag*) first day at school. 'S ~ **arbeit,** *f* -/-en (*a*) schoolwork; (*b*) (*Hausaufgabe*) homework. 'S ~ **bank,** *f* -/-e school desk (with attached seat); *F:* **die S. drücken,** to be at school. 'S ~ **beispiel,** *n* -(e)s/-e perfect/textbook example. 'S ~ **dienst,** *m* -(e)s/*no pl* school teaching; **in den S. treten,** to go into teaching. 'S ~ **e,** *f* -/-n **1.** school; **in die/zur S. gehen,** to go to school; **von der S. abgehen,** to leave school; *Fig:* **aus der S. plaudern,** to give away (confidential) information. **2.** *no pl Art: Lit: etc:* school; *Fig:* **ein Kavalier der alten S.,** a gentleman of the old school; **S. machen,** to set a precedent. **3.** *Fig:* **bei j-m in die S. gehen,** to learn one's craft from s.o.; **durch eine harte S. gehen,** to learn the hard way. **4.** *Equit:* **hohe S.,** haute école. 's ~ **en,** *v.tr.* to train (s.o., a horse, troops etc.); **ein geschultes Auge,** an expert eye. 'S ~ **flugzeug,** *n* -(e)s/-e *Av:* trainer (plane). 's ~ **frei,** *adj.* **morgen ist s.,** there is no school tomorrow. 'S ~ **gang,** *m* -(e)s/-e going to school; **der erste S.,** the first day at school. 'S ~ **heft,** *n* -(e)s/-e exercise book. 's ~ **isch,** *adj.* school (life, education etc.); (problem etc.) at school; **s~e Leistungen,** scholastic achievements; standard of school work. 'S ~ **kenntnisse,** *fpl* what one learns at school. 'S ~ **leiter(in),** *m* -s/- (*f* -/-nen) head teacher, *N.Am:* principal. 's ~ **meistern,** *v.tr.* (*p.p.* **geschulmeistert**) *Pej:* to lecture (s.o.). 'S ~ **pflicht,** *f* -/*no pl* obligation to attend school; compulsory education. 's ~ **pflichtig,** *adj.* **im s~en Alter,** of school age. 's ~ **reif,** *adj.* ready for school. 'S ~ **schiff,**

n -(e)s/-e *Nau:* training ship. ´S ~ **schluß**, *m* -sses/´-sse (*a*) end of the school day; (*b*) end of term. ´S ~ **tüte**, *f* -/-n (large, decorated) cone of sweets (*given on a child's first day at school*). ´S ~ **ung**, *f* -/-en training; (*Lehrgang*) training course. ´S ~ **weg**, *m* -(e)s/-e way to/from school. ´S ~ **weisheit**, *f* -/-en *Pej:* book-learning.

Schuld [ʃult], **I.** *f* -/-en [´ʃuldən] **1.** *no pl* (*a*) (*Verantwortlichkeit*) blame; **die S. auf sich nehmen**, to take the blame; **es ist meine S./die S. liegt bei mir**, it is my fault; I am to blame; **j-m die S. (an etwas** *dat*) **geben**, to blame s.o. (for sth.); **wen trifft die S.?** who is to blame? (*b*) (*Unrecht*) guilt; **S. und Sühne**, crime and punishment; **ich bin mir keiner S. bewußt**, I am not conscious of having done any wrong; *Ecc:* **vergib uns unsere S.**, forgive us our sins/*A:* trespasses. **2.** *Fin:* (*a*) debt; **in S ~ en geraten**, to run into debt; *F:* **bis über die Ohren in S ~ en stecken**, to be up to one's ears in debt; (*b*) **ich stehe (tief) in Ihrer S.**, I am greatly indebted to you. **II. s.**, *adj.* **er ist/hat s. (daran)**, he's to blame (for it); it's his fault; **sie ist an allem s.**, it's all her fault. ´S ~ **bekenntnis**, *n* -ses/-se confession of guilt. ´s ~ **beladen**, *adj.* guilt-laden (conscience etc.). ´s ~ **bewußt**, *adj.* guilty (look, expression etc.). s ~ **en** [´ʃuldən], *v.tr.* **j-m Geld**, *Fig:* **eine Erklärung usw. s.**, to owe s.o. money, *Fig:* an explanation etc. ´s ~ **enfrei**, *adj.* (*Pers.*) clear of debt. ´S ~ **frage**, *f* -/-n question of guilt. ´S ~ **gefühl**, *n* -(e)s/-e guilty feeling, sense of guilt. ´s ~ **haft**, *adj.* culpable. s ~ **ig** [´ʃuldiç], *adj.* **1.** *Jur: etc:* guilty (**eines Verbrechens usw.**, of a crime etc.); **j-n s. sprechen/für s. erklären**, to find s.o. guilty; **der/die S ~ e**, the guilty person; the culprit. **2. j-m Geld**/*Fig:* **eine Erklärung/Dank s. sein**, to owe s.o. money/*Fig:* an explanation/a debt of gratitude; **was bin ich Ihnen s.?** how much do I owe you? *Fig:* **j-m nichts s. bleiben**, to hit back at s.o.; give s.o. as good as one gets; **sie blieb mir die Antwort/keine Antwort s.**, she could not give me an answer/was not at a loss for an answer. S ~ **igkeit**, *f* -/*no pl* duty. ´s ~ **los**, *adj.* innocent (**an** + *dat.* of). ´S ~ **losigkeit**, *f* -/*no pl* innocence. S ~ **ner** [´ʃuldnər], *m* -s/- *Com: Jur:* debtor. ´S ~ **posten**, *m* -s/- *Book k:* debit item. ´S ~ **recht**, *n* -(e)s/*no pl Jur:* law of obligations. ´S ~ **schein**, *m* -(e)s/-e I.O.U. ´S ~ **spruch**, *m* -(e)s/´-e verdict of guilty.

Schüler [´ʃyːlər], *m* -s/- (*a*) *Sch:* schoolboy, (S ~ **in**) schoolgirl; (*in der Oberstufe*) student; pupil (of a school, a teacher etc.); *pl* schoolchildren; pupils (of a school); **ehemaliger S**, former pupil; *Brit:* old boy; (*b*) *Art: etc:* pupil; *Phil: etc:* (*Jünger*) disciple. ´S ~ **austausch**, *m* -(e)s/-e school exchange. ´s ~ **haft**, *adj.* schoolboyish; schoolgirlish; *Pej:* immature, childish (work etc.). ´S ~ **heim**, *n* -(e)s/-e (school) boarding house/hostel. ´S ~ **in**, *f* -/-nen schoolgirl, (girl) pupil. ´S ~ **lotse**, *m* -n/-n pupil who acts as crossing warden. ´S ~ **mitverwaltung**, *f* -/-en pupil participation (in planning). ´S ~ **schaft**, *f* -/-en (all the) pupils. ´S ~ **zeitung**, *f* -/-en school magazine.

Schulter [´ʃultər], *f* -/-n shoulder; **S. an S.**, shoulder to shoulder; **j-m auf die S. klopfen**, to

slap s.o. on the back; *Fig:* **j-n über die S. ansehen**, to look down on s.o.; **j-m die kalte S. zeigen**, to cold-shoulder s.o.; **er nimmt alles auf die leichte S.**, he never takes anything seriously. ´S ~ **blatt**, *n* -(e)s/´-er *Anat:* shoulder blade. ´s ~ **frei**, *adj. Cl:* off-the-shoulder. ´S ~ **klappe**, *f* -/-n *Mil: etc:* shoulder-strap, epaulette. ´s ~ **n**, *v.tr.* to shoulder (a rifle etc.). ´S ~ **tasche**, *f* -/-n shoulder bag. ´S ~ **verrenkung**, *f* -/-en dislocation of the shoulder.

schummeln [´ʃuməln], *v.i.* (*haben*) *F:* to cheat.

schummerig [´ʃuməriç], *adj. F:* dim (light), dusky (room etc.).

Schund [ʃunt], **I.** *m* -(e)s/*no pl F:* junk, rubbish, (*Buch usw.*) trash. **II.** ´S ~ -, *comb.fm. F:* rubbishy (goods etc.); trashy (literature); S ~ **blatt** *n*, trashy rag.

schunkeln [´ʃuŋkəln], *v.i.* (*haben*) to link arms and rock in time to the music (when singing).

schupfen [´ʃupfən], *v.tr. South G: & Aus:* to give (s.o., sth.) a gentle push.

Schupo [´ʃuːpo], *m* -s/-s *F:* policeman.

Schupp|e [´ʃupə], *f* -/-n (*a*) *Fish: Z: etc:* scale; *Fig:* **es fiel ihm wie S ~ n von den Augen**, suddenly all became clear to him; (*b*) flake (of skin), *pl* (*Haars ~ n*) dandruff. ´s ~ **en¹**, *v.tr.* to scale (fish); (*Haut*) **sich s.**, to flake. ´s ~ **ig**, *adj.* scaly.

Schuppen² [´ʃupən], *m* -s/- shed; *Agr:* (*Scheune*) barn; *Rail:* engine shed; *Av:* hangar; *Pej:* (*Haus*) dump.

Schur [ʃuːr], *f* -/-en shearing (of sheep etc.). ´S ~ **wolle**, *f* -/*no pl* clipped wool; **reine S.**, pure new wool.

schür|en [´ʃyːrən], *v.tr.* to poke (the fire); *Fig:* to stir up (hatred). ´S ~ **haken**, *m* -s/- poker.

schürfen [´ʃyrfən], *v.* **1.** *v.tr.* **sich** *dat* **den Ellbogen usw. s.**, to graze one's elbow etc.; **sich s.**, to get a graze. **2.** *v.i.* (*haben*) **nach Gold usw. s.**, to prospect for gold etc.

Schurk|e [´ʃurkə], *m* -n/-n rogue.

Schurz [ʃurts], *m* -es/-e (workman's etc.) apron.

Schürze [´ʃyrtsə], *f* -/-n apron. ´s ~ **n**, *v.tr.* (*a*) to gather/tuck up (one's skirt etc.); (*b*) **die Lippen s.**, to purse one's lips. ´S ~ **nband**, *n* j-m am S. hängen, to be tied to s.o.'s apron strings. ´S ~ **njäger**, *m* -s/- *F:* womanizer.

Schuß [ʃus], *m* -sses/´-sse [´ʃysə]. **1.** shot, **einen S. (auf j-n) abgeben/abfeuern**, to fire a shot (at s.o.); **zwei Schüsse**, two shots/rounds (of ammunition); (*also Fig:*) **S. vor den Bug**, warning shot, **S. ins Schwarze**, bull's eye; *F:* **weit vom S. sein**, to be out of harm's way. **2.** *Fb: etc:* shot; **S. aufs Tor**, shot at goal. **3.** (*a*) dash (of rum etc.); *F:* **Cola mit S.**, coke and brandy/rum; (*b*) *P:* shot (of heroin etc.). **4.** *Tex:* weft. **5.** *Fig:* **in S. sein**, to be in fine fettle/(*Haus usw.*) shipshape; **er ist wieder in S. gekommen**, he is back on form again. **6.** *Ski:* schuss. ´s ~ **bereit**, *adj.* ready to fire/*Phot:* shoot. ´S ~ **faden**, *m* -s/´- *Tex:* weft thread. ´S ~ **fahrt**, *f* -/-en *Ski:* schuss. ´S ~ **feld**, *n* -(e)s/-er *Artil:* field of fire. ´s ~ **fest**, *adj.* bulletproof. ´S ~ **kraft**, *f* -/*no pl Fb:* seine S., the power of his shots. ´S ~ **linie**, *f* -/-en *Mil: & Fig:* line of fire. ´S ~ **waffe**, *f* -/-n firearm. ´S ~ **welte**, *f* -/-n *Artil: etc:* range (of a gun). ´S ~ **wunde**, *f* -/-n gunshot wound.

Schüssel [´ʃysəl], *f* -/-n bowl; (serving etc.) dish.

Schussel ['ʃusəl], *m* -s/- *F:* scatterbrain. 's ~ ig, *adj. F:* scatterbrained.

Schuster ['ʃuːstər], *m* -s/- shoemaker; (*für Reparaturen*) shoe repairer; *F:* auf S~s Rappen, on Shanks's pony, *N.Am:* by Shank's mare.

Schutt [ʃut], *m* -(e)s/*no pl* (*a*) rubble; in S. und Asche, in ruins; (*b*) (*Müll*) refuse, *N.Am:* garbage; *P.N:* S. abladen verboten! no dumping! 'S ~ -abladeplatz, *m* -es/=e (refuse) tip, dump. 'S ~ -haufen, *m* -s/- heap of rubble.

Schüttel|frost ['ʃytəlfrɔst], *m* -(e)s/=e *Med:* (violent) shivering. 's ~ n, *v.tr.* to shake (s.o., sth., one's head, fist etc.); **vor Gebrauch s.**, shake well before use; **j-m die Hand s.**, to shake s.o.'s hand; **das Flugzeug wurde geschüttelt**, the aeroplane was tossed about; (*Pers.*) **sich vor Ekel s.**, to shudder with disgust; **es schüttelte ihn**, he was shaking/shivering.

schütt|en ['ʃytən], *v.* 1. *v.tr.* to tip (ash etc.), pour (a liquid etc.) (in/auf/über + *acc*, into/onto/ over). 2. *v.impers. F:* es schüttet, it's pouring with rain. 'S ~ gut, *n* -s/*no pl Com:* bulk goods.

schütter ['ʃytər], *adj.* sparse, thin (hair etc.).

Schutz [ʃuts]. I. *m* -es/*no pl* (*a*) protection (vor + *dat*, from; gegen + *acc*, against); (*Zuflucht*) shelter; *Ins:* & *Mil:* (*Deckung*) cover; (*Abschirmung*) shield (gegen Strahlung), against radiation); S. vor dem Gewitter suchen, to seek shelter from the storm; zum S. gegen Ansteckung, as a safeguard against infection; j-n in S. nehmen, to stand up for s.o.; unter j-s S. stehen, to enjoy s.o.'s protection; *Fig:* unter dem/im S. der Dunkelheit, under cover of darkness (*b*) (S~blech usw.) guard. II. 'S ~ -, *comb.fm.* protective (helmet, layer, film, *Z:* colouring etc.); S~anstrich *m*, protective coating; S~anzug *m*, protective clothes; S~brille *f*, protective goggles; S~farbe *f*, protective paint; S~hülle *f*, protective cover/wrapping; S~verband *m*, protective bandage/association; *Jur:* S~gewahrsam *m*/S~haft *f*, protective custody. 'S ~ befohlene(r), *f(m) decl. as adj. Jur:* charge, ward. 'S ~ blech, *n* -(e)s/-e *Tchn:* guard, *esp. Cy:* mudguard. 'S ~ dach, *n* -(e)s/=er (bus etc.) shelter. 'S ~ engel, *m* -s/- guardian angel. 'S ~ gebiet, *n* -(e)s/-e conservation area; *also Hist:* protectorate. 'S ~ geländer, *n* -s/- guard-rail. 'S ~ -heilige(r), *f(m) decl. as adj.* patron saint. 'S ~ hütte, *f* -/-n (mountain) refuge. 'S ~ -impfung, *f* -/-en vaccination. 'S ~ kontakt, *m* -(e)s/-e *El:* earth/*N.Am:* ground contact. 's ~ los, *adj.* unprotected, insecure. 'S ~ -losigkeit, *f* -/*no pl* insecurity. 'S ~ mann, *m* -(e)s/=er *A:* policeman, *Brit:* police constable. 'S ~ marke, *f* -/-n trade mark. 'S ~ maßnahme, *f* -/-n precaution. 'S ~ mittel, *n* -s/-preservative. 'S ~ polizei, *f* -/*no pl* police, constabulary. 'S ~ umschlag, *m* -(e)s/=e dustcover (of a book).

Schütz|e ['ʃytsə], *m* -n/-n 1. (*a*) marksman; ein guter S., a good shot; (*b*) *Fb:* scorer. 2. *Astr:* Sagittarius. 's ~ en, *v.* 1. *v.tr.* to protect (s.o., sth.) (vor etwas *dat*, from sth.); to shelter (s.o.) (vor dem Regen, from the rain); (*sichern*) to safeguard (one's interests); to secure (possessions etc.) (gegen Diebstahl usw., against theft etc.); to shield (s.o.) (vor Angriffen, from

attacks); (*auf einer Kiste*) vor Nässe s.! keep dry! 2. *v.i.* (*haben*) to provide protection/ shelter (vor + *dat*, from). 's ~ end, *adj.* protective. 'S ~ engraben, *m* -s/= *Mil:* trench. 'S ~ enloch, *n* -(e)s/=er *Mil:* fox-hole. 'S ~ er, *m* -s/- protector. 'S ~ ling, *m* -s/-e protégé.

schwabbel|ig ['ʃvabəliç], *adj. F:* flabby (flesh), wobbly (jelly etc.). 's ~ n, *v.* 1. *v.i.* (*haben*) *F:* to wobble. 2. *v.tr. Tchn:* to polish, buff (metal etc.). 'S ~ scheibe, *f* -/-n *Tls:* polishing mop.

Schwabe ['ʃvaːbə], *m* -n/-n Swabian. 'S ~ n. *Pr.n.n* -s. *Geog:* Swabia. 'S ~ nstreich, *m* -(e)s/-e *F:* (piece of) tomfoolery.

Schwäbi|n ['ʃvɛːbin], *f* -/-nen Swabian (woman). 's ~ sch, *adj.* Swabian.

schwach [ʃvax], *adj.* (*comp.* schwächer, *superl.* schwächste) weak; (*a*) poor (hearing, sight, memory etc.); delicate (child, health etc.); frail (old person); *Tchn:* low-powered (engine, *El:* bulb etc.); (*nach einer Krankheit*) noch s. auf den Beinen, still shaky/weak at the knees; beim bloßen Gedanken wird mir ganz s., I feel quite faint/weak at the knees at the mere thought; mit s~er Stimme, in a faint voice; das s~e Geschlecht, the weaker sex; nur nicht s. werden! don't give way/(*vor der Versuchung*) give in to temptation; in einer s~en Stunde, in a weak moment; *adv.* s. gebaut, flimsily built; (*b*) (*gering*) faint (light, resemblance, hope etc.); slight (movement etc.); ein s~er Trost, a slight/ *Pej:* poor consolation; s~er Beifall, faint applause; (*c*) (*nicht zahlreich*) small (audience, *Sp:* field etc.); s~e Beteiligung/s~er Besuch, poor attendance; *adv.* s. bevölkert, sparsely/thinly populated; (*d*) (*schlecht*) poor (athlete, attempt etc.); inferior, bad (pupil, book etc.); s~e Leistungen/Arbeit, poor/inferior work; *Sch:* s. in English, bad at English. 's ~ be'gabt, *adj.* s~er Schüler, low-ability pupil. 's ~ be'wegt, *adj.* with a slight movement/(*Meer*) swell. 'S ~ heit, *f* -/*no pl* weakness; *F:* sich *dat* keine S~en einbilden, to have no illusions. 'S ~ kopf, *m* -(e)s/=e *Pej:* dimwit. 's ~ sichtig, *adj.* weak-sighted. 'S ~ sichtigkeit, *f* -/ *no pl Med:* bad eyesight. 'S ~ sinn, *m* -(e)s/*no pl Med:* mental deficiency. 's ~ sinnig, *adj. Med:* mentally deficient; *F: Pej:* moronic; ein S~er/eine S~e, a moron. 'S ~ strom, *m* -(e)s/ *no pl El:* low-voltage current.

Schwäch|e ['ʃvɛçə], *f* -/-n weakness; (*a*) (*also* S~gefühl *n*) (feeling of) faintness; (*b*) (*Mangel*) fault, shortcoming (of a book etc.); deficiency (of a plan etc.); *Med:* eine S. des Herzens, a heart deficiency; menschliche S., human failing; (*c*) *no pl* (*Vorliebe*) eine S. für j-n, etwas *acc* haben, to have a soft spot for s.o. sth.; (*d*) faintness (of the light etc.). 's ~ en, *v.tr.* to weaken (s.o., sth.). 's ~ lich, *adj.* sickly. 'S ~ ling, *m* -s/-e weakling. 'S ~ ung, *f* -/*no pl* weakening.

Schwaden ['ʃvaːdən], *m* -s/- cloud (of smoke etc.).

Schwadron [ʃvaˈdroːn], *f* -/-en *Mil: A:* troop (of cavalry). S~eur [-oˈnøːr], *m* -s/-e *A:* & *Aus: F:* windbag. s~ieren [-oˈniːrən], *v.i.* (*haben*) *F:* (*Pers.*) to bluster.

Schwaf|elei [ʃvaːfəˈlai], *f* -/*no pl F:* drivel.

's ~ e l n, *v.i.* (*haben*) *F:* to blather, (*Unsinn reden*) drivel. 'S ~ l e r, *m* -s/- *F:* blatherer, windbag.

Schwager ['ʃvaːgər], *m* -s/- brother-in-law.

Schwägerin ['ʃvɛːgərin], *f* -/-nen sister-in-law.

Schwalbe ['ʃvalbə], *f* -/-n *Orn:* swallow. 'S ~ nschwanz, *m* -es/-e 1. *Ent:* swallowtail (butterfly). 2. *Carp:* dovetail.

Schwall [ʃval], *m* -(e)s/-e (*Bewegung*) surge; (*große Menge*) torrent (of water, *Fig:* words).

Schwamm [ʃvam]. I. *m* -(e)s/-e 1. sponge; *F:* S. drüber! (let's) forget it! 2. (a) *South G: & Aus:* (*esp. dim.* S ~ erl *n*) mushroom; (b) (*Hauss.*) dry rot. II. s., *p.of* **schwimmen** *q.v.* 's ~ i g, *adj.* (a) spongy; (b) *Pej:* puffy (face etc.). 'S ~ spinner, *m* -s/- *Ent:* gipsy moth.

Schwan [ʃvaːn], *m* -(e)s/-e swan; **junger S.**, cygnet; *F:* **mein lieber S.!** my word! my goodness! 's ~ en, *v.i.* (*haben*) **mir schwant nichts Gutes!** I fear the worst! 'S ~ engesang, *m* -(e)s/-e swansong. 'S ~ enhals, *m* -es/-e (a) swan's neck; (b) (*Pers.*) swan neck; (c) *Tchn:* S-bend (in a pipe).

schwand [ʃvant], *p. of* **schwinden** *q.v.*

schwang [ʃvaŋ], *p. of* **schwingen** *q.v.*

schwanger ['ʃvaŋər], *adj.* pregnant. 'S ~ enfürsorge, *f* -/no *pl* prenatal care. 'S ~ schaft, *f* -/-en pregnancy. 'S ~ schaftsabbruch, *m* -(e)s/-e/'S ~ schaftsunterbrechung, *f* -/-en termination of pregnancy. 'S ~ schaftsstreifen, *m* -s/- stretch mark.

schwängern ['ʃvɛŋərn], *v.tr.* to make (s.o.) pregnant.

Schwank [ʃvaŋk], *m* -(e)s/-e (a) comical tale; *Th:* farce; (b) (*Streich*) prank. 's ~ en, *v.i.* (*haben*) (a) (*hin und her*) (*Grashalme usw.*) to sway, wave; (*auf und nieder*) (*Gebäude, Boot usw.*) to rock; (*Betrunkener usw.*) to sway, (*taumeln*) stagger, reel; **der Boden schwankte unter seinen Füßen**, the ground rocked under him; (b) (*Preise, Kurse usw.*) to fluctuate; (*Pers.*) to waver (**zwischen zwei Entschlüssen**, between two courses); **er schwankt noch**, he is still undecided; (c) *Rad:* (*Frequenz*) to drift. 's ~ end, *adj.* (a) swaying (branch, reed etc.); **mit s ~ en Schritten**, unsteadily; (b) fluctuating, unsteady (prices etc.); variable (health etc.); changeable (mood etc.). 'S ~ ung, *f* -/-en (a) swaying; (b) fluctuation, variation.

Schwanz ['ʃvants], *m* -es/-e 1. *Z: Av: etc:* tail; *Fig:* trail (of children, admirers etc.); rear end (of a procession etc.). 2. *V:* (*Penis*) cock. 'S ~ feder, *f* -/-n tail feather. 'S ~ flosse, *f* -/-n tail fin. 's ~ lastig, *adj. Av:* tail-heavy. 's ~ los, *adj.* tailless.

schwänzeln ['ʃventsən]. I. *v.i.* (*haben*) **die Schule s.**, to play truant/*N.Am: F:* hooky. II. S., *n* -s/ *no pl* truancy. 'S ~ r, *m* -s/- *Sch:* truant.

schwapp [ʃvap], *int.* splash! 's ~ en, *v.i.* (*sein*) to spill, splash (**aus etwas** *dat*/**über etwas** *acc,* out of/over sth.).

Schwarm [ʃvarm], *m* -(e)s/-e 1. swarm (of bees, insects, *Fig:* people); flock (of birds); shoal (of fish). 2. *no pl Fs:* (*Pers.*) heart-throb; **er ist ihr S.**, she has a crush on him.

schwärmen ['ʃvermən], *v.i.* (a) (*haben/sein*) (*Bienen usw.*) to swarm; (b) (*haben*) (*Pers.*) **für j-n, etwas** *acc* **s.**, to be smitten with/gone on

s.o., sth.; **von j-m, etwas** *dat* **s.**, to enthuse/rave about s.o., sth.; **sie schwärmt für ihn**, she idolizes him/(*junges Mädchen*) has a crush on him; **er schwärmt für Autos**, he's mad about/ mad keen on cars. 'S ~ er, *m* -s/- dreamer, enthusiast. S ~ e'rei, *f* -/-en enthusiasm; (*Verzückung*) rapture, adulation. 's ~ erisch, *adj.* effusive; gushing (girl).

Schwarte ['ʃvartə], *f* -/-n 1. rind (of bacon); *Cu:* crackling (of pork). 2. *F:* fat old book. 'S ~ nmagen, *m* -s/- *Cu:* brawn.

schwarz [ʃvarts]. I. *adj.* (*comp.* **schwärzer**, *superl.* **schwärzeste**) black; (a) (*Pers.*) **s. tragen**, to wear black; **ein S ~ er/eine S ~ e**, a black man/ woman; a negro/negress; **s. wie die Nacht**, as black as pitch; **s ~ er Kaffee**, black coffee; **s ~ e Wolken**, dark clouds; **das S ~ e Meer**, the Black Sea; **mir wurde s. vor den Augen**, I began to pass out; **s. vor Menschen**, packed with people; *adv.* **s. gekleidet**, dressed in black; **das s ~ e Brett**, the notice board; **ins S ~ e treffen**, to score a bull's eye, *Fig:* hit the mark; *F:* **sich s. ärgern**, to be fuming/hopping mad; **warten, bis man s. wird**, to wait until the cows come home; (b) **ich habe es s. auf weiß**, I've got it in writing; **es steht hier s. auf weiß**, it's (written) down here in black and white; (c) (*schmutzig*) black, dirty (hands, fingernails, clothes etc.); *F:* **er gönnt mir nicht das S ~ e unter dem Nagel**, he begrudges me every little thing; (d) *F:* (*unerlaubt*) **s ~ er Markt**, black market; *adv.* **etwas s. kaufen**, to buy sth. under the counter; **s. über die Grenze gehen**, to cross the border illegally; (e) (*unheilvoll*) black (deed, thoughts, day etc.); **etwas in den s ~ esten Farben schildern**, to paint the gloomiest picture of sth.; **auf der s ~ en Liste stehen**, to be black-listed; *F:* **der s ~ e Mann**, the bogeyman; *Hum:* **das s ~ e Schaf**, the black sheep (of the family); (*f*) *Ecc: F:* Catholic, *Pol:* Tory (town etc.). II. S ~ -, 's ~ -, *comb.fm.* 1. black (Africa etc.); S ~ brot *n*, black bread; **der S ~ wald**, the Black Forest; *adj.* **s ~ äugig**, black-/dark-eyed; **s ~ haarig**, black-haired. 2. illicit (slaughter etc.); *TV: Rad:* (viewing, listening) without a licence; S ~ brennerei *f*, illicit still; S ~ handel/S ~ markt *m*, illicit trade, black market; S ~ händler *m*, black marketeer; S ~ fahrt *f*, journey without a ticket; joyride; S ~ sender *m*, pirate radio station. 'S ~ arbeit, *f* -/-en work on the side (not declared for tax). 's ~ arbeiten, *v.i.sep.* (*haben*) to do *Schwarzarbeit q.v.*; (*am Abend*) to moonlight. 'S ~ arbeiter, *m* -s/- person doing *Schwarzarbeit q.v.*; moonlighter. 's ~ braun, *adj.* blackish-brown, dun. 's ~ fahren, *v.i.sep. irr.26* (*sein*) (a) to travel without a ticket; (b) *Aut:* to drive without a licence. 's ~ hören, *v.i.sep.* (*haben*) to listen to the radio without a licence. 's ~ malen, *v.tr.sep. F:* to paint a gloomy picture of (sth.). 's ~ sehen, *v.i.sep. irr.92* (*haben*) (a) to take a pessimistic view; **für deine Pläne sehe ich schwarz**, I am pessimistic about your plans; (b) to watch television without a licence. 'S ~ seher, *m* -s/- 1. confirmed pessimist. 2. *TV:* viewer who has no licence. 's ~ 'weiß, *adj.* black and white (film etc.). 'S ~ wild, *n* -(e)s/no *pl* wild boar(s).

Schwärze ['ʃvɛrtsə], f -/no pl blackness. 's ~ n, v.tr. to blacken (shoes etc.).

Schwatz [ʃvats], m -es/-e F: natter. 'S ~ base, f -/-n F: chatterbox. 's ~ en, v. 1. v.i. (haben) to chatter, natter. 2. v.tr. dummes Zeug s., to talk rubbish. 's ~ haft, adj. garrulous, talkative.

schwätz|en ['ʃvɛtsən], v. South G: = schwatzen. 'S ~ er(in), m -s/- (f -/-nen) Pej: talker, windbag. S ~ e´rei, f -/no pl nattering, chatter.

Schwebe ['ʃve:bə], f in der S., balanced/ (Ballon usw.) suspended in mid-air; Fig: in der S. sein/hängen, to hang in the balance/ be undecided. 'S ~ bahn, f -/-en suspension railway. 'S ~ balken, m -s/- Gym: (balance) beam. 's ~ n, v.i. (a) (haben) (an einem Seil usw.) to hang, dangle; (Vogel usw.) to hover (in the air); (Ballon, Wolken) to float; er schwebte über dem Abgrund, he hung/was suspended over the void; s ~ den Schrittes gehen, to walk on air; Fig: in großer Angst s., to live in a state of great apprehension; zwischen Furcht und Hoffnung s., to waver/vacillate between fear and hope; zwischen Leben und Tod s., to hover between life and death; in Gefahr s., to be in danger; Jur: (Verfahren usw.) die Sache schwebt noch, the case is still pending; (b) (sein) (Wolke usw.) to float (along); (Vogel usw.) to glide (along). 'S ~ zustand, m -(e)s/ no pl state of flux.

Schwed|e ['ʃve:də], m -n/-n Swede. 'S ~ en. Pr.n.n -s. Geog: Sweden. 'S ~ in, f -/-nen Swedish woman. 's ~ isch. I. adj. Swedish; F: hinter s ~ en Gardinen, behind bars. II. S., n -(s)/no pl Ling: Swedish.

Schwef|el ['ʃve:fəl]. I. m -s/no pl sulphur. II. S ~ -, comb.fm. sulphur (compound etc.); sulphurous (yellow etc.); S ~ grube f, sulphur mine; S ~ säure f, sulphuric acid. 's ~ elhaltig/' s ~ (e)lig, adj. sulphurous.

Schweif [ʃvaif], m -(e)s/-e tail (of a lion, comet etc.). 's ~ en, v. 1. v.i. (sein) (Blick usw.) to roam, wander. 2. v.tr. Carp: to curve (boards etc.).

Schweig|e|geld ['ʃvaigəgɛlt], n -(e)s/-er hush-money. 'S ~ emarsch, m -(e)s/-e silent protest march. 's ~ en. I. v.i.irr. (haben) (p. schwieg, p.p. geschwiegen) to be silent; (Pers.) to say nothing (über etwas acc, about sth.; zu etwas dat, in reply to sth.); hartnäckig s., to remain obstinately silent; vor Schreck s., to be too frightened to speak; kannst du s.? can you keep a secret? F: darüber s. wir lieber, don't let's talk about it; sie hat fünf Wellensittiche, vom Kanarienvogel ganz zu s., she has five budgies not to mention the canary. II. S., n -s/no pl silence; j-n zum S. bringen, to silence s.o., F: shut s.o. up. 's ~ end, adj. silent; adv. s. über etwas acc hinweggehen, to pass over sth. in silence. 'S ~ epflicht, f -/no pl (pledge of) professional secrecy. 's ~ sam, adj. taciturn; s ~ er Mensch, ma . of few words. 'S ~ samkeit, f -/no pl taciturnity.

Schwein [ʃvain], n -(e)s/-e 1. pig. 2. F: (Pers.) (a) armes S., poor devil; kein S., not a soul; das kann kein S. lesen, no one can read that; (b) Pej: du S.! you swine/(schmutziges Kind) little pig! 3. F: (Glück) S. haben, to be dead lucky. 'S ~ chen, n -s/- (a) little pig; (b) F: du S.! you little pig! 'S ~ e-, comb.fm. (a) pig

(breeding etc.); S ~ futter n, pigswill; S ~ stall m, pigsty; (b) Cu: pork (chop, fillet etc.); (belly etc.) of pork; S ~ braten m, joint of pork; roast pork; S ~ fleisch n, pork. 'S ~ ehund, m -(e)s/ -e P: bastard, swine; der innere S., the baser side of one's nature. S ~ e´rei, f -/-en F: (a) (Schmutz) filthy mess; (b) (Gemeinheit) mean trick; scandal; das ist eine S.! it's a disgraceful business! (c) (Unanständigkeit) obscenity; (Witz) dirty joke. 'S ~ eschmalz, n -es/no pl lard. 'S ~ igel, m -s/- F: Pej: dirty pig, swine. 's ~ igeln, v.i. (haben) F: to tell filthy jokes/ stories. 's ~ isch, adj. F: Pej: lewd (joke, behaviour etc.); filthy (room, joke etc.). 'S ~ s-, comb.fm. (a) pig's (eyes, head, ear etc.); S ~ fuß m, pig's trotter; (b) Cu: esp. South G: & Aus: pork (chop, fillet, sausage etc.); S ~ braten m, joint of pork. 'S ~ sgallop, m F: im S., at the double. 'S ~ sleder, n -s/no pl pigskin. 's ~ sledern, attrib. adj. pigskin (shoes, gloves etc.).

Schweiß [ʃvais]. I. m -es/occ.Med: -e sweat; (nur vom Menschen) perspiration; das hat viel S. gekostet, that was hard work; im S ~ e seines Angesichtes, with a great effort. II. 'S ~ -, comb.fm. 1. sweat (band etc.); S ~ drüse f, sweat gland; S ~ füße fpl, sweaty feet; S ~ tropfen m, bead of perspiration; adj. s ~ bedeckt, covered in sweat/perspiration; s ~ gebadet, bathed in sweat; s ~ triefend, dripping with sweat. 2. Metalw: welding (rod etc.); S ~ brenner m, welding torch; S ~ brille f, welding goggles; S ~ naht f, welded seam; S ~ stelle f, welding point, weld. 's ~ en, v.tr. to weld (metals, plastics etc.). 'S ~ er, m -s/- welder. 's ~ ig, adj. sweaty, perspiring. 'S ~ ung, f -/-en welding.

Schweiz [ʃvaits]. Pr.n.f -. Geog: die S., Switzerland. 'S ~ er. I. m -s/- 1. Swiss. 2. (Melker) dairyman. II. adj. Swiss; S. Franken m, Swiss franc; 'S ~ Käse, m Swiss cheese, use. Gruyère. 'S ~ erin, f -/-nen Swiss woman. 'S ~ erdeutsch, n -(s)/no pl Ling: Swiss German. 's ~ erisch, adj. Swiss (town etc.).

schwelen ['ʃve:lən], v.i. (haben) to smoulder.

schwelgen ['ʃvɛlgən], v.i. (haben) to indulge (in food, Fig: memories etc.); Lit: in Gefühlen s., to wallow in sentiment.

Schwelle ['ʃvɛlə], f -/-n 1. (also Psy: Physiol:) threshold; die S. betreten/überschreiten, to cross the threshold; auf der S. stehen, to stand on the doorstep; Fig: an der S. einer neuen Epoche, on the threshold of a new era. 2. Rail: sleeper.

schwell|en ['ʃvɛlən], v. 1. v.i.irr. (sein) (pres. schwillt, p. schwoll, p.p. geschwollen) to swell; geschwollene Mandeln, swollen tonsils; der Bach schwoll zum reißenden Strom, the stream swelled into a raging torrent. 2. v.tr. to swell (sth.), fill (sails etc); Hum: mit geschwellter Brust, bursting with pride. 'S ~ kasten, m -s/- Mus: swell box. 'S ~ ung, f -/-en Med: swelling. 'S ~ werk, n -(e)s/-e Mus: swell (organ).

Schwemm|e ['ʃvɛmə], f -/-n 1. Agr: watering place. 2. (Überfluß) glut. 3. (Kneipe) bar. 's ~ en, v.tr. etwas an Land s., to wash sth. ashore. 'S ~ land, n -(e)s/no pl Geol: alluvium.

Schwengel [ˈʃvɛŋəl], *m* -s/- (*a*) (bell) clapper; (*b*) handle (of a pump etc.).

Schwenk [ʃvɛŋk]. I. *m* -(e)s/-s (*a*) swing (**nach rechts/links**, to the right/left); (*b*) *Phot:* pan; (*also* S~**aufnahme** *f*) panned shot. II. 'S~-, *comb.fm.* swivelling (arm, crane, movement etc.). 's~**bar**, *adj.* swivelling. 's~**en**, *v.* 1. *v.tr.* (*a*) to wave (one's hat, arms, a flag etc.); to swing, flourish (a sword etc.) (above one's head); (*b*) to swivel (sth.); *Phot:* to pan (a camera); (*c*) *Cu:* **Kartoffeln usw. in Butter s.**, to toss potatoes etc. in butter; (*d*) (*spülen*) to rinse (glasses etc.). 2. *v.i.* (*haben*) to swing, *Mil:* wheel (**nach rechts/links**, to the right/left; **um die Ecke**, round the corner). 'S~**er**, *m* -s/- (brandy) balloon, *N.AM:* 'S~**ung**, *f* -/-en swing; snifter; change of direction; *Mil:* wheel; *Phot:* panning.

schwer [ʃveːr]. I. *adj.* 1. (*nicht leicht*) heavy; (*a*) **zwei Kilo s.**, weighing two kilograms; **es ist ein paar Gramm s.**, it weighs a few grams; **Glieder s. wie Blei**, leaden limbs; (*also Fig:*) **das s~e Geschütz auffahren**, to bring up one's heavy artillery; **sein Urteil wiegt s.**, his opinion carries weight; **einen s~en Kopf haben**, to have a thick head; **s~es Essen**, heavy food; **s~er Wein**, heady wine; **s~e Luft**, oppressive atmosphere; **s~en Herzens**, with a heavy heart; *adv.* **s. beladen**, heavily loaded; **s. im Magen liegen**, (*Essen*) to lie heavy on the stomach; *Fig:* (*Sorgen*) to weigh heavily on one's mind. 2. (*a*) (*hart*) hard (work, job, life, fate etc.); severe (punishment etc.); **wir hatten einen s~en Tag**, we had a hard day; *adv.* **s. arbeiten**, to work hard; (*b*) (*schwierig*) difficult (problem, task, decision, language etc.); **s~e Musik**, serious music; **es ist s. zu begreifen**, it is hard/difficult to understand; *adv.* **er entschließt sich nur s.**, he is slow to make up his mind; **s. von Begriff sein**, to be slow on the uptake; **s. hören**, to be hard of hearing; **s. atmen**, to breathe with difficulty; **es s. haben/S~es durchmachen**, to have a hard/difficult time; **wir haben das S~ste überstanden**, we are over the worst. 3. (*schlimm*) (*a*) serious, bad (accident, injuries, mistake etc.); serious (harm, offence etc.); **eine s~e Enttäuschung**, a great disappointment; **s~es Gewitter**, violent thunderstorm; **j-m s~en Schaden zufügen**, to cause serious harm to s.o.'s interests; **es war ein s~er Schlag für ihn**, it was a heavy blow for him; *adv.* **s. krank sein**, to be seriously ill; **er ist s. gestürzt**, he had a nasty fall; **s. beleidigt**, deeply offended; **s. im Irrtum**, seriously mistaken; (*b*) *F:* **s~er Junge**, thug, tough. 4. *F.* (*viel, sehr*) **es hat s~es Geld gekostet**, it cost a small fortune; *adv.* **er ist s. reich/Millionen s.**, he has pots of money/millions; **s. aufpassen**, to keep a careful lookout; **ich werde mich s. hüten!** I'll take jolly good care not to! **s. geladen haben**, to be sloshed; *Sp:* **s. in Form**, in great form. II. 'S~-, 's~-, *comb.fm.* (*a*) heavy (industry, oil etc.); *adj.* heavily (armed etc.); S~**arbeit** *f*, heavy labour, hard (physical) work; S~**arbeiter** *m*, worker performing heavy labour/hard physical work; (*b*) *adj.* seriously (wounded etc.); s~**behindert**, seriously handicapped; s~**beschädigt**, seriously damaged/(*Pers.*) disabled; s~**krank**, gravely/

critically ill; (*c*) *adj.* difficult; s~**verständlich**, difficult to understand; obscure; s~**verdaulich/ s~verträglich**, difficult to digest, indigestible. 'S~**athlet**, *m* -en/-en *Sp:* weight lifter, wrestler *or* boxer. 'S~**athletik**, *f* -/no *pl Sp:* 'trial of strength' forms of athletics (*e.g.* weight lifting, wrestling etc.). 'S~**e**, *f* -/no *pl* 1. heaviness; (*Gewicht*) weight; *Ph:* **Gesetz der S.**, law of gravity. 2. (*Schwierigkeit*) difficulty. 3. (*Ausmaß*) severity; seriousness. 4. heaviness (of wine, perfume); *Meteor:* oppressiveness. 's~**elos**, *adj.* weightless. 'S~**elosigkeit**, *f* -/no *pl* weightlessness. 's~**er'ziehbar**, *adj.* s~**es Kind**, problem child. 's~**fallen**, *v.i. sep.irr.27* (*sein*) **die Arbeit fällt ihm schwer**, he finds the work difficult; **die Wahl fällt mir schwer**, I don't know which to choose; **der Abschied ist ihm schwergefallen**, the parting was a wrench for him. 's~**fällig**, *adj.* clumsy; ponderous (person, movements etc.); slow, ponderous (mind, procedure etc.). 'S~**fälligkeit**, *f* -/no *pl* ponderousness; clumsiness. 'S~**gewicht**, *n* -(e)s/-e 1. *Sp:* (*also* S~**gewichtler** *m*) heavyweight. 2. *Fig:* (*Großteil*) main part; (*Betonung*) (main) stress. 's~**hörig**, *adj* hard of hearing. 'S~**hörigkeit**, *f* -/no *pl* hardness of hearing, (partial) deafness. 'S~**kraft**, *f* -/no *pl Ph:* (force of) gravity. 's~**lich**, *adv.* hardly. 's~**machen**, *v.tr.sep.* to make (life, work etc.) difficult (**j-m**, for s.o.). 'S~**mut**, *f* -/no *pl* melancholy. 's~**mütig**, *adj.* melancholy. 's~**nehmen**, *v.tr.sep.irr.69* to take (life etc.) (too) seriously, take (criticism etc.) to heart. 'S~**punkt**, *m* -(e)s/-e 1. *Ph:* centre of gravity. 2. *Fig:* (main) emphasis, concentration; focal point (of a picture etc.). 's~**punktmäßig**, *adj.* concentrating on key areas. 's~**tun**, *v.refl.sep.irr.106 F:* **sich dat mit etwas dat s.**, to have difficulties with sth.; **er tut sich schwer mit dem Lernen**, learning is a struggle for him. 'S~**verbrechen**, *n* -s/- major crime. 'S~**verbrecher**, *m* -s/- dangerous criminal. 's~**wiegend**, *adj.* weighty (decisions, reason etc.); s~**e Folgen**, serious consequences.

Schwert [ʃveːrt], *n* -(e)s/-er 1. sword. 2. *Sail:* centreboard. 'S~**fisch**, *m* -(e)s/-e swordfish. 'S~**lilie**, *f* -/-n *Bot:* iris. 'S~**wal**, *m* -(e)s/-e *Z:* killer whale.

Schwester [ˈʃvɛstər], *f* -/-n 1. sister. 2. (*Krankens.*) (female) nurse; (*Ordens.*) nun; (*Anrede*) Sister. 'S~**firma**, *f* -/-men *Com:* associate/affiliated company. 's~**lich**, *adj.* sisterly. 'S~**n-**, *comb.fm.* nurses' (home etc.); S~**haube** *f*, nurse's cap; S~**tracht** *f*, nurse's uniform. 'S~**nschiff**, *n* -(e)s/-e sister ship.

schwieg [ʃviːk], *p. of* **schweigen** *q.v.*

Schwieger|eltern [ˈʃviːgər'ɛltərn], *pl* parents-in-law. 'S~**mutter**, *f* -/- mother-in-law. 'S~**sohn**, *m* -(e)s/-e son-in-law. 'S~**tochter**, *f* -/- daughter-in-law. 'S~**vater**, *m* -s/- father-in-law.

Schwiele [ˈʃviːlə], *f* -/-n callus.

schwierig [ˈʃviːrɪç], *adj.* difficult; **im s~en Alter**, at a difficult/awkward age. 'S~**keit**, *f* -/-en difficulty; **in S~en geraten**, to get into difficulties/trouble; S~**en machen**, (*Pers.*) to make/

(*Sache*) cause difficulties (**j-m**, for s.o.). '**S ~ keitsgrad**, *m* -(e)s/-e degree of difficulty.
Schwimm|bad ['ʃvimbɑːt], *n* -(e)s/ˉer swimming pool/(*Hallenbad*) baths. '**S ~ becken**, *n* -s/- swimming pool (*basin*). '**S ~ dock**, *n* -s/-s floating dock. '**s ~ en**, *v.i.irr.90* (*sein/occ. haben*) (*p.* **schwamm**, *p.p.* **geschwommen**) (*a*) (*sein*) (*Pers., Tier*) to swim; (*Sache*) to float; (*Pers.*) **s. gehen**, to go for a swim; (**das**) **S. ist gesund**, swimming is good for you; *F:* **im Geld s.**, to be rolling in money; (*b*) (*haben*) *F:* (*überschwemmt sein*) **der ganze Boden schwimmt**, the whole floor is awash; **ihre Augen schwammen**, her eyes were swimming with tears; (*c*) (*verschwimmen*) to blur; **der Kopf schwamm mir**, my head swam; (*d*) *F:* (*Redner usw.*) **er hat geschwommen/ist ins S. geraten**, he floundered/came unstuck. '**s ~ end**, *adj.* floating (hotel etc.); **s~e Fracht**, shipboard cargo; *Cu:* **s~es Fett**, deep fat. '**S ~ er**, *m* -s/- **1.** (*Pers.*) swimmer. **2.** *Fish: Av: I.C.E: etc:* float. '**S ~ erhahn**, *m* -(e)s/ˉe ballcock. '**S ~ erin**, *f* -/-nen (female) swimmer. '**s ~ fähig**, *adj.* buoyant; amphibious (vehicle). '**S ~ fähigkeit**, *f* -/no pl buoyancy. '**S ~ flügel**, *mpl* armbands. '**S ~ fuß**, *m* -es/ˉe *Z:* webbed foot. '**S ~ halle**, *f* -/-n (indoor) swimming bath. '**S ~ haut**, *f* -/ˉe web (of a webbed foot). '**S ~ kran**, *m* -s/ˉe floating crane. '**S ~ lehrer(in)**, *m* -s/- (*f* -/-nen) swimming instructor. '**S ~ wagen**, *m* -s/- amphibious vehicle. '**S ~ weste**, *f* -/-n lifejacket.

Schwind|el ['ʃvindəl], *m* -s/no pl **1.** giddiness; *Med:* vertigo. **2.** (*Betrug*) swindle, cheat; (*Kniff*) trick. '**S ~ elanfall**, *m* -(e)s/ˉe *Med:* attack of giddiness/dizziness. **S ~ e'lei**, *f* -/-en *F:* **1.** *no pl* swindling, cheating. **2.** (*Lüge*) fib. '**s ~ elerregend**, *adj.* vertiginous (heights etc.). '**s ~ elfrei**, *adj.* (*Pers.*) free from giddiness/dizziness. '**S ~ elgefühl**, *n* -(e)s/no pl giddy/dizzy feeling. '**s ~ eln**, *v.* **1.** *v.i.* (*haben*) (*a*) *Pej:* (*lügen*) to tell stories, *F:* fib; **das ist geschwindelt!** that's a fib! (*b*) **mir/occ. mich schwindelt es**, I feel dizzy; **s~de Höhen**, dizzy heights. **2.** *v.tr.* to smuggle (sth.); **sich durch etwas s.**, to fiddle one's way through sth. '**S ~ ler(in)**, *m* -s/- (*f* -/-nen) swindler; (*Lügner*) liar. '**s ~ lig**, *adj.* dizzy, giddy; **mir ist s.**, I feel dizzy/giddy.

schwind|en ['ʃvindən], *v.i.irr.9* (*haben*) (*pres.* **schwindet**, *p.* **schwand**, *p.p.* **geschwunden**) (*a*) *Lit:* (*Kräfte, Vorräte usw.*) to dwindle; (*Schönheit, Einfluß usw.*) to wane; (*Hoffnung, Rad: Sender usw.*) to fade; (*b*) (*verschwinden*) to disappear; (*c*) *Tchn:* (*Metall, Holz*) to shrink. **S ~ sucht** ['ʃvint-], *f* -/no pl *Med: A:* consumption. '**S ~ ung**, *f* -/no pl *Tchn:* shrinkage.

schwing|en ['ʃviŋən], *v.irr.19* (*p.* **schwang**, *p.p.* **geschwungen**) **1.** *v.tr.* to swing (one's arm, a hammer etc.); (*schwenken*) to wave (a flag etc.); **sich in den Sattel s.**, to swing/leap into the saddle; *Lit:* **der Vogel schwang sich in die Lüfte**, the bird soared into the air; **die Brücke schwingt sich über den Fluß**, the bridge spans the river; *F:* **große Reden s.**, to talk big. **2.** *v.i.* (*haben*) (*a*) to swing; *Tchn:* (*Wellen usw.*) to oscillate; (*b*) (*Saite usw.*) to vibrate. '**S ~ flügel**, *m* -s/- tilting casement (window). '**S ~ tor**, *n* -(e)s/-e

up-and-over (garage) door. '**S ~ ung**, *f* -/-en *Ph:* oscillation, vibration. '**S ~ ungsdämpfer**, *m* -s/- *Tchn:* vibration damper.
Schwips [ʃvips], *m* -es/-e *F:* **einen S. haben**, to be tipsy.
schwirren ['ʃvirən], *v.i.* (*a*) (*sein*) (*Insekte usw.*) to buzz (along); (*Flügel, Pfeil usw.*) to whirr; (*b*) (*haben*) **die Stadt schwirrt von Gerüchten**, the town is buzzing with rumours; **mir schwirrt der Kopf**, my head is in a whirl.
Schwitz|bad ['ʃvitsbɑːt], *n* -(e)s/ˉer Turkish bath. '**s ~ en**, *v.* **1.** *v.i.* (*haben*) (*Pers. usw.*) to sweat, perspire (**vor Angst usw.**, with fear etc.); (*Wände, Fenster usw.*) to stream (with condensation). **2.** *v.tr.* (*a*) *Cu:* to brown (flour) gently; (*b*) **sich naß s.**, to be drenched in sweat. '**s ~ ig**, *adj. F:* sweaty (hands etc.). '**S ~ kur**, *f* -/-en sweating cure.
schwoll [ʃvɔl], *p. of* **schwellen** *q.v.*
schwören ['ʃvøːrən], *v.tr. & i.irr.* (*p.* **schwor**, *p.p.* **geschworen**) to swear (an oath, loyalty etc.); **ich hätte geschworen/s. können, daß...**, I could have sworn that ...; *F:* **auf ein Medikament usw. s.**, to swear by a remedy etc.
schwul [ʃvuːl], *adj. F:* gay (man, magazine etc.); **ein S ~ er**, a gay/*Pej:* queer. '**S ~ en-**, *comb.fm.* gay (movement, bar etc.).
schwül [ʃvyːl], *adj.* sultry. '**S ~ e**, *f* -/no pl sultriness.
Schwulst [ʃvulst], *m* -(e)s/no pl *Pej:* bombast; *Arch: etc:* ornateness.
schwülstig ['ʃvylstiç], *adj.* bombastic; ornate (architecture etc.).
schwummerig ['ʃvuməriç], *adj. F:* **mir ist/wird s.**, I feel faint.
Schwund [ʃvunt], *m* -(e)s/no pl decrease; *Com:* wastage, loss in weight; (*b*) *Rad:* fading; (*c*) *Med:* atrophy.
Schwung [ʃvuŋ], *m* -(e)s/ˉe **1.** (*Bewegung*) swing (of the arms, a pendulum etc.); (*Sprung*) leap; *Skating: Ski:* turn, sweep; **S. holen**, to get a good swing; *Fig:* **der S. des Bogens**, the sweep/curve of the arch. **2.** (*a*) (*Antrieb*) momentum; **j-n, etwas in S. bringen**, to get s.o., sth. going/moving; **in S. kommen**, to get under way, (*Party*) warm up; (*Pers.*) to get going, get into one's stride; (*b*) (*Elan*) verve, *F:* zip; **S. haben**, (*Musik*) to go with a swing; (*Pers., Stil usw.*) to have verve; (*Aufführung usw.*) to be full of life/*F:* pep/go; **die Aufführung/Rede hatte keinen S.**, the performance/speech was lifeless. '**s ~ haft**, *adj.* **s~en Handel mit etwas** *dat* **treiben**, to do a roaring trade in sth.; *adv.* **sich s. entwickeln**, to develop by leaps and bounds. '**S ~ kraft**, *f* -/no pl centrifugal force. '**s ~ los**, *adj.* lifeless. '**S ~ rad**, *n* -(e)s/ˉer *Mec.E:* flywheel. '**s ~ voll**, *adj.* (*a*) vivid (performance etc.); lively, spirited (music, speech etc.); (*b*) swinging, sweeping (movements etc.); sweeping (lines, brush-strokes etc.).
Schwur [ʃvuːr], *m* -(e)s/ˉe oath; **einen S. leisten**, to take an oath. '**S ~ gericht**, *n* -(e)s/-e *G.Jur:* court composed of professional and lay judges; (*mit Geschworenen*) jury court. '**S ~ gerichtsverfahren**, *n* -s/- *Jur:* trial by jury.
Séance [se'ɑ̃ːsə], *f* -/-n séance.
sechs [zɛks]. **I.** *num.adj.* six. **II. S.**, *f* -/-en (number) six; *Sch:* **eine S. schreiben**, to get a

six (*the lowest fail mark*). 'S~eck, n -(e)s/-e Geom: hexagon. 's~eckig, adj. hexagonal. 'S~er, m -s/- F: six; Sch: lowest fail mark; F: er hat nicht für einen S. Humor, he hasn't a scrap of humour. 'S~erpackung, f -/-en Com: pack of six. 's~fach, adj. sixfold; adv. six times. 's~jährig, adj. six-year-old (child etc.); six-year (period). 's~kantig, adj. six-sided, hexagonal. 's~mal, adv. six times. 's~'monatig, adj. six-month-old (baby etc.); six-month (period etc.). 's~'monatlich, adj. six-monthly (instalments etc.); adv. every six months. 's~stellig, adj. six-figure (number). 's~tägig, adj. lasting six days, six-day. 's~teilig, adj. in six parts. 's~ste(r, s), num.adj. sixth; der s./6. Juni, June the sixth/ 6th. 's~tel. I. inv.adj. sixth (part) of (sth.). II. S., n -s/- sixth. 's~tens, adv. sixthly.
sech|zehn ['zɛçtseːn]. I. num.adj. sixteen. II. S., f -/-en (number) sixteen. 's~zehnte(r, s), num.adj. sixteenth. 's~zehntelnote, f -/-n Mus: semi-quaver, N.Am: sixteenth note. 's~zig. I. num.adj. sixty. II. S., f -/-en (number) sixty. 's~ziger. II. inv.adj. die s. Jahre, the sixties. II. S~(in), m -s/- (f -/-nen) sixty-year-old; in den S~n, in one's sixties. 's~zigjährig, adj. sixty-year-old. 's~zigste(r, s), num.adj. sixtieth.
Sediment [zedi'mɛnt], n -(e)s/-e Geol: Ch: etc: sediment.
See [zeː]. I. m -s/-n lake. II. f -/-n sea; (a) no pl in S. stechen, to put to sea; zur S. fahren, to be a sailor; auf S., at sea; auf hoher S., on the high seas; an der S., at the seaside; (b) = S~gang; (c) Nau: (Welle) big wave; hohe S~n, tall seas. III. 'S~~, 's~~, comb.fm. (a) sea (air, water, breeze, fishing, freight, green, salt, turtle, snake/Myth: serpent, bird etc.); (auf See) maritime (trade, climate etc.); marine (insurance etc.); S~fahrer m, seafarer, sailor; S~hafen m, seaport; adj. s~krank, seasick; S~krankheit f, seasickness; S~meile f, sea/ nautical mile; S~reise f, sea voyage; S~stück n, seascape; S~tang m, seaweed; S~transport m, sea transport; shipment by sea; adj. s~tüchtig/s~untüchtig, seaworthy/unseaworthy; S~verbindung f/S~weg m, sea route; auf dem S~weg, by sea; S~recht n, maritime law; S~volk n, maritime/seafaring nation; Z: S~igel m, sea urchin; S~kuh f, sea-cow, manatee; S~löwe m, sea-lion; S~möwe f, seagull; S~pferd(chen) n, sea-horse; (b) (Marine) naval (cadet, officer, warfare, victory, forces etc.); S~gefecht n/S~schlacht f, naval engagement/battle; S~herrschaft f, naval/maritime supremacy; S~macht f, naval/maritime power; (c) (an der See) seaside (town etc.); S~bad n, seaside resort. 'S~bär, m -en/-en F: (alter) S., old salt. 'S~fahrt, f -/-en 1. no pl seafaring, navigation. 2. voyage. 's~fest, adj. (a) not subject to sea-sickness; s. sein, to be a good sailor; (b) (Schiff) seaworthy. 'S~fisch, m -(e)s/-e salt-water fish. 'S~gang, m -(e)s/no pl swell; schwerer/starker S., heavy swell; rough sea. 'S~hecht, m -(e)s/-e Fish: hake. 'S~hund, m -(e)s/-e seal. 'S~hundsfell, n -(e)s/-e sealskin. 'S~jungfrau, f -/-en Myth: mermaid. 'S~karte, f -/-n chart. 's~klar,

adj. ready to put to sea. 'S~mann, m -(e)s/ S~leute seaman, sailor. 'S~manns-, comb.fm. sailors', nautical (language, dress etc.); S~garn n, sailors' yarn/tall story; S~heim n, sailors' hostel; S~kiste f, seaman's/ sea chest; S~lied n, sea shanty; S~tod m, death at sea. 'S~ngebiet, n -(e)s/-e lake district. 'S~not, f -/no pl distress at sea. 'S~notruf, m -(e)s/-e (ship's) distress signal (on radio). 'S~räuber, m -s/- pirate. 'S~räube-'rei, f -/no pl piracy. 'S~rose, f -/-n 1. Bot: water-lily. 2. Z: sea anemone. 'S~seite, f -/-n seaward side. 'S~sack, m -(e)s/-e (sailor's) kitbag. 'S~schiff, n -(e)s/-e sea-going vessel. 'S~schwalbe, f -/-n Orn: tern. 'S~stern, m -(e)s/-e starfish. 'S~ufer, n -s/- lakeside, shore of a lake. 'S~wind, m -(e)s/-e onshore wind. 'S~zeichen, n -s/- sign/marker for shipping. 'S~zunge, f -/-n Fish: sole.
Seele ['zeːlə], f -/-n soul; (a) (Pers.) eine Gemeinde von hundert S~n, a parish of a hundred inhabitants/A: souls; sie ist eine gute S./eine S. von Mensch, she is a good soul/a real dear; er ist die S. des Geschäfts, he is the mainstay of the business; (b) Lit. es liegt mir schwer auf der S., daß..., it weighs heavily on my conscience that ...; sich dat etwas von der S. reden, to get sth. off one's chest; F: sich dat die S. aus dem Leib reden, to talk until one is blue in the face; das ist mir aus der S. gesprochen, that's just what I feel; ich stimme dir aus voller S. zu, I agree with you entirely; (c) zwei S~n und ein Gedanke! two minds and but a single thought! F: nun hat die liebe S. Ruh! at last he/she has got what he/she wanted. 'S~namt, n -(e)s/-er Ecc: requiem. 'S~narzt, m -es/-e Hum: F: head-shrinker. 'S~nfriede, m -ns/no pl peace of mind. 'S~nheil, n -(e)s/no pl Rel: (spiritual) salvation. 'S~nleben, n -s/no pl spiritual life. 's~nlos, adj. soulless; unfeeling (glance etc.). 'S~nmassage, f -/no pl Hum: F: gentle persuasion; (Schmeichelei) soft-soap. 'S~nruhe, f -/no pl complete calm; er sah in aller S. zu, wie sie naß wurde, he watched quite unconcerned as she got wet. 's~nvergnügt, adj. deeply contented. 'S~ntröster, m -s/- Hum: F: (Alkohol) pick-me-up. S~nverwandtschaft, f -/no pl Rel: spiritual affinity. 'S~nwanderung, f -/-en Rel: transmigration of souls.
seel|isch ['zeːliʃ], adj. (a) psychological (illness etc.); emotional (balance, state etc.); s~e Belastung, emotional/(geistig) mental strain; adv. s. bedingt, with psychological causes; (b) Rel: spiritual (needs etc.). 'S~sorge, f -/no pl Rel: pastoral work. 'S~sorger, m -s/- Rel: pastor, clergyman.
Segel ['zeːgəl]. I. n -s/- sail; unter S., under sail/ canvas; mit vollen S~n, under full sail; Fig: full speed ahead; Fig: die S. streichen, to give in. II. S~~, comb.fm. sailing (boat, ship, club etc.); S~sport m, sailing. 'S~fahrt, f -/-en sail (trip). 's~fliegen. I. v.i. only infin. Av: to glide. II. S. II. n -s/no pl Av: (also S~flug m) gliding. 'S~flieger, m -s/- glider pilot. 'S~~fliegerclub, m -s/-s gliding club. 'S~flug-

zeug, *n* -(e)s/-e glider. **'s ~ n. I.** *v.tr.&i.* (a) (*irgendwohin*) (*haben/sein*) to sail (a boat, distance etc.); *Av:* to glide; *F:* **sie segelte um die Ecke,** she sailed around the corner; (b) (*sein*) *F:* **durchs Examen s.,** to flunk one's exam. **II. S.,** *n* -s/*no pl* sailing. **'S ~ tuch,** *n* -s/-e canvas.

Segen ['ze:gən], *m* -s/*no pl* blessing; **ein S., daß es heute schön ist!** it's a mercy it's fine today; **das ist ein wahrer/kein reiner S.,** that is a real boon/not an unmixed blessing; **zum S. der Menschheit,** for the benefit of mankind; *F:* **meinen S. hast du!** it's OK by me! **'s ~ sreich,** *adj.* beneficial.

Segler ['ze:glər], *m* -s/- **1.** *Orn:* swift. **2.** *Nau:* sailing ship. **3.** *Av:* glider.

Segment [zeg'ment], *n* -(e)s/-e segment.

segn|en ['ze:gnən], *v.tr.* to bless (s.o., sth.); *Fig:* (**reich**) **mit Talenten gesegnet,** (richly) endowed with talent. **'S ~ ung,** *f* -/-en blessing.

segregieren [zegre'gi:rən], *v.tr.* to segregate (people).

sehen ['ze:ən]. **I.** *v.irr.* (*pres.* **sieht,** *p.* **sah,** *p.p.* **gesehen**) **1.** *v.tr.* to see (s.o., sth.); (a) **wir sahen die Sonne untergehen,** we watched the sun set; **niemand war zu s.,** there was nobody to be seen; **etwas undeutlich s.,** to make out sth. dimly; **sie sah, daß es zu spät war,** she saw/realized it was too late; **sie sieht den Schmutz nicht,** she doesn't notice the dirt; **er sieht aber auch alles,** he doesn't miss anything; **den möchte ich s., der das kann!** nobody could possibly do that! *Pub:* **siehe oben/unten/Seite 96,** see above/below/page 96; *F:* **hat man sowas schon gesehen?** well I never! *Fig:* **er sieht nur seinen eigenen Vorteil,** he only considers his own advantage; (b) (*schätzen*) to regard, judge (sth.); **etwas anders/im Zusammenhang s.,** to look at sth. differently/in context; **wie s. Sie die Situation?** how do you interpret/assess the situation? **in etwas dat eine Aufgabe s.,** to see sth. as one's duty, consider sth. a duty; **ich kann darin nichts Eigenartiges s.,** I don't find this at all strange; **sich gezwungen/veranlaßt s.,** etwas zu tun, to feel bound to do sth.; **das werden wir ja gleich s.,** we'll soon find out; (c) (*treffen*) **ich sehe ihn gelegentlich,** I occasionally see him; **wir s. uns oft,** we often meet; *F:* **er hat sich lange nicht s. lassen,** there hasn't been any sign of him for a long time; **laß dich ja nicht mehr s.!** don't let me set eyes on you again! (d) **etwas gern/ungern s.,** to like/dislike sth.; **er sieht es nicht gern, wenn du das tust,** he doesn't like you doing this; **sie ist stets gern gesehen,** she is always welcome; *F:* **ich kann keine Kartoffeln (mehr) s.!** I can't stand the sight of potatoes; (e) **sich s. lassen können,** (i) to look attractive/(*repräsentativ*) respectable; (ii) *Fig:* (*Leistung usw.*) to be pretty good; **er kann sich so nicht s. lassen,** he is not fit to be seen. **2.** *v.i.* (*haben*) (a) to see; **gut/schlecht s.,** to have good/bad eyesight; **sehe ich recht?** are my eyes deceiving me? *F: int.* **sieh da!** well, well! **siehst du!** there you are! (b) (*blicken*) to look (**aus dem Fenster, durch ein Fernglas, auf die Uhr, in den Spiegel usw.,** out of the window, through binoculars, at one's watch, in the mirror etc.); **lassen Sie mich/ laß (mich) mal s.,** let me have a look; **das Fenster sieht auf den Park/nach Osten,** the window looks out on the

park/faces east; **die Dummheit sieht ihr aus den Augen,** stupidity is written all over her face; *Fig:* **er läßt sich nicht in die Karten s.,** he plays his cards close to his chest; (c) (*aussehen*) **j-m ähnlich s.,** to look like/resemble s.o.; (d) **nach dem Rechten s.,** to check that everything is all right; **nach j-m s.,** to make sure s.o. is all right; **auf Pünktlichkeit s.,** to be particular about punctuality; **sie sieht nicht auf den Preis,** she doesn't mind how expensive it is; *F:* **j-m auf die Finger s.,** to keep a careful eye on s.o.; (e) **sieh, daß das nicht wieder vorkommt!** see/make sure this doesn't happen again; **sieh, daß du fortkommst!** get lost! **ich will s., ob ich das Buch bekomme,** I'll see if I can get the book; (f) (*ragen*) **das Wrack sieht aus dem Wasser,** the wreck sticks out of the water. **II. S.,** *n* -s/*no pl* seeing; (*Sehkraft*) sight; **ich kenne ihn nur vom S.,** I only know him by sight. **'s ~ enswert/** *occ.* **'s ~ enswürdig,** *adj.* worth seeing. **'S ~ enswürdigkeit,** *f* -/-en sight (worth seeing); **die S ~ en einer Stadt besichtigen,** to see the sights of a town. **'S ~ er(in),** *m* -s/- (*f* -/-nen) seer, prophet. **'S ~ fehler,** *m* -s/- eye defect. **'S ~ kraft,** *f* -/*no pl* vision. **'S ~ nerv,** *m* -s/-en *Anat:* optic nerve. **'S ~ schärfe,** *f* -/ *no pl* sharpness of one's eyes. **'S ~ schlitz,** *m* -es/-e (observation) slit. **'S ~ schwäche,** *f* -/ *no pl* poor eyesight. **'S ~ test,** *m* -s/-s eye test. **'S ~ vermögen,** *n* -s/*no pl* eyesight.

Sehn|e ['ze:nə], *f* -/-n *Anat:* tendon. **'S ~ enzerrung,** *f* -/-en pulled tendon. **'s ~ ig,** *adj.* sinewy; stringy (meat etc.).

sehn|en ['ze:nən], *v.refl.* **sich nach etwas** *dat* **s.,** to yearn/long for sth.; **er sehnt sich nach Haus,** he is longing to go home. **'s ~ lich,** *adj.* ardent (wish etc.). **'S ~ sucht,** *f* -/*no pl* longing (**nach** + *dat,* for); (*nach Vergangenem*) nostalgia. **'s ~ süchtig,** *adj.* longing; wistful (expression etc.); **s ~ es Verlangen,** ardent desire.

sehr [ze:r], *adv.* (a) (+ *adj./adv.*) very; **er ist s. beschäftigt,** he is very/extremely busy; **s. viel,** very much; **s. viel Geld,** a great deal of money; **das ist s. schade,** that's a great pity; **das tue ich s. gern,** I like doing that very much; (b) (+ *verb*) very much; **sich s. bemühen,** to try very hard; **danke s.,** thank you very much; **sie weinte s.,** she cried bitterly; **es gefiel ihr so s., daß ...,** she liked it so much that....

sei [zai], *pres. subj.&imp.* of **sein** *q.v.*

seicht [zaiçt], *adj.* shallow (water); *Fig:* superficial (book etc.). **'S ~ heit,** *f* -/*no pl* (*also Fig:* **S ~ igkeit**) shallowness, *Fig:* superficiality.

Seid|e ['zaidə], *f* -/-n *Tex:* silk. **'s ~ en,** *adj.* silk. **'S ~ en,** **'s ~ en,** *comb.fm.* (a) silk (ribbon, thread etc.); **S ~ strumpf** *m,* silk stocking; **S ~ waren** *fpl,* silk goods, silks; **S ~ spinnerei** *f,* silk mill; *Z:* **S ~ raupe** *f,* silkworm; (b) (*seidig*) **S ~ glanz** *m,* silky sheen; *adj.* **s ~ weich,** soft and silky. **'S ~ enpapier,** *n* -s/-e tissue paper. **'s ~ ig,** *adj.* silky.

Seidel ['zaidəl], *n* -s/- **1.** beer mug. **2.** *A: Meas:* half-litre.

Seif|e ['zaifə], *f* -/-n soap. **'S ~ en,** *comb.fm.* soap (powder, dish etc.); soapy (water); **S ~ blase** *f,* soap bubble; **S ~ flocken** *fpl* soapflakes; **S ~ kistenrennen** *n,* soapbox derby; **S ~ lauge** *f,* soap suds; **S ~ schaum** *m,* (soapy) lather. 's ~ ig, *adj.* soapy.

seih|en ['zaiən], *v.tr.* to filter, strain (a liquid etc.). 'S ~ **tuch**, *n* -(e)s/-er cheesecloth; muslin.

Seil [zail], *n* -(e)s/-e rope; (*Hochs.*) tightrope. 'S ~ **bahn**, *f* -/-en funicular/cable railway. 's ~ **hüpfen**/'s ~ **springen**, *v.i.* (*usu. infin. only*) to skip. 's ~ **tanzen**, *v.i.* (*usu. infin. only*) to walk the tightrope. 'S ~ **tänzer(in)**, *m* -s/- (*f* -/-nen) tightrope walker.

sein[1] [zain], *poss.pron.* (*a*) his; (*Tier, Sache*) its; **das ist s ~ er/s ~ e/s ~ es/**Lit. **der/die/das S ~ e**, that's his (one)/(*Tier*) its one; **er und die S ~ en**, he and his family/*F.* people; *Fig:* **er hat das S ~ e dazu beigetragen**, he has done his bit; **jedem das S ~ e**, to each his own; *P:* **dem Lehrer s. Rad**, the teacher's bike; (*b*) (*indef.*) one's; **man muß s ~ e Tabletten nehmen**, one must take one's pills; (*c*) (*bei Mädchen*) **das Mädchen gab mir s. Buch/s ~ (e)s**, the girl gave me her book/hers; (*d*) **es wird s ~ e hundert Mark gekostet haben**, it must have cost a good hundred marks; **alles zu s ~ er Zeit**, all in good time. 's ~ **er**, *pers.pron. gen of* **er/es** of him/it/(*bei Mädchen*) her; *Lit:* **gedenke s.**, remember him. 's ~ **erseits**, *adv.* on his part; **er s. zieht warme Mahlzeiten vor**, he for his part prefers hot meals. 's ~ **erzeit**, *adv.* at one time; (*damals*) at that time. 's ~ **es'gleichen**, *pron.* (*a*) people like him/(*bei Mädchen*) her; **er ist nur an s. interessiert**, he is only interested in (people of) his own kind; (*b*) **ein Buch, das s. sucht**, an unparalleled/a unique book. 's ~ **et-wegen/um** 's ~ **etwillen**, *adv.* because of him; (*für ihn*) for his sake; **s. habe ich mich verspätet**, he made me late. 's ~ **ige**, *poss.pron*, *Lit:* **der/die/das s.**, his/its/(*bei Mädchen*) her one.

sein[2]. I. *v.irr.* (*pres.* **ist**, *pres.subj.* **sei**, *p.* **war**, *p.subj.* **wäre**, *p.p.* **gewesen**) 1. *v.i.* (*sein*) to be; (*a*) **sei brav!** be good! **sei so gut und hole meine Tasche**, would you be so kind as to fetch my bag? **er ist Zahnarzt, Engländer, Nichtraucher usw.**, he is a dentist, English, a non-smoker etc.; **ich bin aus Frankfurt**, I am/I come from Frankfurt; **du warst es!** it was you! **keiner will es gewesen sein**, nobody will admit to it; (*b*) *impers.* **es war einmal eine Prinzessin**, once upon a time there was a princess; **es ist an dir zu . . .**, it is up to you to . . .; **wie dem auch sei**, be that as it may; **sei es heute oder morgen**, whether it be today or tomorrow; **es sei denn**, **morgen regnet es**, unless it rains tomorrow; **wie wäre es mit einem Spaziergang?** how about a walk? *F:* **das wär's!** that's the lot! (*c*) *impers.* **mir ist kalt, schlecht usw.**, I feel cold, ill etc.; **ihm war, als hörte er Stimmen**, he thought he heard voices; *F:* **uns ist nicht danach**, we don't feel like it; we're not in the mood for it; (*d*) (+ *infin.*) **dieses Stück ist nicht zu ersetzen**, this piece cannot be replaced/is irreplaceable; **die Sonne war noch zu sehen**, the sun could still be seen/was still visible; (*e*) (+ *infin.*) (*Vorschriften*) *P.N:* **Hunde sind an der Leine zu führen**, dogs must be kept on a leash; (*f*) *Mth:* **zwei und zwei ist vier**, two plus two makes/equals four; (*g*) *F:* (*passieren*) **muß das s.?** do you have to? **wenn etwas ist**, if anything happens; **das sollte nicht s.**, it shouldn't happen; **ist was?** is

anything wrong? (*h*) *esp. Lit:* to exist; **der König ist nicht mehr**, the king is dead; **wenn er nicht gewesen wäre**, if it had not been for him. 2. *v.aux.* (*Perfekt, Plusquamperfekt*) **die Pfeife ist ausgegangen**, the pipe has gone out; **der Zug war schon angekommen**, the train had already arrived. II. **S.**, *n* -s/*no pl Lit:* Phil: existence; **S. und Schein**, reality and illusion. 's ~ **lassen**, *v.tr.sep.irr.57 F:* to stop (doing) sth., (*aufgeben*) drop (sth.).

seins [zains], *poss.pron.* = **seines**, *see* **sein**[1].

seit [zait]. I. *prep.* + *dat* (*a*) since; **s. Kriegsende**, since the end of the war; (*b*) (*wie lange*) **ich bin s. vier Tagen krank**, I have been ill for four days now; **s. wann weißt du das?** how long have you known this? **ich weiß es erst s. kurzem**, I only learnt about it recently. II. *conj.* since; **s. wir hier sind**, since we have been here. **s ~ 'dem**. I. *adv.* since then; **s. kann ich ihn nicht mehr leiden**, I have disliked him ever since. II. *conj.* since; **er hat den Hund, s. er pensioniert ist**, he has had the dog since he retired. 's ~ **her**, *adv.* = **seitdem** I.

Seit|e ['zaitə], *f* -/-n side; (*a*) face (of a coin, dice etc.); *Mil:* flank; **vordere S.**, front; **hintere S.**, back; **obere S.**, top; **untere S.**, bottom; **sich nach allen S ~ n umsehen**, to look in every direction; **nach einer S. offen**, open on one side; **zur S. treten**, to step aside, **S. an S.**, side by side; **sich auf die andere S. drehen**, to turn over; **sich auf die S. legen**, (i) to lie on one's side; (ii) to lean sideways/*Nau:* list; **mit in die S. gestemmten Armen**, with arms akimbo; *Fig:* **j-m zur S. stehen**, to stand by s.o.; **sie ging ihm nicht von der S.**, she never left his side; **j-n von der S. ansehen**, to look askance at s.o.; **Geld auf die S. legen**, to put money on one side; *F:* **etwas auf die S. schaffen**, to get sth. by a fiddle; (*b*) side, facet (of s.o.'s character); aspect (of a problem etc.); **sich von seiner besten S. zeigen**, to put one's best foot forward; *F:* **seine schwache/starke S.**, his weak spot/strong point; **einer Sache die beste S. abgewinnen**, to make the best of sth.; **jedes Ding hat zwei S ~ n**, there are two sides to everything; **auf der einen S. . . ., auf der anderen S. . . .**, on the one hand . . ., on the other hand . . .; (*c*) (*Gruppe von Personen usw.*) **ich habe das von verschiedenen S ~ n gehört**, I have heard this from several people/sources; **von offizieller S. ist nichts bekannt**, nothing is known officially; **das Recht war auf ihrer S.**, she was in the right; **er stand auf ihrer S.**, he took her side; (*Abstammung*) **von der väterlichen S.**, on his/her father's side; (*d*) *Sp:* **die S ~ n wechseln**, to change ends; (*e*) (*Buchs.*) page; **in den S ~ n blättern**, to leaf through the pages. 's ~ **en**[1], *prep.phr.* **auf/von s. des Ministers**, on the minister's part. 'S ~ **en-**[2], *comb.fm.* side (altar, exit, entrance, window etc.); cross- (wind, current etc.); *Tchn:* lateral (pressure etc.); **S ~ ansicht** *f*, side view; profile; **S ~ blick** *m*, side/sidelong glance; **S ~ fach** *n*/*Cl:* **S ~ tasche** *f*, side-pocket; **S ~ straße** *f*, side street; **S ~ flügel** *m*, *Art:* side panel (of an altar); *Arch:* wing (of a building); *Fig:* **S ~ hieb** *m*, side-swipe (**auf** + *acc*, at); *Hairdr:* **S ~ scheitel** *m*, side parting; *Arch:* **S ~ schiff** *n*, side aisle. 'S ~ **enge-wehr**, *n* -(e)s/-e *Mil:* bayonet. 's ~ **enlang**, *adj.* going on for (several) pages. ′S ~ **enlinie,** *f* -/-**n** (*a*) *Rail:* branch line; (*b*) *Tennis:* side line; *Fb:* touchline; (*c*) (*Genealogie*) collateral line. ′**s ~ ens,** *prep.* + *gen* on the part of. ′**S ~ ensprung,** *m* -(e)s/⁼e (extramarital) escapade. ′**S ~ enstechen,** *n* -s/*no pl* stitch (in one's side). ′**S ~ enstreifen,** *m* -s/- verge (of a road). ′**s ~ enverkehrt,** *adj.* the wrong way round; (picture etc.) in mirror image. ′**S ~ enzahl,** *f* -/-**en** number of pages.

seit|lich [′zaitliç]. **I.** *adj.* side (entrance etc.); lateral (thrust etc.); **s ~ er Wind,** cross-wind; *adv.* **s.** **von mir,** to one side of me. **II.** *prep.* + *gen* to one side of, beside. ′**s ~ wärts,** *adv.* sideways; *F:* **sich s. in die Büsche schlagen,** to slink off into the bushes.

Sekret [ze′kre:t], *n* -s/-e *Physiol:* secretion (product). **S ~ ion** [-etsi′o:n], *f* -/-**en** *Physiol:* secretion process.

Sekre|tär [zekre′tɛ:r], *m* -s/-e **1.** (*Pers.*) secretary. **2.** *Furn:* (fall-front) secretaire. **S ~ tariat** [-tari′a:t], *n* -(e)s/-e (*a*) administrative section; (*b*) *Pol:* secretariat. **S ~ ′tärin,** *f* -/-**nen** (female) secretary.

Sekt [zɛkt], *m* -(e)s/-e (German) champagne.

Sekte [′zɛktə], *f* -/-**n** *Rel:* sect.

Sektion [zɛktsi′o:n], *f* -/-**en 1.** *Adm:* section, department. **2.** *Med:* dissection; (*Obduktion*) autopsy. **S ~ sbefund,** *m* -(e)s/-e *Med:* result of an autopsy. **S ~ schef,** *m* -s/-s *Aus: Adm:* head of a department.

Sektor [′zɛktɔr], *m* -s/-en *Geom: Pol: & Fig:* (*Bereich*) sector; **er ist Fachmann auf seinem S.,** he is an expert in his sphere/field.

Sekund|a [ze′kunda], *f* -/-**den** *Sch:* sixth and seventh years/second (highest) form (in a *Gymnasium*). **S ~ aner(in)** [-′da:nər(in)], *m* -s/- (*f* -/-**nen**) student in the *Sekunda.* **S ~ ant** [-′dant], *m* -en/-en *Box: Fenc: etc:* second. **s ~ är** [-′dɛ:r] *adj./***S ~ är-,** *comb.fm.* secondary (importance, literature etc.). **S ~ e** [-′kundə], *f* -/-**n** second; **eine S. bitte!** just a second! **s ~ enlang,** *adj.* of a few seconds; **s ~ es Zögern,** momentary hesitation. **S ~ enzeiger,** *m* -s/- second hand. **s ~ ieren** [-′di:rən], *v.i.* (*haben*) **j-m s.,** to support/*Box: etc:* second s.o.

selb|en [′zɛlbən], *dem.adj.dat* **am s. Tag,** on the same day. ′**s ~ er,** *dem.pron. F:* = **selbst.** ′**S ~ ermachen,** *n* -s/*no pl F:* do-it-yourself; **zum S.,** to make yourself.

selbst [zɛlpst]. **I.** *dem.pron.* **ich s.,** I myself; **du/Sie s.,** you yourself; **er s.,** he himself; **sie s.,** she herself; *pl* **they themselves; wir s.,** we ourselves; **Ihr/Sie s.,** you yourselves; **sie hat es s. gesehen,** she saw it herself/with her own eyes; **du bist s. schuld,** it is your own fault; **er muß es s. wissen,** it is up to him; **sie ist die Geduld s.,** she is patience itself; **die Tür geht von s. zu,** the door closes itself/automatically; **das versteht sich von s.,** that goes without saying. **II.** *adv.* even; **s. wenn,** even if; **er hat s. Spinat gern,** he even likes spinach. **III.** *S.,* *n* -/*no pl* self; *Psy:* ego. **IV.** ′**S ~ -,** ′**s ~ -,** *comb.fm.* (*a*) self-(accusation, discipline, criticism, love etc.); **S ~ achtung** *f,* self-esteem; **S ~ aufopferung** *f,* self-sacrifice; **S ~ bedienung** *f,* self-service; **S ~ bedienungs-,** *comb.fm.* self-service (shop, restaurant etc.);

S ~ behauptung *f,* self-assertion; **S ~ beherrschung** *f,* self-control; **S ~ bestimmung** *f,* self-determination; **S ~ betrug** *m/***S ~ täuschung** *f,* self-deception; **s ~ bewußt** *adj.* self-confident, self-possessed; **S ~ bewußtsein/S ~ gefühl/S ~ vertrauen** *n,* self-confidence; **S ~ bildnis** *n,* self-portrait; **S ~ erhaltung** *f,* self-preservation; **s ~ ernannt** *adj.* self-styled; **s ~ gerecht** *adj.* self-righteous; **S ~ prüfung** *f,* introspection; **s ~ sicher** *adj.* self-assured; **S ~ sicherheit** *f,* self-assurance, poise; **S ~ studium** *n/***S ~ unterricht** *m,* self-study, self-tuition; **S ~ tanken** *n,* self-service (with petrol); **S ~ überschätzung** *f,* self-conceit; **S ~ verleugnung** *f,* self-denial; **S ~ versorger** *m,* self-sufficient person; **S ~ verstümm(e)lung** *f,* self-mutilation; (*Wunde*) self-inflicted wound; **S ~ verteidigung** *f,* self-defence; **S ~ verwaltung** *f,* self-administration/government; **s ~ zufrieden** *adj.* self-satisfied; **S ~ zufriedenheit** *f,* self-satisfaction, complacency; (*b*) *adj.* home-(brewed etc.); **s ~ gemacht/***F:* **s ~ gebastelt,** home-made; (*c*) (*automatisch*) automatic; *Tel:* **S ~ anschlußamt** *n,* automatic exchange; *Phot:* **S ~ auslöser** *m,* automatic release; *Sm.a:* **S ~ ladepistole** *f,* automatic pistol; *Tel:* **S ~ wähler** *m,* automatic telephone. ′**S ~ befriedigung,** *f* -/*no pl* masturbation. ′**S ~ biographie,** *f* -/-**n** autobiography. ′**S ~ fahrer,** *m* -s/- driver of a self-drive car. ′**S ~ fahrerdienst,** *m* -(e)s/*no pl* self-drive car hire/*N.Am:* rental. ′**s ~ gefällig,** *adj.* smug, complacent. ′**S ~ gefälligkeit,** *f* -/*no pl* smugness, complacency. ′**S ~ gespräch,** *n* -(e)s/-e soliloquy. ′**s ~ herrlich,** *adj.* high-handed, autocratic. ′**S ~ hilfe,** *f* -/*no pl* self-help; **zur S. schreiten,** to take matters into one's own hands. ′**S ~ kosten,** *pl Com:* prime cost. ′**S ~ kostenpreis,** *m* -es/-e *Com:* cost price. ′**S ~ laut,** *m* -(e)s/-e *Ling:* vowel. ′**s ~ los,** *adj.* unselfish. ′**S ~ losigkeit,** *f* -/*no pl* unselfishness. ′**S ~ mord,** *m* -(e)s/-e (act of) suicide. ′**S ~ mörder(in),** *m* -s/- (*f* -/-**nen**) (*Pers.*) suicide. ′**s ~ mörderisch,** *adj.* suicidal. ′**S ~ mordversuch,** *m* -(e)s/-e attempted suicide. ′**s ~ redend,** *adv.* naturally, of course. ′**S ~ sucht,** *f* -/*no pl* selfishness, egotism. ′**s ~ süchtig,** *adj.* selfish. ′**s ~ tätig,** *adj.* automatic. ′**s ~ tragend,** *adj.* unsupported; *Aut:* monocoque (construction etc.). ′**S ~ überwindung,** *f* -/*no pl* strength of mind; will-power; **mit viel S.,** with a great effort of will; **es hat ihn viel S. gekostet,** he had to force himself to do it. ′**s ~ verdient,** *adj.* earned by one's own effort. ′**s ~ vergessen,** *adj. Lit:* absent-minded; lost in thought, oblivious to one's surroundings. ′**s ~ verschuldet,** *adj.* **das war s.,** that was his own fault. ′**s ~ verständlich,** *adj.* (*a*) (*natürlich*) natural (manner etc.); **etwas für s. halten,** to regard sth. as a matter of course; (*b*) (*offensichtlich*) self-evident, obvious (truth, fact etc.); *adv.* of course; **s. würde ich lieber schwimmen gehen,** naturally/needless to say I would prefer to go swimming. ′**S ~ verständlichkeit,** *f* -/*no pl* matter of course; **das ist eine S.,** that goes without saying. ′**S ~ wählferndienst,** *m* -(e)s/*no pl Tel:* subscriber trunk dialling, *usu.abbr.* **STD.** ′**S ~ zweck,** *m* -(e)s/*no pl* end in itself.

selbständig ['zɛlpʃtɛndiç], *adj.* independent; (*mit eigenem Betrieb*) self-employed (person); **sich s. machen**, *Com:* to set up on one's own; *Hum:* (*Knopf usw.*) to come off. ´S~**keit**, *f -/no pl* independence.

Selchfleisch ['zɛlçflaif], *n -(e)s/no pl South G: & Aus:* smoked pork.

selektiv [zelɛk'ti:f], *adj.* selective.

selig ['ze:liç], *adj.* (a) blissful; (*Pers.*) overjoyed, *F:* on cloud nine; (b) *Rel:* blessed; *A:* **mein s~er Mann**, my late husband. ´S~**keit**, *f -/ no pl* bliss; *Rel:* blessed state.

Sellerie ['zɛlǝri], *m -s/-(s) & f -/- Hort:* celeriac; (*Stangens.*) celery.

selten ['zɛltǝn], *adj.* (a) rare (books, plants etc.); **in den s~sten Fällen**, extremely rarely; *F:* **du bist ein s~er Gast**, we don't see much of you; *adv.* **ich sehe ihn nur s.**, I seldom/hardly ever see him; (b) **ein s. schönes Exemplar**, an exceptionally beautiful specimen; (c) *F:* **ein s~er Vogel**, a queer fish. ´S~**heit**, *f -/no pl* rarity. ´S~**heitswert**, *m -(e)s/-e* rarity value.

seltsam ['zɛltza:m], *adj.* strange; **er ist alt und s. geworden**, he has become a bit peculiar in his old age. ´s~**er'weise**, *adv.* strangely/oddly enough. ´S~**keit**, *f -/-e* 1. *no pl* strangeness. 2. oddity.

Semester [ze'mɛstǝr], *n -s/- Univ:* (a) semester, (six-monthly) term; (b) *F:* **ein älteres S.**, an older student. S~**ferien**, *pl Univ:* vacation. S~**schluß**, *m -sses/no pl Univ:* approx. end of term.

Semikolon [zemi'ko:lɔn], *n -s/-s & -la Gram:* semicolon.

Seminar [zemi'nɑ:r], *n -s/-e* 1. *Univ:* seminar; (*Abteilung*) department. 2. *Ecc:* seminary.

Semmel ['zɛmǝl], *f -/-n South G:* (crusty) roll; *F:* **es geht weg wie warme S~n**, it sells like hot cakes. ´s~**biond**, *adj.* flaxen-haired. ´S~**brösel**, *pl South G:* breadcrumbs.

Senat [ze'nɑ:t], *m -(e)s/-e Pol: Adm:* senate. S~**or** [-'nɑ:tǝr], *m -s/-en* ['to:rǝn] senator.

Send[e ['zɛndǝ-], *comb.fm. Rad: TV:* transmitting (station, aerial, frequency etc.); transmitter (mast, valve etc.); broadcasting (station etc.); S~**bereich** *m*/S~**gebiet** *n*, transmitting area/ range; S~**folge** *f*, broadcasting programme; S~**raum**/S~**saal** *m*, broadcasting studio; S~**schluß** *m*, end of broadcasting, close-down. ´S~**egerät**, *n -(e)s/-e* transmitter. ´S~**eleiter**, *m -s/* head of programme presentation/production. ´s~**en**, *v.* 1. *v.tr.&i.irr.94* (*haben*) (*pres.* **sendet**, *p.* **sandte**, *p.p.* **gesandt**) to send (a letter, messenger etc.); to dispatch (goods etc.); **nach j-m s.**, to send for s.o. 2. *v.tr. &i.* (*haben*) *Rad: TV:* to transmit, broadcast (signals, a programme etc.); **24 Stunden s.**, to be on the air for 24 hours. ´S~**epause**, *f -/-n Rad: TV:* interlude. ´S~**er**, *m -s/-* (broadcasting) station; (*Gerät*) transmitter. ´S~**ereinstellung**, *f -/-en* tuning (in) (to a station). ´S~**ereihe**, *f -/-n* radio/television series. ´S~**ezeichen**, *n -s/-* station signal. ´S~**ung**, *f -/-en* 1. (a) *no pl* dispatch (of goods); (b) (*das Gesandte*) consignment; (*Paket usw.*) package. 2. *Rad: TV:* (a) *no pl* broadcasting (of a programme); (b) broadcast; programme. 3. *Fig:* (*Aufgabe*) mission.

Senf [zɛnf], *m -(e)s/no pl* mustard; *F:* **mußt du denn immer deinen S. dazugeben?** do you always have to have your say/stick your oar in? ´S~**korn**, *n -(e)s/-er* mustard seed.

sengen ['zɛŋǝn], *v.tr.&i.* (*haben*) to scorch, singe (sth.). ´s~**d**, *adj.* scorching, sweltering (sun, heat etc.).

senil [ze'ni:l], *adj.* senile. S~**ität** [-nili'tɛ:t], *f -/no pl* senility.

Senior ['ze:niɔr]. I. *m -s/-en* (a) (*Vater*) head of the family; (b) *Com:* senior partner; (c) *Sp:* (*Sportler über 18*) senior; (*ältestes Mitglied*) veteran; (d) (*Rentner*) senior citizen. ´S~**chef**, *m -s/-s* boss of a family firm. S~**en-** [zeni'o:rǝn-], *comb.fm.* (a) *Sp. etc:* senior (team etc.); (b) old people's (home, club etc.); *Rail:* S~**paß** *m*, senior citizen's railcard.

Senk[blei ['zɛŋkblai], *n -(e)s/-e Constr:* lead, plummet. ´S~**e**, *f -/-n* hollow, dip (in a landscape). ´S~**el**, *m -s/-* shoelace. ´s~**en**, *v.tr.* to lower (one's eyes, voice, arms, a weapon etc.); to dip (a flag etc.); to bow (one's head); to reduce (taxes, prices, pressure etc.); *Min:* to sink (a shaft etc.); **sich s.**, to sink; (*Boden*) to fall (away), drop; (*Straße usw.*) to dip; (*Schranke, Vorhang*) to descend; (*Temperatur, Preise*) to drop; **das Haus hat sich gesenkt**, the house has subsided; **ihre Augenlider senkten sich**, her eyelids drooped; **die Äste senkten sich unter der Last des Schnees**, the branches sagged under the weight of the snow. ´S~**fuß**, *m -es/-e Med:* fallen arches. ´S~**grube**, *f -/-n* cesspit. ´S~**kopf**, *m -(e)s/-e Tchn:* countersunk head. ´S~**lot**, *n -(e)s/-e Constr:* plumbline. ´s~**recht**, *adj.* vertical; *Geom:* perpendicular (**zu etwas** *dat.* to sth.); **eine s~e Klippe**, a sheer rockface; **der Mast stand nicht mehr s.**, the mast was at an angle, *Hum:* (*Pers.*) **s. bleiben**, to stay upright. ´S~**rechte**, *f -n/-n Geom:* perpendicular. ´S~**rechtstarter**, *m -s/-* 1. *Av:* vertical take-off aircraft, *F:* jump jet. 2. *F:* (*Pers.*) whizzkid. ´S~**schraube**, *f -/-n Tchn:* countersunk screw. ´S~**ung**, *f -/-en* (a) (*Abfall*) drop, dip (in the terrain, road etc.); (*Bodens*) subsidence; (b) (*Verminderung*) reduction, lowering (of prices etc.) (**um** + *acc,* by); (c) *Poet:* unstressed syllable; (d) *Med:* (*Bluts.*) blood sedimentation (test). ´S~**ungsgraben**, *m -s/- Geol:* rift valley.

Sensation [zɛnzatsi'o:n], *f -/-en* sensation; S. **machen/erregen**, to create/cause a sensation. s~**ell** [-o'nɛl], *adj.* sensational. S~**s-**, *comb.fm.* sensational (report, newspaper etc.); S~**presse** *f*, sensationalist/*N.Am:* yellow press; *adj.* s~**lüstern**, sensation-seeking.

Sense ['zɛnzə], *f -/-n* scythe; *F:* **jetzt ist aber S.!** (i) it's all over; (ii) (*mahnend*) that's enough of that!

sensi[bel [zɛn'zi:bǝl], *adj.* sensitive. S~**bilität** [-ibili'tɛ:t], *f -/no pl* sensitivity, sensitiveness. s~**tiv** [-zi'ti:f], *adj.* hyper-sensitive.

Sentenz [zɛn'tɛnts], *f -/-en* maxim, aphorism. s~**i'ös**, *adj.* aphoristic.

sentimental [zɛntimɛn'tɑ:l], *adj.* sentimental. S~**ität** [-tali'tɛ:t], *f -/-en* sentimentality.

separat [zepa'rɑ:t], *adj.* separate; **s~e Wohnung**, self-contained flat; *adv.* **s. wohnen**, to live on one's own.

September [zɛp'tɛmbər], *m* -s/- September; **im S.**, in September; **am fünften/5. S.**, on the fifth of September/September 5th.

Septett [zɛp'tɛt], *n* -(e)s/-e *Mus:* septet.

septisch ['zɛptiʃ], *adj. Med:* septic.

Sequenz [ze'kvɛnts], *f* -/-en sequence; *Mus:* progression.

Serb|e ['zɛrbə], *m* -n/-n Serbian. '**S~i en.** *Pr.n.n -s. Geog:* Serbia. '**S~in,** *f* -/-nen Serbian (woman). '**s~isch,** *adj.* Serbian.

Serenade [zere'na:də], *f* -/-n *Mus:* serenade.

Serie ['ze:riə], *f* -/-n series; *Com:* line (of goods etc.); *Aut:* range (of models); *Ind:* **in S. hergestellt**, mass-produced; *adj. Mus: Data-Pr:* serial. '**S~en-,** *comb.fm.* (a) series; **S~anfertigung/S~produktion** *f,* series/mass production; *El:* **S~schaltung** *f,* series connection; (b) (*serienmäßig*) standard (product etc.); **S~fahrzeug** *n,* standard/production model. '**s~enmäßig,** *adj.* standard (product etc.); **es wird s. mitgeliefert**, it is standard equipment. '**s~enweise,** *adj.* in series. '**s~enweise,** *adj.* in series.

seri|ös [zeri'ø:s], *adj.* respectable (person etc.); sound (firm); **ein s~es Angebot**, a genuine offer. **S~osität** [-ozi'tɛ:t], *f* -/no pl respectability, soundness.

Sermon [zɛr'mo:n], *m* -s/-e *F:* long rigmarole.

Serpentine [zɛrpɛn'ti:nə], *f* -/-n zigzag (line, road); **Straße mit S~n**, road with a series of hairpin bends.

Serum ['ze:rum], *n* -s/-ren *Med:* serum.

Serv|ice [zɛr'vi:s], *n* -s/- (tea etc.) service. **s~ieren** [-'vi:rən], *v.tr. & i.* (*haben*) to serve (sth.) (**j-m**, s.o., to s.o.); **es ist serviert**, dinner is served. **S~iererin**, *f* -/-nen waitress. **S~iette** [-vi'ɛtə], *f* -/-n (table) napkin.

servil [zɛr'vi:l], *adj.* servile, obsequious.

Servo- ['zɛrvo-], *comb.fm. Aut:* servo (brakes, system etc.); **S~lenkung** *f,* power steering.

Servus ['zɛrvus], *int. F: South G: & Aus:* (a) hello! *N.Am:* hi! (b) (*Abschiedsgruß*) so long! see you!

Sesam ['ze:zam], *m* -s/-s 1. *Bot:* (a) sesame; (b) (*Samen*) sesame seeds. 2. *Lit:* **S. öffne dich!** open Sesame!

Sessel ['zɛsəl], *m* -s/- (upholstered) armchair. '**S~lift**, *m* -(e)s/-e *Ski:* chair lift.

seßhaft ['zɛshaft], *adj.* (*Pers., Leben*) settled; **s. in X**, resident in X; **s. werden**, to settle down. '**S~igkeit,** *f* -/no pl settled state.

Set [sɛt], *m & n* -s/-s 1. (*Satz*) set. 2. table mat.

Setz|ei ['zɛts?ai], *n* -s/-er *North G:* fried egg. '**s~en,** *v.* 1. *v.tr.* (a) to put (sth. somewhere); **etwas wieder an seinen Platz s.**, to replace sth.; **ein Kind auf einen Stuhl s.**, to sit a child in a chair; **j-n an Land s.**, to put s.o. ashore; **etwas unter Wasser s.**, to flood sth.; **ein Kind in die Welt s.**, to produce a child; **etwas auf eine Liste s.**, to enter/put sth. on a list; **j-m etwas auf die Rechnung s.**, to charge sth. to s.o.; **ein Komma usw. s.**, to put a comma etc.; **sein Geld auf etwas** *acc* **s.**, to put/stake one's money on sth.; *Fig:* **Vertrauen auf j-n s.**, to put one's trust in s.o.; **j-n in Schrecken, Verlegenheit usw. s.**, to make s.o. frightened, embarrassed etc.; **sich** *dat* **etwas in den Kopf s.**, to take sth. into one's head; **etwas in Bewegung s.**, to set sth. in motion; *F:* **j-m das Messer an die Kehle/die**

Pistole auf die Brust s., to hold a pistol to s.o.'s head; (b) (*festlegen*) to set (limits, a target etc.); **j-m eine Frist s.**, to give s.o. a deadline; (c) **sich s.**, to sit down; **sich zu Tisch s.**, to sit down at table (to eat); **darf ich mich zu Ihnen s.?** may I join you? **der Vogel setzte sich auf den Zweig**, the bird alighted on the branch; **Staub setzt sich in die Ritzen**, dust settles in the cracks; (d) **sich in den Besitz einer Sache s.**, to take possession of sth.; **sich mit j-m in Verbindung s.**, to contact s.o.; (e) *Hort:* to plant (a tree etc.); (f) *Tennis:* to seed (a player); (g) **j-m ein Denkmal s.**, to put up a monument to s.o.; *Sail:* **die Segel s.**, to set/hoist the sails; (h) *Print:* to set (a book etc.). 2. *v.i.* (a) (*sein*) **über eine Hecke s.**, to jump/leap over a hedge; **die Fähre setzte über den Fluß**, the ferry crossed the river; (b) (*haben*) to bet; **auf ein Pferd s.**, to back a horse. '**S~er**, *m* -s/- *Print:* typesetter, compositor. **S~e'rei**, *f* -/-en *Print:* composing room. '**S~kasten**, *m* -s/ᵁ *Print:* case. '**S~ling**, *m* -s/-e *Hort:* seedling. '**S~maschine**, *f* -/-n *Print:* typesetting machine.

Seuche ['zɔyçə], *f* -/-n epidemic.

seufze|n ['zɔyftsən], *v.i.* (*haben*) to sigh. '**S~r**, *m* -s/- sigh.

Sex [zɛks], *m* -es/no pl sex. '**S~bombe**, *f* -/-n sex bomb. **S~ismus** [zɛ'ksismus], *m* -/no pl sexism. **s~istisch**, *adj.* sexist.

Sexta ['zɛksta], *f* -/-ten *Sch:* first form/year (in a *Gymnasium*). **S~ner(in)** [-'ta:nər(in)], *m* -s/- (*f* -/-nen) first former.

Sextett [zɛks'tɛt], *n* -(e)s/-e *Mus:* sextet.

Sexu|al [zɛksu'a:l-], *comb.fm.* sex (life, crime etc.); sexual (feeling, ethics etc.); **S~aufklärung/S~erziehung**/*Sch:* **S~kunde** *f,* sex education. **S~alität** [-ali'tɛ:t], *f* -/no pl sexuality. **s~ell** [-u'ɛl], *adj.* sexual.

sezier|en [ze'tsi:rən], *v.tr. Med:* to dissect (a corpse etc.). **S~messer**, *n* -s/- scalpel. **S~saal**, *m* -s/-säle dissecting theatre.

Shampoo [ʃam'pu:], *m* -s/-s shampoo.

Shorts [ʃɔrts], *pl Cl:* shorts.

Show [ʃau], *f* -/-s show. '**S~geschäft**, *n* -(e)s/ *no pl* show business.

Siam|ese [zia'mɛ:zə], *m* -n/-n/**S~esin**, *f* -/-nen Siamese. **s~esisch**, *adj.* Siamese. **S~katze** ['zi:am-], *f* -/-n Siamese cat.

Sibir|ien [zi'bi:riən]. *Pr.n.n -s. Geog:* Siberia. **S~ier(in)**, *m* -s/- (*f* -/-nen) Siberian. **s~isch**, *adj.* Siberian (climate etc.).

sich [ziç], *refl.pron.* 1. (+ *verb*) (a) (*acc*) 3rd pers. *sing. m* himself, *f* herself, *n* itself; *pl* themselves; 2nd pers. polite form yourself, *pl* yourselves; *indef.* oneself; **er/sie hat s. umgebracht**, he/she killed himself/herself; **das Problem löste s. von selbst**, the problem solved itself; **s. verstecken**, to hide (oneself); (*fest zum Verb gehörend*) **er weigerte s.**, he refused; **es überschlug s.**, it overturned; (b) (*dat*) **er gab s. (selbst) die Schuld**, he blamed himself; **sie kaufte s. ein Kleid**, she bought herself a dress; (*possessiv*) **er hat s. den Kopf verletzt**, he injured his head; (*fest zum Verb gehörend*) **s. etwas aneignen**, to appropriate sth.; (c) (*einander*) each other, one another; **sie helfen s.** *dat*, they help one another; **sie trafen s. hier**, they met here; (d) (*impers.*) **hier wohnt es s. schön**, it's pleasant living here; this is a pleasant place to live; **es fragt s., ob es s. lohnt,** the question is whether it's worth it; (*passiv*) **es ißt s. schnell/läßt s. schnell essen,** it can be eaten quickly. **2.** (+ *prep.*) (*a*) (*rückbezogen*) **sie denkt nur an s.,** she only thinks of herself; **er hat es auf s. genommen,** he took it on himself; (*b*) **er hat es hinter s.,** he has this behind him; **haben Sie Geld bei s.?** have you any money on you? **sie lud ihn zu s. ein,** she invited him round to her place.

Sichel ['ziçəl], *f* -/-n *Agr:* sickle.

sicher ['ziçər], *adj.* (*a*) safe (place etc.); secure (job, investment etc.); **in s~em Abstand,** at a safe distance; **vor Gefahr s. sein,** to be safe/ protected from danger; **vor Einbrechern s.,** burglar-proof; **hier ist man seines Lebens nicht s.,** one's life is in danger here; **s. ist s.,** better safe than sorry; *adv.* **s. über die Straße gehen,** to cross the road safely/in safety; *F:* **auf Nummer s. gehen,** to play it safe; (*b*) sure (sign, judgement etc.); (*gewiß*) certain; (*zuverlässig*) reliable (method, evidence etc.); **sind Sie s.?** are you sure/certain? **ich bin mir meiner Sache ganz s.,** I am absolutely certain/positive about this; *adv.* **das ist s. richtig,** that is certainly true; **er hat es s. vergessen,** he is bound to have forgotten it; **Sie haben es s. gemerkt,** you must have noticed it; *F:* **langsam aber s.,** slow(ly) but sure(ly); *int.* **aber s.!** of course! (*c*) steady (hand etc.); confident (belief, manner etc.); **nicht s. auf den Beinen,** unsteady (on one's legs); **s~er Halt,** firm hold; *adv.* **er fährt s. Auto,** he drives confidently. **'s~gehen,** *v.i.sep.irr.36* (*sein*) to play safe; **um sicherzugehen,** to be on the safe side, make sure. **'S~heit,** *f* -/*occ* **-en 1.** *no pl* (*a*) safety; security (of the state etc.); **S. am Arbeitsplatz,** safety at work; **S. der Arbeitsplätze,** job security; **j-n, etwas in S. bringen,** to rescue s.o., sth. (from danger); **sich in S. wiegen,** to have a (false) sense of security; (*b*) (*Gewißheit*) certainty; **er kommt mit S.,** he is sure to come; **ich kann es nicht mit S. sagen,** I can't say exactly; (*c*) reliability (of judgement etc.); (*Selbsts.*) confidence, assurance; **ihm fehlt die nötige S.,** (i) he lacks self-confidence; (ii) (*bei einer Arbeit*) he lacks a sure hand; (*d*) *Jur:* (*Bürgschaft*) guarantee, surety; **S. für j-n leisten,** to stand bail/surety for s.o. **2.** *Fin:* security. **'S~heits-,** *comb.fm.* (*a*) safety (factor, glass, lamp, measures, device etc.); safe (car, distance etc.); **S~gurt** *m,* safety belt; *Av: Aut.* seat belt; *adv.* **s~halber,** for safety's sake; **S~kette** *f,* safety chain, *esp.* door chain; **S~nadel** *f,* safety pin; **S~schloß** *n,* safety lock; **S~ventil** *n,* safety valve; (*b*) security (officer, service, forces, police, risk etc.); *Pol:* **S~rat** *m,* (UN) Security Council. **'s~lich,** *adv.* certainly. **'s~n,** *v.* **1.** *v.tr.* (*a*) to safeguard, (*schützen*) protect (sth.) (**vor etwas** *dat,* from sth.); **ein Auto gegen/vor Diebstahl s.,** to make a car safe against theft; **die Tür mit einer Kette s.,** to secure the door with a chain; (*b*) (*verschaffen*) to secure (sth.); **sich** *dat* **einen guten Platz s.,** to make sure of a good seat; **sein Reichtum sicherte ihm Freunde,** his wealth won him friends; (*c*) *Fin:* to provide security for/cover (a debt etc.); (*d*) *Sm.a:* to put the safety catch on (a gun). **2.** *v.i.* (*haben*) *Hunt:* (*Wild*) to scent, test the wind. **'s~stel-**

len, *v.tr.sep.* (*a*) (*beschlagnahmen*) to seize, confiscate (goods etc.); (*b*) to safeguard (a position, service etc.). **'S~stellung,** *f* -/-en (*a*) confiscation; (*b*) safeguard(ing). **'S~ung,** *f* -/-en **1.** *no pl* (*Schutz*) protection, safeguard(ing); **S. gegen Inflation,** insurance against inflation. **2.** (*a*) *El:* fuse; (*b*) *Sm.a: etc:* safety catch. **'S~ungsdraht,** *m* -(e)s/-̈e *El:* fuse wire. **'S~ungskasten,** *m* -s/-̈ *El:* fuse box.

Sicht [ziçt], *f* -/*no pl* visibility; **heute ist schlechte/klare S.,** visibility is poor/good today; **die S. versperren,** to obstruct/block one's view; **das Meer ist/kommt in S.,** the sea is in/comes into sight; **außer S.,** out of sight; *Com:* **auf/nach S.,** on/after sight; *Fig:* **auf kurze/lange S.,** in the short/long run; **aus meiner S.,** from my point of view. **'s~bar,** *adj.* visible, (*offenkundig*) obvious (sign etc.); **gut s.,** clearly visible, easily seen; **s~e Fortschritte,** clear/marked progress. **'S~barkeit,** *f* -/*no pl* visibility. **'s~en,** *v.tr.* (*a*) to sight (a ship etc.); (*b*) to sift through (documents etc.). **'S~gerät,** *n* -(e)s/-e *Data-pr:* visual display unit. **'s~lich,** *adj.* visible, evident (pleasure, relief etc.). **'S~ung,** *f* -/*no pl* **1.** sighting. **2.** sifting (of papers etc.). **'S~verhältnisse,** *npl* visibility. **'S~vermerk,** *m* -(e)s/-e visa (in a passport etc.). **'S~weite,** *f* -/*no pl* range of visibility; **in/außer S.,** in/out of sight.

sicker|n ['zikərn], *v.i.* (*sein*) to seep, ooze. **'S~wasser,** *n* -s/*no pl* (*a*) ground water; (*b*) seepage (from a dam etc.).

sie [zi:], *pers.pron.* **1.** (*Frau usw.*) (*nom.*) she, (*acc*) her, (*Ding*) it; *pl* they, (*acc*) them, **er sah s.,** he saw her/it/them; **s. ist/sind es,** it's her/ them; *F:* (*Tier*) **es ist eine s.,** it's a her. **2.** (*Großschreibung, Höflichkeitsform*) you; **sind S. schon lange hier?** have you been here long?

Sieb [zi:p], *n* -(e)s/-e *H: etc:* strainer, sieve; *Tchn:* screen (for gravel etc.); gauze filter (for liquid). **'S~druck,** *m* -(e)s/-e *Print:* silk-screen print. **s~en**[1] ['zi:bən], *v.tr.* (*a*) to sieve (flour etc.); *Tchn:* screen (gold etc.); (*b*) to weed out (candidates etc.); *abs.* to pick and choose.

sieben[2] ['zi:bən]. **I.** *num.adj.* seven; *Fig:* **das ist mir/für mich ein Buch mit s. Siegeln,** that's a closed book to me. **II. S.,** *f* -/- (number) seven. **'S~'bürgen.** *Pr.n.n* -s. *Geog:* Transylvania. **'s~fach,** *adj.* sevenfold. **'s~jährig,** *adj* seven-year old (child etc.); seven year (period); *Hist:* **der s~e Krieg,** the Seven Years' War. **'s~mal,** *adv.* seven times. **'S~'meilenstiefel,** *mpl Lit:* seven-league boots. **'S~sachen,** *fpl F:* (personal) belongings; **hast du deine S. beisammen?** have you got all your things? **'S~schläfer,** *m* -s/- (*a*) *Z:* dormouse; (*b*) *F:* sleepyhead, late riser. **'s~stellig,** *adj.* seven-figure (number). **'s~teilig,** *adj.* in seven parts. **'s~te(r,s)** = **siebte(r,s).**

siebte(r,s) ['zi:ptə(r,s)], *num.adj.* seventh; **der s./7. April,** April the seventh/7th; *F:* **im s~n Himmel schweben/sein,** to be in one's seventh heaven. **'s~tel. I.** *inv.adj.* seventh (part) of (a pound etc.). **II. S.,** *n* -s/- seventh. **'s~tens,** *adv.* seventhly. **'s~zehn. I.** *num.adj.* seventeen. **II. S.,** *f* -/-en (number) seventeen.

'**s~zehnte(r,s)**, *num.adj.* seventeenth.
'**s~zig. I.** *num.adj.* seventy. **II. S.**, *f* -/-en
(number) seventy. '**s~ziger. I.** *inv.adj.* **die s.**
Jahre, the seventies. **II. S~(in)**, *m* -s/- (*f*
-/-nen) seventy-year old; **in den S~n**, in
one's seventies. '**s~zigjährig**, *adj.* seventy-
year old. '**s~zigste(r,s)**, *num.adj.* seventieth.
sied|eln ['zi:dəln], *v.i.* (*haben*) to settle (some-
where). '**S~ler**, *m* -s/- settler. '**S~lung**, *f*
-/-en **1.** housing estate/*N.Am:* development. **2.**
esp. Hist: settlement. '**S~lungshaus**, *n*
-es/=er house on an estate/*N.Am:* development.
sied|en ['zi:dən], *v.tr.&i. occ.irr.* (*haben*) (*p.* **sied-**
ete/*occ* **sott**, *p.p.* **gesiedet**/*occ* **gesotten**) to boil
(sth.); **s~d heiß**, boiling hot. '**S~punkt**, *m* -
(e)s/- boiling point.
Sieg [zi:k], *m* -(e)s/-e victory; *Sp:* win; **den S.**
erringen/davontragen, to be victorious; **auf S.**
spielen, to go for a win. '**s~en**, *v.i.* (*haben*) to
win a victory (**über j-n**, over s.o.); *Sp: Pol: etc:* to
win; *Fig:* to triumph; **die Vernunft siegte über**
seinen Zorn, reason got the better of his anger.
'**S~er(in)** [-gər(in)], *m* -s/- (*f* -/-nen) victor;
Sp: etc: winner. '**S~er-**, *comb.fm.* (*a*) victori-
ous (country, team etc.); *Sp: etc:* winning (team,
side etc.); triumphant (expression, pose etc.); (*b*)
victor's (wreath etc.); winner's (prize, cup, ros-
trum etc.). '**S~erehrung**, *f* -/-en *Sp:* prize-
giving ceremony. '**S~es-**, *comb.fm.* victory
(parade, celebrations etc.); (news, symbol etc.)
of victory; triumphal (march, mood etc.); *Sp:*
winning (hit, goal etc.); *adj.* **s~bewußt/s~-**
gewiß/s~sicher, confident of victory; **S~säule** *f*,
triumphal column; **S~zug** *m*, triumphal/vic-
torious progress. '**s~reich**, *adj.* victorious.
Siegel ['zi:gəl], *n* -s/- seal; *Adm:* (*Stempel*)
stamp. '**S~lack**, *m & n* -s/*no pl* sealing wax.
'**s~n**, *v.tr.* to seal (a letter etc.). '**S~ring**, *m*
-(e)s/-e signet ring.
siezen ['zi:tsən], *v.tr.* to address (s.o.) formally/
as *Sie.*
Signal [zi'gna:l]. **I.** *n* -s/-e signal; (**j-m**) **S. geben**,
to signal (to s.o.); *Aut:* to hoot (at s.o.). **II.**
S~-, *comb.fm.* signal (flag, mast etc.); signal-
ling (lamp, system etc.); *Rail:* **S~brücke** *f*,
signal gantry. **S~gast**, *m* -(e)s/-en *Nau:* sig-
naller. **S~horn**, *n* -(e)s/=er *Mil:* bugle. **s~i-**
'**sieren**, *v.tr.* to signal (a message etc.); *Fig:*
to indicate (sth.).
Sig|natur [zigna'tu:r], *f* -/-en (*a*) signature; (*b*)
shelf mark (of a book). **s~'nieren**, *v.tr.* to
sign (sth.).
Silbe ['zilbə], *f* -/-n syllable; **er erwähnte es mit**
keiner S., he didn't say a word about it.
Silber ['zilbər]. **I.** *n* -s/*no pl* silver; **das S. putzen**,
to polish the silver. **II.** '**S~-**, *comb.fm.* silver
(foil, fox, medal, coin, paper etc.); **S~barren**
m, silver ingot; **S~besteck** *n*, silver cutlery;
S~geschirr *n*, silver plate, silverware;
S~schmied *m*, silversmith. '**S~blick**, *m* -(e)s/-e
Opt: F: cast, squint (in the eye). '**S~glanz**,
m -es/*no pl* silvery sheen, lustre. '**s~glän-**
zend, *adj.* silvery, lustrous. '**s~hell**, *adj.*
silvery (sound). '**s~n**, *adj.* silver (brace-
let, wedding etc.); (*silbrig*) silvery (sheen
etc.). '**S~reiher**, *m* -s/- *Orn:* egret. '**S~-**
streifen, *m* **ein S. am Horizont**, a ray of hope.
silbrig ['zilbriç], *adj.* silvery.

Silhouette [zilu'ɛtə], *f* -/-n silhouette; **die S. einer**
Stadt, the skyline of a town.
Silikon [zili'ko:n], *n* -s/-e silicone.
Silizium [zi'li:tsium], *n* -s/*no pl* silicon. **S~-**
plättchen, *n* -s/- *Data-pr:* silicon chip.
Silo ['zi:lo], *m* -s/-s *Agr:* silo. '**S~futter**, *n*
-s/*no pl Agr:* silage.
Silvester [zil'vɛstər], *n* -s/- New Year's Eve;
Scot: Hogmanay.
Simbabwe [zim'babvε]. *Pr.n.n* -s. *Geog:* Zim-
babwe.
simpel ['zimpəl], *adj.* simple (fact, solution);
(*schlicht*) plain, basic (dress, *Fig:* decency etc.);
Pej: (*einfältig*) simple-minded (person etc.).
Sims [zims], *m & n* -es/-e *Constr:* (*Fenster usw.*)
ledge, sill; *Arch:* cornice.
Simson ['zimzən]. *Pr.n.m* -s. *B:* Samson.
Simul|ant [zimu'lant], *m* -en/-en malingerer.
s~ieren [-'li:rən], *v.* **1.** *v.tr.* to sham (an illness
etc.); *Tchn:* to simulate (processes etc.). **2.** *v.i.*
(*haben*) to sham, pretend.
simultan [zimul'ta:n], *adj.* simultaneous.
S~dolmetschen, *n* -s/*no pl* simultaneous
interpreting.
Sinfoni|e [zinfo'ni:], *f* -/-n *Mus:* symphony.
s~sch [-'fo:niʃ], *adj.* symphonic; **s~e Dich-**
tung, symphonic poem.
Singapur ['ziŋgapu:r]. *Pr.n.n* -s. *Geog:* Singa-
pore.
Sing- ['ziŋ-], *comb.fm.* singing (lesson etc.); song
(bird, thrush); **S~stimme** *f*, singing voice;
(*Partie*) vocal part. '**s~en**, *v.tr. & i.irr.*
(*haben*) (*p.* **sang**, *p.p.* **gesungen**) (*a*) to sing (a
song, alto etc.); **richtig/falsch s.**, to sing in/out
of tune; **j-n in den Schlaf s.**, to sing/lull s.o.
to sleep; *F:* **davon kann ich ein Lied s.**, I can
tell you a thing or two about that; (*b*) (*Tele-*
fondrähte usw.) to hum. '**S~sang**, *m* -(e)s/*no*
pl monotonous singsong.
Single [siŋ(g)l]. **1.** *n* -s/-s *Tennis:* single. **2.** *f* -/-s
Rec: single (record). **3.** *m* -s/-s single person.
Singular ['ziŋgula:r], *m* -s/-e *Gram:* singular.
sinken ['ziŋkən], *v.i.irr.* (*sein*) (*p.* **sank**, *p.p.*
gesunken) (*a*) (*Schiff, Wasserspiegel usw.*) to
sink; (*Sonne*) to set; (*Flut usw.*) to go down;
(*Gebäude*) to subside; **sie sank ins Bett, in seine**
Arme usw., she sank into bed, into his arms
etc.; **er sank auf die Knie**, he sank/dropped to
his knees; **in Schlaf s.**, to fall asleep; **in Ohn-**
macht s., to faint; **den Kopf s. lassen**, to hang
one's head; *Fig:* **den Mut s. lassen**, to lose heart,
become discouraged; **sie wäre vor Verlegenheit**
am liebsten in den Boden gesunken, in her em-
barrassment she wished the earth would swal-
low her up; (*b*) (*Temperatur, Preise usw.*) to
drop, fall; (*Wert, Ansehen, Einfluß usw.*) to
decline, diminish; **in j-s Achtung s.**, to go down
in s.o.'s estimation.
Sinn [zin], *m* -(e)s/-e **1.** *no pl* (*Bedeutung*) sense
(of a term, phrase etc.); meaning (of s.o.'s words
etc.); (*Zweck*) point; **im wörtlichen/über-**
tragenen S., literally/figuratively; **in gewissem**
S~e, in a way; **im S~e des Gesetzes**, within the
meaning of/according to the law; **es hat keinen**
S. zu warten, there is no sense/point in waiting;
das ist nicht der S. der Sache, that's not the
point; **ohne S. und Verstand**, without rhyme or
reason. **2.** *no pl* (*a*) (*Geist*) mind; **seine Be-**

merkung will mir nicht aus dem S., I can't stop thinking about his remark; **es kam mir plötzlich in den S.,** I suddenly thought of it; **laß es dir nicht in den S. kommen,** don't let it enter your head; **er hatte deutlich etwas im S.,** he clearly had sth. in mind/planned to do sth.; **es ging mir durch den S.,** it passed through my mind; **es ist nicht nach meinem S.,** it is not to my liking; **ihm steht der S. nicht danach,** that's not what he's after; (b) (*Gefühl, Verständnis*) feeling; **er hat S. für Humor,** he has a sense of humour; **sie hat S. für Kunst, aber nicht für Hausarbeit,** she appreciates art, but doesn't like housework; **cr hat nur S. für Geld,** he is only interested in money. 3. (a) sense (of hearing etc.); **ein sechster S.,** a sixth sense; **bist du von S~en?** are you out of your mind? *F:* **seine fünf S~e zusammennehmen,** to collect one's wits; **er hat nicht alle (fünf) S~e beisammen,** he is not all there; (b) **seine S~e erwachten,** his (sexual) desires were awakened. **'S~bild,** *n* -(e)s/-er symbol. **'s~bildlich,** *adj.* symbolic. **'s~en,** *v.i.irr.* (haben) (*p.* sann, *p.p.* gesonnen) *Lit:* **über etwas** *acc* s., to meditate on/brood over sth.; **auf Rache, Verrat usw. s.,** to plan/ plot revenge, treason etc.; **all sein S. und Trachten,** all his thoughts and energies. **'S~enwelt,** *f* -/no pl esp. *Phil:* material world. **'S~esart,** *f* -/-en disposition; turn of mind. **'S~esorgan,** *n* -s/-e *Physiol:* sense organ. **'S~estäuschung,** *f* -/-en hallucination. **'s~fällig,** *adj.* clear (exposition etc.); obvious, striking (comparison). **'S~gedicht,** *n* -(e)s/-e epigram. **'s~gemäß/'s~getreu,** *adj.* **s~e Wiedergabe einer Geschichte,** rendering giving the gist/general sense of a story. **s~ieren** [-'ni:rən], *v.i.* (haben) to ruminate. **'s~ig,** *adj.* apt, *Iron:* clever (present, action etc.); *Iron:* **das war sehr s. von dir!** that was very clever of you! **'s~igerweise,** *adv. Iron:* cleverly. **'s~lich,** *adj.* (a) sensual (pleasures, love, person, etc.); (*sexuell*) sexual (attraction, desire etc.); sensuous (lips etc.); (b) of/*adv.* with the senses; **s~e Wahrnehmung,** sensory perception. **'S~lichkeit,** *f* -/no pl sensuality; sensuousness. **'s~los,** *adj.* (a) senseless, pointless (enterprise etc.); **s~e Hoffnung,** vain/ idle hope; (b) **s~e Wut,** blind rage; *adv.* **s. betrunken,** dead drunk. **'S~losigkeit,** *f* -/no pl pointlessness, futility. **'S~spruch,** *m* -(e)s/-e *Lit:* maxim. **'s~voll,** *adj.* 1. meaningful (sentence, *Fig:* activity etc.); satisfying, fulfilling (work etc.). 2. (*vernünftig*) sensible; wise (undertaking, use etc.). **'s~widrig,** *adj.* nonsensical, absurd.

Sintflut ['zintflu:t], *f* -/no pl *B:* **die S.,** the Flood.

Sinus ['zi:nus], *m* -/-se *Mth:* sine.

Siphon ['zi:fɔn], *m* -s/-s 1. (soda etc.) siphon. 2. (*im Abfluß*) trap.

Sipp|e ['zipə], *f* -/-n (whole) family; clan; (*bei Naturvölkern*) tribe. **'S~schaft,** *f* -/-en *usu.Pej:* clan, tribe.

Sirene [zi're:nə], *f* -/-n siren.

Sirup ['zi:rup], *m* -s/-e syrup; (**dunkler**) **S.,** treacle; *N.Am:* molasses.

Sisal ['zi:zal], *m* -s/no pl *Bot:* sisal.

Sisyphusarbeit ['zi:zyfus²arbait], *f* -/no pl endless task.

Sitt|e ['zitə], *f* -/-n (a) custom; **S~n und Gebräuche,** customs and conventions; **nach deutscher S.,** in the German manner; as is the German custom; **nach alter/althergebrachter S.,** in the old/traditional way; **das ist bei uns nicht S.,** we don't do that; that's not done here; *Prov:* **andere Länder, andere S~n,** other countries, other customs; (b) **die gute S./gute S~n,** good manners; etiquette; **Anstand und S.,** decorum; (c) *pl* behaviour; **was sind denn das für S~n?** what a way to behave! **'S~enapostel,** *m* -s/- *F:* moralizer. **'S~enbild** *n* -(e)s/-er/ **'S~engemälde,** *n* -s/- *Art:* genre picture. **'S~enkomödie,** *f* -/-n *Lit:* comedy of manners. **'S~enlehre,** *f* -/-n *Phil:* ethics. **'s~enlos,** *adj.* immoral (person, society etc.). **'S~enlosigkeit,** *f* -/no pl immorality. **'S~enpolizei,** *f* -/no pl vice squad. **'s~enstreng,** *adj.* puritanical, straitlaced. **'S~enstrolch,** *m* -(e)s/-e (sexual) molester. **'s~enwidrig,** *adj.* immoral (action etc.); morally offensive (advertising etc.). **'s~lich,** *adj.* moral; **s~e Bedenken,** misgivings from a moral standpoint. **'S~lichkeit,** *f* -/no pl morality. **'S~lichkeitsverbrechen,** *n* -s/- sexual assault. **'S~lichkeitsverbrecher,** *m* -s/- sexual offender. **'s~sam,** *adj.* demure (girl, behaviour), well-behaved (children). **'S~samkeit,** *f* -/no pl demure/virtuous behaviour.

Sittich ['zitiç], *m* -s/-e *Orn:* parakeet.

Situa|tion [zituatsi'o:n], *f* -/-en situation. **S~ati'onskomik,** *f* -/no pl situational comedy. **s~'iert,** *adj.* **gut/schlecht s.,** well/ badly off.

Sitz [zits], *m* -es/-e 1. (a) seat (of a chair, *Cl:* trousers, *Mec E:* a valve, *Equit:* a rider etc.); **er nahm sich ein Kissen als S.,** he took a cushion to sit on; *F:* **auf einen S.,** at one go. 2. *Cl: & Tchn:* fit; **ein Anzug von tadellosem S.,** a suit which fits perfectly. **'S~arbeit,** *f* -/no pl sedentary job/work. **'S~bad,** *n* -(e)s/-er hip bath. **'S~bank,** *f* -/-e bench (seat). **'s~en,** *v.i.irr.* (haben) (*p.* saß, *p.p.* gesessen) (a) to sit (**auf einem Stuhl, am Klavier usw.,** on a chair, at the piano etc.); (*Vögel*) to perch, roost; **beim Frühstück, auf dem Thron usw. s.,** to be at breakfast, on the throne etc.; **bitte bleiben Sie s.!** please don't get up! **s. Sie bequem?** are you comfortable (in that chair)? **einem Maler s.,** to sit for a painter; **über seinen Büchern s.,** to study; **ich habe lange an der Arbeit gesessen,** the work took me a long time; **in einem Ausschuß s.,** to sit on a committee; **im Parlament s.,** to be/have a seat in parliament; *Fig:* **er saß über sie zu Gericht,** he passed judgement on her; *F:* **er sitzt auf seinem Geld,** he is sitting on his money; **er saß vier Jahre (im Gefängnis),** he spent four years in jail; (b) *F:* **die Bemerkung/ der Hieb saß!** that remark/blow went home; **die Vokabeln s.,** the words have been well memorized/*F:* have stuck; **einen s. haben,** to be tipsy; to have one (drink) too many; **gleich hast du eine s.!** I'll clobber you in a minute! (c) (*Dinge*) to be (somewhere); (*Mensch*) **dieser Volksstamm saß ursprünglich weiter nördlich,** this tribe originally lived further to the north; **der Knopf sitzt zu weit unten,** the button is (sown on) too low down; *Med:* **wo sitzt der Schmerz?** where is the pain? *Fig:* **die Ursache saß tiefer,** the cause lay deeper; **die Rosenknospe saß voller Blattläuse,** the rose bud was covered in greenfly; **die Angst saß ihm noch in den Gliedern,** he hadn't recovered from/got over his fright; *F:* **die Pistole sitzt ihm locker,** he is quick on the draw; (*d*) *Dressm: etc:* to fit; **das Kleid sitzt ausgezeichnet,** the dress is a perfect fit. **'s ~ enbleiben,** *v.i.sep.irr.12* (*sein*) (*a*) *Sch: F:* to stay down, repeat a class/*N.Am:* grade; (*b*) *F:* (*unverheiratet*) **sie blieb s.,** she was left on the shelf; (*c*) *Com: F:* **der Kaufmann blieb auf seinen Waren s.,** the shopkeeper was stuck with his goods; (*d*) *Cu: F:* to fail to rise; **ein sitzengebliebener Kuchen,** a sagging/sad-looking cake. **'s ~ enlassen,** *v.tr.sep.irr.57 F:* to leave (s.o.) in the lurch; to desert, walk out on (a fiancé(e), wife, husband); to jilt (a girl); (*bei einer Verabredung*) to stand (s.o.) up. **'S ~ fleisch,** *n -(e)s/no pl F:* **S. haben,** to be happy to sit for a long time; (*Gast*) to be in no hurry to go; **kein S. haben,** (i) to be unable to sit down for long; (ii) (*ohne Ausdauer*) to lack perseverance. **'S ~ garnitur,** *f -/-en Furn:* three-piece suite. **'S ~ gelegenheit,** *f -/-en* seat, place to sit down. **'S ~ möbel,** *npl* chairs, seating. **'S ~ platz,** *m -es/-̈e Rail: Th: etc:* seat. **'S ~ stange,** *f -/-n* perch, roost (for birds). **'S ~ streik,** *m -(e)s/-s Ind:* sit-down strike. **'S ~ ung,** *f -/-en* (*a*) session (of a court, conference etc.); *Parl: etc:* sitting.

Sizili|aner(in) [zitsil'iɑːnər(in)], *m -s/- (f -/-nen)* Sicilian. **s ~ anisch,** *adj.* Sicilian. **S ~ en** [zi'tsiːliən]. *Pr.n.n -s. Geog:* Sicily.

Skala ['skɑːla], *f -/-len* (*a*) scale (of sounds, *Mus:* notes etc.); range (of colours, ability etc.); (*b*) *Meas:* scale, dial (of an instrument).

Skalpell [skal'pɛl], *n -s/-e Surg:* scalpel.

Skandal [skan'dɑːl], *m -s/-e* scandal; **sein Benehmen ist geradezu ein S.,** his behaviour is scandalous/an absolute disgrace; *F:* **einen S. machen,** to kick up a fuss. **S ~ blatt,** *n -(e)s/-̈er Journ: F:* muck-raking rag. **s ~ ös** [-da'løːs], *adj.* scandalous (behaviour etc.). **S ~ presse,** *f -/no pl* gutter press.

skandieren [skan'diːrən], *v.tr.* to scan (verse).

Skandina|vien [skandi'naːvien]. *Pr.n.n -s. Geog:* Scandinavia. **S ~ vier(in),** *m -s/- (f -/-nen)* Scandinavian. **s ~ visch,** *adj.* Scandinavian.

Skat [skɑːt], *m -(e)s/no pl Cards:* skat. **'S ~ bruder,** *m -s/-̈ F:* skat enthusiast.

Skelett [ske'lɛt], *n -(e)s/-e Anat: etc:* skeleton.

Skep|sis ['skɛpsis], *f -/no pl* scepticism. **'S ~ tiker,** *m -s/-* sceptic. **'s ~ tisch,** *adj.* sceptical. **S ~ ti'zismus,** *m -/no pl* scepticism.

Ski [ʃiː]. I. *m -s/-er Sp:* ski; **S. laufen/fahren,** to ski. II. **'S ~~,** *comb.fm.* ski (lift, boots, stick etc.); skiing (area, club, competition etc.); **S ~ anzug** *m,* skiing outfit; **S ~ lehrer** *m,* skiing instructor; **S ~ piste** *f,* ski run; **S ~ springen** *n,* ski jumping. **'S ~ fahren/'S ~ laufen,** *n -s/ no pl* skiing. **'S ~ fahrer/'S ~ läufer,** *m -s/-* skier.

Skizz|e ['skitsə], *f -/-n Art: & Lit:* sketch; *Lit:* draft (of a novel etc.). **'S ~ enblock,** *m -(e)s/-̈e* sketch pad. **'S ~ enbuch,** *n -(e)s/-̈er Art:* sketch

book. **'s ~ enhaft,** *adj.* sketchy. **s ~ ieren** [-'tsiːrən], *v.tr.* (*a*) to sketch, make a sketch of (sth.); to outline (a subject); (*b*) (*entwerfen*) to draft (a plan etc.).

Sklav|e ['sklɑːvə], *m -n/-n* slave. **'S ~ en-,** *comb.fm.* slave (trader, driver etc.); **S ~ arbeit** *f,* slave-labour, slavery; **S ~ handel** *m,* slave trade. **S ~ e'rei,** *f -/no pl* slavery. **'S ~ in,** *f -/-nen* (female) slave. **'s ~ isch,** *adj.* slavish.

Skonto ['skɔnto], *n & m -s/-s Com:* discount.

Skorpion [skɔrpi'oːn], *m -s/-e Z:* scorpion; *Astr:* Scorpio.

Skrupel ['skruːpəl], *m -s/-* *usu.pl* scruple. **'s ~ los,** *adj.* unscrupulous. **'S ~ losigkeit,** *f -/no pl* unscrupulousness.

Skull [skul], *n -s/-s Row:* scull. **'s ~ en,** *v.i.* (*haben/sein*) to scull.

Skulptur [skulp'tuːr], *f -/-en* sculpture.

skurril [sku'riːl], *adj.* bizarre.

Slalom ['slɑːlɔm], *m -s/-s Ski: etc:* slalom.

Slaw|e ['slɑːvə], *m -n/-n* Slav. **'S ~ in,** *f -/-nen* Slav (woman). **'s ~ isch,** *adj.* Slav. **S ~ istik** [-a'vistik], *f -/no pl Univ:* Slavonic studies.

Slip [slip], *m -s/-s Cl:* briefs.

Slogan ['sloːgən], *m -s/-s Advert:* slogan.

Slup [slu:p], *f -/-s Nau:* sloop.

Smaragd [sma'rakt], *m -(e)s/-e Miner:* emerald. **s ~ grün,** *adj.* emerald (green).

Smokarbeit ['smoːkarbait], *f -/-en Sew:* smocking.

Smoking ['smoːkiŋ], *m -s/-s Cl:* dinner jacket; *N.Am:* tuxedo.

Snob [snɔp], *m -s/-s* snob. **S ~ ismus** [sno-'bismus], *m -/no pl* snobbery. **s ~ istisch,** *adj.* snobbish.

so [zoː]. **I.** *int. F:* **so!** right! that's that! **so, so,** well, well; **so?** really? **ach so!** oh I see! so that's what/how it is! **so, jetzt geht aber!** all right, now be off with you! **II.** *adv.* **1.** (*a*) (*auf diese Weise*) in this/that way; like this/that; **so betrachtet,** seen that way/in that light; **ich habe das nicht so gemeint,** I didn't mean it like that/that way; **so kannst du nicht ins Theater gehen,** you can't go to the theatre like this; **mir ist es so, als hätte ich . . .,** I feel/it seems to me as though I had . . .; **er tat so, als ob,** he pretended to; **laß es so, wie es ist,** leave it as it is; **und so weiter,** and so forth; **so geht das nicht,** this won't do; **wir haben so schon genug zu tun,** we have enough to do as it is; **ich will mal nicht so sein,** I'll be generous; **es mußte ja so kommen,** this was bound to happen; **hab dich nicht so!** don't be silly/make such a fuss! **das sagen Sie so,** it's easy for you to say this; **er sagt das nur so,** he doesn't really mean it; **es goß nur so,** it simply poured down; **bald so, bald so/erst so, dann so,** first it's one thing, then it's another; **so oder so,** one way or the other; *Iron:* **das könnte dir so passen,** you'd like that, wouldn't you? (*b*) (*in solchem Maße*) **sei so gut,** be so kind; (*mit einer Geste*) **es ist so lang,** it's this long; **sie ist so alt/eine so alte Frau, daß . . .,** she is so old/such an old woman that . . ., **das ist so gut wie sicher,** that's as good as/virtually certain; **so schnell wie möglich,** as quickly as possible; **es ärgerte ihn so (sehr), daß . . .,** it annoyed him so much that . . ., **das ist gar nicht so einfach/schwer,** it's not that easy/difficult;

(c) F: such; **so ein langes Buch,** such a long book; **so ein Pech/Unsinn!** what bad luck/nonsense! **du bist auch so einer!** you're one of that sort too! **so eine Art Jacke,** a sort of jacket; **so (et)was,** that sort of thing; *Pej:* (*Pers.*) someone like that; **er ist Matrose oder so (was),** he is a sailor or something; **so was nennt sich ein Luxushotel!** a dump like this calls itself a luxury hotel! **na so was!** well really! what next! (d) **er hat so seine Launen,** he has his little whims; **das sind so meine Gedanken,** those are my thoughts such as they are; *Lit:* **so mancher,** many a man. **2.** F: (*ungefähr*) about; **so um drei Uhr,** (somewhere) around three o'clock; **so an die tausend Menschen,** getting on for a thousand people; **das ist so ziemlich alles,** that's just about everything. **III.** conj. (a) (*also*) so; **wenn ..., so ...,** if ..., then ...; **du hast es angefangen, so stehe auch dafür gerade,** you started it, so now you'll have to answer for it; (b) **so daß,** so that; **sie verpaßte den Zug, so daß sie sich verspätete,** she missed the train and was late as a result; (c) **so leid es mir tut,** much as/though I regret it; **so gut es ihm auch geht,** however well off he is.

sobald [zo'balt], *conj.* as soon as.

Socke ['zɔkə], *f* -/-n sock; *F:* **mach dich auf die S~n!** get a move on! look sharp! **von den S~n sein,** to be dumbfounded.

Sockel ['zɔkəl], *m* -s/- base; *Arch: Art:* pedestal; plinth (of a statue).

Soda ['zo:da], *n* -s/*no pl & f* -/*no pl* **1.** *Ch:* soda. **2.** *n* (*also* S~**wasser**) soda water.

Sodbrennen ['zo:tbrɛnən], *n* -s/*no pl Med:* heartburn.

soeben [zo'e:bən], *adv.* just (now); **er ist s. angekommen,** he has just arrived.

Sofa ['zo:fa], *n* -s/-s sofa, couch.

sofern [zo'fern], *conj.* s. es euch paßt, provided (that)/as long as it suits you.

Soffite [sɔ'fitə], *f* -/-n *usu.pl Th:* flics.

sofort [zo'fɔrt]. **I.** *adv.* immediately, at once; **er ging s. nach Hause,** he went straight home; **ich komme s.,** I'll be with you right away. **II.** **S~-,** *comb.fm.* immediate (action etc.); instant (use, *Phot:* picture etc.). **S~bildkamera,** *f* -/-s *Phot:* R.t.m. Polaroid camera. **s~ig,** *adj.* immediate.

Software ['sɔftweər], *f* -/-s *Data-pr:* software.

Sog [zo:k], *m* -(e)s/-e undertow (of waves etc.); *Av: Aut:* slipstream; *Tchn:* suction.

sogar [zo'ga:r], *adv.* even, er kam s. selbst, he actually came himself.

sogenannt ['zo:gənant], *adj.* so-called.

sogleich [zo'glaiç], *adv.* immediately.

Sohle ['zo:lə], *f* -/-n (a) sole (of a foot or shoe); *Fig:* **sich an j-s S~n heften,** to dog s.o.'s footsteps; **auf leisen S~n,** noiselessly; (*heimlich*) stealthily; (b) bottom (of a ditch etc.); *Geol:* floor (of a valley); (c) *Min:* pit level. **'s ~ n,** *v.tr.* to resole (shoes etc.).

Sohn [zo:n], *m* -(e)s/-e son. **'S ~ espflicht,** *f* -/-en filial duty.

Sojabohne ['zo:jabo:nə], *f* -/-n soya bean.

solang(e) [zo'laŋ(ə)], *conj.* as long as; **s. keine Änderungen vorgenommen werden,** provided that nothing is changed.

solar [zo'la:r], *adj./*S ~ -, *comb.fm.* solar.

Solbad ['zo:lba:t], *n* -(e)s/-er (a) brine bath; (b) (*Badeort*) saltwater spa.

solch [zɔlç], *dem.pron.* such; **ein s~er/*Lit:* s. ein Mensch,** such a man; a man like that; **s~es herrliche/*Lit:* s. herrliches Wetter,** such wonderful weather; **mit s~en (Leuten),** with such people; **s~e wie die,** people like her/*pl* them; **ein paar s~e,** a few of those; **die Musik als s~e,** the music as such.

Sold [zɔlt], *m* -(e)s/-e (soldiers') pay.

Soldat [zɔl'da:t], *m* -en/-en soldier; *F:* S. **werden,** to join the army. S ~ **en-,** *comb.fm.* soldiers' (home, song etc.); army (newspaper etc.); S~**friedhof** *m,* army/military cemetery; S~**prache** *f,* army slang. **s ~ isch,** *adj.* soldierly.

Söldner ['zœldnər], *m* -s/- mercenary. **'S ~ heer,** *n* -(e)s/-e army of mercenaries.

Sole ['zo:lə], *f* -/-n brine.

solidarisch [zoli'da:riʃ], *adj.* **in s~er Übereinstimmung/*adv.* s. handeln,** to act with complete solidarity; to show a united front; **sich mit j-m s. erklären,** to identify fully with s.o.'s aims; to give s.o. full support. S ~ **ität** [-dari'tɛ:t], *f* -/ *no pl* solidarity.

solid|e [zo'li:də], *adj.* durable, sturdy (shoes, material etc.); solid (building); sound (craftsmanship, investment, firm etc.); steady, reliable, (*anständig*) respectable (person etc.); **eine s. Mahlzeit,** a square meal; *adv.* **er lebt jetzt ganz s.,** he leads a very respectable life now. S ~ **ität** [-idi'tɛ:t], *f* -/*no pl* reliability, soundness.

Solist|(in) [zo'list(in)], *m* -en/-en (*f* -/-nen) *Mus:* soloist. S ~ **enkonzert,** *n* -(e)s/-e *Mus:* **1.** (solo) recital. **2.** (*Werk*) concerto.

Soll [zɔl]. **I.** *n* -s/*no pl* **1.** *Com:* debit. **2.** *Ind:* (production etc.) target; **sein S. erfüllen,** to achieve one's target, *Fig:* fulfil one's obligations. **II.** 'S~-, *comb.fm.* planned (strength, expenditure etc.). **'s ~ en. 1.** modal aux. (*p.p.* **sollen**) (a) (*Pflicht*) *pres.* is/are; *imperf.* should, ought to be; **ich sollt Hamlet spielen,** I am to play Hamlet; **was sollte ich anziehen?** what ought I to/should I wear? **das hättest du nicht sagen s.,** you should not have said that; (b) (*Zukunft*) **was soll man da machen?** what is to be done/ shall we do? (*laut Plan*) **hier soll ein Kaufhaus hinkommen,** a department store is to be built here; (*rückblickend*) **das gefürchtete Ereignis sollte nicht eintreten,** the dreaded event was not to happen; (*im Geschäft*) **was soll es sein?** what is it to be/would you like? **du sollst sehen ...,** you'll see ...; **es soll nicht wieder vorkommen,** it won't happen again; **du sollst auf deine Kosten kommen,** you shall have your money's worth; (*imp.*) **niemand soll sagen, daß ...,** let it not be said that ...; **hoch soll er leben!** three cheers for him! *F:* **der soll nur mir kommen!** just let him try! (c) (*laut Bericht usw.*) to be supposed to; **der Film soll sehr gut sein,** the film is supposed to be very good; **er soll ein guter Lehrer sein,** he is said to be a good teacher; **was soll das heißen?** (i) what is that supposed to mean? (ii) *F:* what's all this in aid of? (d) (*könnte*) **sollte sie doch recht haben?** what if she were right after all? (e) (*konditional*) **sollten Sie ihn sehen,** should you/if you see him;

sollte sie doch recht haben, wäre es peinlich, if she were right after all it would be embarrassing; (*f*) (*würde*) **man sollte meinen, sie hätte schon genug zu tun,** one would have thought she had enough to do already. **2.** *v.i.* (*haben*) (*p.p.* **gesollt**) (*a*) **ich weiß nicht, ob ich soll/sollte,** I don't know if I should; *F:* **sie hat in die Schule gesollt,** she should have gone to school; (*b*) **was soll (denn) das?** what's all this for/*F:* in aid of? **was s. die Klagen?** what's the use of complaining? (*c*) *F:* **soll er doch!** let him! **3.** *v.tr.* (*p.p.* **gesollt**) **warum soll ich das?** why should I (do that)?

Solo ['zo:lo]. **I.** *n* -s/-li **1.** *Mus:* *Games: etc:* solo. **2.** *Mus:* (*Solist*) soloist. **II. s.,** *adv. Mus:* solo; *F:* alone. **III.** 'S~-, *comb.fm.* solo (part, instrument, dancer etc.).

somit [zo'mit], *adv.* hence, consequently.

Sommer ['zɔmər]. **I.** *m* -s/- summer; **er geht S. wie Winter schwimmen,** he goes swimming all year round. **II.** S~-, *comb.fm.* summer (clothes, coat, month, term, weather etc.); (beginning etc.) of summer; *Cl:* lightweight (suit, material etc.); **S~ferien** *pl,* summer holidays/*N.Am:* & *Univ:* vacation; **S~frische** *f,* summer resort; **S~kleid** *n,* summer dress; *Orn:* summer plumage; **S~pause** *f,* summer break; **S~sitz** *m,* summer residence; **S~sonnenwende** *f,* summer solstice; **S~zeit** *f,* (*Jahreszeit*) summertime; (*Uhrzeit*) summer time; *Com:* **S~schlußverkauf** *m,* summer sale. 's ~ **lich,** *adj.* summer (temperatures, heat etc.); summery, *F:* summery (weather, clothes etc.); **es wird schon s.,** it already feels like summer; *adv.* **sich s. kleiden,** to wear summer clothes. 'S ~ **sprosse,** *f* -/-n freckle. 's ~ **sprossig,** *adj.* freckled.

Sonate [zo'nɑ:tə], *f* -/-n *Mus:* sonata.

Sonde ['zɔndə], *f* -/-n *Med: Space: etc:* probe.

Sonder- ['zɔndər-], *comb.fm.* special (agreement, report, subject, training, mission, stamp, train etc.); **S~angebot** *n,* special offer; **S~ausgabe** *f,* (*a*) *Pub:* special edition; (*b*) *usu.pl* special/extra expenditure; **S~beauftragte(r)** *m,* special representative; **S~berichterstatter** *m,* special correspondent; **S~fahrt** *f,* special journey; (*Ausfahrt*) excursion; **S~fall** *m,* special case; **S~genehmigung** *f,* special permit/licence; **S~stellung** *f,* special/privileged position; *Ind:* **S~anfertigung/S~ausführung** *f,* special/one-off version; *Journ: Pub:* **S~beilage** *f,* special supplement; *Rad:* **S~meldung** *f,* special announcement/news flash; *Pol: etc:* **S~vollmacht** *f,* special/emergency powers. 'S ~ **ausschuß,** *m* -sses/-sse *Pol: etc:* select committee. 's ~ **bar,** *adj.* odd, strange. 's ~ **barer'weise,** *adv.* oddly enough. 'S ~ **druck,** *m* -(e)s/-e offprint. 's ~ **gleichen,** *adv.* unparalleled, unprecedented; **eine Frechheit s.,** the height of impertinence. 's ~ **leistung,** *f* -/-en additional service. 's ~ **lich,** *adj.* **1.** (*bei Verneinungen*) particular; **ohne s~e Mühe,** without any great effort; **es hat mir nicht s. gefallen,** I didn't particularly like it. **2.** (*seltsam*) strange. 'S ~ **ling,** *m* -s/-e eccentric, crank. 'S ~ **recht,** *n* -(e)s/-e privilege. 'S ~ **schule,** *f* -/-n school for retarded children.

sondern[1] ['zɔndərn], *v.tr. Lit:* to separate (sth.) (**von** + *dat,* from).

sondern[2], *conj.* but; **nicht nur kalt, s. auch naß,** not only cold but wet; **ich bin nicht X, s. Y,** I'm not X, I'm Y.

sondier|en [zɔn'di:rən], *v.tr.* to sound out (s.o., public opinion etc.), explore (a situation etc.). **S ~ ungsgespräch,** *n* -(e)s/-e exploratory talk.

Sonett [zo'nɛt], *n* -(e)s/-e sonnet.

Sonnabend ['zɔn?ɑ:bənt], *m* -s/-e *esp. North G:* Saturday.

Sonne ['zɔnə], *f* -/-n sun; **das Zimmer hat immer S.,** the room always gets the sun; *Prov:* **die S. bringt es an den Tag,** truth will out. 's ~ **n,** *v.refl.* **sich s.,** to sun oneself/bask in the sun; *Fig:* **er sonnte sich in seinem Erfolg,** he basked in his success. 'S~n-, *comb.fm.* (*a*) sun-(worshipper, god, hat, oil etc.); (orbit, surface etc.) of the sun; **S~aufgang** *m,* sunrise; **S~baden** *n,* sunbathing; **s~beschienen** *adj.* sunlit; **S~blume** *f,* sunflower; **S~bräune** *f,* suntan; **S~brille** *f,* sunglasses; **S~fleck** *m,* sunspot; **s~gebräunt** *adj.* suntanned; **S~licht** *n,* sunlight; **S~schein** *m,* sunshine; **S~stich** *m,* sunstroke; **S~strahl** *m,* sunbeam, ray of sunlight; **S~uhr** *f,* sundial; **S~untergang** *m,* sunset; **s~verbrannt** *adj.* sunburnt; **S~finsternis** *f,* eclipse of the sun; (*b*) (*sonnig*) sunny (day etc.); **S~seite** *f,* sunny side; (*c*) solar (battery, energy, heating, spectrum, radiation etc.); *Astr:* **S~system** *n,* solar system. 'S ~ **nblende,** *f* -/-n *Phot:* lens hood. 'S ~ **ndach,** *n* -(e)s/-er awning (over windows etc.). 's ~ '**klar,** *adj. Fig: F:* perfectly obvious. 'S ~ **nschirm,** *m* -(e)s/-e parasol; (large) sunshade. 'S ~ **nschutzmittel,** *n* -s/- suntan lotion. 'S ~ **nsegel,** *n* -s/- *esp. Nau:* awning. 'S ~ **nwende,** *f* -/-n *Astr:* solstice.

sonnig ['zɔniç], *adj.* (*also Fig:*) sunny.

Sonn|tag ['zɔntɑ:k], *m* -(e)s/-e Sunday. 's ~ -**täglich,** *adj.* s~er **Spaziergang,** Sunday walk. 's ~ **tags**[1], *adv.* on Sundays. 'S ~ **tags**[2], *comb.fm.* Sunday (driver, school, clothes etc.); **S~maler** *m,* Sunday/amateur painter; *F:* **S~kluft** *f*/S~**staat** *m,* Sunday best, glad rags.

sonst [zɔnst], *adv.* (*a*) otherwise; **jetzt beeil dich, s. kommen wir zu spät,** hurry up, otherwise/or else we'll be late; (*b*) (*zusätzlich*) **s. noch Fragen?** any more questions? **s. noch etwas/jemand?** anything/anybody else? **wer/was denn s.?** who/what else? *F:* **wenn es s. nichts ist,** if that's all; (*c*) (*früher*) formerly; **s. war dieses Geschäft donnerstags doch immer auf,** this shop always used to be open on a Thursday; (*d*) (*gewöhnlich*) usually; **wie s.,** as usual; **er ist s. immer so ein liebes Kind,** usually/as a rule he is such a nice child. 's ~ **ige(r,s),** *adj.* other; (*gewöhnlich*) normal; **das paßt nicht zu seinem s~n Benehmen,** that's out of keeping with his usual behaviour. 's ~ **jemand,** *indef.pron.* someone/ (*ein Beliebiger*) anyone else; *F:* **er denkt, er sei s.,** he thinks he's goodness knows who. 's ~ **was,** *indef.pron. F:* (*a*) something/(*etwas Beliebiges*) anything else; **oder s.,** or something; (*b*) everything (possible); **ich habe mir schon s. gedacht,** I have been imagining all kinds of things. 's ~ **wer,** *indef.pron. F:* = **s~jemand;** **das kannst du sonstwem erzählen!** tell that to the marines! 's ~ **wie,** *adv. F:* in some/any (other) way. 's ~ **wo,** *adv. F:* somewhere/anywhere else; **ich dachte schon, du wärst s. gewesen,** I thought you'd been God knows where. **´s ~ wohin,** adv. F: anywhere.

sooft [zo'ɔft], conj. whenever.

Sopran [zo'praːn], m -s/-e Mus: soprano; (Knabens.) treble. S ~ **ist** [-a'nist], m -en/-en treble, boy soprano. S ~ **istin,** f -/-nen soprano. S ~ **stimme,** f -/-n soprano/treble voice; (Partie) soprano/treble part.

Sorge ['zɔrgə], f -/-n (a) worry; **das Kind macht ihr viel S.,** the child causes her great concern/anxiety; **sie machte sich** dat S~n **um ihn,** she was worried about him; **seine** S~n **im Alkohol ertränken,** to drown one's sorrows; F: **deine** S~n **möchte ich haben!** I'd swap with you any day if that's all you've got to worry about; **keine** S.! don't worry! (b) no pl (Fürsorge) care (**um/für** + acc, for); **die S. für seine Familie fordert viel Zeit,** caring for/looking after his family takes a lot of time; **lassen Sie das meine S. sein,** leave that to me; I'll deal with that. **´s ~ n,** v.i. (haben) (a) **für j-n, etwas** acc **s.,** to take care of/be responsible for s.o., sth.; **für seine Eltern s.,** to look after one's parents; **dafür s., daß . . .,** to ensure that . . ., **s. Sie für Ruhe,** make sure everything is quiet; (b) **sich um j-n, etwas** acc **s.,** to be worried about s.o., sth. ´S ~ **nbrecher,** m -s/- Hum: drowner of sorrows. ´s ~ **nfrei,** adj. carefree. ´S ~ **nkind,** n -(e)s/-er problem child. ´s ~ **nvoll,** adj. worried, anxious. ´S ~ **recht,** n -(e)s/-e Jur: custody (of a child etc.).

Sorg|falt ['zɔrkfalt], f -/no pl care; (Gründlichkeit) thoroughness; **mit peinlicher S.,** meticulously. **´s ~ fältig,** adj. careful; (gewissenhaft) conscientious. ´s ~ **los,** adj. (a) lighthearted, nonchalant (person); carefree (life); (b) (ohne Sorgfalt) careless (treatment etc.). ´S ~ **losigkeit,** f -/no pl nonchalance; carelessness. ´s ~ **sam,** adj. careful (handling etc.); adv. **sie wickelte das Kind s. in eine Decke ein,** solicitously she wrapped a blanket around the child. ´S ~ **samkeit,** f -/no pl care, solicitousness.

Sor|te ['zɔrtə], f -/-n 1. sort, type; (Marke) brand; Bot: variety; Com: **beste S.,** best quality/grade; F: **er ist eine merkwürdige S. (von) Mensch,** he is an odd sort. 2. Fin: pl S~n, foreign currency. ´S ~ **ten-,** comb.fm. Fin: currency (deal, market etc.). s ~ **´tieren,** v.tr. to sort (letters etc.); Ind: to grade (coal etc.). S ~ **´tierer(in),** m -s/- (f -/-nen) sorter.

Sortiment [zɔrti'mɛnt], n -(e)s/-e 1. Com: assortment, range. 2. (Buchhandel) retail book trade. S ~ **sbuchhandlung,** f -/-en retail bookshop/N.Am: bookstore.

sosehr [zo'zeːr], conj. however much; **s. ich mich auch bemühte,** however hard I tried.

soso [zo'zoː]. 1. adv. F: so-so. 2. int. F: well, well! Iron: really!

Soße ['zoːsə], f -/-n Cu: sauce; (Bratens.) gravy.

Souff|leur [zu'fløːr], m -s/-e/S ~ **leuse,** f -/-n Th: prompter. s ~ **lieren** [-'fliːrən], v.i. (haben) Th: to prompt, act as prompter; Fig: **j-m s.,** to put words into s.o.'s mouth.

soundso ['zoːunt'zoː], adv. F: (a) **s. lang, hoch usw.,** of such and such a length, height etc.; **s. viel/viele,** this much/many; **s. oft,** time and time

again; (b) **Herr S.,** Mr. What's-his-name. **s ~ vielte(r, s),** adj. F: **am s ~ n,** on such and such a date.

Soutane [zu'taːnə], f -/-n Ecc: cassock.

Souterrain [zutɛ'rɛ̃], n -s/-s basement.

Souvenir [zuvə'niːr], n -s/-s souvenir.

souverän [zuvə'rɛːn], adj. sovereign (state etc.); Fig: **mit s ~ er Leichtigkeit,** with consummate ease; adv. **die Lage s. beherrschen,** to be in complete control. S ~ **ität** [-rɛni'tɛːt], f -/no pl sovereignty.

soviel [zo'fiːl]. I. adv. so/as much (wie, as); **doppelt s.,** twice as much; **s. wie eine Zusage,** as good as/tantamount to an acceptance; **s. für heute,** that's all for today. II. conj. s. **ich weiß,** as far as I know; **s. er auch aß,** however much he ate.

soweit [zo'vait]. I. adv. 1. generally; **es geht ihm s. ganz gut,** he is quite well on the whole. 2. (a) **s. wie möglich,** as far as possible; **ich bin s., daß . . .,** I have reached the point where . . .; (b) F: **ich bin s.,** I am finished/(bereit) ready. II. conj. as far as.

sowenig [zo've:niç]. I. adv. **s. wie,** no more than; **s. wie möglich,** as little as possible. II. conj. **s. er auch aß,** however little he ate.

sowie [zo'vi:], conj. 1. as well as. 2. (sobald) as soon as. **s ~ so** [-vi'zo:], adv. F: anyway, in any case; **das s.!** that goes without saying.

Sowjet- [zɔ'vjɛt-], comb.fm. Soviet (citizen, regime etc.); **die S ~ union,** the Soviet Union. **s ~ isch** [-'vjɛtiʃ], adj. Soviet.

sowohl [zo'vo:l], conj. **s. A als/wie auch B,** both A and B.

Sozi ['zoːtsi], m -s/-s F: Socialist.

sozial [zotsi'aːl]. I. adj. social; (Pers.) public-spirited; **s ~ e Unterschiede,** social/class differences; **s ~ er Wohnungsbau,** (private) building of low-cost housing with the aid of public loans; adv. **er denkt s.,** he has a social conscience. II. S~-, comb.fm. social (work, worker, policy, studies etc.); welfare (work, state etc.); S ~ **abgaben** pl, social security contributions; S ~ **demokrat(in)** m(f), Social Democrat; S ~ **demokratie** f, Social Democracy; s ~ **demokratisch** adj. Social Democratic (party etc.); S ~ **einrichtungen** fpl, social services; S ~ **fürsorge** f, social welfare work; S ~ **leistungen** fpl, social security payments; S ~ **versicherung** f, social security. S ~ **ismus** [-a'lismus], m -/no pl socialism. S ~ **ist** [-a'list], m -en/-en socialist. s ~ **istisch** [-a'listiʃ], adj. socialist. S ~ **produkt,** n -(e)s/-e Econ: national product. S ~ **rente,** f -/-n state pension. S ~ **wohnung,** f -/-en approx. = Brit: council flat.

Soziolo|ge [zotsio'loːgə], m -n/-n/S ~ **gin,** f -/-nen sociologist. S ~ **gie** [-logi:], f -/no pl sociology. s ~ **gisch** [-'loːgiʃ], adj. sociological.

Sozius ['zoːtsius], m -/-se 1. Com: partner. 2. Motor Cy: (also S ~ **sitz** m) pillion. S ~ **fahrer(in),** m -s/- (f -/-nen) pillion passenger.

sozusagen [zoːtsuˈzaːgən], adv. so to speak; as it were.

Spachtel ['ʃpaxtəl], m -s/- (a) Med: spatula; (b) Constr: putty knife; (c) Paint: scraper; (d) Art: palette knife. ´S ~ **masse,** f -/no pl Constr: filler. ´s ~ **n,** v. 1. v.tr. Constr: to smooth (a sur-

face); **Gips in die Fugen s.,** to fill the cracks with plaster. **2.** *v.i.* *(haben)* F: to dig/tuck in.
Spagat [ʃpaˈɡɑːt], *m* -(e)s/-e **1.** *Gym:* S. **machen,** to do the splits/*N.Am:* a split. **2.** *South G:* string.
Spaghetti [ʃpaˈɡɛti], *mpl Cu:* spaghetti.
späh|en [ˈʃpɛːən], *v.i.* *(haben)* to peer **(aus dem Fenster usw.,** out of the window); **nach j-m, etwas** *dat* **s.,** to watch out for s.o., sth. ′S ~ **er,** *m* -s/- lookout; scout. ′S ~ **trupp,** *m* -s/-e *Mil:* reconnaissance party. ′S ~ **wagen,** *m* -s/- *Mil:* scout car.
Spalier [ʃpaˈliːr], *n* -s/-e *(a)* *Hort:* trellis; *(b)* *Fig:* S. **stehen/ein S. bilden,** to form a guard of honour /a lane. S ~ **obst,** *n* -(e)s/*no pl* espalier fruit.
Spalt [ʃpalt], *m* -(e)s/-e crack; *(im Vorhang)* chink; **einen S. offen,** open a crack/a fraction. ′s ~ **bar,** *adj.* *Atom.Ph:* fissile, fissionable. ′S ~ **e,** *f* -/-n **1.** crack; *Mount:* crevice; *(Gletschers.)* crevasse. **2** *Print:* column. ′s ~ **en,** *v.tr.* to split (wood, *Ph:* atoms, *Fig:* hairs etc.); *Ch:* to break down (a compound etc.); *Fig:* to divide (a country, party). ′S ~ **ung,** *f* -/-en *(a)* splitting, division; *Atom.Ph:* fission; *(c) Ch:* breakdown; *(b) Fig:* split **(in** + *acc,* into; **zwischen** + *dat,* between); *Psy:* S. **des Bewußtseins,** schizophrenia.
Span [ʃpaːn], *m* -(e)s/⁼e chip, shaving (of wood); filing (of metal); *Fig:* **er arbeitete, daß die S⁼e flogen,** he worked like fury; *Prov:* **wo gehobelt wird, da fallen S⁼e,** one can't make an omelette without breaking eggs. ′S ~ **ferkel,** *n* -s/- sucking pig. ′S ~ **korb,** *m* -(e)s/⁼e chip basket. ′S ~ **platte,** *f* -/-n chipboard.
spänen [ˈʃpɛːnən], *v.tr.* to scour, sand (a floor etc.).
Spange [ˈʃpaŋə], *f* -/-n *(a)* clasp; *(am Schuh)* buckle; *(Haars.)* grip; *(Zahns.)* brace; *(b)* *(Riemen)* strap. ′S ~ **nschuh,** *m* -(e)s/-e strap shoe.
Spaniel [ˈʃpaːniəl], *m* -s/-s spaniel.
Span|ien [ˈʃpaːniən]. *Pr.n.n* -s. *Geog:* Spain. ′S ~ **ier(in),** *m* -s/- *(f* -/-nen) Spaniard. ′s ~ **isch,** *adj.* Spanish; *F:* **das kommt mir s. vor,** it seems fishy to me.
Spann [ʃpan], *m* -(e)s/-e *Anat:* instep. ′S ~ **beton,** *m* -s/*no pl Constr:* pressed concrete. ′S ~ **bettuch,** *n* -(e)s/⁼er fitted sheet. ′S ~ **e,** *f* -/-n *(a) (Zeits.)* length of time; *(Zwischenzeit)* interval; **eine kurze S.,** a short while; *(b) Com:* margin; *(Preisunterschied)* price difference. ′s ~ **en,** *v.* **1.** *v.tr.* *(a)* to stretch, tauten (a rope etc.), tighten (the violin strings etc.), tension (a spring), tense (muscles etc.), draw (a bow); **sich s.,** (i) to tighten, *(Seil, Gurt usw.)* tauten; (ii) *Lit: (sich erstrecken)* to stretch **(über** + *acc,* across); *(b)* to cock (a gun), set (a camera etc.); *(c)* to stretch out (a net etc.), put out (a washing line etc.); **einen Bogen in die Schreibmaschine s.,** to put a sheet of paper into the typewriter; **ein Pferd vor den Wagen s.,** to harness a horse to a carriage; *(d)* **das Flugzeug spannt 40 Meter,** the aircraft has a wingspan of 40 metres. **2.** *v.i.* *(haben)* *(a)* *Cl: etc:* to be (too) tight; *(b) F:* **auf etwas** *acc* **s.,** *(lauern)* to watch out/*(lauschen)* listen intently for sth.; *(sich freuen)* to look forward to sth. ′s ~ **end,** *adj.* exciting, thrilling (story etc.); *F:* **mach's nicht so s.!** don't spin it out! get on with it! ′S ~ **er,**

m -s/- stretcher (for gloves etc.), tree (for shoes); *Tennis: etc:* press. ′S ~ **futter,** *n* -s/- *Mec.E:* chuck. ′S ~ **kraft,** *f* -/*no pl* vigour, resilience. ′S ~ **laken,** *n* -s/- = S ~ **bettuch.** ′S ~ **ung,** *f* -/-en **1.** *no pl (a)* tightness; *(zu groß)* strain (eines Seils/*Fig:* der Nerven, on a rope/ *Fig:* on one's nerves); *(b) El:* voltage; *(c) Fig:* tension; *(Erwartung)* suspense; **voller S.,** full of excitement, tense. **2. (psychische)** S ~ **en,** (psychological) strains/tensions. ′S ~ **ungs-,** *comb.fm.* *El:* voltage (drop, regulator etc.); electric (field); S ~ **messer** *m,* voltmeter. ′s ~ **ungsgeladen,** *adj.* very tense. ′S ~ **vorrichtung,** *f* -/-en *Carp: etc:* clamp. ′S ~ **weite,** *f* -/-n span (of a bridge etc.); *Orn: Av:* wingspan; *Fig:* **geistige S.,** range of (intellectual) interests.
Spant [ʃpant], *n* -(e)s/-en *Nau: Av:* rib.
Spar- [ˈʃpɑːr-], *comb.fm.* *(a)* savings (book, account etc.); S ~ **kasse** *f,* savings bank; S ~ **gelder** *npl* savings, money saved; *(b)* economy (measure etc.); S ~ **flamme** *f,* low/economy flame. ′S ~ **büchse,** *f* -/-n money box. ′s ~ **en,** *v.* **1.** *v.tr.* to save (money, time, one's strength etc.); **sich** *dat* **die Mühe s.,** to save/ spare oneself the trouble; **deine Bemerkung hättest du dir s. können,** your remark was unnecessary/uncalled for. **2.** *v.i.* *(haben)* to save (up) **(für/auf** + *acc,* for); **an Material, Zutaten usw. s.,** to economize on materials, ingredients etc.; **das ist am falschen Ende gespart,** that's a false economy; *Fig:* **mit Lob nicht s.,** to be unstinting in one's praise. ′S ~ **er,** *m* -s/- saver. ′S ~ **groschen,** *m* -s/- nest egg. ′s ~ **sam,** *adj.* economical (use of sth., engine, washing powder etc.); *adv.* **er lebt sehr s.,** he lives very frugally; **mit etwas** *dat* **s. umgehen,** to be sparing with sth. ′S ~ **samkeit,** *f* -/*no pl* economy; thrift. ′S ~ **schwein,** *n* -(e)s/-e piggy bank.
Spargel [ˈʃpargəl], *m* -s/*no pl* asparagus.
spärlich [ˈʃpɛːrliç], *adj.* meagre (rations, applause); scanty, sparse (vegetation etc.), thin (hair etc.); *adv.* **s. bekleidet,** scantily dressed. ′S ~ **keit,** *f* -/*no pl* meagreness; sparseness.
Sparren[1] [ˈʃparən], *m* -s/- *Constr:* rafter.
sparr|en[2], *v.i.* *(haben)* *Box:* to spar. ′S ~ **ingskampf,** *m* -(e)s/⁼e sparring.
spartanisch [ʃparˈtɑːniʃ], *adj.* spartan, austere.
Sparte [ˈʃpartə], *f* -/-n *(a)* branch (of sport, industry etc.); **in meiner S.,** in my field/area; **das ist nicht meine S.,** that's not my province; *(b) Journ:* section, column (of a newspaper).
Spaß [ʃpaːs], *m* -es/⁼e *(a) (Scherz)* joke; *(Streich)* lark; **zu S⁼en aufgelegt,** in a jovial mood; **er versteht keinen S.,** he has no sense of humour; **S. muß sein,** there is no harm in a joke; **da hört der S. auf,** that's beyond a joke/ going too far; *F:* **das war ein teurer S.,** that was an expensive business; *(b) no pl* fun; **aus/ zum S.,** for fun; **es macht S.,** it's fun; **die Arbeit macht ihm keinen S./er hat keinen S. an der Arbeit,** he doesn't enjoy the work; **er macht sich einen S. daraus, sie zu ärgern,** he takes pleasure in annoying her; *Iron:* **du machst mir S.!** I like that! you must be joking! **er hat doch nur S. gemacht,** he was only joking; **ich sage das doch nicht zum S.,** I am serious; **S. beiseite,** joking

apart; **viel S.! have fun/a good time!** ´s ~ en,
v.i. (*haben*) to joke; **Sie s. (wohl)!** you must be
joking! **er läßt nicht mit sich s./mit ihm ist nicht
zu s.,** he stands no nonsense; **mit Schlangenbissen ist nicht zu s.,** snake bites must be taken
seriously. ´s ~ **eshalber,** *adv.* F: for fun/
kicks. ´s ~ **ig,** *adj.* funny, comical. ´S ~ **macher,** *m* -s/- joker; clown. ´S ~ **vogel,** *m* -s/=
joker, legpuller.

Spasti|ker(in) [´∫pastikər(in)], *m* -s/- (*f*
-/-nen) *Med:* spastic. ´s ~ **sch,** *adj.* spastic; **er
ist s. gelähmt,** he is a spastic.

spät [∫pɛːt]. **I.** *adj.* late; **bis in die s ~ e Nacht,**
until late at night; **im s ~ en Mittelalter,** towards the end of the Middle Ages; **wie s. ist es?**
what's the time/what time is it? *adv.* **von früh
bis s.,** from dawn to dusk; **es ist gestern s. geworden,** I/we went on until late last night; **du
kommst bestimmt zu s. (in die Schule),** you're
bound to be late (for school). **II.** ´S ~-,
comb.fm. late (summer, shift etc.); *Journ:*
S ~ **ausgabe** *f,* late edition; *Winem:* S ~ **lese** *f,*
late vintage. ´s ~ **er,** *adj.* later; **früher oder s.,**
sooner or later; **seine s ~ e Frau,** his future wife;
F: **bis s.!** see you later! ´s ~ **estens,** *adv.* at the
latest; **s. um zwei Uhr,** no later than two
o'clock. ´S ~ **zünder,** *m* -s/- F: **er ist ein S.,**
he is slow on the uptake. ´S ~ **zündung,** *f*
-/-en (*a*) *I.C.E:* retarded ignition; (*b*) F: S.
haben, to be slow on the uptake.

Spatel [´∫paːtəl], *m* -s/- *Med: etc:* spatula.

Spaten [´∫paːtən], *m* -s/- spade.

Spatz [∫pats], *m* -en/-en (*a*) *Orn:* sparrow; *Fig:*
das pfeifen die S ~ en von den Dächern, that's
the talk of the town; *Prov:* **ein S. in der Hand
ist besser als eine Taube auf dem Dach,** a bird
in the hand is worth two in the bush; (*b*) (*Kind*)
F: **kleiner S.,** little poppet. ´S ~ **enhirn,** *n*
-(e)s/-e F: **sie hat ein S.,** she is feather-brained.

Spätzle [´∫pɛtslə], *npl South G:* (*esp.* homemade) noodles.

spazier|en [∫pa´tsiːrən], *v.i.* (*sein*) to stroll,
(go for a) walk. s ~ **enfahren,** *v.i.sep.irr.26*
(*sein*) to go for a drive. s ~ **enführen,** *v.tr.sep.*
to take (a child, dog etc.) for a walk. s ~ **engehen,** *v.i.sep.irr.36* (*sein*) to go for a walk.
S ~ **fahrt,** *f* -/-en outing, drive. S ~ **gang,** *m*
-(e)s/=e walk, stroll; **einen S. machen,** to go for a
walk. S ~ **gänger(in),** *m* -s/- (*f* -/-nen)
walker. S ~ **stock,** *m* -(e)s/=e walking stick.

Specht [∫pɛçt], *m* -(e)s/-e *Orn:* woodpecker.

Speck [∫pɛk], *m* -(e)s/-e (*a*) *Cu:* (fatty) bacon;
(*b*) F: fat; S. **ansetzen,** to put on weight.
´s ~ **ig,** *adj.* greasy. ´S ~ **schwarte,** *f* -/-n
bacon rind. ´S ~ **seite,** *f* -/-n side of bacon.

Spedi|teur [∫pedi´tøːr], *m* -s/-e shipper; (*im
Straßenverkehr*) carrier, haulage contractor;
(*Möbels.*) (furniture) remover/*N.Am:* mover.
S ~ **tion** [-itsi´oːn], *f* -/-en (*a*) *no pl* shipping;
(road) haulage; furniture removal/*N.Am:* moving; (*b*) (*also* S ~ **sbetrieb** *m*) shippers, carriers;
haulage/(*Möbels.*) removal/*N.Am:* moving firm.

Speer [∫peːr], *m* -(e)s/-e spear; *Sp:* javelin.
´S ~ **werfen,** *n* -s/*no pl Sp:* javelin (throwing).

Speiche [´∫paiçə], *f* -/-n spoke.

Speichel [´∫paiçəl], *m* -s/*no pl* saliva.
´S ~ **drüse,** *f* -/-n *Anat:* salivary gland.
´S ~ **lecker,** *m* -s/- *Pej:* bootlicker.

Speicher [´∫paiçər], *m* -s/- (*a*) store(house); (*für
Getreide*) silo, granary; (*für Wasser*) reservoir;
(*b*) *esp. South G:* attic, loft; (*c*) *Data-Pr:*
memory. ´s ~ **n,** *v.tr.* to store (goods, data
etc.). ´S ~ **ung,** *f* -/*no pl* storage.

speien [´∫paiən], *v.irr.* (*p.* **spie,** *p.p.* **gespie(e)n**) **1.**
v.tr. to spit, bring up (blood etc.); (*Vulkan
usw.*) to belch (fire); (*Wal*) to spout (water). **2.**
v.i. (*haben*) to spit; (*sich übergeben*) to vomit.

Speis¹ [∫pais], *m* -es/*no pl esp. West G:* mortar.

Speis², *f* -/-en *South G: & Aus:* larder.

Speis|e [´∫paizə], *f* -/-n food; (*Gericht*) **warme
S ~ n,** hot food. ´S ~ **eeis,** *n* -es/*no pl Cu:* ice
cream. ´S ~ **egaststätte,** *f* -/-n restaurant.
´S ~ **ekammer,** *f* -/-n larder. ´S ~ **ekarte,** *f*
-/-n menu. ´S ~ **eleitung,** *f* -/-en feedpipe; *El:*
main. ´s ~ **en,** *v.* **1.** *v.i.* (*haben*) *Lit:* to have a
meal, dine. **2.** *v.tr.* to feed (a reservoir etc.).
´S ~ **epilz,** *m* -es/-e edible mushroom. ´S ~ **eröhre,** *f* -/-n *Anat:* oesophagus, gullet.
´S ~ **esaal,** *m* -(e)s/-säle dining hall/(*im Hotel*)
room. ´S ~ **ewagen,** *m* -s/- *Rail:* dining car.
´S ~ **ezimmer,** *n* -s/- dining room. ´S ~ **ung,**
f -/*no pl Tchn:* feeding.

Spektak|el [∫pɛk´taːkəl], *n* -s/*no pl* F: noise,
racket. s ~ **ulär** [-aku´lɛːr], *adj.* spectacular.

Spektr|alfarben [∫pɛk´traːlfarbən], *fpl Ph:*
colours of the spectrum. S ~ **um** [´∫pɛktrum],
n -s/-tren *Ph: & Fig:* spectrum.

Spekul|ant [∫peku´lant], *m* -en/-en speculator.
S ~ **ation** [-tsi´oːn], *f* -/-en *Phil: & Fin:* speculation. s ~ **ieren** [-´liːrən], *v.i.* (*haben*) to
speculate (*Fin:* **mit etwas** *dat,* in sth.); F: **auf
etwas** *acc* **s.,** to hope for sth.

Spekulatius [∫peku´laːtsius], *m* -/- *Cu:* spiced
Christmas biscuit/*N.Am:* cookie (*shaped like a
human or animal figure*).

Spelunke [∫pe´luŋkə], *f* -/-n *Pej:* low dive.

spendabel [∫pɛn´daːbəl], *adj.* F: generous,
open-handed.

Spende [´∫pɛndə], *f* -/-n donation; (*Beitrag*)
contribution. ´s ~ **n,** *v.tr.* to contribute, donate
(money etc.), give (blood, warmth, shade etc.);
Beifall s., to applaud. ´S ~ **nteller,** *m* -s/-;
Ecc: collecting plate. ´S ~ **r,** *m* -s/- **1.** (*Pers.*)
donor. **2.** (*Maschine*) dispenser.

spendieren [∫pɛn´diːrən], *v.tr.* F: **j-m ein Eis
usw. s.,** to treat s.o. to an ice etc.; **j-m einen
Drink s.,** to stand s.o. a drink.

Sperber [´∫pɛrbər], *m* -s/- *Orn:* sparrowhawk.

Sperling [´∫pɛrliŋ], *m* -s/-e *Orn:* sparrow.

Sperr|ad [´∫pɛr?raːt], *n* -(e)s/=er ratchet wheel.
´s ~ **angel´weit,** *adv.* **s. offen,** wide open.
´S ~ **ballon,** *m* -s/-s *Mil:* barrage balloon.
´S ~ **e,** *f* -/-n (*a*) *Rail: etc:* barrier; *Nau:*
(*Hafens.*) boom; *Tchn:* locking device; (*b*)
(*Verbot*) ban; *Sp:* suspension (**über einen Spieler,** of a player); *Econ:* **eine S. über etwas** *acc*
verhängen, to place an embargo on sth.
´s ~ **en,** *v.* **1.** *v.tr.* (*a*) to block (a road etc.); to
blockade (a harbour); to close (a road, border
etc.); *Sp:* to obstruct (a player); (*b*) **sich gegen
etwas** *acc* **s.,** to resist/object to sth. (strongly);
(*c*) to cut off (the electricity, telephone etc.); to
place a ban/an embargo on (imports etc.),
block (an account); to stop (a cheque, *Mil:*
leave etc.); *Sp:* to suspend (a player); (*d*) **j-n
ins Gefängnis, ein Tier in einen Käfig usw. s.,** to

lock s.o. in prison, an animal in a cage etc.; (e)
Print: to space out (letters). **2.** *v.i.* (haben) (*Tür
usw.*) to jam, stick; (*Räder usw.*) to lock.
'S ~ **feuer**, n -s/- *Mil:* barrage. 'S ~ **holz**, n
-es/no pl plywood. 's ~ **ig**, adj. unwieldy, bulky
(object, package etc.). 'S ~ **klinke**, f -/-n
Tchn: ratchet, pawl. 'S ~ **müll**, m -s/no pl
bulky refuse. 'S ~ **sitz**, m -es/-e (*im Zirkus*)
front seat; *Cin:* rear stall. 'S ~ **stunde**, f -/-n
closing time; *Mil:* curfew. 'S ~ **ung**, f -/-en (a)
blocking, closure; blockade; (b) *El: Tel:* dis-
connection; *Bank: etc:* stopping; *Econ: etc:*
banning; *Sp:* suspension; (c) jamming, locking.
'S ~ **vorrichtung**, f -/-en *Tchn:* locking
device. 'S ~ **zone**, f -/-n *Mil:* prohibited area.
Spesen ['ʃpeːzən], pl *Com:* expenses. 's ~ **frei**,
adj. expenses paid. 'S ~ **konto**, n -s/-ten ex-
pense account.
Spezial- [ʃpetsiˈaːl-], *comb.fm.* special (train-
ing, subject, mission etc.); specialist (dictionary
etc.); S~**gebiet** n, special field; S~**geschäft** n,
specialist shop; S~**arzt** m, specialist. **s ~ i-**
sieren [-aliˈziːrən], *v.refl.* **sich auf etwas** acc **s.**,
to specialize in sth.; **er hat sich auf Käfer spe-**
zialisiert, he has made beetles his special(i)ty.
S~**iˈsierung**, f -/no pl specialization.
S ~ ist(in) [-aˈlist(in)], m -en/-en (f -/-nen)
specialist. **S ~ ität** [-aliˈtɛːt], f -/-en speciality
esp. *N.Am:* specialty; *F:* **Rehrücken ist ihre S.**,
saddle of venison is (i) her special(i)ty/(ii) her
favourite dish.
speziell [ʃpetsiˈɛl], adj. special; **in diesem s~en**
Fall, in this particular case; *F:* **auf Ihr S~es!**
your very good health!
spezifisch [ʃpeˈtsiːfiʃ], adj. specific. **S ~ izie-**
rung [-ifiˈtsiːruŋ], f -/no pl specification.
Sphäre ['sfɛːrə], f -/-n sphere.
Spickaal ['ʃpikˀaːl], m -(e)s/-e *North G: Cu:*
smoked eel. 's ~ **en**, *v.tr. Cu:* to lard (meat
etc.); *Fig:* **mit Fehlern gespickter Aufsatz**, essay
riddled with mistakes. 'S ~ **nadel**, f -/-n *Cu:*
larding needle. 'S ~ **zettel**, m -s/- *F: Sch:* crib.
Spiegel ['ʃpiːgəl], m -s/- **1.** mirror; *Tchn:* re-
flector; *F:* **das kannst du dir hinter den S.**
stecken, you can put that in your pipe and
smoke it. **2.** (a) surface (of the sea etc.); (b)
(*Wasserstand, Med: Gehalt*) level. **3.** *Cl:*
(*Aufschlag*) (silk) lapel. **4.** *Print:* (*Satzs.*) type
area. 'S ~ **bild**, n -(e)s/-er reflection; mirror
image. 's ~ **bildlich**, adj. in mirror image.
's ~ ˈ**blank**, adj. mirror-like. 'S ~ **ei**, n -(e)s/
-er *Cu:* fried egg. 'S ~ **fechteˈrei**, f -/-en
shadow-boxing; bluff. 'S ~ **fernrohr**, n -(e)s/
-e reflecting telescope. 's ~ ˈ**glatt**, adj. glassy;
(*Meer usw.*) as smooth as a millpond; like glass.
's ~ **n**, v. **1.** *v.i.* (haben) (a) to reflect; **das Glas**
spiegelt zu sehr, you get too many reflections
in the glass; (b) (*glänzen*) to shine. **2.** *v.refl.*
sich im Wasser s., to be reflected in the water;
Fig: **in ihren Gesten spiegelte sich ihre Angst**,
her gestures betrayed her fear. 'S ~ **re-**
flexkamera, f -/-s *Phot:* single-lens reflex/
abbr. SLR camera. 'S ~ **schrift**, f -/no pl
mirror writing. 'S ~ **ung**, f -/-en reflection.
Spiel [ʃpiːl]. **I.** n -(e)s/-e **1.** no pl (a) play(ing)
(of children etc.); **er schafft es wie im S.**, he
makes light of it; (b) movement, play (of
colours, lights, waves etc.); *Fig:* **das S. des**

Schicksals, the whim of fate; (c) *Th:* acting;
Mus: playing; (d) (*Glückss.*) gambling; **dem S.**
verfallen, to become a compulsive gambler. **2.**
Games: Sp: game (of tennis, cards, chess etc.);
Fb: Tennis: etc: (*als Wettkampf*) match; **das S.**
steht unentschieden, the score is even. **3.** *Th:*
(*Stück*) play; **ein S. im S.**, a play within a play.
4. (*Satz*) set; **ein S. Karten**, a pack of cards. **5.**
Mec: slack, clearance. **6.** *Fig:* **auf dem S. stehen**,
to be at stake; **etwas aufs S. setzen**, to risk sth.;
sein S. mit j-m treiben, to play fast and loose
with s.o.; **j-m das S. verderben**, to put a spoke
in s.o.'s wheel; **er hatte leichtes S. bei/mit ihr**,
she was easy game for him; **seine Hand/Finger**
im S. haben, to have a hand in it; **laß ihn aus**
dem S.! leave him out of it! **gewonnenes S.**
haben, to be home and dry; **das S. ist aus!** the
game is up! **II.** 'S~-, *comb.fm.* (a) play (street
etc.); playing (area, card etc.); S~**kamerad/**
S~**gefährte** m, playmate; S~**platz** m, play-
ground; *Sp:* playing field; S~**zimmer** n, play-
room; *Sp:* S~**beginn** m, start of play; (b) gam-
bling (casino, debt etc.); S~**leidenschaft** f, pas-
sion for gambling; *Sp:* S~**art**, f -/-en variety,
variant. 'S ~ **automat**, m -en/-en fruit
machine; *Hum:* one-armed bandit. 'S ~ **ball**,
m -(e)s/ˈ-e **1.** *Sp:* (match) ball; *Tennis:* game
point. **2.** *Fig:* **ein S. des Schicksals sein**, to be
at the mercy of fate. 'S ~ **bank**, f -/ˈe casino.
'S ~ **dose**, f -/-n musical box. 's ~ **en**, v. **1.**
v.i. (haben) (a) to play; (*Film, Stück, Radio*) to
be on; (**um Geld**) **s.**, to gamble; **falsch s.**, (i) to
cheat; (ii) *Mus:* to play a wrong note; **er spielt**
gut, *Th:* he is a good actor; *Sp: & Mus:* he
plays well; **das Stück spielt in der Gegenwart**,
the play is set in the present; **um seine Lippen**
spielte ein Lächeln, a smile hovered on his lips;
mit dem Gedanken s., to toy with the idea;
etwas s. lassen, to bring sth. into play; **seine**
Beziehungen s. lassen, to pull strings; **er spielte**
mit ihren Gefühlen, he trifled with her feelings;
(b) **der Edelstein spielt in allen Farben/ins Röt-**
liche, the jewel glitters in all colours/has a red-
dish tinge. **2.** *v.tr.* to play (a game, *Mus:* an
instrument, *Th:* a part etc.); to perform (a play,
opera etc.); **wollen wir Schach s.?** shall we have
a game of chess? **j-m einen Streich s.**, to play a
prank/trick on s.o.; *Th: Cin: etc:* **was wird heute**
gespielt? what is on today? *Fig:* **den Narren s.**,
to play/act the fool; **den Beleidigten s.**, to pre-
tend to be/act offended; **mit gespielter Lässig-**
keit, with studied nonchalance/a show of
nonchalance; *F:* **das spielt keine Rolle**, that
doesn't matter. 's ~ **end**, adv. *F:* easily; **das ist**
s. leicht, that's child's play. 'S ~ **er(in)**, m -s/-
(f -/-nen) (a) player; (b) (**um Geld**) gambler.
S ~ eˈrei, f -/-en (a) no pl playing/*Pej:* fooling
around; (*Zeitvertreib*) amusement, diversion;
ihr Studium ist nur eine S. von ihr, she doesn't
take her studies seriously; (b) (*etwas Leichtes*)
trifle, child's play; (c) pl (*Beiwerk*) gimmicks,
gadgets. 's ~ **erisch**, adj. **1.** playful (move-
ments etc.). **2.** *Sp:* playing, *Th:* acting (ability
etc.); s~e **Erfahrung**, experience as a player/
actor; s~e **Leistung**, sporting/theatrical feat.
'S ~ **ernatur**, f -/-en er ist eine S., he is a
born gambler. 'S ~ **film**, m -(e)s/-e feature
film. 'S ~ **halle**, f -/-n amusement arcade.

'S ~ **klasse,** f -/-n Sp: division. 'S ~ **leiter,** m -s/- 1. Cin: TV: director; Th: Rad: producer. 2. TV: master of ceremonies; quiz master. 'S ~ **leitung,** f -/-en Cin: TV: direction; Th: Rad: production. 'S ~ **mann,** m -(e)s/-leute Hist: minstrel. 'S ~ **marke,** f -/-n (gaming) chip. 'S ~ **plan,** m -(e)s/-̈e Th: repertory, programme. 'S ~ **raum,** m -(e)s/-̈e room to move, also Fig: elbow-room; Tchn: (free) play, clearance; **weiten S. lassen,** to allow a lot of scope/leeway. 'S ~ **regeln,** fpl rules (of the game). 'S ~ **sachen,** fpl toys. 'S ~ **stand,** m -(e)s/-̈e Sp: score. 'S ~ **tisch,** m -(e)s/-e 1. (a) card table; (b) gaming table. 2. Mus: organ console. 'S ~ **uhr,** f -/-en musical clock. 'S - **verbot,** n -(e)s/-e Sp: suspension. 'S ~ **verderber(in),** m -s/- (f -/-nen) spoilsport. 'S ~ **waren,** fpl toys. 'S ~ **warengeschäft,** n -(e)s/-e toyshop. 'S ~ **zeit,** f -/-en Th: Sp: (a) (Saison) season; (b) (S ~ dauer) duration of a performance/game. 'S ~ **zeug,** n -(e)s/-e (a) toy; (b) coll. toys.

Spieß [ʃpiːs], m -es/-e 1. (a) (Waffe) spear; F: **wie am S. schreien,** to scream one's head off; **den S. umdrehen,** to turn the tables; (b) Cu: skewer, (Brats.) spit. 2. Mil: P: approx. sergeant major. 'S ~ **bürger,** m -s/- Pej: (ultra-conservative) bourgeois (prig). 's ~ **bürgerlich,** adj. ultra-bourgeois; priggish, stuffy. 's ~ **en,** v.tr. to skewer (meat etc.). 'S ~ **er,** m -s/- = 'S ~ **bürger.** 'S ~ **geselle,** m -n/-n henchman; (Kumpan) crony. 's ~ **ig,** adj. = s ~ bürgerlich. 'S ~ **igkeit,** f -/no pl priggishness, stuffiness. 'S ~ **rute,** f S ~ **n laufen,** to run the gauntlet.

Spikes [ʃpaiks, sp-], pl (a) Sp: spikes; (b) Aut: studded (snow) tyres.

Spinat [ʃpiˈnaːt], m -(e)s/-e spinach.

Spind [ʃpint], n -(e)s/-e Nau: Mil: locker.

Spindel [ˈʃpindəl], f -/-n (a) Tex: & Mec.E: spindle; (b) Constr: newel post (of stairs). 's ~ **'dürr,** adj. spindly, thin as a rake.

Spinett [ʃpiˈnɛt], n -(e)s/-e Mus: spinet.

Spinne [ˈʃpinə], f -/-n spider. 's ~ e'**feind,** adv. **j-m s. sein,** to hate s.o. like poison. 's ~ **en,** v.irr. (p. **spann,** p.p. **gesponnen**) 1. v.tr. to spin (wool etc.). 2. v.i. (haben) F: to be crackers/ nuts. 'S ~ **(en)gewebe,** n -s/- cobweb. 'S ~ **ennetz,** n -es/-e spider's web. 'S ~ **er(in),** m -s/- (f -/-nen) (a) spinner; (b) F: **er ist ein S,** he is a crackpot/Brit: nutter. S ~ e'**rei,** f -/-en 1. (a) (cotton) mill; (b) no pl spinning. 2. no pl F: silliness, drivel. 'S ~ **rad,** n -(e)s/-er spinning wheel.

Spion(in) [ʃpiˈoːn(in)], m -s/-e (f -/-nen) (a) spy; (b) (Guckloch) peephole (in door). S ~ **age** [-oˈnaːʒə]. I. f -/no pl espionage, spying. II. S ~ -, comb.fm. spy (film, trial, ring etc.). S ~ **ageabwehr,** f -/no pl counter-espionage. s ~ **ieren** [-oˈniːrən], v.i. (haben) (a) to spy; (b) Pej: to snoop.

Spiralbohrer [ʃpiˈraːlbɔːrər], m -s/- Tchn: twist drill. 's ~ e, f -/-n spiral; Med: coil. S ~ **feder,** f -/-n Tchn: coil spring.

Spiritismus [ʃpiriˈtismʊs], m -/no pl spiritualism, belief in ghosts. S ~ **ist(in),** m -en/-en (f -/-nen) spiritualist. s ~ **istisch,** adj. spiritualist (séance etc.). S ~ **ualismus**

[-uaˈlismʊs], m -/no pl Phil: Rel: spiritualism. S ~ **uosen** [-uˈoːzən], fpl spirits, hard drinks. S ~ **us** [ˈʃpiritʊs], m -/no pl Ch: (surgical) spirit. 'S ~ **us-,** comb.fm. spirit (lamp etc.); S ~ **kocher** m, spirit stove.

Spital [ʃpiˈtaːl], n -s/-̈er A: & Aus: hospital.

Spitz¹ [ʃpits], m -es/-e Z: Pomeranian (dog).

spitz², adj. 1. (a) pointed (shoes, arch, Fig: remark etc.); sharp (pencil, Fig: tongue etc.); adv. **s. zulaufen,** to taper; Cl: **s ~ er Ausschnitt,** V-neck; Mth: **s ~ er Winkel,** acute angle; Fig: **etwas mit s ~ en Fingern anfassen,** to touch/pick up sth. gingerly; (b) pinched (face); **er sieht s. aus,** he looks peaky. 2. F: (Frau) (a) randy; (b) (hübsch) dishy. 'S ~ **bart,** m -(e)s/-̈e pointed beard. 'S ~ **bogen,** m -s/-̈ pointed arch. 'S ~ **bogenfenster,** n -s/- Arch: lancet window. 'S ~ **bube,** m -n/-n Pej: & Hum: rogue. 's ~ **bübisch,** adj. roguish (expression etc.). 'S ~ e, f -/-n 1. (a) point (of a needle, pencil), tip (of a pen, the nose, Fig: the iceberg etc.); spike (of a railing etc.); (cigar/cigarette) holder; Fig: **einer Bemerkung die S. nehmen,** to take the sting out of a remark; (b) (oberes Ende) top (of a tree etc.) (Gipfel) peak; Geom: apex; Fig: (Höchstwert) maximum; Hum: **die S ~ n (der Gesellschaft),** the social elite/F: top people; Aut: F: **der Wagen fährt 160 Kilometer S.,** the car has a top speed of 100 mph; Fig: **etwas auf die S. treiben,** to take sth. to extremes; F: **er/sie/es ist (absolute/einsame) S.,** he/she/it is (absolutely) super/fantastic; (c) (Führung) head (of a procession, train, organization etc.); leadership (of a party), management (of a firm); Sp: lead; Sp: **an der S. liegen,** to be in the lead/Fb: at the top of the table; (d) (Anzüglichkeit) dig, tilt (gegen j-n, at s.o.). 2. (Stoff) lace. 'S ~ **el,** m -s/- informer; (Spion) spy, undercover agent. 's ~ **eln,** v.i. (haben) to spy, act as an informer. 's ~ **en,** v. 1. v.tr. to sharpen (a pencil etc.); **die Lippen s.,** to purse one's lips; **die Ohren s.,** to prick up one's ears. 2. v.refl.&i. (haben) F: **(sich) auf einen Posten usw. s.,** to be after a post etc. 'S ~ **en-,** comb.fm. 1. (a) top (speed, team, quality etc.); top-quality, first-class (product, wine etc.); S ~ **position** f, top job; **die S ~ klasse,** the top flight; (b) (Höchst-) maximum (amount, output etc.); peak (load, value etc.); S ~ **leistung** f, (i) Aut: etc: peak performance; (ii) Sp: superb performance; (Bestleistung) record. 2. Tex: lace (blouse, collar, trimming etc.); S ~ **klöppler(in)** m(f), lace maker. 'S ~ **enpapier,** n -s/no pl doily. 'S ~ **enreiter,** m -s/- Sp: Com: etc: leader, number one. 'S ~ **entanz,** m -es/-̈e dance on points. 's ~ **findig,** adj. hair-splitting (distinction), tortuous (argument etc.); niggling, pedantic (person). 'S ~ **findigkeit,** f -/-en 1. no pl sophistry. 2. niggling remark. 'S ~ **hacke,** f -/-n pick-axe. 'S ~ **kehre,** f -/-n (a) (Straße) hairpin bend; (b) Ski: kickturn. 's ~ **kriegen,** v.tr. F: to get wise to (sth.). 'S ~ **maus,** f -/-̈e Z: shrew. 'S ~ **name,** m -ns/-n nickname. 's ~ **winklig,** adj. Geom: acute-angled.

Spleen [ʃpliːn], m -s/-s & -e fad, quirk; **einen S. haben,** (i) to have a bee in one's bonnet; (ii) to be a bit dotty.

spleißen ['ʃplaisən], *v.tr.* (*a*) to splice (rope ends etc.); (*b*) to split (wood etc.).

Splint [ʃplint], *m* -(e)s/-e *Mec.E:* split-pin, cotter-pin.

Splitt [ʃplit], *m* -(e)s/-e (road) chippings.

Splitter ['ʃplitər], *m* -s/- splinter. **'s ~ frei**, *adj.* shatterproof (glass etc.). **'S ~ gruppe**, *f* -/-n splinter group. **'s ~ n**, *v.i.* (*sein*) to splinter. **'s ~ 'nackt**, *adj. F:* stark naked. **'S ~ partei**, *f* -/-en *Pol:* breakaway/splinter party.

sponsern ['ʃpɔnzərn], *v.tr. Sp: Mus: etc:* to sponsor (s.o., an event).

spontan [ʃpɔn'taːn], *adj.* spontaneous (response etc.); impulsive (action). **S ~ eität** [-anei'tɛːt], *f* -/no pl spontaneity; impulsiveness.

sporadisch [ʃpo'raːdiʃ], *adj.* sporadic.

Spore ['ʃpoːrə], *f* -/-n *Bot:* spore.

Sporen ['ʃpoːrən], *mpl* spurs; **einem Pferd die S. geben**, to spur on a horse; *Fig:* **sich** *dat* **die S. verdienen**, to win one's spurs. **s ~ nen**, ['ʃpoːrnən], *v.tr.* to spur (a horse).

Sport [ʃpɔrt]. I. *m* -(e)s/no pl (*a*) sport; *Sch:* physical education, games; **S. treiben**, to go in for sport; (*b*) hobby; *F:* **er macht sich** *dat* **einen S. daraus**, he takes a delight in doing it. II. **'S ~ -**, *comb.fm.* (*a*) sports (badge, report, fan, club, shirt, jacket, news, plane, shop etc.); **S ~ artikel** *m,* piece of sports equipment; **S ~ fest** *n,* sports day; **S ~ freund** *m,* sports enthusiast; **S ~ platz** *m,* sports ground, playing field; **S ~ wagen** *m,* (i) sports car; (ii) (*für Kinder*) pushchair, *N.Am:* stroller; (*b*) sporting (event, accident etc.); **S ~ geist** *m,* sporting spirit; **S ~ gerät** *n,* sporting apparatus; **S ~ veranstaltung** *f,* sporting event. **'S ~ art**, *f* -/-en (type of) sport. **'S ~ flieger**, *m* -s/- amateur/private pilot. **'S ~ lehrer(in)**, *m* -s/- (*f* -/-nen) P.E. teacher, *Brit:* games master/mistress. **'S ~ ler(in)**, *m* -s/- (*f* -/-nen) sportsman, *f* sportswoman. **'s ~ lich**, *adj.* (*a*) sporting (occasion, career etc.); sports (equipment etc.); casual (clothes); (*Pers.*) good at games; sporty; **s ~ es Auto**, sporty/racy car; *adv.* **sich s. betätigen**, to take part in sport; (*b*) (*fair*) sportsmanlike (behaviour etc.). **'S ~ lichkeit**, *f* -/no pl (*a*) sporting character; sportiness; sporty appearance; (*b*) sportsmanship. **'S ~ segler**, *m* -s/- yachtsman. **'S ~ smann**, *m* -(e)s/-leute sportsman. **'S ~ tauchen**, *n* -s/no pl skindiving. **'S ~ taucher**, *m* -s/- skin diver.

Spot [spɔt, ʃpɔt], *m* -s/-s *TV: etc:* commercial.

Spott [ʃpɔt]. I. *m* -(e)s/no pl mockery, ridicule; **seinen S. mit j-m treiben**, to make fun of/taunt s.o.; **S. und Hohn ernten**, to be mocked/laughed to scorn. II. **'S ~ -**, *comb.fm.* satirical (poem, song etc.); mocking (laughter etc.); **S ~ drossel** *f*/**S ~ vogel** *m,* mocking bird. **'s ~ 'billig**, *adj. F:* dirt-cheap. **'s ~ en**, *v.i.* (*haben*) to mock; **über j-n, etwas** *acc* **s.**, to poke fun at/mock/(*höhnisch*) sneer at s.o., sth.; **das spottet jeder Beschreibung**, it defies description. **'S ~ lust**, *f* -/no pl love of mockery. **'S ~ preis**, *m* -es/-e giveaway price.

Spöttelei [ʃpœtə'lai], *f* -/-en (gentle) mocking. **'s ~ eln**, *v.i.* (*haben*) to mock; **über j-n, etwas** *acc* **s.**, to poke gentle fun at s.o., sth. **'S ~ er(in)**, *m* -s/- (*f* -/-nen) mocker; **er ist ein S.**, he derides/pokes fun at everything.

's ~ isch, *adj.* mocking, quizzical (smile etc.); **s ~ e Bemerkung**, taunt, snide remark.

sprach [ʃpraːx], *p. of* **sprechen** *q.v.* **'S ~ -**, *comb.fm.* (*a*) linguistic (atlas, research, competence, exercise etc.); language (course, teacher, school etc.); **S ~ begabung** *f,* linguistic gift, gift for languages; **S ~ gebrauch** *m,* (linguistic) usage; **S ~ gefühl** *n,* feeling for languages; **S ~ gebiet** *n*/**S ~ raum** *m,* language area; **S ~ labor** *n,* language laboratory; **S ~ unterricht** *m,* language teaching; (*b*) speech (organ, centre etc.); **S ~ fehler** *m,* speech defect. **'S ~ e**, *f* -/-en 1. language; (*a*) **in englischer S.**, in English; (*b*) (*Sprechweise*) **man erkennt ihn an der S.**, you can recognize him by the way he speaks; **er sprach eine einfache S.**, he expressed himself simply; **eine deutliche S. sprechen**, to speak straight from the shoulder; to (*Sache*) speak for itself. 2. *no pl* speech; **etwas zur S. bringen**, to broach a subject; **das kam auch zur S.**, that was also mentioned; **mir blieb die S. weg**, I was speechless; *F:* **mit der S. nicht herausrücken wollen**, to beat about the bush; **heraus mit der S.!** out with it! speak up! **'S ~ lehre**, *f* -/no pl grammar. **'s ~ lich**, *adj.* linguistic; grammatical (errors etc.); *adv.* linguistically; **s. schön**, beautifully written; **s. falsch**, ungrammatical. **'s ~ los**, *adj.* speechless (**vor** + *dat,* with); (*erstaunt*) dumbfounded. **'S ~ rohr**, *n* -(e)s/-e (*a*) megaphone; (*b*) *Fig:* (*Pers.*) mouthpiece. **'S ~ schnitzer**, *m* -s/-/**'S ~ verstoß**, *m* -es/-e solecism. **'S ~ wissenschaft**, *f* -/-en linguistics.

sprang [ʃpraŋ], *p. of* **springen** *q.v.*

Spray [ʃpreː], *m & n* -s/-s *Cosm:* spray.

Sprech- ['ʃprɛç-], *comb.fm.* speaking (part, voice etc.); speech (training etc.); **S ~ blase** *f,* speech balloon; **S ~ werkzeuge** *npl,* speech organs. **'S ~ anlage**, *f* -/-n *F:* intercom. **'s ~ en**, *v.irr.* (*pres.* **spricht**, *p.* **sprach**, *p.p.* **gesprochen**) 1. *v.tr.* (*a*) to speak (a language, the truth etc.); to say (a word, prayer etc.), recite (a poem); *Jur:* to pronounce (judgement); **er sprach kein Wort**, he didn't say a word; *F:* **da hast du ein wahres Wort gesprochen**, you've hit the nail on the head; (*b*) to speak to (s.o.); **er ist nicht/für niemanden zu s.**, he cannot see anybody; **ich habe sie noch gestern gesprochen**, I only saw/met her yesterday; *F:* **wir s. uns noch!** you haven't heard the end of this! 2. *v.i.* (*haben*) to speak (**über** + *acc*/**von** + *dat,* about); **mit j-m s.**, to talk to s.o.; **sie s. nicht mehr miteinander**, they are not on speaking terms; **sie ist nicht gut auf ihn zu s.**, he is in her bad books; **im Radio s.**, to give a talk on the radio; **es spricht . . .**, the speaker is . . .; **er sprach davon, daß . . .**, he mentioned that . . .; **s. wir von etwas anderem**, let's change the subject; **ich spreche für ihn**, I speak on his behalf; *Fig:* **das spricht für ihn**, that's a point in his favour; **alles spricht dafür, daß . . .** there is every reason to believe that . . .; **aus seinen Augen sprach die Freude**, his eyes sparkled with joy. **'s ~ end**, *adj.* eloquent (look); convincing (proof etc.); striking (similarity); *adv.* **j-m s. ähnlich sehen**, to be the spitting image of s.o. **'S ~ er(in)**, *m* -s/- (*f* -/-nen) speaker; (*Wortführer*) spokesman; *Rad: TV:* announcer. **'s ~ faul**, *adj.* taciturn. **S ~ lehrer(in)**, *m*

-s/- (*f* -/-nen) elocutionist. 'S~**muschel**, *f* -/-n *Tel:* mouthpiece. 'S~**platte**, *f* -/-n spoken-word record. 'S~**stunde**, *f* -/-n *Med:* consulting/*Brit:* surgery hours; **er hat heute keine S.**, he has no surgery/*N.Am:* office hours today. 'S~**stundenhilfe**, *f* -/-n (doctor's) receptionist. S~**technik**, *f* -/no *pl* elocution. 'S~**weise**, *f* -/-n way of speaking, diction. 'S~**zimmer**, *n* -s/- consulting room.

spreizen ['ʃpraitsən], *v.tr.* to splay (one's legs etc.), spread (wings etc.); *Fig:* **sich s.**, to give oneself airs; (*sich zieren*) to play hard to get.

Spreng- ['ʃprɛŋ-], *comb.fm.* explosive (force, effect etc.); high explosive (bomb, shell etc.); S~**körper** *m,* explosive device; S~**ladung** *f,* explosive charge. 'S~**arbeiten**, *fpl* blasting. 's~**en**, *v.tr.* (*a*) to blast (rock etc.), blow up (a bridge etc.); (*b*) to burst (chains, a lock etc.); *Gaming:* **die Bank s.**, to break the bank; (*c*) to sprinkle (washing, water etc.). 'S~**kapsel**, *f* -/-n detonator. 'S~**kopf**, *m* -(e)s/-̈e warhead. 'S~**stoff**, *m* -(e)s/-e explosive. 'S~**ung**, *f* -/-en explosion, blasting.

Spreu ['ʃprɔy], *f* -/no *pl* chaff.

Sprich|wort ['ʃpriçvɔrt], *n* -(e)s/-̈er proverb. 's~**wörtlich**, *adj.* proverbial; **seine Aus schweifungen sind s.**, he is a notorious fast liver.

sprießen ['ʃpriːsən], *v.i.irr.* (sein) (*p.* **sproß**, *p.p.* **gesprossen**) to sprout, (*keimen*) germinate.

Spring|brunnen ['ʃprɪŋbrunən], *m* -s/- fountain. 's~**en**[1], *v.i.irr.* (sein) (*p.* **sprang**, *p.p.* **gesprungen**) (*a*) to jump, (*mit einem großen Satz*) leap, (*mit dem Seil*) skip; **ins Wasser s.**, to jump/(*tauchen*) dive into the water; **der Ball springt gut**, the ball bounces nicely/has plenty of bounce; (*b*) *F:* **ich spring mal schnell zum Metzger**, I'll just nip to the butchers; **das Kind sprang über die Straße**, the child skipped across the road; **er muß dauernd für sie s.**, he has to be at her beck and call all the time; (*c*) **das ist der s~de Punkt**, that's just the point; *F:* **er ließ etwas für uns s.**, he treated us; (*d*) (*Glas usw.*) to crack; (*Saite*) to snap; (*Knospen usw.*) to burst. 'S~**er**, *m* -s/- (*a*) jumper; (*Taucher*) diver; (*b*) *Chess:* knight; (*c*) *Ind:* stand-in. 'S~**flut**, *f* -/-en spring tide. 'S~**form**, *f* -/-en *Cu:* spring-clip cake tin. 's~**le'bendig**, *adj.* lively, full of beans. 'S~**pferd**, *n* -(e)s/-e *Sp:* show jumper. 'S~**reiten**, *n* -s/no *pl* show jumping. 'S~**reiter(in)**, *m* -s/- (*f* -/-nen) show jumper (*person*). 'S~**sell**, *n* -(e)s/-e skipping rope, *N.Am:* jump-rope.

Sprint ['ʃprint], *m* -s/-s *Sp:* sprint; *N.Am:* dash. 's~**en**, *v.i.* (sein) *Sp: & F:* to sprint. 'S~**er**, *m* -s/- *Sp:* sprinter.

Sprit ['ʃprit], *m* -s/no *pl F:* juice, *N.Am:* gas.

Spritz|beutel ['ʃpritsbɔytəl], *m* -s/- *Cu:* piping bag. 'S~**düse**, *f* -/-n (spray) nozzle. 'S~**e**, *f* -/-n **1.** (*Gerät*) spray; (*Düse*) nozzle; (*a*) *Med: Hort:* etc: syringe; (*b*) (*Feuers.*) fire engine; (*Schlauch*) hose. **2.** (*a*) *Med:* injection, jab; (*b*) *F:* (*Geld*) shot in the arm. 's~**en**, *v.* **1.** *v.tr.* (*a*) to spray (crops, water, paint, a car etc.), water (the garden etc.); (*in einem Strahl*) to squirt (water etc.); *F:* (*bespritzen*) to splash (s.o.); (*b*) *Cu:* to pipe (cream/a shape onto a cake etc.); **Wein s.**, to mix wine with mineral

water; (*c*) (*injizieren*) to inject (a drug, *Ind:* plastics etc.); **j-m/sich** *dat* **Morphium usw. s.**, to give s.o./oneself an injection (of morphine etc.). **2.** *v.i.* (*haben*) (*Flüssigkeiten*) to splash, (*in einem Strahl*) squirt; (*Fett usw.*) to spatter. 'S~**er**, *m* -s/- **1.** splash (of water etc.); blob (of paint etc.); (*in einem Getränk*) dash (of soda etc.). **2.** (*Pers.*) sprayer. 'S~**gebäck**, *n* -(e)s/no *pl G: Cu:* shortbread shapes/whirls. 'S~**guß**, *m* -sses/-̈sse injection moulding (of plastics); *Metalw:* die-casting. 's~**ig**, *adj.* tangy (perfume, wine); lively, sparkling (wit, performance etc.); racy (car, style). 'S~**lack**, *m* -(e)s/-e spray paint. 'S~**lackierung**, *f* -/-en *Paint:* spraying. 'S~**pistole**, *f* -/-n spraygun. 'S~**tour**, *f* -/-en *F:* **eine S. machen**, to go for a joy-ride/*Aut:* spin.

spröde ['ʃprøːdə], *adj.* (*a*) brittle (metal, wood, hair etc.); dry, chapped (skin); harsh (voice); (*b*) (*Pers.*) standoffish; (*Mädchen*) demure, prim.

Sproß [ʃprɔs]. **I.** *m* -sses/-sse (*a*) *Bot:* sprout, shoot; (*b*) offspring. **II.** **s.**, *p. of* **sprießen**, *q.v.*

Sprosse ['ʃprɔsə], *f* -/-n ladder rung; slat (of a chair). 'S~**nwand**, *f* -/-̈e *Gym:* wall bars.

Sprößling ['ʃprœslɪŋ], *m* -s/-e *F:* offspring.

Sprotte ['ʃprɔtə], *f* -/-n *Z:* sprat.

Spruch [ʃprux], *m* -(e)s/-̈e (*a*) saying; maxim; (*Parole*) slogan; *Com:* (salesman's) patter; **ein S. aus der Bibel**, a Bible text; (*b*) *Jur:* (*Urteil*) sentence, ruling; (*c*) *Pej: F:* S~̈e, empty words, hot air; (**große**) S~̈**e machen**, to blather/talk big. 'S~**band**, *n* -(e)s/-̈er *Pol: etc:* banner; *Art:* scroll. 's~**reif**, *adj.* **die Angelegenheit ist s./ ist nicht s.**, a decision will have to be made/no decision can be made on the matter.

Sprudel ['ʃpruːdəl], *m* -s/- (effervescent) mineral water. 's~**n**, *v.i.* (*a*) (*haben*) (*Flüssigkeiten*) to effervesce, *F:* fizz; (*Blasen bilden*) to bubble; *Fig:* (*Pers.*) to brim over (**vor guter Laune usw.**, with high spirits etc.); (*b*) (sein) to bubble, fizz (**aus** + *dat*, out of; **in** + *acc*, into). 'S~**wasser**, *n* -s/-̈er = **Sprudel.**

Sprüh|dose ['ʃpryːdoːzə], *f* -/-n spray, aerosol. 's~**n**, *v.* **1.** *v.tr.* to spray (water etc.); to give off (sparks etc.). **2.** *v.i.* (sein) (*a*) to spray, (*Gischt*) shower; **die Funken sprühten**, the sparks flew; *F:* (*Regen*) **es sprüht nur**, it is only spitting; (*b*) *Fig:* (*Pers.*) to sparkle, scintillate (**vor Witz usw.**, with wit etc.). 's~**end**, *adj.* effervescent, *F:* fizzy (drink); *Fig:* scintillating (wit, mind); ebullient (mood, temperament). 'S~**regen**, *m* -s/no *pl* drizzle.

Sprung [ʃprʊŋ], *m* -(e)s/-̈e **1.** jump, (*großer*) leap; *Swim:* dive; *Sp:* (*über den Kasten, Stabhochs.*) vault; *F:* (*kurze Entfernung*) stone's throw; **einen S. machen**, (i) to jump; (ii) (*etwas weglassen*) to leave sth. out; *Fig:* **den S. wagen**, to take the plunge; **ein großer S. nach vorn**, a leap/ big step forward; *F:* **er kann (damit) keine großen S~̈e machen**, he can't afford much (on that); **ich werde dir/der Sache auf die S~̈e helfen**, I'll get you going/things moving; **ich war auf dem S., zu euch zu kommen**, I was just about to come and see you; **sie ist immer auf dem S.**, she is always in a rush; **ich kann nur auf einen S. kommen**, I can only stay a minute. **2.** (*Riß*) crack; **das Glas hat einen S.**, the glass is

cracked. **3.** *Z:* (*Begattung*) mating. **4.** *Hunt:*
herd (of deer). ′S ~ brett, *n* -(e)s/-er *Swim:*
diving board; *Gym: & Fig:* springboard.
′S ~ feder, *f* -/-n spring. ′S ~ feder-
matratze, *f* -/-n spring/interior-sprung mat-
tress. ′s ~ haft, *adj.* (*a*) spasmodic, erratic
(movement etc.); changeable, erratic (person);
disjointed, inconsistent (argument etc.); (*b*)
sudden (change); rapid (increase); *adv.* die
Preise stiegen s. an, prices went up by leaps
and bounds. ′S ~ schanze, *f* -/-n *Ski:* jump-
ing hill, ski jump. ′S ~ tuch, *n* -(e)s/-̈er jumping
sheet; *Sp:* trampoline cover.

Spuck|e [′ʃpukə], *f* -/no *pl F:* saliva, spit; da
blieb mir doch die S. weg, words failed me; I
was flabbergasted; mit Geduld und S., with a
lot of patience. ′s ~ en, *v.tr.&i.* (*haben*) to
spit (blood etc.); *F:* dem kannst du doch auf den
Kopf s., you can run rings round him.
′S ~ napf, *m* -(e)s/-̈e spittoon.

Spuk [ʃpuːk], *m* -(e)s/no *pl* **1.** haunting; ghostly
apparition. **2.** *Fig:* ghastly business, nightmare.
′s ~ en, *v.i.* (*haben*) to haunt; hier spukt es, this
place is haunted. ′S ~ geschichte, *f* -/-n
ghost story. ′s ~ haft, *adj.* ghostly.

Spül|automat [′ʃpyːlʔautomaːt], *m* -en/-en
dishwasher. ′S ~ becken, *n* -s/-/′S ~ e, *f* -/-n
sink. ′s ~ en, *v.tr.&i.* (*haben*) to rinse (out)
(one's mouth, washing etc.); *I.C.E:* to scavenge
(a cylinder etc.); (*auf der Toilette*) to flush;
(Geschirr) s., to wash up, *F: & N.Am:* do the
dishes; etwas an Land s., to wash sth. ashore.
′S ~ kasten, *m* -s/-̈ cistern. ′S ~ maschine,
f -/-n dishwasher. ′S ~ mittel, *n* -s/- washing-
up/*N.Am:* dishwashing liquid/powder. ′S ~ -
pumpe, *f* -/-n *Mec.E:* scavenger pump.
′S ~ tuch, *n* -s/-̈er dishcloth. ′S ~ ung, *f*
-/-en (*a*) *Med: etc:* rinsing, irrigation; (*b*) *I.C.E:*
scavenging; (*c*) flush (of a toilet). ′S ~ was-
ser, *n* -s/no *pl* dishwater.

Spule [′ʃpuːlə], *f* -/-n (*a*) spool, bobbin; *Rec:*
Cin: reel; (*b*) *El:* coil. ′s ~ n, *v.tr.* to wind (sth.)
onto a spool; *Rec:* to spool (tape). ′S ~ n-
(ton)bandgerät, *n* -(e)s/-e reel-to-reel tape
recorder.

Spund [ʃpunt], *m* -(e)s/-̈e (*a*) bung (of a barrel);
(*b*) *Carp:* tongue; (*c*) *F:* (*pl* S ~ e) (*Pers.*)
junger S., young whippersnapper. ′S ~ loch,
n -(e)s/-̈er bunghole.

Spur [ʃpuːr], *f* -/-en **1.** (*a*) (*im Boden*) track(s)
(of a person, animal, tyre etc.); (*Fährte*) trail;
(*Zeichen, Fig: Rest*) trace; eine S. verfolgen, to
follow a trail; S ~ en einer Zivilisation, traces/
remains of a civilization; S ~ en des Krieges,
marks of war; *Fig:* j-m auf die S. kommen, to
get onto/get wind of s.o.; seine S. verwischen,
to cover one's traces; (*b*) *F:* eine S. Pfeffer, a
trace of pepper; von Takt keine S., not
a sign/scrap of tact; nicht die S.! not in the
slightest! eine S. zu hart, slightly/a shade too
hard. **2.** (*Fahrs.*) lane; die S. wechseln, to
change lanes. **3.** (*S ~ weite*) *Aut:* track; *Rail:*
gauge. **4.** *Rec:* track. ′s ~ en, *v.i.* (*haben*) *F:* to
toe the line. ′S ~ enelement, *n* -(e)s/-e *Ch:*
trace element. ′S ~ ensicherung, *f* -/no *pl*
obtaining of clues/evidence. ′s ~ los, *adj. esp.
adv.* without a trace. ′S ~ stange, *f* -/-n *Aut:*
track-rod. ′S ~ weite, *f* -/-n *Aut:* track.

spür|bar [′ʃpyːrbaːr], *adj.* noticeable; (*deutlich*)
distinct. ′s ~ en, *v.tr.* (*a*) to feel (pain, the heat
etc.), sense (s.o.'s fear etc.); etwas (am eigenen
Leibe) zu s. bekommen, to experience sth. (first-
hand), get a taste of sth. (oneself); davon war
nichts zu s., there was no sign of it; (*b*) *Hunt:*
(*Hunde*) to track (game). ′S ~ hund, *m* -(e)s/-e
(*a*) *Hunt:* tracker dog, pointer; (*b*) *F:* (*Detektiv*)
sleuth. ′S ~ nase, *f* -/-n *Hunt: & Fig:* nose.
′S ~ sinn, *m* -(e)s/no *pl* **1.** *Z:* = S ~ nase. **2.**
(*Instinkt*) sixth sense.

Spurt [ʃpurt], *m* -(e)s/-s *Sp:* spurt, sprint.
′s ~ en, *v.i.* (*sein*) to spurt, sprint.

Staat [ʃtaːt], *m* -(e)s/-en **1.** state; (*Land*)
country; er ist beim S. angestellt, he is in the
civil service; im Interesse des S ~ es, in the
national interest. **2.** *F:* (*festliche Kleidung*)
finery; sie war in vollem S., she was dressed up to
the nines; S. machen, to make a show, (*im-
ponieren*) show off. ′S ~ enbund, *m* -(e)s/-̈e
confederation. ′s ~ enlos, *adj.* stateless.
′s ~ lich, *adj.* state, government (grant, control
etc.); (sovereignty, interests etc.) of the state;
adv. by the state; s. anerkannt, officially/state-
approved. ′S ~ s-, *comb.fm.* (*a*) state (visit,
secret, carriage, children, police, reception,
monopoly, theatre etc.); (affair etc.) of state;
(*s ~ eigen*) state-owned (business etc.); national
(bank, library, debt, government etc.); S ~ akt
m, state occasion; S ~ begräbnis *n,* state funer-
al; S ~ chef *m*/S ~ oberhaupt *n,* head of state;
S ~ gewalt *f,* power/authority of the state;
S ~ gebiet *n,* national territory; (*b*) government
(expenditure, subsidy, employee etc.); public
(finances, property, enemy etc.); S ~ gelder *npl,*
public money; S ~ kasse *f,* public purse;
S ~ anwalt *m,* public prosecutor; *N.Am:* district
attorney; S ~ beamte(r) *m & f,* public/civil ser-
vant; S ~ feiertag *m,* public/national holiday;
S ~ anleihe *f,* government bond; S ~ aufsicht *f,*
government control; S ~ rente *f,* government
pension. ′S ~ sangehörige(r), *m & f decl.
as adj.* national. ′S ~ sangehörigkeit, *f*
-/no *pl* nationality, citizenship; die deutsche S.
besitzen, to be a German national/citizen.
′S ~ sbürger(in), *m* -s/- (*f* -/-nen) citizen.
′S ~ sbürgerkunde, *f* -/no *pl Sch:* civics.
′S ~ sdienst, *m* -(e)s/no *pl* civil service; in
den S. eintreten, to become a civil servant. ′S ~ s-
examen, *n* -s/- *G. Univ:* state examination;
approx. = finals. ′s ~ sgefährdend, *adj.*
subversive (activities etc.). ′S ~ sgefähr-
dung, *f* -/-en subversion. ′S ~ shoheit, *f* -/
no *pl* sovereignty. ′S ~ smann, *m* -(e)s/-̈er
statesman. ′s ~ smännisch, *adj.* states-
manlike. ′S ~ srecht, *n* -(e)s/no *pl* constitu-
tional law. ′S ~ ssekretär, *m* -s/-e perma-
nent secretary; *U.S:* secretary of state. ′S ~ s-
streich, *m* -(e)s/-e *Pol:* coup (d'état). ′S ~ s-
vertrag, *m* -(e)s/-̈e (*a*) international treaty;
(*b*) *Aus:* State Treaty. ′S ~ swissenschaft, *f*
-/no *pl* political science.

Stab [ʃtaːp], *m* -(e)s/-̈e **1.** (*a*) rod, pole; (*Stock*)
stick; (*Mus: Dirigentens., Sp:* Staffels. *usw.*)
baton; (*Zaubers.*) wand; (*Hirtens.*) crook; *Ecc:*
(*Bischofs.*) crozier; *Fig:* den S. über j-n brechen,
to condemn s.o.; (*b*) (*aus Eisen*) bar (of a cage
etc.). **2.** *Mil: etc:* (*Personal*) staff. ′S ~ anten-

ne, *f* -/-n *Rad:* rod aerial. ´S ~ **hochsprung**, *m* -(e)s/ˆe *Sp:* pole vault. ´S ~ **lampe**, *f* -/-n electric torch, *N.Am:* flashlight. ´S ~ **reim**, *m* -(e)s/-e *Lit:* stave rhyme. ´S ~ **soffizier**, *m* -s/-e staff officer. ´S ~ **wechsel**, *m* -s/- *Sp:* baton change.

Stäbchen [´ʃtɛːpçən], *n* -s/- (a) small stick/rod; (*Eßst.*) chopstick; (b) *Anat:* rod (of the retina).

stabil [ʃtaˈbiːl], *adj.* (a) stable (currency etc.); (b) sturdy, robust (structure etc.). S ~ **isator** [-iliˈzaːtɔr], *m* -s/-en *Nau: etc:* stabilizer. s ~ i-´**sieren**, *v.tr.* to stabilize (prices etc.). S ~ i-´**sierung**, *f* -/no pl stabilization. S ~ **ität** [-iliˈtɛːt], *f* -/no pl stability; sturdiness, solidity.

stach [ʃtax], *p. of* **stechen** *q.v.*

Stachel [´ʃtaxəl], *m* -s/-n (a) (*Insektens.*) sting; *Fig:* **einer Sache den S. nehmen**, to take the sting out of sth.; (b) spine, quill (of a porcupine etc.); *Bot:* thorn; (c) barb (of barbed wire etc.); (d) *Fig:* spur; **der S. des Ehrgeizes**, the goad of ambition. ´S ~ **beere**, *f* -/-n gooseberry. ´S ~ **draht**, *m* -(e)s/no pl barbed wire. ´s ~ **ig**, *adj.* prickly. ´S ~ **schwein**, *n* -(e)s/-e *Z:* porcupine. ´S ~ **stock**, *m* -(e)s/ˆe goad.

Stadion [´ʃtaːdiɔn], *n* -s/-ien stadium.

Stadium [´ʃtaːdium], *n* -s/-ien stage, phase.

Stadt [ʃtat], I. *f* -/ˆe town, (*Großs.*) city; **in S. und Land**, up and down the country; *F:* **zum Einkaufen in die S. gehen**, to go shopping in the city/town centre/*N.Am:* downtown; **bei der S. angestellt sein**, to work for the (town) council. II. ´S ~ -, *comb.fm.* town (gas, wall, gate etc.); city (fathers, wall, gate, state etc.); urban (motorway/*N.Am:* freeway, population, district, guerilla etc.); metropolitan (area, railway, police etc.); municipal (adminstration, park, library, baths, theatre etc.); S ~ **bewohner** *m*, town/city-dweller; S ~ **bild** *n*, townscape; S ~ **kern** *m*/S ~ **mitte** *f*/S ~ **zentrum** *n*, town/city centre, *N.Am:* downtown (area); S ~ **plan** *m*, town plan/(street) map; S ~ **rat** *m*, town/city council; (*Pers.*) town/city councillor; S ~ **rand** *m*, outskirts of the town; S ~ **teil** *m*/S ~ **viertel** *n*, part/district of the town; S ~ **behörde** *f*, municipal authority, corporation; **das** S ~ **gespräch**, the talk of the town. ´s ~ **bekannt**, *adj.* well-known, *Pej:* notorious. ´S ~ -**gemeinde**, *f* -/-n municipality, borough. ´S ~ **halle**, *f* -/-n civic centre.

Städt|chen [´ʃtɛːtçən], *f* -s/- small town. ´S ~ e-**ballung**, *f* -/-en conurbation. ´S ~ **ebau**, *m* -(e)s/no pl/´S ~ **eplanung**, *f* -/no pl town planning. ´S ~ **er(in)**, *m* -s/- (*f* -/-nen) town/ city dweller. ´s ~ **isch**, *adj.* urban (life, transport etc.); city (clothes etc.); *Adm:* municipal (authorities etc.)

Staffage [ʃtaˈfaːʒə], *f* -/-n (a) *Art:* figures (in a landscape etc.); (b) *Fig:* window-dressing.

Staffel [´ʃtafəl], *f* -/-n (a) *Sp:* relay team; (b) *Av: Navy:* squadron. S ~ **ei** [-əˈlai], *f* -/-en *Art:* easel. ´S ~ **lauf**, *m* -(e)s/ˆe relay race. ´s ~ **n**, *v.tr.* to stagger (*Ind:* hours etc.), grade (wages). ´S ~ **ung**, *f* -/-en grading, classification.

Stag|nation [ʃtagnatsiˈoːn], *f* -/no pl *Econ: etc:* stagnation. s ~ ´**nieren**, *v.i.* (haben) to stagnate. s ~ ´**nierend**, *adj.* stagnant.

Stahl[1] [ʃtaːl]. I. *m* -(e)s/ˆe steel; *Fig:* **Nerven wie (aus) S.**, nerves of steel. II. ´S ~ -, ´s ~ -, *comb.fm.*

steel (blue, grey, frame, industry, works, wool, helmet etc.); S ~ **bau** *m*, steel construction; S ~ **band** *n*, steel strip; S ~ **blech** *n*, steel sheet; (*Material*) sheet steel; S ~ **rohr** *n*, steel tube; S ~ **rohrmöbel** *npl*, tubular (steel) furniture; S ~ -**träger** *m*, steel girder; *Art:* S ~ **stich** *m*, steel engraving. ´S ~ **beton**, *m* -s/no pl *Constr:* reinforced concrete. ´s ~ ´**hart**, *adj.* hard as steel/*Fig:* (*Pers.*) as nails. ´S ~ **kammer**, *f* -/-n strong room. ´S ~ **roß**, *n* -sses/-sse *Hum:* boneshaker (bicycle).

stahl[2], *p. of* **stehlen** *q.v.*

stählern [´ʃtɛːlərn], *adj.* steel (weapon etc.); *Fig:* steely (inflexibility etc.); (nerves etc.) of steel.

Staken [´ʃtaːkən]. I. *m* -s/- *North G:* punt pole. II. s., *v.tr.&i.* (sein) *North G:* to punt (a boat).

staks|en [´ʃtaksən], *v.i.* (sein) *Hum:* to lope (along). ´s ~ **ig**, *adj.* *F:* gawky, ungainly.

Stala|gmit [ʃtalakˈmiːt], *m* -en/-en *Geol:* stalagmite. S ~ **ktit** [-ˈtiːt], *m* -en/-en stalactite.

Stall [ʃtal]. I. *m* -(e)s/ˆe stable, (*Kuhs.*) cowshed; (*Kaninchens.*) hutch; *F:* (*Zimmer*) filthy hole. II. ´S ~ -, *comb.fm.* stable (lad, door etc.). ´S ~ **ung**, *f* -/-en *usu.pl.* S ~ **en**, stables.

Stamm [ʃtam]. I. *m* -(e)s/ˆe 1. (*Baums.*) trunk (of a tree). 2. (a) (*Volkss.*) tribe; *Lit:* (*Sippe*) line; (b) *Z:* breed (of cattle etc.). 3. *Gram:* stem, root. 4. *Fig:* **der S. der Belegschaft/Kunden**, the permanent staff/regular customers. II. ´S ~ -, *comb.fm.* 1. family (estate etc.), ancestral (castle, seat etc.); S ~ **baum** *m*, family tree; *Z: & Hum:* pedigree. 2. (a) favourite (café etc.); S ~ **lokal** *n*/*F:* S ~ **kneipe** *f*, favourite pub/*N.Am:* bar; S ~ **platz** *m*, usual place/seat; (b) regular (guest, player etc.); S ~ **kunde** *m*, regular (customer); S ~ **personal** *n*, permanent staff. ´S ~ **aktie**, *f* -/-n *Fin:* ordinary share. ´s ~ **en**, *v.i.* (haben) (a) (*Pers.*) **s. aus** + *dat*, to come from (a place, an old family etc.); **woher stammt er?** where does he come from? **das Bild stammt aus dem 19. Jahrhundert**, the picture dates from the 19th century; (b) to derive (**aus/von** + *dat*, from); (*Kunstwerk usw.*) **von X. s.**, to be by X; **die Worte s. nicht von mir**, those are not my words. ´S ~ **es**-, *comb.fm.* tribal (leader, language etc.); S ~ **recht** *n*, tribal law; S ~ **angehörige(r)** *m* & *f* tribesman. ´S ~ -**form**, *f* -/-en (a) basic form (of a species); (b) *Gram:* S ~ **en**, principal parts (of a verb). ´S ~ **gericht**, *n* -(e)s/-e dish of the day. ´S ~ **halter**, *m* -s/- *Hum:* son and heir. ´S ~ **tisch**, *m* -(e)s/-e table reserved for regulars. ´S ~ **vater**, *m* -s/ˆ- progenitor.

stammeln [´ʃtaməln], *v.tr. & i.* (haben) to stammer (sth.).

stämmig [´ʃtɛmiç], *adj.* burly, stocky.

stampfen [´ʃtampfən], *v.* 1. *v.i.* (a) (haben) to stamp; (*Maschine, Motor usw.*) to pound; (*Schiff*) to pitch; **mit dem Fuß auf den Boden s.**, to stamp one's foot; (b) (sein) **er stampfte durch den Schnee**, he tramped/stomped through the snow. 2. *v.tr.* to pound (pepper etc.), mash (potatoes), crush (grapes etc.).

stand[1] [ʃtant], *p. of* **stehen** *q.v.*

Stand[2], *m* -(e)s/ˆe 1. (a) *no pl* standing position; stance; *Sp:* **Start aus dem S.**, standing start; *F:* **einen schweren S. (bei j-m) haben**, to have a tough time (with s.o.); (b) place to stand; (*für*

Taxis) stand, rank; (*für ein Pferd*) stall; (*c*) (*am Markt usw.*) stall; (*beim Jahrmarkt*) booth; (*Zeitungss.*) (newspaper) kiosk; (*Messes.*) stand. **2.** *no pl* (*Lage*) position; (*Stadium*) stage; (*Zustand*) state (of finances, a game etc.); (*Höhe*) level (of water, investment etc.); **S. des Barometers,** barometer reading; **S. der Dinge,** state of affairs; position; **bei dem S. der Dinge,** with things as they are/were; **gut im S~e,** in good condition; **auf dem neuesten S.,** thoroughly up-to-date; *Sp:* **S. des Spiels,** score. **3.** (*a*) (social) class; **er hat unter seinem S. geheiratet,** he married beneath his station; (*b*) (*Familiens.*) status. 'S ~ **bild,** n -(e)s/-er statue. 'S ~ **esamt** ['ʃtandɔs-], n -(e)s/ʺer registry office. 'S ~ **esbeamte,** m -n/-n registrar (of births etc.). 's ~ **esamtlich,** adj. (wedding etc.) in a registry office. 's ~ **esbewußt,** adj. class-conscious; proud of one's social rank. 'S ~ **esbewußtsein,** n -s/no pl pride in one's social rank; approx. esprit de corps. 's ~ **esgemäß,** adj. in keeping with social status. 's ~ **fest,** adj. steady, stable (table etc.); Fig: steadfast. 'S ~ **festigkeit,** f -/no pl steadiness, firmness. 'S ~ **foto,** n -s/-s Cin: still. 'S ~ **gericht,** n -(e)s/no pl Mil: summary court martial. 's ~ **haft,** adj. steadfast, unwavering (person etc.); staunch (defence), stout (denial etc.); **s. bleiben,** to resist temptation. 'S ~ **haftigkeit,** f -/no pl steadfastness, staunchness; (*Mut*) fortitude. 's ~ **halten,** v.i.sep. (haben) (*Pers.*) to stand firm; **einem Angriff s.,** to hold out against an attack; **Versuchungen s.,** to resist temptation; **Druck usw. s.,** to withstand/stand up to pressure etc.; **der Prüfung s.,** to bear close scrutiny. 'S ~ **licht,** n -(e)s/-er Aut: parking light(s). 'S ~ **ort,** m -(e)s/-e location; position (of a plant, ship etc.); site (of a firm etc.); Mil: garrison. 'S ~ **ortkatalog,** m -(e)s/-e shelf index (*in a library*). 'S ~ **pauke,** f -/-n F: **j-m eine S. halten,** to give s.o. a dressing down. 'S ~ **platz,** m -es/ʺe position; pitch (of a street vendor etc.). 'S ~ **punkt,** m -(e)s/-e point of view, standpoint; **ich stehe auf dem S., daß ...,** I take the view that ... . 'S ~ **recht,** n -(e)s/no pl Mil: martial law. 'S ~ **sprung,** m -(e)s/ʺe standing jump. 'S ~ **streifen,** m -(e)s/- hard shoulder (*on a motorway/N.Am: freeway*). 'S ~ **uhr,** f -/-en long case/F: grandfather clock.

Standard ['ʃtandart]. **I.** m -s/-s norm, standard. **II.** 'S~-, comb.fm. standard (equipment, pronunciation, work etc.). s ~ **isieren** [-di-'ziːrən], v.tr. to standardize (measurements etc.). S ~ **i'sierung,** f -/no pl standardization.

Standarte [ʃtan'dartə], f -/-n Mil: standard.

Ständchen ['ʃtɛntçən], n -s/- serenade. **S ~ er** ['ʃtɛndər], m -s/- (a) stand (for music, hats etc.); rack (for pipes, newspaper etc.); (b) Constr: post, upright. 's ~ **ig** ['ʃtɛndiç], adj. permanent (residence etc.); constant (companion etc.); steady, continuous (noise etc.); adv. **er ist s. unterwegs,** he is constantly on the move.

Stange ['ʃtaŋə], f -/-n (a) (Holzs.) pole; (Fahnens.) flagstaff; (Metalls.) rod, bar; (Kleiders.) clothes rail; (Vogels.) perch; **die Hühner sitzen auf der S.,** the hens are roosting; Danc: Gym:

Übung an der S., bar exercise; F: **Kleider von der S.,** clothes off the peg; Fig: **bei der S. bleiben,** to stick to one's guns, stick it out; **j-m die S. halten,** to stick up for s.o.; (b) stick (of liquorice, sealing wax etc.); **eine S. Zigaretten,** a carton of 200 cigarettes; F: **eine S. Geld,** a pretty penny. 'S ~ **nbohne,** f -/-n runner bean. 'S ~ **nbrot,** n -(e)s/-e (loaf of) French bread. 'S ~ **nsellerie,** m -s/-s celery.

Stänker|ei [ʃtɛŋkə'rai], f -/-en F: grousing, nit-picking. 'S ~ **er,** m -s/- F: grouser, nit-picker. 's ~ **n,** v.i. (haben) F: to grouse; to find fault (**mit** + dat, with).

Stanniol [ʃtani'oːl], n -s/-e tin foil. S ~ **papier,** n -s/no pl silver paper.

Stanze ['ʃtantsə], f -/-n **1.** Tchn: punch, punching machine; (Prägestempel) stamping die. **2.** Lit: stanza. 's ~ **n,** v.tr. to punch (holes); (prägen) to stamp (metal etc.).

Stapel ['ʃtaːpəl], m -s/- **1.** stack, pile (of books, wood etc.). **2.** (beim Schiffbau) stocks; **vom S. laufen,** to be launched; **ein Schiff vom S. lassen,** to launch a ship; F: Pej: **einen Witz usw. vom S. lassen,** to perpetrate a joke etc. 'S ~ **lauf,** m -(e)s/ʺe launching (of a ship). 's ~ **n,** v.tr. to stack, pile up (goods etc.); **sich s.,** to be piled up. 'S ~ **platz,** m -es/ʺe store, (storage) yard.

stapfen ['ʃtapfən], v.i. (sein) to trudge.

Star¹ [ʃtaːr], m -(e)s/-e **1.** Orn: starling. **2.** Med: cataract.

Star². **I.** m -s/-s Cin: etc: star. **II.** 'S ~-, comb.fm. star (conductor etc.); top (lawyer etc.); S ~ **besetzung** f, star cast; S ~ **kult** m, star worship.

starb [ʃtarp], p. of **sterben** q.v.

stark [ʃtark], adj. (comp. **stärker,** superl. **stärkste**) strong; (a) strong (man, coffee, current, Gram: verb etc.); powerful (engine, lens, voice etc.); potent (drink, medicine etc.); Fig: **s~e Seite,** strong point; F: **den s~en Mann markieren,** to throw one's weight about; (b) (zahlenmäßig) big (army, Sp: field etc.); (heftig) violent (storm); intense (pain etc.); heavy, bad (cold); loud (applause etc.); heavy (traffic, demand, drinker, debts, rain etc.); high (fever); (dick) thick (branch, hair, volume etc.); (beleibt) large (person); **eine 2 Meter s~e Mauer,** a wall 2 metres thick; (Buch) **100 Seiten s.,** 100 pages long; **50 Mann s~e Einheit,** unit consisting of 50 men; **wie s. ist diese Auflage?** how big is this printing? **s~e Beteiligung,** large attendance/number of people participating; (c) adv. (viel) a lot; (+ adj.) very; **s. rauchen,** to smoke a lot/heavily; **s. besucht/befahren/behaart sein,** to have a lot of visitors/traffic/hair; **s. übertrieben/vergrößert,** greatly exaggerated/enlarged; **am s~sten bevölkert,** most thickly populated; **s. gesalzen,** very salty; **s. benachteiligt,** severely handicapped; **ich bin s. erkältet,** I have a bad cold. 'S ~ **strom,** m -(e)s/no pl El: high voltage/power current. 'S ~ **stromleitung,** f -/-en El: power line.

Stärke ['ʃtɛrkə], f -/-n **1.** (a) no pl (Kraft) strength (of a person, party, Fig: s.o.'s faith etc.); (Leistung) power (of an engine etc.); violence, intensity (of pain, a storm, reaction etc.); keenness (of interest, competition etc.); severity (of an illness etc.); **mit voller S.,** with full force; **die S. seiner Augen läßt nach,** his eyes are growing weaker; (b) *Fig:* strong point; **Mathematik war nie seine S.,** he was never much good at mathematics; (c) (*Dicke*) thickness; *Metall:* gauge; (d) (*Größe*) size (of an army etc.), amount (of traffic etc.); **S. der Beteiligung,** number of people participating. 2. *Cu:* starch. ′s ~ **ehaltig,** *adj.* starchy (food etc.). ′S ~ **emehl,** *n* -(e)s/*no pl Cu:* cornflour; *N.Am:* cornstarch. ′s ~ **en,** *v.tr.* (a) to strengthen (s.o., s.o.'s position etc.); (*Schlaf usw.*) to fortify (s.o.); to boost (s.o.'s confidence etc.); **sich s.,** to fortify oneself (with food/drink); (b) to starch (shirt collars etc.). ′S ~ **ung,** *f* -/-en (a) strengthening, boosting; restoration (of health etc.); (b) (*Erfrischung*) refreshment; *F:* (*Alkohol*) pick-me-up. ′S ~ **ungsmittel,** *n* -s/- restorative, tonic.

starr [ʃtar], *adj.* rigid; (*steif*) stiff (attitude etc.); **s ~ er Blick,** fixed stare; **s. vor Kälte,** frozen stiff; **s. vor Schrecken,** paralysed with fright. ′S ~ **e,** *f* -/*no pl* rigidity, stiffness. ′s ~ **en,** *v.i.* (*haben*) (a) to stare; (b) **vor Schmutz s.,** to be absolutely filthy. ′S ~ **heit,** *f* -/*no pl* = S ~ **e.** ′S ~ **kopf,** *m* -(e)s/⁼e obstinate, pig-headed. ′s ~ **köpfig,** *adj.* obdurate, obstinate; (*eigensinnig*) self-willed. ′S ~ **krampf,** *m* -(e)s/⁼e *Med:* tetanus. ′S ~ **sinn,** *m* -(e)s/*no pl* obduracy, obstinacy. ′s ~ **sinnig,** *adj.* = s ~ **köpfig.**

Start [ʃtart]. I. *m* -(e)s/-s (a) *Sp: & Fig:* start; **am S.,** on the starting line; (b) *Av:* take-off; launch (of a rocket). II. ′S ~ -, *comb.fm.* starting (block, line, money, pistol, number, signal etc.). ′S ~ **bahn,** *f* -/-en *Av:* (take-off) runway. ′s ~ **bereit,** *adj.* ready to go/*Av:* for take-off. ′s ~ **en,** *v.* 1. *v.tr.* to start (a race, an engine etc.); to launch (a rocket, *F:* a campaign etc.). 2. *v.i.* (*sein*) to start (in a race etc.); *Av:* to take off; (*Pers.*) **in den Urlaub s.,** to set off on holiday/*N.Am:* vacation. ′S ~ **er,** *m* -s/- *Sp: & Aut:* starter. ′S ~ **hilfe,** *f* -/-n *Aut: & Fin:* **j-m S. geben,** to help s.o. to get started. ′S ~ **hilfekabel,** *n* -s/- *Aut:* jump lead/*N.Am:* cable. ′S ~ **rampe,** *f* -/-n launching ramp. ′S ~ **verbot,** *n* -(e)s/-e (a) *Sp:* suspension; (b) *Av:* grounding.

Station [ʃtatsiˈoːn], *f* -/-en 1. (a) (bus/train/tram) stop; (b) (*Aufenthalt*) stay, stopover; *Nau:* port of call; **S. machen,** to break one's journey, *esp. N.Am:* stop over; *R.C.Ch:* **die vierzehn S ~ en,** the Stations of the Cross; (c) *Fig:* (*Stadium*) stage. 2. *Rad:* station. 3. *Med:* ward; **auf S. 4,** in ward 4. **s ~ är** [-oˈnɛːr], *adj* (a) stationary, fixed (machinery etc.), (b) *Med:* (treatment) as an in-patient; **s. behandelter Patient,** in-patient. **s ~ ieren** [-oˈniːrən], *v.tr.* to station (troops etc.). **S ~ s-,** *comb.fm. Med:* ward (doctor, sister etc.).

statisch [ˈʃtaːtiʃ], *adj.* static.

Statist [ʃtaˈtist], *m* -en/-en *Th: Cin:* extra. **S ~ enrolle,** *f* -/-n *Th: Cin:* walk-on/*F:* bit part. **S ~ ik,** *f* -/-en (a) *coll.* statistics; (b) **eine S.,** a set of statistics. S ~ **iker,** *m* -s/- statistician. **s ~ isch,** *adj.* statistical.

Stativ [ʃtaˈtiːf], *n* -s/-e *Phot:* tripod.

statt [ʃtat]. I. *conj. & prep.* + *gen* instead of; **s. dessen,** instead (of this); **s. früher aufzustehen, rennt er jedesmal zum Bahnhof,** instead of getting up earlier he always runs to the station. II. **S.,** *f* **j-n an Kindes S. annehmen,** to adopt

s.o. ′s ~ **finden,** *v.i.sep.irr.9* (*haben*) to happen, take place. ′s ~ **haft,** *adj.* permissible. ′S ~ **halter,** *m* -s/- *Hist:* governor. ′s ~ **lich,** *adj.* stately, imposing (house, person etc.); magnificent (figure, building etc.); impressive (collection); considerable (number, sum etc.). ′S ~ **lichkeit,** *f* -/*no pl* stateliness, magnificence; impressiveness.

Stätte [ˈʃtɛtə], *f* -/-n *Lit:* place; site (of an event).

Statue [ˈʃtaːtua], *f* -/-n statue. **s ~ ieren** [ʃtatuˈiːrən], *v.tr. see* **Exempel. S ~ r** [ʃtaˈtuːr], *f* -/*no pl* stature, build. **S ~ s** [ˈʃtaːtus], *m* -/*no pl* (a) status; (b) (*Zustand*) state. **S ~ t** [ʃtaˈtuːt], *n* -(e)s/-en statute.

Stau [ʃtau], *m* -(e)s/-s 1. *no pl* = S ~ **ung** 1. 2. tailback (of traffic); **im S. stehen,** to sit in a jam. ′S ~ **damm,** *m* -(e)s/⁼e barrage, dam. ′s ~ **en,** *v.tr.* to dam (a river etc.), staunch (blood); **sich s.,** to accumulate; (*Leute*) form a crowd, (*Autos*) form a tailback. ′S ~ **mauer,** *f* -/-n retaining wall (of a dam). ′S ~ **see,** *m* -s/-n artificial lake, reservoir. ′S ~ **ung,** *f* -/-en 1. *no pl* damming-up, staunching (of blood). 2. congestion; snarl-up (of traffic etc.).

Staub [ʃtaup], *m* -(e)s/*no pl* dust; **S. fangen,** to collect dust; *F:* **die Sache hat viel S. aufgewirbelt,** the affair caused quite a stir; **sich aus dem S ~ e machen,** to make oneself scarce. ′S ~ **blatt,** *n* -(e)s/⁼er *Bot:* stamen. **s ~ en** [ˈʃtaubən], *v.i.* (*haben*) to make dust. ′S ~ **faden,** *m* -s/⁼ *Bot:* filament. ′S ~ **fänger,** *m* -s/- *Pej:* **ein S. sein,** to collect the dust. ′S ~ **gefäß,** *n* -es/-e *Bot:* stamen. **s ~ ig** [ˈʃtaubiç], *adj.* dusty. ′S ~ **korn,** *n* -(e)s/⁼er speck of dust. ′S ~ **lunge,** *f* -/-n *Med:* pneumoconiosis. ′s ~ **saugen,** *v.tr.sep.* (*p.* **staubsaugte,** *p.p.* **staubgesaugt**) to hoover, *N.Am:* vacuum (a carpet etc.). ′S ~ **sauger,** *m* -s/- vacuum cleaner. ′S ~ **tuch,** *m* -(e)s/⁼er duster. ′S ~ **wedel,** *m* -s/- feather duster. ′S ~ **wolke,** *f* -/-n cloud of dust. ′S ~ **zucker,** *m* -s/*no pl Cu:* icing/*N.Am:* powder sugar.

stäuben [ˈʃtɔybən], *v.* 1. *v.i.* (*haben*) (*Wasser usw.*) to form spray. 2. *v.tr.* to sprinkle (powder, sugar etc.).

Staude [ˈʃtaudə], *f* -/-n *Bot:* (perennial) herbaceous plant; (*Strauch*) shrub.

staunen [ˈʃtaunən]. I. *v.i.* (*haben*) to be astonished/amazed (**über etwas** *acc,* at sth.). II. **S.,** *n* -s/*no pl* astonishment, amazement; *F:* **er kam aus dem S, nicht heraus,** he couldn't get over it.

Staupe [ˈʃtaupə], *f* -/*no pl Vet:* distemper.

stechen [ˈʃtɛçən]. I. *v.irr.* (*pres.* **sticht,** *p.* **stach,** *p.p.* **gestochen**) 1. *v.tr. & i.* (*haben*) (a) (*Insekt*) to sting, (*Mücke usw.*) bite (s.o.); (*Dorn, Nadel usw.*) to prick (s.o.); (*Messerspitze, Dolch usw.*) to stab (s.o.), pierce (holes in sth.); **sich dat in den Finger s.,** to prick one's finger; **nach j-m s.,** to stab at s.o.; **es sticht mich im Rücken,** I have a stabbing pain in my back; *Fig:* **das stach mir in die Augen,** that caught my eye/took my fancy; **die Farbe sticht ins Grünliche,** the colour has a slight tinge of green; (b) to cut (peat, asparagus etc.); (c) *Art:* **ein Bild (in Kupfer) s.,** to engrave a picture; (d) *Cards:* to trump (a card); **Herz sticht,** hearts are trumps. 2. *v.i.* (*haben*) (a) *Nau:* **in See s.,** to put to sea; (b) *Ind:* to clock in; (c) *Sp:* to play off, *Equit:* jump off:

(d) (*Sonne*) to blaze/beat down. **II. S.,** *n* -s/*no pl* (*a*) stinging, pricking; (*b*) *Sp:* deciding contest/round; *Equit:* jump-off. **'s ~ end,** *adj.* stinging, stabbing (pain etc.); pungent (smell); penetrating (gaze, smell etc.); blazing (sun). **'S ~ er,** *m* -s/- *Art:* engraver. **'S ~ fliege,** *f* -/-n stable fly. **'S ~ ginster,** *m* -s/*no pl* gorse. **'S ~ karte,** *f* -/-n *Ind: etc:* clocking-in card. **'S ~ mücke,** *f* -/-n gnat, mosquito. **'S ~ palme,** *f* -/-n holly. **'S ~ uhr,** *f* -/-en *Ind: etc:* time clock. **'S ~ zirkel,** *m* -s/- *Mth:* dividers.

Steck|brief ['ʃtɛkbriːf], *m* -(e)s/-e personal description (*Jur:* of s.o. wanted). **'S ~ dose,** *f* -/-n *El:* socket. **'s ~ en,** *v.* **1.** *v.i.occ.irr.* (*haben*) (*p.* **stecke**/*Lit:* **stak**) to be, (*fests.*) be stuck; **der Schlüssel steckte (im Schloß),** the key was in the lock; *F:* **wo steckt meine Brille?** where have my glasses got to? **der Schreck steckt ihm noch in den Gliedern,** he hasn't got over his fright; **ich möchte nicht in seiner Haut s.,** I wouldn't like to be in his shoes; **wir s. mitten in der Arbeit,** we are busy working; **es steckt etwas dahinter,** there's more to this than meets the eye; **seine Mutter steckt dahinter,** his mother is at the bottom of this; **die beiden s. unter einer Decke,** those two are in cahoots. **2.** *v.tr.* (*a*) to put (sth.) (**in etwas** *acc,* into sth.); to stick (a pin etc.) (**in etwas** *acc,* into sth.); to fix/fasten/(**mit Nadeln**) pin (a brooch etc.) (**an** + *acc,* to); **einen Saum s.,** to pin a hem; **sich** *dat* **Watte in die Ohren s.,** to stick/stuff cotton wool into one's ears; **steck dein Hemd in die Hose,** tuck your shirt into your trousers; **Geld in die Tasche/zu sich** *dat* **s.,** to pocket money; *F:* **j-n in die Tasche s.,** to run rings round s.o.; **Geld in etwas** *acc* **s.,** to put/invest money in sth.; **seine Nase in etwas** *acc* **s.,** to pry/poke one's nose into sth.; **ich werde es ihm s.,** I'll give him a piece of my mind; (*b*) to plant (onions etc.). **'S ~ en,** *m* -s/- *A: & Dial:* stick; *F:* **Dreck am S. haben,** to have blotted one's copybook. **'s ~ enbleiben,** *v.i. sep.irr.12* (*sein*) to get stuck (**im Schlamm usw.,** in the mud etc.); (*Redner, Schauspieler usw.*) to dry up; (*Gräte usw.*) **im Halse s.,** to stick in one's throat. **'S ~ enpferd,** *n* -(e)s/-e **1.** hobby horse. **2.** hobby; (*Thema*) pet subject; *Hum:* **sein S. reiten,** to get onto one's pet subject. **'S ~ er,** *m* -s/- *El:* plug. **'S ~ ling,** *m* -s/-e *Hort:* cutting. **'S ~ nadel,** *f* -/-n *Dressm:* pin; *F:* **etwas wie eine S. suchen,** to search high and low for sth. **'S ~ rübe,** *f* -/-n turnip. **'S ~ schloß,** *n* -sses/-sser mortice lock. **'S ~ schlüssel,** *m* -s/- *Tls:* box spanner. **'S ~ zwiebel,** *f* -/-n *Hort:* seed onion.

Stefan ['ʃtɛfaːn]. *Pr.n.m* -s. = Stephen.

Steg [ʃteːk], *m* -(e)s/-e (*a*) (narrow) footbridge; *Nau:* (*Brett*) gangplank; (*Bootss.*) jetty; (*b*) (*Brillens.*) nosepiece; *Mus:* bridge (of a violin etc.); (*c*) *Cl:* (elastic) footstrap (of ski trousers etc.). **'S ~ reif,** *m* **aus dem S.,** impromptu; **aus dem S. sprechen,** to speak off the cuff/extempore. **'S ~ reif-,** *comb.fm.* impromptu (speech etc.); improvised (comedy etc.).

Steh- ['ʃte-], *comb.fm.* stand-up (reception, collar etc.). **'S ~ aufmännchen,** *n* -s/- (toy) tumbling figure. **'s ~ en,** *v.irr.* (*p.* **stand,** *p.p.*

gestanden) **1.** *v.i.* (*haben/South G: sein*) (*a*) (*aufrechts.*) (*Pers., Gebäude usw.*) to stand; **du stehst mir im Weg,** you're in my way; **im S./s~d arbeiten,** to work standing up; **da s. einem die Haare zu Berge,** it makes your hair stand on end; **die Jacke steht vor Dreck,** the jacket is stiff with filth; *Fig:* **auf eigenen Beinen s.,** to stand on one's own feet; **so wie er ging und stand,** just as he was; **der Ausflug steht und fällt mit dem Wetter,** the success of the excursion depends entirely on the weather; **zu j-m/seinem Versprechen s.,** to stand by s.o./one's promise; (*b*) (*stills.*) (*Uhr usw.*) to have stopped; (*Verkehr usw.*) to be stationary/at a standstill; **zum S. kommen/gebracht werden,** to come/be brought to a standstill; (*c*) (*sich befinden*) to be (somewhere); **in Blüte/unter Druck/unter Wasser s.,** to be in blossom/under pressure/under water; **das Auto steht vor der Tür,** the car is (standing) at the door; **in ihren Augen standen Tränen,** there were tears in her eyes; **vor dem Ruin s.,** to be on the brink of ruin; **vor Schwierigkeiten/einer Wahl s.,** to be faced with difficulties/a choice; **unter Alkohol s.,** to be under the influence (of alcohol); **alles, was in meinen Kräften steht,** everything in my power; (*d*) (*geschrieben s.*) **es steht in der Zeitung,** it's in the paper; **was steht darüber in dem Buch?** what does it say about it in the book? **auf dem Schild steht, daß ...,** the notice says that ...; **das steht bei Goethe,** that comes from Goethe; (*e*) (*Stellung*) **das Barometer steht auf Regen,** the barometer is indicating rain; **die Uhr steht auf 6,** the clock says 6; **gut/schlecht s.,** (*Währung usw.*) to be strong/weak; (*Pflanze usw.*) to be doing well/badly; (*Sache*) to be going well/badly; **sie s. sich gut,** they get on well; **es steht schlecht um ihn,** things look bad for him; (*gesundheitlich*) he is in a bad way; **wie steht es mit deiner Gesundheit?** how is your health? *Hum:* **wie geht's, wie steht's?** how are things? *Sp:* **das Spiel steht 2:1,** the score is 2–1; *F:* **es steht mir bis hier/bis zum Hals,** I'm fed up to the back teeth; (*f*) **es steht zu fürchten/hoffen, daß...,** it is to be feared/hoped that ...; (*g*) (*Haltung*) **wie stehst du dazu?** what do you feel/what are your views about that? (*h*) (*passen*) **die Jacke steht dir,** the jacket suits you/looks good on you. **2.** *v.tr.* to stand (guard, sentry); **(j-m) Modell s.,** to (act as a) model (for s.o.); *F:* **sich** *dat* **die Beine in den Bauch s.,** to stand until one is fit to drop. **'s ~ enbleiben,** *v.i.sep.irr.12* (*sein*) (*a*) to stop; (*Pers., Fig: Zeit*) to stand still; (*Motor*) to stall; **wo sind wir stehengeblieben?** where had we got to/did we leave off? (*b*) to remain, be left; (*vergessen werden*) to be forgotten; **der halbe Kuchen blieb stehen,** half the cake was left (untouched); **die Vase bleibt da stehen!** the vase stays where it is! **diese Übersetzung kann so nicht s.,** this translation must be changed. **'s ~ end,** *adj.* standing (army, *Sp:* start etc.); stationary (train etc.); still, stagnant (water); **s~e Redewendung,** stock/standard phrase; *Lit:* **s~en Fußes,** immediately. **'s ~ enlassen,** *v.tr.sep.irr.57* (*a*) to leave (sth.) behind; (*vergessen*) to forget (sth.); (*nicht essen*) to leave (food) (untouched); **er ließ den Satz stehen,** he did not delete the sentence;

alles stehen- und liegenlassen, to drop/leave everything; **sie ließ ihn stehen,** she left him standing there/turned her back on him; *Cu.* **zwei Stunden s.,** allow to stand for two hours; (*b*) **sich** *dat* **einen Bart s.,** to grow a beard. ´S ~ **lampe,** *f* -/-n standard lamp. ´S ~ **leiter,** *f* -/-n stepladder. ´S ~ **platz,** *m* -es/¨-e (*a*) *Th: etc:* (space in the) standing room; (*im Bus*) space to stand; *pl* S ~e, standing room; (*b*) *Th:* (*Karte*) standing room ticket. ´S ~ **vermögen,** *n* -s/*no pl* stamina. **stehlen** [´ʃteːlən], *v.tr.irr.* (*pres.* **stiehlt,** *p.* **stahl,** *p.p.* **gestohlen**) (*a*) to steal (sth.) (**j-m,** from s.o.); **woher nehmen und nicht s.?** how can I possibly get it (by fair means)? *F:* **er kann mir gestohlen bleiben,** he can get lost (as far as I'm concerned), *Fig:* **dem lieben Gott die Zeit/den Tag s.,** to loaf around; (*b*) **sich aus dem Haus s.,** to steal out of the house. **Steiermark** [´ʃtaiərmark]. *Pr.n.f* -. *Geog:* Styria. **steif** [ʃtaif], *adj.* stiff; *Cl:* (*gestärkt*) starched; *Fig:* stiff, formal (reception, style etc.); **s ~ er Grog,** strong grog, *adv. F:* **s. und fest,** absolutely (convinced etc.); **etwas s. und fest behaupten,** to insist stubbornly on sth. ´s ~ **halten,** *v.tr. sep.irr.45* **die Ohren s.,** to keep one's chin up, ´S ~ **heit,** *f* -/*no pl* stiffness. ´S ~ **leinen,** *n* -s/*no pl Tex:* buckram. **Steig** [ʃtaik], *m* -(e)s/-e steep narrow path. ´S ~ **bügel,** *m* -s/- *Equit:* stirrup. ´S ~ **eisen,** *n* -s/- *Mount:* crampon. ´s ~ **en,** *v.irr.* (*p.* **stieg,** *p.p.* **gestiegen**) 1. *v.i.* (*sein*) (*a*) to climb; **auf einen Berg s.,** to climb a mountain; **eine Stufe höher s.,** to move up a step; **vom Pferd s.,** to dismount (from a horse); **in ein Flugzeug, einen Bus usw. s.,** to board/get on a plane, bus etc.; **in die Wanne s.,** to get into the bath; **in die Kleider s.,** to slip into one's clothes; *F:* **auf die Bremse s.,** to stand on the brakes; (*b*) (*Flut, Sonne, Temperatur usw.*) to rise; (*Nebel*) to lift; (*Preise usw.*) to go up, increase; (*Spannung, Schulden*) to mount; (*Chancen, Stimmung*) to improve. 2. *v.tr.* **Treppen s.,** to climb stairs. ´S ~ **er,** *m* -s/- *Min:* pit foreman. ´s ~ **ern,** *v.tr.* to increase (production, sales, speed, tension etc.); to step up (production, demands etc.) (**auf** + *acc,* to); (*verschlimmern*) to aggravate (a complaint etc.); to intensify, heighten (an effect, a contrast etc.); (*verbessern*) to enhance (s.o.'s pleasure, beauty etc.), improve (a performance, an offer etc.); **sich s.,** to increase; to be intensified/enhanced/aggravated; **die Schmerzen steigerten sich,** the pain got worse; *Sp:* **er konnte sich s.,** he was able to improve on his previous performance; *Gram:* **Adjektive s.,** to form the comparative and superlative of adjectives. ´S ~ **erung,** *f* -/-en increase; intensification, enhancement; *Gram:* comparison (of adjectives). ´S ~ **ung,** *f* -/-en (upward) gradient; *N.Am:* grade; (*Hang*) slope; *Tchn:* pitch (of a screw etc.). **steil** [ʃtail]. I. *adj.* steep; **s ~ e Schrift,** straight writing; *Fig:* rapid (advancement, increase etc.); mercurial (career); *P:* smashing (girl etc.). II. ´S ~-, *comb.fm.* steep (drop, slope etc.); **S ~ wand** *f,* steep (rock) face, precipice. ´S ~-**heit,** *f* -/*no pl* steepness. ´S ~ **küste,** *f* -/-n cliff-lined coast, (sea) cliffs.

Stein [ʃtain]. I. *m* -(e)s/-e 1. (*also Bot: Med: Jewel:*) stone; *Clockm:* jewel; *Games:* counter; *Fig:* **S. des Anstoßes,** bone of contention; **keinen S. auf dem anderen lassen,** not to leave one stone on the other; **ihr fiel ein S. vom Herzen,** it was a great weight off her mind; *Fig:* **den S. ins Rollen bringen,** to set the ball rolling; **ich habe bei ihr ein S. im Brett,** I am in her good books; **S. und Bein frieren,** to freeze hard; **S. und Bein schwören,** to swear blind. 2. *South G:* earthenware beer mug, stein. II. ´S ~-, *comb.fm.* (*a*) stone (bench, building, step etc.); (*steinig*) stony (desert etc.); **S ~ boden** *m,* (i) stone floor; (ii) stony ground; **S ~ obst** *n,* stone fruit; **S ~ platte** *f,* stone slab, (*Pflaster*) flagstone; **die S ~ zeit,** the Stone Age; **S ~ zeug** *n,* stoneware; **S ~ rck** (plant, salt etc.); **S ~ garten** *m,* rock garden, rockery; **S ~ bohrer** *m,* rock/ (*für Mauern*) masonry drill; *adj.* **s ~ hart,** rockhard; (*c*) (*aus S ~ gut*) stoneware (jug etc.); **S ~ topf** *m,* stoneware pot. ´S ~ **adler,** *m* -s/- golden eagle. ´s ~ ´**alt,** *adj. F:* (*Pers.*) ancient. ´S ~ **block,** *m* -(e)s/¨-e large boulder. ´S ~ **bock,** *m* -(e)s/¨-e *Z:* ibex; *Astr:* Capricorn. ´S ~ **brech,** *m* -(e)s/-e *Bot:* saxifrage. ´S ~ **bruch,** *m* -(e)s/¨-e quarry. ´S ~ **butt,** *m* -s/-e *Fish:* turbot. ´S ~ **chen,** *n* -s/- small stone, pebble; *Games:* counter. ´S ~ **druck,** *m* -(e)s/-e 1. lithograph. 2. *no pl* (*Verfahren*) lithography. ´S ~ **eiche,** *f* -/-n *Bot:* holm oak. ´s ~ **ern,** *adj.* stone; *Fig:* (heart) of stone; stony (expression). ´S ~ **erweichen,** *n* -s/*no pl* **sie weinte zum S.,** she cried heartrendingly. ´S ~-**gut,** *n* -(e)s/*no pl Cer:* earthenware. ´s ~ **ig,** *adj.* stony (ground etc.). ´s ~ **igen,** *v.tr.* to stone (s.o.). ´S ~ **kohle,** *f* -/*no pl* (hard) coal. ´S ~ **kohleteer,** *m* -s/*no pl* coal-tar. ´S ~ **leiden,** *n* -s/- *Med:* gallstones; (*Nierensteine*) kidney stones. ´S ~ **metz,** *m* -es/-e stone mason. ´S ~ **pilz,** *m* -es/-e *Bot:* edible boletus. ´s ~ ´**reich,** *adj. F:* rolling (in money). ´S ~ **schlag,** *m* -(e)s/¨-e rock fall; *P.N:* **Vorsicht S.,** danger falling rocks. ´S ~ **schneider,** *m* -s/- gem carver.

Steir|er(in) [´ʃtairər(in)], *m* -s/- (*f* -/-nen) Styrian. ´s ~ **isch,** *adj.* Styrian. **Steiß|bein** [´ʃtaisbain], *n* -(e)s/-e *Anat:* coccyx. ´S ~ **geburt,** *f* -/-en *Med:* breech delivery. **Stellage** [ʃtɛ´laːʒə], *f* -/-n storage shelves/rack. **Stelldichein** [´ʃtɛldiçʔain], *n* -s/- rendezvous. ´S ~ **e,** *f* -/-n place; (*a*) **kahle S.,** bare patch; **wunde S.,** sore spot; **undichte S.,** leak; **leere S.,** empty space; **gute S. zum Campen,** good place/ spot for camping; *Fig:* **auf der S.,** (*sofort*) immediately; (*hier*) here and now; **er war auf der S. tot,** he was killed instantly; **an Ort und S.,** on the spot; **zur S. sein,** to be on hand; **auf der S. treten,** to get nowhere; **nicht von der S. kommen,** to make no progress; **er rührte sich nicht von der S.,** he didn't budge from the spot; (*b*) position; **an der richtigen S.,** in the right position/place; *Sp:* **er steht an dritter S.,** he is in third place; *Fig:* **an erster S. stehen,** to come first, be most important; **an S. von** + *dat,* instead/in lieu of; **an j-s S. treten,** to take s.o.'s place; **ich an deiner S. würde warten,** I would wait if I were you; (*c*) *Mus: Lit: etc:* passage; (*Auszug*) extract; **an dieser S. der Geschichte,**

at this point in the story. **2.** (*Arbeitss.*) job, post; **freie S.,** vacancy. **3.** (*Diensts.*) office; (*Behörde*) authority; **von amtlicher S. wurde bekanntgegeben, daß . . .,** it was announced in official quarters that . . . **4.** *Mth:* digit; (*Dezimals.*) (decimal) place. ´s ~ **en,** *v.tr.* to place (s.o., sth.); (*a*) to put (s.o., sth.) (**in, auf, neben usw.,** in, on, next to etc.); (*aufrecht*) to stand (a bottle etc.) (up); **Speisen kalt/warm s.,** to put food somewhere to keep it cold/warm; **wie sollen wir die Möbel s.?** how should we arrange the furniture? *Fig:* **j-n vor einem Problem usw. s.,** to confront s.o. with a problem etc.; **auf sich selbst gestellt sein,** to have to fend for oneself; **sich** *dat* **etwas vor Augen s.,** to imagine sth. (vividly); **etwas über etwas anderes s.,** to value sth. higher than sth. else; (*b*) (*Pers.*) **sich s.,** to place oneself, take up position (somewhere); **sich ans Fenster s.,** to go and stand at the window; **stell dich neben mich,** come (and stand) next to me; **sich j-m in den Weg s.,** to block s.o.'s path, obstruct s.o.; *Fig:* **sich gegen/ hinter j-n s.,** to oppose/back s.o.; **sich negativ/ positiv zu etwas** *dat* **s.,** to take a negative/positive attitude to sth.; **wie s. Sie sich dazu?** what is your view on this? (*c*) to set (a trap, switch, *Rail:* the points etc.); to put (the clock) right; **den Wecker auf 7 Uhr s.,** to set the alarm for 7 o'clock; **das Gas höher/niedriger s.,** to turn the gas up/down; (*d*) (*beschaffen, geben*) to provide (wine, workers, horses etc.), produce (witnesses etc.); to put forward (a demand), make (a condition), put (a question); to establish (a diagnosis); **j-m eine Aufgabe s.,** to set s.o. a task; (*e*) to corner (an animal, a criminal); **sich (der Polizei) s.,** to give oneself up to the police; **sich der Presse/einem Gegner s.,** to meet the press/an opponent; (*f*) **sich krank, taub usw. s.,** to pretend to be ill, deaf etc.; **stell dich nicht dumm!** don't act stupid/pretend you don't know! ´S ~ **enangebot,** *n* **-(e)s/-e** offer of a post; *Journ:* S ~ e, situations vacant. ´S ~ **engesuch,** *n* **-(e)s/-e** application for a post; *Journ:* S ~ e, situations wanted. ´S ~ **enmarkt,** *m* **-(e)s/no pl** job market. ´S ~ **envermittlung,** *f* **-/-en** employment agency. ´s ~ **enweise,** *adv.* here and there; *Meteor:* **s. Schnee,** snow in places. ´S ~ **macher,** *m* **-s/-** wheelwright. ´S ~ **schraube,** *f* **-/-n** *Mec.E:* adjusting/regulating screw. ´S ~ **ung,** *f* **-/-en** position; (*a*) **S. der Planeten zur Sonne,** position of the planets in relation to the sun; (*b*) (*Körperhaltung*) posture; set, angle (of the nose, eyes etc.); (*c*) *Mil:* **feindliche S ~ en,** enemy positions/lines; **in S. gehen,** to take up one's position(s); (*d*) (*Posten*) post, job; **er ist bei X in S.,** he has a job with X; (*e*) (*Haltung*) attitude (**zu** + *dat,* to); **zu etwas** *dat* **S. nehmen,** to express an opinion on sth.; **für/gegen etwas** *acc* **S. nehmen,** to come out in favour of/ against sth.; **S. beziehen,** to make one's position clear. ´S ~ **ungnahme,** *f* **-/-n** view, comment; *Pol:* statement (**zu etwas** *dat,* on sth.). ´S ~ **ungskrieg,** *m* **-(e)s/-e** positional/*esp.* trench warfare. ´S ~ **ungssuche,** *f* **-/no pl** job-hunting. ´s ~ **vertretend,** *adj.* deputy; (*vorübergehend*) acting; *adv.* **s. handeln,** to deputize (**für j-n,** for s.o.). ´S ~ **vertreter(in),** *m* **-s/-** (*f*

-/-nen) deputy; (*Ersatzmann*) substitute; (*an einem anderen Ort*) representative; *Med:* locum. ´S ~ **vertretung,** *f* **-/-en** (*a*) (*Pers.*) = Stellvertreter; (*b*) deputyship; representation; in **S.** + *gen,* on behalf of. ´S ~ **werk,** *n* **-(e)s/-e** *Rail:* signal box.

Stelze [´ʃtɛltsə], *f* **-/-n** *usu.pl* **S ~ n,** (*a*) stilts; (*b*) *P:* (*Beine*) pins. ´s ~ **n,** *v.i.* (*sein*) *F:* to stalk (around).

Stemm|bogen [´ʃtɛmboːgən], *m* **-s/-** *Ski:* stem turn. ´S ~ **eisen,** *n* **-s/-** crowbar. ´s ~ **en,** *v.tr.* (*a*) to lift (a weight etc.) above one's head, *F:* hoist/hump up (a sack etc.); (*b*) to press (one's knee etc.) (**gegen etwas** *acc,* against sth.); **sich gegen etwas** *acc* **s.,** to brace oneself against sth., *Fig:* to resist sth.; **mit in die Seiten gestemmten Armen,** with arms akimbo.

Stempel [´ʃtɛmpəl], *m* **-s/-** **1.** (*a*) stamp; *Metalw:* punch die; *Fig:* **einer Sache seinen S. aufdrücken,** to leave one's mark on sth.; (*b*) (*Zeichen*) stamp; (*auf Silber usw.*) hallmark; *Post:* postmark. **2.** *Min:* pit-prop. **3.** *Bot:* pistil. ´S ~ **geld,** *n* **-(e)s/-er** *F:* dole. ´S ~ **kissen,** *n* **-s/-** inkpad. ´s ~ **n,** *v.* **1.** *v.tr.* to stamp (a document etc.), postmark (a letter), cancel (a stamp), hallmark (precious metals); **gestempelte Marken,** used stamps; *Fig:* **j-n zum Lügner s.,** to brand s.o. a liar. **2.** *v.i.* (*haben*) *F:* **s. gehen,** to be on the dole. ´S ~ **steuer,** *f* **-/-n** *Adm:* stamp duty.

Stengel [´ʃtɛŋəl], *m* **-s/-** *Bot:* stem; *F:* **vom S. fallen,** to be flabbergasted; **fall nicht vom S.!** brace yourself (for a shock)!

Steno|gramm [ʃteno´gram], *n* **-(e)s/-e** shorthand version/text. **S ~ graph(in)** [-´graːf(in)], *m* **-en/-en** (*f* **-/-nen**) stenographer, shorthand writer. **S ~ graphie** [-graˈfiː], *f* **-/no pl** shorthand. **s ~ gra´phieren,** *v.tr.* to take (sth.) down in shorthand. **S ~ ty´pist(in),** *m* **-en/ -en** (*f* **-/-nen**) shorthand-typist.

Stentorstimme [´ʃtɛntorʃtimə], *f* **-/-n** stentorian voice.

Stephan [´ʃtefan]. *Pr.n.m* **-s.** = Stephen.

Stepp|decke [´ʃtɛpdɛkə], *f* **-/-n** quilt. ´S ~ **e,** *f* **-/-n** (*in Asien*) steppes; *N.Am:* prairie; *S.Am:* pampas. ´s ~ **en,** *v.tr.* to machine-stitch (clothes), quilt (material).

Step|tanz [´ʃtɛptants], *m* **-es/-̈e** (*a*) tap dance; (*b*) *no pl* tap dancing. ´S ~ **tänzer(in),** *m* **-s/-** (*f* **-/-nen**) tap dancer.

Sterb|e- [´ʃtɛrbə-], *comb.fm.* (*a*) death (certificate etc); (hour, date, place etc.) of death; **S ~ bett** *n,* deathbed; **S ~ buch** *n,* register of death; (*b*) burial (fund, *Ecc:* mass etc.); *Ins:* **S ~ geld** *n,* sum covering burial costs. ´S ~ **efall,** *m* **-(e)s/-̈e** death. ´s ~ **en.** **I.** *v.irr.* (*pres.* **stirbt,** *p.* **starb,** *p.p.* **gestorben**) **1.** *v.i.* (*sein*) to die (**an etwas** *dat,* of sth.); *Lit:* (*Märchenschluß*) **und wenn sie nicht gestorben sind, dann leben sie noch heute,** and they lived happily ever after; *Fig:* **für sie ist er gestorben,** he no longer exists as far as she is concerned; *F:* **vor Langeweile/ Neugierde s.,** to be dying of boredom/curiosity. **2.** *v.tr.* to die (a heroic death etc.); *Fig:* to be scared to death. **II. S.,** *n* **-s/no pl** death; **im S. liegen,** to be dying; *F:* **zum S. langweilig,** deadly boring. ´S ~ **ens´angst,** *f* **-/-̈e** dread, mortal fear. ´s ~ **ens´krank,** *adj.* (*a*) mortally ill; (*b*

F: sich s. fühlen, to feel ghastly. `'s ~ ens'lang-`
weilig, deadly dull. `'S ~ enswort,` *n* **kein S.**
sagen, not to breathe a word. `'S ~ esakra-`
mente, *npl Ecc:* last rites. `'s ~ lich,` *adj.* (*a*)
mortal (remains etc.); **ein gewöhnlicher S~er,**
an ordinary mortal; (*b*) *adv. F:* **s. verliebt,** head
over heels in love; **sich s. blamieren,** to make a
complete fool of oneself. `'S ~ lichkeit,` *f*
`-/no` *pl* mortality. `'S ~ lichkeitsrate/`
`'S ~ lichkeitsziffer,` *f* `-/-n` death rate.

Stereo [`'∫te:reo, 'st-`]. I. *n* `-s/no pl Print: & Rec:`
stereo. II. `'S~-,` *comb.fm.* stereo (record, tape
recorder etc.); stereoscopic (camera etc.); **S~-**
anlage *f,* stereo system, *F:* stereo. **s ~ phon**
[`-'fo:n`], *adj.* stereophonic. **s ~ typ** [`-'ty:p`],
adj. stereotyped; forced (smile). **S ~ typie**
[`-ty'pi:`], *f* `-/-n` (*a*) stereotype (plate); (*b*) *no*
pl stereotype printing.

steril [`∫te'ri:l`], *adj.* sterile. **S ~ isation** [`-riliza-`
`tsi'o:n`], *f* `-/-en` sterilization. **S ~ isator**
[`-'za:tɔr`], *m* `-en/-en` sterilizer. **s ~ i'sieren,**
v.tr. to sterilize (s.o., sth.), neuter (a cat).
S ~ ität [`-ili'tɛ:t`], *f* `-/no pl` sterility.

Stern [`∫tɛrn`]. I. *m* `-(e)s/-e` star; **Hotel mit drei**
S~en, three-star hotel; *Fig:* **unter einem guten**
S. geboren, born under a lucky star; **unter**
keinem guten S. stehen, to be ill-fated; **nach den**
S~en greifen, to reach for the stars. II. `'S~-,`
comb.fm. stellar (cloud, radiation, system etc.);
S~karte *f,* stellar/celestial map. `'S ~ bild,` *n*
`-(e)s/-er` *Astr:* constellation. `'S ~ chen,` *n* `-s/-`
(*a*) small star; (*b*) *Cin:* starlet; (*b*) *Print:* aster-
isk; (*d*) *Mil: F:* pip. `'S ~ deuter,` *m* `-s/-` astro-
loger. `'S ~ enbanner,` *n* `-s/-` *U.S:* **das S.,**
the stars and stripes. **S ~ enlicht,** *n* `-(c)s/no`
pl Lit: starlight. `'s ~ enlos,` *adj.* starless.
`'S ~ fahrt,` *f* `-/-en Aut:* rally (from different
starting points). `'s ~ förmig,` *adj.* star-shaped.
`'s ~ hagel'voll,` *adj. F:* blind drunk.
`'s ~ hell,` *adj.* starlit. `'S ~ himmel,` *m* `-s/no`
pl firmament, starry sky. `'s ~ klar,` *adj.* starry,
starlit (sky etc.). `'S ~ kunde,` *f* `-/no pl` astron-
omy. `'S ~ motor,` *m* `-s/-en Mec.E:* radial
engine. `'S ~ schnuppe,` *f* `-/-n` shooting star.
`'S ~ stunde,` *f* `-/-n` great moment. `'S ~-`
system, *n* `-s/-e` galaxy. `'S ~ warte,` *f* `-/-n`
observatory.

Sterz [`∫tɛrts`], *m* `-es/-e` 1. *Aus: Cu:* (kind of)
fritter. 2. *Orn:* short tail.

Stethoskop [`∫teto'sko:p`], *n* `-s/-e Med:* steth-
oscope.

stetlig [`'∫te:tiç`], *adj.* steady, constant (increase,
decrease etc.). `'s ~ s,` *adv.* always.

Steuer[1] [`'∫tɔyər`]. I. *n* `-s/- Aut:* steering wheel;
Nau: rudder; *Av: etc:* controls; **am S.,** at the
wheel/*Av:* controls/*Nau:* helm. II. `'S~-,`
comb.fm. control (lever, desk, column, valve
etc.); *El: Rad:* **S~gerät** *n,* control unit; *Av:*
S~knüppel *m,* (control) stick. `'s ~ bar[1],` *adj.*
controllable. `'S ~ bord,` *n* `-(e)s/-e Nau:*
starboard. `'S ~ mann,` *m* `-(e)s/-er Nau:*
helmsman; *Row:* cox. `'s ~ n,` *v.* 1. *v.tr.* (*a*) to
steer (a car, ship, course etc.), navigate (a
ship), cox (a rowing boat), pilot (an aircraft);
Motor Rac: (*fahren*) to drive (a car); *Fig:* **einen**
falschen Kurs s., to be on the wrong track; (*b*)
Tchn: (*regulieren*) to control (a machine, speed,
Fig: a firm etc.). 2. *v.i.* (*a*) to steer, be at the

controls/*Nau:* helm; *Nau:* **nach dem Kompaß**
s., to navigate by the compass; (*b*) (*sein*) to
head (**nach** + *dat,* for); (*c*) *Lit:* **einem Mißstand**
usw. s., to curb an abuse etc. `'S ~ rad,` *n*
`-(e)s/-er` steering wheel. `'S ~ ung,` *f* `-/-en` (*a*)
no pl steering; *Av:* piloting; *Tchn: & Fig:* con-
trol; (*b*) steering (mechanism); *Av:* controls; (*c*)
Tchn: El: (Gerät) control (unit).

Steuer[2]. I. *f* `-/-n` tax. II. `'S~-,` *comb.fm.* tax
(increase, collector, group, offence etc.); fiscal
(law, policy, secrecy, year etc.); **S~aufkommen**
n, tax yield/revenue; **S~begünstigung** *f,* tax
concession; **S~behörde** *f,* tax authorities; **S~-**
berater *m,* tax consultant; **S ~ erklärung** *f,* tax
return; **S~ermäßigung** *f,* tax relief; **S~flucht** *f,*
tax evasion (by going abroad); **S ~ flüchtling**
m, tax exile; **s~frei** *adj.,* tax-free, untaxed
(goods etc.); **S~freibetrag** *m,* tax allowance;
S ~ freiheit *f,* tax exemption; **S ~ hinterzieher,**
m, tax dodger; **S ~ hinterziehung** *f,* tax evasion;
S ~ oase *f*/**S~paradies** *n,* tax haven; **S~rück-**
stände *mpl,* tax arrears; *N.Am:* delinquent taxes;
S~satz *m,* tax rate; rate of assessment; **S~-**
schuld *f,* tax due; **S~tarif** *m,* tax scale; **S~-**
vergütung *f,* tax rebate; **S~wesen** *n,* tax system;
S~zahler *m,* taxpayer. `'s ~ bar[2],` *adj.* taxable.
`'S ~ bescheid,` *m* `-(e)s/-e` notice of assess-
ment. `'s ~ lich,` *adj.* fiscal. `'S ~ marke,` *f* `-/-n`
(*a*) duty stamp; (*b*) (dog) licence tag. `'S ~-`
pflicht, *f* `-/-en` liability to pay taxes. `'s ~-`
pflichtig, *adj.* subject to taxation, taxable
(income etc.).

Steven [`'∫te:vən`], *m* `-s/- Nau:* (*a*) stem; (*b*)
(*hinten*) stern.

Stewardeß [`stju:ər'dɛs`], *f* `-/-ssen Nau: Av:*
stewardess; *Av:* air hostess.

stibitzen [`∫ti'bitsən`], *v.tr. F:* to pinch, nick (sth.).

Stich [`∫tiç`], *m* `-(e)s/-e` 1. (*a*) prick (of a needle);
stab (of a knife, dagger etc.); (*S~wunde*) stab
wound; (*b*) sting, bite (of an insect); (*c*) twinge,
pang (of pain); *Fig:* **es gab ihr einen S. ins**
Herz, she was deeply hurt/cut to the quick (by
it); **j-m einen S. versetzen,** to needle s.o. 2. *Knit:*
etc: stitch. 3. *Art:* engraving. 4. *Cards:* **einen S.**
machen, to take a trick. 5. **das Kleid hat einen**
S. ins Rötliche, the dress has a reddish tinge. 6.
j-n im S. lassen, to let s.o. down, (*verlassen*)
leave s.o. in the lurch; **sie ließ ihre Arbeit im S.,**
she abandoned her work. 7. *F:* **das Fleisch hat**
einen S., the meat is slightly off; **du hast wohl**
einen S.?! are you mad?! `'S ~ balken,` *m* `-s/-`
Arch: hammer beam. **S ~ e'lei,** *f* `-/-en F:* (*a*)
snide remark; gibe; (*b*) *no pl* sneering, gibing.
`'s ~ eln,` *v.i.* (*haben*) **gegen j-n s.,** to gibe at s.o.,
make snide remarks about s.o. `'S ~ flamme,` *f*
`-/-n` leaping flame; jet of flame. `'s ~ haltig,`
adj. sound, valid (reason, argument etc.).
`'S ~ haltigkeit,` *f* `-/no pl` soundness, validity.
`'S ~ ling,` *m* `-s/-e Z:* stickleback. `'S ~ probe,` *f*
`-/-n` spot check. `'S ~ tag,` *m* `-(e)s/-e Adm:*
effective date. `'S ~ waffe,` *f* `-/-en` stabbing
weapon. `'S ~ wahl,` *f* `-/-en` final ballot.
`'S ~ wort,` *n* `-(e)s` 1. (*pl* `-er`) headword (in a
dictionary etc.). 2. (*pl* `-e`) (*a*) *Th:* cue; *Fig:* **das**
S. zu etwas *dat* **geben,** to give the cue for sth.;
(*b*) key-word; *pl* notes; **sich** *dat* **etwas in S~en**
aufzeichnen, to jot down the gist of sth.
`'S ~ wunde,` *f* `-/-n` stab (wound). `'S ~ wort-`

verzeichnis, *n* -ses/-se *Pub:* index.
Stick- ['ʃtik-], *comb.fm.* embroidery (yarn, pattern, needle, frame etc.); **S ~ arbeit** *f,* embroidery. 's ~ en, *v.tr.* to embroider (a cushion etc.). 'S ~ er(in), *m* -s/- (*f* -/-nen) embroiderer. S ~ e'rei, *f* -/-en embroidery. 's ~ ig, *adj.* stuffy (air, room), close (atmosphere). 'S ~ - stoff, *m* -(e)s/*no pl Ch:* nitrogen.
stieben ['ʃti:bən], *v.i.irr.* (*sein*) (*p.* stob, *p.p.* gestoben) *Lit:* (*Funken usw.*) to fly up/about.
Stief- ['ʃti:f-], *comb.fm.* step (-mother, -father, -brother etc.); **S ~ kind** *n,* stepchild; *Fig:* poor cousin. 'S ~ mütterchen, *n* -s/- *Bot:* pansy. 's ~ mütterlich, *adj.* unloving; *adv.* j-n s. behandeln, to treat s.o. unkindly, neglect s.o.
Stiefel ['ʃti:fəl], *m* -s/- **1.** boot. **2.** tall beer glass in the shape of a boot; *F:* er kann einen S. vertragen, he can take his drink. S ~ ette [-'lɛtə], *f* -/-n bootee. 'S ~ knecht, *m* -(e)s/-e boot-jack. 's ~ n, *v.* **1.** *v.i.* (*sein*) *F:* to stalk (around). **2.** *v.tr. F:* gestiefelt und gespornt, ready to set off. 'S ~ wichse, *f* -/-n boot polish.
stieg [ʃti:k], *p. of* steigen *q.v.*
Stiege ['ʃti:gə], *f* -/-n (*a*) (narrow/steep) stairs; (*b*) (*Lattenkiste*) crate.
Stieglitz ['ʃti:glits], *m* -es/-e *Orn:* goldfinch.
stiehlt [ʃti:lt], *pres. of* stehlen *q.v.*
Stiel [ʃti:l], *m* -(e)s/-e stalk (of a plant etc.); stem (of a glass, pipe etc.); shaft (of a tool); handle of a broom etc.); Eis am S., ice lolly. 'S ~ augen, *npl F:* er machte S., his eyes were on stalks. 'S ~ stich, *m* -(e)s/-e *Sew:* stem stitch.
Stier ['ʃti:r], *m* -(e)s/-e bull; *Astr:* Taurus; *Fig:* den S. bei den Hörnern packen, to take the bull by the horns. 'S ~ kampf, *m* -(e)s/-e bull-fight. 'S ~ kampfarena, *f* -/-en bullring. 'S ~ kämpfer, *m* -s/- bullfighter.
stieren ['ʃti:rən], *v.i.* (*haben*) to stare fixedly.
stieß [ʃti:s], *p. of* stoßen *q.v.*
Stift[1] [ʃtift], *m* -(e)s/-e **1.** *Mec.E:* & *Carp:* pin; (*Nagel*) tack; (*Holzs.*) peg. **2.** (*Bleis.*) pencil; (*Farbs.*) crayon. **3.** *F:* (*Lehrling*) apprentice. 'S ~ schraube, *f* -/-n *Mec.E:* stud.
Stift[2], *n* -(e)s/-e (endowed) religious foundation, *esp.* seminary. 's ~ en, *v.tr.* (*a*) to endow, found (a convent etc.); (*spenden*) to donate (a prize etc.); (*b*) (*bewirken*) to cause (confusion, disaster etc.); to bring about (peace etc.). 's ~ engehen, *v.i.sep.irr.* 36 (*sein*) *F:* to make oneself scarce. 'S ~ er(in), *m* -s/- (*f* -/-nen) founder; (*Spender*) donor (of a prize etc.). 'S ~ skirche, *f* -/-n *Ecc:* collegiate church. 'S ~ ung, *f* -/-en (*a*) foundation; (*Schenkung*) donation, bequest (to a museum etc.); (*b*) (charitable/religious) foundation, institution.
Stigma ['stigma], *n* -s/-men stigma.
Stil [ʃti:l]. **I.** *m* -(e)s/-e style; im großen S., in the grand manner; on a grand scale; im großen S. leben, to live in style; wenn er in dem S. weitermacht, if he goes on like this. **II.** 'S ~ -, *comb.fm.* stylistic (analysis, level, feature, exercise etc.); (question, dictionary etc.) of style; S ~ blüte *f,* stylistic blunder; S ~ bruch *m,* (incongruous) change of style; 's ~ empfinden/ S ~ gefühl *n,* sense of style; *adj.* s ~ gerecht, stylistically appropriate. s ~ isieren [ʃtili'zi:rən], *v.tr.* to stylize (natural shapes etc.). S ~ ist [-'list], *m* -en/-en stylist. S ~ istik [-'listik], *f*

-/*no pl* study/theory of style. s ~ istisch, *adj.* stylistic. s ~ los ['ʃti:llo:s], *adj.* lacking in style/ taste. 'S ~ möbel, *npl* period furniture. 's ~ voll, *adj.* stylish, tasteful.
Stilett [ʃti'lɛt], *n* -s/-e stiletto.
still [ʃtil], *adj.* (*lautlos*) quiet, silent; (*ohne Bewegung*) still; (*ruhig*) quiet (area, life, person etc.), calm (sea); peaceful (day, village etc.); (*wortlos*) silent (reproach), tacit (agreement); private (hope, wish); secret (love); es ist s. um ihn geworden, you don't hear anything about him any more; sie blieb s., she said nothing; im s ~ en, secretly, privately; *adv.* er leidet s., he suffers in silence; *F:* das s ~ e Örtchen, the smallest room; *Geog:* der S ~ e Ozean, the Pacific; *Com:* s ~ er Teilhaber, sleeping partner; 'S ~ e, *f* -/-*no pl* silence, quiet(ness); stillness; die S. vor dem Sturm, the lull before the storm; in aller S. heiraten, to have a quiet wedding. 's ~ en, *v.tr.* (*a*) to nurse, breastfeed (a baby); (*b*) to quench (one's thirst), satisfy (one's hunger, curiosity, desires etc.); (*c*) to staunch (blood); to soothe (s.o.'s tears), stop (pain etc.). 's ~ halten, *v.i. sep.irr.45* (*haben*) to keep still/ *Fig:* quiet. 'Stilleben, *n* -s/- *Art:* still life. 'stillegen, *v.tr.sep.* to close, shut down (a factory, railway line etc.), withdraw (a service). 'Stillegung, *f* -/*no pl* closure; withdrawal. 'stilliegen, *v.i.sep.irr.* 62 (*haben*) to be closed (down)/(*Verkehr usw.*) suspended. 's ~ - schweigen, *n* -s/*no pl* silence. 's ~ schweigend, *adj.* silent, unspoken; s ~ es Einverständnis, tacit agreement; *adv.* etwas s. übergehen, to pass over sth. in silence. 's ~ sitzen, *v.i.sep.irr.* 97 (*haben*) to sit still. 'S ~ stand, *m* -(e)s/*no pl* standstill; stoppage, breakdown (of negotiations etc.); *Econ:* etc: stagnation; eine Maschine usw. zum S. bringen, to stop a machine etc.; zum S. kommen, to stop, come to a standstill. 's ~ stehen, *v.i.sep.irr.100* (*haben*) to stand still, (*Verkehr, Produktion usw.*) be at a standstill, (*Herz usw.*) to have stopped, (*stehenbleiben*) stop; *Ind:* (*Maschinen usw.*) to be idle; *Mil:* stillgestanden! attention! *Fig:* da steht einem doch der Verstand still! the mind boggles! 's ~ ver'gnügt, *adj.* deeply contented.
Stimm- ['ʃtim-], *comb.fm.* (*a*) vocal (power, organ, range etc.); S ~ bänder *npl,* vocal cords; *Mus:* S ~ lage *f,* (vocal) register; (*b*) *Pol:* voting (list, right etc.); S ~ zettel *m,* voting/ballot paper; S ~ enthaltung *f,* abstention from voting; S ~ abgabe *f,* voting; *adj.* s ~ berechtigt, entitled to vote. 'S ~ bruch, *m* -(e)s/*no pl* er ist im S., his voice is breaking. 'S ~ e, *f* -/-n **1.** (*a*) voice; mit lauter S., in a loud voice; gut bei S., in good voice; (*b*) *Fig:* (*Meinung*) opinion; die S. des Volkes, public opinion. **2.** *Mus:* (*Partie*) part. **3.** *Pol: etc:* seine S. abgeben, to (cast one's) vote; S ~ n werben, to canvass. 's ~ en, *v.* **1.** *v.tr.* (*a*) die Nachricht stimmte ihn glücklich, the news made him happy; schlecht gestimmt, in a bad mood; (*b*) *Mus:* to tune (an instrument). **2.** *v.i.* (*haben*) (*a*) to be right/correct; da stimmt etwas nicht, there is something wrong/(*suspekt*) fishy there; bei ihm stimmt etwas nicht, he's not quite right in the head; (*zum Kellner*) (das) stimmt so! keep the change! (*b*) *Pol: etc:* für/

gegen j-n s., to vote for/against s.o. **'S~en-**, *comb.fm.* (share, majority etc.) of the votes; **S~werbung** *f.* canvassing (for votes). **'S~enfang**, *m* **-(e)s/no** *pl* vote-catching. **'S~engewirr**, *n* **-(e)s/no** *pl* hubbub of voices. **'S~engleichheit**, *f* **-/no** *pl* tie (in the voting). **'S~gabel**, *f* **-/-n** *Mus:* tuning fork. **'s~haft**, *adj. Ling:* voiced (consonant etc.). **'s~lich**, *adj.* vocal. **'s~los**, *adj. Ling:* unvoiced. **'S~ung**, *f* **-/-en** 1. (*a*) (*Laune*) mood; **die S. des Volkes**, public feeling; **er war gedrückter S.**, he felt depressed; *F:* **sie waren in S.**, they were in high spirits; **er sorgte für S.**, he made things go with a swing; **er brachte die Party in S.**, he was the life and soul of the party; (*b*) atmosphere; **das Bild ist voller S.**, the picture is full of atmosphere/very evocative. 2. *Mus:* tuning. **'S~ungs-**, *comb.fm.* atmospheric (picture etc.), mood (music); **S~umschwung/S~wechsel** *m,* change of mood/atmosphere. **'s~ungsvoll**, *adj.* full of atmosphere, evocative. **'S~wechsel**, *m* **-s/-** = **S~bruch**.

Stimu|lans [ʃtimuˈlans], *n* **-/-zien** *Med:* stimulant; *Fig:* tonic. **s~'lieren**, *v.tr.* to stimulate (s.o.). **S~'lierung**, *f* **-/no** *pl* stimulation.

Stink|bombe [ˈʃtiŋkbɔmbə], *f* **-/-n** stink-bomb. **'s~be'soffen**, *adj. P:* blind drunk, blotto. **'s~en**, *v.i.irr.* (*haben*) (*p.* **stank**, *p.p.* **gestunken**) to stink (**wie die Pest**, to high heaven); **nach Knoblauch s.**, to reek of garlic; *Fig:* **das stinkt zum Himmel**, it's an absolute scandal; **das ganze Unternehmen stinkt**, there's something fishy about the whole business; **seine Hochnäsigkeit stinkt mir**, his snootiness makes me puke. **'s~'faul**, *adj. F:* bone-idle. **'s~ig**, *adj.* stinking, fetid (water etc.). **'S~laune**, *f* **-/-n** *F:* **er hat eine S.**, he is in a foul temper. **'S~tier**, *n* **-(e)s/-e** *Z:* skunk. **'s~'wütend**, *adj. F:* livid (with rage).

Sti|pendiat(in) [ʃtipɛndiˈɑːt(in)], *m* **-en/-en** (*f* **-/-nen**) *Sch: Univ:* recipient of a scholarship. **S~'pendium**, *n* **-s/-ien** *Sch: Univ:* scholarship, grant.

stipp|en, [ˈʃtipən], *v.tr. North G: F:* to dip (sth.). **'S~visite**, *f* **-/-n** *F:* flying visit.

stirbt [ʃtirpt], *pres. of* **sterben** *q.v.*

Stirn [ʃtirn], *f* **-/-en** *Anat:* forehead, brow; **die S. runzeln**, to frown; *Fig:* **j-m die S. bieten**, to stand up to/defy s.o.; **er hatte die S., mir zu sagen ...**, he had the effrontery/nerve to tell me ... **'S~band**, *n* **-(e)s/-er** head band. **'S~höhle**, *f* **-/-n** *Anat:* (frontal) sinus. **'S~höhlenentzündung**, *f* **-/no** *pl* sinusitis. **'S~rad**, *n* **-(e)s/-er** *Mec.E:* spur gear. **'S~runzeln**, *n* **-s/no** *pl* frown. **'S~seite**, *f* **-/-n** front (of a building etc.).

stöbern [ˈʃtøːbərn], *v.i.* (*haben*) to rummage (about) (**nach etwas** *dat,* for sth.).

stochern [ˈʃtɔxərn], *v.i.* (*haben*) to poke (about); **in den Zähnen/im Essen s.**, to pick one's teeth/at one's food.

Stock[1] [ʃtɔk], *m* **-(e)s/-e** 1. stick; (*zum Prügeln*) cane; *Mus:* baton; **am S. gehen**, (i) to walk with a stick; (ii) *F:* to be in a bad way; *Fig:* **über S. und Stein**, across country. 2. *no pl* storey; **im ersten S.**, on the first/*N.Am:* second floor. **'S~bett**, *n* **-(e)s/-en** bunk bed. **'S~degen**, *m* **-s/-** swordstick. **'S~ente**, *f* **-/-n** *Orn:* mal-

lard. **'S~fisch**, *m* **-(e)s/-e** *Cu:* dried fish. **'S~fleck**, *m* **-(e)s/-en** mildew mark; (*auf Papier*) foxing. **'S~rose**, *f* **-/-n** *Hort:* hollyhock. **'S~schnupfen**, *m* **-s/no** *pl* chronic cold (in the head). **'S~werk**, *n* **-(e)s/-e** floor, storey.

stock-[2], *adj.comb.fm. F:* completely and utterly (stupid, normal etc.); arch(-conservative etc.); **s~besoffen**, blind drunk; **s~blind**, blind as a bat; **s~dunkel**, pitch dark; **s~steif**, stiff as a ramrod; **s~taub**, stone-deaf.

stöckel|n [ˈʃtœkəln], *v.i.* (*sein*) *F:* to mince along (on high heels). **'S~schuh**, *m* **-(e)s/-e** high-heeled shoe.

stock|en [ˈʃtɔkən], *v.i.* (*haben*) (*Pers.*) to falter, hesitate, (*abbrechen*) break off; (*Gespräch*) to flag; (*Verkehr usw.*) to be held up, proceed in fits and starts; *Fig:* **das Blut stockte ihm in den Adern**, his blood froze; **ihr stockte das Herz**, her heart missed a beat. **'s~end**, *adj.* faltering, hesitant. **'S~ung**, *f* **-/-en** hesitation; hold-up (of traffic etc.); (*also Med:*) congestion.

Stoff [ʃtɔf], *m* **-(e)s/-e** 1. *Tex:* material. 2. (*a*) *Ch: etc:* substance; **pflanzliche S~e**, vegetable matter; (*b*) *Lit:* material; (*Thema*) subject; subject-matter (of a book etc.); *Journ:* copy. 3. *P:* (*Rauschgift*) dope. **'S~bahn**, *f* **-/-en** *Tex:* length of material; *Dressm:* panel. **'s~lich**, *adj.* with regard to content/subject matter; **s~e Fülle**, wealth of material. **'S~muster**, *n* **-s/-/** **'S~probe**, *f* **-/-n** pattern (of a material). **'S~puppe**, *f* **-/-n** rag doll. **'S~rest**, *m* **-(e)s/-e** *Tex:* remnant. **'S~wechsel**, *m* **-s/no** *pl* *Physiol:* metabolism.

Stoffel [ˈʃtɔfəl], *m* **-s/-** *F: Pej:* boor, lout.

stöhnen [ˈʃtøːnən], *v.i.* (*haben*) to groan, moan (**vor Schmerzen**, with pain; *Fig:* **über etwas** *acc,* about sth.).

Stoiker [ˈʃtɔikər], *m* **-s/-** stoic. **'s~isch**, *adj.* stoic. **S~i'zismus**, *m* **-/no** *pl* stoicism.

Stola [ˈʃtoːla], *f* **-/-len** *Ecc: Cl:* stole.

Stollen [ˈʃtɔlən], *m* **-s/-** 1. *Min:* tunnel; gallery. 2. *Cu:* (Christmas) fruit loaf, stollen. 3. stud (for a shoe).

stolpern [ˈʃtɔlpərn], *v.i.* (*sein*) to stumble (**über einen Stein**, *Fig:* **ein Wort usw.**, over a stone, *Fig:* a word etc.).

stolz [ʃtɔlts]. **I.** *adj.* (*a*) proud (**auf etwas** *acc,* of sth.); *Pej:* **ein s~er Blick**, a proud/haughty look; **s. wie ein Pfau**, proud as a peacock; (*b*) (*imposant*) imposing, impressive; **eine s~e Leistung**, a splendid achievement; **eine s~e Summe**, a considerable sum. **II. S.**, *m* **-es/no** *pl* pride; **seinen S. dareinsetzen, etwas zu tun**, to take a pride in doing sth.; **die Kinder sind sein ganzer S.**, the children are his pride and joy. **s~ie-ren** [-'tsiːrən], *v.i.* (*sein*) to swagger, strut.

Stopf- [ˈʃtɔpf-], *comb.fm.* darning (thread, wool, needle etc.). **'s~en**, *v.* 1. *v.tr.* (*a*) to darn (socks etc.); (*b*) to fill (a pipe, sausage etc.), stuff (a pillow, one's pockets etc.); **etwas in ein Loch s.**, to stuff/pack/cram sth. into a hole; **ein Loch/Leck s.**, to plug a hole/leak; *F:* **j-m den Mund s.**, to silence s.o.; (*c*) *Mus:* to mute (a trumpet). 2. *v.i.* (*haben*) (*a*) to cause constipation; **Schokolade stopft**, chocolate makes one constipated; (*b*) *F:* to guzzle, stuff oneself. **'S~korb**, *m* **-(e)s/-e** workbasket.

Stopp [ʃtɔp]. I. *int.* stop, hold it! II. S., *m* -s/-s
1. (*Halt*) stop. 2. *Econ:* (*Sperre*) ban (**für** +
acc, on); (wage etc.) freeze. III. ′S~~, *comb.fm.*
stop (sign etc.); S~**licht** *n,* stoplight; S~**uhr** *f,*
stopwatch. ′S ~ **ball,** *m* -(e)s/-̈e *Tennis:* drop-
shot. ′s ~ **en,** *v.tr.* (*a*) to stop (s.o., sth.); *Fb:*
etc: to tackle (a player); (*b*) to time (s.o.) (with
a stopwatch). ′S ~ **straße,** *f* -/-n minor road.
Stoppel [′ʃtɔpəl], *f* -/-n stubble. ′S ~ **bart,** *m*
-(e)s/-̈e stubbly beard. ′s ~ **ig,** *adj.* stubbly.
Stöpsel [′ʃtœpsəl], *m* -s/- (*a*) plug (in a basin
etc.), stopper (in a bottle); (*b*) *F:* (*Kind*) **kleiner**
S., little tiddler.
Stör[1] [ʃtøːr], *m* -(e)s/-e *Fish:* sturgeon.
′**Stör**[2]-, *comb.fm.* disruptive (action, factor,
manoeuvre etc.); *Mil:* harrassing (action, fire
etc.). ′s ~ **en,** *v.* 1. *v.tr.* (*a*) to disturb (s.o.),
interfere with (a plan, *Rad:* reception etc.),
spoil (a relationship etc.); (*unterbrechen*) to
interrupt (a conversation etc.); *Rad:* to jam (a
station); **lassen Sie sich nicht s.!** don't let me
interrupt you! *Tel:* **die Leitung ist gestört,** there
is interference on the line; (*b*) (*beunruhigen*) to
bother, worry (s.o.); **das stört mich an ihr,** that's
one thing I dislike about her; **stört es Sie, wenn**
...? does it bother you/do you mind if . . .? *F:*
das stört mich gar nicht, I couldn't care less
(about it). 2. *v.i.* (*haben*) **störe ich?** am I inter-
rupting/in the way? **die neue Fabrik stört sehr,**
the new factory is really objectionable.
′s ~ **end,** *adj.* disturbing; disruptive (effect, in-
fluence); (*lästig*) troublesome; s~**er Umstand,**
nuisance; *adv.* **s. auf etwas** *acc* **wirken,** to have
a disruptive effect on sth. ′S ~ **enfried,** *m*
-(e)s/-e disruptive element, nuisance, mischief-
maker. ′S ~ **geräusch,** *n* -(e)s/-e *Rad:* inter-
ference. ′S ~ **sender,** *m* -s/- *Rad:* jamming
transmitter. ′S ~ **ung,** *f* -/-en (*a*) disturbance;
interruption, disruption (of proceedings etc.);
hold-up (of traffic); *Jur:* **S. des öffentlichen**
Friedens, disturbance of the peace; (*b*) *Tchn:*
(*Fehler*) fault; *Rad:* interference; *Med:* disorder.
störrisch [′ʃtœriʃ], *adj.* stubborn, pig-headed.
Stoß [ʃtoːs], *m* -es/-̈e 1. (*a*) push; **j-m einen S.**
geben, (i) to push/(*plötzlich*) jolt/(*mit dem Ell-*
bogen) nudge/(*mit dem Finger usw.*) prod s.o.;
j-m einen S. mit dem Fuß/der Faust/den Hörnern
versetzen, to kick/punch/butt s.o.; **ein S. mit**
dem Dolch, a thrust/stab with the dagger; **S.**
nach j-m, lunge at s.o.; **mit kräftigen S~en**
schwimmen, to swim with vigorous strokes;
(*b*) (*Anprall*) impact, (*kräftig*) shock; (*Erds.*)
tremor; **einen leichten S. spüren,** to feel a slight
bump/jolt; (*c*) *Fig:* **sein Selbstvertrauen erhielt**
einen S., his self-confidence was shaken; **seinem**
Herzen einen S. geben, to make an effort/pluck
up courage. 2. (*Stapel*) pile (of washing, books
etc.). 3. *Min:* wall, face. ′S ~ **dämpfer,** *m* -s/-
Aut: shock absorber. ′s ~ **en,** *v.irr.* (*pres.* **stößt,**
p. **stieß,** *p.p.* **gestoßen**) 1. *v.tr.* to push (s.o.,
sth.); (*schlagen*) to hit, (*mit dem Fuß*) kick, (*mit*
den Hörnern) butt; (*zufällig*) to knock, (*plötz-*
lich) jolt (s.o., sth.); to thrust (a knife etc.) (in
etwas *acc,* into sth.); **j-n in die Rippen s.,** to
poke/(*mit dem Ellbogen*) nudge s.o. in the ribs;
j-n von sich *dat* **s.,** to push s.o. away, *Fig:* reject
s.o.; **sich (an etwas** *dat*) **s.,** to knock oneself (on
sth.); **mit dem Kopf/sich** *dat* **den Kopf an etwas**

dat **s.,** to knock one's head on sth.; *Fig:* **sich an**
j-s Benehmen usw. s., to take exception to s.o.'s
behaviour etc.; *Sp:* **die Kugel s.,** to put the shot;
Cu: **Zimt, Pfeffer usw. s.,** to pound/grind cin-
namon, pepper etc. 2. *v.i.* (*sein/occ. haben*) (*a*)
er ist an/gegen das Bett gestoßen, he bumped
into/knocked against the bed; **die Eule stieß**
auf die Maus, the owl swooped down on the
mouse; **nach j-m s.,** to lunge at/(*Stier usw.*) butt
s.o.; (*b*) (*grenzen*) to border (**an etwas** *acc,* on
sth.); **das Badezimmer stößt an das Schlafzim-**
mer, the bathroom is next to the bedroom; (*c*)
auf etwas *acc* **s.,** to chance on/come across sth.;
auf j-n s., to run into s.o.; **auf Schwierigkeiten**
s., to encounter difficulties; **zu j-m s.,** to meet/
join up with s.o.; (*d*) *A:* **ins Horn usw. s.,** to
blow one's horn etc. ′s ~ **fest,** *adj.* shock-
proof. ′S ~ **gebet,** *n* -(e)s/-e quick prayer.
′S ~ **kraft,** *f* -/öe impact. ′S ~ **seufzer,** *m*
-s/- deep sigh. ′S ~ **stange,** *f* -/-n *Aut:*
bumper. ′S ~ **trupp,** *m* -s/-s *Mil:* raiding
party; *pl esp. Fig:* shock troops. ′S ~ **ver-**
kehr, *m* -s/*no pl* rush-hour traffic. ′s ~ **weise,**
adv. 1. in bursts/fits and starts. 2. (*gestapelt*)
in piles. ′S ~ **zahn,** *m* -(e)s/-̈e *Z:* tusk.
′S ~ **zeit,** *f* -/-en rush hour.
Stößel [′ʃtøːsəl], *m* -s/- (*a*) pestle; (*b*) *I.C.E:*
(*Ventils.*) tappet.
Stotter|er [′ʃtɔtərər], *m* -s/- stammerer. ′s ~ **n.**
I. *v.tr. & i.* (*haben*) to stammer (sth.). II. S.,
n -s/*no pl* 1. stammer. 2. *F:* **etwas auf S. kaufen,**
to buy sth. on the never-never.
Stövchen [′ʃtøːfçən], *n* -s/- *North G:* teapot/
coffeepot warmer.
stracks [ʃtraks], *adv.* straight, directly.
Straf- [′ʃtraːf-], *comb.fm.* (*a*) penal (colony
etc.); criminal (court, proceedings etc.); **S ~ an-**
stalt *f,* penal institution, prison; S~**gesetzbuch**
n, penal/criminal code; S~**prozeß** *m,* criminal
proceedings/case; S~**recht** *n,* criminal law;
S~**register** *n,* criminal/police record; S~**kam-**
mer *f,* criminal division; S~**tat** *f,* criminal act;
(*b*) *Sp:* penalty (bench, points etc.); S~**raum**
m, penalty area; *Fb:* S~**stoß** *m,* penalty kick.
′S ~ **anzeige,** *f* -/-n *Jur:* charge (**gegen j-n,**
against s.o.). ′S ~ **arbeit,** *f* -/-en *Sch:* imposi-
tion. ′s ~ **bar,** *adj. Jur:* punishable, criminal
(action etc.); (*Pers.*) liable to prosecution; **sich**
s. machen, to commit an offence. ′S ~ **bar-**
keit, *f* -/*no pl* punishable/criminal nature.
′S ~ **befehl,** *m* -s/-e *Jur:* order of summary
punishment. ′S ~ **e,** *f* -/-n punishment,
penalty; (*Gelds.*) fine; (*Freiheitss.*) sentence; **zur**
S., as a punishment; fünfzig Mark S. zahlen, to
pay a fine of fifty marks; **etwas unter S. stellen,**
to make sth. punishable; **zu einer S. verurteilt**
werden, to receive a sentence; *P.N:* **Betreten**
bei S. verboten, trespassers will be prosecuted;
Fig: **das ist die S. für deinen Leichtsinn,** that's
what comes of being careless; *F:* **es ist eine S.**
für mich, **das zu tun,** I hate doing this. ′s ~ **en,**
v.tr. to punish/(*prügeln*) beat (s.o.); *Fig:* to
make (s.o.) suffer; **j-n mit Verachtung s.,** to
treat s.o. with contempt; **mit seiner Frau ist er**
wirklich gestraft, he really suffers with that wife
of his. ′s ~ **end,** *adj.* punitive (measure etc.);
reproachful (glance, words). ′S ~ **erlaß,** *m*
-sses/*no pl Jur:* remission (of a sentence).

'**s ~ fällig**, *adj.* guilty of a crime; **s ~ er
Jugendlicher**, juvenile delinquent; **s. werden**, to
commit a criminal offence. '**S ~ fälligkeit**, *f*
-/no pl criminal liability; delinquency.
'**s ~ frei**, *adj.* unpunished; **s. ausgehen**, to be
let off. '**S ~ freiheit**,' *f* -/no pl immunity
(from prosecution); *Fig:* impunity. '**S ~ gefan-
gene(r)**, *m & f decl. as adj.* convict, prisoner.
'**S ~ gericht**, *n* -(e)s/-e *Jur:* criminal court;
Fig: **das S. Gottes**, divine retribution. '**S ~ -
kompanie**, *f* -/-n *Mil:* punishment battalion.
'**S ~ mandat**, *n* -(e)s/-e (*esp.* parking) ticket.
'**s ~ mildernd**, *adj.* mitigating. '**S ~ porto**, *n*
-s/no pl *Post:* surcharge. '**S ~ predigt**, *f* -/-en
F: **j-m eine S. halten**, to give s.o. a lecture/a
good talking to. '**S ~ täter**, *m* -s/- offender;
jugendlicher S., juvenile delinquent. '**S ~ ver-
teidiger**, *m* -s/- *Jur:* counsel for the defence.
'**S ~ vollzug**, *m* -(e)s/no pl *Jur:* execution of a
sentence. '**S ~ zettel**, *m* -s/- *F:* = **S ~ mandat**.
straff [ʃtraf], *adj.* taut (rope etc.); tight (reins,
trousers, *Fig:* organization); firm (breasts); *Fig:*
strict (discipline); **s ~ e Haltung**, upright bear-
ing; *adv.* **s. aufgerichtet**, bolt upright; **s. ge-
spannt/gezogen**, tightly stretched. '**s ~ en**, *v.tr.*
to tighten (a rope etc.), *Fig:* tighten up (organi-
zation etc.); **sich s.**, to tighten, tauten; (*Pers.*)
to draw oneself up straight. '**S ~ heit**, *f* -/no pl
tautness, tightness; firmness.
sträflich ['ʃtrɛːfliç], *adj.* criminal (negligence
etc.); **s ~ er Leichtsinn**, unpardonable/shocking
carelessness. '**S ~ ling**, *m* -s/-e convict.
Strahl [ʃtraːl], *m* -(e)s/-en (*a*) ray (of light, the
sun, *Fig:* hope etc.); beam (of a torch, *Rad:*
transmitter etc.); (*b*) jet (of water etc.). '**s ~ en**,
v.i. (*haben*) (*a*) to shine, (*glänzen*) gleam; (*b*)
Fig: (*Pers.*) to beam (vor Freude usw., with joy
etc.); **er strahlte vor Glück**, he was radiant with
happiness. '**S ~ en-**, *comb.fm.* ray (treatment
etc.); radiation (damage etc.). '**S ~ enbündel**,
n -s/- pencil of rays. '**s ~ end**, *adj.* radiant
(beauty, appearance etc.); brilliant (sun, wea-
ther etc.); shining, sparkling (eyes etc.); beam-
ing (face, smile). '**S ~ entherapie**, *f* -/no pl
Med: radiotherapy. '**S ~ triebwerk**, *n*
-(e)s/-e jet engine. '**S ~ turbine**, *f* -/-n *Av:*
turbojet. '**S ~ ung**, *f* -/-en radiation.
'**S ~ ungswärme**, *f* -/no pl radiant heat.
Strähne ['ʃtrɛːnə], *f* -/-n strand (of hair, yarn
etc.). '**s ~ ig**, *adj.* straggly (hair etc.).
stramm [ʃtram], *adj.* (*a*) (*aufrecht*) upright; *Mil:*
s ~ e Haltung annehmen, to stand to attention;
(*b*) (*straff*) tight (elastic etc.); *adv.* **s. sitzen**, to
be a tight fit; (*c*) (*robust*) sturdy (boy, legs etc.);
strapping (lad); *Cu:* **s ~ er Max**, open sandwich
with ham and fried egg; *adv. F:* **s. arbeiten**, to
work hard. '**s ~ stehen**, *v.i.sep.irr.100* (*haben*)
Mil: to stand to attention. '**s ~ ziehen**, *v.tr.*
sep.irr.113 to tighten (one's belt etc.); *F:* **einem
Kind die Hosen s.**, to give a child a good hiding.
Strampel|höschen ['ʃtrampəlhøːsçən], *n* -s/-
rompers. '**s ~ n**, *v.i.* (*haben*) (*Baby*) to kick.
Strand [ʃtrant], *m* -(e)s/-e beach; shore (of a
lake); **ein Haus am S.**, a house on the seafront;
(*Schiff*) **auf S. gelaufen**, beached. '**S ~ bad**, *n*
-(e)s/-er (*am Fluß/See*) bathing place; (*am
Meer*) bathing beach. '**s ~ en**, *v.i.* (*sein*)
(*Schiffe*) to run aground. '**S ~ gut**, *n* -(e)s/no pl

flotsam and jetsam. '**S ~ hafer**, *m* -s/no pl
Bot: marram grass. '**S ~ kleidung**, *f* -/no pl
beachwear. '**S ~ korb**, *m* -(e)s/-e roofed wic-
kerwork beach chair. '**S ~ promenade**, *f* -/-n
promenade, sea front. '**S ~ räuber**, *m* -s/-
beachcomber. '**S ~ schnecke**, *f* -/-n winkle.
Strang [ʃtraŋ], *m* -(e)s/-e (*a*) (*Seil*) rope; *Lit:* **Tod
durch den S.**, death by hanging; (*b*) trace (of a
harness); *F:* **wir ziehen alle an einem/demselben
S.**, we are all after the same thing; **über die
S ~ e schlagen**, to kick over the traces; (*c*) hank
(of wool etc.); (*d*) *Rail:* section (of track).
Strangu|lation [ʃtraŋgulatsiˈoːn], *f* -/-en stran-
gulation. **s ~ 'lieren**, *v.tr.* to strangle (s.o.).
S ~ 'lierung, *f* -/-en = **S ~ lation**.
Strapaz|e [ʃtraˈpaːtsə], *f* -/-n (physical) strain.
s ~ ieren [-aˈtsiːrən], *v.tr.* to be hard on
(shoes, clothes, skin etc.); to tax/put a strain
on (s.o., sth.); to take it out of (s.o.). **s ~ ier-
fähig**, *adj.* hardwearing, durable. **s ~ i'ös**,
adj. exhausting, gruelling.
Straß [ʃtras], *m* -sses/no pl *Jewel:* paste.
Straße ['ʃtraːsə], *f* -/-n **1.** (*a*) (*in der Stadt*)
street; **auf die S. gehen**, (i) to go into the street;
(ii) to walk the streets (as a prostitute); (iii)
Pol: to demonstrate; **Verkauf über die S.**, take-
away/*N.Am:* take-out sales; (*Alkohol*) off-
licence sales; *Fig:* **auf offener S.**, in public; **j-n
auf die S. setzen**, (i) to sack s.o.; (ii) to turn
s.o. out (of a house etc.); (*b*) (*Lands.*) road. **2.**
Geog: (*Meeress.*) straits. '**S ~ n-**, *comb.fm.*
road (dirt, vehicle, map, network, race, tunnel,
conditions etc.); street (corner, fighting, mus-
ician, name, cleaning, theatre etc.); **S ~ bau** *m*,
road building/construction; **S ~ (bau)arbeiten**
fpl, roadworks; **S ~ belag** *m*/**S ~ decke** *f*, road
surface; **S ~ graben** *m*, road ditch; **S ~ kreuzung**
f, road junction, crossroads; **S ~ lage** *f*, road-
holding; **S ~ rand** *m*, roadside; **S ~ sperre** *f*,
road block; **S ~ walze** *f*, road roller; **S ~ kehrer**
m, road/street sweeper; **S ~ schild** *n*, road/street
sign; **S ~ beleuchtung** *f*, street lighting;
S ~ händler *m*, street trader; **S ~ lampe/S ~ la-
terne** *f*, street lamp/light; **S ~ mädchen** *n*, street
walker; **S ~ seite** *f*, side of the street. '**S ~ nan-
zug**, *m* -(e)s/-e lounge suit. '**S ~ nbahn**, *f* -/-en
tram; *N.Am:* streetcar; **mit der S. fahren**, to
go by tram/*N.Am:* streetcar. '**S ~ nbahn-**,
comb.fm. tram, *N.Am:* streetcar (driver, stop
etc.); **S ~ wagen** *m*, tramcar, *N.Am:* streetcar;
S ~ zug *m*, multiple tram/*N.Am:* streetcar.
'**S ~ ncafé**, *n* -s/-s pavement café. '**S ~ n-
hobel**, *m* -s/- *Constr:* grader. '**S ~ nkreuzer**,
m -s/- *Aut:* F: large swanky car. '**S ~ nraub**,
m -(e)s/no pl mugging. '**S ~ nverengung**, *f*
-/-en bottleneck. '**S ~ nverkehr**, *m* -s/no pl
(road) traffic; **im S.**, on the road. '**S ~ nver-
kehrsordnung**, *f* -/-en traffic regulations.
Strateg|e [ʃtraˈteːgə], *m* -n/-n *Mil: etc:* strate-
gist. **S ~ gie** [-teˈgiː], *f* -/-n strategy. **s ~ gisch**
[-'teːgiʃ], *adj.* strategic.
Stratosphäre [ʃtratoˈsfɛːrə], *f* -/no pl strato-
sphere.
sträuben ['ʃtrɔʏbən], *v.tr.* (*a*) to make (hair, fur)
stand up; (*Vogel*) to ruffle (its feathers);
(*Haare*) **sich s.**, to stand on end; (*b*) (*Pers.*) **sich
s., etwas zu tun**, to be loath to do sth.; **sich
gegen etwas** *acc* **s.**, to rebel/fight against sth.

Strauch [ʃtraux], *m* -(e)s/-er bush, shrub.
Strauß [ʃtraus], *m* -es/-e *Orn:* ostrich. 'S ~ en-
feder, *f* -/-n ostrich feather.
Strauß ², *m* -es/-e bunch (of flowers).
Streb|e ['ʃtreːbə], *f* -/-n *Constr:* brace; *Av: etc:*
strut. 'S ~ ebogen, *m* -s/- *Arch:* flying but-
tress. 's ~ en, *v.i.* (*a*) (*haben*) to strive (nach +
dat, for); nach Ruhm s., to aspire to achieve
fame; (*b*) (*sein*) *Lit:* zum Himmel s., to reach
for the sky; die Pflanze strebt in die Höhe, the
plant pushes/stretches upwards. 'S ~ epfei-
ler, *m* -s/- *Arch:* buttress. 'S ~ er, *m* -s/- *F:*
pusher; *Sch:* swot, *N.Am:* grind. S ~ e'rei, *f*
-/no pl pushiness. s ~ sam ['ʃtreːpzam], *adj.*
ambitious; keen to get on; (*fleißig*) industrious.
Streck|e ['ʃtrɛkə], *f* -/-n 1. (*a*) (*Abschnitt*)
stretch (of road etc.); *Rail:* section (of track);
Min: gallery; ich fahre diese S. jeden Tag, I
drive this way/along this bit of road every day;
welche S. bist du gefahren? which way did you
go/route did you take? *Rail:* auf freier S.
halten, to stop between stations; *Geom:* die S.
AB, the straight line AB; (*b*) (*Entfernung*) dis-
tance; wir sind eine tüchtige/F: hübsche S. ge-
wandert, we walked a long way/quite a distance;
esp. Sp: lange/kurze S ~ n, long/short dis-
tances; über die S. gehen, to cover the distance,
complete the course; (*c*) *Sp:* (*Renns.*) course;
(*Bahn*) track; auf der S. bleiben, to retire (from
a race); *Fig:* to fall by the wayside. 3. *Hunt:*
(*Beute*) bag; ein Tier/Fig: j-n zur S. bringen, to
hunt down (and kill) an animal/Fig: (and cap-
ture) s.o. 's ~ en, *v.tr.* (*a*) to stretch (sth., one's
arms, legs etc.); crane (one's neck); sich s., to
stretch (out); die Zunge aus dem Mund s., to
stick out one's tongue; in gestrecktem Galopp,
at full gallop/Fig: tilt; *F:* alle Viere von sich s.,
(i) to lie down; (ii) (*Tiere*) to die; (*b*) to eke out
(supplies etc.); die Suppe s., to make the soup
go further; (*c*) j-n zu Boden s., to knock down/
floor s.o.; (*d*) *Fig:* die Waffen s., to give up.
'S ~ enabschnitt, *m* -(e)s/-e *Rail:* section of
line. 'S ~ enarbeiter, *m* -s/- *Rail:* platelayer.
'S ~ enrekord, *m* -(e)s/-e *Sp:* course record.
's ~ enweise, *adv.* in parts; die Straße ist s.
schlecht, some stretches of the road are bad.
'S ~ ung, *f* -/-en stretching; *Med:* traction.
'S ~ verband, *m* -(e)s/-e traction bandage.
Streich ¹ [ʃtraiç], *m* -(e)s/-e (*a*) prank; j-m einen
S. spielen, to play a practical joke/Fig:
(*Gedächtnis usw.*) play tricks on s.o.; (*b*) *Lit:*
(*Schlag*) blow.
Streich-², *comb.fm.* (*a*) *Mus:* string (instru-
ment, music, orchestra, quartet etc.); (*b*) *Cu:*
(sausage etc.) for spreading; S ~ käse *m,* cheese
spread. 's ~ eln, *v.tr.* to stroke (s.o., a cat etc.);
's ~ en, *v.irr.* (*p.* strich, *p.p.* gestrichen) 1. *v.tr.*
(*a*) to spread (butter, a roll, face cream etc.);
(*b*) to stroke (s.o.'s face etc.); (*c*) to paint (a
room etc.); (*d*) (*auss.*) to delete (a word etc.),
strike off (a name etc.); etwas zur Seite s., to
brush sth. aside/Fig: erase (a memory etc.). 2.
v.i. (*a*) (*haben*) to stroke; sie strich mit der Hand
über ihr Kleid, she smoothed her dress; (*b*)
(*sein*) (*umhergehen*) to wander, roam, (*Vogel*)
skim (over water etc.); er strich um ihr Haus,
he prowled around her house. 'S ~ er, *mpl*
Mus: strings. 's ~ fähig, *adj.* easy to spread;

(cheese etc.) for spreading. 'S ~ holz, *n* -es/
-er match. 'S ~ holzheftchen, *n* -s/- book of
matches. 'S ~ holzschachtel, *f* -/-n match-
box. 'S ~ ung, *f* -/-en deletion.
Streif|band ['ʃtraifbant], *n* -(e)s/-er *Post:*
wrapper (round magazines etc.). 'S ~ e, *f* -/-n
(army/police) patrol; auf S. gehen, to patrol.
's ~ en¹, *v.* 1. *v.tr.* (*a*) to touch (s.o., sth.)
(lightly), brush against (s.o., sth.); das Auto
streifte die Wand, the car grazed/scraped
against the wall; *Fig:* j-n mit dem Blick/den
Augen s., to glance at s.o.; ein Problem s., to
touch on a problem; (*b*) (*abs.*) to brush/scrape
(sth.) off; sie streifte dem Kind das Hemd über
den Kopf, she slipped the vest over the child's
head. 2. *v.i.* (*sein*) (*umherziehen*) to wander,
roam (about). 'S ~ en², *m* -s/- (*a*) stripe (of
colour etc.); rote S. am Himmel, red streaks in
the sky; (*auf der Straße*) der weiße S., the white
line; (*b*) S. Stoff, Papier, Land usw., strip of
cloth, paper, land etc.; (*c*) *F:* (*Film*) movie.
'S ~ en-, *comb.fm.* striped (pattern, material
etc.). 'S ~ enwagen, *m* -s/- (police) patrol
car. 's ~ ig, *adj.* streaky. 'S ~ licht, *n* -(e)s/
-er *Fig:* S ~ er auf etwas *acc* werfen, to give a
brief sketch of sth. 'S ~ schuß, *m* -sses/-sse
grazing shot. 'S ~ zug, *m* -(e)s/-e 1. re-
connaissance; *pl* (*ohne Ziel*) wanderings. 2.
(*Übersicht*) brief survey.
Streik [ʃtraik], *m* -(e)s/-s *Ind:* strike; in den S.
treten, to go/come out on strike. 'S ~ bre-
cher, *m* -s/- strike-breaker; *F:* blackleg; *N.Am:*
scab. 's ~ en, *v.i.* (*haben*) (*a*) *Ind:* to strike; (*b*)
F: (*Pers.*) (*nicht mitmachen*) to go on strike;
(*Gerät*) to pack up; das Auto streikt, the car
won't go. 'S ~ ende(r), *m* & *f* decl. as adj.
striker. 'S ~ geld, *n* -(e)s/no pl strike pay.
'S ~ posten, *m* -s/- picket.
Streit [ʃtrait], *m* -(e)s/no pl quarrel, (*heftig*) row
(um Nichtigkeiten usw., over trifles etc.); (*zwi-
schen Parteien usw.*) dispute; mit j-m in S. ge-
raten, to fall out with s.o.; sie haben immer S./
bei ihnen gibt es immer S., they are always
quarrelling; er sucht immer S., he's always
trying to pick a quarrel. 'S ~ axt, *f* -/-e *Hist:*
battle-axe; *Fig:* die S. begraben, to bury the
hatchet. 's ~ bar, *adj.* quarrelsome. 's ~ en,
v.irr.refl. & *i.* (*haben*) (*p.* stritt, *p.p.* gestritten)
(sich) über etwas *acc* s., to quarrel/argue about
sth.; to have an argument/(*Eheleute*) a row
about sth.; darüber läßt sich s., that is debat-
able; sie s. sich um jede Kleinigkeit, they
quarrel/fight over every trifle; *Jur:* die S ~ den,
the litigants. S ~ e'rei, *f* -/-en quarrelling.
'S ~ fall, *m* -(e)s/-e (*a*) dispute, controversy;
(*b*) *Jur:* case. 'S ~ frage, *f* -/-n/'S ~ gegen-
stand, *m* -(e)s/-e matter in dispute, issue (in
an argument). 's ~ ig, *adj.* (*a*) j-m etwas s.
machen, to question s.o.'s right to sth.; (*b*) *Jur:*
contentious. 'S ~ igkeiten, *fpl* quarrels,
disputes. 'S ~ kräfte, *fpl Mil:* armed forces.
'S ~ lust, *f* -/no pl love of argument, pug-
nacity. 's ~ lustig, *adj.* pugnacious, argu-
mentative. 'S ~ objekt, *n* -(e)s/-e bone of
contention. 'S ~ punkt, *m* -(e)s/-e point at
issue. 'S ~ schrift, *f* -/-en polemic pamphlet.
'S ~ sucht, *f* -/no pl quarrelsomeness.
's ~ süchtig, *adj.* quarrelsome. 'S ~ wagen,

m -s/- Hist: war chariot.

streng [ʃtrɛŋ], *adj.* strict (parent, rule, instructions etc.); severe (measure, penalty, expression etc.); hard (winter, frost); harsh (criticism, conditions etc.); exacting (employer etc.); austere (style); acrid, pungent (taste, smell); **unter s~er Bewachung,** closely guarded; **s~er Verweis,** stern reprimand; *adv.* **Zutritt s. verboten!** strictly no admittance! **s. geheim,** top secret; **er hält sich s. an die Vorschriften,** he sticks rigidly to the rules. 'S ~ e, *f -/no pl* strictness, severity; harshness (of treatment etc.); *Fig:* austerity. 's ~ **genommen,** *adv.* strictly speaking. 's ~ **gläubig,** *adj.* orthodox. 'S ~ **gläubigkeit,** *f -/no pl* orthodoxy. 's ~ **stens,** *adv.* **s. verboten,** strictly forbidden.

Streß [ʃtrɛs], *m -sses/no pl Psy:* stress.

Streu [ʃtrɔy], *f -/no pl* bed of straw/*occ.* leaves. 's ~ **en,** *v.* 1. *v.tr.* to scatter (seeds etc.), (*unordentlich*) strew (paper, flowers etc.), spread (dung, *Fig:* rumours etc.), sprinkle (sugar etc.); **die Straße (mit Sand/Salz) s./Sand/Salz (auf die Straße) s.,** to grit/salt the road. 2. *v.i.* (*haben*) (*a*) (*mit Sand*) to grit; (*mit Salz*) put down salt; (*b*) (*Gewehr, Ph: Strahlen usw.*) to scatter. 'S ~ **er,** *m -s/-* sprinkler; (*für Zucker*) castor; (*für Salz*) salt cellar. 'S ~ **gut,** *n -(e)s/no pl/*'S ~ **sand,** *m -(e)s/no pl* road grit. 'S ~ **ung,** *f -/-en* scattering; dissemination. *Mth:* deviation. 'S ~ **wagen,** *m -s/-* gritting lorry.

streunen ['ʃtrɔynən], *v.i.* (*sein*) (*Tier, Hum: Pers.*) to roam; **s~de Katze,** stray cat.

Streusel ['ʃtrɔyzəl], *m -s/- Cu:* crumble. 'S ~ - **kuchen,** *m -s/- Cu:* yeast cake with crumble.

strich¹ [ʃtriç], *p. of* **streichen** *q.v.*

Strich², *m -(e)s/-e* 1. (*Linie*) line; (*Gedankens*) dash; stroke (of the pen etc.); **ein Bild mit knappen S~en entwerfen,** to sketch a picture with a few strokes; *Fig:* **j-m einen S. durch die Rechnung machen,** to wreck s.o.'s plans; **einen S. unter die Vergangenheit machen,** to let bygones be bygones; *F:* **S. drunter!** let's forget it! **er hat noch keinen S. getan,** he hasn't done a stroke (of work) yet. 2. lie (of the hair); *Tex:* nap; *F:* **es geht (mir) gegen den S.,** it goes against the grain; **nach S. und Faden,** with a vengeance, good and proper. 3. *F:* prostitution; (*Gegend*) red-light district; **auf den S. gehen,** to walk the streets. 's ~ **eln,** *v.tr.* (*a*) to sketch in (outlines); (*b*) (*schraffieren*) to hatch (an area). 'S ~ **mädchen,** *n -s/- F:* tart, street-walker. 'S ~ **punkt,** *m -(e)s/-e* semi-colon. 's ~ **weise,** *adv.* **s. Regen,** rain in places.

Strick [ʃtrik]. I. *m -(e)s/-e* cord, (*Seil*) rope; *Fig:* **j-m einen S. aus etwas** *dat* **drehen,** to turn/use sth. against s.o.; *F:* **wenn alle S~e reißen,** if the worst comes to the worst. II. 'S ~ -, *comb.fm.* (*a*) knitting (needle, machine etc.); *F:* **S~zeug** *n,* knitting (things); (*b*) (*gestrickt*) knitted (dress etc.). 's ~ **en,** *v.tr. & i.* (*haben*) to knit (a pullover etc.). 'S ~ **e'rei,** *f -/-en* knitting. 'S ~ **jacke,** *f -/-n* cardigan. 'S ~ **leiter,** *f -/-n* rope ladder.

Striegel ['ʃtriːgəl], *m -s/- Equit:* curry-comb. 's ~ **n,** *v.tr.* to groom (a horse, *F:* child).

Striemen ['ʃtriːmən], *m -s/-* weal.

strikt [ʃtrikt], *adj.* strict (orders etc.), severe (measures etc.); (*genau*) exact (opposite etc.).

Strippe ['ʃtripə], *f -/-n* (*a*) *esp. North G:* (piece of) string; (*Kordel*) cord; (*b*) *F:* phone; **an der S. hängen,** to be on the phone.

strippⱱen ['ʃtripən], *v.i.* (*haben*) *F:* to strip, do striptease. 'S ~ **erin,** *f -/-nen F:* stripper.

stritt [ʃtrit], *p. of* **streiten** *q.v.* 's ~ **ig,** *adj.* contentious; **s~er Punkt,** point at issue.

Stroh [ʃtroː], *n -(e)s/no pl* straw; (*Dachs.*) thatch; *F:* (**leeres**) **S. dreschen,** to blather; **S. im Kopf haben,** to be as thick as they come. 'S ~ **ballen,** *m -s/-* straw bale. 's ~ **blond,** *adj.* flaxen (hair); flaxen-haired (girl etc.). 'S ~ **blume,** *f -/-n Hort:* everlasting flower. 's ~ **dach,** *m -(e)s/⁻er* thatched roof. 'S ~ **decke,** *f -/-n Hort:* mulch (of straw). 's ~ 'dumm,** *adj.* thick as a post. 'S ~ **feuer,** *n -s/- Fig:* flash in the pan. 's ~ **gedeckt,** *adj.* thatched. 'S ~ **halm,** *m -(e)s/-e* (*a*) (blade of) straw; (*b*) (drinking) straw. 'S ~ **hut,** *m -(e)s/⁻e* straw hat. 'S ~ **mann,** *m -(e)s/⁻er Cards:* dummy; *Fig:* front man. 'S ~ **puppe,** *f -/-n* scarecrow. 'S ~ **sack,** *m -(e)s/⁻e* pallet; *F:* **ach du heiliger S.!** good grief! 'S ~ **witwe(r),** *f -/-n (m -s/-) F:* grass widow(er).

Strolch [ʃtrɔlç], *m -(e)s/-e* (*a*) *Pej:* tramp, *N.Am:* bum; (*b*) *F:* (*Kind*) rascal.

Strom [ʃtroːm]. I. *m* 1. *m -(e)s/⁻e* (*a*) (large) river; (*b*) stream (of blood, *Fig:* people etc.); *Fig:* torrent (of words etc.); **ihre Tränen flossen in S~en,** she was in floods of tears; **es goß in S~en,** it poured with rain. 2. (*Strömung*) current; *Fig:* **mit dem/gegen den S. schwimmen,** to swim with/against the tide. 3. *no pl El:* current; (*Elektrizität*) electricity; **mit S. kochen,** to cook by electricity; **unter S. stehen,** to be live. II. 'S ~ -, *comb.fm.* electricity (bill, consumption etc.); power (cable, source etc.); electric (cable etc.); S ~ **abnehmer** *m,* (i) (*also* S ~ **verbraucher** *m*) consumer of electricity; (ii) *Rail: etc:* current collector; S ~ **ausfall** *m,* power failure; S ~ - **sperre** *f,* power cut; S ~ **versorgung/**S ~ **zufuhr** *f,* electricity supply; S ~ **kreis** *m,* electric circuit; S ~ **zähler** *m,* electric meter. 's ~ 'abwärts,** *adv.* downstream. 's ~ 'aufwärts,** *adv.* upstream. 'S ~ **er,** *m -s/- F:* tramp, *N.Am:* bum. 'S ~ **erzeuger,** *m -s/- El:* generator. 's ~ **führend,** *adj. El:* live. 'S ~ **linienform,** *f -/-en* streamlining. 's ~ **linienförmig,** *adj.* streamlined. 'S ~ **messer,** *m -s/- El:* ammeter. 'S ~ **netz,** *n -es/-e* mains electricity supply. 'S ~ **schiene,** *f -/-n El:* conductor rail. 'S ~ **schnelle,** *f -/-n usu.pl* rapids.

strömⱱen ['ʃtrøːmən], *v.i.* (*sein*) (*Wasser, Fig: Menschen usw.*) to stream, pour; **s~der Regen,** teeming/pouring rain. 'S ~ **ung,** *f -/-en* (*a*) current (in water/air); (*b*) *Art: Pol: etc:* movement; (*Tendenz*) trend.

Strophe ['ʃtroːfə], *f -/-n* verse (of a poem etc.).

strotzen ['ʃtrɔtsən], *v.i.* (*haben*) **vor Energie usw. s.,** to be full of/bursting with energy etc.; **vor Gesundheit s.,** to be glowing with health; **du strotzt vor Dreck!** you're absolutely filthy!

strubbelⱱig ['ʃtrubəliç], *adj. F:* tousled. 'S ~ **kopf,** *m -(e)s/⁻e F:* shock of (tousled) hair.

Strudel ['ʃtruːdəl], *m -s/-* 1. whirlpool; *Fig:* whirl (of events etc.). 2. *Cu:* strudel. 's ~ **n,** *v.i.* (*haben*) to swirl, eddy.

Strukⱱtur [ʃtrukˈtuːr]. I. *f -/-en* structure; *Tex:*

texture. **II. S~-**, *comb.fm.* structural (analysis, reform etc.). **s~turell** [-u'rɛl], *adj.* structural. **s~tu'rieren**, *v.tr.* to structure (sth.).

Strumpf [ʃtrumpf], *m* **-(e)s/-̈e** stocking. **'S~band**, *n* -(e)s/-̈er garter. **'S~band-gürtel**, *m* -s/- suspender belt. **'S~halter**, *m* -s/- suspender. **'S~hose**, *f* -/-n tights. **'S~waren**, *fpl Com:* hosiery.

Strunk [ʃtruŋk], *m* -(e)s/-̈e stalk; (*Baums.*) stump.

struppig ['ʃtrupiç], *adj.* shaggy.

Strychnin [ʃtryç'ni:n], *n* -s/no pl Ch: strychnine.

Stube [ʃtu:bə], *f* -/-n (a) South G: room; **gute S.,** front room; *F:* **nur rein in die gute S.!** come on in! (b) *Mil:* barrack room. **'S~narrest**, *m* -s/no pl F: (Kind usw.) S. haben, to be confined to one's room. **'S~nfliege**, *f* -/-n house fly. **'S~nhocker**, *m* -s/- F: stay-at-home. **'s~nrein**, *adj.* house-trained.

Stuck [ʃtuk], *m* -s/no pl Arch: stucco.

Stück [ʃtyk], *n* -(e)s/-e **1.** piece; (a) **S. Papier/Kuchen**, piece of paper/cake; **S. Land**, plot of land; **S. Seife**, bar of soap; **aus einem S.,** all in one piece; (Wurst, Käse usw.) **am/im S.,** in a piece, unsliced; **fünf Mark pro/das S.,** five marks apiece/each; **von den großen Kerzen hätte ich gerne zehn S.,** I'd like ten of the large candles; **ein-gutes S. (Weg),** a considerable distance; **ich komme ein S. mit,** I'll come with you a little way; **das hat ein (schönes) S. Geld gekostet!** that cost a pretty penny! *F:* **in einem S.,** without stopping; (b) (Teil) **ein gutes S. davon,** a large part of it; **ein S. aus dem Buch,** a passage from the book; **etwas in S~e reißen,** to tear sth. to pieces; **S. für S.,** bit by bit; (eins nach dem anderen) one by one; *Fig:* **in vielen S~en hat er recht,** he is right in many respects; **aus freien S~en,** voluntarily; (c) *F:* (Streich) **das ist ein starkes S.!** that's going too far! what a cheek! **2.** (a) *Th:* play; (b) *Mus:* piece. **3.** (a) (Gegenstand) item; (Möbel) piece of furniture; **mein bestes S.,** my most precious possession; (Frau) my pride and joy; (b) *Pej:* (Pers.) **faules S.,** lazy good-for-nothing; **dummes S.,** silly cow/(Mann) bastard. **4.** (Münze) **5-Mark-S.,** 5 mark piece; *F:* **sie hält große S~e auf ihn,** she thinks the world of him. **'S~arbeit**, *f* -/no pl piecework. **'S~chen**, *n* -s/- little bit; scrap (of paper etc.). **'s~eln**, *v.tr.* to piece together (sth.) (with patches). **'S~eschreiber**, *m* -s/- playwright. **'S~gut**, *n* -(e)s/-̈er Rail: separately packed article; **etwas als S. versenden**, to send sth. parcel freight. **'S~lohn**, *m* -(e)s/-̈e Ind: piece rate. **'S~preis**, *m* -es/-e Com: unit price. **'s~weise**, *adv.* one by one; individually; (nach und nach) bit by bit. **'S~werk**, *n* S. sein/bleiben, to be/remain fragmentary. **'S~zahl**, *f* -/-en Ind: number of units (produced); **hohe S~en erreichen**, to achieve high production.

Student|(in) [ʃtu'dɛnt(in)], *m* -en/-en (f -/-nen) student. **S~en-**, *comb.fm.* student (exchange, movement, life, song etc.); **S~ausweis** *m,* student identity card; **S~(wohn)heim** *n,* student hostel. **S~enblume**, *f* -/-n Bot: marigold. **S~enfutter**, *n* -s/no pl mixed nuts and raisins. **S~enschaft**, *f* -/no pl student body. **S~enverbindung**, *f* -/-en (traditional) student's club; *approx.* = *U.S:* fraternity. **s~isch**, *adj.* student (customs etc.).

Studie [ʃtu:diə], *f* -/-n (a) study; (b) Art: sketch, study. **'S~ien-**, *comb.fm.* study (trip, group, purposes etc.); university, *esp. N.Am:* college (friend, years, place etc.); **S~beihilfe/S~förderung** *f,* study/student grant. **'S~ienassessor(in)**, *m* -s/-en (f -/-nen) recently graduated secondary school teacher. **'S~ienrat**, *m* -(e)s/-̈e, **'S~ienrätin**, *f* -/-nen Sch: established graduate teacher at a secondary school. **'S~ienreferendar(in)**, *m* -s/-e (f -/-nen) student teacher. **s~ieren** [-'di:rən], *v.* **1.** *v.tr.* to study (sth.). **2.** *v.i.* (haben) to study; to be a student/at university; **er hat studiert,** he has been to university; *F:* **ein Studierter,** a graduate. **S~ierzimmer**, *n* -s/- study.

Studio ['ʃtu:dio], *n* -s/-s Art: Cin: TV: etc: studio. **'S~bühne**, *f* -/-n small, esp. experimental theatre.

Studium ['ʃtu:dium], *n* -s/-ien course of study, studies.

Stufe ['ʃtu:fə], *f* -/-n **1.** step; (im Hause) stair; **Vorsicht S.!** mind the step! **2.** stage (of a rocket, *Fig:* development etc.); *Mus:* degree; *Fig:* (Qualität) grade, (Niveau) level; **auf der gleichen S. stehen,** to be on the same level; **die höchste S. des Ruhms,** the pinnacle/height of fame. **'s~en**, *v.tr.* (a) to terrace (a slope etc.); **gestufter Giebel,** stepped gable; (b) to grade (wages etc.). **'S~enbarren**, *m* -s/- Gym: asymmetric bars. **'S~enleiter**, *f* -/-n stepladder; *Fig:* hierarchy; **S. des Erfolgs,** road to success. **'s~enlos**, *adj.* Tchn: infinitely variable. **'s~enweise**, *adv.* step by step, in stages. **'S~ung**, *f* -/-en gradation.

Stuhl [ʃtu:l], *m* -(e)s/-̈e **1.** (a) chair; *Fig:* **j-m den S. vor die Tür setzen**, to turn s.o. out (of house and home); **sich zwischen zwei S~en setzen**, to fall between two stools; *F:* **ich bin beinahe vom S. gefallen,** you could have knocked me down with a feather; (b) *F: Motor Cy:* **heißer S.,** ton-up machine. **2.** *R.C.Ch:* **der Heilige S.,** the Holy See. **3.** *Physiol:* (a) stool; (b) = **S~gang. S~gang,** *m* -(e)s/no pl Physiol: movement of the bowels.

Stuka [ʃtu:ka], *m* -s/-s Mil: Av: dive bomber.

Stukka|teur [ʃtuka'tø:r], *m* -s/-e Constr: plasterer. **S~'tur,** *f* -/-en Constr: plasterwork.

Stulle [ʃtulə], *f* -/-n North G: sandwich.

Stulpe ['ʃtulpə], *f* -/-n turned-back cuff. **'S~n-handschuh**, *m* -(e)s/-e gauntlet.

stülpen ['ʃtylpən], *v.tr.* (a) **etwas nach oben/innen/außen/unten s.,** to turn sth. up/in/out/down; (b) **er stülpte sich dat den Hut auf den Kopf,** he shoved his hat on.

stumm [ʃtum], *adj.* dumb (person); (schweigend) silent (person, prayer etc.); (wordless (complaint etc.); **ein S~er/eine S~e,** a mute; **s. vor Zorn/Staunen,** speechless with anger/surprise; *Th:* **s~e Rolle,** non-speaking part; *F:* **j-n s. machen,** to silence s.o. **'S~film,** *m* -(e)s/-e silent film. **'S~heit,** *f* -/no pl dumbness, muteness; silence.

Stummel [ʃtuməl], *m* -s/- stump, stub; (Zigaretten.) (cigarette) butt. **'S~schwanz,** *m* -es/-̈e docked tail.

Stümper ['ʃtympər], *m* -s/- bungler, botcher. **S~ei** [-'rai], *f* -/-en bungled job/coll. work.

's~haft, *adj.* botched, bungled (job etc.);
(*Pers.*) amateurish. 's~n, *v.i.* (*haben*) to
bungle the job.

Stumpf[1] [ʃtumpf], *m* -(e)s/⸚e stump; *Fig:* **etwas
mit S. und Stiel ausrotten,** to eradicate sth./
wipe sth. out root and branch.

stumpf[2], *adj.* (*a*) blunt (knife, pencil etc.);
Geom: truncated (cone, pyramid); **s~e Nase,**
snub nose; *Geom:* **s~er Winkel,** obtuse angle;
(*b*) (*glanzlos*) matt, dull (surface, colour etc.);
Fig: dulled (senses), apathetic, impassive
(person, look etc.). 'S~heit, *f* -/no *pl* blunt-
ness; (*b*) dullness; *Fig:* apathy. 'S~sinn, *m*
-(e)s/no *pl* (*a*) (*Zustand*) apathy; (*b*) dullness (of
a job etc.). 's~sinnig, *adj.* (*a*) apathetic
(person, behaviour etc.); (*b*) soul-destroying
(job etc.).

Stund|e [ʃtundə], *f* -/-n 1. hour; (*a*) **S. um S.,**
hour after hour; **es wird von S. zu S. gefährli-
cher,** it is becoming hourly more dangerous;
zwanzig Mark in der/die/pro S., twenty marks
an hour; (*b*) **zur selben S.,** at the same time; **zu
später S.,** at a late hour; **Sie kommen zu gele-
gener S.,** you come at a good time/an op-
portune moment; **er kann jede S. kommen,** he
could be here at any moment; **bis zur S.,** until
now; *Lit:* **S~n der Not,** times of need; (*c*) *Fig:*
seine S~n sind gezählt, he doesn't have long
to live; **seine S. hat geschlagen,** his time is up;
er wußte, was die S. geschlagen hatte, he knew
what was up; **dem Gebot der S. gehorchen,** to
do what circumstances require. 2. *Sch:* lesson,
period. 's~en, *v.tr.* j-m einen Betrag, die
Miete usw. s., to give s.o. time to pay a sum,
the rent etc. 'S~engeschwindigkeit, *f* -/
no *pl* average speed (in k.p.h.) 'S~enhotel,
n -s/-s *Pej:* sleazy hotel (*where rooms can be
rented by the hour*). 'S~enkilometer, *mpl*
40 S., 40 kilometres per hour/abbr. k.p.h.
's~enlang, *adj.* lasting for hours; *adv.* **s. war-
ten,** to wait for hours. 'S~enlohn, *m* -(e)s/⸚e
Ind: hourly wage rate. 'S~enplan, *m* -(e)s/⸚e
Sch: timetable. 'S~enzeiger, *m* -s/- hour
hand. 'S~ung, *f* -/-en deferment of payment.
stündlich [ʃtyntliç], *adj.* (*a*) hourly; *adv.* **s. ver-
kehren,** to run once an hour; (*b*) **wir erwarten s.
Nachricht,** we expect news at any moment; **sich
s. verändern,** to change from hour to hour.

Stunk [ʃtuŋk], *m* -(e)s/no *pl* F: row; **S. machen,**
to make a hell of a fuss.

stupid|(e) [ʃtuˈpiːt(-də)], *adj. Pej:* (*a*) empty-
headed (person); (*b*) pointless, soul-destroying
(work etc.). **S~ität** [-idiˈtɛːt], *f* -/no *pl* (*a*)
vacuity; (*b*) tedium (of work).

Stups [ʃtups], *m* -es/-e F: nudge, jog. 's~en,
v.tr. to nudge, jog (s.o.). 'S~nase, *f* -/-n F:
snub nose.

stur [ʃtuːr], *adj. F:Pej:* dour; (*unnachgiebig*) pig-
headed, stubborn (person); *adv.* **er behauptete s.
(und steif), daß ...,** he doggedly insisted that
...; **s. weitermachen,** to carry on regardless.
'S~heit, *f* -/no *pl F:Pej:* pig-headedness.

Sturm [ʃturm]. I. *m* -(e)s/⸚e 1. storm; (*Wind*)
gale; *Fig:* **S. der Entrüstung,** outcry; **S. des Bei-
falls,** tumultuous applause; **ein S. im Wasser-
glas,** a storm in a teacup. 2. (*a*) *Mil:* no *pl*
assault, storming (**auf** + *acc,* of); **eine Stadt/
Fig: j-s Herz im S. erobern,** to take a town/s.o.'s

heart by storm; *F:* **S. läuten,** to lean on the
doorbell; (*Alarm schlagen*) to sound the alarm;
(*b*) *Fb: etc:* forward line. II. 'S~-, *comb.fm.*
storm (damage etc.); stormy (night, weather
etc.); *Nau:* gale (warning etc.); **S~flut** *f*, storm
tide; **S~stärke** *f*, gale force. 'S~abteilung,
f -/no *pl Hist:* (Hitler's) Storm Troopers.
'S~angriff, *m* -(e)s/-e *Mil:* assault; storm-
ing. 'S~bock, *m* -(e)s/⸚e *Mil.Hist:* battering
ram. 's~frei, *adj. F:* **s~e Bude haben,**
(*Mann*) to be able to have female/(*Mädchen*)
have male visitors. 'S~laterne, *f* -/-n hurri-
cane lamp. 'S~schritt, *m* im S., at the double.
stürm|en [ʃtyrmən], *v.* 1. *v.tr. Mil:* to storm (a
fortress etc.); *Fig:* to besiege (a shop etc.). 2.
v.i. (*a*) (*haben*) (*Wind*) to blow hard, **es stürmt,**
there is a gale blowing; (*b*) (*sein*) **er stürmte ins
Zimmer,** he stormed/rushed into the room.
'S~er, *m* -s/- *Fb: etc:* forward, striker.
's~isch, *adj.* (*a*) stormy (sea, weather etc.);
rough (sea, crossing etc.); *Fig:* turbulent (time);
(*b*) (*lautstark*) tumultuous (applause etc.);
uproarious (laughter etc.); vociferous, vehe-
ment (protest etc.); (*leidenschaftlich*) tempestu-
ous (love affair etc.); passionate (greeting);
ardent (lover); *F:* **nicht so s.!** calm down!

Sturz [ʃturts], *m* -es/⸚e 1. fall; (*in die Tiefe*)
plunge; *Fig:* collapse, fall (of a government
etc.); **S. der Preise/Temperatur,** sharp drop in
prices/temperature; *Sp: F:* **einen S. bauen,** to
have a (fall, (*vom Pferd usw.*) fall off. 2. *Aut:*
camber. 'S~bach, *m* -(e)s/⸚e *also Fig:* tor-
rent. 'S~flug, *m* -(e)s/⸚e *Av:* nose-dive.
'S~flut, *f* -/-en torrent. 'S~helm, *m* -(e)s/-e
crash helmet. 'S~kampfbomber, *m* -s/
Mil: dive bomber. 'S~welle, *f* -/-n breaker.
stürz|en [ʃtyrtsən], *v.* 1. *v.i.* (*sein*) (*a*) to fall;
Lit: (*in die Tiefe*) to plunge, plummet; *Fig:*
(*Regierung usw.*) to collapse, fall; (*Preise usw.*)
to drop sharply, slump; **sie stürzte auf dem Eis,**
she had a fall on the ice; (*b*) (*Pers.*) (*eilen*) to
rush, dash; **in ein Zimmer s.,** to burst into a
room; **j-m in die Arme s.,** to fling oneself into
s.o.'s arms. 2. *v.tr.* (*a*) (*werfen*) to hurl (s.o.,
sth.); to plunge (s.o., sth.) (**in etwas** *acc,* into
sth.); **sich auf j-n, etwas** *acc* **s.,** to pounce on
s.o., sth.; **sich ins Wasser s.,** to plunge/leap into
the water; *Fig:* **j-n ins Verderben s.,** to precipi-
tate s.o. into disaster; **sich ins Vergnügen s.,** to
indulge in pleasure; **sich in Unkosten s.,** to go
to great expense; (*b*) to bring down, (*durch
Gewalt*) overthrow (a government etc.); (*c*) to
turn over (a crate etc.); *Cu:* to turn out (a
pudding etc.).

Stuß [ʃtus], *m* -sses/no *pl F:* rubbish, (load of)
nonsense.

Stute [ʃtuːtə], *f* -/-n mare.

Stutz- [ʃtuts-], *comb.fm.* trimmed (beard etc.).
's~en. I. *v.* 1. *v.tr.* to trim, clip (a beard, hedge
etc.), prune, lop (a tree, bush), dock (a dog's
tail). 2. *v.i.* (*haben*) to stop (short), (*Pferd usw.*)
baulk. II. S., *m* -s/- 1. short rifle, carbine. 2.
Tchn: extension tube. 3. (*a*) *esp. South G: &
Aus:* (footless) knee sock; (*b*) *Sp:* football sock.
's~ig, *adj.* **das machte mich s.,** that made me
wonder; **da wurde ich s.,** I became suspicious.
Stütz- [ʃtyts-], *comb.fm. Constr:* supporting
(beam, wall, bar etc.); **S~pfeiler** *m*, supporting

pillar, buttress. ′S ~ e, *f -/-n Constr: etc:* support, prop; *Fig:* (*Pers.*) mainstay (of the family etc.); (*Hilfe*) helper, *H:* household help; **eine S. der Gesellschaft,** a pillar of society. ′s ~ en, *v.tr.* (*a*) to support, (*stärker*) brace (sth.); to shore up (a wall); **den Kopf in die Hände gestützt,** with one's head propped in one's hands; **sich auf etwas** *acc* **s.,** (*Pers.*) to lean on sth.; (*Gebäude usw.*) to be supported on şth.; *Fig:* **ihr Argument stützte sich auf Tatsachen,** her argument was based on facts; (*b*) *Fin:* to peg (prices etc.). ′S ~ **punkt,** *m* -(e)s/-e 1. *Tchn:* fulcrum. **2.** *Mil: etc:* base. ′S ~ **ung,** *f -/-en* support, backing.

subaltern [zupʔalˈtɛrn], *adj.* subordinate.

Subjekt [zupˈjɛkt], *n* -(e)s/-e (*a*) *Gram: Phil: etc:* subject; (*b*) *F:* (*Pers.*) customer; **verkommenes S.,** nasty piece of work, bad lot. **s ~ iv** [-ˈtiːf], *adj.* subjective. **S ~ ivität** [-tiviˈtɛːt], *f -/no pl* subjectivity.

Subkontinent [ˈzupkontinɛnt], *m* -(e)s/-e *Geog:* subcontinent.

sublim [zuˈbliːm], *adj.* subtle (difference etc.). **s ~ ieren** [-iˈmiːrən], *v.tr.* to sublimate (*Ch:* a substance, *Psy:* an urge etc.). **S ~ ierung,** *f -/ no pl* sublimation.

Subskri|bent [zupskriˈbɛnt], *m* -en/-en subscriber. **s ~ ′bieren,** *v.tr.* to subscribe to (a book etc.). **S ~ ption** [-iptsiˈoːn], *f -/-en* subscription. **S ~ pti′onsliste,** *f -/-n* list of subscribers. **S ~ pti′onspreis,** *m* -es/-e subscription price.

substantiell [zupstantsiˈɛl], *adj.* (*a*) *Phil: etc:* material, substantial (entity etc.); (*b*) essential (differences etc.).

Substantiv [ˈzupstantiːf], *n* -s/-e *Gram:* noun. **s ~ isch** [-ˈtiːviʃ], *adj. Gram:* substantival (construction etc.); *adv.* **s. gebraucht,** used as a noun.

Substanz [zupˈstants], *f -/-en* *Phil:Ch:etc:* substance; (*Bestand*) stock; (*Vermögen*) capital, assets. **s ~ los,** *adj.* insubstantial (book etc.).

subtil [zupˈtiːl], *adj.* subtle (distinction etc.), refined (methods); delicate, complex (problem etc.). **S ~ ität** [-tiliˈtɛːt], *f -/no pl* subtlety.

subtra|hieren [zuptraˈhiːrən], *v.tr.* to subtract (a number). **S ~ ktion** [-tsiˈoːn], *f -/-en* subtraction.

Subvention [zupvɛntsiˈoːn], *f -/-en* subsidy, grant. **s ~ ieren** [-oˈniːrən], *v.tr.* to subsidize (theatres etc.). **S ~ ierung,** *f -/-en* 1. *no pl* subsidization. **2.** *pl* granting of subsidies.

subversiv [zupvɛrˈziːf], *adj.* subversive (elements etc.).

Such|aktion [ˈzuːxʔaktsioːn], *f -/-n* (large-scale) search. ′S ~ **bohrung,** *f -/-en* *Min:* test drilling. ′S ~ **dienst,** *m* -(e)s/-e service for tracing missing persons. ′S ~ **e,** *f -/no pl* search (**nach** + *dat,* for); **er ist auf der S. nach einer Wohnung,** he is looking for a flat; **sich auf die S. nach etwas** *dat* **machen,** to start looking/searching for sth. ′s ~ **en,** *v.tr.* **1.** *v.tr.* (*a*) to look/(*angestrengt*) search for (sth.); (*Polizei*) to hunt for (a criminal); to seek (shelter, protection, advice etc.); **Verkäuferin gesucht,** sales lady wanted; **das Weite s.,** to run away; *F:* **das kannst du dir selbst s.,** you can find that for

yourself; **was suchst du hier/hast du hier zu s.?** what are you doing here? **du hast hier nichts zu s.!** you have no business to be here! **die beiden haben sich gesucht und gefunden,** those two are perfectly matched/make a fine pair. **2.** *v.i.* (*haben*) to search, look (**nach** j-m, etwas *dat,* for s.o., sth.); **nach einer Ausrede, Worten usw. s.,** to try to find an excuse, the right words etc.; **j-m zu gefallen s.,** to try to please s.o.; (*bei der Hundedressur*) such! fetch! ′S ~ **er,** *m -s/-* *Phot:* viewfinder. ′S ~ **gerät,** *n* -(e)s/-e *Tchn:* detector. ′S ~ **scheinwerfer,** *m -s/-* searchlight. ′S ~ **trupp,** *n -s/-s* search party.

Sucht [zuxt], *f -/ːe* addiction (**nach** + *dat,* to); *Fig:* **S. nach Vergnügen/Erfolg,** craving for pleasure/success.

süchtig [ˈzʏçtiç], *adj.* addicted (**nach** + *dat,* to); **ein S ~ er/eine S ~ e,** an addict.

Sud [zuːt], *m* -(e)s/-e *Cu:* vegetable etc. water; (*vom Fleisch*) stock.

Süd [zyːt]. **I.** *m not ded.* south; **aus/von S.,** from the south. **II.** ′S ~ -, ′s ~ -, *comb.fm.* (*a*) south (coast, side, bank, wind etc.); *Geog:* South (Africa, America, Germany, Pole etc.); **S ~ afrikaner(in)** *m(f)/*s ~ **afrikanisch** *adj,* South African; **die S ~ see,** the South Seas; (*b*) (*südlich*) southern (frontier, edge, shore etc.); *Geog:* Southern (Italy etc.); *U.S:* **die S ~ staaten,** the southern states. **S ~ en** [ˈzyːdən], *m -s/no pl* south; **aus dem/vom S.,** from the south; **nach S.,** southwards; (*Lage*) to the south. ′S ~ **früchte,** *fpl* tropical fruit. ′S ~ **länder(in),** *m -s/-* (*f -/-nen*) Southerner (from the Mediterranean); Latin. ′s ~ **ländisch,** *adj.* mediterranean (climate etc.); Latin (temperament etc.). ′s ~ **lich. I.** *adj.* (*a*) southern (border, hemisphere, region etc.); southerly (wind, direction etc); Latin (temperament etc.); **der s ~ ste Punkt,** the southernmost point; (*b*) *adv.* **s. von München,** south of Munich; **weiter s.,** further south. **II.** *prep.* + *gen* **s. der Alpen,** (to the) south of the Alps. ′S ~ ′**ost(en),** *m -s/no pl* south-east. ′s ~ ′**östlich. I.** *adj.* south-eastern (district etc.); south-easterly (wind, direction); *adv.* **s. von Berlin,** (to the) south-east of Berlin. **II.** *prep.* + *gen* **s. der Stadt,** (to the) south-east of the town. ′S ~ ′**ost-gebiet,** *n* -(e)s/no pl *Geog:* Antarctic (region). ′s ~ **wärts,** *adv.* southwards. ′S ~ ′**west(en),** *m -s/no pl* south-west. ′S ~ ′**wester,** *m -s/- Cl:* sou'wester. ′s ~ ′**westlich. I.** *adj.* south-western (district etc.); south-westerly (wind, direction); *adv.* **s. von Berlin,** (to the) south-west of Berlin. **II.** *prep.* + *gen* **s. der Stadt,** (to the) south-west of the town.

Sudan [zuˈdaːn]. *Pr.n.m* -s. **der S.,** the Sudan. **S ~ ese** [-aˈneːzə], *m -n/-n/S ~ esin,** *f -/-nen* Sudanese. **s ~ esisch,** *adj.* Sudanese.

Sues [ˈzuːɛs]. *Pr.n.n* -. *Geog:* Suez.

Suff [zuf], *m* -(e)s/no pl *F:* boozing; **im S.,** while under the influence; **dem S. verfallen,** to take to the bottle.

süff|eln [ˈzʏfəln], *v.i.* (*haben*) *F:* to tipple, hit the bottle. ′s ~ **ig,** *adj. F:* very drinkable, (wine) which goes down well.

süffisant [zyfiˈzant], *adj.* smug, complacent.

sugge|rieren [zugeˈriːrən], *v.tr.* **j-m etwas s.,** to make s.o. believe sth., put sth. into s.o.'s head. S ~ **stion** [-gɛsti'o:n], f -/-en insinuation, suggestion; (*Überredung*) (hidden) persuasion. S ~ **sti'onskraft**, f -/no pl suggestive power. s ~ **stiv** [-'ti:f], adj. suggestive (power); insinuating (remark etc.). S ~ s'**tivfrage**, f -/-n leading question.

Sühn|e ['zy:nə], f -/no pl Lit: atonement; (*Strafe*) penalty. 's ~ **en**, v.tr. & i. (haben) Lit: to atone, pay the penalty (for a crime etc.).

Suite ['svi:tə], f -/-n suite.

Sujet [zy'ʒe:], n -s/-s Lit: subject.

Sukkulente [zuku'lɛntə], f -/-n Bot: succulent.

Sul|fat [zul'fa:t], n -(e)s/-e Ch: sulphate. S ~ '**fid**, n -(e)s/-e Ch: sulphide.

Sultan ['zulta:n], m -s/-e sultan. S ~ **ine** [-a'ni:nə], f -/-n Cu: sultana (raisin).

Sülze ['zyltsə], f -/-n Cu: brawn.

summ|arisch [zu'ma:riʃ], adj. summary (judgement etc.), brief (account).

Summe ['zumə], f -/-n Mth: & Fin: sum.

summ|en ['zumən], v. 1. v.tr. to hum (a melody etc.). 2. v.i. (haben) to hum; (Biene usw.) to buzz; (Ohren) to sing. 'S ~ **er**, m -s/- El: buzzer. 'S ~ **ton**, m -(e)s/-e buzzing (sound).

summieren [zu'mi:rən], v.tr. to add up (numbers etc.), sum up (impressions etc.); **sich s.**, to accumulate, add up (to quite a lot).

Sumpf [zumpf], m -(e)s/-̈e swamp, bog; Fig: quagmire. 'S ~ **dotterblume**, f -/-n Bot: marsh marigold. 'S ~ **fieber**, n -s/no pl Med: swamp fever. 's ~ **ig**, adj. boggy, marshy.

Sund [zunt], m -(e)s/-e Geog: sound, straits.

Sünd|e ['zyndə], f -/-n sin F: **es ist eine S. (und Schande)**, it's absolutely scandalous. 'S ~ **enbock**, m -(e)s/-̈e scapegoat. 'S ~ **enfall**, m -(e)s/no pl B: Fall of Man. 'S ~ **engeld**, n -(e)s/no pl F: **ein S.**, a small fortune. 'S ~ **enlohn**, m -(e)s/no pl wages of sin. 'S ~ **enregister**, n -s/- list of one's transgressions. 'S ~ **er(in)**, n -s/- (f -/-nen) sinner. 's ~ **haft**, adj. (a) sinful (thoughts, life etc.); (b) F: wicked (price etc.); adv. **s. teuer**, frightfully expensive. 'S ~ **haftigkeit**, f -/no pl sinfulness. 's ~ **ig**, adj. sinful. 's ~ **igen**, v.i. (haben) to sin (gegen + acc, against); F: **ich habe wieder gesündigt**, I've indulged myself again (in food/drink).

super ['zu:pər]. I. inv.adj. F: super; adv. **s. spielen**, to play fantastically. II. S., n -s/no pl F: super (petrol). III. 'S ~ -, comb.fm. (a) super (petrol, -power etc.); F: terrific (car, thing etc.); S ~ **mann** m. superman; S ~ **markt** m. supermarket; F: S ~ **hit** m, smash hit; (b) adj. ultra-(modern etc.); F: Iron: s ~ **klug**, extra clever, too clever by half. 'S ~ **lativ** ['zu:pərlati:f], m -s/-e Gram: etc: superlative. S ~ **ior** [zu'pe:rio:r], m -s/-en R.C.Ch: Father Superior.

Suppe ['zupə], f -/-n soup; Fig: **j-m die S. versalzen**, to ruin s.o.'s plans, (Freude verderben) spoil s.o.'s fun; **die S. auslöffeln, die man sich selbst eingebrockt hat**, to face the consequences of one's actions; **das macht die S. nicht fett**, that doesn't get us anywhere. 'S ~ **n-**, comb.fm. soup (plate, spoon etc.); S ~ **kelle** f, soup ladle; S ~ **terrine** f, soup tureen. 'S ~ **nfleisch**, n -(e)s/no pl shin of beef. 'S ~ **ngrün**, n -s/no pl (bunch of) soup-flavouring vegetables and herbs. 'S ~ **nhuhn**, n -(e)s/-̈er boiling fowl. 'S ~ **nwürfel**, m -s/- stock cube.

Surfbrett ['sə:fbrɛt], n -(e)s/-er surfboard.

Surreal|ismus [zurea'lismus], m -/no pl Art: Surrealism. S ~ **ist** [-'list], m -en/-en surrealist. s ~ **istisch**, adj. surrealist (picture etc.).

surren ['zurən], v.i. (a) (haben) (Propeller usw.) to whirr; (b) (sein) **durch die Luft s.**, (Insekt usw.) to buzz/(Kugel) whizz through the air.

Surrogat [zuro'ga:t], n -(e)s/-e substitute.

suspekt [zus'pɛkt], adj. suspect.

süß [zy:s], adj. sweet (taste, scent, child etc.); F: **meine S ~ e!** my sweetie! **eine s ~ e Last**, a precious burden; **j-m auf die s ~ e Tour kommen**, to soft-soap s.o. 'S ~ **e**, f -/no pl sweetness. 's ~ **en**, v.tr. to sweeten (dishes, drinks etc.). 'S ~ **holz**, n -es/no pl liquorice; Fig: **S. raspeln**, to ooze charm. 'S ~ **igkeiten**, fpl sweets, N.Am: candy. 's ~ **lich**, adj. sickly, cloying (taste, Fig: smile etc.); mawkish (poem etc.). 'S ~ **most**, m -(e)s/-e unfermented fruit juice. 'S ~ **speise**, f -/-n Cu: sweet (dish), pudding. 'S ~ **stoff**, m -(e)s/no pl sweetener. 'S ~ **waren**, fpl confectionery. S ~ **warenladen**, m -s/-̈ sweet shop, N.Am: candy store. 'S ~ **wasser**, n -s/no pl freshwater.

Sylvester [zyl'vɛstər], n -s/no pl = **Silvester**.

Symbol [zym'bo:l], n -s/-e symbol. S ~ **ik**, f -/no pl symbolism. s ~ **isch**, adj. symbolic. s ~ **isieren** [-oli'zi:rən], v.tr. to symbolize (sth.). S ~ **ismus** [-o'lismus], m -/no pl symbolism.

Sym|metrie [zyme'tri:], f -/-n symmetry. s ~ '**metrisch**, adj. symmetrical.

Sympath|ie [zympa'ti:], f -/-n sympathy. S ~ **iestreik**, m -(e)s/-s strike in sympathy. S ~ **isant** [-ti'zant], m -en/-en Pol: etc: sympathizer. s ~ **isch** [-'pa:tiʃ], adj. (a) congenial, likeable (person etc.); **er ist mir s.**, I like him; (b) Anat: sympathetic (nervous system etc.). s ~ **isieren** [-pati'zi:rən], v.i. (haben) **mit j-m s.**, to sympathize with s.o.

Symphon|ie [zymfo'ni:], f -/-n Mus: symphony. S ~ **iker** [-'fo:nikər], mpl **Wiener S.**, Vienna Symphony Orchestra. s ~ **isch** [-'fo:niʃ], adj. symphonic (poem etc.).

Symptom [zymp'to:m], n -s/-e Med: etc: symptom; Fig: (Anzeichen) sign, indication. s ~ **atisch** [-o'ma:tiʃ], adj. symptomatic, indicative (**für etwas** acc, of sth.).

Synagoge [zyna'go:gə], f -/-n Jew: synagogue.

synchron [zyn'kro:n], adj. /S ~ -, comb.fm. synchronous (movements, motor etc.). S ~ **getriebe**, n -s/- Aut: synchromesh gearbox. s ~ **isieren** [-oni'zi:rən], v.tr. to synchronize (movements etc.); to dub (a film). S ~ **i'sierung**, f -/-e synchronization; Cin: dubbing.

Syndikat [zyndi'ka:t], n -(e)s/-e Com: syndicate.

Syndrom [zyn'dro:m], n -s/-e Med: etc: syndrome.

Synkop|e [zyn'ko:pə], f -/-n Ling: syncope; Mus: syncopation. s ~ **ieren** [-o'pi:rən], v.tr. to syncopate (a rhythm etc.). s ~ **isch** [-'ko:piʃ], adj. syncopated (rhythm etc.).

Synode [zy'no:də], f -/-n Ecc: synod.

Synonym [zyno'ny:m]. I. n -s/-e Ling: synonym. II. s., adj. synonymous (word etc.).

Syntax ['zyntaks], f -/no pl Gram: syntax.

Synthe|se [zyn'te:zə], *f* -/-n synthesis. **s~tisch** [-'te:tiʃ], *adj.* synthetic; artificial (flavour etc.); *Tex:* man-made (fibres etc.).

Syphilis ['zyfilis], *f* -/no pl *Med:* syphilis.

Syr|ien ['zy:riən]. *Pr.n.n* -s. *Geog:* Syria. **'S~(i)er(in)**, *m* -s/- (*f* -/-nen) Syrian. **'s~isch**, *adj.* Syrian.

System [zys'te:m], *n* -s/-e system; *Adm:* scheme (of social insurance etc.); **dahinter steckt ein S.,** there's method in that; **S. in etwas** *acc* **bringen,** to systematize sth., put sth. in order. **S~analyse,** *f* -/-n systems analysis. **S~atik** [-e'mɑ:tik], *f* -/-en system, meth-odical procedure. **s~atisch** [-e'mɑ:tiʃ], *adj.* systematic, methodical. **s~los**, *adj.* unsystematic. **S~zwang**, *m* -(e)s/no pl conditioned behaviour.

Szen|e ['stse:nə], *f* -/-n scene; *Th:* **hinter der S.,** backstage; *Th: & Fig:* **etwas in S. setzen,** to stage sth.; *Fig:* **(j-m) eine S. machen,** to make a scene (in front of s.o.). **'S~enaufnahme,** *f* -/-n *Cin: TV:* take. **'S~enwechsel,** *m* -s/- (a) *Th:* scene change; (b) *Fig:* change of scene. **S~e'rie,** *f* -/-n *Th: & Fig:* scenery; (*Schauplatz*) setting. **'s~isch**, *adj. Th:* with regard to the scenery/setting.

T

T, t [te:], *n* -/- (the letter) T, t.

Tabak ['ta(:)bak, *Aus:* ta'bak]. I. *m* -s/-e tobacco; **T. schnupfen,** to take snuff. II. **'T~-,** *comb.fm.* tobacco (plant, plantation, industry etc.); **T~bau** *m*, tobacco growing; **T~(s)qualm** *m*, thick tobacco smoke; **T~monopol** *n*/*Aus:* **T~regie** *f*, (Government) Tobacco Monopoly; **T~sbeutel** *m*, tobacco pouch; **T~sdose** *f*, (a) tobacco tin; (b) (*für Schnupft.*) snuff-box; **T~waren** *pl*, tobacco products. **'T~händler,** *m* -s/- tobacconist. **'T~laden,** *m* -s/=/*Aus:* **T~trafik,** *f* -/-en tobacconist's (shop).

tabell|arisch [tabɛ'lɑ:riʃ], *adj.* tabulated; *adv.* in tabular form. **t~arisieren** [-ri'zi:rən], *v.tr.* to tabulate (statistics etc.). **T~e** [ta'belə], *f* -/-n table (of contents, statistics etc.). **T~enform,** *f* -/no pl **in T.,** in tabular form. **T~enführer,** *m* -s/- *Fb:* league leaders.

Tabernakel [taber'nɑ:kəl], *n & m* -s/- *R.C.Ch:* tabernacle (containing the host).

Tablett[1] [ta'blɛt], *n* -(e)s/-s & -e tray.

Tablett[2] [ta'blɛtə], *f* -/-n *Pharm:* tablet, pill.

tabu [ta'bu:]. I. *adj.* taboo. II. **T.,** *n* -s/-s taboo.

Tacho ['taxo], *m* -s/-s *Aut: F:* speedo. **T~'meter,** *m & occ n* -s/- *Aut: etc:* speedometer; (*Drehzahlmesser*) tachometer, revolution counter. **T~('meter)stand,** *m* -(e)s/ no pl *Aut:* (recorded) mileage.

Tadel ['tɑ:dəl], *m* -s/- reproach, (*Verweis*) rebuke; (*Kritik*) censure, criticism; *Sch:* black mark; **j-m einen T. erteilen,** to rebuke/criticize s.o.; **ihn trifft kein T.,** he is not to blame; *esp. East G: Jur:* **öffentlicher T.,** public reprimand; *Lit:* **ein Leben ohne T.,** an exemplary/irreproachable life. **'t~los,** *adj.* perfect (accent, *Cl:* fit etc.); impeccable, irreproachable (behaviour etc.); *adv.* **es funktioniert t.,** it works perfectly. **'t~n,** *v.tr.* to reproach, (*scharf*) rebuke, reprimand (s.o.); (*kritisieren*) to find fault with, criticize (s.o., sth.) (**für etwas** *acc*/ **wegen etwas** *gen*, for sth.); **t~de Bemerkungen,** critical remarks; **t~der Blick,** reproachful glance. **'t~nswert,** *adj.* reprehensible.

Tafel ['tɑ:fəl]. I. *f* -/-n 1. (*wooden*) board, panel; (*stone*) slab; (*Gedenkt.*) (memorial) tablet, plaque; (*Anzeiget.*) notice board; (*Schild*) sign; *Sch:* blackboard; *El:* (*Schaltt.*) control panel; **eine T. Schokolade,** a bar of chocolate. 2. *Print:* (a) (*Tabelle*) table; (b) (*Bild*) plate. 3. *A: & Lit:* (*Tisch*) table; **die T. aufheben,** to give the sign to rise from table. II. **T~-,** *comb.fm.* (a) table (salt, silver, wine, *Geog:* mountain etc.); **T~aufsatz** *m*, table centrepiece; **T~wasser** *n*, mineral/table water; *Geog:* **T~land** *n*, tableland; (b) dessert (fruit, pear etc.); eating (apple). **'T~besteck,** *n* -(e)s/-e best (set of) cutlery/silver. **'t~fertig,** *adj. Cu:* ready-to-serve. **'T~geschirr,** *n* -(e)s/-e (best) china. **'T~glas,** *n* -es/=er sheet/(*dickes*) plate glass. **'T~musik,** *f* -/no pl *Hist:* music for a banquet. **'t~n,** *v.i.* (*haben*) to dine/(*üppig*) feast. **'T~runde,** *f* -/-n company at table. **'T~service,** *n* - & -s/- dinner service. **'T~spitz,** *m* -es/no pl *Aus: Cu:* boiled fillet of beef. **'T~waage,** *f* -/-n platform scales.

täf|eln ['tɛ:fəln], *v.tr.* to panel (a wall, ceiling). **'T~(e)lung,** *f* -/-en panelling.

Taft [taft], *m* -(e)s/-e *Tex:* taffeta.

Tag [tɑ:k], *m* -(e)s/-e day; (a) **am/bei T~e,** in the daytime; **dreimal am/pro T.,** three times a day; **früh am T~e,** early in the day; **bis in den T. hinein schlafen,** to sleep until late (in the day); **T. und Nacht arbeiten,** to work day and night; **es ist ein Unterschied wie T. und Nacht,** they are as different as chalk and cheese; **die Nacht zum T~e machen,** (i) to turn night into day; (ii) (*aufbleiben*) to stay up all night; **es ist noch nicht aller T~e Abend,** it's not over yet; we haven't seen the end of it; *Prov:* **man soll den Tag nicht vor dem Abend loben,** don't count your chickens before they're hatched; (b) (*Licht*) **am (hellichten) T~e,** in (broad) daylight; **es wird schon T.,** it is getting light; **solange es noch T. ist,** while it is still light; *Fig:* **bei T~e**

besehen, in the cold light of day; **etwas an den T. bringen,** to bring sth. to light; **Interesse, Eifer usw. an den T. legen,** to display interest, eagerness etc.; *Min:* **über/unter T~e,** above/below ground; (*c*) **eines T~es,** one day; **am letzten T.,** on the last day; **am T~e davor/vorher,** (on) the day before; **T. für T.,** daily, every day; **er wird von T. zu T. stärker,** he is getting stronger every day; **von einem T. auf den anderen,** overnight, *Fig:* suddenly; **er hat heute seinen guten/ schlechten T.,** it's one of his good/off days; (*Laune*) he's in a good/bad mood today; **was für ein T. ist heute? welchen T. haben wir heute?** what's the date today? **morgen ist auch ein T.,** there's always tomorrow; *Fig:* **in den T. hinein leben,** to live from day to day; *F:* **sich** *dat* **einen schönen T. machen,** to have a nice day; (*d*) *pl* **dieser T~e,** (i) (*neulich*) just recently; (ii) (*also* **in den nächsten T~en**) in the next few days/the near future; **in unseren T~en,** in modern times; **meine alten/jungen T~e,** my old age/youth; **seine T~e sind gezählt,** his days are numbered; **alle acht T~e,** once a week; **auf ein paar T~e,** for a few days; (*e*) (**guten**) **T.!** good morning/afternoon! *F:* hello! *N.Am:* hi! (*bei Vorstellung*) how do you do? **t~'aus,** *adv.* **t., tagein,** day in, day out. **'T~ebau,** *m* **-(e)s/-e** *Min:* opencast mining. **'T~eblatt,** *n* **-(e)s/-er** *Journ:* = Daily News. **'T~ebuch,** *n* **-(e)s/ -er** (*a*) diary; *Lit:* journal; *Adm:etc:* log; (*b*) *Book-k:* daybook. **'T~edieb,** *m* **-(e)s/-e** lazybones, loafer. **'T~egeld,** *n* **-(e)s/-er** daily allowance. **'t~elang,** *adj.* lasting for days; *adv.* for days (on end). **'T~elohn,** *m* **-(e)s/-e** *esp.Agr:* daily wage; **im T. arbeiten,** to be paid by the day. **'T~elöhner,** *m* **s/** *esp. Agr:* day labourer. **'t~en,** *v.i.* (*haben*) (*a*) (*Konferenz*) to meet; (*Gericht usw.*) to sit; (*b*) *Lit:* **es tagt,** the day is dawning/breaking. **'T~es-,** *comb.fm.* (*a*) day (dream, return ticket, train, *Ind:* shift etc.); (events, politics, news, *Mil:* order etc.) of the day; day's (work, march, journey etc.); **T~ausflug** *m,* day trip; **T~heim** *n*/**T~stätte** *f,* day nursery; **T~karte** *f,* (i) day ticket; (ii) menu for the day; **T~raum** *m,* dayroom; **T~geschehen** *n,* events of the day, current events; **T~gespräch** *n,* talk of the day; current talking point; *Com:* **T~einnahme** *f,* day's takings; *Fin:* **T~kurs** *m,* day's/current rate (of exchange); (*h*) (*täglich*) daily (press, turnover, earnings etc.); **T~bericht** *m,* daily news bulletin; **T~gebühr** *f*/**T~satz** *m,* daily rate/charge; **T~leistung** *f,* daily output; **T~verpflegung** *f,* daily rations; **T~zeitung** *f,* daily newspaper. **'T~esanbruch,** *m* **bei T.,** at daybreak. **'T~esdecke,** *f* **-/-n** bedspread. **'T~eslicht,** *n* **-(e)s**/*no pl* daylight; **ans T. kommen,** to come to light. **'T~esmutter,** *f* **-/-** child minder. **'T~esordnung,** *f* **-/-en** agenda; *F:* **Autodiebstähle sind jetzt an der T.,** car thefts are commonplace nowadays. **'T~eszeit,** *f* **-/-en** time of (the) day. **'t~eweise,** *adv.* on odd days. **'T~falter,** *m* **-s/-** butterfly. **'t~hell,** *adj.* as right as day. **'t~s,** *adv.* **t. darauf/zuvor,** the day after/before; the next/previous day. **'T~schicht,** *f* **-/-en** *Ind:* day shift.

't~süber, *adv.* during the day. **'t~'täglich,** *adj.* everyday, daily; *adv.* every single day; day in, day out. **'T~-und 'Nachtdienst,** *m f* **-(e)s/-e** round-the-clock/day and night service. **'T~und'nachtgleiche,** *f* **-/-n** equinox. **'T~ung,** *f* **-/-en 1.** conference. **2.** (*Sitzung*) session, sitting. **'T~ungsort,** *m* **-(e)s/-e** conference venue.

-tägig **[-'tɛ:ɡiç],** *comb.fm.* lasting ... days, ... -day; **dreit.,** three-day (visit etc.); **halbt.,** half-day (stopover etc.).

täglich **['tɛ:kliç]. 1.** *adj.* daily; **das t~e Leben,** everyday life; day-to-day existence. **2.** *adv.* every day, daily; **dreimal t.,** three times a day.

Tahiti **[ta'hi:ti].** *Pr.n.n.* **-s.** *Geog:* Tahiti. **t~sch,** *adj.* Tahitian.

Taifun **[tai'fu:n],** *m* **-s/-e** typhoon.

Taille **['taljə,** *Aus:* **'tailjə],** *f* **-/-n** *Anat: Cl:* waist; *Cl:* **auf T. gearbeitet,** close-fitting at the waist. **'T~enweite,** *f* **-/-n** *Cl:* waist measurement. **t~iert** **[ta'ji:rt],** *adj. Cl:* close-fitting at the waist; fully fashioned (shirt etc.).

Takel **['ta:kəl],** *n* **-s/-** *Nau:* tackle. **T~age** **[taka-'la:ʒə],** *f* **-/-n** *Nau:* rigging. **'t~n,** *v.tr.* to rig (a ship). **'T~ung,** *f* **-/-en 1.** *no pl* rigging. **2.** rig.

Takt **[takt],** *m* **-(e)s/-e 1.** *Mus:* (*Einheit*) bar. **2.** (*a*) *Mus: etc:* time; rhythm (of a waltz etc.); **den T. angeben,** to beat time; *Fig:* to call the tune; **im T. singen,** to sing in time; **¾-T.,** three-four time; *Fig:* **j-n aus dem T. bringen,** to put s.o. off his stroke; (*b*) metre (of verse). **3.** *I.C.E:* stroke. **4.** *no pl* tact, tactfulness; **gegen den T. verstoßen,** to show lack of tact; **mit großem T.,** very discreetly/tactfully. **'T~bezeichnung,** *f* **-/-en** *Mus:* time signature. **'T~gefühl,** *n* **-(e)s/***no pl* (sense of) tact. **'t~los,** *adj.* tactless. **'T~losigkeit,** *f* **-/-en 1.** *no pl* tactlessness. **2.** tactless act, indiscretion. **'T~stock,** *m* **-(e)s/-e** (conductor's) baton. **'T~strich,** *m* **-(e)s/-e** *Mus:* bar line. **'t~voll,** *adj.* tactful.

Takt|ik **['taktik],** *f* **-/-en** *Mil: etc:* tactics. **'T~iker,** *m* **-s/-** *Mil: etc:* tactician. **'t~isch,** *adj.* tactical; *adv.* **das ist t. klug,** those are clever tactics.

Tal **[ta:l]. I.** *n* **-(e)s/-er & -e** valley. **II.** **'T~-,** *comb.fm.* valley (bridge, station etc.); **T~kessel** *m*/**T~mulde** *f,* valley basin; **T~boden** *m*/**T~sohle** *f,* valley floor/bottom. **t~'ab(wärts),** *adv.* down the valley. **t~'auf(wärts),** *adv.* up the valley. **'T~enge,** *f* **-/-n** defile; (*Schlucht*) gorge. **'T~fahrt,** *f* **-/-en** downhill trip/*Ski:* run; descent. **'T~ schlucht,** *f* **-/-en** gorge, *N.Am:* canyon. **'T~sperre,** *f* **-/-n** dam, barrage. **'t~wärts,** *adv.* down into the valley.

Talar **[ta'la:r],** *m* **-s/-e** *Univ:* gown; *Ecc:* cassock; *Jur:* robe.

Talent **[ta'lɛnt],** *n* **-(e)s/-e** (*a*) talent (**zur Malerei usw.,** for painting etc.); **das T. haben, etwas zu tun,** to have the gift/knack of doing sth.; (*b*) talented person; **er ist ein großes T.,** he is extremely talented. **t~iert** **[-'ti:rt],** *adj.* talented, gifted. **t~los,** *adj.* untalented.

Taler **['ta:lər],** *m* **-s/-** *Hist:* thaler.

Talg **[talk],** *m* **-(e)s/-e** tallow; *Cu:* suet.

Talisman **['ta:lisman],** *m* **-s/-e** talisman.

Talje **['taljə],** *f* **-/-n** *Nau:* tackle.

Talk **[talk],** *m* **-(e)s/***no pl* *Miner:* talc. **T~um**

['talkum], *n -s/no pl* **1.** *Miner:* powdered talc. **2.** (*also* T~**puder** *n*) talcum powder.

Tamariske [tama'riskə], *f -/-n* tamarisk.

Tam|bour ['tambu:r], *m -s/-e esp. Mil:* drummer. 'T~**bourmajor**, *m -s/-e* drum major. 'T~**bur**, *m -s/-e* embroidery frame. T~**burin** [-u'ri:n], *n -s/-e* tambourine.

Tampon ['tampɔn], *m -s/-s Med:* tampon; (*für Wunden*) swab.

Tamtam [tam'tam], *n -s/-s* **1.** *Mus:* tamtam; Chinese gong. **2.** *no pl F:* commotion; (*Werbung usw.*) ballyhoo.

Tand [tant], *m -(e)s/no pl A:* & *Lit:* trinkets, baubles.

Tändel|ei [tɛndə'lai], *f -/-en* (*a*) dilly-dallying; (*b*) flirtation. 't~**n**, *v.i.* (*haben*) (*a*) to play about, dilly-dally; (*b*) to flirt.

Tandem ['tandɛm], *n -s/-s* tandem.

Tang [taŋ], *m -(e)s/-e* seaweed.

Tang|ente [taŋ'gɛntə], *f -/-n* **1.** *Geom:* tangent. **2.** (*Straße*) by-pass, ring road. **t~ieren** [-'gi:rən], *v.tr.* (*a*) *Geom:* to form a tangent to (a curve etc.); (*b*) to affect (s.o.).

Tango ['taŋgo], *m -s/-s* tango.

Tank [taŋk], *m -s/-s* tank. **t~en** ['taŋkən]. **I.** *v.* **1.** *v.i.* (*haben*) to refuel, fill up; *F:* **er hat zuviel getankt**, he has had one too many. **2.** *v.tr.* **Benzin usw. t.**, to fill up with petrol etc. **II.** T., *n -s/no pl* refuelling. 'T~**er**, *m -s/-*/'T~**schiff**, *n -(e)s/-e Nau:* tanker. 'T~**stelle**, *f -/-n Aut:* filling station; *N.Am:* gas station. 'T~**verschluß**, *m -sses/* ÷sse *Aut:* fuel cap. 'T~**wagen**, *m -s/-* (*a*) *Aut:* tanker lorry/*N.Am:* truck; (*b*) *Rail:* tank car. 'T~**wart**, *m -(e)s/-e* pump attendant.

Tann|e ['tanə], *f -/-n* fir (tree); **schlank wie eine T.**, slender as a willow. 'T~**enbaum**, *m -(e)s/* ÷e fir tree; (*Weihnachtsbaum*) Christmas tree. 'T~**enholz**, *n -es/no pl* fir (wood). 'T~**enwald**, *m -(e)s/*÷er fir/(*mit Kiefern*) pine forest. 'T~**enzapfen**, *m -s/-* fir cone.

Tansan|ia [tan'za:nia]. *Pr.n.n -s. Geog:* Tanzania. **T~ier(in)**, *m -s/-* (*f -/-nen*) Tanzanian. **t~isch**, *adj.* Tanzanian.

Tantalusqualen ['tantaluskva:lən], *pl* **T. ausstehen/leiden**, to suffer agonizing frustration.

Tante ['tantə], *f -/-n* (*a*) aunt; (*b*) lady; (*einem Kind*) **gib der T. die Hand**, shake hands with the lady; (*c*) *F: Pej:* female; **komische alte T.**, funny old thing; (*d*) *F:* **T. Meier**, the loo/ *N.Am:* john; **T.-Emma-Laden**, corner shop.

Tantieme [tã'tie:mə], *f -/-n* share of profits; *esp.* (author's, composer's etc.) royalty.

Tanz [tants]. **I.** *m -es/*÷e dance; **j-n zum T. auffordern**, to ask s.o. to dance; **darf ich um den nächsten T. bitten?** may I have the pleasure (of the next dance)? **die Kapelle spielt zum T. auf**, the band is starting to play music for dancing; **Samstag ab 20 Uhr T.**, dancing on Saturday from 8.00 p.m.; **zum T. gehen**, to go to a/the dance; *Fig:* **ein T. auf dem Vulkan**, skating on thin ice. **2.** *Pej:* (*Vorgang*) performance, business; **jetzt geht der T. wieder los!** now the whole wretched business is starting all over again; *F:* **einen T. aufführen**, to make a big song and dance. **II.** 'T~-, *comb.fm.* dance (music, orchestra, step etc.); dancing (bear, song, partner, school etc.); **T~boden** *m*/T~**fläche** *f*,

dance floor; **T~gruppe** *f*, dance ensemble; **T~kapelle** *f*, dance band; **T~lokal** *n*, dance hall; **T~kunst** *f*, art of dancing; **T~kurs**/ **T~unterricht** *m*, dancing lessons; **T~stunde** *f*, dancing lesson; **T~lehrer(in)** *m(f)*, dancing instructor. 'T~**abend**, *m -s/-e* dance. 'T~**bein**, *n F:* **das T. schwingen**, to shake a leg. 't~**en**. **I.** *v.tr.* & *i.* (*haben/occ. sein*) (*a*) to dance (a dance, a part etc.); **Walzer t.**, to waltz; **es wurde getanzt**, there was dancing; (*b*) *Fig:* (*hüpfen*) to jump (about); **mir tanzte alles vor den Augen**, everything swam before my eyes; (*Auto*) **auf dem Eis t.**, to skid on the ice. **II.** **T.**, *n -s/no pl* dancing. 't~**lustig**, *adj.* (*Pers.*) fond of dancing. 'T~**saal**, *m -(e)s/-säle* (*a*) ballroom; (*b*) (T~*lokal*) dance hall.

tänz|eln ['tɛntsəln], *v.i.* (*haben/occ. sein*) (*Kind usw.*) to frisk/skip about; (*Pferd*) to prance; (*Boxer*) to weave. 'T~**er(in)**, *m -s/-* (*f -/-nen*) dancer. 't~**erisch**, *adj.* dancing (ability etc.); (talent, training etc.) as a dancer; dance-like, balletic (movements); *adv.* **es ist t. hervorragend**, it has marvellous dancing.

taperig ['ta:pəriç], *adj. North G:* doddery.

Tapet [ta'pe:t], *n F:* **etwas aufs T. bringen**, to bring sth. up (for discussion). **T~e**, *f -/-n* wallpaper; *F:* **die T~n wechseln**, to have a change of scenery. **T~enkleister**, *m -s/-* wallpaper paste. **T~entür**, *f -/-en* hidden door. **T~enwechsel**, *m -s/- F:* change of scenery.

tapezier|en [tape'tsi:rən], *v.tr.* (*a*) to (wall)paper (a room etc.); (*b*) *Aus:* to upholster (a chair). **T~er**, *m -s/-* paperhanger; *Aus:* upholsterer. **T~nagel**, *m -s/*÷ tack. **T~tisch**, *m -(e)s/-e* (paperhanger's) trestle table.

tapfer ['tapfər], *adj.* brave; (*kühn*) bold; *adv.* **t. standhalten**, to hold one's ground manfully/ doggedly. 'T~**keit**, *f -/no pl* bravery, boldness. 'T~**keitsmedaille**, *f -/-n* medal awarded for bravery.

Tapioka [tapi'o:ka], *f -/no pl* tapioca.

tappen ['tapən], *v.i.* (*a*) (*sein*) to blunder, stumble (**in eine Pfütze/Falle**, into a puddle/trap); (*im Dunkeln*) to grope one's way; (*b*) (*haben*) **nach etwas** *dat* **t.**, to fumble/grope for sth.

täppisch ['tɛpiʃ], *adj.* awkward, clumsy.

Taps [taps], *m -es/-e F:* **du T.!** you clumsy clot! 't~**en**, *v.i.* (*haben/sein*) *F:* = **tappen**.

Tarantel [ta'rantəl], *f -/-n Z:* tarantula.

Tarif [ta'ri:f], *m -s/-e* (*a*) (*Gebühr*) rate; charge; (*Zollt.*) tariff; **besondere T~e für Päckchen**, special rates for small packets; (*b*) (*Verzeichnis*) tariff; table of (fixed) charges; (*c*) *Ind:* (wage/ salary) scale; **über/unter T.**, above/below the union rate. **t~lich**, *adj.* in accordance with the pay agreement/salary scale. 'T~**lohn**, *m -(e)s/*÷e standard wage(s). **T~verhandlungen**, *fpl* collective bargaining. **T~vertrag**, *m -(e)s/-e* (collective) wage agreement.

Tarn- ['tarn-], *comb.fm. esp. Mil:* camouflage (paint, net etc.). 't~**en**, *v.tr. esp. Mil:* to camouflage (sth.); *Fig:* to disguise (s.o., oneself) (**als**, as); to conceal (one's intentions etc.). 'T~**organisation**, *f -/-en* front, cover (organization). 'T~**ung**, *f -/-en Mil: etc:* camouflage; disguise.

Tasche ['taʃə], *f -/-n* **1.** pocket ; **etwas in der T.**

haben, to have sth. in one's pocket/*Fig:* the bag; (*also Fig:*) **etwas in die T. stecken,** to pocket sth.; *F:* **j-n in die T. stecken,** to be more than a match for s.o.; **etwas wie seine eigene T. kennen,** to know sth. inside out; **sie hat ihn in der T.,** she can do what she likes with him; **er mußte tief in die T. greifen,** he had to fork out (a lot); **j-m auf der T. liegen,** to live off s.o. **2.** (*zum Tragen*) bag; (*Schult.*) satchel; (*Mappe*) briefcase; (*Beutel*) pouch. **3.** *Cu:* case (of pastry/pasta). ′T ~ **n-,** *comb.fm.* pocket (lighter, comb, dictionary etc.); **T ~ ausgabe** *f,* pocket edition; **T ~ geld** *n,* pocket money; **T ~ rechner** *m,* pocket calculator; **T ~ uhr** *f,* pocket watch. ′T ~ **nbuch,** *n* -(e)s/′-er paperback (book). ′T ~ **ndieb(in),** *m* -(e)s/-e (*f* -/-nen) pickpocket. ′T ~ **ndiebstahl,** *m* -(e)s/′-e picking pockets. ′T ~ **nformat,** *m* -(e)s/-e pocket size; **in T.,** pocket-size(d). ′T ~ **nkrebs,** *m* -es/-e *Z:* common crab. ′T ~ **nlampe,** *f* -/-n (electric) torch, *N.Am:* flashlight. ′T ~ **nmesser,** *n* -s/- penknife. ′T ~ **nspieler,** *m* -s/-conjurer, juggler. ′T ~ **nspielertrick,** *m* -s/-s conjuring trick. ′T ~ **ntuch,** *n* -(e)s/′-er handkerchief.

Tasmanien [tazˈmɑːniən]. *Pr.n.n.* -s. *Geog:* Tasmania.

Tasse [ˈtasə], *f* -/-n cup; **eine T. starker Kaffee,** a cup of strong coffee; *F:* **er hat nicht alle T ~ n im Schrank,** he is not quite all there.

Tast|atur [tastaˈtuːr], *f* -/-en *Mus:Tchn:* keyboard. ′t ~ **bar,** *adj.* palpable. ′T ~ **e,** *f* -/-n (piano, typewriter etc.) key; *Tchn:* (*Druckt.*) push-button. ′t ~ **en,** *v.* **1.** *v.i.* (*haben*) to feel; **nach dem Lichtschalter usw. t.,** to feel/grope for the light switch etc.; **t ~ de Fragen,** probing questions. **2.** *v.tr.* (*a*) to feel (sth.), examine (sth.) by touch; **sich zur Tür t.,** to feel/grope one's way to the door; (*b*) to key (a telex/radio message etc.). ′T ~ **eninstrument,** *n* -(e)s/-e *Mus:* keyboard instrument. ′T ~ **entelefon,** *n* -s/-e push-button telephone. ′T ~ **er,** *m* -s/- **1.** (*Taste*) key. **2.** (*a*) *Z:* feeler; (*b*) *Tchn:Meas:* caliper. **3.** *Print:* (*a*) typesetting machine; (*b*) (*Pers.*) keyboard operator. ′T ~ **sinn,** *m* -(e)s/no pl sense of touch.

tat [taːt], *p. of* **tun** *q.v.*

Tat[2], *f* -/-en action; *esp. Lit:* deed; **gute/böse T.,** good/bad deed; **eindrucksvolle T.,** impressive feat; **seine T. gestehen,** to confess (what one has done); **strafbare T.,** criminal act; **bei frischer T. ertappt werden,** to be caught in the act; *Jur:* **eine T. begehen,** to commit an offence; *Fig:* **Mann der T.,** man of action; **zur T. schreiten,** to go into action; **einen Plan usw. in die T. umsetzen,** to put a plan etc. into operation. ′T ~ **bestand,** *m* -(e)s/′-e facts of the case; (*Sachlage*) state of affairs. ′T ~ **endrang,** *m* -(e)s/no pl zest for action. ′t ~ **enlos,** *adj.* inactive, idle; *adv.* without doing anything. ′T ~ **kraft,** *f* -/no pl energy, vigour. ′t ~ **kräftig,** *adj.* energetic, active. ′T ~ **ort,** *m* -(e)s/-e scene (*esp. Jur:* of the crime). ′T ~ **sache,** *f* -/-n fact; **j-n vor die vollendete T. stellen,** to confront s.o. with a fait accompli; *F:* **T.?** really? ′T ~ **sachen-,** *comb.fm.* factual (report, material, knowledge etc.); documentary (film etc.). ′T ~ **sachenmensch,** *m* -en/-en realist,

matter-of-fact person. **t ~ sächlich** [-ˈzɛçlɪç], *adj.* (*a*) real (reason, circumstances etc.); actual (time, costs etc.); *Mil:* **t ~ er Bestand,** effective strength; (*b*) *adv.* actually, really; **t. war es ganz anders,** in reality it was quite different. ′T ~ **umstände,** *mpl* circumstances of a case. ′T ~ **verdacht,** *m* -(e)s/no pl suspicion (of having committed a crime). ′t ~ **verdächtig,** *adj.* suspected (of a crime).

Tatar [taˈtɑːr], *m* -en/-en Tartar. **T ~ beefsteak,** *n* -s/-s *Cu:* steak tartare.

Tät|er [ˈtɛːtər], *m* -s/- culprit; **wer war der T.?** who did it? **die T.,** those responsible. ′T ~ **erschaft,** *f* -/no pl *Jur:* guilt. ′t ~ **ig,** *adj.* (*a*) active (person, volcano, co-operation etc.); (*beschäftigt*) busy; **er ist immer t.,** he is always on the go; (*b*) **als Lehrer, in der Ölbranche usw. t. sein,** to work as a teacher, in the oil industry etc. ′t ~ **igen,** *v.tr.* *Com:* to conclude (a sale, purchase etc.). ′T ~ **igkeit,** *f* -/-en (*a*) activity; (*Beschäftigung*) occupation; (*Beruf*) profession, job; (*Arbeit*) work; **seine T. unterbrechen,** to stop what one is doing; **bei dieser T.,** when doing this; (*Stellung*) **einer geregelten T. nachgehen,** to have a regular job; **nach zweijähriger T. als Manager,** after working for two years as a manager; (*b*) *no pl* **in/außer T.,** in/out of operation; **eine Maschine in/außer T. setzen,** to start up/stop a machine; **in voller T.,** in full swing. ′T ~ **igkeitsbereich,** *m* -(e)s/-e field/sphere of activity. ′T ~ **igkeitsbericht,** *m* -(e)s/-e progress report. ′T ~ **igkeitsform,** *f* -/no pl *Gram:* active voice. ′T ~ **igung,** *f* -/-en *Com:* conclusion (of a sale etc.). ′t ~ **lich,** *adj.* violent, physical (assault etc.); **t. werden,** to come to blows; *Jur:* **t ~ er Angriff,** assault (and battery). ′T ~ **lichkeiten,** *fpl* violence.

tätowier|en [tɛtoˈviːrən], *v.tr.* to tattoo (s.o.). **T ~ ung,** *f* -/-en tattooing; (*Bild*) tattoo.

Tattlergreis [ˈtatərgraɪs], *m* -es/-e *F:* old dodderer. ′t ~ **(e)rig,** *adj. F:* shaky, trembling (hand etc.); doddery (old man etc.).

Tatze [ˈtatsə], *f* -/-n *Z:* & *F:* (*Hand*) paw.

Tau[1] [tau], *n* -(e)s/-e *esp. Nau:* (heavy) rope, hawser. ′T ~ **werk,** *n* -(e)s/no pl *Nau:* rigging. ′T ~ **ziehen,** *n* -s/no pl tug-of-war.

Tau[2], *m* -(e)s/no pl dew. ′t ~ **en,** *v.tr. & i.* (*haben/sein*) to thaw, melt (snow etc.); **es taut,** (i) it is thawing; (ii) dew is falling. ′t ~ **feucht,** *adj.* moist with dew. ′t ~ **frisch,** *adj.* dewy, fresh (as the dew). ′T ~ **tropfen,** *m* -s/- dewdrop. ′T ~ **wetter,** *n* -s/- thaw.

taub [taup], *adj.* **1.** deaf (**auf einem Ohr,** in one ear; *Fig:* **gegen alle Bitten,** to all entreaties); **die T ~ en,** the deaf. **2.** (*ohne Empfinden*) numb (**vor Kälte,** with cold); **mein Fuß ist t.,** my foot has gone to sleep. **3.** empty (nut, ear of grain). ′T ~ **heit,** *f* -/no pl **1.** deafness. **2.** numbness. **3.** emptiness. ′T ~ **nessel,** *f* -/-n *Bot:* dead nettle. ′t ~ **stumm,** *adj.* deaf and dumb; **ein T ~ er/eine T ~ e,** a deaf-mute.

Täubchen [ˈtɔypçən], *n* -s/- **1.** little dove. **2.** *F:* **mein T.!** my darling!

Taube [ˈtaubə], *f* -/-n **1.** *Orn:* pigeon, dove. **2.** *Fig:* (*Pers.*) dove. ′t ~ **nblau/**′t ~ **ngrau,** *adj.* dove-grey. ′T ~ **npost,** *f* -/no pl pigeon post. ′T ~ **nschlag,** *m* -(e)s/′-e dovecote.

Tauch|boot ['tauxbo:t], n -(e)s/-e Nau: submarine (for short dives). t ~ en ['tauxən]. I. v. 1. v.i. (haben/sein) (a) (Pers., Tier, U-Boot usw.) to dive, (mit Wucht) plunge; **nach Perlen t.,** to dive for pearls; **fünf Minuten lang t.,** to stay under (water) for five minutes; Fig: **die Sonne tauchte ins Meer,** the sun disappeared/sank below the horizon; (b) (sein) (auft.) to surface, come up (to the surface); **aus dem Wasser t.,** to emerge from the water; (c) (im Flug) to dip. 2. v.tr. (kurz) to dip, (mit Wucht) plunge (s.o., sth.) (in etwas acc. into sth.); (auf länger) to immerse, steep (sth.); **j-n (ins Wasser) t.,** to give s.o. a ducking II. T., n -s/no pl diving. 'T ~ er, m -s/- Sp: Orn: etc: diver. T~er-, comb.fm. diver's (suit, helmet etc.); diving (bell etc.); T ~ - **brille** f, diving mask/goggles. 'T ~ sieder, m -s/- El: (small) coil immersion heater. 'T ~ - **sport,** m -(e)s/no pl skin diving. 'T ~ verfahren, n -s/- Metall: dipping process.

Tauf|akt ['tauf‌ʔakt], m -(e)s/-e christening (ceremony), baptism. 'T ~ becken, n -s/- font. 'T ~ buch, n -(e)s/‌-er parish register (of baptisms). 'T ~ e, f -/-n (a) baptism, Ecc: christening; (b) Nau: launching/naming ceremony. 't ~ en, v.tr. (a) to baptize, Ecc: christen (s.o.); **er wurde auf den Namen Paul getauft,** he was christened Paul; **getaufter Jude,** converted Jew; (b) (nennen) to name (a dog, ship etc.); **wir haben ihn Pips getauft,** we gave him the nickname Pips; (c) F: **den Wein t.,** to water the wine. 'T ~ kapelle, f -/-n Arch: baptistry. 'T ~ kleid, n -(e)s/-er christening robe. 'T ~ name, m -ns/-n Christian/N.Am: given name. 'T ~ pate, m -n/-n godfather, R.C.Ch: sponsor. 'T ~ patin, f -/-nen godmother, R.C. Ch: sponsor. 'T ~ schein, m -(e)s/-e certificate of baptism. 'T ~ stein, m -(e)s/-e font. 'T ~ zeuge, m -n/-n godparent, R.C.Ch: sponsor.

Täuf|er ['tɔyfər], m -s/- Ecc: **die T.,** the Baptists; B: **Johannes der T.,** John the Baptist. 'T ~ - **ling,** m -s/-e child/person to be baptized.

taug|en ['taugən], v.i. (haben) (a) **etwas t.,** to be good/of use; useful; **wenig/nichts t.,** to be little/ no use; **taugt er denn was?** is he any use/good? **zu etwas** dat/**für etwas** acc **t.,** to be suitable for sth.; **er taugt nicht zu schwerer Arbeit,** he is not cut out for hard work. 'T ~ enichts, m -(es)/-e good-for-nothing. t ~ lich ['taukliç], adj. useful, suitable (zu + dat, for); Mil: fit (for service). 'T ~ lichkeit, f -/no pl usefulness, suitability; Mil: fitness.

Taum|el ['tauməl], m -s/no pl 1. (feeling of) giddiness; (Benommenheit) grogginess; (Rausch) ecstasy, rapture; **ein T. der Begeisterung,** a frenzy of enthusiasm. 't ~ e)lig, adj. 1. (a) dizzy, giddy (feeling etc.), groggy (state etc.); (b) delirious, ecstatic (**vor Glück,** with happiness). 2. (taumelnd) reeling, staggering. 't ~ eln, v.i. (haben/sein) (a) to reel, totter; **vom Stuhl zum Bett t.,** to stagger from the chair to the bed; (b) (Falter) to flutter.

Tausch [tauʃ], m -(e)s/-e exchange; **etwas zum T. anbieten/in T. geben/nehmen,** to offer/give/ take sth. in exchange. 't ~ en, v. 1. v.tr. to exchange, Com: barter (sth.) (**für/gegen etwas** acc, for sth.); **die Wohnung mit j-m t.,** to ex-

change flats with s.o. 2. v.i. (haben) to swap; **wollen wir t.?** shall we do a swap? **ich möchte nicht mit ihm t.,** I shouldn't like to be in his shoes. 'T ~ geschäft, n -(e)s/-e exchange (transaction). 'T ~ handel, m -s/no pl barter. 'T ~ objekt, n -(e)s/-e object for barter.

täusch|en ['tɔyʃən], v. 1. v.tr. (a) to deceive (s.o., oneself); **laß dich nicht von ihm t.,** don't let yourself be fooled/taken in by him; **sich t.,** to delude oneself/(sich irren) be mistaken/ wrong (**in etwas** dat, about sth.); **wenn mich nicht alles täuscht,** if I am not very much mistaken; **wenn mich mein Gedächtnis nicht täuscht,** if my memory serves me right; **j-s Vertrauen t.,** to betray s.o.'s confidence; (b) (Enttäuschen) to disappoint (s.o., s.o.'s hopes etc.); **ich habe mich in ihm getäuscht,** I am disappointed in him. 2. v.i. (haben) (a) **der Schein täuscht,** appearances are deceptive; (b) Sch: to cheat. 't ~ end, adj. deceptive (appearance) adv. **sie sehen sich t. ähnlich,** one can hardly tell them apart. 'T ~ ung, f -/-en 1. deception; Jur: **arglistige T.,** wilful deceit; **auf eine T. hereinfallen/einer T. zum Opfer fallen,** to be the victim of a fraud/confidence trick. 2. (Sinnest.) illusion; **optische T.,** optical illusion; **sich der T. hingeben, daß . . .,** to be under the illusion/ delude oneself that . . .; **gib dich darüber keiner T. hin,** don't have any illusions. 'T ~ ungsabsicht, f -/-en Jur: etc: intent to defraud. 'T ~ ungsmanöver, n -s/- Mil: etc: diversion.

tausend ['tauzənt]. I. card. num. adj. a/one thousand; **t. und aber t. Briefe,** thousands and thousands of letters; **ein paar/viele t. Jahre,** a few/many thousand years; F: **ich habe t. Sachen zu erledigen,** I've got thousands of things to see to; **t. Dank!** thanks a million! II. T., n -s/-e thousand; **ein halbes T.,** five hundred; T~e **von Menschen,** thousands of people; **sie starben zu** T~en, they died by the thousand. 'T ~ er, m -s/- F: (a) (Zahl) thousand; (b) (Schein) thousand mark note. 't ~ er'lei, inv.adj. of a thousand different kinds; **t. Dinge,** thousands of things. 't ~ fach, adj. a thousandfold; adv. in a thousand different ways; (tausendmal) a thousand times. 'T ~ füßler, m -s/- Z: centipede. 'T ~ 'güldenkraut, n -(e)s/no pl Bot: centaury. 't ~ jährig, adj. a thousand years old; **t~es Reich,** millenium. 't ~ 'mal, adv. a thousand times. 't ~ prozentig, adj. Hum: a thousand percent. T ~ sas(s)a, m -s/-s (brilliant) all-rounder, man of parts. 't ~ ste(r,s), num.adj. thousandth. 'T ~ stel, n -s/- thousandth (part). 't ~ und'ein, num.adj. a thousand and one; T~e Nacht, = Arabian Nights.

Tautolog|ie [tautolo'gi:], f -/-n tautology. t ~ isch [-'lo:giʃ], adj. tautological.

Tax|ator [tak'sa:tor], m -s/-en Com: valuer. 'T ~ e, f -/-n 1. estimate; valuation. 2. (Gebühr) charge, fee; (Ortst.) tax. 3. = Taxi. t ~ ieren [ta-'ksi:rən], v.tr. to estimate (the value, size, length etc. of sth.); to value (a property etc.) (**auf +** acc, at); F: **j-n t.,** to size s.o. up. T ~ ierung, f -/-en estimate; valuation.

Taxi ['taksi], n -s/-s taxi, N.Am: cab; T. **fahren,** (i) to drive a taxi; (ii) (als Fahrgast) to go by taxi. 'T ~ fahrer, m -s/- taxi/N.Am: cab driver. 'T ~ **stand,** *m* -(e)s/ːe taxi/*N.Am:* cab stand.

Taxus ['taksus], *m* -/- yew (tree).

Teak [tiːk], *n* -s/*no pl* 'T ~ **holz,** *n* -es/ːer teak.

Team [tiːm], *n* -s/-s *Sp: etc:* team.

Techn|ik ['teçnik], *f* -/-**en 1.** *no pl* (*a*) technology; **auf dem neuesten Stand der T.,** incorporating the latest technical advances; *Patents:* **der Stand der T.,** the state of the art; (*b*) *Univ:* (*Fach*) engineering. **2.** (*a*) (*Methode*) technique (**des Eislaufs usw.,** of skating etc.); (*b*) *Tchn:* (*Aufbau*) mechanics, *F:* works (of a machine); (*Ausrüstung*) equipment, machinery. **3.** (*a*) *Com: F:* (*Abteilung*) technical department; (*b*) *Aus:* (*T.H.*) College of Technology. 'T ~ **iker(in),** *m* -s/- (*f* -/-nen) technician; (*Ingenieur*) engineer. 'T ~ **ikum,** *n* -s/-ka & -ken technical college. 't ~ **isch,** *adj.* technical; **das t~e Zeitalter,** the technological age; **t~e Hochschule/Universität,** technical university; *adv.* **t. begabt,** technically minded; with a technical flair; *Sp:* (*Spieler*) with a good technique. **t ~ isieren** [-'ziːrən], *v.tr.* to mechanize, automate (plant etc.). **T ~ i'sierung,** *f* -/-en mechanization; automation. **T ~ ologe** [-o'loːgə], *m* -n/-n technologist. **T ~ ologie** [-olo'giː], *f* -/-n technology. **t ~ o'logisch,** *adj.* technological.

Techtelmechtel [teçtəl'meçtəl], *n* -s/- *F:* flirtation.

Teddy ['tɛdi], *m* -s/-s/'T ~ **bär,** *m* -en/-en teddy bear.

Tee [teː]. **I.** *m* -s/-s tea; *F:* **abwarten und T. trinken,** to adopt a wait-and-see attitude. **II.** 'T ~-, *comb.fm.* tea (leaf, kettle, rose etc.); T ~ **beutel** *m,* teabag; T ~ **brett** *n,* tea-tray; T ~ **büchse** *f,* tea caddy; T ~ **ei** *n,* tea ball; T ~ **gebäck** *n,* (tea) biscuits, *N.Am:* cookies; T ~ **geschirr** *n,* tea service; T ~ **gesellschaft** *f,* tea party; T ~ **haube** *f/* T ~ **wärmer** *m,* tea-cosy, T ~ **kanne** *f,* teapot, T ~ **löffel** *m,* teaspoon; T ~ **maschine** *f,* tea urn; T ~ **sieb** *n,* tea strainer; T ~ **stunde** *f,* teatime; T ~ **tasse** *f,* teacup; T ~ **wagen** *m,* tea trolley.

Teens [tiːnz], *mpl* teenagers.

Teer [teːr]. **I.** *m* -(e)s/-e tar. **II.** 'T ~-, *comb.fm.* (*a*) tarred (road etc.); T ~ **decke** *f,* tarred (road) surface; T ~ **pappe** *f,* tarred (roof) felt; (*b*) coaltar (dye, soap etc.). 't ~ **en,** *v.tr.* to tar (a road etc.). 't ~ ig, *adj.* tarry.

Teich [taiç], *m* -(e)s/-e pond. 'T ~ **huhn,** *n* -(e)s/ːer *Orn:* moorhen.

Teig [taik], *m* -(e)s/-e dough; (*dünnflüssig*) batter; (*Mürbt.*) pastry. 't ~ **ig** [-glç], *adj.* doughy; soggy (cake etc.). 'T ~ **rolle,** *f* -/-n rolling pin. 'T ~ **waren,** *fpl* pasta.

Teil [tail]. **I.** *m & n* -(e)s/-e **1.** (*a*) *m* part; section (of a newspaper); **in drei T~e geschnitten,** cut into three parts/pieces; **der vierte/fünfte Teil davon,** a quarter/fifth of it; **der größte T. der Mitglieder,** the majority of the members; **zum T.,** partly, to some extent; **zum größten T.,** for the most part, mostly; **es waren zum T./zum größten T. schöne Pferde,** some/most of them were beautiful horses; (*b*) *n esp. Tchn:* component, part; **etwas in seine T~e zerlegen,** to dismantle sth. **2.** (*Anteil*) share, portion; **etwas zu gleichen T~en vergeben,** to distribute sth. in equal shares; **sein(en) T. beitragen,** to do one's bit; **sein(en) T. zu tragen haben,** to have a

hard life; **sich** *dat* **sein T. denken,** to have one's own thoughts on the matter; **das bessere/den besseren T. gewählt haben,** to have made the right choice; **ich für mein T.,** I for my part; **dazu gehört ein gut T. Frechheit,** it takes quite a bit of nerve/cheek to do that. **3.** *Jur:* party; **für beide T~e zufriedenstellend,** mutually satisfactory. **II.** 'T ~-, 't ~-, *comb.fm.* partial (success, result, solution etc.); part (consignment etc.); T ~ **ansicht** *f,* partial view; *Astr:* T ~ **finsternis** *f,* partial eclipse; *Com:* T ~ **sendung** *f,* part consignment; T ~ **zeitbeschäftigte(r)** *f(m)* part-time worker; T ~ **zeitbeschäftigung** *f,* part-time job; *adj.* t ~ **möbliert,** partly furnished. 't ~ **bar,** *adj.* divisible. 'T ~ **barkeit,** *f* -/*no pl* divisibility. 'T ~ **bereich,** *m* -(e)s/-e section. 'T ~ **betrag,** *m* -(e)s/ːe part of an amount; (*Rate*) instalment. 'T ~ **chen,** *n* -s/- *Ph:* particle. 't ~ **en,** *v.* **1.** *v.tr.* (*a*) (*trennen*) to divide (sth.) (**in zwei Teile,** into two); **sich t.,** to divide, separate; (*Weg*) to fork; (*Gruppe*) to split up; (*Meinungen*) to differ; **der Vorhang teilte sich,** the curtain parted; **wir teilten uns in zwei Mannschaften,** we split up into two teams; *Mth:* **20 geteilt durch 5 ist 4,** 20 divided by 5 is 4; **15 läßt sich durch 3 t.,** 15 is divisible/can be divided by 3; *Fig:* **wir waren geteilter Meinung,** our opinions were divided; we disagreed; (*b*) (*teilhaben an*) to share (a room, profits, *Fig:* s.o.'s fate, opinion, feelings etc.); to divide, split (up) (the profit, booty etc.) (**unter** + *dat,* among); **wir teilten (uns) die Kirschen,** we divided the cherries (between us); **ich kann diese Ansicht nicht t.,** I can't agree with this viewpoint; *Prov:* **geteilter Schmerz ist halber Schmerz,** two in distress make sorrow less. **2.** *v.i.* (*haben*) to share. 'T ~ **er,** *m* -s/- *Mth:* divisor. 'T ~ **gebiet,** *n* -(e)s/-e branch (of a science etc.). 't ~ **haben,** *v.i.sep.irr.44* (*haben*) **an etwas** *dat* **t.,** to participate/have a share in sth.; **an j-s Freude t.,** to share in s.o.'s joy. 'T ~ **haber(in),** *m* -s/- (*f* -/-nen) *Com:* partner. 'T ~ **haberschaft,** *f* -/-en *Com:* partnership. 't ~ **haftig,** *adj. Lit:* **einer Sache t. werden,** to gain a share in sth. -t ~ **ig,** *adj.* suffix consisting of ... parts; **zweit.,** in two parts, two-piece (suit etc.). 'T ~ **nahme,** *f* -/*no pl* **1.** participation/taking part in a competition. **2.** (*Interesse*) interest (**an** + *dat,* in); *Lit:* (*Mitgefühl*) sympathy (**an j-s Kummer,** for s.o.'s distress); **j-m seine herzliche T. aussprechen,** to express one's deepest sympathy/(*Beileid*)sincere condolences to s.o. 't ~ **nahmeberechtigt,** *adj.* eligible to take part/participate. 't ~ **nahmslos,** *adj.* indifferent, apathetic (person); expressionless (face); *adv.* **t. dasitzen,** to sit there impassively. 'T ~ **nahmslosigkeit,** *f* -/*no pl* indifference; apathy. 't ~ **nahmsvoll,** *adj.* sympathetic. 't ~ **nehmen,** *v.i.sep.irr.69* (*haben*) (*a*) **an etwas** *dat* **t.,** to take part in sth.; **am Unterricht/Gottesdienst t.,** to attend classes/the service; **an einem Gespräch t.,** to join in a conversation; *Sp:* **an einem Rennen usw. t.,** to compete in a race etc.; (*b*) **an j-s Freude/Schmerz t.,** to share in s.o.'s joy/pain. 'T ~ **nehmer,** *m* -s/- participant; *Sp: etc:* competitor;

Tel: subscriber; **alle T. am Kurs,** all those attending/on the course. **'t ~ s,** *adv.* in part, partly; **t. gut, t. schlecht,** partly good, partly bad; *(mehrere Sachen)* some good, some bad; *F:* **wie geht's? t., t.,** how are you? so-so. **'T ~ - strecke,** *f* -/-n *Rail: Av:* section; *Sp:* stage; *(beim Bus)* fare stage. **'T ~ strich,** *m* -(e)s/-e *Meas:* gradation mark. **'T ~ stück,** *n* -(e)s/-e fragment. **'T ~ ung,** *f* -/-en division. **'T ~ ungs- artikel,** *m* -s/- *Ling:* partitive article. **'t ~ weise,** *adj.* partial; *adv.* partly; *(gewissermaßen)* to some extent; *(da und dort)* in places; *(ab und zu)* now and then. **'T ~ zah- lung,** *f* -/-en *Com:* part payment; *(Rate)* in- stalment; **etwas auf T. kaufen,** to buy sth. on hire purchase.

Teint [tɛ̃:], *m* -s/-s complexion.

Telefon [tele'fo:n]. **I.** *n* -s/-e telephone; **am T.,** on the (tele)phone. **II. T ~ -,** *comb.fm.* tele- phone (number etc.); **T ~ anruf** *m*/**T ~ gespräch** *n,* telephone call; **T ~ buch** *n,* telephone direc- tory; **T ~ leitung** *f,* telephone line; **T ~ zelle** *f,* (tele)phone box; **T ~ zentrale** *f,* telephone ex- change. **T ~ at** [-o'na:t], *n* -(e)s/-e telephone call. **T ~ hörer,** *m* -s/- (telephone) receiver. **t ~ ieren** [-o'ni:rən], *v.i.* *(haben)* to telephone, *F:* phone, make a phone call; **sie telefoniert gerade,** she is on the phone at the moment; **mit j-m t.,** to telephone/*esp.N.Am:* call s.o. **t ~ isch,** *adj.* (enquiry etc.) on the telephone; **t ~ e Mitteilung,** telephone message; *adv.* **j-n t. benachrichtigen,** to inform s.o. by telephone. **T ~ ist(in)** [-o'nist(in)], *m* -en/-en (*f* -/-nen) telephone operator; telephonist.

Telegraf [tele'gra:f], *m* -en/-en telegraph. **T ~ en-,** *comb.fm.* telegraph (office, work etc.); **T ~ mast** *m,* telegraph pole. **T ~ ie** [-a'fi:], *f* -/no pl telegraphy. **t ~ ieren** [-'fi:rən], *v.i.* *(haben)* **(j-m) t.,** to send (s.o.) a telegram/*(nach Übersee)* cable **(, daß . . .,** to say that . . .). **t ~ isch** [-'gra:fiʃ], *adj.* telegraphic (message, remittance etc.); (reply) by telegram; *adv.* **Geld t. überweisen,** to remit/transfer money by tele- gram. **T ~ ist(in)** [-a'fist(in)], *m* -en/-en (*f* -/-nen) telegraph operator.

Telegramm [tele'gram]. **I.** *n* -s/-e telegram, *(nach Übersee)* cable. **II. T ~ -,** *comb.fm.* tele- gram (form etc.); telegraphic (address, style).

Tele|kolleg ['te:lekɔlek], *n* -s/-s *T.V:* course of television lectures. **'T ~ objektiv,** *n* -s/-e telephoto lens.

Telepath|ie [telepa'ti:], *f* -/no pl telepathy. **t ~ isch** [-'pa:tiʃ], *adj.* telepathic.

Telephon [tele'fo:n], *n* -s/-e = **Telefon.**

Teleskop [tele'sko:p]. **I.** *n* -s/-e telescope. **II. T ~ -,** *comb.fm.* telescopic (aerial, *Motor Cy:* forks, *Aut:* shock absorber etc.). **t ~ isch,** *adj.* telescopic (lens etc.).

Telex ['te:lɛks], *n* -/no pl telex.

Teller ['tɛlər], *m* -s/-. **1.** plate; **drei T. (voll) Suppe,** three plates of soup. **2.** *(Handt.)* palm. **3.** *Mec.E:* head (of a valve). **'T ~ brett,** *n* -(e)s/-er plate rack. **'T ~ fleisch,** *n* -(e)s/no pl *esp. Aus: Cu:* boiled beef. **'t ~ förmig,** *adj.* plate-shaped (disc etc.). **'T ~ mütze,** *f* -/-n flat cap. **'T ~ rad,** *n* -(e)s/-er *Mec.E:* crown wheel. **T ~ wäscher,** *m* -s/- dish- washer.

Tempel ['tɛmpəl], *m* -s/- temple; **(jüdischer) T.,** synagogue.

Temperament [tɛmpera'mɛnt], *n* -(e)s/-e **1.** *(Gemütsart)* temperament, disposition. **2.** *(a)* *(Schwung)* vivacity; high spirits; *(b)* *(Leiden- schaft)* fire; **sie besitzt viel T.,** she has plenty of spirit; *(feurig)* she is hot-blooded; **sein T. ging mit ihm durch,** his fiery/passionate nature got the better of him. **t ~ los,** *adj.* spiritless, phleg- matic. **t ~ voll,** *adj.* spirited; *(feurig)* fiery, hot- blooded; ardent (lover etc.); *F:* zippy, hairy (car).

Temperatur [tɛmpera'tu:r]. **I.** *f* -/-en temper- ature; **bei T ~ en unter Null,** in temperatures below zero; *Med:* **erhöhte T.,** (slight) tempera- ture. **II. T ~ -,** *comb.fm.* (difference, variation etc.) in temperature; **T ~ abfall**/**T ~ anstieg** *m,* drop/rise in temperature. **T ~ regler,** *m* -s/- thermostat.

Temper|enzler [tɛmpe'rɛntslər], *m* -s/- member of the temperance movement. **t ~ ieren** [-'ri:rən], *v.tr.* *(a)* to keep (a room etc.) at the right temperature; **gut/schlecht temperiert,** at the right/wrong temperature; *(b) Lit:* *(mäßigen)* to tone down (a speech etc.).

Tempo ['tɛmpo], *n* -s/-s & **Tempi 1.** *pl* -s speed; **ein gemächliches/zügiges T.,** a leisurely/smart pace; **in/mit rasendem T.,** at breakneck speed; **das T. beschleunigen,** to accelerate; **im T. nach- lassen,** to slow down; *Aut:* **T. 100,** 100 kph speed limit; *F:* **T., T.!** get a move on! **2.** *pl* **Tempi** *Mus:* tempo; **das T. angeben,** to beat/ mark time; *Sp: etc:* to set the pace. **'T ~ sün- der,** *m* -s/- *Aut: F:* speeding offender.

temp|oral [tɛmpo'ra:l]. **I.** *adj. Gram:* tem- poral. **II. T ~ -,** *comb.fm.* temporal (clause etc.); **T ~ adverb** *n,* adverb of time. **'T ~ us,** *n* -/-pora *Gram:* tense.

Tendenz [tɛn'dɛnts]. **I.** *f* -/-en *(a)* tendency; *(Neigung)* inclination; **allgemeine T.,** general trend; **er hat eine T. zum Extremismus,** he tends/inclines towards extremism; *St. Exch:* **fallende T.,** downward trend; *(b) Pej: esp. Pol:* *(Absicht)* intention; *(Buch, Film usw.)* **T. haben,** to be tendentious. **II. T ~ -,** *comb.fm.* tendenti- ous (literature etc.); (novel etc.) with a message; **T ~ stück** *n,* play with a message, thesis play. **t ~ i'ell,** *adv.* in keeping with the trend. **t ~ i- 'ös,** *adj.* tendentious; (politically etc.) biased.

Tender ['tɛndər], *m* -s/- *Rail:* & *Nau:* tender.

tendieren [tɛn'di:rən], *v.i.* *(haben)* to tend, have a tendency **(zu etwas** *dat,* to sth.); **nach rechts/ links t.,** to have right-/leftwing leanings.

Tennis ['tɛnis]. **I.** *n* -/no pl (lawn) tennis. **II.** **'T ~ -,** *comb.fm.* tennis (ball, club, elbow, shoes, player etc.); **T ~ platz** *m,* tennis court; **T ~ schläger** *m,* tennis racket; **T ~ turnier** *n,* tennis tournament.

Tenor [te'no:r], *m* -s/-e *Mus:* tenor; *(also* **T ~ partie** *f)* tenor part; *(also* **T ~ stimme** *f)* tenor (voice).

Teppich ['tɛpiç], *m* -s/-e carpet; *(Brücke)* rug; **ein Zimmer mit T ~ en auslegen,** to carpet a room. **'T ~ boden,** *m* -s/- fitted carpet. **'T ~ kehrmaschine,** *f* -/-n carpet sweeper. **'T ~ klopfer,** *m* -s/- carpet beater.

Termin [tɛr'mi:n]. **I.** *m* -s/-e date; *(Zeit)* time; **(letzter/äußerster) T.,** final date, deadline; *(für eine Zahlung)* due date; **(festgesetzter) T.,** appointed date/time; (*beim Arzt usw.*) appointment; *Sp:* fixture; *Com:* (*Liefert.*) date for delivery; *Jur:* term; **einen gerichtlichen T. vertagen,** to adjourn a hearing. **II. T ~ -,** *comb.fm. St.Exch: etc:* forward (delivery, sale etc.); **T ~ geschäft** *n,* forward transaction; **T ~ markt** *m,* forward/futures market. **t ~ al** [-i'nɑ:l]. **I.** *adj.* terminal. **II. T.** ['tø:rminəl], *m & n -s/-s Av:* air terminal. **t ~ gemäß/t ~ gerecht,** *adj.* on time/schedule. **t ~ ieren** [-i'ni:rən], *v.tr.* to fix the date for (sth.). **T ~ kalender,** *m -s/-* engagements book.

Termin|ologie [tɛrminolo'gi:], *f -/-n* [-ən] terminology. **T ~ us** ['tɛrminus], *m -/-ni* term, expression; **Termini technici,** technical terms.

Termite [tɛr'mi:tə], *f -/-n Z:* termite, white ant.

Terpentin [tɛrpɛn'ti:n], *n & Aus: m -s/-e* (*a*) turpentine (resin); (*b*) (*also* **T ~ öl** *n*) (oil of) turpentine.

Terrain [tɛ'rɛ̃:], *n -s/-s* (*a*) *esp. Mil:* terrain; **T. gewinnen,** to gain ground; *Fig:* **das T. sondieren,** to see how the land lies; (*b*) *Constr:* building plot.

Terrakotta [tɛra'kota], *f -/-kotten* terracotta.

Terrasse [tɛ'rasə], *f -/-n* terrace; (*Dacht.*) roof garden. **t ~ nförmig,** *adj.* terraced.

Terrier ['tɛriər], *m -s/-* terrier.

Terrine [tɛ'ri:nə], *f -/-n* tureen.

territor|ial [tɛritori'a:l], *adj.* territorial. **T ~ ium** [-'to:rium], *n -s/-rien* territory.

Terror ['tɛrɔr]. **I.** *m -s/no pl* **1.** terrorism; (*also* **T ~ herrschaft** *f*) reign of terror; (*Druck*) intimidation. **2.** *F.* **T. machen,** to raise hell. **II. 'T ~ -,** *comb.fm.* terrorist (act, attack, methods etc.); **T ~ bande** *f,* terrorist gang. **t ~ isieren** [-i'zi:rən], *v.tr.* (*a*) to terrorize (a community etc.); (*b*) *F:* to browbeat (s.o.). **T ~ ismus** [-'rismus], *m -/no pl* terrorism. **T ~ ist** [-'rist], *m -en/-en* terrorist. **t ~ istisch,** *adj.* terrorist.

Terti|a ['tɛrtsia], *f -/-ien Sch:* fourth and fifth years (in a *Gymnasium*). **T ~ ianer(in)** [-i'a:nər(in)], *m -s/- (f -/-nen) Sch:* student in the *Tertia.* **t ~ i'är,** *adj.* tertiary.

Terz [tɛrts], *f -/-en Mus:* third.

Test [tɛst]. **I.** *m -(e)s/-s & -e* test. **II. 'T ~ -,** *comb.fm.* test (picture, drive, flight, pilot etc.); trial (game etc.); **T ~ fall** *m,* test case; **T ~ stopp** *m,* (atomic) test ban. **'t ~ en,** *v.tr.* to test (s.o., sth.).

Testament [tɛsta'mɛnt], *n -(e)s/-e* **1.** (*a*) *Jur:* will; *Fig:* (*Vermächtnis*) legacy; *F:* **der kann sein T. machen,** he has had it. **2.** *B:* **das Alte/Neue T.,** the Old/New Testament. **t ~ arisch** [-'tɑ:riʃ], *adj.* testamentary (legacy etc.); *adv.* **etwas t. vermachen,** to leave sth. in one's will. **T ~ sbestätigung,** *f -/-en Jur:* probate. **T ~ svollstrecker,** *m -s/-* executor.

Tetanus ['te:tanus], *m -/no pl Med:* tetanus, lockjaw.

teuer ['tɔyər], *adj.* **1.** (*nicht billig*) expensive; (*wertvoll*) valuable; **teure Preise,** high/steep prices; **wie t. ist dieser Stoff?** how much is this material/does this material cost? **der Kaffee ist wieder teurer geworden,** (the price of) coffee has gone up again; *F:* **das habe ich für teures Geld erstanden,** I paid good money for that; **das ist ein teurer Spaß!** that's an expensive business! *Fig:* **da ist guter Rat t.,** I am at my wit's end; *adv.* **das wird ihn/ihm t. zu stehen kommen,** he'll

pay dearly for that; **t. erkaufter Sieg,** costly victory. **2.** *Lit:* (*lieb*) dear (friend etc.). **'T ~ ung,** *f -/-en* rise in prices; *Econ:* price inflation. **'T ~ ungszulage,** *f -/-n/* 'T ~ **ungszuschlag,** *m -(e)s/-e* cost of living bonus.

Teufel ['tɔyfəl], *m -s/-* devil; (*a*) **den T. im Leib haben,** (i) *A:* to be possessed (of the devil); (ii) to be wild and uncontrollable; *Fig:* **man soll den T. nicht an die Wand malen,** one shouldn't tempt fate; **in T ~ s Küche kommen,** to get into a hell of a mess; (*b*) *F:* **int. pfui T.!** ugh! how disgusting! **zum T. (nochmal)!** damn it all! **wer zum T. hat das gesagt?** who on earth said that? **weiß der T.!** the devil only knows! **ich schere mich den T. darum,** I don't give a damn (about it), **hol dich der T.!/scher dich zum T.!** go to blazes/hell! (*c*) *F:* **dann war der T. los,** then all hell was let loose; **wie der T./auf T. komm raus arbeiten,** to work like the devil/like mad; **alles ist zum T.,** everything has gone to pot; **unser Geld war zum T.,** our money was all down the drain; (*d*) *F:* (*Pers.*) **ein armer T.,** a poor devil. **T ~ ei** [-ɔ'lai], *f -/-en* devilish tricks. **'T ~ saustreibung/'T ~ sbeschwörung,** *f -/-en* exorcism. **'T ~ skerl,** *m -(e)s/-e F:* daredevil. **'T ~ skreis,** *m -es/-e* vicious circle. **'T ~ sweib,** *n -(e)s/-er F:* devil of a woman.

teuflisch ['tɔyfliʃ], *adj.* diabolical, devilish (plan etc.); fiendish (smile etc.).

Teuton|e [tɔy'to:nə], *m -n/-n* Teuton. **t ~ isch,** *adj.* Teutonic.

Text[1] [tɛkst]. **I.** *m -(e)s/-e* (*a*) text; (*Stückt.*) passage; *Print: Advert:* copy; **weiter im T.!** go on! (*b*) (*Bildt.*) caption; (*c*) *Mus:* words (of a song); (*Opernt.*) libretto. **II. 'T ~ -,** *comb.fm. Ling:* textual (analysis, criticism, linguistics etc.). **'T ~ buch,** *n -(e)s/-er Mus:* libretto. **'T ~ dichter,** *m -s/- Mus:* librettist. **'t ~ en,** *v.i.* (*haben*) (*a*) *Mus:* to write lyrics; (*b*) *Advert:* to write copy. **'T ~ er,** *m -s/-* (*a*) *Mus:* lyrics writer; (*a*) *Advert:* copywriter. **'t ~ lich,** *adj.* textual; *adv.* as far as the text is concerned. **'T ~ stelle,** *f -/-n* passage. **'T ~ teil,** *m -(e)s/-e* main text. **'T ~ verarbeitung,** *f -/no pl* word-processing.

Textil- [tɛks'ti:l-], *comb.fm.* textile (industry, worker); **T ~ fabrik** *f,* textile mill/factory. **t ~ frei,** *adj. Hum:* nude, in the altogether. **T ~ ien** [-'ti:liən], *pl/*'T ~ **waren,** *fpl* textiles.

Textur [tɛks'tu:r], *f -/-en* texture.

Thai|land ['tailant]. *Pr.n.n -s.* Thailand. **'T ~ länder(in),** *m -s/- (f -/-nen)* Thai (man/woman) **'t ~ ländisch,** *adj.* Thai.

Theater [te'a:tər]. **I.** *n -s/-* **1.** theatre, *N.Am:* theater; **ins T. gehen,** to go to the theatre; **zum T. gehen,** to go on the stage; **sie ist beim T.,** she is an actress; **T. spielen,** to act; *F:* **er spielt nur T.,** he's just putting it on. **2.** (*Getue*) fuss; **mach nicht so ein T.!** don't make such a fuss! **das ist doch alles nur T.!** that's all just an act! **II. T ~ -,** *comb.fm.* theatrical (agency, performance etc.); theatre (history, ticket, critic, programme etc.); drama (group, critic, school etc.); **T ~ direktor** *m,* theatre manager; **T ~ kasse** *f,* theatre box office. **T ~ besuch,** *m -(e)s/-e* visit to the theatre; **der T.,** playgoing. **T ~ besucher,** *m -s/-* playgoer. **T ~ stück,** *n -(e)s/-e* (stage) play.

theatralisch [tea'trɑːliʃ], *adj.* (*also Pej:*) theatrical.

Theke ['teːkə], *f* -/-n bar; (*Ladentisch*) counter.

Them|a ['teːma], *n* -s/-men & -mata (*a*) subject; (*Gesprächst.*) topic; **beim T. bleiben,** to keep to the subject, stick to the point; (*b*) *Mus:* theme. **T'~atik** [te'mɑːtik], *f* -/occ -en **1.** subject matter. **2.** *Mus:* treatment of a theme. **t ~ atisch,** *adj.* (*a*) with regard to the subject; (*b*) *Mus:* thematic. **'T ~ en-,** *comb.fm.* subject (area, catalogue etc.).

Themse ['tɛmzə]. *Pr.n.f* -. *Geog:* **die T.,** the (River) Thames.

Theolog|e [teo'loːgə], *m* -n/-n theologian; (*Student*) theological student. **T ~ ie** [-o'giː], *f* -/-n [-ən] theology. **t ~ isch,** *adj.* theological.

Theor|etiker [teo're:tikər], *m* -s/- theorist. **t ~ etisch** [-'reːtiʃ], *adj.* theoretical. **T ~ ie** [teo'riː], *f* -/-n [-ən] theory.

Therap|eut(in) [tera'pɔyt(in)], *m* -en/-en (*f* -/-nen) therapist. **t ~ eutisch,** *adj.* therapeutic. **T ~ ie** [-'piː], *f* -/-n [-ən] therapy.

Thermal|bad [tɛr'mɑːlbɑːt], *n* -(e)s/⁻er **1.** thermal bath. **2.** (*Ort*) thermal spa. **T ~ alquel- le/T ~ e,** *f* -/-n thermal/hot spring. **t ~ isch,** *adj. Ph:* thermal. **T ~ ometer** [-o'meːtər], *n* -s/- thermometer. **T ~ o'meterstand,** *m* -(e)s/⁻e thermometer reading. **'T ~ osflas- che,** *f* -/-n *R.t.m.* thermos (flask). **T ~ ostat** [-o'stɑːt], *m* -(e)s & - en/-e(n) thermostat.

These ['teːzə], *f* -/-n thesis.

Thriller ['θrilər], *m* -s/- thriller.

Thrombose [trɔm'boːzə], *f* -/-n *Med:* thrombosis.

Thron [troːn], *m* -(e)s/-e throne; *Hum:* (*Kind*) **auf dem T. sitzen,** to be on the potty. **'T ~ - anwärter,** *m* -s/- heir apparent. **'T ~ - besteigung,** *f* -/-en accession to the throne. **'t ~ en,** *v.i.* (*haben*) to sit in state. **'T ~ erbe,** *m* -n/-n heir to the throne. **'T ~ folge,** *f* -/-n (line of) succession. **'T ~ folger(in),** *m* -s/- (*f* -/-nen) successor to the throne. **'T ~ - räuber,** *m* -s/- usurper (of a throne).

Thunfisch ['tuːnfiʃ], *m* -(e)s/-e *Fish:* tuna.

Thüring|en ['tyːriŋən]. *Pr.n.n* -s. *Geog:* Thur- ingia. **'T ~ er(in),** *m* -s/- (*f* -/-nen) Thur- ingian. **'t ~ isch,** *adj.* Thuringian.

Thymian ['tyːmiaːn], *m* -s/-e *Bot:* thyme.

Tibet ['tiːbɛt]. *Pr.n.n* -s. *Geog:* Tibet. **T ~ (an)er(in)** [tibe'tɑːnər(in), ti'beːtər(in)], *m* -s/- (*f* -/-nen)/t ~ (an)isch, *adj.* Tibetan.

Tick [tik], *m* -(e)s/-s (*a*) *Med:* tic; (*b*) *F:* quirk; **einen T. haben,** (i) to be a bit crazy; (ii) to have an obsession (**mit** + *dat,* about). **'t ~ en,** *v.i.* (*haben*) to tick. **'t ~ 'tack,** *int.* tick-tock.

Ticket ['tikət], *n* -s/-s *Av: Nau:* ticket.

Tide ['tiːdə], *f* -/-n *North G:* tide.

tief [tiːf]. **I.** *adj.* **1.** deep (gorge, water, roots, *Fig:* silence, sleep, voice, colour etc.); (*a*) **zwei Meter t.,** two metres deep; **t~er Teller,** soup plate; *adv.* **t. in den Schnee einsinken,** to sink deep into the snow; **t. unten im Tal,** far below in the valley; **t. atmen,** to breathe deeply, take a deep breath; *Fig:* **t. in Schulden stecken,** to be deep(ly) in debt; *F:* **zu t. ins Glas gucken,** to have one too many; (*b*) (*sehr stark*) intense (hate, pain etc.); **t~e Gedanken,** deep/pro- found thoughts; **es war t ~ ste Nacht,** it was the

dead of night; **im t~sten Winter,** in the depth of winter; **im t~sten Afrika,** in deepest/*Hum:* darkest Africa; **aus t~ster Seele,** from the depths of one's soul; *adv.* **in t~ster Not,** in dire distress; **bis t. in die Nacht,** far into the night; *F:* **das läßt t. blicken,** that is most revealing. **2.** (*niedrig*) low (cloud, blow, pressure, *Mus:* note etc.); *adv.* **t. ausgeschnittenes Kleid,** low-cut dress; **ich bückte mich t.,** I bent down/stooped low; **die Sonne steht schon t.,** the sun is low on the horizon; *Av:* **t. fliegen,** to fly low; *Mus:* **zu t. singen,** to sing flat. **II. T.,** *n* -s/-s **1.** *Meteor:* depression. **2.** *Nau:* channel. **III.** *comb.fm.* **1.** **'T~-,** (*a*) deep (drilling, ploughing etc.); (*b*) low (pressure, flying etc.). **2.** **'t~-,** *adj.* (*a*) deeply (offended, moved, felt, religious etc.); (*b*) (*Farben*) deep (blue, red etc.). **'T ~ aus- läufer,** *m* -s/- *Meteor:* extension/end of a trough. **'T ~ bau,** *m* -(e)s/*no pl* civil engineer- ing; underground and surface level construc- tion. **'T ~ bauingenieur,** *m* -s/-e civil en- gineer. **'t ~ blickend,** *adj.* penetrating, acute (observer etc.). **'T ~ druck,** *m* -(e)s/-e **1.** *no pl Meteor:* low pressure. **2.** *Print:* gravure. **'T ~ - druckgebiet,** *n* -(e)s/-e *Meteor:* depression. **T ~ e** ['tiːfə], *f* -/-n depth; (*a*) **in die T. stürzen,** to plunge into the depths; **in der T.,** far below; **aus der T.,** from far below; **im großer T.,** at a great depth; (*U-Boot*) **auf T. gehen,** to dive; (*b*) (*Tiefgründigkeit*) profundity, depth (of insight, thoughts etc.); (*c*) (*Stärke*) intensity (of love, pain etc.); (*d*) *Mus:* **ein Baß von erstaunlicher T.,** an amazingly deep bass; **Höhen und T~en,** treble and bass (notes). **'T ~ ebene,** *f* -/-n *Geog:* lowland, low plain. **'T ~ en-,** *comb.fm.* depth (psychology etc.); **T~messung** *f,* depth sounding; **T~wirkung** *f, Art:* effect of depth; *Cosm: etc:* deep-acting effect; *Phot:* **T~schärfe** *f,* depth of focus. **'t ~ 'ernst,** *adj.* deadly serious. **'T ~ flieger,** *m* -s/- *Av:* low-flying aircraft. **'T ~ flug,** *m* -(e)s/-e low-level flight. **'T ~ gang,** *m* -(e)s/*no pl Nau:* draught, *N.Am:* draft. **'T ~ garage,** *f* -/-n underground car park. **'t ~ gehend/'t ~ greifend,** *adj.* far- reaching, radical (changes etc.); thorough (in- vestigation etc.). **'t ~ gründig,** *adj.* profound (observation etc.); penetrating (question etc.). **'T ~ gründigkeit,** *f* -/*no pl* profundity. **'t ~ kühlen,** *v.tr.sep.* to (deep) freeze (fruit, vegetables etc.); **tiefgekühltes Gemüse,** frozen vegetables. **'T ~ kühlfach,** *n* -(e)s/-er freezer compartment. **'T ~ kühlkost,** *f* -/*no pl* frozen food. **'T ~ kühltruhe,** *f* -/-n deepfreeze, chest freezer. **'T ~ lader,** *m* -s/- low loader (trailer). **'T ~ land,** *n* -(e)s/-e & -er *Geog:* lowland plain; *pl* lowlands. **'t ~ liegend,** *adj.* (*a*) low (surface, melting point etc.); low-lying (area etc.); (*b*) **t~e Augen,** deep-set eyes. **'T ~ punkt,** *m* -(e)s/-e low (point); *Fig:* low ebb; **seinen T. erreichen,** to reach rock-bottom; *Econ:* to bottom out; *Fig:* **seelischer T.,** state of utter depression. **'T ~ schlag,** *m* -(e)s/-e *Box:* blow below the belt. **'t ~ schürfend,** *adj.* penetrating, thorough-going. **'T ~ see,** *f* -/-e deep sea. **'T ~ see-,** *comb.fm.* deep-sea (fish, fishing, cable etc.). **'T ~ sinn,** *m* -(e)s/*no pl* (*a*) profundity (of thought etc.); (*b*) deep meditation; (*Schwermut*) melancholy. **'t ~ sin-**

nig, *adj.* (*a*) profound; (*b*) (*grüblerisch*) pensive; (*schwermütig*) depressed, melancholy. ´t ~ sit-zend, *adj.* deep-seated. ´T ~ st-, *comb.fm.* lowest, minimum (price, temperature etc.); T ~ werte *mpl*, lowest values/*Meteor:* temperatures. ´T ~ stand, *m* -(e)s/no *pl* (*also Fig:*) low watermark; *Econ:* low (point). ´t ~ -stapeln, *v.i.sep.* (*haben*) F: to understate a case. ´t ~ stehend, *adj.*(*Pers.*)low-ranking; *Pej:* inferior. ´T ~ töner, *m* -s/- *Rec:* woofer.

Tiegel [´ti:gəl], *m* -s/- 1. *Cu:* shallow saucepan. 2. *Metalw:* crucible.

Tier [ti:r]. I. *n* -(e)s/-e 1. animal. 2. *F:* (*Pers.*) (rohes) T., beast, brute; hohes/großes T., big shot, bigwig. II. ´T ~ -, *comb.fm.* animal (book, story, painter, world etc.); animals' (home etc.); T ~ bändiger *m*, animal trainer; T ~ -freund *m*, animal lover; T ~ reich *n*, animal kingdom; T ~ schutz *m*, animal protection/conservation; T ~ versuch *m*, animal experiment; T ~ zucht *f*, animal/*Agr:* livestock breeding; T ~ klinik *f*, animals' hospital. ´T ~ art, *f* -/-en species (of animal). ´T ~ arzt, *m* -es/-e veterinary surgeon, *F:* vet. ´t ~ ärztlich, *adj.* veterinary. ´T ~ chen, *n* -s/- little animal/creature; *F:* jedem T. sein Pläsierchen, to each his own. ´T ~ garten, *m* -s/- zoo. ´T ~ hand-lung, *f* -/-en pet shop. ´T ~ heilkunde, *f* -/no *pl* veterinary medicine. t ~ isch, *adj.* (*a*) animal (fat, protein etc.); (*b*) *Pej:* bestial, brutal (behaviour etc.); t ~ e Grausamkeit, savage cruelty; (*c*) *F: adv.* t. ernst, deadly serious. ´T ~ kreis, *m* -es/no *pl Astr:* zodiac. ´T ~ -kreiszeichen, *n* -s/- sign of the zodiac. ´T ~ kunde, *f* -/no *pl* zoology. ´t ~ lieb, *adj.* fond of animal. ´T ~ liebe, *f* -/no *pl* love of animals. ´T ~ park, *m* -s/-s (large) zoo. T quälerei, *f* -/-en cruelty to animals. ´T ~ schau, *f* -/-en menagerie. ´T ~ schutz-gebiet, *n* -(e)s/-e wildlife preserve. ´T ~ -schutzverein, *m* -(e)s/-e society for the prevention of cruelty to animals. ´T ~ wärter, *m* -s/- game warden; (im Zoo) keeper. ´T ~ welt, *f* -/no *pl* fauna.

Tiger [´ti:gər], *m* -s/- tiger. ´T ~ fell, *n* -(e)s/-e tigerskin. ´T ~ in, *f* -/-nen tigress.

tilg|bar [´tilkba:r], *adj. Fin:* repayable. t ~ en, [´tilgən], *v.tr.* (*a*) *Fin:* to pay off, repay (a debt etc.); (*b*) *Lit:* to eradicate, erase (a mistake etc.), obliterate, efface (memories, *Fig:* traces etc.); (ausmerzen) to exterminate, wipe out (a race etc.). ´T ~ ung, *f* -/-en (*a*) *Fin:* repayment; (*b*) *Lit:* eradication, obliteration.

Tingeltangel [´tiŋəltaŋəl], *m* & *n* -s/- *F:* 1. *Pej:* muzak; *N.Am:* honky-tonk music. 2. (*Lokal*) low dive; *N.Am:* honky-tonk.

Tinnef [´tinɛf], *m* -s/no *pl F:* junk, trash.

Tint|e [´tintə], *f* -/-n ink; mit T. geschrieben, written in ink; *F:* in der T. sitzen, to be in the soup. ´T ~ enfaß, *n* -sses/-sser inkpot; (offen) inkwell. ´T ~ enfisch, *m* -(e)s/-e *Z:* squid; (Krake) octopus. ´T ~ enklecks, *m* -es/-e ink-blot. ´T ~ enstift, *m* -(e)s/-e indelible pencil. ´t ~ ig, *adj.* inky.

Tip [tip], *m* -s/-s *Sp:etc:* tip; der Polizei einen T. geben, to tip off the police.

Tippel|bruder [´tipəlbru:dər], *m* -s/- *F:* tramp, *N.Am:* hobo. ´t ~ n, *v.i.* (*sein*) *F:* to foot it.

tipp|en[1] [´tipən], *v.tr. & i.* (*haben*) (*a*) to tap (an/gegen eine Scheibe usw., on a pane etc.); an den Hut t., to touch one's hat; j-m, j-n auf die Schulter t., to tap s.o. on the shoulder; (im Gespräch) an etwas acc t., to hint at/touch on sth.; *F:* er kann nicht an seinen Vorgänger t., he can't hold a candle to his predecessor; (*b*) *F:* to type (sth.). ´T ~ fehler, *m* -s/- typing mistake. ´T ~ fräulein, *n* -s/-s *F:* typist. ´T ~ se, *f* -/-n *F:* keyboard basher.

´tipp|en[2], *v.i.* (*haben*) (*a*) ich tippte auf seinen Sieg, I thought he would win; ich tippe darauf, daß . . ., it's my guess that . . .; du hast richtig getippt, you guessed right; (*b*) (wetten) to have a flutter; (im Toto) to fill in the pools; sechs Richtige t., to get six numbers/(Toto) lines right. ´T ~ -schein, *m* -(e)s/-e/´T ~ zettel, *m* -s/- lottery/(Toto) pools coupon.

tipptopp [´tiptɔp], *adj. F:* tip-top, spotless.

Tirade [ti´ra:də], *f* -/-n tirade.

tirilieren [tiri´li:rən], *v.i.* (*haben*) to warble, trill.

Tirol [ti´ro:l]. *Pr.n.n* -s. *Geog:* (in) T., (in) the Tyrol. T ~ er, *inv.adj.* T. Alpen, Tyrolean Alps. T ~ er(in), *m* -s/- (*f* -/-nen) Tyrolese.

Tisch [tiʃ]. I. *m* -(e)s/-e table; (*a*) am T. sitzen, to sit at the table; bei T. sein, to be at table; vor/nach T., before/after the meal; bitte zu T.! dinner/(mittags) lunch is served; sich zu T. setzen, to sit down to eat; *Jur:* Trennung von T. und Bett, (legal) separation; *F:* es fiel unter den T., it went by the board; (*b*) Gegner an einen/den grünen T. bringen, to get antagonists round the conference table; diese Sache muß vom T., this matter must be dealt with. II. ´T ~ -, *comb.fm.* table (leg, lamp, manners etc.); (ledge etc.) of the table; (neighbour etc.) at table; dinner (guest, bell etc.); T ~ decke *f*/T ~ tuch *n*, tablecloth. T ~ gespräch *n*, table talk; T ~ platte *f*, table top; T ~ tennis *n*, table tennis; T ~ -wäsche *f*, table linen; T ~ gesellschaft *f*, company at table; T ~ ordnung *f*, seating order (at table). ´T ~ chen, *n* -s/- small table. ´T ~ gebet, *n* -(e)s/-e das T. sprechen, to say grace. ´T ~ karte, *f* -/-n place card. T ~ lein-´deckdich, *n* -/no *pl Hum:* windfall; gift from heaven. ´T ~ ler, *m* -s/- joiner; (Kunstt.) cabinet-maker; (Baut.) carpenter. T ~ le´rei, *f* -/-en 1. *no pl* joinery; carpentry. 2. joiner's/carpenter's workshop. ´T ~ rede, *f* -/-n after-dinner speech.

Titan [ti´ta:n]. 1. *m* -en/-en *Myth:* & *Fig:* titan. 2. *n* -s/no *pl Ch:* titanium. t ~ isch, *adj.* titanic.

Titel [´ti:təl]. I. *m* -s/- title; *Sp:* er trägt den T. des Weltmeisters, he holds/has the world title. II. ´T ~ -, *comb.fm.* title (figure, *Th:* role, *Sp:* holder etc.); T ~ blatt *n*, title page; *Sp:* T ~ kampf *m*, title match/*Box:* fight; T ~ anwär-ter *m*, contender/challenger (for the title); T ~ verteidiger *m*, defender (of the title), defending champion. ´T ~ bild, *n* -(e)s/-er *Pub:* frontispiece; cover picture (of a magazine). T ~ ei, *f* -/-en *Pub:* preliminary pages.

titulieren [titu´li:rən], *v.tr. esp. Pej:* j-n mit etwas dat/als etwas acc t., to call s.o. sth.

Toast [to:st], *m* -(e)s/-e & -s 1. *Cu:* (piece of) toast. 2. (Trinkspruch) toast. ´t ~ en, *v.* 1. *v.tr.* to toast (bread). 2. *v.i.* (*haben*) to drink a toast (auf j-n, to s.o.).

Tobak ['toːbak], *m F:* **das ist starker T.!** that's a bit thick!

tob|en ['toːbən], *v.i.* (*a*) (*haben*) (*Pers., Fig: Wind, Meer usw.*) to rage; (*Pers.*) to rave, rant (**gegen j-n,** at s.o.); **vor Begeisterung t.,** to roar with enthusiasm; (*b*) (*haben/sein*) (*Kinder*) to romp (about); **die Kinder sind durch den Park getobt,** the children rampaged through the park. **'t ~ end,** *adj.* (*Pers.*) raving, furious; *Fig:* raging (storm etc.). **'T ~ sucht,** *f -/no pl* frenzy, raving madness. **'t ~ süchtig,** *adj.* raving mad.

Tochter ['tɔxtər], *f -/: 1.* daughter; *Hum:* **eine echte T. Evas,** a typical woman. **2.** *Swiss:* maid; (*Kellnerin*) waitress. **'T ~ gesellschaft,** *f -/-en* subsidiary (company).

Töchter|chen ['tœçtərçən], *n -s/-* little daughter. **'t ~ lich,** *adj.* daughter's (inheritance etc.); daughterly (love etc.).

Tod [toːt], *m -(e)s/occ -e* death; **den T. finden,** to meet one's death; **j-n in den T. schicken,** to send s.o. to his death; **eines natürlichen T ~ es sterben,** to die a natural death; **bis über den T. hinaus,** beyond the grave; **zu T ~ e erkrankt,** mortally ill; **zum T./T ~ e verurteilt,** sentenced to death; **nach dem T. veröffentlicht,** published posthumously; *Fig:* **sich zu T ~ e langweilen/schämen,** to be bored to death/utterly ashamed; **ein Thema zu T ~ e reiten,** to flog a subject to death; **j-n auf den T. nicht leiden können,** to hate s.o. like poison. **'t ~ bringend,** *adj.* deadly (poison), fatal (illness); lethal (weapons etc.). **'t ~ 'ernst,** *adj. F:* deadly serious. **T ~ es-** ['toːdəs-] *comb.fm.* death (camp, blow, cell etc.); (year, hour, time, news, cause etc.) of (s.o.'s) death; fatal (blow, wound etc.); **T ~ kampf** *m,* death throes/agony; **T ~ stoß** *m,* death blow; **T ~ strafe** *f,* death penalty; **T ~ urteil** *n,* death sentence; **T ~ angst** *f,* (i) fear of death; (ii) (*große Angst*) mortal fear; **T ~ verachtung** *f,* (i) contempt for death; (ii) utter contempt; **T ~ anzeige** *f,* notice of death, obituary; **T ~ art** *f,* manner of death, way to die; **T ~ tag** *m,* day/(*Jubiläum*) anniversary of (s.o.'s) death. **'T ~ esfall,** *m -(e)s/=e* death, fatality; **im T.,** in the event of death. **'T ~ eskandidat,** *m -en/-en* doomed man/woman; *F:* goner. **'T ~ esopfer** *n -s/-* casualty; **Zahl der T.,** death toll. **'T ~ feind,** *m -(e)s/-e* mortal/deadly enemy. **'t ~ 'krank,** *adj.* fatally ill. **'t ~ 'langweilig,** *adj. F:* deadly boring. **'t ~ 'müde,** *adj. F:* dead tired. **'t ~ 'schick,** *adj. F:* dead smart. **'t ~ 'sicher,** *adj. F:* (*a*) dead certain; sure-fire (method etc.); **t ~ e Sache,** dead certainty, cinch; *adv.* **er kommt t.,** he is dead certain to come; (*b*) (*untrüglich*) unerring (instinct etc.). **'T ~ sünde,** *f -/-n* deadly/*R.C.Ch:* mortal sin. **'t ~ - 'unglücklich,** *adj. F:* dreadfully unhappy.

tödlich ['toːtlɪç], *adj.* (*a*) (*totbringend*) fatal (illness, accident, wound etc.); deadly (blow, weapon, poison etc.); lethal (dose etc.); mortal (danger); *adv.* **t. verunglücken,** to die in an accident; (*b*) *Fig:* (*sehr groß*) deadly (seriousness, boredom, hatred etc.); **t ~ e Stille,** deathly silence; *adv.* **t. beleidigt,** mortally offended; **sich t. langweilen,** to be bored to death.

Töfftöff ['tœf'tœf], *n -s/-s* (*a*) (child's language) car-car; (*b*) *Hum: Pej: Brit:* Noddy car.

Toga ['toːga], *f -/-gen Hist: Cl:* toga.

Tohuwabohu ['toːhuva'boːhu], *n -(s)/-s* pandemonium, chaos.

Toilette [toa'lɛtə], *f -/-n 1.* (*Abort*) lavatory, toilet; *N.Am:* john; **öffentliche T ~ n,** public conveniences, *N.Am:* rest rooms; **auf der T.,** in the lavatory. **2.** (*a*) (*Ankleiden usw.*) toilet; **sie war noch bei ihrer T.,** she was still getting ready; (*b*) (*Kleidung*) dress; **in großer T.,** dressed for the occasion; in one's smartest clothes. **T ~ n-,** *comb.fm.* toilet (article, paper, soap, water etc.); **T ~ beutel** *m/T ~ tasche* *f,* toilet/sponge bag. **T ~ ntisch,** *m -(e)s/-e* dressing table, *N.Am:* dresser.

toi,toi,toi! ['tɔy'tɔy'tɔy], *int. F:* touch wood! **t. für die Prüfung,** fingers crossed for your exam!

toler|ant [tole'rant], *adj.* tolerant (**gegen andere/gegenüber anderen,** towards others). **T ~ anz** ['-rants], *f -/no pl & Tchn: -en* tolerance. **t ~ ieren** [-'riːrən], *v.tr.* to tolerate (s.o., sth.).

toll [tɔl], *adj.* **1.** (*ausgelassen*) wild, (*verrückt*) crazy (pranks, ideas); **die drei t ~ en Tage,** the (last) three mad days of carnival; *adv.* **es ging ganz t. her/zu,** there were wild goings-on; **wie t. schreien,** to shout like crazy. **2.** *F:* (*schlimm*) **eine t ~ e Wirtschaft,** an awful mess; *adv.* **er treibt es zu t.!** he is carrying it too far! **es kommt noch t ~ er,** there's worse to come. **3.** *F:* (*großartig*) super, terrific (idea etc.); smashing (girl), stunning (woman); **das ist ja t.!** that's terrific/fantastic! *adv.* **er fährt einfach t.,** he's a fantastic driver. **'t ~ en,** *v.i.* (*haben/sein*) to romp (about). **'T ~ heit,** *f -/-en 1. no pl* craziness, madness. **2.** (*Streich*) mad prank. **'T ~ kirsche,** *f -/-n Bot:* deadly nightshade, belladonna. **'t ~ kühn,** *adj.* foolhardy, reckless. **'T ~ kühnheit,** *f -/no pl* foolhardiness, rashness. **'T ~ wut,** *f -/no pl* rabies. **'t ~ wütig,** *adj.* rabid.

Tolpatsch ['tɔlpatʃ], *m -(e)s/-e F:* clumsy fellow. **'t ~ ig,** *adj. F:* clumsy, awkward.

Tölpel ['tœlpəl], *m -s/- 1. F:* blockhead. **2.** *Orn:* gannet. **'t ~ haft,** *adj.* silly.

Tomate [to'maːtə], *f -/-n* tomato; *F:* **er ist eine treulose T.,** you just can't rely on him. **T ~ n-,** *comb.fm.* tomato (juice, sauce etc.); **T ~ mark** *m,* tomato puree.

Tombola ['tɔmbola], *f -/-s & -len* raffle, tombola.

Ton¹ [toːn]. **I.** *m -(e)s/-e* clay. **II.** **'T ~-,** *comb.fm.* clay (pit, pipe, pigeon, tile etc.); earthenware (pot etc.); **T ~ gefäß** *n,* earthenware vessel; **T ~ geschirr** *n/T ~ waren** *fpl,* earthenware. **'T ~ erde,** *f -/no pl Ch:* aluminium oxide; *Med:* **essigsaure T.,** aluminium acetate.

Ton². **I.** *m -(e)s/=e* **1.** (*a*) sound; *Cin: TV:* **T. ab!** switch off the sound! (*b*) **er brachte keinen T. heraus,** he didn't utter a sound/say a word; *F:* **hast du/haste T ~ e?** did you ever? can you beat that? **große T ~ e reden/spucken,** to talk big; (*c*) *Mus:* note; **einen ganzen/halben T. höher singen,** to sing a whole tone/semitone higher; **den T. halten,** to stay on the note; **den T. angeben,** (i) to give (singers) the note; (ii) *Fig:* (*als Vorbild*) to set the fashion; (*bestimmend*) to call the tune; *Fig:* **j-n, etwas in höchsten T ~ en loben,** to praise s.o., sth. to the skies; **der T.**

macht die Musik, it's the way you say it that matters; (d) (*Betonung*) **diese Silbe trägt den T.,** the stress is on this syllable. **2.** (a) (*Redeweise, Tonfall*) tone (of voice); **in dem T. lasse ich nicht mit mir reden,** I won't be spoken to like that; **einen anderen T. anschlagen,** to change one's tune; (b) **der gute T.,** good form/manners; **das gehört zum guten T.,** that is the done thing. **3.** (*Farbt.*) tone, shade; **satte T~e,** deep/rich shades; **T. in T.,** in shades of the same colour. **II.** 'T~-, *comb.fm.* sound (film, camera, painting, quality etc); *El:* audio (frequency etc.); *Rec: Cin: TV:* T~ingenieur/T~meister/ T~techniker *m,* sound engineer; T~mischer *m,* (sound) mixer; *Cin:* T~spur *f*/T~streifen *m,* sound track; *Rec:* T~studio *n,* (sound) recording studio; *Rec: Rad:* 'T~träger *m,* sound carrier/medium. 'T~abnehmer, *m -s/-*/ 'T~abnehmersystem, *n -s/-e Rec:* cartridge. 't~angebend, *adj.* trend-setting. 'T~arm, *m -(e)s/-e Rec:* pickup (arm). 'T~art, *f -/-en* **1.** *Mus:* key; **die T. C-Dur/a-Moll,** the key of C major/A minor; *Fig:* **das kann ich in allen T~en singen,** I know that backwards. **2.** (*Redeweise*) tone (of voice). 'T~aufnahme, *f -/-n/*'T~aufzeichnung, *f -/-en* sound recording. 'T~band, *n -(e)s/¨er* (recording) tape. 'T~bandaufnahme, *f -/-n* tape recording. 'T~bandgerät, *n -(e)s/-e* tape recorder. 'T~bildschau, *f -/-en Phot:* tape/slide show. 'T~blende, *f -/-n Rad:* tone control. 'T~dichter, *m -s/- Mus:* composer. 'T~dichtung, *f -/-en* (piece of) programme music. 'T~fall, *m -(e)s/no pl* (a) intonation; (*Akzent*) accent; (b) (*Redeweise*) tone of voice. 'T~folge, *f -/-n* sequence of notes; melody. 'T~höhe, *f -/-n Mus:* pitch (of a note). 'T~kopf, *m -(e)s/¨e Rec:* recording head. 'T~kunst, *f -/no pl Lit:* art of music. 'T~lage, *f -/-n Mus:* pitch. 'T~leiter, *f -/-n Mus:* scale. 't~los, *adj.* soundless; toneless (voice etc.). 'T~stärke, *f -/-n* volume. 'T~umfang, *m -(e)s/no pl* (a) *Mus:* sound spectrum; register (of a voice etc.); (b) audible range (of the ear).

tonal [to'na:l], *adj. Mus:* tonal. T~ität [-ali'tε:t], *f -/no pl* tonality.

tön|en ['tø:nən], *v* **1** *v.i.* (*haben*) (a) to sound, (*Glocke*) ring; **Musik tönte aus der Bar,** music could be heard from the bar; (b) *F:* (*prahlen*) to boast (**von etwas** *dat,* about sth.). **2.** *v.tr.* to tint (hair etc.). 't~end, *adj.* sonorous (voice etc.); *Pej:* **t~e Worte,** empty words. 'T~ung, *f -/-n* tint, shade.

tönern ['tø:nərn], *adj.* clay.

Toni|ka ['to:nika], *f -/-ken Mus:* tonic. 'T~kum, *n -s/-ka Med:* tonic. 't~sch, *adj. Med: & Mus:* tonic.

Tonn|age [tɔ'na:ʒə], *f -/-n Nau:* tonnage. 'T~e, *f -/-n* **1.** (a) (*Faß*) barrel; (*Regent.*) butt; (*Müllt.*) dustbin; (*Ölt.*) drum; *F:* **die ist aber eine T.!** she has quite some girth! (b) (*Boje*) buoy. **2.** *Meas:* ton; (**metrische**) **T.,** (metric) tonne. 'T~engewölbe, *n -s/- Arch:* barrel vault. 't~enweise, *adv.* by the ton.

Tonsur [tɔn'zu:r], *f -/-en* tonsure.

Topas [to'pa:s], *m -es/-e* topaz.

Topf [tɔpf]. **I.** *m -(e)s/¨e* pot; (a) *Cu:* (sauce)pan;

F: **seine Nase in alle T~e stecken,** to poke one's nose into everybody else's business; **alles in einen T. werfen,** to lump everything together; *Prov:* **jeder T. findet seinen Deckel,** every Jack will find his Jill; (b) (*Nachtt.*) chamber pot; (c) (*Blument.*) (flower) pot; (d) T~e **mit Marmelade,** pots/jars of jam; (e) (*Krug*) jug. **II.** 'T~-, *comb.fm.* pot (plant etc.); potted (flower, plant); pan (lid, cleaner etc.); T~kratzer *m,* pan scourer. 'T~en, *m -s/no pl South G: & Aus:* cottage cheese. 'T~gucker, *m -s/- F:* nos(e)y parker. 'T~hut, *m -(e)s/¨e* cloche hat. 'T~lappen, *m -s/-* oven cloth.

Töpfchen ['tœpfçən], *n -s/-* (a) small pot, jar; (b) *F:* (*für Kinder*) potty.

Töpfer ['tœpfər], *m -s/-* potter. T~ei [-'rai], *f -/-en* **1.** *no pl* potter's handicraft. **2.** (*Werkstatt*) pottery. 't~n, *v.i.* (*haben*) to make pottery. 'T~scheibe, *f -/-n* potter's wheel. 'T~ton, *m -(e)s/-e* potter's clay. 'T~waren, *fpl* pottery.

topfit ['tɔp'fit], *adj. F:* as fit as a fiddle.

Topographie [topogra'fi:], *f -/-n Geog:* topography.

Topp [tɔp], *m -s/-e Nau:* masthead. 'T~mast, *m -(e)s/-en & -e* topmast.

Tor[1] [to:r]. **I.** *n -(e)s/-e* **1.** gate; door (of a garage etc.); (*Einfahrt*) gateway. **2.** *Sp:* (a) *Fb: etc:* goal; **das T. hüten/im T. stehen,** to keep goal; (b) *Ski:* gate. **II.** 'T~-, *comb.fm. Fb: etc:* goal (difference, line, area etc.); scoring (chance, opportunity etc.); T~mann/T~wart *m,* goalkeeper; T~schütze *m,* goal scorer; T~schuß *m,* (*ins Tor*) scoring shot; (*aufs Tor*) shot at goal. 'T~bogen, *m -s/- & ¨* archway. 'T~einfahrt, *f -/-en* gateway. 'T~flügel, *m -s/-* (lefthand/righthand) gate. 'T~hüter, *m -s/-* **1.** gatekeeper. **2.** *Fb:etc:* goalkeeper. 'T~latte, *f -/-n Fb:etc:* crossbar. 'T~lauf, *m -(e)s/¨e Ski:* slalom. 't~los, *adj.* goalless. 'T~pfosten, *m -s/-* **1.** gatepost. **2.** *Sp:* goalpost. 'T~schluß, *m kurz vor T.,* at the last minute. 'T~schlußpanik, *f -/no pl* last-minute panic; **aus T. heiraten,** to marry for fear of being left on the shelf.

Tor[2], *m -en/-en* fool. 'T~heit, *f -/-en* folly.

Torf [tɔrf], *m -(e)s/no pl* peat. 'T~boden, *m -s/¨/*'T~erde, *f -/-n* peaty soil. 'T~moor, *n -(e)s/-e* peat bog. 'T~mull, *m -(e)s/-e* garden peat.

töricht ['tø:riçt], *adj.* foolish, (*dumm*) stupid; **t~e Hoffnung,** vain hope. 't~er'weise, *adv.* like a fool, foolishly.

torkeln ['tɔrkəln], *v.i.* (*sein*) *F:* to reel, stagger.

Tornister [tɔr'nistər], *m -s/- Mil: etc:* knapsack, back-pack.

torpe|dieren [tɔrpe'di:rən], *v.tr. Nau: etc:* to torpedo (a ship, *Fig:* plan). T~o [-'pe:do], *m -s/ -s* torpedo. T~oboot, *n -(e)s/-e* (motor) torpedo boat. T~orohr, *n -(e)s/-e* torpedo tube.

Torsion [tɔrzi'o:n], *f -/-en Tchn: Med:* torsion. T~s-, *comb.fm.* torsional (stress, strength etc.); *Aut:* T~stab *m,* torsion bar.

Törtchen ['tœrtçən], *n -s/- Cu:* small flan/tart.

Torte ['tɔrtə], *f -/-n* (a) cream cake, gateau; (b) (*Obstt.*) (fruit) flan. 'T~nboden, *m -s/¨* flan case. 'T~nguß, *m -sses/-sse* **1.** (*Glasur*) glaze. **2.** (*usu.* chocolate) cake covering. 'T~nheber, *m -s/-/* 'T~nschaufel, *f -/-n* cake slice.

Tortur [tɔr'tuːr], f -/-en agony, torture.
tosen ['toːzən], v.i. (haben) to roar, (Sturm) rage; t~der Beifall, thunderous applause.
Toskan|a [tɔs'kɑːna]. Pr.n.f -. Geog: die T., Tuscany. T ~ er(in), m -s/- (f -/-nen) Tuscan (man/woman). t ~ isch, adj. Tuscan.
tot [toːt], adj. dead; (a) sie war auf der Stelle t., she died instantly; er konnte nur noch t. geborgen werden, he was dead by the time rescuers could reach him; mein t ~ er Onkel, my late uncle; F: ich war ganz t./mehr t. als lebendig, I was dead beat/more dead than alive; halb t. vor Angst, petrified (with fear); er ist ein t ~ er Mann, he's had it; den t ~ en Mann machen, to float (on one's back); (b) Fig: lifeless, dull (eyes etc.); dull, lustreless (colours); (c) dead (language, season etc.); extinct (volcano); deserted (city etc.); t ~ er Winkel, blind spot; Artil: dead angle; t ~ er Flußarm, backwater; Rail: ein t ~ es Gleis, a disused line; Fig: etwas auf ein t ~ es Gleis schieben, to shelve sth.; Tel: die Leitung ist t., the line is dead; Fin: t ~ es Kapital, money lying idle; (d) t ~ er Punkt, impasse, deadlock; (Stillstand) standstill; Tchn: dead centre; (Pers.) einen t ~ en Punkt haben, to be at a low ebb; den t ~ en Punkt überwinden, (i) to get out of the impasse; (ii) to get one's second wind; Sp: t ~ es Rennen, dead heat. 't ~ arbeiten, v.refl. F: sich t., to work oneself to death. 't ~ -ärgern, v.refl.sep. F: sich t., to be absolutely exasperated. 'T ~ e(r), m & f decl. as adj. dead person; (Todesopfer) casualty; die T~n, the dead; bei dem Unfall gab es zwei T., two people were killed in the accident; Fig: ein Lärm, um T. aufzuwecken, a noise fit to awaken the dead. 'T ~ en-, comb.fm. death (-bed, mask etc.); T ~ -glocke f, death bell; T ~ liste f, death roll; casualty list; T ~ schein m, death certificate; T ~ tanz m, dance of death. 'T ~ enamt, n -(e)s/-̈er = enmesse f. 'T ~ enbahre, f -/-n bier. 't ~ en'blaß/'t ~ en'bleich, adj. deathly pale. 'T ~ enfeier, f -/-n (a) memorial service; (b) (Begräbnisfeier) funeral rites. 'T ~ en-gräber, m -s/- 1. gravedigger. 2. Ent: scavenger beetle. 'T ~ engruft, f -/-̈e (funeral) vault. 'T ~ enhemd, n -(e)s/-en shroud. 'T ~ enklage, f -/-n lamentation (of the dead); (Gesang) dirge. 'T ~ enkopf, m -(e)s/-̈e (a) death's head, skull; (b) (Gift-/Piratenzeichen) skull and crossbones; (c) Ent: death's head moth. 'T ~ enkranz, m -es/-̈e funeral wreath. 'T ~ enmesse, f -/-n requiem (mass). 'T ~ enstarre, f -/no pl Med: rigor mortis. 't ~ en'still, adj. dead still/silent. 'T ~ en'stille, f -/no pl dead silence. 'T ~ enuhr, f -/-en Ent: deathwatch beetle. 'T ~ enverbrennung, f -/-en cremation (of the dead). 'T ~ enwache, f -/-n wake. 't ~ fahren, v.tr.sep.irr.26 to run over (and kill) (s.o.). 't ~ geboren, adj. ein t ~ es Kind, (i) a stillborn child; (ii) F: a doomed/abortive enterprise. 'T ~ geburt, f -/-en stillbirth; (Kind) stillborn child. 't ~ kriegen, v.tr.sep. F: er/es ist nicht totzukriegen, he/it just goes on and on. 't ~ lachen, v.refl.sep. sich t., to split one's sides laughing; es ist zum T., it's hilarious. 'T ~ lage, f -/-n Tchn: dead centre. 'T ~ lauf, m -(e)s/no pl Tchn: lost motion. 't ~ laufen, v.refl.sep.irr.58 to peter out, run

out of steam. 't ~ machen, v.tr.sep. F: to kill (s.o., sth.); Com: to ruin (one's competitors etc.). 't ~ schießen, v.tr.sep.irr.82 to shoot (s.o.) dead. 'T ~ schlag, m -(e)s/-̈e Jur: manslaughter, homicide. 't ~ schlagen, v.tr. sep.irr.85 to kill (s.o., F: time, sth.); dafür lasse ich mich t., I'll stake my life on it; F: du kannst mich t., ich weiß es nicht, for the life of me I don't know. 'T ~ schläger, m -s/- 1. (Pers.) killer. 2. (Stock) life-preserver. 't ~ schweigen, v.tr.sep.irr.89 to hush up (sth.), ignore (s.o.) completely. 't ~ stellen, v.refl.sep. sich t., to pretend to be dead.
total [to'taːl]. I. adj. total; t ~ er Wahnsinn, utter madness; adv. F: t. kaputt, completely wrecked. II. T ~ -, comb.fm. total (loss, eclipse etc.); T ~ ausverkauf m, complete clearance. T ~ i-sator [-ali'zaːtɔr], m -s/-en totalizator, F: tote. t ~ i'tär, adj. Pol: totalitarian. T ~ i'tät, f -/no pl totality. T ~ schaden, m -s/-̈ (Fahrzeug) T. haben, to be a write-off.
Totem ['toːtɛm], n -s/-s totem.
töt|en ['tøːtən], v.tr. to kill (s.o., oneself, an animal, a nerve); j-n mit Gift/durch Ersticken t., to poison/suffocate s.o. 'T ~ ung, f -/no pl killing; Jur: homicide; fahrlässige T., (involuntary) manslaughter.
Toto ['toːto], n & m -s/-s 1. totalizator, F: tote. 2. Fb: (football) pool(s); im T. gewinnen, to win the pools. 'T ~ schein, m -(e)s/-e pools coupon.
Toup|et [tu'peː], n -s/-s toupet. t ~ ieren [-'piːrən], v.tr. to back-comb (one's hair).
Tour [tuːr], f -/-en 1. (a) (Ausflug) excursion, tour; (Fahrt) trip; (Wanderung) hike; F: auf T. sein, to be away on a trip; er geht morgen auf T., he will hit the road tomorrow; (b) (Strecke) stretch (of road); (Entfernung) way, distance. 2. F: (a) (Art und Weise) way; auf die dumme/langsame T., stupidly/slowly; auf die T. darfst du mir nicht kommen, you can't try that one on me; er hat seine T ~ en, he has his moods; (b) (Trick) ploy; krumme T ~ en, shady dealings; j-m die T. vermasseln, to spoil s.o.'s little game. 3. (a) Tchn: (Umdrehung) revolution; Schallplatte mit 45 T ~ en, 45 r.p.m. record; den Motor auf T ~ en bringen, to rev up the engine; auf vollen T ~ en laufen, to be running flat out; (Aktion) to be in full swing; auf T ~ en kommen, to get up speed; F: (Pers.) to get going/into one's stride; F: j-n auf T ~ en bringen, to spur s.o. into action; in einer T., incessantly; without stopping; (b) (Runde) turn; Danc: figure; (c) Knit: row. 'T ~ en-, comb.fm. touring (ski, car etc.); T ~ rad n, touring cycle. 'T ~ enzahl, f -/-en Tchn: number of revolutions. 'T ~ enzähler, m -s/- revolution counter. T ~ ismus [-'rismus], m -/no pl tourism. T ~ ist [-'rist], m -en/-en tourist. T ~ isten-, comb.fm. tourist (hotel, class, traffic etc.). T ~ istik, f -/no pl tourism. t ~ is-tisch, adj. tourist (hotel etc.). T ~ nee ['tur'neː], f -/-n & -s Th: Mus: tour.
Trab [traːp], m -(e)s/no pl trot; im T., at a trot; (im) T. reiten, to trot; F: j-n auf T. bringen, to hustle s.o., make s.o. get a move on; j-n in T. halten, to keep s.o. on the go. t ~ en ['traːbən], v.i. (sein) to trot. 'T ~ er, m -s/- trotter, trot-

ting horse. 'T ~ **rennen**, n -s/- trotting race.
Trabant [tra'bant], m -en/-en **1.** Astr: Space:
satellite. **2.** Hum: unsere T ~ en, our offspring.
T ~ **enstadt**, f -/-e satellite town.

Tracht [traxt], f -/-en **1.** traditional costume;
(Amtskleidung) official dress, (nurse's) uni-
form. **2.** F: eine (gehörige) T. Prügel, a sound
thrashing. 't ~ en, v.i. (haben) Lit: nach etwas
dat t., to strive for sth.; j-m nach dem Leben t.,
to make an attempt on s.o.'s life. 'T ~ **enan-**
zug, m -(e)s/-e suit with some features of
national costume. 'T ~ **enfest**, n -(e)s/-e
costume festival.

trächtig ['trɛçtiç], adj. pregnant (animal); (cow
etc.) in calf; (sow) in pig; (dog, seal) in pup.
'T ~ **keit**, f -/no pl pregnancy.

Tradition [traditsi'o:n], f -/-en tradition; mit
der T. brechen, to break with tradition. t ~ -
tio'nell, adj. traditional. t ~ **ti'onsreich**,
adj. steeped in tradition.

traf [tra:f], p. of treffen q.v.

Trafik [tra'fik], f -/-en Aus: tobacconist's shop/
N.Am: store. T ~ **ant(in)** [-kant(in)], m -en/
-en (f -/-nen) Aus: tobacconist.

Trafo ['tra:fo], m -s/-s El: transformer.

Tragbahre ['tra:kbu:rə], f -/-n stretcher.
't ~ **bar**, adj. (a) portable; Cl: fit to wear,
wearable; (b) (erträglich) bearable; (an-
nehmbar) acceptable (für + acc, to). T ~ e-
['tra:gə-], comb.fm. carrying (handle etc.);
T ~ **gurt** m, carrying strap. 'T ~ (e)**korb**, m
-(e)s/-e (large) basket; hamper. 't ~ en, v. **1.**
v.irr. (pres. trägt, p. trug, p.p. getragen) (a) to
carry (s.o., sth.); (irgendwohin) to take (sth.)
(somewhere); (stützen) to support (a roof etc.);
(Baum usw.) to bear (fruit); Fin: to yield (inter-
est); Fig: to bear (responsibility, a name, Fin:
losses, costs etc.); es trägt sich leicht, it is easy
to carry; den Arm in einer Schlinge t., to have
one's arm in a sling; den Kopf hoch t., (also
Fig:) to hold one's head high; abs. wir hatten
schwer zu t., we had a heavy load; das Auto
wurde aus der Kurve getragen, the car skidded
off the road in the bend; Fig: Bedenken t., to
have misgivings; die Schuld an etwas dat t., to
be guilty of sth.; (b) (ertragen) to bear (suffer-
ing, one's fate etc.); wie trägt sie es? how is
she taking it? (c) to wear (clothes, spectacles, a
ring etc.); to have (a beard); Trauer t., to be in
mourning; sie trägt ihr Haar kurz, she wears
her hair short; (d) refl. sich mit einem Gedanken
t., to toy with an idea; (e) refl. das Unternehmen
trägt sich selbst, the business is self-supporting/
pays its way. **2.** v.i. (haben) (a) das Eis trägt
nicht, the ice won't take your weight; (b)
(Baum, Acker) gut/schlecht t., to produce a
good/bad crop; (c) die Kuh/Stute trägt, the cow
is in calf/mare is in foal; (d) seine Stimme trägt
(gut), his voice carries well. 't ~ **end**, adj. (a)
Constr: load-bearing; (b) main (idea, Th: part
etc.); (c) = **trächtig**. 'T ~ **etasche**, f -/-n car-
rier bag. 'T ~ **ezeit**, f -/-en Z: period of ges-
tation. 't ~ **fähig**, adj. capable of supporting
a load; Constr: load-bearing. 'T ~ **fähigkeit**,
f -/-en buoyancy (of water). 'T ~ **fläche**, f -/-n
Av: wing. 'T ~ **flächenboot**, n -(e)s/-e hydr-
ofoil.' T ~ **last**, f -/-en load, burden.' T ~ **rie-**
men, m -s/- carrying/shoulder strap; Mil: (rifle)

sling. 'T ~ **seil**, n -(e)s/-e supporting/suspen-
sion cable. 'T ~ **weite**, f -/no pl **1.** Artil: etc:
range. **2.** Fig: (Bedeutung) significance, im-
portance; (Folgen) consequences (of an
action/decision). 'T ~ **werk**, n -(e)s/-e Av:
wing unit.

träge ['trɛ:gə], adj. sluggish; (Pers.) lethargic;
(schläfrig) drowsy; geistig t., mentally lazy; Ph:
t. Masse, inert mass.

Träger(in) ['trɛ:gər(in)]. **I.** m -s/- (f -/-nen) **1.**
(Pers.) (a) carrier (of a load, illness etc.); bearer
(of a load, news, a title etc.); Rail: etc: porter:
Med: (Krankent.) stretcher-bearer; (b) wearer
(of clothing); (c) holder (of a prize, office etc.);
Fig: supporter (of a movement etc.); upholder
(of a tradition etc.); vehicle (for a development
etc.); pl T. der Staatsgewalt, executives of the
supreme power. **2.** Constr: beam; (aus Stahl)
girder; (Stütze) support. **3.** Cl: (shoulder) strap;
(Hosent.) braces, N.Am: suspenders. **4.** Nau:
(Flugzeugt.) carrier. **II.** 'T ~ -, comb.fm. El: car-
rier (frequency etc.); Av: carrier(-based) (air-
craft). 'T ~ **kleid**, n -(e)s/-er pinafore dress.
't ~ **los**, adj. Cl: strapless. 'T ~ **rakete**, f
-/-n Space: launch vehicle. 'T ~ **schürze**, f
-/-n Cl: pinafore.

Trägheit ['trɛ:khait], f -/no pl sluggishness;
lethargy; Ph: etc: inertia. 'T ~ **smoment**, n
-(e)s/no pl moment of inertia.

Tragik ['tra:gik], f -/no pl tragedy. 'T ~ **iker**,
m -s/- tragedian. t ~ **ikomisch**, adj. tragi-
comic. 'T ~ **ikomödie**, f -/-n tragicomedy.
't ~ **isch**, adj. tragic; F: das ist alles nicht so t.,
it's not that bad; adv. nimm doch nicht alles
gleich so t., don't take everything so much to
heart. T ~ **ödie** [tra'gø:diə], f -/-n tragedy; F:
es ist eine T. mit diesem Auto, this car is
disaster-prone.

Trainer ['trɛ:nər], m -s/- Sp: trainer, Swim:
etc: coach; Fb: (trainer-)manager. t ~ **ieren**
[-ɛ:'ni:rən], v.tr.&i. (haben) to train (s.o., a
team, horse etc.) (auf etwas acc, to do sth.); to
exercise (muscles); viel t., to do a lot of train-
ing; Hochsprung t., to practise (for) the high
jump. T ~ **ing** ['trɛ:niŋ], n -s/-s (a) training;
(Abschnitt) training session; im T. sein, to be
in training; (b) Motor Rac: Ski: practice.
'T ~ **ings-**, comb.fm. (a) training (camp,
method, facilities etc.); (b) Motor Rac: practice
(time etc.); T ~ **runde** f, practice lap. 'T ~ **ings-**
anzug, m -(e)s/-e track suit.

Trakt [trakt], m -(e)s/-e Arch: Med: tract.
T ~ **at** [-'ta:t], m & n -(e)s/-e (scientific etc.)
treatise; Rel: tract. t ~ **ieren** ['ti:rən], v.tr. (a)
to give (s.o.) a rough time; j-n mit Schlägen/
Fußtritten t., to beat s.o. up; (b) (plagen) to
plague, torment (s.o.); j-n mit Vorwürfen t., to
nag away at s.o.

Traktor ['traktor], m -s/-en tractor.

trällern ['trɛlərn], v.tr. & i. (haben) to warble (a
tune etc.).

Tramp [trɛmp], m -s/-s **1.** tramp, N.Am: hobo.
2. (also T ~ **schiff** n) tramp steamer. T ~ **el**
['trampəl], m & n -s/- F: Pej: clumsy female.
't ~ **eln**, v. **1.** v.i. (a) (haben) (stampfen) to
stamp (one's feet); (b) (sein) to stamp, stomp
(along). **2.** v.tr. to trample (s.o., sth.). 'T ~ **el-**
pfad, m -(e)s/-e beaten path. t ~ **en** ['trɛmpən],

v.i. (*sein*) *F:* to hitchhike. T~olin ['trampoli:n], *n* -s/-e *Sp:* trampoline.

Tran [trɑ:n], *m* -(e)s/-e **1.** train oil **2.** *F:* im T., dopey; (*zerstreut*) in a dream, miles away. 'T~funzel, *f* -/-n *F:* **1.** dim lamp. **2.** (*Pers.*) slowcoach, *N.Am:* slowpoke.

Trance ['trɑ:s(ə)], *f* -/-n trance.

Tranchier- [trɑ̃'ʃi:r-], *comb.fm.* carving (knife etc.); T~besteck *n,* carving set. t ~ en, *v.tr.* to carve (meat).

Träne ['trɛːnə], *f* -/-n tear; den T~n nahe, on the verge of tears; das ist keine T. wert, it's not worth worrying about; T~n lachen, to laugh till one cries. 'T~ndrüse, *f* -/-n *F:* auf die T. drücken, to lay on the agony. 'T~ngas, *n* -es/*no pl* tear gas. 't ~ nreich, *adj.* tearful. 'T ~ nstrom, *m* -(e)s/*no pl Fig:* flood of tears. 't~nüber-strömt, *adj.* tear-stained.

trank [traŋk]. **I.** *p. of* trinken *q.v.* **II.** T., *m* -(e)s/-e *Lit:* drink.

Tränke ['trɛŋkə], *f* -/-n watering place; (*Trog*) drinking trough. 't ~ n, *v.tr.* (*a*) to water (animals); (*b*) to soak (sth.) (mit + *dat,* with).

Tranquilizer ['træŋkwilaizər], *m* -s/- *Med:* tranquillizer.

transatlantisch [transʔat'lantiʃ], *adj.* trans-atlantic.

Transfer [trans'fe:r], *m* -s/-s *Sp: Fin: Av:* transfer. t ~ ieren [-e'ri:rən], *v.tr.* to transfer (money, a player).

Transform|ation [transfɔrmatsi'o:n], *f* -/-en transformation. T ~ ator [-'mɑ:tɔr], *m* -s/-en *El:* transformer. t ~ ieren [-'mi:rən], *v.tr.* to transform (current etc.).

Transfusion [transfuzi'o:n], *f* -/-en *Med:* transfusion.

Transistor [tran'zistɔr]. **I.** *m* -s/-en (*a*) *El:* transistor; (*b*) (*also* T~gerät *n*) transistor radio. **II.** T~-, *comb.fm.* transistor (radio etc.); transistorized (ignition etc.). t ~ i'sieren, *v.tr.* to transistorize (sth.).

Transit [tran'zi:t, 'tranzit]. **I.** *m* -s/-e transit; Waren im T., goods in transit. **II.** T~-, *comb.fm.* transit (goods, traffic etc.). t ~ iv ['tranziti:f], *adj. Gram:* transitive (verb).

transkri|bieren [transkri'bi:rən], *v.tr.* to transcribe (*Mus:* a piece, *Ling:* a text). T ~ ption [-iptsi'o:n], *f* -/-en *Mus: Ling:* transcription.

Transmission [transmisi'o:n], *f* -/-en *Mec.E:* transmission. T ~ s-, *comb.fm.* transmission (belt, shaft etc.).

transparent [transpa'rɛnt]. **I.** *adj.* transparent. **II.** T., *n* -(e)s/-e banner. T ~ papier, *n* -s/*no pl* tracing paper.

Transpiration [transpiratsi'o:n], *f* -/-en perspiration.

Transplant|at [transplan'tɑ:t], *n* -(e)s/-e *Med:* transplant, transplanted organ. T ~ ation [-tatsi'o:n], *f* -/-en *Med:* transplant; (skin) graft. t ~ ieren [-'ti:rən], *v.tr. Med:* to transplant (an organ); to graft (tissue, skin).

transponieren [transpo'ni:rən], *v.tr. Mus:* to transpose (a piece).

Transport [trans'pɔrt]. **I.** *m* -(e)s/-e **1.** (*Transportieren*) transport; *Aut: Rail:* haulage (of goods, people); der T. ins Krankenhaus, the journey to the hospital. **2.** consignment, ship-ment (of goods). **II.** T~-, *comb.fm.* transport (worker, vehicle, aircraft, police etc.); carriage, freight (costs, charges, insurance etc.); T ~ firma *f*/T~unternehmen, transport/haul-age company; T~mittel *n,* means of transport/transportation; T~wesen *n,* transport/trans-portation system; T~schiff *n,* transport/(*Frachtschiff*) cargo ship. t ~ abel [-'tɑ:bəl], *adj.* transportable. T ~ band, *n* -(e)s/-er con-veyor belt. T ~ er, *m* -s/- transport vehicle/*Av:* aircraft/*Nau:* ship. t ~ fähig, *adj.* movable. t ~ ieren [-'ti:rən], *v.tr.* to transport, (*per Schiff*) ship (goods, people); to move (a patient; *Phot:* to advance (the film).

Transposition [transpozitsi'o:n], *f* -/-en *Mus:* transposition.

Transuse ['trɑːnzu:zə], *f* -/-n *F: Pej:* slowcoach.

Transvestit [transvɛs'ti:t], *m* -en/-en trans-vestite.

Trapez [tra'pe:ts], *n* -es/-e **1.** trapeze. **2.** *Geom:* trapezium. T~künstler(in), *m* -s/- (-/-nen) trapeze artist.

trappeln ['trapəln], *v.i.* (*sein*) (*Kind*) to patter (about).

Trara [tra'rɑ:], *n* -s/*no pl F:* fuss, hullabaloo.

Trass|e ['trasə], *f* -/-n *Civ.E:* (marked-out) line, route (for a road etc.). t ~ ieren [-'si:rən], *v.tr. Civ.E:* to mark out the line of (a road etc.).

trat [trɑ:t], *p. of* treten *q.v.*

Tratsch [trɑ:tʃ], *m* -(e)s/*no pl F: Pej:* gossip. 't ~ en, *v.i.* (*haben*) to gossip.

Tratte ['tratə], *f* -/-n *Com:* draft.

Trau- ['trau-], *comb.fm.* marriage (altar, register etc.); wedding (speech etc.); T ~ ring *m,* wedding ring; T~schein *m,* marriage certifi-cate. 't ~ en, *v.* **1.** *v.tr.* to marry (a couple). **2.** *v.i.* (*haben*) j-m, etwas *dat* t., to trust s.o., sth.; sie traute ihren Augen nicht, she couldn't believe her eyes. **3.** *v.refl.* sich t., to dare (etwas zu tun, to do sth.); ich traue mich nicht ins Wasser, I don't dare to go into the water; *F:* du traust dich nur nicht! you're a coward. 'T ~ ung, *f* -/-en wedding/marriage ceremony.

Traube ['traubə], *f* -/-n **1.** grape; *F:* die T~n hängen ihm zu hoch/sind ihm zu sauer, with him it's a case of sour grapes. **2.** *Fig:* cluster (of people etc.). 'T ~ n-, *comb.fm.* grape (hyacinth etc.); T~ernte/T~lese *f,* grape harvest; T~saft *m,* grape juice; T~stock *m,* grapevine. 'T ~ nzucker, *m* -s/*no pl* glucose.

Trauer ['trauər]. **I.** *f* -/*no pl* **1.** sorrow, grief (über + *acc,* over); T. um den Verstorbenen, sorrow/mourning for the deceased. **2.** (*a*) (*T~zeit*) (period of) mourning; (*b*) (*T~klei-dung*) T. tragen/anlegen, to wear/go into mourning. **II.** T~-, *comb.fm.* mourning (veil, period etc.); (house, year etc.) of mourning; funeral (service, march etc.); T~binde *f*/T~flor *m,* mourning band; T~kleidung *f,* mourning (clothes); T~feier *f,* funeral/burial service; T~rede *f,* funeral oration; T~zug *m,* funeral procession. 'T ~ botschaft, *f* -/-en sad news (of s.o.'s death). 'T ~ fahne, *f* -/-n black flag. 'T ~ fall, *m* -(e)s/-e bereavement. 't ~ n, *v.i.* (*haben*) (*a*) to grieve, mourn (um + *acc,* for); um den Tod/über den Verlust eines Menschen t., to mourn the death/loss of s.o.; die t~den Hinterbliebenen, the bereaved (family). 'T ~ nachricht, f -/-en = T ~ botschaft f. 'T ~ rand, m -(e)s/-er black edging (on stationery). 'T ~ spiel, n -(e)s/-e Th: & F: tragedy. 'T ~ tag, m -(e)s/-e F: black day. 't ~ voll, adj. mournful, sorrowful. 'T ~ weide, f -/-n weeping willow.

Traufe ['traufə], f -/-n eaves.

träufeln ['trɔyfəln], v. 1. v.tr. to let (sth.) drip/ trickle. 2. v.i. (haben/sein) to drip, trickle.

traulich ['trauliç], adj. intimate, cosy. 'T ~ keit, f -/no pl intimacy, cosiness.

Traum [traum]. I. m -(e)s/-e dream; das wäre mir nicht im T. eingefallen, that would never have entered my head; diese Landschaft ist ein T., this landscape is a perfect dream/divine; F: der T. ist ausgeträumt/ist aus, the dream is shattered. II. 'T ~-, comb.fm. dream(-house, -land, -world, -car etc.); (the house, car, world etc.) of one's dreams. 'T ~ bild, n -(e)s/-er vision. 'T ~ deutung, f -/-en interpretation of dreams. 'T ~ gestalt, f -/-en phantom, phantasm. 't ~ haft, adj. 1. dreamlike. 2. F: (wunderbar) fabulous, fantastic. 't ~ verloren/ 't ~ versunken, adj. lost in dreams.

Trauma ['trauma], n -s/-men Psy: Med: trauma. t ~ tisch [-'mɑ:tiʃ], adj. Psy: traumatic.

träumen ['trɔymən], v.tr.&i. (haben) to dream (sth.); (a) herrlich/etwas Schönes t., to have a beautiful dream; ich träumte von ihm, I dreamt of him; F: träume süß! sweet/pleasant dreams! (b) du träumst wohl! you must be dreaming! das hast du nur geträumt! you've dreamt that up! das hätte ich mir nie t. lassen, I would never have imagined that possible. 'T ~ er, m -s/- dreamer. T ~ e'rei, f -/-en daydream. 't ~ erisch, adj. dreamy; adv. lost in reverie.

traurig ['trauriç], adj. sad; t ~ e Jugend, unhappy youth; das T ~ e daran ist, ..., the sad part of it is ...; eine t ~ e Berühmtheit, unfortunate notoriety; t ~ er Rest, pathetic remnant; in t ~ en Verhältnissen leben, to live in wretched circumstances. 'T ~ keit, f -/no pl sadness.

traut [traut], adj. A: & Iron: intimate (friend), cosy (home).

Travestie [traves'ti:], f -/-n Lit: travesty. t ~ ren [-'ti:rən], v.tr. to travesty (sth.).

Trawler ['trɔ:lər], m -s/- trawler.

Treck [trɛk], m -s/-s trek; (Zug) trail (of refugees etc.). 'T ~ er, m -s/- tractor.

Treff[1] [trɛf], n -s/-s Cards: club(s).

Treff[2], m -s/-s F: (a) get-together; (b) — T ~ punkt m. 't ~ en. I. v.irr. (pres. trifft, p. traf, p.p. getroffen) 1. v.tr. (a) (schlagen) to hit (s.o., a target etc.); j-n ins Gesicht t., to hit s.o. in the face; vom Blitz getroffen, struck by lightning; Fig: dieser Vorwurf traf ihn schwer, this reproach hurt him deeply; ein Unglück hat die Stadt getroffen, a disaster hit/Lit: befell the town; die Industrie wurde von den Streiks hart/ schwer getroffen, industry was seriously affected by the strikes; ihn trifft keine Schuld, he is in no way to blame; sich getroffen fühlen, to feel one is being got at; das Los traf ihn, it fell on him (to do it); (b) (richtig erfassen) to get (sth.) right; to hit on (the right thing/tone etc.); mit dem Geschenk hat er meinen Geschmack genau getroffen, the present he chose is just the sort of thing I like; du hast es genau

getroffen! you've hit the nail on the head! auf dem Foto bist du gut getroffen, the photo is a good likeness of you; mit dem Wetter haben wir es gut getroffen, we were lucky with the weather; du triffst es heute gut! you've picked the right day today! (c) refl. es trifft sich gut/ schlecht, daß ..., it is convenient/inconvenient that ...; es traf sich so, daß ..., it so happened that ...; wie es sich so trifft, as chance would have it; (d) (begegnen) to meet (s.o.) (zu einem Essen, for a meal; auf ein Bier, for a beer); wo wollen wir uns t.? where shall we meet? er trifft sich montags mit seinen Kollegen, he meets his colleagues on Mondays; ihre Blicke trafen sich, their eyes met; sie trafen sich (zufällig), they ran into each other; (e) (zustande bringen) to make (arrangements, preparations, a choice, decision etc.); eine Vereinbarung t., to come to an agreement; Maßnahmen t., to take measures. 2. v.i. (a) (haben) to hit the mark/ target; der Schuß traf nicht, the shot missed; (b) (sein) auf j-n, etwas acc t., to meet s.o./come across sth.; auf Widerstand usw. t., to meet with/encounter resistance etc. II. T., n -s/- meeting; Sp: contest. 't ~ end, adj. fitting, apt; adv. t. gesagt, aptly put; j-n t. nachahmen, to do a perfect imitation of s.o. 'T ~ er, m -s/- 1. Artil: Box: Fenc: etc: hit; Fb: etc. goal; einen T. erzielen, to score a hit/goal; Box: mehrere T. einstecken, to take several punches. 2. (Lotteriegewinn) winner; F: (Glücksfall) lucky strike. 't ~ lich, adj. A: & Iron: excellent. 'T ~ punkt, m -(e)s/-e (a) meeting place, rendezvous; einen T. ausmachen, to arrange where to meet; (b) Geom: point of incidence. 't ~ sicher, adj. unerring, accurate; (Bemerkung) to the point. 'T ~ sicherheit, f -/no pl accuracy; (good) marksmanship.

Treib- ['traip-], comb.fm. (a) floating (mine etc.); drift (-ice, -wood etc.); T ~ anker m, floating/sea anchor; (b) (antreibend) driving (wheel, belt etc.); fuel (gas, oil etc.). t ~ en ['traibən]. I. v.irr. (p. trieb, p.p. getrieben) 1. v.tr. (a) to drive (s.o., cattle, snow, Mec.E: a machine, vehicle etc.); j-n zu etwas dat t., to drive/(zwingen) compel s.o. to do sth.; j-n zur Arbeit/Eile t., to make s.o. work/hurry; man muß ihn immer t., he always needs pushing; j-m Tränen in die Augen/das Blut ins Gesicht t., to bring tears to s.o.'s eyes/the blood into s.o.'s face; die Preise in die Höhe t., to send/force up prices; Cu: den Teig t., to make the dough rise; Fig: er ist die t ~ de Kraft dabei, he is the driving force behind it; (b) Metalw: to chase (gold, silver, copper etc.); (c) Bot: (Baum usw.) to sprout (leaves, buds etc.); (d) Hort: to bring on (plants) (esp. in a hothouse); (e) (sich beschäftigen mit) to pursue, carry on (a business etc.); to go in for (music, sport etc.); to study (languages etc.); großen Luxus/Aufwand t., to indulge in great luxury; sein Spiel/seine Scherze mit j-m t., to play a game with/jokes on s.o.; F: Unsinn t., to mess about; was treibst du da? what are you up to? was treibt sie denn so den ganzen Tag? what does she do with herself all day? er treibt es zu weit/bunt, he is going too far/overdoing it; er wird es (so) nicht mehr lange t., he won't carry on like that/(leben) live much longer; *P:* **er trieb es mit ihr,** he had it off with her. **2.** *v.i.* (*a*) (*sein*) (*Schiff, Wolke usw.*) to drift; *Nau:* (*Schiff*) **vor Anker t.,** to drag its anchor; *Fig:* (*Pers.*) **sich t. lassen,** to drift, go with the tide; **die Dinge t. lassen,** to let things take their course; (*b*) (*haben*) (*Pflanzen*) to sprout, (*Knospen*) burst; *Cu:* (*Teig*) to rise; *F:* **Bier treibt,** beer gets the bladder going. **II. T.,** *n* -s/*no pl* goings-on, doings; (*geschäftig*) bustle; **sein Tun und T. gefällt mir nicht,** I don't like what he's up to; **das Leben und T. auf den Straßen,** the hustle and bustle on the streets. ′**T ~ er,** *m* -s/- **1.** (camel etc.) driver; (*Vieht.*) drover. **2.** *Hunt:* beater. **3.** *F:* (*Schinder*) slave-driver. **T ~ e′rei,** *f* -/*no pl F:* constant rush/hustle. ′**T ~ haus,** *n* -es/-̈er *Hort:* hothouse. ′**T ~ jagd,** *f* -/-en *Hunt:* battue; *Pol:* witch-hunt. ′**T ~ mittel,** *n* -s/- **1.** rising agent. **2.** *Ch:* porous agent. **3.** (*in Spraydose*) propellent. ′**T ~ sand,** *m* -(e)s/*no pl* quicksand. ′**T ~ -schlag,** *m* -(e)s/-̈e *Golf: Tennis:* drive. ′**T ~ stoff,** *m* -(e)s/-e fuel.

Tremolo [′tre:molo], *n* -s/-s & -li *Mus:* tremolo.

Trend [trɛnt], *m* -s/-s trend.

trenn|bar [′trɛnbɑːr], *adj.* separable (prefix etc.); detachable (part etc.). ′**t ~ en,** *v.tr.* (*a*) to separate (s.o., sth., objects) (**von** + *dat,* from); (*schneiden*) to cut off, (*abbrechen*) break off (sth.); to chop off, sever (a head etc.); (*lösen*) to detach, take off (a collar etc.); *Sew:* to unpick (a seam); **das Futter aus der Jacke t.,** to take/cut the lining out of the jacket; *Tel:* **wir wurden getrennt,** we were cut off/disconnected; (*b*) (*aufteilen*) to divide (sth.) (**in zwei Teile usw.,** into two parts etc.); to break/split (sth.) up (**in seine Bestandteile,** into its component parts); *Ch:* to separate (mixtures), resolve (compounds); **ein Wort nach Silben t.,** to divide a word according to its syllables; **Streitigkeiten haben die Familie getrennt,** disputes divided the family; **ihre Ehe wurde getrennt,** their marriage was dissolved/broken up; **sie leben getrennt,** they are separated; **Welten t. uns,** we are worlds apart; (*c*) (*isolieren*) to isolate (a sick person), segregate (s.o., races); (*auseinanderhalten*) **Begriffe t.,** to distinguish/differentiate between concepts; (*d*) (*in s.o.'s mind*) to separate/part; (*Wege, TV: Kanäle usw.*) to divide; (*Abschied nehmen*) to say goodbye; (*Verbindung auflösen*) to part company; **sie trennte sich von ihm,** she parted company with/left him; **unsere Wege t. sich hier,** this is the parting of the ways/where our roads part; **sich von etwas** *dat* **t.,** to part with sth.; (*aufgeben*) to give sth. up; **er konnte sich von dem Anblick nicht t.,** he could not take his eyes off it. ′**t ~ scharf,** *adj. Rad:* selective. ′**T ~ - schärfe,** *f* -/*no pl Rad:* selectivity. ′**T ~ ung,** *f* -/-**en** (*a*) separation; (*in Teile*) division (of a room, word etc.); segregation (of races etc.); distinction (**zwischen Begriffen,** between concepts); *Med:* isolation (of the sick); *Tel:* disconnection; (*b*) (*Schneiden*) parting. ′**T ~ ungs-linie,** *f* -/-**n** line of demarcation, dividing line. ′**T ~ ungsstrich,** *m* -(e)s/-e hyphen; *Fig:* **einen T. ziehen,** to make a clear distinction. ′**T ~ ungszeichen,** *n* -s/- hyphen. ′**T ~ - wand,** *f* -/-̈e partition (wall).

trepp|auf [trɛpʔ′auf], *adv.* **t., treppab laufen,** to

run up and down the stairs. ′**T ~ e,** *f* -/-n staircase, (flight of) stairs; (*außen*) (flight of) steps; **die T. hinauf/hinunter,** upstairs/downstairs; **zwei T ~ n hoch wohnen,** to live two flights up/on the second/*N.Am:* third floor. ′**T ~ enabsatz,** *m* -es/-̈e half-landing. ′**T ~ en-flucht,** *f* -/-en flight of stairs/(*außen*) steps. ′**T ~ engeländer,** *n* -s/- banisters. ′**T ~ en-haus,** *n* -es/-̈er stairwell. ′**T ~ enläufer,** *m* -s/- stair carpet. ′**T ~ enstufe,** *f* -/-n stair, step.

Tresen [′tre:zən], *m* -s/- *esp. North G:* bar; (*Ladentisch*) counter.

Tresor [tre′zoːr], *m* -s/-e safe, strongbox; (*T ~ raum*) strong room. **T ~ fach,** *n* -(e)s/-̈er safe-deposit box.

Tresse [′trɛsə], *f* -/-n braid; (*Rangbezeichnung*) stripe.

Tret- [′tre:t-], *comb.fm.* pedal (car, boat etc.); foot (switch etc.); **T ~ eimer** *m,* pedal bin; **T ~ kurbel** *f,* pedal crank; **T ~ hebel** *m,* foot-pedal. ′**T ~ anlasser,** *m* -s/- *Motor Cy:* kick starter. ′**t ~ en,** *v.irr.* (*pres.* **tritt,** *p.* **trat,** *p.p.* **getreten**) **1.** *v.i.* (*a*) (*sein*) (*Pers.*) to step (**nach vorn, auf die Seite, aus dem Haus usw.,** forward, aside, out of the house etc.); **ins Zimmer t.,** to enter/come into the room; **in den Staatsdienst t.,** to enter government service; **zu j-m t.,** to go up to s.o.; **t. Sie näher!** come closer! step this way! **in den Streik t.,** to go on strike; **j-m in den Weg t.,** to get in s.o.'s way; *Fig:* **in j-s Fuß-stapfen t.,** to follow in s.o.'s footsteps; **j-m zu nahe t.,** to offend s.o., hurt s.o.'s feelings; **auf j-s Seite t.,** to side with s.o.; **an j-s Stelle t.,** to take s.o.'s place; (*b*) (*sein*) (*Dinge*) (*kommen*) to come (**aus** + *dat,* out of), to go (**hinter** + *dat,* behind; **in** + *acc,* into); **die Tränen traten ihr in die Augen,** tears came to her eyes; (*Fluß*) **über die Ufer t.,** to overflow its banks; *Fig:* **in Aktion/Kraft t.,** to come into effect; **ins Leben t.,** to come into existence; (*c*) (*sein, occ. haben*) to step/(*mit Absicht*) tread (**auf etwas** *acc,* on sth.); **auf das Gaspedal/die Bremse t.,** to step on the accelerator/the brake; **auf der Stelle t.,** to mark time; *F:* **mächtig in die Pedale t.,** to pedal away vigorously; (*d*) (*haben*) to kick; **gegen die Tür t.,** to kick the door; **j-m gegen das/ans Schienbein t.,** to kick s.o. on the shin. **2.** *v.tr.* (*a*) to kick (s.o., the ball etc.); (*b*) (*be-tätigen*) to operate (a pedal etc.), step on (the brake), let out (the clutch); **den Takt t.,** to tap time with one's foot; (*c*) (*trampeln*) to tread (sth., water etc.); to trample (sth., a path) (**mit Füßen,** under foot); **sich** *dat* **einen Dorn in den Fuß t.,** to get a thorn in one's foot. ′**T ~ er,** *pl F:* (pair of) old shoes. ′**T ~ mühle,** *f* -/-n *also Fig:* treadmill. ′**T ~ rad,** *n* -(e)s/-̈er treadwheel.

treu [trɔy]. **I.** *adj.* **1.** faithful (husband, wife etc.); loyal (subject, friend, servant etc.), **t ~ er An-hänger,** staunch supporter; **sie ist ihrem Mann t.,** she is faithful to her husband; **sich selber t.,** true to oneself; **seinen Grundsätzen t. bleiben,** to stick to one's principles; *adv.* **j-m t. ergeben,** devoted to s.o. **2.** *F:* (*treuherzig*) ingenuous (look etc.); *adv.* **t. und brav,** unquestioningly. **3.** **j-m etwas zu t ~ en Händen übergeben,** to hand sth. over to s.o. for safe keeping. **II. T.,** *f* **auf T. und Glauben,** in good faith. ′**T ~ bruch,** *m* -(e)s/-̈e breach of faith.

'T ~ e, *f* -/*no pl* 1. loyalty; faithfulness; **eheliche** T., conjugal fidelity; **j-m die T. halten,** to keep faith with s.o. 2. (*Genauigkeit*) accuracy (of a description etc.). 'T ~ **eid,** *m* -(e)s/-e oath of allegiance. 'T ~ **eprämie,** *f* -/-n length of service bonus. 't ~ **ergeben**/'t ~ **gesinnt,** *adj.* devoted, loyal. 'T ~ **händer,** *m* -s/- trustee. 't ~ **händerisch,** *adv.* **etwas t.** verwalten, to hold sth. in trust. 'T ~ **handgesellschaft,** *f* -/-en trust company. 'T ~ **handschaft,** *f* -/*no pl Jur: Econ:* trusteeship. 't ~ **herzig,** *adj.* ingenuous; innocently trusting. 'T ~ **herzigkeit,** *f* -/*no pl* ingenuousness. 't ~ **los,** *adj.* faithless. 'T ~ - **losigkeit,** *f* -/*no pl* faithlessness. 't ~ **sorgend,** *adj.* devoted, loving (mother etc.).

Triangel ['tri:aŋəl], *m* -s/- *Mus:* triangle.

Tri|bunal [tribu'na:l], *n* -s/-e *Jur:* tribunal. **T ~ büne** [-'by:nə], *f* -/-n (*Podium*) platform, rostrum; (*Zuschauer.*) grandstand. **T ~ but** [-'bu:t], *m* -(e)s/-e *Hist: & Fig:* tribute; **der Unfall forderte einen hohen T.,** the accident claimed many lives.

Trichter ['triçtər], *m* -s/- 1. (*a*) *Ch: etc:* funnel; (*b*) (*Schallt.*) (trumpet etc.) bell. 2. (*Granatt.*) crater. 't ~ **förmig,** *adj.* funnel-shaped.

Trick [trik], *m* -s/-s trick; (*List*) ploy, dodge; **das ist der ganze T.,** that's all there is to it. 'T ~ **aufnahme,** *f* -/-n trick recording/*Cin:* shot. 'T ~ **film,** *m* -(e)s/-e trick film; (gezeichneter) T., animated cartoon film. 't ~ **reich,** *adj.* artful. 't ~ **sen,** *v.i.* (*haben*) *F: esp. Sp:* to use dodges/tricks.

trieb [tri:p]. I. *p. of* **treiben** *q.v.* II. T., *m* -(e)s/-e 1. (*Drang*) urge; (*innerer Antrieb*) impulse; (*Verlangen*) desire; **mütterlicher T.,** motherly instinct; **seinen T ~ en freien Lauf lassen,** to give free rein to one's natural impulses; **einon T. zum Verbrechen haben,** to have strong criminal leanings/tendencies. 2. *Bot:* sprout, shoot. 3. *Mec.E:* drive. 'T ~ **feder,** *f* -/-n mainspring (of a watch etc.); *Fig:* driving force. 't ~ **haft,** *adj.* impulsive, instinctive (actions etc.); t ~ **er Mensch,** person who is a slave to his physical urges; t ~ **e Sinnlichkeit,** . carnal sensuality. 'T ~ **kraft,** *f* -/-̈e motive force; *Bot:* germinating power. 'T ~ **leben,** *n* -s/- instinctual/*esp.* sex life. 't ~ **mäßig,** *adj.* instinctive. 'T ~ **rad,** *n* -(e)s/-̈er driving wheel. 'T ~ **sand,** *m* -(e)s/-e quicksand. 'T ~ **täter**/ 'T ~ **verbrecher,** *m* -s/- sexual offender, sex maniac. 'T ~ **wagen,** *m* -s/- tramcar; *Rail:* railcar. 'T ~ **werk,** *n* -(e)s/-e power plant, engine.

Trief|auge ['tri:f°augə], *n* -s/-n bleary/watery eye. 't ~ **äugig,** *adj.* bleary-/watery-eyed. 't ~ **en,** *v.i.occ.irr.* (*p.* **triefte**/*Lit:* **troff**) (*a*) (*sein*) (*Regen, Schweiß usw.*) to drip; (*b*) (*haben*) (*tropfend naß sein*) (*von/vor Nässe*) **t.,** to be dripping wet; (*Nase, Auge*) to run; *Fig:* **er trieft vor/von Unterwürfigkeit,** he is oozing with obsequiousness. 't ~ **nasig,** *adj.* snivelling. 't ~ 'naß, *adj.* dripping/sopping wet.

triezen ['tri:tsən], *v.tr. F:* to plague, pester (s.o.).

triftig ['triftiç], *adj.* valid; (*zwingend*) cogent (reason, argument etc.). 'T ~ **keit,** *f* -/*no pl* validity; cogency.

Trigonometr|ie [trigonome'tri:], *f* -/*no pl*

Mth: trigonometry. **t ~ isch** [-'me:triʃ], *adj.* trigonometric.

Trikot [tri'ko:], *n* -s/-s (*a*) *Th:* tights; *Danc:* leotard; (*b*) *Sp:* singlet; *Fb:* shirt; *Cy:* **das gelbe T.,** the yellow jersey.

Triller ['trilər], *m* -s/- *Mus:* trill. 't ~ **n,** *v.i.* (*haben*) *Mus:* to trill; (*Lerche usw.*) to warble. 'T ~ **pfeife,** *f* -/-n bird whistle.

Trillion [trili'o:n], *f* -/-en trillion, *N.Am:* quintillion.

Trilogie [trilo'gi:], *f* -/-n [-ən] trilogy.

Trimester [tri'mɛstər], *n* -s/- *Sch:* term.

Trimm- ['trim-], *comb.fm.* keep-fit (campaign etc.); **T ~ -dich-Pfad** *m,* keep-fit trail. 't ~ **en,** *v.tr.* (*a*) to trim, clip (a dog), *Nau: Av:* to trim (a ship, an aircraft); (*b*) *F:* to train (s.o.) (**auf etwas** *acc,* to do sth.); **ein auf alt getrimmter Schrank,** a cupboard done up to look old; (*c*) *Sp: F:* **sich t.,** to get oneself into shape; **trimm dich durch Sport,** keep fit through sport. 'T ~ **er,** *m* -s/- *F:* keep-fit enthusiast.

Trink- ['triŋk-], *comb.fm.* drinking (vessel, glass, song, chocolate, water etc.); **T ~ becher** *m,* drinking cup, beaker; **T ~ gelage** *n,* drinking bout; **T ~ halm** *m,* drinking straw. 't ~ **en,** *v.tr. &i.irr.* (*haben*) (*p.* **trank,** *p.p.* **getrunken**) to drink (sth.); **sie gab ihm zu t.,** she gave him something to drink; **was t. Sie?** what would you like to drink? **auf j-n, etwas** *acc* **t.,** to drink to/ toast s.o., sth.; **auf j-s Gesundheit t.,** to drink s.o.'s health; *F:* **er trinkt gerne einen,** he likes a drop; **einen t. gehen,** to go for a quick one/ *N.Am:* a snifter; **der Wein läßt sich t./den Wein kann man t.,** this wine is perfectly drinkable/ not at all bad. 'T ~ **er,** *m* -s/- heavy drinker, alcoholic. 't ~ **fest,** *adj. F:* **t. sein,** to hold one's drink well. 'T ~ **geld,** *n* -(e)s/-er tip. 'T ~ **halle,** *f* -/-n 1. refreshment stall. 2. (*In Heilbädern*) pump room. 'T ~ **kur,** *f* -/-en mineral water cure; **eine T. machen,** to drink the waters. 'T ~ **spruch,** *m* -(e)s/-̈e toast; **einen T. auf j-n ausbringen,** to propose a toast to s.o. 'T ~ **stube,** *f* -/-n taproom.

Trio ['tri:o], *n* -s/-s trio.

Triole [tri'o:lə], *f* -/-n *Mus:* triplet.

Trip [trip], *m* -s/-s trip.

Tripel- ['tri:pəl-], *comb.fm.* triple (alliance, fugue, concerto etc.); *Mus:* **T ~ takt** *m,* triple time.

trippeln ['tripəln], *v.i.* (*sein*) to trip, mince along; (*Baby*) to toddle.

Triptychon ['triptiçɔn], *n* -s/-chen & -cha *Art:* triptych.

trist [trist], *adj.* dismal (weather, life etc.); dreary (houses etc.); bleak (prospects).

tritt [trit]. I. *pres. of* **treten** *q.v.* II. T., *m* -(e)s/-e (*a*) (*Schritt*) step; **leise T ~ e hören,** to hear faint footsteps; **einen falschen T. machen,** to make a false step (and twist one's ankle); (*b*) (*Gleichschritt*) (**den**) T. **halten,** to keep in step; **den falschen T. haben,** to be out of step; (*c*) (*Fußt.*) kick; **j-m einen T. in den Hintern geben,** to kick s.o. in the backside; *F:* **einen T. bekommen/kriegen,** to get the push, be fired; (*d*) *Z:* (*Spur*) T ~ **e im Schnee,** tracks in the snow. 'T ~ **brett,** *n* -(e)s/-er *Aut: A:* running board. 't ~ **fest,** *adj.* firm (ground), steady (ladder etc.). 'T ~ **hocker,** *m* -s/- step stool. 'T ~ **leiter,** *f* -/-n (short) stepladder.

Triumph [tri'umf]. I. *m* -(e)s/-e triumph; T~e **feiern**, to be a triumphant success; **im T.**, in triumph, triumphantly. II. T~-, *comb.fm.* triumphal (arch, procession etc.); feeling, cry (of triumph). **t ~ al** [-'fɑːl], *adj.* triumphant. **t ~ ieren** [-'fiːrən], *v.i.* (*haben*) (*a*) (*frohlocken*) to triumph/(*schadenfroh*) gloat (**über etwas** *acc*, over sth.); **zu früh t.**, to rejoice too soon; **t ~ de Miene**, triumphant expression; (*b*) (*siegen*) **über j-n, etwas** *acc* **t.**, to triumph over s.o., sth.

trivial [trivi'ɑːl], *adj.* commonplace, trite; (*unbedeutend*) trivial, insignificant. T ~ **ität** [-ali'tɛːt], *f* -/-en triteness; triviality, insignificance. T ~ **literatur**, *f* -/-en light fiction; *Pej:* trashy literature.

trocken ['trɔkən]. I. *adj.* dry; (*a*) **im T~en**, in the dry; under cover; **auf dem T~en stehen**, to be on dry land; *F:* **auf dem trocknen sitzen**, (i) to be stuck/(*pleite*) broke; (ii) (*ohne Getränk*) to have nothing to drink; **er ist seit drei Wochen t.**, (i) he hasn't touched a drop for three weeks; (ii) (*Kind*) he has been out of nappies for three weeks; *Lit:* **t ~ en Auges zuhören**, to listen dryeyed; *adv.* **sich t. rasieren**, to shave with an electric razor; **t. aufbewahren!** keep in a dry place; (*b*) (*langweilig*) dull, tedious (work etc.); dry-as-dust (book, lecture etc.); (*Pers.*) matter-of-fact, unimaginative; (*c*) dry (humour, remark); *adv.* **t. bemerken, daß . . .**, to remark drily that . . .; (*d*) (*ohne Umschweife*) straight (answer); *Box:* **t~e Rechte**, straight right. II. 'T~-, *comb.fm.* (*a*) dry (battery, dock, ice, weight, period, cleaning, shampoo etc.); T~**rasierer** *m*, dry/electric shaver; *El:* T~**element** *n*, dry cell; *Bot:* T~**fäule** *f*, dry rot; *Agr:* T~**futter** *n*, dry feed; *Geog:* T~**gebiet** *n*, dry/arid zone; T~**zeit** *f*, dry season; (*b*) (*getrocknet*) dried (vegetables, yeast, milk, fruit etc.); T~**ei** *n*, dried egg; (*c*) (*zum Trocknen*) drying (process etc.); T~**anlage** *f*, drying apparatus; drier; T~**boden** *m*, drying loft; T~**gestell** *n*, drying rack; (*für Wäsche*) clothes horse; T~**mittel** *n*, drying agent; T~**ofen** *m*, drying kiln; *Hairdr:* T~**haube** *f*, drying hood; drier. 'T ~ **heit**, *f* -/*no pl* 1. dryness; *Fig:* dullness. 2. (*Dürre*) drought. 'T ~ **kurs**, *m* -es/-e *Ski:* preparatory (indoor) course. **'t ~ legen**, *v.tr.sep.* (*a*) **ein Baby t.**, to change a baby's nappies; (*b*) to drain (a swamp etc.); *F:* to dry out (an alcoholic). 'T ~ **schleuder**, *f* -/-n spin drier. **'t ~ stehen**, *v.i.sep.irr.100* (*haben*) *Agr:* (*Kuh*) to give no milk.

trocknen|en ['trɔknən], *v.tr.&i.* (*sein/haben*) to dry (s.o., sth., fruit, one's eyes etc.); **die Wäsche ist/hat schon getrocknet**, the washing is already dry. 'T ~ **er**, *m* -s/- drier. 'T ~ **ung**, *f* -/*no pl* drying.

Troddel ['trɔdəl], *f* -/-n tassel.

Tröd|el ['trøːdəl], *m* -s/*no pl F:* lumber, junk. T ~ **e'lei**, *f* -/*no pl F:* dawdling. 'T ~ **elmarkt**, *m* -(e)s/-̈e flea market; (*für Wohltätigkeitszwecke*) jumble sale. **'t ~ eln**, *v.i.* (*haben/sein*) *F:* to dawdle. 'T ~ **ler**, *m* -s/- 1. junk dealer. 2. *F:* dawdler, slowcoach, *N.Am:* slowpoke.

troff [trɔf], *p. of* **triefen** *q.v.*

Trog¹ [troːk], *m* -(e)s/-̈e trough.

trog², *p. of* **trügen** *q.v.*

trollen ['trɔlən], *v.refl. F:* **sich t.**, to push off.

Trommel ['trɔməl]. I. *f* -/-n *Mus: & Tchn:* drum; *F:* **die T. für j-n, etwas rühren**, to beat the drum for s.o., sth. II. 'T~-, *comb.fm.* drum (brake etc.); T~**schlag** *m*, drumbeat; T~**schlegel/T~stock** *m*, drumstick; T~**wirbel** *m*, drumroll. 'T ~ **fell**, *n* -(e)s/-e 1. *Mus:* drumhead. 2. *Anat:* eardrum. 'T ~ **feuer**, *n* -s/- *Artil: & Fig:* barrage. **'t ~ n**, *v.* 1. *v.i.* (*haben*) to (beat the) drum; *Fig:* (*Regen, Pers. usw.*) to drum; (*Herz*) to beat wildly; **gegen die Tür t.**, to hammer on the door. 2. *v.tr.* to drum (a march etc.); to beat (time, a rhythm etc.).

Trommler ['trɔmlər], *m* -s/- drummer.

Trompete [trɔm'peːtə], *f* -/-n trumpet. **t ~ n**, *v.* 1. *v.i.* (*haben*) (*a*) to blow/play the trumpet; (*b*) *F:* to blow one's nose loudly. 2. *v.tr.* (*a*) to play (sth.) on the trumpet; (*b*) *Fig:* to shout (sth.) from the rooftops. T ~ **r**, *m* -s/- trumpeter.

Tropen ['troːpən]. I. *pl* **die T.**, the tropics. II. 'T~-, *comb.fm.* tropical (suit, fever, disease etc.); T~**ausrüstung** *f*, tropical kit. **'t ~ fest**, *adj.* tropicalized. 'T ~ **helm**, *m* -(e)s/-e sun helmet, topee.

Tropf [trɔpf], *m* -(e)s/-̈e 1. *F:* dimwit; **armer T.**, poor beggar. 2. (*pl* -e) *Med:* drip. 'T ~ **en**. I. *m* -s/- drop; (*herunterfallend*) drip; (*Schweißt.*) bead (of perspiration); **wir haben keinen T. Milch**, we haven't a drop of milk; *F:* **ein guter T.**, an excellent wine; *Fig:* **ein T. auf den heißen Stein**, a drop in the ocean. II. **t.**, *v.tr.&i.* (*haben/occ sein*) to drip (sth.); **ihm tropfte die Nase**, his nose was running. 'T ~ **enfänger**, *m* -s/- drip catcher. **'t ~ enweise**, *adv.* drop by drop. 'T ~ **flasche**, *f* -/-n dropper bottle. **'t ~ 'naß**, *adj.* dripping wet. 'T ~ **stein**, *m* -(e)s/-e *Geol:* (*herabhängend*) stalactite; (*stehend*) stalagmite. 'T ~ **steinhöhle**, *f* -/-n cave with stalactites/stalagmites.

tröpfeln ['trœpfəln], *v.* 1. *v.i.* (*haben/occ sein*) to trickle, (*Nase*) run; (*Regen*) **es tröpfelt**, it's spitting. 2. *v.tr.* to drip (sth.).

Trophäe [tro'fɛːə], *f* -/-n trophy.

tropisch ['troːpiʃ], *adj.* tropical.

Troß [trɔs], *m* -sses/-sse 1. *Mil.Hist:* baggage train. 2. (trail of) camp followers, hangers-on.

Trosse ['trɔsə], *f* -/-n cable; *Nau:* hawser.

Trost [troːst], *m* -(e)s/*no pl* consolation, comfort; **j-m T. spenden/zusprechen**, to comfort/console s.o.; *Iron:* **das ist ein schwacher T.!** that's not much consolation! *F:* **nicht ganz/recht bei T. sein**, to be off one's rocker. **'t ~ bedürftig**, *adj.* in need of consolation. **'t ~ bringend**, *adj.* comforting. **'t ~ los**, *adj.* (*a*) (*Pers.*) inconsolable, disconsolate; **mir war t. zumute**, I was in despair; (*b*) bleak, cheerless (countryside, weather etc.); miserable (conditions); hopeless (situation etc.). 'T ~ **losigkeit**, *f* -/ *no pl* 1. (*a*) despair, dejection; (*b*) bleakness, cheerlessness; hopelessness, desperation. 'T ~ **pflaster**, *n* -s/- *Hum:* (little) consolation. 'T ~ **preis**, *m* -es/-e consolation prize. **'t ~ reich**, *adj.* comforting.

tröst|en ['trøːstən], *v.tr.* to console, comfort (s.o., oneself); **sich nicht t. lassen**, to be inconsolable; **sich damit t., daß . . .**, to console oneself with the thought that . . .; **sich mit einer anderen Frau t.**, to find consolation with another woman. 'T ~ er, *m* -s/- comforter. 't ~ - lich, *adj*. comforting, consoling. 'T ~ ung, *f* -/-en consolation, comfort.

Trott [trɔt], *m* -(e)s/-e **1.** trot; im T. gehen, to trot. **2.** *Fig*: routine; es geht alles den alten T., everything continues in the same old humdrum way. 'T ~ el, *m* -s/- *F*: idiot; alter T., old fool. 't ~ elhaft, *adj. F:* moronic. 't ~ elig, *adj. F:* dithering. 't ~ en, *v.i. (sein)* to trot; *F: (Pers.)* to trudge (along). T ~ oir [trɔto'a:r], *n* -s/-e & -s *A:* & *Aus:* pavement, *N.Am:* sidewalk.

trotz [trɔts]. **I.** *prep.* + *gen* in spite of; **t. Regen/ des Regens,** in spite of the rain; **t. alledem,** for all that. **II.** T., *m* -es/*no pl* defiance; *(Oppositionsgeist)* cussedness; truculence; *(Eigensinn)* obstinacy; j-m T. bieten, to defy s.o.; j-m zum T., in defiance of s.o.; aller Vernunft zum T., contrary to/spurning all reason. 't ~ dem. **1.** *adv.* nevertheless, even so. **2.** *conj. F:* **t. es regnete,** even though it was raining. 't ~ en, *v.i. (haben) (a)* j-m/etwas *dat* t., to defy s.o., sth.; **einem Sturm/einer Gefahr t.,** to brave a storm/a danger; *(b) (trotzig sein)* to be obstinate/*(Kind)* rebellious. 't ~ ig/'t ~ köpfig, *adj.* defiant; *(Kind usw.)* pigheaded; *(widerspenstig)* rebellious, truculent. 'T ~ kopf, *m* -(e)s/-̈e pigheaded person/*esp.* child.

trüb|e ['try:bə], *adj. (a)* cloudy (liquid, weather, sky etc.); dull (weather, day, eyes, metal etc.); dim, gloomy (light); sombre (colours); *F:* im t ~ n fischen, to fish in troubled waters; *(b) (traurig)* gloomy (person, times, thoughts, mood etc.); grim (prospect, experience); die Sache sieht t. aus, things look black; *F:* t ~ e Tasse, wet blanket. 't ~ en, *v.tr. (a)* to cloud (a liquid); to dull (a window etc.), tarnish (silver etc.), dim (a light etc.); er sieht so aus, als könnte er kein Wässerchen t., he looks as if butter would not melt in his mouth; sich t., to become cloudy/dull; *(b)* to cast a cloud over (s.o.'s mood etc.); to spoil, mar (a good relationship/atmosphere etc.); to cloud (s.o.'s judgement etc.). T ~ heit ['try:phait], *f* -/*no pl (a)* cloudiness; dullness; dimness, sombreness; *(b)* gloominess. 'T ~ sal, *f* -/-e *Lit: (Trauer)* grief; *F:* T. blasen, to be down in the dumps. 't ~ selig, *adj.* gloomy (person, mood etc.); depressing, dreary (place, colours etc.). 'T ~ seligkeit, *f* -/*no pl* gloominess; dreariness. 'T ~ sinn, *m* -(e)s/*no pl* melancholy. 't ~ sinnig, *adj.* gloomy, dejected. 'T ~ ung, *f* -/-en *(a) (also Fig:)* clouding; dimming; tarnishing; *(b) (Beeinträchtigung)* marring.

Trubel ['tru:bəl], *m* -s/*no pl* bustle, hurly-burly.

trudeln ['tru:dəln], *v.i. (sein)* to spiral, *Av:* spin.

Trüffel ['tryfəl], *f* -/-n & *F: m* -/-s truffle.

trug [tru:k]. **I.** *p. of* tragen *q.v.* **II.** T., *m* -(e)s/ *no pl Lit:* deception. 'T ~ bild, *n* -(e)s/-er hallucination. 'T ~ schluß, *m* -sses/-̈sse wrong conclusion; fallacy.

trüg|en ['try:gən], *v.irr. (p.* trog, *p.p.* getrogen) **1.** *v.tr.* to deceive (s.o.); wenn mich nicht alles trügt, if I am not much mistaken; wenn mich meine Erinnerung nicht trügt, if my memory serves me right. **2.** *v.i. (haben)* den Schein trügt, appearances are deceptive. 't ~ erisch, *adj.* deceptive.

Truhe ['tru:ə], *f* -/-n chest; *Rad: etc:* cabinet.

Trumm [trum], *n* -(e)s/-̈er *esp. South G: F:* (heavy/great) lump; whopper.

Trümmer ['trymər], *pl* debris; *(von Gebäuden)* rubble; *Nau: Av:* wreckage; etwas in T. schlagen, to smash sth. to pieces; *(Fenster usw.)* in T. gehen, to be shattered; die Stadt lag in T ~ n, the city lay in ruins. 'T ~ grundstück, *n* -(e)s/-e bombed site. 'T ~ haufen, *m* -s/- heap of rubble.

Trumpf [trumpf], *m* -(e)s/-̈e *Cards:* trump (card); Herz ist T., hearts are trumps; *Fig:* alle T ~ e in der Hand haben, to hold all the trumps; (jetzt) T. sein, to be the thing/*(das nötige)* the order of the day. 't ~ en, *v.tr.&i. (haben)* to trump (a card). 'T ~ karte, *f* -/-n trump card.

Trunk [truŋk], *m* -(e)s/*occ* -̈e *Lit: (a)* drink; *(b) (T ~ sucht)* drinking. 'T ~ enheit, *f* -/*no pl* drunkenness; T. am Steuer, drunken driving. 'T ~ sucht, *f* -/*no pl* alcoholism. 't ~ süchtig, *adj.* addicted to alcohol; ein T ~ er/eine T ~ e, an alcoholic.

Trupp [trup], *m* -s/-s gang (of workers etc.); detachment, squad (of police, troops etc.); group (of people). 'T ~ e, *f* -/-n **1.** *(a) no pl* army; die (kämpfende) T., the (fighting) forces; Dienst bei der T., active military service; *(b) (Verband)* unit; *F:* von der schnellen T. sein, to be a speedy Gonzalez; *(c) pl* T ~ n, troops. **2.** *Th: etc:* company, troupe (of acrobats etc.); *Sp:* squad. 'T ~ en-, *comb.fm.* troop (movement, transport etc.); military (parade etc.); T ~ transporter *m, (Schiff)* troopship; *(Flugzeug)* troop carrier; T ~ schau *f,* military review; T ~ übung *f,* troop manoeuvre, field exercise; T ~ übungsplatz *m,* military training area. 'T ~ enarzt, *m* -es/-̈e (army) medical officer. 'T ~ enführer, *m* -s/- unit commander. 'T ~ engattung, *f* -/-en arm (of the service). 'T ~ enteil, *m* -(e)s/-e unit. 'T ~ enverbandplatz, *m* -es/-̈e field dressing station. 't ~ weise, *adv.* in squads/groups.

Trust [trast], *m* -(e)s/-e & -s *Fin:* trust.

Trut|hahn ['tru:tha:n], *m* -(e)s/-̈e turkey (-cock). 'T ~ henne, *f* -/-n turkey-hen.

Tschech|e ['tʃeçə], *m* -n/-n Czech. 'T ~ in, *f* -/-nen Czech woman. 't ~ isch, *adj.* Czech. T ~ oslowakei [-ɔslova'kai] *Pr.n.f*-. Czechoslovakia.

tschüs [tʃy:s], *int. F:* bye now! so long!

Tsetsefliege ['tse:tsefli:gə], *f* -/-n tsetse fly.

Tub|a ['tu:ba], *f* -/ ben *Mus:* tuba. 'T ~ e, *f* -/-n tube; *F:* auf die T. drücken, to get a move on, *Aut:* step on the gas.

Tuberk|el [tu'bɛrkəl], *m* -s/- *Med:* tubercle. t ~ ulös [-ku'lø:s], *adj.* tubercular. T ~ ulose [-ku'lo:zə], *f* -/-n *Med:* tuberculosis.

Tuch [tu:x]. **1.** *n* -(e)s/-e *(Stoffart)* cloth, fabric. **2.** *n* -(e)s/-̈er cloth; *(Halst.)* scarf; *(Kopft.)* head scarf; *(Staubt.)* duster; *(Geschirrt.)* dishcloth; *(Badet.)* bath towel; *F:* ein rotes T. für j-n sein, to make s.o. see red. 'T ~ ent, *f* -/-en *Aus:* featherbed. 'T ~ fühlung, *f* -/-en *Hum:* close touch; mit j-m T. haben, to be right up against s.o./*Fig:* in close contact with s.o. 'T ~ - handel, *m* -s/*no pl* cloth/*Brit:* drapery trade. 'T ~ händler, *m* -s/- cloth merchant, *Brit:* draper. 'T ~ waren, *pl* cloth, *Brit:* drapery.

tüchtig ['tyçtiç], *adj.* **1.** *(fähig)* able, competent;

(leistungsfähig) efficient; *(fleißig)* hardworking (person); **eine t~e Leistung/Arbeit,** a fine effort/piece of work; *F:* **t., t.!** well done! good for you! *adv.* **t. arbeiten,** to work hard. **2.** *(beträchtlich)* sizeable (piece, portion); big (gulp etc.); hard (blow); hearty (eater); healthy (appetite); **t~er Schrecken,** terrible shock; **eine t~e Tracht Prügel,** a sound hiding; *adv.* **t. regnen,** to rain hard; **j-n t. reinlegen,** to fool s.o. completely/*F:* good and proper. **'T ~ keit,** *f* **-/no pl** ability, competence; efficiency; excellence (of work); *(Fleiß)* industry; **körperliche T.,** physical fitness.

Tück|e ['tykə], *f* **-/-n 1.** *no pl* treachery; *Fig:* fickleness (of fate); **T. des Objekts,** perverseness/cussedness of the inanimate. **2.** *(Handlung)* trick, ruse; *Fig:* danger; **seine T~n haben,** *(Maschine)* to be temperamental/*(Berg, Fluß usw.)* treacherous. **'t ~ isch,** *adj.* treacherous, pernicious (illness); malicious (glance etc.).

tuckern ['tukərn], *v.i. (haben/occ sein) (Boot)* to chug.

Tuerei [tu:ə'rai], *f* **-/no pl** *F: Pej:* silly fuss.

Tüftel|ei [tyftə'lai], *f* **-/-en** *F:* fiddly job/work. **'t ~ ig,** *adj. F:* fiddly (work); finicky (person etc.). **'t ~ n,** *v.i. (haben) F:* to do fiddly work **(an einer Maschine,** on a machine); **an einem Problem t.,** to puzzle over a problem.

Tugend ['tu:gənt], *f* **-/-en** virtue; *Iron:* **vom Pfad der T. abweichen,** to stray from the straight and narrow. **'T ~ bold,** *m* **-(e)s/-e** *Iron:* paragon of virtue. **'t ~ haft,** *adj.* virtuous.

Tukan ['tu:ka:n], *m* **-s/-e** *Orn:* toucan.

Tüll [tyl], *m* **-(e)s/-e** *Tex:* tulle. **'T ~ gardine,** *f* **-/-n** net curtain.

Tülle ['tylə], *f* **-/-n** spout.

Tulpe ['tulpə], *f* **-/-n** *Bot:* tulip. **'T ~ n-,** *comb. fm.* tulip (tree etc.); **T ~ zwiebel** *f,* tulip bulb.

tummel|n ['tuməln], *v.refl.* **sich t.,** (i) *(Kinder)* to romp (about); (ii) *esp. South G: F: (sich beeilen)* to get a move on. **'T ~ platz,** *m* **-es/-e** playground.

Tümmler ['tymlər], *m* **-s/-** *Z:* bottle-nosed dolphin.

Tumor ['tu:mɔr], *m* **-s/-en** ['tumo:rən] *Med:* tumour.

Tümpel ['tympəl], *m* **-s/-** pond.

Tumult [tu'mult], *m* **-(e)s/-e** tumult, commotion; *(Protest)* uproar; *pl* **T~e,** disturbances.

tun [tu:n]. **I.** *v.irr.* (*pres.* **tut,** *p.* **tat,** *p.subj.* **täte,** *p.p.* **getan) 1.** *v.tr.* (*a*) to do (sth., a job, favour, one's duty etc.); to make (a vow, remark etc.), utter (a cry), take (a step); **was t.?** what's to be done? **was tust du denn da?** what are you up to? **er tut nichts als faulenzen,** he does nothing but loaf about; **so etwas tut man nicht,** that sort of thing isn't done; **Sie können t. und lassen, was Sie wollen,** you can do whatever you like; **nach getaner Arbeit,** when one's work is done; **einen kräftigen Schluck aus der Flasche t.,** to take a good swig from the bottle; **einen Blick t.,** to cast a glance; **das Mittel hat Wunder getan,** the remedy has worked wonders; (*b*) *(antun)* **was hat er dir getan?** what did he do to you? **der Hund tut dir nichts,** the dog won't hurt you; (*c*) *F: (stellen)* to put (sth.) (somewhere); **etwas an seinen Platz t.,** to put sth. in its place; **die Kinder in die Schule t.,** to send the

children to school; (*d*) *F: (genügen)* **damit ist es nicht getan,** that's not enough; you have to do better than that; **das tut's auch,** that would do; **der Mantel tut es noch diesen Winter,** the coat will last out this winter; (*e*) **ich will mit ihm nichts zu t. haben,** I don't want to have anything to do with him; **das hat damit nichts zu t./tut nichts zur Sache,** that has nothing to do with it/is quite irrelevant; **es mit j-m zu t. haben,** to have dealings with s.o.; *F:* **er hat (es) mit dem Herzen zu t.,** he has heart trouble; **es mit der Angst zu t. kriegen,** to get the wind up; (*f*) *F:* **was tut das schon?** what does it matter? **das tut (doch) nichts,** it doesn't matter; (*g*) *F:* (+ *infin.*) **wir t. gleich essen,** we'll be eating soon; **er tut arbeiten,** he's working; **ich täte mich schon interessieren,** I really would be interested; (*h*) *v.refl.* **es tut sich etwas/***F:* **was,** there is sth. going on; **hier tut sich nie was,** nothing ever happens here. **2.** *v.i. (haben)* (*a*) **ich habe zu t.,** I have work to do/*(Geschäfte)* business to attend to; **beide/alle Hände voll zu t. haben,** to have one's hands full; (*b*) (+ *adv.*) **freundlich t.,** to act/behave in a friendly way; **er tat sehr wichtig,** he put on airs; **tu doch nicht so!** stop pretending/putting it on! **so t., als ob . . .,** to act/behave as if . . .; **er tat, als wüßte er nichts davon,** he pretended he knew nothing about it; (*c*) **du tätest gut daran, ja zu sagen,** you had better say yes; (*d*) **mit j-m zu t. haben,** to have dealings with s.o.; **mit etwas dat zu t. haben,** to be concerned/connected with sth.; *Lit:* **es ist ihm nur um seine Ehre zu t.,** he is only concerned about his honour. **II. T.,** *n* **-s/** *no pl* doings; **sein ganzes T. (und Treiben),** all his actions. **'t ~ lich,** *adj.* feasible; *(zweckmäßig)* expedient. **'t ~ lichst,** *adv.* if at all possible.

Tünche ['tynçə], *f* **-/-n** whitewash; *(farbig)* distemper; *Fig: (äußerer Schein)* veneer. **'t ~ n,** *v.tr.* to whitewash (sth.).

Tundra ['tundra], *f* **-/-dren** *Geog:* tundra.

Tuner ['tju:nər], *m* **-s/-** *Rad:* & *Aut:* tuner.

Tunes|ien [tu'ne:ziən], *Pr.n.n* **-s.** *Geog:* Tunisia. **T ~ ier(in),** *m* **-s/-** (*f* **-/-nen)** Tunisian (man/woman). **t ~ isch,** *adj.* Tunisian.

Tunke ['tunkə], *f* **-/-n** *esp. North G:* sauce; *(Bratent.)* gravy. **'t ~ n,** *v.tr. esp. North G:* to dip (sth.) (**in etwas** *acc,* in sth.).

Tunnel ['tunəl], *m* **-s/-** & **-s** tunnel.

Tunte ['tuntə], *f* **-/-n** *F:* **1.** *(Frau)* prim female. **2.** *(Mann)* pansy.

Tüpfel|chen ['typfəlçən], *n* **-s/-** tiny spot; *(gedruckt usw.)* dot; *Fig:* **das T. auf dem i,** the finishing touch. **'t ~ n,** *v.tr.* to spot (sth.).

tupf|en ['tupfən]. **I.** *v.tr.* (*a*) to dab (sth.) **(auf etwas** *acc,* onto sth.); (*b*) **(blau) getupftes Kleid,** dress with (blue) polka dots. **II. T.,** *m* **-s/-** spot; dot. **'T ~ er,** *m* **-s/- 1.** dot. **2.** *Med:* swab. **'T ~ lack,** *m.* **-(e)s/e** *Aut:* touch-up paint.

Tür [ty:r]. **I.** *f* **-/-en** door (**zur Terrasse usw.,** (leading) onto the terrace etc.); **T. an T. (mit j-m) wohnen,** to live next door (to s.o.); *Fig:* **ihm stehen alle T~en offen,** all doors are open to him; **etwas** *dat* **T. und Tor öffnen,** to clear the way for sth.; **hinter verschlossenen T~en verhandeln,** to negotiate behind closed doors/in secret; **j-n vor die T. setzen,** to throw s.o. out; *Prov:* **jeder kehre vor seiner eigenen T.,** every-

one should put his own house in order; *Fig:*
Weihnachten steht vor der T., Christmas is just
round the corner; *F:* **zwischen T. und Angel**,
hurriedly, without due considcration; **mit der T.**
ins Haus fallen, to blurt out what one has to
say. II. **'T~-**, *comb.fm.* door (chain, lock, key
etc.); **T~angel** *f*, door hinge; **T~beschläge**
mpl, door fittings; **T~füllung** *f*, door panel;
T~griff *m*/**T~klinke** *f*, door handle; **T~**
klingel *f*, doorbell; **T~ klopfer** *m*, door knocker;
T~knauf/T~knopf *m*, doorknob; **T~öffner**
m, (electric) door opener; (*Summer*) door
buzzer; **T~öffnung** *f*, doorway; **T~pfosten** *m*,
doorpost; **T~rahmen** *m*, doorframe; **T~schild**
n, door plate; **T~ schließer** *m*, (i) (automatic)
door closer; (ii) (*Pers.*) doorman; **T~schwelle**
f, doorsill, threshold; **T~hüter** *m*, doorkeeper;
T~sturz *m*, door lintel; **T~vorleger** *m*, door-
mat. **'T~flügel**, *m -s/-* (lefthand/righthand)
door (of a pair).
Turban ['turbaːn], *m -s/-e* turban.
Turbline [tur'biːnə], *f -/-n* turbine. **T~inen-**,
comb.fm. turbine (ship, engine etc.); *Av:* tur-
bojet (aircraft, engine etc.). **'T~olader**, *m*
-s/- I.C.E: turbocharger. **'T~omotor**, *m*
-s/-en turbocharged cngine.
turbulen|t [turbu'lɛnt], *adj.* turbulent; *adv.* **es**
ging t. zu, things were pretty hectic. **T~z**, *f*
-/-en turbulence.
Türk|e ['tyrkə], *m -n/-n* Turk. **T~ei** [-'kai].
Pr.n.f -. Geog: **die T.**, Turkey. **'T~in**, *f -/-nen*
Turkish woman. **'t~isch**, *adj.* Turkish; **t~er**
Honig, Turkish delight.
Türkis [tyr'kiːs]. **1.** *m -es/-e Miner:* turquoise.
2. *n -/no pl* turquoise (colour). **t~(farben)**,
adj. turquoise.
Turm [turm], *m -(e)s/⁻e* (*a*) tower; (*spitzer*
Kircht.) steeple; *Hist:* (*Verlies*) keep; (*b*) *Chess:*
castle; (*c*) (*Geschütz.*) turret; (*d*) *Navy:* (sub-
marine's) conning tower; (*e*) *Swim:* diving plat-
form. **'T~bau**, *m -(e)s/-ten* **1.** *no pl* building
of a tower. **2.** tower. **'T~falke**, *m -n/-n Orn:*
kestrel. **'T~geschütz**, *n -es/-e Mil:* turret
gun. **'t~hoch**, *adj.* towering (waves etc.). **'T~-**
spitze, *f -/-n* spire. **T~springen**, *n -s/no*
pl Swim: high diving. **'T~uhr**, *f -/-en* tower/
esp. (*am Kircht.*) church clock.
Türm|chen ['tyrmçən], *n -s/-* small tower,
turret. **'t~en**, *v.* **1.** *v.tr.* to pile, stack (books
etc.); **sich t.**, to pile/*Lit:* (*Berge*) tower. **2.** *v.i.*
(*sein*) *F:* to clear out, *Brit:* do a bunk.
Turn- ['turn-], *comb.fm.* gymnastic (apparatus,
exercise etc.); *Sch:* gym/P.E. (teacher, lesson
etc.); **T~anzug** *m*, gymnastics outfit; (*für*
Frauen) leotard; **T~fest** *n*, gymnastics display;
T~verein *m*, gymnastics club; **T~hose** *f*, gym
shorts; **T~riege** *f*, gym squad; **T~schuhe** *mpl*,
gym shoes, *N.Am:* sneakers; **T~unterricht** *m*,
gymnastics instruction; *Sch:* gym/P.E. (les-
sons); **T~zeug** *n*, gym kit. **'t~en**. **I.** *v.* **1.** *v.i.*
(*haben*) to do gymnastics/*F:* gym/*Sch:* P.E.; **er**
kann gut t., he is good at gym; **am Barren t.**, to
exercise on the parallel bars. **2.** *v.tr. Gym:* to
perform (an exercise). **II.** **T.**, *n -s/no pl Sp:*
gymnastics; *Sch: F:* gym; P.E. **'T~er(in)**, *m*

-s/- (f -/-nen) gymnast. **'t~erisch**, *adj.* gym-
nastic. **'T~halle**, *f -/-n* gymnasium, *F:* gym.
'T~hemd, *n -(e)s/-en* singlet.
Turnier [tur'niːr]. **I.** *n -s/-e Hist: & Sp:* tourna-
ment; (*Reitt.*) (horse) show; (*Tanzt.*) (dancing)
competition. **II.** **T~-**, *comb.fm.* tournament
(winner etc.); *Equit:* show (horse, rider etc.);
Danc: competition (dancing, winner etc.);
Equit: **T~platz** *m*, show arena.
Turnus ['turnus], *m -/-se* (*a*) rota; **im T.**, in
rotation; **in einem T. von 5 Jahren**, every 5
years; (*b*) *Ind:* (*Schicht*) shift.
turtel|n ['turtəln], *v.i.* (*haben*) *Hum:* (*Verliebte*)
to bill and coo. **'T~taube**, *f -/-n* turtledove.
Tusch [tuʃ], *m -(e)s/-e Mus:* flourish.
Tusch|e ['tuʃə], *f -/-n* Indian ink. **'t~en**,
v.tr.&i. (*haben*) to draw/colour (sth.) with
Indian ink. **'T~zeichnung**, *f -/-en* pen-and-
ink drawing.
tuscheln ['tuʃəln], *v.tr. & i.* (*haben*) to whisper
(sth.).
Tüte ['tyːtə], *f -/-n* **1.** (*a*) (paper/plastic) bag; **eine**
T. Bonbons, a bag of sweets/*N.Am:* candy; *Aut:*
F: **in die T. blasen**, to be breathalysed; *F:* **T~n**
kleben, to be doing time; (**das**) **kommt nicht in**
die T.! nothing doing! (*b*) (*Eist.*) ice-cream
cone/cornet. **2.** *F:* (*Pers.*) type.
tuten ['tuːtən], *v.i.* (*haben*) to toot, hoot; *F:* **er hat**
von T. und Blasen keine Ahnung, he hasn't a
clue.
Tutor ['tuːtor], *m -s/-en* [tu'toːrən] tutor.
Tweed [tviːt], *m -s/-s & -e Tex:* tweed.
Twen [tvɛn], *m -(s)/-s* young man/woman in his/
her 20s.
Typ [tyːp], *m -s/-en* type; (*a*) **Menschen dieses**
T~s, people of this kind; **sie ist nicht mein T.**,
she is not my type/sort; **Blond ist sein T.**, he
likes blondes; **er ist der T. eines Künstlers**, he is
a typical artist; (*b*) *F:* (*Pers.*) character, *N.Am:*
guy; **ein hagerer T.**, a lanky type; *F:* **dein T.**
wird verlangt, you're wanted on the phone;
(*c*) *Aut: Av: etc:* (*Modell*) type, model. **'T~e**,
f -/-n **1.** *Print:* character; *pl* **T~n**, type; **2.** *F:*
(*Pers.*) queer bird, odd character. **'t~en**, *v.tr.*
Ind: to standardize (products). **'T~enbe-**
zeichnung, *f -/-en Ind:* model designation.
'T~endruck, *m -(e)s/-e Print:* letterpress
printing. **'T~(en)schild**, *n -(e)s/-er Ind:*
model identification plate. **'T~ensetz-**
maschine, *f -/-n Print:* typesetting machine.
't~isch, *adj.* typical (**für j-n, etwas** *etc.* of
s.o., sth.); *adv.* **t. deutsch**, typically German; *F:*
t. Frau/Mann! how typical of a woman/man!
das ist t. Ute! that's Ute all over! **'t~ischer-**
weise, *adv.* typically.
Typhus ['tyːfus], *m -/no pl Med:* typhoid (fever).
Typo|graphie [typogra'fiː], *f -/-n* typography.
t~graphisch [-'graːfiʃ], *adj.* typographical.
T~'skript, *n -(e)s/-e* typescript.
Typus ['tyːpus], *m -/-pen* type.
Tyrann [ty'ran], *m -en/-en Pol: Hist:* tyrant;
Fig: (*Chef usw.*) bully. **T~ei** [-'nai], *f -/-en*
tyranny. **t~isch**, *adj.* tyrannical, bullying.
t~i'sieren, *v.tr.* to bully (s.o.), tyrannize (a
country etc.).

U

U, u [u:], *n -/-* (the letter) U, u.
U-Bahn ['u:ba:n], *f -/-en* underground (railway), *N.Am:* subway. 'U~**hof**, *m -(e)s/⁻e/* 'U~-**Station**, *f -/-en* underground/*N.Am:* subway station.
übel ['y:bəl]. **I.** *adj.* (a) (*schlecht*) bad; (*moralisch schlecht*) wicked, evil; **j-m Übles nachsagen,** to speak evil/ill of s.o.; **ein übler Bursche,** a bad lot; *F:* (**gar**) **nicht ü.,** not (at all) bad; *adv.* **ich hätte nicht ü. Lust zu . . .,** I've a good mind to . . .; **ü. zugerichtet,** badly knocked about; (b) (*unangenehm*) nasty, (*stärker*) foul (weather, smell etc.); **üble Folgen,** unpleasant consequences; **in übler Laune/*adv.* ü. gelaunt,** in a bad temper; *adv.* **j-m ü. mitspielen,** to play a nasty trick on s.o.; (c) **mir ist/wird ü.,** I feel sick; *adv.* **ü. aussehen,** to look ill/*F:* terrible. **II. Ü.,** *n -s/-* evil; (*Mißstand*) anomaly; **das kleinere Ü.,** the lesser evil; **das Ü. an der Wurzel packen,** to get to the root of the trouble; **zu allem Ü. . . .,** to crown it all/make matters worse . . . 'ü~**gelaunt,** *adj.* grumpy. 'ü~**nehmen,** *v.tr.sep.irr.69* to take (sth.) amiss, take offence at (sth.). 'ü~**riechend,** *adj.* evil-smelling. 'Ü~**täter,** *m -s/-* wrongdoer. 'ü~**wollen,** *v.i.sep.irr.112* (haben) **j-m ü.,** to be ill-disposed towards s.o.
üben ['y:bən], *v.* **1.** *v.i.* (haben) to practise. **2.** *v.tr.* (a) to practise (a piece, reading etc.); (*schulen*) to train (one's eyes, memory etc.); **Klavier/Geige ü.,** to practise the piano/violin; **sich** (**in etwas** *dat*) **ü.,** to practise (sth.); (b) to exercise (patience etc.); to show (mercy etc.).
über ['y:bər]. **I.** *prep.* **1.** (*Lage*) + *dat* above, over; (a) **er wohnt ü. uns,** he lives above us/on the next floor; **ü. dem Durchschnitt,** above average; **einen Mantel ü. dem Anzug tragen,** to wear a coat over/on top of one's suit; **ü. der Arbeit/den Büchern hocken,** to pore over one's work/ books; *Min:* **ü. Tage,** above ground; (b) (*auf der anderen Seite*) **ü. der Straße,** over the road; (c) (*überlegen*) **er steht ü. mir,** he is my superior. **2.** + *acc* (a) over; **er hängte das Bild ü. das Büfett,** he hung the picture over the sideboard; (b) (*über . . . hinüber*) over, across; **ü. die Straße gehen,** to cross the street; **ü. einen Graben springen,** to jump over/across a ditch; (c) (*durch*) through; **ü. München fahren,** to go via Munich; **ich bekam es ü. einen Freund,** I got it through a friend; **ü.** Fernschreiber, by telex; *Fin:* **ein Scheck ü. DM 100,** a cheque for 100 marks; (d) (*über. . . . hinaus*) beyond, past; **das geht ü. meinen Verstand,** it's beyond my comprehension; **ü. alle Maßen glücklich,** immeasurably/

tremendously happy; (e) **ü. j-n herrschen/ Macht haben,** to rule/have power over s.o.; (f) **Fehler ü. Fehler machen,** to make mistake after mistake/one mistake after the other; (g) (*zeitlich*) **übers Wochenende,** over/for the weekend; **ü. Nacht,** overnight; **ü. kurz oder lang,** sooner or later; (h) **es geht nichts ü. einen guten Wein,** there is nothing to beat a good wine. **3.** (a) + *acc* (*betreffend*) about; **ein Buch ü. Kunst,** a book about/on art; **sich ü. etwas aufregen,** to get worked up about/over sth.; (b) + *dat* (*wegen*) due to, because of; **ü. dem Lärm aufwachen,** to wake up because of the noise. **II.** *adv.* **1.** (*mehr als*) over, more than; **seit ü. einem Jahr,** for more than a year. **2. das ganze Jahr ü.,** all (the) year round; **den Winter ü.,** all winter long. **3.** (a) *Mil:* (**das**) **Gewehr ü.!** slope/*N.Am:* shoulder arms! (b) **ü. und ü.,** all over; **ü. und ü. mit Schmutz bedeckt,** entirely covered in dirt. **III.** *adj.* *F:* (a) **j-m ü. sein,** to be superior to/more than match for s.o.; (b) (*übrig*) **ich habe noch 5 Mark ü.,** I still have 5 marks left. **IV.** 'Ü~-, 'ü~-, *comb.fm.* **1.** *vbl.prefix* (a) *sep.* (to boil, spill etc.) over; **'ü~schäumen,** to froth/ *Fig:* bubble over; '**ü~fließen/'ü~quellen/'ü~- strömen,** to flow over, overflow; '**ü~sprudeln,** to bubble over; **sich** *dat* **einen Mantel 'ü~hängen/'ü~tun/'ü~werfen,** to hang/put/throw a coat over one's shoulders; (b) *insep.* (to build, cover, fly, flood) over (sth.); '**ü~dachen/ü~- 'wölben,** to roof/vault over (sth.); ü~'hängen/ **ü~'schatten,** to overhang/overshadow (sth.); **ü~'malen/ü~'tünchen,** to cover sth. with paint/whitewash; **etwas mit Papier ü~'kleben,** to stick paper over sth.; **mit Moos ü~'wachsen,** overgrown with moss; *Fig:* **etwas ü~'denken,** to think sth. over. **2.** (*zu viel*) (a) *vbl.prefix insep.* to over-(emphasize, stretch, fill etc.) (sth.); ü~'anstrengen, to over-exert (s.o., oneself), overstrain (one's heart etc.); 'ü~bean- spruchen, to overtax (s.o.), overload (a system etc.); 'ü~belasten, to overload (a lorry etc.); 'ü~bewerten, to overrate (abilities etc.); ü~'drehen, to overwind (a watch), overrev (an engine); *F:* sich ü~'fressen, to overeat; ü~'füt- tern, to overfeed (an animal, child); ü~'heizen, to overheat (a room etc.); ü~'lasten, to over- load (a lorry etc.), overstrain (the heart); ü~'müden, to overtire (s.o.); ü~'reizen, to overexcite (the nerves etc.); ü~'schätzen, to overestimate (s.o., a distance etc.); (b) (+ *noun*) over-(payment, sensitivity, production, ripe- ness etc.); excess (freight, weight etc.); Ü~- 'anstrengung *f,* overexertion; 'Ü~dosis *f,* overdose; 'Ü~belastung/Ü~'ladung *f,* over-loading; Ü~'müdung *f,* /overtiredness; *Med:* Ü~'säuerung *f,* excess acidity; (*c*) *adj. & p.p.* over-(anxious, eager, developed, critical, long, full, rich etc.); (only) too (clear, clever etc.); 'ü~belegt, overcrowded; (*Kurs*) oversub-scribed; 'ü~empfindlich, over-sensitive; 'ü~-fällig, overdue; ü~'feinert, over-refined; 'ü~genau, over-precise, pedantic; ü~'glück-lich, overjoyed; 'ü~groß, oversize, outsize; 'ü~laut, overloud, too loud; ü~'reizt, over-excited, overwrought; 'ü~schwer, overweight.

über'all, *adv.* everywhere, *esp. N.Am:* all over; **ü. in der Welt,** all over the world; **er macht ü. mit,** he joins in everything; **ü. beliebt,** uni-versally popular. **ü ~ ' her,** *adv.* from all sides/ quarters. **ü ~ ' hin,** *adv.* in every direction.

über'altert, *adj.* (firm etc.) with too many old people; (*überholt*) outmoded.

über'arbeit|en, *v.tr.insep.* (*a*) to rework, revise (a text etc.); (*b*) **sich ü.,** to overwork; **über-arbeitet,** overworked. **Ü ~ ung,** *f* -/-en revision.

'**überaus,** *adv.* extremely, exceedingly; **es gefiel ihm ü. gut,** he liked it very much indeed.

über'backen, *v.tr.insep.irr.1 Cu:* to brown (cauliflower etc.); *p.p.* **mit Käse ü.,** au gratin.

'**Überbau,** *m* -(e)s/-e & -ten *Constr:* super-structure.

über'bieten, *v.tr.insep.irr.8* (*a*) (*bei einer Auk-tion*) to outbid (s.o.); (*b*) to excel/surpass (s.o., oneself etc.); **einen Rekord ü.,** to break a record.

'**Überbleibsel** [-blaipsəl], *n* -s/- remnant; (*Brauch*) survival; *pl* remains; *Cu:* left-overs.

'**Überblick,** *m* -(e)s/-e (*a*) panoramic/*Fig:* overall view (**über etwas** *acc.* of sth.); *Fig:* **den Ü. haben,** to have a good grasp (of the subject); **den Ü. verlieren,** not to see the wood for the trees; (*b*) (*Vortrag usw*) survey. **ü ~ en** [-'blikən], *v.tr.insep.* to overlook, have a view of (sth.); *Fig:* to grasp, take in (a situation etc.).

über'bring|en, *v.tr.insep.irr.16* to deliver (sth.) (**j-m,** to s.o.); to pass on (congratulations etc.). **Ü ~ er,** *m* -s/- bringer. **Ü ~ ung,** *f* -/no *pl* delivery.

über'brück|en, *v.tr.insep.* to get/(*mit Geld*) tide over (a period); **Gegensätze ü.,** to reconcile dif-ferences. **Ü ~ ung,** *f* -/no *pl* bridging, tiding over; reconciliation. **Ü ~ ungsgelder,** *pl*/ **Ü ~ ungskredit,** *m* -(e)s/-e bridging loan.

über'dauern, *v.tr.insep.* to outlast (sth.), (*über-stehen*) survive (wars etc.).

uber'dies, *adv.* besides; (*ohnehin*) as it is.

überdimensional [y:bərdimenzio'na:l], *adj. esp. Hum:* huge, outsize.

'**Überdruck. 1.** *m* -(e)s/-e overprinting (on a stamp etc.). **2.** *m* -(e)s/-e *Ph:* excess pressure. **ü ~ en** [-'drukən], *v.tr.* to overprint (a stamp etc.). 'Ü ~ **kabine,** *f* -/-n *Av:* pressurized cabin. 'Ü ~ **ventil,** *n* -s/-e *Tchn:* relief valve.

Überdruß ['y:bərdrus], *m* -sses/no *pl* surfeit, (*Müdigkeit*) weariness (**an etwas** *dat,* of sth.); **etwas bis zum Ü. hören,** to be sick of hearing sth. 'ü ~ **drüssig** [-drysiç], *adj.* **j-s, einer Sache** *gen* **ü.,** tired of/fed up with s.o., sth.

'**überdurchschnittlich,** *adj.* above average.

über'eignen, *v.tr.insep. Lit:* **j-m etwas ü.,** to make sth. over to s.o.

über'eil|en, *v.tr.insep.* to rush (matters etc.); to do (sth.) too hastily; **sich ü.,** to act (too) hastily; (*leichtsinnig*) rashly; **übereile dich nicht damit,** take your time over it. **ü ~ t,** *adj.* (over)hasty, (*leichtsinnig*) rash. **Ü ~ ung,** *f* -/no *pl* precip-itation, (excessive) haste.

überei'nander, *adv. & comb.fm.* (*a*) on top of one another; one above the other; (*b*) **ü. reden,** to talk about one another. **ü ~ schlagen,** *v.tr. sep.irr.85* to fold (one's arms), cross (one's legs).

über'ein|kommen, *v.i.sep.irr.53* (*sein*) *Lit:* to agree, reach agreement (**mit j-m,** with s.o.). **Ü ~ kommen,** *n* -s/-/**Ü ~ kunft,** *f* -/-̈e agreement, understanding. **ü ~ stimmen,** *v.i.sep.* (*haben*) to agree, (*Aussagen usw*) tally, (*Farben*) match (**mit etwas** *dat,* sth.); **wir stimmen darin überein,** we agree about that; **ihre An-sichten stimmen überein,** their ideas coincide. **ü ~ stimmend,** *adj.* concurring (reports etc.); (*einstimmig*) unanimous (opinions etc.); matching (colours); *adv.* **ü. mit** + *dat,* in con-formity with. **Ü ~ stimmung,** *f* -/-en agree-ment (**über** + *acc,* about, on); harmony (of colours, *Fig:* feelings etc.); **etwas mit etwas** *dat* **in Ü. bringen,** to bring sth. into line with sth./ (*farblich*) make sth. match sth.

über'essen, *v.refl.insep.irr.25* (*p.p.* **übergessen**) **sich ü.,** to overeat; **sich mit Marzipan ü.,** to eat too much marzipan.

über'fahr|en, *v.tr.insep.irr.26* (*a*) to run over (s.o., an animal); (*b*) to drive across (a line etc.), drive through (traffic lights). 'Ü ~ **t,** *f* -/-en *Nau:* crossing.

'**Überfall,** *m* -(e)s/-̈e (surprise) attack (**auf** + *acc,* on); (*auch von Räubern*) raid (**auf eine Bank,** on a bank); *Hum:* **verzeihen Sie diesen Ü.!** I'm sorry to descend on you like this. **ü ~ en** [-'falən], *v.tr.insep.irr.27* to attack (s.o., sth.) (suddenly); to raid, hold up (a bank etc.); *Fig:* (*überraschend besuchen*) to descend/burst in on (s.o.); **j-n mit Fragen ü.,** to bombard s.o. with questions; *Lit:* **ein Schauder überfiel mich,** a feeling of horror came over me. 'Ü ~ **kom-mando,** *n* -s/-s flying squad. 'Ü ~ **wagen,** *m* -s/- police squad car.

'**Überfluß,** *m* -sses/no *pl* (*a*) abundance; (*zu groß*) surplus, excess (**an etwas** *dat,* of sth.); **es ist in/im Ü. vorhanden,** there is plenty/*Econ:* a glut of this; (*b*) (*Reichtum*) affluence; **im Ü. leben,** to live in luxury; **zum Ü./zu allem Ü. hatten wir eine Panne,** to crown/top it all we had a breakdown.

'**überflüssig,** *adj.* superfluous; (*unnötig*) un-necessary; **ü~e Pfunde,** surplus weight; **ich komme mir hier recht ü. vor,** I have the feeling I am just in the way here.

über'forder|n, *v.tr.insep.* to ask too much of (s.o.); to strain, overtax (the heart, *Fig:* s.o.'s patience etc.). **Ü ~ ung,** *f* -/-en **1.** excessive demand. **2.** *no pl* (over)strain.

über'fragt, *adj.* **da bin ich ü.,** I can't answer that (one); there I can't help you.

Überfuhr ['y:bərfu:r], *f* -/-en *Aus:* ferry.

über'führ|en, *v.tr.insep.* (*a*) (*also v.sep.* ['y:bərfy:-rən]) to transport, convey (s.o., sth.); **er wurde ins Krankenhaus über(ge)führt,** he was taken to hospital; (*b*) *Ch:* to convert (a liquid into gas etc.); (*c*) *Jur:* **j-n (eines Verbrechens) ü.,** to find s.o. guilty (of a crime); (*d*) (*überbrücken*) to bridge, (*Brücke*) span (a river etc.). Ü ~ **ung**, *f* -/-**en 1.** (*a*) transport(ation); (*b*) *Ch: etc:* conversion. **2.** *Jur:* conviction. **3.** (*Brücke*) flyover, *esp. N.Am:* overpass; *Rail:* viaduct.

überfüllt [-'fylt], *adj.* crammed full; overcrowded (schools, buses etc.); congested (roads).

'**Übergabe**, *f* -/*no pl* handing over; *esp. Mil:* surrender (**an** + *acc,* to).

'**Übergang**, *m* -(e)s/=e **1.** (*a*) *no pl* crossing (**über einen Fluß usw.**, of a river etc.); (*b*) (*für Fußgänger*) (pedestrian) crossing; (*Brücke*) footbridge; *Rail:* (**schienengleicher**) Ü., level/*N.Am:* grade crossing. **2.** (*a*) (*Wechsel*) transition (**auf/ in** + *acc,* to); (*b*) (*Ü~szeit*) interim (period); (*c*) (*Zwischenlösung*) **es dient nur als Ü.**, it merely serves as a stopgap. '**Ü ~ s-**, *comb.fm.* interim (regulation, solution etc.); transitional (society, stage etc.); **Ü~zeit** *f,* transitional period/season. '**Ü~smantel**, *m* -s/= medium-weight (autumn/spring) coat.

über'geben, *v.tr.insep irr.35* (*a*) to hand (s.o., sth.) over, (*liefern*) deliver (sth.), (*anvertrauen*) entrust (sth.) (**j-m**, to s.o.); to pass on (a message etc.) (**an j-n**, to s.o.); *Mil:* to surrender (a town etc.) (**j-m**, to s.o.); **j-m eine Arbeit ü.**, to assign a task to s.o.; **die Führung ü.**, to relinquish the leadership (**an j-n**, to s.o.); **eine Brücke dem Verkehr ü.**, to open a bridge to traffic; **etwas den Flammen ü.**, to consign sth. to the flames; (*b*) **sich ü.**, to vomit, be sick.

übergehen, *v.irr.36* **1.** ['y:bərge:ən] *v.i.sep.* (*sein*) (*a*) **ins feindliche Lager/zu einer anderen Partei ü.**, to go over to the enemy/another party; (*b*) (*Besitz*) **auf j-n ü.**, to pass to s.o.; **in fremde Hände ü.**, to change hands; (*c*) **zu etwas (anderem) ü.**, to proceed/pass on to sth. (else); *Mil:* **zum Angriff ü.**, to go onto the offensive; (*d*) **in etwas ü.**, to change (gradually) into sth.; (*sich vermischen*) to merge with sth.; **die Debatte ging in Geschrei über**, the debate degenerated into a shouting match. **2.** [y:bər'ge:ən] *v.tr.insep.* to ignore (s.o., sth.); (*bei der Beförderung usw.*) to pass (s.o.) over; (*auslassen*) to skip (a chapter etc.).

'**übergenug**, *adv.* more than enough.

'**übergeordnet**, *adj.* higher (authority etc.).

'**übergeschnappt**, *adj.* F: dotty, round the bend.

'**Übergewicht**, *n* -(e)s/*no pl* excess weight/ (*Gepäck*) baggage; **Ü. haben**, to be overweight; *F:* (**das**) **Ü. bekommen/kriegen**, to overbalance.

übergießen, *v.tr.irr.31* **1.** ['y:bər-] *v.sep.* **j-m Wasser ü.**, to pour water over s.o. **2.** [-'gi:sən], *v.insep.* to douse (s.o., sth., oneself); *Cu:* (*mit Fett*) to baste (roast meat); **etwas mit Wasser ü.**, to pour water over sth.

'**übergreifen**, *v.i.sep.irr.43* (*haben*) (*Brand usw.*) to spread (**auf** + *acc,* to); **auf j-s Privilegien ü.**, to encroach on s.o.'s privileges.

'**Übergriff**, *m* -(e)s/-e infringement; encroachment (**auf** + *acc,* on); *Mil:* incursion (**auf** + *acc,* into).

'**Übergröße**, *f* -/-**l** *Cl:* outsize.

'**überhaben**, *v.tr.sep.irr.44* F: (*a*) to have (a coat etc.) on; (*b*) to have (sth.) left over.

über'handnehmen, *v.i.sep.irr.69* (*haben*) to increase/multiply out of all proportion; (*Unkraut usw.*) to get out of hand.

'**Überhang**, *m* -(e)s/=e projection; overhang.

über'häufen, *v.tr.insep.* to inundate (s.o.) (**mit** + *dat,* with); **mit Arbeit überhäuft**, snowed under with work.

über'haupt, *adv.* **1.** (*im allgemeinen*) altogether; **er ist ü. ein Feigling**, he is quite generally a coward; **mir gefällt es in Madrid, ü. in Spanien**, I like Madrid, in fact I like the whole of Spain. **2.** (*a*) *neg.* **ü. nicht/nichts**, not/nothing at all; **ü. nicht möglich**, completely impossible; **er hat ü. nichts gegessen**, he hasn't eaten a thing; **das geht ihn ü. nichts an**, that doesn't concern him in the least; (*b*) *interrog.* **wie war es ü. möglich?** how was it at all possible? **gibt es ü. eine Hoffnung?** is there any hope at all/what(so)ever? **das ist ü. die beste Idee**, that's the best idea of all; **was bezweckt er ü.?** what is his purpose in all this?

über'heblich, *adj.* arrogant; (*eingebildet*) conceited, self-important. **Ü ~ keit**, *f* -/*no pl* arrogance; conceit.

über'hitzt, *adj.* overheated (water etc.); *Fig:* **ü~e Gemüter**, heated tempers.

über'höhlen, *v.tr.insep.* to bank (a corner etc.). **ü ~ t**, *adj.* **1.** banked (corner etc.). **2.** excessive (speed); exorbitant (prices). **Ü ~ ung**, *f* -/*no pl* **1.** banking. **2.** *Com:* excessive increase (in prices).

Überhol- [y:bər'ho:l-], *comb.fm.* overtaking, passing (manoeuvre etc.); **Ü~verbot** *n,* overtaking ban; *P.N:* no overtaking. **Ü~spur** *f,* overtaking/fast lane. **ü ~ en**, *v.tr.insep.* (*a*) to overtake, pass (s.o., a car); *Fig:* (*übertreffen*) to leave behind (the competition etc.); *P.N:* **Ü. verboten!** no overtaking. (*b*) *Tchn:* (*instandsetzen*) to overhaul (an engine etc.). **ü ~ t**, *adj.* obsolete; (*veraltet*) old-fashioned, out of date. **Ü ~ ung**, *f* -/-**en** overhaul.

über'hören, *v.tr.insep.* not to hear (sth.); (*absichtlich*) to ignore (sth.); **das möchte ich überhört haben!** I didn't hear that!

'**überirdisch**, *adj.* supernatural; heavenly (beauty).

'**Überkleidung**, *f* -/*no pl* outer wear.

über'kommen, *v.insep.irr.53* **1.** *v.tr.* (*Gefühle*) to come over (s.o.); **Angst/Zorn überkam ihn**, he was overcome with fear/rage. **2.** *v.i.* (*sein*) (*p.p. only*) **es ist uns ü.**, it has been handed down to us; **ü ~ e Bräuche**, traditional customs.

über'kreuzen, *v.tr.insep.* to cross (a square, one's legs etc.); (*Linien*) **sich ü.**, to intersect.

über'kronen, *v.tr.insep.* *Dent:* to crown (a tooth).

über'krustet, *p.p. & adj.* **mit Eis/Dreck u.**, covered in a layer of ice/mud.

über'laden. **I.** *v.tr.insep.irr.56* to overload (a lorry, aircraft etc.), overcharge (a battery); to strain (one's stomach); **mit Aufträgen/Arbeit ü.**, swamped with orders/work. **II.** *adj.* (over) ornate (style etc.).

über'lagern, *v.tr.insep.* to cover, overlie, (*teilweise*) overlap (sth.); *Rad:* to mask (another station); **sich ü.**, to overlap, (*Ereignisse*) coincide. **Ü ~ ung**, *f* -/-**en** superimposition; overlapping.

'**Überland-**, *comb.fm.* cross-country (journey, traffic etc.); overland (transport etc.); *El:* grid (power station).

über'lass|en, *v.tr.insep.irr.57* **j-m etwas ü.**, to leave sth. to s.o.; (*überreichen*) to let s.o. have sth.; (*abtreten*) to relinquish/yield sth. to s.o.; **j-m die Entscheidung ü.**, to leave it to s.o. to decide; **alles dem Zufall ü.**, to leave everything to chance; **sich** *dat* **selbst ü.**, left to oneself/one's own devices; **sich seiner Verzweiflung ü.**, to abandon oneself to despair. **Ü ~ ung,** *f -/no pl* transfer; (*Abgabe*) handing over.

'Überlauf, *m -(e)s/-e* overflow. **ü ~ en**, *v.irr.58* **1.** ['y:bərlaufən] *v.i.sep.* (*sein*) (*a*) (*Milch, Bad, Topf usw.*) to overflow; (*b*) (*Soldaten usw.*) **zum Gegner ü.**, to go over to the enemy/other side. **2.** [y:bər'laufən] *v.tr.insep.* (*a*) **es überläuft mich kalt, wenn . . .**, shivers run down my spine when . . .; (*b*) to overrun (a place); (*belästigen*) to pester (people); *p.p.* **von Touristen ü.**, overrun/(*stark*) inundated with tourists; (*c*) *Sp: etc:* to outrun (the defence etc.); (*zu weit*) to overshoot (a line). **'Ü ~ rohr**, *n -(e)s/-e* overflow pipe.

'Überläufer, *m -s/-* *Mil: Pol:* turncoat, renegade.

über'leben, *v.tr.insep.* (*a*) to survive (an accident etc.); *F:* **das überlebe ich nicht!** I'll never get over this! (*b*) to outlive (s.o.) (**um 2 Jahre**, by 2 years). **Ü ~ de(r)**, *m & f decl. as adj.* survivor. **'ü ~ sgroß**, *adj.* larger than life-size.

überleg|en. I. *v.* **1.** ['y:bərle:gən] *v.tr.sep.* (*a*) **j-m eine Decke usw. ü.**, to cover s.o. with a blanket etc.; (*b*) *F:* **ein Kind (ordentlich) ü.**, to lay a child across one's knee and give it a (good) spanking. **2.** [y:bər'le:gən] *v.tr. & i.insep.* (*haben*) (**etwas**) **ü.**, to think (about sth.), consider (**sich's**); **er hat es sich anders überlegt**, he has changed his mind; **ohne zu ü.**, without thinking; **nach langem Ü.**, after much thought. **II.** [y:bər'le:gən], *adj.* superior (**j-m**, to s.o.; **an Intelligenz, Kraft usw.**, in intelligence, strength etc.); **ein ü~er Sieg**, a clear victory; *adv.* **ü. gewinnen**, to win handsomely. **Ü ~ enheit**, *f -/no pl* superiority. **ü ~ t**, *adj.* deliberate, well considered. **Ü ~ ung**, *f -/-en* (*a*) consideration; **ohne Ü.**, without thinking; (*b*) *pl* deliberations; **etwas in seine Ü ~ en (mit) einbeziehen**, to take sth. into consideration.

'überleit|en, *v.i.sep.* (*haben*) **zu etwas** *dat* **ü.**, to lead/go on to sth. (else). **'Ü ~ ung**, *f -/-en* transition; **ohne Ü.**, abruptly.

über'lesen, *v.tr.insep.irr.61* (*a*) to skim/glance through (a letter etc.), (*b*) (*übersehen*) to overlook (mistakes etc.).

über'liefer|n, *v.tr.insep.* to hand (sth.) down; **überlieferte Bräuche**, traditional customs. **Ü ~ ung**, *f -/-en* (*a*) *no pl* handing down; (*b*) tradition; (*Brauch*) old custom.

überlisten [-'listən], *v.tr.insep.* to outwit (s.o.).

überm ['y:bərm] = **über dem**.

'Übermacht, *f -/no pl* superiority, superior strength/(*zahlenmäßig*) numbers; **die Ü. haben/ in der Ü. sein**, to be stronger.

'übermächtig, *adj.* (*a*) superior (in strength); (*b*) *Fig:* overwhelming (desire etc.).

übermannen [-'manən], *v.tr.insep.* (*Gefühle usw.*) to overcome (s.o.); **von Rührung übermannt**, overcome with emotion.

'Übermaß, *n -es/-e* excess (**an Arbeit, Schmerzen usw.**, of work, suffering etc.); **etwas im Ü.**

haben, to have an excess of sth.

'übermäßig, *adj.* excessive (burden, profits etc.); inordinate (appetite etc.); exorbitant (prices); *adv.* **ü. trinken**, to drink too much; **ü. arbeiten**, to overwork.

'Übermensch, *m -en/-en* superman. **'ü ~ lich**, *adj.* superhuman.

übermitt|eln [-'mitəln], *v.tr.insep.* to transmit, pass on (a message etc.) (**j-m**, to s.o.). **Ü ~ lung**, *f -/-en* transmission.

'übermorgen, *adv.* the day after tomorrow.

'Übermut, *m -(e)s/no pl* exuberance, high spirits.

'übermütig, *adj.* high-spirited, boisterous; frisky, (*frech*) cocky (child etc.).

'übernächste(r,s), *adj.* (the) next (house etc.) but one; the (week, year etc.) after next; **ü~n Montag**, on Monday week; **am ü~n Tage**, two days later.

über'nacht|en, *v.i.insep.* (*haben*) to stay/spend the night (**bei j-m**, with s.o.). **Ü ~ ung**, *f -/-en* overnight stay. **Ü ~ ungsmöglichkeit**, *f -/-en* overnight accommodation.

über'nächtigt, *adj.* bleary-eyed.

'Übernahme, *f -/-n* taking over; takeover (of a firm etc.); (*Kauf*) purchase; undertaking (of a task etc.); acceptance (of responsibility etc.); *Ling:* adoption (of a word).

'übernational, *adj.* supranational.

'übernatürlich, *adj.* supernatural.

übernehm|en, *v.tr.irr.69* **1.** [y:bər'ne:mən] *v.insep.* (*a*) to take over (a business, job etc.); (*selbst anwenden*) to adopt, *F:* borrow (ideas, a passage; (*entgegennehmen*) to receive (goods, *Sp:* the baton; (*auf sich nehmen*) to undertake, take on (a task, *Jur:* case etc.), to accept (responsibility etc.); **die Kosten ü.**, to bear the costs; **die Führung ü.**, to assume control; **das Steuer ü.**, *Aut:* to take the wheel/*Nau: & Fig:* the helm; (*b*) **sich ü.**, to overdo it/(things); (*beruflich/finanziell*) to take on too much. **2.** ['y:bərne:mən] *v.sep.* to put (a cape etc.) round one's shoulders.

'Überordnung, *f -/no pl* superiority/(*Vorrang*) precedence.

'überparteilich, *adj.* non-partisan; independent (newspaper).

über'prüf|en, *v.tr.insep.* (*a*) to check (s.o., sth.) (**auf** + *acc*, for); to screen, vet (suspects); *Book-k:* to audit (accounts); (*b*) (*von neuem prüfen*) to review (a decision etc.). **Ü ~ ung**, *f -/-en* (*a*) check(ing); screening; *Book-k:* audit; (*b*) review.

über'queren, *v.tr.insep.* to cross (a street etc.).

überragen, *v.* **1.** [y:bər'ra:gən] *v.tr.insep.* (*a*) to tower above, be (much) taller than (s.o., sth.); (*b*) *Fig:* to surpass, outclass (s.o.) (**an etwas** *dat*, in sth.). **2.** ['y:bərra:gən] *v.i.sep.* (*haben*) to project. **ü ~ d** [-'ra:gənt], *adj.* outstanding (performance etc.); paramount (importance etc.).

überrasch|en [y:bər'raʃən], *v.tr.insep.* to surprise (s.o.), (*unverhofft erscheinen*) take (s.o.) by surprise; **über etwas** *acc* **überrascht**, surprised at sth.; **j-n beim Stehlen ü.**, to catch s.o. stealing; **ein Gewitter überraschte uns**, we were caught in a thunderstorm; *F:* **lassen wir uns ü.!** let's wait and see! *Iron:* **ich lasse mich (gerne) ü.**, I'll believe it when I see it. **ü ~ end**, *adj.* surprising; (*unerwartet*) unexpected (visit etc.); *adv.* sur-

prisingly; **es kam ü.,** it came as a surprise.
Ü ~ ung, *f* -/-en surprise; **die Ü. war groß,
als . . .,** there was general amazement when . . .
Ü ~ ungs-, *comb.fm.* surprise (attack, victory,
winner etc.); **Ü ~ moment** *n,* surprise element.
über´red|en, *v.tr.insep.* to persuade (s.o.) **(zu
etwas** *dat/***etwas zu tun,** to do sth.); **er ließ
sich zum Kauf ü.,** he let himself be talked
into buying it. **Ü ~ ung,** *f* -/-en persuasion.
Ü ~ ungskunst, *f* -/-̈e powers of persuasion.
´überregional, *adj.* national (newspaper etc.);
nationwide (competition etc.).
über´reich|en, *v.tr.insep.* to hand over, *(feier-
lich)* present (sth.) **(j-m,** to s.o.). **Ü ~ ung,** *f*
-/no pl presentation.
über´rennen, *v.tr.insep.irr.15* to run (s.o.)
down, *(umrennen)* bowl s.o. over; *Mil:* to over-
run (positions etc.).
´Überrest, *m* -(e)s/-e remnant; *(Spur)* relic (of a
civilization etc.); *esp. pl* remains, ruins; **seine
sterblichen Ü ~ e,** his mortal remains.
´Überrollbügel, *m* -s/- *Motor Rac:* roll-over
bar.
über´rump|eln, *v.tr.insep.* to take (s.o.) by sur-
prise; **sich ü. lassen,** to be caught napping.
Ü ~ (e)lung, *f* -/no pl surprise attack.
über´runden, *v.tr.insep. Sp:* to lap (s.o.); *Fig:*
to be miles ahead of (s.o.).
übers [´y:bərs] = **über das.**
übersät [-´zɛːt], *adj.* strewn, *Pej:* littered **(mit +**
dat, with); *Lit:* **mit Sternen ü ~ er Himmel,** star-
spangled sky.
über´sättig|t, *adj.* satiated, sated. **Ü ~ ung,** *f*
-/no pl satiety; *Econ: etc:* oversaturation.
´Überschall-, *comb.fm.* supersonic (speed, air-
craft etc.); **Ü ~ knall** *m,* sonic boom.
über´schau|bar, *adj.* (*Szene)* visible at a glance;
(Sache) easy to grasp. **ü ~ en,** *v.tr.insep.* =
übersehen 1. *(a).*
über´schlafen, *v.tr.insep.irr.84 F:* to sleep on
(a decision).
´Überschlag, *m* -(e)s/-̈e **1.** *(a) Gym:* somer-
sault; *(b) Av:* loop. **2.** *(Berechnung)* rough esti-
mate. **ü ~ en. I.** *v.irr.85* **1.** [y:bər´ʃla:gən] *v.tr.
insep.* (a) *(auslassen)* to skip, miss out (a pas-
sage, lunch etc.); *(b) (berechnen)* to estimate
(roughly), tot up (costs etc.); *(c)* **sich ü.,** *(Pers.)*
to somersault; *(aus Versehen)* to tumble head
over heels; *(Auto)* to overturn; *Hum:* **der
Verkäufer überschlug sich (vor Diensteifer),** the
salesman was falling over himself (to be oblig-
ing); *Fig:* **seine Stimme überschlug sich,** his
voice cracked/broke; **die Meldungen haben sich
ü.,** the reports followed one another thick and
fast. **2.** [´y:bərʃla:gən] *v.tr.sep.* to cross (one's
legs etc.). **3.** [´y:bərʃla:gən] *v.i.sep.* (sein)
(Funken usw.) to jump across; *(Wellen)* to
break; *Fig:* *(wechseln)* **in etwas** *acc* **ü.,** to turn
into sth. **II.** [y:bər´ʃla:gən] *adj.* tepid.
über´schneid|en, *v.refl.insep.irr.59* **sich ü.,**
(Linien usw.) to intersect; *Fig:* (*Gebiete, Themen
usw.)* to overlap; *(zeitlich)* (*Ereignisse usw.)* to
coincide, clash; **die Sendungen ü. sich um zehn
Minuten,** the broadcasts overlap by ten
minutes. **Ü ~ ung,** *f* -/-en (point of) intersec-
tion; *Fig:* overlap; coincidence.
über´schreiben, *v.tr.insep. irr.12* (a) to head (a
chapter etc.); **wie ist das Gedicht überschrieben?**

what is the title of the poem? *(b)* (*übertragen)*
to make over (property) **(j-m/auf j-n,** to
s.o.).
über´schreien, *v.tr.insep.irr.88* to shout (s.o.)
down.
über´schreit|en, *v.tr.insep.irr.41* to cross (a
street, frontier, *Rail:* tracks etc.); *Fig:* to exceed
(a limit, one's authority etc.); to pass (its peak);
to break (a law), infringe (a regulation); **er hat
die Achtzig bereits überschritten,** he is already
over eighty. **Ü ~ ung,** *f* -/-en crossing; *Fig:*
exceeding; *Jur:* infringement.
´Überschrift, *f* -/-en heading, title; *(Schlag-
zeile)* headline.
´Überschuhe, *mpl* galoshes.
über´schuld|et, *adj.* deeply in debt. **Ü ~ ung,** *f*
-/occ -en heavy indebtedness.
´Überschuß, *m* -sses/-̈sse *(a)* surplus **(an
Frauen usw.,** of women etc.); **Ü. an Energie,**
surplus/excess energy; *(b)* *(Gewinn)* profit.
überschüssig [y:bər-ʃysiç], *adj.* surplus (heat,
energy, goods etc.); excess (profits etc.).
überschütten, *v.tr.* **1.** [y:bər´ʃytən] *v.insep.* to
cover (s.o., sth.) **(mit etwas** *dat,* with sth.); *Fig:*
j-n mit Geschenken usw. ü., to shower s.o. with
presents etc. **2.** [´y:bərʃytən] *v.sep.* **j-m Bier
usw. ü.,** to spill beer etc. over s.o.
über´schwemm|en, *v.tr.insep.* to flood (an
area, *Fig:* a market etc.); *Fig:* **von Touristen/
mit Informationen überschwemmt,** inundated
with tourists/information. **Ü ~ ung,** *f* -/-en **1.**
no pl overflowing (of a river etc.); *(also Fig:)*
flooding. **2.** *(Hochwasser)* flood. **Ü ~ ungs-
gebiet,** *n* -(e)s/-e area subject to flooding.
überschwenglich [´y:bərʃvɛŋliç], *adj.* effusive;
extravagant (style, praise etc.). **´Ü ~ keit,** *f*
-/no pl effusiveness; extravagance.
´Übersee. I. *inv.* overseas; **aus/von Ü.,** from
overseas; **nach Ü. gehen,** to go overseas. **II.
´Ü ~ -,** *comb.fm.* overseas (trade, traffic etc.);
Ü ~ dampfer *m,* ocean-going steamer.
über´seh|bar, *adj.* easily surveyed; *Fig:* clear
(situation); foreseeable (consequences); assess-
able (damage | etc.). **ü ~ en,** *v.tr.irr.92* **1.**
[y:bər´ze:ən] *v.insep. (a)* to survey, overlook (a
valley etc.); *(b)* to view, take in (a scene etc.); *Fig:*
to have a clear/overall view of, *(verstehen)*
comprehend (a situation etc.); to foresee, assess
(consequences etc.); *(b)* *(nicht sehen)* to over-
look, miss (an error, traffic sign etc.); *(absicht-
lich)* to ignore, turn a blind eye to (s.o.'s pres-
ence etc.); **es ist nicht zu ü.,** you can't miss it. **2.**
[´y:bərze:ən] *v.sep. F:* **sich** *dat* **etwas ü.,** to get
tired of (looking at) sth.
über´send|en, *v.tr.insep.irr.94* **j-m etwas ü.,** to
send sth. to s.o. **Ü ~ ung,** *f* -/no pl sending.
übersetzen, *v.* **1.** [y:bər´zɛtsən] *v.tr.&i.insep.*
(haben) *(a)* to translate (sth.) **(ins Deutsche
usw.,** into German etc.; **aus dem Russischen
usw.,** from Russian etc.); *(b) Mec.E:* to trans-
mit (power). **2.** [´y:bərzɛtsən] *v.tr.sep.* to take
(s.o.) across (a/the river), ferry (s.o.) **(ans
andere Ufer,** to the other shore/bank). **3.**
[´y:bərzɛtsən] *v.i.sep.* (haben/sein) to cross
(over). **Ü ~ er** [-´zɛtsər], *m* -s/- translator. **Ü ~ -
ung** [-´zɛtsuŋ], *f* -/-en **1.** translation. **2.** *Mec.E:*
gearing; *(Ü ~ sverhältnis)* gear ratio; *(Gang)*
gear. **Ü ~ ungsbüro,** *n* -s/-s translation

agency. **Ü ~ ungsverhältnis,** n -ses/-se *Mec.E:* gear ratio.

'**Übersicht,** f -/-en 1. overall view, general idea (**über ein Thema,** of a subject); **jede Ü. verlieren,** to lose all sense of perspective. 2. (*Abriß*) outline, survey (**über** + *acc,* of); (*Tabelle*) table. '**ü ~ lich,** adj. easily surveyed; open (countryside); *Fig:* clear, lucid (description etc.); **ü. (gegliedert),** clearly laid out. '**Ü ~ lichkeit,** f -/no pl openness; *Fig:* clarity. '**Ü ~ skarte,** f -/-n general map.

übersied|eln, v.i.sep. ['y:bərzi:dəln] & insep. [y:bər'zi:dəln] (sein) (*Pers., Firma*) to (re)move (**nach** + *dat,* to). **Ü ~ lung,** f -/no pl move, removal.

'**übersinnlich,** adj. supernatural (powers etc.).

über'spann|en, v.tr.insep. (a) (*Brücke, Dach*) to span (a river, space etc.); *Arch:* to roof (a building); (*bespannen*) to cover (sth.) (**mit Tuch usw.,** with cloth etc.); (b) (*zu stark*) to overtighten (a bow, *Mus:* string etc.); **die Kräfte ü.,** to overtax one's strength. **ü ~ t,** adj. exaggerated, extravagant (ideas, demands etc.); (*verschroben*) eccentric (person). **Ü ~ theit,** f -/no pl exaggeration, extravagance; eccentricity. **Ü ~ ung,** f -/-en 1. ['y:bər-] *El:* excess voltage. 2. [-'ʃpanuŋ] (a) overtightness; (b) covering (of a chair etc.).

über'spiel|en, v.tr.insep. (a) to cover up (a mistake, embarrassment etc.); (b) *Rad: Rec:* to play back (a recording); **eine Platte auf Band ü.,** to dub a record onto tape; (c) *Sp:* to outplay (s.o.). **ü ~ t,** adj. *Sp:* stale, played out. **Ü ~ ung,** f -/-en *Rec:* (a) no pl playback; (b) (*Aufnahme*) recording.

über'spitzen, v.tr.insep. to exaggerate (sth.). **ü ~ t,** adj. exaggerated; (*allzu fein*) oversubtle.

überspringen, v.irr.19 1. [y:bər'ʃpriŋən] v.tr.sep. (a) to jump over (sth.), clear (a fence, *Sp:* height etc.); (b) (*auslassen*) to skip (a class, chapter etc.). 2. ['y:bərʃpriŋən] v.i.insep. (sein) to jump across; **auf ein anderes Thema ü.,** to change the subject abruptly.

'**überstaatlich,** adj. supranational.

überstehen, v.irr.100 1. ['y:bərʃte:ən] v.i.sep. (haben) to project, jut out. 2. [y:bər'ʃte:ən] v.tr.insep. to get over, recover from (an illness etc.); to overcome, surmount (a danger, difficulties); to weather (a storm, crisis etc.); (*überleben*) to survive (a catastrophe, the winter etc.); to come through (an operation etc.); **das Schlimmste ist überstanden,** the worst is over; *F:* **du wirst's schon ü.!** you'll get over it!

über'steigen, v.tr.insep irr.89 (a) to climb over (sth.); (b) to exceed (a sum, expectations).

über'steiger|n, v.tr.insep. to force (the pace), push (prices) through the roof; **sich ü.,** to go too far. **ü ~ t,** adj. excessive.

über'steuer|n, v.insep. 1. v.tr. *Rec:* to overmodulate (a recording etc.). 2. v.i. (haben) *Aut:* to oversteer. **Ü ~ ung,** f -/no pl 1. *Rad:* overmodulation. 2. *Aut:* oversteer.

über'stimmen, v.tr.insep. to outvote (s.o.).

über'strahlen, v.tr.insep. to outshine (s.o., sth.).

'**Überstunden,** fpl overtime; **Ü. machen,** to work overtime.

über'stürz|en, v.tr.insep. to rush (into) (sth.); **man soll nichts ü.,** one should never rush

things/act too hastily; (*Ereignisse usw.*) **sich ü.,** to come in a rush, follow in rapid succession. **ü ~ t,** adj. overhasty. **Ü ~ ung,** f -/no pl excessive haste, headlong rush; **nur keine Ü.!** take your time!

über'tönen, v.tr.insep. to drown (a voice etc.).

Übertrag ['y:bərtrɑ:k], m -(e)s/-̈e *Book-k:* sum carried forward. **ü ~ bar** [-'trɑ:kbɑ:r], adj. transferable (**auf** + *acc,* to); *Med:* infectious, (*durch Berührung*) contagious. **ü ~ en** [-'trɑ:gən], v.tr.insep.irr.85 (a) to transfer (sth.) (**j-m,** to s.o.; **auf etwas** *acc,* to sth.); to transmit (*Med:* a disease, *Mec.E:* power etc.) (**auf** + *acc,* to); to assign (a task, responsibility etc.) (**j-m,** to s.o.); **sich auf j-n ü.,** (*Krankheit*) to infect s.o.; *Fig:* (*Stimmung*) to communicate itself to s.o.; *Rec:* **etwas/eine Platte auf Band ü.,** to dub sth./a record onto tape; (b) (*übersetzen*) to translate (a text) (**ins Deutsche,** into German); **ein Stenogramm in Langschrift ü.,** to transcribe shorthand notes into longhand; (c) (*anwenden*) to apply (standards etc.) (**auf etwas anderes,** to sth. else); *Ling:* **in ü ~ er Bedeutung,** in a figurative sense, figuratively; (d) *Rad: TV:* to broadcast, transmit (a programme); *p.p.* **im Fernsehen ü.,** shown on television. **Ü ~ ung,** f -/-en (a) transfer; *Med: Mec.E:* transmission; *Rec:* dubbing; (b) translation; transcription; (c) (*Anwendung*) application (**auf** + *acc,* to); (d) *Rad: TV:* transmission, broadcast. **Ü ~ ungsurkunde,** f -/-n *Jur:* deed of transfer.

über'treffen, v.tr.insep.irr.104 (a) to surpass, outdo (s.o.) (**an Mut, Fleiß usw.,** in courage, industry etc.); **j-n in der Leistung ü.,** to outperform s.o.; **schwer zu ü.,** difficult to beat; **er hat sich selbst übertroffen,** he excelled himself; (b) (*übersteigen*) to exceed (expectations etc.).

über'treib|en, v.tr. & i.insep.irr.12 (haben) to exaggerate (sth.), carry (demands etc.) too far; **übertreib es nicht mit dem Training,** don't overdo the training. **Ü ~ ung,** f -/-en exaggeration.

übertret|en, v.irr.105 1. ['y:bərtre:tən] v.i.sep. (sein) (a) (*Fluß usw.*) to overflow its banks; (b) *Pol: etc:* **zur Opposition usw. ü.,** to go over to the opposition etc.; *Ecc:* **zum katholischen Glauben ü.,** to be converted to the Catholic faith. 2. [y:bər'tre:tən] v.tr.insep. (a) to break (a law, rule etc.), infringe (a regulation); (b) **sich** *dat* **den Fuß ü.,** to sprain one's ankle. **Ü ~ ung,** f -/-en infringement; offence; *Jur:* misdemeanour.

über'trieben. 1. *p.p.:* of **übertreiben** q.v. 2. adj. exaggerated, excessive; adv. **ü. genau,** pedantic.

'**Übertritt,** m -(e)s/-e changeover; *Rel:* conversion (**zu** + *dat,* to).

über'trumpfen, v.tr. (a) *Cards:* to trump (s.o., a card); (b) to beat (s.o.) hollow, leave (s.o.) standing.

übervölker|t [y:bər'fœlkərt], adj. overpopulated. **Ü ~ ung,** f -/no pl overpopulation.

über'vorteilen, v.tr.insep. to cheat (s.o.), *F:* take (s.o.) for a ride.

über'wach|en, v.tr.insep. to supervise/keep an eye on (s.o., sth.); (*Polizei*) to shadow (s.o.), control (traffic etc.); *Rad:* to monitor (broadcasts etc.). **Ü ~ ung,** f -/no pl supervision; control; *Rad:* monitoring.

überwältigen [y:bər'vɛltigən], v.tr.insep. (*also*

Fig:) to overwhelm (s.o.); *Fig:* **der Schlaf hat ihn überwältigt,** he was overcome by sleep. **ü ~ d,** *adj.* overwhelming (impression, victory etc.); **seine Leistungen sind nicht ü.,** his work is not exactly fantastic/brilliant.

über′weis|en, *v.tr.insep.irr.70* (a) to pay, transfer (money) **(j-m/an j-n,** to s.o.); **auf mein Konto überwiesen,** paid into my account; (b) *Med:* **j-n zum Facharzt ü.,** to refer s.o. to a specialist. **Ü ~ ung,** *f* -/-en remittance, payment; transfer (of money).

über′wiegen, *v.insep.irr.7* 1. *v.i.* (haben) to predominate, (*Meinung usw.*) prevail; **letztlich überwog die Vernunft,** common sense prevailed in the end. 2. *v.tr.* to outweigh (sth.). **ü ~ d,** *adj.* (a) predominant (feature, tone etc.); substantial (majority); **der ü ~ e Teil,** the majority/ greater part; (b) *adv.* mainly.

überwind|en [y:bər′vindən], *v.tr.insep.irr.9* to overcome (difficulties, one's fear), surmount (an obstacle etc.), get over (shyness, a crisis etc.); *Lit:* to vanquish (s.o.); **sich ü., etwas zu tun,** to bring oneself to do sth. **Ü ~ ung,** *f* -/no *pl* willpower, strength of mind; **es hat mich einige Ü. gekostet,** I had to force myself.

über′wintern, *v.i.insep.* (haben) to (spend the) winter; *Z:* (*Winterschlaf halten*) to hibernate.

′Überwurf, *m* -(e)s/¨e *Cl:* wrap, shawl.

′Überzahl, *f* -/no *pl* majority.

überzählig [′y:bərtsɛ:liç], *adj.* superfluous; *Com: etc:* surplus (to requirements).

über′zeug|en, *v.insep.* 1. *v.tr.* to convince (s.o., oneself) (**von etwas** *dat,* of sth.); **ich habe mich davon überzeugt, daß ...,** I satisfied myself that ...; **ü. Sie sich selbst!** see for yourself! 2. *v.i.* (haben) to be convincing. **ü ~ end,** *adj.* convincing (argument, proof etc.); compelling (reason); *adv.* convincingly; **seine Rede wirkte ü.,** his speech carried conviction. **Ü ~ ung,** *f* -/no *pl* conviction; **gegen seine Ü.,** contrary to one's convictions/beliefs. **Ü ~ ungskraft,** *f* -/no *pl* powers of persuasion.

überziehen, *v.tr.irr.113* 1. [′y:bərtsi:ən] *v.sep.* (a) to put on (a coat etc.) (on top); (b) *F:* **j-m eins ü.,** to swipe s.o. (with a stick etc.). 2. [y:bər′tsi:ən] *v.insep.* (a) to cover (sth.) (**mit etwas** *dat,* with sth.); *Ind:* to coat (sth.) (**mit Zucker usw.,** with sugar etc.); *Metalw:* to plate (sth.) (**mit Kupfer usw.,** with copper etc.); **einen Kuchen mit Guß ü.,** to ice/*N.Am:* frost a cake; **die Betten frisch ü.,** to put clean sheets on the beds; **der Himmel hat sich überzogen,** the sky has clouded over; (b) *Bank:* to overdraw (one's account); (c) **seinen Urlaub ü.,** to take too much holiday; (d) *Av:* to stall (an aircraft).

′Überzug, *m* -(e)s/¨e 1. coating (of sugar etc.); coat (of varnish etc.); *Cu:* (*Guß*) icing; *N.Am:* frosting. 2. (*Bezug*) (chair etc.) cover.

üblich [′y:pliç], *adj.* usual; **wie ü.,** as usual; **es ist hier/bei uns (so) ü.,** it is custom/customary here; **vom ü ~ en abweichen,** to deviate from the norm. **′ü ~ er′weise,** *adv.* usually.

′U-Boot, *n* -(e)s/-e *Nau:* submarine; (*deutsches U.*) U-boat.

übrig [′y:briç], *adj.* (a) *attrib.* (*andere*) remaining, other (parts, things etc.); **der ü ~ e Teil/das ü ~ e,** the rest; **seine ü ~ en Sachen,** the rest of his things; **die ü ~ en,** the others; the rest of

them; **alles ü ~ e,** everything else; **im ü ~ en,** for the rest; otherwise; (b) *pred.* left (over); **von dem Dessert ist noch etwas ü.,** there is still some of the dessert (left); **für etwas** *acc* **keine Zeit ü. haben,** to have no time left/to spare for sth.; (c) **für j-n, etwas** *acc* **viel/nichts ü. haben,** to have a lot of/no time for s.o., sth.; **er hat viel für sie ü.,** he likes her a lot. **′ü ~ bleiben,** *v.i. sep.irr.12* (*sein*) to remain, be left; **mir bleibt nichts anderes ü. als zu ...,** I have no alternative but to.... **′ü ~ ens** [-gəns], *adv.* by the way, incidentally. **′ü ~ lassen,** *v.tr.sep.irr.57* to leave (sth.); **seine Arbeit läßt nichts/viel zu wünschen übrig,** his work leaves nothing/a lot to be desired.

Übung [′y:buŋ], *f* -/-en 1. practice; *Mil: Sp:* training; **außer Ü.,** out of practice; **aus der Ü. kommen,** to get out of practice; **in der Ü. bleiben,** to keep one's hand in; *Prov:* **Ü. macht den Meister,** practice makes perfect. 2. *Sp: Mil: Sch: etc:* (*Aufgabe*) exercise. **′Ü ~ s-,** *comb.fm.* practice (flight etc.); training (area etc.); **Ü ~ munition** *f,* practice/dummy ammunition; *Ski:* **Ü ~ hang** *m,* practice/nursery slope; *Mil: Sp:* **Ü ~ platz** *m,* training/*Mil:* (*zum Exerzieren*) drill ground. **′Ü ~ sbuch,** *n* -(e)s/¨er *Sch:* workbook; book of exercises. **′Ü ~ sschießen,** *n* -s/no *pl Mil:* target practice. **′Ü ~ sstück,** *n* -(e)s/-e *Mus:* study.

Ufer [′u:fər], *n* -s/- (*Seeu.*) shore; (*Flußu.*) (river) bank; **ein Haus am U.,** a house by the shore/on the waterfront; **der Fluß trat über die U.,** the river overflowed its banks. **′U ~ böschung,** *f* -/-en (river) embankment. **′u ~ los,** *adj.* endless; (*grenzenlos*) boundless; **das geht ins U ~ e,** there is no end to it; it gets out of hand. **′U ~ straße,** *f* -/-n riverside/lakeside road.

Uhr [u:r]. I. *f* -/-en 1. clock; (*Armbandu./Taschenu.*) watch; **auf die/nach der U. sehen,** to look at the clock/one's watch; **nach meiner U.,** by my watch; **rund um die U.,** round the clock. 2. (*Uhrzeit*) **es ist genau/Punkt acht U.,** it is exactly eight o'clock; **wieviel U. ist es/haben Sie?** what time is it/do you make it? **um wieviel U.?** at what time? **um fünf U. dreißig,** at half past five, at five thirty. II. **′U ~ -,** *comb.fm.* clock (key, time etc.); watch (spring, glass, chain etc.); **U ~ (arm)band,** *n* watch strap; **U ~ gehäuse** *n,* clock case; **U ~ macher** *m,* watchmaker; clockmaker; **U ~ werk** *n,* clockwork; (*vom Spielzeugauto usw.*) clockwork motor; **U ~ zeiger** *m,* watch/clock hand. **′U ~ zeigersinn,** *m* -(e)s/no *pl* **im U.,** clockwise; **entgegen dem U.,** anticlockwise.

Uhu [′u:hu:], *m* -s/-s *Z:* eagle owl.

Ulk [ulk], *m* -(e)s/-e joke; (*Streich*) lark; **aus U.,** for/in fun. **′u ~ en,** *v.i.* (haben) to lark about. **′u ~ ig,** *adj. F:* comical, funny; (*seltsam*) odd.

Ulme [′ulmə], *f* -/-n *Bot:* elm.

Ultim|atum [ultima:tum], *n* -s/-ten & -s ultimatum. **u ~ o** [′ultimo]. I. *adv. Com:* April, on the last day of April. II. **U.,** *n* -s/-s last day of the month.

Ultra [′ultra]. I. *m* -s/-s *Pol: Pej:* (right-wing) extremist. II. **′U ~ -,** *comb.fm.* ultra(-conservative, -modern etc.); **U ~ kurzwelle** *f,* ultrashort wave; *Rad:* very high frequency; *adj.* **u ~ violett,** ultraviolet. **u ~ marin** [-ma′ri:n], *adj. & U.,* *n*

-s/*no pl* ultramarine. ´**u ~ rot**, *adj.* infrared. ´**U ~ schall-**, *comb.fm.* ultrasonic (frequency, wave etc.). ´**U ~ strahlen**, *mpl* cosmic rays.

um [um]. **I.** *prep.* + *acc* **1.** (*a*) (*räumlich*) (a)round; **alle standen u. ihn (herum)**, they all stood (a)round him; **gleich um die Ecke**, just round the corner; **um sich blicken**, to look around (one); **um sich schlagen**, to lash out in all directions; (*b*) *Fig:* **die Gerüchte um die Firma**, the rumours surrounding/concerning the firm. **2.** (*Zeitpunkt*) (*a*) (*genau*) **um 20 Uhr**, at 8 p.m.; (*b*) (*ungefähr*) around, (round) about; **um Weihnachten (herum)**, some time around/ round about Christmas; (*c*) (*Folge*) **Tag um Tag/Stunde um Stunde**, day after day/hour after hour; **Schritt um Schritt**, step by step; **einen Tag um den anderen**, every other day. **3.** (*a*) (*Zweck*) for; **um Geld spielen/betteln**, to play/beg for money; **um sein Leben kämpfen**, to fight for one's life; **es ist um 100 Mark zu haben**, it can be had for 100 marks; (*b*) (*wegen*) about; **es ist schade um ihn**, it's a pity about him; **sich um etwas streiten**, to quarrel over/ about sth.; **es handelt/dreht sich/geht um folgendes**, it's a question of/has to do with the following. **4.** (*Maß*) by; **um einen Kopf größer**, taller by a head; **um 10cm gekürzt**, shortened by 10cm; **hier ist es um die Hälfte billiger**, it's half the price here; **um vieles besser**, far better; **er kam um sein ganzes Geld**, he lost all his money. **II.** *conj.* **1. um zu** + *infin.*, (in order) to; **er ging zum Strand, um zu schwimmen**, he went to the beach to have a swim; **zu stolz, um nachzugeben**, too proud to give in; **genug, um auszukommen**, enough to live on. **2. um so besser/ weniger**, all the better/less; **je schneller man fährt, um so größer der Verbrauch**, the faster one drives the higher the consumption. **III.** *adv.* **1.** (*mit Zahlen*) about; **um (die) 100 Mark (herum)**, about/around a hundred marks. **2.** (*vorbei*) over; **die Frist ist um**, the time is up. **IV.** *prep.* + *gen* **um ... willen**, for the sake of ...; **um meinetwillen/ihretwillen**, for my/her sake. **V. um-**, *vbl prefix sep. & insep.* (*a*) *insep.* (to flutter, ride, swarm, sail etc.) round (sth.); **um´drängen**, to crowd round (s.o., sth.); **um´schleichen**, to creep/prowl round (a house etc.); **um´wachsen**, to grow round (sth.); *sep.* ´**umblicken** *v.sep.*, to look round; **einen Schal** ´**umbehalten**/´**umbinden**/´**umhaben**/´**umnehmen** *v.sep.*, to keep/tie/have/put a shawl round one/ one's shoulders; (*b*) *sep.* (*umstoßend*) (to blow etc.) (sth.) over/down; ´**umrennen**, to run into and knock (s.o.) down; ´**umsinken**, to sink to the ground; ´**umgraben**/´**umstechen**, to dig/turn over (the soil); *F:* ´**umschmeißen**, to knock (sth.) over; (*c*) (*ändernd*) to re-(address, name, group, organize, pack, number, programme etc.) (sth.); ´**umerziehen**, to re-educate (s.o.); ´**umlernen**, to retrain; ´**umordnen**, to rearrange (sth.); ´**umräumen**, to rearrange, move round (furniture etc.); ´**umspulen**, to rewind (film, tape); ´**umtopfen**, to repot (a plant); ´**umfärben**, to dye (sth.) another colour.

´**umänder|n**, *v.tr.sep.* to alter (sth.). ´**U ~ ung**, *f* -/-en alteration.

´**umarbeit|en**, *v.tr.sep.* to remake, remodel (a dress etc.); to revise, rewrite, (*zum Film usw.*)

adapt (a book etc.); **einen Roman zu einem Drehbuch u.**, to make a novel into a filmscript. ´**U ~ ung**, *f* -/-en revision; adaptation; *Cl:* remodelling.

um´arm|en, *v.tr.insep.* to embrace, (*fest*) hug (s.o.). **U ~ ung**, *f* -/-en embrace, hug.

´**Umbau**, *m* -(e)s/-e & -ten **1.** *Constr:* (structural) alteration(s); conversion; *Th:* scene change; *Fig:* reorganization. **2.** (*Umkleidung*) surround, encasement. **u ~ en**, *v.tr.* **1.** [´umbauən] *v.sep.* to alter, make structural alterations in (a building); *Fig:* to reorganize (the administration etc.); **der Saal wurde zu einem Kino umgebaut**, the hall was converted into a cinema; *Th:* **das Bühnenbild u.**, to change the scenery. **2.** [um´bauən] *v.insep.* to surround (sth.) (with buildings/a wall); **umbauter Raum**, enclosed area.

´**umbesetz|en**, *v.tr.sep.* to appoint someone else to (a post etc.); *Th:* to recast (a part). ´**U ~ ung**, *f* -/-en *Th:* recasting.

´**umbiegen**, *v.sep.irr.7* **1.** *v.tr.* to bend (sth.) over/back. **2.** *v.i.* (*sein*) to turn/double back.

´**umbild|en**, *v.tr.sep.* to transform (sth.) (**zu etwas** *dat*, into sth.); to remodel (an institution etc.); *Pol:* to reshuffle (a cabinet). ´**U ~ ung**, *f* -/-en transformation, remodelling; reshuffle.

´**umblättern**, *v.tr. & i.sep.* (*haben*) to turn over (the page).

´**umbringen**, *v.tr.sep.irr.16* to kill, (*ermorden*) murder (s.o.); **sich u.**, to kill oneself, commit suicide; **diese Nörgelei bringt mich noch um**, this constant nagging will be the end of me; *F:* **dieses Auto/Kleid ist nicht umzubringen**, this car/dress is indestructible/goes on for ever.

´**Umbruch**, *m* -(e)s/-e **1.** *esp. Pol:* radical change; upheaval. **2.** *Print:* page make-up.

´**umbuch|en**, *v.tr.sep.* (*a*) to change the reservation for (one's flight etc.) (**auf** + *acc*, to); (*b*) *Book-k:* to transfer (a sum) (**auf** + *acc*, to). ´**U ~ ung**, *f* -/-en **1.** change of reservation. **2.** *Book-k:* book transfer.

´**umdisponieren**, *v.i.sep.* (*haben*) to make new arrangements.

´**umdreh|en**, *v.sep.* **1.** *v.tr.* (*a*) (*auf die andere Seite*) to turn over (a stone, page, record etc.); to turn (a mattress etc.); (*b*) (*um seine Achse*) to turn (sth.) round; to turn (a key); **sich u.**, (*Pers.*) to turn round (**nach j-m**, to look at s.o.); **alle drehen sich nach ihr um**, she turns every head; *F:* **mir dreht sich der Magen um**, I feel queasy; (*c*) **j-m/einem Vogel den Hals u.**, to wring s.o.'s/a bird's neck; *Fig:* **j-m das Wort im Munde u.**, to twist s.o.'s words; (*d*) **die Taschen u.**, to turn one's pockets inside out. **2.** *v.i.* (*sein*) to turn back. **U ~ ung** [´dre:un], *f* -/-en turn; *Ph: Astr:* rotation; *Tchn:* revolution; **200 U ~ en in der Minute**, 200 revolutions per minute.

umei´nander, *adv.* (*a*) around each other; (*b*) **sie kümmern sich nicht u.**, they don't bother about each other.

umfahren, *v.tr.irr.26* **1.** [´umfa:rən] *v.sep. Aut: etc:* to knock (s.o., sth.) down. **2.** [um´fa:rən] *v.sep.* to go/*Aut:* drive/*Nau:* sail round (an obstacle etc.), bypass (a town etc.). **U ~ ung** [-´fa:run], *f* -/-en *Aus: Swiss:* bypass.

´**umfallen**, *v.i.sep.irr.27* (*sein*) (*a*) to fall over/ (*zum Boden*) down; (*zusammenbrechen*) to col-

lapse; **zum U. müde sein,** to be fit to drop; **(ohn-mächtig) u.,** to faint; (b) F: (die Meinung ändern) to change one's mind.
'**Umfang,** m -(e)s/no pl **1.** circumference (of a tree, circle etc.); Hum: **er hat einen beträchtlichen U.,** he has a considerable girth. **2.** (a) (Größe) size; (Fläche) area (of an estate etc.); (Ausmaß) extent (of a book etc.); volume (of business etc.); **in vollem U.,** to the full extent; completely; (b) (Reichweite) range (Mus: of a voice etc.); scope (of an enquiry etc.); **in großem/kleinem U.,** on a large/small scale. **u ~ en** [um'faŋən], v.tr.insep.irr.28 Lit: to embrace (s.o.). '**u ~ reich,** adj. extensive; long (book); voluminous (correspondence etc.).
um'**fassen,** v.tr.insep. (a) to put one's arm round (s.o., s.o.'s waist); (mit Händen) to clasp (sth.); (b) (umgeben) to surround, encircle (an area, Mil: troops); (c) (enthalten) to contain (200 pages etc.), comprise (four volumes etc.); **die Übersicht umfaßt vier Jahrhunderte,** the survey covers four centuries. **u ~ d,** adj. comprehensive (knowledge, powers etc.); full (confession, description etc.); sweeping (reforms).
um'**flechten,** v.tr.insep.irr.29 to entwine (sth.) (**mit** + dat, with).
um**fliegen,** v.irr.7 **1.** ['umfli:gən] v.i.sep. (sein) F: to come a cropper. **2.** [um'fli:gən] v.tr. insep. to fly round (sth.).
'**umform|en,** v.tr.sep. to revise, recast (a sentence etc.); El: **Gleichstrom in Wechselstrom u.,** to convert direct into alternating current. '**U ~ er,** m -s/- El: converter.
'**Umfrage,** f -/-en (öffentliche) U., (public) opinion poll; survey; (Fragebogen) questionnaire.
'**umfüllen,** v.tr.sep. to pour (sth.) (into another container); to decant (wine).
'**umfunktionier|en,** v.tr.sep. to change the function/purpose of (sth.); to convert (sth.) (**in** + acc, into). '**U ~ ung,** f -/no pl change of function; conversion.
'**Umgang,** m -(e)s/ⁿe **1.** no pl (a) association, contact (**mit** j-m, with s.o.); (gesellschaftlicher) U., social intercourse; **mit** j-m **U. haben/pflegen,** to associate with s.o.; (b) (Gesellschaft) company; **schlechten U. haben,** to keep bad company; **er ist kein U. für dich,** he isn't fit company for you; (c) **der U. mit Büchern/Tieren,** working with books/dealing with animals; **den U. mit Pferden lernen,** to learn how to handle horses. **2.** Ecc: (Umzug) procession. **3.** Arch: gallery, circular passage. '**umgänglich** [-gɛnlɪç], adj. sociable, affable. '**Umgänglichkeit,** f -/no pl sociability, affability. '**U ~ sformen,** fpl manners, social graces. '**U ~ ssprache,** f -/-n colloquial speech. '**u ~ ssprachlich,** adj. colloquial.
um'**geb|en,** v.tr.insep.irr.35 to surround (s.o., oneself, sth.); (einschließen) to enclose (sth.) (**mit etwas** dat, with sth.). **U ~ ung,** f -/-en surroundings; (a) (Gegend) neighbourhood; **in der (näheren) U.,** in the vicinity; **in Köln oder U.,** in or near Cologne; (b) (Milieu) **sich einer neuen U. anpassen,** to adapt to a new environment; (c) (Umkreis) circle; **die U. des Kanzlers,** those close to the Chancellor.
'**Umgegend,** f -/-en surroundings, neighbourhood.

umgeh|en, v.irr.36 **1.** ['umge:ən] v.i.sep. (sein) (a) to circulate, (Gerücht, Sammelbüchse usw.) be passed round; F: to go the rounds; **im Schloß gehen die Gespenster um,** the castle is haunted; **die Grippe geht wieder um,** there's (a lot of) flu about again; (b) **mit** j-m, **etwas** dat **u.,** to deal with/handle s.o., sth.; (behandeln) to treat (s.o., sth.) (**gut, vorsichtig usw.,** well, carefully etc.); (verkehren) to associate with s.o.; **er versteht mit Kindern umzugehen,** he knows how to handle children; **verschwenderisch mit etwas** dat **u.,** to be extravagant with sth.; **mit einem Gerät umzugehen lernen,** to learn how to use/operate an appliance; **miteinander u.,** to go around together; (c) **er geht mit dem Gedanken um, ein Haus zu kaufen,** he is thinking of buying a house. **2.** [um'ge:ən] v.tr.insep. (a) to go round (sth.); Aut: to bypass (a town); (b) (vermeiden) to avoid (a difficulty etc.); (nicht beachten) to evade/get round (a law, regulation). '**u ~ end,** adj. **u ~ e Antwort,** reply by return; **mit u ~ er Post,** by return post/ N.Am: mail. **U ~ ung** [um'ge:uŋ], f -/no pl (a) bypassing; (b) avoidance, evasion. **U ~ ungsstraße,** f -/-n bypass.
'**umgekehrt,** adj. opposite; reverse (order etc.); **im u ~ en Verhältnis,** in inverse ratio; **es ist gerade u.!** it's exactly the opposite/the other way round; . . . **und u.,** . . . and vice versa.
'**umgestalten,** v.tr.sep. to alter (a room, display etc.); to redesign (a product etc.); to recast (a chapter etc.); to convert (sth.) (**in** + acc, into).
'**umgießen,** v.tr.sep.irr.31 (a) to decant (wine etc.); (b) F: (schütten) to spill (sth.).
um'**grenzen,** v.tr.insep. to border, (Zaun) enclose (a field etc.); Fig: **klar umgrenztes Gebiet,** clearly defined area.
'**umgucken,** v.refl.sep. F: **sich u.,** (i) to look (all) around; (ii) (zurück) to look back/round.
'**Umhang,** m -(e)s/ⁿe wrap, cape.
'**umhäng|en,** v.tr.sep. (a) to hang (sth.) somewhere else, rehang (a picture); (b) j-m, **sich** dat **etwas u.,** to put sth. round s.o.'s/one's shoulders; **sich** dat **ein Gewehr u.,** to sling a rifle over one's shoulder. '**U ~ tasche,** f -/-n shoulder bag. '**U ~ tuch,** n -(e)s/ⁿer shawl, wrap.
'**umhauen,** v.tr.sep.irr.47 to fell, cut down (a tree etc.); (b) F: (niederstrecken) to knock s.o. for six; Fig: **es/der Schnaps haut einen um,** it/the schnaps knocks you out.
um'**her,** adv. & comb.fm. (to wander, drive etc.) around; (to look etc.) about; **u ~ gehen,** to go/ walk around; **u ~ schleichen,** to prowl about.
um'**hinkönnen,** v.i.sep.irr.54 (haben) **ich kann nicht umhin, es zu tun,** I cannot help/get out of (doing) it.
'**umhören,** v.refl.sep. **sich u.,** to ask around (**nach etwas** dat, about sth.).
um'**hüll|en,** v.tr.insep. to wrap (s.o., sth.) up (**mit** + dat, in); **von Nebel umhüllt,** shrouded in mist. **U ~ ung,** f -/-en wrapper, wrapping; Tchn: etc: sheathing, casing.
um'**kämpft,** adj. heiß **u.,** hotly contested.
'**Umkehr,** f -/no pl (a) turning back; **sich zur U. entschließen,** to decide to turn back; (b) Pol: etc: about-face. '**u ~ bar,** adj. reversible. '**u ~ en,** v.sep. **1.** v.i. (sein) to turn back, (auf demselben Weg) retrace one's steps. **2.** v.tr. (a)

(*von innen nach außen*) to turn (pockets etc.) inside out; **ich habe das ganze Haus (danach) umgekehrt,** I turned the whole house upside down (looking for it); (*b*) to reverse (the order, a development etc.); *Mus:* to invert (a theme); (*Tendenz usw.*) **sich u.,** to be reversed. 'U ~ **film,** *m* -(e)s/-e *Phot:* colour reversal film. 'U ~ **ung,** *f* -/*no pl* reversal; *Mus: etc:* inversion.

'um**kippen,** *v.* **1.** *v.i.sep.* (*sein*) (*a*) to fall/(*aus der Höhe*) topple over; (*Auto usw.*) to overturn; (*Boot*) to capsize; **er ist mit dem Stuhl umgekippt,** he tipped over backwards with his chair; (*b*) F: (*ohnmächtig werden*) to faint; (*c*) F: (*seine Meinung ändern*) to give way (under pressure), change one's tune. **2.** *v.tr.* to tip (sth.) over, upset (a vase etc.).

um**klammer|n,** *v.tr.insep.* to clasp, cling to (s.o., sth.), (*umarmen*) hug (s.o.). U ~ **ung,** *f* -/*no pl* (*a*) clasp, clutch; (*Umarmung*) hug, (*fest*) clinch; (*b*) *Mil:* pincer movement.

'um**klapp|bar,** *adj.* folding, collapsible. 'u ~ **en,** *v.tr.sep.* to fold (a backrest etc.) (back/down).

'Um**kleide|kabine,** *f* -/-n changing cubicle. u ~ **n,** *v.refl.sep.* **sich u.,** to change (one's clothes). 'U ~ **raum,** *m* -(e)s/-e changing room.

'um**knicken,** *v.sep.* **1.** *v.tr.* to fold over, crease (paper etc.). **2.** *v.i.* (*sein*) **mit dem Fuß u.,** to sprain/twist one's ankle.

'um**kommen,** *v.i.sep.irr.53* to die, be killed; F: **du wirst nicht gleich u.,** that won't kill you; **vor Hitze/Hunger u.,** to be dying of heat/hunger; **nichts u. lassen,** to let nothing go to waste.

'Um**kreis,** *m* -es/*no pl* (*Nähe*) vicinity, neighbourhood; (*Umgebung*) surroundings; **im U. von drei Kilometer(n),** within a radius of three kilometres. u ~ **en** [um'kraizən], *v.tr.insep.* to circle (around) (sth.), (*Planet*) to revolve around, (*Satellit*) orbit (a star).

'um**krempeln,** *v.tr.sep.* (*a*) to turn/roll up (one's sleeves etc.); (*von innen nach außen*) to turn (socks etc.) inside out; (*b*) (*ändern*) to change/reform (s.o., sth.); *Fig:* (*durchsuchen*) to turn (the whole house etc.) upside down.

'um**lad|en,** *v.tr.sep.irr.56* to reload (goods etc.). 'U ~ **ung,** *f* -/*no pl* reloading.

'Um**lauf,** *m* -(e)s/-e **1.** *no pl* circulation (of blood, money etc.); **in U. bringen/setzen,** to issue (notes, coins etc.); to circulate, spread (rumours etc.); **im U. sein,** (*Geld*) to be in circulation; *Fig:* (*Gerüchte usw.*) to circulate. **2.** *Astr:* orbit. **3.** (*Rundschreiben*) circular (letter). **4.** *Equit:* round (of a competition). 'U ~ **bahn,** *f* -/-en *Astr:* orbit. u ~ **en,** *v.irr.58* **1.** ['umlaufən] *v.tr.sep.* to knock (s.o., sth.) down. **2.** ['umlaufən] *v.i.sep.* (*sein*) (*Gerüchte usw.*) to circulate. **3.** [um'laufən] *v.tr.insep.* to run/(*Planet*) revolve round (sth.). 'u ~ **end,** *adj.* **1.** revolving, rotating. **2.** circulating; **das u ~ e Geld,** the money in circulation.

'Um**laut,** *m* -(e)s/-e *Ling:* umlaut. 'u ~ **en,** *v.tr.sep. Ling:* to modify (a vowel).

'um**leg|en,** *v.sep.* (*a*) **j-m/sich** *dat* **einen Mantel usw. u.,** to put a coat etc. round s.o./ oneself; (*b*) to transfer, move (a cable, patient etc.); (*c*) to knock down (a mast etc.), flatten (the corn), fell (a tree); F: to floor (s.o.) (with a blow); (*erschießen*) to bump (s.o.) off. 'U ~ **ung,** *f* -/*no pl* **1.** relocation (of a cable

etc.). **2.** reapportionment (of costs etc.).

'um**leit|en,** *v.tr.sep.* to divert (traffic etc.). 'U ~ **ung,** *f* -/-en diversion.

'um**liegend,** *adj.* surrounding (villages etc.).

um**mauern,** *v.tr.insep.* to surround (sth.) with a wall, wall (sth.) in.

'um**melden,** *v.refl.sep. Adm:* **sich (polizeilich) u.,** to notify the authorities of one's change of address.

um'**nacht|et,** *adj. Lit:* **geistig u.,** mentally deranged. U ~ **ung,** *f* -/*no pl Lit:* **geistige U.,** mental derangement.

um**pflanzen,** *v.tr.* **1.** ['umpflantsən] *v.sep.* to transplant (flowers etc.). **2.** [um'pflantsən] *v.insep.* **etwas mit Blumen u.,** to plant flowers around sth.

'um**pflügen,** *v.tr.sep.* to plough (sth.) up.

'um**polen,** *v.tr.&i.sep.* (*haben*) to reverse the polarity (of a battery etc.).

'um**quartieren,** *v.tr.sep.* to move (s.o.) to different quarters.

um**rahmen,** *v.tr.* **1.** [um'rɑ:mən] *v.insep.* to frame (a picture, *Fig:* face etc.); *Fig:* **von Wäldern umrahmt,** ringed by woods; **eine Feier musikalisch u.,** to begin and end a ceremony with music. **2.** ['umra:mən] *v.sep.* to reframe.

um**rand|en** [um'randən], *v.tr.insep.* to border, edge (sth.); **einen Artikel rot u.,** to draw a red circle round an article. U ~ **ung,** *f* -/-en border, edging (stone etc.); surround.

um'**ranken,** *v.tr.insep.* to twine around (sth.).

'um**rechn|en,** *v.tr.sep. Mth:* to convert (**Fuß in Meter, Mark in Pfund usw.,** feet into metres, marks into pounds etc.). 'U ~ **ung,** *f* -/-en conversion. 'U ~ **ungskurs,** *m* -es/-e *Fin:* rate of exchange. 'U ~ **ungstabelle,** *f* -/-n conversion table.

um**reißen,** *v.tr.irr.4* **1.** ['umraisən] *v.sep.* to tear (sth.) down, knock (s.o.) down. **2.** [um'raisən] *v.insep.* to outline (a situation etc.).

um'**ringen,** *v.tr.insep.* to surround (s.o., sth.).

'Um**riß,** *m* -sses/-sse contour, outline; **eine Weltgeschichte in Umrissen,** an outline of world history; **etwas im U./in groben Umrissen darstellen,** to give an outline/a rough outline of sth. 'U ~ **zeichnung,** *f* -/-en contour drawing.

um'**rissen,** *adj.* **fest u.,** sharply defined, clear-cut.

'um**rühren,** *v.tr.sep.* to stir (soup, paint etc.).

ums [ums] = **um das.**

'um**satteln,** *v.sep.* **1.** *v.tr.* to resaddle (a horse). **2.** *v.i.* (*haben*) F: to change jobs/*Univ:* studies; **auf Medizin u.,** to switch to medicine.

'Um**satz,** *m* -es/-e *Com:* turnover; **starker U. an ... dat,** large sales of ... , 'U ~ **steuer,** *f* -/-n turnover/*N.Am:* sales tax.

um'**säumen,** *v.tr.insep. Lit:* to border (sth.).

'um**schalt|en,** *v.sep.* **1.** *v.tr.* to switch (the TV, radio etc.) (over) (**auf** + *acc,* to). **2.** *v.i.* (*haben*) to change, switch over, *TV: Rad:* retune (**auf** + *acc,* to); *Aut:* to change gear; *Rad: TV:* **wir schalten um nach München,** we are going over to Munich. 'U ~ **er,** *m* -s/- **1.** *Tchn:* changeover switch. **2.** *Typewr:* (*also* **Umschalttaste** *f*) shift key. 'U ~ **ung,** *f* -/*no pl* changeover (**auf** + *acc,* to).

'Um**schau,** *f* -/*no pl* look round; **nach j-m, etwas** *dat* **U. halten,** to be on the lookout for s.o., sth. ´**u ~ en,** *v.refl.sep. esp. South G:* **sich u. = sich umsehen.**

umschiffen, *v.tr.* **1.** [um´ʃifən] *v.insep.* to (sail) round, double (a cape etc.). **2.** [´umʃifən] *v.sep.* to transship (cargo), transfer (passengers).

´**Umschlag,** *m* -(e)s/-e **1.** (dust) jacket (of a book). **2.** (*Briefu.*) envelope. **3.** *Med:* compress. **4.** *Cl:* cuff; (*Hosenu.*) turn-up, *N.Am:* cuff (of trousers); (*Saum*) hem. **5.** sudden change; **U. des Wetters,** break in the weather. **6.** *Nau:* transfer (of passengers), transshipment (of cargo). ´**u ~ en**[-gən], *v.sep.irr.85* **1.** *v.tr.* (*a*) (*umwenden*) to turn over (pages etc.), fold back (the carpet), turn up (one's sleeves); (*b*) (*umhauen*) to knock (sth.) down, fell (a tree etc.); (*c*) *Com:* to reload, transfer (cargo etc.). **2.** *v.i.* (*sein*) (*a*) (*Auto usw.*) to overturn, (*Boot*) capsize; (*b*) (*sich plötzlich ändern*) (*Wetter, Fig:* *Stimmung*) to change abruptly; (*Wind*) to veer (round); (*Stimme*) to break; **ins Gegenteil u.,** to change completely, become the opposite. ´**U ~ hafen,** *m* -s/- *Nau:* port of transshipment. ´**U ~ platz,** *m* -es/-e (*a*) place of transshipment; (*b*) (*Handelsplatz*) trading centre.

um´schließen, *v.tr.insep.irr.31* (*a*) (*mit Händen*) to clasp (sth.), (*umarmen*) embrace (s.o.); (*b*) to surround, encircle (the enemy etc.); (*Mauer usw.*) to enclose (sth.); (*c*) *Fig:* **sein Vorschlag umschließt auch diese Möglichkeit,** his proposal also covers this possibility.

um´schling|en, *v.tr.insep.irr.19* (*Efeu usw.*) to twine around (a tree etc.); (*Pers.*) to embrace (s.o.), put one's arm(s) round (s.o.'s waist, neck etc.); **sie hielten sich fest umschlungen,** they were locked in a tight embrace. **U ~ ung,** *f* -/-en embrace.

´**umschnallen,** *v.tr.sep.* to buckle on (a belt etc.).

umschreib|en, *v.tr.irr.12* **1.** [´umʃraibən] *v.sep.* (*a*) to rewrite, redraft, (*in eine andere Schrift usw.*) transcribe (a text); (*b*) **etwas auf j-n/ein Konto u.,** to transfer sth. to s.o./an account. **2.** [um´ʃraibən] *v.insep.* (*a*) (*genau*) to define (duties etc.); (*mit anderen Worten*) to paraphrase, (*verhüllend*) bowdlerize (a term etc.); (*b*) *Mth:* to circumscribe (a triangle etc.). **U ~ ung,** *f* -/-en **1.** [´umʃraibuŋ] (*a*) redraft, revision; transcription, (*b*) transfer. **2.** [um´ʃraibuŋ] (*a*) definition; paraphrase, (*verhüllend*) circumlocution; (*b*) *Mth:* circumscription.

´**Umschrift,** *f* -/-en **1.** revision, rewrite. **2.** (*Übertragung*) transcription; **phonetische U.,** phonetic transcription, phonetics.

´**umschul|en,** *v.tr.sep.* (*a*) to move (a child) to another school; (*b*) (*umerziehen*) to re-educate (s.o.); *Ind:* to retrain (s.o.) (**zum/auf Maurer usw.,** as a bricklayer etc.). ´**U ~ ung,** *f* -/-en **1.** transfer to another school. **2.** re-education; *Ind:* retraining.

´**umschütten,** *v.tr.sep.* to decant (a liquid).

´**Umschweife,** *pl* **etwas ohne U. sagen,** to say sth. bluntly/straight out; **mach keine U.!** stop beating about the bush!

´**umschwenken,** *v.i.sep.* (*haben/sein*) to swing round; *Fig:* (*Pers.*) to do an about-turn.

´**Umschwung,** *m* -(e)s/-e **1.** reversal (of fortunes, public opinions etc.), about-turn; **U. in der Stimmung,** complete change of mood; **U. des Glücks,** turn of the tide. **2.** (*Drehung*)

revolution, *Gym:* circle (**um** + *acc,* round).

´**umsehen,** *v.refl.sep.irr.92* **sich u.,** to look round/back; (*ringsherum*) to look around one; **sich in der Stadt u.,** to look around the town; **sich in der Welt u.,** to see the world; **sich nach einem passenden Geschenk u.,** to be looking/on the lookout for a suitable present; *F:* **ihr werdet euch noch u.!** you'll be in for a surprise!

´**umsein,** *v.i.sep.irr.93* (*sein*) *F:* to be over.

´**umseitig,** *adj.* overleaf.

´**umsetz|bar,** *adj.* marketable. ´**u ~ en,** *v.tr.sep.* (*a*) to move (s.o., sth.) to a different place; transplant (a tree etc.); (*b*) (*umwandeln*) to convert/transform (sth.) (**in etwas** *acc,* into sth.); *Mus:* to transpose (a piece); **Prosa in Verse u.,** to turn prose into poetry; **ein Projekt in die Tat u.,** to put a plan into action; *F:* **sein Geld in Bücher u.,** to spend one's money on books; (*c*) *Com:* to sell/turn over (goods). ´**U ~ ung,** *f* -/-en (*a*) shift; transplantation; (*b*) conversion; transformation; *Mus:* transposition; (*c*) *Com:* sale, turnover.

´**Umsicht,** *f* -/no *pl* circumspection, discretion, prudence. ´**u ~ ig,** *adj.* circumspect; (*klug*) prudent.

´**umsiedel|n,** *v.tr.&i.sep.* (*sein*) to resettle (refugees etc.); **nach Köln u.,** to move to Cologne. ´**U ~ ler,** *m* -s/- resettler. ´**U ~ lung,** *f* -/-en resettlement.

´**umso,** *Aus:* = **um so.**

um´sonst, *adv.* (*ohne Bezahlung*) for nothing; (*vergeblich*) in vain.

umspann|en, *v.tr.* **1.** [um´ʃpanən] *v.insep.* to clasp, (*mit den Armen*) reach round (sth.); *Fig:* to encompass (an area), span (a period). **2.** [´umʃpanən] *v.sep. El:* to transform (current). ´**U ~ er,** *m* -s/- *El:* transformer. ´**U ~ ung,** *f* -/-en *El:* transformation. ´**U ~ werk,** *n* -(e)s/-e *El:* substation.

um´spielen, *v.tr.insep. Lit:* (*Lächeln usw.*) to play round (one's lips etc.); *Sp:* **j-n u.,** to go/dodge round s.o.

umspringen, *v.irr.19* **1.** [´umʃpriŋən] *v.i.sep.* (*sein*) (*a*) to change suddenly; (*Wind*) to shift, veer; (*b*) *Ski:* to jump-turn; (*c*) *Pej:* **mit j-m (grob) u.,** to maltreat s.o. **2.** [um´ʃpriŋən] *v.tr. insep.* to jump around (s.o., sth.).

Umstand [´umʃtant], *m* -(e)s/-e **1.** circumstance; (*a*) **ein entscheidender U.,** a decisive factor; **allein der U., daß er Deutscher ist . . . ,** the mere fact that he is German . . . ; **nähere U~e,** further particulars; (*b*) *pl* **unter diesen/keinen U~en,** in these/no circumstances; **unter U~en,** in certain circumstances, possibly; **ihm geht es den U~en entsprechend,** he is as well as can be expected; (*c*) **in anderen U~en,** in the family way. **2.** *pl* (*Mühe*) bother; trouble; **mit etwas** *dat* **viel U~e machen,** to make a great fuss about sth.; **mach bitte meinetwegen keine (großen) U~e,** don't go to any trouble on my account; **ohne U~e,** without ceremony; (*sogleich*) without further ado. ´**U ~ sbestimmung,** *f* -/-en adverbial phrase. ´**U ~ skleid,** *n* -(e)s/-er maternity dress. ´**U ~ skrämer,** *m* -s/- *F:* fusspot. ´**U ~ swort,** *n* -(e)s/-er adverb.

umständ|ehalber [´umʃtɛndəhalbər], *adv.* due to circumstances. ´**u ~ lich,** *adj.* ponderous, awkward, (*übergenau*) fussy, pedantic (person, manner etc.); ceremonious (leave-taking etc.); complicated, involved (description etc.); (*langatmig*) long-winded (account etc.); **das ist mir viel zu u.**, that's far too much of a palaver/business for me; *adv.* **etwas u. machen**, to do sth. in a roundabout/an involved way; to make heavy weather of sth. ′**U ∼ lich keit**, *f -/no pl* ponderousness, awkwardness; fussiness; ceremoniousness, complication; long-windedness.

′**umstehen**, *v.tr.insep.irr.100* (*a*) to stand round (s.o., sth.); **die U∼den**, the bystanders; (*b*) **u∼d**, overleaf.

Umsteige|bahnhof [′umʃtaigəbaːnhoːf], *m -(e)s/-̈e* interchange station. ′**u ∼ n**, *v.i.sep. irr.89 (sein)* (*a*) to change (trains/buses); **muß ich nach Berlin u.?** do I have to change for Berlin? (*b*) *F:* **auf eine andere Marke usw. u.**, to switch/change over to another make etc.

umstell|en, *v.tr.* 1. [′umʃtɛlən] *v.sep.* (*a*) to shift round, rearrange (furniture etc.); to redeploy (troops, *Sp:* a team etc.); *Gram:* to transpose (words etc.); (*b*) (*neu einstellen*) to readjust (sth.), shift (a lever etc.), reset (a switch, clock etc.); (*c*) (*ändern*) to change (one's diet etc.) (**auf** + *acc*, to); **sich auf etwas** *acc* **u.**, (i) to change over to sth.; (ii) (*sich anpassen*) to adapt to sth.; *abs.* **auf Erdgas u.**, to change over/convert to natural gas. 2. [um′ʃtɛlən] *v.insep.* to surround (a house etc.). **U ∼ ung**, *f -/-en* 1. [′umʃtɛluŋ] (*a*) rearrangement; redeployment; *Gram:* transposition; (*b*) readjustment, resetting; (*c*) changeover, conversion (**auf** + *acc*, to); *Fig:* **das ist eine große U. für ihn**, it's a big change for him. 2. [um′ʃtɛluŋ] surrounding.

umsteuern, *v.tr.* 1. [um′ʃtɔyərn] *v.insep.* to steer round (a buoy etc.). 2. [′umʃtɔyərn] *v.sep.* to reverse (motion, *El:* current etc.).

′**umstimmen**, *v.tr.sep.* (*a*) *Mus:* to retune (an instrument); (*b*) (*überreden*) to make (s.o.) change his/her mind; to win (s.o.) round; **er läßt sich nicht u.**, he won't be persuaded.

′**umstoßen**, *v.tr.sep.irr.103* to knock (s.o., a vase etc.) over; *Fig:* to upset, wreck (a plan, calculations etc.); *Jur:* to reverse, overrule (a judgement), annul (a will).

um′stritten, *adj.* disputed (thesis etc.); controversial (subject, issue etc.).

′**umstülpen**, *v.tr.sep.* to turn (a bucket) upside down; to turn (pockets) inside out.

′**Umsturz**, *m -es/-̈e Pol:* overthrow (of a regime); coup.

′**umstürz|en**, *v.sep.* 1. *v.tr.* to knock over (chairs, tables etc.), *Pol:* topple, overthrow (a government etc.). 2. *v.i.* (*sein*) to fall over, (*Mauer usw.*) fall down. ′**U ∼ ler**, *m -s/-* subversive agent. ′**u ∼ lerisch**, *adj.* subversive.

′**Umtausch**, *m -(e)s/occ -̈e* exchange (**in** + *acc*, into); **vom U. ausgenommen**, not exchangeable. ′**u ∼ bar**, *adj.* exchangeable (goods); *Fin:* convertible (currency etc.). ′**u ∼ en**, *v.tr.sep.* to exchange (sth.) (**gegen etwas** *acc*, for sth.); to change (money); **Dollar in Mark u.**, to change dollars into marks.

′**Umtriebe**, *mpl* machinations, intrigues.

′**umtun**, *v.tr.sep.irr.106 F:* (*a*) **j-m etwas u.**, to put sth. round/on (s.o.); **sich** *dat* **einen Mantel u.**, to put a coat round one's shoulders; (*b*) **sich**

nach etwas *dat* **u.**, to look around for sth.

U-Musik [′uːmuziːk], *f -/no pl* light music.

′**umwälz|en**, *v.tr.sep.* to roll (a stone etc.) over; *Fig:* to revolutionize (ideas, a system); **u∼de Ereignisse**, revolutionary events. ′**U ∼ ung**, *f -/-en* revolution; *Tchn:* (revolutionary) breakthrough; **soziale U∼en**, social upheaval.

′**umwand|elbar**, *adj.* convertible; *Jur:* commutable (sentence). ′**u ∼ eln**, *v.tr.sep.* (*a*) to transform (s.o.'s character etc.); *Jur:* to commute (a sentence); **er ist wie umgewandelt**, he is a changed man; (*b*) *Fin: Ph: Ch:* to convert (sth.) (**in** + *acc*, into). ′**U ∼ ler**, *m -s/- El: etc:* converter. ′**U ∼ lung**, *f -/-en* transformation; conversion; *Jur:* commutation.

′**Umweg**, *m -(e)s/-e* detour; **auf U∼en**, by a devious route; *Fig:* in a roundabout way.

′**Umwelt**. I. *f -/no pl* environment; **von seiner U. mißverstanden**, misunderstood by those around him. II. ′**U∼-**, ′**u∼-**, *comb.fm.* environmental (factor, question etc.); *Biol: etc:* ecological (planning, policy etc.); **U∼verschmutzung** *f*, (environmental) pollution; **U∼belastung** *f*/**U∼schäden** *mpl*, ecological damage, damage to the environment; *adj.* **u∼feindlich/u∼schädlich**, harmful to the environment; **u∼freundlich**, harmless to the environment. ′**U ∼ schutz**, *m -es/no pl* conservation. ′**U ∼ schützer**, *m -s/-* conservationist.

′**umwenden**, *v.sep.irr.94* 1. *v.tr.* (*a*) to turn over (a page etc.); (*b*) to turn round (a car etc.). (*Pers.*) **sich u.**, to turn round (**nach j-m, etwas** *dat*, to look at s.o., sth.). 2. *v.i.* (*sein*) (*Fahrzeug*) to turn round.

um′werben, *v.tr.insep.irr.101* to woo, court (a girl etc.).

um′werfen, *v.tr.sep.irr.110* (*a*) to knock over (s.o., a vase etc.), overturn (a table); *Fig:* to upset, wreck (plans); *F:* (*Nachricht usw.*) to bowl (s.o.) over; **dieser Schnaps wird dich u.**, this schnaps will knock you out; (*b*) **sich** *dat* **einen Mantel u.**, to throw a coat round one's shoulders. ′**u ∼ d**, *adj.* stupendous (success etc.); stunning (beauty); *adv.* **u. komisch**, hilarious.

um′wickeln, *v.tr.insep.* to wrap (sth.) up, *Med:* bandage (a wrist etc.); **etwas mit Draht/einer Binde u.**, to wind wire/a bandage round sth.

um′winden, *v.tr.insep.irr.9* (*Pflanze*) to twine round (sth.).

um′woben, *adj. Lit:* **von Sagen u.**, steeped in legend.

′**umwohn|end**, *adj.* neighbouring. **U ∼ er** [′umvoːnər], *mpl* local residents.

′**umwühlen**, *v.tr.sep.* to churn up (soil etc.).

um′zäun|en, *v.tr.insep.* to fence in/round (a plot etc.). **U ∼ ung**, *f -/-en* (ring of) fencing.

umziehen, *v.irr.113* 1. [′umtsiːən] *v.i.sep.* (*sein*) to move (**nach X**, to X; **in ein großes Haus**, to a large house). 2. [′umtsiːən] *v.tr.sep.* **ein Kind/sich u.**, to change a child's/one's clothes; **sich zum Abendessen u.**, to change for dinner. 3. [um′tsiːən] *v.tr.insep.* to surround, encircle (sth.).

umzingel|n [um′tsiŋəln], *v.tr.insep.* to surround, encircle (the enemy, a town etc.). **U ∼ ung**, *f -/no pl* encirclement.

Umzug [′umtsuːk], *m -(e)s/-̈e* 1. move, removal

(nach + *dat*/in + *acc*, to). 2. procession; **politischer U.**, political demonstration.

unabänderlich [un'ap''ʔɛndərliç], *adj.* unalterable (fact etc.); irrevocable (decision etc.); inescapable (fate); **sich ins U~e fügen**, to resign oneself to the inevitable.

'unabhängig, *adj.* independent (**von** + *dat*, of); freelance (journalist etc.); *Tchn:* self-contained (unit); **das ist u. davon, ob ...**, that is irrespective/regardless of whether ... **'U ~ keit**, *f -/no pl* independence.

unab'kömmlich, *adj.* indispensable.

unablässig ['un'ʔaplɛsiç], *adj.* incessant, constant (complaints etc.); unremitting (efforts).

unab'sehbar, *adj.* (*a*) unforeseeable (consequences etc.); (*b*) (*unermeßlich*) immeasurable (loss etc.); boundless (desert etc.).

'unabsichtlich, *adj.* unintentional.

unabwendbar [un'ap'vɛntbɑːr], *adj.* unavoidable, inevitable.

'unachtsam, *adj.* inattentive (pupil etc.); (*nachlässig*) careless, negligent (action etc.); *adv.* without due care. **'U ~ keit**, *f -/no pl* inattention; carelessness, negligence.

'unähnlich, *adj.* dissimilar; **j-m u.**, unlike s.o.; **sie sind einander ganz u.**, they are not at all alike. **'U ~ keit**, *f -/-en* dissimilarity.

'unangebracht, *adj.* inappropriate, out-of-place (remark etc.); misplaced (confidence etc.).

'unangefochten, *adj.* unchallenged.

'unangemessen, *adj.* inappropriate; (*zu hoch*) disproportionate (amount etc.); **dem Anlaß u.**, unsuitable for the occasion; **dem Wert u.**, out of proportion to the value.

'unangenehm, *adj.* unpleasant; (*peinlich*) embarrassing, awkward (question etc.); **es ist mir u., das sagen zu müssen**, I don't like having to say this; **sie kann sehr u. werden**, she can get quite nasty; *adv.* **u. auffallen**, to make a bad impression.

unan'greifbar, *adj.* unassailable.

unan'nehm|bar, *adj.* unacceptable. **'U ~ lichkeit**, *f -/-en usu.pl* **j-m U~en bereiten**, to cause s.o. difficulties/trouble.

'unansehnlich, *adj.* plain (girl etc.); shabby (clothes etc.).

'unanständig, *adj.* (*a*) indecent (behaviour, language, dress etc.); dirty (joke etc.), rude (word); (*b*) (*unerzogen*) ill-mannered; (*c*) *adv.* inordinately; **u. viel essen**, to eat an inordinate amount. **'U ~ keit**, *f -/-en* 1. *no pl* (*a*) indecency, impropriety; (*b*) unmannerliness. 2. *pl* **U~en**, obscenities.

unan'tastbar, *adj.* sacrosanct; *Jur:* inviolable (rights etc.).

'unappetitlich, *adj.* unappetizing (food etc.); *Fig:* unsavoury.

Unart ['unɑːrt], *f -/-en* (*a*) bad habit; vice (of a machine etc.); (*b*) = **U~igkeit**. **'u ~ ig**, *adj.* naughty. **'U ~ igkeit**, *f -/no pl* naughtiness.

'unästhetisch, *adj.* **u~er Anblick**, unpleasant/unsavoury sight.

'unaufdringlich, *adj.* unobtrusive.

'unauffällig, *adj.* inconspicuous; unobtrusive (colour, behaviour etc.); discreet, inostentatious (clothes); *adv.* **u. verschwinden**, to disappear without anyone noticing.

unauf'findbar, *adj.* nowhere to be found.

'unaufgefordert, *adj.* unasked, of one's own accord.

'unaufgeklärt, *adj.* 1. unclarified (question etc.); unsolved (mystery etc.). 2. **sie ist u.**, she doesn't know the facts of life.

unaufhaltsam [un'auf'haltzɑːm], *adj.* irresistible, inexorable.

unaufhörlich [un'auf'høːrliç], *adj.* incessant, ceaseless; (*wiederholt*) constant (coming and going etc.); *adv.* **es regnete u.**, it rained incessantly; **das Telefon klingelt u.**, the telephone is forever/keeps on ringing.

unauflöslich [-'løːsliç], *adj.* indissoluble (bond etc.); insoluble (puzzle, *Ch:* substance).

'unaufmerksam, *adj.* inattentive; (*zerstreut*) distracted. **'U ~ keit**, *f -/no pl* inattention.

'unaufrichtig, *adj.* insincere.

unaufschiebbar [-'ʃiːpbɑːr], *adj.* urgent, pressing; **es ist u.**, it cannot be put off.

unausbleiblich [un'ʔaus'blaipliç], *adj.* inevitable.

unaus'führbar, *adj.* impracticable, unworkable.

'unausgefüllt, *adj.* blank (form etc.); unfilled (time, space etc.); *Fig:* unfulfilled (life etc.).

'unausgeglichen, *adj.* unbalanced, *Fig:* (*Pers.*) unstable; (*launisch*) moody. **'U ~ heit**, *f -/no pl* imbalance; *Fig:* (emotional) instability.

'unausgesprochen, *adj.* unspoken (reproach etc.); implicit (understanding, criticism).

unaus'löschlich, *adj.* indelible (impression etc.).

unausrottbar [-'rɔtbɑːr], *adj.* ineradicable.

unaus'sprech|bar, *adj.* unpronounceable. **u ~ lich**, *adj.* inexpressible; unutterable; unspeakable (misery etc.).

unausstehlich [-'ʃteːliç], *adj.* insufferable, intolerable.

unbändig ['unbɛndiç], *adj.* uncontrollable; unruly (child); *adv.* **sich u. freuen**, to be pleased beyond measure; to be jumping for joy.

'unbarmherzig, *adj.* merciless. **'U ~ keit**, *f -/ no pl* mercilessness.

'unbeabsichtigt, *adj.* unintentional.

'unbeachtet, *adj.* unnoticed; unheeded (warning etc.); **u. bleiben**, to be overlooked/(*absichtlich*) ignored.

'unbeanstandet, *adj.* (*Vorschlag*) unopposed; *adv.* without any objection; **einen Fehler u. lassen**, to let a mistake go.

'unbedenklich, *adj.* harmless (proposal etc.).

'unbedeutend, *adj.* insignificant; minor (damage, poet etc.); trivial (matter).

unbe'dingt [stressed 'un-], *adj.* (*a*) absolute (loyalty, obedience etc.); unqualified (success, support etc.); (*b*) *adv.* absolutely; **kommst du? ja, u.!** are you coming? yes, definitely; **nicht u.**, not necessarily; **das müssen Sie sich u. ansehen**, you really must see that; **sie braucht u. neue Schuhe**, she simply must have new shoes; **ich will u. dabeisein**, I want to be there whatever happens.

unbe'fahrbar, *adj.* impassable.

'unbefangen, *adj.* 1. (*unparteiisch*) unbiased; impartial. 2. (*natürlich*) unaffected, natural; (*ungehemmt*) uninhibited. **'U ~ heit**, *f -/no pl* 1. impartiality. 2. naturalness, lack of inhibition.

'unbefleckt, *adj.* *Fig:* untarnished (honour etc.); *Ecc:* **die U~e Empfängnis**, the Immaculate Conception.

'**unbefriedig|end**, *adj.* unsatisfactory; *Sch:* fail (mark). '**u ~ t**, *adj.* unsatisfied.

'**unbefugt**, *adj.* unauthorized; **U~er**, unauthorized person; (*auf J-s Land*) trespasser; *P.N:* **Zutritt für U~e verboten**, no trespassing.

'**unbegabt**, *adj.* untalented, ungifted.

'**unbegleitet**, *adj.* unaccompanied.

unbegreiflich [unbə'graifliç], *adj.* incomprehensible; inexplicable (mystery etc.); **das ist mir u.**, I can't understand that. '**U ~ keit**, *f -/no pl* incomprehensibility.

'**unbegrenzt**, *adj.* unlimited; **auf u~e Dauer**/*adv.* **u.**, indefinitely.

'**unbegründet**, *adj.* unfounded (optimism etc.); groundless (accusation, fear etc.).

'**Unbehag|en**, *n -s/no pl* uneasiness; (*körperlich*) discomfort; (*Sorge*) concern. '**u ~ lich**, *adj.* uncomfortable (atmosphere etc.); uneasy (feeling etc.); (*Pers.*) ill at ease.

unbehelligt [unbə'heliçt], *adj.* unmolested; (*nicht aufgehalten*) unhindered.

'**unbeherrscht**, *adj.* (*Pers.*) lacking/without self-control; intemperate (speech etc.).

'**unbeholfen**, *adj.* awkward, clumsy. '**U ~ heit**, *f -/no pl* awkwardness, clumsiness.

unbeirr|bar [unbə'?irba:r], *adj.* unwavering, unswerving. **u ~ t** [-'?irt], *adv.* unswervingly; without wavering.

'**unbekannt**, *adj.* unknown (**j-m**, to s.o.); unfamiliar (surroundings etc.); **das ist mir u.**, I don't know that; **ich bin hier (völlig) u.**, I am a (complete) stranger here; **ein U~er/eine U~e**, a stranger; **ein Brand aus u~er Ursache**, a fire of unexplained origin; *Mth: & Hum:* (*Pers.*) **u~e Größe**, unknown quantity; *Post:* **Empfänger u.**, not known at this address; *Jur:* **Verfahren gegen U.**, proceedings against a person or persons unknown. **u ~ er'weise**, *adv.* **grüßen Sie sie u. von mir**, please give her my regards even though I don't know her.

'**unbekleidet**, *adj.* undressed.

unbekümmert, *adj.* unconcerned (**um +** *acc*, about); carefree, easygoing (person, manner).

'**unbelastet**, *adj.* (*a*) *Mec.E:* unstressed (part); *El:* unloaded (circuit); (*b*) *Fin:* unmortgaged (property); (*c*) *Pol: etc:* (*Pers.*) with a clean record; (*d*) (*sorglos*) carefree, with nothing on one's mind; clear (conscience).

'**unbelebt**, *adj.* (*a*) inanimate (nature); (*b*) unfrequented, quiet (street etc.).

'**unbeleckt**, *adj. F:* **sie sind von der Kultur u.**, they are complete philistines/savages.

unbelehrbar [unbə'le:rba:r], *adj.* not open to reason; **er ist u.**, you can't tell him anything.

'**unbeliebt**, *adj.* unpopular (**bei j-m**, with s.o.); **bei allen u.**, universally disliked. '**U ~ heit**, *f -/no pl* unpopularity.

'**unbemannt**, *adj.* unmanned (satellite etc.); *Av:* pilotless (aircraft etc.).

unbe'merkt, *adj.* unnoticed, unobserved.

'**unbemittelt**, *adj.* impecunious; **nicht ganz u.**, quite well off.

unbe'nutz|bar, *adj.* unusable. '**u ~ t**, *adj.* unused.

'**unbequem**, *adj.* (*a*) uncomfortable (shoe, chair etc.); (*b*) (*peinlich*) awkward (person, questions etc.); irksome (rules etc.); **er ist ihnen zu u.**, he

is too much of a nuisance/an embarrassment to them. '**U ~ lichkeit**, *f -/-en* 1. discomfort. 2. *no pl* awkwardness; irksomeness.

unbe'rechenbar, *adj.* unpredictable. **U ~ keit**, *f -/no pl* unpredictability.

'**unberechtigt**, *adj.* (*a*) unjustified (criticism, claim etc.); *adv.* without justification; (*b*) (*Pers.*) (*unbefugt*) unauthorized (**zu etwas** *dat*, to do sth.).

'**unberufen**, *adj.* 1. (*unbefugt*) unauthorized. 2. *int.* **u. (toi, toi, toi)!** touch wood!

'**unberührt**, *adj.* (*a*) untouched; (*unbeschädigt*) intact; virgin (forest, snow etc.); unspoilt (countryside); **u~es Mädchen**, virgin; (*b*) (*unerwähnt*) unmentioned; (*c*) (*Pers.*) unmoved (**von etwas** *dat*, by sth.). '**U ~ heit**, *f -/no pl* virginity; *Fig:* unspoilt character.

'**unbeschädigt**, *adj.* undamaged; (*Gegenstand, Gebäude*) intact; (*Apfel usw.*) sound.

'**unbeschäftigt**, *adj.* (*Pers.*) unoccupied.

'**unbescheiden**, *adj.* immodest, presumptuous.

unbescholten ['unbə'ʃɔltən], *adj.* irreproachable. '**U ~ heit**, *f -/no pl* irreproachable character.

'**unbeschrankt**, *adj.* **u~er Bahnübergang**, unguarded rail crossing.

'**unbeschränkt**, *adj.* unlimited; absolute (power).

unbeschreiblich [unbə'ʃraipliç], *adj.* indescribable; *adv.* **sich u. freuen**, to be overjoyed.

'**unbeschrieben**, *adj.* blank (page etc.); *F:* (*Pers.*) **ein u~es Blatt**, an unknown quantity.

'**unbeschwert**, *adj.* carefree; lighthearted (mood); **u~es Gewissen**, clear conscience. '**U ~ heit**, *f -/no pl* lightheartedness.

unbe'sehen, *adj.* unseen, unexamined; **etwas u. kaufen**, to buy sth. sight unseen.

'**unbesetzt**, *adj.* vacant (seat etc.); empty (house, bus etc.); *Tel:* (*Nummer*) free

unbesieg|bar [unbə'zi:kba:r], *adj.* invincible; *Sp:* unbeatable. **U ~ barkeit**, *f -/no pl* invincibility. **u ~ t**, *adj. Sp:* unbeaten.

'**unbesonnen**, *adj.* thoughtless, imprudent; (*übereilt*) rash. '**U ~ heit**, *f -/no pl* thoughtlessness, imprudence; rashness.

'**unbesorgt**, *adj.* unconcerned; **seien Sie u.**, don't worry; you can set your mind at rest.

unbe'spiel|bar, *adj. Sp:* unplayable (pitch). '**u ~ t**, *adj. Rec:* blank (cassette, tape).

'**unbeständig**, *adj.* changeable (weather etc.); fitful (wind); unsettled (weather, *Fin:* market etc.); fluctuating (prices etc.); *Fig:* (*Pers.*) inconsistent; (*in der Liebe*) inconstant, (*untreu*) fickle. '**U ~ keit**, *f -/no pl* changeability; inconsistency; inconstancy, fickleness.

'**unbestätigt**, *adj.* unconfirmed, unofficial (report).

'**unbestechlich**, *adj.* incorruptible.

unbe'stimm|bar, *adj.* indeterminate (age etc.); indefinable (feeling etc.). '**u ~ t**, *adj.* indefinite (period, future, *Gram:* article); indeterminate (age); (*unentschieden*) undecided; (*unsicher*) uncertain; (*unklar*) vague (feeling etc.); **es ist noch u., ob wir hinfahren**, it is still undecided/uncertain whether we shall go; *adv.* **u. gehalten**, in vague terms. '**U ~ theit**, *f -/no pl* indefiniteness; uncertainty; vagueness.

unbe'streitbar, *adj.* incontestable, indisputable.

'**unbestritten**, *adj.* uncontested, undisputed.

'**unbeteiligt**, *adj.* not involved; (*gleichgültig*) detached (observer, manner etc.); **an einer Sache u. sein**, to have no part/*Fin:* interest in sth.; *adv.* **u. zusehen**, to watch disinterestedly.

'**unbetont**, *adj. Ling:* unaccented, unstressed.

unbeugsam [un'bɔʏkzaːm], *adj.* uncompromising; unshakable (will etc.). U ~ **keit**, *f* -/*no pl* inflexibility.

'**unbewacht**, *adj.* unguarded; unsupervised (child, car park).

'**unbewältigt**, *adj.* unmastered; **die u~e Vergangenheit**, the past with which one has not yet come to terms.

'**unbeweg|lich**, *adj.* (*a*) (*nicht zu bewegen*) immovable, fixed (joint, part etc.); *Fig:* fixed (expression etc.); *Jur:* **u~e Güter**, real estate; (*b*) (*ganz still*) motionless, immobile (figures etc.); *adv.* **u. sitzen**, to sit motionless. '**U ~ lichkeit**, *f* -/*no pl* (*a*) rigidity; (*b*) immobility, motionlessness. '**u ~ t**, *adj.* motionless; fixed, rigid (expression etc.); calm, still (sea etc.); *Fig:* (*unberührt*) unmoved.

unbeweisbar [unbə'vaisbaːr], *adj.* unprovable.

'**unbewiesen**, *adj.* unproved, (*Schuld*) unproven.

unbe'wohn|bar, *adj.* uninhabitable. '**u ~ t**, *adj.* uninhabited (region etc.); unoccupied (house).

'**unbewußt**, *adj.* unconscious; *adv.* unconsciously, (*ohne Willen*) involuntarily.

unbe'zahl|bar, *adj.* **1.** prohibitively expensive. **2.** priceless (painting, *F:* story etc.); **dieses Gerät ist u.**, this device is worth its weight in gold; **du bist u.!** you are fantastic! '**u ~ t**, *adj.* unpaid.

unbe'zähmbar, *adj.* uncontrollable (anger etc.).

unbe'zwingbar, *adj.* unconquerable, invincible (opponent etc.); impregnable (fortress etc.); *Fig:* uncontrollable (passion etc.).

un'biegsam, *adj.* inflexible.

'**unblutig**, *adj.* bloodless (revolution etc.); *adv.* without bloodshed.

'**unbrauchbar**, *adj.* useless (work, person etc.); unworkable (plan); unusable, (*defekt*) unserviceable (apparatus etc.). '**U ~ keit**, *f* -/*no pl* uselessness; unserviceable state.

'**unchristlich**, *adj.* unchristian; *Hum:* **zu einer u~en Stunde/Zeit**, at an ungodly hour.

und [unt], *conj.* and; (*a*) **zwei u. zwei**, two by two; **nach u. nach**, gradually; by degrees; **es wurde schlimmer u. schlimmer**, it became worse and worse; *F:* **u. ob!** you bet! and how! **na u.?** well? what then? (*wenn schon*) so what! **u. wenn er kommt**, even if he does come; **sei so gut u. hilf mir**, be so good as to me help; (*b*) *F: Iron:* **du u. arbeiten!** what, you work? that's a joke! **er u. ein guter Tänzer!** what, him a good dancer?

'**Undank**, *m* -(e)s/*no pl Lit:* ingratitude. '**u ~ bar**, *adj.* ungrateful (**gegen j-n**, to s.o.); **u~e Aufgabe**, thankless task. '**U ~ barkeit**, *f* -/*no pl* ingratitude.

un'denk|bar, *adj.* unthinkable, inconceivable. **u ~ lich**, *adj.* **seit u~en Zeiten**, from time immemorial.

'**undeutlich**, *adj.* unclear; indistinct; (*unbestimmt*) vague, hazy (idea etc.). '**U ~ keit**, *f* -/*no pl* indistinctness; vagueness.

'**undicht**, *adj.* leaky, leaking; (*durchlässig*) porous; **u~e Stelle**, leak.

'**Unding**, *n* **es ist ein U.**, **zu ...**, it is absurd/preposterous to ...

'**unduldsam**, *adj.* intolerant.

undurch'dringlich, *adj.* impenetrable; **u~es Gesicht**, inscrutable face. U ~ **keit**, *f* -/*no pl* impenetrability.

undurch'führbar, *adj.* impracticable.

'**undurchlässig**, *adj.* impermeable, impervious (**gegen/für** + *acc*, to); **für Wasser/Luft u.**, watertight/airtight.

undurch'schaubar, *adj.* unfathomable; (*Pers.*) inscrutable, baffling.

'**undurchsichtig**, *adj.* opaque; *Fig:* baffling; (*suspekt*) shady. '**U ~ keit**, *f* -/*no pl* opacity.

'**uneben**, *adj.* uneven (surface etc.); (*holperig*) bumpy, rough (road etc.); *F:* **nicht u.**, not at all bad. '**U ~ heit**, *f* -/-**en 1.** *no pl* unevenness; bumpiness, roughness. **2.** bump, rough patch.

'**unecht**, *adj.* (*a*) imitation (leather, pearls etc.); artificial (flowers); false (hair etc.); bogus, fake (picture etc.); (*b*) false, insincere (sympathy etc.). '**U ~ heit**, *f* -/*no pl* artificiality, bogus nature; falseness, insincerity.

'**unedel**, *adj.* base (metal, *Lit:* action etc.).

'**unehelich**, *adj.* illegitimate (child). '**U ~ keit**, *f* -/*no pl* illegitimacy.

'**Unehr|e**, *f* -/*no pl Lit:* dishonour. '**u ~ enhaft**, *adj. Lit:* dishonourable. '**u ~ lich**, *adj.* dishonest, (*betrügerisch*) deceitful; crooked (dealings); **u~es Spiel**, double game. '**U ~ lichkeit**, *f* -/*no pl* dishonesty.

'**uneigennützig**, *adj.* unselfish, selfless. '**U ~ keit**, *f* -/*no pl* unselfishness.

'**uneingeweiht**, *adj.* uninitiated.

'**uneinig**, *adj.* (*Gruppe*) divided; **u. sein**, to disagree/be at loggerheads (**mit j-m**, with s.o.). '**U ~ keit**, *f* -/*no pl* disagreement, dissension.

uneins ['un'ʔains], *adj.* = **uneinig**; **ich bin mit mir u.**, I can't make up my mind.

'**unempfänglich**, *adj.* unreceptive, insensitive (**für** + *acc*, to); **für Schmeicheleien u.**, immune to flattery.

'**unempfindlich**, *adj.* insensitive (**gegen** + *acc*, to); (*gleichgültig*) indifferent (**gegen Beleidigungen**, to insults); (*abgehärtet*) hardened, inured (**gegen Kälte**, to cold); hardy (plants); **u~er Stoff**, easy-care material. '**U ~ keit**, *f* -/*no pl* insensitivity; indifference.

un'endlich, *adj.* infinite (space, *Mth:* number, *Fig:* kindness, patience etc.); (*Zeit, Weg*) endless; **u~e Weite**, boundless expanse; **eine u~e Zeit**, an eternity; **bis ins u~e**, endlessly, ad infinitum; *Phot:* **auf u. eingestellt**, focused on infinity; *adv.* **u. viel Arbeit**, an infinite/enormous amount of work; **u. groß/hoch**, enormously large/high; **u. lang**, endless; **u. langsam**, incredibly slow; **u. verliebt**, head over heels in love. U ~ **keit**, *f* -/*no pl* endlessness; infinity, boundlessness; (*Ewigkeit*) eternity.

unent'behrlich, *adj.* indispensable; **er ist uns u.**, we can't do without him.

unentgeltlich [un'ʔɛnt'gɛltliç], *adj.* gratis, free.

unent'rinnbar [un'ʔɛnt'rinbaːr], *adj.* inescapable.

'**unentschieden. I.** *adj.* undecided; (*Frage*) unsettled; *Jur:* pending; *Sp:* drawn (game); **u~es Rennen**, dead heat. **II. U.**, *n* -s/- *Sp:* draw.

'**unentschlossen**, *adj.* undecided; (*allgemein*)

irresolute, indecisive; (*zögernd*) hesitant. 'U ~ **heit**, *f -/no pl* irresolution; indecision.

unentwegt [un'ent've:kt], *adj.* (*unaufhörlich*) incessant, uninterrupted; (*unermüdlich*) tireless (fighter etc.); (*wiederholt*) constant; *adv.* **das Kind schrie u.**, the child screamed incessantly; **u. weitermachen**, to carry on regardless.

unentwirrbar [un'ent'virba:r], *adj.* inextricable.

unerbittlich [un'er'bitliç], *adj.* unrelenting (critic, struggle etc.); inexorable (fate, law); pitiless (face); **u. bleiben**, to remain adamant. U ~ **keit**, *f -/no pl* relentlessness, pitilessness. 'unerfahren, *adj.* inexperienced. 'U ~ **heit**, *f -/no pl* inexperience.

'unerfreulich, *adj.* unpleasant, disagreeable.

uner'füllbar, *adj.* unrealizable (wishes etc.); impossible (conditions). 'u ~ **t**, *adj.* unfulfilled.

'unergiebig, *adj.* unproductive; poor (soil etc.).

uner'gründlich, *adj.* unfathomable.

'unerheblich, *adj.* insignificant (quantity etc.).

unerhört ['unɛr'hø:rt], *adj.* (*a*) (*ungeheuer*) tremendous, phenomenal (exertion, performance etc.); fantastic (luck etc.); *adv.* **u. spannend**, tremendously exciting; **u. schwierig**, terribly difficult; (*b*) (*noch nie dagewesen*) unheard of, unprecedented (achievement etc.); *adv.* **u. billig**, incredibly cheap; (*c*) (*skandalös*) outrageous, scandalous (behaviour etc.); exorbitant (prices).

uner'klärlich, *adj.* inexplicable. **u ~ t**, *adj.* unexplained.

unerläßlich [un'ɛr'lɛsliç], *adj.* indispensable.

'unerlaubt, *adj.* not allowed, prohibited; (*unbefugt*) unauthorized; (*ungesetzlich*) unlawful; *adv.* without permission/leave.

'unerledigt, *adj.* unfinished, not dealt with; outstanding (bills, problems etc.); unanswered (mail); (*schwebend*) pending (matters etc.).

uner'meßlich, *adj.* immeasurable, immense.

unermüdlich [un'ɛr'my:tliç, 'un-], *adj.* untiring, tireless. U ~ **keit**, *f -/no pl* tirelessness.

uner'reichbar, *adj.* unattainable (goal etc.); inaccessible (place etc.); *Tel:* (*Pers.*) unobtainable. **u ~ t**, *adj.* unequalled (performance etc.).

unersättlich [unɛr'zɛtliç], *adj.* insatiable.

'unerschlossen, *adj.* undeveloped (area); untapped (market etc.).

unerschöpflich [-'ʃœpfliç], *adj.* inexhaustible.

'unerschrocken, *adj.* intrepid, fearless.

unerschütterlich [-'ʃytərliç], *adj.* unshakable (will etc.); (*Pers.*) imperturbable, unflinching.

uner'schwinglich, *adj.* exorbitant, prohibitive (price etc.); **ein Auto ist für mich u.**, a car is beyond my means.

unersetzlich [un'ɛr'zɛtsliç], *adj.* irreplaceable.

uner'träglich, *adj.* intolerable, unbearable; **er ist mir u.**, I can't stand him.

'unerwartet, *adj.* unexpected.

'unerwünscht, *adj.* unwanted; unwelcome (visit, visitor etc.).

'unerzogen, *adj.* badly behaved/brought up.

'unfachmännisch, *adj.* unprofessional, inexpert.

'unfähig, *adj.* (*a*) *pred.* incapable (**zu etwas** *dat*, of sth.); **u. zur Arbeit/zu arbeiten**, unable to work; (*wegen Krankheit*) unfit for work; (*b*) (*untauglich*) incompetent; (*leistungsunfähig*) inefficient (worker etc.). 'U ~ **keit**, *f -/no pl* (*a*) inability; (*b*) incompetence.

Unfall ['unfal]. I. *m -(e)s/¨e* accident; **bei einem U.**, in an accident. II. 'U ~ -, *comb.fm.* accident (insurance etc.); **u ~ frei** *adj.* accident-free; U ~ **kommando** *n*, (police) accident squad; U ~ **opfer** *n*, accident victim; U ~ **quote/U ~ ziffer** *f*, accident rate; U ~ **station** *f*, accident/casualty ward; U ~ **ort** *m*/U ~ **stelle** *f*, scene of the accident; U ~ **tod** *m*, death in an accident; U ~ **wagen** *m*, (i) car involved in an accident; (ii) accident ambulance; (police) incident vehicle.

unfaßbar [un'fasba:r], *adj.* incomprehensible (j-m, to s.o.); (*unglaublich*) incredible.

unfehlbar [un'fe:lba:r], *adj.* infallible; *adv.* **er wird u. scheitern**, he is bound to fail. U ~ **keit**, *f -/no pl* infallibility.

'unfein, *adj.* unrefined; **es war ausgesprochen u.**, it was decidedly bad form/manners.

'unfertig, *adj.* unfinished, incomplete; *Fig:* (*unreif*) immature (person etc.).

unflätig ['unflɛ:tiç], *adj. Lit:* filthy, obscene.

'unfolgsam, *adj.* disobedient. 'U ~ **keit**, *f -/no pl* disobedience.

'unförmig, *adj.* shapeless; (*unschön*) unshapely; clumsy (shape). 'U ~ **igkeit**, *f -/no pl* shapelessness; unshapeliness. 'u ~ **lich**, *adj.* informal.

'unfrei, *adj.* not free; *Lit: & Hist:* in bondage; *Fig:* (*gehemmt*) inhibited; self-conscious (behaviour). 'u ~ **willig**, *adj.* involuntary; (*unbeabsichtigt*) unintentional (joke etc.); (*gezwungen*) compulsory (stay etc.).

'unfreundlich, *adj.* (*a*) unfriendly (**zu** j-m/**gegen** j-n, to s.o.); unkind (words etc.); unwelcoming (face); *Pol:* hostile (act); (*b*) (*trüb*) cheerless (room etc.); unpleasant, inclement (weather etc.). 'U ~ **keit**, *f -/-en* (*a*) unfriendliness; unkindness; (*b*) cheerlessness; inclemency.

'unfrisiert, *adj.* 1. uncombed (hair); (*Pers.*) with untidy hair. 2. *F:* (*a*) (*Bericht*) undoctored; (*b*) (*Auto usw.*) standard, untuned.

'unfruchtbar, *adj.* (*a*) infertile (animal, soil); sterile (person); (*b*) *Fig:* fruitless (discussion etc.); uneventful (comparison etc.); (**bei** j-m) **auf u ~ en Boden fallen**, to be wasted (on s.o.). 'U ~ **keit**, *f -/no pl* (*a*) *Biol: Agr:* infertility; (*b*) fruitlessness.

Unfug ['unfu:k], *m -(e)s/no pl* mischief; *F:* monkey business; (*Unsinn*) nonsense, rubbish; **U. treiben**, to be up to mischief; *Jur:* **grober U.**, public nuisance.

'ungastlich, *adj.* inhospitable (house etc.).

Ungar(in) ['uŋgar(in)], *m -n/-n* (*f -/-nen*) Hungarian (man/woman). 'u ~ **isch**. I. *adj.* Hungarian. II. U., *n -(s)/no pl Ling:* Hungarian.

ungeachtet ['ungə'axtət], *prep. + gen Lit:* notwithstanding; (*trotz*) despite.

unge'ahnt, *adj.* unsuspected.

'ungebeten, *adj.* unasked, uninvited.

'ungebildet, *adj.* uneducated; (*unkultiviert*) uncultured.

'ungeboren, *adj.* unborn.

'ungebräuchlich, *adj.* not usual; (*selten*) uncommon; **das Wort ist mir u.**, it's not a word I know/use.

'ungebührlich, *adj.* improper, unseemly.

'ungebunden, *adj.* 1. untied (scarf etc.); loose (flowers etc.); unbound (book). 2. (*Pers.*) without ties, unattached; (*Mädchen*) not engaged/ married. **3. in u~er Rede,** in prose.

'**ungedeckt,** *adj.* uncovered; (*a*) unroofed (house etc.); unlaid (table); (*b*) *Bank:* uncovered, *F:* dud (cheque etc.); unsecured (credit etc.); (*c*) (*ohne Schutz*) unprotected, exposed (flank etc.); (*d*) *Sp:* unmarked (player).

'**Ungeduld,** *f* -/*no pl* impatience. '**u~ig,** *adj.* impatient.

'**ungeeignet,** *adj.* unsuitable (**für etwas** *acc*/**zu etwas** *dat,* for sth.); wrong, inappropriate (tool, method); inopportune (moment); **er ist zum Lehrer u.,** he is not cut out to be a teacher.

ungefähr ['ʊngəfɛːr]. **1.** *adj.* approximate, rough. **2.** *adv.* approximately; about; **u. 200 Personen,** about/roughly 200 people; **es war (so) u. um neun Uhr,** it was round about nine o'clock; **war es u. so?** was it something like this? **es kommt nicht von u.,** it's no accident.

'**ungefährlich,** *adj.* safe, not dangerous; harmless (animal, drug etc.).

'**ungefällig,** *adj.* disobliging.

'**ungefärbt,** *adj.* (food) without colouring; undyed (material, hair); *Fig:* plain (truth).

'**ungefragt,** *adv.* without being asked/(*ohne Frage*) asking.

'**ungehalten,** *adj.* annoyed; (*entrüstet*) indignant (**über** + *acc,* about).

'**ungehemmt,** *adj.* unchecked, unhindered (movement etc.); *Fig:* unrestrained (joy etc.); (*Pers.*) uninhibited.

'**ungeheuchelt,** *adj.* unfeigned, sincere.

ungeheuer ['ʊngəhɔyər]. **I.** *adj.* immense, enormous (size, height, wealth etc.); tremendous (strength, luck etc.); (*schrecklich*) terrible (pain etc.); **u~es Wissen,** vast knowledge; **die Kosten stiegen ins u~e,** the costs skyrocketed; *adv.* **u. groß,** tremendously large; **u. heiß/schmerzhaft,** terribly hot/painful; **sich u. freuen,** to be tremendously happy/glad; **u. wachsen,** to grow enormously. **II. U.,** *n* -s/- monster. '**u~lich,** *adj.* monstrous (accusation, crime etc.); outrageous (remark). '**U~lichkeit,** *f* -/-en **1.** enormity, outrage. **2.** *no pl* outrageousness.

'**ungehindert,** *adj.* unhindered; (*ungestört*) undisturbed.

'**ungehobelt,** *adj.* (*a*) unplaned (wood); (*b*) (*grob*) uncouth, churlish; (*linkisch*) awkward.

'**ungehörig,** *adj.* unseemly, improper. '**U~keit,** *f* -/-en impropriety.

'**ungehorsam. I.** *adj.* disobedient; **j-m (gegenüber) u. sein,** to disobey s.o. **II. U.,** *m* -s/*no pl* disobedience.

'**ungeklärt,** *adj.* not cleared up; unsolved (problem, mystery); unsettled (question).

'**ungekonnt,** *adj.* incompetent.

'**ungekürzt,** *adj.* unabridged.

'**ungekünstelt,** *adj.* unaffected, natural.

'**ungeladen,** *adj.* uninvited (guest etc.).

'**ungelegen,** *adj.* inopportune (remark, proposal etc.); inconvenient (time etc.); **es kommt mir sehr u.,** it is very awkward/inconvenient for me. '**U~heiten,** *fpl* inconveniences.

'**ungelernt,** *adj.* unskilled (worker).

'**ungelogen,** *adv. F:* **es war u. so hoch,** it really was that high, honest!

'**ungemein,** *adj.* extraordinary, prodigious (effort, progress etc.); *adv.* exceedingly; **er ist u.**

fleißig, he is extraordinarily industrious; **das freut mich u.,** that pleases me no end.

'**ungemindert,** *adj.* undiminished.

'**ungemischt,** *adj.* unmixed; unshuffled (cards).

'**ungemütlich,** *adj.* (*a*) uninviting, cheerless (room etc.); uncomfortable (atmosphere, feeling etc.); **mir war etwas u. zumute,** I felt uneasy; (*b*) unpleasant (situation, meeting etc.); unfriendly (person); **u. werden,** to turn nasty.

'**ungenannt,** *adj.* unnamed, anonymous.

'**ungenau,** *adj.* inaccurate (measurement, calculation etc.); (*ungefähr*) approximate, vague (idea etc.); *adv.* **ich erinnere mich nur u.,** I have only a hazy recollection. '**U~igkeit,** *f* -/-en inaccuracy.

ungeniert ['ʊnʒeniːrt], *adj.* unconcerned, nonchalant; (*ungehemmt*) uninhibited, free and easy (behaviour etc.); *adv.* **etwas u. aussprechen,** to say sth. quite openly; **langen Sie bitte u. zu!** please feel free to help yourself. '**U~heit,** *f* -/*no pl* nonchalance; free and easy manner.

unge'nießbar, *adj.* inedible, uneatable (food); undrinkable (wine etc.); *F:* (*Pers.*) unbearable; **er ist heute u.,** he's in a foul mood today.

'**ungenügend,** *adj.* inadequate; (*nicht genug*) insufficient; (*mangelhaft*) unsatisfactory (*Sch:* mark etc.); *adv.* **u. bezahlt,** underpaid.

'**ungenutzt/'ungenützt,** *adj.* unused; **eine Chance u. vorübergehen lassen,** to let an opportunity slip.

'**ungeordnet,** *adj.* out of order, in disorder.

'**ungepflegt,** *adj.* unkempt; *F:* scruffy (person, appearance etc.); untidy, (*vernachlässigt*) neglected (garden etc.); uncultivated, unpolished (style etc.).

'**ungeprüft,** *adj.* untried, untested.

'**ungerade,** *adj.* odd, uneven (number).

'**ungeraten,** *adj.* ill-bred; **u~es Kind,** problem child.

'**ungerechnet,** *adj.* not including.

'**ungerecht,** *adj.* unjust (**gegen** j-n/j-m **gegenüber,** to s.o.); unfair. '**u~fertigt,** *adj.* unjustified. '**U~igkeit,** *f* -/-en injustice.

'**ungeregelt,** *adj.* **1.** (*unerledigt*) not dealt with; unsettled (debts etc.). **2.** (*unregelmäßig*) irregular; chaotic, (*verdorben*) dissolute (life).

'**ungereimt,** *adj.* **1.** unrhymed, blank (verse). **2.** (*verworren*) muddled, incoherent; **u~es Zeug,** nonsense. '**U~heit,** *f* -/-en muddled thinking; absurdity.

'**ungern,** *adv.* unwillingly; (*widerwillig*) reluctantly; **ich tue es u.,** I don't like doing it.

'**ungerührt,** *adj.* unmoved; impassive (face etc.).

'**ungesättigt,** *adj.* **1.** not satisfied, still hungry. **2.** *Ch:* unsaturated (solution etc.).

'**ungeschehen,** *adj.* **Geschehenes u. machen,** to undo what has been done.

'**Ungeschick,** *n* -(e)s/*no pl*/'**U~lichkeit,** *f* -/*no pl* clumsiness; ineptitude. '**u~t,** *adj.* (*a*) clumsy, inept; *F:* ham-fisted; **u~e Finger haben,** to be all thumbs; (*b*) (*taktlos*) tactless; *adv.* **sich u. ausdrücken,** to express oneself awkwardly. '**U~theit,** *f* -/*no pl* ineptitude.

ungeschlacht ['ʊngəʃlaxt], *adj. Pej:* hulking great; (*klobig*) cumbersome; (*grob*) uncouth.

'**ungeschlagen,** *adj.* unbeaten, undefeated.

'**ungeschliffen,** *adj.* uncut (glass, diamond);

unpolished (marble, *Fig:* style etc.); *Fig:* u~er **Kerl,** rough diamond.

'**ungeschminkt,** *adj.* without make-up; *Fig:* **die** u~e **Wahrheit,** the plain/unvarnished truth.

'**ungeschoren,** *adj.* unshorn; *Fig:* **j-n u. lassen,** to leave s.o. in peace; *adv.* **u. davonkommen,** to escape without injury.

'**ungeschult,** *adj.* untrained.

'**ungeschützt,** *adj.* unprotected; unsheltered.

'**ungeschwächt,** *adj.* undiminished, unimpaired.

'**ungesehen,** *adj.* unseen; (*unbemerkt*) unnoticed.

'**ungesellig,** *adj.* unsociable.

'**ungesetzlich,** *adj.* illegal. '**U~keit,** *f* -/-en illegality.

'**ungesittet,** *adj.* improper, uncivilized.

'**ungestempelt,** *adj.* unused, mint (stamp); unstamped (document).

'**ungestört,** *adj.* undisturbed; uninterrupted (development); untroubled (happiness etc.); *Rad:* interference-free (reception); *adv.* **u. arbeiten,** to work in peace/without interruption. '**U~heit,** *f* -/no *pl* peace and quiet.

'**ungestraft,** *adj.* unpunished; *adv.* with impunity; **u. davonkommen,** to get off scot-free.

'**ungestüm, I.** *adj.* impetuous (act, remark, person); tempestuous (welcome etc.); passionate (embrace etc.). **II. U.,** *n* -(e)s/no *pl Lit:* impetuosity; passion.

'**ungesund,** *adj.* unhealthy; **u. aussehen,** to look ill; *Fig:* u~er **Ehrgeiz,** excessive ambition.

'**ungetan,** *adj.* undone.

'**ungeteilt,** *adj.* undivided; united (country etc.); (*einmütig*) unanimous (approval etc.).

'**ungetrübt,** *adj.* unclouded (future etc.); perfect (happiness), blissful, unspoilt (days).

Ungetüm ['ungəty:m], *n* -(e)s/-e monster.

'**ungeübt,** *adj.* lacking practice; *Sp:* not in training; (*unerfahren*) inexperienced.

'**ungewandt,** *adj.* unskilled (**in etwas** *dat,* in sth.); (*linkisch*) awkward.

'**ungewiß,** *adj.* uncertain; **ein Sprung ins Ungewisse,** a leap in the dark; **j-n über etwas** *acc* **im ungewissen lassen,** to keep s.o. guessing about sth. '**U~heit,** *f* -/no *pl* uncertainty.

'**ungewöhnlich,** *adj.* unusual; (*qualitätsmäßig*) exceptional (performance, talent etc.); *adv.* **u. groß/kalt,** unusually large/cold; **u. reich/schön/stark,** exceptionally rich/beautiful/strong.

'**ungewohnt,** *adj.* unaccustomed; u~e **Umgebung,** unfamiliar surroundings; **diese Arbeit ist mir u.,** I am not used to this work.

'**ungewollt,** *adj.* unwanted (pregnancy etc.); (*unbeabsichtigt*) unintentional, inadvertent.

'**ungezählt,** *adj.* uncounted; (*unzählig*) countless.

'**ungezähmt,** *adj.* untamed (animal); *Fig:* uncurbed (imagination); unbridled (passions).

Ungeziefer ['ungətsi:fər], *n* -s/no *pl* vermin.

'**ungezogen,** *adj.* badly behaved, naughty (child); (*frech*) cheeky. '**U~heit,** *f* -/-en (*also pl* U~en) bad behaviour, naughtiness.

'**ungezügelt,** *adj.* (*Pers.*) with no self-control; unbridled, unrestrained (passion etc.).

'**ungezwungen,** *adj.* (*Pers.*) natural, unaffected; informal, free and easy (conversation, atmosphere etc.). '**U~heit.** *f* -/no *pl* naturalness, ease; informality.

'**Unglaub|e,** *m* -ns/no *pl* disbelief; *Rel:* unbelief. '**u~haft,** *adj.* incredible, unconvincing.

u~**lich** [un'glaupliç], *adj.* incredible; (*unerhört*) appalling (conditions etc.); *adv.* **sie sieht noch u. jung aus,** she still looks incredibly young. '**u~würdig,** *adj.* unbelievable; implausible (story); untrustworthy.

'**ungläubig,** *adj.* **1.** *Rel:* unbelieving; **die** U~**en,** the heathen. **2.** incredulous, disbelieving; u~er **Thomas,** doubting Thomas. '**U~keit,** *f* -/no *pl* **1.** *Rel:* unbelief. **2.** incredulity, disbelief.

'**ungleich,** *adj.* **1.** unequal (size, struggle etc.); (*unähnlich*) dissimilar; odd (socks etc.); **u~e Verteilung,** uneven/unequal distribution; u~es **Paar,** ill-assorted couple. **2.** *adv.* **u. schwerer,** far more difficult; **u. besser,** incomparably better. '**U~heit,** *f* -/-en inequality; dissimilarity, difference (**der Kinder,** between the children). '**u~mäßig,** *adj.* irregular (pulse etc.); uneven, unequal (distribution etc.). '**U~mäßigkeit,** *f* -/no *pl* irregularity, unevenness.

'**Unglück,** *n* -(e)s/-e misfortune; (*a*) no *pl* (*Pech*) bad luck; (*Elend*) distress, misery; **er hat U. in der Liebe,** he is unlucky in love; **sie hatte das U., zu ...,** she had the misfortune to ...; **zum U.,** unfortunately; **sich ins U. stürzen/in sein U. rennen,** to rush headlong into disaster; **das U. wollte es, daß ...,** as luck would have it ...; **zu allem U. kam noch die Krankheit,** to crown it all he fell ill; (*b*) (*Unfall*) accident; (*Mißgeschick*) mishap; (*in der Familie usw.*) tragedy, heavy blow; **ein U. kommt selten allein,** it never rains but it pours. '**u~bringend,** *adj.* unlucky (event etc.). '**u~lich,** *adj.* (*a*) (*ungünstig*) unfortunate, unlucky (person, coincidence, choice etc.); **der** U~**e!** the poor man! *adv.* **die Sache verlief u.,** the affair turned out badly; (*b*) (*traurig*) unhappy (person, ending etc.); u~e **Liebe,** unrequited love; **ein** u~es **Gesicht machen,** to look unhappy/upset; (*c*) (*ungeschickt*) clumsy (movement etc.); **eine** u~e **Hand mit Kindern haben,** to be no good with children; *adv.* **er ist u. gestürzt,** he had a nasty fall. '**u~licher'weise,** *adv.* unfortunately. '**U~s-,** *comb.fm.* (*a*) unlucky (number, *Fig:* star etc.); bad (news etc.); **U~bote** *m,* bearer of bad news; **U~mensch/F: U~rabe/ U~vogel** *m,* unlucky/hapless person; **U~zeichen** *n,* unlucky/evil omen; (*b*) (car etc.) involved in an accident; (scene etc.) of an/the accident; **U~maschine** *f,* crashed/(*vor dem Unglück*) doomed aircraft; **U~tag** *m,* day of the accident; fateful day. '**u~selig,** *adj.* hapless (person); ill-starred; ill-fated (affair etc.); unfortunate (affair, liking etc.); (*elend*) miserable (life, time etc.). '**U~sfall,** *m* -(e)s/-e (great) misfortune; (*Unfall*) (serious) accident.

'**Ungnade,** *f* -/no *pl* **bei j-m in U. sein/fallen,** to be/fall out of favour with s.o.

'**ungnädig,** *adj.* ungracious; (*schlecht gelaunt*) bad-tempered.

'**ungrammatisch,** *adj.* ungrammatical.

'**ungültig,** *adj.* invalid; (*ausgelaufen*) expired; *Jur:* (*null und nichtig*) void; (*Gesetz*) inoperative; *Fin:* (*Banknote*) not legal tender; *Sp:* disallowed (goal); **eine Ehe für u. erklären,** to annul a marriage. '**U~keit,** *f* -/no *pl* invalidity; *Jur:* nullity.

'**ungünstig,** *adj.* unfavourable; adverse (conditions); (*ungelegen*) inconvenient (time); *P.N:*

bei u~er **Witterung in . . .,** if the weather is
bad in . . .
'**ungut,** *adj.* bad (impression, memory etc.); **ein
u~es Gefühl haben,** to have misgivings/feel
uneasy; **nichts für u.!** no hard feelings!
'**unhaltbar,** *adj.* **1.** untenable (assertion etc.);
u~es Versprechen, promise that cannot be
kept. **2.** (*unerträglich*) intolerable (conditions
etc.). **3.** *Sp:* unstoppable (ball, shot).
'**unhandlich,** *adj.* unwieldy, cumbersome.
'**Unheil,** *n -s/no pl Lit:* **1.** disaster, misfortune;
(*Schaden*) damage; **großes U. anrichten,** to
cause havoc. **2.** (*Böses*) evil. '**u~bar,** *adj.* in-
curable (disease, person); *adv.* **u. krank,** suffer-
ing from an incurable illness. '**U~barkeit,** *f
-/no pl* incurability. '**u~voll,** *adj.* disastrous
(consequences etc.); malign (influence).
'**unheimlich,** *adj.* **1.** eery, uncanny (experience,
atmosphere, feeling etc.); weird (person, story
etc.); sinister (appearance); **er ist mir u.,** he
gives me the creeps; **uns allen war es u. zumute,**
we all had an eery/uncanny feeling. **2.** *F:*
(*riesig*) terrific, tremendous (appetite, amount
etc.); **u~es Durcheinander,** terrible mess; *adv.*
u. schnell, incredibly fast; **u. viel,** a tremendous
amount. '**U~keit,** *f -/no pl* eeriness.
'**unhöflich,** *adj.* impolite; (*absichtlich*) rude.
'**U~keit,** *f -/no pl* impoliteness; rudeness.
un'**hörbar,** *adj.* inaudible.
'**unhygienisch,** *adj.* unhygienic.
Uni [ˈuːni], *f -/-s F:* university.
Uniform [uniˈfɔrm]. **I.** *f -/-en* uniform. **II.** *adj.*
uniform; *Pej:* monotonous. **u~iert** [-ˈmiːrt],
adj. uniformed, in uniform. '**U~tät,** *f -/no
pl* uniformity. **U~jacke,** *f -/-n Mil: etc:* tunic.
Unikum [ˈuːnikum], *n -s/-ka & -s* **1.** (*Ding*) one-
off. **2.** *F:* (*Pers.*) real character, queer fish.
'**uninteress|ant,** *adj.* uninteresting; (*gleichgül-
tig*) immaterial; *Fin:* unattractive (offer, in-
vestment etc.). '**u~iert,** *adj.* uninterested (**an
etwas dat,** in sth.); bored (face). '**U~iert-
heit,** *f -/no pl* lack of interest.
Union [uniˈoːn], *f -/-en* union.
univers|al [univerˈzaːl]. **I.** *adj.* universal. **II.**
U~-, *comb.fm.* universal (genius, *El:* motor
etc.); all-purpose (tool etc.); master (key);
Pharm: **U~mittel** *n,* universal remedy, pana-
cea. **U~alerbe,** *m -n/-n Jur:* sole heir.
U~algeschichte, *f -/no pl* world history.
U~alität [-aliˈtɛːt], *f -/no pl* universality.
u~ell [-ˈzɛl], *adj.* universal. **U~ität**
[-ziˈtɛːt], *f -/-en* university; **die U. besuchen,** to
go to university. **U~i'täts-,** *comb.fm.* uni-
versity (education, professor, student, studies
etc.); **U~gelände** *n,* university campus; **U~zeit**
f, university/student days. **U~um** [-ˈvɛrzum],
n -s/no pl universe.
Unke [ˈuŋkə], *f -/-n* toad; *F:* (*Pers.*) moaner,
prophet of doom. '**u~n,** *v.i.* (*haben*) *F:* to
prophesy doom.
'**unkennt|lich,** *adj.* unrecognizable; (*Text*)
undecipherable. '**U~lichkeit,** *f -/no pl* un-
recognizable/indecipherable condition; **bis zur
U. verstümmelt,** mutilated beyond recognition.
'**U~nis,** *f -/no pl* ignorance; **U. schützt nicht
vor Strafe,** ignorance of the law is no excuse;
j-n in U. lassen, to keep s.o. in the dark.
'**unklar,** *adj.* unclear; cloudy (liquid etc.); hazy

(weather, *Fig:* ideas etc.); indistinct (outline
etc.); *Fig:* vague (feeling etc.); (*ungewiß*) uncer-
tain (outcome etc.); **es ist mir völlig.u., wie . . .,**
I cannot for the life of me see how . . .; **j-n über
etwas** *acc* **im u~en lassen,** to leave s.o. in the
dark about sth. '**U~heit,** *f -/-en* lack of clar-
ity; vagueness, indistinctness; **darüber herrscht
U.,** it is uncertain.
'**unkleidsam,** *adj. Cl:* unbecoming.
'**unklug,** *adj.* imprudent, unwise. '**U~heit,** *f
-/-en* imprudence.
'**unkompliziert,** *adj.* uncomplicated; (*Pers.*)
easy to get on with.
'**unkorrekt,** *adj.* incorrect.
'**Unkosten,** *pl* expenses; **mach dir keine un-
nötigen U.!** don't involve yourself in un-
necessary (extra) expense! **sich in U. stürzen,** to
go to a great deal of expense. '**U~beitrag,**
m -(e)s/-̄e contribution towards expenses.
'**Unkraut,** *n -(e)s/-̄er* (*a*) *no pl coll* weeds;
Prov: **U. vergeht nicht,** his/our sort just goes
on for ever; (*b*) (type of) weed. '**U~vertil-
gungsmittel,** *n -s/-* weed killer.
'**unkritisch,** *adj.* uncritical.
'**unkultiviert,** *adj.* uncultivated, uncultured
(person); uneducated (accent).
'**unkundig,** *adj.* (*a*) **einer Sache** *gen* **u.,** ignorant
of sth.; **des Lesens und Schreibens u.,** unable to
read and write; (*b*) (*unsachgemäß*) inexpert.
'**unlängst,** *adv.* recently, not long ago.
'**unlauter,** *adj.* dishonest; *Com:* **u~er Wett-
bewerb,** unfair competition.
'**unleidlich,** *adj.* bad-tempered, cross.
'**unlenksam,** *adj.* intractable, unruly.
'**unles|bar,** *adj.* unreadable (book). '**u~er-
lich,** *adj.* illegible, unreadable (handwriting).
'**U~erlichkeit,** *f -/no pl* illegibility.
unleugbar [ˈun-, unˈlɔykbaːr], *adj.* undeniable,
indisputable.
'**unlieb,** *adj.* **es ist mir nicht u., daß . . .,** I am
rather glad that . . . '**u~enswürdig,** *adj.*
unfriendly, disobliging. **u~sam** [ˈunliːpzaːm],
adj. unpleasant (surprise etc.).
'**unlogisch,** *adj.* illogical.
un'**lös|bar,** *adj.* **1.** inseparable (union, bond
etc.); indissoluble (marriage etc.). **2.** insoluble
(problem etc.); impossible (task); unanswerable
(question). **U~barkeit,** *f -/no pl* insolubility.
u~lich, *adj. Ch:* insoluble.
'**Unlust,** *f -/no pl* (*a*) disinclination, reluctance;
mit U., reluctantly; (*b*) *St.Exch:* slackness.
'**u~ig,** *adj.* reluctant, listless.
'**unmännlich,** *adj.* unmanly, effeminate.
'**Unmasse,** *f -/-n F:* mass; **U~n/eine U. (von)
Geld,** masses/loads of money.
'**unmaßgeblich,** *adj.* unauthoritative; (*un-
wichtig*) of no consequence; *F:* **das ist meine
u~e Meinung,** that is my humble opinion.
'**unmäßig,** *adj.* immoderate, excessive; inordinate
(desire); *adv.* **u. essen,** to overeat; **u. dick,** ex-
cessively fat. '**U~keit,** *f -/no pl* immodera-
tion; (*bei Alkohol*) intemperance.
'**Unmenge,** *f -/-n* mass (**an/von** + *dat,* of); **eine
U. Geld,** masses of money; **die gibt es in U~n,**
there are masses of them.
'**Unmensch,** *m, -en/-en* brute; *F:* **ich bin ja kein
U.,** I'm not inhuman. '**u~lich,** *adj.* **1.**
brutal; inhuman (cruelty); (*menschenunwürdig*)

subhuman (conditions etc.). **2.** *F:* (*schrecklich*)
terrible (heat etc.); *adv.* **u. kalt,** terribly cold; **u.
viel arbeiten,** to work oneself to death.
'U ~ **lichkeit,** *f -/-en* brutality, inhumanity.
un'**merklich,** *adj.* imperceptible.
un'**meßbar,** *adj.* immeasurable.
'un**mißverständlich,** *adj.* unmistakable.
'un**mittelbar,** *adj.* direct (connection, conse-
quence etc.); immediate (surroundings, super-
ior etc.); **in u~er Nähe,** in the immediate
neighbourhood; *adv.* **u. neben mir,** right next
to me; **u. danach,** immediately afterwards; **u.
bevorstehen,** to be imminent; **es führt u. in den
Garten,** it leads straight into the garden.
'U ~ **keit,** *f -/no pl* directness, immediacy.
'un**möbliert,** *adj.* unfurnished (room etc.).
'un**modern,** *adj.* old-fashioned, unfashionable.
un**möglich** ['un-, *stressed* un'mø:kliç], *adj.*
impossible; (*a*) **es ist mir u., zu . . . ,** it is im-
possible for me to . . . ; **du verlangst U~es,**
you're asking for something impossible; *adv.*
ich kann u. kommen, I cannot possibly come;
(*b*) *F:* (*unpassend*) ridiculous, absurd (hat, dress
etc.); (*unerträglich*) **ein u~er Mensch,** an im-
possible person; *adv.* **sich u. benehmen,** to
behave outrageously; **j-n/sich u. machen,** to
make s.o./oneself look ridiculous. 'U ~ **keit,** *f
-/no pl* impossibility.
'Un**moral,** *f -/no pl* immorality. '**u ~ isch,** *adj.*
immoral.
'un**mündig,** *adj.* under age; **ein U~er/eine
U~e,** a minor. 'U ~ **keit,** *f -/no pl* minority.
'Un**mut,** *m -(e)s/no pl Lit:* displeasure.
unn**achahmlich** ['unna:x'a:mliç], *adj.* inimit-
able.
'un**nachgiebig,** *adj.* unyielding, inflexible.
'U ~ **keit,** *f -/no pl* inflexibility.
unn**ahbar** [un'na:ba:r], *adj.* unapproachable, *F:*
standoffish (person). U ~ **keit,** *f -/no pl* cold-
ness, distance.
'un**natürlich,** *adj.* unnatural; forced (laugh
etc.); **u~er Tod,** violent death.
'un**nötig,** *adj.* unnecessary; needless (anger,
worry). '**u ~ er'weise,** *adv.* unnecessarily.
'un**nütz,** *adj.* useless; (*sinnlos*) pointless; wasted
(effort, expenditure); **u~es Zeug,** junk,
(*Unsinn*) rubbish; *adv.* **die Zeit u. vertun,** to idle
away one's time to no purpose.
'un**ordentlich,** *adj.* untidy (person, room, desk
etc.); (*nachlässig*) slipshod (work, style etc.);
(*ungeregelt*) dissolute, disorderly (life).
'U ~ **keit,** *f -/no pl* untidiness.
'Un**ordnung,** *f -/no pl* disorder, mess; (*Verwir-
rung*) confusion; **alles in U. bringen,** to get
everything into a muddle.
'un**parteilisch,** *adj.* impartial, unbiased; *Sp: F:*
der U~e, the referee. '**u ~ lich,** *adj.* (*a*) =
unparteiisch; (*b*) *Pol:* non-party, independent.
'U ~ **lichkeit,** *f -/no pl* impartiality; *Pol:*
independence.
'un**passend,** *adj.* unsuitable, inept, out of place
(remark); (*unschicklich*) improper (jokes etc.);
(*ungelegen*) inconvenient, inopportune.
'un**passierbar,** *adj.* impassable (road etc.).
un**päßlich** ['unpesliç], *pred.adj.* poorly, under
the weather. 'U ~ **keit,** *f -/-en* indisposition.
'un**persönlich,** *adj.* impersonal; (*Pers.*) distant,
aloof.

'un**plaziert,** *adj.* (*a*) *Fb:* off target; (*b*) *Rac:*
unplaced.
'un**politisch,** *adj.* non-political; (*Pers.*) un-
political.
'un**praktisch,** *adj.* impractical; impracticable
(plan etc.).
'un**problematisch,** *adj.* problem-free; (*einfach*)
straightforward, uncomplicated.
'un**proportioniert,** *adj.* badly proportioned.
'un**pünktlich,** *adj.* unpunctual. 'U ~ **keit,** *f
-/no pl* lack of punctuality, lateness.
'un**rasiert,** *adj.* unshaven.
'Un**rat,** *m -(e)s/no pl* refuse, *N.Am:* trash.
'un**rationell,** *adj.* inefficient, uneconomic
(plant, method etc.).
'un**ratsam,** *adj.* inadvisable.
'un**realistisch,** *adj.* unrealistic.
'un**recht. I.** *adj.* (*a*) (*falsch*) wrong; (*ungelegen*)
inopportune (moment); **Sparsamkeit am u~en
Platz,** misplaced economy; **mir ist ein Krümel
in die u~e Kehle geraten,** a crumb went down
the wrong way; (*b*) (*böse*) bad, evil; **auf u~e
Gedanken kommen,** to have wicked thoughts;
Prov: **u. Gut gedeih(e)t nicht,** ill-gotten gains
never prosper. **II. U.,** *n -(e)s/no pl* injustice,
wrong; (*a*) **j-m ein U. (an)tun/zufügen,** to wrong
s.o.; **ihm ist ein U. geschehen,** he has been
wronged; **im U. sein,** to be (in the) wrong/mis-
taken; **mit/zu U.,** unjustly, wrongly; **es besteht
zu U.,** it is unjustified; (*b*) (*kleingeschrieben*) **u.
haben,** to be wrong; **du hast nicht ganz u.,** there
is some truth in what you say; **ich mußte ihm
u. geben,** I had to point out that he was wrong;
damit tust du ihm u., there you are doing
him an injustice. '**u ~ mäßig,** *adj.* illegal, un-
lawful. 'U ~ **mäßigkeit,** *f -/no pl* illegality.
'un**redlich,** *adj.* dishonest. 'U ~ **keit,** *f -/-en* **1.**
no pl dishonesty. **2.** *pl* dishonest dealings.
'un**reell,** *adj. Com:* dishonest, unfair (dealings);
unreliable, unsound (firm).
'un**regelmäßig,** *adj.* irregular (pulse, *Gram:*
verb etc.); erratic (behaviour etc.); uneven (sur-
face etc.). 'U ~ **keit,** *f -/-en* **1.** *no pl* irregularity;
unevenness. **2.** *esp.pl* **U~en,** irregularities.
'un**reif,** *adj.* unripe; *Fig:* immature (person etc.).
'U ~ **e,** *f -/no pl* unripeness; *Fig:* immaturity.
'un**rein,** *adj.* unclean (shirt, *Rel:* animal etc.);
dirty (water etc.); impure (alcohol, *Fig:*
thoughts etc.); blemished (skin); *Mus:* unclear,
false (note); **etwas ins u~e schreiben,** to make
a rough copy of sth. 'U ~ **heit,** *f -/-en* un-
cleanness, dirtiness; impurity. '**u ~ lich,** *adj.*
unclean. 'U ~ **lichkeit,** *f -/no pl* uncleanliness.
'un**rentabel,** *adj.* unprofitable; *adv.* **u. arbeiten,**
to make no profit.
'un**richtig,** *adj.* incorrect, wrong. 'U ~ **keit,** *f
-/-en* **1.** *no pl* incorrectness. **2.** (*Fehler*) error.
Un**ruh** ['unru:], *f -/-en Clockm:* balance wheel.
'Un**ruhe,** *f -/-n* **1.** *no pl* (*a*) (*Ruhelosigkeit*) rest-
lessness; (*Unbehagen*) uneasiness (*Besorgnis*)
anxiety, disquiet; (*im Volk usw.*) unrest, agita-
tion; **U. stiften,** to stir up trouble; (*b*) (*Lärm*)
commotion, disturbance; **die U. der Großstadt,**
the hustle and bustle of the big city. **2.** *Pol:
etc:* *usu.pl* **U~n,** disturbances, *esp.* riots.
'U ~ **eherd,** *m -(e)s/-e* trouble spot. 'U ~ **e-**

stifter, *m* **-s/-** troublemaker, agitator. ´**u ~ ig,** *adj.* (*a*) restless (person, people, life etc.); fidgety (child etc.); troubled, fitful (sleep); (*besorgt*) anxious, worried; (*erregt*) excited, agitated; (*nervös*) jittery; (*b*) troubled, unsettled (times, life etc.); (*geschäftig*) bustling; (*lärmend*) noisy, turbulent (street etc.); choppy (sea etc.).

´**unrund,** *adj. Tchn:* (*a*) unround; (*Rad*) out-of-true; (*b*) *F: Aut:* rough, uneven (running); *adv.* **u. laufen,** to miss, hunt.

uns [uns], *pers.pron.* **1.** (*a*) *acc* us; (*b*) *dat* (to) us; **das gehört u.,** that belongs to us; **er hat u. die Schuhe geputzt,** he cleaned our shoes (for us); **sie haben u. das Auto genommen,** they took our car (from us); **ein Freund von u.,** a friend of ours; **bei u.,** (i) at our home/*F:* place; (ii) (*in der Heimat*) where we come from. **2.** *refl.* ourselves; (*einander*) each other, one another; **wir schreiben u. selten,** we seldom write to one another; **unter u.** (*gesagt*), between ourselves; **wir waschen u. die Hände,** we wash our hands.

´**unsach|gemäß,** *adj.* improper, inexpert. ´**u ~ lich,** *adj.* subjective (standpoint etc.); (*nicht zur Sache*) irrelevant (remarks etc.).

un´sagbar/*Lit:* **unsäglich** [un´zε:kliç], *adj.* inexpressible, unutterable; beyond expression.

´**unsanft,** *adj.* rough; abrupt (push etc.).

´**unsauber,** *adj.* **1.** (*schmutzig*) dirty; *Fig:* blurred (sound). **2.** (*unordentlich*) untidy (handwriting etc.). **3.** (*fragwürdig*) shady (practices etc.); *Sp:* unfair. ´**U ~ keit,** *f* **-/***no pl* **1.** dirtiness. **2.** untidiness. **3.** shady nature; *Sp:* unfairness.

´**unschädlich,** *adj.* harmless; **u. machen,** to render (sth.) harmless; to neutralize (an effect, poison), defuse (a bomb); (*ausschalten*) to eliminate (s.o.); (*vernichten*) to destroy (insects).

´**unscharf,** *adj.* blurred, fuzzy; *Phot:* (*falsch eingestellt*) out of focus; *Fig:* woolly (definition etc.). ´**Unschärfe,** *f* **-/***no pl* poor definition.

unschätzbar [un´ʃetsba:r], *adj.* inestimable (value etc.); invaluable (services etc.).

´**unscheinbar,** *adj.* inconspicuous; nondescript; (*Blüten usw.*) unspectacular.

´**unschicklich,** *adj. A:* & *Lit:* unseemly, improper. ´**U ~ keit,** *f* **-/***no pl* impropriety.

un´schlagbar, *adj.* unbeatable (team etc.); *F:* (*einmalig*) terrific (**in** + *dat*, at).

´**unschlüssig,** *adj.* undecided; irresolute; **ich bin mir noch u.,** I can't make up my mind. ´**U ~ keit,** *f* **-/***no pl* indecision.

´**unschmackhaft,** *adj.* unpalatable, unsavoury.

´**unschön,** *adj.* ugly (face, sound etc.); unsightly (view etc.); unpleasant (sight, weather etc.).

Unschuld [´unʃult], *f* **-/***no pl* innocence; (*Jungfräulichkeit*) virginity; *Pej:* **eine U. vom Lande,** a naive country girl. ´**u ~ ig,** *adj.* (*a*) innocent (**an etwas** *dat*, of sth.); **daran ist er u./nicht ganz u.,** he is not to blame/partly to blame for that; *Jur:* **sich (für) u. bekennen,** to plead not guilty; (*b*) **u~e Vergnügungen,** harmless/innocent pleasures; (*c*) **sie ist noch u.,** she is still a virgin. ´**U ~ slamm,** *n* **-(e)s/¨er** *F:* little innocent. ´**U ~ smiene,** *f* **-/-n** air of innocence.

´**unschwer,** *adv.* easily, without difficulty.

´**unselbständig,** *adj.* dependent (on others); lacking in independence; (*finanziell*) (*Pers., Land*) not self-supporting. ´**U ~ keit,** *f* **-/***no pl* dependence on others; lack of independence.

unser [´unzər]. **I.** *poss.adj.* our; **das Haus ist u.,** the house is ours. **II.** *pers.pron.* (*gen of* **wir**) *esp. A:* & *Lit:* of us; **wir waren u. drei,** there were three of us. ´**u ~ e(r,s),** *poss.pron.* ours; **es ist u~s/***Lit:* **das u.,** it is ours; **die U~n,** our men/people. ´**u ~ einer/**´**u ~ eins,** *indef.pron. F:* people like you and me; the likes of us. ´**u ~ erseits,** *adv.* for our part. ´**u ~ esgleichen,** *inv.indef.pron.* our equals, people like ourselves. ´**u ~ (e)twegen,** *adv.* for our sake, on our account.

´**unsicher,** *adj.* **1.** (*gefährlich*) unsafe, dangerous; (*bedroht*) insecure (jobs etc.); **sich u. fühlen,** to feel insecure; *Hum:* **die Gegend u. machen,** to hang about/(*Kriminelle usw.*) infest the area. **2.** (*zweifelhaft*) uncertain; (*nicht selbstsicher*) unsure (of oneself); diffident (bearing); unsteady, shaky (hand etc.); *Pol: etc:* unstable, unsettled (conditions etc.); **u. auf den Beinen,** unsteady on one's feet; **j-n u. machen,** to make s.o. uncertain, (*verwirren*) rattle s.o.; **in der Rechtschreibung u. sein,** to be uncertain of one's spelling. ´**U ~ heit,** *f* **-/***no pl* **1.** unsafeness, insecurity. **2.** uncertainty; unsteadiness. ´**U ~ heitsfaktor,** *m* **-s/-en** element of uncertainty.

´**unsichtbar,** *adj.* invisible; *Hum:* (*Pers.*) **sich u. machen,** to make oneself scarce. ´**U ~ keit,** *f* **-/***no pl* invisibility.

Unsinn [´unzin], *m* **-(e)s/***no pl* nonsense, rubbish; (*Unfug*) tomfoolery; **U. machen,** to fool about; **mach keinen U.!** don't do anything stupid. ´**u ~ ig,** *adj.* (*sinnlos*) senseless, foolish, stupid (talk, ideas etc.); *F:* (*verrückt*) insane, crazy (demands, prices etc.); tremendous, terrific (heat etc.); *adv.* **u. viel kosten,** to cost a ridiculous amount; **sich u. verlieben,** to fall madly in love.

´**Unsitt|e,** *f* **-/-n** bad habit/(*Brauch*) practice. ´**u ~ lich,** *adj.* immoral; **sich j-m u. nähern,** to make indecent advances to s.o. ´**U ~ lichkeit,** *f* **-/-en** *a) no pl* immorality; (*b*) immoral act.

´**unsolid(e),** *adj.* (*a*) (*nicht stabil*) flimsy; *Fig:* unstable (character, person); (*b*) (*unmoralisch*) dissolute, loose (way of life); (*c*) *Com:* unsound, unreliable (firm).

´**unsozial,** *adj.* anti-social (laws etc.).

un´spielbar, *adj. Sp: Mus:* unplayable.

´**unsportlich,** *adj.* **1.** unsporting (behaviour etc.); unfair (play). **2. er ist sehr u.,** he is not at all the sporting type.

unsr|e [´unzrə] = **unsere.** ´**u ~ ige,** *poss. pron. Lit:* **der/die/das U.,** ours, our one.

un´sterblich, *adj.* immortal; **u~e Liebe,** undying love; **j-n u. machen,** to immortalize s.o.; *adv. F:* **sich u. blamieren,** to make an utter ass of oneself; **u. verliebt sein,** to be madly in love. **U ~ keit,** *f* **-/***no pl* immortality.

´**unstet,** *adj.* restless (person, nature etc.); wandering (glance); unsettled (life); vacillating (character). ´**U ~ igkeit,** *f* **-/***no pl* restlessness; unsettled/vacillating nature.

unstillbar [un´ʃtilba:r, ´un-], *adj.* insatiable (desire); unquenchable (thirst).

´**Unstimmigkeit,** *f* **-/-en** (*a*) difference (of opinion); (*b*) (*Fehler*) inconsistency, discrepancy.

´**Unsumme,** *f* **-/-n** enormous sum, fortune.

´**unsympathisch,** *adj.* uncongenial, disagreeable; **er ist mir u.,** I don't like him.

'**unsystematisch,** *adj.* unsystematic, unmethodical.

untadelig ['unta:dəliç], *adj.* irreproachable (person, conduct etc.); immaculate (dress etc.).

'**Untat,** *f* -*/*-en atrocity, monstrous crime.

'**untätig,** *adj.* inactive; idle. '**U ~ keit,** *f* -*/no pl* inactivity, inaction; idleness.

'**untauglich,** *adj.* unsuitable, wrong; (*nutzlos*) useless; *Mil:* (*Pers.*) unfit for military service. '**U ~ keit,** *f* -*/no pl* unsuitableness; *Mil:* unfitness (for service).

un'teilbar, *adj.* indivisible. **U ~ keit,** *f* -*/no pl* indivisibility.

unten ['untən], *adv.* (*a*) (*an der Unterseite*) underneath; (**ganz**) **u.,** (right) at the bottom; **u. im Faß/auf der Seite/am Tisch,** at the bottom of the barrel/page/table; **links/rechts u.,** in the bottom lefthand/righthand corner; **nach u. hin/zu,** towards the bottom; **es ist u. durch,** it has a hole in the bottom; *F:* **er ist bei mir u. durch,** I'm through with him; (*b*) (*unter dem Sprecher*) (down) below; **hier/dort u.,** down here/there; **weiter u.,** further down; **tief u.,** far below; *F:* **u. im Süden,** down south; (*c*) (*Richtung*) **nach u.,** downwards; **Tendenz nach u.,** downward tendency; **mit dem Gesicht nach u.,** face down; (*d*) (*im Haus*) downstairs; **komm nach u.!** come down(stairs)! (*e*) (*im Buch*) **siehe u.,** see below. '**u ~ 'drunter,** *adv. F: Cl:* underneath. '**u ~ erwähnt,** *adj.* mentioned below; *Adm:* undermentioned. '**u ~ stehend,** *adj.* (*a*) following (text etc.); (*b*) = **u ~ erwähnt.**

unter ['untər], *prep.* 1. + *dat* (*a*) under; (*tiefer als*) below; (*bedeckt*) underneath; **u. der Dusche, under the shower; u. uns wohnt Herr Braun,** Mr Braun lives below/beneath us; **u. dem Buch,** underneath the book; **u. dem Bett hervorkriechen, to crawl out from beneath/** under the bed; **u. Wasser,** under water, flooded; **u. dem Meeresspiegel,** below sea level; **u. dem Mantel,** under(neath) one's coat; *Min:* **u. Tage arbeiten,** to work underground; (*b*) (*weniger als*) **u. dreißig,** under thirty; **u. einer Stunde zurück sein,** to be back in less than an hour; **u. Null,** below zero; *Fig:* **u. dem Durchschnitt,** below average; **u. aller Kritik,** beneath contempt; **u. seiner Würde,** beneath his dignity; (*c*) **u. seiner Leitung,** under his leadership; **ein Regiment/eine Abteilung u. sich haben,** to command a regiment/be in charge of a department; **u. j-m stehen,** to be s.o.'s junior; (*d*) **u. dem Namen X bekannt sein,** to be known by the name of X. 2. + *dat* (*a*) (**mitten**) **u.,** among(st), amidst; **u. den Akten,** among(st) the documents; **u. anderem,** among other things; (*zum Beispiel*) such as; **nicht einer u. tausend,** not one in a thousand; **sie haben es u. sich ausgemacht,** they arranged it between themselves; **u. uns gesagt,** between you and me; **u. sich sein,** to be in private/undisturbed; (*b*) (*begleitet von*) **u. dem Beifall der Menge,** amid/to the applause of the crowd; **u. Tränen,** weeping all the while; **u. Berücksichtigung von . . .,** (while) taking into consideration . . .; **u. Aufbietung aller Kräfte,** (by) summoning all one's strength; (*c*) *South G:* **u. der Woche/u. Tags,** during the week/day; (*d*) (*abhängig von*) **u. der Bedingung, daß . .,** on the condition that . . .; **u. Umständen,** under/

in certain circumstances; **was versteht man u. diesem Ausdruck?** what is meant by this expression? 3. + *acc* (*a*) under; **bis u. das Dach gefüllt,** filled to the roof; (*b*) **sich u. die Menge mischen,** to mingle/mix with the crowd; **es gehört u. die niederen Tiere,** it belongs among the lower animals. II. **u ~ e (r,s),** *adj.* lower; (*in Rang*) inferior. III. *adv.* under, less than. IV. *comb.fm.* 1. '**U ~-,** (*a*) under(-clothing etc.); (*tiefer*) lower (deck etc.); sub-(committee etc.); **U ~ strömung** *f,* undercurrent; **U ~ abteilung** *f,* subdivision; **U ~ gruppe** *f, Med:* sub-group; *Bot: Z:* sub-species; *Av:* **U ~ schallgeschwindigkeit** *f,* subsonic speed; *Parl:* **U ~ haus** *n,* lower house; *Anat:* **U ~ kiefer** *m,* lower jaw; **U ~ körper** *m,* lower regions; **U ~ schenkel** *m,* lower leg; *Sch:* **U ~ stufe** *f,* lower school; (*b*) (*zu wenig*) under(-nourishment etc.); *Phot:* **U ~ belichtung** *f,* underexposure. 2. '**u ~-,** (*a*) *adj.* under-(paid, developed, privileged etc.); **u ~ belegt,** undersubscribed; **u ~ besetzt,** understaffed, undermanned; **u ~ bevölkert,** underpopulated; **u ~ ernährt,** undernourished; (*b*) *vbl prefix* **u ~ belichten,** to underexpose (a photograph); **u ~ bewerten,** to undervalue (sth.).

'**Unterbau,** *m* -(*e*)*s*/-ten *Constr:* underpinning; foundations; (*einer Straße*) roadbed.

'**Unterbett,** *n* -(*e*)*s*/-en (thin) feather bed.

'**unterbewußt,** *adj. Psy:* subconscious (motive etc.). '**U ~ sein,** *n* -*s*/*no pl Psy:* subconscious (mind); **im U.,** subconsciously.

unter'bieten, *v.tr.insep.irr.8* (*a*) *Com:* to undercut (prices); to undersell (the competition); (*b*) *Sp:* to beat (a record, time).

unter'binden, *v.tr.insep.irr.9* to put a stop to, prevent (sth.).

unter'bleiben, *v.i.insep.irr.12* (*sein*) to be stopped; **das muß u.,** that must not happen again.

'**Unterbodenschutz,** *m* -*es/no pl Aut:* underseal.

unter'brech|en, *v.tr.insep.irr.14* (*a*) to interrupt (s.o., sth.); (*störend*) to disrupt (traffic etc.); *Adm:* to adjourn (negotiations); **das Schweigen/seine Reise u.,** to break the silence/one's journey; (*b*) *El:* to disconnect, switch off (current); to break (a circuit); *Tel:* **wir sind unterbrochen worden,** we have been cut off; (*c*) *Sp:* to stop (play); *Med:* to terminate (a pregnancy). **U ~ er,** *m* -*s/- El:* contact/circuit breaker. **U ~ ung,** *f* -*/-en* (*a*) interruption; (*Pause*) break; (*b*) *El:Tel:* disconnection; (*c*) *Sp:* stoppage; *Med:* termination (of a pregnancy).

unter'breit|en, *v.tr.insep.* **j-m etwas u.,** to submit sth. to s.o. **U ~ ung,** *f* -*/no pl* submission.

'**unterbring|en,** *v.tr.sep.irr.16* to accommodate (s.o., sth.); (*lagern*) to store, *N.Am:* stash (sth.) (away); to fit in (sth. extra etc.); to house (an exhibition, people etc.); to put (s.o.) up; *Mil:* to billet, quarter (troops); *Tchn:* to install, fit (a part); **ich kann sie nicht alle u.,** I can't get them all in; **wo kann ich meine Bücher u.?** where can I put/keep my books? **wir waren gut untergebracht,** we had good accommodation/ *N.Am:* accommodations; *F:* **j-n bei einer Firma u.,** to get s.o. a job with a firm. '**U ~ ung,** *f* -*/occ F:* -en accommodation; storage.

unterder'hand, *adv.* (*a*) *Com:* on the side; privately; (*b*) **etwas u. erfahren,** to hear sth. through the grapevine.

unter'dessen, *adv.* meanwhile, in the meantime.

'Unterdruck. I. *m* **-(e)s/⸚e 1.** *Ph:* subatmospheric pressure; vacuum. **2.** *no pl Med:* low blood pressure. **II. 'U∼-,** *comb.fm.* vacuum (brake etc.); **U∼kammer** *f,* decompression chamber.

unter'drück|en, *v.tr.insep.* (*a*) to suppress (a sigh, feelings, news etc.); to stifle (a yawn etc.); to choke back (one's anger); (*b*) to oppress (people etc.); to crush, put down (a revolt etc.). **U∼er,** *m* **-s/-** oppressor. **U∼ung,** *f* **-/no pl** suppression; oppression.

'unterdurchschnittlich, *adj.* below average.

'untere(r,s), *adj. see* **unter II.**

unterei'nander, *adv.* **1.** (*Lage*) one below/beneath the other. **2.** (*a*) (*miteinander*) with one another; **u. heiraten,** to intermarry; **das müssen Sie u. ausmachen,** you must decide that amongst yourselves.

'Unterernährung, *f* **-/no pl** malnutrition.

Unter'fangen, *n* **-s/no pl** (risky) undertaking.

'unterfassen, *v.tr.sep.* **F: j-n u.,** to take s.o.'s arm.

Unter'führung, *f* **-/-en** underpass; (*für Fuß-gänger*) subway.

'Untergang, *m* **-(e)s/occ ⸚e 1.** (*a*) sinking (of a ship); (*b*) setting (of the sun/moon). **2.** (*zugrundegehen*) downfall (of a person etc.); end (of the world); *Hist:* fall (of Troy etc.); **vom U. bedroht,** threatened with destruction.

unter'geben, *adj.* **j-m u.,** subordinate to/under s.o.; **ein U∼er/eine U∼e,** a subordinate.

'untergehen, *v.i.sep.irr.36* (*sein*) (*Schiff usw.*) to sink; (*Pers.*) to go under; *Fig:* **im Lärm u.,** to be drowned by the noise; **im Gedränge u.,** to be lost in the crowd; (*b*) (*Sonne usw.*) to set; (*c*) *Lit:* (*Reich, Volk usw.*) to perish; (*Welt*) to come to an end; **davon geht die Welt nicht unter,** it's not the end of the world.

'untergeordnet, *adj.* subordinate; (*im Rang*) inferior; secondary (role, importance).

'Untergeschoß, *n* **-sses/-sse** basement.

'Untergestell, *n* **-(e)s/-e 1.** *Aut:* chassis. **2.** *F: Hum:* (*Beine*) pins.

'Untergewicht, *n* **-(e)s/no pl U. haben,** to be underweight.

unter'gliedern, *v.tr.insep.* to subdivide (sth.).

unter'grab|en, *v.tr.insep.irr.42* to undermine (public order, one's health etc.). **U∼ung,** *f* **-/no pl** undermining; subversion.

'Untergrund. I. *m* **-(e)s/no pl 1.** *Agr:* subsoil. **2.** *Paint:* undercoat. **3.** *Pol:* underground; **in den U. gehen,** to go underground. **II. 'U∼-,** *comb. fm.* underground (railway, movement etc.).

'Untergruppe, *f* **-/-n 1.** *Med:* subgroup. **2.** *Bot: Z:* subspecies.

'unterhaken, *v.tr.sep.* **F: sich u.,** to link arms; **untergehakt,** arm in arm.

'unterhalb. I. *prep.* + *gen* underneath; (*tiefer als*) below; **u. des Knies,** below the knee. **II.** *adv.* **u. von** + *dat,* below.

'Unterhalt, *m* **-(e)s/no pl 1.** (*a*) support (of a wife, a family); (*U∼sbeitrag*) maintenance, alimony; **für j-s u. sorgen,** to pay for s.o.'s keep; (*b*) (*Lebensu.*) subsistence, livelihood. **2.** (*Instandhaltung*) upkeep. **u ∼ en** [-'haltən], *v.tr.*

insep.irr.45 (*a*) to support, keep (a family, one's parents etc.); to operate, run (a business etc.); (*instandhalten*) to maintain (roads, *Pol: etc:* relations etc.); to keep (a fire) going; **Kontakte/gute Beziehungen zu j-m u.,** to maintain contact/good relations with s.o.; (*b*) (*erfreuen*) to entertain, amuse (s.o., oneself); **wir haben uns prächtig u.,** we enjoyed ourselves immensely; we had a splendid time; (*c*) **sich mit j-m über etwas** *acc* **u.,** to (have a) talk to s.o. about sth. **u ∼ end/u ∼ sam,** *adj.* entertaining, amusing. **U ∼ er,** *m* **-s/-** entertainer. **'U ∼ s-,** *comb.fm.* maintenance (costs, payment etc.); **U∼beihilfe** *f,* (state) maintenance allowance; **U∼beitrag** *m,* maintenance (payment), alimony. **U ∼ ung,** *f* **-/-en 1.** *no pl* (*Pflege*) maintenance, upkeep. **2.** (*Gespräch*) conversation, talk. **3.** entertainment, amusement; **gute U.!** enjoy yourselves! **U ∼ ungs-,** *comb.fm.* light (film, reading, music etc.); entertainment (industry etc.); **U∼literatur** *f,* light fiction. **U ∼ ungskosten,** *pl* cost of upkeep.

unter'handeln, *v.i.insep.* (*haben*)/*esp.Mil:* to negotiate. **U ∼ lung,** *f* **-/-en** negotiation.

'Unterhändler, *m* **-s/-** negotiator; (*Vermittler*) mediator.

'Unterhaus, *n* **-es/⸚er** *Parl:* lower house.

'Unterhemd, *n* **-(e)s/-en** vest; *N.Am:* undershirt.

unter'höhlen, *v.tr.insep.* to undermine (sth.), hollow (sth.) out.

'Unterholz, *n* **-es/no pl** undergrowth.

'Unter'hose, *f* **-/-n** (*a*) (*für Männer*) (pair of) underpants, *Brit:* pants; **lange U∼n,** long johns; (*b*) (*für Frauen*) (pair of) briefs, *F:* panties.

'unterirdisch, *adj.* underground, subterranean; *adv.* below ground.

unter'jochen, *v.tr.insep.* to subjugate (a people).

'unterjubeln, *v.tr.sep.* **F: j-m etwas u.,** to palm sth. off onto s.o.

unterkellern [-'kɛlərn], *v.tr.insep.* to build a cellar under (a house).

'Unterkleid, *n* **-(e)s/-er** *Cl:* full-length slip. **'U ∼ ung,** *f* **-/no pl** underwear, underclothes.

'unterkommen. I. *v.i.sep.irr.53* (*sein*) (*a*) to find accommodation; **bei Freunden u.,** to stay with friends; (*b*) *F:* (*eine Stelle finden*) to get a job; (*c*) *F: esp. Aus:* **so etwas ist mir noch nicht untergekommen,** I've never come across/seen anything like it. **II. U.,** *n* **-s/no pl** accommodation.

'Unterkörper, *m* **-s/-** lower part of (the body).

'unterkriegen, *v.tr.sep.* **F:** to make (s.o.) knuckle under.

unter'kühlt, *adj. Med:* suffering from hypothermia; *Fig:* cold, detached.

'Unterkunft, *f* **-/⸚e** accommodation; *Mil:* quarters; **U. und Verpflegung,** board and lodging.

'Unterlage, *f* **-/-n 1.** underlay; (*Grundlage*) base; *Tchn:* bed (of a machine); **U. zum Schreiben,** underlay to write on; **du brauchst eine weiche U.,** you need something soft to lie on. **2.** *pl* **U∼n,** (supporting) documents, records.

'Unterlaß [-las], *m* **ohne U.,** incessantly.

unter'lass|en, *v.tr.insep.irr.57* (*a*) to refrain from (doing) (sth.); (*aufhören*) to leave off, stop (doing) (sth.); **eine Reise u.,** to call off a trip; (*b*) (*versäumen*) to omit (sth.); **sie unterließen es, mich zu warnen,** they failed to warn me;

nichts u., to do everything possible. U ~ **ung,** *f* -/-en omission, failure (to do sth.); *Jur:* default. U ~ **ungsklage,** *f* -/-n *Jur:* injunction (suit).

unter'laufen. I. *v.i.insep.irr.58 (sein)* **ihm sind einige Fehler u.,** he has made several mistakes. **II.** *adj. Med:* **mit Blut u.,** bloodshot (eye).

unterlegen. I. *v.tr.* **1.** ['untərle:gən] *v.sep.* to put (sth.) under(neath) (j-m, s.o.); *Fig:* to attribute (a different meaning etc.) **(etwas** *dat,* to sth.). **2.** [untər'le:gən] *v.insep.* to provide (sth.) with an underlay, *Fig:* **einem Film Musik u.,** to add background music to a film. **II.** [untər'le:gən], *adj.* **1.** inferior (j-m, to s.o.; **an Stärke usw.,** in strength etc.). **2.** *(besiegt)* defeated; *Sp:* losing (team etc.); **der/die U ~ e,** the loser; *F:* the underdog. U ~ **heit,** *f* -/no pl inferiority.

'**Unterleib,** *m* -(e)s/-er *Anat:* (a) lower abdomen; (b) *(der Frau)* womb, uterus. 'U ~ **s-,** *comb.fm.* (a) abdominal (pains etc.); (b) (cancer etc.) of the womb; uterine (complaint etc.).

unter'liegen, *v.i.insep.irr.62 (sein)* (a) *(geschlagen werden)* to be defeated/beaten (j-m, by s.o.); **in dem Kampf u.,** to lose the fight; **der Versuchung u.,** to succumb to temptation; **einer Täuschung u.,** to be the victim of a deception; (b) *(unterworfen sein)* to be subject to (rules, censorship etc.); **es unterliegt keinem Zweifel, daß ...,** there can be no doubt that ...

unterm ['untərm], *F:* = **unter dem.**

unter'malen, *v.tr.insep.* (a) *Art:* to prime (a picture); (b) **etwas mit Musik u.,** to provide sth. with a musical background/accompaniment. U ~ **ung,** *f* -/no pl (a) *Art:* priming; (b) **musikalische U.,** background music.

unter'mauern, *v.tr.insep.* to underpin (a structure, *Fig:* an argument etc. U ~ **ung,** *f* -/no pl underpinning.

'**untermengen,** *v.tr.sep.* to mix in (raisins etc.) **(unter +** *dat,* with).

'**Untermiete,** *f* -/no pl subtenancy; **in/zur U. wohnen,** to be a subtenant. 'U ~ **r(in),** *m* -s/- *(f* -/-nen) subtenant, lodger.

untermi'nieren, *v.tr.insep. Mil: & Fig:* to undermine (an area, s.o.'s reputation etc.).

unter'nehm|en. I. *v.tr.insep.irr.69* (a) to undertake (a journey etc.); to take (a walk, measures etc.); to make (an attempt etc.); (b) *(machen)* to do (sth., nothing, too much etc.); **viel zusammen u.,** to do a lot together; **etwas gegen j-n, etwas** *acc* **u.,** to take action against s.o., sth. **II. U.,** *n* -s/- **1.** *(Vorhaben)* enterprise; *(Plan)* scheme; *esp. Mil:* operation; **gewagtes U.,** risky undertaking, bold venture; **gemeinsames U.,** joint venture/enterprise. **2.** *Com:* *(Betrieb)* enterprise, business concern. **u ~ end,** *adj.* enterprising, dynamic. U ~ **ensberater,** *m* -s/- management consultant. U ~ **er,** *m* -s/- *Com:* entrepreneur; *Ind:* industrialist; *(Arbeitgeber)* employer. **u ~ erisch,** *adj.* entrepreneurial. U ~ **ertum,** *n* -s/no pl employers, management; **freies U.,** free enterprise. U ~ **erverband,** *m* -(e)s/-e employers' association. U ~ **ung,** *f* -/-en = **Unternehmen 1.** U ~ **ungsgeist,** *m* -(e)s/no pl spirit of enterprise, initiative. U ~ **ungslust,** *f* -/no pl zest for life. **u ~ ungslustig,** *adj.* enterprising, go-ahead; *(kühn)* adventurous.

'**Unteroffizier,** *m* -s/-e *Mil:* **1.** non-commissioned officer, NCO. **2.** *(Feldwebel)* sergeant.

'**unterordn|en,** *v.tr.sep.* to subordinate (interests etc.) **(etwas** *dat,* to sth.); **sich u.,** to accept a subordinate role (j-m, to s.o.). 'U ~ **ung,** *f* -/-en **1.** subordination. **2.** *Bot: Z:* suborder.

'**Unterprima,** *f* -/-men *G.Sch:* eighth year (of a *Gymnasium); approx.* = *Brit:* lower sixth form.

Unter'redung, *f* -/-en (formal) conversation, discussion; interview.

Unterricht ['untərriçt], *m* -(e)s/occ -e teaching; *(privat)* tuition; *(Stunden)* lessons; j-m U. **erteilen,** to teach s.o.; **U. in Deutsch geben,** to give German lessons, teach German; **drei Stunden U.,** three hours of classes; **im U.,** in class; **dem U. fernbleiben,** to stay away from school. **u ~ en** [-'riçtən], *v.tr.insep.* (a) to teach (s.o., a subject); **j-n in Deutsch/im Malen u.,** to teach s.o. German/to paint; (b) *(informieren)* to inform, notify (s.o.) **(über etwas** *acc***/von etwas** *dat,* about sth.); **falsch unterrichtet,** misinformed; **gut unterrichtete Kreise,** well-informed circles; **sich u.,** to inform oneself, *(laufend)* keep oneself informed **(über etwas** *acc,* about sth.). 'U ~ **s-,** *comb.fm.* teaching (unit, experience, method, practice, purpose etc.); educational (books, film, research, programme); U~**mittel** *npl,* teaching/educational materials; U~**ziel** *n,* teaching objective; **das U~wesen,** the educational system. 'U ~ **sfach,** *n* -(e)s/-er/'U ~ **sgegenstand,** *m* -(e)s/-e subject taught. '**u ~ sfrei,** *adj.* **u. haben,** to have no lessons. 'U ~ **sministerium,** *n* -s/-ien Ministry of Education. 'U ~ **sstoff,** *m* -(e)s/-e syllabus (to be taught). 'U ~ **sstunde,** *f* -/-n lesson. U ~ **ung** [-'riçtuŋ], *f* -/no pl informing; **zu Ihrer U.,** for your information.

'**Unterrock,** *m* -(e)s/-e *Cl:* petticoat, slip.

unters ['untərs], *F:* = **unter das.**

unter'sagen, *v.tr.insep.* **j-m etwas u.,** to forbid s.o. to do sth.; **strengstens untersagt,** strictly prohibited. U ~ **ung,** *f* -/no pl prohibition.

Untersatz, *m* -es/-e **1.** stand; *(für Gläser)* mat, coaster; *(Untertasse)* saucer. **2.** *F: Hum:* **fahrbarer U.,** motorized magic carpet.

unter'schätz|en, *v.tr.insep.* to underestimate (s.o., sth.). U ~ **ung,** *f* -/no pl underestimation.

unterscheid|bar [untər'ʃaitba:r], *adj.* distinguishable. **u ~ en** [-'ʃaldən], *v.insep.irr.65* **1.** *v.tr.* (a) to distinguish (two things), tell (two people/things) apart; **Einzelheiten u. können,** to be able to make out details; **vier Gesichtspunkte u.,** to discriminate/differentiate between four points of view; (b) **sich (von j-m, etwas** *dat)* **u.,** to differ (from s.o., sth.); **sie u. sich dadurch, daß ...,** the difference between them is that ... **2.** *v.i.* *(haben)* to distinguish, make a distinction **(zwischen +** *dat,* between). **u ~ end,** *adj.* distinctive, distinguishing (marks, features etc.); discriminating (mind etc.). U ~ **ung,** *f* -/-en distinction; discrimination. U ~ **ungsmerkmal,** *n* -(e)s/-e distinguishing/distinctive feature. U ~ **ungsvermögen,** *n* -s/no pl discernment.

unterschieben, *v.tr.irr.82* **1.** ['untərʃi:bən] *v.sep.* to push/shove (sth.) underneath (j-m, **etwas** *dat,* s.o., sth.). **2.** [untər'ʃi:bən] *v.insep.* (a) to foist (sth.) (j-m, on s.o.); **das Kind wurde mir unterschoben,** the child was substituted for mine; **j-m eine Bemerkung u.**, to attribute a remark to s.o. falsely, put words into s.o.'s mouth. U ~ **ung**, *f -/-en* false imputation.

Unterschied ['untərʃiːt], *m* -(e)s/-e **1.** difference; (*Schwankung*) variation; **es macht wenig U.**, it does not matter much/make much difference; **es ist ein U., ob ...**, it makes a difference whether ... **2.** (*Unterscheidung*) distinction; **einen U. machen zwischen A und B**, to distinguish between/(*unfair*) discriminate between A and B; **ohne U. des Alters**, irrespective of age; **im U. zu ihm**, in contrast with/ unlike him; **alle Leute ohne U. behandeln**, to treat everybody alike. '**u ~ lich**, *adj.* (*a*) different; (*schwankend*) varying, variable; **die Farben sind recht u.**, the colours vary considerably; (*b*) *Pej*: discriminating (treatment of women etc.); *adv.* **j-n u. behandeln**, to discriminate against s.o. '**u ~ slos**, *adj.* indiscriminate; *adv.* **alle Bürger u. behandeln**, to treat all citizens alike.

unter'schlag|en, *v.tr.insep.irr.85* to embezzle (money); to suppress (news, evidence etc.); to keep quiet about (news etc.). U ~ **ung**, *f -/-en* embezzlement.

'**Unterschlupf**, *m* -(e)s/⸚e **1.** (*Versteck*) hiding-place, hide-out. **2.** (*Obdach*) shelter. '**unterschlüpfen**, *v.i.sep.* (*sein*) to take shelter, (*sich verstecken*) go into hiding.

unter'schreiben, *v.tr. & i.insep.irr.12* (*haben*) to sign (sth.); *F*: (*bejahen*) to go along with (a statement).

unter'schreiten, *v.tr.insep.irr.41* to fall short of (an amount).

'**Unterschrift**, *f -/-en* signature. '**U ~ enmappe**, *f -/-en* signature folder (for letters awaiting signature). '**u ~ lich**, *adj.* by one's signature. '**u ~ sberechtigt**, *adj.* authorized to sign. 'U ~ **sprobe**, *f -/-n* specimen signature.

unterschwellig ['untərʃveliç], *adj. Med:Psy*: subliminal.

'**Untersee|boot**, *n* -(e)s/-e *Nau*: submarine. 'U ~ **kabel**, *n* -s/- submarine cable.

'**Unterseite**, *f -/-n* bottom, underside.

'**Untersekunda**, *f -/-den G. Sch*: sixth year of a *Gymnasium; approx. = Brit:* lower fifth form.

'**untersetz|en**, *v.tr.sep.* to place (a mat etc.) underneath. 'U ~ **er**, *m* -s/- mat, coaster. **u ~ t** [-'zɛtst], *adj.* stocky, thickset. 'U ~ **ung** [-'zɛtsuŋ], *f -/-en Mec.E:* (*also* U ~ **sgetriebe** *n*) (reduction) gear; **mit starker U.**, low-geared.

'**unterste(r, s)**, *adj.* lowest; bottom (floor, class etc.); **der U. der Klasse**, the bottom pupil (in the class); **das U. zuoberst kehren**, to turn everything upside down.

'**Unterstand**, *m* -(e)s/⸚e shelter; *Mil:* dug-out.

unterstehen, *v.irr.100.* **1.** ['untərʃteːən] *v.i.sep.* (*haben*) to take shelter. **2.** [untər'ʃteːən] *v.i.insep.* (*haben*) (*a*) **j-m u.**, to be/come under s.o., be subordinate to s.o.; **dem Vorstand unmittelbar u.**, to be directly responsible for the board; **ständiger Kontrolle u.**, to be subject to constant checks; *Jur:* **einem Gericht u.**, to come under the jurisdiction of a court. **3.** [untər-'ʃteːən], *v.refl.insep.* **sich u., etwas zu tun**, to have the audacity to do sth.; **untersteh dich!** don't you dare! **was u. Sie sich!** how dare you!

unterstell|en, *v.tr.* **1.** ['untərʃtɛlən] *v.sep.* (*a*)

to put, (*lagern*) store (sth. somewhere); (*in einer Garage*), to garage (a car); (*b*) **sich unter einem Balkon u.**, to take shelter under a balcony. **2.** [untər'ʃtɛlən] *v.insep.* (*a*) **j-m eine Abteilung usw. u.**, to put s.o. in charge of a department etc.; **er wurde meiner Aufsicht unterstellt**, he was placed under my supervision; (*b*) (*unterschieben*) **j-m Absichten usw. u.**, to impute intentions etc. to s.o.; (*c*) (*annehmen*) to assume (sth.). U ~ **ung** [-'ʃtɛluŋ], *f -/-en* **1.** subordination; placing under supervision. **2.** imputation; insinuation.

unter'steuern, *v.i.insep.* (*haben*) *Aut:* to understeer.

unter'streichen, *v.tr.insep.irr.40* to underline (a word etc.); *Fig:* (*betonen*) to emphasize, stress (s.o.'s merits etc.), (*bestätigen*) corroborate (sth.); to add emphasis to (one's words etc.) (**durch Gesten**, with gestures).

unter'stütz|en, *v.tr.insep.* to support (s.o., sth.); (*finanziell*) to back (s.o., sth.), (*subventionieren*) subsidize (sth.); (*fördern*) to encourage (s.o.'s industry, a project etc.). U ~ **ung**, *f -/-en* (*a*) *no pl* support; (*Hilfe*) assistance, aid; backing (of a project etc.); (*b*) *Adm:* benefit (payment). U ~ **ungs-**, *comb.fm.* relief (expenditure, money, fund etc.); *adj.* **u ~ sberechtigt**, entitled to relief/benefit.

unter'such|en, *v.tr.insep.* to investigate, look into (sth.); (*durchsuchen*) to search (s.o., luggage etc.) (**nach Rauschgift usw.**, for drugs etc.); to examine (an object, a document, *Med:* patient etc.) (**auf** + *acc*, for); to inspect (a part, wound etc.); (*nachprüfen*) to check, (*einer Probe unterziehen*) test (a machine etc.); *Ch:* to analyse (a compound); **es wird untersucht, ob er mitschuldig war**, the possibility of his complicity is being investigated; **sich ärztlich u. lassen**, to have a medical (examination)/checkup; **j-s Blut auf Zucker u.**, to test s.o.'s blood for sugar. U ~ **ung**, *f -/-en* investigation; examination; (*Durchsuchung*) search; (*Kontrolle*) check, inspection; (*Probe*) test; *Ch:* analysis; **polizeiliche U.**, police investigation/enquiry; **eine U. gegen j-n einleiten**, to start an enquiry into s.o.'s affairs; **bei näherer U.**, on closer investigation; **ärztliche U.**, medical examination/ checkup; **wissenschaftliche U.**, scientific study (**über** + *acc,* of). U ~ **ungsausschuß**, *m* -sses/⸚sse fact-finding committee; committee of enquiry. U ~ **ungsgefangene(r)**, *m & f decl. as adj. Jur:* prisoner awaiting trial. U ~ **ungshaft**, *f -/no pl Jur:* imprisonment awaiting trial. U ~ **ungsrichter**, *m* -s/- *approx.* examining magistrate.

Unter'tag|e-, *comb.fm. Min:* underground (worker etc.); U ~ **bau** *m*, underground working. **u ~ s** [untər'taːks], *adv. Aus:* during the day.

untertan [untərtaːn]. **I.** *adj.* **j-m u. sein**, to be s.o.'s creature/servant. **II.** U., *m* -s & -en/-en *A:* subject.

'**Untertasse**, *f -/-n* saucer.

'**untertauchen**, *v.sep.* **1.** *v.tr.* to duck (s.o.); to dip, immerse (sth.) (**in etwas** *dat*, in sth.). **2.** *v.i.* (*sein*) to dive (under water); *Fig:* (*verschwinden*) to disappear.

'**Unterteil**, *n&occ.m* -(e)s/-e lower/bottom part. **u ~ en** [-'tailən], *v.tr.insep.* to subdivide (an area, text etc.) (**in** + *acc*, into). **U ~ ung**, *f* -/-en subdivision.

'**Untertemperatur**, *f* -/-en *Med:* subnormal temperature.

Untertertia ['untərtɜrtsia], *f* -/-ien *Sch:* fourth year of the *Gymnasium*.

'**Untertitel**, *m* -s/- subtitle.

'**Unterton**, *m* -(e)s/̈-e undertone.

unter'treib|en, *v.insep.irr.12* **1.** *v.tr.* to play (sth.) down. **2.** *v.i.* (**haben**) to understate the case. **U ~ ung**, *f* -/-en understatement.

'**untervermieten**, *v.tr.insep.* to sublet (a room etc.).

unter'wander|n, *v.tr.insep. Pol:* to infiltrate (a party etc.). **U ~ ung**, *f* -/-en infiltration.

'**Unterwäsche**, *f* -/no *pl* underwear.

Unter'wasser-, *comb.fm.* underwater (photography, camera, massage etc.); **U~jagd** *f*, underwater/scuba fishing.

unter'wegs, *adv.* on the way; **er war u. nach Wien**, he was on the/his way to Vienna; **er ist immer/viel u.**, he is always on the move/travels a lot; **sie waren 4 Wochen u.**, their trip lasted 4 weeks; **er schrieb mir von u.**, he wrote to me while he was on the way (there).

unter'weis|en, *v.tr.insep.irr.70* **j-n** (**in etwas** *dat*) **u.**, to instruct s.o. (in sth.), teach s.o. (sth.). **U ~ ung**, *f* -/-en instruction, teaching.

'**Unterwelt**, *f* -/no *pl Myth. Fig:* underworld.

unter'werf|en, *v.tr.insep.irr.110* to subjugate (a people etc.); **fremder Herrschaft unterworfen**, under foreign domination; **sich u.**, (i) to surrender (**dem Feind usw.**, to the enemy etc.); (ii) (*sich fügen*) to submit (**der Disziplin usw.**, to discipline etc.); **j-n/sich einer Prüfung usw. u.**, to subject s.o./submit (oneself) to an examination etc.; **Veränderungen unterworfen**, subject to changes. **U ~ ung**, *f* -/no *pl* subjugation; subjection, submission.

unterwürfig [untər'vyrfiç], *adj. Pej:* servile, obsequious. '**U~keit**, *f* -/no *pl Pej:* servility, obsequiousness.

unter'zeichn|en, *v.tr.insep.* to sign (a treaty, contract etc.). **U~er**, *m* -s/- signatory. **U ~ ung**, *f* -/no *pl* signature.

unterziehen, *v.tr.irr.113* **1.** ['untərtsi:ən] *v.sep.* (*a*) to put on (a sweater etc.) underneath; (*b*) *Cu:* to fold in (white of egg etc.). **2.** [untər'tsi:ən] *v.insep.* **j-n, etwas einer Prüfung** *dat* **u.**, to subject s.o., sth. to an examination; **sich einer Prüfung, Operation usw. u.**, to undergo an examination, operation etc.

'**Untiefe**, *f* -/-n **1.** shallow, shoal. **2.** (*große Tiefe*) enormous (ocean) depth.

un'tilgbar, *adj.* (*a*) *Fin:* irredeemable (debt etc.); (*b*) *Fig:* indelible (impression).

un'tragbar, *adj.* intolerable (conditions etc.); **für die Partei u.**, unacceptable to the party.

un'trennbar, *adj.* inseparable.

'**untreu**, *adj.* unfaithful (**j-m**, to s.o.); **sich selbst/ seinen Grundsätzen u. sein**, to be untrue to oneself/one's principles; **einer Sache u. werden**, to desert a cause. '**U ~ e**, *f* -/no *pl* unfaithfulness; (conjugal) infidelity.

un'tröstlich, *adj.* inconsolable (**über** + *acc*, about).

untrüglich [un'try:kliç], *adj.* infallible (memory etc.); (*unverkennbar*) unmistakable (sign).

'**untüchtig**, *adj.* incompetent; inefficient. '**U ~ keit**, *f* -/no *pl* incompetence; inefficiency.

'**Untugend**, *f* -/-en bad habit; (*Laster*) vice.

unüber'brückbar, *adj. esp. Fig:* unbridgeable (gap etc.); irreconcilable (differences).

'**unüberlegt**, *adj.* ill-considered (action), rash (action, person). '**U ~ heit**, *f* -/no *pl* rashness.

unüber'sehbar, *adj.* **1.** (*riesig*) vast (forest, crowd etc.); inestimable (difficulties etc.). **2.** (*auffällig*) conspicuous (mistake).

unüber'setzbar, *adj.* untranslatable.

'**unübersichtlich**, *adj.* unclear (layout, map); muddled (plan etc.); **u~e Kurve**, blind corner.

unüber'tragbar, *adj.* non-transferable.

unüber'troffen, *adj.* unsurpassed, unmatched.

unüber'windlich, *adj.* insurmountable, insuperable.

unum'gänglich, *adj.* unavoidable, inevitable; (*unentbehrlich*) indispensable.

unumschränkt [unum'ʃrɛŋkt], *adj.* unlimited, absolute (power etc.).

unum'stritten, *adj.* undisputed, unchallenged.

unumwunden ['unumvundən], *adv.* openly, without beating about the bush.

'**ununterbrochen**, *adj.* unbroken, continuous (succession, flow etc.); incessant (rain, chatter etc.); *adv.* **sie redet u.**, she talks non-stop/incessantly; **das Telefon läutet u.**, the telephone never stops ringing.

unver'änder|lich, *adj.* unchanging; (*also Mth:*) invariable. **u ~ t**, *adj.* unchanged, unaltered.

unver'antwortlich, *adj.* irresponsible. **U ~ keit**, *f* -/no *pl* irresponsibility.

unver'besserlich, *adj.* incorrigible (optimist etc.); **du bist doch u.!** you are a hopeless case!

'**unverbindlich**, *adj.* **1.** *Com:* not binding; (*Angebot usw*) without obligation. **2.** noncommittal (words); (*reserviert*) detached (attitude, person etc.); *adv.* in an offhand manner. '**U ~ keit**, *f* -/no *pl* **1.** *Com:* lack of obligation. **2.** detached/offhand manner.

unver'blümt, *adj.* blunt, downright (manner etc.); open (distrust etc.).

'**unverbürgt**, *adj.* unwarranted (conclusion etc.); unconfirmed (report etc.).

'**unverdaulich**, *adj.* indigestible.

'**unverderblich**, *adj.* non-perishable (goods).

'**unverdient**, *adj.* undeserved.

'**unverdorben**, *adj.* unspoilt (food, *Fig:* child etc.); (*moralisch*) uncorrupted.

'**unverdünnt**, *adj.* undiluted; neat (whisky etc.).

unver'einbar, *adj.* incompatible, irreconcilable (**mit** + *dat*, with).

'**unverfälscht**, *adj.* unadulterated (wine etc.); (*echt*) genuine; unsophisticated (person).

'**unverfänglich**, *adj.* harmless, innocent; **es ist u.**, there's no catch in it.

unverfroren ['unfɛrfro:rən], *adj.* impudent, insolent. '**U ~ heit**, *f* -/no *pl* impudence, insolence.

'**unvergänglich**, *adj.* undying (fame etc.); immortal (works); evergreen (melodies).

unver'geßlich, *adj.* unforgettable.

unver'gleichlich, *adj.* incomparable; (*einmalig*) unique, matchless; *adv.* **es geht mir u. besser heute**, I feel infinitely better today.

'**unverhältnismäßig**, *adj.* disproportionate;

adv. out of all proportion.

'**unverheiratet**, *adj.* unmarried, single.

unverhofft ['unfɛrhɔft], *adj.* unexpected; **u~es Treffen**, surprise meeting.

unverhohlen ['unfɛrhoːlən], *adj.* unconcealed, undisguised.

'**unverhüllt**, *adj.* naked (truth etc.); unconcealed (fear etc.).

'**unverkäuflich**, *adj.* not for sale; (*wegen Beschädigung usw.*) unsal(e)able.

unver'kennbar, *adj.* unmistakable; **es ist u., daß...**, it is quite obvious that...

unver'letz|bar, *adj.* invulnerable. **u~lich**, *adj.* unviolable. '**u~t**, *adj.* unhurt, uninjured.

unver'meid|bar/unver'meidlich, *adj.* unavoidable (encounter, collision etc.); inevitable (happening etc.); **sich in das U~e fügen**, to resign oneself to the inevitable. **U~lichkeit**, *f -/no pl* inevitability.

'**unvermindert**, *adj.* undiminished; unabated (fury etc.).

'**unvermischt**, *adj.* unmixed.

'**unvermittelt**, *adj.* sudden, abrupt.

'**Unvermögen**, *n -s/no pl* inability. '**u~d**, *adj.* without means, impecunious; **nicht u.**, quite well off.

'**unvermutet**, *adj.* unexpected (visit etc.); unsuspected (talents etc.).

'**Unver|nunft**, *f -/no pl* unreasonableness; (*Torheit*) stupidity. '**u~nünftig**, *adj.* unreasonable; (*töricht*) stupid, foolish.

'**unveröffentlicht**, *adj.* unpublished.

'**unverrichtet**, *adj.* **u~er Dinge/Sache**, without having accomplished anything.

'**unverschämt**, *adj.* **1.** outrageous; (*frech*) impertinent, insolent (remark, behaviour etc.); barefaced (lie); *F:* outrageous (prices, demands etc.); *adv. Hum:* **sie ist u. braun**, she is disgustingly brown. '**U~heit**, *f -/-en* (*a*) *no pl* outrageousness; (*Frechheit*) insolence; (*b*) impertinence; **es ist eine U.!** it's damned cheek!

'**unverschuldet**, *adj.* **1.** *Fin:* debt-free (person, firm). **2.** (*unschuldig*) innocent; *adv.* through no fault of one's own.

unversehens ['unfɛrzeːəns], *adv.* unexpectedly; (*plötzlich*) all of a sudden.

'**unversehrt**, *adj.* (*a*) (*Pers.*) unhurt; (*heil*) unscathed, safe and sound; (*b*) (*Sachen*) undamaged, intact. '**U~heit**, *f -/no pl* freedom from injury/damage.

'**unversöhnlich**, *adj.* irreconcilable (enemies, opinions etc.); implacable (hatred).

'**unversorgt**, *adj.* unprovided for, without means of support.

'**Unverstand**, *m -(e)s/no pl* lack of understanding; (*Torheit*) folly. '**u~en**, *adj.* (*Pers.*) misunderstood.

'**unverständlich**, *adj.* incomprehensible; (*undeutlich*) unintelligible; **es ist mir einfach u., wie das passieren konnte**, I simply can't understand how that could happen. '**U~lichkeit**, *f -/no pl* incomprehensibility; unintelligibility. '**U~nis**, *n -ses/no pl* **auf U.** **stoßen**, to meet with incomprehension.

unver'stell|bar, *adj.* non-adjustable. '**u~t**, *adj.* undisguised; unfeigned (emotion etc.).

'**unversucht**, *adj.* **nichts u. lassen**, to try everything.

'**unverträglich**, *adj.* (*a*) (*Pers.*) cantankerous; (*b*) incompatible (ideas, drugs etc.), indigestible (food). '**U~keit**, *f -/no pl* (*a*) cantankerousness; (*b*) incompatibility; indigestibility.

'**unverwandt**, *adj.* fixed, intent (look etc.).

unver'wechselbar, *adj.* unmistakable.

unver'wundbar, *adj.* invulnerable.

unverwüstlich [unfɛr'vyːstliç], *adj.* durable; *Fig:* undefatigable (person); irrepressible (humour, cheerfulness); **dieses Auto ist u.**, this car never wears out/goes on for ever.

'**unverzagt**, *adj.* undaunted.

unver'zeihlich, *adj.* inexcusable; unforgivable.

unver'zinslich, *adj. Fin:* interest-free.

unverzüglich [unfɛr'tsyːkliç], *adj.* immediate; instant (reaction etc.).

'**unvollendet**, *adj.* unfinished.

'**unvollkommen**, *adj.* (*a*) imperfect (performance etc.); *adv.* **er spricht Deutsch nur u.**, he speaks rather faulty German; (*b*) (*unvollständig*) incomplete. '**U~heit**, *f -/no pl* (*a*) imperfection; (*b*) incompleteness.

'**unvollständig**, *adj.* incomplete. '**U~keit**, *f -/no pl* incompleteness.

'**unvorbereitet**, *adj.* unprepared (**auf** + *acc*, for); impromptu (speech, lecture); *adv.* **u. sprechen**, to speak without notes/impromptu.

'**unvoreingenommen**, *adj.* unprejudiced, unbiased; *adv.* without bias/prejudice.

'**unvorhergesehen**, *adj.* unforeseen; unexpected (visit etc.).

'**unvorschriftsmäßig**, *adj.* contrary to (the) regulations.

'**unvorsichtig**, *adj.* unwary (step); unguarded (remark); (*leichtsinnig*) careless (driving etc.); (*unklug*) rash (action etc.). '**U~keit**, *f -/no pl* carelessness, rashness.

unvor'stellbar, *adj.* unimaginable, inconceivable.

'**unvorteilhaft**, *adj.* **1.** unbecoming (dress etc.); unfortunate (figure); **es ist u. für dich**, it doesn't do anything for you. **2.** (*ungünstig*) unfavourable (conditions etc.); unprofitable (sale etc.).

'**unwahr**, *adj.* untrue, false. '**U~heit**, *f -/-en* **1.** untruth, falsehood. **2.** *no pl* untruthfulness, falseness. '**u~scheinlich**, *adj.* (*a*) unlikely, improbable (story etc.); (*b*) *F:* (*unglaublich*) incredible, fantastic (luck etc.); *adv.* **u. heiß**, incredibly hot; **er spielt u. gut**, he plays/acts fantastically well. '**U~scheinlichkeit**, *f -/-en* improbability.

un'wandelbar, *adj. Lit:* changeless; unwavering (loyalty etc.).

unwegsam ['unveːkzaːm], *adj.* difficult, impassable (terrain).

unweigerlich [un'vaigərliç], *adj.* inevitable; *adv.* **das wird u. eintreten**, it is bound to happen.

'**unweit**, *prep. & adv.* **u.** + *gen*/**u. von** + *dat*, not far from.

'**Unwesen**, *n -s/no pl* curse; public nuisance; **sein U. treiben**, to be up to (one's) mischief, (*Verbrecher*) do one's dirty work.

'**unwesentlich**, *adj.* insignificant; **es ist u., ob...**, it doesn't matter/is immaterial whether...

'**Unwetter**, *n -s/-* (bad) storm, (*Gewitter*) thunderstorm.

'**unwichtig**, *adj.* unimportant, insignificant.

'U~keit, *f -/-en* 1. *no pl* insignificance. 2. triviality.

unwider'leg|bar, *adj.* irrefutable.

unwider'ruflich, *adj.* irrevocable, irreversible (decision etc.); *adv.* es steht u. fest, daß ..., it is absolutely certain that ...

unwider'stehlich, *adj.* irresistible.

unwieder'bringlich, *adj.* irretrievable; *adv.* u. verloren, irretrievably lost.

'Unwill|e, *m -ns/no pl* indignation, anger. 'u~ig, *adj.* (*a*) indignant, angry; über etwas *acc* u. werden, to get annoyed about sth; (*b*) (*widerwillig*) reluctant. 'u~kommen, *adj.* unwelcome. u~'kürlich, *adj.* involuntary.

'unwirk|lich, *adj.* unreal. 'U~lichkeit, *f -/-en* unreality. 'u~sam, *adj.* ineffective; *Jur:* (*Rechtsgeschäft*) null and void. 'U~samkeit, *f -/no pl* ineffectiveness.

unwirsch ['unviːrʃ], *adj.* gruff, surly.

'unwirt|lich, *adj. esp. Fig:* inhospitable. 'u~schaftlich, *adj.* wasteful (person etc.); *esp. Com:* uneconomic (method); inefficient (business etc.). 'U~schaftlichkeit, *f -/no pl* wastefulness; inefficiency.

'unwissen|d, *adj.* ignorant (person); u~es Kind, naïve child. 'U~heit, *f -/no pl* ignorance; U. schützt nicht vor Strafe, ignorance (of the law) is no defence. 'u~schaftlich, *adj.* unscientific; unscholarly. 'u~tlich, *adv.* unknowingly, unwittingly.

'unwohl, *pred.adj.* unwell; mir ist/ich fühle mich u., I feel unwell/(*im Magen*) queasy/*Fig:* (*unbehaglich*) uneasy; (*Frauen*) u. sein, to have one's period. 'U~sein, *n -s/no pl* indisposition.

'unwohnlich, *adj.* uncomfortable, cheerless.

'unwürdig, *adj.* (*a*) unworthy (+ *gen*, of); *Lit:* des Vertrauens u., not to be trusted; (*b*) (*ohne Würde*) undignified. 'U~keit, *f -/no pl* (*a*) unworthiness; (*b*) lack of dignity.

'Unzahl, *f* eine U. + *gen*, an enormous number/ a whole host of.

un'zählbar/unzählig [un'tsɛːliç], *adj.* innumerable.

un'zähmbar, *adj.* untamable.

Unze ['untsə], *f -/-n Meas:* ounce.

'unzeitgemäß, *adj.* unseasonable (weather etc.); (*altmodisch*) outmoded.

unzer'brechlich, *adj.* unbreakable.

unzer'reißbar, *adj.* tearproof.

unzer'störbar, *adj.* indestructible.

unzer'trennlich, *adj.* inseparable (friends etc.).

'unzivilisiert, *adj.* uncivilized (behaviour etc.).

'Unzucht, *f -/no pl* sexual offence; gewerbsmäßige U., prostitution.

'unzüchtig, *adj.* lewd (remark), obscene (literature etc.).

'unzufrieden, *adj.* dissatisfied; discontented (expression etc.). 'U~heit, *f -/no pl* dissatisfaction; discontent.

'unzugänglich, *adj. Fig:* (*Pers.*) inaccessible; standoffish, aloof.

'unzulänglich, *adj.* insufficient, inadequate. 'U~keit, *f -/-en* 1. *no pl* insufficiency, inadequacy. 2. *esp. pl* shortcomings, deficiencies.

'unzulässig, *adj.* inadmissible.

'unzumutbar, *adj.* unreasonable (demand etc.); das ist u., you cannot expect that (of anyone).

'unzurechnungsfähig, *adj.* not responsible for his/her actions; für u. erklärt werden, to be certified insane. 'U~keit, *f -/no pl* unsoundness of mind; *Jur:* insanity.

'unzureichend, *adj.* insufficient, inadequate.

'unzusammenhängend, *adj.* disjointed, incoherent.

'unzutreffend, *adj.* inapplicable; (*falsch*) incorrect, untrue; U~es bitte streichen, delete if not applicable.

'unzuverlässig, *adj.* unreliable. 'U~keit, *f -/no pl* unreliability.

'unzweckmäßig, *adj.* inexpedient; (*ungeeignet*) inappropriate, unsuitable.

'unzweideutig, *adj.* unequivocal, unambiguous.

'unzweifelhaft, *adj.* indubitable, unquestionable.

üppig ['ypiç], *adj.* (*a*) luxuriant (vegetation etc.); lush (grass etc.); thick (beard, hair); *Fig:* ü~e Phantasie, fertile imagination; *adv.* ü. wachsen, to grow in profusion/(*Haare*) thickly; (*b*) (*reichlich*) lavish (meal etc.); sumptuous, opulent (furnishings); *adv.* ü. leben, to live in luxury/style; (*c*) (*sinnlich*) voluptuous; opulent (figure, blonde etc.). 'Ü~keit, *f -/no pl* (*a*) luxuriance, lushness; (*b*) sumptuousness, lavishness; luxury, opulence; (*c*) voluptuousness.

Ur-, ur- ['uːr-], *prefix* 1. (*a*) (*ursprünglich*) original (form, text etc.); primitive (state etc.); primaeval (world etc.); early (church etc.); *Geol:* primary (rocks etc.); Ureinwohner *m*, original inhabitant; *Austral:* aborigine; Urfassung *f*, original version; Urgewalt *f*, primaeval/ elemental force; Urmensch *m*, primitive/early man; Urschrift *f*, original (script/copy); Ursprache *f*, original/primitive language; Urvolk *n*, original/primitive people; Urahnen *pl*, first/earliest ancestors; Urvater *m*, primitive/earliest ancestor; primogenitor; Urwald *m*, primaeval forest; (*tropischer U.*) jungle; (*b*) *adj.* (*intensivierend*) thoroughly (German, English etc.); extremely (sudden etc.); ur'alt, extremely old, ancient; ur'komisch, extremely funny, hilarious; ur'eigen, very own, own peculiar; urge'mütlich, really cosy. 2. (*bei Verwandtschaften*) great-(grandmother, grandfather etc.); Urgroßeltern *pl*, great-grandparents; Urenkel *m*/Urenkelin *f*, great-grandson/granddaughter; Ururgroßvater *m*, great-great grandfather.

Uran [u'raːn], *n -s/no pl Ch:* uranium.

'urauf führ|en, *v.tr.* to perform (a play, opera etc.) for the first time. 'U~ung, *f -/-en* premiere; first performance.

urbar ['uːrbaːr], *adj. Agr:* u. machen, to reclaim, cultivate (land, a swamp etc.). 'U~machung, *f -/no pl* cultivation; reclamation.

'Urheber|(in), *m -s/- (f -/-nen*) originator (of an idea etc.); perpetrator (of a deed); (*Schöpfer*) creator; (*Autor*) author; die U. des Verbrechens, those responsible for the crime. 'U~recht, *n -(e)s/-e* copyright. 'U~schaft, *f -/no pl* authorship.

urig ['uːriç], *adj.* earthy (humour, person etc.); (*komisch*) zany (character etc.).

Urin [u'riːn], *m -s/occ -e Med:* urine. U~flasche *f -/-n*/U~glas, *n -es/⁻er Med:* urinal. u~ieren [uri'niːrən], *v.i.* (*haben*) to urinate.

Urkund|e ['uːrkundə], *f -/-n* document; *Jur:* legal instrument; deed (of ownership etc.).

u ~ lich ['-kuntliç], adj. documentary (evidence etc.); adv. u. erwähnt/belegt, recorded, documented.

Urlaub ['u:rlaup], m -(e)s/-e (Ferien) holiday(s), N.Am: vacation; Mil: Adm: etc: leave (of absence); auf/im/in U., on holiday/N.Am: vacation/Mil: leave; in U. gehen/fahren, to go on holiday/N.Am: vacation. 'U ~ er, m -s/- holidaymaker, N.Am: vacationist; Mil: man on leave. 'U ~ s-, comb.fm. holiday, N.Am: vacation (money, trip etc.); U ~ anspruch m, holiday entitlement; N.Am: vacation privilege; U ~ zeit f, holiday/N.Am: vacation season.

Urne ['urnə], f -/-n 1. urn. 2. Pol: ballot box.

'Ursache, f -/-n cause; (Grund) reason; die U. des Unfalls/für den Unfall, the cause of/reason for the accident; die U. seines Handelns, the reason/motive for his action; Prov: kleine U ~ n, große Wirkung, great oaks from little acorns grow; F: keine U.! not at all! don't mention it!

'Ursprung, m -(e)s/-e origin; (Quelle) source (of a river, Fig: tradition etc.); ein Wort germanischen U ~ s, a word of Germanic origin; der U. alles Übels, the root of all evil. 'U ~ s-, comb.fm. (country, place, evidence etc.) of origin; U ~ zeugnis n, certificate of origin.

ursprünglich ['urʃpryŋliç], adj. (a) original (form etc.); initial (reaction); first (edition etc.); adv. originally, to start with; (b) (unverdorben) natural, pristine (state). 'U ~ keit, f -/no pl naturalness.

Urteil ['urtail], n -s/-e (Richterspruch, Beur-

teilung) judgement; (Meinung) opinion; (also Jur:) verdict; (Befund) findings; Jur: (Strafe) sentence; sich dat über etwas acc ein U. bilden, to form an opinion on sth.; ich kann mir kein U. erlauben, I am in no position to judge; Jur: ein U. über j-n fällen, to pronounce/pass sentence on s.o. 'u ~ en, v.i. (haben) to judge (nach dem Schein usw., by appearances etc.); über j-n, etwas acc u., to judge s.o., sth., (laut) give one's opinion on s.o., sth.; wie u. Sie darüber? what is your opinion on/of this? 'u ~ s- fähig, adj. discerning, discriminating; u ~ er Mensch, person capable of sound judgement. 'U ~ sfähigkeit/'U ~ skraft, f -/no pl ability to judge; judgement; discrimination. 'U ~ sspruch, m -(e)s/-e verdict; (Strafe) sentence. 'U ~ svermögen, n -s/no pl = Urteilsfähigkeit. 'U ~ svollstreckung, f -/-en execution of a sentence.

urwüchsig ['u:rvy:ksiç], adj. unpolished, unsophisticated (manners, speech etc.); elemental (strength); untouched, (rauh) rugged (landscape); unpolished, earthy (humour etc.). 'U ~ keit, f -/no pl lack of sophistication; ruggedness; earthiness.

Usambaraveilchen [uzam'ba:rafailçən], n -s/- Bot: African violet.

Utensil [utɛn'zi:l], n -s/-ien utensil, implement.

utilitär [utili'tɛ:r], adj. utilitarian. U ~ arismus [-a'rismus], m -/no pl utilitarianism. U ~ a'rist, m -en/-en utilitarian.

Utopie [uto'pi:], f -/-n Utopia. u ~ isch [u'to:piʃ], adj. utopian.

V

V, v [fau], n -/- (the letter) V, v; Cl: V-Ausschnitt m, V-neck.

Vagabund [vaga'bunt], m -en/-en Lit: vagabond; (Landstreicher) vagrant. V ~ enleben [-'bundən-], n -s/no pl vagabond life.

vag(e) [va:g(ə)], adj. vague. 'V ~ heit, f -/no pl vagueness.

Vakuum ['va:kuum]. I. n -s/-kuen vacuum. II. 'V ~ -, comb.fm. vacuum (brake, tube etc.). 'v ~ verpackt, adj. vacuum-packed.

Valenz [va'lɛnts], f -/-en Ch: Ling: valency.

Valuta [va'lu:ta], f -/-ten (foreign) currency.

Vamp [vɛmp], m -s/-s vamp. V ~ ir [vam'pi:r], m -s/-e vampire.

Vandale [van'da:lə], m -n/-n vandal. V ~ ismus [-a'lismus], m -/no pl vandalism.

Vanille [va'nil(j)ə], f -/no pl vanilla. V ~ e- geschmack, m -(e)s/no pl vanilla flavour; mit V., vanilla-flavoured. V ~ in [-i'li:n], n -s/no pl vanilla essence.

variabel [vari'a:bəl], adj. variable. V ~ ante

[-'antə], f -/-n variant; Mus: modulation. V ~ ation [-atsi'o:n], f -/-en variation (Mus: etc: über + acc, on). V ~ eté [-e'te:], f -/-s variety. V ~ eté [-ie'te:], n -s/-s Th: (a) (Vorstellung) variety show; (b) (also V ~ theater n) variety theatre, music hall. v ~ 'ieren, v.tr. & i. (haben) to vary (sth., Mus: a theme).

Vase ['va:zə], f -/-n vase.

Vaselin [vazə'li:n], n -s/no pl/V ~ e, f -/no pl vaseline.

Vater ['fa:tər], m -s/- father; Z: (Pferd) sire; Hum: V. Staat, the powers that be. 'V ~ land, n -(e)s/-er home/native country; (Deutschland) fatherland. 'V ~ landsliebe, f -/no pl patriotism. 'v ~ los, adj. fatherless. 'V ~ - schaft, f -/no pl fatherhood; Jur: paternity. 'V ~ stadt, f -/-e home town. V ~ 'unser, n -s/- Lord's Prayer.

Väterchen ['fɛ:tərçən], n -s/- F: dad(dy); (Alter) grandad. 'v ~ lich, adj. 1. (wie ein Vater) fatherly, paternal (advice, interest etc.);

adv. like a father. **2.** (*des Vaters*) the/one's father's (house, business etc.). '**v ~ licherseits**, *adv.* on the/one's father's side.
Vati ['fɑ:ti], *m* -s/-s *F:* dad, daddy; *N.Am:* pop.
Vatikan [vati'kɑ:n]. *Pr.n.m* -s. der V., the Vatican.
Veget|arier [vege'tɑ:riər], *m* -s/- vegetarian. **v ~ arisch**, *adj.* vegetarian. **V ~ ation** [-atsi'o:n], *f* -/-en vegetation. **v ~ ieren** [-'ti:rən], *v.i.* (*haben*) to vegetate; (*kärglich leben*) to live from hand to mouth.
Vehikel [ve'hi:kəl], *n* -s/- *F:Pej:* jalopy; (*Fahrrad*) boneshaker.
Veilchen ['failçən], *n* -s/- violet; *F:* blau wie ein V., blind drunk. '**v ~ blau**, *adj.* violet.
Vene ['ve:nə], *f* -/-n vein. 'V~**nentzündung**, *f* -/-en *Med:* phlebitis.
Venedig [ve'ne:diç]. *Pr.n.n* -s. Venice.
Venezian|er(in) [venetsi'a:nər(in)], *m* -s/- (*f* -/-nen)/**v ~ isch**, *adj.* Venetian.
Venez|olaner(in) [venetso'la:nər(in)], *m* -s/- (*f* -/-nen)/**v ~ o'lanisch**, *adj.* Venezuelan. **V ~ uela** [-tsu'e:la]. *Pr.n.n* -s. Venezuela.
Ventil [vɛn'ti:l]. **I.** *n* -s/-e *Tchn:* valve. **II. V ~ -**, *comb.fm.* valve (rubber, seat etc.); **V~spiel** *n*, valve clearance, **V~steuerung** *f*, (i) valve gear; (ii) (*Einstellung*) valve timing. **V~ation** [-ilatsi'o:n], *f* -/-en ventilation (system). **V~ator** [-i'lɑ:tər], *m* -s/-en [-'to:rən] ventilator, (electric) fan. **v ~ ieren** [-'li:rən], *v.tr.* to ventilate, air (a room, grievance etc.).
Venus ['ve:nus]. *Pr.n.f* -. *Myth:Astr:* Venus. **V~muschel**, *f* -/-n clam.
ver'abred|en, *v.tr.* to arrange, fix (a meeting, time etc.); **sich mit j-m v.**, to make an appointment with s.o.; **ich bin schon verabredet**, I have a prior engagement; appointment; (*mit Freund/Freundin*) date.
ver'abreichen, *v.tr.* j-m etwas v., to administer sth. to s.o.
ver'abscheuen, *v.tr.* to detest, loathe (s.o., sth.).
ver'abschieden, *v.tr.* (*a*) sich (von j-m) v., to take one's leave (of s.o.), say goodbye (to s.o.); (*b*) (*inaktivieren*) to discharge (an officer, official etc.), put (s.o.) on the retired list; (*c*) *Parl:* to pass (a bill).
ver'acht|en, *v.tr.* to despise (s.o., sth.); *F:* das ist nicht zu v., that's not to be sneezed at. **v ~ enswert**, *adj.* despicable, contemptible. **V ~ ung**, *f* -/no pl contempt, disdain.
verächtlich [fɛr'ɛçtliç], *adj.* disdainful (gesture etc.); disparaging (remark); (*b*) = **verachtenswert**.
ver'albern, *v.tr.* to make fun of (s.o., sth.).
verallgemeiner|n [fɛr'ʔalgə'mainərn], *v.tr. & i.* (*haben*) to generalize (about sth.). **V ~ ung**, *f* -/-en generalization.
veraltet [fɛr'ʔaltət], *adj.* (*überholt*) out of date, obsolete; (*unmodern*) old-fashioned, antiquated.
Veranda [ve'randa], *f* -/-den veranda, *N.Am:* porch.
veränder|lich [fɛr'ʔɛndərliç], *adj.* (*a*) changeable (weather etc.); inconstant (nature, behaviour); (*b*) (*also* **v~bar**) variable (*Mth:* quantity, *Gram:* word etc.). **V ~ lichkeit**, *f* -/no pl changeability; variability. **v ~ n**, *v.tr.* to change, alter (s.o., sth.); **sich v.**, to change. **V ~ ung**, *f* -/-en alteration, change.

verängstigt [fɛr'ʔɛŋstiçt], *adj.* frightened; scared.
ver'ankern, *v.tr. Nau: Constr:* to anchor (a ship, part etc.).
veranlag|en [fɛr'ʔanlɑ:gən], *v.tr. Fin:* to assess (s.o.) (**zur Steuer**, for tax). **v ~ t**, *adj.* **glücklich/künstlerisch v. sein**, to have a cheerful/artistic disposition; **praktisch v.**, practically minded; *F:* so ist er nicht v., that's not like him. **V ~ ung**, *f* -/-en **1.** disposition; (*Hang*) tendency (**zu** + *dat*, to); *Med:* predisposition (**zu** + *dat*, for); **künstlerische V.**, artistic bent. **2.** *Fin:* assessment.
ver'anlass|en, *v.tr.* (*a*) to arrange for (sth.); **wollen Sie bitte v., daß . . .**, will you please see to it that . . .; **das Nötige v.**, to take the necessary steps; (*b*) **j-n zu etwas v./v.**, **etwas zu tun**, to make s.o. do sth.; **was hat ihn zu diesem Schritt veranlaßt?** what induced him to take this step? **sich veranlaßt sehen/fühlen, es zu tun**, to feel obliged to do it. **V ~ ung**, *f* -/-en cause (**zu** + *dat*, of); (*Grund*) reason (**zu** + *dat*, for); **dazu liegt keine V. vor**, there are no grounds for that; **auf seine V. hin**, at his instigation; **ohne jede V.**, without any provocation.
veranschaulich|en [fɛr'ʔanʃauliçən], *v.tr.* to illustrate (sth.) (**durch Beispiele**, by means of examples). **V ~ ung**, *f* -/occ -en illustration.
veranstalt|en [fɛr'ʔanʃtaltən], *v.tr.* to organize (sth.); to mount, *F:* put on (a concert, exhibition etc.); to hold (a party, an enquiry etc.); *F:* **eine Szene v.**, to make a scene. **V ~ er**, *m* -s/- organizer; *Com:* promoter. **V ~ ung**, *f* -/-en (*a*) organization; (*b*) (*Vorstellung*) performance, presentation; *Sp:etc:* event, fixture; (*also Pol:*) meeting; **öffentliche V.**, public function.
verantwort|en [fɛr'ʔantvɔrtən], *v.tr.* to answer for, take the responsibility for (an action etc.); **sich v.**, to defend/justify oneself. **v ~ lich**, *adj.* responsible; *Jur:* liable (**j-m für etwas** acc, to s.o. for sth.); **j-n für etwas** acc v. **machen**, to hold s.o. responsible for sth. **V ~ lichkeit**, *f* -/-en responsibility; liability. **V ~ ung**, *f* -/-en responsibility; **j-n zur V. ziehen**, to call s.o. to account; **auf deine V.!** on your head be it! **v ~ ungsbewußt**, *adj.* conscientious. **V ~ ungsgefühl**, *n* -(e)s/no pl sense of responsibility. **v ~ ungslos**, *adj.* irresponsible. **V ~ ungslosigkeit**, *f* -/no pl irresponsibility. **v ~ ungsvoll**, *adj.* responsible; trustworthy.
ver'arbeit|en, *v.tr.* (*a*) *Ind:* to process (raw material etc.) (**zu etwas** *dat*, to make sth.); **den Stoff zu Mänteln v.**, to make the cloth into coats; (*b*) (*verdauen*) to digest (food, *Fig:* facts etc.). **V ~ ung**, *f* -/no pl (*a*) processing; making (**zu etwas** *dat*, into sth.); **gute/schlechte V.**, good/bad workmanship; (*b*) digestion.
ver'argen, *v.tr.* **j-m etwas v.**, to hold sth. against s.o., blame s.o. for sth.
ver'ärgern, *v.tr.* to annoy, irritate (s.o.).
verarm|en [fɛr'ʔarmən], *v.i.* (*sein*) to become impoverished. **v ~ t**, *adj.* impoverished; destitute. **V ~ ung**, *f* -/no pl impoverishment.
verarzten [fɛr'ʔartstən], *v.tr. F: Hum:* to patch up (s.o., a wound etc.).
veräste|ln [fɛr'ʔɛstəln], *v.refl.* **sich v.**, to ramify, divide into numerous branches. **V ~ ung**, *f* -/-en ramification.

ver'äußer|n, *v.tr. esp. Jur:* to dispose of (property etc.), transfer (a right etc.) (**an j-n**, to s.o.). **V ~ ung**, *f -/-en* disposal, transfer.

Verb [vɛrp], *n -s/-en* verb. **v ~ al** [-'ba:l], *adj. &* **V ~ -**, *comb.fm.* verbal (adjective, noun etc.).

verballhornen [fɛr'balhɔrnən], *v.tr.* to miscorrect (a word etc.), distort (a name) (in fun).

Verband [fɛr'bant], *m -(e)s/⁻e* **1.** (*a*) (*Vereinigung*) association; (*Bund*) federation; (*b*) *Mil:* formation; force; **im V. fahren/fliegen**, to drive/ fly in formation. **2.** *Med:* bandage, dressing. **3.** *Constr:* bond. **V ~ (s)kasten**, *m -s/⁻* first-aid box/kit. **V ~ (s)päckchen**, *n -s/-* (rolled up) gauze bandage. **V ~ (s)platz**, *m -es/⁻e* dressing station. **V ~ stoff**, *m -(e)s/-e* bandaging gauze. **V ~ zeug**, *n -(e)s/no pl* dressings.

ver'bann|en, *v.tr.* (*a*) to exile (s.o.); to banish (*Hist:* s.o., *Fig:* a thought etc.); (*b*) *F:* to dump (an old car). **V ~ te(r)**, *m & f decl. as adj.* exile. **V ~ ung**, *f -/-en* exile; banishment.

verbarrikadieren [fɛrbarika'di:rən], *v.tr.* to barricade (sth., oneself) (in).

ver'bauen, *v.tr.* (*a*) to block, obstruct (a view, access etc.); *Fig:* to spoil (one's chances etc.); (*b*) to use up (money, materials etc.) in building; (*c*) *F:* to botch (a building), make a mess of (an area) (by overbuilding).

ver'beißen, *v.tr.irr.4* (*a*) to stifle (a cry, laugh etc.); to choke back (tears etc.); (*b*) **sich in etwas** *acc* **v.**, (*Tier*) to sink its teeth into sth.; *Fig:* (*Pers.*) to get one's teeth into (sth.).

ver'berg|en, *v.tr.irr.5* to conceal, hide (s.o., sth.) (**j-m/vor j-m**, from s.o.); to cover up (one's tracks etc.); **sich v.**, to hide. **V ~ ung**, *f -/no pl* concealment.

ver'besser|n, *v.tr.* to improve (s.o., sth.), (*reformieren*) reform (sth.); *Sp:* to improve on (a record etc.); (*korrigieren*) to correct (a mistake, text etc.); **verbesserte Auflage**, revised edition; **sich v.**, (i) (*Pers., Sache*) to improve; (*Pers.*) (*seine Lage v.*) to better oneself; (ii) (*Pers.*) (*beim Sprechen*) to correct oneself. **V ~ ung**, *f -/-en* (*a*) improvement; (*b*) correction. **v ~ ungsfähig**, *adj.* showing room for improvement.

ver'beug|en, *v.refl.* **sich v.**, to bow. **V ~ ung**, *f -/-en* bow.

verbeulen [fɛr'bɔylən], *v.tr.* to dent (sth.); (**stark**) **verbeult**, battered.

ver'biegen, *v.tr.irr.7* to bend (sth.) (out of shape); **sich v.**, to get bent; (*Holz*) to warp.

ver'bieten, *v.tr.irr.8* to forbid, *Adm:* prohibit (sth.); *Adm:* to ban (a demonstration, play etc.), suppress (a publication); **j-m etwas v./j-m v.**, **etwas zu tun**, to forbid s.o. to do sth.; **du hast mir gar nichts zu v.**, it's not for you to tell me what not to do; *Hum:* **das verbietet mir mein Geldbeutel**, my finances won't allow it; *P.N:* **Rauchen/Durchgang/Zutritt verboten**, no smoking/thoroughfare/entry.

ver'billig|en, *v.tr.* to reduce (sth.) (in price). **V ~ ung**, *f -/-en* (price) reduction.

ver'bind|en, *v.tr.irr.9* (*a*) to connect (two parts/ places etc.), to join (two things) (**zu etwas** *dat*, to form sth.); (*gleichzeitig*) to combine (two articles/*Ch:* substances); (*vereinen*) to unite (people, nations); to associate (facts, ideas etc.); to couple (*Rail:* carriages etc.); **A mit B v.**, to connect/join A to B; to combine A and

B; **eng (miteinander) verbunden**, closely connected/associated; **damit sind Gefahren, Schwierigkeiten usw. verbunden**, that involves danger, difficulties etc.; **v ~ de Worte**, linking commentary; **sich v.**, (*Personen, Sachen*) to combine (**zu etwas** *dat*, to form sth.); *Cu:* (*Zutaten*) to mix; **mit diesem Ort v. sich für mich schöne Erinnerungen**, I have pleasant memories associated with this place; (*b*) *Tel:* to connect (s.o.), put (s.o.) through (**mit j-m**, to s.o.); **ich verbinde!** I'll put you through; (**Sie sind**) **falsch verbunden**, (you've got the) wrong number; (*c*) *Med:* to bandage (a wound etc.). **v ~ lich**, *adj.* (*a*) (*entgegenkommend*) obliging; friendly (smile, words etc.); **v ~ en Dank**, grateful thanks; (*b*) (*bindend*) binding (agreement etc.). **V ~ lichkeit**, *f -/-en* **1.** (*a*) *no pl* binding nature; validity; (*b*) *pl* **V ~ en**, commitments, liabilities. **2.** friendliness; *pl* **V ~ en**, civilities. **V ~ ung**, *f -/-en* connection; (*a*) *no pl* **V. durch Schweißen**, joining by welding; **zur V. Englands mit dem Kontinent**, (in order) to connect England with the continent; (*b*) *Tel:Rail:Rad:* communication; **alle V ~ en sind unterbrochen worden**, all communications have broken down; *Rail:Av:etc:* **es gibt keine direkte V. nach X**, there is no direct service to X; *Tel:* **schlechte V.**, bad line/(*also El:*) connection; **er bekam keine V.**, he could not get through; (*c*) (*Kombination*) combination; *Ch:* compound; *Fig:* association (of ideas); **in V. mit j-m, etwas** *dat* **arbeiten**, to work in conjunction with s.o., sth.; **eine geschäftliche V.**, a business partnership/ association; **außereheliche V.**, extramarital relationship; *Fig:* **j-n mit etwas** *dat* **in V. bringen**, to link/associate s.o. with sth.; (*d*) (*Verein*) association; *Univ:* (student) fraternity; (*e*) (*Beziehung*) contact; (*Zusammenarbeit*) liaison; **diplomatische V ~ en**, diplomatic ties; **sich mit j-m in V. setzen**, to get in touch with s.o.; **mit j-m in V. stehen**, to be in touch with s.o.; **die V. herstellen/verlieren**, to make/lose contact (**mit j-m**, with s.o.); (*f*) *Tchn:* joint. **V ~ ungs-**, *comb.fm.* **1.** connecting (trench, pipe, door, room etc.); link (road etc.); *Mil:* liaison (officer etc.); **V ~ gang** *m*, connecting passage/walkway; **V ~ linie** *f*, connecting line; *Mil:* line of communication; **V ~ stück** *n*, connecting piece, link; (*Rohr*) union; **V ~ weg** *m*, channel of communication. **2.** *Univ:* fraternity (house, colours, student). **V ~ ungsmann**, *m -(e)s/⁻er & -leute* intermediary, go-between. **V ~ ungspunkt**, *m -(e)s/-e/V ~ ungsstelle**, *f -/-n* join; junction (of pipes, rails etc.).

verbissen [fɛr'bisən]. **1.** *p.p. of* **verbeißen** *q.v.* **2.** *adj.* dogged, grim. **V ~ heit**, *f -/no pl* doggedness; tenacity.

ver'bitten, *v.tr.irr.10* **das verbitte ich mir!** I won't put up with/stand for that!

ver'bitter|n, *v.tr.* to embitter (s.o.); **j-m das Leben v.**, to make s.o.'s life a misery. **V ~ ung**, *f -/no pl* bitterness.

verblassen [fɛr'blasən], *v.i.* (*sein*) (*also Fig:*) to fade; (*Himmel*) to grow pale.

Verbleib [fɛr'blaip], *m -(e)s/no pl* whereabouts. **v ~ en** [-bən], *v.i.irr.12* (*sein*) to remain; **wir wollen dabei v.**, let's leave it like that.

ver'bleichen, *v.i.irr.40* (*sein*) to fade.

ver'blend|en, *v.tr.* (*a*) *Fig:* to blind (s.o.); (*b*) *Constr:* to face (a wall etc.). **V ~ stein**, *m* -(e)s/-e facing brick. **V ~ ung**, *f* -/*no pl* (*a*) blindness, delusion; (*b*) *Constr:* facing.

verbleuen [fɛr'blɔyən], *v.tr.* *F:* to beat (s.o.) black and blue.

verblöden [fɛr'blø:dən], *v.tr. & i.* (*sein*) *F:* to turn (s.o.) into a moron.

verblüff|en [fɛr'blyfən], *v.tr.* (*erstaunen*) to amaze, stagger, (*ratlos machen*) baffle (s.o.). **V ~ ung**, *f* -/*no pl* amazement, stupefaction.

ver'blühen, *v.i.* (*sein*) to fade, wither.

ver'bluten, *v.i.* (*sein*) & *refl.* (*sich*) **v.**, to bleed to death.

ver'bogen, *p.p.* of **verbiegen** *q.v.*

ver'bohr|en, *v.refl.* **sich in etwas** *acc* **v.**, to stick doggedly to sth. **v ~ t**, *adj.* stubborn, *Pej:* pigheaded.

ver'borgen[1], *v.tr.* to lend (sth.).

ver'borgen[2]. **1.** *p.p.* of **verbergen** *q.v.* **2.** *adj.* hidden (danger, feeling etc.); secluded (place); inaccessible (corners etc.), *adv.phr.* **im v ~ en**, secretly, in secret; (*unbemerkt*) in obscurity. **V ~ heit**, *f* -/*no pl* concealment; (*Zurückgezogenheit*) seclusion.

Verbot [fɛr'bo:t], *n* -(e)s/-e prohibition; ban (**von Atomwaffen, des Rauchens usw.**, on atomic weapons, smoking etc.); **gegen das ärztliche V./ trotz ärztlichen V ~ s**, against doctor's orders. **v ~ en. 1.** *p.p.* of **verbieten** *q.v.* **2.** *adj. F:* impossible (colour, scheme etc.); **du siehst v. aus,** you look a sight. **V ~ sschild**, *n* -(e)s/-er/ **V ~ stafel**, *f* -/*-n* prohibition sign.

verbrannt [fɛr'brant], *p.p.* of **verbrennen** *q.v.*

Ver'brauch, *m* -(e)s/*no pl* consumption (**an/von** + *dat*, of). **v ~ en**, *v.tr.* to consume, use (fuel etc.); to spend (time, money etc.); (*erschöpfen*) to use up (reserves, provisions etc.). **v ~ t**, *p.p. as adj.* worn (out) (article etc.); stale (air); exhausted (battery etc.); spent (bullet); **sie ist alt und v.**, she is old and worn. **V ~ er**, *m* -s/- consumer. **V ~ erpreis**, *m* -es/-e retail price. **V ~ erschutz**, *m* -es/*no pl* consumer protection. **V ~ sgüter**, *npl* consumer goods. **V ~ s- steuer**, *f* -/*-n* excise duty.

ver'brech|en. I. *v.tr.irr.14 Hum:* to perpetrate (a joke etc.); **was soll ich denn verbrochen haben?** what am I supposed to have done? **II. V.**, *n* -s/- crime; **ein V. befürchten,** to suspect foul play. **V ~ er(in)**, *m* -s/- (*f* -/-nen) criminal. **V ~ eralbum**, *n* -s/-ben/**V ~ erkartei**, *f* -/-en rogues' gallery. **v ~ erisch**, *adj.* criminal. **V ~ erwelt**, *f* -/*no pl* world of crime, underworld.

verbreit|en [fɛr'braitən], *v.tr.* to spread (news, a disease etc.); to distribute (seed etc.); to give out (light, heat etc.); *Fig:* to disseminate (ideas etc.); **er ließ v., daß . . .**, he made it known that . . .; **sich v.**, to spread; **sich über etwas** *acc* **v.**, to expatiate on/*F:* go on about (sth.). **v ~ ern**, *v.tr.* to widen (a road etc.); **sich v.**, to broaden. **v ~ et**, *p.p. as adj.* common, widespread. **V ~ ung**, *f* -/*no pl* spreading; giving out (heat/light); *Bot:Z:* distribution; *Journ:* circulation; *Fig:* dissemination; **V. finden,** to reach a wide public.

verbrenn|bar [fɛr'brɛnbɑːr], *adj.* combustible. **v ~ en**, *v.tr.irr.15* **1.** *v.tr.* (*a*) to burn (sth., one-self, *Hist:* s.o.); to cremate (a corpse); **ich habe mir die Finger/Zunge verbrannt,** I burnt my fingers/tongue; (*b*) (*Sonne*) to scorch (grass etc.), burn, tan (s.o.'s face etc.); **Politik der verbrannten Erde,** scorched earth policy. **2.** *v.i.* (*sein*) to burn; (*Pers.*) to burn to death. **V ~ ung**, *f* -/-en (*a*) *no pl* burning; cremation; *Tchn:* combustion; (*b*) (*Brandwunde*) burn. **V ~ ungsmotor**, *m* -s/-en *Mec.E:* combustion engine. **V ~ ungsraum**, *m* -(e)s/⸗e *I.C.E:* combustion chamber. **V ~ ungsofen**, *m* -s/⸗ incinerator.

ver'bring|en, *v.tr.irr.16* (*a*) to spend (time, one's holidays etc.); (*b*) *Adm:* to take (s.o.) (**ins Krankenhaus usw.**, to the hospital etc.).

ver'brüh|en, *v.tr* to scald (s.o., sth.). **V ~ ung**, *f* -/-en (*a*) *no pl* scalding; (*b*) scald.

ver'buchen, *v.tr.* *Book-k:* to enter (an amount etc.); *Fig:* **einen Erfolg v.**, to score a success.

Verbum ['vɛrbum], *n* -s/-ben verb.

ver'bummeln, *v. F:* **1.** *v.tr.* (*a*) to idle away, waste (time etc.); (*b*) to miss (an appointment etc.); to mislay (a key etc.). **2.** *v.i.* (*haben*) (*Pers.*) to go to seed.

Ver'bund, *m* -(e)s/-e *Econ:* combine. **V ~ glas**, *n* -es/*no pl* laminated glass. **V ~ maschine**, *f* -/-n *Mch:* compound engine.

verbunden [fɛr'bundən]. **1.** *p.p.* of **verbinden** *q.v.* **2. ich bin Ihnen sehr v.**, I am much obliged to you. **V ~ heit**, *f* -/*no pl* brotherliness; solidarity.

verbünde|n [fɛr'byndən], *v.refl.* **sich v.**, to enter into an alliance (**mit** j-m, with s.o.). **V ~ te(r)**, *m & f decl. as adj.* ally.

ver'bürgen, *v.tr.* to guarantee (sth.); **sich für etwas** *acc* **v.**, to vouch for sth.; **verbürgte Nachricht**, confirmed report.

verchrom|en [fɛr'kro:mən], *v.tr.* to chromium plate, *F:* chrome (metal). **V ~ ung**, *f* -/-en chromium plating, *F:* chrome.

Verdacht [fɛr'daxt], *m* -(e)s/*no pl* suspicion; **j-n in/im V. haben,** to suspect s.o.; **er stand im V., es getan zu haben,** he was suspected of doing it; **j-n wegen V ~ s/auf bloßen V. hin verhaften,** to arrest s.o. on suspicion; **es liegt kein V. gegen ihn vor,** he is not under suspicion; **V. (gegen j-n) schöpfen,** to become suspicious (of s.o.). **V ~ sgrund**, *m* -(e)s/⸗e grounds for suspicion.

verdächtig [fɛr'dɛçtiç], *adj.* suspicious; **sich v. machen,** to arouse suspicion; **eines Verbrechens v.**, suspected of a crime; **ein V ~ er/eine V ~ e,** a suspect. **v ~ en** [-gən], *v.tr.* to suspect (s.o.) (**des Mordes usw.**, of murder etc.; **etwas getan zu haben,** of having done sth.). **V ~ ung**, *f* -/-en suspecting, suspicion; (*Beschuldigung*) accusation.

ver'damm|en, *v.tr.* to condemn (s.o., sth.); *Rel:* to damn (the wicked etc.). **V ~ nis**, *f* -/*no pl Rel:* damnation. **v ~ t**, *adj.* **1.** *P:* damned, blasted, *N.Am:* doggone; *int.* damn! drat it! *N.Am:* doggone! *adv.* **v. kalt/schwer**, damned cold/difficult; **v. schlecht**, lousy. **2.** *Rel:* **die V ~ en,** the damned. **V ~ ung**, *f* -/*no pl* condemnation; *Rel:* damnation.

ver'dampf|en, *v.tr. & i.* (*sein*) to vaporize. **V ~ er**, *m* -s/- vaporizer. **V ~ ung**, *f* -/*no pl* vaporization.

ver′danken, *v.tr.* **j-m etwas v.**, to owe sth. to s.o., be indebted to s.o. for sth.; **es war einem Zufall zu v., daß...**, it was due/owing to chance that ...

verdattert [fɛr′datərt], *adj. F:* stupefied, flabbergasted.

verdau|en [fɛr′dauən], *v.tr.* to digest (sth.). **v ~ lich**, *adj.* digestible; **leicht v.**, easy to digest; **schwer v.**, indigestible. **V ~ ung**, *f -/no pl* digestion. **V ~ ungs-**, *comb.fm.* digestive (organs, process etc.); **V~apparat** *m,* digestive system; **V~beschwerden** *fpl* digestive ailments; **V~kanal** *m,* digestive tract; alimentary canal; **V~störung** *f,* indigestion; digestive upset; *adj.* **v~fördernd**, digestive (remedies etc.). **V ~ - ungsspaziergang**, *m -(e)s/̈-e* constitutional.

Verdeck [fɛr′dɛk], *n -(e)s/-e* **1.** *Nau:* top deck. **2.** *Aut:* hood, soft top; *(fest)* hardtop. **v ~ en**, *v.tr.* to cover (sth.) (up); *(verbergen)* to conceal (sth.).

ver′denken, *v.tr.irr.17* **man kann es ihm nicht v.**, one cannot hold it against him.

verderben [fɛr′dɛrbən]. **I.** *v.irr.101* **1.** *v.i. (sein)* to deteriorate, spoil; *(Essen)* to go bad/off. **2.** *v.tr.* to spoil (a child, food, s.o.'s pleasure etc.), mar, *(völlig)* ruin (an evening, s.o.'s enjoyment etc.); to pollute (air etc.); to upset (a friend, plans etc.); *(moralisch)* to corrupt (s.o., s.o.'s character); to ruin (one's eyes, health etc.); **er hat sich** *dat* **den Magen verdorben**, he has an upset stomach; **j-m die Laune v.**, to put s.o. in a bad mood; **es mit j-m v.**, to fall out with s.o., get on the wrong side of s.o.; **daran ist nichts mehr zu v.**, it couldn't be any worse. **II. V**, *n -s/no pl* **1.** spoiling, upsetting; going off; corruption. **2.** *Lit:* ruin: **j-n ins V. stürzen**, to ruin s.o.; **ins V. rennen**, to rush headlong into disaster; **j-s V. sein**, to be s.o.'s downfall. **v ~ lich**, *adj.* (a) perishable (food); (b) pernicious (influence etc.). **v ~ t**, *adj.* corrupt (text etc.).

verdeutlich|en [fɛr′dɔytliçən], *v.tr.* to clarify (sth.). **V ~ ung**, *f -/no pl* clarification.

verdeutschen [fɛr′dɔytʃən], *v.tr.* (a) to Germanize (a word etc.); (b) *F:* to explain (sth.) in words of one syllable.

ver′dicht|en, *v.tr.* to compress (a gas, *Fig:* events etc.); **sich v.**, *(Nebel usw.)* to become dense; *Fig:* (Gerüchte usw.) to grow. **V ~ er**, *m -s/-* compressor. **V ~ ung**, *f -/no pl* compression.

verdicken [fɛr′dikən], *v.tr.* to thicken (sauce etc.); **sich v.**, to become thicker.

ver′dien|en, *v.tr. & i.* *(haben)* (a) to earn (money etc.); **gut v.**, to have a good income; **am Krieg v.**, to make money out of the war; **dabei ist nichts zu v.**, there is no money in that; (b) *(zu Recht bekommen)* to deserve (sth.); **er hat es nicht besser/anders verdient**, he has got what he deserved. **V ~ er**, *m -s/-* earner; *(Ernährer)* breadwinner. **V ~ st. 1.** *m -(e)s/-e (Einkommen)* earnings, income; *(Gehalt)* salary. **2.** *n -(e)s/-e* merit; **es ist dein V.**, it is (entirely) due/owing to you; **in Anerkennung seiner V~e**, in recognition of his services **(um den Staat**, to the state). **V ~ stausfall**, *m -(e)s/̈-e* loss of earnings. **V ~ storden**, *m -s/-* order of merit. **v ~ stvoll**, *adj.* commendable (action); deserving (person). **v ~ t**, *p.p. as adj.* deserving (person); (well-) deserved, just (praise etc.); **sich**

um sein Land v. machen, to render great services to one's country. **v ~ ter′maßen**, *adv.* deservedly.

ver′dolmetschen, *v.tr. F:* to interpret (sth.).

ver′donnern, *v.tr. F:* to condemn (s.o.) **(zu etwas** *dat*, to sth.).

ver′doppe|ln, *v.tr.* to double (sth.); to redouble (one's efforts); **sich v.**, to double (in number/size). **V ~ ung**, *f -/-en* doubling, duplication.

verdorben [fɛr′dɔrbən]. **1.** *p.p. of* **verderben** *q.v.* **2.** *adj.* spoiled; gone off/bad (food); foul, polluted (air); upset (stomach); corrupt (morals etc.). **V ~ heit**, *f -/no pl* corruption, depravity.

verdorren [fɛr′dɔrən], *v.i. (sein)* to dry up, *(Pflanze)* wither.

ver′drahten, *v.tr.* to wire up (*El:* parts).

ver′dräng|en, *v.tr.* to push/thrust (s.o., sth.) aside; *(vertreiben)* to oust (s.o.) **(aus seiner Stellung**, from his position); *(ersetzen)* to replace (sth.); *Fig:* to repress (an emotion, impulse etc.); *(Schiff)* **1500 Tonnen v.**, to have a displacement of 1500 tons. **V ~ ung**, *f -/no pl* ousting, replacement; *Ph:* displacement; *Psy:* repression.

ver′dreh|en, *v.tr.* *(also Fig:)* to twist (sth.); *Fig:* to distort (the meaning, truth etc.), pervert (justice); **j-m den Kopf v.**, to turn s.o.'s head. **v ~ t**, *p.p. as adj. F:* crazy, crackpot (idea etc.). **V ~ theit**, *f -/no pl F:* craziness. **V ~ ung**, *f -/-en* twisting; *Fig:* distortion.

verdreifachen [fɛr′draifaxən], *v.tr.* to treble (sth.); **sich v.**, to treble.

ver′dreschen, *v.tr.irr. 18 F:* to thrash, wallop (s.o.).

verdrieß|en [fɛr′driːsən], *v.tr.irr.31* to annoy (s.o.), make (s.o.) annoyed; **laß es dir nicht v.**, don't let it annoy you/put you off. **v ~ lich**, *adj.* grumpy; bad-tempered (person, expression). **V ~ lichkeit**, *f -/no pl* grumpiness, bad temper.

verdro|ß [fɛr′drɔs], *p. of* **verdrießen** *q.v.* **v ~ ssen**, *p.p. as adj.* morose, sullen. **V ~ ssenheit**, *f -/no pl* moroseness, sullenness.

ver′drücken, *v.tr. F:* (a) to tuck away (food); (b) **sich v.**, to slink away.

Verdruß [fɛr′drus], *m -sses/occ -sse Lit:* annoyance; **es macht mir viel V.**, it causes me a lot of trouble.

ver′duften, *v.i. (sein)* to evaporate; *F:* (Pers.) to make off; **verdufte!** hop it!

ver′dunke|ln, *v.tr.* to darken (a colour, room etc.); to dim (a lamp etc.); *(im Krieg)* to black out (a window, area etc.); *Fig:* to cast a shadow on (s.o.'s happiness); **sich v.**, to darken. **V ~ ung**, *f -/no pl* darkening; *(für Fenster)* blackout.

verdünn|en [fɛr′dynən], *v.tr.* to dilute (a liquid), water down (wine etc.), thin (paint etc.); **verdünnte Luft**, rarefied air. **V ~ ung**, *f -/-en* **1.** dilution; thinning. **2.** *Paint: (also* **V~smittel** *n)* thinner.

ver′dunst|en, *v.i. (haben)* to evaporate. **V ~ ung**, *f -/no pl* evaporation.

ver′dursten, *v.i. (sein)* to die/be dying of thirst.

verdüstern [fɛr′dyːstərn], *v.tr.* to darken (sth.); **sich v.**, to darken.

verdutzt [fɛr′dutst], *adj.* taken aback; *(perplex)* nonplussed, puzzled.

verebben [fɛr'ʔɛbən], *v.i.* (*sein*) to subside.

vered|eln [fɛr'ʔe:dəln], *v.tr.* to improve (taste, *Bot:Z:* a strain etc.); *Ind:* to process (raw material etc.), refine (metals); *Lit:* to ennoble (s.o.). **V ~ (e)lung,** *f* -*/no pl* improvement; *Ind:* processing; *Metall:* refining.

ver'ehr|en, *v.tr.* to admire, look up to (s.o.), (*mit Liebe*) venerate (s.o. older); (*anbeten*) to worship (s.o., *Rel:* a saint); (*umwerben*) to court (a girl); *Hum:* j-m etwas v., to present sth. to s.o. **V ~ er(in),** *m* -s/- (*f* -/-nen) admirer; *F:* fan. **V ~ erpost,** *f* -*/no pl* fan mail. **v ~ t,** *p.p.* as *adj.* (*formal*) honoured (guests etc.); (*Anrede*) **v~e Anwesende/Gäste,** Ladies and Gentlemen. **V ~ ung,** *f* -*/no pl* admiration, veneration; *Rel:* worship.

vereidig|en [fɛr'ʔaidigən], *v.tr.* to swear (s.o.) in, put (s.o.) on oath. **V ~ ung,** *f* -*/no pl* swearing in.

Verein [fɛr'ʔain], *m* -(e)s/-e (*a*) society; *Sp: etc:* club; **im V. mit j-m,** in conjunction with s.o.; (*b*) *F:Pej:* outfit, bunch. **v ~ bar,** *adj.* compatible, (*Aussage*) consistent. **v ~ baren,** *v.tr.* (*a*) to agree (on) (sth.), fix (a date etc.); **zur vereinbarten Zeit,** at the appointed time; **das hatten wir so vereinbart,** that's what we had arranged; (*b*) to reconcile (facts, opinions etc.) (**mit + dat,** with); **sie lassen sich nicht miteinander v.,** they are incompatible/irreconcilable. **V ~ barkeit,** *f* -*/no pl* compatibility. **V ~ barung,** *f* -/-en agreement, arrangement; **nach V.,** by arrangement/(*Termin*) appointment; **laut V.,** as agreed. **v ~ en,** *v.tr.* to unite (people etc.), combine (qualities etc.), reconcile (opposites); **sich v.,** to unite; **Vereinte Nationen,** United Nations. **v ~ igen,** *v.tr.* to unite (nations etc.); to bring together (a family etc.); to combine (functions, tasks etc.); to unify (a country); to merge (firms etc.) (**zu etwas** *dat,* to form sth.); **sich v.,** to unite, combine (**mit j-m,** with s.o.; **zu etwas** *dat,* to form sth.); to come together (**zu etwas** *dat,* for sth.); (*Firmen usw.*) to merge; **die Vereinigten Staaten,** the United States. **V ~ igung,** *f* -/-en **1.** union; combination; *Pol:* unification; *Com:* merger. **2.** (*Organisation*) organization. **V ~ s-,** *comb.fm. esp. Sp:* club (badge, colours, member etc.); **V~haus** *n,* clubhouse; *F:* **V ~ meier** *m,* (excessively) clubby person.

ver'einfach|en, *v.tr.* to simplify (sth.). **V ~ ung,** *f* -/-en simplification.

ver'einheitlich|en, *v.tr.* to standardize (a product etc.), unify (a system etc.). **V ~ ung,** *f* -/ *no pl* standardization; unification.

ver'einsamen, *v.i.* (*sein*) to grow lonely. **V ~ ung,** *f* -*/occ* -en isolation.

vereinzelt [fɛr'ʔaintsəlt], *adj.* occasional; scattered (showers etc.); *adv.* now and then; (*örtlich*) here and there.

vereis|en [fɛr'ʔaizən], *v.i.* (*sein*) (*Straße*) to become icy; (*Fenster, Av: Flügel usw.*) to ice up. **v ~ t,** *adj.* icy (road etc.); *Av:* iced up. **V ~ ung,** *f* -*/occ* -en ice-formation; *Av:* icing; *Geol:* glaciation.

vereit|eln [fɛr'ʔaitəln], *v.tr.* to foil, thwart (a plan etc.), frustrate (efforts etc.). **V ~ (e)lung,** *f* -*/no pl* thwarting; frustration.

ver'eitern, *v.i.* (*sein*) *Med:* to go septic.

ver'ekeln, *v.tr.* j-m etwas v., to put s.o. off sth., spoil sth. for s.o.

ver'enden, *v.i.* (*sein*) (*Tiere*) to die (miserably).

vereng|en [fɛr'ʔɛŋən], *v.tr.* to narrow (sth.); **sich v.,** to narrow; (*Pupille*) to contract. **V ~ ung,** *f* -/-en narrowing, constriction.

ver'erb|en, *v.tr.* to leave, bequeath (sth.) (**j-m,** to s.o.); to pass on (qualities etc.) (**j-m,** to s.o.); **sich v.,** to be hereditary. **v ~ lich,** *adj.* hereditary. **V ~ ung,** *f* -*/no pl* heredity.

verewigen [fɛr'ʔe:vigən], *v.tr.* to immortalize (a name etc.), perpetuate (a condition etc.); *Hum:* **sich v.,** to inscribe one's name.

ver'fahren. I. *v.irr.26* **1.** *v.i.* (*sein*) to proceed, act (**vorsichtig, rücksichtlos usw.,** with care, ruthlessly etc.); **wir könnten vielleicht so v.,** we could go about it like this/follow this procedure; **mit j-m streng v.,** to deal severely with s.o. **2.** *v.tr.* (*a*) to use up (petrol, time) driving about; (*b*) **sich v.,** to lose one's way; *Fig:* to go astray. **II.** *adj.* hopelessly bungled. **III. V.,** *n* -s/- (*a*) procedure; *Tchn:* process; (*b*) *Jur:* proceedings; **ein V. einleiten,** to take legal proceedings. **V ~ ensweise,** *f* -/-n procedure.

Verfall [fɛr'fal], *m* -(e)s/*no pl* **1.** decay, dilapidation; decline (of a patient, civilization etc.); **in V. geraten,** to fall into decay/ruin. **2.** *Jur:* expiry (of a period etc.). **v ~ en. I.** *v.i.irr.27* (*sein*) (*a*) (*Gebäude*) to (fall into) decay, become dilapidated; (*Zivilisation, Moral usw.*) to (go into) decline; (*b*) (*ungültig werden*) to become invalid, expire; (*Fin: Wechsel usw.*) to lapse; (*c*) **v. in + acc,** to lapse into (silence etc.); to fall into (a doze etc.); to relapse into (old habits etc.); (*Pferd*) **in Trab v.,** to change to a trot; (*d*) **j-m v.,** (i) to become s.o.'s property, (ii) (*Pers.*) to fall under s.o.'s spell; **einer Versuchung usw. v.,** to fall prey to a temptation etc.; **dem Alkohol v.,** to become addicted to drink; (*e*) **auf einen Plan, eine Idee usw. v.,** to hit on a plan, idea etc.; **wie ist er denn bloß darauf v.?** what on earth put that notion into his head? **II.** *p.p.* as *adj.* **1.** ruinous, dilapidated (building); ruined (castle etc.); tumbledown (house etc.). **2.** (*ungültig*) expired, lapsed. **V ~ serscheinung,** *f* -/-en sign of decay/decline. **V ~ (s)tag,** *m* -(e)s/-e expiry date.

ver'fälsch|en, *v.tr.* to falsify (documents etc.), distort (facts, truth etc.); to adulterate (food, wine). **V ~ ung,** *f* -/-en falsification, distortion; adulteration.

ver'fangen, *v.rcfl.irr.28* (*also Fig:*) **sich v.,** to get caught/entangled (**in etwas** *acc,* in sth.).

verfänglich [fɛr'fɛŋliç], *adj.* awkward, compromising.

ver'färben, *v.tr.* to (dis)colour (sth.); **sich v.,** to change colour, (*Stoff usw.*) discolour.

ver'fass|en, *v.tr.* to write (sth.). **V ~ er,** *m* -s/- author, writer. **V ~ erschaft,** *f* -*/no pl* authorship. **V ~ ung,** *f* -/-en (*a*) (*Zustand*) condition, state; **geistige/seelische V.,** frame of mind; **in ausgezeichneter V.,** in excellent shape; (*b*) *Pol:* constitution. **V ~ ungs-,** *comb.fm.* constitutional (amendment, history etc.). **v ~ ungsmäßig,** *adj.* constitutional. **v ~ ungswidrig,** *adj.* unconstitutional.

ver'faul|en, *v.i.* (*sein*) to decay, (*Obst, Holz*) rot. **V ~ ung,** *f* -*/no pl* decay, rotting.

ver'fecht|en, *v.tr.irr.29* to champion (a theory etc.). **V ~ er**, *m* **-s/-** advocate, champion.

ver'fehl|en, *v.tr.* to miss (s.o., sth., one's way); **seine Wirkung v.**, to misfire. **v ~ t**, *adj.* mistaken, misguided; *(mißlungen)* abortive (attempt etc.).

verfeinden [fɛr'faindən], *v.refl.* **sich v.**, to become enemies; **sich mit j-m v.**, to fall out with s.o., make an enemy of s.o.

verfeiner|n [fɛr'fainərn], *v.tr.* to refine, improve (methods etc.); **sich v.**, to become refined. **v ~ t**, *adj.* refined, sophisticated. **V ~ ung**, *f.* **-/-en** refinement.

Verfettung [fɛr'fɛtuŋ], *f* **-/no pl** *Med:* fatty degeneration.

ver'film|en, *v.tr.* to film, make a film of (a novel etc.). **V ~ ung**, *f* **-/-en** film version.

verfilzt [fɛr'filtst], *adj.* *(Wolle)* felted; *(Haare)* matted.

ver'flecht|en, *v.tr.irr.29* to entwine, interlace (branches etc.); to interweave (threads etc.); **sich v.**, to interwine. **V ~ ung**, *f* **-/-en** interweaving; *Fig:* complexity.

ver'fliegen, *v.i.irr.30* *(haben)* (a) to evaporate, *(verschwinden)* vanish; *(Zeit)* to fly past; (b) *Av:* **sich v.**, to fly off course.

ver'fließen, *v.i.irr.31* *(sein)* (a) *(Farben)* to run (into one another); (b) *Fig:* *(Zeit)* to pass.

verflixt [fɛr'flikst], *adj.* *F:* blasted, confounded; **v ~ e Geschichte**, fine mess; *int.* **v. (nochmal)!** blast it! drat it! *adv.* **v. schwer**, damned difficult.

ver'fluch|en, *v.tr.* to curse (s.o., sth.). **v ~ t**, *adj. F:* confounded, damned; *int.* damn! blast! *adv.* damned, damnably.

verflüchtigen [fɛr'flyçtigən], *v.tr.* to evaporate (liquid etc.); **sich v.**, to evaporate; (Pers., Sache) to vanish into thin air.

verflüssigen [fɛr'flysigən], *v.tr.* to liquefy (a gas etc.); **sich v.**, to liquefy.

ver'folg|en, *v.tr.* to pursue (s.o., an aim, etc.); *(auf Schritt und Tritt)* to shadow (a suspect etc.); *(beobachten)* to follow (events, progress etc.) closely; *esp.Pol:* *(wegen Gesinnung)* to persecute (s.o., a minority etc.); **j-s Spur v.**, to track/trail s.o.; **j-n mit Bitten v.**, to pester s.o. with requests; *Fig:* **von einem Gedanken verfolgt**, haunted by a thought; **vom Unglück verfolgt**, dogged by misfortune. **V ~ er**, *m* **-s/-** pursuer; *Pol:* persecutor. **V ~ ung**, *f* **-/-en** pursuit; *Pol:* persecution. **V ~ ungswahn**, *m* **-(e)s/no pl** persecution complex/mania.

ver'formen, *v.tr.* (a) to distort (sth.); **sich v.**, to get out of shape, *(Holz)* warp; (b) *Ind:etc:* to (re)work, reshape (a material). **V ~ ung**, *f* **-/-en** distortion; *(am Körper)* deformity.

verfracht|en [fɛr'fraxtən], *v.tr.* to ship (goods); *F:* to bundle (s.o.) off **(ins Bett**, to bed). **V ~ er**, *m* **-s/-** *Com:* shipper. **V ~ ung**, *f* **-/no pl Com:** shipping.

Verfremdung [fɛr'frɛmduŋ], *f* **-/no pl** *Th:* distancing (by unusual presentation); alienation.

ver'fressen, *adj. F:* greedy.

verfroren [fɛr'froːrən], *adj.* (a) frozen (hands etc.); (b) *(Pers.)* sensitive to cold.

verfrüht [fɛr'fryːt], *adj.* premature; untimely (death).

verfüg|bar [fɛr'fyːkbɑr], *adj.* available. **V ~ -**

barkeit, *f* **-/no pl** availability. **v ~ en** [-gən], *v. 1. v.tr.* to decree (**, daß . . .**, that . . .); to order (sth.). **2.** *v.i.* *(haben)* **über etwas** *acc* **v.**, to have sth. at one's disposal; *(besitzen)* to possess sth.; **über j-n v.**, to tell s.o. what to do, give s.o. orders; **über sein Geld frei v. können**, to do as one likes with one's money; **v. Sie über mich**, I am at your disposal. **V ~ ung**, *f* **-/-en** (a) *Jur:Adm:* *(Befehl)* decree, order; *(Anordnung)* instruction; **gerichtliche V.**, court order; **letztwillige V.**, last will and testament; (b) **j-m etwas zur V. stellen**, to place sth. at s.o.'s disposal, offer s.o. the use of sth.; **ich stehe Ihnen zur V.**, I am at your service/disposal; **mein Auto steht Ihnen jederzeit zur V.**, you can use my car whenever you like.

ver'führ|en, *v.tr.* to lead (s.o.) astray; to seduce (a girl); *esp. Hum:* *(verlocken)* to tempt (s.o.) **(zum Kauf, zu einem Drink usw.**, to buy, to a drink etc.). **V ~ er**, *m* **-s/-** seducer. **v ~ erisch**, *adj.* seductive (smile, look etc.); tempting (offer etc.). **V ~ ung**, *f* **-/-en** seduction; enticement.

Ver'gabe, *f* **-/-n** award (of a prize etc.) **(an j-n**, to s.o.).

vergaffen [fɛr'gafən], *v.refl. F:* **sich in j-n v.**, to fall for s.o.

ver'gammeln, *v. F:* **1.** *v.i.* *(sein)* *(Speisen)* to go bad/(*Pers.*) to seed. **2.** *v.tr.* to idle away (time).

vergangen [fɛr'gaŋən], *adj.* past (generations etc.); bygone (age etc.); departed (glory etc.); **im v~en Jahr**, last year. **V ~ heit**, *f* **-/no pl** past; *Gram:* past tense.

vergänglich [fɛr'gɛŋliç], *adj.* transitory, fleeting. **V ~ keit**, *f* **-/no pl** transitoriness.

vergas|en [fɛr'gɑːzən], *v.tr.* to vaporize (a liquid); to gas (s.o., an animal). **V ~ er**, *m* **-s/-** *I.C.E:* carburettor. **V ~ ung**, *f* **-/no pl** gassing.

ver'geb|en, *v.tr.irr.35* (a) *(verzeihen)* **j-m etwas v.**, to forgive s.o. sth.; (b) *(überreichen)* to give, award (a prize, scholarship etc.) **(an j-n**, to s.o.); to fill (a post); to place (an order) **(an j-n**, with s.o.); **ein Amt an j-n v.**, to appoint s.o. to an office; **es sind noch Karten zu v.**, there are still a few tickets to be had; **seine Tochter ist schon v.**, his daughter is already spoken for; **ich bin morgen schon v.**, I have a previous engagement for tomorrow; (c) *Sp:* to miss (a chance, goal etc.); *Fig:* **er hat sich dabei nichts v.**, it has not done him any harm; (d) *Cards:* **sich v.**, to misdeal. **v ~ ens**, *adv.* in vain. **v ~ lich**, *adj.* futile, vain; *(sinnlos)* pointless; *adv.* **sich v. bemühen**, to strive in vain. **V ~ lichkeit**, *f* **-/no pl** vainness, futility. **V ~ ung**, *f* **-/no pl** **1.** forgiveness. **2. = Vergabe.**

ver'gehen. I. *v.irr.36* **1.** *v.i.* *(sein)* (a) *(Zeit, Schmerz usw.)* to pass; *(Gefühl usw.)* to disappear, go; **dabei verging mir der Appetit**, it put me off my food; **wie (schnell) die Zeit vergeht**, how time flies; **die Lust ist mir vergangen**, I no longer feel like it; *F:* **das Lachen wird dir bald v.**, you'll soon laugh on the other side of your face; (b) **vor Angst, Scham usw. v.**, to die of fright, shame etc. **2.** *v.refl.* **sich v.**, to commit an offence **(gegen etwas** *acc*, against sth.); **sich an j-m v.**, to assault s.o. (sexually). **II. V.**, *n* **-s/-** offence.

vergeistigt [fɛr'gaistiçt] *adj.* ethereal, spiritual.

vergelt|en [fɛr'gɛltən], *v.tr.irr.37* to repay, *(be-*

lohnen) reward (a kindness etc.); (*sich rächen*) to retaliate for (a wrong); **j-m etwas v.**, to repay s.o. for sth. **V ~ ung**, *f -/no pl* retaliation, *Mil:* reprisals *pl.* **V ~ ungsmaßnahme**, *f -/-n* act of retaliation; reprisal. **V ~ ungswaffe**, *f -/-n* retaliatory weapon.

vergessen [fɛrˈgɛsən]. I. *v.tr.irr.25* to forget (s.o., sth., that . . .); (*liegenlassen*) to leave (sth.) behind; . . . **nicht zu v.**, not forgetting . . .; **das werde ich dir nie v.**, I shall never forget what you did/(*bei Bösem*) never forgive you for that; **sich v.**, to forget oneself; *F:* **den Hut kannst du v.**, that hat's had it. II. *p.p. as adj.* forgotten. **V ~ heit**, *f -/no pl* oblivion; **in V. geraten**, to fall into oblivion.

vergeßlich [fɛrˈgɛsliç], *adj.* forgetful. **V ~ keit**, *f -/no pl* forgetfulness.

vergeuden [fɛrˈgɔydən], *v.tr.* to squander, waste (money, time etc.). **V ~ ung**, *f -/no pl* squandering, waste.

vergewaltigen [fɛrgəˈvaltɪgən], *v.tr.* to rape (a woman); *Fig:* to do violence to (language etc.). **V ~ er**, *m -s/-* rapist. **V ~ ung**, *f -/-en* rape; *Fig:* violation.

vergewissern [fɛrgəˈvɪsərn], *v.refl.* **sich v.**, to make sure (**einer Sache** *gen*, of sth.; **daß . . .**, that . . .).

vergießen, *v.tr.irr.31* to spill (sth.); *Lit:* to shed (blood, tears).

vergiften [fɛrˈgɪftən], *v.tr.* (*also Fig:*) to poison (s.o., sth., oneself). **V ~ ung**, *f -/-en* poisoning.

vergilben [fɛrˈgɪlbən], *v.i.* (*sein*) to turn yellow; **vergilbte Blätter**, pages yellow with age.

Vergißmeinnicht [fɛrˈgɪsmaɪnnɪçt], *n -s/-(e) Bot:* forget-me-not.

verglasen [fɛrˈglaːzən], *v.tr.* to glaze (a window), glass in (a veranda etc.). **V ~ ung**, *f -/-en* **1.** *no pl* glazing **2.** pane of glass.

Vergleich [fɛrˈglaɪç], *m -(e)s/-e* **i.** comparison; (*Ausdruck*) simile; **einen V. anstellen/ziehen**, to draw a parallel (**mit** + *dat*, with); **das ist doch/ja kein V.!** there's no comparison! **im V. zu** + *dat*, compared with/to; **er hält den V. mit X nicht aus**, you can't compare him with X; he's not in the same class as X. **2.** *Jur:* (*Einigung*) settlement; **gütlicher V.**, amicable arrangement; compromise. **v ~ bar**, *adj.* comparable (**mit** + *dat*, to/with). **V ~ barkeit**, *f -/no pl* comparability. **v ~ en**, *v.tr.irr.40* (*a*) to compare (s.o., sth.) (**mit** + *dat*, to/with); to collate (manuscripts etc.); to check (measurements etc.) (**miteinander**, against one another); **es ist nicht zu v. mit . . .**, you cannot compare it with . . .; **vergleiche S. 12**, compare/*abbr.* cf p. 12; (*b*) *Jur:* **sich mit j-m v.**, to settle with s.o. **v ~ end**, *adj.* comparative (religion, linguistics etc.). **V ~ s-**, *comb.fm.* (*a*) comparative (form, clause, figures etc.); (point, possibility etc.) of comparison; **zu V ~ zwecken**, for the purpose of comparison; (*b*) *Jur:* insolvency (proceedings etc.). **v ~ sweise**, *adv.* comparatively; **nehmen wir v. an . . .**, let us assume for the sake of comparison . . . **V ~ ung**, *f -/-en* comparison.

vergnügen [fɛrˈgnyːgən]. I. *v.refl.* **sich v.**, to enjoy oneself, have a good time. II. **V.**, *n -s/-* (*a*) *no pl* pleasure; (*Freude*) delight; **sein V. daran finden/sich** *dat* **ein V. daraus machen**, to take pleasure/delight in sth.; **das macht mir**

(**kein**) **V.**, I (don't) enjoy it; **viel V.!** enjoy yourself! **zu meinem V.**, to my delight; **es war mir ein V.**, I was pleased to do it/meet you; (*b*) = **Vergnügung. v ~ lich**, *adj.* enjoyable, pleasant. **v ~ t**, *adj.* (*a*) cheerful; (*Pers.*) in good spirits; **v. über etwas** *acc*, pleased/delighted with sth.; (*b*) = **vergnüglich. V ~ ung**, *f -/-en* entertainment, *F:* jollification; **seinen V ~ en nachgehen**, to pursue one's pleasures. **V ~ ungs-**, *comb. fm.* entertainment (industry, tax etc.); amusement (park etc.); pleasure (steamer etc.); **V ~ fahrt/V ~ reise** *f*, pleasure trip; **V ~ stätte** *f*, place of entertainment; **V ~ sucht** *f*, craving for pleasure; *adj.* **v ~ süchtig**, pleasure-seeking.

vergolden, *v.tr.* to gold-plate, (*mit Blattgold*) gild (sth.). **V ~ ung**, *f -/-en* gilding, gold plating.

vergönnen, *v.tr.* **j-m etwas v.**, to grant s.o. sth.

vergöttern [fɛrˈgœtərn], *v.tr.* to idolize, worship (s.o.).

vergraben, *v.tr.irr.42* to bury (treasure, *Fig:* oneself etc.).

vergrämt [fɛrˈgrɛːmt], *adj.* careworn.

vergreifen, *v.refl.irr.43* (*a*) **sich v.**, to make a mistake; *Mus:* to touch the wrong note; **sich im Ausdruck usw. v.**, to choose the wrong term etc.; (*b*) **sich an etwas** *dat* **v.**, to misappropriate (sth.); **sich an j-m v.**, to lay hands on s.o., (*sexuell*) violate s.o.

vergriffen [fɛrˈgrɪfən], *adj. Pub:* out of print.

vergrößern [fɛrˈgrøːsərn], *v.tr.* to enlarge, blow up (a photograph etc.); to expand (a business etc.); to extend (a building etc.); to increase (a number, danger, one's difficulties etc.); to swell (a crowd, numbers etc.); **sich v.**, to expand, increase (in size); (*Menge*) to swell. **V ~ ung**, *f -/-en* increase (in size); *esp. Phot:* enlargement; expansion, extension. **V ~ ungs-apparat**, *m -(e)s/-e Phot:* enlarger. **V ~ ungs-glas**, *n -es/-er* magnifying glass.

Vergünstigung [fɛrˈgynstɪguŋ], *f -/-en* privilege; concession; *Com:* **bedeutende V ~ en**, considerable reductions.

vergüten [fɛrˈgyːtən], *v.tr.* (*a*) to refund, reimburse (expenses); **j-m etwas v.**, to repay; *Adm:* (*bezahlen*) remunerate s.o. for sth.; (*b*) *Metalw:* to harden, temper (steel); *Opt:* to coat (a lens). **V ~ ung**, *f -/-en* **1.** refund, remuneration. **2.** *Metalw:* tempering; *Opt:* coating.

verhaften, *v.tr.* to arrest (s.o.). **V ~ ung**, *f -/-en* arrest.

verhallen, *v.i.* (*sein*) to die away.

verhalten. I. *v.tr.irr.45* (*a*) *Lit:* to hold back, suppress (anger, laughter etc.); **den Schritt v.**, to slacken one's pace; (*b*) **sich v.**, to behave/ (*handeln*) act (**vorsichtig usw.**, cautiously etc.); **sich richtig v.**, to do the right thing; **wie v. Sie sich dazu?** what is your attitude to that? (*c*) **die Sache/***impers.* **es verhält sich so**, this is how matters stand; **die Sache/es verhält sich anders**, this is not the case; **wie verhält es sich mit . . .?** what is the position regarding . . .? *Mth:* **A verhält sich zu B wie X zu Y**, A is to B as X is to Y. II. *p.p. as adj.* restrained (driving, manner, colours etc.); reticent (person); suppressed (emotion, laughter etc.); bated (breath); controlled (fury etc.); low (voice). III. **V.**, *n -s/no pl* behaviour, conduct (**gegen j-n/j-m gegenü-**

ber, towards s.o.); **V. im Notfall**, procedure in an emergency. **V ∼ ens-, comb.fm.** behaviour (pattern etc.); behavioural (research, psychology etc.); **V∼weise** f, (kind of) behaviour. **V ∼ ensmaßregel,** f -/-n rule of conduct.

Verhältnis [fɛr'hɛltnis], n -ses/-se 1. (a) Mth: Mec. E: etc: ratio (**von drei zu eins/3:1,** of 3 to 1); **im umgekehrten V.,** in an inverse ratio/proportion; Fig: **im V. zu früher,** compared with earlier times; **in keinem V. zu etwas** dat **stehen,** to be out of all proportion/bear no relation to sth.; (b) relationship (**zu j-m,** with s.o.); (zwischen Ländern) relations; **er hat kein V. zur Musik,** he has no feeling for music/cannot relate to music; (c) F: (Liebesv.) affair (**mit j-m,** with s.o.); (Geliebte) mistress; (Mann) lover. 2. pl **V∼se,** conditions, (Umstände) circumstances; **über seine V∼se leben,** to live beyond one's means; **sie stammt aus ärmlichen V∼sen,** she comes from a poor background/family. **v ∼ mäßig,** adj. (a) (relativ) relative; adv. comparatively, relatively; (b) adv. (entsprechend) in proportion, proportionally. **V ∼ wahl,** f -/-en election by proportional representation. **V ∼ wahlsystem,** n -s/-e proportional representation. **V ∼ wort,** n -es/⸚er Gram: preposition.

ver'hand|eln, v. 1. v.i. (haben) to negotiate (**über etwas** + acc, for/about sth.); **darüber läßt sich v.,** we can discuss that; Jur: **gegen j-n v.,** to take legal action against s.o. 2. v.tr. to negotiate (a treaty etc.); Jur: to hear, try (a case). **V ∼ lung,** f -/-en negotiation, discussion; pl **V∼en,** negotiations, talks; Jur: (legal) proceedings; **in V∼en stehen,** to be engaged in negotiations. **V ∼ lungsbasis,** f -/-basen basis for negotiations; Advert: **V. DM 500,** offers around 500 marks. **v ∼ lungsbereit,** adj. prepared to negotiate. **V∼lungspartner,** m -s/- party to the negotiations. **V ∼ lungsweg,** m -(e)s/-e **auf dem V.,** by negotiation.

ver'hangen, adj. veiled in cloud; overcast (sky).

ver'häng|en, v.tr. (a) to cover, drape (a window etc.); (b) to impose (a fine etc.); Sp: to award (a penalty). **V∼nis,** n -ses/-se disaster; (Schicksal) fate; **j-m zum V. werden,** to be s.o.'s downfall. **v ∼ nisvoll,** adj. disastrous, fatal (mistake etc.); fateful (day etc.). **V∼ung,** f -/-en imposition; Sp: award.

verhärmt [fɛr'hɛrmt], adj. careworn.

ver'harren, v.i. (haben) **bei/in etwas** dat **v.,** to persist in sth.

ver'härt|en, v. 1. v.tr. to harden (sth.). 2. v.refl. **sich v.,** to harden; Fig: (Pers.), to become inflexible (**gegen j-n,** towards s.o.). **V∼ung,** f -/-en hardening.

verhaßt [fɛr'hast], adj. hateful, odious; (Pers.) hated; **es war mir v.,** I hated/loathed it.

verhätscheln [fɛr'hɛtʃəln], v.tr. to cosset, pamper (s.o.).

Verhau [fɛr'hau], m -(e)s/-e (wire etc.) entanglement. **v ∼ en,** v.tr.irr.47 F: (a) to beat (s.o.) up, (verdreschen) thrash (s.o.); (b) to make a hash of (a job).

verheddern [fɛr'hɛdərn], v.refl. **sich v.,** to get into a tangle.

verheer|end [fɛr'he:rənt], adj. devastating (storm etc.); disastrous (fire, consequences etc.); appalling (conditions etc.); F: (Pers.) v. **aussehen,** to look frightful. **V ∼ ung,** f -/-en devastation; pl ravages.

verhehlen [fɛr'he:lən], v.tr. to conceal (the truth etc.) (**vor j-m,** from s.o.).

ver'heilen, v.i. (sein) to heal.

verheimlich|en [fɛr'haimliçən], v.tr. to keep (sth.) secret, conceal (sth.) from s.o.). **V ∼ ung,** f -/-en concealment.

ver'heirat|en, v.tr. to marry off (one's daughter) (**mit j-m/an j-n,** to s.o.); **sich v.,** to get married (**mit j-m,** to s.o.). **v ∼ et,** p.p. as adj. married (man, woman).

ver'heiß|en, v.tr.irr.49 Lit: to promise (sth.). **v ∼ ungsvoll,** adj. promising, auspicious.

ver'heizen, v.tr. to burn, use (wood, coal etc.) (as fuel).

ver'helfen, v.i.irr.50 (haben) **j-m zu etwas** dat **v.,** to help s.o. to get to sth.

verherrlich|en [fɛr'hɛrliçən], v.tr. to glorify (s.o., deeds etc.). **V ∼ ung,** f -/no pl glorification.

ver'hetzen, v.tr. to incite (s.o.).

verhext [fɛr'hɛkst], adj. bewitched; F: **es ist wie v.,** there's a jinx on it.

ver'hinder|n, v.tr. to prevent (sth.); **j-n v., etwas zu tun,** to prevent s.o. from doing sth.; (dienstlich) **verhindert sein,** to be prevented from coming/going (for business reasons); **es ließ sich nicht v.,** it could not be avoided. **V ∼ ung,** f -/no pl prevention.

verhöhn|en [fɛr'hø:nən], v.tr. to deride, jeer at (s.o., sth.). **V ∼ ung,** f -/-en derision, jeer(s).

Verhör [fɛr'hø:r], n -(e)s/-e (police etc.) interrogation; Jur: hearing; Hum: inquisition; **j-n ins V. nehmen,** to interrogate/question s.o. **v ∼ en,** v.tr. (a) to interrogate, question (a witness etc.); (b) **sich v.,** to hear wrongly.

ver'hüll|en, v.tr. to cover (one's head, face etc.); **sich dat** (**das Gesicht**) **v.,** to put on a veil/mask. **v ∼ t,** adj. veiled (woman, Fig: allusion, threat etc.). **V ∼ ung,** f -/-en cover(ing), veil(ing).

ver'hungern, v.i. (sein) to starve (to death); Hum: **ich verhungere!** I'm starving!

verhunzen [fɛr'huntsən], v.tr. F: to ruin, mess up (sth.).

ver'hüt|en, v.tr. to prevent, avert (sth.); **das verhüte Gott!** God forbid! **V ∼ ung,** f -/no pl prevention. **V∼ungsmittel,** n -s/- contraceptive.

verhutzelt [fɛr'hutsəlt], adj. shrivelled, wizened.

verirr|en [fɛr'ʔirən], v.refl. **sich v.,** to get lost. **v ∼ t,** p.p. as adj. lost; stray (bullet etc.). **V ∼ ung,** f -/-en (mental etc.) aberration; lapse.

ver'jagen, v.tr. to chase (s.o., sth.) away.

verjazzen [fɛr'dʒɛzən], v.tr. F: to jazz up (a piece).

ver'jubeln, v.tr. F: to blow (one's money).

verjüng|en [fɛr'jyŋən], v.tr. (a) to rejuvenate (s.o.), make (s.o., oneself) look younger; (b) **sich v.,** (schmaler werden) to taper. **V ∼ ung,** f -/-en 1. rejuvenation. 2. taper.

verkalk|en [fɛr'kalkən], v.i. (sein) (a) to calcify, (Arterien) harden; (b) F: (Pers.) to become senile; **total verkalkt,** completely gaga; (c) (Kessel usw.) to fur up. **V ∼ ung,** f -/-en (a) calcification; (*Arterienv.*) arteriosclerosis; (*b*) *F:* senility; (*c*) furring up.

verkalku'lieren, *v.refl.* **sich v.,** to miscalculate.

verkappt [fɛr'kapt], *adj.* in disguise.

verkatert [fɛr'kɑːtərt], *adj. F:* suffering from a hangover.

Verkauf [fɛr'kauf], *m* -(e)s/-̈e (*a*) sale; **Einkauf und V.,** buying and selling; **etwas zum V. anbieten,** to offer sth. for sale; (*b*) *F:* **er arbeitet im V.,** he works in sales. **v ~ en,** *v.tr.* to sell (sth.) **(j-m/an j-n,** to s.o.); **zu v.,** for sale; **sich gut v. lassen,** to sell well. **V ~ s-,** *comb.fm.* sales (department, office, organization, staff etc.); marketing (costs etc.); **V ~ aktion** *f,* sales drive; **V ~ bedingungen** *fpl,* conditions/terms of sale; **V ~ filiale/V ~ stelle** *f,* sales/retail outlet; **V ~ gespräch** *n*/**V ~ jargon** *m,* sales talk; **V ~ leiter** *m,* sales manager; **V ~ preis** *m,* selling/retail price; **V ~ raum** *m,* saleroom. **V ~ sautomat,** *m* -en/-en vending machine. **V ~ sschlager,** *m* -s/- best-selling line. **V ~ sstand,** *m* -(e)s/-̈e stand, stall.

Verkäufer(in) [fɛr'kɔyfər(in)], *m* -s/- (*f* -/-nen) (*a*) seller; (*Händler*) retailer; *Jur:* vendor; (*b*) (*Angestellter*) shop assistant, *N.Am:* sales clerk; (*bei Ausstellungen usw.*) salesman. **v ~ lich,** *adj.* saleable; **gut/schlecht v.,** easy/hard to sell.

Verkehr [fɛr'keːr], *m* -s/*no pl* **1.** traffic; (*Verbindung*) (bus/train) service; **eine Straße dem V. übergeben,** to open a road to traffic; **aus dem V. ziehen,** to take (a car) off the road/(a bus) out of service. **2.** *Com:* (*Handel*) trade; *Fin:* dealings; **bargeldloser V.,** payment by cheque; **eine Münze usw. aus dem V. ziehen,** to withdraw a coin etc. from circulation. **3.** (*Umgang*) association; (social) contact; (*geschäftlich*) dealings; (*Mitteilung*) communications; (*Geschlechtsv.*) (sexual) intercourse; **brieflicher V.,** correspondence; **er ist kein V. für dich,** he's not suitable company for you. **v ~ en,** *v.* **1.** *v.i.* (*haben*) (*a*) (*Zug, Bus usw.*) to run, (*Schiff*) ply (**zwischen** + *dat,* between); **auf diesen Strecken v. Autobusse,** these routes are operated by buses; (*b*) (*Pers.*) to have contact, associate, (*geschlechtlich*) have (sexual) intercourse (**mit j-m,** with s.o.); **mit j-m brieflich v.,** to correspond with s.o.; **in den besten Kreisen v.,** to move in the best circles; **viel bei j-m v.,** to be a frequent visitor in s.o.'s house. **2.** *v.tr.* to turn (sth) (**ins Gegenteil usw.,** into the opposite etc.). **V ~ s-, v ~ s-,** *comb.fm.* (*a*) traffic (chaos, density, island, check, noise, police, policeman, conditions etc.); *adj.* traffic-(free etc.); **V ~ ampel** *f,* traffic light(s); **V ~ delikt** *n,* traffic offence; **V ~ fluß/V ~ strom** *m,* traffic flow; **V ~ hindernis** *n,* obstruction to traffic; **V ~ meldung** *f,* traffic report; **V ~ regel/V ~ vorschrift** *f,* traffic regulation; **V ~ regelung** *f,* traffic control; **V ~ schild/V ~ zeichen** *n,* traffic/road sign; **V ~ stau** *m*/**V ~ stauung** *f,* traffic jam; **V ~ stockung** *f,* traffic hold-up; **V ~ zählung** *f,* traffic census; *F:* **V ~ sünder** *m,* traffic offender; *adj.* **v ~ arm/v ~ schwach,** with little traffic; quiet; **v ~ stark,** with heavy traffic; busy; (*b*) road (safety, accident etc.); **V ~ erziehung** *f,* road safety training; **V ~ teilnehmer** *m,* road user; (*c*) transport (minister, ministry, network,

system etc.); **V ~ betriebe** *mpl,* (local) transport undertakings; **V ~ mittel** *n,* means of transport, vehicle; **das V ~ wesen,** transport and communications **V ~ sader,** *f* -/-n arterial road. **V ~ samt,** *n* -(e)s/-̈er/**V ~ sbüro,** *n* -s/-s tourist (information) office. **V ~ sflugzeug,** *n* -(e)s/-e airliner. **V ~ sverbindung,** *f* -/-en road or rail link; *pl* **V ~ en,** communications. **V ~ sverein,** *m* -s/-e tourist (information) office. **v ~ t,** *adj.* (*a*) wrong (end etc.); *adv.* (*oben nach unten*) upside down; (*hinten nach vorne*) back to front; **v. herum,** the wrong way round; (*b*) *Fig:* (*Pers.*) wrongheaded; topsy-turvy (world etc.). **V ~ theit,** *f* -/no *pl* wrongness.

verkeilen [fɛr'kailən], *v.tr.* to wedge (sth.).

ver'kenn|en, *v.tr.* to mistake (motives etc.); to misjudge (s.o., sth.); *Hum:* **verkanntes Genie,** unrecognized/misunderstood genius. **V ~ ung,** *f* -/no *pl* misjudgement.

verkitten [fɛr'kitən], *v.tr.* to cement (sth.).

ver'klagen, *v.tr. Jur:* to sue (s.o.) (**wegen** etwas *dat,* for sth.).

verklär|t [fɛr'klɛːrt], *adj.* transfigured; ecstatic (expression). **V ~ ung,** *f* -/no *pl* transfiguration.

ver'kleben, *v.* **1.** *v.tr.* to stick (sth.) (together); **verklebte Haare,** matted hair. **2.** *v.i.* (*sein*) to get sticky, stick together.

ver'kleid|en, *v.tr.* (*a*) to disguise (s.o., oneself); **verkleidet,** in disguise; (*b*) *Constr:* to face (an outer wall), (*täfeln*) panel (an inner wall etc.). **V ~ ung,** *f* -/-en (*a*) disguise; (*b*) *Constr:* facing; panelling.

verkleiner|n [fɛr'klainərn], *v.tr.* to make (sth.) smaller, reduce (size, volume etc.); *Fig:* to lessen (guilt etc.), **in verkleinertem Maßstab,** on a reduced scale; **sich v.,** (i) (*Fläche usw.*) to be reduced; (ii) *F:* (*Pers.*) to draw in one's horns, live more modestly. **V ~ ung,** *f* -/-en reduction. **V ~ ungsform,** *f* -/-en *Gram:* diminutive. **V ~ ungswort,** *n* -(e)s/-̈er diminutive.

ver'klemm|en, *v.refl.* **sich v.,** to get stuck, jam. **v ~ t,** *adj.* jammed; *Psy:* repressed.

ver'klingen, *v.i.irr.96* (*sein*) to die away.

verkloppen [fɛr'klɔpən], *v.tr. esp. North G: F:* (*a*) to thrash (s.o.); (*b*) (*verkaufen*) to flog (sth.).

verknacksen [fɛr'knaksən], *v.tr. F:* **sich** *dat* **den Fuß v.,** to sprain one's ankle.

ver'knallen, *v.tr. F:* (*a*) **sich in j-n v.,** to fall for s.o.; **in j-n verknallt sein,** to be very smitten with s.o., (*Teenager*) have a crush on s.o.; (*b*) to let off (fireworks), fire off (ammunition).

verkneifen [fɛr'knaifən], *v.tr.irr.43 F:* **sich** *dat* **das Lachen usw. v.,** to suppress one's laughter etc.; **verkniffenes Gesicht,** wry face.

verknöchern [fɛr'knœçərn], *v.i.* (*sein*) to ossify, *Fig:* fossilize.

ver'knoten, *v.tr.* to knot, tie (string etc.) (**an** + *dat,* to).

ver'knüpf|en, *v.tr.* (*a*) to knot, tie (string etc.); (*b*) (*verbinden*) (*zugleich*) to combine (two actions, sth, with sth.); (*in Gedanken usw.*) to associate, connect (s.o., sth.) (**mit** + *dat,* with); **mit viel Aufwand verknüpft,** involving a lot of expense. **V ~ ung,** *f* -/-en connection.

ver'kochen, *v.* **1.** *v.i.* (*sein*) to boil away. **2.** *v.tr.* to use (sth.) for cooking.

verkohlen [fɛr'koːlən], *v.* **1.** *v.tr.* (*a*) to char (wood etc.); (*b*) *F:* to kid (s.o.), pull (s.o.'s) leg. **2.** *v.i.* (*sein*) to char.

ver'kommen. I. *v.i.irr.53* (*sein*) (*Pers.*) to go downhill/to seed, (*stärker*) go to the dogs; (*Obst usw.*) to go bad; (*Gebäude usw.*) to decay, (*verfallen*) to go to rack and ruin; (*Garten*) to go wild. **II.** *adj.* dilapidated (building etc.); seedy, disreputable (person, quarter etc.); (*moralisch*) depraved (person); sleazy (hotel etc.). **V ~ heit**, *f -/no pl* dilapidated state; seediness, depravity.

ver'kork|en, *v.tr.* to cork (a bottle etc.). **v ~ sen**, *v.tr. F:* to mess up (a job, s.o.'s fun etc.); **sich** *dat* **den Magen v.**, to upset one's stomach.

verkörper|n [fɛr'kœrpərn], *v.tr. Th:Cin:* to play (a part); to embody, personify (an idea, quality). **V ~ ung**, *f -/-en* embodiment, personification.

verkrachen [fɛr'kraxən], *v. F:* **1.** *v.i.* (*sein*) (*Firma*) to go bust; (*Pers.*) **verkrachte Existenz**, failure. **2.** *v.refl.* **sich v.**, to have a row.

verkraften [fɛr'kraftən], *v.tr.* to manage (a task, *F:* another cake etc.); to cope with (the amount of work/traffic); (*bewältigen*) to get over (an experience).

verkrampf|en [fɛr'krampfən], *v.refl.* **sich v.**, (*Muskeln usw.*) to be seized with cramp; (*Pers.*) to become tense. **v ~ t**, *p.p. as adj.* cramped (writing); clenched (fingers etc.); tense (person); forced (laughter).

ver'kriechen, *v.refl.irr.55* **sich v.**, to crawl, creep (**in** + *acc*, into); (*sich verstecken*) to hide (**in** + *dat*, in).

ver'krümeln, *v.tr.* to crumble (bread etc.).

ver'krümm|en, *v.tr.* to bend (sth.); **sich v.**, to become bent/(*Wirbelsäule*) curved. **V ~ ung**, *f -/-en* bend, crookedness; curvature (of the spine).

verkrüppelt [fɛr'krypəlt], *p.p. as adj.* crippled.

verkrusten [fɛr'krustən], *v.i.* (*sein*) to form a crust/(*Blut*) scab; **mit Schlamm/Blut verkrustet**, caked with mud/blood.

ver'kühl|en, *v.refl.* **sich v.**, to catch cold. **V ~ ung**, *f -/-en* cold (in the head); chill.

ver'kümmer|n, *v.i.* (*sein*) (*Pflanze, Glied*) to become stunted; (*Tier*) to waste away; **verkümmert**, stunted. **V ~ ung**, *f -/no pl* stunted development/growth.

verkünd|(ig)en [fɛr'kynd(ig)ən], *v.tr. Lit:* to proclaim (sth.); *Jur:* to pronounce (judgement); *Fig:* (*ankündigen*) to presage (disaster), herald (spring etc.). **V ~ igung**, *f -/-en* announcement; proclamation; *Jur:* pronouncement; *Ecc:* **Mariä V.**, the Annunciation.

ver'kuppeln, *v.tr.* to make a match between (a couple)/for (s.o.).

ver'kürz|en, *v.tr.* to shorten (sth.); to cut (travelling/working time, a script etc.), cut short (a visit etc.), abridge (a book etc.); **sich v.**, to shorten; to become shorter. **v ~ t**, *p.p. as adj.* shortened; abridged (book etc.); abbreviated (word, name); *Art: Phot:* foreshortened; **v ~ e Arbeitszeit**, shorter working hours. **V ~ ung**, *f -/-en* shortening; cut; abridgement; curtailment (of a visit); *Art: Phot:* foreshortening.

Verlad|e- [fɛr'laːdə-], *comb.fm.* loading (bridge, charges etc.); **V ~ rampe** *f,* loading platform. **v ~ en**, *v.tr.irr.56* to load (goods etc.) (**auf** +

acc, onto). **V ~ er**, *m -s/-* (*a*) loader; (*b*) shipping agent. **V ~ ung**, *f -/-en* loading.

Verlag [fɛr'laːk], *m -(e)s/-e* publisher(s); publishing house/firm; **in welchem V. erscheint es?** who is publishing it? **V ~ s-**, *comb.fm.* publishing (house, rights etc.); **V ~ buchhandel** *m,* publishing trade; **V ~ buchhändler** *m,* publisher and bookseller; **V ~ buchhandlung** *f,* publisher's/ publishing bookshop; **V ~ katalog** *m/*V ~ **programm** *n,* publisher's list; **das V ~ wesen**, publishing.

ver'lager|n, *v.tr.* to shift (a load, emphasis etc.); to remove (sth.), relocate (industry etc.); **sich v.**, to shift. **V ~ ung**, *f -/-en* shift, removal.

verlangen [fɛr'laŋən]. **I.** *v.* **1.** *v.tr.* (*fordern*) to demand (sth.); (*bitten um*) to ask for (the bill etc.); (*wollen*) to want, require (sth.) (**von j-m**, from s.o.); (*Aufgabe usw.*) to call for, require (patience, time etc.); **das ist zuviel verlangt**, that's asking too much; **du kannst nicht von ihm v., daß . . .**, you can't expect him to . . .; **du wirst am Telefon verlangt**, you are wanted on the telephone. **2.** *v.i.* (*haben*) **v. nach** + *dat*, to ask for (the doctor, a drink etc.). **II. V.**, *n -s/no pl* (*a*) *Lit:* desire, (*Sehnen*) longing, craving (**nach** + *dat*, for); (*b*) **auf V.**, on demand; **auf j-s V. (hin)**, at s.o.'s request.

verläng|ern [fɛr'lɛŋərn], *v.tr.* to lengthen (sth.), elongate (a shape); to continue, extend (a fence, journey etc.); to let down (a skirt etc.); (*zeitlich*) to prolong (a holiday etc.); to extend (a term, passport etc.); to renew (a book, contract etc.); *Cu:* to stretch (a sauce etc.); **sich v.**, to be extended/(*Vertrag usw.*) renewed; *Hum:* **verlängerter Rücken**, posterior. **V ~ ung**, *f -/ -en* (*a*) *no pl* lengthening, elongation; extension; (*b*) extension; *Sp:* extra time. **V ~ ungs-**, *comb.fm.* extension (piece etc.); *El:* **V ~ schnur** *f,* extension lead.

verlangsam|en [fɛr'laŋzaːmən], *v.tr.* to slow down (traffic etc.); **das Tempo/die Fahrt v.**, to reduce speed, slow down. **V ~ ung**, *f -/-en* slowing down; reduction in speed.

Verlaß [fɛr'las], *m* **auf ihn/sie ist kein V.**, there is no relying on him/her.

ver'lassen. I. *v.tr.irr.57* (*a*) to leave (s.o., sth.); (*im Stich lassen*) to abandon, desert (one's family etc.); **der Mut verließ ihn**, his courage deserted him; (*b*) **sich auf j-n, etwas** *acc* **v.**, to rely on s.o., sth.; **Sie können sich darauf v.**, you can count/depend on it; **er verläßt sich darauf, daß du kommst**, he is counting on your coming. **II.** *p.p. as adj.* deserted, forlorn (house, person etc.); abandoned (vehicle); (*öde*) desolate, isolated (place etc.). **III. V.**, *n -s/no pl* desertion. **V ~ heit**, *f -/no pl* desolation.

verläßlich [fɛr'lɛsliç], *adj.* reliable, dependable. **V ~ keit**, *f -/no pl* reliability.

Verlaub [fɛr'laup], *m* **mit V.**, with (all due) respect.

Ver'lauf, *m -(e)s/no pl* course; **im V.** + *gen/occ* **von** + *dat*, in the course of; **nach V. einiger Wochen/von sechs Wochen**, after a lapse of several/six weeks; **einen guten/schlechten V. nehmen**, to go well/badly; **den weiteren V. abwarten**, to await further developments. **v ~ en. I.** *v.i.irr.58* (*sein*) (*a*) (*Ereignis, Probe usw.*) to go (off) (**glatt, gut usw.**, smoothly, well etc.); *(vergehen)* *(Tage usw.)* to pass (slowly etc.); **normal** v., to take its (normal) course; *(b)* *(Linie, Straße usw.)* to run (parallel, straight etc.); *(c)* *(Butter, Farbe usw.)* to run; *(d)* **sich** v., to lose one's way, get lost; *(Menge)* to disperse, drift away; *(Überschwemmung)* to subside. **II.** *p.p. as adj.* lost; stray (animal etc.).

verlaust [fɛrˈlaust], *adj.* infected with lice.

verlautbar|en [fɛrˈlautbɑːrən], *v.tr. Adm:* to make (sth.) known, release (information, news etc.). **V ~ ung,** *f -/-en* (official) announcement.

verˈleb|en, *v.tr.* to spend (holidays, one's youth etc.). **v ~ t,** *p.p. as adj.* dissipated.

verˈlegen. I. *v.tr.* (a) to move, transfer (people, one's quarters, *Th:* a scene etc.) **(nach + dat/ auf + acc,** to); to relocate (a factory etc.); *(b)* *(verschieben)* to postpone, put off (an appointment etc.) **(auf + acc,** until); *(c)* *(verlieren)* to mislay (a key, letter etc.); *(d)* to lay (a cable etc.); *(e)* *(herausgeben)* to publish (a book etc.); *(f)* *(versperren)* to block (an entrance, s.o.'s path etc.); to cut off (retreat); *(g)* **sich auf etwas** *acc* v., to specialize in sth.; *Pej:* to resort to sth. **II.** *adj.* *(Pers.)* embarrassed; awkward (silence etc.); sheepish (smile etc.); **j-n v. machen,** to embarrass s.o.; **um etwas** *acc* v., short of sth.; **er ist nie um eine Antwort v.,** he is never at a loss for an answer. **V ~ enheit,** *f -/no pl* embarrassment; *(Situation)* embarrassing situation, predicament; **j-n in V. bringen,** to embarrass s.o.; *F:* **ich bin (finanziell) ein wenig in V.,** I am a bit short (of cash). **V ~ er,** *m -s/-* publisher. **V ~ ung,** *f -/-en* (a) transfer, removal; *(b)* postponement; *(c)* publication; *(d)* laying (of cables etc.).

verˈleiden, *v.tr.* **j-m etwas v.,** to spoil sth. for s.o. **(durch +** *acc***/mit + dat,** by/with).

Verleih [fɛrˈlai], *m -(e)s/-e* (a) hire, *esp. N.Am:* rental; *(b)* *(Firma)* hire/rental service; *Cin:* (film) distributors. **v ~ en,** *v.tr.irr.60* (a) to lend (sth.) **(j-m,** to s.o.); *(gegen Gebühr)* to hire out (a car etc.); *(überreichen)* to award a prize; **(j-m,** to s.o.); to bestow, confer (an honour, title etc.) **(j-m,** on s.o.); *(c)* *(geben)* **j-m Mut, Kraft usw.** v., to give s.o. courage, strength etc.; **etwas Nachdruck/Ausdruck v.,** to emphasize/ express sth.; **einem Ereignis Glanz v.,** to invest an occasion with glamour. **V ~ er,** *m s/* lender; hirer; *Cin:* distributor. **V ~ ung,** *f -/-en* (a) lending; hiring; *(b)* award.

verˈleit|en, *v.tr.* to lead (s.o.) astray/on; **j-n zu etwas** *dat* v., to induce/*(verlocken)* tempt s.o. to do sth. **V ~ ung,** *f -/no pl* enticement, inducement; leading astray; seduction.

verˈlernen, *v.tr.* to unlearn, forget (sth.).

verˈlesen, *v.tr.irr.61* (a) to read out (sth.); *(b)* **sich** v., to make a mistake (while reading).

verletz|bar [fɛrˈlɛtsbɑːr], *adj.* vulnerable. **V ~ barkeit,** *f -/no pl* vulnerability. **v ~ en,** *v.tr.* (a) to hurt, injure, *esp. Mil:* wound (s.o., oneself, *Fig:* s.o.'s feelings, pride etc.); to injure (one's arm, foot etc.); **sich am Kopf v.,** to suffer a head injury; *(b)* to offend against (decency, good taste etc.); to violate (an agreement etc.), infringe (a law, patent). **v ~ end,** *adj.* hurtful, wounding (manner, remark etc.). **v ~ t,** *p.p. as adj.* *(also Fig:)* hurt, injured; wounded (pride, vanity); **ein V ~ er/eine V ~ e,** a casualty; **die**

V ~ en, the injured/wounded. **V ~ ung,** *f -/-en* (a) injury; *(Wunde)* wound; *(b)* infringement; violation.

verˈleug|nen, *v.tr.* to deny (a fact etc.); to disown (a friend etc.); to disclaim (responsibility); **das läßt sich nicht v.,** there's no denying it; **sich vor j-m v. lassen,** not to be at home to s.o. **V ~ ung,** *f -/-en* denial.

verleumd|en [fɛrˈlɔymdən], *v.tr.* to slander, *(schriftlich)* libel (s.o.). **V ~ er,** *m -s/-* slanderer; *F:* mud-slinger. **v ~ erisch,** *adj.* slanderous; libellous. **V ~ ung,** *f -/-en* slander, calumny; *(schriftlich)* libel. **V ~ ungskampagne,** *f -/-n* smear campaign. **V ~ ungsklage,** *f -/-n Jur:* libel action.

verˈlieb|en, *v.refl.* **sich** v., to fall in love **(in j-n,** with s.o.); to be smitten **(in j-n/eine Idee,** with s.o./an idea); *F:* **zum V. aussehen,** to look adorable. **v ~ t,** *p.p. as adj.* in love **(in + acc,** with); amorous (couple, glances etc.); **V ~ e,** lovers. **V ~ theit,** *f -/no pl* (state of) being in love.

verlier|en [fɛrˈliːrən], *v.irr.* (p. **verlor,** p.p. **verloren) 1.** *v.tr.* to lose (s.o., sth.); **sich** v., *(Pers.)* to get lost; *(Angst, Spur usw.)* to disappear, vanish; *(Klang, Begeisterung)* to fade; **sich in etwas** *acc* v., to become absorbed in sth.; *F:* **ihr habt hier nichts verloren,** you've got no business (to be) here. **2.** *v.i.* *(haben)* to lose **(an Ansehen,** *Av:* **Höhe usw.,** respect, *Av:* height etc.); **an Wirkung/Reiz v.,** to lose some of its effect/ attraction; **an Wert v.,** to decrease in value; **an/ bei einem Geschäft v.,** to lose money on a deal; *see also* **verloren. V ~ er,** *m -s/-* loser.

Verlies [fɛrˈliːs], *n -es/-e* dungeon.

verˈlob|en, *v.refl.* **sich** v., to get engaged. **v ~ t,** *p.p. as adj.* engaged (to be married). **V ~ te(r),** *m & f decl. as adj.* (Mann) fiancé; *(Frau)* fiancée. **V ~ ung,** *f -/-en* engagement. **V ~ ungs-,** *comb.fm.* engagement (ring etc.).

verˈlock|en, *v.tr.* to entice, lure (s.o.) **(zu etwas** *dat,* into doing sth.); **der See verlockt zum Baden,** the lake makes one want to bathe. **v ~ end,** *adj.* attractive, tempting. **V ~ ung,** *f -/-en* *(Versuchung)* temptation, enticement; *(Sache)* lure.

verlogen [fɛrˈloːɡən], *adj.* untruthful; hypocritical (morals etc.); **er ist durch und durch v.,** he is a habitual liar. **V ~ heit,** *f -/-en* untruthfulness; hypocrisy.

verloren [fɛrˈloːrən], *p.p. as adj.* lost (person, object etc.); wasted, vain (effort, hope etc.); **an/ bei j-m v.,** lost/wasted on s.o.; **er ist für uns v.,** we have lost him/can no longer call on him; **auf v ~ em Posten stehen,** to fight a losing battle; **j-n, etwas v. geben,** to give s.o., sth. up for lost; *Cu:* **v ~ e Eier,** poached eggs. **v ~ gehen,** *v.i.sep.irr.36* *(sein)* to get lost; *(Brief usw.)* to go astray; *(Zeit)* to be wasted; **an ihm ist ein Schauspieler verlorengegangen,** he would have made a good actor.

verˈlöschen, *v.i. occ.v.irr.* *(sein)* *(pres.* **verlischt,** *p.* **verlöschte,** *p.p.* **verlöscht)** *(Licht)* to go out; *Fig:* *(Ruhm usw.)* to fade.

verlos|en [fɛrˈloːzən], *v.tr.* to draw lots for, *(durch Tombola)* raffle (sth.). **V ~ ung,** *f -/-en* draw, raffle.

verˈlöten, *v.tr.* to solder (sth.).

verlotter|n [fɛrˈlɔtərn]/**verludern** [fɛrˈ-

lu:dərn]/*F:* **verlumpen** [fɛr'lumpən], *v.* **1.** *v.i.*
(*sein*) to go to the dogs. **2.** *v.tr.* to fritter away
(money etc.). **v ~ t**, *adj.* dissipated, dissolute.

Verlust [fɛr'lust], *m* **-(e)s/-e** loss; (*Verschwen-dung*) waste; *Com:* **mit V. arbeiten**, to operate
at a loss. **V ~ geschäft**, *n* **-(e)s/-e** loss-making
deal; loss-maker; **das war ein V. für mich**, I'm
out of pocket by it. **V ~ liste**, *f* **-/-n** *Mil:*
casualty list.

ver'machen, *v.tr. F:* **j-m etwas v.**, to leave sth.
to s.o. (in one's will). **V ~'mächtnis**, *n* **-ses/**
-se bequest, legacy.

vermähl|en [fɛr'mɛːlən], *v.refl. Lit:* **sich v.**, to
get married; **die Vermählten**, the (newly)
married couple. **V ~ ung**, *f* **-/-en** marriage.

vermaledeit [fɛrmaləˈdait], *adj. F:* accursed.

vermasseln [fɛr'masəln], *v.tr. F:* to mess (sth.)
up (**j-m**, for s.o.); to make a mess of (a job).

ver'mauern, *v.tr.* to wall (sth.) up.

ver'mehr|en, *v.tr.* to increase (an amount,
wages etc.); **sich v.**, to increase, (*Tiere*) breed,
(*Pflanzen*) propagate; **sich stark v.**, to prolifer-ate, multiply. **V ~ ung**, *f* **-/no pl** increase; mul-tiplication; *Z:* breeding; *Bot:* propagation.

vermeid|bar [fɛr'maitbaːr], *adj.* avoidable.
v ~ en [-dən], *v.tr.irr.65* to avoid (sth.); **es läßt
sich nicht v.**, it can't be avoided. **v ~ lich**, *adj.*
avoidable. **V ~ ung**, *f* **-/no pl** avoidance.

vermeintlich [fɛr'maintliç], *adj.* supposed
(gangster etc.); alleged, putative (father etc.).

ver'mengen, *v.tr.* (*a*) *Cu:* to blend, mix (ingredi-ents); (*b*) (*verwechseln*) to mix up (concepts
etc.).

Vermerk [fɛr'mɛrk], *m* **-(e)s/-e** note; (*Eintrag*)
entry. **v ~ en**, *v.tr.* to note, make a (mental/
written) note of (sth.).

ver'messen. I. *v.tr.irr.25* (*a*) to survey (land
etc.); (*b*) **sich v.**, to get measurements wrong.
II. *adj.* presumptuous; impudent (request etc.).
V ~ enheit, *f* **-/no pl** presumption, temerity.
V ~ er, *m* **-s/-** surveyor. **V ~ ung**, *f* **-/-en** (*a*) no
pl surveying; (*b*) survey. **V ~ ungsingenieur**,
m **-s/-e** land surveyor.

vermiesen [fɛr'miːzən], *v.tr. F:* **j-m etwas v.**, to
spoil/(*völlig*) ruin sth. for s.o.

ver'miet|en, *v.tr.* to let (a flat, house etc.), lease
(buildings, land etc.); to hire (out) (a boat, car
etc.) (**j-m/an j-n**, to s.o.); *P.N:* **Zimmer zu v.**,
room to let. **V ~ er(in)**, *m* **-s/-** (*f* **-/-nen**) (*a*)
landlord, (*Frau*) landlady; (*b*) hirer. **V ~ ung**, *f*
-/-en (*a*) letting; (*b*) hire, hiring.

ver'minder|n, *v.tr.* to reduce (sth.), diminish
(s.o.'s reputation, *Mus:* an interval); **sich v.**, to
lessen; (*Einfluß usw.*) to decrease, decline; *Jur:*
verminderte Zurechnungsfähigkeit, diminished
responsibility. **V ~ ung**, *f* **-/no pl** reduction,
decrease.

verminen [fɛr'miːnən], *v.tr.* to mine (a port etc.).

ver'misch|en, *v.tr.* to mix (colours, *Cu:* in-gredients etc.); to blend (tea etc.); **sich v.**, to
mix, (*Farben*) blend, (*Personen*) mingle,
(*Rassen*) intermingle; **vermischte Schriften**,
miscellaneous writings. **V ~ ung**, *f* **-/no pl**
mixing; blending.

vermissen [fɛr'misən], *v.tr.* (*a*) (*mit Bedauern*)
to miss (s.o., sth.); (*b*) **etwas v.**, to notice sth. is
missing; **ich vermisse meine Tasche**, I can't find
my bag; *esp. Mil:* **vermißt**, missing (in action);

ein Vermißter, a missing person.

vermitt|eln [fɛr'mitəln], *v.* **1.** *v.i.* (*haben*) to
mediate (**zwischen Gegnern**, between oppo-nents); (*verhandeln*) to negotiate; **v ~ d ein-greifen**, to act as an intermediary. **2.** *v.tr.* (*a*) to
obtain, procure (sth.) (**j-m**, for s.o.); to arrange
(a marriage, meeting etc.); to arrange, nego-tiate (a deal etc.); **Arbeitskräfte an eine Firma
v.**, to place workers with a firm; **Wohnungen
v.**, to act as agent for flats and houses; (*b*) (*über-tragen*) to convey (an idea, a picture etc.); to pass
on (one's knowledge); *Tel:* to put through (a
call). **V ~ ler**, *m* **-s/-** (*a*) (*Schlichter*) mediator,
intermediary; (*b*) agent. **V ~ lung**, *f* **-/-en 1.** no
pl (*a*) (*Schlichtung*) mediation; **durch j-s V.**,
through s.o.'s agency/good offices; (*b*) (*Ver-schaffung*) arrangement, provision (of sth.); pla-cing (of workers); *Tel:* putting through (a call).
2. (*Stelle*) agency; (*Heiratsv.*) marriage bureau;
Tel: exchange. **V ~ lungsamt**, *n* **-(e)s/-̈er 1.**
telephone exchange. **2.** *Ind:* conciliation serv-ice. **V ~ lungsgebühr**, *f* **-/-en** commission.

ver'modern, *v.i.* (*sein*) to moulder (away), decay.

ver'mögen. I. *v.tr.irr.67 Lit:* **etwas zu tun v.**, to
be able to do sth.; **ich vermag es nicht**, I cannot
do it; **viel v.**, to be capable of doing a lot. **II.**
V., *n* **-s/-** **1.** (*Können*) ability; **soviel in
meinem V. liegt**, as far as I am able/as is in my
power. **2.** (*Besitz*) property, (*Reichtum*) for-tune, wealth; (*Nachlaß*) estate (of a dead
person); **er hat V.**, he has money/private
means; *F:* **das kostet ein V.**, it costs a fortune.
v ~ d, *adj.* wealthy, well-off. **V ~ sbildung**, *f*
-/no pl creation of capital. **v ~ slos**, *adj.* im-pecunious. **V ~ (s)steuer**, *f* **-/-en** wealth tax.
V ~ sverteilung, *f* **-/no pl** distribution of
wealth. **V ~ sverwaltung**, *f* **-/-en** trusteeship
(of an estate).

vermummen [fɛr'mumən], *v.tr.* to wrap/muffle
(s.o., sth.) up.

vermut|en [fɛr'muːtən], *v.tr.* to suspect (sth.);
(*annehmen*) to suppose, assume (sth.); **ich ver-mutete ihn hier**, I thought/supposed he was here;
es läßt sich nur v., daß . . ., one can only sup-pose that . . .; **das konnte niemand v.**, nobody
could have suspected that. **v ~ lich**, *adj.* pre-sumable, probable (result etc.); **v ~ er Täter**,
suspect; *adv.* **v. kommt er morgen**, presumably/
I suppose he will come tomorrow. **V ~ ung**, *f*
-/-en supposition; **reine V.**, pure speculation/
guesswork; **die V. liegt nahe**, it seems a likely
supposition/assumption.

vernachlässig|en [fɛr'naːxlɛsigən], *v.tr.* to
neglect (sth.); **das können wir zunächst v.**, we
can forget that for the moment. **v ~ t**, *p.p. as
adj.* neglected; unkempt, uncared for (appear-ance etc.). **V ~ ung**, *f* **-/no pl** neglect.

ver'nagel|n, *v.tr.* to nail up (a window etc.);
mit Brettern vernagelt, boarded up. **v ~ t**, *adj.
F:* (*Pers.*) dense; thick.

ver'nähen, *v.tr.* to stitch (up) (a tear, wound).

vernarben [fɛr'naːrbən], *v.i.* (*sein*) to (form a)
scar; (*heilen*) to heal.

vernarr|en [fɛr'narən], *v.refl.* **sich v. in + *acc***,
to (come to) dote on (a child), become in-fatuated with (a girl, an idea etc.). **v ~ t**, *p.p.
as adj.* infatuated (**in j-n**, with s.o.); doting
(parents etc.); *F:* **v. in sein Auto**, potty/nuts

about his car. V ~ **theit**, *f -/no pl* infatuation.

ver'naschen, *v.tr.* (*a*) to spend (money) on sweets; (*b*) *P:* to make it with (a girl).

vernebel|n [fɛr'neːbəln], *v.tr.* to cover (sth.) with a smokescreen; *Fig:* to obscure (facts). V ~ **ung**, *f -/no pl* smokescreen.

vernehm|bar [fɛr'neːmbaːr], *adj.* audible. v ~ **en. I.** *v.tr.irr.69* (*a*) to hear (a sound etc., that . . .); **er vernahm nur Bruchstücke**, he only caught fragments; (*b*) (*Polizei usw.*) to interrogate, question (a witness etc.). **II. V.**, *n* **dem V. nach**, from what one hears. v ~ **lich**, *adj.* clearly audible; **laut und v.**, loud and clear. V ~ **ung**, *f -/-en* interrogation, questioning. V ~ **ungsbeamte(r)**, *m decl. as adj. Jur:* interrogator.

vernein|en [fɛr'nainən], *v.tr.&i.* (*haben*) to say no (to a question etc.); (*ablehnen*) to reject (force etc.); to deny (the existence/truth of sth.); v ~ **de Antwort**, negative answer. V ~ **ung**, *f -/-en* (*a*) negative answer; (*Ablehnung*) rejection; (*b*) *Gram:* negation; (*Wort*) negative.

vernicht|en [fɛr'niçtən], *v.tr.* to destroy (sth., *Fig:* hopes etc.); to exterminate (a pest, weeds etc.), wipe out (an army, a species etc.). v ~ **end**, *adj.* crushing, shattering (blow, defeat etc.); devastating, damning (criticism etc.); withering (glance); *adv.* **j-n v. schlagen**, to crush s.o., *Sp:* beat s.o. hollow. V ~ **ung**, *f -/no pl* destruction; extermination. V ~ **ungs-**, *comb.fm.* extermination (camp, weapon etc.); V ~ **krieg** *m*, war of extermination.

ver'nieten, *v.tr.* to rivet (metal plates etc.).

Vernunft [fɛr'nunft], *f -/no pl* reason; **keine V. haben**, to have no sense; **ohne (jede) V. handeln**, to act senselessly/foolishly; **V, annehmen/zur V. kommen**, to see reason/come to one's senses. V ~ **ehe**, *f -/-n* marriage of convenience. v ~ **gemäß**, *adj.* rational. V ~ **mensch**, *m* -**en/-en** rational person. v ~ **widrig**, *adj.* irrational.

vernünftig [fɛr'nynftiç], *adj.* (*a*) sensible; (*logisch*) rational (judgment, question etc.); sound (argument etc.); **sei doch v.!** do be reasonable/sensible! *adv.* **v. reden**, to talk sense; (*b*) *F:* (*ordentlich*) decent; (*richtig*) proper (job etc.). v ~ **erweise**, *adv.* sensibly.

verödet [fɛr'ʔøːdət], *adj.* deserted, desolate; v ~ **e Gegend**, wasteland.

veröffentlich|en [fɛr'ʔœfəntliçən], *v.tr.* to publish (a book, report). V ~ **ung**, *f -/-en* publication.

ver'ordn|en, *v.tr. Med:* to prescribe (a treatment, rest etc.). V ~ **ung**, *f -/-en* order, ruling.

ver|'pachten, *v.tr.* to let (sth.) (out), lease (a farm, land etc.) (**an j-n**, to s.o.). V ~ '**pächter**, *m* -**s/-** landlord, *Jur:* lessor. V ~ '**pachtung**, *f -/-en* (*a*) *no pl* leasing; (*b*) lease, tenancy.

ver'pack|en, *v.tr.* to pack, *Com:* package (sth.); (*einwickeln*) to wrap (up) (a present, parcel). V ~ **ung**, *f -/-en* packing, packaging.

ver'passen, *v.tr.* (*a*) to miss (a train, chance etc.); (*b*) *F:* (*geben*) **j-m eine Spritze, einen Tritt usw. v.**, to give s.o. an injection, kick etc.

verpatzen [fɛr'patsən], *v.tr. F:* to botch (sth.), mess (sth.) up.

verpest|en [fɛr'pɛstən], *v.tr.* to poison, pollute (the air etc.). V ~ **ung**, *f -/no pl* pollution.

ver'petzen, *v.tr. Sch: F:* to rat on (s.o.) (**beim Lehrer**, to the teacher).

ver'pfänden, *v.tr.* to pawn (valuables); *Fig:* to pledge (one's word).

ver'pfeifen, *v.tr.irr.43 F:* to grass/squeal on (s.o.), give away (a plan) (**bei j-m**, to s.o.).

ver'pflanz|en, *v.tr.* to transplant (a tree etc.); *Fig:* to uproot (s.o.). V ~ **ung**, *f -/-en* transplanting.

ver'pfleg|en, *v.tr.* to feed (s.o., oneself). V ~ **ung**, *f -/no pl* catering; (*Mahlzeiten*) meals; (*im Hotel usw.*) board; *Mil:* rations. V ~ **ungsgeld**, *n* -(e)s/-er meals allowance.

verpflicht|en [fɛr'pfliçtən], *v.tr.* (*a*) to oblige, (*durch Eid usw.*) bind (s.o.), make (s.o.) promise (**zu etwas** *dat*, to do sth.); to commit (s.o.) (**zu einer Zahlung**, to make a payment); **j-m (zu Dank) verpflichtet**, obliged/indebted to s.o.; **sich verpflichtet fühlen, zu ...** + *inf*, to feel bound/obliged to ...; **sich zu etwas** *dat* **v.**, to commit oneself to sth.; to undertake to do sth.; (*b*) (*engagieren*) to engage, sign on (an actor etc.) (**an ein Theater, nach Bonn usw.**, at a theatre, in Bonn etc.); **sich (vertraglich) v.**, to sign a contract; **sich für zwei Jahre v.**, to sign on for two years. V ~ **ung**, *f -/-en* (*a*) obligation (**j-m gegenüber**, to s.o.); *esp. pl* V ~ **en**, commitments; *Fin:* liabilities; **eine V. eingehen**, to take on a commitment; (*b*) *Th:* engagement.

ver'pfuschen, *v.tr.* to bungle, make a hash of (sth.), ruin (one's life etc.).

ver'planen, *v.tr.* (*a*) to plan (sth.) badly; (*b*) **meine Freizeit ist schon verplant**, my free time is already fully booked.

ver'plappern, *v.refl. F:* **sich v.**, to let the cat out of the bag.

ver'plempern, *v.tr. F:* to fritter away (money, time); **sich v.**, to waste one's time/efforts (**mit** + *dat*, on).

verpönt [fɛr'pøːnt], *adj.* disapproved of, taboo.

ver'prügeln, *v.tr.* to beat (s.o.) up; (*zur Strafe*) to beat/thrash (s.o.).

ver'puffen, *v.i.* (*haben*) to explode weakly; *Fig:* (*Aktion usw.*) to fizzle out.

verpulvern [fɛr'pulfərn], *v.tr.* to squander, blow (one's money).

Verputz [fɛr'puts], *m* -**es/no pl** *Constr:* plaster; (*Rauhputz*) roughcast. v ~ **en**, *v.tr.* (*a*) *Constr:* to plaster, (*außen*) render, (*mit Rauhputz*) roughcast (a wall); (*b*) *F:* to polish off (food, *Hum:* an opponent); to blow (one's money).

verramschen [fɛr'ramʃən], *v.tr. F:* to sell (sth.) dirt cheap/(*mit Verlust*) at a loss.

Verrat [fɛr'raːt], *m* -(e)s/no pl betrayal (**eines Geheimnisses**, of a secret; **an einem Freund**, of a friend); (*Landesv.*) treason. v ~ **en**, *v.tr.irr.13* (*a*) to betray (s.o., one's country etc.), give away (a secret etc.) (**j-m/an j-n**, to s.o.); **sich v.**, to give oneself away; *F:* **ich bin v. und verkauft**, I'm sunk; (*b*) (*mitteilen*) **j-m etwas v.**, to tell s.o. sth. (in confidence); **das darfst du niemandem v.**, you mustn't let on to anyone (about that); (*c*) (*zeigen*) to show (one's feelings, talent etc.); **Bestürzung v.**, to show consternation.

Verräter [fɛr'rɛːtər], *m* -**s/-** traitor, betrayer. V ~ **ei** ['rai], *f -/-en* treachery. V ~ **in**, *f -/-nen* traitress. v ~ **isch**, *adj.* treacherous; *Jur:* treasonable; *Fig:* telltale, giveaway look etc.).

ver'räucher|n, *v.tr.* to fill (a room etc.) with smoke. v ~ t, *p.p. as adj.* smoke-filled, smoky.

ver'rechn|en, *v.tr.* (a) to charge/(*gutschreiben*) credit (a sum) to account; to clear (a cheque); etwas mit etwas *dat* v., to offset/balance one thing with another; (b) (*also Fig:*) sich v., to miscalculate. V ~ ung, *f* -/-en accounting; clearing; charging/crediting (to an account); nur zur V., not negotiable. V ~ ungsscheck, *m* -s/-s non-negotiable/crossed cheque.

verrecken [fɛr'rɛkən], *v.i.* (*sein*) F: (*Tier*)/P: (*Pers.*) to die miserably/like a dog.

verregnet [fɛr're:gnət], *adj.* spoilt by rain; *Sp:* rained off.

ver'reiben, *v.tr.irr.12* to rub in (ointment, polish).

ver'reisen, *v.i.* (*sein*) to go away (on a journey/trip); er ist (geschäftlich) verreist, he is away (on business).

ver'reißen, *v.tr.irr.4* to tear (a book, play) to pieces, F: slate (a book, play).

verrenk|en [fɛr'rɛŋkən], *v.tr.* to dislocate (one's shoulder etc.); to crick (one's neck); sich *dat* den Fuß v., to twist one's ankle; nach j-m, etwas *dat* den Hals v., to crane one's neck in order to see s.o., sth.; sich v., to go into contortions. V ~ ung, *f* -/-en dislocation; contortion.

ver'richt|en, *v.tr.* to carry out, perform (a duty, task etc.). V ~ ung, *f* -/-en (a) *no pl* execution, performance; (b) (*Aufgabe*) job, task.

verringer|n [fɛr'riŋərn], *v.tr.* to reduce (sth.); sich v., to decrease, diminish. V ~ ung, *f* -/-en reduction; cut (in output, wages etc.).

ver'rinnen, *v.i.irr.73* (*sein*) (*Wasser*) to seep away; *Fig:* (*Zeit*) to pass (away).

Verriß [fɛr'ris], *m* -sses/-sse slating, damning review (über + *acc,* of).

ver'rost|en, *v.i.* (*sein*) to rust. v ~ et, *p.p. as adj.* rusty; ganz v., very rusty.

verrott|en [fɛr'rɔtən], *v.i.* (*sein*) to rot, (*Gebäude*) decay.

verrucht [fɛr'ru:xt], *adj.* Lit: heinous (deed etc.); *Hum:* v ~es Lokal, low dive.

ver'rück|en, *v.tr.* to move, shift (sth.). v ~ t, *adj. usu.* F: crazy, mad (auf + *acc,* about); (*geistesgestört*) insane; ein V ~ er/eine V ~ e, lunatic; wie v., like mad; du machst mich v., you are driving me insane; man kann (ja) v. werden, it is maddening; du bist wohl v.! you must be crazy/off your rocker! ich werde v.! well I'll be blowed! V ~ theit, *f* -/-en 1. *no pl* insanity; *esp. Fig:* madness. 2. folly; crazy idea.

Ver'ruf, *m* in V. kommen/geraten, to fall into disrepute; j-n in V. bringen, to ruin s.o.'s reputation. v ~ en, *adj.* disreputable.

ver'rühren, *v.tr. Cu:* to mix, stir (ingredients).

verrußt [fɛr'ru:st], *p.p. as adj.* sooty.

ver'rutschen, *v.i.* (*sein*) to slip (out of place).

Vers [fɛrs], *m* -es/-e (a) (*Einheit*) verse (in the bible/of a hymn); (*Zeile*) line; (b) *pl* V ~ e, verse, poetry. 'V ~ fuß, *m* -es/-e (metrical) foot. 'V ~ kunst, *f* -/*no pl* versification. 'V ~ lehre, *f* -/-n prosody. 'V ~ maß, *n* -es/-e metre.

versachlichen [fɛr'zaxliçən], *v.tr.* to make (sth.) (more) objective.

ver'sacken, *v.i.* (*sein*) F: (a) to sink; (b) (*verkommen*) to go to the dogs.

ver'sag|en. I. *v.* 1. *v.tr. Lit:* to deny, refuse (a request etc.); j-m/sich *dat* etwas v., to deny s.o./oneself sth. 2. *v.i.* (*haben*) (*Pers., Ding*) to fail; (*Motor usw.*) to break down; (*Gewehr usw.*) to fail to go off; die Beine versagten ihr, her legs gave way under her. II. V., *n* -s/*no pl Mec: Med:* failure; menschliches V., human error/fallibility. V ~ er, *m* -s/- (*Pers., Buch usw.*) failure; F: flop; (*Patrone*) dud; (*Unternehmen*) lame duck. V ~ ung, *f* -/-en denial, refusal.

ver'salzen. I. *v.tr.* to put too much salt in (sth.); *Fig:* j-m etwas v., to spoil sth. for s.o. II. *p.p. as adj.* too salty.

ver'samm|eln, *v.tr.* to assemble (people), gather (people) together; sich v., to assemble; (*Ausschuß usw.*) to meet; sich um j-n, den Kamin usw. v., to gather round s.o., the fire etc.; als alle versammelt waren, when everyone was present. V ~ lung, *f* -/-en assembly; (*weniger formell*) gathering; auf einer V. sprechen, to speak at a meeting. V ~ lungs-, *comb.fm.* assembly (room etc.); (freedom, right etc.) of assembly; V ~ ort *m,* assembly point.

Versand [fɛr'zant], *m* -s/*no pl* dispatch. V ~ anzeige, *f* -/-n consignment note. v ~ bereit/v ~ fertig, *adj.* ready for dispatch. V ~ geschäft, *n* -(e)s/-e mail order business. V ~ haus, *n* -es/-er mail order firm. V ~ kosten, *fpl* shipping/*Post:* mailing costs.

versanden [fɛr'zandən], *v.i.* (*sein*) (*Hafen usw.*) to silt up; *Fig:* (*Gespräch usw.*) to peter out.

versauen [fɛr'zauən], *v.tr. P:* to muck (sth.) up (j-m, for s.o.).

ver'sauern, *v.i.* (*sein*) (a) (*Wein*) to go sour; (b) F: (*Pers.*) to stagnate, die of boredom.

ver'saufen, *v.tr.irr.75 P:* to squander (money) on drink.

versäum|en [fɛr'zɔymən], *v.tr.* to miss (a chance, train etc.); to lose (time etc.); to neglect (one's duty); ich werde nicht v., es zu tun, I won't fail to do it; Versäumtes nachholen, to make up for what one has missed. V ~ nis, *n* -ses/-se neglect; (*Pflichtv.*) omission.

verschachern [fɛr'ʃaxərn], *v.tr. Pej:* to sell off, *F:* flog (sth.).

verschachtelt [fɛr'ʃaxtəlt], *adj. Gram:* encapsulated (clause).

ver'schaffen, *v.tr.* sich *dat*/j-m etwas v., to get (hold of) sth. for oneself/s.o.; j-m eine Arbeit v., to provide s.o. with a job; es verschaffte mir die Möglichkeit, zu ..., it gave me the opportunity to ...; sich *dat* Respekt, einen Vorteil usw. v., to gain respect, an advantage etc.; was verschafft mir die Ehre/das Vergnügen? to what do I owe the honour/the pleasure?

verschal|en [fɛr'ʃa:lən], *v.tr.* to board (up) (windows etc.); (*täfeln*) to panel (walls). V ~ ung, *f* -/-en *Constr:* boarding; casing; *Aut: Av:* fairing.

verschämt [fɛr'ʃɛ:mt], *adj.* bashful; shamefaced.

verschandeln [fɛr'ʃandəln], *v.tr. F:* to disfigure (sth.), spoil (a dress etc.).

verschanzen [fɛr'ʃantsən], *v.tr. Mil:* to fortify (a position etc.); sich v., to dig oneself in; (*in Deckung*) to take cover (hinter + *dat,* behind).

ver'schärf|en, *v.tr.* to heighten, increase (contrast, tension etc.); to tighten up (censorship, checks etc.); to stiffen (a penalty); to step up (speed, tempo); (*verschlimmern*) to aggravate (a crisis etc.); **sich v.**, to be heightened/increased; **die Lage hat sich verschärft**, the situation has become more serious. **V ~ ung**, *f -/no pl* increase, heightening; aggravation.

ver'schätzen, *v.refl.* **sich v.**, to miscalculate.

ver'schenken, *v.tr.* to give (sth.) away (**an j-n**, to s.o.); to waste (space), throw away (a chance).

ver'scherzen, *v.tr.* **sich** *dat* **etwas v.**, to forfeit sth. (through one's own folly).

ver'scheuchen, *v.tr.* to chase away (s.o., an animal, *Fig:* worries etc.), (*Angst machen*) scare away (animals).

ver'scheuern, *v.tr. F:* to flog (sth.).

ver'schick|en, *v.tr.* to send out (invitations etc.); to send (s.o.) away. **V ~ ung**, *f -/-en* dispatch, sending away.

verschieb|bar [fɛr'ʃiːpbaːr], *adj.* (*a*) movable; sliding (door etc.); (*einstellbar*) adjustable; (*b*) **ist es v.?** can it be put off? **V ~ ebahnhof**, *m -(e)s/̈-e Rail:* marshalling yard. **v ~ en** [-bən], *v.tr.irr.82* (*a*) to move, shift (cargo, furniture etc.); *Rail:* to shunt (wagons, coaches); *Fig:* to alter (perspective), shift (emphasis etc.); **sich v.**, to shift (*rutschen*) to slip, slide; (*b*) (*auf später*) to postpone, put off (sth.) (**auf + acc**, until; **um + acc**, for); to delay (the start etc.) (**um + acc**, by); **es läßt sich nicht v.**, it can't be put off; (*c*) *F:* to push (goods) on the black market; **Devisen v.**, to traffic in currency. **V ~ ung**, *f -/no pl* (*a*) shift, movement; (*b*) postponement; (*c*) illicit sale.

verschieden [fɛr'ʃiːdən], *adj.* (*a*) (*unterschiedlich*) different, distinct (**von + dat**, from); **das ist von Fall zu Fall v.**, it varies from case to case; **an Größe/der Größe nach v.**, differing in size; *adv.* **v. groß/schwer**, of different weights/ sizes; (*b*) *pl* (*mehrere, mancherlei*) various, sundry; **aus v ~ en Gründen**, for various reasons; **ich habe an den v ~ sten Stellen gesucht**, I have searched in every conceivable place; **V ~ es**, miscellaneous (items), sundries; *Journ:* personal column. **v ~ artig**, *adj.* diverse, of various kinds. **V ~ artigkeit**, *f -/no pl* diversity. **v ~ farbig**, *adj.* in/of various colours. **V ~ heit**, *f -/-en* difference, dissimilarity. **v ~ tlich**, *adv.* on various occasions.

ver'schießen, *v.tr.irr.31.* **1.** *v.tr.* to use up (ammunition); *Fb:* to miss (a penalty etc.). **2.** *v.i.* (*sein*) (*Farbe usw.*) to discolour, fade.

ver'schiff|en, *v.tr.* to send (goods etc.) by ship. **V ~ ung**, *f -/no pl* shipment.

ver'schimmeln, *v.i.* (*sein*) to go mouldy.

ver'schlafen. I. *v.irr.84* **1.** *v.refl. & i.* (*haben*) (**sich**) **v.**, to oversleep. **2.** *v.tr.* to sleep away (the day, time etc.), sleep off (a headache); *F:* **seinen Zug usw. v.**, to miss one's train etc. by oversleeping. **II.** *adj.* sleepy (person, village etc.); **noch ganz v.**, still half asleep. **V ~ heit**, *f -/no pl* drowsiness, sleepiness.

Ver'schlag, *m -(e)s/̈-e* shack, shed; (*Kiste*) crate. **v ~ en. I.** *v.tr.irr.85* (*a*) to nail up (a crate etc.), board up (an opening etc.); (*b*) (*wegnehmen*) to take away (one's breath, appetite etc.); **es verschlug ihm die Rede/Sprache**, he was struck dumb; (*c*) to drive (a ship etc.) off course; **du hast mir die Seite v.**, you've lost my place (in

the book). **II.** *adj.* sly, underhand (person); shifty (expression). **V ~ enheit**, *f -/no pl* craftiness; slyness, shiftiness.

ver'schlampen, *v. F:* **1.** *v.tr.* to mislay (sth.) (through carelessness). **2.** *v.i.* (*sein*) (*Pers.*) to let oneself go; (*Garten usw.*) to go to rack and ruin; **verschlampt**, neglected, uncared for; (*Pers.*) slovenly.

verschlechter|n [fɛr'ʃlɛçtərn], *v.tr.* to make (sth.) worse; **sich v.**, to worsen, get worse; (*Gesundheit*) to deteriorate. **V ~ ung**, *f -/no pl* worsening, deterioration.

verschleier|n [fɛr'ʃlaiərn], *v.tr.* to veil (one's face; *Fig:* (*verbergen*) to conceal (one's intentions); **sich v.**, to put on a veil. **v ~ t**, *p.p. as adj.* veiled; misty (view); husky (voice); *Phot:* fogged (negative); **von Tränen v ~ e Augen**, eyes clouded with tears. **V ~ ung**, *f -/no pl* veiling, *Fig:* concealment.

Verschleiß [fɛr'ʃlais], *m -es/-e* **1.** hard wear, wear and tear; (*Verbrauch*) consumption (**an + dat**, of); *F:* **er hat einen ziemlichen V.**, he gets through girlfriends at quite a rate. **2.** *Aus:* retail sales. **v ~ en**, *v.tr. & i.irr.4* (*sein*) (*a*) to wear (sth., *Fig:* s.o.) out; (*b*) *Aus:* to retail (goods). **V ~ festigkeit**, *f -/no pl* resistance to wear.

ver'schlepp|en, *v.tr.* (*a*) to take (s.o.) away by force; (*entführen*) to abduct (s.o.); (*b*) (*verbreiten*) to spread (disease); (*c*) to protract, drag out (a discussion etc.); **verschleppte Krankheit**, illness which is allowed to drag on. **V ~ ung**, *f -/no pl* abduction, forcible removal.

ver'schleudern, *v.tr.* (*a*) to squander (one's fortune etc.); (*b*) *Com:* to sell (goods) at giveaway prices.

ver'schließ|bar, *adj.* lockable. **v ~ en**, *v.tr.irr.31* (*a*) to lock (a door etc.), lock up (a house etc.); to lock (money etc.) away; to stop (a bottle); *Fig:* **seine Gedanken/Gefühle v.**, to keep one's thoughts/feelings to oneself; **sich j-m v.**, not to reveal one's feelings to s.o.; **sich Argumenten/einer Tatsache v.**, to close one's mind to arguments/one's eyes to a fact.

verschlimm|bessern [fɛr'ʃlimbɛsərn], *v.tr. F:* to make (things) worse instead of better. **v ~ ern**, *v.tr.* to make (sth.) worse, aggravate (a situation etc.); **sich v.**, to get worse, deteriorate. **V ~ erung**, *f -/no pl* worsening, deterioration.

ver'schling|en, *v.tr.irr.95* (*a*) to devour (food, *Fig:* a book etc.); *esp. Fig:* to swallow (s.o., sth.), *Lit:* (*Wellen usw.*) engulf (s.o., sth.); to consume (a lot of current/money); (*b*) (*ineinander*) to entwine (threads etc.); to link (arms). **V ~ ung**, *f -/-en* (*a*) *no pl* intertwining; (*b*) entanglement; (*Knoten*) intricate knot.

ver'schlissen, *p.p. as adj.* worn; (*völlig*) worn out.

verschlossen [fɛr'ʃlɔsən], *p.p. as adj.* (*a*) locked; **hinter v ~ en Türen**, behind closed doors; *Fig:* **sie blieb mir v.**, she remained a closed book to me; (*b*) (*wortkarg*) taciturn, tight-lipped; (*zurückhaltend*) reserved, reticent. **V ~ heit**, *f -/no pl* reserve.

ver'schlucken, *v.tr.* to swallow (food, words); to swallow up (s.o., money etc.); to choke back (anger, tears etc.); **sich v.**, to choke.

verschlungen [fɛr'ʃluŋən], *p.p. as adj.* tortuous, winding.

Ver'schluß, *m* **-sses/-̈sse** (door etc.) catch; *Jewel:* clasp; *Cl:* fastener; (*Flaschenv.*) stopper, bottle top; *Aut:* filler cap; (**luftdichter usw.**) V., (airtight etc.) seal; **hinter/unter** V., under lock and key; (*b*) *Phot:* shutter.

verschlüsseln [fɛr'ʃlysəln], *v.tr.* to (en)code (sth.).

ver'schmachten, *v.i.* (*sein*) *Lit:* to fade/(*vor Kummer*) pine away.

ver'schmäh|en, *v.tr.* to disdain, spurn (help, an offer etc.). V ~ **ung,** *f* -/*no pl* spurning.

ver'schmelz|en, *v.irr.87* **1.** *v.tr.* to fuse (metals etc.). **2.** *v.i.* (*sein*) to melt into one another; (*Metalle*) to fuse; *Fig:* to merge (**zu** + *dat,* to form). V ~ **ung,** *f* -/*no pl* fusion; amalgamation; *Com:* merger.

ver'schmerzen, *v.tr.* to get over (a loss etc.).

ver'schmieren, *v.tr.* (*a*) to besmear, (*bekritzeln*) scrawl over (sth.); (*b*) *Constr:* to fill, make good (a hole, crack).

verschmitzt [fɛr'ʃmitst], *adj.* mischievous, roguish. V ~ **heit,** *f* -/*no pl* roguishness.

verschmutz|en [fɛr'ʃmutsən], *v.tr.* to soil (clothes, a carpet etc.); to pollute (air, water etc.); to foul (the pavement, *Aut:* plugs etc.). V ~ **ung,** *f* -/*no pl* pollution; fouling.

verschnaufen, *v.refl.* **sich v.,** to pause for breath.

ver'schneiden, *v.tr.irr.41* (*a*) to clip, trim (a hedge etc.); (*b*) (*falsch*) to cut (hair etc.) wrongly; (*c*) *Vet:* to castrate (a bull etc.), geld (a horse); (*d*) to blend (spirits, wine).

verschneit [fɛr'ʃnait], *adj.* covered with snow.

Ver'schnitt, *m* **-(e)s/-e** blend.

verschnörkel|t [fɛr'ʃnœrkəlt], *adj.* ornate. V ~ **ung,** *f* -/-en ornamentation; (*Schnörkel*) flourish.

verschnupft [fɛr'ʃnupft], *p.p. as adj.* **1.** (*erkältet*) suffering from a cold. **2.** *F:* piqued, put out.

ver'schnür|en, *v.tr.* to tie up (a parcel etc.). V ~ **ung,** *f* -/-en **1.** *no pl* tying up. **2.** cord, string.

verschoben [fɛr'ʃo:bən], **1.** *p.p. of* **verschieben** *q.v.* **2.** *adj.* askew, crooked.

verschollen[fɛr'ʃɔlən], *adj.* missing (person etc.).

ver'schonen, *v.tr.* to spare (s.o., sth.) (**von/mit** + *dat,* from).

verschöner|n [fɛr'ʃø:nərn], *v.tr.* to beautify (s.o., sth.), embellish (a dress, story etc.); to enhance (appearance etc.). V ~ **ung,** *f* -/-en embellishment; improvement (in appearance).

ver'schränken [fɛr'ʃrɛŋkən], *v.tr.* to fold (one's arms), cross (one's legs).

ver'schrauben, *v.tr.* to screw (sth.) on.

ver'schreib|en, *v.tr.irr.88* (*a*) *Med:* to prescribe (a medicine); (*b*) to use up (paper etc.) in writing; **sich v.,** to make a slip of the pen; (*c*) **sich etwas** *dat* **v.,** to devote oneself to sth. V ~ **ung,** *f* -/-en *Med:* prescription.

verschrieen [fɛr'ʃri:ən], *p.p. as adj.* notorious.

verschroben [fɛr'ʃro:bən], *adj.* eccentric (person); cranky, crackpot (ideas). V ~ **heit,** *f* -/*no pl* eccentricity; crankiness.

verschrott|en [fɛr'ʃrɔtən], *v.tr.* to scrap (a car etc.).

ver'schuld|en. I. *v.tr.* to be responsible for (an accident etc.); **das hat er selbst verschuldet,** it was his own fault. **II. V.,** *n* -s/*no pl* fault, blame; **ohne mein V.,** through no fault of mine; **ihn trifft kein V.,** no blame/guilt attaches to him. v ~ **et,** *adj.* in debt; insolvent (firm). V ~ **ung,** *f* -/-en debts; insolvency.

ver'schütten, *v.tr.* (*a*) to spill (sth.); (*b*) (*Lawine usw.*) to bury (people, a village etc.).

verschwäger|t [fɛr'ʃvɛ:gərt], *adj.* related by marriage. V ~ **ung,** *f* -/-en connection by marriage.

ver'schweigen, *v.tr.irr.89* to keep (sth.) secret; to conceal (news, the truth etc.) (**j-m,** from s.o.); to withhold (information); **ich habe nichts zu v.,** I have nothing to hide.

ver'schweißen, *v.tr.* to weld (parts) together.

verschwend|en [fɛr'ʃvɛndən], *v.tr.* to waste (effort, money etc.) (**an** + *acc,* on); **seine Zeit mit Plaudern v.,** to waste one's time chatting. V ~ **er,** *m* -s/- spendthrift. v ~ **erisch,** *adj.* extravagant, wasteful; lavish (costumes, feast etc.); *adv.* **v. mit etwas** *dat* **umgehen,** to be lavish/extravagant with sth. V ~ **ung,** *f* -/*no pl* (*a*) waste (of sth.); (*b*) wastefulness, extravagance. V ~ **ungssucht,** *f* -/*no pl* gross extravagance, *Hum:* conspicuous consumption.

verschwiegen [fɛr'ʃvi:gən] *p.p. as adj.* discreet (person); secluded (place etc.). V ~ **heit,** *f* -/*no pl* discretion, seclusion.

ver'schwimmen, *v.i.irr.90* (*sein*) to become blurred/(*dunstig*) hazy.

ver'schwinden. I. *v.i.irr.9* (*sein*) to disappear, vanish; **etwas v. lassen,** to make off with sth.; **neben j-m v.,** to look very small/*Fig:* fade into insignificance beside s.o.; **v~d klein,** infinitesimal; *F:* **verschwinde!/mach, daß du verschwindest!** beat it! get lost! **II. V.,** *n* -s/*no pl* disappearance.

verschwitzt [fɛr'ʃvitst], *adj.* soaked in perspiration; sweaty.

verschwollen [fɛr'ʃvɔlən], *adj.* swollen.

verschwommen [fɛr'ʃvɔmən]. **1.** *p.p. of* **verschwimmen. 2.** *adj.* blurred (photograph etc.); hazy (outline, *Fig:* recollection etc.); vague, woolly (idea etc.). V ~ **heit,** *f* -/*no pl* fuzziness; haziness; woolliness.

ver'schwör|en, *v.refl.irr.91* **sich v.,** to conspire (**mit j-m,** with s.o.; **gegen j-n,** with/against s.o.). V ~ **er(in),** *m* -s/- (*f* -/-nen) (*also* Verschworene(r) *m & f*) conspirator. V ~ **ung,** *f* -/-en conspiracy, plot.

ver'sehen. I. *v.tr.irr.92* (*a*) to provide (s.o.) (**mit** + *dat,* with); (*ausstatten*) to equip (s.o., an office etc.); **reichlich v. sein,** to be well provided for; (*b*) to perform, discharge (a duty etc.); (*sich kümmern um*) to look after (the household etc.); (*c*) **sich v.,** to make a mistake; **nichts ist v. worden,** nothing has been neglected/overlooked; (*d*) **ehe man sich versieht,** before you know where you are. **II. V.,** *n* -s/- slip, oversight; (*Fehler*) (careless) mistake; **aus V.,** by mistake, inadvertently. v ~ **tlich,** *adj.* by mistake, inadvertently.

Versehrt|e(r) [fɛr'ze:rtə(r)], *m & f decl. as adj.* disabled (person). V ~ **heit,** *f* -/*no pl* disability.

ver'send|en, *v.tr.irr.94* to send out (circulars

etc.), dispatch (goods etc.). **V ~ ung,** *f -/-en* dispatch.

ver´sengen, *v.tr.* to singe (hair etc.), scorch (grass).

versenken, *v.tr.* to sink (a ship etc.), submerge (sth.) **(ins Wasser,** under water); (*vergraben*) to bury (treasure etc.); to lower (a body, coffin etc.) **(in** + *acc,* into); *Tchn:* to countersink (a screw); **versenkter Garten,** sunken garden; *Fig:* **sich in ein Buch v.,** to bury/immerse oneself in a book. **V ~ ung,** *f -/-en* **1.** *no pl* sinking; lowering; submersion; submergence; *Fig:* (self-)absorption. **2.** *Th:* trap(door); *F:* **in der V. verschwinden,** to disappear from the scene; **aus der V. auftauchen,** to pop up unexpectedly.

versessen [fer´zɛsən], *adj.* **auf j-n, etwas** *acc* **v.,** crazy/mad about s.o., sth.; **auf eine Idee v.,** obsessed with an idea. **V ~ heit,** *f -/no pl* craze, obsession.

ver´setz|en, *v.* **1.** *v.tr.* (*a*) to move (sth.) (somewhere); to transfer (sth., an employee etc.) **(nach** + *dat,* to); to transplant (a tree etc.); to transpose (a word etc.); *Sch:* to move up, *N.Am:* promote (a pupil); **einen Schüler nicht v.,** to keep a pupil down; (*b*) **v. in** + *acc,* to set (sth.) in (motion etc.); to send (s.o.) into a state of (excitement, fury etc.), transport (s.o.) into (another age etc.); to put (s.o.) into (a good/bad mood); **j-n in Erstaunen/Unruhe/Angst v.,** to make s.o. astonished/worried/afraid; **j-n in die Lage v., etwas zu tun,** to enable s.o. to do sth.; **v. Sie sich in meine Lage,** put yourself in my shoes; (*c*) **j-m einen Schlag/Stoß v.,** to hit/push s.o.; (*d*) (*mischen*) to mix (wine etc.) **(mit** + *dat,* with); (*e*) (*verpfänden*) to pawn (a watch etc.); (*verkaufen*) to turn (sth.) into cash; (*f*) *F:* (*warten lassen*) to stand (s.o.) up; (*g*) (*antworten*) to retort (that . . .). **V ~ ung,** *f -/-en* (*a*) move, transfer; *Mus:etc:* transposition; *Sch:* moving up, promotion; (*b*) pawning; (*c*) mixture. **V ~ ungszeichen,** *n -s/-* *Mus:* accidental.

verseuch|en [fer´zɔyçən], *v.tr.* to contaminate (water etc.). **V ~ ung,** *f -/no pl* contamination.

Versicher|er [fer´ziçərər], *m -s/-* insurer. **v ~ n,** *v.tr.* (*a*) to insure (s.o., oneself etc.) **(gegen** + *acc,* against; **bei** + *dat,* with); **zu hoch/niedrig versichert,** over-/under-insured; (*b*) **j-m v., daß . . .,** to assure s.o. that . . .; **das kann ich dir v.,** I can assure you of that; *Lit:* **seien Sie dessen versichert,** let me reassure you on that point; **sich j-s, einer Sache v.,** to make sure of s.o., sth. **V ~ ung,** *f -/-en* **1.** insurance; (*Lebensv.*) (life) assurance: **eine V. abschließen,** to take out an insurance (policy). **2.** (*Erklärung*) assurance. **V ~ ungs-,** *comb.fm.* insurance (agent, claim, company, card, law, cover etc.); **V ~ antrag** *m,* insurance proposal (form); **V ~ beitrag** *m/* **V ~ prämie** *f,* (insurance) premium; **V ~ makler** *m,* insurance broker; **V ~ police** *f/* **V ~ schein** *m,* insurance policy; (*b*) insured (sum, value etc.); **V ~ fall** *m,* insured loss/damage; **V ~ nehmer** *m,* insured party, policy holder. **V ~ ungswesen,** *n -s/no pl* insurance.

ver´sickern, *v.i.* (*sein*) to seep away.

ver´sieg|eln, *v.tr.* to seal (sth.). **V ~ elung,** *f -/-en* **1.** *no pl* sealing. **2.** (*Siegel*) seal.

ver´siegen, *v.i.* (*sein*) to run dry, (*Brunnen usw.*) dry up.

versiert [vɛr´ziːrt], *adj.* experienced, (well) versed **(in** + *dat,* in).

versilber|n [fer´zilbərn], *v.tr.* to (silver-)plate (sth.). **V ~ ung,** *f -/no pl* silver plating.

ver´sinken, *v.i.irr.96* (*sein*) to sink, (*Sonne usw.*) go down; (*Gebäude*) to subside; *Fig:* **in seine Arbeit/Gedanken v.,** to become engrossed in one's work/thoughts.

Version [vɛrzi´oːn], *f -/-en* version.

versklav|en [fer´sklaːvən], *v.tr.* to enslave (s.o.). **V ~ ung,** *f -/no pl* enslavement.

versoffen [fer´zɔfən], *adj.* *F:* **v ~ er Typ,** hardened drinker, dipso.

versohlen [fer´zoːlən], *v.tr.* *F:* to thrash (s.o.).

versöhn|en [fer´zøːnən], *v.tr.* to reconcile (s.o.) **(mit** + *dat,* with); to placate (an enemy etc.); **sich v.,** to become reconciled; **sie sind versöhnt/ haben sich versöhnt,** they have made it up. **v ~ end,** *adj.* conciliatory; **das v ~ e Wort,** the (first) word of reconciliation. **v ~ lich,** *adj.* conciliatory (mood etc.); forgiving (person). **V ~ lichkeit,** *f -/no pl* spirit of reconciliation. **V ~ ung,** *f -/-en* reconciliation. **V ~ ungstag,** *m -(e)s/-e* *Jew Rel:* Day of Atonement.

versonnen [fer´zɔnən], *adj.* pensive, (*Pers.*) lost in thought. **V ~ heit,** *f -/no pl* pensiveness.

ver´sorg|en, *v.tr.* (*a*) to provide, supply (s.o., an area etc.) **(mit** + *dat,* with); **ich bin schon versorgt,** I already have all that I need; (*b*) (*sorgen für*) to look after (children ,etc.); to provide for (a family etc.); **j-n ärztlich v.,** to give s.o. medical care. **V ~ er,** *m -s/-* provider, breadwinner. **V ~ ung,** *f -/no pl* (*a*) supply (**eines Gebiets usw. mit etwas** *dat,* of sth. to an area etc.); *Data-Pr:* input; (*b*) (*Pflege*) care (of the old, sick etc.); *Jur:* maintenance; **die V. einer Familie,** looking after/providing for a family. **V ~ ungs-,** *comb.fm.* (*a*) supply (position, difficulties, ship, *Mil:* unit etc.); **V ~ netz** *n,* supply network; (*b*) *Jur:* maintenance (claim etc.); *adj.* **v ~ berechtigt,** entitled to maintenance. **V ~ ungsbetrieb,** *m -(e)s/-e* public utility. **V ~ ungswirtschaft,** *f -/no pl* public utilities; service industries.

verspät|en [fer´ʃpɛːtən], *v.refl.* **sich (um 5 Minuten usw.) v.,** to be (5 minutes etc.) late. **v ~ et,** *p.p. as adj.* late (arrival etc.); belated (thanks etc.); *adv.* **v. ankommen,** to arrive late. **V ~ ung,** *f -/-en* lateness; *Rail:Av:etc:* delay; **(eine Stunde) V. haben,** to be (an hour) late/ *Rail:Av:* behind schedule; **mit (10 Minuten) V.,** (10 minutes) late; **die V. aufholen,** to make up for lost time.

ver´sperr|en, *v.tr.* (*a*) to block (an entrance, road etc.), obstruct (a view etc.); **j-m den Weg v.,** to block s.o.'s path; (*b*) *esp. Aus:* to lock up (a house etc.). **V ~ ung,** *f -/no pl* blocking, obstruction.

ver´spiel|en, *v.* **1.** *v.tr.* (*a*) to gamble away (money, chances etc.); (*b*) *Mus:* **sich v.,** to play a wrong note. **2.** *v.i.* (*haben*) *F:* **er hat bei mir verspielt,** he's had it as far as I'm concerned. **v ~ t,** *adj.* playful (kitten etc.); cheerful (tune, pattern).

ver´spinnen, *v.tr.irr.104* to spin (wool etc.) (**zu Garn,** into yarn).

ver'sponnen, *p.p. as adj.* eccentric.

ver'spott|en, *v.tr.* to mock at, deride (s.o., sth.). **V ~ ung,** *f -/no pl* derision, ridicule.

ver'sprech|en. I. *v.tr.irr.104* (*a*) **j-m etwas v.,** to promise s.o. sth.; **du hast es mir versprochen,** (i) you promised it to me; (ii) you promised me to do it; **er verspricht, etwas zu werden,** he shows promise; **sich** *dat* **viel von einer Sache v.,** to have high hopes/great expectations of sth.; (*b*) **sich v.,** to make a slip of the tongue. **II. V.,** *n -s/ no pl* promise. **V ~ er,** *m -s/-* slip of the tongue. **V ~ ungen,** *fpl* **leere V.,** empty/idle promises.

ver'spritzen, *v.tr.* to spatter (mud etc.).

ver'spüren, *v.tr.* to feel (cold, fear, hunger etc.), be conscious of (an influence etc.).

verstaatlich|en [fɛr'ʃtaːtliçən], *v.tr.* to nationalize (an industry etc.). **V ~ ung,** *f -/no pl* nationalization.

Verstädterung [fɛr'ʃtɛːtərʊŋ], *f -/no pl* urbanization.

Verstand [fɛr'ʃtant], *m -(e)s/no pl* (*Geist*) mind, intellect; (*Vernunft*) sense; sanity; **viel/wenig V. haben,** to have a lot of/not much sense; **bei V.,** sane, of sound mind; **nicht recht bei V.,** not in one's right mind; **bei vollem V. bleiben,** to retain one's full mental powers; **den V. verlieren,** to go insane; **j-n um den V. bringen,** to drive s.o. insane; *F:* **das geht über meinen V.,** that's beyond me; **da bleibt einem der V. stehen/da steht einem der V. still,** the mind boggles; **wieder zu V. kommen,** to come to one's senses; **nimm doch V. an!** be reasonable! **einen Wein mit V. trinken,** to savour a wine to the full. **v ~ esmäßig** [-dəs-], *adj.* rational (process); intellectual (superiority etc.). **V ~ esmensch,** *m -en/-en* rational person.

verständig [fɛr'ʃtɛndiç], *adj.* intelligent, (*vernünftig*) sensible. **v ~ en,** *v.tr.* (*a*) to inform, notify (s.o.) (**von** + *dat*/**über** + *acc*, of); (*b*) **sich v.,** to make oneself understood; **sich (mit j-m) v.,** (i) to communicate (with s.o.); (ii) (*sich einigen*) to come to an understanding (with s.o.). **V ~ keit,** *f -/no pl* intelligence; understanding. **V ~ ung,** *f -/-en* (*a*) informing, notification; (*b*) (*sich verständigen*) communication; (*c*) (*Übereinkunft*) agreement, understanding. **V ~ ungs-,** *comb.fm.* (means, difficulties etc.) of communication; **V ~ wille** *m,* desire for communication/understanding.

verständ|lich [fɛr'ʃtɛntliç], *adj.* (*erfaßbar*) comprehensible; (*begreiflich*) understandable; **leicht/schwer v.,** easy/difficult to grasp; **kaum v.,** barely comprehensible; **j-m etwas v. machen,** to explain sth. to s.o.; **sich v. machen,** to make oneself understood/(*bei Lärm*) heard; *adv.* **sich v. ausdrücken,** to express oneself clearly. **V ~ lichkeit,** *f -/no pl* comprehensibility, intelligibility; (*Klarheit*) clarity. **V ~ nis** [-'ʃtɛntnis], *n -ses/no pl* understanding; *Sch:etc:* comprehension; **V. für j-n, etwas** *acc* **haben/aufbringen,** to show understanding of/sympathy for s.o., sth.; **V. für Kunst, Musik usw.,** appreciation of art, music etc.; **für Unzuverlässigkeit habe ich kein V.,** I have no time for/patience with unreliable people. **v ~ nislos,** *adj.* uncomprehending. **V ~ nislosigkeit,** *f -/no pl* lack of understanding. **v ~ nisvoll,** *adj.* understanding, sympathetic.

ver'stärk|en, *v.tr.* to strengthen (sth.); to reinforce (a material, *Mil:* garrison etc.); (*steigern*) to increase, intensify (pressure, effect, *Phot:* contrast etc.); to amplify (*Rad:* a signal etc.), boost (*El:* current, *Fig:* morale etc.); to fortify (wine etc.); (*zahlenmäßig*) to enlarge (a team etc.), augment (a choir etc.); **sich v.,** to increase; (*Sturm usw.*) to grow stronger, strengthen; **verstärkte Nachfrage,** increased demand. **V ~ er,** *m -s/-* *El:* amplifier. **V ~ ung,** *f -/occ -en* (*a*) *Constr:etc:* strengthening, reinforcement; (*b*) increase (**des Verkehrs usw.,** in traffic etc.); (*zahlenmäßig*) enlargement; (*Steigerung*) intensification; *El:* amplification; (*c*) *esp. Mil:* (*Truppen*) reinforcements.

ver'staub|en, *v.i.* (*sein*) to get dusty; *esp. Fig:* to gather dust. **v ~ t,** *p.p. as adj.* dusty; *Fig:* antiquated (ideas etc.).

ver'stauch|en, *v.tr.* **sich** *dat* **den Fuß/die Hand v.,** to sprain one's ankle/wrist. **V ~ ung,** *f -/-en* sprain.

ver'stauen, *v.tr.* to stow (sth., *Hum:* s.o.), pack (books etc.) (**in** + *dat,* in).

Versteck [fɛr'ʃtɛk], *n -(e)s/-e* hiding-place; (*für Verfolgte usw.*) hideout; **V. spielen,** to play hide-and-seek. **v ~ en,** *v.tr.* to hide (s.o., sth.) (**vor j-m,** from s.o.); to conceal (one's embarrassment etc.); **sich v.,** to hide, (*Verfolgte usw.*) go into hiding; *Fig:* **sich vor j-m v. müssen,** to be no match for s.o. **V ~ spiel,** *n -(e)s/-e* (game of) hide-and-seek. **v ~ t,** *adj.* hidden; (*heimlich*) secret; **sich v. halten,** to be in hiding.

ver'stehen, *v.tr. & i.irr.100* (*haben*) to understand (s.o., sth.); (*a*) (*bei Lärm*) **ich konnte kein Wort v.,** I couldn't understand/make out a single word; **das eigene Wort nicht v. können,** to be unable to hear oneself speak; (*b*) **versteh mich nicht falsch,** don't get me wrong/misunderstand me; **wie soll man das v.?** what is one supposed to make of that? **was v. Sie darunter?** what do you mean by that? **keinen Spaß v.,** to take things seriously; **j-m zu v. geben, daß . . .,** to give s.o. to understand that . . .; (*c*) to have an understanding of (a subject etc.); **er versteht nichts davon,** he doesn't know anything about it; **er versteht sich auf Autos,** he knows all about cars; **sie versteht (es), mit Menschen umzugehen,** she knows how to handle people; **weil er es nicht besser versteht,** because he doesn't know any better; (*d*) **es versteht sich (von selbst),** it is obvious/self-evident; it goes without saying; *Com:* **die Preise v. sich ohne Mehrwertsteuer,** the prices are without VAT; (*e*) **wir v. uns,** we understand one another, (*gut*) get on well together; **in dieser Frage verstehe ich mich mit ihm,** I agree with him on this question.

ver'steifen, *v.tr.* to stiffen (sth.), brace (a structure etc.); **sich v.,** to stiffen, (*Haltung*) harden; **sich auf etwas** *acc* **v.,** to insist (obstinately) on sth.

Ver'steiger|er, *m -s/-* auctioneer. **v ~ n,** *v.tr.* to auction (sth.). **V ~ ung,** *f -/-en* auction (sale); **zur V. kommen,** to come up for auction.

ver'steiner|n, *v.i.* (*sein*) to turn to stone; (*Baum usw.*) to petrify, (*Pflanzen, Tiere*) fossilize. **V ~ ung,** *f -/-en* (*a*) *no pl* fossilization, petrification; (*b*) fossil.

ver'stell|bar, *adj.* adjustable. **V ~ barkeit,** *f*

-/no pl adjustability. **v ~ en,** v.tr. (a) (*versperren*) to block (a road, s.o.'s path etc.); (b) to shift, move (sth.); (*falsch*) to put (sth.) in the wrong place; (*ändern*) to alter (the clock, order etc.) (*esp.* wrongly); (*einstellen*) to adjust, (*falsch*) maladjust (a mirror etc.); **sich v.,** to get out of adjustment; (c) (*täuschend*) to disguise (one's appearance, voice etc.); (*Pers.*) **sich v.,** to pretend, playact. **V ~ ung,** f **-/-en** pretence, play-acting; disguise.

ver'steuer|n, v.tr. to pay tax on (income etc.). **V ~ ung,** f **-/no** pl taxation.

ver'stimm|en, v.tr. (a) (*Klavier usw.*) **sich v.,** to get out of tune; (b) to put (s.o.) into a bad mood, upset (s.o.). **v ~ t,** p.p. as adj. (a) *Mus:* out of tune; (b) (*Pers.*) in a bad mood; cross, disgruntled; **v ~ er Magen,** (slightly) upset stomach. **V ~ ung,** f **-/-en** strained atmosphere; (*Unwillen*) ill-feeling, resentment.

verstockt [fɛr'ʃtɔkt], adj. obdurate, stubborn. **V ~ heit,** f **-/no** pl obduracy.

verstohlen [fɛr'ʃtoːlən], adj. furtive, surreptitious, stealthy (footstep etc.).

ver'stopf|en, v.tr. to close (up), plug (a crack, hole etc.); to block, choke (a drain, pipe etc.); to stop up (one's ears); **Autos v. die Straßen,** cars jam the streets. **v ~ t,** p.p. as adj. blocked, congested (street); F: bunged up (drain, nose etc.); Med: constipated. **V ~ ung,** f **-/-en** (im Rohr usw.) obstruction; (in den Straßen) congestion; Med: constipation.

verstorben [fɛr'ʃtɔrbən], adj. Lit: **der v ~ e Herr X,** the late Mr X; **der/die V ~ e,** the deceased.

verstört [fɛr'ʃtøːrt], adj. distraught, bewildered. **V ~ heit,** f **-/no** pl distraction, bewilderment.

Ver'stoß, m **-es/-̈e** infringement, violation (**gegen** + acc, of); **V. gegen den Anstand,** offence against good manners. **v ~ en,** v.irr.103 1. v.tr. to drive (s.o.) away, throw (s.o.) out; to disown (a child). 2. v.i. (*haben*) **v. gegen** + acc, to infringe (regulations etc.), break (the law), offend against (propriety etc.).

ver'streichen, v.irr.59 1. v.tr. to spread (butter etc.). 2. v.i. (*sein*) Lit: (*Zeit*) to pass (by).

ver'streu|en, v.tr. to strew, scatter down (ashes, bird food etc.); (*unordentlich*) to scatter (clothes, toys etc.); (*versehentlich*) to spill (sugar etc.). **v ~ t,** p.p. as adj. scattered; **v. liegen,** to be scattered/dotted about.

ver'strick|en, v.tr. (a) to use up (wool) in knitting; **sich v.,** to knit wrongly; (b) Fig: to involve (s.o.) (**in** + acc, in), draw (s.o.) (**in ein Gespräch,** into a conversation); **sich in etwas** acc **v.,** to get involved/mixed up in sth. **V ~ ung,** f **-/-en** involvement; entanglement.

verstümmel|n [fɛr'ʃtyməln], v.tr. to mutilate (s.o., Fig: a text). **V ~ ung,** f **-/-en** mutilation.

verstummen [fɛr'ʃtumən], v.i. (*sein*) to fall silent; (*vor Schreck*) to be struck dumb; (*Lärm*) to stop, (*verhallen*) die away.

Versuch [fɛr'zuːx], m **-(e)s/-e** 1. attempt; (a) **mit j-m, etwas** dat **einen V. machen,** to try s.o., sth. out; **ich will noch einen letzten V. damit machen,** I'll give it one last try; (b) Lit: essay (**über** + acc, on); **seine ersten literarischen V ~ e,** his first literary efforts. 2. Rugby: try. 3. Ph:etc: experiment; (*Probe*) test; **V ~ e mit etwas** dat/ **an Tieren anstellen,** to carry out experiments on sth./animals; **es käme auf einen V. an,** we shall just have to try and see. **v ~ en,** v.tr. (a) to try (sth., to do sth.); to attempt (flight, a climb, the impossible etc.); **versuchter Mord,** attempted murder; **es mit j-m v.,** to give s.o. a try; **ich will es mit Güte v.,** I shall try kindness; **wir wollen v., ob . . .,** let's try and see whether . . .; **sich an/in etwas** dat **v.,** to try one's hand at sth.; (b) (*probieren*) to try, sample (wine etc.); (c) to tempt (s.o.); esp. p.p. **versucht, etwas zu tun,** tempted to do sth. **V ~ er(in),** m **-s/-** (f **-/-nen**) tempter, temptress. **V ~ s-,** comb.fm. experimental (department, model, stage, purposes etc.); (*Forschungs-*) research (institute, laboratory etc.); test (drilling, drive etc.); **V ~ feld/V ~ gelände** n, test site; **V ~ reihe/ V ~ serie** f, test series, series of tests; **V ~ strecke** f, test track; **V ~ objekt** n, subject of an experiment; Psy: (*Pers.*) = **V ~ person;** Psy:Med: **V ~ person** f/F: **V ~ kaninchen** n, experimental subject, F: guinea-pig; Med: **V ~ tier** n, experimental/laboratory animal. **V ~ sballon,** m **-s/-s** trial balloon; Fig: **einen V. steigen lassen,** to fly a kite. **v ~ sweise.** 1. adv. on a trial basis. 2. occ. adj. experimental. **V ~ ung,** f **-/-en** temptation; **in V. kommen,** to be tempted.

versunken [fɛr'zuŋkən]. 1. p.p. of **versinken.** 2. adj. absorbed, engrossed (**in** + dat, in); **in sich selbst v.,** wrapped up in oneself. **V ~ heit,** f **-/no** pl (state of) contemplation.

ver'süßen, v.tr. to sweeten (sth.).

ver'tag|en, v.tr. to adjourn (a debate etc.), (*verschieben*) defer (a decision etc.) (**auf** + acc, until); (*Sitzung usw.*) **sich v.,** to adjourn. **V ~ ung,** f **-/-en** adjournment.

vertäuen [fɛr'tɔyən], v.tr. Nau: to make fast, moor (a boat).

ver'tausch|en, v.tr. (a) to exchange (roles etc.); to exchange (one thing) (**mit** + dat/**gegen** + acc, for); (b) (*verwechseln*) to mix up (hats etc.). **V ~ ung,** f **-/-en** exchange; mix-up.

verteidig|en [fɛr'taidigən], v.tr. & i. (*haben*) to defend (s.o., oneself, sth.) (**gegen** + acc, against). **V ~ er,** m **-s/-** defender; Jur: advocate, counsel for the defence. **V ~ ung,** f **-/no** pl Jur:Mil:Sp: defence; **zu seiner V.,** in his defence; **in die V. gedrängt,** forced onto the defensive. **V ~ ungs-,** comb.fm. defence (alliance, budget, system, weapon etc.); (line, minister etc.) of defence; defensive (war, battle etc.); Jur: (speech etc.) for the defence; Mil: **V ~ zustand** m, defence alert; **V ~ anlagen** fpl, defences.

ver'teil|en, v.tr. to distribute (food, the load etc.) (**an** + acc, to; **unter** + acc, among); (*verstreuen*) to scatter, spread (sand, sugar etc.); to deal (cards); to allocate (duties, subsidies etc.); Mil: to deploy (forces etc.); **die Rollen v.,** Th: to cast the parts; Fig: to allocate tasks; **in regelmäßigen Abständen verteilt,** spaced (out) regularly; **sich v.,** to spread (out); (*Menge*) to disperse; (*Bevölkerung usw.*) to be spread (**auf ein Gebiet,** over an area). **V ~ er,** m **-s/-** distributor. **V ~ erfinger,** m **-s/-** Aut: rotor arm. **V ~ erdose,** f **-/-n** El: junction box. **V ~ ernetz,** n **-es/-e** 1. Gas:El: grid. 2. Com: distributors' network. **V ~ ung,** f **-/-en** distribution; **V. von Rollen,** allocation of duties; Th: casting.

verteuer|n [fɛr'tɔyərn], *v.tr.* to make (sth.) more expensive; **sich v.,** to become more expensive. **V ~ ung,** *f -/-en* price increase.

verteufelt [fɛr'tɔyfəlt], *adj. F:* (a) *(verzwickt)* extremely awkward; (b) *(sehr groß)* fiendish (thirst etc.); *adv.* devilish (awkward, difficult etc.); fiendishly (clever, cold etc.); tremendously (strong etc.); (c) **ein v~er Junge,** a devil of a lad.

vertief|en [fɛr'tiːfən], *v.tr.* to deepen (a channel, *Fig:* rift etc.); *Mus:* to flatten (a note); *Fig:* to extend, increase (one's knowledge, etc.); **sich v.,** to become deeper, deepen; **sich in etwas** *acc* **v.,** to become absorbed/engrossed in sth. **v ~ t,** *p.p. as adj.* (a) **v~e Stelle,** depression; (b) *(Pers.)* absorbed, engrossed **(in +** *dat,* in); **in Gedanken v.,** deep in thought. **V ~ ung,** *f -/-en* **1.** depression; *(Mulde)* hollow. **2.** *no pl* deepening; increase, extension.

vertikal [vɛrti'kaːl], *adj. &* **V~-,** *comb.fm.* vertical (plane etc.); **V~schnitt** *m,* vertical section. **V ~ e,** *f -/-en* vertical (line).

vertilgen [fɛr'tilgən], *v.tr.* to exterminate (vermin etc.), kill (weeds); *F:* to demolish (a cake etc.).

ver'tippen, *v.tr. F:* to mistype (a letter, word); **sich v.,** to make a typing mistake.

ver'ton|en, *v.tr.* to set (a poem etc.) to music. **V ~ ung,** *f -/-en* (musical) setting.

vertrackt [fɛr'trakt], *adj.* (a) intricate; *(heikel)* awkward, tricky; (b) *(übel)* nasty.

Vertrag [fɛr'traːk], *m -(e)s/⸚e* contract **(über +** *acc,* for); *(Vereinbarung)* agreement; *Pol:etc:* treaty; **unter V. bei +** *dat,* under contract to; **j-n unter V. nehmen,** to contract s.o. **v ~ en** [-gən], *v.tr.irr.85* (a) *(aushalten)* to bear, stand (s.o., noise, pain etc.), endure (suffering etc.); *(dulden)* to tolerate (a climate etc.); *F:* to take (criticism etc.); **Alkohol v.,** to hold one's drink/ *N.Am:* liquor; **sie verträgt keinen Kaffee,** coffee doesn't agree with her; **viel v. können,** (i) to be able to put up with a lot; (ii) *F:* to have quite a capacity (for drink); *F:* **ich könnte noch eine Portion v.,** I could manage another helping; (b) **sich mit j-m v.,** to get on (well) with s.o.; **sie v. sich (nicht),** *(Pers.)* they (don't) get on together; *(Aussagen)* they (dis)agree, are (in)consistent; *(Farben)* they (don't) go together; *F:* **sie v. sich wieder,** they are on speaking terms again. **v ~ lich,** *adj.* contractual. **V ~ s-, v ~ s-,** *comb. fm.* (a) (law etc.) of contract; (conclusion, infringement etc.) of a/the contract; **V~bruch** *m,* breach of contract; **V~partner** *m,* partner to a contract; *adj.* **v~brüchig,** in breach of contract; **v~gemäß,** in accordance with the contract; (b) *Pol:* treaty (organization, obligations etc.). **v ~ sschließend,** *adj.* contracting (party). **V ~ sentwurf,** *m -(e)s/⸚e* draft agreement/ contract. **V ~ shändler,** *m -s/-* authorized retailer.

verträglich [fɛr'trɛːkliç], *adj.* (a) *(Pers.)* easy to get on with; *(friedlich)* peaceable, good-natured; (b) *(Essen)* easy to digest; **schwer v.,** indigestible. **V ~ keit,** *f -/no pl* **1.** easy-going nature. **2.** digestibility.

ver'trauen. I. *v.i. (haben)* **j-m, etwas** *dat* **v.,** to trust s.o., sth.; **v. auf +** *acc,* to place one's trust in (God, justice etc.); **auf sein Glück v.,** to trust to luck. **II. V.,** *n -s/no pl* confidence, trust **(zu +** *dat,* in); **j-m sein V. schenken,** to place one's trust in s.o.; **j-n ins V. ziehen,** to take s.o. into one's confidence; **im V.,** in confidence; **im V. gesagt . . .,** between you and me **. . . v ~ erweckend,** *adj.* dependable, inspiring confidence. **V ~ s-,** *comb.fm.* (position etc.) of trust; *esp. Pol:* (question, crisis etc.) of confidence; **V~bruch** *m,* breach of trust; **V~verhältnis** *n,* relationship of (mutual) trust; *Pol:* **V~votum** *n,* vote of confidence. **V ~ sarzt,** *m -es/⸚e* medical examiner *(appointed by health insurance scheme).* **V ~ smann,** *m -(e)s/⸚er* (a) intermediary, go-between; *(Sprecher)* spokesman; (b) *Ind:* shop steward. **V ~ sperson,** *f -/-en* trustworthy person. **v ~ sselig,** *adj.* too trusting, gullible. **V ~ sseligkeit,** *f -/no pl* blind trust; gullibility. **v ~ svoll,** *adj.* trustful, trusting. **v ~ swürdig,** *adj.* trustworthy. **V ~ swürdigkeit,** *f -/no pl* trustworthiness.

ver'traulich, *adj.* (a) confidential (report etc.); *adv.* confidentially, in confidence; (b) *(familiär)* familiar, *F:* pally; **in v~em Ton,** in a familiar/ an easy tone. **V ~ keit,** *f -/en* **1.** *no pl* confidential nature. **2.** familiarity; **sich** *dat* **V~en erlauben,** to take liberties.

ver'träum|en, *v.tr.* to dream away (the time etc.). **v ~ t,** *adj.* dreamy; sleepy (village etc.). **V ~ theit,** *f -/no pl* dreaminess.

ver'traut, *adj.* (a) intimate (circle etc.); **v~e Freunde,** close/intimate friends; **auf v~em Fuß,** on intimate terms; (b) *(bekannt)* familiar (face, tune etc.); **mit etwas** *dat* **v. sein,** to be familiar with sth.; **sich mit etwas** *dat* **v. machen,** to familiarize oneself with sth.; **dieser Gedanke ist mir längst v.,** I have got quite used to the idea. **V ~ heit,** *f -/-en* (a) intimacy; (b) familiarity, intimate knowledge.

ver'treib|en, *v.tr.irr.12* (a) to drive/chase away (s.o., an animal, clouds etc.); *(aus einem Lokal)* to throw (s.o.) out; *(aus einem Haus usw.)* to turn (s.o.) out, *Jur:* evict (s.o.); *(aus dem Land)* to exile (s.o.); **habe ich Sie von Ihrem Platz vertrieben?** have I taken your seat? (b) *Fig:* to dispel (doubts etc.); to clear (a headache), get rid of (a cold, cough etc.); **sich** *dat* **die Zeit v.,** to while away/pass the time **(mit etwas** *dat,* doing sth.); (c) *Com:* to sell (goods) (wholesale); *(verteilen)* to distribute (books etc.). **V ~ ung,** *f -/-en* ejection; eviction; exile.

vertret|bar [fɛr'treːtbaːr], *adj.* tenable (standpoint); defensible (costs, risk etc.). **V ~ en,** *v.tr.irr.105* (a) *(zeitweise ersetzen)* to stand in/ deputize for (s.o.); *(Interessen wahrnehmen)* to represent (s.o., a country, *Parl:* constituency etc.); *(verteidigen)* to defend (a standpoint etc.), advocate (an idea etc.), champion (s.o.'s cause); **v. sein,** to be represented/included **(in einer Sammlung usw.,** in a collection etc.); **stark v.,** present in large numbers; **die Ansicht/Auffassung v., daß . . .,** to take the view that . . .; (b) **sich den Fuß v.,** to twist/*(verstauchen)* sprain one's ankle; *F:* **sich** *dat* **die Beine v.,** to stretch one's legs. **V ~ er(in),** *m -s/- (f -/-nen)* representative; (a) *(vorübergehend)* substitute; replacement; (chairman's, minister's etc.) deputy; *(Abgeordnete)* delegate; *Med:* locum; (b) *Com:* (sales) representative; *(Handelsreisender)* commercial traveller, *N.Am:* traveling salesman; *(selbständiger Händler)* agent; (c)

(*Verfechter*) advocate. **V ~ ung**, *f -/-en* (*a*) *Jur:Pol:etc:* representation; *Com:* agency; **diplomatische V.**, diplomatic mission; (*b*) (*Pers.*) replacement; (*c*) **j-s V. übernehmen**, to stand in for s.o.; **in V.**, per proxy (*usu. abbr.* p.p.); **in j-s V.**, on s.o.'s behalf.

Vertrieb [fɛr'tri:p] *m* **-(e)s/-e** sales, marketing; (*Abteilung*) sales department. **V ~ s-**, *comb.fm.* sales (department etc.); marketing (company, costs, organization etc.); **V~leiter** *m*, sales manager; **V~stelle** *f*, sales outlet.

ver'trockne|n, *v.i.* (*sein*) to dry up, (*Brot usw.*) go dry. **v ~ t**, *p.p. as adj.* dried up (river etc.); dry (bread); shrivelled (flowers).

ver'trödeln, *v.tr.* to dawdle away, waste (time).

ver'trösten, *v.tr.* to string (s.o.) along (with promises etc.); **j-n auf später v.**, to put s.o. off.

ver'trotteln, *v.i.* (*sein*) F: to go gaga.

ver'tun, *v.tr.irr.106* (*a*) to squander (money, time); (*b*) F: **sich v.**, to make a slip (**bei** + *dat*, in).

ver'tuschen, *v.tr.* to hush up (a scandal etc.), cover up (an error etc.), suppress (truth etc.).

verübeln [fɛr'ʔy:bəln], *v.tr.* to take (sth.) amiss, take offence at (sth.); **j-m etwas v.**, to hold sth. against s.o.

ver'üben, *v.tr.* to commit (a crime etc.).

verunglück|en [fɛr'ʔunglykən], *v.i.* (*sein*) (*Pers.*) (*a*) to have an accident; (*Auto, Zug usw.*) to crash; **tödlich v.**, to be killed in an accident; (*b*) F: (*Rede, Kuchen usw.*) to be a disaster. **V ~ te(r)**, *m & f decl. as adj.* accident victim, casualty.

ver'unreinig|en, *v.tr.* to pollute (air, water etc.); to soil (clothes etc.). **V ~ ung**, *f -/-en* pollution; soiling.

verunstalt|en [fɛr'ʔunʃtaltən], *v.tr.* to disfigure (s.o., sth.). **V ~ ung**, *f -/-en* disfigurement.

veruntreu|en [fɛr'ʔuntrɔyən], *v.tr.* to embezzle (money). **V ~ er**, *m -s/-* embezzler. **V ~ ung**, *f -/-en* embezzlement.

verursachen [fɛr'ʔu:rzaxən], *v.tr.* to cause (sth.); to give rise to (complaints, etc.); **j-m Kosten v.**, to involve s.o. in expense.

ver'urteil|en, *v.tr.* to condemn (s.o., sth.); Jur: to sentence (s.o.) (**zu** + *dat*, to); **wegen Diebstahls verurteilt**, convicted of theft; **j-n zu einer Geldstrafe (von 200 Mark) v.**, to fine s.o. (200 marks); *Fig:* **zum Scheitern verurteilt**, doomed to failure. **V ~ ung**, *f -/-en Jur:* conviction; *Fig:* condemnation.

vervielfachen [fɛr'fi:lfaxən], *v.tr.* to increase (production etc.) considerably; *Mth:* to multiply (a number) (**mit** + *dat*, by).

vervielfältig|en [fɛr'fi:lfɛltigən], *v.tr.* to duplicate, make copies of (a text etc.). **V ~ er**, *m -s/-* duplicator. **V ~ ung**, *f -/-en* duplication, copying. **V ~ ungsrecht**, *n -(e)s/-e* right of reproduction.

vervierfachen [fɛr'fi:rfaxən], *v.tr.* to quadruple (a sum etc.).

vervollkommn|en [fɛr'fɔlkɔmnən], *v.tr.* to perfect (sth.); **sich v.**, to become perfect. **V ~ ung**, *f -/no pl* perfection.

vervollständig|en [fɛr'fɔlʃtendigən], *v.tr.* to complete (sth.); **sich v.**, to be completed. **V ~ ung**, *f -/no pl* completion.

ver'wachs|en[1]. **I.** *v.i.irr.107* (*sein*) (*a*) (*Wunde usw.*) to close/heal up; *Fig: p.p.* **mit seiner**

Familie/Arbeit v., completely taken up with one's family/work; (*b*) (*Pfad usw.*) to become overgrown. **II.** *adj.* misshapen, deformed; (*verkrüppelt*) crippled. **V ~ ung**, *f -/-en* 1. *Med:* adhesion. 2. deformity.

ver'wachsen[2], *v.refl.&i.* (*haben*) *Ski:* (**sich**) **v.**, to use the wrong wax.

ver'wackelt, *adj.* shaky, blurred (photograph).

ver'wahr|en, *v.tr.* (*a*) to keep (sth.) safely; (*b*) **sich gegen etwas** *acc* **v.**, to protest against sth. **v ~ losen** [-'va:rlo:zən], *v.i.* (*sein*) to be neglected, (*Haus*) fall into disrepair; (*Garten, Fig: Pers.*) to go to seed; (*Jugendliche*) to run wild; (*sittlich*) to get into bad ways. **v ~ lost**, *adj.* neglected; dilapidated (building); unkempt (appearance); (*sittlich v.*) depraved. **V ~ losung**, *f -/no pl* neglect; dilapidation; (moral) depravity. **V ~ ung**, *f -/no pl* 1. (safe) keeping; custody (of s.o.); **etwas in V. geben/nehmen**, to hand over/accept sth. for safe keeping. 2. (*Einspruch*) protest. **V ~ ungsort**, *m -(e)s/-e* depository; safe-deposit.

verwaist [fɛr'vaist], *adj.* orphaned.

ver'walt|en, *v.tr.* to administer (sth.); to manage, run (a business, hotel etc.); (*betreuen*) to hold (money/property) in trust; **ein Amt v.**, to hold an office. **v ~ end**, *adj.* administrative. **V ~ er**, *m -s/-* administrator; (*Leiter*) manager; (*Treuhänder*) trustee; (*Gutsv.*) estate manager, steward. **V ~ ung**, *f -/-en* 1. *no pl* administration; (*Leitung*) management, running; **unter staatlicher V.**, under state control; state-run. 2. (*a*) (*Stelle*) administrative department; (*b*) (*Behörde*) (local etc.) authority; (*staatliche V.*) Civil Service. **V ~ ungs-**, *comb.fm.* administrative (committee, district, costs etc.): **V~apparat** *m*, administrative machinery; **V~beamte(r)** *m*, administrative official; civil servant; **V~dienst** *m*, administrative/(*staatlich*) Civil Service; **auf dem V~weg**, through administrative channels.

ver'wand|eln, *v.tr.* to change, transform (s.o., sth.) (**in** + *acc*, into); (*für einen anderen Zweck*) to convert (a room, *Ch:* compound, *Rugby Fb:* try etc.); **sich in etwas** *acc* **v.**, to change/turn into sth.; **sich wie verwandelt fühlen**, to feel like a new man/woman. **V ~ lung**, *f -/-en* change, transformation; conversion. **V ~ lungskünstler**, *m -s/-* quick-change artist.

verwandt [fɛr'vant], *adj.* related (**mit** + *dat*, to); *Ling:* cognate (word, form); **sie sind v~e Geister/geistig v.**, they are kindred spirits; **sie haben viel V~es**, they have much in common. **V ~ e(r)**, *m & f decl. as adj.* relative, relation; **sein nächster V.**, his closest relative/next of kin. **V ~ schaft**, *f -/-en* 1. relationship; **geistige V.**, spiritual affinity. 2. *no pl* relatives, relations; F: **die ganze V.**, all the relatives, *Hum:* the whole tribe. **v ~ schaftlich**, *adj.* family (connections etc.).

ver'warn|en, *v.tr.* to caution (s.o.), warn (*Sp:* a player etc.). **V ~ ung**, *f -/-en* warning, caution.

ver'waschen, *adj.* washed out, faded.

ver'wässern, *v.tr.* to water down (wine, *Fig:* an idea etc.).

ver'wechs|eln, *v.tr.* to confuse, mix up (people, things); to mistake (s.o., sth.) (**mit j-m, etwas** *dat*, for s.o., sth.); **die Tür/den Hut v.**, to get the wrong door/hat; **zum V. ähnlich**, as like as two peas. **V ~ lung**, *f* -/-en confusion, *F:* mix-up; mistake.

verwegen [fɛr've:gən], *adj.* bold, daring; (*tollkühn*) foolhardy; *Fig:* rakish (hat etc.). **V ~ heit**, *f* -/no *pl* audacity, daring.

ver'wehen, *v.tr.* (*Wind*) to cover (over) (tracks etc.) (with sand/snow); (*wegwehen*) to blow away (leaves etc.); *Fig:* **vom Winde verweht**, gone with the wind.

ver'wehren, *v.tr.* **j-m etwas v.**, to refuse s.o. sth.; **j-m v., etwas zu tun**, to forbid s.o. to do sth.

verweichlich|en [fɛr'vaiçliçən], *v.* 1. *v.tr.* to make (s.o.) soft, *F:* mollycoddle (a child). 2. *v.i.* (*sein*) to get soft. **V ~ ung**, *f* -/no *pl* softness; mollycoddling.

ver'weiger|n, *v.tr.* (**j-m**) **etwas v.**, to refuse (s.o.) sth.; **den Befehl v.**, to refuse to obey orders. **V ~ ung**, *f* -/-en refusal.

verweilen [fɛr'vailən], *v.i.* (*sein*) *Lit:* to stay, (*länger als nötig*/*geplant*) linger; **bei einem Thema v.**, to dwell on a subject.

verweint [fɛr'vaint], *adj.* (*Augen*) red with weeping; tear-stained (face).

Verweis [fɛr'vais], *m* -es/-e 1. (*Tadel*) reprimand, rebuke. 2. (*Hinweis*) reference. **v ~ en** [-zən], *v.tr.irr.70* (*a*) to rebuke, reprimand (s.o.); **in v ~ dem Ton**, in a tone of reproof; (*b*) to expel (s.o.) (**aus**/**von** + *dat*, from); **j-n des Landes v.**, to deport s.o.; *Sp:* **einen Spieler des Platzes v.**, to send a player off (the field); (*c*) (*hinweisen*) **j-n an j-n**/**auf etwas** *acc* **v.**, to refer s.o. to s.o., sth.; **darauf v., daß...**, to point out that ... **V ~ ung**, *f* -/-en (*a*) reprimand; (*b*) expulsion; (*c*) reference.

ver'welken, *v.i.* (*sein*) to wilt, wither.

Verweltlichung [fɛr'vɛltliçuŋ], *f* -/no *pl* secularization.

verwend|bar [fɛr'vɛntbɑːr], *adj.* usable; (*Gerät*) **noch v.**, still serviceable; **es ist mehrfach v.**, it can be used several times. **V ~ barkeit**, *f* -/-en usability, usableness. **v ~ en** [-dən], *v.tr.* to use (s.o., sth.) (**zu etwas** *dat*/**für etwas** *acc*, for sth.); to spend (care, effort, time etc.) (**auf etwas** *acc*, on sth.); **man kann ihn zu nichts v.**, he is no use for anything; **er kann seine Kenntnisse gut v.**, he can put his knowledge to good use. **V ~ ung**, *f* -/-en use; expenditure (of effort etc.); (**keine**) **V. finden**, (not) to be used. **v ~ ungsfähig**, *adj.* fit for use, (*geeignet*) suitable. **V ~ ungsmöglichkeit**, *f* -/-en (possible) use, application. **V ~ ungszweck**, *m* -(e)s/-e purpose, application.

ver'werf|en, *v.tr.irr.110* (*a*) to reject, turn down (a plan etc.); to dismiss (a complaint etc.); *Jur:* to quash (a decision etc.); *Lit:* to condemn (an action etc.); (*b*) **sich v.**, (*Holz*) to warp: (*Metall*) to buckle. **v ~ lich**, *adj.* reprehensible. **V ~ lichkeit**, *f* -/no *pl* reprehensible nature. **V ~ ung**, *f* -/-en 1. rejection, dismissal; *Jur:* quashing; *Lit:* condemnation. 2. warping; *Metall:* buckling.

verwert|bar [fɛr've:rtbɑːr], *adj.* usable, useful; exploitable (invention, resources etc.), *v.tr.* to make (good) use of (sth.), put (sth.) to good use; to utilize (resources etc.); to exploit (an invention etc.); **das läßt sich gut v.**, that will come in handy; **nur noch als Schrott zu v.**,

only fit for scrap. **V ~ ung**, *f* -/no *pl* utilization; exploitation.

verwes|en [fɛr've:zən], *v.i.* (*sein*) (*Leiche*) to decompose. **V ~ ung**, *f* -/no *pl* decomposition.

ver'wick|eln, *v.tr.* (*a*) to involve (s.o.) (**in** + *acc*, in); **in etwas** *acc* **verwickelt werden**, to get involved/mixed up in sth.; **in schwere Kämpfe verwickelt**, engaged in heavy fighting; **sich v.**, (*Fäden, Wolle*) to get into a tangle; (*also Pers.*) **sich in etwas** *acc*/*dat* **v.**, to get entangled/mixed up in sth. **v ~ elt**, *adj.* complex, involved. **V ~ lung**, *f* -/-en 1. no *pl* entanglement; involvement. 2. (*Komplikation*) complication.

verwilder|n [fɛr'vildərn], *v.i.* (*sein*) to go wild, return to nature; (*Pflanze*) to grow/(*Kind, Tier*) run wild. **v ~ t**, *adj.* wild; overgrown (garden); unkempt (appearance); uncouth (manners).

verwirklich|en [fɛr'virkliçən], *v.tr.* to realize (an ambition, idea etc.); to put (a plan) into effect; **sich v.**, to materialize, be realized; (*Traum usw.*) to come true; (*Pers.*) **sich (in etwas** *dat*) **v.**, to find fulfilment (in sth.). **V ~ ung**, *f* -/no *pl* realization.

verwirr|en [fɛr'virən], *v.tr.* (*a*) to entangle (threads etc.); to tousle (hair); **sich v.**, to get into a tangle/muddle; (*b*) to bewilder, fluster, (*durcheinanderbringen*) confuse, muddle (s.o.), confuse, mix up (facts, objects etc.); **ihre Anwesenheit verwirrte ihn**, her presence put him off. **V ~ ung**, *f* -/-en confusion; (*Fassungslosigkeit*) bewilderment; **j-n in V. bringen**, to confuse/fluster s.o.; **geistige V.**, distraught state.

ver'wirtschaften, *v.tr.* to fritter away (a fortune etc.).

ver'wischen, *v.tr.* to smear, smudge (an outline, writing etc.); **sich v.**, to become blurred.

ver'witter|n, *v.i.* (*sein*) to weather; **verwittertes Gesicht**, weather-beaten face. **V ~ ung**, *f* -/no *pl* weathering.

verwitwet [fɛr'vitvət], *adj.* widowed.

verwöhn|en [fɛr'vø:nən], *v.tr.* to spoil, (*verhätscheln*) pamper (s.o.). **v ~ t**, *adj.* spoilt (child etc.); fastidious (taste etc.). **V ~ ung**, *f* -/no *pl* spoiling, pampering.

verworfen [fɛr'vorfən], *p.p. as adj.* depraved. **V ~ heit**, *f* -/no *pl* depravity.

verworren [fɛr'vorən], *adj.* confused, muddled; (*verwickelt*) involved. **V ~ heit**, *f* -/no *pl* confusion; tangle.

verwund|bar [fɛr'vuntbɑːr], *adj.* vulnerable. **V ~ barkeit**, *f* -/no *pl* vulnerability. **v ~ en**, *v.tr.* to wound (s.o.), *Fig:* injure (s.o.'s feelings etc.). **V ~ ete(r)**, *m* & *f decl. as adj.* wounded (man/woman), casualty; **die V ~ n**, the wounded. **V ~ ung**, *f* -/-en 1. no *pl* wounding. 2. wound.

ver'wunder|lich, *adj.* surprising; (*seltsam*) strange, odd. **v ~ n**, *v.tr.* to surprise, (*erstaunen*) amaze (s.o.); **es ist nicht zu v.**, it's not surprising; **verwundert zusehen**, to look on in surprise. **V ~ ung**, *f* -/no *pl* surprise; amazement.

ver'wünsch|en, *v.tr.* to curse (s.o., sth.). **v ~ t**, *adj.* confounded. **V ~ ung**, *f* -/-en curse.

verwursteln [fɛr'vurʃtəln], *v.tr.* *F:* to mess (sth.) up.

ver'wurzelt, *adj. esp. Fig:* (**fest**) **v.**, deeply rooted.

verwüst|en [fɛr'vy:stən], *v.tr.* to devastate, ravage (a country etc.). **V ~ ung**, *f* -/-en devastation, ravages.

verzag|en [fɛr'tsɑ:gən], *v.i.* (*haben*) to lose heart, give up (hope); **nicht v.!** don't despair! **v ~ t,** *adj.* downhearted, despondent. **V ~ theit,** *f -/no pl* despondency.

ver'zählen, *v.refl.* **sich v.,** to miscount.

Ver'zahnung, *f -/-en* **1.** *no pl* (*a*) *Mec. E:* mesh, engagement; (*b*) *Metalw:* gearcutting; (*c*) *Carp:* dovetailing. **2.** (*a*) *Mec. E:* train of gears; (*b*) *Metalw:* gear teeth; (*c*) *Carp:* dovetail.

ver'zapfen, *v.tr. F:* to serve up (stale anecdotes etc.); **Unsinn v.,** to talk rot.

verzärtel|n [fɛr'tsɛːrtəln], *v.tr. Pej:* to mollycoddle, pamper (s.o.).

ver'zauber|n, *v.tr.* to bewitch, enchant (s.o., sth.). **V ~ ung,** *f -/-en* enchantment; (*Bann*) spell.

verzehnfachen [fɛr'tseːnfaxən], *v.tr.* to multiply (a number etc.) by ten.

Verzehr [fɛr'tseːr], *m -(e)s/no pl* consumption. **v ~ en,** *v.tr.* to consume (food, drink); *Lit:* to drain away (one's strength etc.).

ver'zeichnen, *v.tr.irr.60* to record (sth.), take (sth.) down; (*aufführen*) to list (items, names etc.), enter (sth.) on a list; **einen Erfolg zu v. haben,** to notch up a success. **V ~ nis,** *n -sses/-sse* list; (*Katalog*) catalogue, (*Register*) index.

verzeih|en [fɛr'tsaiən], *v.tr.irr.60* to forgive (sth.); (*entschuldigen*) to excuse (a fault etc.); **ich verzeihe es dir,** I'll forgive you (for that); **v. Sie (bitte),** I beg your pardon; **bitte v. Sie die Störung,** pardon the intrusion; **nicht zu v.,** inexcusable. **v ~ lich,** *adj.* excusable, pardonable. **V ~ ung,** *f -/no pl* forgiveness; **ich bitte (Sie) um V.,** (do) please forgive me; (*formell*) I beg your pardon; **V.!** sorry!

ver'zerr|en, *v.tr.* to distort (a picture, sound, facts etc.); to contort (the body etc.); **das Gesicht v.,** to grimace. **V ~ ung,** *f -/-en* contortion; distortion.

verzetteln [fɛr'tsetəln], *v.tr.* to fritter away (one's energy, time etc.); **sich v.,** to waste one's time (**an** + *dat,* on).

Verzicht [fɛr'tsiçt], *m -(e)s/-e* renunciation, (*Opfer*) sacrifice (**auf** + *acc,* of); **V. auf Alkohol,** giving up alcohol; abstention; (**auf etwas** *acc*) **leisten,** to abstain (from sth.). **v ~ en,** *v.i.* (*haben*) to do without, abstain; **v. auf** + *acc,* (*aufgeben*) to give (sth.) up; to waive, relinquish (a claim, right etc.); (*auskommen ohne*) to do/ go without (sth.), dispense with (s.o.'s help etc.), abstain from (alcohol, comment etc.); (*opfern*) to sacrifice, forgo (a pleasure etc.); **danke, ich verzichte,** no thank you, not for me; *F: Pej:* you can keep it. **V ~ erklärung,** *f -/-en* disclaimer, waiver. **V ~ leistung,** *f -/-en* (act of) renunciation.

ver'ziehen, *v.irr.113* **1.** *v.tr.* to screw up (one's face, mouth); **er verzog das Gesicht/sein Gesicht verzog sich (zu einer Grimasse),** he pulled a face/grimaced; **ohne eine Miene zu v.,** without batting an eyelid; (*b*) (*verwöhnen*) to spoil (a child); (*c*) (*die Form verlieren*) **sich v.,** to get out of shape; (*Holz*) to warp, (*schrumpfen*) shrink; (*d*) (*verschwinden*) **sich v.,** to disappear, (*Pers.*) slip away; (*Sturm*) to pass (over); (*Rauch, Wolken*) to disperse; *F:* **verzieh dich!** get lost! **2.** *v.i.* (*sein*) to move (house); **verzogen,** gone away; no longer at this address.

ver'zier|en, *v.tr.* to decorate (sth.) (**mit** + *dat,* with); to garnish (food); **reich verziert,** richly ornamented. **V ~ ung,** *f -/-en* decoration, (*also Mus.*) ornamentation; **unnötige V ~ en,** unnecessary frills.

verzinken [fɛr'tsiŋkən], *v.tr.* (*a*) to galvanize (metal); (*b*) *F:* to grass on (s.o.).

verzinnen [fɛr'tsinən], *v.tr.* to tin (iron).

verzins|en [fɛr'tsinzən], *v.tr.* to pay interest on (a loan etc.) (**mit 10%,** at a rate of 10%); **sich mit 5% v.,** to yield 5% interest. **v ~ bar/ v ~ lich,** *adj.* bearing interest (**zu 10%,** at a rate of 10%). **V ~ ung,** *f -/-en* interest (rate).

verzogen [fɛr'tso:gən], *p.p. of* **verziehen** *q.v.*

ver'zöger|n, *v.tr.* to delay (sth.); (*verlangsamen*) to retard, slow down (development etc.); (*aufhalten*) to hold up (a game etc.); **sich v.,** to be delayed/held up. **V ~ ung,** *f -/-en* **1.** *no pl* delaying; slowing down. **2.** delay.

ver'zollen, *v.tr.* to pay duty on (sth.); **haben Sie etwas zu v.?** have you anything to declare?

verzückt [fɛr'tsykt], *adj.* ecstatic; *adv.* **v. zuhören,** to listen entranced. **V ~ heit/V ~ ung,** *f -/no pl* (state of) ecstasy.

ver'zuckert, *adj.* (*a*) iced (cake); candied (fruit); (*b*) (*übersüß*) too sugary.

Ver'zug, *m -(e)s/no pl* delay; *Fin:* **in V. sein,** to be in arrears.

ver'zweif|eln, *v.i.* (*sein*) to despair (**an** + *dat,* of); **man könnte v./es ist zum V. mit ihm,** he drives you to despair. **v ~ elt,** *adj.* desperate; despairing (look etc.). **V ~ lung,** *f -/no pl* despair (**über** + *acc,* at); **in/aus/vor V.,** in desperation; **in V. geraten,** to give way to despair; **du bringst mich zur V.,** you drive me to despair/ distraction. **V ~ lungstat,** *f -/-en* desperate act.

verzweig|en [fɛr'tsvaigən], *v.refl.* **sich v.,** (*Baum, Straße*) to branch, divide; *Fig:* (*System usw.*) to ramify; (**weit**) **verzweigt,** (tree, firm) with many branches; large (family); widespread (network).

verzwickt [fɛr'tsvikt], *adj. F:* tricky; ticklish (problem etc.). **V ~ heit,** *f -/-en* trickiness.

Vesper [fɛspər], *f -/-n* **1.** *Ecc:* vespers. **2.** *South G:* (*also* **V ~ brot** *n*) afternoon/teatime snack. **'V ~ zeit,** *f -/no pl South G: approx.* teatime.

Vestibül [vɛsti'by:l], *n -s/-e* vestibule.

Vesuv [ve'zu:f]. *Pr.n.m -s.* **der V.,** Vesuvius.

Veteran [vete'rɑ:n], *m -en/-en* **1.** *Mil:* veteran; old campaigner. **2.** *Aut:* (*also* **V ~ enwagen** *m*) vintage/(*vor 1904*) veteran car.

Veterinär- [veterɪ'nɛːr-], *comb.fm.* veterinary (medicine etc.); **V ~ (arzt)** *m,* veterinary surgeon.

Veto ['ve:to], *n -s/-s* veto. **'V ~ recht,** *n -(e)s/-e* (power of) veto.

Vetter ['fɛtər], *m -s/-* cousin. **'V ~ nwirtschaft,** *f -/no pl* nepotism.

Vexierbild [vɛ'ksi:rbilt], *n -(e)s/-er* picture puzzle. **V ~ spiegel,** *m -s/-* distorting mirror.

V-förmig ['faufœrmiç], *adj.* V-shaped.

Viadukt [via'dukt], *m -(e)s/-e* viaduct.

Vibr|ation [vibratsi'o:n], *f -/-en* vibration. **V ~ ationsmassage,** *f -/-n* vibratory massage. **v ~ ieren** [vi'bri:rən], *v.i.* (*haben*) to vibrate (**von dem/durch den Lärm,** with the noise).

Video ['video]. **I.** *n -s/no pl* video. **II.** **V ~ -,** *comb.fm.* video (tape, cassette etc.); **V ~ bandgerät,** *n* video (tape) recorder.

Viech ['fiːç], n -(e)s/-er P: = **Vieh.**
Vieh [fiː]. I. n -(e)s/no pl 1. Agr: livestock, esp.
cattle. 2. Pej: F: (a) (Tier) creature; (b) (Pers.)
beast. II. 'V~-, comb.fm. Agr: livestock, esp.
cattle (trader, dealer, market etc.); V~**futter** n,
cattle fodder; V~**stall** m, cattle shed; V~-
tränke f, cattle trough; V~**zucht** f, cattle/stock
breeding; V~**züchter** m, cattle/stock farmer;
Rail: V~**wagen** m, cattle truck/N.Am: car.
'V~**bestand**, m -(e)s/no pl livestock.
'V~**haltung**, f -/no pl animal husbandry.
'v~**isch**, adj. brutal, bestial.
viel [fiːl]. I. pron. much; pl many. 1. adj. (a) v~e
Freunde, many/a lot of friends; das v~e Geld,
all that money; v~en Dank, many thanks; (b)
inv. v. Zeit, a lot of time; nicht v. Geld, not
much money; v. Schönes, a lot of beautiful
things; much that is beautiful; mit v. gutem
Willen, with plenty of good will; v. Glück! good
luck! v. Spaß! have fun! 2. adv. v. arbeiten/
lachen, to work/laugh a lot; er schläft nicht v.,
he doesn't sleep much; sie ist v. allein, she is
alone a lot of the time; v. größer, much bigger;
nicht v. anders, not very different. 3. pron. (a)
inv. er sagt v./nicht v., he says a lot/not much;
noch einmal so v., as much again; einer zu v.,
one too many; gleich v., the same (amount); es
ist schon v., wenn er sich bedankt, it's quite
something that he should actually say thank
you; (b) v~es, a lot of things; in v~em, in
many respects; um v~es jünger/besser, much
younger/better; (c) v~e, many, a lot; (Men-
schen) a lot of people; einer unter v~en, one
among many. II. 'v~-, adj. comb.fm. (a) + p.p.
much (-discussed, -used, -praised, -travelled
etc.); frequently (mentioned, quoted etc.);
v~**befahren**, very busy (road); v~**beschäftigt**,
very busy (person); v~**besucht**, much-fre-
quented; v~**umstritten**, much-disputed;
v~**umworben**, much in demand, very popular
(girl); Lit: v~**besungen**, frequently praised in
song; (b) multi-(coloured etc.); in many
(colours, forms); v~**bändig**, in many volumes;
v~**förmig**, in many shapes; v~**geschossig**,
multi-storey; v~**schichtig**, many-layered; Fig:
many-faceted; v~**stimmig**, many-voiced; from
many voices; Mus: in many parts. 'v~**deutig**,
adj. ambiguous. 'V~**deutigkeit**, f -/-en
ambiguity. 'V~**eck**, n -(e)s/-e polygon.
'V~**ehe**, f -/-n polygamy. v~**er'lei**. 1.
inv.adj. many (different) kinds of, a great var-
iety of. 2. pron. all kinds of things; a great
many things. 'v~**fach**, adj. (a) multiple;
many different (ways); v~**er Millionär**, multi-
millionaire; auf v~en Wunsch, by popular
demand; (b) Mth: ein V~es, a multiple; um ein
V~es, many times; es kostet das V~e, it costs
many times more; (c) adv. many times (over);
(häufig) frequently; wie v. angenommen, as is
widely believed. 'V~**falt**/'V~**fältigkeit**, f
-/no pl diversity; (great) variety. 'v~**fältig**,
adj. diverse (problems etc.), many different
(colours etc.); multifarious (activities, duties
etc.). 'V~**fraß**, m -es/-e glutton. 'v~**jäh-
rig**, adj. (lasting) many years; (friend etc.) of
many years' standing. v~**leicht** [fi'laiçt],
adv. 1. perhaps; F: das soll ich dir v. glauben?
you don't really expect me to believe that, do

you? 2. F: (a) (wirklich) really; das war v. ein
Schreck! that (really) was some shock! (b) v.
beeilst du dich jetzt! how about getting a move
on? 'v~**mals**, adv. many times; danke v.,
thank you very much; ich bitte v. um Ver-
zeihung, do please forgive me. 'v~ **mehr**, conj.
& adv. (or) rather; (genauer gesagt) to be more
precise; (im Gegenteil) on the contrary; nicht
..., sondern v. ..., not ... but rather ...
'v~**sagend**, adj. meaning(ful) (look etc.);
(silence) pregnant with meaning. 'V~**schrei-
ber**, m -s/- prolific writer/Pej: scribbler.
'v~**seitig**, adj. versatile (person, tool etc.);
(Vielzweck) multi-purpose (gadget etc.); all-
round (abilities); varied, wide (experience, in-
terests etc.); many-sided (problem etc.); auf
v~en Wunsch, by popular request; adv. er ist
v. begabt, he has a wide range of talents; es ist
v. anwendbar, it can be used in many ways.
'V~**seitigkeit**, f -/no pl versatility; wide
range. 'v~**sprachig**, adj. polyglot. 'v~**ver-
sprechend**/Lit: 'v~**verheißend**, adj. very
promising. 'V~**wisser**, m -s/- Pej: know-all.
'V~**zahl**, f -/no pl multiplicity, enormous
number. 'V~**zweck-**, comb.fm. multi-pur-
pose.
vier [fiːr]. I. num.adj. four; auf allen v~en, on
all fours; alle V~e von sich strecken, to stretch
(out) one's limbs; unter v. Augen, confi-
dentially, in private. II. V., f -/-en (a)
(number) four; (b) Sch: fair (mark), approx. D;
(im Examen) minimum pass mark. 'V~**ach-
ser**, m -s/- Aut: eight-wheeler. 'v~**armig**,
adj. four-armed. 'V~**beiner**, m -s/- Hum:
four-footed friend. 'v~**beinig**, adj. four-leg-
ged. 'V~**eck**, n -(e)s/-e quadrilateral; (Recht-
eck) rectangle; (mit gleichen Seiten) square.
'v~**eckig**, adj. rectangular; square; Mth:
quadrilateral. 'V~**ecktuch**, n -(e)s/-er
square (scarf). 'V~**er**, m -s/- (a) Sport: & F:
four; Golf: foursome; (b) Sch:F: = Vier II. (b).
'V~**erbob**, m -s/-s Sp: four-man bob.
'v~**erlei**, adj. of four kinds. 'V~**erreihe**, f
-/-n row of four. 'v~**fach**, adj. (a) fourfold;
quadruple; in v~er Ausfertigung, in quadru-
plicate; das V~e, four times as much; (b) adv.
four times. 'V~**füß(l)er**, m -s/- quadruped.
'v~**füßig**, adj. four-footed. 'V~**gangge-
triebe**, n -s/- four-speed gearbox. 'v~**gän-
gig**, adj. four-speed (gearbox etc.). 'v~**hän-
dig**, adj. four-handed; adv. Mus: v. spielen, to
play a (piano) duet. 'v~**jährig**, adj. four-
year-old (child etc.); four-year (period etc.).
'v~**kantig**, adj. four-sided; square; Tchn:
box-section (girder etc.). 'V~**ling**, m -s/-e
quadruplet; pl V~e, quads. 'v~**mal**, adv.
four times. 'v~**malig**, adj. (repeated) four
times. 'v~**motorig**, adj. esp. Av: four-
engined. 'V~**radantrieb**, m -(e)s/-e Aut:
four-wheel drive. 'v~**rädrig**, adj. four-
wheeled. 'v~**schrötig**, adj. thickset, burly.
'v~**seitig**, adj. 1. four-sided, quadrilateral.
2. Pol: quadripartite (agreement etc.). 'V~**sit-
zer**, m -s/- Aut: four-seater. 'v~**stellig**, adj.
four-figure (number). 'v~**stimmig**, adj.
Mus: in four parts. 'V~**taktmotor**, m -s/
-en four-stroke engine. 'v~**te(r,s)**, num.adj.
fourth. 'v~**teilig**, adj. in four parts. v~**tel**

['fi:rtəl]. **I.** *inv.adj.* quarter of . . .; **drei v. Liter,** three quarters of a litre. **II. V.,** *n* -s/- quarter; **(ein) V. fünf/ein V. nach vier,** a quarter past four; **(ein) V. vor zehn/drei V. zehn,** a quarter to ten. '**V ~ telfinale,** *n* -s/- *Sp:* quarter final. **V ~ tel'jahr,** *n* -(e)s/-e quarter (of a year). **V ~ tel'jahres-,** *comb.fm.* quarterly (report, salary etc.); **V~schrift** *f,* quarterly (publication). '**v ~ teljährig,** *adj.* three-month-(old) (child); three months' (stay etc.). '**v ~ teljährlich,** *adj. & adv.* quarterly; *adv.* every quarter. '**v ~ teln,** *v.tr.* to quarter (sth.). '**V ~ telnote,** *f* -/-n *Mus:* crotchet. '**V ~ telpfund,** *n* -(e)s/-e quarter (of a) pound. '**V ~ tel'stunde,** *f* -/-n quarter of an hour. '**v ~ tens,** *adj.* fourthly. '**v ~ türig,** *adj. Aut:* four-door. '**V ~ ung,** *f* -/-en *Ecc.Arch:* crossing. **V ~ 'vierteltakt,** *m* -(e)s/-e *Mus:* common time. '**v ~ zehn. I.** *num.adj.* fourteen. **II. V.,** *f* -/-en (number) fourteen. '**v ~ zehntägig,** *adj.* fortnight's (holiday etc.). '**v ~ zehntäglich,** *adj.* fortnightly. '**v ~ zehnte(r,s),** *num.adj.* fourteenth. '**v ~ zig. I.** *num.adj.* forty. **II. V.,** *f* -/-en (number) forty. '**v ~ ziger. I.** *inv.adj.* **die v. Jahre,** the forties. **II. V ~ (in),** *m* -s/- (*f* -/-nen) man/woman in his/her forties; **in den V ~ n,** in his/her forties. '**v ~ zigste(r,s),** *num.adj.* fortieth. '**V ~ zigstel,** *n* -s/- fortieth.
Vikar [vi'ka:r], *m* -s/-e curate.
Viktualien [viktu'a:liən], *pl* provisions.
viktorianisch [viktori'a:nif], *adj.* Victorian.
Vill|a ['vila], *f* -/**Villen** 1. detached house. 2. *Hist:* (Roman) villa. '**V ~ enviertel,** *n* -s/- smart residential district.
Vinyl [vi'ny:l], *n* -s/*no pl Ch:* vinyl.
violett [vio'lɛt]. **I.** *adj.* violet. **II. V.,** *n* -s/- (colour) violet.
Viol|ine [vio'li:nə], *f* -/-n *Mus:* violin. **V ~ inist(in)** [-li'nist(in)], *m* -en/-en (*f* -/-nen) violinist. **V ~ inkonzert,** *n* -(e)s/-e violin concerto. **V ~ inschlüssel,** *m* -s/- treble clef. **V ~ oncello** [violon'tʃɛlo], *n* -s/-lli & *F:* -s *Mus:* cello.
viril [vi'ri:l], *adj.* virile. **V ~ ität** [-ili'tɛ:t], *f* -/no *pl* virility.
virtuos [virtu'o:s], *adj.* virtuoso; *adv.* like a virtuoso. **V ~ e** [-'o:zə], *m* -n/-n/*V ~ in* [-'o:zin], *f* -/-nen virtuoso. **V ~ ität** [-ozi'tɛ:t], *f* -/no *pl* virtuosity.
Virus ['vi:rus], *m* -/**Viren** *Med:* virus.
Visage [vi'za:gə], *f* -/-n *P:* (*Gesicht*) mug, dial.
Visier [vi'zi:r], *n* -s/-e (*a*) *Mil:* gun sight; *Fig:* **etwas ins V. nehmen/fassen,** to set one's sights on sth.; (*b*) *Hist: Motor Cy:etc:* visor. **v ~ en,** *v.tr.&i.* (*haben*) (**auf**) j-n, etwas *acc* **v.,** to aim at s.o., sth.).
Vision [vizi'o:n], *f* -/-en vision. **v ~ är** [-o'nɛ:r], *adj.* (*a*) visionary (painter, power etc.); (*b*) **v~e Gestalt,** figure in a dream.
Visit|ation [vizitatsi'o:n], *f* -/-en inspection, search (of baggage etc.). **V ~ e** [-'zi:tə], *f* -/-n *Med:* (doctor's) round (in a hospital); **der Arzt macht V.,** the doctor is on his rounds. **V ~ enkarte,** *f* -/-n visiting card. **V ~ ieren** [-i'ti:rən], *v.tr.* to inspect, (*absuchen*) search (s.o.).
visk|os [vis'ko:s], *adj.* viscous. **V ~ osität** [-ozi'tɛ:t], *f* -/no *pl* viscosity.
visuell [vizu'ɛl], *adj.* visual.

Visum ['vi:zum], *n* -s/**Visa & Visen** visa.
vital [vi'ta:l], *adj.* (*a*) (*Pers. usw.*) dynamic; full of life; (*b*) (*lebenswichtig*) vital. **V ~ ität** [-ali'tɛ:t], *f* -/no *pl* vitality.
Vitamin [vita'mi:n]. **I.** *n* -s/-e vitamin. **II. V ~-,** **v~-,** *comb.fm.* vitamin (content etc.); **V~mangel** *m,* vitamin deficiency; *adj.* **v~arm,** lacking in vitamins; **v~reich,** rich in vitamins.
Vitrine [vi'tri:nə], *f* -/-n glass case; (*Schaukasten*) show/display case.
vivat ['vi:vat], *int.* long live . . .
Vivisektion [vivizɛktsi'o:n], *f* -/-en vivisection.
Vize- ['fi:tsə-], *comb.fm.* vice-(admiral, chancellor etc.); **V~gouverneur** *m,* lieutenant governor; **V~könig** *m,* viceroy; **V~präsident** *m,* vice-president.
Vlies [fli:s], *n* -es/-e fleece.
Vlissingen ['flisiŋən]. *Pr.n.n* -s. *Geog:* Flushing.
Vogel ['fo:gəl]. **I.** *m* -s/= bird; *F:* (*Pers.*) **lustiger V.,** gay dog; **komischer/seltsamer V.,** queer bird/customer; **das schießt den V. ab!** that's the last word! that takes the biscuit! **friß V. oder stirb,** it's that or nothing; **einen V. haben,** to be cuckoo; **j-m den/einen V. zeigen,** to tap one's forehead. **II.** '**V ~-,** *comb.fm.* bird (lime, whistle etc.); (*eines Vogels*) bird's (eye, nest etc.); (*von Vögeln*) (protection etc.) of birds; **V~bauer** *n/* **V~käfig** *m,* birdcage; **V~futter** *n,* bird feed; (*Samen*) birdseed; **V~gesang** *m,* birdsong; **V~haus** *n,* (*im Zoo*) bird house; (*sonst*) aviary; **V~laut/V~ruf** *m,* bird-call; **V~mist/** **V~dreck** *m,* bird droppings; **V~schutzgebiet** *n,* bird sanctuary; **V~perspektive** *f,* bird's eye view; **V~zug** *m,* migration of birds. '**V ~- beere,** *f* -/-n rowanberry. '**v ~ frei,** *adj. Hist:* outlawed. '**V ~ kunde,** *f* -/no *pl* ornithology. '**V ~ stange,** *f* -/-en perch. '**V ~ -'Strauß-Politik,** *f* -/-en head-in-the-sand policy. '**V ~ warte,** *f* -/-n ornithological station.
Vögelchen ['fø:gəlçən]/**Vöglein** ['fø:glain], *n* -s/- little bird.
Vogt [fo:kt], *m* -(e)s/=e *Hist:* overseer; steward.
Vokab|el [vo'ka:bəl], *f* -/-n word; *pl* **V ~ n,** vocabulary. **V ~ ular** [-abu'la:r], *n* -s/-e (*a*) (personal) vocabulary; (*b*) vocabulary. (list).
Vokal [vo'ka:l]. **I.** *m* -s/-e vowel. **II. V ~-,** *comb.fm.* & **v~,** *adj.* vocal (music etc.).
Volant [vola:], *n* -s/-s 1. *Dressm:* flounce, frill; *Furn:* valance. 2. *Aut:* steering wheel.
Volk [fɔlk], *n* -(e)s/=er (*a*) people; nation; (*Rasse*) race; **das (gemeine) V.,** the (common) people, the masses; (*b*) *F:* (*Leute*) **viel (junges) V.,** crowds of (young) people; **kleines V.,** small fry; **ein lustiges V.,** a jolly crowd; **ein blödes V.,** a load of nincompoops.
Völk|er- ['fœlkər-], *comb.fm.* international (friendship, understanding etc.); **V~recht** *n,* international law; *adj.* **v~rechtlich,** in/according to international law. '**V ~ erkunde,** *f* -/no *pl* ethnology. '**v ~ erkundlich,** *adj.* ethnological. '**V ~ ermord,** *m* -(e)s/no *pl* genocide. '**V ~ erschaft,** *f* -/-en tribe; ethnic community. '**V ~ erwanderung,** *f* -/no *pl* *Hist: & Hum:* mass migration. '**v ~ isch,** *adj. Pej:* nationalistic; racial.
Volks- ['fɔlks-], *comb.fm.* (*a*) popular (edition, custom, etymology, front, hero, art, tradition

etc.); national (income, spirit, day of mourning etc.); (enemy, voice etc.) of the people; *esp. Pol:* people's (army, democracy, party, republic, representative etc.); **V ~ aufstand** *m*/**V ~ erhebung** *f,* popular uprising; **V ~ glaube** *m,* popular belief/superstition; **V ~ mund** *m*/**V ~ sprache** *f,* popular speech, vernacular; **V ~ abstimmung** *f*/ **V ~ befragung** *f*/**V ~ entscheid** *m,* national referendum; **V ~ tracht** *f,* national costume; **V ~ versammlung** *f,* national assembly; **V ~ zählung** *f,* national census; *East G:* **V ~ polizei** *f,* People's Police; (*b*) (*öffentlich*) public (library, health, welfare etc.); **V ~ belustigung** *f,* public entertainment; **V ~ eigentum** *n,* public property; **V ~ fest** *n,* (local) public festival; (*Jahrmarkt*) funfair; (*c*) *Mus: Lit: etc:* folk (ballad, epic, music, dance etc.); **V ~ dichter** *m,* folk poet; **V ~ dichtung** *f,* folk literature; **V ~ kunde** *f,* folklore; **V ~ märchen** *n,* folk tale; **V ~ sage** *f,* folk legend; *Mus:* **V ~ lied** *n,* folksong; **V ~ weise** *f,* folktune; *Th:* **V ~ stück** *n,* (*esp.* dialect) folk play. '**V ~ deutsche(r)**, *m & f decl. as adj.* expatriate German. '**v ~ eigen,** *adj.* state-owned; *East G:* **v ~ er Betrieb,** nationalized/people's concern. '**V ~ gruppe,** *f* -/-**n** ethnic minority. '**V ~ hochschule,** *f* -/-**n** adult/*Brit:* further education college. '**V ~ menge,** *f* -/-**n** crowd (of people); multitude. '**V ~ redner,** *m* -s/- *F:* soapbox orator. '**V ~ schicht,** *f* -/-**en** social class/ stratum. '**V ~ schule,** *f* -/-**n** (*a*) basic primary and secondary school; (*b*) *A:* & *Aus:* primary school. '**V ~ schullehrer,** *m* -s/- *Volksschule* teacher. '**V ~ stamm,** *m* -(e)s/-̈**e** tribe. '**V ~ tum,** *n* -s/*no pl* national character. **V ~ tüme'lei,** *f* -/-**en** exaggerated popularizing; folksiness. '**v ~ tümlich,** *adj.* popular; (*traditionell*) traditional; *Pej:* folksy. '**V ~ tümlichkeit,** *f* -/*no pl* popular nature; *Pej:* folksiness. '**V ~ verführer,** *m* -s/-demagogue. '**V ~ wirt,** *m* -(e)s/-**e** *Univ:* (graduate) economist. '**V ~ wirtschaft,** *f* -/*no pl* economics; political economy. '**V ~ wirtschaftler,** *m* -s/- (political) economist. '**v ~ wirtschaftlich,** *adj.* economic.

voll [fɔl]. **I.** *adj.* full; (*a*) **v. etwas** *gen /***v. von/mit etwas** *dat,* full of sth.; **v. antiker Möbel/mit antiken Möbeln,** full of antique furniture; **ganz v.,** full up, filled to capacity; *F:* (*satt*) **ich bin v.** (**bis obenhin**), I am full up (to the back teeth); (*betrunken*) **der ist v.,** he is drunk; *Fig:* **aus v ~ em Halse,** at the top of one's voice; **mit v ~ en Händen,** generously, lavishly; **aus v ~ em Herzen,** from the bottom of one's heart; **den Mund v. nehmen,** to boast, brag; **das Maß ist v.,** that's the last straw; **aus dem v ~ en schöpfen,** not to stint oneself; to live off the fat of the land; (*b*) (*ganz*) whole (truth etc.); complete (success, certainty); **ein v ~ es Jahr,** a full/whole year; **es schlägt die v ~ e Stunde**/*adv.* **v.,** it is striking the hour; **mit v ~ em Recht/Vertrauen,** with every justification/confidence; **in v ~ em Ernst,** in all seriousness; *F:* **in die v ~ en gehen,** to make a splurge; *Fig:* **j-n nicht für v. nehmen,** not to take s.o. seriously; *adv.* **v. und ganz,** completely; **v. befriedigt,** fully/entirely satisfied; **v. bezahlt,** paid in full; (*c*) (*rundlich*) rounded (face); thick (lips); ample (bosom); (*Pers.*)

v ~ er werden, to fill out; (*d*) (*reich*) rich (aroma, colours etc.); **v ~ er Geschmack,** full/ rich flavour. **II.** '**V ~ -,** 'v ~ -, *comb.fm.* (*a*) full (automation, beard, possession, enjoyment, member etc.); full-length (bath, portrait etc.); complete (invalid etc.); **V ~ alarm** *m,* full alert; **V ~ beschäftigung** *f,* full employment; **V ~ milch** *f,* full-cream milk; **V ~ mond** *m,* full moon; **V ~ pension** *f,* full board; **V ~ sitzung** *f,* full/plenary session; **V ~ versammlung** *f,* full/general assembly; *F: Pej:* **V ~ idiot** *m,* complete moron/ idiot; *adj.* **v ~ fett,** full-fat (cheese etc.); (*b*) *adj.* fully (automatic, employed, developed, ripe, synthetic etc.); **v ~ besetzt,** fully occupied/*Th: etc:* booked; (*Bus*) full up; **v ~ gültig,** fully valid; **v ~ klimatisiert,** fully air-conditioned; **v ~ trunken,** completely drunk. **v ~ 'auf,** *adv.* fully; **er hat v. zu tun,** he has his hands full. '**vollaufen,** *v.i.sep.irr.58* (*sein*) to fill (up); **das Bad v. lassen,** to fill the bath. '**V ~ blut,** *n* -(e)s/*no pl* thoroughbred. '**V ~ blut-,** *comb.fm.* thoroughbred (horse etc.). '**v ~ blütig,** *adj.* **1.** thoroughbred (horse etc.). **2.** (*vital*) full of vitality. **v ~ 'bringen,** *v.tr.insep.irr.16 Lit:* to accomplish (sth.), perform (a task etc.). '**V ~ dampf,** *m* -(e)s/*no pl Nau:* & *F:* **mit V.,** full steam ahead. '**v ~ enden,** *v.tr.insep.* to complete (a task etc.); to finish (a letter etc.); **sich v.,** to reach completion, (*enden*) come to an end. **v ~ 'endet,** *p.p. as adj.* (*a*) completed; **v ~ e Tatsache,** fait accompli; (*b*) (*Pers*) accomplished; consummate (artist, *Iron:* liar); perfect (beauty, hostess etc.). '**v ~ ends** ['fɔlɛnts], *adj.* completely; (*erst recht*) especially. **V ~ 'endung,** *f* -/*no pl* **1.** (*Abschluß*) accomplishment. **2.** (*Vollkommenheit*) perfection; **die höchste V.,** the pitch of perfection. '**v ~ er,** *inv.adj.* full of; **ein Korb v. Früchte,** a basket (full) of fruit. '**v ~ essen,** *v.refl.sep.irr.25 F:* **sich v.,** to eat one's fill. '**v ~ fressen,** *v.refl.sep.irr.25 F:* **sich v.,** (*Tier*) to gorge itself. **v ~ 'führen,** *v.tr.insep.* to perform (a deed, trick etc.); *F:* to make (a terrific noise etc.). **V ~ 'führung,** *f* -/*no pl* execution. '**V ~ füllen,** *v.tr.sep.* to fill (up) (a tank etc.). '**V ~ gas,** *n* -es/*no pl* full throttle; **mit V.,** at full throttle, flat out; **V. geben,** to open right up. '**v ~ gepfropft**/'**v ~ -, gestopft,** *adj.* chock-full. '**v ~ gießen,** *v.tr.sep.irr.31* to fill (a glass etc.) (right) up. '**V ~ gummi,** *m & n* -s/*no pl* solid rubber. '**v ~ jährig,** *adj.* of age. '**V ~ jährigkeit,** *f* -/*no pl* majority. '**V ~ kasko(versicherung),** *f* -/*no pl* (*f* -/-en) comprehensive insurance. **v ~ 'kommen,** *adj.* perfect; flawless (beauty); (*vollständig*) complete (agreement etc.); absolute (certainty, trust etc.); *adv.* completely; **ich verstehe v.,** I understand perfectly; **Sie haben v. recht,** you are absolutely right. **V ~ 'kommenheit,** *f* -/*no pl* perfection; completeness. '**V ~ kornbrot,** *n* -(e)s/*no pl* coarse wholemeal bread; (*Schwarzbrot*) black bread. '**v ~ machen,** *v.tr.* (*a*) *F:* to fill (sth.) up; (*b*) *F:* (*beschmutzen*) to dirty (sth.); (*c*) to complete (a number, s.o.'s misery etc.). '**V ~ macht,** *f* -/*no pl* authority; *Jur:* power of attorney. '**V ~ matrose,** *m* -n/-n *Nau:* able seaman. '**v ~ packen**/'**v ~ pfropfen,** *v.tr.sep.* to stuff (sth.) full. '**v ~ saufen,** *v.refl.sep. P:* **sich v.,** to get completely stoned. 'v ~ **saugen**, *v.refl.sep.* **sich v.**, to become saturated. 'v ~ **schlank**, *adj.* buxom, plump; **für V ~ e**, for the fuller figure. 'v ~ **schreiben**, *v.tr.sep.* to fill up (a page etc.) (with writing). 'v ~ **ständig**, *adj.* complete; **v ~ e Adresse**, full address; **v. verrückt**, completely crazy. 'V ~ **ständigkeit**, *f -/no pl* completeness. 'v ~ **stopfen**, *v.tr.sep.* to cram, stuff (sth., oneself) (**mit** + *dat*, with). **v ~ 'streckbar**, *adj. Jur:* enforceable. 'V ~ '**strecken**, *v.tr.insep. Jur:* to execute (a judgment, will etc.), carry out (a sentence); *Fb:* to score from (a penalty kick). **V ~ '**streckker(in)**, *m -s/- (f -/-nen) Jur:* executor, *f* executrix. **V ~ '**streckung**, *f -/no pl Jur:* execution; enforcement. 'v ~ **tanken**, *v.tr. & i.sep.* (**haben**) *Aut:* to fill up (a car). 'v ~ **tönend**, *adj.* resonant, sonorous. 'V ~ **treffer**, *m -s/- Mil: etc:* direct hit; *Fig:* (*Schlager*) smash hit. 'v ~ **wertig**, *adj.* full(-blown) (member etc.); fully adequate (food, work); (replacement) of equal value. 'v ~ **zählig**, *adj.* complete (set etc.); full (turnout); **wir sind nicht v.**, not everyone is here. **v ~ '**ziehen**, *v.tr. insep.irr.113* (a) to carry out (an order etc.), perform (an action, a ceremony etc.), effect (a change, separation etc.); to consummate (a marriage); **v ~ de Gewalt**, executive power; **sich v.**, to take place. **V ~ '**ziehung**, *f -/-en/* **V ~ '**zug**, *m -(e)s/no pl* execution; performance; consummation.

Völl|erei [fœlə'rai], *f -/-en Pej:* gluttony. **v ~ ig** ['fœliç], *adj.* complete; sheer (madness, nonsense); *adv.* completely; **v. belanglos**, of no importance whatsoever; **du hast v. recht**, you are absolutely right/perfectly correct; **v. sicher**, absolutely/dead certain.

Volleyball ['vɔlibal], *m -s/no pl Sp:* volleyball
Volontär(in) [vɔlɔ'tɛːr(in)], *m -s/-s (f -/-nen)* *Journ: & Com:* trainee.
Volt [vɔlt], *n -s/- El:* volt.
Volum|en [vo'luːmən], *n -s/-* volume. **v ~ inös** [-umi'nøːs], *adj.* voluminous.
vom [fɔm], *prep.* = **von dem**.
von [fɔn], *prep. + dat.* **1.** (*Ausgangspunkt*) from; (a) (*räumlich*) **v. hier nach Bonn**, from here to Bonn; **v. wem hast du es?** who gave it to you? **etwas vom Tisch nehmen**, to take sth from/off the table; **v. mir aus**, I don't mind; please yourself; **v. sich aus**, on one's own; (b) (*zeitlich*) **v. jetzt an**, from now on; **v. Kind auf/v. Kindheit an**, from/since childhood; **v. jeher**, always. **2.** (*Mittel, Ursache*) (a) **ein Gedicht v. Heine**, a poem by Heine; **v. Hand hergestellt**, made by hand, (b) **müde v. der Reise**, tired from the journey; **schwarz v. Menschen**, black with people; (c) **er lebt v. seinem Gehalt**, he lives on his salary; **sie hat es v. ihrem Lohn gekauft**, she bought it with/out of her wages; **v. selbst**, by oneself/itself; automatically. **3.** (a) (*Beschaffenheit*) of; **v. Gold/Papier**, of gold/paper; **v. Belang**, of importance; **ein Tisch v. 3 Meter Länge**, a table 3 metres in length; **eine Frau v. 40 Jahren**, a woman of 40; **eine Fahrt v. 3 Stunden**, a 3 hour journey; **Ire v. Geburt**, Irish by birth; **schwer v. Begriff**, slow on the uptake; (b) (*statt Genitiv*) **der König v. Spanien**, the King of Spain; *F:* **der Hut v. Vater**, father's

hat; **ein Stück v. der Torte**, a piece of the cake; (c) (*aus*) **drei v. zehn sind krank**, three out of ten are ill; **ein Freund v. mir**, a friend of mine; **das war nett v. dir**, it was nice of you; (d) (*über*) **v. etwas erzählen/sprechen**, to talk about sth.; *P:* **v. wegen dem Buch . . .**, about that book . . .
v ~ ei'nander, *adv.* from one another/each other; **v. reden**, to speak of/about one another.
v ~ statten [-'ʃtatən], *adv.* **v. gehen**, to take place, (*verlaufen*) proceed.
Vopo ['foːpo], *m -s/-s East G: F:* member of the People's Police.
vor [foːr]. **I.** *prep.* **1.** (*räumlich*) (a) (+ *dat*) in front of; **v. Zeugen**, in front of witnesses; **v. j-m**, (**einem**) **Gericht usw. erscheinen**, to appear before s.o., a court etc.; **weit v. uns**, far ahead of us; **v. der Tür**, at the door; **v. der Stadt**, outside the town; *Fig:* **v. der Wahl stehen**, to be confronted/faced with the choice; (b) (+ *acc*) in front of; **v. die Tür treten**, to step up to the door; **v. sich hin murmeln/singen**, to mutter/sing to oneself; *Fig:* **j-n v. etwas stellen**, to confront/face s.o. with sth.; (c) (*Rangordnung*) (+ *dat*) before; **X kommt v. Y**, X comes before Y; **v. j-m durchs Ziel gehen**, to finish in front/ahead of s.o.; **v. allem/allen Dingen**, above all. **2.** (*zeitlich*) (+ *dat*) before; **fünf Minuten v. sieben**, five minutes to seven; (**heute**) **v. einem Jahr**, a year ago (today); **nicht v. zwei Stunden zurückkommen**, to return in not less than two hours; **das habe ich noch v. mir**, I still have that to come. **3.** (*Ursache*) (+ *dat*) **v. Kälte, Angst, Zorn usw. zittern**, to tremble with cold, fear, rage etc.; **v. Hunger sterben**, to die of hunger. **4.** (+ *dat*) **Schutz/Sicherheit v. etwas**, protection/safety from sth.; **sie versteckt sich v. mir**, she's hiding from me; **v. etwas gewarnt**, warned of sth.; **Achtung v. j-m**, respect for s.o. **II.** *adv.* (*nach vorn*) forwards. **III.** 'V ~ ~, 'v ~ ~, *comb.fm.* **1.** (a) preliminary (treatment, discussion, question, course, examination, studies, *Sp:* round etc.); (*vorläufig*) interim (decision, report etc.); (*vorbereitend*) preparatory (work, exercise etc.); **V ~ entwurf** *m*/**V ~ studie** *f*, preliminary/first draft; **V ~ gespräch** *n*, preliminary talk; **V ~ stufe** *f*, preliminary stage; *Jur:* **V ~ verfahren** *n*, preliminary hearing; **j-n v.** advance (post etc); *Mil:* **V ~ trupp** *m*, advance party; (c) (*vorhergehend*) previous (day, year etc.); prior (announcement etc.). **2.** *adj.* pre-(Christian etc.); **v ~ ehelich**, pre-marital; **v ~ weihnachtlich**, pre-Christmas. **3.** *sep.vbl.prefix* (a) (*im voraus*) (to warm etc.) in advance; to pre-(heat, cook etc.); **v ~ fabrizieren/v ~ fertigen**, to prefabricate (sth.); (b) (*nach vorn*) (to push, rush etc.) forward, to the front; **sich v ~ lehnen**, to lean forward; **j-n v ~ rufen**, to call s.o. to the front; (c) *F:* (*hervor*) **v ~ gucken/v ~ schauen**, to peep out; (*Unterrock usw.*) to show; (d) (*für j-n*) **j-m etwas v ~ rechnen**, to work sth. out for s.o.
vor'ab, *adv.* in advance. 'V ~ **druck**, *m -(e)s/-e* preprint.
'V**orabend**, *m -s/-e* evening before.
'V**orahnung**, *f -/-en* premonition.
'V**oralarm**, *m -(e)s/-e esp. Mil:* early warning.
'V**oralpen**, *pl* Alpine foothills.
voran [fo'ran]. **I.** *adv.* (a) first, in front; **allen** *dat* **v.**, ahead of everyone; first and foremost; (b)

(*vorwärts*) forwards; **immer langsam v.!** easy does it! II. *sep.vbl.prefix* (to hurry etc.) ahead; (to carry etc.) in front. **v ~ bringen**, *v.tr.sep.irr.16* to advance (a development etc.). **v ~ gehen**, *v.i.sep.irr.36* (*sein*) (*a*) (*Pers.*) to lead the way); to go on ahead (**j-m**, of s.o.); (*Sache*) **etwas** *dat* **v.**, to precede sth; (*b*) (*Arbeit usw.*) to make progress. **v ~ kommen**, *v.i.sep.irr.53* (*sein*) to make headway/progress. **v ~ stellen**, *v.tr.* to begin with (sth.). **v ~ treiben**, *v.tr.sep.irr.12* to give (sth.) a push.

'**Voranmeldung**, *f* -/-en advance booking; *Tel:* **mit V.**, booked in advance.

'**Voranschlag**, *m* -(e)s/ˈe *Com:* estimate.

'**Voranzeige**, *f* -/-n preliminary announcement; *Cin:* trailer.

'**Vorarbeit**, *f* -/-en preparatory work, ground work. '**v ~ en**, *v.sep.* **1.** *v.refl.* **sich v.**, to work one's way forward. **2.** *v.i.* (*haben*) (**j-m**) **v.**, to prepare the ground (for s.o.). '**V ~ er**, *m* -s/- foreman.

voraus [foˈraus]. **I.** *adv.* (*a*) ahead, in front (+ *dat*, of); **seiner Zeit v.**, ahead of one's time; (*b*) [ˈfoːraus] **im v.**, in advance; (*Dank usw.*) in anticipation. **II. V ~ -**, **v ~ -**, *comb.fm.* (*a*) advance (*Com:* order, *Pub:* copy, *Mil:* party etc.); **V ~ planung** *f*, advance/forward planning; **V ~ zahlung** *f*, advance (payment); (*b*) *sep.vbl.prefix* (to hurry, travel etc.) on ahead; (to pay, know etc.) in advance; **v ~ laufen**, to run on ahead; **etwas v ~ schicken** to send sth. on ahead/in advance. **v ~ ahnen**, *v.tr.sep.* to have a premonition of (sth.). **v ~ berechnen**, *v.tr.sep.* to estimate (costs etc.); to forecast (a result etc.). **v ~ datieren**, *v.tr.sep.* to postdate (a document etc.). **v ~ gehen**, *v.i.sep.irr.36* (*sein*) (*a*) to go on ahead; (*b*) **j-m, etwas** *dat* **v.**, to precede s.o., sth. **v ~ haben**, *v.tr.sep.irr.44* **was hat er uns voraus?** what advantages does he have over us? **V ~ sage**, *f* -/-n prediction, forecast. **v ~ sagen**, *v.tr.sep.* to forecast, predict (sth.). **v ~ schauen**, *v.i.sep.* (*haben*) to look ahead. **v ~ schauend**, *adj.* forward-looking; far-sighted. **v ~ sehen**, *v.tr.sep.irr.92* to foresee, anticipate (sth.). **v ~ setzen**, *v.tr.sep.* to presuppose (sth.), take (sth.) for granted; (*Stellung*) to require (sth.); **als bekannt v.**, to take (sth.) as known; **wir müssen v., daß...**, we must assume that...; **vorausgesetzt, daß...**, provided that ... **V ~ setzung** *f* -/-en requirement; qualification (for a job); **falsche V.**, wrong assumption/premise; **unter der V., daß...**, on the condition/understanding that...; **er machte es zur V., daß...**, he made it a condition that ... **V ~ sicht** *f* -/-en foresight; **aller V. nach**, in all probability. **v ~ sichtlich**, *adj.* expected (date, time etc.); *adv.* in all probability; it is anticipated/expected that...; **er kommt v. am Montag**, he is expected on Monday.

Vorbau [ˈfoːrbau], *m* -(e)s/-ten projecting structure, *esp.* porch. '**v ~ en**, *v.sep.* **1.** *v.tr.* to build on (a porch etc.) in front. **2.** *v.i.* (*haben*) to take precautions; **etwas** *dat* **v.**, to guard against sth.

Vorbedacht [ˈfoːrbədaçt], *m* **mit V.**, deliberately.

'**Vorbedingung**, *f* -/-en precondition, prerequisite.

'**Vorbehalt**, *m* -(e)s/-e reservation; (*Bedenken*) misgiving; **ohne V.**, unreservedly. '**v ~ en**, *v.tr. sep.irr.45* **sich** *dat* **etwas v.**, to reserve the right to sth.; **es war/blieb ihm v.** (**zu...**), it fell/was left to him (to...); **alle Rechte v.**, all rights reserved. '**v ~ slos**, *adj.* unconditional; *adv.* unreservedly.

vorbei [forˈbai]. **I.** *adv.* (*a*) (*räumlich*) past; **an mir v.**, past me; **er muß hier v.**, he has to come past (here)/come this way; (*b*) (*zeitlich*) over, past; **die Schmerzen sind v.**, the pain has gone; **3 Uhr v.**, past/*F:* gone 3 o'clock; **aus und v.**, over and done with; **mit uns ist es v.**, (i) we are finished; (ii) it's all over between us; **v. ist v.**, what's done is done. **II.** *sep.vbl.prefix* (to hurry, fly, lead, march, ride, run etc.) past (**an j-m, etwas** *dat*, s.o., sth.); **an dem Haus v ~ fahren**, to go/*Aut:* drive past the house; **j-n v ~ lassen**, to let s.o. past; **v ~ können/v ~ mögen**, to be able to/want to get past; **v ~ ziehen**, to file/march past; *Sp:* to overtake. **v ~ gehen**, *v.i. sep.irr.36* (*sein*) (*a*) (*Pers., Fig: Zeit usw.*) to pass; **v. an** + *dat*, to go/(*zu Fuß*) walk past (s.o., sth.); (*Schuß*) to miss (the target); *Fig:* (*Pers.*) (*nicht beachten*) to disregard, ignore (s.o., sth.); *Fig:* **am Kern der Sache v.**, to miss the (main) point; **im V.**, in passing; (*b*) (*besuchen*) *F:* to drop in (**bei j-m**, on s.o.; **bei der Post usw.**, at the post office). **v ~ kommen**, *v.i.sep.irr.53* (*sein*) (*a*) to pass, come past (**an etwas** *dat*, sth.); **an einem Hindernis v.**, to get past an obstacle; (*b*) *F:* (*besuchen*) to drop in (**bei j-m**, on s.o.). **V ~ marsch**, *m* -(e)s/ˈe march-past. **v ~ reden**, *v.i.sep* (*haben*) **v. an** + *dat*, to talk round (the subject etc.), evade a problem etc.); **aneinander v.**, to talk at cross purposes. **v ~ schauen**, *v.i.sep.* (*haben*) *F:* to drop/pop in (**bei j-m**, to see s.o.). **v ~ schießen**, *v.i.sep.irr.31* (*a*) (*haben*) to miss the target; (*b*) (*sein*) to shoot past.

'**Vorbemerkung**, *f* -/-en preamble; prefatory remark/(*im Buch*) note.

'**vorbereit|en**, *v.tr.sep.* to prepare (s.o., sth.) (**auf/für** + *acc*, for); **sich v.**, (i) (*Pers.*) to prepare (oneself); (ii) (*Ereignis*) to be in the offing. '**v ~ end**, *adj.* preparatory. '**V ~ ung** *f* -/-en preparation (**auf/für** + *acc*, for). '**V ~ ungs-**, *comb.fm.* preparatory (work, measures etc.).

'**Vorbesichtigung**, *f* -/-en preview.

'**vorbestell|en**, *v.tr.sep.* to order (goods etc.) in advance; to book, reserve (a room, seats etc.). '**V ~ ung**, *f* -/-en advance order; *Th:etc:* booking, reservation.

'**vorbestraft**, *adj. Jur:* (**zweimal/mehrfach**) **v.**, with (two/several) previous convictions; **nicht V ~ er**, first offender.

'**vorbeug|en**, *v.* **1.** *v.i.* (*haben*) **etwas** *dat* **v.**, to prevent sth.; **einer Gefahr/einem Angriff v.**, to forestall a danger/an attack; **v ~ de Maßnahmen**, preventive measures. **2.** *v.refl.* **sich v.**, to bend forward. '**V ~ ung**, *f* -/-en prevention. '**V ~ ungs-**, *comb.fm.* preventive (measure etc).

'**Vorbild**, *n* -(e)s/-er model, example; **j-n zum V. nehmen**, to take s.o. as one's model. '**v ~ lich**, *adj.* exemplary (behaviour etc.); model (pupil etc.); **v ~ er Mensch**, paragon.

'**Vorbote**, *m* -n/-n *esp. Fig:* herald.

'**vorbringen**, *v.tr.sep.irr.16* to put forward (an argument, a claim etc.); to offer (an excuse, proof), produce (evidence); to express (a wish etc.), state (a reason).

'**Vorbühne**, *f -/-n Th:* proscenium.

'**Vordach**, *n -(e)s/-̈er* (projecting) canopy.

'**vordatieren**, *v.tr.sep.* to postdate (cheques etc.).

Vorder- ['fɔrdər-], *comb.fm.* front (axle, wheel, seat, paw, room etc.); fore(-deck etc.); **V~ansicht** *f,* front view/*Arch:* elevation; **V~teil** *n & m,* front part/section; *Aut:* **V~radantrieb** *m,* front wheel drive; *Z:* **V~bein** *n,* foreleg. '**V~asien**. *Pr.n.n -s. Geog:* Near East. **v~e(r,s)** ['fɔrdərə(r,s)], *adj.* front; *Sp:* **einer der v~ren Plätze,** one of the first places. '**V~front,** *f -/-en* front facade. '**V~grund,** *m -(e)s/no pl* foreground; *Fig:* **im V. stehen,** to be in the limelight; **etwas in den V. stellen,** to give sth. prominence/emphasis; **in den V. treten,** to come to the fore. '**v~gründig,** *adj.* obvious, transparent (motive etc.); (*oberflächlich*) superficial (treatment etc.). '**V~lader,** *m -s/-* muzzle loader. '**v~lastig,** *adj.* nose-heavy. '**V~mann,** *m -es/-̈er* man in front. '**V~seite,** *f -/-n* front; obverse (of a coin) '**v~ste(r,s)**, *adj.* foremost; very first (row etc.).

'**vorderhand**, *adv.* for the moment/the time being.

'**vordringen**, *v.i.sep.irr.19* (*sein*) to advance; (*Fortschritte machen*) to make headway; **bis zu j-m v.,** to get as far as s.o. '**v~lich,** *adj.* urgent; **als v. zu behandeln,** to be given priority. '**V~lichkeit,** *f -/no pl* urgency.

'**Vordruck,** *m -(e)s/-e* printed form, *N.Am:* blank.

'**voreilig,** *adj.* (over)hasty, rash. '**V~keit,** *f -/no pl* (over)hastiness, rashness.

vorei'nander, *adv.* (*Sachen*) one in front of the other, (*Pers.*) in front of one another; **sich v. verneigen,** to bow to one another; **Angst/Achtung v. haben,** to fear/respect one another.

'**voreingenommen,** *adj.* biased, prejudiced (**für/gegen** + *acc.*) in favour of/against). '**V~heit,** *f -/no pl* bias, prejudice.

'**vorenthalten,** *v.tr.sep.irr.45* to withhold (information etc.) (j-m, from s.o.).

'**vorerst,** *adj.* for the time being.

'**vorerzählen,** *v.tr.sep. F:* **j-m etwas v.,** to spin s.o. a yarn.

'**Vorfahr,** *m -en/-en/* '**V~e,** *m -n/-n* ancestor. '**v~en,** *v.tr. & i.sep.irr.26* (*sein*) to drive (a car etc.) up (**vor die Tür usw.,** to the door etc.); (*vorrücken*) to drive (the car) forward; (*vorausfahren*) to drive on ahead; **andere v. lassen,** to let other drivers pass/go first. '**V~t,** *f -/no pl* (*also* **V~(s)recht** *n*) right of way, priority. '**V~t(s)straße,** *f -/-n* major road. '**V~t(s)zeichen,** *n -s/-* give way sign.

'**Vorfall,** *m -(e)s/-̈e* **1.** incident, occurrence; **seltsame V~e,** strange happenings/goings-on. **2.** *Med:* prolapse. '**v~en,** *v.i.sep.irr.27* (*sein*) (*a*) (*geschehen*) to happen, occur; (*b*) to fall forward; *Med:* to prolapse.

'**Vorfeld,** *n -(e)s/-er* approach; *Av:* apron.

'**vorfertigen,** *v.tr.sep.* to prefabricate (parts).

'**Vorfilm,** *m -(e)s/-e* supporting film.

'**vorfinden,** *v.tr.sep.irr.96* to find (s.o., sth.) (waiting for one).

'**vorflunkern,** *v.tr.sep. F:* (**j-m**) **etwas v.,** to tell s.o. fibs.

'**Vorfreude,** *f -/no pl* pleasurable anticipation.

'**Vorfrühling,** *m -s/no pl* premature springlike weather.

'**Vorführ|dame,** *f -/-n* model, mannequin. '**v~en,** *v.tr.sep.* (*a*) (*aufführen*) to put on (an act, show etc.) (j-m, for s.o.); to show (a film, play etc.) (j-m, to s.o.); to bring on (performing lions etc.); (*b*) (*ausstellen*) to display (goods etc.), model (clothes), *Com:* demonstrate (a gadget etc.), *F:* show off (a new dress etc.) (j-m, to s.o.); (*c*) (*vorstellen*) to introduce (a friend etc.) (**der Familie usw.,** to the family etc.); **dem Richter vorgeführt werden,** to be brought before the judge. '**V~er(in),** *m s/* (*f -/-nen*) **1.** demonstrator. **2.** *Cin:* projectionist. '**V~gerät,** *n -(e)s/-e* **1.** demonstration model. **2.** *Phot:Cin:* projector. '**V~raum,** *m -(e)s/-̈e Cin:* projection room. '**V~ung,** *f -/-en* (*a*) presentation; *Cin:* showing; *Th:* performance; (*b*) *Com:* demonstration; *Cl:* modelling. '**V~wagen,** *m -s/- Aut:* demonstration model, *F:* demonstrator.

'**Vorgabe,** *f -/no pl Sp:* handicap. '**V~zeit,** *f -/-en Ind:* prescribed time (for a job).

'**Vorgang,** *m -(e)s/-̈e* **1.** course of events; (*Verfahren*) *Tchn:Biol:etc:* process; *Tchn:* operation; *Parl:etc:* proceedings *pl;* **er hat den V. genau beschrieben,** he described exactly what happened; **seltsame V~e,** strange goings-on. **2.** *Adm:* file, record.

'**Vorgänger(in),** *m -s/-* (*f -/-nen*) predecessor.

'**Vorgarten,** *m -s/-̈* front garden.

'**vorgaukeln,** *v.tr.sep.* to hold out beguiling prospects of (sth.); **ich will euch nichts v.,** I don't want to give you false hopes.

'**vorgeb|en,** *v.tr.sep.irr.35* (*a*) to pass (sth.) forward; (*b*) (*zum Vorwand*) to pretend (**krank zu sein usw.,** to be ill etc.); to give as an excuse, pretend to have (urgent business etc.); (*c*) *Sp:* **j-m 5 Meter/10 Punkte v.,** to give s.o. 5 metres start/an advantage of 10 points; (*d*) (*festlegen*) to prescribe, lay down (sth.). '**v~lich,** *adj.* alleged; ostensible (reason).

'**Vorgebirge,** *n -s/-* foothills.

'**vorgefaßt,** *adj.* **v~e Meinung,** preconceived idea.

'**Vorgefühl,** *n -(e)s/-e* presentiment; **V. von Glück,** anticipation of happiness.

'**vorgehen.** **I.** *v.i.sep.irr.36* (*sein*) (*a*) to go forward; (*vorausgehen*) to go on ahead, (*Uhr*) to be fast; *Mil:etc:* to advance; **zum Altar v.,** to go up to the altar; **j-n v. lassen,** to let s.o. go first; (*b*) (*Vorrang haben*) to take precedence (**allem anderen,** over everything else); (*c*) (*geschehen*) to happen, (*stattfinden*) take place; **was geht hier vor?** what's going on here? **mit ihm war eine Veränderung vorgegangen,** he had undergone a change; (*d*) (*handeln*) to act, take action (**gegen** + *acc,* against); **vorsichtig/geschickt v.,** to proceed with caution/skill; **gegen j-n gerichtlich v.,** to take legal proceedings against s.o. **II.** *V., n -s/no pl* action.

'**vorgelagert,** *adj.* (**der Küste**) **v.,** offshore.

'**vorgenannt,** *adj. Adm:* aforementioned.

'**vorgerückt,** *p.p. as adj.* late (hour), advanced (age, stage etc.).

'**Vorgeschicht|e**, *f -/no pl* **1.** (*Periode*) prehistory. **2.** past history, background. '**v ~ lich**, *adj.* prehistoric.

'**Vorgeschmack**, *m -(e)s/no pl* foretaste.

'**Vorgesetzte(r)**, *m & f decl. as adj.* superior; *Mil:* superior officer.

'**vorgestern**, *adv.* the day before yesterday; *Fig:* **von v.**, antiquated.

'**vor|greifen**, *v.i.sep.irr.43* (*haben*) to anticipate (j-m, einer Entscheidung usw., s.o., a decision etc.); (*beim Erzählen*) to jump ahead; **nicht v.!** wait and see! '**V ~ griff**, *m -(e)s/-e* anticipation.

'**vorhaben. I.** *v.tr.sep.irr.44* (*a*) to have (sth.) in mind; to plan (sth.); **was hast du vor?** what do you intend to do? what are your plans? **hast du heute abend etwas vor?** have you got anything on/planned for to-night? (*b*) *F:* to wear (an apron etc.); (*c*) *F:* (*zusetzen*) to go on at (s.o.). **II. V.**, *n -s/-* plan, *Com:* project; (*Absicht*) intention.

'**Vorhalle**, *f -/-n* entrance hall, vestibule; (*Vorbau*) portico.

'**vorhalt|en**, *v.sep.irr.45* **1.** *v.tr.* (*a*) to hold up (a dress, *Fig:* s.o. as an example etc.) (j-m, to s.o.); (*beim Husten usw.*) to hold (one's hand etc.) in front of one's mouth; **mit vorgehaltener Pistole**, at pistol point; (*b*) **j-m einen Fehler usw. v.**, (*immer*) to hold a mistake etc. against s.o.; (*einmal*) to reproach s.o. with a mistake etc. **2.** *v.i.* (*haben*) *F:* (*Vorrat usw.*) to last (out). '**V ~ ung**, *f -/-en* remonstration; **V~en machen**, to remonstrate with s.o.

'**Vorhand**, *f -/no pl* **1.** *Tennis: & Z:* forehand. **2.** *Cards:* lead. **v ~ en** [fo:r'handən], *adj.* existing; (*verfügbar*) available; *Com:* (*Ware*) in stock; (*Substanz usw.*) **bei etwas dat v.**, present in sth.; **die Gefahr ist noch/nicht mehr v.**, the danger still/no longer exists; **es ist noch reichlich/nichts mehr v.**, there is still plenty/none left. **V ~ ensein**, *n -s/no pl* existence.

'**Vorhang**, *m -(e)s/-e* curtain; *Th:etc:* **er bekam/ hatte zehn V ~ e**, he took ten curtain calls. '**V ~ stange**, *f -/-n* curtain rod.

'**vorhäng|en**, *v.tr.insep.* to hang (sth.) in front; to put on (a chain, padlock etc.). '**V ~ e- schloß**, *n -sses/-sser* padlock.

vorher ['fo:rhe:r], *adv.* before; (*im voraus*) beforehand, in advance; **zwei Wochen v.**, two weeks earlier. **v ~ bestimmt** [fo:r'he:r-], *p.p. as adj.* predetermined; (*vom Schicksal*) predestined. **v ~ gehen**, *v.i.sep.irr.36* (*sein*) **etwas dat v.**, to precede sth. **v ~ gehend**, *adj.* preceding; previous (chapter etc.); **im V ~ en erwähnt**, referred to above. **v ~ ig** [fo:r'he:riç], *adj.* previous (evening etc.); prior (warning, agreement etc.). **V ~ sage**, *f -/-n* prediction; (*weather etc.*) forecast. **v ~ sagen**, *v.tr.sep.* to predict, forecast (sth.). **v ~ sehen**, *v.tr. sep.irr.92* to foresee (sth.).

'**Vorherr|schaft**, *f -/no pl* predominance; *Pol:etc:* supremacy (**über** + *acc*, over). '**v ~ schen**, *v.i.sep.* (*haben*) to predominate; (*Meinung usw.*) to prevail. '**v ~ schend**, *adj.* (pre)dominant (colour etc.); prevailing, prevalent (opinion, trend etc.).

'**vorhin**, *adv.* a moment ago, just now. '**v ~ ein**, *adv. esp. Aus:* **im v.**, beforehand, in advance.

'**Vorhof**, *m -(e)s/-e* forecourt; *Anat:* atrium.

'**Vorhut**, *f -/-en Mil:* advance guard.

vorig ['fo:riç], *adj.* last (month, year etc.); previous (chapter, paragraph etc.); former, previous (boss, job etc.); (*Standpunkt: jetzt*) **erst v~e Woche**, only last week; (*Standpunkt: Vergangenheit*) **in der v~en Woche**, the week before; the previous week; *Th:* **die V~en**, the same.

'**Vorjahr**, *n -(e)s/-e* previous year. '**vorjährig**, *adj.* previous year's (fashion etc.).

'**Vorkämpfer(in)**, *m -s/- (f -/-nen)* pioneer.

'**vorkauen**, *v.tr.sep. F:* **j-m etwas v.**, to spoon-feed s.o. with sth.

'**Vorkehrungen**, *fpl* precautions.

'**Vorkenntnisse**, *fpl* (*a*) previous knowledge/ (*Erfahrung*) experience; (*b*) (*Grundkenntnisse*) basic knowledge, grounding.

'**vorknöpfen**, *v.tr.sep. F:* **sich** *dat* **j-n v.**, to put s.o. on the carpet.

'**vorkomm|en. I.** *v.i.sep.irr.53* (*sein*) (*a*) (*geschehen*) to happen; (*sich finden*) (*Pflanzen, Tiere usw.*) to occur, be found (somewhere); **daß mir das nicht wieder vorkommt!** don't let it happen again! **so etwas ist mir noch nicht vorgekommen**, I have never come across/heard of such a thing; (*Name usw.*) **auf einer Liste v.**, to occur/figure on a list; (*b*) (*scheinen*) **j-m komisch, verdächtig v.**, to strike s.o. as odd, suspicious etc.; **er kommt mir bekannt vor**, I have a feeling that I know him; **es kommt mir so vor, als ob . . .**, I feel as though . . .; **das kommt dir nur so vor**, your are just imagining it; **sich** *dat* **klug, wichtig usw. v.**, to think oneself clever, important, etc.; **ich kam mir** *dat* **überflüssig vor**, I felt unwanted; (*c*) to come to the front; (*hervorkommen*) to come out. **II. V.**, *n - s/-* (*a*) *no pl* occurrence; (*Häufigkeit*) incidence of a disease etc.); (*b*) *Miner:etc:* deposit. '**V ~ nis**, *n -sses/-sse* incident, occurrence.

'**Vorkriegs-**, *comb.fm.* prewar (generation etc.); '**V ~ zeit** *f*, prewar period.

'**vorlad|en**, *v.tr.sep.irr.56 Jur:* to summon(s) (s.o.), *esp N.Am:* subpoena (s.o.). '**V ~ ung**, *f -/-en Jur:* summons, *esp. N.Am:* subpoena.

'**Vorlage**, *f -/-n* **1.** (*Muster*) pattern; *Lit:* model; *Print:etc:* original; **nach einer V. zeichnen**, to draw (a copy) from an original. **2.** (*a*) *no pl* (*Vorlegen*) presentation, production; submission of a claim etc.); **bei V.**, on presentation; (*Zahlung*) on demand; (*b*) *Parl:* (*Gesetzesv.*) bill. **3.** *Sp:* (*a*) *Ski:* forward lean; (*b*) *Fb:* forward pass.

'**vorlassen**, *v.tr.sep.irr.57* (*a*) to let (s.o.) go first/(*in einer Schlange*) jump the queue; *Aut:Sp:* to let (s.o.) overtake; (*b*) **bei j-m vorgelassen werden**, to be allowed to see s.o.

'**Vorlauf**, *m -(e)s/-e Sp:* preliminary/qualifying heat.

'**Vorläuf|er(in)**, *m -s/- (f -/-nen)* forerunner. '**v ~ ig**, *adj.* provisional; interim (measure, report etc.); temporary (appointment etc.); *adv.* for the moment; provisionally, temporarily.

'**vorlaut**, *adj.* cheeky, cocky; too full of himself/ herself.

'**Vorleben**, *n -s/no pl* past (life).

'**Vorlege-** ['fo:rle:gə-], *comb.fm.* serving (spoon, fork etc.); **V~besteck** *n*, serving cutlery. '**v ~ en**, *v.tr.sep.* (*a*) to present (sth.) (j-m, to s.o.); to produce, show (one's passport etc.); to submit (evidence, a claim, question etc.) (j-m, to s.o.); to hand in (*Sch:* work, *Univ:* a dissertation etc.); **j-m einen Brief zur Unterschrift v.**, to give s.o. a letter to sign; (*b*) to put (a chain, bolt) across; (*c*) **sich v.**, to lean forward; (*d*) *Fb:* to pass (the ball) (j-m, to s.o.); (*e*) *Rac:* **ein scharfes Tempo v.**, to set a cracking pace. 'V ~ **er**, *m* -s/- mat, rug.

'**vorles|en**, *v.tr.&i.sep.irr.61* (*haben*) to read (sth.) aloud; **soll ich (es) dir v.?** shall I read (it) to you? 'V ~ **er(in)**, *m* -s/- (*f* -/-nen) reader. 'V ~ **ung**, *f* -/-en (*a*) reading; (*b*) *Univ:* lecture (**über** + *acc*, on).

'**vorletzte(r,s)**, *adj.* last but one; penultimate (syllable etc.); **im v ~ n Jahr**, the year before last.

'**Vorlieb|e**, *f* -/*no pl* predilection, preference; **etwas mit V. tun**, to be particularly fond of doing sth. **v ~ nehmen** [-'li:pne:mən], *v.i. sep.irr.69* (*haben*) to make do (**mit** + *dat*, with).

'**vorlieg|en**, *v.i.sep.irr.62* (*haben*) to be on hand/ (**zur Verfügung**) available; **j-m, dem Gericht usw. v.**, to be in s.o.'s hands, the hands of the court etc.; **mir liegt ein Gutachten vor**, I have (received) a report; **zur Beantwortung/Unterschrift v.**, to be awaiting an answer/a signature; **gegen ihn liegen Anschuldigungen vor**, charges have been brought against him; **es liegt/liegen . . . vor**, there is/are . . . 'v ~ **end**, *adj.* available; (book, question etc.) under consideration; **im v ~ en Fall**, in this/the present case.

'**vorlügen**, *v.tr.sep.irr.63* F: **j-m alles mögliche v.**, to tell s.o. all kinds of lies.

'**vormachen**, *v.tr.sep.* F: (*a*) **j-m etwas v.**, to show s.o. how to do sth.; **darin macht ihm niemand was vor**, no one can teach him anything about that; (*b*) **j-m/sich** *dat* **etwas v.**, to kid s.o./oneself; (*täuschen*) **mir machst du nichts vor!** you can't fool me!

'**Vormacht(stellung)**, *f* -/*no pl* supremacy.

'**vormals**, *adv.* formerly.

'**Vormarsch**, *m* -(e)s/⁻e *Mil:etc:* advance.

'**Vormast**, *m* -(e)s/-en *Nau:* foremast.

'**vormerken**, *v.tr. sep.* to make a note of (sth.); to book (a room etc.); **j-n/sich für etwas** *acc* **v. lassen**, to put s.o.'s/one's name down for sth.

'**Vormittag**. I. *m* -s/-e (late) morning; **am V.**, in the morning. II. **v.**, *adv.* **heute/gestern/ morgen v.**, this/yesterday/tomorrow morning. 'v ~ **s**, *adv.* in the morning. 'V ~ **s-**, *comb.fm.* morning (programme, shift etc.); V ~ **stunden** *fpl*/V ~ **zeit** *f*, hours of the morning.

'**Vormund**, *m* -(e)s/⁻e guardian; *Fig:* **wir brauchen keinen V.**, we don't need anyone to tell us what to do. 'V ~ **schaft**, *f* -/*no pl* guardianship (**über j-n**, of s.o.); **unter V.**, in the care of a guardian.

vorn|(e) [fɔrn('fɔrnə)], *adv.* in/at the front; (*vor mir/uns*) ahead; **weiter v.**, further on; **nach v.**, to the front, forwards; (*Zimmer*) **nach v. liegen**, to look out at the front; (*im Rennen*) **nach v. gehen**, to take the lead; **von v.**, (i) (seen) from the front; (ii) (*am Anfang*) at the beginning; (*von neuem*) all over again; **von v. nach hinten**, from start to finish. **v ~ (e)' weg**, *adv.* ahead, in front. **v ~ he'rein**, *adv.* **von v.**, from the start. **v ~ 'über**, *adv. & sep.vbl. prefix* forwards; **v ~ fallen/v ~ kippen**, to fall/tip (over) forwards.

Vornahme ['fo:rna:mə], *f* -/-n undertaking, carrying out.

'**Vorname**, *m* -ns/-n Christian name, *N.Am:* given name.

vornehm ['fo:rne:m], *adj.* (*a*) distinguished, (*adelig*) aristocratic (circles, family, appearance etc.); stately (building); gentlemanly, ladylike (manner); **v ~ e Gesellschaft**, high society; *Pej:* **v. tun**, to give oneself airs; **sie ist sich** *dat* **zu v., um mit mir zu sprechen**, she is too stuck up to talk to me; (*b*) (*elegant, modisch*) smart, exclusive (resort, area, school etc.); (*c*) (*kultiviert*) refined, cultured (taste etc.); elegant (dress, interior); **v ~ e Gesinnung**, high-minded attitude. 'V ~ **heit**, *f* -/*no pl* (*a*) distinction; aristocratic bearing; (*des Geistes*) high-mindedness; (*des Geschmacks*) refinement; (*b*) smartness, exclusiveness.

'**vornehmen**, *v.tr.sep.irr.69* (*a*) (*ausführen*) to carry out, undertake (an alteration etc.); (*b*) F: (*vorknöpfen*) **den werde ich mir v.!** I'll give him a piece of my mind! (*c*) **sich** *dat* **etwas v.**, to decide/(*planen*) plan to do sth.; to decide on sth.; **ich hab's mir vorgenommen**, I have made up my mind to do it; **er hat sich zuviel vorgenommen**, he is trying to do too much; (*d*) F: **sich** *dat* **ein Buch usw. v.**, to take up/start a book etc.

'**Vorort**. I. *m* -(e)s/-e suburb. II. V ~ (s)-, *comb.fm.* suburban (traffic, train etc.); V ~ **bahn** *f*, suburban line.

'**Vorplatz**, *m* -es/⁻e forecourt.

'**Vorprogramm**, *n* -s/-e *Cin:* preceding programme.

'**Vorrang**, *m* -(e)s/*no pl* precedence, priority (**vor** + *dat*, over). 'v ~ **ig**, *adj.* of prime importance; (treatment) as a matter of priority. 'V ~ **stellung**, *f* -/-en position of preeminence. 'V ~ **straße**, *f* -/-en *esp. Aus:* major road.

'**Vorrat**, *m* -(e)s/⁻e stock, supply (**an** + *dat*, of); *Fig:* fund, stock (**an Witzen usw.**, of jokes etc.); *pl* V ~ e, supplies, (*Proviant*) provisions; *Com:* stocks; **etwas auf V. kaufen**, to lay in a stock of sth.; *Com:* **solange der V. reicht**, while stocks last. 'V ~ **s-**, *comb.fm.* store, *Com:* stock (room etc.); V ~ **kammer** *f*/V ~ **schrank** *m*, store/ stock cupboard; (*für Eßwaren*) larder, pantry.

vorrätig ['fo:rɛ:tiç], *adj.* in stock, available; **davon ist nichts mehr v.**, it is out of stock.

'**Vorraum**, *m* -(e)s/⁻e anteroom; (*Eingangshalle*) lobby.

'**Vorrecht**, *n* -(e)s/-e privilege, prerogative.

'**Vorrede**, *f* -/-n (*mündlich*) introductory speech; (*Vorwort*) foreword, preface.

'**vorreiten**, *v.sep.irr.59* 1. *v.i.* (*sein*) to ride on ahead. 2. *v.tr.* to put (a horse) through its paces.

'**Vorrichtung**, *f* -/-en apparatus, appliance; (*Gerät*) device.

'**vorrücken**, *v.sep.* 1. *v.tr.* to move (sth.) forward; *Games:* to move on (a piece etc.). 2. *v.i.* (*sein*) to move up; *Mil:* to advance; **die Zeit rückt vor**, time is marching on.

vors [fo:rs], *prep.* F: = **vor das**.

'**vorsagen**, *v.tr.* to recite (a poem etc.); to dictate (sth.) (**j-m**, to s.o.); *Sch:* to whisper (the answer) (**j-m**, to s.o.).

'**Vorsaison**, *f* -/-s *& South G:* -en early season.

'**Vorsatz**, *m* -es/⁻e 1. resolution; **j-n in seinem**

V. bestärken, to strengthen s.o.'s resolve; **gute V~e**, good intentions. **2.** *Bookb:* = **V~blatt.** **3.** *Tls:* attachment. **´V ~ blatt**, *n* -(e)s/=er endpaper. **´V ~ linse**, *f -/-n* *Phot:* ancillary lens.

vorsätzlich [´fo:rzɛtsliç], *adj.* deliberate (insult etc.); premeditated (action); malicious (damage etc.); wilful (murder).

´Vorschau, *f -/-en* preview, *esp. Cin:* trailer.

´Vorschein, *m* **zum V. bringen**, to produce (sth.); (*zeigen*) to show (up) (a mark etc.); **zum V. kommen**, to appear, emerge, (*auftauchen*) come to light.

´vorschieben, *v.tr.sep.irr.82* (*a*) to push (sth., *Mil:* troops etc.) forward; to stick out (one's lip); to push (a bolt) across; **sich v.**, to edge forward, advance; (*b*) to give (sth.) as an excuse.

´vorschießen, *v.sep.irr.72* **1.** *v.tr.* to advance, lend (money) (**j-m**, to s.o.). **2.** *v.i.* (*sein*) to shoot forward/(*hervor*) out.

´Vorschiff, *n* -(e)s/-e *Nau:* forecastle.

´Vorschlag, *m* -(e)s/=e **1.** suggestion, proposal; (business etc.) proposition; (*Angebot*) offer; **auf j-s V. (hin)**, at s.o.'s suggestion. **2.** *Mus:* grace-note(s). **´v ~ en**, *v.tr.sep.irr.85* to suggest (s.o., sth.); to propose (s.o.) (**für** + *acc*, for); **j-n als Kandidat v.**, to nominate s.o. as a candidate. **´V ~ hammer**, *m* -s/- sledgehammer.

´Vorschlußrunde, *f -/-n Sp:* semi-final.

´vorschnell, *adj.* hasty, precipitate; (*leichtsinnig*) rash.

´vorschreiben, *v.tr.sep.irr.88* (*fordern*) to dictate, lay down (conditions, conduct etc.), (*Gesetz usw.*) decree (that . . .); (*festsetzen*) to fix (the price etc.); **j-m etwas v.**, to order/tell s.o. to do sth., *Med:* prescribe sth. for s.o.; **ich lasse mir (von dir) nichts v.**, I won't be dictated to (by you).

´vorschreiten, *v.i.sep.irr.59* (*sein*) to make progress, advance.

´Vorschrift, *f -/-en* regulation, rule; (*Befehl*) order, decree; **gesetzliche V.**, statutory requirement; **j-m V~en machen**, to give s.o. orders; *Med:* **nach V.**, as directed. **´v ~ sgemäß/ ´v ~ smäßig**, *adj.* prescribed, proper; *adv.* as directed; according to regulations. **´v ~ swidrig**, *adj.* irregular; contrary to regulations.

´Vorschub, *m* **j-m, etwas** *dat* **V. leisten**, to encourage/further s.o., sth.

´Vorschul|e, *f -/-n* nursery school. **´V ~ erziehung**, *f -/no pl* pre-school education.

´Vorschuß, *m* -sses/=sse/**´V ~ zahlung**, *f -/-en* advance (payment).

´vorschützen, *v.tr.sep.* to plead (illness etc.), use (sth.) as an excuse.

´vorschweben, *v.i.sep.* (*haben*) **mir schwebt . . . vor**, I have . . . in mind; **das schwebte mir schon immer vor**, I've always dreamt of this.

´vorseh|en *v.sep.irr.92* **1.** *v.tr.* (*a*) to plan (improvement etc.); (*berücksichtigen*) to provide/allow for (an eventuality etc.); (*beabsichtigen*) to intend, have (s.o.) in mind; to earmark (money) (**für etwas** *acc*, for sth.); **das Gesetz sieht vor, daß . . .**, the law provides that . . .; **was ist für heute vorgesehen?** what are the plans for today? (*b*) **sich v.**, to take care; to look out/watch (**vor** + *dat*, for); **sich vor einer Gefahr v.**, to be on one's guard against a danger. **2.** *v.i.* (*haben*) to look out; (*Unterrock usw.*) to show.

´V ~ ung, *f -/no pl* providence.

´vorsetzen, *v.tr.* (*a*) to move (s.o., sth.) forward, move (a pupil etc.) to the front; **sich v.**, to move forward, sit at the front; (*b*) to put (sth.) in front (**j-m, etwas** *dat,* of s.o., sth.); **j-m einen Imbiß v.**, to give/serve s.o. a snack; *Pej:* **im Fernsehen wird uns immer das gleiche vorgesetzt**, they always serve up the same stuff on television.

´Vorsicht, *f -/no pl* care; (*Behutsamkeit*) caution; discretion; **zur V.**, as a precaution; **mit V.**, carefully; **V.!** look out! (*auf Kisten*) with care; *P.N:* **V. Stufe!** mind the step; **V. Hochspannung!** danger high voltage; *Hum:* **mit V. zu genießen**, of doubtful quality; (*Buch usw.*) unreliable; (*Pers.*) to be handled with kid gloves; *F:* **V. ist besser als Nachsicht**, prevention is better than the cure; *Hum:* **V. ist die Mutter der Porzellankiste**, discretion is the better part of valour. **´v ~ ig**, *adj.* careful; (*behutsam*) cautious; conservative (estimate); *adv.* **v. zu Werke gehen**, to proceed cautiously/warily. **´v ~ shalber**, *adv.* as a precaution. **´V ~ smaßnahme**, *f -/-n* precaution, safeguard.

´Vorsilbe, *f -/-n Gram:* prefix.

´vorsingen, *v.tr.* & *i.sep.irr.19* (*haben*) **j-m (etwas) v.**, to sing (sth.) to s.o..

vorsintflutlich [´fo:rzintflutliç], *adj. F:* antediluvian.

´Vorsitz, *m* -es/no pl chairmanship; *N.Am: Com:* presidency; **den V. haben/führen**, to be in the chair; to preside (**bei einer Sitzung**, at/over a meeting). **´V ~ ende(r)**, *m* & *f* decl. as adj. chairman; *f* chairwoman; (*bei Sitzungen*) chairperson; *N.Am:Com:* president.

´Vorsorg|e, *f -/no pl* provision, precaution; **V. tragen/treffen**, to make provision (**für** + *acc*, for); **mangelnde V.**, improvidence; lack of foresight. **´v ~ en**, *v.i.* (*haben*) to provide, make provision (**für** + *acc*, for). **´V ~ euntersuchung**, *f -/-en Med:* check-up **´v ~ lich**, *adv.* as a precaution.

´Vorspann, *m* -(e)s/-e (*a*) second locomotive/team of horses; (*b*) (*im Buch usw.*) introductory note; *Cin:TV:* opening credits; *Rec:* (*also* **V~band** *n*) leader. **´v ~ en**, *v.tr.* to harness (a horse etc.) (**einem Wagen usw.**, to a cart etc.).

´Vorspeise, *f -/-n* hors d'oeuvre, *F:* starter.

´vorspiegel|n, *v.tr.sep.* to make a pretence of (sth.). **´V ~ ung**, *f -/-en* pretence; **V. falscher Tatsachen**, false pretences.

´Vorspiel, *n* -(e)s/-e *Mus:* & *Fig:* prelude; *Th:* prologue; *Sp:* preliminary match. **´v ~ en**, *v.sep.* **1.** *v.tr.* (*a*) *Mus:* to play, *Th:* act (a piece) (**j-m**, for s.o.); (*b*) (*vortäuschen*) to pretend (sth.) (**j-m**, to s.o.); **spiel uns doch nichts vor**, don't put on an act. **2.** *v.i.* (*haben*) **j-m v.**, to play/*Th:* act for s.o.; (*zur Prüfung*) **j-m** to audition for s.o.

´vorsprechen, *v.sep.irr.37* **1.** *v.tr.* **j-m etwas v.**, (i) to say sth. for s.o. to repeat; (ii) (*vortragen*) to recite sth. to s.o. **2.** *v.i.* (*haben*) (*a*) *Th:* to audition; (*b*) **bei j-m/einem Amt v.**, to call to see s.o./at an office.

´vorspringen, *v.i.sep.irr.96* (*sein*) (*a*) to jump out/(*nach vorn*) forward; (*b*) to project; **v~des Kinn**, jutting chin.

´Vorsprung, *m* -(e)s/=e **1.** projection. **2.** *Sp:* &

Fig: lead (**vor** j-m, over s.o.); **mit großem V. gewinnen**, to win by a large margin; **j-m 20 Meter V. geben**, to give s.o. 20 metres start.
'**Vorstadt. I.** *f* -/̈e suburb. **II.** '**V~-**, *comb.fm.* suburban (theatre, cinema etc.).
'**Vorstädt|er(in)**, *m* -s/- (*f* -/-nen) suburbanite. '**v ~ isch**, *adj.* suburban.
'**Vorstand**, *m* -(e)s/̈-e (*a*) board (of directors/management); governing body (of an institution); (*b*) (*Pers.*) chairman. '**V ~ s-**, *comb.fm.* (*Com:*) board (member etc.); **V~sitzung** *f,* board meeting.
'**Vorstecknadel**, *f* -/-n brooch; (*Krawattennadel*) tiepin.
'**vorsteh|en**, *v.i.sep.irr.100* (*haben*) (*a*) to project, jut out; (*Ohren, Zähne usw.*) to stick out; (*b*) **etwas** *dat* **v.**, to be in charge of/*Com:* manager of sth. '**v ~ end**, *adj.* **1.** projecting; prominent (cheekbones, chin); protruding (ears, teeth etc.). **2.** (*vorig*) preceding (chapter etc.); (*weiter oben*) above (remarks etc.); **wie v./wie im V ~ en**, as above. '**V ~ er(in)**, *m* -s/- (*f* -/-nen) chief, head; director (of an institute etc.); manager (of a firm); governor (of a prison); head (of a school); (*Bahnhofsv.*) station master. **V ~ hund**, *m* -(e)s/-e pointer; setter.
'**vorstell|bar**, *adj.* conceivable, imaginable. '**v ~ en**, *v.tr.sep.* (*a*) to move (sth.) forward; to put (a screen etc.) in front; to put (a clock) forward/on; (*b*) (*bekanntmachen*) to introduce (s.o., oneself, sth.) (**j-m**, to s.o.); **darf ich Ihnen Herrn M v.?** may I introduce you to Mr M? I should like you to meet Mr M; **sich bei einer Firma v.**, to attend for an interview with a firm; **sich beim Arzt v.**, to go to see the doctor; (*c*) **sich** *dat* **j-n, etwas v.**, to imagine s.o., sth.; **du stellst dir das leichter vor, als es ist**, it is not as easy as you think; **was haben Sie sich als Gehalt vorgestellt?** what salary had you in mind? **stell dir vor!** imagine that! just fancy! (*d*) (*darstellen*) to portray, represent (s.o., sth.); **was soll das v.?** what is it supposed to be? **ihr Mann stellt was vor**, her husband is quite somebody; (*e*) (*hinweisen auf*) to point out (sth.) (**j-m**, to s.o.). '**V ~ ung**, *f* -/-en **1.** introduction (of s.o., sth.); (*wegen einer Stelle*) interview (**bei einer Firma**, with a firm). **2.** *Th:Cin:* performance; *Cin:* showing. **3.** (*Begriff*) idea; (*Phantasie*) imagination; **du machst dir keine V~(en), wie ...**, you have no idea how ...; **falsche/irrige V.**, misconception; **das geht über alle V.**, it is impossible to imagine; **es entspricht nicht meinen V~en**, it is not as I imagined it. **4.** *pl Lit:* remonstrations; **j-m V~en machen**, to remonstrate with s.o. '**V ~ ungsgespräch**, *n* -(e)s/-e (job) interview. '**V ~ ungskraft**, *f* -/no *pl/*'**V ~ ungsvermögen**, *n* -s/no *pl* (powers of) imagination.
'**Vorstoß**, *m* -es/̈-e **1.** (*a*) *Mil:* & *Fig:* advance; **V. in den Weltraum**, penetration/conquest of space; *Fig:* **der V. scheiterte**, the attempt failed. **2.** *Cl:* (*Besatz*) piping. '**v ~ en**, *v.sep.irr.103* **1.** *v.tr.* to push/thrust (s.o., sth.) forward. **2.** *v.i.* (*sein*) *Mil:* & *Fig:* to advance, (*eindringen*) penetrate (**bis** + *dat*, as far as; **in** + *acc*, into).
'**Vorstrafe**, *f* -/-n previous conviction.
'**vorstrecken**, *v.tr.sep.* (*a*) to stretch out (one's arms etc.), crane (one's head); **sich v.**, to stretch

forward; (*b*) to advance (money) (**j-m**, to s.o.).
'**Vortag**, *m* -(e)s/-e previous day; day before.
'**vortanzen**, *v.tr.* & *i.sep.* (*haben*) **j-m (etwas) v.**, to dance (sth.) for s.o.
'**vortäusch|en**, *v.tr.sep.* to sham, simulate (sth.); **echtes Interesse v.**, to pretend to be genuinely interested; **j-m v., daß ...**, to pretend to s.o. that ...; **das ist alles nur vorgetäuscht**, it's all sham. '**V ~ ung**, *f* -/no *pl* pretence.
'**Vorteil**, *m* -s/-e advantage; (*Gewinn*) benefit; **von V.**, advantageous; **einen V. aus etwas** *dat* **ziehen**, to benefit/profit from sth.; **auf seinen V. bedacht sein**, to be trying to further one's own interests; **gegenüber j-m, etwas** *dat* **im V. sein**, to have the advantage over s.o., sth.; **sie hat sich zu ihrem V. verändert**, she has changed for the better; **die Vor- und Nachteile**, the pros and cons. '**v ~ haft**, *adj.* advantageous, favourable (offer, terms, position etc.); profitable (deal etc.); **die Farbe/das Kleid ist v. für dich**, the colour/dress suits you; *adv.* **v. aussehen**, to look one's best; **etwas v. verkaufen**, to sell sth. at a profit.
'**Vortrag**, *m* -(e)s/̈-e **1.** (*Rede*) talk; (*wissenschaftlich*) lecture; **einen V. halten**, to give a lecture (**über** + *acc*, on). **2.** (*Darbietung*) performance; recital (of music); recitation (of poetry); (*Art und Weise*) delivery; *Mus:etc:* execution. '**v ~ en**, *v.tr.sep.irr.56* (*a*) to recite (a poem etc.); to perform (music, a dance etc.); (*b*) (*mitteilen*) to submit (a plan, request etc.), convey (one's reasons etc.), express (a wish etc.) (**j-m**, to s.o.); to set out (facts etc.). '**V ~ ende**, *m* & *f decl. as adj.* (*a*) lecturer; speaker; (*b*) *Mus:etc:* performer. '**V ~ s-**, *comb.fm.* lecture (room etc.), **V~reihe** *f,* lecture series; **V~reise** *f,* lecture tour. '**V ~ skunst**, *f* -/no *pl* skill as a reciter. '**V ~ skünstler(in)**, *m* -s/- (*f* -/-nen) reciter.
vor'trefflich, *adj.* excellent, first-rate. **V ~ keit**, *f* -/no *pl* excellence.
'**vortreten**, *v.i.sep.irr.105* (*sein*) (*a*) to step forward; (*b*) (*hervorragen*) to project, stick out.
vor über [fo'ry:bər], *adv.* & *sep.vbl.prefix* = **vorbei**. **v ~ gehen**, *v.i.sep.irr.36* (*sein*) = **vorbeigehen** (*a*); (*Krankheit usw.*) **nicht spurlos an j-m v.**, to leave its mark on s.o.; **eine Chance v. lassen**, to miss a chance. **v ~ gehend**, *adj.* passing (phase, symptom etc.); momentary (lapse etc.); temporary (spell etc.).
'**Vorurteil**, *n* -s/-e prejudice (**gegen** + *acc*, towards). '**v ~ sfrei**/'**v ~ slos**, *adj.* unprejudiced; unbiased (opinion etc.); *adv.* without prejudice/bias.
'**Vorvergangenheit**, *f* -/no *pl Gram:* pluperfect.
'**Vorverkauf**, *m* -(e)s/no *pl Th:etc:* advance booking; **im V.**, in advance.
'**vorverlegen**, *v.tr.sep.* to move/(*zeitlich*) bring (sth.) forward.
'**vorvor|gestern**, *adv. F:* the day before the day before yesterday. **v ~ ige(r,s)**, *adj. F:* (the ...) before last. **v ~ letzte(r,s)**, *adj. F:* last but two.
'**Vorwahl**, *f* -/-en (*a*) preliminary choice/*Pol:* election; *U.S:Pol:* primary; (*b*) *Tel:* (*also* **V~nummer** *f*) dialling code.
'**vorwählen**, *v.tr.sep. Tel:* to dial (a number) first.
'**Vorwand**, *m* -(e)s/̈-e pretext, excuse.
'**vorwärmen**, *v.tr.sep.* to warm (a bed, room

etc.), *Tchn:* preheat (sth.).

'**Vorwarnung,** *f* -/-en prior/*Mil:* early warning.

vorwärts ['fo:rvɛrts]. **I.** *adv.* forwards; **ein Blick v.,** a look ahead; **v. parken,** to park head on; *Mil:* & *Hum:* **v. marsch!** forward march! **II. V~-,** *comb.fm.* forward (movement, *Aut:* gear etc.). '**v ~ bringen,** *v.tr.sep.irr.16* to help (s.o.) to get on, promote (development etc.). '**v ~ gehen,** *v.i.sep.irr.36* (*sein*) *F:* to progress, make progress; **mit der Arbeit will es nicht v.,** the work isn't coming along. '**v ~ kommen,** *v.i.sep.irr.53* (*sein*) to (make) progress (**mit +** *dat,* with); (*beruflich usw.*) to get on; **es wird seinem V. nützen,** it will help him to get on.

vorweg [for'vɛk], *adv.* (*a*) beforehand; (*im voraus*) in advance; (*b*) (*räumlich*) first, in front; (*c*) (*besonders*) especially. **V ~ nahme,** *f* -/no pl anticipation. **v ~ nehmen,** *v.tr. sep.irr.69* to anticipate (sth., a result etc.); to forestall (s.o.'s plans etc.).

'**vorweisen,** *v.tr.sep.irr.60* to show (one's passport, knowledge of sth. etc.).

'**vorwerfen,** *v.tr.sep.irr.110* (*a*) to throw (sth.) forwards; to throw (food) (**einem Tier,** to an animal); (*b*) **j-m etwas v.,** to reproach s.o. with sth., (*beschuldigen*) accuse s.o. of (doing) sth.; **ich habe mir nichts vorzuwerfen,** I have nothing on my conscience.

'**vorwiegen,** *v.i.sep.irr.32* (*haben*) to predominate. '**v ~ d,** *adv.* predominantly; mainly.

'**Vorwissen,** *n* -s/no pl prior knowledge.

'**Vorwort,** *n* -(e)s/-e foreword, preface.

'**Vorwurf,** *m* -(e)s/⁻e reproach; (*Beschuldigung*) accusation; **j-m V~e machen,** to reproach/ blame s.o. (**wegen etwas** *gen,* for sth.). '**v ~ sfrei,** *adj.* irreproachable. '**v ~ svoll,** *adj.* reproachful.

'**vorzählen,** *v.tr.sep.* to count out (money etc.) (**j-m,** to s.o.).

'**Vorzeich|en,** *n* -s/- (*a*) omen, sign; (*b*) *Med: etc:* (advance) symptom; (*c*) *Mth:* (plus/ minus) sign; *Mus:* key signature. '**v ~ nen,** *v.tr.sep.* (*a*) to sketch (sth.); **j-m etwas v.,** to

draw (sth.) for s.o. (to copy); (*b*) to pre-determine, prescribe (future policy etc.).

'**vorzeigen,** *v.tr.sep.* to produce, show (a passport, ticket etc.).

'**Vorzeit,** *f* -/-en prehistoric times, remote past; *esp. Hum:* **in grauer V.,** in the dim and distant past. '**v ~ ig,** *adj.* premature. '**v ~ lich,** *adj.* prehistoric. '**V ~ mensch,** *m* -en/-en prehistoric man.

'**vorziehen,** *v.tr.sep.irr.113* (*a*) to pull (sth.) forward/(*hervor*) out; to pull (a curtain) across; to move up (troops); (*b*) (*lieber mögen*) to prefer (s.o., sth.) (**j-m, etwas** *dat,* to s.o., sth.); **sie zieht es vor, zu . . .,** she prefers to . . .

'**Vorzimmer,** *n* -s/- (*a*) anteroom; *esp.* (*Büro*) outer office; (*b*) *Aus:* hall.

'**Vorzug,** *m* -(e)s/⁻e **1.** (*Vorrang*) preference; (*Vorteil*) advantage; (*gute Eigenschaft*) merit, virtue; **etwas** *dat* **den V. geben,** to give sth. preference; **den V. haben (, daß . . .),** to have the advantage/merit (that . . .); **Bewerber mit Erfahrung haben den V.,** applicants with experience will be given preference. **2.** *Rail:* (earlier) relief train. '**V ~ s-,** *comb.fm.* preferential (treatment, position etc.); favourite (child etc.); **V ~ preis** *m,* preferential rate; special price; *St.Exch:* **V ~ aktien** *fpl,* preference shares. '**V ~ smilch,** *f* -/no pl special quality milk. '**V ~ srecht,** *f* -(e)s/-e prior claim; privilege. '**v ~ sweise,** *adv.* preferably, for preference; (*hauptsächlich*) mainly, mostly.

vorzüglich [fo:r'tsy:kliç], *adj.* excellent, first-rate. **V ~ keit,** *f* -/no pl excellence.

Vot|iv- [vo'ti:f-], *comb.fm. R.C.Ch:* votive (picture, candle, tablet etc.).

Votum ['vo:tum], *n* -s/**Voten** vote.

vulgär [vul'gɛ:r], *adj.* vulgar. **V ~ arität** [-gari'tɛ:t], *f* -/-en vulgarity.

Vulkan [vul'ka:n], *m* -s/-e volcano. **V ~ ausbruch,** *m* -(e)s/⁻e volcanic eruption. **v ~ isch,** *adj.* volcanic. **v ~ isieren** [-ani'zi:rən], *v.tr.* to vulcanize (rubber etc.). **V ~ i'sierung,** *f* -/no pl vulcanization.

W

W, w [ve:], *n* -/- (the letter) W, w.

Waag**le** ['va:gə], *f* -/-n **1.** (pair of) scales; (*Apothekerw.*) balance; *Fig:* **sich** *dat* **die W. halten,** to balance/offset each other. **2.** *Astr:* Libra. '**w ~ (e)recht,** *adj.* horizontal (line, plane etc.); level (surface etc.). '**W ~ (e)rechte,** *f* -n/-n horizontal (line/position). '**W ~ schale,** *f* -/-n scale pan; *Fig:* **es fällt nicht in die W.,** it is of no significance/carries no weight; **jedes Wort auf die W. legen,** to weigh every word.

wabb(e)lig ['vab(ə)liç], *adj. F:* wobbly; (*Pers:*) flabby.

Wabe ['va:bə], *f* -/-n honeycomb. '**W ~ nhonig,** *m* -s/-e comb honey.

wach [vax], *adj.* (*a*) awake; **w. werden,** to wake up; **j-n w. machen/**F: **kriegen,** to wake s.o. up; (*b*) (*rege*) alert (mind, senses etc.). '**W ~ ablösung,** *f* -/-en *Mil:* relief/(*Zeremonie*) changing of the guard. '**W ~ dienst,** *m* -(e)s/no pl *Mil:* guard duty. '**W ~ e,** *f* -/-n **1.** (*a*) *Mil:* (*Posten*) sentry; (*also coll.*) guard; (*b*) (*Dienst*) *Mil:* guard (duty); *esp. Nau:* watch; **auf W.,** on guard; **W. haben,** to be on guard (duty)/*Nau:* watch; (**bei j-m**) **W. halten,** to keep watch/guard (over s.o.); (*bei einem Kranken*) to sit up (with s.o.). **2.** (*Gebäude*) (*a*) (police) station; (*b*) *Mil:* guardroom. '**w ~ en**, *v.i.* (*haben*) (*a*) **bei einem Kranken w.**, to sit up with a sick person; (*b*) **über j-n, etwas** *acc* **w.**, to watch/keep an eye on s.o., sth.; **darüber w., daß . . .**, to make sure that . . . '**w ~ habend**, *adj. Mil:* duty (officer etc.). '**w ~ halten**, *v.tr.sep.irr.45 Fig:* to keep (memories, interest etc.) alive. '**W ~ hund**, *m* -**(e)s/-e** watchdog, guard-dog. '**W ~ mann**, *m* -**(e)s/** ̈**-er** & -**leute** *Aus:* policeman. '**W ~ posten**, *m* -s/- guard, *Mil:* sentry. '**w ~ rufen**, *v.tr.sep.irr.74 Fig:* to bring back, awaken (memories, feelings etc.) (**in j-m**, for s.o.). '**w ~ rütteln**, *v.tr.sep.* also *Fig:* to rouse (s.o.). '**w ~ sam**, *adj.* watchful, vigilant; **w ~ es Auge**, sharp eye. '**W ~ samkeit**, *f* -/*no pl* watchfulness, vigilance. '**W ~ stube**, *f* -/-n guardroom. '**W ~ traum**, *m* -**(e)s/** ̈**-e** daydream. '**W ~ turm**, *m* -**(e)s/** ̈**-e** watchtower.

Wacholder [va'xɔldər], *m* -s/- juniper (bush).

Wachs [vaks]. **I.** *n* -es/-e wax. **II.** '**W ~ -**, *comb.fm.* wax (candle etc.); **W ~ figur** *f*, wax figure, waxwork; **W ~ figurenkabinett** *n*, waxworks; **W ~ (mal)stift** *m*, wax crayon. '**w ~ 'bleich**, *adj.* as white as a sheet. '**W ~ bohne**, *f* -/-n wax bean. '**w ~ en**[1], *v.tr.* to wax (a floor etc.). '**W ~ tuch**, *n* -**(e)s/** ̈**-er** oilcloth.

wachs|en[2], ['vaksən], *v.i.irr.* (*sein*) (*pres.* **wächst**, *p.* **wuchs**, *p.subj.* **wüchse**, *p.p.* **gewachsen**) to grow; (*zunehmen*) to increase; **sich** *dat* **einen Bart/die Haare w. lassen**, to grow a beard/one's hair; **sie ist gut gewachsen**, she has a good figure; **mit w ~ der Erregung**, with mounting excitement; *F:* **sie spielen mit w ~ der Begeisterung Federball**, they're dead keen on badminton; *Fig:* **er ist ihr ans Herz gewachsen**, she has grown fond of him. '**W ~ tum**, *n* -s/*no pl* growth; (*Zunahme*) increase; **im W. begriffen**, growing, on the increase; **im W. zurückgeblieben**, stunted. '**W ~ tumsrate**, *f* -/-n *Econ:* growth rate.

Wächte ['vɛçtə], *f* -/-n *Mount:* (snow-)cornice.

Wachtel ['vaxtəl], *f* -/-n *Orn:* quail.

Wächter ['vɛçtər], *m* -s/- guard; (night) watchman; (museum/car park) attendant; (park) keeper; *Fig:* guardian.

Wacht|meister ['vaxt-maistər], *m* -s/- = *Brit:* (police-)constable. '**W ~ posten**, *m* -s/- guard; *Mil:* sentry.

wackel|ig ['vakəliç], *adj.* (*a*) wobbly; (*im Bau*) rickety; unsteady (ladder etc.); loose (tooth); (*b*) *F:* (*Pers.*) **w. (auf den Beinen)**, shaky; (*c*) *F:* shaky (firm), dodgy (business, position). '**W ~ kontakt**, *m* -**(e)s/-e** *El:* loose connection. '**w ~ n**, *v.i.* (*haben*) to wobble, (*Zahn*) be loose; (*beben*) to shake; (*unsicher gehen*) to totter; **mit den Ohren/Hüften w.**, to waggle one's ears/hips. '**W ~ peter**, *m* -s/-/'**W ~ pudding**, *m* -s/-e & -s *Cu:* F. wobbly jelly.

wacker ['vakər], *adj.* **1.** *A:* worthy. **2.** (*tapfer*) bold; (*ordentlich*) hearty (eater etc.).

Wade ['va:də], *f* -/-n *Anat:* calf.

Waffe ['vafə], *f* -/-n (*a*) weapon; *pl* **W ~ n**, arms; *Fig:* **j-n mit seinen eigenen W ~ n schlagen**, to beat s.o. at his own game; **die W ~ n strecken**, to admit defeat. '**W ~ n-**, *comb.fm.* arms (trade

etc.); weapons (system); **W ~ gewalt** *f*, force of arms. '**W ~ ngattung**, *f* -/-n *Mil:* arm of the service. '**W ~ nkammer**, *f* -/-n armoury. '**W ~ nruhe**, *f* -/-n ceasefire, '**W ~ nschein**, *m* -**(e)s/-e** firearms licence. '**W ~ nschmuggler**, *m* -s/- gunrunner. '**W ~ nstillstand**, *m* -**(e)s/**no *pl* armistice.

Waffel ['vafəl], *f* -/-n waffle; (*Keks*) wafer. '**W ~ eisen**, *n* -s/- *Cu:* waffle iron.

Wage|mut ['va:gəmu:t], *m* -**(e)s/**no *pl* daring, audacity. '**w ~ mutig**, *adj.* daring, audacious. '**w ~ en**[1], *v.tr.* to risk (one's life etc.); **es w., etwas zu tun**, to dare to do sth.; **sich über die Straße w.**, to dare to cross the road; **er wagte sich nicht aus dem Hause**, he did not venture out of doors; *Prov:* **wer nicht wagt, der nicht gewinnt**, nothing venture, nothing gain. '**w ~ halsig**, *adj.* daring. '**W ~ nis**, *n* -ses/-se hazardous enterprise; (*Gefahr*) risk.

Wagen[2] ['va:gən]. **I.** *m* -s/- & *South G:* ̈ -1. (*a*) *Aut:* car; (*Lieferw.*) van; **mit dem W. fahren**, to go by car; (*b*) *A:* (*Pferdew.*) cart, waggon; (*c*) *Rail:* (*für Pers.*) coach; (*für Güter*) truck; waggon; *N.Am:* car. **2.** *Typewr:* carriage. **3.** *Astr:* **der (Große) W.**, the Plough. **II.** '**W ~ -**, *comb.fm. Aut:* car (roof, care etc.); (column etc.) of cars; *esp. A:* waggon (wheel etc.); carriage/coach (builder etc.); **W ~ heber** *m*, (car) jack; **W ~ park** *m*, fleet of cars; **W ~ schlag** *m*, carriage/*Aut:* car door. '**W ~ führer**, *m* -s/- tram driver. '**W ~ ladung**, *f* -/-n lorryload, *N.Am:* truckload; *Rail:* waggonload.

Wahl [va:l]. **I.** *f* -/-en **1.** choice; **sie hatten nur zwei zur W.**, they only had two to choose from; **ein Preis nach (eigener) W.**, a prize of one's (own) choice; **ich hatte keine andere W.**, I had no alternative; **in die engere W. kommen**, to be short-listed/on the short-list; *Prov:* **wer die W. hat, hat die Qual**, having to choose can be agonizing. **2.** *Pol: etc:* election (**zum Präsidenten usw.**, as president etc.); **geheime W.**, secret ballot; **W. durch Handaufheben**, voting by show of hands; **sich zur W. stellen**, to stand for election; **zur W. gehen**, to go to the polls. **3.** *Com:* **Güter erster/zweiter W.**, top quality goods/second grade goods. **II.** '**W ~ -**, *comb.fm. Pol:* election (defeat, slogan, speech, victory etc.); electoral (committee, reform, system etc.); voting (age etc.); polling (day etc.); **W ~ ausgang** *m*/**W ~ ergebnis** *n*, election result; **W ~ kampf** *m*, election campaign; **W ~ programm** *n*, election manifesto; **W ~ bezirk** *m*, electoral district, *Brit:* ward; **W ~ kabine/W ~ zelle** *f*, polling booth; **W ~ lokal** *n*, polling station. '**w ~ berechtigt**, *adj.* entitled to vote. '**W ~ beteiligung**, *f* -/-en turn-out, poll. '**W ~ fach**, *n* -**(e)s/** ̈**-er** *Sch:* optional subject. '**w ~ frei**, *adj.* optional. '**W ~ heimat**, *f* -/*no pl* chosen/adopted home. '**W ~ kreis**, *m* -es/-e constituency. '**w ~ los**, *adj.* indiscriminate; *adv.* at random. '**W ~ recht**, *n* -**(e)s/**no *pl* (*aktives*) franchise; (*passives*) right to stand for election; **allgemeines W.**, universal suffrage. '**W ~ spruch**, *m* -**(e)s/** ̈**-e** motto. '**w ~ weise**, *adv.* as one chooses; **w. Latein oder Französisch**, either Latin or French.

wähl|en ['vɛ:lən], *v.tr.&i.* (*haben*) (*a*) to choose (sth., **zwischen zwei Sachen**, between two things); (*Kellner*) **haben Sie schon gewählt?** have you decided (what to have)? (*b*) *Tel:* to dial (a number); (*c*) *Pol: etc:* to elect (s.o., a party) (**zum Präsidenten usw.,** (as) president etc.); (*stimmen*) to vote; **wen/welche Partei haben Sie gewählt?** for whom/which party did you vote? ´W ~ **er,** *m* -s/- voter, elector. ´w ~ **erisch,** *adj.* choosy, particular. ´W ~ **erliste,** *f* -/-n electoral roll. ´W ~ **erschaft,** *f* -/occ -en electorate.

Wahn [vɑːn], *m* -(e)s/*no pl* delusion; (*Manie*) mania; *Lit:* **er lebt in dem W., daß . . .,** he is labouring under the illusion that . . . ´W ~ **idee,** *f* -/-n = W ~ **vorstellung.** ´W ~ **sinn,** *m* -(e)s/ *no pl* insanity; *F:* (*Verrücktheit*) madness, lunacy; **bist du dem W. verfallen!** have you gone crazy! ´w ~ **sinnig,** *adj.* (*a*) (*geistesgestört, F: verrückt*) mad, insane; *F:* **bist du w.?** are you crazy? **w. werden,** to go mad; **das macht mich w.,** it's driving me round the bend; **wie w.,** like mad; (*b*) *F:* (*schrecklich*) terrible (pain etc.); terrific (shock etc.); *adv.* **w. teuer/schnell,** incredibly expensive/fast. ´W ~ **vorstellung,** *f* -/-en delusion; *F:* crazy idea.

wahr [vɑːr], *adj.* (*a*) true (story etc.); **w. werden,** to come true; **eine Absicht usw. w. machen,** to carry out an intention etc.; **es ist etwas W ~ es daran,** there is some truth in it; *F:* **das kann doch nicht w. sein!** I don't believe it! **er kommt, nicht w.?** he is coming, isn't he? (*b*) (*wirklich*) real (reason, feeling etc.); (*richtig*) genuine (art etc.); *Lit:* true (love, friend etc.); **ein w ~ es Wunder,** an absolute miracle; *F:* **das ist nicht das W ~ e,** it's not quite the thing; **das einzig W ~ e,** just what the doctor ordered. ´w ~ - **haben,** *v.tr.* **etwas nicht w. wollen,** to refuse to admit/believe sth. ´w ~ **haft,** *adj. Lit:* true; (*wirklich*) real. **w ~** ´**haftig,** *adj. Lit:* truthful; *adv.* really, truly; (*ehrlich*) honestly. ´W ~ - **heit,** *f* -/-en truth; **in W.,** in reality. ´w ~ - **heitsgemäß/**´**w ~ heitsgetreu,** *adj.* truthful (statement etc.). ´W ~ **heitsliebe,** *f* -/*no pl* love of truth, truthfulness. ´w ~ **heits- liebend,** *adj.* truthful (person). ´w ~ **lich,** *adv. Lit:* truly, really. ´w ~ **nehmbar,** *adj.* perceptible. ´w ~ **nehmen,** *v.tr.sep.irr.69* (*a*) (*merken*) to notice, become aware of (a noise, smell etc.); to detect (a change etc.); (*b*) to ob- serve (a deadline); (*nutzen*) to avail onself of (an opportunity etc.); (*c*) *esp. Adm:* (*vertreten*) to protect, look after (s.o.'s interests). ´W ~ **nehmung,** *f* -/-en 1. perception, aware- ness. 2. observing; seizing (of a chance). 3. protection. ´w ~ **sagen,** *v.tr. & i.sep. & insep.* (*haben*) to predict (the future, that . . .); **j-m w.,** to tell s.o.'s fortune. ´W ~ -**sager(in),** *m* -s/ (*f* -/-nen) fortune-teller. ´W ~ **sagung,** *f* -/-en prediction. **w ~** ´**scheinlich,** *adj.* probable; *adv.* probably. **W ~** ´**scheinlichkeit,** *f* -/-en probability; **aller W. nach,** in all probability. ´W ~ **zeichen,** *n* -s/- symbol, emblem (of a town etc.).

wahr|en [´vɑːrən], *v.tr.* (*a*) to protect (interests, rights); (*b*) to keep (a secret, silence, one's dis- tance etc.), maintain (one's dignity etc.); **den Schein w.,** to keep up appearances. ´W ~ **ung,** *f* -/*no pl* (*a*) protection; (*b*) keeping, maintaining.

währ|en [´vɛːrən], *v.i.* (haben) *Lit:* to last.

´**w ~ end** [-ənt]. I. *prep.* + *gen* during; **w. der ganzen Zeit,** all this time; **w. drei Jahren,** for three years. II. *conj.* 1. while. 2. (*wohingegen*) whereas, while. **w ~ end´dessen/***F:* **w ~ end-** ´**dem,** *adv.* meanwhile, in the meantime.

Währung [´vɛːruŋ], *f* -/-en currency. ´W ~ **s-,** *comb.fm.* currency (reform etc.), monetary (policy, system); **W ~ einheit** *f,* unit of currency.

Waise [´vaizə], *f* -/-n orphan. ´W ~ **nknabe,** *m F:* **gegen ihn bin ich ein W.,** compared with him I'm just a beginner.

Wal [vɑːl], *m* -(e)s/-e *Z:* whale. ´W ~ **fang,** *m* -(e)s/*no pl* whaling. ´W ~ **fänger,** *m* -s/- (*Pers., Schiff*) whaler. ´W ~ **fisch,** *m* -(e)s/-e *F:* whale. ´W ~ (**fisch**)**speck,** *m* -(e)s/*no pl* blubber.

Wald [valt]. I. *m* -(e)s/ͤer wood; (*große Fläche*) forest; **viel W.,** a lot of woods/woodland; *F:* **er sieht den W. vor (lauter) Bäumen nicht,** he can't see the wood for the trees. II. ´W ~ -, *comb.fm.* woodland, forest (flower, landscape, animal etc.); **W ~ brand** *m,* forest fire; **W ~ fläche** *f,* area of forest/woodland; **W ~ gebiet** *n,* stretch of forest; **W ~ weg** *m,* forest path. ´W ~ **horn,** *n* -(e)s/ͤer (German) hunting horn, corno di caccia. ´W ~ **kauz,** *m* -es/ͤe tawny owl. ´W ~ **lauf,** *m* -(e)s/ͤe *Sp:* cross-country run. ´W ~ **meister,** *m* -s/*no pl Bot:* woodruff. ´W ~ **schnepfe,** *f* -/-n *Orn:* woodcock. ´W ~ **ung,** *f* -/-en wooded area, forest.

Walis|er [va´liːzər], *m* -s/- Welshman; **die W.,** the Welsh. **W ~ erin,** *f* -/-nen Welshwoman. **w ~ isch,** *adj. & W ~,* *n* -(s)/*no pl* Welsh.

Wall [val], *m* -(e)s/ͤe rampart.

Wallach [´valax], *m* -(e)s/-e gelding.

wall|en [´valən], *v.i.* (haben) *Lit:* (*a*) to bubble, (*kochen*) boil; (*See*) to toss, heave; (*b*) *A: & Hum:* **w ~ des Gewand,** flowing garment. ´W ~ **ung,** *f* -/-en 1. *Med:* hot flush. 2. tossing, heaving; *Fig:* frenzy; **in W. kommen/j-n in W. bringen,** to get into/send s.o. into a frenzy.

Wall|fahrer(in) [´valfɑːrər(in)], *m* -s/- (*f* -/-nen) pilgrim. ´W ~ **fahrt,** *f* -/-en pil- grimage. ´W ~ **fahrtsort,** *m* -(e)s/-e place of pilgrimage.

Wallon|e [va´loːnə], *m* -n/-n/**W ~ in,** *f* -/-nen Walloon. **w ~ isch,** *adj.* Walloon.

Walm [valm], *m* -(e)s/-e *Constr:* hip. ´W ~ **dach,** *n* -(e)s/ͤer hip roof.

Walnuß [´valnus], *f* -/ͤsse walnut.

Walroß [´valrɔs], *n* -sses/-sse *Z:* walrus.

walten [´valtən], *v.i.* (haben) *Lit:* to prevail, (*Frieden usw.*) reign; (*gute Geister usw.*) to be at work; **Gnade/Vorsicht w. lassen,** to exercise mercy/caution.

Walz|e [´valtsə], *f* -/-n roller; cylinder (of a musical box); barrel (of a barrel organ). ´w ~ **en,** *v.tr.* to roll (metal, a lawn etc.). ´w ~ **enförmig,** *adj.* cylindrical. ´W ~ - **straße,** *f* -/-n *Metalw:* rolling train. ´W ~ - **werk,** *n* -(e)s/-e *Metalw:* rolling mill.

wälz|en [´vɛltsən], *v.tr.* (*a*) to roll, heave (sth. heavy); *Cu:* to coat (meat etc.) (**in** + *dat,* with); *Fig:* **die Schuld auf einen anderen w.,** to shove the blame onto s.o. else; (*b*) **sich w.,** to roll; (*im Schlamm*) to wallow; (*schlaflos*) to toss and turn; **sich vor Schmerzen w.,** to writhe in agony; *F:* **sich vor Lachen w.,** to fall about laughing; **es war zum W.,** it was an absolute scream; (*c*)

F: **Gedanken, Probleme** usw. **w.**, to turn over thoughts, problems etc. in one's mind; **Bücher w.**, to pore over books. ´W ~ er, m -s/- F: weighty tome.

Walzer ['valtsər], m -s/- waltz; **W. tanzen**, to waltz.

wand¹ [vant], p. of **winden** q.v.

Wand². I. f -/⸗e wall; (Trennw.) partition; (Seitenw.) side (of a crate etc.); Mount: & Min: (rock etc.) face; **er wurde an die W. gestellt**, he was executed by a firing squad; **in den eigenen vier W ~ en**, in one's own four walls; Fig: **weiß wie eine W.**, as white as a sheet; **j-n an die W. drücken**, to push s.o. into the background; Th: & Fig: **j-n an die W. spielen**, to upstage s.o.; F: **das ist, um die W ~ e/an den W ~ en hochzugehen**, it's enough to drive you up the wall. II. ´W ~ -, comb.fm. wall (tile, map, lamp, clock etc.); **W ~ behang/W ~ teppich**, wall-hanging/ tapestry; **W ~ verkleidung** f, wall-covering/(Täfelung) panelling. ´W ~ gemälde, n -s/- mural. ´W ~ malerei, f -/-en mural painting; (Bild) mural. ´W ~ schrank, m -(e)s/⸗e built-in cupboard. ´W ~ tafel, f -/-n Sch: blackboard.

Wandel ['vandəl]. I. m -s/no pl change; **sich im W. befinden**, to be in a state of flux. II. ´W ~ -, comb.fm. Fin: convertible (loan etc.). ´w ~ bar, adj. changeable. ´w ~ n, v. 1. v.i. (sein) Lit: to wander, stroll; F: **ein w ~ des Lexikon**, a walking dictionary/encyclopedia. 2. v.tr. to change (s.o., sth.); **sich w.**, to change.

Wander- ['vandər-], comb.fm. 1. travelling (exhibition, circus etc.); itinerant (preacher, worker, trade etc.); mobile (library etc.); Med: floating (kidney, liver); **W ~ bühne** f, touring company; **W ~ leben** n, itinerant/roving existence. 2. walking (shoes, stick etc.); hiking, rambling (club etc.); **W ~ karte** f, walkers' map; **W ~ kleidung** f, hiking gear. ´W ~ er, m -s/- hiker, rambler. ´W ~ heuschrecke, f -/-n locust. ´W ~ lust, f -/no pl wanderlust, F: itchy feet. ´w ~ n, v.i. (sein) (a) (Wanderung machen) to hike, ramble; (b) (Tiere) to migrate; (ziellos) (Pers., Fig: Blicke, Gedanken usw.) to wander, roam; F: **ins Gefängnis/in den Papierkorb w.**, to end up in prison/the wastepaper basket. ´W ~ pokal, m -s/-e/´W ~ preis, m -es/-e challenge cup/trophy. ´W ~ schaft, f -/no pl travels; **auf W.**, on one's travels. ´W ~ ung, f -/-en (a) hike, ramble; eine W. machen, to go on a hike/ramble; (b) Z:Orn: etc: migration. ´W ~ weg, m -(e)s/-e footpath.

Wandlung ['vandluŋ], f -/-en change, transformation.

Wange ['vaŋə], f -/-n Lit: cheek.

Wank|elmut ['vaŋkəlmu:t], m -(e)s/no pl Lit: vacillation, irresolution. ´w ~ elmütig, adj. Lit: irresolute, vacillating. ´w ~ en, v.i. (haben/ sein) (a) (sein) to stagger, totter; (Betrunkener) to reel; (b) (haben) (Gebäude usw.) to sway; (Boden) to rock, shake; Fig: (Mut, Entschluß, Pers. usw.) to waver; **w ~ de Schritte**, wavering/ unsteady steps; **nicht w. und weichen**, not to budge an inch.

wann [van], interrog. adv. when? **bis w.?** until when? (for) how long? **seit w.?** since when? (for) how long?

Wanne ['vanə], f -/-n (a) (bath-)tub, bath; (b) Aut: sump.

Wanst [vanst], m -(e)s/⸗e P: belly; (Fettw.) paunch; **sich dat den W. vollschlagen**, to stuff oneself.

Wanze ['vantsə], f -/-n (Insekt./Abhörgerät) bug.

Wappen ['vapən], n -s/- (coat of) arms. ´W ~ kunde, f -/no pl heraldry. ´W ~ tier, m -(e)s/-e heraldic beast.

wappnen ['vapnən], v.refl. **sich gegen etwas** acc **w.**, to prepare to face sth.

war [va:r], p. of **sein** q.v.

warb [varp], p. of **werben** q.v.

Ware ['va:rə], f -/-n commodity, article; (Erzeugnis) product; coll. & pl **W ~ n**, goods; Hum: wares; **diese W. verkauft sich gut**, this line sells well. ´W ~ n-, comb.fm. goods (lift etc.); (import, list, turnover etc.) of goods; **W ~ angebot** n, range of goods. ´W ~ nhaus, n -es/⸗er (department) store. ´W ~ nprobe, f -/-n sample. ´W ~ nzeichen, n -s/- trade mark.

wäre ['vɛ:rə], p.subj. of **sein** q.v.

warf [varf], p. of **werfen** q.v.

warm [varm], adj. (comp. w ~ er, superl. w ~ ste) 1. (a) warm; hot (meal, drink, bath etc.); **w ~ e Miete**, rent including heating; **mir ist w.**, I feel warm; **im W ~ en/adv. w. sitzen**, to sit in the warm(th); (Sportler) **sich w. laufen**, to warm up; **Essen w. machen**, to heat/warm up food; adv. **w. essen/duschen**, to have a hot meal/shower; Fig: **mir wurde w. ums Herz**, I felt a warm glow (of emotion); (b) (herzlich) warm (reception, recommendation etc.); keen (interest); enthusiastic (agreement); heartfelt (thanks); F: **w. werden**, to get to know one another better; **mit ihr bin ich nie w. geworden**, I never managed to break the ice with her. 2. F: (schwul) gay; **w ~ er Bruder**, queer. ´W ~ blüter, m -s/- Z: warmblooded animal. ´w ~ blütig, adj. Z: warmblooded. ´w ~ halten, v.tr.sep.irr.45 F: **sich dat j-n w.**, to keep in with s.o. ´W ~ halteplatte, f -/-n H: hot-plate. ´w ~ herzig, adj. warm-hearted. ´W ~ herzigkeit, f -/no pl warm-heartedness, warmth. ´w ~ laufen, v.i.sep.irr.58 (sein) Aut: (Motor) to warm up. ´W ~ miete, f -/no pl rent including heating. **W ~ wasser, n -s/no pl** hot water. **W ~ wasser-**, comb.fm. hot-water (heating, pipe, supply etc.); **W ~ speicher** m, hot-water tank; **W ~ bereiter** m, water-heater.

Wärm|e ['vɛrmə], I. f -/no pl (also Fig:) warmth; Ph: Meteor: etc: heat; **2° W.**, 2° centigrade (above zero); F: **komm herein in die W.**, come (inside) into the warmth. II. ´W ~ -, comb.fm. (a) Ph: Tchn: etc: heat (treatment, loss etc.); **W ~ regler** m, heat/temperature control; (b) Ph: thermal (unit, energy, value etc.). ´w ~ en, v. 1. v.tr. to warm (one's hands, oneself etc.); to warm up (food). 2. v.i. (haben) to warm one up; to make/keep one warm. ´W ~ flasche, f -/-n hot-water bottle. ´w ~ stens, adv. very/ most warmly.

Warn- ['varn-], comb.fm. warning (cry, light, shot, signal etc.); **W ~ schild** n, warning sign; Aut: **W ~ blinkanlage** f/F: **W ~ blinker** m, hazard warning lights; **W ~ dreieck** n, hazard warning/accident triangle. ´w ~ en, v.tr. to

warn (s.o.) (**vor** + *dat.* of/against); **j-n (davor)
w.**, etwas zu tun, to warn s.o. against/about
doing sth. '**W~streik**, *m* -(e)s/-s token
strike. '**W~ung**, *f* -/-en warning (**vor** + *dat.*
of/against); *P.N:* **W. vor dem Hunde,** beware
of the dog.
Warschau ['varʃau]. *Pr.n.n* -s. *Geog:* Warsaw.
Warte[1] ['vartə], *f* -/*no pl* **1.** *Lit:* lofty viewpoint;
Fig: standpoint. **2.** (*a*) *Meteor:* weather-station;
(*b*) *Astr:* observatory.
'**Warte~**, *comb.fm.* waiting (list etc.); **W~frist/
W~zeit** *f,* waiting period; wait; **W~raum** *m/
Rail:* **W~saal** *m/Med: etc:* **W~zimmer** *n,*
waiting room.
wart|en ['vartən], *v.* **1.** *v.i.* (*haben*) to wait (**auf**
+ *acc,* for); **mit dem Essen w.**, to delay/keep
back the meal; **j-n w. lassen,** to keep s.o. wait-
ing; **auf sich w. lassen,** to take a long time,
(*Pers.*) take one's time; **die Wirkung ließ nicht
lange auf sich w.**, the effect was not slow in
coming; *F:* (*drohend*) **na, warte!** just you wait!
da kannst du lange w.! you can wait till the
cows come home! **2.** *v.tr.* to service (a machine,
car). '**W~ung,** *f* -/-**en 1.** *no pl* servicing. **2.**
service. '**w~ungsfrei,** *adj.* needing no ser-
vicing.
Wärter(in) ['vɛrtər(in)], *m* -s/- (*f* -/-nen)
attendant; (zoo/lighthouse) keeper; (*Gefäng-
nisw.*) (prison) warder/*f* wardress.
warum [va'rum], *adv.* why; **w. das?** what's that
for?
Warze ['vartsə], *f* -/-n wart; (*Brustw.*) nipple.
'**W~nschwein,** *n* -(e)s/-e *Z:* warthog.
was [vas]. **I.** *interog.pron.* (*a*) what; **w. ist?** what's
the matter? **w. denn?** what is it? **w. ist sie (von
Beruf)?** what does she do (for a living)? **w. für
(ein) . . .?** what sort/kind of . . .? **w. sind das für
Tiere/für Tiere sind das?** what sort/kind of
animals are those? **w. für ein Lärm!** what a
noise! *F:* **an w. denkst du/auf w. wartest du?**
what are you thinking about/waiting for? **w.
weiß ich!** don't ask me! **. . . und w. weiß ich
noch alles, . . .** and heaven knows what else; (*b*)
F: (*warum*) **w. stehst du so blöd da?** why do you
just stand there and look stupid? (*c*) *F:* (*wie*)
w. ist das schwer! my goodness, it's heavy! (*d*)
F: **es ist schön, w.?** it's nice, isn't it? **gut, w.?**
not bad, eh? **II.** *rel.pron.* what; **das, w. er sagt,**
what he says; **etwas/alles/vieles, w. . . .,** some-
thing/everything/much that . . .; **das Beste,
w. ich je gesehen habe,** the best (one) I have
ever seen; **w. er auch (immer) getan hat,** what-
ever he has done; *F:* **w. ein richtiger Kerl ist,**
anyone who is worth his salt; **lauf, w. du
kannst!** run as fast as you can! **III.** *indef.pron.*
F: (*etwas*) something; (*in Fragen/Verneinungen*)
anything; **w. Neues,** something new; **das ist w.
anderes,** that's another matter; **es ist w. übrig,**
there's some left; **ist w.?** is anything wrong?
ich weiß w.! I've an idea! **nach w. aussehen,** to
look reasonable; **kann er/taugt er w.?** is he any
any good? **kann ich w. helfen?** can I help (at
all)?
Wasch- ['vaʃ-], *comb.fm.* (*a*) washing (instruc-
tions, programme, soap etc.); **W~anlage** *f,
Ind:* washing plant; *Aut:* washing bay;
(*W~straße*) car wash; **W~automat** *m/
W~maschine** *f,* washing machine; **W~pulver**

n, washing powder; *F:* **W~sachen** *fpl/
W~zeug** *n,* washing things; (*b*) wash(-leather,
-day etc.); **W~becken** *n,* washbasin; **W~raum**
m, washroom; **W~tisch** *m,* wash-stand; (*c*)
(*w~bar*) washable (velvet, silk etc.).
'**W~bär,** *m* -en/-en *Z:* racoon. '**w~echt,**
adj. **1.** colour-fast (material), fast (colours). **2.**
Fig: genuine, *F:* pukka (Berliner etc.). '**w~en,**
v.tr.&i.irr. (*haben*) (*pres.* **wäscht,** *p.* **wusch,** *p.p.*
gewaschen) (*a*) to wash (s.o., sth.); **sich** *dat* **die
Hände/Haare w.**, to wash one's hands/hair;
(*Wäsche*) **w.**, to do the washing; **sich w.**, to
wash (oneself); *Hairdr:* **W. und Legen,** sham-
poo and set; (*b*) *Sch: etc: F:* **eine Aufgabe/
Ohrfeige, die sich gewaschen hat,** a stinker of
an exercise/a blow. '**W~frau,** *f* -/-en washer-
woman. '**W~handschuh,** *m* -(e)s/-e towel-
ling mitt. '**W~küche,** *f* -/-n laundry room.
'**W~lappen,** *m* -s/- **1.** face flannel, *N.Am:*
washcloth. **2.** *F:* (*Pers.*) cissy, wet; (*Schwäch-
ling*) weed. '**W~mittel,** *n* -s/- detergent.
'**W~salon,** *m* -s/-s laundrette. '**W~straße,**
f -/-n automatic car wash. '**W~ung,** *f* -/-en
(ritual) washing, ablution. '**W~weib,** *n* -(e)s/
-er *Pej:* gossip. '**W~zettel,** *m* -s/- *Pub:* blurb.
Wäsche ['vɛʃə], *f* -/*no pl* **1.** washing;
(*Schmutzw.*) laundry; **in/bei der W.,** in the wash;
F: **seine schmutzige W. in der Öffentlichkeit
waschen,** to wash one's dirty linen in public.
2. (*a*) (*Unterw.*) underwear; (*b*) (*Bettw./Tischw.*)
(bed-/table-)linen. '**W~band,** *n* -(e)s/ꞏer
name-tape. '**W~beutel,** *m* -s/- laundry bag.
'**W~klammer,** *f* -/-n clothes peg/*N.Am:*
pin. '**W~korb,** *m* -(e)s/ꞏe laundry basket.
'**W~leine,** *f* -/-n clothes-/washing-line.
'**W~r(in),** *m* -s/- (*f* -/-nen) (*Pers.*) washer.
W~'rei, *f* -/-en laundry. '**W~schleuder,** *f*
-/-n spindrier. '**W~schrank,** *m* -(e)s/ꞏe
linen cupboard. '**W~tinte,** *f* -/-n marking
ink. '**W~trockner,** *m* -s/- clothes drier, *esp.*
tumble drier.
Wasser ['vasər], *n* -s/- water; (*a*) **am W.,** by the
water; at the water's edge; **zu W. oder zu Land,**
by land or water; **ein Boot zu W. lassen,** to
launch a boat; (*Pers.*) **ins W. gehen,** to drown
oneself; *Fig:* **sich über W. halten,** to keep one's
head above water; **das ist W. auf seine Mühle,**
it's (all) grist to his mill; **j-m W. in den Wein
gießen,** to pour cold water on s.o.'s ideas; **bis
dahin fließt noch viel W. den Berg, den Rhein
usw. hinunter,** a lot can happen between now
and then; **er kann ihr nicht das W. reichen,** he
can't hold a candle to her; **das Fest fiel ins W.,**
the party fell through/didn't come off; **das
Wasser steht ihm bis zum Hals,** he's up to his
neck in it/(*in Schulden*) in debt; *F:* **er ist mit
allen W~n gewaschen,** he wasn't born yester-
day; (*b*) (*Gewässer*) stretch of water; *Fig:*
(*Pers.*) **stilles W.**, shy, retiring person; (*c*) *F:*
mineral water; (*d*) *Jewel:* **reinsten W~s,** of the
first water; *Fig:* **ein Bayer reinsten W~s,** a
dyed-in-the-wool/true blue Bavarian; (*e*)
(*Tränen*) tears; *F:* **sie hat nahe ans W. gebaut,**
she is a real cry-baby/cries at the slightest
thing; (*f*) *Anat:* (body) fluid; (*Speichel*) saliva;
(*Schweiß*) sweat; (*Urin*) urine; **W. lassen,** to
pass water; **das W. läuft mir im Mund zu-
sammen,** my mouth's watering; (*g*) (*pl* **Wässer**)

Cosm: scent, cologne; *Med:* lotion. **II.** '**W~-**, '**w~-**, *comb.fm.* water (bed, heater, flea, cooling, lily, melon, pistol, rat, wheel, sport, drop, tower etc.); aquatic (animal, plant etc.); **W~behälter** *m*, water tank, cistern; **W~farbe** *f*, water colour; **W~hahn** *m*, water tap, *N.Am:* faucet; **W~kraft** *f*, water power; **W~lauf** *m*, watercourse; **W~leitung** *f*/**W~rohr** *n*, water pipe; **W~spiegel**/**W~stand** *m*, water level; **W~-stelle** *f*, water hole; **W~straße** *f*/**W~weg** *m*, waterway; **W~versorgung** *f*, water supply; **W~vogel** *m*, waterfowl; **W~uhr** *f*/**W~zähler** *m*, water meter; **W~werfer** *m*, water cannon; **W~werk** *n*, waterworks; **W~zeichen** *n*, watermark (in paper); *Sp:* **W~ball** *m*, water polo; **W~schl**/**W~ski** *m*, water ski; (*Sport*) water skiing; **W~graben** *m*, *Equit:* water jump; *Agr:* (drainage) ditch; *Meteor:* **W~hose** *f*, waterspout; *Nau:* **W~linie** *f*, waterline; *I.C.E:* **W~-mantel** *m*, water jacket; *Geog:* **W~scheide** *f*, watershed; *adj.* **w~abstoßend,** water-repellent; **w~dicht,** waterproof (coat etc.); watertight (container etc.); **w~gekühlt,** water-cooled; **w~scheu,** afraid of water. '**W~bad,** *n* -(e)s/=er *Cu:* bain-marie. '**W~bau,** *m* -(e)s/*no pl* hydraulic engineering. '**W~bombe,** *f* -/-*n Nau:* depth charge. '**W~burg,** *f* -/-*en* moated castle. '**W~fall,** *m* -(e)s/=e waterfall; *F:* **reden wie ein W.,** to talk nineteen to the dozen. '**W~flugzeug,** *n* -(e)s/-*e* seaplane. '**W~kopf,** *m* -(e)s/=e *Med:* hydrocephalus. '**W~kraftwerk,** *n* -(e)s/-*e* hydro-electric power station. '**W~mann,** *m* -(e)s/*no pl Astr:* Aquarius. '**w~n,** *v.i.* (*haben*) *Av:* to land on the water, ditch; (*Raumschiff*) to splash down. '**W~rinne,** *f* -/-*n* gully. '**W~-(schutz)polizei,** *f* -/*no pl* river police. '**W~-speier,** *m* -*s*/- *Arch:* gargoyle. '**W~spü-lung,** *f* -/-*en* flush (of a WC). '**W~stiefel,** *m* -*s*/- *usu. pl* waders. '**W~stoff,** *m* -(e)s/*no pl Ch:* hydrogen. '**w~stoffblond,** *adj. F:* peroxide blonde. '**W~ung,** *f* -/-*en Space:* splashdown. '**W~verdrängung,** *f* -/-*en* displacement. '**W~waage,** *f* -/-*n Tls:* spirit level.

Wässer|chen ['vɛsərçən], *n F:* **er sieht aus, als ob er kein W. trüben könnte,** he looks as if butter wouldn't melt in his mouth. '**w~ig,** *adj.* watery; *F:* **das macht mir den Mund w.,** it makes my mouth water. '**w~n,** *v.* **1.** *v.tr.* (*a*) to water down (wine etc.); (*b*) *Cu:* to soak (lentils etc.); (*c*) to water (a plant etc.) thoroughly. **2.** *v.i.* (*haben*) (*Augen usw.*) to water.

wäßrig ['vesriç], *adj.* = **wässerig.**

wat|en ['va:tən], *v.i.* (*sein*) to wade. '**W~vo-gel,** *m* -*s*/= wader.

watscheln ['va:tʃəln], *v.i.* (*sein*) to waddle.

Watt[1] [vat], *n* -*s*/- *El:* watt.

Watt[2], *n* -*s*/-*en North G:* mudflats. '**W~en-meer,** *n* -(e)s/*no pl North G:* shallows over mudflats.

Watt|e ['vatə], *f* -/*no pl* cotton wool; (*als Polsterung*) wadding; *F:* **j-n in W. packen,** to wrap s.o. in cotton wool. '**W~ebausch,** *m* -(e)s/-*e & =e* wad of cotton wool. **w~ieren** [-'tiːrən], *v.tr.* to pad, line (a garment etc.).

Wauwau ['vauvau], *m* -*s*/-*s F:* bowwow, doggy.

web|en ['ve:bən], *v.tr. & i.* (*haben*) (*Fig: & Lit:*

v.irr. p. **wob,** *p.p.* **gewoben**) to weave (a material etc.). '**W~er(in),** *m* -*s*/- (*f* -/-*nen*) weaver. **W~e'rei,** *f* -/-*en* **1.** *no pl* weaving. **2.** weaving mill. '**W~erknecht,** *m* -(e)s/-*e Ent:* daddy-long-legs; *N.Am:* harvester. '**W~erknoten,** *m* -*s*/- reef knot. '**W~erschiffchen,** *n* -*s*/- shuttle. '**W~kante,** *f* -/-*n* selvage. '**W~-stuhl,** *m* -(e)s/=e loom. '**W~waren,** *fpl* woven goods.

Wechsel ['vɛksəl], *m* -*s*/- **1.** (*a*) (*esp.* constant) change; (*sich wiederholend*) rotation (of the seasons, crop etc.); (*Abwechslung*) alternation (of day and night etc.); **bunter W.,** kaleidoscope (of impressions etc.); **in schnellem W.,** in quick succession; (*b*) change (of job etc., *Sp:* baton, ends); (*Spielerw.*) substitution. **2.** *Fin:* bill of exchange. '**W~bäder,** *npl* alternate cold and hot baths. '**W~balg,** *m* -(e)s/=e ugly/misshapen child. '**W~bewegung,** *f* -/-*en* alternating movement. '**W~beziehung,** *f* -/-*en* correlation. '**W~fälle,** *mpl* vicissitudes, *F:* ups and downs. '**W~geld,** *n* -(e)s/*no pl* change. '**W~gesang,** *m* -(e)s/=e antiphony. '**W~gespräch,** *n* -(e)s/-*e* dialogue. '**W~ge-triebe,** *n* -*s*/- *Mec E:* variable gear. '**w~haft,** *adj.* changeable. '**W~jahre,** *npl* change of life, menopause. '**W~kurs,** *m* -es/-*e* rate of exchange. '**w~n,** *v.* **1.** *v.tr.* (*a*) to change (position, one's clothes, the subject, *Aut:* oil etc.), vary (meals etc.); **die Schule usw. w.,** to change schools etc.; **die Wohnung w.,** to move (house); **den Besitzer w.,** to change hands; (*b*) (*austauschen*) **den Platz, Briefe usw. mit j-m w.,** to exchange places, letters etc. with s.o.; **ein paar Worte mit j-m w.,** to have a few words with s.o.; (*c*) to change (a note etc.) (**j-m,** for s.o.); **Mark gegen Pfund w.,** to exchange marks for pounds. **2.** *v.i.* (*haben*) to change; (*a*) **ich muß erst w.,** I must first get some change/change some currency; (*b*) (*sich ändern*) (*Ausdruck, Stimmung usw.*) to alter, (*Wetter*) change; (*sich ablösen*) (*Tag und Nacht usw.*) to alternate. '**w~nd,** *adj.* changeable (weather etc.); variable (wind etc.); varying (success etc.). '**W~-rahmen,** *m* -*s*/- photograph/picture frame. '**W~schalter,** *m* -*s*/- *El:* change-over switch. '**w~seitig,** *adj.* mutual, reciprocal; **w~e Abhängigkeit,** interdependence; **w~er Zusammenhang,** interconnection. '**W~seitigkeit,** *f* -/*no pl* reciprocity. '**W~spiel,** *n* -(e)s/*no pl* interplay. '**W~strom,** *m* -(e)s/*no pl El:* alternating current. '**W~stube,** *f* -/-*n* exchange office. '**W~tierchen,** *n* -*s*/- *Z:* amoeba. '**w~weise,** *adv.* alternately, in turn. '**W~wirkung,** *f* -/*no pl* interaction.

Wecken[1] ['vɛkən], *m* -*s*/- *esp. South G:* oblong roll.

weck|en[2], *v.tr.* to wake (s.o.) (up); *Fig:* to awaken, arouse (s.o.'s feelings, memories etc.). '**W~er,** *m* -*s*/-/'**W~uhr,** *f* -/-*en* alarm (clock). '**W~glas,** *n* -es/=er *R.t.m.* bottling jar. '**W~ruf,** *m* -(e)s/-*e*/'**W~signal,** *n* -*s*/-*e Mil:* reveille.

Wedel ['ve:dəl], *m* -*s*/- (*a*) (*Staubw.*) (feather) duster; (*b*) *Bot:* (fern/palm) frond. '**w~n,** *v.* **1.** *v.i.* (*haben*) **w. mit** + *dat,* (*Hund usw.*) to wag (its tail); (*Pers.*) to wave (a hand, paper etc.). **2.** *v.tr.* to whisk (sth.).

weder [ˈveːdər], *conj.* **w. ... noch ...**, neither ... nor ...

Weg [veːk], *m* **-(e)s/-e** (*a*) (*Gehw.*) path; (*Fahrw.*) track; **am W ~ e**, by the wayside; *also Fig:* **ihre W ~ e kreuzten sich**, their paths crossed; **hier trennen sich unsere W ~ e**, we have come to the parting of the ways; **W. und Steg kennen**, to know every inch of the area; **ich würde ihm nicht über den W. trauen**, I wouldn't trust him an inch; **j-n auf den rechten W. führen**, to put s.o. back on the right road; **W. der Tugend**, path of virtue; *Prov:* **alle W ~ e führen nach Rom**, all roads lead to Rome; (*b*) (*Route*) way, route; (*Strecke*) distance; **auf dem kürzesten W.**, by the shortest route; **auf halbem W ~ e**, halfway; **2 Kilometer W./ein W. von 2 Kilometern**, a distance of 2 kilometres; **eine Stunde W./ein W. von einer Stunde**, an hour's journey; **einen langen W. vor sich haben**, to have a long way to go/a long journey ahead of one; **j-m etwas auf den W. geben**, to give s.o. sth. for the journey; **sich auf den W. machen**, to set off; **für j-n W ~ e machen**, to run errands for s.o.; **j-m einen W. abnehmen**, to save s.o. a journey; *Fig:* **der W. des geringsten Widerstandes**, the line of least resistance; **etwas in die W ~ e leiten**, to get sth. under way; (*c*) **du bist/stehst mir im W.**, you're in my way; **dem Vorhaben steht nichts im W ~ e**, there is no obstacle to/nothing to stop the plan; **j-n, etwas aus dem W. räumen**, to get rid of/eliminate s.o., sth.; **der Gefahr aus dem W. gehen**, to keep clear of danger; (*d*) (*Weise*) **Mittel und W ~ e**, ways and means; **auf diesem W ~ e**, in this way; **auf gütlichem W ~ e**, amicably; **auf diplomatischem W ~ e**, through diplomatic channels; **auf dem W ~ e einer Einigung**, by means of/through an agreement. **ʹW ~ bereiter**, *m* **-s/-** forerunner. **ʹW ~ elagerer** [veːgə-], *m* **-s/-** *Hist:* highwayman. **ʹW ~ markierung**, *f* **-/-en** path marking. **ʹW ~ rand**, *m* **-(e)s/no pl** wayside. **ʹW ~ strecke**, *f* **-/-n** stretch; (*Entfernung*) distance. **ʹW ~ stunde**, *f* **-/-n eine W.**, an hour's walk. **ʹW ~ weiser**, *m* **-s/- 1.** signpost. **2.** (*Buch*) guide. **ʹW ~ zehrung**, *f* **-/no pl** provisions (for the journey).

weg² [vɛk]. **I.** *adv.* away, off; **weit w.**, far away; *F:* **w. damit**, take it away; **w. mit euch!** away with you! **Hände w.!** hands off! **das muß w.**, that must go; **er ist schon w.**, he's already gone; **die Schlüssel sind w.**, the keys have disappeared; *F:* **er war gleich w.**, he went off (to sleep) at once; **sie war ganz w. davon**, she was quite bowled over/carried away by it; **über etwas** *acc* **w. sein**, to have got over sth.; **in einem w.**, continuously, without a break. **II.** **ʹw ~ -**, *sep.vbl.prefix* (*a*) (to fly, run, tear etc.) away, off; (to blow, burn, give, send, carry, sth.) away; **w ~ schleichen**, to slink off; **w ~ blicken/ w ~ sehen**, to look away; **w ~ fangen/w ~ schnappen**, to snatch (sth.) away; **w ~ führen**, to lead/take (sth.) away; **w ~ kehren/w ~ wenden**, to turn away (one's eyes etc.); **w ~ räumen**, to clear away (one's things etc.); **w ~ schließen**, to shut (sth.) away/up; **w ~ spülen**, to wash (sth.) away; **w ~ stecken**, to hide/tuck (sth.) away; **w ~ tun**, to clear/(*wegwerfen*) throw (things, food) away; **w ~ zaubern**, to spirit (s.o., sth.)

away; (*b*) **w ~ essen/w ~ trinken**, to eat/drink (sth.) all up. **ʹw ~ bekommen**, *v.tr.sep.irr.53 F:* (*a*) to get rid of (a stain etc.); to (be able to) shift (sth. heavy); (*b*) (*begreifen*) to grasp (sth.). **ʹw ~ bleiben**, *v.i.sep.irr.12* (*sein*) (*a*) to stay away; (*b*) to be left out/omitted; *F:* **ihm blieb die Spucke weg**, he was flabbergasted. **ʹw ~ bringen**, *v.tr.sep.irr.16* to take/get (s.o., sth.) away, remove (furniture, a spot etc.). **ʹw ~ denken**, *v.tr.sep.irr.17* to imagine (s.o., sth.) as not being there; **das ist aus unserem Leben nicht mehr wegzudenken**, our life would be unthinkable without it. **ʹW ~ fall**, *m* **-s/no pl** stopping, cessation; abolition (of rule etc.). **ʹw ~ fallen**, *v.i.sep.irr.27* (*sein*) to be discontinued/(*ausgelassen*) omitted; (*aufhören*) to cease, stop; **dieser Grund fällt jetzt weg**, this reason no longer applies. **ʹw ~ gehen**, *v.i.sep.irr.36* (*sein*) (*a*) (*Pers.*) to leave, go away/ (*ausgehen*) out; (*Brief usw.*) to go off; (*Fleck*) to come out; *F:* **geh mir weg damit**, I don't want to know (about it); (*b*) **wie warme Semmeln w.**, to sell like hot cakes. **ʹw ~ haben**, *v.tr.sep.irr.44 F:* to have removed (a spot etc.), received (a blow, a share etc.); (*begreifen*) **er hatte es gleich weg**, he immediately got the hang of it; **j-n, etwas w. wollen**, to want to get rid of s.o., sth.; **einen w.**, to be tight/(*verrückt*) off one's rocker. **ʹw ~ holen**, *v.tr.sep.* to take/ fetch (s.o., sth.) away; *F:* to catch (an illness etc.). **ʹw ~ hören**, *v.i.sep.* (*haben*) to refuse to listen, close one's ears. **ʹw ~ kommen**, *v.i.sep.irr.53* (*sein*) (*Pers.*) to get away; (*verlorengehen*) to be lost, disappear; **über etwas** *acc* **w.**, to get over sth.; **gut/schlecht w.**, to come off well/badly. **ʹw ~ kriegen**, *v.tr.sep.* = **wegbekommen**. **ʹw ~ lassen**, *v.tr.sep.irr.57* to leave out, omit (s.o., sth.); to let (s.o.) go. **ʹw ~ legen**, *v.tr.sep.* to put (sth.) away/ (*beiseite*) aside. **ʹw ~ machen**, *v.tr.sep. F:* to remove (dirt, a spot etc.); **sich w.**, to make off. **ʹw ~ müssen**, *v.i.sep.irr.68* (*haben*) to have to go; **ich muß weg**, I must leave/be off. **ʹW ~ nahme**, *f* **-/no pl** taking away, removal; *Jur:* confiscation; seizure (of property etc.). **ʹw ~ nehmen**, *v.tr.sep.irr.69* to take (sth.) away, remove (sth.) (**j-m**, from s.o.); to take up (light, space, s.o.'s time etc.); (*berauben*) **j-m etwas w.**, to deprive/rob s.o. of sth.; *Aut:* (**das**) **Gas w.**, to take one's foot off (the throttle). **ʹw ~ putzen**, *v.tr.sep.* to clean/wipe (sth.) away; *F:* to polish off (one's food); *Sp:* to polish (s.o.) off. **ʹw ~ radieren**, *v.tr.sep.* to erase (sth.). **ʹw ~ reißen**, *v.tr.sep.irr.4* to tear, snatch (s.o., sth.) away (**von** + *dat*, from); to tear off (a piece of paper). **ʹw ~ schaffen**, *v.tr.sep.* to do away with/(*entfernen*) remove (sth.) **ʹw ~ scheren**, *v.refl.sep. P:* **scher dich weg!** hop it! beat it! **ʹw ~ setzen**, *v.tr.sep.* (*a*) to put, place (s.o., sth.) elsewhere; **sich w.**, to move away (**von** + *dat*, from); to sit apart (**von j-m**, from s.o.); (*b*) *F:* **sich über etwas** *acc* **w.**, to disregard/ignore sth. **ʹw ~ stehlen**, *v.tr. sep.irr.2 F:* to pinch (sth.) (**j-m**, from s.o.); **sich w.**, to steal away. **ʹw ~ streichen**, *v.tr. sep.irr.40* to cross out (a word etc.); (*b*) to push back (hair etc.). **ʹw ~ treten**, *v.i.sep.irr.105* (*sein*) *Mil:* to fall out; **w.!** dismiss! *F:* **geistig w.**, to switch off. ´W ~ werf-, *comb.fm.* disposable (bottle, nappy etc.). ´w ~ werfen, *v.tr. sep.irr.100* to throw (rubbish, one's life etc.) away, throw out (old clothes etc.); weggeworfenes Geld, money down the drain; sich an j-n w., to waste oneself on s.o. ´w ~ werfend, *adj.* dismissive, disparaging. ´w ~ wischen, *v.tr.sep.* to wipe (sth.) away/(a word etc.) out; to dismiss (objections etc.). ´w ~ wollen, *v.i.sep.* (*haben*) to want to get away/(*ausgehen*) go out. ´w ~ zaubern, *v.tr.sep.* to spirit (s.o., sth.) away. ´w ~ ziehen, *v.sep.irr.113* 1. *v.tr.* to pull (s.o., sth.) away. 2. *v.i.* (*sein*) to move (away) (aus/von + *dat,* from).

wegen [´ve:gən], *prep.* + *gen/F:* + *dat* because of; owing to; w. Umbau geschlossen, closed due to/for rebuilding; w. der Kinder, for the sake of the children; w. mir, for my sake, on my account; ich komme w. dieser Angelegenheit, I have come regarding/about this matter; von Amts w., by virtue of one's position; von Rechts w., by right; *F: Iron:* von w.! it's nothing of the sort! (*kommt nicht in Frage*) nothing doing!

Wegerich [´ve:gəriç], *m -s/-e Bot:* plantain.

weh [ve:]. I. *adj.* (*a*) *F:* painful, sore (finger etc.); hurting (feet etc.); j-m/sich *dat* w. tun, to hurt s.o./oneself; mein Fuß tut mir w./mir tut der Fuß w., my foot is hurting; (*b*) *Fig: Lit:* (*trist*) melancholy, sad; mir ist w. ums Herz, my heart aches. II. W., *n -(e)s/no pl* grief, *A:* woe; *F:* mit W. und Ach, with much moaning and groaning. ´w ~ (e), *int.* alas! w. dir, wenn . . .! it'll be the worse for you, if . . . ´W ~ en¹, *fpl* labour pains; in den W. liegen, to be in labour. ´W ~ geschrei, *n -(e)s/no pl* cries of woe. ´W ~ klage, *f -/-n Lit:* lament(ation). ´w ~ leidig, *adj. Pej:* sorry for oneself; plaintive (voice etc.); sei doch nicht so w., don't be such a sissy/make such a fuss. ´W ~ mut, *f -/ no pl* melancholy, (*Sehnsucht*) longing. ´w ~ - mütig/´w ~ mutsvoll, *adj.* melancholy; wistful (smile etc.). W ~ ´wehchen, *npl F:* little aches and pains.

Wehe [´ve:ə], *f -/-n* (snow etc.) drift. ´w ~ n², *v.* 1. *v.i.* (*haben*) (*Wind*) to blow; (*Fahne usw.*) to wave, flutter; (*Haare*) to blow about; (*Duft, Ton*) to drift, waft. 2. *v.tr.* to blow (sth.).

Wehr [ve:r]. 1. *f* sich zur W. setzen, to resist, put up a fight. 2. *n -(e)s/-e* weir. ´W ~ dienst, *m -(e)s/no pl* military service. ´W ~ dienstverweigerer, *m -s/-* conscientious objector. ´w ~ en, *v.rcfl.* sich w., to fight back; to defend oneself (gegen eine Anschuldigung usw., against an accusation etc.); sich gegen einen Plan w., to fight a plan. ´w ~ fähig, *adj.* fit for military service. ´W ~ gang, *m -(e)s/-e Hist:* gallery/ walk on castle etc. walls. ´w ~ los, *adj.* defenceless. ´W ~ losigkeit, *f -/no pl* defencelessness. ´W ~ macht, *f -/no pl Hist:* armed forces (of the German Reich). ´W ~ pflicht, *f -/no pl* conscription; compulsory military service. ´w ~ pflichtig, *adj.* liable to military service.

Weib [vaip], *n -(e)s/-er* [-bər] (*a*) *Pej:* female; *N.Am:* broad; (*b*) *F:* tolles W., smashing bird; hinter den W ~ n hersein, to be one for the girls; (*c*) er hat W. und Kind, he's a family man. ´W ~ chen, *n -s/-* (*a*) little woman; (*b*) *Orn:*

Z: female; sein W., its mate. ´W ~ erfeind, *m -(e)s/-e* woman-hater; misogynist. ´W ~ ergeschichten, *fpl* (amorous) affairs. ´W ~ erheld, *m -en/-en* lady killer; lady's man. ´W ~ erklatsch, *m -(e)s/no pl Pej:* female gossip. ´w ~ isch, *adj. Pej:* effeminate, womanish. ´W ~ lein, *n -s/-* (*a*) little old woman; (*b*) *Hum:* Männlein und W., males and females. ´w ~ lich, *adj.* (*a*) female (sex etc.); *Gram:* feminine (gender); (*b*) (*frauenhaft*) feminine (characteristic etc.). ´W ~ lichkeit, *f -/no pl* 1. femininity. 2. *coll.* women; die holde W., the fair sex. ´W ~ sbild, *n -(e)s/-er/*´W ~ sperson, *f -/-en usu.Pej:P:* female; *N.Am:* broad. ´W ~ sstück, *n -(e)s/-e Pej:* bitch, hussy.

weich [vaiç]. I. *adj.* soft; tender (meat etc.); (*w ~ - gekocht*) soft-boiled (egg); (*lau*) mild (climate); Fleisch w. klopfen, to tenderize meat; w. werden, to soften; *Fig:* (*Pers.*) to relent; *adv.* w. liegen, to lie on something soft; (*Raumschiff usw.*) w. aufsetzen, to make a soft landing; *Aut:* w. abbremsen, to brake gently. II. ´W ~ -, ´w ~ -, *comb.fm.* soft (cheese, wood etc.); w ~ herzig *adj.* soft-/tender-hearted; W ~ herzigkeit *f,* tender-heartedness; *Anat:* W ~ teile *mpl,* soft parts, *esp.* genitals. ´w ~ en¹, *v.i.* (*sein*) to soak. ´W ~ heit, *f -/no pl* softness; tenderness. ´w ~ lich, *adj.* soft (thing, person); weak (character); (*weibisch*) effeminate. ´W ~ lichkeit, *f -/no pl* softness, effeminacy. ´W ~ ling, *m -s/-e* weakling; *F:* softy, sissy. ´W ~ spüler, *m -s/-* (fabric) conditioner. ´W ~ tier, *n -(e)s/-e Z:* mollusc.

Weiche [´vaiçə], *f -/-n Rail:* points, *N.Am:* switch; die W ~ n stellen, to set the points/*Fig:* the course (für + *acc,* for). ´w ~ n², *v.i.irr.* (*p. wich, p.p. gewichen*) (*sein*) to give way, yield (j-m, etwas *dat,* to s.o., sth.); (*Feind*) to fall back, retreat (vor + *dat,* from); (*Spannung usw.*) to lessen, vanish; nicht von der Stelle, von j-s Seite usw. w., not to move/budge from the spot, s.o.'s side etc. ´W ~ nsteller, *m -s/- Rail:* pointsman, *N.Am:* switchman.

Weichsel [´vaiksəl]. *Pr.n.f - Geog:* Vistula. ´W ~ (kirsche), *f -/-n* morello cherry.

Weid- [´vait-], *comb.fm. Hunt:* hunting (knife etc.). ´w ~ gerecht, *adj.* according to hunting rules; sportsmanlike. ´W ~ mann, *m -(e)s/-er* (skilled) huntsman, sportsman. ´w ~ männisch, *adj.* sportsmanlike.

Weide¹ [´vaidə], *f -/-n* pasture, meadow; Vieh auf die W. treiben, to put cattle out to grass. ´W ~ land, *n -(e)s/no pl* pastureland, pasturage. ´w ~ n, *v.tr. & i.* (*haben*) to graze, pasture (sheep etc.); *Fig:* sich an etwas *dat* w., to take delight in/(*Augen usw.*) feast on sth.

Weide *f -/-n/*´W ~ nbaum, *m -(e)s/-e* willow tree. ´W ~ nkätzchen, *n -s/-* (willow) catkin. ´W ~ nkorb, *m -(e)s/-e* wicker basket. W ~ nrich [´vaidəriç], *m -s/no pl Bot:* willowherb.

weidlich [´vaitliç], *adv.* thoroughly, properly.

weiger|n [´vaigərn], *v.refl.* sich w., to refuse (to do sth.). ´W ~ ung, *f -/-en* refusal.

Weih|bischof [´vaibi∫of], *m -s/-e Ecc:* suffragan bishop. ´W ~ e, *f -/-n* (*a*) *Ecc: etc:* consecration; W. zum Priester, ordination; (*b*) *Lit:* (*Stimmung*) solemnity. ´w ~ en, *v.tr.* to consecrate (ground, a church etc.); to ordain (s.o.) (**zum Priester**, as a priest); **sich/sein Leben j-m, etwas** *dat* **w.**, to dedicate/devote oneself/ one's life to s.o., sth.; *Fig:* **dem Tode geweiht**, doomed to die. 'W ~ **nachten** [-naxtən] *fpl* & *occ. n* Christmas; **fröhliche W.**, merry Christmas; **zu W.**, at/(*Geschenk*) for Christmas. 'w ~ **nachtlich**, *adj.* like Christmas; *F:* Christmassy. 'W ~ **nachts-**, *comb.fm.* Christmas (tree, card, present etc.); **W ~ abend** *m*, Christmas Eve; **erster W ~ feiertag**, Christmas Day; **zweiter W ~ feiertag**, Boxing Day; **W ~ fest** *n*, Christmas (holiday); **W ~ lied** *n*, Christmas carol; **der W ~ mann**, Father Christmas; **W ~ zeit** *f*, Christmas period. 'W ~ **rauch**, *m* **-(e)s**/*no pl* incense. 'W ~ - **rauchfaß**, *n* **-sses**/**-sser** censer. 'W ~ **wasser**, *n* **-s**/*no pl* holy water.

Weiher ['vaiər], *m* **-s**/**-** pond.

weil [vail], *conj.* because; (*da*) since.

Weil|chen ['vailçən], *n* **-s**/*no pl* little while; **bleib noch ein W.**, stay a little longer. 'W ~ **e**, *f* **-**/*no pl* while, (space of) time; **eine ganze W.**, quite a/a good while, quite some time; **es dauerte eine W.**, it took some time. 'w ~ **en**, *v.i.* (*haben*) *Lit:* to stay, linger.

Weiler ['vailər], *m* **-s**/**-** hamlet.

Wein [vain]. I. *m* **-(e)s**/**-e** (*a*) wine; **beim W.**, over/drinking wine; *Fig:* **j-m klaren/reinen W. einschenken**, to tell s.o. the unvarnished truth; (*b*) (*W ~ reben*) vines; **W. ernten/lesen**, to pick grapes. II. 'W ~ -, *comb.fm.* (*a*) wine (vinegar, barrel, bottle, glass, cellar, waiter, cooler etc.); **W ~ bau** *m*, wine-growing; **W ~ bauer**/*Aus:* **W ~ hauer** *m*, wine grower; **W ~ (bau)gebiet** *n*/ **W ~ gegend** *f*, wine-growing area; **W ~ gut** *n*, wine-growing estate; **W ~ händler** *m*, wine merchant; **W ~ heber** *m*, (i) wine syphon; (ii) (*zum Ausschenken*) wine dispenser; **W ~ jahr** *n*, (good/bad) year for wine; **W ~ karte** *f*, wine list; **W ~ kellerei** *f*, wine cellars; *N.Am:* winery; **W ~ kelter** *f*, wine-press; **W ~ kenner** *m*, connoisseur of wine, wine expert; **W ~ lokal** *n*/ **W ~ stube** *f*, wine bar/parlour; **W ~ probe** *f*, wine-tasting; *adj.* **w ~ selig**, merry on wine; in one's cups; (*b*) (*vom W ~ stock*) vine (leaf etc.); **W ~ berg** *m*, (terraced) vineyard; **W ~ garten** *m*, (flat) vineyard; **W ~ laub** *n*, vine leaves; **W ~ rebe** *f*/**W ~ stock** *m*, grapevine; **W ~ ernte**/ **W ~ lese** *f*, grape harvest, vintage. 'W ~ **beere**, *f* **-**/**-n** (*a*) grape; (*b*) *Aus:* raisin. 'W ~ **bergschnecke**, *f* **-**/**-n** (edible) snail. 'W ~ **brand**, *m* **-(e)s**/**-e** brandy. 'W ~ **geist**, *m* **-(e)s**/*no pl* pure alcohol, spirit. 'w ~ **rot**, *adj.* burgundy. 'W ~ **säure**, *f* **-**/*no pl Ch:* tartaric acid. 'W ~ **stein**, *m* **-(e)s**/*no pl Ch:* tartar. 'W ~ - **traube**, *f* **-**/**-n** grape.

wein|en ['vainən], *v.i.* (*haben*) to cry, weep (**aus**/ **vor** + *dat*, from; **über**/**um** + *acc*, over); **sich** *dat* **die Augen aus dem Kopf w.**, to cry one's eyes out. 'w ~ **erlich**, *adj.* tearful; *Pej:* whining (child etc.). 'W ~ **krampf**, *m* **-(e)s**/**-e** fit of crying.

weise[1] ['vaizə], *adj.* wise; (*umsichtig*) prudent.

'**Weise**[2], *f* **-**/**-n** 1. manner, way; **auf diese W.**, in this way/manner, by this means; **auf keine/in keiner W.**, by no means; **auf geheimnisvolle W.**, in a mysterious way, mysteriously; **in ge-**

wisser **W.**, in a way, after a fashion; **auf die/in der W., daß . . .**, in such a way that . . .; **auf irgendeine W.**, one way or another. 2. *Mus:* melody, tune.

'**weis|en**, *v.irr.* (*p.* **wies**, *p.p.* **gewiesen**) 1. *v.tr.* **j-m den Weg, die Tür usw. w.**, to show s.o. the way, door etc.; **j-n aus dem Land, von der Schule usw. w.**, to expel s.o. from the country, school etc.; **etwas von sich** *dat* **w.**, to reject sth. completely. 2. *v.i.* (*haben*) to point (**auf** + *acc*, at/ to; **nach** Norden/Süden, north/south). 'W ~ **ung**, *f* **-**/**-en** direction, instruction.

Weis|heit ['vaishait], *f* **-**/**-en** 1. *no pl* wisdom; **mit seiner W. am Ende sein**, to be at one's wits' end. 2. (*Erkenntnis*) insight; (*Spruch*) wise saying; *Iron:* **behalte deine W ~ en für dich**, spare me your pearls of wisdom. 'W ~ **heitszahn**, *m* **-(e)s**/**-e** wisdom tooth. 'w ~ **machen**, *v.tr.sep.* **j-m etwas w.**, to make s.o. believe sth.; **man kann ihm nichts w.**, you can't fool him. 'w ~ **sagen**, *v.tr.insep.* to prophesy (disaster etc.). 'W ~ **sager(in)**, *m* **-s**/**-** (*f* **-**/**-nen**) prophet(ess), soothsayer. 'W ~ **sagung**, *f* **-**/**-en** prediction, prophecy.

weiß [vais]. I. *adj.* white; blank (page etc.); **w. machen**, to whiten (shoes etc.); **w. werden**, (*Gesicht, Haare*) to go white; (*Pers.*) to get white hair; **w. tünchen**, to whitewash (a wall etc.); **ein W ~ er**, a white man; **das W ~ e vom Ei**, the white of the egg; *Ecc:* **W ~ er Sonntag**, Low Sunday; *F:* **w ~ e Mäuse**, traffic cops; **w ~ e Mäuse sehen**, to see pink elephants. II. **W.**, *n* **-**/*no pl* white. III. 'W ~ -, *comb.fm.* white (gold, metal, wine etc.); **W ~ brot** *n* white bread/(*Laib*) loaf; **W ~ glut** *f*, white heat; **W ~ holz** *n*, whitewood; **W ~ kohl** *m* /*South G:* **W ~ kraut** *n*, white cabbage; *Bot:* **W ~ dorn** *n*, whitethorn; *adj.* **w ~ glühend**, white-hot; **w ~ haarig**, white-haired. 'W ~ **bier**, *n* **-(e)s**/*no pl* light top-fermented beer. 'W ~ **blech**, *n* **-(e)s**/*no pl* tinplate. 'w ~ **blond**, *adj.* ash-blond. 'W ~ **buche**, *f* **-**/**-n** *Bot:* hornbeam. 'W ~ **e**, *f* **-**/*no pl* 1. whiteness. 2. = **Weißbier**. 'w ~ **en**, *v.tr.* to whiten (shoes); to whitewash (a room, wall etc.). 'w ~ **gelb**, *adj.* pale yellow. 'W ~ **käse**, *m* **-s**/**-** curd/cottage cheese. 'w ~ **lich**, *adj.* whitish. 'W ~ **waren**, *fpl*/'W ~ **wäsche**, *f* **-**/*no pl* household linen. 'w ~ **waschen**, *v.tr. sep.irr.108 Pej:* to whitewash (s.o., oneself). 'W ~ **wurst**, *f* **-**/**-e** veal sausage.

weit [vait], *adj.* (*a*) wide (expanse, sleeve etc.); extensive (area, view etc.); **das w ~ e Meer**, the broad expanse of the sea; **die w ~ e Welt**, the big wide world; **das W ~ e suchen**, to take to one's heels; (*Rock usw.*) **zu w.**, too large; **w ~ er Begriff**, broad concept; **im w ~ esten Sinne**, in the broadest sense; **w ~ e Kreise**, large sections (of the population); **w ~ e Kreise ziehen**, to have far-reaching consequences; *adv.* **w. bekannt**, widely known; **w. geöffnet**, wide open; **w. verbreitet**, widespread; *Fig:* **etwas w. auslegen**, to interpret sth. loosely; (*b*) (*lang*) long (way, journey etc.); **in w ~ er Ferne**, far in the distance; **von w ~ em**, from a long way off; **ist es w.?** is it far/a long way? **es ist drei Kilometer w. (von hier)**, it is three kilometres away (from here); **w. hinter der Stadt**, a long way the other side of town; *adv.* **w. und breit**, far and wide;

w. **entfernt**, far away; **haben Sie es noch w.?** have you much further to go? **das geht zu w.!** that's going too far/the limit! F: **er hat es w. gebracht**, he has come up in the world; **mit ihm/damit ist es nicht w. her**, he/it isn't up to much; (c) F: **so w.**, ready, finished; **es ist so w.**, the time has come; (d) adv. (*erheblich*) **w. größer/besser**, far larger/better; adv.phr. **bei w~em**, by far; **bei w~em nicht genug**, not nearly enough. '**w ~ 'ab**, adv. far (away). '**w ~ -'aus**, adv. far (better etc.); by far, much (the best etc.). '**W ~ blick**, m -(e)s/-e far-sightedness, vision. '**w ~ blickend**, adj. far-sighted. '**W ~ e**, f -/-n (a) (*Fläche*) extent; **die unendliche W. des Meeres**, the infinite expanse of the sea; (b) (*Breite*) width; (*Durchmesser*) diameter (of a tube etc.); Dressm: fullness (of cut); Fig: breadth (of vision); (c) esp. Sp: (*Entfernung*) distance. '**w ~ en**, v.tr. to widen (sth.), stretch (shoes etc.). '**w ~ er**, adj. (comp. of weit) (a) further (news, orders etc.); (*zusätzlich*) additional (expense, worry etc.); **w~es/w~e Informationen**, further details/information; **bis auf w~es**, until further notice; **des w~en**, furthermore, in addition; **im w~en**, in the following; **w~e zwei Jahre**, another two years; adv. **kein Wort w.**, not another word; **w. niemand/ nichts**, nobody/nothing else; **w. sage ich nichts**, I am not saying any more/anything further; (b) (**immer**) **w.!** go on! keep going! **ich werde es w. tun**, I shall go on doing it; **und (was) w.?** and what then? **und so w.**, and so on; (c) F: **es ist w. nicht so schlimm**, it's not that bad; **wenn es w. nichts ist**, if that's all; if it's nothing more serious; **er hat uns w. nicht beeindruckt**, he didn't impress us particularly; (d) **ohne w~es**, easily; without any trouble; **so ohne w~es**, just like that. '**W ~ er-**, '**w ~ er-**, comb.fm. **1.** further (treatment, development etc.); continual (flight, journey etc.); **W~bildung** f, further education; **W~bestehen** n, continued existence. **2.** sep.vbl.prefix (a) to continue (to exist, pay etc.); to go on (working, playing, living etc.); (to fight, march etc.) on; (to develop sth.) further; **w~bestehen**, to continue to exist, survive; **w~bilden**, to continue to train (s.o.), give (s.o.) further training; **w~fliegen/w~reisen**, to continue one's flight/journey; F: **w~wursteln**, to continue to muddle along, muddle on; (b) (*an andere/einen anderen*) (to send sth.) on; (to sell sth.) to someone else/a third person; **w~empfehlen**, to recommend (s.o., sth.) to others; **w~erzählen/w~sagen**, to pass on (news etc.); to tell (news etc.) to others; **w~geben/w~reichen**, to pass on (a message, book etc.); **w~leiten**, to pass on (a request etc.), send on (mail); **w~schenken**, to pass on (a present) to someone else. '**w ~ erbefördern**, v.tr.sep. to forward, send on (mail etc.); to take (passengers) on (further). '**w ~ erbringen**, v.tr.sep.irr.16 to further (s.o.); to help (s.o.) (to get) on; **das bringt uns nicht weiter**, that doesn't get us anywhere. '**w ~ erdenken**, v.i.sep.irr.17 (haben) to think further/(*an die Zukunft*) ahead. '**w ~ erfahren**, v.i.sep.irr.26 (sein) to proceed, continue one's journey; Aut: to drive on. '**w ~ erführen**, v.tr.sep. to continue (sth.); **das führt uns nicht weiter**, it doesn't

get us anywhere. '**W ~ erführung**, f -/no pl continuation. '**W ~ ergabe**, f -/-n passing-on, transmission. '**w ~ ergehen**, v.i.sep. irr.36 (sein) to go/walk on; (Pers., Sache) to continue; **bitte w.!** please keep moving! **wir müssen w.**, we must press on. '**w ~ erhin**, adv. (*künftig*) further, in future; (*außerdem*) moreover, furthermore; **etwas w. tun**, to continue doing/to do sth. '**w ~ erkommen**, v.i.sep. irr.53 (sein) to get on, progress; **nicht w.**, to be stuck; **so kommen wir nicht weiter**, this isn't getting us anywhere. '**w ~ erkönnen**, v.i.sep. irr.54 (haben) F: to be able to go on. '**w ~ erlaufen**, v.i.sep.irr.58 (sein) to go on running; (Zahlungen usw.) to continue. '**w ~ ermachen**, v.tr.&i.sep. (haben) F: **etwas/mit etwas dat w.**, to carry on/continue sth. '**w ~ ersehen**, v.i.sep.irr.92 (haben) **dann sehen wir weiter**, then we'll see (what is to be done). '**w ~ ertreiben**, v.tr.sep.irr.12 to continue (sth.); to promote, encourage (development etc.). '**W ~ erungen**, fpl complications, repercussions. '**w ~ erverarbeiten**, v.tr.sep. to process (sth.) further; to finish (semi-finished products). '**w ~ erverfolgen**, v.tr.sep. to follow up, pursue (a subject etc.) (further). '**W ~ erverkauf**, m -(e)s/-e resale. '**w ~ ervermieten**, v.tr.sep. to sub-let (a flat etc.). '**w ~ erwissen**, v.i.sep.irr.111 (haben) **nicht w.**, to be at one's wits' end. '**w ~ erwollen**, v.i.sep.irr.112 (haben) F: to want to go on. '**w ~ este(r,s)**, adj. furthest, most distant (point etc.); adv. **am w~en**, farthest (away).'**w ~ gehend**, adj. extensive, far-reaching (changes etc.); wide (powers etc.); adv. largely. '**w ~ greifend**, adj. far-reaching. '**w ~ 'her**, adv. Lit: **von w.**, from far away. '**w ~ 'hergeholt**, adj. far-fetched. '**w ~ 'hin**, adv. over a wide area; (*weitgehend*) largely. '**w ~ läufig**, adj. (a) extensive; spacious (grounds etc.); rambling (building, Pej: description etc.); (b) distant (relative). '**W ~ läufigkeit**, f -/no pl spaciousness; Pej: long-windedness. '**w ~ maschig**, adj. coarse-meshed. '**w ~ reichend**, adj. far-reaching. '**w ~ schweifig**, adj. long-winded, rambling. '**W ~ schweifigkeit**, f -/no pl long-windedness, verbosity. '**W ~ sicht**, f -/no pl Fig: far-sightedness, vision. '**w ~ sichtig**, adj. Med: long-sighted; Fig: far-sighted. '**W ~ springer**, m -s/- Sp: long-jumper. '**W ~ sprung**, m -(e)s/-e Sp: long jump. '**w ~ spurig**, adj. Rail: broad-gauge. '**w ~ tragend**, adj. long-range (missile, Fig: planning etc.); far-reaching (consequences etc.). '**w ~ verbreitet**, adj. widespread, common. '**W ~ winkelobjektiv**, n -s/-e Phot: wide-angle lens.

Weizen ['vaitsən], n -s/no pl wheat. '**W ~ brot**, n -(e)s/-e wheatmeal loaf. '**W ~ keim**, m -(e)s/ no pl wheatgerm. '**W ~ mehl**, n -(e)s/no pl wheat(meal) flour.

welch [vɛlç], pron. Lit: **w. ein Segen!** what a blessing! '**w ~ e(r,s)**, pron. **1.** interrog. **w~r Mantel?** (*Wahl unter bekannten*) which coat? (*dem Sprecher unbekannt*) what coat? **w~r von ihnen?** which (one) of them? **w~r/w~s auch immer**, whoever/whatever; Lit: **w~s Glück!** what luck! **2.** rel. (Pers.) who, (Sache/Sachen) which; **die Bücher, w. ich brauche**, the books

(which/that) I need. **3.** *indef.* some; **hast du w~s?** have you got some/any? **es gibt w., die das glauben,** there are some (people) who believe it; *F:* **was für w~s?** what sort?
welk [vɛlk], *adj.* wilting, (*verblaßt*) faded (flowers etc.); (*getrocknet*) withered. ´**w~en,** *v.i.* (*sein*) to wilt, fade, (*trocken werden*) wither.
Well|blech ['vɛlblɛç], *n* -(e)s/*no pl* corrugated iron. ´**W~e,** *f* -/-n **1.** (*also Ph: & Fig: etc:*) wave; *Rad:* (*W~nlänge*) wavelength; **grüne W.,** phased traffic lights; *Fig:* **W~n schlagen,** to create a stir. **2.** *Mec.E:* shaft. ´**w~en¹,** *v.tr.* to wave (hair), corrugate (tin, paper); **sich w.,** (*Haar*) to form waves, be wavy; (*Teppich usw.*) to get ridges. ´**W~en-²,** *comb.fm.* (*a*) *esp. Ph: etc:* wave(-band, theory etc.); (*also Fig:*)**W~länge** *f,* wavelength; (*b*) **W~berg/W~kamm** *m,* crest of a wave; **W~tal** *n,* trough of wave; **W~schlag** *m,* breaking of the waves. ´**W~enbad,** *n* -(e)s/ˉer swimming pool with artificial waves. ´**W~enbrecher,** *m* -s/- breakwater. ´**w~enförmig,** *adj.* wavelike. ´**W~engang,** *m* -(e)s/*no pl* motion (of the sea); swell; **starker W.,** heavy swell. ´**W~enlinie,** *f* -/-n wavy line. ´**W~enreiten,** *n* -s/*no pl* surfriding, surfing. ´**W~enreiter,** *m* -s/- surfrider, surfer. ´**W~ensittich,** *m* -s/-e *Orn:* budgerigar. ´**W~fleisch,** *n* -(e)s/*no pl* boiled belly of pork. ´**W~hornschnecke,** *f* -/-n *Z:* whelk. ´**w~ig,** *adj.* undulating (landscape); wavy (hair etc.); bumpy (road, ground etc.); **w. werden,** to buckle. ´**W~pappe,** *f* -/*no pl* corrugated cardboard.
Welpe ['vɛlpə], *m* -n/-n *Z:* whelp.
Welt [vɛlt]. **I.** *f* -/-en world; (*a*) **auf/in der W.,** in the world; **in/aus aller W.,** all over/from all over the world; **bis ans Ende der W.,** to the ends of the earth; **auf die/zur W. kommen,** to come into the world; **in die W. setzen,** to give birth to (a child, *Fig:* rumour etc.); **etwas aus der W. schaffen,** to do away with/(*bereinigen*) clear up sth.; **nicht um alles in der W.,** not for the world; **ein Mann von W.,** a man of the world; *F:* **es ist/kostet nicht die W.,** it doesn't cost the earth; **es ist nicht aus der W.,** it isn't all that far away; **so geht's in der W. zu!** that's life! **was/wer in aller W. ...!** what/who on earth ...! (*b*) (*Menschen*) **alle W.,** everybody; (*c*) (*Klasse usw.*) **die vornehme/große W.,** high society; **die künstlerische W.,** the world of art. **II.** ´**W~-,** ´**w~-,** *comb.fm.* (*a*) world (atlas, Bank, peace, trade, literature, market, order etc.); international (politics etc.); (knowledge, map etc.) of the world; **W~ausstellung** *f,* World Fair; **W~bild** *n,* world-view, view of the world; **das W~geschehen,** world events; **die W~geschichte,** world history; the history of the world; **W~herrschaft** *f,* world domination; **W~krieg** *m,* world war; **W~lage** *f,* world/international situation; **W~macht** *f,* world power; **W~reise** *f,* world tour; **W~sprache** *f,* world language; **W~untergang** *m,* end of the world; **W~wunder** *n,* wonder of the world; **W~zeit** *f,* world time, Greenwich Mean Time; *Sp:* **W~bestleistung** *f*/**W~bestzeit** *f*/**W~rekord** *m* world record; **W~meister(in)** *m(f),* world champion; **W~meisterschaft** *f,* world championship; *Phil:* **W~schmerz** *m,* world-

weariness; *adj.* **w~bekannt/w~berühmt,** world-famous; **w~erschütternd/**esp. *Iron:* **w~bewegend,** world-/earth-shattering; **w~umfassend/w~weit,** world-wide; (*b*) (*weltweit*) worldwide (reputation etc.); **W~geltung** *f,* worldwide prestige. ´**W~all,** *n* -s/*no pl* universe; cosmos. ´**w~anschaulich,** *adj.* ideological. ´**W~anschauung,** *f* -/-en ideology; philosophy (of life). ´**W~bürger,** *m* -s/- cosmopolitan person. ´**w~bürgerlich,** *adj.* cosmopolitan. ´**W~dame,** *f* -/-n society lady. ´**W~(en)bummler,** *m* -s/- globetrotter. ´**w~erfahren,** *adj.* experienced, worldlywise. ´**W~erfahrung,** *f* -/*no pl* worldly wisdom. ´**w~fremd,** *adj.* unworldly. ´**W~fremdheit,** *f* -/*no pl* unworldliness. ´**W~geistliche(r),** *m decl. as adj.* priest not belonging to an order. ´**W~gericht,** *n* -(e)s/*no pl Rel:* Last Judgment. ´**w~gewandt,** *adj.* sophisticated; urbane. ´**W~gewandtheit,** *f* -/*no pl* savoir-faire; sophistication, urbanity. ´**W~klasse,** *f* -/*no pl Sp:* world's best/elite; **W. sein,** to be world class. ´**w~klug,** *adj.* worldly-wise. ´**W~klugheit,** *f* -/*no pl* worldly wisdom. ´**w~lich,** *adj.* worldly (pleasures etc.); mundane (outlook etc.); (*nicht religiös*) secular (education, art etc.); **w. gesinnt,** worldly-minded. ´**W~lichkeit,** *f* -/*no pl* worldliness. ´**w~männisch,** *adj.* sophisticated, urban. ´**W~marke,** *f* -/-n internationally famous brand/make. ´**W~meer,** *n* -(e)s/-e ocean. ´**W~raum,** *m* -(e)s/*no pl* (outer) space. ´**W~raum-,** *comb.fm.* space (travel etc.); *see also* **Raum-.** ´**W~reich,** *n* -(e)s/-e empire. ´**W~reisender(r),** *m & f decl. as adj.* globetrotter. ´**W~ruf,** *m* -(e)s/*no pl* world-wide renown; international reputation. ´**W~stadt,** *f* -/ˉe metropolis. ´**W~umsegler,** *m* -s/- round-the world yachtsman; *Hist:* circumnavigator (of the globe).
Weltergewicht ['vɛltərgəviçt], *n* -(e)s/-e/ ´**W~ler,** *m* -s/- *Box:* welterweight.
wem [ve:m], *pron. dat of* **wer 1.** (to) whom; **w. sagst du das!** whom/ *F:* who are you telling! **mit w. spreche ich?** to whom am I talking? *F:* who am I talking to? **2.** *F:* (*jemandem*) (to) someone; **wenn du es w. sagst,** if you tell anyone. ´**W~fall,** *m* -(e)s/ˉe *Gram:* dative case.
wen [ve:n], *pron. acc of* **wer 1.** whom; **für w. ist das?** for whom is that? *F:* who is that for? **2.** *F:* (*jemanden*) someone; **hast du w. gesehen?** did you see anyone? ´**W~fall,** *m* -(e)s/ˉe *Gram:* accusative case.
Wend|e ['vɛndə], *f* -/-n (*a*) turning point (im Leben usw., in one's life etc.); **W. zum Guten/Schlechten,** change for the better/worse; (*b*) *Swim: etc:* turn. ´**W~ejacke,** *f* -/-n reversible jacket. ´**W~ekreis,** *m* -es/-e **1.** *Geog:* tropic. **2.** *Aut:* lock; turning circle. ´**W~el,** *f* -/-n *Tchn:* coil; spiral. ´**W~eltreppe,** *f* -/-n spiral/winding staircase. ´**w~en,** *v.* **1.** *v.tr.irr.* (*p.* **wendete/**occ. **wandte,** *p.p.* **gewendet/**occ. **gewandt**) (*a*) to turn (one's head, a car etc., coat, an omelette etc.); *Nau:* to put about (a ship); **keinen Blick von j-m w.,** not to take one's eyes off s.o.; **sich w.,** (*Pers.*) to turn (round)

(zum Gehen usw., to go etc.), (Schiff) go about, (Wind usw.) veer; sich an j-n/eine Behörde w., to turn to s.o. (for help)/apply to an authority (um + acc, for); das Buch wendet sich an die Fachleute, the book is written for specialists; sich gegen j-n w., to turn against/attack ·s.o.; sich zum Guten/Schlechten w., to take a turn for the better/worse; (b) (aufw.) to spend (time, money etc.) (auf/occ. an etwas acc, on sth.). 2. v.i. (haben) to turn (round), Nau: go about; bitte w.! please turn over. 'W ~ epunkt, m -(e)s/-e Sp: & Fig: turning point. 'w ~ ig, adj. manoeuvrable, handy (boat, car); Fig: agile (mind etc.); resourceful, versatile (person). 'W ~ igkeit, f -/no pl manoeuvrability; agility; versatility. 'W ~ ung, f -/-en 1. (a) turn; (Biegung) turning (in road etc.); eine W. machen, to turn (nach rechts usw., to the right etc.); (b) = Wende. 2. = Redewendung.

wenig ['ve:niç], pron. & adj. 1. sing. little; er hat nur w. Zeit, he only has a little/hasn't much time; das w ~ e Geld, the small amount of money; das w ~ e, was ich tun kann, what little I can do; mit w./w ~ em zufrieden, content with little; easily satisfied; adv. w. bekannt, little known; er versteht w., he doesn't understand much; w. erfreulich, not very pleasant; ein w. Schnee, a bit of/a little snow; er freute sich nicht w., he was very pleased. 2. pl (a) few; es gibt w./w ~ e solche, there are few like that; mit w ~ en Worten, in few/(ein paar) a few words; es ist nur w ~ en bekannt, it is known to only a few (people); nicht w ~ e, not a few; quite a number. 'w ~ er, comp. adj. & pron.inv. 1. less; pl fewer; w. Geld, less money; nichts w. als schön, anything but beautiful, w. dumm als frech, not so much stupid as cheeky. 2. Mth: 4 w. 2, 4 minus 2. 'W ~ keit, f -/no pl trifle; Hum: meine W., yours truly. 'w ~ ste(r,s), superl. adj. sing. least; pl fewest; das ist das w.! that's the least of it! das wissen nur die w ~ n, very few people know that; am w ~ n leiden, to suffer least. 'w ~ stens, adv. at least.

wenn [vɛn], conj. (a) if; w. ich mich nicht täusche, if I am not/unless I am mistaken; w. ich das gewußt hätte, if I had/had I known that; w. er mich verlassen würde, if he were to leave me; w. man ihn (so) reden hört, würde man meinen . . ., to hear him speak you'd think . . .; w. er es auch wußte/selbst w. er es wußte, even if he knew; w. auch/schon! what of it! F: so what! und w. es auch noch so regnet, however much it rains; es ist, als w. . . ., it is as though . . .; w. er nur käme! if only he would come! 2. (zeitlich) when; w. er kommt, frage ich ihn, I'll ask him when/as soon as he arrives; immer/jedesmal w., whenever. 'w ~ gleich, conj. although. 'w ~ - schon, conj. w., dennschon, in for a penny, in for a pound.

wer [ve:r] (acc wen, dat wem, gen wessen) 1. interr.pron. who; w. von euch, which of you? Mil: w. da! who goes there! F: w. sagt's denn! look who's talking! 2. rel.pron. anyone who; w. (auch) mitkommen will, anyone who/whoever wants to come. 3. indef.pron. F: (jemand) falls w. auftaucht, if anyone turns up.

Werbe- ['vɛrbə-], comb.fm. advertising (agent, agency, costs, film etc.); commercial (broadcast

etc.); publicity (department etc.); W ~ aktion/ W ~ kampagne f, advertising campaign; W ~ berater m, publicity consultant; W ~ chef/ W ~ leiter m, publicity manager; W ~ fachmann m, advertising man; W ~ graphiker m, commercial artist; W ~ mittel n, advertising medium; W ~ prospekt m/W ~ schrift f, publicity leaflet; W ~ spruch m, advertising slogan; W ~ text m, advertising copy; W ~ texter m, advertising copywriter; F: W ~ trick m, publicity stunt. 'W ~ antwortkarte, f -/-n business reply card. 'W ~ brief, m -(e)s/-e sales letter. 'W ~ fernsehen, n -s/no pl TV commercials. 'W ~ funk, m -(e)s/no pl radio commercials. 'W ~ geschenk, n -(e)s/-e free sample. 'w ~ n, v.irr. (pres. wirbt, p. warb, p.p. geworben) 1. v.tr. to enlist, recruit (members, soldiers etc.); to canvass, Hum: woo (customers etc.). 2. v.i. (haben) to campaign (für eine Partei usw., for a party etc.); Com: to advertise (für etwas acc, sth.); um ein Mädchen w., to court/ woo a girl, um j-s Vertrauen/Verständnis w., to try to gain s.o.'s trust/understanding. 'W ~ r, m -s/- 1. advertising agent. 2. recruiting agent/ Mil: officer. 'W ~ spot, m -s/-s Cin: TV: commercial. 'W ~ trommel, f die W. für ein Produkt rühren, to plug/push a product. 'w ~ - wirksam, adj. w. sein, to be good publicity/ have plenty of pull.

Werbung ['vɛrbuŋ], f -/-en 1. recruitment (of members, soldiers etc.); canvassing (for orders etc.). 2. no pl Com: advertising, publicity; promotion (für + acc, of).

Werdegang ['ve:rdəgaŋ], m -(e)s/no pl development; (Laufbahn) career.

werden ['ve:rdən]. I. v.i.irr. (sein) (pres. wird, pres.subj. werde, p. wurde, p.subj. würde, p.p. geworden/worden) 1. (p. geworden) to become (sth., angry, old etc.); to go (blind, mad, red etc.); to turn (pale, sour etc.); to grow (longer, shorter etc.); to get (wet, warm etc.); gesund/ krank w., to get well/fall ill; mir wurde schlecht, I began to feel ill; Arzt/Mutter w., to become a doctor/mother; was willst du w.? what do you want to be? zu etwas dat w., to turn into sth.; zum Mann w., to become a man/grow up; aus Freundschaft wurde Liebe, friendship turned into love; daraus wird nichts, nothing will come of that; was soll aus dir w.? what is to become of you? F: der Junge wird, the boy is turning out well; sind die Fotos geworden? did the photos come out? er/es wird schon w., he/it will be all right; was wird, wenn er nicht kommt? what will happen if he doesn't come? wird's bald? come on! get a move on! 2. v.aux. (a) (Futur) er wird kommen, he will come; es wird warm w., it is going to be warm; bis dahin werde ich es geschrieben haben, by then I will have written it; er wird es (wohl) wissen, he presumably knows; (b) (Konditional) er würde kommen, wenn . . ., he would come if . . .; würden Sie es für mich tun? could you do it for me? (c) (Passiv) geliebt w., to be loved; wir w. oft eingeladen, we are often invited out; er wurde gewählt, he was chosen; impers. nebenan wird getanzt, they are dancing next door. II. W., n -s/no pl growth, evolution; im W., under way; (Geschichte) in the making; (Veröffentlichung)

in preparation. ´w ~ d, *adj.* growing, budding (doctor etc.); w ~ e **Mutter,** expectant mother.
´**Werfall,** *m* -(e)s/⁼e *Gram:* nominative.
werfen [´vɛrfən], *v.irr.* (*pres.* **wirft,** *p.* **warf,** *p.p.* **geworfen**) 1. *v.tr.* (*a*) to throw (sth.); to cast (anchor, *Fig:* a glance, shadow etc.); to toss (a coin, one's head etc.); *Av:* to drop (bombs); **die Kleider/***Fig:* **Sorgen von sich w.,** to throw off one's clothes/*Fig:* worries; **j-n auf die Straße w.,** to throw s.o. out, evict s.o.; **Bilder an die Wand w.,** to project pictures on the wall; **etwas aufs Papier w.,** to jot sth. down; (*Pers.*) **sich w.,** to fling/throw oneself (**auf etwas** *acc,* onto sth.; *Fig:* **auf eine Aufgabe usw.,** into a task etc.); **sich j-m an den Hals w.,** to throw one's arms round s.o.'s neck; **sich in Uniform w.,** to put on uniform; **sich hin und her w.,** to toss and turn; (*b*) *Z:* (**Junge**) **w.,** to whelp; (*Hunde*) to have puppies/(*Katzen*) kittens/(*Raubtiere*) cubs; (*Kuh*) to calve; (*Pferd*) to foal; (*c*) (**Blasen/ Falten w.,** to form bubbles/creases; (*d*) (*Holz usw.*) **sich w.,** to warp, get out of shape. 2. *v.i.* (*haben*) to throw; **mit Steinen usw. nach j-m w.,** to throw stones etc. at s.o.; **mit Geld/Kompli- menten um sich w.,** to be lavish with one's money/compliments. ´**W ~ er,** *m* -s/- (*a*) *Sp:* (discus) thrower; (baseball) pitcher; (*b*) *Mil:* (rocket) launcher; (*Granatw.*) mortar.
Werft [vɛrft], *f* -/-en shipyard.
Werg [vɛrk], *n* -(e)s/*no pl* (flax/hemp) tow.
Werk [vɛrk], *n* -(e)s/-e 1. (*bestimmte Arbeit*) work; *Lit:* (*Tat*) deed; *Art:* work (of art); *coll.* (artistic etc.) works, output; **Heines gesammelte W ~ e,** Heine's collected works; **am W.,** at work; **ans W.!** let's get going! **sich ans W. machen/ans W. gehen,** to set to work; **etwas ins W. setzen,** to put sth. into operation; (**vor- sichtig usw.**) **zu W ~ e gehen,** to proceed (cau- tiously etc.); *F:* **das war dein W.,** this was your doing. 2. *Tchn:* mechanism, *F:* works; *Mus:* action (of an organ). 3. *Ind:* works; plant; **ab W.,** ex works. ´**W ~ bank,** *f* -/⁼e workbench. ´**w ~ eln,** *v.i.* (*haben*) to potter about. ´**w ~ en,** *v.i.* (*haben*) to work, be busy, (*handwerklich*) do handicrafts. ´**w ~ gerecht/´w ~ getreu,** *adj. Th: Mus: etc:* faithful (production, inter- pretation etc.). ´**W ~ meister,** *m* -s/- fore- man. ´**W ~ (s)-,** *comb.fm.* company, works (doctor, fire brigade, newspaper etc.); **W ~ an- gehörige(r)** *m & f,* works/factory employee; **W ~ halle** *f,* (main) works building; **W ~ küche** *f,* works canteen; **W ~ leiter** *m,* works manager; **W ~ siedlung** *f,* company estate; *Motor Rac:* **W ~ fahrer** *m,* works driver; *adj.* **w ~ eigen,** com- pany(-owned). ´**W ~ (s)spionage,** *f* -/*no pl* industrial espionage. ´**W ~ statt/***occ.* ´**W ~ - stätte,** *f* -/-stätten workshop; *Art:* studio. ´**W ~ stoff,** *m* -(e)s/-e material. ´**W ~ stück,** *n* -(e)s/-e workpiece. ´**W ~ student,** *m* -en/ -en working student. ´**W ~ tag,** *m* -(e)s/-e working day. ´**w ~ tags,** *adv.* on working days. ´**w ~ tätig,** *adj.* working (population etc.); **ein W ~ er/eine W ~ e,** a working man/ woman. ´**W ~ tisch,** *m* -(e)s/-e workbench. ´**W ~ unterricht,** *m* -(e)s/*no pl Sch:* handi- craft lessons. ´**W ~ zeug,** *n* -(e)s/-e (*also Fig: Pers.*) tool; *coll.* toolkit, tools. ´**W ~ zeug- kasten,** *m* -s/⁼ tool box/chest. ´**W ~ zeug-**

maschine, *f* -/-n machine tool. ´**W ~ zeug- tasche,** *f* -/-n toolbag.
Wermut [´ve:rmu:t], *m* -(e)s/*no pl* 1. *Bot:* worm- wood. 2. (*Wein*) vermouth.
wert [ve:rt]. I. *adj.* 1. (*a*) (+ *nom*) **viel/wenig/ 1000 Mark w.,** worth a lot/a little/1000 marks; **nichts w.,** worthless; **Berlin ist eine Reise w.,** Berlin is worth visiting; **der Film ist es w., daß man ihn sieht,** the film is worth seeing; (*b*) (+ *gen*) worthy of . . .; **der Mühe w.,** worth the trouble; **er ist unseres Vertrauens nicht w.,** he is not worthy of trust. 2. *A:* & *Lit:* esteemed, valued; *Com:* **Ihr w ~ es Schreiben,** your kind letter. II. **W.,** *m* -(e)s/-e (*a*) **im W. stei- gen,** to appreciate (in value); **im W. sinken/an W. verlieren,** to depreciate; **im W ~ (e) von,** to the value of; (*b*) *esp. Fig:* worth (of s.o., sth.); (*Verdienst*) merit; **ohne jeden W.,** valueless, worthless; **das hat keinen W.,** it's pointless/use- less; **sich seines (eigenen) W ~ es bewußt,** con- scious of one's own importance; **auf etwas** *acc* (**großen/viel**) **W. legen,** to lay (great) stress on/ attach (great) importance to sth.; (*c*) *pl* **W ~ e,** values; (*W ~ sachen*) valuables; (*Schätze*) treas- ures; *Econ:* assets; (*W ~ papiere*) shares, stocks. III. ´**W ~ -,** *comb.fm.* value (judgement etc.); (standard etc.) of value; *Post:* registered (letter, parcel etc.); **W ~ angabe** *f,* declaration of value; **W ~ gegenstand** *m*/**W ~ sache** *f*/*occ* **W ~ stück** *n,* article of value; *pl* valuables; **W ~ minderung** *f*/**W ~ verlust** *m,* decrease in value, deprecia- tion; **W ~ steigerung** *f*/**W ~ zuwachs** *m,* increase in value, appreciation; **W ~ skala** *f,* scale of values; *Post:* **W ~ sendung** *f,* registered item. ´**W ~ arbeit,** *f* -/-en quality workmanship. ´**w ~ beständig,** *adj.* retaining its value; stable (currency, prices). ´**W ~ beständig- keit,** *f* -/*no pl* constant value, stability. ´**w ~ en,** *v.tr.* to assess, calculate (a develop- ment etc.); to rate (a performance etc.) (**als . . .,** as . . .; **hoch,** highly); *Sp:* to award points (for sth.); **es wird nicht gewertet,** it does not count. ´**W ~ ermittlung,** *f* -/-en valuation. ´**w ~ - los,** *adj.* valueless, worthless. ´**W ~ losigkeit,** *f* -/*no pl* worthlessness. ´**W ~ marke,** *f* -/-n stamp, coupon. ´**w ~ mäßig,** *adj.* in terms of value. ´**W ~ papier,** *n* -s/-e *Fin:* security; *pl* **W ~ e,** stocks and shares. ´**W ~ ung,** *f* -/-en (*a*) assessment, evaluation; (*b*) *Sp:* score, points; **noch in der W.,** still in the running. ´**w ~ voll,** *adj.* valuable. ´**W ~ zeichen,** *n* -s/- *Post:* postage stamp.
Werwolf [´ve:rvɔlf], *m* -(e)s/⁼e werewolf.
Wesen [´ve:zən], *n* -s/- 1. *no pl* nature; (*das Wesentliche*) essence; **schüchternes W.,** shy dis- position; **mürrisches W.,** sullen temperament; **anmaßendes W.,** supercilious manner; **das ent- spricht/entspricht nicht seinem W.,** it's just like/ not like him. 2. *no pl F:* **sein W. treiben,** to be up to something. 3. (*Lebewesen*) being; (*Geschöpf*) creature; (*Organismus*) organism; *F:* **weibliches/männliches W.,** female/male; **kleines W.,** little thing. ´**W ~ sart,** *f* -/*no pl* character, nature. ´**W ~ szug,** *m* -(e)s/⁼e characteristic. ´**w ~ tlich,** *adj.* (*a*) essential; integral (part); (*grundlegend*) basic, funda- mental (quality etc.); **das W ~ e,** the essentials; (*Kern der Sache*) the essential point; **im w ~ en,**

essentially; in the main; (b) (*erheblich*) substantial (difference etc.); **keine w~e Änderung**, no appreciable change; **nichts W~es**, nothing of substance/importance; *adv.* **w. besser**, considerably improved, very much better.

Wesfall ['vɛsfal], *m* -(e)s/⁼e *Gram:* genitive.

weshalb [vɛs'halp]. **I.** *interrog.adv.* why. **II.** *conj.* (which is) why; **der Grund w. . . .**, the reason why . . .

Wespe ['vɛspə], *f* -/-n wasp. 'W ~ **n~**, *comb.fm.* wasp's (nest etc.); **W ~ stich** *m*, wasp sting; *Cl:* **W ~ taille** *f*, wasp-waist.

wessen ['vɛsən], *interrog.pron.* **1.** *gen of* **wer** whose; **w. Buch?** whose book? **2.** *Lit: gen of* **was**; **w. wird er beschuldigt?** of what is he accused?

West [vɛst]. **I.** *m not decl.* **west**; **aus/von W.**, from the west. **II.** 'W~~, 'w~~, *comb.fm.* (a) west (coast, side, bank, wind etc.); *Geog:* West (Germany, Africa, Berlin etc.); **W~indien** *n*, West Indies; *adj.* **w~deutsch**, West German; (b) (*westlich*) western (frontier, edge, shore etc.); *Geog:* Western (Europe, France etc.); *Pol:* **die W~mächte** *fpl*, the Western Powers; (c) (*westdeutsch*) *F:* West German (mark etc.). 'W ~ **en**, *m* -s/*no pl* west; **aus dem/vom W.**, from the west; **nach W.**, westwards; (*Lage*) to the west. **W~ern** ['vɛstən], *m* -s/-. *Cin: F:* western. **W ~ falen** [-'fuːlən]. *Pr.n.n* **-s.** *Geog:* Westphalia. **w ~ fälisch** [-'fɛːliʃ], *adj.* Westphalian. 'w ~ **lich**. I. *adj.* western (hemisphere, border, sky etc.); westerly (wind, direction etc.); **die w~ste Insel**, the westernmost island; **w. von Bonn**, (to the) west of Bonn; **weiter w.**, further west. **II.** *prep.* + *gen* **w. der Stadt**, to the west of the town. 'w ~ **wärts**, *adj.* westwards.

Weste ['vɛstə], *f* -/-n waistcoat, *N.Am:* vest; *Fig:* **eine weiße W. haben**, to have a clean record.

weswegen [vɛs've:gən], *interrog.pron.* = **weshalb**.

wett [vɛt], *adj.* even, *F:* quits 'W ~ **bewerb**, *m* -(e)s/-e competition; *Sp:* contest, event; **außer W.**, hors concours; **im W. stehen**, to be in competition/competing (**mit** + *dat*, with). 'W ~ **bewerber(in)**, *m* -s/- (*f* -/-nen) competitor. 'w ~ **bewerbsfähig**, *adj.* competitive (prices etc.). 'W ~ **büro**, *n* -s/-s betting office/shop. 'W ~ **e**, *f* -/-n bet; **ich gehe jede W. ein, daß . . .**, I bet you anything that . . . ; **etwas um die W. tun**, to try to outdo one another in sth.; **sie liefen/fuhren um die W.**, they raced each other (on foot/in cars). 'W ~ **eifer**, *m* -s/*no pl* competitive spirit. 'w ~ **eifern**, *v.i.* (*haben*) s.o. to vie, contend (**mit j-m um etwas** *acc*, with s.o. for sth.) 'w ~ **en.** I. *v.i.* (*haben*) to bet (**mit j-m um etwas** *acc*, s.o. sth.); **auf ein Pferd usw. w.**, to bet on/back a horse etc.; **ich wette zehn gegen/zu eins**, I bet you ...; *F:* **so haben wir nicht gewettet**, that wasn't part of the bargain. **II. W.**, *n* -s/*no pl* betting. 'W ~ **er¹(in)**, *m* -s/- (*f* -/-nen) better. 'W ~ **kampf**, *m* -(e)s/⁼e *Sp:* contest, match. 'W ~ **kämpfer**, *m* -s/- competitor; contestant. 'W ~ **lauf**, *m* -(e)s/⁼e race; **W. mit der Zeit**, race against time. 'W ~ **läufer(in)**, *m* -s/- (*f* -/-nen) runner. 'w ~ **machen**, *v.tr.sep.* to make up for, make good (an error, a loss etc.); to offset, compensate for (a deficiency etc.) (**durch** + *acc*, by); **j-m etwas w.**, to make it up to s.o. for sth. 'W ~ **rennen**,

n -s/- race. 'W ~ **rüsten**, *n* -s/*no pl* arms race. 'W ~ **streit**, *m* -(e)s/-e contest; *Fig:* conflict (of feelings). 'W ~ **zettel**, *m* -s/- betting slip.

Wetter² ['vɛtər]. **I.** *n* -s/-. **1.** (a) weather; **bel günstigem W.**, in good weather; **when/if the weather is good**; **bei jedem W.**, in all weathers; *F:* **was ist für W.?** what's the weather like? **alle W.!** well, I never! (b) *F:* **es kommt ein W.**, there's a storm brewing. **2.** *pl Min:* **schlagende W.**, firedamp. **II.** 'W~~, 'w~~, *comb.fm.* weather (service, situation, prophet, satellite, protection, conditions etc.); meteorological (office etc.); **W~aussichten** *fpl*, weather outlook; **W~bericht** *m*, weather report; (*also* **W~vorhersage** *f*) weather forecast; **W~fahne** *f*, weather vane; **W~hahn** *m*, weathercock; **W~häuschen** *n*, weather house/box; **W~karte** *f*, weather map/chart; **W~prophet/F: W~frosch** *m*, weather prophet; **W~seite** *f*, weather/exposed side; **W~sturz/W~umschlag** *m*, sudden deterioration/change in the weather; **W~warte** *f*, weather/meteorological station; *adj.* **w~beständig/w~fest**, weatherproof; **w~bestimmt**, decisive for the weather. 'W ~ **kunde**, *f* -/*no pl* meteorology. 'W ~ **leuchten.** I. *n* -s/*no pl* sheet lightning. **II. w.**, *v.i. impers.* (*haben*) **es wetterleuchtet**, there is sheet lightning. 'w ~ **n**, *v.i.* (*haben*) (a) *impers.* **es wettert** (*furchtbar*), there is a (terrible) storm; (b) *Fig:* (*Pers.*) **gegen j-n, etwas** *acc* **w.**, to fulminate against s.o., sth. 'W ~ **wolke**, *f* -/-n stormcloud.

wetz|en ['vɛtsən], *v.* **1.** *v.tr.* to sharpen, grind (a knife etc.). **2.** *v.i.* (*sein*) *F:* to shoot, rush (along). 'W ~ **stahl**, *m* -(e)s/⁼e (sharpening) steel. 'W ~ **stein**, *m* -(e)s/-e whetstone, grindstone.

Whisky ['viski], *m* -s/-s whisk(e)y.

wich [viç], *p. of* **weichen** *q.v.*

Wichs [viks], *m* -es/-e *Univ: & Hum:* **in vollem W.**, in full dress/regalia. 'W ~ **e**, *f* -/-n **1.** (*esp.* shoe) polish. **2.** *F: no pl* (*Prügel*) thrashing. 'w ~ **en**, *v.tr.* (a) to polish (shoes etc.); (b) *F:* (*prügeln*) to thrash (s.o.).

wichtig ['viçtiç], *adj.* important; **hast du nichts W~eres zu tun?** have you nothing better to do? **das W~ste zuerst**, first things first; **w~e Miene**, air of importance; *adv.* **sich/etwas w. nehmen**, to take oneself/sth. seriously; **sich w. machen/***F:* **w. tun**, to put on airs, be full of one's own importance. 'W ~ **keit**, *f* -/*no pl* importance. 'W ~ **tuer/***Aus:* 'W ~ **macher**, *m* -s/- pompous/self-important person. 'W ~ **tuerei**, *f* -/*no pl* pomposity; throwing one's weight about. 'w ~ **tuerisch**, *adj.* pompous, self-important.

Wicke ['vikə], *f* -/-n *Bot:* vetch; *Hort:* sweet pea.

Wick|el ['vikəl], *m* -s/- (a) *Hairdr:* roller, curler; (b) *Med:* compress; (c) *F:* **j-n am/beim W. packen/kriegen**, (i) to take s.o. by the scruff of his neck; (ii) *Fig:* (*abkanzeln*) to carpet s.o. 'W ~ **elkind**, *n* -(e)s/-er baby, infant. 'w ~ **eln**, *v.tr.* to wind (thread, wire, a bandage etc.) (**auf** + *acc*, onto; **um** + *acc*, round); to coil (wire); to roll (cigarettes); to put (hair) in curlers; (*einw.*) to wrap (sth., oneself) (**in** + *acc*, in); *El:* to wind (a motor etc.); **Wolle (zu**

einem Knäuel) w., to wind wool into a ball; sich um j-n, etwas *acc* w., to coil/wind itself round s.o., sth.; ein Baby w., to put a nappy/ *N.Am:* diaper on a baby. 'W~elrock, *m* - (e)s/-e wrap-round skirt. 'W~eltisch, *m* - (e)s/-e (baby's) changing table. 'W~(e)- lung, *f* -/-en *esp. El:* winding. 'W~ler, *m* -s/- 1. (hair) curler. 2. *Ent:* (tortricid) moth.

Widder ['vidɔr], *m* -s/- *Z:* ram; *Astrol:* Aries.

wider ['vi:dɔr], *prep.* + *acc* against; w. Willen, involuntarily, despite oneself; w. Erwarten, contrary to expectation. w~'fahren, *v.i.insep.irr.26 (sein)* to happen (j-m, to s.o.); ihm ist ein Unrecht w., he suffered an injustice. 'W~haken, *m* -s/- barb, barbed hook. 'W~hall, *m* -(e)s/no *pl* echo, reverberation; W./keinen W. finden, to meet with a/no response. 'w~hallen, *v.i.sep.* (*haben*) to echo, (*wiederholt*) reverberate; von etwas *dat* w., to resound with sth. 'W~lager, *n* -s/- *Constr:* abutment, support. w~'legen, *v.tr.insep.* to refute, disprove (sth.). W~'legung, *f* -/no *pl* refutation. 'w~lich, *adj.* objectionable, loathsome (person, behaviour etc.); obnoxious, revolting (spectacle, smell etc.); odious (task etc.). 'W~lichkeit, *f* -/no *pl* loathsomeness, repulsiveness. 'w~natürlich, *adj.* unnatural, perverted. 'W~natürlichkeit, *f* -/no *pl* perversion. 'w~rechtlich, *adj.* unlawful; wrongful (arrest, dismissal); w~e Aneignung, misappropriation. 'W~rede, *f* -/-n contradiction; (*Einwand*) objection; ohne W., unquestioningly; keine W.! don't argue! 'W~ruf, *m* -(e)s/-e cancellation, revocation; withdrawal, retraction; bis auf W., until further notice. w~'rufen, *v.tr.insep.irr.74* to cancel, revoke (an order etc.); to withdraw, retract (a statement). 'W~sacher, *m* -s/- adversary, opponent. 'W~schein, *m* -(e)s/-e *Lit:* reflection. w~'setzen, *v.refl.insep.* sich j-m, etwas *dat* w., to oppose/resist s.o., sth.; sich einem Befehl w., to refuse to carry out an order. w~'setzlich, *adj.* contrary, recalcitrant; (*ungehorsam*) insubordinate. W~'setzlichkeit, *f* -/-en contrariness; insubordination. 'W~sinn, *m* -(e)s/no *pl*/'W~sinnigkeit, *f* -/-en senselessness; absurdity. 'w~sinnig, *adj.* senseless, absurd. 'w~spenstig, *adj.* recalcitrant; rebellious; unruly, unmanageable (child, hair); (*störrisch*) obstinate, stubborn. 'W~spenstigkeit, *f* -/-en rebelliousness, unruliness; obstinacy. 'w~spiegeln, *v.tr.sep. also Fig:* to reflect, mirror (sth.); sich w., to be reflected. 'W~spieg(e)lung, *f* -/-en reflection. w~'sprechen, *v.i.insep.irr.14* (*haben*) to contradict (j-m, etwas *dat*, s.o., sth.); (*Aussagen, Meinungen usw.*) einander/sich w., to be contradictory; to conflict, disagree; j-s Grundsätzen w., to be contrary to s.o.'s principles; da muß ich w., I really must disagree/can't accept that. w~'sprechend, *adj.* conflicting, contradictory. 'W~spruch, *m* -(e)s/-e contradiction; (*a*) W. in sich selbst, contradiction in terms; im W. stehen, to be incompatible/inconsistent (zu + *dat*, with); im W. zum Gesetz, in conflict with the law; (*b*) (*Einspruch*) objection; er duldet keinen W., he won't have any

arguments; ohne W., without protest; auf W. stoßen, to meet with opposition. 'w~spruchslos, *adv.* unprotestingly, without protest. 'w~spruchsvoll, *adj.* full of contradictions/inconsistencies. 'w~sprüchlich [-ʃpryç-liç], *adj.* contradictory, inconsistent. 'W~stand, *m* -(e)s/no *pl* (*also El:*) resistance; *Ph:* (*Luftw.*) drag; (j-m, etwas *dat*) W. leisten, to resist (s.o., sth.); auf W. stoßen, to meet with resistance/opposition; den W. aufgeben, to give up the struggle. 'W~stands-, *comb.fm.* resistance (movement etc.); W~kämpfer *m*, resistance fighter; W~kräfte *fpl*, powers of resistance. 'w~standsfähig, *adj.* resistant (gegen + *acc*, to); (*stark*) tough (person, clothing); hardy (plant). 'W~standsfähigkeit, *f* -/no *pl* (powers of) resistance; toughness. 'w~standslos, *adj.* unresisting, without resistance. w~'stehen, *v.i.insep.irr.100* (*haben*) (*a*) einem Angriff, *Fig:* der Versuchung usw. w., to resist an attack, *Fig:* temptation etc.; (*Material*) (dem) Druck usw. w., to withstand pressure etc.; (*b*) es widersteht mir, I loathe it. w~'streben, *v.i.insep.* (*haben*) j-s Plänen usw. w., to oppose s.o.'s plans; es widerstrebt mir, it goes against the grain; I hate to do it. w~'strebend, *adv.* reluctantly, with reluctance. 'W~streit, *m* -(e)s/no *pl* *Lit:* conflict. w~'streitend, *adj.* conflicting. 'w~wärtig, *adj.* objectionable; offensive; (*ekelhaft*) obnoxious (smell etc.); *F:* w~er Kerl, odious character. 'W~wärtigkeit, *f* -/-en unpleasantness; nastiness. 'W~wille, *m* -ns/no *pl* aversion (gegen + *acc*, to); (*Ekel*) disgust, repugnance; j-s W. erregen, to fill s.o. with loathing; mit W~n, with distaste; reluctantly, grudgingly. 'w~willig, *adj.* reluctant, grudging; *adv.* etwas w. essen, to eat sth. with distaste.

widm|en ['vitmən], *v.tr.* to dedicate (a book etc.) (j-m, to s.o.); sich/seine Zeit usw. etwas *dat* w., to devote oneself/one's time etc. to sth. 'W~ung, *f* -/-en dedication.

widrig ['vi:driç], *adj.* adverse. 'W~keit, *f* -/-en adversity.

wie [vi:]. I. *adv.* 1. *interrog.* how? (*a*) w. geht's? how are you? w. heißt du? what is your name? w. bitte? what did you say? *F:* w. war das? come again? w. war es in X? how was it/what was it like in X? w. wäre es mit einem Drink? how about a drink? (*b*) *int.* w. schön! how nice! w. schade! what a pity! *F:* aber/und w.! and how! not half! das schmeckt prima, w.! it tastes good, doesn't it? w.! du hast es vergessen! what! you've forgotten it! II. *conj.* (*a*) *comp.* as; (*ähnlich w.*) like; so groß w. du, as big as you; weiß w. Schnee, as white as snow; so schön w. noch nie, more beautiful than ever; w. sein Vater, like his father; Leute w. diese, people such as these; w. etwa ..., such as for example ...; w. wenn ..., as if ...; so w. ich war, just as I was; w. gesagt, as has been said; as I have said before; klug w. er war, konnte er es trotzdem nicht, clever though he was he still could not do it; w. dem auch sei, be that as it may; (*b*) how; du weißt, w. es ist, you know how it is; er sah, w. ich verlegen wurde, he saw that I was getting embarrassed; w. (auch) immer ...,

however . . .; **w. reich er auch sein mag,** however rich he may be; **w. du mir, so ich dir,** tit for tat; (c) (*sowie*) as well as; **als Mensch w. als Künstler,** both as man and artist; (d) (*zeitlich*) (*als*) **w. ich vorbeiging, hörte ich seine Stimme,** as I was passing I heard his voice; **w. ich ihn sah, wußte ich es,** I knew as soon as I saw him; (e) (*wrong use*) F: (*als*) **größer w.,** larger than; **nichts w.,** nothing but. III. **W.,** n -s/-s das **W. und Warum,** the whys and wherefores; **auf das W. kommt es an,** it all depends how it is done.
Wiedehopf ['vi:dəhɔpf], m -(e)s/-e Orn: hoopoe.
wieder ['vi:dər]. I. adv. again, once more; **er ist w. da,** he is back; **er ging w. ins Haus,** he went back into the house; **w. ist eine Woche vergangen,** another week has passed; **was hast du w. angestellt?** what have you done this time? **hin und w.,** now and again; **w. und w./immer w.,** again and again; **Bücher und w. Bücher,** masses and masses of books; **nichts und w. nichts,** absolutely nothing. II. '**W~-,** '**w~-,** comb.fm. 1. sep.vbl. prefix (a) (to find, see etc, s.o., sth.) again; to re-(vaccinate etc.); **w~'aufbauen,** to rebuild, reconstruct (sth.); **w~'einstellen,** to re-employ (s.o.); **w~ergreifen,** to recapture (s.o., a town); **w~eröffnen,** to re-open (a shop etc.); **w~erscheinen,** to reappear; **w~erwecken,** to re-awaken (hopes etc.); **w~erzählen,** to retell (a story); **w~geboren,** reborn; **w~vereinigen,** to reunite (people, a nation); **sich w~verheiraten,** to remarry, marry again; **w~verkaufen,** to resell (sth.), sell (sth.) again; **w~verwenden,** to re-use (sth.); **w~verwerten,** to re-utilize, recycle (paper etc.); **w~wählen,** to re-elect (s.o.) (b) (*zurück*) (to have sth.) back; **w~bekommen/w~erhalten/F:** **w~kriegen,** to get (sth.) back; **w~bringen,** to bring back, restore (sth.). 2. re-(export, import, use etc.); **W~'aufbau** m, rebuilding, reconstruction; **W~'aufrüstung** f, rearmament; **W~entdeckung** f, rediscovery; **W~eröffnung** f, re-opening; Fig: **W~erwachen** n, re-awakening; Rel: **W~geburt** f, rebirth; Space: etc: **W~eintritt** m, re-entry; Com: **W~kauf** m, repurchase; **W~verkauf** m, resale; Pol: **W~vereinigung** f, reunification; **W~wahl** f, re-election. **w~'aufführen,** v.tr.sep. to revive (a play, piece of music etc.). **W~'aufführung,** f -/-en revival W~'aufnahme, f /no pl resumption; renewal; readmission (**in einen Verein** usw., to a club etc.); Th: revival. **W~'aufnahmeverfahren,** n -s/- Jur: retrial. **w~'aufnehmen,** v.tr.sep.irr.69 to resume (work, discussions etc.); to renew (a friendship etc.); to take back, reinstate (an employee, member etc.); Th: to revive (a play); Jur: to reopen (a case). '**W~begin,** m -(e)s/ no pl recommencement; resumption. '**w~beleben,** v.tr.sep. to resuscitate, revive (s.o., a custom etc.). '**W~belebung,** f -/no pl revival, resuscitation. **w~'einführen,** v.tr.sep. to re-introduce (sth.); Com: to re-import (goods). **W~'eingliederung,** f -/no pl reintegration (**in** + acc, into); **W. in die Gesellschaft,** rehabilitation (of prisoners etc.). **w~'einsetzen,** v.tr.sep. to reinstate (s.o.) (**in ein Amt,** in an office). '**w~erinnern,** v.refl. sep. **sich an etwas** acc sth., to recall sth. '**w~er-**

kennen, v.tr.sep.irr.51 to recognize (s.o., sth.); **nicht wiederzuerkennen,** unrecognizable. '**w~erlangen,** v.tr.sep. to recover, regain (sth.) '**W~gabe,** f -/-n 1. reproduction; (*Übersetzung, Aufführung*) rendering; (*Schilderung*) account, description. 2. (*Rückgabe*) return. '**W~gabegerät,** n -(e)s/-e reproducing equipment. '**W~gabegüte,** f -/no pl quality of reproduction; esp. Rec: fidelity. '**w~geben,** v.tr.sep.irr.35 (a) to give back, return (sth.); **j-m die Freiheit w.,** to restore s.o.'s freedom; (b) to reproduce (an effect, picture, music etc.); (*vortragen, übersetzen*) to render (a song, text etc.); (*wiederholen*) to repeat, (*schildern*) give an account of (a conversation, event etc.); (*zitieren*) to quote (a text etc.); **etwas auf Englisch w.,** to translate sth. into English; **es ist nicht wiederzugeben,** it is unrepeatable. '**w~gewinnen,** v.tr.sep.irr.90 to recover, regain (one's equilibrium etc.). **w~'gutmachen,** v.tr.sep. to make good, repair, (*entschädigen*) compensate for (damage); to make up for (a mistake etc.), put right, redress (a wrong); **seine Verluste w.,** to recoup s.o.'s losses. **W~'gutmachung,** f -/no pl compensation; Pol: reparations; **als W.,** to make up for it. **w~'herstellen,** v.tr.sep. to restore (sth.); to re-establish (contact etc.); **gesundheitlich wiederhergestellt,** restored to health, recovered. **W~'herstellung,** f -/no pl restoration; re-establishment; restitution (of rights). '**w~holen**[1], v.tr.sep. to fetch (sth.) back; F: to regain (a title). **w~'holen**[2], v.tr. insep. to repeat (sth.); (*mehrmals*) to reiterate (a command etc.); (*zusammenfassend*) to recapitulate (sth.), Sp: to replay (a match), re-run (a race); Fb: to retake (a penalty); **sich w.,** (Pers.) to repeat oneself; (*Ereignis*) to recur, be repeated. **w~'holt,** adj. repeated. **W~'holung,** f -/-en repetition; reiteration; (*Handlung, Sendung* usw.) repeat; Sp: replay, re-run. **W~'holungskurs,** m -es/-e refresher course. **W~-'holungsspiel,** n -(e)s/-e Sp: replay. '**W~hören,** n -s/no pl Rad: TV: **auf W.,** good-bye. **w~in'standsetzen,** v.tr.sep. to recondition (sth.), overhaul (machinery). '**w~käuen,** v.tr. & i.sep. (*haben*) (*Kuh*) (*Futter*) **w.,** to chew the cud, F: **eine Lektion w.,** to repeat a lesson ad nauseam. '**W~käuer,** m -s/- ruminant. '**W~kehr,** f -/no pl return; recurrence; (*Jubiläum*) anniversary. '**w~kehren,** v.i.sep. (*sein*) to return, come back; (*Gelegenheit, Melodie* usw.) to be repeated, recur. '**w~kehrend,** adj. recurrent; **jährlich w.,** annual. '**w~kommen,** v.i.sep.irr.53 (*sein*) to come back/(*noch einmal*) again. '**W~schauen,** n esp. South G: **auf W.,** goodbye. '**W~sehen,** n -s/- reunion; **auf W.,** goodbye. '**W~täufer,** m -s/- Rel.Hist: Anabaptist. '**w~um,** adv. (u) Lit: again; (b) (*undererseits*) on the other hand.
Wiege ['vi:gə], f -/-n also Fig: cradle; Fig: **es ist ihm in die W. gelegt worden,** he was born with it. '**W~messer,** n -s/- Cu: rocking chopper. '**w~n**[1], v.tr. (a) to rock (a baby, boat etc.); **sich w.,** (Pers., Baum usw.) to sway; (Boot usw.) to rock; **w~de Bewegung,** swaying motion; Fig: **sich in Sicherheit w.,** to be lulled into a false sense of security; (b) Cu: to chop (herbs).

'W ~ nlied, n -(e)s/-er lullaby, cradle-song.

wiegen², v.tr.&i.irr. (haben) (p. wog, p.p. gewogen) to weigh (s.o., sth., oneself, 10 kilos etc.); Fig: (Argument usw.) schwer/wenig w., to carry a lot of/little weight.

wiehern ['vi:ərn], v.i. (haben) to neigh; F: (Pers.) (lachen) to guffaw; zum W., hilarious.

Wien [vi:n]. Pr.n.n -s. Geog: Vienna. 'W ~ er. I. m -s/- 1. Viennese (man). 2. Cu: (Viennese) cocktail sausage, N.Am: Wiener. II. adj. Viennese (dialect, waltz etc.). 'W ~ erin, f -/-nen Viennese girl/woman. 'w ~ erisch. I. adj. (typically) Viennese. II. W., n -(s)/no pl Ling: Viennese (dialect). 'W ~ erwald, m -(e)s/no pl Vienna Woods.

wies [vi:s], p. of weisen q.v.

Wiese ['vi:zə], f -/-n meadow; (Weide) pasture. 'W ~ nblume, f -/-n wild flower.

Wiesel ['vi:zəl], n -s/- Z: weasel.

wie'so, interrog. adv. why? w. weißt du das? how is it/F: how come you know that?

wie'viel, interrog.adv. how much? how many? w. Geld das kostet! what a lot of money it costs! F: Band w.? which volume? w ~ te(r,s), interrog.adj. which (number, date etc.); am w ~ n? on which date? den w ~ n haben wir heute? what is the date today? zum w ~ n Mal sage ich dir das? how many times is it I've told you that?

wie'weit, conj. to what extent, how far.

wie'wohl, conj. although.

Wikinger ['vikiŋər], m -s/- Viking.

wild [vilt]. I. adj. wild; (a) savage (tribe etc.); rugged (landscape etc.); unkempt (hair etc.), unruly (child); fierce, ferocious (battle, dog, looks etc.); stormy (weather, times etc.); ein W ~ er, a savage; w ~ es Mädchen, tomboy; seid nicht so w.! calm down! don't get so worked up! w. werden, (Pers.) to go wild; (Pferd) to shy; auf j-n, etwas acc w. sein, to be mad/wild about s.o., sth.; F: das ist nicht halb so w., it's not as bad as all that; j-n w. machen, to drive s.o. wild, enrage (s.o.); adv. F: wie w. arbeiten, to work like mad; Z: w. leben, to live in the wild; (b) (unerlaubt) unauthorized (bathing, parking etc.); w ~ er Streik, wildcat strike; in w ~ er Ehe leben, to cohabit, F: live in sin; (c) Med: w ~ es Fleisch, proud flesh. II. W., n -(e)s/no pl Hunt: game. III. 'W ~-, 'w ~-, comb.fm. (a) wild (duck, goose, cat etc.); W ~ sau f, female boar, wild sow; W ~ schwein n, wild boar; W ~ vögel mpl, wildfowl; adj. w ~ lebend, living in the wild; Bot: w ~ wachsend, growing wild; (b) Hunt: game (meat, park etc.); W ~ bahn f, game/hunting reserve; W ~ hüter m, gamekeeper; W ~ wechsel m, game path/crossing. 'W ~ bach, m -(e)s/-e (mountain) torrent. 'W ~ bret, n -s/no pl Cu: game. 'W ~ erer, m -s/- poacher. 'w ~ ern, v.tr. & i. (haben) to poach (game). 'W ~ fang, m -(e)s/-e (little) scamp; (Mädchen) tomboy. 'w ~ 'fremd, adj. F: completely strange; w ~ er Mensch, total stranger. 'W ~ heit, f -/ no pl wilderness; (Heftigkeit) fierceness (of a battle etc.). 'W ~ leder, n -s/no pl suede. 'W ~ ling, m -s/-e Z: wild creature/For: sapling; F: (Pers.) madcap. 'W ~ nis, f -/-se wilderness; (Wüste) desert; (Tiere) in der W. leben, to live in the wild. 'W ~ wasser, n -s/- white water.

Wille ['vilə], m -ns/-n will; mein fester W., my firm intention; bei/mit gutem W ~ n, given enough goodwill; böser/schlechter W., ill-will; beim besten W ~ n, with the best will in the world; seinen W ~ n durchsetzen, to get one's own way; j-m seinen W ~ n lassen, to let s.o. have his way; aus freiem W ~ n, of one's own free will; gegen/wider meinen W ~ n, (i) against my will; (ii) (unabsichtlich) in spite of myself; ich mußte wider W ~ n lachen, I couldn't help laughing. 'w ~ n, prep. + gen um j-s/des Friedens usw. w., for s.o.'s sake/the sake of peace etc. 'w ~ nlos, adj. weak-willed, spineless; w ~ es Werkzeug, mere tool. 'W ~ nlosigkeit, f -/no pl lack of will-power. 'W ~ ns-, comb.fm. (act, expression etc.) of will; W ~ schwäche/W ~ stärke f, weakness/strength of will; weak-/strong-mindedness; adj. w ~ schwach/w ~ stark, weak-/strong-willed, weak-/ strong-minded. 'W ~ nsfreiheit, f -/no pl free will. 'W ~ nskraft, f -/no pl willpower. 'w ~ ntlich, adv. deliberately, intentionally.

willig ['vilik], adj. willing, docile (animal etc.). 'W ~ igkeit, f -/no pl willingness. w ~ 'kommen. I. adj. welcome; herzlich w.! welcome! j-n w. heißen, to welcome s.o.; es ist mir w., I welcome it. II. W., n -s/- (also W ~ sgruß m) welcome. 'W ~ kür, f -/no pl arbitrariness; (Launen) capriciousness. 'W ~ kür-, comb.fm. arbitrary (act, measure etc.). 'w ~ kürlich, adj. arbitrary (act, measure etc.). 'w ~ kürlich, adj. arbitrary; Anat: voluntary (muscles).

wimmeln ['viməln], v.i. (haben) to be teeming/ crawling (von + dat, with); es wimmelt von Fliegen, the place is swarming with flies.

Wimmerl ['vimərl], n -s/-n Aus: pimple, spot.

wimmern ['vimərn], v.i. (haben) to whimper.

Wimpel ['vimpəl], m -s/- pennant.

Wimper ['vimpər], f -/-n (eye)lash; Fig: ohne mit der W. zu zucken, without batting an eyelid. 'W ~ ntusche, f -/no pl mascara.

Wind [vint]. I. m -(e)s/-e wind; bei W. und Wetter, in all weathers; Fig: W. bekommen/ haben von + dat, to get wind of sth.; in alle W ~ e zerstreut, scattered to the four winds; in den W. reden, to waste one's breath; etwas in den W. schlagen, to turn a deaf ear to sth.; F: merken/wissen, woher der W. weht, to know which way the wind blows; daher weht der W.! so that's the idea! viel W. machen, to make a lot of noise, (prahlen) brag; laß dir erst einmal den W. um die Ohren/Nase wehen, wait until you've been around a bit. II. 'W ~-, 'w ~-, comb.fm. wind (pressure, speed, wheel etc.); W ~ bö f, (strong) gust of wind; W ~ hauch m, breath of wind; W ~ stoß m, gust of wind; W ~ fahne f, wind vane; W ~ jacke f, windcheater; W ~ kanal m, wind tunnel; W ~ mühle f, windmill; W ~ schirm/W ~ schutz m, windbreak; W ~ seite f, windward side; Aut: W ~ schutzscheibe f, windscreen, N.Am: windshield; Av: W ~ sack m, windsock; Meteor: W ~ messer m, wind gauge; W ~ stärke f, wind force; adj. w ~ geschützt, sheltered from the wind; w ~ still, windless, calm. 'W ~ beutel, m -s/- 1. Cu: cream puff. 2. F: feckless person. 'W ~ eseile [-dəs-], f -/no pl lightning speed; sich mit W. verbreiten, to spread like wildfire. 'W ~ fang, m -(e)s/-e 1. chimney cowl. 2.

storm porch. 'W ~ hose, f -/-n whirlwind.
'W ~ hund, m -(e)s/-e 1. greyhound. 2. F:
(Pers.) gay lothario. 'w ~ ig, adj. 1. windy. 2.
F: dubious (business); empty (excuse).
'W ~ licht, n -(e)s/-er storm lantern. 'W ~-
pocken, fpl Med: chickenpox. 'W ~ rös-
chen, n -s/- Bot: anemone. 'W ~ rose, f -/-n
Nau: compass rose. 'W ~ schatten, m -s/no
pl lee (side). 'w ~ schief, adj. F: crooked;
leaning at a perilous angle. 'W ~ spiel, n
-(e)s/-e whippet. 'W ~ stille, f -/no pl calm.
Wind|e ['vində], f -/-n 1. winch, Nau: capstan.
2. Bot: bindweed, convolvulus. 'w ~ en,
v.tr.irr. (pres. windet, p. wand, p.p. gewunden)
(a) (hochw.) to winch (up), hoist (a load etc.);
(b) (flechten) to bind, weave (a wreath etc.); to
twine, wind (a scarf etc.) (um + acc, round);
j-m etwas aus den Händen w., to wrest sth. from
s.o.'s hands; (c) sich w., (Pers.) to wind (one's
way) (durch + acc, through); to writhe (vor
Schmerzen, with pain); to squirm (vor Ver-
legenheit, with embarrassment); (Wurm usw.)
to wriggle; (Pfad, Fluß usw.) to twist, wind.
'W ~ ung, f -/-en (a) series of bends (in a river
etc.); (b) (schraubenförmig) coil (of rope etc.).
El: winding (of a coil etc.).
Windel ['vindəl], f -/-n (baby's) nappy, N.Am:
diaper; Fig: noch in den W~n stecken, to be in
its infancy. 'w ~ 'weich, adj. F: j-n w. hauen/
schlagen, to beat s.o. to a pulp.
Wink [viŋk], m -(e)s/-e (a) (mit der Hand) wave,
sign; (mit den Augen) wink; (Kopfnicken) nod;
(b) (Hinweis) hint; pointer; j-m einen W. geben,
to give s.o. a tip. 'w ~ en, v. 1. v.i. (haben) to
wave (j-m, to s.o.; mit der Hand usw., one's
hand etc.; zum Abschied, goodbye); einem Taxi
w., to hail a taxi; Fig: ihm winkt eine Belohnung,
he has a reward coming to him. 2. v.tr. j-n zu
sich dat w., to beckon/signal to s.o. to come
over. 'W ~ er, m -s/- Aut: (direction) indicator.
'W ~ zeichen, n -s/- (a) wave; Aut: etc: hand
signal; (b) pl Nau: etc: semaphore (signals).
Winkel ['viŋkəl], m -s/- (a) Geom: angle; (b)
Mil: chevron stripe; (c) Tchn: (set) square; (d)
(Ecke) corner; (versteckter W.), nook. 'W ~-
advokat, m -en/-en backstreet lawyer, N.Am:
shyster. 'W ~ eisen, n -s/- angle iron. 'w ~-
förmig, adj. angular. 'W ~ funktion, f
-/-en Mth: trigonometric function. 'w ~ ig,
adj. full of corners. 'W ~ messer, m -s/- Mth:
protractor. 'W ~ zug, m -(e)s/-e dodge;
(Ausflucht) evasion.
winseln ['vinzəln], v.i. (haben) (Hund) to whine.
Winter ['vintər]. I. m -s/- winter; im W., in
winter. II. 'W ~-, comb.fm. (a) winter (suit,
dress, clothes, coat, months etc.), winter's
(night, day); (beginning etc.) of winter;
W ~ fahrplan m, winter timetable; W ~ fri-
sche f, winter resort; W ~ frucht f, winter crop;
W ~ getreide n, winter wheat; W ~ garten m,
winter garden, conservatory; W ~ quartal n,
winter quarter; W ~ quartier n, winter quarters;
W ~ schlußverkauf m, winter sale; Sp: (Olym-
pische) W ~ spiele npl, Winter Olympics;
W ~ sport m, winter sports; W ~ sportgebiet n,
winter sports area; (b) (winterlich) wintry (cold,
weather etc.). 'w ~ fest, adj. winterproof,
N.Am: winterized; Bot: hardy. 'w ~ lich, adj.

wintry. 'W ~ reifen, m -s/- Aut: snow tyre.
'W ~ schlaf, m -(e)s/no pl hibernation; W.
halten, to hibernate.
Winzer ['vintsər], m -s/- wine grower.
winzig ['vintsiç], adj. tiny; w. klein, minute.
Wipfel ['vipfəl], m -s/- treetop.
Wippe ['vipə], f -/-n seesaw. 'w ~ n, v.i. (haben)
to bob up and down, (mit der Wippe) seesaw;
(hin und her) to rock, sway, (Hängendes) swing;
w ~ der Gang, bouncing gait; mit etwas dat w.,
to wag/waggle sth.
wir [viːr], pers. pron. we; w. beide, both of us; w.
waren es, it was us.
Wirbel ['virbəl], m -s/- (a) (in Wasser, Luft)
eddy; (W ~ wind) whirlwind; (Strudel) whirl-
pool; Fig: whirl (of activity etc.); (Aufruhr)
commotion; im W. des Karnevals, in the tur-
moil/hurly-burly of the carnival; (b) (Trom-
melw.) drumroll. 2. (Haarw.) crown (in the
hair). 3. Anat: vertebra. 4. Mus: (violin etc.)
peg. 'w ~ ig, adj. restless, wild (child etc.);
(schwindlig) dizzy; mir wurde ganz w., my mind
was in a whirl. 'w ~ los, adj. Z: invertebrate;
die W ~ en, the invertebrates. 'w ~ n, v. 1. v.i.
(haben/sein) (Wasser, Rauch usw.) to eddy,
swirl; (Pers.) to whirl; (Trommel) to roll; mir
wirbelt der Kopf, my head is spinning/in a
whirl. 2. v.tr. to swirl (dust etc.). 'W ~ säule, f
-/-n spinal column, spine. 'W ~ strom, m -(e)s/
no pl El: eddy current. 'W ~ sturm, m -(e)s/-e
cyclone, tornado. 'W ~ tier, n -(e)s/-e verte-
brate. 'W ~ trommel, f -/-n Mus: snare
drum. 'W ~ wind, m -(e)s/-e whirlwind.
wirk|en ['virkən]. I. v. 1. v.i. (haben) (a) (tätig
sein) to work, be active (als Arzt usw., as a
doctor etc.); (b) (Wirkung haben) to have an
effect (auf j-n, on s.o.); (Arznei) to be effective
(gegen + acc, for); die Medizin hat gewirkt,
the medicine has had its effect; das Stück hat
stark auf mich gewirkt, the play affected me
deeply/made a powerful impression on me;
(Mitteilung usw.) beruhigend w., to have a
soothing effect; (Pers.) müde/nervös w., to seem
tired/on edge; die Musik auf sich acc w. lassen,
to sit back and take in the music, let the music
wash over one. 2. v.tr. (a) Lit: to work (won-
ders); to do (good); (b) Ind: to knit (a vest etc.);
to weave (cloth, a carpet etc.). II. W., n -s/no
pl work, activity. 'W ~ er(in), m -s/- (f
-/-nen) knitter, weaver. W ~ e'rei, f -/-en
knitwear manufacture/(Fabrik) factory.
'w ~ lich, adj. real; actual (fact, state of
affairs etc.); (echt) genuine (artist, friend etc.);
adv. really; F: w. wahr! no kidding! I mean it!
'W ~ lichkeit, f -/- en reality, in W., in actual
fact; Fig: auf dem Boden der W. stehen, to have
both feet on the ground. 'W ~ lichkeits-
form, f -/no pl Gram: indicative (mood).
'w ~ lichkeitsfremd, adj. unrealistic.
'w ~ lichkeitsnah, adj. realistic. 'w ~ sam,
adj. effective; (Vorschrift usw.) w. werden, to
come into effect/force. 'W ~ samkeit, f -/no
pl effectiveness. 'W ~ stoff, m -(e)s/-e Biol:
active (organic) substance. 'W ~ ung, f -/-en
effect, impression; (Eindruck) ohne W. bleiben,
to have/produce no effect; F: seine W. tun, to
work, take effect; Adm: mit W. vom 1. März,
with effect from March 1st. 'W ~ ungs-

bereich, *m* -(e)s/-e/'W~ungskreis, *m* -es/-e sphere of activity; *Pol: etc:* influence. 'w~ungslos, *adj.* ineffective; **w. bleiben,** to have no effect. 'W~ungslosigkeit, *f* -/no *pl* ineffectiveness. 'W~ungsweise, *f* -/-n (mode of) operation; **seine W.,** the way it works. 'W~ungsradius, *m* -/no *pl* radius of action. 'w~ungsvoll, *adj.* effective. 'W~waren, *fpl* knitted goods, knitwear.

wirr [vir], *adj.* confused, muddle-headed (person); (*verfilzt*) dishevelled, tangled (hair); **w~es Durcheinander,** chaos, muddle; **w. im Kopf,** confused, in a daze; **w~es Zeug reden,** to talk incoherently. 'W~nis, *f* -/-se/*Lit:* 'W~sal, *n* -(e)s/-e chaos, confusion. 'W~warr, *m* -s/no *pl* confusion, chaos; (*Lärm*) hubbub.

Wirsing(kohl) ['virziŋ(ko:l)], *m* -s/no *pl* savoy (cabbage).

Wirt [virt], *m* -(e)s/-e (*Gastwirt, Vermieter*) landlord; (*occ. Gastgeber & Biol:*) host; **den W. machen/spielen,** to act as host, *F:* do the honours. 'W~in, *f* -/-nen landlady; (*Gastgeberin*) hostess. 'w~lich, *adj.* hospitable. 'W~schaft, *f* -/-en **1.** economy; **die deutsche W.,** the German economy; German industry (and commerce); **freie/öffentliche W.,** free/public enterprise. **2.** (*a*) (*Haushalt*) household, housekeeping; **die W. führen,** to keep house; (*b*) *F:* (*Durcheinander*) mess, muddle; (*Mühe*) bother, trouble; **das ist ja eine saubere/schöne W.!** this is a fine mess! **3.** (*Gastw.*) *Brit:* = public house, *F:* pub; *N.Am:* = saloon. 'w~schaften, *v.i.* (*haben*) (*a*) to manage (well, badly etc.); (*Haushalt führen*) to keep house; **genau w.,** to budget carefully; **mit etwas** *dat* **sparsam/verschwenderisch w.,** to be sparing/lavish with sth.; (*b*) *F:* (*hantieren*) to busy oneself, potter (about). 'W~schafterin, *f* -/-nen housekeeper. 'W~schafter, *m* -/-s/- economist. 'w~schaftlich, *adj.* **1.** economic (development, growth etc.); *adv.* **w. selbstständig,** economically independent. **2.** (*sparsam*) economical (car etc.); thrifty (housewife etc.). 'W~schaftlichkeit, *f* -/no *pl* economy. 'W~schafts-, *comb.fm.* economic (relations, geography, history, aid, policy, system, theory etc.); business (life, school etc.); commercial (department etc.); trade (agreement, delegation etc.); industrial (sabotage, espionage etc.); **W~berater** *m, Pol:* economic adviser; *Com:* business consultant; **W~gebiet** *n,* economic area; **W~gemeinschaft** *f,* economic community; **W~lage** *f,* economic situation; **W~lehre/ W~wissenschaft** *f,* economic theory, economics; **W~minister** *m,* minister for economic affairs; **W~wunder** *n,* economic miracle; **W~förderung** *f,* promotion of business/trade; **W~teil** *m,* business section/pages (of a newspaper); **W~verband** *m,* business/trade association; **W~zweig** *m,* sector of industry/the economy; *adj.* **w~politisch,** in terms of economic policy. 'W~schaftsgebäude, *n* -s/- farm building (for storage etc.). 'W~schaftsgeld, *n* -(e)s/no *pl* housekeeping money. 'W~schaftsprüfer, *m* -s/- accountant; (*Buchprüfer*) auditor. 'W~schaftsraum, *m* -(e)s/-e **1.** economic area. **2.** *H:* utility room.

'W~shaus, *n* -es/-er approx. Brit: public house, *F:* pub, *N.Am:* saloon. 'W~sleute, *pl* landlord and landlady. 'W~sstube, *f* -/-n = saloon bar.

Wisch [viʃ], *m* -(e)s/-e *F:* scrap of paper. 'w~en, *v.tr.* to wipe (sth.) (**von etwas** *dat,* off sth.); **sich** *dat* **den Schweiß von der Stirn w.,** to mop one's brow; *F:* **j-m eine w.,** to take a swipe at s.o. 'W~er, *m* -s/- *Aut: etc:* wiper. **W~i'waschi,** *n* -s/no *pl F:* blather. 'W~lappen, *m* -s/-/ 'W~tuch, *n* -(e)s/-er (floor etc.) cloth.

Wisent ['vi:zənt], *m* -(e)s/-e *Z:* (European) bison.

Wismut ['vismu:t], *n* -(e)s/no *pl Ch:* bismuth.

wispern ['vispərn], *v.tr.&i.* (*haben*) to whisper (sth.) (hurriedly).

Wißbegierde ['visbəgi:r(də)], *f* -/no *pl* thirst for knowledge; curiosity. 'w~ig, *adj.* eager to learn.

wissen ['visən]. **I.** *v.tr.* & *i.irr.* (*haben*) (*pres.* **weiß,** *pl.* **wissen,** *p.* **wußte,** *p.p.* **gewußt**) to know (sth.); **w., wie man es macht,** to know how to do it; **er weiß, sich zu benehmen,** he knows how to behave; **j-n etwas w. lassen,** to let s.o. know sth.; **ich weiß (es) schon,** I know; **das mußt du w.,** that's up to you; **weißt du noch?** do you remember? **ich weiß nicht recht,** I am not sure; **soviel ich weiß,** as far as I know; **nicht, daß ich wüßte,** not that I am aware of; **er weiß es nicht anders,** he doesn't know any better; **sie wußte keine Antwort,** she couldn't think of an answer; **ich weiß mir kein größeres Vergnügen,** I can't think of anything I should enjoy more; **von etwas** *dat* **w.,** to know about sth.; **ich will nichts von ihm/ davon w.,** I will have nothing to do with him/ it; *F:* **wer weiß was/wie,** goodness knows what/ how; **er hält sich für wer weiß wie klug,** he thinks he's incredibly clever; **oder was weiß ich,** or something of the sort; *Prov:* **was ich nicht weiß, macht mich nicht heiß,** what the eye doesn't see, the heart doesn't grieve over. **II.** **W.,** *n* -s/no *pl* knowledge; **meines W~s,** to my knowledge; **wider sein besseres W.,** against his better judgement; **nach bestem W. und Gewissen,** to the best of one's knowledge and belief. 'w~d, *adj.* knowing (look etc.). 'W~schaft, *f* -/-en science. 'W~schaftler, *m* -s/- scientist. 'w~schaftlich, *adj.* scientific (discovery, method etc.); (*akademisch*) academic (work, education etc.). 'W~sdurst, *m* -(e)s/ *no pl* thirst for knowledge. 'w~sdurstig, *adj.* eager for knowledge. 'w~swert, *adj.* worth knowing; valuable (information). 'w~tlich, *adj.* deliberate; *adv.* deliberately, knowingly.

wittern ['vitərn], *v.tr.* to scent, get wind of (prey, *Fig:* danger etc.). 'W~ung, *f* -/no *pl* **1.** *Hunt:* scent. **2.** (*Wetter*) weather (conditions); **bei jeder W.,** in all weathers. 'W~ungseinflüsse, *mpl* effects of the weather.

Witwe ['vitvə], *f* -/-n widow. 'W~nrente, *f* -/-n widow's pension. 'W~nstand, *m* -(e)s/ *no pl* widowhood. 'W~r, *m* -s/- widower.

Witz [vits], *m* -es/-e (*a*) joke; **W~e reißen,** to crack jokes; *F:* **mach keine W~e!** don't be funny! **das ist ja ein W.!** you must be joking! (*b*) *no pl* (*Geist*) wit; (*c*) (*Hauptpunkt*) main point; **das ist der ganze W.,** that's all there is to it. 'W~blatt, *n* -(e)s/-er comic magazine. 'W~bold, *m* -(e)s/-e joker. 'w~eln, *v.i.*

(*haben*) to make jokes (**über** + *acc.* about).
'W ~ **figur**, *f* -/-en figure of fun. 'w ~ **ig**, *adj.*
witty; (*spaßig*) funny. 'W ~ **igkeit**, *f* -/no *pl*
wittiness. 'w ~ **los**, *adj.* unfunny; (*sinnlos*)
pointless.

wo [vo:]. **I.** *interrog. & rel.adv.* where; *F:*
(*irgendwo*) somewhere; **wo immer (auch)**, wherever; **der Tag, wo . . .**, the day when . . .; *F:* **ach wo!/i wo!** not likely! **II.** *conj.* **wo nicht**, if not;
F: **wo ich doch weg wollte**, just when I wanted
to go; **wo du gerade da bist**, seeing/since you're
here. **w ~ 'anders**, *adv.* elsewhere, somewhere
else. **w ~ bei** [vo:'bai], *adv.* **1.** *interrog.* at
what? doing what? **w. bist du gerade?** what are
you doing at this moment? **2.** *rel.* in/in doing
which; in the course of which.

Woche ['vɔxə], *f* -/-n week; **(Montag) vor einer
W.**, a week ago (on Monday); **Montag in einer
W.**, Monday week; a week on Monday; **einmal
in der W.**, once a week. 'W ~ **n-**, *comb.fm.*
weekly (wage, market etc.); **W ~ blatt** *n/*
W ~ zeitung *f*, weekly newspaper;
W ~ (zeit)schrift *f*, weekly (periodical); *Rail:
etc:* **W ~ karte** *f*, weekly season (ticket). 'W ~ **n-
bett**, *n* -(e)s/no *pl* childbed. 'W ~ **nend-**,
comb.fm. weekend (edition, trip etc.); **W ~ -
urlaub** *m*, weekend break. 'W ~ **nende**, *n* -s/-n
weekend; **am W.**, at the weekend; (*jedes W.*) at
/N.Am: on weekends. 'W ~ **ngeld**, *n* -(e)s/-er
maternity allowance. 'w ~ **nlang**, *adj.* for
weeks. 'W ~ **nschau**, *f* -/-en *Cin:* newsreel.
'W ~ **nspielplan**, *m* -(e)s/-e *Th: Cin:* week's
programme. 'W ~ **ntag**, *m* -(e)s/-e weekday.
'w ~ **ntags**, *adv.* on weekdays.

wöch|entlich ['vœçəntliç], *adj.* weekly (report
etc.); **einmal w.**, once a week. **W ~ nerin**
['vœçnərin], *f* -/-nen woman just after childbirth; maternity case.

Wodka ['vɔtka], *m* -s/-s vodka.

wo'durch, *adv.* **1.** *interr.* by what means? how?
2. *rel.* through/as a result of which.

wo'für, *adv.* **1.** *interrog.* for what? what . . . for?
2. *rel.* (in return) for which.

wog [vo:k], *p. of* **wiegen** *q.v.*

Woge ['vo:gə], *f* -/-n *Fig: & Lit:* wave.

wo'gegen, *adv.* **1.** *interrog.* against what? **2.** *rel.*
against which; **w. keiner Einspruch erhob**, to
which no one objected.

wo'her, *interrog. & rel.adv.* from where(?);
where from(?); **w. weißt du das?** how do you
know that? *F:* **ach w.!** never! what nonsense!

wo'hin, *interrog. & rel.adv.* where (to); **w. damit?**
where shall I put it? **ich weiß, w. es führt**, I
know what it leads to; *F:* **ich muß mal w.**, I
must pay a call. **w ~ 'gegen**, *conj.* whereas (on
the other hand).

wo'hinter, *adv.* **1.** *interrog.* behind what? **2.** *rel.*
behind which.

wohl [vo:l]. **I.** *adv.* **1.** well; (*a*) **sich w. fühlen**, to
feel well/(*wie zu Hause*) at home/comfortable;
ist dir nicht w.? aren't you well? **ihm war nicht
w. (zumute)**, he felt uneasy; **ich ließ es mir w.
sein**, I made sure I enjoyed myself; **w. oder
übel**, willy nilly; whether I/you like it or not; **er
tut w. daran**, he's doing the right thing; **das
kann man w. sagen!** you can say that again! (*b*)
(*verstärkend*) **es kann w. sein**, it may well be
(true); **siehst du w.?** now do you see? **er weiß**

sehr w., daß . . ., he knows perfectly well that
. . . **2.** (*vermutlich*) presumably, I suppose; **du
bist nun w. ärgerlich**, I expect/suppose you are
angry now; **er hat w. nichts anderes**, presumably he has nothing else; **es wird w. besser
sein . . .**, it will probably/may well be better
. . .; **du kannst doch w. nicht Hunger haben**,
surely you can't be hungry; **w. kaum**, hardly
likely; **ob es w. möglich wäre?** I wonder if it
would be possible? **3.** (*zwar*) perhaps; **er hat es
w. gut gemeint, aber . . .**, he may have/perhaps
he meant well, but . . . **II. W.**, *n* -(e)s/no *pl* wellbeing; welfare; **das allgemeine W.**, the common
good; **auf j-s W. trinken**, to drink s.o.'s health;
zum W.! cheers! **III.** 'W ~-, 'w ~-, *comb.fm.*
1. *adj.* well-(founded, advised, fed, ordered
etc.); **w ~ bedacht/w ~ überlegt**, well-considered;
w ~ bekannt, well-known; **w ~ erhalten**, well-preserved; **w ~ erzogen**, well brought up,
well-behaved; **w ~ geformt/w ~ gestaltet**, well-formed, shapely; **w ~ gemeint**, well-meant;
w ~ meinend, well-meaning; **w ~ unterrichtet**,
well-informed; **w ~ verdient**, well-deserved,
well-earned. **2.** pleasant (taste etc.); **W ~ geruch**
m, pleasant smell, fragrance; **W ~ klang** *m*,
pleasant/melodious sound; *adj.* **w ~ klingend**,
pleasant-sounding; melodious; **w ~ riechend**,
pleasant-smelling; fragrant; **w ~ schmeckend**,
pleasant-tasting, tasty. **w ~ 'auf**, *pred.adj.*
well, in good health. 'W ~ **befinden**, *n* -s/no
pl well-being. 'W ~ **behagen**, *n* -s/no *pl* (feeling of) well-being, pleasure. 'w ~ **behalten**,
adj. (*Pers.*) safe and sound; (*Objekt*) in good
condition. 'W ~ **ergehen**, *n* -s/no *pl* welfare,
well-being. 'W ~ **fahrt**, *f* -/no *pl* welfare.
'W ~ **fahrts-**, *comb.fm.* welfare (state etc.);
charity (organization etc.); **W ~ pflege** *f*, welfare work; **W ~ marke** *f*, charity stamp.
'W ~ **gefallen**, *n* -s/no *pl* pleasure, satisfaction; *Hum:* **sich in W. auflösen**, (*Streit usw.*) to
peter out; (*Plan usw.*) to come to nothing;
(*Buch usw.*) to come apart. 'w ~ **gefällig**, *adj.*
pleasing; (*billigend*) approving (look etc.).
'W ~ **gefühl**, *n* -(e)s/no *pl* sense of ease/well-being. 'w ~ **gemerkt**, *adv.* mind you. 'w ~ -
geraten, *adj.* fine (boy etc.); bonny (child).
'w ~ **gesinnt**, *adj.* kind, sympathetic; well-disposed (**j-m**, towards s.o.). 'w ~ **habend**,
adj. well-to-do, affluent. 'w ~ **ig**, *adj.* cosy;
contented (sigh etc.). 'W ~ **sein**, *n* -s/no *pl*
(**zum**) **W.!** bless you! 'W ~ **stand**, *m* -(e)s/no
pl prosperity, affluence. 'W ~ **standsgesellschaft**, *f* -/-en affluent society. 'W ~ **tat**, *f*
-/-en (*a*) good deed; (*Gefallen*) kindness; (*b*)
(*Erleichterung*) relief; (*Segen*) boon; **eine wahre
W.!** what bliss! 'W ~ **täter(in)**, *m* -s/- (*f*
-/-nen) benefactor, *f* benefactress. 'w ~ **tätig**,
adj. charitable. 'W ~ **tätigkeit**, *f* -/no *pl*
charity. 'W ~ **tätigkeits-**, *comb.fm.* charity
(bazaar, concert etc.); charitable (organization etc.); **W ~ zweck** *m*, charity, good cause.
'w ~ **tuend**, *adj.* beneficial (effect etc.);
refreshing (breeze etc.); (*lindernd*) soothing.
'w ~ **tun**, *v.i.sep.irr.106* (*haben*) (**j-m**) **w.**, to do
(s.o.) good. **w ~ weislich**, *adv.* very wisely.
'W ~ **wollen**, *n* -s/no *pl* goodwill; **mit W.**,
favourably. 'w ~ **wollend**, *adj.* benevolent;
kindly (smile etc.); *adv.* **etwas dat w.**

gegenüberstehen, to look favourably on sth.
Wohn- ['vo:n-], *comb.fm.* residential (building, district etc.); living (unit, conditions etc.); **W~gebiet/W~viertel** *n,* residential area; **W~haus** *n,* residential building, dwelling; **W~heim** *n,* residential home/hostel; *Univ:* hall of residence; **W~siedlung** *f,* residential estate/ *N.Am:* development; **W~raum** *m,* living space; **W~stube** *f*/**W~zimmer** *n,* living room; **W~küche** *f,* kitchen used as a living room. **'W~block,** *m* -(e)s/-̈e block of flats, *N.Am:* apartment house. **'w~en,** *v.i.* (*haben*) to live, *Adm:* reside (**bei** j-m, with s.o., in s.o.'s house); **ich wohne Bergstraße 2,** I live at no. 2 Bergstrasse. **'W~gemeinschaft,** *f* -/-en group sharing a house/flat; commune. **'w~haft,** *adj. Adm:* resident. **'W~komfort,** *m* -s/no *pl* creature comforts (in the home). **'W~kultur,** *f* -/-en (style of) interior decoration. **'w~lich,** *adj.* cosy, home-like; **einen Raum w. machen,** to make a room live-able-in. **'W~mobil,** *n* -s/-e mobile home. **'W~ort,** *m* -(e)s/-e (place of) residence. **'W~schlafzimmer,** *n* -s/- bed-sittingroom. **'W~sitz,** *m* -es/-e (place of) residence; **ohne festen W.,** of no fixed abode. **'W~turm,** *m* -(e)s/-̈e tower block. **'W~ung,** *f* -/-en (*a*) home; *Adm:* residence; (*Unterkunft*) accommodation; **keine W. haben,** to be homeless; (*b*) (*Etagenw.*) flat, *N.Am:* apartment. **'W~ungs-,** *comb.fm.* housing (market etc.); **W~amt** *n,* housing department; **W~mangel** *m*/**W~not** *f,* housing shortage. **'W~ungsgesellschaft,** *f* -/-en building society. **'W~ungsinhaber,** *m* -s/- occupant. **'w~ungslos,** *adj.* homeless. **'W~ungssuche,** *f* -/no *pl* house-/flat-hunting. **'W~ungssuchende(r),** *m* & *f decl. as adj.* house-/flat-hunter. **'W~ungstür,** *f* -/-en front door (of a flat). **'W~wagen,** *m* -s/- caravan; *N.Am:* trailer.
wölb|en ['vœlbən], *v.tr.* to curve (sth.); to arch (one's back, brows etc.); to camber (a road); *Arch:* to vault (a roof); **sich w.,** to curve, (*Bauch usw.*) bulge; (*Straße*) to be cambered; (*Brücke usw.*) to arch (**über** + *acc,* across). **'W~ung,** *f* -/-en curve; curvature (of the spine); camber (of a road); *Constr:* vault.
Wolf [vɔlf], *m* -(e)s/-̈e **1.** *Z:* wolf; *Fig:* **mit den W~en heulen,** to jump on the bandwaggon. **2.** *Cu:* mincer; *Fleisch/Fig:* **j-n durch den W. drehen,** to put meat through the mincer/*Fig:* s.o. through it. **'W~shund,** *m* -(e)s/-e Alsatian; **irischer W.,** Irish wolfhound. **'W~shunger,** *m* -s/no *pl* ravenous appetite; **ich habe einen W.,** I am as hungry as a hunter. **'W~sjunge(s),** *n decl. as adj.* wolfcub. **'W~srachen,** *m* -s/- *Med:* cleft palate. **'W~srudel,** *n* -s/- wolf pack.
Wölf|in ['vœlfin], *f* -/-nen she-wolf. **'w~isch,** *adj.* wolfish. **'W~ling,** *m* -s/-e *Scout:* wolf cub.
Wolfram ['vɔlfram], *n* -s/no *pl Ch:* tungsten.
Wolk|e ['vɔlkə], *f* -/-n cloud; *Fig:* **in den W~n schweben,** to have one's head in the clouds; **aus allen W~n fallen,** to come down to earth with a bump; *F:* **'ne W.,** quite something. **'W~en-,** *comb.fm.* cloud (bank, formation etc.); (layer, wall etc.) of cloud; cloudy (sky ·etc.); **W~bruch** *m,* cloudburst; **W~decke** *f,*

cloud-cover; **W~grenze** *f,* cloud ceiling. **'W~enkratzer,** *m* -s/- skyscraper. **'W~en-kuckucksheim,** *n* -(e)s/no *pl* cloud-cuckoo-land. **'w~enlos,** *adj.* cloudless. **'w~ig,** *adj.* cloudy.
Woll- [vɔl-], *comb.fm.* woollen (yarn, glove, clothing, pullover etc.); wool (trade etc.); **W~decke** *f,* woollen blanket/(*Reisedecke*) rug; **W~gewebe** *n,* woollen fabric; **W~jacke** *f,* woollen cardigan; **W~sachen** *fpl,* woollen articles, woollens; **W~stoff** *m,* woollen material; **W~waren** *fpl,* woollen goods; **W~faden** *m,* strand of wool; **W~knäuel** *m,* ball of wool. **'W~e,** *f* -/-n wool; *F:* (*Haar*) thatch; *Fig:* **mit j-m in die W. geraten,** to have a row with s.o. **'w~en¹,** *adj.* wool, woollen. **'w~ig,** *adj.* woolly.
wollen² ['vɔlən], *v.tr.&i.irr.* (*haben*) (*pres.* **will,** *p.* **wollte,** *p.subj.* **wolle,** *p.p.* **gewollt**/(*with infin.*) **wollen**) (*a*) to want (sth., to do sth.); to wish (**daß . . .,** that . . .); **er will nicht,** he doesn't want to; **ich habe es nicht gewollt/nicht tun wollen,** I didn't want to do it; **ich will, daß du hier bleibst,** I want you to stay here; **ich wollte,** (**daß**) **er käme,** I wish he would come; **ich wollte lieber . . .,** I should have preferred to . . .; **ich will nach Hause,** I want to go home; **mach, was/ wie du willst,** do as you like; **er mag w. oder nicht,** whether he likes it or not; **kommt, wir w. gehen,** come on, let's go; **w. wir aufstehen?** shall we get up? **wir w. sehen,** we'll see; **er will gehört werden,** he insists on being heard; **er will es gehört haben,** he claims to have heard it; **das will ich nicht gehört haben!** (I hope) I didn't hear that! **willst du mal still sein!** will you be quiet! (*b*) (*Absicht*) **ich wollte es tun, aber . . .,** I intended/was going to do it, but . . .; **ohne es zu w.,** unintentionally; **wir wollten** (*gerade*) **gehen,** we were just about to go; **was wollte ich sagen?** what was I going to say? **was willst du damit sagen?** what do you mean by that? **das will nicht heißen, daß . . .,** that doesn't mean that . . .; (*c*) (*von Sachen*) **es will nicht,** it won't work/(*Auto*) go; **es** (**will und**) **will nicht auf-hören,** it goes on and on; **es will mir nicht in den Kopf,** I can't get it into my head; **das will gelernt sein,** you've got to learn to do it properly; (*c*) *impers.* **wie es der Zufall wollte,** as luck would have it; **mag kommen, was will,** whatever happens.
Wol|lust ['vɔlust], *f* -/no *pl Lit:* sensuality; (*Lüsternheit*) lust. **'w~lüstig,** *adj. Lit:* sensual (pleasure); lascivious, lecherous (thought etc.).
wo'mit, *adv.* **1.** *interrog.* with what? what . . . with? **w. kann ich** (**Ihnen**) **dienen?** what can I do for you? **2.** *rel.* with what; . . . **w. ich sagen will . . .,** . . . by which I mean . . .
wo'möglich, *adv.* possibly; **er kommt w. heute,** he may come today; **komm w. früher,** come earlier if possible/if you can.
wo'nach, *adv.* **1.** *interrog.* after what? according to what? **w. hat er gefragt?** what did he ask for? **2.** *rel.* after/according to which; **w. ich mich richte,** which I go by.
Wonn|e ['vɔnə], *f* -/-n delight; **vor W.,** with joy; **eine wahre W.,** sheer delight, pure bliss; *esp. Iron:* **etwas mit W. tun,** to delight in doing sth. **'W~egefühl,** *n* -(e)s/-e feeling of bliss.

'w ~ ig, adj. delightful; blissful (feeling).

wo'ran, adv. 1. interrog. at what? w. denkst du? what are you thinking about/of? w. arbeiten Sie? what are you working on? w. liegt es? what is the cause of it? er weiß nicht, w. er ist, he doesn't know where he stands. 2. rel. about/at/ on which; die Krankheit, w. er starb, the illness of which he died.

wo'rauf, adv. 1. interrog. on what? w. wartest du? what are you waiting for? 2. rel. (up)on which; (wonach) whereupon, after which.

wo'raus, adv. 1. interrog. out of what? from what? w. besteht es? what does it consist of/(Material) is it made of? 2. rel. out of/of/from which.

worden ['vordən], p.p. of werden q.v.

wo'rein, adv. 1. interrog. in what? 2. rel. in which.

wo'rin, adv. 1. interrog. in what? w. besteht der Unterschied? where is the difference? 2. rel. in which, wherein.

Wort [vort]. I. n -(e)s/-e & (Vokabeln) ⁻er word; (a) in einem W., in a word; ich habe kein W. davon gewußt, I didn't know a thing about it; j-m aufs W. glauben/gehorchen, to believe/obey s.o.'s every word; ein W. gab das andere, one thing led to another; (b) pl ein Manuskript von 80 000 W⁻ern, a manuscript containing 80,000 words; mit diesen W~en verließ er das Haus, with these words/saying this he left the house; mit anderen W~en, in other words; er machte nicht viel(e) W~e, he didn't waste words; spar dir deine W~e! save your breath! mir fehlen die W~e, words fail me; hast du W~e! would you believe it! schöne W~e machen! to talk glibly; (c) (Rede) j-m ins W. fallen, to interrupt s.o.; das W. haben/führen, to speak; das große W. führen, to do all the talking, F: (prahlen) talk big; das W. ergreifen, to start to speak; zu W. kommen, to get a chance to speak; ums W. bitten/sich zu W. melden, to ask leave to speak; j-m das W. geben/erteilen, to let s.o. speak; das W. an j-n richten, to address s.o.; (d) (Ausdruck) expression; (Spruch) saying; nach dem W. Shakespeares, as Shakespeare put it; (e) (Versprechen) auf mein W.! I give you my word! honest! j-n beim W. nehmen, to take s.o. at his word; sein W. zurücknehmen, to go back on one's word. II. 'W~, comb.fm. word (formation, family etc.); (choice etc.) of words; W~akzent m, word stress; W~folge/W~stellung f, word order; W~gefecht n/W~streit m, war of words; W~schwall m, torrent of words; W~spiel n, play on words, pun. 'W ~ art, f -/-en Gram: part of speech. 'W ~ bruch, m -(e)s/⁻e breaking one's word; breach of promise. 'w ~ brüchig, adj. w. werden, to break one's word. 'W ~ feld, n -(e)s/-er Ling: semantic group. 'W ~ führer, m -s/- spokesman. 'w ~ getreu, adj. literal (translation etc.); word-for-word (repetition). 'W ~ karg, adj. taciturn. 'W ~ klauber, m -s/- quibbler. W ~ klaube'rei, f -/-en 1. no pl quibbling. 2. quibble. 'W ~ laut, m -(e)s/-e wording. 'w ~ los, adj. silent; adv. without a word. 'W ~ register, m -s/- index. 'w ~ reich, adj. wordy, verbose. 'W ~ reichtum, m -s/no pl verbosity. 'W ~ schatz, m -es/⁻e vocabulary. 'W ~ schöpfung, f -/-en coinage, neologism.

'W ~ stamm, m -(e)s/⁻e Ling: root, stem. 'W ~ wechsel, m -s/- heated exchange, altercation. 'w ~'wörtlich, adv. verbatim, word for word; quite literally.

Wört|erbuch ['vœrtərbuːx], n -(e)s/⁻er dictionary. 'W ~ chen, n -s/- little word; F: ein W. mitzureden haben, to have a say in the matter. 'W ~ erverzeichnis, n -ses/-se word-list, vocabulary. 'w ~ lich, adj. literal (translation etc.); verbatim (account etc.); adv. word for word; etwas w. nehmen, to take sth. literally.

wo'rüber, adv. 1. interrog. (a) about what? w. spricht er? what is he talking about? (b) (Lage) over what? 2. rel. (a) about which; (b) over which.

wo'rum, adv. 1. interrog. (a) about what? (b) (Lage) round what? 2. rel. (a) about which; (b) round which.

wo'runter, adv. 1. interrog. under/among what? 2. rel. under/among which.

wo'von, adv. 1. interrog. from/of what; w. redest du? what are you talking about? 2. rel. from/ of/about which.

wo'vor, adv. 1. interrog. before what? w. hat er Angst? what is he afraid of? 2. rel. before/ (räumlich) in front of which.

wo'zu, adv. 1. interrog. to what? (warum) why? for what (purpose)? w. (das)? what's the point (of that)? 2. rel. to which; ... w. ich keine Zeit habe, for which I have no time.

Wrack [vrak], n -(e)s/-s wreck. 'W ~ teile, pl wreckage.

wringen ['vriŋən], v.tr. to wring (out) (washing).

Wucher ['vuːxər]. I. m -s/no pl profiteering, extortion; W. treiben, to profiteer. II. 'W~, comb.fm. exorbitant, extortionate (rent, price etc.). 'W ~ er, m -s/-/'W ~ erin, f -/-nen profiteer. 'w ~ isch, adj. profiteering (practices); exorbitant (prices etc.). 'w ~ n, v.i. (haben) (a) (Pflanzen usw.) to grow profusely; Fig: w~de Phantasie, luxuriant/prolific imagination; (b) (mit etwas dat) w., to profiteer (with sth.). 'W ~ ung, f -/-en Bot: rank/rampant growth; Med: growth, esp. proud flesh.

wuchs [vuːks]. 1. p.of wachsen q.v. 2. W., m -es/⁻e growth; (Körperbau) build; von kleinem W., of small stature, short.

Wucht [vuxt], f -/no pl 1. force, impact (of a blow, Fig: personality etc.); mit voller W., with (its) full force; mit aller W. zuschlagen, to hit out with all one's might. 2. F: eine ganze W., masses, heaps (of); das ist eine W.! that's terrific! 'w ~ en, v.tr. F: to heave (sth., oneself); to slam (Fb: the ball etc.). 'w ~ ig, adj. massive; (kräftig) powerful.

wühl|en ['vyːlən], v.i. (haben) to dig, (Tier) burrow; (suchend) to rummage (in einer Schublade usw., in a drawer etc.; nach etwas dat, for sth.); im Schmutz w., to wallow in mud/Fig: muck/filth; Fig: (Hunger, Schmerz usw.) im Magen usw. w., to gnaw at one's stomach etc. 'W ~ maus, f -/⁻e Z: vole.

Wulst [vulst], m -es/⁻e bulge, roll (of fat etc.); (im Stoff) (thick) fold; Tchn: bead(ing). 'w ~ ig, adj. bulging; thick (lips etc.).

wund [vunt]. I. adj. sore; etwas w. reiben/ scheuern, to chafe sth.; Fig: w~er Punkt, sore point; **sich** *dat* **die Füße w. laufen,** to be walked off one's feet. **II.** '**W ~ -,** *comb.fm.* wound (fever, infection etc.); **W ~ rand** *m,* lip of a wound. '**W ~ brand,** *m* **-(e)s/**no pl *Med:* gangrene. '**W ~ e,** *f* **-/-n** wound; *Fig:* **den Finger auf die W. legen,** to touch on a sore point; **tiefe W ~ n schlagen,** to leave deep scars. '**W ~ klammer,** *f* **-/-n** *Med:* (suture) clamp. '**w ~ liegen,** *v.refl.sep.irr.62* **sich w.,** to get bedsores. '**W ~ salbe,** *f* **-/-n** (healing) ointment. '**W ~ - starrkrampf,** *m* **-(e)s/**no pl *Med:* tetanus. **Wunder** ['vundər]. **I.** *n* **-s/-** (*also Rel:*) miracle; *Fig:* (*Pers., Gerät usw.*) marvel; **W. tun/wirken,** to work miracles/*Fig:* (*Arznei usw.*) wonders; **kein/was W., daß . . .,** no wonder (that) . . .; **das grenzt an ein W.,** it borders on the miraculous; **ein W. an Genauigkeit,** a miracle of precision; **W. über W.!** wonders will never cease! *F:* **sein blaues W. erleben,** to get the shock of one's life. **II. w.,** *adv.* **w. was/wer,** heaven knows what/who; **w. wie gescheit,** ever so clever; **sie bildet sich w. was ein/sie denkt, sie sei w. wer,** she thinks she's the cat's whiskers. **III.** '**W ~ -,** *comb.fm.* miraculous (story, effect, sign etc.); wonder/miracle (doctor, drug, cure etc.); magic (horn etc.); **W ~ kräfte** *fpl,* miraculous powers; **W ~ land** *n/***W ~ welt** *f,* magic world, wonderland; **W ~ mittel** *n,* miracle cure, *Hum:* magic potion; **W ~ tat** *f,* miraculous deed, miracle; **W ~ täter** *m,* miracle worker. '**w ~ bar,** *adj.* (*a*) (*wie ein Wunder*) miraculous; (*b*) (*herrlich*) marvellous, wonderful; *adv.* **das hast du w. gemacht,** you did that beautifully. **w ~ barer'weise,** *adv.* miraculously. '**W ~ ding,** *n* **-(e)s/-e** marvel. '**w ~ 'hübsch,** *adj.* lovely. '**W ~ kerze,** *f* **-/-n** sparkler. '**W ~ kind,** *n* **-(e)s/-er** child prodigy. '**W ~ knabe,** *m* **-n/-n** boy wonder: '**w ~ lich,** *adj.* odd, strange; weird (ideas etc.); **w ~ er Kauz,** crank, *F:* weirdo. '**W ~ lichkeit,** *f* **-/**no pl oddness; strangeness. '**w ~ n,** *v.tr.* to surprise (s.o.); *impers.* **es wundert mich, daß. . . ,** I am surprised that . . .; **es sollte mich nicht w., wenn . . .,** it wouldn't surprise me if . . .; *refl.* **sich über j-n, etwas** *acc* **w.,** to be surprised about/at s.o., sth.; **ich muß mich doch sehr w.!** I *am* surprised! '**w ~ nehmen,** *v.tr.sep.irr.69* *Lit:* to astonish, surprise (s.o.). '**w ~ 'schön,** *adj.* (very) beautiful, lovely. '**W ~ tier,** *n* **-(e)s/-e** *F:* **sie starrten mich an wie ein W.,** they stared at me as though I were a four-headed monster. '**w ~ voll,** *adj.* wonderful, marvellous. '**W ~ werk,** *n* **-(e)s/-e** marvel. **Wunsch** [vunʃ], *m* **-(e)s/̈-e** wish; (*a*) (*Verlangen*) desire; (*Bitte*) request; **auf (vielfachen) W.,** by (popular) request; **auf j-s W.,** at s.o.'s request; **nach W.,** as desired/required; **alles verlief nach W.,** everything went as planned; **haben Sie sonst noch einen W.?** is there anything else you require? **das war schon immer mein W.,** I've always wanted that; (*b*) (*Glückw.*) **die besten W ̃ e/mit den besten W ̃ en,** with best wishes (**für** + *acc/***zu** + *dat,* for). '**W ~ bild,** *n* **-(e)s/-er** ideal. '**w ~ gemäß,** *adv.* as requested/ desired. '**W ~ konzert,** *n* **-(e)s/-e** (musical) request programme. '**w ~ los,** *adj.* **w. glücklich,** perfectly happy. '**W ~ traum,** *m* **-(e)s/̈-e** pipe-dream. '**W ~ zettel,** *m* **-s/-** list of wants.

Wünschelrute ['vynʃəlru:tə], *f* **-/-n** divining rod. '**W ~ ngänger,** *m* **-s/-** (water) diviner. **wünschen** ['vynʃən], *v.tr.* to wish; (*a*) **was w. Sie?** what do you want? (*im Geschäft usw.*) what can I do for you? **er wünscht, daß alle pünktlich sind,** he wants everyone to be punctual; **ich wünsche Sie zu sprechen,** I wish to speak to you; **j-n/sich weit weg w.,** to wish s.o./ one were far away; **es wäre sehr zu w.,** it would be highly desirable; **etwas/viel zu w. übrig lassen,** to leave something/much to be desired; (*b*) **sich** *dat* **etwas w.,** to want/(*bitten um*) ask for/(*im stillen*) wish for sth.; **was wünschst du dir von mir (zum Geburtstag)?** what would you like from me (for your birthday)? **ich könnte mir nichts besseres w.,** I couldn't wish for anything better; (*c*) **j-m gute Besserung w.,** to wish s.o. a quick recovery; *F:* **diesen Schnupfen wünsche ich meinem ärgsten Feind nicht,** I wouldn't wish this cold on my worst enemy. '**w ~ swert,** *adj.* desirable. **wurde** ['vurdə], *p. of* **werden** *q.v.* **Würd|e** ['vyrdə], *f* **-/-n 1.** no pl dignity; **unter meiner W.,** beneath my dignity, beneath me. **2.** title, (*Rang*) rank; **akademische W.,** university degree. '**w ~ elos,** *adj.* undignified. '**W ~ elosigkeit,** *f* **-/**no pl lack of dignity. '**W ~ enträger,** *m* **-s/-** dignitary. '**w ~ evoll,** *adj.* dignified; *adv.* with dignity. '**w ~ ig,** *adj.* (*a*) worthy; **j-s/des Vertrauens w. sein,** to be worthy of s.o./of trust etc.; **er ist nicht w., beachtet zu werden/daß man ihn beachtet,** he is not worthy of attention. '**w ~ igen,** *v.tr.* to appreciate (s.o., sth.), (*erkennen*) recognize (s.o.'s merits etc.); *Lit:* **ohne mich eines Blickes zu w.,** without deigning to look at me. '**W ~ igkeit,** *f* **-/**no pl worthiness; (*Verdienst*) merit. '**W ~ igung,** *f* **-/-en** appreciation; (*Huldigung*) tribute; **in W. seiner Arbeit,** in recognition of his work. **Wurf** [vurf]. **I.** *m* **-(e)s/̈-e 1.** (*a*) throw, toss (of the coin); **guter W.,** good throw/shot; (*Erfolg*) real success; *Fig:* **mit einem W.,** at a stroke; **glücklicher W.,** stroke of luck; **der W. ist ihm gelungen,** he has made it/scored a hit; (*b*) no pl (*Werfen*) throwing. **2.** *Z:* litter (of puppies etc.). **3.** *Cl:* (*Faltenw.*) draping, hang. **II.** '**W ~ -,** *comb.fm.* throwing (arm, knife, distance etc.); *Nau:* **W ~ leine** *f,* throwing line. '**w ~ bahn,** *f* **-/-en** trajectory. '**W ~ geschoß,** *n* **-sses/-sse** missile, projectile. '**W ~ pfeil,** *m* **-(e)s/-e** dart. '**W ~ ring,** *m* **-(e)s/-e** quoit. '**W ~ sendung,** *f* **-/-en** direct mailing. '**W ~ spieß,** *m* **-es/-e** javelin. **Würfel** ['vyrfəl], *m* **-s/-** (*a*) *Mth:etc:* cube; (*b*) *Games:* dice; *Fig:* **die W. sind gefallen,** the die is cast. '**W ~ becher,** *m* **-s/-** dice shaker. '**w ~ förmig,** *adj.* cube-shaped. '**w ~ ig,** *adj.* cube-shaped; *Cu:* **W. geschnitten,** diced. '**w ~ n,** *v.* **1.** *v.i.* (*haben*) to play/throw dice (**um etwas** *acc,* for sth.). **2.** *v.tr. Cu:* to dice (carrots, meat etc.). '**W ~ spiel,** *n* **-(e)s/-e** game of dice. '**W ~ zucker,** *m* **-s/**no pl cube/lump sugar. **Würg|egriff** ['vyrgəgrif], *m* **-(e)s/-e** stranglehold. '**W ~ ehalsband,** *n* **-(e)s/̈-er** (dog's) choke collar. '**w ~ en,** *v.* **1.** *v.tr.* to strangle, throttle (s.o.); (*Kragen usw.*) to choke (s.o.); (*ein Bissen usw.*) to make s.o. choke. **2.** *v.i.* (*haben*) to choke (**an etwas** *dat.* on sth.). ' W ~ **er**, *m* -s/- **1.** (*Pers.*) strangler. **2.** *Orn:* shrike.

Wurm [vurm], *m & n* -(e)s/-er **1.** *m* worm; (*Made*) grub, maggot; *F:* **da ist der W. drin,** there's something wrong/(*suspekt*) fishy about it; **j-m die W~er aus der Nase ziehen,** to worm the secret/information out of s.o. **2.** *n F:* (*Kind*) mite. ' w ~ **en,** *v.tr. F:* **es wurmt mich,** it rankles with me. 'W ~ **fortsatz,** *m* -es/-e appendix. 'w ~ **ig/'w ~ stichig,** *adj.* worm-eaten; (*madig*) maggoty.

Würmchen ['vyrmçən], *n* -s/- little worm; *F:* (*Kind*) little mite.

Wurst [vurst]. **I.** *f* -/-e sausage; *F:* **jetzt geht's um die W.!** it's now or never! **mit der W. nach dem Schinken werfen,** to throw a sprat to catch a mackerel. **II.** *adv. F:* (*also* **wurscht**) **das ist mir** (**völlig**) **w.,** it's all the same to me; I couldn't care less (about that). **III.** 'W ~ -, *comb.fm.* sausage (skin, meat etc.); **W~waren** *fpl,* (cold meats and) sausage products; **W~zipfel** *m,* sausage end. 'w ~ **eln,** *v.i.* (*haben*) *F:* to muddle along. 'w ~ **finger,** *mpl* stubby fingers. 'w ~ **ig,** *adj. F:* shoulder-shrugging, couldn't-care-less.

Würstchen ['vyrstçən], *n* -s/- **1.** small sausage, *esp.* Frankfurter. **2.** *F:* (*Pers.*) nobody.

Würze ['vyrtsə], *f* -/-n seasoning; (*also Fig:*) spice.

Wurzel ['vurtsəl]. **I.** *f* -/-n *Bot:Dent:Mth: &* *Fig:* root; *Gram:* root, stem; **etwas mit der W. ausgraben,** to dig sth. up by the roots; **W. schlagen/***esp. Fig:* **fassen,** to take root; (*esp.* *Fig: Pers.*) to put down roots; *Fig:* **das Problem an der W. packen,** to get to the root of the problem; *Mth:* **zweite/dritte W.,** square/cubic root. **II.** 'W ~ -, *comb.fm.* root (fibre, *Gram:* syllable. *Dent:* treatment etc.); **W~gemüse** *n,* root vegetables; **W~werk** *n,* root system; *Mth:*

W~**zeichen** *n,* root/radical sign. 'w ~ **los,** *adj.* rootless. 'w ~ **n,** *v.i.* (*haben*) *esp. Fig:* **in etwas** *dat* w., to have its roots in sth.

würz|en ['vyrtsən], *v.tr.* F: to season, spice (food); *Fig:* to add spice to (a story etc.); **mit Humor gewürzt,** spiced with humor. 'w ~ **ig,** *adj.* spicy, well-seasoned; *Fig:* spicy, racy (story etc.). 'W ~ **igkeit,** *f* -/no *pl* spiciness. 'W ~ **stoff,** *m* -(e)s/-e *Cu:* flavouring, seasoning.

wusch [vu:ʃ], *p. of* **waschen** *q.v.*

Wuschel|haar ['vuʃəlhɑ:r], *n* -(e)s/-e fuzzy hair. 'w ~ **ig,** *adj.* fuzzy; (*zerzaust*) tousled. 'W ~ **kopf,** *m* -(e)s/-e mop of (fuzzy) hair.

wüst [vy:st], *adj.* (*a*) (*öde*) barren, desert (area etc.); (*b*) (*ausschweifend*) wild, dissolute (person, life etc.); (*roh*) rough, rude (behaviour etc.); (*wirr*) confused (ideas etc.); **w~es Durcheinander,** utter confusion/chaos; *adv.* **w. aussehen,** to look a mess. 'W ~ **e,** *f* -/-n desert. 'w ~ **en,** *v.i.* (*haben*) w. **mit** + *dat.* to squander (money etc.); to ruin (one's health etc.). 'W ~ **ling,** *m* -s/-e libertine; rake.

Wut [vu:t], *f* -/no *pl* fury, rage; **aus/vor W.,** with rage; **eine W. auf j-n haben,** to be furious with s.o.; **in W. geraten/***F:* **die W. kriegen,** to fly into a rage; **j-n in W. bringen,** to enrage/infuriate s.o. 'W~**anfall,** *m* -(e)s/-e fit of rage. 'W~ **ausbruch,** *m* -(e)s/-e outburst of rage. 'w ~ - **entbrannt/'w~erfüllt,** *adj.* burning/filled with rage. 'W ~ **gebrüll/'W~geheul,** *n* -(e)s/no *pl* roars/howl(s) of anger.

wüt|en ['vy:tən], *v.i.* (*haben*) (*Pers., Fig: Sturm usw.*) to rage; (*Feuer usw.*) to wreak havoc. **w~end,** *adj.* furious (**auf j-n,** with s.o.); fuming, irate; *Fig:* raging (storm, elements); intense (pain etc.); **j-n w. machen,** to enrage/ infuriate s.o.; *adv.* w. **blicken,** to glare, look daggers. 'W ~ **erich,** *m* -s/-e *Hum:* brute.

X

X, x [iks]. **I.** *n* -/- (the letter) X, x; **Herr X, Mr X;** **j-m ein X für ein U vormachen,** to pull the wool over s.o.'s eyes. **II.** *inv.adj. F:* **sie hat x Kleider,** she has dozens of dresses. 'X-**Beine,** *npl* knock-knees. 'x-**beinig,** *adj.* knock-kneed. 'x-be'**liebig,** *adj. F:* any old; *adv.* **etwas x-b. verwenden,** to use sth. however one likes. 'x-

mal, *adv. F:* umpteen times. 'x-**te(r, s),** *adj. F:* umpteenth; **zum x~n Mal,** for the ump- teenth time.

Xanthippe [ksan'tipə], *f* -/-n *F:* shrew.

Xeroko|pie [kseroko'pi:], *f* -/-n Xerox copy. **x ~ '**pieren,** *v.tr.* to xerox (a document etc.).

Xylophon [ksylo'fo:n], *n* -s/-e *Mus:* xylophone.

Y

Y, y ['ypsilɔn], *n* -/- (the letter) Y, y.

Ypsilon ['ypsilɔn], *n* -(s)/-s (*a*) (the letter) Y; (*b*) (the Greek letter) upsilon.

Z

Z, z [tsɛt], *n* -/- (the letter) Z, z.
zack¹ [tsak], *int.* z., z! make it snappy! at the double!
Zack², *m F:* auf Z. sein, to be on one's toes.
Zack|e ['tsakə], *f* -/-n point; tooth (of a saw, comb etc.); prong (of a fork); (*Bergz.*) jagged peak. 'Z~en, *m* -s/- 1. = Z~e. 2. *F:* du brichst dir keinen Z. aus der Krone, it won't hurt you/be too much of a comedown for you. 'Z~enlinie, *f* -/-n jagged/(*Zickzack*) zig-zag line. 'z~ig, *adj.* (*a*) jagged (rocks etc.); (*b*) *F:* smart, dashing (soldier etc.); brisk (movements, music).
zaghaft ['tsɑ:khaft], *adj.* timid; (*zögernd*) hesitant. 'Z~igkeit, *f* -/no pl timidity.
zäh [tsɛː], *adj.* (*a*) tough (meat, *Fig:* person etc.); stiff (dough); *Fig:* tenacious (resistance etc.); *adv.* z. festhalten, to hang on doggedly; (*b*) = zähflüssig; (*schleppend*) slow, laboured (conversation etc.). 'z~flüssig, *adj.* thick, glutinous (liquid), viscous (oil); slow-moving (traffic). 'Z~flüssigkeit, *f* -/no pl thickness, viscosity; slowness. **Zäheit** ['tsɛːhait], *f* -/no pl toughness. 'Zähigkeit, *f* -/no pl toughness (of a person); tenacity.
Zahl [tsɑːl], *f* -/-en number; (*a*) *esp.pl* Z~en, figures; römische/arabische Z~en, Roman/Arabic numerals; in Z~en geschrieben, written in figures; (*b*) no pl (*Anzahl*) eine große Z. Besucher/von Besuchern, a large number of visitors; in großer Z., in large numbers; sie sind in voller Z. erschienen, they all came; there was a full turnout. 'z~bar, *adj.* payable. 'z~en, *v.tr.&i.* (*haben*) to pay (a bill, debt, sum etc.); *F:* to pay for (a taxi etc.); j-m 100 Mark/100 Mark an j-n z., to pay s.o. 100 marks; an X gezahlt/zu z., paid/to be paid to X; (*im Restaurant*) z. bitte/ich möchte z., may I have the

bill/*N.Am:* check please? *F:* kannst du mir ein Bier z.? can you stand me a beer? 'Z~en-, *comb.fm.* numerical (example, puzzle, value etc.); (combination, theory etc.) of numbers; Z~folge/Z~reihe *f*, sequence/*Mth:* set of numbers. 'z~enmäßig, *adv.* in numbers; numerically; z. ausgedrückt, expressed in figures. 'Z~grenze, *f* -/-n fare stage. 'Z~karte, *f* -/-n paying-in form for postal giro. 'z~los, *adj.* innumerable. 'Z~meister, *m* -s/- paymaster; *Nau:* purser. 'z~reich, *adj.* numerous; large (family, audience etc.); *adv.* z. vertreten, present in large numbers. 'Z~stelle, *f* -/-n payments office. 'Z~tag, *m* -(e)s/-e pay-day. 'Z~ung, *f* -/-en payment; etwas in Z. nehmen, to take sth. in part exchange; er gab sein altes Auto in Z., he traded in his old car. 'Z~ungs-, *comb.fm.* (conditions etc.) of payment; (balance etc.) of payments; Z~aufforderung *f*, request for payment; Z~art/Z~weise *f*, method of payment; Z~mittel *n*, means of payment. 'Z~ungsempfänger, *m* -s/- payee. 'Z~ungserleichterungen, *fpl* easy terms. 'z~ungsfähig, *adj. Com:* (*Firma*) solvent. 'Z~ungsfähigkeit, *f* -/no pl Com: solvency. 'Z~ungsschwierigkeiten, *fpl* financial difficulties. 'z~ungsunfähig, *adj.* unable to pay, insolvent. 'Z~ungsunfähigkeit, *f* -/no pl insolvency. 'Z~ungsverkehr, *m* -s/no pl payments. 'Z~ungsverzug, *m* -(e)s/no pl Com: default (in payment). 'Z~wort, *n* -(e)s/ˈ-er numeral.
zähl|en ['tsɛːlən], *v.* 1. *v.i.* (*haben*) (*a*) to count (bis 100, up to 100); (*b*) z. zu + *dat*, to belong to (a group etc.), rank among/with (the best etc.); er zählt zu unseren besten Dirigenten, he is one of our best conductors; dieser Wurf zählt nicht, this throw does not count; (*c*) auf j-n, etwas *acc* z., to count on s.o., sth. 2. *v.tr.* to

count (people, money etc.); **seine Tage sind gezählt,** his days are numbered; **ich zähle ihn zu meinen besten Freunden,** I count/regard him as one of my best friends. '**Z ~ er,** *m -s/-* 1. counter; *El: etc:* meter. 2. *Mth:* numerator. '**Z ~ ung,** *f -/-en* count; (*Volksz.*) census.

zahm [tsɑ:m], *adj.* tame. '**Z ~ heit,** *f -/no pl* tameness.

zähm|en ['tsɛ:mən], *v.tr.* (*a*) to tame (an animal); (*b*) *Fig:* to restrain (one's impatience etc.). '**Z ~ ung,** *f -/-en* taming.

Zahn [tsɑ:n]. I. *m -(e)s/ẹ* ['tsɛ:nə] 1. tooth (of a person, saw, gearwheel etc.); perforation (of a stamp); *F:* **sich dat an etwas dat die Z ~ e ausbeißen,** to find sth. too tough a nut to crack; **j-m auf den Z. fühlen,** to sound s.o. out, (*strong*) put s.o. through it; **der Z. der Zeit,** the ravages of time. 2. *F: Aut:* **einen Z. draufhaben,** to go like a bat out of hell/like the clappers; **einen Z. zulegen,** to step on it. II. '**Z ~-,** *comb.fm.* dental (treatment, clinic, technician etc.); tooth (powder etc.); **Z ~ bürste** *f,* toothbrush; **Z ~ pasta** *f,* toothpaste; **Z ~ schmerzen** *mpl/***Z ~ weh** *n,* toothache; **Z ~ stocher** *m,* toothpick; **Z ~ fäule** *f,* dental decay/caries; **Z ~ pflege** *f,* dental care. '**Z ~ arzt,** *m -es/ẹ* dentist. '**z ~ ärztlich,** *adj.* dental (treatment etc.). '**Z ~ belag,** *m -(e)s/no pl* plaque. '**z ~ en,** *v.i.* (*haben*) to cut teeth. '**Z ~ ersatz,** *m -es/no pl* denture. '**Z ~ fleisch,** *n -(e)s/no pl* gum; *coll.* gums. '**Z ~ heilkunde,** *f -/no pl* dentistry. '**Z ~ krone,** *f -/-n Dent:* crown. '**z ~ los,** *adj.* toothless. '**Z ~ rad,** *n -(e)s/ẹr Mec.E:* gearwheel; (*für Ketten*) sprocket (wheel). '**Z ~ radbahn,** *f -/-en* rack-railway. '**Z ~ schmelz,** *m -es/no pl Dent.* enamel. '**Z ~ spange,** *f -/-n Dent:* brace. '**Z ~ stange,** *f -/-n Mec.E:* (toothed) rack. '**Z ~ stangengetriebe,** *n -s/-n Mec.E:* rack and pinion (gear). '**Z ~ stein,** *m -(e)s/no pl Med:* tartar. '**Z ~ ung,** *f -/no pl* 1. (saw etc.) teeth. 2. perforation (of stamps).

zähn|efletschend ['tsɛ:nəfletʃənt], *adj.* (*Hund usw.*) baring its teeth; snarling. '**Z ~ eklappern,** *n -s/no pl* chattering of teeth. '**z ~ eknirschend,** *adv.* under protest, with a bad grace. '**z ~ en,** *v.tr.* to tooth (sth.), perforate (a stamp). '**Z ~ ung,** *f -/no pl* toothing; perforation.

Zander ['tsandər], *m -s/- Fish:* zander.

Zange ['tsaŋə], *f -/-n* (sugar etc.) tongs; *Tls:* pliers; (*Lochz.*) punch; *Med: Dent:* forceps; *Z:* (lobster's etc.) pincers; *F:* **j-n in die Z. nehmen,** (i) to put the screws on s.o.; (ii) *Fb:* to sandwich s.o. '**Z ~ nbewegung,** *f -/-en Mil:* pincer movement. '**Z ~ ngeburt,** *f -/-en Med:* forceps delivery.

Zank [tsaŋk], *m -(e)s/no pl* squabble, row (**um/über** + *acc,* over). '**Z ~ apfel,** *m -s/ẹ Fig:* bone of contention. '**z ~ en,** *v.refl.* **sich z.,** to squabble, have a row (**um** + *acc,* over). **Z ~ e'rei,** *f -/-en* squabbling.

Zänk|er ['tsɛŋkər], *m -s/-* quarreller. '**z ~ isch,** *adj.* quarrelsome.

Zäpfchen ['tsɛpfçən], *n -s/-* 1. (*dim. of* **Zapfen**) small bung; *Bot:* small cone. 2. *Anat:* uvula. 3. *Pharm:* suppository.

Zapf|en ['tsapfən]. I. *m -s/-* 1. *Bot:* (pine etc.) cone. 2. bung, spigot (of a barrel). 3. *Carp:*

tenon. II. **z.,** *v.tr.* to tap, draw off (beer etc.). '**z ~ enförmig,** *adj.* cone-shaped. '**Z ~ enstreich,** *m -(e)s/-e Mil:* last post. '**Z ~ säule,** *f -/-n* petrol/*N.Am:* gas pump.

zappel|ig ['tsapəliç], *adj.* fidgety, wriggly. '**z ~ n,** *v.i.* (*haben*) (*Kind usw.*) to fidget, wriggle; *Fig:* **j-n z. lassen,** to keep s.o. on tenterhooks. '**Z ~ phillip,** *m -s/-e F:* wriggler, fidget.

zappenduster [tsapən'du:stər], *adj. F:* pitchblack; *Fig:* **dann ist es z.,** that's hopeless.

Zar [tsɑːr], *m -en/-en* tsar. '**Z ~ in,** *f -/-nen* tsarina.

zart [tsaːrt], *adj.* tender (meat etc.); soft (skin, *Fig:* sound, colour etc.); gentle (touch etc.); (*empfindlich*) delicate (child, material etc.); fragile (china); **im z ~ en Alter,** of tender years; *adv.* **z. mit j-m umgehen,** to treat s.o. gently. '**z ~ besaitet,** *adj.* hypersensitive. '**Z ~ heit,** *f -/no pl* tenderness; softness; delicacy, fragility; gentleness, sensitivity.

zärtlich ['tsɛːrtliç], *adj.* affectionate; *F:* **z. werden,** to make amorous advances, start petting. '**Z ~ keit,** *f -/-en* 1. tenderness, affection. 2. *esp. pl* endearments (*Liebkosungen*) caresses, *Pej:* petting.

Zaster ['tsastər], *m -s/no pl P:* dough, lolly.

Zäsur [tsɛ'zuːr], *f -/-en* caesura.

Zauber ['tsaubər]. I. *m -s/no pl* magic; (*Bann*) spell; *Fig:* (*Reiz, Faszination*) charm (of a person); **er erlag ihrem Z.,** he fell under her spell; *F:* **fauler Z.,** humbug, eyewash; **ich hasse den ganzen Z.!** I hate the whole performance/all the fuss. II. '**Z ~-,** *comb.fm.* magic (power, world, word etc.); **Z ~ mittel** *m,* magic cure; **Z ~ spruch** *m,* magic spell; **Z ~ stab** *m,* magic wand; **Z ~ trank** *m,* magic potion; **Z ~ wirkung** *f,* magic effect. '**Z ~ er,** *m -s/-* magician. '**z ~ haft,** *adj.* enchanting, delightful. '**Z ~ in,** *f -/-nen* sorceress. '**Z ~ künstler,** *m -s/-* conjurer, magician. '**Z ~ kunststück,** *n -(e)s/-e/***'Z ~ trick,** *m -s/-s* conjuring trick. '**z ~ n,** *v.* 1. *v.i.* (*haben*) to do magic/(*Zauberkünstler*) conjuring tricks; *F:* **ich kann doch nicht z.!** I can't work miracles! 2. *v.tr.* to conjure up (sth.).

Zauder|er ['tsaudərər], *m -s/-* procrastinator. '**z ~ n,** *v.i.* (*haben*) to procrastinate, vacillate.

Zaum [tsaum], *m -(e)s/ẹ* bridle; *Fig:* **sich/seinen Zorn im Z. halten,** to restrain oneself/one's anger.

zäumen ['tsɔymən], *v.tr.* to bridle (a horse).

Zaun [tsaun], *m -(e)s/ẹ* fence; *Fig:* **einen Streit vom Z. brechen,** to start a quarrel. '**Z ~ gast,** *m -(e)s/ẹ* onlooker. '**Z ~ könig,** *m -s/-e Orn:* wren. '**Z ~ pfahl,** *m -(e)s/-e* fencepost; *Fig:* **Wink mit dem Z.,** broad hint. '**Z ~ tritt,** *m -(e)s/-e* stile.

Zebra ['tse:bra], *n -s/-s Z:* zebra. '**Z ~ streifen,** *m -s/-* zebra crossing.

Zech- ['tsɛç-], *comb.fm. F:* drinking; **Z ~ bruder/Z ~ kumpan** *m,* drinking companion; **Z ~ gelage** *n,* drinking bout. '**Z ~ e,** *f -/-n* 1. (*Rechnung*) bill; *also Fig:* **die Z. bezahlen müssen,** to have to foot the bill. 2. *Min:* (*esp.* (coal) pit, mine. '**z ~ en,** *v.i.* (*haben*) *A: & Hum:* to tipple, knock it back. '**Z ~ er,** *m -s/- A: & Hum:* tippler.

Zecke ['tsɛkə], f -/-n Ent: tick.
Zeder ['tse:dər], f -/-n Bot: cedar.
Zeh [tse:], m -s/-en toe. 'Z ~ e, f -/-n 1. toe; also Fig: j-m auf die Z~n treten, to tread on s.o.'s toes. 2. Bot: clove (of garlic). 'Z ~ ennagel, m -s/- toenail. 'Z ~ enspitzen, fpl auf Z., on tiptoe.
zehn [tse:n]. I. num.adj. ten. II. Z., f -/-en (number) ten. 'Z ~ er, m -s/- 1. F: (a) ten pfennig piece; (b) ten mark note. 2. Mth: die Z., the tens. 'Z ~ erpackung, f -/-en pack of ten. 'Z ~ ersystem, n -s/no pl decimal system. 'z ~ fach, adj. tenfold; adv. ten times. 'Z ~ fingersystem, n -s/no pl touch-typing. 'z ~ jährig, adj. ten-year-old (child etc.); ten-year (period etc.). 'Z ~ kampf, m -(e)s/-e Sp: decathlon. 'z ~ mal, adv. ten times. 'z ~ te(r, s), num.adj. tenth. 'z ~ tel. I. inv.adj. tenth (part) of . . . II. Z., n -s/- tenth (part).
zehren ['tse:rən], v.i. (haben) (a) an j-s Kräften z., to sap s.o.'s strength; diese Krankheit zehrt, this illness takes it out of you; (b) (Pers.) von Ersparnissen, Fig: von seinem alten Ruhm usw. z., to live on savings, Fig: one's reputation etc.
Zeichen ['tsaiçən]. I. n -s/- sign; (a) (Wink usw.) signal (zum Anfang usw., to start etc.); j-m ein Z. geben, to sign/signal to s.o.; zum Z. ihrer Verständigung, as a sign/token of their agreement; (b) (Markierung) mark; Schafen usw. ein Z. einbrennen, to brand sheep etc.; Com: unser Z., our reference/usu. abbr. ref.; (c) (Symbol) sign (of the Zodiac, cross etc.); Mth: Ch: etc: symbol; Fig: im Z. von etwas dat stehen, to be under the influence of sth.; (d) (Anzeichen) symptom, sign (of an illness etc.); das ist ein Z. dafür, daß . ., this is a sign/indication that . . .; ein Z. der Zeit, a sign of the times; wenn nicht alle Z. trügen, wird es besser, all the signs are that it will get better; F: es geschehen noch Z. und Wunder, wonders will never cease. II. 'Z~-, comb.fm. drawing (board, pen, materials, paper, table etc.); Sch: art (teacher etc.); Z~block m, drawing pad; Sch: Z~saal m, art room; Z~stunde f, art lesson. 'Z~dreieck, n -(e)s/-e set-square. 'Z ~ erklärung, f -/-en legend (on a map); key. 'Z ~ kohle, f -/-n Art: charcoal. 'Z ~ setzung, f -/-en Gram: punctuation. 'Z ~ sprache, f -/-n sign language. 'Z ~ trickfilm, m -(e)s/-e Cin: cartoon film, animated cartoon.
zeichn|en ['tsaiçnən]. I. v. 1. v.tr. (a) to draw (s.o., sth., a picture etc.); (b) (kennz.) to mark (laundry, trees etc.); to brand (cattle etc.); (Fell) schön gezeichnet sein, to have attractive markings; (c) Fin: to subscribe (an amount, shares etc.). 2. v.i. (haben) (a) to draw; (b) A: & Com: to sign; Adm: für etwas acc (verantwortlich) z., to be responsible for sth. II. Z., n -s/no pl (a) drawing; (b) Sch: art (class). 'Z ~ er, m -s/- Art: & Ind: draughtsman. 'Z ~ ung, f -/-en (a) drawing; (b) Z: markings; (c) Fin: subscription. 'z ~ ungsberechtigt, adj. authorized to sign.
Zeig|efinger ['tsaigəfiŋər], m -s/- forefinger, index finger. 'Z ~ en, v. 1. v.tr. (a) to show (sth.); to express, show (interest, sympathy etc.); to display (one's knowledge etc.); (Meßgerät) to indicate (sth.); j-m etwas acc z., to show s.o. sth.; die Uhr zeigt halb sechs, the clock says

half past five; F: dem werd ich's z.! I'll show him! (b) sich z., to appear; so kann ich mich nicht z., I can't go out/be seen like this; sich als wahrer Freund z., to prove/show oneself a true friend; das wird sich z., we shall see. 2. v.i. (haben) to point (auf + acc, at; nach Norden/links, north/left). 'Z ~ er, m -s/- pointer; (Uhr:) (watch/clock) hand; (compass) needle. 'Z ~ estock, m -(e)s/-e Sch: etc: pointer.
Zeile ['tsailə], f -/-n (a) Print: & TV: line; (etwas) zwischen den Z~n lesen, to read (sth.) between the lines; Ihre freundlichen Z~n, your kind letter; j-m ein paar Z~n schreiben, to drop s.o. a line; (b) (Häuserz.) (long) row of houses, terrace. 'Z ~ n-, comb.fm. line (length, TV: frequency etc.); Z~abstand m, line spacing, Print: leading; Typewr: Z~einsteller m, line space adjuster; Z~schalter m, line spacer. 'Z ~ nbauweise, f -/no pl ribbon development.
Zeisig ['tsaiziç], m -s/-e Orn: siskin.
Zeit [tsait]. I. f -/-en time; (a) no pl sich dat Z. für etwas acc nehmen, to make time for sth.; nimm/laß dir Z., take your time; das hat Z., that can wait; wir dürfen keine Z. verlieren, we have no time to lose; im Laufe/mit der Z., in the course of time; gradually; ihr wird die Z. lang, she is getting bored; Com: auf Z., on credit; F: ach du liebe Z.! good heavens! (b) (Abschnitt) period; die Z. der Raumfahrt, the age of space travel; mit der Z. gehen, to move with the times; das waren noch Z~en! those were the days! sie hat bessere Z~en gesehen, she has seen better days; in der nächsten Z., in the near future; in kommenden Z~en, in times to come; sich eine Z./kurze Z. ausruhen, to rest for a while; die erste Z., to start with; F: er hat seine Z. abgesessen, he has served his sentence/F: time; (c) (Zeitpunkt) zur Z., at present; in letzter Z., lately; zur gleichen Z., at the same time; von Z. zu Z., from time to time; es ist (an der) Z./wird Z., daß ich gehe, it's time for me to go; F: es ist höchste Z.! it's about time! II. z., prep. + gen z. meines/seines/ihres Lebens, in my/his/her lifetime. III. 'Z~-, comb.fm. 1. (a) time (bomb, difference etc.); Z~ansage f, Rad: time check; Tel: speaking clock; Phot: Z~aufnahme f, time exposure; Sp: Z~nahme f, timekeeping, timing; Z~nehmer m, timekeeper; El: Z~schalter m, timeswitch; Rad: Z~zeichen n, time signal; Mil: etc: Z~zünder m, time fuse; adj. z~raubend, time-consuming; (b) (question, problem, lack etc.) of time; Z~abschnitt m/Z~raum m/Z~spanne f, period (of time); Z~aufwand m, expenditure of time; Z~begriff m, conception/idea of time; Z~einheit f, unit of time; Z~ersparnis f, saving of time; Z~vergeudung/Z~verschwendung f, waste of time; Z~verlust m, loss of time. 2. (von heute) contemporary (history etc.); current (value etc.); das Z~geschehen, current events; Z~kritik f, appraisal of contemporary issues. 3. Com: (zeitweilig) temporary (work etc.); Z~personal n, temporary staff. 'Z ~ abstand, m -(e)s/-e interval. 'Z ~ alter, n -s/- age, era. 'Z~druck, m -(e)s/no pl in Z. sein/unter Z. stehen, to be pressed for time. 'Z ~ form, f -/-en Gram: tense. 'z ~ gebunden, adj. character-

istic for the time; (*kurzlebig*) short-lived. 'Z ~ -
geist, *m* -(e)s/*no pl* spirit of the age, zeitgeist.
'z ~ **gemäß**, *adj.* in keeping with the period;
(*modern*) up-to-date; contemporary (views),
topical (theme).' Z ~ **genosse**, *m* -n/-n con-
temporary. 'z ~ **genössisch**, *adj.* contempor-
ary. 'z ~ **ig**, *adj.* in good time; *adv.* z. **auf-
stehen**, to get up early. 'Z ~ **karte**, *f* -/-n *Rail:
etc:* season ticket. 'Z ~ **lang**, *f* eine Z., for a
while. 'z ~ '**lebens**, *adv.* all one's life.
'z ~ **lich**, *adj.* (a) time (interval etc.); **in** z ~ **er
Reihenfolge**, in chronological order; *adv.* **ich
kann es z. nicht einrichten**, I can't manage it
timewise; **z. zusammenfallen**, to coincide; z.
begrenzt/*Com:* **befristet**, to have a time limit;
(b) *Rel:* temporal, (*vergänglich*) transitory;
Hum: **das Z ~ e segnen**, to breathe one's last;
(*Ding*) to have had it. 'Z ~ **lohn**, *m* -(e)s/-e
Ind: hourly rate. 'z ~ **los**, *adj.* timeless (beauty
etc.); (fashion) which does not date.
'Z ~ **lupe**, *f* -/-n *Cin: TV:* **in** Z., in slow
motion. 'Z ~ **lupentempo**, *n* -s/-s snail's
pace, crawl. 'Z ~ **messer**, *m* -s/- chrono-
meter. 'Z ~ **not**, *f* -/no *pl* **in** Z. **sein**, to be
pressed for time. 'Z ~ **punkt**, *m* -(e)s/-e time;
(*Augenblick*) moment; **im richtigen Z.**, at the
right moment/time. 'Z ~ **raffer**, *m* -s/- *Cin:
TV:* **im Z.**, speeded up. 'Z ~ **rechnung**, *f*
-/-en calendar. 'Z ~ **schrift**, *f* -/-en per-
iodical; (*Illustrierte*) magazine. 'Z ~ **tafel**, *f*
-/-n chronological table. 'Z ~ **vertreib**, *m*
-(e)s/-e pastime; **zum Z.**, to pass the time.
'z ~ **weilig**, *adj.* temporary. 'z ~ **weise**, *adv.*
at times. 'Z ~ **wort**, *n* -(e)s/-er *Gram:* verb.
Zeitung ['tsaituŋ], *f* -/-en newspaper, *F:* paper.
'Z ~ **s-**, *comb.fm.* newspaper (article, report,
kiosk etc.); Z ~ **ausschnitt** *m*, newspaper cut-
ting; Z ~ **austräger/Z ~ junge** *m*, newspaper
boy; Z ~ **stand** *m*, newspaper stand; Z ~ -
verkäufer *m*, newspaper man; Z ~ **wesen** *n*,
newspaper journalism; press. 'Z ~ **sdeutsch**,
n -(s)/*no pl* journalese. 'Z ~ **shändler**, *m* -s/-
newsagent. 'Z ~ **spapier**, *n* -s/*no pl* (a) (*Alt-
papier*) newspaper; (b) (*unbedruckt*) newsprint.
zelebrieren [tsele'bri:rən], *v.tr. Ecc:* to cele-
brate (mass).
Zelle ['tsɛlə], *f* -/-n cell. 'Z ~ **gewebe**, *n* -s/-
cell tissue. 'Z ~ **kern**, *m* -(e)s/-e *Biol:* nucleus.
'Z ~ **stoff**, *m* -(e)s/-e *Paperm:* cellulose.
'Z ~ **wolle**, *f* -/-n *Tex:* viscose fibre.
Zellophan [tselo'fa:n], *n* -s/*no pl* cellophane.
Zelluloid [tselu'lɔyt], *n* -s/*no pl* celluloid.
Z ~ **lose** [-'lo:zə], *f* -/*no pl* cellulose.
Zelt [tsɛlt], *n* -(e)s/-e tent; (*großes Festz.*) mar-
quee; (*Zirkusz.*) big top; *F:* **seine Z ~ e abbre-
chen**, to decamp, move on. 'Z ~ **bahn**, *f* -/-en
canvas; (*Plane*) tarpaulin. 'z ~ **en**. **I.** *v.i.*
(*haben*) to camp. **II.** Z., *n* -s/*no pl* camping.
'Z ~ **lager**, *n* -s/- camp. 'Z ~ **pflock**, *m*
-(e)s/-e tent peg. 'Z ~ **platz**, *m* -es/-e camp
site. 'Z ~ **stange**, *f* -/-n tent pole.
Zement [tse'mɛnt], *m* -(e)s/-e *Constr: Dent:*
cement. z ~ **ieren** [-'ti:rən], *v.tr.* (a) *Constr:* to
cement (sth.); (b) *Fig:* to make (conditions etc.)
permanent. 'Z ~ **ierung**, *f* -/-en cementing.
Z ~ **mischmaschine**, *f* -/-en cement mixer.
Zenit [tse'ni:t], *m* -(e)s/*no pl Astr:* zenith.
zensieren [tsɛn'zi:rən], *v.tr.* (a) *Sch:* to mark

(work); (b) to censor (a book, film). Z ~ **or**
['tsɛnzɔr], *m* -s/-en [-'zo:rən] censor. Z ~ **ur**
[-'zu:r], *f* -/-en **1.** *Sch:* mark. **2.** censorship.
Zentimeter ['tsɛntime:tər], *m* -s/- centimetre.
'Z ~ **ner**, *m* -s/- hundredweight.
zentral [tsɛn'tra:l]. **I.** *adj.* central; *adv.* z. **gele-
gen**, centrally situated. **II.** Z ~ -, *comb.fm.* cen-
tral (committee, government etc.); *Geog:* Cen-
tral (Asia etc.); Z ~ **heizung** *f*, central heating.
Z ~ **e**, *f* -/-n central/head office; (*Hauptquar-
tier*) headquarters (of police etc.); *Tel:* tele-
phone exchange. Z ~ **isation** [-alizatsi'o:n], *f*
-/-en centralization. z ~ **i'sieren**, *v.tr.* to cen-
tralize (power etc.).
zentrieren [tsɛn'tri:rən], *v.tr. Tchn:* to centre
(sth.). z ~ **fugal** [-trifu'ga:l], *adj.* centrifugal.
Z ~ **fuge** [-'fu:gə], *f* -/-n *Tchn:* centrifuge;
(cream- etc.) separator.
Zentrum ['tsɛntrum], *n* -s/-tren centre; (*Stadtz.*)
town/city centre, *N.Am:* downtown.
Zepter ['tsɛptər], *n* -s/- sceptre.
zer'beißen, *v.tr.irr.4* (a) to chew (up), crunch
(nuts etc.); (b) **von Mücken zerbissen**, bitten all
over by mosquitoes.
zer'bomben, *v.tr.* to flatten (a town etc.) by
bombing.
zer'brechlen, *v.irr.14* **1.** *v.tr.* (a) to break (into
pieces), smash (a cup etc.); (b) **sich** *dat* **den Kopf**
z., to rack one's brains (**über etwas** *acc*, over
sth.). **2.** *v.i.* (*sein*) to break (into pieces), (*Glas*)
shatter; *Fig:* (*Freundschaft usw.*) to break up.
z ~ **lich**, *adj.* fragile. Z ~ **lichkeit**, *f* -/*no pl*
fragility.
zer'bröckeln, *v.tr. & i.* (*sein*) to crumble
(sth.).
zer'drücken, *v.tr.* to squash, crush (sth.); (*zu
Brei*) to mash (potatoes etc.); *F:* to crumple,
crease (clothes).
Zeremonie [tseremo'ni:, *Aus:* -'mo:niə], *f* -/-n
ceremony. z ~ **ell** [-moni'ɛl]. **I.** *adj.* cere-
monial, formal. **II.** Z., *n* -s/-e ceremonial.
Z ~ **enmeister** [-'mo:niən-], *m* -s/- master of
ceremonies.
zer'fahren, *adj.* **1.** rutted (road). **2.** (*Pers.*) dis-
tracted.
Zer'fall, *m* -s/*no pl* disintegration; decay (of
buildings, *Fig:* culture etc.). z ~ **en**. **I.** *v.i.sep.
irr.27* (*sein*) (a) to disintegrate; (*Gebäude usw.*)
to fall down/into ruins; (*Ph:* Atomkern, *Fig:*
Reich usw.) to decay; (*Leiche*) to decompose;
(b) (*sich teilen*) **in drei Kapitel** z., to be divided
into three chapters. **II.** Z., *p.p. as adj.* tumble-
down; in ruins.
zer'fetzen, *v.tr.* to tear (sth.) up/to pieces.
z ~ **t**, *adj.* torn (to pieces); *Cl:* tattered, ragged.
zer'fleischen, *v.tr.* (*Tier*) to tear (its prey) limb
from limb.
zer'fließen, *v.i.irr.31* (*sein*) (*Eis, Fig:* Geld) to
melt (away); (*Farben*) to run, (*Konturen*) blur.
zerfranst [tsɛr'franst], *p.p. as adj.* frayed.
zer'fressen, *v.tr.irr.25* to corrode (metal etc.);
(*Motten*) to eat holes in (clothes etc.); **von
Motten z.**, motheaten.
zer'furcht, *adj.* furrowed (face).
zer'gehen, *v.i.irr.36* (*sein*) to dissolve, (*schmel-
zen*) melt; *Cu:* **Butter z. lassen**, to melt butter;
auf der Zunge z., to melt in the mouth.
zer'gliedern, *v.tr.* to dissect (an animal etc.),

Fig: analyse (a sentence etc.). **Z ~ ung,** *f* -/-en dissection; analysis.

zer´hacken, *v.tr.* to chop/hack (sth.) to pieces.

zer´kauen, *v.tr.* to masticate (food).

zer´kleinern, *v.tr.* to cut/chop up (meat etc.); to crush (rock etc.). **Z ~ ung,** *f* -/-en cutting/chopping up.

zer´klüftet, *adj.* deeply fissured (rock etc.); **z ~ e Küste,** deeply indented coastline.

zer´knirscht, *adj.* (*Pers.*) rueful, remorseful.

zer´knittern, *v.tr.* to crease, crumple (a dress).

zer´knüllen, *v.tr.* to screw up (paper etc.).

zer´kochen, *v.tr. & i.* (*sein*) to overcook (sth.).

zer´kratzen, *v.tr.* to scratch (sth.), (*ganz*) to cover (sth.) in scratches.

zer´krümeln, *v.tr.* to crumble (bread etc.), break up (soil).

zer´lassen, *v.tr.irr.57 Cu:* to melt (butter).

zer´leg|bar, *adj.* collapsible; **leicht z.,** easy to dismantle. **z ~ en,** *v.tr.* to dismantle (sth.), take (sth.) apart/to pieces; *Cu:* to carve up (an animal etc.); *Gram:* to parse (a sentence). **z ~ t,** *p.p. as adj.* dismantled, in pieces. **Z ~ ung,** *f* -/-en dismantling; carving up.

zer´lumpt, *adj.* ragged, tattered (clothes); (beggar etc.) in rags.

zer´malmen, *v.tr.* to crush (s.o., sth.).

zer´martern, *v.tr.* **sich** *dat* **das Hirn z.,** to rack one's brains.

zer´mürb|en, *v.tr.* to wear down (s.o., s.o.'s resistance etc.). **z ~ end,** *adj.* wearing, trying. **Z ~ ungskrieg,** *m* -(e)s/-e war of attrition.

zer´nagen, *v.tr.* to gnaw through (sth.).

zer´pflücken, *v.tr.* to pull apart (a flower etc.), *Fig:* pull to pieces (a speech, play etc.).

zer´platzen, *v.i.* (*sein*) to burst; *Fig:* (*Pers.*) **vor Wut z.,** to explode (with anger).

zer´quetschen, *v.tr.* to squash (a fly etc.), crush (s.o.'s leg etc.).

zer´raufen, *v.tr.* to ruffle (hair).

Zerrbild [´tsɛrbilt], *n* -(e)s/-er distorted picture.

zer´reiben, *v.tr.irr.12* to crush, (*zu Pulver*) pulverize (sth.).

zer´reiß|en, *v.irr.4* **1.** *v.tr.* (*a*) to tear up (a letter etc.); to tear (stockings etc.); *Fig:* **die Stille z.,** to shatter the silence; **ich kann mich nicht z.,** I can't be in two places at once; **es hat ihn zerrissen,** he was convulsed (with laughter). **2.** *v.i.* (*sein*) to tear; (*Seil, Kette usw.*) to break.

zerr|en [´tsɛrən], *v.* **1.** *v.i.* (*haben*) **an etwas** *dat* **z.,** to tug at sth.; (*Hund*) **an der Leine z.,** to pull/strain on the lead. **2.** *v.tr.* (*a*) to tug, drag (s.o., sth.); **j-m/sich** *dat* **die Kleider vom Leib z.,** to tear s.o.'s/one's clothes off; (*b*) **sich** *dat* **eine Sehne/einen Muskel z.,** to pull a tendon/muscle. **´Z ~ spiegel,** *f* -s/- distorting mirror. **´Z ~ ung,** *f* -/-en *Med:* pull.

zer´rinnen, *v.i.irr.73* (*sein*) = **zerfließen;** *Prov:* **wie gewonnen, so zerronnen,** easy come easy go.

zerrütten [tsɛr´rytən], *v.tr.* to ruin (s.o.'s nerves etc.), wreck (a marriage etc.); to break (s.o.); **zerrüttete Familie,** broken home.

zer´schellen, *v.i.* (*sein*) to be dashed to pieces/wrecked.

zer´schlagen, *v.tr.irr.85* (*a*) to break, smash (china etc.); (*b*) **sich z.,** (*Plan usw.*) to fall through; (*Hoffnungen*) to be shattered; (*c*) *p.p.* (*Pers.*) (*erschöpft*) exhausted; **sich (ganz) z.**

fühlen, to feel (completely) whacked/(*ermattet*) washed out.

zer´schmettern, *v.tr.sep.* to smash, shatter (sth.).

zer´schneiden, *v.tr.sep.irr.59* to cut up (a cake etc.); *Med:* to slash, lacerate (s.o.'s face etc.).

zer´setz|en, *v.tr.sep.* (*a*) to corrode (metal); (*Leiche*) **sich z.,** to decompose; (*b*) *Fig:* to undermine, destroy (morale etc.). **Z ~ ung,** *f* -/no *pl* (*a*) corrosion; decomposition; (*b*) *Fig:* undermining.

zer´splittern, *v.* **1.** *v.tr.* (*a*) to splinter (a mast etc.); (*b*) (*Pers.*) **sich/seine Kräfte z.,** to dissipate one's energies. **2.** *v.i.* (*sein*) to splinter; (*Glas usw.*) to shatter.

zer´springen, *v.i.irr.19* (*sein*) to shatter; *Mus:* (*Saite*) to break; *Fig:* (*Herz*) **vor Freude z.,** to be bursting with joy.

zer´stampfen, *v.tr.* (*a*) to crush, pound (spices), mash (potatoes); (*b*) (*zertreten*) to trample (sth.).

zer´stäub|en, *v.tr.* to atomize, spray (a liquid, perfume etc.). **Z ~ er,** *m* -s/- atomizer; spray.

zer´stör|en, *v.tr.* to destroy (sth.); (*abbauen*) to demolish (a building etc.); *Fig:* to ruin (one's health), wreck (a marriage etc.). **Z ~ er,** *m* -s/- *Navy:* destroyer. **Z ~ ung,** *f* -/-en destruction.

zer´streiten, *v.refl.irr.41* **sich z.,** to fall out.

zer´streu|en, *v.tr.* (*a*) to scatter, disperse (leaves, a crowd etc.); *Ph:* to diffuse (light); *Fig:* to dispel (fears, doubts etc.); (*Menge*) **sich z.,** to disperse; (*b*) (*ablenken*) **j-n/sich z.,** to take s.o.'s/one's mind off things; (*unterhalten*) to entertain s.o./oneself. **z ~ t,** *p.p. as adj.* (*a*) (*Pers.*) distracted; absent-minded, *F:* scatterbrained; (*b*) scattered (villages etc.); *Ph:* diffused (light). **Z ~ theit,** *f* -/no *pl* absentmindedness. **Z ~ ung,** *f* -/-en (*a*) no *pl* dispersal, scattering; *Ph:* diffusion; *Fig:* dispelling; (*b*) (*Unterhaltung*) diversion; entertainment.

zer´stückeln, *v.tr.* to divide (sth.) up, dismember (a body).

zer´teilen, *v.tr.* to divide (sth.) up; (*Wolken usw.*) **sich z.,** to part.

Zertifikat [tsɛrtifi´ka:t], *n* -(e)s/-e certificate.

zer´trampeln, *v.tr.* to trample (sth.) (underfoot).

zer´trennen, *v.tr.* to take (a dress etc.) apart at the seams.

zer´treten, *v.tr.irr.105* to trample on (flowers, grass etc.); to tread on (a beetle etc.), stamp out (a cigarette end).

zer´trümmern, *v.tr.sep.* to smash up (crockery etc.), wreck (a building etc.); to shatter (glass).

Zervelatwurst [tsɛrvə´la:tvurst], *f* -/¨e *Cu:* cervelat (sausage).

zer´wühlen, *v.tr.* to churn up (the ground), mess up (the bedclothes etc.).

zer´zaus|en, *v.tr.sep.* to ruffle (hair etc.). **z ~ t,** *p.p. as adj.* dishevelled, tousled.

Zeter [´tse:tər], *n* **Z. und Mordio schreien,** to scream blue murder.

Zettel [´tsɛtl], *m* -s/- piece/slip of paper; (*Notizz.*) note; (*Handz.*) leaflet. **´Z ~ kartei,** *f* -/-en/´Z ~ katalog, *m* -(e)s/-e index on paper slips.

Zeug [tsɔyk], *n* -(e)s/no *pl F:* (*a*) usu.*Pej:* stuff; (*Kleider usw.*) things; **altes Z. ausmisten,** to clear out old junk; (*b*) *F:* (*Unsinn*) nonsense;

wirres Z. reden, to ramble, talk incoherently;
(c) Fig: j-m etwas am Z. flicken, to find fault
with s.o.; was das Z. hält, as hard as one can,
for all one is worth; sich ins Z. legen, to go
hard at it; to do one's utmost (für j-n, for s.o.);
(d) (Anlage) makings; er hat das Z. zum Arzt,
he has the makings of a doctor.

Zeug|e ['tsɔygə], m -n/-n witness; Z. eines
Streites sein, to witness a quarrel. 'z ~ en, v.
1. v.tr. to reproduce (offspring); to father (a
child). 2. v.i. (haben) Jur: für/gegen j-n z., to
give evidence for/against s.o.; (Sache) von
etwas dat z., to testify to/show sth. 'Z ~ enaus-
sage, f -/-n Jur: testimony. 'Z ~ enbank, f
-/-e Jur: – witness box/N.Am: stand. 'Z ~ en-
vernehmung, f -/-en Jur: examination of
witnesses. 'Z ~ in, f -/-nen (female) witness.
'Z ~ nis, n -ses/-se (a) (Beweise) evidence; Jur:
etc: testimony; Z. ablegen, to give evidence;
Hist: schriftliches Z., written record; (b) Com:
Ind: testimonial; (c) Sch: report. 'Z ~ ung, f
-/-en procreation, reproduction; fathering.
'z ~ ungsfähig, adj. fertile. 'z ~ ungsun-
fähig, adj. sterile, impotent.

Zichorie [tsi'çorriə], f -/-en Bot: chicory.
Zick|e ['tsikə], f -/-n 1. (a) she-/F: nanny goat;
(b) Pej: (Frau) alte Z., old bag. 2. pl F: mach
keine Z ~ n! none of your monkey business!
'z ~ ig, adj. F: prim, prudish. 'Z ~ lein, n
-s/- kid (goat).

Zickzack ['tsiktsak], m -s/-e zigzag; im Z.
laufen/fahren/(Straße) verlaufen, to zigzag.
'Z ~ kurs, m -es/-e zigzag (course).

Ziege ['tsi:gə], f -/-n (a) Z: goat; (b) F: (Frau)
dumme Z., silly cow. 'Z ~ nbart, m -(e)s/-e
goatee beard. 'Z ~ nbock, m -(e)s/-e Z:
he-/F: billy goat. 'Z ~ nfell, n -(e)s/-e goat-
skin. 'Z ~ nkäse, m -s/- Cu: goat's milk
cheese. 'Z ~ nmelker, m -s/- Orn: nightjar.
'Z ~ npeter, m -s/- Med: mumps.

Ziegel ['tsi:gəl], m -s/- brick; (Dachz.) tile. Z ~ -
brenne'rei, f -/-en/Z ~ ei [-'lai], f -/-en
brickworks. 'Z ~ dach, n -(e)s/-er tiled roof.
'z ~ rot, adj. brick-red. 'Z ~ stein, m -(e)s/-e
brick.

Zieh|brunnen ['tsi:brunən], m -s/- (draw-)well.
'Z ~ eltern, fpl foster parents. 'z ~ en, v.irr.
(p. zog, p.subj. zöge, p.p. gezogen) 1. v.tr. (a) to
pull (sth.); (anz.) to put on (a coat etc.) (über
etwas acc, over sth.); (herausz.) to pull out
(sth.), Dent: extract (a tooth); to draw (a card,
lottery ticket, Ind: wire etc., Fig: conclusions
etc.); j-n an den Haaren z., to pull s.o.'s hair;
den Hut z., to raise one's hat; einen Brief aus
der Tasche z., to take/draw a letter out of one's
pocket; die Gardine vor das Fenster z., to draw
the curtain (across the window); j-n an sich acc
z., to draw s.o. close; Wein auf Flaschen z., to
bottle wine; Med: Blasen z., to blister; die
Fäden z., to remove the stitches; die Blicke auf
sich acc z., to attract attention; Haß usw. auf
sich acc z., to incur hatred; Nutzen aus etwas
dat z., to profit/benefit from sth.; Folgen nach
sich dat z., to have consequences; etwas acc ins
Lächerliche z., to turn sth. into a joke; (b)
(züchten) to breed (cattle, pigs etc.); Hort: to
train (a plant) (am Spalier, on the trellis); (c)
sich z., to run, stretch (in die Ferne, into the

distance); sich (in die Länge) z., to go on and
on; (d) to draw (a line etc.); sich dat einen
Scheitel z., to make a parting. 2. v.i. (a)
(+ haben) to pull, (zerren) tug (an etwas dat,
on/at sth.); (Kamin usw.) to draw; (Theater-
stück, Name usw.) to be a draw; an einer Pfeife/
Zigarre z., to draw on a pipe/cigar; F: das zieht
bei mir nicht, that doesn't cut any ice with me;
(b) (+ haben) Games: to move; wer zieht? whose
move is it? (c) (+ sein) to move, go, (marschie-
ren) march; (umherstreifen) to wander, roam;
(Vögel) to migrate; (Pers.) (umziehen) to move
house; er zog zu seinen Kindern, he moved to
live with his children; (Truppen) an die Front
z., to move up to the front; durch die Straßen
z., to pass through the streets; j-n ungern z.
lassen, to be sorry to see s.o. go; (d) (+ haben)
impers. es zieht, there is a draught/N.Am: draft;
zieht's dir? are you in a draught? (e) (+ haben)
Cu: (Tee) to draw; Klöße z. lassen, to leave
dumplings to simmer. 'Z ~ harmonika, f
-/-s & -ken accordion. 'Z ~ ung, f -/-en draw
(of a lottery).

Ziel [tsi:l]. I. n -(e)s/-e 1. (a) (Reisez.) destina-
tion; (b) Sp: finish; Horse Rac: winning post;
(als erster/zweiter) durchs Z. gehen, to cross
the line/finish (first/second); (c) Mil: etc:
target; Fig: über das Z. hinausschießen, to
overstep the mark. 2. (Zweck) aim, goal; sich
dat ein Z./etwas zum Z. setzen, to set oneself a
target/sth. as one's target; sein Z. erreichen, to
achieve one's object/goal. II. 'Z ~ -, comb.fm.
(a) target (group etc.); Z ~ sprache f, target
language; (b) Sp: finishing (line etc.), finish
(judge etc.); Z ~ band n, finishing tape; Z ~ -
gerade f, finishing straight. 'z ~ bewußt, adj.
purposeful. 'z ~ en, v.i. (haben) to aim (auf +
acc, at). 'Z ~ fernrohr, n -(e)s/-e Artil: tele-
scopic sight. 'Z ~ fluggerät, n -(e)s/-e Mil:
etc: homing device. 'Z ~ foto, n -s/-s Sp:
photofinish photograph. 'z ~ los, adj. aimless.
'Z ~ losigkeit, f -/no pl aimlessness. 'Z ~ -
scheibe, f -/-n (practice) target; Fig: (Pers.)
butt. 'Z ~ setzung, f -/no pl (setting of) aims,
objectives. 'z ~ sicher, adj. accurate; unerring
(marksman); Fig: confident, purposeful; adv.
auf j-n, etwas acc z. zugehen, to make straight
for s.o., sth. 'z ~ strebig, adj. single-minded.
'Z ~ strebigkeit, f -/no pl singleness of
purpose.

ziem|en ['tsi:mən], v.refl. Lit: sich z., to be
seemly. 'z ~ lich, adj. (a) considerable
(number, effort etc.); eine z ~ e Menge/Strecke,
quite a crowd/distance; mit z ~ er Sicherheit,
with a fair degree of certainty; das war eine
z ~ e Frechheit, that was pretty cheeky; adv. z.
kalt, quite/rather/F: pretty cold; z. früh, fairly/
F: pretty early; z. viel, quite a lot; wir müssen
uns z. beeilen, we'll have to get quite a move
on; (b) adv. F: (ungefähr, fast) more or less; es
ist z. fertig, it is pretty well/just about finished;
so z. alles, more or less everything; so z. das
gleiche, much the same.

Zier- ['tsi:r-], comb.fm. ornamental (fish,
garden, plant etc.). 'Z ~ de, f -/-n ornament;
zur Z., as a decoration; Fig: eine Z. ihres
Geschlechts, a credit to/fine specimen of her
sex. 'z ~ en, v.tr. (a) to decorate, Lit: & Fig:

adorn (sth.); *Fig:* (*Namen usw.*) to grace (sth.); (*b*) **sich z.**, to make a fuss; **er zierte sich nicht lange**, he didn't need much pressing. ′**Z ~ leiste**, *f* -/-**n** *Constr:* (decorative) moulding; (*an der Decke*) cornice; *Aut:* trim. ′**z ~ lich**, *adj.* dainty; slight (build etc.). ′**Z ~ lichkeit**, *f* -/*no pl* daintiness.

Ziesel [′tsi:zəl], *m* -**s**/- *Z:* ground-squirrel, *N.Am:* gopher.

Ziffer [′tsifər], *f* -/-**n 1.** numeral, digit; **zweistellige Z.**, two-figure number; **römische/arabische Z~n**, Roman/Arabic numerals. **2.** *Jur:* clause, sub-section. ′**Z ~ blatt**, *n* -(e)s/-̈**er** dial (of a clock etc.).

zig [tsiç], *inv.adj. F:* umpteen; **mit z. Sachen**, at an incredible speed. ′**z ~ mal**, *adv. F:* umpteen times.

Zigarette [tsiga′rɛtə], *f* -/-**n** cigarette. **Z~n-**, *comb.fm.* cigarette (machine, paper, smoker etc.); **Z~dose** *f*, cigarette box; **Z~etui** *n*, cigarette case; **Z~kippe** *f*/**Z~stummel** *m*, cigarette end; **Z~spitze** *f*, cigarette holder. **Z ~ n-länge**, *f* **auf eine Z.**, for a smoke.

Zigarillo [tsiga′rilo], *m & n* -**s**/-**s** small cigar, cigarillo.

Zigarre [tsi′garə], *f* -/-**n** cigar. **Z ~ n-**, *comb.fm.* cigar (smoke, smoker etc.); **Z~abschneider** *m* cigar cutter; **Z~stummel** *m*, cigar butt.

Zigeuner|(in) [tsi′gɔynər(in)]. **I.** *m* -**s**/- (*f* -/-**nen**) gipsy. **II. Z~~**, *comb.fm.* gipsy (camp, life etc.); **Z~wagen** *m*, gipsy caravan. **z ~ n**, *v.i.* (*haben*) to lead a vagabond life; to roam. **Z ~ sprache**, *f* -/*no pl* Romany language.

Zimmer [′tsimər]. **I.** *n* -**s**/- room. **II.** ′**Z~~**, *comb.fm.* (*a*) room (number, service, temperature etc.); **Z~genosse** *m*, room mate; **Z~suche** *f*, room hunting; **Z~vermittlung** *f*, room/accommodation agency; (*b*) indoor (aerial etc.); **Z~pflanze** *f*, indoor/house plant. ′**Z ~ arbeit**, *f* -/*no pl* carpentry. ′**Z ~ er**, *m* -**s**/- carpenter. ′**Z ~ flucht**, *f* -/-**en** suite of rooms. ′**Z ~ handwerk**, *n* -(e)**s**/*no pl* carpentry. ′**Z ~ lautstärke**, *f* -/*no pl* domestic listening level. ′**Z ~ mädchen**, *n* -**s**/- chambermaid. ′**Z ~ mann**, *m* -(e)**s**/-**leute** *Constr:* carpenter. ′**z ~ n**, *v.* **1.** *v.tr.* to make (sth.) from wood. **2.** *v.i.* (*haben*) to do carpentry, work in wood.

zimperlich [′tsimpərliç], *adj. Pej:* (*a*) (*prüde*) prudish, *N.Am:* prissy; (*feige*) cowardly, (*bei widerlichem Anblick*) squeamish; **sei nicht so z.!** don't make such a fuss/be so soft! ′**Z ~ keit**, *f* -/*no pl* (*a*) prudishness; prissiness; (*b*) cowardice; squeamishness.

Zimt [tsimt], *m* -(e)**s**/-**e 1.** cinnamon. **2.** *F:* (*altes Zeug*) junk; (*Unsinn*) nonsense; **der ganze Z.**, the whole wretched business.

Zink [tsiŋk], *n* -(e)**s**/*no pl* zinc. ′**Z ~ salbe**, *f* -/-**n** zinc oxide ointment. ′**Z ~ weiß**, *n* -/*no pl* zinc oxide, zinc white.

Zinke [′tsiŋkə], *f* -/-**n** (*a*) prong; tooth (of a comb etc.); (*b*) *Carp:* tenon, dovetail. ′**Z ~ n**, *m* -**s**/- *F:* (*a*) (*Nase*) conk; (*b*) = **Zinke** (*a*). ′**Z ~ nverbindung**, *f* -/-**en** dovetail joint.

Zinn [tsin]. **I.** *m* -(e)**s**/*no pl* **1.** tin. **2.** (*Z~geschirr*) pewter (ware). **II.** ′**Z~~**, *comb.fm.* tin (mine, soldier etc.); **Z~folie** *f*, tinfoil; (*b*) pewter (dish, plate etc.); **Z~becher** *m*, pewter mug; **Z~krug** *m*, pewter tankard.

Zinnen [′tsinən], *fpl Hist:* battlements.

Zinnie [′tsiniə], *f* -/-**n** *Bot:* zinnia.

Zinnober [tsi′no:bər], *m* -**s**/- **1.** (*Farbe*) vermilion. **2.** *no pl F:* (*a*) junk; (*Unsinn*) rubbish; (*b*) (*Aufheben*) fuss. **z ~ rot**, *adj.* vermilion.

Zins [tsins], *m* -es/-e(n) **1.** (*pl -e*) *esp. South G:* rent. **2.** *esp. pl Fin:* **Z~en**, interest; **Z. bringen/tragen**, to earn interest. ′**Z ~ enkonto**, *n* -**s**/-**konten** *Book-k:* interest account. ′**Z ~ eszins**, *m* -es/-en *Fin:* compound interest. ′**z ~ frei**/′**z ~ los**, *adj.* interest-free. ′**Z ~ fuß**/′**Z ~ satz**, *m* -es/-̈e *Fin:* interest rate.

Zionismus [tsio′nismus], *m* -/*no pl* Zionism.

Zipfel [′tsipfəl], *m* -**s**/- corner (of a cloth etc.); long point, tassel (of a cap); end (of sausage etc.); (*Spitze*) tip; (*Landz.*) point. ′**Z ~ mütze**, *f* -/-**n** (long) pointed cap.

zirka [′tsirka], *adv.* about, approximate; *F:* **so z. 50**, round about 50.

Zirkel [′tsirkəl], *m* -**s**/- *Geom:* pair of compasses.

Zirkul|ation [tsirkulatsi′o:n], *f* -/-**en** circulation. **z ~ ieren** [-′li:rən], *v.i.* (*haben*) to circulate.

Zirkus [′tsirkus]. **I.** *m* -/-**se** circus; **in den Z. gehen**, to go to the circus; **zum Z. gehen**, to join the circus. **II.** ′**Z~~-**, *comb.fm.* circus (rider etc.); **Z~wagen** *m*, circus caravan; **Z~zelt** *n*, circus tent, big top.

zirpen [′tsirpən], *v.i.* (*haben*) to chirp.

Zirrhose [tsi′ro:zə], *f* -/-**n** *Med:* cirrhosis.

Zirrus [′tsirus], *m* -/- & -**ren**/′**Z ~ wolke**, *f* -/-**n** *Meteor:* cirrus (cloud).

zisch|eln [′tsiʃəln], *v.tr. & i.* (*haben*) to whisper (sth.). ′**z ~ en**, *v.* **1.** *v.i.* (*a*) (+ *haben*) to hiss; (*Fett usw.*) to sizzle; (*b*) (+ *sein*) *F:* (*sausen*) to whizz. **2.** *v.tr. F:* **einen z.**, to knock one back, *N.Am:* toss one off. ′**Z ~ laut**, *m* -(e)**s**/-**e** *Ling:* sibilant.

ziselieren [tsizə′li:rən], *v.tr.* to engrave (metal).

Zisterzienser [tsistertsi′ɛnzər]. **I.** *m* -**s**/- Cistercian (monk). **II.** ′**Z~~**, *comb.fm.* Cistercian (monastery, monk, order).

Zitadelle [tsita′dɛlə], *f* -/-**n** citadel.

Zit|at [tsi′ta:t], *n* -(e)**s**/-**e** quotation. **z ~ ieren** [-′ti:rən], *v.* **1.** *v.tr.* (*a*) to quote (s.o., sth.); (*b*) (*vorladen*) to summon (s.o.). **2.** *v.i.* (*haben*) to quote (**aus** + *dat*, from).

Zither [′tsitər], *f* -/-**n** *Mus:* zither.

Zitron|at [tsitro′na:t], *n* -(e)**s**/*no pl* candied lemon peel. **Z ~ e** [tsi′tro:nə], *f* -/-**en** lemon. **Z~en-**, *comb.fm.* lemon (tree, juice etc.); **Z~presse** *f*, lemon squeezer; **Z~schale** *f*, lemon peel; **Z~limonade** *f*, lemonade; *Bot:* **Z~melisse** *f*, lemon balm; *adj.* **z~gelb**, lemon yellow. **Z ~ ensäure**, *f* -/-**n** *Ch:* citric acid.

Zitrusfrucht [′tsitrusfruxt], *f* -/-̈e citrus fruit.

Zitt|ergreis [′tsitərgrais], *m* -es/-e *F:* old dodderer. ′**z ~ (e)rig**, *adj.* shaky; tremulous, quavering. ′**z ~ ern**, *v.i.* (*haben*) (*a*) to tremble (**vor** + *dat*, with); (*vor Kälte*) to shiver; (*Gebäude*) to shake; (*Stimme*) to quaver; (*Gras usw.*) to quiver; **mit z~der Hand**, with a shaking hand; (*b*) (*Angst haben*) to be terrified (**vor** j-m, of s.o.); **um j-n, etwas** *acc* **z.**, to be very worried about s.o., sth.; *F:* **mit Z. und Zagen**, in fear and trembling. ′**Z ~ erpappel**, *f* -/-**n** *Bot:* aspen. ′**z ~ rig**, *adj.* = **z~erig**.

Zitze ['tsitsə], *f* -/-n *Z:* teat.
zivil [tsi'vi:l]. **I.** *adj.* (*a*) civil (aviation, marriage etc.); (*nicht militärisch*) civilian (life, population etc.); (*b*) (*anständig*) reasonable (boss, terms, prices etc.). **II. Z.,** *n* -s/*no pl* **in Z.,** (*Soldat usw.*) in civilian/(*Polizist*) in plain clothes. **III. Z~-,** *comb.fm.* (*a*) civilian (authority, population, life etc.); **Z~kleidung** *f*/**F:** **Z~klamotten** *fpl,* civilian clothes/**F:** civvies; **Z~verteidigung** *f,* civil defence; (*b*) *Jur:* civil (marriage, court, law etc.); **Z~prozeß** *m,* civil action. **Z ~ courage,** *f* -/*no pl* courage of one's convictions. **Z~ dienst,** *m* -(e)s/*no pl* community service (for conscientious objectors). **Z ~ Isatlon** [-ilizatsi'o:n], *f* -/-en civilization. **Z ~ isati'onskrankhcitcn,** *fpl* diseases of modern society. **z ~ i'sieren,** *v.tr.* to civilize (a people etc.). **Z ~ ist(in)** [-i'list(in)], *m* -en/en (*f* -/-nen) civilian.
Zobel ['tso:bəl], *m* -s/- sable.
Zofe ['tso:fə], *f* -/-n lady's maid; (*bei Hofe*) lady-in-waiting.
zog [tso:k], *p. of* **ziehen** *q.v.*
zögern ['tsø:gərn], *v.i.* (*haben*) to hesitate; **mit etwas** *dat* **z.,** to delay sth.; **ohne Z./zu z.,** without hesitation. **'z ~ d,** *adj.* hesitant; **z ~ e Schritte,** faltering steps.
Zögling ['tsø:kliŋ], *m* -s/-e *A:* & *Hum:* pupil.
Zölibat [tsøli'ba:t], *n* -(e)s/*no pl Rel:* celibacy.
Zoll[1] [tsɔl], *m* -(e)s/- *Meas:A:* inch. **'Z ~ stock,** *m* -(e)s/-̈e folding rule.
Zoll[2]. **I.** *m* -s/-̈e **1.** (*Abgabe*) (customs) duty. **2.** *no pl* customs. **II. 'Z~-,** *comb.fm.* customs (declaration, frontier, union etc.); **Z~abfertigung** *f,* customs clearance; **Z~amt** *n,* customs house; **Z~beamte(r)** *m,* customs officer; **Z~kontrolle** *f,* customs examination; **Z~station/Z~stelle** *f,* customs post. **'z ~ en,** *v.tr. Lit:* to show (respect, admiration) (j-m, for s.o.). **'z ~ frei,** *adj.* duty-free. **'z ~ pflichtig,** *adj.* dutiable (goods).
Zone ['tso:nə], *f* -/-n *Geog: Geol: etc:* zone; *Hist:F:* **die Z.,** East Germany. **'Z ~ ngrenze,** *f* -/*no pl West G: F:* border between East and West Germany.
Zoo [tso:], *m* -s/-s zoo. **'Z ~ handlung,** *f* -/-en pet shop. **Z ~ loge** [tsoo'lo:gə], *m* -n/-n/**Z ~ -'login,** *f* -/-nen zoologist. **Z ~ logie** [-lo'gi:], *f* -/*no pl* zoology. **z ~ 'logisch,** *adj.* zoological.
Zopf [tsɔpf], *m* -(e)s/-̈e pigtail; **sich** *dat* **Z ~ e flechten,** to plait one's hair; *F:* **alter Z.,** antiquated vicw/custom.
Zorn [tsɔrn], *m* -(e)s/*no pl* anger; **(einen) Z. auf j-n haben,** to be angry with s.o.; **in Z. geraten,** to become angry. **'Z ~ esausbruch,** *m* -(e)s/-̈e fit of anger. **'z ~ Ig,** *adj.* angry (auf j-n, with s.o.).
Zot|e ['tso:tə], *f* -/-n smutty joke. **'z ~ ig,** *adj.* smutty, filthy.
zott(el)ig ['tsɔt(əl)iç], *adj.* shaggy.
zu [tsu:]. **I.** *prep.* + *dat* **1.** (*a*) to; (*Richtung*) **zu . . . hin,** towards . . .; **komm zu mir,** come to me; **zum Bahnhof gehen,** to go to the station; **zum Militär/Zirkus gehen,** to join the army/circus; **zur Stadt hin,** towards the town; **zur Tür hinaus,** out of the door; **sie sah zu mir herüber,** she looked across at me; (*b*) (*Lage*) at; **zu Hause,** at home; **zu j-s Füßen,** at s.o.'s feet; **zu beiden Seiten,** on both sides; (**der Gasthof**) **zum Roten Ochsen,** the Red Ox (Inn); *A:* **der Dom**

zu Köln, Cologne Cathedral; (*c*) (*zeitlich*) at; **zu Weihnachten,** at Christmas; **zu Anfang des Jahres,** at the beginning of the year; **zum 1. Mai fällig,** due on May 1st; **zur (rechten) Zeit,** at the (right) moment; **zum ersten Mal,** for the first time; (*Versteigerer*) **zum ersten, zum zweiten, zum dritten,** going, going, gone; (*d*) (*Art und Weise*) **zu Fuß/Pferd,** on foot/horseback; *esp. Hum:* **zu deutsch,** in plain German. **2.** (*Verwandlung*) to, into; (*als*) as; **zu Asche verbrennen,** to burn to ashes; **zu etwas werden,** to turn into/become sth.; **er machte sie zu seiner Frau,** he made her his wife; **er wurde zum Direktor ernannt,** he was nominated (as) director; **j-n zum Vorbild nehmen,** to take s.o. as a model. **3.** (*Hinzufügung*) with; **nehmen Sie Milch zum Kaffee?** do you take milk with your coffee? **stell das Glas zu den anderen,** put that glass with the others; **setz dich zu uns,** come and sit with us. **4.** (*Zweck, Anlaß*) for; **er kommt zum Essen,** he is coming for lunch; **ein Lappen zum Putzen,** a rag for cleaning; **a cleaning rag; **zu seinem zwölften Geburtstag,** for his twelfth birthday; **zur Einführung,** as an/by way of introduction; **zum Beispiel,** for example; (*b*) **es ist zum Weinen,** it's enough to make you weep; *F:* **es ist zum Wiehern!** it's a hoot! (*c*) (*über*) about, on; **zum Thema . . .,** on the subject of . . .; **was sagst du zu dem Vorschlag?** what do you say about/to the proposal? **5.** (*bei Preisen usw.*) at; **Orangen zu 50 Pfennig (das Stück),** oranges at 50 pfennigs each; **zum halben Preis,** at half price, for half the price; **wir sind zu dritt,** there are three of us; **zu zweien,** in twos; **zu Hunderten,** in (their) hundreds; **drei zu eins,** (*Chancen*) three to one; *Sp:* (*Ergebnis*) three-one (3–1); **sie sind zur Hälfte/zu 50% Deutsche,** half/50% of them are Germans; **zum Teil,** partly. **II.** *conj.* to; (*a*) **er versprach zu kommen,** he promised to come; **anstatt zu lachen,** instead of laughing; **ohne zu fragen,** without asking; **um einzukaufen,** (in order) to do some shopping; **er ist nicht zu überreden,** he is not to be persuaded; **es ist nicht zu glauben,** it is unbelievable; **da ist nichts zu machen,** there's nothing to be done/one can do; **Haus zu verkaufen,** house for sale; **du hast zu gehorchen,** you have to obey; **was gibt's da zu lachen?** what is there to laugh about? (*b*) (+ *pres. part.*) *Adm: etc:* **die zu erledigende Sache,** the matter to be dealt with; **die zu erwartende Antwort,** the reply which was to be expected. **III.** *adv.* **1.** **zu alt,** too old; **zu sehr,** too much; *F:* **das wäre zu schön!** it would be really wonderful! **sie ist (gar) zu dumm,** she is too stupid for words. **2.** *F:* (*geschlossen*) closed, shut; **Tür zu!** shut the door! **3.** *F:* **nur zu/immer zu!** go on! get on with it! **4.** **der Stadt zu,** towards the town; **gegen London zu,** as one gets closer to London.
zu'aller|'erst, *adv.* first of all. **z ~ 'letzt,** *adv.* last of all.
'zubauen, *v.tr.sep.* to fill (a space) with buildings, build on (a site); **zugebautes Gelände,** completely built-up area.
Zubehör ['tsu:bəhø:r], *n* -(e)s/*occ* -e fittings, equipment; (*zusätzlich*) accessories, attachments; **mit allem Z.,** with all fittings/accessories; (*Küche*) fully equipped.

'zubeißen, *v.i.sep.irr.4* (*haben*) to bite (firmly).
'zubekommen, *v.tr.sep.irr.53 F:* to (manage to) get (sth.) shut/do up (buttons etc.).
'zubereit|en, *v.tr.sep.* to prepare (a meal etc.). 'Z ~ ung, *f -/no pl* preparation.
Zu'bettgehen, *n -s/no pl* going to bed.
'zubilligen, *v.tr.sep.* j-m etwas z., to allow/grant s.o. sth.
'zubinden, *v.tr.sep.irr.9* to tie up (a parcel etc.).
'zublinzeln, *v.i.sep.* (*haben*) j-m z., to wink at s.o.
'zubring|en, *v.tr.sep.irr.16* (*a*) to spend (time, the night etc.); (*b*) (*schließen*) to get (sth.) to shut. 'Z ~ er, *m -s/-* 1. (*Z~straße*) feeder road. 2. (*Z~bus*) shuttle/*N.Am:* courtesy bus.
Zucchini [tsu'ki:ni], *f -/-* Bot: courgette.
Zucht [tsuxt]. I. *f -/-en* 1. (*a*) no pl (*Züchten*) Z: breeding; *Biol:* culture (of bacteria); *Bot:* cultivation; (*b*) (*Rasse*) breed; *Bot:* strain; *Biol:* culture. 2. no pl (*Disziplin*) discipline; j-n in Z. halten, to keep s.o. under control. II. 'Z~-, *comb.fm.* breeding (bull, animal etc.); Z~hengst *m*, breeding stallion; sire; Z~stute *f*, breeding/brood mare. 'Z ~ haus, *n -es/-er A:* & *Aus:* 1. (long-stay) prison, *N.Am:* penitentiary. 2. (*also* Z~strafe *f*) penal servitude, (long) prison sentence. 'z ~ los, *adj.* undisciplined. 'Z ~ losigkeit, *f -/no pl* lack of discipline. 'Z ~ meister, *m -s/- A:* & *Hum:* disciplinarian. 'Z ~ perle, *f -/-n* cultured pearl.
zücht|en ['tsyçtən], *v.tr.* to breed (animals); to grow (roses etc.); to cultivate (pearls, bacteria etc.). 'Z ~ er, *m -s/-* breeder; *Hort:* grower (of roses etc.). 'z ~ igen, *v.tr.* to beat, *Lit:* chastise (s.o.). 'Z ~ igung, *f -/-en* corporal punishment. 'Z ~ ung, *f -/-en* = Zucht 1.
zuck|en ['tsukən], *v.tr.* & *i.* (*haben*) to twitch; (*Blitz, Fig:* Gedanke) to flash; (*Flammen*) to leap, (*schwach*) flicker; (*Pers.*) mit den Achseln z./die Achseln z., to shrug one's shoulders; ohne (mit der Wimper) zu z., without flinching/turning a hair. 'Z ~ ung, *f -/-en* twitch.
zücken ['tsykən], *v.tr.* to draw (a sword etc.); *Hum:* to whip out (one's cheque book etc.).
Zucker ['tsukər]. I. *m -s/no pl* (*a*) sugar; *Med:F:* Z. haben, to be diabetic; (*b*) *F:* es/sie ist Z.! it/she is smashing! II. 'Z~-, *comb.fm.* sugar (maple etc.); Z~dose *f*, sugar basin/bowl; Z~hut *m*, sugar loaf; Z~rohr *n*, sugar cane; Z~rübe *f*, sugar beet; Z~streuer *m*, sugar caster/sprinkler; Z~würfel *m*, sugar lump, lump of sugar; Z~zange *f*, sugar tongs. 'Z ~ bäcker, *m -s/- A:* & *Aus:* confectioner. 'Z ~ bäckerstil, *m -(e)s/-e Pej:* wedding cake architecture. 'Z ~ guß, *m -sses/no pl Cu:* icing, *N.Am:* frosting. 'z ~ ig, *adj.* sugary. 'z ~ krank, *adj.* diabetic. 'Z ~ krankheit, *f -/-en* diabetes. 'Z ~ l, *n -s/-(n)* South G: & Aus: sweet, *N.Am:* candy. 'Z ~ n, *v.tr.* to sugar (coffee etc.). 'Z ~ puppe, *f -/-n F:* sweetie. 'Z ~ stange, *f -/-n* stick of rock. 'z ~ 'süß, *adj.* (*a*) as sweet as sugar; (*b*) *Pej:* sugary (smile etc.); z~e Worte, honeyed words. 'Z ~ watte, *f -/no pl* candyfloss.
'zudecken, *v.tr.sep.* to cover up (s.o., sth.).
'zudrehen, *v.tr.sep.* (*a*) to turn off (a tap etc.); (*b*) j-m den Rücken z., to turn one's back on s.o.

'zudringlich, *adj.* pushing, pushy; (*bei einer Frau*) importunate; z. werden, to make advances.
'zudrücken, *v.tr.sep.* to push (a door) shut; to close (s.o.'s eyes etc.); *Fig:* ein Auge z., to turn a blind eye.
'zueign|en, *v.tr.sep.* j-m etwas z., to dedicate sth. to s.o. 'Z ~ ung, *f -/-en* dedication.
zuei'nander, *adv.* to one another; (*Farben usw.*) z. passen, to match, go well together; z. gehören, to belong together.
'zuerkennen, *v.tr.sep.irr.51* to award (a right, damages etc.) (j-m, to s.o.).
zu'erst, *adv.* (*a*) (*als erstes/erster*) first; z. dran sein, to have first turn; (*b*) (*anfangs*) at first, to start with.
'zufahr|en, *v.i.sep.irr.26* (*sein*) (*a*) auf j-n, etwas *acc* z., to drive towards/head for s.o., sth.; (*b*) *F:* fahr zu! speed up! get a move on! 'Z ~ t, *f -/-en* access; (*Einfahrt*) drive. 'Z ~ tsstraße, *f -/-en* access road.
'Zufall, *m -(e)s/-e* coincidence; durch Z., by chance/accident. 'z ~ en, *v.i.sep.irr.27* (*sein*) (*a*) (*Tür usw.*) to slam shut; (*b*) j-m z., (*Aufgabe usw.*) to fall to s.o.; (*Erbschaft, Preis usw.*) to go to s.o. 'Z ~ s-, *comb.fm.* chance (acquaintance, find etc.); lucky (goal etc.); Z~treffer *m*, lucky hit, *F:* fluke.
'zufällig, *adj.* accidental; es war rein z., it was purely by chance; *adv.* weißt du z., wo er ist? do you know by any chance where he is? ich habe es z. gesehen, I just happened to see it. z ~ er-'weise, *adv.* by chance.
'zufassen, *v.i.sep.* (*haben*) to make a grab (for it/them); (*helfen*) to lend a hand (bei + *dat*, with).
'zufliegen, *v.i.sep.irr.7* (*sein*) (*a*) z. auf + *acc*, to fly towards, head for (an airport, town etc.); (*Vogel*) j-m z., to fly into s.o.'s house; *Fig:* alles fliegt ihm zu, everything comes easily to him; (*b*) *F:* (*Tür usw.*) to slam shut.
'zufließen, *v.i.irr.31* (*sein*) etwas *dat* z., to flow towards/into sth.
'Zuflucht, *f -/no pl* refuge (vor + *dat*, from); zu etwas *dat* Z. nehmen, to resort to sth. 'Z ~ sort, *m -(e)s/-e* (place of) refuge.
'Zufluß, *m -sses/-sse* flow, supply (of water); influx (of capital etc.); (*Nebenfluß*) tributary.
'zuflüstern, *v.tr.sep.* j-m etwas z., to whisper sth. to s.o.
zu'folge, *prep.* + *dat* (*laut*) according to; seinem Wunsch z., in accordance with his wish.
zu'frieden, *adj.* content; *attrib.* contented (face, person etc.); mit etwas *dat* z., satisfied with sth.; wir können z. sein, we can't complain; *adv.* z. lächeln, to smile contentedly. z ~ geben, *v.refl.* sich z., to declare oneself satisfied (mit + *dat*, with); er wollte sich nicht damit z., he would not accept it. Z ~ heit, *f -/no pl* contentment; zu meiner Z., to my satisfaction. z ~ lassen, *v.tr.* to leave (s.o.) in peace. z ~ stellen, *v.tr.* to satisfy (s.o., s.o.'s wishes etc.); z~de Antwort, satisfactory answer.
'zufrieren, *v.i.sep.irr.32* (*sein*) to freeze over.
'zufügen, *v.tr.sep.* to inflict (sth.) (j-m, on s.o.); j-m Leid z., to do s.o. harm.
'Zufuhr, *f -/-en* supply; (*Nachschub*) supplies; *Meteor:* influx (of cold air etc.).

'**zuführen,** *v.sep.* **1.** *v.tr.* **j-m, einem Gebäude, einer Stadt usw. etwas z.,** to supply s.o., a building, town etc. with sth.; *Ind:* **einer Maschine Rohlinge z.,** to feed a machine with blanks; *Fig:* **der Partei (neue) Mitglieder z.,** to bring in/attract new members for the party. **2.** *v.i.* *(haben) (Straße)* **z. auf** + *acc,* to lead to (a town etc.).

Zug [tsu:k]. **I.** *m* **-(e)s/=e 1.** *(a) Rail:* train; **mit dem Z. fahren,** to go/travel by train; **j-n zum Z. bringen,** to see s.o. off at the station; *F:* **im falschen Z. sitzen,** to have backed the wrong horse; *(b) (Lastz.)* lorry/*N.Am:* truck and trailer; *(Straßenbahnz.)* (articulated) multiple tram; *(c) (Gespann)* team (of horses etc.). **2.** *(a) (Kolonne)* column; *(Umzug)* procession; *(b)* flock (of birds); *Mil:* platoon. **3.** *(Ziehen) (a)* pull **(nach unten usw.,** downwards etc.); *Fig:* **dem Z. des Herzens folgen,** to follow the promptings of one's heart; **der Z. der Zeit,** the way things are going; *Adm:* **im Z~e** + *gen.* in the course/process of; *F:* **ich bin gut (damit) im Z~e,** I am getting on well (with it); **es ist Z. darin,** it's got punch; *(b) Orn: etc:* migration. **4.** *(Vorrichtung)* (bell, light etc.) pull; *(Schnur)* drawstring; *Mus:* slide (of a trombone). **5.** *(Luftzug)* draught, *N.Am:* draft (of air/a chimney); *(Rauchabzug)* flue. **6.** *(a) (Schluck)* gulp; **einen kräftigen Z. tun,** to take a good swig; **in einem Z.,** in one gulp; *Fig:* in one go; *(b) (Atemzug)* breath; *F:* **in den letzten Z~en liegen,** to be at one's last gasp; *Fig:* **etwas in vollen Z~en genießen,** to enjoy sth. to the full; *(c)* **Z. an einer Pfeife/Zigarette usw.,** draw on/puff at a pipe, cigarette etc. **7.** *(a) usu.pl (Gesichtsz~e)* features; *(b) (Charakterzug)* characteristic, trait; **ein heiterer Z.,** a humorous streak; **seine Großzügigkeit ist ein schöner Z. an ihm,** one good thing about him is his generosity. **8.** *(a) (beim Schreiben/Zeichnen/ Schwimmen)* stroke; **etwas in großen/groben Z~en darstellen,** to describe sth. in broad outline; *(b) Games:* move; **du bist am Z.,** it's your turn/move; *Fig:* **zum Z. kommen,** to get a chance. **II.** '**Z~-,** *comb.fm. Rail:* train (ferry, number etc.); railway (compartment etc); **Z~begleiter** *m,* (i) train guard/*N.Am:* conductor; (ii) train schedule leaflet; **Z~führer** *m,* (chief) train guard/*N.Am:* conductor; **Z~personal** *n,* train crew; **Z~unglück** *n,* train/ railway accident; **Z~verbindung** *f,* train/rail connection; **Z~verkehr** *m,* train/rail services. '**Z~brücke,** *f* -/-n drawbridge. '**Z~festigkeit,** *f* -/*no pl* tensile strength. '**z~ig,** *adj.* draughty. '**Z~klappe,** *f* -/-n damper (of a boiler etc.). '**Z~kraft,** *f* -/*no pl* **1.** *Tchn:* traction. **2.** *Fig:* attraction, magnetism. '**z~kräftig,** *adj.* with popular/a strong appeal. '**Z~luft,** *f* -/*no pl* draught, *N.Am:* draft. '**Z~maschine,** *f* -/-n tractor. '**Z~pferd,** *n* -(e)s/-e carthorse. '**Z~strang,** *m* -(e)s/=e *Equit:* trace. '**Z~tier,** *n* -(e)s/-e draught animal. '**Z~vogel,** *m* -s/= migratory bird.

'**Zugabe,** *f* -/-n **1.** *Com:* free gift. **2.** *Mus:* encore.

'**Zugang,** *m* -(e)s/=e *(a)* access **(zu** + *dat,* to); *(Eingang)* entrance; *Fig:* **er hat keinen Z. zur Musik,** music is a closed book to him; *P.N:* **Z.**

verboten, no admittance; *(b) (Patient)* admittance (to hospital); *(Buch)* accession **(der Bibliothek,** to the library).

zugänglich ['tsu:gɛŋliç], *adj.* accessible, *(offen)* open (+ *dat*/**für** + *acc,* to); *(Pers.)* approachable; **für Rat z.,** amenable to advice; **schwer z.,** inaccessible; *(Pers.)* unapproachable.

'**zugeben,** *v.tr.sep.irr.35 (a)* to give (sth.) as a bonus/*Com:* free gift; *Mus:* to sing/play (sth.) as an encore; *Cu:* to add (salt etc.); *(b) (gestehen)* to admit, *(einräumen)* concede (sth., that . . .); **zugegeben, ich hatte Glück,** admittedly I was lucky; *(c) (zulassen)* to allow (sth.).

zu'gegen, *adj. Lit:* present, in attendance.

'**zugehen,** *v.i.sep.irr.36 (sein) (a)* **auf j-n, etwas** *acc* **z.,** to walk up to/*also Fig:* approach s.o., sth.; **es geht auf Ostern zu,** it is nearly Easter; **dem Ende z.,** to draw to a close; **spitz z.,** to end in a point; *(b) F:* *(Tür usw.)* to shut; *(c) (Brief usw.)* **j-m z.,** to reach s.o.; *Com: Adm:* **es wird Ihnen gesondert z.,** it will be dispatched/ delivered to you separately; *(d) v.impers.* **es geht . . . zu,** things are/it is . . . (here); **es ging lebhaft zu,** things went with a swing; **hier geht es nicht mit rechten Dingen zu,** there is something fishy going on here.

'**zugehörig,** *adj.* belonging to (it); matching (colour etc.); accompanying (pain etc.). '**Z~keit,** *f* -/*no pl* membership **(zu** + *dat,* of).

'**zugeknöpft,** *adj. F:* tight-lipped, reserved.

Zügel ['tsy:gəl], *m* -s/- rein; *Fig:* **die Z. fest in der Hand haben,** to have things firmly under control; **die Z. schießen lassen,** to let things take their course, '**z~los,** *adj.* unrestrained; *(unzüchtig)* licentious. '**Z~losigkeit,** *f* -/*no pl* lack of restraint; licentiousness. '**z~n,** *v.tr.* to rein in (a horse); *Fig:* to check, restrain (oneself, one's temper etc.).

Zugereiste(r) ['tsu:gəraistə(r)], *m & f decl.* = *adj.* newcomer.

'**Zugeständnis,** *n* -ses/-se concession **(an** + *acc,* to).

'**zugestehen,** *v.tr.sep.irr.100 (a)* **j-m ein Recht,** *Com:* **Rabatt usw. z.,** to grant s.o. a right, *Com:* discount etc.; *(b)* **z., daß . . .,** to admit that . . .

'**zugetan,** *adj.* **j-m z. sein,** to be attached to s.o.

zügig ['tsy:giç], *adj.* swift, rapid; **z~es Tempo,** brisk/smart pace; *adv.* **z. vorangehen,** to make rapid progress; **z. fahren,** to drive fast.

zu'gleich, *adv.* at the same time.

'**zugreifen,** *v.i.sep.irr.43 (haben) (a) (sich festhalten)* to grab hold; *(b) (bei einem Angebot)* to jump at it; *(beim Essen)* **bitte greifen Sie zu,** please help yourself; **die Polizei hat zugegriffen,** the police took swift action; *(c) (helfen)* to do one's bit.

'**Zugriff,** *m* -(e)s/*no pl* quick action; *Data-pr:* access. '**Z~szeit,** *f* -/-en *Data-pr:* access time.

zu'grunde, *adv. (a)* **z. gehen,** *(Pers.)* to be ruined; *(sterben)* to die; **ihre Ehe ging daran z.,** this destroyed/wrecked their marriage; **eine Firma usw. z. richten,** to ruin a firm etc.; *(b)* **etwas** *dat* **z. liegen,** to be the basis of sth.; **einer Theorie etwas z. legen,** to base a theory on sth.

'**zugucken,** *v.i.sep. (haben) F:* = **zusehen.**

zu'gunsten, *prep.* + *gen* in favour of.

zu'gute, *adv.* **j-m etwas z. halten,** to make s.o.

due allowance for sth.; **j-m, etwas** *dat* **z. kommen,** to prove beneficial to/benefit s.o., sth.

'**zuhalten,** *v.sep.irr.45* **1.** *v.tr.* to keep (sth.) shut; to put one's hand to (one's ears etc.); **sich** *dat* **die Nase z.,** to hold one's nose. **2.** *v.i.* (*haben*) **auf etwas** *acc* **z.,** to make for sth.

'**Zuhälter,** *m* **-s/-** pimp.

Zuhause [tsu'hauzə], *n* **-s/no** *pl* home.

'**zuheilen,** *v.i.sep.* (*sein*) to heal up/over.

Zu'hilfenahme, *f* **-/no** *pl* use (as an aid); **unter Z. von** + *dat,* with the aid of.

'**zuhör|en,** *v.i.sep.* (*haben*) to listen (**j-m, etwas** *dat,* to s.o., sth.). '**Z ~ er,** *m* **-s/-** listener; **die Z.,** the audience. '**Z ~ erschaft,** *f* **-/no** *pl* audience.

'**zujubeln,** *v.i.sep.* (*haben*) **j-m z.,** to cheer s.o.

'**zukehren,** *v.tr.sep.* **j-m den Rücken z.,** to turn one's back on s.o.

'**zuklappen,** *v.tr.sep.* to snap/(**mit Wucht**) slam (a book, lid etc.) shut.

'**zukleben,** *v.tr.sep.* to seal (a letter etc.).

'**zuknallen,** *v.tr.sep.* to slam (a door etc.).

'**zuknöpfen,** *v.tr.sep.* to button up (a coat etc.).

'**zukommen,** *v.i.sep.irr.53* (*sein*) (*a*) **auf j-n z.,** to come towards/approach s.o.; *Fig:* **ich ahnte nicht, was auf mich zukam,** I had no idea of what was in store for me; **die Dinge auf sich** *acc* **z. lassen,** to take things as they come; (*b*) **j-m etwas z. lassen,** to send s.o. sth.; (*c*) (*gebühren*) **j-m z.,** to be befitting for s.o.; **ihm kommt diese Rolle zu,** he is cut out for this role; **ihm kommt es nicht zu, darüber zu entscheiden,** he has no business to decide that.

Zukunft ['tsu:kunft], *f* **-/no** *pl* **1.** future; **für alle Z.,** for ever; **in absehbarer/naher Z.,** in the foreseeable/near future; **an die Z. denken,** to look ahead. **2.** *Gram:* future (tense). '**Z ~ s-,** *comb.fm.* (hopes, plans etc.) for the future; (novel, state, dream etc.) of the future; **Z ~ ängste/Z ~ aussichten** *fpl,* fears/prospects for the future. '**Z ~ smusik,** *f* **-/no** *pl F:* pie in the sky. '**z ~ sweisend,** *adj.* forward-looking.

'**zukünftig,** *adj.* future; *adv.* in future.

'**zulächeln,** *v.i.sep.* (*haben*) **j-m z.,** to smile at s.o.

'**Zulage,** *f* **-/-n** (additional) allowance, bonus.

zulande [-tsu'landə], *adv.* **bei uns z.,** in my/our country.

'**zulangen,** *v.i.sep.* (*haben*) to help oneself.

'**zulänglich,** *adj. Lit:* adequate. '**Z ~ keit,** *f* **-/occ -en** *Lit:* adequacy.

'**zulass|en,** *v.tr.sep.irr.57* (*a*) to allow, permit (sth.); (*dulden*) to tolerate (injustice etc.); **z., daß etwas geschieht,** to allow sth. to happen; **er läßt keinen Widerspruch zu,** he won't tolerate any contradiction; **es läßt mehrere Interpretationen zu,** it can be interpreted in several ways; (*b*) to admit, accept (s.o.) (**als Mitglied, Kandidaten usw.,** as a member, candidate etc.); to license, register (a motor vehicle, s.o. as a doctor etc.); **zum Studium zugelassen,** accepted for a course of study; **j-n zur Teilnahme z.,** to allow s.o. to participate; *Jur:* **als Anwalt/zum Gericht zugelassen werden,** *approx.* to be called to the bar; (*c*) *F:* to leave (a window etc.) shut. '**Z ~ ung,** *f* **-/-en** (*a*) *no pl* admission (**zum Studium usw.,** to follow a course etc.); authorization, licensing; *Aut:* registration; (*b*) *F:*

Aut: licence. '**Z ~ ungspapier,** *n* **-s/-e** *Aut:* registration document.

'**zulässig,** *adj.* permissible.

'**Zulauf,** *m* **-(e)s/no** *pl* **großen Z. haben,** to be very popular; (*Aufführung usw.*) to draw big crowds; (*Supermarkt usw.*) to be (always) crowded. '**z ~ en,** *v.i.irr.58* (*sein*) (*a*) **z. auf** + *acc,* (*Pers.*) to run towards (s.o., sth.); (*Straße, Weg*) to lead to (sth.); (*b*) **die Katze ist uns zugelaufen,** the cat just came to us/adopted us; (*c*) **konisch z.,** to taper; **spitz z.,** to end in a point; (*d*) **Wasser usw. z. lassen,** to run in more water etc.

'**zulegen,** *v.sep. F:* **1.** *v.tr.* **sich** *dat* **ein Auto usw. z.,** to get oneself a car etc.; **sich** *dat* **einen Künstlernamen z.,** to adopt a stage name **2.** *v.i.* (*haben*) to get moving, step on it.

zu'leide, *adv.* **j-m etwas z. tun,** to harm/hurt s.o.

'**zuleit|en,** *v.tr.sep.* (*a*) to supply (water, electricity etc.) (**einer Fabrik usw.,** to a factory etc.); (*b*) to pass on/(*zustellen*) deliver (a message etc.) (**j-m,** to s.o.). '**Z ~ ung,** *f* **-/-en** (*a*) supply; (*b*) passing on, delivery. '**Z ~ ungsrohr,** *n* **-(e)s/-e** *Tchn:* feed pipe.

zu'letzt, *adv.* (*a*) last; **er kam z.,** he came last/ was the last to come; *F:* **wann hast du ihn z. gesehen?** when did you last see him? **bis z.,** until last; to the (very) end; (*b*) (*schließlich*) finally; **z. gab ich es auf,** in the end I gave up; (*c*) **nicht z. wegen ... gen/, weil ...,** not least owing to . . ./because . . .

zu'liebe, *adv.* **ich tat es ihm z.,** I did it for his sake.

zum [tsum], *prep.* = **zu dem.**

'**zumachen,** *v.sep.* **1.** *v.tr.* to shut, close (a door etc.); to do up (a coat etc.). **2.** *v.i.* (*haben*) to shut.

zu'mal. I. *adv.* especially. **II.** *conj.* especially as.

'**zumauern,** *v.tr.sep.* to wall up (a window etc.).

zu'meist, *adv.* mostly, mainly.

'**zumessen,** *v.tr.sep.irr.25 Lit:* to mete out (food, money etc.) (**j-m,** to s.o.).

zu'mindest, *adv.* at least.

zumut|bar ['tsu:mu:tba:r], *adj.* reasonable (load etc.). **z ~ e** [tsu'mu:tə], *adv.* **ihm ist traurig z.,** he feels sad; **wie ist dir z.?** how do you feel? **z ~ en** ['tsu:mu:tən], *v.tr.sep.* **j-m etwas z.,** to expect/ ask sth. of s.o.; **sich** *dat* **zuviel z.,** to attempt/ take on too much. '**Z ~ ung,** *f* **-/no** *pl* (unreasonable) demand; **das ist eine Z.!** that's (asking) too much!

zu'nächst, *adv.* at first; **das müssen wir z. bleiben lassen,** we will have to leave that for the moment.

'**zunageln,** *v.tr.sep.* to nail up (a box etc.).

'**Zunahme,** *f* **-/-n** increase (**gen/an** + *dat,* in).

'**Zuname,** *m* **-ns/-n** surname.

Zünd- ['tsynt-], *comb.fm. I.C.E.:* ignition (switch, key etc.); **Z ~ anlage** *f,* ignition system; **Z ~ einstellung** *f,* ignition timing; **Z ~ spule** *f,* (ignition) coil. '**z ~ eln** [-dəln], *v.i.* (*haben*) *South G:* to play with fire. **z ~ en,** *v.* **1.** *v.tr.* to ignite (a charge, *I.C.E.:* the mixture etc.); *South G: & Aus:* to light (a fire, match). **2.** *v.i.* (*haben*) to ignite; *Fig:* **eine z ~ de Rede,** a rousing speech; *F:* **bei ihm hat es gezündet,** he's got it/ caught on. '**Z ~ er,** *m* **-s/-** (*a*) fuse, detonator; (*b*) *Aus: F:* match. '**Z ~ folge,** *f* **-/no** *pl I.C.E.:* firing order. '**Z ~ holz,** *n* **-es/-er** match. '**Z ~ holzschachtel,** *f* **-/-n** matchbox. '**Z ~ hütchen,** *n* **-s/-/'Z ~ kapsel,** *f* **-/-n**

detonator cap. '**Z~kerze,** f -/-n I.C.E: sparking plug. '**Z~papier,** n -s/-e touch-paper. '**Z~plättchen,** n -s/- (percussion) cap. '**Z~punkt,** m -(e)s/-e flashpoint. '**Z~schnur,** f -/-̈e fuse. '**Z~ung,** f -/-en esp. I.C.E: ignition.

Zunder ['tsundər], m -s/no pl (a) tinder; (b) (Oxydschicht) scale; (c) F: (Prügel) thrashing.

'**zunehmen,** v.i.sep.irr.69 (haben) (a) to grow, increase (**an** + dat, in); (Mond) to wax; **an Stärke/Erfahrung z.,** to gain in strength/experience; (b) (Pers.) (**an Gewicht) z.,** to put on weight; **sie hat zwei Pfund zugenommen,** she has put on two pounds. '**z~d,** adj. (a) increasing, growing (influence etc.); **z~er Mond,** waxing moon; **mit z~em Alter,** as one grows older; (b) adv. increasingly, more and more; **sich z. verschlechtern,** to get worse and worse.

'**zuneiglen,** v.i.sep. (haben) **einer Ansicht usw. z.,** to incline to an opinion etc.; **j-m zugeneigt sein,** to be fond of s.o. '**Z~ung,** f -/occ -en fondness, affection.

Zunft [tsunft], f -/-̈e Hist: guild.

zünftig ['tsynftiç], adj. professional; F: (richtig) proper, pukkah; sound (thrashing etc.).

Zunge ['tsuŋə], f -/-n **1.** tongue; **auf der Z. vergehen,** to melt in the mouth; **es liegt mir/ich habe es auf der Z.,** it is on the tip of my tongue; Fig: **böse Z~n,** malicious people; **ich beiße mir eher die Z. ab!** I'd do anything rather than that! **2.** tongue (of a shoe etc.); Mus: reed. **3.** Fish: sole. '**Z~n-,** comb.fm. tongue (sausage etc.); (tip, roof etc.) of the tongue; **Z~belag** m, furring of the tongue; **Z~brecher** m, tongue-twister. '**z~nfertig,** adj. glib. '**Z~nfertigkeit,** f -/no pl glibness. '**Z~nkuß,** m -sses/-̈sse French kiss.

Zünglein ['tsyŋlain], n -s/- little tongue; Fig: **das Z. an der Waage sein,** to tip the scales.

zu'nichte, adv. **Pläne usw. z. machen,** to ruin plans etc.

zu'nutze, adv. **sich** dat **etwas z. machen,** to take advantage/(verwenden) make use of sth.

zu'oberst, adv. at the top; on top.

'**zuordnen,** v.tr.sep. **etwas einer Gattung usw. z.,** to assign sth. to/classify sth. as belonging to a species etc.

'**zupacken,** v.i.sep. (haben) (a) to grab hold; (b) (arbeiten) to get/knuckle down to it.

zupflen ['tsupfən], v.tr. to pluck (eyebrows, Mus: a string etc.); to pull up (weeds etc.); **j-n am Ärmel z.,** to tug at/(leicht) pluck s.o.'s sleeve. '**Z~instrument,** n -(e)s/-e Mus: plucked instrument.

'**zuprosten,** v.i.sep. (haben) **j-m z.,** to raise one's glass to s.o.

zur [tsu:r], prep. = **zu der.**

'**zuraten,** v.i.sep.irr.13 (haben) **j-m zu etwas** dat **z.,** to recommend s.o. to do sth.

'**zurechnungsfähig,** adj. of sound mind, sane.

zurecht- [tsu'reçt-], comb.fm. (a) to cut, bend) to shape; (to place) in order/(bereit) ready; (to pull) straight; **Stühle z~rücken,** to put chairs straight; (b) F: (notdürftig) (to mend etc.) temporarily; **etwas z~basteln/z~zimmern,** to knock sth. up; **etwas z~flicken,** to patch sth. up. **z~finden,** v.refl.sep.irr.9 **sich z.,** to find one's way about/around; **er findet sich im Le-**

ben nicht zurecht, he can't cope with life. **z~-kommen,** v.i.sep.irr.53 (sein) (a) to cope (**mit j-m, etwas** dat, with s.o., sth.); (b) (rechtzeitig) (**gerade noch) z.,** to arrive just in time. **z~legen,** v.tr.sep. to put/place (sth.) ready; Fig: **sich** dat **eine Ausrede z.,** to have an excuse ready. **z~machen,** v.tr.sep. F: to get (a meal, bed etc.) ready, prepare (a salad etc.); to groom (s.o.), (schminken) make (s.o.) up; **sich z.,** to get oneself ready. **z~weisen,** v.tr. sep.irr.70 to reprimand (s.o.). **Z~weisung,** f -/-en reprimand.

'**zureden,** v.i.sep. (haben) **j-m z.,** to try to persuade s.o., F: keep on at s.o. (to do sth.); **j-m gut z.,** to coax s.o., F: talk to s.o. nicely.

'**zureichen,** v.tr.sep. **j-m etwas z.,** to pass s.o. sth.

'**zureiten,** v.sep.irr.41 **1.** v.tr. to break in (a horse). **2.** v.i. (sein) **z. auf** + acc, to ride towards (sth.).

'**zurichten,** v.tr.sep. (a) to prepare (a meal etc.); to dress (leather etc.); (b) to knock (s.o., sth.) about; **j-n übel z.,** to beat s.o. up.

'**zuriegeln,** v.tr.sep. to bolt (a door etc.).

Zur'schaustellung, f -/-en display (of knowledge etc.).

zurück [tsu'ryk]. **I.** adv. (a) back; **ein paar Meter (weiter) z.,** a few metres further back; **z.! stand back! ich bin um 5 Uhr z.,** I'll be back at 5; (bei Rückgabe) **mit vielem Dank z.,** returned with thanks; (b) F: (im Rückstand) behind; (verspätet) late; **geistig z.,** mentally retarded, backward. **II.** adv, n **es gibt kein Z.,** there is no going back. **III.** **z~-,** sep.vbl.prefix (to bend, order, press, hurry, fly, flow, buy, lean, march, send, write, jump etc.) back; **sich z~begeben/z~bewegen,** to go/move back; **z~behalten,** to keep back (money etc.); **z~erhalten/z~-bekommen/**F: **z~kriegen,** to get (sth.) back; **z~-blicken/z~schauen,** to look back (**auf** + acc, at/Fig: on); **z~bringen,** to take/bring (sth.) back; **z~denken,** to think back (**an** + acc, to); **z~drängen,** to push/force back (s.o., sth.); **z~gewinnen,** to win (sth.) back, regain (sth.); **z~laufen/z~rennen,** to run back; **sich z~lehnen,** to lean back; **sich z~melden,** to report back; **z~prallen,** to bounce back, rebound; **z~reichen,** to hand (sth.) back; **z~schicken/z~senden,** to send (sth.) back; **z~schieben,** to push back (sth.); **z~verfolgen,** to trace/follow (sth.) back; **z~verlegen,** to move (sth.) back; **z~verweisen,** to refer (sth.) back; **sich z~wenden,** to turn back; **er kann/muß/will z.,** he can/has to/wants to go back. **z~berufen,** v.tr. sep.irr.74 to recall (s.o.). **Z~berufung,** f -/-en recall. **z~bilden,** v.tr.refl.sep. **sich z.,** to recede, shrink. **z~bleiben,** v.i.sep.irr.12 (sein) to stay behind; **hinter j-m z.,** to fall/drop behind s.o.; **hinter den Erwartungen z.,** not to come up to expectations; **von der Wunde ist (ihm) eine Narbe zurückgeblieben,** the wound has left (him with) a scar. **z~erbitten,** v.i.sep.irr.10 (haben) **sich** dat **etwas z.,** to ask for the return of sth. **z~erobern,** v.tr.sep. to recapture (a town etc.). **z~erstatten,** v.tr.sep. to refund (s.o.'s expenses). **z~fahren,** v.sep.irr.26 **1.** v.i. (sein) (a) to return/go/travel back; Aut: (rückwärts) to reverse, N.Am: back up; (b)

(Pers.) **(vor Schreck) z.**, to start, be startled. **2.** *v.tr.* to drive (s.o., a car etc.) back. **z ~ fallen**, *v.i.sep.irr.27 (sein) (a)* to fall back/*(Sp: Läufer usw.)* behind; **in einen Sessel z.**, to slump back in an armchair; *Fig:* **in alte Gewohnheiten usw. z.**, to relapse into old habits etc.; *(b)* **auf j-n z.**, *(i) (Besitz)* to revert to s.o.; *(ii) (schlechte Tat usw.)* to reflect on s.o., damage s.o.'s reputation. **z ~ finden**, *v.i.sep.irr.9 (haben)* to find one's way back. **z ~ fordern**, *v.tr.sep.* to ask for (sth.) back, reclaim (one's property). **z ~ führen**, *v.sep.* **1.** *v.tr. (a)* to lead/take (s.o.) back; *(b)* **etwas auf seinen Ursprung z.**, to trace sth. (back) to its origins; *(zuschreiben)* **es läßt sich auf seinen Leichtsinn z.**, it can be attributed to his carelessness. **2.** *v.i. (haben)* to lead back. **z ~ geben**, *v.tr.sep.irr.35* to return (sth.), give (sth.) back (j-m, to s.o.). **z ~ geblieben**, *p.p. as adj.* backward; **geistig z.**, mentally retarded. **z ~ gehen**, *v.i.sep.irr.36 (sein) (a)* to go back; **nach Hause z.**, to return home; **Waren z. lassen**, to send back/reject goods; *Fig: (herstammen)* **es geht auf seine Kindheit zurück**, it goes/dates back to his childhood; *(b) (abnehmen) (Zahl, Fieber usw.)* to go down; *(Einnahmen usw.)* to fall off; *Med: (Schwellung usw.)* to go down, recede; **die Flut geht zurück**, *(i)* the tide is going out; *(ii) (Hochwasser)* the flood is going down. **z ~ gezogen**, *adj.* secluded, retired; *adv.* **z. leben**, to live a secluded existence. **Z ~ gezogenheit**, *f -/no pl* seclusion. **z ~ greifen**, *v.tr.sep.irr.43 (a) (beim Erzählen)* to go/hark back **(auf etwas** *acc*, to sth.); *(b)* **auf eine alte Methode z.**, to resort to an old method. **z ~ haben**, *v.tr.sep.irr.44* to have (got) (sth.) back; **ich will es z.**, I want it back. **z ~ halten**, *v.sep.irr.45* **1.** *v.tr.* to hold (s.o., sth.) back; to keep (news etc.) to oneself, withhold (information); to keep (anger etc.) in check, restrain (feelings); **j-n von etwas** *dat* **z.**, to stop/restrain s.o. from doing sth.; **sich z.**, to restrain oneself; **er muß sich im/beim Trinken z.**, he has to watch his drinking. **2.** *v.i. (haben)* **mit etwas** *dat* **z.**, to withhold sth.; **mit dem Verkauf z.**, to delay/postpone the sale. **z ~ haltend**, *adj.* restrained; *(reserviert)* reticent, reserved. **Z ~ haltung**, *f -/no pl* restraint; reserve, reticence; *Fin:* inactivity. **z ~ kehren**, *v.i.sep. (sein) (Pers.)* to return. **z ~ kommen**, *v.i. sep.irr.53 (sein)* to come/get back; to return *(nach Hause,* home; *Fig:* **auf ein Thema**, to a subject); **auf ein Angebot z.**, to reconsider an offer. **z ~ lassen**, *v.tr.sep.irr.57 (a)* to leave (s.o., sth.) behind; to leave (a mark, scar etc.); *(b) (zurückgehen lassen)* to let (s.o.) go back. **z ~ legen**, *v.tr.sep. (a)* to put (sth.) back **(an seinen Platz**, where it belongs/in its place); **sich z.**, to lie back; *(b) (reservieren)* to reserve (a ticket etc.); *(beiseitelegen)* to put aside, put by (money); *(c) (hinter sich bringen)* to cover (a distance, 100 kilometres etc.). **z ~ lehnen**, *v.refl.sep.* **sich z.**, to lean back. **z ~ liegen**, *v.i. sep.irr.62 (haben) (a) Sp:* **zehn Sekunden usw. z.**, to be ten seconds etc. behind; *(b)* **das liegt schon lange zurück**, that was a long time ago. **z ~ melden**, *v.refl.sep. (Soldat usw.)* **sich z.**, to report back. **Z ~ nahme**, *f -/-n* taking back; withdrawal (of an offer etc.). **z ~ nehmen**,

v.tr.sep.irr.69 (a) to take back (goods, a remark etc.); to withdraw (an offer, *Jur:* a suit, *Mil:* troops etc.); *Fb:* to pull (a player) back; *(b)* to turn down (the gas, *Rad: etc:* volume etc.). **z ~ rufen**, *v.sep.irr.74* **1.** *v.tr. (a)* to call (s.o.) back; *Fig:* **j-n ins Leben z.**, to revive s.o.; *(b) (erinnern)* **j-m etwas ins Gedächtnis z.**, to remind s.o. of sth. **2.** *v.i. (haben) Tel:* to call back. **z ~ schalten**, *v.tr.sep.* **z. auf + acc**, to change/switch back to (sth.); *Aut:* **in den zweiten Gang z.**, to change down into second (gear). **z ~ schlagen**, *v.sep.irr.85* **1.** *v.tr. (a)* to fold/turn back (a cover, sheet etc.); *(b)* to hit back, return (the ball). **2.** *v.i. (haben)* to hit/*Mil:* strike back. **z ~ schrecken**, *v.i.sep.occ.irr.23 (sein)* to start back, recoil (in fright); to flinch **(vor + dat**, from); **er schreckt vor nichts zurück**, he stops at nothing. **z ~ sehnen**, *v.refl.sep.* **sich z.**, to long to return **(nach + dat**, to). **z ~ setzen**, *v.tr.sep. (a)* to put (sth.) back (in its place); to move (a table etc.) back; *Aut:* to reverse (a car etc.); **sich z.**, to sit further back; *(b) (benachteiligen)* to place (s.o.) at a disadvantage, discriminate (unfairly) against (s.o.). **Z ~ setzung**, *f -/-en* unfair discrimination; *(Kränkung)* affront. **z ~ stecken**, *v.sep.* **1.** *v.tr.* to put (sth.) back. **2.** *v.i. (haben)* to set one's sights a bit lower, be more modest. **z ~ stehen**, *v.i. sep.irr.100 (haben) (a) (Gebäude usw.)* to be set back; *(b)* **hinter j-m z.**, to be inferior/take second place to s.o.; **nicht z. wollen**, to be unwilling to stand down; *(Plan usw.)* **das muß vorläufig z.**, that will have to wait (for the moment). **z ~ stellen**, *v.tr.sep. (a)* to put (sth.) back (in its place); *(b) (reservieren)* to reserve (an article etc.); *(c)* to move back (a table etc.); to put back (the clock); to turn down (the heating); *(d) (verschieben)* to postpone (plans etc.); *(beiseite legen)* to set (personal wishes etc.) on one side; *Mil:* **j-n vom Militärdienst z.**, to grant s.o. deferment from military service. **Z ~ stellung**, *f -/-en* postponement; *Mil:* deferment (from military service). **z ~ treten**, *v.i. sep.irr.105 (sein) (a) (Pers.)* to step back **(von + dat**, from); **bitte z.!** stand back please! *(b)* **(von seinem Amt) z.**, to resign (one's post); **von einem Vertrag z.**, to withdraw from a contract; *(c) (Bedeutung verlieren)* to lose its importance; **hinter etwas** *dat* **z.**, to take second place to sth. **z ~ versetzen**, *v.tr.sep. (a)* to move (s.o., sth.) back; *(b)* to reappoint (s.o.) **(an seine alte Stelle**, to his old post); *(b)* to take (s.o.) back **(in seine Kindheit usw.**, to his childhood etc.). **z ~ weichen**, *v.i.sep.irr.86 (sein)* to step/*(ängstlich)* shrink back, *(entsetzt)* recoil; *(Menge, Mil: Truppen)* to retreat, fall back; *(Hochwasser usw.)* to recede. **z ~ weisen**, *v.tr. sep.irr.70 (a)* to turn (s.o.) away/*(an der Grenze usw.)* back; *(b) (ablehnen)* to refuse, reject an (offer, a request etc.); to dismiss (a complaint etc.); to repudiate (an accusation etc.). **Z ~ weisung**, *f -/-en* refusal, rejection; dismissal; repudiation. **z ~ werfen**, *v.tr. sep.irr.110 (a)* to throw back (a ball, one's head etc.); *Mil:* to repulse (the enemy); *(b) Ph: (Fläche, Spiegel)* to reflect (sound, light etc.); *(c)* to set (s.o.) back, be a setback for (s.o.); *Sp:* to relegate (s.o.) **(auf den vierten Platz**, to fourth place). z ~ **zahlen**, *v.tr.sep.* (*a*) to pay back (an amount) (**j-m**, to s.o.); to repay (a loan etc.) (**an j-n**, to s.o.); (*b*) (*heimzahlen*) **das werde ich ihm z.!** I'll get my own back on him for that! Z ~ **zahlung**, *f* -/-**en** repayment. z ~ **ziehen**, *v.tr.sep.irr.113* (*a*) to pull (sth.) back, draw back (a curtain etc.); to withdraw (one's hand etc., *Mil:* troops, *Com:* a product); **sich z.**, to withdraw; to retire (**vom Geschäft**, from business; **in sein Zimmer**, to one's room); *Mil:* to retreat; (*b*) (*rückgängig machen*) to retract (a statement), withdraw (an offer, application etc.); *Jur:* to drop (an action etc.).

'**Zuruf**, *m* -(e)s/-e shout; **aufmunternde Z~e**, cheers of encouragement. '**z ~ en**, *v.tr. sep.irr.74* **j-m etwas z.**, to shout sth. to s.o.

Zusage ['tsuːzaːgə], *f* -/-**n** (*a*) acceptance (of an invitation); (*b*) (*Versprechen*) promise. '**z ~ n**, *v.sep.* **1.** *v.tr.* **j-m Hilfe usw. z.**, to promise s.o. help etc. **2.** *v.i.* (*haben*) (*a*) to accept (an/the invitation); (*b*) (*gefallen*) **j-m z.**, to appeal to/(*Klima usw.*) agree with s.o. '**z ~ nd**, *adj.* congenial (work etc.).

zusammen [tsu'zamən]. **I.** *adv.* (*a*) together; **er weiß mehr als alle anderen z.**, he knows more than all the others put together; **wir bestellten z. eine Flasche**, we ordered a bottle between us; (*b*) (*insgesamt*) in all, altogether; **das macht z. 10 Mark**, altogether that makes 10 marks. **II.** **z~-**, *sep.vbl.prefix* (*a*) (to press, screw, live, sit, stand etc.) together; **z ~ bleiben**, to stay together; **z ~ drehen**, to twist (threads etc.) together; **z ~ fließen**, to flow together/into one another; **z ~ fügen**, to join (parts) together; **z ~ führen**, to bring (people) together; **z ~ heften**, to staple (papers) together; **z ~ kleben/z ~ leimen**, to stick/glue (sth.) together; *F:* **z ~ kratzen**, to scrape together (money); **z ~ pferchen**, to pack/herd (people) together; **z ~ strömen/sich z ~ scharen**, to flock together; **z ~ stückeln**, to patch (trousers etc.)/*Fig:* piece (things) together; **z ~ werfen**, to throw/lump (things) together; (*b*) (to sweep, fold, roll etc.) up; **z ~ binden/z ~ schnüren**, to tie up (a bundle etc.); **z ~ knüllen**, to screw up (paper etc.); **z ~ nähen**, to sew up (a seam etc.); **sich z ~ ringeln/z ~ rollen**, to curl up; **z ~ treiben**, to round up (a flock etc.); (*c*) *F:* (*notdürftig*) **z ~ basteln/z ~ zimmern**, to knock up (a chair etc.); **z ~ flicken**, to patch (sth.) up; **z ~ stoppeln**, to knock up, throw together (an article etc.). Z ~ **arbeit**, *f* -/*no pl* co-operation, collaboration. z ~ **arbeiten**, *v.i.sep.* (*haben*) to collaborate, co-operate (**mit j-m an etwas** *dat*, with s.o. on sth.). z ~ **ballen**, *v.tr.sep.* to squeeze (paper etc.) into a ball; **sich z.**, (*Truppen, Fig: Wolken*) to mass; **zusammengeballt zu einem Klumpen**, (concentrated) in a tight bunch. Z ~ **ballung**, *f* -/-**en** massing, concentration. Z ~ **bau**, *m* -(e)s/*no pl* assembly. z ~ **bauen**, *v.tr.sep.* to assemble, put together (a radio etc.). z ~ **beißen**, *v.tr.sep.irr.4* to clench (one's teeth). z ~ **brauen**, *v.tr.sep.* (*a*) *F:* to concoct (a drink); (*b*) **es braut sich ein Gewitter zusammen**, a storm is brewing. z ~ **brechen**, *v.i.sep.irr.14* (*sein*) (*Gerüst, Brücke, Pers. usw.*) to collapse; (*Pers., Verhandlungen usw.*) to break down; (*Verkehr*) to

come to a standstill; **tot z.**, to fall down dead. z ~ **bringen**, *v.tr.sep.irr.16* (*a*) to bring together, unite (people); *Fig:* (*aufeinander beziehen*) to relate (two things); **X mit Y z.**, (*Pers.*) to introduce X to Y; (*Umstände usw.*) to bring X into contact with Y; (*b*) to put together, find (money); to remember (a poem etc.). Z ~ **bruch**, *m* -(e)s/=e collapse, breakdown (of negotiations, a system etc.); (*Nervenz.*) (nervous) breakdown. z ~ **drängen**, *v.tr.sep.* (*a*) to herd (people) together; **sich z.**, to crowd/(*kleine Gruppe*) huddle together; (*b*) to concentrate (ideas, a description etc.) (**auf** + *acc*, into); **sich z.**, to be concentrated. z ~ **fahren**, *v.sep.irr.26* **1.** *v.i.* (*sein*) (*a*) (*Auto*) **z. mit** + *dat*, to collide with, run into (another vehicle); (*b*) (*Pers.*) to give a start, (*vor Schmerz*) wince. **2.** *v.tr.* F: to smash up (a car etc.). z ~ **fallen**, *v.i.sep.irr.27* (*sein*) (*a*) (*Gebäude, Fig: Plan usw.*) to collapse; (*Beweisführung usw.*) to fall to pieces; (*Ballon usw.*) (*sinken*) to go down; (*b*) (*Pers.*) (*schwächer werden*) to become enfeebled/(*abgemagert*) emaciated; (*c*) (*gleichzeitig geschehen*) to coincide, (*zum Teil*) overlap (**mit** + *dat*, with); (*Termine*) to clash. z ~ **fassen**, *v.tr.sep.* (*a*) (*vereinigen*) to combine, unite (clubs etc.) (**zu** + *dat*, in); (*b*) to summarize, sum up (a speech etc.); to condense (a report etc.); **z~d läßt sich feststellen, daß . . .**, to sum up it can be said that . . . Z ~ **fassung**, *f* -/-**en** **1.** combination. **2.** summing-up, summary (*Inhaltsangabe*) synopsis. z ~ **finden**, *v.refl.sep.irr.9* **sich z.**, to come together, meet. Z ~ **fluß**, *m* -sses/=sse confluence. z ~ **gehören**, *v.i.sep.* (*haben*) to belong together; (*zueinander passen*) to match, go together. z ~ **gehörig**, *adj.* matching; (*Schuhe usw.*) forming a pair. Z ~ **gehörigkeitsgefühl**, *n* (feeling of) solidarity; *Sp:* team-spirit. z ~ **gesetzt**, *p.p. as adj. Gram:* compound (word); complex (sentence). z ~ **gewürfelt**, *p.p. as adj.* motley; z ~ **Mannschaft**, scratch team. Z ~ **halt**, *m* -(e)s/*no pl* cohesion; *Fig:* solidarity; *Sp:* team spirit. z ~ **halten**, *v.sep.irr.45* **1.** *v.tr.* to hold (sth.) together, keep (people) together; (*b*) (*vergleichen*) to compare (two objects). **2.** *v.i.* (*haben*) (*Freunde usw.*) to stick together. Z ~ **hang**, *m* -(e)s/=e connection; (*im Text*) context; **im Z. mit** + *dat*, in connection with; **im Z. mit etwas** *dat* **stehen**, to be connected with sth.; **der Satz ist aus dem Z. gerissen**, the sentence is out of context. z ~ **hängen**, *v.i. sep.irr.46* (*haben*) to be connected (**mit etwas** + *dat*, to)/*Fig:* (*Beziehung*) with sth.); **alle damit z~den Fragen**, all related/relevant questions; z ~ **de Rede**, coherent speech. z ~ **hanglos**, *adj.* disjointed; incoherent. z ~ **hauen**, *v.tr. sep.irr.47* F: (*a*) to smash up (furniture etc.); to beat (s.o.) up; (*b*) (*basteln*) to knock up (a chair etc.). z ~ **klappbar**, *adj.* collapsible. z ~ **klappen**, *v.sep.* **1.** *v.tr.* to fold up (a chair etc.), close (a knife etc.). **2.** *v.i.* (*sein*) F: (*Pers.*) to crack up. z ~ **kneifen**, *v.tr.sep.irr.43* to half-close (one's eyes), press (lips) together. z ~ **kommen**, *v.i. sep.irr.53* (*sein*) (*a*) (*Freunde usw.*) to meet, get together; **mit j-m z.**, to meet s.o.; (*b*) **an dem Tag ist alles zusammengekommen**, that day everything happened at once; (*c*) (*Geld bei einer*

Sammlung usw.) to be collected. **Z ~ kunft,**
f -/-̈e meeting, get-together. **z ~ läppern,**
v.refl.sep. F: **sich z.,** to mount up. **z ~ laufen,**
v.i.sep.irr.58 (sein) (a) (Menschen) to come to-
gether, gather; *(Ströme, Linien usw.)* to meet,
(Straßen) converge; *(Farben)* to run (into one
another); *F:* **das Wasser läuft mir im Mund
zusammen,** it makes my mouth water; *(b) F:*
(eingehen) to shrink. **z ~ legbar,** *adj.* folding
(umbrella etc.). **z ~ legen,** *v.sep.* **1.** *v.tr. (a)* to
fold (up) (a newspaper etc.); *(b) (vereinigen)* to
put together, combine (classes, departments),
merge, amalgamate (businesses etc.); to pool
(money, ideas etc.). **2.** *v.i. (haben)* to club to-
gether, pool one's money. **Z ~ legung,** *f -/no*
pl combination, amalgamation. **z ~ lügen,**
v.tr.sep. to make up (wild stories). **z ~ neh-
men,** *v.tr.sep.irr.69 (a)* to collect (one's
thoughts); to summon up (strength, courage);
(b) **sich z.,** to pull oneself together; *(c) (be-
rücksichtigen)* to take (things) into considera-
tion; **alles zusammengenommen,** all things con-
sidered. **z ~ packen,** *v.tr. & i. sep. (haben)* to
pack up (one's things). **z ~ passen,** *v.i.sep.*
(haben) to match, go together; *(Menschen)* to
suit one another. **Z ~ prall,** *m -(e)s/-̈e* collis-
ion. **z ~ prallen,** *v.i.sep. (sein)* to collide, crash.
z ~ raffen, *v.tr.sep. (a)* to gather/(*hastig*)
snatch up (sth.); *(b)* **sich z.** = **sich zusammen-
reißen. z ~ raufen,** *v.refl.sep. F:* **sich z.,** to
reach an understanding. **z ~ rechnen,** *v.tr. sep.*
to add/tot up (numbers etc.). **z ~ reimen,** *v.tr.*
sep. F: **sich** *dat* **etwas z.,** to figure sth. out. **z ~ -
reißen,** *v.refl.sep.irr.4 F: (a)* **sich z.,** to pull one-
self together; *(b)* **die Hacken z.,** to click one's
heels. **z ~ rotten,** *v.refl.sep.* **sich z.,** to band
together, form a gang. **z ~ rücken,** *v.tr. &*
i.sep. (sein) to move (chairs, people etc.) closer
together. **z ~ rufen,** *v.tr.sep.irr.74* to summon
(people), rally (supporters etc.). **z ~ sacken,**
v.i.sep. (sein) F: (Gebäude usw.) to cave in,
(Pers.) slump. **z ~ schießen,** *v.tr.sep.irr.31* to
shoot up, shoot to pieces (a town etc.). **z ~ -
schlagen,** *v.sep.irr.85* **1.** *v.tr. (a)* to knock
(things) together; **die Hacken z.,** to click one's
heels; *(b) F:* to smash up (furniture etc.), beat
(s.o.) up; *(c) (falten)* to fold (up) (a map etc.).
2. *v.i. (sein)* **z. über** + *dat,* to break over
(s.o., sth.), swamp (a boat). **z ~ schließen,**
v.tr.sep.irr.31 (a) **sich z.,** to join forces, com-
bine, *(im Kampf usw.)* unite; to amalgamate;
(Firmen) to merge; **sich zu einer Mannschaft z.,**
to form a team; *(b)* to lock together (bicycles
etc.). **Z ~ schluß,** *m -sses/-̈sse* amalgama-
tion; *Com:* merger; *Pol:* union. **z ~ schmel-
zen,** *v.sep.irr.87* **1.** *v.tr.* to melt down (metal).
2. *v.i. (sein) (Geld usw.)* to dwindle away.
z ~ schreiben, *v.tr.sep.irr.12 (a)* to write
(sth.) in one word; *(b) F:* **sich** *dat* **ein Ver-
mögen z.,** to make a fortune from writing.
z ~ schrumpfen, *v.i.sep. (sein)* to shrivel up;
Fig: (Vorräte usw.) to shrink. **Z ~ sein,** *n*
-s/no pl get-together. **z ~ setzen,** *v.tr.sep. (a)*
to put together, assemble (parts, a model etc.);
sich z. aus + *dat,* to be composed/made up of
(sth.); *(b) (Pers.)* **sich z.,** to sit together; *(sich
treffen)* to get together, meet. **Z ~ setzung,** *f*
-/-en **1.** assembly. **2.** composition. **3.** *Gram:*

compound (word). **z ~ sinken,** *v.i.sep.irr.96*
(sein) to cave in, collapse; **in sich z.,** *(Pers.)* to
slump (down); *(Feuer)* to die down. **Z ~ spiel,**
n -(e)s/no pl (a) Th: Sp: etc: teamwork; *(b)*
interaction (of forces etc.). **z ~ stecken,** *v.sep.*
1. *v.tr. (a) Sew:* to pin together (material etc.);
(b) **sie steckten ihre Köpfe zusammen,** they put
their heads together. **2.** *v.i. (haben) F:* to be
together (a lot). **z ~ stauchen,** *v.tr.sep. F:* to
give (s.o.) a dressing down. **z ~ stellen,**
v.tr.sep. to put together (sth.); to assemble (a
collection etc.); to combine (colours etc.); to
compile (a list, book etc.). **Z ~ stellung,** *f*
-/-en putting together; assembly; combination;
compilation. **z ~ stoppeln,** *v.tr.sep. F:* to
throw together (an article etc.). **Z ~ stoß,** *m*
-es/-̈e **1.** *Aut: etc:* crash, collision. **2.** *F: (Aus-
einandersetzung)* clash (**mit** + *dat,* with).
z ~ stoßen, *v.i.sep.irr.103 (sein) (a) (Autos
usw.)* to collide; **z. mit** + *dat, (Auto)* to run/
crash into (sth.); *(Pers.)* to bump into (s.o.);
(Armeen usw.) to clash; *(b) (Grundstücke)* to
adjoin, meet. **z ~ stürzen,** *v.i.sep. (sein)* to col-
lapse. **z ~ suchen,** *v.tr.sep.* to hunt out (docu-
ments etc.). **z ~ tragen,** *v.tr.sep.irr.85* to col-
lect (material etc.). **z ~ treffen,** *v.i.sep.irr.104*
(a) **mit alten Bekannten usw. z.,** to meet up with
old friends etc.; *(b) (Ereignisse usw.)* to coin-
cide. **z ~ treten,** *v.i.sep.irr.105 (sein)* to
assemble, meet. **z ~ trommeln,** *v.tr.sep. F:* to
round up, summon (a whole group of people).
z ~ tun, *v.tr.sep.irr.106 F: (a)* to put (things)
together; *(b)* **sich z.,** to club/band together.
z ~ wachsen, *v.i.sep.irr.107 (sein)* to
grow/(*Knochen usw.)* knit together; *(Wunde)* to
heal; *(Städte usw.)* to grow into one. **z ~ wir-
ken,** *v.i.sep. (haben) (Ereignisse usw.)* to com-
bine. **z ~ zählen,** *v.tr.sep.* to add up (figures
etc.). **z ~ ziehen,** *v.sep.irr.113* **1.** *v.tr. (a)* to
pull/draw (a loop etc.) together; **die Augen-
brauen z.,** to knit one's brows; **sich z.,** to con-
tract, *(schrumpfen)* shrink; *(b)* to add up (figures
etc.); to concentrate, mass (troops etc.); **ein
Gewitter zieht sich zusammen,** a storm is gath-
ering. **2.** *v.i. (sein) F:* **mit j-m z.,** to move in
with s.o. **Z ~ ziehung,** *f -/no pl (a)* contrac-
tion; *(b)* concentration. **z ~ zucken,** *v.i.sep.*
(sein) to give a start; *(vor Schmerz)* to wince.
'Zusatz. I. *m -es/-̈e (a)* addition; *Jur: (im Ver-
trag usw.)* rider; **unter Z. von ...,** (i) while
adding ...; (ii) with the addition of ...; *(b)*
(also **Z ~ stoff** *m)* additive. **II.** **'Z ~ -,** *comb.fm.*
additional (clause etc.); supplementary (agree-
ment, insurance etc.). **'Z ~ gerät,** *n -(e)s/-e*
Tls: Tchn: attachment.
zusätzlich ['tsuːzɛtsliç], *adj.* additional, extra;
adv. in addition; **j-n z. belasten,** to add to s.o.'s
work.
zu'schanden, *adv.* **z. machen,** to ruin (plans,
hopes etc.); **ein Auto z. fahren,** to wreck a car.
'zuschanzen, *v.tr.sep. F:* **j-m einen Posten usw.
z.,** to wangle a job etc. for s.o.
'zuschaue|n, *v.i.sep. (haben) esp. South G:* =
zusehen. 'Z ~ r(in), *m -s/- (f -/-nen)* on-
looker, *(Beistehender)* bystander; *Sp: etc:* spec-
tator; *Th: etc:* member of the audience; **unter
den Z ~ n,** among the spectators/audience.
'Z ~ rränge, *mpl Fb: etc:* terraces. **'Z ~ r-**

raum, *m* -(e)s/-̈e auditorium. '**Z** ~ **rtribüne,**
f -/-n stand (for spectators).
'**zuschicken,** *v.tr.sep.* to send (a letter, goods
etc.) (**j-m,** to s.o.).
'**zuschieben,** *v.tr.sep.irr.82* (a) to slide (sth.)
shut; (b) **j-m etwas z.,** to push sth. (over) to
s.o.; *Fig:* to palm off sth. onto s.o.
'**zuschießen,** *v.sep.irr.31* **1.** *v.i.* (*sein*) **auf j-n
etwas** *acc* **z.,** to shoot/rush towards s.o., sth. **2.**
v.tr. (a) *F:* to contribute (money); (b) *Fb:* to
shoot, pass (the ball) (**j-m,** to s.o.).
'**Zuschlag,** *m* -(e)s/-̈e **1.** (*Gebühr*) surcharge;
Rail: etc: supplementary fare, supplement. **2.**
(*zum Gehalt usw.*) bonus. **3.** (*bei Versteige-
rungen*) knocking down. '**z** ~ **en,** *v.sep.irr.85* **1.**
v.tr. (a) to shut, (*mit Wucht*) slam shut (a door,
book etc.); (*mit Nägeln*) to nail down (a crate
etc.); (b) **j-m etwas z.,** (*bei einer Versteigerung*)
to knock sth. down to s.o.; **einen Auftrag einer
Firma z.,** to award a contract to a firm; (c) *Sp:*
to hit (the ball) (**j-m,** to s.o.); (d) (**zu) einem/
auf einen Preis etwas z.,** to add sth. to a price.
2. *v.i.* (*haben*) (a) to hit out; (*Feind, Schicksal
usw.*) to strike; (b) (*Tür usw.*) to slam shut.
'**z** ~ **frei,** *adj. Rail:* not subject to a supple-
ment. '**Z** ~ **karte,** *f* -/-n *Rail: etc:* supple-
mentary fare ticket. '**z** ~ **pflichtig,** *adj. Rail:*
subject to a supplement.
'**zuschließen,** *v.tr.sep.irr.31* to lock (a door
etc.).
'**zuschnallen,** *v.tr.sep.* to fasten, buckle (a belt
etc.).
'**zuschnappen,** *v.i.sep.* (a) (*sein*) to snap/click
shut; (b) (*haben*) (*Hund*) to snap viciously.
'**zuschneide|n,** *v.tr.sep.irr.59* to cut (timber
etc.) to size; to cut out (a suit, dress etc.); *Fig:*
auf etwas *acc* **zugeschnitten,** tailormade for sth.
'**Z** ~ **r(in),** *m* -s/- (*f* -/-nen) *Tail:* cutter.
'**Zuschnitt,** *m* -(e)s/-e *Tail:* cut.
'**zuschnüren,** *v.tr.sep.* to tie up (a parcel, shoes
etc.); *Fig:* **die Rührung schnürte ihm die Kehle
zu,** he was speechless with emotion.
'**zuschrauben,** *v.tr.sep.* to screw (a lid etc.)
tight, screw on the lid of (a bottle etc.).
'**zuschreiben,** *v.tr.sep.irr.12* **j-m etwas** *acc* **z.,** to
attribute sth. to s.o.; **j-m, etwas** *dat* **die Schuld
z.,** to blame s.o., sth.; **das hast du nur dir selbst
zuzuschreiben,** you only have yourself to blame
for that.
'**Zuschrift,** *f* -/-en reply (**auf eine Annonce usw.,**
to an advertisement etc.).
zu'schulden, *adv.* **sich** *dat* **etwas z. kommen
lassen,** to do wrong, *F:* blot one's copybook.
'**Zuschuß,** *m* -sses/-̈sse allowance; (*Beitrag*)
contribution (**zu** + *dat*, towards); (**staatlicher**)
Z., subsidy.
'**zuschustern,** *v.i.sep.* (*haben*) *F:* (a) **j-m etwas
z.,** to wangle sth. for s.o.; (b) to contribute
(money).
'**zuschütten,** *v.tr.sep.* (a) to fill in (a ditch etc.);
(b) *F:* to add (water etc.).
'**zusehen,** *v.i.sep.irr.92* (*haben*) (a) to look on,
watch; **j-m (bei etwas** *dat*) **z.,** to watch s.o.
(doing sth.); **sie mußte z., wie er gefoltert wurde,**
she had to stand by and watch him being
tortured; **bei genauerem/näherem Z.,** on closer
examination; (b) (*aufpassen*) **z., daß ...,** to see/
take care that ...; **sieh zu, daß dir nichts pas-**

siert, mind how you go! '**z** ~ **ds,** *adv.* notice-
ably, visibly.
'**zusein,** *v.i.sep.irr.93* (*sein*) to be shut/closed.
'**zusetzen,** *v.sep.* **1.** *v.tr.* (a) to add (sth.) (**einem
Getränk usw.,** to a drink etc.); (b) (*einbüßen*) to
lose (one's money); *F:* **er hat nichts zuzusetzen,**
he can't afford to get much thinner. **2.** *v.i.*
(*haben*) **j-m z.,** (i) (*Pers.*) to go on at s.o.;
(*plagen*) to pester/plague s.o.; (ii) (*Krankheit*)
to take it out of s.o.; (**j-s** *Tod usw.*) to affect (s.o.)
deeply; **j-m z., etwas zu tun,** to press s.o. to do sth.
'**zusicher|n,** *v.tr.sep.* **j-m etwas z.,** to promise
s.o. sth. '**Z** ~ **ung,** *f* -/-en promise, guarantee.
Zu'spätkommende(r), *m & f decl. as adj.*
latecomer.
'**Zuspiel,** *n* -(e)s/no *pl Sp:* passing. '**z** ~ **en,**
v.tr.sep. Sp: to pass (the ball) (**j-m,** to s.o.).
'**zuspitzen,** *v.tr.sep.* to sharpen (sth.); *Fig:* to
make (a crisis etc.) worse; **sich z.,** to come to a
point; *Fig:* (*Lage usw.*) to worsen, get critical.
'**zusprechen,** *v.tr. & i.sep.irr.14* (*haben*) (a)
j-m z., to speak to s.o.; **j-m Mut/Trost z.,** to
give s.o. (words of) encouragement/comfort;
Jur: **j-m ein Kind z.,** to grant s.o. custody of a
child; (b) (*genießen*) **dem Wein/Essen z.,** to do
justice to the wine/food.
'**Zuspruch,** *m* -(e)s/no *pl* **1.** words (*esp.* of en-
couragement). **2. großen Z. haben,** to be very
popular.
'**Zustand,** *m* -(e)s/-̈e (a) *no pl* condition; state;
geistiger Z., state of mind; **in gutem Z.,** in good
condition/*F:* shape; **in betrunkenem Z.,** under
the influence (of alcohol); (b) *usu.pl* **unhaltbare
Z** ~ **e,** intolerable conditions/state of affairs; *F:*
das sind ja schöne Z ~ **e!** this is a fine mess! **das
ist doch kein Z.!** it can't stay like that! **Z** ~ **e
kriegen,** to go off the deep end, have a fit. **z** ~ **e
[tsu'ʃtɛndǝ],** *adv. etwas z. bringen,** to bring
about/manage sth.; **z. kommen,** to come about,
(*stattfinden*) take place; **es ist nicht viel z. ge-
kommen,** nothing much happened/materialized.
'**zuständig,** *adj.* relevant, competent (authority
etc.); (*verantwortlich*) responsible (**für** + *acc,*
for). '**Z** ~ **keit,** *f* -/no *pl* competence, re-
sponsibility; jurisdiction (of a court).
zu'statten, *adv.* **j-m z. kommen,** to be useful/an
advantage for s.o.
'**zustecken,** *v.tr.sep.* (a) to pin up (a blouse
etc.); (b) *F:* **j-m 10 Mark z.,** to slip s.o. 10 marks.
'**zustehen,** *v.i.sep.irr.100* (*haben*) **das Geld steht
ihm zu,** he is entitled to the money.
'**zustell|en,** *v.tr.sep.* (a) (*versperren*) to block
(a doorway etc.); (b) to deliver (mail etc.); *Jur:*
to serve (a writ etc.). '**Z** ~ **gebühr,** *f* -/-en
Post: delivery charge. '**Z** ~ **ung,** *f* -/-en *Post:*
delivery.
'**zusteuern,** *v.sep.* **1.** *v.i.* (*sein*) **auf etwas** *acc* **z.,**
to head for sth. **2.** *v.tr. F:* (*beisteuern*) to con-
tribute (money) (**zu** + *dat*, to).
'**zustimm|en,** *v.i.sep.* (*haben*) (**etwas** *dat*) **z.,** to
agree, (*einwilligen*) consent (to sth.); *Parl:* to
pass (sth.); **in diesem Punkt kann ich Ihnen nicht
z.,** I cannot agree with you on this point.
'**Z** ~ **ung,** *f* -/no *pl* agreement; consent.
'**zustopfen,** *v.tr.sep.* to plug (a hole etc.).
'**zustöpseln,** *v.tr.sep.* to put a stopper/cork in
(a bottle etc.).
'**zustoßen,** *v.sep.irr.103* **1.** *v.tr.* to push (a door

etc.) shut. 2. *v.i.* (*a*) (*haben*) (**mit einem Messer** z., to stab/make a stab (with a knife); (*b*) (*sein*) to happen; **hoffentlich ist ihr nichts zugestoßen,** I hope nothing has happened to her.

'Zustrom, *m* -(e)s/*no pl* stream (of visitors, *Meteor:* warm air etc.).

'zuströmen, *v.i.sep.* (*sein*) **etwas** *dat* z., to stream towards sth.

zu'tage, *adv.* z. treten, to come to light, be revealed; **etwas z. bringen,** to bring sth. to light.

'Zutat, *f* -/-en *usu.pl* Z~en, *Cu: etc:* ingredients; *Cl:* accessories, trimmings.

zu'teil, *adv. Lit:* **es wurde ihm etwas/ein Leid z.,** he received sth./suffered a blow.

'zuteil|en, *v.tr.sep.* to allot, allocate (sth.) (j-m, to s.o.); to share out, ration (food etc.). 'Z~ung, *f* -/-en (*a*) *no pl* allocation; (*b*) (*Menge*) allocation, ration.

zu'tiefst, *adv.* extremely, deeply.

'zutragen, *v.tr.sep.irr.42* (*a*) **j-m etwas** *acc* **z.,** to take/(*erzählen*) report sth. to s.o.; (*b*) *Lit:* **sich z.,** to occur.

'Zuträg|er, *m* -s/- talebearer. 'z~lich, *adj.* wholesome (food); beneficial (**j-m, etwas** *dat,* to s.o., sth.); **es ist ihm nicht z.,** it's not good for him; (*Essen*) it disagrees with him. 'Z~lichkeit, *f* -/*no pl* beneficial effect, wholesomeness.

'zutrau|en. I. *v.tr.sep.* **j-m etwas z.,** to believe s.o. capable of sth.; **ich hätte ihr mehr Geschmack zugetraut,** I would have expected her to have more taste; **sich** *dat* **zuviel z.,** to take too much upon oneself; **dem ist alles zuzutrauen!** I wouldn't put anything past him! II. **Z.,** *n* -s/*no pl* confidence (**zu j-m,** in s.o.). 'z~lich, *adj.* trusting (child etc.); friendly (animal).

'zutreffen, *v.i.sep.irr.104* (*haben*) to be correct/(*Vorwurf*) justified; **z. auf** + *acc,* to apply to (s.o., sth.). 'z ~ d, *adj.* correct; applicable (**auf** + *acc,* to).

'zutreten, *v.i.sep.irr.105* (*sein*) **auf j-n z.,** to approach, come up to s.o.

'zutrinken, *v.i.sep.irr.96* **j-m z.,** to raise one's glass to s.o.

'Zutritt, *m* -(e)s/*no pl* admittance, admission; **freien Z. haben,** to be admitted free of charge; *P.N:* **kein Z./Z. verboten,** no admittance.

'zutun. I. *v.tr.sep.irr.106 F:* to shut (sth.); **sich z.,** to shut (itself). II. **Z.,** *n* **es geschah ohne mein Z.,** I had no hand in it.

zu'unterst, *adv.* (right) at the bottom.

'zuverlässig, *adj.* reliable, dependable; **etwas aus z~er Quelle wissen,** to have sth. on good authority. 'Z ~ keit, *f* -/*no pl* reliability.

'Zuversicht, *f* -/*no pl* confidence, optimism. 'z ~ lich, *adj.* confident, optimistic.

zu'viel, *indef.pron.* too much; **es wurde ihr z.,** it became too much for her; **z. des Guten,** too much of a good thing; **was z. ist, ist z.!** enough is enough!

zu'vor, *adv.* before; (*erst einmal*) first; **größer als je z.,** bigger than ever before. **z ~ kommen,** *v.i.sep.irr.53* (*sein*) **j-m z.,** to forestall s.o.; to get in first (before s.o.). **z ~ kommend,** *adj.* obliging; (*hilfsbereit*) helpful, thoughtful.

'Zuwachs, *m* -es/*occ* ⁼e increase (**an Macht, Mitgliedern usw.,** in power, in the number of members etc.); growth (**an Bevölkerung usw.,** of population etc.); **wirtschaftlicher Z.,** economic growth; *Hum:* **Meyers haben Z. bekommen,** the Meyers have had an addition to the family; **auf Z. kaufen,** to buy (a suit etc.) big enough to allow room for growth. 'z ~ en, *v.i. sep.irr.107* (*sein*) (*a*) (*Wunde*) to heal; (*b*) **mit Efeu usw. zugewachsen,** overgrown with ivy etc. 'Z ~ rate, *f* -/-n *Econ:* growth rate.

'Zuwahl, *f* -/*no pl* coopting.

'Zuwander|er, *m* -s/- immigrant. 'z ~ n, *v.i.* (*sein*) to immigrate. 'Z ~ ung, *f* -/-en immigration.

zu'wege, *adv.* **etwas z. bringen,** to bring sth. about, achieve sth.; *F:* **gut/schlecht z. sein,** to be in good/bad shape.

'zuwehen, *v.tr.sep.* (*Wind*) to cover (roads etc.) with sand/snow; **zugewehte Straße,** road blocked by drifts.

zu'weilen, *adv.* occasionally, sometimes.

'zuweis|en, *v.tr.sep.irr.70* to assign (a task etc.), allocate (a room, money etc.) (**j-m,** to s.o.). 'Z ~ ung, *f* -/-en assignment, allocation.

'zuwend|en, *v.tr.sep.irr.94* (*a*) **j-m sein Gesicht/ seinen Rücken z.,** to turn one's face towards s.o./one's back on s.o.; **sich j-m z.,** to turn to s.o.; *Fig:* **das Glück hat sich ihm zugewandt,** fortune smiled upon him; (*b*) (*widmen*) **sich/seine Aufmerksamkeit j-m, etwas** *dat* **z.,** to give/turn one's attention to s.o., sth.; **sich dem Studium z.,** to devote oneself to one's studies; (*c*) **j-m, etwas** *dat* **DM 1000 z.,** to pay s.o., sth. (an allowance/ (*Spende*) donation of) 1000 marks. 'Z ~ ung, *f* -/-en (*a*) payment, (*Beitrag*) contribution; (*b*) (*Fürsorge*) attention, care.

zu'wenig, *indef.pron.* too little.

'zuwerfen, *v.tr.sep.irr.110* (*a*) **j-m etwas z.,** to throw/toss sth. to s.o.; **j-m verliebte Blicke z.,** to make eyes at s.o.; **j-m eine Kußhand z.,** to blow s.o. a kiss; (*b*) to slam (a door).

zu'wider. I. *adv.* (*a*) **j-m z. sein,** to be repugnant to s.o.; **das Essen ist mir z.,** I loathe the food; (*b*) **die Umstände sind mir z.,** circumstances are against me. II. *prep.* + *dat* contrary to. **z ~ handeln,** *v.i.sep.* (*haben*) **dem Gesetz usw. z.,** to contravene the law etc. **Z ~ handlung,** *f* -/-en contravention.

'zuwinken, *v.i.sep.* (*haben*) **j-m z.,** to wave to s.o.

'zuzahlen, *v.i.sep.* to pay (sth.) extra.

'zuziehen, *v.sep.irr.113* 1. *v.tr.* (*a*) to pull (a door) shut/(a knot) tight; to draw (curtains); (*b*) *Fig:* to consult, bring in (a specialist etc.); (*c*) **sich** *dat* **eine Krankheit/eine Verletzung z.,** to catch an illness/suffer an injury; **sich** *dat* **j-s Zorn z.,** to incur s.o.'s anger. 2. *v.i.* (*sein*) to move into the house/district/(*hierher*) here.

'Zuzug, *m* -(e)s/*no pl* influx (of visitors, immigrants etc.); (*Übersiedlung*) move to this/that district).

zuzüglich ['tsu:tsy:kliç], *prep.* + *gen Com:* plus; **z. Porto,** plus postage.

zwang [tsvaŋ]. 1. *p.* of **zwingen** *q.v.* 2. **Z.,** *m* -(e)s/⁼e compulsion; **körperlicher Z.,** physical force; **moralische/soziale Z ~ e,** moral/social constraints; **wirtschaftliche Z ~ e,** economic pressures; **dem Z. des Gesetzes unterworfen,** bound by the law; **Z. der Verhältnisse,** force/

pressure of circumstances; **es besteht kein Z.**, there is no compulsion/obligation (to buy sth. etc.); **unter Z. handeln**, to act under duress; **Z. auf j-n ausüben/j-m Z. auferlegen**, to put pressure on s.o.; **sich** *dat* **Z. auferlegen/antun**, to restrain/force oneself; **tu dir keinen Z. an!** (i) don't force yourself/feel you have to (do it); (ii) (*tu es*) go ahead! feel free! **ein Kind ohne Z. erziehen**, to bring up a child without strict discipline; **ohne Z. handeln**, to act freely. ´z ~ **haft**, *adj.* forced; *Psy:* compulsive. ´z ~ **los**, *adj.* (a) informal; free and easy; *adv.* z. **über etwas** *acc* **sprechen**, to speak openly/freely about sth.; (b) (*unregelmäßig*) irregular; (*Anordnung*) haphazard. ´Z ~ **losigkeit**, *f* -/*no pl* informality. ´Z ~ **s-**, *comb.fm.* (a) compulsory (loan, auction etc.); (en)forced (stay, sale etc.); *Jur:* Z ~ **arbeit** *f*, forced labour; *Med:* Z ~ **ernährung** *f*, forced feeding; (b) coercive (measure etc.). ´Z ~ **sjacke**, *f* -/-n straitjacket. ´Z ~ **slage**, *f* -/*no pl* predicament. ´z ~ **släuflg**, *adj.* inevitable. ´Z ~ **smittel**, *n* -s/- means of enforcement. ´Z ~ **svorstellung**, *f* -/-en *Psy:* obsession. ´z ~ **sweise**, *adv.* compulsory; (*zwangsläufig*) inevitably.

zwängen [´tsvɛŋən], *v.tr.* to force, squeeze (sth.) (**in** + *acc*, into); **sich z.**, to force oneself/squeeze (**durch/in** + *acc*, through/into).

zwanzig [´tsvantsiç]. I. *num.adj.* twenty. II. Z., *f* -/-en (number) twenty. ´z ~ **er**. I. *inv.adj.* **die z. Jahre**, the twenties. II. Z., *m* -s/- 1. **in den Z~n**, in one's twenties. 2. (*Schein*) twenty mark note. ´z ~ **jährig**, *adj.* twenty year-old (person etc.); twenty-year (period etc.). ´Z ~ ´**markschein**, *m* -(e)s/-e twenty-mark note. ´z ~ **ste(r,s)**, *num.adj.* twentieth. ´z ~ **stel**. I. *inv.adj.* twentieth (part) of . . . II. Z., *n* -s/- twentieth.

zwar [tsvɑːr], *adv.* (a) (+ *aber/doch*) (*freilich*) it's true, admittedly; **es ist z. schön, aber auch teuer**, it is very beautiful of course, but also very expensive; (b) **und z.**, in fact; (*genauer*) **ich habe ein neues Kleid gekauft, und z. ein blaues**, I've bought a new dress, a blue one actually/to be precise; **sie singt, und z. so schön, daß . . .**, she sings and what is more so beautifully that . . .; (*betonend*) **ihr geht jetzt ins Bett, und z. sofort!** you'll go straight to bed, and I mean immediately!

Zweck [tsvɛk], *m* -(e)s/-e (a) purpose; (*Ziel*) aim; **zu diesem Z.**, for this purpose, with this aim (in view), **welchen Z. verfolgst du damit?** what is your aim in that? **ein guter/wohltätiger Z.**, a good/charitable cause; *Prov:* **der Z. heiligt die Mittel**, the end justifies the means; (b) (*Sinn*) point; **es hat keinen/wenig Z. (, das zu tun)**, there is no point/not much point (in doing that); *Hum:* **der Z. der Übung war, zu . . .**, the whole point (of the exercise) was to . . . ´Z ~ **bau**, *m* -(e)s/-ten functional building. ´z ~ **dienlich**, *adj. esp. Adm:* appropriate; relevant, helpful (information etc.). ´z ~ **entsprechend**, *adj.* appropriate, suitable (for the purpose). ´z ~ **gemäß**, *adv.* properly, appropriately. ´z ~ **los**, *adj.* pointless. ´Z ~ **lüge**, *f* -/-n expedient lie. ´z ~ **mäßig**, *adj.* appropriate; functional, suitable (for the purpose); (*nützlich*) useful, expedient. ´Z ~ **mä-**

ßigkeit, *f* -/*no pl* appropriateness, fitness of purpose. **z ~ s** [tsvɛks], *prep.* + *gen* for the purpose of; z. **Heirat**, with a view to marriage. ´z ~ **voll**, *adj.* = **zweckmäßig**. ´z ~ **widrig**, *adj.* inappropriate; inexpedient.

zwei [tsvai]. I. *num.adj.* two; **von uns z ~ en**, from the two of us; **sie gehen zu z ~ en**, they walk in twos; **er ißt für z.**, he eats enough for two. II. Z., *f* -/-en (a) (number) two; (b) *Sch:* good (mark); *approx.* B. ´z ~ **bahnig**, *adj.* dual carriageway (road). ´Z ~ **beiner**, *m* -s/- *Hum:* human being. ´z ~ **beinig**, *adj.* two-legged. ´Z ~ **bettzimmer**, *n* -s/- twin-bedded room. ´z ~ **deutig**, *adj.* ambiguous, **z ~ e Bemerkung**, double entendre; (*schlüpfrig*) suggestive remark. ´Z ~ **deutigkeit**, *f* -/-en 1. *no pl* ambiguity; suggestiveness. 2. ambiguous/suggestive remark; double entendre. ´z ~ **dimensional**, *adj.* two-dimensional. ´z ~ **einhalb**, *num.adj.* two and a half. ´Z ~ **er**, *m* -s/- 1. *F:* (a) two-pfennig piece; (b) *Sch:* good mark; *approx.* B; (c) (number) two. 2. *Row:* double scull. ´z ~ **erlei**, *adj.* two sorts/kinds of (material, cheese etc.); two different (possibilities etc.); odd (gloves, socks etc.); **mit z. Maß messen**, to apply double/different standards; **das ist z.**, those are two different things. ´Z ~ **erreihe**, *f* -/-n row of two (buttons etc.); **in Z~en**, in twos. ´z ~ **fach**, *adj.* double (crime etc.); **in z ~ er Ausführung/Ausfertigung**, in duplicate. ´Z ~ **fa´milienhaus**, *n* -es/-er two-family house. ´z ~ **farbig**, *adj.* two-coloured (fabric, print etc.); *adv.* z. **angestrichen**, painted in two colours. ´z ~ **geschlechtig**, *adj.* bisexual. ´z ~ **geteilt**, *adj.* divided (into two). ´z ~ **gleisig**, *adj. Rail:* double-track. ´z ~ **händig**, *adj.* two-handed; *Mus:* for two hands. ´z ~ **jährig**, *adj.* two-year old (child, wine etc.); biennial (plant); two-year (period). ´z ~ **jährlich**, *adj.* biennial; *adv.* every two years. ´Z ~ **kampf**, *m* -(e)s/-e duel. ´z ~ **mal**, *adv.* twice; two times; **z. im Jahr**, twice a year; *F:* **das laß ich mir nicht z. sagen**, I don't need to be told twice. ´z ~ **malig**, *adj.* **nach z ~ em Versuch**, after trying twice. ´z ~ **motorig**, *adj. Av:* twin-engined. ´z ~ **polig**, *adj. El:* double-pole. ´Z ~ **rad**, *n* -(e)s/-er two-wheeler; (*Fahrrad*) bicycle. ´Z ~ **reiher**, *m* -s/- *Cl:* double-breasted suit. ´z ~ **reihig**, *adj. Cl:* double-breasted. ´z ~ **schichtig**, *adj.* double-layered; *Carp:* two-ply. ´z ~ **schneidig**, *adj.* double-edged. ´z ~ **seitig**, *adj.* (a) two-sided; reversible (coat etc.); *adv.* on both sides; (b) bilateral (agreement etc.). ´Z ~ **sitzer**, *m* -s/- *Av: Aut. etc:* two-seater. ´Z ~ **spänner**, *m* -s/- carriage and pair. ´z ~ **sprachig**, *adj.* bilingual. ´z ~ **spurig**, *adj.* (a) *Rail:* = **zweigleisig**; (b) two-lane (motorway etc.). ´z ~ **stellig**, *adj.* two-figure (number). ´z ~ **stimmig**, *adj. Mus:* for two voices; in two parts. ´z ~ **stöckig**, *adj.* two-storey. **z ~ t** [tsvait], *adv.* **zu z.**, (i) (*als Paar*) as a couple; (*in Gesellschaft*) with someone else; (ii) (*in Paaren*) in twos; **wir waren zu z.**, there were two of us. ´Z ~ **t-**, ´z ~ **t-**, *comb.fm.* second (car etc.); *adj.* second-(best, largest, highest, fastest etc.); Z ~ **ausfertigung/Z ~ schrift** *f*., second copy, duplicate;

Z~wohnung f, second home; adj. **z~äl-teste(r,s)**, second oldest/eldest; **z~klassig/z~-rangig**, second-rate. '**Z~taktmotor**, m -s/ -en I.C.E: two-stroke engine. '**z~te(r,s)**, adj. second; **aus z~r Hand**, secondhand; **jeden z~n Tag**, every other day; on alternate days; **das z. Gesicht haben**, to have second sight; **er kann tanzen wie kein Z~r**, nobody can dance like he can. '**z~teilen**, v.tr.sep. to divide (sth.) in two. '**z~teilig**, adj. Cl: two-piece (dress etc.). '**z~tens**, adv. secondly. '**z~türig**, adj. two-door (car). '**z~wöchig**, adj. two-week (period); a fortnight's (holiday etc.). '**z~zei-lig**, adj. two-line; Typewr: double-spaced.

Zweif|el ['tsvaifəl], m -s/- doubt; **Z. an etwas** dat **haben**, to be doubtful about sth.; **über etwas** acc **im Z. sein**, to be uncertain/(un-entschlossen) undecided about sth.; **ohne Z.**, without (any) doubt; undoubtedly; **das steht außer Z.**, that is beyond doubt/question. '**z~elhaft**, adj. doubtful, questionable; (an-rüchig) dubious (business etc.). '**z~ellos**, adv. undoubtedly; without any doubt. '**z~eln**, v.i. (haben) (**an etwas** dat) **z.**, to doubt (sth.); **daran ist nicht zu z.**, there is no doubt about it. '**Z~elsfall**, m -(e)s/-̈e doubtful case; **im Z.**, in case of doubt. '**z~els'ohne**, adv. undoubtedly. '**Z~ler**, m -s/- doubter; sceptic.

Zweig [tsvaik]. I. m -(e)s/-e 1. twig; (Trieb) shoot; (Ast) branch. 2. branch (of a family, science etc.). II. '**Z~-**, comb.fm. branch (line etc.); **Z~bahn** f, branch railway; **Z~geschäft** n, branch (shop); **Z~niederlassung/Z~stelle** f, branch office. '**Z~postamt**, n -(e)s/-̈er sub-post office.

Zwerchfell ['tsverçfɛl], n -(e)s/-e Anat: diaphragm. '**z~erschütternd**, adj. sidesplitting (laughter etc.).

Zwerg [tsverk]. I. m -(e)s/-e dwarf. II. '**Z~-**, comb.fm. miniature (tree, form, dog etc.); tiny (state, school etc.); Z: dwarf (hippopotamus etc.); **Z~pudel** m, toy poodle. '**z~enhaft** [-gənhaft], adj. dwarfish; diminutive.

Zwetsch(g)e/Aus: **Zwetschke** ['tsvɛtʃ(k)ə], f -/-n Bot: damson plum. '**Z~nmus**, n -es/no pl plum purée. '**Z~nschnaps**, m -es/-̈e plum brandy.

Zwickel ['tsvikəl], m -s/- Dressm: gusset; Arch: spandrel.

zwick|en ['tsvikən], v.tr. esp. South G: to pinch (s.o., sth.); **es zwickt mich**, I have got twinges. '**Z~er**, m -s/- pince-nez. '**Z~mühle**, f **in einer Z. sein/sitzen**, to be in a dilemma.

Zwieback ['tsvi:bak], m -(e)s/-̈e rusk.

Zwiebel ['tsvi:bəl], f -/-n 1. onion; (Blumenz.) bulb. 2. F: (pocket) watch. '**Z~kuchen**, m -s/- Cu: (kind of) onion tart. '**z~n**, v.tr. F: to torment, keep on at (s.o.). '**Z~schale**, f -/-n onion skin. '**Z~turm**, m -(e)s/-̈e onion tower.

Zwie|gespräch ['tsvi:gəʃprɛːç], n -(e)s/-e Lit: dialogue. '**Z~licht**, n -(e)s/no pl twilight. '**z~lichtig**, adj. shady (character etc.). '**Z~spalt**, m -(e)s/occ -e (a) (inner) conflict; (b) (Uneinigkeit) discord. '**z~spältig**, adj. conflicting (feelings etc.); unbalanced (character etc.). '**Z~sprache**, f -/no pl Lit: **Z. halten**, to commune (**mit** + dat, with). '**Z~-tracht**, f -/no pl Lit: discord.

Zwilling ['tsviliŋ], m -s/-e twin; Astr: **Z~e**, Gemini. '**Z~sbruder**, m -s/-̈ twin brother. '**Z~sschwester**, f -/-n twin sister.

zwing|en ['tsviŋən], v.tr.irr. (p. **zwang**, p.subj. **zwänge**, p.p. **gezwungen**) to force (s.o., oneself) (**zu etwas** dat, into sth./to do sth.); **ich sehe mich zu diesen Maßnahmen gezwungen**, I find myself compelled to take these measures. '**z~end**, adj. compelling; cogent (reasons etc.); conclusive (proof etc.). '**Z~er**, m -s/- kennel(s).

zwinkern ['tsviŋkərn], v.i. (haben) to blink, (als Zeichen) wink.

zwirbeln ['tsvirbəln], v.tr to twirl (hair etc.).

Zwirn [tsvirn], m -(e)s/-e (twisted) yarn; twine.

zwischen ['tsviʃən]. I. prep. + dat/(mit Bewegung) acc between; (**mitten**) **z.**, amongst, in the middle of; **er saß z. zwei Gästen/setzte sich z. zwei Gäste**, he was sitting/sat down between two guests. II. **Z~-**, comb.fm. intermediate (frequency, trade, product, Sch: examination, Sp: round etc.); interim (report, Fin: interest etc.); **Z~größe** f, intermediate size; **Z~aufenthalt** m/**Z~station** f, intermediate stop, stopover; **Z~landung** f, intermediate landing, stopover; **Z~lösung** f, intermediate/provisional solution; **Z~stadium** n/**Z~stufe** f, intermediate stage; **Z~ergebnis** n, interim/provisional result; Sp: latest score; Fin: **Z~bilanz** f, interim balance. '**Z~akt**, m -(e)s/-e Th: interval, N.Am: intermission. '**Z~aktmusik**, f -/no pl Th: interval/incidental music. '**Z~bemerkung**, f -/-en interjection. '**Z~deck**, n -(e)s/-s Nau: **im Z.**, between decks. '**Z~ding**, n -(e)s/-er F: cross (**zwischen A und B**, between A and B). '**z~'drin**, adv. F: in between; (zeitlich) in between times. '**z~'durch**, adv. 1. (a) at intervals; (hin und wieder) now and then; (b) (inzwischen) in the meantime; in between (times). 2. (räumlich) (a) here and there; (b) **z. fallen**, to fall in between. '**Z~fall**, m -(e)s/-̈e incident; **ohne Z.**, without mishap. '**Z~-frage**, f -/-n interposed question. '**Z~gas**, n -es/no pl Aut: **Z. geben**, to double-declutch. '**Z~gericht**, n -(e)s/-e Cu: entrée. '**Z~geschoß**, n -sses/-sse mezzanine. '**Z~händler**, m -s/- Com: middleman. '**Z~mahlzeit**, f -/-en snack (between meals). '**z~menschlich**, adj. between people; personal (relations etc.). '**Z~musik**, f -/no pl interlude. '**Z~raum**, m -(e)s/-̈e gap; space; (Abstand) distance; (zeitlich) interval; Tchn: clearance. '**Z~ring**, m -(e)s/-e Phot: extension ring. '**Z~ruf**, m -(e)s/-e interjection; Z~e, interruptions; Pol: heckling. '**Z~rufer**, m -s/- heckler. '**z~schalten**, v.tr.sep. to insert, interpose (sth.). '**Z~spiel**, n -(e)s/-e 1. Mus: & Th: intermezzo; (Übergang) transition. 2. Fig: interlude. '**z~staatlich**, adj. international. '**Z~stecker**, m -s/- El: adapter. '**Z~-summe**, f -/-n Mth: subtotal. '**Z~text**, m -(e)s/-e/'**Z~titel**, m -s/- Cin: TV: caption. '**Z~wand**, f -/-̈e partition. '**Z~zeit**, f -/-en 1. interim (period); **in der Z.**, in the meantime. 2. Sp: split time.

Zwist [tsvist], m -es/-e Lit: strife; (Fehde) feud.

zwitschern ['tsvitʃərn], v.i. (haben) (a) (Vögel) to twitter, chirp; (b) F: (Pers.) **einen z.**, to go for a quick one.

Zwitter ['tsvitər], *m* -s/- hermaphrodite.

zwo [tsvo:], *num.adj. Tel:* & *F:* two. '*z* ~ **te(r,s)**, *adj. F: =* **zweite(r, s).**

zwölf [tsvœlf]. **I.** *num.adj.* twelve. **II. Z.**, *f* -/-en (number) twelve. '**Z** ~ '**fingerdarmgeschwür,** *n* -(e)s/-e *Med:* duodenal ulcer. '*z* ~ **te(r, s)**, *num.adj.* twelfth. '*z* ~ **tel**, **I.** *inv.adj.* twelfth (part) of ... **II. Z.,** *n* -s/- twelfth. '**Z** ~ **tonmusik,** *f* -/*no pl* twelve-tone music.

Zyanid [tsya'ni:t], *n* -s/-e *Ch:* cyanide.

zyklisch ['tsy:kliʃ], *adj.* cyclic.

Zyklon [tsy'klo:n], *m* -s/-e *Meteor:* cyclone.

Zyklus ['tsy:klus], *m* -/-klen *Lit: Mus:* cycle.

Zylind|er [tsi'lindər], *m* -s/- **1.** *Mth: Tchn:* cylinder. **2.** *Cl:* (*also* **Z** ~ **hut** *m*) top hat. **Z** ~ **erblock,** *m* -(e)s/ˉe *I.C.E:* cylinder block. **Z** ~ **erkopf,** *m* -(e)s/ˉe *I.C.E:* cylinder head. **z** ~ **risch,** *adj.* cylindrical.

Zyn|iker ['tsy:nikər], *m* -s/- cynic. '**z** ~ **isch,** *adj.* cynical. **Z** ~ **ismus** [tsy'nismus] *m* -/*no pl* cynicism.

Zyp|ern ['tsy:pərn]. *Pr.n.n* -s. *Geog:* Cyprus. **Z** ~ **riote** [tsypri'o:tə], *m* -n/-n Cypriot. **z** ~ **ri'otisch,** *adj.* Cypriot.

Zypresse [tsy'presə], *f* -/-n *Bot:* cypress.

Zyste ['tsystə], *f* -/-n *Med:* cyst.

Häufige Deutsche Abkürzungen

Common German Abbreviations

A *Ampere* ampere
AA *Auswärtiges Amt approx.* = Foreign Office
a.a.O. *am angeführten Ort* loc.cit.
Abb. *Abbildung* illustration, figure, *abbr.* fig.
Abf. *Abfahrt* departure
Abg. *Abgeordnete(r)* deputy; *West G:* member of the Bundestag/Landtag
ABGB *Jur: Allgemeines Bürgerliches Gesetzbuch* (Austrian civil code)
Abk. *Abkürzung* abbreviation, *abbr.* abbr.
Abs. 1. *Absatz* paragraph, *abbr.* par. **2.** *Post: Absender* sender
Absch. *Abschnitt* section
Abt. *Abteilung* department, *abbr.* dept.
abzgl. *abzüglich* less
a.D. 1. *außer Dienst* retired. **2.** *an der Donau* on the Danube
ADAC *Allgemeiner Deutscher Automobilclub* (W.German motoring association)
Adr. *Adresse* address
AG *Aktiengesellschaft* joint-stock company
a.G. *Th: als Gast* as a guest artist
akad. *akademisch* academic, university (trained)
allg. *allgemein* general
alph. *alphabetisch* alphabetical
a.M. *am Main* on the Main
amtl. *amtlich* official
Angest. *Angestellte(r)* employee
Anh. *Anhang* appendix
Ank. *Ankunft* arrival
Anm. *Anmerkung* note
Antw. *Antwort* answer
a.O. *an der Oder* on the Oder
AOK *Allgemeine Ortskrankenkasse* local health insurance
a.o.Prof. *außerordentlicher Professor approx.* associate professor
a.Rh. *am Rhein* on the Rhine
APO *außerparlamentarische Opposition* (leftwing groups organizing opposition on the streets etc.)
ARD *Arbeitsgemeinschaft der öffentlichen Rundfunkanstalten der BRD* (umbrella organization of West German radio and TV)
ärztl. *ärztlich* medical
ASTA *Allgemeiner Studentenausschuß* (student's union)
A.T. *Altes Testament* Old Testament
AT-Motor *Austauschmotor* exchange reconditioned engine
atü *Atmosphärenüberdruck* pressure above atmospheric pressure

AUA Austrian Airlines
Auf. *Aufenthalt* stop(over)
Aufl. *Auflage* edition
ausschl. *ausschließlich* exclusive(ly)
av *arbeitsverwendungsfähig* in working order
AvD *Automobilclub von Deutschland* (W.German motoring association)
a.W. *ab Werk* ex works
AZ *Abendzeitung* evening paper
Az *Aktenzeichen* file number, reference

B *Bundesstraße* Federal Highway, main road
BASF *Badische Anilin- und Sodafabrik* (leading W.German chemical firm)
Bauj. *Baujahr* year of manufacture
Bd., Bde., *Band, Bände* volume, volumes
BDI *Bundesverband der Deutschen Industrie* Confederation of (West) German Industry (employers' organization)
Bearb. *Bearbeitung;* in B., being dealt with
Bed. *Bedarf* demand
befr. *Sch: befriedigend* satisfactory, *approx.* C
begl. *beglaubigt* certified
beisp. *beispielsweise* for example
bes. *besonders* especially
Betr. *Betreff* reference, *abbr.* re
betr. *betreffend* concerning, *abbr.* re
bev. *bevollmächtigt* authorized
Bez. *Bezirk* district
BGB *Bundesgesetzbuch* (W.German Civil Code)
BH 1. *Aus: Bezirkshauptmannschaft* district council offices. **2.** *Cl:F: Büstenhalter* bra
Bhf. *Bahnhof* station
BND *Bundesnachrichtendienst* Federal News Agency
BP *Bundespost* Federal Post Office
BRD *Bundesrepublik Deutschland* Federal Republic of Germany
BRT *Bruttoregistertonnen* gross tonnage
b.w. *bitte wenden* please turn over, *abbr.* P.T.O.
bzgl. *bezüglich* with reference to
bzw. *beziehungsweise* and . . . respectively; or

C *Celsius* centigrade
ca *circa* about, *abbr.* approx.
cal *(Gramm-)Kalorie* calorie
cand. *Kandidat* candidate
cbm *Kubikmeter* cubic metre
ccm *Kubikzentimeter* cubic centimetre, *abbr.* c.c.
CDU *Pol: Christlich-Demokratische Union* Christian Democratic Union
Cie. *Com: Kompanie* company

cm *Zentimeter* centimetre, *abbr.* cm.

Co. *Com: Kompanie* company

CSU *Pol: Christlich Soziale Union* Christian Social Union

c.t. *Univ: cum tempore* starting a quarter of an hour later

CVJF *Christlicher Verein Junger Frauen* Young Women's Christian Association, *abbr.* Y.W.C.A.

CVJM *Christlicher Verein Junger Männer* Young Men's Christian Association, *abbr.* Y.M.C.A.

d. 1. *Mth: Durchmesser* diameter. **2.** *der/die/das* the

DB *Deutsche Bundesbahn* Federal German Railways

DBP *Deutsche Bundespost* Federal Post Office

DBPa *Deutsches Bundespatent angemeldet* Federal German Patent pending

DDR *Deutsche Demokratische Republik* German Democratic Republic, *abbr.* GDR

DDr *doppelter Doktor* (person with two doctorates)

DER *Deutsches Reisebüro* (West) German Travel Agency

DGB *Deutscher Gewerkschaftsbund* Federation of (West) German Trade Unions

dgl *dergleichen* that sort of thing

d.h. *das heißt* that is, *abbr.* i.e.

Di *Dienstag* Tuesday, *abbr.* Tues.

DIN *Deutsche Industrienorm* German Industrial Standard

Dipl. (*a*) *Diplom* diploma; (*b*) *Diplom-* holding a diploma, (academically) qualified; **Dipl.Kfm.** *Diplomkaufmann* person with a commercial diploma; **Dipl.Ing.** *Diplomingenieur* fully trained engineer

Dir. 1. *Direktor* director. **2.** *Mus: Dirigent* conductor

Diss. *Dissertation* dissertation

DJH *Deutsches Jugendherbergswerk* German Youth Hostel Association

dkg. *Dekagramm* ten grams

DM *Deutsche Mark* (West) German mark

dm *Dezimeter* decimetre (10 cm)

d.M. *dieses Monats* of this month, *Com:* instant

DNA *Deutscher Normenausschuß* German Standards Committee

do. *dito* ditto

Do *Donnerstag* Thursday, *abbr.* Thurs.

Doz. *Dozent* university lecturer

dpa *Deutsche Presseagentur* German Press Agency

d.Red. *die Redaktion* the editor(s)

Dr. *Doktor* Doctor; **Dr.h.c.** *Doctor honoris causa* honorary doctorate; **Dr.jur.** *Doctor juris* doctor of law, *abbr.* LLD; **Dr.med.** *Doctor medicinae* Doctor of Medicine, *abbr.* M.D.; **Dr.phil.** *Doktor der Philosophie* Doctor of Philosophy, *abbr.* Ph.D.

DSG *Deutsche Schlafwagen- und Speisewagengesellschaft* (West) German Sleeping and Dining Car Company

ds.J. *dieses Jahres* of this year

dz. *derzeit* at present

E *Eilzug* semi-fast train

EG. *Europäische Gemeinschaft* European Community

e.h. *ehrenhalber;* **Dr. e.h.** honorary doctor

ehem. *ehemals* formerly

eigtl. *eigentlich* in fact, strictly speaking

einschl. *einschließlich* inclusive of

EKG *Elektrokardiogramm* electrocardiogram

E-Lok *elektrische Lokomotive* electric locomotive

Empf. 1. *Post: Empfänger* addressee. **2.** *adj. empfohlen* recommended

entspr. *entsprechend* corresponding(ly)

entw. *entweder* either

ER *Europarat* Council of Europe

Erl. *Erläuterung* (explanatory) note

erstkl. *erstklassig* first-rate

Eßl. *Eßlöffel* tablespoon

E-Str./E-Straße *Europastraße* Transeuropean Highway

etw. 1. *etwaig* possible. **2.** *etwas* something

e.U. *eigenhändige Unterschrift* personal signature

ev. *evangelisch* protestant

e.V. *eingetragener Verein* registered society

EVP *Einzelhandelsverkaufspreis/Endverbraucherpreis* retail price

evtl. *eventuell* perhaps, possibly

E-Werk *Elektrizitätswerk* power station

EWG *Europäische Wirtschaftsgemeinschaft* European Economic Community

exkl. *exklusive* exclusive of

f. 1. *für* for. **2.** (*und*) *folgende* (*Seite*) and following page

Fa. *Firma* firm; *Fa. X* Messrs X

Fak. *Fakultät* faculty

Fam. *Familie* family

F.A.Z. *Frankfurter Allgemeine Zeitung* (leading West German daily newspaper)

FC *Fußballclub* Football Club

FDGB *Freier Deutscher Gewerkschaftsbund* (East German Trade Union Federation)

FDJ *Freie Deutsche Jugend* Free German Youth (East German youth organization)

FDP *Pol: Freie Demokratische Partei* Free Democratic Party (West German centre party)

Fdw. *Mil: Feldwebel* Sergeant, *abbr.* Sgt.

Fernschr. *Fernschreiber* telex

F.f. *Fortsetzung folgt* to be continued

ff *sehr fein* extra fine (quality)

FHZ *Freihandelszone* Free Trade Area

Fil. *Com: Filiale* branch

FKK *Freikörperkultur* nudism; **FKK-Kolonie** nudist colony

fl.W. *fließendes Wasser* running water

Forts. *Fortsetzung* continuation

Fr. 1. *Frau* Mrs. **2.** *Freitag* Friday, *abbr.* Fri.

fr. *franko* post-paid

Frfr. *Freifrau* Baroness

Frhr. *Freiherr* Baron

Frl. *Fräulein* Miss

frz. *französisch* French

FU *Freie Universität* Free University (of Berlin)

g 1. *Meas: Gramm* gram. **2.** *Aus: Groschen* groschen (smallest Austrian coin)
geb. (*a*) *geboren* born; (*b*) *geborene* née
Gebr. *Com: Gebrüder* Brothers
gefl. *Com: gefällig* kind
gegr. *gegründet* founded
gem. *gemäß* according to
Gem. *Gemeinde* municipality; (*kleine Ortschaft*) parish
Gen. *Genossenschaft* co-operative society
Geogr. *Geographie* geography
gepr. *geprüft* tested
Ges. *Gesellschaft* company
gesch. *geschieden* divorced
ges.gesch. *gesetzlich geschützt* patented (invention); registered (trade mark)
geschl. *geschlossen* closed; private (performance etc.)
Geschw. 1. *Geschwister* brother(s) and sister(s). **2.** *Geschwindigkeit* speed
gest. *gestorben* deceased; (*mit Datum*) died
gez. *gezeichnet* signed
GG *Grundgesetz* Basic (constitutional) Law
ggf. *gegebenenfalls* where necessary/appropriate
GmbH *Gesellschaft mit beschränkter Haftung* limited (liability) company; *abbr.* (*nach dem Firmennamen*) Co.Ltd.
Gymn. *Gymnasium approx.* = grammar/*N.Am:* high school
gzj. *ganzjährig* all year (round)

h *Stunde* hour
H (*Schild*) *Haltestelle* (bus/tram) stop
ha *Meas: Hektar* hectare '
habil. *Univ: habilitiert* qualified as a university teacher
Hbf. *Hauptbahnhof* main railway station
h.c. *honoris causa* as an honour, honorary
hdt. *hundert* (one) hundred
herg. *hergestellt* manufactured
HF *Hochfrequenz* high frequency
HG *Handelsgesellschaft* trading company
HGB *Jur: Handelsgesetzbuch* commercial code
hj. *halbjährlich* half-yearly
hl *Meas: Hektoliter* 100 litres
Hl., hl. *heilige; der hl.* **Martin** St.Martin
HO *East G: Handelsorganisation* (*a*) State Trading Organization; (*b*) *F:* state-owned shop
Hochw. *Ecc: Hochwürden* Reverend
höfl. *höflichst* kindly
Hptst. *Hauptstadt* capital
Hr. *Herr* Mr
Hrsg. *Herausgeber* editor; **hrsg. v.** *herausgegeben von* edited by
HTL *Höhere Technische Lehranstalt approx.* polytechnic
Hz *Ph:Rad: Hertz* hertz

i. *in/im* in/in the
i.A. . . . *im Auftrag* on behalf of . . ., *abbr.* p.p.
i.allg. *im allgemeinen* in general
i.D. *im Durchschnitt* on average
IG *Industriegewerkschaft* industrial union
i.J. *im Jahre* in (the year)

ill. *illustriert* illustrated
inbegr. *inbegriffen* included
Ing. *Ingenieur* engineer
Inh. *Inhaber* owner
inkl. *inklusive* including, inclusive of
Insp. *Inspektor* inspector
Inst. 1. *Instanz* instance. **2.** *Institut* institute
int. *international* international
inzw. *inzwischen* in the meantime
IR- *Infrarot-* infra red
i.R. *im Ruhestand* retired
i.V. 1. *in Vertretung* per pro, *abbr.* p.p. **2.** *in Vorbereitung* in preparation
i.W. *in Worten* in words

Jb. *Jahrbuch* yearbook
Jg. *Jahrgang* year/age group
JH *Jugendherberge* youth hostel
Jh *Jahrhundert* century
jun. *junior* junior
jur. *juristisch* legal

kath. *katholisch* catholic
Kfm. *Kaufmann* business man
Kfz *Kraftfahrzeug* motor vehicle
KG *Kommanditgesellschaft* limited partnership
kg *Kilogramm* kilogram
kgl. *königlich* royal
khz *Kilohertz* kilocycles per second, kilohertz
k.J. *künftigen Jahres* of next year
Kl. *Klasse* class
k.M. *künftigen Monats* of next month
km *Kilometer* kilometre(s), *abbr.* km; **km/h** *Kilometer pro Stunde* kilometres per hour, *abbr.* k.p.h.
kn *Nau: Knoten* knot(s)
kompl. *komplett* complete
Konf. *Konfession* denomination
KPD *Kommunistische Partei Deutschlands* German Communist Party
Kpt *Kapitän* captain
Kr. *Adm: Kreis* administrative district
Kt. *Kanton* Canton
k.u.k. *Aus:Hist: kaiserlich und königlich* Imperial and Royal, i.e. Austro-Hungarian
kV *Kilovolt* kilovolt(s), *abbr.* kV
kv. *kriegsverwendungsfähig* fit for war service
KW *Kurzwelle* short wave
kW *Kilowatt* kilowatt(s), *abbr.* kW
kWh *Kilowattstunde(n)* kilowatt hour(s), *abbr.* kWh
KZ *Hist: Konzentrationslager* concentration camp
Kzf. *Kurzform* abbreviated form

l 1. *Meas: Liter* litre. **2.** *links* on the left
landw. *landwirtschaftlich* agricultural
Ldkr. *Landkreis* rural district
led. *ledig* unmarried, single
Lekt. *Lektion* lesson
lfd. *laufend* current
Lfrg. *Lieferung* delivery
LG *Landgericht* District Court
Lit. *Literatur* literature
Lkw., LKW *Lastkraftwagen* lorry
LPG *East G: landwirtschaftliche Produktions-*

genossenschaft agricultural co-operative
lt. *laut* according to
luth. *Ecc: lutherisch* Lutheran
LW *Rad: Langwelle* long wave

M *East G: Mark* mark(s)
m *Meas: Meter* metre; **m²** square metre; **m³** cubic metre
MA. *Mittelalter* middle ages
ma. *mittelalterlich* medieval
Mag. *Univ: Magister* Master (degree)
Math. *Mathematik* mathematics
m.a.W. *mit anderen Worten* in other words
max. *maximal* maximum
mb *Millibar* millibar
mdal. *mundartlich* dialect
MdB *Mitglied des Bundestages* Member of the Bundestag (West German parliament)
mdl. *mündlich* verbal(ly)
m.E. *meines Erachtens* in my opinion
mech. *mechanisch* mechanical
med. *medizinisch* medical
mehrf. *mehrfach* multiple; *adv.* several times
MEZ *Mitteleuropäische Zeit* Central European Time
mg *Milligramm* milligram(s)
MG *Maschinengewehr* machine gun
MHz *Megahertz* megahertz
Mi *Mittwoch* Wednesday, *abbr.* Wed.
Mill. *Million(en)* million(s)
Min. *Minute(n)* minute(s)
min. *minimal* minimum
ml *Milliliter* millilitre
mm *Millimeter* millimetre
Mo *Montag* Monday, *abbr.* Mon.
möbl. *möbliert* furnished
Mrd. *Milliarde* thousand million, *U.S:* billion
mtl. *monatlich* monthly
M-und-S, M + S *Aut: Matsch-und-Schnee (Reifen)* snow (tyres)
MWSt. *Mehrwertsteuer* value-added tax, *abbr.* VAT
Mz. *Mehrzahl* plural

N *Nord* north
Nachf. *Com: Nachfolger* successor
nachm. *nachmittags* in the afternoon, *abbr.* p.m.
nat. *national* national
n.Br. *nördlicher Breite* of northern latitude
n.Chr. *nach Christus* after Christ, *abbr.* A.D.
NDR *Norddeutscher Rundfunk* North German Radio
NF 1. *Niederfrequenz* low frequency. 2. *East G:Pol: Nationale Front* National Front
n.J. *nächsten Jahres* of next year
n.M. *nächsten Monats* of next month
N.N. *Name unbekannt* name unknown
NO *Nordost* northeast
NPD *West G: Pol: Nationaldemokratische Partei Deutschlands* German National Democratic Party
NR *Aus: Mitglied des Nationalrats* Member of the National Assembly

Nr. *Nummer* number
NS 1. *Nachschrift* postscript, *abbr.* PS. 2. *Hist: nationalsozialistisch* National Socialist, Nazi
N.T. *Neues Testament* New Testament
NW *Nordwest* northwest
NZ *Nachrichtenzentrale* news agency

O *Ost* east
o. 1. *oder* or. 2. *ohne* without. 3. *oben* above
ö. *öffentlich* public
o.a. *oben angeführt* above-mentioned
o.ä. *oder ähnlich* or similar
o.A. *ohne Adresse* of no fixed abode
ÖAMTC *Österreichischer Auto-, Motorrad- und Touring-Club* Austrian Automobile, Motor-cycle and Touring Club
OB 1. *Oberbürgermeister* Chief Burgomaster. 2. *Mil: Oberbefehlshaber* commander-in-chief, *abbr.* C.-in-c.
o.B. *Med: ohne Befund* (test) result negative
Obb. *Oberbayern* Upper Bavaria
ÖBB *Österreichische Bundesbahnen* Austrian Federal Railways
od. *oder* or
OEZ *Osteuropäische Zeit* East European time
öff(entl). *öffentlich* public
OHG *Offene Handelsgesellschaft* general partnership
o.J. *ohne Jahr* no date
ö.L. *östlicher Länge* of eastern longitude
OÖ. *Oberösterreich* Upper Austria
OP 1. *Originalpackung* original pack. 2. *Med: Operationssaal* operating theatre
o.Pr. *ordentlicher Professor* full p.ofessor
ORF *Österreichischer Rundfunk* Austrian Radio
örtl. *örtlich* local(ly)
o.V. *ohne Verfasser* author unknown, *abbr.* anon.
ÖVP *Österreichische Volkspartei* Austrian Peoples' Party

P. *Ecc:* 1. *Pastor* pastor. 2. *Pater* Father
p.A(dr). *per Adresse* care of, *abbr.* c/o
Part. *Parterre* ground floor
pat. *patentiert* patented
Pf *Pfennig* pfennig(s)
Pfd. *Pfund* pound (weight)
PH *Pädagogische Hochschule* teachers' training college
pharm. *pharmazeutisch* pharmaceutical
phot. *photographisch* photographic
Pkt. *Punkt* point
PKW, Pkw. *Personenkraftwagen* passenger car
Pl. *Platz* square
pl., Pl. *Plural* plural
pol. 1. *politisch* political. 2. *polizeilich* police
pop. *populär* popular
Postf. *Postfach* post-office box
P.P. *praemissis praemittendis* to whom it may concern
p.p., p.pa., ppa. *per procura* per pro, *abbr.* p.p.
Präp. *Präposition* preposition
priv. *privat* private
Prof. *Professor* professor
prot. *protestantisch* Protestant

Prov. *Provinz* province

PS 1. *Pferdestärke(n)* horse-power. **2.** *postscriptum, Nachschrift* postscript

qkm *Quadratkilometer* square kilometre, *abbr.* sq.km.

qm *Quadratmeter* square metre, *abbr.* sq.m.

Quitt. *Quittung* receipt

r. 1. *rechts* on the right. **2.** *Mth: Radius* radius

rd. *rund* roughly

Red. *Redakteur* editor; *Redaktion* editorial staff

Reg. 1. *Regierung* government. **2.** *Register* register

Reg.Bez. *Regierungsbezirk* administrative district

Rel. *Religion* religion

Rep. *Republik* republic

resp. *respektive* or . . . as the case may be

Rhld. *Rheinland* Rhineland

RIAS *Rundfunk im amerikanischen Sektor* Radio in the American Sector (of Berlin)

rk., r.-k. *römisch-katholisch* Roman Catholic

rm *Raummeter* cubic metre

röm. *römisch* Roman

Rzpt. *Med: Rezept* prescription

S *Süd* south

S. 1. *Seite* page. **2.** *Aus: Schilling* schilling

s. *siehe* see, *abbr.* v.; **s.a.** *siehe auch* see also

Sa *Samstag* Saturday, *abbr.* Sat.

S-Bahn *Schnellbahn* urban railway

SB *Selbstbedienung* self-service

SBB *Schweizerische Bundesbahn* Swiss Federal Railways

s.Br. *südlicher Breite* of southern latitude

s.d. *siehe dies* see this

SDR *Süddeutscher Rundfunk* South German Radio

SED *East G:Pol: Sozialistische Einheitspartei Deutschlands* Socialist Unity Party (of Germany)

Sek., sek. *Sekunde* second

Sekr. *Sekretär(in)* secretary

Sem. *Univ:* (a) *Semester* term; (b) *Seminar* seminar

Sen. *Senator* senator

sen. *senior* senior

SFB *Sender Freies Berlin* Free Berlin Radio

sfr., sFr. *Schweizer Franken* Swiss francs

s.g.e. *sehr gut erhalten* in very good condition, *abbr.* v.g.c.

sm *Seemeile* nautical mile

SO *Südost* south-east, *abbr.* SE

s.o. *siehe oben* see above

So *Sonntag* Sunday, *abbr.* Sun.

sog. *sogenannte* so-called

SOS *internationales Notsignal* SOS

soz. *sozial(istisch)* social, socialist

SPD *Sozialdemokratische Partei Deutschlands* Social Democratic Party of Germany

spez. (a) *speziell* special(ly); (b) *spezifisch* specific-(ally)

SPÖ *Sozialistische Partei Österreichs* Socialist Party of Austria

SR *Saarländischer Rundfunk* Saar Radio

SSD *East G: Staatssicherheitsdienst* State Security Service

St. 1. *Stück* piece. **2.** *Sankt* Saint

staatl.gepr. *staatlich geprüft* who has passed a state examination

städt. *städtisch* urban, municipal

Std. *Stunde* hour

stdl. *stündlich* every hour

stellv. *stellvertretend* assistant

StGB *Strafgesetzbuch* Penal Code

StKl. *Steuerklasse* tax class

StPO *Strafprozeßordnung* Code for Criminal Proceedings

Str. *Straße* street, road

stud. *studiosus, Student* student

StVO *Straßenverkehrsordnung* traffic regulations

s.t. *Univ: sine tempore* sharp, on time

s.u. *siehe unten* see below

SV *Sportverein* sports club

svw. *soviel wie* as good as; much the same as

SW *Südwest* south-west, *abbr.* SW.

SWF *Südwestfunk* South-West German Radio

s.Z. *seinerzeit* at that time

SZ *Sommerzeit* summer time

t *Tonne* ton

TA 1. *Rec: Tonabnehmer* pick-up. **2.** *Aus: Tierarzt* veterinary surgeon

Tab. *Tabelle* table, chart

tägl. *täglich* daily, per day

Tb, Tbc *Tuberkulose* tuberculosis

TEE *Trans-Europ-Express* Trans-European Express

Teilh. *Teilhaber* partner

Teilz. *Teilzahlung* part-payment

Tel. (a) *Telefon* telephone; (b) *Telegramm* telegram

Temp. *Temperatur* temperature

TF-Boot *Tragflächenboot* hydrofoil

TH *Technische Hochschule* technical university

Tsd. *Tausend* thousand

TSV *Turn- und Sportverein* gymnastics and sports club

TU *Technische Universität* Technical University

TÜV *Technischer Überwachungsverein* Association for Technical Inspection; (*Prüfung*) *approx. Brit:* MOT test

TV 1. *Turnverein* gymnastics club. **2.** *Tarifvertrag* wage agreement. **3.** *Television* television

u. *und* and

u.a. *und andere/anderes* and others/other things; *unter anderem/anderen* among other things

u.ä. *und ähnliche(s)* and the like

u.A.w.g. *um Antwort wird gebeten* an answer is requested, *abbr.* R.S.V.P.

Übers. *Übersetzer* translator

übl. *üblich* usual

u.dsgl.(m)./u.dgl.(m). *und desgleichen/dergleichen (mehr)* and things like that

u.d.M./ü.d.M. *unter/über dem Meeresspiegel* below/above sea level

UdSSR *Union der Sozialistischen Sowjetre-*

publiken Union of Soviet Socialist Republics
ue. *unehelich* illegitimate
u.E. *unseres Erachtens* in our opinion
UHF *Rad: Ultra-Hochfrequenz* ultra high frequency
UKW *Rad: Ultrakurzwelle* very high frequency, *abbr.* VHF
ult. *ultimo* on the last day of (the month)
U/min. *Umdrehungen in der Minute* revolutions per minute, *abbr.* r.p.m.
Univ. *Universität* university
unverk. *unverkäuflich* not for sale
urspr. *ursprünglich* original(ly)
US(A) *Vereinigte Staaten* (*von Amerika*) United States (of America)
usf. *und so fort* and so forth
usw. *und so weiter* and so on, *abbr.* etc.
u.U. *unter Umständen* circumstances permitting
u.ü.V. *unter üblichem Vorbehalt* with the usual reservation
UV– *ultraviolett* ultra-violet
u.v.a. *und viele(s) andere* and many others
u.W. *unseres Wissens* as far as we know
u.zw. *und zwar* to be precise, namely

v. *von, vom* of; from; by
V 1. *Volt* volt. **2.** *Volumen* volume
V. *Vers* line, verse
VAR *Vereinigte Arabische Republik* United Arab Republic
var. *variabel* variable
v.A.w. *von Amts wegen* ex officio, officially
v.Chr. *vor Christus* before Christ, *abbr.* B.C.
v.D. *vom Dienst* on duty
VDS *Verband deutscher Studentenschaften* Association of German Students
VEB *East G. Volkseigener Betrieb* nationalized/people's concern
verb. *verbessert* corrected
Verf., Vf. *Verfasser* author
verh. *verheiratet* married
Verl. (*a*) *Verlag* publishing firm; (*b*) *Verleger* publisher
Verm. *Vermerk* note
versch. 1. *verschieden* different **2.** *verschollen* missing
verst. *verstorben* deceased
vgl. *vergleiche* compare, *abbr.* cf.
v.g.u. *vorgelesen, genehmigt, unterschrieben* read, approved and signed
v.H., vH *vom Hundert* per cent
VHS *Volkshochschule* approx. College of Further Education
v.J. *vorigen Jahres* of last year
v.l.n.r. *von links nach rechts* from left to right
v.M. *vorigen Monats* of last month
v.o. *von oben* from above
Vollm. *Vollmacht* authority

vollst. *vollständig* complete
vorl. *vorläufig* provisional
vorm. 1. *vormittags* in the morning, *abbr.* a.m. **2.** *vormals* formerly
Vors. *Vorsitzender* chairman
VR *Volksrepublik* People's Republic
v.r.n.l. *von rechts nach links* from right to left
v.T., vT *vom Tausend* per thousand

W 1. *West* west. **2.** *El: Watt* watt(s)
Wb. *Wörterbuch* dictionary
WDR *Westdeutscher Rundfunk* West German Radio
WEU *Westeuropäische Union* Western European Union
WEZ *westeuropäische Zeit* West European time, Greenwich mean time
Whg. *Wohnung* flat
Wkst. (*a*) *Werkstatt* workshop; (*b*) *Werkstück* workpiece
w.L. *westlicher Länge* of western longitude
WNW *Westnordwest* west-north-west
w.o. *wie oben* as above
WSP *Wasserschutzpolizei* river police
WSW *Westsüdwest* west-south-west
Wwe. *Witwe* widow
Wwr. *Witwer* widower
Wz. *Warenzeichen* trademark

Z. 1. *Zahl* number. **2.** *Zeile* line
z. *zu, zum* at; to
z.A. *zur Ansicht* for inspection; (sent) on approval
z.B. *zum Beispiel* for instance, *abbr.* e.g.
z.d.A. *zu den Akten* to be filed
ZDF *Zweites Deutsches Fernsehen* Second Channel of West German Television
zgl. *zugleich* at the same time
z.H(d). *Com: zu Händen* for the attention of
Zi *Zimmer* room
Ziff. *Ziffer* figure
ZK *Pol: Zentralkomitee* Central Committee
z.K. *zur Kenntnisnahme* for information
ZPO *Jur: Zivilprozeßordnung* Code for Civil Actions
z.S. *zur See* naval
z.T. *zum Teil* partly
Ztg. *Zeitung* newspaper
Ztr. *Zentner* approx. hundredweight
Zub. *Zubehör* accessories
zuf. *zufolge* as a result of
zus. *zusammen* together
z.V. *zum Verkauf* for sale
zw. *zwischen* between, among
z.w.V. *zur weiteren Veranlassung* for further action
zzgl. *zuzüglich* plus
z.Z(t). *zur Zeit* at the time; (*jetzt*) at present